KODEX

DES ÖSTERREICHISCHEN RECHTS

Herausgeber: em. o. Univ. Prof. Dr. Werner Doralt
Redaktion: Dr. Veronika Doralt

ZIVIL-
GERICHTLICHES
VERFAHREN

bearbeitet von

Hofrat Dr. HEINRICH STUMVOLL

**Senatsvorsitzender am Landesgericht
für Zivilrechtssachen Wien i.R.**

Rubbeln Sie Ihren persönlichen Code frei und laden
Sie diesen Kodexband kostenlos in die Kodex App!

1047415

HIER

RUBBELN!

Der Code kann bis zum Erscheinen der Neuauflage eingelöst werden.
Beachten Sie bitte, dass das Aufrubbeln des Feldes
zum Kauf des Buches verpflichtet!

Benützungsanleitung: Die Novellen sind nach dem Muster der Wiederverlautbarung in Kursivdruck jeweils am Ende eines Paragraphen, eines Absatzes oder einer Ziffer durch Angabe des Bundesgesetzblattes in Klammer ausgewiesen. Soweit nach Meinung des Bearbeiters ein Bedarf nach einem genauen Novellenausweis besteht, ist der geänderte Text zusätzlich durch Anführungszeichen hervorgehoben.

KODEX

DES ÖSTERREICHISCHEN RECHTS

VERFASSUNGSRECHT	STEUERGESETZE
PARLAMENTSRECHT	STEUER-ERLÄSSE I - IV
EUROPARECHT (EU-VERFASSUNGSRECHT)	EU-STEUERRECHT
VÖLKERRECHT	EStG – RICHTLINIENKOMMENTAR
SCHIEDSVERFAHREN	LSt – RICHTLINIENKOMMENTAR
EINFÜHRUNGSGESETZE ABGB und B-VG	KStG – RICHTLINIENKOMMENTAR
BÜRGERLICHES RECHT	UmGrStG – RICHTLINIENKOMMENTAR
UNTERNEHMENSRECHT	UStG – RICHTLINIENKOMMENTAR
ZIVILGERICHTLICHES VERFAHREN	DOPPELBESTEUERUNGSABKOMMEN
INTERNATIONALES PRIVATRECHT	ZOLLRECHT UND VERBRAUCHSTEUERN
FAMILIENRECHT	RECHNUNGSLEGUNG UND PRÜFUNG
STRAFRECHT	INTERNATIONALE RECHNUNGSLEGUNG
IT-STRAFRECHT	VERKEHRSRECHT
GERICHTSORGANISATION	WEHRRECHT
ANWALTS- UND GERICHTSTARIFE	ÄRZTERECHT
JUSTIZGESETZE	GESUNDHEITSBERUFE I + II
WOHNUNGSGESETZE	KRANKENANSTALTENGESETZE
FINANZMARKTRECHT I	LEBENSMITTELRECHT
FINANZMARKTRECHT II	VETERINÄRRECHT
FINANZMARKTRECHT III	UMWELTRECHT
FINANZMARKTRECHT IV	EU-UMWELTRECHT
VERSICHERUNGSRECHT I + II	EU-CHEMIKALIENRECHT
COMPLIANCE FÜR UNTERNEHMEN	CHEMIKALIENGESETZE
WIRTSCHAFTSGESETZE I -VII	WASSERRECHT
WETTBEWERBS- und KARTELLRECHT	ABFALLRECHT
UNLAUTERER WETTBEWERB	SCHULGESETZE
TELEKOMMUNIKATION	UNIVERSITÄTSRECHT
DATENSCHUTZ	INNERE VERWALTNG
IP-/IT-RECHT	BESONDERES VERWALTUNGSRECHT
VERGABEGESETZE	ASYL- UND FREMDENRECHT
ARBEITSRECHT	POLIZEIRECHT
EU-ARBEITSRECHT	VERWALTUNGSVERFAHRENSGESETZE
ARBEITNEHMERSCHUTZ	LANDESRECHT TIROL I + II
SOZIALVERSICHERUNG I + II	LANDESRECHT VORARLBERG
SV DURCHFÜHRUNGSVORSCHRIFTEN	

ISBN: 978-3-7007-8022-9

LexisNexis Verlag ARD Orac, 1030 Wien, Marxergasse 25
Druck: CZECH PRINT CENTER a.s.

Vorwort

Der KODEX ZGV fasst – erstmalig in Österreich – die Gesetzestexte des gesamten Zivilverfahrensrechts, die bisher nur in Einzelausgaben vorlagen, in einem Band zusammen, der ausschließlich dem Verfahrensrecht gewidmet ist.

Der KODEX ZGV enthält fünf Teile, nämlich das Zivilprozessrecht (1– 9), das Exekutionsrecht (10 – 15), das Insolvenzrecht (16 – 23), das Außerstreitverfahren (24 – 31) und das Unionsrecht samt KSÜ, HKÜ und Haager Zustellungsübereinkommen (32 – 44), wobei innerhalb jedes Abschnitts nach den jeweiligen inländischen Stammgesetzen die wichtigsten Nebengesetze enthalten sind.

Der Anhang enthält unter anderem das Bezirksgerichts-Organisationsgesetz für Wien und für Graz sowie Auszüge aus dem GOG betreffend den Verhandlungsspiegel, sehbehinderte Personen, den Datenschutz, die Eingaben, den Postenlauf, den elektronischen Rechtsverkehr, die Amtshilfe, die Ediktsdatei, die Registerauskunft, die Registerauskunft für Verbände, die automationsunterstützte Verarbeitung von Verfahrensinhalten, die Vertreter zur Verfahrenshilfe, die Vorabentscheidung, den Fristsetzungsantrag, die Wort- und Bildübertragung, das Beglaubigungsarchiv und die Urkundenarchive; weiters das Gebührenanspruchsgesetz, die Verordnung über den Elektronischen Rechtsverkehr, die Urkundenarchivverordnung, die ADV-Form Verordnung, die Zustellformularverordnung, Euro-Bestimmungen, das Zivilrechts-MediationsG, das EU-Mediations-Gesetz und die Existenzminimum-Tabellen 2021.

Zur Erleichterung der Benützung sind umfangreicheren Gesetzen Übersichten vorangestellt. Anmerkungen wurden – der Anlage der Reihe entsprechend – bewusst knapp gesetzt und nur dort angebracht, wo es zum Verständnis einzelner Normen nötig schien. Auf den Gebrauch gesetzesfremder Zwischentitel wurde verzichtet.

Die inländischen Stammgesetze (JN, ZPO, EO, IO, AußStrG) sind jeweils mit eigenen Registern versehen, welche auf insgesamt ca 90 Seiten die Texte in mehr als 8000 Stichworten erschließen helfen.

Novellen sind nach dem geänderten Absatz, Paragraphen oder Artikel oder nach der geänderten Ziffer angeführt.

Zur leichteren Benutzbarkeit sind Neufassungen meist grau unterlegt.

Das Zweite Bundesrechtsbereinigungsgesetz (2. BRBG), BGBl I 2018/61, setzte keine Normen außer Kraft, die im KODEX-ZGV aufgenommen sind.

Die 48. Auflage gibt den Stand der Gesetzgebung zum 1.9.2021 wieder.

Einen Schwerpunkt der Novellierungen seit der 47. Auflage bilden (in zeitlicher Reihenfolge) die Gesamtreform des Exekutionsrechts (GREx) und das Restrukturierungs- und Insolvenz-Richtlinie-Umsetzungsgesetz (RIRUG). Die zum Verständnis dieser Materien wichtigen Amtlichen Erläuterungen sind zum RIRUG am Ende des Bandes nach den Tabellen der unpfändbaren Freibeträge abgedruckt; die GREx-Materialien enthält der Band KODEX-ZGV-Update (Exekutionsordnung) zum 1.7.2021.

Die Novellierungen der EO waren so tiefgreifend und zahlreich, dass der Übersichtlichkeit wegen eine „neue" EO (im Wesentlichen für Verfahren, die vor dem 1.7.2021 eingeleitet wurden) der „alten" EO" (für Verfahren ab 1.7.2021) gegenübergestellt wurde. Beide unter Punkt 10, der auch einen Paragrafenspiegel enthält.

Die umfangreichen rein sprachlichen Globalersetzungen der EO (Novellierungsanordnung GREx 393 Z 1-159 und 394 Z 1-23 sowie RIRUG Art 6 Z 4 (1-17) und Z 5 (1-39) wurden nicht gesondert ausgewiesen (etwa dem Gerichte/dem Gericht). Es sind im Ergebnis rund 400 Änderungen, außerhalb der in fast allen Gesetzestexten ohnehin seit langem berücksichtigten Rechtschreibreform von 1902.

Neu aufgenommen (Punkt 17) ist die Restrukturierungsordnung (ReO).

Heinrich Stumvoll

Inhalt

tionsunterstützte Verarbeitung von Verfahrensinhalten, Verfahrenshilfe, Vorabentscheidung, Fristsetzungsantrag, Wort- und Bildübertragung, Beglaubigungsarchiv, Urkundenarchive)
- **Gebührenanspruchsgesetz 1975**
- **Verordnung über den elektronischen Rechtsverkehr ERV 2006**
- **Urkundenarchivverordnung 2007**
- **ADV-Form Verordnung 2002**
- **Zustellformularverordnung 1982 (Auszug)**
- **Erlass vom 8. September 2020 über die internationale Rechtshilfe und andere Rechtsbeziehungen mit dem Ausland in Zivilsachen (RHEZiv 2020)**
- **Bestimmungen im Zusammenhang mit dem Euro**
- **Zivilrechts-MediationsG**
- **EU-MediationsG**
- **Existenzminimum-Tabellen 2021**
- **Restrukturierungs- und Insolvenz-Richtlinie-Umsetzungsgesetz – RIRUG Erläuterungen**

1. COVID-19-JuBG
(Auszug)

BGBl I 2020/16 (2. COVID-19-Gesetz, Art 21) idF

1 BGBl I 2020/24 (4. COVID-19-Gesetz)
2 BGBl I 2020/30 (8. COVID-19-Gesetz)
3 BGBl I 2020/58 (Bundesgesetz, mit dem das Bundesgesetz betreffend Begleitmaßnahmen zu COVID-19 in der Justiz (1. COVID-19-Justiz-Begleitgesetz – 1. COVID-19-JuBG), das 2. Bundesgesetz betreffend Begleitmaßnahmen zu COVID-19 in der Justiz (2. COVID-19-Justiz-Begleitgesetz – 2. COVID-19-JuBG), die Rechtsanwaltsordnung, das Disziplinarstatut für Rechtsanwälte und Rechtsanwaltsanwärter und das Gesellschaftsrechtliche COVID-19-Gesetz geändert werden)
4 BGBl I 2020/156
5 BGBl I 2021/106

Bundesgesetz betreffend Begleitmaßnahmen zu COVID-19 in der Justiz (1. COVID-19-Justiz-Begleitgesetz – 1. COVID-19-JuBG)

(BGBl I 2020/24, Kurztitel eingefügt durch BGBl I 2020/24)

I. Hauptstück
Verfahren in bürgerlichen Rechtssachen

Unterbrechung von Fristen

§ 1. (1) In gerichtlichen Verfahren werden alle verfahrensrechtlichen Fristen, deren fristauslösendes Ereignis in die Zeit nach Inkrafttreten dieses Bundesgesetzes fällt, sowie verfahrensrechtliche Fristen, die bis zum Inkrafttreten dieses Bundesgesetzes noch nicht abgelaufen sind, bis zum Ablauf des 30. April 2020 unterbrochen. Sie beginnen neu zu laufen. Bei der Berechnung einer Frist nach § 125 Abs. 1 ZPO gilt der 1. Mai 2020 als Tag, in den der Zeitpunkt oder das Ereignis fällt, wonach sich der Anfang der Frist richten soll. Bei der Berechnung einer Frist nach § 125 Abs. 2 ZPO gilt der 1. Mai 2020 als Tag, an dem die Frist begonnen hat. Dies gilt nicht für Verfahren, in denen das Gericht über die Rechtmäßigkeit eines aufrechten Freiheitsentzuges nach dem Unterbringungsgesetz, BGBl. Nr. 155/1990, nach dem Heimaufenthaltsgesetz, BGBl. I Nr. 11/2004, nach dem Tuberkulosegesetz, BGBl. Nr. 127/1968, oder nach dem Epidemiegesetz 1950, BGBl. Nr. 186/1950, entscheidet, sowie für Leistungsfristen. *(BGBl I 2020/24) (siehe aber für das Insolvenzverfahren § 7 Abs 1 2. COVID-JuBG)*

(2) Das Gericht kann jedoch im jeweiligen Verfahren aussprechen, dass eine Frist nicht für die in Abs. 1 festgelegte Dauer unterbrochen wird. Diesfalls hat es gleichzeitig eine neue angemessene Frist festzusetzen. Dieser Beschluss kann nicht angefochten werden.

(3) Nach Abs. 2 ist nur vorzugehen, wenn nach sorgfältiger Abwägung aller Umstände die Fortsetzung des Verfahrens zur Abwendung einer Gefahr für Leib und Leben, Sicherheit und Freiheit oder zur Abwehr eines erheblichen und unwiederbringlichen Schadens einer Verfahrenspartei dringend geboten ist und nicht das Interesse der Allgemeinheit an der Verhütung und Bekämpfung der Verbreitung von COVID-19 sowie der Schutz der Aufrechterhaltung eines geordneten Gerichtsbetriebes die Einzelinteressen überwiegen

Stammfassung des § 1 Abs 1:

§ 1. (1) In gerichtlichen Verfahren werden alle verfahrensrechtlichen Fristen, deren fristauslösendes Ereignis in die Zeit nach Inkrafttreten dieses Bundesgesetzes fällt, sowie verfahrensrechtliche Fristen, die bis zum Inkrafttreten dieses Bundesgesetzes noch nicht abgelaufen sind, bis zum Ablauf des 30. April 2020 unterbrochen. Sie beginnen mit 1. Mai 2020 neu zu laufen. Dies gilt nicht für Verfahren, in denen das Gericht über die Rechtmäßigkeit eines aufrechten Freiheitsentzuges nach dem Unterbringungsgesetz, BGBl. Nr. 155/1990, nach dem Heimaufenthaltsgesetz, BGBl. I Nr. 11/2004, nach dem Tuberkulosegesetz, BGBl. Nr. 127/1968, oder nach dem Epidemiegesetz 1950, BGBl. Nr. 186/1950, entscheidet, sowie für Leistungsfristen.

Hemmung von Fristen für die Anrufung des Gerichts

§ 2. Die Zeit vom Inkrafttreten dieses Bundesgesetzes bis zum Ablauf des 30. April 2020 wird in die Zeit, in der bei einem Gericht eine Klage oder ein Antrag zu erheben oder eine Erklärung abzugeben ist, nicht eingerechnet.

Anhörungen, mündliche Verhandlungen und Beweisaufnahmen

§ 3. (1) Das Gericht kann bis zum Ablauf des 31. Dezember 2021 *(BGBl I 2020/156; BGBl I 2021/106)*

1. mit Einverständnis der Parteien mündliche Verhandlungen und Anhörungen ohne persönliche Anwesenheit der Parteien oder ihrer Vertreter unter Verwendung geeigneter technischer Kommunikationsmittel zur Wort- und Bildübertragung durchführen sowie auf diese Weise auch ohne Vorliegen der Voraussetzungen des § 277 ZPO Beweise in der mündlichen Verhandlung oder außerhalb dieser aufnehmen und sonst der Verhandlung beizuziehende Personen teilnehmen lassen; das Einverständnis gilt als erteilt, soweit sich die Parteien nicht innerhalb einer vom Gericht festgesetzten angemessenen Frist dagegen aussprechen;

2. ohne Einverständnis der Parteien Anhörungen und mündliche Verhandlungen in Unterbringungs-, Heimaufenthalts- und Erwachsenenschutzsachen, die außerhalb der von der Justizverwaltung zur Verfügung gestellten Räumlichkeiten durchzuführen wären, unter Verwendung geeigneter technischer Kommunikationsmittel zur Wort- und Bildübertragung durchführen, auf diese Weise Beweise in der mündlichen Verhandlung oder außerhalb dieser aufnehmen und sonst der Anhörung bzw. Verhandlung beizuziehende Personen teilnehmen lassen, wenn andernfalls die Gesundheit einer am Verfahren beteiligten Person oder Dritter ernstlich gefährdet wäre. *(BGBl I 2020/156)*

(2) Während des in Abs. 1 genannten Zeitraums kann jede als Verfahrensbeteiligte, Zeuge, Sachverständiger, Dolmetscher und sonst dem Verfahren beizuziehende Person beantragen, unter Verwendung geeigneter technischer Kommunikationsmittel zur Wort- und Bildübertragung an der mündlichen Verhandlung teilzunehmen, vernommen zu werden, Gutachten zu erstatten oder Übersetzungsleistungen zu erbringen, wenn sie eine erhöhte Gesundheitsgefährdung durch CO-VID-19 für sich oder für Personen, mit denen sie in notwendigem privaten oder beruflichen Kontakt steht, bescheinigt. Stehen einer Partei oder einem Zeugen die hiefür geeigneten technischen Kommunikationsmittel nicht zur Verfügung, so kann die unvertretene Partei die Vertagung der Verhandlung, die vertretene Partei und der Zeuge die vorläufige Abstandnahme von der Vernehmung beantragen. Bei Vorliegen der Voraussetzungen ist derartigen Anträgen stattzugeben. Gegen stattgebende Entscheidungen ist ein Rechtsmittel nicht zulässig. Der Rekurs gegen eine abweisende Entscheidung hat aufschiebende Wirkung.

(3) Wird eine Verhandlung unter Verwendung geeigneter technischer Kommunikationsmittel zur Wort- und Bildübertragung durchgeführt, so ist eine Unterschrift der Parteien unter das Verhandlungsprotokoll nicht erforderlich. Das bis zum Schluss der mündlichen Verhandlung vorzulegende Kostenverzeichnis gilt als rechtzeitig vorgelegt, wenn es spätestens bis zum Ablauf des auf die mündliche Verhandlung folgenden Werktages im Elektronischen Rechtsverkehr oder mit E-Mail an die vom Entscheidungsorgan bekanntgegebene Adresse übersendet wird. Die Frist des § 54 Abs. 1a ZPO beginnt diesfalls mit der Zustellung des Kostenverzeichnisses durch das Gericht an den Gegner. Wollen die Parteien einen Vergleich schließen, so hat das Gericht entweder den Text des Vergleichs den Parteien auf dem Bildschirm sichtbar zu machen oder den Vergleichstext laut und deutlich vorzulesen beziehungsweise den auf einem Tonträger aufgenommenen Vergleichstext für alle deutlich hörbar abzuspielen. Jede Partei hat ihren Willen, diesen gerichtlichen Vergleich abzuschließen, klar und deutlich zum Ausdruck zu bringen. Gleiches gilt für den Abschluss eines prätorischen Vergleichs unter Verwendung geeigneter technischer Kommunikationsmittel zur Wort- und Bildübertragung.

(4) Tagsatzungen, Verhandlungen, Einvernehmungen, Gläubigerversammlungen und Gläubigerausschusssitzungen in Exekutions- und Insolvenzverfahren und solche, auf die die Verfahrensbestimmungen der EO und IO anzuwenden sind, können bis zum Ablauf des 31. Dezember 2021 unter Verwendung geeigneter technischer Kommunikationsmittel zur Wort- und Bildübertragung durchgeführt werden, wenn die zu vernehmenden oder teilnahmeberechtigten Personen nicht binnen einer Woche ab Zustellung der Ladung bescheinigen, dass sie nicht über die technischen Kommunikationsmittel zur Wort- und Bildübertragung verfügen. Eines Einverständnisses der Parteien bedarf es nicht. Abs. 2 letzter Satz ist nicht anzuwenden. *(BGBl I 2020/156; BGBl I 2021/106)*

(BGBl I 2020/30)

vgl die Übergangsbestimmungen in § 12 Abs 3

Stammfassung des § 3:

Anhörungen, mündliche Verhandlungen, Vollzugsaufträge, Protokollanbringen und Zustellungen

§ 3. Wenn aufgrund von Maßnahmen, die zur Verhinderung der Verbreitung von COVID-19 getroffen werden, die Bewegungsfreiheit oder der zwischenmenschliche Kontakt eingeschränkt ist, sind Anhörungen und mündliche Verhandlungen nur abzuhalten, wenn die Voraussetzungen des § 1 Abs. 3 vorliegen. Gleiches gilt für die Erteilung und Durchführung von Vollzugsaufträgen sowie für die Protokollierung mündlichen Anbringens. Ist die Vornahme einer Anhörung einer Partei oder die Durchführung einer mündlichen Verhandlung unbedingt erforderlich, so kann sie auch ohne persönliche Anwesenheit aller Beteiligten unter Verwendung geeigneter technischer Kommunikationsmittel vorgenommen bzw. durchgeführt werden. Es sind nur solche gerichtlichen Erledigungen abzufertigen, deren Zustellung zur

Abwendung einer Gefahr für Leib und Leben, Sicherheit und Freiheit oder zur Abwehr eines erheblichen und unwiederbringlichen Schadens einer Verfahrenspartei dringend geboten sind. Zustellungen, die unter Verwendung des elektronischen Rechtsverkehrs erfolgen, sind weiterhin vorzunehmen.

Einstellung der Tätigkeit eines Gerichts

§ 4. (1) Hört infolge des Auftretens und der Verbreitung von COVID-19 die Tätigkeit eines Gerichts auf (§ 161 ZPO, § 25 Abs. 1 Z 5 AußStrG), so hat die Bundesministerin für Justiz diesen Umstand auf der Website des Bundesministeriums für Justiz www.justiz.gv.at bekanntzumachen.

(2) Das übergeordnete Oberlandesgericht hat auf Antrag einer Partei ein anderes Gericht tunlichst gleicher Gattung zur Verhandlung und Entscheidung der Rechtssache zu bestimmen, wenn während der Unterbrechung Verfahrenshandlungen vorzunehmen sind, die zur Abwendung einer Gefahr für Leib und Leben, Sicherheit und Freiheit oder zur Abwehr eines erheblichen und unwiederbringlichen Schadens einer Verfahrenspartei dringend geboten sind. Wenn dies erforderlich oder zweckmäßig ist, kann auch ein Gericht, das im Sprengel eines anderen Oberlandesgerichts liegt, bestimmt werden. In einem solchen Fall oder wenn das übergeordnete Oberlandesgericht seine Tätigkeit eingestellt hat, ist der Oberste Gerichtshof für die Bestimmung eines anderen Gerichts zuständig.

Mahnung nach der Insolvenzordnung

§ 5. Eine schriftliche Mahnung einer nach dem Inkrafttreten dieser Bestimmung fällig gewordenen Verbindlichkeit, die ab dem Inkrafttreten dieses Bundesgesetzes bis zum Ablauf des 30. April 2020 abgesendet wird, führt nicht zum Verzug nach § 156a Abs. 1 IO.

Zusammenschlussanmeldungen nach dem

Kartellgesetz 2005

§ 6. Für Zusammenschlussanmeldungen (§ 9 KartG 2005), die vor dem 30. April 2020 bei der Bundeswettbewerbsbehörde einlangen, läuft die Frist für den Prüfungsantrag nach § 11 KartG 2005 ab dem 1. Mai 2020. Für Prüfungsanträge, die im Zeitpunkt des Inkrafttretens dieses Gesetzes beim Kartellgericht anhängig sind oder bis zum Ablauf des 30. April 2020 anhängig gemacht werden, läuft die Entscheidungsfrist nach § 14 KartG 2005 ab dem 1. Mai 2020.

Unterhaltsvorschüsse

§ 7. In der Zeit vom Inkrafttreten dieses Bundesgesetzes bis zum Ablauf des 31. Dezember 2021 sind Titelvorschüsse nach § 3 UVG auch dann zu gewähren, wenn das Kind keinen entsprechenden Exekutionsantrag bei Gericht einbringt. Solche Vorschüsse sind abweichend von § 8 UVG längstens für ein halbes Jahr zu gewähren. *(BGBl I 2020/156; BGBl I 2021/106)*

Vgl BGBl II 2020/459 (2. COVID-19-Ziviljustiz-V) § 1 betreffend die Verlängerung der Frist des § 7 des 1. COVID-19-JuBG bis zum Ablauf des 31. Dezember 2020.

Verordnungsermächtigung

§ 8. (1) Die Bundesministerin für Justiz wird ermächtigt, durch Verordnung die in § 1 Abs. 1 angeordnete allgemeine Unterbrechung von Fristen zu verlängern, soweit dies zur Verhütung und Bekämpfung der Verbreitung von COVID-19 erforderlich ist. Sie ist auch ermächtigt, soweit dies für den Schutz vor Gefahren für Leib und Leben, Sicherheit und Freiheit der Verfahrensparteien oder für die Abwehr eines erheblichen und unwiederbringlichen Schadens für diese erforderlich ist, weitere Ausnahmen von den in § 1 Abs. 1 angeordneten Ausnahmen vorzusehen. Sie kann insoweit auch die in §§ 2, 5, 6 und 7 festgelegten Fristen oder Termine verlängern und weitere Bestimmungen vorsehen, die den Einfluss der Maßnahmen, die zur Verhinderung der Verbreitung von COVID-19 getroffen werden, auf den Lauf von Fristen und die Einhaltung von Terminen für anhängige oder noch anhängig zu machende gerichtliche Verfahren regeln. Sie kann insbesondere die Unterbrechung, die Hemmung oder die Verlängerung von Fristen anordnen, Säumnisfolgen bei Nichteinhaltung von Terminen ausschließen sowie bestimmen, ob und auf welche Weise verfahrensrechtliche Rechtsnachteile, die durch die Versäumung von Fristen oder Terminen eintreten können, hintangehalten und bereits eingetretene wieder beseitigt werden. Dabei sind die Interessen an der Fortsetzung dieser Verfahren, insbesondere der Schutz vor Gefahren für Leib und Leben, Sicherheit und Freiheit der Verfahrensparteien oder die Abwehr eines erheblichen und unwiederbringlichen Schadens von diesen, einerseits und das Interesse der Allgemeinheit an der Verhütung und Bekämpfung der Verbreitung von COVID-19 sowie am Schutz der Aufrechterhaltung eines geordneten Gerichtsbetriebes andererseits gegeneinander abzuwägen.

(2) Sie wird weiters ermächtigt, durch Verordnung, für Eingaben an das Gericht besondere Formen oder Örtlichkeiten der Einbringung vorzusehen sowie Anordnungen für Zustellungen durch die Gerichte zu treffen, soweit dies zur Verhütung und Bekämpfung der Verbreitung von

COVID-19 zweckmäßig ist. *(BGBl I 2020/24; BGBl I 2020/156)*

Vorfassung des § 8 Abs 2:

§ 8. *(2) Sie wird weiters ermächtigt, durch Verordnung für die Dauer von bestehenden Einschränkungen der Bewegungsfreiheit aufgrund von COVID-19, für Eingaben an das Gericht besondere Formen oder Örtlichkeiten der Einbringung vorzusehen sowie Anordnungen für Zustellungen durch die Gerichte zu treffen. (BGBl I 2020/24)*

II. Hauptstück

Verfahren in Strafsachen

Besondere Vorkehrungen in Strafsachen

§ 9. In Strafsachen kann die Bundesministerin für Justiz für die Dauer von Maßnahmen, die zur Verhinderung der Verbreitung von COVID-19 nach dem Bundesgesetz betreffend vorläufige Maßnahmen zur Verhinderung der Verbreitung von COVID-19 (COVID-19-Maßnahmengesetz), BGBl. I Nr. 12/2020, getroffen wurden, über die Fälle des § 183 StPO hinaus die Zuständigkeit einer anderen als der nach § 183 Abs. 1 StPO zuständigen Justizanstalt anordnen, ohne dass nach § 183 Abs. 2 letzter Satz, Abs. 3 und 4 erster Halbsatz StPO vorgegangen werden müsste, und darüber hinaus durch Verordnung anordnen, dass

1. ein wichtiger Grund für die Bestimmung der Zuständigkeit nach § 28 der Strafprozeßordnung (StPO), BGBl. Nr. 631/1975, oder für eine Delegierung nach § 39 StPO vorliegt;

2. Zustellungen, Ladungen und Aufforderungen nach § 83 Abs. 3 erster Satz StPO nur in Fällen angeordnet werden dürfen, in denen der Beschuldigte in Haft angehalten wird; *(BGBl I 2020/24)*

3. die Fristen nach § 88 Abs. 1, § 92 Abs. 1, § 106 Abs. 3 und Abs. 5 letzter Satz, § 194 Abs. 2, § 195 Abs. 2, § 213 Abs. 2, § 276a, § 284 Abs. 1, § 285 Abs. 1 und Abs. 4, § 294 Abs. 1 und 2, § 357 Abs. 2, § 408 Abs. 1, § 409 Abs. 1, § 427 Abs. 3, § 430 Abs. 5, § 466 Abs. 1 und 2, § 467 Abs. 1 und Abs. 5, § 478 Abs. 1 und § 491 Abs. 6 StPO sowie sonstige von der Staatsanwaltschaft oder dem Gericht gesetzte Fristen bis zum Ablauf des 30. April 2020 unterbrochen werden und mit 1. Mai 2020 neu zu laufen beginnen, wobei diese Unterbrechung mit Ausnahme der in § 276a zweiter Satz StPO bezeichneten Frist nicht für Fristen in Verfahren gilt, in denen der Beschuldigte in Haft angehalten wird; *(BGBl I 2020/24)*

4. Haftverhandlungen nicht stattzufinden haben und die Entscheidung über die Fortdauer der Untersuchungshaft oder vorläufigen Anhaltung nach § 175 Abs. 4 zweiter Satz StPO zu ergehen hat, soweit im Einzelfall eine Durchführung der Haftverhandlung unter Verwendung technischer Einrichtungen zur Wort- und Bildübertragung nicht möglich ist; *(BGBl I 2020/24)*

5. der Besuchsverkehr (§ 188 Abs. 1 StPO) für die Dauer der angeordneten Betretungsverbote auf telefonische Kontakte beschränkt wird oder sonstige Beschränkungen des Verkehrs mit der Außenwelt vorgesehen werden;

6. Zeiten aufgrund solcher Maßnahmen, die den Zahlungspflichtigen mittelbar oder unmittelbar in seinem Erwerbsleben betreffen, nach § 200 Abs. 2 letzter Satz und Abs. 3 und § 409a Abs. 3 StPO nicht eingerechnet werden; *(BGBl I 2020/24)*

7. in die in § 201 Abs. 1 und Abs. 3 StPO geregelten Fristen Zeiten nicht eingerechnet werden, in denen eine Leistungserbringung auf Grund solcher Maßnahmen nicht möglich ist. *(BGBl I 2020/24)*

III. Hauptstück

Besondere Vorkehrungen im Anwendungsbereich des Strafvollzugsgesetzes

§ 10. Für den Anwendungsbereich des Strafvollzugsgesetzes (StVG), BGBl. Nr. 144/1969, kann die Bundesministerin für Justiz durch Verordnung Verfügungen in sinngemäßer Anwendung des I. Hauptstück dieses Bundesgesetzes treffen sowie anordnen, dass

1. eine Anordnung des Strafvollzugs nach § 3 Abs. 2 erster Satz für die Dauer der vorläufigen Maßnahmen nach dem COVID-19-Maßnahmengesetz, BGBl. I Nr. 12/2020, unterbleibt;

2. ein Aufschub nach § 3a Abs. 4 nicht zu widerrufen ist, wenn gemeinnützige Leistungen wegen der aufrechten Maßnahmen zur Verhinderung der Verbreitung von COVID-19 nicht erbracht werden konnten;

3. mit COVID-19 infizierte Personen oder solche, die wegen Kontakts mit infizierten Personen unter Quarantäne stehen, gemäß § 5 und § 133 als vollzugsuntauglich gelten;

4. der Strafvollzug unter den Voraussetzungen des § 6 Abs. 1 in den von dessen Z 1 erfassten Freiheitsstrafen für die Dauer der vorläufigen Maßnahmen nach dem Bundesgesetz betreffend vorläufige Maßnahmen zur Verhinderung der Verbreitung von COVID-19 (COVID-19-Maßnahmengesetz) als aufgeschoben gilt;

5. der Besuchsverkehr (§ 93) für die Dauer der vorläufigen Maßnahmen nach dem COVID-19-Maßnahmengesetz auf telefonische Kontakte beschränkt wird oder sonstige Beschränkungen des Verkehrs mit der Außenwelt vorgesehen werden;

6. die Frist für den Wiederantritt der Strafe nach § 99 Abs. 3, § 99a Abs. 2 und 147 Abs. 2 sowie der Maßnahme nach § 166 Z 2 für die

Dauer der vorläufigen Maßnahmen nach dem COVID-19-Maßnahmengesetz unterbrochen wird;

7. eine Anhörung nach § 152a StVG unter Verwendung technischer Einrichtungen zur Wort- und Bildübertragung durchzuführen ist, wenn dies zur Eindämmung der Verbreitung von COVID-19 erforderlich erscheint;

8. ein Widerruf nach § 156c Abs. 2 nicht anzuordnen ist, wenn wegen der vorläufigen Maßnahmen nach dem COVID-19-Maßnahmengesetz eine Arbeitsverrichtung nicht möglich ist.

IV. Hauptstück

Beratungen und Abstimmungen

§ 11. In allen Angelegenheiten, die von den ordentlichen Gerichten oder vom Bundesverwaltungsgericht in nicht öffentlicher Sitzung zu entscheiden sind, kann die Vorsitzende die Beratung und Abstimmung im Umlaufweg anordnen. Auf Antrag nur eines Senatsmitglieds ist eine Senatssitzung anzuberaumen.

V. Hauptstück

Inkrafttreten und Außerkrafttreten

§ 12. (1) Dieses Bundesgesetz tritt mit Ablauf des Tages der Kundmachung[1]) in Kraft und mit Ablauf des 31. Dezember 2021 außer Kraft. *(BGBl I 2020/24; BGBl I 2021/106)*

(2) Der Titel sowie § 1 Abs. 1, § 3 samt Überschrift, § 8 Abs. 2, § 9 Z 2, 3, 4, 6 und 7 in der Fassung des Bundesgesetzes BGBl. I Nr. 24/2020 treten mit Ablauf des Tages der Kundmachung[2]) in Kraft. In Verfahren, in denen der Beschuldigte in Haft angehalten wird, beginnen Fristen, die auf Grund einer gemäß § 9 Z 3 oder § 10 erlassenen

Verordnung unterbrochen waren, mit 14. April 2020 neu zu laufen. *(BGBl I 2020/24)*

(3) § 3 samt Überschrift sowie § 7 in der Fassung des Bundesgesetzes BGBl. I Nr. 30/2020 treten mit Ablauf des Tages der Kundmachung[3]) in Kraft. § 3 ist in dieser Fassung auf Anhörungen, Einvernehmungen, Tagsatzungen, mündliche Verhandlungen, Gläubigerversammlungen, Gläubigerausschusssitzungen und Beweisaufnahmen anzuwenden, die nach Inkrafttreten dieses Bundesgesetzes durchgeführt werden. Wurde ein Vollzugsauftrag nach § 3 in der Fassung des Bundesgesetzes BGBl. I Nr. 16/2020 bis zum Inkrafttreten des Bundesgesetzes BGBl. I Nr. 30/2020 nicht durchgeführt, weil die Voraussetzungen des § 1 Abs. 3 dieses Bundesgesetzes nicht vorlagen, so verlängern sich die Fristen nach § 25 Abs. 3 sowie § 25d und § 252d Abs. 2 EO um vier Wochen. *(BGBl I 2020/30)*

(4) § 7 in der Fassung des Bundesgesetzes BGBl. I Nr. 58/2020 tritt mit Ablauf des Tages der Kundmachung[4]) dieses Bundesgesetzes in Kraft. *(BGBl I 2020/58)*

(5) § 3 Abs. 1 und 4, § 7, § 8 Abs. 2 und § 12 Abs. 1 in der Fassung des Bundesgesetzes BGBl. I Nr. 156/2020 treten mit Ablauf des Tages der Kundmachung[5]) dieses Bundesgesetzes in Kraft. *(BGBl I 2020/156)*

(6) § 3 Abs. 1 und 4, § 7 und § 12 Abs. 1 in der Fassung des Bundesgesetzes BGBl. I Nr. 106/2021 treten mit Ablauf des Tages der Kundmachung[6]) dieses Bundesgesetzes in Kraft. *(BGBl I 2021/106)*

---

[1]) *Tag der Kundmachung am 21. 3. 2020*
[2]) *Tag der Kundmachung am 4. 4. 2020*
[3]) *Tag der Kundmachung am 5. 5. 2020*
[4]) *Tag der Kundmachung am 2. 7. 2020*
[5]) *Tag der Kundmachung am 23. 12. 2020*
[6]) *Tag der Kundmachung am 30. 6. 2021*

2. COVID-19-JuBG

(Auszug)

BGBl I 2020/24 (4. COVID-19-Gesetz, Art 37) idF

1 BGBl I 2020/58 (Bundesgesetz, mit dem das Bundesgesetz betreffend Begleitmaßnahmen zu COVID-19 in der Justiz (1. COVID-19-Justiz-Begleitgesetz – 1. COVID-19-JuBG), das 2. Bundesgesetz betreffend Begleitmaßnahmen zu COVID-19 in der Justiz (2. COVID-19-Justiz-Begleitgesetz – 2. COVID-19-JuBG), die Rechtsanwaltsordnung, das Disziplinarstatut für Rechtsanwälte und Rechtsanwaltsanwärter und das Gesellschaftsrechtliche COVID-19-Gesetz geändert werden)
2 BGBl I 2020/113
3 BGBl I 2020/157
4 BGBl I 2021/48
5 BGBl I 2021/106

2. Bundesgesetz betreffend Begleitmaßnahmen zu COVID-19 in der Justiz (2. COVID-19-Justiz-Begleitgesetz – 2. COVID-19-JuBG)

III. Hauptstück

Insolvenzverfahren

Fristen im Insolvenzverfahren

§ 7. *(1) In Insolvenzverfahren ist § 1 1. COVID-19-JuBG, BGBl. I Nr. 16/2020 nicht anzuwenden. Durch diese Bestimmung bereits unterbrochene Fristen beginnen neu zu laufen; bei Berechnung einer Frist nach § 125 Abs. 1 ZPO wird der Tag nicht mitgerechnet, an dem das Bundesgesetzblatt, das die Verlautbarung dieses Bundesgesetzes enthält, herausgegeben und versendet wird.*

(2) Das Gericht kann verfahrensrechtliche Fristen in Insolvenzverfahren, deren fristauslösendes Ereignis in die Zeit nach Inkrafttreten dieses Bundesgesetzes fällt, von Amts wegen oder auf Antrag eines Beteiligten oder des Insolvenzverwalters mit Beschluss angemessen, höchstens um 90 Tage, verlängern.

(3) Die Fristen des § 11 Abs. 2 und der §§ 25a und 26a IO können nach Abs. 2 nur dann verlängert werden, wenn die Verlängerung geeignet ist, aufgrund einer in Aussicht stehenden Verbesserung der wirtschaftlichen Situation den Abschluss eines Sanierungsplans zu erreichen, dessen Erfüllung voraussichtlich möglich ist und der dem gemeinsamen Interesse der Insolvenzgläubiger entspricht. Die Verlängerung der Frist des § 11 Abs. 2 IO setzt überdies voraus, dass die Voraussetzungen des § 11 Abs. 2 IO erfüllt sind.

(4) Die Frist des § 170 Abs. 1 Z 3 IO beträgt 120 Tage.

(5) Vor der Entscheidung nach Abs. 3 ist der Absonderungsgläubiger, Aussonderungsberechtigte oder Vertragspartner einzuvernehmen.

(6) Ein Beschluss über die Verlängerung einer Frist ist in der Insolvenzdatei bekanntzumachen; er kann nicht angefochten werden.

Außer Kraft getreten am 30.6.2021 (§ 17 Abs 11).

Vgl BGBl II 2021/130 (3. COVID-19 Ziviljustiz-V) § 1 betreffend die Verlängerung der Frist des § 7 des 1. COVID-19-JuBG bis zum Ablauf des 30. Juni 2021.

Zustellungen in Insolvenzverfahren

§ 8. *Solange die Fristen gemäß § 1 Abs. 1 1. COVID-19-JuBG, BGBl. I Nr. 16/2020, unterbrochen sind, kann eine besondere Zustellung an Gläubiger unterbleiben; der wesentliche Inhalt des zuzustellenden Schriftstücks ist in der Insolvenzdatei bekanntzumachen; doch ist auch in diesem Fall, wenn es sich um Entscheidungen handelt, den Gläubigern, die es verlangen, eine Ausfertigung zuzustellen. § 75 Abs. 1 Z 1 IO ist nicht anzuwenden.*

Außer Kraft getreten am 31.12.2020 (§ 17 Abs 1).

Aussetzung der Insolvenzantragspflicht bei Überschuldung

§ 9. (1) Eine Verpflichtung des Schuldners, bei Überschuldung einen Antrag auf Eröffnung des Insolvenzverfahrens zu stellen, besteht nicht bei einer im Zeitraum von 1. März 2020 bis 31. Dezember 2021 eingetretenen Überschuldung. *(BGBl I 2020/113; BGBl I 2020/157; BGBl I 2021/106)*

(2) Während des in Abs. 1 genannten Zeitraums ist ein Insolvenzverfahren auf Antrag eines Gläubigers nicht zu eröffnen, wenn der Schuldner überschuldet, aber nicht zahlungsunfähig ist.

(3) Ist der Schuldner bei Ablauf des 31. Dezember 2021 überschuldet, so hat er die Eröffnung des Insolvenzverfahrens ohne schuldhaftes Zögern, spätestens aber innerhalb von 60 Tagen nach Ablauf des 31. Dezember 2021 oder 120 Tage nach Eintritt der Überschuldung, je nachdem

welcher Zeitraum später endet, zu beantragen. Unberührt bleibt die Verpflichtung des Schuldners, bei Eintritt der Zahlungsunfähigkeit die Eröffnung des Insolvenzverfahrens zu beantragen. *(BGBl I 2020/113; BGBl I 2020/157; BGBl I 2021/106)*

(4) Während des in Abs. 1 genannten Zeitraums entfällt die an die Überschuldung anknüpfende Haftung gemäß § 84 Abs. 3 Z 6 AktG.

Überbrückungskredite

§ 10. Die Gewährung eines Überbrückungskredits in der Höhe einer vom Kreditnehmer beantragten COVID-19-Kurzarbeitsbeihilfe gemäß § 37b AMSG während des Zeitraums, in dem die Verpflichtung des Schuldners, bei Überschuldung einen Antrag auf Eröffnung des Insolvenzverfahrens zu stellen, nach § 9 dieses Bundesgesetzes ausgesetzt ist, und dessen sofort nach Erhalt der Kurzarbeitsbeihilfe erfolgte Rückzahlung an den Kreditgeber unterliegen nicht der Anfechtung nach § 31 IO, wenn für den Kredit weder ein Pfand noch eine vergleichbare Sicherheit aus dem Vermögen des Kreditnehmers bestellt wurde und dem Kreditgeber bei Kreditgewährung die Zahlungsunfähigkeit des Kreditnehmers nicht bekannt war.

(BGBl I 2021/48)

Außer Kraft getreten am 31.12.2020 (§ 17 Abs 1).

Fassung des § 10 ab 1.1.2021, rückwirkend in Kraft getreten (BGBl I 2021/48)

Überbrückungskredite

§ 10. Die Gewährung eines Überbrückungskredits in der Höhe einer vom Kreditnehmer beantragten COVID-19-Kurzarbeitsbeihilfe gemäß § 37b AMSG während des Zeitraums, in dem die Verpflichtung des Schuldners, bei Überschuldung einen Antrag auf Eröffnung des Insolvenzverfahrens zu stellen, nach § 9 dieses Bundesgesetzes ausgesetzt ist, und dessen sofort nach Erhalt der Kurzarbeitsbeihilfe erfolgte Rückzahlung an den Kreditgeber unterliegen nicht der Anfechtung nach § 31 IO, wenn für den Kredit weder ein Pfand noch eine vergleichbare Sicherheit aus dem Vermögen des Kreditnehmers bestellt wurde und dem Kreditgeber bei Kreditgewährung die Zahlungsunfähigkeit des Kreditnehmers nicht bekannt war.

(BGBl I 2021/48)

Stundung der Zahlungsplanraten

*§ 11. (1) Ändert sich die Einkommens- und Vermögenslage des Schuldners aufgrund von Maßnahmen, die zur Verhinderung der Verbrei-*tung von COVID-19 getroffen werden, sodass er fällige Verbindlichkeiten des Zahlungsplans nicht erfüllen kann, so kann er vor Erhalt einer Mahnung oder binnen 14 Tagen nach Mahnung die Stundung der Verbindlichkeiten um eine Frist, die neun Monate nicht übersteigen darf, begehren.

(2) Das Gericht hat den wesentlichen Inhalt des Antrags in der Insolvenzdatei zu veröffentlichen und die Gläubiger zur Äußerung binnen 14 Tagen aufzufordern. Im Fall der Nichtäußerung ist Zustimmung anzunehmen. Die Aufforderung hat einen Hinweis auf diese Rechtsfolge zu enthalten.

(3) Die Stundung ist zu bewilligen, wenn die Mehrheit der stimmberechtigten Insolvenzgläubiger nach § 147 IO dem Antrag zustimmt oder wenn die Stundung nicht mit schweren persönlichen oder wirtschaftlichen Nachteilen eines der Stundung widersprechenden Gläubigers verbunden ist.

(4) Wenn der Antrag spätestens binnen 14 Tagen nach Mahnung durch den Gläubiger gestellt wird, lebt die Forderung erst mit Eintritt der Rechtskraft des die Stundung abweisenden Beschlusses wieder auf.

(5) Die Entscheidung über den Antrag ist in der Insolvenzdatei bekanntzumachen.

Außer Kraft getreten am 30.6.2021 (§ 17 Abs 11).

Erleichterter Sanierungsplan

§ 11a. (1) Die Zahlungsfristen nach § 141 Abs. 1 erster Satz und nach § 169 Abs. 1 Z 1 lit. a IO betragen jeweils drei Jahre.

(2) Abs. 1 gilt für Anträge auf Abschluss eines Sanierungsplans, die bis 31. Dezember 2021 eingebracht werden.

(BGBl I 2020/157)

IV. Hauptstück

Grundbücherliche Rangordnung

Verlängerung der Frist für die Ausnützung einer im Grundbuch angemerkten Rangordnung

§ 12. §§ 2 und 8 1. COVID-19-JuBG, BGBl. I Nr. 16/2020, gelten auch für die Frist für ein Gesuch um Eintragung eines Rechtes oder einer Löschung, für die eine Rangordnung angemerkt worden ist (§§ 55 und 56 Abs. 1 GBG).

Außer Kraft getreten am 31.12.2020 (§ 17 Abs 1).

V. Hauptstück
Eigenkapitalersatzrecht

Kredite nach dem Eigenkapitalersatz-Gesetz

§ 13. Ein Kredit im Sinne des § 1 EKEG liegt nicht vor, wenn ein Geldkredit nach Inkrafttreten[*] dieses Bundesgesetzes bis zum Ablauf des 31. Jänner 2021 für nicht mehr als 120 Tage gewährt und zugezählt wird und für den die Gesellschaft weder ein Pfand noch eine vergleichbare Sicherheit aus ihrem Vermögen bestellt hat.

[*] Inkrafttreten am 15.10.2020, Außerkrafttreten am 31.1.2020

VI. Hauptstück
Gebührenrecht

Aussetzung von Gebührenerhöhungen

§ 14. Eine Erhöhung der in § 31a Gerichtsgebührengesetz (GGG), BGBl. Nr. 501/1984, genannten Gebühren und Beträge ist bis zum Ablauf des 31. Dezember 2020 auszusetzen. Erst wenn die von der Bundesanstalt Statistik Österreich veröffentlichte endgültige Indexzahl für den Monat Dezember 2020 oder für einen späteren Monat um mehr als 5 vH über der für März 2017 veröffentlichten Indexzahl liegt, hat eine Neufestsetzung um das Ausmaß der Steigerung stattzufinden, wobei die neuen Beträge ab dem der Veröffentlichung der endgültigen Indexzahl drittfolgenden Monatsersten gelten.

Außer Kraft getreten am 31.12.2020 (§ 17 Abs 1)

Gebührenfreiheit für bestimmte Unterhaltsvorschussentscheidungen

§ 15. Abweichend von § 24 Unterhaltsvorschussgesetz 1985 (UVG), BGBl. Nr. 451/1985, ist für Entscheidungen über die Gewährung von Vorschüssen nach § 7 1. COVID-19-JuBG, BGBl. I Nr. 16/2020, keine Pauschalgebühr zu entrichten. Soweit vor dem Inkrafttreten dieses Bundesgesetzes in einem Beschluss über die Bewilligung solcher Vorschüsse nach § 13 Abs. 1 Z 6 UVG bereits die Zahlungspflicht für eine Pauschalgebühr ausgesprochen wurde, tritt diese von Gesetzes wegen außer Kraft; bereits bezahlte Beträge sind insoweit zurückzuzahlen.

Gebührenfreiheit für bestimmte Pfandrechtseintragungen

§ 16. (1) Pfandrechtseintragungen zur Besicherung von Darlehen, die ausschließlich zur Erhaltung der Zahlungsfähigkeit und Überbrückung von Liquiditätsschwierigkeiten von Unternehmen im Zusammenhang mit der COVID-19-Pandemie und den dadurch verursachten wirtschaftlichen Auswirkungen aufgenommen werden, sind von den Gerichtsgebühren befreit, sofern der Antrag, mit dem die Eintragung begehrt wird, noch vor dem 1. Juli 2020 bei Gericht eingelangt ist. Der Zusammenhang mit der COVID-19-Pandemie ist durch die Vorlage einer Besicherung der Austria Wirtschaftsservice GmbH (AWS) oder der Österreichischen Hotel- und Tourismusbank GmbH (ÖHT) oder auf sonst geeignete Weise zu bescheinigen.

(2) Abs. 1 gilt auch für Pfandrechtseintragungen, die vor dem Inkrafttreten dieser Bestimmung beantragt wurden.

Außer Kraft getreten am 31.12.2020 (§ 17 Abs 1)

VII. Hauptstück
Inkrafttreten und Außerkrafttreten

§ 17. (1) Dieses Bundesgesetz tritt, sofern in den folgenden Absätzen nicht anderes angeordnet ist, mit Ablauf des Tages der Kundmachung[1] in Kraft und mit Ablauf des 31. Dezember 2020 außer Kraft.

(2) Die §§ 1 bis 5 treten mit 1. April 2020 in Kraft. Die §§ 1, 3 und 4 treten mit Ablauf des 30. Juni 2022 außer Kraft. § 5 tritt mit Ablauf des 31. Dezember 2020 außer Kraft. Für § 2 gilt die Regelung des Abs. 1 über das Außerkrafttreten nicht.

(3) Ungeachtet des Abs. 8 über das Außerkrafttreten ist § 11 anzuwenden, wenn der Antrag auf Stundung vor dem Außerkrafttreten bei Gericht eingelangt ist. *(BGBl I 2020/157)*

(4) § 2 Abs. 1, § 2 Abs. 6, § 9 Abs. 1, § 9 Abs. 3 sowie § 13 in der Fassung des Bundesgesetzes BGBl. I Nr. 58/2020 treten mit Ablauf des Tages der Kundmachung[2] dieses Bundesgesetzes in Kraft. *(BGBl I 2020/58)*

(5) § 2 Abs. 1, § 2 Abs. 6, § 9 Abs. 1, § 9 Abs. 3 sowie § 13 in der Fassung des Bundesgesetzes BGBl. I Nr. 113/2020 treten mit Ablauf des Tages der Kundmachung[3] dieses Bundesgesetzes in Kraft. *(BGBl I 2020/113)*

(6) § 13 in der Fassung des Bundesgesetzes BGBl. I Nr. 113/2020 tritt mit Ablauf des 31. Jänner 2021 außer Kraft. *(BGBl I 2020/113; BGBl I 2020/157)*

(7) §§ 1, 9, 11a samt Überschrift und § 17 Abs. 3 und 6 in der Fassung des Bundesgesetzes

BGBl. I Nr. 157/2020 treten mit Ablauf des Tages der Kundmachung[4] dieses Bundesgesetzes in Kraft. *(BGBl I 2020/157)*

(8) §§ 6, 7 und 11 treten mit 30. Juni 2021 außer Kraft. §§ 11a und 15 treten mit Ablauf des 31. Dezember 2021 außer Kraft. *(BGBl I 2020/157;BGBl I 2021/106)*

(9) § 9 in der Fassung des Bundesgesetzes BGBl. I Nr. 48/2021 tritt mit Ablauf des Tages der Kundmachung dieses Bundesgesetzes in Kraft. § 10 in der Fassung des Bundesgesetzes BGBl. I Nr. 48/2021 tritt am 1. Jänner 2021 in Kraft. *(BGBl I 2021/48)*

(10) Für das Außerkrafttreten der §§ 9 und 10 gilt Abs. 1 nicht. *(BGBl I 2021/48)*

(11) § 17 Abs. 8 in der Fassung des Bundesgesetzes BGBl. I Nr. 106/2021 tritt mit Ablauf des Tages der Kundmachung[5] dieses Bundesgesetzes in Kraft. *(BGBl I 2020/157; BGBl I 2021/106)*

---

[1] *Tag der Kundmachung: 4. 4. 2020*
[2] *Tag der Kundmachung: 2. 7. 2020*
[3] *Tag der Kundmachung: 14.10.2020*
[4] *Tag der Kundmachung: 23. 12. 2020*
[5] *Tag der Kundmachung: 30. 6. 2021*

1. COVID-19 Ziviljustiz-VO

BGBl II 2020/163 idF

1 BGBl II 2020/617

Mit Ablauf des 31. Dezember 2020 bzw. 30. Juni 2021 außer Kraft getreten.

Verordnung der Bundesministerin für Justiz, mit der besondere Vorschriften für die Einbringung von Eingaben bei Gericht erlassen werden (1. COVID-19 Ziviljustiz-VO)

Aufgrund des § 8 Abs. 2 des Bundesgesetzes betreffend Begleitmaßnahmen zu COVID-19 in der Justiz, BGBl. I Nr. 16/2020, in der Fassung des 4. COVID-19-Gesetzes, BGBl. I Nr. 24/2020, wird verordnet:

§ 1. (1) *(mit Ablauf des 31.12.2020 außer Kraft getreten: § 2 Abs 1) Siehe nun § 17 Abs 4 Tuberkulosegesetz.*

(2) *Ein Antrag auf Erlassung einer einstweiligen Verfügung nach §§ 382b und 382e der Exekutionsordnung – EO, RGBl. Nr. 79/1896, kann von einer Person, die mit Bescheid der Bezirksverwaltungsbehörde nach § 7 Epidemiegesetz 1950 in der Wohnung angehalten wird und nicht anwaltlich vertreten ist, während eines aufrechten Betretungs- und Annäherungsverbots (§ 38a Sicherheitspolizeigesetzes – SPG; BGBl. Nr. 566/1991) auch einem Organ des öffentlichen Sicherheitsdienstes übergeben werden. Die Übergabe des Antrags an das Organ des öffentlichen Sicherheitsdienstes ist innerhalb von zwei Wochen nach Anordnung des Betretungs- und Annäherungsverbots zu ermöglichen und gilt gleichzeitig als Verständigung nach § 38a Abs. 10 SPG. Der Antrag gilt mit dem Zeitpunkt der Übergabe als bei Gericht eingebracht. Er ist vom Organ des öffentlichen Sicherheitsdienstes dem zuständigen Gericht unverzüglich zu übermitteln; die Übermittlung hat tunlichst im Wege des Elektronischen Rechtsverkehrs zu erfolgen. Dem Antrag ist die Dokumentation des Betretungs- und Annäherungsverbots (§ 38a Abs. 6 SPG) anzuschließen.*

Mit Ablauf des 30.6.2021 außer Kraft getreten.

(3) *Anträge auf Erlassung einer einstweiligen Verfügung nach §§ 382b, 382e und 382g EO sowie weitere Schriftsätze in diesem Verfahren, ausgenommen Rechtsbehelfe und Rechtsmittel, können auch durch eine geeignete Opferschutzeinrichtung (§ 25 Abs. 3 SPG) im Namen der betroffenen Person eingebracht werden, wenn die Opferschutzeinrichtung von der nicht anwaltlich vertretenen betroffenen Person hiezu bevollmächtigt wurde. Die Opferschutzeinrichtung kann sich auf die erteilte Vollmacht berufen und, wenn sie nicht am Elektronischen Rechtsverkehr teilnimmt,* den Antrag und die Schriftsätze nach vorheriger telefonischer Kontaktaufnahme mit dem Gericht auch mit E-Mail einbringen.
(BGBl II 2020/617)
Mit Ablauf des 30.6.2021 außer Kraft getreten.

Fassung des Abs 1 bis 31.12.2020:

(1) *Anträge auf Überprüfung der Rechtmäßigkeit einer aufrechten Freiheitsbeschränkung aufgrund von COVID-19 können gemäß § 7 Abs. 1a des Epidemiegesetzes 1950, BGBl. Nr. 186/1950, von einer Person, die mit Bescheid der Bezirksverwaltungsbehörde nach § 7 Epidemiegesetz 1950 in der Wohnung angehalten wird und nicht anwaltlich vertreten ist, nach vorheriger telefonischer Kontaktaufnahme mit dem Gericht auch mit E-Mail an die vom Gericht bekanntgegebene E-Mail-Adresse eingebracht werden. Dem Antrag ist eine Abbildung eines Identitätsnachweises sowie des die Anhaltung aussprechenden Bescheides anzuschließen. Zustellungen durch das Gericht können an die E-Mail-Adresse des Absenders erfolgen. Die Zustellung gilt als am ersten Werktag nach der Versendung bewirkt, wobei der Karfreitag und Samstage nicht als Werktage gelten.*

Stammfassung des § 1 Abs 3 Satz 1 (bis 28.12.2020):

Für die Dauer von Einschränkungen der Bewegungsfreiheit aufgrund von COVID-19 können in den betroffenen Gebieten eine Antrag auf Erlassung einer einstweiligen Verfügung nach §§ 382b, 382e und 382g EO sowie weitere Schriftsätze in diesem Verfahren, ausgenommen Rechtsbehelfe und Rechtsmittel, auch durch eine geeignete Opferschutzeinrichtung (§ 25 Abs. 3 SPG) im Namen der betroffenen Person eingebracht werden, wenn die Opferschutzeinrichtung von der nicht anwaltlich vertretenen betroffenen Person hiezu bevollmächtigt wurde.

§ 2. (1) *Diese Verordnung tritt mit Ablauf der Kundmachung folgenden Tages in Kraft[1] und tritt, soweit im Folgenden nichts anderes bestimmt wird[2], mit Ablauf des 31. Dezember 2020 außer Kraft.*

(2) *§ 1 Abs. 3 in der Fassung BGBl. II Nr. 617/2020 tritt mit dem der Kundmachung[3] folgenden Tag in Kraft.*

(3) *§ 1 Abs. 2 und 3 tritt mit Ablauf des 30. Juni 2021 außer Kraft.*

(BGBl II 2020/617)

---

[1] *Tag der Kundmachung: 1. 7. 2020*
[2] *Nach dieser Formulierung wäre der gesamte § 2 am 31.12.2020 außer Kraft getreten, was offenbar nicht gemeint war.*
[3] *Tag der Kundmachung: 28. 12. 2020*

KODEX

DES ÖSTERREICHISCHEN RECHTS
SAMMLUNG DER ÖSTERREICHISCHEN BUNDESGESETZE

VERFASSUNGS-RECHT

LexisNexis·

KODEX

DES ÖSTERREICHISCHEN RECHTS
SAMMLUNG DER ÖSTERREICHISCHEN BUNDESGESETZE

BÜRGERLICHES RECHT

LexisNexis·

KODEX

DES ÖSTERREICHISCHEN RECHTS
HERAUSGEBER: UNIV.-PROF. DR. WERNER DORALT

UNTERNEHMENS-RECHT

LexisNexis·

KODEX

DES ÖSTERREICHISCHEN RECHTS
SAMMLUNG DER ÖSTERREICHISCHEN BUNDESGESETZE

ZIVIL-GERICHTLICHES VERFAHREN

LexisNexis·

Jurisdiktionsnorm

1/1. Gesetz vom 1. 8. 1895, betreffend die Einführung des Gesetzes über die Ausübung der Gerichtsbarkeit und Zuständigkeit der ordentlichen Gerichte in bürgerlichen Rechtssachen (EGJN)
RGBl 1895/110, zuletzt novelliert

BGBl 1983/135	BGBl 1991/10	BGBl I 1997/140
BGBl I 2003/31	BGBl I 2006/7 (SchiedsRÄG 2006)	
BGBl I 2010/58 (IRÄ-BG)		

1/2. Gesetz vom 1. 8. 1895 über die Ausübung der Gerichtsbarkeit und die Zuständigkeit der ordentlichen Gerichte in bürgerlichen Rechtssachen (JN)
RGBl 1895/111, zuletzt novelliert

BGBl 1983/135	BGBl 1985/70	BGBl 1985/104
BGBl 1986/71	BGBl 1988/233	BGBl 1988/291
BGBl 1989/343	BGBl 1991/10	BGBl 1992/275
BGBl 1992/756	BGBl 1993/91	BGBl 1993/458
BGBl 1996/262	BGBl 1996/304	BGBl I 1997/140
BGBl I 2000/135	BGBl I 2001/98	BGBl I 2003/112
BGBl I 2003/114	BGBl I 2004/128	BGBl I 2004/151
BGBl I 2005/120	BGBl I 2006/103 (PuG)	BGBl I 2009/30 (ZVN 2009)
BGBl I 2009/52 (BudgetbegleitG 2009)		BGBl I 2009/75 (FamRÄG 2009)
BGBl I 2009/135	BGBl I 2010/58 (IRÄ-BG)	
BGBl I 2010/111 (BudgetbegleitG 2011)		BGBl I 2012/35
BGBl I 2013/126	BGBl I 2013/158 (ErwSchG)	
BGBl I 2014/78	BGBl I 2015/87 (ErbRÄG 2015)	
BGBl I 2017/59 (2. ErwSchG)		BGBl I 2017/130 (KindRückG)
BGBl I 2018/32	BGBl I 2019/61	BGBl I 2020/148 (HiNBG)

1. JN

Gliederung

Stichwortverzeichnis

Stichwortverzeichnis

Stichwortverzeichnis

Stichwortverzeichnis

Stichwortverzeichnis

1. JN

Stichwortverzeichnis

Einführungsgesetz zur Jurisdiktionsnorm

RGBl 1895/110 idF

1 RGBl 1914/118	**9** RGBl 1971/217 (VfGH)
2 StGBl 1919/95	**10** BGBl 1983/135
3 BGBl 1932/6	**11** BGBl 1991/10
4 BGBl 1949/20	**12** BGBl I 1997/140
5 BGBl 1954/71	**13** BGBl I 2003/31
6 BGBl 1955/282	**14** BGBl I 2006/7 (SchiedsRÄG 2006)
7 BGBl 1958/23	**15** BGBl I 2010/58 (IRÄ-BG)
8 BGBl 1970/342	

Gesetz vom 1. 8. 1895, betreffend die Einführung des Gesetzes über die Ausübung der Gerichtsbarkeit und die Zuständigkeit der ordentlichen Gerichte in bürgerlichen Rechtssachen (Jurisdiktionsnorm), RGBl 1895/110, (EGJN)

Art. I. (1) Das Gesetz über die Ausübung der Gerichtsbarkeit und die Zuständigkeit der ordentlichen Gerichte in bürgerlichen Rechtssachen (Jurisdiktionsnorm) tritt gleichzeitig mit dem Gesetze über das gerichtliche Verfahren in bürgerlichen Rechtsstreitigkeiten (Zivilprozeßordnung) in Wirksamkeit.[1]

(2) Mit demselben Tage verlieren, soweit dieses Gesetz oder die Jurisdiktionsnorm nicht eine Ausnahme enthält, alle in anderen gesetzlichen Vorschriften enthaltenen Bestimmungen über Gegenstände, welche in der Jurisdiktionsnorm geregelt sind, ihre Wirksamkeit.

---
[1] *1. 1. 1898*

Art. II bis V. *(gegenstandslos bzw aufgehoben, BGBl 1949/20)*

Art. VI. Unberührt bleiben:
1. bis 6. *(gegenstandslos bzw aufgehoben, BGBl 1949/20)*

Art. VII. *(aufgehoben, BGBl I 2010/58)*

Art. VIII. Desgleichen bleiben unberührt:
1. *(gegenstandslos)*
2. *(aufgehoben, BGBl 1932/6)*
3. die [Vorschriften über die Gerichtsbarkeit der inländischen Gerichte in Ansehung der Nachlässe von Ausländern, insbesondere die Vorschriften der §§ 22 bis 25 und 140 des kaiserlichen Patentes vom 9. August 1854, RGBl. Nr. 208, ferner die über die Zuständigkeit in Vormundschafts- und Kuratelangelegenheiten der Ausländer in anderen Vorschriften enthaltenen

Bestimmungen sowie die] in Staatsverträgen enthaltenen Bestimmungen über das Verlassenschafts- und Pflegschaftswesen;

4. *(gegenstandslos, BGBl 1954/71)*

5. *(gegenstandslos, BGBl 1991/10)*

6. die Vorschriften [gegenstandslos] über die Mitwirkung der Gerichte in Angelegenheiten des Notariatswesens;

7. *(gegenstandslos, BGBl 1958/23)*

Art. IX. (1) Die Vorschriften der Jurisdiktionsnorm haben auch auf bürgerliche Rechtssachen Anwendung zu finden, welche nach Völkerrecht der inländischen Gerichtsbarkeit unterstellt und nicht durch gesetzliche Vorschriften der Gerichtsbarkeit der ordentlichen Gerichte entzogen sind.

(2) Die inländische Gerichtsbarkeit erstreckt sich auf Personen, die nach Völkerrecht Immunität genießen, wenn und insofern sie sich den inländischen Gerichten freiwillig unterwerfen oder die Rechtssache ihre im Inland gelegenen unbeweglichen Güter oder ihre dinglichen Rechte an inländischen Liegenschaften anderer Personen zum Gegenstand hat.

(3) Wenn es zweifelhaft ist, ob die inländische Gerichtsbarkeit über eine Immunität genießende Person begründet oder die Immunität zugunsten einer Person anerkannt ist, so hat das Gericht hierüber die Erklärung des Bundesministeriums für Justiz einzuholen.

(BGBl I 1997/140)

Art. X. Als Inland im Sinne der Jurisdiktionsnorm gilt das Gebiet der Republik Österreich. Personen, welche in diesem Gebiete das Staatsbürgerrecht nicht genießen, sind in Bezug auf die Vorschriften der Jurisdiktionsnorm als Ausländer anzusehen.

Art. XI. *(gegenstandslos, BGBl 1968/328)*

Art. XII. (1) *(aufgehoben, BGBl 1949/20)*

(2) *(aufgehoben, BGBl I 2003/31, Art III Z 5, mit Inkrafttreten der EO-Novelle 2003 am 1. 1. 2004)*

ist dies auf die in den §§ 81, 83 und 117 der Jurisdiktionsnorm bezeichneten Angelegenheiten zu beziehen.

Art. XIII. *(aufgehoben, BGBl I 2006/7)*

Art. XIV. Die bezirksgerichtlichen Rechtssachen, die zufolge § 79 der Jurisdiktionsnorm bei einem Gerichtshofe erster Instanz angebracht werden müssen oder gemäß § 94 Abs. 2 der Jurisdiktionsnorm angebracht werden können, sind nach den für das Verfahren vor den Gerichtshöfen erster Instanz geltenden Bestimmungen zu erledigen. Es bleiben jedoch für die Verhandlung und Entscheidung die §§ 448 bis 459 ZPO maßgebend; die Verhandlung und Entscheidung ist vom Personalsenat einem Mitglied des Gerichtshofs als Einzelrichter zu übertragen; die Parteien sind nicht verpflichtet, sich bei dieser Verhandlung durch Rechtsanwälte vertreten zu lassen. *(BGBl 1983/135)*

(RGBl 1914/118)

Art. XV. Wenn in Gesetzen und Verordnungen, die durch das Inkrafttreten der Jurisdiktionsnorm nicht berührt werden, auf Rechtssachen der Realgerichtsbarkeit Bezug genommen wird, so

Art. XVI. *(aufgehoben, BGBl 1970/342)*

Art. XVII. *(aufgehoben, BGBl 1955/282)*

Art. XVIII. Die Empfangnahme eines nach den Bestimmungen des bürgerlichen Rechtes gemachten gerichtlichen Erlages kann von keinem ordentlichen Gerichte aus dem Grunde der Unzuständigkeit zurückgewiesen werden.

Art. XIX bis XXIII. *(gegenstandslos)*

Art. XXIV. (1) Mit dem Vollzuge dieses Gesetzes ist das Bundesministerium für Justiz beauftragt.

(2) Dasselbe hat alle zur Einführung und Durchführung des gegenwärtigen Gesetzes und der Jurisdiktionsnorm erforderlichen Anordnungen, und zwar insoweit dieselben den Wirkungskreis anderer Bundesministerien berühren, im Einvernehmen mit diesen zu erlassen.

Jurisdiktionsnorm

Gesetz vom 1. August 1895 über die Ausübung der Gerichtsbarkeit und die Zuständigkeit der ordentlichen Gerichte in bürgerlichen Rechtssachen (Jurisdiktionsnorm - JN)

(BGBl I 2004/128, Kurztitel eingefügt)

Erster Teil

Von der Gerichtsbarkeit im allgemeinen

Erster Abschnitt

Gerichte und gerichtliche Organe

Ordentliche Gerichte

§ 1. Die Gerichtsbarkeit in bürgerlichen Rechtssachen wird, soweit dieselben nicht durch besondere Gesetze vor andere Behörden oder Organe verwiesen sind, durch Bezirksgerichte, Bezirksgerichte für Handelssachen, Landesgerichte, Handelsgerichte, durch Oberlandesgerichte und durch den Obersten Gerichtshof (ordentliche Gerichte) ausgeübt.

(BGBl 1993/91)

Seegerichtsbarkeit besteht nicht mehr (vgl § 51 Abs. 2 Z 11).

Instanzenverhältnis der Gerichte

§ 2. (1) In erster Instanz sind zur Ausübung dieser Gerichtsbarkeit die Bezirksgerichte, die Landesgerichte und die Handelsgerichte berufen. *(BGBl 1983/135; BGBl 1993/91)*

(2) Besondere Bezirksgerichte für Handelssachen werden zur Ausübung der Gerichtsbarkeit in Handelssachen an allen Orten errichtet, in welchen ein selbständiges Handelsgericht besteht. Durch Verordnung können auch an anderen Orten solche Bezirksgerichte für Handelssachen errichtet werden.

§ 3. (1) Der Rechtszug gegen Urteile und Beschlüsse der Bezirksgerichte (Berufung, Rekurs) geht in zweiter Instanz an die Landesgerichte. Im Sprengel eines selbständigen Handelsgerichts geht aber der Rechtszug gegen Urteile und Beschlüsse eines besonderen Bezirksgerichtes für Handelssachen und gegen die in Ausübung der Gerichtsbarkeit in Handelssachen gefällten, entsprechend bezeichneten (§ 446 ZPO) Urteile eines anderen Bezirksgerichtes an das Handelsgericht. *(BGBl 1933/554; BGBl 1983/135; BGBl 1993/91)*

(2) In dritter Instanz hat über Rechtsmittel gegen Urteile und Beschlüsse der Bezirksgerichte (Revision, Rekurs) der Oberste Gerichtshof zu entscheiden.

§ 4. Gegen die in erster Instanz von den Landesgerichten, sowie von den Handelsgerichten gefällten Urteile und Beschlüsse geht der Rechtszug in zweiter Instanz (Berufung, Rekurs) an die Oberlandesgerichte, und in dritter Instanz (Revision, Rekurs) an den Obersten Gerichtshof. *(BGBl 1993/91)*

Ausübung der Gerichtsbarkeit bei den ordentlichen Gerichten

§ 5. (1) Bei den Bezirksgerichten wird die Gerichtsbarkeit durch einen oder mehrere Einzelrichter ausgeübt.

(2) bis (4) *(aufgehoben, BGBl 1921/422)*

§ 6. *(aufgehoben, BGBl 1921/422)*

§ 7. (1) Bei den Landes- und Handelsgerichten wird die Gerichtsbarkeit in bürgerlichen Rechtssachen, sofern nicht andere Vorschriften Abweichendes anordnen, in erster und in zweiter Instanz durch Senate ausgeübt, die aus einem Vorsitzenden und zwei Mitgliedern bestehen. *(BGBl 1983/135; BGBl 1993/91)*

(2) Soweit die Senate der selbständigen Handelsgerichte und die Senate der Landesgerichte in Handelssachen (Handelssenate) über bürgerliche Rechtsstreitigkeiten in erster Instanz und über Berufungen gegen die in Ausübung der Gerichtsbarkeit in Handelssachen gefällten Urteile der Bezirksgerichte nach den Vorschriften der §§ 480 bis 500 ZPO in zweiter Instanz entscheiden, wird die Stelle eines Mitglieds durch einen fachmännischen Laienrichter aus dem Handelsstand versehen. In allen anderen Fällen sind die Senate der Landes- und Handelsgerichte mit Richtern besetzt.

(BGBl 1993/91)

Vgl §§ 9, 37, 180 ff, 230 ZPO, § 37 GOG, §§ 10 ff ASGG, § 30 (2) KSchG.

§ 7a. (1) In Rechtsstreitigkeiten über vermögensrechtliche Ansprüche, die vor die Gerichtshöfe erster Instanz gehören, entscheidet ein Mitglied des Gerichts als Einzelrichter nach den Vorschriften für das Verfahren vor den Gerichtshöfen erster Instanz.

(2) Übersteigt jedoch der Wert des Streitgegenstands an Geld oder Geldeswert (§§ 54 bis 60) den Betrag von 100 000 Euro, so entscheidet der Senat, wenn dies eine der Parteien beantragt; diesen Antrag hat der Kläger in der Klage, der Beklagte in der Klagebeantwortung zu stellen; wird der Streitwert erst nachträglich über diesen Betrag erweitert, so kann der Antrag nicht mehr gestellt werden. Wird nachträglich der Streitwert vor dem Schluß der mündlichen Streitverhandlung auf oder unter diesen Betrag eingeschränkt oder der Antrag auf Senatsbesetzung mit Zustimmung

des Gegners bis zu diesem Zeitpunkt zurückgezogen, so tritt an die Stelle des Senats der Vorsitzende oder das sonst in der Geschäftsverteilung bestimmte Mitglied dieses Senats. *(BGBl I 1997/140; BGBl I 2009/52)*

(3) In Angelegenheiten der außerstreitigen Gerichtsbarkeit, über Anträge auf Erlassung von Zahlungsaufträgen im Mandatsverfahren und im Verfahren in Wechselstreitigkeiten, ferner über die Bestätigung der Vollstreckbarkeit und ihre Aufhebung sowie über Anträge auf Exekutionsbewilligung entscheidet beim Gerichtshof in erster Instanz jedenfalls der Einzelrichter. *(BGBl 1991/10; BGBl I 2004/128)*

(4) Besondere Vorschriften, die die Entscheidung des Gerichtshofs erster Instanz durch den Senat vorsehen, bleiben durch die in den Abs. 1 und 2 getroffene Regelung unberührt.

(BGBl 1983/135)

Vgl §§ 388 EO, 253 Abs 1, 263 Z 1 IO, 11ff ASGG

§ 8. (1) Bei den Oberlandesgerichten wird die Gerichtsbarkeit in bürgerlichen Rechtssachen, sofern nicht durch die Vorschriften über die innere Einrichtung und die Geschäftsordnung der Gerichte etwas anderes angeordnet ist,[1] in Senaten von drei Richtern ausgeübt, von denen einer den Vorsitz führt. *(BGBl 1922/743)*

(2) Soweit die Oberlandesgerichte über Berufungen gegen die in Ausübung der Gerichtsbarkeit in Handelsrechtssachen gefällten Urteile der Landes- und Handelsgerichte nach den Vorschriften der §§ 480 bis 500 ZPO entscheiden, wird die Stelle eines Mitgliedes des Berufungssenates durch einen fachmännischen Laienrichter aus dem Handelsstande versehen.[2] *(BGBl 1933/346; BGBl 1983/135; BGBl 1993/91)*

(3) In welcher Art die Gerichtsbarkeit in bürgerlichen Rechtssachen bei dem Obersten Gerichtshofe auszuüben ist, wird durch ein besonderes Statut bestimmt.[3]

---

[1] *Vgl §§ 37 GOG.*
[2] *Vgl aber § 30 (2) KSchG.*
[3] *OGHG (BGBl 1968/328, abgedruckt unter 5.).*

§ 8a. Bei den Landes- und Handelsgerichten sowie den Oberlandesgerichten entscheidet über Rechtsmittel gegen Entscheidungen über die Gebühren der Sachverständigen und Dolmetscher der Einzelrichter.

(BGBl I 2010/111)

Fassung des § 11 1.COVID-19-Ju-BG (BGBl I 2020/16) vom 22.3.2020 bis 31.12.2020

Beratungen und Abstimmungen

§ 11. In allen Angelegenheiten, die von den ordentlichen Gerichten oder vom Bundesverwaltungsgericht in nicht öffentlicher Sitzung zu entscheiden sind, kann der Vorsitzende die Beratung und Abstimmung im Umlaufweg anordnen. Auf Antrag nur eines Senatsmitglieds ist eine Senatssitzung anzuberaumen. *(BGBl I 2020/16)*

Beratung und Abstimmung

§ 9. (1) Bei den vor Gerichtshöfen stattfindenden Verhandlungen in bürgerlichen Rechtssachen und bei allen in solchen Rechtssachen vorkommenden, dem Gerichte vorbehaltenen Entscheidungen darf die Zahl der Stimmführer in den Senaten mit Einschluß des Vorsitzenden nicht kleiner sein, als sie in den §§ 7 und 8 festgesetzt ist.

(2) Zu Verhandlungen von längerer Dauer können vom Vorsitzenden Ergänzungsrichter zugezogen werden, welche an der Verhandlung teilnehmen und im Falle der Verhinderung eines Mitgliedes des Senates einzutreten haben.

§ 10. (1) Der Vorsitzende leitet die Abstimmung, sowie die der Abstimmung etwa vorausgehende Beratung.

(2) Der Berichterstatter, wenn ein solcher bestellt ist, gibt seine Stimme zuerst, der Vorsitzende, welcher sich an der Abstimmung gleich jedem anderen Senatsmitgliede zu beteiligen hat, gibt die seine zuletzt ab. Außerdem stimmen die dem Dienstrange nach älteren Richter vor den jüngeren. Der fachmännische Laienrichter hat seine Stimme unmittelbar nach dem Berichterstatter, und wenn kein solcher bestellt ist, vor den übrigen Senatsmitgliedern abzugeben.

§ 11. (1) Kein Richter darf die Abstimmung über eine zur Beschlußfassung gestellte Frage verweigern; dies gilt namentlich auch dann, wenn er bei der Abstimmung über eine Vorfrage in der Minderheit geblieben ist.

(2) Über die Zuständigkeit des Gerichtes, über die Notwendigkeit von Ergänzungen des Verfahrens und andere Vorfragen muß immer zuerst abgestimmt werden. Ist bei der Entscheidung der Hauptsache über mehrere Ansprüche zu erkennen, so muß über jeden einzelnen Anspruch besonders abgestimmt werden.

§ 12. (1) Zu jedem Beschlusse des Gerichtes wird absolute Stimmenmehrheit, das ist mehr als die Hälfte sämtlicher Stimmen, erfordert.

(2) Ergeben sich hiebei Schwierigkeiten, welche durch Teilung der Fragen und Wiederholung der Umfrage nicht behoben werden, so hat der Vorsitzende die Frage, über welche Beschluß zu fassen ist, in die einzelnen, für die Entscheidung

erheblichen Punkte aufzulösen und durch Einleitung besonderer Abstimmungen über dieselben in geeigneter Weise die Vereinigung der Stimmen zu einem Mehrheitsbeschluß über den zur Verhandlung stehenden Gegenstand herbeizuführen.

(3) Bilden sich in Beziehung auf Summen, über welche Beschluß zu fassen ist, mehr als zwei Meinungen, deren keine die Mehrheit für sich hat, so werden die für die größte Summe abgegebenen Stimmen den für die zunächst geringere Summe abgegebenen so lange hinzugezählt, bis sich eine absolute Stimmenmehrheit ergibt.

§ 13. Über Meinungsverschiedenheiten, welche über die Richtigkeit des vom Vorsitzenden bekanntgegebenen Ergebnisses einer Abstimmung entstehen, entscheidet der Senat.

§ 14. Die Aufzeichnungen über die Beratung und Abstimmung des Gerichtes sind in ein besonderes Protokoll aufzunehmen. Dessen Führung wird durch die über die innere Einrichtung und Geschäftsordnung der Gerichte erlassenen Vorschriften geregelt.[1]

---
[1] *Vgl §§ 120f Geo.*

Schriftführer

§ 15. Die zur Führung der Protokolle bei Verhandlungen und anderen gerichtlichen Amtshandlungen verwendeten Personen müssen hiezu beeidigt sein.[1]

---
[1] *Die Angelobung als Rechtspraktikant ersetzt den Schriftführereid (§ 4 Abs 2 RPG, BGBl 1987/644).*

Gerichtskanzlei

§ 16. Bei jedem Gerichte besteht eine Gerichtskanzlei. Dieser obliegt die Übernahme der an das Gericht gelangenden Akten, die Ausfertigung der gerichtlichen Entscheidungen und sonstigen Erledigungen, die Bewirkung der Zustellungen und Ladungen und die Verwahrung der gerichtlichen Akten, sowie die Vornahme aller anderen ihr durch Gesetz oder Verordnung zugewiesenen Amtshandlungen.[1]

(BGBl 1929/222)

---
[1] *Vgl § 56 GOG, §§ 33ff Geo. Dort wird die Gerichtskanzlei als Geschäftsstelle bezeichnet.*

Vollstreckungsorgane

§ 17. (1) Zur Vornahme von Exekutionshandlungen können bei einzelnen Gerichten nach Maßgabe des Bedarfes besondere Vollstreckungsbeamte bestellt werden.

(2) Bei den Gerichten, für welche solche Vollstreckungsbeamte nicht bestellt sind, erfolgt die Vornahme der den Vollstreckungsorganen zugewiesenen Exekutionshandlungen durch andere durch das Gesetz hiezu berufene Organe.

§ 18. (1) Zu Vorstehern und leitenden Beamten der Gerichtskanzlei, sowie zu Vollstreckungsbeamten können nur solche Personen bestellt werden, welche die Mittelschulstudien zurückgelegt und den Besitz der für ihre amtliche Tätigkeit erforderlichen besonderen Kenntnisse durch eine mit gutem Erfolge abgelegte Prüfung nachgewiesen haben.[1] Die Vorschriften über die Gegenstände und die Einrichtung dieser Prüfung, sowie über die Zusammensetzung der Prüfungskommission sind im Verordnungswege zu erlassen. Diese Prüfung hat sich auch auf die zur Erfüllung des Amtes notwendigen Rechtskenntnisse zu erstrecken.

(2) *(gegenstandslos)*

---
[1] *Vgl §§ 29ff Geo.*

Zweiter Abschnitt

Ablehnung von Richtern und anderen gerichtlichen Organen[1]
[1] *Vgl § 22 GOG, § 7 RechtspflegerG, §§ 182f Geo.*

Ablehnung von Richtern

§ 19. Ein Richter kann in bürgerlichen Rechtssachen abgelehnt werden:

1. weil er im gegebenen Falle nach dem Gesetze von der Ausübung richterlicher Geschäfte ausgeschlossen ist;

2. weil ein zureichender Grund vorliegt, seine Unbefangenheit in Zweifel zu ziehen.

§ 20. (1) Richter sind von der Ausübung des Richteramtes in bürgerlichen Rechtssachen ausgeschlossen:

1. in Sachen, in welchen sie selbst Partei sind, oder in Ansehung deren sie zu einer der Parteien in dem Verhältnisse eines Mitberechtigten, Mitverpflichteten oder Regreßpflichtigen stehen;

2. in Sachen ihrer Ehegatten, ihrer eingetragenen Partner oder solcher Personen, welche mit ihnen in gerader Linie verwandt oder verschwägert sind, oder mit welchen sie in der Seitenlinie bis zum vierten Grade verwandt oder im zweiten Grade verschwägert sind sowie in Sachen ihrer Lebensgefährten oder solcher Personen, die mit diesen in gerader Linie oder in der Seitenlinie bis zum zweiten Grad verwandt sind; *(BGBl 1975/412; BGBl I 2009/75; BGBl I 2009/135)*

3. in Sachen ihrer Wahl- oder Pflegeeltern, Wahl- oder Pflegekinder und in Sachen der von ihnen vertretenen schutzberechtigten Personen; *(BGBl I 2009/30; BGBl I 2017/59, auf Verfahren*

anzuwenden, die nach dem 30. Juni 2018 anhängig werden)

4. in Sachen, in welchen sie als Bevollmächtigte einer der Parteien bestellt waren oder noch bestellt sind;

5. in Sachen, in welchen sie bei einem untergeordneten Gerichte an der Erlassung des angefochtenen Urteiles oder Beschlusses teilgenommen haben.[1]

(BGBl I 2009/75, Absatzbezeichnung (1) ab 1. 1. 2010)

(2) Der Richter ist in den unter Abs. 1 Z 2 und 3 angegebenen Fällen mit Rücksicht auf die dort bezeichneten Personen auch dann ausgeschlossen, wenn das Naheverhältnis zu diesen Personen nicht mehr besteht. *(BGBl I 2009/75, ab 1. 1. 2010)*

---

[1] *Für Nichtigkeits- u. Wiederaufnahmsklagen siehe § 537 ZPO.*

§ 21. (1) Das Ablehnungsrecht kann von jeder Partei ausgeübt werden, gleichviel ob nach Beschaffenheit der Verhältnisse die ablehnende Partei oder deren Gegner gefährdet erscheint.

(2) Eine Partei kann einen Richter wegen Besorgnis der Befangenheit nicht mehr ablehnen, wenn sie sich bei demselben, ohne den ihr bekannten Ablehnungsgrund geltend zu machen, in eine Verhandlung eingelassen oder Anträge gestellt hat.

§ 22. (1) Die Ablehnung ist bei dem Gerichte, welchem der abzulehnende Richter angehört, mittels Schriftsatzes oder mündlich zu Protokoll zu erklären. Dabei sind zugleich die Umstände genau anzugeben, welche die Ablehnung begründen.

(2) Über eine solche Erklärung hat sich der abgelehnte Richter zu äußern.

(3) Die wegen Besorgnis der Befangenheit ablehnende Partei hat die vom Richter bestrittenen Ablehnungsgründe glaubhaft zu machen. Wird ein Richter wegen Besorgnis der Befangenheit abgelehnt, nachdem die Partei vor der Ablehnung sich bereits in eine Verhandlung eingelassen oder Anträge gestellt hat, so ist von der Partei auch glaubhaft zu machen, daß der Ablehnungsgrund erst später entstanden oder ihr erst später bekannt geworden ist.

(4) Von der Partei behauptete Ausschließungsgründe sind stets von Amts wegen festzustellen.

§ 23. Über die Ablehnung entscheidet, falls der abgelehnte Richter einem Bezirksgerichte angehört, der Vorsteher des Bezirksgerichtes und, wenn dieser selbst, allein oder mit andern Richtern des Bezirksgerichtes, abgelehnt wird, das vorgesetzte Landes- oder Handelsgericht, falls der abgelehnte Richter einem Gerichtshofe ange-

hört, dieser Gerichtshof und, wenn dieser durch das Ausscheiden des abgelehnten Richters beschlußunfähig werden sollte, der zunächst übergeordnete Gerichtshof.

(BGBl 1933/346; BGBl 1993/91)

§ 24. (1) Über die Ablehnung wird ohne mündliche Verhandlung durch Beschluß entschieden, doch können vor der Beschlußfassung alle zur Aufklärung nötig erscheinenden Erhebungen und Einvernehmungen angeordnet werden.

(2) Gegen die Stattgebung der Ablehnung findet kein Rechtsmittel, gegen die Zurückweisung der Rekurs an das zunächst übergeordnete Gericht statt.

(BGBl 1933/346)

§ 25. Ein abgelehnter Richter hat bis zur rechtskräftigen Erledigung des Ablehnungsantrages alle Handlungen vorzunehmen, die keinen Aufschub gestatten; er hat ferner, wenn die Ablehnung offenbar unbegründet ist und die Absicht vermuten läßt, den Prozeß zu verschleppen, auch eine begonnene Verhandlung fortzusetzen, darf jedoch die Endentscheidung vor rechtskräftiger Zurückweisung der Ablehnung nicht fällen (§ 415 ZPO). Wird der Ablehnung stattgegeben, so sind die vom abgelehnten Richter vorgenommenen Prozeßhandlungen nichtig und, soweit erforderlich, aufzuheben.

(BGBl 1933/346)

Ablehnung anderer gerichtlicher Organe

§ 26. (1) Die Vorschriften über die Ablehnung von Richtern finden auch auf Schriftführer, Angestellte der Gerichtskanzlei und Vollstreckungsbeamte, sofern sie als Zustellungs-, Beurkundungs- oder Vollstreckungsorgane einschreiten, mit der Maßgabe Anwendung, daß zur Entscheidung der Gerichtsvorsteher berufen ist, welchem die Dienstaufsicht über diese Organe zusteht.

(2) Diese Entscheidung kann durch ein Rechtsmittel nicht angefochten werden.

§ 27. (1) Gerichtliche Organe, auf welche sich die vorstehenden Bestimmungen nicht beziehen, haben, wenn sie sich in einem Verhältnisse befinden, welches einen Richter von der Ausübung des Amtes ausschließen würde, dieses Verhältnis dem Vorsteher des Gerichtes anzuzeigen.

(2) Der Vorsteher des Gerichtes hat in Ausübung der ihm zustehenden Geschäftsleitung zu bestimmen, ob sich solche gerichtliche Organe der Ausübung ihres Amtes im einzelnen Falle zu enthalten haben.

Dritter Abschnitt
Zuständigkeit

Inländische Gerichtsbarkeit

§ 27a. (1) Sind für eine bürgerliche Rechtssache die Voraussetzungen für die örtliche Zuständigkeit eines Gerichts gegeben, so besteht die inländische Gerichtsbarkeit, ohne daß eine sonstige Voraussetzung erfüllt sein muß.

(2) Der Abs. 1 gilt nicht, soweit nach Völkerrecht zur Gänze oder zum Teil ausdrücklich anderes bestimmt ist.

(BGBl I 1997/140)

Bestimmung der Zuständigkeit durch den Obersten Gerichtshof

§ 28. (1) Sind für eine bürgerliche Rechtssache die Voraussetzungen für die örtliche Zuständigkeit eines inländischen Gerichts im Sinne dieses Gesetzes oder einer anderen Rechtsvorschrift nicht gegeben oder nicht zu ermitteln, so hat der Oberste Gerichtshof aus den sachlich zuständigen Gerichten eines zu bestimmen, welches für die fragliche Rechtssache als örtlich zuständig zu gelten hat, wenn

1. Österreich auf Grund eines völkerrechtlichen Vertrages zur Ausübung von Gerichtsbarkeit verpflichtet ist;

2. der Kläger österreichischer Staatsbürger ist oder seinen Wohnsitz, gewöhnlichen Aufenthalt oder Sitz im Inland hat und im Einzelfall die Rechtsverfolgung im Ausland nicht möglich oder unzumutbar wäre;

3. die inländische Gerichtsbarkeit, nicht aber ein örtlich zuständiges Gericht vereinbart worden ist.

(2) Die Bestimmung eines zuständigen Gerichts hat nach Abs. 1 ohne Bedachtnahme darauf zu erfolgen, ob außer den Voraussetzungen des Abs. 1 Z 2 oder 3 eine weitere erfüllt ist.

(3) Der Abs. 1 Z 2 und 3 sowie der Abs. 2 sind nicht anzuwenden, soweit nach Völkerrecht oder besonderen gesetzlichen Anordnungen die inländische Gerichtsbarkeit nicht gegeben ist.

(4) Die Bestimmung eines zuständigen Gerichts hat in streitigen bürgerlichen Rechtssachen auf Antrag einer Partei, sonst aber von Amts wegen zu geschehen. In streitigen bürgerlichen Rechtssachen hat der Kläger das Vorliegen der Voraussetzungen nach Abs. 1 Z 2 oder 3 zu behaupten und zu bescheinigen.

(BGBl I 1997/140)

Dauer der Zuständigkeit

§ 29. Jedes Gericht bleibt[1] in Rechtssachen, welche rechtmäßigerweise bei demselben anhängig gemacht wurden, bis zu deren Beendigung zuständig, wenn sich auch die Umstände, welche bei Einleitung des Verfahrens für die Bestimmung der Zuständigkeit maßgebend waren, während des Verfahrens geändert hätten. Dies gilt jedoch nicht von solchen Änderungen, auf Grund derer Personen Immunität genießen oder die Rechtssache dem Wirkungskreis der ordentlichen Gerichte entzogen ist.

(BGBl I 1997/140)

---

[1] *Perpetuatio fori.*

Delegation

§ 30. Ist ein Gericht aus einem der im § 19 vorgesehenen Gründe an der Ausübung der Gerichtsbarkeit gehindert, so hat dasselbe diese Behinderung dem im Instanzenzuge übergeordneten Gerichte anzuzeigen. Dieses hat sodann ein anderes Gericht gleicher Gattung zur Verhandlung und Entscheidung der Rechtssache zu bestimmen.

§ 31. (1) Auch kann aus Gründen der Zweckmäßigkeit auf Antrag einer Partei von dem Oberlandesgerichte, in dessen Sprengel das zuständige Gericht gelegen ist, an Stelle desselben ein anderes im Sprengel dieses Oberlandesgerichtes gelegenes Gericht gleicher Gattung zur Verhandlung und Entscheidung bestimmt werden. *(RGBl 1914/118; BGBl I 2000/135)*

(2) Delegierungen aus einem Oberlandesgerichtssprengel in einen andern sind dem Obersten Gerichtshofe vorbehalten.

(3) Ein Antrag auf Delegierung hat keine das Verfahren aufschiebende Wirkung. Die Entscheidung über denselben erfolgt ohne vorgängige mündliche Verhandlung. Vor der Entscheidung sind jedoch dem Gerichte, welches zur Verhandlung und Entscheidung an sich zuständig wäre, sowie den Parteien unter Bestimmung einer Frist die zur Aufklärung nötigen Äußerungen abzufordern.

§ 31a. (1) In Streitsachen hat das Gericht erster Instanz die Sache einem anderen Gericht gleicher Art zu übertragen, wenn die Parteien dies spätestens zu Beginn der mündlichen Streitverhandlung übereinstimmend beantragen. Dies gilt auch, wenn die Delegierung einer nicht ausschließlich einem Gerichtshof erster Instanz zugewiesenen Sache an ein Bezirksgericht beantragt wird.

(2) Eine Streitsache kann auch ohne Antrag und nach Beginn der mündlichen Streitverhandlung einem anderen Gericht gleicher Art übertragen werden, wenn ihr Gegenstand der Anspruch

auf Ersatz von Schäden aus der Tötung oder Verletzung einer oder mehrerer Personen, aus einer Freiheitsberaubung oder aus der Beschädigung einer körperlichen Sache ist, bei dem anderen Gericht ein Verfahren über einen gleichartigen Anspruch aus dem selben schädigenden Ereignis anhängig ist und wenn diese Delegierung, besonders wegen der Gleichartigkeit der zu lösenden Tat- und Rechtsfragen, geeignet ist, den Verfahrensaufwand zu verringern. Die Sache darf nur demjenigen Gericht übertragen werden, bei dem als erstem eine Klage eingebracht worden ist. Die übertragene ist mit der bereits anhängigen Sache zu verbinden (§ 187 ZPO), auch wenn weder die Kläger noch die Beklagten der beiden Verfahren ident sind.

(3) Entscheidungen nach Abs. 2, die bei einer Verhandlung vor dem Senat getroffen werden, obliegen diesem, sonstige Entscheidungen nach Abs. 1 oder 2 dem Vorsitzenden des Senates. Für den weiteren Gang des Verfahrens gilt der § 261 Abs. 6 sechster bis achter Satz ZPO sinngemäß. Im übrigen ist der § 31 Abs. 3 anzuwenden.

(BGBl 1983/135)

Beschränkung der Zuständigkeit auf den Gerichtsbezirk

§ 32. (1) Jedes Gericht hat die zu seinem Wirkungskreis gehörenden Amtshandlungen innerhalb des ihm zugewiesenen Sprengels selbst vorzunehmen.

(2) Jedoch dürfen, soweit im § 15 des Zustellgesetzes, BGBl. Nr. 200/1982, nicht anderes bestimmt ist, gerichtliche Amtshandlungen in Kasernen oder auf anderen militärisch genützten Liegenschaften nur nach vorgängiger Anzeige an den Kommandanten und unter Zuziehung eines von diesem beizugebenden Soldaten oder Bediensteten der Heeresverwaltung vorgenommen werden.

(3) Zur Ausführung der gerichtlichen Verfügungen, die Personen betreffen, die Immunität genießen, ist die Vermittlung des Bundesministeriums für Auswärtige Angelegenheiten in Anspruch zu nehmen. *(BGBl I 1997/140)*

(4) Das gilt auch, wenn gerichtliche Amtshandlungen gegen Personen, die der inländischen Gerichtsbarkeit unterliegen, in den Wohnungen von Personen vorzunehmen sind, die Immunität genießen. *(BGBl I 1997/140)*

(BGBl 1982/201)

Vgl auch den Rechtshilfeerlaß für Zivilsachen und Art IX EGJN.

§ 33. Ein Gericht darf zur Vornahme der Amtshandlung die Grenzen seines Sprengels überschreiten, wenn Gefahr im Verzug ist, wenn eine Amtshandlung an der Grenze des Gerichtssprengels stattfinden soll oder wenn dies zur Sicherung der Unmittelbarkeit der Beweisaufnahme unter Bedachtnahme auf die Raschheit und die Sparsamkeit der Verfahrensführung geboten ist. Das Gericht, in dessen Sprengel eine solche Amtshandlung vollzogen wird, ist hievon zu verständigen.

(BGBl 1983/135)

Übertragung einzelner Geschäfte an den Vorsitzenden oder an einen beauftragten Richter

§ 34. (1) Die Vornahme gerichtlicher Handlungen durch den Präsidenten des Gerichtshofes oder durch den Vorsitzenden des Senates, welchem eine Rechtssache zur Verhandlung oder Entscheidung zugewiesen ist, oder die Übertragung gerichtlicher Handlungen an ein einzelnes Mitglied dieses Senates oder des zuständigen Gerichtshofes (beauftragter Richter) ist nur in den gesetzlich bestimmten und in den durch die Vorschriften über die innere Einrichtung und Geschäftsordnung der Gerichte bezeichneten Fällen zulässig.

(2) Die Übertragung gerichtlicher Handlungen an ein Mitglied des Senates oder des zuständigen Gerichtshofes steht, wenn nicht durch die hierauf bezüglichen Vorschriften etwas anderes angeordnet oder insbesondere der Vorsitzende hiezu ermächtigt ist, nur dem zur Verhandlung und Entscheidung der Rechtssache berufenen Senate zu.

§ 35. (1) Richterliche Amtshandlungen, welche außerhalb einer mündlichen Verhandlung oder außerhalb einer Sitzung vorzunehmen sind, ohne daß die Bedingungen für ein deshalb an ein anderes Gericht zu stellendes Ersuchen vorhanden wären, sind im Verfahren vor Gerichtshöfen einem beauftragten Richter zu übertragen.

(2) Beschlüsse eines beauftragten Richters können, sofern im Gesetze nichts anderes bestimmt ist, von dem Gerichte, welches den Auftrag erteilt hat, auf Antrag oder von Amts wegen abgeändert werden. Vor der Entscheidung sind die zur Aufklärung des Sachverhaltes erforderlichen Erhebungen zu pflegen.

Übertragung des Vollzuges von Amtshandlungen an andere Gerichte

§ 36. (1) Der Vollzug von Amtshandlungen, die ein Landes- oder Handelsgericht gemäß § 32 Abs. 1 selbst vorzunehmen hätte, ist einem im Sprengel dieses Gerichtshofes gelegenen Bezirksgerichte zu übertragen, wenn dies entweder durch besondere gesetzliche Vorschriften angeordnet ist, oder wenn dadurch die Behandlung der Sache erleichtert oder unnützer Kostenaufwand vermieden werden kann. Wegen des Vollzuges der außerhalb seines Sprengels vorzunehmenden

Amtshandlungen (Rechtshilfe) hat sich das Gericht, bei welchem die Rechtssache anhängig ist, an das Gericht zu wenden, bei welchem oder in dessen Sprengel die Handlung vorzunehmen ist. *(BGBl 1978/280; BGBl 1993/91; BGBl I 2000/135)*

(2) Die Übertragung des Vollzuges von Amtshandlungen an ein anderes Gericht (ersuchter Richter) geschieht durch ein an dasselbe gestelltes Ersuchen. Wird ein ausländisches Gericht ersucht, so sind dabei die besonderen hierauf bezüglichen Anordnungen (Staatsverträge, Regierungserklärungen, Ministerialverordnungen) zu beobachten.[1]

(3) Um die Aufnahme eines Beweises darf ein Landes- oder Handelsgericht ein Bezirksgericht seines Sprengels nur dann ersuchen, wenn der Aufnahme des Beweises durch das erkennende Gericht unübersteigliche Hindernisse entgegenstehen oder sie unverhältnismäßige Kosten verursachen würde. *(BGBl 1983/135; BGBl 1993/91)*

---

[1] *Vgl im einzelnen den Rechtshilfeerlaß für Zivilsachen.*

Rechtshilfe auf Ersuchen inländischer Gerichte[1]

[1] *Vgl Art 22 B-VG, § 602 ZPO etc.*

§ 37. (1) Die im Geltungsgebiete dieses Gesetzes befindlichen Gerichte haben sich gegenseitig Rechtshilfe zu leisten.

(2) Das Ersuchen um eine im Geltungsgebiete dieses Gesetzes zu gewährende Rechtshilfe ist, wenn nichts anderes bestimmt ist, an das Bezirksgericht zu stellen, in dessen Sprengel die Amtshandlung vorgenommen werden soll. Das Ersuchen um Vornahme solcher Amtshandlungen, die nur bei einem bestimmten Gerichte vorgenommen werden können, sind an das Gericht zu stellen, welches die Amtshandlung sonst vorzunehmen hat. *(StGBl 1945/188)*

(3) Das Ersuchen ist abzulehnen, wenn der ersuchte Richter zu der betreffenden Handlung örtlich unzuständig ist.

(4) Wird ein Rechtshilfeersuchen an ein unzuständiges Gericht gerichtet und ist diesem die Bestimmung des zuständigen Gerichtes möglich, so hat es das Ersuchen an dieses weiterzuleiten. Hiebei ist der Abs. 5 sinngemäß anzuwenden. *(BGBl 1988/291)*

(5) Wären in einer Gemeinde für mehrere Amtshandlungen in derselben Rechtssache verschiedene Bezirksgerichte zuständig, so hat alle Amtshandlungen dasjenige Bezirksgericht vorzunehmen, das das ersuchende Gericht auswählt; bei dieser Auswahl hat es nach den Grundsätzen des § 36 Abs. 1 vorzugehen. *(BGBl 1988/291)*

(6) Wird einem Ersuchen auf Rechtshilfe eines inländischen Gerichts nicht oder nicht vollständig entsprochen oder entstehen sonstige Meinungsver-

schiedenheiten, so ist § 40 sinngemäß anzuwenden; zur Entscheidung ist das beiden Gerichten übergeordnete Gericht berufen. *(BGBl I 2018/32, [s auch Durchführungshinweis in Art 115 Abs 1], auf Ersuchen anzuwenden, die nach dem 24. 5. 2018 gestellt werden)*

Amtshilfe auf Ersuchen inländischer Verwaltungsbehörden

§ 37a. Gerichte sind nur insoweit zur Amtshilfe durch Übermittlung von Gerichtsakten oder von Teilen dieser an Verwaltungsbehörden verpflichtet, als die Übermittlung auf einer ausdrücklichen gesetzlichen Grundlage beruht und ihr nicht im konkreten Fall besondere Rechtsvorschriften entgegenstehen. Die ersuchende Behörde hat die gesetzliche Grundlage für die Übermittlung anzuführen.

(BGBl I 2018/32, [s auch Durchführungshinweis in Art 115 Abs 1], auf Ersuchen anzuwenden, die nach dem 24. 5. 2018 gestellt werden)

Rechtshilfe auf Ersuchen ausländischer Gerichte[1]

[1] *Vgl auch den Rechtshilfeerlaß für Zivilsachen.*

§ 38. (1) Die im Geltungsgebiete dieses Gesetzes befindlichen Gerichte haben ausländischen Gerichten über Ersuchen Rechtshilfe zu leisten, sofern nicht besondere hierauf bezügliche Anordnungen (Staatsverträge, Regierungserklärungen, Ministerialverordnungen) etwas anderes festsetzen.

(2) Die Rechtshilfe ist zu verweigern:

1. wenn die von dem ersuchenden Gerichte begehrte Handlung nach den im Inlande hiefür geltenden Bestimmungen dem Geschäftskreise der Gerichte entzogen ist; sollte die begehrte Handlung im Geschäftskreise anderer inländischer Behörden gelegen sein, so kann das ersuchte Gericht das Ersuchen an die hienach zuständige Behörde leiten;

2. wenn die Vornahme einer Handlung begehrt wird, welche durch die für das inländische Gericht verbindlichen Gesetze verboten ist.

3. *(aufgehoben, BGBl 1983/135)*

§ 39. (1) Die begehrte Rechtshilfe ist nach den Vorschriften der für das ersuchte Gericht verbindlichen Gesetze zu gewähren. Soweit es nach diesen Gesetzen zulässig ist, hat das ersuchte Gericht alle zur Erfüllung des Ersuchens erforderlichen Vorkehrungen und Verfügungen von Amts wegen zu treffen.

(2) Bei Gewährung der Rechtshilfe von den Vorschriften der im Inlande geltenden Gesetze abzuweichen ist nur dann gestattet, wenn ausdrücklich ersucht wurde, bei den vorzunehmenden

Handlungen einen bestimmten, durch das ausländische Recht geforderten Vorgang einzuhalten, und dieser Vorgang durch keine Vorschrift der inländischen Gesetzgebung verboten erscheint.[1)]

(3) Auf die Teilnahme des ersuchenden Gerichtes an der Beweisaufnahme ist Art. 12 der Verordnung (EG) Nr. 1206/2001, ABl. Nr. 2001, L 174, S 1, auch dann entsprechend anzuwenden, wenn es sich um kein Gericht eines Mitgliedstaates im Sinne dieser Verordnung handelt. *(BGBl I 2003/114)*

___
[1)] *Vgl hiezu Art 14 HPÜ 1954 (BGBl 1957/91).*

Beweisaufnahme durch ausländische Gerichte

§ 39a. (1) Eine unmittelbare Beweisaufnahme durch ausländische Gerichte ist im Inland nur zulässig, wenn sie vom Bundesminister für Justiz genehmigt wurde.

(2) Außerhalb des Geltungsbereichs der Verordnung (EG) Nr. 1206/2001, ABl. Nr. 2001, L 174, S 1, ist die Genehmigung zu erteilen, wenn

1. die Gegenseitigkeit gewährleistet ist,

2. die beabsichtigte Beweisaufnahme nicht gegen Grundwertungen der österreichischen Rechtsordnung einschließlich der Bestimmungen der Konvention zum Schutze der Menschenrechte und Grundfreiheiten (EMRK), BGBl. Nr. 210/1958, verstößt,

3. sichergestellt ist, dass alle von der Beweisaufnahme betroffenen Personen freiwillig mitwirken und dass das ausländische Gericht im Inland keine Zwangsmaßnahmen setzt, sowie

4. die beabsichtigte Beweisaufnahme nicht völkerrechtlichen Verpflichtungen oder außenpolitischen Interessen der Republik Österreich zuwiderläuft; insofern ist vor Abgabe der Erklärung das Einvernehmen mit dem Bundesminister für auswärtige Angelegenheiten herzustellen.

(3) Die Genehmigung kann davon abhängig gemacht werden, dass das nach § 37 Abs. 2 zuständige Gericht an der Beweisaufnahme teilnimmt. Droht bei dieser Beweisaufnahme

1. im Geltungsbereich der Verordnung (EG) Nr. 1206/2001, ABl. Nr. 2001, L 174, S 1, ein Verstoß gegen deren Art. 17 Abs. 2 oder Abs. 5 lit. c oder

2. außerhalb des Geltungsbereichs der Verordnung (EG) Nr. 1206/2001, ABl. Nr. 2001, L 174, S 1, ein Verstoß gegen Abs. 2 Z 2 und 3,

so hat dieses Gericht die Beweisaufnahme insofern zu untersagen.

(4) Das nach § 37 Abs. 2 zuständige Gericht hat auf Ersuchen des ausländischen Gerichtes bei der Durchführung der Beweisaufnahme tatsächliche Unterstützung zu gewähren.

(BGBl I 2003/114)

§ 40. Wird die Gewährung der Rechtshilfe von dem ersuchten Gerichte verweigert, oder entstehen aus Anlaß der Gewährung der Rechtshilfe in Bezug auf deren Ausführung oder in anderer Hinsicht Meinungsverschiedenheiten zwischen dem ersuchenden und dem ersuchten Gerichte, so hat auf Begehren des ersuchenden ausländischen Gerichtes oder eines anderen hiezu berufenen ausländischen öffentlichen Organes das dem ersuchten Gerichte vorgesetzte Oberlandesgericht ohne vorhergehende mündliche Verhandlung über die Rechtmäßigkeit der Weigerung oder über den sonstigen Gegenstand der Meinungsverschiedenheit zu entscheiden.

Prüfung der Zuständigkeit

§ 40a. In welchem Verfahren eine Rechtssache zu behandeln und zu erledigen ist, richtet sich nicht nach der Bezeichnung durch die Partei, sondern nach dem Inhalt des Begehrens und des Vorbringens der Partei. Ist zweifelhaft, welches Verfahren anzuwenden ist, so hat das Gericht darüber zu entscheiden; dieser Beschluß ist selbständig anfechtbar.

(BGBl 1983/135)

§ 41. (1) Sobald eine Rechtssache der streitigen oder freiwilligen Gerichtsbarkeit bei einem Gerichte anhängig wird, hat dasselbe seine Zuständigkeit von Amts wegen zu prüfen.

(2) Diese Prüfung erfolgt in bürgerlichen Streitsachen auf Grund der Angaben des Klägers, dafern diese nicht dem Gerichte bereits als unrichtig bekannt sind.[1)]

(3) In nicht streitigen bürgerlichen Rechtssachen jedoch, ferner im Exekutionsverfahren, sowie bei Erlassung einstweiliger Verfügungen und bei Eröffnung eines Insolvenzverfahrens hat das Gericht, ohne an die Angaben der Parteien gebunden zu sein, die für die Zuständigkeit maßgebenden Verhältnisse von Amts wegen zu untersuchen. Es kann zu diesem Zwecke von den Beteiligten die nötigen Aufklärungen fordern. *(BGBl I 2010/58, ab 1. 8. 2010)*

___
[1)] *Vgl § 60 JN.*

§ 42.[1)] (1) Ist die anhängig gewordene Rechtssache der inländischen Gerichtsbarkeit oder doch den ordentlichen Gerichten entzogen, so hat das angerufene Gericht in jeder Lage des Verfahrens seine Unzuständigkeit und die Nichtigkeit des vorangegangenen Verfahrens sofort durch Beschluß auszusprechen; dies gilt nicht, wenn das Fehlen der inländischen Gerichtsbarkeit nach § 104 geheilt ist. Das gleiche hat seitens der Gerichte höherer Instanz zu geschehen, wenn der Mangel erst hier offenbar wird. *(BGBl I 1997/140)*

(2) Ist eine Rechtssache auf Grund einer Immunität der inländischen Gerichtsbarkeit oder doch den ordentlichen Gerichten entzogen und wird ein solcher Mangel erst nach rechtskräftigem Abschluß des Verfahrens offenbar, so ist auf Antrag der obersten Verwaltungsbehörde vom Obersten Gerichtshof die Nichtigkeit des durchgeführten gerichtlichen Verfahrens auszusprechen. *(BGBl I 1997/140)*

(3) Ein Ausspruch im Sinne des Absatzes 1 und 2 kann nicht erfolgen, wenn demselben in Ansehung des Grundes der Nichtigkeit eine von demselben oder von einem anderen Gerichte gefällte, noch bindende Entscheidung entgegensteht.

(4) Die Bestimmungen des Absatzes 1 und 3 haben auch Anwendung zu finden, wenn eine Angelegenheit, welche einen Gegenstand der freiwilligen Gerichtsbarkeit nicht bildet, im Verfahren außer Streitsachen bei Gericht anhängig gemacht wurde.

---

[1] Vgl § 14 KSchG (nach § 104 JN).

§ 43.[1] (1) Hält sich das angerufene Gericht aus anderen als den im § 42 angeführten Gründen für unzuständig (§ 41 Absatz 2), so ist die Klage von Amts wegen zurückzuweisen. Sobald jedoch über die Klage die Tagsatzung zur mündlichen Verhandlung bestimmt, die Beantwortung der Klage aufgetragen oder ein bedingter Zahlungsbefehl erlassen worden ist, kann sich das Gericht nur dann für unzuständig erklären, wenn

1. der Beklagte rechtzeitig die Einrede des Fehlens der sachlichen oder örtlichen Zuständigkeit erhebt;

2. der Umstand noch nicht geheilt ist (§ 104), daß entweder die inländische Gerichtsbarkeit fehlt oder das Gericht nach den Bestimmungen des gegenwärtigen Gesetzes selbst durch ausdrückliche Vereinbarung der Parteien für die betreffende Rechtssache nicht sachlich oder örtlich zuständig gemacht werden kann. *(BGBl 1983/135; BGBl I 1997/140; BGBl I 2004/128)*

(2) Dieser Ausspruch erfolgt mittels Beschluß.

(3) Wenn über die Streitsache der Einzelrichter eines Gerichtshofes zu entscheiden hat (§ 7a), kann die Einrede der Unzuständigkeit nicht darauf gestützt werden, daß für die Streitsache ein anderer Gerichtshof sachlich zuständig ist. Ebenso kann in Streitsachen, die vor ein Bezirksgericht gehören, die Einrede der Unzuständigkeit nicht darauf gestützt werden, daß für die Streitsache ein anderes Bezirksgericht sachlich zuständig ist. *(StGBl 1920/116; BGBl 1932/6)*

---

[1] Vgl § 14 KSchG (nach § 104 JN).

§ 44. (1) Ist für eine zur nichtstreitigen Gerichtsbarkeit gehörige Rechtssache, ferner im Exekuti-

onsverfahren, im Verfahren bei Erlassung einstweiliger Verfügungen sowie im Insolvenzverfahren ein anderes als das angerufene Gericht sachlich oder örtlich zuständig, so hat letzteres seine Unzuständigkeit in jeder Lage des Verfahrens von Amts wegen oder auf Antrag durch Beschluß auszusprechen und, sofern ihm die Bestimmung des zuständigen Gerichts nach den Verhältnissen des einzelnen Falles möglich ist, die Rechtssache an das örtlich oder sachlich zuständige Gericht zu überweisen. *(BGBl I 1997/140; BGBl I 2010/58)*

(2) Von diesem ohne vorhergehende mündliche Verhandlung zu fassenden Überweisungsbeschluß sind die Parteien durch das Gericht zu verständigen, an das die Sache überwiesen worden ist. *(BGBl 1983/135)*

(3) Das Gericht, welches seine Unzuständigkeit ausgesprochen hat, ohne einen Überweisungsbeschluß zu fassen, kann bis zum Eintritt der Rechtskraft jenes Ausspruches alle zur Wahrung öffentlicher Interessen oder zur Sicherung der Parteien oder des Zweckes des Verfahrens nötigen Verfügungen treffen.

§ 45. Nach Eintritt der Streitanhängigkeit getroffene Entscheidungen, mit denen ein Gericht seine sachliche Zuständigkeit bejaht, sind nicht anfechtbar, solche, mit denen es seine sachliche Unzuständigkeit ausspricht, nur dann, wenn das Gericht, das nach dieser Entscheidung sachlich zuständig wäre, seinen Sitz nicht in derselben Gemeinde hat.

(BGBl 1983/135)

§ 46. (1) Ist die Unzuständigkeit eines Gerichtes auf Grund der Bestimmungen über die sachliche Zuständigkeit der Gerichte rechtskräftig ausgesprochen, so ist diese Entscheidung für jedes Gericht bindend, bei welchem die Rechtssache in der Folge anhängig wird.

(2) Auf Grund der Entscheidung eines Bezirksgerichtes, welches sich mit Rücksicht auf den Wert des Streitgegenstandes für unzuständig erklärte, kann die Rechtssache schon vor Eintritt der Rechtskraft dieser Entscheidung bei einem Gerichtshofe erster Instanz mit der Wirkung angebracht werden, daß die über die Zuständigkeit erflossene Entscheidung des Bezirksgerichtes für den Gerichtshof erster Instanz insolange maßgebend bleibt, als sie nicht in höherer Instanz rechtskräftig abgeändert wird.

(3) Der nämliche Grundsatz hat zur Anwendung zu kommen, wenn die Rechtssache von einem Handelsgerichte oder von einem zur Ausübung der Handelsgerichtsbarkeit berufenen Senat als nicht dorthin gehörig an ein Gericht oder einen Senat verwiesen wurde, welche die allgemeine Gerichtsbarkeit auszuüben haben, oder wenn

letztere sich mit Rücksicht auf § 51 für unzuständig erklärten. *(BGBl 1983/135)*

Siehe auch Art XXIV EGZPO, vgl § 261 (6) ZPO.

Streitigkeiten über die Zuständigkeit zwischen inländischen Gerichten

§ 47. (1) Streitigkeiten zwischen verschiedenen Gerichten erster Instanz über die Zuständigkeit für eine bestimmte Rechtssache sind von dem diesen Gerichten zunächst übergeordneten gemeinsamen höheren Gerichte zu entscheiden.

(2) Die Entscheidung erfolgt auf Antrag einer Partei, auf Anzeige eines der beteiligten Gerichte oder aus Anlaß der Entscheidung über einen Rekurs gegen eine Zuständigkeitsentscheidung mit Beschluß. Die Entscheidung ist ohne vorhergehende mündliche Verhandlung zu erlassen; es kann jedoch das Gericht vor der Entscheidung den Gerichten, welche sich in der Rechtssache für zuständig oder für nichtzuständig erklärten, sowie den Parteien die zur Aufklärung erforderlichen Äußerungen unter Anberaumung einer Frist abfordern. *(BGBl 1983/135)*

(3) Die Entscheidung, welche durch ein Rechtsmittel nicht angefochten werden kann, ist den Parteien durch das als zuständig bestimmte Gericht mitzuteilen.

(4) Das zur Entscheidung berufene höhere Gericht kann alle Verfügungen treffen, welche sich in der Zwischenzeit zur Wahrung öffentlicher Interessen oder zur Sicherung der Parteien oder des Zweckes des Verfahrens nötig erweisen.

§ 48. *(aufgehoben, BGBl 1983/135)*

Zweiter Teil

Von der Gerichtsbarkeit in Streitsachen

Erster Abschnitt

Sachliche Zuständigkeit

Bezirksgerichte

§ 49. (1) Vor die Bezirksgerichte gehören Streitigkeiten über vermögensrechtliche Ansprüche einschließlich der zum Mandatsverfahren gehörigen Streitigkeiten, wenn der Streitgegenstand an Geld oder Geldeswert den Betrag von 15 000 Euro nicht übersteigt, und diese Streitigkeiten nicht ihrer Beschaffenheit nach ohne Rücksicht auf den Wert des Streitgegenstandes Gerichtshöfen erster Instanz zugewiesen sind. *(BGBl 1985/70; BGBl 1989/343; BGBl I 1997/140; BGBl I 2014/78, die mit Art. 8 Z 2 und 3 des 2. Stabilitätsgesetzes 2012, BGBl. I Nr. 35/2012, zum 1. 1. 2015 und zum 1. 1. 2016 vor-* *gesehene Erhöhung der Betragsgrenze entfällt wieder, die Grenze lautet weiterhin „15 000 Euro")*

(2) Ohne Rücksicht auf den Wert des Streitgegenstandes gehören vor die Bezirksgerichte:

1. Streitigkeiten über die dem Vater eines unehelichen Kindes gegenüber der Mutter des Kindes gesetzlich obliegenden Pflichten; *(BGBl 1985/70; BGBl I 1997/140; BGBl I 2003/112)*

2. Streitigkeiten über den aus dem Gesetz gebührenden Unterhalt, mit Ausnahme der Angelegenheiten des gesetzlichen Unterhalts zwischen in gerader Linie verwandten Personen; *(BGBl 1985/70; BGBl I 2003/112)*

2a. Streitigkeiten über die Scheidung, die Aufhebung oder die Nichtigerklärung einer Ehe oder über das Bestehen oder Nichtbestehen einer Ehe zwischen den Parteien; *(BGBl 1985/70; BGBl I 2003/112)*

2b. die anderen aus dem gegenseitigen Verhältnis der Ehegatten entspringenden Streitigkeiten; *(BGBl 1985/70; BGBl I 2003/112)*

2c. Streitigkeiten über die Auflösung oder die Nichtigerklärung einer eingetragenen Partnerschaft oder über das Bestehen oder Nichtbestehen einer eingetragenen Partnerschaft zwischen den Parteien; *(BGBl 1985/70; BGBl I 2009/135)*

2d. die anderen aus dem gegenseitigen Verhältnis der eingetragenen Partner entspringenden Streitigkeiten; *(BGBl I 2009/135)*

3. Streitigkeiten über die Bestimmung oder Berichtigung von Grenzen unbeweglicher Güter, sowie Streitigkeiten über die Dienstbarkeit der Wohnung und über Ausgedinge;

4. Streitigkeiten wegen Besitzstörung, wenn das Klagebegehren nur auf den Schutz und die Wiederherstellung des letzten tatsächlichen Besitzstandes gerichtet ist;

5. alle Streitigkeiten aus Bestandverträgen über die im § 560 ZPO bezeichneten Sachen und mit ihnen in Bestand genommene bewegliche Sachen sowie aus genossenschaftlichen Nutzungsverträgen (§ 1 Abs. 1 Mietrechtsgesetz) und aus dem im § 1103 ABGB bezeichneten Vertrag über solche Sachen einschließlich der Streitigkeiten über die Eingehung, das Bestehen und die Auflösung solcher Verträge, die Nachwirkungen hieraus und wegen Zurückhaltung der vom Mieter oder Pächter eingebrachten oder der sonstigen dem Verpächter zur Sicherstellung des Pachtzinses haftenden Fahrnisse, schließlich Streitigkeiten zwischen wem immer über verbotene Ablösen (§ 27 Mietrechtsgesetz); *(BGBl 1983/135; BGBl 1989/343)*

Fassung ab 1. 1. 2021 (BGBl I 2020/148):

6. Streitigkeiten nach § 549 ZPO[1]; *(BGBl 1985/104; BGBl I 2020/148, auf Klagen anzuwenden, die nach dem 31. 12. 2020 eingebracht werden.)*

7. Streitigkeiten zwischen Reedern, Schiffern, Flößern, Fuhrleuten oder Wirten und ihren Auftraggebern, Reisenden und Gästen über die aus diesen Verhältnissen entspringenden Verpflichtungen;

8. Streitigkeiten wegen Viehmängel.

(3) Die im Abs. 2 Z 1 bis 2d begründete Zuständigkeit besteht auch in Fällen, in denen der Rechtsstreit vom Rechtsnachfolger einer Partei oder von einer Person geführt wird, die kraft Gesetzes anstelle der ursprünglichen Person hiezu befugt ist. *(BGBl 1985/70; BGBl I 2009/135, ab 1. 1. 2010)*

(4) Zum Wirkungskreise der Bezirksgerichte gehören auch die Verfügungen über gerichtliche Aufkündigungen von Bestandverträgen über die in Z 5 bezeichneten Gegenstände, die Erlassung von Aufträgen zur Übergabe oder Übernahme solcher Bestandgegenstände und die Aufnahme der Seeverklarung.

---

1) Betrifft Hass im Netz.

§ 49a. *(aufgehoben, BGBl 1985/70)*

Gerichtshöfe erster Instanz

§ 50. (1) Vor die Gerichtshöfe erster Instanz gehören alle bürgerlichen Rechtsstreitigkeiten, welche nicht den Bezirksgerichten zugewiesen sind.

(2) *(aufgehoben, BGBl 1983/135)*

Handelsgerichte

§ 51. (1) Vor die selbständigen Handelsgerichte gehören, falls der Streitgegenstand an Geld oder Geldeswert den Betrag von 15 000 Euro übersteigt: *(BGBl I 2001/98; BGBl I 2014/78, die mit Art. 8 Z 2 und 3 des 2. Stabilitätsgesetzes 2012, BGBl. I Nr. 35/2012, zum 1. 1. 2015 und zum 1. 1. 2016 vorgesehene Erhöhung der Betragsgrenze entfällt wieder, die Grenze lautet weiterhin „15 000 Euro")*

1. Streitigkeiten aus unternehmensbezogenen Geschäften, wenn die Klage gegen einen im Firmenbuch eingetragenen Unternehmer gerichtet ist und das Geschäft auf Seiten des Beklagten ein unternehmensbezogenes Geschäft ist. *(BGBl I 2005/120)*

2. Streitigkeiten, die aus den Berufsgeschäften von Handelsmaklern (Sensalen), Wägern, Messern und anderen Personen, die zur Vornahme und Bestätigung solcher Geschäfte im Geschäftsverkehr bestellt sind, entstehen, wenn diese Streitigkeiten zwischen ihnen und ihren Auftraggebern geführt werden; *(BGBl 1996/262; BGBl I 2005/120)*

3. Streitigkeiten aus den Rechtsverhältnissen der Unternehmer mit ihren Prokuristen, Hand-

lungsbevollmächtigten und Handlungsgehilfen, ferner aus den Rechtsverhältnissen aller dieser Personen zu Dritten, denen sie sich im Unternehmen des Arbeitgebers verantwortlich gemacht haben, und aus den Rechtsverhältnissen zwischen Dritten und solchen Personen, die wegen mangelnder Prokura oder Handlungsvollmacht haften, sofern es sich nicht um eine Arbeitsrechtssache handelt; *(BGBl I 2005/120)*

4. Streitigkeiten aus der Veräußerung eines Unternehmens zwischen den Vertragsteilen; *(BGBl I 2005/120)*

5. Streitigkeiten über das Recht der Verwendung einer Firma und die sich aus diesem Recht ergebenden Streitigkeiten; *(BGBl I 2005/120)*

6. Streitigkeiten aus dem Rechtsverhältnis zwischen den Mitgliedern einer Handelsgesellschaft oder zwischen dieser und ihren Mitgliedern, zwischen den Mitgliedern der Verwaltung und den Liquidatoren der Gesellschaft und der Gesellschaft oder deren Mitgliedern, zwischen dem stillen Gesellschafter und dem Inhaber des Unternehmens, zwischen den Teilnehmern einer Vereinigung zu einzelnen unternehmensbezogenen Geschäften für gemeinschaftliche Rechnung sowie Streitigkeiten aus Rechtsverhältnissen aller dieser Personen zu Dritten, denen sie sich in dieser Eigenschaft verantwortlich gemacht haben, und zwar in allen diesen Fällen sowohl während des Bestandes als auch nach der Auflösung des gesellschaftlichen Verhältnisses, sofern es sich nicht um eine Arbeitsrechtssache handelt; *(BGBl 1983/135; BGBl I 2005/120)*

7. sonstige Streitigkeiten nach dem Aktiengesetz und dem Gesetz über Gesellschaften mit beschränkter Haftung; *(BGBl 1983/135)*

8. Streitigkeiten aus Wechselgeschäften und aus scheckrechtlichen Rückgriffsansprüchen; *(BGBl 1983/135)*

8a. Streitigkeiten nach dem Produkthaftungsgesetz; *(BGBl 1992/756)*

8b. Streitigkeiten nach dem § 1330 ABGB wegen einer Veröffentlichung in einem Medium (§ 1 Abs. 1 Z 1 Mediengesetz). *(BGBl 1992/756) (StGBl 1945/188; BGBl 1989/343; BGBl I 1997/140)*

(2) Ohne Rücksicht auf den Wert des Streitgenstandes gehören vor die Handelsgerichte:

9. Streitigkeiten aus den Rechtsverhältnissen, die sich auf den Schutz und den Gebrauch von Erfindungen, Mustern, Modellen und Marken beziehen, insoweit hiefür nicht andere gesetzliche Vorschriften bestehen;

10. Streitigkeiten wegen unlauteren Wettbewerbs – sofern es sich nicht um eine Arbeitsrechtssache handelt –, nach dem Urheberrechtsgesetz, nach den §§ 28 bis 30 des Konsumentenschutzgesetzes und nach Artikel V des Zinsen-

rechts-Änderungsgesetzes, BGBl. I Nr. 118/2002; *(BGBl 1983/135; BGBl I 2005/120)*

11. Streitigkeiten, die sich auf die Seeschiffe und Seefahrt beziehen, sowie aus allen sonstigen Rechtsverhältnissen, die nach dem Privatseerecht oder dem Recht der Binnenschiffahrt zu beurteilen sind, sofern nicht die Bestimmungen des § 49 Z. [5 bis] 7 zur Anwendung kommen oder hiefür andere gesetzliche Vorschriften bestehen. *(StGBl 1945/188)*

(3) Wo ein selbständiges Handelsgericht nicht besteht, wird die Gerichtsbarkeit in allen vorgenannten Rechtsstreitigkeiten durch die Handelssenate der Landesgerichte ausgeübt. *(BGBl 1983/135; BGBl 1993/91)*

§ 52. (1) An Orten, an denen ein selbständiges Handelsgericht und Bezirksgerichte für Handelssachen bestehen, gehören die im § 51 Abs. 1 angeführten Streitigkeiten, bei denen der Streitgegenstand an Geld oder Geldeswert die Summe von 15 000 Euro nicht übersteigt, vor die Bezirksgerichte für Handelssachen. *(BGBl 1983/135; BGBl 1989/343; BGBl 1992/756; BGBl I 1997/140; BGBl I 2014/78, die mit Art. 8 Z 2 und 3 des 2. Stabilitätsgesetzes 2012, BGBl. I Nr. 35/2012, zum 1. 1. 2015 und zum 1. 1. 2016 vorgesehene Erhöhung der Betragsgrenze entfällt wieder, die Grenze lautet weiterhin „15 000 Euro")*

(2) Im gleichen Umfange sind die etwa an anderen Orten bestehenden besonderen Bezirksgerichte für Handelssachen zur Ausübung der Gerichtsbarkeit in Streitsachen zuständig. *(StGBl 1945/188)*

Ein selbständiges Handelsgericht (u BG f Handelssachen) besteht nur in Wien.

§ 53. Für Streitigkeiten über die Verletzung von gewerblichen Schutzrechten ist das Handelsgericht Wien in erster Instanz ausschließlich zuständig. In diesen Rechtssachen kommt dem Handelsgericht Wien auch die ausschließliche Zuständigkeit für einstweilige Verfügungen zu.

(BGBl 1983/135; BGBl I 2013/126)

Wert des Streitgegenstandes

§ 54. (1) Für die Berechnung des für die Zuständigkeit maßgebenden Wertes des Streitgegenstandes ist der Zeitpunkt der Anbringung der Klage entscheidend.

(2) Zuwachs, Früchte, Zinsen, Schäden und Kosten, die als Nebenforderungen geltend gemacht werden, bleiben bei der Wertberechnung unberücksichtigt.

§ 55.[1)] (1) Mehrere in einer Klage geltend gemachte Ansprüche sind zusammenzurechnen, wenn

1. sie von einer einzelnen Partei gegen eine einzelne Partei erhoben werden und in einem tatsächlichen oder rechtlichen Zusammenhang stehen oder *(BGBl 1989/343)*

2. sie von mehreren Parteien oder gegen mehrere Parteien erhoben werden, die Streitgenossen nach § 11 Z 1 ZPO sind.

(2) Wird der gleiche Anspruch durch oder gegen mehrere Personen geltend gemacht, denen der Anspruch solidarisch zusteht oder für den sie solidarisch haften, so richtet sich der Wert nach der Höhe des einfachen Anspruchs.

(3) Wird nur ein Teil einer Kapitalsforderung begehrt, so ist der Gesamtbetrag der noch unberichtigten Kapitalsforderung maßgebend.[2)]

(4) Die Abs. 1 bis 3 sind auch für die Besetzung des Gerichts (§ 7a), die Zulässigkeit von Rechtsmitteln und die Berufungsgründe (§ 501 ZPO) maßgebend. *(BGBl I 2001/98; BGBl I 2004/128)*

[1)] *Vgl § 227 ZPO.*
[2)] *Vgl § 99 (1).*

§ 56. (1) Erbietet sich der Kläger, an Stelle der angesprochenen Sache eine bestimmte Geldsumme anzunehmen,[1)] oder stellt er ein alternatives Begehren auf Zuerkennung einer Geldsumme, so ist die in der Klage angegebene Geldsumme für die Beurteilung der Zuständigkeit und für die Besetzung des Gerichtes (§ 7a) maßgebend. *(StGBl 1920/116)*

(2) In allen anderen Fällen hat der Kläger den Wert eines nicht in einem Geldbetrag bestehenden vermögensrechtlichen Streitgegenstandes in der Klage anzugeben. Dies gilt insbesondere auch in Ansehung von Feststellungsklagen. Unterläßt der Kläger eine Bewertung in einer Klage, so gilt ein Betrag von 5 000 Euro als Streitwert. *(StGBl 1920/116; BGBl 1983/135; BGBl 1986/71; BGBl 1989/343; BGBl I 1997/140; BGBl I 2009/52)*

(3) Bei der Bewertung des Streitgegenstandes sind die dem Kläger etwa obliegenden Gegenleistungen nicht in Abzug zu bringen.

[1)] *Vgl § 410 ZPO.*

§ 57. Bei Streitigkeiten, welche nur die Sicherstellung einer Forderung oder ein Pfandrecht zum Gegenstande haben, ist der Betrag der Forderung, oder wenn der Pfandgegenstand einen geringeren Wert hat, dessen Wert für die Bewertung des Streitgegenstandes maßgebend.

§ 58. (1) Als Wert des Rechtes auf den Bezug von Zinsen, Renten, Früchten oder anderen wiederkehrenden Nutzungen und Leistungen ist bei immerwährender Dauer das Zwanzigfache, bei unbestimmter oder auf Lebenszeit beschränkter Dauer das Zehnfache, sofern es sich um Ansprüche auf Unterhalts- oder Versorgungsbeträge und auf Zahlung von Renten wegen Körperbeschädigung oder Tötung eines Menschen handelt, das Dreifache der Jahresleistung, bei bestimmter Dauer aber der Gesamtbetrag der künftigen Bezüge, jedoch in keinem Fall mehr als das Zwanzigfache der Jahresleistung anzunehmen. *(BGBl 1983/135)*

(2) Ist das Bestehen eines Pacht- oder Mietverhältnisses streitig, so ist der Betrag des auf die gesamte streitige Zeit fallenden Zinses der Bewertung zugrunde zu legen.

§ 59. Bei Klagen auf Vornahme von Arbeiten oder anderen persönlichen Leistungen, auf Duldung oder Unterlassung, auf Abgabe von Willenserklärungen ist die vom Kläger angegebene Höhe seines Interesses als Wert des Streitgegenstandes anzusehen.

Fassung ab 1. 1. 2021 (BGBl I 2020/148):
§ 59a. Bei Klagen auf Unterlassung nach § 549 ZPO[1] gilt der Betrag von 5 000 Euro als Streitwert.

(BGBl I 2020/148, auf Klagen anzuwenden, die nach dem 31. 12. 2020 eingebracht werden.)

---

[1] *Betrifft Hass im Netz.*

§ 60. (1) Erscheint bei einer Klage, welche bei einem Gerichtshofe erster Instanz angebracht wurde, die vom Kläger angegebene Summe, zu deren Annahme an Stelle der angesprochenen Sache er sich erboten hat (§ 56 Abs. 1), oder die im Sinne des § 56 Abs. 2 erfolgte Bewertung des Streitgegenstandes übermäßig hoch gegriffen, so kann das Gericht, wenn es zugleich wahrscheinlich ist, daß bei richtigerer Bewertung des Streitgegenstandes dieser die für die Zuständigkeit des Gerichtshofes oder für die Besetzung des Gerichtes (§ 7a) maßgebende Wertgrenze nicht erreichen dürfte, von Amts wegen die ihm zur Prüfung der Richtigkeit der Wertangabe nötig erscheinenden Erhebungen und insbesondere die Einvernehmung der Parteien, die Vornahme eines Augenscheines und, wenn es ohne erheblichen Kostenaufwand und ohne besondere Verzögerung geschehen kann, auch die Begutachtung durch Sachverständige anordnen. Dies kann erforderlichenfalls auch schon vor Anberaumung der mündlichen Verhandlung geschehen. *(RGBl 1914/118; StGBl 1920/116)*

(2) Als Wert einer grundsteuerpflichtigen unbeweglichen Sache ist jener Betrag anzusehen, welcher als Steuerwert für die Gebührenbemessung in Betracht kommt.

(3) Muß infolge der Ergebnisse solcher Erhebungen und Beweisführungen die Streitsache von dem Gerichtshofe an das Bezirksgericht abgetre-

ten werden, so hat der Kläger die durch diese Erhebungen und Beweisführungen entstandenen Kosten zu tragen oder zu ersetzen. Dasselbe gilt, wenn nach dem Ergebnisse solcher Erhebungen und Beweisführung der mit mehr als 100 000 Euro angegebene Wert des Streitgegenstandes den Betrag von 100 000 Euro nicht übersteigt (§ 7a). *(RGBl 1914/118; BGBl 1976/91; BGBl 1983/135; BGBl I 2009/52)*

(4) Außer dem in Absatz 1 bezeichneten Falle ist die in der Klage enthaltene Bewertung des Streitgegenstandes in Ansehung der Zuständigkeit und der Besetzung des Gerichtes (§ 7a) sowohl für das Gericht als für den Gegner bindend.[2] *(StGBl 1920/116)*

---

[2] *Vgl §§ 7 und 8 RATarG (BGBl 1969/189) bezüglich des Streitwertes nach dem Rechtsanwaltstarif.*

Bestreitung der Zuständigkeit eines Zivil-, Handels- oder bergrechtlichen Senates

§ 61. (1) Wenn in einer vor dem Zivilsenate eines Landesgerichtes verhandelten Rechtssache der Antrag auf Verweisung der Rechtssache vor den Handelssenat desselben Gerichtshofes gestellt wird (Einrede der Unzuständigkeit) und das Gericht dem Antrage noch vor Schluß der Verhandlung zur Hauptsache stattgeben zu müssen erachtet, kann es, sofern der Stand der Verhandlung eine solche Maßregel zweckmäßig erscheinen läßt, zugleich mit der Entscheidung über die Unzuständigkeitseinrede den Beschluß fassen, daß sofort an Stelle eines der Senatsmitglieder ein fachmännischer Beisitzer zu treten habe und die Verhandlung vor dem so veränderten Senate gleich durchzuführen sei. *(BGBl 1983/135; BGBl 1993/91)*

(2) Dasselbe kann vermittels Ersatzes des fachmännischen Beisitzers durch einen richterlichen Beamten geschehen, wenn die Unzuständigkeit des Handelssenates deshalb behauptet wird, weil die Rechtssache zur allgemeinen Gerichtsbarkeit gehört. *(BGBl 1983/135)*

(3) Die Entscheidung über die Einrede der Unzuständigkeit ist in diesen Fällen nicht besonders auszufertigen, sondern in die nach Schluß der Verhandlung zur Hauptsache ergehende Entscheidung aufzunehmen.

§ 62. (1) Wird in den im § 61 bezeichneten Fällen die Entscheidung über die Einrede der Unzuständigkeit vom Gerichte dem nach Schluß der Verhandlung zur Hauptsache ergehenden Ausspruche vorbehalten, so kann der Vorsitzende, je nachdem die Verweisung an einen Handelssenat oder an einen Zivilsenat begehrt wurde, einen fachmännischen Beisitzer oder einen richterlichen Beamten der Verhandlung als Ergänzungsrichter beiziehen. Wird sodann die Einrede der Unzuständigkeit von dem Senate, vor welchem die Verhandlung anberaumt war, auf Grund der Ergebnisse der Verhandlung als gerechtfertigt erkannt, so hat, sofern die vor einem Zivilsenate verhandelte Rechtssache vor einen Handelssenat gehört, der als Ergänzungsrichter beigezogene fachmännische Beisitzer zum Zwecke der Entscheidung der Hauptsache an Stelle eines der Mitglieder jenes Senates zu treten. Bei Rechtssachen, welche vor einen Zivilsenat gehören, hat hingegen der richterliche Beamte, welcher als Ergänzungsrichter an der Verhandlung teilgenommen hat, an die Stelle des fachmännischen Beisitzers des ursprünglich zur Verhandlung berufenen Senates zu treten. Gegen diese Beschlüsse ist ein abgesondertes Rechtsmittel nicht zulässig. *(BGBl 1983/135)*

(2) Die Veränderung in der Zusammensetzung des Senates und die Namen der Senatsmitglieder, welche an der Urteilsfällung tatsächlich mitgewirkt haben, sind in diesem Falle bei der Verkündung der Entscheidung stets bekanntzugeben.

(3) Dasjenige Mitglied des Senates, welches infolge der erhobenen Einrede der Unzuständigkeit vor der Entscheidung der Hauptsache kraft Gerichtsbeschlusses aus dem Senate ausschied, hat sich an der Beratung und Abstimmung über das Urteil nicht zu beteiligen. Es ist jedoch verpflichtet, dem Vorsitzenden seine Meinung über die Entscheidung der Streitsache in besonderer schriftlicher Ausfertigung innerhalb drei Tagen bekanntzugeben. Dieses Votum ist dem Beratungsprotokolle beizulegen.

§ 63. Die Bestimmungen der §§ 61 und 62 sind auch anwendbar, sofern in einer bei einem selbständigen Handelsgerichte angebrachten Rechtssache die Einrede der Unzuständigkeit deshalb erhoben wird, weil die Rechtssache vor das zur Ausübung der allgemeinen Gerichtsbarkeit berufene Landesgericht gehört, oder bei diesem, weil die Rechtssache vor das Handelsgericht gehört.

(RGBl 1914/118; BGBl 1983/135)

§ 64. Wenn eine gemäß § 62 unter Zuziehung eines Ergänzungsrichters gefällte Entscheidung wegen Unzuständigkeit des Gerichtes angefochten wird und die höhere Instanz der Ansicht ist, daß der Senat, vor welchem die Verhandlung anberaumt war, zur Entscheidung der Rechtssache tatsächlich zuständig gewesen wäre, so ist dennoch auf die Unzuständigkeit nicht weiter Bedacht zu nehmen, falls auch das vor der Endentscheidung aus dem Senate ausgeschiedene Mitglied nach Inhalt seines den Akten beiliegenden Votums die Rechtssache so entschieden hätte, wie es durch den angefochtenen Spruch geschehen ist.

Zweiter Abschnitt
Örtliche Zuständigkeit

Allgemeiner Gerichtsstand

§ 65. Alle Klagen, für welche nicht ein besonderer Gerichtsstand bei einem anderen Gerichte begründet ist, sind bei dem sachlich zuständigen Bezirksgerichte oder Gerichtshofe erster Instanz anzubringen, bei welchem der Beklagte seinen allgemeinen Gerichtsstand hat.

§ 66. (1) Der allgemeine Gerichtsstand einer Person wird durch deren Wohnsitz bestimmt. Der Wohnsitz einer Person ist an dem Orte begründet, an welchem sie sich in der erweislichen oder aus den Umständen hervorgehenden Absicht niedergelassen hat, daselbst ihren bleibenden Aufenthalt zu nehmen.

(2) Der allgemeine Gerichtsstand einer Person wird auch durch ihren gewöhnlichen Aufenthalt begründet. Der Aufenthalt einer Person bestimmt sich ausschließlich nach tatsächlichen Umständen; er hängt weder von der Erlaubtheit noch von der Freiwilligkeit des Aufenthalts ab. Bei der Beurteilung, ob ein Aufenthalt als gewöhnlicher Aufenthalt anzusehen ist, sind seine Dauer und seine Beständigkeit sowie andere Umstände persönlicher oder beruflicher Art zu berücksichtigen, die dauerhafte Beziehungen zwischen einer Person und ihrem Aufenthalt anzeigen. *(BGBl 1983/135)*

(3) Wenn eine Person ihren Wohnsitz und ihren gewöhnlichen Aufenthalt nicht im Sprengel desselben Gerichtes oder wenn sie in den Sprengel mehrerer Gerichte einen Wohnsitz oder einen gewöhnlichen Aufenthalt hat, so ist für sie bei jedem dieser Gerichte ein allgemeiner Gerichtsstand begründet. Es steht in einem solchen Fall dem Kläger die Wahl frei, bei welchem der verschiedenen Gerichte er die Klage anbringen will. *(BGBl 1983/135)*

§ 67. Für Personen, die weder im Inland noch anderswo einen Wohnsitz oder einen gewöhnlichen Aufenthalt haben, wird der allgemeine Gerichtsstand durch den Ort ihres jeweiligen Aufenthalts im Inland begründet. Mangels eines solchen oder bei Unbekanntheit des inländischen Aufenthaltsortes können diese Personen wegen aller während ihres Aufenthaltes im Inlande begründeten oder hier zu erfüllenden Verbindlichkeiten bei dem Gerichte des letzten Wohnsitzes oder Aufenthaltes belangt werden, den sie im Inlande gehabt haben.

(BGBl 1983/135)

§ 68. (1) Für die Soldaten des Bundesheeres gemäß § 1 Abs. 3 Wehrgesetz 2001 gilt in Ansehung des Gerichtsstandes der Ort der Garnison als Wohnsitz. *(BGBl I 2009/30)*

(2) Der hiedurch begründete Gerichtsstand dauert im Falle eines Wechsels der Garnison bis zum Eintreffen in eine neue Garnison fort.

(3) Als Wohnsitz von Soldaten, welche sich nicht im Inland befinden, gilt bei Ausmittlung des Gerichtsstandes der Garnisonort des entsendenden Kommandos. Für diejenigen Personen, welche nicht Soldaten sind und unter Leitung des Bundesministers für Landesverteidigung gemäß dem Bundesverfassungsgesetz über Kooperation und Solidarität bei der Entsendung von Einheiten und Einzelpersonen in das Ausland (KSE-BVG) entsendet werden, gilt als Wohnsitz der Ort der Dienststelle, welche diese Entsendung führt. *(BGBl I 2009/30)*

§ 69. Österreichische Staatsangehörige, welche sich in ständiger amtlicher Stellung als Beamte des österreichischen Staates außerhalb des Geltungsgebietes dieses Gesetzes aufhalten, behalten den allgemeinen Gerichtsstand, den sie im Geltungsgebiete dieses Gesetzes hatten. Ist ein solcher nicht begründet oder doch nicht zu ermitteln, so ist für sie der allgemeine Gerichtsstand in Wien, und zwar im Sprengel desjenigen Bezirksgerichtes begründet, in welchem das Bundesministerium für Auswärtige Angelegenheiten seinen Sitz hat.

§ 70. *(aufgehoben, BGBl 1975/412)*

§ 71. Ein minderjähriges Kind teilt den allgemeinen Gerichtsstand seines gesetzlichen Vertreters. Sind beide Eltern (Wahleltern) gesetzliche Vertreter, so teilt es deren gemeinsamen allgemeinen Gerichtsstand, haben sie keinen solchen, den allgemeinen Gerichtsstand des Elternteils (Wahlelternteils), dessen Haushalt es angehört.

(BGBl 1977/403)

§§ 72 und 73. *(aufgehoben, BGBl 1977/403)*

§ 74. (1) Der allgemeine Gerichtsstand des Ärars[1] oder eines Landes wird durch den Sitz des öffentlichen Organes bestimmt, welches nach den hierüber geltenden Vorschriften das Ärar oder das Land in der Streitsache zu vertreten berufen ist.

(2) Der allgemeine Gerichtsstand einer Gemeinde richtet sich nach dem Sitze der Gemeindevorstehung.

---

[1] *Republik Österreich.*

§ 75. (1) Sofern nichts anderes in allgemein verbindlicher Weise festgesetzt ist, bestimmt sich der allgemeine Gerichtsstand von offenen Gesell-

schaften , Kommanditgesellschaften, Aktiengesellschaften, Genossenschaften, öffentlichen Fonds und Korporationen, Kirchen, Pfründen, Stiftungen, zu öffentlichen Zwecken bestehenden Anstalten, Vermögensmassen, Vereinen und anderen nicht zu den physischen Personen gehörigen Rechtssubjekten, welche nicht unter die Bestimmungen des § 74 fallen, nach ihrem Sitze. Als Sitz gilt im Zweifel der Ort, wo die Verwaltung geführt wird. *(BGBl 1975/412; BGBl I 2005/120, ab 1. 1. 2007)*

(2) Hat für eines dieser Rechtssubjekte der Vertreter des Ärars oder eines Landes einzuschreiten oder untersteht dasselbe der Verwaltung einer Gemeinde, so ist der allgemeine Gerichtsstand nach den Bestimmungen des § 74 zu beurteilen.

Besondere Gerichtsstände

1. Ausschließliche.

Streitigkeiten aus dem Eheverhältnis oder der eingetragenen Partnerschaft

§ 76. (1) Für Streitigkeiten über die Scheidung, die Aufhebung, die Nichtigerklärung oder die Feststellung des Bestehens oder Nichtbestehens einer Ehe sowie über die Auflösung, die Nichtigerklärung oder die Feststellung des Bestehens oder Nichtbestehens einer eingetragenen Partnerschaft zwischen den Parteien ist das Gericht ausschließlich zuständig, in dessen Sprengel die Parteien ihren gemeinsamen gewöhnlichen Aufenthalt haben oder zuletzt gehabt haben. Hat zur Zeit der Erhebung der Klage keine der Parteien ihren gewöhnlichen Aufenthalt in diesem Sprengel oder haben sie im Inland einen gemeinsamen gewöhnlichen Aufenthalt nicht gehabt, so ist das Gericht ausschließlich zuständig, in dessen Sprengel der gewöhnliche Aufenthalt der beklagten Partei oder, falls ein solcher gewöhnlicher Aufenthalt im Inland fehlt, der gewöhnliche Aufenthalt der klagenden Partei liegt, sonst das Bezirksgericht Innere Stadt Wien.

(2) Die inländische Gerichtsbarkeit für die im Abs. 1 genannten Streitigkeiten ist gegeben, wenn

1. eine der Parteien die österreichische Staatsbürgerschaft hat oder

2. die beklagte Partei, im Fall der Nichtigkeitsklage gegen beide Ehegatten oder beide eingetragenen Partner zumindest eine beklagte Partei, ihren gewöhnlichen Aufenthalt im Inland hat oder

3. die klagende Partei ihren gewöhnlichen Aufenthalt im Inland hat und entweder beide Ehegatten oder beide eingetragenen Partner ihren letzten gemeinsamen gewöhnlichen Aufenthalt im Inland gehabt haben oder die klagende Partei staatlos ist oder zur Zeit der Schließung der

Ehe oder der eingetragenen Partnerschaft die österreichische Staatsbürgerschaft gehabt hat.

(3) Die inländische Gerichtsbarkeit für Streitigkeiten über die Auflösung oder Nichtigerklärung sowie die Feststellung des Bestehens oder Nichtbestehens einer eingetragenen Partnerschaft ist für in Österreich eingetragene Partnerschaften jedenfalls gegeben. *(BGBl I 2009/135)*

§ 76a. Das Gericht, bei dem eine im § 76 Abs. 1 genannte Streitigkeit anhängig ist oder gleichzeitig anhängig gemacht wird, ist für die aus dem gegenseitigen Verhältnis der Ehegatten oder eingetragenen Partner entspringenden sonstigen Streitigkeiten einschließlich jener über den gesetzlichen Unterhalt (§ 49 Abs. 2 Z 2, 2b und 2d sowie Abs. 3) ausschließlich zuständig. Das gilt nicht, wenn die Verhandlung über die Scheidung, die Aufhebung, die Auflösung, die Nichtigerklärung oder das Bestehen oder Nichtbestehen in erster Instanz bereits geschlossen ist. *(BGBl I 2009/135)*

Streitigkeiten über die Vaterschaft

§ 76b. *(entfällt samt Überschrift, BGBl I 2003/112)*

§ 76c. *(aufgehoben, BGBl I 2003/112)*

Verlassenschaftsangelegenheiten

§ 77. (1) Der Gerichtsstand für Klagen, durch die Ansprüche aus Vermächtnissen oder sonstigen Verfügungen auf den Todesfall geltend gemacht werden, sowie für Klagen der Verlassenschaftsgläubiger aus Ansprüchen gegen den Verstorbenen oder die Erben als solche bestimmt sich, solange das Verlassenschaftsverfahren nicht rechtskräftig beendet wurde, nach dem Sitz des Gerichtes, bei dem das Verlassenschaftsverfahren anhängig ist. *(BGBl I 2015/87)*

(2) Klagen auf Teilung der Erbschaft gehören vor das Gericht, bei dem die Verlassenschaftsabhandlung anhängig ist; dies gilt auch nach rechtskräftiger Beendigung des Verlassenschaftsverfahrens. *(BGBl I 2015/87)*

(BGBl I 2003/112)

§ 78. *(gegenstandslos, betraf Fideikommiß- u. Lehenangelegenheiten)*

Klagen von Richtern und gegen Richter[1]
[1] *Vgl Art XIV EGJN.*

§ 79. (1) Klagen gegen Personen, die bei dem nach den Bestimmungen über die sachliche und örtliche Zuständigkeit zur Verhandlung und Ent-scheidung berufenen Bezirksgerichte als Einzelrichter in Verwendung stehen, gehören vor das Landesgericht, in dessen Sprengel sich das Bezirksgericht befindet. Klagen gegen den Vorsteher eines Gerichtshofes erster Instanz, welche vor diesen Gerichtshof oder vor ein im Sprengel desselben gelegenes Bezirksgericht gehören würden, sind bei einem der Gerichtshöfe erster Instanz anzubringen, deren Sprengel an den jenes ersten Gerichtshofes unmittelbar angrenzt. *(BGBl 1993/91)*

(2) Dieselben Vorschriften haben zur Anwendung zu kommen, wenn ein Einzelrichter eine Klage erhebt, für welche an sich das Bezirksgericht, bei dem er zur Zeit tätig ist, zuständig wäre, oder wenn der Vorsteher eines Gerichtshofes erster Instanz in einer Rechtssache als Kläger auftritt, welche durch die Bestimmungen dieses Gesetzes dem Gerichtshofe, dem er vorsteht, oder einem Bezirksgerichte im Gerichtshofsprengel zugewiesen ist.

§ 80. *(aufgehoben, BGBl 1949/20, betraf Haftung des Richters)*

Streitigkeiten um unbewegliches Gut

§ 81. (1) Klagen, durch welche ein dingliches Recht auf ein unbewegliches Gut, die Freiheit von einem solchen Rechte oder die Aufhebung desselben geltend gemacht wird, Teilungs-, Grenzberichtigungs- und Besitzstörungsklagen gehören vor das Gericht, in dessen Sprengel das unbewegliche Gut gelegen ist.

(2) Betrifft die Klage eine Grunddienstbarkeit oder eine Reallast, so ist die Lage des dienenden oder belasteten Grundstückes entscheidend.

Wasserrechts-Besitzstörungsstreitigkeiten

§ 82. Streitigkeiten wegen Störung des Besitzes (§ 49 Z. 4) an Wasserrechten gehören vor das Gericht, in dessen Sprengel die Störung erfolgte.

Bestandstreitigkeiten

§ 83. (1) Die im § 49 Abs. 2 Z 5 bezeichneten Streitigkeiten gehören vor das Gericht, in dessen Sprengel die Sache liegt. *(BGBl 1983/135)*

(2) Dieses Gericht ist auch zur Erlassung der im § 49 Abs. 4 angeführten Verfügungen und Aufträge in Bestandsachen zuständig. *(BGBl 1989/343)*

Streitigkeiten aus Teilschuldverschreibungen

§ 83a. (1) Streitigkeiten über Ansprüche, die nach dem Gesetze durch oder gegen einen gemeinsamen Kurator geltend gemacht werden müssen, gehören vor jenen Gerichtshof, der den Kurator zu bestellen hat.

(2) Für Streitigkeiten über Ansprüche aus Teilschuldverschreibungen und ähnlichen Schuldtiteln, auf die gemäß § 17 des Gesetzes vom 24. April 1874, RGBl. Nr. 49, die Bestimmungen dieses Gesetzes keine Anwendung finden, ist das Gericht des allgemeinen Gerichtsstandes des Schuldners ausschließlich zuständig.

(3) Die Änderung dieser Gerichtsstände durch Vereinbarung der Parteien ist unzulässig.

(RGBl 1914/118)

Streitigkeiten aus dem Verbandsverhältnisse

§ 83b. (1) Streitigkeiten aus dem Rechtsverhältnisse zwischen einer Aktiengesellschaft, einer Gesellschaft mit beschränkter Haftung oder Erwerbs- und Wirtschaftsgenossenschaft und den Mitgliedern, sofern es sich um Ansprüche handelt, die allen oder einer bestimmten Gruppe von Teilnehmern gemeinsam sind, sowie Klagen wegen Anfechtung der Generalversammlungsbeschlüsse der genannten Vereinigungen gehören vor das sachlich zuständige Gerichtshof des Sitzes der Vereinigung.

(2) Die Änderung dieses Gerichtsstandes durch Vereinbarung der Parteien ist unzulässig.

(RGBl 1914/118)

Streitigkeiten aus gewerblichem Rechtsschutz und Urheberrecht sowie Verbandsklagen

§ 83c. (1) Sind in den im § 51 Abs. 1 Z 8b und Abs. 2 Z 9 und 10 angeführten Streitigkeiten Personen geklagt, deren Unternehmen sich im Inland befindet oder die mit Rücksicht auf ihre Tätigkeit bei einem im Inland befindlichen Unternehmen in Anspruch genommen werden, ist hiefür - soweit nicht andere gesetzliche Vorschriften bestehen - ausschließlich das Gericht zuständig, in dessen Sprengel dieses Unternehmen liegt, bei Vorhandensein mehrerer Niederlassungen wahlweise das Gericht der Hauptniederlassung oder derjenigen Niederlassung, auf die sich die Handlung bezieht. In Ermangelung eines Unternehmens im Inland richtet sich die Zuständigkeit nach dem allgemeinen Gerichtsstand des Beklagten. Für Personen, die im Inland weder ein Unternehmen noch ihren allgemeinen Gerichtsstand haben, ist zuständig das Gericht des inländischen Aufenthaltsortes oder, wenn ein solcher nicht bekannt ist, das Gericht, in dessen Sprengel die Handlung begangen worden ist. *(BGBl 1992/756)*

(2) Mehrere Personen, für die auf Grund des Abs. 1 der Gerichtsstand bei verschiedenen Gerichten begründet ist, können, wenn sonst die Voraussetzungen des § 11 ZPO gegeben sind, als Streitgenossen vor jedem dieser Gerichte geklagt werden.

(3) Wird die gesetzwidrige Handlung durch den Inhalt von Schriften oder Druckwerken oder durch andere Gegenstände bewirkt, die vom Ausland abgesendet worden sind, so gilt für die Zuständigkeit jeder Ort des Inlandes als Begehungsort, wo der Gegenstand eingelangt oder zur Abgabe oder Verbreitung gelangt ist.

(BGBl 1983/135)

Lage der Sache in verschiedenen Sprengeln

§ 84. (1) Ist eine Sache in den Sprengeln mehrerer Gerichte gelegen, so hat in allen Fällen, in welchen die Lage der Sache für die Bestimmung des Gerichtsstandes maßgebend ist, der Kläger die Wahl, bei welchem dieser Gerichte er die Klage anbringen wolle. Gleiches gilt, wenn es mit Rücksicht auf die Grenzen verschiedener Gerichtsbezirke zweifelhaft ist, welches von mehreren Gerichten als das nach dem Orte der gelegenen Sache zuständige anzusehen ist.

(2) Wenn in einer Klage mehrere Ansprüche verbunden werden, welche nach den vorstehenden Bestimmungen mit Rücksicht auf die Lage der Sache, auf welche sie sich beziehen, vor verschiedene Gerichte gehören würden, so kann diese Klage nach Wahl des Klägers bei jedem dieser Gerichte erhoben werden.

§ 85. *(aufgehoben, BGBl I 1997/140)*

2. Wahlgerichtsstände

Vgl § 20 EKHG:

Gerichtsstand

§ 20. *Für Klagen, die auf Grund dieses Bundesgesetzes erhoben werden, ist auch das Gericht zuständig, in dessen Sprengel sich der Unfall ereignet hat. Bei diesem Gericht können auch anderweitige aus dem Schadensfall abgeleitete Klageansprüche gegen den Betriebsunternehmer oder den Halter oder einen sonst Ersatzpflichtigen erhoben werden.*

Vgl auch etwa § 8 ASGG, § 368 EO, § 262 IO

§ 86. *(aufgehoben, BGBl 1983/135)*

§ 86a. Die Rechtssubjekte, für welche die Finanzprokuratur einzuschreiten hat, können bei den sachlich zuständigen Gerichten in der Landeshauptstadt des Landes geklagt werden, in dem der Kläger seinen allgemeinen Gerichtsstand hat. Für das Land Vorarlberg tritt an die Stelle der Landeshauptstadt die Stadt Feldkirch. Im Bereiche der Stadt Wien sind solche Klagen bei den für den ersten Bezirk örtlich zuständigen Gerichten einzubringen.

(BGBl 1983/135; BGBl 1988/233)

Vgl ProkG (abgedruckt unter 6.)

Gerichtsstand der Niederlassung

§ 87. (1) Personen, die außerhalb des Gerichtssprengels ihres Wohnsitzes oder ihres gewöhnlichen Aufenthalts ein Bergwerk, eine Fabrik, eine Handelsniederlassung oder eine sonstige Betriebsstätte ihres Geschäftes oder Berufes haben, können in streitigen Rechtssachen, die sich auf ihre geschäftliche oder berufliche Tätigkeit beziehen, bei dem Gericht geklagt werden, in dessen Sprengel sich ihre Niederlassung oder Betriebsstätte befindet. *(BGBl 1983/135)*

(2) Wenn Inhaber von Bergwerken, Fabriken, Handels- oder gewerblichen Unternehmungen außerhalb des Sitzes des Unternehmens besondere Niederlassungen haben, so kann gegen sie in streitigen Rechtssachen, die sich auf diese Niederlassungen beziehen, bei dem Gerichte des Ortes geklagt werden, an dem sich die Niederlassung befindet.

(3) Personen, welche ein mit Wohn- oder Wirtschaftsgebäuden versehenes Gut als Eigentümer, Nutznießer oder Pächter bewirtschaften oder durch von ihnen Bestellte bewirtschaften lassen, können aus allen, auf die Bewirtschaftung des Gutes sich beziehenden Rechtsverhältnissen bei dem Gerichte geklagt werden, in dessen Sprengel das Gut gelegen ist.

Gerichtsstand für Warenforderungen der Unternehmer

§ 87a. Gegen Unternehmer können protokollierte Unternehmer wegen ihrer Forderungen aus einem im Kreise ihres Geschäftes erfolgten Verkaufe innerhalb zweier Jahre von der letzten Bestellung an gerechnet auch vor dem Gerichte des Ortes ihrer Niederlassung klagen, wenn sie die als Grundlage der Forderung dienende Bestellung und die tatsächliche Übernahme (Ablieferung) der Ware urkundlich nachweisen. Bei Geschäften, die auf Grund einer Bevollmächtigung abgeschlossen wurden, muß die Vollmacht des Bestellers urkundlich nachgewiesen werden.

(BGBl I 2005/120)

Gerichtsstand des Erfüllungsortes

§ 88. (1) Klagen auf Feststellung des Bestehens oder Nichtbestehens eines Vertrages, auf Erfüllung oder Aufhebung desselben sowie auf Entschädigung wegen Nichterfüllung oder wegen nicht gehöriger Erfüllung können bei dem Gerichte des Ortes erhoben werden, an welchem der Vertrag nach Übereinkunft der Parteien vom Beklagten zu erfüllen ist. Die Vereinbarung muß urkundlich nachgewiesen werden.

(2) Unter Unternehmern wird der Gerichtsstand des Erfüllungsortes auch durch die Annahme einer zugleich mit der Ware oder schon vor ihrem Einlangen übersendeten Faktura begründet, welche mit dem Vermerke versehen ist, daß die Zahlung an einem bestimmten Orte zu leisten ist und daß an demselben Orte die Klagen aus dem Geschäfte angebracht werden können, es sei denn, daß dieser Vermerk oder die Faktura im allgemeinen als vertragswidrig beanständet oder die Faktura ohne Bemerkung zurückgestellt oder die fakturierte Sendung als nicht bestellt zurückgewiesen wird. *(BGBl I 2005/120)*

(RGBl 1914/118)

Vgl § 14 KSchG (nach § 104 JN).

§ 89. Aus einem Wechsel verpflichtete Personen können vom Inhaber des Wechsels bei dem Gerichte des Zahlungsortes belangt werden.

Vgl Art 59a ScheckG und § 14 KSchG (nach § 104 JN).

§ 90. Streitigkeiten aus der Schiffsmiete, aus dem Dienstverhältnisse der Schiffsmannschaft und aus Seefrachtgeschäften können auch bei dem Gerichte des Ortes angebracht werden, in welchem sich der Beklagte aufhält, wo die Ware abgeliefert werden soll, wo der Transport des Reisenden zu beendigen ist oder wo die Reise abgebrochen wird.

Gerichtsstand der gelegenen Sache

§ 91. (1) Bei dem nach § 81 zuständigen Gerichte kann mit der Klage zur Geltendmachung des Pfandrechtes die Klage auf Zahlung der pfandrechtlich versicherten Forderung, mit der Klage auf Aufhebung (Löschung) des Pfandrechtes die Klage auf Feststellung des Nichtbestehens der pfandrechtlich versicherten Forderung verbunden werden, wenn beide Klagen wider denselben Beklagten gerichtet sind.

(2) Klagen auf die aus einer Reallast rückständigen Leistungen können gegen den Besitzer des belasteten Grundstückes bei dem Gerichte erhoben werden, in dessen Sprengel das belastete Grundstück gelegen ist.

(3) Klagen über Verträge über die Übergabe der im § 560 ZPO angeführten Sachen können - auch wenn sie nicht unter den § 83 fallen - bei dem Gericht erhoben werden, in dessen Sprengel die unbewegliche Sache liegt. *(BGBl 1983/135)*

(Überschrift eingefügt durch BGBl 1983/135)

Gerichtsstand für Besitzstörungsstreitigkeiten

§ 92. Besitzstörungsklagen (§ 49 Z. 4) können, sofern sie nicht eine unbewegliche Sache betreffen, bei dem Gerichte angebracht werden, in dessen Sprengel die Störung erfolgte.

Gerichtsstand der Schadenszufügung

§ 92a. Streitigkeiten über den Ersatz des Schadens, der aus der Tötung oder Verletzung einer oder mehrerer Personen, aus einer Freiheitsberaubung oder aus der Beschädigung einer körperlichen Sache entstanden ist, können auch bei dem Gericht angebracht werden, in dessen Sprengel das den Schaden verursachende Verhalten gesetzt worden ist.

(BGBl 1983/135)

Streitigkeiten aus dem Gesellschaftsverhältnis

§ 92b. Die im § 51 Abs. 1 Z 6 genannten Streitigkeiten, mit Ausnahme von Klagen gegen Dritte, können bei dem Gericht des Ortes angebracht werden, in dem die Gesellschaft ihren Sitz hat.

(BGBl 1983/135)

Gerichtsstand der Streitgenossenschaft

§ 93. (1) Mehrere Personen, welche ihren allgemeinen Gerichtsstand vor verschiedenen Gerichten haben, können als Streitgenossen, sofern nicht für den Rechtsstreit ein gemeinschaftlicher besonderer Gerichtsstand begründet ist, vor jedem inländischen Gerichte geklagt werden, bei welchem einer der Streitgenossen oder, wenn sich unter ihnen Haupt- und Nebenverpflichtete befinden, einer der Hauptverpflichteten seinen allgemeinen Gerichtsstand hat, es sei denn, daß das Gericht auch durch Vereinbarung der Parteien nicht zuständig gemacht werden kann. *(RGBl 1914/118)*

(2) Aus einem Wechsel verpflichtete Personen können als Streitgenossen beim Gerichte des Zahlungsortes geklagt werden.[1]

[1] *Vgl § 83c(2) JN, § 14 KSchG (nach § 104 JN).*

Gerichtsstand des Hauptprozesses

§ 94. (1) Klagen, womit ein Anspruch auf eine Sache oder ein Recht geltend gemacht wird, über welchen zwischen anderen Personen ein Rechtsstreit anhängig ist (Hauptintervention), können bis zur rechtskräftigen Entscheidung dieses Prozesses bei demselben Gerichte angebracht werden.

(2) Klagen der Prozeß- und Zustellungsbevollmächtigten wegen Gebühren und Auslagen können beim Gerichte des Hauptprozesses angebracht werden.[1]

[1] *Vgl Art XIV EGJN.*

§ 95. (1) Die in den §§ 91 und 94 bezeichneten Klagen können bei den daselbst benannten Gerichten auch dann angebracht werden, wenn diese Gerichte in Gemäßheit der über die sachliche Zuständigkeit geltenden Bestimmungen zur Entscheidung über den mittels Klage geltend gemachten vermögensrechtlichen Anspruch an sich nicht zuständig wären.

(2) Die gemäß § 94 Abs. 1 bei einem Gerichtshof erster Instanz angebrachten Klagen und die im § 94 Abs. 2 bezeichneten Klagen, wofern sie vor rechtskräftiger Beendigung des Hauptprozesses bei einem Gerichtshofe erster Instanz angebracht werden, gehören ohne Rücksicht auf den Wert des Streitgegenstandes vor den Senat oder Einzelrichter (§ 7a) des Gerichtshofes, vor dem der Hauptprozeß geführt wird. Werden jedoch die im § 94 Abs. 2 bezeichneten Klagen erst später bei einem Gerichtshof erster Instanz angebracht, so bleibt für die Besetzung des Gerichtes der Wert des Streitgegenstandes maßgebend. *(StGBl 1920/116)*

Gerichtsstand der Widerklage

§ 96. (1) Bei dem Gerichte der Klage kann eine Widerklage angebracht werden, wenn der mit letzterer geltend gemachte Anspruch mit dem Anspruche der Klage im Zusammenhange steht oder sich sonst zur Kompensation eignen würde, ferner wenn die Widerklage auf Feststellung eines im Laufe des Prozesses streitig gewordenen Rechtsverhältnisses oder Rechtes gerichtet ist, von dessen Bestehen oder Nichtbestehen die Entscheidung über das Klagebegehren ganz oder zum Teile abhängt.

(2) Der Gerichtsstand der Widerklage tritt nicht ein, wenn die Zuständigkeit des Gerichtes für den mit der Widerklage geltend gemachten Anspruch oder für eine derartige Feststellungsklage auch durch Vereinbarung der Parteien nicht begründet werden könnte, oder wenn zur Zeit der Anbringung der Widerklage die mündliche Verhandlung über die Klage in erster Instanz bereits geschlossen ist.

Gerichtsstand des früheren Wohnsitzes

§ 97. (1) Handwerker, Kleinverschleißer, Wirte, Schiffer, Fuhrleute und sonstige Gewerbetreibende, ferner Gesellen, Gehilfen, Dienstleute und sonstige Arbeiter um Lohn können wegen ihrer Forderungen für gelieferte Erzeugnisse und Waren, für geleistete Dienste und Arbeiten innerhalb neunzig Tagen von der Zeit der letzten Lieferung oder Leistung bei dem nach dem früheren allgemeinen Gerichtsstand des Abnehmers oder Arbeitgebers zuständigen Gericht klagen, wenn dieser mittlerweile seinen allgemeinen Gerichtsstand in einen anderen Gerichtsbezirk verlegt hat. *(BGBl 1983/135)*

(2) Ein Gleiches steht den Privatlehrern in Betreff ihres Entlohnungsanspruches zu.

Vgl hiezu § 4 ASGG.

Gerichtsstand der Schiffer und der Schiffsmannschaft

§ 98. Gegen Schiffer und Personen der Schiffsmannschaft können Forderungen der in § 97 bezeichneten Art auch dann bei dem nach dem jeweiligen Aufenthalt des Beklagten zuständigen Gericht geltend gemacht werden, wenn dieser an einem anderen Ort seinen allgemeinen Gerichtsstand hat.

(BGBl 1983/135)

Gerichtsstand des Vermögens

§ 99. (1) Gegen Personen, die im Inland keinen allgemeinen Gerichtsstand haben, kann wegen vermögensrechtlicher Ansprüche bei jedem Gericht eine Klage angebracht werden, in dessen Sprengel sich Vermögen dieser Personen oder der mit der Klage in Anspruch genommene Gegenstand selbst befindet. Der Wert des im Inland befindlichen Vermögens darf jedoch nicht unverhältnismäßig geringer sein als der Wert des Streitgegenstandes; für dessen Berechnung gilt der § 55 Abs. 3 nicht. *(BGBl 1983/135)*

(2) Bei Forderungen gilt der Wohnsitz oder der gewöhnliche Aufenthalt des Drittschuldners als der Ort, an welchem sich das Vermögen befindet. Hat der Drittschuldner im Inlande weder einen Wohnsitz noch einen gewöhnlichen Aufenthalt, befindet sich jedoch eine Sache, welche für diese Forderung zur Sicherheit haftet, im Inlande, so ist der Ort, wo diese Sache gelegen ist, für die Bestimmung des Gerichtsstandes maßgebend. *(BGBl 1983/135)*

(3) Ausländische Anstalten, Vermögensmassen, Gesellschaften, Genossenschaften und andere Personenvereine können überdies auch bei dem inländischen Gerichte geklagt werden, in dessen Sprengel sich ihre ständige Vertretung für das Inland oder ein mit der Besorgung der Geschäfte solcher Anstalten und Gesellschaften betrautes Organ befindet.

(4) *(gegenstandslos, betraf inländische Seehäfen)*

Klagen aus dem Ehe- oder Partnerschaftsverhältnis

§ 100. Das im § 76 Abs. 1 bezeichnete Gericht ist auch für andere Klagen wegen nicht rein vermögensrechtlicher Streitigkeiten aus dem Eheverhältnis oder aus der eingetragenen Partnerschaft zuständig.

(BGBl I 2009/135)

Klagen aus CMR

§ 101. Für Rechtsstreitigkeiten aus einer Beförderung, die dem Übereinkommen vom 19. Mai 1956 über den Beförderungsvertrag im Internationalen Straßengüterverkehr (CMR) unterliegt, ist auch das Gericht zuständig, in dessen Sprengel der Ort der Übernahme des Gutes oder der für die Ablieferung des Gutes vorgesehene Ort liegt.

(BGBl I 2004/128)

Mehrheit von Gerichtsständen

§ 102. Unter mehreren zuständigen Gerichten hat der Kläger die Wahl; dieselbe ist mit der Zustellung der Klage an den Beklagten vollzogen.

Mehrheit von Bezirksgerichten an einem Orte

§ 103. (1) Ist jemand bei dem Bezirksgericht an einem Ort zu klagen, wo mehrere Bezirksgerichte eingerichtet sind, so ist die Klage bei demjenigen Bezirksgericht anzubringen, in dessen Sprengel der Beklagte seinen Wohnsitz, seinen gewöhnlichen Aufenthalt oder - ist keines der Fall - seinen Aufenthalt hat. Wenn hingegen der Beklagte an diesem Orte sich nicht wirklich aufhält, so hat der Kläger zwischen den mehreren Bezirksgerichten die Wahl (§ 102). *(BGBl 1983/135)*

(2) Bestehen am Sitz einer zur Vertretung eines Minderjährigen berufenen Bezirksverwaltungsbehörde oder einer zur Anstalts- oder Vereinsvormundschaft berufenen Stelle mehrere Bezirksgerichte, so ist für Klagen, die von der betreffenden Stelle in Vertretung des Minderjährigen bei einem Bezirksgericht erhoben werden, auch das Bezirksgericht zuständig, in dessen Sprengel die die Vertretung besorgende Stelle ihren Sitz hat.

(RGBl 1914/118; BGBl 1977/403)

Vereinbarung über die Zuständigkeit der Gerichte

§ 104. (1) Die Parteien können sich durch ausdrückliche Vereinbarung unterwerfen:

1. der inländischen Gerichtsbarkeit;

2. einem oder mehreren Gerichten erster Instanz namentlich angeführter Orte.

Die Vereinbarung muß urkundlich nachgewiesen werden; eine sonstige Voraussetzung muß nicht erfüllt sein. *(BGBl I 1997/140)*

(2) Die Vereinbarung hat nur dann rechtliche Wirkung, wenn sie sich auf einen bestimmten Rechtsstreit oder auf die aus einem bestimmten Rechtsverhältnisse entspringenden Rechtsstreitigkeiten bezieht. Jedoch können Angelegenheiten, welche dem Wirkungskreise der ordentlichen Gerichte überhaupt entzogen sind, durch solche Vereinbarungen nicht vor diese Gerichte, Rechtssachen, welche vor ein Bezirksgericht gehören, nicht vor einen Gerichtshof erster Instanz und ausschließlich den Gerichtshöfen erster Instanz zugewiesene Streitigkeiten nicht vor ein Bezirksgericht gebracht werden. *(RGBl 1914/118)*

(3) Ein an sich auf Grund des Fehlens der inländischen Gerichtsbarkeit oder der sachlichen oder örtlichen Zuständigkeit unzuständiges Gericht wird auch dadurch zuständig, daß der Beklagte zur Sache vorbringt (§ 74 ZPO) oder mündlich verhandelt, ohne die Einrede des Fehlens der inländischen Gerichtsbarkeit oder der sachlichen oder örtlichen Zuständigkeit zu erheben, sofern er dabei durch einen Rechtsanwalt oder einen Notar vertreten ist oder sofern er vorher durch den Richter über die Möglichkeit einer derartigen Einrede und deren Wirkung belehrt und diese Belehrung im Verhandlungsprotokoll beurkundet worden ist. *(BGBl I 1997/140)*

(4) In Rechtssachen nach den §§ 81, 83, 83b und 92b kann die inländische Gerichtsbarkeit nach den Abs. 1 oder 3 nicht begründet werden. *(BGBl I 1997/140)*

(5) Die Abs. 1 bis 4 sind insoweit zur Gänze oder zum Teil nicht anzuwenden, als nach Völkerrecht oder besonderen gesetzlichen Anordnungen ausdrücklich anderes bestimmt ist. *(BGBl I 1997/140)*

Vgl § 14 KSchG (BGBl 1979/140 idF 1983/135, I 1997/140):

Gerichtsstand

§ 14. (1) Hat der Verbraucher im Inland seinen Wohnsitz oder seinen gewöhnlichen Aufenthalt oder ist er im Inland beschäftigt, so kann für eine Klage gegen ihn nach den §§ 88, 89, 93 Abs. 2 und 104 Abs. 1 JN nur die Zuständigkeit des Gerichtes begründet werden, in dessen Sprengel der Wohnsitz, der gewöhnliche Aufenthalt oder der Ort der Beschäftigung liegt; dies gilt nicht für Rechtsstreitigkeiten, die bereits entstanden sind (BGBl 1989/343)

(2) Das Fehlen der inländischen Gerichtsbarkeit sowie der örtlichen Zuständigkeit des Gerichts ist in jeder Lage des Verfahrens von Amts wegen wahrzunehmen; die Bestimmungen über die Heilung des Fehlens der inländischen Gerichtsbarkeit oder der sachlichen oder örtlichen

Zuständigkeit (§ 104 Abs. 3 JN) sind jedoch anzuwenden. (BGBl 1989/343)

(3) Eine Vereinbarung, mit der für eine Klage des Verbrauchers gegen den Unternehmer ein nach dem Gesetz gegebener Gerichtsstand ausgeschlossen wird, ist dem Verbraucher gegenüber rechtsunwirksam.

(4) Die Abs. 1 bis 3 sind insoweit zur Gänze oder zum Teil nicht anzuwenden, als nach Völkerrecht oder besonderen gesetzlichen Anordnungen ausdrücklich anderes bestimmt ist. (BGBl 1989/343)

(In der Neufassung anzuwenden auf Verfahren, in denen die Klagen bei Gericht nach dem 31. 12. 1997 angebracht werden)

Dritter Teil

Von der Gerichtsbarkeit in Geschäften außer Streitsachen

Sachliche Zuständigkeit

§ 104a. Soweit nicht anderes bestimmt ist, sind in Geschäften außer Streitsachen die Bezirksgerichte sachlich zuständig.

(BGBl 1978/280)

§ 104b. *(aufgehoben, BGBl 1985/70)*

Örtliche Zuständigkeit in Wien (ab 1. 1. 2001)[1]
[1] *Siehe im Einzelnen BGBl 1954/200, 1956/78 sowie BG-OrgG Wien (Anhang).*

Bezirksgericht	Bezirke des Gerichtssprengels
Innere Stadt-Wien	1, 3 6 und 11
Josefstadt	7–9
Favoriten	10
Meidling	12
Hietzing	13
Fünfhaus	14 und 15
Hernals	16–17
Döbling	18–19
Leopoldstadt	2, 20
Floridsdorf	21
Donaustadt	22
Liesing	23

Verlassenschaftsabhandlung

§ 105. (1) Die Verlassenschaftsverfahren (§§ 143 bis 185 AußStrG) gehören vor das Gericht, in dessen Sprengel der Verstorbene seinen allgemeinen Gerichtsstand in Streitsachen hatte. Lässt sich ein solcher im Inland nicht ermitteln oder ist er bei mehreren Gerichten begründet, so gehören sie vor das Gericht, in dessen Sprengel sich der größte Teil des im Inland gelegenen Vermögens des Verstorbenen befindet, sonst vor das Bezirksgericht Innere Stadt Wien. *(BGBl I 2015/87)*

(2) Für die Anpassung nach Art. 31 EuErbVO ist jedes Gericht zuständig, in dessen Sprengel sich eine der Sachen befindet, an der das anzupassende Recht geltend gemacht wird. *(BGBl I 2015/87)*

(3) Für einstweilige Maßnahmen und Maßnahmen zur Sicherung der Verlassenschaft im Sinn des Art. 19 EuErbVO ist das Gericht zuständig, in dessen Sprengel sich der Teil der Verlassenschaft befindet, den die Maßnahme betrifft. *(BGBl I 2015/87)*

(4) Für die Entgegennahme einer Erklärung im Sinn des Art. 13 EuErbVO über ihre Annahme oder Ausschlagung der Erbschaft, eines Vermächtnisses oder ihres Pflichtteils oder einer Erklärung über die Begrenzung ihrer Haftung für Verbindlichkeiten der Verlassenschaft für Zwecke eines ausländischen Verlassenschaftsverfahrens ist das Gericht zuständig, in dessen Sprengel die Person, die die Erklärung abgibt, ihren gewöhnlichen Aufenthalt hat. *(BGBl I 2015/87)*

(StGBl 1920/116; BGBl I 2003/112)

§ 106. Die inländische Gerichtsbarkeit für die Abhandlung einer Verlassenschaft im Inland und für ein dieses ersetzendes Verfahren (§§ 153 ff. AußStrG) ist gegeben, soweit dies erforderlich ist, um einem internationalen Übereinkommen im Sinn des Art. 75 Abs. 1 EuErbVO zu entsprechen.

(StGBl 1920/116; BGBl I 2003/112; BGBl I 2015/87, ab 17. 8. 2015, anzuwenden, wenn der Verstorbene an oder nach diesem Tag gestorben ist)

Einwände gegen die Authentizität einer öffentlichen Urkunde in Verlassenschaftssachen

§ 107. Zur Entscheidung über Einwände gegen die Authentizität einer öffentlichen Urkunde (Art. 59 Abs. 2 EuErbVO) ist das Gericht zuständig, in dessen Sprengel die Urkunde ausgestellt worden ist.

(BGBl I 2015/87, ab 17. 8. 2015, anzuwenden, wenn der Verstorbene an oder nach diesem Tag gestorben ist)

Abstammung

§ 108. (1) Für Abstammungsverfahren nach dem Ersten Abschnitt des II. Hauptstücks des Außerstreitgesetzes einschließlich allfälliger da-

mit verbundener gesetzlicher Ansprüche ist das Gericht zuständig, das zur Führung der Pflegschaft für das minderjährige Kind berufen ist, sonst das Gericht, in dessen Sprengel das Kind seinen gewöhnlichen Aufenthalt hat; mangels eines solchen im Inland das Gericht, in dessen Sprengel die Mutter ihren gewöhnlichen Aufenthalt hat, sonst das Gericht, in dessen Sprengel ein Mann, zu dem die Abstammung oder Nichtabstammung des Kindes festzustellen ist, seinen gewöhnlichen Aufenthalt hat; fehlt auch ein solcher im Inland, das Bezirksgericht Innere Stadt Wien.

(2) Solange ein Abstammungsverfahren von einem Gericht geführt wird, ist dieses auch für weitere, das gleiche Kind betreffende Abstammungsverfahren zuständig.

(3) Die inländische Gerichtsbarkeit für die im Abs. 1 genannten Angelegenheiten ist gegeben, wenn das Kind, der festgestellte oder festzustellende Vater oder die Mutter des Kindes österreichischer Staatsbürger ist oder das Kind oder der festgestellte oder festzustellende Vater seinen gewöhnlichen Aufenthalt im Inland hat.

(BGBl I 2003/112)

Obsorge, Erwachsenenvertretung und Kuratel[1]

[1] bis 1. 7. 2018: Obsorge, Sachwalterschaft und Kuratel *(BGBl I 2017/59)*

§ 109. (1) Zur Besorgung der Geschäfte, die nach den Bestimmungen über die Rechte zwischen Eltern und minderjährigen Kindern, die Obsorge einer anderen Person, die Erwachsenenvertretung sowie die Vorsorgevollmacht und die Kuratel dem Gericht (Pflegschaftsgericht) obliegen, ist das Gericht zuständig, in dessen Sprengel der Minderjährige seinen oder die sonstige schutzberechtigte Person ihren gewöhnlichen Aufenthalt, mangels eines solchen im Inland den Aufenthalt hat; handelt es sich um eine juristische Person oder ein sonstiges parteifähiges Gebilde, so ist der Sitz maßgebend. *(BGBl I 2000/135; BGBl I 2017/59, auf Verfahren anzuwenden, die nach dem 30. Juni 2018 anhängig werden)*

(2) Fehlt ein Aufenthalt im Inland, so ist das Gericht zuständig, in dessen Sprengel der gesetzliche Vertreter seinen gewöhnlichen Aufenthalt hat; mangels eines solchen im Inland, sofern es sich um einen Minderjährigen handelt, das Gericht, in dessen Sprengel ein Elternteil den gewöhnlichen Aufenthalt hat, sofern es sich um eine sonstige schutzberechtigte Person handelt, das Gericht ihres letzten gewöhnlichen Aufenthalts im Inland; sonst das Bezirksgericht Innere Stadt Wien. *(BGBl I 2017/59, auf Verfahren anzuwenden, die nach dem 30. Juni 2018 anhängig werden)*

(BGBl 1983/135)

§ 109a. Zur Behandlung eines aus dem Ausland einlangenden Antrags auf Rückführung eines Kindes im Sinn des Übereinkommens vom 25. Oktober 1980, BGBl. Nr. 512/1988, über die zivilrechtlichen Aspekte internationaler Kindesentführung (im Folgenden: HKÜ) ist das Bezirksgericht am Sitz des Gerichtshofs erster Instanz, in dessen Sprengel sich das Kind aufhält, zuständig; für den Sprengel des Landesgerichts für Zivilrechtssachen Wien das Bezirksgericht Innere Stadt Wien, für den Sprengel des Landesgerichts für Zivilrechtssachen Graz das Bezirksgericht Graz-Ost. Zur Entscheidung über Anträge auf persönlichen Verkehr mit dem Kind (Art. 21 HKÜ) ist das in § 109 genannte Bezirksgericht zuständig.
(BGBl I 2000/135; BGBl I 2013/158; BGBl I 2017/130, ab 1. 9. 2017)

§ 109b. Für die Anerkennung und Vollstreckbarerklärung ausländischer Entscheidungen über die Obsorge und die persönlichen Kontakte, zum Schutz eines Erwachsenen (§ 131a Z 1 AußStrG) und ausländischer Maßnahmen zum Schutz eines Erwachsenen (§ 131a Z 2 AußStrG) ist das in § 109 bezeichnete Bezirksgericht zuständig, soweit nicht nach Völkerrecht oder in Rechtsakten der Europäischen Union anderes bestimmt ist.
(BGBl I 2017/59; BGBl I 2017/130)

(BGBl I 2000/135; BGBl I 2013/158)

Durch BGBl 2017/130 wurde § 109a mit 1.9.2017 zu § 109b. Vorher war § 109a durch BGBl 2017/59 (mit Wirkung ab 1.6.2018) novelliert worden.

§ 110. (1) Für die im § 109 genannten Angelegenheiten ist die inländische Gerichtsbarkeit gegeben, wenn der Minderjährige oder die sonstige schutzberechtigte Person

1. österreichischer Staatsbürger ist oder

2. den gewöhnlichen Aufenthalt oder, soweit es um dringende Maßnahmen geht, zumindest den Aufenthalt im Inland hat oder *(BGBl I 2017/59, auf Verfahren anzuwenden, die nach dem 30. Juni 2018 anhängig werden)*

3. Vermögen im Inland hat, soweit es um dieses Vermögen betreffende Maßnahmen geht.
(BGBl I 2017/59, auf Verfahren anzuwenden, die nach dem 30. Juni 2018 anhängig werden)

(2) Hat der österreichische Minderjährige oder die sonstige schutzberechtigte Person den gewöhnlichen Aufenthalt oder Vermögen im Ausland oder handelt es sich um einen ausländischen Minderjährigen oder eine ausländische sonstige schutzberechtigte Person, so kann das Gericht von der Einleitung oder Fortsetzung des Verfahrens absehen, soweit und solange durch die im Ausland getroffenen oder zu erwartenden Maßnahmen die Rechte und Interessen des Minderjäh-rigen oder der sonstigen schutzberechtigten Person ausreichend gewahrt werden. Im Falle eines österreichischen Minderjährigen ist vor der Entscheidung die Bezirksverwaltungsbehörde zu hören, in deren Sprengel das Gericht seinen Sitz hat. *(BGBl I 2017/59, auf Verfahren anzuwenden, die nach dem 30. Juni 2018 anhängig werden)*
(BGBl 1983/135)

§ 111. (1) Wenn dies im Interesse eines Minderjährigen oder einer sonst schutzberechtigten Person gelegen erscheint, insbesondere wenn dadurch die wirksame Handhabung des pflegschaftsgerichtlichen Schutzes voraussichtlich gefördert wird, kann das zur Besorgung der pflegschaftsgerichtlichen Geschäfte zuständige Gericht von Amts wegen oder auf Antrag seine Zuständigkeit ganz oder zum Teil einem anderen Gericht übertragen. *(BGBl I 2000/135; BGBl I 2017/59, auf Verfahren anzuwenden, die nach dem 30. Juni 2018 anhängig werden)*

(2) Die Übertragung wird wirksam, wenn das andere Gericht die Zuständigkeit oder die ihm übertragenen Geschäfte übernimmt. Im Falle der Weigerung des anderen Gerichtes bedarf die Übertragung zu ihrer Wirksamkeit der Genehmigung des den beiden Gerichten zunächst übergeordneten gemeinsamen höheren Gerichtes. *(BGBl 1983/135)*

(3) *(aufgehoben, BGBl 1983/135)*

§ 112. (1) Welche Gerichte zur Bestellung eines Kurators für einzelne Streitsachen oder Geschäfte berufen sind, ist nach den für einzelne Fälle von Kuratelen erlassenen besonderen Vorschriften, nach den Bestimmungen des bürgerlichen Rechtes und endlich nach den für das gerichtliche Verfahren geltenden Bestimmungen zu beurteilen.

(2) In Ermanglung einer anderweitigen Vorschrift ist für die Bestellung eines Kurators das Bezirksgericht zuständig, bei welchem die um die Bestellung eines Kurators ansuchende Partei zur Zeit des Ansuchens ihren allgemeinen Gerichtsstand in Streitsachen hat.

Vgl § 12 UBG, §§ 811 ABGB, 6a, 8, 116f, 386(3) ZPO, 34(1), 174, 314f EO.

Legitimation unehelicher Kinder

§ 113. (1) Sofern bei einer Legitimation unehelicher Kinder das Gericht mitzuwirken hat, ist hiezu, wenn für die zu legitimierende Person bereits ein Pflegschaftsverfahren anhängig ist, das Pflegschaftsgericht, sonst aber das Bezirksgericht zuständig, bei dem der Vater des zu legitimierenden unehelichen Kindes den allgemeinen Gerichtsstand in Streitsachen hat. *(BGBl 1960/58; BGBl I 2000/135)*

(2) *(aufgehoben, BGBl 1970/342)*

Annahme an Kindesstatt

§ 113a. (1) Zur Bewilligung der Annahme an Kindesstatt ist das zur Führung der Pflegschaft über das Wahlkind berufene Gericht, in Ermangelung eines solchen das Bezirksgericht zuständig, in dessen Sprengel das Wahlkind seinen gewöhnlichen Aufenthalt hat. Fehlt ein solcher im Inland, so ist das Bezirksgericht zuständig, in dessen Sprengel der Annehmende, im Falle der Annahme durch Ehegatten einer von ihnen, seinen gewöhnlichen Aufenthalt hat, in Ermangelung eines solchen das Bezirksgericht Innere Stadt Wien. *(BGBl I 2000/135)*

(2) Die vorstehenden Bestimmungen gelten für den Widerruf der Bewilligung und die Aufhebung der Wahlkindschaft sinngemäß.

(BGBl 1960/58)

§ 113b. (1) Für die Bewilligung der Annahme an Kindesstatt ist die inländische Gerichtsbarkeit gegeben, wenn

1. der Annehmende, im Falle der Annahme durch Ehegatten einer von ihnen, oder das Wahlkind österreichischer Staatsbürger ist oder

2. auch nur eine dieser Personen staatenlos ist und ihren gewöhnlichen Aufenthalt, bei Fehlen eines solchen ihren Aufenthalt im Inland hat.

(2) Außer den Fällen des Abs. 1 ist die inländische Gerichtsbarkeit nur gegeben, wenn

1. der Annehmende, im Falle der Annahme durch Ehegatten einer von ihnen, und das Wahlkind ihren gewöhnlichen Aufenthalt im Inland haben oder

2. nur eine dieser Personen ihren gewöhnlichen Aufenthalt im Inland hat und überdies entweder die inländische Pflegschaftsgerichtsbarkeit für das Wahlkind gegeben ist oder keiner der Staaten, denen eine der genannten Personen angehört, in dieser Sache Gerichtsbarkeit für die Annahme an Kindesstatt gewährt. *(BGBl I 2000/135)*

(3) Die vorstehenden Bestimmungen gelten für den Widerruf der Bewilligung und die Aufhebung der Wahlkindschaft sinngemäß.

(BGBl 1960/58)

§ 113c. *(aufgehoben, BGBl 1983/135)*

Unterhalt und sonstige aus dem Verhältnis zwischen Kindern und Eltern entspringende Ansprüche

§ 114. (1) Das zur Führung der Pflegschaft für das minderjährige Kind berufene Gericht ist auch zur Entscheidung über gesetzliche Unterhaltsansprüche und sonstige dem minderjährigen Kind aus dem Verhältnis zwischen Kindern und Eltern gesetzlich zustehende Ansprüche zuständig.

(2) Für gesetzliche Unterhaltsansprüche sonstiger in gerader Linie verwandter Personen ist das Gericht zuständig, in dessen Sprengel der Unterhaltsberechtigte seinen allgemeinen Gerichtsstand in Streitsachen hat, mangels eines solchen im Inland das Gericht, in dessen Sprengel der in Anspruch Genommene seinen allgemeinen Gerichtsstand in Streitsachen hat.

(3) Zur Entscheidung über sonstige aus dem Verhältnis zwischen Kindern und Eltern entspringende Ansprüche ist das Gericht zuständig, in dessen Sprengel das Kind seinen allgemeinen Gerichtsstand in Streitsachen hat, mangels eines solchen im Inland das Gericht, in dessen Sprengel der in Anspruch Genommene seinen allgemeinen Gerichtsstand in Streitsachen hat.

(BGBl 1970/342; BGBl I 2000/135; BGBl I 2003/112)

Ehe- und Partnerschaftsangelegenheiten

§ 114a. (1) Für die Zuständigkeit in Eheangelegenheiten und Angelegenheiten eingetragener Partnerschaften gelten die §§ 76 Abs. 1 und 104 sinngemäß. Für die Anerkennung einer ausländischen Entscheidung über den Bestand einer Ehe oder eingetragenen Partnerschaft ist das Gericht ausschließlich zuständig, in dessen Sprengel die antragstellende Partei ihren gewöhnlichen Aufenthalt hat. Fehlt ein solcher im Inland, so ist das Gericht zuständig, in dessen Sprengel der gewöhnliche Aufenthalt der gegnerischen Partei liegt, sonst das Bezirksgericht Innere Stadt Wien.

(2) Ist bei einem Gericht ein Antrag auf Feststellung der Rechtmäßigkeit des Verlangens auf Verlegung der gemeinsamen Wohnung, der Weigerung mitzuziehen oder der gesonderten Wohnungnahme durch einen Ehegatten oder eingetragenen Partner, ein Antrag auf angemessene Abgeltung der Mitwirkung im Erwerb oder auf Aufteilung des Gebrauchsvermögens und der Ersparnisse oder ein Antrag auf Anerkennung einer ausländischen Entscheidung über den Bestand einer Ehe oder eingetragenen Partnerschaft anhängig oder ist das Verfahren hierüber in erster Instanz noch nicht beendet, so ist dieses Gericht auch für jeden weiteren derartigen Antrag zuständig; dies schließt jedoch die Zulässigkeit einer Vereinbarung über die Zuständigkeit eines anderen Gerichtes nicht aus.

(3) Der Abs. 2 gilt sinngemäß für ein Gericht, bei dem eine im § 76 Abs. 1 genannte Streitigkeit anhängig, die mündliche Streitverhandlung in erster Instanz aber noch nicht geschlossen ist.

(4) Die inländische Gerichtsbarkeit in Eheangelegenheiten und Angelegenheiten eingetragener Partnerschaften ist gegeben, wenn eine der Parteien die österreichische Staatsbürgerschaft hat oder

ihren gewöhnlichen Aufenthalt im Inland hat. Für die Anerkennung einer ausländischen Entscheidung über den Bestand einer Ehe oder eingetragenen Partnerschaft ist die inländische Gerichtsbarkeit auch dann gegeben, wenn eine örtliche Zuständigkeit hiefür besteht. Die inländische Gerichtsbarkeit in Angelegenheiten der Auflösung einer eingetragenen Partnerschaft ist für in Österreich eingetragene Partnerschaften jedenfalls gegeben.

(BGBl I 2009/135)

§ 114b. *(aufgehoben, BGBl 1983/135)*

Amortisierung von Urkunden

§ 115. (1) Aufforderungen zum Zwecke der Amortisierung von Staatsobligationen und der denselben gleichgeachteten Kreditpapiere sind bei demjenigen Gerichtshofe erster Instanz zu beantragen, an dessen Amtssitze die bezüglichen Kreditbücher geführt werden.

(2) Für die Amortisierung von abhanden gekommenen Wechseln sowie von Urkunden, deren Amortisierung sich zufolge gesetzlicher Vorschrift nach [Artikel 73 der Wechselordnung] zu richten hat, ist das Handelsgericht (Handelssenat des Landesgerichtes) des Zahlungsortes zuständig. *(BGBl 1993/91)*

(2a) Für die Amortisierung von Aktien, Pfandbriefen, Schuldverschreibungen, Dividenden- und Zinsscheinen (Coupons), Sparurkunden, Depotscheinen, Genussscheinen und ähnlichen für den Verkehr bestimmten Wertpapieren, die von Aktiengesellschaften, Kreditinstituten oder Versicherungsunternehmen ausgegeben wurden, ist der Gerichtshof erster Instanz zuständig, in dessen Sprengel sich der Sitz des Unternehmens befindet. Wurde das zu amortisierende Wertpapier von einer Zweigniederlassung selbständig ausgegeben, so kann der Antrag auch bei dem für den Ort der Zweigniederlassung zuständigen Gerichtshof erster Instanz gestellt werden. *(BGBl I 2019/61, rückwirkend in Kraft getreten (mit dem Außerkrafttreten von RGBl. Nr. 36/1868), Übergangsbestimmungen siehe Art 5 BGBl I 2019/61*))*

(2b) Für die Amortisierung von Wertpapieren, die von anderen Personen ausgegeben wurden und die entweder auf Überbringer lauten oder denen auf Überbringer lautende Coupons beiliegen, ist der Gerichtshof erster Instanz zuständig, in dessen Sprengel der Ausstellungsort des Wertpapiers, bei mehreren Ausstellungsorten der erstgenannte, liegt. Dies gilt auch dann, wenn diese Wertpapiere nachträglich vinkuliert oder zu Namenspapieren gemacht wurden. *(BGBl I 2019/61, rückwirkend in Kraft getreten (mit dem Außerkrafttreten von RGBl. Nr. 36/1868), Übergangsbestimmungen siehe Art 5 BGBl I 2019/61*))*

(3) Der Gerichtsstand zur Einleitung und Bewilligung der Amortisierung aller anderen Urkunden ist nach den darüber erlassenen besonderen Bestimmungen zu beurteilen.

(4) In Ermangelung einer anderweitigen Vorschrift ist für das Amortisierungsverfahren und die Bewilligung der Amortisierung das Bezirksgericht zuständig, bei welchem die um Amortisierung ansuchende Partei zur Zeit des Ansuchens ihren allgemeinen Gerichtsstand in Streitsachen hat.

Vgl Kraftloserklärungsgesetz 1951, abgedruckt unter 26, Art 90 WechselG, Art 59 ScheckG etc.

---

*) „§ 115 Jurisdiktionsnorm in der Fassung des Bundesgesetzes BGBl. I Nr. 61/2019 tritt mit 1. Jänner 2019 in Kraft. Hat sich im Zeitraum vom 1. Jänner 2019 bis zum Tag der Kundmachung dieses Bundesgesetzes ein Bezirksgericht für ein Amortisierungsverfahren im Sinn des § 115 Abs. 2a oder 2b JN für zuständig erachtet, so bleibt dieses Gericht weiter zuständig."

§ 116. *(gegenstandslos, betraf Fideikommißsachen)*

Realangelegenheiten

§ 117. Die Vornahme aller Realakte, als insbesondere eines Augenscheines und Sachverständigenbefundes, einer Inventur, Schätzung, Feilbietung, Einführung eines Verwalters kommt, sofern nicht bezüglich einzelner Akte oder bestimmter Verfahren etwas anderes angeordnet ist, dem Bezirksgerichte zu, in dessen Sprengel sich die Sache befindet.

(StGBl 1920/116)

Anlegung und Führung der öffentlichen Bücher

§ 118. Zur Anlegung und Führung der öffentlichen Bücher, für die das Allgemeine Grundbuchsgesetz 1955 gilt, sind nach der Lage der unbeweglichen Sachen zuständig:

1. bei unbeweglichen Sachen, die Gegenstand der Landtafeln sind,

a) das Bezirksgericht Graz-Ost für Steiermark, *(BGBl I 2009/30)*

b) das Bezirksgericht Klagenfurt für Kärnten,

c) das Bezirksgericht Linz für Oberösterreich,

d) das Bezirksgericht Innere Stadt Wien für Wien, Niederösterreich und Burgenland;

2. bei unbeweglichen Sachen, die Gegenstand der Bergbücher sind,

a) das Bezirksgericht Graz-Ost für den Sprengel des Landesgerichtes für Zivilrechtssachen Graz, *(BGBl I 2009/30)*

b) das Bezirksgericht Innsbruck für Tirol und Vorarlberg,

c) das Bezirksgericht Klagenfurt für Kärnten,

d) das Bezirksgericht Leoben für den Sprengel des Landesgerichtes Leoben, *(BGBl 1993/91)*

e) das Bezirksgericht Salzburg für Salzburg,

f) das Bezirksgericht Steyr für Oberösterreich,

g) das Bezirksgericht Innere Stadt Wien für Wien, Niederösterreich und Burgenland;

3. bei unbeweglichen Sachen, die Gegenstand der Eisenbahnbücher sind,

das Bezirksgericht am Sitze des Gerichtshofes, der nach den besonderen Vorschriften zur Anlegung und Führung der Eisenbahnbücher zuständig war, in Wien das Bezirksgericht Innere Stadt Wien, in Graz das Bezirksgericht Graz-Ost; *(BGBl I 2009/30)*

4. bei anderen unbeweglichen Sachen

das Bezirksgericht, in dessen Sprengel die unbeweglichen Sachen ganz oder mit ihren Hauptbestandteilen liegen.

(BGBl 1955/282)

Aufkündigung von Hypothekarforderungen

§ 119. Die gerichtliche Aufkündigung einer Hypothekarforderung (§ 60 Allgemeines Grundbuchsgesetz 1955) hat stets bei dem Grundbuchsgerichte zu erfolgen.

Führung des Firmenbuchs; gesellschaftsrechtliche Angelegenheiten

§ 120. (1) Die mit Handelssachen betrauten Gerichtshöfe erster Instanz sind sachlich zuständig

1. zur Führung des Firmenbuchs;

2. für die nach §§ 146 Abs. 2, 147, 157 Abs. 2, 166 Abs. 3, 183 Abs. 3, 270 Abs. 3 bis 5, 282 und 283 UGB vom Gericht zu erledigenden Angelegenheiten. *(BGBl I 2005/120)*

3. für die gemäß §§ 225c bis 225l AktG vom Gericht zu erledigenden Angelegenheiten;

4. für die nach dem SpaltG vom Gericht zu erledigenden Angelegenheiten;

5. für die nach dem UmwG vom Gericht zu erledigenden Angelegenheiten;

6. für die nach dem GesAusG[1)] vom Gericht zu erledigenden Angelegenheiten. *(BGBl I 2006/103)*
(BGBl 1991/10; BGBl 1996/304)

(2) Örtlich zuständig ist jenes Gericht (Abs. 1 Z 1, 2 und 6), in dessen Sprengel das Unternehmen seine Hauptniederlassung oder seinen Sitz hat. Dieses Gericht hat auch zu prüfen, ob eine Zweigniederlassung errichtet und ob § 29 UGB beachtet ist. *(BGBl 1991/10; BGBl 1996/304; BGBl I 2006/103; BGBl I 2009/30)*

(3) Liegt die Hauptniederlassung oder der Sitz eines Unternehmens im Ausland, so richtet sich die örtliche Zuständigkeit nach dem Ort der inländischen Zweigniederlassung, bei mehreren inländischen Zweigniederlassungen nach dem Ort der frühesten inländischen Zweigniederlassung. *(BGBl 1991/10; BGBl 1996/304)*

(4) Ist vor der Entscheidung ein anderes als das angerufene oder von Amts wegen eingeschrittene Gericht nach Abs. 2 oder 3 zuständig geworden, so ist die Sache an dieses zu überweisen. *(BGBl 1991/10)*

(5) Eine Delegation aus Gründen der Zweckmäßigkeit ist unzulässig. *(BGBl 1991/10)*

(5a) Örtlich zuständig ist jenes Gericht für die Angelegenheiten

1. gemäß Abs. 1 Z 3, in dessen Sprengel die übernehmende Gesellschaft ihren Sitz hat;

2. gemäß Abs. 1 Z 4, in dessen Sprengel die übertragende Gesellschaft ihren Sitz hat;

3. gemäß Abs. 1 Z 5, in dessen Sprengel die umzuwandelnde Kapitalgesellschaft ihren Sitz hat.
(BGBl 1996/304)

(6) Entsteht eine neue Gesellschaft durch Spaltung nach dem SpaltG, so ist für ihre erste Eintragung und für die Auskunftserteilung gemäß § 16 SpaltG das Gericht örtlich zuständig, in dessen Sprengel die übertragende Gesellschaft ihren Sitz hat. Ist nach dem UmwG bei einer Umwandlung ein Nachfolgerechtsträger in das Firmenbuch einzutragen, so ist für dessen Eintragung das Gericht örtlich zuständig, in dessen Sprengel die umzuwandelnde Kapitalgesellschaft ihren Sitz hat. *(BGBl 1993/458; BGBl 1996/304)*

(7) Werden Gesellschaften verschmolzen, so ist sowohl für die Eintragung bei der übernehmenden Gesellschaft als auch bei der übertragenden Gesellschaft das Gericht zuständig, in dessen Sprengel die übernehmende Gesellschaft ihren Sitz hat. Wird eine Gesellschaft zur Aufnahme gespalten, so ist sowohl für die Eintragung bei der übertragenden Gesellschaft als auch bei der übernehmenden Gesellschaft das Gericht zuständig, in dessen Sprengel die übertragende Gesellschaft ihren Sitz hat.

[1)] *Gesellschafter-Ausschlussgesetz (Art 6 BGBl I 2006/75).*

Bestätigungen über die Führung der Handelsbücher

§ 120a. Zur Erteilung von Bestätigungen über die gesetzmäßige Beschaffenheit der Handelsbücher ist, wenn die Bücher an einem Orte geführt werden, an welchem ein Handelsgericht oder ein Landesgericht seinen Sitz hat, dieser Gerichtshof, sonst aber das Bezirksgericht zuständig, in dessen Sprengel die Handelsbücher geführt werden.

(BGBl 1993/91)

Beglaubigung von Unterschriften und Abschriften, und Aufnahme letztwilliger Anordnungen

§ 121. Die Beglaubigung von Unterschriften, die Vidimierung von Abschriften und die gerichtliche Aufnahme letztwilliger Anordnungen können von jedem Bezirksgerichte vorgenommen werden.

Für den gerichtlichen Erlag siehe Art XVIII EGJN.

§ 121a. *(aufgehoben samt Überschrift, BGBl I 2010/111, betraf Beratung und Zustimmungen nach dem Fortpflanzungsmedizingesetz)*

Mehrheit von Bezirksgerichten an einem Orte

§ 122. Sind die zur nicht streitigen Gerichtsbarkeit gehörigen Rechtssachen bei dem Bezirksgericht an einem Ort anzubringen, für den mehrere Bezirksgerichte eingerichtet sind, so wird das zuständige Gericht durch den Wohnsitz, den gewöhnlichen Aufenthalt oder, wenn sie an diesem Ort keines von beiden hat, durch den Aufenthalt derjenigen Person bestimmt, deren allgemeiner Gerichtsstand in Streitsachen für die Zuständigkeit entscheiden soll. Hat diese Person an diesem Ort weder Wohnsitz noch Aufenthalt, so kann die Rechtssache bei jedem der an diesem Ort befindlichen Bezirksgerichte anhängig gemacht werden.

(BGBl 1983/135)

Fassung ab 1. 1. 2021 (BGBl I 2020/148):

Vierter Teil

Inkrafttreten, Schluss- und Übergangsbestimmungen

§ 123. Die §§ 49 und 59a in der Fassung des Bundesgesetzes BGBl. I Nr. 148/2020, treten mit 1. Jänner 2021 in Kraft und sind auf Klagen anzuwenden, die nach dem 31. Dezember 2020 eingebracht werden.

(BGBl I 2020/148)

Anlage

(aufgehoben, BGBl 1985/70)

KODEX
DES ÖSTERREICHISCHEN RECHTS
HERAUSGEBER: UNIV.-PROF. DR. WERNER DORALT

FINANZMARKT-
RECHT I

LexisNexis

KODEX
DES ÖSTERREICHISCHEN RECHTS
HERAUSGEBER: UNIV.-PROF. DR. WERNER DORALT

FINANZMARKT-
RECHT II

LexisNexis

KODEX
DES ÖSTERREICHISCHEN RECHTS
HERAUSGEBER: UNIV.-PROF. DR. WERNER DORALT

FINANZMARKT-
RECHT III

LexisNexis

KODEX
DES ÖSTERREICHISCHEN RECHTS
HERAUSGEBER: UNIV.-PROF. DR. WERNER DORALT

FINANZMARKT-
RECHT IV

LexisNexis

Zivilprozessordnung

2/1. Gesetz vom 1. 8. 1895, betreffend die Einführung des Gesetzes über das gerichtliche Verfahren in bürgerlichen Rechtsstreitigkeiten (Zivilprozessordnung) RGBl 1895/112, zuletzt novelliert

RGBl 1895/112, zuletzt novelliert

BGBl 1983/135	BGBl I 1998/11	BGBl I 2002/76
BGBl I 2005/120	BGBl I 2006/7	BGBl I 2009/30 (ZVN 2009)

2/2. Zivilprozessordnung, Gesetz vom 1. 8. 1895, über das gerichtliche Verfahren in bürgerlichen Rechtsstreitigkeiten RGBl 1895/113, zuletzt novelliert

RGBl 1895/113, zuletzt novelliert

BGBl 1983/135	BGBl 1983/136	BGBl 1983/566
BGBl 1984/501	BGBl 1985/70	BGBl 1985/104
BGBl 1985/556	BGBl 1986/71	BGBl 1987/523
BGBl 1989/343	BGBl 1990/474	BGBl 1990/706
BGBl 1991/628	BGBl 1993/91	BGBl 1993/940
BGBl 1994/624	BGBl 1995/519	BGBl 1996/760
BGBl 1996/761	BGBl I 1997/22	BGBl I 1997/140
BGBl I 1999/21	BGBl I 1999/125	BGBl I 2000/26
BGBl I 2000/135	BGBl I 2001/96	BGBl I 2001/98
BGBl I 2001/152	BGBl I 2002/76	BGBl I 2003/29
BGBl I 2003/112	BGBl I 2003/114	BGBl I 2004/128
BGBl I 2004/151	BGBl I 2005/120	BGBl I 2005/164
BGBl I 2006/7 (SchiedsRÄG 2006)		BGBl I 2009/30 (ZVN 2009)
BGBl I 2009/40 (2. GeSchG)		BGBl I 2009/52
BGBl I 2009/75 (FamRÄG)		BGBl I 2009/137
BGBl I 2010/29 (IRÄG 2010)		BGBl I 2010/58 (IRÄ-BG)
BGBl I 2010/111		BGBl I 2011/21
BGBl I 2011/96 (VfGH)		BGBl I 2011/108 (VfGH)
BGBl I 2012/30		BGBl I 2013/26 (VfGH)
BGBl I 2013/118 (SchiedsRÄG 2013)		BGBl I 2014/92
BGBl I 2015/94	BGBl I 2017/59 (2. ErwSchG)	
BGBl I 2018/32	BGBl I 2018/58 (ErwSchAG-Justiz)	
BGBl I 2018/100	BGBl I 2018/109 (UWG-Novelle 2018)	
BGBl I 2020/148 (HiNBG)		

Gliederung

2. ZPO

Stichwortverzeichnis

Bagatellverfahren siehe Europäisches Bagatellverfahren
Barauslagen 43, 45a, 64
– Vorschuss 64
Bargeld 56
Bauverbot Art. XXXVII, 456
Beamte siehe Staatsbeamte
Beantwortung
– der Berufung 468 f
– der Klage 239 siehe Klagebeantwortung
– des Rekurses 521a, 522
– der Revision 501, 507, 508a
beauftragter (ersuchter) Richter 41, 143, 203 f, 216 f, 266, 276 ff, 281, 282 ff, 300, 326, 328, 333 ff, 337 ff, 342, 352, 355 ff, 360, 362, 365, 368, 370, 375, 426, 473, 488, 509, 520, 524
– Zeugeneinvernahme 325 f, 328, 337 f
– Zwischenstreit 285
Bedenken
– gegen Vermögensbekenntnis 66
– gegen Vollmacht 30
– gegen Zuständigkeit 182
bedenkliche Urkunden 30, 296
bedingter Zahlungsbefehl siehe Zahlungsbefehl
Beeidigung siehe Eid
Befähigung zum Richteramt, keine Anwaltspflicht 28
Befristung (siehe auch Frist)
– Versäumung befristeter Prozesshandlungen 146
– des Beweises 279, 309
– des Zeugenbeweises 335
Befund des Sachverständigen 359, 362
Beglaubigung ausländischer Urkunden 293, 311
– der Vollmacht 30
Beglaubigungsurkunde 31
Begründung
– von Beschlüssen 428
– der Beweiswürdigung 272
– erleichterte
– – Berufungsgericht 500a
– – OGH 510, 528
– fehlende, Nichtigkeit 477
– des Gutachtens 362
– von Urteilen 414, 417
Begutachtung siehe Sachverständiger
Behauptungen
– neue siehe Neuerungen
– Zugestehen 267
Behinderte, Sachwalter 6a
Behinderung des Zeugen, Rechtshilfe 328
Beichte 320
Beifall und Mißbilligung 198
Beilagen 66, 75, 77, 81 f, 251
Beisatz im Urteil (betreffend Zuständigkeit) 259, 417, 446, 479a siehe auch Einreden
Beisitzer 43, 45a
Beitritt des Nebenintervenienten 18
Belehrungspflicht 131, 182, 432, 435, 447
– über Berufungsanmeldung 414
– bei Parteienvernehmung 376
– bei Zeugen 339

Beleidigungen 86, 86a, 199 ff
Benachrichtigen vom Rechtsstreit siehe Streitverkündung
Beratung und Abstimmung 413, 590 f
Berichterstatter 413, 486
Berichtigung
– von Beschlüssen 430
– von Klagen 235, 435 siehe auch Verbesserung
– von Tatsachenerklärungen 34
– von Urteilen 419
Berufung 461 ff
– Anmeldung 417a, 461
– Anwaltszwang 463
– Aktenvorlage 469
– Änderung der Berufungsanträge 483
– Berufungsgründe 467, 471, 473, 483
– Berufungsschrift 465
– Entscheidung 473 ff
– Frist 464
– Grenzen der Überprüfung 462
– Inhalt 467
– Kausalsachen 479a
– Klagsänderung 483
– Klagszurücknahme 483
– Nichtigkeitsgründe 477
– nichtöffentliche Sitzung 473
– Neuerungsverbot 482
– Protokollberufung siehe Protokollberufung
– Selbststattgebung der Berufung gegen Versäumungsurteil 469
– Streitigkeiten unter 2 000 Euro 501
– Unzulässigkeit 472
– Verbesserung 474
– Verfahren 463 ff
– vor Berufungsgericht 470 ff
– Verhandlung vor Erstgericht während Berufungsverfahrens 469
– verspätete 468, 471, 474, 495
– Verzicht 472
– Wirkung 466
– Zurücknahme 484
Berufung auf erteilte Bevollmächtigung durch Rechtsanwalt (Notar) 30
Berufungsantrag 462, 465, 467, 471, 497
– Änderung 483
– Erweiterung 483
Berufungsbeantwortung 468 f
Berufungsentscheidung 473 ff, 477 f, 494 ff
– Ausspruch über Wert des Streitgegenstandes 500
– Grundlage 498
– Inhalt 500a
– nichtöffentliche Sitzung 471 ff, 492
– öffentliche Verhandlung 480 ff, 492, 501
– Rechtskraftvorbehalt 479, 502, 519
– Sachentscheidung 496 f
– Zulassung der Revision 500, 502
– Zurückverweisung 494 ff, 499, 510
– Zustellung 500
Berufungserklärung 467
Berufungsgegner 468

Stichwortverzeichnis

2. ZPO

Stichwortverzeichnis

Stichwortverzeichnis

Stichwortverzeichnis

Stichwortverzeichnis

Stichwortverzeichnis

Stichwortverzeichnis

Stichwortverzeichnis

Stichwortverzeichnis

2. ZPO

Stichwortverzeichnis

Stichwortverzeichnis

Zwangsvollstreckung, Prozessvollmacht 31 siehe auch Exekution
zwangsweise Vorführung 333
zweckentsprechende Rechtsverfolgung 41, 508a
zweiseitiges Rekursverfahren 521 f
zwingendes Recht 196
– im Schiedsverfahren 595, 598 f
Zwischenfeststellungsantrag 236, 259
– Rechtskraft 411
– Zwischenurteil 393
Zwischenstreit
– bei ersuchtem (beauftragtem) Richter 285
– bei Zeugnisverweigerung 324
Zwischenurteil 393
– zur Verjährung 393a

Einführungsgesetz zur Zivilprozessordnung (EGZPO)

RGBl 1895/112

Gesetz vom 1. 8. 1895, betreffend die Einführung des Gesetzes über das gerichtliche Verfahren in bürgerlichen Rechtsstreitigkeiten (Zivilprozessordnung)

Art. I. (1) Das Gesetz über das gerichtliche Verfahren in bürgerlichen Rechtsstreitigkeiten (Zivilprozeßordnung) tritt an dem durch Verordnung des Justizministers festzusetzenden Tage, spätestens aber mit dem ersten Tage des auf die Kundmachung folgenden dritten Kalenderjahres als Vorschrift für das Verfahren in den bürgerlichen Rechtsstreitigkeiten in Wirksamkeit, die den ordentlichen Gerichten zur Entscheidung zugewiesen sind[1].

(2) Mit demselben Tage verlieren, soweit dieses Gesetz oder die Zivilprozeßordnung nicht eine Ausnahme enthält, alle in anderen gesetzlichen Vorschriften enthaltenen Bestimmungen über Gegenstände, welche in der Zivilprozeßordnung geregelt sind, ihre Wirksamkeit.

_____
[1] _Die ZPO ist am 1. 1. 1898 in Kraft getreten._

Art. II. Wo in Gesetzen und Verordnungen, die durch das Inkrafttreten der Zivilprozeßordnung nicht berührt werden, oder in staatlich genehmigten Statuten einzelner Gesellschaften, Anstalten und Vereine auf das rechtliche Verfahren in Streitsachen verwiesen oder, wenn auch mit Einschränkungen und Abänderungen, die Anwendung der Vorschriften der Gerichtsordnungen, des ordentlichen schriftlichen oder mündlichen Prozesses, der Bestimmungen des Gesetzes über den summarischen Prozeß [oder über das Bagatellverfahren] vorgeschrieben ist, treten an die Stelle der bezogenen Bestimmungen die Vorschriften des ersten bis fünften Teiles der Zivilprozeßordnung, und zwar in der Art, daß: 1. je nach Verschiedenheit der zuständigen Gerichte die in der Zivilprozeßordnung für das Verfahren vor Gerichtshöfen oder die für das bezirksgerichtliche Verfahren aufgestellten Vorschriften zur Anwendung zu kommen haben, und

2. _(gegenstandslos; betraf Bagatellverfahren)_

Art. III. _(gegenstandslos; betraf aufgehobene Vorschriften)_

Art. IV. Unberührt bleiben:

1. bis 3. _(gegenstandslos; vgl ProkG)_

4. Die Vorschriften der Gesetze vom 24. April 1874, RGBl. 48 und 49, über die Bestellung eines gemeinsamen Kurators der Besitzer von Pfandbriefen und von auf Inhaber lautenden oder indossablen Teilschuldverschreibungen.

5. Die Vorschriften der §§ 1, 2, 3 und 5 der Justizministerialverordnung vom 8. Juni 1857, RGBl. Nr. 114, betreffend die Behandlung der Winkelschreiber. Gegen die Entscheidung, wodurch jemand wegen Winkelschreiberei bestraft wird, steht demselben der Rekurs nach Maßgabe der §§ 514 bis 528 ZPO zu. Von der Einleitung einer Untersuchung hat das Gericht die zuständige Rechtsanwalts- und Notariatskammer zu verständigen; diese Kammern sind zur Akteneinsicht und Antragstellung berechtigt; Beschlüsse, womit eine Untersuchung eingestellt oder der Beschuldigte freigesprochen wird, sind ihnen zuzustellen; sie können dagegen Rekurs nach Maßgabe der §§ 514 bis 528 ZPO erheben. _(BGBl 1929/222)_

Art. V. _(aufgehoben, StGBl 1920/148)_

Art. VI. _(gegenstandslos)_

Art. VII. Unberührt bleiben die Vorschriften des bürgerlichen Rechtes:

1. durch welche bestimmte Urkunden als öffentlich erklärt oder den inländischen öffentlichen Urkunden gleichgestellt werden;

2. durch welche die Beweiskraft einer Privaturkunde von bestimmten Erfordernissen abhängig gemacht ist;

3. und 4. _(gegenstandslos)_

5. die Vorschriften über die Vorlegung der Urschrift von Notariatsurkunden.

Art. VIII bis X. _(gegenstandslos)_

Art. XI. _(aufgehoben, BGBl 1957/257)_

Art. XII. Unberührt bleiben nachfolgende, die schiedsgerichtliche Entscheidung von Rechtsstreitigkeiten betreffende Vorschriften:

1. bis 5. _(gegenstandslos)_

6. Die gesetzlichen Vorschriften, durch welche Körperschaften, Anstalten und Vereine das Recht erhalten haben, zur Entscheidung gewisser Streitigkeiten Schiedsgerichte zu bestellen.

Art. XIII. (1) Das Börsestatut ist die Schiedsgerichtsordnung für eine Börse und ist als Verordnung für eine Wertpapierbörse durch das Bundesministerium für Finanzen, für eine allgemeine Warenbörse durch das Bundesministerium für wirtschaftliche Angelegenheiten und für eine landwirtschaftliche Börse durch das Bundesministerium für Land- und Forstwirtschaft, jeweils im Einvernehmen mit dem Bundesministerium für Justiz, zu erlassen.

(2) In das Börsestatut sind nach Maßgabe der Art. XIIIa bis XXVII Regelungen über

1. die Zusammensetzung des Schiedsgerichtes,

2. den Wirkungskreis des Schiedsgerichtes und

3. das Verfahren vor dem Schiedsgericht aufzunehmen.

(3) Das die jeweilige Börse leitende und verwaltende Börseunternehmen hat für die Einrichtung eines Schiedsgerichtes zu sorgen und den Aufwand für dieses Gericht zu tragen. Das Börsestatut hat von den Prozeßparteien zu entrichtende Gebühren vorzusehen, die dem Börseunternehmen diesen Aufwand ausgleichen sollen. Das die Wiener Börse leitende und verwaltende Börseunternehmen hat für die Einrichtung eines sowohl für die Wertpapier- als auch für die allgemeine Warenbörse zuständigen Schiedsgerichtes zu sorgen und dessen Aufwand zu tragen. Das im Zeitpunkt der Auflösung der Wiener Börsekammer im Rahmen der Wiener Börsekammer eingerichtete Schiedsgericht gilt als dieses Schiedsgericht. Die im Zeitpunkt der Auflösung der Wiener Börsekammer in Kraft befindliche Schiedsgerichtsordnung, Statut für die Wiener Börse, II. Teil, gilt als erste Verordnung (Börsestatut) gemäß dem Abs. 1.

(4) Die nach diesem Bundesgesetz den Börseunternehmen zukommenden Aufgaben sind für eine landwirtschaftliche Börse von der zuständigen Börseleitung wahrzunehmen. Die am 31. Dezember 1997 geltenden Schiedsgerichtsordnungen für die Schiedsgerichte landwirtschaftlicher Börsen gelten als Verordnungen gemäß Abs. 1 weiter.

(BGBl I 1998/11)

Siehe BGBl II 2000/230 (Schiedsgerichtsordnung Wiener Börse)

Art. XIIIa. (1) Die Wirksamkeit der Börseschiedsgerichte kann in dem Börsenstatut in der Richtung erweitert werden, daß dem Börseschiedsgerichte auch Streitigkeiten aus anderen als Börsegeschäften, und zwar aus den im Börsenverkehr üblichen Effekten-, Devisen-, Valuten-, Lombard-, Eskompte- und Darlehensgeschäften, unterworfen werden, sofern sie zwischen Mitgliedern oder Besuchern einer Effektenbörse, sei es unmittelbar, sei es durch Vermittlung eines an einer Effektenbörse bestellten Börsensals geschlos-

sen werden und sofern die Parteien nichts anderes schriftlich vereinbart haben.

(2) Die Zuständigkeit des Schiedsgerichtes erstreckt sich auch auf die Streitigkeiten zwischen den Parteien und dem Börsensensal.

(BGBl 1925/183)

Art. XIV. (1) Die Wirksamkeit der Börseschiedsgerichte kann in dem Börsenstatut ferner in der Richtung erweitert werden, daß dem Börsenschiedsgerichte auch Streitigkeiten aus Warengeschäften, die außerhalb der Börse geschlossen wurden, unterworfen werden, jedoch lediglich unter den nachstehenden Voraussetzungen:

1. Jeder der Streitteile muß entweder ein Organ der öffentlichen Verwaltung, eine Handelsgesellschaft, eine Erwerbs- oder Wirtschaftsgenossenschaft, ein Mitglied oder Besucher einer Börse oder eine Person sein, die sich berufsmäßig mit der Erzeugung, dem Umsatz oder der Verarbeitung derjenigen beweglichen Sachen beschäftigt, die den Gegenstand des Geschäftes bilden oder die solche bewegliche Sachen in ihrem industriellen, gewerblichen oder Handelsbetrieb verwenden; *(BGBl 1983/135)*

2. der Börsenverkehr der Börse, deren Schiedsgericht angerufen wird, muß sich nach dem Börsenstatut auf das Geschäft, das Gegenstand des Streites ist, erstrecken dürfen;

3. beide Teile müssen sich in einem dem § 583 Abs. 1 ZPO entsprechenden Schiedsvertrag dem Ausspruch des Schiedsgerichtes unterworfen haben. Der Schiedsvertrag kann auch allgemein für die Geschäfte, die zwischen den beiden Teilen unmittelbar oder durch Vermittlung eines Dritten zustande kommen, geschlossen werden; doch kann die Wirksamkeit derartiger Vereinbarungen jederzeit für weitere zu schließende Geschäfte einseitig schriftlich widerrufen werden. Protokollierte Unternehmer und Mitglieder oder Besucher einer Börse werden schon durch die Annahme eines Schlußbriefes, der die Bestimmung enthält, daß Rechtsstreitigkeiten aus dem Geschäfte vom Börsenschiedsgerichte zu entscheiden sind, diesem unterworfen, es sei denn, daß die bezeichnete Bestimmung oder der Schlußbrief im allgemeinen als vertragswidrig beanstandet oder der Schlußbrief ohne Bemerkung zurückgestellt wird. *(BGBl 1925/183; BGBl 1929/222; BGBl 1983/135; BGBl I 2005/120, ab 1. 1. 2007; BGBl I 2006/7, ab 1. 7. 2006)*

(2) Als Warengeschäfte im Sinne des Abs. 1 gelten auch Werkverträge, Verträge zum Zwecke der Vereinigung zu einzelnen Handelsgeschäften über Waren für gemeinschaftliche Rechnung, Vermittlungsgeschäfte über Waren einschließlich der Verträge mit Handelsvertretern und die dem Verkehre mit Waren dienenden Hilfsgeschäfte. *(BGBl 1929/222)*

(3) Falls eine der Parteien den landwirtschaftlichen Berufskreisen angehört, hat das Schiedsgericht die erhobene Klage auf Antrag oder von Amts wegen als zum schiedsgerichtlichen Verfahren nicht geeignet zurückzuweisen, wenn das Warengeschäft, das den Gegenstand des Streites bildet, in offenbarem Mißverhältnisse zum landwirtschaftlichen Betriebe der betreffenden Partei steht.

(4) Das Börsenstatut kann bestimmen, daß die im Abs. 1 Z. 1 und im Abs 3 enthaltenen Beschränkungen auf Ausländer keine Anwendung finden. Im Statut kann ferner festgesetzt werden, daß Ausländer, auch wenn sie nicht protokollierte Unternehmer und nicht Mitglieder oder Besucher einer Börse sind, dem Börsenschiedsgericht im Sinne des Abs. 1 Z. 3 schon durch die Annahme eines Schlußbriefes unterworfen werden. *(BGBl 1925/183; BGBl I 2005/120, ab 1. 1. 2007)*

Art. XIVa. (1) Das Börsenstatut kann weiters bestimmen, daß unter den im Art. XIV Abs. 1 Z. 1 und 2 aufgestellten Voraussetzungen protokollierte Unternehmer, Mitglieder oder Besucher einer Börse aus Geschäften, die zwischen ihnen an oder außerhalb der Börse durch Vermittlung einer zur Ausübung der Vermittlertätigkeit an dieser Börse von der Börseleitung legitimierten Person zustande kommen, dem Schiedsgerichte schon dann unterworfen werden, wenn beide Streitteile vom Vermittler unterfertigte Schlußbriefe erhalten haben, welche die Bestimmung enthalten, daß Rechtsstreitigkeiten aus dem Geschäfte vom Börsenschiedsgerichte zu entscheiden sind. Die Zuständigkeit des Schiedsgerichtes tritt jedoch nicht ein, wenn die Unterwerfung unter das Börsenschiedsgericht vor oder bei Erteilung des Auftrages an den Vermittler ausdrücklich ausgeschlossen wurde. *(BGBl I 2005/120, ab 1. 1. 2007)*

(2) Die Zuständigkeit des Schiedsgerichtes erstreckt sich auch auf die Streitigkeiten zwischen den Parteien und dem Vermittler.

(3) Das Börsenstatut kann festsetzen, daß die Vorschriften der vorhergehenden Absätze auf Ausländer auch dann Anwendung finden, wenn sie nicht protokollierte Unternehmer und nicht Mitglieder oder Besucher einer Börse sind. *(BGBl I 2005/120, ab 1. 1. 2007)*

(BGBl 1925/183)

Art. XV. (1) Zur gültigen Zusammensetzung jedes Börsenschiedsgerichtes ist es erforderlich, daß demselben ein Sekretär zugezogen wird. Dieser Sekretär muß die Notariats-, die Rechtsanwalts- oder die Richteramtsprüfung erfolgreich abgelegt haben und seine Bestellung muß vom Bundesministerium für Finanzen im Einvernehmen mit dem Bundesministerium für Justiz, dem Bundesministerium für Land- und Forstwirtschaft und dem Bundesministerium für wirtschaftliche Angelegenheiten genehmigt worden sein. Dem Sekretär ist vom Börseunternehmen eine Vergütung zu leisten, die in einem angemessenen Verhältnis zu seiner Tätigkeit steht. Die Höhe der Vergütung bedarf der Genehmigung des Bundesministeriums für Finanzen im Einvernehmen mit dem Bundesministerium für Justiz, dem Bundesministerium für Land- und Forstwirtschaft und dem Bundesministerium für wirtschaftliche Angelegenheiten. *(BGBl I 1998/11)*

(2) Der Sekretär des Börsenschiedsgerichtes nimmt die Klagen entgegen, gibt den Parteien die nötige Anleitung, überwacht das Zustellungswesen, besorgt die notwendigen schriftlichen Aufzeichnungen während der Verhandlung, nimmt an den Beschlußfassungen des Schiedsgerichtes mit beratender Stimme teil und fertigt die Erkenntnisse des Schiedsgerichtes aus.

Art. XVI. (1) Personen, welche nicht Mitglieder oder Besucher der Börse sind, haben das Recht, die Schiedsrichter, welche sie zu bezeichnen haben, aus einer Liste von Personen zu entnehmen, die der Börse nicht angehören. Diese Liste hat einen im Börsenstatute festzusetzenden Teil der Gesamtzahl der Schiedsrichter zu enthalten.

(2) und (3) gegenstandslos

(4) Die Liste ist im Lokale des Schiedsgerichtes anzuschlagen.

(5) Das Börsenstatut hat für den Fall Bestimmungen zu treffen, als die Befugnis, aus dieser Liste Schiedsrichter zu wählen, nicht rechtzeitig ausgeübt wird, oder die gewählten Schiedsrichter zur Verhandlung nicht erscheinen.

(6) Wenn das Schiedsgericht aus Mitgliedern oder Besuchern der Börse und aus Personen zusammengesetzt sein soll, die der Börse nicht angehören, und die Schiedsrichter sich über den Obmann nicht einigen können, so ist derselbe von dem Präsidenten des Schiedsrichterkollegiums nach der Reihenfolge der Streitfälle abwechselnd aus der Zahl der der Börse angehörenden Schiedsrichter oder aus den in die Liste aufgenommenen Schiedsrichtern zu ernennen.[1]

[1] Die Schiedsrichter werden nunmehr durch Wahlen auf Grund des Börsenstatus gewählt.

Art. XVII. Das Verfahren vor den Schiedsgerichten wird durch das Börsenstatut geregelt. Auf dasselbe haben die §§ 577 bis 618 ZPO keine Anwendung; jedoch sind die folgenden Vorschriften den Statuten zugrunde zu legen. *(BGBl I 2006/7, ab 1. 7. 2006)*

Art. XVIII. Das Börsenstatut hat Bestimmungen über die Zustellungen zu enthalten, welche geeignet sind, die verläßliche Besorgung derselben zu gewährleisten. Ebenso hat das Statut die Gründe festzustellen, aus denen ein Mitglied des Schiedsgerichtes von den Parteien abgelehnt werden kann. Das Statut hat Vorschriften über die Aufnahme von Vergleichen zu enthalten.

Art. XIX. (1) Die Verhandlungen des Schiedsgerichtes sind öffentlich. In Ansehung der Ausschließung der Öffentlichkeit gelten die Vorschriften der Zivilprozeßordnung (§§ 172 und 173).

(2) Im Falle die Öffentlichkeit ausgeschlossen wird, hat jede der Parteien das im § 174 ZPO bestimmte Recht.

(3) Dem Obmanne des Schiedsgerichtes steht die Sitzungspolizei im Umfange der §§ 197 und 198 ZPO zu.

Art. XX. Die Parteien sind berechtigt, sich bei der Verhandlung vertreten zu lassen. Als Parteienvertreter sind vor dem Schiedsgerichte die in die Liste auf Grund des Art. XVI aufgenommenen Personen, Rechtsanwälte, öffentliche Gesellschafter, Prokuristen und sonstige Angestellte der Parteien, ferner Mitglieder oder Besucher der Börse und gerichtlich bestellte Kuratoren oder Abhandlungspfleger zuzulassen.

Art. XXI. (1) Der Obmann des Schiedsgerichtes und der Sekretär haben für die richtige Ausfertigung des Erkenntnisses Sorge zu tragen. Die Ausfertigung hat die Namen sämtlicher Schiedsrichter auszuweisen, welche an der Verhandlung teilgenommen haben. Dieselbe ist vom Obmanne und dem Sekretär zu unterzeichnen.

(2) Die vor dem Schiedsgerichte abgeschlossenen Vergleiche sind nur gültig, wenn sie von beiden Parteien unterschrieben sind.

(3) Auf Verlangen einer Partei ist der Eintritt der Rechtskraft und Vollstreckbarkeit vom Sekretär auf einer Ausfertigung des Erkenntnisses oder des Vergleichs schriftlich zu bestätigen. *(BGBl 1983/135)*

Art. XXII. (1) Das Schiedsgericht kann Parteien, Zeugen und Sachverständige, auch unter Eid, vernehmen. Auf die eidliche Vernehmung finden die Vorschriften der Zivilprozeßordnung Anwendung. Ist eine Partei, ein Zeuge oder ein Sachverständiger nicht bereit, sich vor dem Schiedsgerichte vernehmen oder beeidigen zu lassen, so ist das Bezirksgericht, in dessen Sprengel die zu vernehmende oder zu beeidigende Person wohnt oder sich aufhält, um die Vornahme zu ersuchen. Das ersuchte Gericht hat dem Sekretär des Schiedsgerichtes auf dessen Verlangen Gelegenheit zu geben, der Beweisaufnahme beizuwohnen und Fragen zu stellen. *(BGBl 1925/183; BGBl 1983/135)*

(2) Ein solches Ansuchen kann auch gestellt werden, wenn die Beweisaufnahme außerhalb des Ortes stattfinden soll, wo das Schiedsgericht seinen Sitz hat.

Art. XXIII. (1) Ein Erkenntnis des Börsenschiedsgerichtes kann mittels Nichtigkeitsbeschwerde angefochten werden:

1. wenn der Schiedsvertrag ungültig ist; ein Schiedsvertrag ist insbesondere ungültig, wenn der Beschwerdeführer denselben mit Rücksicht auf die von Mitgliedern eines Unternehmerverbandes (Kartell) getroffene Verabredung eingegangen ist, wonach für seine gewerbliche Produktion erforderliche Stoffe, Werkzeuge und sonstige Hilfsmittel im inländischen Verkehre nur unter der Bedingung veräußert werden sollen, daß sich der Käufer in Ansehung der aus dem Geschäfte entspringenden Streitigkeiten einem Börsenschiedsgerichte unterwerfe; auf die Geltendmachung dieser Ungültigkeit kann vor Beginn der schiedsgerichtlichen Verhandlung nicht wirksam verzichtet werden;

2. wenn das Schiedsgericht sich mit Unrecht für zuständig oder für unzuständig erklärte;

3. wenn das Schiedsgericht die Klage nicht nach Vorschrift des Art. XIV vorletzter Absatz zurückgewiesen hat;

4. wenn die Zustellung der Klage nicht statutenmäßig erfolgt ist oder einer Partei die Möglichkeit, vor Gericht zu verhandeln, durch statutenwidrigen Vorgang entzogen wurde;

5. wenn eine Person verhandelt hat, welche hiezu gesetzlich nicht befähigt oder nicht berechtigt war;

6. wenn ein auf Grund der Statuten abgelehnter Richter an der Verhandlung teilgenommen hat;

7. wenn das Schiedsgericht nicht ordnungsmäßig zusammengesetzt war; 8. wenn die Öffentlichkeit in ungerechtfertigter Weise ausgeschlossen wurde.

8. wenn die Öffentlichkeit in ungerechtfertigter Weise ausgeschlossen wurde.

(2) Die Nichtigkeitsbeschwerde ist beim Gerichtshof erster Instanz (Handelsgericht), in dessen Sprengel das Schiedsgericht seinen Sitz hat, binnen vierzehn Tagen nach Zustellung des schiedsgerichtlichen Erkenntnisses einzubringen. Der Gerichtshof entscheidet nach Anhörung der Parteien und erforderlichenfalls des Obmannes und Sekretärs des Schiedsgerichtes durch Beschluß.

(3) Durch die Einbringung der Nichtigkeitsbeschwerde gegen den Schiedsspruch wird die Exekution desselben nicht gehemmt. Wenn jedoch die obsiegende Partei durch den Vollzug einer Exekutionshandlung oder in anderer Weise sichergestellt ist, oder wenn, soweit im Schiedsspruche eine Geldleistung auferlegt wurde, der

fragliche Geldbetrag gerichtlich erlegt wird, ist die Exekution auf Antrag bis zur rechtskräftigen Entscheidung über die Nichtigkeitsbeschwerde aufzuschieben.

Art. XXIV. Hat sich das Schiedsgericht rechtskräftig für unzuständig erklärt, oder die Klage auf Grund des Art. XIV vorletzter Absatz rechtskräftig zurückgewiesen, so kann das ordentliche Gericht die Verhandlung und Entscheidung dieser Rechtssache nicht ablehnen.

Art. XXV. (1) Wenn der Schiedsspruch mit den Grundwertungen der österreichischen Rechtsordnung unvereinbar ist oder gegen zwingende Rechtsvorschriften verstößt, deren Anwendung auch bei einem Sachverhalt mit Auslandsberührung nach § 35 IPR-Gesetz durch eine Rechtswahl der Parteien nicht abbedungen werden kann, ferner wenn das Schiedsgericht in Streitigkeiten, die nicht aus Börsengeschäften (§ 27 des Gesetzes vom 8. 11. 1989, BGBl. Nr. 555) herrühren, über die Einwendung, daß dem eingeklagten Anspruch ein als Spiel oder Wette zu beurteilendes Differenzgeschäft zugrunde liege, überhaupt nicht oder unrichtig entschieden hat, kann das schiedsrichterliche Erkenntnis mittels Klage vor dem ordentlichen Gericht als unwirksam angefochten und das kraft des Erkenntnisses Geleistete zurückgefordert werden. *(BGBl 1983/135)*

(2) Diese Klage ist binnen dreißig Tagen nach Zustellung des schiedsgerichtlichen Erkenntnisses beim Gerichtshof erster Instanz (Handelsgericht), in dessen Sprengel das Schiedsgericht seinen Sitz hat, zu erheben. Durch die Erhebung derselben wird die Exekution des schiedsgerichtlichen Erkenntnisses nicht gehemmt, jedoch findet die Bestimmung des Art. XXIII Absatz 3 auch hier Anwendung.

Art. XXVI. (1) In allen Angelegenheiten, welche das Börsenschiedsgericht betreffen, hat sich die Börsenleitung an das Bundesministerium für Finanzen zu wenden, welches im Einvernehmen mit den Bundesministerien für Justiz und für Handel, Gewerbe und Industrie und nach Lage der Sache auch im Einvernehmen mit dem Bundesministerium für Land- und Forstwirtschaft entscheidet.

(2) Das Bundesministerium für Justiz kann jederzeit durch einen Delegierten von der Rechtsprechung des Schiedsgerichtes Kenntnis nehmen, die Akten einsehen und sich vom ordnungsmäßigen Gang der Geschäfte überzeugen. Zu diesem Zwecke ist in das Statut auch die Bestimmung aufzunehmen, daß die Börsenschiedsgerichte dem Bundesministerium für Justiz alljährlich genaue statistische Ausweise über ihre Geschäftstätigkeit vorzulegen haben.

(3) Durch vorstehende Bestimmungen werden im übrigen die gesetzlichen Vorschriften über die staatliche Börsenaufsicht nicht berührt.

Art. XXVII. Art. XIII und Art. XV Abs. 1 in der Fassung des Bundesgesetzes BGBl. I Nr. 11/1998 treten am Tag nach der Auflösung der Wiener Börsekammer in Kraft.

(BGBl I 1998/11)

Art. XXVIII. *(aufgehoben)*

Art. XXIX. Als Inland im Sinne der Zivilprozeßordnung gilt das Gebiet der Republik Österreich. Personen, welche in diesem Gebiete das Staatsbürgerrecht nicht genießen, sind in bezug auf die Vorschriften der Zivilprozeßordnung als Ausländer anzusehen.

Art. XXX. Insoferne sich die Zivilprozeßordnung auf die Bestimmungen des bürgerlichen Rechtes beruft, sind darunter nicht nur die Vorschriften des allgemeinen bürgerlichen Gesetzbuches, sondern auch jene des Handelsrechtes und des Wechselgesetzes und die in anderen Gesetzen enthaltenen Normen des Privatrechtes zu verstehen.

Art. XXXI. *(gegenstandslos)*

Art. XXXII. Die Bestimmungen der Zivilprozeßordnung über Rechtsanwälte und deren Stellvertreter sind sinngemäß auch auf die Finanzprokuratur anzuwenden.

Art. XXXIII. *(aufgehoben, BGBl 1973/569)*

Art. XXXIV. *(aufgehoben, BGBl 1975/413)*

Art. XXXV. Für den Verkehr der Gerichte mit den im Auslande befindlichen Behörden und Parteien sind die in den bestehenden und in Hinkunft zu erlassenden Anordnungen (Staatsverträge, Regierungserklärungen, Ministerialverordnungen) enthaltenen näheren Bestimmungen maßgebend.

Art. XXXVI. Die Vorschriften der Zivilprozeßordnung über die verhandlungsfreie Zeit finden keine Anwendung auf die Angelegenheiten des strafgerichtlichen und des außerstreitigen Verfahrens. Das Gericht kann jedoch während der verhandlungsfreien Zeit in Angelegenheiten des außerstreitigen Verfahrens, mit Ausnahme von Grundbuchsachen, Entscheidungen oder Verfügungen unterlassen, soweit eine schleunige Erledigung nicht erforderlich ist.[2]

(BGBl 1925/183; BGBl 1982/370; BGBl 1983/135; BGBl I 2002/76, ab 1. 1. 2003)

Die Bezugnahme auf die JN in Art XI Abs 2 BGBl I 2002/76 trifft nicht zu. Die JN wurde nicht geändert.

---

[2] *Vgl §§ 254 (1) Z 4 IO, 23 (1) AußStrG und bei § 222 ZPO.*

Art. XXXVII. Die dem Besitzer einer unbeweglichen Sache oder eines dinglichen Rechtes gemäß §§ 340 bis 342 ABGB zustehende Berechtigung, das Verbot einer beabsichtigten Bauführung vor Gericht zu fordern, hat nicht mehr statt, wenn der Bauführer nach Inhalt der für die Bauführungen geltenden Vorschriften das Begehren um Erteilung der Baubewilligung gestellt hat, der angeblich gefährdete, zur Baukommission gehörig und rechtzeitig geladene Besitzer jedoch bei derselben nicht erschienen ist oder gegen die begehrte Baubewilligung keine Einwendungen erhoben hat.

Art. XXXVIII. *(aufgehoben, BGBl 1967/181)*

Art. XXXIX. *(aufgehoben, BGBl 1955/39)*

Art. XL. Wenn nach den Vorschriften der Zivilprozeßordnung ein Eid abzulegen ist, so sind bei der Vornahme der Beeidigung die Bestimmungen des Gesetzes vom 3. Mai 1868, RGBl. Nr. 33 zu beachten.

Art. XLI. *(aufgehoben, BGBl I 2009/30)*

Art. XLII. (1) Wer nach den Vorschriften des bürgerlichen Rechtes ein Vermögen oder Schulden anzugeben verpflichtet ist, oder wer von der Verschweigung oder Verheimlichung eines Vermögens vermutlich Kenntnis hat, kann mittels Urteiles dazu verhalten werden, allenfalls unter Vorlage eines Verzeichnisses des Vermögens oder der Schulden anzugeben, was ihm von diesem Vermögen, von den Schulden oder von der Verschweigung oder Verheimlichung des Vermögens bekannt ist, und einen Eid dahin zu leisten, daß seine Angaben richtig und vollständig sind.

(2) Zur Klage ist befugt, wer ein privatrechtliches Interesse an der Ermittlung des Vermögens oder des Schuldenstandes hat.

(3) Wenn mit der Klage auf eidliche Angabe des Vermögens die Klage auf Herausgabe desjenigen verbunden wird, was der Beklagte aus dem zugrunde liegenden Rechtsverhältnisse schuldet, so kann die bestimmte Angabe der Leistungen, welche der Kläger beansprucht, vorbehalten werden, bis die eidliche Angabe über das Vermögen gemacht ist.[1]

---

[1] *Stufenklage.*

Art. XLIII. Die Vorlage einer gemeinschaftlichen Urkunde (§ 304 ZPO) kann auch außerhalb eines anhängigen Rechtsstreites im Wege der Klage gefordert werden.

Art. XLIV. *(aufgehoben, dRGBl 1938 I S 1999)*

Art. XLV. *(aufgehoben, BGBl 1932/291)*

Art. XLVI. Eine während des Prozesses oder erst nach dessen Beendigung eingetretene Ersitzung oder Verjährung eines Rechtes kann nicht zum Nachteile dessen geltend gemacht werden, dem nachträglich die Wiederaufnahme des über dieses Recht geführten Prozesses bewilligt wird.

Art. XLVII bis LIV. *(gegenstandslos)*

Art. LV. (1) Mit dem Vollzuge dieses Gesetzes ist der Bundesminister für Justiz beauftragt.

(2) Soweit in diesem Gesetze nichts anderes bestimmt ist, hat der Bundesminister für Justiz alle zur Einführung und Durchführung des gegenwärtigen Gesetzes und der Zivilprozeßordnung erforderlichen Verordnungen, und zwar insoweit dieselben den Wirkungskreis der anderen Bundesminister berühren, im Einvernehmen mit diesen zu erlassen.

Zivilprozessordnung

Gesetz v. 1. 8. 1895 über das gerichtliche Verfahren in bürgerlichen Rechtsstreitigkeiten (Zivilprozessordnung – ZPO)

(BGBl I 2004/128, Kurztitel eingefügt)

Erster Teil

Allgemeine Bestimmungen

Erster Abschnitt

Parteien

Erster Titel

Prozeßfähigkeit

§ 1. (1) Eine Person ist insoweit fähig, selbständig vor Gericht als Partei zu handeln (Prozeßfähigkeit), als sie geschäftsfähig ist. Das Vorhandensein dieser Verpflichtungsfähigkeit, die Notwendigkeit der Vertretung von Parteien, welchen die Prozeßfähigkeit mangelt, sowie das Erfordernis einer besonderen Ermächtigung zur Prozeßführung oder zu einzelnen Prozeßhandlungen ist, soweit nicht dieses Gesetz abweichende Anordnungen enthält, nach den bestehenden gesetzlichen Bestimmungen zu beurteilen. *(BGBl I 2017/59, auf Verfahren anzuwenden, die nach dem 30. Juni 2018 anhängig werden)*

(2) Einer Person mangelt es aber in jenen Verfahren an der Prozessfähigkeit, die in den Wirkungsbereich eines Erwachsenenvertreters oder eines Vorsorgebevollmächtigten, dessen Vollmacht bereits wirksam geworden ist, fallen. Zur Vertretung im Verfahren ist nur der gesetzliche Vertreter allein berechtigt; bei mehreren gesetzlichen Vertretern ist dies im Zweifel derjenige, der die erste Verfahrenshandlung setzt. *(BGBl I 2017/59, auf Verfahren anzuwenden, die nach dem 30. Juni 2018 anhängig werden)*

§ 2. Ein mündiger Minderjähriger bedarf in Rechtsstreitigkeiten über Gegenstände, in denen er nach dem bürgerlichen Recht geschäftsfähig ist, nicht der Mitwirkung seines gesetzlichen Vertreters.

(BGBl 1977/403)

§ 2a. In Ehesachen (§ 49 Abs. 2 Z 2a JN) sind Personen, die sonst wegen ihrer Minderjährigkeit nur beschränkt geschäftsfähig sind, fähig, selbständig vor Gericht als Partei zu handeln. *(BGBl I 2003/112; BGBl I 2018/58, auf Verfahren anzuwenden, in denen der verfahrenseinleitende Schriftsatz vor dem 1. August 2018 bei Gericht eingebracht wurde)*

(BGBl 1983/566; BGBl 1985/70)

§ 3. Ein Ausländer, welchem nach dem Rechte seines Landes die Prozeßfähigkeit mangelt, ist vor den inländischen Gerichten als prozeßfähig zu behandeln, wenn ihm nach den im Inlande geltenden gesetzlichen Bestimmungen die Prozeßfähigkeit zukommt.

§ 4. (1) Die gesetzlichen Vertreter solcher Parteien, welchen die Prozeßfähigkeit mangelt, müssen mit Beziehung auf den Rechtsstreit prozessfähig sein und haben ihre Vertretungsbefugnis und die im einzelnen Falle etwa noch nötige besondere Ermächtigung zur Prozeßführung,[1] soweit nicht beides bereits bei Gericht offenkundig ist, bei der ersten Prozeßhandlung urkundlich nachzuweisen, welche sie vor Gericht vornehmen. *(BGBl I 2017/59, auf Verfahren anzuwenden, die nach dem 30. Juni 2018 anhängig werden)*

(2) Die zu einer einzelnen Prozeßhandlung erforderliche besondere Ermächtigung[1] muß in gleicher Weise bei Vornahme dieser Prozeßhandlung nachgewiesen werden.

[1] *Für Minderjährige vgl §§ 167, 169 ABGB.*

§ 5. Soweit dieses Gesetz nicht unterscheidet, sind dessen Bestimmungen über Parteien auch auf deren gesetzliche Vertreter zu beziehen.

§ 6. (1) Der Mangel der Prozeßfähigkeit, der gesetzlichen Vertretung,[1] sowie der etwa erforderlichen besonderen Ermächtigung zur Prozeßführung[1] ist in jeder Lage des Rechtsstreites von Amts wegen zu berücksichtigen.

(2) Kann dieser Mangel beseitigt werden, so hat das Gericht die hiezu erforderlichen Aufträge zu erteilen und zu ihrer Erfüllung von Amts wegen eine angemessene Frist zu bestimmen, bis zu deren fruchtlosem Ablaufe der Ausspruch über die Rechtsfolgen des Mangels aufgeschoben bleibt. Ist jedoch mit dem Verzuge für die prozeßunfähige Partei Gefahr verbunden, so kann diese oder die für dieselbe als Vertreter einschreitende Person noch vor Ablauf dieser Frist, vorbehaltlich der Beseitigung des Mangels, zur Vornahme der notwendigen Prozeßhandlungen zugelassen werden.

(3) Die im Absatz 2 bezeichneten gerichtlichen Verfügungen können durch ein abgesondertes Rechtsmittel nicht angefochten werden. Eine Verlängerung der zur Behebung des Mangels gewährten Frist ist nur dann zulässig, wenn die Behebung des Mangels durch Umstände behindert wird, auf deren Beseitigung die Partei oder deren Vertreter einen Einfluß zu nehmen nicht vermag.

[1] *Für Minderjährige vgl §§ 167, 169 ABGB.*

§ 6a. Ergeben sich bei einer Partei, die der inländischen Pflegschaftsgerichtsbarkeit (§ 110 JN) unterliegt, Anzeichen dafür, dass sie aufgrund einer psychischen Krankheit oder einer vergleichbaren Beeinträchtigung ihrer Entscheidungsfähigkeit dieses Gerichtsverfahren nicht ohne Gefahr eines Nachteils für sich selbst besorgen kann, so ist das Pflegschaftsgericht zu verständigen. Das Pflegschaftsgericht hat dem Prozeßgericht ehestens mitzuteilen, ob ein (einstweiliger) Erwachsenenvertreter bestellt oder sonst eine entsprechende Maßnahme getroffen wird. An die Entscheidung des Pflegschaftsgerichts ist das Prozeßgericht gebunden. Der § 6 Abs. 2 zweiter Satz und Abs. 3 erster Satz ist sinngemäß anzuwenden. *(BGBl I 2017/59, auf Verfahren anzuwenden, die nach dem 30. Juni 2018 anhängig werden)*

(BGBl 1983/136)

§ 7. (1) Wenn der Mangel der Prozeßfähigkeit, der gesetzlichen Vertretung oder der Ermächtigung zur Prozeßführung nicht beseitigt werden kann, oder doch die hiezu gewährte Frist fruchtlos abgelaufen ist, hat das Gericht erster oder höherer Instanz, bei welcher die Rechtssache eben anhängig ist, die Nichtigkeit des von dem Mangel betroffenen Verfahrens durch Beschluß auszusprechen.

(2) Dieser Ausspruch kann nicht erfolgen, wenn demselben in Ansehung des Grundes der Nichtigkeit eine von demselben oder von einem anderen inländischen Gerichte gefällte, noch bindende Entscheidung entgegensteht.

§ 8. (1) Soll wider eine prozeßunfähige Partei, die eines gesetzlichen Vertreters entbehrt, eine Prozeßhandlung vorgenommen werden, und wäre mit dem Verzuge für den Gegner der prozeßunfähigen Partei Gefahr verbunden, so hat das Prozeßgericht auf dessen Antrag für die prozeßunfähige Partei einen Kurator zu bestellen.

(2) Der Kurator hat für diese Partei bis zum Eintreten des gesetzlichen Vertreters am gerichtlichen Verfahren teilzunehmen und, wenn nötig, die Bestellung des gesetzlichen Vertreters durch geeignete Anträge zu veranlassen.

§ 9. (1) Die Entscheidung über einen im Sinne des § 8 Absatz 1 gestellten Antrag erfolgt durch Beschluß und, wenn der Antrag nicht bei einer mündlichen Verhandlung gestellt wurde, ohne vorhergehende mündliche Verhandlung. Es können jedoch vor der Entscheidung alle zur Aufklärung erforderlichen Erhebungen eingeleitet werden.

(2) Im Verfahren vor Gerichtshöfen hat über den Antrag, wenn derselbe nicht während einer mündlichen Verhandlung gestellt wird, der Vorsitzende des Senates zu entscheiden, dem die Rechtssache zugewiesen ist.

(3) Das gleiche gilt in allen anderen Fällen, in welchen nach den Bestimmungen des bürgerlichen Rechtes oder nach diesem Gesetze durch das Prozeßgericht für eine Partei in bürgerlichen Streitsachen ein Kurator zu bestellen ist.

§ 10. Die durch die Prozeßführung verursachten, zur zweckentsprechenden Rechtsverfolgung oder Rechtsverteidigung notwendigen Kosten (§ 41) eines vom Prozeßgericht oder von einem anderen Gerichte bestellten Kurators hat die Partei, durch deren Prozeßhandlung die Bestellung oder Mitwirkung des Kurators veranlaßt wurde, unbeschadet eines ihr etwa zustehenden Ersatzanspruches zu bestreiten.

(BGBl 1955/282)

Zweiter Titel

Streitgenossenschaft und Hauptintervention

§ 11. Außer den in anderen Gesetzen besonders bezeichneten Fällen können mehrere Personen gemeinschaftlich klagen oder geklagt werden (Streitgenossen):

1. wenn sie in Ansehung des Streitgegenstandes in Rechtsgemeinschaft stehen oder aus demselben tatsächlichen Grund oder solidarisch berechtigt oder verpflichtet sind; *(BGBl 1983/135)*

2. wenn gleichartige, auf einem im wesentlichen gleichartigen tatsächlichen Grunde beruhende Ansprüche oder Verpflichtungen den Gegenstand des Rechtsstreites bilden, und zugleich die Zuständigkeit des Gerichtes hinsichtlich jedes einzelnen Beklagten begründet ist. *(BGBl 1983/135)*

Vgl § 55 (2) JN.

§ 12. Soweit nicht die Beschaffenheit der eingegangenen Bürgschaft im Wege steht, können der Hauptschuldner und der Bürge gemeinschaftlich geklagt werden[1].

[1] *Vgl § 1348 ABGB, § 93 JN.*

§ 13. Jeder der Streitgenossen ist dem Gegner gegenüber im Prozesse derart selbständig, daß die Handlungen oder Unterlassungen des einen Streitgenossen dem anderen weder zum Vorteile noch zum Nachteile gereichen.

§ 14. Wenn die Wirkung des zu fällenden Urteiles sich kraft der Beschaffenheit des streitigen Rechtsverhältnisses oder kraft gesetzlicher Vorschrift auf sämtliche Streitgenossen erstreckt, so bilden dieselben eine einheitliche Streitpartei. Sind einzelne Streitgenossen säumig, so erstreckt sich die Wirkung der Prozeßhandlungen der tätigen Streitgenossen auch auf sie.

§ 15. (1) Das Recht zur Betreibung des Prozesses kann von jedem einzelnen der Streitgenossen ausgeübt werden.

(2) Unter den in § 14 angegebenen Voraussetzungen sind zu jeder auf Antrag eines der Streitgenossen oder des Gegners anberaumten Tagsatzung außer den sonst beteiligten Personen stets auch sämtliche Streitgenossen, und zwar selbst dann zu laden, wenn eine frühere, in derselben Rechtssache abgehaltene Tagsatzung von ihnen versäumt wurde.

§ 16. Wer die Sache oder das Recht, worüber zwischen anderen Personen ein Rechtsstreit anhängig ist, ganz oder teilweise für sich in Anspruch nimmt, kann bis zur rechtskräftigen Entscheidung dieses Rechtsstreites beide Parteien gemeinschaftlich klagen (Hauptintervention).

Dritter Titel

Beteiligung Dritter am Rechtsstreite

Nebenintervention

§ 17. (1) Wer ein rechtliches Interesse daran hat, daß in einem zwischen anderen Personen anhängigen Rechtsstreite die eine Person obsiege, kann dieser Partei im Rechtsstreite beitreten (Nebenintervention).

(2) Zu solchem Beitritte sind ferner alle Personen befugt, welchen durch gesetzliche Vorschriften die Berechtigung zur Nebenintervention eingeräumt ist.

§ 18. (1) Die Nebenintervention kann in jeder Lage des Rechtsstreites bis zu dessen rechtskräftiger Entscheidung durch Zustellung eines Schriftsatzes an beide Parteien erfolgen. Der Intervenient hat das Interesse, welches er am Siege einer der Prozeßparteien hat, bestimmt anzugeben.

(2) Über den von einer der Prozeßparteien gestellten Antrag auf Zurückweisung des Nebenintervenienten ist nach vorhergehender mündlicher Verhandlung zwischen dem Bestreitenden und dem Intervenienten durch Beschluß zu entscheiden. Hiedurch wird der Fortgang des Hauptverfahrens nicht gehemmt.

(3) Solange dem Zurückweisungsantrage nicht rechtskräftig stattgegeben ist, muß der Intervenient dem Hauptverfahren zugezogen werden und können Prozeßhandlungen desselben nicht ausgeschlossen werden.

(4) *(aufgehoben, BGBl I 2009/30)*

§ 19. (1) Der Intervenient muß den Rechtsstreit in der Lage annehmen, in welcher sich derselbe zur Zeit seines Beitrittes befindet. Er ist berechtigt, zur Unterstützung derjenigen Partei, an deren Sieg er ein rechtliches Interesse hat (Hauptpartei), Angriffs- und Verteidigungsmittel geltend zu machen, Beweise anzubieten und alle sonstigen Prozeßhandlungen vorzunehmen. Seine Prozeßhandlungen sind insoweit für die Hauptpartei rechtlich wirksam, als sie nicht mit deren eigenen Prozeßhandlungen im Widerspruche stehen.

(2) Mit Einwilligung beider Prozeßparteien kann der Intervenient auch an Stelle desjenigen, dem er beigetreten ist, in den Rechtsstreit als Partei eintreten.

§ 20. Wenn das in einem Prozesse ergehende Urteil kraft der Beschaffenheit des streitigen Rechtsverhältnisses oder kraft gesetzlicher Vorschrift auch in Bezug auf das Rechtsverhältnis des Intervenienten zum Gegner der Hauptpartei rechtlich wirksam ist, kommt dem Intervenienten die Stellung eines Streitgenossen zu (§ 14).

Streitverkündigung

§ 21. (1) Wer behufs Begründung zivilrechtlicher Wirkungen einen Dritten von einem Rechtsstreite zu benachrichtigen hat (Streitverkündigung), kann dies durch Zustellung eines Schriftsatzes bewirken, in welchem auch der Grund der Benachrichtigung anzugeben und die Lage des Rechtsstreites, falls derselbe bereits begonnen hat, kurz zu bezeichnen ist.

(2) Mit einer solchen Benachrichtigung kann eine in den Vorschriften des bürgerlichen Rechtes begründete Aufforderung zur Leistung der Vertretung im bereits anhängigen oder erst einzuleitenden Rechtsstreite (Nebenintervention) verbunden werden.

(3) Die Streitverkündigung gibt der benachrichtigenden Partei nicht das Recht, die Unterbrechung des anhängigen Rechtsstreites, die Erstreckung von Fristen oder die Verlegung einer zur Verhandlung bestimmten Tagsatzung zu begehren.

Benennung des Auktors

§ 22. (1) Wer als Besitzer einer Sache oder eines dinglichen Rechtes geklagt wird, sich aber in den Rechtsstreit nicht einlassen will, weil er im Namen eines Dritten zu besitzen behauptet, hat diesen (Auktor) sogleich nach Zustellung der Klage aufzufordern, sich über sein Verhältnis zum Streitgegenstande oder zu dem in der Klage geltend gemachten Anspruch binnen vier Wochen mit Schriftsatz zu erklären.

(2) Die Aufforderung an den Auktor erfolgt durch Zustellung eines Schriftsatzes, welcher die zur Begründung dieser Aufforderung erforderliche Mitteilung über den eingeleiteten Rechtsstreit zu

enthalten hat. Eine Ausfertigung dieses Schriftsatzes ist dem Kläger mitzuteilen.

(BGBl I 2002/76)

§ 23. (1) Erkennt der Auktor das vom Beklagten behauptete Verhältnis an, so kann er mit Zustimmung des Beklagten an dessen Stelle als Partei in den Rechtsstreit eintreten. Die Zustimmung des Klägers ist hiezu nur insoweit erforderlich, als derselbe Ansprüche geltend macht, welche durch das zwischen dem Auktor und dem Beklagten bestehende Vertretungsverhältnis nicht berührt werden.

(2) Kommt infolge der vom benannten Auktor abgegebenen Erklärung eine Einigung der Beteiligten in Ansehung der Übernahme des Prozesses durch den Auktor zustande, so hat der Vorsitzende auf entsprechenden Antrag den Beklagten noch vor der vorbereitenden Tagsatzung von der Klage zu entbinden.

(BGBl I 2002/76)

§ 24. (1) Erstattet der Auktor trotz gehöriger Aufforderung keinen Schriftsatz, bestreitet er die Behauptung des Beklagten oder erklärt er sich in seinem Schriftsatz überhaupt nicht, so ist der Beklagte berechtigt, sich durch Befriedigung des Anspruchs des Klägers von der Klage zu befreien. *(BGBl I 2002/76)*

(2) Inwiefern dem Auktor hieraus ein Anspruch auf Schadenersatz erwächst, ist nach dem bürgerlichen Rechte zu beurteilen.

§ 25. Die Zustellung der in den §§ 18, 21 und 22 bezeichneten Schriftsätze wird vom Vorsitzenden ohne vorgängige Beschlußfassung des Senates verfügt.

Vierter Titel

Bevollmächtigte

§ 26. (1) Die Parteien können, sofern in diesem Gesetze nicht etwas anderes bestimmt ist, Prozeßhandlungen entweder in Person oder durch Bevollmächtigte vornehmen.

(2) Die Vertretung durch einen Bevollmächtigten schließt auch in jenen Fällen, in welchen die Vertretung durch Rechtsanwälte geboten ist, nicht aus, daß die Partei in Begleitung ihres Bevollmächtigten vor Gericht erscheint und daselbst neben diesem mündliche Erklärungen abgibt.

§ 27. (1) Vor den Bezirksgerichten in Sachen, deren Streitwert an Geld oder Geldeswert 5 000 Euro übersteigt, in Rechtsstreitigkeiten nach § 502 Abs. 5 Z 3 und vor allen höheren Gerichten müssen sich die Parteien durch Rechtsanwälte vertreten lassen (absolute Anwaltspflicht). *(BGBl*

1989/343; BGBl I 1997/140; BGBl I 2004/128; BGBl I 2009/52)

(2) Der Abs. 1 findet – vorbehaltlich des § 29 Abs. 1 – keine Anwendung auf die Angelegenheiten, die von Gesetzes wegen ohne Rücksicht auf den Wert des Streitgegenstandes vor die Bezirksgerichte gehören und, soweit dieses Gesetz nicht etwas anderes bestimmt, auch nicht auf diejenigen Prozeßhandlungen, welche vor einem ersuchten oder beauftragten Richter, vor dem Gerichtsvorsteher oder Vorsitzenden eines Senates vorgenommen werden; der Abs. 1 gilt auch nicht für die in der Gerichtskanzlei vorzunehmenden Erklärungen und Handlungen. *(BGBl 1991/628; BGBl I 2002/76)*

(3) Der Abs. 1 findet ferner keine Anwendung auf eine Tagsatzung, in der ein Klagebegehren mit einem Streitwert bis 5 000 Euro auf einen solchen über 5 000 Euro erweitert wird, und schließlich auch nicht auf Vergleiche vor einem Bezirksgericht, selbst wenn deren Betrag oder Geldeswert 5 000 Euro übersteigt. *(BGBl 1989/343; BGBl I 1997/140; BGBl I 2009/52)*

(4) Die Vertretungsbefugnis der Finanzprokuratur bleibt auch in den Fällen, in welchen die Vertretung der Parteien durch Rechtsanwälte geboten ist, unberührt. *(BGBl 1991/628)*

Betreffend „europäische Rechtsanwälte" siehe BGBl I 2000/27, vgl auch § 5 Abs 2 NO

§ 28. (1) Rechtsanwälte, Notare, zur Ausübung des Richteramts befähigte Personen und Beamte der Finanzprokuratur, die die Rechtsanwaltsprüfung abgelegt haben, bedürfen, wenn sie in einem Rechtsstreit als Partei einschreiten, weder in der ersten noch in einer höheren Instanz der Vertretung durch einen Rechtsanwalt. *(BGBl 1987/523)*

(2) Wird gegen eine solche Partei während der Dauer des Prozesses die Disziplinarstrafe der Streichung von der Rechtsanwaltsliste, der Entsetzung vom Amte, der Versetzung in den Ruhestand oder der Dienstentlassung verhängt, so ist von ihr für das weitere Verfahren, sofern in demselben die Vertretung durch Rechtsanwälte geboten ist, ein Rechtsanwalt zu bestellen. Eine Unterbrechung des Verfahrens findet deshalb nicht statt.

§ 29. (1) Soweit eine Vertretung durch Rechtsanwälte nicht geboten ist, kann jede Person, die volljährig und geschäftsfähig ist und für die in keinem Bereich ein gerichtlicher Erwachsenenvertreter bestellt oder eine gewählte oder gesetzliche Erwachsenenvertretung oder Vorsorgevollmacht wirksam ist, zum Bevollmächtigten bestellt werden, jedoch in Ehesachen (§ 49 Abs. 2 Z 2 a JN) und in Sachen, deren Streitwert an Geld oder Geldeswert 5 000 Euro übersteigt, an Orten, an denen wenigstens zwei Rechtsanwälte ihren Sitz haben, nur Rechtsanwälte als Bevollmächtigte zuzulassen (relative Anwaltspflicht). *(BGBl*

1989/343; BGBl I 1997/140; BGBl I 2003/112; BGBl I 2009/52; BGBl I 2017/59, auf Verfahren anzuwenden, die nach dem 30. Juni 2018 anhängig werden)

(2) Der § 27 Abs. 3 gilt sinngemäß. *(BGBl 1989/343)*

(3) Personen, welche dem Richter als Winkelschreiber[2] bekannt sind, dürfen weder zur Verhandlung, noch zu anderen Prozeßhandlungen als Bevollmächtigte zugelassen werden. Gegen diese Verweigerung der Zulassung ist ein abgesondertes Rechtsmittel nicht statthaft. *(BGBl 1989/343)*

§ 29 ist in der jeweiligen Fassung auf eingetragene Partner, Partnersachen oder Partnerangelegenheiten sinngemäß anzuwenden (§ 43 Abs 1 Z 25 EPG).

[2] *Vgl Winkelschreiberverordnung RGBl 1857/114.*

§ 30. (1) Bevollmächtigte haben bei der ersten von ihnen in einer Streitsache vorgenommenen Prozeßhandlung ihre Bevollmächtigung durch eine Urkunde (Vollmacht) darzutun, welche in Urschrift oder in beglaubigter Abschrift vorzulegen ist und bei Gericht zurückbehalten werden kann. Geschieht dies mit einer Privaturkunde und entstehen gegen deren Echtheit Bedenken, so kann das Gericht auf Antrag oder von Amts wegen eine gerichtliche oder notarielle Beglaubigung der Unterschrift anordnen; diese Anordnung kann durch ein Rechtsmittel nicht angefochten werden. *(BGBl 1983/135)*

(2) Schreitet ein Rechtsanwalt oder Notar ein, so ersetzt die Berufung auf die ihm erteilte Bevollmächtigung deren urkundlichen Nachweis. *(BGBl 1983/135)*

(2a) Schreitet ein Kinder- und Jugendhilfeträger als gesetzlicher Vertreter des Kindes ein, so ist Abs. 2 sinngemäß anzuwenden. *(BGBl I 1997/140; BGBl I 2017/59)*

(3) Die Erklärung über die erteilte Bevollmächtigung kann vor Bezirksgerichten, wenn die Partei bei einer in der Streitsache anberaumten Tagsatzung mit dem Bevollmächtigten persönlich vor Gericht erscheint, auch zu gerichtlichem Protokoll aufgenommen werden.

§ 31. (1) Die einem Rechtsanwalte erteilte Vollmacht zur Prozeßführung (Prozeßvollmacht) ermächtigt kraft Gesetzes:

1. zur Anbringung und Empfangnahme der Klage und zu allen den Rechtsstreit betreffenden Prozeßhandlungen, einschließlich derjenigen, welche durch eine Widerklage, durch eine Wiederaufnahme des Verfahrens, durch den Antrag auf einstweilige Verfügungen, oder durch eine im Sinne des § 16 erfolgende Klageführung veranlaßt werden;

2. zum Abschlusse von Vergleichen über den Gegenstand des Rechtsstreites, zu Anerkenntnissen der vom Gegner behaupteten Ansprüche, sowie zu Verzichtleistungen auf die von der bevollmächtigenden Partei geltend gemachten Ansprüche;

3. zur Einleitung der Exekution wider den Prozeßgegner, zur Vornahme aller im Exekutionsverfahren auf Seiten des Exekutionsführers vorkommenden Handlungen und zur Erwirkung des Sicherungsverfahrens;

4. zur Empfangnahme der von dem Prozeßgegner zu erstattenden Prozeßkosten.

(2) Der Rechtsanwalt kann die ihm erteilte Prozeßvollmacht für einzelne Akte oder Abschnitte des Verfahrens an einen anderen Rechtsanwalt übertragen. Inwiefern der Rechtsanwalt berechtigt ist, sich durch einen Rechtsanwaltsanwärter vertreten zu lassen, regelt die Rechtsanwaltsordnung.[1] *(BGBl 1990/474)*

(3) Der Rechtsanwalt kann sich ferner bei den im Zwangsvollstreckungsverfahren vorkommenden Vollzugshandlungen, Tagsatzungen und Einvernehmungen durch einen bei ihm angestellten vertretungsbefugten Kanzleibeamten vertreten lassen. Die Vertretungsbefugnis wird vom Ausschusse der Rechtsanwaltskammer auf Antrag des Rechtsanwalts durch Ausfertigung einer Beglaubigungsurkunde gewährt. Sie kann vom Ausschusse jederzeit zurückgenommen werden. *(RGBl 1914/118; BGBl 1929/222; BGBl 1990/474; BGBl I 2002/76)*

[1] *Vgl hiezu § 15 der Rechtsanwaltsordnung idF BGBl I 2010/111 und I 2016/39 ab 1. 1. 2017:*

§ 15. (1) Ist die Beiziehung eines Rechtsanwalts gesetzlich vorgeschrieben, so kann sich der Rechtsanwalt vor allen Gerichten und Behörden auch durch einen bei ihm in Verwendung stehenden, substitutionsberechtigten Rechtsanwaltsanwärter unter seiner Verantwortung vertreten lassen; die Unterfertigung von Eingaben an Gerichte und Behörden durch einen Rechtsanwaltsanwärter ist jedoch unzulässig.

(2) Substitutionsberechtigt ist ein Rechtsanwaltsanwärter, der die Rechtsanwaltsprüfung mit Erfolg abgelegt hat. Das Erfordernis der Rechtsanwaltsprüfung kann auf Ansuchen eines Rechtsanwalts vom Ausschuß der Rechtsanwaltskammer aus rücksichtswürdigen Gründen denjenigen bei ihm in Verwendung stehenden Rechtsanwaltsanwärtern erlassen werden, die ein Studium des österreichischen Rechts (§ 3) abgeschlossen haben und mindestens eine siebenmonatige Praxis bei Gericht oder einer Staatsanwaltschaft sowie eine achtzehnmonatige praktische Verwendung bei einem Rechtsanwalt oder bei der Finanzprokuratur nachzuweisen vermögen. Die Nachsicht der Rechtsanwaltsprüfung gilt jedoch nur für die Dauer der Verwendung des Rechtsanwaltsanwärters bei demjenigen Rechtsanwalt, auf

dessen Ansuchen sie bewilligt wurde. (BGBl I BGBl I 2016/39, ab 1. 1. 2017)

(3) Ist die Beiziehung eines Rechtsanwalts gesetzlich nicht vorgeschrieben, so kann sich der Rechtsanwalt vor allen Gerichten und Behörden auch durch einen anderen bei ihm in Verwendung stehenden Rechtsanwaltsanwärter unter seiner Verantwortung vertreten lassen; die Unterfertigung von Eingaben an Gerichte und Behörden durch einen Rechtsanwaltsanwärter ist jedoch unzulässig.

(4) Der Ausschuß der Rechtsanwaltskammer hat den bei einem Rechtsanwalt in Verwendung stehenden Rechtsanwaltsanwärtern Legitimationsurkunden auszustellen, aus denen die Substitutionsberechtigung nach Abs. 2 (große Legitimationsurkunde) oder die Vertretungsbefugnis nach Abs. 3 (kleine Legitimationsurkunde) ersichtlich ist.

§ 32. Eine Beschränkung des gesetzlichen Umfanges der Prozeßvollmacht hat, auch wenn sie in der Urkunde ausgedrückt ist, dem Gegner gegenüber nur insoweit rechtliche Wirkung, als die Beschränkung die im § 31 Z. 2 und 3 bezeichneten Befugnisse betrifft und dem Gegner besonders bekanntgegeben wurde.

§ 33. (1) Personen, welche nicht Rechtsanwälte sind, kann die Partei entweder eine Prozeßvollmacht erteilen, oder sie kann dieselben auch nur für einzelne bestimmte Prozeßhandlungen bevollmächtigen.

(2) Umfang, Wirkung und Dauer der Prozeßvollmacht sind nach den Bestimmungen dieses Gesetzes, Umfang, Wirkung und Dauer einer Vollmacht zu einzelnen Prozeßhandlungen aber, sofern im folgenden nichts anderes angeordnet ist, nach dem Inhalte dieser Vollmacht und nach den Vorschriften des bürgerlichen Rechtes zu beurteilen.

§ 34. Die auf Grund einer Prozeßvollmacht von dem Bevollmächtigten vorgenommenen Prozeßhandlungen haben im Verhältnis zur Gegenpartei dieselbe Wirkung, als wenn sie von der Partei selbst vorgenommen worden wären. Dies gilt jedoch von Geständnissen und anderen tatsächlichen Erklärungen nur insoweit, als sie nicht von der miterschienenen Partei sofort widerrufen oder berichtigt werden.

§ 35. (1) Die Prozeßvollmacht wird weder durch den Tod des Vollmachtgebers noch durch eine Veränderung in Betreff seiner Prozeßfähigkeit oder seiner gesetzlichen Vertretung aufgehoben.

(2) Die Rechtsnachfolger des Vollmachtgebers, der für die prozeßunfähig gewordene Partei be-

stellte gesetzliche Vertreter und der an Stelle des bisherigen gesetzlichen Vertreters neu eintretende gesetzliche Vertreter einer Partei können jedoch die Prozeßvollmacht jederzeit widerrufen.

§ 36. (1) Die durch Widerruf oder Kündigung herbeigeführte Aufhebung der Vollmacht zur Prozeßführung oder zur Vornahme einzelner Prozeßhandlungen erlangt dem Prozeßgegner gegenüber erst dann rechtliche Wirksamkeit, wenn ihm das Erlöschen der Vollmacht, in Rechtssachen aber, in welchen die Vertretung durch Rechtsanwälte geboten ist, die Bestellung eines anderen Rechtsanwaltes von der Partei angezeigt wird. Diese Anzeige hat durch Zustellung eines Schriftsatzes zu geschehen. In Bezug auf diese Zustellung gilt die Vorschrift des § 25.

(2) Nach Kündigung der Vollmacht bleibt der Bevollmächtigte noch durch vierzehn Tage berechtigt und verpflichtet, für den Vollmachtgeber zu handeln, soweit dies nötig ist, um letzteren vor Rechtsnachteilen zu schützen.

§ 37. (1) Das Gericht hat den Mangel der Vollmacht in jeder Lage des Rechtsstreites von Amts wegen zu berücksichtigen.

(2) Im Anwaltsprozesse überreichte Klage- und Klagebeantwortungsschriften, welche den Nachweis der Bestellung eines Rechtsanwaltes nicht enthalten, sind vom Vorsitzenden des Senates, dem die Rechtssache zugewiesen ist, zurückzuweisen, wenn die Partei nicht innerhalb einer ihr vom Vorsitzenden zu bestimmenden Frist einen Rechtsanwalt bestellt und denselben dem Gerichte namhaft macht. Eine Verlängerung dieser Frist ist nicht zulässig. (BGBl 1983/135)

§ 38. (1) Wer für eine Partei, ohne die erfolgte Bevollmächtigung nachweisen zu können, behufs Vornahme einzelner dringlicher Prozeßhandlungen einschreiten will, kann nach Ermessen des Gerichtes entweder gegen vorgängige Sicherheitsleistung für Kosten und Schäden, oder auch ohne solche Sicherheitsleistung als Bevollmächtigter einstweilen zugelassen werden.

(2) Das Gericht hat zugleich die nachträgliche Vorlage einer zu jenen Prozeßhandlungen berechtigenden Vollmacht oder die Beibringung der Genehmigung der Partei anzuordnen und bis zum Ablaufe der hiefür bestimmten Frist mit der zu erlassenden Entscheidung oder Verfügung inne zu halten. Nach fruchtlosem Ablauf der Frist ist ohne Rücksicht auf jenes Einschreiten vorzugehen; der Gegner hat Anspruch auf Ersatz der durch die einstweilige Zulassung verursachten Kosten und Schäden.

(3) Mit Ausnahme des Beschlusses über den Ersatz der Kosten und Schäden können die im Sinne der vorstehenden Absätze ergehenden ge-

richtlichen Beschlüsse durch ein abgesondertes Rechtsmittel nicht angefochten werden.

§ 39. Soweit dieses Gesetz nicht unterscheidet, sind dessen Bestimmungen über die Parteien auch auf deren Bevollmächtigte zu beziehen.

Fünfter Titel

Prozeßkosten

§ 40. (1) Jede Partei hat die durch ihre Prozeßhandlungen verursachten Kosten zunächst selbst zu bestreiten. Die Kosten solcher gerichtlichen Handlungen, welche von beiden Parteien gemeinschaftlich veranlaßt oder vom Gerichte im Interesse beider Parteien auf Antrag oder von Amts wegen vorgenommen werden, sind von beiden Parteien gemeinschaftlich zu bestreiten.

(2) Inwieferne den Parteien ein Anspruch auf Ersatz der von ihnen bestrittenen Kosten zusteht, ist, soweit dieses Gesetz nicht besondere Anordnungen enthält, nach den Bestimmungen dieses Titels zu beurteilen.

§ 41. (1) Die in dem Rechtsstreite vollständig unterliegende Partei hat ihrem Gegner, sowie dem diesem beigetretenen Nebenintervenienten alle durch die Prozeßführung verursachten, zur zweckentsprechenden Rechtsverfolgung oder Rechtsverteidigung notwendigen Kosten zu ersetzen. Welche Kosten als notwendig anzusehen sind, hat das Gericht bei Feststellung des Kostenbetrages ohne Zulassung eines Beweisverfahrens nach seinem von sorgfältiger Würdigung aller Umstände geleiteten Ermessen zu bestimmen.

(2) Soweit das Maß der Entlohnung des Rechtsanwaltes oder sonst die Höhe der Kosten durch Tarife[1]) geregelt ist, hat die Feststellung des Kostenbetrages nach diesen Tarifen zu geschehen.

(3) Die Vorschriften des ersten Absatzes gelten insbesondere auch hinsichtlich der Kosten, welche durch die Zuziehung eines nicht am Sitze des Prozeßgerichtes oder des ersuchten Richters wohnenden Rechtsanwaltes entstanden sind. Die Kosten, welche dadurch verursacht wurden, daß für die nämliche Partei mehrere Rechtsanwälte beigezogen wurden, sind jedenfalls nur insoweit zu erstatten, als sie die Kosten der Beiziehung eines Rechtsanwaltes nicht übersteigen, oder als in der Person des Rechtsanwaltes ein Wechsel eintreten mußte.

---

[1]) *Rechtsanwaltstarif. Vgl auch BG über die Bestimmung der Kosten, die einem durch die Bezirksverwaltungsbehörde vertretenen Minderjährigen in gerichtlichen Verfahren zu ersetzen sind, BGBl 1969/190, zuletzt novelliert durch BGBl I 1997/140, I 98/2001.*

§ 42. (1) Für ihre persönlichen Bemühungen kann die Partei wie der Nebenintervenient bei Feststellung der Prozeßkosten eine Vergütung nicht ansprechen. Wenn deren persönliches Erscheinen vor Gerichte notwendig war, und insbesondere wenn die Partei in dem Verfahren vor Bezirksgerichten ohne einen Bevollmächtigten erscheint, ist für den durch Zeitversäumnis etwa entstandenen Schaden, sowie für die Reiseauslagen Ersatz zu leisten.

(2) Wird eine Partei durch Bevollmächtigte vertreten, welche nicht dem Rechtsanwalts- oder Notariatsstande angehören, so ist der unterliegende Gegner nur zum Ersatze der Stempel- und anderen Staatsgebühren und der durch die Prozeßführung verursachten notwendigen Barauslagen zu verhalten. Diese Bestimmung gilt jedoch nicht für die Kostenersatzansprüche der durch die Finanzprokuratur vertretenen Parteien; hiebei macht es keinen Unterschied, ob die Finanzprokuratur selbst einschreitet oder durch Verwaltungsbehörden oder Ämter vertreten wird.

(BGBl 1929/222)

§ 43. (1) Wenn jede Partei teils obsiegt, teils unterliegt, so sind die Kosten gegeneinander aufzuheben oder verhältnismäßig zu teilen. Der zu ersetzende Teil kann ziffernmäßig oder im Verhältnis zum Ganzen bestimmt werden. Die von der Partei getragenen Gerichtsgebühren und anderen bundesgesetzlich geregelten staatlichen Gebühren, Kosten von Amtshandlungen außerhalb des Gerichtes, Gebühren der Zeugen, Sachverständigen, Dolmetscher, Übersetzer und Beisitzer, Kosten der notwendigen Verlautbarungen sowie Kosten eines Kurators, die die Partei nach § 10 zu bestreiten hatte, sind ihr dabei verhältnismäßig mit dem Teil zuzusprechen, der dem Ausmaß ihres Obsiegens entspricht. *(BGBl 1984/501)*

(2) Das Gericht kann jedoch auch bei solchem Ausgange des Rechtsstreites der einen Partei den Ersatz der gesamten, dem Gegner und dessen Nebenintervenienten entstandenen Kosten auferlegen, wenn der Gegner nur mit einem verhältnismäßig geringfügigen Teile seines Anspruches, dessen Geltendmachung überdies besondere Kosten nicht veranlaßt hat, unterlegen ist, oder wenn der Betrag der von ihm erhobenen Forderung von der Feststellung durch richterliches Ermessen, von der Ausmittlung durch Sachverständige, oder von einer gegenseitigen Abrechnung abhängig war.

§ 44. (1) Werden tatsächliche Behauptungen oder Beweismittel unter Umständen angebracht, aus welchen das Gericht die Überzeugung gewinnt, daß die Partei imstande war, dieselben früher geltend zu machen, und wird durch die Zulassung eines solchen Vorbringens die Erledigung des Rechtsstreites verzögert, so kann das

Gericht auf Antrag oder von Amts wegen der Partei, welche ein solches Vorbringen gemacht hat, auch wenn sie obsiegt, den Ersatz der Prozeßkosten ganz oder teilweise auferlegen.

(2) Dies gilt insbesondere auch von Anführungen und Beweisanbietungen, die bereits in einem von der obsiegenden Partei überreichten vorbereitenden Schriftsatze hätten angebracht werden sollen und deren späteres Vorbringen eine Verzögerung der Verhandlung oder der Erledigung des Rechtsstreites bewirkt hat.

§ 45. Hat der Beklagte durch sein Verhalten zur Erhebung der Klage nicht Veranlassung gegeben und den in der Klage erhobenen Anspruch sofort bei erster Gelegenheit anerkannt, so fallen die Prozeßkosten dem Kläger zur Last. Er hat auch die dem Beklagten durch das eingeleitete gerichtliche Verfahren verursachten Kosten zu ersetzen.

(BGBl I 2002/76)

§ 45a. (1) Wird auf Scheidung oder Aufhebung der Ehe erkannt oder die Ehe für nichtig erklärt, ohne daß der unterlegene Teil hieran schuldig ist, so sind die Kosten gegeneinander aufzuheben. Hat eine Partei von den im § 43 Abs. 1 letzter Satz angeführten Barauslagen mehr als die Hälfte bestritten, so hat ihr der andere Ehegatte den Mehrbetrag zu ersetzen. *(BGBl 1984/501)*

(2) Wird die Ehe nach § 55 Ehegesetz geschieden und enthält das Scheidungsurteil einen Ausspruch über das Verschulden an der Zerrüttung, so hat der schuldige Ehegatte dem anderen die Kosten zu ersetzen.

(DRGBl 1938 I S 1679; BGBl 1978/280)

§ 45a ist in der jeweiligen Fassung auf eingetragene Partner, Partnersachen oder Partnerangelegenheiten sinngemäß anzuwenden (§ 43 Abs 1 Z 25 EPG).

§ 46. (1) Besteht der zum Kostenersatz verpflichtete Teil aus mehreren, in der Hauptsache nicht solidarisch haftenden Personen, so ist denselben der Kostenersatz nach Kopfteilen aufzuerlegen. Bei einer erheblichen Verschiedenheit der Beteiligung am Rechtsstreite hat jedoch das Gericht die Ersatzanteile nach dem Verhältnisse dieser Beteiligung zu bestimmen.

(2) Sofern die zum Kostenersatze verpflichteten Personen nach den Vorschriften des bürgerlichen Rechtes in der Hauptsache solidarisch zu haften haben, erstreckt sich diese Haftung auch auf die dem Gegner zugesprochenen Prozeßkosten. Für die Kosten, welche durch die von einzelnen Beteiligten vorgenommenen besonderen Prozeßhandlungen erwachsen sind, haben die übrigen Beteiligten nicht zu haften.

§ 47. (1) Die Kosten eines abgeschlossenen Vergleiches sind, wenn nicht etwas anderes vereinbart wird, als gegenseitig aufgehoben anzusehen. Dasselbe gilt von den Kosten des durch Vergleich erledigten Rechtsstreites, soweit deren Ersatz nicht bereits einer der Parteien rechtskräftig auferlegt ist.

(2) Bleiben Vergleichsverhandlungen erfolglos, so ist die Verpflichtung zum Ersatze der mit denselben verbundenen Kosten von der Entscheidung der Hauptsache abhängig.

§ 48. (1) Werden einer Partei dadurch, daß ihr Gegner schuldhaft tatsächliche Anführungen oder Beweisanbietungen verspätet vorbringt, oder lediglich durch Zwischenfälle, die infolge eines Verschuldens des Gegners oder eines ihm widerfahrenen Zufalles im Laufe des Verfahrens eintreten, Kosten verursacht, so kann ihr das Gericht auf Antrag oder von Amts wegen den Ersatz dieser Kosten unabhängig vom Ausgange des Rechtsstreites zusprechen. Ist im Zeitpunkt dieser Entscheidung nicht oder nur mit unverhältnismäßigen Schwierigkeiten festzustellen, welche Kosten durch die Verspätung beziehungsweise den Zwischenfall verursacht worden oder wie hoch sie sind, so ist der Ersatzbetrag in sinngemäßer Anwendung des § 273 zu bestimmen. *(BGBl 1925/183; BGBl 1983/135)*

(2) Die Partei, welcher der Ersatz solcher Kosten bereits während des Rechtsstreites zugesprochen wurde, ist zu deren Wiedererstattung auch dann nicht verpflichtet, wenn sie in der Hauptsache zum Ersatze der Gerichtskosten verurteilt wird.

§ 49. *(aufgehoben, BGBl 1983/135)*

§ 50. (1) Die Bestimmungen der §§ 40 bis 48 sind auch für das Rechtsmittelverfahren und für die Entscheidungen maßgebend, welche von den Gerichten zweiter und dritter Instanz über die Kosten des Rechtsmittelverfahrens, sowie im Falle der Änderung einer untergerichtlichen Entscheidung, über die Kosten des gesamten vorangegangenen Verfahrens zu fällen sind. Der Umstand, daß eine Partei Sprüche der unteren Instanzen für sich hat, ist für die Frage des Kostenersatzes nicht maßgebend. *(BGBl I 2009/30)*

(2) Fällt bei einem Rechtsmittel das Rechtsschutzinteresse nachträglich weg, so ist dies bei der Entscheidung über die Kosten des Rechtsmittelverfahrens nicht zu berücksichtigen; würde hiebei die Klärung von Tatsachen einen unverhältnismäßigen Verfahrensaufwand erfordern, so ist über den Kostenersatz nach freier Überzeugung zu entscheiden (§ 273). *(BGBl 1991/628)*

§ 51. (1) Wenn das Verfahren infolge eines Rechtsmittels oder von Amts wegen aufgehoben oder dessen Nichtigkeit ausgesprochen wird, und wenn es zugleich einer der Parteien zum Verschulden zugerechnet werden kann, daß das Verfahren trotz des vorhandenen Aufhebungs- oder Nichtigkeitsgrundes eingeleitet oder fortgeführt wurde, oder wenn der Grund der Aufhebung im Verschulden einer Partei selbst gelegen ist, so kann dieser Partei auf Antrag oder von Amts wegen der Ersatz der Kosten des aufgehobenen Verfahrens, sowie des etwaigen Rechtsmittelverfahrens auferlegt werden.

(2) *(aufgehoben, BGBl 1983/135)*

(3) Außer diesen Fällen sind die Kosten gegenseitig aufzuheben.

§ 52. (1) In jedem Urteil und in den Beschlüssen, welche eine Streitsache für die Instanz vollständig erledigen, ist auch über die Verpflichtung zum Kostenersatz zu entscheiden, sofern das Gericht nicht die Kostenentscheidung bis zur rechtskräftigen Erledigung der Streitsache vorbehält. Ein solcher Vorbehalt kann nicht angefochten werden. In anderen Beschlüssen kann über den Ersatz der Kosten nur insoweit erkannt werden, als die Ersatzpflicht vom Ausgang der Hauptsache unabhängig ist.

(2) Ein Vorbehalt der Kostenentscheidung nach Abs. 1 ist nur zulässig, wenn die Entscheidung durch ein Rechtsmittel angefochten werden kann und wenn dies aufgrund der Komplexität der zu treffenden Kostenentscheidung aus Gründen der Verfahrensökonomie zweckmäßig ist. Bei Erlassung eines Zahlungsbefehls, eines Wechselzahlungsauftrags oder eines Versäumungs-, Verzichts- oder Anerkenntnisurteils ist ein Vorbehalt der Kostenentscheidung jedenfalls unzulässig.

(3) Hat ein Gericht die Kostenentscheidung vorbehalten, so ist im weiteren Rechtsgang keine Kostenentscheidung zu treffen. Über die Verpflichtung zum Kostenersatz für das gesamte Verfahren entscheidet das Gericht erster Instanz nach rechtskräftiger Erledigung der Streitsache.

(4) Ist das Gericht bei Erlassung eines Teilurteils nicht in der Lage, hinsichtlich des abgeurteilten Anspruchs oder Teilanspruchs zugleich über die Kosten zu entscheiden, so ist im Urteil auszusprechen, inwiefern eine solche Entscheidung noch einem weiteren Urteil vorbehalten bleibt. *siehe § 393 Abs 4 für Zwischenurteile*

(5) Über die Verpflichtung zum Kostenersatz ist von Amts wegen zu entscheiden, wenn rechtzeitig ein Kostenverzeichnis gelegt wurde.

(BGBl I 2010/111, ab 1. 7. 2011, in Verfahren anzuwenden, in denen der Schluss der mündlichen Verhandlung erster Instanz nach dem 30. 6. 2011 liegt)

§ 53. (1) Gleichzeitig mit der Entscheidung über die Verpflichtung zum Kostenersatze hat das Gericht, sofern nicht die Kosten gegeneinander aufgehoben werden, den Betrag der zu ersetzenden Kosten festzustellen.

(2) Bei der mündlichen Verkündung des Urteiles oder eines die Verpflichtung zum Kostenersatze aussprechenden Beschlusses kann jedoch in allen Fällen, in welchen das Urteil oder der Beschluß noch schriftlich auszufertigen sind, die Festsetzung des Kostenbetrages dieser schriftlichen Ausfertigung vorbehalten werden.

§ 54. (1) Die Partei, welche Kostenersatz anspricht, hat bei sonstigem Verluste des Ersatzanspruches das Verzeichnis der Kosten samt den zur Bescheinigung der Ansätze und Angaben dieses Verzeichnisses etwa erforderlichen Belegen vor Schluß der der Entscheidung über den Kostenersatzanspruch (§ 52) unmittelbar vorangehenden Verhandlung, wenn aber die Beschlußfassung ohne vorgängige Verhandlung erfolgen soll, bei ihrer Einvernehmung oder gleichzeitig mit dem der Beschlußfassung zu unterziehenden Antrage dem Gerichte zu übergeben.

(1a) Das am Schluss der mündlichen Streitverhandlung erster Instanz (§ 193) dem Gericht zu übergebende Kostenverzeichnis ist gleichzeitig auch dem Gegner auszuhändigen. Dieser kann dazu binnen einer Notfrist von 14 Tagen Stellung nehmen. Soweit der durch einen Rechtsanwalt vertretene Gegner gegen die verzeichneten Kosten keine begründeten Einwendungen erhebt, hat das Gericht diese[*] seiner Entscheidung zu Grunde zu legen. Ein Kostenersatz für die Einwendungen findet nicht statt. *(BGBl I 2009/52; BGBl I 2010/111; BGBl I 2011/108) (vgl § 3 Abs 3 1.COVID-JuBG)*

(2) Entstehen einer Partei nach dem Zeitpunkt, bis zu dem nach Abs. 1 das Kostenverzeichnis einzureichen ist, weitere Kosten, deren Ersatz sie von dem anderen Teil verlangen kann, so kann sie eine Ergänzung der Entscheidung über die Höhe der zu ersetzenden Kosten beantragen. Bestehen die Kosten in einer Zahlungspflicht, so gelten sie als mit deren Begründung entstanden; haftet jedoch mit der zum Kostenersatz berechtigten Partei auch deren Gegner solidarisch, gelten die Kosten erst mit der Zahlung als entstanden. Der Antrag auf Ergänzung der Kostenentscheidung ist binnen einer Notfrist von vier Wochen ab dem Entstehen der Kosten zu stellen; bestehen jedoch die Kosten in einer Zahlungspflicht und ist der Gläubiger nicht der Bevollmächtigte der Partei, so beginnt die Frist erst zu laufen, wenn der Partei ihre Verbindlichkeit zahlenmäßig bekanntgegeben und wenn sie fällig oder wenn sie vorher gezahlt wird. Das Gericht entscheidet ohne mündliche Verhandlung durch Beschluß; im Verfahren vor dem Gerichtshof entscheidet der

Vorsitzende. *(DRGBl 1942 I S 93; BGBl 1983/135)*

---

*) Das Wort „ungeprüft" wurde vom VfGH als verfassungswidrig aufgehoben. Das aufgehobene Wort ist nicht mehr anzuwenden. Frühere gesetzliche Bestimmungen treten nicht wieder in Kraft. (BGBl I 2011/108, kundgemacht am 21. 11. 2011)

§ 54a. (1) Wird der zugesprochene Kostenbetrag nicht vor Eintritt der Vollstreckbarkeit der Entscheidung über die Ersatzpflicht gezahlt, so ist die ersatzpflichtige Partei zur Vergütung der gesetzlichen Verzugszinsen vom Kostenbetrag ab dem Datum der Kostenentscheidung verpflichtet. Dies bedarf keines Ausspruchs in der Kostenentscheidung.

(2) Auf Verlangen der ersatzberechtigten Partei ist in dem Beschluß, mit dem auf Grund der Kostenentscheidung die Exekution bewilligt wird, auch die Exekution zur Hereinbringung der Zinsen zu bewilligen.

(BGBl 1989/343)

§ 55. Die in einem Urteile des Prozeßgerichtes erster Instanz [oder des Berufungsgerichtes][1] enthaltene Entscheidung über den Kostenpunkt kann ohne gleichzeitige Anfechtung der in der Hauptsache ergangenen Entscheidung nur mittels Rekurs angefochten werden.

---

[1] (gegenstandslos; vgl § 528 Abs 2 Z 3 ZPO).

Sechster Titel

Sicherheitsleistung

Art der Sicherheitsleistung

§ 56. (1) Die Bestellung einer auf Grund der Bestimmungen dieses Gesetzes zu leistenden Sicherheit erfolgt, wenn die Parteien nichts anderes vereinbaren, durch gerichtlichen Erlag von barem Gelde oder von inländischen Wertpapieren, welche sich nach den hierüber bestehenden Vorschriften zur Anlegung der Gelder von Minderjährigen eignen, und nur in Ermanglung solcher durch den gerichtlichen Erlag von anderen inländischen, an einer Börse notierten Wertpapieren, welche nach richterlichem Ermessen genügende Deckung bieten. Die Wertpapiere dürfen nicht außer Kurs gesetzt und müssen mit den laufenden Zins- oder Gewinnanteilscheinen und Talons versehen sein. Sie sind nach dem Kurse des Erlagstages zu berechnen.

(2) Nach Ermessen des Gerichtes können insbesondere auch Einlagebücher einer inländischen Sparkasse oder einer inländischen landwirtschaftlichen oder sonstigen Vorschußkasse behufs Bewirkung einer Sicherheitsleistung zugelassen werden. Eine Sicherheitsleistung mittels einer gesetzliche Sicherheit bietenden Hypothek an einem inländischen Grundstücke oder durch zahlungsfähige Bürgen, die ihren allgemeinen Gerichtsstand im Inlande haben, kann der Richter zulassen, wenn eine andere Art der Sicherheit von dem zur Sicherheitsleistung Verpflichteten nicht oder nur schwer beschafft werden kann.

(3) Mit dem gerichtlichen Erlage wird an dem Gegenstande desselben ein Pfandrecht für den Anspruch begründet, in Ansehung dessen die Sicherheitsleistung erfolgt.

Sicherheitsleistung für Prozeßkosten

§ 57. (1) Wenn Ausländer vor einem im Geltungsgebiete dieses Gesetzes gelegenen Gerichte als Kläger auftreten, haben sie dem Beklagten auf dessen Verlangen für die Prozeßkosten Sicherheit zu leisten, sofern nicht durch Staatsverträge etwas anderes festgesetzt ist.

(2) Eine solche Verpflichtung zur Sicherheitsleistung tritt jedoch nicht ein:

1. wenn der Kläger seinen gewöhnlichen Aufenthalt in Österreich hat; *(BGBl 1983/135)*

1a. wenn eine gerichtliche Entscheidung, die der Kläger den Ersatz von Prozeßkosten an den Beklagten auferlegte, im Staat des gewöhnlichen Aufenthalts des Klägers vollstreckt würde; *(BGBl 1983/135)*

2. wenn der Kläger im Geltungsgebiete dieses Gesetzes ein zur Deckung der Prozeßkosten hinreichendes Vermögen an unbeweglichen Gütern oder an Forderungen besitzt, die auf solchen Gütern bücherlich sichergestellt sind;

3. bei Klagen in Ehestreitigkeiten;

4. bei Klagen im Mandats- und Wechselverfahren, bei Widerklagen, sowie bei Klagen, welche infolge einer öffentlichen, gerichtlichen Aufforderung angestellt werden.

(3) Auf die Ermittlung der Gesetzgebung und des Verhaltens des Staates, in dem der Kläger seinen gewöhnlichen Aufenthalt hat, ist § 4 Abs. 1 des IPR-Gesetzes, BGBl. Nr. 304/1978, sinngemäß anzuwenden.[1] *(BGBl 1983/135)*

§ 57 ist in der jeweiligen Fassung auf eingetragene Partner, Partnersachen oder Partnerangelegenheiten sinngemäß anzuwenden (§ 43 Abs 1 Z 25 EPG).

---

[1] § 57 Abs 3 zweiter Satz der alten Fassung wurde als verfassungswidrig aufgehoben (BGBl 1983/124).

§ 58. Der Beklagte kann auch dann Sicherheitsleistung verlangen, wenn der Kläger während des Rechtsstreites die Eigenschaft eines Inländers verliert oder die Voraussetzung, unter welcher der Ausländer von der Sicherheitsleistung befreit war, wegfällt und nicht ein zur Deckung ausreichender Teil des erhobenen Anspruches unbestritten ist.

§ 59. (1) Außer den beiden Fällen des § 58 muß der Antrag auf Sicherheitsleistung für Prozeßkosten bei sonstigem Ausschlusse gestellt werden, bevor der Beklagte zur Sache vorbringt (§ 74) oder mündlich verhandelt. *(BGBl I 2002/76)*

(2) In dem Antrage ist stets die Höhe der Sicherheitssumme anzugeben. Über den Antrag ist durch Beschluß zu entscheiden.

§ 60. (1) Wird dem Antrage stattgegeben, so ist zugleich der Betrag der zu leistenden Sicherheit und die Frist zu bestimmen, binnen welcher dieser Betrag gerichtlich zu erlegen oder die Unfähigkeit zum Erlage vom Kläger eidlich zu bekräftigen ist.

(2) Bei Bestimmung der Höhe der Sicherheitssumme sind die Kosten, welche der Beklagte zu seiner Verteidigung wahrscheinlich aufzuwenden haben wird, nicht aber auch die durch eine etwaige Widerklage erwachsenden Kosten in Anschlag zu bringen. Zum Zwecke der eidlichen Bekräftigung seiner Unfähigkeit zum Erlage der Sicherheitssumme hat der Kläger bei dem Prozeßgerichte innerhalb der ihm hiezu offen gestellten Frist um Anberaumung einer Tagsatzung anzusuchen. Die Ablegung des Eides kann bei dem Gerichte des Wohnsitzes oder Aufenthaltes des Klägers erfolgen.

(3) In der dem Kläger zuzustellenden schriftlichen Ausfertigung des Beschlusses ist ihm zu eröffnen, daß im Falle fruchtlosen Ablaufes der im Absatze 1 erwähnten Frist die Klage auf Antrag des Beklagten vom Gerichte für zurückgenommen erklärt, oder, wenn der Antrag während des Rechtsmittelverfahrens gestellt wird (§ 58), das vom Kläger eingelegte Rechtsmittel als zurückgezogen angesehen würde. Beides geschieht mittels Beschluß; der Beschlußfassung hat die mündliche oder schriftliche Einvernehmung des Klägers vorauszugehen.

§ 61. (1) Wird ein Antrag auf Sicherheitsleistung für Prozeßkosten rechtzeitig gestellt, so ist der Beklagte bis zur Entscheidung über denselben zur Fortsetzung des Verfahrens in der Hauptsache nicht verpflichtet.

(2) Wird der Antrag abgewiesen, so kann die Fortsetzung dieses Verfahrens vom Gerichte angeordnet werden, ohne daß die Rechtskraft des abweisenden Beschlusses abgewartet werden muß. Gegen diese Anordnung findet ein Rekurs nicht statt.

§ 62. (1) Nach rechtzeitigem Erlage der Sicherheitssumme oder Ableistung des Eides ist das Verfahren in der Hauptsache auf Antrag einer Partei fortzusetzen.

(2) Ergibt sich im Laufe des Rechtsstreites, daß die geleistete Sicherheit nicht hinreicht, so kann der Beklagte die Ergänzung derselben beantragen, sofern nicht ein zur Deckung ausreichender Teil des erhobenen Anspruches unbestritten ist. Einem solchen Antrage kommt aufschiebende Wirkung nicht zu; der Beschluß, wodurch die Ergänzung der Sicherheit angeordnet wird, ist nach eingetretener Rechtskraft vollstreckbar.

Siebenter Titel[1)]

[1)] *§§ 63 bis 73 geändert durch BGBl 1973/569.*

Verfahrenshilfe

§ 63. (1) Verfahrenshilfe ist einer Partei so weit zur Gänze oder zum Teil zu bewilligen, als sie außerstande ist, die Kosten der Führung des Verfahrens ohne Beeinträchtigung des notwendigen Unterhalts zu bestreiten, und die beabsichtigte Rechtsverfolgung oder Rechtsverteidigung nicht als offenbar mutwillig oder aussichtslos erscheint. Als notwendiger Unterhalt ist derjenige Unterhalt anzusehen, den die Partei für sich und ihre Familie, für deren Unterhalt sie zu sorgen hat, zu einer einfachen Lebensführung benötigt. Als mutwillig ist die Rechtsverfolgung besonders anzusehen, wenn eine nicht die Verfahrenshilfe beanspruchende Partei bei verständiger Würdigung aller Umstände des Falles, besonders auch der für die Eintreibung ihres Anspruchs bestehenden Aussichten, von der Führung des Verfahrens absehen oder nur einen Teil des Anspruchs geltend machen würde. *(BGBl I 1997/140)*

(2) Einer juristischen Person oder einem sonstigen parteifähigen Gebilde ist die Verfahrenshilfe zu bewilligen, wenn die zur Führung des Verfahrens erforderlichen Mittel weder von ihr (ihm) noch von den an der Führung des Verfahrens wirtschaftlich Beteiligten aufgebracht werden können und die beabsichtigte Rechtsverfolgung oder Rechtsverteidigung nicht als offenbar mutwillig oder aussichtslos erscheinen; das gleiche gilt für ein behördlich bestelltes Organ oder einen gesetzlichen Vertreter, die für eine Vermögensmasse auftreten, wenn die zur Führung des Verfahrens erforderlichen Mittel weder aus der Vermögensmasse noch von der an der Führung des Verfahrens wirtschaftlich Beteiligten aufgebracht werden können. *(BGBl I 2009/52; BGBl I 2011/96)*

(4) Die Bestimmungen über die Verfahrenshilfe gelten auch für den Nebenintervenienten. *(BGBl I 2009/52, ab 1. 7. 2009; BGBl I 2011/96)*

(3) *(aufgehoben, BGBl 1983/135)*

Vgl § 7 AußStrG, § 10 Abs 2 Auslandsunterhalts G
Siehe auch nach BG-OrgG Wien („Sorgerechtsübereinkommen")
vgl zur Prozesskostenhilfe Art 21 ZustellVO, Art 50 LGVÜ II, Art 50 EuGVVO, Art 50 Brüssel II-VO, Art 44, 47, 67 EuUVO, Art 56 HKÜ und die RL zur Prozesskostenhilfe

§ 64. (1) Die Verfahrenshilfe kann für einen bestimmten Rechtsstreit und ein nach Abschluß des Rechtsstreits eingeleitetes Vollstreckungsverfahren die folgenden Begünstigungen umfassen: *(BGBl I 2004/128, vgl § 68 Abs 1a)*
1. die einstweilige Befreiung von der Entrichtung
a) der Gerichtsgebühren und anderen bundesgesetzlich geregelten staatlichen Gebühren; *(BGBl 1984/501)*
b) der Kosten von Amtshandlungen außerhalb des Gerichtes;
c) der Gebühren der Zeugen, Sachverständigen, Dolmetscher, Übersetzer und Beisitzer;
d) der Kosten der notwendigen Verlautbarungen;
e) der Kosten eines Kurators, die die Partei nach § 10 zu bestreiten hätte;
f) der notwendigen Barauslagen, die von dem vom Gericht bestellten gesetzlichen Vertreter oder von dem der Partei beigegebenen Rechtsanwalt oder Vertreter gemacht sind; diese umfassen jedenfalls auch notwendige Übersetzungs- und Dolmetschkosten; die unter den Buchstaben b bis e und die unter diesem Buchstaben genannten Kosten, Gebühren und Auslagen werden vorläufig aus Amtsgeldern berichtigt; *(BGBl I 2004/128)*
2. die Befreiung von der Sicherheitsleistung für die Prozeßkosten;
3. sofern die Vertretung durch einen Rechtsanwalt gesetzlich geboten ist oder es nach der Lage des Falles erforderlich erscheint, die vorläufig unentgeltliche Beigebung eines Rechtsanwalts, die sich auch auf eine vorprozessuale Rechtsberatung im Hinblick auf eine außergerichtliche Streitbeilegung erstreckt; dieser bedarf keiner Prozeßvollmacht, jedoch der Zustimmung der Partei zu einem Anerkenntnis, einem Verzicht oder der Schließung eines Vergleiches; § 31 Abs. 2 und 3 sind sinngemäß anzuwenden; *(BGBl 1986/71; BGBl I 2004/128; BGBl I 2009/30)*
4. sofern in einer Rechtssache, in der die Vertretung durch einen Rechtsanwalt gesetzlich nicht geboten ist und der Partei auch ein Rechtsanwalt nicht beigegeben wird, die Klage bei einem Gericht außerhalb des Bezirksgerichtssprengels angebracht werden soll, in dem die Partei ihren Aufenthalt hat, das Recht, die Klage gemeinsam mit dem Antrag auf Bewilligung der Verfahrenshilfe beim Bezirksgericht ihres Aufenthalts zu Protokoll zu erklären und zu begehren, daß dieses Protokoll dem Prozeßgericht übersendet, und daß von diesem für die Partei zur unentgeltlichen Wahrung ihrer Rechte bei der mündlichen Verhandlung ein Gerichtsbediensteter oder ein Rechtspraktikant als ihr Vertreter bestellt werde; deren Auswahl obliegt dem Vorsteher des Gerichtes; *(BGBl 1983/135)*
5. sofern das Gericht deren persönliche Anwesenheit zur Einvernahme oder zur Erörterung des Sachverhalts anordnet, den Ersatz der notwendigen Reisekosten der Partei in sinngemäßer Anwendung der für Zeugen geltenden Bestimmungen des GebAG 1975; diese Kosten werden vorläufig aus Amtsgeldern ersetzt. *(BGBl I 2004/128)*

(2) Bei Bewilligung der Verfahrenshilfe ist auszusprechen, welche der im Abs. 1 aufgezählten Begünstigungen und welche zur Gänze oder zum Teil gewährt werden. Die Begünstigung nach Abs. 1 Z 3 darf nur in vollem Ausmaß gewährt werden. *(BGBl I 1997/140)*

(3) Soweit die Verfahrenshilfe bewilligt wird, treten die Befreiungen und Rechte nach Abs. 1 mit dem Tag ein, an dem sie beantragt worden sind. Die Befreiungen nach Abs. 1 Buchstaben b bis e können wirksam noch bis zur Entrichtung dieser Kosten und Gebühren beantragt werden. Gleiches gilt für die Befreiung von der Gebühr für den Kinderbeistand. *(BGBl 1983/135; BGBl I 2009/137, ab 1. 7. 2010)*

(4) Den in Abs. 1 Z 1 lit. f genannten Vertretern ist auf Antrag ein angemessener Vorschuss auf die vorläufig zu leistenden notwendigen Barauslagen zu gewähren, wenn diese insgesamt den Betrag von 100 Euro voraussichtlich übersteigen. *(BGBl I 2009/30)*

Für blinde und sehschwache Personen siehe § 79a GOG (Anhang)

§ 64a. Eine Partei, der in einem anderen Mitgliedstaat der Europäischen Union für einen bestimmten Rechtsstreit Verfahrenshilfe gewährt worden ist, hat für das Verfahren zur Anerkennung und Vollstreckung der in diesem Rechtsstreit ergangenen Entscheidung Anspruch auf Verfahrenshilfe gemäß diesem Titel. Die Partei hat in ihrem Antrag zu bescheinigen, dass ihr im Erkenntnisverfahren Verfahrenshilfe gewährt wurde, dem Antrag ein Vermögensbekenntnis (§ 66) anzuschließen und anzugeben, welche der in § 64 Abs. 1 aufgezählten Begünstigungen sie begehrt. Das Gericht hat auszusprechen, in welchem Ausmaß der Partei die Begünstigungen des § 64 Abs. 1 gewährt werden.

(BGBl I 2004/128)

§ 64b. Zur außergerichtlichen Streitbeilegung in nachbarrechtlichen Streitigkeiten nach § 364 Abs. 3 ABGB wird Verfahrenshilfe für den Antrag nach § 433 Abs. 1 gewährt. Diese umfasst die Begünstigungen nach § 64 Abs. 1 Z 1 und 5. *(BGBl I 2004/128)*

§ 65. (1) Die Verfahrenshilfe ist beim Prozeßgericht erster Instanz schriftlich oder zu Protokoll zu beantragen. Hat das Prozessgericht seinen Sitz außerhalb des Bezirksgerichtssprengels, in dem die Partei ihren Aufenthalt hat, so kann sie den Antrag beim Bezirksgericht ihres Aufenthalts zu Protokoll erklären; im Fall des § 64 Abs. 1 Z 4 kann sie gemeinsam mit diesem Antrag die Klage, den Widerspruch gegen ein Versäumungsurteil oder den Einspruch gegen einen Zahlungsbefehl zu Protokoll erklären. *(BGBl 1979/140; BGBl 1983/135; BGBl I 2002/76)*

(2) Über den Antrag auf Bewilligung der Verfahrenshilfe hat stets das Prozeßgericht erster Instanz zu entscheiden, auch wenn sich die Notwendigkeit hierzu erst im Verfahren vor einer höheren Instanz ergibt. Der Beschluß über den Antrag darf dem Gegner frühestens mit der Klage zugestellt werden.

Siehe auch BGBl 1982/190 (Europäisches Übereinkommen über die Übermittlung von Anträgen auf Verfahrenshilfe), BGBl 1982/191 (zu dessen Durchführung) sowie Art 20 ff HPÜ 1954 (BGBl 1957/91).

§ 66. (1) In dem Antrag ist die Rechtssache bestimmt zu bezeichnen, für die die Verfahrenshilfe begehrt wird. Zugleich sind ein nicht mehr als vier Wochen altes Bekenntnis der Partei (ihres gesetzlichen Vertreters) über die Vermögens-, Einkommens- und Familienverhältnisse der Partei (Vermögensbekenntnis) und, soweit zumutbar, entsprechende Belege beizubringen; in dem Vermögensbekenntnis sind besonders auch die Belastungen anzugeben, weiter die Unterhaltspflichten und deren Ausmaß, sowie ob eine andere Person für die Partei unterhaltspflichtig ist. Für das Vermögensbekenntnis ist ein vom Bundesminister für Justiz aufzulegendes und im Amtsblatt der österreichischen Justizverwaltung kundzumachendes Formblatt zu verwenden. Ist dem Antrag kein solches Vermögensbekenntnis angeschlossen, so ist nach den §§ 84 und 85 vorzugehen, wobei jedoch in allen Fällen nach § 85 Abs. 2 eine Frist zu setzen ist; gleichzeitig ist der Partei das Formblatt zuzustellen. *(BGBl 1979/140; BGBl 1983/135)*

(2) Über den Antrag ist auf der Grundlage des Vermögensbekenntnisses zu entscheiden. Hat das Gericht gegen dessen Richtigkeit oder Vollständigkeit Bedenken, so hat es das Vermögensbekenntnis zu überprüfen. Hierbei kann es auch die Partei unter Setzung einer angemessenen Frist

zur Ergänzung des Vermögensbekenntnisses und, soweit zumutbar, zur Beibringung weiterer Belege auffordern. Der § 381 ist sinngemäß anzuwenden.

Siehe auch Art. 8 § 2 Verfahrenshilfegesetz, BGBl 1973/569

§ 2. Benötigt eine Partei zur Erlangung der Verfahrenshilfe oder einer ihr entsprechenden Begünstigung im Ausland ein behördliches Zeugnis über ihre Einkommens- und Vermögensverhältnisse, so hat der Bürgermeister des Ortes, in dem sie ihren gewöhnlichen Aufenthalt, in Ermangelung eines solchen ihren Aufenthalt hat, ein Zeugnis über die im § 66 Abs. 1 ZPO in der Fassung des Art. II dieses Bundesgesetzes angeführten Tatsachen auszustellen.

§ 67. Hat das Gericht die Beigebung eines Rechtsanwalts beschlossen, so hat es den Ausschuß der nach dem Sitz des Prozeßgerichts zuständigen Rechtsanwaltskammer zu benachrichtigen, damit der Ausschuß einen Rechtsanwalt zum Vertreter bestelle. Wünschen der Partei über die Auswahl dieses Rechtsanwalts ist im Einvernehmen mit dem namhaft gemachten Rechtsanwalt nach Möglichkeit zu entsprechen.

(BGBl 1983/135)

§ 68. (1) Die Verfahrenshilfe erlischt mit dem Tod der Partei. Das Prozeßgericht erster Instanz hat von Amts wegen oder auf Antrag – auch des bestellten Rechtsanwalts – die Verfahrenshilfe so weit zur Gänze oder zum Teil für erloschen zu erklären, als Änderungen in den Vermögensverhältnissen der Partei dies erfordern, oder die weitere Rechtsverfolgung oder Rechtsverteidigung als offenbar mutwillig oder aussichtslos erscheint. *(BGBl I 1997/140)*

(1a) Wird nicht innerhalb eines Jahres nach Abschluss des Rechtsstreits ein Vollstreckungsverfahren eingeleitet, so ist bei dessen Einleitung von Amts wegen zu überprüfen, ob die Voraussetzungen für die Gewährung von Verfahrenshilfe weiterhin vorliegen. *(BGBl I 2004/128)*

(2) Das Prozeßgericht erster Instanz hat von Amts wegen oder auf Antrag – auch des bestellten Rechtsanwalts – die Verfahrenshilfe so weit zur Gänze oder zum Teil zu entziehen, als sich herausstellt, daß die seinerzeit angenommenen Voraussetzungen nicht gegeben gewesen sind. In diesem Fall hat die Partei die im § 64 Abs. 1 Z. 1 genannten Beträge, von deren Bestreitung sie einstweilen befreit gewesen ist, insoweit zu entrichten bzw. zu ersetzen und den ihr beigegebenen Rechtsanwalt nach dem Tarif zu entlohnen. Über den Entlohnungsanspruch hat das Gericht mit Beschluß zu entscheiden. *(BGBl I 1997/140)*

(3) Im Zug eines in den Abs. 1, 1a und 2 vorgesehenen Verfahrens kann das Gericht die Parteien

unter Setzung einer angemessenen Frist zur Beibringung eines neuen Vermögensbekenntnisses und, soweit zumutbar, von Belegen auffordern. Der § 381 ist sinngemäß anzuwenden. *(BGBl I 2004/128)*

(4) Erklärt das Gericht die Verfahrenshilfe für erloschen oder entzieht es sie, so bleibt der bestellte Rechtsanwalt noch bis zum Eintritt der Rechtskraft des Beschlusses berechtigt und verpflichtet, für die Partei zu handeln, soweit dies nötig ist, um sie vor Rechtsnachteilen zu schützen. Die Zustellung des Beschlusses, womit das Gericht die Verfahrenshilfe für erloschen erklärt oder entzieht, an den Rechtsanwalt unterbricht den Lauf der Frist zur Beantwortung der Klage bzw. Erhebung von Rechtsmitteln gegen andere Entscheidungen des Gerichtes bis zum Eintritt der Rechtskraft des genannten Beschlusses. Mit dem Eintritt der Rechtskraft beginnt die volle Frist von neuem zu laufen.

Vgl § 45 Abs 4a RAO:

(4a) Ist das Gerichtsverfahren, für das die Beigebung des Rechtsanwaltes erfolgt ist, rechtskräftig beendet und wird nicht innerhalb eines Jahres ein Vollstreckungsverfahren eingeleitet, so ist der bestellte Rechtsanwalt auf seinen Antrag von der Rechtsanwaltskammer zu entheben, wenn der Auftrag zur Einleitung eines Vollstreckungsverfahrens für die nächste Zeit nicht absehbar ist. Die Enthebung ist dem Verfahrenshilfeempfänger mit der Belehrung mitzuteilen, dass er auf Grund der weiterhin aufrechten Bewilligung der Verfahrenshilfe durch Beigebung eines Rechtsanwaltes jederzeit bei der zuständigen Rechtsanwaltkammer die Bestellung eines Rechtsanwaltes zur Einleitung eines Vollstreckungsverfahrensbegehren kann. (BGBl I 2004/128)

§ 69. Gegen denjenigen, der durch unrichtige oder unvollständige Angaben im Vermögensbekenntnis (§ 66) die Verfahrenshilfe erschleicht, hat das Prozeßgericht erster Instanz eine Mutwillensstrafe zu verhängen. Derjenige, gegen den eine solche Mutwillensstrafe rechtskräftig verhängt worden ist, schuldet überdies – vorbehaltlich der Nachzahlungspflicht der Partei (§ 68 Abs. 2) – die Gerichtsgebühren in zweifacher Höhe. Schließlich hat das Prozeßgericht den Sachverhalt in jedem Fall der Staatsanwaltschaft anzuzeigen.

(BGBl I 2001/98, ab 8. 8. 2001)

§ 70. Die im § 64 Abs. 1 Z. 1 genannten Beträge, von deren Bestreitung die Partei einstweilen befreit ist, sowie die der Partei gemäß § 64 Abs. 1 Z 5 einstweilen ersetzten Reisekosten sind unmittelbar beim Gegner einzuheben, soweit diesem die Kosten des Rechtsstreits auferlegt worden

sind oder er sie in einem Vergleich übernommen hat. Das Gericht hat auch dann, wenn die Partei zwar obsiegt, aber keinen Kostenersatz beansprucht, darüber zu entscheiden, ob und wieweit der Gegner zum Ersatz der im § 64 Abs. 1 Z. 1 und Z 5 genannten Beträge verpflichtet ist. Ist der Gegner der Partei zum Kostenersatz verpflichtet, so ist bei der Kostenfestsetzung so vorzugehen, als wäre der Rechtsanwalt der Partei nicht vorläufig unentgeltlich beigegeben worden.

(BGBl I 2004/128)

§ 71. (1) Die die Verfahrenshilfe genießende Partei ist mit Beschluß zur gänzlichen oder teilweisen Nachzahlung der Beträge zu verpflichten, von deren Berichtigung sie einstweilen befreit gewesen ist oder die ihr zur Bestreitung ihrer Reisekosten einstweilen aus Amtsgeldern ersetzt worden sind, und die noch nicht berichtigt sind, wie ebenso zur tarifmäßigen Entlohnung des ihr beigegebenen Rechtsanwalts, soweit und sobald sie ohne Beeinträchtigung des notwendigen Unterhalts dazu imstande ist. Nach Ablauf von drei Jahren nach Abschluß des Verfahrens kann die Verpflichtung zur Nachzahlung nicht mehr auferlegt werden. *(BGBl I 1997/140; BGBl I 2004/128)*

(2) In dem Beschluß über die Nachzahlung ist der Partei zunächst der Ersatz der im § 64 Abs. 1 Z. 1 Buchstaben b bis f und Z 5 genannten Beträge aufzuerlegen, dann die Leistung der Entlohnung des Rechtsanwalts unter gleichzeitiger Bestimmung ihrer Höhe und endlich die Entrichtung der im § 64 Abs. 1 Z. 1 Buchstabe a genannten Beträge; dieser Beschluß ist erst nach Eintritt der Rechtskraft vollstreckbar. *(BGBl I 2004/128)*

(3) In Verfahren nach den Abs. 1 und 2 kann das Gericht die Parteien unter Setzung einer angemessenen Frist zur Beibringung eines neuen Vermögensbekenntnisses und, soweit zumutbar, von Belegen auffordern. Der § 381 ist sinngemäß anzuwenden. *(BGBl I 1997/140)*

Übergangsbestimmungen zu BGBl I 2004/128 siehe nach § 64.

§ 72. (1) Die nach diesem Titel ergehenden Beschlüsse sind ohne mündliche Verhandlung zu fassen, sofern das Prozeßgericht eine solche nicht zur Erörterung ihm erheblich scheinender Tatsachen für erforderlich hält.

(2) Gegen die nach diesem Titel ergehenden Beschlüsse steht auch dem Gegner sowie dem Revisor der Rekurs zu. Das Recht, einen Antrag nach § 68 Abs. 1 oder 2 zu stellen, bleibt ihnen vorbehalten. *(BGBl I 2004/128)*

(2a) Ein Rekurs ist, vorbehaltlich des § 65 Abs. 2, den Parteien und dem Revisor zuzustellen. Diese können binnen 14 Tagen ab Zustellung des Rekurses eine Rekursbeantwortung einbringen. *(BGBl I 2004/128)*

(3) Einer Vertretung durch Rechtsanwälte bedürfen die Parteien bei den nach diesem Titel bei Gericht vorzunehmenden Handlungen auch im Anwaltsprozeß nicht. Rekurse gegen Beschlüsse über die Verfahrenshilfe sowie Rekursbeantwortungen können auch bei Gerichtshöfen mündlich zu Protokoll erklärt werden. Ein Kostenersatz findet nicht statt. *(BGBl I 2004/128)*

Vgl den Ausschluss des § 72 Abs 2 erster Satz durch § 7 Abs 1 AußStrG nF ab 1. 1. 2005.

§ 73. (1) Weder der Antrag auf Bewilligung der Verfahrenshilfe noch ein anderer nach diesem Titel zulässiger Antrag berechtigt die Parteien, die Einlassung in den Rechtsstreit oder die Fortsetzung der Verhandlung zu verweigern oder die Erstreckung von Fristen oder die Verlegung von Tagsatzungen zu begehren.

(2) Hat die beklagte Partei vor Ablauf der Frist, innerhalb deren sie die Klage zu beantworten, den Einspruch gegen einen Zahlungsbefehl, die Einwendungen im Mandatsverfahren und im Bestandverfahren oder den Widerspruch gegen ein Versäumungsurteil einzubringen hätte, die Bewilligung der Verfahrenshilfe einschließlich der Beigebung eines Rechtsanwalts beantragt, so beginnt die Frist zur Einbringung der Klagebeantwortung, des Einspruchs gegen einen Zahlungsbefehl, der Einwendungen im Mandatsverfahren und im Bestandverfahren oder des Widerspruchs gegen ein Versäumungsurteil frühestens mit der Zustellung des Bescheides, mit dem der Rechtsanwalt bestellt wird, beziehungsweise mit dem Eintritt der Rechtskraft des Beschlusses, mit dem die Beigebung eines Rechtsanwalts versagt wird. Der Bescheid über die Bestellung des Rechtsanwalts ist durch das Gericht zuzustellen. *(BGBl 1983/135; BGBl I 2002/76)*

(3) Wird nach dem Eintritt der Rechtskraft des Beschlusses, mit dem die Beigebung eines Rechtsanwalts versagt wird, von derselben Partei neuerlich ein Antrag gestellt, ihr einen Rechtsanwalt kostenlos beizugeben, so bleibt hievon der weitere Ablauf der schon einmal nach dem Abs. 2 unterbrochenen Frist unberührt. *(BGBl I 1997/140)*

Vgl §§ 85 (2), 464 (3, 468 (3, 505 (2, 507 (2, 521 (3, 521 a (1) Z 3, 550 (2).

Achter Titel

Gebärdensprachdolmetscher

§ 73a. (1) Ist eine Partei gehörlos, hochgradig hörbehindert oder sprachbehindert, so ist dem Verfahren ein Dolmetscher für die Gebärdensprache beizuziehen, sofern sich die Partei in dieser verständigen kann. Die Kosten des Dolmetschers trägt der Bund.

(2) Der Bund trägt auch die Gebärdensprachdolmetscher-Kosten, die die Partei für den zur Führung des Verfahrens notwendigen Kontakt mit ihrem Rechtsvertreter aufgewendet hat. Diese sind ihr bis zu dem Ausmaß zu vergüten, das sich in sinngemäßer Anwendung der Bestimmungen des Gebührenanspruchsgesetzes 1975 ergibt. *(BGBl I 2009/30)*

Neunter Titel

Prozessbegleitung

§ 73b. (1) Wurde einem Opfer im Strafverfahren psychosoziale Prozessbegleitung gewährt[1], so gilt diese auf sein Verlangen auch für einen zwischen ihm und dem Beschuldigten des Strafverfahrens geführten Zivilprozess, wenn der Gegenstand des Zivilprozesses in sachlichem Zusammenhang mit dem Gegenstand des Strafverfahrens steht und soweit dies zur Wahrung der prozessualen Rechte des Opfers unter größtmöglicher Bedachtnahme auf seine persönliche Betroffenheit erforderlich ist. Dies ist von der Opferschutzeinrichtung, die die Prozessbegleitung bereit stellt, zu beurteilen. Gleiches gilt, wenn das Opfer als Zeuge über den Gegenstand des Strafverfahrens vernommen werden soll. Die psychosoziale Prozessbegleitung wird für den Zivilprozess bis zu einem Höchstbetrag von 800 Euro gewährt; genießt das Opfer Verfahrenshilfe, so beträgt der Höchstbetrag 1 200 Euro.

(2) Der psychosoziale Prozessbegleiter hat im Verfahren die Stellung einer Vertrauensperson. Er darf das Opfer auf dessen Wunsch zu allen Verhandlungen und Vernehmungen begleiten. Er ist vom Gericht von diesen Terminen zu verständigen. Das Gericht hat nach rechtskräftiger Entscheidung über die Streitsache den Gegner zum Ersatz der für die psychosoziale Prozessbegleitung aufgewendeten Beträge gegenüber dem Bund zu verpflichten, soweit dem Gegner die Kosten des Rechtsstreits auferlegt worden sind oder er sie in einem Vergleich übernommen hat. *(BGBl I 2009/40)*

[1] Siehe § 66 Abs 2 StPO.

Zweiter Abschnitt

Verfahren

Erster Titel

Schriftsätze

§ 74. Die eine Streitsache betreffenden, außerhalb der mündlichen Verhandlung vorzubringenden Anträge, Gesuche oder Mitteilungen erfolgen, soweit das Gesetz nicht ein Anbringen zu Protokoll gestattet, mittels Schriftsätzen.

§ 75. Jeder Schriftsatz hat zu enthalten:

1. die Bezeichnung des Gerichtes, dann der Parteien nach Namen (Vor- und Zuname), Beschäftigung, Wohnort und Parteistellung, die Angabe der für die Parteien handelnden Vertreter und die Bezeichnung des Streitgegenstandes;

2. die Bezeichnung der Beilagen und ihrer Zahl sowie die Angabe, ob die Beilagen in Urschrift oder Abschrift angeschlossen sind;

3. die Unterschrift der Partei selbst oder ihres gesetzlichen Vertreters oder Bevollmächtigten, im Anwaltsprozesse aber, wenn nicht die Bestimmung des § 28 Absatz 1 zur Anwendung kommt, die Unterschrift des Rechtsanwalts.

§ 75a. (1) Eine Partei kann in Schriftsätzen von der Angabe ihres Wohnortes absehen, wenn sie ein schutzwürdiges Geheimhaltungsinteresse dartut und einen Zustellungsbevollmächtigten namhaft macht; der Wohnort ist dem Gericht in einem gesonderten Schriftsatz bekannt zu geben.

(2) Die Angaben der Partei über den Wohnort sind vom Gericht unter Verschluss zu halten und geeignet zu verwahren. Urkunden, die Angaben über den Wohnort der Partei enthalten, sind von der Partei auch anonymisiert vorzulegen. Von allen sonstigen Aktenstücken, die solche Angaben enthalten, hat das Gericht eine anonymisierte Abschrift herzustellen. Die Originale sind ebenfalls unter Verschluss zu halten und geeignet zu verwahren. Diese Aktenteile sind von der Einsicht ausgenommen.

(3) Das Gericht hat der gegnerischen Partei auf deren Antrag die unter Verschluss gehaltene Angabe über den Wohnort bekannt zu geben, wenn das berechtigte Interesse der gegnerischen Partei an der Angabe das Geheimhaltungsinteresse überwiegt.

(4) Das Gericht hat über die Anträge nach Abs. 1 und 3 mit unanfechtbarem Beschluss zu entscheiden. *(BGBl I 2009/40)*

§ 76. (1) In jedem Schriftsatze sind ferner die tatsächlichen Verhältnisse, durch welche die im Schriftsatze gestellten Anträge begründet werden, in knapper, übersichtlicher Fassung gedrängt darzustellen und, wenn es eines Beweises oder einer Glaubhaftmachung dieser Anführungen bedarf, auch die Beweismittel im Einzelnen zu bezeichnen, deren man sich behufs Erbringung dieses Nachweises oder behufs Glaubhaftmachung bedienen will. *(BGBl I 2009/40)*

(2) Der Beweisführer kann von der Angabe des Wohnortes eines Zeugen absehen, soweit er ein schutzwürdiges Geheimhaltungsinteresse des Zeugen dartut; der Wohnort ist dem Gericht in einem gesonderten Schriftsatz bekannt zu geben.

§ 75a Abs. 2 bis 4 ist sinngemäß anzuwenden. *(BGBl I 2009/40)*

Vgl § 177 Abs 1 Satz 3.

§ 77. (1) Wenn über den im Schriftsatze gestellten Antrag mündlich verhandelt werden soll, sind dem Schriftsatze nur Abschriften der Urkunden beizulegen, auf welche im Schriftsatze Bezug genommen wird; falls nur einzelne Teile einer Urkunde in Betracht kommen, genügt die Beifügung eines Auszuges, welcher den Eingang, die zur Sache gehörende Stelle, den Schluß, das Datum und die Unterschriften enthält.

(2) Sind die Urkunden dem Gegner bereits bekannt oder von bedeutendem Umfange, so ist es ausreichend, wenn im Schriftsatze die Urkunden genau bezeichnet und das Anerbieten gemacht wird, deren Einsicht dem Gegner zu gewähren, oder dieselben dem Gerichte auf Verlangen vorzulegen.

(3) Befinden sich die Urkunden nicht in den Händen der Partei, so hat sie anzugeben, auf welche Weise die Herbeischaffung dieser Urkunden zu veranlassen sei.

§ 78. (1) Schriftsätze, die zur Vorbereitung einer mündlichen Verhandlung bestimmt sind (vorbereitende Schriftsätze), haben nebst den sonstigen Erfordernissen eines Schriftsatzes zu enthalten:

1. die Anträge, welche die Partei bei der mündlichen Verhandlung zu stellen beabsichtigt;

2. eine der Vorschrift des § 76 entsprechende Darstellung der tatsächlichen Verhältnisse, auf welche sich die Partei zur Begründung ihrer Anträge oder zur Bekämpfung gegnerischer Anträge bei der mündlichen Verhandlung berufen will, sowie die Angabe der Beweismittel, welche die Partei bei dieser Verhandlung zur Bewahrheitung ihrer eigenen Anführungen oder zur Widerlegung tatsächlicher Behauptungen des Gegners zu benützen beabsichtigt;

3. nach Lage der Sache die Erklärungen über die Wahrheit, Richtigkeit und Vollständigkeit des in einem vorausgegangenen Schriftsatze des Gegners enthaltenen tatsächlichen Vorbringens und über die Zulässigkeit der vom Gegner bezeichneten Beweismittel.

(2) Darlegungen über die Wahrscheinlichkeit oder Glaubwürdigkeit einzelner tatsächlicher Behauptungen oder über die vermutliche Beweiskraft angebotener Beweise dürfen in einen vorbereitenden Schriftsatz nicht aufgenommen werden. *(BGBl 1983/135)*

(3) Schriftsätze, die nur Rechtsausführungen enthalten, sind unzulässig. *(BGBl 1983/135)*

§ 79. (1) Ein die Stelle des Schriftsatzes versehendes protokollarisches Anbringen ist nach den Bestimmungen über die Schriftsätze einzurichten.

(2) *(aufgehoben, BGBl 1929/222)*

§ 80. (1) Falls ein Antrag mittels Schriftsatzes gestellt wird, oder eine auch dem Gegner zur Kenntnis zu bringende Mitteilung an das Gericht mittels Schriftsatzes erfolgt, desgleichen von allen vorbereitenden Schriftsätzen, sind, soweit nicht in diesem Gesetze etwas anderes angeordnet wird, so viele gleichlautende Ausfertigungen des Schriftsatzes zu überreichen, daß jedem der Gegner eine Ausfertigung zugestellt und überdies eine für die Gerichtsakten zurückbehalten werden kann. Den Schriftsätzen sind ferner die zur Verständigung sonstiger Beteiligter erforderlichen Rubriken beizulegen.

(2) Die Rubriken haben die Bezeichnung des Gerichtes, der Parteien und des Streitgegenstandes in der in § 75 bestimmten Weise zu enthalten. In den zur Herstellung der Ausfertigungen in gekürzter Form mit Benützung der Rubrik geeigneten Fällen ist in die Rubrik anstatt des Streitgegenstandes das Begehren gleichlautend mit dem Schriftsatze aufzunehmen. Die näheren Bestimmungen sind durch Verordnung[1] zu erlassen. *(RGBl 1914/118)*

---

[1] §§ 58 Abs. 7, 112, 146 Geo.

§ 81. (1) Sofern nach den Bestimmungen dieses Gesetzes ein Exemplar des überreichten Schriftsatzes dem Gegner zuzustellen ist, sind demselben auch Abschriften der Beilagen des Schriftsatzes anzuschließen.

(2) Die bei dem Gerichte zurückbehaltenen Urschriften von Beilagen sind dem Gegner auf sein Verlangen jederzeit zur Einsichtnahme vorzulegen.

§ 82. (1) Wenn eine Partei in einem Schriftsatze auf ihren Händen befindliche Urkunden Bezug genommen hat, ist sie auf Verlangen des Gegners verpflichtet, diese Urkunden in Urschrift innerhalb drei Tagen bei Gericht niederzulegen und den Gegner hievon zu benachrichtigen. Der Gegner kann sodann die Urkunden innerhalb drei Tagen nach empfangener Benachrichtigung einsehen und davon Abschrift nehmen.

(2) Die Frist zur Einsichtnahme kann, wenn die Partei die Urkunde erweislich dringend benötigt, vom Gerichte und im Verfahren vor Gerichtshöfen vom Vorsitzenden des Senates, dem die Rechtssache zugewiesen ist, auf Antrag entsprechend abgekürzt werden. Gegen den über einen solchen Antrag ergehenden Beschluß findet ein Rechtsmittel nicht statt.

§ 83. (1) Rechtsanwälten steht es frei, die Mitteilung der Urschriften von Urkunden von Hand zu Hand gegen Empfangsbescheinigung vorzunehmen.

(2) Gibt ein Rechtsanwalt die ihm eingehändigte Urkunde nicht binnen der vereinbarten Frist und mangels einer Vereinbarung binnen drei Tagen nach Empfang zurück, so ist er auf Antrag nach vorgängiger mündlicher oder schriftlicher Einvernehmung durch Beschluß zu unverzüglicher Zurückgabe zu verhalten. In Bezug auf diesen Beschluß haben die Bestimmungen des § 82 Absatz 2 zu gelten. Der Beschluß ist sofort vollstreckbar.

§ 84. (1) Soweit in diesem Gesetze nichts anderes angeordnet ist, hat das Gericht die Beseitigung von Formgebrechen, welche die ordnungsmäßige geschäftliche Behandlung eines überreichten Schriftsatzes zu hindern geeignet sind, von Amts wegen anzuordnen. Ein solcher Beschluß kann durch ein abgesondertes Rechtsmittel nicht angefochten werden.

(2) Als derartiges Formgebrechen ist es insbesondere anzusehen, wenn die Vorschriften der §§ 75 und 77 nicht beachtet wurden, oder wenn es an der erforderlichen Anzahl von Schriftsatzexemplaren oder von Rubriken fehlt. Die unrichtige Benennung eines Rechtsmittels, eines Rechtsbehelfs oder von Gründen ist unerheblich, wenn das Begehren deutlich erkennbar ist. *(RGBl 1914/118; BGBl 1979/140; BGBl 1983/135)*

(3) War bei der Überreichung des Schriftsatzes eine Frist einzuhalten, so ist nach Abs. 1 auch vorzugehen, wenn in dem Schriftsatz Erklärungen oder sonstiges Vorbringen fehlen, die für die mit dem Schriftsatz vorgenommene Prozeßhandlung vorgeschrieben sind. Durch solche Verbesserungen und sonstige Ergänzungen des zu verbessernden Schriftsatzes darf jedoch das darin enthaltene Vorbringen nicht so geändert werden, daß dadurch in die bereits eingetretene Rechtskraft einer Entscheidung eingegriffen würde; war dem zurückgestellten Schriftsatz nicht eindeutig zu entnehmen, daß die Entscheidung nur zum Teil oder inwieweit sie angefochten wird, so gilt sie als zur Gänze angefochten. *(BGBl 1983/135)* *Vgl §§ 432, 474 (2), 495, 513.*

(4) Im Verfahren vor Gerichtshöfen steht der Erlassung dieser Anordnung dem Vorsitzenden des Senates zu, dem die Rechtssache zugewiesen ist. *(BGBl 1983/135)*

§ 85. (1) Zum Zwecke der Beseitigung von Formgebrechen kann die Partei vorgeladen oder ihr der Schriftsatz mit der Anweisung zur Behebung der gleichzeitig zu bezeichnenden Formgebrechen zurückgestellt werden.

(2) War bei Überreichung des Schriftsatzes eine Frist einzuhalten, so ist letzterenfalls für die

Wiederanbringung eine neuerliche Frist festzusetzen, bei deren Einhaltung der Schriftsatz als am Tage seines ersten Einlangens überreicht anzusehen ist. Eine Verlängerung dieser Frist ist nicht zulässig. Hat eine die Verfahrenshilfe genießende oder beantragende Partei innerhalb der gesetzten Frist die Beigebung eines Rechtsanwalts beantragt, so beginnt diese Frist mit der Zustellung des Bescheides über die Bestellung des Rechtsanwalts beziehungsweise mit dem Eintritt der Rechtskraft des Beschlusses, womit die Beigebung eines Rechtsanwalts versagt wird, zu laufen; der Bescheid ist durch das Gericht zuzustellen. Der § 73 Abs. 3 gilt sinngemäß. *(BGBl 1983/135; BGBl I 1997/140)*

(3) Gegen die auf Grund vorstehender Bestimmungen ergehenden Beschlüsse ist ein abgesondertes Rechtsmittel nicht statthaft; inwiefern deshalb das Aufsichtsrecht der übergeordneten Gerichtsbehörden angerufen werden kann, ist nach dem über die innere Einrichtung und Geschäftsordnung der Gerichte erlassenen Vorschriften zu beurteilen.

§ 86. (1) Gegen eine Partei, welche die dem Gerichte schuldige Achtung in einem Schriftsatze durch beleidigende Ausfälle verletzt oder welche in einem Schriftsatze den Gegner, einen Vertreter, Bevollmächtigten, Zeugen oder Sachverständigen beleidigt, kann unbeschadet der deshalb etwa eintretenden strafgerichtlichen Verfolgung vom Gerichte eine Ordnungsstrafe verhängt werden.

(2) *(aufgehoben, BGBl 1983/135)*

§ 86a. (1) Enthält ein Schriftsatz beleidigende Äußerungen im Sinn des § 86, so ist er, wenn ein Verbesserungsversuch erfolglos geblieben ist, vom Gericht als nicht zur ordnungsmäßigen geschäftlichen Behandlung geeignet zurückzuweisen. Jeden weiteren Schriftsatz dieser Partei, der einen solchen Mangel aufweist, kann das Gericht ohne inhaltliche Behandlung zu den Akten nehmen; ein Verbesserungsversuch ist nicht erforderlich. Dies ist in einem Aktenvermerk festzuhalten; es hat keine beschlussmäßige Entscheidung darüber zu ergehen. Auf diese Rechtsfolge ist im Verbesserungsauftrag hinzuweisen.

(2) Besteht ein Schriftsatz aus verworrenen, unklaren, sinn- oder zwecklosen Ausführungen und lässt er das Begehren nicht erkennen, oder erschöpft er sich in der Wiederholung bereits erledigter Streitpunkte oder schon vorgebrachter Behauptungen, so ist er ohne Verbesserungsversuch zurückzuweisen. Abs. 1 zweiter bis vierter Satz sind mit der Maßgabe sinngemäß anzuwenden, dass der Hinweis in den Zurückweisungsbeschluss aufzunehmen ist.

(BGBl I 2010/111)

vgl § 432 (3)

Zweiter Titel
Zustellungen*)
) Zum Anwendungsvorrang der EuZVO für grenzüberschreitende Zustellungen siehe das Urteil des EuGH vom 19. 12. 2012, C-325/11 uva.

§ 87. (1) Soweit dieses Gesetz nicht anderes vorsieht, ist von Amts wegen nach den §§ 89a ff des Gerichtsorganisationsgesetzes, RGBl. Nr. 217/1896, in der jeweils geltenden Fassung, sonst nach dem Zustellgesetz, BGBl. Nr. 200/1982, in der jeweils geltenden Fassung zuzustellen. *(BGBl I 2010/111, ab 1. 5. 2011)*

(2) Gegen Anordnungen nach diesem Titel ist kein abgesondertes Rechtsmittel zulässig.

(3) Solche Anordnungen kommen im Verfahren vor einem Senat dem Vorsitzenden zu.

(BGBl 1982/201)

Art der Zustellung

§ 88. (1) Zustellungen im Inland sind in der Regel durch die Post durchzuführen. Die Zustellung durch Bedienstete des Gerichtes oder durch die Gemeinde kann in folgenden Fällen angeordnet werden:

1. wenn für den Ort, an dem zugestellt werden soll, kein Postzustelldienst eingerichtet ist;

2. wenn bei Zustellung durch die Post die Zustellung zu spät käme oder der Zustellnachweis nicht rechtzeitig vorläge:

3. wenn die Person, der zuzustellen ist, oder ihre Anschrift nicht genau bekannt ist und erst durch den Zusteller ermittelt werden soll;

4. wenn das Schriftstück zu einer Zeit zugestellt werden muß, zu der Postzustellungen nicht vorgenommen werden;

5. wenn das Schriftstück anläßlich einer anderen Amtshandlung oder an einen Verhafteten (Gefangenen) zuzustellen ist;

6. wenn das Schriftstück in der Umgebung des Gerichtsgebäudes oder im Verkehr mit nahegelegenen Amtsstellen oder Notariatskanzleien zuzustellen ist, und wenn der damit verbundene Verwaltungsaufwand geringer ist als bei Zustellung durch die Post.

(2) Gerichtsbedienstete dürfen Zustellungen nur innerhalb des Sprengels des Gerichtes, dem sie angehören, Gemeindebedienstete nur innerhalb des Gemeindegebietes durchführen.

(BGBl 1982/201)

§ 89. (1) Die Bestimmung der Zustellungsart obliegt dem Gerichte, dessen Urteile, Beschlüsse oder Ladungen zugestellt werden sollen oder bei welchem der zuzustellende Schriftsatz überreicht oder das Protokoll aufgenommen worden ist.

Dieses Gericht hat auch die wegen der Zustellung nötigen Verfügungen zu treffen.

(2) *(aufgehoben, BGBl 1982/201)*

§ 90. *(aufgehoben, BGBl 1982/201)*

§ 91. Wenn das Verhalten einer der mit der Ausführung der Zustellung beauftragten Personen (Zustellungsorgane) zur Beschwerde Anlaß gibt, so hat der Vorsitzende des Senates, der mit der Aufsicht über die Gerichtskanzlei betraute Richter oder der Gerichtsvorsteher, sobald er hievon Kenntnis erlangt, das Geeignete zu veranlassen, um Abhilfe zu gewähren. Der Beschwerdegrund kann mündlich angezeigt werden.

§ 92. (1) Kann die Zustellung der Klage an eine im Firmenbuch eingetragene juristische Person an der im Firmenbuch als für Zustellungen maßgeblich eingetragenen Geschäftsanschrift (§ 3 Abs. 1 Z 4 und 6 FBG) nicht bewirkt werden, weil dort keine Abgabestelle besteht, gibt die klagende Partei keine andere Abgabestelle bekannt und ist auch dem Gericht ohne Ermittlungen keine andere Abgabestelle bekannt, so hat auf Antrag der klagenden Partei die Zustellung ohne Bestellung eines Kurators durch Aufnahme einer Mitteilung in die Ediktsdatei zu erfolgen (§ 115 ZPO). Auf die Rechtsfolge des Abs. 2 ist im Edikt hinzuweisen. Die Zustellung gilt 14 Tage nach der Aufnahme der Mitteilung in die Ediktsdatei als bewirkt.

(2) Bis dem Gericht eine Abgabestelle bekannt gegeben wird, sind alle weiteren zuzustellenden Schriftstücke bei Gericht zu hinterlegen.

(BGBl 1982/201; BGBl I 2010/111)

§ 93. (1) Hat eine Partei für einen Rechtsstreit Prozeßvollmacht erteilt, so haben bis zur Aufhebung der Prozeßvollmacht (§ 36) alle diesen Rechtsstreit betreffenden Zustellungen an den namhaft gemachten Bevollmächtigten zu geschehen. Dies umfasst auch Ladungen der Partei zu ihrer Einvernahme. *(BGBl I 2009/52)*

(2) In Rechtssachen, die sich auf den Betrieb des Unternehmens einer Person beziehen, kann die Zustellung für den Empfänger an den Prokuristen erfolgen. *(BGBl I 2005/120)*

§§ 94 bis 96. *(aufgehoben, BGBl 1982/201)*

Zustellungsbevollmächtigter

§ 97. (1) Ist eine Prozeßhandlung durch oder gegen mehrere Personen vorzunehmen, die keinen gemeinschaftlichen Vertreter oder Zustellungsbevollmächtigten haben, so kann ihnen das Gericht auf Antrag des Gegners oder von Amts wegen auftragen, einen von ihnen oder einen Dritten als gemeinschaftlichen Zustellungsbevollmächtigten namhaft zu machen.

(2) Wird dieser Auftrag nicht befolgt, so hat das Gericht ihnen auf Antrag des Gegners oder von Amts wegen auf ihre Gefahr und Kosten einen gemeinschaftlichen Zustellungsbevollmächtigten zu bestellen.

(3) Das Gericht hat eine solche Anordnung dann zu treffen, wenn zu erwarten ist, daß dadurch das Verfahren vereinfacht oder beschleunigt wird. Es hat sie zu unterlassen, zu ändern oder aufzuheben, wenn erkennbar ist oder diese Personen glaubhaft machen, daß sie ein rechtliches Interesse daran haben, nicht gemeinsam vertreten zu werden.

(4) Der § 9 Abs. 5 des Zustellgesetzes gilt nicht. *(BGBl I 2009/30)*

(5) Einer Person, die keine Abgabestelle im Inland hat, kann eine Zustellungsvollmacht nicht wirksam erteilt werden. § 9 Abs. 2 des Zustellgesetzes gilt nicht. *(BGBl I 2009/30)*

(BGBl 1982/201)

§ 98. (1) Parteien oder Bevollmächtigten, die keine Abgabestelle im Inland haben, kann vom Gericht aufgetragen werden, innerhalb einer gleichzeitig zu bestimmenden, mindestens vierzehntägigen Frist ab Zustellung des Auftrages für diesen Rechtsstreit einen Zustellungsbevollmächtigten namhaft zu machen. Wird diesem Auftrag nicht fristgerecht nachgekommen, so erfolgen weitere Zustellungen durch Übersendung des jeweiligen Schriftstücks ohne Zustellnachweis, bis ein geeigneter Zustellungsbevollmächtigter dem Gericht namhaft gemacht oder dem Gericht eine Abgabestelle im Inland bekannt gegeben wird. Das Schriftstück gilt 14 Tage nach Aufgabe zur Post als zugestellt. Auf diese Rechtsfolge ist im Auftrag hinzuweisen.

(2) Für den Zustellungsbevollmächtigten gilt § 97 Abs. 5.

(BGBl 1982/201; BGBl I 2009/30)

§ 99. Der für eine einzelne Person bestellte Zustellungsbevollmächtigte hat dieser die für sie bestimmten, ihm zugestellten Schriftstücke jeweils ohne Aufschub zu übersenden. Der gemeinschaftliche Zustellungsbevollmächtigte hat, wenn nicht durch Vereinbarung etwas anderes bestimmt ist, unverzüglich den Personen, für welche er die Zustellung übernommen hat, Einsicht in die empfangenen Schriftstücke zu gewähren und die Herstellung von Abschriften davon zu ermöglichen.

(BGBl 1982/201)

Zeit der Zustellung

§ 100. (1) An Samstagen, Sonntagen und gesetzlichen Feiertagen darf eine Zustellung, sofern sie nicht durch die Post vollzogen wird, nur mit Erlaubnis des Gerichtes erfolgen, das die Zustellung veranlaßt. Die Erlaubnis ist nur zu erteilen, wenn die Zustellung wegen der Gefahr des Ablaufes einer Frist oder des Verlustes eines Rechtes oder aus einem ähnlich wichtigen Grund dringlich ist. Sie ist auf dem zuzustellenden Schriftstück ersichtlich zu machen. *(BGBl 1967/193)*

(2) Der Beschluß, durch welchen die Erlaubnis erteilt oder verweigert wird, kann durch ein Rechtsmittel nicht angefochten werden.

(3) Die vorstehenden Bestimmungen haben auch Anwendung zu finden, wenn eine Zustellung zur Nachtzeit bewirkt werden soll.

§§ 101 und 102. *(aufgehoben, BGBl 1982/201)*

Ersatzzustellung

§ 103. Die Ersatzzustellung an eine im § 16 Abs. 2 des Zustellgesetzes genannte Person darf nicht erfolgen, wenn sie an dem Rechtsstreit als Gegner des Empfängers beteiligt ist.

(BGBl 1982/201)

Vgl § 16 ZustellG.

§§ 104 und 105. *(aufgehoben, BGBl 1982/201)*

Zustellung von Klagen

§ 106. (1) Klagen sind mit Zustellnachweis zuzustellen. Die Zustellung an einen Ersatzempfänger ist zulässig. *(BGBl I 2009/52)*

(2) Erfolgt die Zustellung im Ausland durch Behörden des Zustellstaates, so genügt die Einhaltung jener Vorschriften, die das Recht dieses Staates für die Zustellung entsprechender Schriftstücke vorsieht. Das gilt nicht, wenn die Anwendung dieser Vorschriften mit Art. 6 der Europäischen Konvention zum Schutze der Menschenrechte und Grundfreiheiten, BGBl. Nr. 210/1958, unvereinbar wäre. *(BGBl I 2004/128, ab 1. 1. 2005)*

(BGBl 1982/201)

§§ 107 bis 111. *(aufgehoben, BGBl 1982/201)*

Zustellung zwischen Rechtsanwälten

§ 112. Sind beide Parteien durch Rechtsanwälte vertreten, so hat jeder dieser Rechtsanwälte, der einen Schriftsatz einbringt, die für den Gegner bestimmte Gleichschrift dessen Rechtsanwalt durch einen Boten, die Post oder mittels Telefax oder elektronischer Post direkt zu übersenden; diese Übersendung ist auf dem dem Gericht überreichten Stück des Schriftsatzes zu vermerken. Dies gilt nicht für Schriftsätze, die dem Empfänger zu eigenen Handen zuzustellen sind oder durch deren Zustellung eine Notfrist in Lauf gesetzt wird.

(BGBl 1982/201; BGBl I 2000/26)

§ 113. *(aufgehoben, BGBl I 2000/26)*

§ 114. *(aufgehoben, BGBl 1982/201)*

Zustellung durch öffentliche Bekanntmachung

§ 115. Durch öffentliche Bekanntmachung (§ 25 des Zustellgesetzes) ist zuzustellen, wenn das Vorliegen der dafür erforderlichen Voraussetzungen glaubhaft gemacht wird. Die öffentliche Bekanntmachung erfolgt durch Aufnahme einer Mitteilung in die Ediktsdatei, dass ein zuzustellendes Schriftstück bei Gericht liegt. Die Mitteilung hat auch eine kurze Angabe des Inhalts des zuzustellenden Schriftstücks, die Bezeichnung des Prozessgerichts und der Streitsache sowie die Möglichkeiten zur Abholung des Schriftstücks und einen Hinweis auf die Rechtsfolgen dieser Bekanntmachung zu enthalten. Mit der Aufnahme in die Ediktsdatei gilt die Zustellung als vollzogen. *(BGBl I 2003/112)*

(BGBl 1982/201)

Zustellung an den Kurator

§ 116. Für Personen, an welche die Zustellung wegen Unbekanntheit des Aufenthaltes nur durch öffentliche Bekanntmachung geschehen könnte, hat das Gericht auf Antrag oder von Amts wegen einen Kurator zu bestellen (§ 9), wenn diese Personen infolge der an sie zu bewirkenden Zustellung zur Wahrung ihrer Rechte eine Prozeßhandlung vorzunehmen hätten und insbesondere, wenn das zuzustellende Schriftstück eine Ladung derselben enthält.

§ 117. (1) Die Bestellung des Kurators, dessen Name und Wohnort und eine kurze Angabe des Inhaltes des zuzustellenden Schriftstückes sind nebst der Bezeichnung des Prozeßgerichtes und der Streitsache durch Edikt bekannt zu machen. Das Edikt hat die Bemerkung zu enthalten, daß die Person, für welche der Kurator bestellt wurde, bis zu ihrem eigenen Auftreten oder der Namhaftmachung eines Bevollmächtigten auf ihre Gefahr und Kosten durch den Kurator vertreten werde.

(2) Der Inhalt des Edikts ist in die Ediktsdatei aufzunehmen. Wenn dies im einzelnen Fall zweckmäßig erscheint und nicht mit einem im

Vergleich zum Streitgegenstand zu großen Kostenaufwand verbunden ist, kann auf Antrag oder von Amts wegen angeordnet werden, dass das Edikt auch in Zeitungen eingeschaltet wird. Gegen diese Anordnung ist ein Rechtsmittel nicht zulässig. Im Verfahren vor Gerichtshöfen steht diese Anordnung dem Vorsitzenden des Senates zu, dem die Rechtssache zugewiesen ist. Die Bekanntmachung des Edikts ist von Amts wegen zu bewirken. *(BGBl I 2003/112)*

(3) *(aufgehoben, BGBl 1983/135)*

§ 118. (1) Die Zustellung gilt mit Aufnahme des Inhalts des Ediktes in die Ediktsdatei und der nachfolgenden Übergabe des zuzustellenden Schriftstücks an den Kurator als vollzogen. *(BGBl I 2003/112)*

(2) Die Kosten der Bekanntmachung und der Kuratorsbestellung sind unbeschadet eines Anspruches auf Ersatz von der Partei zu bestreiten, durch deren Prozeßhandlung beides veranlaßt wurde.

Löschen der Daten in der Ediktsdatei

§ 119. (1) Das Edikt über die Bestellung eines Kurators ist zu löschen, sobald der Kurator rechtskräftig seines Amtes enthoben wurde oder die Kuratel sonst erloschen ist.

(2) Die Mitteilung nach § 115 ist zu löschen, wenn seit ihrer Aufnahme ein Monat vergangen ist und das Gericht keine längere Bekanntmachungsdauer bestimmt hat.

(BGBl I 2003/112)

§ 120. *(aufgehoben, BGBl 1982/201)*

Zustellung im Ausland

§ 121. (1) Für Zustellungen an Personen im Ausland, die nicht zu den im § 11 Abs. 2 und 3 des Zustellgesetzes aufgezählten Empfängern gehören, kann der Bundesminister für Justiz im Einvernehmen mit dem Bundeskanzler durch Verordnung die Zustellung durch die Post unter Benützung der im Weltpostverkehr üblichen Rückscheine nach denjenigen Staaten zulassen, in denen die Zustellung nach § 11 Abs. 1 des Zustellgesetzes nicht möglich oder mit Schwierigkeiten verbunden ist.

(2) Wenn die Bestätigung über die erfolgte Zustellung an eine im Ausland befindliche Person binnen einer angemessenen Zeit nicht einlangt, kann die betreibende Partei je nach Lage der Sache die Zustellung durch öffentliche Bekanntmachung (§ 25 des Zustellgesetzes) oder eine Kuratorbestellung nach § 116 beantragen. Gleiches gilt auch für den Fall, daß eine Zustellung im Ausland vergeblich versucht worden ist oder das

Ersuchen wegen offenkundiger Verweigerung der Rechtshilfe durch die ausländische Behörde keinen Erfolg verspricht.

(3) Die Vorschriften der Verordnung (EG) Nr. 1393/2007 über die Zustellung gerichtlicher und außergerichtlicher Schriftstücke in Zivil- oder Handelssachen in den Mitgliedstaaten und zur Aufhebung der Verordnung (EG) Nr. 1348/2000, ABl. Nr. L 324 vom 10.12.2007 S. 79, bleiben unberührt. *(BGBl I 2009/30)*

(BGBl 1982/201)

Vgl Haager Prozeßübereinkommen (HPÜ) 1905, RGBl 1909/60 und 1954, BGBl 1957/91, die ZustellV und den Rechtshilfeerlaß für Zivilsachen; für die USA den Erlass des BMJ v. 25. 6. 2003 (20.129/4-I.11/2003).

Ab 12. 9. 2020 siehe auch das Haager Zustellungsübereinkommen (32/3).

§ 122. *(aufgehoben, BGBl 1982/201)*

Dritter Titel

Fristen und Tagsatzungen

Fristen

§ 123. Soweit die Dauer der Fristen zur Vornahme von Prozeßhandlungen nicht unmittelbar durch das Gesetz bestimmt wird (gesetzliche Fristen), hat sie der Richter mit Rücksicht auf die Erfordernisse und die Beschaffenheit des einzelnen Falles festzusetzen (richterliche Fristen).

§ 124. Der Lauf einer richterlichen Frist beginnt, sofern nicht bei Festsetzung derselben etwas anderes bestimmt wurde, mit Zustellung des die Frist anordnenden Beschlusses an die Partei, welcher die Frist zugute kommt; wenn es aber einer Zustellung des Beschlusses nicht bedarf, mit der Verkündung des Beschlusses.

§ 125. (1) Bei Berechnung einer Frist, welche nach Tagen bestimmt ist, wird der Tag nicht mitgerechnet, in welchen der Zeitpunkt oder die Ereignung fällt, nach der sich der Anfang der Frist richten soll. *(vgl § 7 Abs 1 2.COVID-JuBG)*

(2) Nach Wochen, Monaten oder Jahren bestimmte Fristen enden mit dem Ablaufe desjenigen Tages der letzten Woche oder des letzten Monates, welcher durch seine Benennung oder Zahl dem Tage entspricht, an welchem die Frist begonnen hat. Fehlt dieser Tag in dem letzten Monate, so endet die Frist mit Ablauf des letzten Tages dieses Monates.

(3) Das Ende einer Frist kann auch durch Angabe eines bestimmten Kalendertages bezeichnet werden.

§ 126. (1) Der Beginn und Lauf von gesetzlichen und richterlichen Fristen werden durch

Samstage, Sonntage, Feiertage oder den Karfreitag nicht behindert.

(2) Fällt das Ende einer Frist auf einen Samstag, Sonntag, Feiertag oder Karfreitag, so ist der nächste Tag, der nicht einer der vorgenannten Tage ist, als letzter Tag der Frist anzusehen. *(BGBl I 2012/30, ab 1. 1. 2012)*

Die Änderung erfolgte nur zur Klarstellung der Rechtslage.

§ 127. *(aufgehoben, BGBl 1983/135)*

§ 128. (1) Gesetzliche Fristen, mit Ausnahme derjenigen, deren Verlängerung das Gesetz ausdrücklich untersagt (Notfristen), sowie die richterlichen Fristen, hinsichtlich welcher in diesem Gesetze nichts anderes bestimmt ist, können vom Gerichte verlängert werden. Eine Verlängerung von Fristen durch Übereinkommen der Parteien ist unzulässig.

(2) Das Gericht kann eine solche Verlängerung auf Antrag bewilligen, wenn die Partei, welcher die Frist zugute kommt, aus unabwendbaren oder doch sehr erheblichen Gründen an der rechtzeitigen Vornahme der befristeten Prozeßhandlung gehindert ist und insbesondere ohne die Fristverlängerung einen nicht wieder gutzumachenden Schaden erleiden würde.

(3) Der Antrag muß vor Ablauf der zu verlängernden Frist bei Gericht angebracht werden. Über den Antrag kann eine vorhergehende mündliche Verhandlung entschieden werden; vor Bewilligung der wiederholten Verlängerung einer Frist ist jedoch, wenn der Antrag nicht von beiden Parteien einverständlich gestellt wird, der Gegner einzuvernehmen.

(4) Die zur Rechtfertigung des Antrages angeführten Umstände sind dem Gerichte auf Verlangen glaubhaft zu machen. Mangels ausreichender Begründung ist der Antrag zu verwerfen.

(5) Bei Verlängerung der Frist ist stets zugleich der Tag zu bestimmen, an welchem die verlängerte Frist endet.

§ 129. (1) Alle Fristen können durch Vereinbarung der Parteien abgekürzt werden. Die Vereinbarung muß, um für das Gericht wirksam zu sein, urkundlich nachgewiesen werden.

(2) Das Gericht kann richterliche und gesetzliche Fristen auf Antrag einer der Parteien abkürzen, wenn Umstände glaubhaft gemacht werden, welche eine solche Abkürzung zur Abwendung drohender erheblicher Nachteile geboten erscheinen lassen und wenn zugleich der Partei, für deren Handeln die Frist bestimmt ist, die Vornahme der bezüglichen Prozeßhandlung während der abgekürzten Frist ohne Schwierigkeit möglich ist. *(RGBl 1914/118)*

Tagsatzungen

§ 130. (1) Die Anberaumung von Tagsatzungen erfolgt, sofern das Gesetz nichts anderes anordnet, auf Antrag einer Partei. Vorbehaltlich besonderer in diesem Gesetze enthaltener Bestimmungen obliegt die Anberaumung der Tagsatzung einschließlich der Festsetzung von Ort, Tag und Stunde der Tagsatzung dem Gerichte.

(2) Die Anberaumung einer Tagsatzung, sowie jede Ladung zu einer Tagsatzung kann durch ein abgesondertes Rechtsmittel nicht angefochten werden.

§ 131. (1) Die Verständigung von der Anberaumung der Tagsatzung und Aufforderung zum Erscheinen bei derselben (Ladung) erfolgt an die Partei, welche um die Anberaumung der Tagsatzung angesucht hat, mittels Rubrik, an die Gegenpartei durch Zustellung eines mit der Ausfertigung der Ladung versehenen Exemplares des Schriftsatzes oder der Protokollsabschrift. Bei einer von Amts wegen erfolgenden Anberaumung der Tagsatzung sind beide Parteien durch Zustellung von Rubriken zu laden.

(2) Im Anwaltsprozesse muß die erste Ladung zur mündlichen Verhandlung, sofern dieselbe nicht bereits an einen Rechtsanwalt ergeht, insbesondere auch die Aufforderung enthalten, rechtzeitig einen Rechtsanwalt als Vertreter zu bestellen, und den Parteien bekanntgeben, welche Nachteile das Gesetz mit der Nichtbestellung eines Rechtsanwalts und mit dem Versäumen der Tagsatzung verbindet.

(3) Zu Tagsatzungen, welche in mündlich verkündeten gerichtlichen Entscheidungen anberaumt werden, sind die Parteien nur insoweit besonders zu laden, als weder sie noch ihre Vertreter oder Bevollmächtigten bei der Verkündung anwesend waren.

§ 132. (1) Die Tagsatzungen werden, sofern das Gesetz nichts anders bestimmt, im Gerichtshause abgehalten.

(2) Tagsatzungen zur mündlichen Verhandlung können an einem Orte außerhalb des Gerichtshauses anberaumt werden, wenn die Verhandlung an diesem Orte leichter durchgeführt oder hiedurch ein größerer Kostenaufwand vermieden werden kann.

(3) An Tagsatzungen dürfen nur unbewaffnete Personen teilnehmen. Personen, welche vermöge ihres öffentlichen Dienstes zum Tragen einer Waffe verpflichtet sind oder denen nach den §§ 2 und 8 des Gerichtsorganisationsgesetzes, RGBl. Nr. 217/1896, die Mitnahme einer bestimmten Waffe in das Gerichtsgebäude oder bei einer außerhalb des Gerichtsgebäudes stattfindenden Dienstverrichtung des Gerichts gestattet worden

ist, darf die Anwesenheit nicht verweigert werden. *(BGBl 1996/760, ab 1. 5. 1997)*

§ 133. (1) Die Tagsatzung beginnt mit dem Aufrufe der Sache.

(2) Die Tagsatzung ist von einer Partei versäumt, wenn die Partei zu der für die Tagsatzung anberaumten Zeit nicht erscheint oder, wenn erschienen, ungeachtet richterlicher Aufforderung nicht verhandelt oder nach dem Aufrufe der Sache sich wieder entfernt.

(3) Als versäumt gilt die Tagsatzung auch dann, wenn die Partei bei denjenigen Prozeßhandlungen, für welche die Beiziehung eines Rechtsanwalts im Gesetze vorgeschrieben ist, ohne Rechtsanwalt erscheint.

vgl § 16 GOG idF BGBl I 2017/52:

Hausordnung

§ 16. (1) *Die jeweilige Dienststellenleitung hat in Ausübung ihres Hausrechts für die dem Betrieb des Gerichts bzw. der Staatsanwaltschaft gewidmeten Teile des Gebäudes eine Hausordnung zu erlassen. Diese ist durch Auflage zur öffentlichen Einsicht im Amtsgebäude und Bereitstellung im Internet kundzumachen.*

(2) Die Hausordnung hat jedenfalls einen Hinweis auf das Waffenverbot gemäß § 1 und auf die Zulässigkeit von Sicherheitskontrollen nach den Bestimmungen der §§ 3 ff zu enthalten.

(3) Aus besonderem Anlass kann die Dienststellenleitung weitergehende Sicherheitsmaßnahmen anordnen, wie insbesondere

1. Personen- und Sachenkontrollen durch Organe der Sicherheitsbehörden oder durch andere Kontrollorgane (§ 3 Abs. 1) im gesamten Gebäude des Gerichts bzw. der Staatsanwaltschaft, soweit dadurch nicht die der bzw. dem Vorsitzenden einer Verhandlung während und am Ort der Verhandlung zukommende Sitzungspolizei beschränkt wird,

2. Verbote des Zugangs bestimmter Personen in das Gebäude des Gerichts bzw. der Staatsanwaltschaft oder Verfügungen, dass bestimmte Personen dieses zu verlassen haben (Hausverbote), und

3. das Gestatten des Zugangs nur unter der Bedingung der Hinterlegung eines Ausweises oder eines sonstigen Nachweises der Identität oder der Ausstellung eines Besucherausweises.

(4) Ist der Zugang einer Person zum Gebäude des Gerichts bzw. der Staatsanwaltschaft zur Rechtsverfolgung oder Rechtsverteidigung unbedingt erforderlich und besteht ein Hausverbot (Abs. 3 Z 2) gegen diese Person, so ist diese Person während ihres Aufenthalts im Gebäude des Gerichts bzw. der Staatsanwaltschaft von einem oder mehreren Kontrollorganen (§ 3 Abs. 1) oder einem oder mehreren Organen der Sicherheitsbehörden zu begleiten.

(5) Wer sich weigert, sich den in der Hausordnung vorgesehenen Sicherheitsmaßnahmen zu unterziehen, und deshalb eine zur Rechtsverfolgung oder Rechtsverteidigung erforderliche Verfahrenshandlung nicht vorgenommen hat oder einer Verpflichtung im Gericht nicht nachgekommen ist, ist als unentschuldigt säumig anzusehen.

§ 134. Tagsatzungen können nur durch richterliche Entscheidung verlegt werden (Erstreckung). Solche Erstreckung kann auf Antrag oder von Amts wegen stattfinden:

1. wenn sich dem rechtzeitigen Erscheinen einer oder beider Parteien oder der Aufnahme oder Fortsetzung der Verhandlung zwischen ihnen ein für sie unübersteigliches oder doch ein sehr erhebliches Hindernis entgegenstellt und insbesondere ohne die Erstreckung eine Partei einen nicht wieder gut zu machenden Schaden erleiden würde;

2. wenn das Gericht durch anderweitige unaufschiebbare amtliche Obliegenheiten oder aus sonstigen wichtigen Gründen an der Aufnahme oder Fortsetzung der Verhandlung behindert ist;

3. wenn eine nicht sofort vor dem Prozeßgerichte vollziehbare, für die Weiterführung der Verhandlung jedoch wesentliche Beweisaufnahme angeordnet wird oder sich behufs Fortsetzung und Durchführung der Verhandlung die Herbeischaffung von Urkunden, Auskunftssachen oder Augenscheinsgegenständen notwendig erweist;

4. wenn die Verhandlung bei der vom Gerichte hiezu anberaumten Tagsatzung auch ohne Dazwischenkunft der vorerwähnten Hindernisse nicht zum Abschlusse gebracht werden kann.

§ 135. (1) Der Antrag auf Erstreckung einer Tagsatzung ist im Falle des § 134 Z. 1 auch dann, wenn er von beiden Parteien einverständlich gestellt wird, durch Angabe der das Erscheinen oder die Aufnahme oder Fortsetzung der Verhandlung hindernden Umstände zu rechtfertigen. Die zur Begründung des Antrages angeführten Umstände sind dem Gerichte auf Verlangen glaubhaft zu machen.

(2) Mangels hinreichender Begründung ist der Antrag zu verwerfen.

§ 136. (1) Der Antrag auf Erstreckung einer Tagsatzung kann bei dieser Tagsatzung selbst oder vor Beginn derselben gestellt werden.

(2) Im ersteren Falle ist über den Antrag, nach Anhörung des anwesenden Gegners, ohne Aufschub durch Beschluß zu entscheiden und, wenn die Erstreckung verweigert wird, ohne weitere Unterbrechung die Verhandlung aufzunehmen oder fortzusetzen. Gegen die Partei, welche sich vor der Entscheidung entfernt hat oder nach Zurückweisung des Antrages sich weigert, zur Sache

zu verhandeln, treten die Rechtsfolgen der Versäumung der Tagsatzung ein.

(3) Auf Erstreckungsanträge, welche vor der Tagsatzung einlangen, finden die Bestimmungen des § 128 Absatz 3 entsprechende Anwendung.

§ 137. (1) Wird eine Tagsatzung erstreckt, so ist vom Gerichte Tag und Stunde der neuerlichen Tagsatzung den Parteien, wenn tunlich, sofort mündlich bekanntzugeben. Andernfalls hat die Verständigung mittels Rubrik zu geschehen.

(2) Diese Bestimmung hat insbesondere auch Anwendung zu finden, wenn die Erstreckung einer Tagsatzung zum Zwecke einer Beweisaufnahme erfolgt.

§ 138. Wenn nicht wegen einer Veränderung in der Besetzung des Gerichtes eine neuerliche Verhandlung stattfinden muß, hat im Falle der Erstreckung einer Tagsatzung der Richter oder der Vorsitzende des Senates, vor welchem die Verhandlung stattfindet, bei der späteren Tagsatzung die wesentlichen Ergebnisse der früheren mündlichen Verhandlung auf Grund des Verhandlungsprotokolles und der sonst zu berücksichtigenden Prozeßakten mündlich vorzuführen und die Fortsetzung der abgebrochenen Verhandlung hieran anzuknüpfen.

§ 139. Wenn die Zustellung eines vorbereitenden Schriftsatzes oder einer Protokollabschrift, über welche die Ladung erging, derart verzögert wird, daß die zwischen der Zustellung der Ladung und der anberaumten Tagsatzung liegende Frist dem Gegner eine genügende Vorbereitung für die mündliche Verhandlung oder in den Fällen des Anwaltsprozesses die rechtzeitige Bestellung eines Rechtsanwalts nicht mehr gestattet, und wenn zugleich der Gegner an dieser Verzögerung der Zustellung keine Schuld trägt, so hat das Gericht oder im Verfahren vor Gerichtshöfen der Vorsitzende des Senates, vor welchem die Verhandlung stattfinden soll, die anberaumte Tagsatzung auf Antrag oder von Amts wegen, noch vor ihrer Abhaltung zu erstrecken. Hievon sind alle zur Tagsatzung geladenen Personen ohne Aufschub zu verständigen.

Gemeinsame Bestimmungen

§ 140. (1) Wenn die Bestimmung von Fristen oder die Anberaumung von Tagsatzungen nicht in einer Entscheidung des Gerichtes oder bei einer mündlichen Verhandlung erfolgt, obliegt sie im Verfahren vor Gerichtshöfen dem Vorsitzenden des Senates, dem die Rechtssache zugewiesen ist.

(2) Gleiches gilt von der Entscheidung über einen Antrag auf Verlängerung oder Abkürzung einer Frist oder auf Erstreckung einer Tagsatzung, falls nicht der Antrag während einer mündlichen Verhandlung gestellt wird.

§ 141. Die erste Verlängerung einer Frist und die erste Erstreckung einer Tagsatzung kann durch ein Rechtsmittel nicht angefochten werden, sofern die bewilligte Fristverlängerung die Dauer der ursprünglichen Frist und die bewilligte Erstreckung der Tagsatzung die Dauer von vier Wochen nicht überschreitet. Gegen die Verweigerung der Abkürzung einer Frist ist ein Rechtsmittel ausgeschlossen.

§ 142. (1) Der Partei, welche zur Verlängerung einer Frist oder zur Erstreckung einer Tagsatzung Anlaß gegeben hat, ist auf Antrag des Gegners oder von Amts wegen der Ersatz der diesem hiedurch verursachten Kosten in dem vom Gerichte festzustellenden Betrage aufzuerlegen. Die Wiedererstattung dieser Kosten kann auch dann nicht begehrt werden, wenn der Gegner in der Hauptsache zum Ersatze der Gerichtskosten verurteilt wird. *(BGBl 1925/183)*

(2) Wird ein solcher Antrag auf Kostenersatz bei einer Tagsatzung gestellt, so ist über denselben unverweilt, nach Anhörung des anwesenden Gegners, zu entscheiden.

(3) Wird eine Tagsatzung durch das Nichterscheinen beider Parteien vereitelt, so fällt jeder Partei die Hälfte der dadurch verursachten Kosten zur Last.

§ 143. Die in diesem Titel dem Gerichte oder dem Vorsitzenden des Senates beigelegten Befugnisse stehen auch dem beauftragten oder ersuchten Richter in Ansehung der von demselben zu bestimmenden Fristen und Tagsatzungen zu.

Vierter Titel

Folgen der Versäumung, Wiedereinsetzung in den vorigen Stand

Folgen der Versäumung

§ 144. Die Versäumung einer Prozeßhandlung hat, unbeschadet der in diesem Gesetze für einzelne Fälle bestimmten weiteren Wirkungen, zur Folge, daß die Partei von der vorzunehmenden Prozeßhandlung ausgeschlossen wird.

§ 145. (1) Einer Androhung der gesetzlichen Folgen der Versäumung bedarf es nur in den im Gesetze besonders bezeichneten Fällen. Diese Folgen treten von selbst ein, sofern nicht durch die Bestimmungen dieses Gesetzes ihr Eintritt von einem auf Verwirklichung der Rechtsnachteile der Versäumung gerichteten Antrage abhängig gemacht ist.

(2) Im letzteren Falle kann die versäumte Prozeßhandlung, wenn für dieselbe eine Frist bestimmt war, bis zu dem Tage, an welchem der Antrag bei Gericht gestellt wurde, wenn aber die versäumte Prozeßhandlung bei einer Tagsatzung vorzunehmen war, bis zum Schlusse der über den Antrag auf Verwirklichung der Versäumungsfolgen stattfindenden Verhandlung nachgeholt werden.

Vgl aber § 396 Abs 4.

Wiedereinsetzung in den vorigen Stand

§ 146. (1) Wenn eine Partei durch ein unvorhergesehenes oder unabwendbares Ereignis – so dadurch, daß sie von einer Zustellung ohne ihr Verschulden keine Kenntnis erlangt hat – am rechtzeitigen Erscheinen bei einer Tagsatzung oder an der rechtzeitigen Vornahme einer befristeten Prozeßhandlung verhindert wurde, und die dadurch verursachte Versäumung für die Partei den Rechtsnachteil des Ausschlusses von der vorzunehmenden Prozeßhandlung zur Folge hatte, so ist dieser Partei, soweit das Gesetz nichts anderes bestimmt, auf Antrag die Wiedereinsetzung in den vorigen Stand zu bewilligen. Daß der Partei ein Verschulden an der Versäumung zur Last liegt, hindert die Bewilligung der Wiedereinsetzung nicht, wenn es sich nur um einen minderen Grad des Versehens handelt. *(DRGBl 1940 I S 1340; BGBl 1983/135).*

(2) Der Wiedereinsetzungsantrag kann nicht auf Umstände gestützt werden, die das Gericht bereits für unzureichend befunden hat, um daraufhin derselben Partei die Verlängerung der sodann versäumten Frist oder die Erstreckung der versäumten Tagsatzung zu bewilligen.

Vgl § 33 (1) MRG.

§ 147. (1) Der Antrag auf Bewilligung der Wiedereinsetzung ist ohne weiteres Verfahren zurückzuweisen, solange die Partei die versäumte Prozeßhandlung im Sinne des § 145 Absatz 2 unmittelbar nachholen kann.

(2) Wird von derselben Partei die Wiedereinsetzung gegen ein infolge Versäumung ergangenes Urteil und die Wiedereinsetzung gegen den Ablauf der Frist zur Berufung wider dieses Urteil beantragt, so ist das Verfahren über letzteren Wiedereinsetzungsantrag bis nach rechtskräftiger Entscheidung über das erstere Wiedereinsetzungsbegehren aufzuschieben.

(3) Dem Antrage auf Bewilligung der Wiedereinsetzung ist nicht stattzugeben, wenn die Partei wegen der zur Rechtfertigung des Wiedereinsetzungsantrages angeführten Behinderungen um Verlängerung der Frist oder Verlegung der Tagsatzung hätte einschreiten können, oder wenn diese Behinderungen bereits wieder zu einer Zeit weggefallen sind, da die Partei gemäß § 145 Absatz 2 die Prozeßhandlung selbst noch hätte nachholen können.

§ 148. (1) Der Antrag auf Bewilligung der Wiedereinsetzung ist bei dem Gerichte anzubringen, bei welchem die versäumte Prozeßhandlung vorzunehmen war.

(2) Der Antrag muß, sofern das Gesetz nichts anderes bestimmt, innerhalb vierzehn Tagen gestellt werden. Diese Frist beginnt mit dem Tage, an welchem das Hindernis, welches die Versäumung verursachte, weggefallen ist; sie kann nicht verlängert werden.

(3) Offenbar verspätet eingebrachte Anträge sind ohne weiteres Verfahren zurückzuweisen.

§ 149. (1) Die Partei, welche die Wiedereinsetzung beantragt, hat in dem bezüglichen Schriftsatze oder in dem den Schriftsatz ersetzenden Anbringen zu Protokoll alle den Wiedereinsetzungsantrag begründenden Umstände anzuführen und die Mittel zu ihrer Glaubhaftmachung anzugeben. Zugleich mit dem Antrage ist auch die versäumte Prozeßhandlung selbst, oder bei Versäumung einer Tagsatzung dasjenige nachzuholen, was zur Vorbereitung der mündlichen Verhandlung seitens der säumigen Partei vorzubringen war.

(2) Über den Antrag auf Bewilligung der Wiedereinsetzung in den vorigen Stand entscheidet das Gericht durch Beschluß, und zwar nach mündlicher Verhandlung, wenn es eine solche für erforderlich hält. *(DRGBl 1943 I S 7)*

§ 150. (1) Durch die Bewilligung der Wiedereinsetzung tritt der Rechtsstreit in die Lage zurück, in welcher er sich vor dem Eintritte der Versäumung befunden hat. Ein infolge der Versäumung bereits erlassenes Urteil ist bei Bewilligung der Wiedereinsetzung aufzuheben.

(2) Wurde eine Tagsatzung versäumt, so kann schon bei der zur Verhandlung über den Wiedereinsetzungsantrag anberaumten Tagsatzung das Verfahren über den Antrag auf Bewilligung der Wiedereinsetzung mit der Verhandlung, zu deren Vornahme die versäumte Tagsatzung bestimmt war, verbunden oder doch im Falle der Bewilligung des Wiedereinsetzungsantrages sogleich diese Verhandlung vorgenommen werden.

§ 151. *(aufgehoben, BGBl 1983/135)(betraf Ausschluß der Wiedereinsetzung wegen Versäumung der WE-Frist u der WE-Tagsatzung)*

§ 152. (1) Durch den Antrag auf Bewilligung der Wiedereinsetzung in den vorigen Stand wird der Fortgang des Rechtsstreites nicht gehemmt. Das Gericht kann jedoch auf Antrag dessen einstweilige Unterbrechung anordnen, wenn dies unumgänglich notwendig erscheint, um der voraussichtlich zu bewilligenden Wiedereinsetzung vollen Erfolg zu sichern, und wenn zugleich die Unterbrechung des Prozesses dem Gegner des Wiedereinsetzungswerbers einen erheblichen Nachteil nicht zufügt.

(2) Wird der Rechtsstreit zu dieser Zeit in einer höheren Instanz verhandelt, so ist dieselbe von der angeordneten einstweiligen Unterbrechung des Rechtsmittelverfahrens sofort zu verständigen.

(3) Nach Erledigung des Wiedereinsetzungsantrages ist das unterbrochene Verfahren auf Antrag oder von Amts wegen aufzunehmen.

§ 153. Gegen die Entscheidung, wodurch die Wiedereinsetzung in den vorigen Stand bewilligt wird, ist ein Rechtsmittel nicht zulässig.

§ 154. Der Partei, welche die Wiedereinsetzung beantragt hat, ist ohne Rücksicht darauf, ob dem Antrage stattgegeben wurde oder nicht, der Ersatz aller Kosten, welche dem Gegner durch die Versäumung und durch die Verhandlung über den Wiedereinsetzungsantrag verursacht sind, sowie der Ersatz der Kosten des infolge der Wiedereinsetzung unwirksam gewordenen Verfahrens aufzuerlegen.

Fünfter Titel

Unterbrechung und Ruhen des Verfahrens[1]
[1] vgl §§ 190, 539 (1), 544 (1) ZPO, § 90a GOG, § 76 (1) ASGG, § 13 LPG, § 11 (1) AHG, §§ 42 (5), 43 (5), 57 (3), 62 (3) VfGG, §§ 89 (2-4), 62 (3) B-VG ua.

Tod einer Partei

§ 155. (1) Durch den Tod einer Partei wird das Verfahren nur dann unterbrochen, wenn die verstorbene Partei weder durch einen Rechtsanwalt, noch durch eine andere von ihr mit Prozeßvollmacht ausgestattete Person vertreten war.

(2) Die Unterbrechung dauert bis zur Aufnahme des Verfahrens durch die Rechtsnachfolger der verstorbenen Partei, oder wenn der Gegner früher die Bestellung eines Kurators beantragt (§ 811 ABGB), um wider diesen das Verfahren fortzusetzen, bis zur Aufnahme des Verfahrens durch den Kurator.

(3) Um die Aufnahme des Verfahrens durch die Rechtsnachfolger der verstorbenen Partei zu bewirken, kann der Gegner bei dem Gerichte, bei welchem die Rechtssache zur Zeit des Todes der verstorbenen Partei anhängig war, auch die Ladung dieser Rechtsnachfolger beantragen. Zufolge eines solchen Antrages sind dieselben zur Aufnahme des Verfahrens und zugleich zur Verhandlung der Hauptsache oder zur Fortführung dieser Verhandlung zu laden.

(4) Diese Ladung ist nach den für Klagen geltenden Bestimmungen zuzustellen. *(BGBl 1955/282)*

§ 156. (1) Erscheint keiner der geladenen Rechtsnachfolger, so ist das Verfahren bei genügender Bescheinigung der behaupteten Rechtsnachfolge auf Antrag des Gegners vom Gerichte durch Beschluß als von den Rechtsnachfolgern der verstorbenen Partei aufgenommen zu erklären.

(2) Bei der Tagsatzung, in welcher der die Aufnahme des Verfahrens betreffende Beschluß verkündet wurde, kann gleich das Verfahren in der Hauptsache aufgenommen werden.

§ 157. Wenn die geladenen Rechtsnachfolger oder einzelne derselben bei der Tagsatzung erscheinen und die Verpflichtung, in den Prozeß einzutreten, bestreiten, hat das Gericht hierüber nach mündlicher Verhandlung zu entscheiden. Falls das Gericht im Sinne einer Verpflichtung zur Aufnahme des Verfahrens entscheidet, kann nach Verkündung dieser Entscheidung in der nämlichen Tagsatzung nach Lage der Sache das Verfahren in der Hauptsache aufgenommen oder fortgesetzt werden. Dies hat insbesondere zu gelten, wenn ein Rekurs gegen den verkündeten Beschluß voraussichtlich ohne Erfolg bleiben dürfte.

Verlust der Prozeßfähigkeit, Wechsel in der Person des gesetzlichen Vertreters

§ 158. (1) Wenn eine Partei die Prozeßfähigkeit verliert, oder wenn der gesetzliche Vertreter einer Partei stirbt oder dessen Vertretungsbefugnis aufhört, ohne daß die Partei prozeßfähig geworden ist, wird das Verfahren nur dann unterbrochen, wenn die von diesen Veränderungen betroffene Partei weder durch einen Rechtsanwalt, noch durch eine andere mit Prozeßvollmacht ausgestattete Person vertreten ist.

(2) Die Unterbrechung dauert in diesen Fällen so lange, bis der gesetzliche Vertreter oder der neue gesetzliche Vertreter von seiner Bestellung dem Gegner Anzeige macht und das Verfahren aufnimmt.

(3) Um eine solche Aufnahme zu bewirken, kann auch der Gegner die Ladung des gesetzlichen Vertreters der prozeßunfähig gewordenen Partei oder des neuen gesetzlichen Vertreters beantragen.

Insolvenzeröffnung

§ 159. Inwiefern bei Eröffnung eines Insolvenzverfahrens über das Vermögen einer Partei das

Verfahren unterbrochen wird, bestimmt die Insolvenzordnung[1].

(BGBl I 2010/58)

---

[1] *Siehe § 7 IO.*

Wechsel in der Person des Rechtsanwalts

§ 160. (1) Wenn der Rechtsanwalt einer Partei stirbt oder unfähig wird, die Vertretung der Partei fortzuführen, tritt insoweit, als die Vertretung durch Rechtsanwälte gesetzlich geboten ist, eine Unterbrechung des Verfahrens ein, bis ein anderer Rechtsanwalt von der Partei bestellt und von diesem Rechtsanwalt seine Bestellung unter gleichzeitiger Aufnahme des Verfahrens dem Gegner angezeigt wird.

(2) Um die Aufnahme des Verfahrens zu bewirken, kann auch der Partei, welche einen neuen Vertreter zu bestellen hat, auf Antrag ihres Gegners vom Gerichte aufgetragen werden, diese Bestellung binnen einer ihr gleichzeitig zu bestimmenden Frist vorzunehmen. Dieser Antrag ist bei dem Gerichte anzubringen, bei welchem die Rechtssache zur Zeit des Todes des Rechtsanwalts oder des Eintrittes seiner Unfähigkeit zur ferneren Vertretung anhängig war. Wird der neue Vertreter nicht innerhalb der festgesetzten Frist dem Gerichte bekanntgegeben, so ist mit Ablauf der Frist das Verfahren als aufgenommen anzusehen, und es treffen die mit der Anzeige säumige Partei von da an alle Rechtsnachteile, welche dieses Gesetz mit der Nichtbestellung eines Rechtsanwalts in den Fällen des Anwaltsprozesses verbindet. In Bezug auf die von der säumigen Partei nach Ablauf der Frist überreichten Schriftsätze hat die Vorschrift des § 37 Absatz 2 sinngemäß zur Anwendung zu kommen. *(BGBl 1983/135)*

(3) Im Verfahren vor Gerichtshöfen ist zur Erlassung des Auftrages zur Bestellung eines neuen Rechtsanwalts der Vorsitzende des Senates berufen, welchem die Rechtssache zugewiesen ist.

Einstellung der Amtstätigkeit des Gerichtes

§ 161. (1) Hört infolge eines Krieges oder eines anderen Ereignisses die Tätigkeit eines Gerichtes auf, so wird das Verfahren in allen bei diesem Gerichte anhängigen Rechtssachen für die Dauer jenes Zustandes unterbrochen.

(2) Nach Wegfall des Hindernisses kann jede der beiden Parteien die Aufnahme des Verfahrens erwirken.

vgl § 4 1.COVID-JuBG

Zufällige Verhinderung einer Partei

§ 162. (1) Wenn sich eine Partei zu Kriegszeiten im Militärdienste befindet, oder wenn sie sich an einem Orte aufhält, der durch obrigkeitliche Anordnung, durch Krieg oder durch andere Ereignisse von dem Verkehre mit dem Gerichte abgeschnitten ist, bei welchem die Rechtssache anhängig ist, und wenn zugleich die Besorgnis besteht, daß diese Umstände die Prozeßführung zu Ungunsten der abwesenden Partei beeinflussen könnten, so kann selbst in dem Falle, daß die abwesende Partei durch eine mit Prozeßvollmacht ausgestattete Person vertreten ist, auf Antrag oder von Amts wegen die Unterbrechung des Verfahrens bis zur Beseitigung des Hindernisses angeordnet werden.

(2) Ein darauf gerichteter Antrag ist bei dem Gerichte anzubringen, bei welchem die Rechtssache anhängig ist; er kann auch zu Protokoll erklärt werden. Die Entscheidung erfolgt ohne vorhergehende mündliche Verhandlung; das Gericht kann jedoch vor der Entscheidung die zur Aufklärung notwendigen Erhebungen einleiten.

(3) Die Aufnahme des unterbrochenen Verfahrens kann von jeder der Parteien erwirkt werden.

Wirkung der Unterbrechung

§ 163. (1) Die Unterbrechung des Verfahrens hat die Wirkung, daß während der Dauer der Unterbrechung Ladungen zur Verhandlung der Streitsache nicht erfolgen können, die etwa schon früher für die Zeit nach Eintritt der Unterbrechung ergangenen Ladungen ihre Wirksamkeit verlieren und endlich der Lauf einer jeden Frist zur Vornahme einer Prozeßhandlung aufhört. Mit Aufnahme des Verfahrens beginnt die volle Frist von neuem zu laufen.

(2) Die während der Unterbrechung von einer Partei in Ansehung der anhängigen Streitsache vorgenommenen Prozeßhandlungen sind der anderen Partei gegenüber ohne rechtliche Wirkung.

(3) Durch die nach dem Schlusse einer mündlichen Verhandlung eintretende Unterbrechung wird die Verkündung der auf Grund dieser Verhandlung zu erlassenden Entscheidung nicht gehindert.

Aufnahme des unterbrochenen Verfahrens

§ 164. Die Aufnahme eines unterbrochenen Verfahrens wird, soferne nicht anderes in den vorstehenden Bestimmungen angeordnet ist, durch den Antrag auf Anberaumung einer Tagsatzung zur mündlichen Verhandlung oder zur Fortsetzung der mündlichen Verhandlung, wenn aber die Unterbrechung während des Laufes einer Frist zur Vornahme einer Prozeßhandlung eintrat, durch den Antrag auf neuerliche Bestimmung einer Frist für diese Prozeßhandlung eingeleitet. Das Erlöschen des Unterbrechungsgrundes ist glaubhaft zu machen. Diese Bestimmungen gelten insbesondere auch, wenn wegen des Todes einer Partei im Sinne des § 811 ABGB oder aus anderen Gründen für deren Verlassenschaft ein Kurator bestellt worden ist; die Aufnahme kann nicht bloß vom Kurator, sondern auch vom Gegner der verstorbenen Partei beantragt werden.

§ 165. (1) Der gemäß § 164 behufs Erwirkung der Aufnahme des Verfahrens erforderliche Antrag ist bei dem Gerichte zu stellen, bei welchem die Rechtssache zur Zeit des Eintrittes des Unterbrechungsgrundes anhängig war.

(2) Die Entscheidung über die in § 164 bezeichneten Anträge erfolgt ohne vorhergehende mündliche Verhandlung; es kann jedoch das Gericht vor dieser Entscheidung den Gegner einvernehmen, wenn das Erlöschen des Unterbrechungsgrundes zweifelhaft erscheint.

(3) Bei Anberaumung einer Tagsatzung zur Verhandlung über den Aufnahmeantrag (§ 155), sowie in den Beschlüssen, durch welche einem gemäß §§ 158, 159, 160, 161, 162 und 164 gestellten Aufnahmeantrage stattgegeben oder das Verfahren von Amts wegen aufgenommen wird, sind den Parteien die im Falle der Versäumung eintretenden Folgen anzukündigen.

§ 166. (1) In den Fällen der §§ 156, 157 und 158 Absatz 3 ist der Zeitpunkt, mit welchem das Verfahren als aufgenommen zu gelten hat, in der über die Verpflichtung zur Aufnahme des Verfahrens ergehenden Entscheidung anzugeben, wenn nicht das Verfahren in der Hauptsache gleich bei der zur Verhandlung über den Aufnahmeantrag anberaumten Tagsatzung aufgenommen wurde.

(2) In allen anderen Fällen ist dieser Zeitpunkt, sofern nicht die Vorschriften des § 160 zur Anwendung kommen, in der Entscheidung über den Aufnahmeantrag oder in dem Beschlusse, durch welchen das Verfahren von Amts wegen aufgenommen wird, vom Gerichte zu bestimmen.

§ 167. Die vorstehenden Bestimmungen haben sinngemäß zur Anwendung zu kommen, wenn nach dem gegenwärtigen Gesetze aus anderen als den in diesem Titel bezeichneten Gründen eine Unterbrechung des Verfahrens stattzufinden hat und hierüber nichts Abweichendes angeordnet ist.

Ruhen des Verfahrens

§ 168. Die Parteien können vereinbaren, daß das Verfahren ruhen solle; eine solche Vereinbarung ist erst von dem Zeitpunkte an wirksam, in welchem sie dem Gerichte von beiden Parteien angezeigt wurde. Mit dem Ruhen des Verfahrens sind die Rechtswirkungen einer Unterbrechung des Verfahrens mit der Ausnahme verbunden, daß der Lauf von Notfristen nicht aufhört. Das Ruhen des Verfahrens hat außerdem zur Folge, daß das Verfahren vor Ablauf von drei Monaten

seit der Anzeige der getroffenen Vereinbarung nicht aufgenommen werden kann.

§ 169. Das Ruhen des Verfahrens dauert so lange, bis von einer der Parteien die Anberaumung einer Tagsatzung zur mündlichen Verhandlung oder, wenn das Verfahren während Laufes einer Frist zur Vornahme einer Prozeßhandlung eingestellt wurde, die neuerliche Bestimmung einer Frist für diese Prozeßhandlung beantragt wird. Geschieht dies vor Ablauf der dreimonatlichen Frist (§ 168) oder der zwischen den Parteien für das Ruhen des Verfahrens vereinbarten Zeit, so hat das Gericht den bezüglichen Antrag von Amts wegen oder auf Begehren des Gegners ohne Verhandlung zurückzuweisen oder die Unwirksamkeit der etwa erfolgten Anberaumung einer Tagsatzung oder Fristbestimmung auszusprechen.

§ 170. Wenn bei einer zur mündlichen Verhandlung anberaumten Tagsatzung keine der Parteien erscheint, hat dies, soweit nicht solches Ausbleiben nach den Bestimmungen dieses Gesetzes ohne Einfluß auf den Fortgang des Prozesses ist, das Ruhen des Verfahrens zur Folge. Die Wiedereinsetzung in den vorigen Stand ist nicht ausgeschlossen.

(RGBl 1914/118)

Vgl § 398.

Dritter Abschnitt
Mündliche Verhandlung

Erster Titel
Öffentlichkeit

§ 171. (1) Die Verhandlung vor dem erkennenden Gerichte, einschließlich der Verkündung der richterlichen Entscheidung, erfolgt öffentlich.

(2) Als Zuhörer haben unbewaffnete Personen Zutritt; der § 132 Abs. 3 ist sinngemäß anzuwenden. *(BGBl 1996/760)*

(3) Unmündigen kann der Zutritt als Zuhörer verweigert werden, sofern durch ihre Anwesenheit eine Gefährdung ihrer persönlichen Entwicklung zu besorgen wäre. *(BGBl 1996/760)*

(Abs 2 und 3 idF ab 1. 5. 1997)

§ 172. (1) Die Öffentlichkeit ist auszuschließen, wenn durch sie die Sittlichkeit oder die öffentliche Ordnung gefährdet erscheint, oder wenn die begründete Besorgnis besteht, daß die Öffentlichkeit der Verhandlung zum Zwecke der Störung der Verhandlung oder der Erschwerung der Sachverhaltsfeststellung mißbraucht werden würde.

(2) Überdies kann das Gericht auf Antrag auch nur einer der Parteien die Öffentlichkeit ausschließen, wenn zum Zwecke der Entscheidung des Rechtsstreites Tatsachen des Familienlebens oder Geschäftsgeheimnisse[1] erörtert und bewiesen werden müssen. *(BGBl I 2018/109, ab 29. 12. 2018)*

(3) Der Ausschluß der Öffentlichkeit kann für die ganze Verhandlung oder für einzelne Teile derselben stattfinden; auf die Verkündung des Urteiles darf er sich in keinem Falle erstrecken. Insoweit die Öffentlichkeit einer Verhandlung ausgeschlossen wird, ist die öffentliche Verlautbarung des Inhaltes der Verhandlung untersagt.

---

[1] *Vgl §§ 13(2) AHG, 11(2) OrgHG für Amtsgeheimnis, §§ 26 UWG, 30 KSchG für Geschäfts- und Betriebsgeheimnis.*

§ 173. (1) Die Verhandlung über einen Antrag auf Ausschließung der Öffentlichkeit erfolgt in nicht öffentlicher Sitzung.

(2) Der Beschluß über die Ausschließung der Öffentlichkeit muß öffentlich verkündet werden. Gegen denselben ist ein abgesondertes Rechtsmittel nicht zulässig.

§ 174. (1) Wird die Öffentlichkeit ausgeschlossen, so kann jede Partei verlangen, daß außer ihrem Bevollmächtigten drei Personen ihres Vertrauens die Anwesenheit bei der Verhandlung gestattet werde.

(2) Wirklich angestellten Richtern, dann Konzeptsbeamten der Staatsanwaltschaft und des Justizministeriums, sowie Rechtsanwälten bleibt trotz Ausschlusses der Öffentlichkeit der Zutritt gestattet, sofern die Öffentlichkeit nicht aus dem im § 172 Absatz 2 angeführten Grunde ausgeschlossen wurde.

§ 175. (1) Das Erfordernis der Öffentlichkeit der Verhandlung gilt nicht für die nach den Vorschriften dieses Gesetzes der Beschlußfassung über einen Antrag vorausgehende Einvernehmung oder Anhörung einer oder beider Parteien.

(2) Die außerhalb einer Verhandlung vor dem erkennenden Gerichte stattfindende Einvernehmung von Parteien, Zeugen, Sachverständigen und anderen Personen erfolgt gleichfalls mit Ausschließung der Öffentlichkeit.

Zweiter Titel
Vorträge der Parteien und Prozeßleitung

Vorträge der Parteien

§ 176. Vor dem erkennenden Gerichte verhandeln die Parteien über den Rechtsstreit mündlich. In Rechtssachen, in welchen die Vertretung durch Rechtsanwälte geboten ist, wird die mündliche Verhandlung durch Schriftsätze vorbereitet. Außerdem ist die Überreichung vorbereitender Schriftsätze nur in den in diesem Gesetze besonders bezeichneten Fällen notwendig.

§ 177. (1) Nach dem Aufrufe der Sache sind die Parteien mit ihren Anträgen, mit dem zur Begründung derselben oder zur Bekämpfung der gegnerischen Anträge bestimmten tatsächlichen Vorbringen, sowie mit ihren Beweisen und Beweisanbietungen und mit den das Streitverhältnis betreffenden rechtlichen Ausführungen zu hören (Vorträge der Parteien). Das Ablesen schriftlicher Aufsätze statt mündlichen Vorbringens ist unzulässig. § 76 Abs. 2 gilt sinngemäß. *(BGBl I 2009/40)*

(2) Schriftstücke, auf welche in den Vorträgen Bezug genommen wird, sind nur insoweit vorzulesen, als diese Schriftstücke dem Gerichte oder dem Gegner noch nicht bekannt sind oder als es auf den wörtlichen Inhalt ankommt.

§ 178. (1) Jede Partei hat in ihren Vorträgen alle im einzelnen Falle zur Begründung ihrer Anträge erforderlichen tatsächlichen Umstände der Wahrheit gemäß vollständig und bestimmt anzugeben, die zur Feststellung ihrer Angaben nötigen Beweise anzubieten, sich über die von ihrem Gegner vorgebrachten tatsächlichen Angaben und angebotenen Beweise mit Bestimmtheit zu erklären, die Ergebnisse der geführten Beweise darzulegen und sich auch über die bezüglichen Ausführungen ihres Gegners mit Bestimmtheit auszusprechen.

(2) Jede Partei hat ihre Vorträge so zeitgerecht und vollständig zu erstatten, dass das Verfahren möglichst rasch durchgeführt werden kann (Prozessförderungspflicht).

(BGBl I 2002/76, ab 1. 1. 2003)

§ 179. Die Parteien können bis zum Schluss der mündlichen Verhandlung neue auf den Gegenstand dieser Verhandlung bezügliche tatsächliche Behauptungen und Beweismittel vorbringen. Solches Vorbringen kann jedoch vom Gericht auf Antrag oder von Amts wegen zurückgewiesen werden, wenn es, insbesondere im Hinblick auf die Erörterung des Sach- und Rechtsvorbringens (§ 182a), grob schuldhaft nicht früher vorgebracht wurde und seine Zulassung die Erledigung des Verfahrens erheblich verzögern würde. Gegen den Beschluss ist ein abgesondertes Rechtsmittel nicht zulässig.

(BGBl I 1997/140; BGBl I 2002/76)

Vgl aber § 460 Z 4.
Abs 2 entfiel mit BGBl I 2002/76.

Prozeßleitung

1. Durch den Vorsitzenden

§ 180. (1) Der Vorsitzende eröffnet, leitet und schließt die Verhandlung, er erteilt das Wort und kann es demjenigen entziehen, der seinen Anordnungen nicht Folge leistet, er vernimmt die Personen, die zum Zweck der Beweisführung auszusagen haben, und verkündet die Entscheidung des Senates.

(2) Der Vorsitzende kann den Parteien auftragen, binnen einer ihnen gleichzeitig zu setzenden Frist Vorbringen zu erstatten, die als Beweismittel zu benützenden Urkunden und Augenscheinsgegenstände bei Gericht zu erlegen und den Vor- und Familiennamen sowie die Anschrift einzuvernehmender Zeugen bekannt zu geben. Kommt die Partei einem solchen Auftrag ohne genügende Entschuldigung nicht fristgerecht nach, so kann dieses Vorbringen auf Antrag oder von Amts wegen zurückgewiesen oder die Unterlassung im Sinne des § 381 gewürdigt werden.

(3) Der Vorsitzende hat dafür Sorge zu tragen, daß die Sache erschöpfende Erörterung finde, die Verhandlung aber auch nicht durch Weitläufigkeit und unerhebliche Nebenverhandlungen ausgedehnt und, soweit tunlich, ohne Unterbrechung zu Ende geführt werde.

(BGBl I 2002/76, ab 1. 1. 2003)

§ 181. Wenn die Fortsetzung einer bereits begonnenen Verhandlung auf eine spätere Tagsatzung verlegt werden muß, hat der Vorsitzende nicht nur, sofern dies möglich ist, die neue Tagsatzung sofort zu bestimmen, sondern zugleich von Amts wegen alle Verfügungen zu treffen, welche erforderlich sind, um die Streitsache bei der nächsten Tagsatzung erledigen zu können. Vor Erlassung solcher Verfügungen kann der Vorsitzende, wenn es ihm nötig scheint, eine Beschlußfassung des Senates einholen.

(2) *(aufgehoben, BGBl I 2002/76, ab 1. 1. 2003)*

(BGBl I 2002/76)

§ 182. (1) Der Vorsitzende hat bei der mündlichen Verhandlung durch Fragestellung oder in anderer Weise darauf hinzuwirken, daß die für die Entscheidung erheblichen tatsächlichen Angaben gemacht oder ungenügende Angaben über die zur Begründung oder Bekämpfung des Anspruches geltend gemachten Umstände vervollständigt, die Beweismittel für diese Angaben bezeichnet oder die angebotenen Beweise ergänzt und überhaupt alle Aufschlüsse gegeben werden, welche zur wahrheitsmäßigen Feststellung des Tatbestandes der von den Parteien behaupteten Rechte und Ansprüche notwendig erscheinen.

(2) Wenn eine Partei in ihrem Vortrage von dem Inhalte eines von ihr überreichten vorbereitenden Schriftsatzes abweicht oder wenn die Vorträge der Parteien mit sonstigen von Amts wegen zu berücksichtigenden Prozeßakten nicht im Einklange stehen, hat der Vorsitzende darauf aufmerksam zu machen. Ebenso hat er die Bedenken hervorzuheben, welche in Ansehung der von Amts wegen zu berücksichtigenden Punkte obwalten. Bei Bedenken gegen das Vorliegen der inländischen Gerichtsbarkeit oder der sachlichen oder örtlichen Zuständigkeit hat er den Parteien vor einer Entscheidung hierüber die Gelegenheit zu einer Heilung nach § 104 JN beziehungsweise zu einem Antrag auf Überweisung der Rechtssache an das zuständige Gericht (§ 261 Abs. 6) zu geben. *(BGBl 1983/135; BGBl I 1997/140)*

(3) Außer dem Vorsitzenden können auch die anderen Mitglieder des Senates an die Parteien die zur Ermittlung des Streitverhältnisses und zur Feststellung des Tatbestandes geeigneten Fragen richten.

§ 182a. Das Gericht hat das Sach- und Rechtsvorbringen der Parteien mit diesen zu erörtern. Außer in Nebenansprüchen darf das Gericht seine Entscheidung auf rechtliche Gesichtspunkte, die eine Partei erkennbar übersehen oder für unerheblich gehalten hat, nur stützen, wenn es diese mit den Parteien erörtert (§ 182) und ihnen Gelegenheit zur Äußerung gegeben hat.

(BGBl I 2002/76)

§ 183. (1) Behufs Erfüllung der dem Vorsitzenden nach § 182 obliegenden Verpflichtungen kann der Vorsitzende insbesondere:

1. die Parteien zum persönlichen Erscheinen bei der mündlichen Verhandlung auffordern;

2. verfügen, daß die Parteien in ihren Händen befindliche Urkunden, auf welche sich die eine oder die andere berufen hat, Akten, Auskunftssachen oder Augenscheinsgegenstände, ferner Stammbäume, Pläne, Risse und sonstige Zeichnungen und Zusammenstellungen vorlegen und eine bestimmte Zeit bei Gericht belassen;

3. die Herbeischaffung der bei einer öffentlichen Behörde oder bei einem Notar verwahrten Urkunden, auf welche sich eine der Parteien bezogen hat, der Auskunftssachen und Augenscheinsgegenstände veranlassen;

4. die Vornahme eines Augenscheines unter Zuziehung der Parteien und die Begutachtung durch Sachverständige anordnen, sowie Personen, von denen nach der Klage oder dem Gange der Verhandlung Aufklärung über erhebliche Tatsachen zu erwarten ist, als Zeugen laden oder, falls bereits eine Tagsatzung zur mündlichen Streitverhandlung abgehalten wurde, durch den ersuchten

Richter unter Zuziehung der Parteien vernehmen lassen. *(BGBl 1921/743)*

(2) Diese Verfügungen können jedoch vom Vorsitzenden in Ansehung von Urkunden und Zeugen nicht getroffen werden, wenn sich beide Parteien dagegen erklären.[1]

(3) Solche Erhebungen können selbst vor Beginn der mündlichen Verhandlung angeordnet werden. *(BGBl I 2002/76)*

---
[1] Vgl jedoch § 85 AußStrG, § 460 Z 4 ZPO.

§ 184. (1) Jede Partei kann zur Aufklärung des Sachverhaltes über alle den Gegenstand des Rechtsstreites oder der mündlichen Verhandlung betreffenden, für die Prozeßführung erheblichen Umstände und insbesondere auch über das Vorhandensein und die Beschaffenheit der zur Prozeßführung dienlichen Urkunden, Auskunftssachen und Augenscheinsgegenstände an die anwesende Gegenpartei oder deren Vertreter Fragen durch den Vorsitzenden stellen lassen oder mit dessen Zustimmung unmittelbar selbst stellen.

(2) Wird eine Frage vom Vorsitzenden als unangemessen zurückgewiesen oder die Zulässigkeit einer Frage vom Gegner bestritten, so kann die Partei darüber die Entscheidung des Senates begehren.

§ 185. (1) Ist eine ohne Bevollmächtigten zur mündlichen Verhandlung erschienene Partei einer verständlichen Äußerung über den Gegenstand des Rechtsstreites oder der mündlichen Verhandlung nicht fähig, so ist die Tagsatzung vom Vorsitzenden auf tunlichst kurze Zeit zu erstrecken und die betreffende Partei anzuweisen, bei der neuerlichen Tagsatzung unter Vertretung eines geeigneten Bevollmächtigten, erforderlichenfalls eines Rechtsanwalts zu erscheinen, widrigens sie als ausgeblieben angesehen werden würde. Eine wiederholte Erstreckung der Tagsatzung kann aus diesem Grunde nicht stattfinden.

(1a) *(aufgehoben, BGBl I 2009/30, siehe nun § 73a)*

(2) Die vorstehenden Bestimmungen haben auch dann sinngemäße Anwendung zu finden, wenn der Bevollmächtigte einer Partei einer verständlichen Äußerung über den Gegenstand des Rechtsstreites oder der mündlichen Verhandlung unfähig ist und entweder die Partei selbst nicht anwesend ist oder die Verhandlung mit ihr mit Rücksicht auf die Bestimmungen des § 27 Absatz 1 nicht durchgeführt werden kann.

(BGBl I 1999/21)

§ 186. (1) Wird eine auf die Prozeßleitung bezügliche Anordnung des Vorsitzenden oder eine vom Vorsitzenden oder einem Mitgliede des Senates gestellte Frage von einer der an der Verhandlung beteiligten Personen als unzulässig bestritten, so entscheidet über solchen Widerspruch der Senat.

(2) Gegen die Entscheidung des Senates ist ein abgesondertes Rechtsmittel nicht zulässig. Gleiches gilt von den gemäß §§ 180 Abs. 2 und 184 Abs. 2 ergehenden Entscheidungen des Senates. *(BGBl I 2002/76)*

2. Durch den Senat

§ 187. (1) Sind bei einem Gerichte mehrere Rechtsstreite anhängig, die zwischen den nämlichen Personen oder in welchen die nämliche Person verschiedenen Klägern oder verschiedenen Beklagten als Prozeßgegner gegenübersteht, so können diese Prozesse, wenn dadurch voraussichtlich deren Erledigung vereinfacht oder beschleunigt oder der Aufwand für die Kosten der Prozeßführung vermindert werden wird, durch Beschluß des Senates zur gemeinsamen Verhandlung verbunden werden.

(2) Die Verbindung ist auch zulässig, wenn einzelne dieser Rechtsstreite vor den Einzelrichter gehören. Zur Verhandlung und Entscheidung über die verbundenen Rechtsstreite ist der Senat berufen. *(StGBl 1919/311; BGBl 1921/743)*

§ 188. Der Senat kann anordnen, daß über mehrere in derselben Klage erhobene Ansprüche getrennt verhandelt werde. Ebenso kann eine getrennte Verhandlung über die vom Beklagten geltend gemachten Gegenforderungen angeordnet werden.

§ 189. (1) Ergeben sich bei der Begründung oder bei der Bekämpfung eines und desselben Anspruches mehrere selbständige Streitpunkte, oder werden in Ansehung desselben Anspruches mehrere selbständige Angriffs- oder Verteidigungsmittel geltend gemacht, so kann der Senat anordnen, daß die Verhandlung zunächst auf einen oder einige dieser Streitpunkte beschränkt werde.

(2) Insbesondere kann, wenn Einreden nach § 239 Abs. 3 Z 1 erhoben werden, vom Senat verfügt werden, dass zunächst über diese Einreden abgesondert verhandelt wird. *(BGBl I 2015/94, ab 4. 8. 2015)*

§ 190. (1) Wenn die Entscheidung eines Rechtsstreites ganz oder zum Teile von dem Bestehen oder Nichtbestehen eines Rechtsverhältnisses abhängt, welches Gegenstand eines anderen anhängigen gerichtlichen Verfahrens ist, oder welches in einem anhängigen Verwaltungsverfahren festzustellen ist, so kann der Senat anordnen, daß das Verfahren auf so lange Zeit unterbrochen werde, bis in Ansehung dieses Rechtsverhältnisses eine rechtskräftige Entscheidung vorliegt. *(BGBl I 2003/112)*

(2) Eine solche Unterbrechung kann der Senat auf Antrag auch im Falle des Streites über die Zulässigkeit einer Nebenintervention, sowie dann anordnen, wenn beide Parteien wegen des von einem Dritten auf den Gegenstand des Rechtsstreites erhobenen Anspruches gemeinschaftlich beklagt werden (§ 16).

(3) Nach rechtskräftiger Erledigung des bezüglichen gerichtlichen Verfahrens oder Verwaltungsverfahrens ist das Verfahren in der Hauptsache auf Antrag oder von Amts wegen aufzunehmen. *(BGBl I 2003/112)*

§ 191. (1) Ergibt sich im Laufe eines Rechtsstreites der Verdacht einer strafbaren Handlung, deren Ermittlung und Aburteilung für die Entscheidung des Rechtsstreites voraussichtlich von maßgebendem Einfluß ist, so kann der Senat anordnen, daß der Rechtsstreit bis zur Erledigung des Strafverfahrens unterbrochen werde.

(2) Eine solche Unterbrechung kann insbesondere stattfinden, wenn sich Verdachtsgründe dafür ergeben, daß eine für die Prozeßentscheidung wichtige Urkunde fälschlich angefertigt oder verfälscht ist, oder daß sich eine über wesentliche Umstände einvernommene Partei oder ein Zeuge oder Sachverständiger, dessen Aussage der Senat sonst bei der Entscheidung voraussichtlich berücksichtigen würde, einer falschen Aussage schuldig gemacht hat.

(3) Nach rechtskräftiger Erledigung des Strafverfahrens ist das unterbrochene Verfahren in der Hauptsache auf Antrag oder von Amts wegen aufzunehmen.

§ 192. (1) Der Senat kann die von ihm erlassenen, eine Trennung, Verbindung oder Unterbrechung der Verhandlung oder des Verfahrens betreffenden Anordnungen auf Antrag oder von Amts wegen wieder aufheben. Die Aufhebung kann nicht mehr verfügt werden, wenn der Senat durch ein von ihm gefälltes Urteil gebunden ist, oder wenn die Anordnung zum Gegenstande der Entscheidung einer höheren Instanz geworden ist.

(2) Die nach §§ 187 bis 191 erlassenen Anordnungen können, soweit sie nicht eine Unterbrechung des Verfahrens verfügen, durch ein Rechtsmittel nicht angefochten werden.

Schluß der Verhandlung

§ 193. (1) Der Vorsitzende hat die Verhandlung für geschlossen zu erklären, wenn der Senat die Streitsache oder den abgesondert zu erledigenden Antrag, über welchen die Verhandlung stattfindet, als vollständig erörtert und auf Grund der aufge-

nommenen Beweise zur Entscheidung reif erachtet.

(2) Die Verhandlung ist bis zur Verkündung ihres Schlusses als ein Ganzes anzusehen.

(3) Die Verhandlung kann auch vor Aufnahme aller zugelassenen Beweise für geschlossen erklärt werden, wenn nur mehr die außerhalb der Verhandlung zu bewirkende Aufnahme einzelner Beweise aussteht und entweder beide Parteien auf die Verhandlung über das Ergebnis dieser Beweisaufnahme verzichten, oder der Senat eine solche Verhandlung für entbehrlich hält. In diesem Falle ist nach Einlangen der Beweisergebnisse oder, wenn die Beweisaufnahme infolge Säumnis der Partei unterblieben ist, ohne neuerliche Anordnung einer mündlichen Verhandlung die Entscheidung vom Gerichte zu fällen. *(BGBl I 2002/76)*

§ 194. Der Senat kann die Wiedereröffnung einer bereits geschlossenen Verhandlung anordnen, wenn sich zum Zwecke der Entscheidung eine Aufklärung oder Ergänzung des Vorgebrachten oder die Erörterung über den Beweis einer Tatsache als notwendig zeigt, welche der Senat erst nach Schluß der Verhandlung als beweisbedürftig erkannt hat, ferner wenn der Senat im Falle des § 193 Absatz 3 nach Einlangen der Beweisaufnahmeakten mit Rücksicht auf die Ergebnisse der Beweisaufnahme oder auf die von den Parteien bei der Beweisaufnahme abgegebenen Erklärungen eine weitere Verhandlung für notwendig hält.

§ 195. Die in den §§ 180 bis 194 dem Vorsitzenden des Senates und dem Senate beigelegten Befugnisse kommen im Verfahren vor dem Einzelrichter diesem zu.

(BGBl I 2002/76)

Vgl § 33 (2) MRG.

Rüge von Mängeln

§ 196. (1) Die Verletzung einer das Verfahren und insbesondere die Form einer Prozeßhandlung regelnden Vorschrift kann von der deshalb zur Beschwerdeführung berechtigten Partei nicht mehr geltend gemacht werden, wenn sich letztere in die weitere Verhandlung der Sache eingelassen hat, ohne diese Verletzung zu rügen, obwohl dieselbe ihr bekannt war oder bekannt sein mußte.

(2) Diese Bestimmung findet keine Anwendung, wenn eine Vorschrift verletzt wurde, auf deren Befolgung eine Partei nicht wirksam verzichten kann.

(3) Erfolgt die Rüge während einer mündlichen Verhandlung und wird derselben nicht gleich bei der Verhandlung durch Behebung der behaupteten

Verletzung entsprochen, so ist sie im Protokolle zu bemerken.

Dritter Titel

Sitzungspolizei

§ 197. Bei Verhandlungen vor Gerichtshöfen hat der Vorsitzende des Senates für die Aufrechterhaltung der Ordnung bei der mündlichen Verhandlung zu sorgen. Er ist berechtigt, Personen, welche durch unangemessenes Betragen die Verhandlung stören, zur Ordnung zu ermahnen und die zur Aufrechterhaltung der Ordnung nötigen Verfügungen zu treffen.

§ 198. (1) Äußerungen des Beifalles und der Mißbilligung sind untersagt.

(2) Wer sich trotz Ermahnung einer Störung der Verhandlung schuldig macht, kann von der Verhandlung entfernt werden. Die Entfernung einer an der Verhandlung beteiligten Person kann erst nach vorausgegangener Androhung und Erinnerung an die Rechtsfolgen einer solchen Maßregel angeordnet werden.

(3) Die Partei muß insbesondere auf die Möglichkeit aufmerksam gemacht werden, daß infolge ihrer Entfernung gegen sie ein Versäumungsurteil erlassen werden kann. *(BGBl I 2002/76)*

(4) Wenn eine an der Verhandlung beteiligte Person entfernt wurde, kann auf Antrag gegen sie in gleicher Weise verfahren werden, als wenn sie sich freiwillig entfernt hätte.

§ 199. (1) Demjenigen, der sich bei der Verhandlung einer gröberen Ungebühr, insbesondere einer Beleidigung der Mitglieder des Gerichtes, einer Partei, eines Vertreters, Zeugen oder Sachverständigen schuldig macht, kann, vorbehaltlich der strafgerichtlichen oder disziplinaren Verfolgung, eine Ordnungsstrafe bis zu 2 000 Euro durch Beschluß des Senates auferlegt werden. *(BGBl 1976/91; BGBl 1989/343; BGBl I 2009/52)*

(2) Gegen denjenigen, welcher sich den zur Erhaltung der Ordnung und Ruhe getroffenen Anordnungen des Vorsitzenden oder des Senates widersetzt, kann Haft bis zu drei Tagen verhängt werden.

§ 200. (1) Macht sich ein Prozeßbevollmächtigter einer Störung der Verhandlung (§ 198) oder einer Ungebühr oder Beleidigung (§ 199) schuldig, so kann er vom Senate mit einem Verweise oder einer Geldstrafe bis zum Betrage von 2 000 Euro belegt werden. *(BGBl 1976/91; BGBl 1989/343; BGBl I 2009/52)*

(2) Setzt der Bevollmächtigte sein ungehöriges Benehmen fort, oder widersetzt er sich den zur Erhaltung der Ordnung und Ruhe getroffenen Anordnungen des Vorsitzenden oder des Senates,

so kann ihm durch Beschluß des Senates das Wort entzogen und, wenn nötig, die Partei aufgefordert werden, einen anderen Bevollmächtigten zu bestellen; kann dies nicht sogleich geschehen, so ist die Tagsatzung von Amts wegen zu erstrecken. Die Kosten der vereitelten Tagsatzung und der Erstreckung treffen den schuldtragenden Bevollmächtigten.

(3) Über einen Rechtsanwalt oder einen Notar darf keine Geldstrafe (Abs. 1) verhängt werden. Sein Verhalten ist der zuständigen Disziplinarbehörde bekanntzugeben.[2] *(BGBl 1983/135)*

---

[2] *Für Rechtsanwälte: Disziplinarrat der RA-Kammer.*

§ 201. (1) Die nach den vorstehenden Bestimmungen gefaßten Beschlüsse sind sofort vollstreckbar.

(2) Im Verfahren vor Gerichtshöfen kann die Entfernung einer an der Verhandlung beteiligten Person nur durch Beschluß des Senates verhängt werden.

§ 202. *(aufgehoben, StGBl 1920/321)*

§ 203. Die in diesem Titel dem Vorsitzenden des Senates und dem Senate beigelegten Befugnisse stehen auch dem Einzelrichter, vor welchem die mündliche Verhandlung stattfindet, und dem ersuchten oder beauftragten Richter bei den vor ihnen stattfindenden Verhandlungen und Beweisaufnahmen, sowie bei Vornahme von Amtshandlungen außerhalb einer mündlichen Verhandlung zu.

Vierter Titel

Vergleich

§ 204. (1) Das Gericht kann bei der mündlichen Verhandlung in jeder Lage der Sache auf Antrag oder von Amts wegen eine gütliche Beilegung des Rechtsstreites oder die Herbeiführung eines Vergleiches über einzelne Streitpunkte versuchen. Hiebei ist, wenn dies zweckmäßig erscheint, auch auf Einrichtungen hinzuweisen, die der einvernehmlichen Lösung von Konflikten geeignet sind. Kommt ein Vergleich zustande, so ist dessen Inhalt auf Antrag ins Verhandlungsprotokoll einzutragen. *(BGBl I 2003/29, siehe auch § 320.)*

(2) Zum Zwecke des Vergleichsversuches oder der Aufnahme des Vergleiches können die Parteien, sofern sie zustimmen, vor einen beauftragten oder ersuchten Richter verwiesen werden. Inwiefern wegen Vergleichsvorschlägen oder anhängiger Vergleichsverhandlungen die Aufnahme oder Fortführung der Verhandlung aufgeschoben werden könne, ist nach den Bestimmungen der §§ 128 und 134 zu beurteilen.

§ 205. *(aufgehoben, BGBl I 2002/76, ab 1. 1. 2003)*

§ 206. Den Parteien sind auf ihr Verlangen und auf ihre Kosten Ausfertigungen des Vergleichsprotokolles oder des den Vergleich enthaltenden Verhandlungsprotokolles zu erteilen. *(BGBl I 2002/76)*

Fünfter Titel

Protokolle

Verhandlungsprotokolle

§ 207. (1) Über jede mündliche Verhandlung vor Gericht ist ein Protokoll (Verhandlungsprotokoll) aufzunehmen. Dasselbe hat außer den durch das Gesetz im einzelnen angeordneten Aufzeichnungen und Angaben zu enthalten:

1. die Benennung des Gerichtes, die Namen der Richter, des Schriftführers, und wenn ein Dolmetsch zugezogen wird, dessen Namen; die Angabe von Zeit und Ort der Verhandlung, und bei einer Verhandlung vor dem erkennenden Gerichte die Angabe, ob die Verhandlung öffentlich gepflogen wurde oder die Öffentlichkeit ausgeschlossen war;

2. die Namen der Parteien und ihrer Vertreter, sowie die kurze Bezeichnung des Streitgegenstandes;

3. die Benennung der Personen, welche als Parteien oder als deren Vertreter oder Bevollmächtigte zur Verhandlung erschienen sind.

(2) Bei Streitverhandlungen, bei denen ein durch Urteilsvermerk (§ 418 Absatz 1) beurkundetes Versäumungsurteil gefällt wird, wird das Verhandlungsprotokoll durch den Urteilsvermerk ersetzt. Der Kläger kann gegen die Angaben des Urteilsvermerks Widerspruch im Sinne des § 212 einlegen. *(RGBl 1914/118; BGBl I 2002/76)*

(3) Der Vorsitzende kann von der Beiziehung eines Schriftführers absehen und die diesem zugewiesenen Aufgaben einem Mitglied des Senates übertragen oder selbst besorgen. *(StGBl 1920/116; DRGBl 1942 I S 333; StGBl 1945/188)*

§ 208. (1) Durch die Aufnahme in das Verhandlungsprotokoll sind festzustellen:

1. die Parteierklärungen, welche eine Einschränkung oder Abänderung des Klagebegehrens, eine ausdrückliche Anerkennung einer Schuld oder eines Teiles derselben oder Verzichtleistungen auf den geltend gemachten Anspruch oder einen Teil desselben oder auf Rechtsmittel enthalten, sowie Erklärungen über die beantragte eidliche Vernehmung einer Partei;

2. die während der Verhandlung von den Parteien gestellten Anträge, welchen vom Gerichte nicht stattgegeben wurde oder die bis zum Schlusse der Tagsatzung von den Parteien nicht zurückgezogen sind, insoweit dieselben die Hauptsache betreffen, oder für den Gang oder die Entscheidung des Prozesses von Erheblichkeit sind;

2a. der wesentliche Inhalt der Erörterung des Sach- und Rechtsvorbringens sowie der wesentliche Inhalt des Prozessprogramms; *(BGBl I 2002/76)*

3. die bei der Verhandlung gefällten und verkündeten gerichtlichen Entscheidungen, sowie jene Anordnungen und Verfügungen des Vorsitzenden, wider welche ein Rechtsmittel zulässig ist.

(2) Die unter Z. 1 und 2 erwähnten Erklärungen und Anträge können auch in besonderen Schriftstücken dem Protokolle als Anlagen beigefügt werden. In diesem Falle hat deren Feststellung durch das Verhandlungsprotokoll zu unterbleiben.

(3) Gleiches gilt hinsichtlich der verkündeten gerichtlichen Entscheidungen, wenn dieselben gleichzeitig mit der Verkündung in schriftlicher Fassung dem Protokolle beigelegt werden.

§ 209. (1) In jedes Protokoll über eine mündliche Verhandlung ist nebst den Angaben, welche den Gang der Verhandlung im allgemeinen erkennen lassen, der Inhalt des auf den Sachverhalt sich beziehenden beiderseitigen Vorbringens in gedrängt zusammenfassender Darstellung aufzunehmen.

(2) Ferner sind in dem Protokolle die von den Parteien für streitig gebliebene Anführungen angebotenen Beweismittel zu bezeichnen.

(3) Das Gericht kann auf Antrag oder von Amts wegen anordnen, daß einzelne Teile des tatsächlichen Vorbringens oder der Beweisanbietungen ausführlicher in das Protokoll aufgenommen werden.

(4) Kann eine Verhandlung nicht an einem Tage zu Ende geführt werden, so ist bei jeder einzelnen Tagsatzung das während derselben Vorgebrachte besonders zu protokollieren.

(5) Das Gericht kann anordnen, daß das Protokoll oder Teile davon vom Schriftführer nach den Angaben des Vorsitzenden (Diktat) in Kurzschrift aufgenommen werden.

(StGBl 1920/116)

§ 210. (1) Bei Angabe des Inhaltes des tatsächlichen Vorbringens und der Beweisanbote ist nach Tunlichkeit auf die vorbereitenden Schriftsätze Bezug zu nehmen; soweit vorbereitende Schriftsätze vorliegen, genügt es, wenn alle erheblichen Abweichungen des mündlichen Vorbringens protokolliert werden. *(BGBl 1983/135; BGBl I 2002/76)*

(2) Eine Protokollierung der einzelnen Parteivorträge ist unstatthaft. Entwürfe zu Verhandlungsprotokollen dürfen nicht angenommen werden.

(3) Die Weigerung der Parteien, am Protokollierungsakte teilzunehmen, hindert die Vornahme der Beurkundung nicht.

§ 211. (1) Die im § 209 vorgeschriebene Protokollierung kann auch in der Art geschehen, daß der Vorsitzende oder der die Verhandlung leitende Einzelrichter unverzüglich nach Beendigung der Parteiverhandlung in Gegenwart der Parteien (§ 210 Absatz 3) den aus ihrem Vorbringen sich ergebenden Sachverhalt in übersichtlicher Zusammenfassung darlegt und diese Darstellung, soweit tunlich, unter Bezugnahme auf den Inhalt der Prozeßakten zu Protokoll gebracht wird.

(2) Wenn der Umfang des Verhandlungsstoffes oder andere Umstände eine frühere Beurkundung notwendig oder zweckmäßig erscheinen lassen, so kann eine derartige Protokollierung auch schon während der mündlichen Verhandlung in der Weise stattfinden, daß der Inhalt einzelner Abschnitte der Verhandlung (§§ 188, 189) zusammengefaßt und zu Protokoll gebracht wird.

§ 212. (1) Das aufgenommene Protokoll ist den Parteien zur Durchsicht vorzulegen oder vorzulesen und von ihnen zu unterschreiben. Den Parteien ist gestattet, nach der Einsichtnahme oder Verlesung des Protokolles auf jene Punkte aufmerksam zu machen, in welchen die im Protokolle enthaltene Darlegung des Verhandlungsinhaltes dem tatsächlichen Verlaufe der Verhandlung nicht entspricht. Eine dem Gerichte notwendig scheinende Richtigstellung des Protokollsinhaltes hat durch einen Anhang zum Protokolle zu geschehen. Bleiben dagegen die Erklärungen der Parteien unberücksichtigt, so kann gegen die bezüglichen Angaben des Verhandlungsprotokolles Widerspruch eingelegt werden.

(2) Wenn aus diesem oder aus einem anderen Grunde von einer Partei gegen einzelne Angaben des Protokolles Widerspruch erhoben wird, ist in einem Anhange zum Protokolle zu bemerken, daß und welche Einwendungen gegen die Protokollierung erhoben wurden.

(3) Bei Vertretung durch einen Rechtsanwalt kann vom Gerichte angeordnet werden, daß der Widerspruch durch das Überreichen einer kurzen, dem Protokolle als Anlage beizufügenden Niederschrift festgestellt werde.

(4) Die vorstehenden Bestimmungen finden auch auf das in Kurzschrift aufgenommene Protokoll (§ 209 letzter Absatz) Anwendung. *(StGBl 1920/116)*

(5) Von dem in Kurzschrift aufgenommenen Teile des Protokolls ist eine Übertragung in Vollschrift anzufertigen, vom Richter und Schriftführer zu unterschreiben und binnen drei Tagen nach Schluß der Tagsatzung dem Protokoll als Beilage anzufügen. Die Partei kann binnen drei weiteren Tagen in die Übertragung Einsicht nehmen und gegen Fehler der Übertragung Widerspruch erheben. Der Partei ist, wenn sie dies bei der Tagsatzung beantragt hat, eine Abschrift der Übertragung binnen drei Tagen nach Schluß der Tagsatzung zuzustellen. In diesem Falle beginnt die Frist zur Erhebung des Widerspruches gegen Fehler der Übertragung mit dem Tage nach Zustellung. Der Widerspruch kann mündlich oder mit Schriftsatz erklärt werden. Infolge erhobenen Widerspruches kann die Übertragung vom Gerichte entsprechend geändert werden. Offenbare Unrichtigkeiten der Aufnahme oder der Übertragung können auch nachträglich jederzeit vom Gerichte berichtigt werden. *(StGBl 1920/116)*

(6) Die Übertragung in Vollschrift entfällt, wenn die Rechtssache durch Vergleich, Zurücknahme der Klage oder Anerkenntnisurteil bei dieser Tagsatzung erledigt und keine Protokollsabschrift begehrt wurde. Der Vergleich, die Erklärung der Zurücknahme der Klage und das Anerkenntnis sind in solchem Falle in Vollschrift zu protokollieren. *(StGBl 1920/116)*

§ 212a. (1) Hat der Vorsitzende von der Beiziehung eines Schriftführers abgesehen (§ 207 Abs. 3), so kann er sich für die Abfassung des Verhandlungsprotokolls eines Schallträgers bedienen. Die Angaben des § 207 Abs. 1 und die Feststellung, daß für den übrigen Teil des Protokolls ein Schallträger verwendet wird, sind auf jeden Fall in Vollschrift in das Verhandlungsprotokoll aufzunehmen.

(2) Der § 212 ist sinngemäß anzuwenden. An Stelle der im § 212 Abs. 1 vorgesehenen Einsichtnahme oder Verlesung des Protokolls können die Parteien die Wiedergabe der Aufnahme verlangen; dies ist im Verhandlungsprotokoll zu beurkunden.

(3) Die Aufnahme auf dem Schallträger darf erst gelöscht werden, wenn seit Ablauf der Frist zur Erhebung des Widerspruches (§ 212 Abs. 5) ein Monat verstrichen ist.

(BGBl 1973/121)

§ 213. (1) Kann eine Partei gar nicht oder nur mittels eines Handzeichens unterfertigen, so ist deren Name dem Protokolle durch den Schriftführer beizusetzen.

(2) Entfernt sich eine Partei vor Vornahme der Protokollierung oder wird die Unterfertigung des Protokolles von ihr abgelehnt, so sind diese Vorgänge sowie die von der Partei dafür geltend gemachten Gründe in einem Anhange zum Protokolle anzugeben.

(3) Dem Protokolle hat der Vorsitzende oder der die Verhandlung leitende Einzelrichter, der Schriftführer und ein der Verhandlung etwa beigezogener Dolmetsch seine Unterschrift beizusetzen. Bei Verhinderung des Vorsitzenden unterschreibt an dessen Statt das älteste Mitglied des Senates.

§ 214. (1) Gegen die die Protokollierung betreffenden Beschlüsse und Verfügungen der die Verhandlung leitenden Einzelrichter ist ein abgesondertes Rechtsmittel nicht zulässig.

(2) Wird im Verfahren vor Gerichtshöfen gegen die bezüglichen Beschlüsse und Verfügungen des Vorsitzenden Einsprache erhoben, so hat darüber der Senat zu entscheiden. Gegen dessen Entscheidung findet ein abgesondertes Rechtsmittel nicht statt.

§ 215. (1) Soweit nicht ein ausdrücklicher Widerspruch einer Partei vorliegt, liefert das in Gemäßheit der vorstehenden Vorschriften errichtete Protokoll über den Verlauf und Inhalt der Verhandlung vollen Beweis.

(2) Die Beobachtung der für die mündliche Verhandlung vorgeschriebenen Förmlichkeiten kann nur durch das Protokoll bewiesen werden.

(3) Die Beweiskraft der protokollarischen Beurkundung wird durch einen Wechsel in der Person der Richter nicht berührt.

Außerhalb einer Verhandlung aufgenommene Protokolle

§ 216. (1) Die Protokolle, welche außerhalb einer mündlichen Verhandlung aufgenommen werden, haben nebst den im § 207 erwähnten Angaben und den gemäß § 208 etwa vorzunehmenden Feststellungen eine kurze Darstellung der Amtshandlung und eine gedrängte Angabe des Inhaltes des tatsächlichen Vorbringens der streitenden Teile oder dritter zugezogener Personen zu enthalten.

(2) Die Bestimmungen der §§ 209 bis 215 haben auch für diese Protokolle Geltung.

Protokollinhalt

§ 217. (1) Der Inhalt des Verhandlungsprotokolles und seiner Beilagen, dann der im Laufe eines Rechtsstreites durch einen beauftragten oder ersuchten Richter aufgenommenen und dem erkennenden Gerichte vorliegenden Protokolle und ihrer Beilagen ist von Amts wegen zu beachten.

(2) Wenn die Parteien bei der durch einen beauftragten oder ersuchten Richter vorgenommenen Amtshandlung nicht anwesend waren, ist ihnen, sofern nicht die Bestimmungen des § 193 Absatz 3 zur Anwendung kommen, vor der Entscheidung Gelegenheit zu geben, sich in mündlicher Verhandlung über die Ergebnisse der bezüglichen Amtshandlung und die Angaben der eingesendeten Akten zu äußern.

Sechster Titel

Akten

§ 218. Jede Partei kann zur Begründung ihrer Anträge auch auf die ihr und ihrem Gegner zugestellten Schriftstücke Bezug nehmen. Sie kann, wenn diese Schriftstücke in Verlust geraten sind, und sich auch kein Exemplar derselben bei Gericht befindet, verlangen, daß ihr der Gegner gestatte, auf ihre Kosten von den in seinen Händen befindlichen bezüglichen Schriftstücken Abschriften zu nehmen.

§ 219. (1) Die Parteien können in sämtliche ihre Rechtssache betreffenden, bei Gericht befindlichen Akten (Prozessakten), mit Ausnahme der Entwürfe zu Urteilen und Beschlüssen, der Protokolle über Beratungen und Abstimmungen des Gerichtes und solcher Schriftstücke, welche Disziplinarverfügungen enthalten, Einsicht nehmen und sich davon auf ihre Kosten Abschriften (Kopien) und Auszüge (Ausdrucke) erteilen lassen. *(BGBl I 2004/128)*

(2) Mit Zustimmung beider Parteien können auch dritte Personen in gleicher Weise Einsicht nehmen und auf ihre Kosten Abschriften (Kopien) und Auszüge (Ausdrucke) erhalten, soweit dem nicht überwiegende berechtigte Interessen eines anderen oder überwiegende öffentliche Interessen im Sinne des Art. 23 Abs. 1 DSGVO entgegenstehen. Fehlt eine solche Zustimmung, so steht einem Dritten die Einsicht und Abschriftnahme überdies nur insoweit zu, als er ein rechtliches Interesse glaubhaft macht. *(BGBl I 1993/940; BGBl I 2004/128; BGBl I 2018/32, [s auch Umsetzungshinweis in Art 115 Abs 1], ab 25. 5. 2018)*

(3) Die von einer Partei dem Gerichte übergebenen Schriftstücke sind dieser Partei auf ihr Begehren wieder auszufolgen, wenn der Zweck der Aufbewahrung entfallen ist.

(4) Zum Zweck der nicht personenbezogenen Auswertung für die Statistik, für wissenschaftliche Arbeiten oder für vergleichbare, im öffentlichen Interesse liegende Untersuchungen können das Bundesministerium für Justiz und der Vorsteher der Gerichte auf Ersuchen des Leiters einer anerkannten wissenschaftlichen Einrichtung die Einsicht in Akten, die Herstellung von Abschriften (Ablichtungen) und die Übermittlung von Daten aus solchen bewilligen. Die so erlangten Daten dürfen nicht für andere Zwecke verwendet werden. *(BGBl I 2004/128)*

Zur elektronischen Einsicht siehe § 89i GOG.

Siebenter Titel

Strafen

§ 220. (1) Eine Ordnungsstrafe darf den Betrag von 2 000 Euro, eine Mutwillensstrafe den Betrag von 4 000 Euro nicht übersteigen. *(BGBl 1989/343; BGBl I 2009/52)*

(2) Die nach den Bestimmungen dieses Gesetzes gegen eine Person verhängten Geldstrafen fließen dem Bund zu. *(BGBl I 2002/76)*

(3) *(aufgehoben, BGBl I 2001/98)*

(4) Strafverfügungen sind von Amts wegen zu vollziehen.

Achter Titel

Sonn- und Feiertagsruhe, Fristenhemmung[1]
[1] BGBl I 2010/111

§ 221. (1) An Samstagen, Sonntagen und gesetzlichen Feiertagen dürfen Tagsatzungen nicht abgehalten werden. *(BGBl 1967/193)*

(2) Welche Tage im Sinne dieses Gesetzes als Feiertage zu gelten haben, wird durch Verordnung[1] bestimmt.

---

[1] Siehe Feiertagsruhegesetz BGBl 1957/153 idF BGBl 1967/264; siehe auch unter 9/3/1-3

§ 222. (1) Zwischen dem 15. Juli und dem 17. August sowie dem 24. Dezember und dem 6. Jänner werden die Notfristen im Berufungs- und Revisionsverfahren sowie im Rekurs- und Revisionsrekursverfahren gehemmt. Fällt der Anfang dieses Zeitraums in den Lauf einer solchen Notfrist oder der Beginn einer solchen Notfrist in diesen Zeitraum, so wird die Notfrist um die ganze Dauer oder um den bei ihrem Beginn noch übrigen Teil dieses Zeitraums verlängert.

(2) Auf den Anfang und den Ablauf der Notfristen im Berufungs- und Revisionsverfahren gegen Versäumungs- und Anerkenntnisurteile hat der Zeitraum nach Abs. 1 keinen Einfluss. Gleiches gilt für das Berufungs- und Revisionsverfahren sowie das Rekurs- und Revisionsrekursverfahren in

1. Wechselstreitigkeiten,

2. Streitigkeiten über die Fortsetzung eines angefangenen Baues,

3. Streitigkeiten wegen Störung des Besitzstandes bei Sachen und bei Rechten, wenn das Klagebegehren nur auf den Schutz und die Wiederherstellung des letzten Besitzstandes gerichtet ist,

4. Streitigkeiten über die dem Vater eines unehelichen Kindes gegenüber der Mutter des Kindes gesetzlich obliegenden Pflichten und Streitigkeiten über den aus dem Gesetz gebührenden Unterhalt,

5. die in den §§ 35 bis 37 EO bezeichneten Streitigkeiten,

6. Verfahren über Anträge auf Bewilligung, Einschränkung oder Aufhebung von einstweiligen Verfügungen,

7. Verfahren in Verfahrenshilfesachen,

8. Verfahren zur Sicherung von Beweisen,

9. Verfahren über die Wiedereinsetzung in den vorigen Stand,

10. Verfahren über die Ablehnung von Richtern und anderen gerichtlichen Organen.

(3) Für Tagsatzungen, die in den Zeitraum nach Abs. 1 fallen, ist der Erstreckungsgrund nach § 134 Z 1 verwirklicht, wenn sich die unvertretene Partei oder der Vertreter der Partei zum Zeitpunkt der Tagsatzung auf Urlaub befindet und der Antrag unverzüglich, spätestens binnen einer Woche nach Zustellung der Ladung gestellt wird.

(BGBl 1983/135; BGBl I 2002/76; BGBl I 2010/111, vgl Ausnahmeregeln in §§ 252 (6), 548 (2 ZPO), § 39 (4) ASGG, § 78 (2) EO, § 254 (1) Z 4 IO, § 23 (1) AußStrG)

§ 223. *(aufgehoben, BGBl I 2010/111)*

§ 224. *(aufgehoben, BGBl I 2010/111)*

§ 225. *(aufgehoben, BGBl I 2010/111)*

Zweiter Teil

Verfahren vor den Gerichtshöfen erster Instanz

Erster Abschnitt

Verfahren bis zum Urteile

Erster Titel

Klage, Klagebeantwortung [,vorbereitendes Verfahren] und Streitverhandlung

Klage

§ 226. (1) Die mittels vorbereitenden Schriftsatzes anzubringende Klage hat ein bestimmtes Begehren zu enthalten, die Tatsachen, auf welche sich der Anspruch des Klägers in Haupt- und Nebensachen gründet, im einzelnen kurz und vollständig anzugeben, und ebenso die Beweismittel im einzelnen genau zu bezeichnen, deren sich der Kläger zum Nachweise seiner tatsächlichen Behauptung bei der Verhandlung zu bedienen beabsichtigt.

(2) Wenn die Zuständigkeit oder die Besetzung (§ 7a der Jurisdiktionsnorm) des angerufenen Gerichtes vom Werte des Streitgegenstandes abhängt und die Klage nicht auf eine Geldsumme

gerichtet ist, sind in die Klage auch die erforderlichen Angaben über den Wert des Streitgegenstandes aufzunehmen. Wenn die Klage einen Gegenstand der Handelsgerichtsbarkeit betrifft, jedoch bei einem Gerichtshofe angebracht wird, welchem nicht nur diese besondere, sondern auch die allgemeine Gerichtsbarkeit zusteht, so ist bei der Bezeichnung des Gerichtes ersichtlich zu machen, daß die Verhandlung der Rechtssache vor dem Handelssenate beantragt wird. *(StGBl 1920/116; BGBl 1921/743; BGBl 1983/135)*

(3) Im übrigen sind auf die Klageschrift die allgemeinen Vorschriften über vorbereitende Schriftsätze anzuwenden.

§ 227. (1) Mehrere Ansprüche des Klägers gegen denselben Beklagten können, auch wenn sie nicht zusammenzurechnen sind (§ 55 JN), in derselben Klage geltend gemacht werden, wenn für sämtliche Ansprüche

1. das Prozeßgericht zuständig und

2. dieselbe Art des Verfahrens zulässig ist.

(2) Jedoch können Ansprüche, die den im § 49 Abs. 1 Z 1 JN bezeichneten Betrag nicht übersteigen, mit solchen Ansprüchen verbunden werden, die ihn übersteigen, ferner Ansprüche, die vor den Einzelrichter gehören, mit solchen, die vor den Senat gehören. Im ersten Fall richtet sich die Zuständigkeit nach dem höheren Betrag; im zweiten Fall ist der Senat zur Entscheidung über sämtliche Ansprüche berufen.

(BGBl 1983/135)

§ 228. Es kann auf Feststellung des Bestehens oder Nichtbestehens eines Rechtsverhältnisses oder Rechtes, auf Anerkennung der Echtheit einer Urkunde oder Feststellung der Unechtheit derselben Klage erhoben werden, wenn der Kläger ein rechtliches Interesse daran hat, daß jenes Rechtsverhältnis oder Recht oder die Urkundenechtheit durch eine gerichtliche Entscheidung alsbald festgestellt werde.

§ 229. (1) Schon in der Klage kann der Antrag gestellt werden:

1. daß dem Beklagten mit dem Auftrag zur Beantwortung der Klage oder bei der Ladung zur vorbereitenden Tagsatzung aufgetragen werde, gewisse genau zu bezeichnende, dem Kläger zu einer Beweisführung nötig scheinende und im Besitze des Beklagten befindliche Urkunden, Auskunftssachen oder in Augenschein zu nehmende Gegenstände dem Gericht rechtzeitig vor der Verhandlung vorzulegen oder zur Verhandlung mitzubringen;

2. daß das Erforderliche verfügt werde, damit die für eine Beweisführung voraussichtlich nötigen, bei einer öffentlichen Behörde oder bei einem Notar verwahrten Urkunden, Auskunftssa-

chen oder Augenscheinsgegenstände, die gleichfalls genau zu bezeichnen sind, zur mündlichen Streitverhandlung rechtzeitig herbeigeschafft werden;

3. daß die zur Bewahrheitung tatsächlicher Behauptungen in der Klage namhaft gemachten Zeugen zur mündlichen Streitverhandlung geladen werden.

(2) Dem unter Z. 2 erwähnten Antrage ist nur dann stattzugeben, wenn sich die Partei die betreffenden Urkunden, Auskunftssachen oder Augenscheinsgegenstände nach den bestehenden gesetzlichen Vorschriften ohne Mitwirkung des Gerichtes nicht zu verschaffen vermag, oder wenn ihr deren Ausfolgung von der Behörde oder dem Notar in ungerechtfertigter Weise verweigert wurde.

(3) *(aufgehoben, BGBl I 2002/76)*

(BGBl I 2002/76)

§ 230. (1) Ist kein Zahlungsbefehl zu erlassen, so hat der Vorsitzende des Senates, welchem die Rechtssache zugewiesen ist, dem Beklagten die Beantwortung der Klage mit Beschluss aufzutragen. Die Frist für die Beantwortung der Klage beträgt vier Wochen. Dieser Beschluss kann nicht durch ein Rechtsmittel angefochten werden.

(2) Wenn er jedoch der Ansicht ist, daß die Klage wegen Fehlens der inländischen Gerichtsbarkeit oder der sachlichen oder örtlichen Zuständigkeit oder wegen des Mangels der Prozeßfähigkeit oder der erforderlichen gesetzlichen Vertretung auf seiten des Klägers oder Beklagten unzulässig ist, so hat er die Entscheidung des Senates darüber einzuholen, ob die Beantwortung der Klage aufzutragen oder eine Verfügung im Sinne des § 6 zu erlassen oder die Klage zur Verbesserung zurückzustellen oder zurückzuweisen ist. *(BGBl I 1997/140)*

(3) Das Fehlen der inländischen Gerichtsbarkeit, sofern es nicht geheilt ist (§ 104 JN), die Unzulässigkeit des Rechtswegs, die Streitanhängigkeit, die Rechtskraft eines die Streitsache betreffenden Urteils und die Klagerücknahme unter Anspruchsverzicht sind jederzeit von Amts wegen zu berücksichtigen.

(BGBl I 2002/76)

§ 230a. Wird die sachliche oder örtliche Unzuständigkeit des angerufenen Gerichts ausgesprochen und die Klage zurückgewiesen, ohne daß der Kläger Gelegenheit hatte, einen Überweisungsantrag nach § 261 Abs. 6 zu stellen, und beantragt der Kläger binnen der Notfrist von vierzehn Tagen nach der Zustellung dieses Beschlusses Überweisung der Klage an ein anderes Gericht, so hat das ursprünglich angerufene Gericht die Zurückweisung aufzuheben und die Klage dem vom Kläger namhaft gemachten Gericht zu über-

weisen, wenn es das andere Gericht nicht für offenbar unzuständig erachtet. Gegen diesen Beschluß ist, mit Ausnahme der Entscheidung über die Kosten eines allfälligen Zuständigkeitsstreites, ein Rechtsmittel nicht zulässig. Die Gerichtsanhängigkeit wird durch diese Überweisung nicht aufgehoben. Das Gericht, an das die Klage überwiesen worden ist, kann einen Mangel seiner Zuständigkeit nur noch wahrnehmen, wenn der Beklagte rechtzeitig die Einrede der Unzuständigkeit erhebt.
(BGBl 1983/135; BGBl I 1997/140)

§ 231. *(aufgehoben, BGBl I 2002/76)*

Streitanhängigkeit

§ 232. (1) Die Rechtshängigkeit der Streitsache (Streitanhängigkeit) wird durch die Zustellung der Klageschrift an den Beklagten begründet. Zur Wahrung einer Frist sowie zur Unterbrechung des Ablaufes einer Frist genügt, wenn nichts anderes vorgeschrieben ist, die Überreichung der Klage bei Gericht.

(2) Wird von einer Partei erst im Laufe des Prozesses ein Anspruch erhoben, so tritt die Streitanhängigkeit in Ansehung dieses Anspruches mit dem Zeitpunkte ein, in welchem derselbe bei der mündlichen Verhandlung geltend gemacht wurde.

§ 233. (1) Die Streitanhängigkeit hat die Wirkung, daß während ihrer Dauer über den geltend gemachten Anspruch weder bei demselben noch bei einem anderen Gerichte ein Rechtsstreit durchgeführt werden darf. Eine während der Streitanhängigkeit wegen des nämlichen Anspruches angebrachte Klage ist auf Antrag oder von Amts wegen zurückzuweisen.

(2) Nach dem Eintritte der Streitanhängigkeit kann der Beklagte, wenn die sonstigen gesetzlichen Bedingungen des Gerichtsstandes der Widerklage vorhanden sind, bei dem Gerichte der Klage insolange eine Widerklage anbringen, als nicht die mündliche Verhandlung in erster Instanz geschlossen ist.

§ 234. Die Veräußerung einer in Streit verfangenen Sache oder Forderung hat auf den Prozeß keinen Einfluß. Der Erwerber ist nicht berechtigt, ohne Zustimmung des Gegners als Hauptpartei in den Prozeß einzutreten.

Klagsänderung

§ 235. (1) Zu einer Änderung der bei Gericht überreichten Klage, und namentlich zu einer Erweiterung des Klagebegehrens, durch welche die Zuständigkeit des Prozeßgerichtes nicht ausge-

schlossen wird, ist der Kläger vor Eintritt der Streitanhängigkeit stets berechtigt.

(2) Nach Eintritt der Streitanhängigkeit bedarf es hiezu der Einwilligung des Gegners; mit dieser Einwilligung ist eine Änderung der Klage auch dann zulässig, wenn das Prozeßgericht für die geänderte Klage nicht zuständig wäre, sofern es durch Parteienvereinbarung zuständig gemacht werden könnte oder die Unzuständigkeit nach § 104 Abs. 3 JN geheilt wird. Die Einwilligung des Gegners ist als vorhanden anzunehmen, wenn er, ohne gegen die Änderung eine Einwendung zu erheben, über die geänderte Klage verhandelt. *(BGBl 1983/135)*

(3) Das Gericht kann eine Änderung selbst nach Eintritt der Streitanhängigkeit und ungeachtet der Einwendungen des Gegners zulassen, wenn durch die Änderung die Zuständigkeit des Prozeßgerichtes nicht überschritten wird und aus ihr eine erhebliche Erschwerung oder Verzögerung der Verhandlung nicht zu besorgen ist. *(BGBl 1983/135)*

(4) Als eine Änderung der Klage ist es nicht anzusehen, wenn ohne Änderung des Klagegrundes die tatsächlichen Angaben der Klage und die in derselben angebotenen Beweise geändert, ergänzt, erläutert oder berichtigt werden, oder wenn, gleichfalls ohne Änderung des Klagegrundes, das Klagebegehren in der Hauptsache oder in Beziehung auf Nebenforderungen beschränkt oder statt des ursprünglich geforderten Gegenstandes ein anderer Gegenstand oder das Interesse gefordert wird.

(5) Es ist weder eine Änderung der Klage noch eine Änderung der Partei, wenn die Parteibezeichnung auf diejenige Person richtiggestellt wird, von der oder gegen die nach dem Inhalt der Klage in einer jeden Zweifel ausschließenden Weise, etwa durch die Anführung der Bezeichnung ihres Unternehmens, das Klagebegehren erhoben worden ist. Eine solche Berichtigung ist in jeder Lage des Verfahrens auf Antrag oder von Amts wegen vorzunehmen, gegebenenfalls durch die Anwendung der §§ 84 und 85. *(BGBl 1983/135)*

Zwischenantrag auf Feststellung

§ 236. (1) Der Kläger kann ohne Zustimmung des Beklagten bis zum Schlusse der mündlichen Verhandlung, über welche das Urteil ergeht, den Antrag stellen, daß ein im Laufe des Prozesses streitig gewordenes Rechtsverhältnis oder Recht, von dessen Bestehen oder Nichtbestehen die Entscheidung über das Klagebegehren ganz oder zum Teile abhängt, in dem über die Klage ergehenden oder in einem demselben vorausgehenden Urteile festgestellt werde.

(2) Diese Bestimmung kommt nicht zur Anwendung, wenn über den Gegenstand des neuen Antrages nur in einem besonderen, für Angelegen-

heiten dieser Art ausschließlich vorgeschriebenen Verfahren verhandelt werden kann, oder wenn die Vorschriften über die sachliche Zuständigkeit der Gerichte der beantragten Entscheidung entgegenstehen.

(3) Ein neuer Antrag kann auch eine Anerkennung von Akten oder Urkunden, die im Ausland errichtet wurden (§§ 79 bis 86a EO) zum Gegenstand haben; in diesem Fall ist der Abs. 2 nicht anzuwenden. *(BGBl 1995/519)*

Zurücknahme der Klage

§ 237. (1) Die Klage kann ohne Zustimmung des Beklagten nur bis zum Einlangen der Klagebeantwortung oder des Einspruchs gegen den Zahlungsbefehl zurückgenommen werden. Wenn gleichzeitig auf den Anspruch verzichtet wird, kann die Klage ohne Zustimmung des Beklagten bis zum Schlusse der mündlichen Streitverhandlung zurückgenommen werden. *(RGBl 1914/118; BGBl 1983/135; BGBl I 2002/76)*

(2) Die Zurücknahme der Klage geschieht durch einen dem Beklagten zuzustellenden Schriftsatz oder durch eine bei der mündlichen Verhandlung abgegebene Erklärung. Die Zustellung des Schriftsatzes erfolgt auf Grund einer Verfügung des Vorsitzenden ohne vorgängige Beschlußfassung des Senates.

(3) Die Zurücknahme der Klage hat zur Folge, daß die Klage als nicht angebracht anzusehen ist und, wenn die Parteien nichts anderes vereinbaren, der Kläger dem Beklagten alle diesem nicht bereits rechtskräftig auferlegten Prozeßkosten zu ersetzen hat. Der Antrag auf Kostenersatz ist bei sonstigem Ausschluß, wenn die Klage bei der mündlichen Verhandlung zurückgenommen wird und der Beklagte anwesend ist, in dieser, sonst binnen einer Notfrist von vier Wochen nach der Verständigung des Beklagten von der Zurücknahme der Klage durch das Gericht zu stellen. Über den Antrag auf Zuerkennung des Kostenersatzes entscheidet der Vorsitzende durch Beschluß. *(BGBl 1983/135)*

(4) Die zurückgenommene Klage kann neuerlich angebracht werden, wenn nicht bei deren Zurücknahme auf den geltend gemachten Anspruch verzichtet wurde.

§ 238. Die in § 237 bezeichneten Rechtsfolgen treten auch dann ein, wenn eine Klage in Gemäßheit der Bestimmungen dieses Gesetzes als zurückgenommen zu gelten hat.

Vgl §§ 60 Abs 3, 460 Z 5.

Beantwortung der Klage

§ 239. (1) Die nach § 230 Abs. 1 aufgetragene Beantwortung der Klage hat mittels vorbereitenden Schriftsatzes zu geschehen. Sie hat ein be-stimmtes Begehren zu enthalten und, soweit der Klagsanspruch bestritten wird, Anträge gestellt und Einreden erhoben werden, die Tatsachen und Umstände, auf welche sich die Einwendungen, Anträge und Einreden der beklagten Partei gründen, im Einzelnen kurz und vollständig anzugeben sowie die Beweismittel, deren sich der Beklagte zum Nachweis seiner tatsächlichen Behauptungen bei der Verhandlung zu bedienen beabsichtigt, im Einzelnen genau zu bezeichnen.

(2) In dem Schriftsatz kann der Beklagte auch einen oder mehrere der im § 229 angeführten Anträge stellen.

(3) Die Klagebeantwortung dient weiters

1. zur Anmeldung der Einreden des Fehlens der inländischen Gerichtsbarkeit, der Unzulässigkeit des Rechtsweges, des Fehlens der sachlichen oder örtlichen Zuständigkeit, der Streitanhängigkeit, der rechtskräftig entschiedenen Streitsache und des Fehlens sonstiger Prozessvoraussetzungen,

2. zur Benennung des Auktors,

3. zur Stellung des Antrages auf Sicherheitsleistung für Prozesskosten und

4. zur Abgabe eines Anerkenntnisses.

(BGBl I 2002/76)

§ 240. Wird die Einrede der sachlichen oder örtlichen Unzuständigkeit des Gerichtes nicht in der Klagebeantwortung geltend gemacht, so kann deren Fehlen nur noch berücksichtigt werden, wenn das Gericht auch durch ausdrückliche Vereinbarung der Parteien nicht zuständig gemacht werden könnte und die Unzuständigkeit noch nicht geheilt ist (§ 104 JN).

(BGBl I 1997/140; BGBl I 2002/76)

§§ 241 und 242. *(aufgehoben, BGBl I 2002/76)*

Beantwortung der Klage

§ 243. *(aufgehoben, BGBl I 2002/76)*

Mahnverfahren

§ 244. (1) In Rechtsstreitigkeiten über Klagen, mit denen ausschließlich die Zahlung eines 75 000 Euro nicht übersteigenden Geldbetrags begehrt wird, hat das Gericht ohne vorhergehende mündliche Verhandlung und ohne Vernehmung des Beklagten einen durch die Unterlassung des Einspruchs bedingten Zahlungsbefehl zu erlassen, sofern nicht ein Zahlungsauftrag zu erlassen ist (§§ 555 bis 559). *(BGBl I 2009/30; BGBl I 2009/52)*

(2) Ein Zahlungsbefehl darf nicht erlassen werden, wenn

1. die Klage zurückzuweisen ist;

2. die Forderung nach den Angaben in der Klage oder offenkundig (§ 269) nicht klagbar, noch nicht fällig, von einer Gegenleistung abhängig oder der Beklagte unbekannten Aufenthalts ist;

3. der Beklagte seinen Wohnsitz, gewöhnlichen Aufenthalt oder Sitz im Ausland hat;

4. die Klage unschlüssig ist.

(BGBl I 2002/76)

§ 245. (1) Hat eine Partei durch unrichtige oder unvollständige Angaben in der Klage die Erlassung eines bedingten Zahlungsbefehls über eine oder mehrere Forderungen samt Zinsen oder bestimmter Kosten erschlichen oder zu erschleichen versucht, insbesondere durch die Geltendmachung einer Nebenforderung im Sinne des § 54 Abs. 2 JN als Teil der Hauptforderung, ohne dies gesondert anzuführen, so hat das Gericht über sie eine Mutwillensstrafe von mindestens 100 Euro zu verhängen. *(BGBl I 2009/52)*

(2) Vermutet das Gericht insbesondere schon auf Grund der Klagsangaben, dass ein solcher bedingter Zahlungsbefehl erschlichen werden soll, so kann die Klage mit der Anweisung zurückgestellt werden, die gleichzeitig zu bezeichnenden, für die Entkräftung der Vermutung erheblichen tatsächlichen Angaben zu machen.

(3) Wird der Anweisung trotz vorheriger Bekanntgabe des drohenden Nachteils nicht oder nicht ausreichend entsprochen, so ist die anhängige beziehungsweise wieder eingebrachte Klage zurückzuweisen.

(4) Gegen die nach Abs. 2 ergangenen Beschlüsse ist ein abgesondertes Rechtsmittel nicht statthaft.

(BGBl I 2002/76)

§ 246. Der Zahlungsbefehl hat neben den für Beschlüsse geforderten Angaben zu enthalten:

1. die Aufschrift „Bedingter Zahlungsbefehl";

2. den Auftrag an den Beklagten, binnen 14 Tagen nach Zustellung des Zahlungsbefehls bei sonstiger Exekution die Forderung samt Zinsen und die vom Gericht bestimmten Kosten zu zahlen oder, wenn er die geltend gemachten Ansprüche bestreitet, gegen den Zahlungsbefehl binnen vier Wochen Einspruch zu erheben; werden mehrere Forderungen eingeklagt, so sind diese gesondert anzuführen;

3. den Beisatz, dass der Zahlungsbefehl nur durch Erhebung des Einspruchs außer Kraft gesetzt werden kann;

4. die Belehrung, dass der Einspruch den Inhalt der Klagebeantwortung haben muss und die Vertretung durch einen Rechtsanwalt geboten ist;

5. den Hinweis, dass im Fall der Erhebung des Einspruchs das ordentliche Verfahren über die Klage stattfinden wird.

(BGBl I 2002/76)

§ 247. (1) Zahlungsbefehle können in gekürzter Form und mit Benützung einer Ausfertigung der Klage oder einer Rubrik ausgefertigt werden. Für diejenigen Fälle, für die keine Verordnung nach § 250 gilt, ist das Nähere durch Verordnung so zu regeln, dass die leichte und sichere Erfassbarkeit des Inhalts des Zahlungsbefehls für die Parteien gewährleistet ist und überflüssiger Arbeitsaufwand bei der Herstellung der Ausfertigungen vermieden wird.

(2) Der Zahlungsbefehl ist dem Beklagten mit der Klage zuzustellen.

(3) Gegen die Erlassung des Zahlungsbefehls ist ein Rechtsmittel nicht zulässig, doch kann die im Zahlungsbefehl enthaltene Kostenentscheidung mit Rekurs angefochten werden.

(BGBl I 2002/76)

§ 248. (1) Gegen den Zahlungsbefehl steht dem Beklagten der Einspruch zu. Dieser hat den Inhalt einer Klagebeantwortung zu haben.

(2) Die Einspruchsfrist beträgt vier Wochen; sie kann nicht verlängert werden. Sie beginnt mit der Zustellung der schriftlichen Ausfertigung des Zahlungsbefehls an den Beklagten.

(BGBl I 2002/76)

§ 249. (1) Mit der rechtzeitigen Erhebung des Einspruchs tritt der Zahlungsbefehl außer Kraft, soweit sich der Einspruch nicht ausdrücklich nur gegen einen Teil des Klagebegehrens richtet. Verspätet erhobene Einsprüche sind ohne Verhandlung mit Beschluss zurückzuweisen.

(2) Ist ordnungsgemäß Einspruch erhoben worden, so hat der Vorsitzende nach den §§ 257 ff vorzugehen.

(3) Auf die Zurücknahme des Einspruchs finden die Vorschriften über die Zurücknahme der Berufung (§ 484) entsprechende Anwendung.

(BGBl I 2002/76)

§ 250. (1) Das Mahnverfahren kann mit Hilfe automationsunterstützter Datenverarbeitung durchgeführt werden.

(2) Der Bundesminister für Justiz wird ermächtigt, zur Ermöglichung einer zweckmäßigeren Behandlung der Eingaben (§ 74) im Mahnverfahren mit Verordnung Formblätter einzuführen, deren sich der Kläger bei solchen Eingaben zu bedienen hat. Diese Formblätter sind so auszuge-

stalten, dass sie der Kläger auch leicht und sicher verwenden kann.

(BGBl I 2002/76)

Siehe ADV-Form Verordnung BGBl II 2002/510

§ 251. Für das Mahnverfahren, das mit Hilfe automationsunterstützter Datenverarbeitung durchgeführt wird, gelten folgende Besonderheiten:

1. Klagen und andere Schriftsätze im Mahnverfahren können in einfacher Ausfertigung und ohne Beibringung von Rubriken überreicht werden; § 81 Abs. 1 bleibt unberührt.

2. An die Stelle der Zustellung der Klage tritt die Zustellung des Zahlungsbefehls, wenn dieser den Klagsinhalt vollständig wiedergibt oder ihm eine Abschrift der Klage sowie die vom Kläger vorzulegenden (§ 81 Abs. 1) Abschriften ihrer Beilagen angeschlossen sind; das gilt sinngemäß für andere Anträge im Mahnverfahren und die hierüber ergehenden Beschlüsse.

3. Ergeht ein Auftrag zur Verbesserung einer Eingabe (§ 84), weil sich der Kläger nicht des hiefür eingeführten Formblatts bedient hat, so ist diesem Auftrag das entsprechende Formblatt anzuschließen.

4. und 5. *(entfallen, BGBl I 2004/128)*

(BGBl I 2002/76)

Europäisches Mahnverfahren

§ 252. (1) Soweit die Verordnung (EG) Nr. 1896/2006 zur Einführung eines Europäischen Mahnverfahrens, ABl. Nr. L 399 vom 30.12.2006 S. 1, nicht anderes anordnet, sind die für den jeweiligen Verfahrensgegenstand geltenden Verfahrensvorschriften anzuwenden.

(2) Für die Durchführung des Mahnverfahrens ist ausschließlich das Bezirksgericht für Handelssachen Wien zuständig. Der Antrag auf Erlassung eines Europäischen Zahlungsbefehls ist einer Klage gleichzuhalten.

(3) Nach Einlangen eines fristgerechten Einspruchs hat das Gericht diesen dem Antragsteller mit der Aufforderung zuzustellen, binnen einer Frist von 30 Tagen das für die Durchführung des ordentlichen Verfahrens zuständige Gericht namhaft zu machen, sofern das Verfahren nicht gemäß Art. 7 Abs. 4 der Verordnung zu beenden ist. Macht der Antragsteller fristgerecht ein Gericht namhaft, so ist die Rechtssache an dieses zu überweisen. Die Streitanhängigkeit wird durch die Überweisung nicht aufgehoben. Die Prüfung der Zuständigkeit obliegt dem Gericht, an das die Rechtssache überwiesen wurde. Macht der Antragsteller innerhalb der Frist kein Gericht namhaft, so ist die Klage zurückzuweisen.

(4) Nach Überweisung der Rechtssache nach Abs. 3 hat das Gericht nach §§ 257 ff vorzugehen. Die Einrede der Unzuständigkeit des Gerichtes hat der Beklagte vorzubringen, bevor er sich in die Verhandlung über die Hauptsache einlässt. Nach Einlassung des Beklagten zur Hauptsache kann die Unzuständigkeit des Gerichts nur unter den Voraussetzungen des § 240 berücksichtigt werden.

(5) Das für die Durchführung des Mahnverfahrens zuständige Gericht ist auch für die Überprüfung nach Art. 20 der Verordnung zuständig. Für Anträge nach Art. 20 Abs. 1 der Verordnung gelten die §§ 149 und 153 entsprechend, für Anträge nach Art. 20 Abs. 2 gilt § 149 entsprechend. Erklärt das Gericht den Europäischen Zahlungsbefehl nach Art. 20 Abs. 1 der Verordnung für nichtig, so ist, sofern der Antragsteller nicht eine Erklärung nach Art. 7 Abs. 4 der Verordnung abgegeben hat, das ordentliche Verfahren einzuleiten. Liegt eine Erklärung nach Art. 7 Abs. 4 der Verordnung vor oder erklärt das Gericht den Europäischen Zahlungsbefehl nach Art. 20 Abs. 2 der Verordnung für nichtig, so ist das Verfahren beendet. Eine Wiedereinsetzung in den vorigen Stand nach den §§ 146 ff findet wegen Versäumung der Frist nach Art. 16 Abs. 2 der Verordnung nicht statt. Eine Nichtigkeits- oder Wiederaufnahmsklage kann nicht erhoben werden.

(6) Auf die Frist zur Erhebung eines Einspruchs gegen einen Europäischen Zahlungsbefehl hat die verhandlungsfreie Zeit[1] keinen Einfluss.

(7) Wird der Antrag nach Art. 10 der Verordnung geändert, so gilt er für den verbleibenden Teil der Forderung als ohne Verzicht auf den Anspruch zurückgenommen.

(BGBl I 2009/30)

_____
[1] *Vgl jedoch §§ 222 und 548 (2).*

§§ 253 bis 256. *(aufgehoben, BGBl 1983/135, betraf das vorbereitende Verfahren)*

Einleitung der Streitverhandlung

§ 257. (1) Nach rechtzeitiger Überreichung der Klagebeantwortung oder Erhebung des Einspruchs hat der Vorsitzende des Senates, dem die Rechtssache zugewiesen ist, die vorbereitende Tagsatzung zur mündlichen Verhandlung anzuberaumen. Die vorbereitende Tagsatzung zur mündlichen Verhandlung ist so anzuberaumen, dass den Parteien von der Zustellung der Ladung an mindestens eine Frist von drei Wochen zur Vorbereitung für die Streitverhandlung offen bleibt.

(2) Zur Vorbereitung dieser Verhandlung notwendige Anordnungen sind so früh wie möglich zu treffen. Insbesondere ist – soweit erforderlich – der Wechsel vorbereitender Schriftsätze aufzu-

tragen und mit Anordnungen nach § 180 Abs. 2 vorzugehen.

(3) Die Parteien können einander in der Klage oder Klagebeantwortung noch nicht enthaltene Anträge, Angriffs- und Verteidigungsmittel, Behauptungen und Beweise, welche sie geltend machen wollen, durch besonderen, spätestens eine Woche vor der vorbereitenden Tagsatzung bei Gericht und beim Gegner einlangenden, vorbereitenden Schriftsatz mitteilen. Bis zu diesem Zeitpunkt können die Parteien auch Anträge im Sinn des § 229 mittels Schriftsatzes stellen. Der Vorsitzende hat hierüber die ihm nötig scheinenden Anordnungen ohne Aufschub zu erlassen.

(4) Gegen die in dieser Bestimmung vorgesehenen Anordnungen ist ein Rechtsmittel nicht zulässig.

(BGBl I 2002/76)

Vorbereitende Tagsatzung

§ 258. (1) Die vorbereitende Tagsatzung als Teil der mündlichen Streitverhandlung dient

1. der Entscheidung über die Prozesseinreden, soweit darüber nicht schon entschieden wurde, *(BGBl I 2015/94, ab 4. 8. 2015)*

2. dem Vortrag der Parteien (§§ 177 bis 179),

3. der Erörterung des Sach- und Rechtsvorbringens auch in rechtlicher Hinsicht,

4. der Vornahme eines Vergleichsversuchs sowie bei dessen Scheitern der Erörterung des weiteren Fortgangs des Prozesses und der Bekanntgabe des Prozessprogramms und

5. – soweit zweckmäßig – auch der Einvernahme der Parteien und Durchführung des weiteren Beweisverfahrens.

(2) Die Parteien und ihre Vertreter haben dafür zu sorgen, dass in der vorbereitenden Tagsatzung der Sachverhalt und allfällige Vergleichsmöglichkeiten umfassend erörtert werden können. Zu diesem Zweck ist die Partei oder, soweit diese zur Aufklärung des Sachverhalts nicht beitragen kann, eine informierte Person zur Unterstützung des Vertreters stellig zu machen.

(BGBl I 2002/76)

Fortsetzung der Streitverhandlung

§ 259. (1) Die Streitverhandlung erfolgt nach den allgemeinen Vorschriften über die mündliche Verhandlung; sie umfasst auch die Erörterung des Sach- und Rechtsvorbringens, die Beweisaufnahme und die Erörterung ihrer Ergebnisse. *(BGBl I 2002/76)*

(2) Während der mündlichen Streitverhandlung kann der Beklagte, ohne der Zustimmung des Klägers zu bedürfen, einen Antrag auf Feststellung im Sinne des § 236 stellen.

(3) In der Verhandlung vor dem Einzelrichter eines Landesgerichtes kann der Antrag gestellt werden, in das Urteil einen Beisatz aufzunehmen, daß es in Ausübung der besonderen Gerichtsbarkeit in Handelsrechtssachen, in der Verhandlung vor dem Einzelrichter eines selbständigen Handelsgerichtes, daß es in Ausübung der allgemeinen Gerichtsbarkeit gefällt wird. Der beantragte Beisatz ist in das Urteil aufzunehmen, wenn ihn der Richter für zutreffend erachtet. *(BGBl 1933/554; BGBl 1983/135; BGBl 1993/91)*

§ 260. (1) Die Partei, welche eine der in Abs. 2 oder in § 239 Abs. 3 Z 1 bezeichneten Einreden erhebt, ist nicht berechtigt, deshalb die Einlassung in die Verhandlung zur Hauptsache oder, wenn die Einreden erst während der mündlichen Streitverhandlung geltend gemacht werden, die weitere Teilnahme an der Verhandlung zur Hauptsache zu verweigern. *(BGBl I 2002/76; BGBl I 2015/94, ab 4. 8. 2015)*

(2) *(aufgehoben, BGBl I 2015/94, ab 4. 8. 2015)*

(3) *(aufgehoben, BGBl I 2015/94, ab 4. 8. 2015)*

(2) Daß das erkennende Gericht nicht vorschriftsmäßig besetzt ist (§ 477 Abs. 1 Z 2), kann nicht mehr berücksichtigt werden, wenn sich beide Parteien in die mündliche Streitverhandlung eingelassen haben, ohne diesen Umstand geltend zu machen. *(BGBl 1983/135; BGBl I 2015/94, Abs. 4 wurde ab 4. 8. 2015 zu Abs. 2)*

§ 261. (1) Über Einreden nach § 239 Abs. 3 Z 1 oder nach § 260 Abs. 2 hat das Gericht mit Beschluss zu entscheiden. Die Entscheidung kann in die über die Hauptsache ergehende Entscheidung aufgenommen werden.

(2) Eine mündliche Verhandlung über die Einrede ist nur anzuberaumen, wenn das Gericht dies im einzelnen Fall für erforderlich hält.

(3) Wird der Ausspruch über die Einrede in die über die Hauptsache ergehende Entscheidung aufgenommen, so kann er nur mittels des gegen die Entscheidung in der Hauptsache offenstehenden Rechtsmittels angefochten werden.

(4) Verwirft das Gericht die Einrede mit abgesondertem Beschluss, ohne sogleich zur Verhandlung in der Hauptsache überzugehen, so hat es nach Rechtskraft des Beschlusses von Amts wegen eine Tagsatzung zur mündlichen Streitverhandlung in der Hauptsache anzuberaumen.

(5) Die vorstehenden Absätze sind auch anzuwenden, wenn das Gericht Fragen des Vorliegens von Prozessvoraussetzungen nach Streitanhängigkeit von Amts wegen aufwirft und zum Gegenstand der Erörterung macht.

(6) Wenn der Beklagte das Fehlen der sachlichen oder örtlichen Zuständigkeit einwendet oder

das Gericht seine Zuständigkeit von Amts wegen prüft, kann der Kläger den Antrag stellen, dass das Gericht für den Fall, dass es seine Unzuständigkeit ausspricht, die Klage an das vom Kläger namhaft gemachte Gericht überweise. Diesem Antrag hat das Gericht stattzugeben, wenn es das andere Gericht nicht für offenbar unzuständig erachtet. Die Überweisung ist mit dem Beschluss über die Unzuständigkeit zu verbinden. Gegen diesen Beschluss ist mit Ausnahme der Entscheidung über die Kosten des Zuständigkeitsstreites ein Rechtsmittel nicht zulässig. Die Streitanhängigkeit wird durch diese Überweisung nicht aufgehoben. Die neue Verhandlung ist mit Benützung des über die erste Verhandlung aufgenommenen Verhandlungsprotokolls und aller sonstigen Prozessakten durchzuführen und im Sinne des § 138 einzuleiten. Die Einrede des Fehlens der inländischen Gerichtsbarkeit oder der sachlichen oder örtlichen Zuständigkeit kann der Beklagte bei dieser Verhandlung nur erheben, bevor er sich in die Verhandlung zur Hauptsache einlässt (§ 104 JN), und nicht auf Gründe stützen, die mit seinen früheren Behauptungen in Widerspruch stehen.

(BGBl I 2015/94, ab 4. 8. 2015)

§§ 262 bis 264. *(aufgehoben, BGBl 1983/135, betraf das vorbereitende Verfahren)*

Feststellungen zu Protokoll

§ 265. (1) Der Vorsitzende kann anordnen, daß Anträge und Erklärungen, die zufolge §§ 208 und 209 in das Verhandlungsprotokoll aufzunehmen sind, von der Partei, welche den Antrag gestellt oder die Erklärung abgegeben hat, niedergeschrieben und dem Vorsitzenden übergeben werden. Den Parteien kann auch dann, wenn die Vorlage einer Niederschrift vom Vorsitzenden nicht angeordnet wurde, auf Antrag gestattet werden, die oben bezeichneten Anträge und Erklärungen durch die Überreichung kurzer Niederschriften festzustellen.

(2) Die Niederschrift hat sogleich bei der mündlichen Verhandlung zu geschehen. Die dem Vorsitzenden überreichten Schriftstücke sind dem Verhandlungsprotokolle als Anlagen beizufügen.

(3) Die angeordneten oder zugelassenen schriftlichen Feststellungen sind vorzulesen; über deren Richtigkeit entscheidet der Senat.

(4) Der Beschluß, durch welchen solche schriftliche Feststellung angeordnet oder zugelassen wird, sowie die über die Richtigkeit einer schriftlichen Feststellung ergehende Entscheidung kann durch ein Rechtsmittel nicht angefochten werden.

Zweiter Titel
Allgemeine Bestimmungen über den Beweis und die Beweisaufnahme

Beweis

§ 266. (1) Die von einer Partei behaupteten Tatsachen bedürfen insoweit keines Beweises, als sie vom Gegner in einem vorbereitenden Schriftsatze, im Laufe des Rechtsstreites bei einer mündlichen Verhandlung oder im Protokolle eines beauftragten oder ersuchten Richters ausdrücklich zugestanden werden. Zur Wirksamkeit eines gerichtlichen Tatsachengeständnisses ist dessen Annahme seitens des Gegners nicht erforderlich.

(2) Inwieferne ein solches Geständnis durch demselben von der Partei beigefügte Zusätze und Einschränkungen aufgehoben oder in seiner Wirksamkeit beeinträchtigt wird, und welchen Einfluß ein Widerruf auf die Wirksamkeit des Geständnisses hat, ist vom Gerichte nach seinem durch sorgfältige Erwägung aller Umstände geleiteten Ermessen zu beurteilen.

(3) In gleicher Weise hat das Gericht zu beurteilen, inwieferne zufolge eines außergerichtlichen Geständnisses die Notwendigkeit des Beweises entfalle.

§ 267. (1) Ob tatsächliche Behauptungen einer Partei mangels eines ausdrücklichen Geständnisses des Gegners als zugestanden anzusehen seien, hat das Gericht unter sorgfältiger Berücksichtigung des gesamten Inhaltes des gegnerischen Vorbringens zu beurteilen.

(2) In gleicher Weise hat das Gericht insbesondere auch zu beurteilen, ob die Erklärung mit Nichtwissen oder Nichterinnern als eine die Annahme eines Zugeständnisses ausschließende oder aber ein Zugeständnis in sich schließende Erklärung anzusehen sei.

§ 268. *(aufgehoben, BGBl 1990/706)*

§ 269. Tatsachen, welche bei dem Gerichte offenkundig sind, bedürfen keines Beweises.

§ 270. Tatsachen, für deren Vorhandensein das Gesetz eine Vermutung aufstellt, bedürfen keines Beweises. Der Beweis des Gegenteiles ist zulässig, sofern das Gesetz denselben nicht ausschließt. Dieser Gegenbeweis kann auch durch Vernehmung der Parteien gemäß §§ 371 f. geführt werden.

§ 271. (1) Das in einem anderen Staatsgebiete geltende Recht, Gewohnheitsrechte, Privilegien und Statuten bedürfen des Beweises nur insofern, als sie dem Gerichte unbekannt sind.

(2)[1] Bei Ermittlung dieser Rechtsnormen ist das Gericht auf die von den Parteien angebotenen Beweise nicht beschränkt; es kann alle zu diesem Zwecke ihm nötig scheinenden Erhebungen von Amts wegen einleiten und insbesondere, soweit erforderlich, das Einschreiten des Justizministers in Anspruch nehmen. *Vgl das Übereinkommen BGBl 1971/417.*

---

[1] *§ 271 (2) ist, „soweit er die Ermittlung fremden Rechtes betrifft", aufgehoben (BGBl 1978/304)*

vgl §§ 3 und 4 IPRG:

Anwendung fremden Rechtes

§ 3. (1) Ist fremdes Recht anzuwenden, so ist es von Amts wegen und wie in seinem ursprünglichen Geltungsbereich anzuwenden.

Ermittlung fremden Rechtes

§ 4. (1) Das fremde Recht ist von Amts wegen zu ermitteln. Zulässige Hilfsmittel hiefür sind auch die Mitwirkung der Beteiligten, Auskünfte des Bundesministeriums für Justiz und Sachverständigengutachten.

(2) Kann das fremde Recht trotz eingehendem Bemühen innerhalb angemessener Frist nicht ermittelt werden, so ist das österreichische Recht anzuwenden.

§ 272. (1) Das Gericht hat, soferne in diesem Gesetze nicht etwas anderes bestimmt ist, unter sorgfältiger Berücksichtigung der Ergebnisse der gesamten Verhandlung und Beweisführung nach freier Überzeugung zu beurteilen, ob eine tatsächliche Angabe für wahr zu halten sei oder nicht.

(2) Es hat insbesondere in gleicher Weise zu entscheiden, welchen Einfluß es auf die Beurteilung des Falles hat, wenn eine Partei die Beantwortung von Fragen verweigert, welche durch den Vorsitzenden oder mit dessen oder des Senates Zustimmung an sie gestellt werden.

(3) Die Umstände und Erwägungen, welche für die Überzeugung des Gerichtes maßgebend waren, sind in der Begründung der Entscheidung anzugeben.

§ 273. (1) Wenn feststeht, daß einer Partei der Ersatz eines Schadens oder des Interesses gebührt oder daß sie sonst eine Forderung zu stellen hat, der Beweis über den streitigen Betrag des zu ersetzenden Schadens oder Interesses oder der Forderung aber gar nicht oder nur mit unverhältnismäßigen Schwierigkeiten zu erbringen ist, so kann das Gericht auf Antrag oder von Amts wegen selbst mit Übergehung eines von der Partei angebotenen Beweises diesen Betrag nach freier Überzeugung festsetzen. Der Festsetzung des Betrages kann auch die eidliche Vernehmung einer der Parteien über die für die Bestimmung des Betrages maßgebenden Umstände vorausgehen.

(2) Sind von mehreren in derselben Klage geltend gemachten Ansprüchen einzelne, im Verhältnis zum Gesamtbetrag unbedeutende streitig und ist die vollständige Aufklärung aller für sie maßgebenden Umstände mit Schwierigkeiten verbunden, die zur Bedeutung der streitigen Ansprüche in keinem Verhältnisse stehen, so kann das Gericht darüber in der gleichen Weise (Absatz 1) nach freier Überzeugung entscheiden. Gleiches gilt auch für einzelne Ansprüche, wenn der begehrte Betrag jeweils 1 000 Euro nicht übersteigt. *(BGBl 1925/183; BGBl I 2002/76)*

Glaubhaftmachung (Bescheinigung)

§ 274. (1) Wer eine tatsächliche Behauptung glaubhaft zu machen hat (Bescheinigung), kann sich hiezu aller Beweismittel mit Ausnahme der eidlichen Vernehmung der Parteien bedienen. Eine Beweisaufnahme, die sich nicht sofort ausführen läßt, eignet sich nicht zum Zwecke der Glaubhaftmachung.

(2) Eine behufs Glaubhaftmachung eines Umstandes erfolgende Beweisaufnahme ist an die besonderen, für das Beweisverfahren bestehenden Vorschriften nicht gebunden.

Beweisaufnahme

§ 275. (1) Von den Parteien angebotene, jedoch dem Gerichte unerheblich scheinende Beweise sind ausdrücklich zurückzuweisen.

(2) Die Aufnahme angebotener Beweise kann vom Gericht auf Antrag oder von Amts wegen verweigert werden, wenn bei sorgfältiger Berücksichtigung aller Umstände kein vernünftiger Zweifel darüber besteht, daß durch das Beweisanbot der Prozeß verschleppt werden soll, und die Aufnahme der Beweise die Erledigung des Prozesses erheblich verzögern würde. *(BGBl I 1997/140)*

§ 276. (1) Die Beweise, die das Gericht für erheblich hält, sind im Lauf der Verhandlung vor dem erkennenden Gericht aufzunehmen, sofern nicht das Gericht gemäß den Bestimmungen dieses Gesetzes eine Beweisaufnahme außerhalb der Verhandlungstagsatzung anordnet. *(BGBl 1983/135)*

(2) Wird die Aufnahme eines Beweises außerhalb der Verhandlungstagsatzung durch einen beauftragten oder ersuchten Richter notwendig, so ist vom Prozeßgerichte das Erforderliche zu verfügen.

Verwendung technischer Einrichtungen zur Wort- und Bildübertragung bei der Beweisaufnahme

§ 277. Das Gericht hat nach Maßgabe der technischen Möglichkeiten statt der Einvernahme durch einen ersuchten Richter eine unmittelbare Beweisaufnahme unter Verwendung technischer Einrichtungen zur Wort- und Bildübertragung durchzuführen, es sei denn, die Einvernahme durch einen beauftragten oder ersuchten Richter ist unter Berücksichtigung der Verfahrensökonomie zweckmäßiger oder aus besonderen Gründen erforderlich.
(BGBl I 2009/30; BGBl I 2010/111, ab 1. 5. 2011)

vgl § 3 1.COVID-JuBG

§ 278. (1) Alle nicht sogleich bei der Verhandlung selbst ausführbaren und insbesondere die außerhalb der Verhandlungstagsatzung durch einen beauftragten oder ersuchten Richter vorzunehmenden Beweisaufnahmen sind, sofern nicht die Umstände einen anderen Vorgang notwendig machen oder dem Gerichte zweckmäßig erscheinen lassen, erst nach vollständiger Erörterung des Sachverhaltes anzuordnen.

(2) Behufs Erörterung der Ergebnisse solcher Beweisaufnahmen ist nach deren Vollendung, wenn nicht die Voraussetzungen des § 193 Absatz 3 vorliegen, die Verhandlung vor dem erkennenden Gerichte von Amts wegen wieder aufzunehmen.

(BGBl I 2002/76)

§ 279. (1) Steht der Aufnahme des Beweises ein Hindernis von ungewisser Dauer entgegen, ist die Ausführbarkeit einer Beweisaufnahme zweifelhaft, oder soll die Beweisaufnahme außerhalb des Geltungsgebietes dieses Gesetzes erfolgen, so hat das Gericht auf Antrag eine Frist zu bestimmen, nach deren fruchtlosem Ablauf die Verhandlung auf Begehren einer der Parteien ohne Rücksicht auf die ausstehende Beweisaufnahme fortgesetzt wird. *(BGBl I 2002/76)*

(2) Bei der fortgesetzten mündlichen Verhandlung kann dann dieser Beweis nur benützt werden, wenn dadurch das Verfahren nicht verzögert wird.

§ 280. (1) Das Prozeßgericht kann auf Antrag gestatten, daß die Beweisaufnahme von einem oder mehreren beeideten Stenographen aufgezeichnet werde. Ein Stenograph, welcher nicht im allgemeinen für diese Aufgabe beeidet ist, hat einen Eid dahin zu leisten, daß er das mündlich Vorgebrachte treu aufzeichnen und das Aufgezeichnete richtig übertragen werde. Die Beeidigung entfällt, wenn ein gerichtlicher Beamter als Stenograph bestellt wird.

(2) Die Bestellung der Stenographen erfolgt auf Vorschlag des Antragstellers durch den Vorsitzenden.

(3) Die Übertragung der stenographischen Aufzeichnung in gewöhnliche Schrift ist binnen achtundvierzig Stunden nach der Aufzeichnung dem Vorsitzenden oder dem mit der Beweisaufnahme betrauten Richter zu übergeben und den Akten beizulegen.

(4) Sofern die stenographische Aufzeichnung nicht von beiden Parteien übereinstimmend beantragt wird, hat die antragstellende Partei sämtliche dadurch verursachten Kosten zu bestreiten, ohne selbst für den Fall ihres Sieges Anspruch auf Erstattung dieser Kosten erheben zu können.

§ 281. (1) Wenn zum Zwecke einer vor dem erkennenden Gerichte erfolgenden Beweisaufnahme eine Tagsatzung erstreckt werden muß, ist die Tagsatzung, in welcher die Beweisaufnahme stattfinden soll, zugleich zur Fortsetzung der mündlichen Verhandlung zu bestimmen.

(2) Muß jedoch die Beweisaufnahme durch einen beauftragten oder ersuchten Richter geschehen und läßt sich der Zeitpunkt der Beendigung derselben nicht mit Sicherheit bestimmen, so ist die Tagsatzung zur Fortsetzung der mündlichen Verhandlung vor dem erkennenden Gerichte nach dem Einlangen der Beweisaufnahme-Akten und Protokolle durch den Vorsitzenden von Amts wegen anzuberaumen und den Parteien bekannt zu geben.

§ 281a. Ist über streitige Tatsachen bereits in einem gerichtlichen Verfahren ein Beweis aufgenommen worden, so kann das Protokoll hierüber oder ein schriftliches Sachverständigengutachten als Beweismittel verwendet und von einer neuerlichen Beweisaufnahme Abstand genommen werden, wenn

1. die Parteien an diesem gerichtlichen Verfahren beteiligt waren und
a) nicht eine der Parteien ausdrücklich das Gegenteil beantragt oder
b) das Beweismittel nicht mehr zur Verfügung steht;
2. die an diesem gerichtlichen Verfahren nicht beteiligt gewesenen Parteien dem ausdrücklich zustimmen.

(BGBl 1983/135; BGBl I 1997/140)

Beweisaufnahme durch einen ersuchten oder beauftragten Richter

§ 282. Mit Beweisaufnahmen, welche außerhalb der Verhandlungstagsatzung am Orte des Prozeßgerichtes oder in dessen Nähe stattzufinden haben, ist ein Mitglied des Prozeßgerichtes, und zwar in der Regel ein Mitglied des zur Entscheidung der Rechtssache berufenen Senates zu beauftragen.

§ 283. (1) Ersuchschreiben, welche wegen einer Beweisaufnahme erlassen werden, die außerhalb des Geltungsgebietes dieses Gesetzes stattfinden soll, können dem Beweisführer auf seinen Antrag behufs Übermittlung an die ersuchte Behörde übergeben werden.

(2) Auf Antrag des Beweisführers kann ferner das Gericht gestatten, daß von der Erlassung eines Ersuchschreibens abgesehen und der Beweisführer ermächtigt werde, eine den Gesetzen des Staatsgebietes, in welchem die Beweisaufnahme erfolgen soll, entsprechende öffentliche Urkunde über die Beweisaufnahme beizubringen. Der Beweisführer hat den Gegner, wenn möglich, von Ort und Zeit der Beweisaufnahme so zeitig zu benachrichtigen, daß letzterer seine Rechte bei der Beweisaufnahme in geeigneter Art wahrzunehmen vermag. Ist die Benachrichtigung unterblieben, so hat das erkennende Gericht nach sorgfältiger Erwägung aller Umstände zu entscheiden, ob und inwieweit der Beweisführer zur Benützung der aufgenommenen Beweise in der mündlichen Verhandlung berechtigt sei.

(3) Für die Vorlegung der Akten über die Beweisaufnahme ist in beiden Fällen eine Frist zu bestimmen, deren fruchtloser Ablauf die im § 279 bezeichneten Rechtsfolgen nach sich zieht. *(BGBl I 2002/76)*

§ 284. (1) Dem Richter, welcher eine Beweisaufnahme infolge eines Auftrages oder Ersuchens vollzieht, kommen die Befugnisse zu, welche von dem Vorsitzenden bei einer Beweisaufnahme ausgeübt werden, die vor dem erkennenden Gerichte vor sich geht.

(2) Andere auf die Beweisaufnahme sich beziehende richterliche Verfügungen kann ein solcher Richter insoweit treffen, als sie nicht ausdrücklich dem Prozeßgerichte zugewiesen sind.

§ 285. (1) Ergibt sich bei der Beweisaufnahme vor einem beauftragten oder ersuchten Richter ein Streit, von dessen Erledigung die Fortsetzung der Beweisaufnahme abhängig, zu dessen Entscheidung der mit der Beweisaufnahme betraute Richter jedoch nicht berechtigt ist, so hat über seinen Bericht die Erledigung des Streites durch das Prozeßgericht zu erfolgen. Die Tagsatzung zur Verhandlung über diesen Zwischenstreit ist vom Prozeßgerichte von Amts wegen anzuberaumen.

(2) Wenn im Verlaufe der durch einen beauftragten oder ersuchten Richter stattfindenden Beweisaufnahme behufs Durchführung oder Vollendung der Beweisaufnahme an ein anderes Gericht ein Ersuchen gestellt werden muß, so ist dasselbe unmittelbar von dem mit der Beweisauf-

nahme betrauten Richter zu stellen. Derselbe ist auch befugt, ein anderes Gericht um die Aufnahme des Beweises zu ersuchen, falls sich Gründe ergeben, welche die Beweisaufnahme vor diesem Gerichte als sachgemäß erscheinen lassen.

§ 286. (1) Der Vorsitzende hat die von dem beauftragten oder ersuchten Richter vorgelegten Protokolle und sonstigen Akten über die Beweisaufnahme zu prüfen und, falls er Mängel wahrnimmt, die erforderlichen Verbesserungen oder Vervollständigungen zu veranlassen. Die Beweisaufnahme-Akten sind sodann unter gleichzeitiger Verständigung der Parteien bis zur nächsten, zur mündlichen Verhandlung bestimmten Tagsatzung der Einsichtnahme der Parteien offen zu halten.

(2) Über den in der Zwischenzeit von einer Partei gestellten Antrag, einzelne Mängel der Beweisaufnahme zu beheben oder diese Beweisaufnahme zu ergänzen, hat der Vorsitzende zu entscheiden. Die hiedurch etwa notwendig werdenden Verfügungen sind gleichfalls vom Vorsitzenden ohne Aufschub zu erlassen. Der Antrag kann auch mündlich angebracht werden.

(3) Ergibt sich erst bei der mündlichen Verhandlung die Notwendigkeit einer Ergänzung oder Wiederholung der Beweisaufnahme, so hat das Gericht die der Sachlage entsprechenden Anordnungen zu treffen. Dasselbe kann auch anordnen, daß die Ergänzung oder Wiederholung der Beweisaufnahme in der mündlichen Verhandlung selbst stattfinde.

§ 287. (1) Das Ergebnis einer nicht vor dem erkennenden Gerichte erfolgten Beweisaufnahme hat der Vorsitzende auf Grund der diese Beweisaufnahme betreffenden Protokolle und sonstigen Akten bei der mündlichen Verhandlung zu geeigneter Zeit darzulegen.

(2) Wenn diese Darlegung nach Ansicht einer der Parteien in erheblichen Punkten vom Inhalte der Akten abweicht, sind auf ihren Antrag die Beweisaufnahme-Protokolle und die sonstigen die Beweisaufnahme betreffenden Akten dem vollen Inhalte nach vorzulesen.

(3) Den Parteien bleibt es unbenommen, schon vor dieser Darlegung des Vorsitzenden in ihren Vorträgen auf den Inhalt der Beweisaufnahme-Akten Bezug zu nehmen.

Verfahren bei der Beweisaufnahme

§ 288. (1) Für die zum Zwecke einer Beweisaufnahme erforderlichen Ladungen und für alle anderen zur Beweisaufnahme erforderlichen Vorkehrungen hat, falls die Beweisaufnahme vor dem erkennenden Gerichte stattfindet, der Vorsitzende des Senates, außerdem aber der Richter, welchem die Beweisaufnahme obliegt, von Amts wegen Sorge zu tragen. Letzterer hat auch die

Tagsatzung für die Beweisaufnahme von Amts wegen anzuberaumen.

(2) Die Parteien können die von ihnen benannten Zeugen oder die Personen, welche sie dem Gerichte bei der Verhandlung als Zeugen namhaft machen oder als Sachverständige in Vorschlag bringen wollen, auch ohne vorherige gerichtliche Vorladung zur Verhandlung vor dem erkennenden Gerichte mitbringen.

§ 289. (1) Die Parteien können bei der Beweisaufnahme zugegen sein; sie können an die Zeugen und Sachverständigen diejenigen Fragen durch den Vorsitzenden oder die die Beweisaufnahme leitenden Richter stellen lassen oder mit deren Zustimmung selbst stellen, welche sie zur Aufklärung oder Vervollständigung der Aussage, sowie zur Aufklärung des Streitverhältnisses oder der für die Beweiskraft der Aussagen wesentlichen Verhältnisse für dienlich erachten. Fragen, welche dem Richter unangemessen erscheinen, hat er zurückzuweisen.

(2) Mit der Beweisaufnahme ist, soweit dies nach Lage der Sache geschehen kann, vorzugehen, wenn auch keine der verständigten Parteien erschienen ist. Es kann jedoch vom erkennenden Gerichte, oder, solange die Beweisaufnahme noch nicht beendet ist, auch von dem beauftragten oder ersuchten Richter eine Ergänzung der Beweisaufnahme zugelassen werden, wenn die Partei glaubhaft macht, daß ihr durch ein unvorhergesehenes Ereignis verursachtes Nichterscheinen eine wesentliche Unvollständigkeit der Beweisaufnahme zur Folge hatte und wenn zugleich die Ergänzung der Beweisaufnahme ohne erhebliche Verzögerung des Rechtsstreites stattfinden kann.

Abgesonderte Vernehmung

§ 289a. (1) Steht der Gegenstand des Zivilprozesses in sachlichem Zusammenhang mit einem Strafverfahren, so ist bei der Vernehmung einer Person, die in diesem Strafverfahren Opfer im Sinn des § 65 Z 1 lit. a StPO ist, auf deren Antrag die Teilnahme der Parteien des Verfahrens und ihrer Vertreter an der Vernehmung derart zu beschränken, dass diese die Vernehmung unter Verwendung technischer Einrichtungen zur Wort- und Bildübertragung mitverfolgen und ihr Fragerecht ausüben können, ohne bei der Befragung anwesend zu sein. Ist das Opfer ein unmündiger Minderjähriger, so ist ein geeigneter Sachverständiger mit der Befragung zum Gegenstand des Strafverfahrens zu beauftragen.

(2) Das Gericht kann auf Antrag eine Person auf die in Abs. 1 beschriebene Art und Weise vernehmen, wenn der zu vernehmenden Person eine Aussage in Anbetracht des Beweisthemas und der persönlichen Betroffenheit in Anwesenheit der Parteien des Verfahrens und ihrer Vertreter nicht zumutbar ist.

(3) Gegen Entscheidungen nach Abs. 1 und 2 ist kein Rechtsmittel zulässig.

(BGBl I 2009/40)

Vernehmung minderjähriger Personen

§ 289b. (1) Ist die zu vernehmende Person minderjährig, so kann das Gericht auf Antrag oder von Amts wegen von ihrer Vernehmung zur Gänze oder zu einzelnen Themenbereichen absehen, wenn durch die Vernehmung das Wohl der minderjährigen Person unter Berücksichtigung ihrer geistigen Reife, des Gegenstands der Vernehmung und ihres Naheverhältnisses zu den Prozessparteien gefährdet würde.

(2) Das Gericht kann auf Antrag oder von Amts wegen die Vernehmung auf die in § 289a Abs. 1 beschriebene Art und Weise, allenfalls auch durch einen geeigneten Sachverständigen, vornehmen lassen, wenn das Wohl der minderjährigen Person zwar nicht durch die Vernehmung an sich, jedoch unter Berücksichtigung ihrer geistigen Reife, des Gegenstands der Vernehmung und ihres Naheverhältnisses zu den Prozessparteien durch die Vernehmung in Anwesenheit der Parteien oder ihrer Vertreter gefährdet würde.

(3) Der Vernehmung der minderjährigen Person ist, soweit es in ihrem Interesse zweckmäßig ist, eine Person ihres Vertrauens beizuziehen.

(4) Gegen die Entscheidung nach Abs. 1 ist ein abgesondertes Rechtsmittel nicht zulässig. Gegen die Entscheidung nach Abs. 2 ist kein Rechtsmittel zulässig.

(BGBl I 2009/40)

§ 290. Aus dem Umstande, daß die von einer ausländischen Behörde vorgenommene Beweisaufnahme nach den ausländischen Gesetzen mangelhaft ist, kann gegen dieselbe dann kein Einwand erhoben werden, wenn die Beweisaufnahme den für das Prozeßgericht geltenden Gesetzen entspricht.

§ 291. (1) Gegen Beschlüsse, durch welche angebotene Beweise zurückgewiesen, Beweisaufnahmen angeordnet oder einem beauftragten Richter übertragen oder zum Zwecke der Beweisaufnahme Ersuchschreiben erlassen werden, ferner gegen Beschlüsse, durch welche Fragen der Parteien bei der Beweisaufnahme zurückgewiesen werden, endlich gegen Beschlüsse, durch welche die Benützung eines Beweises nach § 279 Absatz 2 bewilligt oder ausgeschlossen oder eine nach § 286 Absatz 2 in Antrag gebrachte Ergänzung der Beweisaufnahme verweigert wird, ist ein abgesondertes Rechtsmittel nicht zulässig. *(BGBl I 2002/76)*

(2) Beschlüsse, durch welche die stenographische Aufzeichnung einer Beweisaufnahme gestattet, dem Beweisführer die Bestellung eines Ersuchschreibens gemäß § 283 Absatz 1 übertragen, oder für die Beweisaufnahme oder für die Vorlage der Akten über eine außerhalb des Geltungsgebietes dieses Gesetzes stattfindende Beweisaufnahme eine Frist bestimmt wird, ferner Beschlüsse, durch welche die Ergänzung oder Wiederholung einer Beweisaufnahme angeordnet wird, können durch ein Rechtsmittel überhaupt nicht angefochten werden.

Beweisaufnahme im Ausland

§ 291a. (1) Liegen die Voraussetzungen für die Beweisaufnahme durch ein ersuchtes ausländisches Gericht vor, so kann das Prozessgericht auf Antrag einer Partei im Ausland an der Beweisaufnahme des ersuchten Gerichtes teilnehmen oder an dessen Stelle selbst Beweis aufnehmen, wenn

1. dies völker- oder gemeinschaftsrechtlich zulässig und unter Bedachtnahme auf den Reiseaufwand und die tatsächlichen Verhältnisse im betreffenden Staat zumutbar ist,

2. auf Grund außergewöhnlicher Umstände, etwa wegen der besonderen Schwierigkeit des Beweisthemas oder der über das gewöhnliche Maß hinausgehenden Bedeutung eines persönlichen Eindrucks, eine Beweisaufnahme nur durch das ersuchte Gericht nicht ausreicht und

3. die voraussichtlichen Kosten der auswärtigen Amtshandlung und damit allfällig verbundener Dolmetscherkosten als Vorschuss bei Gericht erliegen; das ist nicht erforderlich, wenn allen Parteien, die nach § 3 GEG einen Kostenvorschuss zu erlegen hätten, Verfahrenshilfe gemäß § 64 Abs. 1 Z 1 lit. b und c gewährt wurde.

(2) Zur Frage, ob eine Amtshandlung außerhalb des Geltungsbereichs der Verordnung (EG) Nr. 1206/2001, ABl. Nr. 2001, L 174, S 1, zulässig ist, ist vorweg eine Erklärung des Bundesministers für Justiz einzuholen. Dieser hat zuvor das Einvernehmen mit dem Bundesminister für auswärtige Angelegenheiten herzustellen. Ansuchen um Beweisaufnahme sind in diesem Fall im Wege des Bundesministeriums für Justiz zu stellen.

(BGBl I 2003/114)

Siehe auch BeweisaufnahmeVO samt Einführungserlass (37/1-2).

§ 291b. (1) Eine Amtshandlung nach § 291a ist durch abgesondert anfechtbaren Beschluss anzuordnen. Ein dagegen erhobener Rekurs hat aufschiebende Wirkung.

(2) Gegen die Abweisung eines Antrags nach § 291a Abs. 1 ist kein abgesondertes Rechtsmittel zulässig.

(BGBl I 2003/114)

§ 291c. Die Bestimmungen des § 291a Abs. 1 Z 2 und 3 sowie des § 291b sind auf eine im Ausland stattfindende Befundaufnahme durch einen Sachverständigen nicht anzuwenden.

(BGBl I 2003/114)

Dritter Titel
Beweis durch Urkunden

Beweiskraft der Urkunden

§ 292. (1) Urkunden, welche im Geltungsgebiete dieses Gesetzes von einer öffentlichen Behörde innerhalb der Grenzen ihrer Amtsbefugnisse oder von einer mit öffentlichem Glauben versehenen Person innerhalb des ihr zugewiesenen Geschäftskreises in der vorgeschriebenen Form auf Papier oder elektronisch errichtet sind (öffentliche Urkunden), begründen vollen Beweis dessen, was darin von der Behörde amtlich verfügt oder erklärt, oder von der Behörde oder der Urkundsperson bezeugt wird. Das gleiche gilt von den Urkunden, welche zwar außerhalb des Geltungsgebietes dieses Gesetzes, jedoch innerhalb der Grenzen ihrer Amtsbefugnisse von solchen öffentlichen Organen errichtet wurden, die einer Behörde unterstehen, welche im Geltungsgebiete dieses Gesetzes ihren Sitz hat. *(BGBl I 2005/164, ab 1. 1. 2007)*

(2) Der Beweis der Unrichtigkeit des bezeugten Vorganges oder der bezeugten Tatsache oder der unrichtigen Beurkundung ist zulässig.

Vgl § 20 E-Government-G BGBl I 2004/10 idF BGBl I 2008/7 (Art I Z 35):

§ 20. Ein auf Papier ausgedrucktes elektronisches Dokument einer Behörde hat die Beweiskraft einer öffentlichen Urkunde (§ 292 der Zivilprozessordnung – ZPO, RGBl. Nr. 113/1895), wenn das elektronische Dokument mit einer Amtssignatur versehen wurde. Die Amtssignatur muss durch Rückführung des Dokuments aus der ausgedruckten in die elektronische Form prüfbar oder das Dokument muss durch andere Vorkehrungen der Behörde verifizierbar sein. Das Dokument hat einen Hinweis auf die Fundstelle im Internet, wo das Verfahren der Rückführung des Ausdrucks in das elektronische Dokument und die anwendbaren Prüfmechanismen enthalten sind, oder einen Hinweis auf das Verfahren der Verifizierung zu enthalten.

§ 293. (1) Gleiche Beweiskraft haben auch andere Urkunden, welche durch besondere gesetzliche Vorschriften als öffentliche Urkunden erklärt sind.

(2) Die außerhalb des Geltungsbereiches dieses Gesetzes errichteten Urkunden, welche am Orte ihrer Errichtung als öffentliche Urkunden gelten, genießen unter der Voraussetzung der Gegenseitigkeit auch im Geltungsgebiete dieses Gesetzes die Beweiskraft öffentlicher Urkunden, wenn sie mit den vorgeschriebenen Beglaubigungen versehen sind.

§ 294. Auf Papier oder elektronisch errichtete Privaturkunden begründen, sofern sie von den Ausstellern unterschrieben oder mit ihrem gerichtlich oder notariell beglaubigten Handzeichen versehen sind, vollen Beweis dafür, daß die in denselben enthaltenen Erklärungen von den Ausstellern herrühren. *(BGBl I 2005/164)*

§ 295. *(aufgehoben, DRGBl 1938 I S 1999)*

§ 296. Ob und in welchem Maße Durchstreichungen, Radierungen und andere Auslöschungen, Einschaltungen oder sonstige äußere Mängel einer Urkunde deren Beweiskraft mindern oder dieselbe ganz aufheben, hat das Gericht nach § 272 zu beurteilen.

Beweisantretung

§ 297. Beruft sich eine Partei zum Beweis ihrer Angaben auf Urkunden, so hat sie die maßgeblichen Stellen bestimmt anzugeben und hervorzuheben. Diese Urkunden sind dem Gericht von der Partei in geordneter und übersichtlicher Form vorzulegen, falls nicht das Gericht selbst die Herbeischaffung und Vorlegung der Urkunden zu veranlassen hat.

(BGBl I 2002/76)

Vorlegung der Urkunde durch den Beweisführer

§ 298. (1) Urkunden sind in der Weise vorzulegen, daß das Gericht und die Gegenpartei von dem ganzen Inhalte der Urkunden Einsicht nehmen können.

(2) Kommen nur einzelne Teile einer sich auf verschiedene Rechtsverhältnisse beziehenden Urkunde in Betracht, so hat das Gericht, nachdem es vom ganzen Inhalte der Urkunde Einsicht genommen hat, auf Antrag anordnen, daß dem Gegner außer dem Eingange, dem Schlusse, dem Datum und der Unterschrift, nur diejenigen Stellen vorgewiesen werden, welche für das, den Gegenstand des Streites bildende Rechtsverhältnis von Belang sind.

(3) Der Gegner des Beweisführers ist zur Erklärung über die vorgelegte Urkunde aufzufordern.

§ 299. Hat die Partei nur eine Abschrift der Urkunde vorgelegt, so kann ihr auf Antrag der Gegenpartei oder von Amts wegen die Vorlage der Urschrift aufgetragen werden. Ob und inwieweit ungeachtet der Nichtbefolgung dieses Auftrages der vorgelegten Abschrift infolge ihrer Beglaubigung, ihres Alters, ihres Ursprunges oder aus anderen Gründen Glauben beizumessen ist, hat das Gericht nach seinem Ermessen zu entscheiden. Hiebei sind die für die Unterlassung der Vorlage der Urschrift geltend gemachten Gründe und die sonstigen Umstände des einzelnen Falles sorgfältig zu würdigen.

§ 300. (1) Wenn die Vorlegung der Urschrift einer Urkunde in der mündlichen Verhandlung wegen erheblicher Hindernisse nicht erfolgen kann, oder wegen der Wichtigkeit der Urkunde und der Besorgnis ihres Verlustes oder ihrer Beschädigung bedenklich erscheint, so kann das Gericht auf Antrag oder von Amts wegen anordnen, daß die Urkunde einem beauftragten oder ersuchten Richter vorgelegt werde.

(2) Das Gericht hat in diesem Falle zu bestimmen, welche Umstände durch das über die Amtshandlung des beauftragten oder ersuchten Richters aufzunehmende Protokoll zu bestätigen sind; es kann auch anordnen, daß mit dem Protokolle eine Abschrift oder ein Auszug der Urkunde vorgelegt werde.

(3) Von der seitens des beauftragten oder ersuchten Richters zur Vorlage der Urkunde anberaumten Tagsatzung ist der Gegner des Beweisführers rechtzeitig zu verständigen. Wird die Urkunde bei dieser Tagsatzung nicht vorgelegt, so kann der Fortgang des Prozesses durch die Rücksicht auf dieses Beweismittel nicht weiter aufgehalten werden.

§ 301. (1) Der Antrag, die Vorlage einer als Beweismittel zu benützenden Urkunde zu veranlassen, welche sich bei einer öffentlichen Behörde oder in Verwahrung eines Notars befindet und deren Ausfolgung oder Vorlage die Partei im Wege unmittelbaren Einschreitens nicht zu erlangen vermag, kann auch während der mündlichen Verhandlung gestellt werden.

(2) Wird diesem Antrag stattgegeben, so hat der Vorsitzende die zur Herbeischaffung der Urkunde oder Einsichtnahme in die Urkunde geeigneten Verfügungen zu treffen. *(BGBl I 2005/164, ab 1. 1. 2007)*

§ 302. Nach erfolgter Vorlegung einer Urkunde kann der Beweisführer auf dieses Beweismittel nur mit Zustimmung des Gegners verzichten.

Vorlegung der Urkunde durch den Gegner

§ 303. (1) Wenn eine Partei behauptet, daß sich eine für ihre Beweisführung erhebliche Urkunde in den Händen des Gegners befindet, so kann auf ihren Antrag das Gericht dem Gegner die Vorlage der Urkunde durch Beschluß auftragen.

(2) Die antragstellende Partei hat eine Abschrift der vom Gegner vorzulegenden Urkunde beizubringen oder, wenn sie dies nicht vermag, den Inhalt der Urkunde möglichst genau und vollständig anzugeben, sowie die Tatsachen anzuführen, welche durch die vorzulegende Urkunde bewiesen werden sollen. Desgleichen sind die Umstände darzulegen, welche den Besitz der Urkunde seitens des Gegners wahrscheinlich machen.

(3) Der Entscheidung über den Antrag hat, wenn derselbe außerhalb der mündlichen Verhandlung gestellt wird, eine mündliche oder schriftliche Einvernehmung des Gegners vorauszugehen.

§ 304. (1) Die Vorlage der Urkunde kann nicht verweigert werden:

1. wenn der Gegner selbst auf die Urkunde zum Zwecke der Beweisführung im Prozesse Bezug genommen hat;

2. wenn der Gegner nach bürgerlichem Rechte zur Ausfolgung oder Vorlage der Urkunde verpflichtet ist;

3. wenn die Urkunde ihrem Inhalte nach eine beiden Parteien gemeinschaftliche ist.

(2) Als gemeinschaftlich gilt eine Urkunde insbesondere für die Personen, in deren Interesse sie errichtet ist oder deren gegenseitige Rechtsverhältnisse darin bekundet sind. Als gemeinschaftlich gelten auch die über ein Rechtsgeschäft zwischen den Beteiligten oder zwischen einem derselben und dem gemeinsamen Vermittler des Geschäftes gepflogenen schriftlichen Verhandlungen.

Vgl Art XLIII EGZPO.

§ 305. Die Vorlage anderer Urkunden kann verweigert werden:

1. wenn der Inhalt Angelegenheiten des Familienlebens betrifft;

2. wenn der Gegner durch die Vorlage der Urkunde eine Ehrenpflicht verletzen würde;

3. wenn das Bekanntwerden der Urkunde der Partei oder dritten Personen zur Schande gereichen oder die Gefahr strafgerichtlicher Verfolgung zuziehen würde;

4. wenn die Partei durch die Vorlage der Urkunde eine staatlich anerkannte Pflicht zur Verschwiegenheit, von der sie nicht gültig entbunden wurde, oder ein Kunst- oder Geschäftsgeheimnis verletzen würde;

5. wenn andere gleich wichtige Gründe vorhanden sind, welche die Verweigerung der Vorlage rechtfertigen.

§ 306. Wenn einer der im § 305 angeführten Gründe nur einzelne Teile des Inhaltes einer Urkunde betrifft, so ist ein beglaubigter Auszug der Urkunde vorzulegen.

§ 307. (1) Leugnet der Gegner den Besitz der Urkunde und erachtet das Gericht die durch die Urkunde zu beweisenden Tatsachen erheblich und zugleich die Verpflichtung zur Vorlage der Urkunde als bestehend, so kann die Vernehmung und eidliche Abhörung des Gegners durch gerichtlichen Beschluß zu dem Zwecke angeordnet werden, um zu ermitteln, ob der Gegner die Urkunde besitze oder doch wisse, wo dieselbe zu finden sei, oder ob die Urkunde nicht etwa von ihm oder auf seine Veranlassung, um sie dem Beweisführer zu entziehen, beseitigt oder zur Benützung untauglich gemacht worden sei.

(2) Welchen Einfluß es auf die Beurteilung des Falles hat, wenn der Gegner dem Auftrage zur Vorlage der Urkunde, deren Besitz er zugegeben hat, nicht nachkommt oder wenn er bezüglich einer Urkunde, deren Besitz er leugnet, die Vernehmung oder die eidliche Aussage ablehnt oder wenn aus seiner Aussage hervorgeht, daß die Urkunde absichtlich beseitigt oder untauglich gemacht worden sei, ob insbesondere in diesen Fällen die Angaben des Beweisführers über den Inhalt der Urkunde als erwiesen anzusehen seien, bleibt dem durch sorgfältige Würdigung aller Umstände geleiteten richterlichen Ermessen überlassen.

Vorlegung der Urkunde durch einen Dritten

§ 308. (1) Wenn sich eine zur Beweisführung benötigte Urkunde in der Hand eines Dritten befindet, welcher nach den Vorschriften des bürgerlichen Rechtes oder deshalb zur Herausgabe und Vorlage der Urkunde verpflichtet ist, weil dieselbe ihrem Inhalte nach eine für den Beweisführer und den Dritten gemeinschaftliche ist (§ 304), so kann letzterem auf Antrag des Beweisführers vom Prozeßgerichte durch Beschluß aufgetragen werden, die Urkunde innerhalb einer ihm zugleich zu bestimmenden Frist auf Kosten des Beweisführers bei dem Prozeßgerichte behufs Benützung bei der mündlichen Verhandlung zu hinterlegen.

(2) Über einen solchen Antrag hat das Prozeßgericht nach Anhörung des Gegners und des angeblichen dritten Besitzers der Urkunde zu entscheiden; falls letzterer den Besitz der Urkunde leugnet, kann dem Antrage nur dann stattgegeben werden, wenn die antragstellende Partei glaubhaft macht, daß sich die Urkunde in der Hand des Dritten befindet. Zum Zwecke der Einverneh-

mung der Beteiligten kann vom Prozeßgerichte eine besondere Tagsatzung angeordnet werden. Der Beschluß ist nach Eintritt der Rechtskraft und nach Ablauf der angeordneten Vorlagefrist vollstreckbar.

(3) Bei Zurückweisung des Antrages sind dem angeblichen Besitzer der Urkunde auf sein Verlangen die ihm durch das Verfahren verursachten notwendigen Kosten zu ersetzen.

§ 309. (1) Muß der angebliche Besitzer der Urkunde im Wege der Klage zur Herausgabe und Vorlage der Urkunde verhalten werden, weil nicht glaubhaft gemacht werden kann, daß sich die Urkunde in seiner Hand befindet oder weil die Entscheidung über das Vorhandensein der Pflicht zur Herausgabe und Vorlage der Urkunde die vorgängige Ermittlung und Feststellung streitiger Tatumstände verlangt, so kann das Prozeßgericht, wenn es die durch die Urkunde zu beweisenden Tatsachen für erheblich hält, auf Antrag anordnen, daß mit der Fortsetzung der mündlichen Verhandlung bis nach Ablauf der gleichzeitig dem Beweisführer zur Vorlegung der Urkunde zu bestimmenden Frist gewartet werde (§ 279).

(2) Der Gegner des Beweisführers kann jedoch noch vor Ablauf dieser Frist die Fortsetzung der Verhandlung beantragen, wenn die Klage des Beweisführers gegen den Dritten früher erledigt ist, oder der Beweisführer die Erhebung der Klage oder die Betreibung des Prozesses oder der Exekution verzögert.

(3) Die Vorlegung der Urkunde geschieht auf Kosten des Beweisführers.

Echtheitsbeweis

§ 310. (1) Urkunden, welche sich nach Form und Inhalt als öffentliche Urkunden darstellen, haben die Vermutung der Echtheit für sich.

(2) Hält das Gericht die Echtheit für zweifelhaft, so kann es auf Antrag oder von Amts wegen die Behörde oder die Person, von welcher die Urkunde errichtet sein soll, zu einer Erklärung über die Echtheit veranlassen. Läßt sich der Zweifel an der Echtheit der Urkunde nicht auf diese Art beseitigen, so obliegt der Beweis ihrer Echtheit demjenigen, der diese Urkunde als Beweismittel gebrauchen will.

§ 311. (1) Ob eine Urkunde, welche sich als von einer ausländischen Behörde oder von einer mit öffentlichem Glauben versehenen Person des Auslandes errichtet darstellt, ohne näheren Nachweis als echt anzusehen sei, hat das Gericht nach den Umständen des Falles zu ermessen.

(2) Zum Beweis der Echtheit einer solchen Urkunde genügt, sofern nicht durch besondere Bestimmungen etwas anderes festgesetzt ist, die Beglaubigung durch die örtlich zuständige österreichische Vertretungsbehörde. *(BGBl I 2009/30)*

§ 312. (1) Die Echtheit einer Privaturkunde gilt als unbestritten, wenn der Gegner des Beweisführers es unterlassen hat, sich über die Echtheit der Urkunde zu erklären, soferne nicht die Absicht, die Echtheit zu bestreiten, aus den übrigen Erklärungen des Gegners hervorgeht. Befindet sich auf der Urkunde eine Namensunterschrift, so hat sich der Gegner des Beweisführers unter den gleichen Rechtsfolge auch über die Echtheit der Unterschrift zu erklären.

(2) Die bestrittene Echtheit einer Privaturkunde oder einer auf derselben befindlichen Namensunterschrift ist von demjenigen zu beweisen, der die Urkunde als Beweismittel gebrauchen will.

§ 313. Eine Partei, welche die Echtheit einer Urkunde in mutwilliger Weise bestritten hat, ist in eine Mutwillensstrafe zu verfällen.

Schriftvergleichung

§ 314. (1) Der Beweis der Echtheit oder Unechtheit einer Urkunde kann auch durch Schriftvergleichung geführt werden.

(2) Als Vergleichungsschriften können nur solche Schriftstücke benützt werden, deren Echtheit unbestritten ist oder doch ohne erhebliche Verzögerung dargetan werden kann.

(3) Die Bestimmungen dieses Gesetzes über die Vorlegung von Beweisurkunden sind auch in Ansehung der Vorlegung von Vergleichungsschriften anzuwenden.

(4) Mangelt es an zureichenden Vergleichungsschriften, so kann derjenigen Partei, über deren Handschrift der Beweis der Echtheit hergestellt werden soll, aufgetragen werden, vor Gericht oder vor einem beauftragten oder ersuchten Richter eine Anzahl von ihr zu bezeichnenden Worten niederzuschreiben.

(5) Das Niedergeschriebene ist dem Verhandlungsprotokoll beizulegen. Welchen Einfluß es auf die Herstellung des Beweises hat, wenn die Partei einem solchen richterlichen Auftrage keine Folge leistet oder mit offenbar entstellter Schrift schreibt, bleibt der richterlichen Beurteilung überlassen.

§ 315. (1) Die Vergleichung der Handschriften kann das Gericht selbst vornehmen oder, wenn sich ihm Zweifel ergeben, das Gutachten von Sachverständigen einholen.

(2) Über das Ergebnis der Schriftvergleichung ist vom Gerichte nach freier Überzeugung zu entscheiden.

Gerichtliche Aufbewahrung von Urkunden

§ 316. Urkunden, deren Echtheit bestritten ist oder deren Inhalt verändert sein soll, können bis zur rechtskräftigen Erledigung des Prozesses bei Gericht zurückbehalten werden, sofern nicht ihre Ausfolgung an eine andere Behörde im Interesse der öffentlichen Ordnung erforderlich ist.

Erneuerung von Urkunden

§ 317. (1) Wird eine auf Papier errichtete Privaturkunde unleserlich oder schadhaft, so kann deren Inhaber oder jeder andere Beteiligte vom Aussteller der Urkunde begehren, daß dieselbe auf Kosten des Antragstellers gerichtlich erneuert werde. Hiezu sind alle Personen zu laden, wider welche die Urkunde nach Lage der Sache zum Beweise dienen soll. *(BGBl I 2005/164, ab 1. 1. 2007)*

(2) Im Falle der Weigerung kann der Aussteller zu solcher Erneuerung nur im Wege der Klage verhalten werden.

Vgl DRGBl 1942 I S 395 für gerichtliche Urkunden und Notariatsurkunden.

Auskunftssachen

§ 318. (1) Inwieweit durch Denkmäler, Grenzzeichen, Marksteine, Eich- und Heimpfähle und ähnliche Zeichen oder durch Kerb- oder Spannhölzer, welche die Parteien für ihren Verkehr erwiesenermaßen gebraucht haben, ein Beweis geliefert werde, hat das Gericht nach sorgfältiger Würdigung aller Umstände zu beurteilen.

(2) Die Bestimmungen der §§ 303 bis 309 sind auch auf die Vorlegung von Auskunftssachen sinngemäß anzuwenden.

§ 319. (1) Gegen die zufolge §§ 298, 299, 300, 301, 309 Absatz 1 und 2, 310, 314 und 315 ergehenden gerichtlichen Beschlüsse, Anordnungen und Aufträge ist ein Rechtsmittel nicht zulässig.

(2) Die gemäß §§ 303, 307 und 316 gefaßten Beschlüsse können durch ein abgesondertes Rechtsmittel nicht angefochten werden.

Vierter Titel

Beweis durch Zeugen

Unzulässigkeit und Verweigerung des Zeugnisses

§ 320. Als Zeugen dürfen nicht vernommen werden:

1. Personen, welche zur Mitteilung ihrer Wahrnehmungen unfähig sind, oder welche zur Zeit, auf welche sich ihre Aussage beziehen soll, zur Wahrnehmung der zu beweisenden Tatsache unfähig waren;

2. Geistliche in Ansehung dessen, was ihnen in der Beichte oder sonst unter dem Siegel geistlicher Amtsverschwiegenheit anvertraut wurde;

3. Staatsbeamte, wenn sie durch ihre Aussage das ihnen obliegende Amtsgeheimnis verletzen würden, insofern sie der Pflicht zur Geheimhaltung nicht durch ihre Vorgesetzten entbunden sind;

4. eingetragene Mediatoren nach dem Zivilrechts-Mediations-Gesetz, BGBl. I Nr. 29/2003, in Ansehung dessen, was ihnen im Rahmen der Mediation anvertraut oder sonst bekannt wurde. *(BGBl I 1999/125; BGBl I 2000/135; BGBl I 2003/29)*

§ 321. (1) Die Aussage darf von einem Zeugen verweigert werden:

1. über Fragen, deren Beantwortung dem Zeugen, seinem Ehegatten oder einer Person, mit welcher der Zeuge in gerader Linie oder in der Seitenlinie bis zum zweiten Grade verwandt oder verschwägert, oder mit welcher er durch Adoption verbunden ist, ferner seinen Pflegeeltern und Pflegekindern, sowie der mit der Obsorge für ihn betrauten Person, seinem Erwachsenenvertreter, seinem Vorsorgebevollmächtigten nach Wirksamwerden der Vorsorgevollmacht oder der von ihm in dieser Eigenschaft vertretenen Person und seinem Lebensgefährten sowie dessen Verwandten in gerader Linie oder bis zum zweiten Grad der Seitenlinie zur Schande gereichen oder die Gefahr strafgerichtlicher Verfolgung zuziehen würde; *(BGBl I 2000/135; BGBl I 2009/75; BGBl I 2017/59, auf Verfahren anzuwenden, die nach dem 30. Juni 2018 anhängig werden)*

2. über Fragen, deren Beantwortung dem Zeugen oder einer der in Z. 1 bezeichneten Personen einen unmittelbaren vermögensrechtlichen Nachteil zuziehen würde;

3. in Bezug auf Tatsachen, über welche der Zeuge nicht würde aussagen können, ohne eine ihm obliegende staatlich anerkannte Pflicht zur Verschwiegenheit zu verletzen, insoferne er hievon nicht gültig entbunden wurde;

4. in Ansehung desjenigen, was dem Zeugen in seiner Eigenschaft als Rechtsanwalt von seiner Partei anvertraut wurde;

4a. in Ansehung dessen, was dem Zeugen in seiner Eigenschaft als Funktionär oder Arbeitnehmer einer gesetzlichen Interessenvertretung oder freiwilligen kollektivvertragsfähigen Berufsvereinigung von seiner Partei in einer Arbeits- oder Sozialrechtssache anvertraut wurde; *(BGBl 1994/624)*

5. über Fragen, welche der Zeuge nicht würde beantworten können, ohne ein Kunst- oder Geschäftsgeheimnis zu offenbaren;

6. über die Frage, wie der Zeuge sein Wahlrecht oder Stimmrecht ausgeübt hat, wenn dessen Ausübung gesetzlich für geheim erklärt ist. *(BGBl 1983/135)*

(2) Die Aussage kann in den unter Abs. 1 Z 1 und 2 angegebenen Fällen mit Rücksicht auf die dort bezeichneten Personen auch dann verweigert werden, wenn das Naheverhältnis zum Zeugen nicht mehr besteht. *(BGBl I 2009/75)*

§ 321 ist in der jeweiligen Fassung auf eingetragene Partner, Partnersachen oder Partnerangelegenheiten sinngemäß anzuwenden (§ 43 Abs 1 Z 25 EPG).

§ 322. Über Errichtung und Inhalt von Rechtsgeschäften, bei welchen der Zeuge als Urkundsperson beigezogen worden ist, über Tatsachen, welche die durch das Ehe- oder Familienverhältnis bedingten Vermögensangelegenheiten betreffen, über Geburten, Verheiratungen oder Sterbefälle der im § 321 Z. 1 bezeichneten Angehörigen, endlich über Handlungen, welche der Zeuge in Betreff des streitigen Rechtsverhältnisses als Rechtsvorgänger oder Vertreter einer der Parteien vorgenommen hat, darf das Zeugnis wegen eines zu besorgenden vermögensrechtlichen Nachteiles nicht verweigert werden.

§ 322 ist in der jeweiligen Fassung auf eingetragene Partner, Partnersachen oder Partnerangelegenheiten sinngemäß anzuwenden (§ 43 Abs 1 Z 25 EPG).

§ 323. (1) Ein Zeuge, welcher die Aussage ganz oder über einzelne Fragen verweigern will, hat die Gründe der Weigerung mündlich oder schriftlich vor der zu seiner Vernehmung bestimmten Tagsatzung oder bei dieser Tagsatzung selbst anzugeben, und wenn ein Widerspruch erfolgt, glaubhaft zu machen.

(2) Im ersteren Falle ist ein solches Vorbringen des Zeugen den Parteien, soweit tunlich, noch vor der zur Vernehmung bestimmten Tagsatzung bekanntzugeben.

§ 324. (1) Über die Rechtmäßigkeit der Weigerung hat, wenn die Weigerung vor dem erkennenden Gerichte vorgebracht wurde, dieses selbst, sonst aber der beauftragte oder ersuchte Richter, vor welchem die Weigerung erfolgte, mittels Beschluß zu entscheiden. Vor der Entscheidung kann das Gericht die Parteien hören.

(2) Bei etwaigen Verhandlungen über die Rechtmäßigkeit der Weigerung braucht sich der Zeuge nicht durch einen Rechtsanwalt vertreten lassen. Hat er seine Weigerung schriftlich oder zu gerichtlichem Protokoll erklärt, so ist sein Vorbringen bei der Entscheidung auch dann zu berücksichtigen, wenn er bei der zu seiner Einver-

nehmung anberaumten Tagsatzung nicht erscheint.

§ 325. (1) Wird das Zeugnis ohne Angabe von Gründen verweigert oder beharrt der Zeuge auf seiner Weigerung auch, nachdem dieselbe als nicht gerechtfertigt erkannt worden ist, oder wird die Ableistung des geforderten Zeugeneides verweigert, so kann der Zeuge auf dem Wege der zur Erzwingung einer Handlung zulässigen Exekution von Amts wegen durch Geldstrafen oder durch Haft zur Aussage verhalten werden. Die Haft darf nicht über den Zeitpunkt der Beendigung des Prozesses in der Instanz verlängert werden und in keinem Falle die Dauer von sechs Wochen überschreiten.

(2) Die Entscheidung, daß gegen den Zeugen mit der Exekution vorzugehen sei, sowie die Anordnung der einzelnen Zwangsmittel steht dem erkennenden Gerichte, wenn aber die Vernehmung durch einen ersuchten Richter geschehen soll, diesem zu. Vor der Beschlußfassung ist der Zeuge zu hören.

§ 326. (1) Die Beschlußfassung darüber, ob und in welcher Weise der Fortgang des Verfahrens in der Hauptsache durch die ungerechtfertigte Weigerung der Aussage, der Ableistung des Zeugeneides oder durch die deshalb wider den Zeugen eingeleiteten Zwangsmaßregeln beeinflußt werde, steht dem erkennenden Gerichte zu. Der beauftragte oder ersuchte Richter hat deshalb das Prozeßgericht von diesem Vorfälle jederzeit ohne Aufschub in Kenntnis zu setzen. Die Entscheidung des erkennenden Gerichtes kann ohne vorgängige mündliche Verhandlung erfolgen.

(2) In allen Fällen ungerechtfertigter Weigerung haftet der Zeuge beiden Parteien für den ihnen durch die Vereitlung oder Verzögerung der Beweisführung verursachten Schaden; er ist insbesondere auch zum Ersatze aller durch seine Weigerung verursachten Kosten verpflichtet.

(3) Wenn die Weigerung des Zeugen eine mutwillige war, ist gegen den Zeugen überdies eine Mutwillensstrafe zu verhängen. Die Beschlußfassung über die Pflicht zum Kostenersatz steht dem erkennenden Gerichte zu; zur Verhängung von Mutwillensstrafen ist auch der beauftragte oder ersuchte Richter berechtigt.

Würdigung der Zeugenaussage

§ 327. Alle Umstände, welche auf die Unbefangenheit des Zeugen und die Glaubwürdigkeit seiner Aussage von Einfluß sind, hat das Gericht nach freier Überzeugung sorgfältig zu würdigen.

Beweisaufnahme durch den beauftragten oder ersuchten Richter

§ 328. (1) Die Aufnahme des Zeugenbeweises kann durch einen beauftragten oder ersuchten Richter erfolgen:

1. wenn die Vernehmung des Zeugen an Ort und Stelle der Ermittlung der Wahrheit förderlich erscheint;

2. wenn die Beweisaufnahme vor dem erkennenden Gerichte erheblichen Schwierigkeiten unterliegen würde;

3. wenn die Vernehmung des Zeugen vor dem erkennenden Gerichte mit Rücksicht auf die dem Zeugen zu gewährende Entschädigung für Zeitversäumnis und die ihm zu erstattenden Kosten der Reise und des Aufenthaltes am Orte der Vernehmung einen unverhältnismäßig großen Aufwand verursachen würde;

4. wenn der Zeuge an dem Erscheinen vor dem erkennenden Gerichte gehindert ist.

(2) Ein Zeuge, welcher infolge Krankheit, Gebrechlichkeit oder aus anderen Gründen außerstande ist, seine Wohnung zum Zwecke der Vernehmung zu verlassen, oder welcher infolge bestehender Anordnungen nicht verpflichtet ist, zur Abgabe einer Zeugenaussage in bürgerlichen Rechtsangelegenheiten im Gerichtshause zu erscheinen, wird in seiner Wohnung vernommen.

(3) *(aufgehoben, StGBl 1919/209)*

(4) Ungeachtet der im Absatze 1 Z. 3 bezeichneten Umstände sind Zeugen auf Antrag zur Vernehmung vor das erkennende Gericht zu laden, wenn sich eine Partei bereit erklärt, den damit verbundenen Aufwand, soweit derselbe die Kosten der Beweisaufnahme durch den ersuchten Richter übersteigt, ohne Anspruch auf Ersatz zu bestreiten. Der Vorsitzende kann anordnen, daß die antragstellende Partei innerhalb einer bestimmten Frist einen von ihm zu bestimmenden Betrag zur Deckung dieses Aufwandes vorschußweise erlege (§ 332 Absatz 2).

Ladung

§ 329. (1) Die Ladung eines Zeugen ist vom Gerichte auszufertigen. Die erstmalige Ladung hat ohne Zustellnachweis zu erfolgen. *(BGBl I 2000/26, ab 1. 6. 2000)*

(2) Die Ladung hat nebst der Benennung der Parteien und einer kurzen Bezeichnung des Gegenstandes der Vernehmung die Aufforderung zu enthalten, zur Ablegung eines Zeugnisses bei der gleichzeitig nach Ort und Zeit bestimmten Tagsatzung zu erscheinen. In der Ladungsurkunde sind die gesetzlichen Bestimmungen über die Zeugengebühren sowie die gesetzlichen Folgen des Ausbleibens bekanntzugeben.

§ 330. (1) Die Ladung einer in aktiver Dienstleistung stehenden Person der bewaffneten Macht erfolgt mittels eines an das vorgesetzte Kommando des Zeugen oder an das nächste Militärkommando gerichteten Ersuchens.

(2) Ladungen an selbständige Kommandanten der Bundespolizei sind den Kommandanten unmittelbar zuzustellen. Wegen der Zustellung der Ladung an andere Mitglieder dieser Körper ist sich an deren Vorgesetzte zu wenden.[1] *(BGBl I 2004/151)*

---
[1] *Vgl § 164 Geo.*

§ 331. Steht die als Zeuge zu ladende Person in einem öffentlichen Amte oder Dienste und muß voraussichtlich zur Wahrung der Sicherheit oder anderer öffentlicher Interessen eine Stellvertretung während der Verhinderung dieser Person eintreten, so ist gleichzeitig deren unmittelbarer Vorgesetzter von der ergangenen Ladung zu benachrichtigen.[1] *(BGBl I 1997/140)*

(2) *(aufgehoben, BGBl I 1997/140)*

---
[1] *Vgl § 165 Geo.*

§ 332. (1) Ist einem Zeugen voraussichtlich eine Vergütung zu leisten und ist dem Beweisführer nicht die Verfahrenshilfe bewilligt, so hat der Vorsitzende oder der beauftragte oder ersuchte Richter anzuordnen, daß ein von ihm zu bestimmender Betrag zur Deckung des durch die Vernehmung des Zeugen entstehenden Aufwandes vom Beweisführer innerhalb einer bestimmten Frist vorschußweise zu erlegen ist. Hievon ist abzusehen, wenn die vom Staatsschatze in dem Verfahren vorläufig zu leistenden Zeugengebühren insgesamt den Betrag von 200 Euro voraussichtlich nicht übersteigen und mit ihrer Einbringung bestimmt zu rechnen ist. *(BGBl 1976/91; BGBl 1989/343; BGBl I 1997/140; BGBl I 2009/30)*

(2) Bei nicht rechtzeitigem Erlag dieses Vorschusses hat die Ausfertigung der Ladung zu unterbleiben und ist die Verhandlung auf Antrag des Gegners ohne Rücksicht auf die ausständige Beweisaufnahme fortzusetzen (§ 279). Der Beschluß, mit dem der Erlag eines Kostenvorschusses aufgetragen wird, ist nur hinsichtlich seiner Höhe und nur dann anfechtbar, wenn der Gesamtbetrag der einer Partei aufgetragenen Vorschüsse 4 000 Euro übersteigt. *(BGBl 1948/1; BGBl 1983/135; BGBl I 2009/52)*

Abs 2 gilt auch für den Sachverständigenbeweis (§ 365) u. den Beweis durch Augenschein (§ 368 Abs 3); vgl § 440 (6).

Folgen des Ausbleibens

§ 333. (1) Gegen einen ordnungsmäßig geladenen Zeugen, welcher bei der zur Vernehmung bestimmten Tagsatzung ohne genügende Entschuldigung nicht erscheint, ist durch das erkennende Gericht oder durch den beauftragten oder ersuchten Richter die Verpflichtung zum Ersatze aller durch sein Ausbleiben verursachten Kosten durch Beschluß auszusprechen; außerdem ist der Zeuge unter gleichzeitiger Verhängung einer Ordnungsstrafe neuerlich zu laden. Im Falle wiederholten Ausbleibens ist die Ordnungsstrafe innerhalb des gesetzlichen Ausmaßes zu verdoppeln und die zwangsweise Vorführung des Zeugen anzuordnen.

(2) Erfolgt nachträglich eine genügende Entschuldigung des Nichterscheinens, so sind die wider den Zeugen verhängten Ordnungsstrafen wieder aufzuheben; außerdem können dem Zeugen die zum Ersatze auferlegten Kosten ganz oder teilweise erlassen werden.

(3) Der ungehorsame Zeuge haftet überdies für allen den Parteien durch die ihm zur Last fallende Vereitlung oder Verzögerung der Beweisführung verursachten Schaden. *(StGBl 1920/321)*

Zur Höhe der Ordnungsstrafe siehe § 220 Abs 1.

§ 334. Die Feststellung der vom Zeugen in den Fällen der §§ 326 und 333 zu ersetzenden Kosten muß unter Vorlage des Kostenverzeichnisses bei sonstigem Ausschlusse binnen vierzehn Tagen nach Rechtskraft des Beschlusses angesucht werden, durch welchen der Zeuge zum Kostenersatze verpflichtet wurde. Dem beauftragten oder ersuchten Richter obliegt die Feststellung des Kostenbetrages nur dann, wenn er nach den Bestimmungen dieses Gesetzes die Verpflichtung zum Kostenersatze auszusprechen berufen war.

(BGBl 1983/135)

§ 335. (1) Wenn die Vernehmung eines Zeugen vergeblich versucht wurde und zu besorgen ist, daß Wiederholungen des Versuches zu neuer Verzögerung des Prozesses führen würden, so hat das erkennende Gericht auf Antrag für diese Beweisaufnahme eine Frist zu bestimmen, nach deren fruchtlosem Ablaufe die Verhandlung auf Antrag einer der Parteien ohne Rücksicht auf den mittels dieses Zeugen angebotenen Beweis fortzusetzen ist. Die Bestimmung der Frist steht auch dann dem erkennenden Gerichte zu, wenn die Vernehmung des Zeugen durch einen beauftragten oder ersuchten Richter stattfinden soll. Vor der Entscheidung über den Antrag ist der Gegner des Antragstellers zu hören.

(2) In Betreff der nachträglichen Vernehmung des Zeugen hat die Vorschrift des § 279 Absatz 2 zu gelten.

Vernehmung

§ 336. (1) Zeugen, welche wegen einer falschen Beweisaussage verurteilt worden sind, oder welche zur Zeit ihrer Abhörung das vierzehnte Lebensjahr noch nicht zurückgelegt haben, endlich Personen, welche wegen mangelnder Verstandesreife oder wegen Verstandesschwäche von dem Wesen und der Bedeutung des Eides keine genügende Vorstellung haben, dürfen nicht beeidet werden. *(BGBl 1974/499)*

(2) Das Gericht kann die Beeidigung eines Zeugen unterlassen, wenn keine der Parteien vor der Beendigung der Vernehmung des Zeugen die Beeidigung beantragt. *(BGBl 1983/135)*

(3) Die unrechtmäßige Verweigerung des Eides zieht dieselben Folgen wie die ungerechtfertigte Verweigerung der Aussage nach sich.

§ 337. (1) Der Zeuge ist vor seiner Abhörung zu beeiden. Zur Aufklärung über die persönlichen Verhältnisse des Zeugen, über die Zulässigkeit seiner Abhörung oder Beeidigung und über den Umstand, ob er eine für die Ermittlung des Sachverhaltes dienliche Aussage abzulegen vermöge, kann jedoch vor der Beeidigung des Zeugen eine Befragung desselben vorgenommen werden.

(2) Auf Grund dieser Befragung kann das Gericht nach Anhörung der Parteien beschließen, daß die Abhörung des Zeugen zu unterbleiben habe, oder es kann sich vorbehalten, über die Beeidigung des Zeugen erst nach erfolgter Abhörung desselben Beschluß zu fassen. Der beauftragte oder ersuchte Richter muß in jedem Falle die Abhörung des Zeugen vornehmen; er kann jedoch die Entscheidung über die Beeidigung des Zeugen bis nach erfolgter Abhörung aufschieben oder dieselbe dem erkennenden Gerichte vorbehalten.

(3) Wenn sich ein Zeuge der Beantwortung von Fragen nicht entschlägt, hinsichtlich deren er die Aussage gemäß § 321 Z. 1 und 2 zu verweigern berechtigt wäre, kann sich das erkennende Gericht oder der die Vernehmung leitende beauftragte oder ersuchte Richter gleichfalls vorbehalten, über die Ablegung des Eides erst nach erfolgter Abhörung des Zeugen zu entscheiden.

§ 338. (1) In allen Fällen, in welchen erst nach Abhörung der Zeugen über die Beeidigung entschieden werden soll, ist der Zeuge vor der Abhörung an die Pflicht zur Angabe der Wahrheit, an die Heiligkeit und Bedeutung des vorbehaltenen Eides, sowie an die strafrechtlichen Folgen einer falschen Beweisaussage zu erinnern. *(BGBl 1974/499)*

(2) Nach Ablegung der Aussage kann mit Rücksicht auf die Unerheblichkeit derselben oder auf das ihr zukommende geringe Maß von Glaubwürdigkeit vom erkennenden Gerichte oder von dem die Vernehmung leitenden beauftragten

oder ersuchten Richter ausgesprochen werden, daß die Beeidigung unterbleibe.

(3) Wenn die Vernehmung durch einen beauftragten oder ersuchten Richter geschah, kann das erkennende Gericht nach Einlangen einer unbeeideten Zeugenaussage die nachträgliche Beeidigung derselben verfügen.

§ 339. (1) Den Zeugen ist vor ihrer Vernehmung bekanntzugeben, über welche Fragen die Aussage von einem Zeugen verweigert werden darf (§ 321).

(2) Die Zeugen sind einzeln in Abwesenheit der später abzuhörenden Zeugen zu vernehmen. Die Reihenfolge, in welcher die Abhörung stattzufinden hat, bestimmt bei Vernehmungen vor dem erkennenden Gerichte der Vorsitzende, sonst der beauftragte oder ersuchte Richter.

(3) Vor Beendigung der Vernehmung aller vorgeladenen Zeugen darf sich keiner derselben ohne richterliche Erlaubnis entfernen.

(4) Zeugen, deren Aussagen voneinander abweichen, können einander gegenübergestellt werden.

§ 340. (1) Die Vernehmung des Zeugen beginnt damit, daß der Zeuge über Namen, Tag der Geburt, Beschäftigung und Wohnort befragt wird. Bei Vorliegen der Voraussetzungen des § 76 Abs. 2 hat eine Befragung zum Wohnort zu unterbleiben. Erforderlichenfalls sind ihm auch Fragen über solche Umstände, welche seine Glaubwürdigkeit in der vorliegenden Sache betreffen, insbesondere über seine Beziehungen zu den Parteien, vorzulegen. Vor seiner Beeidigung ist der Zeuge auch nach seiner Religion zu befragen. *(BGBl 1983/135; BGBl I 2009/40)*

(2) Bei der Abhörung hat der Vorsitzende oder der die Vernehmung leitende beauftragte oder ersuchte Richter an den Zeugen über diejenigen Tatsachen, deren Beweis durch seine Aussage hergestellt werden soll, sowie zur Erforschung des Grundes, auf welchem das Wissen des Zeugen beruht, die geeigneten Fragen zu stellen. Außer dem Vorsitzenden können, wenn die Vernehmung vor dem erkennenden Gerichte stattfindet, auch die übrigen Mitglieder des Senates an den Zeugen Fragen richten.

§ 341. (1) Über die Beteiligung der Parteien an der Zeugenvernehmung gelten die Bestimmungen des § 289.

(2) In Ansehung derjenigen Personen, welche infolge bestehender Anordnungen nicht verpflichtet sind, zur Abgabe einer Zeugenaussage in bürgerlichen Rechtsangelegenheiten im Gerichtshause zu erscheinen, ist das Fragerecht der Parteien durch rechtzeitige Mitteilung schriftlicher Fragen an den mit der Vernehmung beauftragten Richter auszuüben.

§ 342. (1) Wird die Zulässigkeit einer Frage bestritten oder erachtet der Vorsitzende eine Frage als unangemessen zurückzuweisen, so entscheidet hierüber auf Antrag der Senat. Diese Entscheidung steht auch einem beauftragten oder ersuchten Richter zu; sie gilt jedoch in diesem Falle als eine bloß vorläufige und kann durch das erkennende Gericht abgeändert werden.

(2) Findet das erkennende Gericht, daß eine bei der Vernehmung vor einem beauftragten oder ersuchten Richter gestellte Frage unzulässig war, so kann dasselbe aussprechen, daß die auf diese Frage erteilte Antwort im weiteren Laufe des Verfahrens unberücksichtigt bleibe.

§ 343. (1) Die Aussage des Zeugen ist nach ihrem wesentlichen Inhalte, sofern es aber notwendig erscheint, ihrem Wortlaute nach in dem über die Tagsatzung geführten Protokolle aufzuzeichnen. Wurde der Zeuge in einer Verhandlungstagsatzung abgehört, so hat diese Aufzeichnung im Verhandlungsprotokolle zu geschehen.

(2) Das Aufgezeichnete ist dem Zeugen und den bei der Vernehmung anwesenden Parteien zur Einsicht vorzulegen oder auf Verlangen vorzulesen.

(3) In dem Protokolle ist zu bemerken, ob der Zeuge vor oder nach seiner Abhörung beeidet wurde, ob dessen Beeidigung unterblieben ist oder der Entscheidung des erkennenden Gerichtes vorbehalten wurde, ob die Parteien und welche derselben bei der Abhörung zugegen waren, endlich ob und welche Einwendungen von den Parteien oder vom Zeugen gegen das Protokoll erhoben wurden.

§ 344. (1) Das erkennende Gericht kann auf Antrag oder von Amts wegen die wiederholte Vernehmung von Zeugen insbesondere anordnen, wenn es die vom beauftragten oder ersuchten Richter für gerechtfertigt erkannte Weigerung der Aussage oder der Beantwortung einzelner Fragen für unzulässig erachtet, wenn Zeugen nicht ordnungsgemäß oder nicht vollständig vernommen wurden, wenn die Aussage in Bezug auf wesentliche Punkte an Unklarheit, Unbestimmtheit oder Zweideutigkeit leidet, oder wenn die Zeugen selbst eine Ergänzung oder Berichtigung ihrer Aussagen für notwendig erachten.

(2) Bei wiederholter oder nachträglicher Vernehmung kann angeordnet werden, daß statt der nochmaligen Beeidigung der Zeuge die Richtigkeit seiner Aussage unter Berufung auf den früher abgelegten Eid zu versichern habe.

§ 345. Die Partei kann auf einen Zeugen, welchen sie vorgeschlagen hat, verzichten. Der Gegner kann jedoch verlangen, daß der Zeuge, falls er bereits zur Vernehmung erschienen ist, ungeachtet dieses Verzichtes vernommen oder dessen Vernehmung, wenn sie bereits begonnen hat, fortgesetzt werde.

Zeugengebühren

§§ 346 und 347. *(aufgehoben, BGBl 1958/2, vgl hiezu GebAG 1975, BGBl 1975/136 (§§ 1-23; siehe Anhang))*

Form des Anbringens

§ 348. Anzeigen, Gesuche und Rekurse eines Zeugen können außerhalb der Tagsatzung mittels Schriftsatzes angebracht oder mündlich zu gerichtlichem Protokoll erklärt werden.

Rechtsmittel

§ 349. (1) Gegen die Entscheidung über die Rechtmäßigkeit der Weigerung einer Aussage, der Ableistung des Eides oder der Beantwortung einzelner Fragen, gegen den Beschluß, daß die Abhörung eines Zeugen zufolge § 337 zu unterbleiben hat, sowie gegen die im Sinne der §§ 339 bis 342 bei Vernehmung gefaßten Beschlüsse und getroffenen Verfügungen findet ein abgesondertes Rechtsmittel nicht statt.

(2) Die Entscheidung des erkennenden Gerichtes über den Fortgang des Verfahrens bei Weigerung der Aussage oder der Eidesleistung durch einen Zeugen und über Fortsetzung der Verhandlung in den Fällen der §§ 332 und 335, die Beschlüsse, durch welche die Ladung eines Zeugen oder dessen Vorführung angeordnet wird, sowie die über die Beeidigung eines Zeugen gefaßten Beschlüsse können durch ein Rechtsmittel nicht angefochten werden. *(BGBl 1958/2; BGBl 1965/179; BGBl 1983/135)*

Sachverständige Zeugen

§ 350. Die Vorschriften über den Zeugenbeweis finden auch Anwendung, insoweit zum Beweise vergangener Tatsachen oder Zustände, zu deren Wahrnehmung eine besondere Sachkunde erforderlich war, solche sachkundige Personen zu vernehmen sind.

Fünfter Titel

Beweis durch Sachverständige

Bestellung der Sachverständigen

§ 351. (1) Wird die Aufnahme eines Beweises durch Sachverständige notwendig, so hat das erkennende Gericht einen oder mehrere Sachverständige, sofort nach Einvernehmung der Parteien über deren Person, zu bestellen. Hiebei ist, sofern nicht besondere Umstände etwas anderes notwendig machen, vor allem auf die für Gutachten der erforderten Art öffentlich bestellten Sachverständigen Bedacht zu nehmen.

(2) Das Gericht kann an Stelle des oder der zuerst bestellten Sachverständigen andere ernennen.

§ 352. (1) Wenn ein durch Sachverständige zu besichtigender Gegenstand nicht vor das erkennende Gericht gebracht werden kann, oder die Aufnahme des Sachverständigenbeweises vor demselben aus anderen Gründen erheblichen Schwierigkeiten unterliegen würde, so kann dieselbe durch einen beauftragten oder ersuchten Richter erfolgen.

(2) Die Bestimmung der Anzahl der Sachverständigen sowie die Auswahl der Sachverständigen kann in diesem Falle dem mit der Beweisaufnahme betrauten Richter überlassen werden; ferner kann die Auswahl, wenn dies zur Vermeidung von Verzögerungen oder eines unverhältnismäßigen Aufwandes dienlich erscheint, ohne vorgängige Vernehmung der Parteien geschehen. Die Namen der bestellten Sachverständigen sind den Parteien vom beauftragten oder ersuchten Richter gleichzeitig mit der Verständigung vor der zur Beweisaufnahme bestimmten Tagsatzung bekanntzugeben.

§ 353. (1) Der Bestellung zum Sachverständigen hat derjenige Folge zu leisten, welcher zur Erstattung von Gutachten der erforderten Art öffentlich bestellt ist oder welcher die Wissenschaft, die Kunst oder das Gewerbe, deren Kenntnis Voraussetzung der geforderten Begutachtung ist, öffentlich als Erwerb ausübt oder zu deren Ausübung öffentlich angestellt oder ermächtigt ist.

(2) Aus denselben Gründen, welche einen Zeugen zur Verweigerung der Aussage berechtigen, kann die Enthebung von der Bestellung als Sachverständiger begehrt werden.

(3) Öffentliche Beamte sind überdies auch dann zu entheben, wenn ihnen die Verwendung als Sachverständige von ihren Vorgesetzten aus dienstlichen Rücksichten untersagt wird oder wenn sie durch besondere Anordnungen der Pflicht, sich als Sachverständige verwenden zu lassen, enthoben sind.

Folgen von Weigerung und Säumnis

§ 354. (1) Wenn ein zur Erstattung des Gutachtens bestellter Sachverständiger die Abgabe des Gutachtens ohne genügenden Grund verweigert, ohne genügende Entschuldigung das Gutachten nicht in der festgesetzten Frist erstattet oder trotz ordnungsgemäßer Ladung bei der zur Beweisaufnahme bestimmten Tagsatzung nicht erscheint, ist ihm der Ersatz der durch seine Weigerung oder seine Säumnis verursachten Kosten durch Beschluß aufzuerlegen; außerdem ist der Sachverständige in eine Ordnungsstrafe oder bei mutwilliger Verweigerung der Abgabe des Gutachtens in eine Mutwillensstrafe zu verfällen. In bezug auf diese Beschlußfassungen sind die §§ 326, 333 und 334 sinngemäß anzuwenden. *(BGBl 1983/135)*

(2) Anstatt des ungehorsamen Sachverständigen kann ein anderer Sachverständiger bestellt werden.

(3) Der ungehorsame Sachverständige haftet nebst dem Kostenersatze für allen weiteren den Parteien durch die ihm zur Last fallende Vereitlung oder Verzögerung der Beweisführung verursachten Schaden.

Ablehnung

§ 355. (1) Sachverständige können aus denselben Gründen abgelehnt werden, welche zur Ablehnung eines Richters berechtigen, jedoch kann die Ablehnung nicht darauf gegründet werden, daß der Sachverständige früher in derselben Rechtssache als Zeuge vernommen wurde.

(2) Die Ablehnungserklärung ist bei dem Prozeßgerichte, wenn aber die Auswahl der Sachverständigen dem beauftragten oder ersuchten Richter überlassen wurde, bei diesem vor dem Beginne der Beweisaufnahme, und bei schriftlicher Begutachtung vor erfolgter Einreichung des Gutachtens mittels Schriftsatz oder mündlich anzubringen. Später kann eine Ablehnung nur dann erfolgen, wenn die Partei glaubhaft macht, daß sie den Ablehnungsgrund vorher nicht erfahren oder wegen eines für sie unübersteiglichen Hindernisses nicht rechtzeitig geltend machen konnte.

(3) Ist im Falle einer solchen nachträglichen Ablehnung die durch einen beauftragten oder ersuchten Richter vorzunehmende Beweisaufnahme schon beendet, so kann die Ablehnung nur bei dem Prozeßgerichte vorgebracht werden.

§ 356. (1) Gleichzeitig mit der Ablehnung sind die Gründe der Ablehnung anzugeben. Die Entscheidung über die Ablehnung steht dem erkennenden Gerichte oder dem beauftragten oder ersuchten Richter zu, je nachdem die Ablehnung zufolge § 355 bei ersterem oder letzterem angebracht wurde.

(2) Die Entscheidung erfolgt, wenn die Ablehnung nicht bei einer Tagsatzung vorgebracht wird, ohne vorhergehende mündliche Verhandlung. Die ablehnende Partei hat die von ihr angegebenen Gründe der Ablehnung auf Verlangen des Gerichtes vor der Entscheidung glaubhaft zu machen. Wird der Ablehnung stattgegeben, so ist ohne

Aufschub die Bestellung eines anderen Sachverständigen zu veranlassen.

Beweisaufnahme

§ 357. (1) Das erkennende Gericht oder der mit der Leitung der Beweisaufnahme betraute Richter kann auch die schriftliche Begutachtung anordnen. Dabei hat das Gericht dem Sachverständigen eine angemessene Frist zu setzen, binnen der er das schriftliche Gutachten zu erstatten hat. Ist die Einhaltung der dem Sachverständigen vom Gericht gesetzten Frist für diesen nicht möglich, so hat er dies dem Gericht binnen 14 Tagen ab Zustellung des Auftrags mitzuteilen und anzugeben, ob überhaupt und innerhalb welcher Frist ihm die Erstattung des Gutachtens möglich ist. Das Gericht kann dem Sachverständigen die Frist verlängern.

(2) Wird das Gutachten schriftlich erstattet, so sind die Sachverständigen verpflichtet, auf Verlangen über das schriftliche Gutachten mündliche Aufklärungen zu geben oder dieses bei der mündlichen Verhandlung zu erläutern.

(BGBl I 2002/76)

§ 358. (1) Jeder Sachverständige hat vor dem Beginne der Beweisaufnahme den Sachverständigeneid zu leisten. Von der Beeidigung des Sachverständigen kann abgesehen werden, wenn beide Parteien auf die Beeidigung verzichten.

(2) Ist der Sachverständige für die Erstattung von Gutachten der erforderten Art im allgemeinen beeidet, so genügt die Erinnerung und Berufung auf den geleisteten Eid.

§ 359. (1) Den Sachverständigen sind diejenigen bei Gericht befindlichen Gegenstände, Aktenstücke und Hilfsmittel mitzuteilen, welche für die Beantwortung der denselben vorgelegten Fragen erforderlich sind.

(2) Benötigt der Sachverständige die Mitwirkung der Parteien oder dritter Personen und wird ihm diese auf seine Aufforderung nicht unverzüglich geleistet, so hat der Sachverständige dies dem Gericht unter genauer Auflistung der erforderlichen Mitwirkungshandlungen und der entgegenstehenden Hindernisse mitzuteilen. Das Gericht hat sodann mit abgesondert nicht anfechtbarem Beschluss den Parteien das Erforderliche aufzutragen und ihnen hiefür eine angemessene Frist zu setzen. Dieser Zeitraum ist in die dem Sachverständigen für die Begutachtung gesetzte Frist nicht einzurechnen. Kommen die Parteien der Aufforderung des Gerichts nicht fristgerecht nach, so hat der Sachverständige sein Gutachten ohne Berücksichtigung des Fehlenden zu erstatten. Werden die fehlenden Informationen noch vor Ausarbeitung des Gutachtens nachgebracht, so hat sie der Sachverständige sogleich zu berück-

sichtigen, ansonsten hat er ein Ergänzungsgutachten zu erstatten. Die Kosten dieses Gutachtens tragen unabhängig vom Verfahrensausgang die säumigen Parteien zur ungeteilten Hand.

(BGBl I 2002/76)

§ 360. (1) Kann eine gründliche und erschöpfende Begutachtung nicht sogleich erfolgen, so hat der die Beweisaufnahme leitende Richter für die Abgabe des Gutachtens eine Frist oder eine besondere Tagsatzung zu bestimmen.

(2) Von dem Einlangen des schriftlichen Gutachtens sind die Parteien in Kenntnis zu setzen (§ 286).

§ 361. Sind zur Abgabe eines Gutachtens mehrere Sachverständige bestellt, so können sie dasselbe gemeinsam erstatten, wenn ihre Ansichten übereinstimmen. Sind sie verschiedener Ansicht, so hat jeder Sachverständige seine Ansicht und die für dieselbe sprechenden Gründe besonders darzulegen.

§ 362. (1) Das Gutachten ist stets zu begründen. Vor Darlegung seiner Ansicht hat der Sachverständige in denjenigen Fällen, in welchen der Abgabe seines Gutachtens die Besichtigung von Personen, Sachen, Örtlichkeiten u. dgl. vorausging und die Kenntnis ihrer Beschaffenheit für das Verständnis und die Würdigung des Gutachtens von Belang ist, eine Beschreibung der besichtigten Gegenstände zu geben (Befund).

(2) Erscheint das abgegebene Gutachten ungenügend oder wurden von den Sachverständigen verschiedene Ansichten ausgesprochen, so kann das Gericht auf Antrag oder von Amts wegen anordnen, daß eine neuerliche Begutachtung durch dieselben oder durch andere Sachverständige oder doch mit Zuziehung anderer Sachverständiger stattfinde. Eine solche Anordnung ist insbesondere auch dann zulässig, wenn ein Sachverständiger nach Abgabe des Gutachtens mit Erfolg abgelehnt wurde. Zu diesen Anordnungen ist auch der beauftragte oder ersuchte Richter berechtigt.

§ 363. (1) Die Partei, welche den Beweis durch Sachverständige angeboten hat, kann auf denselben verzichten. Der Gegner kann jedoch verlangen, daß die angeordnete Beweisaufnahme demungeachtet vorgenommen werde, wenn entweder die Beweisaufnahme bereits begonnen hat oder wenigstens die Sachverständigen zum Zwecke der Beweisaufnahme schon bei Gericht erschienen sind.

(2) Die dem Vorsitzenden nach § 183 zustehende Befugnis, von Amts wegen eine Begutachtung durch Sachverständige anzuordnen, wird durch einen Verzicht der Parteien nicht berührt.

§ 364. Das Gericht kann in Fällen, in welchen der Gegenstand zu seiner Beurteilung fachmännische Kenntnisse erfordert oder in welchen das Bestehen von geschäftlichen Gebräuchen in Frage kommt, ohne Zuziehung von Sachverständigen entscheiden, wenn die eigene Fachkunde oder das eigene Wissen der Richter diese Zuziehung überflüssig macht und die Parteien zustimmen.

(BGBl 1983/135)

Kostenvorschuß

§ 365. Wenn dem Beweisführer nicht die Verfahrenshilfe bewilligt ist, hat der Vorsitzende oder der beauftragte oder ersuchte Richter anzuordnen, daß ein von ihm zu bestimmender Betrag zur Deckung des mit der Aufnahme des Beweises durch Sachverständige verbundenen Aufwandes vom Beweisführer innerhalb einer bestimmten Frist vorschußweise zu erlegen ist. § 332 Abs. 2 ist sinngemäß anzuwenden.

(BGBl 1958/2; BGBl 1965/179)

Vgl zu den Gebühren der Sachverständigen und Dolmetscher GebAG BGBl 1975/136 (§§ 24-54; siehe Anhang).

Rechtsmittel

§ 366. (1) Gegen den Beschluß, durch welchen die Ablehnung eines Sachverständigen verworfen oder eine schriftliche Begutachtung angeordnet wird, findet ein abgesondertes Rechtsmittel nicht statt.

(2) Die Entscheidung über die Anzahl der zu bestellenden Sachverständigen, der Beschluß, durch welchen die Bestellung der Sachverständigen dem beauftragten Richter überlassen (§ 352) oder ein Sachverständiger wegen Ablehnung enthoben wird, die über die Beeidigung eines Sachverständigen gefaßten Beschlüsse, endlich die Beschlüsse, durch welche für die Abgabe des Gutachtens gemäß § 360 eine Tagsatzung anberaumt oder eine Frist bestimmt wird, können durch ein Rechtsmittel nicht angefochten werden.

§ 367. Soweit im Vorstehenden nichts anderes bestimmt ist, finden auf den Beweis durch Sachverständige und insbesondere auch auf deren Vernehmung und die Protokollierung des bei einer Tagsatzung abgegebenen Befundes und Gutachtens die Vorschriften über den Beweis durch Zeugen entsprechende Anwendung.

Sechster Titel

Beweis durch Augenschein

§ 368. (1) Zur Aufklärung der Sache kann das Gericht auf Antrag oder von Amts wegen die Vornahme eines Augenscheines, nötigenfalls mit

Zuziehung eines oder mehrerer Sachverständigen, anordnen.

(2) Wenn der zu besichtigende Gegenstand nicht vor das erkennende Gericht gebracht werden kann, oder die Vornahme des Augenscheines vor demselben aus anderen Gründen erheblichen Schwierigkeiten unterliegen würde, so kann dieselbe durch einen beauftragten oder durch einen ersuchten Richter erfolgen. In diesem Falle kann dem mit der Vornahme des Augenscheines betrauten Richter die Entscheidung über die Zuziehung der Sachverständigen und die Ernennung derselben überlassen werden. Gegen diese Beschlüsse ist ein Rechtsmittel nicht zulässig.

(3) Wenn die Vornahme des Augenscheines voraussichtlich einen Kostenaufwand verursachen wird, kann der Vorsitzende oder der beauftragte oder ersuchte Richter anordnen, daß der Beweisführer einen entsprechenden Betrag zur Deckung dieses Aufwandes vorschußweise erlege (§ 332 Absatz 2).

§ 369. Ist eine Sache zu besichtigen, welche sich nach den Angaben des Beweisführers in dem Besitze der Gegenpartei oder in der Verwahrung einer öffentlichen Behörde oder eines Notars befindet, so sind die Bestimmungen der §§ 301 und 303 bis 307 mit der Maßgabe anzuwenden, daß die Beurteilung, welchen Einfluß die Verweigerung der Vorzeigung und Herausgabe der Sache seitens des Gegners, die absichtliche oder doch durch den Gegner veranlaßte Beseitigung oder Beschädigung der Sache oder die Verweigerung einer Aussage darüber habe, dem durch sorgfältige Würdigung aller Umstände geleiteten richterlichen Ermessen überlassen bleibt.

§ 370. (1) Gegen Beschlüsse und Verfügungen bei der Vornahme des Augenscheines findet ein abgesondertes Rechtsmittel nicht statt. Dies gilt auch von dem Beschlusse, durch welchen ein Antrag auf Zuziehung von Sachverständigen verworfen wurde.

(2) Das Ergebnis des Augenscheines ist in dem Verhandlungsprotokolle, wenn aber der Augenschein außerhalb der Verhandlungstagsatzung vorgenommen wird, in einem besonderen Protokolle, und zwar in der Regel unmittelbar nach der Vornahme des Augenscheines, aufzuzeichnen.

(3) In dem Protokolle ist zu bemerken, ob die Parteien und welche derselben bei Vornahme des Augenscheines anwesend waren, sowie ob und welche Einwendungen von ihnen bei der Vornahme des Augenscheines oder gegen das Protokoll erhoben wurden.

Siebenter Titel
Beweis durch Vernehmung der Parteien

§ 371. Der Beweis über streitige, für die Entscheidung erhebliche Tatsachen kann auch durch die Vernehmung der Parteien geführt werden; die Anordnung dieser Beweisführung kann auf Antrag oder von Amts wegen erfolgen.

(2) *(aufgehoben, BGBl I 2009/52) Siehe nun § 93 Abs 1 Satz 2.*

(BGBl 1983/135)

§ 372. Parteien, in Ansehung deren Vernehmung oder Beeidigung einer der Ausschließungsgründe des § 320 vorliegt, dürfen nicht zum Zwecke der Beweisführung abgehört werden.

(BGBl 1983/135)

§ 373. (1) Wird der Rechtsstreit von dem gesetzlichen Vertreter einer schutzberechtigten Person geführt, so bleibt es dem Ermessen des Gerichtes überlassen, die Vernehmung des gesetzlichen Vertreters oder, sofern dies nach § 372 statthaft erscheint, der schutzberechtigten Person oder beider zu verfügen. *(BGBl I 2017/59, auf Verfahren anzuwenden, die nach dem 30. Juni 2018 anhängig werden)*

(2) Ist über das Vermögen einer Partei ein Insolvenzverfahren eröffnet und betrifft der Rechtsstreit einen in die Insolvenzmasse fallenden Anspruch, so können der Schuldner oder der Insolvenzverwalter oder beide als Partei vernommen werden. *(BGBl I 2010/58, ab 1. 8. 2010)*

(3) In Rechtsstreitigkeiten einer offenen Gesellschaft sind alle Gesellschafter, in Rechtsstreitigkeiten einer Kommanditgesellschaft alle persönlich haftenden Gesellschafter und, wenn der Rechtsstreit von einer anderen Gesellschaft, einer Genossenschaft, einer Gemeinde, einem Vereine oder sonst von einem nicht zu den physischen Personen gehörigen Rechtssubjekte geführt wird, dessen gesetzliche Vertreter in Bezug auf die Vernehmung als Partei zu behandeln. *(BGBl I 2005/120)*

(4) Können hienach oder, weil auf Seiten einer Partei Streitgenossen auftreten, mehrere Personen vernommen werden, so hat das Gericht zu bestimmen, ob alle oder welche unter diesen Personen abzuhören sind.

§ 374. Das Gericht hat unter sorgfältiger Würdigung aller Umstände zu beurteilen, ob die Beweisführung durch Vernehmung der Parteien ganz zu entfallen habe, wenn es die Überzeugung gewonnen hat, daß die Partei, welcher der Beweis der streitigen Tatsache obliegt, von derselben keine Kenntnis hat, oder wenn die Abhörung dieser Partei nach den Bestimmungen des § 372 unstatthaft ist.

§ 375. (1) Die Beweisführung durch Vernehmung der Partei wird durch Beschluß angeordnet. Gegen diesen Beschluß ist ein abgesondertes Rechtsmittel nicht zulässig. Die Beweisführung geschieht dadurch, daß das Gericht an die zu vernehmende Partei über die Tatsachen, deren Beweis durch die Vernehmung hergestellt werden soll, die geeigneten Fragen stellt. Für diese Befragung der Partei haben die Vorschriften der §§ 340 bis 343 sinngemäß zu gelten.

(2) Diese Befragung hat vor dem erkennenden Gerichte zu geschehen. Die Beweisaufnahme durch einen ersuchten Richter ist nur zulässig, wenn dem persönlichen Erscheinen der Partei unübersteigliche Hindernisse entgegenstehen, oder dasselbe unverhältnismäßige Kosten verursachen würde. *(BGBl 1983/135)*

§ 376. (1) Die Parteien sind zuerst ohne Beeidigung zu befragen; der unbeeideten Vernehmung kann die Abhörung unter Eid folgen.

(2) Bei der unbeeideten Vernehmung sind, wenn beide Parteien erschienen sind, in der Regel beide über die zu beweisenden Tatsachen zu befragen. Vor der unbeeideten Vernehmung hat das Gericht die Parteien aufmerksam zu machen, daß sie unter Umständen verhalten werden können, über ihre Aussagen einen Eid abzulegen.

§ 377. (1) Wenn das Ergebnis der unbeeideten Befragung nicht ausreicht, um das Gericht von der Wahrheit oder Unwahrheit der zu beweisenden Tatsachen zu überzeugen, so kann das Gericht die eidliche Vernehmung anordnen. Parteien, bei denen die Ausschließungsgründe des § 336 Abs. 1 zutreffen, dürfen nicht beeidet werden. *(BGBl 1983/135)*

(2) Hiebei kann das Gericht aus der unbeeideten Aussage einzelne Behauptungen hervorheben, welche die Partei nunmehr unter Eid zu wiederholen hat; desgleichen kann das Gericht bei Anordnung der eidlichen Vernehmung die Fassung bestimmen, in welcher die eidliche Aussage über einzelne Umstände zu erfolgen habe. Gegen diese Beschlüsse ist ein abgesondertes Rechtsmittel nicht zulässig. *(BGBl 1983/135)*

(3) Die Partei ist vor ihrer eidlichen Abhörung an die Pflicht zur Angabe der Wahrheit, an die Heiligkeit und Bedeutung des Eides, sowie an die strafrechtlichen Folgen eines falschen Eides zu erinnern. Die erfolgte Eideserinnerung ist im Protokolle festzustellen. *(BGBl 1974/499)*

§ 378. *(aufgehoben, BGBl 1983/135)*

§ 379. Das Gericht kann die Verhandlung zum Zwecke der eidlichen Befragung einer Partei vertagen, wenn es angemessen erscheint, der zu vernehmenden Partei eine Überlegungsfrist zu gewähren.

§ 380. (1) Die Bestimmungen über den Beweis durch Zeugen finden auch auf die Vernehmung der Parteien zum Zwecke der Beweisführung Anwendung, soweit in diesem Abschnitte nicht abweichende Anordnungen enthalten sind. Durch den im § 321 Z. 2 bezeichneten Grund wird jedoch die Verweigerung der Aussage von Seite einer abzuhörenden Partei nicht gerechtfertigt.

(2) Durch das Nichterscheinen einer der Parteien bei der zur Vernehmung nach § 375 angeordneten Tagsatzung oder durch die Verweigerung der Aussage seitens einer der erschienenen Parteien wird die Vernehmung des anwesenden Gegners nicht gehindert.

(3) Die Anwendung von Zwangsmaßregeln, um eine Partei, die zum Zwecke der Beweisführung ohne Beeidigung oder beeidet befragt werden soll, zum Erscheinen vor Gericht oder zur Aussage zu verhalten, ist unstatthaft.

§ 381. Welchen Einfluß es auf die Herstellung des Beweises habe, wenn die Partei ohne genügende Gründe die Aussage oder die Beantwortung einzelner Fragen ablehnt, wenn die zum Zwecke der unbeeideten oder beeideten Vernehmung geladene Partei nicht erscheint, oder wenn die eidliche Aussage einer Partei von den bei ihrer vorausgegangenen unbeeidigten Vernehmung abgegebenen Erklärungen in erheblichen Punkten abweicht, hat das Gericht unter sorgfältiger Würdigung aller Umstände zu beurteilen.

§ 382. (1) *(aufgehoben, BGBl 1958/2)*

(2) Die Vorschriften der §§ 372 bis 381 gelten sinngemäß auch für die wegen Vorlage einer Beweisurkunde, einer Auskunftssache oder eines Augenscheinsgegenstandes angeordnete Vernehmung und eidliche Abhörung einer Partei.

§ 383. Wenn eine Partei eine Erklärung abgegeben hat, in welcher sie sich erbietet, die zu beweisenden Umstände im Prozesse eidlich zu bestätigen, die eidliche Abhörung dieser Partei jedoch wegen ihres früheren Todes nicht stattfinden kann, so hat das Gericht die Erklärung nach § 272 zu würdigen.

Achter Titel

Sicherung von Beweisen

§ 384. (1) Die Vornahme eines Augenscheines oder die Vernehmung von Zeugen und Sachverständigen kann zur Sicherung einer Beweisführung in jeder Lage des Rechtsstreites und selbst noch vor Beginn desselben beantragt werden, wenn zu besorgen ist, daß das Beweismittel sonst verloren oder die Benützung desselben erschwert werde.

(2) Diese Beweisaufnahmen können auch, ohne daß die Voraussetzungen des Abs. 1 vorliegen, angeordnet werden, wenn der gegenwärtige Zustand einer Sache festgestellt werden soll und der Antragsteller ein rechtliches Interesse an dieser Feststellung hat. *(DRGBl 1938 I S 1999)*

(3) Der Antrag ist bei dem Prozeßgerichte, in dringenden Fällen aber sowie wenn ein Rechtsstreit noch nicht anhängig ist, bei dem Bezirksgerichte anzubringen, in dessen Sprengel die Sachen, welche in Augenschein zu nehmen sind oder die Grundlage des Sachverständigenbeweises zu bilden haben, oder die zu vernehmenden Personen sich befinden. Der Antrag kann zu gerichtlichem Protokoll angebracht werden.

§ 385. (1) Die antragstellende Partei hat die Tatsachen, über welche die Beweisaufnahme erfolgen soll, sowie die Beweismittel unter Benennung der zu vernehmenden Zeugen und der allenfalls vorgeschlagenen Sachverständigen anzugeben. Die Gründe, die den Antrag nach § 384 Abs. 1 oder 2 rechtfertigen, sind von der antragstellenden Partei darzulegen. *(DRGBl 1938 I S 1999)*

(2) Die antragstellende Partei hat ferner den Gegner zu benennen. Hievon kann nur dann abgesehen werden, wenn sich aus den von der Partei dargelegten Umständen ergibt, daß sie nach Lage der Sache außerstande ist, den Gegner zu bezeichnen.

§ 386. (1) Über den Antrag ist ohne vorhergehende mündliche Verhandlung durch Beschluß zu entscheiden. Vor der Entscheidung ist jedoch, sofern nicht Gefahr am Verzuge ist, der Gegner zu vernehmen, falls derselbe bekannt und seine Zustimmung nicht bereits nachgewiesen ist. Der antragstellenden Partei kann vor der Entscheidung aufgetragen werden, die Umstände glaubhaft zu machen, welche die Sicherung des Beweises notwendig machen.

(2) Zur Entscheidung ist bei Gerichtshöfen der Vorsteher des Gerichtshofes oder der Vorsitzende des Senates berufen, welchem die Rechtssache zugewiesen ist.[1] Er fällt die Entscheidung als Einzelrichter. *(RGBl 1914/118)*

(3) In dem dem Antrage stattgebenden Beschlusse hat das Gericht die Tatsachen, über welche die Beweisaufnahme erfolgen soll, sowie die Beweismittel unter Benennung der zu vernehmenden Zeugen und unter Bestellung der Sachverständigen zu bezeichnen. Zugleich sind die zum Vollzuge der Beweisaufnahme nötigen Anordnungen zu treffen. Für den unbekannten Gegner kann das Gericht zur Wahrnehmung seiner Rechte bei der Beweisaufnahme einen Kurator bestellen.

(4) Der Beschluß, welcher dem Antrage stattgibt, kann durch ein Rechtsmittel nicht angefochten werden.

---

[1] *Die Zuständigkeit richtet sich nun nach der Geschäftsverteilung.*

§ 387. (1) Der Gegner ist unter Zustellung des Beschlusses und, falls er über den Antrag nicht früher gehört wurde, auch eines Exemplars des von der antragstellenden Partei überreichten Schriftsatzes oder einer Abschrift des über ihren Antrag aufgenommenen Protokolles zu der für die Beweisaufnahme bestimmten Tagsatzung zu laden.

(2) In dringenden Fällen kann jedoch noch vor Zustellung des Beschlusses an den bekannten Gegner mit der Beweisaufnahme begonnen werden. Die Bewilligung hiezu kann auf Antrag gleichzeitig mit der Entscheidung über den Antrag auf Zulassung der Beweisaufnahme erteilt werden. Gegen die Gewährung oder Verweigerung dieser Bewilligung ist ein Rechtsmittel unzulässig.

§ 388. (1) Die Beweisaufnahme erfolgt nach den Vorschriften des zweiten, vierten, fünften und sechsten Titels dieses Abschnittes.

(2) Das die Beweisaufnahme betreffende Protokoll wird bei dem Gerichte verwahrt, welches die Beweisaufnahme angeordnet hat. Wenn der Rechtsstreit bei einem anderen Gerichte anhängig ist oder anhängig wird, ist das Protokoll dem Prozeßgerichte auf dessen Ersuchen oder auf Antrag einer der Parteien zu übersenden.

(3) Die Kosten der Beweisaufnahme werden von der antragstellenden Partei bestritten, unbeschadet eines ihr zustehenden Ersatzanspruches. Dem Gegner sind die notwendigen Kosten für seine Beteiligung bei der Beweisaufnahme unbeschadet der Entscheidung in der Hauptsache zu ersetzen.

§ 389. (1) Jede Partei kann im Verlaufe des Rechtsstreites die zur Sicherung eines Beweises erfolgte Beweisaufnahme benützen.

(2) Welcher Einfluß der Einwendung einzuräumen sei, daß die Beweisaufnahme nicht nach den Bestimmungen stattgefunden hat, welche für eine im Laufe des Prozesses erfolgende Beweisaufnahme gelten, oder daß der Gegner von der Beweisaufnahme nicht oder nicht rechtzeitig verständigt wurde, hat das erkennende Gericht nach § 272 zu würdigen.

(3) Im Verlaufe des Rechtsstreites kann eine Ergänzung oder Wiederholung der Beweisaufnahme angeordnet werden.

Zweiter Abschnitt

Urteile und Beschlüsse

Erster Titel

Urteile

Endurteil

§ 390. (1) Wenn der Rechtsstreit nach den Ergebnissen der durchgeführten Verhandlung und der stattgefundenen Beweisaufnahmen zur Endentscheidung reif ist, hat das Gericht diese Entscheidung durch Urteil zu fällen (Endurteil).

(2) Dasselbe gilt, wenn von mehreren zum Zwecke gleichzeitiger Verhandlung verbundenen Prozessen nur einer zur Endentscheidung reif ist.

Teilurteil

§ 391. (1) Sind einzelne von mehreren in derselben Klage geltend gemachten Ansprüchen oder ist ein Teil eines Anspruches durch ausdrückliche Anerkennung von Seiten des Beklagten außer Streit gestellt oder zur Endentscheidung reif, so kann das Gericht in Ansehung dieses Anspruches oder des Teiles sofort zum Schluß der Verhandlung und zur Urteilsfällung schreiten (Teilurteil). *(RGBl 1914/118)*

(2) Ein Teilurteil kann auch erlassen werden, wenn bei erhobener Widerklage nur die Klage oder Widerklage zur Endentscheidung reif ist.

(3) Hat der Beklagte mittels Einrede eine Gegenforderung geltend gemacht, welche mit der in der Klage geltend gemachten Forderung nicht im rechtlichen Zusammenhange steht, so kann, wenn nur die Verhandlung über den Klagsanspruch zur Entscheidung reif ist, über denselben durch Teilurteil erkannt werden. Die Verhandlung über die Gegenforderung ist ohne Unterbrechung fortzusetzen.

§ 392. (1) Jedes Teilurteil ist in Betreff der Rechtsmittel und der Exekution als ein selbständiges Urteil zu betrachten.

(2) Die Bestimmungen des § 52 Absatz 2 gelten auch in Ansehung der Nebengebühren des Anspruches oder Teilanspruches, über welche mittels Teilurteil erkannt wurde.

Zwischenurteil

§ 393. (1) Wenn in einem Rechtsstreite ein Anspruch nach Grund und Betrag streitig und die Verhandlung zunächst bloß in Ansehung des Grundes zur Entscheidung reif ist, kann das Gericht vorab über den Grund des Anspruches durch Urteil entscheiden (Zwischenurteil), auch wenn noch strittig ist, ob der Anspruch überhaupt mit

irgendeinem Betrag zu Recht besteht. *(BGBl 1989/343)*

(2) Ferner kann durch ein der Entscheidung der Hauptsache vorausgehendes Zwischenurteil im Falle der §§ 236 und 259 über das Bestehen oder Nichtbestehen eines Rechtsverhältnisses oder Rechtes entschieden werden, sobald die Verhandlung über den Feststellungsantrag zur Entscheidung reif ist.

(3) Die im Sinne der beiden ersten Absätze erlassenen Urteile sind in Betreff der Rechtsmittel als Endurteile anzusehen. Durch die Erhebung der Berufung oder Revision gegen ein gemäß Absatz 1 erlassenes Zwischenurteil wird die weitere Verhandlung über die Klage bis zum Eintritte der Rechtskraft des erlassenen Zwischenurteiles gehemmt. In allen anderen Fällen nimmt ungeachtet der Berufung oder Revision gegen das Zwischenurteil die Verhandlung der Hauptsache ihren Fortgang. Das Gericht kann jedoch, wenn ein für die Entscheidung der Hauptsache wesentliches Rechtsverhältnis oder Recht für nicht begründet erkannt wurde, anordnen, daß die weitere Verhandlung über die Klage bis zum Eintritte der Rechtskraft des erlassenen Zwischenurteiles auszusetzen sei. Diese Anordnung kann durch ein Rechtsmittel nicht angefochten werden.

(4) In Ansehung der Kosten hat die Vorschrift des § 52 Abs. 4 sinngemäße Anwendung zu finden. *(BGBl I 2010/111)*

Vgl § 32 MRG.

Zwischenurteil zur Verjährung

§ 393a. Wenn in einem Rechtsstreit der Einwand der Verjährung des geltend gemachten Anspruchs erhoben wird, kann das Gericht von Amts wegen oder auf Antrag über diesen Einwand gesondert mit Urteil entscheiden, soweit die Klage nicht aus diesem Grund abzuweisen ist. § 393 Abs. 3 erster und zweiter Satz sind sinngemäß anzuwenden.

(BGBl I 2010/111)

Urteil auf Grund von Verzicht

§ 394. (1) Verzichtet der Kläger bei der mündlichen Streitverhandlung auf den geltend gemachten Anspruch, so ist die Klage auf Antrag des Beklagten auf Grund des Verzichtes durch Urteil abzuweisen. *(BGBl I 2002/76)*

(2) Bezieht sich der Verzicht nur auf einen von mehreren in der Klage geltend gemachten Ansprüchen oder auf einen Teil eines Anspruches, so kann auf Grund des Verzichtes auf Antrag ein Teilurteil erlassen werden.

Urteil auf Grund von Anerkenntnis

§ 395. Wenn der Beklagte den gegen ihn erhobenen Anspruch bei der mündlichen Streitverhandlung ganz oder zum Teile anerkennt, so ist auf Antrag des Klägers dem Anerkenntnis gemäß durch Urteil zu entscheiden.

(BGBl I 2002/76)

Versäumungsurteil

§ 396. (1) Erstattet der Beklagte die Klagebeantwortung nicht rechtzeitig, so ist auf Antrag des Klägers ein Versäumungsurteil zu fällen. Sein auf den Gegenstand des Rechtsstreites bezügliches tatsächliches Vorbringen ist für wahr zu halten, soweit es nicht durch die vorliegenden Beweise widerlegt wird, und auf dieser Grundlage über das Klagebegehren zu erkennen.

(2) Bleibt eine der Parteien nach rechtzeitig erstatteter Klagebeantwortung oder nach rechtzeitigem Einspruch von einer Tagsatzung aus, bevor sie sich durch mündliches Vorbringen zur Hauptsache in den Streit eingelassen hat, so ist auf Antrag der erschienenen Partei ein Versäumungsurteil nach Abs. 1 zu fällen.

(3) Hat aber der Beklagte eine noch wahrzunehmende Prozesseinrede erhoben, so kann ein Versäumungsurteil nicht vor ihrer Verwerfung gefällt werden.

(4) Die Folgen der Versäumung (§ 144) treten von selbst ein. § 145 ist nicht anzuwenden.

(BGBl I 2002/76)

§ 397. Über einen Antrag auf Erlassung eines Versäumungs-, Verzichts- oder Anerkenntnisurteils entscheidet der Vorsitzende des Senats. Im Fall des § 396 Abs. 1 ist über den Antrag auf Erlassung eines Versäumungsurteils durch den Vorsitzenden als Einzelrichter binnen acht Tagen ohne Anberaumung einer Verhandlung zu erkennen.

(BGBl I 2002/76)

Vgl Sonderbestimmungen im Ehe- u. Abstammungsverfahren und besondere Verfahrensarten.

§ 397a. (1) Gegen ein Versäumungsurteil wegen nicht rechtzeitig erstatteter Klagebeantwortung steht dem Säumigen der mit vorbereitendem Schriftsatz zu erhebende Widerspruch zu; das Recht auf Wiedereinsetzung in den vorigen Stand (§§ 146 ff) bleibt unberührt. Der vom Beklagten erhobene Widerspruch hat zu enthalten, was als Inhalt der Klagebeantwortung vorgeschrieben ist; er kann auch weiteres Anbringen enthalten.

(2) Die Widerspruchsfrist beträgt vierzehn Tage; sie kann nicht verlängert werden; sie beginnt mit dem Tag nach der Zustellung der schriftlichen Ausfertigung des Versäumungsurteils an den Säumigen.

(3) Ist der Widerspruch verspätet eingebracht, so ist er vom Prozessgericht mit Beschluss zurückzuweisen. Sonst hat das Prozessgericht eine vorbereitende Tagsatzung anzuberaumen; der Widerspruch des Beklagten ist hierbei als rechtzeitig überreichte Klagebeantwortung zu behandeln. Zu Beginn der Streitverhandlung ist das Versäumungsurteil mit Beschluss aufzuheben, auch wenn die dafür anberaumte Tagsatzung nach § 170 nicht durchgeführt wird; der Zustellung einer schriftlichen Ausfertigung dieses Beschlusses bedarf es nicht, ein Rechtsmittel ist gegen ihn nicht zulässig. *(BGBl 1983/135)*

(4) Derjenigen Partei, die den Widerspruch erhoben hat, ist der Ersatz aller Kosten aufzuerlegen, die durch ihre Versäumung und die Verhandlung über den Widerspruch verursacht worden sind.

(5) Der Widerspruch kann längstens bis zum Ergehen eines der im Abs. 3 genannten Beschlüsse zurückgenommen werden; auf seine Zurücknahme sind die Vorschriften über die Zurücknahme der Klage sinngemäß anzuwenden.

(BGBl 1979/140; BGBl I 2002/76)

§ 398. (1) Stellt der Gegner des Säumigen keinen Antrag auf Erlassung eines Versäumungsurteils, weil trotz Säumnis einer Partei auf neues tatsächliches Vorbringen Bedacht genommen werden soll, so ist dieses der säumigen Partei zur Kenntnis zu bringen. Durch die Übermittlung tritt der Rechtsstreit in die Lage zurück, in welcher er sich vor dem Eintritt der Säumnis befunden hat. Eine weitere Säumnis des Gegners steht sodann der Berücksichtigung des neuen Vorbringens bei der Fällung des Versäumungsurteils nicht mehr entgegen.

(2) Stellt der Gegner des Säumigen keinen Antrag auf Erlassung eines Versäumungsurteils, erstattet er aber auch kein neues tatsächliches Vorbringen, so sind die Bestimmungen über das Ruhen des Verfahrens (§§ 168 bis 170) sinngemäß anzuwenden.

(BGBl I 2002/76; BGBl I 2004/128)

§ 399. Das Fernbleiben einer Partei, welche sich bereits durch mündliches Vorbringen zur Hauptsache in den Streit eingelassen hat, von einer Tagsatzung hindert weder den Fortgang des Verfahrens noch berechtigt es die andere Partei dazu, die Fällung eines Versäumungsurteils zu beantragen.

(BGBl I 2002/76)

§ 400. Die Bestimmungen der §§ 396 bis 399 sind auch dann anzuwenden, wenn eine der Parteien wegen unangemessenen Betragens aus dem Gerichtssaale entfernt wird.

§ **401.** (1) Der Umstand, daß die Tagsatzung von einer Partei versäumt wird, ändert nichts an der Anwendung der Bestimmungen, welche festsetzen, was das Gericht von Amts wegen zu berücksichtigen hat, und enthebt auch den Gegner nicht der Verpflichtung, diejenigen Nachweisungen zu liefern, welche in Betreff der von Amts wegen zu berücksichtigenden Umstände erforderlich sind.

(2) Desgleichen steht die Säumnis einer Partei der Aufnahme von Beweisen vor dem erkennenden Gerichte, sowie dem Vortrage der Ergebnisse einer nicht vor dem erkennenden Gerichte erfolgten Beweisaufnahme nicht entgegen.

§ **402.** (1) Der Antrag, wegen Säumnis einer Partei das Urteil zu fällen (§ 396), ist zurückzuweisen: *(BGBl I 2002/76)*

1. wenn der Nachweis fehlt, daß die nicht erschienene Partei zur Tagsatzung ordnungsmäßig geladen wurde. Der Richter kann sich jedoch auf Antrag der erschienenen Partei die Urteilsfällung bis zu einem von ihm zu bestimmenden Tage vorbehalten und die Verhandlung schließen. Ergibt sich aus dem innerhalb der bestimmten Frist einlangenden Zustellungsscheine oder aus den Erhebungen über die Zustellung, daß die Ladung der säumigen Partei so rechtzeitig zugestellt wurde, daß sie zur Verhandlung erscheinen konnte, so ist binnen acht Tagen nach Einlangen des Zustellungsscheines oder nach Abschluß der Erhebungen über die Zustellung das Versäumnisurteil zu fällen; *(RGBl 1914/118)*

2. wenn es bei Gericht offenkundig ist, daß die nicht erschienene Partei durch Naturereignisse oder andere unabwendbare Zufälle am Erscheinen gehindert ist;

3. wenn die erschienene Partei die wegen eines von Amts wegen zu berücksichtigenden Umstandes vom Gerichte geforderte Nachweisung bei der Tagsatzung nicht zu beschaffen vermag.

(2) Der Antrag, gegen Streitgenossen wegen Säumnis das Urteil zu fällen, ist bei dem Vorhandensein einer nach § 14 zu beurteilenden Streitgenossenschaft zurückzuweisen, wenn nur betreffs eines der Streitgenossen der Nachweis der Ladung fehlt oder eines der in Z. 2 angeführten Hindernisse obwaltet.

(3) Wenn dem Antrage, wegen Säumnis einer Partei das Urteil zu fällen, nicht stattgegeben wird, ist die Tagsatzung von Amts wegen auf angemessene Zeit zu erstrecken und auch die säumige Partei zur neuen Tagsatzung wieder zu laden.

§ **403.** Wird der Antrag, wegen Säumnis einer Partei das Urteil zu fällen, durch Beschluß zurückgewiesen, dieser Beschluß aber infolge Rekurses aufgehoben, so kann das Urteil ohne Anberaumung einer neuen Tagsatzung gefällt werden.

Urteilsinhalt

§ **404.** (1) Das in der Hauptsache gefällte Urteil hat alle die Hauptsache betreffenden Anträge zu erledigen, sofern nicht über einzelne dieser Anträge bereits früher entschieden wurde oder dieselben einer abgesonderten Erledigung vorbehalten werden.

(2) Mehrere Rechtsstreitigkeiten, die nach § 187 zu gemeinsamer Verhandlung verbunden wurden, können durch ein gemeinschaftliches Urteil entschieden werden, wenn die Verbindung der Verhandlung nicht schon vor Fällung des Urteiles aufgehoben oder nicht über einen der verbundenen Prozesse gemäß § 390 durch besonderes Urteil entschieden wurde. *(BGBl 1921/743)*

§ **405.** Das Gericht ist nicht befugt, einer Partei etwas zuzusprechen, was nicht beantragt ist. Dies gilt insbesondere von Früchten, Zinsen und anderen Nebenforderungen.

§ **406.** Die Verurteilung zu einer Leistung ist nur zulässig, wenn die Fälligkeit zur Zeit der Urteilsschöpfung bereits eingetreten ist. Bei Ansprüchen auf Alimente kann auch zu Leistungen verurteilt werden, welche erst nach Erlassung des Urteiles fällig werden.

§ **407.** (1) Bei Verurteilung zur Entrichtung einer Geldrente wegen Tötung, Körperverletzung oder Freiheitsentziehung kann das Gericht, wenn eine Sicherstellung der künftigen Zahlungen offenbar notwendig erscheint, auf Antrag im Urteile auch auf Sicherheitsleistung erkennen. Wenngleich im Prozesse ein solcher Antrag nicht gestellt wurde, kann der Berechtigte nachträglich im Wege der Klage Sicherheitsleistung verlangen, falls die Vermögensverhältnisse des Verpflichteten sich inzwischen erheblich verschlechtert haben.

(2) Unter derselben Voraussetzung kann der Berechtigte eine Erhöhung der im Urteile bestimmten Sicherheit mittels Klage begehren.

§ **408.** (1) Findet das Gericht, daß die unterliegende Partei offenbar mutwillig Prozeß geführt hat, so kann es dieselbe auf Antrag der siegenden Partei zur Leistung eines entsprechenden Entschädigungsbetrages verurteilen.

(2) Durch die Verhandlung über diesen Antrag darf die Entscheidung in der Hauptsache nicht aufgehalten werden.

(3) Dieser Entschädigungsbetrag ist vom Gericht nach freier Überzeugung zu bestimmen. *(BGBl 1983/135)*

§ 409. (1) Wenn in einem Urteile die Verbindlichkeit zu einer Leistung auferlegt wird, ist zugleich auch die Frist für diese Leistung zu bestimmen. Diese Frist beträgt, sofern in diesem Gesetze nicht etwas anderes bestimmt ist, vierzehn Tage.[1]

(2) Wird jedoch die Pflicht zur Verrichtung einer Arbeit oder eines Geschäftes auferlegt, so hat das Gericht zur Erfüllung der Verbindlichkeit mit Berücksichtigung der persönlichen Verhältnisse des Verpflichteten eine angemessene Frist zu bestimmen. Hiebei ist insbesondere auch darauf zu achten, daß der Verpflichtete durch die zu verrichtende Handlung nicht an der rechtzeitigen Vornahme der Saat-, Schnitt- oder Weinlesearbeiten gehindert wird.

(3) Die Fristen sind, wenn gegen das Urteil innerhalb der Rechtsmittelfrist kein Rechtsmittel eingelegt oder wenn das eingelegte Rechtsmittel vor der Entscheidung der höheren Instanz zurückgenommen (§ 484) wurde, von dem Tage an zu berechnen, mit dem das Urteil gegenüber der zur Leistung verpflichteten Person wirksam geworden ist (§ 416), sonst von dem Tage nach Eintritt der Rechtskraft. *(BGBl 1929/222)*

---

[1] *Vgl §§ 459, 573 ZPO, 34 MRG.*

§ 410. Wird in einem Urteile ein Gegenstand zuerkannt, der nicht in einem Geldbetrage besteht, so ist zugleich auszusprechen, daß sich der Beklagte durch Zahlung des Geldbetrages, welchen der Kläger in der Klage oder während der Verhandlung anstatt dieses Gegenstandes anzunehmen sich bereit erklärt hat, von der Leistung dieses Gegenstandes befreien könne.

Siehe § 56 (1) JN.

Rechtskraft des Urteiles

§ 411. (1) Durch ein Rechtsmittel nicht mehr anfechtbare Urteile sind der Rechtskraft insoweit teilhaft, als in dem Urteile über einen durch Klage oder Widerklage geltend gemachten Anspruch oder über ein im Laufe des Prozesses streitig gewordenes Rechtsverhältnis oder Recht entschieden ist, hinsichtlich dessen gemäß §§ 236 oder 259 die Feststellung des Bestehens oder Nichtbestehens begehrt wurde. Die Entscheidung über den Bestand oder Nichtbestand einer vom Beklagten zur Kompensation geltend gemachten Gegenforderung ist der Rechtskraft nur bis zur Höhe des Betrages teilhaft, mit welchem aufgerechnet werden soll.

(2) Die Rechtskraft des Urteiles ist von Amts wegen zu berücksichtigen.

Urteilsfällung, Urteilsverkündung und Zustellung des Urteiles

§ 412. (1) Das Urteil kann nur von denjenigen Richtern gefällt werden, welche an der dem Urteile zugrunde liegenden mündlichen Verhandlung teilgenommen haben.

(2) Muß vor der Urteilsschöpfung eine Änderung in der Person des Vorsitzenden oder eines der übrigen Senatsmitglieder eintreten, so ist die mündliche Verhandlung vor dem geänderten Senate mit Benützung der Klage, der zu den Akten gebrachten Beweise und des Verhandlungsprotokolles von neuem durchzuführen.

§ 413. Die Beratung und Abstimmung der Richter ist nicht öffentlich. In schwierigeren Fällen kann der Vorsitzende für diese Beratung einen Berichterstatter bestellen.

§ 414. (1) Das Urteil ist auf Grund der mündlichen Verhandlung, und zwar wenn möglich, sogleich nach Schluß derselben zu fällen und zu verkünden. Mit dem Urteile sind die Entscheidungsgründe zu verkünden. Die Verkündung des Urteiles ist von der Anwesenheit beider Parteien unabhängig. Bei Versäumungsurteilen kann die Verkündung durch die Bekanntgabe, daß das Urteil nach dem Antrage gefällt wird, ersetzt werden. *(RGBl 1914/118; BGBl I 2002/76)*

(2) Der Senat kann sich bei der Verkündung, selbst wenn das Urteil schon in vollständiger schriftlicher Fassung vorliegt, auf die Bekanntgabe des Wortlautes des Urteilsspruches und auf die Mitteilung der wesentlichsten Entscheidungsgründe beschränken. Die Festsetzung des Kostenbetrages kann bei der Verkündung des Urteiles der Ausfertigung desselben vorbehalten bleiben und einem Senatsmitgliede übertragen werden. Noch in der Tagsatzung, in der das Urteil verkündet worden ist, ist den Parteien, welche nicht durch einen Rechtsanwalt vertreten sind, ein Schriftstück auszuhändigen, das den verkündeten Urteilsspruch und eine Belehrung über das Erfordernis der Anmeldung einer beabsichtigten Berufung (§ 461 Abs. 2) enthält. *(RGBl 1914/118; BGBl 1989/343)*

(3) Der Vorsitzende hat das Urteil in schriftlicher Abfassung binnen vier Wochen nach der Verkündung zur Ausfertigung abzugeben (§ 416 Abs. 2). *(BGBl 1989/343)*

§ 415. Wenn das Urteil nicht sofort nach Schluß der mündlichen Verhandlung gefällt werden kann, ist es binnen vier Wochen nach Schluß der Verhandlung, wenn ein abgelehnter Richter die Verhandlung gemäß § 25 JN bis zur Endentscheidung fortgeführt hat, binnen vier Wochen nach rechtskräftiger Zurückweisung der Ablehnung und im Falle des § 193 Abs. 3 binnen vier

Wochen nach dem Einlangen der Akten über die ausständige Beweisaufnahme zu fällen und vom Vorsitzenden in schriftlicher Abfassung samt den vollständigen Entscheidungsgründen zur Ausfertigung abzugeben (§ 416 Abs. 2). Verkündet wird das Urteil in diesen Fällen nicht.

(BGBl 1933/346; BGBl 1989/343)

§ 416. (1) Das Urteil wird den Parteien gegenüber erst mit der Zustellung der schriftlichen Urteilsausfertigung wirksam.

(2) Das Gericht ist jedoch an seine Entscheidung gebunden, sobald dieselbe verkündet oder im Falle des § 415 in schriftlicher Abfassung zur Ausfertigung abgegeben ist.

(3) Ein in Anwesenheit beider Parteien verkündetes Urteil auf Grund von Verzicht oder Anerkenntnis wird mit der Verkündung den Parteien gegenüber wirksam und ist in schriftlicher Ausfertigung nur auf Verlangen der Parteien zuzustellen. Das dem Klagebegehren stattgebende Versäumungsurteil wird dem Kläger gegenüber mit der Verkündung (§ 414 Absatz 1) wirksam, eine Ausfertigung dieses Urteils wird dem Kläger nur auf sein Verlangen behändigt. *(RGBl 1914/118)*

Schriftliche Ausfertigung

§ 417. (1) Das Urteil hat in schriftlicher Ausfertigung zu enthalten:

1. die Bezeichnung des Gerichtes und die Namen der Richter, die bei der Entscheidung mitgewirkt haben; wenn ein Landesgericht ein Urteil der besonderen Gerichtsbarkeit in Handelssachen oder ein selbständiges Handelsgericht ein Urteil der allgemeinen Gerichtsbarkeit fällt, ist auch dies anzuführen; *(BGBl 1933/554; BGBl 1983/135)*

2. die Bezeichnung der Parteien nach Namen (Vor- und Zunamen), Beschäftigung, Wohnort und Parteistellung sowie die Bezeichnung ihrer Vertreter; in Personenstandssachen überdies auch den Tag und den Ort der Geburt der Parteien; in den Fällen des § 75a hat die Angabe des Wohnortes zu entfallen; *(BGBl 1983/135; BGBl I 2009/40)*

3. den Urteilsspruch;

4. die Entscheidungsgründe.

(2) Der Urteilsspruch und die Entscheidungsgründe sind äußerlich zu sondern. Die Entscheidungsgründe haben in gedrängter Darstellung zu enthalten: das wesentliche Vorbringen und die Anträge der Parteien, die Außerstreitstellungen, die Tatsachenfeststellungen, die Beweiswürdigung und die rechtliche Beurteilung. *(BGBl 1983/135; BGBl 1989/343)*

(3) Das auf Grund der §§ 179, 180 Abs. 2, 275 Abs. 2 und 278 Abs. 2 vom Gerichte für unstatthaft erklärte Vorbringen, sowie jene Beweise,

deren Benutzung wegen des fruchtlosen Verstreichens einer für die Beweisaufnahme bestimmten Frist nicht gestattet wurde, sind im Urteil anzuführen. *(BGBl I 2002/76)*

(4) Versäumungs-, Verzicht- und Anerkenntnisurteile können in gekürzter Form und mit Benutzung einer Ausfertigung der Klage oder einer Rubrik ausgefertigt werden. Die näheren Vorschriften werden durch Verordnung[1] erlassen.

(BGBl 1922/532)

———

[1] *§ 542 Geo.*

§ 417a. (1) Ist ein Urteil in Anwesenheit beider Parteien mündlich verkündet worden (§ 414) und hat keine der Parteien rechtzeitig eine Berufung gegen das Urteil angemeldet (§ 461 Abs. 2), so können in der schriftlichen Ausfertigung des Urteils die Entscheidungsgründe auf das wesentliche Vorbringen der Parteien und das, was das Gericht davon der Entscheidung zugrundegelegt hat, beschränkt werden, soweit diese Angaben zur Beurteilung der Rechtskraftwirkung des Urteils notwendig sind (gekürzte Urteilsausfertigung).

(2) Der Abs. 1 darf nur angewendet werden, wenn der Vorsitzende die gekürzte schriftliche Abfassung des Urteils binnen vierzehn Tagen ab jenem Zeitpunkt zur Ausfertigung abgibt, ab dem für jede Partei die Berufungsanmeldungsfrist (§ 461 Abs. 2) abgelaufen ist. *(BGBl I 1997/140)*

(3) *(aufgehoben, BGBl I 1997/140)*

(BGBl 1989/343)

§ 418. (1) Die für die Gerichtsakten bestimmte schriftliche Abfassung des Urteiles ist vom Vorsitzenden des Senates und vom Schriftführer zu unterschreiben.[1] Wird durch Versäumungsurteil nach dem Begehren des Klägers oder durch Verzicht- oder Anerkenntnisurteil erkannt, so kann die für die Gerichtsakten bestimmte Abfassung des Urteils durch den vom Richter zu unterschreibenden Urteilsvermerk ersetzt werden. Die näheren Vorschriften über den Urteilsvermerk werden durch Verordnung erlassen.[2] *(RGBl 1914/118)*

(2) Der Auszug eines Urteils muß nebst dem Urteilsspruche auch die in § 417 Z. 1 und 2 bezeichneten Angaben enthalten.

(3) Vor Zustellung der schriftlichen Urteilsausfertigungen an die Parteien können Auszüge und Abschriften des Urteiles nicht erteilt werden.

———

[1] *Bei dauernder Verhinderung des Richters oder Schriftführers siehe RGBl 1915/372.*
[2] *Siehe §§ 540 ff Geo.*

Berichtigung des Urteiles

§ 419. (1) Das Gericht, das das Urteil gefällt hat, kann jederzeit Schreib- und Rechnungsfehler oder andere offenbare Unrichtigkeiten in dem Urteil oder in dessen Ausfertigungen oder Abweichungen der Ausfertigung von der gefällten Entscheidung berichtigen und die Angaben, die entgegen der Vorschrift des § 417 Abs. 3 übergangen wurden, einfügen.

(2) Das Gericht kann über die Berichtigung ohne vorhergehende mündliche Verhandlung entscheiden. Gegen den Beschluß, womit der Antrag auf Berichtigung zurückgewiesen wird, findet ein abgesondertes Rechtsmittel nicht statt. Eine Berichtigung ist der Urschrift des Urteiles beizusetzen und nach Tunlichkeit in den dazu abgeforderten Ausfertigungen ersichtlich zu machen.

(3) Die Vornahme einer Berichtigung kann auch in höherer Instanz angeordnet werden.

(BGBl 1922/532)

§§ 420 bis 422. *(aufgehoben, BGBl 1922/532)*

Ergänzung des Urteiles

§ 423. (1) Wenn in dem Urteile ein Anspruch, über welchen zu entscheiden war, übergangen, oder wenn in einem Urteile über die von einer Partei begehrte Erstattung der Prozeßkosten nicht oder nur unvollständig erkannt wurde, ist das Urteil durch eine nachträgliche Entscheidung zu ergänzen (Ergänzungsurteil). *(BGBl 1922/532)*

(2) Der Antrag auf Ergänzung ist bei dem Prozeßgericht binnen vierzehn Tagen nach Zustellung des Urteils anzubringen. *(BGBl 1983/135)*

(3) Das Gericht entscheidet nach vorhergehender mündlicher Verhandlung, wenn es eine solche für notwendig hält. Diese Verhandlung ist auf den nicht erledigten Teil des Rechtsstreites zu beschränken. Die Abweisung des Antrages auf Ergänzung erfolgt mittels Beschluß. *(BGBl 1983/135)*

§ 424. Die Verhandlung über die Ergänzung des Urteiles hat auf den Lauf der Rechtsmittelfristen keinen Einfluß.

(BGBl 1922/532)

Zweiter Titel

Beschlüsse

§ 425. (1) Sofern nach den Bestimmungen dieses Gesetzes nicht ein Urteil zu fällen ist, erfolgen die Entscheidungen, Anordnungen und Verfügungen durch Beschluß.

(2) An seine Beschlüsse ist das Gericht insoweit gebunden, als dieselben nicht bloß prozeßleitender Natur sind.

(3) Die Vorschriften des § 412 sind auf Beschlüsse des Gerichtes sinngemäß anzuwenden.

§ 426. (1) Alle während der Verhandlung oder Beweisaufnahme vom Senate, von dem Vorsitzenden oder von einem beauftragten oder ersuchten Richter gefaßten Beschlüsse sind zu verkünden. Diese Beschlüsse sind den bei der Verkündung anwesenden Parteien in schriftlicher Ausfertigung zuzustellen, wenn der Partei ein Rechtsmittel gegen den Beschluß oder das Recht zur sofortigen Exekutionsführung auf Grund des Beschlusses zusteht.

(2) An Parteien, welche bei der Verkündung nicht anwesend waren, ist in diesen Fällen und nebstdem in allen Fällen, in welchen die Leitung des Verfahrens es erfordert, die Zustellung einer schriftlichen Ausfertigung zu bewirken.

(3) Wenn die Zustellung einer schriftlichen Ausfertigung nicht zu erfolgen hat, so begründet die mündliche Verkündung die Wirkung der Zustellung.

§ 427. (1) Außerhalb der Tagsatzungen gefaßte Beschlüsse sind den Parteien durch Zustellung einer schriftlichen Ausfertigung (Bescheid) bekanntzugeben.

(2) Ein Bescheid, durch welchen ein Antrag einer Partei ohne vorhergehende Vernehmung des Gegners abgewiesen wird, ist dem Gegner nur auf Ansuchen des Antragstellers zuzustellen.

§ 428. (1) Beschlüsse über widerstreitende Anträge und Beschlüsse, durch welche ein Antrag abgewiesen wird, müssen begründet werden.

(2) Hiebei sind die Anträge, über welche im Beschlusse entschieden wird, und der Sachverhalt, falls nicht beides aus dem gleichzeitig mitgeteilten Schriftsatze oder aus der Protokollsabschrift zu entnehmen ist, in die Begründung insoweit aufzunehmen, als es zum Verständnis des Ausspruches oder der Verfügung erforderlich ist.

§ 429. (1) Die Urschrift des Beschlusses ist, wenn der Beschluß von einem Senate gefaßt wurde, von dem Vorsitzenden, außerdem aber von dem Richter zu unterschreiben, welcher den Beschluß gefaßt hat.

(2) Die schriftliche Ausfertigung eines Beschlusses hat auch die in § 417 Z. 1 und 2 bezeichneten Angaben zu enthalten.

§ 430. In Ansehung der Erteilung von Ausfertigungen und Auszügen, dann der Berichtigung von Beschlüssen und der Ergänzung derselben, wenn über einen Antrag der Partei teilweise nicht erkannt wurde oder wenn der beantragte Ausspruch über die Erstattung der Prozeßkosten fehlt oder unvollständig ist, gelten die Vorschriften der §§ 418, 419, 423 und 424.

Dritter Teil
Verfahren vor den Bezirksgerichten

§ 431. (1) Auf das Verfahren vor den Bezirksgerichten finden, sofern nichts anderes bestimmt ist, die Vorschriften über das Verfahren vor den Gerichtshöfen erster Instanz Anwendung.

(2) Die durch die Vorschriften des zweiten Teiles für den Senat oder dessen Vorsitzenden begründeten Befugnisse und Obliegenheiten sind im Verfahren vor Bezirksgerichten durch den Einzelrichter auszuüben.

§ 432. (1) Der Richter hat Parteien, welche rechtsunkundig und nicht durch Rechtsanwälte vertreten sind, erforderlichenfalls die zur Vornahme ihrer Prozeßhandlungen nötige Anleitung zu geben und dieselben über die mit ihren Handlungen oder Unterlassungen verbundenen Rechtsfolgen zu belehren.

(2) Insbesondere hat der Richter solche Parteien bei Verkündung seiner Entscheidungen auf die Frist, binnen welcher eine Entscheidung durch ein Rechtsmittel angefochten werden kann, und auf die gesetzlichen Bestimmungen, welche die Bestellung eines Rechtsanwalts als Prozeßbevollmächtigten für die Ergreifung des Rechtsmittels vorschreiben, aufmerksam zu machen.

(3) Einer Partei, die sich in einem Schriftsatz nicht verständlich auszudrücken vermag, ist unter Setzung einer angemessenen Frist der Auftrag zu erteilen, den Schriftsatz nach Bestellung eines geeigneten Bevollmächtigten, erforderlichenfalls eines Rechtsanwalts, neuerlich einzubringen, andernfalls der Schriftsatz als nicht eingebracht anzusehen ist. § 84 Abs. 3 gilt sinngemäß. *(BGBl I 2002/76)*

vgl § 86a

§ 433. (1) Wer eine Klage zu erheben beabsichtigt, ist berechtigt, vor deren Einbringung bei dem Bezirksgerichte des Wohnsitzes des Gegners dessen Ladung zum Zwecke des Vergleichsversuches zu beantragen. An Orten, an welchen mehrere Bezirksgerichte bestehen, kann eine solche Ladung außerdem an alle Personen ergehen, die an diesem Orte, wenngleich außerhalb des Sprengels des zuständigen Bezirksgerichtes, ihren Wohnsitz haben. *(RGBl 1914/118)*

(2) Gegen die Entscheidung über einen solchen Antrag ist ein Rechtsmittel nicht zulässig.

Mediationsvergleich

§ 433a. Über den Inhalt der in einem Mediationsverfahren über eine Zivilsache erzielten schriftlichen Vereinbarung kann vor jedem Bezirksgericht ein gerichtlicher Vergleich geschlossen werden.

(BGBl I 2011/21)

§ 434. (1) Die Klage, sowie alle außerhalb der mündlichen Verhandlung vorzubringenden Gesuche, Anträge und Mitteilungen können die Parteien, wenn sie nicht durch Rechtsanwälte vertreten sind, zu Protokoll anbringen.

(2) Klagen und Widersprüche gegen ein Versäumungsurteil können von einer Partei auch beim Bezirksgericht ihres Aufenthalts mündlich zu Protokoll erklärt werden; dieses Bezirksgericht hat das Protokoll dem Prozeßgericht unverzüglich zu übersenden. *(BGBl 1979/140; BGBl 1983/135; BGBl I 2002/76)*

§ 435. (1) Wenn die schriftlich überreichte Klage nach Ansicht des Richters in irgend einem Punkte einer Ergänzung oder Aufklärung bedarf, oder wenn sich gegen die Einleitung des Verfahrens Bedenken ergeben, hat der Richter dem Kläger, wenn derselbe nicht durch einen Rechtsanwalt vertreten ist, vor Erledigung der Klage, zu den entsprechenden Vervollständigungen oder Richtigstellungen die nötige Anleitung zu geben.

(2) Erscheint die mündlich zu Protokoll gegebene Klage wegen Unzulässigkeit des Rechtsweges, Unzuständigkeit des Gerichtes, wegen Mangels der persönlichen Befugnis zur Klage oder wegen mangelnder Prozeßfähigkeit des Beklagten unzulässig, so ist hierüber dem Kläger mündlich oder auf Verlangen schriftlich Belehrung zu erteilen. Ebenso ist, wenn die Klage offenbar unbegründet erscheint, dem Kläger mündlich eine angemessene Belehrung zu erteilen. Die Aufnahme der Klage darf jedoch nicht verweigert werden, wenn der Kläger trotz der Belehrung auf der Protokollierung besteht.

§ 436. Die Tagsatzung zur mündlichen Verhandlung über die Klage kann in dringenden Fällen und insbesondere bei Klagen wegen Besitzstörung auf den nämlichen Tag anberaumt werden, an welchem die Klage bei Gericht angebracht wurde.

§ 437. Der Kläger ist durch Zustellung einer Ausfertigung des über die Klage ergehenden Beschlusses mit der Aufforderung zur mündlichen Verhandlung zu laden, die während der Verhandlung in Augenschein zu nehmenden Gegenstände und die sich auf den Rechtsstreit beziehenden, dem Gerichte noch nicht in Urschrift vorliegenden Urkunden zur Tagsatzung mitzubringen. In der Ladung ist dem Kläger bekanntzugeben, welche Nachteile das Gesetz mit dem Versäumen der Tagsatzung verbindet.

§ 438. Die Ladung des Beklagten geschieht durch Zustellung einer schriftlichen Ausfertigung des über die Klage ergehenden Beschlusses unter gleichzeitiger Mitteilung eines Exemplares der schriftlichen Klage oder einer Abschrift des über die Klage aufgenommenen Protokolles. Bei protokollarischer Ergänzung oder Richtigstellung der schriftlichen Klage ist dem Beklagten auch eine Abschrift dieses Protokolles zuzustellen. Der Beklagte ist zugleich aufzufordern, die sich auf den Rechtsstreit beziehenden Augenscheinsgegenstände und Urkunden zur Tagsatzung mitzubringen und wegen der Vorlage der im Besitze des Gegners oder in Verwahrung einer öffentlichen Behörde oder eines Notars befindlichen Beweisurkunden und Augenscheinsgegenstände, sowie wegen etwaiger gerichtlicher Vorladung von Zeugen noch vor der für die mündliche Verhandlung anberaumten Tagsatzung seine Anträge zu stellen. In der Ladung ist dem Beklagten bekanntzugeben, welche Nachteile das Gesetz mit dem Versäumen der Tagsatzung verbindet.

§ 439. (1) An bestimmten Gerichtstagen, welche im voraus festzusetzen und durch Anschlag am Gerichtshause bekanntzumachen sind, kann der Kläger mit der Gegenpartei auch ohne Vorladung vor Gericht erscheinen, um einen Rechtsstreit anhängig zu machen und darüber zu verhandeln.

(2) In diesem Falle ist das Klagebegehren in dem Verhandlungsprotokolle aufzuzeichnen.

§ 440. (1) Im bezirksgerichtlichen Verfahren soll tunlichst schon in der vorbereitenden Tagsatzung das Beweisverfahren durchgeführt werden. Ist aber insbesondere nach dem Inhalt der Klage anzunehmen, dass sich der Beklagte nicht in den Streit einlassen werde, so kann die vorbereitende Tagsatzung auf die in § 258 Abs. 1 Z 1 und 2 genannten Punkte beschränkt werden; § 258 Abs. 2 ist in diesem Fall nicht anzuwenden. *(BGBl 1925/183; BGBl I 2002/76)*

(2) Die im zweiten Teil enthaltenen Vorschriften über die Verpflichtung des Beklagten zur Beantwortung der Klage mittels vorbereitenden Schriftsatzes sind im Verfahren vor Bezirksgerichten nicht anzuwenden. *(BGBl 1983/135)*

(3) Sind die Parteien durch Rechtsanwälte vertreten, so kann ihnen der Wechsel vorbereitender Schriftsätze aufgetragen werden. *(BGBl 1983/135; BGBl I 2002/76)*

(4) *(aufgehoben, BGBl I 2002/76)*

(5) Der Auftrag zur schriftlichen Feststellung von Anträgen und Erklärungen (§ 265) kann vom Richter nur denjenigen Parteien erteilt werden, welche bei der mündlichen Verhandlung durch Rechtsanwälte vertreten sind.

(6) Die Höhe eines aufgetragenen Kostenvorschusses kann schon dann angefochten werden (§ 332 Abs. 2), wenn der Gesamtbetrag der einer Partei aufgetragenen Vorschüsse 2 000 Euro übersteigt. *(BGBl 1983/135; BGBl I 2009/52)*

§ 441. Die Einrede der Unzuständigkeit des Gerichtes hat der Beklagte vorzubringen, bevor er sich in die Verhandlung über die Hauptsache einlässt. Nach Einlassung des Beklagten zur Hauptsache kann die Unzuständigkeit des Gerichtes nur unter den Voraussetzungen des § 240 berücksichtigt werden.

(BGBl I 2002/76)

§ 442. Bleibt eine der Parteien von einer Tagsatzung aus, bevor sie sich durch mündliches Vorbringen zur Hauptsache in den Streit eingelassen hat, so ist auf Antrag der erschienenen Partei ein Versäumungsurteil nach § 396 zu fällen.

(2) *(entfällt, BGBl I 2004/128)*

(BGBl I 2002/76)

§ 442a. (1) Gegen ein Versäumungsurteil kann Widerspruch nach § 397a erhoben werden, es sei denn, die Partei hat in diesem Verfahren schon einmal Widerspruch gegen ein Versäumungsurteil erhoben. Der Widerspruch ist ausgeschlossen, wenn in dem Verfahren bereits Einspruch gegen einen Zahlungsbefehl oder Einwendungen im Mandatsverfahren oder im Bestandverfahren erhoben wurden. *(BGBl I 2002/76)*

(2) Der Beklagte hat Anspruch auf Ersatz der Kosten eines von ihm erhobenen Widerspruchs (§ 397a Abs. 4) nur, wenn ihm das Gericht nach § 440 Abs. 3 aufgetragen hatte, das darin Enthaltene in einem Schriftsatz vorzubringen.

(BGBl 1979/140)

Vgl § 434 (2).

§ 443. Die Protokollierung des tatsächlichen und Beweisvorbringens der Parteien hat, falls nicht vorbereitende Schriftsätze vorliegen (§ 210 Absatz 1), in der Regel auf die in § 211 bezeichnete Art zu geschehen.

§ 444. *(aufgehoben, BGBl I 2002/76)*

§ 445. *(aufgehoben, BGBl 1983/135)*

§ 446. Wenn ein nicht ausschließlich zur Ausübung der Gerichtsbarkeit in Handelssachen berufenes Bezirksgericht ein Urteil der Gerichtsbarkeit in Handelsrechtssachen oder ein besonderes Bezirksgericht für Handelssachen ein Urteil der allgemeinen Gerichtsbarkeit fällt, hat es dies auf Antrag (§ 259 Absatz 3) im Urteil anzuführen.

(BGBl 1933/554; BGBl 1983/135)

§ 447. (1) In den Ausfertigungen der Urteile ist insbesondere hervorzuheben, daß für die Ergreifung eines Rechtsmittels gegen das Urteil, sowie für das Rechtsmittelverfahren überhaupt die Vertretung durch einen Rechtsanwalt erforderlich ist. *(BGBl 1922/532)*

(2) *(aufgehoben, BGBl 1922/532)*

Mahnverfahren

§ 448. Für das bezirksgerichtliche Mahnverfahren gelten folgende Besonderheiten:

1. Für die Erhebung des Einspruchs bedarf es nicht der Vertretung durch einen Rechtsanwalt; Gleiches gilt für die Zurücknahme des Einspruchs. Schriftliche Einsprüche können auch in einfacher Ausfertigung und ohne Beibringung von Rubriken überreicht werden; es genügt, dass aus dem Schriftstück die Absicht, Einspruch zu erheben, deutlich hervorgeht.

2. Der Beklagte, der nicht durch einen Rechtsanwalt vertreten ist, kann Einsprüche und Anträge auf Bewilligung der Wiedereinsetzung in den vorigen Stand auch beim Bezirksgericht seines Aufenthalts mündlich zu Protokoll geben; dieses hat das Protokoll dem Prozessgericht unverzüglich zu übersenden.

3. Ist der Einspruch begründet, so ist dem Kläger eine Ausfertigung oder eine Abschrift des Schriftsatzes oder des ihn ersetzenden Protokolls zuzustellen.

4. Ist ordnungsgemäß Einspruch erhoben worden, so hat das Gericht nach den §§ 440 ff vorzugehen.

(BGBl I 2002/76)

Vgl §§ 43 (1), 55 (4 JN)

§§ 448a bis 453a. *(aufgehoben, BGBl I 2002/76)*

Besondere Bestimmungen für das Verfahren über Besitzstörungsklagen

§ 454. (1) Im Verfahren über Klagen wegen Störung des Besitzstandes bei Sachen und bei Rechten, in welchen das Klagebegehren nur auf den Schutz und die Wiederherstellung des letzten Besitzstandes gerichtet ist und welche innerhalb dreißig Tagen anhängig zu machen sind, nachdem der Kläger von der Störung Kenntnis erlangte, haben die nachfolgenden besonderen Bestimmungen (§§ 455 bis 460) zu gelten.

(2) Schriftlich überreichte Klagen sind von außen als Besitzstörungsklagen zu bezeichnen. *(RGBl 1914/118)*

§ 455. Bei der Anberaumung der Tagsatzungen und Fristen ist stets auf die Dringlichkeit der Erledigung besonderer Bedacht zu nehmen.

§ 456. Auf Grund des in der Klage gestellten Begehrens, im Sinne der §§ 340 bis 342 ABGB ein Verbot zu erlassen, hat der Richter sogleich bei Erledigung der Klage ohne Einvernehmung des Gegners das Erforderliche zu verfügen.

Vgl Art XXXVII EGZPO.

§ 457. (1) Die Verhandlung ist auf die Erörterung und den Beweis der Tatsache des letzten Besitzstandes und der erfolgten Störung zu beschränken, und es sind alle Erörterungen über das Recht zum Besitze, über Titel, Redlichkeit und Unredlichkeit des Besitzes oder über etwaige Entschädigungsansprüche auszuschließen.

(2) *(aufgehoben, BGBl 1983/135)*

§ 458. Der Richter kann während der Verhandlung die Anwendung einer oder mehrerer der im Gesetze über das Exekutions- und Sicherungsverfahren zugelassenen einstweiligen Vorkehrungen anordnen, sofern dies zur Abwendung der dringenden Gefahr widerrechtlicher Beschädigung, zur Verhütung von Gewalttätigkeiten oder zur Hintanhaltung eines unwiederbringlichen Schadens nötig erscheint. Die Erlassung einer derartigen Verfügung kann von der Leistung einer angemessenen Sicherstellung abhängig gemacht werden.

§ 459. Die Entscheidung hat sogleich nach geschlossener Verhandlung mittels Beschlusses (Endbeschluß) zu erfolgen und sich darauf zu beschränken, eine einstweilige Norm für den tatsächlichen Besitzstand aufzustellen oder provisorisch nach dem Gesetze (§§ 340 bis 343 ABGB) eine Untersagung oder Sicherstellung auszusprechen. Die spätere gerichtliche Geltendmachung des Rechtes zum Besitze und der davon abhängigen Ansprüche wird dadurch nicht gehindert. In der Begründung des Beschlusses ist aber eine gedrängte Darstellung des Sachverhaltes zu geben. Die Frist zur Erfüllung der dem Verurteilten auferlegten Verbindlichkeit hat der Richter nach den Umständen des einzelnen Falles zu bestimmen. Der § 417 a gilt sinngemäß.

(BGBl 1989/343)

Zum Rekurs siehe § 518.

Besondere Bestimmungen für das Verfahren in Ehesachen

§ 460. In Ehesachen (§ 49 Abs. 2 Z 2a JN) und Verfahren in anderen nicht rein vermögensrechtlichen aus dem gegenseitigen Verhältnis zwischen Ehegatten entspringenden Streitigkeiten (§ 49 Abs. 2 Z 2b JN) gelten folgende besondere Bestimmungen: *(BGBl I 2004/128)*

1. Das Gericht soll die Parteien zum persönlichen Erscheinen auffordern, wenn nicht wichtige Gründe dagegen sprechen. Das Erscheinen der Parteien ist erforderlichenfalls nach § 87 GOG durchzusetzen.

2. Zur vorbereitenden Tagsatzung ist die Partei, nicht aber eine informierte Person nach § 258 Abs. 2 stellig zu machen. *(BGBl I 2002/76)*

3. Die Verhandlung ist nicht öffentlich.

4. Im Verfahren über die Nichtigerklärung oder die Feststellung des Bestehens oder Nichtbestehens einer Ehe hat das Gericht von Amts wegen dafür zu sorgen, daß alle für die Entscheidung maßgeblichen tatsächlichen Umstände aufgeklärt werden; der § 183 Abs. 2 gilt nicht. Das Gericht kann nicht erwiesene Tatsachenvorbringen unberücksichtigt lassen und von der Aufnahme von Beweisen Abstand nehmen, wenn solche Tatsachen oder Beweise von einer Partei verspätet vorgebracht beziehungsweise angeboten werden und bei sorgfältiger Berücksichtigung aller Umstände kein vernünftiger Zweifel besteht, dass damit das Verfahren verschleppt werden soll und die Zulassung des Vorbringens oder der Beweise die Erledigung des Verfahrens erheblich verzögern würde. § 179 gilt nicht. *(BGBl I 2002/76)*

5. Erscheint der Kläger zur mündlichen Verhandlung nicht, so ist die Klage auf Antrag des Beklagten vom Gericht als ohne Verzicht auf den Anspruch zurückgenommen zu erklären.

6. Im Protokoll sind auch die Geburtsdaten und die Religion der Parteien, Anzahl und Alter ihrer Kinder und der Zeitpunkt des Abschlusses ihrer Ehe festzuhalten sowie, ob Ehepakte errichtet worden sind.

6a. Ist eine Partei nicht durch einen Rechtsanwalt vertreten und hat sie keine Beratung über die gesamten Scheidungsfolgen, einschließlich der sozialversicherungsrechtlichen Folgen und der Voraussetzungen eines Ausspruchs über die Haftung für Kredite, in Anspruch genommen, so hat das Gericht auf entsprechende Beratungsangebote und allgemein auf die Nachteile hinzuweisen, die durch ungenügende Kenntnisse über diese Folgen entstehen können. Die Tagsatzung ist zu erstrecken, um der Partei Gelegenheit zur Einholung einer Beratung zu geben, es sei denn, dass dadurch der Prozess unverhältnismäßig verzögert oder offensichtlich verschleppt werden soll. Eine neuerliche Erstreckung aus diesem Grund ist unzulässig. Das Gericht hat die nächste Verhandlung für einen Termin tunlichst innerhalb von sechs Wochen anzuberaumen. *(BGBl I 1999/125; BGBl I 2009/75)*

7. Im Verfahren wegen Scheidung der Ehe hat das Gericht am Beginn der mündlichen Streitverhandlung zunächst eine Versöhnung der Ehegatten anzustreben (Versöhnungsversuch) und überdies in jeder Lage des Verfahrens, soweit tunlich, auf eine Versöhnung hinzuwirken.

7a. *(aufgehoben, BGBl I 2003/29, ab 1. 5. 2004)*

8. Stirbt einer der Ehegatten vor der Rechtskraft des Urteils (§ 416 Abs. 1), so ist der Rechtsstreit in Ansehung der Hauptsache als erledigt anzusehen. Er kann nur mehr wegen der Verfahrenskosten fortgesetzt werden. Ein bereits ergangenes Urteil ist wirkungslos. *(BGBl I 1999/125, ab 1. 1. 2000)* Vgl § 84 1. DVEheG.

8a. Auf ihr Verlangen ist den Ehegatten jederzeit auch eine Ausfertigung der Entscheidung über die Auflösung der Ehe auszustellen, die keine Entscheidungsgründe enthält. *(BGBl I 1999/125, ab 1. 1. 2000)*

9. Urteile auf Grund eines Verzichtes oder eines Anerkenntnisses sowie Vergleiche sind unzulässig; der § 442 ist nicht anzuwenden.

10. Wird ein Antrag auf Scheidung nach § 55a EheG gestellt, so ist ein wegen Ehescheidung anhängiger Rechtsstreit zu unterbrechen. Wird dem Scheidungsantrag stattgegeben, so gilt die Scheidungsklage mit Eintritt der Rechtskraft des Scheidungsbeschlusses als zurückgenommen; die Prozeßkosten sind gegeneinander aufzuheben. Wird der Scheidungsantrag zurückgezogen oder rechtskräftig abgewiesen, so ist das unterbrochene Scheidungsverfahren auf Antrag wiederaufzunehmen.

11. Verliert ein Ehegatte durch eine Entscheidung über die Auflösung der Ehe offenbar den Schutz der gesetzlichen Krankenversicherung, so hat das Gericht mit Zustimmung dieses Ehegatten den zuständigen Sozialversicherungsträger im Weg des Dachverband der Sozialversicherungsträger zu verständigen. Die Verständigung hat den Familien- und Vornamen, das Geburtsdatum, die Anschrift sowie die Sozialversicherungsnummer des Ehegatten zu enthalten. Der Versicherungsträger hat dem Ehegatten Informationen über die sozialversicherungsrechtlichen Folgen der Eheauflösung und die Möglichkeit der Fortsetzung des Versicherungsschutzes zu übermitteln. *(BGBl I 1999/125; BGBl I 2018/100, s. § 720 ASVG ab 1.1.2020: Dachverband der Sozialversicherungsträger statt Hauptverband der österreichischen Sozialversicherungsträger)*

(BGBl 1985/70)

§ 460 ist in der jeweiligen Fassung auf eingetragene Partner, Partnersachen oder Partneran-

gelegenheiten sinngemäß anzuwenden (§ 43 Abs 1 Z 25 EPG).
Vgl § 483a.

Vierter Teil

Rechtsmittel

Erster Abschnitt

Berufung

Zulässigkeit

§ 461. (1) Gegen die in erster Instanz gefällten Urteile findet die Berufung statt.

(2) Gegen ein in Anwesenheit beider Parteien mündlich verkündetes Urteil (§ 414) kann Berufung von einer Partei nur erhoben werden, die diese sofort nach der Verkündung des Urteils mündlich oder binnen vierzehn Tagen ab der Zustellung der Protokollsabschrift über jene Tagsatzung zur mündlichen Verhandlung, in der das Urteil verkündet worden ist, in einem bei dem Prozeßgericht erster Instanz überreichten Schriftsatz angemeldet hat. Wird in dieser Frist ein Antrag im Sinn des § 464 Abs. 3 gestellt, so gilt er als Anmeldung der Berufung. *(BGBl I 1997/140; BGBl I 2010/111)*

(BGBl 1989/343)

Vgl für alle Rechtsmittel § 84 (2).

§ 462. (1) Das Berufungsgericht überprüft die Entscheidung des Gerichtes erster Instanz innerhalb der Grenzen der Berufungsanträge.

(2) Der Beurteilung des Berufungsgerichtes unterliegen jedoch gleichzeitig auch diejenigen Beschlüsse, welche in dem dem Urteile vorausgegangenen Verfahren erlassen wurden, sofern nicht deren Anfechtung nach dem Gesetze ausgeschlossen ist oder dieselben infolge Unterlassung der rechtzeitigen Rüge (§ 196) oder des Rekurses oder durch die über den eingebrachten Rekurs ergangene Entscheidung unabänderlich geworden sind.

Allgemeine Bestimmungen über das Berufungsverfahren

§ 463. (1) Auf das Berufungsverfahren sind die Vorschriften über das Verfahren vor Gerichtshöfen erster Instanz insoweit anzuwenden, als sich nicht aus den nachfolgenden Bestimmungen Abweichungen ergeben.

(2) Im Berufungsverfahren müssen die Parteien durch Rechtsanwälte vertreten sein.

Berufungsfrist

§ 464. (1) Die Berufungsfrist beträgt vier Wochen, sie kann nicht verlängert werden. *(BGBl 1983/135)*

(2) Sie beginnt für jede Partei mit der an sie erfolgten Zustellung der schriftlichen Ausfertigung des Urteils; § 416 Abs. 3 bleibt jedoch unberührt. *(BGBl 1983/135)*

(3) Hat eine die Verfahrenshilfe genießende oder beantragende Partei innerhalb dieser Frist die Beigebung eines Rechtsanwalts beantragt, so beginnt für sie die Berufungsfrist mit der Zustellung des Bescheides über die Bestellung des Rechtsanwalts und einer schriftlichen Urteilsausfertigung an ihn; der Bescheid ist durch das Gericht zuzustellen. Wird der rechtzeitig gestellte Antrag auf Beigebung eines Rechtsanwalts abgewiesen, so beginnt die Berufungsfrist mit dem Eintritt der Rechtskraft des abweisenden Beschlusses. Der § 73 Abs. 3 gilt sinngemäß. *(BGBl 1955/282; BGBl 1973/569; BGBl I 1997/140)*

Vgl §§ 73 (2), 461 (2) Satz 2, 468 (3), 505 (2), 507a (5), 508 (2), 521 (3), 521a (1) Satz 3. 556 (3).

Erhebung der Berufung

§ 465. Die Berufung wird durch Überreichung eines vorbereitenden Schriftsatzes (Berufungsschrift) bei dem Prozeßgerichte erster Instanz erhoben.

(BGBl I 2010/111)

§ 466. Durch die rechtzeitige Erhebung der Berufung wird der Eintritt der Rechtskraft und Vollstreckbarkeit des angefochtenen Urteiles im Umfange der Berufungsanträge bis zur Erledigung des Rechtsmittels gehemmt.

§ 467. Die Berufungsschrift muß nebst den allgemeinen Erfordernissen eines vorbereitenden Schriftsatzes enthalten:

1. die Bezeichnung des Berufungsgerichtes;

2. die Bezeichnung des Urteiles, gegen welches Berufung erhoben wird;

3. die bestimmte Erklärung, inwieweit das Urteil angefochten wird, die ebenso bestimmte kurze Bezeichnung der Gründe der Anfechtung (Berufungsgründe), und die Erklärung, ob die Aufhebung oder eine Abänderung des Urteiles, und welche beantragt werde (Berufungsantrag);

4. das tatsächliche Vorbringen und die Beweismittel, durch welche die Wahrheit der Berufungsgründe erwiesen werden kann;

5. die Unterschrift eines Rechtsanwalts. *(BGBl I 2010/111)*

§ 468. (1) Im Falle rechtzeitiger Erhebung der Berufung wird die Berufungsschrift dem Gegner des Berufungswerbers unter Bekanntgabe des Berufungsgerichtes zugestellt. Verspätet erhobene Berufungen oder mangels rechtzeitiger Anmeldung der Berufung (§ 461 Abs. 2) unzulässige Berufungen sind vom Prozeßgericht erster Instanz zurückzuweisen. *(BGBl 1989/343; BGBl I 2010/111)*

(2) Der Berufungsgegner kann binnen der Notfrist von vier Wochen nach der Zustellung der Berufungsschrift bei dem Prozeßgericht erster Instanz eine Berufungsbeantwortung mittels Schriftsatzes einbringen. Soweit sich der Berufungswerber nicht ausdrücklich auf Feststellungen des Erstgerichts bezieht, ist der Berufungsgegner – vorbehaltlich des § 473a – nicht gehalten, für ihn nachteilige Feststellungen oder zu seinen Lasten vorgefallene Verfahrensfehler mit der Berufungsbeantwortung zu rügen. Will der Berufungsgegner zur Widerlegung der in der Berufungsschrift angegebenen Anfechtungsgründe neue, im bisherigen Verfahren noch nicht vorgebrachte Umstände und Beweise benützen, so hat er das bezügliche tatsächliche und Beweisvorbringen bei sonstigem Ausschluß in dieser Berufungsbeantwortung bekanntzugeben. *(BGBl 1983/135; BGBl I 1997/140; BGBl I 2010/111)*

(3) Auf die Berufungsbeantwortung sind der § 464 Abs. 3 sowie der § 467 Z 4 und 5 sinngemäß anzuwenden. *(BGBl 1983/135)*

(4) Von der Einbringung der Berufungsbeantwortung ist der Berufungswerber durch Übersendung einer Ausfertigung derselben zu verständigen. *(BGBl 1983/135)*

§ 469. (1) Nach rechtzeitigem Einlangen der Berufungsbeantwortung oder nach fruchtlosem Ablauf der hiefür offenstehenden Frist hat das Prozeßgericht erster Instanz dem Berufungsgericht die Berufungsschrift und die etwa eingelangte Berufungsbeantwortung mit allen den Rechtsstreit betreffenden Prozeßakten und besonders mit den Ausweisen über die Zustellung des Urteiles und der Berufungsschrift vorzulegen. Gibt der Inhalt der Berufungsschrift oder der Berufungsbeantwortung zu einer Erledigung des Prozeßgerichtes erster Instanz Anlaß, ist diese vorher zu treffen; werden Zustellmängel behauptet, so sind vorher die notwendigen Erhebungen durchzuführen. *(BGBl 1983/135; BGBl I 2010/111)*

(2) Wurde der Rechtsstreit durch das angefochtene Urteil nicht vollständig erledigt und soll die Verhandlung über die noch unerledigten Punkte während des Berufungsverfahrens fortgesetzt werden, so sind dem Berufungsgerichte amtliche Abschriften der auf den Gegenstand des Berufungsverfahrens bezüglichen Teile derjenigen Prozeßakten vorzulegen, welche zugleich für das Verfahren in erster Instanz benötigt werden.

(3) Richtet sich eine auf den Nichtigkeitsgrund des § 477 Abs. 1 Z 4 gestützte Berufung gegen ein Versäumungsurteil (§ 396), so kann das Gericht, dessen Urteil angefochten wird, der Berufung selbst stattgeben. Gegen die Entscheidung ist ein Rechtsmittel nicht zulässig. *(BGBl I 2010/111)*

Verfahren vor dem Berufungsgerichte
Vorverfahren

§ 470. Nach dem Einlangen der Berufungsakten beim Berufungsgericht hat der mit den Verrichtungen eines Vorsitzenden des Berufungssenates betraute Richter die Berufungsakten zu prüfen.

(BGBl I 2009/30)

§ 471. Auf Grund dieser Prüfung ist die Berufung, ohne daß zunächst eine Tagsatzung zur mündlichen Verhandlung anberaumt würde, vor den Berufungssenat zu bringen:

1. wenn das Berufungsgericht zur Entscheidung über die erhobene Berufung nicht zuständig erscheint;

2. wenn die Berufung als gesetzlich unzulässig oder nicht in der gesetzlichen Frist erhoben erscheint;

3. wenn in der Berufungsschrift das Urteil nicht angegeben ist, wider welches Berufung erhoben wird, wenn die Berufungsschrift keinen oder keinen bestimmten Berufungsantrag enthält, oder wenn die Berufungsgründe weder ausdrücklich noch durch deutliche Hinweisung einzeln angeführt sind;

4. wenn sich die Berufung gegen ein wegen Säumnis einer Partei gefälltes Urteil darauf gründet, daß eine Versäumung nicht vorliege;

5. wenn das Urteil oder das der Urteilsfällung vorangegangene Verfahren als nichtig angefochten wird;

6. wenn der in das Urteil aufgenommene Ausspruch über die Einreden nach § 239 Abs. 3 Z 1 angefochten wird; *(BGBl I 1997/140; BGBl I 2015/94, ab 4. 8. 2015)*

7. wenn der mit der Prüfung der Berufungsakten betraute Richter der Ansicht ist, daß das Urteil oder das demselben vorangegangene Verfahren an einer vom Berufungswerber nicht geltend gemachten Nichtigkeit leide.

§ 472. (1) Unzulässig ist die Berufung insbesondere auch dann, wenn sie von einer Person eingebracht wurde, welcher das Rechtsmittel der Berufung nicht zusteht oder welche auf die Berufung gültig Verzicht geleistet hat.

(2) Die Wirksamkeit eines nach Verkündung oder Zustellung des erstrichterlichen Urteiles er-

klärten Verzichtes auf das Recht der Berufung ist nicht davon abhängig, daß der Gegner die Verzichtleistung angenommen hat.

§ 473. (1) Der Berufungssenat entscheidet in den Fällen des § 471 über die Berufung in nicht öffentlicher Sitzung und ohne vorhergehende mündliche Verhandlung durch Beschluß.

(2) Hält der Berufungssenat zur Feststellung der Berufungsgründe oder der Nichtigkeit tatsächliche Aufklärungen seitens der Parteien oder des Gerichtes erster Instanz oder andere vorgängige Erhebungen erforderlich, so sind dieselben anzuordnen und mit Benützung der einschlägigen, in den Berufungsschriften enthaltenen Parteiangaben entweder vom Berufungssenate selbst durchzuführen, oder durch einen beauftragten Richter oder das Prozeßgericht erster Instanz durchführen zu lassen.

§ 473a. (1) Erwägt das Berufungsgericht, das erstrichterliche Urteil abzuändern oder die Klage ohne Sachentscheidung aus formellen Gründen zurückzuweisen, so darf es nur dann eine solche Entscheidung auf Feststellungen des Erstgerichts gründen, wenn das Berufungsgericht dem Berufungsgegner zuvor mitgeteilt hat, daß es ihm freisteht, Mängel von Tatsachenfeststellungen oder der Beweiswürdigung des Erstgerichts oder des Verfahrens erster Instanz durch Überreichung eines beim Berufungsgericht einzubringenden vorbereitenden Schriftsatzes zu rügen. Dies gilt nicht, wenn der Berufungsgegner die in Betracht kommenden, festgestellten Tatsachen nach § 266 zugestanden oder im Berufungsverfahren die genannten Mängel bereits gerügt hat oder nach § 468 Abs. 2 zweiter Satz zu rügen gehalten war.

(2) Der Schriftsatz ist innerhalb der vom Berufungsgericht gleichzeitig mit der Mitteilung nach Abs. 1 zu bestimmenden, den Umständen des einzelnen Falles angemessenen, vier Wochen nicht überschreitenden Frist einzubringen.

(3) Der Schriftsatz nach Abs. 1 kann nicht durch ein gerichtliches Protokoll ersetzt werden. Für die Behandlung dieses Schriftsatzes tritt das Berufungsgericht an die Stelle des Prozeßgerichts erster Instanz; im übrigen sind die Bestimmungen über die Berufungsbeantwortung anzuwenden.

(4) Hat der Berufungsgegner zuvor schon eine Berufungsbeantwortung überreicht, so ist sein Schriftsatz nach Abs. 1 als ein Bestandteil seiner Berufungsbeantwortung, sonst als seine nunmehrige Berufungsbeantwortung anzusehen. *(BGBl I 2010/111)*

(5) Das Berufungsgericht kann auch in nicht öffentlicher Sitzung und ohne vorhergehende mündliche Verhandlung eine Mitteilung an den Berufungsgegner nach Abs. 1 beschließen und die erforderlichen Anordnungen treffen. *(BGBl I 1997/140)*

§ 474. (1) Beim Vorhandensein des im § 471 Z. 1 bezeichneten Mangels hat das Gericht seine Unzuständigkeit auszusprechen und die Berufung an das für dieselbe zuständige Gericht zu verweisen.

(2) In den Fällen des § 471 Z. 2 und 3 ist die Berufung zu verwerfen. In den Fällen des § 471 Z 3 gilt dies jedoch nur, wenn ein Auftrag zur Verbesserung (§§ 84, 85) fruchtlos geblieben ist. *(BGBl 1983/135) Vgl § 495.*

(3) Wenn die Berufung im Falle des § 471 Z. 4 als begründet befunden wird, ist das Urteil aufzuheben und die Rechtssache je nach Vollendung der erstrichterlichen Verhandlung bloß zur neuerlichen Urteilsfällung oder zur Fortsetzung der Verhandlung und Urteilsfällung an das Prozeßgericht erster Instanz zurückzuverweisen.

§ 475. (1) Hat im Falle des § 471 Z 6 das Gericht erster Instanz mit Unrecht das Fehlen der inländischen Gerichtsbarkeit oder der sachlichen oder örtlichen Zuständigkeit ausgesprochen, die Streitanhängigkeit ohne Grund angenommen, eine Entscheidung über den Klagsanspruch mit Unrecht deshalb abgelehnt, weil über denselben bereits rechtskräftig entschieden sei oder die Unzulässigkeit des Rechtsweges vorliege, so wird das Gericht erster Instanz vom Berufungsgericht aufgetragen, sich der Urteilsfällung in der Hauptsache oder der Verhandlung und Urteilsfällung zu unterziehen, je nachdem die erstrichterliche Entscheidung nach durchgeführter Verhandlung zur Hauptsache, oder auf Grund abgesonderter Verhandlung über das Fehlen der inländischen Gerichtsbarkeit oder der sachlichen oder örtlichen Zuständigkeit, über die Streitanhängigkeit, die Rechtskraft oder die Unzulässigkeit des Rechtsweges und vor Abschluß der Verhandlung zur Hauptsache erging. *(BGBl I 1997/140)*

(2) Wurde jedoch in erster Instanz mit Unrecht die sachliche oder örtliche Zuständigkeit des Prozeßgerichts angenommen (§ 471 Z 5, 6 oder 7), so sind unter Aufhebung des erstrichterlichen Urteils auf Antrag oder von Amts wegen die zur Einleitung des Verfahrens vor dem zuständigen Gericht erforderlichen Anordnungen zu treffen. *(BGBl 1989/343; BGBl I 1997/140)*

(3) Wurde vom Gerichte erster Instanz auf die Streitanhängigkeit mit Unrecht keine Rücksicht genommen oder der Antrag, die Klage ohne Verhandlung zur Hauptsache zurückzuweisen, weil über den Klagsanspruch schon rechtskräftig entschieden sei, unrichtiger Weise verworfen, so ist die Klage unter Aufhebung des ergangenen erstrichterlichen Urteiles vom Berufungsgerichte zurückzuweisen.

§ 476. (1) Wenn das angefochtene Urteil wegen Unzuständigkeit des Gerichtes erster Instanz aufgehoben und die Rechtssache zu neuerlicher Verhandlung an das zuständige Gericht verwiesen wird, ist diese neuerliche Verhandlung auf Grund des über die erste Verhandlung aufgenommenen Verhandlungsprotokolles und aller sonstigen an das Berufungsgericht gelangten Prozeßakten durchzuführen. Die neuerliche Verhandlung ist im Sinne des § 138 einzuleiten.

(2) Alle von den Parteien bei der ersten Verhandlung abgelegten Geständnisse und alle sonstigen Erklärungen der Parteien behalten ihre Wirksamkeit auch für die neuerliche Verhandlung. Die Parteien können jedoch bei derselben auch solche tatsächliche Behauptungen und Beweise, Angriffs- und Verteidigungsmittel vorbringen, welche von ihnen bei der ersten Verhandlung nicht geltend gemacht wurden; desgleichen können die Parteien die bei der früheren Verhandlung versäumten oder verweigerten Erklärungen über tatsächliche Behauptungen und Beweisanbietungen bei der späteren Verhandlung nachholen.

§ 477. (1) Als nichtig (§ 471 Z. 5 und 7) ist das angefochtene Urteil und, soweit der Grund der Nichtigkeit das vorangegangene Verfahren ergreift, auch dieses aufzuheben:

1. wenn an der Entscheidung ein Richter teilnahm, welcher kraft des Gesetzes von der Ausübung des Richteramtes in dieser Rechtssache ausgeschlossen war, oder dessen Ablehnung vom Gerichte als berechtigt erkannt worden ist;

2. wenn das erkennende Gericht nicht vorschriftsmäßig besetzt war;

3. wenn das Urteil von einem Gericht gefällt wurde, obwohl der Umstand nicht geheilt ist, daß die inländische Gerichtsbarkeit fehlt oder das Gericht auch nicht durch ausdrückliche Vereinbarung der Parteien für die betreffende Rechtssache sachlich oder örtlich zuständig gemacht werden konnte (§ 104 Abs. 3 bis 5 JN); *(BGBl 1989/343; BGBl I 1997/140)*

4. wenn einer Partei die Möglichkeit, vor Gericht zu verhandeln, durch ungesetzlichen Vorgang, insbesondere durch Unterlassung der Zustellung entzogen wurde;

5. wenn eine Partei in dem Verfahren gar nicht oder, falls sie eines gesetzlichen Vertreters bedarf, nicht durch einen solchen vertreten war, sofern die Prozeßführung nicht nachträglich ordnungsmäßig genehmigt wurde;

6. wenn über eine nicht auf den Rechtsweg gehörige Sache erkannt wurde;

7. wenn die Öffentlichkeit in ungerechtfertigter Weise ausgeschlossen wurde;

8. wenn der Vorschrift des § 210 Absatz 2 zuwider die Parteien oder deren Bevollmächtigte

von ihnen abgefaßte Entwürfe zu Verhandlungsprotokollen zu den Akten gebracht haben;

9. wenn die Fassung des Urteiles so mangelhaft ist, daß dessen Überprüfung nicht mit Sicherheit vorgenommen werden kann, wenn das Urteil mit sich selbst in Widerspruch ist oder für die Entscheidung keine Gründe angegeben sind und diesen Mängeln durch eine vom Berufungsgerichte angeordnete Berichtigung des Urteils (§ 419) nicht abgeholfen werden kann.

(2) Eine nachträgliche Genehmigung der Prozeßführung (Z. 5) liegt insbesondere dann vor, wenn der gesetzliche Vertreter, ohne den Mangel der Vertretung geltend zu machen, durch Erstattung der Berufungsschrift oder der Berufungsbeantwortung in das Berufungsverfahren eingetreten ist. *(BGBl 1983/135)*

(3) Die Nichtigkeit nach Abs. 1 Z 2 liegt nicht vor, wenn an Stelle des Einzelrichters ein Senat entschieden hat. *(BGBl 1983/135)*

§ 478. (1) Erfolgt die Aufhebung des erstrichterlichen Urteiles wegen Nichtigkeit, ohne daß hiedurch zur Erledigung der Sache eine weitere Verhandlung notwendig wird (§ 477 Z. 5 und 6), so ist, soweit die Nichtigkeit reicht, die Zurückweisung der Klage auszusprechen.

(2) Wird durch die gänzliche oder teilweise Aufhebung des erstrichterlichen Urteiles wegen Nichtigkeit eine weitere Verhandlung notwendig, so ist die Sache an das Gericht erster Instanz zurückzuverweisen.

(3) Wenn das erstrichterliche Urteil wegen eines der in § 477 Z. 1 und 2 angeführten Nichtigkeitsgründe aufgehoben wird, so kann die Sache zur neuerlichen Verhandlung statt an das Prozeßgericht erster Instanz an ein anderes im Sprengel des Berufungsgerichtes gelegenes Gericht der gleichen Art verwiesen werden.

(4) *(aufgehoben, BGBl 1983/135)*

§ 479. (1) Wenn die Rechtssache gemäß § 478 an ein Gericht erster Instanz verwiesen wird, so hat dieses die Tagsatzung zur mündlichen Verhandlung von Amts wegen anzuberaumen. Mit der Anberaumung der Tagsatzung ist jedoch bis nach Eintritt der Rechtskraft der Entscheidung des Berufungsgerichtes zu warten, wenn letzteres ausgesprochen hat, daß das Verfahren in erster Instanz erst nach eingetretener Rechtskraft der Berufungsentscheidung aufzunehmen oder fortzusetzen sei. Ein solcher Ausspruch kann von Amts wegen oder auf Antrag erfolgen; gegen denselben ist ein abgesondertes Rechtsmittel nicht zulässig.

(2) Desgleichen ist im Falle des § 474 Absatz 1 nach eingetretener Rechtskraft der Entscheidung des Berufungsgerichtes wegen Fortsetzung des Verfahrens vor dem zuständigen Berufungsgericht-

te von diesem das Erforderliche von Amts wegen anzuordnen.

§ 479a. (1) Außer in den Fällen des § 471 ist die Berufung vor Anordnung einer Tagsatzung zur mündlichen Verhandlung vor den Berufungssenat zu bringen, wenn in einer vor dem Einzelrichter eines Gerichtshofes oder vor einem Bezirksgericht verhandelten Rechtssache die Berufungsschrift, die Berufungsbeantwortung oder ein innerhalb der für diese offenstehenden Frist eingebrachter besonderer Schriftsatz des Berufungsgegners einen Antrag enthält, wodurch das Einschreiten eines Berufungsgerichtes in der für die Ausübung der Gerichtsbarkeit in Handelsrechtssachen vorgeschriebenen Zusammensetzung erwirkt oder abgelehnt werden soll. Wurde ein Beisatz über die Art der ausgeübten Gerichtsbarkeit nicht von Amts wegen in das angefochtene Urteil aufgenommen, so kann das erste Begehren nur von dem gestellt werden, der ohne Erfolg einen die Ausübung der besonderen Gerichtsbarkeit bezeichnenden Beisatz beantragt oder sich ohne Erfolg gegen einen die Ausübung der allgemeinen Gerichtsbarkeit bezeichnenden Beisatz ausgesprochen hat. Das zweite Begehren kann dagegen nur von dem gestellt werden, der ohne Erfolg einen die Ausübung der allgemeinen Gerichtsbarkeit bezeichnenden Beisatz beantragt oder sich ohne Erfolg gegen einen die Ausübung der besonderen Gerichtsbarkeit bezeichnenden Beisatz ausgesprochen hat. In anderer Weise kann die Aufnahme oder Nichtaufnahme eines die Art der ausgeübten Gerichtsbarkeit bezeichnenden Beisatzes in das Urteil erster Instanz nicht angefochten werden. *(BGBl 1983/135)*

(2) Der Berufungssenat entscheidet, wie das Berufungsgericht im weiteren Verfahren zusammenzusetzen ist. Die Entscheidung ist nicht besonders auszufertigen, sondern in die Berufungsentscheidung aufzunehmen. Sie unterliegt keiner Anfechtung.

(BGBl 1933/554)

Anberaumung der Berufungsverhandlung

§ 480. (1) Fehlt es an den Voraussetzungen für die Einholung einer Entscheidung des Berufungssenates oder wurde vom Berufungssenat die Berufungsschrift als zur Bestimmung einer Tagsatzung zur mündlichen Berufungsverhandlung geeignet befunden, so ist eine mündliche Verhandlung über die Berufung anzuberaumen, wenn der Berufungssenat dies im einzelnen Fall, so etwa wegen der Komplexität der zu entscheidenden Rechtssache, für erforderlich hält; sonst erfolgt die Entscheidung über die Berufung in nicht öffentlicher Sitzung ohne vorhergehende mündliche Verhandlung. Die Tagsatzung zur mündlichen Berufungsverhandlung ist vom Vorsitzenden des Berufungssenats so anzuberaumen, dass zwischen der Zustellung der Ladung an die Parteien und der Tagsatzung ungefähr der Zeitraum von 14 Tagen liegt. In dringenden Fällen kann diese Frist auch abgekürzt werden. *(BGBl I 2009/52)*

(2) Gleiches gilt, wenn die wegen irriger Annahme einer Versäumung, wegen Unzuständigkeit des Gerichts, wegen der Entscheidung über die Streitanhängigkeit oder Rechtskraft oder wegen Nichtigkeit erhobene Berufung in nicht öffentlicher Sitzung vom Berufungsgerichte verworfen wurde, in der Berufungsschrift aber auch noch andere, in der mündlichen Verhandlung vorbehaltene Anfechtungsgründe geltend gemacht sind. *(BGBl I 2009/52)*

(3) Haben die Parteien bereits die im Berufungsverfahren sie vertretenden Rechtsanwälte namhaft gemacht, so ist die Ladung zur mündlichen Verhandlung an letztere zu richten.

§ 481. Zeigt sich schon bei Anberaumung der Tagsatzung die Notwendigkeit, in der Berufungsverhandlung die Wahrheit einzelner in der Berufungsschrift oder in einem vorbereitenden Schriftsatze angeführter Tatsachen, auf welche die Berufung gegründet wird, festzustellen, schon in erster Instanz vorgebrachte Beweise zu wiederholen, zu ergänzen oder bisher bloß angebotene Beweise aufzunehmen, so hat der Vorsitzende des Berufungssenates die namhaft gemachten Zeugen oder die in erster Instanz einvernommenen Sachverständigen zur Berufungsverhandlung vorzuladen, die Parteien behufs ihrer eidlichen Vernehmung zum Erscheinen aufzufordern und die Herbeischaffung aller sonstigen Beweismittel zu veranlassen.

Mündliche Berufungsverhandlung

§ 482. (1) In der Verhandlung vor dem Berufungsgerichte darf mit Ausnahme des Anspruches auf Erstattung der Kosten des Berufungsverfahrens weder ein neuer Anspruch, noch eine neue Einrede erhoben werden.

(2) Tatumstände und Beweise, die nach Inhalt des Urteils und der sonstigen Prozeßakten in erster Instanz nicht vorgekommen sind, dürfen von den Parteien im Berufungsverfahren nur zur Dartuung oder Widerlegung der geltend gemachten Berufungsgründe vorgebracht werden; auf solches neues Vorbringen darf überdies nur dann Rücksicht genommen werden, wenn es vorher im Wege der Berufungsschrift oder der Berufungsbeantwortung (§ 468) dem Gegner mitgeteilt wurde. *(BGBl 1922/532; BGBl 1983/135)*

§ 483. (1) In der mündlichen Verhandlung dürfen die Berufungsanträge ohne Einwilligung des Gegners weder erweitert, noch durch andere ersetzt werden. Das gleiche gilt von den in der Berufungsschrift angegebenen Berufungsgründen.

(2) Diese Einwilligung ist als vorhanden anzusehen, wenn der anwesende Gegner, ohne gegen die Änderung Einsprache zu erheben, über die abgeänderten Anträge oder über die neu geltend gemachten Berufungsgründe verhandelt.

(3) Bis zum Schluß der mündlichen Berufungsverhandlung oder bis zur Entscheidung des Berufungsgerichtes (§ 416 Abs. 2) können die Parteien vereinbaren, daß das Verfahren ruhen solle (§§ 168 bis 170). Bis zum gleichen Zeitpunkt kann auch die Klage, soweit sie Gegenstand des Berufungsverfahrens ist, zurückgenommen werden, wenn der Beklagte zustimmt oder wenn gleichzeitig auf den Anspruch verzichtet wird; im Umfang der Zurücknahme der Klage wird das angefochtene Urteil wirkungslos; dies hat das Berufungsgericht mit Beschluß festzustellen. *(BGBl 1983/135; BGBl I 2009/52)*

(4) Eine Änderung der dem angefochtenen Urteile zugrunde liegenden Klage ist selbst mit Einwilligung des Gegners nicht zulässig. *(BGBl 1983/135)*

§ 483a. (1) In Ehesachen (§ 49 Abs. 2 Z 2a JN) gilt § 483 Abs. 3 letzter Satz mit der Maßgabe sinngemäß, daß der Kläger die Klage auch nach dem Schluß der mündlichen Verhandlung bis zur Rechtskraft des Urteils mit Zustimmung des Beklagten zurücknehmen kann. *(BGBl 1985/70; BGBl I 2004/128)*

(2) Im Verfahren über die Nichtigerklärung oder die Feststellung des Bestehens oder Nichtbestehens einer Ehe sind die §§ 482 sowie 483 Abs. 1, 2 und 4 nicht anzuwenden.

(BGBl 1983/566)

§ 483a ist in der jeweiligen Fassung auf eingetragene Partner, Partnersachen oder Partnerangelegenheiten sinngemäß anzuwenden (§ 43 Abs 1 Z 25 EPG).

§ 484. (1) Die Zurücknahme der Berufung ist bis zum Schlusse der mündlichen Berufungsverhandlung zulässig. Sie kann bei der mündlichen Verhandlung erklärt werden oder mittels Überreichung eines Schriftsatzes beim Berufungsgerichte erfolgen. Wird der Schriftsatz noch vor Beginn der mündlichen Berufungsverhandlung überreicht, so kann der Vorsitzende des Senates als Einzelrichter anordnen, daß es von den anberaumten Tagsatzung abzukommen habe. *(RGBl 1914/118)*

(2) Die Zurücknahme hat nebst dem Verluste des Rechtsmittels auch die Verpflichtung zur Folge, die durch das Rechtsmittel entstandenen und insbesondere auch alle hiedurch dem Gegner verursachten Kosten zu tragen.

(3) Über die Verpflichtung zum Kostenersatze ist vom Berufungsgerichte, wenn aber der Vorsitzende des Senates angeordnet hat, daß es von der anberaumten Tagsatzung abzukommen habe (Absatz 1), vom Vorsitzenden als Einzelrichter durch Beschluß zu entscheiden. Im ersten Falle kann die Festsetzung des Kostenbetrages einem Senatsmitgliede übertragen werden. Der Antrag ist bei sonstigem Ausschluß bei der mündlichen Berufungsverhandlung, wenn aber eine solche nicht abgehalten worden ist, binnen einer Notfrist von vier Wochen nach Verständigung des Berufungsgegners von der Zurücknahme der Berufung durch das Gericht zu stellen. *(RGBl 1914/118; BGBl 1983/135)*

§ 485. (1) Die Verhandlung über die Berufung gegen ein Urteil, dessen Ergänzung gemäß § 423 beantragt wurde, kann auf Antrag ausgesetzt werden, bis entweder das Ergänzungsurteil ohne Berufung in Rechtskraft erwachsen oder auch die Berufung gegen das Ergänzungsurteil an das Berufungsgericht gelangt ist. Im letzteren Falle ist die Verhandlung über beide Berufungen zu verbinden.

(2) *(aufgehoben, BGBl 1922/532)*

§ 486. (1) Die mündliche Berufungsverhandlung beginnt nach dem Aufrufe der Sache mit dem Vortrage eines Mitgliedes des Berufungssenates als Berichterstatter.

(2) Derselbe hat mit Hilfe der Prozeßakten den Sachverhalt und den bisherigen Gang des Rechtsstreites, soweit dies zum Verständnisse der Berufungsanträge und zur Prüfung der Richtigkeit des angefochtenen Urteiles und der Berufungsgründe erforderlich ist, dann das Wesentliche der von den Parteien im Berufungsverfahren erstatteten Schriften darzulegen und die sich daraus ergebenden Streitpunkte zu bezeichnen. Der Vortragende darf seine Ansicht über die zu fällende Entscheidung nicht äußern.

(3) Sodann sind die Anträge der Parteien und der durch die Berufung getroffene Teil des erstrichterlichen Urteiles samt den Entscheidungsgründen, und wenn es der Vorsitzende oder der Berufungssenat für zweckdienlich erachten, auch die bezüglichen Teile des Verhandlungsprotokolles erster Instanz durch den Schriftführer vorzulesen.

(4) Hierauf werden die Parteien mit ihren Vorträgen gehört. Stimmt der Vortrag einer Partei mit dem Inhalte der Prozeßakten nicht überein, so hat der Vorsitzende darauf aufmerksam zu machen.

§ 487. *(aufgehoben, BGBl 1933/554)*

§ 488. (1) Der Berufungssenat kann nicht bloß die zur Unterstützung oder Bekämpfung der Berufungsgründe dienenden Beweise aufnehmen, sondern, wenn dies behufs Entscheidung über die Berufungsanträge notwendig erscheint, auch eine bereits in erster Instanz erfolgte Beweisaufnahme wiederholen oder ergänzen, und im erstrichterlichen Verfahren von den Parteien erfolglos angebotene Beweise nachträglich aufnehmen.

(2) Der Berufungssenat kann im letzteren Falle, sowie wenn ein Augenschein ergänzt werden soll, das Beweisverfahren nach den für dasselbe in erster Instanz geltenden Vorschriften selbst durchführen oder die Beweisaufnahme durch einen beauftragten oder ersuchten Richter vornehmen lassen.

(3) Wurde in erster Instanz ein Sachverständigenbeweis geführt, so kann der Berufungssenat denselben unter Bestellung anderer Sachverständiger neuerlich vornehmen lassen.

(4) Erwägt das Berufungsgericht von den Feststellungen des Erstgerichts abzuweichen, so darf es nur dann von der neuerlichen Aufnahme eines in erster Instanz unmittelbar aufgenommenen Beweises Abstand nehmen und sich mit der Verlesung des Protokolls hierüber begnügen, wenn es vorher den Parteien bekanntgegeben hat, daß es gegen die Würdigung dieses Beweises durch das Erstgericht Bedenken habe, und ihnen Gelegenheit gegeben hat, eine neuerliche Aufnahme dieses Beweises durch das Berufungsgericht zu beantragen. *(BGBl 1989/343)*

§ 489. (1) *(aufgehoben, BGBl 1983/135)*

(2) Wird vom Berufungssenate die neuerliche eidliche Einvernehmung einer bereits in erster Instanz eidlich abgehörten Partei angeordnet, so ist dieselbe unter Erinnerung an den in erster Instanz abgelegten Eid zu vernehmen.

(3) Das Berufungsgericht kann die eidliche Vernehmung einer Partei, welche in erster Instanz die Vernehmung oder die eidliche Aussage verweigert hat, nur dann anordnen, wenn es die Überzeugung gewonnen hat, daß die Partei genügende Gründe hatte, die Vernehmung zu verweigern, und daß diese Gründe seither weggefallen sind.

§ 490. Das Berufungsgericht hat auf Antrag noch vor Entscheidung über die Berufung durch Beschluß auszusprechen, inwieweit das Urteil der unteren Instanz als nicht angefochten zur Exekution geeignet ist. Gegen diesen Beschluß ist ein abgesondertes Rechtsmittel nicht zulässig.

§ 491. Im Fall des Ausbleibens einer Partei ist über die Berufung dennoch zu verhandeln und mit Berücksichtigung des in der Berufungsschrift und einer etwa erstatteten Berufungsbeantwortung Vorgebrachten zu entscheiden. Ob ein neues Vorbringen (§ 482 Absatz 2) als zugestanden oder als bestritten anzusehen sei, hat das Berufungsge-

richt unter Berücksichtigung des angefochtenen Urteiles und aller sonstigen Prozeßakten erster und zweiter Instanz zu entscheiden.

(BGBl 1922/532; BGBl 1983/135)

§ 492. *(aufgehoben, BGBl I 2009/52)*

§ 493. (1) In das Protokoll über die mündliche Berufungsverhandlung ist der Inhalt des tatsächlichen Vorbringens und der Beweisanbietungen der Parteien nur insoweit aufzunehmen, als derselbe von den Angaben der erstrichterlichen Prozeßakten über den Verhandlungsinhalt abweicht.

(2) *(aufgehoben, BGBl 1921/743)*

Berufungsentscheidung

§ 494. Überzeugt sich das Gericht aus Anlaß einer Berufungsverhandlung, daß das angefochtene Urteil oder das Verfahren in erster Instanz an einer bisher unbeachtet gebliebenen Nichtigkeit leide, so ist, sofern nicht ein durch ausdrückliche oder stillschweigende Genehmigung beseitigter Mangel der Vertretung (§ 477 Z. 5) vorliegt, im Sinne der §§ 477 und 478 vorzugehen, wenn auch die Nichtigkeit von keiner der Parteien geltend gemacht wurde.

§ 495. Werden die im § 471 Z 2 und 3 bezeichneten Mängel erst bei der mündlichen Verhandlung wahrgenommen, so ist die Berufung durch Beschluß zurückzuweisen; im Fall des § 471 Z 3 jedoch nur, wenn der anwesende Berufungswerber die Berufungsschrift trotz Aufforderung nicht verbessert.

(BGBl 1983/135)

Vgl § 474 (2).

§ 496. (1) Die Sache ist vom Berufungsgerichte an das Prozeßgericht erster Instanz zur Verhandlung und Urteilsfällung zurückzuweisen,[1] wenn, ohne daß dadurch eine Nichtigkeit begründet wäre:

1. die Sachanträge durch das angefochtene Endurteil nicht vollständig erledigt wurden;

2. das Verfahren erster Instanz an wesentlichen Mängeln leidet, welche eine erschöpfende Erörterung und gründliche Beurteilung der Streitsache verhinderten;

3. nach Inhalt der Prozeßakten dem Berufungsgerichte erheblich scheinende Tatsachen in erster Instanz gar nicht erörtert wurden.

(2) Das Verfahren vor dem Prozeßgerichte hat sich im Falle der Z. 1 auf die unerledigt gebliebenen Ansprüche und Anträge, im Falle der Z. 2 auf die durch den Mangel betroffenen Teile des erstrichterlichen Verfahrens und Urteiles zu beschränken.

(3) Statt der Zurückweisung[2] hat das Berufungsgericht die in erster Instanz gepflogene Verhandlung, soweit erforderlich, zu ergänzen und durch Urteil in der Sache selbst zu erkennen, wenn nicht anzunehmen ist, daß dadurch im Vergleich zur Zurückweisung[2] die Erledigung verzögert oder ein erheblicher Mehraufwand an Kosten verursacht würde.

(BGBl 1983/135)

---

[1] *Besser: „zurückzuverweisen".*
[2] *Besser: „Zurückverweisung".*

§ 497. (1) Sofern nicht die Bestimmungen der §§ 494, 495 und 496 zur Anwendung kommen, erkennt das Berufungsgericht durch Urteil in der Sache selbst.

(2) Seine Entscheidung hat alle einen zuerkannten oder aberkannten Anspruch betreffenden Streitpunkte zu umfassen, welche in Gemäßheit der Berufungsanträge eine Erörterung und Beurteilung in zweiter Instanz erfordern.

(3) Das erstrichterliche Urteil darf nur soweit abgeändert werden, als eine Abänderung beantragt ist.

§ 498. (1) Das Berufungsgericht hat seiner Entscheidung die in den erstrichterlichen Prozeßakten und im Urteile in erster Instanz festgestellten, durch die geltend gemachten Berufungsgründe nicht berührten Ergebnisse der Verhandlung und Beweisführung zugrunde zu legen, soweit dieselben nicht durch die Berufungsverhandlung selbst eine Berichtigung erfahren haben.

(2) Welche Bedeutung dem Widerspruche beizumessen ist, der gegen einzelne Feststellungen eines Protokolles erster Instanz rechtzeitig erhoben wurde, hat das Berufungsgericht, nötigenfalls nach mündlicher Verhandlung über die vom Widerspruche betroffenen Feststellungen und Angaben (§ 488), unter sorgfältiger Würdigung der Ergebnisse des Berufungsverfahrens und aller sonstigen Umstände zu beurteilen. *(BGBl I 2002/76)*

§ 499. (1) Die Zurückweisung[1] der Rechtssache an das Prozeßgericht erster Instanz geschieht in den Fällen der §§ 494 und 496 mittels Beschlusses.

(2) Das Gericht, an welches eine Rechtssache infolge Beschlusses des Berufungsgerichtes zu gänzlicher oder teilweiser neuer Verhandlung oder Entscheidung oder zur Durchführung des Berufungsverfahrens (§ 487) gelangt, ist hiebei an die rechtliche Beurteilung gebunden, von welcher das Berufungsgericht bei seinem Beschlusse ausgegangen ist.

(3) In Bezug auf die Einleitung der neuen Verhandlung hat die Vorschrift des § 479 zur Anwendung zu kommen.

(4) Das gleiche gilt, wenn das Berufungsgericht das Urteil, durch welches eine Wiederaufnahmsklage als unzulässig erkannt wurde, abändert und die Verhandlung in erster Instanz auf die Frage der Zulässigkeit der Wiederaufnahme des Verfahrens beschränkt war.

---

[1] *Siehe § 496.*

§ 500. (1) Das Urteil oder der Beschluß des Berufungsgerichts, wodurch die Berufung erledigt wird, ist den Parteien stets in schriftlicher Ausfertigung zuzustellen.

(2) Das Berufungsgericht hat in seinem Urteil auszusprechen,

1. wenn der Entscheidungsgegenstand nicht ausschließlich in einem Geldbetrag besteht, ob der Wert des Entscheidungsgegenstandes insgesamt

a) 5 000 Euro übersteigt oder nicht; *(BGBl I 2009/52)*

b) bei Übersteigen von 5 000 Euro auch 30 000 Euro übersteigt oder nicht; *(BGBl I 2009/52)*

2. daß die Revision nach § 502 Abs. 2 jedenfalls unzulässig ist, falls dies – auch unter Bedachtnahme auf § 502 Abs. 4 und 5 – zutrifft;

3. falls Z 2 nicht zutrifft, ob die ordentliche Revision nach § 502 Abs. 1 zulässig ist oder nicht.

(3) Bei den Aussprüchen nach Abs. 2 Z 1 sind die §§ 54 Abs. 2, 55 Abs. 1 bis 3, 56 Abs. 3, 57, 58 JN sinngemäß anzuwenden. Der Ausspruch nach Abs. 2 Z 2 bindet weder die Parteien noch die Gerichte. Der Ausspruch nach Abs. 2 Z 3 ist kurz zu begründen. *(BGBl I 2013/26 (VfGH))*

(4) Gegen die Aussprüche nach Abs. 2 Z 1 und 2 findet kein Rechtsmittel statt. Die Unrichtigkeit eines Ausspruchs nach Abs. 2 Z 3 kann – außer in einem Antrag nach § 508 – nur in einer außerordentlichen Revision (§ 505 Abs. 4) beziehungsweise in der Beantwortung einer ordentlichen Revision (§§ 507, 507a) geltend gemacht werden.

(BGBl I 1997/140)

§ 500a. In der Ausfertigung seiner Entscheidung kann das Berufungsgericht die Wiedergabe des Parteivorbringens und der tatsächlichen Entscheidungsgrundlagen auf das beschränken, was zum Verständnis seiner Rechtsausführungen erforderlich ist. Soweit das Berufungsgericht die Rechtsmittelausführungen für nicht stichhältig, hingegen die damit bekämpften Entscheidungsgründe des angefochtenen Urteils für zutreffend erachtet, kann es sich unter Hinweis auf deren Richtigkeit mit einer kurzen Begründung seiner

Beurteilung begnügen. Der § 417a ist nicht anzuwenden.

(BGBl 1989/343)

§ 501. (1) Hat das Erstgericht über einen Streitgegenstand entschieden, der an Geld oder Geldeswert 2 700 Euro nicht übersteigt, so kann das Urteil nur wegen Nichtigkeit und wegen einer ihm zugrunde liegenden unrichtigen rechtlichen Beurteilung der Sache angefochten werden; der § 473a ist nicht anzuwenden. *(BGBl I 2009/52)*

(2) Der Abs. 1 gilt nicht für die im § 502 Abs. 4 und 5 bezeichneten Streitigkeiten.

(BGBl I 1997/140)

Zweiter Abschnitt

Revision

Zulässigkeit

§ 502. (1) Gegen das Urteil des Berufungsgerichts ist die Revision nur zulässig, wenn die Entscheidung von der Lösung einer Rechtsfrage des materiellen Rechts oder des Verfahrensrechts abhängt, der zur Wahrung der Rechtseinheit, Rechtssicherheit oder Rechtsentwicklung erhebliche Bedeutung zukommt, etwa weil das Berufungsgericht von der Rechtsprechung des Obersten Gerichtshofs abweicht oder eine solche Rechtsprechung fehlt oder uneinheitlich ist.

(2) Die Revision ist jedoch jedenfalls unzulässig, wenn der Streitgegenstand, über den das Berufungsgericht entschieden hat, (Entscheidungsgegenstand) an Geld oder Geldeswert insgesamt 5 000 Euro nicht übersteigt. *(BGBl I 2009/52)*

(3) Weiters ist die Revision – außer im Fall des § 508 Abs. 3 – jedenfalls unzulässig, wenn der Entscheidungsgegenstand an Geld oder Geldeswert zwar 5 000 Euro, nicht aber insgesamt 30 000 Euro übersteigt und das Berufungsgericht die ordentliche Revision nach § 500 Abs. 2 Z 3 für nicht zulässig erklärt hat. *(BGBl I 2009/52)*

(4) In den im § 49 Abs. 2 Z 1 und 2 JN bezeichneten familienrechtlichen Streitigkeiten ist die Revision – außer im Fall des § 508 Abs. 3 – jedenfalls unzulässig, wenn der Entscheidungsgegenstand insgesamt 30 000 Euro nicht übersteigt und das Berufungsgericht die ordentliche Revision nach § 500 Abs. 2 Z 3 für nicht zulässig erklärt hat; die Abs. 2 und 3 sind nicht anzuwenden. *(BGBl I 2003/112; BGBl I 2009/52)*

(5) Die Abs. 2 und 3 gelten nicht

1. für die im § 49 Abs. 2 Z 2a und 2b JN bezeichneten familienrechtlichen Streitigkeiten ist die Revision zulässig; *(BGBl I 2003/112)*

2. für die unter § 49 Abs. 2 Z 5 JN fallenden Streitigkeiten, wenn dabei über eine Kündigung, über eine Räumung oder über das Bestehen oder Nichtbestehen des Vertrags entschieden wird;

3. für Rechtsstreitigkeiten, in denen ein im § 29 KSchG genannter Verband einen ihm zur Geltendmachung abgetretenen Anspruch gegen eine Partei klagsweise geltend macht. *(BGBl I 2002/76; BGBl I 2004/128)*

4. für Streitigkeiten in Arbeits- und Sozialrechtssachen; *(BGBl I 2002/76)*

Fassung ab 1. 1. 2021 (BGBl I 2020/148):
5. für Streitigkeiten nach § 549. *(BGBl I 2020/148)*

§ 502 ist in der jeweiligen Fassung auf eingetragene Partner, Partnersachen oder Partnerangelegenheiten sinngemäß anzuwenden (§ 43 Abs 1 Z 25 EPG).

(BGBl I 1997/140)

§ 503. (1) Die Revision kann nur aus einem der folgenden Gründe begehrt werden:

1. weil das Urteil des Berufungsgerichtes wegen eines der im § 477 bezeichneten Mängel nichtig ist;

2. weil das Berufungsverfahren an einem Mangel leidet, welcher, ohne die Nichtigkeit zu bewirken, eine erschöpfende Erörterung und gründliche Beurteilung der Streitsache zu hindern geeignet war;

3. weil dem Urteile des Berufungsgerichtes in einem wesentlichen Punkte eine tatsächliche Voraussetzung zugrunde gelegt erscheint, welche mit den Prozeßakten erster oder zweiter Instanz im Widerspruch steht;

4. weil das Urteil des Berufungsgerichtes auf einer unrichtigen rechtlichen Beurteilung der Sache beruht. *(BGBl 1922/532; BGBl 1983/135; BGBl 1989/343)*

(2) *(aufgehoben, BGBl 1989/343)*

§ 504. (1) Das Revisionsgericht überprüft das Urteil des Berufungsgerichtes innerhalb der Grenzen der im Revisionsverfahren gestellten Anträge.

(2) Neue tatsächliche Behauptungen oder Beweise können in der Revisionsinstanz nur zur Unterstützung oder Bekämpfung der Behauptung vorgebracht werden, daß das Urteil des Berufungsgerichtes wegen eines der im § 477 bezeichneten Mängel nichtig sei, oder daß das Berufungsverfahren an einem Mangel leide, welcher die erschöpfende Erörterung und gründliche Beurteilung der Streitsache zu hindern vermochte.

Erhebung der Revision

§ 505. (1) Die Revision wird durch Überreichung eines Schriftsatzes (Revisionsschrift) bei dem Prozeßgerichte erster Instanz erhoben. Einer Anmeldung der Revision bedarf es nicht. *(BGBl 1989/343)*

(2) Die Revisionsfrist beträgt vier Wochen von der Zustellung des Berufungserkenntnisses an; sie kann nicht verlängert werden. § 464 Abs. 3 ist sinngemäß anzuwenden. *(BGBl 1955/282; BGBl 1983/135)*

(3) Durch die rechtzeitige Erhebung einer ordentlichen Revision oder eines Antrags nach § 508 Abs. 1 verbunden mit einer ordentlichen Revision wird der Eintritt der Rechtskraft und Vollstreckbarkeit des angefochtenen Urteils im Umfang der Revisionsanträge bis zur Erledigung des Rechtsmittels gehemmt. *(BGBl I 1997/140)*

(4) Hat das Berufungsgericht im Berufungsurteil nach § 500 Abs. 2 Z 3 ausgesprochen, daß die ordentliche Revision nicht nach § 502 Abs. 1 zulässig ist, so kann nur in Streitigkeiten nach § 502 Abs. 5 und in solchen, in denen der Entscheidungsgegenstand insgesamt 30 000 Euro übersteigt, dennoch eine Revision erhoben werden (außerordentliche Revision). Die Erhebung einer außerordentlichen Revision hemmt nicht den Eintritt der Vollstreckbarkeit, sondern nur der Rechtskraft. *(BGBl I 1997/140; BGBl I 2009/52)*

§ 506. (1) Die Revisionsschrift muß nebst den allgemeinen Erfordernissen eines Schriftsatzes enthalten:

1. die Bezeichnung des Urteiles, gegen welches die Revision gerichtet ist;

2. die bestimmte Erklärung, inwieweit das Urteil angefochten wird, die ebenso bestimmte kurze Bezeichnung der Gründe der Anfechtung (Revisionsgründe) und die Erklärung, ob die Aufhebung oder eine Abänderung des Urteils und welche beantragt werde, (Revisionsantrag); *(BGBl 1989/343)*

3. das tatsächliche Vorbringen und die Beweismittel, durch welche die Wahrheit der im § 503 Z. 1 und 2 angegebenen Revisionsgründe erwiesen werden soll; *(BGBl 1989/343)*

4. die Unterschrift eines Rechtsanwaltes;

5. bei einer außerordentlichen Revision (§ 505 Abs. 4) gesondert die Gründe, warum, entgegen dem Ausspruch des Berufungsgerichts, nach § 502 Abs. 1 die Revision für zulässig erachtet wird. *(BGBl 1983/135; BGBl 1989/343; BGBl I 1997/140)*

(2) Insoweit die Revision auf den im § 503 Z. 4 angegebenen Revisionsgrund gestützt wird, ist in der Revisionsschrift ohne Weitläufigkeiten darzulegen, aus welchen Gründen die rechtliche Beurteilung der Sache unrichtig erscheint. *(BGBl 1989/343)*

(3) *(aufgehoben, BGBl 1989/343)*

§ 507. (1) Das Prozeßgericht erster Instanz hat Revisionen zurückzuweisen, die verspätet oder aus einem anderen Grund als dem nach § 502 Abs. 1 unzulässig sind; dies gilt auch für Anträge nach § 508 Abs. 1, die mit einer ordentlichen Revision verbunden sind.

(2) Findet das Prozeßgericht erster Instanz keinen Anlaß zur Zurückweisung einer Revision oder eines Antrags nach § 508 Abs. 1, der mit einer ordentlichen Revision verbunden ist, so hat es die Zustellung einer Ausfertigung der Revisionsschrift beziehungsweise des Antrags nach § 508 Abs. 1 verbunden mit der Revisionsschrift an den Gegner des Revisionswerbers (Revisionsgegner) zu verfügen.

(3) Einwendungen gegen die Rechtzeitigkeit oder Zulässigkeit einer Revision oder eines Antrags nach § 508 Abs. 1, der mit einer ordentlichen Revision verbunden ist, kann der Revisionsgegner nicht durch Rekurs, sondern nur in der Revisionsbeantwortung geltend machen.

(4) Auf die Revisionsbeantwortung finden die Bestimmungen des § 506 mit Ausnahme der unter Abs. 1 Z 1 und 2 angegebenen Erfordernisse sinngemäße Anwendung. Neue Tatsachen und Beweise, welche der Revisionsgegner zur Widerlegung der in der Revisionsschrift angegebenen Revisionsgründe benützen will, werden im Revisionsverfahren nur soweit berücksichtigt, als sie bereits in der Revisionsbeantwortung angeführt sind. *(BGBl 1989/343)*

(5) Von der Einbringung der Revisionsbeantwortung ist der Revisionswerber durch Mitteilung eines Exemplares der Revisionsbeantwortung zu verständigen.

(6) Die Überreichung der Revisionsschrift und Revisionsbeantwortung kann nicht durch Erklärungen zu gerichtlichem Protokoll ersetzt werden.

(BGBl I 1997/140)

§ 507a. (1) Dem Revisionsgegner steht es frei, binnen der Notfrist von vier Wochen ab der Zustellung der Revisionsschrift eine Revisionsbeantwortung mittels Schriftsatzes zu überreichen.

(2) Die Frist nach Abs. 1 beginnt

1. bei einer Revision, deren Zulässigkeit das Berufungsgericht nach § 500 Abs. 2 Z 3 ausgesprochen hat, (ordentliche Revision) mit der Zustellung der Revisionsschrift durch das Prozeßgericht;

2. im Falle eines Antrags nach § 508 Abs. 1 verbunden mit einer ordentlichen Revision mit der Zustellung der Mitteilung des Berufungsgerichts, daß dem Revisionsgegner die Beantwortung der Revision freigestellt werde (§ 508 Abs. 5);

3. bei einer außerordentlichen Revision (§ 505 Abs. 4) mit der Zustellung der Mitteilung des Obersten Gerichtshofs, daß dem Revisionsgegner

die Beantwortung der Revision freigestellt werde (§ 508a Abs. 2).

(3) Die Revisionsbeantwortung ist einzubringen:

1. beim Berufungsgericht, wenn dieses dem Revisionsgegner nach § 508 Abs. 5 freigestellt hat, eine Revisionsbeantwortung einzubringen;

2. beim Revisionsgericht, wenn dieses dem Revisionsgegner nach § 508a Abs. 2 freigestellt hat, eine Revisionsbeantwortung einzubringen;

3. sonst beim Prozeßgericht erster Instanz.

(4) Für die Behandlung der Revisionsbeantwortung tritt im Fall des Abs. 3 Z 1 das Berufungsgericht, im Fall des Abs. 3 Z 2 das Revisionsgericht an die Stelle des Prozeßgerichts erster Instanz.

(5) Der § 464 Abs. 3 ist sinngemäß anzuwenden.

(BGBl I 1997/140)

§ 507b. (1) Nach der Erstattung der Beantwortung einer ordentlichen Revision (§ 507a Abs. 2 Z 1) oder nach dem fruchtlosen Ablauf der hiefür offenstehenden Frist hat das Prozeßgericht erster Instanz diese Schriften samt sich auf den Rechtsstreit beziehenden Prozeßakten dem Berufungsgericht vorzulegen, welches diese sodann nach Anschluß der diesen Rechtsstreit betreffenden berufungsgerichtlichen Akten an das Revisionsgericht weiterzubefördern hat.

(2) Ein Antrag nach § 508 Abs. 1 verbunden mit einer ordentlichen Revision ist dem Berufungsgericht samt allen sich auf den Rechtsstreit beziehenden Prozeßakten sofort vorzulegen.

(3) Eine außerordentliche Revision (§ 505 Abs. 4) ist dem Revisionsgericht samt allen sich auf den Rechtsstreit beziehenden Prozeßakten sofort und unmittelbar vorzulegen.

(4) Ordentliche Revisionen, die verspätet oder aus einem anderen Grund als dem nach § 502 Abs. 1 unzulässig sind, hat das Berufungsgericht zurückzuweisen, wenn das Prozeßgericht erster Instanz dies noch nicht getan hat; dies vorbehaltlich des § 508.

(BGBl I 1997/140)

§ 508. (1) Wird in Streitigkeiten, in denen der Entscheidungsgegenstand zwar 5 000 Euro, nicht aber insgesamt 30 000 Euro übersteigt (§ 502 Abs. 3), oder in familienrechtlichen Streitigkeiten nach § 49 Abs. 2 Z 1 und 2 JN, in denen der Entscheidungsgegenstand insgesamt 30 000 Euro nicht übersteigt (§ 502 Abs. 4), im Berufungsurteil nach § 500 Abs. 2 Z 3 ausgesprochen, daß die ordentliche Revision nach § 502 Abs. 1 nicht zulässig ist, so kann eine Partei einen Antrag an das Berufungsgericht stellen, seinen Ausspruch dahingehend abzuändern, daß die ordentliche Revision doch für zulässig erklärt werde; in die-

sem Antrag sind die Gründe dafür anzuführen, warum – entgegen dem Ausspruch des Berufungsgerichts – nach § 502 Abs. 1 die ordentliche Revision für zulässig erachtet wird. Mit demselben Schriftsatz ist die ordentliche Revision auszuführen. *(BGBl I 2004/128; BGBl I 2009/52)*

(2) Der Antrag nach Abs. 1 verbunden mit der ordentlichen Revision ist beim Prozeßgericht erster Instanz binnen vier Wochen einzubringen; die Frist beginnt mit der Zustellung des Berufungserkenntnisses zu laufen; sie kann nicht verlängert werden. Die §§ 464 Abs. 3 und 507 Abs. 6 sind sinngemäß anzuwenden.

(3) Erachtet das Berufungsgericht den Antrag nach Abs. 1 für stichhältig, so hat es seinen Ausspruch mit Beschluß abzuändern und auszusprechen, daß die ordentliche Revision doch nach § 502 Abs. 1 zulässig ist; dieser Beschluß ist kurz zu begründen (§ 500 Abs. 3 letzter Satz).

(4) Erachtet das Berufungsgericht den Antrag nach Abs. 1 für nicht stichhältig, so hat es diesen samt der ordentlichen Revision mit Beschluß zurückzuweisen; diese Entscheidung bedarf keiner Begründung. Gegen diesen Beschluß ist ein Rechtsmittel nicht zulässig. *(BGBl I 2009/52)*

(5) Erklärt das Berufungsgericht die ordentliche Revision doch für zulässig (Abs. 3), so hat es diesen Beschluß den Parteien zuzustellen und dem Revisionsgegner außerdem mitzuteilen, daß ihm die Beantwortung der Revision freistehe. Eine vor Zustellung dieser Mitteilung erstattete Revisionsbeantwortung gilt im Fall der Zurückweisung des Antrags samt der ordentlichen Revision (Abs. 4) nicht als zur zweckentsprechenden Rechtsverfolgung oder Rechtsverteidigung notwendig.

(6) Von einer Mitteilung nach Abs. 5 ist auch das Prozeßgericht erster Instanz zu verständigen.

(BGBl I 1997/140)

Verfahren vor dem Revisionsgerichte

§ 508a. (1) Bei der Prüfung der Zulässigkeit der Revision ist das Revisionsgericht an einen Ausspruch des Berufungsgerichts nach § 500 Abs. 2 Z 3 nicht gebunden. *(BGBl 1989/343)*

(2) Findet das Revisionsgericht nicht schon bei der ersten Prüfung, daß eine außerordentliche Revision (§ 505 Abs. 4) mangels der Voraussetzungen nach § 502 Abs. 1 zurückzuweisen ist, so hat es dem Revisionsgegner mitzuteilen, daß ihm die Beantwortung der Revision (§§ 507, 507a) freistehe. Eine vor der Zustellung dieser Mitteilung erstattete Revisionsbeantwortung gilt im Fall der Verwerfung der Revision nicht als zur zweckentsprechenden Rechtsverfolgung oder Rechtsverteidigung notwendig. *(BGBl 1989/343; BGBl I 1997/140)*

(3) Von einer Mitteilung nach Abs. 2 sind auch das Prozeßgericht erster Instanz, das Berufungsgericht und der Revisionswerber zu verständigen. Das Berufungsgericht hat nach dem Einlangen dieser Verständigung dem Revisionsgericht die diesen Rechtsstreit betreffenden berufungsgerichtlichen Akten vorzulegen. *(BGBl 1983/135)*

§ 509. (1) Das Revisionsgericht entscheidet über die Revision in nicht öffentlicher Sitzung ohne vorhergehende mündliche Verhandlung.

(2) Es kann jedoch, wenn dies im einzelnen Falle dem Revisionsgerichte behufs Entscheidung über die eingelegte Revision erforderlich erscheint, auch eine mündliche Verhandlung vor dem Revisionsgerichte auf Antrag oder von Amts wegen angeordnet werden. In Bezug auf diese Verhandlung haben die für die mündliche Verhandlung vor dem Berufungsgerichte erlassenen Vorschriften zu gelten.

(3) Erhebungen oder Beweisaufnahmen, welche zur Feststellung der im § 503 Z. 1 und 2 angeführten Revisionsgründe notwendig sind, haben durch einen ersuchten Richter zu erfolgen, welcher die Akten über die stattgefundenen Erhebungen oder Beweisaufnahmen unmittelbar dem Revisionsgerichte vorzulegen hat. Diesen Erhebungen und Beweisaufnahmen sind stets die Parteien zuzuziehen.

§ 510. (1) Das Revisionsgericht hat in der Regel in der Sache selbst zu entscheiden. Wenn es jedoch das Urteil des Berufungsgerichtes nach § 477 Z. 4 und 5 als nichtig zu erklären oder aus dem im § 503 Z 2 bezeichneten Grunde aufzuheben findet und infolge dessen eine neue Verhandlung zur Erledigung der Sache notwendig erachtet, hat es die Streitsache aus diesem Zwecke an das Berufungsgericht zurückzuverweisen. Wenn das Urteil des Berufungsgerichtes aus dem im § 503 Z 2 bezeichneten Grunde aufzuheben ist und es offenbar einer Verhandlung in erster Instanz bedarf, um die Sache spruchreif zu machen, ist auch das Urteil der ersten Instanz innerhalb der Grenzen der Revisionsanträge aufzuheben und die Streitsache an die erste Instanz zurückzuverweisen. Das Revisionsgericht kann das Urteil des Berufungsgerichts überdies dann aufheben und die Sache zur neuerlichen Entscheidung an dieses zurückverweisen, wenn sich bei einer Revision aus der Lösung einer erheblichen Rechtsfrage (§ 502 Abs. 1) zur abschließenden Entscheidung über den strittigen Anspruch die Notwendigkeit einer näheren Prüfung einzelner Anspruchsgrundlagen oder eingehender Berechnungen ergibt. *(RGBl 1914/118; BGBl 1989/343)*

(2) Findet das Revisionsgericht das Urteil oder Verfahren wegen einer schon in erster Instanz unterlaufenen, von Amts wegen wahrzunehmen-

den Nichtigkeit aufzuheben, so hat die Zurückweisung[1] der Sache an die erste Instanz zu erfolgen (§ 478 Absatz 2 und 3).

(3) In der Ausfertigung seiner Entscheidung kann das Revisionsgericht die Wiedergabe des Parteivorbringens und der tatsächlichen Entscheidungsgrundlagen auf das beschränken, was zum Verständnis seiner Rechtsausführungen erforderlich ist. Bestätigt der Oberste Gerichtshof das Urteil des Berufungsgerichts und erachtet er dessen Begründung für zutreffend, so reicht es aus, wenn er auf deren Richtigkeit hinweist. Die Beurteilung, daß eine geltend gemachte Mangelhaftigkeit oder Aktenwidrigkeit (§ 503 Z 2 und 3) nicht vorliegen, sowie die Zurückweisung einer außerordentlichen Revision (§ 505 Abs. 4) bedürfen keiner Begründung. Die Zurückweisung einer ordentlichen Revision wegen Fehlens einer erheblichen Rechtsfrage (§ 502 Abs. 1) kann sich auf die Ausführung der Zurückweisungsgründe beschränken. *(BGBl 1983/135; BGBl 1989/343; BGBl I 1997/140)*

---

[1] *Siehe § 496.*

§ 511. (1) Das Gericht, an welches die Sache zurückverwiesen wurde, ist bei der weiteren Behandlung und Entscheidung an die rechtliche Beurteilung gebunden, welche das Revisionsgericht seinem aufhebenden Beschlusse zugrunde gelegt hat. *(BGBl 1929/222)*

(2) Zum Zwecke der Aufnahme des Verfahrens beim Berufungsgerichte oder beim Gerichte erster Instanz haben diese die Tagsatzung zur mündlichen Verhandlung von Amts wegen anzuberaumen.

§ 512. Findet das Revisionsgericht, daß die Revision mutwillig oder nur zur Verzögerung der Sache angebracht wurde, so ist gegen den Revisionswerber auf eine Mutwillensstrafe zu erkennen. *(BGBl 1983/135)*

§ 513. Soweit sich nicht aus den Bestimmungen dieses Abschnittes Abweichungen ergeben, sind die Vorschriften über die Berufung auch auf die Revision anzuwenden.

Dritter Abschnitt

Rekurs

Zulässigkeit

§ 514. (1) Gegen Beschlüsse (Bescheide) ist, sofern das gegenwärtige Gesetz die Anfechtung derselben nicht ausschließt, der Rekurs zulässig.

(2) Mittels Rekurses können Beschlüsse insbesondere auch aus den im § 477 angegebenen Gründen angefochten werden.

(3) *(aufgehoben, BGBl 1983/135)*

§ 515. In den Fällen, in welchen nach den Bestimmungen dieses Gesetzes gegen einen Beschluß ein abgesondertes Rechtsmittel versagt ist, können die Parteien ihre Beschwerden gegen diesen Beschluß mit dem gegen die nächstfolgende anfechtbare Entscheidung eingebrachten Rechtsmittel zur Geltung bringen.

§ 516. *(aufgehoben, BGBl 1983/135)*

§ 517. (1) Übersteigt der Streitgegenstand an Geld oder Geldeswert nicht den Betrag von 2 700 Euro, so kann nur gegen die folgenden Beschlüsse erster Instanz Rekurs ergriffen werden:

1. wenn die Einleitung oder Fortsetzung des gesetzmäßigen Verfahrens über die Klage verweigert wurde;

2. wenn über den Antrag auf Bestellung einer Sicherheit für die Prozeßkosten oder auf Ergänzung dieser Sicherheit entschieden wurde;

3. wenn dem Begehren um Erstreckung einer Tagsatzung unter Verletzung der Bestimmungen des § 134 stattgegeben wurde und der Beschluß zugleich gemäß § 141 anfechtbar ist;

4. wenn ein Antrag auf Bewilligung der Wiedereinsetzung in den vorigen Stand wegen Versäumung einer Tagsatzung oder wegen Verstreichens der Frist zur Erhebung eines Rechtsmittels abgewiesen wurde;

5. wenn über Prozeßkosten entschieden worden ist; *(BGBl 1986/71)*

6. wenn über die Aufhebung der Bestätigung der Vollstreckbarkeit entschieden worden ist (§ 7 Abs. 3 EO). *(BGBl 1986/71)*
(BGBl 1983/135; BGBl I 1997/140; BGBl I 2009/52)

(2) Abs. 1 gilt nicht für die im § 502 Abs. 5 Z 3 bezeichneten Streitigkeiten. *(BGBl I 2004/128)*

(3) Ein Kostenrekurs ist jedenfalls unzulässig, wenn der Betrag, dessen Zuspruch oder Aberkennung beantragt wird, 50 Euro nicht übersteigt. *(BGBl I 2010/111)*

§ 518. (1) Im Verfahren über Klagen wegen Störung des Besitzstandes (§ 454) kann nur gegen Beschlüsse, durch welche die Einleitung oder Fortsetzung des Verfahrens über die Klage verweigert wird, und gegen den Endbeschluß Rekurs ergriffen werden. Der § 461 Abs. 2 gilt sinngemäß. *(BGBl 1989/343)*

(2) Beschwerden gegen alle anderen im Laufe des Verfahrens gefaßten Beschlüsse, und insbesondere gegen die während des Verfahrens erlassenen einstweiligen Verfügungen sind mit dem gegen den Endbeschluß gerichteten Rekurs zu verbinden.

(3) Übersteigt der Wert des Streitgegenstandes nicht den Betrag von 2 700 Euro, so kann der Endbeschluß nur aus den im § 501 angeführten Gründen angefochten werden. *(BGBl 1986/71; BGBl I 1997/140; BGBl I 2009/52)*

§ 519. (1) Gegen einen im Berufungsverfahren ergehenden Beschluß des Berufungsgerichts ist der Rekurs nur zulässig,

1. soweit das Berufungsgericht die Klage oder die Berufung ohne Sachentscheidung aus formellen Gründen zurückgewiesen hat;

2. soweit das Berufungsgericht das erstgerichtliche Urteil aufgehoben und dem Gericht erster Instanz eine neuerliche, nach Ergänzung des Verfahrens zu fällende Entscheidung aufgetragen oder die Sache an ein anderes Berufungsgericht verwiesen und wenn es dabei ausgesprochen hat, daß der Rekurs an den Obersten Gerichtshof zulässig ist.

(2) Das Berufungsgericht darf die Zulässigkeit des Rekurses nach Abs. 1 Z 2 nur aussprechen, wenn es die Voraussetzungen für gegeben erachtet, unter denen nach § 502 die Revision zulässig ist; dieser Ausspruch ist kurz zu begründen. Im Fall eines solchen Ausspruchs ist das Verfahren in erster Instanz erst nach Rechtskraft des Aufhebungsbeschlusses fortzusetzen. Über einen solchen Rekurs kann der Oberste Gerichtshof durch Urteil in der Sache selbst erkennen, wenn die Streitsache zur Entscheidung reif ist.

(BGBl 1989/343)

Erhebung des Rekurses

§ 520. (1) Der Rekurs wird durch Überreichung eines Schriftsatzes (Rekursschrift) bei dem Gerichte erhoben, dessen Beschluß angefochten wird, dessen Vorsteher den angefochtenen Beschluß erlassen hat oder dem Vorsitzende des Senates, der beauftragte oder ersuchte Richter angehört hat, gegen dessen Beschluß Rekurs ergriffen wird; doch sind Rekurse gegen Entscheidungen der zweiten Instanz beim Gerichte erster Instanz zu überreichen. Rekurse müssen mit der Unterschrift eines Rechtsanwalts versehen sein. *(BGBl 1929/222; BGBl 1989/343; BGBl I 2010/111)*

(2) Wenn ein Beschluß wegen der ihm zugrunde liegenden unrichtigen rechtlichen Beurteilung mit Rekurs angefochten wird, ist der § 506 Abs. 2 entsprechend anzuwenden. *(BGBl 1983/135)*

§ 521. (1) Die Rekursfrist beträgt 14 Tage. Richtet sich der Rekurs gegen einen Endbeschluss oder einen Aufhebungsbeschluss nach § 519 Abs. 1 Z 2, so beträgt die Rekursfrist jedoch vier Wochen. Die Rekursfrist kann nicht verlängert werden. *(BGBl 1983/135; BGBl I 2001/98; BGBl I 2009/30)*

(2) Die Frist beginnt mit der Zustellung der schriftlichen Ausfertigung des anzufechtenden Beschlusses oder der Rekursentscheidung.[1] *(BGBl 1986/71)*

(3) Der § 464 Abs. 3 ist sinngemäß anzuwenden. *(BGBl 1955/282; BGBl 1983/135)*

---

[1] *Im Exekutionsverfahren: einheitliche Frist von 14 Tagen auch im zweiseitigen Rekursverfahren (§ 402 Abs 3 EO). Siehe aber § 411 Abs 1 EO.*

§ 521a. (1) Richtet sich nach Streitanhängigkeit ein Rekurs gegen einen Beschluss, der nicht bloß verfahrensleitend ist, so hat das Prozessgericht erster Instanz, wenn es den Rekurs nicht zurückweist, die Rekursschrift dem Gegner des Rekurswerbers zuzustellen. Der Rekursgegner kann binnen der Notfrist von 14 Tagen, in den Fällen des § 521 Abs. 1 zweiter Satz binnen der Notfrist von vier Wochen, ab der Zustellung der Rekursschrift bei dem Prozessgericht erster Instanz eine Rekursbeantwortung anbringen. § 520 Abs. 1 letzter Satz und § 464 Abs. 3 gelten sinngemäß. *(BGBl I 2010/111)*

(2) Für Revisionsrekurse nach § 528 Abs. 2a und für außerordentliche Revisionsrekurse gilt Abs. 1 mit den Maßgaben, die sich aus der sinngemäßen Anwendung der §§ 507, 507a, 507b, 508 und 508a ergeben.

(BGBl I 2009/30)

§ 522. (1) Richtet sich das Rechtsmittel gegen eine Strafverfügung, gegen einen Beschluß prozeßleitender Natur, gegen die Zurückweisung eines Rechtsmittels, eines Einspruchs gegen einen Zahlungsbefehl oder eines Widerspruchs gegen ein Versäumungsurteil als verspätet oder unzulässig oder gegen einen Beschluß, mit dem ein Antrag ohne Anhörung der Gegenpartei abgewiesen worden ist, so kann das Gericht oder der Richter, dessen Entscheidung oder Verfügung angefochten wird, dem Rechtsmittelbegehren selbst stattgeben. *(BGBl I 2002/76)* In BGBl I 2002/76 wird der entfallende Klammerausdruck statt § 451 irrtümlich mit § 461 angegeben.

(2) Finden sie sich hiezu nicht bestimmt oder werden andere als die im Abs. 1 bezeichneten Beschlüsse durch Rekurs angefochten, so ist der Rekurs dem Rekursgericht ohne Aufschub, im Fall des § 521a nach rechtzeitigem Einlangen der Rekursbeantwortung oder nach fruchtlosem Ablauf der hiefür offenstehenden Frist, mit allen für die Beurteilung des Rekurses erforderlichen Akten, gegebenenfalls mit einem aufklärenden Bericht, vorzulegen.

(BGBl 1983/135)

§ 523. Rekurse gegen Beschlüsse, wider welche nach den Vorschriften dieses Gesetzes ein Rekurs überhaupt nicht stattfindet oder doch ein abgesondertes Rechtsmittel versagt ist, sowie Rekurse, die nach Ablauf der Rekursfrist erhoben werden, sind von dem Gerichte, bei welchem sie überreicht werden, von Amts wegen zurückzuweisen. Dies gilt nicht für Rekurse gegen Entscheidungen eines Gerichtes zweiter Instanz, die nur wegen des Fehlens einer erheblichen Rechtsfrage unzulässig sind (§ 519 Abs. 2, § 527 Abs. 2 letzter Satz, § 528 Abs. 1).

(BGBl 1989/343)

§ 524. (1) Der Rekurs hat in Bezug auf die Ausführung des angefochtenen Beschlusses und den Eintritt der Vollstreckbarkeit desselben keine aufschiebende Wirkung. Eine Ausnahme tritt, soferne nicht das Gesetz etwas anderes bestimmt, bei Strafverfügungen ein, welche im Instanzenzuge anfechtbar sind.

(2) Wenn jedoch aus der Hemmung des Verfahrens, der Ausführung des angefochtenen Beschlusses oder der auf Grund desselben einzuleitenden Exekution der Gegenpartei kein unverhältnismäßiger Nachteil erwächst, und ohne solche Hemmung der Zweck des Rekurses vereitelt würde, so hat das Gericht erster Instanz auf Antrag die einstweilige Hemmung unter gleichzeitiger Anordnung der etwa notwendigen Sicherungsmaßregeln zu verfügen. Gegen diesen Beschluß findet ein abgesondertes Rechtsmittel nicht statt. *(BGBl 1929/222)*

(3) Gleiche Befugnis steht dem Vorsteher des Gerichtes, dem Vorsitzenden des Senates oder dem beauftragten oder ersuchten Richter zu, wenn der Rekurs gegen deren Beschlüsse ergriffen wird.

§ 525. Insofern im Verfahren über eine Klage wegen Störung des Besitzstandes die während der Verhandlung getroffenen einstweiligen Vorkehrungen durch die Vollstreckung des Endbeschlusses nicht berührt werden, hat der Richter erster Instanz nach seinem Ermessen zu bestimmen, ob dieselben während der Anhängigkeit des Rekurses fortdauern sollen oder schon vor Erledigung des Rekurses aufzuheben seien.

Verfahren bei dem Rekursgerichte

§ 526. (1) Über den Rekurs ist ohne vorhergehende mündliche Verhandlung in nicht öffentlicher Sitzung durch Beschluß zu entscheiden. Vor der Entscheidung kann das Rekursgericht die ihm notwendig scheinenden Erhebungen veranlassen.

(2) Ein unzulässiger oder verspäteter Rekurs ist sofort zu verwerfen. Der Oberste Gerichtshof ist bei der Prüfung der Zulässigkeit des Rekurses an die Beurteilung des Gerichtes zweiter Instanz über das Vorliegen einer erheblichen Rechtsfrage

nicht gebunden (§ 519 Abs. 2, § 527 Abs. 2, § 528 Abs. 1). *(BGBl 1989/343)*

(3) Auf Rekursentscheidungen sind die §§ 500 und 500a sinngemäß anzuwenden. *(BGBl 1989/343)*

§ 527. (1) Wird dem Rekurse stattgegeben, so kann das Rekursgericht die infolge seines Ausspruches etwa erforderlichen weiteren Anordnungen demjenigen Gerichte oder Richter übertragen, von welchem der angefochtene Beschluß erlassen war. *(BGBl 1989/343)*

(2) Wird der angefochtene Beschluß in zweiter Instanz aufgehoben und dem Gericht erster Instanz eine neuerliche, nach Ergänzung des Verfahrens zu fällende Entscheidung aufgetragen, so ist ein Rekurs dagegen nur zulässig, wenn das Rekursgericht dies ausgesprochen hat. Das Rekursgericht darf dies nur aussprechen, wenn es die Voraussetzungen für die Zulässigkeit des Revisionsrekurses nach § 528 für gegeben erachtet; § 528 Abs. 2 Z 1a, Abs. 2a und 3 gilt nicht. *(BGBl I 1997/140)*

§ 528. (1) Gegen den Beschluß des Rekursgerichts ist der Revisionsrekurs nur zulässig, wenn die Entscheidung von der Lösung einer Rechtsfrage des materiellen Rechts oder des Verfahrensrechts abhängt, der zur Wahrung der Rechtseinheit, Rechtssicherheit oder Rechtsentwicklung erhebliche Bedeutung zukommt, etwa weil das Rekursgericht von der Rechtsprechung des Obersten Gerichtshofs abweicht oder eine solche Rechtsprechung fehlt oder uneinheitlich ist.

(2) Der Revisionsrekurs ist jedoch jedenfalls unzulässig,

1. wenn der Entscheidungsgegenstand an Geld oder Geldeswert insgesamt 5 000 Euro nicht übersteigt, es sei denn, es handelt sich um Streitigkeiten nach § 502 Abs. 4 oder 5, *(BGBl I 2009/52)*

1a. – vorbehaltlich des Abs. 2a – in Streitigkeiten, in denen der Entscheidungsgegenstand zwar 5 000 Euro, nicht aber insgesamt 30 000 Euro übersteigt (§ 502 Abs. 3), und in familienrechtlichen Streitigkeiten nach § 49 Abs. 2 Z 1 und 2 JN, in denen der Entscheidungsgegenstand insgesamt 30 000 Euro nicht übersteigt (§ 502 Abs. 4), wenn das Gericht zweiter Instanz ausgesprochen hat, daß der Revisionsrekurs nicht zulässig ist, *(BGBl I 2003/112; BGBl I 2009/52)*

2. wenn der angefochtene erstrichterliche Beschluß zur Gänze bestätigt worden ist, es sei denn, daß die Klage ohne Sachentscheidung aus formellen Gründen zurückgewiesen worden ist,

3. über den Kostenpunkt,

4. über die Verfahrenshilfe,

5. über die Gebühren der Sachverständigen sowie

6. in Streitigkeiten wegen Besitzstörung (§ 49 Abs. 2 Z 4 JN).

(2a) Die Bestimmungen über einen Antrag auf Abänderung des Ausspruchs nach § 500 Abs. 2 Z 3 verbunden mit einer ordentlichen Revision (§ 508) sind sinngemäß anzuwenden.

(3) Hat das Rekursgericht ausgesprochen, daß der ordentliche Revisionsrekurs nicht nach Abs. 1 zulässig ist (§ 526 Abs. 3 in Verbindung mit § 500 Abs. 2 Z 3), so kann nur in den Fällen des § 505 Abs. 4 ein außerordentlicher Revisionsrekurs erhoben werden. Für diesen gelten die Bestimmungen über die außerordentliche Revision sinngemäß.

(4) Findet das Rekursgericht, daß ein gegen den Beschluß eines Gerichts zweiter Instanz erhobener Rekurs mutwillig oder nur zur Verzögerung der Sache angebracht wurde, so ist gegen den Beschwerdeführer auf eine Mutwillensstrafe zu erkennen.

(BGBl 1989/343; BGBl I 1997/140)

vgl § 527 (2) letzter Satz

§ 528a. Auf die Entscheidungen des Obersten Gerichtshofs über Rekurse ist auch der § 510 Abs. 1 letzter Satz und Abs. 3 sinngemäß anzuwenden.

(BGBl 1983/135; BGBl 1989/343)

Vierter Abschnitt

Parteiantrag auf Prüfung der Gesetzmäßigkeit von Verordnungen und Kundmachungen über die Wiederverlautbarung eines Gesetzes (Staatsvertrages), der Verfassungsmäßigkeit von Gesetzen und der Rechtmäßigkeit von Staatsverträgen

§ 528b. (1) Die Voraussetzungen und die Wirkung des Antrages einer Partei nach Art. 139 Abs. 1 Z 4, Art. 139a, Art. 140 Abs. 1 Z 1 lit. d und Art. 140a B-VG richten sich nach den Bestimmungen des Verfassungsgerichtshofgesetzes 1953 – VfGG*⁾, BGBl. Nr. 85/1953. Die Verständigung des Verfassungsgerichtshofes von der Antragstellung ist zum Prozessart zu nehmen und dem Gegner zur Kenntnis zu bringen.

(2) Die Prüfung der und die Entscheidung über die Rechtzeitigkeit und Zulässigkeit des mit dem Antrag erhobenen Rechtsmittels wird durch die Antragstellung nicht berührt. Von einer rechtskräftigen Zurückweisung des Rechtsmittels als verspätet oder sonst unzulässig sowie von einer wirksamen Zurücknahme des Rechtsmittels hat das Gericht den Verfassungsgerichtshof unverzüglich in Kenntnis zu setzen. Handlungen, Anordnungen oder Entscheidungen, die die vorläufige Verbindlichkeit, Rechtsgestaltungswirkung oder Voll-

streckbarkeit einer Entscheidung betreffen, können ungeachtet der Antragstellung vorgenommen oder getroffen werden.

(3) Nach Einlangen des Erkenntnisses des Verfassungsgerichtshofes ist das Verfahren unverzüglich von Amts wegen vor dem Rechtsmittelgericht fortzusetzen; dieses ist bei seiner Entscheidung über das Rechtsmittel an den Spruch des Verfassungsgerichtshofes gebunden.

(BGBl I 2014/92, s aber Art 139 und Art 140 B-VG: 1.1.2015)

---

*) Siehe besonders
§ 20 Abs 4 VfGG:
(4) Die Verwaltungsbehörden und Gerichte können anlässlich der Vorlage von Akten an den Verfassungsgerichtshof verlangen, dass bestimmte Akten oder Aktenbestandteile im öffentlichen Interesse von der Akteneinsicht ausgenommen werden. Hält der Referent das Verlangen für zu weitgehend, hat er die Verwaltungsbehörde bzw. das Gericht über seine Bedenken zu hören und allenfalls einen in nichtöffentlicher Sitzung zu fassenden Beschluss des Gerichtshofes einzuholen. In Aktenbestandteile, die im Verwaltungsverfahren oder im Verfahren vor dem Gericht von der Akteneinsicht ausgenommen waren, darf Akteneinsicht jedoch nicht gewährt werden. Die Verwaltungsbehörde bzw. das Gericht hat die in Betracht kommenden Aktenbestandteile anlässlich der Vorlage der Akten zu bezeichnen. (BGBl I 2014/92, BGBl I 2017/24)
§ 35 Abs 2 VfGG:
(2) Insbesondere finden die Bestimmungen dieses Gesetzes auch auf die Berechnung von Fristen Anwendung; die Tage des Postlaufs werden in die Fristen nicht eingerechnet. (BGBl I 2013/33)
§ 57a VfGG:
(1) Eine Person, die als Partei einer von einem ordentlichen Gericht in erster Instanz entschiedenen Rechtssache wegen Anwendung einer gesetzwidrigen Verordnung in ihren Rechten verletzt zu sein behauptet, kann einen Antrag stellen, die Verordnung als gesetzwidrig aufzuheben (Art. 139 Abs. 1 Z 4 B-VG). Die Stellung eines solchen Antrages ist unzulässig: (BGBl I 2016/90, VfGH)
1. im Verfahren zur Anordnung oder Durchsetzung der Rückstellung widerrechtlich verbrachter oder zurückgehaltener Kinder (§ 111a AußStrG);
2. im Besitzstörungsverfahren (§§ 454 bis 459 ZPO);
3. im Beweissicherungsverfahren (§§ 384 bis 389 ZPO);
4. im Verfahren gemäß § 52 Abs. 1 des Wohnungseigentumsgesetzes 2002 – WEG 2002, BGBl. I Nr. 70/2002, und § 22 Abs. 1 des Wohnungsgemeinnützigkeitsgesetzes – WGG, BGBl. Nr. 13/1979; (BGBl I 2016/89, VfGH)
5. im Verfahren über die Kündigung von Mietverträgen und über die Räumung von Mietgegenständen;
6. im Verfahren betreffend mittlerweilige Vorkehrungen gemäß § 180 der Notariatsordnung – NO, RGBl. Nr. 75/1871;
7. im Verfahren gemäß den Bestimmungen des Unterhaltsvorschußgesetzes 1985 – UVG, BGBl. Nr. 451/1985;
8. im Insolvenzverfahren;
9. im Exekutionsverfahren und im Verfahren betreffend einstweilige Verfügungen gemäß den Bestimmungen der Exekutionsordnung – EO, RGBl. Nr. 79/1896, einschließlich des Verfahrens über die Vollstreckbarerklärung;
10. im Verfahren der justiziellen Zusammenarbeit in Strafsachen, insbesondere Auslieferung, Übergabe, Rechtshilfe, gegenseitige Anerkennung und Vollstreckung.
(2) Der gesetzliche Vertreter eines jugendlichen Beschuldigten (§ 38 des Jugendgerichtsgesetzes 1988 – JGG, BGBl. Nr. 599/1988) hat das Recht, auch gegen den Willen

des Beschuldigten zu dessen Gunsten einen Antrag zu stellen, die Verordnung als gesetzwidrig aufzuheben.
(3) Der Antrag hat über die Erfordernisse des § 57 hinaus zu enthalten:
1. die Bezeichnung der Entscheidung, und des ordentlichen Gerichtes, das sie erlassen hat; (BGBl I 2016/90, VfGH)
2. die Angaben, die erforderlich sind, um zu beurteilen, ob der Antrag rechtzeitig eingebracht ist.
(4) Dem Antrag sind eine Ausfertigung, Abschrift oder Kopie der Entscheidung, sowie eine Abschrift oder Kopie dieses Rechtsmittels anzuschließen. (BGBl I 2016/90, VfGH)
(5) Der Verfassungsgerichtshof hat das ordentliche Gericht erster Instanz von der Stellung eines Antrages gemäß Abs. 1 unverzüglich zu verständigen. Dieses hat dem Verfassungsgerichtshof seine Entscheidung über die Rechtzeitigkeit und Zulässigkeit des Rechtsmittels mitzuteilen.
(6) In dem beim Rechtsmittelgericht anhängigen Verfahren dürfen bis zur Verkündung bzw. Zustellung des Erkenntnisses des Verfassungsgerichtshofes nur solche Handlungen vorgenommen oder Anordnungen und Entscheidungen getroffen werden, die durch das Erkenntnis des Verfassungsgerichtshofes nicht beeinflusst werden können oder die die Frage nicht abschließend regeln und keinen Aufschub gestatten.
(BGBl I 2014/92)
[vgl. die Aufhebungen des VfGH in § 62a VfGG]
§ 62 Abs 3 VfGG:
(3) Hat ein Gericht (Art. 140 Abs. 1 Z 1 lit. a B-VG) einen Antrag auf Aufhebung eines Gesetzes oder von bestimmten Stellen eines solchen gestellt, so dürfen in dem bei ihm anhängigen Verfahren bis zur Verkündung bzw. Zustellung des Erkenntnisses des Verfassungsgerichtshofes nur solche Handlungen vorgenommen oder Anordnungen und Entscheidungen getroffen werden, die durch das Erkenntnis des Verfassungsgerichtshofes nicht beeinflusst werden können oder die die Frage nicht abschließend regeln und keinen Aufschub gestatten. (BGBl I 2013/33)
§ 62a VfGG:
§ 62a *(1) Eine Person, die als Partei einer von einem ordentlichen Gericht in erster Instanz entschiedenen Rechtssache wegen Anwendung eines verfassungswidrigen Gesetzes in ihren Rechten verletzt zu sein behauptet, kann einen Antrag stellen, das Gesetz als verfassungswidrig aufzuheben (Art. 140 Abs. 1 Z 1 lit. d B-VG). Die Stellung eines solchen Antrages ist unzulässig: (BGBl I 2016/78, VfGH)*
1. im Verfahren zur Anordnung oder Durchsetzung der Rückstellung widerrechtlich verbrachter oder zurückgehaltener Kinder (§ 111a AußStrG);
2. im Besitzstörungsverfahren (§§ 454 bis 459 ZPO);
3. im Beweissicherungsverfahren (§§ 384 bis 389 ZPO);
4. (BGBl I 2015/124, VfGH; BGBl I 2016/59, VfGH und aufgehoben durch BGBl I 2016/107 (VfGH)
5. (aufgehoben durch VfGH, BGBl. I 2016/15)
6. im Verfahren betreffend mittlerweilige Vorkehrungen gemäß § 180 NO;
7. im Verfahren gemäß den Bestimmungen des UVG;
8. im Insolvenzverfahren;
9. im Exekutionsverfahren und im Verfahren betreffend einstweilige Verfügungen gemäß den Bestimmungen der EO, einschließlich des Verfahrens über die Vollstreckbarerklärung;
10. (aufgehoben durch VfGH, BGBl. I 2016/58)
(2) Der gesetzliche Vertreter eines jugendlichen Beschuldigten (§ 38 JGG) hat das Recht, auch gegen den Willen des Beschuldigten zu dessen Gunsten einen Antrag zu stellen, das Gesetz als verfassungswidrig aufzuheben.
(3) Der Antrag hat über die Erfordernisse des § 62 hinaus zu enthalten:

1. die Bezeichnung der Entscheidung und des ordentlichen Gerichtes, das sie erlassen hat; (BGBl I 2016/78, VfGH)

2. die Angaben, die erforderlich sind, um zu beurteilen, ob der Antrag rechtzeitig eingebracht ist.

(4) Dem Antrag sind eine Ausfertigung, Abschrift oder Kopie der Entscheidung sowie eine Abschrift oder Kopie dieses Rechtsmittels anzuschließen. (BGBl I 2016/78, VfGH)

(5) Der Verfassungsgerichtshof hat das ordentliche Gericht erster Instanz von der Stellung eines Antrages gemäß Abs. 1 unverzüglich zu verständigen. Dieses hat dem Verfassungsgerichtshof seine Entscheidung über die Rechtzeitigkeit und Zulässigkeit des Rechtsmittels mitzuteilen.

(6) In dem beim Rechtsmittelgericht anhängigen Verfahren dürfen bis zur Verkündung bzw. Zustellung des Erkenntnisses des Verfassungsgerichtshofes nur solche Handlungen vorgenommen oder Anordnungen und Entscheidungen getroffen werden, die durch das Erkenntnis des Verfassungsgerichtshofes nicht beeinflusst werden können oder die die Frage nicht abschließend regeln und keinen Aufschub gestatten.

(BGBl I 2014/92)

Fünfter Teil

Nichtigkeits- und Wiederaufnahmsklage

§ 529. (1) Eine rechtskräftige Entscheidung, durch welche eine Sache erledigt ist, kann durch die Nichtigkeitsklage angefochten werden:

1. wenn ein erkennender Richter von der Ausübung des Richteramtes in dem Rechtsstreite kraft des Gesetzes ausgeschlossen war;

2. wenn eine Partei in dem Verfahren gar nicht, oder falls sie eines gesetzlichen Vertreters bedarf, nicht durch einen solchen vertreten war, sofern die Prozeßführung nicht nachträglich ordnungsmäßig genehmigt wurde.

(2) Die Nichtigkeitsklage ist jedoch unstatthaft, wenn in dem unter Z. 1 bezeichneten Falle der Ausschließungsgrund, im Falle der Z. 2 aber der Mangel der Prozeßfähigkeit oder der gesetzlichen Vertretung schon vor der rechtskräftigen Entscheidung mittels eines Ablehnungsgesuches, mittels des Antrages auf Nichtigerklärung des Verfahrens oder im Wege eines Rechtsmittels ohne Erfolg geltend gemacht wurde.

(3) Die Nichtigkeitsklage ist ferner dann unstatthaft, wenn die Partei imstande war, den Ausschließungsgrund (Z. 1) in dem früheren Verfahren oder durch ein Rechtsmittel geltend zu machen.

§ 530. (1) Ein Verfahren, das durch eine die Sache erledigende Entscheidung abgeschlossen worden ist, kann auf Antrag einer Partei wieder aufgenommen werden;

1. wenn eine Urkunde, auf welche die Entscheidung gegründet ist, fälschlich angefertigt oder verfälscht ist;

2. wenn sich ein Zeuge, ein Sachverständiger oder der Gegner bei seiner Vernehmung einer falschen Beweisaussage (§ 288 StGB) schuldig

gemacht hat und die Entscheidung auf diese Aussage gegründet ist;

3. wenn die Entscheidung durch eine als Täuschung (§ 108 StGB), als Unterschlagung (§ 134 StGB), als Betrug (§ 146 StGB), als Urkundenfälschung (§ 223 StGB), als Fälschung besonders geschützter Urkunden (§ 224 StGB) oder öffentlicher Beglaubigungszeichen (§ 225 StGB), als mittelbare unrichtige Beurkundung oder Beglaubigung (§ 228 StGB), als Urkundenunterdrückung (§ 229 StGB) oder als Versetzung von Grenzzeichen (§ 230 StGB) gerichtlich strafbare Handlung des Vertreters der Partei, ihres Gegners oder dessen Vertreters erwirkt wurde;

4. wenn sich der Richter bei der Erlassung der Entscheidung oder einer der Entscheidung zugrunde liegenden früheren Entscheidung in Beziehung auf den Rechtsstreit zum Nachteil der Partei einer nach dem Strafgesetzbuch zu ahndenden Verletzung seiner Amtspflichten schuldig gemacht hat;

5. wenn ein strafgerichtliches Erkenntnis, auf welches die Entscheidung gegründet ist, durch ein anderes rechtskräftig gewordenes Urteil aufgehoben ist;

6. wenn die Partei eine über denselben Anspruch oder über dasselbe Rechtsverhältnis früher ergangene, bereits rechtskräftig gewordene Entscheidung auffindet oder zu benützen in den Stand gesetzt wird, welche zwischen den Parteien des wiederaufzunehmenden Verfahrens Recht schafft;

7. wenn die Partei in Kenntnis von neuen Tatsachen gelangt oder Beweismittel auffindet oder zu benützen in den Stand gesetzt wird, deren Vorbringen und Benützung im früheren Verfahren eine ihr günstigere Entscheidung herbeigeführt haben würde.

(2) Wegen der in Z. 6 und 7 angegebenen Umstände ist die Wiederaufnahme nur dann zulässig, wenn die Partei ohne ihr Verschulden außerstande war, die Rechtskraft der Entscheidung oder die neuen Tatsachen oder Beweismittel vor Schluß der mündlichen Verhandlung, auf welche die Entscheidung erster Instanz erging, geltend zu machen.

(BGBl 1979/140)

§ 531. Die Wiederaufnahme kann auch zur Ausführung der im Sinne des § 279 Absatz 2 von der Verhandlung ausgeschlossenen Beweise bewilligt werden, wenn die Benützung dieser Beweise im früheren Verfahren offenbar eine der Partei günstigere Entscheidung zur Folge gehabt haben würde.

(BGBl 1979/140)

§ 532. (1) Für die Nichtigkeitsklage und für die nach § 530 Z. 4 erhobene Wiederaufnahmsklage ist das Gericht, von welchem die durch die Klage angefochtene Entscheidung gefällt wurde, wenn aber in der Klage mehrere in demselben Rechtsstreite von Gerichten verschiedener Instanzen gefällte Entscheidungen angefochten werden, das höchste unter diesen Gerichten ausschließlich zuständig.

(2) In allen übrigen Fällen (§§ 530 Z. 1 bis 3, 5, 6 und 7 und 531) muß die Wiederaufnahmsklage beim Prozeßgerichte erster Instanz, wenn aber nur eine in höherer Instanz erlassene Entscheidung von dem geltend gemachten Anfechtungsgrunde betroffen wird, bei dem bezüglichen Gerichte höherer Instanz angebracht werden.

(BGBl 1979/140)

Verfahren

§ 533. Auf die Erhebung der Nichtigkeits- und Wiederaufnahmsklage und auf das weitere Verfahren finden, soweit sich nicht aus den nachfolgenden Bestimmungen Abweichungen ergeben, die im ersten bis vierten Teile dieses Gesetzes enthaltenen Vorschriften entsprechend Anwendung.

§ 534. (1) Die Klage ist binnen der Notfrist von vier Wochen zu erheben. *(BGBl 1983/135)*

(2) Diese Frist ist zu berechnen:

1. im Falle des § 529 Z. 1 von dem Tage, an welchem die Partei von dem Ausschließungsgrunde Kenntnis erhalten hat, oder wenn dies vor Eintritt der Rechtskraft der angefochtenen Entscheidung geschehen, vom letzteren Tage;

2. im Falle des § 529 Z. 2 von dem Tage, an welchem die Entscheidung der Partei, und wenn diese nicht prozeßfähig ist, dem gesetzlichen Vertreter derselben zugestellt wurde, jedoch gleichfalls nicht vor eingetretener Rechtskraft der angefochtenen Entscheidung;

3. in den Fällen des § 530 Z. 1 bis 5 von dem Tage, an welchem das strafgerichtliche Urteil oder der die Einstellung eines strafgerichtlichen Verfahrens aussprechende Beschluß in Rechtskraft erwachsen ist;

4. im Falle des § 530 Z. 6 und 7 von dem Tage, an welchem die Partei imstande war, die rechtskräftige Entscheidung zu benützen oder die ihr bekannt gewordenen Tatsachen und Beweismittel bei Gericht vorzubringen; *(BGBl 1979/140)*

5. im Falle des § 531 von der Zustellung der Entscheidung erster Instanz. *(BGBl 1979/140)*

(3) Nach Ablauf von zehn Jahren nach dem Eintritte der Rechtskraft der Entscheidung kann die Klage, mit Ausnahme des in Z. 2 erwähnten Falles, nicht mehr erhoben werden. *(BGBl 1979/140)*

§ 535. Wird die Klage nicht bei dem Gerichte erhoben, welches in dem früheren Verfahren in erster Instanz erkannt hat, sondern bei einem höheren Gerichte, welches nach den für das Verfahren vor demselben geltenden Bestimmungen die Hauptsache spruchreif zu machen vermag, so sind in Ansehung der mündlichen Verhandlung, der Beweisführung und der Mitteilung der über die Klage gefällten Entscheidung an die erste Instanz, sowie in Ansehung der Anfechtbarkeit der Entscheidung diejenigen Bestimmungen maßgebend, welche für das höhere Gericht als Rechtsmittelinstanz maßgebend wären.

(BGBl 1979/140)

§ 536. Die Klage muß insbesondere enthalten:

1. die Bezeichnung der angefochtenen Entscheidung;

2. die Bezeichnung des gesetzlichen Anfechtungsgrundes (Nichtigkeits-, Wiederaufnahmsgrund);

3. die Angabe der Umstände, aus welchen sich die Einhaltung der gesetzlichen Frist für die Klage ergibt, und die Bezeichnung der hiefür vorhandenen Beweismittel;

4. die Angabe der für die Beurteilung der Zuständigkeit wesentlichen Umstände;

5. die Erklärung, inwieweit die Beseitigung der angefochtenen Entscheidung, und welche andere Entscheidung in der Hauptsache beantragt wird.

§ 537. Der Richter, wegen dessen Beteiligung an der Entscheidung die Nichtigkeitsklage (§ 529 Z. 1) oder wegen dessen Verhalten die Wiederaufnahmsklage nach § 530 Z. 4 angebracht wird, ist von der Leitung der Verhandlung sowie von der Entscheidung über die Nichtigkeits- oder Wiederaufnahmsklage ausgeschlossen.

§ 538. (1) Das Gericht hat vor Anberaumung einer Tagsatzung zur mündlichen Verhandlung, und zwar bei Gerichtshöfen in nicht öffentlicher Sitzung, zu prüfen, ob die Klage auf einen der gesetzlichen Anfechtungsgründe (§§ 529 bis 531) gestützt und in der gesetzlichen Frist erhoben sei. Mangelt es an einem dieser Erfordernisse oder ist die Klage wegen eines der im § 230 Absatz 2 angeführten Gründe unzulässig, so ist sie als zur Bestimmung einer Tagsatzung für die mündliche Verhandlung ungeeignet durch Beschluß zurückzuweisen.

(2) Die Umstände, aus welchen sich die Einhaltung der gesetzlichen Frist ergibt, sind vom Kläger auf Verlangen des Gerichtes glaubhaft zu machen.

§ 539. (1) Wenn die Wiederaufnahme wegen einer der im § 530 Z. 1 bis 4 angeführten strafbaren Handlungen begehrt wird, ohne daß ihrer wegen bereits eine rechtskräftige Verurteilung stattgefunden hätte, hat das Prozeßgericht ohne vorgängige mündliche Verhandlung die Einleitung des strafgerichtlichen Verfahrens behufs Ermittlung und Feststellung der behaupteten strafbaren Handlung zu veranlassen. Gegen diesen Beschluß ist ein Rechtsmittel nicht zulässig; vor der Beschlußfassung kann das Gericht die Parteien oder eine derselben vernehmen und die ihm sonst wichtig scheinenden Erhebungen einleiten.

(2) Die Tagsatzung zur mündlichen Verhandlung über die Wiederaufnahmsklage ist erst nach rechtskräftigem Abschlusse des strafgerichtlichen Verfahrens, und zwar nur dann anzuberaumen, wenn dieses Verfahren entweder zu einer rechtskräftigen Verurteilung wegen der zur Begründung der Wiederaufnahmsklage geltend gemachten strafbaren Handlung geführt hat, oder wenn das strafgerichtliche Verfahren aus anderen Gründen als wegen mangelnden Tatbestandes oder wegen Mangels an Beweisen zu einer Verurteilung nicht geführt hat. Andernfalls ist die Klage nach Bekanntgabe der Ergebnisse des strafgerichtlichen Verfahrens als unzulässig zurückzuweisen. Diese Zurückweisung geschieht gleichfalls ohne vorgängige mündliche Verhandlung und bei Gerichtshöfen durch einen in nicht öffentlicher Sitzung gefaßten Beschluß. Das Strafgericht oder die staatsanwaltschaftliche Behörde hat bei Bekanntgabe der wegen Nichteinleitung oder Einstellung des Strafverfahrens gefaßten Beschlüsse den Grund der unterlassenen Einleitung oder der Einstellung des Verfahrens stets ausdrücklich zu bezeichnen.

§ 540. (1) Ist in den Fällen des § 530 der Wiederaufnahmsgrund durch der Klage in Urschrift oder beglaubigter Abschrift beigelegte Urkunden dargetan oder wird die Wiederaufnahme im Sinne des § 531 beantragt, so ist die Verhandlung und Entscheidung über den Grund und die Zulässigkeit der Wiederaufnahme, vorbehaltlich der dem Gerichte im § 189 eingeräumten Befugnis, mit der Verhandlung der Hauptsache zu verbinden.

(2) Die Hauptsache wird dabei soweit von neuem verhandelt, als sie vom Anfechtungsgrunde betroffen ist.

(3) Ist jedoch das zur Entscheidung über die Bewilligung der Wiederaufnahme zuständige Gericht höherer Instanz nach den für die Verfahren vor demselben geltenden Bestimmungen nicht in der Lage, die Hauptsache spruchreif zu machen, so hat es sich auf die Entscheidung über die Zulässigkeit der Wiederaufnahme zu beschränken und nach Rechtskraft des die Wiederaufnahme bewilligten Urteiles den Rechtsstreit zur Verhandlung der Hauptsache an das Gericht zurückzuverweisen, welches in erster Instanz dazu berufen gewesen ist. Von diesem ist sodann die Tagsatzung zur mündlichen Verhandlung der Hauptsache von amtswegen anzuberaumen und nach

den für das Verfahren vor diesem Gerichte geltenden Vorschriften durchzuführen.

§ 541. (1) In allen übrigen Fällen ist nur über Grund und Zulässigkeit der Wiederaufnahme des Verfahrens oder über die Nichtigerklärung desselben zu verhandeln und durch Urteil zu entscheiden.

(2) Wird die Wiederaufnahme bewilligt, so ist das Verfahren in der Hauptsache, soweit es vom Anfechtungsgrunde betroffen wird, bei dem Gerichte, bei welchem die Wiederaufnahmsklage eingebracht wurde, oder wenn dieses nach den für das Verfahren geltenden Bestimmungen nicht in der Lage ist, die Hauptsache spruchreif zu machen, bei dem Gerichte abzuführen, welches zur Verhandlung der Hauptsache in erster Instanz berufen war.

(3) In Bezug auf die Verweisung, die Anberaumung der Tagsatzung zur mündlichen Verhandlung und die Durchführung der Verhandlung gelten die Bestimmungen des § 540 Absatz 3.

§ 542. (1) Ist die Verhandlung zur Hauptsache bei dem zur Entscheidung über die Zulässigkeit der Wiederaufnahme zuständigen Gerichte abzuführen, so kann das Gericht nach Verkündung der dem Wiederaufnahmebegehren stattgebenden Entscheidung durch Beschluß anordnen, daß vor Ausfertigung dieser Entscheidung in der Hauptsache verhandelt werde. Gegen diesen Beschluß ist ein Rechtsmittel nicht zulässig.

(2) Die Entscheidung über die Zulässigkeit der Wiederaufnahme ist in diesem Falle in die Entscheidung über die Hauptsache aufzunehmen.

§ 543. Ergibt sich erst bei der mündlichen Verhandlung, daß die Wiederaufnahms- oder Nichtigkeitsklage auf einen gesetzlich unzulässigen Anfechtungsgrund gestützt wird oder verspätet überreicht ist, so ist die Klage durch Beschluß zurückzuweisen.

§ 544. (1) Über eine Wiederaufnahmsklage, welche gleichzeitig mit der Erhebung eines Rechtsmittels gegen dieselbe Entscheidung oder während des anhängigen Rechtsmittelverfahrens eingebracht wird, ist von Amts wegen oder auf Antrag unverzüglich die Unterbrechung des Rechtsmittelverfahrens anzuordnen, wenn einer der im § 530 Z. 1 bis 5 angeführten Wiederaufnahmsgründe geltend gemacht und das ergangene rechtskräftige strafgerichtliche Urteil der Klage in Urschrift oder beglaubigter Abschrift beigelegt wird. *(BGBl 1979/140)*

(2) Das Gericht, bei welchem die Wiederaufnahmsklage angebracht wurde, hat im Falle einer solchen Beschlußfassung das Gericht, bei welchem über das eingelegte Rechtsmittel zur Zeit

verhandelt wird, von der angeordneten Unterbrechung des Rechtsmittelverfahrens sofort zu verständigen.

§ 545. (1) Ob in den übrigen Fällen wegen Einbringung einer Wiederaufnahmsklage das in Bezug auf dieselbe Entscheidung eingeleitete oder anhängige Rechtsmittelverfahren unterbrochen werden soll, darüber hat das zur Verhandlung über die Klage berufene Gericht von Amts wegen oder auf Antrag mit Rücksicht auf die besonderen Verhältnisse des Falles und die für das Vorhandensein des Wiederaufnahmsgrundes vorgebrachten Beweise zu entscheiden. *(BGBl 1979/140)*

(2) Eine solche Unterbrechung kann auch noch während der mündlichen Verhandlung über die Wiederaufnahmsklage beschlossen werden. Bei Anordnung der Unterbrechung kommen die Bestimmungen des § 544 Absatz 2 zur Anwendung.

§ 546. (1) Gegen den Beschluß, durch welchen über einen gemäß §§ 544 und 545 gestellten Antrag entschieden wird, ist ein Rechtsmittel nicht statthaft.

(2) Ist die Wiederaufnahmsklage rechtskräftig abgewiesen, so ist das unterbrochene Rechtsmittelverfahren von Amts wegen oder auf Antrag wieder aufzunehmen. Der Antrag ist bei dem Gerichte zu stellen, vor welchem das Rechtsmittelverfahren zur Zeit der angeordneten Unterbrechung anhängig war. Dieses Gericht hat die rechtzeitige Wiedervorlage der zur Fortsetzung der Verhandlung erforderlichen Akten von Amts wegen zu veranlassen. *(BGBl 1979/140)*

§ 547. (1) Sofern nicht nach den vorstehenden Bestimmungen infolge Einbringung der Wiederaufnahmsklage eine Unterbrechung eines anhängigen Rechtsmittelverfahrens angeordnet wird, hat die Erhebung einer Wiederaufnahmsklage in Bezug auf den Eintritt der Rechtskraft und Vollstreckbarkeit der angefochtenen Entscheidung keine hemmende Wirkung.

(2) Auf die Vollstreckbarkeit einer angefochtenen rechtskräftigen Entscheidung ist die Einbringung einer Nichtigkeitsklage oder einer Wiederaufnahmsklage ohne Einfluß.

(BGBl 1979/140)

Sechster Teil

Besondere Arten des Verfahrens

Erster Abschnitt

Europäisches Bagatellverfahren

§ 548. (1) Soweit die Verordnung (EG) Nr. 861/2007 zur Einführung eines europäischen Verfahrens für geringfügige Forderungen, ABl.

Nr. L 199 vom 31.7.2007 S. 1, nicht anderes anordnet, sind die für den jeweiligen Verfahrensgegenstand geltenden Verfahrensvorschriften anzuwenden.

(2) Auf das Verfahren nach der Verordnung finden die Bestimmungen über die Hemmung von Fristen und die Erstreckung von Tagsatzungen nach § 222 ZPO keine Anwendung. *(BGBl I 2010/111)*

(3) Fällt die Widerklage nach Art. 5 Abs. 6 der Verordnung nicht in deren Anwendungsbereich, dann ist sie – außer im Fall des Art. 5 Abs. 7 der Verordnung – zurückzuweisen. Im Fall der Widerklage nach Art. 5 Abs. 7 der Verordnung sind die Verfahren fortzuführen.

(4) Bei Vorliegen der Voraussetzungen nach Art. 7 Abs. 3 der Verordnung hat das Gericht von Amts wegen ein Versäumungsurteil nach § 396 zu fällen. Ein Widerspruch nach § 397a ist zulässig.

(5) Das für das Europäische Bagatellverfahren zuständige Gericht erster Instanz ist auch für die Überprüfung nach Art. 18 der Verordnung zuständig; hiefür gelten die §§ 149 und 153 entsprechend. Erklärt das Gericht das Urteil nach Art. 18 der Verordnung für nichtig, so tritt der Rechtsstreit in die Lage zurück, in der er sich vor dem zur Nichtigerklärung führenden Verfahrensschritt befunden hat.

(BGBl I 2009/30)

Fassung ab 1. 1. 2020 (BGBl I 2020/148):

Zweiter Abschnitt

Mandatsverfahren

Verfahren wegen erheblicher Verletzung von Persönlichkeitsrechten in einem elektronischen Kommunikationsnetz

§ 549. (1) In Rechtsstreitigkeiten über Klagen, in denen ausschließlich Ansprüche auf Unterlassung wegen einer erheblichen, eine natürliche Person in ihrer Menschenwürde beeinträchtigenden Verletzung von Persönlichkeitsrechten in einem elektronischen Kommunikationsnetz geltend gemacht werden, hat das Gericht auf Antrag der klagenden Partei ohne vorhergehende mündliche Verhandlung und ohne Vernehmung der beklagten Partei einen Unterlassungsauftrag zu erlassen, wenn sich der behauptete Anspruch aus den Angaben in der Klage schlüssig ableiten lässt. Der Klage ist ein Nachweis aus dem elektronischen Kommunikationsnetz anzuschließen, der die rechtsverletzenden Inhalte darstellt oder ersichtlich macht.

(2) Der Unterlassungsauftrag hat den Ausspruch auf Unterlassung der geltend gemachten Verletzung und die Aufschrift „Unterlassungsauftrag" zu enthalten sowie auszusprechen, dass die beklagte Partei, wenn sie den geltend gemachten Anspruch bestreitet, gegen den Auftrag binnen vierzehn Tagen Einwendungen zu erheben hat. Es ist darüber zu belehren, dass der Unterlassungsauftrag nur durch die Erhebung von Einwendungen bekämpft werden kann und dass im Fall der Erhebung von Einwendungen das ordentliche Verfahren über die Klage stattfinden wird.

(3) Der Unterlassungsauftrag ist der beklagten Partei mit der Klage zuzustellen. Gegen den Unterlassungsauftrag können binnen einer Notfrist von vierzehn Tagen ab Zustellung nur Einwendungen erhoben werden. Es genügt, wenn aus dem Schriftstück die Absicht, Einwendungen zu erheben, hervorgeht. Die im Unterlassungsauftrag enthaltene Kostenentscheidung kann mit Rekurs angefochten werden. Die §§ 556 Abs. 5, 557 Abs. 2 bis 6 und 558 gelten sinngemäß.

(4) Das Gericht kann dem Unterlassungsauftrag auf Antrag der klagenden Partei vorläufige Vollstreckbarkeit zuerkennen, wenn die Fortwirkung der behaupteten rechtsverletzenden Handlung für die klagende Partei unzumutbar oder mit erheblichen Nachteilen verbunden oder mit tragenden Grundwertungen der österreichischen Rechtsordnung nicht vereinbar ist. Die vorläufige Vollstreckbarkeit tritt ein, sobald der Beschluss über ihre Zuerkennung zugestellt wurde und wirkt bis zur rechtskräftigen Beendigung des Verfahrens. Gegen diese Entscheidung ist ein Rechtsmittel nicht zulässig.

(5) Die Bundesministerin für Justiz wird ermächtigt, für die Klage und den Antrag auf Erlassung eines Unterlassungsauftrags ein Formblatt aufzulegen und im Internet auf der Website der Justiz abrufbar zu halten.

(BGBl I 2020/148)

Vgl das Kommunikationsplattformen-Gesetz (KoPl-G), BGBl 2020/151.

Das Formblatt wurde bekanntgemacht (justiz.gv.at), dessen Verwendung ist nicht zwingend.

Siehe zur Zuständigkeit § 49 Abs 2 Z 6 JN, zum Streitwert § 59a JN, zur Revisionszulässigkeit § 502 Abs 5 Z 5 ZPO.

§§ 550 bis 554. *(aufgehoben, BGBl I 2009/30)*

Verfahren in Wechselstreitigkeiten

§ 555. (1) Wenn sich die mit der Klage geltend gemachte Forderung auf einen Wechsel gründet, der alle Erfordernisse der Gültigkeit besitzt und gegen dessen Echtheit sich keine Bedenken ergeben, und wenn zugleich mit der Klage außer dem Wechsel auch der Protest und die quittierte Rechnung, soweit diese Urkunden im einzelnen Fall zur Begründung der klägerischen Ansprüche

erforderlich sind, in Urschrift vorgelegt werden, kann die klagende Partei begehren, dass der beklagten Partei aufgetragen werde, binnen der Notfrist von vierzehn Tagen bei sonstiger Exekution die Wechselschuld samt den ausgewiesenen Nebenforderungen und den angesprochenen und vom Richter bestimmten Kosten zu bezahlen oder Einwendungen dagegen zu erheben (Zahlungsauftrag).

(2) Ist eine Wechselerklärung von einem Machthaber unterschrieben, so kann der Zahlungsauftrag nur erlassen werden, wenn außer den in Abs. 1 bezeichneten Urkunden die Vollmacht des Machtgebers beigebracht wird.

(3) Abs. 1 und 2 gelten auch für die Geltendmachung von Rückgriffsansprüchen vor Verfall des Wechsels, wenn die in den Art. 43 und 44 Wechselgesetz weiters hiefür geforderten Voraussetzungen durch glaubwürdige, der Klage in Urschrift beigelegte Urkunden nachgewiesen sind. Zum Nachweis der Eröffnung des Insolvenzverfahrens (der Geschäftsaufsicht) genügt die Vorlage einer der in Art. 44 Abs. 6 des Wechselgesetzes 1955 angeführten Bekanntmachungen. *(BGBl I 2010/58)*

(BGBl I 2009/30)

§ 556. (1) Infolge eines in der Klage gestellten Antrags ist der Zahlungsauftrag ohne vorhergehende mündliche Verhandlung und ohne Einvernehmung der beklagten Partei zu erlassen.

(2) Ein Zahlungsauftrag ist nicht zu erlassen, wenn die beklagte Partei ihren Wohnsitz, gewöhnlichen Aufenthalt oder Sitz im Ausland hat.

(3) In dem Zahlungsauftrag ist auszusprechen, dass die beklagte Partei binnen vierzehn Tagen nach Zustellung des Zahlungsauftrags bei sonstiger Exekution die gegen sie geltend gemachten Ansprüche samt den vom Gericht bestimmten Kosten zu befriedigen oder Einwendungen gegen den Zahlungsauftrag zu erheben habe. Diese Frist kann nicht verlängert werden; § 464 Abs. 3 ist jedoch sinngemäß anzuwenden.

(4) Der Zahlungsauftrag ist der beklagten Partei nach den für Klagen geltenden Bestimmungen zuzustellen.

(5) Kann dem in der Klage gestellten Antrag auf Erlassung eines Zahlungsauftrags nicht stattgegeben werden, so ist, falls sich die Klage zur Bestimmung der Tagsatzung zur mündlichen Verhandlung vor diesem Gericht eignet, nach Vorschrift des Gesetzes vorzugehen; sonst ist die Klage als zur Einleitung des Verfahrens nicht geeignet zurückzuweisen.

(BGBl I 2009/30)

§ 557. (1) Gegen die Erlassung des Zahlungsauftrags ist ein Rechtsmittel nicht zulässig, doch kann die im Zahlungsauftrag enthaltene Entscheidung über die Kosten mittels Rekurs angefochten werden.

(2) Die Einwendungen gegen den Zahlungsauftrag sind innerhalb der im Zahlungsauftrag bezeichneten Frist bei dem Gericht anzubringen, welches den Auftrag erlassen hat. Verspätet angebrachte Einwendungen sind ohne Verhandlung zurückzuweisen.

(3) Über rechtzeitig erhobene Einwendungen ist ohne neuerlichen Antrag der klagenden Partei auf tunlichst kurze Zeit eine vorbereitende Tagsatzung anzuberaumen.

(4) Die Klage kann ohne Zustimmung der beklagten Partei nur bis zur Erhebung der Einwendungen gegen den Zahlungsauftrag, wenn aber die klagende Partei zugleich auf den Anspruch verzichtet, noch bis zum Schluss der mündlichen Streitverhandlung zurückgenommen werden (§ 237).

(5) Auf die Zurücknahme der Einwendungen finden die Vorschriften über die Zurücknahme der Berufung (§ 484) entsprechende Anwendung.

(6) Bleibt eine der Parteien nach rechtzeitig erhobenen Einwendungen von einer Tagsatzung aus, bevor sie sich durch mündliches Vorbringen zur Hauptsache in den Streit eingelassen hat, so ist auf Antrag der erschienenen Partei ein Versäumungsurteil nach § 396 zu fällen.

(BGBl I 2009/30)

§ 558. In dem das Verfahren erledigenden Urteil ist auszusprechen, ob der gegen die beklagte Partei erlassene Zahlungsauftrag aufrecht erhalten bleibe oder ob und inwiefern derselbe aufgehoben werde.

(BGBl I 2009/30)

§ 559. In Rechtsstreitigkeiten aus Wechseln findet die Wiedereinsetzung in den vorigen Stand und die Wiederaufnahme des Verfahrens zum Nachteil einer Partei, die in dem Hauptprozess in gutem Glauben gehandelt hat, nicht statt, wenn diese Partei in der Zwischenzeit ihre wechselmäßigen Ansprüche an Dritte durch Ablauf der Zeit ganz oder zum Teile verloren hat oder doch wegen Kürze der noch übrigen Zeit nicht mehr geltend machen kann.

(BGBl I 2009/30)

Dritter Abschnitt

**Verfahren bei Streitigkeiten aus dem
Bestandvertrage**

*Beachte Sondervorschriften im MRG und in
Nebengesetzen.*

Aufkündigung

§ 560. (1) Insofern die Aufkündigung eines Bestandvertrages über Grundstücke, Gebäude und andere unbewegliche oder gesetzlich für unbeweglich erklärte Sachen, über Schiffmühlen und auf Schiffen errichtete andere Bauwerke sowie über Unternehmen, zu denen Gegenstände der angeführten Art gehören, nach den Vorschriften des bürgerlichen Rechtes notwendig ist, um der stillschweigenden Erneuerung des Bestandvertrages vorzubeugen oder dessen Auflösung zu bewirken, darf sie:

1. im Falle eines besonderen Übereinkommens der Parteien über den Termin und die Frist zur Aufkündigung und Zurückstellung des Bestandgegenstandes in der Regel nur unter Einhaltung dieser Termine und Fristen erfolgen.

2. Wenn es an einem solchen Übereinkommen fehlt, sind ohne Rücksicht auf Sonn- und Feiertage folgende Kündigungstermine und Kündigungsfristen einzuhalten:

a) Pachtverträge über forstwirtschaftlich genutzte Liegenschaften und über forstwirtschaftliche Betriebe sind zum 30. November derart aufzukündigen, daß die Aufkündigung dem Gegner der aufkündigenden Partei spätestens ein Jahr vor dem Kündigungstermin zugestellt wird.

b) Pachtverträge über landwirtschaftlich oder gärtnerisch genutzte Liegenschaften und über landwirtschaftliche oder gärtnerische Betriebe sind zum 31. März oder zum 30. November derart aufzukündigen, daß die Aufkündigung dem Gegner der aufkündigenden Partei spätestens sechs Monate vor dem Kündigungstermin zugestellt wird.

c) Pachtverträge anderer Art sind zum 30. Juni oder zum 31. Dezember derart aufzukündigen, daß die Aufkündigung dem Gegner der aufkündigenden Partei spätestens sechs Monate vor dem Kündigungstermin zugestellt wird.

d) Mietverträge über Wohnungen oder Wohnräume sind zum letzten Tag eines Monates derart aufzukündigen, daß die Aufkündigung dem Gegner der aufkündigenden Partei, wenn der Zins in monatlichen oder kürzeren Abständen zu bezahlen ist, spätestens einen Monat, wenn der Zins in längeren Abständen zu bezahlen ist, spätestens drei Monate vor dem Kündigungstermin zugestellt wird.

e) Mietverträge anderer Art, insbesondere Mietverträge über Geschäftsräumlichkeiten, sind zum 31. März, 30. Juni, 30. September oder 31. Dezember derart aufzukündigen, daß die Aufkündigung dem Gegner der aufkündigenden Partei spätestens drei Monate vor dem Kündigungstermin zugestellt wird.

(2) Sind mit demselben Bestandvertrag Gegenstände zur Benützung überlassen, für die nach den Bestimmungen des vorstehenden Absatzes verschiedene Kündigungstermine oder Kündigungsfristen in Betracht kommen, so richten sich der Termin und die Frist, die bei der Aufkündigung einzuhalten sind, nach der Hauptsache; jedoch ist bei der Aufkündigung von Liegenschaften, die auch nur zum Teil forstwirtschaftlich genutzt werden, und bei Betrieben, die die Forstwirt-

schaft nicht hauptsächlich zum Gegenstand haben, Z. 2 lit. a anzuwenden.

(BGBl 1957/257)

§ 561. (1) Bestandverträge können sowohl vom Bestandgeber als auch vom Bestandnehmer auch gerichtlich aufgekündigt werden.

(2) Die von einer Partei wirksam vorgenommene gerichtliche Aufkündigung kann gegen dieselbe von der anderen Partei in Vollzug gesetzt werden.

(BGBl 1983/135)

Siehe § 33 (1) MRG.

§ 562. (1) Die gerichtliche Aufkündigung kann mittels Schriftsatz oder mündlich angebracht werden. Der Schriftsatz oder das über die Aufkündigung aufgenommene Protokoll hat insbesondere die Bezeichnung des Bestandgegenstandes, die Angabe des Zeitpunktes, in welchem der Bestandvertrag endigen soll, und endlich den Antrag zu enthalten, dem Gegner aufzutragen, entweder den Bestandgegenstand zur bestimmten Zeit bei sonstiger Exekution zu übergeben oder zu übernehmen, oder gegen die Aufkündigung Einwendungen bei Gericht anzubringen. Zur Anbringung der Einwendungen ist eine Frist von vier Wochen zu bestimmen. *(BGBl 1979/140; BGBl I 1997/22)*

(2) *(aufgehoben, BGBl 1983/135)*

(3) Aufkündigungen, welche diesen Vorschriften nicht entsprechen oder bei einem unzuständigen Gerichte angebracht werden, sind, falls nicht der vorhandene Mangel gemäß § 84 behoben werden kann, von Amts wegen durch Beschluß zurückzuweisen.

§ 563. (1) Eine gerichtliche Aufkündigung muss vor Beginn der für den darin genannten Kündigungstermin gemäß § 560 Abs. 1 Z 1 und 2 einzuhaltenden Kündigungsfrist bei Gericht angebracht werden. Nach Fristbeginn angebrachte Aufkündigungen sind von Amts wegen durch Beschluss zurückzuweisen. Hingegen sind vor Fristbeginn angebrachte Aufkündigungen dem Gegner auch dann zuzustellen, wenn die Zustellung nicht mehr vor Beginn der Kündigungsfrist bewirkt werden kann.

(2) Eine gerichtliche Aufkündigung ist für den darin genannten Kündigungstermin wirksam, wenn sie dem Gegner vor Beginn der für diesen Kündigungstermin gemäß § 560 Abs. 1 Z 1 und 2 einzuhaltenden Kündigungsfrist zugestellt wird oder wenn der Gegner bei verspäteter Zustellung gegen sie keine Einwendungen erhebt oder die Verspätung nicht rügt. Wenn der Gegner die Verspätung aber rügt, ist die Aufkündigung für den ersten späteren Kündigungstermin wirksam,

für den die Frist zum Zeitpunkt ihrer Zustellung noch offen war.

(BGBl I 2009/30)

§ 564. Der über die Aufkündigung vom Gerichte an den Gegner der aufkündigenden Partei gemäß § 562 erlassene Auftrag ist dem Gegner unter Mitteilung eines Exemplares des Schriftsatzes oder einer Protokollsabschrift nach den für die Zustellung von Klagen maßgebenden Vorschriften unverzüglich zuzustellen. *(BGBl I 2009/30)*

(2) *(aufgehoben, BGBl I 2009/30)*

§§ 565 und 566. *(aufgehoben, BGBl 1983/135)*

Auftrag zur Übergabe oder Übernahme des Bestandgegenstandes

§ 567. (1) Bei Bestandverträgen, welche ohne vorhergegangene Aufkündigung nach Ablauf einer bestimmten Zeit erlöschen, kann jede Partei noch vor Ablauf der Bestandzeit eine gerichtliche Verfügung beantragen, mittels welcher dem Gegner aufgetragen wird, den Bestandgegenstand zur bestimmten Zeit bei sonstiger Exekution zu übergeben oder zu übernehmen, oder gegen diesen Auftrag binnen vier Wochen Einwendungen bei Gericht anzubringen. *(BGBl 1979/140; BGBl I 1997/22)*

(2) Wenn das Bestandverhältnis für mehr als sechs Monate eingegangen ist, kann dieser Antrag nur in den letzten sechs Monaten gestellt werden.

(3) Die Bestimmung des § 564 ist auch auf die Zustellung solcher Aufträge anzuwenden. *(BGBl I 2009/30)*

(4) *(aufgehoben, BGBl I 2009/30)*

Verhältnis zum Afterbestandnehmer

§ 568. Alle gegen den Bestandnehmer erwirkten Aufkündigungen, Aufträge, Entscheidungen und Verfügungen, welche das Bestehen oder die Auflösung eines Bestandvertrages über einen der im § 560 bezeichneten Gegenstände betreffen, sind auch gegen den Afterbestandnehmer wirksam und vollstreckbar, sofern nicht ein zwischen dem Afterbestandnehmer und dem Bestandgeber bestehendes Rechtsverhältnis entgegensteht.

Stillschweigende Erneuerung des Bestandvertrages

§ 569. Bestandverträge, welche durch den Ablauf der Zeit erlöschen, ohne daß es behufs Auflösung des Vertrages oder Verhinderung seiner stillschweigenden Erneuerung einer Aufkündigung bedarf, sind dadurch, daß der Bestandnehmer fortfährt, den Bestandgegenstand zu gebrauchen oder zu benützen, und der Bestandgeber es dabei bewenden läßt, nur dann als stillschweigend erneuert anzusehen, wenn binnen vierzehn Tagen nach Ablauf der Bestandzeit, oder bei Verträgen, welche ursprünglich auf kürzere Zeit als auf einen Monat geschlossen wurden, binnen einer der Hälfte der ursprünglich bedungenen Zeit gleichkommenden Frist nach Ablauf des Vertrages weder von dem Bestandgeber eine Klage auf Zurückstellung, noch von dem Bestandnehmer auf Zurücknahme des Bestandgegenstandes erhoben wird.

Fristen in Bestandsachen

§ 570. Die in den §§ 560 bis 569 festgesetzten Fristen können nicht verlängert werden.

Verfahren

§ 571. (1) Über rechtzeitig erhobene Einwendungen ist eine vorbereitende Tagsatzung anzuberaumen. Bei der Anberaumung der ersten und der etwa folgenden Tagsatzungen, sowie bei der Bestimmung von Fristen ist auf die Dringlichkeit der Bestandsachen besonders Bedacht zu nehmen. *(BGBl I 2002/76)*

(2) Die Partei, von welcher die Kündigung oder die Aufforderung zur Zurückstellung oder zur Zurücknahme des Bestandgegenstandes ausging, ist als Kläger anzusehen.

(3) Verspätet angebrachte Einwendungen wider die Aufkündigung eines Bestandvertrages oder gegen den gerichtlichen Auftrag zur Übergabe oder Übernahme eines Bestandgegenstandes sind von Amts wegen ohne Verhandlung zurückzuweisen.

(4) Bleibt eine der Parteien nach rechtzeitig erhobenen Einwendungen von einer Tagsatzung aus, bevor sie sich durch mündliches Vorbringen zur Hauptsache in den Streit eingelassen hat, so ist auf Antrag der erschienenen Partei ein Versäumungsurteil nach § 396 zu fällen. *(DRGBl 1940 I S 1340; BGBl I 2002/76)*

§ 572. In dem das Verfahren über Einwendungen erledigenden Urteile ist auszusprechen, ob und inwieweit und – bei Behauptung verspäteter Zustellung – zu welchem Termin die Aufkündigung oder der nach § 567 erlassene Auftrag als wirksam erkannt oder aufgehoben wird, sowie ob und wann der Beklagte verpflichtet ist, den Bestandgegenstand zu übergeben oder zu übernehmen. *(BGBl I 2009/30)*

§ 573. (1) Wird der Beklagte schuldig erkannt, den Bestandgegenstand zu übergeben oder zu übernehmen, ist jedoch die Bestandzeit zur Zeit der Urteilsfällung bereits verstrichen, so ist in dem Urteile auszusprechen, daß die Übergabe oder Übernahme des von den nicht in Bestand gegebenen Gegenständen geräumten Bestandgegenstandes binnen vierzehn Tagen zu erfolgen habe. Diese Frist beginnt in dem im § 409 letzter Absatz bezeichneten Zeitpunkt zu laufen.

(2) Ist die Bestandzeit noch nicht verstrichen, so ist anzuordnen, daß der Bestandgegenstand längstens binnen vierzehn Tagen[1]) nach Ablauf der Bestandzeit von den nicht in Bestand gegebenen Gegenständen geräumt zu übergeben oder zu übernehmen ist. Dieselbe Räumungsfrist gilt auch dann, wenn gegen die gerichtliche Aufkündigung oder gegen den Auftrag zur Übergabe oder Übernahme des Bestandgegenstandes nicht rechtzeitig Einwendungen erhoben worden sind. *(BGBl 1983/135)*

(3) Die Exekution kann auf Grund rechtskräftig gewordener Urteile, Aufkündigungen und gerichtlicher Aufträge zur Übergabe oder Übernahme des Bestandgegenstandes bewilligt werden, sobald die Frist verstrichen ist, innerhalb deren nach den vorangehenden Absätzen der Bestandgegenstand zu übergeben war.

(BGBl 1957/257)

---

[1]) Vgl §§ 34 f MRG.

§ 574. Die Bestimmungen des § 573 sind auch dann anzuwenden, wenn ein Bestandvertrag ohne vorausgegangene gerichtliche oder außergerichtliche Aufkündigung infolge einer Klage durch Urteil für aufgehoben oder erloschen erklärt wird.

§ 575. (1) *(aufgehoben, BGBl 1955/282)*

(2) Gegen die gerichtlichen Aufträge zur Übergabe oder Übernahme des Bestandgegenstandes, die auf Grund von Aufkündigungen oder infolge eines gemäß § 567 gestellten Ansuchens ergehen, ist vorbehaltlich der dagegen zu erhebenden Einwendungen ein Rechtsmittel nicht zulässig.

(3) Eine gerichtliche Kündigung oder ein Auftrag zur Übergabe oder Übernahme des Bestandgegenstandes, wider welche nicht rechtzeitig Einwendungen erhoben wurden, desgleichen die über solche Einwendungen ergangenen rechtskräftigen Urteile treten, vorbehaltlich des über den Kostenersatz ergangenen Ausspruches, außer Kraft, wenn nicht binnen sechs Monaten nach dem Eintritte der in diesen Aufträgen oder im Urteile für die Räumung oder Übernahme des Bestandgegenstandes bestimmten Zeit wegen dieser Räumung oder Übernahme Exekution beantragt wird. *(BGBl 1983/135)*

Verträge gegen Entrichtung eines Zinses in Früchten

§ 576. Die Bestimmungen dieses Abschnittes finden auch auf die im § 1103 ABGB bezeichneten Verträge Anwendung. Solche Verträge sind im Sinne dieses Gesetzes als Pachtverträge anzusehen.

Vierter Abschnitt

Schiedsverfahren

Übergangsbestimmungen (Art VII Abs 1-3 BGBl I 2006/7):

Dieses Bundesgesetz tritt mit 1. Juli 2006 in Kraft. Auf Schiedsverfahren, die noch vor dem 1. Juli 2006 eingeleitet wurden, sind die bisher geltenden Bestimmungen anzuwenden. Die Wirksamkeit von Schiedsvereinbarungen, die vor dem 1. Juli 2006 geschlossen worden sind, richtet sich nach den bisher geltenden Bestimmungen.

Erster Titel

Allgemeine Bestimmungen

Anwendungsbereich

§ 577. (1) Die Bestimmungen dieses Abschnitts sind anzuwenden, wenn der Sitz des Schiedsgerichts in Österreich liegt.

(2) §§ 578, 580, 583, 584, 585, 593 Abs. 3 bis 6, §§ 602, 612 und 614 sind auch anzuwenden, wenn der Sitz des Schiedsgerichts nicht in Österreich liegt oder noch nicht bestimmt ist.

(3) Solange der Sitz des Schiedsgerichts noch nicht bestimmt ist, besteht die inländische Gerichtsbarkeit für die im dritten Titel genannten gerichtlichen Aufgaben, wenn eine der Parteien ihren Sitz, Wohnsitz oder gewöhnlichen Aufenthalt in Österreich hat.

(4) Die Bestimmungen dieses Abschnitts sind nicht auf Einrichtungen nach dem Vereinsgesetz zur Schlichtung von Streitigkeiten aus dem Vereinsverhältnis anwendbar.

(BGBl I 2006/7)

Gerichtliche Tätigkeit

§ 578. Das Gericht darf in den in diesem Abschnitt geregelten Angelegenheiten nur tätig werden, soweit dieser Abschnitt es vorsieht.

(BGBl I 2006/7)

Rügepflicht

§ 579. Hat das Schiedsgericht einer Verfahrensbestimmung dieses Abschnitts, von der die Parteien abweichen können, oder einem vereinbarten Verfahrenserfordernis des Schiedsverfahrens nicht entsprochen, so kann eine Partei den Mangel später nicht mehr geltend machen, wenn sie ihn nicht unverzüglich ab Kenntnis oder innerhalb der dafür vorgesehenen Frist gerügt hat.

(BGBl I 2006/7)

Empfang schriftlicher Mitteilungen

§ 580. (1) Haben die Parteien nichts anderes vereinbart, so gilt eine schriftliche Mitteilung an dem Tag als empfangen, an dem sie dem Empfänger oder einer zum Empfang berechtigten Person persönlich ausgehändigt wurde oder, wenn dies nicht möglich war, an dem sie am Sitz, Wohnsitz oder gewöhnlichen Aufenthalt des Empfängers sonst übergeben wurde.

(2) Hat der Empfänger Kenntnis vom Schiedsverfahren und ist er oder eine zum Empfang berechtigte Person trotz angemessener Nachforschungen unbekannten Aufenthalts, so gilt eine schriftliche Mitteilung an dem Tag als empfangen, an dem eine ordnungsgemäße Übermittlung nachweislich an einem Ort versucht wurde, der bei Abschluss der Schiedsvereinbarung oder in der Folge vom Empfänger der anderen Partei oder dem Schiedsgericht gegenüber als Adresse bekannt gegeben worden ist und bisher nicht unter Angabe einer neuen Adresse widerrufen wurde.

(3) Abs. 1 und 2 gelten nicht für Mitteilungen in gerichtlichen Verfahren.

(BGBl I 2006/7)

Zweiter Titel

Schiedsvereinbarung

Begriff

§ 581. (1) Die Schiedsvereinbarung ist eine Vereinbarung der Parteien, alle oder einzelne Streitigkeiten, die zwischen ihnen in Bezug auf ein bestimmtes Rechtsverhältnis vertraglicher oder nichtvertraglicher Art entstanden sind oder künftig entstehen, der Entscheidung durch ein Schiedsgericht zu unterwerfen. Die Schiedsvereinbarung kann in Form einer selbständigen Vereinbarung oder in Form einer Klausel in einem Vertrag geschlossen werden.

(2) Die Bestimmungen dieses Abschnitts sind auch auf Schiedsgerichte sinngemäß anzuwenden, die in gesetzlich zulässiger Weise durch letztwillige Verfügung oder andere nicht auf Vereinbarung der Parteien beruhende Rechtsgeschäfte oder durch Statuten angeordnet werden.

(BGBl I 2006/7)

Schiedsfähigkeit

§ 582. (1) Jeder vermögensrechtliche Anspruch, über den von den ordentlichen Gerichten zu entscheiden ist, kann Gegenstand einer Schiedsvereinbarung sein. Eine Schiedsvereinbarung über nicht vermögensrechtliche Ansprüche hat insofern rechtliche Wirkung, als die Parteien über den Gegenstand des Streits einen Vergleich abzuschließen fähig sind.

(2) Familienrechtliche Ansprüche sowie alle Ansprüche aus Verträgen, die dem Mietrechtsgesetz oder dem Wohnungsgemeinnützigkeitsgesetz auch nur teilweise unterliegen, einschließlich der Streitigkeiten über die Eingehung, das Bestehen, die Auflösung und die rechtliche Einordnung solcher Verträge, und alle wohnungseigentumsrechtlichen Ansprüche können nicht Gegenstand einer Schiedsvereinbarung sein. Gesetzliche Vorschriften außerhalb dieses Abschnitts, nach denen Streitigkeiten einem Schiedsverfahren nicht oder nur unter bestimmten Voraussetzungen unterworfen werden dürfen, bleiben unberührt.

(BGBl I 2006/7)

Form der Schiedsvereinbarung

§ 583. (1) Die Schiedsvereinbarung muss entweder in einem von den Parteien unterzeichneten Schriftstück oder in zwischen ihnen gewechselten Schreiben, Telefaxen, e-mails oder anderen Formen der Nachrichtenübermittlung enthalten sein, die einen Nachweis der Vereinbarung sicherstellen.

(2) Nimmt ein den Formerfordernissen des Abs. 1 entsprechender Vertrag auf ein Schriftstück Bezug, das eine Schiedsvereinbarung enthält, so begründet dies eine Schiedsvereinbarung, wenn die Bezugnahme dergestalt ist, dass sie diese Schiedsvereinbarung zu einem Bestandteil des Vertrages macht.

(3) Ein Formmangel der Schiedsvereinbarung wird im Schiedsverfahren durch Einlassung in die Sache geheilt, wenn er nicht spätestens zugleich mit der Einlassung gerügt wird.

(BGBl I 2006/7)

Schiedsvereinbarung und Klage vor Gericht

§ 584. (1) Wird vor einem Gericht Klage in einer Angelegenheit erhoben, die Gegenstand einer Schiedsvereinbarung ist, so hat das Gericht die Klage zurückzuweisen, sofern der Beklagte nicht zur Sache vorbringt oder mündlich verhandelt, ohne dies zu rügen. Dies gilt nicht, wenn das Gericht feststellt, dass die Schiedsvereinbarung nicht vorhanden oder undurchführbar ist. Ist ein solches Verfahren noch vor einem Gericht anhängig, so kann ein Schiedsverfahren dennoch einge-leitet oder fortgesetzt werden und ein Schiedsspruch ergehen.

(2) Hat ein Schiedsgericht seine Zuständigkeit für den Gegenstand des Streits verneint, weil hierüber keine Schiedsvereinbarung vorhanden ist oder die Schiedsvereinbarung undurchführbar ist, so darf das Gericht eine Klage darüber nicht mit der Begründung zurückweisen, dass für die Angelegenheit ein Schiedsgericht zuständig ist. Mit der Erhebung der Klage bei Gericht erlischt das Recht des Klägers, nach § 611 eine Klage auf Aufhebung der Entscheidung zu erheben, mit welcher das Schiedsgericht seine Zuständigkeit verneint hat.

(3) Ist ein Schiedsverfahren anhängig, so darf über den geltend gemachten Anspruch kein weiterer Rechtsstreit vor einem Gericht oder einem Schiedsgericht durchgeführt werden; eine wegen desselben Anspruches angebrachte Klage ist zurückzuweisen. Dies gilt nicht, wenn die Unzuständigkeit des Schiedsgerichts vor diesem spätestens mit der Einlassung in die Sache gerügt wurde und eine Entscheidung des Schiedsgerichtes hierüber in angemessener Dauer nicht zu erlangen ist.

(4) Wird eine Klage von einem Gericht wegen Zuständigkeit eines Schiedsgerichtes oder von einem Schiedsgericht wegen Zuständigkeit eines Gerichtes oder eines anderen Schiedsgerichts zurückgewiesen oder wird in einem Aufhebungsverfahren ein Schiedsspruch wegen Unzuständigkeit des Schiedsgerichts aufgehoben, so gilt das Verfahren als gehörig fortgesetzt, wenn unverzüglich Klage vor dem Gericht oder Schiedsgericht erhoben wird.

(5) Eine Partei, die sich zu einem früheren Zeitpunkt in einem Verfahren auf das Vorhandensein einer Schiedsvereinbarung berufen hat, kann später nicht mehr geltend machen, dass diese nicht vorliegt; es sei denn, die maßgebenden Umstände haben sich seither geändert.

(BGBl I 2006/7)

Schiedsvereinbarung und einstweilige gerichtliche Maßnahmen

§ 585. Eine Schiedsvereinbarung schließt nicht aus, dass eine Partei vor oder während des Schiedsverfahrens bei einem Gericht eine vorläufige oder sichernde Maßnahme beantragt und dass das Gericht eine solche Maßnahme anordnet.

(BGBl I 2006/7)

Dritter Titel
Bildung des Schiedsgerichts

Zusammensetzung des Schiedsgerichts

§ 586. (1) Die Parteien können die Anzahl der Schiedsrichter frei vereinbaren. Haben die Parteien jedoch eine gerade Zahl von Schiedsrichtern vereinbart, so haben diese eine weitere Person als Vorsitzenden zu bestellen.

(2) Haben die Parteien nichts anderes vereinbart, so sind drei Schiedsrichter zu bestellen.

(BGBl I 2006/7)

Bestellung der Schiedsrichter

§ 587. (1) Die Parteien können das Verfahren zur Bestellung des Schiedsrichters oder der Schiedsrichter frei vereinbaren.

(2) Fehlt eine Vereinbarung über das Verfahren zur Bestellung, so gilt Folgendes:

1. In Schiedsverfahren mit einem Einzelschiedsrichter wird der Schiedsrichter, wenn sich die Parteien über seine Bestellung nicht binnen vier Wochen nach Empfang einer entsprechenden schriftlichen Aufforderung einer Partei durch die andere Partei einigen können, auf Antrag einer Partei durch das Gericht bestellt.

2. In Schiedsverfahren mit drei Schiedsrichtern bestellt jede Partei einen Schiedsrichter. Diese beiden Schiedsrichter bestellen den dritten Schiedsrichter, der als Vorsitzender des Schiedsgerichts tätig wird.

3. Wenn mehr als drei Schiedsrichter vorgesehen sind, hat jede Partei die gleiche Zahl an Schiedsrichtern zu bestellen. Diese bestellen einen weiteren Schiedsrichter, der als Vorsitzender des Schiedsgerichts tätig wird.

4. Hat eine Partei einen Schiedsrichter nicht binnen vier Wochen nach Empfang einer entsprechenden schriftlichen Aufforderung durch die andere Partei bestellt oder empfangen die Parteien nicht binnen vier Wochen nach der Bestellung der Schiedsrichter von diesen die Mitteilung über den von ihnen zu bestellenden Schiedsrichter, so ist der Schiedsrichter auf Antrag einer Partei durch das Gericht zu bestellen.

5. Eine Partei ist an die durch sie erfolgte Bestellung eines Schiedsrichters gebunden, sobald die andere Partei die schriftliche Mitteilung über die Bestellung empfangen hat.

(3) Haben die Parteien ein Verfahren für die Bestellung vereinbart und

1. handelt eine der Parteien nicht entsprechend diesem Verfahren oder

2. können die Parteien oder die Schiedsrichter eine Einigung entsprechend diesem Verfahren nicht erzielen oder

3. erfüllt ein Dritter eine ihm nach diesem Verfahren übertragene Aufgabe innerhalb von drei Monaten nach Empfang einer entsprechenden schriftlichen Mitteilung nicht,

so kann jede Partei bei Gericht die entsprechende Bestellung von Schiedsrichtern beantragen, sofern

das vereinbarte Bestellungsverfahren zur Sicherung der Bestellung nichts anderes vorsieht.

(4) Die schriftliche Aufforderung zur Bestellung eines Schiedsrichters hat auch Angaben darüber zu enthalten, welcher Anspruch geltend gemacht wird und auf welche Schiedsvereinbarung sich die Partei beruft.

(5) Können sich mehrere Parteien, die gemeinsam einen oder mehrere Schiedsrichter zu bestellen haben, darüber nicht innerhalb von vier Wochen nach Empfang einer entsprechenden schriftlichen Mitteilung einigen, so ist der Schiedsrichter oder sind die Schiedsrichter auf Antrag einer Partei vom Gericht zu bestellen, sofern das vereinbarte Bestellungsverfahren zur Sicherung der Bestellung nichts anderes vorsieht.

(6) Der Schiedsrichter oder die Schiedsrichter sind auf Antrag einer Partei vom Gericht auch zu bestellen, wenn seine oder ihre Bestellung aus anderen in den vorhergehenden Absätzen nicht geregelten Gründen nicht innerhalb von vier Wochen nach Empfang einer entsprechenden schriftlichen Mitteilung der einen an die andere Partei erfolgen kann oder auch das Bestellungsverfahren zur Sicherung der Bestellung nicht binnen angemessener Zeit zur Bestellung führt.

(7) Wenn noch vor Entscheidung erster Instanz die Bestellung erfolgt und eine Partei dies nachweist, ist der Antrag abzuweisen.

(8) Das Gericht hat bei der Bestellung eines Schiedsrichters alle nach der Parteivereinbarung für den Schiedsrichter vorgesehenen Voraussetzungen angemessen zu berücksichtigen und allen Gesichtspunkten Rechnung zu tragen, welche die Bestellung eines unabhängigen und unparteiischen Schiedsrichters sicherstellen.

(9) Gegen eine Entscheidung, mit der ein Schiedsrichter bestellt wird, ist kein Rechtsmittel zulässig.

(BGBl I 2006/7)

Ablehnungsgründe

§ 588. (1) Will eine Person ein Schiedsrichteramt übernehmen, so hat sie alle Umstände offen zu legen, die Zweifel an ihrer Unparteilichkeit oder Unabhängigkeit wecken können oder der Parteienvereinbarung widersprechen. Ein Schiedsrichter hat vom Zeitpunkt seiner Bestellung an und während des Schiedsverfahrens den Parteien unverzüglich solche Umstände offen zu legen, wenn er sie ihnen nicht schon vorher mitgeteilt hat.

(2) Ein Schiedsrichter kann nur abgelehnt werden, wenn Umstände vorliegen, die berechtigte Zweifel an seiner Unparteilichkeit oder Unabhängigkeit wecken, oder wenn er die zwischen den Parteien vereinbarten Voraussetzungen nicht erfüllt. Eine Partei kann einen Schiedsrichter, den

sie bestellt hat oder an dessen Bestellung sie mitgewirkt hat, nur aus Gründen ablehnen, die ihr erst nach der Bestellung oder Mitwirkung daran bekannt geworden sind.

(BGBl I 2006/7)

Ablehnungsverfahren

§ 589. (1) Die Parteien können vorbehaltlich des Abs. 3 ein Verfahren für die Ablehnung eines Schiedsrichters frei vereinbaren.

(2) Fehlt eine solche Vereinbarung, so hat die Partei, die einen Schiedsrichter ablehnt, binnen vier Wochen, nachdem ihr die Zusammensetzung des Schiedsgerichts oder ein Umstand im Sinne von § 588 Abs. 2 bekannt geworden ist, dem Schiedsgericht schriftlich die Ablehnungsgründe darzulegen. Tritt der abgelehnte Schiedsrichter von seinem Amt nicht zurück oder stimmt die andere Partei der Ablehnung nicht zu, so entscheidet das Schiedsgericht einschließlich des abgelehnten Schiedsrichters über die Ablehnung.

(3) Bleibt eine Ablehnung nach dem von den Parteien vereinbarten Verfahren oder nach dem in Abs. 2 vorgesehenen Verfahren erfolglos, so kann die ablehnende Partei binnen vier Wochen, nachdem ihr die Entscheidung, mit der die Ablehnung verweigert wurde, zugegangen ist, bei Gericht eine Entscheidung über die Ablehnung beantragen. Gegen diese Entscheidung ist kein Rechtsmittel zulässig. Während ein solcher Antrag anhängig ist, kann das Schiedsgericht einschließlich des abgelehnten Schiedsrichters das Schiedsverfahren fortsetzen und einen Schiedsspruch erlassen.

(BGBl I 2006/7)

Vorzeitige Beendigung des Schiedsrichteramts

§ 590. (1) Das Amt eines Schiedsrichters endet, wenn die Parteien dies vereinbaren oder wenn der Schiedsrichter zurücktritt. Vorbehaltlich des Abs. 2 können die Parteien auch ein Verfahren für die Beendigung des Schiedsrichteramts vereinbaren.

(2) Jede Partei kann bei Gericht eine Entscheidung über die Beendigung des Amtes beantragen, wenn der Schiedsrichter entweder außer Stande ist, seine Aufgaben zu erfüllen, oder er diesen in angemessener Frist nicht nachkommt und

1. der Schiedsrichter von seinem Amt nicht zurücktritt,

2. sich die Parteien über dessen Beendigung nicht einigen können oder

3. das von den Parteien vereinbarte Verfahren nicht zur Beendigung des Schiedsrichteramtes führt.

Gegen diese Entscheidung ist ein Rechtsmittel nicht zulässig.

(3) Tritt ein Schiedsrichter nach Abs. 1 oder nach § 589 Abs. 2 zurück oder stimmt eine Partei der Beendigung des Amtes eines Schiedsrichters zu, so bedeutet das nicht die Anerkennung der in Abs. 2 oder § 588 Abs. 2 genannten Gründe.

(BGBl I 2006/7)

Bestellung eines Ersatzschiedsrichters

§ 591. (1) Endet das Amt eines Schiedsrichters vorzeitig, so ist ein Ersatzschiedsrichter zu bestellen. Die Bestellung erfolgt nach den Regeln, die auf die Bestellung des zu ersetzenden Schiedsrichters anzuwenden waren.

(2) Haben die Parteien nichts anderes vereinbart, so kann das Schiedsgericht die Verhandlung unter Verwendung der bisherigen Verfahrensergebnisse, insbesondere des aufgenommenen Verhandlungsprotokolls und aller sonstigen Akten, fortsetzen.

(BGBl I 2006/7)

Vierter Titel

Zuständigkeit des Schiedsgerichts

Befugnis des Schiedsgerichts zur Entscheidung über die eigene Zuständigkeit

§ 592. (1) Das Schiedsgericht entscheidet selbst über seine Zuständigkeit. Die Entscheidung kann mit der Entscheidung in der Sache getroffen werden, aber auch gesondert in einem eigenen Schiedsspruch.

(2) Die Einrede der Unzuständigkeit des Schiedsgerichts ist spätestens mit dem ersten Vorbringen zur Sache zu erheben. Von der Erhebung dieser Einrede ist eine Partei nicht dadurch ausgeschlossen, dass sie einen Schiedsrichter bestellt oder an der Bestellung eines Schiedsrichters mitgewirkt hat. Die Einrede, eine Angelegenheit überschreite die Befugnisse des Schiedsgerichts, ist zu erheben, sobald diese zum Gegenstand eines Sachantrags erhoben wird. In beiden Fällen ist eine spätere Erhebung der Einrede ausgeschlossen; wird die Versäumung jedoch nach Überzeugung des Schiedsgerichts genügend entschuldigt, so kann die Einrede nachgeholt werden.

(3) Auch wenn eine Klage auf Aufhebung eines Schiedsspruches, mit welchem das Schiedsgericht seine Zuständigkeit bejaht hat, noch bei Gericht anhängig ist, kann das Schiedsgericht vorerst das Schiedsverfahren fortsetzen und auch einen Schiedsspruch fällen.

(BGBl I 2006/7)

Anordnung vorläufiger oder sichernder Maßnahmen

§ 593. (1) Haben die Parteien nichts anderes vereinbart, so kann das Schiedsgericht auf Antrag einer Partei vorläufige oder sichernde Maßnahmen gegen eine andere Partei nach deren Anhörung anordnen, die es in Bezug auf den Streitgegenstand für erforderlich hält, weil sonst die Durchsetzung des Anspruchs vereitelt oder erheblich erschwert werden würde oder ein unwiederbringlicher Schaden droht. Das Schiedsgericht kann von jeder Partei im Zusammenhang mit einer solchen Maßnahme angemessene Sicherheit fordern.

(2) Maßnahmen nach Abs. 1 sind schriftlich anzuordnen; jeder Partei ist ein unterfertigtes Exemplar der Anordnung zuzustellen. In Schiedsverfahren mit mehr als einem Schiedsrichter genügt die Unterschrift des Vorsitzenden oder im Falle seiner Verhinderung eines anderen Schiedsrichters, sofern der Vorsitzende oder der andere Schiedsrichter auf der Anordnung vermerkt, welches Hindernis der Unterfertigung entgegensteht. § 606 Abs. 2, 3, 5 und 6 gelten entsprechend.

(3) Auf Antrag einer Partei hat das Bezirksgericht, bei dem der Gegner der gefährdeten Partei zur Zeit der ersten Antragstellung seinen Sitz, Wohnsitz oder gewöhnlichen Aufenthalt im Inland hat, sonst das Bezirksgericht, in dessen Sprengel die dem Vollzug der einstweiligen Verfügung dienende Handlung vorzunehmen ist, eine solche Maßnahme zu vollziehen. Sieht die Maßnahme ein dem inländischen Recht unbekanntes Sicherungsmittel vor, so kann das Gericht auf Antrag nach Anhörung des Antragsgegners jenes Sicherungsmittel des inländischen Rechts vollziehen, welches der Maßnahme des Schiedsgerichts am nächsten kommt. Dabei kann es die Maßnahme des Schiedsgerichts auf Antrag auch abweichend fassen, um die Verwirklichung ihres Zwecks zu gewährleisten.

(4) Das Gericht hat die Vollziehung einer Maßnahme nach Abs. 1 abzulehnen, wenn

1. der Sitz des Schiedsgerichts im Inland liegt und die Maßnahme an einem Mangel leidet, der bei einem inländischen Schiedsspruch einen Aufhebungsgrund nach § 611 Abs. 2, § 617 Abs. 6 und 7 oder § 618 darstellen würde;

2. der Sitz des Schiedsgerichts nicht im Inland liegt und die Maßnahme an einem Mangel leidet, der bei einem ausländischen Schiedsspruch einen Grund für die Versagung der Anerkennung oder Vollstreckbarerklärung darstellen würde;

3. die Vollziehung der Maßnahme mit einer früher beantragten oder erlassenen inländischen oder früher erlassenen und anzuerkennenden ausländischen gerichtlichen Maßnahme unvereinbar ist;

4. die Maßnahme ein dem inländischen Recht unbekanntes Sicherungsmittel vorsieht und kein geeignetes Sicherungsmittel des inländischen Rechts beantragt wurde.

(5) Das Gericht kann den Antragsgegner vor Entscheidung über die Vollziehung der Maßnahme nach Abs. 1 hören. Wenn der Antragsgegner vor der Beschlussfassung nicht gehört wurde, kann er gegen die Bewilligung der Vollziehung Widerspruch im Sinne von § 397 EO einlegen. In beiden Fällen kann der Antragsgegner nur geltend machen, dass ein Grund zur Versagung der Vollziehung nach Abs. 4 vorliegt. In diesem Verfahren ist das Gericht nicht befugt, gemäß § 394 EO über Schadenersatzansprüche zu entscheiden.

(6) Das Gericht hat die Vollziehung auf Antrag aufzuheben, wenn

1. die vom Schiedsgericht bestimmte Geltungsdauer der Maßnahme abgelaufen ist;

2. das Schiedsgericht die Maßnahme eingeschränkt oder aufgehoben hat;

3. ein Fall von § 399 Abs. 1 Z 1 bis 4 EO vorliegt, sofern ein solcher Umstand nicht bereits vor dem Schiedsgericht erfolglos geltend gemacht wurde und der diesbezüglichen Entscheidung des Schiedsgerichts keine Anerkennungshindernisse (Abs. 4) entgegenstehen;

4. eine Sicherheit nach Abs. 1 geleistet wurde, welche die Vollziehung der Maßnahme entbehrlich macht.

(BGBl I 2006/7)

Fünfter Titel

Durchführung des Schiedsverfahrens

Allgemeines

§ 594. (1) Vorbehaltlich der zwingenden Vorschriften dieses Abschnitts können die Parteien die Verfahrensgestaltung frei vereinbaren. Dabei können sie auch auf Verfahrensordnungen Bezug nehmen. Fehlt eine solche Vereinbarung, so hat das Schiedsgericht nach den Bestimmungen dieses Titels, darüber hinaus nach freiem Ermessen vorzugehen.

(2) Die Parteien sind fair zu behandeln. Jeder Partei ist rechtliches Gehör zu gewähren.

(3) Die Parteien können sich durch Personen ihrer Wahl vertreten oder beraten lassen. Dieses Recht kann nicht ausgeschlossen oder eingeschränkt werden.

(4) Ein Schiedsrichter, welcher die durch Annahme der Bestellung übernommene Verpflichtung gar nicht oder nicht rechtzeitig erfüllt, haftet den Parteien für allen durch seine schuldhafte

Weigerung oder Verzögerung verursachten Schaden.

(BGBl I 2006/7)

Sitz des Schiedsgerichts

§ 595. (1) Die Parteien können den Sitz des Schiedsgerichts frei vereinbaren. Sie können die Bestimmung des Sitzes auch einer Schiedsinstitution überlassen. Fehlt eine solche Vereinbarung, so wird der Sitz des Schiedsgerichts vom Schiedsgericht bestimmt; dabei sind die Umstände des Falles einschließlich der Eignung des Ortes für die Parteien zu berücksichtigen.

(2) Haben die Parteien nichts anderes vereinbart, so kann das Schiedsgericht ungeachtet des Abs. 1 an jedem ihm geeignet erscheinenden Ort Verfahrenshandlungen setzen, insbesondere zur Beratung, Beschlussfassung, mündlichen Verhandlung und zur Beweisaufnahme zusammentreten.

(BGBl I 2006/7)

Verfahrenssprache

§ 596. Die Parteien können die Sprache oder die Sprachen, die im Schiedsverfahren zu verwenden sind, vereinbaren. Fehlt eine solche Vereinbarung, so bestimmt hierüber das Schiedsgericht.

(BGBl I 2006/7)

Klage und Klagebeantwortung

§ 597. (1) Innerhalb der von den Parteien vereinbarten oder vom Schiedsgericht bestimmten Frist hat der Kläger sein Begehren zu stellen und die Tatsachen, auf welche sich der Anspruch stützt, darzulegen sowie der Beklagte hiezu Stellung zu nehmen. Die Parteien können dabei alle ihnen erheblich erscheinenden Beweismittel vorlegen oder weitere Beweismittel bezeichnen, derer sie sich bedienen wollen.

(2) Haben die Parteien nichts anderes vereinbart, so können beide Parteien im Laufe des Verfahrens ihre Klage oder ihr Vorbringen ändern oder ergänzen, es sei denn, das Schiedsgericht lässt dies wegen Verspätung nicht zu.

(BGBl I 2006/7)

Mündliche Verhandlung und schriftliches Verfahren

§ 598. Haben die Parteien nichts anderes vereinbart, so entscheidet das Schiedsgericht, ob mündlich verhandelt oder ob das Verfahren schriftlich durchgeführt werden soll. Haben die Parteien eine mündliche Verhandlung nicht ausgeschlossen, so hat das Schiedsgericht auf Antrag einer Partei eine solche in einem geeigneten Abschnitt des Verfahrens durchzuführen.

(BGBl I 2006/7)

Verfahren und Beweisaufnahme

§ 599. (1) Das Schiedsgericht ist berechtigt, über die Zulässigkeit einer Beweisaufnahme zu entscheiden, diese durchzuführen und ihr Ergebnis frei zu würdigen.

(2) Die Parteien sind von jeder Verhandlung und von jedem Zusammentreffen des Schiedsgerichts zu Zwecken der Beweisaufnahme rechtzeitig in Kenntnis zu setzen.

(3) Alle Schriftsätze, Schriftstücke und sonstigen Mitteilungen, die dem Schiedsgericht von einer Partei vorgelegt werden, sind der anderen Partei zur Kenntnis zu bringen. Gutachten und andere Beweismittel, auf die sich das Schiedsgericht bei seiner Entscheidung stützen kann, sind beiden Parteien zur Kenntnis zu bringen.

(BGBl I 2006/7)

Versäumung einer Verfahrenshandlung

§ 600. (1) Versäumt es der Kläger, die Klage nach § 597 Abs. 1 einzubringen, so beendet das Schiedsgericht das Verfahren.

(2) Versäumt es der Beklagte nach § 597 Abs. 1 binnen der vereinbarten oder aufgetragenen Frist Stellung zu nehmen, so setzt das Schiedsgericht, wenn die Parteien nichts anderes vereinbart haben, das Verfahren fort, ohne dass allein wegen der Versäumung das Vorbringen des Klägers für wahr zu halten ist. Gleiches gilt, wenn eine Partei eine andere Verfahrenshandlung versäumt. Das Schiedsgericht kann das Verfahren fortsetzen und eine Entscheidung auf Grund der aufgenommenen Beweise fällen. Wird die Versäumung nach Überzeugung des Schiedsgerichts genügend entschuldigt, so kann die versäumte Verfahrenshandlung nachgeholt werden.

(BGBl I 2006/7)

Vom Schiedsgericht bestellter Sachverständiger

§ 601. (1) Haben die Parteien nichts anderes vereinbart, so kann das Schiedsgericht

1. einen oder mehrere Sachverständige zur Erstattung eines Gutachtens über bestimmte vom Schiedsgericht festzulegende Fragen bestellen;

2. die Parteien auffordern, dem Sachverständigen jede sachdienliche Auskunft zu erteilen oder alle für das Verfahren erheblichen Schriftstücke oder Sachen zur Aufnahme eines Befunds vorzulegen oder zugänglich zu machen.

(2) Haben die Parteien nichts anderes vereinbart, so hat der Sachverständige, wenn eine Partei

dies beantragt oder das Schiedsgericht es für erforderlich hält, nach Erstattung seines Gutachtens an einer mündlichen Verhandlung teilzunehmen. Bei der Verhandlung können die Parteien Fragen an den Sachverständigen stellen und eigene Sachverständige zu den streitigen Fragen aussagen lassen.

(3) Auf den vom Schiedsgericht bestellten Sachverständigen sind §§ 588 und 589 Abs. 1 und 2 entsprechend anzuwenden.

(4) Haben die Parteien nichts anderes vereinbart, so hat jede Partei das Recht, Gutachten eigener Sachverständiger vorzulegen. Abs. 2 gilt entsprechend.

(BGBl I 2006/7)

Gerichtliche Rechtshilfe

§ 602. Das Schiedsgericht, vom Schiedsgericht hiezu beauftragte Schiedsrichter oder eine der Parteien mit Zustimmung des Schiedsgerichts können bei Gericht die Vornahme richterlicher Handlungen beantragen, zu deren Vornahme das Schiedsgericht nicht befugt ist. Die Rechtshilfe kann auch darin bestehen, dass das Gericht ein ausländisches Gericht oder eine Behörde um die Vornahme solcher Handlungen ersucht. § 37 Abs. 2 bis 5 und §§ 38, 39 und 40 JN gelten entsprechend mit der Maßgabe, dass die Rechtsmittelbefugnis gemäß § 40 JN dem Schiedsgericht und den Parteien des Schiedsverfahrens zusteht. Das Schiedsgericht oder ein vom Schiedsgericht beauftragter Schiedsrichter und die Parteien sind berechtigt, an einer gerichtlichen Beweisaufnahme teilzunehmen und Fragen zu stellen. § 289 ist sinngemäß anzuwenden.

(BGBl I 2006/7)

Sechster Titel

Schiedsspruch und Beendigung des Verfahrens

Anzuwendendes Recht

§ 603. (1) Das Schiedsgericht hat die Streitigkeit in Übereinstimmung mit den Rechtsvorschriften oder Rechtsregeln zu entscheiden, die von den Parteien vereinbart worden sind. Die Vereinbarung des Rechts oder der Rechtsordnung eines bestimmten Staates ist, sofern die Parteien nicht ausdrücklich etwas anderes vereinbart haben, als unmittelbare Verweisung auf das materielle Recht dieses Staates und nicht auf sein Kollisionsrecht zu verstehen.

(2) Haben die Parteien die anzuwendenden Rechtsvorschriften oder Rechtsregeln nicht bestimmt, so hat das Schiedsgericht jene Rechtsvorschriften anzuwenden, die es für angemessen erachtet.

(3) Das Schiedsgericht hat nur dann nach Billigkeit zu entscheiden, wenn die Parteien es ausdrücklich dazu ermächtigt haben.

(BGBl I 2006/7)

Entscheidung durch ein Schiedsrichterkollegium

§ 604. Haben die Parteien nichts anderes vereinbart, so gilt Folgendes:

1. In Schiedsverfahren mit mehr als einem Schiedsrichter ist jede Entscheidung des Schiedsgerichts mit Stimmenmehrheit aller Mitglieder zu treffen. In Verfahrensfragen kann der Vorsitzende allein entscheiden, wenn die Parteien oder alle Mitglieder des Schiedsgerichts ihn dazu ermächtigt haben.

2. Nehmen ein oder mehrere Schiedsrichter an einer Abstimmung ohne rechtfertigenden Grund nicht teil, so können die anderen Schiedsrichter ohne sie entscheiden. Auch in diesem Fall ist die erforderliche Stimmenmehrheit von der Gesamtzahl aller teilnehmenden und nicht teilnehmenden Schiedsrichter zu berechnen. Bei einer Abstimmung über einen Schiedsspruch ist die Absicht, so vorzugehen, den Parteien vorher mitzuteilen. Bei anderen Entscheidungen sind die Parteien von der Nichtteilnahme an der Abstimmung nachträglich in Kenntnis zu setzen.

(BGBl I 2006/7)

Vergleich

§ 605. Vergleichen sich die Parteien während des Schiedsverfahrens über die Streitigkeit und sind die Parteien fähig, über den Gegenstand des Streits einen Vergleich abzuschließen, so können sie beantragen, dass

1. das Schiedsgericht den Vergleich protokolliert, sofern der Inhalt des Vergleichs nicht gegen Grundwertungen der österreichischen Rechtsordnung (ordre public) verstößt; es reicht aus, wenn das Protokoll von den Parteien und dem Vorsitzenden unterschrieben wird;

2. das Schiedsgericht den Vergleich in Form eines Schiedsspruchs mit vereinbartem Wortlaut festhält, sofern der Inhalt des Vergleichs nicht gegen Grundwertungen der österreichischen Rechtsordnung (ordre public) verstößt. Ein solcher Schiedsspruch ist gemäß § 606 zu erlassen. Er hat dieselbe Wirkung wie jeder Schiedsspruch in der Sache.

(BGBl I 2006/7)

Schiedsspruch

§ 606. (1) Der Schiedsspruch ist schriftlich zu erlassen und durch den Schiedsrichter oder die Schiedsrichter zu unterschreiben. Haben die Parteien nichts anderes vereinbart, so genügen in Schiedsverfahren mit mehr als einem Schiedsrichter die Unterschriften der Mehrheit aller Mitglieder des Schiedsgerichts, sofern der Vorsitzende oder ein anderer Schiedsrichter am Schiedsspruch vermerkt, welches Hindernis fehlenden Unterschriften entgegensteht.

(2) Haben die Parteien nichts anderes vereinbart, so ist der Schiedsspruch zu begründen.

(3) Im Schiedsspruch sind der Tag, an dem er erlassen wurde, und der nach § 595 Abs. 1 bestimmte Sitz des Schiedsgerichts anzugeben. Der Schiedsspruch gilt als an diesem Tag und an diesem Ort erlassen.

(4) Jeder Partei ist ein von den Schiedsrichtern nach Abs. 1 unterschriebenes Exemplar des Schiedsspruchs zu übersenden.

(5) Der Schiedsspruch und die Urkunden über dessen Zustellung sind gemeinschaftliche Urkunden der Parteien und der Schiedsrichter. Das Schiedsgericht hat mit den Parteien eine allfällige Verwahrung des Schiedsspruchs sowie der Urkunden über dessen Zustellung zu erörtern.

(6) Der Vorsitzende, im Falle seiner Verhinderung ein anderer Schiedsrichter, hat auf Verlangen einer Partei die Rechtskraft und Vollstreckbarkeit des Schiedsspruchs auf einem Exemplar des Schiedsspruchs zu bestätigen.

(7) Durch Erlassung eines Schiedsspruchs tritt die zugrunde liegende Schiedsvereinbarung nicht außer Kraft.

(BGBl I 2006/7)

Wirkung des Schiedsspruchs

§ 607. Der Schiedsspruch hat zwischen den Parteien die Wirkung eines rechtskräftigen gerichtlichen Urteils.

(BGBl I 2006/7)

Beendigung des Schiedsverfahrens

§ 608. (1) Das Schiedsverfahren wird mit dem Schiedsspruch in der Sache, einem Schiedsvergleich oder mit einem Beschluss des Schiedsgerichts nach Abs. 2 beendet.

(2) Das Schiedsgericht hat das Schiedsverfahren zu beenden, wenn

1. es der Kläger versäumt, die Klage nach § 597 Abs. 1 einzubringen;

2. der Kläger seine Klage zurücknimmt, es sei denn, dass der Beklagte dem widerspricht und das Schiedsgericht ein berechtigtes Interesse des Beklagten an der endgültigen Beilegung der Streitigkeit anerkennt;

3. die Parteien die Beendigung des Verfahrens vereinbaren und dies dem Schiedsgericht mitteilen;

4. ihm die Fortsetzung des Verfahrens unmöglich geworden ist, insbesondere weil die bisher im Verfahren tätigen Parteien trotz schriftlicher Aufforderung des Schiedsgerichts, mit welcher dieses auf die Möglichkeit einer Beendigung des Schiedsverfahrens hinweist, das Schiedsverfahren nicht weiter betreiben.

(3) Vorbehaltlich der §§ 606 Abs. 4 bis 6, 609 Abs. 5, und 610 sowie der Verpflichtung zur Aufhebung einer angeordneten vorläufigen oder sichernden Maßnahme endet das Amt des Schiedsgerichts mit der Beendigung des Schiedsverfahrens.

(BGBl I 2006/7)

Entscheidung über die Kosten

§ 609. (1) Wird das Schiedsverfahren beendet, so hat das Schiedsgericht über die Verpflichtung zum Kostenersatz zu entscheiden, sofern die Parteien nichts anderes vereinbart haben. Das Schiedsgericht hat dabei nach seinem Ermessen die Umstände des Einzelfalls, insbesondere den Ausgang des Verfahrens, zu berücksichtigen. Die Ersatzpflicht kann alle zur zweckentsprechenden Rechtsverfolgung oder Rechtsverteidigung angemessenen Kosten umfassen. Im Fall von § 608 Abs. 2 Z 3 hat eine solche Entscheidung nur zu ergehen, wenn eine Partei gleichzeitig mit der Mitteilung der Vereinbarung über die Beendigung des Verfahrens eine solche Entscheidung beantragt.

(2) Das Schiedsgericht kann auf Antrag des Beklagten auch über eine Verpflichtung des Klägers zum Kostenersatz entscheiden, wenn es sich für unzuständig erklärt hat, weil keine Schiedsvereinbarung vorhanden ist.

(3) Gleichzeitig mit der Entscheidung über die Verpflichtung zum Kostenersatz hat das Schiedsgericht, sofern dies bereits möglich ist und die Kosten nicht gegeneinander aufgehoben werden, den Betrag der zu ersetzenden Kosten festzusetzen.

(4) In jedem Fall haben die Entscheidung über die Verpflichtung zum Kostenersatz und die Festsetzung des zu ersetzenden Betrags in Form eines Schiedsspruchs nach § 606 zu erfolgen.

(5) Ist die Entscheidung über die Verpflichtung zum Kostenersatz oder die Festsetzung des zu ersetzenden Betrags unterblieben oder erst nach Beendigung des Schiedsverfahrens möglich, so wird darüber in einem gesonderten Schiedsspruch entschieden.

(BGBl I 2006/7)

Berichtigung, Erläuterung und Ergänzung des Schiedsspruchs

§ 610. (1) Sofern die Parteien keine andere Frist vereinbart haben, kann jede Partei innerhalb von vier Wochen nach Empfang des Schiedsspruchs beim Schiedsgericht beantragen,

1. Rechen-, Schreib- und Druckfehler oder Fehler ähnlicher Art im Schiedsspruch zu berichtigen;

2. bestimmte Teile des Schiedsspruchs zu erläutern, sofern die Parteien dies vereinbart haben;

3. einen ergänzenden Schiedsspruch über Ansprüche zu erlassen, die im Schiedsverfahren zwar geltend gemacht, im Schiedsspruch aber nicht erledigt worden sind.

(2) Der Antrag nach Abs. 1 ist der anderen Partei zu übersenden. Vor der Entscheidung über einen solchen Antrag ist die andere Partei zu hören.

(3) Das Schiedsgericht soll über die Berichtigung oder Erläuterung des Schiedsspruchs innerhalb von vier Wochen und über die Ergänzung des Schiedsspruchs innerhalb von acht Wochen entscheiden.

(4) Eine Berichtigung des Schiedsspruchs nach Abs. 1 Z 1 kann das Schiedsgericht binnen vier Wochen ab dem Datum des Schiedsspruchs auch ohne Antrag vornehmen.

(5) § 606 ist auf die Berichtigung, Erläuterung oder Ergänzung des Schiedsspruchs anzuwenden. Die Erläuterung oder Berichtigung ist Bestandteil des Schiedsspruchs.

(BGBl I 2006/7)

Siebenter Titel

Rechtsbehelf gegen den Schiedsspruch

Antrag auf Aufhebung eines Schiedsspruchs

§ 611. (1) Gegen einen Schiedsspruch kann nur eine Klage auf gerichtliche Aufhebung gestellt werden. Dies gilt auch für Schiedssprüche, mit welchen das Schiedsgericht über seine Zuständigkeit abgesprochen hat.

(2) Ein Schiedsspruch ist aufzuheben, wenn

1. eine gültige Schiedsvereinbarung nicht vorhanden ist, oder wenn das Schiedsgericht seine Zuständigkeit verneint hat, eine gültige Schiedsvereinbarung aber doch vorhanden ist, oder wenn eine Partei nach dem Recht, das für sie persönlich maßgebend ist, zum Abschluss einer gültigen Schiedsvereinbarung nicht fähig war;

2. eine Partei von der Bestellung eines Schiedsrichters oder vom Schiedsverfahren nicht gehörig in Kenntnis gesetzt wurde oder sie aus einem anderen Grund ihre Angriffs- oder Verteidigungsmittel nicht geltend machen konnte;

3. der Schiedsspruch eine Streitigkeit betrifft, für welche die Schiedsvereinbarung nicht gilt, oder er Entscheidungen enthält, welche die Grenzen der Schiedsvereinbarung oder das Rechtsschutzbegehren der Parteien überschreiten; betrifft der Mangel nur einen trennbaren Teil des Schiedsspruchs, so ist dieser Teil aufzuheben;

4. die Bildung oder Zusammensetzung des Schiedsgerichts einer Bestimmung dieses Abschnitts oder einer zulässigen Vereinbarung der Parteien widerspricht;

5. das Schiedsverfahren in einer Weise durchgeführt wurde, die Grundwertungen der österreichischen Rechtsordnung (ordre public) widerspricht;

6. die Voraussetzungen vorhanden sind, unter denen nach § 530 Abs. 1 Z 1 bis 5 ein gerichtliches Urteil mittels Wiederaufnahmsklage angefochten werden kann;

7. der Gegenstand des Streits nach inländischem Recht nicht schiedsfähig ist;

8. der Schiedsspruch Grundwertungen der österreichischen Rechtsordnung (ordre public) widerspricht.

(3) Die Aufhebungsgründe des Abs. 2 Z 7 und 8 sind auch von Amts wegen wahrzunehmen.

(4) Die Klage auf Aufhebung ist innerhalb von drei Monaten zu erheben. Die Frist beginnt mit dem Tag, an welchem der Kläger den Schiedsspruch oder den ergänzenden Schiedsspruch empfangen hat. Ein Antrag nach § 610 Abs. 1 Z 1 oder 2 verlängert diese Frist nicht. Im Fall des Abs. 2 Z 6 ist die Frist für die Aufhebungsklage nach den Bestimmungen über die Wiederaufnahmsklage zu beurteilen.

(5) Die Aufhebung eines Schiedsspruchs berührt nicht die Wirksamkeit der zugrunde liegenden Schiedsvereinbarung. Wurde bereits zweimal ein Schiedsspruch über den selben Gegenstand rechtskräftig aufgehoben und ist ein weiterer hierüber ergehender Schiedsspruch aufzuheben, so hat das Gericht auf Antrag einer der Parteien gleichzeitig die Schiedsvereinbarung hinsichtlich dieses Gegenstandes für unwirksam zu erklären.

(BGBl I 2006/7)

Feststellung des Bestehens oder Nichtbestehens eines Schiedsspruchs

§ 612. Die Feststellung des Bestehens oder Nichtbestehens eines Schiedsspruchs kann begehrt werden, wenn der Antragsteller ein rechtliches Interesse daran hat.

(BGBl I 2006/7)

Wahrnehmung von Aufhebungsgründen in einem anderen Verfahren

§ 613. Stellt ein Gericht oder eine Behörde in einem anderen Verfahren, etwa in einem Exekutionsverfahren, fest, dass ein Aufhebungsgrund nach § 611 Abs. 2 Z 7 und 8 besteht, so ist der Schiedsspruch in diesem Verfahren nicht zu beachten.

(BGBl I 2006/7)

Achter Titel

Anerkennung und Vollstreckbarerklärung ausländischer Schiedssprüche

§ 614. (1) Die Anerkennung und Vollstreckbarerklärung ausländischer Schiedssprüche richten sich nach den Bestimmungen der Exekutionsordnung, soweit nicht nach Völkerrecht oder in Rechtsakten der Europäischen Union anderes bestimmt ist. Das Formerfordernis für die Schiedsvereinbarung gilt auch dann als erfüllt, wenn die Schiedsvereinbarung sowohl den Formvorschriften des § 583 als auch den Formvorschriften des auf die Schiedsvereinbarung anwendbaren Rechts entspricht.

(2) Die Vorlage der Urschrift oder einer beglaubigten Abschrift der Schiedsvereinbarung nach Art IV Abs. 1 lit b des New Yorker UN-Übereinkommens über die Anerkennung und Vollstreckung ausländischer Schiedssprüche ist nur nach Aufforderung durch das Gericht erforderlich.

(BGBl I 2006/7)

Neunter Titel

Gerichtliches Verfahren

Zuständigkeit

§ 615. Für die Klage auf Aufhebung eines Schiedsspruchs und die Klage auf Feststellung des Bestehens oder Nichtbestehens eines Schiedsspruchs sowie für Verfahren in Angelegenheiten nach dem dritten Titel ist der Oberste Gerichtshof zuständig.

(BGBl I 2013/118)

Verfahren

§ 616. (1) Das Verfahren über die Klage auf Aufhebung eines Schiedsspruchs und die Klage auf Feststellung des Bestehens oder Nichtbestehens eines Schiedsspruchs richtet sich nach den Bestimmungen dieses Gesetzes über das Verfahren vor den Gerichtshöfen erster Instanz, das Verfahren in Angelegenheiten nach dem dritten Titel richtet sich nach den Bestimmungen des Außerstreitgesetzes über das Verfahren erster Instanz. *(BGBl I 2013/118)*

(2) Auf Antrag einer Partei kann die Öffentlichkeit auch ausgeschlossen werden, wenn ein berechtigtes Interesse daran dargetan wird.

(BGBl I 2006/7)

Zehnter Titel

Sonderbestimmungen

Konsumenten

§ 617. (1) Schiedsvereinbarungen zwischen einem Unternehmer und einem Verbraucher können wirksam nur für bereits entstandene Streitigkeiten abgeschlossen werden.

(2) Schiedsvereinbarungen, an denen ein Verbraucher beteiligt ist, müssen in einem von diesem eigenhändig unterzeichneten Dokument enthalten sein. Andere Vereinbarungen als solche, die sich auf das Schiedsverfahren beziehen, darf dieses nicht enthalten.

(3) Bei Schiedsvereinbarungen zwischen einem Unternehmer und einem Verbraucher ist dem Verbraucher vor Abschluss der Schiedsvereinbarung eine schriftliche Rechtsbelehrung über die wesentlichen Unterschiede zwischen einem Schiedsverfahren und einem Gerichtsverfahren zu erteilen.

(4) In Schiedsvereinbarungen zwischen Unternehmern und Verbrauchern muss der Sitz des Schiedsgerichts festgelegt werden. Das Schiedsgericht darf zur mündlichen Verhandlung und zur Beweisaufnahme nur dann an einem anderen Ort zusammentreten, wenn der Verbraucher dem zugestimmt hat oder der Beweisaufnahme am Sitz des Schiedsgerichts erhebliche Schwierigkeiten entgegenstehen.

(5) Wurde die Schiedsvereinbarung zwischen einem Unternehmer und einem Verbraucher geschlossen, und hat der Verbraucher weder bei Abschluss der Schiedsvereinbarung noch zu dem Zeitpunkt, zu dem eine Klage anhängig gemacht wird, seinen Wohnsitz, gewöhnlichen Aufenthalt oder Beschäftigungsort in dem Staat, in welchem das Schiedsgericht seinen Sitz hat, so ist die Schiedsvereinbarung nur zu beachten, wenn sich der Verbraucher darauf beruft.

(6) Ein Schiedsspruch ist auch dann aufzuheben, wenn in einem Schiedsverfahren, an dem ein Verbraucher beteiligt ist,

1. gegen zwingende Rechtsvorschriften verstoßen wurde, deren Anwendung auch bei einem Sachverhalt mit Auslandsberührung durch Rechtswahl der Parteien nicht abbedungen werden könnte, oder

2. die Voraussetzungen vorhanden sind, unter denen nach § 530 Abs. 1 Z 6 und 7 ein gerichtliches Urteil mittels Wiederaufnahmsklage angefochten werden kann; diesfalls ist die Frist für die

Aufhebungsklage nach den Bestimmungen über die Wiederaufnahmsklage zu beurteilen.

(7) Hat das Schiedsverfahren zwischen einem Unternehmer und einem Verbraucher stattgefunden, so ist der Schiedsspruch auch aufzuheben, wenn die schriftliche Rechtsbelehrung nach Abs. 3 nicht erteilt wurde.

(8) In Schiedsverfahren, in denen ein Verbraucher Partei ist, ist für die Klage auf Aufhebung eines Schiedsspruchs und die Klage auf Feststellung des Bestehens oder Nichtbestehens eines Schiedsspruchs sowie für Verfahren in Angelegenheiten nach dem dritten Titel in erster Instanz ohne Rücksicht auf den Wert des Streitgegenstandes das die Gerichtsbarkeit in bürgerlichen Rechtssachen ausübende Landesgericht zuständig, das in der Schiedsvereinbarung bezeichnet oder dessen Zuständigkeit nach § 104 JN vereinbart wurde oder, wenn eine solche Bezeichnung oder Vereinbarung fehlt, in dessen Sprengel der Sitz des Schiedsgerichts liegt. Ist auch der Sitz des Schiedsgerichts noch nicht bestimmt oder liegt dieser im Fall des § 612 nicht in Österreich, so ist das Handelsgericht Wien zuständig. *(BGBl I 2013/118)*

(9) Ist die dem Schiedsspruch zugrundeliegende Rechtsstreitigkeit eine Handelssache im Sinn des § 51 JN, so entscheidet das Landesgericht in Ausübung der Gerichtsbarkeit in Handelssachen, in Wien das Handelsgericht Wien. *(BGBl I 2013/118)*

(10) Das Verfahren über die Klage auf Aufhebung eines Schiedsspruchs und die Klage auf Feststellung des Bestehens oder Nichtbestehens eines Schiedsspruchs richtet sich nach den Bestimmungen dieses Gesetzes, das Verfahren in Angelegenheiten nach dem dritten Titel richtet sich nach den allgemeinen Bestimmungen des Außerstreitgesetzes. *(BGBl I 2013/118)*

(11) Auf Antrag einer Partei kann die Öffentlichkeit auch ausgeschlossen werden, wenn ein berechtigtes Interesse daran dargetan wird. *(BGBl I 2013/118)*

(BGBl I 2006/7)

Arbeitsrechtssachen

§ 618. Für Schiedsverfahren in Arbeitsrechtssachen nach § 50 Abs. 1 ASGG gilt § 617 Abs. 2 bis Abs. 8 und Abs. 10 und 11 sinngemäß, wobei an die Stelle der die Gerichtsbarkeit in bürgerlichen Rechtssachen ausübenden Landesgerichte die Landesgerichte als Arbeits- und Sozialgerichte treten, an die Stelle des Handelsgerichts Wien das Arbeits- und Sozialgericht Wien; das Verfahren über die Klage auf Aufhebung eines Schiedsspruchs und die Klage auf Feststellung des Bestehens oder Nichtbestehens eines Schiedsspruchs richtet sich nach den Bestimmungen des Arbeits- und Sozialgerichtsgesetzes. Der Oberste Gerichtshof entscheidet durch einen nach den Grundsätzen der §§ 10 ff. ASGG zusammengesetzten Senat.

(BGBl I 2013/118)

Fassung ab 24. 12. 2020 (BGBl I 2020/148):

Inkrafttreten, Schluss- und Übergangsbestimmungen

§ 619. Die §§ 502, 549 und die Änderungen der Abschnittsbezeichnungen in der Fassung des Bundesgesetzes BGBl. I Nr. 148/2020, treten mit 1. Jänner 2021 in Kraft. Die §§ 502 und 549 sind auf Klagen anzuwenden, die nach dem 31. Dezember 2020 eingebracht werden. § 502 Abs. 5 Z 5 in der Fassung des Bundesgesetzes 148/2020 tritt mit Ablauf des 31. Dezember 2030 außer Kraft und ist auf Verfahren, in denen die Klage nach dem 31. Dezember 2030 eingebracht wird, nicht mehr anzuwenden.

(BGBl I 2020/148)

Fünfter Abschnitt

§§ 600 bis 602 der Stammfassung. *(aufgehoben, BGBl 1949/20, durch AmtshaftungsG)*

2/3. Schiedsgerichtsbarkeit

2/3/1. New Yorker Übereinkommen über die Anerkennung und Vollstreckung ausländischer Schiedssprüche vom 10.6.1958

2/3/2. Europäische Übereinkommen über die Internationale Handelsschiedsgerichtsbarkeit vom 21.4.1961

2/3/1. New Yorker Schiedsübereinkommen

BGBl 1961/200

(abgedruckt ist nur der deutsche Text)

Nachdem das Übereinkommen über die Anerkennung und Vollstreckung ausländischer Schiedssprüche, welches also lautet:

ÜBEREINKOMMEN ÜBER DIE ANERKENNUNG UND VOLLSTRECKUNG AUSLÄNDISCHER SCHIEDSSPRÜCHE

Artikel I.

(1) Dieses Übereinkommen ist auf die Anerkennung und Vollstreckung von Schiedssprüchen anzuwenden, die in Rechtsstreitigkeiten zwischen natürlichen oder juristischen Personen in dem Hoheitsgebiet eines anderen Staates als desjenigen ergangen sind, in dem die Anerkennung und Vollstreckung nachgesucht wird. Es ist auch auf solche Schiedssprüche anzuwenden, die in dem Staat, in dem ihre Anerkennung und Vollstreckung nachgesucht wird, nicht als inländische anzusehen sind.

(2) Unter „Schiedssprüchen" sind nicht nur Schiedssprüche von Schiedsrichtern, die für eine bestimmte Sache bestellt worden sind, sondern auch solche eines ständigen Schiedsgerichtes, dem sich die Parteien unterworfen haben, zu verstehen.

(3) Jeder Staat, der dieses Übereinkommen unterzeichnet oder ratifiziert, ihm beitritt oder dessen Ausdehnung gemäß Artikel X notifiziert, kann gleichzeitig auf der Grundlage der Gegenseitigkeit erklären, daß er das Übereinkommen nur auf die Anerkennung und Vollstreckung solcher Schiedssprüche anwenden werde, die in dem Hoheitsgebiet eines anderen Vertragsstaates ergangen sind. Er kann auch erklären, daß er das Übereinkommen nur auf Streitigkeiten aus solchen Rechtsverhältnissen, sei es vertraglicher oder nichtvertraglicher Art, anwenden werde, die nach seinem innerstaatlichen Recht als Handelssachen angesehen werden.

Artikel II.

(1) Jeder Vertragsstaat erkennt eine schriftliche Vereinbarung an, durch die sich die Parteien verpflichten, alle oder einzelne Streitigkeiten, die zwischen ihnen aus einem bestimmten Rechtsverhältnis, sei es vertraglicher oder nichtvertraglicher Art, bereits entstanden sind oder etwa künftig entstehen, einem schiedsrichterlichen Verfahren zu unterwerfen, sofern der Gegenstand des Strei-

tes auf schiedsrichterlichem Wege geregelt werden kann.

(2) Unter einer „schriftlichen Vereinbarung" ist eine Schiedsklausel in einem Vertrag oder eine Schiedsabrede zu verstehen, sofern der Vertrag oder die Schiedsabrede von den Parteien unterzeichnet oder in Briefen oder Telegrammen enthalten ist, die sie gewechselt haben.

(3) Wird ein Gericht eines Vertragsstaates wegen eines Streitgegenstandes angerufen, hinsichtlich dessen die Parteien eine Vereinbarung im Sinne dieses Artikels getroffen haben, so hat das Gericht auf Antrag einer der Parteien sie auf das schiedsrichterliche Verfahren zu verweisen, sofern es nicht feststellt, daß die Vereinbarung hinfällig, unwirksam oder nicht erfüllbar ist.

Artikel III.

Jeder Vertragsstaat erkennt Schiedssprüche als wirksam an und läßt sie nach den Verfahrensvorschriften des Hoheitsgebietes, in dem der Schiedsspruch geltend gemacht wird, zur Vollstreckung zu, sofern die in den folgenden Artikeln festgelegten Voraussetzungen gegeben sind. Die Anerkennung oder Vollstreckung von Schiedssprüchen, auf die dieses Übereinkommen anzuwenden ist, darf weder wesentlich strengeren Verfahrensvorschriften noch wesentlich höheren Kosten unterliegen als die Anerkennung oder Vollstreckung inländischer Schiedssprüche.

Artikel IV.

(1) Zur Anerkennung und Vollstreckung, die im vorangehenden Artikel erwähnt wird, ist erforderlich, daß die Partei, welche die Anerkennung und Vollstreckung nachsucht, zugleich mit ihrem Antrag vorlegt:

a) die gehörig beglaubigte (legalisierte) Urschrift des Schiedsspruches oder eine Abschrift, deren Übereinstimmung mit einer solchen Urschrift ordnungsgemäß beglaubigt ist,

b) die Urschrift der Vereinbarung im Sinne des Artikels II oder eine Abschrift, deren Übereinstimmung mit einer solchen Urschrift ordnungsgemäß beglaubigt ist.

(2) Ist der Schiedsspruch oder die Vereinbarung nicht in einer amtlichen Sprache des Landes abgefaßt, in dem der Schiedsspruch geltend gemacht wird, so hat die Partei, die seine Anerkennung und Vollstreckung nachsucht, eine Übersetzung der erwähnten Urkunden in dieser Sprache

beizubringen. Die Übersetzung muß von einem amtlichen oder beeidigten Übersetzer oder von einem diplomatischen oder konsularischen Vertreter beglaubigt sein.

Artikel V.

(1) Die Anerkennung und Vollstreckung des Schiedsspruches darf auf Antrag der Partei, gegen die er geltend gemacht wird, nur versagt werden, wenn diese Partei der zuständigen Behörde des Landes, in dem die Anerkennung und Vollstreckung nachgesucht wird, den Beweis erbringt,

a) daß die Parteien, die eine Vereinbarung im Sinne des Artikels II geschlossen haben, nach dem Recht, das für sie persönlich maßgebend ist, in irgendeiner Hinsicht hiezu nicht fähig waren oder daß die Vereinbarung nach dem Recht, dem die Parteien sie unterstellt haben, oder, falls die Parteien hierüber nichts bestimmt haben, nach dem Recht des Landes, in dem der Schiedsspruch ergangen ist, ungültig ist, oder

b) daß die Partei, gegen die der Schiedsspruch geltend gemacht wird, von der Bestellung des Schiedsrichters oder von dem schiedsrichterlichen Verfahren nicht gehörig in Kenntnis gesetzt worden ist oder daß sie aus einem anderen Grund ihre Angriffs- oder Verteidigungsmittel nicht hat geltend machen können, oder

c) daß der Schiedsspruch eine Streitigkeit betrifft, die in der Schiedsabrede nicht erwähnt ist oder nicht unter die Bestimmungen der Schiedsklausel fällt, oder daß er Entscheidungen enthält, welche die Grenzen der Schiedsabrede oder der Schiedsklausel überschreiten; kann jedoch der Teil des Schiedsspruches, der sich auf Streitpunkte bezieht, die dem schiedsrichterlichen Verfahren unterworfen waren, von dem Teil, der Streitpunkte betrifft, die ihm nicht unterworfen waren, getrennt werden, so kann der erstgenannte Teil des Schiedsspruches anerkannt und vollstreckt werden, oder

d) daß die Bildung des Schiedsgerichtes oder das schiedsrichterliche Verfahren der Vereinbarung der Parteien oder, mangels einer solchen Vereinbarung, dem Recht des Landes, in dem das schiedsrichterliche Verfahren stattfand, nicht entsprochen hat, oder

e) daß der Schiedsspruch für die Parteien noch nicht verbindlich geworden ist oder daß er von einer zuständigen Behörde des Landes, in dem oder nach dessen Recht er ergangen ist, aufgehoben oder in seinen Wirkungen einstweilen gehemmt worden ist.

(2) Die Anerkennung und Vollstreckung eines Schiedsspruches darf auch versagt werden, wenn die zuständige Behörde des Landes, in dem die Anerkennung und Vollstreckung nachgesucht wird, feststellt,

a) daß der Gegenstand des Streites nach dem Recht dieses Landes nicht auf schiedsrichterlichem Wege geregelt werden kann, oder

b) daß die Anerkennung oder Vollstreckung des Schiedsspruches der öffentlichen Ordnung dieses Landes widersprechen würde.

Artikel VI.

Ist bei der Behörde, die im Sinne des Artikels V Absatz 1 Buchstabe e zuständig ist, ein Antrag gestellt worden, den Schiedsspruch aufzuheben oder ihn in seinen Wirkungen einstweilen zu hemmen, so kann die Behörde, vor welcher der Schiedsspruch geltend gemacht wird, sofern sie es für angebracht hält, die Entscheidung über den Antrag, die Vollstreckung zuzulassen, aussetzen; sie kann aber auch auf Antrag der Partei, welche die Vollstreckung des Schiedsspruches begehrt, der anderen Partei auferlegen, angemessene Sicherheit zu leisten.

Artikel VII.

(1) Die Bestimmungen dieses Übereinkommens lassen die Gültigkeit mehrseitiger oder zweiseitiger Verträge, welche die Vertragsstaaten über die Anerkennung und Vollstreckung von Schiedssprüchen geschlossen haben, unberührt und nehmen keiner beteiligten Partei das Recht, sich auf einen Schiedsspruch nach Maßgabe des innerstaatlichen Rechtes oder der Verträge des Landes, in dem er geltend gemacht wird, zu berufen.

(2) Das Genfer Protokoll über die Schiedsklauseln von 1923 und das Genfer Abkommen zur Vollstreckung ausländischer Schiedssprüche von 1927 treten zwischen den Vertragsstaaten in dem Zeitpunkt und in dem Ausmaß außer Kraft, in dem dieses Übereinkommen für sie verbindlich wird.

Artikel VIII.

(1) Dieses Übereinkommen liegt bis zum 31. Dezember 1958 zur Unterzeichnung durch jeden Mitgliedstaat der Vereinten Nationen sowie durch jeden anderen Staat auf, der Mitglied einer SpezialOrganisation der Vereinten Nationen oder Vertragspartei des Statutes des Internationalen Gerichtshofes ist oder später wird oder an den eine Einladung der Generalversammlung der Vereinten Nationen ergangen ist.

(2) Dieses Übereinkommen bedarf der Ratifizierung; die Ratifikationsurkunde ist bei dem Generalsekretär der Vereinten Nationen zu hinterlegen.

Artikel IX.

(1) Alle im Artikel VIII bezeichneten Staaten können diesem Übereinkommen beitreten.

(2) Der Beitritt erfolgt durch Hinterlegung einer Beitrittsurkunde bei dem Generalsekretär der Vereinten Nationen.

Artikel X.

(1) Jeder Staat kann bei der Unterzeichnung, bei der Ratifizierung oder beim Beitritt erklären, daß dieses Übereinkommen auf alle oder auf einzelne der Gebiete ausgedehnt werde, deren internationale Beziehungen er wahrnimmt. Eine solche Erklärung wird wirksam, sobald das Übereinkommen für den Staat, der sie abgegeben hat, in Kraft tritt.

(2) Später kann dieses Übereinkommen auf solche Gebiete durch eine an den Generalsekretär der Vereinten Nationen gerichtete Notifikation ausgedehnt werden; die Ausdehnung wird am neunzigsten Tage, nachdem die Notifikation dem Generalsekretär der Vereinten Nationen zugegangen ist, oder, sofern dieses Übereinkommen für den in Betracht kommenden Staat später in Kraft tritt, erst in diesem Zeitpunkt wirksam.

(3) Hinsichtlich der Gebiete, auf welche dieses Übereinkommen bei der Unterzeichnung, bei der Ratifizierung oder beim Beitritt nicht ausgedehnt worden ist, wird jeder in Betracht kommende Staat die Möglichkeit erwägen, die erforderlichen Maßnahmen zu treffen, um das Übereinkommen auf sie auszudehnen, und zwar mit Zustimmung der Regierungen dieser Gebiete, falls eine solche aus verfassungsrechtlichen Gründen notwendig sein sollte.

Artikel XI.

Für einen Bundesstaat oder einen Staat, der kein Einheitsstaat ist, gelten die folgenden Bestimmungen:

a) hinsichtlich der Artikel dieses Übereinkommens, die sich auf Gegenstände der Gesetzgebungsbefugnis des Bundes beziehen, sind die Verpflichtungen der Bundesregierung die gleichen wie diejenigen der Vertragsstaaten, die keine Bundesstaaten sind;

b) hinsichtlich solcher Artikel dieses Übereinkommens, die sich auf Gegenstände der Gesetzgebungsbefugnis der Gliedstaaten oder Provinzen beziehen, die nach der verfassungsrechtlichen Ordnung des Bundes nicht gehalten sind, Maßnahmen im Wege der Gesetzgebung zu treffen, ist die Bundesregierung verpflichtet, die in Betracht kommenden Artikel den zuständigen Behörden der Gliedstaaten oder Provinzen so bald wie möglich befürwortend zur Kenntnis zu bringen;

c) ein Bundesstaat, der Vertragspartei dieses Übereinkommens ist, übermittelt auf das ihm von dem Generalsekretär der Vereinten Nationen zugeleitete Ersuchen eines anderen Vertragsstaates eine Darstellung des geltenden Rechtes und der Übung innerhalb des Bundes und seiner Gliedstaaten oder Provinzen hinsichtlich einzelner Bestimmungen dieses Übereinkommens, aus der insbesondere hervorgeht, inwieweit diese Bestimmungen durch Maßnahmen im Wege der Gesetzgebung oder andere Maßnahmen wirksam geworden sind.

Artikel XII.

(1) Dieses Übereinkommen tritt am neunzigsten Tage nach der Hinterlegung der dritten Ratifikations- oder Beitrittsurkunde in Kraft.

(2) Für jeden Staat, der dieses Übereinkommen nach Hinterlegung der dritten Ratifikationsoder Beitrittsurkunde ratifiziert oder ihm beitritt, tritt es am neunzigsten Tage nach der Hinterlegung seiner Ratifikationsoder Beitrittsurkunde in Kraft.

Artikel XIII.

(1) Jeder Vertragsstaat kann dieses Übereinkommen durch eine an den Generalsekretär der Vereinten Nationen gerichtete schriftliche Notifikation kündigen. Die Kündigung wird ein Jahr, nachdem die Notifikation dem Generalsekretär zugegangen ist, wirksam.

(2) Jeder Staat, der gemäß Artikel X eine Erklärung abgegeben oder eine Notifikation vorgenommen hat, kann später jederzeit dem Generalsekretär der Vereinten Nationen notifizieren, daß die Ausdehnung des Übereinkommens auf das in Betracht kommende Gebiet ein Jahr, nachdem die Notifikation dem Generalsekretär zugegangen ist, ihre Wirkung verlieren soll.

(3) Dieses Übereinkommen bleibt auf Schiedssprüche anwendbar, hinsichtlich derer ein Verfahren zum Zwecke der Anerkennung oder Vollstreckung eingeleitet worden ist, bevor die Kündigung wirksam wird.

Artikel XIV.

Ein Vertragsstaat darf sich gegenüber einem anderen Vertragsstaat nur insoweit auf dieses Übereinkommen berufen, als er selbst verpflichtet ist, es anzuwenden.

Artikel XV.

Der Generalsekretär der Vereinten Nationen notifiziert allen in Artikel VIII bezeichneten Staaten:

a) die Unterzeichnungen und Ratifikationen gemäß Artikel VIII;

b) die Beitrittserklärungen gemäß Artikel IX;

c) die Erklärungen und Notifikationen gemäß den Artikeln I, X und XI;

d) den Tag, an dem dieses Übereinkommen gemäß Artikel XII in Kraft tritt;

e) die Kündigungen und Notifikationen gemäß Artikel XIII.

Artikel XVI.

(1) Dieses Übereinkommen, dessen chinesischer, englischer, französischer, russischer und spanischer Wortlaut in gleicher Weise maßgebend ist, wird in dem Archiv der Vereinten Nationen hinterlegt.

(2) Der Generalsekretär der Vereinten Nationen übermittelt den in Artikel VIII bezeichneten Staaten eine beglaubigte Abschrift dieses Übereinkommens.

Vorbehalt:

Die Republik Österreich wird das Übereinkommen gemäß seinem Artikel I Abs. 3, 1. Satz, nur auf die Anerkennung und Vollstreckung solcher Schiedssprüche anwenden, die in dem Hoheitsgebiet eines anderen Vertragsstaates ergangen sind.

Vorbehalt zu Artikel I Abs 3 1. Satz zurückgezogen mit BGBl 1988/161.

die verfassungsmäßige Genehmigung des Nationalrates erhalten hat, erklärt der Bundespräsident dieses Übereinkommen für ratifiziert und verspricht im Namen der Republik Österreich die gewissenhafte Erfüllung der in diesem Übereinkommen enthaltenen Bestimmungen.

Zu Urkund dessen ist die vorliegende Ratifikationsurkunde vom Bundespräsidenten unterzeichnet, vom Bundeskanzler, vom Bundesminister für Justiz, vom Bundesminister für Finanzen, vom Bundesminister für Land- und Forstwirtschaft, vom Bundesminister für Handel und Wiederaufbau und vom Bundesminister für Auswärtige Angelegenheiten gegengezeichnet und mit dem Staatssiegel der Republik Österreich versehen worden.

Geschehen zu Wien, am 13. April 1961

...

Dieses Übereinkommen ist gemäß seinem Artikel XII am 31. Juli 1961 für Österreich in Kraft getreten.

Nach Mitteilung des Generalsekretärs der Vereinten Nationen haben folgende Staaten dieses Übereinkommen ratifiziert beziehungsweise sind diesem beigetreten:

Staaten:	Datum der Hinterlegung der Ratifikations- bw. Beitrittsurkunde:	Datum des Inkrafttretens:
Israel	5. Jänner 1959	7. Juni 1959
Marokko	2. Feber 1959	7. Juni 1959
Vereinigte Arabische Republik	9. März 1959	7. Juni 1959
Frankreich	26. Juni 1959	24. September 1959
Tschechoslowakei	10. Juli 1959	8. Oktober 1959
Thailand	21. Dezember 1959	20. März 1960
Kambodscha	5. Jänner 1960	4. April 1960
Indien	13. Juli 1960	11. Oktober 1960
Union der Sozialistischen Sowjetrepubliken	24. August 1960	22. November 1960
Ukraine	10. Oktober 1960	8. Jänner 1961
Weißrußland	5. November 1960	13. Feber 1961
Norwegen	14. März 1961	12. Juni 1961
Österreich	2. Mai 1961	31. Juli 1961

Marokko hat folgende Erklärung abgegeben:

„Die Regierung Seiner Majestät des Königs von Marokko wird das Übereinkommen nur auf die Anerkennung und Vollstreckung solcher Schiedssprüche anwenden, die in dem Hoheitsgebiet eines anderen Vertragsstaates ergangen sind."

Frankreich hat folgende Erklärung abgegeben:

„1. Unter Bezugnahme auf Artikel 1 Absatz 3 des Übereinkommens erklärt Frankreich, daß das Übereinkommen auf Grundlage der Gegenseitigkeit nur auf die Anerkennung und Vollstreckung solcher Schiedssprüche anwenden wird, die in dem Hoheitsgebiet eines anderen Vertragsstaates ergangen sind; weiters erklärt Frankreich, daß es das Übereinkommen nur auf Streitigkeiten aus solchen Rechtsverhältnissen, sei es vertraglicher oder nicht vertraglicher Art, anwenden wird, die nach französischem innerstaatlichem Recht als Handelssachen angesehen werden.

2. Unter Bezugnahme auf Artikel X Absatz 1 und 2 erklärt Frankreich, daß es dieses Überein-

kommen auf alle Gebiete der französischen Republik ausdehnen wird."

Die Tschechoslowakei hat folgende Erklärung abgegeben:

„Die Tschechoslowakei wird dieses Übereinkommen auf die Anerkennung und Vollstreckung von Schiedssprüchen anwenden, die in dem Hoheitsgebiet eines anderen Vertragsstaates ergangen sind. In bezug auf Schiedssprüche, die im Hoheitsgebiet eines Nicht-Vertragsstaates ergangen sind, wird die Tschechoslowakei dieses Übereinkommen nur in dem Ausmaße anwenden, in dem Gegenseitigkeit gewährt wird."

Indien hat folgende Erklärung abgegeben:

„Indien wird in Übereinstimmung mit Artikel I das Übereinkommen nur auf die Anerkennung und Vollstreckung solcher Schiedssprüche anwenden, die auf dem Hoheitsgebiet eines anderen Vertragsstaates ergangen sind. Indien erklärt weiters, daß es das Übereinkommen nur auf Streitigkeiten aus solchen Rechtsverhältnissen, sei es vertraglicher oder nichtvertraglicher Art, anwenden werde, die nach indischem Recht als Handelssachen angesehen werden."

Die Union der Sozialistischen Sowjetrepubliken hat folgende Erklärung abgegeben:

„Die Union der Sozialistischen Sowjetrepubliken wird die Bestimmungen dieses Übereinkommens in bezug auf Schiedssprüche, die in Nicht-Vertragsstaaten ergangen sind, nur in dem Ausmaß anwenden, in dem Gegenseitigkeit gewährt wird."

Die Ukraine und Weißrußland haben die gleiche Erklärung wie die Union der Sozialistischen Sowjetrepubliken abgegeben.

Norwegen hat folgende Erklärung und folgenden Vorbehalt abgegeben:

„1. Wir werden das Übereinkommen nur auf die Anerkennung und Vollstreckung von Schiedssprüchen, die in dem Hoheitsgebiet eines anderen Vertragsstaates ergangen sind, anwenden.

2. Wir werden das Übereinkommen auf Streitigkeiten, die in Norwegen gelegenes unbewegliches Gut oder Rechte auf oder an solchem Gute zum Gegenstand haben, nicht anwenden."

Vorbehalte und Erklärungen zu diesem Übereinkommen – mit Ausnahme derer Österreichs und territorialer Anwendungen – werden im Teil III des Bundesgesetzblattes nicht veröffentlicht. Sie sind in englischer und französischer Sprache auf der Webseite der Vereinten Nationen unter http://treaties.un.org/ abrufbar [CHAPTER XXII.1].

Burundi, Bhutan, Honduras, Palau, Seychellen, Tonga

Die Länderliste (mit Vorbehalten u Erklärungen) ist nicht abgedruckt.

Vertragsparteien (im Verhältnis zu Österreich): Afghanistan (BGBl III 2005/165), Ägypten (BGBl 1961/200), Albanien (BGBl III 2001/210), Algerien (BGBl 1989/347), Andorra (BGBl III 2015/86), Angola (BGBl III 2017/38), Antigua/Barbuda (BGBl 1989/154, BGBl 1989/347), Argentinien (BGBl 1989/347), Armenien (BGBl III 1998/47), Aserbaidschan (BGBl III 2000/40), Australien (BGBl 1975/463), Bahamas (BGBl III 2007/25), Bahrein (BGBl 1988/4), Bangladesch (BGBl 1992/781), Barbados (BGBl 1993/429), Belarus (BGBl 1961/200), Belgien (BGBl 1975/608), Benin (BGBl 1974/390), Bhutan (BGBl III 2014/190), Bolivien (BGBl 1995/483), Bosnien-Herzegowina (BGBl 1994/162), Botswana (BGBl 1972/109), Brasilien (BGBl III 2002/145), Brunei (BGBl 1996/603), Bulgarien (BGBl 1963/42), Burkina Faso (BGBl 1987/405), Burundi (BGBl III 2014/119), Cabo Verde (BGBl III 2018/69), Chile (BGBl 1975/608), China (BGBl 1987/405, BGBl III 1997/159, BGBl III 2007/25), Cook Islands (2009), Costa Rica (BGBl 1988/94), Côte d`Ivoire (BGBl 1991/281), Dänemark (BGBl 1973/212, BGBl 1976/99), Deutschland (BGBl III 1998/172), Dominika (BGBl 1989/154), Dominikanische R (BGBl III 2002/144), Dschibuti (BGBl 1983/427), Ecuador (BGBl 1963/42, BGBl 1968/463), El Salvador (BGBl III 1998/89), Estland (BGBl 1993/785), Fidschi (BGBl III 2012/150), Finnland (BGBl 1963/42), Frankreich (BGBl 1961/200, BGBl 1990/151), Gabun (BGBl III 2007/25), Georgien (BGBl 1994/805), Ghana (BGBl 1968/463), Griechenland (BGBl 1963/42), Guatemala (BGBl 1984/277), Guinea (BGBl 1991/281), Guyana (BGBl III 2014/190), Haiti (BGBl 1984/26), Heiliger Stuhl (BGBl 1975/463), Honduras (BGBl III 2000/209, BGBl III 2014/119), Indien (BGBl 1961/200), Indonesien (BGBl 1982/216), Iran (BGBl III 2002/3), Irland (BGBl 1981/361), Island (BGBl III 2002/53), Israel (BGBl 1961/200), Italien (BGBl 1969/188), Jamaika (BGBl III 2005/165), Japan (BGBl 1963/42), Jordanien (BGBl 1980/52), Kambodscha (BGBl 1961/200), Kamerun (BGBl 1988/614), Kanada (BGBl 1988/94, 1989/154), Kasachstan (BGBl 1996/106), Katar (BGBl III 2005/165), Kenia (BGBl 1989/347), Kirgisistan (BGBl III 1997/50), Kolumbien (BGBl 1979/446), Komoren (BGBl III 2015/58), Kongo/DR (BGBl III 2014/213), Korea/R (BGBl 1973/212), Kroatien (BGBl 1993/785), Kuba (BGBl 1975/463), Kuwait (BGBl 1978/356), Laos (BGBl III 1998/147), Lesotho (BGBl 1989/481), Lettland (BGBl 1992/487), Libanon (BGBl III 1998/172), Liberia (BGBl III 2007/25), Liechtenstein (BGBl III 2012/150), Litauen (BGBl 1995/417),

Luxemburg (BGBl 1983/513), Madagaskar (BGBl 1963/42), Malaysia (BGBl 1986/89), Malediven (BGBl III 2019/151), Mali (BGBl 1995/378), Malta (BGBl III 2000/163), Marokko (BGBl 1961/200), Marshallinseln (BGBl III 2007/25), Mauretanien (BGBl III 2002/144), Mauritius (BGBl 1996/521, III 2014/119), Mexiko (BGBl 1971/277), Moldau (BGBl III 1999/5), Monaco (BGBl 1982/601), Mongolei (BGBl 1995/378), Montenegro (BGBl III 2007/25), Mosambik (BGBl III 1998/147), Myanmar (BGBl III 2014/119), Nepal (BGBl III 1998/89), Neuseeland (BGBl 1983/228, III 2012/150), Nicaragua (BGBl III 2005/165), Niederlande (BGBl 1965/266), Niger (BGBl 1965/266), Nigeria (BGBl 1970/166), Nordmazedonien (BGBl 1994/673), Norwegen (BGBl 1961/200), Oman (BGBl III 1999/166), Pakistan (BGBl III 2005/165), Palästina (BGBl III 2016/223), Palau (BBl III 2020/40), Panama (BGBl 1984/460), Papua-Neuguinea (BGBl III 2019/117), Paraguay (BGBl 21/1998), Peru (BGBl 1988/614), Philippinen (BGBl 1967/357), Polen (BGBl 1963/42, 1968/363), Portugal (BGBl 1995/378, III 2000/40), Ruanda (BGBl III 2012/150), Rumänien (BGBl 1963/42), Russische Föderation (BGBl I 2961/200), Sambia (BGBl III /2002)104), San Marino (BGBl 1979/303), São Tomé/Príncipe (BGBl III 2014/119), Saudi-Arabien (BGBl 1994/591), Schweden (BGBl 1972/127), Schweiz (BGBl 1965/266, 1993/600), Senegal (BGBl 1995/378), Serbien (BGBl III 2001/126), Seychellen (BGBl III 2020/21), Simbabwe (BGBl 1995/378), Singapur(BGBl 1986/651), Slowakei (BGBl 1994/162), Slowenien (BGBl 1992/781, 1993/290, III 2012/150), Spanien (BGBl 1977/351), Sri Lanka (BGBl 1963/42), St. Vincent/Grenadinen (BGBl III 2000/192), Sudan (BGBl III 2019/117), Südafrika (BGBl 1976/401), Syrien (BGBl 1961/200, 1968/463), Tadschikistan (BGBl III 2012/150), Tansania (BGBl 1965/266), Thailand (BGBl 1961/200), Tonga (BGBl III 2020/83), Trinidad/Tobago (BGBl 1966/187), Tschechische R (BGBl 1994/162), Tunesien (BGBl 1967/357), Türkei (BGBl 1992/781), Uganda (BGBl 1992/487, 1992/781), Ukraine (BGBl 1961/200), Ungarn (BGBl 1963/42), Uruguay (BGBl 1983/275), USA (BGBl 1970/359, 1971/51), Usbekistan (BGBl 1996/224), Venezuela (BGBl 1995/417), Vereinigte Arabische Emirate (BGBl III 2007/25), Vereinigtes Königreich (BGBl 1975/608, 1977/223, 1979/177, 1980/52, 1981/38, 1985/305, III 1997/159, III 2002/145, III 2014/119), Vietnam BGBl 1996/16), Zentralafrikanische R BGBl 1963/42), Zypern BGBl 1981/167). Vergleiche https://uncitral.un.org.

2/3/2. Europäisches Übereinkommen über die Internationale Handelsschiedsgerichtsbarkeit

BGBl 1964/107 idF

1 BGBl 1965/19 (V)

(abgedruckt ist nur der deutsche Text)

Nachdem das Europäische Übereinkommen über die internationale Handelsschiedsgerichtsbarkeit vom 21. April 1961 samt Anlage, welches also lautet:

EUROPÄISCHES ÜBEREINKOMMEN ÜBER DIE INTERNATIONALE HANDELSSCHIEDSGERICHTSBARKEIT

DIE UNTERZEICHNETEN,

GEHÖRIG bevollmächtigt, die unter den Auspizien der Wirtschaftskommission für Europa der Vereinten Nationen zusammengetreten sind, haben

IN KENNTNIS, daß am Schluß der Konferenz der Vereinten Nationen über die internationale Handelsschiedsgerichtsbarkeit am 10. Juni 1958 in New York ein Übereinkommen über die Anerkennung und Vollstreckung ausländischer Schiedssprüche unterzeichnet worden ist,

IN DEM WUNSCH, zu der Entwicklung des europäischen Handels dadurch beizutragen, daß soweit wie möglich gewisse Schwierigkeiten behoben werden, welche die Gestaltung und die Durchführung der internationalen Handelsschiedsgerichtsbarkeit in den Beziehungen zwischen natürlichen oder juristischen Personen verschiedener Staaten Europas beeinträchtigen können,

folgendes vereinbart:

Artikel I
Anwendungsbereich des Übereinkommens

1. Dieses Übereinkommen ist anzuwenden:

a) auf Schiedsvereinbarungen, die zum Zwecke der Regelung von bereits entstandenen oder künftig entstehenden Streitigkeiten aus internationalen Handelsgeschäften zwischen natürlichen oder juristischen Personen geschlossen werden, sofern diese bei Abschluß der Vereinbarung ihren gewöhnlichen Aufenthalt oder ihren Sitz in verschiedenen Vertragsstaaten haben;

b) auf schiedsrichterliche Verfahren und auf Schiedssprüche, die sich auf die in Absatz 1 Buchstabe a bezeichneten Vereinbarungen gründen.

2. Im Sinne dieses Übereinkommens bedeutet

a) "Schiedsvereinbarung" eine Schiedsklausel in einem Vertrag oder eine Schiedsabrede, sofern der Vertrag oder die Schiedsabrede von den Parteien unterzeichnet oder in Briefen, Telegrammen oder Fernschreiben, die sie gewechselt haben, enthalten ist und, im Verhältnis zwischen Staaten, die in ihrem Recht für Schiedsvereinbarungen nicht die Schriftform fordern, jede Vereinbarung, die in den nach diesen Rechtsordnungen zulässigen Formen geschlossen ist;

b) "Regelung durch ein Schiedsgericht" die Regelung von Streitigkeiten nicht nur durch Schiedsrichter, die für eine bestimmte Sache bestellt werden (ad hoc-Schiedsgericht), sondern auch durch ein ständiges Schiedsgericht;

c) "Sitz" den Ort, an dem sich die Niederlassung befindet, welche die Schiedsvereinbarung geschlossen hat.

Artikel II
Schiedsfähigkeit der juristischen Personen des öffentlichen Rechts

1. In Fällen des Artikels I Absatz 1 haben die juristischen Personen, die nach dem für sie maßgebenden Recht "juristische Personen des öffentlichen Rechts" sind, die Fähigkeit, wirksame Schiedsvereinbarungen zu schließen.

2. Jeder Staat kann bei der Unterzeichnung oder Ratifizierung des Übereinkommens oder beim Beitritt erklären, daß er diese Fähigkeit in dem Ausmaße beschränkt, das in seiner Erklärung bestimmt ist.

Artikel III
Fähigkeit der Ausländer zum Schiedsrichteramt

Ausländer können in schiedsrichterlichen Verfahren, auf die dieses Übereinkommen anzuwenden ist, zu Schiedsrichtern bestellt werden.

Artikel IV
Gestaltung des schiedsrichterlichen Verfahrens

1. Den Parteien einer Schiedsvereinbarung steht es frei zu bestimmen,

a) daß ihre Streitigkeiten einem ständigen Schiedsgericht unterworfen werden; in diesem Fall wird das Verfahren nach der Schiedsgerichts-

Artikel IV

ordnung des bezeichneten Schiedsgerichts durchgeführt; oder

b) daß ihre Streitigkeiten einem *ad hoc*-Schiedsgericht unterworfen werden; in diesem Fall können die Parteien insbesondere

i) die Schiedsrichter bestellen oder im einzelnen bestimmen, wie die Schiedsrichter bei Entstehen einer Streitigkeit bestellt werden;

ii) den Ort bestimmen, an dem das schiedsrichterliche Verfahren durchgeführt werden soll;

iii) die von den Schiedsrichtern einzuhaltenden Verfahrensregeln festlegen.

2. Haben die Parteien vereinbart, die Regelung ihrer Streitigkeiten einem *ad hoc*-Schiedsgericht zu unterwerfen, und hat eine der Parteien innerhalb von 30 Tagen, nachdem der Antrag, mit dem das Schiedsgericht angerufen wird, dem Beklagten zugestellt worden ist, ihren Schiedsrichter nicht bestellt, so wird dieser Schiedsrichter, sofern nichts anderes vereinbart ist, auf Antrag der anderen Partei von dem Präsidenten der zuständigen Handelskammer des Staates bestellt, in dem die säumige Partei bei Stellung des Antrags, mit dem das Schiedsgericht angerufen wird, ihren gewöhnlichen Aufenthalt oder ihren Sitz hat. Dieser Absatz gilt auch für die Ersetzung von Schiedsrichtern, die von einer Partei oder von dem Präsidenten der oben bezeichneten Handelskammer bestellt worden sind.

3. Haben die Parteien vereinbart, die Regelung ihrer Streitigkeiten einem *ad hoc*-Schiedsgericht, das aus einem Schiedsrichter oder aus mehreren Schiedsrichtern besteht, zu unterwerfen, und enthält die Schiedsvereinbarung keine Angaben über die Maßnahmen der in Absatz 1 bezeichneten Art, die zur Gestaltung des schiedsrichterlichen Verfahrens erforderlich sind, so werden diese Maßnahmen, wenn die Parteien sich hierüber nicht einigen und wenn nicht ein Fall des Absatzes 2 vorliegt, von dem Schiedsrichter oder von den Schiedsrichtern getroffen, die bereits bestellt sind. Kommt zwischen den Parteien über die Bestellung des Einzelschiedsrichters oder zwischen den Schiedsrichtern über die zu treffenden Maßnahmen eine Einigung nicht zustande, so kann der Kläger, wenn die Parteien den Ort bestimmt haben, an dem das schiedsrichterliche Verfahren durchgeführt werden soll, sich zu dem Zweck, daß diese Maßnahmen getroffen werden, nach seiner Wahl entweder an den Präsidenten der zuständigen Handelskammer des Staates, in dem der von den Parteien bestimmte Ort liegt, oder an den Präsidenten der zuständigen Handelskammer des Staates wenden, in dem der Beklagte bei Stellung des Antrags, mit dem das Schiedsgericht angerufen wird, seinen gewöhnlichen Aufenthalt oder seinen Sitz hat; haben die Parteien den Ort, an dem das schiedsrichterliche Verfahren durchgeführt werden soll, nicht bestimmt, so kann sich der Kläger nach seiner Wahl entweder an den

Präsidenten der zuständigen Handelskammer des Staates, in dem der Beklagte bei Stellung des Antrags, mit dem das Schiedsgericht angerufen wird, seinen gewöhnlichen Aufenthalt oder seinen Sitz hat, oder an das Besondere Komitee wenden, dessen Zusammensetzung und dessen Verfahren in der Anlage zu diesem Übereinkommen geregelt sind. Übt der Kläger die ihm in diesem Absatz eingeräumten Rechte nicht aus, so können sie von dem Beklagten oder von den Schiedsrichtern ausgeübt werden.

4. Der Präsident oder das Besondere Komitee kann, je nach den Umständen des ihm vorgelegten Falles, folgende Maßnahmen treffen:

a) den Einzelschiedsrichter, den Obmann des Schiedsgerichts, den Oberschiedsrichter oder den dritten Schiedsrichter bestellen;

b) einen oder mehrere Schiedsrichter ersetzen, die nach einem anderen als dem in Absatz 2 vorgesehenen Verfahren bestellt worden sind;

c) den Ort bestimmen, an dem das schiedsrichterliche Verfahren durchgeführt werden soll; jedoch können die Schiedsrichter einen anderen Ort wählen;

d) unmittelbar oder durch Verweisung auf die Schiedsgerichtsordnung die von den Schiedsrichtern einzuhaltenden Verfahrensregeln festlegen, wenn nicht mangels einer Vereinbarung der Parteien über das Verfahren die Schiedsrichter dieses selbst festgelegt haben.

5. Haben die Parteien vereinbart, die Regelung ihrer Streitigkeiten einem ständigen Schiedsgericht zu unterwerfen, ohne daß sie das ständige Schiedsgericht bestimmt haben, und einigen sie sich nicht über die Bestimmung des Schiedsgerichts, so kann der Kläger diese Bestimmung gemäß dem in Absatz 3 vorgesehenen Verfahren beantragen.

6. Enthält die Schiedsvereinbarung keine Angaben über die Art des Schiedsgerichts (ständiges Schiedsgericht oder *ad hoc*-Schiedsgericht), dem die Parteien ihre Streitigkeit zu unterwerfen beabsichtigt haben, und einigen sich die Parteien nicht über diese Frage, so kann der Kläger von dem in Absatz 3 vorgesehenen Verfahren Gebrauch machen. Der Präsident der zuständigen Handelskammer oder das Besondere Komitee kann die Parteien entweder an ein ständiges Schiedsgericht verweisen oder sie auffordern, ihre Schiedsrichter innerhalb einer von ihm festgesetzten Frist zu bestellen und sich innerhalb derselben Frist über die Maßnahmen zu einigen, die zur Durchführung des schiedsrichterlichen Verfahrens erforderlich sind. In diesem letzten Falle sind die Absätze 2, 3 und 4 anzuwenden.

7. Ist ein Antrag der in den Absätzen 2, 3, 4, 5 und 6 vorgesehenen Art von dem Präsidenten der in diesen Absätzen bezeichneten Handelskammer innerhalb von 60 Tagen nach Eingang des Antrags

nicht erledigt worden, so kann sich der Antragsteller an das Besondere Komitee wenden, damit dieses die Aufgaben übernimmt, die nicht erfüllt worden sind.

Zu den Abs 2 bis 7 siehe die Vereinbarung vom 17. Dezember 1962, BGBl 1995/19.

Artikel V
Einrede der Unzuständigkeit des Schiedsgerichts

1. Will eine Partei die Einrede der Unzuständigkeit des Schiedsgerichts erheben, so hat sie die Einrede, wenn diese damit begründet wird, die Schiedsvereinbarung bestehe nicht, sei nichtig oder sei hinfällig geworden, in dem schiedsrichterlichen Verfahren spätestens gleichzeitig mit ihrer Einlassung in die Hauptsache vorzubringen; wird die Einrede damit begründet, der Streitpunkt überschreite die Befugnisse des Schiedsgerichts, so hat die Partei die Einrede vorzubringen, sobald der Streitpunkt, der die Befugnisse des Schiedsgerichts überschreiten soll, in dem schiedsrichterlichen Verfahren zur Erörterung kommt. Wird eine Einrede von den Parteien verspätet erhoben, so hat das Schiedsgericht die Einrede dennoch zuzulassen, wenn die Verspätung auf einem von dem Schiedsgericht für gerechtfertigt erachteten Grund beruht.

2. Werden die in Absatz 1 bezeichneten Einreden der Unzuständigkeit nicht in den dort bestimmten zeitlichen Grenzen erhoben, so können sie, sofern es sich um Einreden handelt, die zu erheben den Parteien nach dem von dem Schiedsgericht anzuwendenden Recht überlassen ist, im weiteren Verlauf des schiedsrichterlichen Verfahrens nicht mehr erhoben werden; sie können auch später vor einem staatlichen Gericht in einem Verfahren in der Hauptsache oder über die Vollstreckung des Schiedsspruches nicht mehr geltend gemacht werden, sofern es sich um Einreden handelt, die zu erheben den Parteien nach dem Recht überlassen ist, welches das mit der Hauptsache oder mit der Vollstreckung des Schiedsspruches befaßte staatliche Gericht nach seinen Kollisionsnormen anzuwenden hat. Das staatliche Gericht kann jedoch die Entscheidung, mit der das Schiedsgericht die Verspätung der Einrede festgestellt hat, überprüfen.

3. Vorbehaltlich einer dem staatlichen Gericht nach seinem Recht zustehenden späteren Überprüfung kann das Schiedsgericht, dessen Zuständigkeit bestritten wird, das Verfahren fortsetzen; es ist befugt, über seine eigene Zuständigkeit und über das Bestehen oder die Gültigkeit der Schiedsvereinbarung oder des Vertrages, in dem diese Vereinbarung enthalten ist, zu entscheiden.

Artikel VI
Zuständigkeit der staatlichen Gerichte

1. Der Beklagte kann die Einrede der Unzuständigkeit, die damit begründet wird, es liege eine Schiedsvereinbarung vor, in einem Verfahren vor einem staatlichen Gericht, das eine Partei der Schiedsvereinbarung angerufen hat, nur vor oder gleichzeitig mit seiner Einlassung in die Hauptsache erheben, je nachdem, ob die Einrede der Unzuständigkeit nach dem Recht des angerufenen staatlichen Gerichts verfahrensrechtlicher oder materiellrechtlicher Natur ist; andernfalls ist die Einrede ausgeschlossen.

2. Hat ein Gericht eines Vertragsstaates über das Bestehen oder die Gültigkeit einer Schiedsvereinbarung zu entscheiden, so hat es dabei die Fähigkeit der Parteien nach dem Recht, das für sie persönlich maßgebend ist, und sonstige Fragen wie folgt zu beurteilen:

a) nach dem Recht, dem die Parteien die Schiedsvereinbarung unterstellt haben;

b) falls die Parteien hierüber nichts bestimmt haben, nach dem Recht des Staates, in dem der Schiedsspruch ergehen soll;

c) falls die Parteien nichts darüber bestimmt haben, welchem Recht die Schiedsvereinbarung unterstellt wird, und falls im Zeitpunkt, in dem das staatliche Gericht mit der Frage befaßt wird, nicht vorausgesehen werden kann, in welchem Staat der Schiedsspruch ergehen wird, nach dem Recht, welches das angerufene Gericht nach seinen Kollisionsnormen anzuwenden hat.

Das angerufene Gericht kann einer Schiedsvereinbarung die Anerkennung versagen, wenn die Streitigkeit nach seinem Recht der Regelung durch ein Schiedsgericht nicht unterworfen werden kann.

3. Ist ein schiedsrichterliches Verfahren vor der Anrufung eines staatlichen Gerichts eingeleitet worden, so hat das Gericht eines Vertragsstaates, das später mit einer Klage wegen derselben Streitigkeit zwischen denselben Parteien oder mit einer Klage auf Feststellung, daß die Schiedsvereinbarung nicht bestehe, nichtig oder hinfällig geworden sei, befaßt wird, die Entscheidung über die Zuständigkeit des Schiedsgerichts auszusetzen, bis der Schiedsspruch ergangen ist, es sei denn, daß ein wichtiger Grund dem entgegensteht.

4. Wird bei einem staatlichen Gericht im Antrag gestellt, vorläufige oder sichernde Maßnahmen anzuordnen, so gilt dies weder als unvereinbar mit der Schiedsvereinbarung noch als Unterwerfung der Hauptsache unter die staatliche Gerichtsbarkeit.

Artikel VII
Anwendbares Recht

1. Den Parteien steht es frei, das Recht zu vereinbaren, welches das Schiedsgericht in der Hauptsache anzuwenden hat. Haben die Parteien das anzuwendende Recht nicht bestimmt, so hat das Schiedsgericht das Recht anzuwenden, auf das die Kollisionsnormen hinweisen, von denen

auszugehen das Schiedsgericht jeweils für richtig erachtet. In beiden Fällen hat das Schiedsgericht die Bestimmungen des Vertrages und die Handelsbräuche zu berücksichtigen.

2. Das Schiedsgericht entscheidet nach Billigkeit, wenn dies dem Willen der Parteien entspricht und wenn das für das schiedsrichterliche Verfahren maßgebende Recht es gestattet.

Artikel VIII
Begründung des Schiedsspruches

Es wird vermutet, daß die Parteien davon ausgegangen sind, der Schiedsspruch werde begründet werden, es sei denn,

a) daß die Parteien ausdrücklich erklärt haben, der Schiedsspruch bedürfe keiner Begründung, oder

b) daß sie sich einem schiedsrichterlichen Verfahrensrecht unterworfen haben, nach welchem es nicht üblich ist, Schiedssprüche zu begründen, sofern nicht in diesem Fall von den Parteien oder von einer Partei vor Schluß der mündlichen Verhandlung oder, wenn eine mündliche Verhandlung nicht stattgefunden hat, vor der schriftlichen Abfassung des Schiedsspruches eine Begründung ausdrücklich verlangt worden ist.

Artikel IX
Aufhebung des Schiedsspruches

1. Ist ein unter dieses Übereinkommen fallender Schiedsspruch in einem Vertragsstaat aufgehoben worden, so bildet dies in einem anderen Vertragsstaat nur dann einen Grund für die Versagung der Anerkennung oder der Vollstreckung, wenn die Aufhebung in dem Staat, in dem oder nach dessen Recht der Schiedsspruch ergangen ist, ausgesprochen worden ist und wenn sie auf einem der folgenden Gründe beruht:

a) Die Parteien, die eine Schiedsvereinbarung geschlossen haben, waren nach dem Recht, das für sie persönlich maßgebend ist, in irgendeiner Hinsicht hiezu nicht fähig, oder die Vereinbarung ist nach dem Recht, dem die Parteien sie unterworfen haben, oder, falls die Parteien hierüber nichts bestimmt haben, nach dem Recht des Staates, in dem der Schiedsspruch ergangen ist, ungültig; oder

b) die Partei, welche die Aufhebung des Schiedsspruches begehrt, ist von der Bestellung des Schiedsrichters oder von dem schiedsrichterlichen Verfahren nicht gehörig in Kenntnis gesetzt worden, oder sie hat aus einem anderen Grund ihre Angriffs- oder Verteidigungsmittel nicht geltend machen können; oder

c) der Schiedsspruch betrifft eine Streitigkeit, die in der Schiedsabrede nicht erwähnt ist oder nicht unter die Bestimmungen der Schiedsklausel

fällt, oder er enthält Entscheidungen, welche die Grenzen der Schiedsabrede oder der Schiedsklausel überschreiten; kann jedoch der Teil des Schiedsspruches, der sich auf Streitpunkte bezieht, die dem schiedsrichterlichen Verfahren unterworfen waren, von dem Teil, der Streitpunkte betrifft, die ihm nicht unterworfen waren, getrennt werden, so muß der erstgenannte Teil des Schiedsspruches nicht aufgehoben werden; oder

d) die Bildung des Schiedsgerichts oder das schiedsrichterliche Verfahren hat der Vereinbarung der Parteien oder, mangels einer solchen Vereinbarung, den Bestimmungen des Artikels IV nicht entsprochen.

2. Im Verhältnis zwischen Vertragsstaaten, die auch Vertragsparteien des New-Yorker Übereinkommens vom 10. Juni 1958 über die Anerkennung und Vollstreckung ausländischer Schiedssprüche sind, hat Absatz 1 die Wirkung, die Anwendung des Artikels V Absatz 1 Buchstabe e des New-Yorker Übereinkommens auf die Aufhebungsgründe zu beschränken, die in Absatz 1 dieses Artikels aufgezählt sind.

Artikel X
Schlußbestimmungen

1. Dieses Übereinkommen steht den Mitgliedstaaten der Wirtschaftskommission für Europa sowie den Absatz 8 des der Kommission erteilten Auftrages in beratender Eigenschaft zu der Kommission zugelassenen Staaten zur Unterzeichnung oder zum Beitritt offen.

2. Die Staaten, die nach Absatz 11 des der Wirtschaftskommission für Europa erteilten Auftrages berechtigt sind, an gewissen Arbeiten der Kommission teilzunehmen, können durch Beitritt Vertragsparteien des Übereinkommens nach seinem Inkrafttreten werden.

3. Das Übereinkommen liegt bis einschließlich 31. Dezember 1961 zur Unterzeichnung auf. Nach diesem Tage steht es zum Beitritt offen.

4. Dieses Übereinkommen bedarf der Ratifizierung.

5. Die Ratifikations- oder Beitrittsurkunden sind bei dem Generalsekretär der Vereinten Nationen zu hinterlegen.

6. Bei der Unterzeichnung dieses Übereinkommens, bei der Ratifizierung oder beim Beitritt teilen die Vertragsparteien dem Generalsekretär der Vereinten Nationen die Liste der Handelskammern oder anderen Institutionen ihres Staates mit, deren Präsidenten die Aufgaben erfüllen sollen, die durch Artikel IV den Präsidenten der zuständigen Handelskammern übertragen werden.

7. Die Bestimmungen dieses Übereinkommens lassen die Gültigkeit mehrseitiger oder zweiseitiger Verträge, welche die Vertragsstaaten auf dem

Gebiete der Schiedsgerichtsbarkeit geschlossen haben oder noch schließen werden, unberührt.

8. Dieses Übereinkommen tritt am neunzigsten Tage nach der Hinterlegung der Ratifikations- oder Beitrittsurkunden durch fünf der in Absatz 1 bezeichneten Staaten in Kraft. Für jeden Staat, der dieses Übereinkommen später ratifiziert oder ihm später beitritt, tritt es am neunzigsten Tage nach der Hinterlegung seiner Ratifikations- oder Beitrittsurkunde in Kraft.

9. Jede Vertragspartei kann dieses Übereinkommen durch eine an den Generalsekretär der Vereinten Nationen gerichtete Notifikation kündigen. Die Kündigung wird zwölf Monate, nachdem die Notifikation dem Generalsekretär zugegangen ist, wirksam.

10. Sinkt die Zahl der Vertragsparteien nach Inkrafttreten dieses Übereinkommens durch Kündigungen auf weniger als fünf, so tritt das Übereinkommen mit dem Tag außer Kraft, an dem die letzte dieser Kündigungen wirksam wird.

11. Der Generalsekretär der Vereinten Nationen notifiziert den in Absatz 1 bezeichneten Staaten sowie den Staaten, die auf Grund des Absatzes 2 Vertragsparteien geworden sind,

a) die Erklärungen gemäß Artikel II Absatz 2;

b) die Ratifikationen und Beitrittserklärungen gemäß den Absätzen 1 und 2 dieses Artikels;

c) die Mitteilungen gemäß Absatz 6 dieses Artikels;

d) die Zeitpunkte, zu denen dieses Übereinkommen gemäß Absatz 8 dieses Artikels in Kraft tritt;

e) die Kündigungen gemäß Absatz 9 dieses Artikels;

f) das Außerkrafttreten dieses Übereinkommens gemäß Absatz 10 dieses Artikels.

12. Nach dem 31. Dezember 1961 wird die Urschrift dieses Übereinkommens bei dem Generalsekretär der Vereinten Nationen hinterlegt, der allen in den Absätzen 1 und 2 bezeichneten Staaten beglaubigte Abschriften übermittelt.

ZU URKUND DESSEN haben die hiezu gehörig bevollmächtigten Unterzeichneten dieses Übereinkommen unterschrieben.

GESCHEHEN zu Genf am einundzwanzigsten April neunzehnhunderteinundsechzig in einer einzigen Urschrift in englischer, französischer und russischer Sprache, wobei jeder Wortlaut in gleicher Weise maßgebend ist.

Anlage

Zusammensetzung und Verfahren des in Artikel IV des Übereinkommens bezeichneten Besonderen Komitees

1. Das in Artikel IV des Übereinkommens bezeichnete Besondere Komitee setzt sich aus zwei ordentlichen Mitgliedern und einem Vorsitzenden zusammen. Eines der ordentlichen Mitglieder wird von den Handelskammern oder anderen Institutionen gewählt, die gemäß Artikel X Absatz 6 des Übereinkommens von den Staaten bezeichnet werden, in denen im Zeitpunkt, in dem das Übereinkommen zur Unterzeichnung aufgelegt wird, Landesgruppen (Nationalkomitees) der Internationalen Handelskammer bestehen und die im Zeitpunkt der Wahl Vertragsparteien des Übereinkommens sind. Das andere Mitglied wird von den Handelskammern oder anderen Institutionen gewählt, die gemäß Artikel X Absatz 6 des Übereinkommens von den Staaten bezeichnet werden, in denen im Zeitpunkt, in dem das Übereinkommen zur Unterzeichnung aufgelegt wird, keine Landesgruppen (Nationalkomitees) der Internationalen Handelskammer bestehen und die im Zeitpunkt der Wahl Vertragsparteien des Übereinkommens sind.

2. Die Personen, die unter den Voraussetzungen des Absatzes 7 das Amt des Vorsitzenden des Besonderen Komitees auszuüben berufen sind, werden ebenfalls von den Handelskammern oder anderen Institutionen gewählt, wie dies in Absatz 1 vorgesehen ist.

3. Die in Absatz 1 bezeichneten Handelskammern oder anderen Institutionen nehmen gleichzeitig mit der Wahl der Vorsitzenden und der ordentlichen Mitglieder und in gleicher Weise die Wahl stellvertretender Mitglieder für den Fall der vorübergehenden Verhinderung der Vorsitzenden oder der ordentlichen Mitglieder vor. Im Falle der dauernden Verhinderung oder des Rücktritts eines Vorsitzenden oder eines ordentlichen Mitglieds wird sein Stellvertreter, je nach den Umständen, Vorsitzender oder ordentliches Mitglied; die Gruppe der Handelskammern oder anderen Institutionen, die den Stellvertreter gewählt hatte, der Vorsitzender oder ordentliches Mitglied geworden ist, wählt sodann einen neuen Stellvertreter.

4. Die ersten Wahlen zur Bildung des Komitees finden innerhalb von 90 Tagen nach der Hinterlegung der fünften Ratifikations- oder Beitrittsurkunde statt. An diesen Wahlen können auch die Handelskammern oder anderen Institutionen teilnehmen, die von den Staaten bezeichnet werden, welche das Übereinkommen unterzeichnet haben, jedoch noch nicht Vertragsparteien sind. Können die Wahlen innerhalb der angegebenen Frist nicht durchgeführt werden, so sind die Absätze 3 bis 7

des Artikels IV des Übereinkommens so lange nicht anzuwenden, bis die Wahlen nach den vorstehenden Bestimmungen durchgeführt werden.

5. Vorbehaltlich des Absatzes 7 werden die Mitglieder des Besonderen Komitees für einen Zeitraum von vier Jahren gewählt. Neuwahlen haben innerhalb der ersten sechs Monate des vierten Jahres nach den vorhergegangenen Wahlen stattzufinden. Führt eine Neuwahl der Mitglieder des Besonderen Komitees zu keinen Ergebnissen, so üben die vorher gewählten Mitglieder ihr Amt bis zur Wahl der neuen Mitglieder weiter aus.

6. Die Ergebnisse der Wahlen der Mitglieder des Besonderen Komitees werden dem Generalsekretär der Vereinten Nationen mitgeteilt; dieser notifiziert sie den in Artikel X Absatz 1 des Übereinkommens bezeichneten Staaten sowie den Staaten, die gemäß Artikel X Absatz 2 Vertragsparteien geworden sind. Der Generalsekretär notifiziert gegebenenfalls auch allen diesen Staaten, daß die Absätze 3 bis 7 des Artikels IV des Übereinkommens gemäß Absatz 4 dieser Anlage noch nicht anzuwenden sind und von welchem Zeitpunkt an diese Absätze anwendbar werden.

7. Die zu Vorsitzenden gewählten Personen üben ihr Amt abwechselnd aus, und zwar jede für zwei Jahre. Wer von den beiden Personen während des ersten Zeitraumes von zwei Jahren nach dem Inkrafttreten des Übereinkommens das Amt des Vorsitzenden ausübt, wird durch das Los bestimmt. Der Vorsitz geht sodann jeweils für den nächsten Zeitraum von zwei Jahren auf die Person über, die von der anderen Gruppe von Staaten zum Vorsitzenden gewählt worden ist als derjenigen, welche den Vorsitzenden gewählt hat, der in dem unmittelbar vorhergegangenen Zeitraum von zwei Jahren sein Amt ausgeübt hat.

8. Die in den Absätzen 3 bis 7 des Artikels IV des Übereinkommens vorgesehenen Anträge an das Besondere Komitee sind bei dem Exekutivsekretär der Wirtschaftskommission für Europa einzureichen. Der Exekutivsekretär legt den Antrag zunächst dem Mitglied des Besonderen Komitees vor, das von der anderen Gruppe von Staaten gewählt worden ist als derjenigen, welche den bei Eingang des Antrags im Amt befindlichen Vorsitzenden gewählt hat. Die Lösung, die das mit dem Antrag zuerst befaßte Mitglied vorschlägt, übermittelt der Exekutivsekretär dem anderen Mitglied des Komitees; stimmt dieses Mitglied dem Vorschlag zu, so gilt diese Lösung als Entscheidung des Komitees und wird als solche von dem Exekutivsekretär dem Antragsteller mitgeteilt.

9. Können sich die beiden Mitglieder des Besonderen Komitees, denen der Exekutivsekretär den Antrag vorgelegt hat, über eine Lösung auf schriftlichem Wege nicht einigen, so beruft der Exekutivsekretär eine Sitzung des Besonderen Komitees nach Genf ein, um zu versuchen, eine einstimmige Entscheidung über den Antrag herbeizuführen. Wird keine Einstimmigkeit erzielt, so wird die Entscheidung des Komitees mit Stimmenmehrheit getroffen und von dem Exekutivsekretär dem Antragsteller mitgeteilt.

10. Die Kosten, die in einer unter dieses Übereinkommen fallenden Streitigkeit mit der Einschaltung des Besonderen Komitees verbunden sind, hat zunächst der Antragsteller zu entrichten, sie gelten jedoch als Kosten des schiedsrichterlichen Verfahrens.

die verfassungsmäßige Genehmigung des Nationalrates erhalten hat, erklärt der Bundespräsident dieses Übereinkommen samt Anlage für ratifiziert und verspricht im Namen der Republik Österreich die gewissenhafte Erfüllung der darin enthaltenen Bestimmungen.

Zu Urkund dessen ist die vorliegende Ratifikationsurkunde vom Bundespräsidenten unterzeichnet, vom Bundeskanzler, vom Bundesminister für Justiz, vom Bundesminister für Land- und Forstwirtschaft, vom Bundesminister für Handel und Wiederaufbau und vom Bundesminister für Auswärtige Angelegenheiten gegengezeichnet und mit dem Staatssiegel der Republik Österreich versehen worden.

Geschehen zu Wien, am 7. Feber 1964

...

Die Ratifikationsurkunde ist am 6. März 1964 beim Generalsekretär der Vereinten Nationen hinterlegt worden, wobei gemäß Artikel X Absatz 6 des Übereinkommens notifiziert wurde, daß der Präsident der „Bundeskammer der gewerblichen Wirtschaft", Wien I., Stubenring 12, die Aufgaben erfüllen wird, die durch Artikel IV den Präsidenten der zuständigen Handelskammern übertragen werden.

Das vorliegende Übereinkommen tritt gemäß seinem Artikel X Absatz 8 für Österreich am 4. Juni 1964 in Kraft.

Bisher gehören diesem Übereinkommen folgende weitere Staaten an: Jugoslawien, Rumänien, Tschechoslowakei, Ukrainische Sozialistisch« Sowjetrepublik, Ungarn, Union der Sozialistischen Sowjetrepubliken, Weißrussische Sozialistische Sowjetrepublik.

Die nachstehend angeführten Staaten haben dem Generalsekretär der Vereinten Nationen gemäß Artikel X Absatz 6 des Übereinkommens die folgenden Institutionen notifiziert, deren Präsidenten die Aufgaben erfüllen sollen, die durch Artikel IV den Präsidenten der zuständigen Handelskammern übertragen werden:
Jugoslawien: Außenhandelsschiedsgericht bei der Bundeswirtschaftskammer, Knez Mihajlova 10, Belgrad,

Anlage

Rumänien: Handelskammer der Rumänischen Volksrepublik,
Tschechoslowakei: Handelskammer der Tschechoslowakischen Sozialistischen Republik,
Ungarn: Ungarische Handelskammer,

Union der Sozialistischen Sowjetrepubliken: Allunions-Handelskammer,
Weißrussische Sozialistische Sowjetrepublik: Allunions-Handelskammer.

Die Mitteilungen der Mitgliedstaaten sind nicht abgedruckt.

Vertragstaaten: Albanien (BGBl III 2001/211), Aserbaidschan (BGBl III 2005/164), Belarus (BGBl 1964/107), Belgien (BGBl 1976/39, BGBl 1976/40 V), Bosnien-Herzegowina (BGBl 1964/107, BGBl 1994/163), Bulgarien (BGBl 1964/272), Burkina Faso (BGBl 1966/284), Dänemark (BGBl 1973/135, BGBl 1973/136 V, BGBl 1976/60), Deutschland (BGBl 1994/54), Frankreich (BGBl 1967/136, BGBl 1967/178 V), Italien (BGBl 1970/313, BGBl 1971/142, BGBl 1976/324 V), Kasachstan (BGBl 1996/244, BGBl III 2014/179), Kosovo (BGBl 1964/107), Kroatien (BGBl 1964/107, BGBl 1994/54, BGBl III 2002/135), Kuba (BGBl 1966/284), Lettland (BGBl III 2005/164, BGBl III 2014/32), Luxemburg (BGBl 1982/337, BGBl 1982/338 V), Moldau (BGBl III 1998/90, BGBl III 1998/111 V), Montenegro (BGBl 1964/107), Nordmazedonien (BGBl 1964/107, BGBl 1994/674), Polen (BGBl 1965/37), Rumänien (BGBl 1964/107), Russische Föderation (BGBl 1964/107), Serbien (BGBl 1964/107), Slowakei (BGBl 1994/163, BGBl III 2000/35), Slowenien (BGBl 1964/107, BGBl 1994/54, BGBl III 2000/35), Spanien (BGBl 1975/468), Tschechien (BGBl 1994/163, BGBl III 2000/35), Türkei (BGBl 1994/54), Ukraine (BGBl 1964/107, BGBl 1965/37, BGBl 1994/674), Ungarn (BGBl 1964/107)

Zustellgesetz

BGBl 1982/200 idF

1 BGBl 1990/357	**8** BGBl I 2013/33
2 BGBl I 1998/158	**9** BGBl I 2017/40
3 BGBl I 2001/137	**10** BGBl I 2018/33
4 BGBl I 2002/65	**11** BGBl I 2018/104[*]
5 BGBl I 2004/10	**12** BGBl II 2019/140
6 BGBl I 2008/5	**13** BGBl I 2020/16
7 BGBl I 2010/111	**14** BGBl I 2020/42

[*] *Erläuterungen siehe unter 3/1.*

STICHWORTVERZEICHNIS

soweit die gerichtliche Zustellung (der ordentlichen Gerichte) betreffend, s §§ 1– 27. Die §§ 28 – 37b (3. Abschnitt) betreffen in erster Linie die elektronische Zustellung der Verwaltungsbehörden und Verwaltungsgerichte. Für gerichtliche Zustellungen s aber auch § 89a Abs 3 GOG (abgedruckt vor § 28).

Stichwortverzeichnis

Bundesgesetz über die Zustellung behördlicher Dokumente (Zustellgesetz – ZustG)*)

(BGBl I 2004/10)

*) *Kurztitel idF BGBl I 2004/10*

1. Abschnitt
Allgemeine Bestimmungen

Anwendungsbereich

§ 1. Dieses Bundesgesetz regelt die Zustellung der von Gerichten und Verwaltungsbehörden in Vollziehung der Gesetze zu übermittelnden Dokumente sowie die durch sie vorzunehmende Zustellung von Dokumenten ausländischer Behörden.

(BGBl I 2004/10)

(Abschnittsüberschrift idF BGBl I 2008/5)

Begriffsbestimmungen

§ 2. Im Sinne dieses Bundesgesetzes bedeuten die Begriffe:

1. „Empfänger": die von der Behörde in der Zustellverfügung (§ 5) namentlich als solcher bezeichnete Person; *(BGBl I 2013/33)*

2. „Dokument": eine Aufzeichnung, unabhängig von ihrer technischen Form, insbesondere eine behördliche schriftliche Erledigung; *(BGBl I 2008/5)*

3. „Zustelladresse": eine Abgabestelle (Z 4) oder elektronische Zustelladresse (Z 5); *(BGBl I 2008/5)*

4. „Abgabestelle": die Wohnung oder sonstige Unterkunft, die Betriebsstätte, der Sitz, der Geschäftsraum, die Kanzlei oder auch der Arbeitsplatz des Empfängers, im Falle einer Zustellung anlässlich einer Amtshandlung auch deren Ort, oder ein vom Empfänger der Behörde für die Zustellung in einem laufenden Verfahren angegebener Ort; *(BGBl I 2008/5)*

5. „elektronische Zustelladresse": eine vom Empfänger der Behörde für die Zustellung in einem anhängigen oder gleichzeitig anhängig gemachten Verfahren angegebene elektronische Adresse; *(BGBl I 2008/5)*

6. „Post": die Österreichische Post AG (§ 3 Z 1 des Postmarktgesetzes – PMG, BGBl. I Nr. 123/2009); *(BGBl I 2008/5; BGBl I 2013/33)*

7. „Zustelldienst": ein Universaldienstbetreiber (§ 3 Z 4 PMG) sowie ein Zustelldienst im Anwendungsbereich des 3. Abschnitts; *(BGBl I 2008/5; BGBl I 2013/33; BGBl I 2017/40, ab 13. 4. 2017)*

8. „Ermittlungs- und Zustelldienst": der Zustelldienst, der die Leistungen gemäß § 29 Abs. 2 zu erbringen hat; *(BGBl I 2008/5; BGBl I 2017/40, ab 13. 4. 2017)*

9. „Kunde": Person, gegenüber der sich ein Zustelldienst, der die Leistungen gemäß § 29 Abs. 1 zu erbringen hat, zur Zustellung behördlicher Dokumente verpflichtet hat. *(BGBl I 2008/5; BGBl I 2017/40, ab 13. 4. 2017)*

(BGBl I 2004/10)

Durchführung der Zustellung

§ 3. Soweit die für das Verfahren geltenden Vorschriften nicht eine andere Form der Zustellung vorsehen, hat die Zustellung durch einen Zustelldienst, durch Bedienstete der Behörde oder, wenn dies im Interesse der Zweckmäßigkeit, Einfachheit und Raschheit gelegen ist, durch Organe der Gemeinden zu erfolgen.

(BGBl I 2008/5)

Stellung des Zustellers

§ 4. Wer mit der Zustellung betraut ist (Zusteller), handelt hinsichtlich der Wahrung der Gesetzmäßigkeit der Zustellung als Organ der Behörde, deren Dokument zugestellt werden soll. *(BGBl I 2008/5)*

Zustellverfügung

§ 5. Die Zustellung ist von der Behörde zu verfügen, deren Dokument zugestellt werden soll. Die Zustellverfügung hat den Empfänger möglichst eindeutig zu bezeichnen und die für die Zustellung erforderlichen sonstigen Angaben zu enthalten. *(BGBl I 2008/5)*

Mehrmalige Zustellung

§ 6. Ist ein Dokument zugestellt, so löst die neuerliche Zustellung des gleichen Dokuments keine Rechtswirkungen aus. *(BGBl I 2004/10)*

Heilung von Zustellmängeln

§ 7. Unterlaufen im Verfahren der Zustellung Mängel, so gilt die Zustellung als in dem Zeitpunkt dennoch bewirkt, in dem das Dokument dem Empfänger tatsächlich zugekommen ist. *(BGBl I 2008/5)*

(BGBl I 2004/10)

Änderung der Abgabestelle

§ 8. (1) Eine Partei, die während eines Verfahrens, von dem sie Kenntnis hat, ihre bisherige Abgabestelle ändert, hat dies der Behörde unverzüglich mitzuteilen.

(2) Wird diese Mitteilung unterlassen, so ist, soweit die Verfahrensvorschriften nicht anderes vorsehen, die Zustellung durch Hinterlegung ohne vorausgehenden Zustellversuch vorzunehmen, falls eine Abgabestelle nicht ohne Schwierigkeiten festgestellt werden kann.

§ 8a. *(entfällt, BGBl I 2004/10, Überschrift entfällt gemäß BGBl I 2008/5)*

Zustellungsbevollmächtigter

§ 9. (1) Soweit in den Verfahrensvorschriften nicht anderes bestimmt ist, können die Parteien und Beteiligten andere natürliche oder juristische Personen oder eingetragene Personengesellschaften gegenüber der Behörde zur Empfangnahme von Dokumenten bevollmächtigen (Zustellungsvollmacht). *(BGBl I 2008/5)*

(2) Einer natürlichen Person, die keinen Hauptwohnsitz im Inland hat, kann eine Zustellungsvollmacht nicht wirksam erteilt werden. Gleiches gilt für eine juristische Person oder eingetragene Personengesellschaft, wenn diese keinen zur Empfangnahme von Dokumenten befugten Vertreter mit Hauptwohnsitz im Inland hat. Das Erfordernis des Hauptwohnsitzes im Inland gilt nicht für Staatsangehörige von EWR-Vertragsstaaten, falls Zustellungen durch Staatsverträge mit dem Vertragsstaat des Wohnsitzes des Zustellungsbevollmächtigten oder auf andere Weise sichergestellt sind. *(BGBl I 2008/5)*

(3) Ist ein Zustellungsbevollmächtigter bestellt, so hat die Behörde, soweit gesetzlich nicht anderes bestimmt ist, diesen als Empfänger zu bezeichnen. Geschieht dies nicht, so gilt die Zustellung als in dem Zeitpunkt bewirkt, in dem das Dokument dem Zustellungsbevollmächtigten tatsächlich zugekommen ist. *(BGBl I 2008/5)*

(4) Haben mehrere Parteien oder Beteiligte einen gemeinsamen Zustellungsbevollmächtigten, so gilt mit der Zustellung einer einzigen Ausfertigung des Dokumentes an ihn die Zustellung an alle Parteien oder Beteiligte als bewirkt. Hat eine Partei oder hat ein Beteiligter mehrere Zustellungsbevollmächtigte, so gilt die Zustellung als bewirkt, sobald sie an einen von ihnen vorgenommen worden ist.

(5) Wird ein Anbringen von mehreren Parteien oder Beteiligten gemeinsam eingebracht und kein Zustellungsbevollmächtigter namhaft gemacht, so gilt die an erster Stelle genannte Person als gemeinsamer Zustellungsbevollmächtigter.

(6) § 8 ist auf den Zustellungsbevollmächtigten sinngemäß anzuwenden. *(BGBl I 2008/5)*

(BGBl I 2004/10)

Zustellung durch Übersendung

§ 10. (1) Parteien und Beteiligten, die über keine inländische Abgabestelle verfügen, kann von der Behörde aufgetragen werden, innerhalb einer Frist von mindestens zwei Wochen für bestimmte oder für alle bei dieser Behörde anhängigen oder anhängig zu machenden Verfahren einen Zustellungsbevollmächtigten namhaft zu machen. Kommt die Partei bzw. der Beteiligte diesem Auftrag nicht fristgerecht nach, kann die Zustellung ohne Zustellnachweis durch Übersendung der Dokumente an eine der Behörde bekannte Zustelladresse erfolgen. Ein übersandtes Dokument gilt zwei Wochen nach Übergabe an den Zustelldienst als zugestellt. Auf diese Rechtsfolge ist im Auftrag hinzuweisen.

(2) Eine Zustellung gemäß Abs. 1 ist nicht mehr zulässig, sobald die Partei bzw. der Beteiligte

1. einen Zustellungsbevollmächtigten namhaft gemacht hat oder

2. über eine inländische Abgabestelle verfügt und diese der Behörde bekannt gegeben hat.

(BGBl I 2013/33)

Besondere Fälle der Zustellung

§ 11. (1) Zustellungen im Ausland sind nach den bestehenden internationalen Vereinbarungen oder allenfalls auf dem Weg, den die Gesetze oder sonstigen Rechtsvorschriften des Staates, in dem zugestellt werden soll, oder die internationale Übung zulassen, erforderlichenfalls unter Mitwirkung der österreichischen Vertretungsbehörden, vorzunehmen.

(2) Zur Vornahme von Zustellungen an Ausländer oder internationale Organisationen, denen völkerrechtliche Privilegien und Immunitäten zustehen, ist unabhängig von ihrem Aufenthaltsort oder Sitz die Vermittlung des Bundesministeriums für Europa, Integration und Äußeres in Anspruch zu nehmen. *(BGBl I 2017/40, ab 13. 4. 2017)*

(3) Zustellungen an Personen, die nach den Vorschriften des Bundesverfassungsgesetzes über Kooperation und Solidarität bei der Entsendung von Einheiten und Einzelpersonen in das Ausland (KSE-BVG), BGBl. I Nr. 38/1997, in das Ausland entsendet wurden, sind im Wege des zuständigen Bundesministers, sofern aber diese Personen anlässlich ihrer Entsendung zu einer Einheit oder zu mehreren Einheiten zusammengefasst wurden, im Wege des Vorgesetzten der Einheit vorzunehmen. *(BGBl I 2001/137)*

Zustellung ausländischer Dokumente im Inland

§ 12. (1) Zustellungen von Dokumenten ausländischer Behörden im Inland sind nach den bestehenden internationalen Vereinbarungen, mangels solcher nach diesem Bundesgesetz vorzunehmen. Einem Ersuchen um Einhaltung einer bestimmten davon abweichenden Vorgangsweise kann jedoch entsprochen werden, wenn eine solche Zustellung mit den Grundwertungen der österreichischen Rechtsordnung vereinbar ist. *(BGBl I 2008/5)*

(2) Die Zustellung eines ausländischen, fremdsprachigen Dokuments, dem keine, im gerichtlichen Verfahren keine beglaubigte, deutschsprachige Übersetzung angeschlossen ist, ist nur zulässig, wenn der Empfänger zu dessen Annahme bereit ist; dies ist anzunehmen, wenn er nicht binnen drei Tagen gegenüber der Behörde, die das Dokument zugestellt hat, erklärt, daß er zur Annahme nicht bereit ist; diese Frist beginnt mit der Zustellung zu laufen und kann nicht verlängert werden. *(BGBl I 2008/5)*

(3) Ist die Erklärung gemäß Abs. 2 verspätet oder unzulässig, so ist sie zurückzuweisen; sonst hat die Behörde zu beurkunden, daß die Zustellung des fremdsprachigen Dokuments mangels Annahmebereitschaft des Empfängers als nicht bewirkt anzusehen ist. *(BGBl I 2008/5)*

(4) Für die Zustellung von Dokumenten ausländischer Behörden in Verwaltungssachen gelten, falls in Staatsverträgen nicht anderes bestimmt ist, außerdem die folgenden Bestimmungen: *(BGBl I 2008/5)*

1. Dokumente werden nur zugestellt, wenn gewährleistet ist, dass auch der ersuchende Staat einem gleichartigen österreichischen Ersuchen entsprechen würde. Das Vorliegen von Gegenseitigkeit kann durch Staatsverträge, die nicht unter Art. 50 B-VG fallen, festgestellt werden. *(BGBl I 2008/5)*

2. Im Übrigen sind das Europäische Übereinkommen über die Zustellung von Schriftstücken in Verwaltungssachen im Ausland, BGBl. Nr. 67/1983, und die von der Republik Österreich gemäß diesem Abkommen abgegebenen Erklärungen sinngemäß anzuwenden. *(BGBl I 2001/137)*

2. Abschnitt

Physische Zustellung

Zustellung an den Empfänger

§ 13. (1) Das Dokument ist dem Empfänger an der Abgabestelle zuzustellen. Ist aber auf Grund einer Anordnung einer Verwaltungsbehörde oder eines Gerichtes an eine andere Person als den Empfänger zuzustellen, so tritt diese an die Stelle des Empfängers. *(BGBl I 2008/5)*

(2) Bei Zustellungen durch Organe eines Zustelldienstes oder der Gemeinde darf auch an eine gegenüber dem Zustelldienst oder der Gemeinde zur Empfangnahme solcher Dokumente bevollmächtigte Person zugestellt werden, soweit dies nicht durch einen Vermerk auf dem Dokument ausgeschlossen ist. *(BGBl I 2008/5)*

(3) Ist der Empfänger keine natürliche Person, so ist das Dokument einem zur Empfangnahme befugten Vertreter zuzustellen. *(BGBl I 2008/5)*

(4) Ist der Empfänger eine zur berufsmäßigen Parteienvertretung befugte Person, so ist das Dokument in deren Kanzlei zuzustellen und darf an jeden dort anwesenden Angestellten des Parteienvertreters zugestellt werden; durch Organe eines Zustelldienstes darf an bestimmte Angestellte nicht oder nur an bestimmte Angestellte zugestellt werden, wenn der Parteienvertreter dies schriftlich beim Zustelldienst verlangt hat. Die Behörde hat Angestellte des Parteienvertreters wegen ihres Interesses an der Sache oder auf Grund einer zuvor der Behörde schriftlich abgegebenen Erklärung des Parteienvertreters durch einen Vermerk auf dem Dokument und dem Zustellnachweis von der Zustellung auszuschließen; an sie darf nicht zugestellt werden. *(BGBl I 2008/5)*

(5) und (6) *(entfallen, BGBl I 2004/10)*

(Abschnittsüberschrift idF BGBl I 2008/5)

§ 14. Untersteht der Empfänger einer Anstaltsordnung und dürfen ihm auf Grund gesetzlicher Bestimmungen Dokumente nur durch den Leiter der Anstalt oder durch eine von diesem bestimmte Person oder durch den Untersuchungsrichter ausgehändigt werden, so ist das Dokument dem Leiter der Anstalt oder der von ihm bestimmten Person vom Zusteller zur Vornahme der Zustellung zu übergeben. *(BGBl I 2008/5)*

§ 15. (1) Zustellungen an Soldaten, die Präsenz- oder Ausbildungsdienst leisten, sind durch das unmittelbar vorgesetzte Kommando vorzunehmen. *(BGBl I 1998/158)*

(2) Bei sonstigen Zustellungen in Kasernen oder auf anderen militärisch genutzten Liegenschaften ist das für deren Verwaltung zuständige Kommando vorher davon in Kenntnis zu setzen. Auf Verlangen des Kommandos ist ein von ihm zu bestimmender Soldat oder Bediensteter der Heeresverwaltung dem Zusteller beizugeben.

Ersatzzustellung

§ 16. (1) Kann das Dokument nicht dem Empfänger zugestellt werden und ist an der Abgabestelle ein Ersatzempfänger anwesend, so darf an diesen zugestellt werden (Ersatzzustellung), sofern der Zusteller Grund zur Annahme hat, daß sich der Empfänger oder ein Vertreter im Sinne des § 13 Abs. 3 regelmäßig an der Abgabestelle aufhält. *(BGBl I 2008/5)*

(2) Ersatzempfänger kann jede erwachsene Person sein, die an derselben Abgabestelle wie der Empfänger wohnt oder Arbeitnehmer oder Arbeitgeber des Empfängers ist und die – außer wenn sie mit dem Empfänger im gemeinsamen Haushalt lebt – zur Annahme bereit ist.

(3) Durch Organe eines Zustelldienstes darf an bestimmte Ersatzempfänger nicht oder nur an bestimmte Ersatzempfänger zugestellt werden, wenn der Empfänger dies schriftlich beim Zustelldienst verlangt hat. *(BGBl I 2008/5)*

(4) Die Behörde hat Personen wegen ihres Interesses an der Sache oder auf Grund einer schriftlichen Erklärung des Empfängers durch einen Vermerk auf dem Dokument und dem Zustellnachweis von der Ersatzzustellung auszuschließen; an sie darf nicht zugestellt werden. *(BGBl I 2008/5)*

(5) Eine Ersatzzustellung gilt als nicht bewirkt, wenn sich ergibt, daß der Empfänger oder dessen Vertreter im Sinne des § 13 Abs. 3 wegen Abwesenheit von der Abgabestelle nicht rechtzeitig vom Zustellvorgang Kenntnis erlangen konnte, doch wird die Zustellung mit dem der Rückkehr an die Abgabestelle folgenden Tag wirksam.

Hinterlegung

§ 17. (1) Kann das Dokument an der Abgabestelle nicht zugestellt werden und hat der Zusteller Grund zur Annahme, daß sich der Empfänger oder ein Vertreter im Sinne des § 13 Abs. 3 regelmäßig an der Abgabestelle aufhält, so ist das Dokument im Falle der Zustellung durch den Zustelldienst bei der zuständigen Geschäftsstelle, in allen anderen Fällen aber beim zuständigen Gemeindeamt oder bei der Behörde, wenn sie sich in derselben Gemeinde befindet, zu hinterlegen. *(BGBl I 2008/5)*

(2) Von der Hinterlegung ist der Empfänger schriftlich zu verständigen. Die Verständigung ist in die für die Abgabestelle bestimmte Abgabeeinrichtung (Briefkasten, Hausbrieffach oder Briefeinwurf) einzulegen, an der Abgabestelle zurückzulassen oder, wenn dies nicht möglich ist, an der Eingangstüre (Wohnungs-, Haus-, Gartentüre) anzubringen. Sie hat den Ort der Hinterlegung zu bezeichnen, den Beginn und die Dauer der Abholfrist anzugeben sowie auf die Wirkung der Hinterlegung hinzuweisen. *(BGBl I 2008/5)*

(3) Das hinterlegte Dokument ist mindestens zwei Wochen zur Abholung bereitzuhalten. Der Lauf dieser Frist beginnt mit dem Tag, an dem das Dokument erstmals zur Abholung bereitgehalten wird. Hinterlegte Dokumente gelten mit dem ersten Tag dieser Frist als zugestellt. Sie gelten nicht als zugestellt, wenn sich ergibt, daß der Empfänger oder dessen Vertreter im Sinne des § 13 Abs. 3 wegen Abwesenheit von der Abgabestelle nicht rechtzeitig vom Zustellvorgang Kenntnis erlangen konnte, doch wird die Zustellung an dem der Rückkehr an die Abgabestelle folgenden Tag innerhalb der Abholfrist wirksam, an dem das hinterlegte Dokument behoben werden könnte. *(BGBl I 2008/5)*

(4) Die im Wege der Hinterlegung vorgenommene Zustellung ist auch dann gültig, wenn die im Abs. 2 genannte Verständigung beschädigt oder entfernt wurde. *(BGBl I 2008/5)*

§ 17a. *(entfällt, BGBl I 2004/10, Überschrift entfällt gemäß BGBl I 2008/5)*

Nachsendung

§ 18. (1) Hält sich der Empfänger nicht regelmäßig (§ 17 Abs. 1) an der Abgabestelle auf, so ist das Dokument an eine andere inländische Abgabestelle nachzusenden, wenn es *(BGBl I 2008/5)*

1. durch Organe eines Zustelldienstes zugestellt werden soll und nach den für die Beförderung von Postsendungen geltenden Vorschriften die Nachsendung vorgesehen ist; in diesem Fall ist die neue Anschrift des Empfängers auf dem Zu-

stellnachweis (Zustellschein, Rückschein) zu vermerken; *(BGBl I 2008/5; BGBl I 2013/33)*

2. durch Organe der Behörde oder einer Gemeinde zugestellt werden soll, die neue Abgabestelle ohne Schwierigkeit festgestellt werden kann und im örtlichen Wirkungsbereich der Behörde oder der Gemeinde liegt.

(2) Dokumente, deren Nachsendung durch einen auf ihnen angebrachten Vermerk ausgeschlossen ist, sind nicht nachzusenden. *(BGBl I 2008/5)*

Rücksendung, Weitersendung und Vernichtung

§ 19. (1) Dokumente, die weder zugestellt werden können, noch nachzusenden sind oder die zwar durch Hinterlegung zugestellt, aber nicht abgeholt worden sind, sind entweder an den Absender zurückzusenden, an eine vom Absender zu diesem Zweck bekanntgegebene Stelle zu senden oder auf Anordnung des Absenders nachweislich zu vernichten.

(2) Auf dem Zustellnachweis (Zustellschein, Rückschein) ist der Grund der Rücksendung, Weitersendung oder Vernichtung zu vermerken.

(BGBl I 2013/33)

Verweigerung der Annahme

§ 20. (1) Verweigert der Empfänger oder ein im gemeinsamen Haushalt mit dem Empfänger lebender Ersatzempfänger die Annahme ohne Vorliegen eines gesetzlichen Grundes, so ist das Dokument an der Abgabestelle zurückzulassen oder, wenn dies nicht möglich ist, nach § 17 ohne die dort vorgesehene schriftliche Verständigung zu hinterlegen. *(BGBl I 2008/5)*

(2) Zurückgelassene Dokumente gelten damit als zugestellt. *(BGBl I 2008/5)*

(3) Wird dem Zusteller der Zugang zur Abgabestelle verwehrt, verleugnet der Empfänger seine Anwesenheit, oder läßt er sich verleugnen, so gilt dies als Verweigerung der Annahme.

Zustellung zu eigenen Handen

§ 21. Dem Empfänger zu eigenen Handen zuzustellende Dokumente dürfen nicht an einen Ersatzempfänger zugestellt werden.

(BGBl I 2008/5)

Zustellnachweis

§ 22. (1) Die Zustellung ist vom Zusteller auf dem Zustellnachweis (Zustellschein, Rückschein) zu beurkunden.

(2) Der Übernehmer des Dokuments hat die Übernahme auf dem Zustellnachweis durch seine Unterschrift unter Beifügung des Datums und, wenn er nicht der Empfänger ist, seines Naheverhältnisses zu diesem zu bestätigen. Verweigert er die Bestätigung, so hat der Zusteller die Tatsache der Verweigerung, das Datum und gegebenenfalls das Naheverhältnis des Übernehmers zum Empfänger auf dem Zustellnachweis zu vermerken. Der Zustellnachweis ist dem Absender unverzüglich zu übersenden. *(BGBl I 2008/5; BGBl I 2013/33)*

(3) An die Stelle der Übersendung des Zustellnachweises kann die elektronische Übermittlung einer Kopie des Zustellnachweises oder der sich daraus ergebenden Daten treten, wenn die Behörde dies nicht durch einen entsprechenden Vermerk auf dem Zustellnachweis ausgeschlossen hat. Das Original des Zustellnachweises ist mindestens fünf Jahre nach Übermittlung aufzubewahren und der Behörde auf deren Verlangen unverzüglich zu übersenden. *(BGBl I 2008/5; BGBl I 2010/111, ab 1. 1. 2011)*

(4) Liegen die technischen Voraussetzungen dafür vor, so kann die Beurkundung der Zustellung auch elektronisch erfolgen. In diesem Fall hat der Übernehmer auf einer technischen Vorrichtung zu unterschreiben; an die Stelle der Unterschriftsleistung kann auch die Identifikation und Authentifizierung mit der Bürgerkarte (§ 2 Z 10 des E-Government-Gesetzes – E-GovG, BGBl. I Nr. 10/2004) treten. Die die Beurkundung der Zustellung betreffenden Daten sind dem Absender unverzüglich zu übermitteln. *(BGBl I 2008/5; BGBl I 2013/33)*

Hinterlegung ohne Zustellversuch

§ 23. (1) Hat die Behörde auf Grund einer gesetzlichen Vorschrift angeordnet, daß ein Dokument ohne vorhergehenden Zustellversuch zu hinterlegen ist, so ist dieses sofort bei der zuständigen Geschäftsstelle des Zustelldienstes, beim Gemeindeamt oder bei der Behörde selbst zur Abholung bereitzuhalten. *(BGBl I 2008/5)*

(2) Die Hinterlegung ist von der zuständigen Geschäftsstelle des Zustelldienstes oder vom Gemeindeamt auf dem Zustellnachweis, von der Behörde auch auf andere Weise zu beurkunden. *(BGBl I 2008/5)*

(3) Soweit dies zweckmäßig ist, ist der Empfänger durch eine an die angegebene inländische Abgabestelle zuzustellende schriftliche Verständigung oder durch mündliche Mitteilung an Personen, von denen der Zusteller annehmen kann, daß sie mit dem Empfänger in Verbindung treten können, von der Hinterlegung zu unterrichten.

(4) Das so hinterlegte Dokument gilt mit dem ersten Tag der Hinterlegung als zugestellt. *(BGBl I 2008/5)*

Unmittelbare Ausfolgung

§ 24. Dem Empfänger können

1. versandbereite Dokumente unmittelbar bei der Behörde,

2. Dokumente, die die Behörde an eine andere Dienststelle übermittelt hat, unmittelbar bei dieser

ausgefolgt werden. Die Ausfolgung ist von der Behörde bzw. von der Dienststelle zu beurkunden; § 22 Abs. 2 bis 4 ist sinngemäß anzuwenden.

(BGBl I 2008/5)

Zustellung am Ort des Antreffens

§ 24a. Dem Empfänger kann an jedem Ort zugestellt werden, an dem er angetroffen wird, wenn er

1. zur Annahme bereit ist oder

2. über keine inländische Abgabestelle verfügt.

(BGBl I 2008/5)

Zustellung durch öffentliche Bekanntmachung

§ 25. (1) Zustellungen an Personen, deren Abgabestelle unbekannt ist, oder an eine Mehrheit von Personen, die der Behörde nicht bekannt sind, können, wenn es sich nicht um ein Strafverfahren handelt, kein Zustellungsbevollmächtigter bestellt ist und nicht gemäß § 8 vorzugehen ist, durch Kundmachung an der Amtstafel, daß ein zuzustellendes Dokument bei der Behörde liegt, vorgenommen werden. Findet sich der Empfänger zur Empfangnahme des Dokuments (§ 24) nicht ein, so gilt, wenn gesetzlich nicht anderes bestimmt ist, die Zustellung als bewirkt, wenn seit der Kundmachung an der Amtstafel der Behörde zwei Wochen verstrichen sind. *(BGBl I 2008/5; BGBl I 2013/33)*

(2) Die Behörde kann die öffentliche Bekanntmachung in anderer geeigneter Weise ergänzen.

Zustellung ohne Zustellnachweis

§ 26. (1) Wurde die Zustellung ohne Zustellnachweis angeordnet, wird das Dokument zugestellt, indem es in die für die Abgabestelle bestimmte Abgabeeinrichtung (§ 17 Abs. 2) eingelegt oder an der Abgabestelle zurückgelassen wird. *(BGBl I 2008/5)*

(2) Die Zustellung gilt als am dritten Werktag nach der Übergabe an das Zustellorgan bewirkt. Im Zweifel hat die Behörde die Tatsache und den Zeitpunkt der Zustellung von Amts wegen festzustellen. Die Zustellung wird nicht bewirkt, wenn sich ergibt, dass der Empfänger wegen Abwesenheit von der Abgabestelle nicht rechtzeitig vom Zustellvorgang Kenntnis erlangen konnte, doch

wird die Zustellung mit dem der Rückkehr an die Abgabestelle folgenden Tag wirksam.

(BGBl I 2004/10)

Fassung von 22. 3. bis 30. 4. 2020:

Zustellrechtliche Begleitmaßnahmen zu COVID-19

§ 26a. Solange die Fristen gemäß § 1 Abs. 1 des Bundesgesetzes betreffend Begleitmaßnahmen zu COVID-19 in der Justiz, BGBl. I Nr. 16/2020, oder die Fristen gemäß § 1 Abs. 1 des Bundesgesetzes betreffend Begleitmaßnahmen zu COVID-19 im Verwaltungsverfahren, im Verfahren der Verwaltungsgerichte sowie im Verfahren des Verwaltungsgerichtshofes und des Verfassungsgerichtshofes, BGBl. I Nr. 16/2020, unterbrochen sind, gelten für die Zustellung mit Zustellnachweis der von Gerichten bzw. von Verwaltungsbehörden zu übermittelnden Dokumente sowie die durch die Gerichte bzw. die Verwaltungsbehörden vorzunehmende Zustellung von Dokumenten ausländischer Behörden (§ 1) folgende Erleichterungen:

1. Das Dokument wird dem Empfänger zugestellt, indem es in die für die Abgabestelle bestimmte Abgabeeinrichtung (§ 17 Abs. 2) eingelegt oder an der Abgabestelle zurückgelassen wird; die Zustellung gilt in diesem Zeitpunkt als bewirkt. Soweit dies ohne Gefährdung der Gesundheit des Zustellers möglich ist, ist der Empfänger durch schriftliche, mündliche oder telefonische Mitteilung an ihn selbst oder an Personen, von denen angenommen werden kann, dass sie mit dem Empfänger in Verbindung treten können, von der Zustellung zu verständigen. Die Zustellung wird nicht bewirkt, wenn sich ergibt, dass der Empfänger wegen Abwesenheit von der Abgabestelle nicht rechtzeitig vom Zustellvorgang Kenntnis erlangen konnte, doch wird die Zustellung mit dem der Rückkehr an die Abgabestelle folgenden Tag wirksam

2. Ist das Dokument anderen Personen als dem Empfänger zuzustellen oder kann es diesen zugestellt werden (§ 13 Abs. 1 zweiter Satz und Abs. 2 bis 4 und §§ 14 bis 16), ist Z 1 sinngemäß anzuwenden.

3. Die Zustellung, die Form der Verständigung von der Zustellung sowie gegebenenfalls die Gründe, aus denen eine Verständigung nicht möglich war, sind vom Zusteller auf dem Zustellnachweis (Zustellschein, Rückschein) zu beurkunden. Der Zustellnachweis ist dem Absender unverzüglich zu übersenden; § 22 Abs. 2 ist nicht anzuwenden. § 22 Abs. 4 ist mit der Maßgabe anzuwenden, dass die elektronische Beurkundung anstatt durch den Übernehmer durch den Zusteller zu erfolgen hat.

(BGBl I 2020/16)

(Trat mit Ablauf des 14.5.2020 wieder außer Kraft, die Unterbrechung der Fristen des Abs 1

endete aber bereits am 30.4.2020; vgl auch § 40 Abs. 14 Satz 2.)

Fassung von 15.5. bis 30. 6. 2020:

§ 26a. Zur Verhinderung der Verbreitung von COVID-19 gelten für die Zustellung mit Zustellnachweis der von Gerichten bzw. von Verwaltungsbehörden zu übermittelnden Dokumente sowie die durch die Gerichte bzw. die Verwaltungsbehörden vorzunehmende Zustellung von Dokumenten ausländischer Behörden (§ 1) folgende Erleichterungen: *(BGBl I 2020/42, ab 15. 5. 2020)*

1. Das Dokument wird dem Empfänger zugestellt, indem es in die für die Abgabestelle bestimmte Abgabeeinrichtung (§ 17 Abs. 2) eingelegt oder an der Abgabestelle zurückgelassen wird; die Zustellung gilt in diesem Zeitpunkt als bewirkt. Soweit dies ohne Gefährdung der Gesundheit des Zustellers möglich ist, ist der Empfänger durch schriftliche, mündliche oder telefonische Mitteilung an ihn selbst oder an Personen, von denen angenommen werden kann, dass sie mit dem Empfänger in Verbindung treten können, von der Zustellung zu verständigen. Die Zustellung wird nicht bewirkt, wenn sich ergibt, dass der Empfänger wegen Abwesenheit von der Abgabestelle nicht rechtzeitig vom Zustellvorgang Kenntnis erlangen konnte, doch wird die Zustellung mit dem der Rückkehr an die Abgabestelle folgenden Tag wirksam

2. Ist das Dokument anderen Personen als dem Empfänger zuzustellen oder kann es diesen zugestellt werden (§ 13 Abs. 1 zweiter Satz und Abs. 2 bis 4 und §§ 14 bis 16), ist Z 1 sinngemäß anzuwenden.

3. Die Zustellung, die Form der Verständigung von der Zustellung sowie gegebenenfalls die Gründe, aus denen eine Verständigung nicht möglich war, sind vom Zusteller auf dem Zustellnachweis (Zustellschein, Rückschein) zu beurkunden. Der Zustellnachweis ist dem Absender unverzüglich zu übersenden; § 22 Abs. 2 ist nicht anzuwenden. § 22 Abs. 4 ist mit folgenden Maßgaben anzuwenden: *(BGBl I 2020/42)*

a) Die elektronische Beurkundung hat anstatt durch den Übernehmer durch den Zusteller zu erfolgen. *(BGBl I 2020/42, ab 15. 5. 2020)*

b) Die Beurkundung der Form der Verständigung von der Zustellung sowie gegebenenfalls der Gründe, aus denen eine Verständigung nicht möglich war, kann, wenn sie aus technischen Gründen nicht auf dem Zustellnachweis elektronisch erfolgen kann, auch auf andere elektronische Weise erfolgen; auch diese Daten sind dem Absender unverzüglich zu übermitteln. *(BGBl I 2020/42, ab 15. 5. 2020)*

(BGBl I 2020/16)

(Trat mit Ablauf des 30. 6. 2020 wieder außer Kraft.)

Fassung ab 1. 7. 2020 (BGBl I 2020/42):
§ 26a. *(entfällt samt Überschrift, BGBl I 2020/42)*

(Trat mit Ablauf des 30. 6. 2020 wieder außer Kraft.)

Ausstattung der Dokumente; Zustellformulare; Zustellnachweise

§ 27. Soweit dies erforderlich ist, hat die Bundesregierung durch Verordnung nähere Bestimmungen über

1. die Ausstattung der zuzustellenden Dokumente,

2. die bei der Zustellung verwendbaren Formulare und *(BGBl I 2013/33)*

3. die für die elektronische Übermittlung gemäß § 22 Abs. 3 sowie für die Speicherung und Übermittlung der die Beurkundung der Zustellung betreffenden Daten erforderlichen technischen Voraussetzungen *(BGBl I 2010/111, ab 1. 1. 2011)*

zu erlassen.

(BGBl I 2008/5)

3. Abschnitt
Elektronische Zustellung[1]

[1] *Die elektronische Zustellung der ordentlichen Gerichte richtet sich nach den §§ 89a ff GOG (§ 28 Abs 2 Satz 1 ZustG). Die §§ 89a ff GOG sind im Anhang abgedruckt. Siehe aber auch § 89a (3) GOG:*
Elektronische Eingaben und Erledigungen (elektronischer Rechtsverkehr)
§ 89a....
(3) Ist die Zustellung im elektronischen Rechtsverkehr nach den folgenden Bestimmungen nicht möglich, kann sie auch über elektronische Zustelldienste nach den Bestimmungen des 3. Abschnitts des Zustellgesetzes, BGBl. Nr. 200/1982, in der jeweils geltenden Fassung erfolgen.

(BGBl I 2008/5)

Anwendungsbereich

§ 28. (1) Soweit die für das Verfahren geltenden Vorschriften nicht anderes bestimmen, ist eine elektronische Zustellung nach den Bestimmungen dieses Abschnitts vorzunehmen.

(2) Die elektronische Zustellung der ordentlichen Gerichte richtet sich nach den §§ 89a ff des Gerichtsorganisationsgesetzes – GOG, RGBl. Nr. 217/1896. Im Anwendungsbereich der Bundesabgabenordnung – BAO, BGBl. Nr. 194/1961, und des Zollrechts (§ 1 Abs. 2 und im erweiterten Sinn gemäß § 2 Abs. 1 des Zollrechts-Durchführungs-

gesetzes – ZollR-DG, BGBl. Nr. 659/1994) richtet sich die elektronische Zustellung nach der BAO und den einschlägigen zollrechtlichen Vorschriften. *(BGBl I 2010/111, ab 1. 1. 2011; BGBl I 2017/40, ab 13. 4. 2017; BGBl I 2018/104, iVm BGBl II 2019/140)*

(3) Die elektronische Zustellung hat über eine elektronische Zustelladresse gemäß § 37 Abs. 1 iVm. § 2 Z 5, durch unmittelbare elektronische Ausfolgung gemäß § 37a oder durch eines der folgenden Zustellsysteme zu erfolgen:

1. zugelassener Zustelldienst gemäß § 30,

2. Kommunikationssystem der Behörde gemäß § 37,

3. elektronischer Rechtsverkehr gemäß den §§ 89a ff GOG,

4. vom Bundeskanzler zur Verfügung gestellte IKT-Lösungen und IT-Verfahren für das Personalmanagement.
Die Auswahl des Zustellsystems obliegt dem Absender.[1] *(BGBl I 2018/104, iVm BGBl II 2019/140)*

(4) Elektronische Zustellungen mit Zustellnachweis sind ausschließlich durch Zustellsysteme gemäß Abs. 3 Z 1 und 3 sowie im Fall des § 37a zweiter Satz zulässig. *(BGBl I 2018/104, iVm BGBl II 2019/140)*

(BGBl I 2008/5)

---

[1] Siehe hiezu § 34 Abs 3

Teilnehmerverzeichnis

§ 28a. (1) Der Bundesminister für Digitalisierung und Wirtschaftsstandort stellt ein elektronisches Teilnehmerverzeichnis mit hoher Zuverlässigkeit zur Verfügung. In diesem elektronischen Teilnehmerverzeichnis ist die Speicherung von Daten über Teilnehmer (Empfänger) vorzunehmen. Der Bundesminister für Digitalisierung und Wirtschaftsstandort hat im elektronischen Teilnehmerverzeichnis folgende Leistungen nach dem jeweiligen Stand der Technik zu erbringen:

1. die Schaffung der technischen Voraussetzungen für die Verarbeitung der Daten der Teilnehmer gemäß § 28b unter Einhaltung der technischen Schnittstellen und Spezifikationen;

2. die Ermittlung, ob Daten eines Teilnehmers im Teilnehmerverzeichnis enthalten sind und der Teilnehmer somit adressierbar ist;

3. die Rückmeldung der Daten gemäß § 34 Abs. 1;

4. die elektronische Versendung von einer Information gemäß § 34 Abs. 4 und

5. die Protokollierung von Anfragen und der übermittelten Ergebnisse.

(2) Die Leistungen des Teilnehmerverzeichnisses sind durch ein kostendeckendes Entgelt dem Zustellsystem, das die Zustellleistung erbringt, in Rechnung zu stellen.

(3) Die Verfügbarkeit des Teilnehmerverzeichnisses ist vom Bundesminister für Digitalisierung und Wirtschaftsstandort im Bundesgesetzblatt kundzumachen.[*]

(BGBl I 2018/104)

---

[*] Die Verfügbarkeit des Teilnehmerverzeichnisses wurde am 28. Mai 2019 kundgemacht (BGBl II 2019/140).

Anmeldung zum und Abmeldung vom Teilnehmerverzeichnis[*]

[*] Fassung ab 1. 7. 2019 (BGBl I 2018/104 iVm BGBl II 2019/140).

§ 28b. (1) Die Anmeldung zum und die Abmeldung vom Teilnehmerverzeichnis sowie die Änderung der Teilnehmerdaten haben über das Anzeigemodul gemäß § 37b oder mit Zustimmung automatisiert über andere elektronische Verfahren zu erfolgen. Die Anmeldung gilt als Einwilligung zum Empfang von Zustellstücken in elektronischer Form. Für die Entgegennahme von Zustellungen mit Zustellnachweis oder nachweislichen Zusendungen[1] hat die Anmeldung unter Verwendung der Bürgerkarte (§ 2 Z 10 E-GovG) zu erfolgen. Im Teilnehmerverzeichnis dürfen folgende Daten verarbeitet werden:

1. Name bzw. Bezeichnung des Teilnehmers,

2. bei natürlichen Personen das Geburtsdatum,

3. die zur eindeutigen Identifikation des Teilnehmers im Bereich „Zustellwesen" erforderlichen Daten:

a) bei natürlichen Personen das bereichsspezifische Personenkennzeichen (§ 9 E-GovG),

b) sonst die Stammzahl (§ 6 E-GovG) und soweit vorhanden die Global Location Number (GLN),

c) soweit vorhanden ein oder mehrere Anschriftcodes des Zustellsystems gemäß § 28 Abs. 3 Z 3,

4. mindestens eine elektronische Adresse, an die die Verständigungen gemäß § 35 Abs. 1 und 2 erster Satz übermittelt werden können,

5. Angaben, ob ein Dokument an den Empfänger auch nachweislich zugestellt werden kann,

6. Angaben, ob elektronische Zustellungen nur über ein bestimmtes Zustellsystem oder nach bestimmten Verfahrensvorschriften zugestellt werden können,

7. Angaben des Teilnehmers darüber, welche Formate über die weit verbreiteten hinaus die zuzustellenden Dokumente aufweisen müssen, damit er zu ihrer Annahme bereit ist,

8. Angaben darüber, ob der Teilnehmer Zustellungen außerhalb der Ausübung seiner beruflichen Tätigkeit über das Zustellsystem gemäß § 28 Abs. 3 Z 3 nicht erhalten möchte,

9. Adressmerkmale, soweit diese automatisiert aus Registern von Verantwortlichen des öffentlichen Bereichs zu übernehmen sind, und

10. weitere Daten, die zur Vollziehung des Gesetzes oder aufgrund der Anmeldung gemäß Abs. 4 übermittelt werden.

(2) Der Teilnehmer hat über das Anzeigemodul Änderungen der in Abs. 1 genannten Daten dem Teilnehmerverzeichnis unverzüglich bekanntzugeben, sofern dies nicht jene Daten betrifft, die durch Abfragen von Registern von Verantwortlichen des öffentlichen Bereichs automationsunterstützt aktualisiert werden. Darüber hinaus kann er dem Teilnehmerverzeichnis mitteilen, dass die Zustellung oder Zusendung[1] innerhalb bestimmter Zeiträume ausgeschlossen sein soll.

(3) Die gemäß § 29 Abs. 2 Z 1 in der Fassung des Deregulierungsgesetzes 2017, BGBl. I Nr. 40/2017, gespeicherten Daten des Ermittlungs- und Zustelldienstes über Kunden der elektronischen Zustelldienste sind automationsunterstützt vom Ermittlungs- und Zustelldienst an das Teilnehmerverzeichnis zu übermitteln. Diese Personen gelten als angemeldete Teilnehmer im Sinne des Abs. 1.

(4) Die Anmeldedaten und Änderungen von FinanzOnline-Teilnehmern, die nicht auf die elektronische Zustellung nach der BAO verzichtet haben und Unternehmer im Sinne des § 3 Z 20 des Bundesgesetzes über die Bundesstatistik – Bundesstatistikgesetz 2000, BGBl. I Nr. 163/1999, sind, sind vom Bundesminister für Finanzen automationsunterstützt an das Teilnehmerverzeichnis zu übermitteln; die Daten anderer FinanzOnline-Teilnehmer nur mit deren Einwilligung. Die Unternehmer gelten unbeschadet der Bestimmung des § 1b Abs. 2 bis 4 E-GovG als angemeldete Teilnehmer im Sinne des Abs. 1.

(5) Die Anmeldedaten und Änderungen von im Zustellsystem gemäß § 28 Abs. 3 Z 3 erfassten Teilnehmern sind von diesem Zustellsystem automationsunterstützt bis auf Widerspruch des Teilnehmers an das Teilnehmerverzeichnis zu übermitteln. Diese Personen gelten unbeschadet der Bestimmung des § 1b Abs. 2 bis 4 E-GovG als angemeldete Teilnehmer im Sinne des Abs. 1.

(6) Soweit die Gesetze nicht anderes bestimmen, kann eine vollständige oder teilweise Abmeldung vom Teilnehmerverzeichnis unter Verwendung der Authentifizierungsmethoden gemäß Abs. 1 oder durch eine vom Teilnehmer unterschriebene schriftliche Erklärung erfolgen. Sie wird zwei Wochen nach dem Einlangen beim Teilnehmerverzeichnis wirksam. Der Teilnehmer ist über seine elektronische Adresse gemäß Abs. 1 Z 4 über die Abmeldung unverzüglich zu informieren und hat die Möglichkeit, diese binnen zwei Wochen ab Einlangen der Information rückgängig zu machen. Wird der Tod einer natürlichen Person oder das Ende einer juristischen Person, die Teilnehmer ist, über eine Registerabfrage automationsunterstützt bekannt, ist der Teilnehmer aus dem Teilnehmerverzeichnis unverzüglich zu löschen.

(BGBl I 2018/104, iVm BGBl II 2019/140)

------
[1] s § 29 Abs 3

Leistungen der Zustelldienste

§ 29. (1) Jeder Zustelldienst hat die Zustellung behördlicher Dokumente an Teilnehmer vorzunehmen (Zustellleistung). Die Zustellleistung umfasst folgende, nach dem jeweiligen Stand der Technik zu erbringende Leistungen:

1. die Schaffung der technischen Voraussetzungen für die Entgegennahme der zuzustellenden Dokumente (§ 34 Abs. 1);

2. das Betreiben einer technischen Einrichtung mit hoher Zuverlässigkeit für die sichere elektronische Bereithaltung der zuzustellenden Dokumente;

3. die Bereitstellung eines Verfahrens zur identifizierten und authentifizierten Abholung der bereitgehaltenen Dokumente über das Anzeigemodul gemäß § 37b Abs. 2;

4. die Protokollierung von Daten im Sinn des § 35 Abs. 3 fünfter Satz und die Übermittlung dieser Daten an den Absender;

5. die unverzügliche Verständigung des Absenders, wenn ein Dokument nicht abgeholt wird;

6. die Weiterleitung des Dokuments, der das Dokument beschreibenden Daten, der Verständigungsadressdaten gemäß § 28b Abs. 1 Z 4 sowie die elektronische Information für die technische Möglichkeit der elektronischen identifizierten und authentifizierten Abholung des Dokuments an das Anzeigemodul (§ 37b).

Die Behörde hat für die Erbringung der Leistungen gemäß Z 1 bis 6 ein Entgelt zu entrichten. *(BGBl I 2018/104, iVm BGBl II 2019/140)*

(2) *(entfällt, BGBl I 2018/104, iVm BGBl II 2019/140)*

(3) Zustelldienste haben als weitere Leistung die Zusendung von Dokumenten im Auftrag von Verantwortlichen des öffentlichen Bereichs nicht in Vollziehung der Gesetze (§ 1) gemäß den Anforderungen des Abs. 1 zu erfüllen. Für diese Zusendungen darf vom Zustelldienst zum Zweck der Anzeige über das Anzeigemodul das Teilnehmerverzeichnis und das Anzeigemodul zu denselben Bedingungen wie bei der Zustellung behördlicher Dokumente verwendet werden. *(BGBl I 2018/104, iVm BGBl II 2019/140)*

(4) Zustelldienste sind hinsichtlich der von ihnen für die Besorgung ihrer Aufgaben verwendeten Daten Verantwortliche (Art. 4 Z 7 Verordnung (EU) 2016/679 zum Schutz natürlicher Personen bei der Verarbeitung personenbezogener Daten,

zum freien Datenverkehr und zur Aufhebung der Richtlinie 95/46/EG (Datenschutz-Grundverordnung) – DSGVO, ABl. Nr. L 119 vom 4. 5. 2016 S. 1). Sie dürfen die ihnen zur Kenntnis gelangten Daten der Empfänger – soweit keine besonderen vertraglichen Vereinbarungen mit diesen bestehen – ausschließlich für den Zweck der Zustellung bzw. Zusendung[1] verwenden. Der Abschluss eines Vertrags über die Zustellleistung sowie der Inhalt eines solchen Vertrags dürfen nicht von der Einwilligung zur Weitergabe von Daten an Dritte abhängig gemacht werden; eine Weitergabe von Daten über Herkunft und Inhalt zuzustellender Dokumente an Dritte darf nicht vereinbart werden. *(BGBl I 2018/104, iVm BGBl II 2019/140)*

(5) Auf natürliche Personen, die an der Erbringung der Leistungen gemäß Abs. 1 mitwirken, ist in Hinblick auf Daten über Herkunft und Inhalt zuzustellender behördlicher Dokumente § 46 Abs. 1 bis 4 des Beamten-Dienstrechtsgesetzes 1979, BGBl. Nr. 333/1979, sinngemäß anzuwenden. Hinsichtlich der abgabenrechtlichen Geheimhaltungspflicht des § 48a der Bundesabgabenordnung, BGBl. Nr. 194/1961, gelten diese Personen als Beamte im Sinne des § 74 Abs. 1 Z 4 des Strafgesetzbuches, BGBl. Nr. 60/1974. *(BGBl I 2017/40, ab 13. 4. 2017; BGBl I 2018/104, iVm BGBl II 2019/140)*

(6) *(entfällt, BGBl I 2018/104, iVm BGBl II 2019/140)*

(7) Die Zustellleistung (Abs. 1) ist so zu erbringen, dass für behinderte Menschen ein barrierefreier Zugang zu dieser Leistung nach dem jeweiligen Stand der Technik gewährleistet ist.

(BGBl I 2008/5)

---

[1] s § 29 Abs 3

Zulassung als Zustelldienst

§ 30. (1) Die Erbringung der Zustellleistung (§ 29 Abs. 1) bedarf einer Zulassung, deren Erteilung beim Bundesminister für Digitalisierung und Wirtschaftsstandort zu beantragen ist. Voraussetzungen für die Erteilung der Zulassung sind die für die ordnungsgemäße Erbringung der Zustellleistung erforderliche technische und organisatorische Leistungsfähigkeit sowie die rechtliche, insbesondere datenschutzrechtliche Verlässlichkeit des Zustelldienstes. Die Erfüllung der Zulassungsvoraussetzungen ist durch ein Gutachten einer Konformitätsbewertungsstelle gemäß Artikel 2 Nummer 13 der Verordnung (EG) Nr. 765/2008, über die Vorschriften für die Akkreditierung und Marktüberwachung im Zusammenhang mit der Vermarktung von Produkten und zur Aufhebung der Verordnung (EWG) Nr. 339/93 des Rates, ABl. Nr. L 218 vom 13.08.2008 S. 30, die zur Durchführung der Konformitätsbewertung qualifizierter Vertrauensdiensteanbieter und der von ihnen erbrachten qualifizierten Diensten für die Zustellung elektronischer Einschreiben gemäß Art. 44 der Verordnung (EU) Nr. 910/2014 über elektronische Identifizierung und Vertrauensdienste für elektronische Transaktionen im Binnenmarkt und zur Aufhebung der Richtlinie 1999/93/EG, ABl. Nr. L 257 vom 28.08.2014 S. 73, in der Fassung der Berichtigung ABl. Nr. L 23 vom 29.01.2015 S. 19 (eIDAS-VO) akkreditiert ist, nachzuweisen. Das Gutachten darf nicht älter als zwei Monate sein und ist dem Bundesminister für Digitalisierung und Wirtschaftsstandort vorzulegen. Mit dem Antrag auf Zulassung sind weiters allgemeine Geschäftsbedingungen vorzulegen, die den gesetzlichen Anforderungen zu entsprechen haben und der ordnungsgemäßen Erbringung der Zustellleistung nicht entgegenstehen dürfen. *(BGBl I 2018/104, iVm BGBl II 2019/140)*

(2) Der Zulassungsbescheid ist schriftlich zu erlassen; wenn es für die Gewährleistung der Leistungsfähigkeit und Verlässlichkeit erforderlich ist, sind darin Auflagen zu erteilen und Bedingungen vorzuschreiben.

(3) Der Bundesminister für Digitalisierung und Wirtschaftsstandort hat eine Liste der zugelassenen Zustelldienste einschließlich der in den Zulassungsbescheiden erteilten Auflagen und vorgeschriebenen Bedingungen (Abs. 2) und der gemäß § 31 Abs. 2 zweiter Satz erteilten Auflagen im Internet zu veröffentlichen. *(BGBl I 2018/104, iVm BGBl II 2019/140)*

(4) Wenn eine Zulassungsvoraussetzung wegfällt oder ihr ursprünglicher Mangel nachträglich hervorkommt, hat der Bundesminister für Digitalisierung und Wirtschaftsstandort die Behebung des Mangels innerhalb einer angemessenen Frist anzuordnen. Ist die Behebung des Mangels nicht möglich oder erfolgt sie nicht innerhalb der gesetzten Frist, ist die Zulassung durch Bescheid zu widerrufen. *(BGBl I 2018/104, iVm BGBl II 2019/140)*

(5) Zugelassene Zustelldienste haben ab der Rechtskraft des Zulassungsbescheids alle zwei Jahre ein Gutachten gemäß Abs. 1 dem Bundesminister für Digitalisierung und Wirtschaftsstandort vorzulegen. *(BGBl I 2018/104, iVm BGBl II 2019/140)*

(BGBl I 2008/5)

Aufsicht

§ 31. (1) Die Zustelldienste unterliegen der Aufsicht durch den Bundesminister für Digitalisierung und Wirtschaftsstandort. Sie sind verpflichtet, dem Bundesminister für Digitalisierung und Wirtschaftsstandort jede Änderung der die Voraussetzung der Zulassung gemäß § 30 bildenden Umstände unverzüglich bekanntzugeben. *(BGBl I 2018/104, iVm BGBl II 2019/140)*

(2) Der Bundesminister für Digitalisierung und Wirtschaftsstandort hat die Aufsicht über die Zustelldienste dahin auszuüben, dass diese die Gesetze und Verordnungen nicht verletzen, insbesondere ihren Aufgabenbereich nicht überschreiten und die ihnen gesetzlich obliegenden Aufgaben erfüllen. Zu diesem Zweck ist der Bundesminister für Digitalisierung und Wirtschaftsstandort berechtigt, Auskünfte einzuholen und gegebenenfalls Auflagen vorzuschreiben, wenn die ordnungsgemäße Erbringung der Leistungen sonst nicht gewährleistet ist. Die Zustelldienste haben dem Bundesminister für Digitalisierung und Wirtschaftsstandort die geforderten Auskünfte unverzüglich, spätestens jedoch binnen zwei Wochen zu erteilen. *(BGBl I 2018/104, iVm BGBl II 2019/140)*

(BGBl I 2008/5)

§ 32. *(entfällt samt Überschrift, BGBl I 2018/104, iVm BGBl II 2019/140)*

§ 33. *(entfällt samt Überschrift, BGBl I 2018/104, iVm BGBl II 2019/140)*

Abfrage des Teilnehmerverzeichnisses und Übermittlung des zuzustellenden Dokuments

§ 34. (1) Die zustellende Behörde oder in ihrem Auftrag ein Zustellsystem gemäß § 28 Abs. 3 Z 1 bis 4 hat durch elektronische Abfrage des Teilnehmerverzeichnisses zu ermitteln, ob der Empfänger

1. beim Teilnehmerverzeichnis angemeldet ist und

2. die Zustellung nicht gemäß § 28b Abs. 2 zweiter Satz ausgeschlossen hat.

Liegen diese Voraussetzungen der Z 1 und 2 vor, so sind die Informationen gemäß § 28b Abs. 1 Z 3 und 6 bis 8 der Behörde oder dem in ihrem Auftrag tätigen Zustellsystem zu übermitteln; andernfalls ist dieser oder diesem mitzuteilen, dass diese Voraussetzungen nicht vorliegen. Steht der Behörde ein vom Empfänger akzeptiertes Format zur Verfügung, so hat sie das zuzustellende Dokument in diesem Format dem in ihrem Auftrag tätigen Zustellsystem zu übermitteln.

(2) Eine Abfrage zur Ermittlung der in Abs. 1 angeführten Daten darf nur

1. zum Zweck der Zustellung von Dokumenten auf Grund eines Auftrags einer Behörde nach Abs. 1 oder

2. zum Zweck der Zusendung[1]) von Dokumenten auf Grund eines Auftrags eines Verantwortlichen des öffentlichen Bereichs erfolgen.

Als Suchkriterien dürfen nur die Daten gemäß § 28b Abs. 1 Z 1 bis 5, 9 und 10 verwendet werden.

(3) Verpflichteten Teilnehmern des elektronischen Rechtsverkehrs (§ 89c GOG) ist in das Zustellsystem gemäß § 28 Abs. 3 Z 3 zuzustellen.

(4) Liegen die Voraussetzungen für eine elektronische Zustellung gemäß Abs. 1 nicht vor, kann auf Verlangen des Versenders vom Teilnehmerverzeichnis an die elektronische Verständigungsadresse gemäß § 28b Abs. 1 Z 4 oder an eine beigestellte elektronische Verständigungsadresse eine Information über eine beabsichtigte elektronische Zustellung versendet werden. Eine solche beigestellte elektronische Verständigungsadresse darf im Teilnehmerverzeichnis auch ohne Anmeldung zu diesem gespeichert und verwendet werden.

(5) Die Betreiber von Internetportalen, die das Anzeigemodul gemäß § 37b Abs. 4 anbinden dürfen, sowie die Betreiber des Unternehmensserviceportals und des Bürgerserviceportals gemäß § 3 des Unternehmensserviceportalgesetzes – USPG, BGBl. I Nr. 52/2009, in die das Anzeigemodul gemäß § 37b Abs. 4 eingebunden ist, sind berechtigt das Teilnehmerverzeichnis abzufragen, um eine allfällige Anmeldung oder Abmeldung vom Teilnehmerverzeichnis zielgerichtet zu erleichtern.

(BGBl I 2018/104, iVm BGBl II 2019/140)

---

[1]) s § 29 Abs 3

Zustellung mit Zustellnachweis durch einen Zustelldienst

§ 35. (1) Der im Auftrag der Behörde tätige Zustelldienst hat im Fall einer Zustellung mit Zustellnachweis bzw. nachweislichen Zusendung[1]) bei Vorliegen der Voraussetzungen des § 34 Abs. 1 erster Satz die Daten gemäß § 29 Abs. 1 Z 6 an das Anzeigemodul zu übermitteln. Das Anzeigemodul hat den Empfänger unverzüglich davon zu verständigen, dass ein Dokument für ihn zur Abholung bereitliegt. Diese elektronische Verständigung ist an die dem Teilnehmerverzeichnis gemäß § 28b Abs. 1 Z 4 bekanntgegebene elektronische Adresse des Empfängers zu versenden. Hat der Empfänger mehrere solcher Adressen bekanntgegeben, so ist die elektronische Verständigung an alle Adressen zu versenden; für die Berechnung der Frist gemäß Abs. 2 erster Satz ist der Zeitpunkt der frühesten Versendung maßgeblich. Die elektronische Verständigung hat jedenfalls folgende Angaben zu enthalten:

1. Absender,

2. Datum der Versendung,

3. Internetadresse, unter der das zuzustellende Dokument zur Abholung bereitliegt,

4. Ende der Abholfrist,

5. Hinweis auf das Erfordernis einer Bürgerkarte (§ 2 Z 10 E-GovG) bei der Abholung von Dokumenten, die mit Zustellnachweis zugestellt oder als nachweisliche Zusendung[1] übermittelt werden sollen und

6. Hinweis auf den Zeitpunkt, mit dem die Zustellung wirksam wird.

Soweit dies erforderlich ist, hat der Bundesminister für Digitalisierung und Wirtschaftsstandort durch Verordnung nähere Bestimmungen über die elektronischen Verständigungsformulare zu erlassen. *(BGBl I 2018/104, iVm BGBl II 2019/140)*

(2) Wird das Dokument nicht innerhalb von 48 Stunden abgeholt, so hat eine zweite elektronische Verständigung zu erfolgen; Abs. 1 vierter Satz ist sinngemäß anzuwenden. *(BGBl I 2017/40, ab 13. 4. 2017; BGBl I 2018/104, iVm BGBl II 2019/140)*

(3) Die Abholung des bereitgehaltenen Dokuments kann ausschließlich über das Anzeigemodul erfolgen. Der Zustelldienst hat sicherzustellen, dass zur Abholung bereitgehaltene Dokumente nur von Personen abgeholt werden können, die zur Abholung berechtigt sind und im Falle einer Zustellung mit Zustellnachweis oder einer nachweislichen Zusendung[1] ihre Identität und die Authentizität der Kommunikation mit der Bürgerkarte (§ 2 Z 10 E-GovG) nachgewiesen haben. Zur Abholung berechtigt sind der Empfänger und, soweit dies von der Behörde nicht ausgeschlossen worden ist, eine zur Empfangnahme bevollmächtigte Person. Identifikation und Authentifizierung können auch durch eine an die Verwendung sicherer Technik gebundene Schnittstelle erfolgen. Der Zustelldienst hat alle Daten über die Verständigungen gemäß Abs. 1 und 2 und die Abholung des Dokuments zu protokollieren und dem Absender unverzüglich zu übermitteln; die Gesamtheit dieser Daten bildet den Zustellnachweis. *(BGBl I 2013/33; BGBl I 2017/40, ab 13. 4. 2017; BGBl I 2018/104, iVm BGBl II 2019/140)*

(4) Der Zustelldienst hat das Dokument zwei Wochen zur Abholung bereitzuhalten und nach Ablauf weiterer acht Wochen zu löschen. *(BGBl I 2018/104, iVm BGBl II 2019/140)*

(5) Ein zur Abholung bereitgehaltenes Dokument gilt jedenfalls mit seiner Abholung als zugestellt. *(BGBl I 2018/104, iVm BGBl II 2019/140)*

(6) Die Zustellung gilt als am ersten Werktag nach der Versendung der ersten elektronischen Verständigung bewirkt, wobei Samstage nicht als Werktage gelten. Sie gilt als nicht bewirkt, wenn sich ergibt, dass die elektronischen Verständigungen nicht beim Empfänger eingelangt waren, doch wird sie mit dem dem Einlangen einer elektronischen Verständigung folgenden Tag innerhalb der Abholfrist (Abs. 1 Z 3) wirksam. *(BGBl I 2017/40, ab 13. 4. 2017)*

(7) Die Zustellung gilt als nicht bewirkt, wenn sich ergibt, dass der Empfänger

1. von den elektronischen Verständigungen keine Kenntnis hatte oder

2. von diesen zwar Kenntnis hatte, aber während der Abholfrist von allen Abgabestellen (§ 2 Z 4) nicht bloß vorübergehend abwesend war, doch wird die Zustellung an dem der Rückkehr an eine der Abgabestellen folgenden Tag innerhalb der Abholfrist wirksam, an dem das Dokument abgeholt werden könnte *(BGBl I 2017/40, ab 13. 4. 2017)*

(8) Wurde dieselbe elektronische Verständigung an mehrere elektronische Adressen versendet, so ist der Zeitpunkt der frühesten Versendung maßgeblich. *(BGBl I 2017/40, ab 13. 4. 2017)*

(9) *(entfällt, BGBl I 2018/104, iVm BGBl II 2019/140)*

(BGBl I 2008/5)

---

[1] s § 29 Abs 3

Zustellung ohne Zustellnachweis durch ein Zustellsystem

§ 36. (1) Das im Auftrag der Behörde tätige Zustellsystem hat bei Vorliegen der Voraussetzungen des § 34 Abs. 1 Z 1 und 2 die Daten gemäß § 29 Abs. 1 Z 6 an das Anzeigemodul zu übermitteln. Das Anzeigemodul hat den Empfänger davon zu verständigen, dass ein Dokument für ihn zur Abholung bereitliegt. Diese elektronische Verständigung ist an die dem Teilnehmerverzeichnis gemäß § 28b Abs. 1 Z 4 bekanntgegebene elektronische Adresse des Empfängers unverzüglich oder spätestens am selben Tag als Sammelverständigung zu versenden. Hat der Empfänger mehrere solcher Adressen bekanntgegeben, so ist die elektronische Verständigung an alle Adressen zu versenden. Die elektronische Verständigung hat jedenfalls folgende Angaben zu enthalten:

1. Absender,

2. Datum der Versendung und

3. Internetadresse, unter der das zuzustellende Dokument zur Abholung bereitliegt.

Soweit dies erforderlich ist, hat der Bundesminister für Digitalisierung und Wirtschaftsstandort durch Verordnung nähere Bestimmungen über die Verständigungsformulare zu erlassen.

(2) Die Abholung des bereitgehaltenen Dokuments kann ausschließlich über das Anzeigemodul erfolgen. Das Zustellsystem hat sicherzustellen, dass zur Abholung bereitgehaltene Dokumente nur von Personen abgeholt werden können, die zur Abholung berechtigt sind. Zur Abholung berechtigt sind der Empfänger und, soweit dies von der Behörde nicht ausgeschlossen worden ist, eine zur Empfangnahme bevollmächtigte Person. Identifikation und Authentifizierung können auch

durch eine an die Verwendung sicherer Technik gebundene Schnittstelle erfolgen. Das Zustellsystem hat alle Daten über die Verständigung gemäß Abs. 1 und 2 und die Abholung des Dokuments zu protokollieren.

(3) Das Zustellsystem hat das Dokument zehn Wochen zur Abholung bereitzuhalten und danach zu löschen.

(4) Das Dokument gilt mit dem Zeitpunkt der erstmaligen Bereithaltung zur Abholung als zugestellt. Bestehen Zweifel darüber, ob bzw. wann das Dokument für den Empfänger zur Abholung bereitgehalten wurde, hat die Behörde Tatsache und Zeitpunkt der Bereithaltung von Amts wegen festzustellen.

(BGBl I 2008/5; BGBl I 2017/40; BGBl I 2018/104, iVm BGBl II 2019/140)

Zustellung an einer elektronischen Zustelladresse oder über das elektronische Kommunikationssystem der Behörde

§ 37. (1) Zustellungen ohne Zustellnachweis können auch an einer elektronischen Zustelladresse oder über das elektronische Kommunikationssystem der Behörde erfolgen. Das Dokument gilt mit dem Zeitpunkt des Einlangens bzw. nach dem erstmaligen Bereithalten des Dokuments beim bzw. für den Empfänger als zugestellt. Bestehen Zweifel darüber, ob bzw. wann das Dokument beim Empfänger eingelangt ist bzw. für ihn bereitgehalten wird, hat die Behörde Tatsache und Zeitpunkt des Einlangens bzw. der Bereithaltung von Amts wegen festzustellen. *(BGBl I 2017/40, ab 13. 4. 2017)*

(1a) Das Kommunikationssystem der Behörde hat bei Vorliegen der Voraussetzungen des § 34 Abs. 1 Z 1 und 2 die Daten gemäß Abs. 3 an das Anzeigemodul zu übermitteln. *(BGBl I 2017/40; BGBl I 2018/104, iVm BGBl II 2019/140)*

(2) Für die Zulässigkeit der Abfrage des Teilnehmerverzeichnisses und der Weiterleitung der Daten gemäß Abs. 3 hat das elektronische Kommunikationssystem der Behörde folgende Leistungen nach dem jeweiligen Stand der Technik zu erbringen:

1. das Betreiben einer technischen Einrichtung mit hoher Zuverlässigkeit für die sichere elektronische Bereithaltung der zuzustellenden Dokumente;

2. die unverzügliche Weiterleitung der Daten gemäß Abs. 3 an das Anzeigemodul;

3. die Bereitstellung eines Verfahrens zur identifizierten und authentifizierten Abholung der bereitgehaltenen Dokumente über das Anzeigemodul;

4. die Protokollierung der Abholung des Dokuments;

5. die Beratung des Empfängers, wenn bei der Abholung von Dokumenten technische Probleme auftreten.

Soweit dies erforderlich ist, hat der Bundesminister für Digitalisierung und Wirtschaftsstandort durch Verordnung nähere Bestimmungen über Leistungen zu erlassen. *(BGBl I 2018/104, iVm BGBl II 2019/140)*

(2a) Vor der Abfrage des Teilnehmerverzeichnisses und der Weiterleitung der Daten gemäß Abs. 3 hat die Behörde die ordnungsgemäße Erfüllung der Anforderungen und den einwandfreien Betrieb des Kommunikationssystems der Behörde dem Bundesminister für Digitalisierung und Wirtschaftsstandort anzuzeigen. Der Bundesminister für Digitalisierung und Wirtschaftsstandort hat die Liste der Kommunikationssysteme der Behörde im Internet zu veröffentlichen. Bei Nichteinhaltung ist die Abfrage und Entgegennahme der Daten zu unterbinden. *(BGBl I 2018/104, iVm BGBl II 2019/140)*

(3) Das elektronische Kommunikationssystem der Behörde hat die Weiterleitung der das Dokument beschreibenden Daten, das Dokument, die Verständigungsadressdaten sowie die elektronische Information für die technische Möglichkeit der elektronischen identifizierten und authentifizierten Abholung des Dokuments dem Anzeigemodul (§ 37b) anzubieten. *(BGBl I 2017/40, zum Inkrafttreten der Änderung siehe § 40 Abs 9 Z 3; BGBl I 2018/104, iVm BGBl II 2019/140)*

(4) Zustellungen ohne Zustellnachweis können auch ein zur Verfügung stehendes Kommunikationssystem einer anderen Behörde im selben Vollziehungsbereich erfolgen. *(BGBl I 2018/104, iVm BGBl II 2019/140)*

(5) Die Zustellleistung (Abs. 1) ist so zu erbringen, dass für behinderte Menschen ein barrierefreier Zugang zu dieser Leistung nach dem jeweiligen Stand der Technik gewährleistet ist. *(BGBl I 2018/104, iVm BGBl II 2019/140)*

(BGBl I 2008/5)

Unmittelbare elektronische Ausfolgung

§ 37a. Versandbereite Dokumente können dem Empfänger unmittelbar elektronisch ausgefolgt werden, wenn dieser bei der Antragstellung seine Identität und die Authentizität der Kommunikation nachgewiesen hat und die Ausfolgung in einem so engen zeitlichen Zusammenhang mit der Antragstellung steht, dass sie von diesem Nachweis umfasst ist. Wenn mit Zustellnachweis zuzustellen ist, sind die Identität und die Authentizität der Kommunikation mit der Bürgerkarte (§ 2 Z 10 E-GovG) nachzuweisen.

(BGBl I 2008/5)

Anzeigemodul

§ 37b. (1) Das Anzeigemodul ermöglicht Empfängern online die Anzeige der das Dokument beschreibenden Daten von zur Abholung für sie bereitgehaltenen Dokumenten, die Verständigung darüber sowie die Abholung dieser Dokumente. *(BGBl I 2018/104, iVm BGBl II 2019/140)*

(2) Der Betreiber des Anzeigemoduls ist gesetzlicher Auftragsverarbeiter für Zustellsysteme gemäß § 28 Abs. 3 Z 1, 2 und 4 zum Zweck der Identifikation und Authentifikation von zur Abholung berechtigten Personen. Diesen Personen darf die Anzahl ihrer gelesenen und ungelesenen Dokumente schon vor der Abholung angezeigt werden. *(BGBl I 2018/104, iVm BGBl II 2019/140)*

(3) Das Anzeigemodul hat sämtliche Daten über die Abholung durch den Empfänger zu protokollieren und an das jeweilige Zustellsystem gemäß Abs. 2 elektronisch zu übermitteln.

(4) Der Bundesminister für Digitalisierung und Wirtschaftsstandort stellt ein Anzeigemodul mit hoher Zuverlässigkeit zur Verfügung. Dieses kann auf Internetportalen von Verantwortlichen des öffentlichen Bereichs unter der Maßgabe der Einhaltung der technischen Schnittstellen und Spezifikationen angebunden werden. Der Bundesminister für Digitalisierung und Wirtschaftsstandort hat diese Schnittstellen und Spezifikationen im Internet auf seiner Website bekannt zu geben. Das Unternehmensserviceportal und das Bürgerserviceportal gemäß § 3 des Unternehmensserviceportalgesetzes – USPG, BGBl. I Nr. 52/2009, haben das Anzeigemodul einzubinden. Der Bundesminister für Digitalisierung und Wirtschaftsstandort kann durch Verordnung Kriterien zur Einbindung oder Anbindung des Anzeigemoduls bei weiteren Portalen festlegen. *(BGBl I 2018/104, iVm BGBl II 2019/140)*

(5) Die Leistungen des Anzeigemoduls (Abs. 1) sind so zu erbringen, dass für Menschen mit Behinderung ein barrierefreier Zugang zu dieser Leistung nach dem jeweiligen Stand der Technik gewährleistet ist.

(6) Soweit dies erforderlich ist, hat der Bundesminister für Digitalisierung und Wirtschaftsstandort durch Verordnung nähere Bestimmungen über die beschreibenden Daten von Dokumenten gemäß Abs. 1 zu erlassen. *(BGBl I 2018/104, iVm BGBl II 2019/140)*

(7) Der Bundesminister für Digitalisierung und Wirtschaftsstandort hat den einliefernden Systemen die Kosten für das Anzeigemodul entsprechend ihrem Einlieferungsvolumen kostendeckend zu verrechnen. Werden Daten im Anzeigemodul eingeliefert, die nach diesem Bundesgesetz keine Rechtswirkungen auslösen, sind die halben Verrechnungssätze anzuwenden. Die Bundesrechenzentrum GmbH kann als Zahlstelle eingerichtet werden. *(BGBl I 2018/104)*

(8) Die Verfügbarkeit des Anzeigemoduls ist von dem Bundesminister für Digitalisierung und Wirtschaftsstandort im Bundesgesetzblatt kundzumachen.[1] *(BGBl I 2018/104, iVm BGBl II 2019/140)*

(BGBl I 2017/40, ab 13. 4. 2017)

---

[1] *Die Kundmachung erfolgte im Mai 2018 (vgl BGBl I 2018/33, BGBl I 2018/110).*

4. Abschnitt

Schlußbestimmungen

Verweisungen

§ 38. (1) Verweisungen in den Verfahrensvorschriften auf Bestimmungen, die Angelegenheiten des Zustellwesens regeln, gelten als Verweisungen auf die entsprechenden Bestimmungen dieses Bundesgesetzes.

(2) Soweit in diesem Bundesgesetz auf Bestimmungen anderer Bundesgesetze verwiesen wird, sind diese in ihrer jeweils geltenden Fassung anzuwenden.

(BGBl I 1998/158)

(Abschnittsüberschrift idF BGBl I 2008/5)

Vollziehung

§ 39. Mit der Vollziehung dieses Bundesgesetzes ist hinsichtlich der §§ 28a, 28b, 30 bis 32 und § 37b der Bundesminister für Digitalisierung und Wirtschaftsstandort, hinsichtlich der übrigen Bestimmungen die Bundesregierung betraut.

(BGBl I 2004/10; BGBl I 2018/104, iVm BGBl II 2019/140)

Inkrafttretens- und Übergangsbestimmungen

§ 40. (1) § 15 Abs. 1 in der Fassung des Bundesgesetzes BGBl. I Nr. 158/1998 tritt mit 1. Jänner 1998 in Kraft. Die §§ 1 Abs. 2, 2a samt Überschrift, 7 samt Überschrift, die Überschrift vor § 8a, die §§ 8a, 9, 10, 24 samt Überschrift, 26 Abs. 2 und 26a in der Fassung des Bundesgesetzes BGBl. I Nr. 158/1998 treten mit 1. Jänner 1999 in Kraft. § 1 Abs. 3, § 1a und die Überschrift zu § 10 treten mit Ablauf des 31. Dezember 1998 außer Kraft. *(BGBl I 1998/158)*

(2) § 1 Abs. 2 letzter Satz, § 2a Abs. 2, § 11 Abs. 3 und § 12 Abs. 4 in der Fassung des Bundesgesetzes BGBl. I Nr. 137/2001 treten mit 1. Jänner 2002 in Kraft. *(BGBl I 2001/137)*

(3) § 1 Abs. 2 letzter Satz und § 17a samt Überschrift in der Fassung des Verwaltungsreformgesetzes 2001, BGBl. I Nr. 65/2002, treten mit 1. Jänner 2002, jedoch nicht vor dem der Kundmachung des genannten Gesetzes folgenden Tag[1], in Kraft. *(BGBl I 2002/65)*

(4) Der Titel, §§ 1 bis 7 und 9 samt Überschriften, die Überschrift des Abschnitts II und die §§ 26 und 27 samt Überschriften, Abschnitt III, die Bezeichnungen des nunmehrigen Abschnitt IV und der nunmehrigen §§ 38, 39 und 40 sowie § 40 Abs. 4 und 5 in der Fassung des Bundesgesetzes BGBl. I Nr. 10/2004 treten mit 1. März 2004 in Kraft. Zugleich treten § 8a, § 13 Abs. 5 und 6, § 17a und § 26a, in der zu diesem Zeitpunkt geltenden Fassung, außer Kraft. *(BGBl I 2004/10)*

(5) Die Bezeichnung des 1. Abschnitts, § 2 Z 2, Z 4, 5, 6 und 8 (Z 3 bis 6 neu) und Z 7 bis 9, die §§ 3 bis 5 samt Überschriften, § 7, § 9 Abs. 1 bis 3 und 6, § 10 samt Überschrift, § 12 samt Überschrift, die Bezeichnung und die Überschrift des 2. Abschnitts, § 13, § 14, § 16 Abs. 1, 3 und 4, § 17, § 18, § 19, § 20 Abs. 1 und 2, § 21 samt Überschrift, § 22 Abs. 2 bis 4, § 23 Abs. 1, 2 und 4, § 24 samt Überschrift, § 24a samt Überschrift, § 25 Abs. 1, § 26 Abs. 1, § 27 samt Überschrift, der 3. Abschnitt, die Bezeichnung des 4. Abschnitts, § 39, § 40 Abs. 5 und § 41 samt Überschrift in der Fassung des Bundesgesetzes BGBl. I Nr. 5/2008 treten mit 1. Jänner 2008 in Kraft; gleichzeitig treten § 2 Z 3 und 7, die Überschriften nach § 8 (zum früheren § 8a) und nach § 17 (zum früheren § 17a) außer Kraft. § 37 samt Überschrift in der Fassung des Art. 4 Z 48 des Bundesgesetzes BGBl. I Nr. 5/2008 tritt mit 1. Jänner 2009 in Kraft. Die Zustelldiensteverordnung – ZustDV, BGBl. II Nr. 233/2005, gilt in ihrer am 31. Dezember 2007 geltenden Fassung weiter. *(BGBl I 2004/10; BGBl I 2008/5)*

(6) *(entfällt, BGBl I 2018/104, iVm BGBl II 2019/140)*

(7) § 22 Abs. 3, § 27 Z 3, § 28 Abs. 2, § 29 Abs. 1 Z 10 und 11, § 33 Abs. 1 und § 35 Abs. 9 in der Fassung des Budgetbegleitgesetzes 2011, BGBl. I Nr. 111/2010, treten mit 1. Jänner 2011 in Kraft. *(BGBl I 2010/111)*

(8) § 2 Z 1, 6 und 7, § 10 samt Überschrift, § 11 Abs. 2, § 18 Abs. 1 Z 1, § 19 samt Überschrift, § 22 Abs. 2 und 4, § 25 Abs. 1, § 27 Z 2, § 29 Abs. 1 Z 7, 8 und 11 und § 35 Abs. 3 letzter Satz in der Fassung des Bundesgesetzes BGBl. I Nr. 33/2013 treten mit Ablauf des Monats der Kundmachung dieses Bundesgesetzes in Kraft. *(BGBl I 2013/33)*

(9) In der Fassung des Deregulierungsgesetzes 2017, BGBl. I Nr. 40/2017, treten in Kraft:

1. § 11 Abs. 2 mit 1. März 2014,

2. § 2 Z 7 bis 9, die Überschrift zu § 10, § 28 Abs. 2, § 29 Abs. 5, § 32 Abs. 1, § 35 Abs. 1 Z 4, Abs. 2, 3 erster Satz, 6 bis 8, § 36, § 37 Abs. 1 und 1a, § 37b samt Überschrift sowie § 39 mit Ablauf des Tages der Kundmachung und

3. § 29 Abs. 1 Z 11 und 12, § 37 Abs. 3 sowie § 40 Abs. 6 zweiter Satz mit Beginn des siebenten auf den Tag der Kundmachung der Verfügbarkeit

des Anzeigemoduls gemäß § 37b Abs. 8 folgenden Monats.[2]

(BGBl I 2017/40)

(10) Elektronische Zustelldienste, die gemäß § 30 in der Fassung vor der Novelle BGBl. I Nr. 104/2018 zugelassen wurden, gelten als elektronische Zustelldienste gemäß § 30 in der Fassung dieser Novelle und haben spätestens nach Ablauf von zwei Jahren ab Inkrafttreten der genannten Bestimmung in der Fassung der genannten Novelle ein Konformitätsbewertungsgutachten gemäß § 30 Abs. 1 vorzulegen. *(BGBl I 2018/104)*

(11) Die Kosten des Teilnehmerverzeichnisses gemäß § 28a Abs. 2 in der Fassung des Bundesgesetzes BGBl. I Nr. 104/2018 und jene des Anzeigemoduls gemäß § 37b in der Fassung des Bundesgesetzes BGBl. I Nr. 104/2018 sind bis zu einem Einlieferungsvolumen von 25 Millionen pro Jahr nicht zu verrechnen und vom Bundesminister für Digitalisierung und Wirtschaftsstandort zu tragen. Wird diese Menge überschritten, hat der Bundesminister für Digitalisierung und Wirtschaftsstandort ab dem Beginn des übernächsten Jahres die Kosten zu verrechnen, wobei pro Einlieferung in Summe höchstens 7 Cent für die Kosten des Teilnehmerverzeichnisses und des Anzeigemoduls verrechnet werden dürfen. *(BGBl I 2018/104)*

(12) § 28a samt Überschrift und § 37b Abs. 7 in der Fassung des Bundesgesetzes BGBl. I Nr. 104/2018 treten mit Ablauf des Tages der Kundmachung in Kraft.[3] § 28 Abs. 2 bis 4, § 28b Abs. 1 bis 3 und 6, § 29 Abs. 1 und 3 bis 5, § 30 Abs. 1, 3 bis 5, § 31, § 34 samt Überschrift, § 35 Abs. 1 bis 5, § 36 samt Überschrift, § 37 Abs. 1a bis 5, § 37b Abs. 1, 2, 4, 6 und 8 sowie § 39 in der Fassung des Bundesgesetzes BGBl. I Nr. 104/2018 treten mit Beginn des siebenten auf den Tag der Kundmachung der Verfügbarkeit des Teilnehmerverzeichnisses gemäß § 28a Abs. 3 folgenden Monats in Kraft. Zugleich treten § 29 Abs. 2 und 6, § 32 samt Überschrift, § 33 samt Überschrift, § 35 Abs. 9 und § 40 Abs. 6 außer Kraft. Die Überschrift zu § 28b und § 28b Abs. 4 und 5 in der Fassung des Bundesgesetzes BGBl. I Nr. 104/2018 treten mit Beginn des zweiten auf den Tag der Kundmachung der Verfügbarkeit des Teilnehmerverzeichnisses gemäß § 28a Abs. 3 folgenden Monats in Kraft.[4] *(BGBl I 2018/104)*

(13) § 26a samt Überschrift in der Fassung des Bundesgesetzes BGBl. I Nr. 16/2020 tritt mit Ablauf des Tages der Kundmachung[5] des genannten Bundesgesetzes in Kraft. *(BGBl I 2020/16; BGBl I 2020/42)*

(14) § 26a samt Überschrift in der Fassung des Bundesgesetzes BGBl. I Nr. 42/2020 tritt mit Ablauf des Tages der Kundmachung[6] des genannten Bundesgesetzes in Kraft und mit Ablauf des 30. Juni 2020 außer Kraft. Dass bei Zustellvorgängen, die sich im Zeitraum vom 22. März 2020 bis

zum Ablauf des Tages der Kundmachung des genannten Bundesgesetzes ereignet haben, die Beurkundung der Form der Verständigung von der Zustellung sowie gegebenenfalls der Gründe, aus denen eine Verständigung nicht möglich war, aus technischen Gründen nicht elektronisch erfolgt ist, gilt dann nicht als Zustellmangel, wenn ihre Beurkundung in einer dem § 26a Z 3 letzter Satz in der Fassung des Bundesgesetzes BGBl. I Nr. 42/2020 entsprechenden Weise erfolgt ist und die betreffenden Daten dem Absender nachträglich unverzüglich übermittelt werden oder bereits übermittelt worden sind. *(BGBl I 2020/42)*

---

[1] *20. 4. 2002 (BGBl I 2002/65)*
[2] *Die Kundmachung erfolgte im Mai 2018 (vgl BGBl I 2018/33, BGBl II 2018/110).*

[3] *Die Kundmachung erfolgte am 27.12.2018.*
[4] *Die Kundmachung erfolgte am 28.5.2019 (BGBl 2019 II/104).*
[5] *Die Kundmachung erfolgte am 21.3.2020.*
[6] *Die Kundmachung erfolgte am 14.5.2020.*

Sprachliche Gleichbehandlung

§ 41. Soweit sich die in diesem Bundesgesetz verwendeten Bezeichnungen auf natürliche Personen beziehen, gilt die gewählte Form für beide Geschlechter. Bei der Anwendung dieser Bezeichnungen auf bestimmte natürliche Personen ist die jeweils geschlechtsspezifische Form zu verwenden.

(BGBl I 2008/5)

Zustellnovelle 2018

381 d.B., 26. GP.

Aus der Regierungsvorlage zur Zustellnovelle 2018 (Bundesgesetz, mit dem das E-Government-Gesetz, das IKT-Konsolidierungsgesetz, das Signatur- und Vertrauensdienstegesetz, das Unternehmensserviceportalgesetz, das Bundesgesetzblattgesetz, das Zustellgesetz, die Bundesabgabenordnung, das Bundesfinanzgerichtsgesetz, das Meldegesetz 1991, das Passgesetz 1992 und das Personenstandsgesetz 2013 geändert werden), 381 der BlG 26. GP, S 1-2, 5-11

Erläuterungen

(Auszug)

I. Allgemeiner Teil

...

Zu Artikel 6 bis 8 (Änderung des Zustellgesetzes, der Bundesabgabenordnung und des Bundesfinanzgerichtsgesetzes):

In Zukunft soll die Zustellung von Behördenschreiben hauptsächlich auf elektronischem Wege erfolgen. Dadurch können Einsparungspotenziale für Behörden (z. B. Portokosten, Papier, Druck) und für die Empfängerinnen und Empfänger lukriert werden (z. B. Zeitersparnis). Mit BGBl. I Nr. 40/2017 wurde ein Anzeigemodul im Zustellgesetz eingeführt, um aus den unterschiedlichen Zustellsystemen sowohl auf Basis des Zustellgesetzes (elektronische Zustelldienste, behördliche Kommunikationssysteme der Behörde) als auch fachspezifischen Systemen anderer Verfahrensgesetze (Elektronischer Rechtsverkehr gemäß GOG, FinanzOnline gemäß BAO) Empfängern eine einheitliche Übersicht der für sie bereitgehaltenen elektronischen Zustellstücke zu ermöglichen. In konsequenter Fortführung dieses Schritts soll nun auch die Versenderseite vereinfacht werden und die vollständige Erreichbarkeit der Empfänger sichergestellt werden. Nur dadurch kann das gesamte Einsparungspotential elektronischer Zustellungen erreicht werden. Es soll daher mit den gegenständlichen Änderungen des Zustellgesetzes ein systemübergreifendes Teilnehmerverzeichnis sämtlicher Zustellsysteme eingeführt werden, um alle potentiellen Empfänger erreichen zu können. Dies soll auch den Versendern die Möglichkeit der Auswahl des elektronischen Zustellsystems geben und nicht wie bisher an jenes System binden, bei dem der Nutzer (Empfänger) angemeldet war. Schließlich soll dies in der elektronischen Zustelllandschaft im Sinne einer einheitlichen Gesamtarchitektur zu einer weiteren Harmonisierung der Zustellzeitpunkte genutzt werden. Weiters werden für die Anwendbarkeit der elektronischen Zustellung die erforderlichen Anpassungen in der BAO bzw. dem Bundesfinanzgerichtsgesetz vorgenommen.

...

II. Besonderer Teil

...

Zu Artikel 6 (Änderung des Zustellgesetzes):

Zu Z 1 (§ 28 Abs. 2):

Wie für die elektronischen Zustellungen gemäß § 89a ff GOG soll klargestellt werden, dass die elektronischen Zustellungen im Abgabenverfahren sowie im Zollbereich weiterhin nach der BAO und den zollrechtlichen Vorschriften zu erfolgen haben.

Zu Z 2 (§ 28 Abs. 3 und 4):

Um eine Harmonisierung der unterschiedlichen Zustellverfahren zu erreichen, soll in Abs. 3 eine abschließende Aufzählung jener Zustellsysteme erfolgen, die nunmehr in die neue technische Zustellarchitektur eingebunden und somit zulässige Methoden der elektronischen Zustellung darstellen sollen. Als vom Bundeskanzleramt bereitgestellte Systeme (Z 4) gilt derzeit das Personalmanagementsystem gemäß § 44a BHG.

Eine elektronische Zustellung erfolgt bislang immer an jenes Zustellsystem (elektronischen Zustelldienst) bei dem der Empfänger registriert ist. Dadurch ist der Versender stets an diesen konkreten Dienst gebunden, was bei elektronischen Zustelldiensten durch das gesetzlich festgelegte einheitliche Entgelt auch zu keinen Unterschieden bei den Versandkosten führt (vgl. § 40 Abs. 6 geltende Fassung). Wie in den allgemeinen Erläuterungen angeführt, soll entsprechend der nunmehrigen Systematik der Versender die Möglichkeit der Auswahl des elektronischen Zustellsystems erhalten. Dadurch wird bei gleichzeitiger Aufhebung des gesetzlich festgelegten Zustellentgelts eine Wettbewerbssituation zwischen den Zustellsystemen geschaffen. Das Versandentgelt richtet sich somit nach den individuellen Preisen der Zustellsysteme, wobei durch die Wettbewerbssituation eine Senkung des Versandentgelts (bei elektronischen Zustelldiensten derzeit 0,408 €/Stück) erwartet wird. Es soll daher gleich zu Beginn des 3. Abschnitts festgehalten werden, dass die Auswahl des elektronischen Zustellsystems ausschließlich dem Absender obliegt. Für den Empfänger ergeben sich aufgrund der Verfügbarkeit des Anzeigemoduls gemäß § 37b keinerlei Einschränkungen oder Nachteile, da die Zustellstücke sowieso an diesem zentralen Ort abgeholt werden können und dies nicht mehr bei unterschiedlichen elektronischen Zustellsystemen (Zustelldiensten) erfolgen muss.

In Abs. 4 wird taxativ aufgezählt welche Zustellsysteme auch geeignet sind, nachweisliche elektronische Zustellungen abzuwickeln. Verfügt die Behörde in ihrer Zustellverfügung eine nachweisliche Zustellung, so dürfen nur die in Abs. 4 genannten Zustellsysteme dafür herangezogen werden. Alle anderen Zustellsysteme sind lediglich für nicht-nachweisliche elektronische Zustellungen geeignet.

Zu Z 3 (§ 28a und § 28b):

Zu § 28a:

Das umfassende Eruieren der elektronischen Erreichbarkeit von potentiellen Empfängern (Teilnehmer an der elektronischen Zustellung) für elektronische Zustellungen ist derzeit aufgrund der Zersplitterung der unterschiedlichen Zustellsysteme und dem Fehlen von gemeinsamen Schnittstellen nicht umsetzbar. Kernstück der neuen Zustellarchitektur ist daher die Schaffung eines gemeinsamen Teilnehmerverzeichnisses, das von jedem Zustellsystem zur Adressierung der Empfänger herangezogen wird. Nur dadurch kann die vollständige Erreichbarkeit der Empfänger sichergestellt werden und das gesamte Einsparungspotential elektronischer Zustellungen erreicht werden, denn jedes Nichtauffinden von Teilnehmern bedeutet Mehrkosten durch Porto, Papier, Druck und Manipulationsaufwand.

Die Bundesministerin für Digitalisierung und Wirtschaftsstandort soll daher für diesen Zweck ein solches elektronisches Teilnehmerverzeichnis mit hoher Zuverlässigkeit, welches alle verfügbaren Empfänger enthalten soll, zur Verfügung stellen. Unter „hoher Zuverlässigkeit" eines Systems ist zu verstehen, dass dieses 24 Stunden und 7 Tage die Woche bereitzustellen ist. Eine Mindestverfügbarkeit von 98 % bei einem Betrachtungszeitraum von einem Monat ist zu gewährleisten. Das Teilnehmerverzeichnis soll ähnlich dem bisherigen sogenannten Zustellkopf (Ermittlungsleistung gemäß § 29 Abs. 2) die Daten gemäß dem neu vorgeschlagenen § 28b verarbeiten (§ 28a Abs. 1 Z 1), adressierbare Teilnehmer ermitteln (§ 28a Abs. 1 Z 2) und diese Information an den Versender rückmelden (§ 28a Abs. 1 Z 3). Eine weitere Leistung ist die elektronische Versendung eines Avisos gemäß § 34 Abs. 4 (§ 28a Abs. 1 Z 4) sowie die Protokollierung von Anfragen und Ergebnissen (§ 28a Abs. 1 Z 5).

Die Leistungen erbringt das Teilnehmerverzeichnis gegen ein kostendeckendes Entgelt, welches vom Zustellsystem zu begleichen ist. Das Entgelt kann im Rahmen der privatwirtschaftlichen Preisgestaltung vom Zustellsystem freilich den Versendern ganz oder teilweise weiterverrechnet werden.

Zu § 28b:

Die Anmeldung zum Teilnehmerverzeichnis erfolgt für empfangsbereite Personen über das bestehende Anzeigemodul gemäß § 37b, welches um diese Funktionalität erweitert werden soll. Das Anzeigemodul bietet bereits derzeit die Anzeige von elektronischen Zustellungen an, wodurch es auch zweckmäßig erscheint, die Anmeldung sowie die weitere Verwaltung der Teilnehmerdaten, wie etwa die Änderung der Teilnehmerdaten, über dieses Service abzuwickeln. Auch die allfällige Abmeldung von der Teilnahme am System der elektronischen Zustellung und somit auch die Abmeldung vom Teilnehmerverzeichnis soll über diesen Weg erfolgen können. Zusätzlich sollen andere bestehende elektronische Systeme genutzt werden können, damit ein Benutzer einfach und automatisiert den An-, Änderungs- oder Abmeldewunsch dem Teilnehmerverzeichnis mitteilen kann.

Abhängig vom Authentifizierungsniveau der angemeldeten Person kann eine elektronische Zustellung oder Zusendung auch nachweislich erfolgen. Dies jedoch nur dann, wenn die Anmeldung unter dem höchsten Authentifizierungsniveau (Bürgerkarte/Handy-Signatur) geschieht.

In den Z 1 bis 10 sind jene Daten aufgezählt, die vom Teilnehmerverzeichnis verarbeitet werden dürfen. Neben den für eine ausreichende Bestimmung des Adressaten notwendigen Daten dürfen auch organisatorische Inhalte verarbeitet werden. Insbesondere Nutzern von bestehenden Fachsystemen (ERV) bzw. Nutzern von berufsspezifischen Ausprägungen soll die Möglichkeit gegeben werden auch weiterhin ihre gewohnte elektronische Zustelllösung zu verwenden (Z 6 und 8). Allenfalls bestehen auch aufgrund der Zusammenführung der Teilnehmerdaten aus den derzeit bestehenden unterschiedlichen Quellverzeichnissen Teilnehmer, die nur nach bestimmten Verfahrensvorschriften oder über bestimmte Zustellsysteme empfangsbereit sind bzw. sein wollen. Auch dieser Umstand soll gespeichert werden. Weit verbreitete Dateiformate wie beispielsweise PDF oder MS Word sind von allen Teilnehmern zu akzeptieren. Bei bestimmten Berufsgruppen macht es jedoch Sinn auch weniger verbreitete Dateiformate (z. B. CAD im bautechnischen Bereich) zu empfangen (Z 7). Bei diesen Dateiformaten kann jedoch nicht erwartet werden, dass jedermann über die geeignete – oft kostenpflichtige – Software verfügt, um diese Dateien öffnen zu können. Deshalb sollen diese weniger verbreiteten Dateiformate nur bei entsprechender Einwilligung zugestellt werden dürfen. Ein Rechtsanspruch, dass diese Dateiformate dann auch tatsächlich von der zustellenden Behörde versendet werden, kann daraus jedoch nicht abgeleitet werden. Weiters sollen Adressmerkmale wie der Hauptwohnsitz nach Möglichkeit nicht vom Teilnehmerverzeichnis gespeichert werden, sondern nur im Zeitpunkt der Anfrage ad hoc aus den entsprechenden Registern (z. B. ZMR) abgefragt werden (Z 9). So kann die Datenrichtigkeit und Aktualität stets sichergestellt werden, auch wenn der Teilnehmer der Pflicht zur unverzüglichen Aktualisierung (Abs. 2) nicht nachkommt. Schließlich dürfen auch noch weitere Daten verarbeitet werden, die aufgrund einer Anmeldung über FinanzOnline automatisiert übermittelt worden sind (Abs. 4).

Abs. 2 legt die Verpflichtung der Teilnehmer zur unverzüglichen Bekanntgabe von Änderungen gegenüber dem Teilnehmerverzeichnis fest. Ausgenommen davon sind Daten, die automationsunterstützt über Register von Verantwortlichen des öffentlichen Bereichs aktualisiert werden können. Ein Teilnehmer hat die Möglichkeit, sich vorübergehend abwesend zu melden. Dadurch erhält er für diesen Zeitraum keine elektronischen Zustellungen/Zusendungen mehr. Damit ist jedoch keine Abwesenheit von einer (physischen) Abgabestelle verbunden, wodurch Sendungen an den Wohnsitz weiterhin möglich sind bzw. nach anderweitigen Reglungen Abwesenheitsmeldungen zusätzlich zu erfolgen haben. Freilich steht für diese Personengruppe die jederzeitige Abmeldung vom Teilnehmerverzeichnis auch zur Verfügung. Gesteuert wird die Abwesenheitsmeldung auch über das Anzeigemodul.

Da das Teilnehmerverzeichnis von der Konzeption her den bisherigen sog. Zustellkopf (Ermittlungs- und Zustelldienst) für elektronische Zustelldienste übernimmt, sollen die dort registrierten Nutzer automatisiert in das Teilnehmerverzeichnis übergeführt werden (Abs. 3). Dies erscheint auch zweckmäßig, da diese registrierten Nutzer schon bisher ihre Zustimmung zum Empfang von elektronischen Zustellungen von sämtlichen Behörden bzw. Verwaltungsbereichen erteilt hatten, die sie – soweit nunmehr keine Teilnahmeverpflichtungen bestehen – auch weiterhin jederzeit widerrufen können.

Auch Teilnehmer von FinanzOnline sollen automatisiert in das neue Teilnehmerverzeichnis übernommen werden. Dies kann bei Nicht-Unternehmern selbstverständlich nur mit deren Einwilligung geschehen, da sie als FinanzOnline-Teilnehmer nur die Zustimmung für den Empfang von Zustellungen aus dem Bereich der Finanz erteilt hatten und nicht für sämtliche Verwaltungsbereiche. Unternehmen sollen jedoch aufgrund der Verpflichtung zur Teilnahme an der elektronischen Zustellung (vgl. § 1b E GovG) ohne weitere Einwilligung übernommen werden dürfen.

Gleiches gilt für ERV-Teilnehmer (Abs. 5), die ebenso automationsunterstützt ins Teilnehmerverzeichnis übernommen werden sollen. Hier soll hinsichtlich verpflichteter Teilnehmer des ERV eine opt-out-Möglichkeit bestehen.

Gemäß Abs. 6 ist eine vollständige Abmeldung vom Teilnehmerverzeichnis zulässig, soweit nicht eine Teilnahmeverpflichtung besteht. Da solche Teilnahmeverpflichtungen auch nur bestimmte Verwaltungsbereiche betreffen können (z. B. Finanzbereich oder ERV-Teilnahmeverpflichtung), soll auch eine bloß teilweise Abmeldung vom Teilnehmerverzeichnis für die nicht verpflichtenden Bereiche eingerichtet werden. Um sich nicht unmittelbar drohenden elektronischen Zustellungen entziehen zu können, soll die Abmeldung erst zwei Wochen nach dem Einlangen wirksam werden. Verstorbene Personen sollen automationsunterstützt aus dem Teilnehmerverzeichnis gelöscht werden.

Zu Z 4 (§ 29 Abs. 1):

Die derzeitigen Leistungen der elektronischen Zustelldienste sollen in Hinkunft teilweise durch das Anzeigemodul erledigt werden. So sollen Teilnehmerdaten durch das Anzeigemodul an das Teilnehmerverzeichnis weitergeleitet werden und die Verständigung über das Vorliegen einer elektronischen Zustellung durch das Anzeigemodul übernommen werden. Als neue Leistung der elektronischen Zustelldienste sollen die Weiterleitung des Dokuments und die Verständigungsadressdaten ergänzt werden. Dabei können auch weitere Aktionen wie Bezahlfunktionen mitübermittelt werden. § 29 Abs. 1 ist gegenüber der geltenden Fassung dementsprechend anzupassen.

Zu Z 5 (§ 29 Abs. 2):

Die bisherige Bestimmung zum sog. Zustellkopf kann ersatzlos entfallen, da diese Leistungen durch das Teilnehmerverzeichnis erbracht werden sollen.

Zu Z 6 (§ 29 Abs. 3):

Klargestellt werden soll, dass die Zustellleistung neben der Zustellung von Dokumenten im Rahmen der Hoheitsverwaltung auch weiterhin die Zusendung von Dokumenten im Rahmen der Privatwirtschaftsverwaltung umfasst und zu diesem Zweck auch das Teilnehmerverzeichnis abgefragt werden darf. Letztlich erfolgt die technisch-organisatorische Abwicklung bei Zusendungen gleichlaufend mit den Zustellungen.

Die Anzeige der Dokumente erfolgt in Hinkunft nicht eben mehr direkt auf der Weboberfläche eines Zustelldienstes, sondern über das seit Mai 2018 in Betrieb befindliche Anzeigemodul gem. § 37b (vgl. die Kundmachung der Verfügbarkeit des Anzeigemoduls im BGBl. I Nr. 33/2018). Das Anzeigemodul wird dabei in das Unternehmensserviceportal, Help.gv.at sowie in weiterer Folge wohl auch in die zentrale Behördenplattform oesterreich.gv.at integriert, um an einer Stelle sämtliche Behördendokumente empfangen zu können. Zur Abgrenzung von privatrechtlichen Dienstleistungen der Dokumentenübermittlung erscheint es nicht zielführend auch noch Zusendungen im Auftrag von Privaten im Anzeigemodul anzuzeigen. Es soll daher im Gegensatz zur bisherigen Regelung des Abs. 3 die Zusendung von Dokumenten im Auftrag von Privaten nicht mehr Leistungsgegenstand von elektronischen Zustelldiensten sein. Freilich können solche Dienstleistungen weiterhin außerhalb des Regimes des Zustellgesetzes angeboten und betrieben werden.

Zu Z 7 bis 9 (§ 29 Abs. 4):

Es erfolgen datenschutzrechtliche Begriffsanpassungen aufgrund der DSGVO sowie terminologische Anpassungen.

Zu Z 10 (§ 29 Abs. 5):

Durch den Entfall des Abs. 2 hat auch der Verweis auf Abs. 2 zu entfallen.

Zu Z 11 (§ 29 Abs. 6):

§ 29 Abs. 6 kann aufgrund der neuen Systematik entfallen, da die Empfänger durch den elektronischen Zustelldienst nicht mehr diskriminiert werden können.

Zu Z 12 (§ 30 Abs. 1):

§ 30 Abs. 1 entspricht inhaltlich der geltenden Regelung über die Genehmigung als elektronischer Zustelldienst. Die Erfüllung der Zulassungsvoraussetzungen soll jedoch nunmehr auch durch ein Gutachten einer Konformitätsbewertungsstelle gemäß Artikel 2 Nummer 13 der Verordnung (EG) Nr. 765/2008, die zur Durchführung der Konformitätsbewertung qualifizierter Vertrauensdiensteanbieter und der von ihnen erbrachten qualifizierten Dienste für die Zustellung elektronischer Einschreiben gemäß Art. 44 eIDAS-VO akkreditiert ist, nachgewiesen werden.

Schon bislang war die Beibringung der AGB erforderlich. Diese bezogen sich jedoch auf die Privatkunden (Empfänger von Dokumenten). In Zukunft bezieht sich die Vorlage der AGB auf die Geschäftskunden (Versender).

Zu Z 13, 15, 16, 34, 35 und 36 (§ 30 Abs. 1, 3 und 4, § 31 Abs. 1 und 2 sowie § 37b Abs. 6 bis 8):

Anpassung der Zuständigkeit durch die Bundesministeriengesetz-Novelle 2017, BGBl. I Nr. 164/2017.

Zu Z 14 (§ 30 Abs. 5):

Damit sichergestellt ist, dass die zugelassenen Zustelldienste auch nach der Genehmigung laufend den Stand der Technik einhalten, ist alle zwei Jahre ein Gutachten gemäß Abs. 1 vorzulegen.

Zu Z 17 (§§ 32 und 33):

Die bisherige Bestimmung des § 32 über den sog. Zustellkopf kann entfallen, da die Aufgaben in Hinkunft vom Teilnehmerverzeichnis übernommen werden.

Die bisherige Bestimmung des § 33 über die Anmeldung wurde in den vorgeschlagenen § 28b übernommen und dort entsprechend angepasst.

Zu Z 18 (§ 34):

Der vorgeschlagene § 34 entspricht thematisch der geltenden Fassung und enthält die entsprechenden Anpassungen. In Abs. 1 und 2 wird der Prozess beschrieben wie eine Behörde im Fall einer beabsichtigten elektronischen Zustellung bzw. Zusendung vorzugehen hat. Zuerst ist zu ermitteln, ob die adressierte Person überhaupt elektronisch erreichbar ist. Zu diesem Zweck mit den in Abs. 2 angeführten Daten entweder von der Behörde oder jedenfalls vom Zustellsystem, welches die Zustellung bzw. Zusendung übernimmt, abgefragt werden. Ist die adressierte und eindeutig identifizierte Person im Teilnehmerverzeichnis enthalten und liegen keine besonderen Ausschlussgründe vor (vorübergehende Abwesenheit oder keine nachweisliche Zustellung möglich), so sind vom Teilnehmerverzeichnis die für die Zustellung bzw. Zusendung erforderlichen Informationen an die Behörde oder das beauftragte Zustellsystem zu übermitteln. Von der Behörde wird das eigentliche Zustelldokument dann an das Zustellsystem weitergeleitet. Das Zustellsystem übernimmt in weitere Folge den Zustellprozess.

Da die verpflichteten Teilnehmer des ERV ihre Zustellstücke auch weiterhin in ihre gewohnte und speziell auf ihre Bedürfnisse abgestimmte Fachanwendungsumgebung erhalten sollen, normiert Abs. 3 dass weiterhin in den ERV zugestellt werden soll.

Ergibt die Abfrage des Teilnehmerverzeichnisses ein negatives Ergebnis, weil die Person zwar im Teilnehmerverzeichnis aufscheint aber nicht das Authentifizierungsniveau für eine nachweisliche Zustellung aufweist oder das Dokument aus einem Bereich stammt, für das die Person keine Empfangbereitschaft erklärt hat, so kann auf Verlangen des Versenders ein sog. Aviso an den Teilnehmer an die elektronische Verständigungsadresse gesendet werden. Darin soll die Information enthalten sein, dass versucht wurde ein Dokument elektronisch zu übermitteln. Dies gibt der informierten Person die Möglichkeit, sich allenfalls für einen erneuten Zustell- oder Zusendeversuch empfangsbereit zu erklären. Dadurch soll die Durchdringung von elektronisch erreichbaren Empfängern gesteigert werden. Solche beigestellte Verständigungsadressen dürfen auch unabhängig von einer konkreten Anmeldung zum Teilnehmerverzeichnis gespeichert werden (Abs. 4). Voraussetzung dafür ist selbstverständlich eine entsprechende datenschutzrechtliche Übermittlungsermächtigung (z. B. Einwilligung der betroffenen Person).

Um eine reibungslose Integration des Anzeigemoduls in Internetportalen wie dem Unternehmensserviceportal, Help.gv.at oder in Hinkunft oesterreich.gv.at zu ermöglich, darf das Teilnehmerverzeichnis für Zwecke der An- oder Abmeldung oder für das Anbieten von zielgerichteten Informationen im Zusammenhang mit dem Anzeigemodul abgefragt werden (Abs. 5).

Zu Z 19 (§ 35 Abs. 1):

Die vorgeschlagene Regelung zur (nachweislichen) Zustellung durch elektronische Zustelldienste entspricht dem Prinzip der geltenden Fassung des § 35 Abs. 1. Es wurde lediglich die nun neue Systematik eingearbeitet, wonach die Verständigung der Empfänger nun nicht mehr durch die Zustelldienste erfolgt, sondern durch das Anzeigemodul. Dementsprechend müssen die erforderlichen Daten auch vom Zustelldienst an das Anzeigemodul weitergereicht werden.

Soweit dies erforderlich ist, hat der Bundesminister für Digitalisierung und Wirtschaftsstandort durch Verordnung nähere Bestimmungen über die elektronischen Verständigungsformulare zu erlassen. Diese Ermächtigung beschränkt sich punktuell auf die Verständigungsformulare nach dem 3. Abschnitt des Zustellgesetzes und durchbricht nicht die Befugnis zur Erlassung einer Verordnung der Bundesregierung gemäß § 27 Z 2 ZustG im Anwendungsbereich des 2. Abschnitts des ZustG.

Zu Z 20 (§ 35 Abs. 2):

Es soll lediglich die Zitierung aufgrund der Ergänzungen des Abs. 1 angepasst werden.

Zu Z 21 (§ 35 Abs. 3):

Da das Anzeigemodul als einziger Abholpunkt von Dokumenten dienen soll, ist auch im Falle der Zustellung oder Zusendung über einen Zustelldienst die Abholung nur über das Anzeigemodul zulässig.

Zu Z 22 (§ 35 Abs. 3):

Häufigen Nutzern des Anzeigemoduls soll die Möglichkeit eröffnet werden über eine Schnittstelle die Dokumente rasch und gesammelt abholen zu können. Dazu bedarf es keiner besonderen Vereinbarung mit dem Zustelldienst mehr, da diese Leistung in Hinkunft vom Anzeigemodul angeboten wird.

Zu Z 23 (§ 35 Abs. 4):

Bei den Kunden der Zustelldienste und somit bei den Empfängern elektronischer Dokumente gab es vermehrt Unverständnis für die derzeit unterschiedlichen Aufbewahrungsfristen des zugestellten Dokuments von zwei bzw. vier Wochen, je nachdem ob das Dokument innerhalb der ersten zwei Wochen abgeholt wurde oder nicht. Ganz generell erscheint selbst im Lichte der datenschutzrechtlich gebotenen Speicherdauerminimierung eine Löschung des Dokuments nach maximal vier Wochen als zu kurz, da die Empfänger oft viel länger das Bedürfnis haben wichtige Dokumente online abrufen zu können. Nach Ablauf dieser Frist ist das Dokument unwiderruflich gelöscht und kann für allfällige weitere Behördenwege nicht mehr genutzt werden.

Selbst bei kostenlosen Anbietern von E-Mail-Accounts beträgt die Standardspeicherdauer im Normalfall 12 Monate. Es soll daher im Sinne der Empfänger einerseits die Aufbewahrungsfrist vereinheitlicht und andererseits generell auf insgesamt zehn Wochen (2+8) erstreckt werden. Dies erscheint nach Abwägung von Datenschutz, technisch-wirtschaftlichem Speicheraufwand und Empfängerbedürfnissen eine sachliche Festlegung.

Zu Z 24 (§ 35 Abs. 5):

Es soll lediglich eine sprachliche Klarstellung erfolgen, die oftmals zu Auslegungsschwierigkeiten geführt hat.

Zu Z 25 (§ 35 Abs. 9):

Die bisherige Regelung zur Koppelung des Zustelldienstes mit dem ERV kann aufgrund der neuen Architektur, die dieses Szenario auch abdeckt, entfallen.

Zu Z 26 (§ 36):

Die vorgeschlagene Regelung zur nicht-nachweislichen Zustellung durch Zustellsysteme unterscheidet sich gegenüber der Bestimmung des § 35 nur bezüglich der geringen Angaben in der Verständigung (Abs. 1) bzw. des Authentifizierungsniveaus des Empfängers (Abs. 2). Auch in Abs. 3 ist – wie in § 35 Abs. 4 – die Aufbewahrungsfrist mit zehn Wochen festgelegt. Die Regelung zum Eintritt der Zustellwirkung soll jener der Kommunikationssysteme der Behörde gemäß § 37 Abs. 1 angeglichen werden. Das Dokument gilt somit mit dem Zeitpunkt der erstmaligen Bereithaltung zur Abholung des Dokuments als zugestellt. Bestehen Zweifel darüber, ob bzw. wann das Dokument für den Empfänger bereitgehalten wurde, hat die Behörde Tatsache und Zeitpunkt der Bereithaltung von Amts wegen festzustellen (Abs. 4).

Zu Z 27, 28 und 29 (§ 37 Abs. 1a, 2, 2a und 3):

Das sicherheitstechnische Niveau von Kommunikationssystemen der Behörde soll massiv angehoben werden. Nur so kann sichergestellt werden, dass eine Einbindung in das neue Architektursystem der elektronischen Zustellung und die sichere Abholung der Dokumente über das Anzeigemodul erfolgen kann. So haben die Kommunikationssysteme der Behörde in Hinkunft gemäß Abs. 2 nach dem Stand der Technik die geforderten Leistungen der Z 1 (zum Begriff der „hohen Zuverlässigkeit" siehe die Erläuterungen zu § 28a Abs. 1) bis 5 zu erfüllen, um überhaupt weiterhin als Kommunikationssysteme der Behörde im Sinne des ZustG zu gelten. Die Erfüllung der Anforderungen ist von der jeweiligen Behörde der Bundesministerin für Digitalisierung und Wirtschaftsstandort vor der erstmaligen Abfrage des Teilnehmerverzeichnisses anzuzeigen (Abs. 2a). Liegen diese Voraussetzungen nicht vor, so sollen solche Systeme auch nicht mehr als Kommunikationssysteme der Behörde gelten und keine Zustellungen nach dem ZustG mehr zulässig sein.

Erfüllt ein Kommunikationssystem der Behörde die Anforderungen, so erfolgt der Zustellprozess genauso wie bei allen anderen Zustellsystemen (vgl. § 34). Dementsprechend hat ein Kommunikationssystem der Behörde auch die Daten gemäß Abs. 3 (inklusive dem Dokument, da die Abholung nun beim Anzeigemodul erfolgen soll, und die Verständigungsdaten) an das Anzeigemodul weiterzuleiten.

Zu Z 30 (§ 37 Abs. 4 und 5):

Da es unter den Gesichtspunkten der Zweckmäßigkeit, Wirtschaftlichkeit und Sparsamkeit nicht sinnvoll erscheint, dass jede Behörde sich ihr eigenes Kommunikationssystem aufbaut und unterhält, soll es möglich sein, dass ein solches System auch von anderen Behörden als Dienstleistung mitgenutzt werden kann. Sowohl die Willensbildung als auch die Zuständigkeit des Zustellaktes verbleiben dabei ausschließlich bei der zustellenden Behörde.

Zu Z 31 (§ 37b Abs. 1):

Der Funktionsumfang des Anzeigemoduls soll um die Verständigung der Empfänger erweitert werden.

Zu Z 32 (§ 37b Abs. 2):

Es erfolgt eine datenschutzrechtliche Begriffsanpassung. Außerdem soll einem identifzierten Teilnehmer die Anzeige der Anzahl seiner gelesenen und ungelesenen Dokumente schon vor der eigentlichen Abholung der Dokumente ermöglicht werden. Dies entspricht der Usability, die moderne Kommunikationsdienste heutzutage anzubieten haben.

Zu Z 33 (§ 37b Abs. 4):

Auch das Anzeigemodul soll seine Leistungen mit hoher Zuverlässigkeit erbringen (zur Definition des Begriffs der „hohen Zuverlässigkeit" siehe die Erläuterungen zu § 28a Abs. 1).

Schließlich soll auch weiteren Portalen die Einbindung oder Anbindung des Anzeigemoduls ermöglicht werden. Zu diesem Zweck enthält Abs. 4 eine Verordnungsermächtigung für den Bundesminister für Digitalisierung und Wirtschaftsstandort, um Kriterien bzw. Voraussetzungen für eine solche Option detailliert schaffen zu können. Es ist beispielsweise angedacht, unter gewissen Rahmenbedingungen elektronischen Zustelldiensten oder einem allfälligen Dienstleister für das Anzeigemodul diese Möglichkeit zu gewähren.

Zu Z 35 (§ 37b Abs. 7):

Da das Anzeigmodul auch die Anzeige von Daten ermöglicht, die keine Zustellwirkung auslösen (z. B. Informationen oder die Anzeige von bereits in anderen Systemen zugestellten Dokumenten), soll auch das Verrechnungsmodell diesem Umstand durch differenzierte Verrechnungssätze Rechnung tragen.

Zu Z 37 (§ 39):

Anpassung der Vollziehungsbestimmung.

Zu Z 38 (Überschrift zu § 40):

Da § 40 in Abs. 10 nunmehr auch eine Übergangsbestimmung enthalten soll, soll dies auch in der Paragrafenüberschrift zum Ausdruck kommen.

Zu Z 39 (§ 40 Abs. 6):

Die Verpflichtung für ein Vergabeverfahren betreffend den sog. Zustellkopf kann durch die ersatzlose Streichung dieser Funktionalität (vgl. § 29 Abs. 2) ebenfalls entfallen. Ebenso kann die Festsetzung eines gesetzlichen Entgelts für die Zustellleistung von elektronischen Zustelldiensten entfallen, da das Entgelt nunmehr im Sinne des freien Wettbewerbs rein privatrechtlich mit den Zustellsystembetreibern vereinbart werden kann.

Zu Z 40 (§ 40 Abs. 10 bis 12):

Abs. 10 normiert eine Übergangsbestimmung für elektronische Zustelldienste, die gemäß § 30 Zustellgesetz, bereits vor dem Inkrafttreten des nunmehr vorgeschlagenen § 30 zugelassen wurden. Diese gelten bis zwei Jahre ab Inkrafttreten dieser Bestimmung weiterhin als elektronische Zustelldienste gemäß § 30. Danach haben auch diese ein Konformitätsbewertungsgutachten gemäß des vorgeschlagenen § 30 Abs. 1 vorzulegen.

Um die elektronische Zustellung in der Etablierungsphase zu fördern und ein Anreizsystem auch für die Versender zu schaffen, soll in Abs. 11 eine Übergangsbestimmung geschaffen werden. Bis das System ein Einlieferungsvolumen von 25 Millionen Stück pro Jahr erreicht, hat die Bundesministerin für Digitalisierung und Wirtschaftsstandort die Kosten des Teilnehmerverzeichnisses gemäß § 28a Abs. 2 und jene des Anzeigemoduls gemäß § 37b zu tragen. Wird diese Menge überschritten, sind ab dem Beginn des übernächsten Jahres die Kosten zwar zu verrechnen, jedoch sind diese (zur Vermeidung von möglicherweise prohibitiven Stückkosten) in Summe mit 7 Cent pro Einlieferung für die Kosten des Teilnehmerverzeichnisses und des Anzeigemoduls gedeckelt.

Abs. 12 regelt das Inkrafttreten der vorgeschlagenen Bestimmungen. Dies hängt – wie analog schon bei der Einführung des Anzeigemoduls mit BGBl. I Nr. 40/2017 – von der Kundmachung der Verfügbarkeit des Teilnehmerverzeichnisses gemäß § 28a Abs. 3 ab, weshalb auch der § 28a als Grundlage für diese Kundmachung bereits ab dem Tag nach der Kundmachung des vorgeschlagenen Bundesgesetzes in Kraft treten muss. Ab dem Zeitpunkt der Kundmachung der Verfügbarkeit des Teilnehmerverzeichnisses ergibt sich je nach Kundmachungstag eine Inkrafttretensfrist von sechs bis sieben Monaten, damit auch die Betreiber der Zustellsysteme die technischen und organisatorischen Anpassungen mit entsprechender Vorlaufzeit vornehmen können. Lediglich die Bestimmungen zur Befüllung des Teilnehmerverzeichnisses in § 28b Abs. 4 und 5 sollen bereits früher in Kraft treten.

...

Arbeits- und Sozialgerichtsgesetz

BGBl 1985/104 idF

1 BGBl 1987/617
2 BGBl 1989/343
3 BGBl 1990/408
4 BGBl 1990/558
5 BGBl 1991/210
6 BGBl 1993/28
7 BGBl 1993/91
8 BGBl 1993/110
9 BGBl 1994/314
10 BGBl 1994/624
11 BGBl 1995/133
12 BGBl 1996/201 (StruktAnpG)
13 BGBl 1996/411 (SRÄG)
14 BGBl 1996/601
15 BGBl I 1997/47
16 BGBl I 1997/70
17 BGBl I 1997/140 (WGN 1997)
18 BGBl I 1998/79
19 BGBl I 1999/120
20 BGBl I 2001/88
21 BGBl I 2001/98
22 BGBl I 2001/103
23 BGBl I 2002/76
24 BGBl I 2002/100
25 BGBl I 2002/118
26 BGBl I 2004/82
27 BGBl I 2005/45
28 BGBl I 2006/7 (SchiedsRÄG 2006)
29 BGBl I 2006/104 (GenRÄG 2006)
30 BGBl I 2007/77
31 BGBl I 2007/102
32 BGBl I 2008/82
33 BGBl I 2009/30 (ZVN 2009)
34 BGBl I 2009/97
35 BGBl I 2009/116
36 BGBl I 2010/58 (IRÄ-BG)
37 BGBl I 2010/111
38 BGBl I 2011/135
39 BGBl I 2012/35 (2. StabG 2012)
40 BGBl I 2013/50 (ZVG)
41 BGBl I 2013/86 (SVÄG 2013)
42 BGBl I 2016/44
43 BGBl I 2018/100
44 BGBl I 2021/21 (VfGH)

Bundesgesetz vom 7. März 1985 über die Arbeits- und Sozialgerichtsbarkeit (Arbeits- und Sozialgerichtsgesetz – ASGG)

ERSTES HAUPTSTÜCK

Einrichtung der Arbeits- und Sozialgerichtsbarkeit

§ 1. Dieses Bundesgesetz ist auf Arbeitsrechtssachen nach § 50 und Sozialrechtssachen nach § 65 anzuwenden, soweit nichts anderes angeordnet ist.

§ 2. (1) Zur Entscheidung über Arbeits- und Sozialrechtssachen sind die ordentlichen Gerichte berufen; soweit nichts anderes angeordnet ist, sind die für die Gerichtsbarkeit in bürgerlichen Rechtssachen geltenden Vorschriften anzuwenden.

(2) In Wien wird ein Gerichtshof erster Instanz errichtet, der die Bezeichnung „Arbeits- und Sozialgericht Wien" führt.

(3) Der Sprengel des Arbeits- und Sozialgerichts Wien umfaßt das Gebiet des Sprengels des Landesgerichts für Zivilrechtssachen Wien.

(4) Soweit nichts anderes angeordnet ist, sind die Vorschriften für die Landesgerichte auch auf das Arbeits- und Sozialgericht Wien anzuwenden. *(BGBl 1993/91)*

ZWEITES HAUPTSTÜCK

I. Abschnitt
Zuständigkeit

1. Sachliche Zuständigkeit

§ 3. In erster Instanz sind die Landesgerichte, für den Sprengel des Landesgerichts für Zivilrechtssachen Wien das Arbeits- und Sozialgericht Wien zur Entscheidung in Arbeits- und Sozialrechtssachen zuständig.

(BGBl 1993/91)

2. Örtliche Zuständigkeiten

1. Unterabschnitt
Arbeitsrechtssachen

§ 4. (1) Für die im § 50 Abs. 1 genannten Rechtsstreitigkeiten ist nach Wahl des Klägers örtlich zuständig

1. in den Fällen der Z 1 bis 3 auch das Gericht, in dessen Sprengel

a) der Arbeitnehmer seinen Wohnsitz oder gewöhnlichen Aufenthalt während des Arbeitsverhältnisses hat oder wo er ihn im Zeitpunkt der Beendigung des Arbeitsverhältnisses hatte,

b) das Unternehmen seinen Sitz hat,

c) regelmäßig wenigstens ein Teil der Arbeit zu leisten ist oder, sofern das Arbeitsverhältnis beendet ist, zuletzt zu leisten war,

d) das Entgelt zu zahlen ist oder, sofern das Arbeitsverhältnis beendet ist, zuletzt zu zahlen war oder

e) bei grenzüberschreitender Entsendung oder Arbeitskräfteüberlassung aus EWR-Mitgliedstaaten die Arbeit zu leisten ist oder war hinsichtlich der sich aus dem Arbeitsverhältnis während der Dauer der Arbeitsleistung in Österreich ergebenden Ansprüche; *(BGBl I 1999/120)*

2. in den Fällen der Z 4 nur das Gericht, in dessen Sprengel

a) die juristische Person ihren Sitz hat,

b) die Ruhegenüsse oder sonstigen Leistungen auszuzahlen sind oder

c) der Kläger seinen Wohnsitz oder gewöhnlichen Aufenthalt hat;

3. in den Fällen der Z 5 bis 7 nur das Gericht, in dessen Sprengel

a) die Bauarbeiter-Urlaubs- und Abfertigungskasse, die Gehaltskasse, die Betriebliche Vorsorgekasse (BV-Kasse) oder der gleichartige Leistungsträger ihren Sitz oder

b) der Kläger seinen Wohnsitz oder gewöhnlichen Aufenthalt hat; *(BGBl I 2007/102, ab 1. 1. 2008)*

4. in den Fällen der Z 8[1] nur das Gericht, in dessen Sprengel

a) die Gebietskrankenkasse ihren Sitz oder

b) der Arbeitnehmer seinen Wohnsitz oder gewöhnlichen Aufenthalt hat. *(BGBl I 2005/45, ab 1. 1. 2006)*

(2) Das Wahlrecht des Klägers nach Abs. 1 besteht auch in den Fällen, in denen die Rechtsstreitigkeit von einer im § 52 genannten Person geführt wird.

Übergangsbestimmungen siehe § 98

[1] *gemeint: § 50 Abs 1 Z 8*

§ 5. (1) Für die im § 50 Abs. 2 genannten Rechtsstreitigkeiten, die sich auf den Zentralbetriebsrat oder den Zentralbetriebsratsfonds beziehen, ist nur das Gericht örtlich zuständig, in dessen Sprengel das Unternehmen seinen Sitz hat.

(2) Sonst ist für die im § 50 Abs. 2 genannten Rechtsstreitigkeiten nur das Gericht örtlich zuständig, in dessen Sprengel sich der Betrieb befindet, auf den sich die Rechtsstreitigkeit bezieht.

§ 5a. Für Rechtsstreitigkeiten, die sich auf die Konzernvertretung (§§ 88 a, 88 b ArbVG) beziehen, sind nur die Gerichte örtlich zuständig, in deren Sprengel ein Unternehmen des Konzerns seinen Sitz hat.

(BGBl 1994/624)

§ 5b. (1) Für Rechtsstreitigkeiten, die sich auf das besondere Verhandlungsgremium (§§ 177 bis 188 ArbVG), auf den Europäischen Betriebsrat (§§ 189 und 191 bis 203 ArbVG), auf das Verfahren zur Unterrichtung und Anhörung der Arbeitnehmer (§ 190 ArbVG) oder auf Vereinbarungen gemäß § 206 ArbVG beziehen, sind nur die Gerichte örtlich zuständig, in deren Sprengel ein Unternehmen seinen Sitz hat. Hat kein Unternehmen seinen Sitz in Österreich, so sind nur die Gerichte örtlich zuständig, in deren Sprengel sich ein Betrieb befindet.

(2) Die inländische Gerichtsbarkeit für die im Abs. 1 genannten Rechtsstreitigkeiten ist nur dann gegeben, wenn

1. die zentrale Leitung (§ 171 Abs. 3 oder 4 ArbVG) im Inland liegt oder

2. es sich um Angelegenheiten nach § 172 ArbVG handelt.

(BGBl 1996/601)

§ 5c. (1) Für Rechtsstreitigkeiten, die sich auf das besondere Verhandlungsgremium (§§ 215 bis 229 ArbVG), auf den SE-Betriebsrat (§§ 230, 232 bis 243 und 249 ArbVG), auf das Verfahren zur Unterrichtung und Anhörung der Arbeitnehmer (§ 231 ArbVG) oder auf die Mitbestimmung gemäß den §§ 244 bis 248 ArbVG beziehen, ist das Gericht örtlich zuständig, in dessen Sprengel die Europäische Gesellschaft ihren Sitz hat oder haben soll. Für Rechtsstreitigkeiten, die sich auf § 209 ArbVG beziehen, ist nur das Gericht örtlich zuständig, in dessen Sprengel die beteiligte Gesellschaft ihren Sitz hat oder hatte.

(2) Die inländische Gerichtsbarkeit für die im Abs. 1 genannten Rechtsstreitigkeiten ist nur dann gegeben, wenn

1. die Europäische Gesellschaft ihren Sitz im Inland hat oder haben soll oder

2. es sich um Angelegenheiten nach § 209 ArbVG handelt.

(BGBl I 2004/82, ab 8. 10. 2004)

§ 5d. (1) Für Rechtsstreitigkeiten, die sich auf das besondere Verhandlungsgremium, auf den SCE-Betriebsrat, auf das Verfahren zur Unterrichtung und Anhörung der Arbeitnehmer sowie auf die Mitbestimmung gemäß den Bestimmungen des VII. Teiles des Arbeitsverfassungsgesetzes, BGBl. Nr. 22/1974, oder auf gleichartige österreichische Rechtsvorschriften beziehen, ist nur das Gericht örtlich zuständig, in dessen Sprengel die Europäische Genossenschaft ihren Sitz hat oder haben soll.

(2) Die inländische Gerichtsbarkeit für die im Abs. 1 genannten Rechtsstreitigkeiten ist nur dann gegeben, wenn

1. die Europäische Genossenschaft ihren Sitz im Inland hat oder haben soll oder

2. es sich um Angelegenheiten handelt, für die die Bestimmungen des VII. Teiles des ArbVG gemäß § 257 Abs. 1 in Verbindung mit § 209 ArbVG auch dann gelten, wenn der Sitz der Europäischen Gesellschaft nicht im Inland liegt oder liegen wird. *(BGBl I 2007/77, ab 15. 12. 2007)*

(BGBl I 2006/104, ab 18. 8. 2006)

§ 5e. (1) Für Rechtsstreitigkeiten, die sich auf das besondere Verhandlungsgremium oder das besondere Entsendungsgremium sowie auf die Mitbestimmung gemäß den Bestimmungen des VIII. Teiles des ArbVG oder auf gleichartige österreichische Rechtsvorschriften beziehen, ist nur das Gericht örtlich zuständig, in dessen Sprengel die aus der grenzüberschreitenden Verschmelzung hervorgehende Gesellschaft ihren Sitz hat oder haben soll. Für Rechtsstreitigkeiten, die sich auf § 260 Abs. 1 in Verbindung mit § 209 ArbVG beziehen, ist nur das Gericht örtlich zuständig, in dessen Sprengel die beteiligte Gesellschaft ihren Sitz hat oder hatte.

(2) Die inländische Gerichtsbarkeit für die im Abs. 1 genannten Rechtsstreitigkeiten ist nur dann gegeben, wenn

1. die aus der grenzüberschreitenden Verschmelzung hervorgehende Gesellschaft ihren Sitz im Inland hat oder haben soll oder

2. es sich um Angelegenheiten handelt, für die die Bestimmungen des VIII. Teiles des ArbVG gemäß § 260 Abs. 1 in Verbindung mit § 209 ArbVG auch dann gelten, wenn der Sitz der aus der grenzüberschreitenden Verschmelzung hervorgehenden Gesellschaft nicht im Inland liegt oder liegen wird.

(BGBl I 2007/77, ab 15. 12. 2007)

§ 6. Ist im Inland keiner der in den §§ 4 und 5 genannten Gerichtsstände gegeben, so ist auch das Gericht örtlich zuständig, in dessen Sprengel sich eine Zweigniederlassung des Unternehmens befindet.

2. Unterabschnitt

Sozialrechtssachen

§ 7. (1) Für die im § 65 Abs. 1 Z 1, 2, 4 bis 6 und 8 genannten Rechtsstreitigkeiten ist nur das Gericht örtlich zuständig, in dessen Sprengel der Wohnsitz oder gewöhnliche Aufenthalt des Versicherten liegt.

(2) Hat der Versicherte keinen Wohnsitz oder gewöhnlichen Aufenthalt im Inland, so sind in nachstehender Reihenfolge nur folgende Gerichte örtlich zuständig:

Bei einem Wohnsitz oder gewöhnlichen Aufenthalt des Versicherten

1. in der Bundesrepublik Deutschland das Landesgericht Innsbruck sowie nach der Wahl des Versicherten auch die Landesgerichte Feldkirch, Linz und Salzburg,

2. in Liechtenstein oder der Schweiz das Landesgericht Feldkirch,

3. in Italien das Landesgericht Innsbruck sowie nach der Wahl des Versicherten auch das Landesgericht Klagenfurt,

4. in Bosnien-Herzegowina, der Ehemaligen jugoslawischen Republik Mazedonien, Kroatien oder Slowenien das Landesgericht für Zivilrechtssachen Graz oder

5. in einem anderen Land oder bei Fehlen eines Wohnsitzes oder gewöhnlichen Aufenthalts das Gericht, in dessen Sprengel der Sitz des Beklagten liegt. *(BGBl 1994/624)*

(3) Verlegt der Versicherte während des Verfahrens, jedoch vor Schluß der mündlichen Streitverhandlung erster Instanz seinen Wohnsitz (gewöhnlichen Aufenthalt), sodaß nach den Abs. 1 oder 2 ein anderes als das angerufene Gericht zuständig wäre, so geht, wenn der Versicherte dies geltend macht (§ 38 Abs. 3), die Zuständigkeit auf das Gericht des neuen Wohnsitzes (gewöhnlichen Aufenthalts) über. *(BGBl 1994/624)*

(4) Für die im § 65 Abs. 1 Z 3 genannten Rechtsstreitigkeiten ist nur das Gericht örtlich zuständig, in dessen Sprengel der Sitz des Klägers liegt. Für die im § 65 Abs. 1 Z 7 genannten Rechtsstreitigkeiten ist nur das Gericht zuständig, in dessen Sprengel sich der Sitz des Gerichtes erster Instanz befindet, das über die Eröffnung des Insolvenzverfahrens oder in einer Angelegenheit nach dem § 1 Abs. 1 Z 1 bis 6 des Insolvenz-Entgeltsicherungsgesetzes (IESG), einen Beschluß gefaßt oder im Urteil nach § 1a Abs. 1 IESG erlassen hat; hat ein ausländisches Gericht dieser Entscheidungen getroffen, die auf Grund von völkerrechtlichen Verträgen im Inland anerkannt wird, ist nur das Arbeits- und Sozialgericht Wien zuständig. *(BGBl 1995/133; BGBl I 2010/58)*

3. Gerichtsstand des Zusammenhanges

§ 8. (1) Wenn bei einem nach den §§ 4 bis 6 zuständigen Gericht eine Arbeitsrechtssache anhängig ist oder gleichzeitig anhängig gemacht wird, so kann, wenn mindestens eine Person in beiden Rechtsstreitigkeiten Partei ist, bei demselben Gericht – ohne Rücksicht auf die §§ 4 bis 6 – ein damit im tatsächlichen oder rechtlichen Zusammenhang stehender Anspruch nach § 50 eingeklagt werden.

(2) Unter diesen Voraussetzungen kann bei dem im Abs. 1 bezeichneten Gericht auch ein anderer zivilrechtlicher Anspruch zwischen einem Arbeitgeber und einem Arbeitnehmer, zwischen einem Arbeitgeber und einem Dritten oder einem Arbeitnehmer und einem Dritten eingeklagt werden, sofern für die Geltendmachung dieses Anspruchs nicht eine ausschließliche Zuständigkeit eines anderen Gerichts gegeben ist, die auch durch eine Parteienvereinbarung nicht geändert werden könnte.

4. Zuständigkeits- und Schiedsgerichtsvereinbarungen

§ 9. (1) In Arbeits- und Sozialrechtssachen kann durch Parteienvereinbarung die sachliche Zuständigkeit nicht, die örtliche Zuständigkeit nur für einen bestimmten einzelnen Rechtsstreit der im § 50 Abs. 1 Z 1 bis 3 genannten Art sowie für besondere Feststellungsverfahren nach § 54 Abs. 1 geändert werden.

(1a) Eine Parteienvereinbarung der inländischen Gerichtsbarkeit in Sozialrechtssachen ist unwirksam, in Arbeitsrechtssachen ist sie nur für bereits entstandene Streitigkeiten wirksam. *(BGBl I 1997/140, auf Verfahren anwendbar, die ab 1. 1. 1998 eingeleitet wurden: Art XXXII Z 8 BGBl I 1997/140.)*

(2) Eine Vereinbarung der Parteien, wonach ein Rechtsstreit durch einen oder mehrere Schiedsrichter entschieden werden soll, ist in Arbeitsrechtssachen nach § 50 Abs. 2 und in Sozialrechtssachen unwirksam; in Arbeitsrechtssachen nach § 50 Abs. 1 ist eine solche Vereinbarung außer für Geschäftsführer und Vorstandsmitglieder einer Kapitalgesellschaft nur für bereits entstandene Streitigkeiten wirksam. *(BGBl 1993/91; BGBl I 2002/76; BGBl I 2006/7, ab 1. 7. 2006)*

(3) Die Abs. 1, 1a und 2 sind insoweit zur Gänze oder zum Teil nicht anzuwenden, als nach Völkerrecht oder besonderen gesetzlichen Anordnungen ausdrücklich anderes bestimmt ist. *(BGBl I 1997/140)*

II. Abschnitt

Besondere Organisationsbestimmungen

Ausübung der Arbeits- und Sozialgerichtsbarkeit

§ 10. (1) Soweit nichts anderes angeordnet ist, wird die Arbeits- und Sozialgerichtsbarkeit in Senaten ausgeübt.

(2) Die Senate sind aus Richtern und fachkundigen Laienrichtern zusammenzusetzen; ein Richter hat den Vorsitz zu führen.

Zusammensetzung der Senate und die allgemeinen Aufgaben des Vorsitzenden

§ 11. (1) Die Senate der Landesgerichte haben sich aus einem Richter und zwei fachkundigen Laienrichtern, die Senate der Oberlandesgerichte und die einfachen Senate des Obersten Gerichtshofs (§ 6 des Bundesgesetzes über den Obersten Gerichtshof, BGBl. Nr. 328/1968) aus drei Richtern und zwei fachkundigen Laienrichtern zusammenzusetzen. *(BGBl 1993/91)*

(2) Der Dreiersenat des Obersten Gerichtshofs hat sich ausschließlich aus drei Richtern, der verstärkte Senat aus sieben Richtern und vier fachkundigen Laienrichtern (§§ 7 und 8 des Bundesgesetzes über den Obersten Gerichtshof) zusammenzusetzen.

(3) Der § 7a Abs. 1 und 2 JN, RGBl. Nr. 111/1895, ist nicht anzuwenden; die sonstigen Bestimmungen über die Aufgaben des Vorsitzenden bleiben unberührt.

(4) Über die Ablehnung eines Richters oder fachkundigen Laienrichters haben die Landesgerichte, die Oberlandesgerichte und der Oberste Gerichtshof durch Senate zu entscheiden, die sich aus drei Richtern zusammensetzen. *(BGBl 1994/624)*

Weitere Befugnisse des Vorsitzenden des Gerichts erster Instanz; Aufgaben der Dreiersenate der Oberlandesgerichte und des Obersten Gerichtshofs

§ 11a. (1) In Verfahren erster Instanz ist der Vorsitzende auch befugt,

1. über die Bewilligung gerichtlicher Aufkündigungen sowie über Anträge auf Erlassung von Übergabs- und Übernahmsaufträgen (§§ 560 bis 570 ZPO) zu entscheiden;

2. eine gütliche Beilegung eines Rechtsstreits oder die Herbeiführung eines gerichtlichen Vergleichs über einzelne Streitpunkte zu versuchen; kommt ein Vergleich zustande, so kann er dessen Inhalt auf Antrag in ein gerichtliches Protokoll aufnehmen; dies auch wenn es an der nach § 11b erforderlichen qualifizierten Vertretung mangelt;

3. in und außerhalb der mündlichen Verhandlung Beschlüsse, ausgenommen Endbeschlüsse, zu fassen und einstweilige Verfügungen zu erlassen. *(BGBl I 2002/76)*

4. *(aufgehoben, BGBl I 2002/76)*

(2) Die Oberlandesgerichte haben durch Senate, die sich nur aus drei Richtern zusammensetzen (Dreiersenate der Oberlandesgerichte), zu entscheiden über

1. Angelegenheiten nach dem Abs. 1 Z 2 und 3, *(BGBl I 2002/76)*

2. Rekurse, die gegen Beschlüsse, ausgenommen Endbeschlüsse, erhoben werden, sowie *(BGBl I 2002/76)*

3. eine Mitteilung an den Berufungsgegner nach § 473a ZPO, wenn darüber in nicht öffentlicher Sitzung befunden wird. *(BGBl I 1997/140)*

(3) Der Oberste Gerichtshof hat durch einen Dreiersenat (§ 7 des Bundesgesetzes über den Obersten Gerichtshof) zu entscheiden über

1. Angelegenheiten nach dem Abs. 1 Z 3 sowie *(BGBl I 2002/76)*

2. Rechtsmittel gegen die nach Abs. 2 Z 1 und 2 gefaßten Beschlüsse. *(BGBl I 1997/140)*

(4) Eine Nichtigkeit (§ 477 Abs. 1 Z 2 ZPO) liegt auch dann nicht vor, wenn an Stelle des Vorsitzenden im Verfahren erster Instanz oder der Dreiersenate im Rechtsmittelverfahren (Abs. 2 und 3) Senate nach § 11 Abs. 1 entschieden haben. *(BGBl I 2002/76)*

(BGBl 1994/624)

(BGBl I 2002/76 für Klagen und verfahrenseinleitende Anträge, die nach dem 31. Dezember 2002 bei Gericht eingelangt sind, Art XI Abs 2 BGBl I 2002/76)

Durchführung einzelner Tagsatzungen ohne fachkundige Laienrichter

§ 11b. (1) Ist auch nur einer der geladenen fachkundigen Laienrichter zu einer Tagsatzung zur mündlichen Streitverhandlung nicht erschienen und ist innerhalb kurzer Zeit auch kein anderer zur Stelle, so kann der Vorsitzende diese Tagsatzung zur mündlichen Streitverhandlung allein durchführen, wenn beide Parteien dem ausdrücklich zustimmen. Die Zustimmung der nicht qualifiziert vertretenen Partei (§ 40 Abs. 1) ist nur dann wirksam, wenn sie vorher durch den Vorsitzenden über die Möglichkeit, ihre Zustimmung zu verweigern, und die Rechtsfolgen ihrer Erklärung belehrt und diese Belehrung im Verhandlungsprotokoll beurkundet worden ist. Vorbehaltlich des Abs. 2 hat der Vorsitzende in diesem Fall alle Befugnisse des Senats. *(BGBl I 2002/76, ab 1. 1. 2003)*

(2) Der Vorsitzende kann auch die Verhandlung für geschlossen erklären; er darf jedoch kein Urteil und keinen Endbeschluß fällen; seine Beweisaufnahmen sind denen eines beauftragten Richters gleichzuhalten.

(3) Die Abs. 1 und 2 sind im Verfahren vor dem Berufungsgericht mit der Maßgabe sinnge-

mäß anzuwenden, daß die drei Richter die Tagsatzung durchführen können.

(BGBl 1994/624)

Übergangsbestimmungen (Zeitpunkt der Anwendung) siehe Art X der ASGG-Novelle 1994 (abgedruckt nach § 104)

Grundsätze der Senatsbildung

§ 12. (1) Die für die jeweilige Rechtsstreitigkeit zuzuziehenden fachkundigen Laienrichter werden durch ihre Ladung vom Vorsitzenden bestimmt; vorbehaltlich des Abs. 3 zweiter Halbsatz haben sie je zur Hälfte dem Kreis der Arbeitgeber und dem der Arbeitnehmer anzugehören.

(2) In Arbeitsrechtssachen sollen die fachkundigen Laienrichter den Berufsgruppen der an der Rechtsstreitigkeit beteiligten Parteien angehören.

(3) In Sozialrechtssachen sollen die fachkundigen Laienrichter den Berufsgruppen der Versicherten und ihrer Arbeitgeber angehören, wenn im Einzelfall besondere Kenntnisse bezüglich der Berufsausübung der Versicherten von Bedeutung sein können; in Streitsachen nach dem Gewerblichen Sozialversicherungsgesetz, BGBl. Nr. 560/1978, dem Bauern-Sozialversicherungsgesetz, BGBl. Nr. 559/1978, dem Bundesgesetz über die Sozialversicherung freiberuflich selbständig Erwerbstätiger, BGBl. Nr. 624/1978, dem Bundesgesetz über die Gewährung der Leistung der Betriebshilfe (des Wochengeldes) an Mütter, die in der gewerblichen Wirtschaft oder in der Land- und Forstwirtschaft selbständig erwerbstätig sind, BGBl. Nr. 359/1982, und – wenn der Kläger ein Notar ist – nach dem Notarversicherungsgesetz 1972, BGBl. Nr. 66, haben alle fachkundigen Laienrichter dem Kreis der Arbeitgeber anzugehören.

(4) Aus den für den Kreis der Arbeitgeber oder Arbeitnehmer beziehungsweise für eine Berufsgruppe gewählten (entsandten) fachkundigen Laienrichtern sollen diese vom Vorsitzenden für die verschiedenen Rechtsstreitigkeiten in abwechselnder Folge bestimmt werden, wobei auf die Einfachheit, Raschheit und Zweckmäßigkeit des einzelnen Verfahrens sowie – besonders in den Fällen des § 35 Abs. 7 und 9 – auf den Wohnsitz, gewöhnlichen Aufenthalt oder Beschäftigungsort der fachkundigen Laienrichter und auf ihre Heranziehung in möglichst gleichem Ausmaß Bedacht zu nehmen ist.

(5) Sind für eine Berufsgruppe keine fachkundigen Laienrichter gewählt (entsandt) oder stehen sie nicht ohne Schwierigkeiten zur Verfügung, so sollen die fachkundigen Laienrichter artverwandten Berufsgruppen angehören.

(6) Bei der Bestimmung der fachkundigen Laienrichter sollen Änderungen der Senatszusammensetzung (§ 412 ZPO) tunlichst vermieden werden. *(BGBl I 2010/111, ab 1. 7. 2011)*

4. ASGG

§§ 13 – 19

Abstimmung

§ 13. (1) Im Verfahren erster Instanz haben zuerst die fachkundigen Laienrichter ihre Stimme abzugeben, und zwar der an Lebensjahren ältere vor dem an Lebensjahren jüngeren.

(2) Im Rechtsmittelverfahren gilt der Abs. 1 mit der Maßgabe, daß vor den fachkundigen Laienrichtern der Berichterstatter seine Stimme abzugeben hat.

(3) Die fachkundigen Laienrichter haben jedenfalls jenen Teil des Protokolls über die Beratung und Abstimmung zu unterfertigen, der die Grundzüge der Entscheidung enthält. *(BGBl 1994/624)*

Geschäftsverteilung

§ 14. Arbeits- und Sozialrechtssachen sind bei den Gerichtshöfen erster und zweiter Instanz jeweils zwei Vorsitzenden (Senaten) zuzuweisen, einer größeren Anzahl von Vorsitzenden (Senaten) nur dann, wenn zwei Vorsitzende (Senate) bereits ausgelastet sind; die zusätzliche Anzahl an Vorsitzenden (Senaten) soll so gering wie möglich sein. Den einzelnen Vorsitzenden (Senaten) sind Arbeits- und Sozialrechtssachen in gleichem Verhältnis zueinander zuzuweisen.

III. Abschnitt

Stellung, Wahl (Entsendung) und Pflichten der fachkundigen Laienrichter

Ehrenamt

§ 15. Das Amt des fachkundigen Laienrichters ist ein Ehrenamt; gerichtlichen Ladungen hat er nachzukommen.

Stellung des fachkundigen Laienrichters

§ 16. (1) Die fachkundigen Laienrichter sind in Ausübung ihres Amtes unabhängig; sie haben hiebei die mit dem Richteramt verbundenen Befugnisse in vollem Umfang.

(2) Einem fachkundigen Laienrichter ist auf sein Verlangen eine Ausfertigung der Entscheidung zuzustellen, an deren Fällung er beteiligt war. *(BGBl 1994/624)*

Amtsdauer der fachkundigen Laienrichter

§ 17. (1) Die fachkundigen Laienrichter werden für eine einheitliche Amtsdauer von fünf Jahren gewählt (entsendet); ihre Wiederwahl (Wiederentsendung) ist zulässig.

(2) Die erste einheitliche Amtszeit beginnt mit dem 1. Jänner 1987.

(3) Das Amt von fachkundigen Laienrichtern, die innerhalb der einheitlichen fünfjährigen Amtszeit gewählt (entsendet) worden sind, endet mit deren Ablauf.

(4) Nach Ablauf ihrer Amtszeit haben die fachkundigen Laienrichter ihr Amt jedoch so lange weiter auszuüben, bis die für die nächste Amtszeit Gewählten (Entsendeten) ihr Gelöbnis geleistet haben.

(5) Hat ein fachkundiger Laienrichter an einer Tagsatzung zur mündlichen Streitverhandlung teilgenommen, in der auch Beweise aufgenommen worden sind, so verlängert sich seine Amtszeit für dieses Verfahren bis zu dessen Erledigung in dieser Instanz. *(BGBl 1994/624)*

Aufforderung zur Durchführung der Wahlen und zur Vorbereitung der Entsendungen

§ 18. (1) Ein Jahr vor Ablauf der Amtszeit der fachkundigen Laienrichter haben die Präsidenten der Gerichtshöfe die gesetzlichen beruflichen Vertretungen und die Personalvertretungen sowie die zuständigen Organe der Gebietskörperschaften unter gleichzeitiger Mitteilung der voraussichtlichen Anzahl der mit Arbeits- und Sozialrechtssachen zu betrauenden Vorsitzenden (Senate) schriftlich aufzufordern, die Wahlen (die Entsendungen) so rechtzeitig vorzunehmen, daß die neu zu wählenden (zu entsendenden) fachkundigen Laienrichter ihr Amt ab dem Beginn der neuen einheitlichen Amtszeit ausüben können.

(2) Diese Mitteilung hat von dem während der folgenden Amtsdauer zu erwartenden Anfall und der Geschäftsverteilung auszugehen.

Aktives Wahlrecht

§ 19. (1) Die gesetzlichen beruflichen Vertretungen (§§ 20 und 21 Abs. 1 bis 3) sowie die Zentralausschüsse nach dem Bundes-Personalvertretungsgesetz, BGBl. Nr. 133/1967, und die landesgesetzlich eingerichteten Personalvertretungen der Landesbediensteten in den Ländern und der Gemeinde(Magistrats)bediensteten in denjenigen Gemeinden, in denen ein Landesgericht seinen Sitz hat, haben die fachkundigen Laienrichter durch die vorgesehenen Wahlkörper zu wählen. *(BGBl 1993/91; BGBl I 2012/35)*

(2) Die Wahlkörper der gesetzlichen beruflichen Vertretungen auf Bundesebene sind zur Wahl der fachkundigen Laienrichter für die Oberlandesgerichte und den Obersten Gerichtshof, diejenigen auf Landesebene zur Wahl der fachkundigen Laienrichter für die jeweiligen Landesgerichte berufen. *(BGBl 1993/91)*

(3) Soweit Wahlkörper von gesetzlichen beruflichen Vertretungen auf Landesebene nicht vorgesehen sind, sind die Wahlkörper auf Bundesebene

auch zur Wahl der fachkundigen Laienrichter für die Landesgerichte berufen.

(4) Es sind zur Wahl der fachkundigen Laienrichter für den Obersten Gerichtshof sowie für diejenigen Gerichtshöfe erster und zweiter Instanz, die für das betreffende Land zuständig sind, berufen:

1. in Tirol die Sektionsversammlungen der Sektion Dienstgeber und der Sektion Dienstnehmer in der Landwirtschaftskammer:

2. in Vorarlberg die Sektionsversammlungen der Landwirte und der land- und forstwirtschaftlichen Dienstnehmer in der Landwirtschaftskammer;

3. in den übrigen Ländern die Vollversammlung der jeweiligen Landwirtschaftskammer;

4. in Niederösterreich, Oberösterreich, Salzburg, Kärnten und Steiermark die Vollversammlung der jeweiligen Landarbeiterkammer;

5. im Burgenland und in Wien die Vollversammlung der jeweiligen Kammer für Arbeiter und Angestellte.

(5) Die Zentralausschüsse nach dem Bundes-Personalvertretungsgesetz sind – mit Ausnahme der Zentralausschüsse der Landeslehrer – zur Wahl der fachkundigen Laienrichter für sämtliche Gerichtshöfe berufen, die Zentralausschüsse der Landeslehrer nach dem Bundes-Personalvertretungsgesetz sowie die landesgesetzlich eingerichteten Personalvertretungen der Landesbediensteten in den Ländern und der Gemeinde(Magistrats)bediensteten in denjenigen Gemeinden, in denen ein Landesgericht seinen Sitz hat, für den Obersten Gerichtshof und diejenigen Gerichtshöfe erster und zweiter Instanz, die für das betreffende Land zuständig sind. *(BGBl 1993/91; BGBl I 2012/35)*

Wahlkörper der Arbeitgeber

§ 20. (1) Wahlkörper der Arbeitgeber auf Bundesebene für die in der Anlage ./1 genannten Berufsgruppen sind:

1. für die Berufsgruppe 1 der Kammertag der Bundeskammer der gewerblichen Wirtschaft,

2. für die Berufsgruppe 2

a) die Vollversammlung der Österreichischen Ärztekammer,

b) die Delegierten der Abteilungsversammlung der selbständigen Apotheker der Österreichischen Apothekerkammer,

c) der Bundesausschuss der Österreichischen Zahnärztekammer, *(BGBl I 2009/30, ab 1. 4. 2009)*

d) die Vertreterversammlung des Österreichischen Rechtsanwaltskammertags,

e) der Delegiertentag der Österreichischen Notariatskammer,

f) die Hauptversammlung der Patentanwaltskammer,

g) der Kammertag der Kammer der Wirtschaftstreuhänder,

h) der Kammertag der Bundes-, Architekten- und Ingenieurkonsulentenkammer, *(BGBl 1994/624)*

i) die Hauptversammlung der Österreichischen Tierärztekammer. *(BGBl I 2009/30, ab 1. 4. 2009)*

(2) Wahlkörper der Arbeitgeber auf Landesebene sind:

1. für die Berufsgruppe 1 die Vollversammlung der jeweiligen Wirtschaftskammer *(BGBl 1994/624)*

2. für die Berufsgruppe 2

a) die Vollversammlung der jeweiligen Ärztekammer,

b) die Plenarversammlung der jeweiligen Rechtsanwaltskammer,

c) die jeweilige Versammlung der Gruppe der Notare des Notariatskollegiums,

d) die Kammervollversammlung der jeweiligen Architekten- und Ingenieurkonsulentenkammer. *(BGBl 1994/624)*

e) *(aufgehoben, BGBl I 2009/30, ab 1. 4. 2009)*

(3) Wahlkörper der Arbeitgeber für die Berufsgruppe 3 sind für die im § 19 Abs. 4 genannten Bereiche:

1. in Tirol die Kammerversammlung der Bauernkammer, *(BGBl 1994/624)*

2. in Vorarlberg die Sektionsversammlung der Landwirte in der Landwirtschaftskammer,

3. in den übrigen Ländern die Vollversammlung der jeweiligen Landwirtschaftskammer.

Wahlkörper der Arbeitnehmer

§ 21. (1) Wahlkörper der Arbeitnehmer auf Bundesebene für die in der Anlage ./1 genannten Berufsgruppen 5 bis 7 ist die Hauptversammlung der Bundeskammer für Arbeiter und Angestellte *(BGBl 1994/624)*

(2) Wahlkörper der Arbeitnehmer auf Landesebene für die Berufsgruppen 5 bis 7 sind die Vollversammlungen der jeweiligen Kammer für Arbeiter und Angestellte.

(3) Wahlkörper für die Arbeitnehmer der Berufsgruppe 8 sind für die im § 19 Abs. 4 genannten Bereiche:

1. im Burgenland und in Wien die Vollversammlung der jeweiligen Kammer für Arbeiter und Angestellte,

2. in Tirol die Kammerversammlung der Landarbeiterkammer, *(BGBl 1994/624)*

3. in Vorarlberg die Sektionsversammlung der land- und forstwirtschaftlichen Dienstnehmer in der Landwirtschaftskammer,

4. in den übrigen Ländern die Vollversammlung der jeweiligen Landarbeiterkammer.

(4) Wahlkörper für die Arbeitnehmer der Berufsgruppe 9 sind für die im § 19 Abs. 5 genannten Bereiche die Zentralausschüsse nach dem Bundes-Personalvertretungsgesetz sowie die landesgesetzlich eingerichteten Personalvertretungen der Landesbediensteten in den Ländern und der Gemeinde(Magistrats)bediensteten in denjenigen Gemeinden, in denen ein Landesgericht seinen Sitz hat. *(BGBl 1993/91; BGBl I 2012/35)*

Wahlvorschläge

§ 22. (1) Die zuständigen Organe der gesetzlichen beruflichen Vertretungen haben den Wahlkörpern Wahlvorschläge vorzulegen; diese haben je Gerichtshof zumindest so viele Bewerber zu enthalten, wie dies der jeweils zu wählenden Anzahl an fachkundigen Laienrichtern entspricht.

(2) Jedes Mitglied eines Wahlkörpers kann einen weiteren Wahlvorschlag vorlegen.

(3) Die in die Wahlvorschläge aufgenommenen Personen müssen das passive Wahlrecht nach § 24 besitzen.

Wahl der fachkundigen Laienrichter

§ 23. Die Wahl der fachkundigen Laienrichter ist von den Wahlkörpern durchzuführen, und zwar nach den Grundsätzen des Verhältniswahlrechts. Wird nur ein Wahlvorschlag vorgelegt, so sind die fachkundigen Laienrichter mit einfacher Mehrheit der abgegebenen Stimmen gewählt.

Passives Wahlrecht

§ 24. Zu fachkundigen Laienrichtern dürfen nur Personen gewählt werden, die

1. das 24. Lebensjahr vollendet und das 65. Lebensjahr noch nicht oder während der zuletzt abgelaufenen einheitlichen Amtszeit vollendet haben; *(BGBl 1994/624; BGBl I 2006/104, ab 27. 6. 2006)*

2. zur Übernahme des Amtes bereit sind;

3. der Berufsgruppe, für die die fachkundigen Laienrichter zu wählen sind, angehören oder während der zuletzt abgelaufenen einheitlichen Amtszeit angehört haben und durch Eintritt in den Ruhestand aus dieser ausgeschieden sind. Funktionäre und Arbeitnehmer gesetzlicher Interessenvertretungen und kollektivvertragsfähiger freiwilliger Berufsvereinigungen gelten hiebei als Angehörige der von ihnen vertretenen Berufsgruppe (Berufsgruppen); und im übrigen *(BGBl 1994/624)*

4. die Voraussetzungen für das Wahlrecht zum Nationalrat erfüllen.

Entsendung von fachkundigen Laienrichtern durch Gebietskörperschaften als Arbeitgeber

§ 25. (1) Der Bund, die Länder und diejenigen Gemeinden, in denen ein Landesgericht seinen Sitz hat, haben die fachkundigen Laienrichter für die Berufsgruppe 4 zu entsenden; für den Bund obliegt diese Entsendung dem Bundeskanzler. *(BGBl 1993/91)*

(2) Der § 24 Z 1, 2 und 4 gilt sinngemäß; außerdem darf nur eine solche Person als fachkundiger Laienrichter entsandt werden, die in einem aufrechten Dienstverhältnis zur entsendenden Gebietskörperschaft steht.

Anzahl und Zuordnung der fachkundigen Laienrichter

§ 26. (1) Je Vorsitzenden eines mit Arbeits- und Sozialrechtssachen betrauten Senates des jeweiligen Gerichtshofs ist mindestens die folgende Anzahl von fachkundigen Laienrichtern zu wählen (zu entsenden):

1. für die Berufsgruppe 1: 35 fachkundige Laienrichter;

2. für die Berufsgruppe 2: insgesamt 10 fachkundige Laienrichter;

3. für die Berufsgruppen 3 und 8: je insgesamt 10 fachkundige Laienrichter;

4. für die Berufsgruppen 4 und 9: je insgesamt 10 fachkundige Laienrichter;

5. für die Berufsgruppen 5 bis 7: je 15 fachkundige Laienrichter.

(2) Für die in der Berufsgruppe 8 genannten Untergruppen A und B können gesondert fachkundige Laienrichter gewählt werden.

(3) Sind für eine Berufsgruppe mehrere Wahlkörper (Entsendungsberechtigte) zur Wahl (Entsendung) von fachkundigen Laienrichtern berufen, so sollen sie sich über die Anzahl der von ihnen jeweils zu wählenden (zu entsendenden) fachkundigen Laienrichter verständigen, um die Erreichung der vorgesehenen Gesamtzahl sicherzustellen. Hiebei sollen sie auf den auf ihre Mitglieder (ihren wahrzunehmenden Interessenbereichen) voraussichtlich entfallenden Jahresanfall an Arbeits- und Sozialrechtssachen Bedacht nehmen.

(4) Jedem Vorsitzenden eines mit Arbeits- und Sozialrechtssachen betrauten Senates ist durch Beschluß des Personalsenats eine entsprechende Anzahl bestimmter, je Berufsgruppe gewählter (entsandter) fachkundiger Laienrichter zuzuordnen; wenn ihm dies tunlich erscheint, so kann der Vorsitzende auch einen fachkundigen Laienrichter laden (§ 12 Abs. 1), der einem anderen Vorsitzenden zugeordnet ist. *(BGBl 1994/624)*

(Überschrift idF BGBl 1994/624)

Bekanntgabe des Wahlergebnisses (der Entsendung)

§ 27. Das Wahlergebnis (die verfügte Entsendung) ist dem Präsidenten des Gerichtshofs unter Angabe des Zeitpunktes der Wahl (Entsendung) sowie des Vor- und Familiennamens, des Geburtsdatums, des Berufs, der Anschrift und der Berufsgruppe (Untergruppe) jeder einzelnen zum fachkundigen Laienrichter gewählten (als fachkundiger Laienrichter entsandten) Person mitzuteilen.

Unvereinbarkeit

§ 28. Ein fachkundiger Laienrichter darf nicht gleichzeitig

1. fachkundiger Laienrichter aus dem Kreis der Arbeitgeber und aus dem Kreis der Arbeitnehmer sein oder

2. für einen im Instanzenzug übergeordneten Gerichtshof gewählt (entsandt) werden.

Gelöbnis

§ 29. (1) Die zu fachkundigen Laienrichtern gewählten (entsandten) Personen haben vor ihrer ersten Verwendung als Beisitzer dem Präsidenten des Gerichtshofs, für den sie gewählt (zu dem sie entsandt) worden sind, folgendes Gelöbnis zu leisten:

„Ich gelobe, die Verfassung und die anderen Gesetze der Republik Österreich unverbrüchlich zu beachten, die Pflichten meines Amtes gewissenhaft, uneigennützig, unparteiisch und ohne Unterschied der Person – besonders ohne Rücksicht auf deren Angehörigkeit zum Kreis der Arbeitgeber oder der Arbeitnehmer – zu erfüllen und das Amtsgeheimnis zu wahren."

(2) Der Präsident des Gerichtshofs kann die Abnahme des Gelöbnisses den Vorsitzenden der Senate überlassen.

(3) Die Leistung des Gelöbnisses ist in das Beeidigungsbuch einzutragen.

(4) Nach Leistung des Gelöbnisses ist dem fachkundigen Laienrichter gebührenfrei eine Urkunde auszustellen. Sie hat zu enthalten:

1. den Vor- und Familiennamen, das Geburtsdatum und den Beruf des fachkundigen Laienrichters,

2. das Gericht, die Berufsgruppe (Untergruppe), für die der fachkundige Laienrichter gewählt (entsandt) worden ist, und die Zugehörigkeit zum Kreis der Arbeitgeber oder zu dem der Arbeitnehmer,

3. die Amtsdauer und

4. einen Hinweis auf das Gelöbnis und dessen Wortlaut.

(5) Die fachkundigen Laienrichter dürfen ihr Amt erst nach Leistung des Gelöbnisses ausüben.

Amtsenthebung

§ 30. (1) Ein fachkundiger Laienrichter ist seines Amtes zu entheben, wenn

1. er nicht nach § 23 gewählt (nach § 25 Abs. 1 entsandt) worden ist;

2. im Zeitpunkt seiner Wahl (Entsendung)

a) sein passives Wahlrecht (die Entsendungsvoraussetzungen) nach § 24 (§ 25 Abs. 2) nicht gegeben war (waren) oder

b) Umstände vorlagen, mit denen das Amt eines fachkundigen Laienrichters unvereinbar ist;

3. nach seiner Wahl (Entsendung)

a) sein passives Wahlrecht (die Entsendungsvoraussetzungen) nach § 24 Z 2 und 4 (§ 25 Abs. 2) weggefallen ist (sind) oder

b) Umstände eingetreten sind, mit denen das Amt eines fachkundigen Laienrichters unvereinbar ist;

4. er ohne genügende Entschuldigung die Pflichten seines Amtes wiederholt vernachlässigt;

5. er ein Verhalten setzt, das dem Ansehen des Amtes eines fachkundigen Laienrichters zuwiderläuft;

6. er die Leistung des Gelöbnisses verweigert; oder

7. er selbst um seine Amtsenthebung ersucht.

(2) Ferner sind ihres Amtes zu entheben:

1. ein gewählter fachkundiger Laienrichter, der die Voraussetzung nach § 24 Z 3 verliert, wenn er zum fachkundigen Laienrichter des anderen Kreises wählbar wird, oder

2. ein entsandter fachkundiger Laienrichter, dessen Dienstverhältnis zur entsendenden Gebietskörperschaft nicht mehr aufrecht ist.

(3) Über die Enthebung nach Abs. 1 Z 1 bis 4 und 6 sowie Abs. 2 hat das Gericht, das im Sinne des § 90 RDG, BGBl. Nr. 305/1961, Dienstgericht wäre, in dem nach § 93 Abs. 1 RDG vorgesehenen Verfahren, über die Enthebung nach Abs. 1 Z 5 das Gericht, das im Sinne des § 111 RDG Disziplinargericht wäre, in dem nach §§ 112 bis 120, 122 bis 149, 151, 152 lit. a, 153, 154, 155 Abs. 1, 157, 161 bis 165 vorgesehenen Verfahren mit der Maßgabe zu entscheiden, daß außer der Enthebung keine Strafe verhängt werden darf.

(4) Über die Enthebung nach Abs. 1 Z 7 hat der Präsident desjenigen Gerichtshofs zu entscheiden, für den der fachkundige Laienrichter gewählt (zu dem er entsandt) worden ist.

Meldepflicht

§ 31. Die fachkundigen Laienrichter haben dem Präsidenten des Gerichtshofs (dem Vorsitzenden des Senats) umgehend bekanntzugeben:

1. jeden Umstand, der sie daran hindert, einer Ladung als fachkundiger Laienrichter nachzukommen,

2. jeden Wohnungswechsel,

3. das Eintreten einer länger dauernden Verhinderung an ihrer Amtsausübung,

4. den Eintritt einer Unvereinbarkeit und

5. den Verlust ihres passiven Wahlrechts nach § 24 Z 2 bis 4 beziehungsweise der diesbezüglichen Entsendungsvoraussetzungen (§ 25 Abs. 2).

Entschädigung

§ 32. Fachkundige Laienrichter haben Anspruch auf

1. Ersatz der Reise- und Aufenthaltskosten sowie auf Entschädigung für Zeitversäumnis entsprechend den für Zeugen geltenden Bestimmungen des GebAG 1975, BGBl. Nr. 136;

2. die Hälfte des im § 18 Abs. 1 Z 1 GebAG 1975 jeweils genannten Betrags als Entschädigung für Zeitversäumnis unabhängig vom Vorliegen eines Vermögensnachteils.

(BGBl 1994/624)

Listen der fachkundigen Laienrichter – Einsichtsrecht

§ 33. (1) Die fachkundigen Laienrichter sind mit ihren Vor- und Familiennamen, ihren Geburtsdaten, den Zeitpunkten ihrer Wahl (Entsendung), ihren Berufen, Anschriften und nach Möglichkeit ihren Fernsprechnummern sowie den Vorsitzenden, denen sie zugeordnet sind, in Listen getrennt nach ihrer Zugehörigkeit zum Kreis der Arbeitgeber und zu dem der Arbeitnehmer zu erfassen, und zwar innerhalb der jeweiligen Liste getrennt nach den sich aus der Anlage ./1 ergebenden Berufsgruppen. *(BGBl 1994/624)*

(2) Jedem, der ein rechtliches Interesse an der Kenntnis der gewählten (entsandten) fachkundigen Laienrichter glaubhaft macht, ist Einsicht in Listen zu gewähren, die die Angaben nach Abs. 1, jedoch nicht die Anschriften und Fernsprechnummern der fachkundigen Laienrichter enthalten. *(BGBl 1994/624)*

(3) Die Listen sind vom Präsidenten des jeweiligen Gerichtshofs zu führen; er hat, sofern ein rechtliches Interesse nicht ausreichend glaubhaft gemacht wird, durch unanfechtbaren Beschluß die Einsichtnahme abzulehnen.

Ablehnung von fachkundigen Laienrichtern

§ 34. Fachkundige Laienrichter können auch deshalb abgelehnt werden, weil sie im Zeitpunkt ihrer Wahl (Entsendung) oder danach vom passiven Wahlrecht nach § 24 Abs. 1 Z 2 bis 4 ausgeschlossen waren (die diesbezüglichen Entsen-

dungsvoraussetzungen nach § 25 Abs. 2 nicht erfüllt haben) oder weil Umstände vorliegen, mit denen das Amt eines fachkundigen Laienrichters unvereinbar ist.

IV. Abschnitt

§ 35. *(entfällt samt Überschrift, BGBl I 2012/35)*

DRITTES HAUPTSTÜCK

Besondere Verfahrensbestimmungen

I. Abschnitt

Allgemeines

Bezeichnung

§ 36. In Ausübung der Gerichtsbarkeit in Arbeits- und Sozialrechtssachen haben die Landesgerichte ihrer Bezeichnung den Zusatz „als Arbeits- und Sozialgericht", die Oberlandesgerichte und der Oberste Gerichtshof den Zusatz „in Arbeits- und Sozialrechtssachen" beizufügen. Das gilt nicht für das Arbeits- und Sozialgericht Wien.

(BGBl 1993/91)

Unrichtige Gerichtsbesetzung

§ 37. (1) Auch wenn in einer Arbeits- und Sozialrechtssache gegen die §§ 11, 11 b oder 12 Abs. 1 oder 3 zweiter Halbsatz verstoßen worden ist oder über eine Rechtssache, die keine Arbeits- und Sozialrechtssache ist, ein Senat entschieden hat, der nach den §§ 11 und 12 zusammengesetzt war, ist der § 260 Abs. 4 ZPO sinngemäß anzuwenden, sofern die Parteien zur Zeit des Verstoßes durch qualifizierte Personen (§ 40 Abs. 1) vertreten waren. *(BGBl 1994/624)*

(2) Ein Verstoß gegen den § 12 Abs. 2, Abs. 3 erster Halbsatz oder Abs. 4 bis 6 oder gegen den § 26 Abs. 4 kann nicht geltend gemacht werden. *(BGBl 1994/624)*

(3) Wird die Richtigkeit der Gerichtsbesetzung bezweifelt, so hat das Gericht, sofern nicht nach Abs. 1 eine Heilung eingetreten ist, mit Beschluß auszusprechen, in welcher Gerichtsbesetzung das Verfahren fortzuführen ist. Gleichzeitig mit der Verkündung dieses Beschlusses kann der Senat anordnen, daß sogleich in der Hauptsache verhandelt wird; der § 261 Abs. 2 zweiter und dritter Satz sowie Abs. 3 ZPO ist sinngemäß anzuwenden. Ändert sich nach dem Beschluß die Gerichtsbesetzung, so ist § 412 Abs. 2 ZPO anzuwenden.

4. ASGG

Wahrnehmung von Unzuständigkeiten

§ 38. (1) Soweit im folgenden nichts anderes bestimmt ist, haben die Gerichte das Fehlen der inländischen Gerichtsbarkeit sowie der sachlichen und örtlichen Zuständigkeit in jeder Lage des Verfahrens von Amts wegen wahrzunehmen. Das Fehlen der inländischen Gerichtsbarkeit oder der sachlichen oder örtlichen Zuständigkeit wird jedoch nach § 104 Abs. 3 JN – gegebenenfalls im Zusammenhang mit § 40 Abs. 3 – geheilt; dies, soweit nach Völkerrecht oder besonderen gesetzlichen Anordnungen nicht ausdrücklich anderes bestimmt ist. *(BGBl I 1997/140, auf Verfahren anwendbar, die ab 1. 1. 1998 eingeleitet wurden: Art XXXII Z 8 BGBl I 1997/140)*

(2) Ist für eine Rechtsstreitigkeit anstelle des angerufenen Gerichts ein anderes Gericht als Arbeits- und Sozialgericht zuständig, so hat sie das angerufene Gericht, sofern seine Unzuständigkeit nicht geheilt ist, an das nicht offenbar unzuständige Gericht von Amts wegen zu überweisen. *(BGBl I 2010/111, ab 1. 7. 2011, auf Verfahren anzuwenden, in denen die Klage nach dem 30. 6. 2011 angebracht wird)*

(3) Eine Änderung der Zuständigkeit nach § 7 Abs. 3 ist nur zu beachten, wenn der Versicherte sie unverzüglich, spätestens jedoch am Beginn der nächsten Tagsatzung zur mündlichen Streitverhandlung, geltend macht. In diesem Fall ist die Rechtsstreitigkeit an das nunmehr zuständige Gericht zu überweisen.

(4) Das Gericht, an das die Rechtsstreitigkeit überwiesen worden ist, ist an den rechtskräftigen Ausspruch über die sachliche Zuständigkeit gebunden; seine örtliche Unzuständigkeit darf es nicht mit der Begründung aussprechen, daß doch das überweisende Gericht zuständig ist.

(5) Erklären sich in einer Sozialrechtssache (§ 65) mehrere Landesgerichte als Arbeits- und Sozialgerichte für zuständig, so hat dasjenige den Vorrang, bei dem die Rechtssache als erstem anhängig gemacht worden ist. *(BGBl 1993/91)*

Verfahrensbesonderheiten

§ 39. (1) Das Verfahren ist besonders rasch durchzuführen; Ladungen und Entscheidungen sind unverzüglich auszufertigen. Der § 439 ZPO ist anzuwenden.

(2) Ist eine Partei nicht Versicherungsträger und wird sie auch nicht durch eine qualifizierte Person (§ 40 Abs. 1) vertreten, so sind darüber hinaus anzuwenden:

1. die Bestimmungen über die richterliche Anleitungs- und Belehrungspflicht (§§ 432, 435 ZPO); hiebei hat der Vorsitzende die Parteien über die bei derartigen Arbeits- und Sozialrechtssachen in Betracht kommenden besonderen Vorbringen und Beweisanbietungen zu belehren, die zur zweckentsprechenden Rechtsverfolgung (Rechtsverteidigung) dienen können, und sie zur Vornahme der sich anbietenden derartigen Prozeßhandlungen anzuleiten;

2. die Bestimmungen über die Möglichkeit des Anbringens zu Protokoll (§ 434 ZPO); liegt der Wohnsitz, der Aufenthalts- oder der Beschäftigungsort der Partei außerhalb des Bezirksgerichtssprengels (des Ortes), in dem das für das Verfahren zuständige Landesgericht seinen Sitz hat, so können die Anbringen auch beim Bezirksgericht des Wohnsitzes, des Aufenthalts- oder des Beschäftigungsorts der Partei zu Protokoll gegeben werden; das Bezirksgericht hat das Protokoll unverzüglich an das zuständige Landesgericht als Arbeits- und Sozialgericht weiterzuleiten; *(BGBl 1993/91; BGBl I 2010/111, ab 1. 5. 2011)*

3. die Bestimmungen über die Ladung des Klägers beziehungsweise des Beklagten (§§ 437, 438 ZPO).

(3) Vor den Gerichten erster Instanz müssen sich die Parteien nicht vertreten lassen.

(4) § 222 ZPO ist nicht anzuwenden. *(BGBl I 2002/76; BGBl I 2010/111, ab 1. 5. 2011)*

(5) Über einen Antrag auf Bewilligung einer Verfahrenshilfe ist ohne Rücksicht darauf zu entscheiden, ob der Antragsteller eine nach § 40 Abs. 1 Z 2 qualifizierte Person bevollmächtigen könnte oder bevollmächtigt hat. *(BGBl 1994/624)*

(6) Von einem schriftlichen Befund oder Gutachten ist den Parteien ehestens je eine Ausfertigung zuzustellen.

(7) Jeder Entscheidung eines Gerichts erster oder zweiter Instanz, die einer Partei zugestellt wird, ist eine Rechtsmittelbelehrung anzuschließen.

Vertretung

§ 40. (1) Zur Vertretung vor den Gerichten erster und zweiter Instanz qualifizierte Personen sind:

1. Rechtsanwälte;

2. Funktionäre und Arbeitnehmer einer gesetzlichen Interessenvertretung oder freiwilligen kollektivvertragsfähigen Berufsvereinigung, die nach ihrem Wirkungsbereich für die Partei in Betracht kommt oder in Betracht käme, wenn diese noch berufstätig wäre oder ihren Aufenthalt im Inland hätte; die Funktionäre oder Arbeitnehmer bedürfen einer Befugnis der Interessenvertretung oder Berufsvereinigung;

3. wenn die Partei Versicherungsträger ist, ihre Arbeitnehmer sowie ihre Prokuristen, auch wenn diese keine Arbeitnehmer sind, die Mitglieder ihrer jeweils geschäftsführenden Organe, die Arbeitnehmer oder ein Mitglied eines geschäftsführenden Organs eines anderen Versicherungsträ-

gers oder des Hauptverbandes der österreichischen Sozialversicherungsträger;

4. wenn es sich um eine Rechtsstreitigkeit nach § 65 Abs. 1 Z 7 handelt, die Dienstnehmer, Prokuristen oder Geschäftsführer der Insolvenz-Entgelt-Fonds-Service GmbH hinsichtlich der beklagten Parteien; *(BGBl 1994/314; BGBl I 2001/88; BGBl I 2008/82)*

5. wenn es sich um Rechtsstreitigkeiten handelt, die Ansprüche nach dem BPGG zum Inhalt haben, die Bediensteten der sonstigen Entscheidungsträger nach § 22 Abs. 1 Z 3 bis 8 BPGG hinsichtlich der beklagten Parteien. *(BGBl 1993/110)*

(2) Vor den Gerichten erster Instanz dürfen sich die Parteien außer durch qualifizierte Personen noch vertreten lassen:

1. Arbeitgeber durch einen ihrer Arbeitnehmer oder einen ihrer Prokuristen, auch wenn dieser kein Arbeitnehmer ist, oder durch ein Mitglied ihrer geschäftsführenden Organe;

2. Arbeitnehmer durch ein Mitglied des zuständigen Betriebsrats;

3. parteifähige Organe der Arbeitnehmerschaft (§ 53 Abs. 1) durch eines ihrer Mitglieder;

3a. Mitglieder der im Bundesbehindertenbeirat gemäß § 9 Abs. 1 Z 7 des Bundesbehindertengesetzes, BGBl. Nr. 283/1990, unmittelbar oder mittelbar vertretenen Verbände durch die jeweiligen Funktionäre oder Arbeitnehmer der Verbände, denen die Mitglieder angehören; die Funktionäre und Arbeitnehmer bedürfen hiefür einer Befugnis des jeweiligen Verbandes; *(BGBl 1994/624)*

4. durch jede andere geeignete Person; über die Eignung hat der Vorsitzende durch unanfechtbaren Beschluß zu entscheiden.

(3) Die mit der Vertretung durch einen Rechtsanwalt verbundenen Rechtsfolgen treten auch ein, wenn eine Partei durch eine andere qualifizierte Person vertreten wird. Dies gilt nicht

1. für den Kostenersatzanspruch;

2. soweit sonst anderes bestimmt ist.

(4) Sind beide Parteien durch die im Abs. 1 genannten qualifizierten Personen vertreten, so sind die Bestimmungen über die direkte Zustellung (§ 112 ZPO) sinngemäß anzuwenden. *(BGBl 1994/624)*

(5) Schreitet eine im Abs. 1 Z 2 bis 4 genannte qualifizierte Person als Bevollmächtigter ein, so ersetzt ihre Berufung auf die ihr schriftlich erteilte Bevollmächtigung den urkundlichen Nachweis. Hegt jedoch der Vorsitzende auf Grund besonderer Umstände Zweifel an der Erteilung der Bevollmächtigung, so kann er mit unanfechtbarem Beschluß deren urkundlichen Nachweis anordnen; in diesem Fall ist im übrigen der § 38 Abs. 2 und 3 ZPO sinngemäß anzuwenden. *(BGBl 1994/624)*

(6) Hat sich die Person ohne berechtigten Anlaß auf ihre Bevollmächtigung berufen (Abs. 5), so hat das Gericht, vor dem die Bevollmächtigung behauptet worden ist,

1. über diese Person eine Mutwillensstrafe (Ersatzfreiheitsstrafe) bis zum Zweifachen des im § 220 Abs. 1 ZPO genannten Ausmaßes zu verhängen,

2. auszusprechen, daß diese Person in dem anhängigen Verfahren von der Vertretung ausgeschlossen ist, und

3. darüber zu befinden, ob die Person mit Rücksicht auf ihr Verhalten weiters von der Vertretung in anderen, auch noch nicht anhängigen arbeits- und sozialgerichtlichen Verfahren als qualifizierte Person ausgeschlossen ist, bejahendenfalls für welche Zeit; diese darf zwei Jahre nicht übersteigen (allgemeines Vertretungsverbot). *(BGBl 1994/624)*

(7) Wird ein allgemeines Vertretungsverbot (Abs. 6 Z 3) verfügt, so ist dieser Beschluß nach dem Eintritt seiner Rechtskraft im Amtsblatt der österreichischen Justizverwaltung kundzumachen; mit dem Zeitpunkt seiner Kundmachung tritt bindende Wirkung für alle Gerichte; die von der Person bis dahin als Bevollmächtigter vorgenommenen Vertretungshandlungen (Abs. 6 Z 3) bleiben hievon jedoch unberührt. *(BGBl 1994/624)*

§ 41. Läßt sich eine Partei durch eine ausgeschlossene (nicht zugelassene) Person vertreten, ohne selbst zur Verhandlung zu kommen, so hat der Vorsitzende die Verhandlung auf tunlichst kurze Zeit zu erstrecken und die Partei anzuweisen, zu der neuen Tagsatzung entweder persönlich zu kommen oder für sie einen geeigneten Vertreter zu bestellen. Eine wiederholte Erstreckung der Tagsatzung kann aus diesem Grunde nicht stattfinden.

Sachverständigengebühren

§ 42. (1) Einem Sachverständigen steht auch dann eine höhere als die im GebAG 1975 vorgesehene Gebühr zu, wenn der Bestimmung in dieser Höhe zugestimmt haben

1. in Arbeitsrechtssachen die Parteien, sofern keine Partei Verfahrenshilfe genießt und die Gebühr den Betrag von 2 500 Euro nicht übersteigt; *(BGBl 1989/343; BGBl I 2001/98)*

2. in Sozialrechtssachen nach § 65 Abs. 1 Z 3 die Parteien, in sonstigen Sozialrechtssachen der Versicherungsträger.

(2) Der Beschluß, mit dem die Sachverständigengebühr bestimmt worden ist, ist dem Revisor

1. in Arbeitsrechtssachen auch dann nicht zuzustellen, wenn die Gebühr nach Abs. 1 Z 1 bestimmt worden ist;

2. in Sozialrechtssachen in keinem Fall zuzustellen.

Kollektivrechtliche Normen

§ 43. (1) Die Behörde, bei der Kollektivverträge, Mindestlohntarife, zur Satzung erklärte Kollektivverträge und Festsetzungen von Lehrlingsentschädigungen zu hinterlegen sind, hat von diesen, soweit sie nach Inkrafttreten dieses Bundesgesetzes hinterlegt worden sind, nach der Kundmachung allen für Arbeits- und Sozialrechtssachen zuständigen Gerichtshöfen Ausfertigungen zu übermitteln.

(2) Die Landesgerichte haben als Arbeits- und Sozialgerichte jedermann in die ihnen übermittelten kollektivrechtlichen Normen Einsicht zu gewähren. *(BGBl 1993/91)*

(3) Der Inhalt kollektivrechtlicher Normen ist von Amts wegen zu ermitteln, wenn sich eine Partei auf sie beruft; dies gilt auch für das Rechtsmittelverfahren.

§ 44. (1) Die §§ 501 und 517 ZPO sind nicht anzuwenden. *(BGBl I 1997/140; BGBl I 2002/76, ab 1. 1. 2003, die Neufassung ist anzuwenden, wenn das Datum der Entscheidung 2. Instanz nach dem 31. Dezember 2002 liegt: Art. XI Abs. 6 BGBl I 2002/76)*

(2) Hat das Erstgericht über einen Streitgegenstand entschieden, der an Geld oder Geldeswert 2 000 Euro nicht übersteigt, so ist eine mündliche Verhandlung über die Berufung nur anzuberaumen, wenn das Gericht dies im einzelnen Fall für erforderlich hält.

(BGBl 1994/624; BGBl I 1997/140; BGBl I 2001/98)

§§ 45 bis 47. *(aufgehoben, BGBl I 2002/76, ab 1. 1. 2003, anzuwenden, wenn das Datum der Entscheidung 2. Instanz nach dem 31. Dezember 2002 liegt: Art XI Abs 6 BGBl I 2002/76)*

§ 48. *(aufgehoben, BGBl I 1997/140)*

II. Abschnitt
Arbeitsrechtssachen
1. Unterabschnitt
Allgemeines
Grundsatz

§ 49. Für Arbeitsrechtssachen gelten neben dem I. Abschnitt die Besonderheiten dieses Abschnitts.

Zinsen

§ 49a. Die gesetzlichen Zinsen für Forderungen im Zusammenhang mit einem Arbeitsverhältnis (§ 50 Abs. 1) betragen 9,2 vom Hundert pro Jahr über dem am Tag nach dem Eintritt der Fälligkeit geltenden Basiszinssatz. Beruht aber die Verzögerung der Zahlung auf einer vertretbaren Rechtsansicht des Schuldners, so sind nur die sonstigen Bestimmungen über die gesetzlichen Zinsen anzuwenden. *(BGBl I 2013/50)*

(BGBl 1994/624; BGBl I 1997/140; BGBl I 2001/98; BGBl I 2002/118)

Gegenstand der Arbeitsrechtssachen

§ 50. (1) Arbeitsrechtssachen sind bürgerliche Rechtsstreitigkeiten

1. zwischen Arbeitgebern und Arbeitnehmern im Zusammenhang mit dem Arbeitsverhältnis oder mit dessen Anbahnung;

2. zwischen Arbeitgebern oder Arbeitnehmern und Mitgliedern der Organe der Arbeitnehmerschaft im Zusammenhang mit deren Organtätigkeit sowie zwischen Arbeitgebern oder Arbeitnehmern und dem Betriebsratsfonds, soweit es sich nicht um Rechtsstreitigkeiten nach Abs. 2 handelt;

3. zwischen Arbeitnehmern im Zusammenhang mit der gemeinsamen Arbeit;

4. zwischen juristischen Personen, die zur Gewährung von Ruhegenüssen, Versorgungsgenüssen oder ähnlichen einem früheren Arbeitsverhältnis entspringenden Leistungen errichtet und keine Sozialversicherungsträger sind, und Personen, die solche Leistungen beanspruchen;

5. über Ansprüche nach dem Bauarbeiter-Urlaubsgesetz 1972, BGBl. Nr. 414, zwischen der Urlaubskasse und Arbeitgebern oder Arbeitnehmern mit Ausnahme des im § 25 des Bauarbeiter-Urlaubsgesetzes 1972 geregelten Verfahrens;

5a. Über Ansprüche nach dem Bauarbeiter-Schlechtwetterentschädigungsgesetz, BGBl. Nr. 129/1957, in der jeweils geltenden Fassung, zwischen der Urlaubs- und Abfertigungskasse und Arbeitgebern; *(BGBl 1994/314)*

6. über Ansprüche gegen die Gehaltskasse auf Zahlung der nach dem Gehaltskassengesetz 1959, BGBl. Nr. 254, gebührenden Bezüge;

7. zwischen Arbeitnehmern und der Mitarbeitervorsorgekasse (MV-Kasse) oder gleichartigen Leistungsträgern im Zusammenhang mit gesetzlichen Abfertigungsansprüchen; *(BGBl I 2002/100)*

8. zwischen Arbeitnehmern und einer Gebietskrankenkasse über Entgeltansprüche aus der Einlösung von Dienstleistungsschecks nach dem Dienstleistungsscheckgesetz, BGBl. I Nr. 45/2005; *(BGBl I 2005/45, ab 1. 1. 2006)*

9. zwischen Arbeitnehmern und Personen, die aufgrund der §§ 8 bis 10 des Lohn- und Sozial-

dumping-Bekämpfungsgesetzes, BGBl. I Nr. 44/2016, für Entgeltansprüche haften. *(BGBl I 2016/44, ab 1. 1. 2017)*

(2) Ferner sind Arbeitsrechtssachen Streitigkeiten über Rechte oder Rechtsverhältnisse, die sich aus dem II., V., VI., VII. oder VIII. Teil des ArbVG (betriebsverfassungsrechtliche Streitigkeiten), oder aus gleichartigen österreichischen Rechtsvorschriften ergeben. *(BGBl 1996/601; BGBl I 2004/82; BGBl I 2006/104; BGBl I 2007/77, ab 15. 12. 2007)*

Arbeitgeber- und Arbeitnehmerbegriff

§ 51. (1) Arbeitgeber und Arbeitnehmer im Sinn dieses Bundesgesetzes sind alle Personen, die zueinander in einem privat- oder öffentlich-rechtlichen Arbeitsverhältnis, in einem Lehr- oder sonstigen Ausbildungsverhältnis stehen oder gestanden sind.

(2) Den Arbeitgebern stehen Personen gleich, für die von einem Arbeitnehmer auf Grund eines Arbeitsverhältnisses mit einem anderen wie von einem eigenen Arbeitnehmer Arbeit geleistet wird.

(3) Den Arbeitnehmern stehen gleich

1. Personen, die den Entgeltschutz für Heimarbeit genießen, sowie

2. sonstige nicht mit gewerblicher Heimarbeit beschäftigte Personen, die, ohne in einem Arbeitsverhältnis zu stehen, im Auftrag und für Rechnung bestimmter Personen Arbeit leisten und wegen wirtschaftlicher Unselbständigkeit als arbeitnehmerähnlich anzusehen sind.

Rechtsnachfolge

§ 52. Der § 50 gilt auch für Fälle, in denen die Rechtsstreitigkeiten geführt werden

1. durch einen Rechtsnachfolger,

2. durch eine Person, die kraft Gesetzes an Stelle der ursprünglichen Partei hiezu befugt ist,

3. durch Hinterbliebene des Arbeitnehmers, die für sich

a) aus dessen Arbeitsverhältnis Ansprüche auf Ruhegenuß, Abfertigung oder sonstige Versorgungsansprüche oder

b) aus unerlaubten Handlungen, soweit sie mit dessen Arbeitsverhältnis in Zusammenhang stehen, Ersatzansprüche ableiten oder

4. durch einen Versicherungsträger, der aus einer mit dem Arbeitsverhältnis zusammenhängenden unerlaubten Handlung eines Arbeitgebers oder eines diesem Gleichgestellten Ersatzansprüche nach dem § 334 ASVG, BGBl. Nr. 189/1955, ableitet.

Parteifähigkeit und Klagslegitimation

§ 53. (1) Organe der Arbeitnehmerschaft sind, mit Ausnahme der Betriebs-, Betriebshaupt-, Betriebsräte-, Betriebsgruppen- und der Jugendversammlung, parteifähig.

(2) Wenn nach dem streitigen Recht oder Rechtsverhältnis keine Person (kein parteifähiges Gebilde) in Betracht kommt, gegen die (das) eine Klage auf Feststellung oder Rechtsgestaltung nach § 50 Abs. 2 gerichtet werden könnte, kann sie – je nach dem, ob der Kläger Arbeitnehmer oder Arbeitgeber ist – gegen die zuständige kollektivvertragsfähige Körperschaft (§§ 4 bis 7 ArbVG) der Arbeitgeber beziehungsweise der Arbeitnehmer gerichtet werden.

Besondere Feststellungsverfahren

§ 54. (1) In Arbeitsrechtssachen nach § 50 Abs. 1 können die parteifähigen Organe der Arbeitnehmerschaft im Rahmen ihres Wirkungsbereiches sowie der jeweilige Arbeitgeber auf Feststellung des Bestehens oder Nichtbestehens von Rechten oder Rechtsverhältnissen, die mindestens drei Arbeitnehmer ihres Betriebes oder Unternehmens betreffen, klagen oder geklagt werden. Es ist jedoch ohne Belang, wenn sich nach der Streitanhängigkeit die Zahl der betroffenen Arbeitnehmer des Betriebs oder Unternehmens auf einen Arbeitnehmer verringert oder die Strittigkeit des Rechts oder Rechtsverhältnisses zwar nicht mehr einen Arbeitnehmer des Betriebs oder Unternehmens, wohl aber zumindest noch einen zwischenweilig aus dem Betrieb oder Unternehmen ausgeschiedenen Arbeitnehmer betrifft. *(BGBl 1994/624)*

(2) Kollektivvertragsfähige Körperschaften der Arbeitgeber und der Arbeitnehmer (§§ 4 bis 7 ArbVG) können im Rahmen ihres Wirkungsbereichs gegen eine kollektivvertragsfähige Körperschaft der Arbeitnehmer beziehungsweise der Arbeitgeber beim Obersten Gerichtshof einen Antrag auf Feststellung des Bestehens oder Nichtbestehens von Rechten oder Rechtsverhältnissen anbringen, die einen von namentlich bestimmten Personen unabhängigen Sachverhalt betreffen. Der Antrag muß eine Rechtsfrage des materiellen Rechts auf dem Gebiet der Arbeitsrechtssachen nach § 50 zum Gegenstand haben, die für mindestens drei Arbeitgeber oder Arbeitnehmer von Bedeutung ist.

(3) Der Antrag ist dem vom Antragsteller zu bezeichnenden Antragsgegner mit dem Auftrag zuzustellen, hiezu binnen vier Wochen Stellung zu nehmen. Innerhalb dieser Frist können auch andere kollektivvertragsfähige Körperschaften der Arbeitgeber oder der Arbeitnehmer im Rahmen ihres Wirkungsbereichs zu dem Antrag Stellung nehmen.

(4) Der Oberste Gerichtshof hat über den Feststellungsantrag auf der Grundlage des darin angegebenen Sachverhalts durch den einfachen Senat (§ 11 Abs. 1) zu entscheiden. Die Entscheidung ist allen kollektivvertragsfähigen Körperschaften zuzustellen, die sich am Verfahren beteiligt haben.

(5) Feststellungsklagen nach Abs. 1 und Anträge nach Abs. 2 können auch dann erhoben werden, wenn der Berechtigte eine Leistungsklage erheben könnte. Für die Dauer des Verfahrens über eine solche Feststellungsklage oder einen solchen Antrag sind alle Fristen zur Geltendmachung des Anspruchs des Berechtigten gehemmt. Nach Beendigung des Verfahrens steht dem Berechtigten zur Erhebung der Leistungsklage zumindest noch eine Frist von drei Monaten offen; war die ursprüngliche Frist kürzer, so steht dem Berechtigten nur diese offen. Der Beendigung steht das Ruhen des Verfahrens gleich.

Verfahren für zusammenhängende Streitigkeiten

§ 55. Nimmt der Kläger die Zuständigkeit nach § 8 Abs. 2 zu Recht in Anspruch, so sind die für die Rechtsstreitigkeiten nach § 50 Abs. 1 geltenden Vorschriften anzuwenden.

Mahnverfahren

§ 56. Die Bestimmungen über das bezirksgerichtliche Mahnverfahren sind anzuwenden. Der bedingte Zahlungsbefehl ist – vorbehaltlich der Befugnisse eines Rechtspflegers – vom Vorsitzenden zu erlassen. *(BGBl I 2002/76, ab 1. 1. 2003)*

Wert des Streitgegenstandes

§ 57. Das Gericht ist nicht an die Geldsumme gebunden, zu deren Annahme an Stelle der angesprochenen Sache sich der Kläger erboten oder die er als Wert des Streitgegenstandes angegeben hat.

Kostenersatz und Gebühren

§ 58. (1) In Rechtsstreitigkeiten nach § 50 Abs. 2 steht einer Partei ein Kostenersatzanspruch an die andere nur im Verfahren vor dem Obersten Gerichtshof zu. In besonderen Feststellungsverfahren nach § 54 Abs. 2 steht keiner Partei ein Kostenersatzanspruch an die andere zu.

(2) Die Parteien haben die den fachkundigen Laienrichtern nach § 32 ausgezahlten Beträge nicht zu ersetzen.

Pauschalierter Aufwandersatz

§ 58a. (1) Der Anspruch auf pauschalierten Aufwandersatz nach dem Aufwandersatzgesetz,

BGBl. Nr. 28/1993, kann nur in dem jeweiligen Verfahren über die Hauptsache geltend gemacht werden. Die gesetzliche Interessenvertretung oder freiwillige kollektivvertragsfähige Berufsvereinigung hat in dem Verfahren über ihren Anspruch auf Aufwandersatz die Stellung einer Partei; für die Entscheidung über ihren Anspruch ist aber die Entscheidung sowie jeder sonstige Verfahrensstand in der Hauptsache bindend; ist die ihr erteilte Bevollmächtigung aufgehoben worden, so ist ihr dennoch jede Entscheidung zuzustellen, die für ihren Anspruch maßgebend ist. Die dem Gegner zustehenden Kosten, die aus Streitigkeiten über den Anspruch der gesetzlichen Interessenvertretungen oder freiwilligen kollektivvertragsfähigen Berufsvereinigungen entstehen, sind von dieser zu tragen.

(2) In ein von der Partei übergebenes Kostenverzeichnis sowie von ihr erhobenes Rechtsmittel können auch das Verzeichnis des Aufwandes beziehungsweise das Rechtsmittel der gesetzlichen Interessenvertretung oder freiwilligen kollektivvertragsfähigen Berufsvereinigung betreffend deren Anspruch auf Aufwandersatz aufgenommen werden.

(3) Wenn sich der Streitwert während des Verfahrens geändert hat, kann das Gericht für die Feststellung des Aufwandersatzanspruchs den Teil des Obsiegens der vertretenen Partei nach freier Überzeugung (§ 273 ZPO) festsetzen.

(4) Im übrigen sind die Bestimmungen über den Kostenersatz (§§ 40 bis 55 und 528 Abs. 2 Z 3 ZPO) sinngemäß anzuwenden.

(BGBl 1993/28)

2. Unterabschnitt

Verfahren erster Instanz

Verfahrensvereinfachungen

§ 59. (1) Anzuwenden sind die Bestimmungen über

1. den Vergleichsversuch (§ 433 ZPO); ihn hat der Vorsitzende durchzuführen;

2. den Entfall einer Klagebeantwortung (§ 440 Abs. 2 ZPO) und die Beschränkung der vorbereitenden Tagsatzung (§ 440 Abs. 1 ZPO; *(BGBl I 2002/76, ab 1. 1. 2003, auf Verfahren anzuwenden, in denen die Klage oder der verfahrensleitende Antrag nach dem 31. Dezember 2002 bei Gericht eingelangt ist: Art. XI Abs. 2 BGBl I 2002/76)*

3. die Unzuständigkeitseinrede (§ 441 ZPO);

4. die Versäumungsurteile und die Widersprüche gegen diese (§§ 442, 442 a ZPO);

5. die Belehrung über den Vertretungszwang in Rechtsmittelverfahren (§ 447 ZPO) mit der Maßgabe, daß sich die Parteien im Verfahren vor

der zweiten Instanz außer eines Rechtsanwaltes auch einer anderen qualifizierten Person bedienen können und

6. die Besitzstörungsklagen (§§ 454 bis 459 ZPO).

(2) Bezirksgerichte, in deren Sprengel ein Landesgericht seinen Sitz hat, haben nur nach Belehrung der Partei über diesen Umstand und auf Grund eines dennoch von ihr gestellten Antrags Ladungen zum Vergleichsversuch vorzunehmen. *(BGBl 1993/91; BGBl I 2012/35)*

Teilurteil

§ 60. In Rechtsstreitigkeiten über den Fortbestand des Arbeitsverhältnisses, in denen auch andere Ansprüche Streitgegenstand sind, kann ein Teilurteil (§ 391 ZPO) über den Fortbestand des Arbeitsverhältnisses nur auf Antrag gefällt werden.

Wirkungen von Entscheidungen

§ 61. (1) Die rechtzeitige Erhebung der Berufung gegen das erste Urteil des Gerichts erster Instanz hemmt nur den Eintritt der Rechtskraft, nicht jedoch den Eintritt der Verbindlichkeit der Feststellung, den der Rechtsgestaltungswirkung oder den der Vollstreckbarkeit in Rechtsstreitigkeiten

1. über den Fortbestand des Arbeitsverhältnisses und daraus abgeleitete Ansprüche auf das rückständige laufende Arbeitsentgelt;

2. über Ansprüche auf das bei Beendigung des Arbeitsverhältnisses rückständige laufende Arbeitsentgelt, soweit nicht nach Abs. 4 anderes angeordnet ist; *(BGBl 1994/624)*

3. über die Herausgabe der dem Arbeitnehmer bei Auflösung des Arbeitsverhältnisses auszufolgenden Arbeitspapiere und herauszugebenden Gegenstände;

4. über die Zurückstellung der dem Arbeitnehmer vom Arbeitgeber zur Ausübung der Arbeit zur Verfügung gestellten Gegenstände;

5. nach § 50 Abs. 2.
(BGBl 1990/408)

(2) Das im Abs. 1 genannte Urteil wirkt, auch wenn es inzwischen aufgehoben oder durch ein anderes Urteil ersetzt worden ist, bis zur Beendigung des Verfahrens weiter, soweit die Parteien nichts anderes vereinbaren oder nicht nach Abs. 4 anderes angeordnet ist. Urteile nach Abs. 1 Z 1 oder 2 wirken unbeschadet eines allfälligen Rückzahlungsanspruchs. *(BGBl 1994/624)*

(3) Die Abs. 1 und 2 gelten nicht in besonderen Feststellungsverfahren nach § 54 Abs. 1.

(4) In Rechtsstreitigkeiten nach Abs. 1 Z 2 ist die Hemmung der Vollstreckbarkeit zur Gänze oder teilweise zu verfügen, wenn

1. dies beantragt wird und es die soziale Lage des Arbeitnehmers zuläßt; hiebei ist insbesondere zu berücksichtigen, inwieweit sein laufendes Einkommen dem bisherigen laufenden Arbeitsentgelt im wesentlichen gleich ist und er zum Ausgleich für das fehlende rückständige Arbeitsentgelt Verpflichtungen eingehen mußte, die seine Lebensführung erheblich beeinträchtigen, oder

2. der Arbeitnehmer schriftlich oder zu Protokoll erklärt hat, auf diese Vollstreckbarkeit zu verzichten.
(BGBl 1994/624)

(5) Für die Entscheidung über einen Antrag nach Abs. 4 Z 1 genügt es, daß das Bestehen oder Nichtbestehen der erforderlichen Voraussetzungen glaubhaft gemacht wird; notwendig erscheinende ergänzende Bescheinigungsmittel hat das Gericht von Amts wegen aufzunehmen; dies erforderlichenfalls auch nach Schluß der Verhandlung, wobei sie in diesem Fall vom Vorsitzenden aufzunehmen sind; der § 183 Abs. 1 und 3 ZPO ist sinngemäß anzuwenden; die §§ 134 Z 3 und 183 Abs. 2 ZPO gelten nicht. *(BGBl 1994/624)*

(6) Der Antrag nach Abs. 4 Z 1 ist vor Schluß der Verhandlung zu stellen; die Entscheidung über die Hemmung der Vollstreckbarkeit auf Grund eines solchen Antrags oder eines Verzichts des Arbeitnehmers nach Abs. 4 Z 2 ist in das Urteil aufzunehmen; wird es mündlich verkündet, so kann sie der Ausfertigung des Urteils vorbehalten werden; gegen die Entscheidung über die Hemmung der Vollstreckbarkeit ist kein Rechtsmittel zulässig. *(BGBl 1994/624)*

(7) Die Abs. 1 bis 6 gelten auch für Rechtsverhältnisse, in denen auch nur eine Partei eine den Arbeitgebern oder Arbeitnehmern gleichgestellte Person (§ 51 Abs. 2 und 3) ist. *(BGBl 1994/624)*

§ 62. (1) Betreffen Rechtsstreitigkeiten nach § 50 Abs. 2 namentlich bestimmte Arbeitnehmer, die nicht Partei sind, so ist auch diesen die Klage und die Ladung zur ersten Tagsatzung zur mündlichen Streitverhandlung zuzustellen; die Rechtskraft der in diesen Rechtsstreitigkeiten ergehenden Urteile sowie die Wirkungen nach § 61 erstrecken sich auch auf diese namentlich bestimmten Arbeitnehmer. *(BGBl 1990/408; BGBl I 2002/76, ab 1. 1. 2003, auf Verfahren anzuwenden, in denen die Klage oder der verfahrensleitende Antrag nach dem 31. Dezember 2002 bei Gericht eingelangt ist: Art XI Abs 2 BGBl I 2002/76)*

(1a) Im Verfahren vor dem Prozeßgericht erster Instanz kann ein namentlich bestimmter Arbeitnehmer (Abs. 1) dem Rechtsstreit als Nebenintervenient auch durch Erklärung in der Tagsatzung zur mündlichen Streitverhandlung beitreten. *(BGBl 1994/624)*

(2) In anderen Rechtsstreitigkeiten nach § 50 Abs. 2 ist – außer den Zustellungen an die Parteien – auch die Bekanntmachung des Gegenstandes

der Rechtsstreitigkeit sowie des Termins der ersten Tagsatzung zur mündlichen Streitverhandlung vorzunehmen; die Bekanntmachung ist durch einen Gerichtsbediensteten in dem Betrieb anzuschlagen, auf den sich die Rechtsstreitigkeit bezieht. Der Anschlag ist an einer für Betriebskundmachungen dienenden Stelle oder an einem sonst für alle Betriebsangehörigen zugänglichen Ort anzubringen; der § 26 Abs. 1 und 2 EO ist sinngemäß anzuwenden. Wenn vom Gericht keine längere Frist festgesetzt worden ist, darf die Bekanntmachung frühestens am dreißigsten Tag abgenommen werden; das Beschädigen oder Entfernen der Bekanntmachung läßt die Gültigkeit der Zustellung unberührt. *(BGBl I 2002/76, ab 1. 1. 2003, auf Verfahren anzuwenden, in denen die Klage oder der verfahrensleitende Antrag nach dem 31. Dezember 2002 bei Gericht eingelangt ist: Art XI Abs 2 BGBl I 2002/76)*

(3) Urteile in Rechtsstreitigkeiten nach § 50 Abs. 2 – ausgenommen solche über den Fortbestand des Arbeitsverhältnisses – wirken nicht zurück.

3. Unterabschnitt
Rechtsmittelverfahren

Neuerungszulässigkeit im Berufungsverfahren

§ 63. (1) Nicht anzuwenden sind die Bestimmungen über das Neuerungsverbot nach § 482 ZPO in Rechtsstreitigkeiten nach § 50 Abs. 1 und über den Fortbestand des Arbeitsverhältnisses, sofern es sich um ein Vorbringen einer Partei handelt, die bisher in keiner Lage des Verfahrens durch eine qualifizierte Person vertreten war.

(2) Das nach Abs. 1 zu beachtende neue Vorbringen ist bis zum Schluß der mündlichen Berufungsverhandlung und auch für den Prozeßgegner zulässig, der durch eine qualifizierte Person vertreten war, dies jedoch nur in Ansehung des von der vorgebrachten Neuerung betroffenen Anspruchs. Über die Neuerungen hat das Berufungsgericht selbst zu verhandeln und zu entscheiden, falls es nicht aus anderen Gründen nach § 496 ZPO das angefochtene Urteil aufhebt und die Rechtssache an das Prozeßgericht erster Instanz zurückweist.

(3) Der Abs. 1 gilt nicht, wenn sich die Berufung gegen ein Versäumungsurteil nach § 396 ZPO richtet.

III. Abschnitt
Sozialrechtssachen

1. Unterabschnitt
Allgemeines

Grundsatz

§ 64. Für Sozialrechtssachen gelten neben dem I. Abschnitt die Besonderheiten dieses Abschnitts.

Gegenstand der Sozialrechtssachen

§ 65. (1) Sozialrechtssachen sind Rechtsstreitigkeiten über

1. den Bestand, den Umfang oder das Ruhen eines Anspruchs auf Versicherungs- oder Pflegegeldleistungen, soweit hiebei nicht die Versicherungszugehörigkeit, die Versicherungszuständigkeit, die Leistungszugehörigkeit oder die Leistungszuständigkeit in Frage stehen (§ 354 Z 1 ASVG, § 194 GSVG, § 182 BSVG, § 65 NVG 1972, § 129 B-KUVG, § 84 StVG beziehungsweise §§ 4 Abs. 2, 43 und 44 BPGG); *(BGBl 1993/110; BGBl 1994/624)*

2. die Pflicht zum Rückersatz einer zu Unrecht empfangenen Versicherungsleistung oder eines zu Unrecht empfangenen Pflegegeldes (§ 354 Z 2 ASVG, § 194 GSVG, § 182 BSVG, § 65 NVG 1972, § 129 B-KUVG, § 84 StVG beziehungsweise § 11 Abs. 3 zweiter Halbsatz und Abs. 4 BPGG sowie Z 6 bis 8 und §§ 89 und 91); *(BGBl 1993/110; BGBl 1994/624)*

3. Ersatzansprüche der Träger der Sozialhilfe (§ 354 Z 3 ASVG, § 194 GSVG, § 182 BSVG, § 65 NVG 1972, § 129 B-KUVG, §§ 13 und 14 BPGG); *(BGBl 1993/110)*

4. den Bestand von Versicherungszeiten der Pensionsversicherung (§§ 247, 247 a ASVG, §§ 117 a, 117 b GSVG, §§ 108 a, 108 b BSVG, §§ 46 a, 46 b NVG 1972), soweit diese Rechtsstreitigkeit nicht Teil einer Rechtsstreitigkeit nach Z 1 sind (§ 354 Z 4 ASVG, § 194 GSVG, § 182 BSVG, § 65 NVG 1972, § 129 B-KUVG), sowie über Bestand und Umfang einer Kontoerstgutschrift sowie einer Ergänzungsgutschrift (§ 15 APG); *(BGBl I 2012/35, ab 1. 1. 2014)*

5. die Kostenersatzpflicht eines Versicherungsträgers beziehungsweise eines Versicherten in einem Verfahren in Leistungssachen (§ 359 Abs. 2, 4 und 5 ASVG, § 194 GSVG, § 182 BSVG, § 65 NVG 1972, § 129 B-KUVG, § 84 StVG, § 30 BPGG, Z 6 bis 8); *(BGBl 1993/110; BGBl 1994/624)*

6. Ansprüche auf Sonderunterstützung nach dem Sonderunterstützungsgesetz, BGBl. Nr. 642/1973;

7. Ansprüche auf Insolvenz-Entgelt oder einen Vorschuß auf dieses nach dem Insolvenz-Entgeltsicherungsgesetz, BGBl. Nr. 324/1977; *(BGBl I 2008/82)*

8. Ansprüche auf Sonderruhegeld nach dem Nachtschwerarbeitsgesetz (NSchG), BGBl. Nr. 473/1992, auf Kinderbetreuungsgeld und auf Zuschuss zum Kinderbetreuungsgeld nach dem Kinderbetreuungsgeldgesetz, BGBl. I Nr. 103/2001. *(BGBl I 2001/103)*

(2) Unter den Abs. 1 fallen auch Klagen auf Feststellung. Als Feststellung eines Rechtsverhältnisses oder Rechts gilt auch diejenige, daß eine Gesundheitsstörung Folge eines Arbeits(Dienst)unfalls oder einer Berufskrankheit ist (§ 367 Abs. 1 ASVG).

Einteilung der Parteien

§ 66. (1) Diejenigen Bestimmungen dieses Bundesgesetzes, die sich auf Versicherungsträger beziehen, sind auch auf Träger der Sozialhilfe, Geschäftsstellen der Insolvenz-Entgelt-Fonds-Service GmbH (§ 10 IESG) und sonstige Entscheidungsträger (§ 22 Abs. 1 Z 3 bis 8 BPGG) anzuwenden, diejenigen Bestimmungen, die sich auf Versicherte beziehen, auf alle anderen Parteien. *(BGBl 1993/110; BGBl I 2001/88; BGBl I 2008/82)*

(2) Diejenigen Bestimmungen dieses Bundesgesetzes, die sich auf Versicherungsleistungen beziehen, sind auch auf Leistungen nach dem BPGG anzuwenden. *(BGBl 1994/314)*

Verfahrensvoraussetzungen

§ 67. (1) In einer Leistungssache nach § 65 Abs. 1 Z 1, 4 und 6 bis 8 sowie über die Kostenersatzpflicht eines Versicherungsträgers nach § 65 Abs. 1 Z 5 darf – vorbehaltlich des § 68 – vom Versicherten eine Klage nur erhoben werden, wenn der Versicherungsträger

1. darüber bereits mit Bescheid entschieden hat oder

2. den Bescheid nicht innerhalb von sechs Monaten – handelt es sich um Leistungen aus der Krankenversicherung nicht innerhalb von drei Monaten – erlassen hat

a) nach dem Eingang des Antrags auf Erlassung eines Bescheides, wenn ein solcher nur auf ausdrückliches Verlangen zu erlassen ist (§ 367 Abs. 1 Z 2 ASVG);

b) sonst nach dem Eingang des Antrags auf Zuerkennung der Leistung beziehungsweise auf Feststellung von Versicherungszeiten der Pensionsversicherung oder *(BGBl I 2013/86)*

3. über den Widerspruch gegen einen Bescheid über Bestand und Umfang einer Kontoerstgutschrift sowie einer Ergänzungsgutschrift (§ 15

APG) nicht innerhalb eines Jahres mit Widerspruchsbescheid (§ 367a ASVG) entschieden hat, wobei die Frist durch eine Aussetzung des Widerspruchsverfahrens nach § 367a Abs. 4 ASVG gehemmt wird. *(BGBl I 2013/86)*

(2) Die Klage muß in den Fällen des Abs. 1 Z 1 bei sonstigem Verlust der Möglichkeit der gerichtlichen Geltendmachung des Anspruchs innerhalb der unerstreckbaren Frist von vier Wochen – handelt es sich um Leistungen der Pensionsversicherung oder nach dem Bundespflegegeldgesetz von drei Monaten – ab Zustellung des Bescheides erhoben werden. Die Tage des Postenlaufs werden in die Frist nicht eingerechnet. *(BGBl 1993/110)*

§ 68. (1) Hat der Versicherungsträger in den Fällen des § 362 ASVG den Antrag zurückgewiesen und vermag der Versicherte dem Gericht eine wesentliche Änderung des zuletzt festgestellten Gesundheitszustandes glaubhaft zu machen, so hat es das gerichtliche Verfahren ohne Rücksicht auf den § 67 Abs. 1 Z 1 durchzuführen und in der Sache selbst zu entscheiden. Der § 67 Abs. 2 ist sinngemäß anzuwenden.

(2) Hat ein Versicherungsträger in den Fällen des § 25 Abs. 2 BPGG den Antrag zurückgewiesen und vermag der Versicherte dem Gericht eine wesentliche Änderung der Anspruchsvoraussetzungen glaubhaft zu machen, so ist der Abs. 1 sinngemäß anzuwenden. *(BGBl 1993/110)*

§ 69. In einer Leistungssache nach § 65 Abs. 1 Z 2 und über die Kostenersatzpflicht des Versicherten nach § 65 Abs. 1 Z 5 darf vom Versicherten eine Klage nur erhoben werden, wenn der Versicherungsträger hierüber bereits mit Bescheid entschieden hat. Der § 67 Abs. 2 ist sinngemäß anzuwenden.

§ 70. (1) In einer Leistungssache nach § 65 Abs. 1 Z 3 darf eine Klage nur erhoben werden, wenn der Versicherungsträger

1. einen vom Träger der Sozialhilfe geltend gemachten Ersatzanspruch bereits ganz oder teilweise schriftlich abgelehnt oder

2. dem Träger der Sozialhilfe innerhalb von sechs Monaten nach Anmeldung des Anspruchs seine Stellungnahme hiezu nicht schriftlich mitgeteilt hat.

(2) Die Klage muß in den Fällen des Abs. 1 Z 1 bei sonstigem Verlust der Möglichkeit der gerichtlichen Geltendmachung des Anspruchs innerhalb der unerstreckbaren Frist von vier Wochen nach Zustellung der Ablehnung erhoben werden. Die Tage des Postenlaufs werden in die Frist nicht eingerechnet.

Wirkungen der Klage

§ 71. (1) Wird in einer Leistungssache nach § 65 Abs. 1 Z 1, 2 oder 4 bis 8 die Klage rechtzeitig erhoben, so tritt der Bescheid des Versicherungsträgers im Umfang des Klagebegehrens außer Kraft; Bescheide, die durch den außer Kraft getretenen Bescheid abgeändert worden sind, werden insoweit aber nicht wieder wirksam.

(2) Nach der Einbringung der Klage in einer Sozialrechtssache nach § 65 Abs. 1 Z 1, 6 oder 8 ist die Leistungsverpflichtung, die dem außer Kraft getretenen Bescheid entspricht, als vom Versicherungsträger unwiderruflich anerkannt anzusehen; der Versicherungsträger hat gegenüber dem Kläger – trotz des Außerkrafttretens des Bescheides – seine als unwiderruflich anerkannt anzusehende Leistungsverpflichtung bis zur rechtskräftigen Beendigung des Verfahrens vorläufig weiter zu erfüllen. Als unwiderruflich anerkannt sind auch das Vorliegen eines Arbeits(Dienst)unfalls oder einer Berufskrankheit anzusehen, soweit dies dem durch die Klage außer Kraft getretenen Bescheid entspricht. *(BGBl 1994/624)*

(3) Erläßt der Versicherungsträger wegen einer Änderung der Verhältnisse während des Verfahrens einen neuen Bescheid, so gilt insoweit der Abs. 2 erster Satz nicht. *(BGBl 1994/624)*

(4) In Rechtsstreitigkeiten über die Wiederaufnahme der Heilbehandlung Unfallverletzter hat der Versicherungsträger die dem außer Kraft getretenen Bescheid entsprechende Heilbehandlung vorläufig nicht zu erbringen. *(BGBl 1994/624)*

(5) Tritt durch die Klage ein Bescheid, mit dem der Versicherungsträger wegen einer wesentlichen Änderung der Verhältnisse die Leistung neu festgestellt hat, außer Kraft, so ist in dem über die Klage eingeleiteten Verfahren die Rechtskraft einer den selben Anspruch betreffenden früher gefällten gerichtlichen Entscheidung nicht zu berücksichtigen.

Zurücknahme der Klage

§ 72. Für die Zurücknahme der Klage gelten folgende Besonderheiten:

1. Der durch die Klage außer Kraft getretene Bescheid tritt durch die Zurücknahme der Klage nicht wieder in Kraft;

2. nimmt ein Versicherter seine Klage zurück, so

a) bedarf er hiezu in keinem Fall der Zustimmung des Versicherungsträgers;

b) gilt sein Antrag soweit als zurückgezogen, als der darüber ergangene Bescheid durch die Klage außer Kraft getreten ist;

c) hat der Versicherungsträger binnen vier Wochen ab Kenntnis von der Klagsrücknahme mit Bescheid jene Leistung festzustellen, die er

dem Versicherten auch nach dem Zeitpunkt der Zurücknahme der Klage nach dem § 71 Abs. 2 zu gewähren hätte, wenn die Klage nicht zurückgenommen worden wäre; auch sonst hat der Versicherungsträger in Rechtsstreitigkeiten, in denen das Vorliegen eines Arbeits(Dienst)unfalls strittig ist, einen Bescheid zu erlassen, der dem durch die Klage außer Kraft getretenen Bescheid entspricht; *(BGBl 1994/624)*

d) darf er in einer Leistungssache nach § 65 Abs. 1 Z 1, 6 oder 8 eine Klage auf Leistung beziehungsweise Feststellung erheben, wenn der Versicherungsträger seiner Verpflichtung nach lit. c nicht nachkommt; *(BGBl 1994/624)*

3. in einer Rechtsstreitigkeit nach § 65 Abs. 1 Z 2 oder über die Kostenersatzpflicht des Versicherten nach § 65 Abs. 1 Z 5 oder über die Pflicht zum Rückersatz einer zu Unrecht empfangenen Leistung nach § 65 Abs. 1 Z 8 2. und 3. Fall kann die Klage nicht zurückgenommen werden. *(BGBl I 2009/116)*

Zurückweisung der Klage

§ 73. Wird eine Klage erhoben, obwohl die in den §§ 67 bis 70 und § 72 Z 2 lit. d genannten Voraussetzungen nicht vorliegen, so ist die Klage in jeder Lage des Verfahrens zurückzuweisen.

Vorfrage

§ 74. (1) Ist in einer Rechtsstreitigkeit nach § 65 Abs. 1 Z 1, 4 oder 6 bis 8 die Versicherungspflicht, die Versicherungsberechtigung, der Beginn oder das Ende der Versicherung (§ 355 Z 1 ASVG), die maßgebende Beitragsgrundlage oder die Angehörigeneigenschaft (§ 410 Abs. 1 Z 7 ASVG) als Vorfrage strittig, so ist das Verfahren zu unterbrechen, bis über diese Vorfrage als Hauptfrage im Verfahren in Verwaltungssachen rechtskräftig entschieden worden ist, dies einschließlich eines allenfalls anhängig gewordenen Verwaltungsgerichtshofverfahrens. Ist im Zeitpunkt der Unterbrechung des Verfahrens noch kein Verfahren in Verwaltungssachen anhängig, so hat das Gericht die Einleitung des Verfahrens beim Versicherungsträger anzuregen. Einem Rekurs gegen den Unterbrechungsbeschluß kann aufschiebende Wirkung nicht zuerkannt werden. Der Versicherungsträger hat dem Gericht die über die Vorfrage in der Verwaltungssache als Hauptfrage ergangene, in Rechtskraft erwachsene Entscheidung unverzüglich zu übermitteln. *(BGBl 1994/624)*

(2) Im Fall einer Unterbrechung nach Abs. 1 hat das Gericht auf Antrag des Klägers dem Beklagten eine vorläufige Leistung bis zur rechtskräftigen Beendigung des gerichtlichen Verfahrens durch Beschluß aufzuerlegen, soweit der Kläger seinen Anspruch dem Grunde und der Höhe nach glaubhaft macht. Dem Rekurs gegen

den dem Antrag des Klägers zur Gänze oder teilweise stattgebenden Beschluß kann aufschiebende Wirkung nicht zuerkannt werden. Im übrigen sind die für einstweilige Verfügungen geltenden Bestimmungen sinngemäß anzuwenden, ausgenommen jene über die Gefährdungsbescheinigung und die Sicherheitsleistung. Wird in der Folge die Klage rechtskräftig abgewiesen oder die dem Kläger zustehende Leistung rechtskräftig in einer geringeren Höhe festgesetzt, so gilt für seine Rückzahlungspflicht der § 91 Abs. 2 bis 5 sinngemäß.

Weitere Verfahrensbesonderheiten

§ 75. (1) Die Bestimmungen über das Ruhen des Verfahrens infolge Nichterscheinens der Parteien (§ 170 ZPO) sowie über Versäumungsurteile sind, ausgenommen in Rechtsstreitigkeiten nach § 65 Abs. 1 Z 3 und 7, nicht anzuwenden. *(BGBl 1989/343; BGBl 1994/624; BGBl I 1997/140; BGBl I 2002/76, ab 1. 1. 2003, anzuwenden, wenn das Datum der Entscheidung erster Instanz nach dem 31. Dezember 2002 liegt: Art. XI Abs. 8 BGBl I 2002/76)*

(1a) Der Erlag eines Kostenvorschusses zur Deckung der mit der Aufnahme eines Beweises verbundenen Kosten ist nicht anzuordnen. *(BGBl 1994/624)*

(2) Auch im Falle einer schriftlichen Begutachtung ist der Sachverständige von Amts wegen zur Erörterung des Gutachtens (§ 357 ZPO) zur mündlichen Streitverhandlung zu laden, es sei denn, daß es offenkundig der Erörterung nicht bedarf.

(3) Rechtsstreitigkeiten können durch gerichtlichen Vergleich ganz oder teilweise beigelegt werden. *(BGBl I 2002/76, ab 1. 1. 2003, anzuwenden, wenn das Datum der Entscheidung erster Instanz nach dem 31. Dezember 2002 liegt: Art. XI Abs. 8 BGBl I 2002/76)*

(4) Als Dolmetscher ist eine vom Bundesministerium für Justiz oder in dessen Auftrag von der Justizbetreuungsagentur zur Verfügung gestellte geeignete Person zu bestellen. Steht eine geeignete Person nicht oder nicht für die angefragte Zeit zur Verfügung, so kann das Gericht auch eine andere geeignete Person als Dolmetscher bestellen. Dabei ist vorrangig eine in die Gerichtssachverständigen- und Gerichtsdolmetscherliste (§ 2 Abs. 1 SDG) eingetragene Person zu bestellen. *(BGBl I 2010/111, ab 1. 7. 2011)*

Prozeßnachfolge

§ 76. (1) In einer Rechtsstreitigkeit nach § 65 Abs. 1 Z 1, 4, 6 oder 8 oder über die Kostenersatzpflicht des Versicherungsträgers nach § 65 Abs. 1 Z 5 wird das Verfahren durch den Tod des Klägers in jeder Lage unterbrochen.

(2) Zur Aufnahme eines nach Abs. 1 unterbrochenen Verfahrens sind nacheinander der Ehegatte, die leiblichen Kinder, die Wahlkinder, die Stiefkinder, die Eltern und die Geschwister berechtigt, alle diese Personen jedoch nur, wenn sie mit dem Kläger zur Zeit seines Todes in häuslicher Gemeinschaft gelebt haben; steht der Anspruch mehreren Kindern oder Geschwistern des Klägers zu, so sind sie nur bezüglich ihres Teiles zur Aufnahme des unterbrochenen Verfahrens berechtigt. Letztlich sind hiezu die Verlassenschaft nach dem Versicherten beziehungsweise dessen Erben berechtigt.

(3) Handelt es sich um Ansprüche nach dem BSVG, so gelten die Abs. 1 und 2 mit der Maßgabe, daß nach dem Stiefkindern und/oder den Eltern des verstorbenen Klägers dessen Schwiegerkinder zur Aufnahme des unterbrochenen Verfahrens berechtigt sind, wenn sie mit ihm zur Zeit seines Todes in häuslicher Gemeinschaft gelebt haben.

(4) Handelt es sich um Ansprüche nach dem BPGG, so sind die Abs. 1 und 2 mit der Maßgabe des § 19 Abs. 3 BPGG sinngemäß anzuwenden. *(BGBl 1993/110)*

Kostenersatzansprüche

§ 77. (1) Vorbehaltlich des Abs. 3 und des § 79 hat in einer Rechtsstreitigkeit zwischen einem Versicherungsträger und einem Versicherten

1. der Versicherungsträger die Kosten, die ihm durch das Verfahren erwachsen, ohne Rücksicht auf dessen Ausgang selbst zu tragen; das gilt auch für den Ersatz der Gebühren der Zeugen und Sachverständigen sowie den mit Augenschein verbundenen Aufwand;

2. der Versicherte gegenüber dem Versicherungsträger Anspruch auf Ersatz aller seiner sonstigen durch die Prozeßführung verursachten, zur zweckentsprechenden Rechtsverfolgung oder Rechtsverteidigung notwendigen Verfahrenskosten

a) - vorbehaltlich des Abs. 2 – nach dem Wert des Ersiegten;

b) dem Grunde und der Höhe nach nur nach Billigkeit, wenn er zur Gänze unterliegt; dabei ist besonders auf die tatsächlichen oder rechtlichen Schwierigkeiten des Verfahrens sowie auf die Einkommens- und Vermögensverhältnisse des Versicherten Bedacht zu nehmen.

(2) Hat die Rechtsstreitigkeit eine Feststellung oder einen Anspruch des Versicherten auf eine wiederkehrende Leistung zum Gegenstand, so ist – auch wenn er nur teilweise obsiegt – bei der Festsetzung seines Kostenersatzanspruchs von einem Betrag von 3 600 Euro auszugehen. *(BGBl 1989/343; BGBl I 2001/98)*

(3) Hat der Versicherte dem Versicherungsträger durch Mutwillen, Verschleppung oder Irreführung Verfahrenskosten verursacht, so hat er diese

Kosten dem Versicherungsträger nach Billigkeit zu ersetzen.

Anrechnung

§ 78. Zahlungen, die der Versicherungsträger nach § 71 Abs. 2 oder 3, § 74 Abs. 2, § 89 Abs. 2 oder § 91 Abs. 1 erbracht hat, werden auf die von ihm in diesem Zusammenhang zu erbringenden Versicherungsleistungen angerechnet, sobald diese der Höhe nach endgültig festgesetzt sind; dies gilt vorbehaltlich des § 89 Abs. 2 letzter Satz und des § 91 Abs. 2 bis 5.

(BGBl 1994/624)

Gebührenansprüche von Versicherten

§ 79. (1) Ein Versicherter hat in sinngemäßer Anwendung der für Zeugen geltenden Bestimmungen des GebAG 1975 Anspruch auf Ersatz seiner notwendigen Kosten und Entschädigung für Zeitversäumnis sowie auf den Entgang an Krankengeld und an Leistungen nach dem Arbeitslosenversicherungsgesetz 1977, wenn er

1. zur mündlichen Verhandlung erschienen ist, ohne vorher vom Gericht ausdrücklich die Mitteilung erhalten zu haben, daß sein Erscheinen nach dem Verfahrensstand nicht erforderlich ist, *(BGBl 1994/624)*

2. trotz der Mitteilung nach der Z 1 zur mündlichen Verhandlung erschienen ist, aber sein Erscheinen doch erforderlich war oder

3. auf Anordnung des Gerichts anderenorts erschienen ist.

(2) Über das Vorliegen der Anspruchsvoraussetzung nach Abs. 1 Z 2 hat der Vorsitzende zu entscheiden.

Gebührenfreiheit

§ 80. Schriften, Amtshandlungen und Vollmachten sind von den Gerichts-, Justizverwaltungs- und Stempelgebühren befreit. Wird außerhalb des Verfahrens über Sozialrechtssachen von den Schriften oder Vollmachten Gebrauch gemacht, so sind die Stempelgebühren zu entrichten.

Verständigung vom Verfahrensausgang

§ 81. Eine Ausfertigung der Entscheidung, mit der die Sozialrechtssache für die Instanz vollständig erledigt wird, ist auch dem Bundesministerium für Arbeit, Soziales und Konsumentenschutz im Wege des elektronischen Rechtsverkehrs zu übermitteln.

(BGBl I 2009/30; BGBl I 2009/97, ab 1. 8. 2009)

2. Unterabschnitt
Verfahren erster Instanz

Klage

§ 82. (1) Die Klage hat ein unter Bedachtnahme auf die Art des erhobenen Anspruchs hinreichend bestimmtes Begehren zu enthalten.

(2) Das von einem Versicherten erhobene Klagebegehren ist auch dann hinreichend bestimmt (Abs. 1), wenn es

1. auf Leistungen beziehungsweise die Feststellung von Versicherungszeiten der Pensionsversicherung (§§ 247, 247 a ASVG, §§ 117 a, 117 b GSVG, §§ 108 a, 108 b BSVG, §§ 46 a, 46 b NVG 1972) „im gesetzlichen Ausmaß" gerichtet ist und

2. in den angegebenen Tatsachen, auf die es sich stützt, die für die Bestimmung der Leistung dem Grunde und der Höhe nach beziehungsweise die für die Feststellung von Versicherungszeiten der Pensionsversicherung dem Grunde nach erforderlichen Angaben enthält.

(3) Es ist insbesondere nicht erforderlich, daß das von einem Versicherten erhobene Klagebegehren anführt:

1. einen bestimmten Geldbetrag, wenn es auf eine Leistung gerichtet ist;

2. einen bestimmten Grad der Gesundheitsstörung, wenn es sich darauf stützt, daß sie Folge eines Arbeits(Dienst)unfalls oder einer Berufskrankheit (§ 367 Abs. 1 ASVG) ist (§ 65 Abs. 2);

3. eine bestimmte Anzahl von Versicherungsmonaten, wenn es auf die Feststellung von Versicherungszeiten der Pensionsversicherung gerichtet ist.

(4) Ein Begehren „im gesetzlichen Ausmaß" ist so zu verstehen, daß es auf das für den Versicherten Günstigste gerichtet ist.

(5) Ein auf einen Arbeits(Dienst)unfall oder eine Berufskrankheit gestütztes Leistungsbegehren schließt das Eventualbegehren auf Feststellung ein, daß die geltend gemachte Gesundheitsstörung Folge eines Arbeits(Dienst)unfalls oder einer Berufskrankheit ist, sofern darüber nicht schon abgesprochen worden ist.

Klagseinbringung

§ 83. Jeder Klage ist eine Ausfertigung des Bescheides des Versicherungsträgers in Ur- oder Abschrift anzuschließen; dies gilt nicht für Sozialrechtssachen nach § 65 Abs. 1 Z 3.

§ 84. In einer Sozialrechtssache nach § 65 Abs. 1 Z 1, 2 und 4 bis 8 kann der Versicherte die Klage bei demjenigen Versicherungsträger einbringen, der den Bescheid erlassen hat. Die

Klage gilt als beim zuständigen Gericht eingebracht.

Klagebeantwortung

§ 85. (1) In Rechtsstreitigkeiten nach § 65 Abs. 1 Z 1, 2 und 4 bis 8 hat der Vorsitzende dem geklagten Versicherungsträger die Klagebeantwortung mit schriftlichem Beschluß unter Setzung einer Frist von zwei Wochen aufzutragen. *(BGBl I 2002/76, ab 1. 1. 2003, anzuwenden auf Verfahren, in denen die Klage oder der verfahrensleitende Antrag nach dem 31. Dezember 2002 liegt: Art. XI Abs. 2 BGBl I 2002/76)*

(2) Wird die Klage beim Versicherungsträger eingebracht, so hat dieser binnen zwei Wochen nach deren Erhalt

1. die Klage an das zuständige Gericht weiterzuleiten und

2. die Klagebeantwortung ohne gerichtlichen Auftrag zu überreichen.

Änderung der Klage

§ 86. In Rechtsstreitigkeiten nach § 65 Abs. 1 Z 1, 2, 4 und 6 bis 8 sowie über die Kostenersatzpflicht des Versicherungsträgers nach § 65 Abs. 1 Z 5 ist eine Änderung der Klage hinsichtlich des Gesundheitszustandes, des Ausmaßes der vom Versicherten eingeklagten Versicherungsleistung (des Teils der Versicherungsleistung) sowie der Anzahl der festzustellenden Versicherungszeiten der Pensionsversicherung ohne Zustimmung des Beklagten bis zum Schluß der mündlichen Verhandlung zulässig. Die §§ 67 und 69 sind insoweit nicht anzuwenden.

Beweisverfahren

§ 87. (1) Vorbehaltlich der Abs. 2 bis 4 hat das Gericht sämtliche notwendig erscheinenden Beweise von Amts wegen aufzunehmen; der § 183 Abs. 2 ZPO gilt nicht.

(2) Der Abs. 1 gilt nicht für Rechtsstreitigkeiten nach § 65 Abs. 1 Z 3.

(3) Nur gegenüber einer Partei, die Versicherungsträger ist oder als Versicherter von einer qualifizierten Person vertreten wird, sind die Vorschriften über zugestandene Tatsachen (§§ 266, 267 ZPO) anzuwenden.

(4) In Rechtsstreitigkeiten nach § 65 Abs. 1 Z 2 und über die Kostenersatzpflicht des Versicherten nach § 65 Abs. 1 Z 5 darf eine Klage wegen des Bestehens einer Rück- oder Kostenersatzpflicht des Klägers nur abgewiesen werden, wenn der Beklagte das Vorliegen der Voraussetzungen dieser Pflicht beweist. Eine Klage auf Gewährung einer Geldleistung anstelle einer Sachleistung nach dem § 20 BPGG darf nur abgewiesen werden, wenn der Beklagte das Vorliegen

der Voraussetzungen für den Ersatz der Geldleistung durch die Sachleistung beweist. *(BGBl 1993/110)*

(5) Zum Sachverständigen darf nicht bestellt werden, wer zum Beklagten in einem Arbeitsverhältnis steht oder von ihm in Leistungssachen häufig als Sachverständiger beschäftigt wird.

Vorbereitende Beweisaufnahmen

§ 88. Beweisaufnahmen, die während der mündlichen Streitverhandlung nicht durchgeführt werden könnten, diese erheblich erschweren oder unverhältnismäßig verzögern würden, sind möglichst schon vorher vom Vorsitzenden anzuordnen.

Urteile

§ 89. (1) Urteile in Rechtsstreitigkeiten nach § 65 Abs. 1 Z 1 und 6 bis 8 können auch Leistungen auferlegen, die erst nach Erlassung des Urteils fällig werden.

(2) Ergibt sich in einer Rechtsstreitigkeit nach § 65 Abs. 1 Z 1, 6 oder 8, in der das Klagebegehren auf eine Geldleistung gerichtet und dem Grunde und der Höhe nach bestritten ist, daß das Klagebegehren in einer zahlenmäßig noch nicht bestimmten Höhe gerechtfertigt ist, so kann das Gericht die Rechtsstreitigkeit dadurch erledigen, daß es das Klagebegehren als dem Grunde nach zu Recht bestehend erkennt und dem Versicherungsträger aufträgt, dem Kläger bis zur Erlassung des Bescheides eine vorläufige Zahlung zu erbringen; deren Ausmaß hat das Gericht unter sinngemäßer Anwendung des § 273 Abs. 1 ZPO festzusetzen; bei Fehlen eines solchen Auftrags ist insoweit das Urteil jederzeit auf Antrag oder von Amts wegen zu ergänzen. Wird danach die dem Kläger zustehende Leistung rechtskräftig in einer geringeren Höhe festgesetzt, als die vorläufig festgesetzte, so gilt für seine Pflicht zur Rückzahlung des Mehrbetrages der § 91 Abs. 2 bis 5 sinngemäß. *(BGBl 1994/624)*

(3) Wird in einer Rechtsstreitigkeit nach § 65 Abs. 1 Z 1 der Klage stattgegeben, so hat das Gericht für die vom Beklagten zu erbringenden Leistungen aus der Krankenversicherung eine kürzere als die im § 409 ZPO angeordnete Leistungsfrist nach Billigkeit zu bestimmen.

(4) Wird in einer Rechtsstreitigkeit nach § 65 Abs. 1 Z 2 oder über die Kostenersatzpflicht des Versicherten nach § 65 Abs. 1 Z 5 die Klage abgewiesen, weil eine Rückersatz- oder Kostenersatzpflicht des Klägers besteht, so ist ihm unter einem der Rück(Kosten)ersatz an den Beklagten aufzuerlegen. Hiebei ist die Leistungsfrist unter Berücksichtigung der Familien-, Einkommens und Vermögensverhältnisse des Klägers nach

Billigkeit zu bestimmen; insoweit kann das Gericht die Zahlung auch in Raten anordnen.

Fassung ab 1. 1. 2022 (BGBl I 2021/21):
(4) Wird in einer Rechtsstreitigkeit oder über die Kostenersatzpflicht des Versicherten nach § 65 Abs. 1 Z 5 die Klage abgewiesen, weil eine Kostenersatzpflicht des Klägers besteht, so ist ihm unter einem der Kostenersatz an den Beklagten aufzuerlegen. Hiebei ist die Leistungsfrist unter Berücksichtigung der Familien-, Einkommens- und Vermögensverhältnisse des Klägers nach Billigkeit zu bestimmen; insoweit kann das Gericht die Zahlung auch in Raten anordnen. *(BGBl I 2021/21 (VfGH))*

3. Unterabschnitt

Rechtsmittelverfahren

§ 90. (1) Für das Rechtsmittelverfahren gelten folgende Besonderheiten:

1. die ausschließliche Anfechtung des Ausspruchs über die Leistungsfrist sowie die Ratenanordnung (§ 89 Abs. 3 und 4) ist nicht zulässig;

2. in Rechtsstreitigkeiten nach § 65 Abs. 1 Z 1, 4, 6 und 8 hemmt die Revision des Versicherungsträgers die Vollstreckbarkeit nicht;

3. in Rechtsstreitigkeiten nach § 65 Abs. 1 Z 1, 6 oder 8 ist der Auftrag nach § 89 Abs. 2 in das Urteil des Rechtsmittelgerichts von Amts wegen aufzunehmen, auch wenn dieser Auftrag im angefochtenen Urteil fehlt. *(BGBl 1994/624)*

(2) Ein Fall des § 496 Abs. 3 ZPO liegt insbesondere vor, wenn die Ergänzung der Verhandlung nur in der Einholung eines Gutachtens besteht. Im Beweisergänzungsverfahren ist Vorbringen zur Änderung des Gesundheitszustandes unzulässig. Ergeben sich aufgrund des eingeholten Gutachtens Weiterungen des Verfahrens, so kann die Sache an die erste Instanz zurückverwiesen werden.

(BGBl I 2010/111, ab 1. 7. 2011, anzuwenden, wenn das Datum der Entscheidung erster Instanz nach dem 30. 6. 2011 liegt)

Leistungsanspruch des Versicherten auf Grund eines Berufungsurteils

§ 91. (1) Soweit ein Urteil des Berufungsgerichts in einer Rechtsstreitigkeit nach § 65 Abs. 1 Z 1, 6 oder 8 dem Leistungsbegehren eines Versicherten stattgibt, hat ihm der Versicherungsträger diese Leistung bis zur rechtskräftigen Beendigung der Rechtsstreitigkeit zu gewähren; ergeht im Verfahren ein neuerliches Berufungsurteil, so richtet sich die vom Versicherungsträger an den Versicherten weiter zu gewährende Leistung nach diesem Berufungsurteil. Diese Leistungspflicht ist dem Versicherungsträger mit dem jeweiligen Berufungsurteil aufzuerlegen; der § 89 Abs. 2 ist hiebei anzuwenden. *(BGBl 1994/624)*

(2) Hat der Versicherte die vom Berufungsgericht zugesprochene Leistung erschlichen, so hat er sie rückzuerstatten.

(3) Gesetzliche Bestimmungen über den Verzicht, die Stundung oder die Rückzahlung in Teilbeträgen von zu Unrecht empfangenen Leistungen bleiben unberührt.

(4) Das Recht auf Rückforderung nach Abs. 2 verjährt binnen drei Jahren ab dem Zeitpunkt, in dem die zugesprochene Leistung dem Versicherten rechtskräftig aberkannt worden ist. *(BGBl 1994/624)*

(5) Über den Rückforderungsanspruch des Versicherungsträgers ist nach den für Leistungssachen nach § 354 Z 2 ASVG geltenden Verfahrensvorschriften zu entscheiden.

(6) Auf Zeiten des Bezuges einer vom Berufungsgericht zugesprochenen Leistung (Abs. 1 und 2) ist § 234 Abs. 1 Z 2 lit. a oder b oder Z 5 ASVG (§ 121 Z 6 lit. a oder b GSVG, § 112 Z 4 lit. a oder b BSVG) sinngemäß anzuwenden.

VIERTES HAUPTSTÜCK

Ergänzende Bestimmungen

Rechtsbelehrungen, Amtsbestätigungen, Vereinbarungen

§ 92. (1) In erster Instanz sind die Landesgerichte als Arbeits- und Sozialgerichte beziehungsweise das Arbeits- und Sozialgericht Wien (§§ 2 und 3) auch dazu berufen, außerhalb von Rechtsstreitigkeiten nach besonderen gesetzlichen Vorschriften vorgesehene Rechtsbelehrungen zu erteilen, Amtsbestätigungen auszustellen und Vereinbarungen zu protokollieren; jedes der genannten Gerichte ist hiefür örtlich zuständig. *(BGBl 1993/91)*

(2) In Angelegenheiten nach Abs. 1 gelten die allgemeinen Bestimmungen über das Verfahren außer Streitsachen; deren Durchführung obliegt dem Vorsitzenden.

(3) In Angelegenheiten nach Abs. 1 sind die Schriften und Amtshandlungen von den Gerichts-, Justizverwaltungs- und Stempelgebühren befreit.

Ersatz des Aufwandes für Verfahren in Sozialrechtssachen

§ 93. (1) Die bei den ordentlichen Gerichten im Rahmen ihrer Tätigkeit in Verfahren in Sozialrechtssachen erwachsenden Kosten, in denen ein Träger der Sozialversicherung Partei ist, sind von den Trägern der Sozialversicherung zu tragen; diese Kosten umfassen die den Zeugen, Sachverständigen und Parteien sowie den fachkundigen

Laienrichtern zu leistenden Gebühren beziehungsweise Entschädigungen (§ 32).

(2) Diese Kosten – ausgenommen der Aufwand für Personal und Infrastruktur – sind dem Bund vom Dachverband der Sozialversicherungsträger für das jeweilige laufende Jahr durch Zahlung an die Bundesministerin für Justiz wie folgt zu ersetzen: jährlich am 1. April die Hälfte der Vorjahreszahlung und am 1. Oktober die Hälfte der Vorjahreszahlung unter Berücksichtigung der Differenz zwischen der Vorjahreszahlung und den tatsächlichen gemäß Abs. 1 angefallenen Kosten des Vorjahres. Das Gerichtliche Einbringungsgesetz ist nicht anzuwenden. *(BGBl 1994/624; BGBl 1996/201; BGBl I 1997/70; BGBl I 1998/79; BGBl I 2001/98; BGBl I 2002/118; BGBl I 2011/135; BGBl I 2018/100, s. § 720 ASVG ab 1.1.2020: Dachverband der Sozialversicherungsträger statt Hauptverband der österreichischen Sozialversicherungsträger)*

(3) Die oben genannten Beträge sind im Verhältnis der im jeweiligen Vorjahr insgesamt angefallenen Verfahren (§ 65 Abs. 1 Z 1 bis 5 ASGG) zur Zahl der hinsichtlich des jeweiligen einzelnen Versicherungsträgers angefallenen Verfahren vom Hauptverband auf die einzelnen Träger der Sozialversicherung aufzuteilen. Im Einvernehmen mit allen Trägern der Sozialversicherung kann vom Hauptverband auch ein anderer Aufteilungsschlüssel angewandt werden.

(BGBl 1989/343)

§§ 94 bis 97. *betreffen das AHG, OrgHG, ASVG und IESG (nicht abgedruckt)*

FÜNFTES HAUPTSTÜCK

Schluß- und Übergangsbestimmungen

Inkrafttreten

§ 98. (1) Dieses Bundesgesetz tritt mit dem 1. Jänner 1987 in Kraft.

(2) § 40 Abs. 1 Z 4 und § 66 in der Fassung des Bundesgesetzes BGBl. Nr. 314/1994 treten mit 1. Juli 1994 in Kraft. Bis zum Inkrafttreten des § 5 Z 2 lit. b des Bundessozialämtergesetzes (Art. 33 des Arbeitsmarktservice-Begleitgesetzes, BGBl. Nr. 314/1994) obliegen die Aufgaben und Befugnisse der Bundesämter für Soziales und Behindertenwesen sowie ihrer Bediensteten den regionalen Geschäftsstellen des Arbeitsmarktservice und deren Bediensteten. *(BGBl 1994/314)*

(3) § 4 Abs. 1 Z 3 und § 50 Abs. 1 Z 5 a in der Fassung des Bundesgesetzes BGBl. Nr. 314/1994 treten mit 1. Mai 1996 in Kraft. *(BGBl 1994/314; BGBl 1996/411; BGBl I 1997/47)*

(4) § 7 Abs. 4 in der Fassung des Bundesgesetzes BGBl. Nr. 133/1995 tritt mit 1. Jänner 1995 in Kraft. Wird in einer Rechtsstreitigkeit nach

§ 65 Abs. 1 Z 7 das Arbeitsamt oder die regionale Geschäftsstelle des Arbeitsmarktservice als Beklagter genannt, so ist als solcher ab dem 1. Jänner 1995 das zuständige Bundesamt für Soziales und Behindertenwesen anzusehen. *(BGBl 1995/133)*

(5) § 93 Abs. 2 in der Fassung des Bundesgesetzes BGBl. I Nr. 79/1998 tritt mit 1. Jänner 1999 in Kraft. *(BGBl I 1998/79)*

(6) § 5b und § 50 Abs. 2 in der Fassung des Bundesgesetzes BGBl. Nr. 601/1996 treten mit dem 22. September 1996 in Kraft. *(BGBl 1996/601; BGBl I 1997/140)*

(7) § 65 Abs. 1 Z 8 in der Fassung des Bundesgesetzes BGBl. I Nr. 47/1997 tritt mit 1. Juli 1997 in Kraft. *(BGBl I 1997/47; BGBl I 1997/140)*

(8) § 4 Abs. 1 Z 1 lit. e und § 65 Abs. 1 Z 8 in der Fassung des Bundesgesetzes BGBl. I Nr. 120/1999 treten mit 1. Jänner 2000 in Kraft und sind auf Sachverhalte anzuwenden, die sich nach dem 31. Dezember 1999 ereignen. *(BGBl I 1999/120)*

(9) § 40 Abs. 1 Z 4 und § 66 Abs. 1 in der Fassung des Bundesgesetzes BGBl. I Nr. 88/2001 treten mit 1. August 2001 in Kraft. *(BGBl I 2001/88)*

(10) § 65 Abs. 1 Z 8 in der Fassung des Bundesgesetzes BGBl. I Nr. 103/2001 tritt mit 1. Jänner 2002 in Kraft. Für Rechtsstreitigkeiten über Ansprüche auf Grund von Geburten vor dem 1. Jänner 2002 ist § 65 Abs. 1 Z 8 in der Fassung des Bundesgesetzes BGBl. I Nr. 120/1999 weiter anzuwenden. *(BGBl I 2001/103; BGBl I 2007/102)*

(11) § 50 Abs. 1 Z 6 und 7 in der Fassung des Bundesgesetzes BGBl. I Nr. 100/2002 tritt mit 1. Jänner 2003 in Kraft, soweit nicht durch Verordnung gemäß § 46 Abs. 1 letzter Satz des Betrieblichen Mitarbeitervorsorgegesetzes (BMVG), BGBl. I Nr. 100/2002, etwas anderes angeordnet wird. *(BGBl I 2002/100; BGBl I 2007/102)*

(12) § 49a in der Fassung des Bundesgesetzes BGBl. I Nr. 118/2002 tritt mit 1. August 2002 in Kraft. *(BGBl I 2002/118; BGBl I 2007/102)*

(13) § 93 Abs. 2 in der Fassung des Bundesgesetzes BGBl. I Nr. 118/2002 tritt mit 1. Jänner 2003 in Kraft. *(BGBl I 2002/118; BGBl I 2007/102)*

(14) § 5c und § 50 Abs. 2 in der Fassung des Bundesgesetzes BGBl. I Nr. 82/2004 treten mit dem 8. Oktober 2004 in Kraft. *(BGBl I 2004/82; BGBl I 2007/102)*

(15) § 4 Abs. 1 und § 50 Abs. 1 in der Fassung des Bundesgesetzes BGBl. I Nr. 45/2005 treten mit dem 1. Jänner 2006 in Kraft. *(BGBl I 2005/45; BGBl I 2007/102)*

(16) § 5d und § 50 Abs. 2 in der Fassung des Bundesgesetzes BGBl. I Nr. 104/2006 treten mit

dem 18. August 2006 in Kraft. *(BGBl I 2006/104; BGBl I 2007/102)*

(17) § 93 Abs. 2 in der Fassung des Bundesgesetzes BGBl. I Nr. 104/2006 tritt am 1. Juli 2006 in Kraft. *(BGBl I 2006/104; BGBl I 2007/102)*

(18) § 5d Abs. 2 Z 2, § 5e und § 50 Abs. 2 in der Fassung des Bundesgesetzes BGBl. I Nr. 77/2007 treten mit dem 15. Dezember 2007 in Kraft. *(BGBl I 2007/77; BGBl I 2009/30)*

(19) § 4 Abs. 1 Z 3 in der Fassung des Bundesgesetzes BGBl. I Nr. 102/2007 tritt mit 1. Jänner 2008 in Kraft. *(BGBl I 2007/102; BGBl I 2009/30)*

(20) § 40 Abs. 1 Z 4, § 65 Abs. 1 Z 7 und § 66 Abs. 1 in der Fassung des Bundesgesetzes BGBl. I Nr. 82/2008 treten mit 1. Juli 2008 in Kraft. *(BGBl I 2008/82; BGBl I 2009/30)*

(21) §§ 20 und 81 sowie die Änderungen in Anlage 1 in der Fassung des Bundesgesetzes BGBl. I Nr. 30/2009 treten mit 1. April 2009 in Kraft. *(BGBl I 2009/30)*

(22) § 81 tritt 1. August 2009 in Kraft. *(BGBl I 2009/97)*

(23) § 72 Z 3 in der Fassung des Bundesgesetzes BGBl. I Nr. 116/2009 tritt mit 1. Jänner 2010 in Kraft. *(BGBl I 2009/116; BGBl I 2010/111)*

(24) § 7 Abs. 4 in der Fassung des Bundesgesetzes BGBl. I Nr. 58/2010 tritt mit 1. August 2010 in Kraft. *(BGBl I 2010/58; BGBl I 2010/111)*

(25) Die §§ 12, 38, 75 und 90 in der Fassung des Budgetbegleitgesetzes 2011, BGBl. I Nr. 111/2010, treten mit 1. Juli 2011 in Kraft. § 39 in der Fassung des Budgetbegleitgesetzes 2011, BGBl. I Nr. 111/2010, tritt mit 1. Mai 2011 in Kraft. § 38 in der Fassung des Budgetbegleitgesetzes 2011, BGBl. I Nr. 111/2010, ist auf Verfahren anzuwenden, in denen die Klage nach dem 30. Juni 2011 angebracht wird. § 90 in der Fassung des genannten Bundesgesetzes ist anzuwenden, wenn das Datum der Entscheidung erster Instanz nach dem 30. Juni 2011 liegt. *(BGBl I 2010/111)*

(26) § 93 Abs. 2 in der Fassung des Bundesgesetzes BGBl. I Nr. 135/2011 tritt mit 1. Jänner 2012 in Kraft. Die Bestimmung ist in dieser Fassung erstmals im Jahr 2013 auf den Abrechnungszeitraum des Jahres 2012 anzuwenden. Die auf Grund dieser Bestimmung am 1. April 2013 zu leistende Zahlung beträgt 26,5 Millionen Euro. Auf die im Jahr 2012 zu leistenden Zahlungen ist § 93 Abs. 2 in der bis 31. Dezember 2011 in Geltung gestandenen Fassung weiter anzuwenden. *(BGBl I 2011/135)*

(27) In der Fassung des 2. Stabilitätsgesetzes 2012, BGBl. I Nr. 35/2012,

1. treten § 19 Abs. 1 und 5, § 21 Abs. 4 und § 59 Abs. 2 mit 1. Oktober 2012 und

2. tritt § 65 Abs. 1 Z 4 mit 1. Jänner 2014 in Kraft. Der IV. Abschnitt des Zweiten Hauptstücks tritt mit Ablauf des 30. September 2012 außer Kraft. *(BGBl I 2012/35)*

(28) § 49a in der Fassung des Zahlungsverzugsgesetzes, BGBl. I Nr. 50/2013 tritt mit 16. März 2013 in Kraft. Die genannte Bestimmung ist in der Fassung des Zahlungsverzugsgesetzes auf Forderungen anzuwenden, die ab dem 16. März 2013 entstehen. Auf Forderungen, die vor dem 16. März 2013 entstanden sind, sind die bisherigen Bestimmungen weiter anzuwenden. *(BGBl I 2013/50)*

(29) § 67 Abs. 1 in der Fassung des Bundesgesetzes BGBl. I Nr. 86/2013 tritt mit 1. Jänner 2014 in Kraft. *(BGBl I 2013/86)*

(30) § 50 Abs. 1 Z 9 in der Fassung des Bundesgesetzes BGBl. I Nr. 44/2016 tritt mit 1. Jänner 2017 in Kraft. *(BGBl I 2016/44)*

Aufhebung von Rechtsvorschriften

§ 99. Es verlieren mit dem im § 98 genannten Zeitpunkt alle den gleichen Gegenstand regelnden Bestimmungen ihre Wirksamkeit, insbesondere werden aufgehoben:

1. das Arbeitsgerichtsgesetz, BGBl. Nr. 170/1946,

2. die nachstehenden, das arbeitsgerichtliche Verfahren betreffenden Bestimmungen:

a) die Z 6 des Abs. 1 des § 49 JN,

b) die Wendung „das Verfahren vor den Arbeitsgerichten" und der davor stehende Beistrich im Abs. 2 des § 223 ZPO,

c) der § 6 Abs. 3 des Bundesgesetzes über den Obersten Gerichtshof,

d) der § 31 des Bauarbeiter-Urlaubsgesetzes 1972,

e) der § 34 Abs. 1 erster und zweiter Satz des Gehaltskassengesetzes 1959,

f) der § 18 des Patentgesetzes 1970, BGBl. Nr. 259,

g) die ArbGerG-DV, BGBl. Nr. 183/1950,

3. die Z 3 bis 6 des Abs. 1 des § 194 GSVG,

4. die Z 3 bis 7 des § 182 BSVG,

5. die Z 1 und die Bezeichnung des bisher zweiten Absatzes mit „2." im § 65 NVG 1972,

6. die Wendung „und ferner, daß bei den Schiedsgerichten eine gemeinsame Abteilung für die Angelegenheiten der Kranken- und Unfallversicherung öffentlich Bediensteter zu bilden ist" im § 129 B-KUVG.

Verweisungen

§ 100. Soweit in anderen Rechtsvorschriften auf die Arbeitsgerichte, die Schiedsgerichte der

Sozialversicherung, auf Bestimmungen des Arbeitsgerichtsgesetzes oder auf die das Leistungsstreitverfahren erster und zweiter Instanz betreffenden Bestimmungen der Sozialversicherungsgesetze (besonders der §§ 96 Z 8, 99 Z 3 bis 6) verwiesen wird, erhalten die Verweisungen ihren Inhalt aus den entsprechenden Bestimmungen dieses Bundesgesetzes.

Übergang von Rechtssachen

§ 101. (1) Mit dem Inkrafttreten dieses Bundesgesetzes gelten als überwiesen

1. die bei den Arbeitsgerichten anhängigen Rechtssachen an diejenigen Landesgerichte, in deren Sprengel die betreffenden Arbeitsgerichte ihren jeweiligen Sitz gehabt haben; *(BGBl 1993/91)*

2. die bei den Schiedsgerichten der Sozialversicherung anhängigen Rechtssachen an diejenigen Landesgerichte, in deren Sprengel der Versicherte seinen Wohnsitz (gewöhnlichen Aufenthalt), sonst der Beklagte seinen Sitz hat; *(BGBl 1993/91)*

3. die bei den Landesgerichten anhängigen Rechtsmittel gegen Entscheidungen von Arbeitsgerichten an diejenigen Oberlandesgerichte, in deren Sprengel die betreffenden Landesgerichte ihren jeweiligen Sitz haben; *(BGBl 1993/91)*

4. die beim Oberlandesgericht Wien anhängigen Rechtsmittel gegen Entscheidungen der Schiedsgerichte der Sozialversicherung für Oberösterreich, Salzburg, Steiermark, Kärnten, Tirol und Vorarlberg an diejenigen Oberlandesgerichte, in deren Sprengel die genannten Schiedsgerichte ihren jeweiligen Sitz gehabt haben.

(2) Für die Zulässigkeit von Rechtsmitteln und die Gründe, die mit ihnen geltend gemacht werden können, sind die bis 31. Dezember 1986 hiefür geltenden Vorschriften maßgebend, wenn das Datum der Entscheidung vor dem 1. Jänner 1987 liegt.

(3) Auf die vor dem Inkrafttreten dieses Bundesgesetzes bei den Landesgerichten nach dem Amtshaftungsgesetz gegen schuldtragende Organe auf Rückersatz nach dem Organhaftpflichtgesetz anhängig gewordenen Verfahren sind die bisherigen Verfahrensvorschriften anzuwenden.

(4) Die im Zeitpunkt des Inkrafttretens dieses Bundesgesetzes bei den Einigungsämtern, Arbeitsämtern oder beim Verwaltungsgerichtshof anhängigen Verfahren sind von diesen nach den bisherigen Vorschriften zu Ende zu führen.

Übergangsbestimmungen für die Beisitzer

§ 102. (1) Bis zur Leistung des Gelöbnisses der für die Landesgerichte jeweils zu wählenden (zu entsendenden) fachkundigen Laienrichter haben dieses Amt bei diesen Gerichten auszuüben:

1. in Arbeitsrechtssachen die auf Grund des Arbeitsgerichtsgesetzes bestellten Beisitzer bei denjenigen Landesgerichten, in deren Sprengel die Arbeitsgerichte ihren Sitz gehabt haben, für die die Beisitzer jeweils bestellt worden waren;

2. in Sozialrechtssachen die auf Grund der Bestimmungen der im § 100 genannten Gesetze bestellten Beisitzer bei sämtlichen Landesgerichten, die ihren Sitz im ehemaligen Sprengel des jeweiligen Schiedsgerichts der Sozialversicherung haben. *(BGBl 1993/91)*

(2) Bis zur Leistung des Gelöbnisses der für die Oberlandesgerichte jeweils zu wählenden (zu entsendenden) fachkundigen Laienrichter haben dieses Amt die auf Grund des Arbeitsgerichtsgesetzes für die im jeweiligen Oberlandesgerichtssprengel gelegenen Landesgerichte bestellten Beisitzer auszuüben. *(BGBl 1993/91)*

(3) Bis zur Leistung des Gelöbnisses der für den Obersten Gerichtshof zu wählenden (zu entsendenden) fachkundigen Laienrichter haben dieses Amt die für diesen Gerichtshof auf Grund des Arbeitsgerichtsgesetzes bestellten Beisitzer auszuüben.

(4) Beisitzer, die für andere als die in der Anlage ./1 aufgezählten Berufsgruppen (Untergruppen) bestellt worden sind, sind von einer weiteren Amtsausübung (Abs. 1 bis 3) ausgeschlossen.

Wahl (Entsendung) der fachkundigen Laienrichter und Maßnahmen der Justizverwaltung

§ 103. Die Wahl (Entsendung) der fachkundigen Laienrichter sowie organisatorische und personelle Maßnahmen im Zusammenhang mit der Einrichtung der Arbeits- und Sozialgerichtsbarkeit können bereits an dem Kundmachung dieses Bundesgesetzes folgenden Tag an getroffen werden. Sie dürfen frühestens mit dem im § 98 genannten Zeitpunkt in Wirksamkeit gesetzt werden.

Vollziehung

§ 104. Mit der Vollziehung dieses Bundesgesetzes sind betraut:

1. hinsichtlich der §§ 94 und 95 die Bundesregierung;

2. hinsichtlich des § 97 Z 2 und 4 der Bundesminister für soziale Verwaltung;

3. hinsichtlich des § 25 Abs. 1 letzter Halbsatz der Bundesminister für Justiz im Einvernehmen mit dem Bundeskanzler;

4. - soweit sie sich auf die Gerichts- und Justizverwaltungsgebühren beziehen – hinsichtlich der §§ 80 und 92 Abs. 3 der Bundesminister für Justiz im Einvernehmen mit dem Bundesminister für

Finanzen, im übrigen hinsichtlich der §§ 80 und 92 Abs. 3 der Bundesminister für Finanzen;

5. hinsichtlich der §§ 96 Z 1 bis 7, 10, 11 lit. a und 12, 97 Z 1, 5 und 6 lit. a, 99 Z 2 lit. d, 5 und 6 sowie – soweit sie sich nicht nur auf das gerichtliche Verfahren bezieht – hinsichtlich der Z 11 lit. b des § 96 – der Bundesminister für soziale Verwaltung im Einvernehmen mit dem Bundesminister für Justiz;

6. hinsichtlich der §§ 96 Z 8 und 9 sowie 99 Z 4 und 5 der Bundesminister für Justiz im Einvernehmen mit dem Bundesminister für soziale Verwaltung;

7. hinsichtlich des § 99 Z 2 lit. e der Bundesminister für Gesundheit und Umweltschutz im Einvernehmen mit dem Bundesminister für Justiz;

8. hinsichtlich des § 99 Z 2 lit. f der Bundesminister für Handel, Gewerbe und Industrie im Einvernehmen mit dem Bundesminister für Justiz;

9. hinsichtlich aller übrigen Bestimmungen der Bundesminister für Justiz.

Aufstellung der für die fachkundigen Laienrichter der Gerichte der Sozialgerichtsbarkeit maßgebenden Berufsgruppen

Kreis der	Haupt-gruppe	Unter-gruppe	Bezeichnung
Arbeitge-ber	1		Unternehmer, die Mitglieder einer Kammer der gewerblichen Wirtschaft sind.
	2		Freiberuflich Tätige, die Mitglieder einer (der) Ärztekammer, Apothekerkammer, Zahnärztekammer, Rechtsanwaltskammer, Notariatskammer, Patentanwaltskammer, Kammer der Wirtschaftstreuhänder, Ingenieurkammer oder der Tierärztekammer sind. *(BGBl I 2009/30, ab 1. 4. 2009)*
	3		Inhaber von Betrieben der Land- und Forstwirtschaft im Sinne des § 5 des Landarbeitsgesetzes vom 2. Juni 1948, BGBl. Nr. 140.
	4		Gebietskörperschaften.
Arbeitneh-mer	5		Arbeiter, die einer Kammer für Arbeiter und Angestellte zugehören, soweit sie nicht zur Berufsgruppe 7 zählen.
	6		Angestellte, die einer Kammer für Arbeiter und Angestellte zugehören, soweit sie nicht zur Berufsgruppe 7 zählen.
	7		Verkehrsbedienstete, die einer Kammer für Arbeiter und Angestellte zugehören.
	8	A	Gutsangestellte von Arbeitgebern, die zur Berufsgruppe 3 zählen.
		B	Arbeiter und sonstige Arbeitnehmer von Arbeitgebern, die zur Berufsgruppe 3 zählen.
	9		Bedienstete des Bundes, der Länder, der Gemeinden und der Gemeindeverbände, soweit sie nicht einer Kammer für Arbeiter und Angestellte zugehören.

Schluß- und Übergangsbestimmungen zur ASGG-Novelle 1994
BGBl 1994/624

Artikel X

Schluß- und Übergangsbestimmungen

§ 1. (1) Dieses Bundesgesetz tritt hinsichtlich des Art. I Z 34 (§ 93 ASGG) mit dem 1. August 1994, des Art. III Z 7 (§ 299 EO) mit dem 1. Oktober 1994, des Art. I Z 13 (§ 33 ASGG) mit dem 1. Jänner 1997 und hinsichtlich aller übrigen Bestimmungen mit dem 1. Jänner 1995 in Kraft.

(2) Organisatorische und personelle Maßnahmen im Zusammenhang mit den Gesetzesbestimmungen dieses Bundesgesetzes können bereits von dem seiner Kundmachung folgenden Tag an getroffen werden; sie dürfen jedoch frühestens mit den im Abs. 1 genannten Zeitpunkten in Wirksamkeit gesetzt werden.

§ 2. Es sind anzuwenden

1. die Art. I Z 1 (§ 5a ASGG), 2 (§ 7 ASGG), 16 lit. a (§ 39 Abs. 5 ASGG), 17 lit. a (§ 40 Abs. 2 ASGG), 18 (hinsichtlich des § 44 Abs. 2 ASGG), 26 (§ 72 ASGG) und 28 lit. a (§ 75 Abs. 1 AS-

GG), III Z 3 (§ 35 EO) und 4 (§ 36 EO), IV Z 1 (§ 111 KO), 3 (§ 178 KO) und 4 (§ 179 KO) und IX (GGG) auf Verfahren, in denen die Klage nach dem 31. Dezember 1994 bei Gericht eingelangt ist;

2. der Art. I Z 3 (§ 11 Abs. 4 ASGG), wenn das Datum der Entscheidung nach dem 31. Dezember 1994 liegt;

3. der Art. I Z 4 hinsichtlich des § 11 a ASGG und die Z 14 (§ 35 ASGG), wenn das Datum der Entscheidung erster Instanz nach dem 31. Dezember 1994 liegt;

4. der Art. I Z 4 (§ 11 b ASGG) und 15 (§ 37 Abs. 1 ASGG), beide hinsichtlich der Anwendbarkeit des § 11 b ASGG, wenn die Tagsatzung zur mündlichen Streitverhandlung nach dem 31. Dezember 1994 stattfindet;

5. der Art. I Z 5 (§ 13 ASGG), wenn die Beratung und Abstimmung nach dem 31. Dezember 1994 stattfindet;

6. der Art. I Z 12 (§ 32 ASGG), wenn die Tagsatzung zur mündlichen Streitverhandlung oder die nicht öffentliche Sitzung des Gerichts nach dem 31. Dezember 1994 stattfindet;

7. der Art. I Z 18 (hinsichtlich der §§ 44 Abs. 1 und 45 bis 47 ASGG), wenn das Datum der Entscheidung der zweiten Instanz nach dem 31. Dezember 1994 liegt;

8. die Art. I Z 19 (§ 49 a ASGG), wenn die Forderung nach dem 31. Dezember 1994 entstanden ist;

9. die Art. I Z 21 (§ 54 ASGG) und 22 (§ 61 ASGG) sowie VII Z 2 (§ 61 ArbVG), wenn die vor dem ersten Urteil des Gerichts erster Instanz durchgeführte Verhandlung (§ 193 Abs. 2 ZPO) nach dem 31. Dezember 1994 geschlossen worden ist;

10. der Art. I Z 23 (§ 62 ASGG), wenn die Beitrittserklärung nach dem 31. Dezember 1994 abgegeben wird;

11. der Art. I Z 25 (§ 71 ASGG), wenn das Datum der Gerichtsentscheidung nach dem 31. Dezember 1994 liegt;

12. der Art. I Z 26 (§ 72 ASGG), wenn die Klage nach dem 31. Dezember 1994 zurückgenommen wird;

13. der Art. I Z 30 (§ 79 ASGG), wenn die Ladung nach dem 31. Dezember 1994 verfügt worden ist;

14. der Art. I Z 31 (§ 89 ASGG) auch wenn das Datum des Urteils vor dem 1. Jänner 1995 liegt;

15. der Art. I Z 32 (§ 90 ASGG), wenn das Datum des Urteils des Rechtsmittelgerichts nach dem 31. Dezember 1994 liegt;

16. der Art. I Z 33 lit. b (§ 91 Abs. 4 ASGG), wenn die Verjährungsfrist nach dem 31. Dezember 1994 zu laufen begonnen hat;

17. der Art. II (§ 321 ZPO), wenn die Vernehmung nach dem 31. Dezember 1994 stattfindet;

18. der Art. III Z 1 (§ 1 Z 11 EO) auch auf Bescheide der Versicherungsträger, die vor dem 1. Jänner 1995 erlassen worden sind;

19. der Art. III Z 7 (§ 299 EO), wenn der Unterbrechungsgrund nach dem 30. September 1994 eingetreten ist;

20. der Art. V (§ 50 SchauspielerG), wenn die Schiedsgerichtsvereinbarung nach dem 31. Dezember 1994 geschlossen worden ist;

21. der Art. VIII (§ 10 Z 6 a RATG), wenn die Leistungen eines Rechtsanwalts nach dem 31. Dezember 1994 bewirkt worden sind; im Verhältnis zur Partei bleibt eine andere Vereinbarung über die Höhe der Entlohnung unberührt.

§ 3. Die im § 308 a Abs. 1 EO (Art. III Z 8) festgelegte Frist. Die mit drei Monaten beginnt für Forderungen, die vor dem 1. Jänner 1995 gepfändet, überwiesen und fällig wurden, am 1. Jänner 1995 zu laufen.

§ 4. Auf Grund des bisherigen § 93 Abs. 4 ASGG hat der Hauptverband der österreichischen Sozialversicherungsträger am 1. April 1994 70 Millionen Schilling an den Bundesminister für Justiz überwiesen; am 1. Oktober 1994 hat der Hauptverband der österreichischen Sozialversicherungsträger an den Bundesminister für Justiz einen weiteren Betrag von 90 Millionen Schilling zu entrichten; ein darüber hinausgehender Betrag ist für das Jahr 1994 nicht zu leisten.

§ 5. Mit der Vollziehung dieses Bundesgesetzes sind betraut:

1. hinsichtlich des Art. VII der Bundesminister für Arbeit und Soziales;

2. hinsichtlich des Art. IX der Bundesminister für Justiz im Einvernehmen mit dem Bundesminister für Finanzen;

3. hinsichtlich aller übrigen Bestimmungen der Bundesminister für Justiz.

BG über den Obersten Gerichtshof

BGBl 1968/328 idF

1 BGBl 1983/135	4 BGBl 1991/20
2 BGBl 1985/104	5 BGBl I 2001/95
3 BGBl 1990/542	6 BGBl I 2007/112

Bundesgesetz vom 19. Juni 1968 über den Obersten Gerichtshof

Der Nationalrat hat beschlossen:

Aufgabenbereich und Zusammensetzung

§ 1. (1) Der Oberste Gerichtshof (Art. 92 Abs. 1 B-VG) ist das oberste Organ der ordentlichen Gerichtsbarkeit.

(2) Er besteht aus einem Präsidenten, zwei Vizepräsidenten sowie der erforderlichen Anzahl von sonstigen Mitgliedern (Senatspräsidenten und Hofräten).

(BGBl I 2001/95)

Siegel

§ 2. Das Siegel des Obersten Gerichtshofes zeigt das österreichische Staatswappen mit der Umschrift „Oberster Gerichtshof der Republik Österreich".

Leitung und Dienstaufsicht

§ 3. (1) Der Präsident leitet den Obersten Gerichtshof, er übt die Dienstaufsicht über das gesamte Personal des Gerichtshofes aus und führt die anderen Justizverwaltungsgeschäfte für den Gerichtshof, soweit diese nicht auf Grund des Gesetzes durch Senate zu erledigen sind. Insbesondere nimmt er auch die ihm übertragenen dienstbehördlichen Aufgaben wahr.

(2) Der Präsident wird bei seinen Aufgaben durch die Vizepräsidenten und durch andere Mitglieder des Obersten Gerichtshofes unterstützt.

(3) Sonstige Mitglieder dürfen nur mit ihrer Zustimmung in die Geschäftseinteilung für Justizverwaltungssachen einbezogen werden.

(4) Nach Maßgabe der Vorgaben des jährlichen Stellenplans hat der Bundesminister für Justiz Richter und/oder Staatsanwälte aus dem Bereich der Justizbehörden in den Ländern dem Präsidenten des Obersten Gerichtshofes zur Wahrnehmung von Justizverwaltungsaufgaben zuzuteilen (§ 78 RDG). Unter den gleichen Voraussetzungen können für das Evidenzbüro allenfalls auch andere Bundesbedienstete mit einem abgeschlossenen rechtswissenschaftlichen Studium (Diplomstudium nach dem Bundesgesetz über das Studium der Rechtswissenschaften, BGBl. Nr. 140/1978, oder rechts- und staatswissenschaftliche Studien nach der juristischen Studien- und Staatsprüfungsordnung, StGBl. Nr. 164/1945) zugeteilt werden.

(5) Falls der Präsident verhindert ist, seinen Aufgaben nach Abs. 1 nachzukommen, oder falls die Planstelle des Präsidenten nicht besetzt ist, obliegen die Aufgaben nach Abs. 1 dem Vizepräsidenten, der über die längere Dienstzeit als Vizepräsident, bei gleichlanger Dienstzeit der über die längere für die Vorrückung in höhere Bezüge maßgebende Dienstzeit verfügt. Sind auch die Vizepräsidenten verhindert, vertreten die nach der Geschäftseinteilung für Justizverwaltungssachen hiezu berufenen Mitglieder des Obersten Gerichtshofes.

(BGBl I 2001/95)

Erholungsurlaub des Präsidenten

§ 4. Der Präsident setzt die Zeit seines Erholungsurlaubes selbst fest. Er gibt den Zeitpunkt des Antrittes oder der Fortsetzung seines Erholungsurlaubes der Präsidentschaftskanzlei und dem Bundesministerium für Justiz bekannt.

Senate

§ 5. (1) Der Oberste Gerichtshof wird, soweit sich nicht aus diesem Bundesgesetz etwas anderes ergibt, in Senaten tätig. Die den Senatsvorsitzenden nach den Verfahrensvorschriften zustehenden Befugnisse, die vor den Gang der Verfahren betreffen oder der Vorbereitung von Entscheidungen dienen, bleiben davon unberührt. Über das Recht auf Akteneinsicht entscheidet der Senatsvorsitzende allein. § 89 des Gerichtsorganisationsgesetzes, RGBl. Nr. 217/1896, ist anzuwenden.

(2) Bei der Abstimmung hat der Berichterstatter seine Stimme zuerst, der Vorsitzende seine Stimme zuletzt abzugeben. Die anderen Senatsmitglieder stimmen nach der Dienstzeit beim Obersten Gerichtshof, bei gleicher Dienstzeit nach der für die Vorrückung in höhere Bezüge maßgebenden Dienstzeit, und zwar die Älteren vor den Jüngeren ab. Die Bestimmungen über die Abstimmung in Senaten, in denen fachkundige Laienrichter mitwirken, bleiben unberührt (§ 13 Arbeits- und Sozialgerichtsgesetz, BGBl. Nr. 104/1985, und § 93 Kartellgesetz 1988, BGBl. Nr. 600).

(BGBl I 2001/95)

Einfache Senate

§ 6. Soweit gesetzlich nichts anderes bestimmt ist, setzt sich ein Senat aus dem Vorsitzenden und vier weiteren Mitgliedern des Obersten Gerichtshofes, von denen einer als Berichterstatter fungiert, zusammen (einfacher Senat).

(BGBl I 2001/95)

Dreiersenate

§ 7. (1) In folgenden Fällen setzt sich ein Senat aus dem Vorsitzenden und zwei weiteren Mitgliedern des Obersten Gerichtshofes zusammen (Dreiersenat):

1. Bestimmung des örtlich zuständigen Gerichtes gemäß § 28 der Jurisdiktionsnorm, RGBl. Nr. 111/1895, *(BGBl I 2007/112)*

2. Delegierungssachen;

3. Verweisungen gemäß § 334 der Strafprozessordnung 1975;

4. Genehmigungen der Übertragung der Zuständigkeit in Pflegschaftssachen nach § 111 Abs. 2 der Jurisdiktionsnorm;

5. Bestimmung des Gerichtes nach § 9 Abs. 4 des Amtshaftungsgesetzes, BGBl. Nr. 20/1949;

6. Übertragung der Zuständigkeit in Dienstgerichts- und Disziplinarsachen gemäß den §§ 93 und 116 des Richterdienstgesetzes, BGBl. Nr. 305/1961;

7. Stellungnahmen zu Gnadengesuchen (§ 509 Z 2 der Strafprozessordnung 1975);

8. *(entfällt, BGBl I 2007/112)*

9. Entscheidungen nach § 11a Abs. 3 des Arbeits- und Sozialgerichtsgesetzes, BGBl. Nr. 104/1985;

10. Behandlung von Entscheidungsanträgen, die in der Rechtsordnung nicht vorgesehen sind.

(2) In den in Abs. 1 Z 1 bis 7 genannten Fällen hat auf Verlangen nur eines Mitgliedes des Dreiersenates der einfache Senat die Entscheidung oder die Erledigung zu treffen.

(BGBl I 2001/95)

Verstärkte Senate

§ 8. (1) Ein einfacher Senat ist nach Maßgabe der Geschäftsverteilung – vorbehaltlich des § 11 Abs. 2 des Arbeits- und Sozialgerichtsgesetzes – durch sechs weitere Mitglieder des Obersten Gerichtshofes zu verstärken (verstärkter Senat), wenn er nach Erstattung des Berichtes mit Beschluss ausspricht,

1. dass die Entscheidung einer Rechtsfrage von grundsätzlicher Bedeutung ein Abgehen von der ständigen Rechtsprechung des Obersten Gerichtshofes oder von der in dieser Rechtsfrage zuletzt ergangenen Entscheidung eines verstärkten Senates des Gerichtshofes bedeuten würde oder

2. dass eine zu lösende Rechtsfrage von grundsätzlicher Bedeutung in der Rechtsprechung des Obersten Gerichtshofes nicht einheitlich beantwortet worden ist.

(2) Ein Beschluss nach Abs. 1 ist in nichtöffentlicher Sitzung (§ 509 Abs. 1 der Zivilprozessordnung, RGBl. Nr. 113/1895, § 285c Abs. 1 der Strafprozessordnung 1975) zu fassen, und zwar vor einer allfälligen mündlichen Verhandlung (§ 509 Abs. 2 der Zivilprozessordnung) oder vor dem Gerichtstag zur öffentlichen Verhandlung (§ 285c Abs. 2 der Strafprozessordnung 1975). Ergibt sich die Notwendigkeit, einen solchen Beschluss zu fassen, erst im Zuge der mündlichen Verhandlung oder des Gerichtstages zur öffentlichen Verhandlung, so ist der Beschluss zu verkünden. Der verstärkte Senat hat die mündliche Verhandlung oder den Gerichtstag zur öffentlichen Verhandlung neu durchzuführen.

(3) Neben dem für den einfachen Senat bestimmten Berichterstatter hat im verstärkten Senat ein weiteres Mitglied den Bericht zu erstatten.

(BGBl I 2001/95)

Vollversammlung

§ 9. (1) Die Mitglieder des Obersten Gerichtshofes (§ 1 Abs. 2) bilden die Vollversammlung.

(2) Der Vollversammlung obliegt die Beschlussfassung über den Tätigkeitsbericht.

(3) Die Vollversammlung ist vom Präsidenten einzuberufen.

(BGBl I 2001/95)

§ 10. (1) Zur Beschlussfähigkeit der Vollversammlung ist die Anwesenheit von mindestens zwei Dritteln der Mitglieder des Obersten Gerichtshofes erforderlich.

(2) In der Vollversammlung führt der Präsident den Vorsitz. Er bestimmt einen oder mehrere Berichterstatter; diese haben den Bericht schriftlich zu erstatten und mündlich vorzutragen. Bei der Abstimmung ist § 5 Abs. 2 anzuwenden, bei Stimmengleichheit entscheidet die Stimme des Vorsitzenden.

(3) Die Sitzungen der Vollversammlung sind nicht öffentlich.

(BGBl I 2001/95)

Begutachtungssenate

§ 11. Im Rahmen der Geschäftsverteilung sind Begutachtungssenate zu bilden, die sich aus dem Präsidenten und sechs weiteren Mitgliedern des Obersten Gerichtshofes zusammensetzen, die in den jeweils angesprochenen Geschäftssparten des

Gerichtshofes tätig sein sollen. Aufgabe dieser Senate ist es, auf Ersuchen des Bundesministers für Justiz oder des Präsidenten des Obersten Gerichtshofes zu Gesetzes- oder Verordnungsentwürfen Gutachten abzugeben.

(BGBl I 2001/95)

Tätigkeitsbericht

§ 12. Der Oberste Gerichtshof verfasst nach Schluss jedes Jahres einen Bericht über seine Tätigkeit und die hiebei gesammelten Erfahrungen und teilt diesen Bericht unter Anschluss der Geschäftsausweise dem Bundesminister für Justiz mit. Der Bericht kann darüber hinaus an den Präsidenten des Nationalrates, die Präsidenten des Verfassungsgerichtshofes und des Verwaltungsgerichtshofes, andere Bundesminister und die Landeshauptleute übermittelt werden. In den Bericht können auch Anregungen betreffend Maßnahmen der Gesetzgebung oder die Erlassung von Verordnungen aufgenommen werden.

(BGBl I 2001/95)

Geschäftsverteilung

§ 13. (1) Die nach den gesetzlich festgelegten Zuständigkeiten des Obersten Gerichtshofes zufallenden gerichtlichen Geschäfte sind vom Personalsenat des Obersten Gerichtshofes für die Dauer der nächsten Jahres unter die Mitglieder des Obersten Gerichtshofes zu verteilen. Er hat Zivilsenate und Strafsenate, Senate für Dienstgerichts- und Disziplinarsachen, Begutachtungssenate und – soweit zweckmäßig – Fachsenate zu bilden. Er hat die Vorsitzenden und deren Stellvertreter, die übrigen Mitglieder, die Ersatzmitglieder und die Berichterstatter der Senate zu bestimmen sowie die Reihenfolge festzulegen, in der die Stellvertreter, die Ersatzmitglieder und die Berichterstatter herangezogen werden. Jedes Mitglied des Obersten Gerichtshofes kann auch mehreren Senaten angehören. Die Verteilung ist insgesamt so vorzunehmen, dass eine möglichst gleichmäßige Auslastung der einzelnen Senatsmitglieder erreicht wird, wobei Vertretungsaufgaben oder Aufgaben der Justizverwaltung entsprechend zu berücksichtigen sind. § 26a des Gerichtsorganisationsgesetzes ist sinngemäß anzuwenden.

(2) Der Präsident und die Vizepräsidenten dürfen nur in einem solchen Ausmaß in die Geschäftsverteilung einbezogen werden, das sie in der Wahrnehmung ihrer Justizverwaltungsaufgaben nicht beeinträchtigt.

(3) Der Präsident des Obersten Gerichtshofes hat den Entwurf der Geschäftsverteilung für das nächste Jahr vom 15. bis 30. November zur Einsicht aufzulegen (Einsichtsfrist). Jedes von der Geschäftsaufteilung betroffene Mitglied des Obersten Gerichtshofes ist berechtigt, während der Einsichtsfrist schriftlich Einwendungen gegen den Entwurf zu erheben. Die Einwendungen sollen eine Begründung und einen Abänderungsantrag enthalten. Der Personalsenat hat vor dem Geschäftsverteilungsbeschluss über diese Einwendungen zu beraten.

(4) Soweit dies für den ordnungsgemäßen Geschäftsgang notwendig ist, kann der Personalsenat von Amts wegen oder auf Antrag die Geschäftsverteilung ändern, wenn Veränderungen im Personalstand der Mitglieder des Obersten Gerichtshofes eingetreten sind oder dies wegen Überlastung eines Senates oder eines einzelnen Mitglieds notwendig ist.

(BGBl I 2001/95)

Evidenzbüro

§ 14. (1) Dem Evidenzbüro des Obersten Gerichtshofes obliegt die Erfassung und Aufbereitung der Entscheidungen des Obersten Gerichtshofes sowie der für den Obersten Gerichtshof allenfalls bedeutsamen Entscheidungen anderer Gerichte.

(2) Die Erfassung und Aufbereitung der Entscheidungen hat im Rahmen einer allgemein zugänglichen Datenbank (Entscheidungsdokumentation Justiz-JUDOK, § 15) zu erfolgen.

(3) Das Evidenzbüro gibt den Mitgliedern des Obersten Gerichtshofes und der Generalprokuratur die erforderliche Unterstützung bei der Sammlung der für ihre Tätigkeit erforderlichen rechtlichen Grundlagen. Den rechtskundigen Beamten des Bundesministeriums für Justiz steht das Recht auf Einsicht in sämtliche Entscheidungen des Obersten Gerichtshofes zu.

(4) Das Evidenzbüro besteht aus einem Leiter, dessen Stellvertreter, den dem Präsidenten des Obersten Gerichtshofes aus dem Bereich der Justizbehörden in den Ländern zugeteilten Richtern und/oder Staatsanwälten und allenfalls anderen zugeteilten Bundesbediensteten mit einem abgeschlossenen rechtswissenschaftlichem Studium (§ 3 Abs. 4).

(5) Der Leiter des Evidenzbüros und sein Stellvertreter werden vom Präsidenten des Obersten Gerichtshofes aus dem Kreis der Mitglieder des Obersten Gerichtshofes bestimmt. Die Bestellung kann vom Präsidenten des Obersten Gerichtshofes jederzeit widerrufen werden.

(6) Die Bestellung eines Mitgliedes des Obersten Gerichtshofes zum Leiter oder Stellvertreter des Leiters des Evidenzbüros bedarf seiner Zustimmung.

(7) Dem Leiter des Evidenzbüros obliegt nach Maßgabe der Vorgaben des Präsidenten die Organisation sowie die Überwachung der Tätigkeit des Evidenzbüros.

(8) Die dem Präsidenten des Obersten Gerichtshofes zugeteilten Richter und anderen rechtskundigen Bediensteten können bei Sitzungen und Verhandlungen als Schriftführer eingesetzt werden.

(BGBl I 2001/95)

Vgl § 48b GOG

Entscheidungsdokumentation Justiz[1]
[1] *Vgl § 48a und § 48b GOG*

§ 15. (1) Der Bundesminister für Justiz hat eine allgemein zugängliche Datenbank (Entscheidungsdokumentation Justiz) einzurichten, in die

1. Entscheidungen des Obersten Gerichtshofes (Volltexte), die sich nicht in einer begründungslosen Zurückweisung eines Rechtsmittels erschöpfen, sowie

2. nach § 14 Abs. 1 aufbereitete Entscheidungen (Rechtssätze) und andere Texte

aufzunehmen sind. In Zweifelsfällen entscheidet bei Rechtssätzen der jeweilige Senatsvorsitzende, ansonsten der Leiter des Evidenzbüros.

(2) Der erkennende Senat kann bei der Beschlussfassung in Rechtssachen, in denen das Verfahren in allen Instanzen ohne Durchführung einer öffentlichen Verhandlung zu führen war, anordnen, dass die Entscheidung (Volltext) in der Datenbank nicht zu veröffentlichen ist, wenn ansonst die Anonymität der Betroffenen nicht sichergestellt ist.

(3) Der Bundesminister für Justiz wird ermächtigt, nach Maßgabe der technischen und personellen Möglichkeiten sowie unter Bedachtnahme auf eine einfache und sparsame Verwaltung und auf eine Sicherung vor Missbrauch durch Verordnung insbesondere festzulegen,

1. welche Übermittlungsstellen für die Abfrage einzurichten und

2. welche Bedingungen für einen sicheren Betrieb der Entscheidungsdokumentation Justiz einzuhalten sind.

(4) In der Entscheidungsdokumentation Justiz sind Namen, Anschriften und erforderlichenfalls auch sonstige Orts- und Gebietsbezeichnungen, die Rückschlüsse auf die betreffende Rechtssache zulassen, durch Buchstaben, Ziffern oder Abkürzungen so zu anonymisieren, dass die Nachvollziehbarkeit der Entscheidung nicht verloren geht.

(5) Anordnungen nach dem Abs. 4 hat der erkennende Senat bei der Beschlussfassung, bei vor dem 1. Jänner 1991 beschlossenen Entscheidungen der Präsident des Obersten Gerichtshofes zu treffen.

(6) Für die durch den Einsatz der automationsunterstützten Datenverarbeitung verursachten Schäden aus Fehlern bei der Führung der Entscheidungsdokumentation Justiz haftet der Bund. Die Haftung ist ausgeschlossen, wenn der Schaden durch ein unabwendbares Ereignis verursacht wird, das weder auf einen Fehler in der Beschaffenheit noch auf einem Versagen der Mittel der automationsunterstützten Datenverarbeitung beruht. Im Übrigen ist das Amtshaftungsgesetz anzuwenden.

(BGBl I 2001/95)

Zugänglichkeit der Entscheidungen[1]
[1] *Vgl §§ 48a, 48b, 89i GOG*

§ 15a. (1) Die für die Entscheidungsdokumentation Justiz (§ 15) erstellten Daten sind nach Maßgabe der technischen und dokumentalistischen Möglichkeiten im Internet bereit zu stellen.

(2) Nach Maßgabe der personellen und technischen Voraussetzungen ist vom Evidenzbüro des Obersten Gerichtshofes durch Erteilung anonymisierter Ausdrucke (§ 15 Abs. 4) gegen Kostenersatz Einsicht in die Entscheidungsdokumentation Justiz zu gewähren.

(BGBl 1991/20; BGBl I 2001/95)

Geschäftsstelle

§ 16. (1) Die Beamten und Vertragsbediensteten der Geschäftsstelle besorgen die Kanzleigeschäfte.

(2) Die Geschäftsstelle umfaßt folgende Abteilungen und besondere Dienste:

a) den Vorsteher der Geschäftsstelle,

b) die Geschäftsabteilung des Präsidenten,

c) die Geschäftsabteilungen für die Zivil- und die Strafsenate,

d) die Geschäftsabteilungen für die Senate in Dienstgerichts- und in Disziplinarsachen sowie für die Begutachtungssenate,

e) die Geschäftsabteilung für das Evidenzbüro,

f) den Rechnungsführer oder die Zahlstelle (§ 6 Abs. 4 Bundeshaushaltsgesetz, BGBl. Nr. 213/1886), *(BGBl I 2001/95)*

g) die Einlaufstelle,

h) die Zustellabteilung,

i) das Aktenlager,

j) die Amtswirtschaftsstelle.

(3) Der Vorsteher der Geschäftsstelle hat nach den Weisungen des Präsidenten den gesamten Dienst in der Geschäftsstelle zu leiten und den Präsidenten in der Aufsicht über deren Bedienstete zu unterstützen.

(4) In der Geschäftsstelle sind alle Behelfe, insbesondere Register und Ausweise zu führen, die für eine einfache Kanzleigebarung, zur Bezeichnung von Akten, deren Bildung und Behandlung sowie für statistische Feststellungen erforderlich sind.

Einlaufstelle

§ 17. (1) Der Bedienstete der Einlaufstelle hat alle für den Obersten Gerichtshof bestimmten Schriftstücke und sonstigen Sendungen entgegenzunehmen, soweit nicht im folgenden Ausnahmen verfügt werden. Der Bedienstete der Einlaufstelle hat dem Überbringer auf Verlangen den Empfang zu bestätigen. Er hat die Abgabescheine für eingeschriebene Sendungen und die den Sendungen allenfalls angeschlossenen Rückscheine zu unterfertigen. Geld- und Wertgegenstände dürfen in der Einlaufstelle nicht übernommen werden.

(2) In der Einlaufstelle sind alle Schriftstücke mit dem Eingangsvermerk zu versehen, der die Bezeichnung des Gerichtes sowie Tag, Monat und Jahr des Einlangens enthält.

(3) Der Bedienstete der Einlaufstelle hat die Geschäftsstücke nach den Geschäftsabteilungen, zu deren Geschäftskreis sie gehören, zu ordnen und diesen einmal täglich zu übergeben. Als dringlich erkennbare Geschäftsstücke sind sofort der zuständigen Geschäftsabteilung zu übergeben.

(4) Die an den Präsidenten oder an das Präsidium des Obersten Gerichtshofes gerichteten Eingaben und alle Schriftstücke in Präsidialsachen hat der Leiter der Geschäftsabteilung des Präsidenten zu übernehmen und mit dem Eingangsvermerk zu versehen. Dieser Eingangsvermerk muß sich durch Form und Farbe vom Eingangsvermerk der Einlaufstelle unterscheiden.

Ausfertigungen

§ 18. (1) Die Ausfertigungen der Erledigungen hat der Leiter der Geschäftsabteilung unter dem Vermerk „Für die Richtigkeit der Ausfertigung" zu unterschreiben.

(2) Schreiben an österreichische Vertretungsbehörden im Ausland, an ausländische Vertretungsbehörden im Inland, an andere ausländische Behörden oder zwischenstaatliche Organisationen sowie internationale Gerichtshöfe hat der Vorsitzende des Senates, der die Erledigung beschlossen hat, in Justizverwaltungssachen der Präsident zu unterschreiben. Das Gerichtssiegel ist beizusetzen. *(BGBl I 2001/95)*

(3) Die Geschäftsabteilungen haben auch die für die Akten der ersten und der zweiten Instanz, für die Parteien und Behörden erforderlichen Ausfertigungen herzustellen und der ersten Instanz im Wege der Rechtsmittelinstanz, oder wenn es in den Verfahrensordnungen vorgesehen ist, unmittelbar zu übersenden. *(BGBl I 2001/95)*

Aktenaufbewahrung

§ 19. Akten sowie die händisch geführten Register und Namensverzeichnisse werden dauernd aufbewahrt. Ab dem Zeitpunkt der Umstellung auf die automationsunterstützte Registerführung sind die Verfahrensdaten auf Dauer verfügbar zu halten.

(BGBl I 2001/95)

Auskunftserteilung

§ 20. In der Geschäftsstelle darf Parteien nur darüber Auskunft erteilt werden, ob und zu welcher Zeit ein Geschäftsstück eingegangen oder abgesendet und mit welchem Aktenzeichen es versehen worden ist. Der Name des Berichterstatters darf den Parteien nicht bekanntgegeben werden.

Amtsbibliothek

§ 21. Die Aufsicht über die Führung der Geschäfte der Bibliothek des Obersten Gerichtshofes (Zentralbibliothek im Justizpalast) obliegt dem Präsidenten. Er wird hiebei von einer Bibliothekskommission unterstützt, die er aus Mitgliedern des Obersten Gerichtshofes mit deren Zustimmung bestellt. Der Präsident bestellt den Leiter der Bibliothek.

(BGBl I 2001/95)

Geschäftsordnung

§ 22. (1) Der Präsident hat durch Verwaltungsverordnung eine Geschäftsordnung über den inneren Geschäftsbetrieb des Obersten Gerichtshofes zu erlassen. Die Geschäftsordnung hat insbesondere zu regeln:

a) die Register, die Verzeichnisse und die sonstigen Geschäftsbehelfe, die zu führen sind, um die für die Erledigung der einzelnen Rechtssachen nötige Übersicht zu erhalten und zugleich eine Überwachung des Geschäftsganges zu sichern,

b) die Bezeichnung, die Form und die Einrichtung der Geschäftsbehelfe und deren laufende Kontrolle,

c) die Grundsätze der Aktenbildung,

d) die Amtswirtschaft und die Materialverrechnung,

e) die Verwaltung der Amtsbibliothek.

(2) Der Präsident hat weiters den Zugang zum Evidenzbüro (§ 14 Abs. 3), die Höhe des Kostenersatzes (§ 15a Abs. 2) sowie unter Bedachtnahme auf die technischen und wirtschaftlichen Voraussetzungen die Möglichkeiten zu regeln, Abdrucke aller Entscheidungen des Obersten Gerichtshofes oder der Entscheidungen bestimmter Sachgebiete gegen Kostenersatz laufend zu beziehen (Abonnement); diese Regelungen sind durch Anschlag beim Obersten Gerichtshof kundzumachen. *(BGBl I 2001/95)*

(BGBl 1991/20)

Schlußbestimmungen

§ 23. (1) Vorschriften, die mit diesem Bundesgesetz in Widerspruch stehen oder denselben Gegenstand betreffen, werden aufgehoben.

(2) Insbesondere werden aufgehoben:

1. Das Kaiserliche Patent vom 7. August 1850, RGBl. Nr. 325 (Statut des Obersten Gerichtshofes), in der Fassung des § 3 Z. 5 des Gerichtsorganisationsgesetzes 1945, StGBl. Nr. 47,

2. § 70 zweiter Satz des Kaiserlichen Patentes vom 3. Mai 1853, RGBl. Nr. 81 (Gerichtsinstruktion),

3. die Kaiserliche Entschließung vom 3. Oktober 1854, betreffend die Einführung eines Judikatenbuches,

4. die mit Kaiserlicher Entschließung vom 7. August 1872 genehmigte Instruktion zur Führung eines Spruchrepertoriums und des Judikatenbuches in Zivilsachen,

5. die den Obersten Gerichtshof betreffenden Bestimmungen des Gesetzes vom 24. Februar 1907, RGBl. Nr. 41, über die Ausübung der Gerichtsbarkeit bei den Oberlandesgerichten und beim Obersten Gerichts- und Kassationshof,

6. das Gesetz vom 25. Jänner 1919, StGBl. Nr. 41, betreffend die Errichtung eines Obersten Gerichtshofes, in der Fassung des § 3 Z. 4 des Gerichtsorganisationsgesetzes 1945.

(3) Durch die Bestimmungen dieses Bundesgesetzes werden Rechtsvorschriften, auf Grund deren Auszüge von Entscheidungen laufend einer Stelle abgegeben werden, nicht berührt.

(4) Die in diesem Bundesgesetz verwendeten personenbezogenen Ausdrücke umfassen Frauen und Männer gleichermaßen. *(BGBl I 2001/95)*

(5) Soweit in diesem Gesetz auf Bundesgesetze verwiesen wird, sind diese in der jeweils geltenden Fassung anzuwenden. *(BGBl I 2001/95)*

Inkrafttreten

§ 24. (1) Dieses Bundesgesetz tritt mit dem 1. Jänner 1969 in Kraft.

(2) Durchführungsverordnungen können von dem der Kundmachung dieses Bundesgesetzes folgenden Tag an erlassen werden. Sie treten frühestens mit diesem Bundesgesetz in Kraft.

(3) Der Personalsenat des Obersten Gerichtshofes hat bei der Beschlußfassung über die ab 1. Jänner 1969 wirksame Geschäftsverteilung auf die Bestimmungen dieses Bundesgesetzes Bedacht zu nehmen.

(4) Die §§ 1, 3, 5 bis 15a, 16 Abs. 2 lit. f, 18 Abs. 2 und 3, 19, 21 zweiter Satz, 22 Abs. 2 sowie 23 Abs. 4 und 5 in der Fassung des Bundesgesetzes BGBl. I Nr. 95/2001 treten mit 1. September 2001 in Kraft. Soweit diese Bestimmungen die Geschäftsverteilung betreffen, sind sie erstmals auf die Geschäftsverteilung für das Jahr 2002 anzuwenden.

(BGBl I 2001/95)

Vollziehung

§ 25. Mit der Vollziehung dieses Bundesgesetzes ist der Bundesminister für Justiz betraut.

(BGBl I 2001/95)

Finanzprokuraturgesetz

BGBl I 2008/110 idF

1 BGBl I 2010/111
2 BGBl I 2011/101
3 BGBl I 2015/32

4 BGBl I 2015/164
5 BGBl I 2020/99

**Bundesgesetz über die Finanzprokuratur
(Finanzprokuraturgesetz – ProkG)**

Inhaltsverzeichnis

Der Nationalrat hat beschlossen:

1. Abschnitt

Allgemeine Bestimmung

§ 1. Die Finanzprokuratur ist eine Einrichtung des Bundes mit Sitz in Wien und ist nach Maßgabe dieses Gesetzes zur rechtlichen Beratung und Rechtsvertretung im Interesse des Staates berufen.

2. Abschnitt

Aufgaben

Wirkungsbereich

§ 2. (1) Der Finanzprokuratur kommt insbesondere die Befugnis zu,

1. Rechtsträger als Parteien oder sonst Beteiligte vor allen Gerichten und Verwaltungsbehörden zu vertreten; *(BGBl I 2010/111)*

2. zwischen zwei oder mehreren Rechtsträgern eine außergerichtliche Einigung herbeizuführen und bei Streitigkeiten zwischen Organen eines Rechtsträgers zu vermitteln; *(BGBl I 2010/111)*

3. Schiedsgutachten zu erstatten; *(BGBl I 2010/111)*

4. bei Gesetzes- und Verordnungsvorhaben zu beraten; *(BGBl I 2010/111)*

5. Gesetzes- und Verordnungsentwürfe zu begutachten; *(BGBl I 2010/111)*

6. in Rechtsangelegenheiten zu beraten, beispielsweise durch Erstattung von Rechtsgutachten, durch Mitwirkung beim Abschluss von Rechtsgeschäften und bei der Abfassung von Rechtsurkunden; *(BGBl I 2010/111)*

7. generelle Rechtsinformationen anzubieten; *(BGBl I 2010/111)*

8. in den gesetzlich vorgesehenen Fällen als Amtspartei einzuschreiten; *(BGBl I 2010/111)*

9. in zivilrechtlichen Angelegenheiten an den Bund zu richtende Anspruchschreiben auch ohne Vorliegen eines konkreten Auftragsverhältnisses entgegenzunehmen und auf Gefahr des Aufforderers an die zuständige Stelle weiterzuleiten; Sonderregelungen bezüglich Aufforderungsverfahren in anderen Rechtsvorschriften bleiben unberührt; *(BGBl I 2010/111)*

10. den Bund aufgrund einer ausdrücklichen generellen gesetzlichen Ermächtigung insbesondere wie nach den Bestimmungen des Bundesgesetzes über die Hinterlegung und Einziehung von Verwahrnissen (Verwahrungs- und Einziehungsgesetz – VerwEinzG), BGBl. I Nr. 111/2010 Art. 36, ohne gesonderten konkreten Auftrag nach § 4 Abs. 1 vor Gericht zu vertreten. *(BGBl I 2010/111)*

(2) Der Finanzprokuratur kommen bei der Vertretung und Beratung jedenfalls die Rechte eines Rechtsanwaltes zu, sofern im vorliegenden Gesetz nichts Abweichendes geregelt ist.

(3) Alle öffentlichen Dienststellen einschließlich der Gerichte sind verpflichtet, die Finanzprokuratur in Erfüllung ihrer Aufgaben zu unterstützen und ihr auf Ersuchen die gewünschten Akten zur Einsicht und Abschriftnahme zu übermitteln oder die Einsichtnahme auf elektronischem Weg zu ermöglichen, insofern nicht besondere gesetzliche Vorschriften entgegenstehen. Die Finanzprokuratur ist berechtigt, für ihre Zwecke die Übermittlung von amtlichen Veröffentlichungen zu begehren und die Büchereien und Archive der öffentlichen Dienststellen zu benützen.

Einschreitungsbefugnis für Mandanten

§ 3. (1) Die Republik Österreich (Bund) ist vor allen ordentlichen Gerichten ausschließlich von der Finanzprokuratur zu vertreten, soweit nicht aufgrund besonderer gesetzlicher Bestimmungen anderen Organen das Einschreiten in ihrem eigenen Wirkungsbereich gestattet ist. Weiters obliegt der Finanzprokuratur die ausschließliche Vertretung der Stiftungen und Fonds nach dem Bundes-Stiftungs- und Fondsgesetz, BGBl. Nr. 11/1975, soweit es sich um die Konstituierung oder die Einbringung des zugewidmeten Vermögens zum Zwecke der Konstituierung handelt. In allen Fällen der obligatorischen Vertretung können Zustellungen nur an die Finanzprokuratur rechtswirksam erfolgen.

(2) Die Republik Österreich (Bund) wird von der Finanzprokuratur in Rechtsangelegenheiten beraten, soweit eine Rechtsberatung nicht durch andere Bundesorgane oder durch sonstige Rechtsberater erfolgt.

(3) In allen anderen Fällen wird die Finanzprokuratur für die in Abs. 1 genannten Rechtsträger auf deren Verlangen tätig.

(4) Nachstehende Mandanten können sich im Einvernehmen mit der Finanzprokuratur vor allen nationalen und internationalen Gerichten sowie Sondergerichten des privaten und des öffentlichen Rechts und Verwaltungsbehörden vertreten und in sämtlichen Rechtsangelegenheiten von dieser beraten lassen.

1. Rechtsträger, an denen der Bund mehrheitlich direkt oder indirekt beteiligt ist;

2. Rechtsträger, für deren Gebarungsabgang der Bund aufzukommen hat oder zu deren Finanzierung er überwiegend beiträgt;

3. Rechtsträger, die von Bundesorganen oder von Personen (Personengemeinschaften) verwaltet werden, die hiezu von Organen des Bundes oder von Rechtsträgern nach Z 1 bestellt sind;

4. Körperschaften und Anstalten des öffentlichen Rechts;

5. Stiftungen und Fonds des öffentlichen Rechts, soweit keine obligatorische Vertretung gemäß Abs. 1 zu erfolgen hat.

(5) Länder und Gemeinden können sich im Einvernehmen mit der Finanzprokuratur vor den ordentlichen Gerichten, den Sondergerichten des privaten und des öffentlichen Rechts sowie den Verwaltungsbehörden vertreten und in sämtlichen Rechtsangelegenheiten von dieser beraten lassen.

(6) Die Finanzprokuratur ist ferner berufen, zum Schutz öffentlicher Interessen auch dann einzuschreiten und alle in Betracht kommenden Anträge und Rechtsmittel zu ergreifen, wenn die Dringlichkeit des Falles ihr sofortiges Einschreiten erfordert oder sich keine Behörde für zuständig erachtet. Dies gilt insbesondere für die Sicherung und Einbringung von frommen (gemeinnützigen) Zuwendungen von Todes wegen.

Auftragsverhältnis

§ 4. (1) Die Finanzprokuratur hat für ihre Mandanten auf Grund eines Auftrages einzuschreiten.

(2) Bei Gefahr im Verzug hat die Finanzprokuratur vorerst auch ohne konkreten Auftrag tätig zu werden, sofern sie dies für notwendig erachtet, um von einem Mandanten nach § 3 Abs. 1 drohenden Schaden abzuwenden. Ein derartiges Einschreiten hat sie unverzüglich ihrem Mandanten bekannt zu machen.

(3) Erteilt ein Mandant, für den die Finanzprokuratur obligatorisch einzuschreiten hat, der Finanzprokuratur einen Auftrag, so ist diese verpflichtet, diesem Verlangen zu entsprechen, es sei denn, dass der Auftrag nach ihrer Ansicht zu den Bestimmungen, die von der Finanzprokuratur auf die Auftragserteilung und -erfüllung anzuwen-

den sind, in Widerspruch steht. In diesem Fall hat sie ihre Bedenken dem Auftraggeber unverzüglich mitzuteilen und falls keine Einigung zustande kommt, den jeweils zuständigen obersten Organen über den Fall zu berichten.

(4) Nach Auftragserteilung durch einen Mandanten ist diesem ehest möglich mitzuteilen, ob dem Auftrag entsprochen wird.

(5) Jeder Mandant hat die Finanzprokuratur über den Sachverhalt umfassend zu informieren und mit ihr den konkreten Umfang des Auftrages festzulegen. Wird die Herausgabe von Informationen, die das Auftragsverhältnis betreffen, von der Finanzprokuratur begehrt, so kann sich diese unter Verweis auf den Mandanten auf Vertraulichkeit berufen.

(6) Die Auftragsannahme verpflichtet die Finanzprokuratur, im Einvernehmen mit dem Mandanten alle nach dem Gesetz zulässigen und im Interesse des Mandanten gelegenen rechtlichen Maßnahmen zu ergreifen, soweit sich die betreffende Vorgangsweise nicht bereits im Vorhinein als aussichtslos oder wirtschaftlich unvertretbar darstellt.

(7) Vor rechtswirksamer Verfügung über einen Anspruch oder eine Verbindlichkeit des Mandanten hat die Finanzprokuratur jedenfalls das Einvernehmen mit diesem herzustellen, es sei denn, dass ihr Vorhaben für den Vertretenen zweifellos vorteilhaft wäre oder es sich um Sachen von untergeordneter Bedeutung handelt. In Verlassenschaftsabhandlungen ist die Finanzprokuratur ermächtigt, Passivposten bis zur Höhe von 20 000 Euro auch ohne vorherige Zustimmung des Mandanten anzuerkennen, wenn sie nach sorgfältiger Prüfung zur Auffassung gelangt, dass die Forderung zu Recht besteht.

(8) Ohne nachweisliche Zustimmung der Finanzprokuratur ist es dem Mandanten nicht gestattet, ihre schriftlichen Erledigungen in laufenden Verfahren an Dritte weiterzugeben.

Grundsätze bei der Auftragserfüllung

§ 5. Die Finanzprokuratur ist in Erfüllung ihrer gesetzlichen Aufgaben zur Wahrung der Interessen des Staates in rechtlichen Belangen berufen. Sie ist dabei zur umfassenden Interessenwahrung verpflichtet und hat mit der erforderlichen Sorgfalt und Umsicht vorzugehen.

Vollmacht und Substitution

§ 6. (1) Im Außenverhältnis ist die Einschreitungsbefugnis der Finanzprokuratur unbeschränkt.

(2) Die Berufung der Finanzprokuratur auf ihre Bevollmächtigung ersetzt in allen Verfahren vor Gerichten oder Verwaltungsbehörden deren urkundlichen Nachweis.

(3) Jeder mit einer Amtslegitimation versehene Bedienstete der Finanzprokuratur ist zum Einschreiten für diese ermächtigt, und zwar auch dann, wenn nach den jeweiligen Verfahrensvorschriften die Vertretung durch einen Rechtsanwalt geboten ist.

(4) Sofern ein Mandant nicht ausdrücklich einer Substitution widerspricht, kann die Finanzprokuratur mit ihrer Vertretung auch einen Rechtsanwalt und in den Fällen, in denen sich Parteien sonst nicht durch einen Rechtsanwalt vertreten lassen müssen (insb. § 27 Zivilprozessordnung [ZPO], RGBl. Nr. 113/1895; § 10 Allgemeines Verwaltungsverfahrensgesetz 1991 [AVG], BGBl. Nr. 51), auch einen Bediensteten einer anderen öffentlichen Dienststelle betrauen. Die Betrauung durch die Finanzprokuratur ist durch Vorlage einer Legitimation nachzuweisen.

(5) Soweit keine Anwaltpflicht besteht, sind die Finanz- und Zollämter ermächtigt, zur Sicherung und Einbringung von Steuern, Gebühren, Zöllen und sonstigen öffentlichen Abgaben in Vertretung der Finanzprokuratur bei den Gerichten einzuzuschreiten. Ungeachtet dessen kann die Finanzprokuratur die Vertretung jederzeit für sich in Anspruch nehmen.

Fassung ab 1. 1. 2021 (BGBl I 2020/99):
(5) Soweit keine Anwaltpflicht besteht, sind die die Finanzämter, das Zollamt Österreich und das Amt für Betrugsbekämpfung ermächtigt, zur Sicherung und Einbringung von Steuern, Gebühren, Zöllen und sonstigen öffentlichen Abgaben in Vertretung der Finanzprokuratur bei den Gerichten einzuzuschreiten. Ungeachtet dessen kann die Finanzprokuratur die Vertretung jederzeit für sich in Anspruch nehmen. (BGBl I 2020/99)

Haftung

§ 7. (1) Der Bund haftet für das der Finanzprokuratur zurechenbare Verhalten.

(2) Der Bedienstete, der den Schaden verursacht hat, haftet Dritten nicht unmittelbar. Der Bund kann ihn unter Berücksichtigung der Bestimmungen des Dienstnehmerhaftpflichtgesetzes (DHG), BGBl. Nr. 80/1965, wie ein Versicherer in Anspruch nehmen.

Kosten- und Barauslagenersatz

§ 8. (1) Der Finanzprokuratur gebührt der Zuspruch der Kosten gleich einem Rechtsanwalt, und zwar auch dann, wenn sie sich durch einen Bediensteten einer anderen Dienststelle vertreten lässt oder diese für sie nach § 6 Abs. 4 oder 5 einschreitet.

(2) Die von der Finanzprokuratur vertretenen Rechtsträger sind verpflichtet, ihr die gesamten durch die Vertretung entstandenen Barauslagen zu ersetzen, sofern diese Auslagen nicht ohne er-

heblichen Aufwand von der Gegenpartei herein-gebracht werden können. Dessen ungeachtet kann die Finanzprokuratur einen angemessenen Vorschuss auf die Barauslagen begehren.

(3) Die Finanzprokuratur hat von ihren vom Bund verschiedenen Mandanten für ihre Tätigkeit zusätzlich zum Barauslagenersatz ein angemessenes Entgelt gemäß §§ 49 und 49a Bundeshaushaltsgesetz (BHG), BGBl. Nr. 213/1986, zu fordern.

Kollision

§ 9. (1) Wird die Finanzprokuratur in derselben Sache von zwei Mandanten beauftragt, deren Interessen einander widerstreiten, so hat sie,

1. wenn sie den einen von ihnen obligatorisch, den anderen nur im Einvernehmen zu vertreten oder zu beraten hätte, nur für den erstgenannten Mandanten einzuschreiten;

2. im Fall der Beratung und Vertretung im Einvernehmen und auf Verlangen, wenn nur einer der beiden Mandanten dem in § 3 Abs. 1 umschriebenen Personenkreis angehört, nur für diesen tätig zu werden;

3. im Fall der Beratung und Vertretung im Einvernehmen, wenn beide Mandanten dem in § 3 Abs. 4 und Abs. 5 umschriebenen Personenkreis angehören, nur einen zu beraten und zu vertreten.

(2) Unbeschadet dessen kann die Finanzprokuratur auf Verlangen zweier oder mehrerer Mandanten an einer einvernehmlichen Lösung mitwirken oder ein Schiedsgutachten erstatten.

3. Abschnitt

Aufbau der Finanzprokuratur

§ 10. (1) Die Finanzprokuratur wird von ihrem Präsidenten geleitet, der zumindest jene Voraussetzungen zu erfüllen hat, die für die Bestellung zum Prokuraturanwalt erforderlich sind.

(2) Im Fall seiner Verhinderung obliegt die Vertretung dem an Lebensjahren ältesten Leitenden Prokuraturanwalt,.

Fassung ab 7. 8. 2020 (BGBl I 2020/99):
(2) Im Fall seiner Verhinderung obliegt die Vertretung dem an Lebensjahren ältesten Leitenden Prokuraturanwalt, sofern der Präsident nicht einen anderen geeigneten Prokuraturanwalt mit seiner Vertretung betraut hat. *(BGBl I 2020/99)*

(3) Die Organisation der Finanzprokuratur hat jedenfalls ein Präsidium, die notwendige Anzahl von nach sachlichen Kriterien gegliederten Geschäftsfeldern, denen jeweils ein Leitender Prokuraturanwalt vorsteht, eine für das Rechnungswesen verantwortliche Organisationseinheit sowie einen entsprechenden Sekretariats- und Hilfsdienst vorzusehen, wobei die nähere innere Orga-

nisation in einer Geschäftsverteilung durch den Präsidenten festzulegen ist.

(4) Die Prokuraturanwälte sind vom Präsidenten den Geschäftsfeldern und dem Präsidium zuzuteilen.

(5) Die Zuteilung der Prokuraturanwälte zu den einzelnen Geschäftsfeldern ist vom Leiter der Finanzprokuratur so vorzunehmen, dass eine möglichst gleichmäßige Auslastung aller Prokuraturanwälte erreicht werden kann.

(6) Ein dem Präsidium zugeteilter Prokuraturanwalt trägt die Funktionsbezeichnung Präsidialanwalt. Neben den Aufgaben eines Prokuraturanwaltes hat er zudem den Präsidenten bei allgemeinen, die Dienststelle betreffenden Angelegenheiten umfassend zu unterstützen.

(7) Die einlangenden Geschäftsfälle sind auf die einzelnen Geschäftsfelder entsprechend der vom Präsidenten zu erlassenden Geschäftsverteilung aufzuteilen.

4. Abschnitt

Besondere Bestimmungen für den Anwaltsdienst

Prokuraturanwalt

§ 11. (1) Die im Anwaltsdienst der Finanzprokuratur tätigen Bediensteten haben unbeschadet der allgemeinen Anstellungserfordernisse, binnen fünf Jahren vom Zeitpunkt des Eintritts in den Anwaltsdienst der Finanzprokuratur die erfolgreiche Ablegung der Rechtsanwalts- und der Prokuraturprüfung nachzuweisen, anderenfalls das Dienstverhältnis endet.

(2) Nach erfolgreicher Ablegung der Rechtsanwalts- und der Prokuraturprüfung sowie nach Ablauf einer daran anschließenden Praxiszeit von drei Jahren in der Finanzprokuratur ist der Bedienstete im Anwaltsdienst zum Prokuraturanwalt zu bestellen. Die Bestellung zum Prokuraturanwalt unterliegt nicht dem Ausschreibungsgesetz 1989 (AusG), BGBl. Nr. 85. In besonders begründeten Fällen kann die erforderliche Praxiszeit vom Präsidenten um die Hälfte verkürzt oder bis auf das Zweifache verlängert werden.

(3) Mit der Bestellung ist der Prokuraturanwalt einem Geschäftsfeld oder dem Präsidium zuzuteilen und hat die ihm obliegenden Aufgaben innerhalb des Geschäftsfeldes selbständig und eigenverantwortlich wahrzunehmen. Daneben kann der Prokuraturanwalt mit der geschäftsfeldübergreifenden umfassenden Betreuung von Mandanten betraut werden (Kundenbetreuer).

Leitender Prokuraturanwalt

§ 12. (1) Jedem Geschäftsfeld steht ein Leitender Prokuraturanwalt vor. Ihm obliegt die unmittelbare Dienst- und Fachaufsicht über die im jeweiligen Geschäftsfeld tätigen Bediensteten, insbesondere

1. die Koordination der Aufgabenerfüllung im Geschäftsfeld,

2. die Erstellung und regelmäßige Anpassung von Grundsätzen für die Verteilung der Geschäftsfälle im Zusammenwirken mit den im Geschäftsfeld tätigen Prokuraturanwälten,

3. die Führung der jährlichen Mitarbeitergespräche und Teamarbeitsgespräche im Sinne des Beamten-Dienstrechtsgesetzes 1979 (BDG 1979), BGBl. Nr. 333,

4. die Festlegung konkreter Leistungsziele unter Einbeziehung der Bediensteten des Geschäftsfeldes und die anschließende Verhandlung der Zielvereinbarung mit dem Präsidenten der Finanzprokuratur,

5. die Erstellung eines jährlichen Konzepts über die Weiterbildung der Bediensteten des Geschäftsfeldes,

6. die Umsetzung des vom Präsidenten erstellten Fortbildungsprogramms;

7. die Ausbildung der Bediensteten, die noch nicht die Grundausbildung beendet haben, im Zusammenwirken mit den Prokuraturanwälten des Geschäftsfeldes.

(2) Der Leitende Prokuraturanwalt kann vom Präsidenten durch Bescheid oder bei privatrechtlich begründeten Dienstverhältnissen durch schriftliche Erklärung von seiner Funktion abberufen werden, wenn er die Aufgaben nach Abs. 1 nachhaltig mangelhaft wahrnimmt oder schwerwiegend verletzt. Mit der Abberufung von dieser Funktion ist der Verlust von damit verbundenen Zulagen und Nebengebühren verbunden; unbeschadet dessen bleibt er Prokuraturanwalt.

(3) Die Funktion des Leitenden Prokuraturanwaltes ist auszuschreiben. Die Bestimmungen des AusG sind anzuwenden. Der Leitende Prokuraturanwalt hat jedenfalls die Voraussetzungen für die Bestellung zum Prokuraturanwalt zu erfüllen.

Ausbildung

§ 13. (1) Die Grundausbildung soll die für den anwaltlichen Dienst bei der Finanzprokuratur erforderlichen theoretischen und praktischen Kenntnisse und Fähigkeiten, insbesondere auf den Gebieten der Rechtsvertretung und Rechtsberatung, vermitteln, erweitern und vertiefen.

(2) Der Auszubildende ist tunlichst in verschiedenen Geschäftsfeldern zu verwenden.

(3) Gegenstände der Grundausbildung sind

1. Bürgerliches Recht, Arbeitsrecht, Wirtschaftsrecht (Unternehmens- und Wertpapierrecht, Immaterialgüterrecht, gewerblicher Rechtsschutz, Konkurs-, Ausgleichs- und Anfechtungsrecht), einschließlich des zivilgerichtlichen Verfahrensrechts sowie Grundzüge des Internationalen Privatrechts und des Europarechts;

2. Verfassungsrecht, Verfassungs- und Verwaltungsgerichtsbarkeit, Grundzüge des Verwaltungsrechts und des Verwaltungsverfahrensrechts;

3. Grundzüge des Abgabenrechts;

4. Rechte und Pflichten der Bundesbediensteten;

5. für den anwaltlichen Dienst bei der Finanzprokuratur in besonderem Maße bedeutsame Rechtsvorschriften.

(4) Die Grundausbildung kann in Form der Schulung am Arbeitsplatz, der praktischen Verwendung, des Selbststudiums und des Besuches von Seminaren und Lehrgängen (einschließlich elektronischer Medien) erfolgen.

(5) Auf die Grundausbildung sind der Besuch von Übungskursen zur Ausbildung von Richteramtsanwärtern gemäß § 14 Richter- und Staatsanwaltschaftsdienstgesetz (RStDG), BGBl. Nr. 305/1961, sowie der Besuch von Ausbildungsveranstaltungen für Rechtsanwaltsanwärter gemäß der nach § 37 Z 3 RAO erlassenen Ausbildungsrichtlinie anzurechnen.

Prokuraturprüfung

§ 14. (1) Die Prüfung für den Finanzprokuraturdienst besteht aus einem schriftlichen und mündlichen Teil.

(2) Die schriftliche Prüfung ist als Klausurarbeit abzuhalten und darf nicht länger als acht Stunden dauern. Mit der schriftlichen Prüfung hat der auszubildende Bedienstete nachzuweisen, dass er in der Lage ist, eine eingehende rechtliche Beurteilung eines Sachverhaltes aus dem Gebiet der unter § 13 Abs. 3 Z 1 oder Z 2 angeführten Gegenstände der Grundausbildung vorzunehmen.

(3) Die mündliche Prüfung ist vor einem Prüfungssenat abzulegen und umfasst die Gegenstände der Grundausbildung.

(4) Über die erfolgreiche Absolvierung der schriftlichen und mündlichen Prüfung entscheidet der Prüfungssenat mit Stimmenmehrheit. Stellt der Prüfungssenat darüber hinaus fest, dass der Prüfungserfolg in bestimmten Gegenständen als ausgezeichnet zu bewerten ist, so sind der Angabe des Prüfungserfolges die Worte „mit Auszeichnung aus ..." anzufügen. Über die bestandene Prüfung ist ein Zeugnis auszustellen.

(5) Eine nicht bestandene Gesamtprüfung kann zweimal wiederholt werden.

(6) Der Prüfungssenat besteht aus einem Vorsitzenden und vier weiteren Mitgliedern.

(7) Vorsitzender des Prüfungssenates ist der Präsident oder ein Leitender Prokuraturanwalt; er hat zumindest einen Gegenstand der mündlichen Prüfung zu prüfen. Der Präsident bestimmt die Mitglieder des Prüfungssenates, dabei sind

jedenfalls ein Richter oder ein Bediensteter des Bundesministeriums für Justiz und ein weiterer Bediensteter der Finanzprokuratur vorzusehen.

Rechtsanwaltsprüfung

§ 15. Die Rechtsanwaltsprüfung ist entsprechend den Bestimmungen des Rechtsanwaltsprüfungsgesetzes (RAPG), BGBl. Nr. 556/1985, abzulegen.

5. Abschnitt

Dienst- und besoldungsrechtliche Bestimmungen

Allgemeines

§ 16. (1) Für die Finanzprokuratur gelten die dienstrechtlichen und besoldungsrechtlichen Bestimmungen für die Bediensteten des Bundes (insbesondere BDG 1979, Gehaltsgesetz 1956 [GehG], BGBl. Nr. 54, Vertragsbedienstetengesetz 1948 [VBG], BGBl. Nr. 86) insoweit, als dieses Gesetz nichts anderes bestimmt. *(BGBl I 2011/101)*

(2) Das Gehalt der Prokuraturanwälte nach § 11 Abs. 2 wird durch die Gehaltsstufe bestimmt und beträgt in der

in der Gehaltsstufe	Euro
1	4 303,0
2	4 771,0
3	5 285,0
4	5 837,9
5	6 208,7
6	6 801,3
7	7 393,9
8	7 957,1
9	8 161,7

(BGBl I 2015/164)
Dem Präsidenten der Finanzprokuratur gebührt ein Fixgehalt der Funktionsgruppe 9 der Verwendungsgruppe A1 gemäß § 31 GehG. *(BGBl I 2011/101; BGBl I 2015/32)*

(3) Die Gehaltsstufe und der Vorrückungstermin bestimmen sich nach dem für die Vorrückung in höhere Bezüge maßgebenden Besoldungsdienstalter. Für die Vorrückungen ist § 8 Abs. 1 und 2 des Gehaltsgesetzes 1956 mit der Maßgabe anzuwenden, dass anstelle eines zweijährigen Zeitraumes ein vierjähriger Zeitraum erforderlich ist. *(BGBl I 2011/101; BGBl I 2015/32)*

(4) Dem Leitenden Prokuraturanwalt gebührt eine ruhegenussfähige Dienstzulage im Ausmaß von 250 Euro, allen Prokuraturanwälten eine Aufwandsentschädigung in Höhe von 45,10 Euro. *(BGBl I 2011/101)*

(5) Mit dem Gehalt sind alle mengenmäßigen und zeitlichen Mehrleistungen abgegolten. Sonstige Zulagen sind ebenfalls nicht vorgesehen. Ändert sich das Fixgehalt der Funktionsgruppe 7 der Verwendungsgruppe A1 gemäß § 31 Abs. 2 Z 1 lit. a GehG, so ändern sich die in der Tabelle in Abs. 2 angeführten Beträge im selben Verhältnis. *(BGBl I 2011/101)*

(6) Die juristischen Bediensteten im Anwaltsdienst, die nicht die Erfordernisse des § 11 erfüllen und noch nicht zum Prokuraturanwalt bestellt sind, sowie sämtliche nicht juristischen Bediensteten der Finanzprokuratur sind nach dem Besoldungsschema des allgemeinen Verwaltungsdienstes (GehG bzw. VBG) zu entlohnen. *(BGBl I 2011/101; BGBl I 2015/164)*

Dienst- und Fachaufsicht

§ 17. (1) Die Finanzprokuratur ist Dienstbehörde erster Instanz und Personalstelle im Sinne des VBG.

(2) Dem Präsidenten kommt die Dienst- und Fachaufsicht über alle Bediensteten zu. Unbeschadet der den Leitenden Prokuraturanwälten gemäß § 12 Abs. 1 zukommenden Rechte und Pflichten kann der Präsident Leiter von Organisationseinheiten außerhalb der einzelnen Geschäftsfelder mit der Ausübung der Dienst- und Fachaufsicht betrauen.

(3) Die Dienst- und Fachaufsicht in Personal- und Disziplinarangelegenheiten über die Finanzprokuratur obliegt dem Bundesminister für Finanzen.

Aus- und Weiterbildung

(1) Unter Beachtung der besonderen Anstellungserfordernisse sind alle Bediensteten der Finanzprokuratur verpflichtet, die nach §§ 26 ff BDG 1979, § 67 VBG sowie nach diesem Bundesgesetz vorgesehene Grundausbildung zu absolvieren und die Dienstprüfungen erfolgreich abzulegen.

(2) Neben der Verpflichtung zum erfolgreichen Abschluss der Grundausbildung haben sich alle Bediensteten der Finanzprokuratur gemäß einem vom Präsidenten zu erstellenden Fortbildungsprogramm weiterzubilden. Bei dessen Erstellung ist auf die allgemeinen dienstlichen Erfordernisse und die Anforderungen des Arbeitsplatzes Rücksicht zu nehmen. Die Weiterbildung ist nachzuweisen.

(3) Für den Fall der Auflösung des Dienstverhältnisses sind die Kosten der Aus- und Weiterbildung entsprechend § 20 Abs. 4 BDG 1979 oder § 30 Abs. 5 VBG rückzuerstatten. Von der

Rückersatzverpflichtung kann in begründeten Fällen durch den Präsidenten abgesehen werden.

Konkurrenzklausel

§ 19. Einem aus dem Prokuraturdienst ausgeschiedenen Prokuraturanwalt ist es nicht gestattet, innerhalb eines Zeitraumes von einem Jahr nach seinem Ausscheiden einen Mandanten der Finanzprokuratur, für den er Kundenbetreuer war, selbständig rechtlich zu beraten oder zu vertreten.

Heim- und Telearbeit

§ 20. (1) Für die Finanzprokuratur gelten die Dienstzeitbestimmungen der §§ 47a bis 51 BDG 1979. In der Geschäftsverteilung sind hiezu nähere Regelungen im Sinne des § 48 Abs. 3 BDG 1979 zu erlassen.

(2) Soweit nicht dienstliche oder sonstige öffentliche Interessen entgegenstehen, kann der Präsident Bediensteten der Finanzprokuratur gestatten, bestimmte Aufgaben außerhalb ihrer Dienststelle zu besorgen, wenn

1. sich der Bedienstete hinsichtlich Arbeitserfolg, Einsatzbereitschaft und der Fähigkeit zu selbständigem Arbeiten bewährt hat,

2. die Erreichung des vom Bediensteten zu erwartenden Arbeitserfolges durch ergebnisorientierte Kontrollen festgestellt werden kann und

3. für den Dienstgeber durch diese Art der Dienstverrichtung kein erheblicher Mehraufwand entsteht.

(3) Die Bediensteten haben die für die Wahrung der Amtsverschwiegenheit und anderer Geheimhaltungspflichten erforderlichen Vorkehrungen zu treffen und ihre telefonische Erreichbarkeit an diesen Tagen sicherzustellen.

(4) Macht der Präsident von dieser Möglichkeit Gebrauch, so hat er mit Dienstanweisung die Voraussetzungen für die Besorgung von Aufgaben außerhalb der Dienststelle zu regeln. Insbesondere sind zur Erreichung der Ziele und zur Erhaltung des ordentlichen Dienstbetriebes

1. die erforderlichen Anwesenheitspflichten an der Dienststelle und

2. der Ablauf dieser Art der Dienstverrichtung festzulegen.

(5) Der Bedienstete hat keinen Rechtsanspruch auf den Ersatz von Kosten, die ihm durch die Ausübung von Tele- oder Heimarbeit entstehen.

6. Abschnitt

Schluss- und Übergangsbestimmungen

Verweisungen auf andere Rechtsvorschriften

§ 21. Soweit in diesem Bundesgesetz auf Bestimmungen anderer Bundesgesetze verwiesen wird, sind diese in ihrer jeweils geltenden Fassung anzuwenden.

Personenbezogene Bezeichnungen

§ 22. Die in diesem Bundesgesetz verwendeten personenbezogenen Ausdrücke umfassen Frauen und Männer gleichermaßen.

Übergangsbestimmungen

§ 23. (1) Sämtliche im Anwaltsdienst der Finanzprokuratur stehenden Bediensteten, die mit Inkrafttreten dieses Bundesgesetzes sowohl die gesetzlich oder vertraglich vorgesehene Prokuratur- als auch die Rechtsanwaltsprüfung erfolgreich absolviert haben, haben ab diesem Zeitpunkt die Stellung und Funktion eines Prokuraturanwaltes. Aus der Gesamtheit der Prokuraturanwälte sind die erforderliche Anzahl von Leitenden Prokuraturanwälten und ein dem Präsidium zuzuteilender Prokuraturanwalt zu bestellen. Dem bestellten Präsidenten kommt weiterhin diese Funktion zu.

(2) Soweit die Besetzung von Funktionen den Bestimmungen des Ausschreibungsgesetzes unterliegt, ist die Ausschreibung so zeitgerecht vorzunehmen, dass eine Besetzung jedenfalls zum Zeitpunkt des Inkrafttretens des Gesetzes erfolgen kann.

(3) Ein Bediensteter im Sinne des Abs. 1 kann durch schriftliche Erklärung seine Überleitung in die Besoldung nach § 16 frühestens mit Wirksamkeit zum 1. Jänner 2012 bewirken. Eine solche schriftliche Erklärung kann rechtswirksam frühestens am 1. Dezember 2011 und spätestens am 29. Feber 2012 abgegeben werden. Sie ist rechtsunwirksam, wenn ihr der Bedienstete eine Bedingung beigefügt hat. Die Überleitung wird mit dem Monatsersten wirksam, der der Abgabe der Erklärung folgt. *(BGBl I 2011/101)*

Vollzugsklausel

§ 24. Mit der Vollziehung dieses Bundesgesetzes ist der Bundesminister für Finanzen betraut.

Inkrafttreten

§ 25. (1) Dieses Bundesgesetz tritt mit Ausnahme des § 23 am 1. Jänner 2009 in Kraft.

(2) Mit diesem Zeitpunkt tritt das Prokuraturgesetz, StGBl. Nr. 172/1945, außer Kraft.

(3) 2 Abs. 1 Z 8 bis 10 in der Fassung des Budgetbegleitgesetzes 2011, BGBl. I Nr. 111/2010, tritt mit 1. Jänner 2011 in Kraft. *(BGBl I 2010/111)*

(4) Die Tabelle in § 16 Abs. 2 und § 16 Abs. 3 treten mit dem der Kundmachung folgenden Tag in der Fassung des Bundesgesetzes BGBl. I Nr. 32/2015 in Kraft. *(BGBl I 2015/32, ab 12. 2. 2015)*

(5) § 16 Abs. 2 und 6 in der Fassung des Bundesgesetzes BGBl. I Nr. 164/2015 tritt mit 1. Jänner 2016 in Kraft. *(BGBl I 2015/164)*

Fassung ab 7. 8. 2020 (BGBl I 2020/99):

(6) § 6 Abs. 5 in der Fassung des Bundesgesetzes BGBl. I Nr. 99/2020, tritt mit 1. Jänner 2021 in Kraft. *(BGBl I 2020/99)*

7. RpflG
Gliederung

Rechtspflegergesetz

BGBl 1985/560 idF

1 BGBl 1987/645	18 BGBl I 2006/90
2 BGBl 1989/162	19 BGBl I 2006/104 (GenRÄG 2006)
3 BGBl 1991/10	20 BGBl I 2007/72 (GesRÄG 2007)
4 BGBl 1991/628	21 BGBl I 2008/147
5 BGBl 1993/458	22 BGBl I 2009/30 (ZVN 2009)
6 BGBl 1993/694	23 BGBl I 2010/29 (IRÄG 2010)
7 BGBl 1993/974	24 BGBl I 2010/111 (BudgetbegleitG 2011)
8 BGBl 1995/519	25 BGBl I 2013/15 (KindNamRÄG 2013)
9 BGBl 1995/521	26 BGBl I 2014/69 (EO-Nov. 2014)
10 BGBl I 1997/114	27 BGBl I 2015/34
11 BGBl I 1997/140	28 BGBl I 2015/87 (ErbRÄG 2015)
12 BGBl I 2000/135	29 BGBl I 2016/98
13 BGBl I 2001/98	30 BGBl I 2017/59 (2. ErwSchG)
14 BGBl I 2003/112	31 BGBl I 2018/58 (ErwSchAG-Justiz)
15 BGBl I 2004/67	32 BGBl I 2018/69
16 BGBl I 2005/68	33 BGBl I 2019/38 (ZZRÄG 2019)
17 BGBl I 2005/120 (HaRÄG)	34 BGBl I 2021/86 (GREx)

GLIEDERUNG

Bundesgesetz vom 12. Dezember 1985
betreffend die Besorgung gerichtlicher
Geschäfte durch Rechtspfleger
(Rechtspflegergesetz – RpflG)

Der Nationalrat hat beschlossen:

I. ABSCHNITT
Stellung des Rechtspflegers

Begriff

§ 1. Rechtspfleger sind Gerichtsbeamte, denen als Organen des Bundes auf Grund der Bestimmungen dieses Bundesgesetzes die Besorgung von Geschäften der Gerichtsbarkeit übertragen ist.

Arbeitsgebiete

§ 2. Ein Gerichtsbeamter kann für eines oder mehrere der folgenden Arbeitsgebiete zum Rechtspfleger bestellt werden:

1. Zivilprozeß-, Exekutions- und Insolvenzsachen; *(BGBl 1993/974)*

2. Verlassenschaftssachen, Kindschafts-, Erwachsenenschutz- und Kuratelsangelegenheiten sowie Angelegenheiten des Gerichtserlages und der Einziehung gerichtlicher Verwahrnisse; *(BGBl I 2009/30; BGBl I 2017/59, ab 1. 7. 2018)*

3. Grundbuchs- und Schiffsregistersachen;

4. Sachen des Firmenbuchs. *(BGBl 1991/10)*

Voraussetzungen der Übertragung

§ 3. Einem Gerichtsbeamten darf die Besorgung von Geschäften der Gerichtsbarkeit nur bei gegebenem Bedarf und bei Vorliegen folgender persönlicher Voraussetzungen übertragen werden:

1. völlige Vertrautheit mit den Arbeiten der Geschäftsstelle;

2. Eignung zum selbständigen Parteienverkehr;

3. zuverlässige Besorgung der vorbereitenden Erledigung auf dem betreffenden Arbeitsgebiet;

4. erfolgreicher Abschluß der Ausbildung.

Urkunde

§ 4. (1) Der Bundesminister für Justiz hat einem Gerichtsbeamten, der die im § 3 genannten Voraussetzungen erfüllt, hierüber eine Urkunde auszustellen. In der Urkunde ist das Arbeitsgebiet (§ 2) zu bezeichnen.

(2) Der Gerichtsbeamte erlangt nach Maßgabe der §§ 5 Abs. 1 und 2 und 6 Abs. 2 mit der Ausstellung der Urkunde die Befugnis zur Besorgung der in seinen Wirkungskreis fallenden Geschäfte der Gerichtsbarkeit für das Bundesgebiet.

Verwendung

§ 5. (1) Der Präsident des Oberlandesgerichtes hat nach dem gegebenen Bedarf zu bestimmen, bei welchem Gericht, in welchem zeitlichen Umfang und auf welchem Arbeitsgebiet ein Gerichtsbeamter als Rechtspfleger zu verwenden ist.

(2) Der Rechtspfleger ist durch den Vorsteher des Bezirksgerichtes (Präsidenten des Gerichtshofes) einer Gerichtsabteilung oder mehreren Gerichtsabteilungen zuzuweisen. Wenn der Geschäftsumfang es erfordert, können einer Gerichtsabteilung mehrere Rechtspfleger zugewiesen werden.

(3) Der als Rechtspfleger verwendete Gerichtsbeamte hat neben seinem Amtstitel die Funktionsbezeichnung „Diplomrechtspfleger" zu führen. *(BGBl I 2010/111, ab 1. 1. 2011)*

Geschäftsverteilung

§ 6. (1) Der Rechtspfleger ist in der Geschäftsverteilungsübersicht des Gerichtes unter Angabe seines Arbeitsgebietes und der Gerichtsabteilung, der er zugewiesen ist, anzuführen.

(2) Die Aufteilung der Geschäfte innerhalb einer Gerichtsabteilung erfolgt durch den Richter nach Maßgabe des zeitlichen Umfanges der Zuweisung eines oder mehrerer Rechtspfleger.

(3) Werden bei einem Gericht mehrere zur Besorgung desselben Arbeitsgebietes befugte Rechtspfleger verwendet, so hat der Vorsteher des Bezirksgerichtes (Präsident des Gerichtshofes) in der Geschäftsverteilungsübersicht eine entsprechende wechselseitige Vertretungsregelung zu treffen.

Ablehnung

§ 7. Die Vorschriften über die Ablehnung von Richtern sind auf die Rechtspfleger anzuwenden. Über die Ablehnung entscheidet der Vorsteher des Bezirksgerichtes (Präsident des Gerichtshofes) endgültig.

Weisungsrecht des Richters

§ 8. (1) Der Rechtspfleger ist bei Besorgung der in seinen Wirkungskreis fallenden Geschäfte nur an die Weisungen des nach der Geschäftsverteilung zuständigen Richters gebunden.

(2) Eine allgemeine Weisung über die Behandlung von Rechtsfragen hat der Richter schriftlich zu erteilen. Der Rechtspfleger hat solche Weisungen in ein Verzeichnis einzutragen und diese

aufzubewahren. Bei einem Richterwechsel oder einer Stellvertretung hat der Rechtspfleger vor der Bearbeitung eines Geschäftsstückes, für das eine allgemeine Weisung vorliegt, die schriftliche Weisung des neuen Richters einzuholen.

(3) Wenn der Richter für eine einzelne Rechtssache eine mündliche Weisung erteilt, hat der Rechtspfleger dies im Akt zu vermerken und den Vermerk dem Richter zur Kenntnisnahme vorzulegen; eine schriftliche Weisung ist zum Akt zu nehmen.

Erledigung durch den Richter

§ 9. (1) Der Richter kann sich die Erledigung einzelner Geschäftsstücke vorbehalten oder die Erledigung an sich ziehen, wenn dies nach seiner Ansicht im Hinblick auf die tatsächliche oder rechtliche Schwierigkeit der Sache oder die Wichtigkeit und die Tragweite der Entscheidung zweckmäßig ist. Eine solche Maßnahme ist im Akt zu vermerken.

(2) Der Richter kann ein Geschäftsstück durch einen entsprechenden Vermerk dem Rechtspfleger zuweisen, wenn es nach seiner Ansicht in den Wirkungskreis des Rechtspflegers fällt.

Vorlagepflicht

§ 10. (1) Der Rechtspfleger hat ein Geschäftsstück, auch wenn es in seinen Wirkungskreis fällt, dem Richter vorzulegen, wenn

1. der Richter die Erledigung des Geschäftsstückes sich vorbehalten oder an sich gezogen hat;

2. der Rechtspfleger von der ihm bekannten Rechtsansicht des Richters abweichen will;

3. sich bei der Bearbeitung Schwierigkeiten rechtlicher oder tatsächlicher Art ergeben.

(2) Der Rechtspfleger hat gegen seine Entscheidungen erhobene Rechtsmittel, vorbehaltlich des § 11 Abs. 2, dem Richter ohne Aufschub mit allen für die Beurteilung des Rechtsmittels erforderlichen Akten und mit einem Vorlagebericht vorzulegen. Sind für die Entscheidung über das Rechtsmittel Zwischenerhebungen erforderlich, so hat sie der Rechtspfleger durchzuführen.

Anfechtbarkeit der Entscheidungen des Rechtspflegers

§ 11. (1) Die Entscheidungen des Rechtspflegers können wie die des Richters angefochten werden.

(1a) Die in Verfahrensbestimmungen einem Richter eingeräumte Befugnis, einem Rechtsmittel gegen seine Entscheidung selbst stattzugeben, steht sinngemäß auch dem Rechtspfleger zu. *(BGBl I 2003/112)*

(2) Über Rechtsbehelfe und nicht aufsteigende Rechtsmittel, mit Ausnahme der Vorstellung nach § 12, kann der Rechtspfleger entscheiden.

(3) und (4) *(aufgehoben, BGBl I 2010/111)*

RpflG

Vorstellung an den Richter

§ 12. (1) Gegen eine nach sonstigen Verfahrensvorschriften wegen des Streitwertes nicht oder nur beschränkt anfechtbare Entscheidung des Rechtspflegers kann Vorstellung an den Richter erhoben werden.

(2) Die Vorstellung ist binnen vierzehn Tagen beim erkennenden Gericht mündlich zu Protokoll zu erklären oder schriftlich einzubringen. Die Frist beginnt mit der Zustellung der schriftlichen Ausfertigung der Entscheidung; sie kann nicht verlängert werden.

(3) Die Vorstellung hat auf die Ausführung der angefochtenen Entscheidung und deren Vollstreckbarkeit keine aufschiebende Wirkung. Der Richter kann jedoch der Vorstellung auf Antrag aufschiebende Wirkung zuerkennen und etwa notwendige Sicherungsmaßnahmen anordnen, wenn aus der Hemmung der Ausführung der Entscheidung oder der auf Grund derselben einzuleitenden Exekution dem Gegner kein unverhältnismäßiger Nachteil erwächst und ohne solche Aufschiebung der Zweck der Vorstellung vereitelt würde. Gegen diesen Beschluß ist kein Rechtsmittel zulässig.

(4) Der Richter hat über die Vorstellung mit Beschluß in der Sache selbst zu entscheiden, soweit die Vorstellung nicht als verspätet oder unzulässig zurückzuweisen ist.

(5) Wird zugleich mit der Vorstellung ein Rechtsbehelf oder ein Rechtsmittel erhoben, so ist zuerst über die Vorstellung zu entscheiden.

Ausfertigungen

§ 13. (1) Die Ausfertigungen von Amtszeugnissen, von Ausfolgungsaufträgen und von Schreiben, die für das Ausland bestimmt sind, sind vom Rechtspfleger unter Angabe seiner Funktionsbezeichnung ohne Abdruck der Unterfertigungsstampiglie eigenhändig zu unterschreiben.

(2) Auf allen sonstigen Ausfertigungen ist unter dem Abdruck der Unterfertigungsstampiglie des Rechtspflegers die Richtigkeit der Ausfertigung vom Leiter der Geschäftsabteilung mit eigenhändiger Unterschrift zu beglaubigen. Die Unterfertigungsstampiglie des Rechtspflegers hat die Funktionsbezeichnung zu enthalten.

(3) Ist der Rechtspfleger gleichzeitig Leiter der Geschäftsabteilung, so hat er unter seiner Unterfertigungsstampiglie die Richtigkeit der Ausfertigung in seiner Eigenschaft als Leiter der Geschäftsabteilung mit eigenhändiger Unterschrift zu beglaubigen.

Dienststellung und Dienstaufsicht

§ 14. (1) Ein Gerichtsbeamter kann neben seiner Verwendung als Rechtspfleger mit anderen Aufgaben des Gehobenen Dienstes, mit Genehmigung des Präsidenten des Oberlandesgerichtes auch mit Aufgaben des Fachdienstes bei Gericht beschäftigt werden. Im übrigen ist § 36 Abs. 4 BDG 1979 anzuwenden.

(2) Der Rechtspfleger untersteht in dieser Verwendung der Dienstaufsicht des Vorstehers des Bezirksgerichtes (Präsidenten des Gerichtshofes) und des Leiters der Gerichtsabteilung, der er zugewiesen ist, ansonsten auch der Dienstaufsicht des Vorstehers der Geschäftsstelle.

Aberkennung der Befugnis

§ 15. (1) Der Bundesminister für Justiz hat einem Gerichtsbeamten die Befugnis zur Besorgung der den Rechtspflegern übertragenen Geschäfte abzuerkennen, wenn der Gerichtsbeamte die persönlichen Voraussetzungen für die Übertragung (§ 3 Z 1 bis 3) auf Dauer nicht mehr erfüllt.

(2) Der Gerichtsbeamte hat die Urkunde, mit der ihm die Befugnis zur Besorgung von Geschäften der Gerichtsbarkeit übertragen wurde, binnen drei Tagen nach Zustellung des Bescheides im Dienstweg dem Bundesministerium für Justiz zurückzustellen.

II. ABSCHNITT

Wirkungskreis des Rechtspflegers

Gemeinsame Bestimmungen

§ 16. (1) Jeder Wirkungskreis (§§ 17 bis 22) umfaßt:

1. die Durchführung

a) des Mahnverfahrens (§§ 244 bis 251, § 448 ZPO), einschließlich der Zurückweisung der Klage, bis die Anordnung einer Tagsatzung erforderlich wird, sowie *(BGBl I 2009/30)*

b) von Kraftloserklärungsverfahren bis zur Erhebung eines Widerspruchs oder einer vergleichbaren Verfahrenshandlung; *(BGBl 1991/10)*

2. die Bestätigung der Rechtskraft und der Vollstreckbarkeit der gerichtlichen Entscheidungen im jeweiligen Wirkungskreis sowie von richterlichen Entscheidungen im jeweiligen Arbeitsgebiet;

3. die Aufhebung einer von einem Rechtspfleger erteilten Bestätigung der Rechtskraft und der Vollstreckbarkeit;

4. die Entscheidung über Anträge auf Bewilligung der Verfahrenshilfe, wenn sie für ein Verfahren vor dem Rechtspfleger begehrt wird;

5. die Vornahme von Amtshandlungen auf Grund eines Rechtshilfeersuchens eines inländischen Gerichtes oder einer inländischen Behörde;

6. die Verhängung von Ordnungsstrafen; *(BGBl I 2001/98; BGBl I 2016/98, auf Verfahren anzuwenden, in denen der verfahrenseinleitende Antrag bei Gericht nach dem 31. Dezember 2017 angebracht wird oder, wenn eine Entscheidung von Amts wegen getroffen wird, der Beschluss nach dem 31. Dezember 2017 gefasst wird)*

7. die Ausstellung der Bestätigung als Europäischer Vollstreckungstitel im jeweiligen Wirkungskreis sowie die Berichtigung und der Widerruf der von einem Rechtspfleger erteilten solchen Bestätigung. *(BGBl I 2005/68)*

(2) Dem Richter bleiben stets vorbehalten:

1. die Berichte an vorgesetzte Behörden;

2. *(aufgehoben, BGBl I 2009/30)*

3. die Erledigung von Beschwerden;

4. die Anordnung und die Abnahme eines Eides; *(BGBl 1991/628)*

5. die Anordnung der Haft sowie die Umwandlung von Geldstrafen in Haft;

6. Entscheidungen, bei denen ausländisches Recht anzuwenden ist.

Wirkungskreis in Zivilprozeß- und Exekutionssachen

§ 17. (1) Der Wirkungskreis in Zivilprozeßsachen umfaßt ausschließlich die Geschäfte nach § 16 Abs. 1.

(2) Der Wirkungskreis in Exekutionssachen umfaßt:

1. die Exekution zur Hereinbringung von Geldforderungen

a) durch zwangsweise Pfandrechtsbegründung nach den §§ 87 bis 96 EO,

Fassung ab 1. 7. 2021 (BGBl I 2021/86):
a) durch zwangsweise Pfandrechtsbegründung nach den §§ 88 bis 96 EO, (BGBl I 2021/86)

b) auf das bewegliche Vermögen nach den §§ 249 bis 345 EO;

2. die Exekution zur Sicherstellung nach den §§ 371, 372 EO sowie auf Grund von Sicherstellungsaufträgen nach den §§ 232, 233 BAO oder diesen vergleichbaren Bestimmungen durch die im § 374 Abs. 1 EO angeführten Exekutionsmittel, ausgenommen die Zwangsverwaltung;

3. die Aufnahme eines Vermögensverzeichnisses; *(BGBl 1991/628; BGBl I 2005/68)*

4. im Zusammenhang mit den in Z 1 und 2 angeführten Geschäften die Entscheidung über Aufschiebungsanträge nach § 42 Abs. 1 Z 2 a, 3, 4 und 6, § 45a sowie § 264a EO, nach § 11 Abs. 3 GEG oder über Aufschiebungsanträge anläßlich eines Antrages auf Aufhebung einer gesetzwidrig

oder irrtümlich erteilten Bestätigung der Vollstreckbarkeit; *(BGBl I 2016/98; BGBl I 2017/59)*

Fassung ab 1. 7. 2021 (BGBl I 2021/86):
4. im Zusammenhang mit den in Z 1 und 2 angeführten Geschäften die Entscheidung über Aufschiebungsanträge nach § 42 Abs. 1 Z 2 a, 3, 4 und 6, § 45a sowie § 264 EO, nach § 11 Abs. 3 GEG oder über Aufschiebungsanträge anläßlich eines Antrages auf Aufhebung einer gesetzwidrig oder irrtümlich erteilten Bestätigung der Vollstreckbarkeit; *(BGBl I 2016/98; BGBl I 2017/59; BGBl I 2021/86)*

5. die Beschlüsse nach § 21 Abs. 2 GGG sowie die Berichtigung solcher Beschlüsse; *(BGBl I 2016/98)*

6. die Entscheidung über Vollzugsbeschwerden im Zusammenhang mit der Exekution auf bewegliche körperliche Sachen. *(BGBl 1995/519)*

(3) Dem Richter bleiben vorbehalten:

1. die Vollstreckbarerklärung und die Anpassung eines ausländischen Exekutionstitels sowie das Exekutionsverfahren bis zum Eintritt der Rechtskraft dieser Entscheidungen einschließlich der Bewilligung der Exekution,

2. die Versagung der Vollstreckung eines ausländischen Exekutionstitels sowie

3. die Festsetzung des Schadens und die Auferlegung einer Mutwillensstrafe nach § 54g EO.

Fassung ab 1. 7. 2021 (BGBl I 2021/86):
3. die Festsetzung des Schadens und die Auferlegung einer Mutwillensstrafe nach § 63b EO. (BGBl I 2021/86)
(BGBl 1995/519; BGBl I 2016/98, Z 1 auf Verfahren anzuwenden, in denen der verfahrenseinleitende Antrag bei Gericht nach dem 1. Jänner 2017 angebracht wird; Z 2 auf Anträge auf Versagung anzuwenden, die bei Gericht nach dem 1. Jänner 2017 angebracht werden; Z 3 war vor BGBl I 2016/98 Z 2)

Wirkungskreis in Insolvenzsachen

§ 17a. Der Wirkungskreis in Insolvenzsachen umfasst die Geschäfte vor dem Bezirksgericht. *(BGBl I 2019/38)*

(2) *(entfällt, BGBl I 2019/38)*

(BGBl 1993/974; BGBl I 1997/114; BGBl I 2016/98)

Wirkungskreis in Verlassenschaftssachen

§ 18. (1) Der Wirkungskreis in Verlassenschaftssachen umfasst alle mit ihrer Führung zusammenhängenden Geschäfte.

(2) Dem Richter bleiben vorbehalten:

1. die Erledigung von Verlassenschaftssachen, wenn

a) die Aktiven der Verlassenschaft voraussichtlich den Wert von 200 000 Euro übersteigen, *(BGBl I 2015/87, ab 1. 1. 2017; BGBl I 2016/98, auf Verlassenschaftsverfahren anzuwenden, die nach dem 31. Dezember 2017 bei Gericht oder beim Gerichtskommissär anhängig werden)*

b) es sich um die Verlassenschaft eines protokollierten Einzelunternehmers oder eines persönlich haftenden Gesellschafters einer eingetragenen Personengesellschaft handelt, *(BGBl I 2005/120, ab 1. 1. 2007; BGBl I 2015/87, ab 1. 1. 2017)*

c) bei der Abhandlung besondere Erbteilungsvorschriften hinsichtlich bäuerlicher Liegenschaften anzuwenden sind,

d) *(entfällt, BGBl I 2016/98, auf Verlassenschaftsverfahren anzuwenden, die nach dem 31. Dezember 2017 bei Gericht oder beim Gerichtskommissär anhängig werden)*

2. die Entscheidung über

a) die Absonderung der Verlassenschaft vom Vermögen des Erben,

b) widersprechende Erbantrittserklärungen.

(3) Die Ermittlung des Wertes nach Abs. 2 Z 1 lit. a hat nach § 167 AußStrG zu erfolgen. Wird eine Bewertung zum Verkehrswert (§ 167 Abs. 1 AußStrG) oder nach dem Liegenschaftsbewertungsgesetz (§ 167 Abs. 2 AußStrG) vorgenommen, ist der so ermittelte Wert zu Grunde zu legen.

(BGBl I 2003/112)

Wirkungskreis in Kindschafts-, Erwachsenenschutz- und Kuratelsangelegenheiten[1)]
[1)] *ab 1. 7. 2018*

§ 19. (1) Der Wirkungskreis in Kindschafts-, Erwachsenenschutz- und Kuratelsangelegenheiten umfasst: *(BGBl I 2017/59, ab 1. 7. 2018)*

1. die Geschäfte in Pflegschaftsangelegenheiten;

2. die Entscheidung über Anträge auf Bewilligung einer Exekution zur Sicherstellung nach § 372 EO durch die in § 374 Abs. 1 EO angeführten Exekutionsmittel, ausgenommen die Zwangsverwaltung, auf Grund eines vom Pflegschaftsgericht geschaffenen Exekutionstitels über Unterhaltsbeiträge; *(BGBl I 2009/30)*

3. die Entscheidung über die Bewilligung, Aufhebung oder Einschränkung einer einstweiligen Verfügung nach § 382a EO sowie einer einstweiligen Verfügung nach § 382 Z 8 lit. a EO, sofern das damit in Zusammenhang stehende Verfahren in der Hauptsache in den Wirkungskreis des Rechtspflegers fällt; *(BGBl I 2009/30)*

4. Verfahren über den gesetzlichen Unterhaltsanspruch volljähriger Kinder;

5. die Entscheidung über Anträge nach den §§ 35 und 36 EO in Unterhaltssachen nach Z 1 und 4. *(BGBl I 2014/69, ab 1. 1. 2015, anzuwenden, wenn der verfahrenseinleitende Schriftsatz nach dem 31. Dezember 2014 bei Gericht einlangt)*

(2) Dem Richter bleiben vorbehalten:

1. Verfahren über die Abstammung, Ehelicherklärung, Erklärung der Ehefähigkeit, Genehmigung eines Pflegevertrages, Bewilligung der Annahme an Kindes statt sowie deren Widerruf oder Aufhebung; *(BGBl I 2018/58, ab 1. 8. 2018)*

2. Verfahren zur Regelung und zur Entziehung einzelner oder aller aus den familienrechtlichen Beziehungen erfließenden rein persönlichen Rechte und Pflichten, insbesondere über die Obsorge und die persönlichen Kontakte, sowie Verfahren zur Ersetzung von Einwilligungen und Zustimmungen. *(BGBl I 2013/15)*

3. die Genehmigung von Vertretungshandlungen oder Zustimmungserklärungen gesetzlicher Vertreter, ausgenommen die Genehmigung von Unterhaltsvereinbarungen; *(BGBl I 2018/58, ab 1. 8. 2018)*

4. die Überwachung der Anlegung, der Verwaltung und der Veränderung am Stand des Vermögens eines Minderjährigen oder einer sonstigen schutzberechtigten Person, wenn der in sinngemäßer Anwendung des § 18 Abs. 3 ermittelte Wert des Vermögens 150 000 Euro übersteigt; *(BGBl I 2016/98; BGBl I 2017/59, ab 1. 7. 2018)*

5. Verfahren zur Bestellung, Erweiterung, Einschränkung, Übertragung oder Beendigung

a) eines Erwachsenenvertreters einschließlich der Erneuerung oder Beendigung sowie der Anordnung eines Genehmigungsvorbehalts (§ 129 AußStrG), der Überwachung des Lebenssituationsberichts (§ 130 AußStrG) und der Kontrolle von Rechtshandlungen in der Personensorge (§ 131 AußStrG),

b) eines Kurators für noch nicht Gezeugte und Ungeborene (§ 277 Abs. 1 Z 1 und 2 ABGB),

c) eines Kurators für Abwesende, wenn sie nicht österreichische Staatsbürger sind oder wenn Anhaltspunkte für deren Aufenthalt im Ausland gegeben sind, sowie für unbekannte Teilnehmer an einem Geschäft (§ 277 Abs. 1 Z 3 und 4 ABGB); *(BGBl I 2017/59, auf Verfahren anzuwenden, in denen der verfahrenseinleitende Antrag bei Gericht nach dem 30. Juni 2018 angebracht wird oder, wenn eine Entscheidung von Amts wegen getroffen wird, der Beschluss nach dem 30. Juni 2018 gefasst wird, siehe § 46 Abs. 5)*

6. alle nicht rein vermögensrechtlichen Entscheidungen über Personen, die nicht österreichische Staatsbürger sind oder die ihren gewöhnlichen Aufenthalt im Ausland haben; *(BGBl I 2017/59, ab 1. 7. 2018)*

7. die Belehrung von Minderjährigen über das Unrecht strafbarer Handlungen und deren mögliche Folgen auf Grund von durch die Staatsanwaltschaft zurückgelegten und dem Pflegschaftsgericht übermittelten Anzeigen; *(BGBl I 2003/112; BGBl I 2017/59)*

8. Angelegenheiten nach dem UbG; *(BGBl I 2017/59, ab 1. 7. 2018)*

9. Angelegenheiten nach dem HeimAufG. *(BGBl I 2017/59, ab 1. 7. 2018)*

(BGBl I 2003/112)

Wirkungskreis in Angelegenheiten des Gerichtserlages und der Einziehung gerichtlicher Verwahrnisse

§ 20. (1) Der Wirkungskreis in Angelegenheiten des Gerichtserlages umfaßt die Geschäfte der gerichtlichen Hinterlegung nach § 1425 ABGB im Verfahren außer Streitsachen.

(2) Der Wirkungskreis in Angelegenheiten der Einziehung gerichtlicher Verwahrnisse nach dem Verwahrungs- und Einziehungsgesetz (VerwEinzG), BGBl. I Nr. 111/2010 Art. 36, umfasst die Einziehung von Verwahrnissen, deren Wert 10 000 Euro nicht übersteigt, und die damit zusammenhängenden Verfügungen nach dem genannten Bundesgesetz. *(BGBl I 2010/111)*

Wirkungskreis in Grundbuchs- und Schiffsregistersachen

§ 21. (1) Der Wirkungskreis in Grundbuchssachen umfaßt:

1. die Geschäfte des Grundbuchsverfahrens sowie der gerichtlichen Hinterlegung und Einreihung von Urkunden über Rechte an nichtverbücherten Liegenschaften und an Bauwerken;

2. im Verfahren zur Anlegung und zur Ergänzung des Grundbuches die Verfassung der Verzeichnisse über die Grundstücke und Personen, die Anfertigung des Entwurfes der Grundbuchseinlagen, die Verfassung der Grundbuchseinlagen auf Grund der Entwürfe, die Entgegennahme und die Erledigung von Einwendungen gegen die Entwürfe der Grundbuchseinlagen von Anmeldungen und Widersprüchen im Richtigstellungsverfahren, sofern die Berichtigung von Schreibfehlern oder anderen offenbaren Unrichtigkeiten begehrt wird.

(2) Der Wirkungskreis in Schiffsregistersachen umfaßt die Geschäfte des Seeschifffahrts-, Binnenschiffahrts- und Schiffbauregisters.

Wirkungskreis in Sachen des Firmenbuchs

§ 22. (1) Der Wirkungskreis in Sachen des Firmenbuchs umfaßt alle mit seiner Führung zusammenhängenden Geschäfte, einschließlich der

Verfahren nach § 280a UGB, wenn der Rechtsträger seinen Sitz in einem EU-Mitgliedstaat hat. *(BGBl I 2016/98, auf Verfahren anzuwenden, in denen der verfahrenseinleitende Antrag bei Gericht nach dem 31. Dezember 2017 angebracht wird oder, wenn eine Entscheidung von Amts wegen getroffen wird, der Beschluss nach dem 31. Dezember 2017 gefasst wird)*

(2) Dem Richter bleiben vorbehalten:

1. der Beschluß über die erste Eintragung

a) der im § 2 Z 4, 6, 7, 8 und 9 FBG genannten Rechtsträger, soweit sich die Eintragung nicht auf die Zweigniederlassung des Rechtsträgers bezieht; *(BGBl I 2007/72)*

b) einer Gesellschaft mit beschränkter Haftung mit einem Stammkapital ab 100 000 Euro; *(BGBl I 2001/98; BGBl I 2016/98, auf Verfahren anzuwenden, in denen der verfahrenseinleitende Antrag bei Gericht nach dem 31. Dezember 2017 angebracht wird oder, wenn eine Entscheidung von Amts wegen getroffen wird, der Beschluss nach dem 31. Dezember 2017 gefasst wird)*

c) einer Zweigniederlassung eines ausländischen Rechtsträgers, ausgenommen solche mit Sitz in einem EU-Mitgliedstaat; *(BGBl I 2016/98, auf Verfahren anzuwenden, in denen der verfahrenseinleitende Antrag bei Gericht nach dem 31. Dezember 2017 angebracht wird oder, wenn eine Entscheidung von Amts wegen getroffen wird, der Beschluss nach dem 31. Dezember 2017 gefasst wird)*

d) *(entfällt, BGBl I 2007/72)*

2. Beschlüsse über die Eintragungen

a) von Änderungen einer Satzung, eines Gesellschaftsvertrags, eines Genossenschaftsvertrags und einer Stiftungsurkunde, mit Ausnahme von Änderungen eines Gesellschaftsvertrages einer Gesellschaft mit beschränkter Haftung mit einem Stammkapital von weniger als 100 000 Euro *(BGBl 1993/694; BGBl I 1997/140; BGBl I 2016/98, auf Verfahren anzuwenden, in denen der verfahrenseinleitende Antrag bei Gericht nach dem 31. Dezember 2017 angebracht wird oder, wenn eine Entscheidung von Amts wegen getroffen wird, der Beschluss nach dem 31. Dezember 2017 gefasst wird)*

b) der Auflösung von Kapitalgesellschaften, Genossenschaften, Versicherungsvereinen auf Gegenseitigkeit und Privatstiftungen, ausgenommen die Fälle, in denen die Auflösung schon auf Grund gesetzlicher Vorschriften erfolgt ist, *(BGBl 1993/694)*

c) der Nichtigkeit von Hauptversammlungs-, Generalversammlungs- und Gesellschafterbeschlüssen sowie von Beschlüssen des obersten Organs eines Versicherungsvereins auf Gegenseitigkeit;

3. die Entscheidung über die gerichtliche Bestellung und Abberufung von

a) gesetzlichen Vertretern, besonderen Vertretern und Aufsichtsratsmitgliedern;

b) Gründungs-, Stiftungs-, Sonder- oder Abschlußprüfern, Stiftungskuratoren, Revisoren und Abwicklern (Liquidatoren); *(BGBl 1993/694; BGBl I 2016/98, auf Verfahren anzuwenden, in denen der verfahrenseinleitende Antrag bei Gericht nach dem 31. Dezember 2017 angebracht wird oder, wenn eine Entscheidung von Amts wegen getroffen wird, der Beschluss nach dem 31. Dezember 2017 gefasst wird)*

4. Maßnahmen auf Grund von Anmeldungen auf Eintragung in das Firmenbuch im Zusammenhang mit

a) Verschmelzungen und Vermögensübertragungen nach dem neunten und zehnten Teil des AktG, nach § 96 GmbHG, nach dem Genossenschaftsverschmelzungsgesetz, nach § 60 und § 66 des Versicherungsaufsichtsgesetzes 2016 (VAG 2016), BGBl. I Nr. 34/2015, nach § 27c SpG und nach dem EU-VerschG, *(BGBl I 2007/72; BGBl I 2015/34)*

b) Umwandlungen nach dem elften Teil des AktG, nach dem Bundesgesetz über die Umwandlung von Handelsgesellschaften, nach nach § 61 und § 66 VAG 2016 und nach § 27a SpG, *(BGBl I 2007/72; BGBl I 2015/34)*

c) Vorgänge, durch die ein Betrieb oder Teilbetrieb übertragen wird (§ 3 Abs. 1 Z 15 FBG), *(BGBl 1993/458; BGBl I 2016/98, auf Verfahren anzuwenden, in denen der verfahrenseinleitende Antrag bei Gericht nach dem 31. Dezember 2017 angebracht wird oder, wenn eine Entscheidung von Amts wegen getroffen wird, der Beschluss nach dem 31. Dezember 2017 gefasst wird)*

d) Angelegenheiten nach dem SpaltG und nach dem GenSpaltG; *(BGBl I 2016/98, auf Verfahren anzuwenden, in denen der verfahrenseinleitende Antrag bei Gericht nach dem 31. Dezember 2017 angebracht wird oder, wenn eine Entscheidung von Amts wegen getroffen wird, der Beschluss nach dem 31. Dezember 2017 gefasst wird; BGBl I 2018/69, ab 26. 10. 2018)*

5. Angelegenheiten nach dem EWIVG;[1] *(BGBl 1995/521)*

6. Angelegenheiten nach dem SEG[2] und dem SCEG[3], ausgenommen Beschlüsse über Eintragungen nach § 3 Abs. 1 Z 8, 9, 12, 13 und 14 sowie § 5a Z 3 FBG; *(BGBl I 2007/72; BGBl I 2016/98, auf Verfahren anzuwenden, in denen der verfahrenseinleitende Antrag bei Gericht nach dem 31. Dezember 2017 angebracht wird oder, wenn eine Entscheidung von Amts wegen getroffen wird, der Beschluss nach dem 31. Dezember 2017 gefasst wird)*

RpflG

7. Angelegenheiten nach dem GesAusG[4].
(BGBl I 2007/72)

(BGBl 1991/10)

---

[1] *Europäische wirtschaftliche Interessenvereinigung (BGBl 1995/521).*
[2] *BG über das Statut der Europäischen Gesellschaft (Societas Europaea - SE), BGBl I 2004/67 (SEG).*
[3] *BG über das Statut der Europäischen Genossenschaft (Societas Cooperativa Europaea – SCE), BGBl I 2006/104 (SCEG).*
[4] *Gesellschafter-AusschlussG, BGBl I 2006/75.*

III. ABSCHNITT

Ausbildung zum Rechtspfleger

Voraussetzungen für die Zulassung

§ 23. Gerichtsbedienstete, die die Erfordernisse für die Ernennung auf eine Planstelle der Verwendungsgruppe B (Gehobener Dienst) erfüllen und die Gerichtskanzleiprüfung sowie die Prüfung für den Fachdienst bei Gericht erfolgreich abgelegt haben, sind nach Maßgabe des § 24 Abs. 2 zur Ausbildung zum Rechtspfleger zuzulassen.

Zulassung

§ 24. (1) Über den Antrag eines Gerichtsbediensteten auf Zulassung zur Rechtspflegerausbildung für eines der im § 2 angeführten Arbeitsgebiete hat der Präsident des Oberlandesgerichtes zu entscheiden.

(2) Der Antrag ist abzulehnen, wenn voraussichtlich kein Bedarf auf dem angestrebten Arbeitsgebiet gegeben ist, wenn die Zulassung aus dienstlichen Gründen nicht möglich ist oder wenn dem Antragsteller die persönliche und fachliche Eignung, einschließlich der erforderlichen sozialen Fähigkeiten (§ 27a Abs. 3 Z 7), für die mit der Ausübung des Amtes eines Rechtspflegers verbundenen Aufgaben offenbar fehlt. *(BGBl I 2006/90; BGBl I 2008/147)*

(3) Bei der Auswahl der Kandidaten für die Rechtspflegerausbildung ist zur Verbreiterung der Entscheidungsgrundlage auf anerkannte Methoden der Personalauswahl zurückzugreifen. *(BGBl I 2008/147)*

Gegenstand und Dauer der Ausbildung

§ 25. (1) Die Ausbildung des Gerichtsbediensteten zum Rechtspfleger umfaßt:

1. die aufeinanderfolgende Verwendung bei zumindest zwei Gerichten mit der Vorbereitung von Erledigungen auf dem angestrebten Arbeitsgebiet, *(BGBl I 2008/147)*

2. die Teilnahme am Grundlehrgang sowie am Lehrgang für das angestrebte Arbeitsgebiet (Arbeitsgebietslehrgang) und

3. die erfolgreiche Ablegung der Prüfung über die Stoffgebiete des Grundlehrganges sowie die Prüfung über das Arbeitsgebiet.

(2) Die Dauer der Ausbildung beträgt drei Jahre. Der Arbeitsgebietslehrgang und die Prüfung über das Arbeitsgebiet können auch noch innerhalb eines Jahres nach Ablauf der Ausbildungsdauer absolviert werden.

Ablauf des Ausbildungsdienstes

§ 25a. (1) Bei der Gestaltung des Ausbildungsdienstes ist darauf zu achten, dass der Rechtspflegeranwärter im Laufe seiner Ausbildung aufeinanderfolgend zumindest drei Rechtspflegern zur Ausbildung zugewiesen wird.

(2) Nach Absolvierung des Grundlehrganges ist, nach Möglichkeit auf dem angestrebten Arbeitsgebiet, überdies eine dreimonatige Ausbildung bei einem Richter vorzusehen. Darüber hinaus kann auch eine höchstens zweimonatige Ausbildung bei einem Vorsteher der Geschäftsstelle vorgesehen werden.

(BGBl I 2008/147)

Ausbildung für ein weiteres Arbeitsgebiet

§ 26. Für einen Gerichtsbediensteten, der bereits für eines oder mehrere der im § 2 angeführten Arbeitsgebiete zum Rechtspfleger bestellt ist und der die Ausbildung für ein weiteres Arbeitsgebiet anstrebt, sind die Teilnahme am Grundlehrgang und die Ablegung der Prüfung über die Stoffgebiete des Grundlehrganges nicht erforderlich. Die Dauer der Ausbildung beträgt in diesem Fall zwei Jahre.

Verwendung bei Gericht

§ 27. (1) Der Präsident des Oberlandesgerichtes hat den zur Ausbildung als Rechtspfleger zugelassenen Gerichtsbediensteten (Rechtspfleger anwärter) für die Dauer der Ausbildung solchen Gerichten zuzuweisen, bei denen er auf dem angestrebten Arbeitsgebiet verwendet werden kann.

(2) Der Rechtspflegeranwärter ist während der ersten drei Monate seiner Ausbildung in der Geschäftsstelle des Gerichtes auf dem angestrebten Arbeitsgebiet zu verwenden. Diese Ausbildung ist jedoch nicht erforderlich, wenn der Rechtspflegeranwärter innerhalb der letzten drei Jahre vor der Zulassung sechs Monate hindurch ausschließlich auf dem betreffenden Arbeitsgebiet in der Geschäftsstelle eines Gerichtes tätig gewesen ist.

(3) Während der übrigen Ausbildungszeit ist der Rechtspflegeranwärter vom Vorsteher des Bezirksgerichtes (Präsidenten des Gerichtshofes) mindestens im Ausmaß von 70% mit der Vorbereitung von Erledigungen auf dem angestrebten Arbeitsgebiet zu betrauen. Eine Verwendung in

der Geschäftsstelle des Gerichts darf das Ausmaß von 30% nicht überschreiten und soll insbesondere auf dem angestrebten Arbeitsgebiet erfolgen. *(BGBl I 2008/147)*

(4) Rechtspflegeranwärter für das Arbeitsgebiet Zivilprozeß- und Exekutionssachen sind – außer für vorbereitende Erledigungen auf ihrem künftigen Arbeitsgebiet – drei Monate hindurch mindestens während der halben Wochendienstzeit im Gerichtsvollzieherdienst zu verwenden. Diese Ausbildung ist jedoch nicht erforderlich, wenn der Rechtspflegeranwärter innerhalb der letzten drei Jahre vor der Zulassung sechs Monate hindurch ausschließlich im Gerichtsvollzieherdienst tätig gewesen ist.

Beurteilung des Ausbildungsstandes

§ 27a. (1) Jeder mit der Ausbildung des Rechtspflegeranwärters betraute Richter, Rechtspfleger oder Bedienstete hat dessen Leistungen, Ausbildungsstand und Eignung für den Rechtspflegerberuf – auch unter dem Blickwinkel von dessen sozialer Kompetenz - nach den in Abs. 3 bis 6 genannten Erfordernissen schriftlich zu beurteilen. Der Leiter der Dienststelle hat diese Beurteilung unter Anschluss seiner Stellungnahme dem Präsidenten des Oberlandesgerichtes im Dienstweg vorzulegen.

(2) Der Präsident des Oberlandesgerichtes soll dem Rechtspflegeranwärter insoweit mündlich Auskunft über den wesentlichen Inhalt der Beurteilung geben, als dadurch eine Steigerung der Leistungen des Rechtspflegeranwärters zu erwarten ist. Auf Ersuchen des Rechtspflegeranwärters ist diese Auskunft jedenfalls zu erteilen.

(3) Bei der Beurteilung sind zu berücksichtigen:

1. Umfang und Aktualität der fachlichen Kenntnisse, insbesondere der zur Amtsführung notwendigen Vorschriften,

2. die Fähigkeiten und die Auffassung,

3. der Fleiß, die Ausdauer, Gewissenhaftigkeit, Verlässlichkeit, Entschlusskraft und Zielstrebigkeit,

4. die Kommunikationsfähigkeit und die Eignung für den Parteienverkehr,

5. die Ausdrucksfähigkeit (schriftlich und mündlich) in der deutschen Sprache und nach Maßgabe dienstlicher Erfordernisse die Kenntnis von Fremdsprachen,

6. das Verhalten im Dienst, insbesondere das Verhalten gegenüber Vorgesetzten, Mitarbeitern, Kollegen und Parteien, sowie das Verhalten außerhalb des Dienstes, sofern Rückwirkungen auf den Dienst eintreten,

7. die sozialen Fähigkeiten (z.B. Kritik-, Konflikt-, Kommunikations- und Teamfähigkeit) und

8. der Erfolg der Verwendung.

(4) Darüber hinaus sind sonstige für die Beurteilung relevante Umstände anzuführen.

(5) Die Beurteilung hat zu lauten:

1. ausgezeichnet, bei weit über dem Durchschnitt liegenden hervorragenden Kenntnissen und Fähigkeiten,

2. sehr gut, bei überdurchschnittlichen Kenntnissen und Fähigkeiten,

3. gut, bei durchschnittlichen Kenntnissen und Fähigkeiten, oder

4. nicht entsprechend, bei unterdurchschnittlichen Kenntnissen und Fähigkeiten.

(6) Die Beurteilung ist von jedem Richter, Rechtspfleger oder Bediensteten, dem der Rechtspflegeranwärter zur Ausbildung zugewiesen ist, spätestens nach dem Ende der jeweiligen Ausbildungszuteilung zur erstatten. Erforderlichenfalls hat eine Zwischenbeurteilung zu erfolgen.

(BGBl I 2008/147)

Dienstabwesenheit

§ 28. (1) Die Zeit, während der der Rechtspflegeranwärter aus anderen Gründen als wegen Erholungs- und Prüfungsurlaubes vom Dienst abwesend ist, ist bei der Berechnung der Dauer der Ausbildungszeit nicht zu berücksichtigen, soweit sie während eines Ausbildungsjahres insgesamt 30 Arbeitstage überschreitet. Erreicht die nicht zu berücksichtigende Zeit der Dienstabwesenheit zweieinhalb Jahre, kann die Ausbildung nicht fortgesetzt werden, es sei denn, daß der Rechtspflegeranwärter die Prüfung über das Arbeitsgebiet bereits bestanden hat. Der Abbruch einer Ausbildung steht jedoch einer neuerlichen Zulassung zur Rechtspflegerausbildung nicht entgegen. *(BGBl I 2008/147)*

(2) Die Zeit einer Herabsetzung der Wochendienstzeit nach den §§ 50a ff BDG 1979 oder einer Teilzeitbeschäftigung nach dem MSchG oder nach dem VKG zählt bei der Berechnung der Dauer des Ausbildungsdienstes und der im § 27 festgelegten Mindest- und Höchstdauer von Ausbildungsstationen nur anteilig. *(BGBl I 2008/147)*

(BGBl 1993/974)

Abhaltung und Leitung der Lehrgänge

§ 29. (1) Die Lehrgänge sind auf Anordnung des Bundesministers für Justiz nach Bedarf abzuhalten.

(2) Ort, Zeit und Dauer der in Aussicht genommenen Lehrgänge sind den in Betracht kommenden Rechtspflegeranwärtern im Wege der Präsidenten der Oberlandesgerichte kundzumachen.

(3) Der Bundesminister für Justiz hat aus dem Kreis der zur Ausübung des Richteramtes befähig-

ten Personen den Leiter eines Ausbildungslehrganges und aus demselben Kreis sowie aus dem
Kreis der Rechtspfleger und anderer Gerichtsbediensteter die erforderliche Anzahl von Lehrern
zu bestellen.

Aufgaben der Lehrgänge

§ 30. (1) Der Grundlehrgang hat die theoretischen und praktischen Kenntnisse zu vermitteln,
die für alle Arbeitsgebiete unerläßlich sind, der
Arbeitsgebietslehrgang die besonderen Kenntnisse
für den betreffenden Wirkungskreis, jeweils einschließlich der Vertiefung der sozialen Kompetenz. *(BGBl I 2008/147)*

(2) Bei der Gestaltung der Lehrgangsinhalte
ist – für alle Arbeitsgebiete - insbesondere auch
darauf Bedacht zu nehmen, dass den Rechtspflegeranwärtern die für den Rechtspflegerberuf notwendigen Kenntnisse über das Verhalten im Parteienverkehr und die Grundsätze des Zeitmanage-
ments im Allgemeinen sowie auf den Gebieten
der Kommunikation, der Verhandlungsführung
und der Grundzüge des Konfliktmanagements im
Besonderen vermittelt werden. Im Arbeitsgebietslehrgang für das Arbeitsgebiet nach § 2 Z 2 bilden
diese Ausbildungsinhalte einen besonderen Aus-
bildungsschwerpunkt. *(BGBl I 2008/147)*

(3) Die näheren Ausbildungsinhalte und –formen für den Grundlehrgang und für die einzelnen
Arbeitgebietslehrgänge sowie die auf die einzelnen Lehrgegenstände entfallenden Stundenausma-
ße sind durch Verordnung der Bundesministerin
für Justiz festzulegen. *(BGBl I 2008/147)*

Zulassung zu Lehrgängen

§ 31. (1) Der Antrag des Rechtspflegeranwärters auf Zulassung zu einem Lehrgang ist im
Dienstweg an den Bundesminister für Justiz zu
richten. Bei der Vorlage sind Äußerungen des
Leiters der Dienststelle und des Präsidenten des
übergeordneten Gerichtshofes über den bisherigen
Ausbildungserfolg anzuschließen.

(2) Für die Zulassung zu einem Arbeitsgebietslehrgang ist die erfolgreiche Ablegung der Prüfung über die Stoffgebiete des Grundlehrganges
Voraussetzung.

(3) Zu einem Lehrgang sollen nicht mehr als
20 Rechtspflegeranwärter zugelassen werden.

(4) Die Anträge auf Zulassung sind vom Bundesminister für Justiz nach Maßgabe der dienstlichen Interessen und der zur Verfügung stehenden
Lehrgangsplätze unter Bedachtnahme auf den
bisherigen Ausbildungserfolg des Zulassungswer-
bers zu berücksichtigen. Nicht berücksichtigte
Anträge gelten als für den jeweils nächsten
Lehrgang eingebracht.

Teilnahme an Lehrgängen

§ 32. (1) Die Teilnahme am Grundlehrgang
soll tunlichst gegen Ende des ersten Ausbildungsjahres und die Teilnahme am Arbeitsgebietslehrgang tunlichst innerhalb des letzten Ausbildungsjahres erfolgen.

(2) Die Teilnahme an den Lehrgängen gilt als
Dienst.

(3) Hat der Rechtspflegeranwärter mehr als ein
Viertel der in einem Lehrgang vorgesehenen
Vortragsstunden versäumt, kann er die Teilnahme
an diesem Lehrgang nicht fortsetzen; eine neuerliche Zulassung zu einem Lehrgang ist jedoch
möglich.

Mitarbeit beim Lehrgang

§ 33. (1) Während des Lehrganges haben sich
die Lehrer durch Gespräche mit den einzelnen
Rechtspflegeranwärtern zu überzeugen, daß diese
den Lehrstoff erfaßt haben. Die Ergebnisse dieser
Gespräche hat der Lehrer in schriftlichen Vermerken festzuhalten.

(2) Die Rechtspflegeranwärter haben während
des Lehrganges mehrmals unter Aufsicht eines
Lehrers aus dem vorgetragenen Lehrstoff gestellte
Aufgaben schriftlich zu bearbeiten. Der Lehrer
hat die schriftlichen Arbeiten jeweils unter Anschluß seiner gutachtlichen Stellungnahme dem
Leiter des Ausbildungslehrganges vorzulegen.

Prüfungstermine

§ 34. (1) Die Termine der Prüfungen sind vom
Bundesminister für Justiz so festzulegen, daß
zwischen dem jeweiligen Lehrgangsende und der
Prüfung ein Zeitraum von längstens einem Monat
liegt.

(2) Die vorgesehenen Prüfungstermine sind
den Rechtspflegeranwärtern tunlichst bereits bei
der Zulassung zum Lehrgang bekanntzugeben.

(3) Tritt ein Rechtspflegeranwärter zu dem für
ihn bestimmten Prüfungstermin aus unentschuld-
baren Gründen nicht zur Prüfung an oder tritt er
während der Prüfung zurück, gilt die Prüfung als
nicht bestanden. Liegen jedoch entschuldbare
Gründe vor, so ist für ihn ein neuerlicher Prüfungstermin festzulegen.

Prüfungsurlaub

§ 35. Der Prüfung nach dem Grundlehrgang
hat ein Prüfungsurlaub von fünf Arbeitstagen, der
Prüfung nach dem Arbeitsgebietslehrgang ein
Prüfungsurlaub von zehn Arbeitstagen voranzugehen.

Bestellung der Prüfungskommissäre

§ 36. Der Bundesminister für Justiz hat zur Ausübung des Richteramtes befähigte Personen und Rechtspfleger in der erforderlichen Anzahl für die Dauer von jeweils fünf Jahren zu Prüfungskommissären zu bestellen.

Zusammensetzung der Prüfungskommission

§ 37. (1) Für die einzelnen Prüfungen hat der Bundesminister für Justiz jeweils drei Prüfungskommissäre zu bestimmen. Zwei Prüfungskommissäre, darunter der Vorsitzende, müssen zur Ausübung des Richteramtes befähigt sein, ein Prüfungskommissär muß Rechtspfleger sein.

(2) Wer zu einem Rechtspflegeranwärter in einem im § 34 des Richterdienstgesetzes, BGBl. Nr. 305/1961, angeführten Angehörigkeitsverhältnis steht, kann nicht dessen Prüfungskommissär sein.

Form und Gegenstand der Prüfungen

§ 38. (1) Die Prüfung nach dem Grundlehrgang ist mündlich abzulegen; Gegenstand der Prüfung ist der gesamte Stoff des Lehrganges.

(2) Die Prüfung nach dem Arbeitsgebietslehrgang ist zunächst schriftlich und dann mündlich abzulegen; Gegenstand der Prüfung sind die auf dem betreffenden Arbeitsgebiet anzuwendenden Rechtsvorschriften und ihre Handhabung.

Schriftliche Prüfung

§ 39. (1) Bei der schriftlichen Prüfung sind die Arbeiten unter Aufsicht eines Prüfungskommissärs oder eines auf Vorschlag des Vorsitzenden der Prüfungskommission vom Präsidenten des Oberlandesgerichtes bestimmten Rechtspflegers an einem Tag innerhalb von neun Stunden zu verfassen. Die Arbeiten bestimmt der Vorsitzende der Prüfungskommission oder ein von ihm beauftragter Prüfungskommissär. Sie bestehen in einer entsprechenden Anzahl von Aufgaben über Geschäfte, die in den Wirkungsbereich des Rechtspflegers fallen. Der Zeitpunkt der Übergabe der Prüfungsaufgaben und der Abgabe der Prüfungsarbeit ist auf dieser zu vermerken.

(2) Die literarischen Behelfe, die der Rechtspflegeranwärter bei der schriftlichen Prüfung benützen darf, werden durch Verordnung des Bundesministers für Justiz bestimmt.

Mündliche Prüfung

§ 40. (1) Die mündliche Prüfung ist nicht öffentlich. Sie kann mit höchstens vier Rechtspflegeranwärtern gleichzeitig abgehalten werden.

(2) Nimmt der Vorsitzende keine Aufteilung des Prüfungsstoffes vor, so können die Mitglieder der Prüfungskommission Fragen aus dem gesamten Prüfungsstoff stellen.

Ergebnis der Prüfung

§ 41. (1) Das Prüfungsergebnis ist unter Bedachtnahme auf die Mitarbeit beim Lehrgang mit einer der folgenden Noten zu bewerten:

1. ausgezeichnet, bei weit über dem Durchschnitt liegenden hervorragenden Kenntnissen und Fähigkeiten;

2. sehr gut, bei überdurchschnittlichen Kenntnissen und Fähigkeiten;

3. gut, bei durchschnittlichen Kenntnissen und Fähigkeiten;

4. nicht genügend, bei unterdurchschnittlichen Kenntnissen und Fähigkeiten.

(2) Die Prüfungskommissäre haben nach der alphabetischen Reihenfolge ihrer Namen abzustimmen, der Vorsitzende jedoch als letzter. Das Prüfungsergebnis ist mit absoluter Stimmenmehrheit zu beschließen. Wird über eine Note keine absolute Stimmenmehrheit erzielt, so ist die für die beste Note abgegebene Stimme der jeweils schlechteren Note zuzuzählen.

(3) Lautet die Note auf „nicht genügend", so ist die Prüfung nicht bestanden.

(4) Über die Abstimmung und das Prüfungsergebnis ist eine Niederschrift aufzunehmen, die vom Vorsitzenden der Prüfungskommission zu unterschreiben ist.

(5) Das Prüfungsergebnis ist unmittelbar nach Beendigung der Prüfung vom Vorsitzenden mündlich zu verkünden. Der Vorsitzende hat dem Rechtspflegeranwärter über das Ergebnis der bestandenen Prüfung nach dem Grundlehrgang ein Zeugnis auszustellen.

(6) Der Bundesminister für Justiz hat dem Rechtspflegeranwärter über das Ergebnis der bestandenen Prüfung nach dem Arbeitsgebietslehrgang ein Diplom auszustellen.

Wiederholung der Prüfung

§ 42. Hat der Rechtspflegeranwärter die Prüfung nicht bestanden, kann er nach neuerlicher Teilnahme am Lehrgang die Prüfung wiederholen; eine zweite Wiederholung ist nicht zulässig.

Übertragung der Abhaltung von Arbeitsgebietslehrgängen für Sachen des Firmenbuchs

§ 43. (1) Der Bundesminister für Justiz kann den Präsidenten des Oberlandesgerichtes mit der Abhaltung eines Arbeitsgebietslehrganges für Sachen des Firmenbuchs beauftragen, wenn als Teilnehmer des Lehrganges nur Rechtspflegeranwärter des betreffenden Oberlandesgerichtsprengels in Betracht kommen oder wenn andere dienstliche Gründe die Übertragung notwendig machen. *(BGBl 1991/10)*

(2) Bei derartigen Lehrgängen hat die ansonst dem Bundesminister für Justiz übertragenen Aufgaben der Präsident des Oberlandesgerichtes wahrzunehmen; dies jedoch vorbehaltlich der Ausstellung des Diploms nach § 41 Abs. 6.

IV. ABSCHNITT
Ergänzungs-, Übergangs- und Schlußbestimmungen

Änderungen des Gerichtsorganisationsgesetzes

§ 44. Das Gerichtsorganisationsgesetz, RGBl. Nr. 217/1896, zuletzt geändert durch das BG BGBl. Nr. 70/1985, wird wie folgt geändert:

1. Dem § 79 Abs. 1 wird folgender Satz angefügt:

„Ausfertigungen, die mittels automationsunterstützter Datenverarbeitung erstellt werden, bedürfen weder einer Unterschrift noch einer Beglaubigung."

2. Nach dem § 79 wird folgender § 79 a eingefügt:

„**§ 79a.** Dem Bundesrechenamt obliegt nach Maßgabe seiner maschinellen und personellen Ausstattung die Mitwirkung an der automationsunterstützten Führung von Gerichtsverfahren als Verarbeiter (§ 3 Z 4 DSG), soweit dies der Einfachheit, Zweckmäßigkeit und Kostenersparnis dient.

Die Übermittlung von Daten im Sinn des Abs. 1 durch den Verarbeiter an andere Rechtsträger ist nur auf Grund eines Auftrags eines Auftraggebers (§ 3 Z 3 DSG) zulässig; die Bestimmungen, die für das auf automationsunterstützte Datenverarbeitung umgestellte Grundbuch gelten, bleiben jedoch unberührt."

(BGBl 1987/645, BGBl 1986/612, Druckfehlerberichtigung)

Inkrafttreten

§ 45. (1) Dieses Bundesgesetz tritt am 1. Jänner 1986 in Kraft.

(2) Organisatorische und personelle Maßnahmen zur Vollziehung dieses Bundesgesetzes können bereits von dem der Kundmachung folgenden Tag an getroffen werden.

(3) Das Bundesgesetz vom 4. Juli 1962, BGBl. Nr. 180, betreffend die Besorgung gerichtlicher Geschäfte durch Rechtspfleger (Rechtspflegergesetz), zuletzt geändert durch das Bundesgesetz BGBl. Nr. 136/1983, wird aufgehoben.

(4) § 22 in der Fassung des Bundesgesetzes BGBl. I Nr. 72/2007 tritt am 15. Dezember 2007 in Kraft. *(BGBl I 2007/72)*

(5) § 24 Abs. 2 und 3, § 25 Abs. 1 Z 1, § 25a samt Überschrift, § 27 Abs. 3, § 27a samt Überschrift, § 28 und § 30 in der Fassung des Bundesgesetzes BGBl. I Nr. 147/2008 treten mit 1. Jänner 2009 in Kraft. *(BGBl I 2008/147)*

(6) Die §§ 2, 16, 19 und 46 in der Fassung des Bundesgesetzes BGBl. I Nr. 30/2009 treten mit 1. April 2009 in Kraft. § 19 Abs. 1 Z 3 in der Fassung des Bundesgesetzes BGBl. I Nr. 30/2009 ist anzuwenden, wenn der Antrag auf Erlassung der einstweiligen Verfügung nach dem 31. März 2009 bei Gericht eingelangt ist. *(BGBl I 2009/30; BGBl I 2010/111)*

(7) § 5 Abs. 3 in der Fassung des Budgetbegleitgesetzes 2011, BGBl. I Nr. 111/2010, tritt mit 1. Jänner 2011 in Kraft. Die §§ 11 und 20 Abs. 2 in der Fassung des genannten Bundesgesetzes treten mit 1. Mai 2011 in Kraft. § 11 ist in der Fassung des Budgetbegleitgesetzes 2011 anzuwenden, wenn das Datum der Entscheidung erster Instanz nach dem 30. April 2011 liegt. § 20 Abs. 2 in der Fassung des Budgetbegleitgesetzes 2011 ist in Einziehungsverfahren anzuwenden, die nach dem 30. April 2011 eingeleitet werden. *(BGBl I 2010/111)*

(8) § 19 Abs. 2 Z 2 in der Fassung des Kindschafts- und Namensrechts-Änderungsgesetzes 2013, BGBl. I Nr. 15/2013, tritt mit 1. Februar 2013 in Kraft. *(BGBl I 2013/15)*

(9) § 19 in der Fassung der EO-Nov. 2014, BGBl. I Nr. 69/2014 tritt mit 1. Jänner 2015 in Kraft; die Bestimmung ist anzuwenden, wenn der verfahrenseinleitende Schriftsatz nach dem 31. Dezember 2014 bei Gericht einlangt. *(BGBl I 2014/69)*

(10) § 22 Abs. 2 Z 4 lit. a und b in der Fassung des Bundesgesetzes BGBl. I Nr. 34/2015 tritt mit 1. Jänner 2016 in Kraft. *(BGBl I 2015/34)*

(10)[1] § 18 in der Fassung des Erbrechts-Änderungsgesetzes 2015 (ErbRÄG 2015), BGBl. I Nr. 87/2015, tritt mit 1. Jänner 2017 in Kraft. *(BGBl I 2015/87)*

(12) § 17 Abs. 2 Z 4 und 5 sowie § 17 Abs. 3 treten mit 2. Jänner 2017 in Kraft. § 16 Abs. 1 Z 6, § 17a, § 18 Abs. 2 Z 1 lit. a, § 19 Abs. 2 Z 4, § 22 Abs. 1, Abs. 2 Z 1 lit. b und c, Z 2 lit. a, Z 3 lit. b, Z 4 lit. c und d sowie Z 6 in der Fassung des Bundesgesetzes BGBl. I Nr. 98/2016 treten mit 1. Jänner 2018 in Kraft. Gleichzeitig tritt § 18 Abs. 2 Z 1 lit. d außer Kraft. *(BGBl I 2016/98)*

(13) § 2 Z 2 und § 19 Abs. 1 und Abs. 2 Z 1, 4 bis 9 samt Überschrift in der Fassung des Bundesgesetzes BGBl. I Nr. 59/2017 treten mit 1. Juli 2018 in Kraft. *(BGBl I 2017/59)*

(14) § 19 Abs. 2 in der Fassung des Bundesgesetzes BGBl. I Nr. 58/2018, tritt mit 1. August 2018 in Kraft. *(BGBl I 2018/58)*

(15) § 17a in der Fassung des Bundesgesetzes BGBl. I Nr. 38/2019 tritt mit dem der Kundmachung folgenden Tag in Kraft. *(BGBl I 2019/38)*

(16) § 17 in der Fassung des Bundesgesetzes Gesamtreform des Exekutionsrechts – GREx, BGBl. I Nr. 86/2021, tritt mit 1. Juli 2021 in Kraft. *(BGBl I 2021/86)*

[1)] *Redaktionsversehen; gemeint wohl: Abs. 11*

Übergangsvorschriften

§ 46. (1) Der im § 23 vorgesehenen Gerichtskanzleiprüfung ist die Erste Kanzleiprüfung, der Prüfung für den Fachdienst bei Gericht die Grundbuchsführerprüfung gleichzuhalten.

(2) Auf Rechtspfleger, die nach den bisherigen Vorschriften für die im 2 Z 2 bis 4 genannten Arbeitsgebiete bestellt worden, sind oder bestellt werden, ist der § 16 Abs. 1 Z 1 lit. a) nicht anzuwenden; sie können jedoch eine Erweiterung ihres jeweiligen Wirkungskreises auf die Mahnsachen beantragen. Für die Ausbildung in Mahnsachen sind die Bestimmungen des III. Abschnittes mit folgenden Abweichungen anzuwenden:

1. Die Teilnahme am Grundlehrgang und die Ablegung der Prüfung über die Stoffgebiete des Grundlehrganges sind nicht erforderlich;

2. die Dauer der Ausbildung beträgt drei Monate;

3. der Prüfungsurlaub beträgt einen Arbeitstag;

4. für die schriftliche Prüfung ist eine Dauer von vier Stunden festzusetzen. *(BGBl 1991/10; BGBl 1993/974)*

(3) Eine vor dem 1. April 2009 erfolgte Bestellung für ein den Wirkungskreis der Pflegschaftssachen umfassendes Arbeitsgebiet gilt als Bestellung für ein den Wirkungskreis „Kindschafts- und Sachwalterschaftsangelegenheiten" umfassendes Arbeitsgebiet. *(BGBl I 2009/30)*

(4) § 16 Abs. 1 Z 6, § 19 Abs. 2 Z 4, § 22 Abs. 1, Abs. 2 Z 1 lit. b und c, Z 2 lit. a, Z 3 lit. b, Z 4 lit. c und d sowie Z 6 in der Fassung des Bundesgesetzes BGBl. I Nr. 98/2016 sind auf Verfahren anzuwenden, in denen der verfahrenseinleitende Antrag bei Gericht nach dem 31. Dezember 2017 angebracht wird oder, wenn eine Entscheidung von Amts wegen getroffen wird, der Beschluss nach dem 31. Dezember 2017 gefasst wird. § 17 Abs. 2 Z 4 in der Fassung des

Bundesgesetzes BGBl. I Nr. 98/2016 ist auf Aufschiebungsanträge anzuwenden, die bei Gericht nach dem 1. Jänner 2017 angebracht werden. § 17 Abs. 3 Z 1 in der Fassung des Bundesgesetzes BGBl. I Nr. 98/2016 ist auf Verfahren anzuwenden, in denen der verfahrenseinleitende Antrag bei Gericht nach dem 1. Jänner 2017 angebracht wird. § 17 Abs. 3 Z 2 in der Fassung des Bundesgesetzes BGBl. I Nr. 98/2016 ist auf Anträge auf Versagung anzuwenden, die bei Gericht nach dem 1. Jänner 2017 angebracht werden. § 17a in der Fassung des Bundesgesetzes BGBl. I Nr. 98/2016 ist auf Insolvenzverfahren, die nach dem 31. Dezember 2017 eröffnet werden sowie auf Eröffnungsverfahren, in denen der Eröffnungsantrag nach dem 31. Dezember 2017 angebracht wird, und auf Stimmrechtsentscheidungen, die nach dem 31. Dezember 2017 getroffen werden, anzuwenden. § 18 Abs. 2 Z 1 lit. a und d in der Fassung des Bundesgesetzes BGBl. I Nr. 98/2016 sind auf Verlassenschaftsverfahren anzuwenden, die nach dem 31. Dezember 2017 bei Gericht oder beim Gerichtskommissär anhängig werden. *(BGBl I 2016/98)*

(5) § 19 Abs. 2 Z 5 in der Fassung des Bundesgesetzes BGBl. I Nr. 59/2017 ist auf Verfahren anzuwenden, in denen der verfahrenseinleitende Antrag bei Gericht nach dem 30. Juni 2018 angebracht wird oder, wenn eine Entscheidung von Amts wegen getroffen wird, der Beschluss nach dem 30. Juni 2018 gefasst wird." *(BGBl I 2017/59)*

Verweisungen

§ 47. Soweit in anderen Rechtsvorschriften auf Bestimmungen des Bundesgesetzes vom 4. Juli 1962, BGBl. Nr. 180, betreffend die Besorgung gerichtlicher Geschäfte durch Rechtspfleger (Rechtspflegergesetz) verwiesen wird, erhält die Verweisung ihren Inhalt aus den entsprechenden Bestimmungen dieses Bundesgesetzes.

Vollziehung

§ 48. Mit der Vollziehung dieses Bundesgesetzes sind hinsichtlich des § 44 Z 2 der Bundesminister für Finanzen im Einvernehmen mit dem Bundesminister für Justiz, hinsichtlich aller übrigen Bestimmungen der Bundesminister für Justiz betraut.

Winkelschreibereiverordnung

RGBl 1857/114

Justizministerialverordnung vom 8. 6. 1857, betreffend die Behandlung der Winkelschreiber, RGBl. 1857/114

§ 1. Als Winkelschreiber ist anzusehen:

a) wer, ohne berechtiger Rechtsfreund zu sein, in denjenigen Streitsachen, in welchen sich die Parteien nach den Vorschriften der Prozeßordnung eines Rechtsfreundes bedienen müssen, unbefugter Weise im Namen einer Partei einschreitet oder Eingaben für sie verfaßt;

b) wer, ohne von der zuständigen Behörde dazu berechtigt zu sein, es zu seinem Geschäftsbetriebe macht, Rechtsurkunden oder gerichtliche Eingaben in oder außer Streitsachen, wenn auch das Einschreiten eines Rechtsfreundes bei denselben gesetzlich nicht vorgeschrieben ist, für Parteien zu verfassen oder als Bevollmächtigter derselben bei Gericht einzuschreiten, es möge der Bezug eines Entgeltes hiebei erwiesen sein oder die gewinnsüchtige Absicht auch nur aus der Menge der verfaßten Rechtsurkunden oder Eingaben, aus häufigen Einschreitungen in der Eigenschaft eines Bevollmächtigten, aus der Beibringung verstellter Zessionen oder aus anderen Umständen mit Grund zu folgern sein.

§ 2. Die Untersuchung und Bestrafung der Winkelschreiberei steht, wenn sich in derselben nicht eine nach dem allgemeinen Strafgesetze strafbare Handlung darstellt, jenem Gerichte zu, bei welchem der Winkelschreiber unmittelbar oder mittelbar eingeschritten, oder bei welchem eine von demselben verfaßte Rechtsurkunde oder Eingabe überreicht worden ist. Dies gilt auch von den Oberlandesgerichten und dem Obersten Gerichtshofe rücksichtlich der bei denselben vorkommenden Fälle, sofern dieselben nicht für zweckmäßiger erachten, ein Gericht erster Instanz mit der Untersuchung und Entscheidung zu beauftragen.

§ 3. Jedes Gericht hat die Untersuchung kraft seiner Disziplinargewalt zur Aufrechterhaltung der gerichtlichen Ordnung von Amts wegen zu pflegen, und nach Erhebung des Gegenstandes gegen den der Winkelschreiberei schuldig Befundenen eine Geldstrafe bis zu 60 000 S oder Arrest bis zu sechs Wochen zu verhängen.

(BGBl 1989/343)

Vgl Art IV Z 5 EGZPO

§ 4. *(aufgehoben, Art IV EGZPO)*

§ 5. Gegen Rechtsanwälte und Notare, welche gerichtliche Eingaben, die von Winkelschreibern für dritte Personen verfaßt werden, mit ihrer Unterschrift versehen oder auf was immer für eine Art die Winkelschreiberei begünstigen, ist im Disziplinarwege vorzugehen.

Vgl Art IX (1) Z 4 und (2) EGVG (Strafbestimmungen), § 29 (3) ZPO, § 58 RAO

Ehegesetz

(Auszug)

dRGBl 1938 807 (Kundmachung GBlÖ 1938/244)

Ehe/Abst.verf.
EPG, FeiertRG
AHG, OrgHG
B-VG, EMRK

Gesetz zur Vereinheitlichung des Rechts der Eheschließung und der Ehescheidung vom 6. Juli 1938, DRGBl I S. 807 (GBlÖ 1938/244) idF BGBl I 2017/59

Erster Abschnitt

Recht der Eheschließung

D. Nichtigkeit der Ehe

II. Berufung auf die Nichtigkeit

...

§ 27. Niemand kann sich auf die Nichtigkeit einer Ehe berufen, solange nicht die Ehe durch gerichtliches Urteil für nichtig erklärt worden ist.

Begehren der Nichtigerklärung

§ 28. (1) Ist eine Ehe auf Grund des § 22 Abs. 1[1)] nichtig, so kann einer der beiden Ehegatten die Nichtigerklärung begehren. Ist eine Ehe auf Grund des § 23 Abs. 1[2)] nichtig, so kann nur der Staatsanwalt die Nichtigerklärung begehren.

(2) In allen übrigen Fällen der Nichtigkeit können der Staatsanwalt und jeder der Ehegatten, im Fall des § 24[3)] auch der frühere Ehegatte oder eingetragene Partner die Nichtigerklärung begehren. Ist die Ehe aufgelöst, so kann nur der Staatsanwalt die Nichtigerklärung begehren.

(3) Sind beide Ehegatten verstorben, so kann die Nichtigerklärung nicht mehr begehrt werden.

(BGBl I 2017/59, ab 1. 7. 2018, auf Verfahren anzuwenden, in denen der verfahrenseinleitende Schriftsatz nach dem 30. Juni 2018 bei Gericht eingebracht wurde)

[1)] *Mangel der Ehefähigkeit*
[2)] *Namens- und Staatsangehörigkeitsehe*
[3)] *Doppelehe und eingetragene Partnerschaft*
Zur Nichtigkeit der eingetragenen Partnerschaft s § 19 EPG

§ 29. (1) Die Nichtigerklärung kann ein Ehegatte nur selbst begehren, wenn er dafür entscheidungsfähig ist.

(2) Fehlt ihm diese Fähigkeit, so kann ihn ein gesetzlicher Vertreter dabei nur vertreten, wenn die Vertretungshandlung zur Wahrung seines Wohles erforderlich ist. Gibt der Ehegatte aber zu erkennen, dass er die vom gesetzlichen Vertreter geplante Vertretungshandlung ablehnt, so hat diese zu unterbleiben, es sei denn, sein Wohl wäre sonst erheblich gefährdet.

(BGBl I 2017/59, ab 1. 7. 2018, auf Verfahren anzuwenden, in denen der verfahrenseinleitende Schriftsatz nach dem 30. Juni 2018 bei Gericht eingebracht wurde)

...

III. Folgen der Nichtigkeit

...

Schutz gutgläubiger Dritter

§ 32. Einem Dritten gegenüber können aus der Nichtigkeit der Ehe Einwendungen gegen ein zwischen ihm und einem der Ehegatten vorgenommenes Rechtsgeschäft oder gegen ein zwischen ihnen ergangenes rechtskräftiges Urteil nur hergeleitet werden, wenn die Ehe bereits zur Zeit der Vornahme des Rechtsgeschäfts oder zur Zeit des Eintritts der Rechtshängigkeit für nichtig erklärt oder die Nichtigkeit dem Dritten bekannt war.

E. Aufhebung der Ehe

I. Allgemeine Vorschriften

...

§ 34. Die Ehe wird durch gerichtliches Urteil aufgehoben. Sie ist mit der Rechtskraft des Urteils aufgelöst.

II. Aufhebungsgründe

Mangel der Zustimmung des gesetzlichen Vertreters

§ 35. Ein Ehegatte kann die Aufhebung der Ehe begehren, wenn er zur Zeit der Eheschließung minderjährig war und sein gesetzlicher Vertreter nicht die Zustimmung zur Eheschließung erteilt hat, außer es hat dieser oder der Ehegatte nach Erlangung der Volljährigkeit nachträglich zugestimmt oder das Gericht die verweigerte nachträgliche Zustimmung des gesetzlichen Vertreters ersetzt.

(BGBl I 2017/59, ab 1. 7. 2018, auf Verfahren anzuwenden, in denen der verfahrenseinleitende

Schriftsatz nach dem 30. Juni 2018 bei Gericht eingebracht wurde)

...

III. Erhebung der Aufhebungsklage

...

Begehren der Aufhebung

§ 39a. (1) Die Aufhebung der Ehe kann ein Ehegatte nur selbst begehren, wenn er dafür entscheidungsfähig ist.

(2) Fehlt ihm diese Fähigkeit, so kann ihn ein gesetzlicher Vertreter dabei nur vertreten, wenn die Vertretungshandlung zur Wahrung seines Wohles erforderlich ist. Gibt der Ehegatte aber zu erkennen, dass er die vom gesetzlichen Vertreter geplante Vertretungshandlung ablehnt, so hat diese zu unterbleiben, es sei denn, sein Wohl wäre sonst erheblich gefährdet.

(BGBl I 2017/59, ab 1. 7. 2018, auf Verfahren anzuwenden, in denen der verfahrenseinleitende Schriftsatz nach dem 30. Juni 2018 bei Gericht eingebracht wurde)

Klagefrist

§ 40. (1) Die Aufhebungsklage kann nur binnen eines Jahres erhoben werden.

(2) Die Frist beginnt im Fall des § 35 mit dem Zeitpunkt, in welchem die Eingehung oder die Bestätigung der Ehe dem gesetzlichen Vertreter bekannt wird oder der Ehegatte entscheidungsfähig wird, in den Fällen der §§ 36 bis 38 mit dem Bekanntwerden des Irrtums oder der Täuschung, im Fall des § 39 mit dem Ende der Zwangslage. *(BGBl I 2017/59, ab 1. 7. 2018, auf Verfahren anzuwenden, in denen der verfahrenseinleitende Schriftsatz nach dem 30. Juni 2018 bei Gericht eingebracht wurde)*

(3) Der Lauf der Frist ist gehemmt, solange der klageberechtigte Ehegatte innerhalb der letzten sechs Monate der Klagefrist durch einen unabwendbaren Zufall an der Erhebung der Aufhebungsklage gehindert ist.

(4) Hat ein klageberechtigter Ehegatte, der nicht entscheidungsfähig ist, keinen gesetzlichen Vertreter, so endet die Klagefrist nicht vor dem Ablauf von sechs Monaten nach dem Zeitpunkt, von dem an der Ehegatte die Aufhebungsklage selbständig erheben kann. *(BGBl I 2017/59, ab 1. 7. 2018, auf Verfahren anzuwenden, in denen der verfahrenseinleitende Schriftsatz nach dem 30. Juni 2018 bei Gericht eingebracht wurde)*

Versäumung der Klagefrist durch den gesetzlichen Vertreter

§ 41. Hat der gesetzliche Vertreter eines nicht entscheidungsfähigen Ehegatten die Aufhebungs-

klage nicht rechtzeitig erhoben, so kann der Ehegatte selbst innerhalb von sechs Monaten seit dem Wegfall der Entscheidungsunfähigkeit die Aufhebungsklage erheben. *(BGBl I 2017/59, ab 1. 7. 2018, auf Verfahren anzuwenden, in denen der verfahrenseinleitende Schriftsatz nach dem 30. Juni 2018 bei Gericht eingebracht wurde)*

...

Zweiter Abschnitt

Recht der Ehescheidung

A. Allgemeine Vorschriften

§ 46. Die Ehe wird durch gerichtliche Entscheidung geschieden. Sie ist mit der Rechtskraft der Entscheidung aufgelöst. Die Voraussetzungen, unter denen die Scheidung begehrt werden kann, ergeben sich aus den nachstehenden Vorschriften. *(BGBl 1978/280)*

§ 47. (1) Die Scheidung kann ein Ehegatte nur selbst begehren, wenn er dafür entscheidungsfähig ist.

(2) Fehlt ihm diese Fähigkeit, so kann ihn ein gesetzlicher Vertreter dabei nur vertreten, wenn die Vertretungshandlung zur Wahrung seines Wohles erforderlich ist. Gibt der Ehegatte aber zu erkennen, dass er die vom gesetzlichen Vertreter geplante Vertretungshandlung ablehnt, so hat diese zu unterbleiben, es sei denn, sein Wohl wäre sonst erheblich gefährdet.

(BGBl I 1999/125; BGBl I 2017/59, ab 1. 7. 2018, auf Verfahren anzuwenden, in denen der verfahrenseinleitende Schriftsatz nach dem 30. Juni 2018 bei Gericht eingebracht wurde)

...

B. Ehescheidungsgründe

...

II. Scheidung aus anderen Gründen

...

Vermeidung von Härten

§ 54. In den Fällen der §§ 50 und 52 darf die Ehe nicht geschieden werden, wenn das Scheidungsbegehren sittlich nicht gerechtfertigt ist. Dies ist in der Regel dann anzunehmen, wenn die Auflösung der Ehe den anderen Ehegatten außergewöhnlich hart treffen würde. Ob dies der Fall ist, richtet sich nach den Umständen, namentlich auch nach der Dauer der Ehe, dem Lebensalter der Ehegatten und dem Anlaß der Erkrankung. *(StGBl 1945/31; BGBl I 2017/59, ab 1. 7. 2018, auf Verfahren anzuwenden, in denen der verfahrenseinleitende Schriftsatz nach dem 30. Juni 2018 bei Gericht eingebracht wurde)*

Auflösung der häuslichen Gemeinschaft

§ 55. (1) Ist die häusliche Gemeinschaft der Ehegatten seit drei Jahren aufgehoben, so kann jeder Ehegatte wegen tiefgreifender unheilbarer Zerrüttung der Ehe deren Scheidung begehren. Dem Scheidungsbegehren ist nicht stattzugeben, wenn das Gericht zur Überzeugung gelangt, daß die Wiederherstellung einer dem Wesen der Ehe entsprechenden Lebensgemeinschaft zu erwarten ist. *(BGBl 1978/280)*

(2) Dem Scheidungsbegehren ist auf Verlangen des beklagten Ehegatten auch dann nicht stattzugeben, wenn der Ehegatte, der die Scheidung begehrt, die Zerrüttung allein oder überwiegend verschuldet hat und den beklagten Ehegatten die Scheidung härter träfe als den klagenden Ehegatten die Abweisung des Scheidungsbegehrens. Bei dieser Abwägung ist auf alle Umstände des Falles, besonders auf die Dauer der ehelichen Lebensgemeinschaft, das Wohl der Kinder sowie auch auf die Dauer der Aufhebung der häuslichen Gemeinschaft, Bedacht zu nehmen. *(BGBl 1978/280)*

(3) Dem Scheidungsbegehren ist jedenfalls stattzugeben, wenn die häusliche Gemeinschaft der Ehegatten seit sechs Jahren aufgehoben ist. *(BGBl 1978/303)*

Einvernehmen

§ 55a. (1) Ist die eheliche Lebensgemeinschaft der Ehegatten seit mindestens einem halben Jahr aufgehoben, gestehen beide die unheilbare Zerrüttung des ehelichen Verhältnisses zu und besteht zwischen ihnen Einvernehmen über die Scheidung, so können sie die Scheidung gemeinsam begehren.

(2) Die Ehe darf nur geschieden werden, wenn die Ehegatten eine schriftliche Vereinbarung über die Betreuung ihrer Kinder oder die Obsorge, die Ausübung des Rechtes auf persönliche Kontakte und die Unterhaltspflicht hinsichtlich ihrer gemeinsamen Kinder sowie ihre unterhaltsrechtlichen Beziehungen und die gesetzlichen vermögensrechtlichen Ansprüche im Verhältnis zueinander für den Fall der Scheidung vor Gericht schließen. *(BGBl I 2013/15)*

(3) Einer Vereinbarung nach Abs. 2 bedarf es nicht, soweit über diese Gegenstände bereits eine rechtskräftige gerichtliche Entscheidung vorliegt. Daß die für eine solche Vereinbarung allenfalls erforderliche gerichtliche Genehmigung noch nicht vorliegt, ist für den Ausspruch der Scheidung nicht zu beachten.

(BGBl 1978/280)

C. Ausschluß des Scheidungsrechts

Verzeihung

§ 56. Das Recht auf Scheidung wegen Verschuldens besteht nicht, wenn sich aus dem Verhalten des verletzten Ehegatten ergibt, daß er die Verfehlung des anderen verziehen oder sie als ehezerstörend nicht empfunden hat.

Ehe/Abst.verf.
EPG. FeiertRG
AHG. OrgHG
B-VG. EMRK

Fristablauf

§ 57. (1) Das Recht auf Scheidung wegen Verschuldens erlischt, wenn der Ehegatte nicht binnen sechs Monaten die Klage erhebt. Die Frist beginnt mit der Kenntnis des Scheidungsgrundes. Sie läuft nicht, solange die häusliche Gemeinschaft der Ehegatten aufgehoben ist. Fordert der schuldige Ehegatte den anderen auf, die Gemeinschaft herzustellen oder die Klage auf Scheidung zu erheben, so läuft die Frist vom Empfang der Aufforderung an.

(2) Die Scheidung ist nicht mehr zulässig, wenn seit dem Eintritt des Scheidungsgrundes zehn Jahre verstrichen sind. *(StGBl 1945/31)*

(3) *(aufgehoben, BGBl I 2000/135, ab 1. 7. 2001)*

(4) Für die Sechs- und die Dreimonatsfrist gilt § 40 Abs. 3 und 4 entsprechend.

§ 58. *(aufgehoben, StGBl 1945/31)*

Nachträgliche Geltendmachung von Scheidungsgründen bei Scheidung wegen Verschuldens [und wegen Unfruchtbarkeit]

§ 59. (1) Nach Ablauf der in den §§ 57 [und 58] bezeichneten Fristen kann während eines Scheidungsstreites ein Scheidungsgrund noch geltend gemacht werden, wenn die Frist bei der Klageerhebung noch nicht verstrichen war.

(2) Eheverfehlungen, auf die eine Scheidungsklage nicht mehr gegründet werden kann, können nach Ablauf der Fristen des § 57 zur Unterstützung einer auf andere Eheverfehlungen gegründeten Scheidungsklage geltend gemacht werden.

[] *Gegenstandslos*

D. Schuldausspruch

Bei Scheidung wegen Verschuldens

§ 60. (1) Wird die Ehe wegen Verschuldens des Beklagten geschieden, so ist dies im Urteil auszusprechen.

(2) Hat der Beklagte Widerklage erhoben und wird die Ehe wegen Verschuldens beider Ehegatten geschieden, so sind beide für schuldig zu er-

klären. Ist das Verschulden des einen Ehegatten erheblich schwerer als das des anderen, so ist zugleich auszusprechen, daß seine Schuld überwiegt.

(3) Auch ohne Erhebung einer Widerklage ist auf Antrag des Beklagten die Mitschuld des Klägers auszusprechen, wenn die Ehe wegen einer Verfehlung des Beklagten geschieden wird und dieser zur Zeit der Erhebung der Klage oder später auf Scheidung wegen Verschuldens hätte klagen können. Hatte der Beklagte bei der Klagserhebung das Recht, die Scheidung wegen Verschuldens des Klägers zu begehren, bereits verloren, so ist dem Antrag gleichwohl stattzugeben, wenn dies der Billigkeit entspricht. Abs. 2 Satz 2 gelten entsprechend. *(BGBl I 2000/135, ab 1. 7. 2001)*

Bei Scheidung aus anderen Gründen

§ 61. (1) Wird die Ehe auf Klage und Widerklage geschieden und trifft nur einen Ehegatten ein Verschulden, so ist dies im Urteil auszusprechen.

(2) Wird die Ehe lediglich auf Grund der §§ 50 und 52 geschieden und hätte der Beklagte zur Zeit der Erhebung der Klage oder später auf Scheidung wegen Verschuldens des Klägers klagen können, so ist auch ohne Erhebung einer Widerklage auf Antrag des Beklagten auszusprechen, daß den Kläger ein Verschulden trifft. Hatte der Beklagte bei der Klageerhebung das Recht, die Scheidung wegen Verschuldens des Klägers zu begehren, bereits verloren, so ist dem Antrag gleichwohl stattzugeben, wenn dies der Billigkeit entspricht. *(BGBl I 2000/135, ab 1. 7. 2001; BGBl I 2017/59, ab 1. 7. 2018, auf Verfahren anzuwenden, in denen der verfahrenseinleitende Schriftsatz nach dem 30. Juni 2018 bei Gericht eingebracht wurde)*

(3) Wird die Ehe nach § 55 geschieden und hat der Kläger die Zerrüttung allein oder überwiegend verschuldet, so ist dies auf Antrag des Beklagten im Urteil auszusprechen. *(BGBl 1978/280)*

...

E. Folgen der Scheidung

III. Aufteilung des ehelichen Gebrauchsvermögens und der ehelichen Ersparnisse[1)]
[1)] *eingefügt durch BGBl 1978/280*

Gegenstand der Aufteilung

§ 81. (1) Wird die Ehe geschieden, aufgehoben oder für nichtig erklärt, so sind das eheliche Gebrauchsvermögen und die ehelichen Ersparnisse unter die Ehegatten aufzuteilen. Bei der Aufteilung sind die Schulden, die mit dem ehelichen Gebrauchsvermögen und den ehelichen Ersparnis-

sen in einem inneren Zusammenhang stehen, in Anschlag zu bringen.

(2) Eheliches Gebrauchsvermögen sind die beweglichen oder unbeweglichen körperlichen Sachen, die während aufrechter ehelicher Lebensgemeinschaft dem Gebrauch beider Ehegatten gedient haben; hierzu gehören auch der Hausrat und die Ehewohnung.

(3) Eheliche Ersparnisse sind Wertanlagen, gleich welcher Art, die die Ehegatten während aufrechter ehelicher Lebensgemeinschaft angesammelt haben und die ihrer Art nach üblicherweise für eine Verwertung bestimmt sind.

(BGBl 1978/280)

§ 82. (1) Der Aufteilung unterliegen nicht Sachen (§ 81), die

1. ein Ehegatte in die Ehe eingebracht, von Todes wegen erworben oder ihm ein Dritter geschenkt hat,

2. dem persönlichen Gebrauch eines Ehegatten allein oder der Ausübung seines Berufes dienen,

3. zu einem Unternehmen gehören oder

4. Anteile an einem Unternehmen sind, außer es handelt sich um bloße Wertanlagen.

(2) Die Ehewohnung, die ein Ehegatte in die Ehe eingebracht oder von Todes wegen erworben oder die ihm ein Dritter geschenkt hat, ist in die Aufteilung dann einzubeziehen, wenn dies vereinbart wurde oder der andere Ehegatte auf ihre Weiterbenützung zur Sicherung seiner Lebensbedürfnisse angewiesen ist oder wenn ein gemeinsames Kind an ihrer Weiterbenützung einen berücksichtigungswürdigen Bedarf hat. Gleiches gilt für den Hausrat, wenn der andere Ehegatte auf seine Weiterbenützung zur Sicherung seiner Lebensbedürfnisse angewiesen ist. *(BGBl I 1999/125; BGBl I 2009/75, ab 1. 1. 2010, anzuwenden, wenn der verfahrenseinleitende Antrag oder die Klage nach dem 31. Dezember 2009 bei Gericht eingebracht wird)*

(BGBl 1978/280)

Aufteilungsgrundsätze

§ 83. (1) Die Aufteilung ist nach Billigkeit vorzunehmen. Dabei ist besonders auf Gewicht und Umfang des Beitrags jedes Ehegatten zur Anschaffung des ehelichen Gebrauchsvermögens und zur Ansammlung der ehelichen Ersparnisse sowie auf das Wohl der Kinder Bedacht zu nehmen; weiter auf Schulden, die mit dem ehelichen Lebensaufwand zusammenhängen, soweit sie nicht ohnedies nach § 81 in Anschlag zu bringen sind.

(2) Als Beitrag sind auch die Leistung des Unterhalts, die Mitwirkung im Erwerb, soweit sie nicht anders abgegolten worden ist, die Führung des gemeinsamen Haushalts, die Pflege und

Erziehung gemeinsamer Kinder und jeder sonstige eheliche Beistand zu werten.

(BGBl 1978/280)

§ 84. Die Aufteilung soll so vorgenommen werden, daß sich die Lebensbereiche der geschiedenen Ehegatten künftig möglichst wenig berühren.

Gerichtliche Aufteilung

§ 85. Soweit sich die Ehegatten über die Aufteilung ehelichen Gebrauchsvermögens und ehelicher Ersparnisse nicht einigen, hat hierüber auf Antrag das Gericht zu entscheiden.

(BGBl 1978/280)

Gerichtliche Anordnungen

§ 86. (1) Bei der Aufteilung ehelichen Gebrauchsvermögens kann das Gericht die Übertragung von Eigentum an beweglichen körperlichen Sachen oder eines Anwartschaftsrechts darauf und die Übertragung von Eigentum und sonstigen Rechten an unbeweglichen körperlichen Sachen von einem auf den anderen Ehegatten sowie die Begründung von dinglichen Rechten oder schuldrechtlichen Rechtsverhältnissen zugunsten des einen Ehegatten an unbeweglichen körperlichen Sachen des anderen anordnen.

(2) Steht eheliches Gebrauchsvermögen im Eigentum eines Dritten, so darf das Gericht die Übertragung von Rechten und Pflichten, die sich auf die Sache beziehen, nur mit Zustimmung des Eigentümers anordnen.

(BGBl 1978/280)

§ 87. (1) Für die Ehewohnung kann das Gericht, wenn sie kraft Eigentums oder eines anderen dinglichen Rechtes eines oder beider Ehegatten benützt wird, die Übertragung des Eigentums oder des dinglichen Rechtes von einem auf den anderen Ehegatten oder die Begründung eines schuldrechtlichen Rechtsverhältnisses zugunsten eines Ehegatten anordnen. Die Übertragung des Eigentums oder eines dinglichen Rechts an einer Ehewohnung nach § 82 Abs. 2 können die Ehegatten durch Vereinbarung ausschließen. *(BGBl I 2009/75, ab 1. 1. 2010, anzuwenden, wenn der verfahrenseinleitende Antrag oder die Klage nach dem 31. Dezember 2009 bei Gericht eingebracht wird)*

(2) Sonst kann das Gericht ohne Rücksicht auf eine Regelung durch Vertrag oder Satzung anordnen, daß ein Ehegatte an Stelle des anderen in das der Benützung der Ehewohnung zugrunde liegende Rechtsverhältnis eintritt oder das bisher gemeinsame Rechtsverhältnis allein fortsetzt.

(BGBl 1978/280)

§ 88. (1) Wird die Ehewohnung auf Grund eines Dienstverhältnisses benützt oder das Rechtsverhältnis daran im Zusammenhang mit einem Dienstverhältnis begründet, so darf das Gericht eine Anordnung hinsichtlich der Benützung einer solchen Wohnung nur mit Zustimmung des Dienstgebers oder des für die Vergabe der Dienstwohnung zuständigen Rechtsträgers treffen, wenn

1. die Zuweisung der Wohnung deswegen, weil sie überwiegend der Erfüllung der Dienstpflicht dient, wesentliche Interessen des Dienstgebers verletzen könnte oder

2. die Wohnung unentgeltlich oder gegen ein bloß geringfügiges, wesentlich unter dem ortsüblichen Maß liegenden Entgelt benützt wird oder

3. die Wohnung vom Dienstgeber als Teil des Entgelts für die geleisteten Dienste zur Verfügung gestellt wird.

(2) Wird die Ehewohnung nach Abs. 1 dem Ehegatten zugesprochen, der nicht der Dienstnehmer ist, so hat das Gericht ein angemessenes Benützungsentgelt festzusetzen. Das Wohnrecht dieses Ehegatten besteht nur so lange, als er sich nicht wieder verheiratet oder eine eingetragene Partnerschaft begründet, und kann von ihm nicht auf andere Personen übergehen oder übertragen werden. *(BGBl I 2009/135, ab 1. 1. 2010)*

(BGBl 1978/280)

§ 89. Bei der Aufteilung ehelicher Ersparnisse kann das Gericht die Übertragung von Vermögenswerten, gleich welcher Art, von einem auf den anderen Ehegatten und die Begründung eines schuldrechtlichen Benützungsrechts an einer Wohnung zugunsten eines Ehegatten anordnen.

(BGBl 1978/280)

§ 90. (1) Die Übertragung des Eigentums an unbeweglichen Sachen oder die Begründung von dinglichen Rechten daran darf nur angeordnet werden, wenn eine billige Regelung in anderer Weise nicht erzielt werden kann.

(2) Für gemeinsames Wohnungseigentum der Ehegatten kann das Gericht nur die Übertragung des Anteils eines Ehegatten am Mindestanteil und gemeinsamen Wohnungseigentum auf den anderen anordnen.

(BGBl 1978/280)

Ausgleich von Benachteiligungen

§ 91. (1)[1)] Hat ein Ehegatte ohne ausdrückliche oder stillschweigende Zustimmung des anderen frühestens zwei Jahre vor Einbringung der Klage auf Scheidung, Aufhebung oder Nichtigerklärung der Ehe oder, wenn die eheliche Lebensgemeinschaft vor Einbringung der Klage aufgehoben worden ist, frühestens zwei Jahre vor dieser Aufhebung eheliches Gebrauchsvermögen oder eheliche Ersparnisse in einer Weise verringert, die der Gestaltung der Lebensverhältnisse der Ehegatten während der ehelichen Lebensgemeinschaft widerspricht, so ist der Wert des Fehlenden in die Aufteilung einzubeziehen.

(2) Wurde eheliches Gebrauchsvermögen oder wurden eheliche Ersparnisse in ein Unternehmen, an dem einem oder beiden Ehegatten ein Anteil zusteht, eingebracht oder für ein solches Unternehmen sonst verwendet, so ist der Wert des Eingebrachten oder Verwendeten in die Aufteilung einzubeziehen. Bei der Aufteilung ist jedoch zu berücksichtigen, inwieweit jedem Ehegatten durch die Einbringung oder Verwendung Vorteile entstanden sind und inwieweit die eingebrachten oder verwendeten ehelichen Ersparnisse aus den Gewinnen des Unternehmens stammten. Der Bestand des Unternehmens darf durch die Aufteilung nicht gefährdet werden. *(BGBl I 1999/125)*

(3) Gehört eine körperliche Sache, die während aufrechter ehelicher Lebensgemeinschaft dem Gebrauch beider Ehegatten gedient hat, zu einem Unternehmen, an dem einem oder beiden Ehegatten ein Anteil zusteht, und bleibt nach Scheidung, Aufhebung oder Nichtigerklärung der Ehe nur einem Ehegatten der Gebrauch dieser Sache erhalten, so hat das Gericht dies bei der Aufteilung ehelichen Gebrauchsvermögens und ehelicher Ersparnisse zugunsten des anderen Ehegatten angemessen zu berücksichtigen.

(BGBl 1978/280)

---

1) § 91 EheG ist in der Neufassung (neu eingefügter Abs 2, bisheriger Abs 2 wurde Abs 3) auf Verfahren anzuwenden, wenn die mündliche Streitverhandlung erster Instanz im Scheidungsverfahren am 1. 1. 2000 noch nicht geschlossen war.

Schulden

§ 92. Bezüglich der im § 81 Abs. 1 und im § 83 Abs. 1 genannten Schulden kann das Gericht bestimmen, welcher Ehegatte im Innenverhältnis zu ihrer Zahlung verpflichtet ist.

(BGBl 1978/280)

Durchführung der Aufteilung

§ 93. In seiner Entscheidung hat das Gericht auch die zu ihrer Durchführung nötigen Anordnungen zu treffen und die näheren Umstände, besonders in zeitlicher Hinsicht, für deren Erfüllung zu bestimmen. Sind mit der Durchführung der Entscheidung Aufwendungen verbunden, so hat das Gericht nach billigem Ermessen zu entscheiden, welcher Ehegatte sie zu tragen hat.

(BGBl 1978/280)

Ausgleichszahlung

§ 94. (1) Soweit eine Aufteilung nach den vorstehenden Bestimmungen nicht erzielt werden kann, hat das Gericht einem Ehegatten eine billige Ausgleichszahlung an den anderen aufzuerlegen.

(2) Das Gericht kann eine Stundung der Ausgleichszahlung oder deren Entrichtung in Teilbeträgen, tunlich gegen Sicherstellung, anordnen, wenn dies für den Ausgleichspflichtigen wirtschaftlich notwendig und dem Ausgleichsberechtigten zumutbar ist.

(BGBl 1978/280)

Erlöschen des Aufteilungsanspruchs

§ 95. Der Anspruch auf Aufteilung ehelichen Gebrauchsvermögens und ehelicher Ersparnisse erlischt, wenn er nicht binnen einem Jahr nach Eintritt der Rechtskraft der Scheidung, Aufhebung oder Nichtigerklärung der Ehe durch Vertrag oder Vergleich anerkannt oder gerichtlich geltend gemacht wird.

(BGBl 1978/280)

Übergang des Aufteilungsanspruchs

§ 96. Der Anspruch auf Aufteilung ehelichen Gebrauchsvermögens und ehelicher Ersparnisse ist vererblich, unter Lebenden unter Todes wegen übertragbar und verpfändbar, soweit er durch Vertrag oder Vergleich anerkannt oder gerichtlich geltend gemacht worden ist.

(BGBl 1978/280)

Verträge

§ 97. (1) Vereinbarungen, die im Voraus die Aufteilung ehelicher Ersparnisse oder die Aufteilung der Ehewohnung regeln, bedürfen zu ihrer Rechtswirksamkeit der Form eines Notariatsaktes. Vereinbarungen, die im Voraus die Aufteilung des übrigen ehelichen Gebrauchsvermögens regeln, bedürfen der Schriftform.

(2) Von einer im Voraus geschlossenen Vereinbarung über die Aufteilung der ehelichen Ersparnisse und des ehelichen Gebrauchsvermögens mit Ausnahme der Ehewohnung kann das Gericht bei der Aufteilung nur abweichen, soweit die Vereinbarung in einer Gesamtbetrachtung des in die Aufteilung einzubeziehenden Vermögens im Zeitpunkt der Aufteilungsentscheidung einen Teil unbillig benachteiligt, sodass ihm die Zuhaltung unzumutbar ist.

(3) Von einer im Voraus geschlossenen Vereinbarung über die Nutzung der Ehewohnung durch einen Ehegatten kann das Gericht bei der Aufteilung nur abweichen, soweit der andere Ehegatte oder ein gemeinsames Kind seine Lebensbedürfnisse nicht hinreichend decken kann oder eine

deutliche Verschlechterung seiner Lebensverhältnisse hinnehmen müsste.

(4) Weicht das Gericht von einer im Voraus geschlossenen Vereinbarung ab, ist insbesondere auf die Gestaltung der ehelichen Lebensverhältnisse, die Dauer der Ehe sowie darauf Bedacht zu nehmen, inwieweit der Vereinbarung eine rechtliche Beratung vorangegangen ist und in welcher Form sie geschlossen wurde.

(5) Die Abs. 1 bis 4 gelten nicht für solche Vereinbarungen, die die Ehegatten im Zusammenhang mit dem Verfahren auf Scheidung, Aufhebung oder Nichtigerklärung der Ehe geschlossen haben. *(BGBl 1978/280; BGBl I 2009/75, ab 1. 1. 2010, anzuwenden, wenn der verfahrenseinleitende Antrag oder die Klage nach dem 31. Dezember 2009 bei Gericht eingebracht wird)*

Haftung für Kredite

§ 98. (1) Entscheidet das Gericht (§ 92) oder vereinbaren die Ehegatten (§ 97 Abs. 5 , gegebenenfalls § 55 a Abs. 2), wer von beiden im Innenverhältnis zur Zahlung von Kreditverbindlichkeiten, für die beide haften, verpflichtet ist, so hat das Gericht auf Antrag mit Wirkung für den Gläubiger auszusprechen, daß derjenige Ehegatte, der im Innenverhältnis zur Zahlung verpflichtet ist, Hauptschuldner, der andere Ausfallsbürge wird. Dieser Antrag muß in der Frist nach § 95 gestellt werden. *(BGBl I 2009/75, ab 1. 1. 2010, anzuwenden, wenn der verfahrenseinleitende Antrag oder die Klage nach dem 31. Dezember 2009 bei Gericht eingebracht wird)*

(2) Der Ausfallsbürge nach Abs. 1 kann – vorbehaltlich des § 1356 ABGB – nur wegen des Betrags belangt werden, der vom Hauptschuldner nicht in angemessener Frist hereingebracht werden kann, obwohl der Gläubiger gegen ihn nach Erwirkung eines Exekutionstitels

1. Fahrnis- oder Gehaltsexekution und

2. Exekution auf eine dem Gläubiger bekannte Liegenschaft des Hauptschuldners, die offensichtlich für die Forderung Deckung bietet, geführt sowie

3. Sicherheiten, die dem Gläubiger zur Verfügung stehen, verwertet hat.

Müßte der Exekutionstitel im Ausland erwirkt oder müßten die angeführten Exekutionsmaßnahmen im Ausland durchgeführt werden, bedarf es

ihrer nicht, soweit sie dem Gläubiger nicht möglich oder nicht zumutbar sind.

(3) Überdies kann der Bürge, dem der Rechtsstreit gegen den Hauptschuldner rechtzeitig verkündet worden ist (§ 21 ZPO), dem Gläubiger Einwendungen, die nicht in seiner Person begründet sind, nur entgegenhalten, soweit sie auch der Hauptschuldner erheben kann.

(BGBl 1985/481)

§ 99 entfällt ab 1. 5. 2004 samt Überschrift (BGBl I 2003/29, Art II). Die bisher geltende Fassung ist auf Mediationen, die vor dem 1. 5. 2004 begonnen wurden, weiter anzuwenden (BGBl I 2003/29, Art VII, § 2). Zur Fristenhemmung siehe § 22 Ziv-MediatG, BGBl I 2003/29, abgedruckt im Anhang.

...

Dritter Abschnitt

Sondervorschriften für das Land Österreich

C. Verfahrensvorschriften

§ 108. *(aufgehoben, BGBl 1983/566)*

...

Vierter Abschnitt

Schlußbestimmungen

Inkrafttreten und Übergangsbestimmungen ab 1. Juli 2018

§ 131. Für das Inkrafttreten des 2. Erwachsenenschutz-Gesetzes, BGBl. I Nr. 59/2017 (2. ErwSchG), gilt Folgendes:

1. Die §§ 1, 15, 22, 28, 29, 35, 39a, 40, 41, 47, 50, 54, 61, 69 und 69b samt Überschriften, die Überschrift vor § 31 und der Entfall der §§ 2, 3, 51 und 102 samt Überschriften in der Fassung des 2. ErwSchG treten mit 1. Juli 2018 in Kraft.

2. §§ 1 und 22 in der Fassung des 2. ErwSchG sind anzuwenden, wenn die Ehe nach dem 30. Juni 2018 begründet wird. Die §§ 28, 29, 35, 39a, 40, 41, 47, 50, 54, 61, 69 und 69b in dieser Fassung sind auf Verfahren anzuwenden, in denen der verfahrenseinleitende Schriftsatz nach dem 30. Juni 2018 bei Gericht eingebracht wurde.

(BGBl I 2017/59)

Ehe/Abst.verf.
EPG, FeiertRG
AHG, OrgHG
B-VG, EMRK

1. DVEheG

Verordnung zur Durchführung und Ergänzung des Gesetzes zur Vereinheitlichung des Rechts der Eheschließung und der Ehescheidung vom 27. Juli 1938. *(Auszug)*, dRGBl I S 923/1938 (Kundmachung GBlÖ 1938/302) idF

1 BGBl 1977/403   2 BGBl 1983/566

II. Weitere Durchführungsbestimmungen

Schuldausspruch im Aufhebungsurteil

§ 17. Wird die Ehe aufgehoben und ist ein Ehegatte im Sinne des § 42 Abs. 2 des Ehegesetzes oder des § 19 Abs. 2 dieser Verordnung als schuldig anzusehen, so ist dies im Urteil auszusprechen.

Zusammentreffen von Aufhebungs- und Scheidungsbegehren

§ 18. Wird in demselben Rechtsstreit Aufhebung und Scheidung der Ehe begehrt und sind die Begehren begründet, so ist nur auf Aufhebung der Ehe zu erkennen. Die Schuld eines Ehegatten, welche das Scheidungsbegehren oder einen Schuldantrag gegenüber diesem Begehren rechtfertigt, ist im Schuldausspruch (§ 17 dieser Verordnung, §§ 60 und 61 des Ehegesetzes) zu berücksichtigen. Ist hiernach jeder der Ehegatten als schuldig anzusehen, so sind beide für schuldig zu erklären. Ist das Verschulden des einen Ehegatten erheblich schwerer als das des anderen, so ist zugleich auszusprechen, daß seine Schuld überwiegt.

Wiederverheiratung im Falle der Todeserklärung

§ 19. (1) In den Fällen des § 44 des Ehegesetzes kann die Aufhebung der Ehe nur binnen eines Jahres begehrt werden. Die Frist beginnt mit dem Zeitpunkt, in dem der Ehegatte aus der früheren Ehe Kenntnis davon erlangt hat, daß der für tot erklärte Ehegatte noch lebt.

(2) Soweit sich in den Fällen des § 44 des Ehegesetzes die Folgen der Aufhebung nach den Vorschriften über die Folgen der Scheidung bestimmen, ist der beklagte Ehegatte als schuldig anzusehen, wenn er bei der Eheschließung gewußt

hat, daß der für tot erklärte Ehegatte die Todeserklärung überlebt hat.

VI. Sondervorschriften für das Land Österreich

B. Ergänzungsvorschriften zu den Abschnitten I bis V dieser Verordnung

§ 82. (1) Die Nichtigkeitsklage des Staatsanwalts ist gegen beide Ehegatten und, wenn einer von ihnen verstorben ist, gegen den überlebenden Ehegatten zu richten. Die Nichtigkeitsklage des einen Ehegatten ist gegen den anderen Ehegatten zu richten.

(2) Im Falle der Doppelehe ist die Nichtigkeitsklage des Ehegatten der früheren Ehe gegen beide Ehegatten der späteren Ehe zu richten.

§ 83. Im Verfahren über eine Nichtigkeitsklage kann der Staatsanwalt, auch wenn er die Klage nicht erhoben hat, den Rechtsstreit betreiben, insbesondere selbständig Anträge stellen und Rechtsmittel einlegen.

§ 84. Hat der Staatsanwalt die Nichtigkeitsklage zu Lebzeiten beider Ehegatten erhoben, so findet, wenn ein Ehegatte stirbt, „§ 460 Z 8 ZPO" keine Anwendung. Das Verfahren wird gegen den überlebenden Ehegatten fortgesetzt. *(BGBl 1983/566)*

§ 85. In den Fällen, in denen der als Partei auftretende Staatsanwalt unterliegt, sind Kostenersätze dem Staate aufzuerlegen (§§ 40 ff. der österreichischen Zivilprozeßordnung).

§ 86. (1) Zur Mitwirkung in Ehesachen ist der Staatsanwalt am Sitze des Prozeßgerichts zuständig, in Wien der Staatsanwalt beim Landesgericht für Strafsachen Wien.

(2) *(aufgehoben, BGBl 1977/403)*

9/1/3. Anhang

Übersicht über weitere Rechtsquellen:

Ab 1. 7. 2004/1. 1. 2005 s. auch FamErbRÄG 2005
Ab 1. 1. 2010 s. auch § 19 ff EPG
Ab 1. 2. 2013 s auch KindNamRÄG 2013 (BGBl I 2013/15)

Ehe/Abst.verf.
EidesG, FeiertRG
AHG, OrgHG, B-VG
EMRK, EU-MediatG

ABGB (ab 1. 2. 2013)

Abstammung des Kindes (§§ 140 ff)

Gerichtliche Feststellung der Vaterschaft (§§ 148 ff)

Gesetzliche Vertretung des Kindes (§§ 167 ff) zur gerichtlichen Klagsgenehmigung etc. siehe § 167 Abs 3

Rechtsunwirksamkeit des Vaterschaftsanerkenntnisses (§ 154)

§ 169 enthält Sondervertretungsregeln für zivilgerichtliche Verfahren.

AußStrG

Scheidung im Einvernehmen: §§ 93 ff

Anerkennung der Vaterschaft etc: vgl §§ 81 ff

JN

Streitsachen in Angelegenheiten des Familienrechts: § 49 (2) Z 1-2b

Ehesachen: §§ 76 f, 100, 114 a

Zuständigkeit bei Streitigkeiten über die Feststellung der Vaterschaft: § 108

EheG

(DRGBl 1938 I S 807, GBlÖ 1938/244)

Nichtigkeit der Ehe: §§ 27 f, 32

Aufhebung der Ehe: §§ 34 f, 40 f

4. Durchführungsverordnung zum Ehegesetz

(DRGBl 1941 I S 654)

aufgehoben ab 1. 1. 2005

(BGBl I 2003/111 § 200; Übergangs-

bestimmungen in § 200 Abs 2 AußstrG)

Anerkennung ausländischer Entscheidungen in Ehesachen: § 24 ist mit 1. 3. 2001 aufgehoben (siehe nunmehr § 114a Abs 1 JN sowie die „Brüssel IIa-VO" (samt Erlass des BMJ hiezu abgedruckt unter 35/1 und 35/2).

Eingetragene Partnerschaft-Gesetz

BGBl I 2009/135

(Auszug: §§ 24 - 42)

Bundesgesetz über die eingetragene Partnerschaft (Eingetragene Partnerschaft-Gesetz - EPG)

6. Abschnitt

Folgen der Auflösung oder der Nichtigkeit

Aufteilung des Gebrauchsvermögens und der Ersparnisse

Gegenstand der Aufteilung

§ 24. (1) Wird die eingetragene Partnerschaft, außer im Fall des Todes oder der Todeserklärung, aufgelöst oder für nichtig erklärt, so sind das partnerschaftliche Gebrauchsvermögen und die partnerschaftlichen Ersparnisse zwischen beiden eingetragenen Partnern aufzuteilen. Bei der Aufteilung sind die Schulden, die mit dem Gebrauchsvermögen und den Ersparnissen in einem inneren Zusammenhang stehen, in Anschlag zu bringen.

(2) Partnerschaftliches Gebrauchsvermögen sind die beweglichen oder unbeweglichen körperlichen Sachen, die während aufrechter Lebensgemeinschaft dem Gebrauch beider Teile gedient haben; hierzu gehören auch der Hausrat und die gemeinsame Wohnung.

(3) Partnerschaftliche Ersparnisse sind Wertanlagen, gleich welcher Art, die beide Teile während aufrechter Lebensgemeinschaft angesammelt haben und die ihrer Art nach üblicherweise für eine Verwertung bestimmt sind.

§ 25. (1) Der Aufteilung unterliegen nicht Sachen (§ 24), die

1. ein Teil in die eingetragene Partnerschaft eingebracht, von Todes wegen erworben oder ihm ein Dritter geschenkt hat,

2. dem persönlichen Gebrauch eines Teils allein oder der Ausübung seines Berufes dienen,

3. zu einem Unternehmen gehören oder

4. Anteile an einem Unternehmen sind, außer es handelt sich um bloße Wertanlagen.

(2) Die partnerschaftliche Wohnung, die ein Teil in die eingetragene Partnerschaft eingebracht oder von Todes wegen erworben oder die ihm ein Dritter geschenkt hat, ist in die Aufteilung dann einzubeziehen, wenn dies vereinbart wurde oder wenn der andere Teil auf ihre Weiterbenützung zur Sicherung seiner Lebensbedürfnisse angewie-

sen ist. Gleiches gilt für den Hausrat, wenn der andere Teil auf seine Weiterbenützung zur Sicherung seiner Lebensbedürfnisse angewiesen ist.

Aufteilungsgrundsätze

§ 26. (1) Die Aufteilung ist nach Billigkeit vorzunehmen. Dabei ist besonders auf Gewicht und Umfang des Beitrags jedes eingetragenen Partners zur Anschaffung des Gebrauchsvermögens und zur Ansammlung der Ersparnisse Bedacht zu nehmen; weiter auf Schulden, die mit dem gemeinsamen Lebensaufwand zusammenhängen, soweit sie nicht ohnedies nach § 24 in Anschlag zu bringen sind.

(2) Als Beitrag sind auch die Leistung des Unterhalts, die Mitwirkung im Erwerb, soweit sie nicht anders abgegolten worden ist, die Führung des gemeinsamen Haushalts und jeder sonstige Beistand zu werten.

§ 27. Die Aufteilung soll so vorgenommen werden, dass sich die Lebensbereiche beider Teile künftig möglichst wenig berühren.

Gerichtliche Aufteilung

§ 28. Soweit sich die eingetragenen Partner über die Aufteilung des Gebrauchsvermögens und der Ersparnisse nicht einigen, hat hierüber auf Antrag das Gericht zu entscheiden.

Gerichtliche Anordnungen

§ 29. (1) Bei der Aufteilung des Gebrauchsvermögens kann das Gericht die Übertragung von beweglichen körperlichen Sachen oder eines Anwartschaftsrechts darauf und die Übertragung von Eigentum und sonstigen Rechten an unbeweglichen körperlichen Sachen von einem auf den anderen eingetragenen Partner sowie die Begründung von dinglichen Rechten oder schuldrechtlichen Rechtsverhältnissen zugunsten des einen eingetragenen Partners an unbeweglichen körperlichen Sachen des anderen anordnen.

(2) Steht Gebrauchsvermögen im Eigentum einer dritten Person, so darf das Gericht die Übertragung von Rechten und Pflichten, die sich auf die Sache beziehen, nur mit Zustimmung des Eigentümers anordnen.

§ 30. Für die partnerschaftliche Wohnung kann das Gericht, wenn sie kraft Eigentums oder eines anderen dinglichen Rechtes eines oder beider Teile benützt wird, die Übertragung des Eigentums oder des dinglichen Rechtes von einem auf den anderen eingetragenen Partner oder die Begründung eines schuldrechtlichen Rechtsverhältnisses zugunsten eines eingetragenen Partners anordnen. Die Übertragung des Eigentums oder eines dinglichen Rechts an einer partnerschaftlichen Wohnung nach § 25 Abs. 2 können die eingetragenen Partner durch Vereinbarung ausschließen.

§ 31. (1) Wird die Wohnung auf Grund eines Dienstverhältnisses benützt oder das Rechtsverhältnis daran im Zusammenhang mit einem Dienstverhältnis begründet, so darf das Gericht eine Anordnung über die Benützung einer solchen Wohnung nur mit Zustimmung des Dienstgebers oder des für die Vergabe der Dienstwohnung zuständigen Rechtsträgers treffen, wenn

1. die Zuweisung der Wohnung deswegen, weil sie überwiegend der Erfüllung der Dienstpflicht dient, wesentliche Interessen des Dienstgebers verletzen könnte, oder

2. die Wohnung unentgeltlich oder gegen ein bloß geringfügiges, wesentlich unter dem ortsüblichen Maß liegendes Entgelt benützt wird oder

3. die Wohnung vom Dienstgeber als Teil des Entgelts für die geleisteten Dienste zur Verfügung gestellt wird.

(2) Wird die Wohnung nach Abs. 1 dem eingetragenen Partner zugesprochen, der nicht der Dienstnehmer ist, so hat das Gericht ein angemessenes Benützungsentgelt festzusetzen. Das Wohnrecht dieses eingetragenen Partners besteht nur so lange, als er sich nicht verheiratet oder wieder eine eingetragene Partnerschaft begründet, und kann von ihm nicht auf andere Personen übergehen oder übertragen werden.

§ 32. Bei der Aufteilung der Ersparnisse kann das Gericht die Übertragung von Vermögenswerten, gleich welcher Art, von einem auf den anderen eingetragenen Partner und die Begründung eines schuldrechtlichen Benützungsrechts an einer Wohnung zugunsten eines eingetragenen Partners anordnen.

§ 33. (1) Die Übertragung des Eigentums an unbeweglichen Sachen oder die Begründung von dinglichen Rechten daran darf nur angeordnet werden, wenn eine billige Regelung in anderer Weise nicht erzielt werden kann.

(2) Für gemeinsames Wohnungseigentum der eingetragenen Partner kann das Gericht nur die Übertragung des Anteils eines eingetragenen Partners am Mindestanteil und gemeinsamen Wohnungseigentum auf den anderen anordnen.

Ausgleich von Benachteiligungen

§ 34. (1) Hat ein eingetragener Partner ohne ausdrückliche oder stillschweigende Zustimmung des anderen frühestens zwei Jahre vor Einbringung der Klage oder des Antrags auf Auflösung der eingetragenen Partnerschaft oder, wenn die Lebensgemeinschaft vor Einbringung der Klage oder des Antrags aufgehoben worden ist, frühestens zwei Jahre vor dieser Aufhebung Gebrauchsvermögen oder Ersparnisse in einer Weise verringert, die der Gestaltung der Lebensverhältnisse beider Teile während der Lebensgemeinschaft widerspricht, so ist der Wert des Fehlenden in die Aufteilung einzubeziehen.

(2) Wurden Gebrauchsvermögen oder Ersparnisse in ein Unternehmen, an dem einem oder beiden eingetragenen Partnern ein Anteil zusteht, eingebracht oder für ein solches Unternehmen sonst verwendet, so ist der Wert des Eingebrachten oder Verwendeten in die Aufteilung einzubeziehen. Bei der Aufteilung ist jedoch zu berücksichtigen, inwieweit jedem eingetragenen Partner durch die Einbringung oder Verwendung Vorteile entstanden sind und inwieweit die eingebrachten oder verwendeten Ersparnisse aus den Gewinnen des Unternehmens stammten. Der Bestand des Unternehmens darf durch die Aufteilung nicht gefährdet werden.

(3) Gehört eine körperliche Sache, die während aufrechter Lebensgemeinschaft dem Gebrauch beider eingetragener Partner gedient hat, zu einem Unternehmen, an dem einem oder beiden eingetragenen Partnern ein Anteil zusteht, und bleibt nach Auflösung der eingetragenen Partnerschaft nur einem von ihnen der Gebrauch dieser Sache erhalten, so hat das Gericht dies bei der Aufteilung des Gebrauchsvermögens und der Ersparnisse zugunsten des anderen angemessen zu berücksichtigen.

Schulden

§ 35. Bezüglich der in § 24 Abs. 1 und in § 26 Abs. 1 genannten Schulden kann das Gericht bestimmen, welcher Teil im Innenverhältnis zu ihrer Zahlung verpflichtet ist.

Durchführung der Aufteilung

§ 36. In seiner Entscheidung hat das Gericht auch die zu ihrer Durchführung nötigen Anordnungen zu treffen und die näheren Umstände, besonders in zeitlicher Hinsicht, für deren Erfüllung zu bestimmen. Sind mit der Durchführung der Entscheidung Aufwendungen verbunden, so hat das Gericht nach billigem Ermessen zu entscheiden, welcher eingetragene Partner sie zu tragen hat.

Ausgleichszahlung

§ 37. (1) Soweit eine Aufteilung nach den vorstehenden Bestimmungen nicht erzielt werden kann, hat das Gericht einem eingetragenen Partner eine billige Ausgleichszahlung an den anderen aufzuerlegen.

(2) Das Gericht kann eine Stundung der Ausgleichszahlung oder deren Entrichtung in Teilbeträgen, tunlich gegen Sicherstellung, anordnen, wenn dies für den ausgleichspflichtigen eingetragenen Partner wirtschaftlich notwendig und dem Ausgleichsberechtigten zumutbar ist.

Erlöschen des Aufteilungsanspruchs

§ 38. Der Anspruch auf Aufteilung des Gebrauchsvermögens und der Ersparnisse erlischt, wenn er nicht binnen einem Jahr nach Eintritt der Rechtskraft der Auflösung der eingetragenen Partnerschaft durch Vertrag oder Vergleich anerkannt oder gerichtlich geltend gemacht wird.

Übergang des Aufteilungsanspruchs

§ 39. Der Anspruch auf Aufteilung des Gebrauchsvermögens und der Ersparnisse ist vererblich, unter Lebenden oder von Todes wegen übertragbar und verpfändbar, soweit er durch Vertrag oder Vergleich anerkannt oder gerichtlich geltend gemacht worden ist.

Verträge

§ 40. (1) Vereinbarungen, die im Voraus die Aufteilung der Ersparnisse oder die Aufteilung der Wohnung regeln, bedürfen zu ihrer Rechtswirksamkeit der Form eines Notariatsaktes. Vereinbarungen, die im Voraus die Aufteilung des übrigen Gebrauchsvermögens regeln, bedürfen der Schriftform.

(2) Von einer im Voraus geschlossenen Vereinbarung über die Aufteilung der Ersparnisse und des Gebrauchsvermögens mit Ausnahme der Wohnung kann das Gericht bei der Aufteilung nur abweichen, soweit die Vereinbarung in einer Gesamtbetrachtung des in die Aufteilung einzubeziehenden Vermögens im Zeitpunkt der Aufteilungsentscheidung einen Teil unbillig benachteiligt, sodass ihm die Zuhaltung unzumutbar ist.

(3) Von einer im Voraus geschlossenen Vereinbarung über die Nutzung der Wohnung durch einen Partner kann das Gericht bei der Aufteilung nur abweichen, soweit der andere Partner seine Lebensbedürfnisse nicht hinreichend decken kann oder eine deutliche Verschlechterung seiner Lebensverhältnisse hinnehmen müsste.

(4) Weicht das Gericht von einer im Voraus geschlossenen Vereinbarung ab, so ist insbesondere auf die Gestaltung der partnerschaftlichen Lebensverhältnisse, die Dauer der Partnerschaft

sowie darauf Bedacht zu nehmen, inwieweit der Vereinbarung eine rechtliche Beratung vorangegangen ist und in welcher Form sie geschlossen wurde.

(5) Die Abs. 1 bis 4 gelten nicht für Vereinbarungen, die die eingetragenen Partner im Zusammenhang mit dem Verfahren auf Auflösung oder Nichtigerklärung der eingetragenen Partnerschaft geschlossen haben.

Haftung für Kredite

§ 41. (1) Entscheidet das Gericht (§ 35) oder vereinbaren die eingetragenen Partner (§ 40 Abs. 5, gegebenenfalls § 15 Abs. 5), wer von ihnen im Innenverhältnis zur Zahlung von Kreditverbindlichkeiten, für die beide haften, verpflichtet ist, so hat das Gericht auf Antrag mit Wirkung für den Gläubiger auszusprechen, dass derjenige eingetragene Partner, der im Innenverhältnis zur Zahlung verpflichtet ist, Hauptschuldner, der andere Ausfallsbürge wird. Dieser Antrag muss in der Frist nach § 38 gestellt werden.

(2) Der Ausfallsbürge nach Abs. 1 kann – vorbehaltlich des § 1356 ABGB – nur wegen des Betrags belangt werden, der vom Hauptschuldner nicht in angemessener Frist hereingebracht werden kann, obwohl der Gläubiger gegen ihn nach Erwirkung eines Exekutionstitels

1. Fahrnis- oder Gehaltsexekution und

2. Exekution auf eine dem Gläubiger bekannte Liegenschaft des Hauptschuldners, die offensichtlich für die Forderung Deckung bietet, geführt sowie

3. Sicherheiten, die dem Gläubiger zur Verfügung stehen, verwertet hat.

Müsste der Exekutionstitel im Ausland erwirkt oder müssten die angeführten Exekutionsmaßnahmen im Ausland durchgeführt werden, bedarf es ihrer nicht, soweit sie dem Gläubiger nicht möglich oder nicht zumutbar sind.

(3) Überdies kann der Bürge, dem der Rechtsstreit gegen den Hauptschuldner rechtzeitig verkündet worden ist (§ 21 ZPO), dem Gläubiger Einwendungen, die nicht in seiner Person begründet sind, nur entgegenhalten, soweit sie auch der Hauptschuldner erheben kann.

Folgen der Nichtigkeit

§ 42. (1) Wird die eingetragene Partnerschaft für nichtig erklärt, so fallen alle ihre Wirkungen auf die persönlichen Verhältnisse der eingetragenen Partner zum Zeitpunkt der Begründung der eingetragenen Partnerschaft weg.

(2) Hat auch nur einer der eingetragenen Partner die Nichtigkeit der eingetragenen Partnerschaft bei deren Begründung nicht gekannt, so finden auf ihr Verhältnis in vermögensrechtlicher

Beziehung die im Fall der gerichtlichen Auflösung geltenden Vorschriften entsprechende Anwendung. Dabei ist ein eingetragener Partner, dem die Nichtigkeit der eingetragenen Partnerschaft bei der Begründung bekannt war, wie ein für schuldig erklärter Teil zu behandeln.

(3) Ein eingetragener Partner, dem die Nichtigkeit der eingetragenen Partnerschaft bei der Begründung nicht bekannt war, kann binnen sechs Monaten, nachdem die eingetragene Partnerschaft rechtskräftig für nichtig erklärt wurde, dem anderen Teil erklären, dass es für ihr Verhältnis in vermögensrechtlicher Beziehung bei den Folgen der Nichtigkeit bleiben solle. Gibt er eine solche Erklärung ab, so findet Abs. 2 keine Anwendung.

(4) Im Fall des Abs. 2 ist für den Unterhaltsanspruch nach § 21 Abs. 1 nicht ausschlaggebend, welcher eingetragene Partner die Nichtigkeitsklage erhoben hat.

§ 43 enthält das sinngemäß anzuwendende Bundesrecht.

Ehe/Abst.verf.
EidesG, FeiertRG
AHG, OrgHG, B-VG
EMRK, EU-MediatG

Eidesgesetz

Gesetz vom 3. 5. 1868 zur Regelung des Verfahrens bei den Eidessablegungen vor Gericht (EidesG), RGBl. 1868/33
zum Außerkrafttreten und zum Wiederinkrafttreten: DRGBl I 1940 S 984, StGBl 1945/47

§ 1. Die Formel der vor Gericht abzulegenden Eide hat ohne Rücksicht auf das Religionsbekenntnis des Schwörenden zu lauten:

für Zeugen im Zivil- und Strafverfahren: „Ich schwöre bei Gott dem Allmächtigen und Allwissenden einen reinen Eid, daß ich über Alles, worüber ich von dem Gerichte befragt worden bin (werde befragt werden), die reine und volle Wahrheit und nichts als die Wahrheit ausgesagt habe (aussagen werde); so wahr mir Gott helfe!"

für Sach- und Kunstverständige im Zivil- und Strafverfahren: „Ich schwöre bei Gott dem Allmächtigen und Allwissenden einen reinen Eid, daß ich den Befund und mein Gutachten nach bestem Wissen und Gewissen und nach den Regeln der Wissenschaft (der Kunst, des Gewerbes) abgeben werde; so wahr mir Gott helfe!"

für den Parteieneid in bürgerlichen Rechtsstreitigkeiten: „Ich schwöre bei Gott dem Allmächtigen und Allwissenden einen reinen Eid, daß ... (hier folgen die Worte des Eides); so wahr mir Gott helfe!"

§ 2. *aufgehoben (RGBl 1874/69)*

§ 3. Vor der Eidesablegung hat der Richter den Schwurpflichtigen in einer dessen Bildungsgrade und Fassungskraft angemessenen Weise an die Heiligkeit des Eides vom religiösen Standpunkte, an die Wichtigkeit des Eides für die Rechtsordnung, an die zeitlichen und ewigen Strafen des Meineides zu erinnern und demselben zu bedeuten, daß der Eid im Sinne des Gerichtes, daher ohne allen Vorbehalt und ohne Zweideutigkeit, abzulegen sei.

§ 4. (1) Personen, welche sich zur christlichen Religion bekennen, haben, insoweit nicht die im § 5 bezeichneten Ausnahmen eintreten, bei dem Schwure den Daumen und die zwei ersten Finger der rechten Hand emporzuheben und den Eid vor einem Kruzifixe und zwei brennenden Kerzen abzulegen.

(2) Israeliten haben bei der Eidesleistung das Haupt zu bedecken und die rechte Hand auf die Thora, 2. Buch Moses, 20. Kapitel, 7. Vers, zu legen.

§ 5. (1) Die Bestimmungen des HfD v. 10. 1. 1816, JGS Nr. 1201, in betreff der Personen, welche vermöge ihrer Religionslehre die Eidesablegung für unerlaubt halten, die Vorschriften des HfD v. 21. 12. 1832, JGS Nr. 2582, betreffend die Eidesablegung derjenigen, welche sich zur helvetischen Konfession[*] bekennen, endlich die Vorschriften des HfD v. 26. 8. 1826, JGS Nr. 2217, betreffend die Beeidigung der Mohammedaner, sowie die gesetzlichen Bestimmungen über die Eidesablegung der Stummen und Taubstummen, bleiben durch dieses Gesetz unberührt.

[*] in diesem Falle findet die Eidesabnahme ohne Kruzifix und Kerzen statt.

Hofdekret vom 10. 1. 1816, JGS 1816/1201

Se. Majestät haben über Anfrage, wie sich in den Fällen, wenn jemand von der Sekte der Memmonisten (Mennoniten) nach dem Gesetze einen Eid abzulegen hätte, zu benehmen sei, zu verordnen geruht, daß solchen Religionsparteien, welche vermöge ihrer Religionslehren die Eidesablegung für unerlaubt, hingegen ihre feierliche Versicherung so heilig als andere Religionsgenossen den Eid erkennen, die mit ihren Religionsgrundsätzen nicht vereinbarliche Eidesablegung nicht aufzudringen, sondern statt derselben sich mit ihrer vor Gerichte, nach vorläufiger Ermahnung, bei der in den Gesetzen auf Meineid bestimmten Verantwortlichkeit, die Wahrheit zu sagen, zu erstattenden und mit einem Handschlage zu bestätigenden Versicherung zu begnügen sei.

Hofdekret vom 26. 8. 1826, JGS 1826/2217

Wenn Personen, die der mohammedanischen Religion zugetan sind, als Parteien bei österreichischen Gerichtsbehörden einen Eid ablegen sollen, so hat ihnen der Richter vor allem die Wichtigkeit dieser Handlung, die Allwissenheit Gottes, bei dem sie den Eid schwören sollen, und die Strafe des falschen Eides zu Gemüt zu führen. Hierauf werden die Umstände, welche zu beschwören sind, dem Schwörenden in der ihm bekannten Sprache von Wort zu Wort vorgesagt, und derselbe wird, nachdem er sie laut und vernehmlich nachgesprochen hat, befragt: „Schwörst Du bei Gott?" Der Schwörende antwortet: „Jemin ederim!" (Ich schwöre) und setzt eine der folgenden Formeln oder auch alle drei zugleich hinzu: Billahi Taala (bei Gott dem Allerhöchsten), oder Wallahi (bei Gott), oder Bismillahi (im Namen Gottes). Zur Verstärkung des Eides kann der Schwörende noch eine oder die andere der Eigenschaften Gottes, wie z.B. des Barmherzigen, des Erbarmers, beifügen und sagen: Bismillahi Errahman Errahim (im Namen Gottes des Barmherzigen, des Erbarmers). Zur Gültigkeit des Eides ist es aber hinreichend, eine der obigen Formeln, nämlich: Bismillahi, Billahi Taala oder Wallahi, auszusprechen. Der Schwörende kann, wenn das Gericht mit einem Exemplar des Korans versehen ist, angewiesen werden, während der Ablegung des Eides die rechte Hand auf dasselbe zu legen. Dieser Gebrauch des Korans ist aber zur Gültigkeit des Eides nicht wesentlich notwendig. Für keinen Fall darf dem Schwörenden gestattet werden, bei der Ablegung des Eides den Zeigefinger der einen Hand in die Höhe zu halten. – Nach eben diesen Vorschriften ist auch von Zeugen mohammedanischer Religion der Eid aufzunehmen. Diesen wird eine allgemeine Beteuerung, daß sie die reine Wahrheit aussagen werden, vorgehalten, und wenn sie dieselbe nachgesprochen haben, die Frage: „Schwörst Du bei Gott?" an sie gestellt. Im übrigen sind in Ansehung des Zeugenverhöres die allgemeinen Vorschriften der Gerichtsordnung zu beobachten.

Hofdekret vom 28. 9. 1842, JGS 1842/644

Über die Anfrage, wie sich bei der Abnahme des von einem Stummen in seiner Rechtssache angetretenen Haupteides zu benehmen sei, wird bedeutet: Die Eidesformel sei von dem Stummen, oder wenn ihm selbst diese Abschrift zu machen schwer sein sollte, durch eine dritte Person niederschreiben zu lassen, dem Stummen sohin in Gegenwart zweier Zeugen, welchen seine Gebärden bekannt sind, diese Formel vor einem Kruzifixe und zwei brennenden Kerzen vorzulesen, ihn bei jedem einzelnen Satze derselben zur Abgabe eines Zeichens seiner Bestätigung aufzufordern, und von ihm dann die ganze Eidesformel unterschreiben zu lassen, und zwar mit dem Beisatze, daß er den Aufsatz der Eidesformel als wahr beschwöre, so wahr ihm Gott helfe.

Feiertagsruhegesetz 1957
(Auszug)

BGBl 1957/153 (WV) idF
BGBl I 2019/22

Artikel I.

§ 1. (1) Als Feiertage im Sinne dieses Bundesgesetzes gelten folgende Tage: 1. Jänner (Neujahr), 6. Jänner (Heilige Drei Könige), Ostermontag, 1. Mai (Staatsfeiertag), Christi Himmelfahrt, Pfingstmontag, Fronleichnam, 15. August (Maria Himmelfahrt), 26. Oktober (Nationalfeiertag), 1. November (Allerheiligen), 8. Dezember (Maria Empfängnis), 25. Dezember (Weihnachten), 26. Dezember (Stephanstag). *(BGBl 1967/264)*

(2) Der Karfreitag gilt im Sinne dieses Bundesgesetzes als Feiertag für die Angehörigen der evangelischen Kirchen AB und HB, der Altkatholischen Kirche und der Methodistenkirche.

Fassung ab 22. 3. 2019 (BGBl I 2019/22):
§ 1. (1) Als Feiertage im Sinne dieses Bundesgesetzes gelten folgende Tage: 1. Jänner (Neujahr), 6. Jänner (Heilige Drei Könige), Ostermontag, 1. Mai (Staatsfeiertag), Christi Himmelfahrt, Pfingstmontag, Fronleichnam, 15. August (Mariä Himmelfahrt), 26. Oktober (Nationalfeiertag), 1. November (Allerheiligen), 8. Dezember (Mariä Empfängnis), 25. Dezember (Weihnachten) und 26. Dezember (Stephanstag). *(BGBl 1967/264)*

(2) Für öffentlich Bedienstete, deren Dienstverhältnis bundesgesetzlich geregelt ist, sind § 7a und § 33a Abs. 29 Arbeitsruhegesetz – ARG, BGBl. Nr. 144/1983 idF BGBl. I Nr. 22/2019, sinngemäß anzuwenden.

(3) Auf Ausbildungsverhältnisse im Bundesdienst ist Abs. 2 sinngemäß anzuwenden.

(BGBl I 2019/22)

Bundesgesetz vom 31. Mai 1967 über das Ruhen des gerichtlichen Dienstes an Samstagen, Sonntagen und gesetzlichen Feiertagen
(Auszug)

BGBl 1967/193

Artikel I

An Samstagen, Sonntagen und gesetzlichen Feiertagen ruht der gerichtliche Dienst, soweit es sich nicht um Strafsachen handelt und soweit für die Vornahme von Exekutions- und anderen Vollzugshandlungen und von Zustellungen nichts anderes bestimmt ist.

Bundesgesetz vom 1. Feber 1961 über die Hemmung des Fristenablaufes durch Samstage und den Karfreitag

BGBl 1961/37 idF
BGBl 1963/189

§ 1. (1) Soweit auf Grund bundesgesetzlicher Vorschriften der Ablauf einer Frist durch einen Sonntag oder einen gesetzlichen Feiertag gehemmt wird, tritt diese Hemmung auch dann ein, wenn das Ende der Frist auf einen Samstag oder den Karfreitag fällt.

(2) Die Bestimmung des Abs. 1 ist auf den Ablauf der in Staatsverträgen und in der Eisenbahn-Verkehrsordnung, BGBl. Nr. 213/1954, in ihrer jeweils geltenden Fassung, festgesetzten Fristen nicht anzuwenden. *(BGBl 1963/189)*

§ 2. Mit der Vollziehung dieses Bundesgesetzes ist die Bundesregierung betraut.

Dieses Gesetz ist ab 1. 1. 2012 aufgehoben (BGBl I 2011/100, Art 8).
Vgl das Europäische Übereinkommen über die Berechnung von Fristen (BGBl 1983/254) und 3 Ob 40/99z, ab 1. 1. 2012 s § 126 ZPO.

Amtshaftungsgesetz

BGBl 1949/20 idF

1 BGBl 1952/60	**8** BGBl 1988/233
2 BGBl 1956/218	**9** BGBl 1989/343
3 BGBl 1959/38	**10** BGBl 1993/91
4 BGBl 1974/422	**11** BGBl I 1999/194 (DFB)
5 BGBl 1982/204	**12** BGBl I 2013/33
6 BGBl 1984/537	**13** BGBl I 2013/122
7 BGBl 1985/104	

Ehe/Abst.verf.
EPG, FeiertRG
AHG, OrgHG
B-VG, EMRK

STICHWORTVERZEICHNIS

Bundesgesetz über die Haftung der Gebietskörperschaften und der sonstigen Körperschaften und Anstalten des öffentlichen Rechts für in Vollziehung der Gesetze zugefügte Schäden (Amtshaftungsgesetz – AHG)[*]

(BGBl I 2013/33)

[*] *Kurztitel idF BGBl I 2013/33*

Der Nationalrat hat beschlossen:

I. Abschnitt

Haftpflicht

§ 1. (1) Der Bund, die Länder, die Gemeinden, sonstige Körperschaften des öffentlichen Rechts und die Träger der Sozialversicherung – im folgenden Rechtsträger genannt – haften nach den Bestimmungen des bürgerlichen Rechts für den Schaden am Vermögen oder an der Person, den die als ihre Organe handelnden Personen in Vollziehung der Gesetze durch ein rechtswidriges Verhalten wem immer schuldhaft zugefügt haben; dem Geschädigten haftet das Organ nicht. Der Schaden ist nur in Geld zu ersetzen. *(BGBl I 2013/33)*

(2) Organe im Sinne dieses Bundesgesetzes sind alle physischen Personen, wenn sie in Vollziehung der Gesetze (Gerichtsbarkeit oder Verwaltung) handeln, gleichviel, ob sie dauernd oder vorübergehend oder für den einzelnen Fall bestellt sind, ob sie gewählte, ernannte oder sonstwie bestellte Organe sind und ob ihr Verhältnis zum Rechtsträger nach öffentlichem oder privatem Recht zu beurteilen ist.

(3) Mit dem im Abs. 1 genannten Rechtsträger haftet zur ungeteilten Hand auch derjenige, als dessen Organ die handelnde Person gewählt, ernannt oder sonstwie bestellt worden ist. Hat dieser Rechtsträger auf Grund dieser Haftung Zahlungen geleistet, so hat er an den im Abs. 1 genannten Rechtsträger einen Anspruch auf Rückersatz. *(BGBl 1989/343)*

§ 2. (1) Bei Geltendmachung des Ersatzanspruches muß ein bestimmtes Organ nicht genannt werden; es genügt der Beweis, daß der Schaden nur durch die Rechtsverletzung eines Organes des beklagten Rechtsträgers entstanden sein konnte.

(2) Der Ersatzanspruch besteht nicht, wenn der Geschädigte den Schaden durch Rechtsmittel oder durch Beschwerde beim Verwaltungsgericht und Revision beim Verwaltungsgerichtshof hätte abwenden können. *(BGBl I 2013/33)*

(3) Aus einem Erkenntnis des Verfassungsgerichtshofes, des Obersten Gerichtshofes und des Verwaltungsgerichtshofes kann ein Ersatzanspruch nicht abgeleitet werden.

§ 3. (1) Hat der Rechtsträger dem Geschädigten auf Grund dieses Bundesgesetzes den Schaden ersetzt, so kann er von den Personen, die als seine Organe gehandelt und die Rechtsverletzung vorsätzlich oder grobfahrlässig verübt oder verursacht haben, Rückersatz begehren.

(2) Hat das Organ die Rechtsverletzung grobfahrlässig verübt oder verursacht, so kann das Gericht aus Gründen der Billigkeit den Rückersatz mäßigen. Dabei hat das Gericht insbesondere auf die in § 2 Abs. 2 des Dienstnehmerhaftpflichtgesetzes, BGBl. Nr. 80/1965, angeführten Umstände sinngemäß Bedacht zu nehmen. *(BGBl 1984/537; BGBl I 2013/33)*

(3) Für die von einem Kollegialorgan beschlossenen Entscheidungen und Verfügungen haften nur die Stimmführer, die für sie gestimmt haben. Beruht jedoch die Entscheidung oder Verfügung auf einer unvollständigen oder unrichtigen Darstellung des Sachverhaltes durch den Berichterstatter, so haften auch die Stimmführer, die dafür gestimmt haben, nicht, es sei denn, daß sie die pflichtmäßige Sorgfalt grobfahrlässig außer acht gelassen haben. *(BGBl 1984/537)*

§ 4. Von einem Organ kann kein Rückersatz wegen einer Handlung begehrt werden, die auf Weisung (Auftrag, Befehl) eines Vorgesetzten erfolgt ist, es sei denn, das Organ hätte die Weisung eines offenbar unzuständigen Vorgesetzten befolgt oder in Befolgung der Weisung gegen strafgesetzliche Vorschriften verstoßen.

§ 5. Das Organ kann dem Anspruch auf Rückersatz alle Einwendungen entgegensetzen, die der Rechtsträger nicht ausgeführt hat, und sich dadurch von dem Rückersatz in dem Maße befreien, als diese Einwendungen, wenn von ihnen gehörig Gebrauch gemacht worden wäre, eine andere Entscheidung über das Schadenersatzbegehren veranlaßt haben würden.

§ 6. (1) Ersatzansprüche nach § 1 Abs. 1 verjähren in drei Jahren nach Ablauf des Tages, an dem der Schaden dem Geschädigten bekanntgeworden ist, keinesfalls aber vor einem Jahr nach Rechtskraft einer rechtsverletzenden Entscheidung oder Verfügung. Ist dem Geschädigten der Schaden nicht bekanntgeworden oder ist der Schaden aus einer gerichtlich strafbaren Handlung, die nur vorsätzlich begangen werden kann und mit mehr als einjähriger Freiheitsstrafe bedroht ist, entstanden, so verjährt der Ersatzanspruch erst nach zehn Jahren nach der Entstehung des Schadens. Die Verjährung wird durch die Aufforderung gemäß § 8 für die dort bestimmte Frist oder, wenn die Aufforderung innerhalb dieser Frist beantwortet wird, bis zur Zustellung dieser Antwort an den Geschädigten gehemmt. *(BGBl 1974/422; BGBl 1989/343; BGBl I 2013/122)*

(2) Rückersatzansprüche nach § 1 Abs. 3 und § 3 verjähren in sechs Monaten nach Ablauf des Tages, an dem der Rechtsträger den Ersatzanspruch dem Geschädigten gegenüber anerkannt hat oder rechtskräftig zum Ersatz verurteilt worden ist. *(BGBl 1989/343)*

§ 7. Wenn österreichische Staatsangehörige in einem fremden Staat Ersatzansprüche im Sinne dieses Bundesgesetzes überhaupt nicht oder nicht unter den gleichen Bedingungen geltend machen können wie Angehörige des betreffenden Staates, und wenn ihren Interessen auch nicht in anderer Weise durch den betreffenden Staat Rechnung getragen wird, kann die Bundesregierung durch Verordnung festlegen, daß den Angehörigen des betreffenden Staates Ansprüche auf Grund dieses Bundesgesetzes nicht zustehen.

(BGBl 1982/204)

II. Abschnitt

Verfahren

§ 8. (1) Der Geschädigte soll den Rechtsträger, gegen den er den Ersatzanspruch geltend machen will, zunächst schriftlich auffordern, ihm binnen einer Frist von drei Monaten eine Erklärung zukommen zu lassen, ob er den Ersatzanspruch anerkennt oder den Ersatz ganz oder zum Teil ablehnt. Das im § 9 genannte Gericht kann dem Ersatzwerber für dieses Aufforderungsverfahren nach den Bestimmungen der ZPO über die Verfahrenshilfe einen Rechtsanwalt beigeben.

(2) Hat der Geschädigte den Rechtsträger zur Anerkennung eines Anspruches nicht oder nicht hinreichend deutlich aufgefordert oder die Klage vor Ablauf der Frist von drei Monaten erhoben oder den Anspruch erst im Laufe des Rechtsstreites geltend gemacht, so steht dem Rechtsträger, soweit er den Ersatzanspruch anerkennt oder erfüllt, für die Dauer von drei Monaten ab Geltendmachung, längstens jedoch bis zum Schluß der mündlichen Streitverhandlung, Kostenersatz nach § 45 ZPO zu.

(BGBl 1989/343)

§ 9. (1) Zur Entscheidung über die Klage des Geschädigten gegen den Rechtsträger auf Ersatz ist in erster Instanz das mit der Ausübung der Gerichtsbarkeit in bürgerlichen Rechtssachen betraute Landesgericht, in dessen Sprengel die Rechtsverletzung begangen wurde, ausschließlich zuständig. *(BGBl 1985/104)*

(2) *(entfällt, BGBl 1993/91)*

(3) Vorbehaltlich des Abs. 4 ist auf Klagen des Rechtsträgers gegen das schuldtragende Organ auf Rückersatz das Arbeits- und Sozialgerichtsgesetz anzuwenden. *(BGBl 1985/104; BGBl 1989/343)*

(4) Wird der Ersatzanspruch aus einer Verfügung des Präsidenten eines Gerichtshofes erster Instanz oder eines Oberlandesgerichts oder aus einem kollegialen Beschluß eines dieser Gerichtshöfe abgeleitet, die nach den Bestimmungen dieses Bundesgesetzes unmittelbar oder im Instanzenzuge zuständig wären, so ist ein anderes Gericht gleicher Gattung zur Verhandlung und Entscheidung der Rechtssache vom übergeordneten Gericht zu bestimmen. *(BGBl 1985/104; BGBl 1989/343)*

(5) Der Geschädigte kann den Ersatz des Schadens, den ihm ein Organ im § 1 dieses Bundesgesetzes genannten Rechtsträgers in Vollziehung des Gesetzes zugefügt hat, gegen das Organ im ordentlichen Rechtsweg nicht geltend machen. *(BGBl 1989/343)*

§ 10. (1) Der beklagte Rechtsträger hat

1. den Rechtsträgern, die er nach § 1 Abs. 1 und

2. den Organen, die er für den Rückersatzanspruch

für haftbar erachtet, den Streit zu verkünden (§ 21 ZPO). Diese können dem Rechtsstreit als Nebenintervenienten beitreten (§ 17 ZPO). *(BGBl 1989/343; BGBl I 2013/33)*

(2) Hat der Rechtsträger einem Organ den Streit verkündet, so hat der Vorsitzende des Senates die für das Organ zuständige Dienstbehörde von der Klage zu benachrichtigen. Diese Behörde hat dem Gericht in angemessener Frist mitzuteilen, ob ein Disziplinarverfahren bereits eingeleitet wurde oder nunmehr eingeleitet wird.

(3) *(entfällt, BGBl I 2013/33)*

§ 11. (1) Ist die Entscheidung des Rechtsstreites von der Frage der Rechtswidrigkeit des Bescheides einer Verwaltungsbehörde oder des Erkenntnisses oder Beschlusses eines Verwaltungsgerichtes abhängig, über die noch kein Erkenntnis des Verwaltungsgerichtshofes oder des Verfassungsgerichtshofes vorliegt, und hält das Gericht den Bescheid bzw. das Erkenntnis oder den Beschluss für rechtswidrig, so hat es, sofern die Klage nicht gemäß § 2 abzuweisen ist, das Verfahren zu unterbrechen und beim Verwaltungsgerichtshof gemäß Art. 133 Abs. 2 des Bundes-Verfassungsgesetzes – B-VG, BGBl. Nr. 1/1930, die Feststellung der Rechtswidrigkeit des Bescheides bzw. des Erkenntnisses oder des Beschlusses zu beantragen. Nach Einlangen des Erkenntnisses des Verwaltungsgerichtshofes hat das Gericht das Verfahren fortzusetzen und den Rechtsstreit unter

Bindung an die Rechtsanschauung des Verwaltungsgerichtshofes zu entscheiden. *(BGBl I 2013/33)*

(2) Abs. 1 ist nicht anzuwenden, wenn es sich um eine Rechtssache handelt, die gemäß Art. 133 Abs. 5 B-VG zur Zuständigkeit des Verfassungsgerichtshofes gehört. *(BGBl I 2013/33)*

(3) Die Verpflichtungen der Gerichte gemäß Art. 89 Abs. 2 und 3 und Art. 139 Abs. 6 B-VG bleiben unberührt. *(BGBl I 2013/33)*

§ 12. (1) Wenn das Ergebnis eines eingeleiteten Disziplinarverfahrens für die Entscheidung des Rechtsstreites voraussichtlich von Einfluß ist, kann das Gericht selbst vor der für die mündliche Verhandlung bestimmten Tagsatzung auf Antrag oder von Amts wegen das Verfahren über die Klage bis zur Beendigung des Disziplinarverfahrens unterbrechen.

(2) Wenn die Klage auf Ersatz des Schadens gegen den Bund oder ein Land wegen einer Rechtsverletzung erhoben wird, die bereits Gegenstand einer Anklage gemäß den Art. 142 und 143 B-VG beim Verfassungsgerichtshof ist, kann das Gericht sein Verfahren über die Schadenersatzklage bis zur Fällung des Erkenntnisses des Verfassungsgerichtshofes unterbrechen. Das Gericht ist an das Erkenntnis des Verfassungsgerichtshofes ebenso wie an ein sonstiges rechtskräftiges gerichtliches Straferkenntnis über das Verschulden eines Organes gebunden. *(BGBl I 1999/194 (DFB); BGBl I 2013/33)*

§ 13. (1) Im Verfahren nach diesem Bundesgesetz sind weder das Organ noch die als Zeugen oder Sachverständigen zu vernehmenden Personen zur Wahrung des Amtsgeheimnisses verpflichtet.

(2) Die Öffentlichkeit der Verhandlung ist auf Antrag einer Partei auch dann auszuschließen (§ 172 ZPO), wenn Tatsachen erörtert oder bewiesen werden müssen, die sonst durch das Amtsgeheimnis gedeckt wären. *(BGBl I 2013/33)*

(3) Das Gericht hat überdies den anwesenden Personen auf Antrag einer Partei die Geheimhaltung von Tatsachen, die sonst durch das Amtsgeheimnis gedeckt wären, zur Pflicht zu machen. Dieser Beschluß ist im Verhandlungsprotokoll zu beurkunden. Die Verletzung der Pflicht zur Geheimhaltung ist ebenso zu bestrafen wie eine verbotene Veröffentlichung (§ 301 des Strafgesetzbuches, BGBl. Nr. 60/1974). *(BGBl I 2013/33)*

§ 14. Die Bestimmungen dieses Abschnittes finden auch Anwendung, wenn der Rückersatzanspruch des Rechtsträgers gegen den Nachlaß oder die Erben eines Organes geltend gemacht wird.

III. Abschnitt

Schlussbestimmungen

§ 15. (1) In der Fassung des Bundesgesetzes BGBl. I Nr. 33/2013 treten in Kraft:

1. der Titel, die Abschnittsbezeichnungen und Abschnittsüberschriften, § 1 Abs. 1, § 3 Abs. 2, § 10 Abs. 1, § 11 in der Fassung der Z 8, § 12 Abs. 2, § 13 Abs. 2 und 3 und § 16 mit Ablauf des Monats der Kundmachung dieses Bundesgesetzes; gleichzeitig tritt § 10 Abs. 3 außer Kraft;*⁾

2. § 2 Abs. 2 und § 11 Abs. 1 und 2 in der Fassung der Z 9 mit 1. Jänner 2014. *(BGBl I 2013/122)*

(2) § 6 Abs. 1 in der Fassung des Bundesgesetzes BGBl. I Nr. 122/2013 tritt mit Ablauf des 28. Februar 2013 in Kraft. *(BGBl I 2013/122)*

(BGBl I 2013/33)

⁾ Inkrafttreten am 1. 3. 2013

§ 16. Soweit in diesem Bundesgesetz auf Bestimmungen anderer Bundesgesetze verwiesen wird, sind diese in ihrer jeweils geltenden Fassung anzuwenden.

(BGBl I 2013/33)

§ 17. Mit der Vollziehung dieses Bundesgesetzes ist die Bundesregierung betraut.

Organhaftpflichtgesetz

BGBl 1967/181 idF

1 BGBl 1974/422
2 BGBl 1984/537

3 BGBl 1985/104
4 BGBl I 2013/33

STICHWORTVERZEICHNIS

Bundesgesetz über die Haftung der Organe der Gebietskörperschaften und der sonstigen Körperschaften und Anstalten des öffentlichen Rechts für Schäden, die sie dem Rechtsträger in Vollziehung der Gesetze unmittelbar zugefügt haben (Organhaftpflichtgesetz – OrgHG)*⁾

*⁾ *Titel idF BGBl I 2013/33*

I. ABSCHNITT

Haftpflicht

§ 1. (1) Personen, die als Organe des Bundes, eines Landes, eines Gemeindeverbandes, einer Gemeinde, eines Trägers der Sozialversicherung oder einer sonstigen Körperschaft oder Anstalt des öffentlichen Rechts – im folgenden Rechtsträger genannt – handeln, haften, soweit dieses Bundesgesetz nicht anderes bestimmt, nach den Bestimmungen des bürgerlichen Rechts für den Schaden am Vermögen, den sie dem Rechtsträger, als dessen Organ sie gehandelt haben, in Vollziehung der Gesetze durch ein schuldhaftes und rechtswidriges Verhalten unmittelbar zugefügt haben. Der Schaden ist nur in Geld zu ersetzen. *(BGBl I 2013/33)*

(2) Organe im Sinne dieses Bundesgesetzes sind alle physischen Personen, wenn sie in Vollziehung der Gesetze (Gerichtsbarkeit oder Hoheitsverwaltung) handeln, gleichviel, ob sie dauernd oder vorübergehend oder für den einzelnen Fall bestellt sind, ob sie gewählte, ernannte oder sonstwie bestellte Organe sind und ob ihr Verhältnis zum Rechtsträger nach öffentlichem oder nach privatem Recht zu beurteilen ist.

§ 2. (1) Ein Ersatzanspruch (§ 1 Abs. 1) besteht nicht, wenn der Rechtsträger den Schaden durch Rechtsmittel oder durch eine Beschwerde beim Verwaltungsgericht und Revision beim Verwaltungsgerichtshof oder durch sonst eine gesetzlich begründete Maßnahme hätte abwenden können. *(BGBl I 2013/33)*

(2) Von einem Organ kann kein Ersatz wegen einer Handlung begehrt werden, die auf einer entschuldbaren Fehlleistung beruht oder auf Weisung (Auftrag, Befehl) eines Vorgesetzten erfolgt ist, es sei denn, das Organ hätte die Weisung eines offenbar unzuständigen Vorgesetzten befolgt oder in Befolgung der Weisung gegen strafgesetzliche Vorschriften verstoßen.

(3) Aus einem Erkenntnis des Verfassungsgerichtshofes, des Obersten Gerichtshofes oder des Verwaltungsgerichtshofes kann ein Ersatzanspruch nicht abgeleitet werden.

§ 3. (1) Beruht die Schädigung, derentwegen das Organ zur Ersatzleistung herangezogen wird, auf einem Versehen, so kann das Gericht aus Gründen der Billigkeit den Ersatz mäßigen oder, sofern der Schaden durch einen minderen Grad des Versehens zugefügt worden ist, auch ganz erlassen. *(BGBl 1984/537)*

(2) Auf die Ausübung der dem Gericht nach Abs. 1 eingeräumten Befugnis sind die Bestimmungen des § 2 Abs. 2 des Dienstnehmerhaftpflichtgesetzes, BGBl. Nr. 80/1965, sinngemäß anzuwenden. *(BGBl 1984/537; BGBl I 2013/33)*

§ 4. Gründet sich der Ersatzanspruch auf eine von einem Kollegialorgan beschlossene Entscheidung oder Verfügung, so haften nur die Stimmführer, die für diese Entscheidung oder Verfügung gestimmt haben. Beruht jedoch die Entscheidung oder Verfügung auf einer unvollständigen oder unrichtigen Darstellung des Sachverhaltes durch den Berichterstatter, so haften auch die Stimmführer, die dafür gestimmt haben, nicht, es sei denn, sie hätten die pflichtgemäße Sorgfalt grob fahrlässig außer acht gelassen.

§ 5. Ersatzansprüche nach § 1 Abs. 1 verjähren in drei Jahren nach Ablauf des Tages, an dem der Schaden dem Rechtsträger bekanntgeworden ist, keinesfalls aber vor einem Jahr nach Eintritt der Rechtskraft einer rechtsverletzenden Entscheidung oder Verfügung. Ist dem Rechtsträger der Schaden nicht bekanntgeworden oder ist der Schaden aus einer gerichtlich strafbaren Handlung, die nur vorsätzlich begangen werden kann und mit mehr als einjähriger Freiheitsstrafe bedroht ist, entstanden, so verjährt der Ersatzanspruch erst nach zehn Jahren nach der Entstehung des Schadens. *(BGBl 1974/422; BGBl I 2013/33)*

§ 6. (1) Die Aufrechnung von Ansprüchen des Rechtsträgers nach diesem Bundesgesetz gegen Ansprüche auf Geldleistungen, die dem Haftpflichtigen aus seiner Eigenschaft als Organ des Rechtsträgers diesem gegenüber zustehen, ist nur zulässig, wenn innerhalb von zwei Wochen ab Zustellung einer schriftlichen Aufrechnungserklärung dieser vom Organ nicht widersprochen wird. Die Aufrechnungserklärung hat eine Belehrung über das Widerspruchsrecht zu enthalten.

(2) Abs. 1 gilt nicht für die Aufrechnung auf Grund einer rechtskräftigen gerichtlichen Entscheidung.

II. ABSCHNITT

Verfahren

§ 7. Der Rechtsträger hat das Organ, gegen das er den Ersatzanspruch geltend machen will, zunächst zur Anerkennung des Anspruches schriftlich aufzufordern. Steht das Organ zum Rechtsträger in einem Verrechnungsverhältnis, so kann mit dieser Aufforderung eine Aufrechnungserklärung gemäß § 6 Abs. 1 verbunden werden. Kommt dem Rechtsträger binnen drei Monaten nach Zustellung der Aufforderung zur Anerkennung des Ersatzanspruches an das Organ eine Erklärung über sein Begehren nicht zu, wird der Ersatz innerhalb dieser Frist ganz oder zum Teil verweigert oder wird der Aufrechnungserklärung fristgerecht (§ 6 Abs. 1) widersprochen, so kann der Rechtsträger den Ersatzanspruch durch Klage gegen das Organ geltend machen. Enthält die fristgerecht abgegebene Erklärung des haftpflichtigen Organs lediglich den Widerspruch gegen die Aufrechnungserklärung, so kann der Ersatzanspruch frühestens nach Ablauf von drei Monaten ab Zustellung der Aufforderung zur Anerkennung gerichtlich geltend gemacht werden.

§ 8. (1) Vorbehaltlich des Abs. 2 ist auf Rechtsstreitigkeiten, die Ersatzansprüche im Sinne des § 1 Abs. 1 betreffen, das Arbeits- und Sozialgerichtsgesetz anzuwenden.

(2) Wird der Ersatzanspruch aus einer Verfügung des Präsidenten eines Gerichtshofs erster Instanz oder eines Oberlandesgerichts oder aus einem kollegialen Beschluß eines dieser Gerichtshöfe abgeleitet, die nach den Bestimmungen dieses Bundesgesetzes unmittelbar oder im Instanzenzuge zuständig wären, so ist vom übergeordneten Gericht unter Bedachtnahme auf die Grundsätze der Zweckmäßigkeit, Raschheit, Einfachheit und Kostenersparnis ein anderes Gericht gleicher Gattung zur Verhandlung und Entscheidung der Rechtssache zu bestimmen.

(BGBl 1985/104)

§ 9. (1) Ist die Entscheidung des Rechtsstreites von der Frage der Rechtswidrigkeit des Bescheides einer Verwaltungsbehörde oder des Erkenntnisses oder Beschlusses eines Verwaltungsgerichtes abhängig, über die noch kein Erkenntnis des Verwaltungsgerichtshofes oder des Verfassungsgerichtshofes vorliegt, und hält das Gericht den Bescheid bzw. das Erkenntnis oder den Beschluss für rechtswidrig, so hat es, sofern die Klage nicht gemäß § 2 abzuweisen ist, das Verfahren zu unterbrechen und beim Verwaltungsgerichtshof gemäß Art. 133 Abs. 2 des Bundes-Verfassungsgesetzes – B-VG, BGBl. Nr. 1/1930, die Feststellung der Rechtswidrigkeit des Bescheides bzw. des Erkenntnisses oder des Beschlusses zu beantragen. Nach Einlangen des Erkenntnisses des Verwaltungsgerichtshofes hat das Gericht das Verfahren fortzusetzen und den Rechtsstreit unter Bindung an die Rechtsanschauung des Verwaltungsgerichtshofes zu entscheiden. *(BGBl I 2013/33)*

(2) Abs. 1 ist nicht anzuwenden, wenn es sich um eine Rechtssache handelt, die gemäß Art. 133 Abs. 5 B-VG zur Zuständigkeit des Verfassungsgerichtshofes gehört. *(BGBl I 2013/33)*

(3) Die Verpflichtungen der Gerichte gemäß Art. 89 Abs. 2 und 3 und Art. 139 Abs. 6 B-VG bleiben unberührt. *(BGBl I 2013/33)*

§ 10. (1) Wenn das Ergebnis eines eingeleiteten Disziplinarverfahrens für die Entscheidung des Rechtsstreites voraussichtlich von Einfluß ist, kann das Gericht, soweit dies im Interesse der Verminderung des Verfahrensaufwandes gelegen ist, selbst vor der für die mündliche Verhandlung bestimmten Tagsatzung auf Antrag oder von Amts wegen das Verfahren bis zur Beendigung des Disziplinarverfahrens unterbrechen.

(2) Liegt dem Ersatzanspruch eine Rechtsverletzung zugrunde, die bereits Gegenstand einer Anklage gemäß den Art. 142 und 143 B-VG beim Verfassungsgerichtshof ist, so hat das Gericht das Verfahren bis zur Fällung des Erkenntnisses des Verfassungsgerichtshofes zu unterbrechen. Das Gericht ist an das Erkenntnis des Verfassungsgerichtshofes ebenso wie an ein sonstiges rechtskräftiges verurteilendes Erkenntnis eines Strafgerichtes über das Verschulden eines Organs gebunden. *(BGBl I 2013/33)*

¹⁾ § 268 ist aufgehoben (BGBl 1990/706).

§ 11. (1) Im Verfahren nach diesem Bundesgesetz sind weder das Organ noch die als Zeugen oder Sachverständige zu vernehmenden Personen zur Wahrung des Amtsgeheimnisses verpflichtet.

(2) Die Öffentlichkeit der Verhandlung ist auf Antrag einer Partei auch dann auszuschließen (§ 172 ZPO), wenn Tatsachen erörtert oder bewiesen werden müssen, die sonst durch das Amtsgeheimnis gedeckt wären. *(BGBl I 2013/33)*

(3) Das Gericht hat überdies den anwesenden Personen auf Antrag einer Partei die Geheimhaltung von Tatsachen, die sonst durch das Amtsgeheimnis gedeckt wären, zur Pflicht zu machen. Dieser Beschluß ist im Verhandlungsprotokoll zu beurkunden. Die Verletzung der Pflicht zur Geheimhaltung ist ebenso zu bestrafen wie eine verbotene Veröffentlichung (§ 301 des Strafgesetzbuches, BGBl. Nr. 60/1974). *(BGBl I 2013/33)*

§ 12. Die Bestimmungen dieses Abschnittes finden auch Anwendung, wenn der Ersatzanspruch des Rechtsträgers gegen den Nachlaß oder die Erben eines Organs geltend gemacht wird.

Ehe/Abst.verf.
EPG, FeiertRG
AHG, OrgHG
B-VG, EMRK

III. ABSCHNITT

Schlussbestimmungen[*)]

[*)] *idF BGBl I 2013/33*

§ 13. (1) Dieses Bundesgesetz tritt mit 1. Jänner 1968 in Kraft.

(2) In der Fassung des Bundesgesetzes BGBl. I Nr. 33/2013 treten in Kraft:

1. der Titel, § 1 Abs. 1, § 3 Abs. 2, § 5, § 9 in der Fassung der Z 6, § 10 Abs. 2, § 11 Abs. 2 und 3, die Überschrift zum III. Abschnitt und § 14 mit Ablauf des Monats der Kundmachung dieses Bundesgesetzes;[*)]

2. § 2 Abs. 1 und § 9 Abs. 1 und 2 in der Fassung der Z 7 mit 1. Jänner 2014.
(BGBl I 2013/33)

[*)] *Inkrafttreten am 1. 3. 2013*

§ 14. Soweit in diesem Bundesgesetz auf Bestimmungen anderer Bundesgesetze verwiesen wird, sind diese in ihrer jeweils geltenden Fassung anzuwenden.

(BGBl I 2013/33)

§ 15. Mit der Vollziehung dieses Bundesgesetzes ist die Bundesregierung betraut.

Bundesverfassungsgesetz (B-VG) in der Fassung von 1929
(Auszug)

BGBl 1930/1 (WV) idF

1 BGBl 1968/73	**8** BGBl I 1999/194 (DFB)
2 BGBl 1975/302	**9** BGBl I 2003/100
3 BGBl 1988/341	**10** BGBl I 2008/2
4 BGBl 1988/685	**11** BGBl I 2009/47
5 BGBl 1992/276	**12** BGBl I 2012/1
6 BGBl 1994/506	**13** BGBl I 2012/51
7 BGBl 1996/659	**14** BGBl I 2013/114

Ehe/Abst.verf.
EPG, FeiertRG
AHG, OrgHG
B-VG, EMRK

Bundes-Verfassungsgesetz (B-VG)

(BGBl 1994/1013)

Drittes Hauptstück

Vollziehung des Bundes

B. Ordentliche Gerichtsbarkeit

(BGBl I 2012/51)

Artikel 82. (1) Die ordentliche Gerichtsbarkeit geht vom Bund aus. *(BGBl I 2012/51)*

(2) Die Urteile und Erkenntnisse werden im Namen der Republik verkündet und ausgefertigt.

Artikel 83. (1) Die Organisation und die Zuständigkeit der ordentlichen Gerichte werden durch Bundesgesetz geregelt. *(BGBl I 2012/51)*

(2) Niemand darf seinem gesetzlichen Richter entzogen werden.

(3) *(entfällt, BGBl 1968/73)*

Artikel 84. Die Militärgerichtsbarkeit ist – außer für Kriegszeiten – aufgehoben.

Artikel 85. Die Todesstrafe ist abgeschafft. *(BGBl 1968/73)*

Artikel 86. (1) Die Richter werden, sofern nicht in diesem Gesetz anderes bestimmt ist, gemäß dem Antrag der Bundesregierung vom Bundespräsidenten oder auf Grund seiner Ermächtigung vom zuständigen Bundesminister ernannt; die Bundesregierung oder der Bundesminister hat Besetzungsvorschläge der durch Bundesgesetz hiezu berufenen Senate einzuholen. *(BGBl I 2012/51)*

(2) Der dem zuständigen Bundesminister vorzulegende und der von ihm an die Bundesregierung zu leitende Besetzungsvorschlag hat, wenn genügend Bewerber vorhanden sind, mindestens drei Personen, wenn aber mehr als eine Stelle zu besetzen ist, mindestens doppelt so viele Personen zu umfassen, als Richter zu ernennen sind.

Artikel 87. (1) Die Richter sind in Ausübung ihres richterlichen Amtes unabhängig.

(2) In Ausübung seines richterlichen Amtes befindet sich ein Richter bei Besorgung aller ihm nach dem Gesetz und der Geschäftsverteilung zustehenden gerichtlichen Geschäfte, mit Ausschluss der Justizverwaltungssachen, die nicht nach Vorschrift des Gesetzes durch Senate oder Kommissionen zu erledigen sind. *(BGBl I 2003/100)*

(3) Die Geschäfte sind auf die Richter des ordentlichen Gerichtes für die durch Bundesgesetz bestimmte Zeit im Voraus zu verteilen. Eine nach dieser Geschäftsverteilung einem Richter zufallende Sache darf ihm nur durch Verfügung des durch Bundesgesetz hiezu berufenen Senates und nur im Fall seiner Verhinderung oder dann abgenommen werden, wenn er wegen des Umfangs seiner Aufgaben an deren Erledigung innerhalb einer angemessenen Frist gehindert ist. *(BGBl 1994/506; BGBl I 2012/51)*

Artikel 87a. (1) Durch Bundesgesetz kann die Besorgung einzelner, genau zu bezeichnender Arten von Geschäften der Gerichtsbarkeit erster Instanz besonders ausgebildeten nichtrichterlichen Bundesbediensteten übertragen werden. *(BGBl I 2003/100; BGBl I 2009/47)*

(2) Der nach der Geschäftsverteilung zuständige Richter kann jedoch jederzeit die Erledigung solcher Geschäfte sich vorbehalten oder an sich ziehen.

(3) Bei der Besorgung der im Abs. 1 bezeichneten Geschäfte sind die nichtrichterlichen Bundesbediensteten nur an die Weisungen des nach der Geschäftsverteilung zuständigen Richters gebunden. Art. 20 Abs. 1 dritter Satz ist anzuwenden. *(BGBl I 2003/100)*

(BGBl 1962/162; BGBl I 2003/100)

Artikel 88. (1) Durch Bundesgesetz wird eine Altersgrenze bestimmt, mit deren Erreichung die Richter in den dauernden Ruhestand treten. *(BGBl I 2008/2)*

(2) Im Übrigen dürfen Richter nur in den vom Gesetz vorgeschriebenen Fällen und Formen und auf Grund eines förmlichen richterlichen Erkenntnisses ihres Amtes entsetzt oder wider ihren Willen an eine andere Stelle oder in den Ruhestand versetzt werden. Diese Bestimmungen finden jedoch auf Übersetzungen und Versetzungen in den Ruhestand keine Anwendung, die durch eine Änderung der Gerichtsorganisation nötig werden. In einem solchen Fall wird durch das Gesetz festgestellt, innerhalb welchen Zeitraumes Richter ohne die sonst vorgeschriebenen Förmlichkeiten übersetzt und in den Ruhestand versetzt werden können. *(BGBl I 2003/100; BGBl I 2012/51)*

(3) Die zeitweise Enthebung der Richter vom Amt darf nur durch Verfügung des Gerichtsvorstehers oder Gerichtspräsidenten oder der übergeordneten Gerichtsbehörde bei gleichzeitiger Verweisung der Sache an das zuständige ordentliche Gericht stattfinden. *(BGBl I 2012/51)*

Artikel 88a. Durch Bundesgesetz kann bestimmt werden, dass bei einem übergeordneten ordentlichen Gericht Stellen für Sprengelrichter vorgesehen werden können. Die Zahl der Sprengelrichterstellen darf 3 vH der bei den nachgeordneten ordentlichen Gerichten bestehenden Richterstellen nicht übersteigen. Die Verwendung der Sprengelrichter bei den nachgeordneten ordentlichen Gerichten und gegebenenfalls bei dem übergeordneten ordentlichen Gericht selbst wird von dem durch Bundesgesetz hiezu berufenen Senat des übergeordneten ordentlichen Gerichtes bestimmt. Sprengelrichter dürfen nur mit der Vertretung von Richtern nachgeordneter ordentlicher Gerichte beziehungsweise von Richtern des übergeordneten ordentlichen Gerichtes selbst und nur im Falle der Verhinderung dieser Richter oder dann betraut werden, wenn diese Richter wegen des Umfangs ihrer Aufgaben an deren Erledigung innerhalb einer angemessenen Frist gehindert sind.

(BGBl I 2012/51)

Artikel 89. (1) Die Prüfung der Gültigkeit gehörig kundgemachter Verordnungen, Kundmachungen über die Wiederverlautbarung eines Gesetzes (Staatsvertrages), Gesetze und Staatsverträge steht, soweit in den folgenden Absätzen nicht anderes bestimmt ist, den ordentlichen Gerichten nicht zu. *(BGBl I 2003/100; BGBl I 2012/51)*

(2) Hat ein ordentliches Gericht gegen die Anwendung einer Verordnung aus dem Grund der Gesetzwidrigkeit, einer Kundmachung über die Wiederverlautbarung eines Gesetzes (Staatsvertrages) aus dem Grund der Gesetzwidrigkeit, eines Gesetzes aus dem Grund der Verfassungswidrigkeit oder eines Staatsvertrages aus dem Grund der Rechtswidrigkeit Bedenken, so hat es den Antrag auf Aufhebung dieser Rechtsvorschrift beim Verfassungsgerichtshof zu stellen. *(BGBl I 2013/114)*

(3) Ist die vom ordentlichen Gericht anzuwendende Rechtsvorschrift bereits außer Kraft getreten, so hat der Antrag des ordentlichen Gerichtes an den Verfassungsgerichtshof die Entscheidung zu begehren, dass die Rechtsvorschrift gesetzwidrig, verfassungswidrig oder rechtswidrig war. *(BGBl I 2003/100; BGBl I 2013/114)*

(4) Durch Bundesgesetz ist zu bestimmen, welche Wirkungen ein Antrag gemäß Abs. 2 oder 3 für das beim ordentlichen Gericht anhängige Verfahren hat. *(BGBl I 2003/100; BGBl I 2013/114)*

(5) *(entfällt, BGBl I 2013/114)*

(BGBl I 2003/100)

Artikel 90. (1) Die Verhandlungen in Zivil- und Strafrechtssachen vor dem erkennenden ordentlichen Gericht sind mündlich und öffentlich. Ausnahmen bestimmt das Gesetz. *(BGBl I 2012/51)*

(2) Im Strafverfahren gilt der Anklageprozess. *(BGBl I 2003/100)*

Artikel 90a. Staatsanwälte sind Organe der ordentlichen Gerichtsbarkeit. In Verfahren wegen mit gerichtlicher Strafe bedrohter Handlungen nehmen sie Ermittlungs- und Anklagefunktionen wahr. Durch Bundesgesetz werden die näheren Regelungen über ihre Bindung an die Weisungen der ihnen vorgesetzten Organe getroffen. *(BGBl I 2008/2, BGBl I 2012/51)*

Artikel 91. (1) Das Volk hat an der Rechtsprechung mitzuwirken.

(2) Bei den mit schweren Strafen bedrohten Verbrechen, die das Gesetz zu bezeichnen hat, sowie bei allen politischen Verbrechen und Vergehen entscheiden Geschworene über die Schuld des Angeklagten. *(BGBl I 2001/121)*

(3) Im Strafverfahren wegen anderer strafbarer Handlungen nehmen Schöffen an der Rechtsprechung teil, wenn die zu verhängende Strafe ein vom Gesetz zu bestimmendes Maß überschreitet.

Artikel 92. (1) Oberste Instanz in Zivil- und Strafrechtssachen ist der Oberste Gerichtshof.

(2) Dem Obersten Gerichtshof können Mitglieder der Bundesregierung, einer Landesregierung, eines allgemeinen Vertretungskörpers oder des Europäischen Parlaments nicht angehören; für Mitglieder eines allgemeinen Vertretungskörpers oder des Europäischen Parlaments, die auf eine bestimmte Gesetzgebungs- oder Funktionsperiode gewählt wurden, dauert die Unvereinbarkeit auch

bei vorzeitigem Verzicht auf das Mandat bis zum Ablauf der Gesetzgebungs- oder Funktionsperiode fort. Zum Präsidenten oder Vizepräsidenten des Obersten Gerichtshofes kann nicht ernannt werden, wer eine der eben erwähnten Funktionen in den letzten fünf Jahren ausgeübt hat. *(BGBl I 2008/2)*

Artikel 93. Amnestien wegen gerichtlich strafbarer Handlungen werden durch Bundesgesetz erteilt.

Artikel 94. (1) Die Justiz ist von der Verwaltung in allen Instanzen getrennt. *(BGBl I 2012/51)*

(2) Durch Bundes- oder Landesgesetz kann in einzelnen Angelegenheiten anstelle der Erhebung einer Beschwerde beim Verwaltungsgericht ein Instanzenzug von der Verwaltungsbehörde an die ordentlichen Gerichte vorgesehen werden. In den Angelegenheiten der Vollziehung des Bundes, die nicht unmittelbar von Bundesbehörden besorgt werden, sowie in den Angelegenheiten der Art. 11, 12, 14 Abs. 2 und 3 und 14a Abs. 3 und 4 dürfen Bundesgesetze gemäß dem ersten Satz nur mit Zustimmung der Länder kundgemacht werden. Für Landesgesetze gemäß dem ersten Satz gilt Art. 97 Abs. 2 sinngemäß. *(BGBl I 2012/51; BGBl I 2013/114)*
...

B. Verfassungsgerichtsbarkeit

(BGBl I 2012/51)

Artikel 139. (1) Der Verfassungsgerichtshof erkennt über Gesetzwidrigkeit von Verordnungen

1. auf Antrag eines Gerichtes;

2. von Amts wegen, wenn er die Verordnung in einer bei ihm anhängigen Rechtssache anzuwenden hätte;

3. auf Antrag einer Person, die unmittelbar durch diese Gesetzwidrigkeit in ihren Rechten verletzt zu sein behauptet, wenn die Verordnung ohne Fällung einer gerichtlichen Entscheidung oder ohne Erlassung eines Bescheides für diese Person wirksam geworden ist;

4. auf Antrag einer Person, die als Partei einer von einem ordentlichen Gericht in erster Instanz entschiedenen Rechtssache wegen Anwendung einer gesetzwidrigen Verordnung in ihren Rechten verletzt zu sein behauptet, aus Anlass eines gegen diese Entscheidung erhobenen Rechtsmittels;

5. einer Bundesbehörde auch auf Antrag einer Landesregierung oder der Volksanwaltschaft;

6. einer Landesbehörde auch auf Antrag der Bundesregierung oder, wenn landesverfassungsgesetzlich die Volksanwaltschaft auch für den Bereich der Verwaltung des betreffenden Landes für zuständig erklärt wurde, der Volksanwalt-

schaft oder einer Einrichtung gemäß Art. 148i Abs. 2;

7. einer Aufsichtsbehörde nach Art. 119a Abs. 6 auch auf Antrag der Gemeinde, deren Verordnung aufgehoben wurde.

Auf Anträge gemäß Z 3 und 4 ist Art. 89 Abs. 3 sinngemäß anzuwenden. *(BGBl I 2012/51; BGBl I 2013/114)*

(1a) Wenn dies zur Sicherung des Zwecks des Verfahrens vor dem ordentlichen Gericht erforderlich ist, kann die Stellung eines Antrages gemäß Abs. 1 Z 4 durch Bundesgesetz für unzulässig erklärt werden. Durch Bundesgesetz ist zu bestimmen, welche Wirkung ein Antrag gemäß Abs. 1 Z 4 hat. *(BGBl I 2013/114)*

(1b) Der Verfassungsgerichtshof kann die Behandlung eines Antrages gemäß Abs. 1 Z 3 oder 4 bis zur Verhandlung durch Beschluss ablehnen, wenn er keine hinreichende Aussicht auf Erfolg hat. *(BGBl I 2013/114)*

(2) Wird in einer beim Verfassungsgerichtshof anhängigen Rechtssache, in der der Verfassungsgerichtshof eine Verordnung anzuwenden hat, die Partei klaglos gestellt, so ist ein bereits eingeleitetes Verfahren zur Prüfung der Gesetzmäßigkeit der Verordnung dennoch fortzusetzen.

(3) Der Verfassungsgerichtshof darf eine Verordnung nur insoweit als gesetzwidrig aufheben, als ihre Aufhebung ausdrücklich beantragt wurde oder als er sie in der bei ihm anhängigen Rechtssache anzuwenden hätte. Gelangt der Verfassungsgerichtshof jedoch zur Auffassung, dass die ganze Verordnung

1. der gesetzlichen Grundlage entbehrt,

2. von einer unzuständigen Behörde erlassen wurde oder

3. in gesetzwidriger Weise kundgemacht wurde,

so hat er die ganze Verordnung als gesetzwidrig aufzuheben. Dies gilt nicht, wenn die Aufhebung der ganzen Verordnung offensichtlich den rechtlichen Interessen der Partei zuwiderläuft, die einen Antrag gemäß Abs. 1 Z 3 oder 4 gestellt hat oder deren Rechtssache Anlass für die amtswegige Einleitung des Verordnungsprüfungsverfahrens gegeben hat. *(BGBl I 2003/100; BGBl I 2012/51; BGBl I 2013/114)*

(4) Ist die Verordnung im Zeitpunkt der Fällung des Erkenntnisses des Verfassungsgerichtshofes bereits außer Kraft getreten und wurde das Verfahren von Amts wegen eingeleitet oder der Antrag von einem Gericht oder von einer Person gestellt, die durch die Gesetzwidrigkeit der Verordnung in ihren Rechten verletzt zu sein behauptet, so hat der Verfassungsgerichtshof auszusprechen, ob die Verordnung gesetzwidrig war. Abs. 3 gilt sinngemäß. *(BGBl I 2012/51; BGBl I 2013/114)*

Ehe/Abst.verf.
EPG, FeiertRG
AHG, OrgHG
B-VG, EMRK

(5) Das Erkenntnis des Verfassungsgerichtshofes, mit dem eine Verordnung als gesetzwidrig aufgehoben wird, verpflichtet die zuständige oberste Behörde des Bundes oder des Landes zur unverzüglichen Kundmachung der Aufhebung. Dies gilt sinngemäß für den Fall eines Ausspruches gemäß Abs. 4. Die Aufhebung tritt mit Ablauf des Tages der Kundmachung in Kraft, wenn nicht der Verfassungsgerichtshof für das Außerkrafttreten eine Frist bestimmt, die sechs Monate, wenn aber gesetzliche Vorkehrungen erforderlich sind, 18 Monate nicht überschreiten darf. *(BGBl 1996/659; BGBl I 2003/100)*

(6) Ist eine Verordnung wegen Gesetzwidrigkeit aufgehoben worden oder hat der Verfassungsgerichtshof gemäß Abs. 4 ausgesprochen,* dass eine Verordnung gesetzwidrig war, so sind alle Gerichte und Verwaltungsbehörden an den Spruch des Verfassungsgerichtshofes gebunden. Auf die vor der Aufhebung verwirklichten Tatbestände mit Ausnahme des Anlassfalles ist jedoch die Verordnung weiterhin anzuwenden, sofern der Verfassungsgerichtshof nicht in seinem aufhebenden Erkenntnis anderes ausspricht. Hat der Verfassungsgerichtshof in seinem aufhebenden Erkenntnis eine Frist gemäß Abs. 5 gesetzt, so ist die Verordnung auf alle bis zum Ablauf dieser Frist verwirklichten Tatbestände mit Ausnahme des Anlassfalles anzuwenden. *(BGBl I 1999/194 (DFB); BGBl I 2003/100)*

(7) Für Rechtssachen, die zur Stellung eines Antrages gemäß Abs. 1 Z 4 Anlass gegeben haben, ist durch Bundesgesetz zu bestimmen, dass das Erkenntnis des Verfassungsgerichtshofes, mit dem die Verordnung als gesetzwidrig aufgehoben wird, eine neuerliche Entscheidung dieser Rechtssache ermöglicht. Dies gilt sinngemäß für den Fall eines Ausspruches gemäß Abs. 4. *(BGBl I 2013/114)*

(BGBl 1975/302)

Artikel 140. (1) Der Verfassungsgerichtshof erkennt über Verfassungswidrigkeit

1. von Gesetzen

a) auf Antrag eines Gerichtes;

b) von Amts wegen, wenn er das Gesetz in einer bei ihm anhängigen Rechtssache anzuwenden hätte;

c) auf Antrag einer Person, die unmittelbar durch diese Verfassungswidrigkeit in ihren Rechten verletzt zu sein behauptet, wenn das Gesetz ohne Fällung einer gerichtlichen Entscheidung oder ohne Erlassung eines Bescheides für diese Person wirksam geworden ist;

d) auf Antrag einer Person, die als Partei einer von einem ordentlichen Gericht in erster Instanz entschiedenen Rechtssache wegen Anwendung eines verfassungswidrigen Gesetzes in ihren Rechten verletzt zu sein behauptet, aus Anlass eines gegen diese Entscheidung erhobenen Rechtsmittels;

2. von Bundesgesetzen auch auf Antrag einer Landesregierung, eines Drittels der Mitglieder des Nationalrates oder eines Drittels der Mitglieder des Bundesrates;

3. von Landesgesetzen auch auf Antrag der Bundesregierung oder, wenn dies landesverfassungsgesetzlich vorgesehen ist, auf Antrag eines Drittels der Mitglieder des Landtages.

Auf Anträge gemäß Z 1 lit. c und d ist Art. 89 Abs. 3 sinngemäß anzuwenden. *(BGBl I 2003/100; BGBl I 2012/51; BGBl I 2013/114)*

(1a) Wenn dies zur Sicherung des Zwecks des Verfahrens vor dem ordentlichen Gericht erforderlich ist, kann die Stellung eines Antrages gemäß Abs. 1 Z 1 lit. d durch Bundesgesetz für unzulässig erklärt werden. Durch Bundesgesetz ist zu bestimmen, welche Wirkung ein Antrag gemäß Abs. 1 Z 1 lit. d hat. *(BGBl I 2013/114)*

(1b) Der Verfassungsgerichtshof kann die Behandlung eines Antrages gemäß Abs. 1 Z 1 lit. c oder d bis zur Verhandlung durch Beschluss ablehnen, wenn er keine hinreichende Aussicht auf Erfolg hat. *(BGBl I 2013/114)*

(2) Wird in einer beim Verfassungsgerichtshof anhängigen Rechtssache, in der der Verfassungsgerichtshof ein Gesetz anzuwenden hat, die Partei klaglos gestellt, so ist ein bereits eingeleitetes Verfahren zur Prüfung der Verfassungsmäßigkeit des Gesetzes dennoch fortzusetzen.

(3) Der Verfassungsgerichtshof darf ein Gesetz nur insoweit als verfassungswidrig aufheben, als seine Aufhebung ausdrücklich beantragt wurde oder als der Verfassungsgerichtshof das Gesetz in der bei ihm anhängigen Rechtssache anzuwenden hätte. Gelangt der Verfassungsgerichtshof jedoch zu der Auffassung, dass das ganze Gesetz von einem nach der Kompetenzverteilung nicht berufenen Gesetzgebungsorgan erlassen oder in verfassungswidriger Weise kundgemacht wurde, so hat er das ganze Gesetz als verfassungswidrig aufzuheben. Dies gilt nicht, wenn die Aufhebung des ganzen Gesetzes offensichtlich den rechtlichen Interessen der Partei zuwiderläuft, die einen Antrag gemäß Abs. 1 Z 1 lit. c oder d gestellt hat oder deren Rechtssache Anlass für die amtswegige Einleitung des Gesetzesprüfungsverfahrens gegeben hat. *(BGBl I 2003/100; BGBl I 2012/51; BGBl I 2013/114)*

(4) Ist das Gesetz im Zeitpunkt der Fällung des Erkenntnisses des Verfassungsgerichtshofes bereits außer Kraft getreten und wurde das Verfahren von Amts wegen eingeleitet oder der Antrag von einem Gericht oder von einer Person gestellt, die durch die Verfassungswidrigkeit des Gesetzes in ihren Rechten verletzt zu sein behauptet, so hat der Verfassungsgerichtshof auszusprechen, ob das Gesetz verfassungswidrig war.

Abs. 3 gilt sinngemäß. *(BGBl I 2012/51; BGBl I 2013/114)*

(5) Das Erkenntnis des Verfassungsgerichtshofes, mit dem ein Gesetz als verfassungswidrig aufgehoben wird, verpflichtet den Bundeskanzler oder den zuständigen Landeshauptmann zur unverzüglichen Kundmachung der Aufhebung. Dies gilt sinngemäß für den Fall eines Ausspruches gemäß Abs. 4. Die Aufhebung tritt mit Ablauf des Tages der Kundmachung in Kraft, wenn nicht der Verfassungsgerichtshof für das Außerkrafttreten eine Frist bestimmt. Diese Frist darf 18 Monate nicht überschreiten. *(BGBl 1992/276; BGBl I 2003/100)*

(6) Wird durch ein Erkenntnis des Verfassungsgerichtshofes ein Gesetz als verfassungswidrig aufgehoben, so treten mit dem Tag des Inkrafttretens der Aufhebung, falls das Erkenntnis nicht anderes ausspricht, die gesetzlichen Bestimmungen wieder in Kraft, die durch das vom Verfassungsgerichtshof als verfassungswidrig erkannte Gesetz aufgehoben worden waren. In der Kundmachung über die Aufhebung des Gesetzes ist auch zu verlautbaren, ob und welche gesetzlichen Bestimmungen wieder in Kraft treten. *(BGBl I 2003/100)*

(7) Ist ein Gesetz wegen Verfassungswidrigkeit aufgehoben worden oder hat der Verfassungsgerichtshof gemäß Abs. 4 ausgesprochen, dass ein Gesetz verfassungswidrig war, so sind alle Gerichte und Verwaltungsbehörden an den Spruch des Verfassungsgerichtshofes gebunden. Auf die vor der Aufhebung verwirklichten Tatbestände mit Ausnahme des Anlassfalles ist jedoch das Gesetz weiterhin anzuwenden, sofern der Verfassungsgerichtshof nicht in seinem aufhebenden Erkenntnis anderes ausspricht. Hat der Verfassungsgerichtshof in seinem aufhebenden Erkenntnis eine Frist gemäß Abs. 5 gesetzt, so ist das Gesetz auf alle bis zum Ablauf dieser Frist verwirklichten Tatbestände mit Ausnahme des Anlassfalles anzuwenden. *(BGBl I 2003/100)*

(8) Für Rechtssachen, die zur Stellung eines Antrages gemäß Abs. 1 Z 1 lit. d Anlass gegeben haben, ist durch Bundesgesetz zu bestimmen, dass das Erkenntnis des Verfassungsgerichtshofes, mit dem das Gesetz als verfassungswidrig aufgehoben wird, eine neuerliche Entscheidung dieser Rechtssache ermöglicht. Dies gilt sinngemäß für den Fall eines Ausspruches gemäß Abs. 4. *(BGBl I 2013/114)*

(BGBl 1975/302)

Achtes Hauptstück

Volksanwaltschaft

Artikel 148a. (1) Jedermann kann sich bei der Volksanwaltschaft wegen behaupteter Missstände in der Verwaltung des Bundes einschließlich dessen Tätigkeit als Träger von Privatrechten,

insbesondere wegen einer behaupteten Verletzung in Menschenrechten, beschweren, sofern er von diesen Missständen betroffen ist und soweit ihm ein Rechtsmittel nicht oder nicht mehr zur Verfügung steht. Jede solche Beschwerde ist von der Volksanwaltschaft zu prüfen. Dem Beschwerdeführer sind das Ergebnis der Prüfung sowie die allenfalls getroffenen Veranlassungen mitzuteilen. *(BGBl I 2003/100; BGBl I 2012/1)*

(2) Die Volksanwaltschaft ist berechtigt, von ihr vermutete Missstände in der Verwaltung des Bundes einschließlich dessen Tätigkeit als Träger von Privatrechten, insbesondere von ihr vermutete Verletzungen in Menschenrechten, von Amts wegen zu prüfen. *(BGBl I 2003/100; BGBl I 2012/1)*

(3) Zum Schutz und zur Förderung der Menschenrechte obliegt es der Volksanwaltschaft und den von ihr eingesetzten Kommissionen (Art. 148h Abs. 3), im Bereich der Verwaltung des Bundes einschließlich dessen Tätigkeit als Träger von Privatrechten

1. den Ort einer Freiheitsentziehung zu besuchen und zu überprüfen,

2. das Verhalten der zur Ausübung unmittelbarer verwaltungsbehördlicher Befehls- und Zwangsgewalt ermächtigten Organe zu beobachten und begleitend zu überprüfen sowie

3. für Menschen mit Behinderungen bestimmte Einrichtungen und Programme zu überprüfen beziehungsweise zu besuchen. *(BGBl I 2012/51) (BGBl I 2012/1)*

(4) Unbeschadet des Abs. 1 kann sich jedermann wegen behaupteter Säumnis eines Gerichtes mit der Vornahme einer Verfahrenshandlung bei der Volksanwaltschaft beschweren, sofern er davon betroffen ist. Abs. 2 gilt sinngemäß. *(BGBl I 2008/2; BGBl I 2012/1)*

(5) Der Volksanwaltschaft obliegt ferner die Mitwirkung an der Erledigung der an den Nationalrat gerichteten Petitionen und Bürgerinitiativen. Näheres bestimmt das Bundesgesetz über die Geschäftsordnung des Nationalrates. *(BGBl 1988/685; BGBl I 2012/1)*

(6) Die Volksanwaltschaft ist in Ausübung ihres Amtes unabhängig. *(BGBl I 2012/1)*

...

(BGBl I 2003/100)

Artikel 148c. Die Volksanwaltschaft kann den mit den obersten Verwaltungsgeschäften des Bundes betrauten Organen Empfehlungen für die in einem bestimmten Fall oder aus Anlass eines bestimmten Falles zu treffenden Maßnahmen erteilen. In Angelegenheiten der Selbstverwaltung oder der Verwaltung durch weisungsfreie Behörden kann die Volksanwaltschaft dem zuständigen Organ der Selbstverwaltung oder der weisungsfreien Behörde Empfehlungen erteilen; derartige

Ehe/Abst.verf.
EPG, FeiertRG
AHG, OrgHG
B-VG, EMRK

Empfehlungen sind auch dem obersten Verwaltungsorgan des Bundes zur Kenntnis zu bringen. Das betreffende Organ hat binnen einer bundesgesetzlich zu bestimmenden Frist entweder diesen Empfehlungen zu entsprechen und dies der Volksanwaltschaft mitzuteilen oder schriftlich zu begründen, warum der Empfehlung nicht entsprochen wurde. Die Volksanwaltschaft kann in einem bestimmten Fall oder aus Anlass eines bestimmten Falles einen auf die Beseitigung der Säumnis eines Gerichtes (Art. 148a Abs. 4) gerichteten Fristsetzungsantrag stellen sowie Maßnahmen der Dienstaufsicht anregen. *(BGBl I 2008/2; BGBl I 2012/1)*

(BGBl 1988/685; BGBl I 2003/100)

...

9/5/2. EMRK

Europäische Menschenrechtskonvention
(Auszug)

BGBl 1958/210 idF

1 BGBl III 1998/30

...

Ehe/Abst.verf.
EidesG, FeiertRG
AHG, OrgHG, B-VG
EMRK, EU-MediatG

Artikel 6
– Recht auf ein faires Verfahren

(1) Jedermann hat Anspruch darauf, daß seine Sache in billiger Weise öffentlich und innerhalb einer angemessenen Frist gehört wird, und zwar von einem unabhängigen und unparteiischen, auf Gesetz beruhenden Gericht, das über zivilrechtliche Ansprüche und Verpflichtungen oder über die Stichhaltigkeit der gegen ihn erhobenen strafrechtlichen Anklage zu entscheiden hat. Das Urteil muß öffentlich verkündet werden, jedoch kann die Presse und die Öffentlichkeit während der gesamten Verhandlung oder eines Teiles derselben im Interesse der Sittlichkeit, der öffentlichen Ordnung oder der nationalen Sicherheit in einem demokratischen Staat ausgeschlossen werden, oder wenn die Interessen von Jugendlichen oder der Schutz des Privatlebens der Prozeßparteien es verlangen, oder, und zwar unter besonderen Umständen, wenn die öffentliche Verhandlung die Interessen der Rechtspflege beeinträchti-

gen würde, in diesem Fall jedoch nur in dem nach Auffassung des Gerichts erforderlichen Umfang.

...

Artikel 8
– Recht auf Achtung des Privat- und Familienlebens

(1) Jedermann hat Anspruch auf Achtung seines Privat- und Familienlebens, seiner Wohnung und seines Briefverkehrs.

(2) Der Eingriff einer öffentlichen Behörde in die Ausübung dieses Rechts ist nur statthaft, insoweit dieser Eingriff gesetzlich vorgesehen ist und eine Maßnahme darstellt, die in einer demokratischen Gesellschaft für die nationale Sicherheit, die öffentliche Ruhe und Ordnung, das wirtschaftliche Wohl des Landes, die Verteidigung der Ordnung und zur Verhinderung von strafbaren Handlungen, zum Schutz der Gesundheit und der Moral oder zum Schutz der Rechte und Freiheiten anderer notwendig ist.

...

KODEX

DES ÖSTERREICHISCHEN RECHTS
SAMMLUNG DER ÖSTERREICHISCHEN BUNDESGESETZE

VERFASSUNGS-RECHT

LexisNexis

1	B-VG
1a	ÜG, B-VGNov
2a	StGG
2b	EMRK
2c	ReligionsR, ZDG / VerG / VersammlungsG / ORF-G, RGG / PrR-G, PrTV-G / FERG, KOG / PresseFG / MinderheitenR
3a	BVG
3b	VfBest in BG
4	Unabhbfeld, V-ÜG / R-ÜG, StV Wien
5	BVG Neutralität / KMG / Int Sanktionen / KSE-BVG, TrAufG / Staatl Symbole
6	StbG
7	ParteiG / VerbotsG / KlubFG, PubFG
8	Wahlen / Direkte Demokratie
9	GOG-NR
10	BezR / UmvG
11	BGBlG / Rechtsbereinigung
12	BMG / BVG ÄmterLReg / BGemAufsG
13	F-VG, FAG 2005 / KonstMech / StabPakt 2005
14	RHG
15	UBASG
16	VwGG
17	VfGG
18	VolksanwG
19	AHG, OrgHG
20	AuskPfl
21	EUV/EGV

Exekutionsordnung

10/1a. Einführungsgesetz zur Exekutionsordnung (EGEO) Kundmachung der Bundesregierung vom 2. 12. 1952, womit das Einführungsgesetz zur Exekutionsordnung wiederverlautbart wird,
zuletzt novelliert durch BGBl I 2021/86 (GREx)

10/1b. Paragrafenspiegel: Gegenüberstellung alte und neue Bezeichnung der bisherigen Fassung und der Fassung ab 1. 7. 2021

10/1c. Exekutionsordnung (EO) Gesetz vom 27. 5. 1896, RGBl 1896/79, über das Exekutions- und Sicherungsverfahren, zuletzt novelliert durch
BGBl I 2021/86 (GREx)   BGBl I 2021/147 (RIRUG)

10/2. Exekutionsordnung (EO) alte Fassung, zuletzt novelliert durch BGBl I 2020/148 (HiNBG)

Einführungsgesetz zur Exekutionsordnung

BGBl 1953/6 (Wiederverlautbarung vom 2. 12. 1952) idF

1 BGBl 1955/39
2 BGBl 1991/628

3 BGBl 1999/191 (1. BRBG)
4 BGBl I 2021/86 (GREx)

Kundmachung der Bundesregierung vom 2. Dezember 1952, womit das Einführungsgesetz zur Exekutionsordnung wiederverlautbart wird.

Artikel 1.

Auf Grund des Wiederverlautbarungsgesetzes, BGBl. Nr. 114/1947, wird das Gesetz vom 27. Mai 1896, RGBl. Nr. 78, betreffend die Einführung des Gesetzes über das Exekutions- und Sicherungsverfahren, in der geltenden Fassung neu verlautbart.

Artikel 2.

Die Bestimmungen der wiederverlautbarten Rechtsvorschrift, die als nicht mehr geltend festgestellt werden, sind im Texte der Neuverlautbarung besonders bezeichnet. Die Gründe für die Gestaltung des neuen Wortlauts der wiederverlautbarten Rechtsvorschrift ergeben sich aus der folgenden Übersicht:

Zu Art. III:

Die Bestimmung des Abs. 3 ist, soweit es sich um öffentliche Abgaben und Beiträge im Sinne der §§ 1 und 2 des Abgabeneinhebungsgesetzes 1951, BGBl. Nr. 87, und um Abgaben im Sinne des § 83 der Abgabenexekutionsordnung, BGBl. Nr. 104/1949, handelt, infolge § 14 der Abgabenexekutionsordnung unwirksam.

Zu Art. V:

Die darin genannt gewesene Verordnung vom 28. Oktober 1865, RGBl. Nr. 110, ist durch Art. 13 Abs. 2 Z. 3 der Verordnung vom 24. Dezember 1938, Deutsches RGBl. I S. 1999, aufgehoben worden.

Zu Art. VIII:

Die Bestimmungen des XI. Hauptstückes der in Z. 1 genannten Zoll- und Staatsmonopolsordnung sind, soweit sie auf Tabak Bezug hatten, durch § 35 des Bundesgesetzes vom 13. Juli 1949, BGBl. Nr. 186, außer Kraft gesetzt worden.

Das in Z. 2 genannt gewesene Hofdekret vom 11. Mai 1841, JGS. Nr. 535, ist durch Aufhebung des XI. Hauptstückes der Zoll- und Staatsmonopolsordnung vom 11. Juli 1835, PGS. Nr. 113, in Ansehung des Tabaks gegenstandslos geworden.

Die in Z. 3 genannt gewesene Verordnung vom 31. März 1853, RGBl. Nr. 91, ist durch § 46 Abs. 1 Z. 11 des Bundesgesetzes BGBl. Nr. 196/1935 in der Fassung der Verordnung GBl.f.d.L.Ö. Nr. 483/1938 aufgehoben worden.

Die in Z. 4 genannt gewesenen Vorschriften der Zoll- und Staatsmonopolsordnung vom 11. Juli 1835, PGS. Nr. 113, sind durch § 127 des Gesetzes vom 10. Juni 1920, StGBl. Nr. 250, aufgehoben worden.

Die Z. 7 ist, soweit sie die auf den Postdienst sich beziehenden Befugnisse betraf, durch Wegfall dieser Befugnisse gegenstandslos geworden. Soweit sie die aus dem Postdienst fließenden Einkünfte der Postmeister betraf, ist sie durch Aufhebung der diesbezüglichen Bestimmungen des § 29 des Patentes vom 5. November 1837, JGS. Nr. 240, durch Art. I der Verordnung vom 1. September 1922, BGBl. Nr. 646, gegenstandslos geworden. Soweit sie die von den Postmeistern für Rechnung des Staatsschatzes eingehobenen Gelder betraf, ist sie durch Wegfall der Einrichtung der Postmeister im Sinne des Postgesetzes gegenstandslos geworden.

Das in Z. 8 genannt gewesene Gesetz vom 7. Mai 1874, RGBl. Nr. 50, ist durch das Zusatzprotokoll zu Art. XXII des Konkordats, BGBl. Nr. 2/1934 II, als außer Kraft getreten erklärt worden.

Die Bestimmung der Z. 9 ist, soweit es sich um die Belegung mit Arrest und die Pfändung des rollenden Materials einer Eisenbahn mit Einschluß aller dazugehörigen beweglichen Gegenstände dieser Eisenbahn von Vertragsstaaten des I. Ü. P. und des I. Ü. G., BGBl. Nr. 49/1951, handelt, infolge der Art. 55 §§ 3 dieser beiden Übereinkommen unwirksam.

Das in Z. 10 genannt gewesene Gesetz vom 28. April 1889, RGBl. Nr. 64, ist durch § 10 der Verordnung vom 14. Oktober 1938, Deutsches RGBl. I S. 1428, aufgehoben worden.

Zu Art. IX:

Die Z. 1, 6 lit. e und f, 7, 8, 10, 11 und 13 sind durch Art. I der Verordnung vom 1. September 1922, BGBl. Nr. 646, aufgehoben worden.

Die in Z. 2 genannt gewesenen Vorschriften der Notariatsordnung sind durch Art. II des Bundesgesetzes vom 2. Juli 1929, BGBl. Nr. 257, aufgehoben worden.

Das in Z. 4 genannt gewesene Gesetz vom 28. Mai 1882, RGBl. Nr. 56, ist durch § 37 des Bundesgesetzes vom 28. Dezember 1926, BGBl. Nr. 9/1927, in der Fassung der Kundmachung vom 31. Jänner 1927, BGBl. Nr. 42, aufgehoben worden.

Die Satzungen des in Z. 6 lit. a genannt gewesenen Privat-Pensionsinstituts für Wiener Handlungskommis (jetzt Krankenhilfsverein Confraternität) enthalten keine Anordnung über eine Exekutionsbeschränkung mehr.

Die in Z. 6 lit. b genannt gewesene Gesellschaft zur Versorgung mitteloser und gebrechlicher Mitglieder der Wiener juridischen Fakultät besteht nicht mehr.

Die in Z. 9 genannt gewesenen Vorschriften des Gesetzes vom 12. Juli 1872, RGBl. Nr. 112, sind durch Art. I der Verordnung vom 1. September 1922, BGBl. Nr. 646, und durch § 15 des Bundesgesetzes vom 18. Dezember 1948, BGBl. Nr. 20/1949, aufgehoben worden.

Die in Z. 12 genannt gewesenen Gesetze vom 28. Dezember 1887, RGBl. Nr. 1/1888, und vom 30. März 1888, RGBl. Nr. 33, sind durch § 354 Abs. 1 Z. 1 und 2 des GSVG. 1938, BGBl. Nr. 1, für den Wirkungsbereich dieses Gesetzes außer Kraft gesetzt worden; im übrigen sind sie durch die Verordnung vom 22. Dezember 1938, Deutsches RGBl. I S. 1912, unwirksam geworden. Das in Z. 12 genannt gewesene Gesetz vom 28. Juli 1889, RGBl. Nr. 127, ist durch § 36 der Verordnung vom 21. Juli 1933, BGBl. Nr. 326, aufgehoben worden.

Das in Z. 12 genannt gewesene Gesetz vom 16. Juli 1892, RGBl. Nr. 202, ist durch § 1 des Bundesgesetzes vom 26. Juni 1924, BGBl. Nr. 212, aufgehoben worden.

Zu Art. XII:

Infolge § 1 der Konkursordnung, RGBl. Nr. 337/1914, unwirksam.

Zu Art. XIII:

Der zweite Halbsatz der Z. 3 ist durch Art. IV des Bundesgesetzes vom 2. Juli 1929, BGBl. Nr. 222, angefügt worden.

Die in Z. 4 genannt gewesenen Verordnungen vom 5. November 1852, RGBl. Nr. 227, und vom 11. Februar 1855, RGBl. Nr. 30, sind durch Art. XI § 12 des Bundesgesetzes vom 2. Juli 1929, BGBl. Nr. 222, aufgehoben worden.

Der zweite Halbsatz der Z. 6 ist durch § 1101 ABGB. überflüssig geworden.

Das in Z. 8 genannt gewesene Gesetz vom 16. März 1884, RGBl. Nr. 36, ist durch Art. I der kaiserlichen Verordnung vom 10. Dezember 1914, RGBl. Nr. 337, aufgehoben worden.

Die in Z. 9 genannt gewesenen Vorschriften des Art. 310 Handelsgesetzbuch und des § 47 des Einführungsgesetzes hiezu sind durch Art. 13 der Verordnung vom 24. Dezember 1938, Deutsches RGBl. I S. 1999, aufgehoben worden.

Zu Art. XVI:

Verfachbücher werden nicht mehr geführt.

Zu Art. XIX:

Infolge geänderter staatsrechtlicher Verhältnisse gegenstandslos.

Zu Art. XXI:

An die Stelle der Wechselordnung ist gemäß § 7 der Verordnung vom 21. April 1938, Deutsches RGBl. I S. 421, das Wechselgesetz vom 21. Juni 1933, Deutsches RGBl. I S. 399, getreten.

Zu Art. XXII:

Die darin genannt gewesenen Gesetze vom 28. Dezember 1887, RGBl. Nr. 1/1888, und vom 30. März 1888, RGBl. Nr. 33, sind durch § 354 Abs. 1 Z. 1 und 2 des GSVG. 1938, BGBl. Nr. 1, für den Wirkungsbereich dieses Gesetzes außer Kraft gesetzt worden; im übrigen sind sie durch die Verordnung vom 22. Dezember 1938, Deutsches RGBl. I S. 1912, unwirksam geworden. Das Gesetz vom 28. Juli 1889, RGBl. Nr. 127, in der Fassung des Gesetzes vom 17. Jänner 1890, RGBl. Nr. 14, ist durch § 36 der Verordnung vom 21. Juli 1933, BGBl. Nr. 326, aufgehoben worden. Das Gesetz vom 14. Mai 1869, RGBl. Nr. 63, ist durch § 39 des Gesetzes vom 27. November 1896, RGBl. Nr. 218, aufgehoben worden.

Zu Art. XXIII:

Die unmittelbare Haftung der richterlichen Beamten ist durch § 15 des Bundesgesetzes vom 18. Dezember 1948, BGBl. Nr. 20/1949, aufgehoben worden.

Zu Art. XXIV:

Erweiterte Anwendung auf Hypothekenpfandbriefe und auf von öffentlich-rechtlichen Kreditanstalten ausgegebene Pfandbriefe und verwandte Schuldverschreibungen gemäß Art. 3, 6, 7 und 8 der Verordnung vom 11. November 1938, Deutsches RGBl. I S. 1574.

Zu Art. XXVII:

Das in Z. 1 des Abs. 2 genannt gewesene Gesetz vom 18. April 1869, RGBl. Nr. 44, ist durch das Bundesgesetz vom 13. Juli 1921, BGBl. Nr. 364, unwirksam geworden.

Das in Z. 2 des Abs. 2 genannt gewesene Gesetz vom 14. Mai 1869, RGBl. Nr. 63, ist durch § 39 des Gesetzes vom 27. November 1896, RGBl. Nr. 218, aufgehoben worden.

Das in Z. 3 des Abs. 2 genannt gewesene Gesetz vom 12. Juli 1872, RGBl. Nr. 112, ist durch § 15 des Bundesgesetzes vom 18. Dezember 1948, BGBl. Nr. 20/1949, aufgehoben worden. Das in Z. 4 des Abs. 2 genannt gewesene Gesetz vom 28. Mai 1881, RGBl. Nr. 47, ist durch § 11 des Wuchergesetzes 1949, BGBl. Nr. 271, aufgehoben worden.

Das in Z. 5 des Abs. 2 genannt gewesene Gesetz vom 6. Juni 1887, RGBl. Nr. 72, ist durch § 9 der Verordnung vom 15. Juni 1938, Deutsches RGBl. I S. 631, aufgehoben worden.

Zu Art. XXVIII:

Durch § 42 der kaiserlichen Verordnung vom 16. März 1916, RGBl. Nr. 69, aufgehoben.

Zu Art. XXXI bis XXXIX:

Als Übergangsbestimmungen gegenstandslos.

Artikel 3.

(1) Die wiederverlautbarte Rechtsvorschrift ist als „Einführungsgesetz zur Exekutionsordnung (EGEO.)" zu bezeichnen.

(2) Als Tag der Herausgabe der Wiederverlautbarung wird der Tag der Kundmachung im Bundesgesetzblatt festgesetzt.[1]

---

[1] 17. 1. 1953.

Anlage

Einführungsgesetz zur Exekutionsordnung (EGEO.).

Artikel I.

(1) Das Gesetz über das Exekutions- und Sicherungsverfahren (Exekutionsordnung) ist gleichzeitig mit dem Gesetz über das gerichtliche Verfahren in bürgerlichen Rechtsstreitigkeiten (Zivilprozeßordnung) als Vorschrift für das Verfahren bei Exekutionen und einstweiligen Verfügungen, die den ordentlichen Gerichten zugewiesen sind, in Wirksamkeit getreten.

(2) Mit demselben Tage haben, soweit nicht dieses Einführungsgesetz in seiner ursprünglichen Fassung oder die Exekutionsordnung in ihrer ursprünglichen Fassung eine Ausnahme enthält, alle in anderen gesetzlichen Vorschriften enthaltenen Bestimmungen über Gegenstände, die in der Exekutionsordnung geregelt sind, ihre Wirksamkeit verloren.

Artikel II.

Insbesondere hat die Bestimmung der Resolution vom 31. Oktober 1785, JGS. Nr. 489, lit. qq, daß sich die Parteien auch in der Exekutionsführung einem Schiedsrichter unterwerfen können, sowie die auf Grund dieser Bestimmung einzelnen Schiedsgerichten durch Privileg oder staatlich genehmigte Satzungen eingeräumte Befugnis, die Exekution ihrer Schiedssprüche zu bewilligen, ihre Wirksamkeit verloren.

Artikel III.

(1) Die bei Inkrafttreten dieses Einführungsgesetzes in seiner ursprünglichen Fassung in Geltung gestandenen gesetzlichen Vorschriften über die Vorzugsrechte und über die Sicherstellung und Einbringung von Steuern und anderen Leistungen zu öffentlichen Zwecken, dann von anderen, den Steuern rücksichtlich der Einbringung gesetzlich gleichgestellt gewesenen Schuldigkeiten sowie von solchen Forderungen des Staatsschatzes, rücksichtlich deren die Entscheidung und Einbringung den Verwaltungsbehörden zugewiesen waren, ferner die bei Inkrafttreten dieses Einführungsgesetzes in seiner ursprünglichen Fassung in Geltung gestandenen Vorschriften über die Sicherstellung der Gefällsstrafen, über die Sicherstellung der Forderungen aus Bestandverträgen über öffentliche Gefälle und über die Einbringung solcher Forderungen sind in Wirksamkeit geblieben.

(2) Soweit diese Vorschriften noch bestehen und nach diesen Vorschriften wegen Sicherstellung und Einbringung der im ersten Absatz bezeichneten Ansprüche und Forderungen ein gerichtliches Verfahren stattfindet, sind in Ansehung der Bewilligung und Durchführung der Exekution oder des Sicherungsverfahrens die Bestimmungen der Exekutionsordnung anzuwenden. Inwiefern der Verpflichtete oder ein Dritter den Anspruch oder die Forderung im Rechtsweg bestreiten oder gegen die Exekution im Rechtsweg Widerspruch erheben kann, ist nach den hierüber bestehenden besonderen Vorschriften zu beurteilen.

(3) Für die Geltendmachung von Rechten an den durch eine politische Exekution - ausgenommen die Exekution zur Einbringung der öffentlichen Abgaben und Beiträge im Sinne der [§§ 1

und 2 des Abgabeneinhebungsgesetzes[1] 1951, BGBl. Nr. 87, und der Abgaben im Sinne des § 83 der Abgabenexekutionsordnung[2], BGBl. Nr. 104/1949] - betroffenen Gegenständen (§ 37 der Exekutionsordnung) sind ausschließlich die Vorschriften der Zivilprozeßordnung und der Exekutionsordnung maßgebend. Für die Klage ist das Bezirksgericht zuständig, in dessen Sprengel sich zur Zeit der Anbringung der Klage die Gegenstände ganz oder zum Teile befinden, an denen die behaupteten Rechte bestehen sollen.

---

[1] *nunmehr §§ 1, 3 BAO.*
[2] *nunmehr § 2 AbgEO.*

Artikel IV.

[Gegenstandslos.]

Artikel V.

[Entfällt.]

Artikel VI.

Die gesetzlichen Vorschriften, nach denen gewisse Sachen dem Verkehr überhaupt entzogen oder in Ansehung der Veräußerung und des Eigentumserwerbes Beschränkungen unterworfen sind, haben für das Exekutionsverfahren ihre Geltung behalten.

Artikel VII.

Die gesetzlichen Vorschriften sowie die in Staatsverträgen enthaltenen Vereinbarungen, wodurch gewisse Sachen, Rechte und Forderungen der Exekution wegen Geldforderungen oder einem zugunsten von Geldforderungen stattfindenden Sicherungsverfahren ganz entzogen oder derlei Exekutions- und Sicherungsmaßregeln in Ansehung solcher Sachen, Rechte und Forderungen nur in bestimmten Grenzen und unter bestimmten Beschränkungen zugelassen werden, sind in Wirksamkeit geblieben.[1]

---

[1] *Vgl auch DenkmalschutzG, §§ 11 ff WEG 2002 u zahlreiche Bestimmungen in Nebengesetzen.*

Artikel VIII.

1., 6., 7., 9. [Gegenstandslos.]
2., 3., 4., 8.,10. [Entfällt.]
5. *(aufgehoben, BGBl 1991/628)*

Artikel IX.

(aufgehoben, BGBl 1991/628)

Artikel X.

(1) Die von Lottokollektanten für Rechnung des Bundes eingehobenen Gelder können zugunsten von Ansprüchen, die wider den Lottokollektanten gerichtet sind, weder in Exekution gezogen noch durch Sicherungsmaßregeln getroffen werden.

(2) [Gegenstandslos.]

Artikel XI.

Auf das zur Instandhaltung und zum Betriebe von Dampfschiffahrt-, Flußüberfuhr-, Fernmeldeunernehmungen und öffentlichen Lagerhäusern gehörige, im Besitze der Unternehmung befindliche Material findet keine abgesonderte Exekution statt.

Artikel XII.

[Entfällt.]

Artikel XIII.

Unberührt sind geblieben:

1. [Gegenstandslos.]

2. die Vorschriften über die Zustellung von gerichtlichen Bescheiden, durch die bücherliche Eintragungen bewilligt werden, wenngleich diese Zustellung im Lauf einer Exekution geschieht;[1]

3. die Vorschriften des § 19 des kaiserlichen Patentes vom 9. August 1854, RGBl. Nr. 208[2], über die Einleitung eines Exekutionsverfahrens von Amts wegen; nach diesen Vorschriften können auch die von einem Strafgericht auf Grund des Jugendgerichtsgesetzes 1949, BGBl. Nr. 272[3], getroffenen vormundschaftsbehördlichen Verfügungen vollstreckt werden;

4. [Entfällt.]

5. die Vorschriften des allgemeinen Grundbuchsgesetzes[4] über die Sicherung von Rechten und Ansprüchen durch grundbücherliche Vormerkung;

6. *(entfällt, BGBl I 2021/86, betraf den Hinweis auf das Hofdekret über die pfandweise Beschreibung der invecta et illata, JGS 1819/1621, mit 1. Juli 2021 aufgehoben (§ 502 Abs 7 EO). Die Materie ist nun in § 379a EO geregelt.)*

7. die Vorschriften des allgemeinen Grundbuchsgesetzes über die Bedingungen und Wirkungen der Anmerkung der Aufkündigung einer Hypotekarforderung, der Anmerkung der Hypotekarklage, der Anmerkung des Streites sowie über die Zuständigkeit zur Bewilligung dieser Anmerkungen;[5]

8. [Entfällt.]

9. [Entfällt.]

1) *siehe §§ 118 ff GBG.*
2) *s nun §§ 79 f AußStrG.*
3) *nunmehr JGG 1988.*
4) *nunmehr: GBG (vgl § 35 ff GBG).*
5) *nunmehr §§ 60 ff GBG.*

Artikel XIV.

Unberührt sind geblieben:

1. die Vorschriften über den Übergang von Reallasten für kirchliche und Schulzwecke auf den Ersteher einer Liegenschaft;

2. die Vorschriften, durch die den Leistungen für kirchliche und Schulzwecke ein gesetzliches Pfandrecht oder ein Vorrecht eingeräumt ist.

Artikel XV.

(1) [Gegenstandslos.]

(2) Die Rangordnung der an solchen Obligationen erworbenen Pfandrechte richtet sich hinsichtlich der Obligation selbst und der Zinsscheine nach dem Zeitpunkt der Pfändung (§§ 253, 256 und 257 der Exekutionsordnung); wenn aber die Zinsen bei einer öffentlichen Kasse ohne Zinsscheine erhoben werden, sind für den Erwerb und den Vorrang des Pfandrechtes die Bestimmungen der §§ 295 und 300 der Exekutionsordnung maßgebend.

Artikel XVI.

[Entfällt.]

Artikel XVII.

Unberührt sind die Vorschriften des § 4 der Notariatsordnung (Gesetz vom 25. Juli 1871, RGBl. Nr. 75) geblieben. Für Klagen, womit die Exekutionskraft eines Notariatsaktes bestritten wird, haben die Bestimmungen zu gelten, die für die im § 36 der Exekutionsordnung bezeichneten Klagen aufgestellt sind. Die Aufschiebung der Exekution (§ 42 Z. 1 der Exekutionsordnung) kann auch angeordnet werden, wenn durch gerichtlichen Augenschein oder durch Urkunden dargetan ist, daß der Notariatsakt mit Verletzung solcher Vorschriften aufgenommen oder ausgefertigt wurde, von deren Beachtung die Kraft des Aktes als einer öffentlichen Urkunde oder seine Exekutionsfähigkeit in der Notariatsordnung abhängig gemacht ist.

Artikel XVIII.

Für die Schätzung und Feilbietung von Gruben- und Tagmassen, auf deren Entziehung rechtskräftig erkannt worden ist, sind auch weiterhin die Vorschriften der §§ 253 bis 262 allgemeines Berggesetz in Geltung geblieben.[1]

1) *nunmehr MinroG (§ 57).*

Artikel XIX.

[Entfällt.]

Artikel XX.

Als Inland im Sinne der Exekutionsordnung gilt das Gebiet der Republik Österreich. Personen, die die österreichische Staatsbürgerschaft nicht besitzen, sind in bezug auf die Vorschriften der Exekutionsordnung als Ausländer anzusehen.

Artikel XXI.

Insofern sich die Exekutionsordnung auf Bestimmungen des bürgerlichen Rechtes beruft, sind darunter nicht nur die Vorschriften des allgemeinen bürgerlichen Gesetzbuches, sondern auch die in anderen Gesetzen enthaltenen Bestimmungen des Privatrechtes zu verstehen.

Artikel XXII.

[Entfällt.]

Artikel XXIII.

Der Bund haftet nicht für die Vermögensnachteile, die sich daraus ergeben, daß das Gericht es unterlassen hat, gemäß § 77 der Exekutionsordnung wegen fruchtbringender Anlegung gerichtlich erlegter Barbeträge von Amts wegen das Geeignete zu verfügen.

Artikel XXIV.

Sofern sich anläßlich einer Exekutionsführung die Bestellung eines gemeinsamen Kurators der Besitzer von auf Inhaber lautenden oder indossablen Teilschuldverschreibungen nötig zeigt, um Dritte im Gang ihrer Rechte nicht zu hemmen, kann das Exekutionsgericht von Amts wegen bei dem nach dem Gesetze vom 24. April 1874, RGBl. Nr. 49, hiefür zuständigen Gerichte die Bestellung eines Kurators beantragen. Dasselbe gilt von Hypothekenpfandbriefen sowie von Pfandbriefen und verwandten Schuldverschreibungen, die von öffentlich-rechtlichen Kreditanstalten auf Grund des Gesetzes vom 21. Dezember 1927, Deutsches RGBl. I S. 492, über die Pfandbriefe und verwandten Schuldverschreibungen öffentlich-rechtlicher Kreditanstalten und der Verordnung vom 11. November 1938, Deutsches RGBl. I S. 1574, über die Einführung des Hypothekenbankgesetzes und des Gesetzes über die Pfandbriefe und verwandten Schuldverschreibungen öffentlich-rechtlicher Kreditanstalten im Lande Österreich ausgegeben worden sind.

Artikel XXV.

[Gegenstandslos.]

Artikel XXVI.

(aufgehoben, BGBl 1955/39)

Artikel XXVII.

(1) Wo schon im Zeitpunkte des Inkrafttretens der Exekutionsordnung in Geltung gestandene Rechtsvorschriften die Bewilligung der Exekution zur Sicherstellung oder einzelner Sicherungsmaßregeln für zulässig erklären, sind in bezug auf die vorzunehmenden Sicherstellungshandlungen und das Verfahren die Vorschriften der Exekutionsordnung über Exekutionshandlungen zur Sicherung von Geldforderungen (§§ 370 bis 377) und über einstweilige Verfügungen (§§ 378 bis 402) anzuwenden. Insofern die Zuständigkeit in diesen Rechtsvorschriften nicht anders geregelt ist, sind die fraglichen Exekutions- oder Sicherungsmaßregeln bei dem nach den Vorschriften der Exekutionsordnung zu deren Bewilligung berufenen Gericht anzusuchen.

(2) [Entfällt.]

Artikel XXVIII.

[Entfällt.]

Artikel XXIX.

(1) Wenn dem Anspruche, zu dessen Gunsten auf Grund eines Schiedsspruchs Exekution bewilligt wurde, ein als Spiel oder Wette zu beurteilendes Differenzgeschäft zugrunde liegt, ist die Exekution auf Begehren des Verpflichteten einzustellen. Dieses Begehren kann sowohl mit Rekurs gegen die Exekutionsbewilligung als mit Klage geltend gemacht werden. Die Klage ist bei dem Gerichte zu erheben, bei dem die Bewilligung der Exekution in erster Instanz beantragt wurde.

(2) Nach Erhebung des Rekurses oder Anbringung der Klage kann die Exekution auf Antrag bis zur rechtskräftigen Entscheidung über die Klage aufgeschoben werden; für eine solche Aufschiebung haben die Vorschriften der §§ 43 und 44 der Exekutionsordnung zu gelten.

Artikel XXX.

(1) Die auf Grund eines Schiedsspruchs bewilligte Exekution ist ferner auf Begehren des Verpflichteten einzustellen, wenn der Verpflichtete den Schiedsvertrag mit Rücksicht auf die von Mitgliedern eines Unternehmerverbandes (Kartell) getroffene Verabredung eingegangen ist, wonach für seine gewerbliche Erzeugung erforderliche Stoffe, Werkzeuge oder sonstige Hilfsmittel im inländischen Verkehre nur unter der Bedingung veräußert werden sollen, daß sich der Käufer in Ansehung der aus dem Geschäft entspringenden Streitigkeiten dem Spruch eines Schiedsgerichtes unterwerfe. In bezug auf die Geltendmachung des Einstellungsbegehrens und die Aufschiebung der Exekution sind die Vorschriften des Artikels XXIX anzuwenden; das Einstellungsbegehren des Verpflichteten ist jedoch zurückzuweisen, wenn er in der Verhandlung vor den Schiedsrichtern auf die aus diesem Mangel des Schiedsvertrages sich ergebenden Einwendungen gegen die Exekution ausdrücklich verzichtet hat.

(2) Die besonderen Bestimmungen über die Anfechtung von Erkenntnissen der Börsenschiedsgerichte auf Grund der Artikel XXIII Z. 1 und XXV Abs. 1 des Einführungsgesetzes zur Zivilprozeßordnung (Gesetz vom 1. August 1895, RGBl. Nr. 112) sind durch die Vorschriften dieses und des vorangehenden Artikels nicht berührt worden.

Artikel XXXI.

[Entfällt.]

Artikel XXXII.

[Entfällt.]

Artikel XXXIII.

[Entfällt.]

Artikel XXXIV.

[Entfällt.]

Artikel XXXV.

[Entfällt.]

Artikel XXXVI.

[Entfällt.]

Artikel XXXVII.

[Entfällt.]

Artikel XXXVIII.

[Entfällt.]

Artikel XXXIX.

[Entfällt.]

Artikel XL.

Die Bestimmungen der Artikel XXIX und XXX sind mit Kundmachung[1] dieses Einführungsgesetzes in seiner ursprünglichen Fassung, die Bestimmungen der Artikel II bis XXVIII und XXXI bis XXXIX in ihrer ursprünglichen Fassung mit dem Beginne der Wirksamkeit[2] der Exekutionsordnung in Kraft getreten.

_____
[1] 6. 6. 1896.

[2] 1. 1. 1898.

Artikel XLI.

(1) Mit der Vollziehung dieses Einführungsgesetzes ist das Bundesministerium für Justiz betraut.

(2) Das Bundesministerium für Justiz hat alle zur Durchführung dieses Einführungsgesetzes und der Exekutionsordnung erforderlichen Verordnungen, und zwar insoweit diese den Wirkungskreis der anderen Bundesministerien berühren, im Einvernehmen mit diesen zu erlassen.

Paragrafenspiegel – Exekutionsordnung

Gegenüberstellung alte und neue Bezeichnung

ungeachtet zusätzlicher inhaltlicher Änderungen

EO

bisherige Fassung	Fassung ab 1. 7. 2021
Paragraf	Paragraf
22	23
22a	23a
23	433
23a	434
54f	63a
54g	63b
113b	114
146a	147
147	179
148	180
149	181
150	200
150a	216a
152	201
152a	202
153	203
153a	204
154	205
155	206
156	207
157	208
158	190
159	191
160	192
161	193
169	167
170	168
170a	169
170b	170
200	148
200a	157
200b	158
201	155
202	156
203	153
205	149
206	150
207	151
208	152
264a	264
264b	264a

Paragrafenspiegel ALT zu NEU

277a	277
277b	277a
277c	277b
292j	292f
292k	292g
292l	292j
294a	295
295	297
303a	304
382e	382c
382f	382k
382g	382d
382h	382j
433	484
434	485
435	486
436	487
437	488
438	489
439	490
440	491
441	492
442	493
443	494
444	495
445	496
446	497
447	498
448	499
449	500
450	501

Durch BGBl I 2021/86 aufgehobene oder entfallene Normen der EO: §§ 107a, 107b, 108, 113a, 117, 117a, 118, 159, 160, 161, 177a, 240, 248, 252f, 271a, 316, 319a, 364

Gegenüberstellung neue und alte Bezeichnung

ungeachtet zusätzlicher inhaltlicher Änderungen

Fassung ab 1. 7. 2021	bisherige Fassung
Paragraf	Paragraf
23	22
23a	22a
63a	54f
63b	54g
114	113b
147	146a
148	200
149	205
150	206
151	207
152	208
153	203
155	201
156	202
157	200a
158	200b
167	169
168	170
169	170a
170	170b
179	147
180	148
181	149
190	158
191	159
192	160
193	161
200	150
201	152
202	152a
203	153
204	153a
205	154
206	155
207	156
208	157
216a	150a
264	264a
264a	264b

EO

Paragrafenspiegel NEU zu ALT

277	277a
277a	277b
277b	277c
292f	292j
292g	292k
292j	292l
295	294a
297	295
304	303a
382c	382e
382k	382f
382d	382g
382j	382h
433	23
434	23a
484	433
485	434
486	435
487	436
488	437
489	438
490	439
491	440
492	441
493	442
494	443
495	444
496	445
497	446
498	447
499	448
500	449
501	450

Exekutionsordnung

RGBl 1896/79 idF

1 RGBl 1914/118		**50** BGBl 1996/759	
2 RGBl 1916/69		**51** BGBl I 1997/140	
3 StGBl 1919/95		**52** BGBl I 1998/30	
4 StGBl 1920/321		**53** BGBl I 1999/125	
5 BGBl 1922/460		**54** BGBl I 1999/146	
6 BGBl 1922/558 (DFB)		**55** BGBl I 1999/147	
7 BGBl 1922/647		**56** BGBl I 2000/59	
8 BGBl 1925/183		**57** BGBl I 2000/135	
9 BGBl 1927/67		**58** BGBl I 2001/98	
10 BGBl 1929/222		**59** BGBl I 2001/103	
11 BGBl 1933/346		**60** BGBl I 2002/71	
12 DRGBl 1938 I S 1999		**61** BGBl I 2002/114 (DFB)	
13 DRGBl 1939 I S 2443		**62** BGBl I 2003/31	
14 DRGBl 1940 I S 1451		**63** BGBl I 2003/112	
15 DRGBl 1940 I S 301		**64** BGBl I 2003/113	
16 StGBl 1945/188		**65** BGBl I 2004/85	
17 BGBl 1948/26		**66** BGBl I 2004/128	
18 BGBl 1949/20		**67** BGBl I 2004/151	
19 BGBl 1954/73		**68** BGBl I 2005/53	
20 BGBl 1955/39		**69** BGBl I 2005/68	
21 BGBl 1955/51		**70** BGBl I 2005/140	
22 BGBl 1956/158		**71** BGBl I 2006/56	
23 BGBl 1967/193		**72** BGBl I 2008/37	
24 BGBl 1975/259		**73** BGBl I 2008/82	
25 BGBl 1975/412		**74** BGBl I 2009/30 (ZVN 2009)	
26 BGBl 1976/91		**75** BGBl I 2009/40 (2. GeSchG)	
27 BGBl 1976/251		**76** BGBl I 2009/52 (BudgetbegleitG 2009)	
28 BGBl 1978/280			
29 BGBl 1979/140		**77** BGBl I 2009/75 (FamRÄG 2009)	
30 BGBl 1980/120		**78** BGBl I 2010/29 (IRÄG 2010)	
31 BGBl 1982/370		**79** BGBl I 2010/58 (IRÄ-BG)	
32 BGBl 1982/652		**80** BGBl I 2010/111	
33 BGBl 1983/135		**81** BGBl I 2011/139	
34 BGBl 1985/70		**82** BGBl I 2012/50	
35 BGBl 1986/71		**83** BGBl I 2013/33	
36 BGBl 1987/645		**84** BGBl I 2014/69	
37 BGBl 1989/343		**85** BGBl I 2016/100 (EO-Nov. 2016)	
38 BGBl 1990/96		**86** BGBl I 2017/122 (IRÄG 2017)	
39 BGBl 1990/280		**87** BGBl I 2018/32	
40 BGBl 1991/10		**88** BGBl I 2018/100	
41 BGBl 1991/178 (VfGH)		**89** BGBl I 2019/38 (ZZRÄG 2019)	
42 BGBl 1991/628		**90** BGBl I 2019/105 (Gewaltschutzgesetz 2019)	
43 BGBl 1992/150			
44 BGBl 1992/756		**91** BGBl I 2020/16 (2. COVID-19-Gesetz)	
45 BGBl 1993/799			
46 BGBl 1994/314		**92** BGBl I 2020/148 (HiNBG)	
47 BGBl 1994/624		**93** BGBl I 2021/86 (GREx)	
48 BGBl 1995/519		**94** BGBl I 2021/147 (RIRUG)	
49 BGBl 1996/201			

GLIEDERUNG DER EO

EO

EO

EO

EO

STICHWORTVERZEICHNIS

Stichwortverzeichnis

EO

Stichwortverzeichnis

EO

Stichwortverzeichnis

EO

Einvernehmung 39 ff, 42, 45, 49a, 54, 55 ff, 64, 66, 80c, 82c, 84, 87b, 92, 102, 112, 129, 134, 142, 146, 147, 187a, 208, 222, 237, 292, 291c, 292b, 292g, 292i, 292j, 307, 308, 309, 310, 317, 325, 332, 337, 340, 382d, 397, 399, 399c, 402, 410

Einwendungen 1, **57**, 255, 308, 332
- gegen den Anspruch (Oppositionsklage/antrag) 35, 38, 39, 40 f
- gegen Aufkündigung 1
- gegen Exekution, Aufschiebung und Einstellung 35 ff
- gegen Exekutionsbewilligung (Impugnationsklage/antrag) 36, 39, 40
- Präklusion 57
- Rechnungslegung 83a, 83b, 332
- Schätzwert 144, 145
- bei Überweisung zur Einziehung 308
- Versteigerungstermin 177
- Zahlungsaufträge 1

Einziehung von Forderungen aus Papieren 322, 323, 324 siehe auch Forderungen aus Papieren

Einziehung durch Kurator 314 f siehe auch Überweisung zur Einziehung

Einziehung durch Strafgericht 1

Einziehungsermächtigung 305, 324

Einzugsermächtigung 424

Elektronische Abfrage von Daten 427 ff
- Durchführung der Abfrage 428
- Kontrolle 430
- Strafbestimmung 431
- Verhinderung von Missbrauch 429
- Voraussetzungen 427

Elektronisches Kurzgutachten 141, 170

Elektronischer Rechtsverkehr, Barauslagen 74a

Eltern-Kind-Verhältnis, Geschäftsverteilung 432

Endurteil 1, 370 f

Energieversorgung, leitungsgebundene 144, 168, 184a, 200, 202

Entlassung aus Rechtsstreit 307

Entlassungsgeld 291d

Entschädigungsansprüche 216, 227

Entscheidungsform 62

EPG 382, 382b ff

Epidemie 158

Erbantrittserklärung 34

Erbe 379

Erbserklärung 34

Erbteilung 351

Erfolglose Exekution 47 ff

Erfolgsaussicht 44

Erfüllung
- Gegenleistung 8
- Mangel der gesetzlichen Vertretung 187a

Ergänzung
- von Anmeldungen zur Meistbotsverteilungstagsatzung 211
- Schätzung 145

Ergänzungsklage 10

Erhaltungsauslagen bei Zwangsverwaltung 121

Erhebungen 25b, 55, 55a, 93, 102, 134, 279a, 399b

Erinnerungen 57

Erklärung
- des Drittschuldners siehe Drittschuldnererklärung
- durch Exekutionsgericht/Vollstreckungsorgan 268, 323, 348
- über öffentliches Interesse an Vermögensbestandteilen 15
- bei Schuldenübernahme durch Ersteher 178
- urkundliche 268, 348
- durch Verwalter/betreibenden Gläubiger 320, 329, 330

Erlag siehe Gerichtserlag

Erlass 308

Erlös
- Ausfolgung 287
- der Exekution auf wiederkehrende Geldforderungen, Befriedigung in Jahresfrist 264
- Freihandverkauf 288
- fruchtbringende Anlegung 81, 285
- Ruhen des Exekutionsverfahrens nach Erlösverteilung 18
- bei Versteigerung durch Versteigerer 282b
- Verteilung, Ruhen 18
- Verteilung 87
- Verteilungsbeschluss 287
- voraussichtlicher, Pfändungsprotokoll 253

Erlöschen des Anspruches 35, 399, 399a
- (und Wiederaufleben) des gerichtlichen Pfandrechts 300a

Ermessen 63a, 71, 74, 101, 210, 233, 291e, 292, 292g, 371a, 390, 394, 411

Eröffnung eines Insolvenzverfahrens siehe Insolvenzverfahren

Ersatzhypothek 222

Ersatzstück (Austauschpfändung) 251a

Erschwerung der Einbringung 370, 379, 381

Ersteher, Erwerber
- beweglicher Sachen 278
- einstweilige Verwaltung siehe einstweilige Verwaltung
- Einverleibung des Eigentumsrechts 146, 237
- Erhöhung des Gebots auf Überbot 197
- Exekution gegen Ersteher 206, 208, 235
- Gefahrenübergang etc 207
- Gewährleistungsausschluss 189, 270, 276
- Haftung bei Wiederversteigerung 206
- Kündigung übernommener Forderungen 203
- persönliche Daten 194
- Säumigkeit 205, 206, 278, 283, 285
- Übergabe der Liegenschaft 191, 207
- Unwirksamkeit von Rechtshandlungen gegenüber Ersteher 138
- Verträge mit Dritten (Eintritt mit Zuschlagserteilung) 87b
- Verzinsung übernommener Forderungen 207
- Zuschlag siehe Zuschlag

Ersuchen um Exekutionsvollzug 6a, 16, 67, 69

Ertrag der Exekution, mangelnder 39

EO

Stichwortverzeichnis

EO

- des Kurators 230, 315
- Liegenschaftsteilung 352
- Naturkatastrophe, Aufschiebung, kein Kostenersatz 158
- Räumungsverfahren 349
- Schätzung 246, 275, 283, 286
- des Schlossers 26a
- Selbsttragung 292g
- des Strafverfahrens 1
- Transportkosten 274, 274a, 274b, 281a, 286
- der Verwahrung 23a, 259, 349
- bei Verwendung des Erlöses 283 ff
- Verzicht 19, 26a, 36, 39, 40, 168, 249a, 295, 308a, 311, 317, 320, 368
- Wiedereinsetzung im Titelverfahren 75
- der Wiederversteigerung 206
- Zwangsverwaltung 120
- - Kostenersatz, Rekursverfahren, Ausschluss 82c
Kostendeckung 39
Kostenseparation 210
Kostenvorschuss
- - Einstellung der Exekution 200
- - einstweilige Verfügungen, Vollzug 393
- - Haft, Ausschluss 366
- - Öffnen von Türen 26a
- - Transport etc 274a, 274b
- - vertretbare Handlung, Erwirkung 353
- - für Verwalter 79
- - Auftrag von Verwalter 79, 249b
- - für Zwangsverwalter 129
- - Zwangsverwaltung, Berichtigung 120
- - Zwangsversteigerung 136
Kraftfahrzeuge, Anfrage 25b
Kranke 105
Krankengeld 290a
Krankheit 290a, 292a
Kreditinstitut 268, 292i
Kreuzpartikel 251
Kriegsopferversorgungsgesetz 290
Kuh 250
Kündigung
- Forderungen 87b, 203 f, 308, 317, 329, 330, 331
- Bestandverhältnisse 111, 204, 382k, 333
Kündigungsentschädigung 291d
Kundmachung siehe ortsübliche Kundmachung und Edikt
künftige wiederkehrende Leistungen 372
Kunstobjekte 274
Kurator
- Drittschuldner, eingehende Beträge 315
- Einklagen einer Forderung, Gefahr im Verzug (bei Gericht erliegende Papiere) 321
- gepfändete Forderung, Einziehung 310, 314, 322
- - Rekurs gegen Bestellung des Einziehungskurators, Unzulässigkeit 345
- Gläubiger unbekannten Aufenthalts 230
- Löschen der Bestellung aus Ediktsdatei 71a, 175
- Nachlasskurator 34
- Teilschuldverschreibungen Art. XXIV

- Verwalter als Kurator 22, 310, 315
- Zwangsversteigerung 174, 175
Kurzfassung des Schätzungsgutachtens 141, 170

Ladung 32, **56**, 407 siehe auch Tagsatzung
- Präklusionsfolge 57
Lagerzins 278, 434
Laienrichter 50 siehe auch Senatsbesetzung
Landesgesetzliche Grundverkehrsgesetze 183, 190, 192, 195, 207 f
Landwirte 250
Landwirtschaft 97
Ländliches Gebiet, erste Vollzugshandlung 25
Lasten 133, 141, 143, 144, 168, 171 **200**, 201, 205, **207**, 211, 216, 237 siehe auch Reallasten und Steuern
Lehrverhältnis 290a
Leistung an Vollstreckungsorgan 25
Leistungsfrist 7, 370, 399b
Leistungsverbot 331
Lernbehelfe 250
- Liebhaberwert, kein Sofortkauf 270
Liegenschaften 23, 89, 335
Liegenschaftsanteile 23a, 88, 96, 98, 99, 112, 131, 143, 146, 178, **238**, 320, 350
LiegenschaftsbewertungsG 141
Liegenschaftskartei 55a
Liegenschaftszubehör siehe Zubehör
Lohn 120, 241, 246, 344 siehe auch Arbeitseinkommen und Diensteinkommen
Losungswort 179
Löschung siehe auch Entschädigungsansprüche
- bücherliche Eintragungen 129, 130, **151**, 223, 237, 239, 320
- von Daten 27a
- - in Ediktsdatei 71a, 174, 230
- des Wiederkaufsrechts 200
Lotto Art. X

Mahnverfahren 1, 371
Mahnung 308, 333
Maklerprovision 268
Medizinische Hilfsmittel etc 250
Mehrauslagen des Verpflichteten 292a
Mehrerlös, Mehrempfang siehe Hyperocha
Mehrere allgemeine Gerichtsstände, Wahlrecht 5
Mehrere Ansprüche, Rechtsmittel gegen einzelne, Teilvollstreckbarkeit 13
Mehrere Ansprüche, Drittschuldner, Zusammenrechnung 292
Mehrere Beteiligte, Kurator für sie 174
Mehrere Drittschuldner 295
Mehrere Eigentumswohnungen 143
Mehrere einstweilige Verfügungen zugunsten desselben Anspruchs 392
Mehrere Exekutionen 5, 5a, 21, 33, 49a, 71a, 80a, 80d, 252e, 374, 427, 437
Mehrere Exekutionsgerichte 6, 25, 69
Mehrere Exekutionsmittel 6, **14**, 19, 41, 377
Mehrere Exekutionstitel, Anführen des Gesamtbetrags 54

Stichwortverzeichnis

Mehrere Gegenstände, Internetversteigerung, Erfolgsprognose 277
Mehrere Gerichtssprengel in demselben Ort, Überweisung 5a
Mehrere (betreibende) Gläubiger 5, 18, 21 f, 103, 125, 129, 150 ff, 232, 310, 256, 257, 259, 261, 267, 285, 300, 302, 321, 307, 451
- Beitritt 21, 100, 103, **139**, 218, 267
Mehrere Grundstücke eines Grundbuchskörpers 143, 146
Mehrere Liegenschaften 23, 95, 146, 178, 222
- Verbindung von Exekutionsverfahren 23
Mehrere Sachverständige 275
Mehrere Verfahren, Vergütung des Gerichtsvollziehers 458
Mehrere Überbote 198
Mehrere (besonders umfangreiche) Unterhaltspflichten 292a
Mehrere Verpflichtete (Verfahrensverbindung, Verfahrenstrennung) 6, 23a, 33
Mehrere Zahlungsverbote, Zustellung am selben Tag, gleiche Rangordnung 300
Mehrkindzuschlag 290
Meistbietender siehe Ersteher
Meistbot 183, 187, 215, 235, 281b, 318 siehe auch Überbot
- Anrechnung auf Meistbot siehe Anrechnung
- Berichtigung/Erfüllung 201, 278
- Haftung für Ausfall /Wiederversteigerung) 206
- Säumigkeit 190, 191, 201, 205
Meistbotsrest 235
Meistbotsverteilung 209 ff
- Anmeldung 210 f
- Ausfolgungsbeschluss 236
- Erstreckung der Tagsatzung 212
- - Rekurs 234, 239
- neuerliche Verteilung 233, 235
- Protokoll 213
- Rangordnung 216
- Unzulänglichkeit der Verteilungsmasse 218
- Verhandlung über die Ansprüche 212
- Verteilungsmasse 215
- Widerspruch 213, 231 ff
Meistbotsverteilungsbeschluss 214, 220, 229, 231, 233, 234, 235, 236, 237
- Rekurs 234 f
- Revisionsrekurs 239
Meistbotszinsen 201, 202, 206, 215
Meldebehörden 295
Metallwert siehe Goldsachen
Mietvertrag und Zwangsverwaltung 111 siehe auch Bestandverträge
Mietzins, einstweiliger 382k
Mietzinsbeihilfe 290
Militärische Gebäude etc 31
Militärische Hilfe 26
Militärpersonen 29, 386
Minderjährige 39, 382a, 382h, 399a, 399b
MinroG 244, 246
Mitbesitz 92, 93

Miteigentümer 83c, 84, 112, 130, 171, 216, 352 ff
siehe auch Liegenschaftsanteile
Mitteilungen und Aufforderungen 72
Mitwirkungspflicht
- der betreibenden Partei, Ruhen des Exekutionsverfahrens 18
- Dritter 17
- Durchsetzung 17
- des Verpflichteten 17, 27a, 81, 337
- - Erzwingung 27a
Möbelstücke, hochwertige 274
MRG 382k
Montanbehörde 244
Musikinstrumente
- Versendung 281a
- Versteigerungsort 274
- Verwahrung, Gerichtserlag 259
Mündliche Anträge 53
Mündliche Verhandlung 55 f, **59** siehe auch Tagsatzung
- Entfall bei Exekutionsbewilligung 54
- Erstreckung 57
- Öffentlichkeit 59
Mündliche Weisung an Verwalter 54
Münzen 261, 274
Mutwillensstrafe 63b, 358, 363, 394

Nachlasskurator 34
Nachpfändung **257**, 321
Nachträglich aufgefundene Pfandgegenstände 285
Nachträglich entstehende Exekutionskosten 74
Nachtzeit 26a, 30
Nachweis der Befriedigung 46
Nachzahlungen 290c
Naher Angehöriger etc des Verpflichteten 44, 80b, 290a, 291, 291e, 292a
Namenspapier 268
Naturalleistungen 226 siehe auch Sachleistungen
Naturalunterhalt 292
Naturkatastrophe 158, 282a
Nebengebühren
- Exekutionsbewilligungsantrag 54, 91
- Exekutionsbewilligungsbeschluss 63
- - vereinfachtes Bewilligungsverfahren 54b
- Exekutionskosten, Befristung 74
- Kostenersatz für Beteiligung 253b
- Pfändung 91, 93, 253
- Rangordnung 216
- Verkaufserlös, Verwendung 283
Nebenintervention 310
Neuerliche Abgabe des Vermögensverzeichnisses 49
Neuerliche Versteigerung 188, 278, 280
- Vollzugsgebühr 454
Neuerliches Verteilungsverfahren 233, 235, 286
Neuerlicher Vollzug 54f, 252c, 252e, 253a
- Vergütung des Gerichtsvollziehers 459
Neuerungen, Ausschluss siehe Eventualmaxime
Nichterscheinen, Nichtäußerung 48, 56 f
Notar
- Abfragen 429, 430, 431

Stichwortverzeichnis

EO

- Präklusion 57
- Protokoll 59
- Schätzungstermin 141
- schriftliche Bietangebote, Öffnen 352b
- Versäumung 56 ff
- Versteigerung gemeinsamer Liegenschaft 352a, 352b
- Verteilungstagsatzung 87
- - Fahrnisexekution 224, **285**, 286a
- - Zwangsversteigerung 209 ff, 213
- - Zwangsverwaltung **123 ff**, 128
- Verwalter, Rechnungslegung 83a
- Wiedereinsetzung 58
Technische Geräte
- Versendung 281a
- Versteigerung 274
- Verwahrung, Gerichtserlag 259
Teibeträge (Nichteinigung von Überweisungsgläu-
bigern auf gemeinsamen Vertreter) 314
Teilaufschiebung 43
Teilrechtskraft 13
Teilschuldverschreibungen Art. XXIV
Teilung (Aufhebung einer Gemeinschaft) 351 ff
Teilvollstreckbarkeit 13
Teilzahlung
- Sonderzahlungen in Teilzahlungen 290b
- weitere Vollzüge 252c
Telekommunikation 382d
Terminsverlust 45a
Tiere 250, 274
Tod des Verpflichteten 34
Transportkosten 249b, 274, 274a, 274b, 281b, 286
Transportmittel 259, 274a
Trennung von Verfahren 6a, 33
Tuberkulosehilfe 290

Überbot 191f, 183, 192, **195 ff**, 208, 215
- und einstweilige Verwaltung 199
- Entkräftung 197, 215
- Rekurs 198
- Rechte und Pflichten des Überbieters 199
- unbestimmtes 196
- Verbesserungsauftrag 196
Überbrückungshilfe etc 290a
Übergabe
- an Drittschuldner 309
- an Ersteher 191, 192, 207
- Papiere 323
- Räumungsexekution 349 f
- an Verpflichteten 130
- durch Zeichen (Herausgabe) 348
- an Zwangsverwalter 99
Übergabsauftrag 1
Übergangsbetrag 291d
Übergangsrente etc 290a
Überlassung eines gepfändeten Vermögensobjekts 20
Überlegungsfrist 85
Übernahme von Lasten 169, **200**, 223, 243
- von Schulden 152, 153, 169, 178, 223, 224, 230, 233

Übernahmsantrag siehe Sofortkauf
Übernahmsauftrag 1
Überstellung, 273 ff, 279a, 286 siehe auch
Transportkosten
Überschuss siehe Mehrempfang
Überweisung 5, 5a, 6a, **289, 303 ff**, 308 ff, 320, 323, 347, 374
Überweisung an ein Exekutionsgericht 5a, 6a
- Aufschiebungs- und Einstellungsanträge 7, 39, 42
Umfang des Exekutionsvollzuges 14, 27, 41
- des Pfandrechts 299
- der Schätzung 143
Umsatzsteuer 82, 113
UStG 1994 168
Unangemessenes Betragen 32
Unauffindbarkeit von Pfandsachen 274e, 279a
Unbedenkliche Urkunden 8, 40, 44
Unbekannter Aufenthalt des Gläubigers 230
Unbekannter Drittschuldner 47, 289, **295** siehe
auch Dachverband
Unbewegliches Vermögen siehe Exekution auf
unbewegliches Vermögen
Undurchführbarkeit
- der Zwangsversteigerung 137
- der Zwangsverwaltung 101
Unerlaubte Handlung, Versagung der Vollstreck-
barerklärung 408
Unerlaubte Verabredungen 177
Unfähigkeit zum Vertragsabschluss 184
Unfallversicherung 291d
Ungeziefer 274
Ungültige Vereinbarungen, Versteigerung 177 f
Ungültigkeit des Exekutionstitels 39, 42
Unionsrecht 2, 35, 370, 379, 381, 403, 416
Unklagbarkeit 408
Unklare Rechtslage 307
Unlauterer Wettbewerb 387
Unpfändbarkeit Art. VII
- Forderungen 290, 390 ff
- Sachen 250 ff
- Änderung der Voraussetzungen 292c, 292g
- Freibetrag (Existenzminimum) 291a
- - Erhöhung des Betrages 292a
- - Herabsetzung des Betrages 292b
- Vermögensrechte 326
Unterbleiben der Schätzung 142
Unterbrechung
- des Arbeitsverhältnisses 299
- des Exekutionsverfahrens (Vollstreckbarerklä-
rung) 411
- der Verjährung 322
Unterfertigung 59 f
- Verweigerung 194
Unterhalt 35, 36, 49 a, 120 f, 124, 201, 216 f, 219, 290a, 291a ff, 291f, 292, 292a, 292g, 292i, 292j, 294, 301, 315, 319, 372
- einstweiliger 382
- Oppositionsantrag 35
- vorläufiger 382a, 399a, 399b
Unterhaltsberechtigter 290a, 291, 292a, 294

EO

Stichwortverzeichnis

Stichwortverzeichnis

EO

Gesetz vom 27. 5. 1896 über das Exekutions- und Sicherungsverfahren (Exekutionsordnung – EO)

(BGBl I 2005/68, Kurztitel eingefügt)

Erster Teil
Exekution

Erster Abschnitt
Allgemeine Bestimmungen

Erster Titel
Exekutionsvoraussetzungen
(BGBl I 2021/86)

Exekutionstitel

§ 1. Die Durchsetzung von Geldforderungen sowie von Handlungen, Duldungen oder Unterlassungen durch gerichtliche Exekution setzt einen Exekutionstitel voraus. Exekutionstitel im Sinne des gegenwärtigen Gesetzes sind die nachfolgenden im Inland errichteten Akte und Urkunden: *(BGBl I 2021/86)*

1. Endurteile und andere in Streitsachen ergangene Urteile und Beschlüsse der Zivilgerichte, wenn ein weiterer Rechtszug dagegen ausgeschlossen oder doch ein die Exekution hemmendes Rechtsmittel nicht gewährt ist; *(BGBl I 2021/86)*

2. Zahlungsaufträge, die im Wechselverfahren erlassen wurden, wenn gegen sie nicht rechtzeitig Einwendungen erhoben worden sind, sowie Unterlassungsaufträge nach § 549 ZPO, gegen die nicht rechtzeitig Einwendungen erhoben oder denen vorläufige Vollstreckbarkeit zuerkannt wurde;[1)2)] *(BGBl I 2008/37; BGBl I 2020/148)*

3. die im Mahnverfahren erlassenen Zahlungsbefehle, welche einem Einspruch nicht mehr unterliegen;[3)] *(BGBl 1983/135)*

4. gerichtliche Aufkündigungen eines Bestandvertrages über Grundstücke, Gebäude und andere unbewegliche oder gesetzlich für unbeweglich erklärte Sachen, über Schiffmühlen und auf Schiffen errichtete Bauwerke, wenn gegen die Aufkündigung nicht rechtzeitig Einwendungen erhoben worden sind, sowie unter der gleichen Voraussetzung die gerichtlichen Aufträge zur Übergabe oder Übernahme des Bestandgegenstandes;

5. Vergleiche, welche über privatrechtliche Ansprüche vor Zivil- oder Strafgerichten abgeschlossen wurden;

6. in Verfahren außer Streitsachen ergangene Beschlüsse, soweit sie nach den dafür geltenden Vorschriften vollstreckbar sind; *(BGBl I 2003/112)*

7. die im Insolvenzverfahren ergangenen rechtskräftigen gerichtlichen Beschlüsse und die amtlichen Eintragungen in das im Insolvenzverfahren angelegte Anmeldungsverzeichnis, soweit sie nach § 61 IO vollstreckbar sind; *(BGBl 1929/222; BGBl I 2010/58)*

8. rechtskräftige Erkenntnisse der Strafgerichte, welche den Verfall, den erweiterten Verfall, die Konfiskation oder die Einziehung von Vermögenswerten oder Gegenständen aussprechen oder über die Einziehung oder die Verwertung sichergestellter oder beschlagnahmter Vermögenswerte (§ 115a StPO), über die Vollstreckung einer ausländischen Entscheidung in Strafsachen betreffend vermögensrechtliche Anordnungen (§ 65 ARHG, § 52d EU-JZG), über die Kosten des Strafverfahrens oder über die privatrechtlichen Ansprüche ergehen oder eine bestellte Sicherheit für verfallen erklären; *(BGBl I 2014/69)*

9. rechtskräftige Beschlüsse und Entscheidungen der Zivil- und Strafgerichte, wodurch gegen Parteien oder deren Vertreter Geldstrafen oder Geldbußen verhängt werden;

10. Entscheidungen der Verwaltungsbehörden über privatrechtliche Ansprüche, soweit sie nach den dafür geltenden Vorschriften vollstreckbar sind und die Exekution durch gesetzliche Bestimmungen den ordentlichen Gerichten überwiesen ist;[4)] *(BGBl I 2013/33)*

11. Bescheide der Versicherungsträger (§ 66 ASGG), mit denen Leistungen zuerkannt oder zurückgefordert werden;[5)] *(BGBl 1994/624)*

12. Bescheide der Verwaltungsbehörden sowie Erkenntnisse und Beschlüsse der Verwaltungsgerichte, des Verwaltungsgerichtshofes und des Verfassungsgerichtshofes, soweit sie nach den dafür geltenden Vorschriften vollstreckbar sind und die Exekution durch gesetzliche Bestimmungen den ordentlichen Gerichten überwiesen ist; *(BGBl I 2013/33)*

13. die über direkte Steuern, Gebühren und Sozialversicherungsbeiträge sowie über Landes-, Bezirks- und Gemeindezuschläge ausgefertigten, nach den darüber bestehenden Vorschriften vollstreckbaren Zahlungsaufträge und Rückstandsausweise; *(BGBl I 2008/37)*

14. Entscheidungen der in Z 10 und 12 genannten Verwaltungsbehörden und Gerichte, mit denen Geldstrafen, Geldbußen oder der Ersatz der Kosten eines Verfahrens auferlegt wird, soweit sie nach den dafür geltenden Vorschriften vollstreckbar sind und die Exekution durch gesetzliche Bestimmungen den ordentlichen Gerichten überwiesen ist; *(BGBl I 2013/33)*

15. Vergleiche, welche vor einem Gemeindevermittlungsamte oder vor anderen zur Aufnahme von Vergleichen berufenen öffentlichen Organen[6)] abgeschlossen wurden, falls denselben durch die bestehenden Vorschriften die Wirkung eines ge-

richtlichen Vergleiches beigelegt ist; *(BGBl I 2021/86)*

16. die einer Anfechtung vor einer höheren schiedsgerichtlichen Instanz nicht mehr unterliegenden Sprüche von Schiedsrichtern und Schiedsgerichten und die vor diesen abgeschlossenen Vergleiche;

17. die in § 3 NO bezeichneten Notariatsakte;[7] *(BGBl I 2021/86)*

18. *(aufgehoben, BGBl 1983/135, bezog sich nicht auf außergerichtliche Aufkündigungen, die am 1. Mai 1983 noch als Exekutionstitel wirksam waren ; vgl § 33 (1) MRG)*

Fassung ab 27. 6. 2021 (BGBl I 2021/147):
18. die im Restrukturierungsverfahren ergangenen rechtskräftigen Beschlüsse, mit denen dem Schuldner die Zahlung der Entlohnung des Restrukturierungsbeauftragten (§ 15 Abs. 3 ReO), der Belohnung der Gläubigerschutzverbände (§ 31 Abs. 2 ReO) oder eines Ausgleichs für finanzielle Verluste eines Gläubigers (§ 40 Abs. 5 ReO) aufgetragen wird. *(BGBl 1983/135; BGBl I 2021/147)*

---

[1] *Siehe auch Art 59a ScheckG.*
[2] *Vgl § 371 Z 2 EO.*
[3] *Vgl §§ 448 ZPO u. 371 Z 3 EO.*
[4] *Vgl § 3 Abs 2 VVG.*
[5] *Auch auf Bescheide der Versicherungsträger anzuwenden, die vor dem 1. 1. 1995 erlassen worden sind; vgl § 2 Abs 1 ASGG.*
[6] *Vgl § 210 (2) ABGB.*
[7] *Vgl § 3 NO.*

Ausländische Exekutionstitel

§ 2. (1) Den in § 1 Z 1 bis 10 und 12 bis 15 bezeichneten, im Inland errichteten Akten und Urkunden stehen in Ansehung der Exekution die gleichartigen Akte und Urkunden jener Behörden oder öffentlichen Organe gleich, welche sich zwar im Ausland befinden, aber einer inländischen Behörde unterstehen.

(2) Den in § 1 genannten Akten und Urkunden stehen auch solche Akte und Urkunden gleich, die zwar im Ausland errichtet wurden, aber aufgrund einer völkerrechtlichen Vereinbarung oder eines Rechtsakts der Europäischen Union ohne gesonderte Vollstreckbarerklärung zu vollstrecken sind.

(BGBl I 2021/86)

Sachliche Zuständigkeit

§ 3. Zur Bewilligung und zum Vollzug der Exekution auf Grund der in §§ 1 und 2 angeführten Exekutionstitel sind, soweit dieses Gesetz nichts anderes bestimmt, die Bezirksgerichte in Zivilsachen zuständig (Exekutionsgericht).

(BGBl I 2021/86)

Örtliche Zuständigkeit bei einer Exekution zur Hereinbringung einer Geldforderung auf das bewegliche Vermögen

§ 4. (1) Zur Bewilligung und zum Vollzug der Exekution zur Hereinbringung einer Geldforderung auf das bewegliche Vermögen ist, soweit nichts anderes bestimmt wird, das Bezirksgericht zuständig, in dessen Sprengel die Person, gegen die Exekution geführt werden soll (verpflichtete Partei), ihren allgemeinen Gerichtsstand hat.

(2) Hat die verpflichtete Partei im Inland keinen allgemeinen Gerichtsstand, so ist das Bezirksgericht zuständig, in dessen Sprengel sich das bewegliche Vermögen, auf das Exekution geführt werden soll, befindet. Die Belegenheit von Geldforderungen richtet sich nach dem allgemeinen Gerichtsstand des Drittschuldners. Vermögensrechte (§§ 326 ff) gelten als an jenem Ort belegen, zu dem ihre stärkste Beziehung besteht.

(BGBl I 2021/86)

Mehrere allgemeine Gerichtsstände

§ 5. (1) Hat die verpflichtete Partei bei mehreren inländischen Bezirksgerichten ihren allgemeinen Gerichtsstand, so hat die anspruchsberechtigte Partei (betreibender Gläubiger) die Wahl, bei welchem Exekutionsgericht sie die Bewilligung der Exekution beantragt.

(2) Wenn von einem Gläubiger oder mehreren Gläubigern gegen eine verpflichtete Partei bei mehreren Gerichten, in deren Sprengeln die verpflichtete Partei einen allgemeinen Gerichtsstand hat, Exekution zur Hereinbringung einer Geldforderung auf das bewegliche Vermögen geführt wird, so sind die Verfahren an das Gericht zu überweisen, das die Exekution zuerst bewilligt hat.

(3) Hat die verpflichtete Partei im Inland keinen allgemeinen Gerichtsstand und wird von einem Gläubiger oder mehreren Gläubigern gegen die verpflichtete Partei bei mehreren Gerichten Exekution zur Hereinbringung einer Geldforderung auf das bewegliche Vermögen geführt, so sind die Verfahren nur an das Gericht zu überweisen, das die Exekution zuerst bewilligt hat, wenn dies zur Vereinfachung des Exekutionsverfahrens, zur vorteilhafteren Verwertung der Vermögensobjekte oder zur Verminderung der Exekutionskosten geeignet ist.

(BGBl I 2021/86)

Verlegung des allgemeinen Gerichtsstands

§ 5a. Verlegt der Verpflichtete seinen allgemeinen Gerichtsstand im Inland, so sind die Exekutionsverfahren zur Hereinbringung einer Geldforderung auf das bewegliche Vermögen an das Gericht, in dessen Sprengel die verpflichtete

Partei ihren allgemeinen Gerichtsstand hat, zu überweisen. Innerhalb eines Ortes mit mehreren Sprengeln hat eine Überweisung nur stattzufinden, wenn dies zur Vereinfachung des Exekutionsverfahrens, zur vorteilhafteren Verwertung der Vermögensobjekte oder zur Verminderung der Exekutionskosten geeignet ist. Von der Überweisung nicht umfasst ist die Durchführung des Verteilungsverfahrens eines bereits erzielten Erlöses.

(BGBl I 2021/86)

Örtliche Zuständigkeit bei einer Exekution zur Hereinbringung einer Geldforderung auf das unbewegliche Vermögen

§ 5b. (1) Wenn die Exekution auf das unbewegliche Vermögen, nicht jedoch auf ein Superädifikat, zur Hereinbringung einer Geldforderung geführt wird, ist zur Bewilligung und zum Vollzug der Exekution das Gericht zuständig, welches das öffentliche Buch führt. Befindet sich das unbewegliche Vermögen nicht im Sprengel des Gerichts, in dem das Buch geführt wird, so obliegt der Vollzug dem Bezirksgericht, in dem sich das unbewegliche Vermögen befindet.

(2) Wenn die Exekution auf ein Superädifikat geführt wird, so ist zur Bewilligung und zum Vollzug der Exekution das Gericht zuständig, in dessen Sprengel sich das Superädifikat ganz oder mit seinen Hauptbestandteilen befindet.

(BGBl I 2021/86)

Örtliche Zuständigkeit bei einer Exekution zur Erwirkung von Handlungen, Duldungen oder Unterlassungen

§ 5c. (1) Zur Bewilligung und zum Vollzug einer Exekution nach § 349 ist das Gericht zuständig, in dessen Sprengel sich der zu übergebende Gegenstand befindet. Bei einer Exekution nach §§ 350 und 352 richtet sich die Zuständigkeit nach § 5b. Bezieht sich eine Exekution nach §§ 351 auf unbewegliches Vermögen, so richtet sich die Zuständigkeit nach § 5b, andernfalls ist das Gericht nach § 4 zuständig.

(2) Bei einer Exekution nach §§ 346 und 353 bis 355 ist zur Bewilligung und zum Vollzug das Gericht nach § 4 zuständig.

(3) Eine Exekution zur Erwirkung einer Unterlassung kann auch bei dem Gericht beantragt werden, in dessen Sprengel die gegen den Exekutionstitel verstoßende Handlung gesetzt worden oder ihr Erfolg eingetreten ist.

(BGBl I 2021/86)

Wahlrecht des Gläubigers

§ 6. Der Gläubiger hat die Wahl, bei welchem der zur Bewilligung der Exekution zuständigen Gericht er die Bewilligung der Exekution beantragt, wenn er

1. gleichzeitig mehrere Exekutionsmittel beantragt oder

2. auf Grund desselben Exekutionstitels Exekution gegen mehrere Verpflichtete beantragt.

(BGBl I 2021/86)

Ersuchen um Vollzug

§ 6a. (1) Wenn der Vollzug der bewilligten Exekution nicht dem Gericht obliegt, das die Exekution bewilligt hat, hat das Bewilligungsgericht von Amts wegen das Verfahren an das für den Vollzug zuständige Gericht (Vollzugsgericht) zu überweisen und dieses um den Exekutionsvollzug zu ersuchen. Das Ersuchen erfasst auch die Zustellung der Exekutionsbewilligung.

(2) Liegen die Voraussetzungen des Abs. 1 nicht bezüglich aller Exekutionsmittel vor, so hat das Bewilligungsgericht die Exekutionsbewilligung den Parteien und Beteiligten zuzustellen und die Verfahren, für die ihm der Vollzug obliegt, von den Verfahren, die von einem anderen Gericht zu vollziehen sind, zu trennen.

(3) Das Vollzugsgericht hat die Parteien und Beteiligten über die Weiterführung des Verfahrens zu informieren.

(BGBl I 2021/86)

Bestimmtheit des Exekutionstitels – Bestätigung der Vollstreckbarkeit
(BGBl I 2021/86)

§ 7. (1) Die Exekution darf nur bewilligt werden, wenn aus dem Exekutionstitel – im Fall des § 308 a Abs. 5 im Zusammenhalt mit einer Entscheidung nach § 292g – nebst der Person des Berechtigten und Verpflichteten auch Gegenstand, Art, Umfang und Zeit der geschuldeten Leistung oder Unterlassung zu entnehmen sind. *(BGBl 1994/624; BGBl I 2021/86)*

(2) Vor Eintritt der Fälligkeit einer Forderung und vor Ablauf der in einem Urteil oder in einem andern Exekutionstitel für die Leistung bestimmten Frist kann die Exekution nicht bewilligt werden. Ist der Fälligkeitstag oder das Ende der Leistungsfrist im Exekutionstitel weder durch Angabe eines Kalendertages, noch durch Angabe eines kalendermäßig feststehenden Anfangspunktes der Frist bestimmt, oder ist im Exekutionstitel die Vollstreckbarkeit des Anspruches von dem seitens des Berechtigten zu beweisenden Eintritte einer Tatsache, namentlich von einer vorangegangenen Leistung des Berechtigten abhängig gemacht, so muss der Eintritt der hienach für die Fälligkeit oder Vollstreckbarkeit maßgebenden Tatsachen mittels öffentlicher oder öffentlich beglaubigter Urkunden bewiesen werden.[1]

(3) Die gesetzwidrig oder irrtümlich erteilte Bestätigung der Vollstreckbarkeit ist von dem Gericht, das sie erteilt hat, von Amts wegen oder auf Antrag eines Beteiligten durch Beschluss aufzuheben. Der Beschluss ist allen Beteiligten zuzustellen. *(BGBl 1929/222)*

(4) Ist die Bestätigung der Vollstreckbarkeit für einen der in § 1 Z 13 oder in § 3 Abs. 2 VVG angeführten Exekutionstitel gesetzwidrig oder irrtümlich erteilt worden, so sind Anträge auf Aufhebung der Bestätigung bei jener Stelle anzubringen, von der der Exekutionstitel ausgegangen ist. *(BGBl 1929/222; BGBl I 2021/86)*

(5) Mit dem Antrag auf Aufhebung der Bestätigung kann der Antrag auf Einstellung (§ 39 Abs. 1 Z. 9) oder auf Aufschiebung (§ 42 Abs. 2) verbunden werden; diese Anträge sind, wenn sie nicht beim Exekutionsgericht gestellt werden, an dieses zur Erledigung zu leiten. *(BGBl 1929/222)*

(6) *(entfällt, BGBl I 2021/86)*

[1)] Vgl § 156c (2) IO.

§ 7a. *(erhielt durch BGBl I 2016/100 ab 1.12. 2016 die Bezeichnung § 419)*

Zug–um–Zug–Leistung – Wertsicherungsklausel
(BGBl I 2021/86)

§ 8. (1) Die Bewilligung der Exekution wegen eines Anspruches, den der Verpflichtete nur gegen eine ihm Zug um Zug zu gewährende Gegenleistung zu erfüllen hat, ist von dem Nachweis, dass die Gegenleistung bereits bewirkt oder doch ihre Erfüllung sichergestellt sei, nicht abhängig. Die Gegenleistung kann beim Exekutionsgericht erlegt werden, soweit es sich um zum gerichtlichen Erlag geeignete Gegenstände handelt. *(BGBl I 2021/86)*

(2) Die Exekution ist auch hinsichtlich des Anspruchs zu bewilligen, der sich auf Grund einer Wertsicherungsklausel ergibt, wenn

1. die Wertsicherungsklausel an nicht mehr als eine veränderliche Größe anknüpft und

2. der Aufwertungsschlüssel durch eine unbedenkliche Urkunde bewiesen wird. Der Beweis entfällt, wenn Aufwertungsschlüssel ein von der Bundesanstalt „Statistik Österreich" verlautbarter Verbraucherpreisindex oder die Höhe des Aufwertungsschlüssels gesetzlich bestimmt ist. *(BGBl I 2021/86)*

(3) Ist nach einem Exekutionstitel ein Anspruch wertgesichert zu zahlen, ohne dass hiezu Näheres bestimmt ist, so gilt als Aufwertungsschlüssel der von der Bundesanstalt „Statistik Österreich" verlautbarte, für den Monat der Schaffung des Exekutionstitels gültige Verbraucherpreisindex. Der Anspruch vermindert oder erhöht sich in dem

Maß, als sich der Verbraucherpreisindex gegenüber dem Zeitpunkt der Schaffung des Exekutionstitels ändert. Änderungen sind so lange nicht zu berücksichtigen, als sie 10% der bisher maßgebenden Indexzahl nicht übersteigen. *(BGBl I 2021/86)*

(BGBl 1991/628)

Variable Zinsen

§ 8a. Die Exekution ist bezüglich der Zinsen auch dann zu bewilligen, wenn der Zinssatz in einer bestimmten Zahl von Prozentpunkten über dem Basiszinssatz ausgedrückt wird. Eines Nachweises des Basiszinssatzes bedarf es nicht.

(BGBl I 2003/31)

Exekution gegen und zugunsten Dritter
(BGBl I 2021/86)

§ 9. Zugunsten einer anderen als der im Exekutionstitel als berechtigt bezeichneten Person oder wider einen andern als den im Exekutionstitel benannten Verpflichteten kann die Exekution nur soweit stattfinden, als durch öffentliche oder öffentlich beglaubigte Urkunden bewiesen wird, dass der im Exekutionstitel anerkannte Anspruch oder die darin festgestellte Verpflichtung von den daselbst benannten Personen auf diejenigen Personen übergegangen ist, von welchen oder wider welche die Exekution beantragt wird.

Urteil über den Vollstreckungsanspruch
(BGBl I 2021/86)

§ 10. Wenn die in § 7 Abs. 1 und 2, § 8 Abs. 2 und § 9 geforderten urkundlichen Beweise nicht erbracht werden können, muss der Bewilligung der Exekution oder ihrer Fortführung die Erwirkung eines gerichtlichen Urteiles vorausgehen.

(BGBl 1991/628)

Siehe aber § 28 Abs 2 UVG

§ 10a. *(aufgehoben, BGBl 1991/628)*

§ 11. *(aufgehoben, DRGBl 1938 I S 1999)*

Wahlschulden
(BGBl I 2021/86)

§ 12. (1) Wenn dem Verpflichteten die Wahl zwischen mehreren Leistungen zusteht, kann der Gläubiger nach fruchtlosem Ablauf der für die Leistung bestimmten Frist die Exekution zur Bewirkung einer dieser Leistungen beantragen. Die von dem Gläubiger gewünschte Leistung ist im Exekutionsantrage anzugeben.

(2) Der Verpflichtete kann dessen ungeachtet sein Wahlrecht solange ausüben, als der Gläubiger

die seinerseits gewählte Leistung weder ganz noch zum Teile empfangen hat.

Teilvollstreckbarkeit von Exekutionstiteln
(BGBl I 2021/86)

§ 13. Auf Grund einer Entscheidung, in der mehrere voneinander unabhängige Ansprüche zuerkannt wurden, kann, wenn nur hinsichtlich einzelner dieser Ansprüche ein die Exekution hemmendes Rechtsmittel erhoben wurde, zugunsten der übrigen nicht angefochtenen Ansprüche die Exekution bewilligt werden, sobald die Entscheidung über diese Ansprüche in Rechtskraft erwachsen ist.

Anwendung mehrerer Exekutionsmittel
(BGBl I 2021/86)

§ 14. Die gleichzeitige Anwendung mehrerer Exekutionsmittel ist gestattet; die Bewilligung kann jedoch auf einzelne Exekutionsmittel beschränkt werden, wenn aus dem Exekutionsantrage offenbar erhellt, dass bereits eines oder mehrere der beantragten Exekutionsmittel zur Befriedigung des betreibenden Gläubigers hinreichen. *(BGBl I 2021/86)*

Exekution gegen Gemeinden und öffentlich gemeinnützige Anstalten
(BGBl I 2021/86)

§ 15. Gegen eine Gemeinde oder gegen eine durch Ausspruch einer Verwaltungsbehörde als öffentlich und gemeinnützig erklärte Anstalt kann die Exekution zum Zwecke der Hereinbringung von Geldforderungen, falls es sich nicht um die Verwirklichung eines vertragsmäßigen Pfandrechtes handelt, nur in Ansehung solcher Vermögensbestandteile bewilligt werden, welche ohne Beeinträchtigung der durch die Gemeinde oder jene Anstalt zu wahrenden öffentlichen Interessen zur Befriedigung des Gläubigers verwendet werden können. Zur Abgabe der Erklärung, inwieweit letzteres hinsichtlich bestimmter Vermögensbestandteile zutrifft, sind die staatlichen Verwaltungsbehörden berufen.

Vgl RGBl 1897/153

Zweiter Titel

Durchführung der Exekution

Beginn des Exekutionsvollzugs
(BGBl I 2021/86)

§ 16. (1) Der Vollzug einer bewilligten Exekution erfolgt, sofern in diesem Gesetz nichts anderes bestimmt ist[1)], von Amts wegen.

(2) Der Vollzug der Exekution wird entweder unmittelbar durch die Zivilgerichte oder durch Vollstreckungsorgane oder durch einen Verwalter bewirkt, welche dabei im Auftrage und unter Leitung des Gerichtes handeln. *(BGBl I 2021/86)*

(3) Der Vollzug der Exekution ist als begonnen anzusehen, sobald der Auftrag zur Vornahme der ersten Exekutionshandlung erteilt worden ist; wenn aber der Vollzug der bewilligten Exekution nicht dem Gericht obliegt, das die Exekution bewilligt hat, sobald das Ersuchen um den Exekutionsvollzug beim Vollzugsgericht eingelangt ist. *(BGBl I 2021/86)*

[1)] *ZB § 354 (2) EO.*

Befugnisse des Exekutionsgerichts

§ 17. (1) Dem Exekutionsgericht steht die Verhandlung und Entscheidung über alle während eines Exekutionsverfahrens und aus Anlass desselben sich ergebenden Streitigkeiten zu, sofern nicht in diesem Gesetz ein anderes Gericht dazu für zuständig erklärt wird.

(2) Über die Durchsetzung einer in diesem Gesetz dem Verpflichteten oder dritten Personen auferlegten Mitwirkungspflicht hat das Exekutionsgericht im Exekutionsverfahren zu entscheiden.

(BGBl I 2021/86)

Ruhen und Fortsetzung des Exekutionsverfahrens

§ 18. (1) Wird die Exekution zur Hereinbringung einer Geldforderung bewilligt, ohne dass Vermögensobjekte angeführt werden, so ist die Exekution so lange von Amts wegen fortzusetzen, bis die Forderung hereingebracht ist oder das Exekutionsverfahren eingestellt wird.

(2) Das Exekutionsverfahren ruht, wenn

1. keine Vermögensobjekte ermittelt oder vorgefunden wurden oder

2. alle gepfändeten Vermögensobjekte verwertet wurden und der Erlös verteilt wurde.

(3) Ein ruhendes Exekutionsverfahren ist auf Antrag des Gläubigers, soweit das Gesetz nichts anderes vorsieht, nach Ablauf von sechs Monaten fortzusetzen. Das Verfahren ist vor Ablauf dieser Frist fortzusetzen, wenn glaubhaft gemacht wird, dass beim Verpflichteten zwischenzeitig pfändbare Vermögenswerte vorhanden sind.

(4) Ein ruhendes Exekutionsverfahren ist nur dann auf Antrag eines Gläubigers zugunsten aller betreibender Gläubiger fortzusetzen, wenn bereits ein Pfandrecht begründet worden ist. Der Beschluss über die Fortsetzung ist den betreibenden

Gläubigern, deren Verfahren fortgesetzt werden, und dem Verpflichteten zuzustellen.

(BGBl I 2021/86)

Exekutionspaket

§ 19. (1) Die Exekution zur Hereinbringung einer Geldforderung wird auf die Vermögensobjekte und mit den Exekutionsmitteln geführt, die auf Antrag des betreibenden Gläubigers vom Gericht bewilligt wurden. Ist die Exekution auf alle Vermögensobjekte einer oder mehrerer Exekutionsmittel gerichtet, so kann der betreibende Gläubiger auf die Pfändung von im Antrag genannten Vermögensobjekten verzichten, auch auf die Pfändung von Forderungen gegenüber einem von ihm genannten oder sich aus der Auskunft des Dachverbands der Sozialversicherungsträger ergebenden Drittschuldner.

(2) Beantragt der Gläubiger Exekution zur Hereinbringung einer Geldforderung, ohne ein Exekutionsmittel zu nennen, so erfasst diese, wenn der Gläubiger nichts anderes beantragt, als Exekutionspaket

1. die Exekution auf bewegliche Sachen und Papiere nach § 249,

2. die Exekution auf vom betreibenden Gläubiger genannte wiederkehrende beschränkt pfändbare Geldforderungen und auf vom Dachverband der Sozialversicherungsträger nach § 295 ermittelte sowie

3. die Aufnahme eines Vermögensverzeichnisses nach § 47.

(BGBl I 2021/86)

Erweitertes Exekutionspaket

§ 20. (1) Beantragt der Gläubiger zur Hereinbringung einer Geldforderung das erweiterte Exekutionspaket, so erfasst diese Exekution, wenn der Gläubiger nichts anderes beantragt, alle Arten der Exekution auf das bewegliche Vermögen (§§ 249 bis 345) und die Aufnahme eines Vermögensverzeichnisses nach § 47. Zur Durchführung des erweiterten Exekutionspaketes ist ein Verwalter zu bestellen.

(2) Übersteigt die hereinzubringende Forderung an Kapital nicht 10.000 Euro, so setzt die Bewilligung der Exekution nach Abs. 1 voraus, dass die Exekution auf bewegliche Sachen im Rahmen eines Exekutionspakets nach § 19 ergebnislos (§ 252e Abs. 3) geblieben ist.

(3) Der Verwalter hat, wenn möglich unter Zuziehung des Verpflichteten, unverzüglich pfändbare Vermögensobjekte zu ermitteln und in ein Inventar aufzunehmen sowie jene Vermögensobjekte, die zur Deckung der hereinzubringenden Forderung erforderlich sind, zu pfänden. Er kann den Verpflichteten zur Abgabe eines Vermögens-

verzeichnisses auffordern; § 49 Abs. 1 ist nicht anzuwenden. Der Verpflichtete hat dieses vor Gericht oder dem Vollstreckungsorgan zu bekräftigen, wenn das Gericht ihn auf Antrag des Verwalters oder des betreibenden Gläubigers hiezu auffordert.

(4) Das Gericht kann auf Antrag einer Partei oder des Verwalters ein gepfändetes Vermögensobjekt dem Verpflichteten überlassen und von dessen Verwertung absehen, wenn nicht zu erwarten ist, dass die Fortsetzung oder Durchführung der Exekution auf dieses Vermögensobjekt einen die Kosten übersteigenden Ertrag ergeben wird. Das Pfandrecht erlischt mit Eintritt der Rechtskraft des Beschlusses.

(BGBl I 2021/86)

Erweitertes Exekutionspaket zugunsten mehrerer Gläubiger

§ 21. (1) Ein Gläubiger, zu dessen Gunsten während der Anhängigkeit eines erweiterten Exekutionspaketes ebenfalls die Exekution durch ein solches Exekutionspaket gegen denselben Verpflichteten bewilligt wird, tritt damit dem bereits bewilligten Verfahren bei; er erwirbt mit der Bewilligung (nachrangige) Pfandrechte an den bereits gepfändeten Vermögensobjekten und muss das Verfahren in der Lage annehmen, in der es sich zur Zeit seines Beitrittes befindet.

(2) Reichen die gepfändeten Vermögensobjekte zur Deckung der hereinzubringenden Forderungen nicht aus, so hat der Verwalter weitere Vermögensobjekte zu ermitteln, zu pfänden und zu verwerten. Es ist nach § 20 Abs. 3 vorzugehen, wenn davon auszugehen ist, dass der Verpflichtete seit der Aufnahme des Inventars oder dessen Ergänzung nach § 20 Abs. 3 Vermögen erworben hat oder seither mehr als drei Monate vergangen sind. An den Vermögensobjekten wird zugunsten aller betreibender Gläubiger ein Pfandrecht begründet, soweit die Verfahren nicht ruhen; die zugunsten der Gläubiger begründeten Pfandrechte, deren Exekutionsverfahren bereits anhängig waren, sind vorrangig; der Rang richtet sich nach dem frühesten Zeitpunkt, zu dem zugunsten des betreibenden Gläubigers ein Pfandrecht im Rahmen des erweiterten Exekutionspaketes begründet wurde.

(BGBl I 2021/86)

Pfändung zugunsten weiterer betreibender Gläubiger

§ 22. Ist ein Verwalter bestellt und wird auf Antrag eines weiteren betreibenden Gläubigers ein Vermögensobjekt gepfändet, das bereits vom Verwalter gepfändet worden ist, so wird der Verwalter hinsichtlich eines Mehrerlöses aus der

Verwertung dieses Vermögensobjekts als Kurator für den weiteren betreibenden Gläubiger tätig. *(BGBl I 2021/86)*

Verbindung von Exekutionsverfahren auf mehrere Liegenschaften
(BGBl I 2021/86)

§ 23. (1) Wenn ein Gläubiger wider denselben Verpflichteten auf mehrere Liegenschaften abgesonderte Exekutionen führt, deren Vollzug dem nämlichen Gericht oder benachbarten Gerichten desselben Oberlandesgerichtssprengels obliegt, und die bewilligten Exekutionsmittel gleichartig sind oder doch eine Zusammenfassung des Exekutionsvollzuges ermöglichen, so kann eine Verbindung des Vollzuges dieser Exekutionen angeordnet werden, falls sich eine solche Maßregel zur Vereinfachung des Exekutionsverfahrens, zur vorteilhafteren Verwertung der Exekutionsobjekte oder zur Verminderung der Exekutionskosten geeignet darstellt.

(2) Diese Anordnung kann das zum Vollzuge sämtlicher Exekutionen berufene Gericht von Amts wegen oder auf Antrag treffen. Bei Beteiligung mehrerer Exekutionsgerichte kann die Verbindung nur von dem Oberlandesgericht, und zwar auf Anzeige eines der Exekutionsgerichte oder auf Antrag angeordnet werden; das Oberlandesgericht kann zugleich den gemeinsamen Exekutionsvollzug einem der Exekutionsgerichte ausschließlich übertragen. *(BGBl I 2021/86)*

(3) Zur Antragstellung ist sowohl der betreibende Gläubiger wie der Verpflichtete befugt. Durch die Antragstellung wird der Fortgang des Exekutionsverfahrens nicht aufgehalten. Gegen die Anordnung des Oberlandesgerichtes findet ein Rekurs nicht statt. Das Oberlandesgericht kann vor seiner Entscheidung den in Frage kommenden Exekutionsgerichten oder einzelnen derselben eine Äußerung abfordern.

(BGBl I 2021/86)

Verbindung von Exekutionsverfahren auf unbewegliche Sachen gegen mehrere Verpflichtete
(BGBl I 2021/86)

§ 23a. Auf Antrag oder von Amts wegen können Exekutionsverfahren, in denen mehreren Verpflichteten Anteile einer Liegenschaft, eines Superädifikats oder eines Baurechts zustehen, verbunden werden. *(BGBl I 2021/86)*

(BGBl I 2008/37)

Vollstreckungsorgane

§ 24. (1) Als Vollstreckungsorgane schreiten die Gerichtsvollzieher ein. In besonderen Fällen können auch andere dafür geeignete Gerichtsbedienstete herangezogen werden.

(2) Sind bei einem Gericht zumindest zwei Gerichtsvollzieher tätig, so sind die Geschäfte nach Gebieten aufzuteilen.

(BGBl 1995/519)

Tätigkeit der Vollstreckungsorgane

§ 25. (1) Die Vollstreckungsorgane haben sich bei Ausübung ihrer Tätigkeit innerhalb des ihnen durch das Gesetz zugewiesenen Wirkungskreises und der erteilten Aufträge zu halten. Die Vollstreckungsorgane haben die ihnen zugeteilten Aufträge ohne Verzug und unter Bedachtnahme auf eine Minimierung der Wegstrecken möglichst nach der Reihenfolge ihrer Zuteilung zu vollziehen. *(BGBl 1995/519; BGBl I 2003/31)*

(2) Die Übergabe des Exekutionsakts an das Vollstreckungsorgan enthält den Auftrag, Exekutionshandlungen so lange vorzunehmen, bis der Auftrag erfüllt ist oder feststeht, dass er nicht erfüllt werden kann. Hat das Vollstreckungsorgan Vollzugshandlungen erst nach Erlag einer Sicherheit zu setzen, so ist der Vollzugsauftrag erst nach Erlag der Sicherheit zu erteilen. Sonst ist der Vollzugsauftrag sofort zu erteilen, auch bei Bewilligung im vereinfachten Bewilligungsverfahren. *(BGBl I 2003/31; BGBl I 2008/37; BGBl I 2016/100)*

(3) Das Vollstreckungsorgan hat die erste Vollzugshandlung innerhalb von vier Wochen ab Erhalt des Vollzugsauftrags durchzuführen. Die Frist beträgt sechs Wochen, wenn das Vollzugsgebiet zum überwiegenden Teil in einem dünn und verstreut besiedelten ländlichen Gebiet liegt. Das Vollstreckungsorgan darf, soweit nichts anderes im Gesetz vorgesehen ist, den Verpflichteten von einer bevorstehenden Vollzugshandlung nicht benachrichtigen. *(BGBl 1995/519; BGBl I 2003/31; BGBl I 2008/37; BGBl I 2016/100)*

vgl § 12 Abs 3 1.COVID-JuBG

Aufforderung zur Leistung

§ 25a. (1) Das Vollstreckungsorgan hat am Vollzugsort unmittelbar vor dem Vollzug den Verpflichteten zur Leistung der hereinzubringenden Forderung aufzufordern.

(2) Die Vollstreckungsorgane sind berechtigt, die durch die Exekution zu erzwingenden Zahlungen oder sonstigen Leistungen in Empfang zu nehmen, diese wirksam zu quittieren und dem Verpflichteten, wenn er durch die Leistung seine Verbindlichkeit erfüllt hat, auf Verlangen die ihnen zu diesem Zweck vom Gericht oder vom betreibenden Gläubiger ausgehändigten Schuldurkunden zu übergeben. Das Recht des Verpflichteten, nachträglich noch eine Quittung des Gläubigers zu fordern, wird hiedurch nicht berührt. Der

Gläubiger kann während des Exekutionsverfahrens die ihm als Gegenleistung obliegende Übergabe einer Urkunde, einer Geldsumme oder sonstiger Sachen an den Verpflichteten rechtswirksam durch die Vollstreckungsorgane bewerkstelligen lassen.

(3) Die Vollstreckungsorgane sind auch berechtigt, Schecks zahlungshalber entgegenzunehmen.

(BGBl I 2003/31)

Vollzugsort

§ 25b. (1) Das Vollstreckungsorgan hat den Vollzugsauftrag an dem im Antrag auf Exekutionsbewilligung genannten Ort zu vollziehen, außer es ist ihm bekannt, dass die Vollzugshandlung dort nicht durchgeführt werden kann.

(2) Sind dem Vollstreckungsorgan Orte, wo die Exekution erfolgreich durchgeführt werden kann, bekannt oder können solche durch zumutbare Erhebungen von ihm in Erfahrung gebracht werden, so hat er diese von Amts wegen aufzusuchen.

(2a) Auf Anfrage des Gerichts haben der Bundesminister für Inneres aus der zentralen Zulassungsevidenz nach § 47 Abs. 4 KFG und die Gemeinschaftseinrichtung der zum Betrieb der Kraftfahrzeug-Haftpflichtversicherung berechtigten Versicherer aus der zentralen Evidenz nach § 47 Abs. 4a KFG im Wege der Datenfernverarbeitung mitzuteilen, welche Kraftfahrzeuge und Anhänger auf den Verpflichteten zugelassen sind und das zugewiesene Kennzeichen anzugeben. Das Vollstreckungsorgan hat bei einer Exekution auf bewegliche Sachen die Anfrage vor dem auf einen Vollzugsauftrag folgenden Vollzugsversuch von Amts wegen durchzuführen. *(BGBl I 2008/37; BGBl I 2021/86)*

(3) Die Vollstreckungsorgane dürfen die Grenzen ihres Gebiets sowie die Grenzen des Bezirksgerichtssprengels überschreiten. Sie dürfen stattdessen auch das nach dem voraussichtlichen Vollzugsort zuständige Vollstreckungsorgan um die Vornahme der Amtshandlung ersuchen. Das ersuchte Vollstreckungsorgan wird dabei im Auftrag des Gerichts, das den Vollzug angeordnet hat, tätig.

(BGBl I 2003/31)

Kontaktaufnahme mit dem Verpflichteten

§ 25c. Wird der Verpflichtete bei einem Vollzugsversuch nicht angetroffen, so kann das Vollstreckungsorgan diesen auffordern, sich bei ihm zu melden, wenn der Zweck der Exekution dadurch nicht vereitelt wird.

(BGBl I 2003/31)

Bericht des Vollstreckungsorgans

§ 25d. Das Vollstreckungsorgan hat über die Durchführung des Vollzugs oder die entgegenstehenden Hindernisse und spätestens vier Monate nach Erhalt des Vollzugsauftrags dem Gericht und dem betreibenden Gläubiger über den Stand des Verfahrens zu berichten, über die Durchführung des Vollzugs auch dem Verpflichteten. *(BGBl I 2021/86)*

(BGBl I 2003/31)

vgl § 12 Abs 3 1.COVID-JuBG

Durchsuchungsbefugnis des Vollstreckungsorgans
(BGBl I 2021/86)

§ 26. (1) Die Vollstreckungsorgane sind befugt, soweit es der Zweck der Exekution erfordert, die Wohnung des Verpflichteten, dessen Behältnisse, und wenn nötig, mit entsprechender Schonung der Person, selbst die vom Verpflichteten getragene Kleidung zu durchsuchen. Verschlossene Haus-, Wohnungs- und Zimmertüren sowie verschlossene Behältnisse dürfen sie ungeachtet geringfügiger Beschädigungen zum Zweck der Exekution öffnen lassen; Haus- und Wohnungstüren durch Auswechseln des Schlosses jedoch nur dann, wenn der Schlüssel zum neuen Schloss jederzeit behoben werden kann. Wenn jedoch weder der Verpflichtete noch eine zu seiner Familie gehörende oder von ihm zur Obsorge bestellte volljährige Person anwesend ist, sind den vorerwähnten Exekutionshandlungen zwei vertrauenswürdige, volljährige Personen als Zeugen beizuziehen. Die Vollstreckungsorgane dürfen Räume und Behältnisse durch das Anlegen eines Siegels sichern. *(BGBl 1995/519; BGBl I 2021/86)*

(2) Die Vollstreckungsorgane können zur Beseitigung eines ihnen entgegengestellten Widerstandes die den Sicherheitsbehörden zur Verfügung stehenden Organe des öffentlichen Sicherheitsdienstes unmittelbar zur Unterstützung ersuchen. Wegen Erwirkung militärischer Hilfe haben sie sich an den Vorsteher des Exekutionsgerichtes zu wenden. *(BGBl 1983/135; BGBl 1996/759)*

(3) Bei Exekutionen gegen aktiv dienende Personen der bewaffneten Macht oder der Bundespolizei ist, wenn nicht Gefahr am Verzuge ist, behufs Beseitigung eines Widerstandes die Unterstützung des militärischen Vorgesetzten des Verpflichteten anzusuchen. *(BGBl 1983/135; BGBl I 2004/151)*

Öffnen der verschlossenen Haus- und Wohnungstüren

§ 26a. (1) Verschlossene Haus- und Wohnungstüren dürfen geöffnet werden, wenn diese

1. bei einem Vollzugsversuch, der bei Unternehmen zur Geschäftszeit, sonst an Samstagen, Sonntagen und gesetzlichen Feiertagen sowie von 22 bis 6 Uhr durchgeführt wurde, versperrt waren oder *(BGBl I 2008/37)*

2. wahrscheinlich über vier Monate versperrt sein werden oder

3. bei der dem Verpflichteten bekannt gegebenen Vollzugszeit versperrt sind oder

4. die am Vollzugsort anwesende Person nicht öffnet und

der betreibende Gläubiger nicht auf eine Öffnung verzichtet hat.

(2) Das Vollstreckungsorgan hat den betreibenden Gläubiger zum Erlag eines Kostenvorschusses aufzufordern. Dieser hat auch die zur Öffnung erforderlichen Arbeitskräfte bereitstellen, wenn er dies während der zum Erlag des Kostenvorschusses offen stehenden Frist bekannt gibt.

(3) Die Kosten des Schlossers sind einstweilen vom betreibenden Gläubiger und bei Vorhandensein mehrerer betreibender Gläubiger von allen nach dem Verhältnis der vollstreckbaren Forderungen zu tragen.

(BGBl I 2003/31)

Umfang der Exekution
(BGBl I 2021/86)

§ 27. (1) Die Exekution darf nicht im weiteren Umfange vollzogen werden, als es zur Verwirklichung des in der Exekutionsbewilligung bezeichneten Anspruches notwendig ist.

(2) Bei der Exekution zur Hereinbringung von Geldforderungen ist stets auch auf die bis zur Befriedigung des Gläubigers voraussichtlich noch erwachsenden Kosten Bedacht zu nehmen.

(3) Werden die Vermögensobjekte nicht in der Exekutionsbewilligung genannt, so sind die Vermögensobjekte auszuwählen, die die umfassendste und schnellste Befriedigung des betreibenden Gläubigers bringen, wobei auf die Wahrung der Interessen des Verpflichteten Bedacht zu nehmen ist. *(BGBl I 2021/86)*

Mitwirkungspflicht des Verpflichteten

§ 27a. (1) Der Verpflichtete hat dem Vollstreckungsorgan und dem Verwalter alle zur Durchführung des Exekutionsverfahrens nötigen Unterlagen zu übergeben und alle erforderlichen Aufklärungen zu erteilen. Er hat an der Aufhebung von Sperren, die den bestimmungsgemäßen Gerbrauch gepfändeter Vermögensobjekte einschränken oder verhindern, mitzuwirken.

(2) Das Exekutionsgericht kann die Ausfolgung der Unterlagen durch den Verpflichteten und die Mitwirkung des Verpflichteten auch nach §§ 346 ff erzwingen. Es kann den Verpflichteten

in Haft nehmen, wenn er die Verpflichtungen beharrlich und ohne hinreichenden Grund nicht erfüllt.

(3) Der Verpflichtete hat die auf zu pfändenden Vermögensobjekten gespeicherten personenbezogenen Daten im Sinne von Art. 4 Z 1 DSGVO und des DSG im Zuge der Pfändung zu löschen und Verbindungen, die den Zugriff auf solche personenbezogenen Daten ermöglichen, zu trennen. Ihm ist zu ermöglichen, Daten, welche sich auf dem zu pfändenden Vermögensobjekt befinden, anderweitig zu speichern.

(4) Ist ein Vorgehen nach Abs. 3 nicht möglich oder tunlich, so ist dies im Pfändungsprotokoll zu vermerken und der Verpflichtete aufzufordern, die nach Abs. 3 erforderlichen Vorkehrungen binnen 14 Tagen nachzuholen. Kommt der Verpflichtete dieser Aufforderung nicht nach, so ist vor der Verwertung ein Sachverständiger mit der Vornahme der Vorkehrungen zu beauftragen.

(BGBl I 2021/86)

Exekution auf das Eigentum dem öffentlichen Verkehr dienender Anstalten
(BGBl I 2021/86)

§ 28. In das Eigentum einer unter staatlicher Aufsicht stehenden, dem öffentlichen Verkehr dienenden Anstalt dürfen Exekutionsakte, welche geeignet wären, die Aufrechterhaltung des öffentlichen Verkehres zu stören, nur im Einvernehmen mit der Aufsichtsbehörde und unter den von dieser Behörde im Interesse des öffentlichen Verkehres für notwendig befundenen Einschränkungen vorgenommen werden.

Exekution gegen eine Person des Bundesheeres oder der Bundespolizei

§ 29. Gegen eine in Ausübung des Dienstes befindliche Person des Bundesheeres oder der Bundespolizei darf mit dem Exekutionsvollzug erst begonnen werden, nachdem das vorgesetzte Kommando dieser Person von der Bewilligung der Exekution verständigt wurde.

(BGBl 1982/652; BGBl I 2021/86)

Vollzugszeit

§ 30. (1) Das Vollstreckungsorgan hat die Zeit des Vollzugs selbst zu wählen. Hiebei ist darauf Bedacht zu nehmen, wann der Vollzug am wahrscheinlichsten erfolgreich durchgeführt werden kann.

(2) An Samstagen, Sonntagen und gesetzlichen Feiertagen sowie von 22 bis 6 Uhr darf das Vollstreckungsorgan Exekutionshandlungen nur

1. in dringenden Fällen, insbesondere wenn der Zweck der Exekution nicht anders erreicht werden kann, oder

2. wenn ein Vollzugsversuch an Werktagen zur Tageszeit erfolglos war, vornehmen.

(BGBl I 2003/31)

Exekution bei Immunität und Exterritorialität
(BGBl I 2021/86)

§ 31. (1) Exekutionshandlungen gegen Personen, die in Österreich auf Grund des Völkerrechts Immunität genießen, sowie auf Exekutionsobjekte und in Räumlichkeiten solcher Personen dürfen nur über das Bundesministerium für Justiz im Einvernehmen mit dem Bundesministerium für auswärtige Angelegenheiten vorgenommen werden. *(BGBl 1995/519)*

(2) In militärischen oder vom Militär besetzten Gebäuden kann die Vornahme von Exekutionshandlungen erst nach vorgängiger Anzeige an den Kommandanten des Gebäudes und unter Zuziehung einer von diesem beigegebenen Militärperson erfolgen.

Vgl auch RHZiv

Beteiligung am Vollzug
(BGBl I 2021/86)

§ 32. (1) Alle an einer Exekutionshandlung Beteiligten können bei deren Vornahme anwesend sein. Personen, welche die Exekutionshandlung stören oder sich unangemessen betragen, können vom Vollstreckungsorgan entfernt werden. *(BGBl I 2008/37)*

(2) Die Ladung zu einer vom Vollstreckungsorgan vorzunehmenden Amtshandlung obliegt diesem. *(BGBl I 2008/37)*

(3) Beantragt der betreibende Gläubiger, dass der Vollzug unter seiner Beteiligung vorgenommen wird, so ist ihm Zeit und Ort des Vollzugs bekannt zu geben. Kommt der betreibende Gläubiger nicht zu diesem Termin, so wird in seiner Abwesenheit vollzogen. Der betreibende Gläubiger ist in diesem Fall von weiteren Vollzügen nur mehr auf neuerlichen Antrag zu benachrichtigen. Wird der betreibende Gläubiger trotz Antrags nicht vom Termin verständigt, so hat ein weiterer Termin von Amts wegen unter seiner Beteiligung stattzufinden. *(BGBl I 2008/37)*

Verbindung

§ 33. (1) Alle Exekutionsverfahren auf das bewegliche Vermögen zur Hereinbringung einer Geldforderung gegen einen Verpflichteten sind zu verbinden. Ein nach Erteilung des Vollzugsauftrags ergehender Verbindungsbeschluss ist dem Verwalter und dem Vollstreckungsorgan zu übersenden.

(2) Wird eine Exekution nach Abs. 1 mit einem Antrag auf Exekution auf das unbewegliche Vermögen zur Hereinbringung einer Geldforderung verbunden, so sind die Verfahren nach der Exekutionsbewilligung zu trennen.

(3) Abs. 1 gilt auch für die Hereinbringung der Kosten bei einer Exekution zur Erwirkung von Handlungen, Duldungen oder Unterlassungen, bei der Räumungsexekution erst nach Durchführung der Räumung.

(4) Wird die Exekution gegen mehr als einen Verpflichteten bewilligt, so sind die Verfahren nach der Exekutionsbewilligung zu trennen.

(BGBl I 2021/86)

Besondere Übergangsbestimmung: § 33 Abs 1 ist auch auf Exekutionsverfahren anzuwenden, die beim selben Gericht anhängig sind, in denen der Exekutionsantrag vor dem 1.Juli 2021 bei Gericht eingelangt ist (§ 502 Abs 2).

Tod des Verpflichteten

§ 34. (1) Stirbt der Verpflichtete nach Bewilligung der Exekution, so kann diese, sobald eine Erbantrittserklärung angebracht oder ein Nachlaßkurator ernannt ist, in Ansehung des hinterlassenen Vermögens ohne neuerliche Bewilligung in Vollzug gesetzt oder fortgeführt werden. Sonst muss der betreibende Gläubiger zu diesem Behufe die Bestellung eines einstweiligen Vertreters des Nachlasses beantragen. Der Antrag kann bei dem zur Abhandlung des Nachlasses oder bei dem zur Bewilligung der Exekution zuständigen Gericht gestellt werden. *(BGBl I 2021/86, vgl BGBl I 2004/58 § 10: Soweit in Bundesgesetzen der Begriff „Erbserklärung" verwendet wird, ist darunter ab 1. Jänner 2005 die Erbantrittserklärung zu verstehen.)*

(2) Eine bei Lebzeiten des Verpflichteten begonnene Exekution auf Liegenschaften kann ohne vorherige Bestellung eines einstweiligen Nachlaßvertreters fortgeführt werden, wenn die zur Einleitung der Zwangsverwaltung oder Zwangsversteigerung notwendige bücherliche Anmerkung noch vor dem Tode des Verpflichteten erfolgt ist.

Dritter Titel

Einwendungen gegen die Exekution – Aufschiebung und Einstellung
(BGBl I 2021/86)

Einwendungen gegen den Anspruch[1]

[1] *Oppositionsklage, Oppositionsantrag; vgl § 40 (Oppositionsgesuch).*

§ 35. (1) Gegen den Anspruch, zu dessen Gunsten Exekution bewilligt wurde, können im

Zuge des Exekutionsverfahrens nur insofern Einwendungen erhoben werden, als diese auf den Anspruch aufhebenden oder hemmenden Tatsachen beruhen, die erst nach Entstehung des diesem Verfahren zugrunde liegenden Exekutionstitels eingetreten sind. Falls jedoch dieser Exekutionstitel in einer gerichtlichen Entscheidung besteht, ist der Zeitpunkt maßgebend, bis zu welchem der Verpflichtete von den bezüglichen Tatsachen im vorausgegangenen gerichtlichen Verfahren wirksam Gebrauch machen konnte. *(BGBl 1994/624)*

(2) Diese Einwendungen sind, unbeschadet eines allfälligen Rekurses gegen die Exekutionsbewilligung, im Wege der Klage bei dem Gericht geltend zu machen, das die Exekution in erster Instanz bewilligt hat. Ist der Exekutionstitel in einer Arbeitsrechtssache nach § 50 ASGG ergangen, so sind die Einwendungen bei dem Gericht geltend zu machen, bei dem der Prozess in erster Instanz anhängig war. Ist der Exekutionstitel in einer Unterhaltssache ergangen, so sind die Einwendungen bei dem für diese Sache zuständigen Gericht in der dafür vorgesehenen Verfahrensart geltend zu machen. Ist für die Unterhaltssache kein österreichisches Gericht zuständig, so ist für solche Einwendungen, wenn sich aus Unions- oder Völkerrecht nichts Abweichendes ergibt, das Gericht zuständig, das die Exekution in erster Instanz bewilligt hat. Einwendungen gegen einen Anspruch, der sich auf einen der im § 1 Z. 10 und 12 bis 14 angeführten Exekutionstitel stützt, sind bei jener Behörde anzubringen, von welcher der Exekutionstitel ausgegangen ist. *(BGBl I 2014/69)*

(3) Alle Einwendungen, die die verpflichtete Partei zur Zeit der Geltendmachung bei Gericht oder zur Zeit des Einschreitens bei einer der in Abs. 2 bezeichneten Behörden vorzubringen imstande war, müssen bei sonstigem Ausschluss gleichzeitig geltend gemacht werden. Dies gilt nicht für Unterhaltssachen, soweit die zum Unterhalt verpflichtete Person eine Änderung der Verhältnisse einwendet, aufgrund derer der Anspruch ganz oder teilweise erloschen oder gehemmt ist. *(BGBl I 2014/69)*

(4) Wenn den Einwendungen rechtskräftig stattgegeben wird, ist die Exekution einzustellen.

Einwendungen gegen die Exekutionsbewilligung[1]

[1] *Impugnationsklage, Impugnationsantrag; vgl § 40 (Impugnationsgesuch).*

§ 36. (1) Wenn der Verpflichtete bestreitet:

1. dass die für die Fälligkeit oder Vollstreckbarkeit des Anspruches maßgebenden Tatsachen (§ 7 Abs. 2) oder die angenommene Rechtsnachfolge (§ 9) eingetreten seien;

2. dass sich der Anspruch, zu dessen Hereinbringung die Exekution bewilligt wurde, auf Grund einer Wertsicherungsklausel ergibt;

3. wenn er behauptet, dass der betreibende Gläubiger auf die Einleitung der Exekution überhaupt oder für eine einstweilen noch nicht abgelaufene Frist verzichtet hat,

so hat er seine bezüglichen Einwendungen, falls sie nicht mittels Rekurs gegen die Exekutionsbewilligung angebracht werden können, im Wege der Klage geltend zu machen.

(2) Die Klage ist bei dem Gericht anzubringen, das die Exekution in erster Instanz bewilligt hat. Ist der Exekutionstitel in einer Arbeitsrechtssache nach § 50 ASGG ergangen, so ist die Klage bei dem Gericht anzubringen, bei dem der Prozess in erster Instanz anhängig war. Ist der Exekutionstitel in einer Unterhaltssache ergangen, so sind die Einwendungen bei dem für diese Sache zuständigen Gericht in der dafür vorgesehenen Verfahrensart geltend zu machen. § 35 Abs. 3 erster Satz über die Verbindung aller Einwendungen, die die verpflichtete Partei zur Zeit der Geltendmachung vorzubringen imstande war, ist anzuwenden. *(BGBl 1994/624; BGBl I 2014/69)*

(3) Wenn den Einwendungen rechtskräftig stattgegeben wird, ist die Exekution einzustellen. *(BGBl I 2014/69)*

Widerspruch Dritter[1]

[1] *Exszindierungsklage.*

§ 37. (1) Gegen die Exekution kann auch von einer dritten Person Widerspruch erhoben werden, wenn dieselbe an einem durch die Exekution betroffenen Gegenstande, an einem Teile eines solchen oder an einzelnen Gegenständen des Zubehörs einer in Exekution gezogenen Liegenschaft ein Recht behauptet, welches die Vornahme der Exekution unzulässig machen würde.

(2) Ein solcher Widerspruch ist mittels Klage geltend zu machen; die Klage kann zugleich gegen den betreibenden Gläubiger und gegen den Verpflichteten gerichtet werden, welche in diesem Fall als Streitgenossen zu behandeln sind.

(3) Für diese Klage ist, je nachdem sie vor oder nach Beginn des Exekutionsvollzuges angebracht wird, das Gericht, bei dem die Bewilligung der Exekution in erster Instanz beantragt wurde, oder das Exekutionsgericht zuständig.

(4) Wenn der Klage rechtskräftig stattgegeben wird, ist die Exekution einzustellen.

Sachliche Zuständigkeit für exekutionsrechtliche Klagen
(BGBl I 2021/86)

§ 38. (1) Muss eine der in den §§ 35, 36 und 37 bezeichneten Klagen im Sinne der vorstehenden Bestimmungen bei einem Bezirksgerichte angebracht werden, so ist dieses Gericht zur Verhandlung und Entscheidung über die Klage zuständig, wenngleich die Streitsache sonst zur sachlichen Zuständigkeit eines Gerichtshofes gehören würde.

(2) Für Verfahren nach den §§ 35, 36 und 37 kann die inländische Gerichtsbarkeit nach § 104 Abs. 1 oder 3 JN nicht begründet werden. *(BGBl I 2014/69)*

(3) Der Abs. 2 ist insoweit zur Gänze oder zum Teil nicht anzuwenden, als nach Völkerrecht oder besonderen gesetzlichen Anordnungen ausdrücklich anderes bestimmt ist.

(BGBl I 1997/140)

Einstellung, Einschränkung und Aufschiebung der Exekution

§ 39. (1) Außer den in den §§ 35, 36 und 37 angeführten Fällen ist die Exekution unter gleichzeitiger Aufhebung aller bis dahin vollzogenen Exekutionsakte einzustellen:

1. wenn der ihr zu Grunde liegende Exekutionstitel durch rechtskräftige Entscheidung für ungültig erkannt, aufgehoben oder sonst für unwirksam erklärt wurde; *(BGBl 1929/222)*

2. wenn die Exekution auf Sachen, Rechte oder Forderungen geführt wird, die nach den geltenden Vorschriften der Exekution überhaupt oder einer abgesonderten Exekutionsführung entzogen sind;

3. wenn die Exekution auf Grund von Urteilen oder Vergleichen, die gemäß § 2 der ZPO ohne Mitwirkung eines gesetzlichen Vertreters zustande gekommen sind, auf solches Vermögen eines Minderjährigen geführt wird, auf das sich seine freie Verfügung nicht erstreckt;

4. wenn die Exekution gegen eine Gemeinde oder eine als öffentlich und gemeinnützig erklärte Anstalt gemäß § 15 für unzulässig erklärt wurde;

5. wenn die Exekution aus anderen Gründen durch rechtskräftige Entscheidung für unzulässig erklärt wurde;[1]

6. wenn der Gläubiger das Exekutionsbegehren zurückgezogen hat, wenn er auf den Vollzug der bewilligten Exekution überhaupt oder für eine einstweilen noch nicht abgelaufene Frist verzichtet hat, oder wenn er von der Fortsetzung des Exekutionsverfahrens abgestanden ist;

7. wenn der Verpflichtete im Falle des § 12 Abs. 2 nach Bewilligung der Exekution in Ausübung seines Wahlrechtes eine andere als diejenige Leistung bewirkt hat, auf welche die Exekution gerichtet ist;

8. wenn sich nicht erwarten läßt, dass die Fortsetzung oder Durchführung der Exekution einen die Kosten dieser Exekution übersteigenden Ertrag ergeben wird;

9. wenn die erteilte Bestätigung der Vollstreckbarkeit rechtskräftig aufgehoben wurde; *(BGBl 1929/222)*

10. wenn die Exekution nicht durch einen Exekutionstitel gedeckt ist oder diesem die Bestätigung der Vollstreckbarkeit fehlt; *(BGBl 1995/519)*

11. wenn die Vollstreckbarerklärung eines ausländischen Exekutionstitels rechtskräftig aufgehoben wurde. *(BGBl 1995/519)*

(2) In den unter Abs. 1 Z 1, 6 und 7 angegebenen Fällen erfolgt die Einstellung nur auf Antrag, sonst kann sie auch von Amts wegen erfolgen; der Einstellung von Amts wegen hat jedoch in den unter Abs. 1 Z 2 und 3 angegebenen Fällen, sofern nicht schon eine rechtskräftige Entscheidung über die Unzulässigkeit der Exekutionsführung vorliegt, eine Einvernehmung der Parteien vorauszugehen. Wenn auf Geldforderungen Exekution geführt wird, gilt die dem Exekutionsgericht erstattete Anzeige des Drittschuldners über die Unzulässigkeit der Exekutionsführung (§ 294 Abs. 4) als Antrag auf Einstellung der Exekution. Im Falle der Einstellung nach Abs. 1 Z 6 kann die Zustellung des Einstellungsbeschlusses an den Antragsteller unterbleiben. *(RGBl 1914/118; BGBl I 2021/86)*

(3) Wird auf Ungültig- oder Unwirksamerklärung oder auf Aufhebung des Exekutionstitels geklagt, so kann der Antrag auf Einstellung der Exekution mit der Klage verbunden werden. *(BGBl 1995/519)*

(4) Die Anträge auf Aufhebung der Bestätigung der Vollstreckbarkeit und auf Einstellung der Exekution nach Abs. 1 Z 9 können miteinander verbunden werden. Ist das Gericht, bei dem die Anträge eingebracht wurden, nur für einen Antrag zuständig, so hat es den anderen Antrag an das dafür zuständige Gericht weiterzuleiten. *(BGBl I 2005/68; BGBl I 2021/86)*

(5) Wird das Exekutionsverfahren auf Antrag des Verpflichteten eingestellt, so gebührt dem betreibenden Gläubiger für seine Äußerung zu diesem Antrag kein Kostenersatz. *(BGBl I 2021/86)*

Vgl §§ 54e EO, 12, 12a, 12c, 35, 61, 156c, 197, 208 IO

---

[1] *ZB § 28 EO.*

Antrag auf Einstellung
(BGBl I 2021/86)

§ 40. (1) Wenn der betreibende Gläubiger nach Entstehung des Exekutionstitels bei gerichtlichen Entscheidungen nach dem in § 35 Abs. 1 angegebenen Zeitpunkt befriedigt wurde, Stundung bewilligt oder auf die Einleitung der Exekution überhaupt oder für eine einstweilen noch nicht abgelaufene Frist verzichtet hat, so kann der

Verpflichtete, ohne vorläufig gemäß §§ 35 oder 36 Klage zu erheben, die Einstellung der Exekution in Antrag bringen. Der Entscheidung über den Antrag hat eine Einvernehmung des betreibenden Gläubigers voranzugehen. Wird die Befriedigung oder Erklärung des betreibenden Gläubigers durch unbedenkliche Urkunden dargetan, so kann von seiner Einvernehmung abgesehen werden. Für eine Stundungsentscheidung einer Behörde gilt § 45a Abs. 2. *(RGBl 1914/118; BGBl I 2017/122)*

(2) Erscheint die Entscheidung nach den Ergebnissen dieser Einvernehmung von der Ermittlung und Feststellung streitiger Tatumstände abhängig, so ist der Verpflichtete mit seinen Einwendungen auf den Rechtsweg zu verweisen.

Einschränkung der Exekution
(BGBl I 2021/86)

§ 41. (1) Treten die in den §§ 35 bis 37, 39 und 40 bezeichneten Einstellungsgründe nur hinsichtlich einzelner der in Exekution gezogenen Gegenstände oder eines Teiles des vollstreckbaren Anspruches ein, so hat statt der Einstellung eine verhältnismäßige Einschränkung der Exekution stattzufinden.

(2) Außerdem ist die Exekution einzuschränken, wenn sie in größerem Umfange vollzogen wurde, als zur Erzielung vollständiger Befriedigung des Gläubigers notwendig ist. Der Entscheidung über einen darauf gerichteten Antrag hat eine Einvernehmung des betreibenden Gläubigers voranzugehen.

Beendigung der Exekution
(BGBl I 2019/38)

§ 41a. Das Gericht hat auf Antrag die Beendigung eines Exekutionsverfahrens wegen Geldforderungen mit Beschluss festzustellen, wenn sämtliche Forderungen samt Nebengebühren, zu deren Hereinbringung das Exekutionsverfahren geführt wurde, in diesem Verfahren getilgt worden sind. Ein Rechtsmittel gegen diese Entscheidung ist unzulässig; sie kann jedoch jederzeit auf Antrag abgeändert werden.

(BGBl I 2019/38)

Aufschiebung der Exekution
(BGBl I 2021/86)

§ 42. (1) Die Aufschiebung (Hemmung) der Exekution kann auf Antrag angeordnet werden:

1. wenn eine Klage auf Ungültig- oder Unwirksamerklärung oder auf Aufhebung eines der im § 1 angeführten, einer bewilligten Exekution zu Grunde liegenden Exekutionstitels erhoben wird;

2. wenn in Bezug auf einen der im § 1 angeführten Exekutionstitel die Wiederaufnahme des Verfahrens oder die Wiedereinsetzung in den vorigen Stand begehrt oder wenn die Aufhebung eines Schiedsspruches (§ 1, Z. 16) im Klagewege beantragt wird;

2a. wenn gegen das der Exekution zu Grunde liegende Berufungsurteil außerordentliche Revision (§ 505 Abs. 4 ZPO) erhoben worden ist; *(BGBl 1983/135; BGBl I 2004/128)*

3. wenn gemäß § 39 Abs. 1 Z 2 bis 4, 6, 8 und 10 oder § 40 die Einstellung der Exekution beantragt wird; *(BGBl 1995/519)*

4. wenn die Exekution wegen eines Anspruches stattfindet, der von einer Zug um Zug zu bewirkenden Gegenleistung des betreibenden Gläubigers abhängig ist, und der Gläubiger weder die ihm obliegende Gegenleistung bewirkt hat, noch dieselbe zu bewirken oder sicherzustellen bereit ist;

5. wenn Einwendungen nach den §§ 35 oder 36 gerichtlich geltend gemacht werden oder Klage nach § 37 erhoben wird, wenn aus anderen Gründen auf Unzulässigerklärung der Exekution geklagt wird (§ 39 Abs. 1 Z 5) oder wenn Einwendungen gegen den Anspruch bei der Behörde erhoben werden, von welcher einer der in § 1 Z 10 und 12 bis 14 angeführten Exekutionstitel ausgegangen ist; *(BGBl I 2014/69)*

6. wenn eine Einberufung der Verlassenschaftsgläubiger (§ 813 ABGB) bewilligt wird;

7. wenn der die Exekution bewilligende Beschluss des Gerichtes mittels Rekurs angefochten wird;

8. wenn gegen einen Vorgang des Exekutionsvollzuges Beschwerde geführt wird und die für die Entscheidung darüber erforderliche Einvernehmung der Parteien oder sonstigen Beteiligten nicht unverzüglich stattfinden kann (§ 68);

9. wenn die Aufhebung oder Abänderung der rechtskräftigen Vollstreckbarerklärung beantragt wird; *(BGBl 1995/519; BGBl I 2003/31; BGBl I 2016/100)*

10. wenn gegen die Anpassung des Exekutionstitels Widerspruch erhoben wird. *(BGBl I 2016/100)*

(2) Die Aufschiebung der Exekution kann ferner in den Fällen des § 7 Abs. 3 und 4, auf Begehren der Stelle, der die Aufhebung obliegt, oder auf Antrag eines Beteiligten angeordnet werden.

(3) Die Anträge auf Aufhebung oder Bestätigung der Vollstreckbarkeit und auf Aufschiebung der Exekution können miteinander verbunden werden. Ist das Gericht, bei dem die Anträge eingebracht wurden, nur für einen Antrag zuständig, so hat es den anderen Antrag an das dafür zuständige Gericht weiterzuleiten. *(BGBl I 2005/68; BGBl I 2021/86)*

(BGBl 1929/222)

Vgl §§ 11 (3), 12c, 120a IO

Folgen der Aufschiebung
(BGBl I 2021/86)

§ 43. (1) Bei Aufschiebung der Exekution bleiben, sofern das Gericht nicht etwas anderes anordnet, alle Exekutionsakte einstweilen bestehen, welche zur Zeit des Ansuchens um Aufschiebung bereits in Vollzug gesetzt waren.

(2) Die Aufhebung bereits vollzogener Exekutionsakte kann das Gericht bei Aufschiebung der Exekution nur dann anordnen, wenn die Aufrechterhaltung dieser Akte demjenigen, der die Aufschiebung verlangt, einen schwer zu ersetzenden Nachteil verursachen würde und er überdies für die volle Befriedigung des zu vollstreckenden Anspruches Sicherheit leistet.

(3) Wenn nur in Ansehung einzelner der in Exekution gezogenen Gegenstände oder eines Teiles des Anspruches Gründe für die Aufschiebung der Exekution eintreten, ist die Exekution in dem einen Falle einstweilen nur hinsichtlich der übrigen Gegenstände, in dem anderen Falle aber nur wegen des durch den Aufschiebungsgrund nicht betroffenen Teiles des Anspruches fortzuführen.

Sicherheitsleistung
(BGBl I 2021/86)

§ 44. (1) Die Bewilligung der Exekutionsaufschiebung hat zu unterbleiben, wenn die Exekution begonnen oder fortgeführt werden kann, ohne dass dies für denjenigen, der die Aufschiebung verlangt, mit der Gefahr eines unersetzlichen oder schwer zu ersetzenden Vermögensnachteiles verbunden wäre.

(2) Die Aufschiebung der Exekution ist von einer entsprechenden Sicherheitsleistung des Antragstellers abhängig zu machen:

1. wenn die Tatsachen, auf die sich die Einwendungen gegen den Anspruch oder gegen die Exekutionsbewilligung (§§ 35 und 36) stützen, nicht durch unbedenkliche Urkunden dargetan sind;

2. wenn ein naher Angehöriger des Verpflichteten (§ 32 Insolvenzordnung) oder eine mit ihm in Hausgemeinschaft lebende Person später als 14 Tage nach dem Exekutionsvollzug die Widerspruchsklage (§ 37) erhebt und der Kläger nicht bescheinigt, dass er von dem Vollzug erst kurz vor oder nach Ablauf dieses Zeitraumes Kenntnis erlangen konnte und dass er die Klage ohne unnötigen Aufschub eingebracht hat; *(BGBl I 2010/29)*

3. wenn die Aufschiebung der Exekution die Befriedigung des betreibenden Gläubigers zu gefährden geeignet ist. Treten erst nach Bewilligung der Aufschiebung Umstände ein, die eine solche Gefährdung wahrscheinlich machen, so kann demjenigen, auf dessen Ansuchen die Aufschiebung bewilligt wurde, auf Antrag aufgetragen werden, innerhalb einer bestimmten Frist Sicherheit zu leisten, widrigens die Exekution wieder aufgenommen werden würde.

(3) Bei der Entscheidung über einen Aufschiebungsantrag nach § 42 Abs. 1 Z 2 a sind die Erfolgsaussichten der außerordentlichen Revision nicht zu prüfen. *(BGBl 1983/135)*

(4) Bei Bewilligung der Aufschiebung hat das Gericht anzugeben, für wie lange die Exekution aufgeschoben sein soll. *(BGBl 1983/135)*

(5) Ein aufgeschobenes Exekutionsverfahren wird, sofern nicht für einzelne Fälle etwas anderes angeordnet ist, nur auf Antrag wieder aufgenommen. *(BGBl 1983/135)*

Verfahrensbestimmungen für Anträge auf Einstellung, Einschränkung oder Aufschiebung der Exekution
(BGBl I 2021/86)

§ 45. (1) Durch die Bestimmungen der §§ 39 bis 44 wird die Anwendung der besonderen Vorschriften nicht ausgeschlossen, welche das gegenwärtige Gesetz in Ansehung einzelner Vollstreckungsarten über die Einstellung, Einschränkung oder Aufschiebung der Exekution oder gewisser Akte derselben enthält.

(2) Sofern nicht für einzelne Fälle etwas anderes angeordnet ist, sind Anträge auf Einstellung, Einschränkung oder Aufschiebung der Exekution, sowie Anträge auf Wiederaufnahme einer aufgeschobenen Exekution bei dem Gericht, bei dem die Bewilligung der Exekution in erster Instanz beantragt wurde, oder beim Exekutionsgerichte anzubringen, je nachdem der Antrag vor oder nach Beginn des Exekutionsvollzuges gestellt wird.

(3) Sofern nicht für einzelne Fälle etwas anderes angeordnet ist oder schon eine rechtskräftige Entscheidung über die Einstellung, Einschränkung oder Aufschiebung des Exekutionsverfahrens vorliegt oder der Antrag offenkundig unberechtigt ist, sind die Parteien vor der Entscheidung über Anträge auf Einstellung, Einschränkung oder Aufschiebung des Exekutionsverfahrens, die nicht vom betreibenden Gläubiger selbst gestellt werden, einzuvernehmen (§ 55 Abs. 1). *(BGBl 1995/519; BGBl I 2014/69)*

Zahlungsvereinbarung

§ 45a. (1) Die Exekution zur Hereinbringung einer Geldforderung ist auf Antrag des betreibenden Gläubigers oder mit dessen Zustimmung durch Beschluss ohne Auferlegung einer Sicherheitsleistung aufzuschieben, wenn zwischen den Parteien eine Zahlungsvereinbarung getroffen wurde. Sie kann erst nach Ablauf von drei Monaten ab Einlangen des Aufschiebungsantrags bei Gericht fortgesetzt werden. Wird die Fortsetzung

EO

nicht innerhalb von zwei Jahren beantragt, so ist die Exekution zur Hereinbringung einer Geldforderung einzustellen. *(BGBl I 2017/122; BGBl I 2021/86)*

(2) Die Entscheidung einer Behörde, die Zahlungsfrist für eine den Gebietskörperschaften zustehende Forderung zu verlängern oder die Entrichtung in Teilbeträgen zu gestatten, hat die Wirkung einer Zahlungsvereinbarung nach Abs. 1. Das Exekutionsverfahren kann nach Ablauf der Zahlungsfrist oder nach Eintritt eines Terminverlustes fortgesetzt werden. Wird die Fortsetzung nicht innerhalb von einem Jahr nach Ablauf der Zahlungsfrist beantragt, so ist die Exekution einzustellen. *(BGBl I 2017/122)*

(BGBl I 2003/31)

Nachweis der Befriedigung

§ 46. Das Vollstreckungsorgan darf mit der Vollziehung der ihm aufgetragenen Exekutionshandlung nur dann innehalten, wenn ihm nachgewiesen wird, dass der betreibende Gläubiger nach Erlassung des Exekutionstitels befriedigt worden ist, Stundung bewilligt hat oder von der Fortsetzung des Exekutionsverfahrens abgestanden ist. *(BGBl I 2003/31)*

Vierter Titel

Erfolglose Exekution

(BGBl I 2021/86)

Vermögensverzeichnis

(BGBl 1991/628)

§ 47. (1) Wenn der betreibende Gläubiger nichts anderes beantragt, hat der Verpflichtete unter Angabe seines Geburtsdatums gegenüber dem Gericht sein gesamtes Vermögen anzugeben (Vermögensverzeichnis), wenn

1. der Vollzug einer Exekution auf bewegliche Sachen am Vollzugsort oder zumindest an dem Vollzugsort erfolglos geblieben ist, an dem der Verpflichtete seinen gewöhnlichen Aufenthalt hat oder sein Unternehmen betreibt. Erfolglos geblieben ist der Vollzug, wenn beim Verpflichteten keine pfändbaren Sachen oder nur solche Sachen vorgefunden wurden, deren Unzulänglichkeit sich mit Rücksicht auf ihren geringen Wert oder auf die daran zugunsten anderer Gläubiger bereits begründeten Pfandrechte klar ergibt oder die von dritten Personen in Anspruch genommen werden, oder wenn *(BGBl I 2021/86)*

2. eine Forderungsexekution nach § 295 erfolglos geblieben ist, weil der Dachverband der Sozialversicherungsträger die Anfrage des Gerichts nach § 295 nicht positiv beantwortet hat, oder wenn der Erlös dieser Exekution voraussichtlich nicht ausreichen wird, die vollstreckbare Forderung samt Nebengebühren im Lauf eines Jahres zu tilgen. *(BGBl I 2018/100; BGBl I 2021/86)* *(BGBl 1991/628; BGBl I 2005/68)*

(2) Im Vermögensverzeichnis hat der Verpflichtete insbesondere

1. bei Vermögensstücken anzugeben, wo sie sich befinden; bei Sachen, die zugleich gepfändet werden, genügt ein Hinweis auf das Pfändungsprotokoll;

2. bei Forderungen die Person des Schuldners und den Schuldgrund anzugeben. Ist eine Forderung streitig oder vermutlich nicht zur Gänze einbringlich, so ist darauf hinzuweisen. Die Beweismittel sind zu bezeichnen.

Die Angaben des Verpflichteten sind, soweit sie nicht unpfändbare oder wertlose Sachen betreffen, vom Gericht oder Vollstreckungsorgan zu Protokoll zu nehmen. Hiebei ist das auf der Internet Website des Bundesministeriums für Justiz kundgemachte Formular zu verwenden. Der Verpflichtete ist über die Straffolgen zu belehren; es ist ihm Einsicht in das aufgenommene Protokoll zu gewähren. Dies sowie die Richtigkeit und Vollständigkeit seiner Angaben hat er mit seiner Unterschrift zu bestätigen. *(BGBl 1995/519; BGBl I 2005/68)*

(3) Die Finanzprokuratur, die Abgabenbehörden oder das Amt für Betrugsbekämpfung, soweit diese nach den geltenden Vorschriften anstelle der Finanzprokuratur einzuschreiten berufen sind, und jede Verwaltungsbehörde können verlangen, dass der Verpflichtete gegenüber dem Gericht ein Vermögensverzeichnis abgibt, wenn die verwaltungs- oder abgabenbehördliche Exekution zur Hereinbringung der Steuern, der Zuschläge und der den Steuern hinsichtlich der Einbringung gleichgehaltenen Leistungen erfolglos geblieben ist. Der Antrag ist bei dem Bezirksgericht zu stellen, in dessen Sprengel die Exekution erfolglos versucht wurde. *(BGBl 1995/519; BGBl I 2005/68; BGBl I 2021/86)*

(4) Das Exekutionsgericht kann auf Anregung des betreibenden Gläubigers oder von Amts wegen noch andere nach den gegebenen Verhältnissen zur Ermittlung der herauszugebenden oder in Exekution zu ziehenden Sachen dienliche Fragen in das Vermögensverzeichnis aufnehmen.

Vgl § 295, § 346 Abs 1

Erzwingung der Abgabe des Vermögensverzeichnisses

(BGBl I 2005/68)

§ 48. (1) Erscheint der ordnungsgemäß geladene Verpflichtete ohne genügende Entschuldigung nicht bei Gericht, um das Vermögensverzeichnis abzugeben, so hat das Gericht die zwangsweise Vorführung des Verpflichteten anzuordnen. Der Auftrag an das Vollstreckungsorgan zur zwangsweisen Vorführung erfasst auch die Aufnahme des Vermögensverzeichnisses. Kann der Verpflichtete nicht vorgeführt werden, weil er nicht angetroffen wurde, so sind zwei weitere Versuche durchzuführen. *(BGBl I 2003/31; BGBl I 2005/68; BGBl I 2021/86)*

(2) Wenn der Verpflichtete die Abgabe des Vermögensverzeichnisses vor Gericht ungerechtfertigter Weise verweigert, hat das Exekutionsgericht zu deren Erzwingung die Haft zu verhängen. Die Haft ist nach den §§ 360 bis 366 zu vollziehen. Sie darf in ihrer Gesamtdauer sechs Monate nicht überschreiten und endet, sobald der Verpflichtete das Vermögensverzeichnis abgibt. Das Gericht kann die Haft auch dann verhängen, wenn eine Vorführung nach Abs. 1 gescheitert ist und die Verhängung der Haft bis zur Abgabe des Vermögensverzeichnisses vor Gericht erforderlich ist, um die Vorführung zu ermöglichen. *(BGBl I 2005/68; BGBl I 2021/86)*

(3) Auf Antrag des verhafteten Verpflichteten ist diesem unverzüglich vom Vollstreckungsorgan des Exekutionsgerichts oder des Bezirksgerichts des Haftorts die Abgabe des Vermögensverzeichnisses zu ermöglichen. *(BGBl I 2005/68)*

(4) Die Verhängung der Haft verliert ihre Wirksamkeit, wenn sie nicht innerhalb eines Jahres vollzogen worden ist. Der Verpflichtete kann jedoch neuerlich zur Abgabe eines Vermögensverzeichnisses verhalten werden. Auch die Haft kann unter den in Abs. 2 bezeichneten Voraussetzungen neuerlich verhängt werden. *(BGBl I 2005/68)*

(BGBl 1991/628)

Neuerliche Abgabe eines Vermögensverzeichnisses

§ 49. (1) Wer ein Vermögensverzeichnis abgegeben hat, ist zur neuerlichen Abgabe auch dritten Gläubigern gegenüber nur dann verpflichtet, wenn glaubhaft gemacht wird, dass er später Vermögen erworben habe. Gleicher Glaubhaftmachung bedarf es, wenn nach Vollziehung der sechsmonatigen Haft nach § 48 gegen den Verpflichteten neuerlich zur Erzwingung der Abgabe eines Vermögensverzeichnisses die Haft verhängt werden soll. Der Glaubhaftmachung bedarf es jedoch in beiden Fällen nicht, wenn seit Vollziehung der Haft oder Abgabe des Vermögensverzeichnisses mehr als ein Jahr vergangen sind.

(2) Sind zwar die Voraussetzungen zur Abgabe eines Vermögensverzeichnisses nach § 47 Abs. 1 gegeben, ist aber eine neuerliche Abgabe eines Vermögensverzeichnisses unzulässig, so ist dem betreibenden Gläubiger eine Ausfertigung des zuletzt abgegebenen Vermögensverzeichnisses zu übersenden. *(BGBl I 2021/86)*

(BGBl 1991/628; BGBl I 2005/68)

Offenkundige Zahlungsunfähigkeit

§ 49a. (1) Stellt sich in einem Exekutionsverfahren bei einem zur Ermittlung von Vermögen stattfindenden Vollzug durch das Vollstreckungsorgan oder einen Verwalter heraus, dass die verpflichtete Partei offenkundig zahlungsunfähig ist, so hat das Vollstreckungsorgan oder der Verwalter nach diesem Vollzug mit der Vollziehung der ihm aufgetragenen Exekutionshandlungen innezuhalten, soweit nicht Vermögensobjekte zugunsten des betreibenden Gläubigers verpfändet worden sind oder gesetzliche Pfandrechte bestehen.

(2) Ist die verpflichtete Partei offenkundig zahlungsunfähig, so hat dies das Exekutionsgericht nach Einvernehmung der Parteien mit Beschluss festzustellen und nach Eintritt der Rechtskraft dieses Beschlusses die offenkundige Zahlungsunfähigkeit öffentlich bekanntzumachen. Sämtliche Exekutionsverfahren des betreibenden Gläubigers auf das bewegliche Vermögen ruhen und werden nur auf Antrag des betreibenden Gläubigers fortgesetzt. Ein auf das bewegliche Vermögen gerichteter Exekutionsantrag ist nur zu bewilligen, wenn Abs. 3 erfüllt ist oder soweit eine Unterhaltsexekution nach § 291b Abs. 1 auf den Unterschiedsbetrag nach § 291b Abs. 3 gerichtet ist.

(3) Das Exekutionsverfahren ist auf Antrag des betreibenden Gläubigers fortzusetzen, wenn

1. er bescheinigt, dass die Zahlungsunfähigkeit nicht mehr vorliegt, oder

2. das Insolvenzgericht einen Antrag auf Eröffnung eines Insolvenzverfahrens mangels Zahlungsunfähigkeit oder mangels kostendeckenden Vermögens abgewiesen hat, oder

3. ein über das Vermögen der verpflichteten Partei eröffnetes Insolvenzverfahren aufgehoben wurde oder

4. nicht binnen drei Monaten über einen Antrag des betreibenden Gläubigers auf Eröffnung des Insolvenzverfahrens über das Vermögen der verpflichteten Partei entschieden wurde.

(4) In einem fortgesetzten Verfahren sind Abs. 1 und 2 erst bei Vollzügen anwendbar, die nach mehr als drei Jahre nach Bekanntmachung der offenkundigen Zahlungsunfähigkeit stattfinden.

(5) Das bei einem zur Ermittlung von Vermögen stattfindenden Vollzug nach Abs. 1 begründete Pfandrecht erlischt,

1. wenn das Verfahren nicht innerhalb von sechs Monaten nach rechtskräftiger Feststellung der offenkundigen Zahlungsunfähigkeit fortgesetzt wird und

2. bei Eröffnung eines Insolvenzverfahrens über das Vermögen der verpflichteten Partei.

(BGBl I 2021/86)

EO

Fünfter Titel

Verfahrensbestimmungen – Anträge
(BGBl I 2021/86)

Ausschluss der Laienbeteiligung
(BGBl I 2021/86)

§ 50. Die gesetzlichen Bestimmungen über die Beiziehung eines fachmännischen Laienrichters finden auf die Ausübung der Gerichtsbarkeit im Exekutionsverfahren keine Anwendung.

Anders § 162 (1) Patentgesetz

Ausschließliche Gerichtsstände
(BGBl I 2021/86)

§ 51. Die im gegenwärtigen Gesetz angeordneten Gerichtsstände sind ausschließliche. Vereinbarungen der Parteien über die Zuständigkeit der Gerichte im Exekutionsverfahren sind wirkungslos.

Vertretung
(BGBl I 2021/86)

§ 52. Im Exekutionsverfahren können die Parteien und sonstigen Beteiligten sowohl in Person, als durch Bevollmächtigte handeln. Die Vertretung durch Rechtsanwälte ist im Exekutionsverfahren weder vor den Bezirksgerichten noch vor den Gerichtshöfen erster Instanz geboten.

Vgl §§ 26 ff und § 31 (1) Z 3 ZPO

Anträge
(BGBl I 2021/86)

§ 53. (1) Die im Exekutionsverfahren vorkommenden Anträge können, falls in diesem Gesetz nichts anderes bestimmt ist, mittels Schriftsatzes angebracht oder mündlich zu gerichtlichem Protokoll erklärt werden. Wird ein Antrag mündlich vorgebracht, so hat das Gericht die zur Stellung eines dem Gesetz entsprechenden Antrages nötige Anleitung zu geben.

(2) Exekutionsanträge und andere Schriftsätze sind in einfacher Ausfertigung und ohne Beibringung von Halbschriften zu überreichen. Die Zustellung von Ausfertigungen von Schriftsätzen an die Gegner kann entfallen, wenn der Inhalt des Schriftsatzes in der Erledigung des Gerichts vollständig wiedergegeben wird. Abschriften der Beilagen des Schriftsatzes sind dem Gegner nicht zuzustellen. *(BGBl I 2021/86)*

(3) Eine Abschrift des Protokolles über einen mündlich vorgebrachten Antrag ist dem Gegner bei der Mitteilung des Beschlusses nur dann zuzustellen, wenn das Protokoll für die Beurteilung der Gesetzmäßigkeit des gefassten Beschlusses wesentliche, aus dem Beschlusse selbst nicht ersichtliche Angaben enthält.

Antrag auf Exekutionsbewilligung
(BGBl I 2021/86)

§ 54. (1) Die Bewilligung der Exekution erfolgt auf Antrag des betreibenden Gläubigers. Über den Antrag auf Bewilligung der Exekution ist, sofern nichts anderes angeordnet ist, ohne vorhergehende mündliche Verhandlung und ohne Einvernehmung des Gegners Beschluss zu fassen. *(BGBl I 2021/86)*

(2) Der Antrag auf Exekutionsbewilligung muss neben den sonst vorgeschriebenen besonderen Angaben und Belegen enthalten:

1. die genaue Bezeichnung des Antragstellers und desjenigen, wider welchen die Exekution geführt werden soll, nach § 75 ZPO sowie die Angabe aller für die Ermittlung des Exekutionsgerichtes wesentlichen Umstände; *(BGBl I 2021/86)*

2. die bestimmte Angabe des Anspruches, wegen dessen die Exekution stattfinden soll, und des dafür vorhandenen Exekutionstitels. Bei Geldforderungen sind auch

a) der Betrag, der im Exekutionsweg hereingebracht werden soll,

b) die beanspruchten Nebengebühren, *(BGBl I 2003/31)*

c) bei variablen Zinsen ein prozentmäßiger Zinssatz, soweit er feststeht, und *(BGBl I 2003/31)*

d) der Anspruch, der sich auf Grund einer Wertsicherungsklausel ergibt, *(BGBl I 2003/31)*

3. die Bezeichnung der anzuwendenden Exekutionsmittel und bei Exekution auf das Vermögen, die Bezeichnung der Vermögensteile, auf welche Exekution geführt werden soll, sowie des Ortes, wo sich dieselben befinden, und endlich alle jene Angaben, welche nach Beschaffenheit des Falles für die vom bewilligenden Gericht oder vom Exekutionsgerichte im Interesse der Exekutionsführung zu erlassenden Verfügungen von Wichtigkeit sind. Dieser Angaben bedarf es nicht, wenn der betreibende Gläubiger zur Hereinbringung einer Geldforderung Exekution auf die beweglichen Sachen, auf die Forderungen oder auf die Vermögensrechte des Verpflichteten, für deren Durchführung ein Verwalter zu bestellen ist, oder die Durchführung eines Exekutionspakets beantragt. *(BGBl I 2021/86)*
(BGBl 1991/628; BGBl I 2021/86)

(3) Dem Exekutionsantrag ist eine Ausfertigung des Exekutionstitels samt Bestätigung der Vollstreckbarkeit anzuschließen, bei einem rechtskräftig für vollstreckbar erklärten ausländischen Exekutionstitel auch die Vollstreckbarerklärung samt Bestätigung der Rechtskraft dieser

Entscheidung. Eine Bestätigung der Vollstreckbarkeit ist bei Beschlüssen, mit denen die Exekutionskosten bestimmt werden, bei Vergleichen und bei vollstreckbaren Notariatsakten nicht erforderlich. Hat der betreibende Gläubiger den Exekutionstitel selbst ausgestellt, so genügt es, den Inhalt des Exekutionstitels in den Exekutionsantrag aufzunehmen. *(BGBl 1995/519; BGBl I 2005/68; BGBl I 2021/86)*

(4) Ist die hereinzubringende Forderung eine Unterhaltsforderung oder eine Forderung auf sonstige wiederkehrende Leistungen, die auf demselben Rechtsgrund beruht, und liegen ihr mehrere Exekutionstitel zu Grunde, so genügt es, die hereinzubringende Forderung mit dem Gesamtbetrag anzuführen. *(BGBl I 2000/135)*

Verbesserung

§ 54a. (1) Fehlt im Exekutionsantrag das gesetzlich vorgeschriebene Vorbringen oder sind ihm nicht alle vorgeschriebenen Urkunden angeschlossen, so ist der Schriftsatz zur Verbesserung zurückzustellen.

(2) Ergeht ein Auftrag zur Verbesserung einer Eingabe, weil sich der Antragsteller nicht des hiefür eingeführten Formblatts bedient hat, so ist diesem Auftrag das entsprechende Formblatt anzuschließen.

(BGBl I 2021/86)

Vereinfachtes Bewilligungsverfahren

§ 54b. (1) Das Gericht hat über einen Exekutionsantrag im vereinfachten Bewilligungsverfahren zu entscheiden, wenn

1. der betreibende Gläubiger Exekution wegen Geldforderungen auf das bewegliche Vermögen beantragt, *(BGBl I 2008/37; BGBl I 2021/86)*

2. die hereinzubringende Forderung an Kapital 50 000 Euro nicht übersteigt; Prozesskosten oder Nebengebühren sind nur dann zu berücksichtigen, wenn sie allein Gegenstand des durchzusetzenden Anspruchs sind; bei einer Exekution wegen Forderungen auf wiederkehrende Leistungen sind nur die bereits fälligen Ansprüche maßgebend, *(BGBl I 1997/140; BGBl I 2003/31; BGBl I 2005/68; BGBl I 2009/52)*

3. die Vorlage anderer Urkunden als des Exekutionstitels nicht vorgeschrieben ist,

4. sich der betreibende Gläubiger auf einen inländischen, einen diesem gleichgestellten (§ 2) oder einen rechtskräftig für vollstreckbar erklärten ausländischen Exekutionstitel stützt und *(BGBl I 2005/68)*

5. der betreibende Gläubiger nicht bescheinigt hat, dass ein vorhandenes Exekutionsobjekt durch Zustellung der Exekutionsbewilligung vor Vornahme der Pfändung der Exekution entzogen würde.

(2) Im vereinfachten Bewilligungsverfahren gilt folgendes:

1. Der Exekutionsantrag hat die Angaben nach § 7 Abs. 1 zu enthalten; es ist auch der Tag zu nennen, an dem die Bestätigung der Vollstreckbarkeit erteilt wurde.

2. Der betreibende Gläubiger braucht dem Exekutionsantrag keine Ausfertigung des Exekutionstitels anzuschließen.

3. Das Gericht hat nur auf Grund der Angaben im Exekutionsantrag zu entscheiden. Bestehen auf Grund der Angaben im Exekutionsantrag oder gerichtsbekannter Tatsachen Bedenken, ob ein die Exekution deckender Exekutionstitel samt Bestätigung der Vollstreckbarkeit besteht, so hat das Gericht den betreibenden Gläubiger vor der Entscheidung aufzufordern, binnen fünf Tagen eine Ausfertigung des Exekutionstitels samt Bestätigung der Vollstreckbarkeit vorzulegen. *(BGBl I 2021/86)*

(BGBl 1995/519)

Einspruch

§ 54c. (1) Gegen die im vereinfachten Bewilligungsverfahren ergangene Exekutionsbewilligung steht dem Verpflichteten der Einspruch zu. Mit diesem kann nur geltend gemacht werden, dass ein die bewilligte Exekution deckender Exekutionstitel samt Bestätigung der Vollstreckbarkeit fehlt oder dass der Exekutionstitel nicht mit den im Exekutionsantrag enthaltenen Angaben darüber übereinstimmt. Rechtsbehelfe und Rechtsmittel, mit denen diese Mängel innerhalb der Einspruchsfrist geltend gemacht werden, sind als Einspruch zu behandeln.

(2) Die Einspruchsfrist beträgt 14 Tage. Sie beginnt mit Zustellung der schriftlichen Ausfertigung des Bewilligungsbeschlusses an den Verpflichteten.

(3) Die Erhebung des Einspruchs hemmt nicht den Vollzug der bewilligten Exekution. Wenn über den Einspruch bis zur Vornahme von Verwertungshandlungen nicht rechtskräftig entschieden ist, hat das Exekutionsgericht von Amts wegen mit dem weiteren Vollzug bis zum Eintritt der Rechtskraft dieser Entscheidung innezuhalten.

(BGBl 1995/519)

Auftrag zur Vorlage des Exekutionstitels

§ 54d. (1) Wenn der Verpflichtete rechtzeitig Einspruch erhebt, ist dem betreibenden Gläubiger aufzutragen, eine Ausfertigung des im Exekutionsantrag genannten Exekutionstitels samt Bestätigung der Vollstreckbarkeit binnen fünf Tagen vorzulegen. Diese Frist beginnt mit Zustellung des Vorlageauftrags.

(2) Das Exekutionsgericht kann auch auf andere Art prüfen, ob der im Exekutionsantrag genannte Exekutionstitel samt Bestätigung der Vollstreckbarkeit vorliegt.

(BGBl 1995/519)

Einstellung der Exekution

§ 54e. (1) Das Exekutionsverfahren ist unter gleichzeitiger Aufhebung aller bis dahin vollzogenen Exekutionsakte auch dann einzustellen, wenn

1. der betreibende Gläubiger dem Vorlageauftrag nach § 54d Abs. 1 nicht rechtzeitig nachkommt oder

2. der Exekutionstitel nicht mit sämtlichen im Exekutionsantrag enthaltenen Angaben darüber, insbesondere auch mit jenen über Zinsen, beanspruchte Nebengebühren oder Kosten, übereinstimmt. *(BGBl I 2005/68)*

(2) Tritt der Einstellungsgrund nur hinsichtlich eines Teils der Exekution ein, so ist diese verhältnismäßig einzuschränken.

(BGBl 1995/519)

Ausdehnung der Exekutionsbewilligung

§ 54f. Auf Antrag des betreibenden Gläubigers ist während eines anhängigen Exekutionsverfahrens zur Hereinbringung einer Geldforderung die Exekution auf weitere Exekutionsmittel auf bewegliches Vermögen auszudehnen. Soweit die Exekution schon bewilligt wurde, ist der Antrag als Antrag auf neuerlichen Vollzug zu verstehen.

(BGBl I 2021/86)

Rechtliches Gehör

(BGBl I 2021/86)

§ 55. (1) Die gerichtlichen Entscheidungen und Verfügungen im Exekutionsverfahren ergehen, soweit in diesem Gesetz nicht etwas anderes geboten ist[1], ohne vorherige mündliche Verhandlung. Eine vom Gesetz angeordnete Einvernehmung der Parteien oder sonstiger Beteiligter ist an die für mündliche Verhandlungen geltenden Vorschriften nicht gebunden. Sie kann mündlich oder durch das Abfordern schriftlicher Äußerungen und ersteren Falls ohne gleichzeitige Anwesenheit der übrigen einzuvernehmenden Personen und ohne Aufnahme eines Protokolles geschehen; es genügt ein kurzer schriftlicher Aktenvermerk über das Ergebnis die Einvernehmung. Ebensowenig erfordert die Einvernehmung, dass jeder der zu befragenden Personen Gelegenheit gegeben wird, sich über die von den übrigen Personen abgegebenen Erklärungen zu äußern. Jede Partei

kann verlangen, dass außer ihrem Bevollmächtigten einer Person ihres Vertrauens die Anwesenheit bei ihrer mündlichen Einvernahme gestattet werde. Der Vertrauensperson kann die Anwesenheit untersagt werden, wenn begründete Besorgnis besteht, dass die Anwesenheit zur Störung der Einvernahme oder zur Erschwerung der Sachverhaltsfeststellung missbraucht werde. *(BGBl 1996/759)*

(2) Alle für eine beantragte richterliche Entscheidung oder Verfügung wesentlichen Umstände sind von dem Antragsteller zu beweisen. Ausgenommen den Antrag auf Bewilligung der Exekution, kann das Gericht auch vor Beschlussfassungen, für die es das Gesetz nicht verlangt, behufs Feststellung der erheblichen Tatsachen die mündliche oder schriftliche Einvernehmung einer oder beider Parteien oder sonstiger Beteiligter anordnen und diese zur Beibringung der nötigen Urkunden und anderen Beweise auffordern.

(3) Das Gericht kann jedoch die ihm nötig scheinenden Aufklärungen auch ohne Vermittlung der Parteien oder sonstigen Beteiligten einholen und zu diesem Zwecke von Amts wegen alle hiezu geeigneten Erhebungen pflegen und nach Maßgabe der Vorschriften der ZPO die erforderlichen Bescheinigungen oder Beweisaufnahmen anordnen.

---

[1] ZB §§ 45 (3), 141 (3), 209 (2), 285 (3), 398 f EO; vgl §§ 414 (2), 358 EO; vgl auch § 35 (2) MRG.

Berücksichtigung des Grundbuchsstands

§ 55a. Ist für eine Entscheidung des Gerichts die Kenntnis des Grundbuchsstands von Bedeutung, so hat es diesen von Amts wegen zu erheben. Bei unverbücherten Liegenschaften und Superädifikaten ist in die Liegenschafts- und Bauwerkskartei Einsicht zu nehmen.

(BGBl I 2000/59; BGBl I 2002/114 (DFB))

Säumnis

(BGBl I 2021/86)

§ 56. (1) Wird nach den Vorschriften dieses Gesetzes eine mündliche Verhandlung anberaumt oder vom Gericht die Einvernehmung von Parteien oder sonstigen Beteiligten angeordnet, so steht das Nichterscheinen der zur Verhandlung oder zur Einvernehmung gehörig geladenen Personen der Aufnahme und Fortsetzung der Verhandlung und der gerichtlichen Beschlussfassung nicht entgegen.

(2) Wenn der Verhandlung oder Einvernehmung ein Antrag einer Partei oder ein von Amts wegen in Aussicht genommenes Vorgehen des Gerichts zugrunde liegt, so sind, falls das Gesetz nichts anderes bestimmt, diejenigen Personen, die trotz gehöriger Ladung nicht erscheinen, als

diesem Antrag oder diesem Vorgehen zustimmend zu behandeln. Der wesentliche Inhalt des Antrags oder des von Amts wegen in Aussicht genommenen Vorgehens und die mit dem Nichterscheinen verbundenen Rechtsfolgen sind in der Ladung anzugeben. *(BGBl I 2000/59)*

(3) Die vorstehenden Bestimmungen gelten auch für die Versäumung von Fristen, die für schriftliche Erklärungen oder Äußerungen der Parteien oder sonstigen Beteiligten gegeben werden.

Präklusion
(BGBl I 2021/86)

§ 57. (1) Anträge, Erinnerungen und Einwendungen, zu deren Anbringung eine Tagsatzung bestimmt ist, können von den zur selben nicht erschienenen, gehörig geladenen Personen nachträglich nicht mehr vorgebracht werden. Das gleiche gilt von der Versäumung einer Tagsatzung, bei welcher ein Widerspruch erhoben werden konnte.

(2) Von der Erstreckung einer zur mündlichen Verhandlung, zur Einvernehmung von Parteien oder sonstigen Beteiligten, zur Anbringung von Anträgen, Erinnerungen und Einwendungen oder zur Erhebung eines Widerspruches bestimmten Tagsatzung sind die trotz gehöriger Ladung zur ersten Tagsatzung nicht erschienenen Personen nicht zu verständigen.

Fristen
(BGBl I 2021/86)

§ 58. (1) Die im gegenwärtigen Gesetz bestimmten Fristen sind, wenn nicht bezüglich einzelner derselben etwas anderes angeordnet ist, unerstreckbar.

(2) Eine Wiedereinsetzung in den vorigen Stand findet wegen Versäumens einer Frist oder einer Tagsatzung nicht statt; dies gilt jedoch nicht für die im Laufe eines Exekutionsverfahrens und aus Anlass desselben sich ergebenden Prozesse, die nach den Bestimmungen der ZPO zu verhandeln und zu entscheiden sind.

(3) Beginnt eine Frist mit dem Einlangen eines Antrags bei Gericht und wird die mit dem Antrag verbundene Rechtsfolge auch bei einer Zustimmung zum Antrag des Antragsgegners vorgesehen, so beginnt in diesem Fall die Frist mit dem Einlangen der Zustimmung bei Gericht oder mangels einer solchen mit dem Ablauf der zur Äußerung festgelegten Frist. *(BGBl I 2003/31)*

Mündliche Verhandlung
(BGBl I 2021/86)

§ 59. (1) Die mündliche Verhandlung im Exekutionsverfahren ist nicht öffentlich[1].

(2) Bei jeder solchen mündlichen Verhandlung ist durch den Richter oder einen Schriftführer ein Protokoll aufzunehmen. *(BGBl I 2021/86)*

(3) Dasselbe hat die Namen der bei der Tagsatzung anwesenden Parteien und sonstigen Beteiligten, ferner eine kurze Angabe über den Gang und Inhalt der Verhandlung, über die während der Tagsatzung gestellten, nicht vor Beschlussfassung wieder zurückgezogenen Anträge und endlich die vom Gericht verkündeten Entscheidungen und Verfügungen zu enthalten. Den Anwesenden steht es frei, zur Wahrung ihrer Rechte die protokollarische Feststellung einzelner Punkte oder einzelner bei der Tagsatzung von ihnen selbst oder von anderen abgegebenen Erklärungen zu verlangen.

(4) Das Protokoll ist, sofern nichts anderes im gegenwärtigen Gesetz angeordnet ist, nur vom Richter und dem der Tagsatzung beigezogenen Schriftführer zu unterschreiben.

---

[1] *Vgl aber §§ 177 (1), 270 EO.*

Protokoll über Exekutionshandlungen
(BGBl I 2021/86)

§ 60. (1) Über die durch ein Vollstreckungsorgan vorgenommenen Exekutionshandlungen ist von demselben ein kurzes Protokoll aufzunehmen.

(2) Das Protokoll hat Ort und Zeit der Aufnahme, die Namen der bei der Exekutionshandlung anwesenden beteiligten Personen, den Gegenstand der Exekutionshandlung und eine Angabe der wesentlichen Vorgänge zu enthalten. Insbesondere ist jede bei Vornahme einer Exekutionshandlung vom Verpflichteten oder für denselben geleistete Zahlung im Protokolle zu beurkunden. Wenn sich nicht aus dem vom betreibenden Gläubiger unterfertigten Protokoll ergibt, dass die vom Vollstreckungsorgan übernommenen Beträge unmittelbar dem betreibenden Gläubiger übergeben wurden, hat der Gerichtsvollzieher dem Protokoll den entsprechenden Beleg anzuschließen. Das Protokoll ist vom Vollstreckungsorgan zu unterschreiben. *(BGBl I 2008/37)*

(3) Überdies hat das Vollstreckungsorgan die mit seiner Amtshandlung in Zusammenhang stehenden Anträge und Erklärungen der Parteien entgegenzunehmen und erforderlichenfalls zu beurkunden. *(BGBl I 2008/37)*

Weisungen an Vollstreckungsorgane
(BGBl I 2021/86)

§ 61. Wenn eine Exekutionshandlung vom Vollstreckungsorgan nicht gesetzgemäß oder auftraggemäß ausgeführt wurde, hat das Gericht von Amts wegen dem Vollstreckungsorgan die Weisungen zu erteilen, welche zur Behebung der unterlaufenen Fehler oder sonst zum richtigen Vollzug der Exekutionshandlung nötig sind. *(BGBl 1995/519)*

Beschlüsse

§ 62. Sofern nicht ein durch Klage eingeleiteter Streit zu entscheiden ist oder das Gesetz etwas anderes anordnet, erfolgen die gerichtlichen Entscheidungen im Exekutionsverfahren und alle in diesem Verfahren vorkommenden gerichtlichen Verfügungen durch Beschluss.

Bewilligung der Exekution
(BGBl I 2021/86)

§ 63. Der Beschluss, durch welchen die Exekution bewilligt wird, hat insbesondere zu enthalten:

1. Namen, Wohnort und Beschäftigung des betreibenden Gläubigers und des Verpflichteten;

2. den zu vollstreckenden Anspruch unter genauer Bezeichnung seines Inhaltes und Gegenstandes, sowie aller etwaigen Nebengebühren; bei verzinslichen Forderungen ist der Zinsfuß und der Tag anzugeben, von welchem an die Zinsen rückständig sind; bei variablen Zinsen ist ein prozentmäßiger Zinssatz nur anzugeben, soweit er feststeht; *(BGBl I 2003/31)*

3. die Angabe der anzuwendenden Exekutionsmittel;

4. bei einer Exekution in das Vermögen des Verpflichteten die Bezeichnung der zum Zwecke der Befriedigung des betreibenden Gläubigers heranzuziehenden Vermögensteile;

5. die Bezeichnung des Exekutionsgerichtes.

Schadenersatz und Kostenersatz
(BGBl I 2005/68)

§ 63a. (1) Wird die Exekution bewilligt, ohne dass der betreibende Gläubiger über den im Exekutionsantrag genannten Exekutionstitel samt Bestätigung der Vollstreckbarkeit verfügt, so hat er dem Verpflichteten alle verursachten Vermögensnachteile zu ersetzen.

(2) Das Exekutionsgericht hat auf Antrag des Verpflichteten die Höhe des Ersatzes nach freier Überzeugung (§ 273 ZPO) festzusetzen. Die Kosten des Einspruchs sind, wenn der Verpflichtete nicht höhere Kosten nachweist, mit 20 Euro festzusetzen. Nach Eintritt der Rechtskraft findet auf Grund dieses Beschlusses Exekution auf das Vermögen des betreibenden Gläubigers statt. *(BGBl I 2005/68)*

(3) Hat der betreibende Gläubiger im Exekutionsantrag oder einem sonstigen Antrag eine neue Anschrift oder einen neuen Namen des Schuldners angegeben und steht fest, dass dadurch ein Dritter als Verpflichteter in das Exekutionsverfahren einbezogen wurde, insbesondere durch Einstellung der Exekution nach § 39 Abs. 1 Z 10, so hat der betreibende Gläubiger dem Verpflichteten die notwendigen Kosten zu ersetzen. Diese Kosten sind, wenn nicht höhere Kosten nachgewiesen werden, mit 50 Euro festzusetzen. *(BGBl I 2005/68)*

(BGBl 1995/519; BGBl I 2021/86)

§ 63a war vor BGBl 2021/86 § 54f.

Mutwillensstrafe

§ 63b. Wurde die Exekutionsbewilligung mutwillig erwirkt, so ist dem betreibenden Gläubiger überdies eine vom Gericht mit Rücksicht auf die besonderen Umstände des Einzelfalls, insbesondere auf die Höhe des zu Unrecht in Exekution gezogenen Betrags, zu bemessende Mutwillensstrafe von mindestens 100 Euro aufzuerlegen. *(BGBl I 2009/52; BGBl I 2021/86)*

(BGBl I 2001/98)

§ 63b war vor BGBl 2021/86 § 54g.

Verkündung und Ausfertigung von Beschlüssen
(BGBl I 2021/86)

§ 64. (1) Außerhalb einer Tagsatzung gefasste Beschlüsse sind den Parteien und allen sonst nach Vorschrift des Gesetzes von der Beschlussfassung zu verständigenden Personen, sofern nicht im einzelnen Falle eine andere Form der Mitteilung angeordnet ist, durch Zustellung einer schriftlichen Ausfertigung bekannt zu geben. Ein Beschluss, durch welchen ein Antrag ohne Verhandlung oder Einvernehmung des Gegners abgewiesen wird, ist letzterem nur auf Ansuchen des Antragstellers zuzustellen. *(BGBl I 2021/86)*

(2) Alle während einer Tagsatzung oder bei einer Exekutionshandlung gefassten Beschlüsse sind zu verkünden. Diese Beschlüsse sind den bei der Verkündung anwesenden Parteien und sonstigen Beteiligten in schriftlicher Ausfertigung zuzustellen, insoweit diesen Personen ein abgesondertes Rechtsmittel gegen den Beschluss oder das Recht zur sofortigen Exekutionsführung auf Grund des Beschlusses zusteht. An Parteien und sonstige Beteiligte, welche bei der Verkündung nicht anwesend waren, ist in diesen Fällen und nebstdem in allen Fällen, in welchen die Leitung des Verfahrens es erfordert, die Zustellung einer schriftlichen Ausfertigung zu bewirken.

(3) Wenn hienach die Zustellung einer schriftlichen Ausfertigung nicht zu erfolgen hat, begründet die mündliche Verkündung die Wirkung der Zustellung.

Rekurs

§ 65. (1) Wider die im Exekutionsverfahren ergehenden gerichtlichen Beschlüsse ist das Rechtsmittel des Rekurses zulässig, soweit das gegenwärtige Gesetz dieselben weder für unanfechtbar erklärt, noch ein abgesondertes Rechtsmittel wider sie versagt.

(2) § 517 ZPO gilt nicht für die Exekution auf das unbewegliche Vermögen, für Beschlüsse, mit denen über die Bewilligung, Einstellung, Aufschiebung oder Fortsetzung der Exekution, eine Geldstrafe oder eine Haft entschieden wird, sowie für die im § 402 aufgezählten Beschlüsse.

(3) § 521a ZPO ist nur anzuwenden, wenn

1. es sich um Entscheidungen über die Kosten des Exekutionsverfahrens handelt oder

2. es sich um Entscheidungen über den Antrag auf Einstellung, Einschränkung oder Aufschiebung der Exekution handelt oder

3. dies sonst in diesem Gesetz angeordnet ist. *(BGBl I 2009/30; BGBl I 2014/69)*

(4) Schreitet der Kinder- und Jugendhilfeträger als Partei oder Parteienvertreter ein, so besteht für ihn keine Vertretungspflicht. Er ist anwaltlich vertretenen Parteien gleichzuhalten. *(BGBl I 2014/69)*

(BGBl 1986/71)

Zur Rekursfrist (14 Tage) vgl § 402 Abs 3. Siehe aber § 411 Abs 1.
Siehe auch § 187 (1) EO.

Rekursbeschränkungen
(BGBl I 2021/86)

§ 66. (1) Gegen Beschlüsse, durch die

1. Tagsatzungen anberaumt oder erstreckt werden oder

2. eine Einvernehmung der Parteien oder der sonst am Exekutionsverfahren beteiligten Personen angeordnet wird oder

3. der Auftrag zur Vorlage des Exekutionstitels nach § 54b Abs. 2 oder § 54d Abs. 1 erteilt wird, sowie

4. gegen die zur Durchführung einzelner Exekutionsakte an die Vollstreckungsorgane erlassenen Aufträge ist ein abgesondertes Rechtsmittel nicht gestattet.

(2) Die Höhe einer aufgetragenen Sicherheitsleistung kann nur dann angefochten werden, wenn sie 2 700 Euro übersteigt. *(BGBl I 1997/140; BGBl I 2009/52)*

(3) Gegen eine von Amts wegen angeordnete Überweisung des Exekutionsverfahrens ist kein Rekurs zulässig. *(BGBl I 2021/86)*

(BGBl 1995/519)

Ausführung von Beschlüssen
(BGBl I 2021/86)

§ 67. (1) Die gerichtlichen Beschlüsse im Exekutionsverfahren können, sofern das gegenwärtige Gesetz nichts anderes bestimmt, schon vor Ablauf der Rekursfrist in Vollzug gesetzt werden.

(2) Dem Rekurse kommt eine die Ausführung des angefochtenen Beschlusses hemmende Wirkung[1] nur in den im Gesetz besonders bezeichneten Fällen zu.

(3) Von der Erhebung des Rekurses gegen die Exekutionsbewilligung ist das Vollzugsgericht durch das ersuchende Gericht nur dann zu benachrichtigen, wenn letzteres infolge des Rekurses die Vollziehung des angefochtenen Beschlusses aufgeschoben hat. Die rechtskräftige Erledigung des Rekurses ist dem Vollzugsgericht nicht nur in diesem Fall, sondern jedes Mal zur Kenntnis zu bringen, wenn der die Exekution bewilligende Beschluss infolge des Rekurses aufgehoben oder abgeändert worden ist. *(BGBl I 2021/86)*

(4) Das Vollzugsgericht hat sodann je nach dem Inhalt der ihm zukommenden Mitteilungen alle zur Fortsetzung oder zur Einstellung, Einschränkung oder Aufschiebung des Exekutionsvollzugs erforderlichen Anordnungen zu erlassen. *(BGBl I 2021/86)*

---

[1] *Vgl §§ 524 (2) ZPO, 78 EO.*

Vollzugsbeschwerde

§ 68. Wer sich durch einen Vorgang des Exekutionsvollzugs, insbesondere durch eine Amtshandlung des Vollstreckungsorgans oder des Verwalters oder durch die Verweigerung einer Exekutionshandlung, für beschwert erachtet, kann vom Exekutionsgericht Abhilfe verlangen. Die Vollzugsbeschwerde ist innerhalb von 14 Tagen nach Kenntnis vom Exekutionsvollzug oder von der Verweigerung der Exekutionshandlung einzubringen. *(BGBl I 2008/37; BGBl I 2021/86)*

(BGBl 1995/519)

Ersuchen an eine Behörde

§ 69. Das Exekutionsgericht hat mit der Erlassung der erforderlichen Ersuchschreiben von Amts wegen vorzugehen, wenn sich im Laufe eines Exekutionsverfahrens die Notwendigkeit ergibt, behufs Vornahme einzelner, außerhalb des Sprengels des Exekutionsgerichtes zu bewirkender Exekutionsmaßregeln oder überhaupt zur Erledigung eines anhängigen Exekutionsverfahrens die Mitwirkung eines andern Gerichtes in Anspruch zu nehmen, oder wenn während eines Exekutionsverfahrens die Mitwirkung anderer Behörden notwendig wird. *(BGBl 1995/519; BGBl I 2021/86)*

Widerspruch

§ 70. (1) Ein Widerspruch kann gegen eine Entscheidung erhoben werden, wenn dies in diesem Gesetz vorgesehen ist. Der Widerspruch muss innerhalb von vierzehn Tagen nach Zustellung des Beschlusses bei dem Gericht erhoben werden, das die Entscheidung getroffen hat.

(2) Durch die Erhebung des Widerspruches wird die Vollziehung der getroffenen Entscheidung nicht gehemmt.

(BGBl I 2021/86)

Öffentliche Bekanntmachung, Ediktsdatei

§ 71. (1) Die öffentliche Bekanntmachung erfolgt durch Aufnahme in die Ediktsdatei.

(2) Bei Versteigerungsedikten kann das Gericht jedoch von Amts wegen oder auf Antrag verfügen, dass das Edikt auch in Zeitungen veröffentlicht oder sonst bekannt gemacht wird, wenn dadurch offenkundig mehr Kaufinteressenten angesprochen werden. *(BGBl I 2021/86)*

(BGBl I 2000/59)

Löschen der Daten der Ediktsdatei

§ 71a. (1) Tagsatzungen, Termine und für Anträge eingeräumte Fristen sind nach dem dort vorgesehenen Termin bzw. dem Fristende zu löschen.

(2) Soweit nichts anderes bestimmt ist, sind die Bestellungen von Kuratoren zu löschen, sobald der Kurator rechtskräftig seines Amtes enthoben wurde oder die Kuratel sonst erloschen ist.

(2a) Die Daten einer Zwangsverwaltung sind zu löschen, sobald dieses Verfahren und die beigetretenen Verfahren rechtskräftig eingestellt wurden. *(BGBl I 2008/37)*

(2b) Die Daten der Eintragung der offenkundigen Zahlungsunfähigkeit sind auf Antrag und im Fall der Z 1 auch von Amts wegen zu löschen, wenn

1. seit der Aufnahme in die Ediktsdatei zwei Jahre vergangen sind, oder

2. die verpflichtete Partei bescheinigt, dass sämtliche Exekutionsverfahren eingestellt oder unter vollständiger Befriedigung der Gläubiger beendet worden sind, oder

3. ein Antrag eines Gläubigers auf Eröffnung eines Insolvenzverfahrens über das Vermögen der verpflichteten Partei nach Aufnahme in die Ediktsdatei mangels Zahlungsunfähigkeit abgewiesen worden ist.
(BGBl I 2021/86)

(3) Die übrigen Daten sind zu löschen, wenn seit der Aufnahme in die Ediktsdatei ein Monat vergangen ist.

(BGBl I 2000/59)

Aufforderungen und Mitteilungen bei einer Exekutionshandlung

§ 72. (1) Die bei einer Exekutionshandlung vorkommenden Aufforderungen und sonstigen Mitteilungen erfolgen, falls nicht im gegenwärtigen Gesetz etwas anderes bestimmt ist[1], mündlich.

(2) Aufforderungen und Mitteilungen, welche wegen Abwesenheit der Person, an welche sie zu richten sind, nicht mündlich geschehen können, sind derselben schriftlich zuzustellen. Die Befolgung dieser Vorschrift ist im Protokolle zu bemerken.

---

[1] *Etwa §§ 294, 379 (3) Z 3 etc.*

Exekutionsakten

§ 73. Die Parteien und alle sonstigen Beteiligten können Einsicht in die das Exekutionsverfahren betreffenden Akten begehren und auf ihre Kosten von einzelnen Aktenstücken Abschriften verlangen. Solche Einsicht- und Abschriftnahme kann auch dritten Personen, insoweit sie ein rechtliches Interesse glaubhaft machen, gestattet werden. Durch die Abschriftnahme dürfen jedoch die gerade dringend benötigten Aktenstücke dem Vollstreckungsorgan nicht entzogen werden.

(BGBl 1995/519)

§ 73a. *(aufgehoben samt Überschrift, BGBl I 2009/30)*

Siehe § 89l GOG

Kosten der Exekution

§ 74. (1) Sofern nicht für einzelne Fälle etwas anderes angeordnet ist[1], hat der Verpflichtete dem betreibenden Gläubiger auf dessen Verlangen alle ihm verursachten, zur Rechtsverwirklichung notwendigen Kosten des Exekutionsverfahrens zu erstatten; welche Kosten notwendig sind, hat das Gericht nach sorgfältiger Erwägung aller Umstände zu bestimmen. Der § 54 a ZPO ist auf die Kosten des Exekutionsverfahrens anzuwenden. *(BGBl 1989/343; BGBl 1991/628; BGBl 1995/519; BGBl I 1997/140; BGBl I 2001/98; BGBl I 2003/31; BGBl I 2004/128, BGBl I 2005/53; BGBl I 2005/140)*

(2) Der Anspruch auf Ersatz der nicht schon rechtskräftig zuerkannten Exekutionskosten erlischt, wenn deren Bestimmung nicht binnen vier Wochen begehrt wird. Die Frist beginnt mit der Beendigung oder Einstellung der Exekution zu

laufen. Entstehen jedoch Kosten erst danach, so gilt § 54 Abs. 2 ZPO. *(BGBl 1983/135)*

(3) Bei der Exekution auf bewegliche körperliche Sachen sind die nach Bewilligung der Exekution entstandenen Kosten erst nach Bericht des Vollstreckungsorgans zu bestimmen. *(BGBl 1995/519)*

(4) Beschlüsse, mit denen die Exekutionskosten bestimmt werden, sind ab deren Erlassung vollstreckbar. *(BGBl 1995/519)*

Vgl § 351 (3)

---

[1] *ZB §§ 74a, 75, 351 f EO uva, 35 (3) MRG; vgl § 284 (4) EO.*

Barauslagen

§ 74a. Der betreibende Gläubiger, der einen Antrag im elektronischen Rechtsverkehr einbringt, braucht Barauslagen, wenn sie den Betrag von 30 Euro nicht übersteigen, nur auf Aufforderung des Gerichts zu belegen. Diese Aufforderung ist bei Bedenken gegen die Richtigkeit der verzeichneten Barauslagen oder auf Verlangen des Verpflichteten zu erlassen. § 54b Abs. 2 Z 3 und § 54c ff sind sinngemäß anzuwenden, wobei der Verpflichtete im Einspruch nur geltend machen kann, dass die vom betreibenden Gläubiger verzeichneten Barauslagen diesem nicht oder nicht in der geltend gemachten Höhe entstanden sind.

(BGBl I 2000/59)

Aberkennung der Kosten
(BGBl I 2021/86)

§ 75. Wenn ein Exekutionsverfahren aus einem der in den §§ 35, 36 und 39 Abs. 1 Z 1, 9 und 10 sowie § 54 e angeführten Gründe eingestellt wird oder dessen Einstellung aus anderen, dem betreibenden Gläubiger bei Stellung des Antrages auf Exekutionsbewilligung oder bei Beginn des Exekutionsvollzuges schon bekannten Gründen erfolgen musste, so hat der betreibende Gläubiger auf Ersatz der gesamten bis zur Einstellung aufgelaufenen Exekutionskosten keinen Anspruch. Dies gilt nicht, wenn die Exekution eingestellt wird, weil dem Verpflichteten im Titelverfahren die Wiedereinsetzung in den vorigen Stand bewilligt wurde.

(BGBl 1929/222; BGBl 1995/519; BGBl I 2000/59)

Bestimmung der Kosten
(BGBl I 2021/86)

§ 76. Bei der voraussichtlich letzten gerichtlichen Bestimmung der Exekutionskosten sind auch die Auslagen von Amts wegen zu berücksichtigen, die durch das Einheben der Exekutionskosten

entstehen dürfen. Eine nachträgliche Bestimmung dieser Einhebungskosten findet nicht statt.

Fruchtbringende Anlegung gerichtlich erlegter Barbeträge

§ 77. Wenn sich mit Rücksicht auf die Höhe der Beträge, die wahrscheinliche Dauer des Erlages oder aus anderen Gründen die fruchtbringende Anlage der im Laufe eines Exekutionsverfahrens zu Gericht erlegten Ertragsüberschüsse, Feilbietungserlöse, Kassareste oder anderen Bargeldbeträge empfiehlt, so hat das Gericht von Amts wegen oder auf Antrag wegen deren fruchtbringender Anlage das Geeignete zu veranlassen. Die näheren Bestimmungen über die Art der Anlage und das hiebei zu beobachtende Verfahren sind im Verordnungswege zu treffen.

Vgl Art XXIII EGEO, § 556 Abs 3–5 Geo, sowie das AHG

§§ 78 – 96 idF BGBl I 2021/86

Anwendung der Zivilprozessordnung

§ 78. (1) Soweit in diesem Bundesgesetz nichts anderes angeordnet ist, sind auf das Verfahren die Jurisdiktionsnorm, die Zivilprozessordnung und ihre Einführungsgesetze sinngemäß anzuwenden.

(2) Nicht anzuwenden sind die Bestimmungen über

1. das Erfordernis einer Sicherheitsleistung,
2. das Ruhen des Verfahrens und
3. die Hemmung von Fristen und die Erstreckung von Tagsatzungen nach § 222 ZPO.

(BGBl I 2021/86)

Sechster Titel
Verwalter in Exekutionssachen

Bestellung eines Verwalters

§ 79. (1) Ein Verwalter ist nur zu bestellen, wenn dies in diesem Gesetz vorgesehen ist. Er ist erst zu bestellen, sobald ein Kostenvorschuss zur Deckung der Mindestentlohnung des Verwalters erlegt worden ist.

(2) Dem betreibenden Gläubiger ist der Erlag eines Kostenvorschusses binnen einer mindestens vierwöchigen Frist zur Deckung der Mindestentlohnung des Verwalters aufzutragen.

(3) Der Beschluss, mit dem ein Verwalter bestellt wird, ist nicht anfechtbar.

(4) Soweit in diesem Gesetz nichts anderes angeordnet ist, sind die Bestimmungen der §§ 79 bis 84 auf den Zwangsverwalter anzuwenden.

(BGBl I 2021/86)

Person des Verwalters

§ 80. (1) Zum Verwalter ist eine unbescholtene, verlässliche und geschäftskundige Person zu bestellen, die über die notwendigen Kenntnisse verfügt und eine zügige Durchführung der Verwaltung gewährleistet.

(2) Dem Verwalter ist auf dessen Antrag eine Bestellungsurkunde auszufertigen.

(3) Zum Verwalter kann auch eine juristische Person oder eingetragene Personengesellschaft bestellt werden. Sie hat dem Gericht bekanntzugeben, wer sie bei Ausübung der Verwaltung vertritt.

(BGBl I 2021/86)

Auswahl des Verwalters

§ 80a. (1) Das Exekutionsgericht hat eine für den jeweiligen Einzelfall geeignete Person auszuwählen. Dabei hat das Gericht insbesondere das Vorhandensein einer hinreichenden Kanzleiorganisation und einer zeitgemäßen technischen Ausstattung sowie die Belastung mit anhängigen Exekutionsverfahren zu berücksichtigen.

(2) Bei der Auswahl hat das Gericht weiters zu berücksichtigen:

1. allfällige besondere Kenntnisse,

2. die bisherige Tätigkeit der in Aussicht genommenen Person als Verwalter und

3. deren Berufserfahrung.

(3) Erfüllt keine der in die Verwalterliste in Exekutionssachen aufgenommenen Personen diese Anforderungen oder ist keine bereit, die Verwaltung zu übernehmen, oder ist eine besser geeignete, zur Übernahme bereite Person nicht in die Liste eingetragen, so kann das Exekutionsgericht eine nicht in die Verwalterliste eingetragene Person auswählen.

(4) In nach § 33 Abs. 1 verbundenen Verfahren ist dieselbe Person als Verwalter zu bestellen, die die Voraussetzungen zur Bestellung in allen Verfahren erfüllt. Ist bereits ein Verwalter bestellt, der nicht in allen Verfahren die Voraussetzungen zur Bestellung erfüllt, so ist dieser zu entheben.

(BGBl I 2021/86)

Unabhängigkeit des Verwalters

§ 80b. (1) Der Verwalter muss vom Verpflichteten und von den betreibenden Gläubigern unabhängig sein. Er darf kein naher Angehöriger (§ 32 IO) und kein Konkurrent des Verpflichteten sein.

(2) Der Verwalter hat Umstände, die geeignet sind, seine Unabhängigkeit in Zweifel zu ziehen, unverzüglich dem Gericht anzuzeigen. Er hat dem Exekutionsgericht jedenfalls bekanntzugeben, dass er

1. den Verpflichteten, dessen nahe Angehörige (§ 32 IO) oder dessen organschaftliche Vertreter vertritt oder berät oder dies innerhalb von fünf Jahren vor der Verwaltung getan hat,

2. einen Gläubiger des Verpflichteten vertritt oder berät oder einen betreibenden Gläubiger gegen den Verpflichteten innerhalb von drei Jahren vor der Verwaltung vertreten oder beraten hat oder

3. einen unmittelbaren Konkurrenten des Verpflichteten, am Verfahren Beteiligten oder vom Verfahren wesentlich Betroffenen vertritt oder berät.

(3) Ist der Verwalter eine juristische Person oder eine eingetragene Personengesellschaft, so hat diese das Vorliegen einer Vertretung oder Beratung nach Abs. 2 Z 1 bis 3 auch hinsichtlich der Gesellschafter, der zur Vertretung nach außen berufenen Personen sowie der maßgeblich an dieser juristischen Person oder eingetragenen Personengesellschaft beteiligten Personen dem Exekutionsgericht bekanntzugeben.

(4) Die vom Verwalter bekanntgegebenen Umstände sind, wenn sie das Gericht nicht zum Anlass nimmt, den Verwalter zu entheben, den Parteien mitzuteilen.

(BGBl I 2021/86)

Enthebung des Verwalters

§ 80c. (1) Der betreibende Gläubiger und der Verpflichtete können innerhalb von 14 Tagen nach Zustellung des Beschlusses über die Bestellung des Verwalters dessen Enthebung beantragen. Der Enthebungsantrag ist zu begründen.

(2) Das Exekutionsgericht hat den Verwalter überdies jederzeit aus wichtigen Gründen von Amts wegen oder auf Antrag zu entheben.

(3) Sofern dies rechtzeitig möglich ist, hat der Entscheidung über den Antrag die Einvernehmung des Verwalters und, je nach der Person des Antragstellers, des Verpflichteten oder des betreibenden Gläubigers vorauszugehen.

(4) Wird der Verwalter seines Amtes enthoben, lehnt der Bestellte die Übernahme der Tätigkeit ab oder fällt er sonst weg, so hat das Gericht von Amts wegen eine andere Person zum Verwalter zu bestellen. Gegen den Beschluss, mit dem ein anderer Verwalter bestellt wird, ist kein Rekurs zulässig.

(BGBl I 2021/86)

Zusammenarbeit und Kommunikation von Verwalter und Vollstreckungsorgan

§ 80d. (1) Bei verbundenen Exekutionsverfahren nach § 33 Abs. 1 haben der Verwalter und das Vollstreckungsorgan einander alle Informationen zu erteilen, die für das jeweilige andere Verfahren von Bedeutung sind, soweit die Verfahren die gleichen Exekutionsmittel umfassen.

(2) Der Verwalter und das Vollstreckungsorgan sind zur Einsicht in die Akten des jeweiligen anderen Verfahrens berechtigt, soweit dies für die Durchführung der Exekution erforderlich ist.

(BGBl I 2021/86)

Befugnisse und Tätigkeit des Verwalters

§ 81. (1) Der Verwalter hat die Befugnisse eines Vollstreckungsorgans, mit Ausnahme der Zwangsbefugnisse nach § 26a. Er ist befugt, bewegliche Sachen, Forderungen und Vermögensrechte zu pfänden und diese zu verwerten. Mitteilungen des Verwalters, mit denen ein Pfandrecht erworben wird (§ 294 Abs. 2, § 328 Abs. 2), haben nachweislich zu geschehen; sie haben die Wirkung einer Zustellung. Auf Ersuchen des Verwalters kann das Gericht Zustellungen vornehmen, insbesondere wenn der Erwerb eines Pfandrechts durch Mitteilung nicht erreicht werden kann, und die Eintragung des Pfandrechts im öffentlichen Buch oder Register veranlassen sowie die Vornahme von einzelnen Vollzugshandlungen durch das Vollstreckungsorgan anordnen.

(2) Der Verwalter darf die Liegenschaften, Geschäftsräume und Wohnung des Verpflichteten betreten und dort Nachforschungen anstellen. Der Verpflichtete hat dem Verwalter Einsicht in seine Bücher und Schriften zu gestatten; er und seine Bediensteten und Beauftragten haben dem Verwalter alle erforderlichen Auskünfte zu geben.

(3) Im Verhältnis zu Dritten ist der Verwalter zu allen Rechtsgeschäften und Rechtshandlungen befugt, welche die Erfüllung der mit seinen Aufgaben verbundenen Obliegenheiten mit sich bringt.

(4) Der Verwalter kann mit dem Verpflichteten im Namen des betreibenden Gläubigers Ratenzahlungsvereinbarungen treffen, wenn der betreibende Gläubiger dies nicht im Exekutionsantrag ablehnte.

(5) Der Verwalter hat die Art der Verwertung festzulegen und die beabsichtigte Art der Verwertung sowie die dabei voraussichtlich erzielbaren Erlös den Parteien zumindest 14 Tage vor deren Durchführung bekanntzugeben. Den Erlös hat der Verwalter unverzüglich sicher und bestmöglich fruchtbringend anzulegen.

(6) Der Verwalter ist zum gerichtlichen Erlag oder zur Sicherstellung nur aufgrund eines auf Antrag des betreibenden Gläubigers oder des Verpflichteten ergangenen Auftrags des Exekutionsgerichts verpflichtet.

(7) Der Verwalter ist berechtigt, für Handlungen von Dritten, die für die Durchführung seiner Tätigkeiten erforderlich sind, einen Kostenvor-

schuss vom betreibenden Gläubiger zu verlangen, widrigenfalls die Handlung unterbleiben kann.

(8) Der Verwalter bedarf zur Geltendmachung gepfändeter Forderungen und Vermögensrechte, sofern in diesem Gesetz nichts anderes bestimmt ist, keiner gesonderten Ermächtigung des Exekutionsgerichts.

(9) Soweit in diesem Gesetz nichts anderes angeordnet ist, sind die für das Vollstreckungsorgan geltenden allgemeinen Bestimmungen auch auf den Verwalter anzuwenden. Der Verwalter kann von den allgemeinen Bestimmungen jedoch abweichen, soweit diese nicht zur Wahrung der Interessen des Verpflichteten oder Dritter geboten sind; der Verwalter kann auch gesetzliche Fristen überschreiten, sofern solche Fristen in diesem Bundesgesetz vorgesehen sind.

(BGBl I 2021/86)

Geschäftskreis und Verantwortlichkeit des Verwalters

§ 81a. (1) Der Verwalter ist für die Dauer des Exekutionsverfahrens zu bestellen. Die dem Verwalter nach Maßgabe dieses Gesetzes zustehenden Befugnisse und Berechtigungen treten mit Zustellung des Bestellungsbeschlusses an den Verwalter in Kraft. Er hat die ihm zugewiesenen Tätigkeiten umgehend, selbst und mit der durch den Gegenstand seiner Tätigkeit gebotenen Sorgfalt (§ 1299 ABGB) auszuüben.

(2) Der Verwalter ist allen Beteiligten für Vermögensnachteile, die er ihnen durch pflichtwidrige Führung seines Amtes verursacht, verantwortlich.

(BGBl I 2021/86)

Entlohnung

§ 82. (1) Der Verwalter hat Anspruch auf eine Entlohnung zuzüglich Umsatzsteuer sowie auf Ersatz seiner Barauslagen. Die Entlohnung ist nach dem Umfang, der Schwierigkeit und der Sorgfalt seiner Tätigkeit zu bemessen; sie beträgt in der Regel

von den ersten 22 000 Euro der Bemessungsgrundlage 15%,

von dem Mehrbetrag bis zu 100 000 Euro 10%,

von dem Mehrbetrag bis zu 500 000 Euro 8%,

von dem Mehrbetrag bis zu 1 000 000 Euro 5%

und von dem darüber hinausgehenden Betrag .... 1%, mindestens jedoch 500 Euro.

(2) Bemessungsgrundlage nach Abs. 1 ist der bei der Verwertung erzielte Bruttoerlös, um des-

sen Einbringlichmachung sich der Verwalter verdienstlich gemacht hat, unter Abzug der Beträge, die davon an Dritte geleistet wurden.

(3) Wird der Verwalter auch als Zwangsverwalter tätig, so steht die Mindestentlohnung von 500 Euro nur einmal zu.

(4) Der Verwalter kann den Ersatz von Auslagen, die ihm dadurch erwachsen sind, dass er Dritte heranzieht, nur verlangen, wenn das Gericht zugestimmt hat. Dies gilt nicht bei der Beiziehung eines Sachverständigen zur Schätzung.

(5) Das Exekutionsgericht kann den Verwalter auf seinen Antrag jederzeit ermächtigen, aus den Erträgnissen angemessene Vorschüsse zu entnehmen.

(BGBl I 2021/86)

Erhöhung der Entlohnung

§ 82a. Die Regelentlohnung nach § 82 erhöht sich, soweit dies unter Berücksichtigung außergewöhnlicher Umstände geboten ist, und zwar insbesondere im Hinblick auf die Größe und Schwierigkeit des Verfahrens oder den für den Gläubiger erzielten besonderen Erfolg.

(BGBl I 2021/86)

Verminderung der Entlohnung

§ 82b. Die Regelentlohnung nach § 82 vermindert sich, soweit dies unter Berücksichtigung außergewöhnlicher Umstände geboten ist, und zwar insbesondere im Hinblick auf die Einfachheit und Kürze des Verfahrens.

(BGBl I 2021/86)

Geltendmachung der Entlohnung

§ 82c. (1) Der Verwalter hat zugleich mit der Rechnungslegung seinen Anspruch auf Entlohnung und Barauslagen geltend zu machen.

(2) Über den Anspruch des Verwalters hat das Exekutionsgericht nach Einvernahme des betreibenden Gläubigers und des Verpflichteten gemeinsam mit der Entscheidung über die Rechnung zu entscheiden. Wird gegen die Entscheidung Rekurs erhoben, so ist die Rekursschrift den anderen Rekursberechtigten zuzustellen. Diese können binnen 14 Tagen ab Zustellung des Rekurses eine Rekursbeantwortung anbringen. Ein Kostenersatz findet im Rekursverfahren nicht statt.

(BGBl I 2021/86)

Berichtspflicht und Rechnungslegung

§ 83. (1) Der Verwalter hat, wenn das Gericht nichts anderes anordnet, innerhalb von 14 Tagen nach Abschluss jedes Rechnungsjahres sowie nach Schluss der Verwaltung zu berichten und

Rechnung zu legen. Das erste Rechnungsjahr endet mit dem Kalendermonat, in dem im Vorjahr die Bestellung des Verwalters gefallen ist. Bei Verwaltungen, die kürzer als ein Jahr gedauert haben, ist lediglich nach Schluss der Verwaltung zu berichten und Rechnung zu legen.

(2) Die Rechnungslegung hat mittels Überreichung einer mit den nötigen Belegen versehenen Rechnung zu geschehen.

(BGBl I 2021/86)

Äußerung zur Rechnungslegung

§ 83a. Das Exekutionsgericht hat dem Verpflichteten und dem betreibenden Gläubiger unter Setzung einer bestimmten Frist Gelegenheit zu geben, sich zu der vom Verwalter gelegten Rechnung zu äußern. Über Einwendungen kann eine Tagsatzung anberaumt werden. Von den Personen, die keine Einwendungen erhoben haben, wird angenommen, dass sie die gelegte Rechnung als richtig anerkennen. Diese Rechtsfolge ist in der Aufforderung zur Äußerung bekanntzugeben.

(BGBl I 2021/86)

Entscheidung über die Rechnung

§ 83b. (1) Die Rechnung ist vom Exekutionsgericht zu genehmigen, wenn nach dem Ergebnis der Prüfung keine Bedenken dagegen bestehen. In der Entscheidung können dem Verwalter Aufträge erteilt werden.

(2) Den Personen, die keine Einwendungen erhoben haben, steht der Rekurs gegen die Entscheidung über die Verwaltungsrechnung nicht zu.

(BGBl I 2021/86)

Erfüllung der Rechnungslegungspflicht

§ 83c. (1) Der mit der Rechnungslegung oder mit der Erfüllung der ihm in der Entscheidung über die Rechnung vom Exekutionsgericht erteilten Aufträge säumige Verwalter ist durch Geldstrafen, durch Abzüge an der zugesprochenen Entlohnung oder durch Zurückhaltung derselben zur Erfüllung seiner Pflichten zu verhalten.

(2) Dem Verwalter rechtskräftig auferlegte Ersätze sind durch Einrechnung auf die ihm zugesprochene Entlohnung oder auf die ihm als Barauslagen gebührende Summe, falls dies aber unausführbar wäre oder nicht vollen Erfolg hätte, durch Exekution auf das Vermögen des Verwalters hereinzubringen. Das Exekutionsgericht hat dies von Amts wegen zwangsweise durchzusetzen.

(BGBl I 2021/86)

Überwachung der Geschäftsführung des Verwalters

§ 84. (1) Das Exekutionsgericht hat die Tätigkeit des Verwalters zu überwachen. Es kann ihm schriftlich oder mündlich Weisungen erteilen, Berichte und Aufklärungen einholen, Rechnungen oder sonstige Schriftstücke einsehen und die erforderlichen Erhebungen vornehmen.

(2) Kommt der Verwalter seinen Obliegenheiten nicht oder nicht rechtzeitig nach, so kann ihn das Gericht zur pünktlichen Erfüllung seiner Pflichten durch Geldstrafen anhalten und in dringenden Fällen auf seine Kosten und Gefahr zur Besorgung einzelner Geschäfte einen besonderen Verwalter bestellen.

(3) Über Beschwerden von beteiligten Gläubigern, vom Verpflichteten und von Miteigentümern des verwalteten Vermögensobjekts gegen einzelne Maßnahmen oder das Verhalten des Verwalters entscheidet das Exekutionsgericht nach Einvernehmung des Verwalters und derjenigen Personen, für welche diese Entscheidung von Belang ist.

(BGBl I 2021/86)

Siebenter Titel

Verwertung, Versteigerung und Verteilung

Verwertung

§ 84a. Soweit dieses Gesetz nichts anderes bestimmt, sind

1. auf die Zwangsverwaltung von beweglichem Vermögen die Bestimmungen über die Zwangsverwaltung von Liegenschaften,

2. auf die Verwertung von beweglichem Vermögen die Bestimmungen über die Verwertung von beweglichen Sachen und

3. auf die Überweisung zur Einziehung die Bestimmungen über die Exekution auf Geldforderungen

anzuwenden.

(BGBl I 2021/86)

§ 84b. *(entfällt, BGBl I 2021/86)(erhielt durch BGBl I 2016/100 ab 1.12. 2016 die Bezeichnung § 413)*

§ 84c. *(entfällt, BGBl I 2021/86)(erhielt durch BGBl I 2016/100 ab 1.12. 2016 die Bezeichnung § 414)*

Versteigerung

§ 85. (1) Der Versteigerungstermin ist öffentlich; er ist mit Edikt bekanntzumachen.

(2) Die zu versteigernden Sachen sind zu schätzen. Das geringste Gebot ist der halbe Schätzwert, bei Gold- und Silbersachen zumindest der Metallwert. Gebote unter dem geringsten Gebot dürfen bei der Versteigerung nicht berücksichtigt werden. Wird das geringste Gebot nicht erreicht, so darf der Zuschlag nicht erteilt werden.

(3) Das Gericht kann bei der Versteigerung, außer bei der Versteigerung im Internet, Versteigerungsstufen vorgeben. Die Versteigerungsstufen dürfen höchstens fünf, bei einem geringsten Gebot bis zu 100 000 Euro höchstens zehn Prozent des Schätzwerts betragen.

(4) Die den Termin leitende Person, der Schriftführer, die Person, die die Schätzung vorgenommen hat, die Bediensteten der Auktionshalle und des Versteigerungshauses sowie der Verpflichtete sind vom Bieten im eigenen und im fremden Namen ausgeschlossen. Vertreter des Verpflichteten sind zum Bieten nicht zuzulassen.

(5) Anbote eines Vertreters dürfen nur zugelassen werden, wenn dessen Vertretungsbefugnis durch öffentliche Urkunden oder durch öffentlich beglaubigte Vollmacht nachgewiesen ist. Diese Urkunden sind zum Gerichtsakt zu nehmen. Bei Vorliegen erheblicher Gründe ist auf Antrag der Name des Vollmachtgebers erst nach Schluss der Versteigerung öffentlich bekannt zu geben. Schreitet als Bevollmächtigter ein Rechtsanwalt oder Notar ein, so ersetzt die Berufung auf die ihm erteilte Bevollmächtigung deren urkundlichen Nachweis.

(6) Anbote, die den gesetzlichen Anforderungen nicht entsprechen, sind nicht zuzulassen.

(7) Jeder Bieter, dessen Anbot von der den Termin leitenden Person zugelassen wurde, bleibt an dasselbe gebunden, bis ein höheres Anbot abgegeben wird. Durch Einstellung des Verfahrens wird der Bieter von seiner Verpflichtung frei.

(8) Die Versteigerung ist fortzusetzen, solange höhere Anbote abgegeben werden. Auf Verlangen eines oder mehrerer Bieter kann eine kurze Überlegungsfrist bewilligt werden.

(9) Der Zuschlag an den Meistbietenden hat zu erfolgen und die Versteigerung ist zu schließen, wenn ungeachtet einer zweimaligen Aufforderung kein höheres Anbot abgegeben wird und der Meistbietende bei der Versteigerung unbeweglicher Sachen das Vadium erlegt hat. Vor dem Schluss der Versteigerung hat die den Termin leitende Person das letzte Anbot noch einmal bekannt zu geben. Der Schluss der Versteigerung ist zu verkünden.

(BGBl I 2021/86)

Unzulässige Bieterabsprachen

§ 86. (1) Vereinbarungen, wonach jemand verspricht, bei einer Versteigerung als Mitbieter nicht zu erscheinen oder nur bis zu einem bestimmten Preis oder sonst nur nach einem gegebenen Maßstab oder gar nicht mitzubieten, sind ungültig. Die für die Erfüllung dieses Versprechens zugesicherten Beträge, Geschenke oder andere Vorteile können nicht eingeklagt werden. Was dafür wirklich gezahlt oder übergeben worden ist, kann zurückgefordert werden.

(2) Das Gericht kann über eine Person, die während des Versteigerungsverfahrens Vereinbarungen im Sinn des Abs. 1 schließt oder zu schließen versucht, eine Ordnungsstrafe bis zu 10 000 Euro verhängen.

(3) Eine Person, die vor oder während des Versteigerungstermins Vereinbarungen im Sinn des Abs. 1 schließt oder zu schließen versucht, kann vom Bieten ausgeschlossen werden.

(BGBl I 2021/86)

§ 86a. *(entfällt, BGBl I 2021/86)(erhielt durch BGBl I 2016/100 ab 1.12. 2016 die Bezeichnung § 417)*

§ 86b. *(entfällt, BGBl I 2021/86)(erhielt durch BGBl I 2016/100 ab 1.12. 2016 die Bezeichnung § 420)*

§ 86c. *(entfällt, BGBl I 2021/86)(erhielt durch BGBl I 2016/100 ab 1.12. 2016 die Bezeichnung § 421)*

Verteilung

§ 87. (1) Zur Verteilung des Erlöses ist vom Exekutionsgericht von Amts wegen eine Verteilungstagsatzung anzuberaumen, sofern nichts anderes bestimmt ist. Der Termin ist mit Edikt bekannt zu machen. Zur Tagsatzung sind der Verpflichtete und alle aus den Akten ersichtlichen, noch nicht vollständig befriedigten Gläubiger zu laden.

(2) Das Exekutionsgericht hat, soweit dieses Gesetz nichts anderes bestimmt, bei der Verteilung der bei einer Zwangsverwaltung erzielten Erträgnisse nach den Bestimmungen über die Zwangsverwaltung von Liegenschaften, bei der Verteilung des Erlöses aus der Verwertung nach den Bestimmungen über die Exekution auf bewegliche Sachen vorzugehen.

(BGBl I 2021/86)

Verteilungsentwurf

§ 87a. Der Verwalter hat einen Verteilungsentwurf zu erstellen und den Verteilungsbeschluss des Exekutionsgerichts auszuführen. Er hat den Vollzug der Verteilung dem Gericht nachzuweisen.

(BGBl I 2021/86)

Verträge mit Dritten

§ 87b. Mit Erteilung des Zuschlags tritt der Ersteher in solche Verträge mit Dritten ein, von deren Bestand die Funktion und der Wert des Vermögensobjekts maßgeblich abhängt. Das Exekutionsgericht hat auf Antrag den Eintritt des Erstehers nach Einvernehmung des Dritten festzustellen. Der Vertragsübergang berechtigt den Dritten nicht zur Kündigung, sofern ihm die Fortsetzung des Vertrags mit dem Ersteher zumutbar ist; unberührt bleiben sonstige vereinbarte oder gesetzliche Gründe für eine Vertragsbeendigung.

(BGBl I 2021/86)

Zweiter Abschnitt
Exekution wegen Geldforderungen

Erster Titel
Exekution auf das unbewegliche Vermögen

Erste Abteilung
Zwangsweise Pfandrechtsbegründung

Bewilligung und Vollzug

§ 88. Zu Gunsten einer vollstreckbaren Geldforderung kann auf Antrag des betreibenden Gläubigers ein Pfandrecht an einer Liegenschaft des Verpflichteten oder an einem diesem gehörenden Liegenschaftsanteil, einem Superädifikat oder einem Baurecht begründet werden.

(BGBl I 2021/86)

Pfändung von Liegenschaften

§ 89. (1) Die Pfandrechtsbegründung erfolgt durch Einverleibung des Pfandrechts im öffentlichen Buch.

(2) Für die Bewilligung und den Vollzug der Einverleibung gelten die Bestimmungen des GBG 1955 mit der Maßgabe, dass die Frist zur Einbringung von Rekursen 14 Tage beträgt.

(3) Bei der bücherlichen Einverleibung des Pfandrechtes ist die Forderung, für die das Pfandrecht eingetragen wird, als vollstreckbar zu bezeichnen. Diese Einverleibung hat die Wirkung, dass wegen der vollstreckbaren Forderung auf die Liegenschaft oder den Liegenschaftsanteil unmittelbar gegen jeden späteren Erwerber derselben Exekution geführt werden kann.

(BGBl I 2021/86)

Anmerkung der Vollstreckbarkeit

§ 90. Ist eine Forderung vollstreckbar geworden, für die schon auf Grund einer dem Eintritt der Vollstreckbarkeit vorausgehenden Bestellung ein Pfandrecht einverleibt war, so ist auf Antrag des betreibenden Gläubigers die bücherliche Anmerkung der Vollstreckbarkeit zu bewilligen.

(BGBl I 2021/86)

Pfändung von Superädifikaten

§ 91. (1) Bei einem Superädifikat wird das Pfandrecht durch pfandweise Beschreibung erworben.

(2) Die Pfändung kann nur für eine ziffernmäßig bestimmte Geldsumme stattfinden; die ziffernmäßige Angabe der vom Verpflichteten zu leistenden Nebengebühren ist nicht notwendig.

(BGBl I 2021/86)

Voraussetzungen der Pfändung

§ 92. Die Pfändung ist nur dann vorzunehmen, wenn und soweit das Superädifikat im Besitz oder Mitbesitz des Verpflichteten steht. Wenn dieser Besitz weder dem Exekutionsgericht bekannt ist noch durch Urkunden glaubhaft gemacht wird, hat der Anordnung der Pfändung eine Einvernehmung des Verpflichteten über die Frage des Besitzes vorauszugehen.

(BGBl I 2021/86)

Durchführung der pfandweisen Beschreibung

§ 93. (1) Der Verpflichtete ist vom Termin der pfandweisen Beschreibung unter Bekanntgabe von Ort und Zeit zu benachrichtigen.

(2) Im Protokoll über die pfandweise Beschreibung sind das Superädifikat zu beschreiben und die Person des Besitzers und, falls das Superädifikat mehreren Personen gehört, der Mitbesitzer anzugeben; in das Protokoll ist die Erklärung aufzunehmen, dass das Superädifikat zu Gunsten der vollstreckbaren Forderung des zu benennenden Gläubigers gepfändet ist. Die Forderung ist im Protokoll nach Kapital und Nebengebühren unter Bezugnahme auf den Exekutionstitel anzugeben und als vollstreckbar zu bezeichnen.

(3) Die zur genauen Ermittlung des Pfandgegenstandes erforderlichen Erhebungen sind nötigenfalls an Ort und Stelle durchzuführen. Wird dabei eine das Eigentumsrecht des Verpflichteten begründende oder beweisende Urkunde vorgefunden, so ist die Pfändung auf dieser Urkunde anzumerken.

(4) Von der durchgeführten pfandweisen Beschreibung hat das Exekutionsgericht den betreibenden Gläubiger und den Verpflichteten zu verständigen; sie ist auch öffentlich bekanntzumachen.

(BGBl I 2021/86)

Exekution zugunsten eines weiteren Gläubigers

§ 94. Eine später zu Gunsten anderer vollstreckbarer Forderungen bewilligte Pfändung desselben Superädifikats ist, solange die Richtigkeit und Vollständigkeit der ersten pfandweisen Beschreibung unbestritten ist, durch Anmerkung auf dem bereits errichteten Protokoll zu vollziehen. In der Anmerkung ist der Gläubiger zu benennen, auf dessen Antrag die weitere Pfändung stattfindet, und es ist dessen vollstreckbare Forderung im Sinn des § 91 zu bezeichnen.

(BGBl I 2021/86)

Einschränkung der Exekution

§ 95. (1) Hat der betreibende Gläubiger durch die zwangsweise Pfandrechtsbegründung allein oder in Verbindung mit anderen, von ihm schon früher für die vollstreckbare Forderung erworbenen Pfandrechten an Liegenschaften oder Superädifikaten eine größere Sicherheit erlangt, als das Gesetz für die Anlegung von Mündelgeld erfordert, so kann auf Antrag des Verpflichteten vom Exekutionsgericht die Aufhebung des zwangsweise begründeten Pfandrechts oder dessen Einschränkung, insbesondere auch die Einschränkung des für die vollstreckbare Forderung auf mehreren Liegenschaften oder Superädifikaten haftenden Pfandrechtes auf eine oder einzelne dieser Liegenschaften oder Superädifikate angeordnet werden, sofern die übrigbleibende Sicherheit den Vorschriften über die Anlegung von Mündelgeldern noch entspricht. Bei dieser Einschränkung bleiben jedenfalls ursprünglich vertragsmäßige Pfandrechte aufrecht.

(2) Der Verpflichtete hat die seinen Antrag begründenden Umstände zu beweisen.

(3) Der Beschluss darf erst nach Eintritt der Rechtskraft in Vollzug gesetzt werden.

(BGBl I 2021/86)

Liegenschaftsanteile und Baurechte

§ 96. Soweit das Gesetz nichts anderes bestimmt, sind die Bestimmungen über die zwangsweise Pfandrechtsbegründung von Liegenschaften auch auf einzelne Liegenschaftsanteile und Baurechte anzuwenden.

(BGBl I 2021/86)

Zweite Abteilung
Zwangsverwaltung

Anwendbarkeit der Zwangsverwaltung

§ 97. (1) Zugunsten einer vollstreckbaren Geldforderung kann auf Antrag des betreibenden Gläubigers die Zwangsverwaltung einer Liegenschaft, eines Superädifikats oder eines Baurechts des Verpflichteten bewilligt werden.

(2) Durch Zwangsverwaltung wird auf die Nutzungen und Einkünfte des Exekutionsobjekts gegriffen. Wird auf der Liegenschaft eine Forst- oder Landwirtschaft betrieben, so werden auch die Einkünfte aus diesem Unternehmen erfasst.

(3) Ist für die hereinzubringende vollstreckbare Forderung schon ein Pfandrecht an der Liegenschaft des Verpflichteten rechtskräftig begründet, so bedarf es der Vorlage einer Ausfertigung des Exekutionstitels nicht.

(4) Wurde die Zwangsverwaltung innerhalb des letzten Jahres eingestellt, weil die Erzielung von Erträgnissen, die zur Befriedigung der betreibenden Gläubiger verwendet werden könnten, überhaupt nicht oder doch innerhalb eines Jahres nicht zu erwarten ist, so setzt die Bewilligung der Zwangsverwaltung voraus, dass der betreibende Gläubiger bescheinigt, dass die Erzielung von Erträgnissen, die zur Befriedigung der betreibenden Gläubiger verwendet werden könnten, zu erwarten ist.

(BGBl I 2008/37)

Anmerkung im Grundbuch

(BGBl I 2008/37)

§ 98. (1) Das Bewilligungsgericht hat von Amts wegen anzuordnen, dass die Bewilligung der Zwangsverwaltung bei der betreffenden Liegenschaft unter Angabe des betreibenden Gläubigers und der betriebenen Forderung bücherlich angemerkt wird (Anmerkung der Zwangsverwaltung). Ist das Bewilligungsgericht nicht auch Grundbuchsgericht, so hat es dieses unter Anschluss der erforderlichen Anzahl von Ausfertigungen um die Anmerkung zu ersuchen. Wurde die Zwangsverwaltung nur für Teile einer Liegenschaft bewilligt, so ist dies in der Anmerkung anzugeben. *(BGBl I 2008/37)*

(2) Diese Anmerkung hat die Folge, dass die bewilligte Zwangsverwaltung gegen jeden späteren Erwerber der Liegenschaft durchgeführt werden kann.

(3) Zugleich mit der Veranlassung der bücherlichen Anmerkung ist das Exekutionsgericht um den Vollzug der Zwangsverwaltung zu ersuchen.

(4) Der Zwangsverwaltung steht nicht entgegen, dass der Verpflichtete nicht im öffentlichen Buch als Eigentümer der Liegenschaft eingetragen ist, wenn die Exekutionsbewilligung nach § 335 Abs. 1 im öffentlichen Buch angemerkt wurde. Der betreibende Gläubiger sowie der Zwangsverwalter können um die bücherliche Eintragung des Eigentumsrechts des Verpflichteten ansuchen. *(BGBl I 2021/86)*

Zustellungen

§ 98a. Die Bewilligung der Exekution ist dem betreibenden Gläubiger und dem Verpflichteten zuzustellen. Ab Zustellung dieses Beschlusses an den Verpflichteten sind Rechtshandlungen des Verpflichteten, die die in Exekution gezogene Liegenschaft sowie deren Zubehör betreffen und die nicht zur ordentlichen Verwaltung gehören, den Gläubigern gegenüber unwirksam. Auf diese Rechtsfolge ist hinzuweisen. *(BGBl I 2021/86)*

(BGBl I 2008/37)

Bestellung des Zwangsverwalters und Übernahme der Liegenschaft

§ 99. (1) Sobald der Kostenvorschuss erlegt ist, hat das Exekutionsgericht einen Verwalter zu bestellen und den Verpflichteten zu verständigen, dass er sich jeder Verwaltungshandlung, insbesondere jeder Verfügung über die von der Exekution betroffenen Erträgnisse, zu enthalten habe und sich an der Geschäftsführung des Verwalters gegen dessen Willen nicht beteiligen dürfe.

(2) Der Beschluss nach Abs. 1 ist dem betreibenden Gläubiger, dem Verpflichteten, dem Verwalter und den öffentlichen Organen, die zur Eintreibung der von der Liegenschaft zu entrichtenden Steuern samt Zuschlägen, Vermögensübertragungsgebühren und sonstigen öffentlichen Abgaben berufen sind, unter Angabe der Person des Verpflichteten und der zu verwaltenden Liegenschaft in der Ediktsdatei öffentlich bekannt zu machen. Zugleich hat das Exekutionsgericht dem Verpflichteten aufzutragen, die Liegenschaft dem Verwalter zu übergeben. Wurde die Zwangsverwaltung hinsichtlich eines Liegenschaftsanteils, mit dem nicht Wohnungseigentum verbunden ist, bewilligt, so sind auch die übrigen Miteigentümer zu verständigen.

(3) Kommt der Verpflichtete dem Auftrag nach Abs. 2 nicht nach, so kann das Exekutionsgericht auf Ersuchen des Verwalters anordnen, dass die Liegenschaft dem Verwalter durch das Vollstreckungsorgan zur Verwaltung und Einziehung der Erträgnisse übergeben wird.

(BGBl I 2008/37)

Bekanntmachung der Enthebung und der Bestellung eines anderen Verwalters

§ 99a. Die Enthebung und die Bestellung eines anderen Verwalters sind öffentlich bekanntzumachen.

(BGBl I 2021/86)

Aufschiebung der Zwangsverwaltung

§ 99b. Die Zwangsverwaltung ist, vorbehaltlich der Anwendung des § 14, § 27 Abs. 1 und § 41

Abs. 2, aufzuschieben, wenn zur Hereinbringung derselben Forderung Exekution auf wiederkehrende Geldforderungen geführt wird und der pfändbare Betrag voraussichtlich ausreichen wird, die hereinzubringende Forderung samt Nebengebühren im Lauf eines Jahres zu tilgen. *(BGBl I 2021/86)*

(BGBl I 2008/37)

Folgen der Aufschiebung aufgrund einer Zahlungsvereinbarung

§ 99c. Bei Aufschiebung der Zwangsverwaltung nach § 45a werden bereits vollzogene Exekutionsakte aufgehoben. Der Pfandrang bleibt erhalten; die bücherliche Löschung der Anmerkung ist nicht zu veranlassen. Im Übrigen ist § 130 sinngemäß anzuwenden; der Zwangsverwalter ist zu entheben.

(BGBl I 2021/86)

Beitritt

§ 100. (1) Wenn das Exekutionsgericht, bevor ein Verwalter ernannt ist, davon verständigt wird (§ 99 Abs. 1), dass die Zwangsverwaltung noch einem anderen Gläubiger bewilligt wurde, so ist dem zu ernennenden Verwalter aufzutragen, die Verwaltung auch zu Gunsten dieses letzteren Gläubigers zu führen.

(2) Wird einem Gläubiger die Zwangsverwaltung einer Liegenschaft bewilligt, für die bereits in einem anderen Zwangsverwaltungsverfahren ein Verwalter ernannt ist, so hat das Exekutionsgericht keinen neuen Verwalter zu bestellen, sondern dem bereits bestellten Verwalter aufzutragen, die Verwaltung auch zu Gunsten des neu hinzugekommenen Gläubigers zu führen. *(BGBl I 2008/37)*

(3) Vom Beitritt ist neben dem neuen Gläubiger auch der Verpflichtete zu verständigen. *(BGBl I 2008/37)*

Undurchführbarkeit der Zwangsverwaltung

§ 101. Wird die Zwangsverwaltung nicht beim Vollzugsgericht beantragt und ist die Zwangsverwaltung nach dem Stand des Grundbuchs undurchführbar, so hat das zur Entscheidung über den Exekutionsantrag berufene Gericht – wenn das Hindernis beseitigt werden kann – dem betreibenden Gläubiger aufzutragen, innerhalb einer nach Ermessen zu bestimmenden Frist die Beseitigung des wahrgenommenen Hindernisses darzutun. Nach fruchtlosem Ablauf dieser Frist ist der Exekutionsantrag abzuweisen. Ergibt sich das Hindernis erst aus dem für das Vollzugsgericht maßgebenden Grundbuchstand, so ist die Zwangsverwaltung, wenn das Hindernis beseitigt werden kann, nach fruchtlosem Ablauf der Frist,

sonst sofort von Amts wegen einzustellen. *(BGBl I 2021/86)*

(BGBl I 2008/37)

Superädifikate

§ 102. (1) Bei einem Superädifikat, für das bei Gericht keine Urkunde über den Erwerb des Eigentums durch Hinterlegung aufgenommen wurde, hat der Gläubiger das Eigentum oder den Besitz des Verpflichteten zu behaupten und durch Urkunden glaubhaft zu machen. Fehlt die urkundliche Bescheinigung, so haben der Exekutionsbewilligung Erhebungen des Vollstreckungsorgans und eine Einvernahme des Verpflichteten über die Frage des Eigentums oder des Besitzes voranzugehen. Nach Bewilligung der Exekution hat das Exekutionsgericht von Amts wegen unverzüglich die pfandweise Beschreibung des Superädifikats (§§ 91 ff) zu Gunsten der vollstreckbaren Forderung des betreibenden Gläubigers anzuordnen. *(BGBl I 2021/86)*

(2) Die bewilligte Zwangsverwaltung ist im Protokoll über die Vornahme der pfandweisen Beschreibung anzumerken.

(3) Sobald die Bewilligung der Zwangsverwaltung angemerkt wurde, kann die bewilligte Zwangsverwaltung gegen jeden späteren Erwerber des Superädifikats durchgeführt werden.

(BGBl I 2008/37)

Wirkung der Einleitung

§ 103. (1) Nach Anmerkung der Zwangsverwaltung kann, solange die Zwangsverwaltung nicht rechtskräftig eingestellt ist, auf die Erträgnisse der Liegenschaft, unbeschadet schon früher daran erworbener Rechte, nur im Wege der Zwangsverwaltung Exekution geführt werden. *(BGBl I 2008/37)*

(2) Sobald im Sinne des ersten Absatzes die Zwangsverwaltung einer Liegenschaft eingeleitet wurde, kann, solange sie nicht rechtskräftig eingestellt ist, zu Gunsten weiterer vollstreckbarer Forderungen eine besondere Zwangsverwaltung derselben Liegenschaft nicht mehr eingeleitet werden. Alle Gläubiger, welchen während dieser Zeit die Zwangsverwaltung der Liegenschaft bewilligt wird, treten damit der bereits eingeleiteten Zwangsverwaltung bei; sie müssen diese in der Lage annehmen, in der sie sich zur Zeit ihres Beitrittes befindet. Von da an haben die beitretenden Gläubiger dieselben Rechte, als wenn die Zwangsverwaltung auf ihren Antrag eingeleitet worden wäre.

Priorität des Befriedigungsrechts

§ 104. (1) Für die Priorität des Befriedigungsrechts des betreibenden Gläubigers ist der Zeitpunkt maßgebend, in welchem das Ersuchen um den Vollzug der Anmerkung beim Buchgericht eingelangt ist, oder wenn das Buchgericht selbst zur Bewilligung der Zwangsverwaltung berufen war, der Zeitpunkt der Anbringung des Antrags auf Zwangsverwaltung (§ 29 GBG). Der betreibende Gläubiger, zu dessen Gunsten die Anmerkung erfolgt, geht in Bezug auf die Befriedigung seiner vollstreckbaren Forderung samt Nebengebühren aus den Erträgnissen allen Personen vor, die erst nach diesem Zeitpunkt bücherliche Rechte an der Liegenschaft erwerben oder die Zwangsverwaltung erwirken. *(BGBl I 2008/37)*

(2) Bei Superädifikaten bestimmt sich die Priorität nach dem Zeitpunkt der Anmerkung der Bewilligung der Zwangsverwaltung im Protokoll über die pfandweise Beschreibung. *(BGBl I 2008/37)*

Wohnungsräume des Verpflichteten

§ 105. (1) Wohnt der Verpflichtete zur Zeit der Bewilligung der Zwangsverwaltung auf dem derselben unterworfenen Grundstück oder in dem zu verwaltenden Haus, so ist ihm während der Dauer der Zwangsverwaltung eine getrennte Wohneinheit zu überlassen, die die unentbehrlichen Wohnräume für ihn und für die im gemeinsamen Haushalt lebenden Personen aufweist. Über den Umfang dieser Räume entscheidet das Exekutionsgericht. Wenn der Verpflichtete die Verwaltung der Liegenschaft gefährdet, können ihm die überlassenen Wohnungsräume vom Exekutionsgerichte auf Antrag entzogen werden. *(BGBl I 2008/37)*

(2) Zur Räumung der Wohnung können Personen nicht angehalten werden, solange sie dieselbe ohne Gefährdung ihrer Gesundheit nicht verlassen können. *(BGBl I 2008/37)*

Person des Zwangsverwalters
(BGBl I 2008/37; BGBl I 2021/86)

§ 106. (1) Zum Zwangsverwalter ist eine Person zu bestellen, die auch Kenntnisse in der Verwaltung von Liegenschaften hat. *(BGBl I 2021/86)*

(2) Die in Aussicht genommene Person muss in Zwangsverwaltungen, die Unternehmen erfassen, ausreichende Fachkenntnisse des Wirtschaftsrechts oder der Betriebswirtschaft haben oder eine erfahrene Persönlichkeit des Wirtschaftslebens sein. Wenn die Zwangsverwaltung ein Unternehmen erfasst, das im Hinblick auf seine Größe, seinen Standort, seine wirtschaftlichen Verflechtungen oder aus anderen gleich wichtigen Gründen von wirtschaftlicher Bedeutung ist, ist eine besonders erfahrene Person heranzuziehen. Erforderliche Anfragen des Gerichts über diese Eigenschaften sind von den Behörden und zuständigen gesetzlichen Interessenvertretungen umgehend zu beantworten.

(3) und (4) *(entfallen, BGBl I 2021/86)*
(BGBl I 2008/37)

Auswahl des Zwangsverwalters

§ 107. Bei der Auswahl des Zwangsverwalters hat das Gericht weiters allfällige besondere Kenntnisse, insbesondere der Betriebswirtschaft sowie des Steuer- und Arbeitsrechts, zu berücksichtigen.
(BGBl I 2021/86)

§§ 107a bis 108. *(aufgehoben samt Überschriften, BGBl I 2021/86)*

Geschäftskreis des Zwangsverwalters
(BGBl I 2008/37; BGBl I 2021/86)

§ 109. (1) Der Zwangsverwalter hat alle zur ordnungsgemäßen und vorteilhaften wirtschaftlichen Nutzung der Liegenschaft dienenden Maßnahmen zu treffen. *(BGBl I 2021/86)*

(2) Der Zwangsverwalter ist kraft seiner Bestellung befugt, alle Nutzungen und Einkünfte sowie die Betriebskosten aus der verwalteten Liegenschaft einzuziehen und darüber zu quittieren. Er kann alle Rechtsgeschäfte und Rechtshandlungen vornehmen und alle Klagen anstrengen, die zur Durchführung der Zwangsverwaltung erforderlich sind, insbesondere auch eine Klage auf Unterlassung schuldhaft schädigender Einwirkungen. *(BGBl I 2021/86)*

(BGBl I 2008/37)

Aufforderung an dritte Personen

§ 110. Der Verwalter hat dritte Personen, denen Leistungen an den Verpflichteten obliegen, die sich als Einkünfte der verwalteten Liegenschaft darstellen, unter Anschluss einer Ausfertigung der Bestellungsurkunde aufzufordern, diese an den Verwalter zu entrichten. Nach der Aufforderung des Verwalters, Zahlungen nur an ihn zu leisten, können diese nicht mehr gültig an den Verpflichteten leisten. Hierauf ist in der Aufforderung hinzuweisen. Bei früheren Zahlungen einer Schuld an den Verpflichteten wird der Dritte befreit, außer der Zwangsverwalter beweist, dass dem Dritten zur Zeit der Zahlung die Zwangsverwaltung bekannt war. *(BGBl I 2008/37)*

Miet- und Pachtverträge

§ 111. Die Bewilligung der Zwangsverwaltung ist auf die bei Anmerkung der Zwangsverwaltung im Grundbuch bestehenden Miet- und

Pachtverträge ohne Einfluss. Der Verwalter kann jedoch solche Verträge unter den sonst hiefür maßgebenden Bedingungen kündigen, Klage wegen Räumung erheben und neue Mietverträge für die ortsübliche Dauer abschließen. *(BGBl I 2008/37; BGBl I 2021/86)*

Genehmigungspflichtige Rechtsgeschäfte

§ 112. (1) Der Verwalter bedarf der Zustimmung des Exekutionsgerichts bei Verfügungen, die nicht zur ordentlichen Verwaltung gehören, insbesondere

1. zum Abschluss von Mietverträgen, die auf längere Zeit als die voraussichtliche Dauer der Zwangsverwaltung abgeschlossen werden,

2. zur Verpachtung der Liegenschaft oder einzelner Teile derselben und

3. zur Verpachtung einzelner oder der gesamten Erträgnisse der Liegenschaft durch öffentliche Versteigerung; die Versteigerung obliegt dem Vollstreckungsorgan nach §§ 277 ff. *(BGBl I 2008/37)*

(2) Soweit dies rechtzeitig möglich ist, hat der Erteilung dieser Zustimmung die Einvernehmung des betreibenden Gläubigers und des Verpflichteten vorauszugehen. *(BGBl I 2008/37)*

(3) Wenn dem für einen Liegenschaftsanteil bestellten Verwalter auch von den übrigen Miteigentümern die Verwaltung übertragen ist, so müssen vor der gerichtlichen Genehmigung von Verfügungen, die nicht innerhalb der ordentlichen Verwaltung gelegen sind, oder anderer Maßregeln von besonderer Wichtigkeit immer auch die von der Zwangsverwaltung nicht betroffenen Miteigentümer über den Antrag des Verwalters einvernommen werden. *(BGBl I 2021/86)*

Entlohnung des Zwangsverwalters

§ 113. (1) Der Verwalter hat Anspruch auf eine Entlohnung zuzüglich Umsatzsteuer sowie auf Ersatz seiner Barauslagen. Die Entlohnung ist nach dem Umfang, der Schwierigkeit und der Sorgfalt der Geschäftsführung zu bemessen. Die Entlohnung beträgt in der Regel mindestens 500 Euro.

(2) Bei der Zwangsverwaltung von Liegenschaften, die durch Vermietung oder Verpachtung genutzt werden, beträgt die Entlohnung in der Regel 10% des an Mieten oder Pachten eingezogenen Bruttobetrags, mindestens aber 500 Euro.

(BGBl I 2021/86)

§ 113a. *(entfällt samt Überschrift, BGBl I 2021/86)*

Erhöhung oder Verminderung der Entlohnung des Zwangsverwalters

§ 114. (1) Die Entlohnung erhöht sich, soweit dies unter Berücksichtigung außergewöhnlicher Umstände geboten ist, und zwar insbesondere im Hinblick auf

1. die Größe und Schwierigkeit des Verfahrens,

2. den mit der Bearbeitung der Arbeitsverhältnisse, komplexer Bestand-, Werk- und sonstiger Rechtsverhältnisse sowie mit der Fertigstellung von Bauvorhaben und der Vornahme von größeren Reparaturen verbundenen besonderen Aufwand,

3. den mit der Prüfung von Exszindierungsansprüchen und vorrangigen Pfandrechten verbundenen besonderen Aufwand oder

4. den für die betreibenden Gläubiger erzielten besonderen Erfolg.

(2) Die Entlohnung verringert sich, soweit dies unter Berücksichtigung außergewöhnlicher Umstände geboten ist, und zwar insbesondere im Hinblick auf

1. die Einfachheit oder Kürze des Verfahrens

2. das Fehlen von Arbeitnehmern bei verwalteten Unternehmen

3. die Tatsache, dass der Zwangsverwalter auf bestehende Strukturen des zwangsverwalteten Unternehmens zurückgreifen konnte, oder

4. die Tatsache, dass der erzielte Erfolg nicht auf die Tätigkeit des Zwangsverwalters zurückzuführen war, sondern auf Leistungen des Verpflichteten oder Dritter.

(BGBl I 2008/37; BGBl I 2021/86)

Rechnungslegung

§ 115. Das Gericht kann bestimmen, dass der Verwalter die Ertragsüberschüsse bei Gericht zu erlegen hat. Dabei hat das Gericht die Perioden im Hinblick auf die hinsichtlich der Liegenschaftseinkünfte üblichen Fälligkeitstermine zu bestimmen.

(BGBl I 2021/86)

§§ 116 bis 118. *(entfallen samt Überschriften, BGBl I 2021/86)*

Verwaltungserträgnisse

§ 119. (1) Die Erträgnisse der verwalteten Liegenschaft sind nach den folgenden Bestimmungen zur Berichtigung der Verwaltungsauslagen sowie zur Befriedigung des betreibenden Gläubigers und der sonst Berechtigten zu verwenden. *(BGBl I 2021/86)*

(2) Zu diesen Erträgnissen gehören alle dem Verpflichteten gebührenden, der Exekution nicht

EO

entzogenen Nutzungen und Einkünfte der Liegenschaft, und zwar insbesondere

1. die nach Anmerkung der Zwangsverwaltung gewonnenen Früchte,

2. die zur Zeit der Anmerkung schon abgesonderten und auf der Liegenschaft befindlichen Früchte,

3. die in diesem Zeitpunkt schon fälligen, jedoch noch nicht gezahlten Einkünfte und

4. die erst nach Anmerkung der Zwangsverwaltung fällig werdenden Einkünfte. *(BGBl I 2008/37)*

(3) Wenn Früchte oder Einkünfte schon vor Anmerkung der Zwangsverwaltung von Gläubigern des Verpflichteten gepfändet wurden, so gehört nur der nach Berichtigung der Pfandforderung samt Nebengebühren erübrigende Teil zu den Verwaltungserträgnissen. *(BGBl I 2008/37)*

(4) Die Zwangsverwaltung erfasst Sachen und Einkünfte nicht, die vor der Anmerkung der Zwangsverwaltung übertragen worden sind. Bei einer Verpfändung und einer Übereignung oder Zession zur Sicherstellung gehört der nach Berichtigung der gesicherten Forderung samt Nebengebühren erübrigende Teil zu den Verwaltungserträgnissen. *(BGBl I 2008/37; BGBl I 2021/86)*

Unmittelbare Berichtigung aus den Verwaltungserträgnissen

§ 120. (1) Die mit der Verwaltung und gewöhnlichen wirtschaftlichen Benützung der Liegenschaft verbundenen Auslagen sind vom Verwalter ohne weiteres Verfahren aus den Erträgnissen zu berichtigen.

(2) Zu diesen Auslagen gehören insbesondere:

1. die zur Zeit der Bewilligung der Zwangsverwaltung nicht länger als drei Jahre rückständigen, sowie die während der Zwangsverwaltung fällig werdenden, von der Liegenschaft zu entrichtenden Steuern samt Zuschlägen, die sonstigen von der Liegenschaft zu entrichtenden öffentlichen Abgaben, sowie die nicht länger als drei Jahre rückständigen Verzugszinsen dieser Steuern und Abgaben;

2. die dem Verpflichteten aus Versicherungsverträgen obliegenden Leistungen, sofern diese Verträge in Ansehung der verwalteten Liegenschaft, einzelner Teile derselben, des Zubehörs oder der in die Verwaltung einbezogenen Vorräte geschlossen sind;

3. die während der Zwangsverwaltung fällig werdenden und die aus dem letzten Jahre vor Bewilligung der Zwangsverwaltung rückständigen Beträge an Lohn und anderen Arbeitseinkommen der bei Bewirtschaftung eines zur Forst- oder Landwirtschaft bestimmten Grundstückes oder zur Überwachung und Instandhaltung von Wohnhäusern verwendeten Personen; erstreckt sich die Zwangsverwaltung auf Unternehmen,

die mit dem forst- oder landwirtschaftlichen Betriebe verbunden sind, so sind auch die Arbeitseinkommen der in diesen Unternehmen verwendeten Personen in gleichem Umfange unmittelbar aus den Erträgnissen zu berichtigen; *(BGBl I 2021/86)*

4. die Kosten der Zwangsverwaltung, die Kosten der Erhaltung und notwendigen Verbesserung der Liegenschaft und die zur einstweiligen Bestreitung dieser Kosten geleisteten Vorschüsse;

5. die während der Zwangsverwaltung fällig werdenden und die aus dem letzten Jahre vor Bewilligung der Zwangsverwaltung rückständigen Zinsen, Renten, Unterhaltsgelder und sonstigen wiederkehrenden Leistungen, die aus unangefochtenen, auf der Liegenschaft sichergestellten Forderungen und Rechten gebühren, einschließlich der aus Ausgedingen gebührenden Leistungen, sowie die auf eine Kapitalstilgung berechneten Abschlagszahlungen, welche kraft eines bereits vor Bewilligung der Zwangsverwaltung getroffenen, unanfechtbaren Vereinbarung durch Annuitäten oder durch gleichmäßige, in Zeitabschnitten von höchstens einem Jahre fällige Raten zu bewirken sind.

(3) Die unmittelbare Berichtigung der unter Z. 5 angeführten Ausgaben ist nur insoweit zulässig, als die fraglichen Bezugsrechte unbestritten den Vorrang vor dem Befriedigungsrecht des betreibenden Gläubigers genießen. *(BGBl I 2021/86)*

§ 121. (1) Die zur Erhaltung und Bewirtschaftung der Liegenschaft notwendigen Auslagen, einschließlich der im § 120 Abs. 2 Z. 2 und 3 bezeichneten Leistungen, sind aus den Erträgnissen vor den rückständigen oder während der Zwangsverwaltung fällig werdenden Steuern und öffentlichen Abgaben (§ 120 Abs. 2 Z. 2 und 3) zu berichtigen.

(2) Für die übrigen in § 120 Abs. 2 Z 5 bezeichneten Zahlungen ist die nach dem Grundbuchsstand oder nach dem Inhalt des Protokolls über die pfandweise Beschreibung den Bezugsrechten selbst zukommende Rangordnung maßgebend. *(BGBl I 2008/37)*

Verteilung der Ertragsüberschüsse

§ 122. Die Verteilung der nach Abzug der unmittelbar berichtigten Auslagen (§ 120) erübrigenden Erträgnisse (Ertragsüberschüsse) hat in der Regel nach Erledigung jeder einzelnen Verwaltungsrechnung stattzufinden. Das Gericht kann jedoch solche Verteilungen bei Vorhandensein hinreichender Zahlungsmittel auf Antrag während des Laufes einer Rechnungsperiode nach einer Zwischenrechnung oder, wenn die Einleitung einer besonderen Verteilungsverhandlung wegen der Geringfügigkeit der jährlichen Ertragsüberschüsse dem Gericht unzweckmäßig erscheint und die Rechte der Gläubiger durch eine solche

Aufschiebung nicht leiden, auf Antrag oder von Amts wegen erst nach Verstreichen mehrerer Rechnungsperioden vornehmen. *(BGBl I 2008/37)*

Verteilungstagsatzung

§ 123. (1) Zur Verteilungstagsatzung sind außer dem Verpflichteten und dem betreibenden Gläubiger alle Personen zu laden, für welche nach den dem Gericht vorliegenden Ausweisen auf der Liegenschaft oder auf den an der Liegenschaft haftenden Rechten zu Geldleistungen verpflichtende Forderungen und Rechte begründet sind. *(BGBl I 2021/86)*

(2) Die Verteilungstagsatzung ist in der Ediktsdatei öffentlich bekannt zu machen.

(BGBl I 2008/37)

Rangordnung der zu berichtigenden Ansprüche
(BGBl I 2021/86)

§ 124. Aus den zur Verteilung gelangenden Ertragsüberschüssen sind nach den in §§ 120 und 121 genannten Forderungen in der nachstehend angegebenen Reihenfolge zu berichtigen: *(BGBl I 2008/37)*

1. die Ansprüche des Verwalters auf Entlohnung und Ersatz der Barauslagen, soweit sie nicht schon durch die gewährten Vorschüsse (§ 113) gedeckt sind; *(BGBl I 2008/37)*

2. die nicht länger als drei Jahre vor Bewilligung der Zwangsverwaltung rückständigen, von der Liegenschaft zu entrichten Vermögensübertragungsgebühren und, soweit sie nicht schon im Sinne des § 120 unmittelbar aus den Erträgnissen berichtigt wurden, die im § 120 Abs. 2 Z. 1 bezeichneten Steuern und öffentlichen Abgaben samt Verzugszinsen;

3. soweit nicht gleichfalls schon deren Berichtigung gemäß § 120 Abs. 2 Z. 5 erfolgt ist, die während der Zwangsverwaltung fällig werdenden oder aus dem letzten Jahre vor Bewilligung der Zwangsverwaltung rückständigen Zinsen, Renten, Unterhaltsgelder und sonstigen wiederkehrenden Leistungen aus Forderungen und Rechten, die auf der Liegenschaft sichergestellt sind, einschließlich der im § 120 Abs. 2 Z. 5 bezeichneten Kapitalsabschlagszahlungen, in der den Bezugsrechten selbst zukommenden Rangordnung, vorausgesetzt, dass diesen Bezugsrechten der Vorrang vor dem betreibenden Gläubiger gebührt.

Tilgung der betriebenen Forderung

§ 125. (1) Die nach Berichtigung dieser Zahlungen verbleibenden Summen sind zur Tilgung der Forderung zu verwenden, zu deren Hereinbringung die Zwangsverwaltung bewilligt worden ist. Beim Vorhandensein mehrerer durch Zwangsver-

waltung Exekution führender Gläubiger entscheidet der im § 104 angegebene Zeitpunkt über die Reihenfolge der Tilgung ihrer Forderungen, sofern nicht einzelnen derselben auf Grund eines vorher erworbenen Pfandrechtes der Vorrang gebührt. Der hiernach zurückstehende Gläubiger gelangt zum Zug, wenn sämtliche vorausgehende Forderungen der übrigen betreibenden Gläubiger mit den dreijährigen Zinsen und sonstigen Rückständen, Prozess- und Exekutionskosten getilgt sind.

(2) Forderungen, die untereinander in gleicher Rangordnung stehen, sind nach Verhältnis ihrer Gesamtbeträge zu tilgen. Die Forderungen der betreibenden Gläubiger gehen in Bezug auf die Befriedigung aus den Ertragsüberschüssen den länger als drei Jahre rückständigen pfandrechtlich nicht sichergestellten Steuern, Gebühren und öffentlichen Abgaben voraus.

Verteilung der verbleibenden Ertragsüberschüsse; Hyperocha

§ 126. Der gemäß §§ 124 und 125 nicht zur Verwendung gelangende Teil der Ertragsüberschüsse ist zur Berichtigung derjenigen im § 124 Z. 3 bezeichneten, während der Zwangsverwaltung fällig werdenden oder aus dem letzten Jahre vor deren Bewilligung rückständigen Leistungen zu verwenden, die dem Befriedigungsrecht des betreibenden Gläubigers im Range nachstehen. Ein nach Berichtigung aller dieser Ansprüche erübrigender Rest ist dem Verpflichteten zuzuweisen.

Forderungsanmeldung

§ 127. (1) Die Ansprüche werden bei der Verteilung nur nach Anmeldung der Gläubiger berücksichtigt. Die Forderungen, zu deren Gunsten die Zwangsverwaltung bewilligt wurde, sind von Amts wegen einzubeziehen. *(BGBl I 2021/86)*

(2) In der Anmeldung ist der beanspruchte, aus den Ertragsüberschüssen zuzuweisende Betrag anzugeben. § 210 gilt sinngemäß.

(BGBl I 2008/37)

§ 128. (1) Bei der Tagsatzung ist über die erfolgten Anmeldungen und die von Amts wegen zu beachtenden Ansprüche, sowie über die Reihenfolge und Art ihrer Befriedigung zu verhandeln.

(2) Widersprüche, die hiebei gegen die Bezahlung einzelner angemeldeter oder von Amts wegen zu berücksichtigender Forderungen oder ihrer Zinsen aus den Ertragsüberschüssen, gegen die beantragte Reihenfolge der Bezahlung, gegen die Höhe der auszufolgenden Beträge oder gegen die Berechtigung zur Empfangnahme der Zahlungen erhoben werden, sind nur dann auf den Rechtsweg

zu verweisen, wenn die Entscheidung über den Widerspruch von der Ermittlung und Feststellung streitiger Tatsachen abhängt. *(BGBl I 2021/86)*

(3) Zur Erhebung von Widersprüchen sind alle Gläubiger befugt, deren Ansprüche beim Ausfallen des bestrittenen Rechtes aus den Ertragsüberschüssen zum Zug kommen könnten; die Befugnis zum Widerspruche steht unter dieser Voraussetzung insbesondere auch den Afterpfandgläubigern zu. Der Verpflichtete kann nur gegen die Berücksichtigung solcher Ansprüche Widerspruch erheben, für welche ein Exekutionstitel nicht vorliegt.

(4) Das weitere Verfahren bei Erhebung von Widersprüchen, die Rechtsfolgen der versäumten Klagsanbringung, die Erlassung des Verteilungsbeschlusses, die Ausfolgung der zugewiesenen Beträge an die Berechtigten und der Einfluß anhängiger Widerspruchsprozesse auf die Ausführung des Verteilungsbeschlusses bestimmen sich nach den für die Meistbotsverteilung aufgestellten Vorschriften. § 212 Abs. 2 und § 214 Abs. 2 erster Halbsatz gelten sinngemäß. *(BGBl I 2008/37)*

Einstellung der Zwangsverwaltung

§ 129. (1) Die Zwangsverwaltung ist von Amts wegen oder auf Antrag des Verpflichteten einzustellen, wenn sämtliche Forderungen samt Nebengebühren getilgt sind, zu deren Hereinbringung die Zwangsverwaltung bewilligt wurde. *(BGBl I 2008/37)*

(2) Das Exekutionsgericht hat die Einstellung der Zwangsverwaltung von Amts wegen oder auf Antrag anzuordnen, wenn die Fortsetzung der Zwangsverwaltung besondere Kosten erfordern würde, die aus den Einkünften der Liegenschaft nicht bestritten werden können, und der betreibende Gläubiger den nötigen Geldbetrag nicht vorschießt, oder wenn nach den Verhältnissen die Erzielung von Erträgnissen, die zur Befriedigung des führenden betreibenden Gläubigers verwendet werden könnten, überhaupt nicht oder doch innerhalb eines Jahres nicht zu erwarten ist oder diese Erträgnisse nicht einmal 25% der laufenden Zinsen des betriebenen Kapitals decken. *(BGBl I 2008/37)*

(3) Der Einstellung hat eine Einvernehmung der Parteien und des Verwalters vorauszugehen. *(BGBl I 2008/37)*

(4) Die Zwangsverwaltung ist ferner jederzeit auf Antrag des betreibenden Gläubigers einzustellen. Findet gleichzeitig zu Gunsten mehrerer Gläubiger Zwangsverwaltung statt, so hat der nur von einem derselben gestellte Antrag auf Einstellung der Zwangsverwaltung bloß die Wirkung, dass dieser Gläubiger die Rechte und Pflichten eines betreibenden Gläubigers verliert, die zu seinen Gunsten vollzogene Anmerkung der Zwangsverwaltung gelöscht wird und die Forderung dieses Gläubigers künftighin lediglich nach Maßgabe ihrer sonstigen Sicherstellung (§§ 120 Abs. 2 Z. 5, 124 Z. 3 und 126) bei den Verteilungen der Erträgnisse berücksichtigt wird.

Verständigung von der Einstellung der Zwangsverwaltung – Folgen der Einstellung der Zwangsverwaltung

§ 130. (1) Von der Einstellung einer Zwangsverwaltung sind der Verpflichtete und der betreibende Gläubiger sowie nach Eintritt der Rechtskraft der Verwalter die in § 99 Abs. 2 genannten öffentlichen Organe und die dort genannten Miteigentümer der Liegenschaft zu verständigen. *(RGBl 1914/118; BGBl I 2008/37)*

(2) Mit Rechtskraft des Einstellungsbeschlusses erlangt der Verpflichtete wieder die Befugnis zur Bewirtschaftung und Benützung der Liegenschaft, zur Einziehung der Erträgnisse und zur Verfügung über dieselben. Das Exekutionsgericht hat die bücherliche Löschung der Anmerkung der Zwangsverwaltung von Amts wegen zu veranlassen und den Verwalter zur Übergabe der Liegenschaft an den Verpflichteten, zur Verständigung jener Personen, die gemäß § 110 Abs. 1 zur Zahlung an den Verwalter aufgefordert wurden, sowie zur Erstattung der Schlußrechnung anzuweisen. Ein aus der Schlussrechnung sich ergebender Restbetrag ist dem Verpflichteten herauszugeben, sofern der betreibende Gläubiger mit Zustimmung des Verpflichteten nichts anderes beantragt. *(BGBl I 2008/37)*

Liegenschaftsanteile, Superädifikate und Baurechte

§ 131. Soweit das Gesetz nichts anderes bestimmt, sind die Bestimmungen über die Zwangsverwaltung von Liegenschaften auch auf einzelne Liegenschaftsanteile, Superädifikate und Baurechte anzuwenden.

(BGBl I 2021/86)

Rekurs

§ 132. Gegen die in den §§ 99 und 100 bezeichneten Beschlüsse und gegen die Beschlüsse, durch welche:

1. die bücherliche Anmerkung der Einleitung der Zwangsverwaltung angeordnet wird (§ 98) und *(BGBl I 2021/86)*

2. der Zeitpunkt der Verteilung der Ertragsüberschüsse bestimmt wird (§ 122). *(BGBl I 2021/86)*

3. und 4. *(entfallen, BGBl I 2021/86)* findet ein Rekurs nicht statt.

(BGBl I 2008/37)

Dritte Abteilung

Zwangsversteigerung

Exekutionsantrag

§ 133. (1) Zu Gunsten einer vollstreckbaren Geldforderung kann auf Antrag des betreibenden Gläubigers die Zwangsversteigerung einer Liegenschaft, eines Superädifikats oder eines Baurechtes des Verpflichteten bewilligt werden.

(2) Ist dem Antrag ein Verzeichnis der Personen, denen an der Liegenschaft oder dem Superädifikat dingliche Rechte zustehen oder zu deren Gunsten Bestand-, Wiederkaufs- und Vorkaufsrechte eingetragen sind, und ihrer Adressen nicht angeschlossen, so ist der Exekutionsantrag aus diesem Grund nicht abzuweisen. Das Gericht kann den betreibenden Gläubiger auffordern, binnen einer festzusetzenden Frist ein solches Verzeichnis vorzulegen.

(BGBl I 2000/59)

Superädifikat

§ 134. Bei einem Superädifikat, für das bei Gericht keine Urkunde über den Erwerb des Eigentums durch Hinterlegung aufgenommen wurde, hat der Gläubiger das Eigentum oder den Besitz des Verpflichteten zu behaupten und durch Urkunden glaubhaft zu machen. Fehlt die urkundliche Bescheinigung, so haben der Exekutionsbewilligung Erhebungen des Gerichtsvollziehers und eine Einvernahme des Verpflichteten über die Frage des Eigentums oder des Besitzes voranzugehen. Nach Bewilligung der Exekution hat das Exekutionsgericht von Amts wegen unverzüglich die pfandweise Beschreibung des Superädifikats (§§ 91 ff) zugunsten der vollstreckbaren Forderung des betreibenden Gläubigers anzuordnen. *(BGBl I 2008/37; BGBl I 2021/86)*

(BGBl I 2000/59)

Betreibender Gläubiger mit Pfandrecht

§ 135. Ist für die hereinzubringende vollstreckbare Forderung schon ein Pfandrecht an der Liegenschaft des Verpflichteten rechtskräftig begründet, so bedarf es der Vorlage einer Ausfertigung des Exekutionstitels nicht; die Exekution ist im Rang dieses Pfandrechts zu bewilligen, wenn der betreibende Gläubiger dies beantragt und die Identität der Forderung nachweist.

(BGBl I 2000/59)

An Verwalter übergebene Liegenschaft

§ 135a. Der Zwangsversteigerung steht nicht entgegen, dass der Verpflichtete nicht im öffentlichen Buch als Eigentümer der Liegenschaft eingetragen ist, wenn die Exekutionsbewilligung nach § 335 im öffentlichen Buch angemerkt wurde.

(BGBl I 2021/86)

Zustellungen

§ 136. (1) Die Bewilligung der Exekution ist dem betreibenden Gläubiger, dem Verpflichteten und allen Personen, für die auf der Liegenschaft ein Wiederkaufsrecht einverleibt ist, zuzustellen. Weicht die aus dem Grundbuch ersichtliche Adresse des Verpflichteten von der im Exekutionsantrag oder im Exekutionstitel angegebenen Adresse ab, so ist die Exekutionsbewilligung auch an die im Grundbuch angegebene Adresse zu übersenden.

(2) Dem betreibenden Gläubiger ist zugleich der Erlag eines Kostenvorschusses binnen einer mindestens vierwöchigen Frist aufzutragen. Den Wiederkaufsberechtigten ist mitzuteilen, dass sie ihr Recht bei sonstigem Ausschluss innerhalb eines Monats nach Zustellung dieser Verständigung auszuüben haben.

(BGBl I 2000/59)

Anmerkung

§ 137. (1) Das Bewilligungsgericht hat von Amts wegen anzuordnen, dass die Bewilligung der Zwangsversteigerung bei der betreffenden Liegenschaft unter Angabe des betreibenden Gläubigers und der betriebenen Forderung bücherlich angemerkt wird (Anmerkung der Einleitung des Versteigerungsverfahrens). Ist das Bewilligungsgericht nicht auch Grundbuchsgericht, so hat es dieses unter Anschluss der erforderlichen Anzahl von Ausfertigungen um die Anmerkung zu ersuchen. Wurde die Zwangsversteigerung zur Hereinbringung einer schon pfandrechtlich sichergestellten Forderung bewilligt, so ist in der Anmerkung darauf hinzuweisen.

(2) Bei Superädifikaten ist die bewilligte Versteigerung im Protokoll über die Vornahme der pfandweisen Beschreibung anzumerken.

(3) Wenn das Versteigerungsverfahren nach dem Grundbuchsstand undurchführbar ist, ist § 101 sinngemäß anzuwenden.

(BGBl I 2000/59)

Wirkung der Anmerkung

§ 138. (1) Die Anmerkung der Einleitung des Versteigerungsverfahrens hat die Folge, dass die bewilligte Versteigerung gegen jeden späteren Erwerber der Liegenschaft durchgeführt werden kann und dass der Gläubiger, zu dessen Gunsten die Anmerkung erfolgt, in Bezug auf die Befriedigung seiner vollstreckbaren Forderung samt Nebengebühren aus dem Versteigerungserlös allen Personen vorgeht, welche erst später bücherliche Rechte an der Liegenschaft erwerben oder die Versteigerung dieser Liegenschaft erwirken. Für die Priorität des Befriedigungsrechts des betreibenden Gläubigers ist der Zeitpunkt maßgebend, in welchem das Ersuchen um den Vollzug der Anmerkung beim Buchgericht eingelangt ist, oder wenn das Buchgericht selbst zur Bewilligung der Versteigerung berufen war, der Zeitpunkt der Anbringung des Versteigerungsantrags (§ 29 GBG). Bei Superädifikaten entscheidet der Zeitpunkt der Anmerkung der Versteigerungsbewilligung auf dem Protokoll über die pfandweise Beschreibung. Ein Rangvorbehalt nach § 58 GBG bleibt unberücksichtigt, wenn bis zur Anmerkung der Einleitung des Versteigerungsverfahrens hievon kein Gebrauch gemacht wurde. *(BGBl I 2008/37)*

(2) Ab dem Zeitpunkt der Anmerkung der Einleitung des Versteigerungsverfahrens sind Rechtshandlungen des Verpflichteten, die die in Exekution gezogene Liegenschaft sowie deren Zubehör betreffen und die nicht zur ordentlichen Verwaltung gehören, den Gläubigern und dem Ersteher gegenüber unwirksam. *(BGBl I 2021/86)*

(BGBl I 2000/59)

Beitritt

§ 139. (1) Nach Anmerkung der Einleitung des Versteigerungsverfahrens kann, solange dieses im Gang ist, zu Gunsten weiterer vollstreckbarer Forderungen ein besonderes Versteigerungsverfahren hinsichtlich derselben Liegenschaft nicht mehr eingeleitet werden. *(BGBl I 2000/59; BGBl I 2021/86, die Worte „oder desselben Superädifikats" sind durch das GREx entfallen. Besondere Übergangsbestimmung: Tritt der betreibende Gläubiger einem anhängigen Zwangsversteigerungsverfahren bei, so ist dieses Bundesgesetz [GREx] nur anzuwenden, wenn der Exekutionsantrag des führenden betreibenden Gläubigers nach dem 30. Juni 2021 bei Gericht eingelangt ist (§ 502 Abs 5).)*

(2) Alle Gläubiger, welchen während der Anhängigkeit eines Versteigerungsverfahrens die Zwangsversteigerung derselben Liegenschaft bewilligt wird, treten damit dem bereits eingeleiteten Versteigerungsverfahren bei; sie müssen dieses in der Lage annehmen, in der es sich zur Zeit ihres Beitrittes befindet.

(3) Von da an haben die beitretenden Gläubiger dieselben Rechte, als wenn das Verfahren auf ihren Antrag eingeleitet worden wäre.

(4) Das Exekutionsgericht, das nach den im Abs. 1 bezeichneten Akten die Versteigerung der nämlichen Liegenschaft bewilligt oder um den Vollzug einer bewilligten Versteigerung ersucht wird, hat den Gläubiger, der den Versteigerungsantrag gestellt hat, zu verständigen, dass und

welchem anhängigen Versteigerungsverfahren er beigetreten sei. Von jedem Beitritt hat das Exekutionsgericht auch den Verpflichteten zu verständigen. *(BGBl I 2000/59)*

Anordnung und Vorbereitung der Schätzung; Zubehör

§ 140. (1) Das Exekutionsgericht hat die Schätzung der zu versteigernden Liegenschaft anzuordnen; die Schätzung soll nicht vor Ablauf von drei Wochen seit der Bewilligung der Versteigerung vorgenommen werden.

(2) Der Sachverständige hat die für die Schätzung benötigten Unterlagen anderer Behörden, die sich auf die zu versteigernde Liegenschaft beziehen, insbesondere über den Einheitswert, den Grundsteuermessbetrag und (Abgaben)bescheide mit dinglicher Wirkung sowie einen Baubescheid beizuschaffen. Der Verpflichtete hat dem Sachverständigen alle dazu nötigen Unterlagen zu übergeben und alle erforderlichen Aufklärungen zu erteilen. Die Behörden sind zur Überlassung der Unterlagen verpflichtet. *(BGBl I 2008/37; BGBl I 2021/86)*

(3) Zugleich mit der Schätzung ist das auf der Liegenschaft befindliche Zubehör derselben (§§ 294 bis 297a ABGB) zu Gunsten der vollstreckbaren Forderung des betreibenden Gläubigers zu beschreiben und zu schätzen. Für die Beschreibung des Liegenschaftszubehörs haben das Gericht § 257 und der Sachverständige §§ 253 und 254 Abs. 2 sinngemäß anzuwenden. *(BGBl I 2000/59; BGBl I 2003/31)*

(BGBl 1992/150)

Vornahme der Schätzung

§ 141. (1) Die Schätzung ist nach dem Liegenschaftsbewertungsgesetz vorzunehmen, soweit im Folgenden nicht anderes bestimmt wird. Der für die Schätzung maßgebliche Stichtag ist der Tag der Befundaufnahme. *(BGBl 1992/150)*

(2) Sind Grundstücke verschiedener Kulturgattung, Flächenwidmung oder Nutzung zu schätzen, so sind für die einzelnen Arten von Grundstücken besondere Sachverständige beizuziehen, wenn dies zur richtigen Ermittlung des Wertes unerlässlich erscheint. *(BGBl I 2000/59)*

(3) Zur Befundaufnahme und Beschreibung der Liegenschaft sind der Verpflichtete, der betreibende Gläubiger sowie unter gleichzeitiger Verständigung von der Bewilligung der Versteigerung alle Personen zu laden, für die nach dem Inhalt der dem Gericht darüber vorliegenden Urkunden auf der Liegenschaft dingliche Rechte und Lasten begründet sind. *(BGBl I 2000/59)*

(3a) Verschlossene Haus- und Wohnungstüren dürfen auch dann geöffnet werden, wenn die Liegenschaft von einem Dritten bewohnt wird und die Türen zum Zeitpunkt der Schätzung, der dem Dritten bekannt gegeben wurde, verschlossen sind. § 26 und § 26a Abs. 2 und 3 sind sinngemäß anzuwenden. *(BGBl I 2008/37)*

(4) Der Sachverständige hat in das Gutachten auch einen Lageplan und bei Gebäuden auch einen Grundriss sowie zumindest ein Bild aufzunehmen. Er hat dem Gericht das Gutachten sowie eine Kurzfassung hievon auch in elektronischer Form zur Verfügung zu stellen. *(BGBl I 2000/59; BGBl I 2005/68)*

(5) Der Sachverständige haftet nach § 1299 ABGB dem Ersteher und allen Beteiligten für Vermögensnachteile, die er ihnen durch pflichtwidrige Führung seines Amtes verursacht. *(BGBl I 2000/59)*

Unterbleiben der Schätzung
(BGBl 1992/150)

§ 142. (1) Die Anordnung der Schätzung der Liegenschaft kann unterbleiben, wenn die Liegenschaft aus Anlass eines früheren gerichtlichen Verfahrens geschätzt wurde, seither nicht mehr als zwei Jahre verstrichen sind und eine wesentliche Veränderung der Beschaffenheit der Liegenschaft inzwischen nicht stattgefunden hat. Unter der gleichen Voraussetzung kann von der neuerlichen Beschreibung und Schätzung des Zubehörs einer Liegenschaft abgesehen werden, wenn sich seither weder Beschaffenheit noch Umfang dieses Zubehörs wesentlich geändert haben. *(BGBl I 2000/59)*

(2) In einem solchen Falle wird das Ergebnis der früheren Beschreibung und Schätzung dem Versteigerungsverfahren zu Grunde gelegt und die Beschreibung des Zubehörs durch Anmerkung auf dem bei der früheren Beschreibung aufgenommenen Protokolle vollzogen.

(3) Der Beschlussfassung hat eine Einvernehmung beider Teile oder, wenn ein Antrag vorliegt, des Gegners des Antragstellers vorherzugehen. *(RGBl 1914/118)*

Umfang der Schätzung

§ 143. (1) Bei der Schätzung ist zu ermitteln, welchen Wert die Liegenschaft bei Aufrechterhaltung der Belastungen und welchen Wert sie ohne diese Belastungen hat. Außerdem sind die auf der Liegenschaft lastenden Dienstbarkeiten, Ausgedinge, anderen Reallasten, auf der Liegenschaft eingetragenen Bestandrechte und das Baurecht für sich zu schätzen und die ihnen entsprechenden Kapitalbeträge zu ermitteln. Bei der Schätzung sind auch die auf Grund von (Abgaben)bescheiden mit dinglicher Wirkung auf der Liegenschaft lastenden Beträge zu berücksichtigen, soweit der Gläubiger für diese Belastung kein Vorzugspfandrecht genießt. *(BGBl I 2008/37; BGBl I 2021/86)*

(2) Wenn auf der Liegenschaft Lasten haften, die auf den Ersteher von Rechts wegen übergehen, ist nur der Wert zu ermitteln, den die Liegenschaft bei Aufrechterhaltung der Last hat. Eine abgesonderte Schätzung des aus der Last entspringenden Rechtes entfällt.

(3) Bilden mehrere Grundbuchskörper eine wirtschaftliche Einheit, so ist zu ermitteln, welchen Wert jeder Grundbuchskörper für sich allein und welchen alle zusammen als wirtschaftliche Einheit haben.

(4) Ist offenkundig, dass ein höherer Erlös erzielt werden wird, wenn mehrere Grundstücke eines Grundbuchskörpers einzeln oder in Gruppen versteigert werden oder bei gemeinsamer Versteigerung mehrerer Eigentumswohnungen oder Anteile verschiedener Verpflichteter an einer Liegenschaft, einem Superädifikat oder einem Baurecht, so hat der Sachverständige auch zu ermitteln, welchen Wert die einzelnen Grundstücke eines Grundbuchskörpers oder die Gruppen von Grundstücken oder die gemeinsam zu versteigernden Eigentumswohnungen oder Anteile verschiedener Verpflichteter an einer Liegenschaft, einem Superädifikat oder einem Baurecht haben. *(BGBl I 2000/59; BGBl I 2008/37)*

(BGBl 1992/150)

Bekanntgabe des Schätzwerts

§ 144. (1) Dem Verpflichteten, dem betreibenden Gläubiger sowie allen Personen, für die nach dem Inhalt der dem Gericht darüber vorliegenden Urkunden auf der Liegenschaft dingliche Rechte und Lasten begründet sind, ist der Schätzwert bekannt zu geben. Sie sind gleichzeitig aufzufordern, ihre Einwendungen binnen einer festzusetzenden Frist geltend zu machen. *(BGBl I 2008/37)*

(2) Ist auf der Liegenschaft eine Dienstbarkeit begründet, die der leitungsgebundenen Energieversorgung dient, so kann der aus der Dienstbarkeit Berechtigte binnen 14 Tagen ab Zustellung des Schätzgutachtens unwiderruflich erklären, dass er die Übernahme der Dienstbarkeit ohne Anrechnung auf das Meistbot wünscht und bereit ist, den vom Sachverständigen ermittelten Wert der Dienstbarkeit zu zahlen. *(BGBl I 2008/37)*

(BGBl I 2000/59)

Ergänzung der Schätzung

§ 145. Spätestens nach Ablauf der Frist zur Erstattung von Einwendungen gegen den Schätzwert hat das Exekutionsgericht alle nötigen Ergänzungen, Richtigstellungen und Verbesserungen des Schätzungsgutachtens von Amts wegen zu veranlassen.

(BGBl I 2000/59)

EO

Änderung der gesetzlichen Versteigerungsbedingungen

§ 146. (1) Das Gericht hat, wenn dadurch voraussichtlich ein höherer Erlös zu erzielen sein wird, auf Antrag oder, wenn dies in den Fällen der Z 1 bis 3a offenkundig ist, auch von Amts wegen nach Einvernahme des Verpflichteten, des betreibenden Gläubigers und aller Personen, für die nach Inhalt der dem Gericht darüber vorliegenden Urkunden auf der Liegenschaft oder dem Superädifikat dingliche Rechte begründet sind, festzulegen, dass *(BGBl I 2014/69)*

1. mehrere Grundstücke eines Grundbuchskörpers einzeln oder in Gruppen zu versteigern sind und dass der Grundbuchskörper vor der Erteilung des Zuschlags zweimal, und zwar einmal als Ganzes und dann die einzelnen Grundstücke, ausgeboten werden soll;

2. mehrere ein wirtschaftliches Ganzes bildende Grundbuchskörper gemeinsam ausgeboten werden sollen;

3. wenn mit den Miteigentumsanteilen des Verpflichteten Wohnungseigentum an mehr als einer Wohnung verbunden ist, eine gemeinsame Versteigerung der einzelnen Eigentumswohnungen erfolgen soll;

3a. Anteile einer Liegenschaft, eines Superädifikates oder eines Baurechts gemeinsam mit Anteilen, die einem anderen Verpflichteten aus einem verbundenen Verfahren zustehen, versteigert werden, *(BGBl I 2008/37)*

4. Dienstbarkeiten, Ausgedinge und andere Reallasten, denen der Vorrang vor dem Befriedigungsrecht des betreibenden Gläubigers oder einem eingetragenen Pfandrecht eines Gläubigers zukommt, vom Ersteher nicht oder nur unter Anrechnung auf das Meistbot zu übernehmen sind; hiezu ist auch die Zustimmung des Berechtigten erforderlich;

5. ein höherer Betrag als geringstes Gebot der Versteigerung zugrunde gelegt wird; hiezu ist die Zustimmung des betreibenden Gläubigers erforderlich.

Die Zustellung des Beschlusses kann unterbleiben, wenn das Versteigerungsedikt unverzüglich zugestellt wird.

(2) Der Antrag nach Abs. 1 Z 1, 3 und 3a ist spätestens innerhalb der zum Erlag des Kostenvorschusses für die Schätzung der Liegenschaft offen stehenden Frist, der Antrag nach Abs. 1 Z 2, 4 und 5 längstens bis 14 Tage nach Bekanntgabe des Schätzwerts zu stellen. *(BGBl I 2008/37)*

(BGBl I 2000/59)

Zubehör

§ 147. (1) Wenn Gegenstände des Zubehörs im Rahmen einer Exekution auf bewegliche körperliche Sachen gepfändet wurden, hat das für die Zwangsversteigerung zuständige Exekutionsgericht von Amts wegen oder auf Antrag mit Beschluss die Zubehöreigenschaft festzustellen. Mit Eintritt der Rechtskraft dieses Beschlusses erlischt das Pfandrecht an jenen beweglichen körperlichen Sachen, die Zubehör sind. Vor der Entscheidung sind der betreibende Gläubiger des Exekutionsverfahrens auf bewegliche körperliche Sachen und der betreibende Gläubiger des Zwangsversteigerungsverfahrens einzuvernehmen.

(2) Wurden die Sachen von einer Abgabenbehörde, vom Amt für Betrugsbekämpfung oder von der Verwaltungsbehörde gepfändet, so ist vor der Entscheidung die Behörde um Stellungnahme zu ersuchen. *(BGBl I 2021/86)*

(3) Das Gericht oder die Behörde, welche die Exekution auf bewegliche Sachen geführt hat, ist auch vom Eintritt der Rechtskraft des Beschlusses nach Abs. 1 zu verständigen.

(BGBl I 2008/37; BGBl I 2021/86)

Einstellung der Exekution
(BGBl I 2000/59)

§ 148. Außer den sonst in diesem Gesetz bezeichneten Fällen[1)] ist das Versteigerungsverfahren durch Beschluss einzustellen:

1. wenn ein Pfandgläubiger die vollstreckbare Forderung, wegen deren Versteigerung bewilligt wurde, unter gleichzeitigem Ersatz aller dem Verpflichteten zur Last fallenden Kosten einlöst und Einstellung der Versteigerung beantragt; einen solchen Antrag kann auch der betreibende Gläubiger stellen, der die Forderungen aller übrigen betreibenden Gläubiger unter Ersatz der dem Verpflichteten zur Last fallenden Kosten einlöst;[2)] *(BGBl I 2000/59; BGBl I 2021/86)*

2. wenn der betreibende Gläubiger vor Beginn der Versteigerung von der Fortsetzung der Exekution absteht (§ 39 Abs. 1 Z 6 letzter Fall); wegen der vollstreckbaren Forderung des betreibenden Gläubigers kann vor Ablauf eines halben Jahres seit dem Antrag auf Einstellung eine neue Versteigerung nicht beantragt werden; *(BGBl I 2000/59; BGBl I 2021/86)*

3. wenn der Verpflichtete vor Beginn der Versteigerung allen betreibenden Gläubigern die volle Befriedigung ihrer vollstreckbaren Forderungen samt Nebengebühren und die Bezahlung der bis dahin aufgelaufenen Kosten des Versteigerungsverfahrens anbietet, die dazu erforderlichen Geldbeträge dem Richter, der den Versteigerungstermin leitet, übergibt oder gerichtlich erlegt und die Einstellung beantragt; soweit die Kosten des Versteigerungsverfahrens noch nicht bestimmt sind, ist zu deren Deckung ein vom Richter fest-

zusetzender Betrag als Sicherstellung zu übergeben. *(BGBl I 2021/86)*

(BGBl I 2021/86)

[1)] *ZB §§ 35 ff EO.*
[2)] *Vgl § 462 ABGB.*

Verständigung von der Einstellung oder Aufschiebung

§ 149. Von jeder Einstellung oder Aufschiebung eines Versteigerungsverfahrens sind neben dem Verpflichteten der betreibende Gläubiger sowie alle übrigen Personen besonders zu verständigen, die von den Vorfällen des Versteigerungsverfahrens jeweils durch Zustellung schriftlicher Beschlussausfertigungen zu benachrichtigen sind. Von der rechtskräftigen Einstellung ist auch der nach § 190 oder § 199 bestellte Verwalter der Liegenschaft zu verständigen. Der betreibende Gläubiger, zu dessen Gunsten die Einleitung des Versteigerungsverfahrens im Grundbuch angemerkt wurde, ist gleichzeitig von den ihm nach § 208 zustehenden Befugnissen und von der Frist zu verständigen, binnen deren diese Befugnisse auszuüben sind. *(BGBl I 2021/86)*

(BGBl I 2000/59)

Ausscheiden eines betreibenden Gläubigers

§ 150. Erfolgt die Einstellung oder Aufschiebung aus einem Grunde, der nicht in gleicher Weise gegen alle Gläubiger wirkt, die das Versteigerungsverfahren betreiben (§§ 35 bis 37, 39, 40, 148 Z 2, 155, 157, 188), so ist das Versteigerungsverfahren zu Gunsten der übrigen betreibenden Gläubiger fortzusetzen.[1)]

(2) und (3) *(entfällt, BGBl I 2000/59)*

(BGBl I 2000/59; BGBl I 2021/86)

[1)] *Vgl § 167 (3) EO.*

Löschung der bücherlichen Anmerkungen
(BGBl I 2000/59)

§ 151. (1) Nach Ablauf von vierzehn Tagen seit rechtskräftiger Einstellung eines Versteigerungsverfahrens hat das Exekutionsgericht von Amts wegen die Löschung aller auf dieses Versteigerungsverfahren sich beziehenden bücherlichen Anmerkungen zu veranlassen. *(BGBl I 2000/59)*

(2) Erfolgt die Einstellung des Versteigerungsverfahrens nur in Ansehung eines oder einzelner Gläubiger, so sind nur diejenigen bücherlichen Anmerkungen zu löschen, welche zu Gunsten des aus dem Versteigerungsverfahren ausscheidenden Gläubigers eingetragen sind. *(RGBl 1914/118)*

(BGBl I 2021/86)

Pfandrechtseintragung
(BGBl I 2000/59)

§ 152. (1) Innerhalb der in § 151 Abs. 1 angegebenen Frist können alle Gläubiger, zu deren Gunsten die Einleitung des Versteigerungsverfahrens im öffentlichen Buch angemerkt wurde (§ 137), beim Exekutionsgerichte den Antrag stellen, dass in der Rangordnung dieser Anmerkung für ihre vollstreckbare Forderung das Pfandrecht auf die in Exekution gezogene Liegenschaft einverleibt werde. *(BGBl I 2021/86)*

(2) Für die Bewilligung und den Vollzug dieser Einverleibung gelten die Bestimmungen des GBG mit der Abweichung, dass die Rekursfrist 14 Tage beträgt. Einer solchen Einverleibung des Pfandrechtes steht nicht entgegen, dass die Liegenschaft inzwischen vom Verpflichteten veräußert wurde. *(BGBl I 2000/59; BGBl I 2021/86)*

(3) Dagegen kann einem nach Abs. 1 gestellten Antrag nicht Folge gegeben werden, wenn das Versteigerungsverfahren deshalb eingestellt wurde, weil ein Exekutionsverfahren zu Gunsten der bestimmten Forderung überhaupt unzulässig ist, weil der Exekutionstitel rechtskräftig aufgehoben oder unwirksam erklärt wurde oder weil der zu vollstreckende Anspruch berichtigt oder dem Gläubiger rechtskräftig aberkannt wurde.

(BGBl I 2021/86)

Vorrang anderer Exekutionsarten
(BGBl I 2008/37)

§ 153. Das Versteigerungsverfahren ist vorbehaltlich der Anwendung des §§ 14, 27 Abs. 1 und § 41 Abs. 2 aufzuschieben, wenn zur Hereinbringung derselben Forderung Exekution auf wiederkehrende Geldforderungen geführt wird und der pfändbare Betrag voraussichtlich ausreichen wird, die hereinzubringende Forderung samt Nebengebühren im Laufe eines Jahres zu tilgen oder Exekution auf bewegliche oder unbewegliche Sachen oder Vermögensrechte geführt wird und die gepfändeten Vermögensobjekte die hereinzubringende Forderung voraussichtlich decken werden. Bei einer anderen unbeweglichen Sache ist das Verfahren nur auf Antrag aufzuschieben. *(BGBl I 2021/86)*

(BGBl I 2008/37)

Unwirksamkeit wertmindernder Rechtshandlungen – Aufschiebung

§ 154. Macht ein Gläubiger die Unwirksamkeit einer Rechtshandlung geltend, die bei der Schätzung der Liegenschaft wertmindernd berücksichtigt wurde, so hat das Gericht das Verfahren auf

Antrag des Gläubigers bis zur rechtskräftigen Klärung dieser Frage aufzuschieben. *(BGBl I 2021/86)*

Vorrang der Zwangsverwaltung
(BGBl I 2000/59)

§ 155. (1) Auf Antrag des Verpflichteten kann statt des Versteigerungsverfahrens die Zwangsverwaltung der Liegenschaft zu Gunsten der vollstreckbaren Forderung des betreibenden Gläubigers durch Beschluss angeordnet und das Versteigerungsverfahren aufgeschoben werden, wenn der durchschnittliche jährliche Ertragsüberschuß aus der Bewirtschaftung der zu versteigernden Liegenschaft hinreicht, um die bei Begründung des Schuldverhältnisses oder nachträglich zwischen dem Gläubiger und Schuldner vereinbarten Annuitäten oder sonstigen Kapitalsabschlagszahlungen samt den laufenden Zinsen zu decken.

(2) Dasselbe kann auf Antrag des Verpflichteten geschehen, wenn zwar eine terminweise Tilgung der vollstreckbaren Forderung nicht vereinbart war, diese Forderung aber samt Nebengebühren aus den voraussichtlichen Ertragsüberschüssen im Laufe eines Jahres getilgt werden kann. *(BGBl I 2021/86)*

Zwangsverwaltung – Aufschiebung

§ 156. (1) Anträge auf Aufschiebung des Versteigerungsverfahrens, die sich auf § 155 gründen, müssen bei sonstigem Ausschluß innerhalb vierzehn Tagen nach Verständigung des Verpflichteten von der Bewilligung der Versteigerung angebracht werden. *(BGBl I 2021/86)*

(2) Wenn zur Zeit, da der Aufschiebungsantrag angebracht wird, die Schätzung noch nicht stattgefunden hat, kann das Exekutionsgericht zur Hintanhaltung einer voraussichtlich vergeblichen Aufwendung von Kosten auf Antrag oder von Amts wegen verfügen, dass die Schätzung bis zur Entscheidung über den Antrag zu unterbleiben hat.

(BGBl I 2000/59; BGBl I 2021/86)

Zahlungsvereinbarung

§ 157. Die Aufschiebung der Exekution wegen einer Zahlungsvereinbarung nach § 45a ist bis zum Beginn der Versteigerung möglich. *(BGBl I 2021/86)*

(BGBl I 2003/31)

Aufschiebung der Exekution bei einer Naturkatastrophe

§ 158. (1) Die Exekution ist auf Antrag des Verpflichteten ohne Auferlegung einer Sicherheitsleistung aufzuschieben, wenn dieser von einer Naturkatastrophe (Hochwasser, Lawine, Schneedruck, Erdrutsch, Bergsturz, Orkan, Erdbeben, Epidemie, Pandemie oder ähnliche Katastrophe vergleichbarer Tragweite) betroffen worden ist, er dadurch in wirtschaftliche Schwierigkeiten geraten ist, die zur Einleitung der Exekution geführt haben, und diese Exekution seine wirtschaftliche Existenz vernichten würde sowie nicht die Gefahr besteht, dass durch sie der betreibende Gläubiger schwer geschädigt, insbesondere seine Forderung ganz oder teilweise uneinbringlich werden könnte. Vor der Entscheidung über die Aufschiebung ist der betreibende Gläubiger zu vernehmen. *(BGBl I 2020/16)*

(2) Das Verfahren ist auf Antrag des betreibenden Gläubigers nach Ablauf eines Jahres ab Einlangen des Aufschiebungsantrags oder dann, wenn die Voraussetzungen des Abs. 1 nicht mehr gegeben sind, fortzusetzen.

(3) Es gibt keinen Kostenersatz zwischen den Parteien.

(BGBl I 2003/31; BGBl I 2021/86)

§§ 159 bis 161. *(entfallen, BGBl I 2021/86)*

§§ 162 bis 166. *(aufgehoben, BGBl I 2000/59)*

Anberaumung des Versteigerungstermins
(BGBl I 2000/59)

§ 167. (1) Nach Ablauf der Einwendungsfrist gegen den Schätzwert bestimmt das Gericht den Versteigerungstermin. *(BGBl I 2000/59)*

(2) Dieser ist nach Ermessen des Gerichtes auf ein bis zwei Monate hinaus anzuberaumen. Zwischen der Bewilligung der Versteigerung und dem Versteigerungstermin muss ein Zeitraum von mindestens drei Monaten liegen; auf Wiederversteigerungen und auf neuerliche Versteigerungen infolge Versagung des Zuschlages (§ 188) findet letztere Bestimmung keine Anwendung. *(BGBl I 2000/59)*

(3) Vor Eintritt der Rechtskraft der Versteigerungsbewilligung und vor rechtskräftiger Entscheidung nach § 146 Abs. 1 darf die Versteigerung nicht vorgenommen werden. *(BGBl I 2000/59)*

(4) Ist zur Zeit der Anberaumung des Versteigerungstermins die Frist zur Anfechtung des die Versteigerungsbedingungen ändernden Beschlusses noch nicht verstrichen oder ein gegen diesen Beschluss angebrachter Rekurs noch anhängig, so hat das Exekutionsgericht bei der Terminsanberaumung darauf entsprechend Rücksicht zu nehmen. *(BGBl I 2000/59)*

(BGBl I 2000/59; BGBl I 2021/86)

Inhalt des Versteigerungsedikts

§ 168. Das Versteigerungsedikt muss enthalten:

1. die deutliche Bezeichnung der zur Versteigerung gelangenden Liegenschaft unter Angabe der genauen Adresse, der Einlagezahl und der Katastralgemeinde,

2. eine kurze Bezeichnung des mitzuversteigernden Zubehörs,

3. die Angabe des Wertes der Liegenschaft und des Zubehörs,

4. die Grundstücksgröße und bei der Versteigerung von Liegenschaftsanteilen auch die Angabe der Größe des Anteils und, wenn damit Wohnungseigentum verbunden ist, einen Hinweis darauf und auf die Größe der Wohnung und der sonstigen Räumlichkeiten, die ausschließlich genutzt werden können (§ 2 Abs. 1 und 2 WEG 2002), *(BGBl I 2021/86)*

5. zusätzlich können die Benützungsart und sonstige nach Auffassung des Verkehrs wesentliche Umstände aufgenommen werden, *(BGBl I 2021/86)*

6. Zeit und Ort der Versteigerung, die Höhe des Vadiums und des geringsten Gebots,

7. die Mitteilung, dass die sich auf die Liegenschaft beziehenden Urkunden, Schätzungsprotokolle usw. bei dem zu benennenden Exekutionsgericht eingesehen werden können, dass Ablichtungen des gesamten Schätzungsgutachtens gegen Kostenersatz erhältlich sind und ob dieses oder ausnahmsweise nur seine Kurzfassung aus der Ediktsdatei zu ersehen ist, *(BGBl I 2000/59; BGBl I 2005/68)*

8. die Bezeichnung der Dienstbarkeiten, Ausgedinge und anderen nicht zu den Hypotheken gehörenden Lasten, welche der Ersteher ohne Anrechnung auf das Meistbot übernehmen muss,

8a. Erklärungen nach § 144 Abs. 2, *(BGBl I 2008/37)*

9. Festlegungen nach § 146 Abs. 1,

10. eine Aussage darüber, ob der Verpflichtete bis spätestens vierzehn Tage nach Bekanntgabe des Schätzwertes (§ 144) dem Exekutionsgericht mitgeteilt hat, dass er auf die Steuerbefreiung gemäß § 6 Abs. 1 Z 9 lit. a UStG 1994 verzichtet. *(BGBl I 2005/68)*

(BGBl I 2000/59; BGBl I 2021/86)

Weiterer Inhalt des Versteigerungsedikts

§ 169. In das Versteigerungsedikt sind weiters aufzunehmen:

1. die Aufforderung, Rechte an der Liegenschaft, welche die Versteigerung unzulässig machen würden, spätestens im Versteigerungstermin vor Beginn der Versteigerung bei Gericht anzumelden, widrigens sie zum Nachteil eines gutgläubigen Erstehers in Ansehung der Liegenschaft selbst nicht mehr geltend gemacht werden könnten,

2. die Aufforderung an Gläubiger, für welche auf der Liegenschaft pfandrechtlich sichergestellte Forderungen haften, mit Ausnahme der Gläubiger mit bedingten Forderungen, bekanntzugeben, ob sie mit der Übernahme der Schuld durch den Ersteher unter gleichzeitiger Befreiung des bisherigen Schuldners einverstanden sind,

3. die Aufforderung an die öffentlichen Organe, die zur Vorschreibung und Eintreibung der von der Liegenschaft zu entrichtenden Steuern, Zuschläge und sonstigen öffentlichen Abgaben berufen sind, in Ansehung der bereits pfandrechtlich sichergestellten Steuern, Zuschläge, Gebühren und sonstigen öffentlichen Abgaben sich nach Z 2 über die Art der Berichtigung dieser Ansprüche zu erklären und überdies spätestens im Versteigerungstermin vor Beginn der Versteigerung die bis dahin rückständigen, von der Liegenschaft zu entrichtenden, durch bücherliche Eintragung oder pfandweise Beschreibung noch nicht sichergestellten Steuern, Zuschläge, Gebühren und sonstigen öffentlichen Abgaben samt Zinsen und anderen Nebengebühren anzumelden, widrigens diese letzteren Ansprüche, ohne Rücksicht auf das ihnen sonst zustehende Vorrecht, erst nach voller Befriedigung des betreibenden Gläubigers aus der Verteilungsmasse berichtigt werden würden,

4. bei Superädifikaten, die Aufforderung an alle Personen, die dingliche Rechte an dem zu versteigernden Superädifikat in Anspruch nehmen, ihre Rechte und Ansprüche innerhalb einer bestimmten Frist bei Gericht anzumelden, widrigens auf dieselben im Versteigerungsverfahren nur insoweit Rücksicht genommen würde, als sie sich aus den Exekutionsakten ergeben.

(BGBl I 2000/59; BGBl I 2021/86)

Bekanntmachung des Versteigerungstermins

§ 170. (1) Das Versteigerungsedikt ist öffentlich bekannt zu machen.

(2) Nach öffentlicher Bekanntmachung des Versteigerungstermins ist dessen Abberaumung oder Verlegung wie dieser öffentlich bekannt zu machen.

(3) Bei der Bekanntmachung in der Ediktsdatei ist dem Versteigerungsedikt das vom Sachverständigen übermittelte Schätzungsgutachten, wenn es nicht von außergewöhnlichem Umfang ist, sowie dessen Kurzfassung samt Lageplan und bei Gebäuden auch ein Grundriss sowie zumindest ein Bild anzuschließen. *(BGBl I 2005/68)*

(BGBl I 2000/59; BGBl I 2021/86)

EO

Zustellung des Versteigerungsedikts

§ 171. Ausfertigungen des Versteigerungsedikts sind dem Verpflichteten, dem betreibenden Gläubiger und allen Personen zuzustellen, für die nach den dem Gericht darüber vorliegenden Urkunden auf der Liegenschaft oder an den auf dieser Liegenschaft haftenden Rechten dingliche Rechte und Lasten bestehen oder Vorkaufsrechte einverleibt sind. Wird ein Miteigentumsanteil, mit dem nicht Wohnungseigentum verbunden ist, versteigert, so ist auch jedem Miteigentümer eine Ausfertigung des Edikts an die im Grundbuch angeführte Adresse zu übersenden.

(BGBl I 2000/59)

Weitere Zustellungen

§ 172. Personen, zugunsten deren vor Aufnahme des Versteigerungsediktes in die Ediktsdatei um Einverleibung dinglicher Rechte und Lasten oder eines Vorkaufsrechtes im Grundbuch angesucht wurde, ist, falls sie von der Versteigerung noch nicht verständigt sind, eine Ausfertigung des Versteigerungsediktes zuzustellen.

(BGBl I 2000/59)

Verständigung bei einem Superädifikat

§ 173. Bei einem Superädifikat ist eine Ausfertigung des Versteigerungsedikts auch dem Eigentümer der Liegenschaft, auf der sich das Superädifikat befindet, zu übersenden. *(BGBl I 2021/86)*

(BGBl I 2000/59)

Kuratorbestellung

§ 174. (1) Für Personen, an die die Zustellung der Ediktsausfertigung voraussichtlich nicht rechtzeitig bewirkt werden kann oder an die die Zustellung fruchtlos versucht wurde, hat das Gericht einen Kurator zu bestellen, dem die Ausfertigung zuzustellen ist. Die Bestellung ist öffentlich bekannt zu machen.

(2) Soweit ein Widerstreit der Interessen nicht zu besorgen ist, kann dieselbe Person für mehrere Beteiligte zum Kurator bestellt werden. Das Exekutionsgericht hat den Kurator zu entheben, wenn die Person, für welche er bestellt ist, selbst erscheint oder dem Gericht einen anderen Vertreter namhaft macht oder ihre Interessen eine weitere Vertretung nicht mehr erfordern.

(3) Die Daten über die Bestellung eines Kurators nach Abs. 1 sind in der Ediktsdatei zu löschen, sobald der Kurator rechtskräftig seines Amtes enthoben wurde, der Meistbotsverteilungsbeschluss in Rechtskraft erwachsen ist, oder die Kuratel sonst erloschen ist.

(BGBl I 2000/59)

Vgl § 71 EO

Prüfungspflichten und Anordnungen des Gerichts

(BGBl I 2000/59)

§ 175. Das Gericht hat sich spätestens vierzehn Tage vor dem Versteigerungstermin durch Prüfung der Urkunden, welche zum Beweise der Kundmachung und der Zustellung zu dienen haben, die Gewißheit zu verschaffen, dass die in Beziehung auf die Bekanntmachung und Zustellung des Versteigerungsediktes erteilten Anordnungen befolgt wurden. Bei wahrgenommenen Mängeln sind die erforderlichen Berichtigungen, Ergänzungen und Kuratorsbestellungen in der Art zu verfügen, dass die Versteigerung in dem für sie bestimmten Termine ungehindert vorgenommen werden kann.

Besichtigung der Liegenschaft

§ 176. (1) Der Verpflichtete hat in der Zeit zwischen der Bekanntmachung und der Vornahme der Versteigerung Bietinteressenten die Besichtigung der Liegenschaft und ihres Zubehörs zu gestatten. Auch Dritte haben die Besichtigung zu dulden. *(BGBl I 2000/59; BGBl I 2021/86)*

(2) Für die Besichtigung sind vom Gericht auf Antrag des betreibenden Gläubigers oder eines Bietinteressenten unter tunlichster Berücksichtigung der Verhältnisse des Verpflichteten und der Anforderungen des ungestörten Wirtschaftsbetriebes bestimmte Tage und Stunden festzusetzen. Die Besichtigungszeit ist in die Ediktsdatei aufzunehmen. Sie ist dem Verpflichteten und Dritten mitzuteilen; bei Häusern mit mehr als zwei vermieteten Wohnungen kann dies durch Anschlag im Haus geschehen. *(BGBl I 2000/59; BGBl I 2008/37)*

(3) Verschlossene Haus- und Wohnungstüren dürfen auch dann geöffnet werden, wenn die Liegenschaft von einem Dritten bewohnt wird und die Türen zum Zeitpunkt der Besichtigung, der dem Dritten bekannt gegeben wurde, verschlossen sind. § 26 und § 26a Abs. 2 und 3 sind sinngemäß anzuwenden. *(BGBl I 2008/37)*

Versteigerungstermin

(BGBl I 2000/59)

§ 177. (1) Der Versteigerungstermin ist öffentlich; er ist in der Regel an der Gerichtsstelle abzuhalten. Aus wichtigen Gründen kann die Versteigerung auf Antrag an dem Orte vorgenommen werden, an dem sich die Liegenschaft befindet.

(2) Bei dem Termin sind alle das Versteigerungsverfahren betreffenden Urkunden, insbesondere der Auszug aus dem Grundstücksverzeichnis, das Schätzungsgutachten und die zum Nachweis der geschehenen Bekanntmachungen und Zustellungen dienenden Urkunden zur Einsicht aufzulegen. *(BGBl I 2000/59; BGBl I 2021/86)*

(3) Die Leitung des Termins und der Versteigerung obliegt dem Richter. Er ist befugt, alle zur Wahrung der Ruhe und Ordnung, sowie zur Hintanhaltung unerlaubter Verabredungen, Einschüchterungen und sonstiger Verhinderungen von Anboten nötigen Verfügungen zu treffen und sie zwangsweise, erforderlichen Falls mit Unterstützung der den Sicherheitsbehörden zur Verfügung stehenden Organe des öffentlichen Sicherheitsdienstes, durchzuführen. Er hat über alle während der Versteigerung von einzelnen Beteiligten vorgebrachten Einwendungen und Anträge zu entscheiden, unbeschadet der Befugnis dieser Personen, gegen die Erteilung des Zuschlages später Widerspruch zu erheben.

(4) *(entfällt, BGBl I 2014/69, der bisherige Text des Abs. 4 wurde zu § 177a Abs. 1, siehe nun § 86.)*

§ 177a. *(entfällt, BGBl I 2021/86)*

Verfahrensablauf

(BGBl I 2000/59)

§ 178. (1) Vor der Aufforderung zum Bieten hat der Richter bekanntzugeben:

1. die Höhe der Steuern, Zuschläge, Gebühren und sonstigen öffentlichen Abgaben samt Nebengebühren, deren Barzahlung verlangt wird;

2. die von den Gläubigern in Bezug auf die Übernahme der Schuld durch den Ersteher abgegebenen Erklärungen;

3. inwieweit von den gesetzlichen Versteigerungsbedingungen abgewichen wird;

4. die Bestimmungen der §§ 86 und 180. *(BGBl I 2016/100; BGBl I 2021/86)* *(BGBl I 2000/59)*

(2) Hierauf hat der Richter auf Befragen über die Versteigerungsbedingungen, über die Beträge der auf der Liegenschaft sichergestellten Forderungen, über die vom Ersteher zu übernehmenden Lasten, sowie über alle sonstigen die zu versteigernde Liegenschaft betreffenden Verhältnisse, sofern diese aus den Akten zu entnehmen sind, die erforderlichen näheren Aufklärungen zu geben. Endlich ist die Reihenfolge zu verkünden, in welcher mehrere im selben Termine zur Versteigerung gelangende Liegenschaften desselben Verpflichteten oder Anteile an Liegenschaften ausgeboten werden.

(3) Hierauf wird zum Bieten aufgefordert. *(BGBl I 2021/86)*

Vadium

§ 179. (1) Die zu leistende Sicherheit beträgt 10% des Schätzwerts, zumindest jedoch 1 000 Euro. Als Sicherheitsleistung kommen nur Sparurkunden in Betracht. Auch eine Sparurkunde, die durch Losungswort gesichert ist oder die auf den Namen des gemäß § 40 Abs. 1 BWG identifizierten Kunden lautet, ist als Sicherheitsleistung geeignet. Das Gericht kann hierüber auch ohne Angabe des Losungsworts verfügen. Bei einer Sparurkunde, die auf den gemäß § 40 Abs. 1 BWG identifizierten Kunden lautet, ist das Versteigerungsprotokoll bei dem Beschluss, der die für den Ersteher maßgeblichen Angaben nach § 194 Abs. 1 Z 3 enthält, vorzulegen. *(BGBl I 2001/98; BGBl I 2021/86)*

(2) Personen, die sich namens einer unter staatlicher oder Landesverwaltung stehenden Anstalt an der Versteigerung beteiligen und eine Bestätigung der für die Verwaltung zuständigen Bundes- oder Landesbehörde vorlegen, dass es sich um eine Anstalt der genannten Art handelt, sowie Personen, die sich namens des Staates oder eines Landes an der Versteigerung beteiligen, haben keine Sicherheitsleistung zu erlegen.

(3) *(aufgehoben, BGBl I 2008/37)*

(BGBl I 2000/59; BGBl I 2021/86)

Vgl JABl 2001/13

Erlag des Vadiums; Veräußerungs- und Belastungsverbot

§ 180. (1) Vor Zuschlagserteilung ist der Meistbietende zum Erlag des Vadiums aufzufordern. Erlegt er nicht unverzüglich, so ist ausgehend von dem dem Bietgebot des Meistbietenden vorangehenden Bietgebot die Versteigerung weiterzuführen und über den Meistbietenden, der die Sicherheitsleistung nicht erlegt hat, eine Ordnungsstrafe bis zu 10 000 Euro zu verhängen.

(2) Das erlegte Vadium ist bis zum vollständigen Erlag des Meistbots oder bis zur rechtskräftigen Versagung des Zuschlags in gerichtlicher Verwahrung zu halten.

(2a) Haftet für den Meistbietenden auf der versteigerten Liegenschaft ein Pfandrecht, so ist ihm im Versteigerungstermin auf seinen Antrag die Verpflichtung zum Erlag des Vadiums in dem Umfang zu erlassen, in dem die pfandrechtlich sichergestellte Forderung für das Vadium voraussichtlich Deckung bietet. *(BGBl I 2008/37)*

(3) Insoweit dem Ersteher die Sicherheitsleistung erlassen wurde, ist ihm sogleich nach Schluss der Versteigerung die Veräußerung, Belastung oder Verpfändung der bücherlich sichergestellten Forderung zu untersagen und dieses Verbot von Amts wegen im Grundbuch bei der betreffenden Forderung anzumerken. Eintragungen, die gegen ihn nach dieser Anmerkung erwirkt werden,

können die Verwendung der Forderung zur Befriedigung aller aus der Versteigerung gegen den Ersteher sich ergebenden Ansprüche nicht hindern. *(BGBl I 2008/37)*

(BGBl I 2000/59; BGBl I 2021/86)

Verwahrung des Vadiums

§ 181. (1) Der Ersteher kann im Fall des § 180 Abs. 3 jederzeit durch nachträglichen Erlag des Vadiums (§ 179 Abs. 1) die Aufhebung des zufolge § 180 erlassenen Verbots und die bücherliche Löschung der Anmerkung erwirken. *(BGBl I 2021/86)*

(2) Jede als Sicherheitsleistung des Erstehers bei Gericht verwahrte Sache haftet von der Zeit ihrer Übergabe als Pfand für alle aus der Versteigerung wider den Ersteher sich ergebenden Ansprüche.

(BGBl I 2000/59; BGBl I 2021/86)

Widerspruchserhebung
(BGBl I 2000/59)

§ 182. (1) Nach Schluss der Versteigerung sind die Personen, die mitgeboten haben, die öffentlichen Organe, welche zur Vorschreibung und Eintreibung der von der Liegenschaft zu entrichtenden Steuern, Zuschläge und sonstigen öffentlichen Abgaben berufen sind, sowie alle Anwesenden, die gemäß §§ 171 bis 173 vom Versteigerungstermin zu verständigen waren, vom Richter über die Gründe, aus welchen gegen die Erteilung des Zuschlags Widerspruch erhoben werden kann, zu belehren und sodann zu befragen, ob und aus welchen Gründen sie Widerspruch erheben. Ein Widerspruch gegen die Erteilung des Zuschlages wird nur berücksichtigt, wenn er im Versteigerungstermin selbst erhoben wird. Dasselbe gilt für das Vorbringen von Tatsachen, durch welche ein erhobener Widerspruch entkräftet werden soll. *(BGBl I 2005/68)*

(2) Auf Erklärungen, welche nach Schluss des Versteigerungsprotokolles erfolgen, auf Vorbehalte und unbestimmte Erklärungen, sowie auf einen Widerspruch, der sich auf Umstände stützt, durch welche das Recht des Widersprechenden nicht berührt wird, ist bei der Entscheidung über die Erteilung des Zuschlages kein Bedacht zu nehmen.

Erteilung des Zuschlages

§ 183. (1) Wird kein Widerspruch erhoben, so ist dem Meistbietenden, dessen Anbot der Richter für zulässig befunden hat, der Zuschlag gleich im Versteigerungstermin mittels Beschlusses zu erteilen und dieser Beschluss zu verkünden. Der Beschluss ist überdies dem Verpflichteten, dem betreibenden Gläubiger und dem Meistbietenden

innerhalb acht Tagen nach dem Versteigerungstermin in schriftlicher Ausfertigung zuzustellen. Bei Superädifikaten ist vom Zuschlag auch der Eigentümer der Liegenschaft, auf der sich das Superädifikat befindet, zu verständigen. Unterliegt die Übertragung des Eigentums landesgesetzlichen Grundverkehrsgesetzen, so ist der Zuschlag unter Vorbehalt zu erteilen und bei Vorliegen der von jeweiligen Grundverkehrsgesetz festgelegten Voraussetzung für rechtswirksam zu erklären. *(BGBl I 2000/59)*

(2) In dieser Ausfertigung sind die versteigerte Liegenschaft, das auf den Ersteher übergehende Zubehör, der Ersteher, das Gebot, für welches, und die Bedingungen, unter welchen der Zuschlag erteilt wurde, zu bezeichnen. Die Angabe des Zubehörs kann durch Bezugnahme auf das Schätzungsgutachten, die Angabe der Bedingungen des Zuschlags durch Bezugnahme auf die Versteigerungsbedingungen geschehen. *(BGBl I 2000/59)*

(3) Die Erteilung des Zuschlags ist innerhalb von acht Tagen nach dem Versteigerungstermin öffentlich bekanntzumachen und im Grundbuch anzumerken. In der Bekanntmachung der Zuschlagserteilung ist die Höhe des erzielten Meistbots anzugeben. Ist ein Überbot zulässig, so ist die für die Überreichung von Überboten offenstehende Frist und der Mindestbetrag des zulässigen Überbots öffentlich bekannt zu machen. §§ 168 und 170 Abs 3 sind anzuwenden. *(BGBl I 2000/59; BGBl I 2021/86)*

(4) Wer vom Versteigerungstermin zu verständigen war, kann beantragen, dass diese Verlautbarung auf seine Kosten in die für amtliche Kundmachungen im Lande bestimmte Zeitung[1] eingeschaltet werde.

(5) Die Bestimmungen der Absätze 3 und 4 kommen auch dann zur Anwendung, wenn der Zuschlag unter Abweisung eines erhobenen Widerspruches erteilt wird.

---

[1] *Wiener Zeitung.*

Widerspruchsgründe
(BGBl I 2000/59)

§ 184. (1) Ein Widerspruch gegen die Erteilung des Zuschlages an den Meistbietenden kann nur darauf gestützt werden, dass:

1. die Frist zwischen der Aufnahme des Versteigerungsedikts in die Ediktsdatei und dem Versteigerungstermin nicht einmal einen Monat betragen hat; *(BGBl I 2000/59)*

2. die Bekanntmachung des Versteigerungstermins nicht den vorgeschriebenen Inhalt hatte oder nicht in der gesetzlich bestimmten Art veröffentlicht wurde;

3. nicht alle vom Versteigerungstermin zu verständigenden Personen verständigt wurden;

4. das Versteigerungsverfahren ohne Rücksicht auf einen etwa gefassten Einstellungsbeschluß fortgesetzt wurde;

5. bei der Versteigerung die Bestimmungen der §§ 180 und 181 nicht beachtet oder ein Bieter mit Unrecht zurückgewiesen wurde;

6. die Bedingungen, unter denen das höchste Anbot abgegeben wurde, von den Versteigerungsbedingungen abweichen, oder das Anbot, für das der Zuschlag verlangt wird, nach diesen Versteigerungsbedingungen nicht zugelassen werden durfte; *(BGBl I 2000/59)*

7. dem Meistbietenden die Fähigkeit zum Vertragsabschlusse oder zum Erwerbe der zu versteigernden Liegenschaft fehlt oder das höchste Anbot durch einen nicht gehörig ausgewiesenen Vertreter abgegeben wurde.

8. *(entfällt, BGBl I 2000/59)*

(2) Die für den Widerspruch angeführten Gründe sind von Amts wegen festzustellen.

Entscheidung über den Widerspruch
(BGBl I 2000/59)

§ 185. (1) Über einen erhobenen Widerspruch ist in der Regel gleich im Versteigerungstermin mittels Beschlusses zu entscheiden.

(2) Versagt der Richter infolge des Widerspruches den Zuschlag, so ist nach Anhörung derjenigen Anwesenden, die vom Versteigerungstermin zu verständigen waren, mit Rücksicht auf die Beschaffenheit des geltend gemachten Mangels darüber zu entscheiden, ob die Versteigerung, nötigen Falls nach vorheriger Behebung des Mangels, sogleich wieder aufgenommen und fortgesetzt werde, oder ob zur Durchführung der Versteigerung ein neuer Termin anzuordnen sei. Ersteren Falls sind, soweit nicht die Gründe des für berechtigt erkannten Widerspruches entgegenstehen, die Bieter, die bei der geschlossenen Versteigerung mitgewirkt haben, an ihre früher abgegebenen, nicht durch ein höheres Anbot entkräfteten Anbote gebunden.

(3) Wenn über einen erhobenen Widerspruch nicht gleich im Versteigerungstermin entschieden werden kann, so ist der Beschluss, mittels dessen über den Widerspruch entschieden wird, innerhalb acht Tagen nach dem Versteigerungstermin dem Meistbietenden, dem betreibenden Gläubiger, dem Verpflichteten sowie allen sonst jeweils zum Rekurse berechtigten Personen in schriftlicher Ausfertigung (§ 183 Abs. 2) zuzustellen.

Versagung des Zuschlags

§ 186. (1) Der Zuschlag ist zu versagen, wenn ein begründeter Widerspruch erhoben wurde, oder wenn das Vorhandensein der im § 184 Abs. 1 Z. 2, 3, 4, 6 und 7 angegebenen Mängel auf eine andere Weise offenbar wurde.

(2) Wegen des im § 184 Abs. 1 Z. 3 angeführten Umstandes ist der Zuschlag nicht zu versagen, wenn die nicht geladenen Personen dessenungeachtet im Versteigerungstermin erschienen sind oder zu demselben einen Vertreter entsendet haben. Auf den Mangel eines gesetzmäßigen Vadiums, sowie auf das Fehlen des Nachweises der Vertretungsbefugnis oder Bevollmächtigung ist trotz Widerspruches nicht Rücksicht zu nehmen, wenn diese Mängel vor Entscheidung über den Zuschlag durch nachträglichen Erlag oder Ergänzung der Sicherheit oder durch nachträgliche Beibringung der im § 180 bezeichneten Urkunden beseitigt werden.

(3) Die Versagung des Zuschlages ist im öffentlichen Buch anzumerken. Diese Anmerkung hat die Folge, dass im Falle der Aufhebung des Beschlusses in höherer Instanz die Rechtswirkungen der Anmerkung der Erteilung des Zuschlages (§ 72 GBG) auf den Zeitpunkt der Anmerkung der Zuschlagsversagung zurückbezogen werden. *(BGBl I 2000/59)*

Rekurs gegen Zuschlagserteilung oder -versagung
(BGBl I 2000/59)

§ 187. (1) Der Beschluss, durch welchen der Zuschlag erteilt wird, kann nur von denjenigen Personen mittels Rekurs angefochten werden, welche im Versteigerungstermin anwesend und wegen Erhebung des Widerspruches zu befragen waren. Die Anfechtung kann auf einen der im § 184 Abs. 1 angeführten Umstände oder darauf gegründet werden, dass der Zuschlag mit dem Inhalt des über den Versteigerungstermin aufgenommenen Protokolles oder anderer nach Vorschrift dieses Gesetzes bei der Entscheidung über den Zuschlag zu berücksichtigender Akten nicht übereinstimmt, oder dass sich das Meistbot auf ein anderes Grundstück bezieht. Wegen der im § 184 Abs. 1 angeführten Mängel Rekurs einzulegen, sind nur jene Personen befugt, welche wegen dieser Mängel im Versteigerungstermin erfolglos Widerspruch erhoben haben. Der in § 184 Abs. 1 Z. 3 angeführte Mangel kann innerhalb einer Frist von 14 Tagen nach dem Versteigerungstermin von den gemäß § 171 erster Satz von der Versteigerung zu verständigenden Personen auch dann mit Rekurs geltend gemacht werden, wenn sie im Versteigerungstermin nicht anwesend waren. *(RGBl 1914/118; BGBl I 2000/59)*

(2) Die vom Gericht als Ersteher bezeichnete Person kann die Erteilung des Zuschlages auch dann anfechten, wenn ihr der Zuschlag nicht, oder unter anderen als den in der Ausfertigung des Zuschlagsbeschlusses angegebenen Bedingungen zu erteilen gewesen wäre.

(3) Der Rekurs gegen die Versagung des Zuschlages kann nur darauf gestützt werden, dass

die Versagung mit dem Inhalt des über den Versteigerungstermin aufgenommenen Protokolles oder anderer nach Vorschrift dieses Gesetzes bei der Entscheidung über den Zuschlag zu berücksichtigender Akten nicht übereinstimmt oder dass keiner der in diesem Gesetz angegebenen Versagungsgründe vorliegt. Zur Anbringung eines solchen Rekurses ist nicht berechtigt, wer im Versteigerungstermin gegen die Erteilung des Zuschlages Widerspruch erhoben hat.

(4) Von der Erledigung des Rekurses sind der Meistbietende, der betreibende Gläubiger und der Verpflichtete in Kenntnis zu setzen, wenngleich sie nicht Beschwerdeführer sind.

(5) Die nach der Rekursentscheidung erforderlichen weiteren Verfügungen hat das Gericht erster Instanz von Amts wegen zu treffen.

Aufhebung des Zuschlags

§ 187a. (1) Auf Antrag der verpflichteten Partei ist der Zuschlag einer Liegenschaft aufzuheben und bis zur Entscheidung darüber das Exekutionsverfahren aufzuschieben, wenn sie

1. während des Exekutionsverfahrens einer gesetzlichen Vertretung bedurfte, nicht gesetzlich vertreten war und die Verfahrensführung auch nicht nachträglich genehmigt wurde,

2. bescheinigt, dass die versteigerte Liegenschaft der Befriedigung ihres dringenden Wohnbedürfnisses dient, und

3. bescheinigt, dass sie die hereinzubringende Forderung erfüllt hat.

(2) Der Zuschlag ist bei Vorliegen der Voraussetzungen des Abs. 1 Z 1 und 2 auch dann aufzuheben, wenn die verpflichtete Partei die Nichtigkeit nach Abs. 1 Z 1 des Exekutionsverfahren zugrunde liegenden Exekutionstitels gerichtlich geltend gemacht hat und bescheinigt, dass

1. sie in diesem Verfahren einer gesetzlichen Vertretung bedurfte und nicht gesetzlich vertreten war und

2. die der Zwangsversteigerung zugrunde liegende Forderung nicht besteht.

(3) Der Zuschlag ist nicht aufzuheben, wenn der Umstand, dass die verpflichtete Partei einer gesetzlichen Vertretung bedurfte und nicht gesetzlich vertreten war, bereits im Verfahren hätte geltend gemacht werden können oder ohne Erfolg geltend gemacht wurde.

(4) Der Aufhebungsantrag ist binnen vier Wochen ab dem Tag anzubringen, an dem der Beschluss über die Erteilung des Zuschlags der verpflichteten Partei wirksam zugestellt wurde. Die Frist beginnt jedenfalls nur mit Rechtskraft des Zuschlags. Der Antrag kann längstens binnen drei Monaten nach dem Versteigerungstermin gestellt werden. Vor der Entscheidung über die Aufhebung des Zuschlags sind der betreibende Gläubi-

ger und der Ersteher einzuvernehmen (§ 55 Abs. 1).

(5) Vor Eintritt der Rechtskraft des Beschlusses über die Aufhebung des Zuschlags findet keine Rückabwicklung statt.

(BGBl I 2014/69)

Neuerliche Versteigerung

§ 188. (1) Nach Rechtskraft des den Zuschlag versagenden Beschlusses ist die vom Meistbietenden geleistete Sicherheit auf dessen Antrag oder von Amts wegen zurückgegeben oder im Fall des § 180 Abs. 3 das gegen den Meistbietenden erlassene Verbot aufzuheben und die bücherliche Anmerkung zu löschen. *(BGBl I 2021/86)*

(2) Ist eine neuerliche Versteigerung zulässig, so ist von Amts wegen oder auf Antrag des betreibenden Gläubigers nach Eintritt der Rechtskraft der Zuschlagsversagung neuerlich ein Versteigerungstermin anzuberaumen.

(3) Kann die Versteigerung nach rechtskräftiger Versagung des Zuschlages nicht erneuert werden, so hat das Gericht das Versteigerungsverfahren einzustellen.

(4) Wird im Versteigerungstermin weniger geboten, als das geringste Gebot beträgt, so ist auf einen binnen zwei Jahren zu stellenden Antrag ein weiterer Versteigerungstermin anzuberaumen. Die neuerliche Versteigerung ist unter entsprechender Anwendung der für die erste Versteigerung geltenden Vorschriften durchzuführen. Lag der ersten Versteigerung ein höheres geringstes Gebot als der halbe Schätzwert zugrunde, so kann gleichzeitig beantragt werden, dass dieses auf den gesetzlich vorgeschriebenen Betrag herabgesetzt wird. *(BGBl I 2021/86)*

(BGBl I 2000/59)

Rechtsfolgen der Zuschlagserteilung
(BGBl I 2000/59)

§ 189. (1) Die durch rechtskräftige Erteilung des Zuschlages erworbenen Rechte des Erstehers können nicht deshalb angefochten werden, weil der Exekutionstitel, auf welchem die Bewilligung der Zwangsversteigerung beruht, aufgehoben worden ist oder nachträglich aufgehoben wird.

(2) Der Ersteher kann wegen Unrichtigkeit der Angaben, die im Versteigerungsedikt oder in den vor der Versteigerung mitgeteilten Akten über die versteigerte Liegenschaft oder über deren Zubehör enthalten waren, keinen Anspruch auf Gewährleistung erheben. *(BGBl I 2000/59)*

Einstweilige Verwaltung

§ 190. (1) Ab Zuschlagserteilung, jedoch nur solange die zur Versteigerung gelangte Liegenschaft dem Ersteher noch nicht übergeben wurde, können der betreibende Gläubiger, jeder auf der Liegenschaft pfandrechtlich sichergestellte Gläubiger sowie der Ersteher, wenn er mit dem Erlag des Meistbotes nicht säumig ist, beim Exekutionsgericht den Antrag auf Anordnung einer einstweiligen Verwaltung der versteigerten Liegenschaft stellen.

(2) Eine einstweilige Verwaltung ist auch dann zulässig, wenn der Zuschlag auf Grund landesgesetzlicher Grundverkehrsgesetze noch nicht rechtswirksam ist.

(BGBl I 2000/59; BGBl I 2021/86)

Einstweilige Verwaltung – anzuwendende Bestimmungen

§ 191. Auf diese einstweilige Verwaltung sind die Vorschriften über die Zwangsverwaltung mit folgenden Abweichungen sinngemäß anzuwenden:

1. Sofern nicht im einzelnen Falle mit Rücksicht auf die Person des Erstehers oder aus anderen wichtigen Gründen dagegen Bedenken obwalten, kann der Ersteher zum Verwalter ernannt werden;

2. die dem betreibenden Gläubiger eingeräumte Einflussnahme auf die Verwaltung gebührt in gleichem Maß dem Gläubiger, der die Verwaltung nach der Versteigerung beantragt hat, sowie, wenn er nicht selbst Verwalter ist, dem Ersteher, so lange er mit dem Erlag des Meistbots nicht säumig ist;

3. die Verwaltung endet mit rechtskräftiger Einstellung des Versteigerungsverfahrens oder mit Übergabe der Liegenschaft an den Ersteher (§ 207 Abs. 2); das Exekutionsgericht hat in diesen Fällen die nach § 130 erforderlichen Aufträge zu erlassen, außer der Ersteher wurde im zweiten Fall zum Verwalter bestellt; *(BGBl I 2021/86)*

4. aus den Erträgnissen sind nur die Kosten der Verwaltung und die in § 120 Abs. 2 Z 1 bis 3 bezeichneten Auslagen, soweit sie während der Verwaltung fällig werden, zu berichtigen; die danach erübrigenden Erträgnisse sind gerichtlich zu erlegen und werden dem Ersteher erst nach dem Erlag des gesamten Meistbots ausgefolgt; wenn der Zuschlag früher rechtskräftig aufgehoben wird oder wenn er infolge der Anordnung der Wiederversteigerung oder der gerichtlichen Annahme eines Überbots seine Wirksamkeit verliert, fallen die gerichtlich erlegten Erträgnisse in die Verteilungsmasse;

5. anstelle des Erstehers kann von Amts wegen oder auf Antrag ein anderer Verwalter ernannt werden, wenn der Ersteher mit dem Erlag des Meistbots säumig wird oder wenn die Abnahme der Verwaltung aus anderen erheblichen Gründen notwendig oder zweckmäßig erscheint.

(BGBl I 2000/59; BGBl I 2021/86)

Einstweilige Verwaltung bei Aufhebung oder Unwirksamkeit des Zuschlags

§ 192. Eine gemäß § 190 angeordnete Verwaltung hat, wenn der Zuschlag rechtskräftig aufgehoben wird oder wenn er infolge der Anordnung der Wiederversteigerung oder der gerichtlichen Annahme eines Überbots seine Wirksamkeit verliert, bis zur Übergabe der Liegenschaft an den neuen Ersteher fortzudauern. Dem früheren Ersteher ist die Verwaltung abzunehmen. Wenn aufgrund landesgesetzlicher Grundverkehrsgesetze die erneute Versteigerung bewilligt wird, so ist dem Meistbietenden der ersten Versteigerung die einstweilige Verwaltung erst dann abzunehmen, wenn im neuerlichen Versteigerungstermin einem anderen Bieter der Zuschlag erteilt worden ist. Anstelle des früheren Verwalters kann unter den in § 191 Z 1 angegebenen Voraussetzungen der neue Ersteher auf seinen Antrag zum Verwalter ernannt werden. *(BGBl I 2021/86)*

(BGBl I 2000/59)

Übergang der Zwangsverwaltung in eine einstweilige Verwaltung

(BGBl I 2000/59)

§ 193. (1) Eine vor dem Versteigerungstermin zu Gunsten eines Gläubigers eingeleitete Zwangsverwaltung geht mit dem Tage des Zuschlages ohne Unterbrechung in eine Verwaltung zu Gunsten des Erstehers über (§§ 190 bis 192). Der Verwalter ist von der Erteilung des Zuschlages von Amts wegen zu verständigen. An seiner Statt kann unter den im § 190 Z 1 angegebenen Voraussetzungen auf Antrag der Ersteher zum Verwalter ernannt werden. *(BGBl I 2021/86)*

(2) Die Verteilung der Erträgnisse, die auf die Zeit vor dem Tag des Zuschlages entfallen, hat nach den Vorschriften der §§ 122 bis 128 zu geschehen; wenn das Versteigerungsverfahren vor seinem Abschluss eingestellt wird, erfolgt die Verteilung der Erträgnisse ohne Rücksicht auf eine dazwischenliegende Verwaltung zu Gunsten des Erstehers.

(BGBl I 2000/59; BGBl I 2021/86)

Protokoll über den Versteigerungstermin

§ 194. (1) Das über den Versteigerungstermin aufzunehmende Protokoll hat insbesondere anzugeben:

1. die Namen des Richters, des Schriftführers und derjenigen anwesenden Personen, die vom Versteigerungstermin zu verständigen waren;

2. die Zeit des Beginnes des Termins, der Aufforderung zur Abgabe von Anboten und des Schlusses der Versteigerung;

3. die Namen der Bieter und jeweils deren Geburtsdatum, Adresse und Staatsangehörigkeit sowie beim Ersteher zusätzlich die von ihm geleistete Sicherheit; *(BGBl I 2000/59)*

4. alle bei der Versteigerung vorgekommenen, zugelassenen oder vom Richter zurückgewiesenen Anbote;

5. die im Termine verkündete Entscheidung über den Zuschlag;

6. bei Erhebung von Widersprüchen gegen die Erteilung des Zuschlages den Namen der Widerspruch erhebenden Personen, die für den Widerspruch angeführten Gründe, die vorgebrachten Beweise und das aus den Erklärungen der Beteiligten sich ergebende Sachverhältnis.

7. *(entfällt, BGBl I 2000/59)*

(2) Das Protokoll ist von den Personen zu unterschreiben, die beim Versteigerungsakt als Bieter mitgewirkt oder gegen den Zuschlag Widerspruch erhoben haben. Wird die Unterschrift verweigert, so ist dies unter Angabe des hiefür geltend gemachten Grundes in einem Anhange zum Protokolle zu beurkunden.

(3) *(entfällt, BGBl I 2000/59)*

Überbot

§ 195. (1) Wenn das Meistbot, für das der Zuschlag erteilt wurde, drei Viertel des Schätzungswertes der Liegenschaft und des Zubehörs nicht erreicht, kann die Versteigerung durch ein Überbot unwirksam gemacht werden.

(2) Ein solches Überbot ist zu berücksichtigen, wenn dem Überbieter kein im Bieten im Versteigerungstermin ausschließendes Hindernis entgegensteht und wenn er sich bereit erklärt, einen das frühere Meistbot mindestens um ein Viertel übersteigenden Preis zu entrichten und die für die frühere Versteigerung geltenden Versteigerungsbedingungen zu erfüllen. Unterliegt die Übertragung des Eigentums landesgesetzlichen Grundverkehrsgesetze, so sind die entsprechenden Vorschriften zu beachten. *(BGBl I 2000/59)*

Anbringung des Überbots

(BGBl I 2000/59)

§ 196. (1) Das Überbot ist innerhalb von 14 Tagen nach öffentlicher Bekanntmachung der Zuschlagserteilung beim Exekutionsgericht anzubringen. Gleichzeitig ist dem Gericht anzubieten, dass ein Viertel des angebotenen Kaufpreises

durch gerichtlichen oder notariellen Erlag von Bargeld oder Sparurkunden binnen sieben Tagen nach gerichtlicher Aufforderung sichergestellt werden wird. Das Überbot wird wirksam, wenn die angebotene Sicherheit geleistet wird. Dies ist dem Gericht nachzuweisen. Erlegt der Überbieter die Sicherheitsleistung nicht oder kommt er einem Verbesserungsauftrag nicht nach, so ist über ihn eine Ordnungsstrafe bis zu 10 000 Euro zu verhängen. Ist das Überbot unbestimmt, so ist es ohne Verbesserungsauftrag zurückzuweisen. *(BGBl I 2000/59; BGBl I 2008/37; BGBl I 2014/69)*

(2) Ein Zurückziehen des Überbots ist unzulässig.

Entkräftung des Überbots
(BGBl I 2000/59)

§ 197. Von dem höchsten Überbot, für das eine Sicherheit erlegt wurde, ist der Ersteher zu verständigen. Er kann die angebrachten Überbote dadurch entkräften, dass er innerhalb dreier Tage, nachdem ihm das letzte rechtzeitig eingelangte Überbot mitgeteilt wurde, sein Meistbot auf den Betrag des höchsten Überbots erhöht. Die Erklärung darüber ist beim Exekutionsgerichte mittels Schriftsatz oder zu Protokoll abzugeben; sobald der Schriftsatz beim Exekutionsgerichte eingelangt oder das Protokoll geschlossen ist, kann die Erklärung nicht mehr zurückgezogen werden. *(BGBl I 2008/37)*

Annahme des Überbots
(BGBl I 2000/59)

§ 198. (1) Wenn der Ersteher das Meistbot gemäß § 197 erhöht, sind sämtliche Überbote zurückzuweisen. Sonst ist unter mehreren Überbietern derjenige zuzulassen, welcher den höchsten Preis angeboten hat; bei Gleichheit der Überbote gibt das Zuvorkommen den Ausschlag. *(BGBl I 2000/59; BGBl I 2014/69)*

(2) Der Ersteher, die Überbieter, der betreibende Gläubiger, der Verpflichtete, sowie alle Personen, welche gegen die dem Überbote vorausgegangene Zuschlagserteilung Rekurs erhoben haben, sind von der Entscheidung zu verständigen und können sie mittels Rekurs anfechten. Das Unterlassen der Anfechtung der gerichtlichen Überbotsannahme seitens desjenigen, welche gegen die Zuschlagserteilung Rekurs erhoben haben, gilt als Zurücknahme dieses Rekurses.

Rechtsfolgen der Annahme des Überbots

§ 199. (1) Mit Eintritt der Rechtskraft einer gerichtlichen Überbotsannahme verliert die frühere Versteigerung ihre Wirksamkeit. Das Gericht hat von Amts wegen den früheren Zuschlag aufzuheben und dem Überbieter den Zuschlag zu erteilen. Dieser Beschluss ist dem Überbieter, dessen Überbot angenommen wurde, dem Verpflichteten, dem betreibenden Gläubiger und dem früheren Ersteher innerhalb acht Tagen nach Rechtskraft der Überbotsannahme in schriftlicher Ausfertigung zuzustellen (§ 183 Abs. 2). Binnen derselben Frist ist die Erteilung des Zuschlages öffentlich bekannt zu machen und im Grundbuch anzumerken; dieser Anmerkung kommt die Rechtswirkung einer Anmerkung der Erteilung des Zuschlages (§ 72 GBG) zu. Gegen den Beschluss, durch welchen der Zuschlag erteilt wird, ist ein weiteres Überbot unzulässig.

(2) Der Überbieter, dessen Überbot angenommen wurde, gilt von dem Tag der Erteilung des Zuschlages an als Ersteher und hat alle in Gemäßheit der Vorschriften dieses Gesetzes dem Ersteher obliegenden Verpflichtungen zu erfüllen, dagegen hat er von diesem Tag auf alle Nutzungen Anspruch, die dem Ersteher nach den Vorschriften dieses Gesetzes vom Tag der Zuschlagserteilung an gebühren.

(3) Das in gerichtlicher Verwahrung befindliche Vadium des früheren Erstehers samt dem aufgelaufenen Zinsen, der von ihm schon erlegte Betrag des Meistbots samt den hinzugekommenen Zinsen und die von den nicht zugelassenen Überbietern erlegten Gelder und Sparurkunden sind zurückzustellen; in Ansehung der als Vadium dienenden Hypothekarforderungen ist nach § 188 Abs. 1 vorzugehen.

(4) Eine nach § 190 bewilligte einstweilige Verwaltung der Liegenschaft findet von Erteilung des Zuschlages an zu Gunsten des Überbieters statt. War die Liegenschaft schon dem Ersteher übergeben, so hat das Exekutionsgericht von Amts wegen eine einstweilige Verwaltung (§§ 191 ff) anzuordnen. *(BGBl I 2021/86)*

(BGBl I 2000/59)

Übernahme von Lasten

§ 200. (1) Dienstbarkeiten,[1)] Ausgedinge und andere Reallasten, denen der Vorrang vor dem Befriedigungsrecht eines betreibenden Gläubigers oder einem eingetragenen Pfandrecht zukommt, sind vom Ersteher ohne Anrechnung auf das Meistbot zu übernehmen. Nachfolgende Lasten sind nur insoweit zu übernehmen, als sie nach der ihnen zukommenden Rangordnung in der Verteilungsmasse Deckung finden. *(BGBl I 2000/59)*

(1a) Dienstbarkeiten, die der leitungsgebundenen Energieversorgung dienen und nicht nach anderen Bestimmungen ohne Anrechnung auf das Meistbot zu übernehmen sind, sind dann ohne Anrechnung auf das Meistbot zu übernehmen, wenn der aus der Dienstbarkeit Berechtigte unwiderruflich erklärt hat, den vom Sachverständigen ermittelten Wert der Dienstbarkeit zu zahlen. *(BGBl I 2008/37; BGBl I 2014/69)*

(2) Nicht rechtzeitig ausgeübte Wiederkaufsrechte sind nach Durchführung des Versteigerungsverfahrens ohne Anspruch auf Entschädigung aus dem Meistbote zu löschen. *(BGBl I 2000/59)*

(3) Für bücherlich eingetragene Bestandrechte bleiben die Vorschriften des § 1121 ABGB. maßgebend.

(BGBl I 2021/86)

[1)] *Vgl § 1121 ABGB, § 11 WEG 2002.*

Berichtigung des Meistbots

§ 201. (1) Das Meistbot ist binnen zwei Monaten ab Rechtskraft der Zuschlagserteilung bei Gericht zu erlegen. Unterliegt die Übertragung des Eigentums landesgesetzlichen Grundverkehrsgesetzen, so beginnt die Frist mit der Rechtskraft des Beschlusses, womit der Zuschlag für wirksam erklärt wird. Der zu erlegende Betrag vermindert sich um jene Beträge, die auf Forderungen von Pfandgläubigern, die aus dem Meistbote voraussichtlich zum Zug gelangen und mit der Übernahme der Schuld durch den Ersteher einverstanden sind oder auf pfandrechtlich sichergestellte Forderungen, Dienstbarkeiten, Ausgedinge und andere Reallasten, die vom Ersteher in Anrechnung auf das Meistbot übernommen werden müssen, entfallen. Rückständige Renten, Unterhaltsgelder und andere wiederkehrende Leistungen, rückständige Zinsen der zur Übernahme bestimmten Forderungen sowie Prozess- und Exekutionskosten dürfen bei dieser Berechnung nicht in Anschlag gebracht werden. *(BGBl I 2000/59)*

(2) Auch das bei Gericht erlegte Vadium vermindert den zu erlegenden Betrag des Meistbots. *(BGBl I 2000/59)*

(3) Wird das Meistbot nicht binnen 14 Tagen nach Erteilung des Zuschlags erlegt, so hat der Ersteher das Meistbot, soweit es nicht auf Forderungen und Lasten aufzurechnen ist, vom Tag der Erteilung des Zuschlags bis zum Erlag mit 4 % zu verzinsen. Diese Zinsen sowie die Zinsen der bei Gericht erlegten Beträge des Meistbots fallen in die Verteilungsmasse. *(BGBl I 2000/59; BGBl I 2021/86)*

(4) Die für die Erwerbung der Liegenschaft zu entrichtenden Übertragungsgebühren dürfen nicht in das Meistbot eingerechnet werden.

(5) *(aufgehoben, BGBl I 2000/59)*

(BGBl I 2021/86)

Übernahmebetrag für Dienstbarkeiten zu leitungsgebundener Energieversorgung

§ 202. (1) Der Betrag, welcher für die Übernahme einer Dienstbarkeit, die der leitungsgebundenen Energieversorgung dient, zu leisten ist, ist binnen zwei Monaten ab Rechtskraft der Zuschlagserteilung bei Gericht zu erlegen. Er ist dem Meistbot zuzuschlagen und mit diesem zu verteilen.

(2) Wird dieser Betrag nicht fristgerecht erlegt, so ist dieser von Amts wegen durch Beschluss des Exekutionsgerichts festzustellen. Der festgestellte Betrag ist mit 4 % zu verzinsen. Zu seiner Hereinbringung findet nach Rechtskraft des Beschlusses Exekution statt. Diese kann vom betreibenden Gläubiger sowie von jeder der übrigen auf das Meistbot gewiesenen Personen beim Exekutionsgericht beantragt und zugunsten der Verteilungsmasse durchgeführt werden.

(BGBl I 2008/37; BGBl I 2021/86)

Kündigung pfandrechtlich sichergestellter Forderungen
(BGBl I 2000/59)

§ 203. (1) Der Ersteher kann von ihm in Anrechnung auf das Meistbot übernommene pfandrechtlich sichergestellte Forderungen halbjährig kündigen und ohne Rücksicht auf die vertragsmäßig für die Rückzahlung geltenden Bestimmungen zurückzahlen, wenn die vertragsmäßig von der Forderung außer den Kapitalsabschlagszahlungen dem Gläubiger zu entrichtenden wiederkehrenden Leistungen in ihrem jährlichen Gesamtbetrag vier von Hundert übersteigen.

(2) Sofern vertragsmäßig kürzere Kündigungsfristen gelten, kommen diese dem Ersteher zu statten.

(BGBl I 2021/86)

Nutzungsverhältnis bei Superädifikat

§ 204. Bei Versteigerung eines Superädifikats tritt der Ersteher in das bestehende Nutzungsverhältnis ein. Der Eigentümer kann jedoch das Nutzungsverhältnis aus wichtigem Grund kündigen. *(BGBl I 2021/86)*

(BGBl I 2000/59)

Wiederversteigerung

§ 205. (1) Wenn das Meistbot vom Ersteher nicht rechtzeitig und ordnungsgemäß berichtigt wird, findet auf Antrag oder von Amts wegen die Wiederversteigerung der Liegenschaft auf Kosten und Gefahr des säumigen Erstehers statt. *(BGBl I 2000/59)*

(2) Die Wiederversteigerung unterbleibt, wenn der säumige Ersteher vor Ablauf der Frist zum Rekurs gegen die Anordnung der Wiederversteigerung den noch offenen Betrag des Meistbots samt Zinsen bei Gericht erlegt. Mit Rechtskraft der Anordnung der Wiederversteigerung verliert die erste Versteigerung ihre Wirksamkeit. *(BGBl I 2000/59)*

(3) Die Wiederversteigerung ist unter entsprechender Anwendung der für die erste Versteigerung geltenden Vorschriften durchzuführen. Der säumige Ersteher ist vom Bieten nicht ausgeschlossen; er hat jedoch eine Sicherheitsleistung in der Höhe des geringsten Gebots vor dem Beginn des Bietens zu erlegen. *(BGBl I 2000/59)*

(4) Von dem neuerlichen Versteigerungstermin sind auch jene Personen in Kenntnis zu setzen, für welche erst nach Anberaumung der ersten Versteigerung dingliche Rechte und Lasten begründet, oder Wiederkaufs- und Vorkaufsrechte eingetragen wurden.

(BGBl I 2021/86)

Haftung des säumigen Erstehers
(BGBl I 2000/59)

§ 206. (1) Der säumige Ersteher haftet für den Ausfall am Meistbot, der sich bei der Wiederversteigerung ergibt, für die Kosten der Wiederversteigerung, die entgangenen Zinsen nach § 201 Abs. 3 und für alle sonst durch seine Saumsal verursachten Schäden sowohl mit dem Vadium und dem erlegten Betrag des Meistbots wie mit seinem übrigen Vermögen. *(BGBl I 2000/59; BGBl I 2021/86)*

(2) Der Ausfall am Meistbot, die Kosten der Wiederversteigerung und die entgangenen Zinsen gemäß § 201 Abs. 3 sind von Amts wegen durch Beschluss des Exekutionsgerichtes festzustellen. Der festgestellte Betrag ist mit 4% zu verzinsen. Soweit diese Beträge nicht aus dem Vadium und dem erlegten Betrag des Meistbots berichtigt werden können, findet zu ihrer Hereinbringung nach Rechtskraft des Beschlusses Exekution statt. Diese kann vom betreibenden Gläubiger sowie von jeder der übrigen auf das Meistbot gewiesenen Personen beim Exekutionsgerichte beantragt und zu Gunsten der Verteilungsmasse durchgeführt werden. *(BGBl I 2000/59; BGBl I 2021/86)*

(3) Auf den Betrag, um welchen das bei der Wiederversteigerung erzielte Meistbot das Meistbot der ersten Versteigerung überschreitet, hat der säumige Ersteher keinen Anspruch.

(4) Bleibt die Wiederversteigerung erfolglos, so gilt als Ausfall am Meistbot der Unterschiedsbetrag zwischen dem geringsten Gebot (§ 85 Abs. 2) und dem Meistbot des säumigen Erstehers. *(BGBl I 2000/59; BGBl I 2021/86)*

(BGBl I 2021/86)

Übergang der Gefahr, der Nutzungen und Lasten und Übergabe der Liegenschaft[1]
[1] *Vgl § 237 EO.*

§ 207. (1) Die Gefahr der zur Versteigerung gelangten Liegenschaft geht mit dem Tage der Erteilung des Zuschlages auf den Ersteher über.

Dies gilt auch dann, wenn die Übertragung des Eigentums landesgesetzlichen Grundverkehrsgesetzen unterliegt. Von diesem Tage an gebühren ihm alle Früchte und Einkünfte der Liegenschaft. Dagegen hat er von da an die mit dem Eigentume der Liegenschaft verbundenen Lasten, soweit sie nicht durch das Versteigerungsverfahren erlöschen, sowie die Steuern und öffentlichen Abgaben zu tragen, welche von der Liegenschaft zu entrichten sind, und die in Anrechnung auf das Meistbot übernommenen Schuldbeträge zu verzinsen.

(2) Die Übergabe der Liegenschaft sowie des veräußerten Zubehörs an den Ersteher und die bücherliche Eintragung seines Eigentumsrechtes hat erst nach Erfüllung aller Versteigerungsbedingungen zu erfolgen. Die Übergabe der Liegenschaft ist nach den Bestimmungen des § 349 zu vollziehen. Die Kosten einer zwangsweisen Räumung sind durch Beschluss des Exekutionsgerichtes festzusetzen; dem Verpflichteten ist die Zahlung an den Ersteher aufzutragen.

(BGBl I 2000/59; BGBl I 2021/86)

Rückerstattung bei Aufhebung oder Unwirksamkeit des Zuschlags
(BGBl I 2000/59)

§ 208. (1) Wenn der Zuschlag rechtskräftig aufgehoben wird oder wenn er infolge der Anordnung der Wiederversteigerung oder der gerichtlichen Annahme eines Überbots seine Wirksamkeit verliert, hat der Ersteher die bezogenen Früchte und Einkünfte zurückzuerstatten. Er darf jedoch, wenn nicht wegen seiner Saumsal Wiederversteigerung stattfindet, die von ihm in der Zwischenzeit entrichteten Steuern und öffentlichen Abgaben, die auf Erzielung der Früchte und Einkünfte verwendeten Kosten und die Zinsen des gerichtlich erlegten Betrags des Meistbots vom jeweiligen Erlagstag an in Abrechnung bringen. *(BGBl I 2000/59)*

(2) Die Rückerstattung der bezogenen Früchte und Einkünfte ist vom Exekutionsgerichte durch Beschluss aufzutragen; hiebei sind die wegen Verwertung der Früchte nötigen Anordnungen zu treffen. Vor Erlassung des Beschlusses ist der frühere Ersteher einzuvernehmen. Nach Rechtskraft des Beschlusses kann vom betreibenden Gläubiger sowie von jeder der übrigen auf das Meistbot gewiesenen Personen beim Exekutionsgerichte die Exekution auf das Vermögen des früheren Erstehers beantragt und zu Gunsten der Verteilungsmasse durchgeführt werden. *(BGBl I 2021/86)*

(3) Die erstatteten Beträge oder der für erstattete Früchte erzielte Erlös sind in gerichtliche Verwahrung zu nehmen.

(4) Wird der auf Grund landesgesetzlicher Grundverkehrsgesetze unter Vorbehalt erteilte Zuschlag nicht rechtswirksam, so sind für die Wiederversteigerung die entsprechenden landesgesetzlichen Sondervorschriften zu beachten. *(BGBl I 2000/59)*

(BGBl I 2021/86)

Anberaumung der Meistbotsverteilungstagsatzung
(BGBl I 2000/59)

§ 209. (1) Spätestens nach vollständiger Berichtigung des Meistbots hat das Gericht von Amts wegen zur Verhandlung über die Verteilung des Meistbots eine Tagsatzung anzuberaumen. *(BGBl I 2000/59)*

(2) Zur Tagsatzung sind außer dem Verpflichteten der betreibende Gläubiger und alle Personen zu laden, für die nach den dem Gericht darüber vorliegenden Urkunden an der versteigerten Liegenschaft oder an den auf dieser Liegenschaft haftenden Rechten dingliche Rechte und Lasten bestehen. *(BGBl I 2000/59)*

(3) Dem Ersteher ist die Anberaumung der Tagsatzung mit dem Beifügen mitzuteilen, dass es ihm freistehe, an derselben teilzunehmen.

(4) Die Anberaumung der Tagsatzung ist öffentlich bekannt zu machen. Zwischen der Aufnahme in die Ediktsdatei und der Tagsatzung soll eine Frist von mindestens vier Wochen liegen. *(BGBl I 2000/59)*

Forderungsanmeldung

§ 210. (1) Die mit ihren Ansprüchen auf das Meistbot gewiesenen Personen sind bei der Ladung aufzufordern, ihre Ansprüche an Kapital, Zinsen, wiederkehrenden Leistungen, Kosten und sonstigen Nebenforderungen spätestens 14 Tage vor der Tagsatzung anzumelden und die zum Nachweis ihrer Ansprüche dienenden Urkunden, falls sich diese nicht schon bei den Zwangsversteigerungsakten befinden, gleichzeitig in Urschrift oder Abschrift vorzulegen, widrigens ihre Ansprüche bei der Verteilung nur insoweit berücksichtigt würden, als sie sich aus dem Grundbuch als rechtsbeständig und zur Befriedigung geeignet ergeben.

(2) Auch Forderungen, die nach Ablauf der in Abs. 1 genannten Frist, spätestens aber bei der Tagsatzung angemeldet werden, sind bei der Verteilung zu berücksichtigen. Muss auf Grund der verspäteten Anmeldung die Verhandlung von Amts wegen oder auf Antrag eines anwesenden Gläubigers erstreckt werden, so hat das Exekutionsgericht nach freier Überzeugung (§ 273 ZPO) die Kosten jedes nach § 209 Abs. 2 und 3 zu verständigenden und bei der erstreckten Tagsatzung anwesenden Beteiligten für die Teilnahme an der erstreckten Verhandlung festzusetzen und deren Bezahlung dem säumigen Gläubiger aufzuerlegen.

Wenn ein Beteiligter durch einen Rechtsanwalt vertreten wird, sind die Kosten nach dem Rechtsanwaltstarifgesetz zu bemessen.

(BGBl I 2000/59, vgl § 127 (2) Satz 2 EO)

Angabe des Entschädigungs- oder Kapitalbetrags
(BGBl I 2000/59)

§ 211. (1) Bei Dienstbarkeiten, Ausgedingen und anderen Reallasten, bei einverleibten Bestandrechten sowie bei anderen nach den Versteigerungsbedingungen und nach dem Ergebnis der Versteigerung vom Ersteher nicht zu übernehmenden Rechten und Lasten muss der Betrag, der wegen Nichtüberweisung beanspruchten Entschädigung angegeben werden, bei Höchstbetragshypotheken der Betrag, mit dem Befriedigung beansprucht wird. *(BGBl I 2000/59)*

(2) Wer bereit ist, seinen sichergestellten Anspruch auf Entrichtung von Renten und anderen wiederkehrenden Leistungen und Zahlungen gegen einen bestimmten Kapitalsbetrag aufzugeben, hat diesen Betrag zu bezeichnen.

(3) Bei Superädifikaten ist von den Pfandgläubigern die Rangordnung des von ihnen behaupteten Pfandrechts unter Bezeichnung der Zeit, von der an das Pfandrecht in Anspruch genommen wird, anzugeben. *(BGBl I 2000/59)*

(4) Nach Beendigung der Verteilungstagsatzung ist eine Ergänzung der Anmeldung unstatthaft.

(5) Bei einer Höchstbetragshypothek reicht zum Nachweis des zum Zeitpunkt der letzten vom Verpflichteten unwidersprochen gebliebenen Saldomitteilung offenen Betrags die Vorlage dieser Saldomitteilung aus. *(BGBl I 2000/59)*

Verhandlung über die Ansprüche
(BGBl I 2000/59)

§ 212. (1) Bei der Tagsatzung haben die erschienenen Personen über die bei der Verteilung des Meistbotes zu berücksichtigenden Ansprüche und die Reihenfolge ihrer Befriedigung zu verhandeln. Der zur Tagsatzung erschienene Verpflichtete hat alle vom Gericht oder von einem der Anwesenden geforderten Aufklärungen zu geben, welche für die Prüfung der Richtigkeit und Rangordnung der aus dem Meistbote zu berichtigenden Ansprüche nötig sind.

(2) Ansprüche, welche selbst beim Ausfallen vorausgehender bestrittener Ansprüche aus dem Versteigerungserlös nicht zum Zug kommen würden, sind in die Verhandlung nicht einzubeziehen.

Vgl § 128 (4) Satz 2 EO

(3) Kann die Verhandlung an einem Tag nicht beendet werden, so ist die Fortsetzung derselben für einen der nächsten Tage anzuordnen und dies den anwesenden Personen bei Unterbrechung der Verhandlung zu verkünden. Einer neuerlichen Ladung der im § 209 bezeichneten Personen bedarf es nicht.

Widerspruchsrecht
(BGBl I 2000/59)

§ 213. (1) Gegen die Berücksichtigung angemeldeter oder aus dem Grundbuch zu entnehmender Ansprüche bei der Verteilung, gegen die Höhe der an Kapital- und Nebengebühren angesprochenen Beträge und gegen die für einzelne Forderungen begehrte Rangordnung kann von allen zur Tagsatzung erschienenen Berechtigten Widerspruch erhoben werden, deren Ansprüche beim Ausfallen des bestrittenen Rechts aus dem Versteigerungserlös zum Zug kommen könnten; die Befugnis zum Widerspruch steht unter dieser Voraussetzung insbesondere auch den Afterpfandgläubigern zu. Der Verpflichtete kann nur gegen die Berücksichtigung solcher Ansprüche Widerspruch erheben, für welche ein Exekutionstitel nicht vorliegt. *(BGBl I 2000/59)*

(2) Im Falle der Erhebung eines Widerspruches hat der die Verhandlung leitende Richter die Erzielung eines Einverständnisses nach Möglichkeit zu fördern. Kommt ein solches Einverständnis nicht zustande, so sind alle für die Entscheidung des Gerichtes maßgebenden Umstände im Wege der Vernehmung der durch den fraglichen Widerspruch betroffenen anwesenden Personen ins klare zu setzen.

(3) Das über die Tagsatzung aufzunehmende Protokoll hat den wesentlichen Inhalt der von den Beteiligten abgegebenen, für die Verteilung erheblichen Erklärungen zu enthalten.

Verteilungsbeschluss
(BGBl I 2000/59)

§ 214. (1) Nach den Ergebnissen dieser Verhandlung ist auf Grund der erfolgten Anmeldungen, der Akten des Versteigerungsverfahrens und des Grundbuchsstandes über die Verteilung Beschluss zu fassen. *(BGBl I 2000/59)*

(2) Soweit die im einzelnen Falle davon betroffenen berechtigten Personen einig sind, erfolgt die Verteilung nach Maßgabe dieses Einverständnisses; andernfalls sind dabei die nachfolgenden Vorschriften zu beobachten.

Vgl § 120 (2) Z 4 EO

Verteilungsmasse

§ 215. Die Verteilungsmasse bilden:

1. das Meistbot oder Überbot, die zur Erhöhung des Meistbots gegebenen Beträge (§ 197) und die Zinsen hievon, soweit letztere nicht nach den

Vorschriften dieses Gesetzes dem Ersteher zufallen; *(BGBl I 2000/59)*

2. die Erträgnisse einer während des Versteigerungsverfahrens angeordneten einstweiligen Verwaltung (§ 191 Z 4); *(BGBl I 2021/86)*

3. das Vadium des säumigen Erstehers und die von diesem erlegten Meistbotsraten, soweit sie nach den Vorschriften dieses Gesetzes in die Verteilungsmasse fallen, sowie die vom Ersteher geleisteten sonstigen Ersätze samt Zinsen (§ 206); *(BGBl I 2000/59; BGBl I 2021/86)*

4. die vom Ersteher gemäß § 208 geleisteten Rückerstattungen und alle übrigen nach den Vorschriften dieses Gesetzes in die Verteilungsmasse fließenden Beträge. *(BGBl I 2021/86)*

Rangordnung der zu berichtigenden Ansprüche
(BGBl I 2000/59)

§ 216. (1) Aus der Verteilungsmasse sind in nachfolgender Rangordnung zu berichtigen:

1. falls während des Versteigerungsverfahrens zu Gunsten der auf das Meistbot gewiesenen Personen eine Verwaltung stattgefunden hat, die im § 120 Abs. 2 Z. 4 bezeichneten Auslagen und Vorschüsse;

2. die aus den letzten drei Jahren vor dem Tag der Erteilung des Zuschlages rückständigen, von der Liegenschaft zu entrichtenden Steuern samt Zuschlägen, Vermögensübertragungsgebühren und sonstige von der Liegenschaft zu entrichtende öffentliche Abgaben, die nach den bestehenden Vorschriften ein gesetzliches Pfand- oder Vorzugsrecht genießen, sowie die nicht länger als drei Jahre rückständigen Verzugszinsen dieser Steuern und Abgaben, und zwar die Zuschläge in gleicher Rangordnung mit den Steuern und Abgaben, welche die Grundlage ihrer Bemessung bilden. Diese Ansprüche sind jedoch ohne Rücksicht auf das ihnen sonst zustehende Vorrecht erst nach voller Befriedigung des betreibenden Gläubigers aus der Verteilungsmasse zu berichtigen, wenn sie nicht spätestens im Versteigerungstermin vor Beginn der Versteigerung angemeldet wurden; *(BGBl I 2000/59)*

3. die aus den letzten fünf Jahren vor dem Tag der Erteilung des Zuschlages rückständigen Forderungen gemäß § 27 des Wohnungseigentumsgesetzes 2002, wobei Ansprüche mehrerer Miteigentümer untereinander den gleichen Rang haben; *(BGBl I 1999/147; BGBl I 2002/71)*

4. die auf der Liegenschaft pfandrechtlich sichergestellten Forderungen, einschließlich der pfandrechtlich sichergestellten Steuer- und Gebührenforderungen, die nicht pfandrechtlich sichergestellte Forderung des betreibenden Gläubigers, die Deckung für die vom Ersteher in Anrechnung auf das Meistbot zu übernehmenden Dienstbarkeiten, Ausgedinge und andere Reallasten und die

Entschädigungsansprüche für einverleibte Bestandrechte sowie für andere vom Ersteher nach den Versteigerungsbedingungen und dem Ergebnis der Versteigerung nicht zu übernehmende Rechte und Lasten, sämtliche nach der Rangordnung der bezüglichen bücherlichen Eintragungen oder nach der Zeitfolge der pfandweisen Beschreibungen und der sonst nachgewiesenen Rechtsbegründungsakte.

(2) Die gerichtlich bestimmten Prozess- und Exekutionskosten, die durch die Geltendmachung eines der in Z. 2 bis 4 angeführten Ansprüche entstanden sind, und die nicht länger als drei Jahre vor dem Tag der Erteilung des Zuschlages rückständigen, aus einem Vertrag oder aus dem Gesetz gebührenden Zinsen, Renten, Unterhaltsgelder und sonstigen wiederkehrenden Leistungen genießen gleiche Priorität mit dem Kapital oder Bezugsrecht. Eine gleiche Priorität wie dem Kapitale kommt auch den Ansprüchen aus einem für den Fall der vorzeitigen Rückzahlung einer bücherlich sichergestellten Forderung geschlossenen Vertrage zu. Bei Unzulänglichkeit der Verteilungsmasse sind diese Nebengebühren vor dem Kapitale zu berichtigen.

Vorrangseinräumung

§ 216a. Im Fall einer nur relativ wirksamen Vorrangseinräumung im Sinne des § 30 Abs. 3 GBG ist bei der Meistbotsverteilung das vortretende Recht an seiner ursprünglichen Stelle zu berücksichtigen, wenn das Recht, das nach seinem ursprünglichen Rang vom Ersteher ohne Anrechnung auf das Meistbot zu übernehmen ist, zurücktritt und ein seiner Natur nach verschiedenes Recht vortritt. *(BGBl I 2021/86)*

(BGBl I 2000/59)

Rest der Verteilungsmasse
(BGBl I 2000/59)

§ 217. (1) Sofern die Verteilungsmasse durch die bisher angeführten Leistungen nicht erschöpft ist, sind aus ihr zu berichtigen:

1. die länger als drei Jahre rückständigen, von der Liegenschaft zu entrichtenden Steuern samt Zuschlägen, Vermögensübertragungsgebühren, und sonstige von der Liegenschaft zu entrichtende öffentliche Abgaben, die nach den bestehenden Vorschriften ein gesetzliches Pfandrecht genießen;

2. nach diesen die länger als drei Jahre rückständigen, aus einem Vertrag oder aus dem Gesetz gebührenden Zinsen, Renten, Unterhaltsgelder und sonstigen wiederkehrenden Leistungen, insoweit denselben ein Pfandrecht zukommt, nach der Priorität der Kapitalien oder Bezugsrechte.

(2) Ein nach Berichtigung aller dieser Ansprüche erübrigender Rest der Verteilungsmasse ist dem Verpflichteten zuzuweisen.

Gleiche Rangordnung
(BGBl I 2000/59)

§ 218.[1] (1) Bei Unzulänglichkeit der Verteilungsmasse sind die eine gleiche Rangordnung genießenden Ansprüche samt Nebengebühren nach Verhältnis ihrer Gesamtbeträge zu berichtigen.

(2) Forderungen, zu deren Hereinbringung vor Einleitung des Versteigerungsverfahrens die Zwangsverwaltung der Liegenschaft angeordnet wurde, gelangen in der gemäß § 104 dem Befriedigungsrecht des Gläubigers zukommenden Rangordnung aus der Verteilungsmasse zum Zug, wenngleich dieser Gläubiger auf der Liegenschaft weder pfandrechtlich sichergestellt, noch dem Versteigerungsverfahren beigetreten ist.

_____
[1] *Zur bücherlichen Vorranganmerkung vgl § 30 GBG 1955.*

Renten und wiederkehrende Leistungen
(BGBl I 2000/59)

§ 219. (1) Pfandrechtlich sichergestellte Ansprüche auf jährliche Renten, Unterhaltsgelder und andere wiederkehrende Zahlungen werden aus der Verteilungsmasse in der Art berichtigt, dass zunächst die bis zum Tag der Erteilung des Zuschlages rückständigen Leistungen (§§ 216 und 217) bezahlt und sodann das Kapital, das erforderlich ist, um die vom Tag der Erteilung des Zuschlages an verfallenden Leistungen aus seinen Zinsen zu berichtigen, zinstragend angelegt wird.

(2) Das durch Erlöschen des Bezugsrechtes frei werdende Kapital ist, soweit tunlich, schon im Voraus nach Maßgabe der Priorität ihrer Ansprüche den Berechtigten, deren Ansprüche aus der Verteilungsmasse nicht mehr voll zum Zug gelangen, und in Ermanglung solcher dem Verpflichteten zu überweisen.

Pfandrechtlich sichergestellte Forderungen unter auflösender Bedingung
(BGBl I 2000/59)

§ 220. (1) Pfandrechtlich sichergestellte Forderungen unter auflösender Bedingung sind durch Zuweisung des nach §§ 216 und 217 auf die Forderung entfallenden Barbetrages zu berichtigen; der Gläubiger hat die Rückleistung des Empfangenen für den Fall des Eintrittes der Bedingung sicherzustellen.

(2) Wird die Sicherstellung verweigert, so ist der zur Berichtigung erforderliche Betrag für die Zeit, bis der Nichteintritt der Bedingung gewiß ist, zinstragend anzulegen. Die bis dahin laufenden Zinsen sind dem bedingt berechtigten Gläubiger als Ersatz der ihm vertragsmäßig gebührenden Zinsen, wenn aber die Forderung eine unverzinsliche ist, den aus der Verteilungsmasse nicht mehr voll zum Zug gelangenden Berechtigten nach der Rangordnung ihrer Ansprüche oder mangels solcher dem Verpflichteten zuzuweisen. Die Sicherstellung gilt als verweigert, wenn sich der Gläubiger nicht spätestens bei der letzten Verteilungstagsatzung zu deren Leistung bereit erklärt oder wenn er die rechtzeitig angebotene Sicherheit vor Rechtskraft des Verteilungsbeschlusses nicht leistet.

(3) In beiden Fällen ist bei der Verteilung auf das Eintreten der Bedingung im Sinne des § 219 Abs. 2 entsprechend Bedacht zu nehmen.

(4) Forderungen, hinsichtlich deren im öffentlichen Buch eine Streitanmerkung oder die Anmerkung der Löschungsklage eingetragen ist, sind wie Forderungen unter auflösender Bedingung zu behandeln.

Pfandrechtlich sichergestellte Forderungen unter aufschiebender Bedingung
(BGBl I 2000/59)

§ 221. (1) Die Beträge, welche aus der Verteilungsmasse nach barer Berichtigung der dem Gläubiger nach §§ 216 und 217 zukommenden Nebengebühren auf pfandrechtlich sichergestellte Forderungen unter aufschiebender Bedingung entfallen, sind für die Zeit bis zum Eintritt der Bedingung zinstragend anzulegen.

(2) Die Zinsen sind dem bedingt berechtigten Gläubiger, wenn diesem aber der Zinsenbezug nicht gebührt, den im § 220 Abs. 2 genannten Personen zuzuweisen. Für die Verwendung des frei werdenden Kapitals gelten die Vorschriften des § 219 Abs. 2.

Simultanhypothek
(BGBl I 2000/59)

§ 222. (1) Forderungen, für die eine Simultanhypothek bestellt ist, sind durch Barzahlung aus der Verteilungsmasse zu berichtigen (§§ 216 und 217).

(2) Werden sämtliche für die Forderung ungeteilt haftenden Liegenschaften versteigert, so haben die einzelnen Verteilungsmassen zur Befriedigung der Forderung mit jener Teilsumme beizutragen, die sich zur Forderung einschließlich ihrer Nebengebühren verhält, wie der bei jeder einzelnen Liegenschaft nach Berichtigung der vorausgehenden Ansprüche erübrigende Rest der Verteilungsmasse zur Summe aller dieser Reste.

(3) Fordert der Gläubiger die Bezahlung in einem andern Verhältnisse, so können die nachstehenden Berechtigten, die infolgedessen weniger

erhalten, als wenn der Gläubiger seine Befriedigung gemäß Abs. 2 aus allen versteigerten Liegenschaften genommen hätte, begehren, dass aus den einzelnen Verteilungsmassen der Betrag, welcher nach der im Abs. 2 vorgesehenen Verteilung auf die ungeteilt haftende Forderung entfallen wäre, insoweit an sie abgeführt werde, als dies zur Deckung ihres Ausfalles notwendig ist.

(4) Wenn nicht sämtliche mitverhafteten Liegenschaften zur Versteigerung gelangen, sind der Berechnung des den nachstehenden Berechtigten gebührenden Ersatzes anstelle der Restbeträge der einzelnen Verteilungsmassen die Einheitswerte sämtlicher ungeteilt haftender Liegenschaften zugrunde zu legen. Die Finanzbehörden sind zur Auskunft über die Einheitswerte verpflichtet. Der Ersatzanspruch der nachstehenden Berechtigten ist in diesem Fall zu deren Gunsten auf den nicht versteigerten, mitverhafteten Liegenschaften in der Rangordnung der ganz oder teilweise getilgten und gleichzeitig zu löschenden Forderung des befriedigten Simultanpfandgläubigers einzuverleiben. Diese Einverleibung ist vom Gericht auf Antrag zu verfügen. *(BGBl 1992/150)*

Andere pfandrechtlich sichergestellte Forderungen
(BGBl I 2000/59)

§ 223. (1) Auch alle anderen pfandrechtlich sichergestellten Forderungen, einschließlich der pfandrechtlich sichergestellten Steuern- und Gebührenforderungen sind durch Barzahlung zu berichtigen. Der Gläubiger kann sich aber noch in der Verteilungstagsatzung mit der Übernahme der Schuld in Anrechnung auf das Meistbot durch den Ersteher und der Befreiung des früheren Schuldners einverstanden erklären. *(BGBl I 2000/59)*

(2) Bei Berichtigung von pfandrechtlich sichergestellten Forderungen durch Übernahme sind lediglich die bis zum Tag der Erteilung des Zuschlages rückständigen Zinsen, sowie die sonstigen Nebengebühren (§§ 216 und 217) durch Barzahlung aus der Verteilungsmasse zu berichtigen.

(3) Bei Berichtigung von unverzinslichen betagten Forderungen durch Barzahlung ist der aus der Verteilungsmasse auf die Forderung entfallende Betrag für die Zeit bis zum Eintritt der Fälligkeit zinstragend anzulegen. Die bis zum Fälligkeitstag laufenden Zinsen sind den aus der Verteilungsmasse nicht mehr voll zum Zug gelangenden Berechtigten nach der Rangordnung ihrer Ansprüche, mangels solcher Berechtigter aber dem Verpflichteten zuzuweisen. *(BGBl I 2000/59)*

(4) Für unverzinsliche betagte Forderungen, die in Anrechnung auf das Meistbot übernommen werden, hat der Ersteher vom Tag der Erteilung des Zuschlages bis zum Eintritt der Fälligkeit

Zinsen in der Höhe der gesetzlichen Zinsen zu entrichten. Diese Zinsen sind nach den Bestimmungen des vorhergehenden Absatzes zu verwenden.

Höchstbetragshypothek

§ 224. Bei einer Höchstbetragshypothek sind die bis zur letzten Verteilungstagsatzung bereits entstandenen Forderungen des Gläubigers an Kapital und Nebengebühren in Gemäßheit der sonst für pfandrechtlich sichergestellte Forderungen der gleichen Art geltenden Vorschriften durch Barzahlung oder Übernahme zu berichtigen. *(BGBl I 2021/86)*

(BGBl I 2000/59)

Dienstbarkeiten und Reallasten
(BGBl I 2000/59)

§ 225. (1) Mit welchem Betrag Dienstbarkeiten und Reallasten von unbeschränkter Dauer zu bewerten sind, die der Ersteher nach den Versteigerungsbedingungen und dem Ergebnis der Versteigerung in Anrechnung auf das Meistbot zu übernehmen hat, ist vom Richter unter Berücksichtigung der Ergebnisse der Schätzung (§ 143) zu bestimmen. Bei Dienstbarkeiten und Reallasten, die zum Bezuge wiederkehrender Leistungen berechtigen, ist dieser Betrag dem Kapitale gleich, das erforderlich ist, um die vom Tag der Erteilung des Zuschlages an verfallenden Leistungen oder deren Geldwert aus den Zinsen zu berichtigen. Der Betrag, der auf eine vom Ersteher übernommene Last entfällt, wird diesem ausgefolgt. *(BGBl I 2000/59)*

(2) Bei Dienstbarkeiten und Reallasten von beschränkter Dauer, die der Ersteher in Anrechnung auf das Meistbot übernimmt, ist das Deckungskapital zinstragend anzulegen. Die Zinsen gebühren für die Dauer der fraglichen Last dem Ersteher. In Bezug auf das frei werdende Deckungskapital ist im Sinne des § 219 Abs. 2 zu verfahren.

Einverleibte Ausgedinge
(BGBl I 2000/59)

§ 226. (1) Einverleibte Ausgedinge sind wie Reallasten von beschränkter Dauer, die zu wiederkehrenden Leistungen verpflichten, nach den Vorschriften des § 225 zu behandeln.

(2) Der Ersteher hat dem Berechtigten die ihm kraft des übernommenen Ausgedinges gebührenden Natural- und Geldleistungen zu gewähren. Ist die aus der Verteilungsmasse auf das Ausgedinge entfallende Deckung zu gering, um aus ihren Zinsen diese Leistung oder ihren Geldwert voll zu berichtigen, so darf der Ersteher die zur unverkürzten Aufrechterhaltung des Ausgedings-

EO

leistungen erforderlichen Ergänzungsbeträge aus dem Deckungskapitale entnehmen.

(3) Mit Zustimmung des Ausgedingsberechtigten und der auf das Deckungskapital gewiesenen Personen kann das Gericht verfügen, dass, wo Alterversorgungskassen bestehen, das Deckungskapital in eine solche Kasse zu Gunsten des Ausgedingsberechtigten eingezahlt werde.

Entschädigungsansprüche
(BGBl I 2000/59)

§ 227. (1) Dienstbarkeiten und Reallasten, mit Ausnahme der Ausgedinge, für welche aus der Verteilungsmasse nicht mehr die volle Deckung erübrigt, sind aufzuheben; an ihre Stelle tritt der Entschädigungsanspruch für die nicht überwiesene Last. Die Entschädigung ist vom Richter zu bestimmen und nach Zulänglichkeit der Verteilungsmasse in der Rangordnung, die dem aufgehobenen Recht zukam, durch Barzahlung zu berichtigen.

(2) Das gleiche gilt betreffs der Entschädigungsansprüche für ein nicht auf den Ersteher überwiesenes einverleibtes Bestandrecht.[1]

---

[1] *Vgl § 1121 ABGB.*

Bücherliche Vormerkungen
(BGBl I 2000/59)

§ 228. Bücherliche Vormerkungen sind nur dann zu berücksichtigen, wenn spätestens bei der letzten Verteilungstagsatzung nachgewiesen wird, dass das Verfahren zur Rechtfertigung der Vormerkung sich im Zuge befindet, oder wenn zu dieser Zeit die Frist für die Einleitung dieses Verfahrens noch nicht abgelaufen ist.

Verteilungsbeschluss

§ 229. (1) Im Verteilungsbeschluss ist zunächst der gesamte Betrag der Verteilungsmasse auszuweisen. Sodann sind die an die einzelnen Berechtigten abzuführenden oder für sie zu erlegenden Barbeträge, die vom Ersteher in Anrechnung auf das Meistbot übernommenen Lasten und Schulden samt Nebengebühren und die den übernommenen Lasten und Schulden entsprechenden Deckungsbeträge ziffernmäßig, nach der Rangordnung der hiedurch zu befriedigenden oder sicherzustellenden Rechte und Ansprüche aufzuführen. *(BGBl I 2000/59)*

(2) Im Verteilungsbeschlusse ist ferner anzugeben, wie die Zinsen fruchtbringend angelegter Beträge zu verwenden sind, wie mit frei werdenden Beträgen zu verfahren ist, welche Sicherheit bei barer Berichtigung von Forderungen unter auflösender Bedingung zu leisten ist, welche Berechtigte, mit welchem Betrag und in welcher

Reihenfolge sie auf Ersatz im Sinne des § 222 Anspruch haben, und welcher Betrag der Masse zu Gunsten des Verpflichteten erübrigt.

(3) Der Verteilungsbeschluss ist allen zur Tagsatzung geladenen Personen zuzustellen.

Gläubiger unbekannten Aufenthalts

§ 230. (1) Ist der Gläubiger einer auf der Liegenschaft pfandrechtlich sichergestellten Forderung unbekannten Aufenthalts, so ist für ihn ein Abwesenheitskurator nach § 277 ABGB zu bestellen. Der auf diese Forderung entfallende Betrag kann nicht durch Übernahme der Schuld durch den Ersteher beglichen werden, sondern nur durch Barzahlung. Gibt der Kurator nicht binnen fünf Jahren ab Rechtskraft des Meistbotverteilungsbeschlusses den Gläubiger oder dessen Rechtsnachfolger dem Gericht bekannt, so ist der Betrag in einer Nachtragsverteilung an die Gläubiger zu verteilen. *(BGBl I 2000/59; BGBl I 2021/86)*

(2) Die Bestellung des Kurators obliegt dem Exekutionsgericht. Das Verfahren richtet sich nach den Bestimmungen dieses Bundesgesetzes. § 174 Abs. 1 zweiter Satz und Abs. 2 sind anzuwenden. Die Kosten des Kurators hat zunächst der betreibende Gläubiger zu tragen, unbeschadet seines Ersatzanspruchs nach § 74. *(BGBl I 2000/59)*

(3) Die Daten über die Bestellung eines Kurators nach Abs. 1 sind in der Ediktsdatei zu löschen, sobald der Kurator rechtskräftig seines Amtes enthoben wurde oder der Beschluss über die Nachtragsverteilung in Rechtskraft erwachsen ist oder die Kuratel sonst erloschen ist. *(BGBl I 2000/59)*

Entscheidung über den Widerspruch
(BGBl I 2000/59)

§ 231. (1) Wenn die Entscheidung über einen bei der Verteilungstagsatzung erhobenen Widerspruch von der Ermittlung und Feststellung streitiger Tatumstände abhängt, so ist die Erledigung des Widerspruches im Verteilungsbeschlusse auf den Rechtsweg zu verweisen; sonst ist über den Widerspruch sogleich im Verteilungsbeschlusse zu entscheiden. Ansprüche, gegen welche sich ein auf den Rechtsweg verwiesener Widerspruch richtet, sind im Verteilungsbeschlusse vorläufig so zu behandeln, als ob sie hinsichtlich des geforderten Betrages und der behaupteten Rangordnung unbestritten wären.

(2) Wer infolge Widerspruches auf den Rechtsweg verwiesen ist, muss sich binnen einem Monat nach Zustellung des Verteilungsbeschlusses darüber ausweisen, dass er das zur Erledigung des Widerspruches notwendige Streitverfahren bereits anhängig gemacht habe, widrigens der

Verteilungsbeschluss auf Antrag eines jeden durch den Widerspruch betroffenen Berechtigten ohne Rücksicht auf den Widerspruch ausgeführt wird. Dies ist im Verteilungsbeschlusse bekannt zu geben.

(3) Die vorstehenden Bestimmungen sind sinngemäß anzuwenden, wenn die Erledigung des Widerspruches die Einleitung des Verfahrens bei der zuständigen Verwaltungsbehörde erheischt.

(4) Die Befugnis desjenigen, der Widerspruch erhoben hat, gegen Personen, die auf Grund des Verteilungsbeschlusses Befriedigung erlangt haben, sein besseres Recht im Wege der Klage geltend zu machen, wird weder durch die Versäumung der für die Erhebung der Klage bestimmten Frist, noch durch die Ausführung des Verteilungsbeschlusses verwirkt.

Verfahrensbestimmungen

(BGBl I 2000/59)

§ 232. (1) Zur Entscheidung über die auf den Rechtsweg verwiesenen Widersprüche ist das Exekutionsgericht zuständig. Die in Ansehung desselben Anspruches von mehreren Personen erhobenen Widersprüche können von diesen als Streitgenossen in einer gemeinschaftlichen Klage geltend gemacht werden.

(2) Das Urteil, welches in dem Prozess über einen bei der Verteilungstagsatzung erhobenen Widerspruch erfließt, ist für und gegen sämtliche beteiligte Gläubiger und Berechtigte, sowie für und gegen den Verpflichteten (§ 14 der ZPO) wirksam.

Inhalt des Urteils

(BGBl I 2000/59)

§ 233. (1) In dem Urteil, durch welches einem erhobenen Widerspruche stattgegeben wird, ist, auch ohne ein darauf gerichtetes Begehren, auf Grund des Verteilungsbeschlusses und der Akten des Verteilungsverfahrens zu bestimmen, welchem Gläubiger und in welchem Betrag der streitige Teil der Masse auszuzahlen sei.

(2) Stehen solcher Bestimmung nach Ermessen des Gerichtes erhebliche Schwierigkeiten entgegen, so ist im Urteil ein neuerliches Verteilungsverfahren anzuordnen und nach Rechtskraft des Urteils von Amts wegen einzuleiten. Diese neuerliche Verteilung hat sich auf den durch den Widerspruch betroffenen Teil der Masse zu beschränken. Die durch Barzahlung, Schuldübernahme oder Deckungserlag aus dem Versteigerungserlös bereits befriedigten Beteiligten sind diesem neuen Verfahren nicht beizuziehen.

Rekurs gegen Verteilungsbeschluss

(BGBl I 2000/59)

§ 234. (1) Zur Anfechtung des Verteilungsbeschlusses mittels Rekurs sind der Verpflichtete und die zur Verteilungstagsatzung erschienenen Berechtigten nur im Umfange des ihnen gemäß § 213 zustehenden Widerspruchsrechtes befugt. *(BGBl I 2000/59)*

(2) Die Bestimmungen des § 233 sind auch auf die Entscheidung über den Rekurs anzuwenden. **EO**

Meistbotsrest

(BGBl I 2000/59)

§ 235. (1) Wenn dem Widerspruch gegen die Anrechnung einer pfandrechtlich sichergestellten Forderung auf das Meistbot in dem Verteilungsbeschluss, in der Entscheidung über einen dagegen erhobenen Rekurs oder in dem über den Widerspruch ergangenen Urteil Folge gegeben wird, hat das Exekutionsgericht sofort nach Eintritt der Rechtskraft dem Ersteher den Auftrag zu erteilen, den Meistbotsrest, welcher dem nicht anrechenbaren Betrag der pfandrechtlich sichergestellten Forderung samt Nebengebühren gleichkommt, sowie dessen gesetzliche Zinsen vom Tag der Erteilung des Zuschlags an binnen der nächsten vierzehn Tage bei Gericht zu erlegen. *(BGBl I 2021/86)*

(2) Auf Grund dieses Auftrages findet nach Ablauf der Frist auf Antrag zur Hereinbringung des restlichen Meistbotes samt Zinsen Exekution auf das Vermögen des Erstehers statt. Zur Antragstellung ist jede der zur Verteilungstagsatzung geladenen Personen berechtigt; der Antrag ist beim Exekutionsgerichte zu stellen.

(3) Mit dem eingezahlten Meistbotrest ist nach § 233 Abs. 2 zu verfahren.

Ausfolgungsbeschluss

(BGBl I 2000/59)

§ 236. (1) Im Verteilungsbeschluss sind die für den Erlös bezugsberechtigten Personen und die diesen auszufolgenden Beträge anzugeben. Diese Beträge sind nach Eintritt der Rechtskraft den bezugsberechtigten Personen auszufolgen. Diese Verfügungen können auch gesondert getroffen werden. *(BGBl I 2000/59)*

(2) Wegen Bewirkung der angeordneten zinstragenden Anlegung ist in Ermanglung einer anderweitigen Einigung unter den Personen, welchen diese Beträge oder deren Zinsen bestimmt sind, vom Exekutionsgerichte das Geeignete zu veranlassen (§ 77).

(3) Soweit der Verteilungsbeschluss wegen eines anhängigen Rechtsstreites nicht ausgeführt werden kann, bleiben die entsprechenden Beträge

bis zur rechtskräftigen Entscheidung in gerichtlicher Verwahrung.

Bücherliche Einverleibungen und Löschungen

§ 237. (1) Die bücherliche Einverleibung seines mit dem Zuschlag erworbenen Eigentumsrechtes an der versteigerten Liegenschaft, die Übertragung der mit dem Eigentum an der Liegenschaft verbundenen bücherlichen Rechte, die Löschung der Anmerkung der Versteigerung, der Zuschlagserteilung und aller übrigen auf das Versteigerungsverfahren bezüglichen bücherlichen Anmerkungen kann vom Ersteher unter Nachweis der rechtzeitigen und ordnungsmäßigen Erfüllung aller Versteigerungsbedingungen schon vor Erledigung der Meistbotsverteilung beim Exekutionsgerichte angesucht werden.

(2) Das Gericht kann, falls es ihm zur Klarstellung und insbesondere zur Ergänzung der vorgelegten Beweise notwendig erscheint, vor Bewilligung des Ansuchens den betreibenden Gläubiger und die an der Liegenschaft dinglich Berechtigten oder einzelne dieser Personen einvernehmen; diese Einvernehmung geschieht auf Kosten des Erstehers. Wenn dies zur Wahrung der Rechte der genannten Personen zweckmäßiger ist, kann das Gericht statt deren Einvernehmung anordnen, dass sie von der Bewilligung des Ansuchens verständigt werden. Bei Bewilligung des Ansuchens hat das Gericht zugleich das Erforderliche wegen Vollzuges der bücherlichen Eintragungen zu verfügen.

(3) Die Löschung der auf der versteigerten Liegenschaft eingetragenen, vom Ersteher nicht übernommenen Lasten und Rechte kann erst nach Rechtskraft des Verteilungsbeschlusses vom Exekutionsgerichte auf Antrag des Erstehers bewilligt werden; mit diesem Antrag kann das im ersten Absatze bezeichnete Begehren verbunden werden.

Zu den Säumnisfolgen vgl § 28 (2) u (3) Lieg-TeilG

Liegenschaftsanteile und Baurechte

§ 238. Soweit das Gesetz nichts anderes bestimmt, sind die Bestimmungen über die Zwangsversteigerung von Liegenschaften auch auf einzelne Liegenschaftsanteile, Superädifikate und Baurechte anzuwenden.

(BGBl I 2021/86)

Rekurs

§ 239. (1) Ein Rekurs findet nicht statt gegen Beschlüsse, durch welche:

1. Wiederkaufsberechtigte und Pfandgläubiger von der Bewilligung der Versteigerung verständigt werden oder die bücherliche Anmerkung der

Einleitung des Versteigerungsverfahrens angeordnet wird; *(BGBl I 2000/59)*

2. gemäß §§ 134 Abs. 1 und 2 und 140 die Beschreibung und Schätzung der zu versteigernden Liegenschaft und des Liegenschaftszubehörs angeordnet wird; die Zahl der zur Schätzung beizuziehenden Sachverständigen bestimmt und die Sachverständigen ernannt werden; *(BGBl I 2000/59)*

3. zufolge § 142 bestimmt wird, dass eine neuerliche Beschreibung oder Schätzung nicht stattzufinden habe;

4. der Versteigerungstermin bestimmt wird; *(BGBl I 2000/59)*

5. nach § 190 die Verwaltung der versteigerten Liegenschaft angeordnet wird; *(BGBl I 2021/86)*

6. die Aufschiebung der Schätzungsvornahme im Sinne des § 156 verfügt wird; *(BGBl I 2021/86)*

7. zu den Bewertungen im Meistbotsverteilungsverfahren Sachverständige beigezogen werden;

8. wegen rechtskräftiger Einstellung oder wegen Durchführung des Versteigerungsverfahrens die Löschung der dieses Verfahren betreffenden bücherlichen Anmerkungen verfügt wird.

(2) Gegen die während des Versteigerungstermins und während der Verteilungstagsatzung gefassten und verkündeten Beschlüsse ist ein abgesonderter Rekurs nicht zulässig. *(BGBl I 2000/59)*

(3) *(aufgehoben, BGBl I 2000/59)*

Vierte Abteilung

Besondere Bestimmungen über die Exekution auf Gegenstände des Bergwerkseigentums

§ 240. *(entfällt samt Überschrift, BGBl I 2021/86)*

Zwangsverwaltung – unmittelbar zu berichtigende Auslagen

(BGBl I 2021/86)

§ 241. Zu den nach § 120 vom Verwalter aus den Erträgnissen unmittelbar zu berichtigenden Auslagen gehören insbesondere auch:

1. die während der Zwangsverwaltung fällig werdenden und die aus dem letzten Jahr vor Bewilligung der Zwangsverwaltung rückständigen Beträge an Revierstollengebühren und an jährlichen Leistungen an den Besitzer der Oberfläche; *(BGBl I 2021/86)*

2. die während der Zwangsverwaltung fällig werdenden und die aus dem letzten Jahre vor Bewilligung der Zwangsverwaltung rückständigen Beträge an Lohn und anderen Arbeitseinkommen der beim Betriebe des Bergbaues verwendeten Personen. *(BGBl I 2021/86)*

Zwangsversteigerung

§ 242. (1) Dem Antrag auf Bewilligung der Zwangsversteigerung sind eine Abschrift aus dem Bergbuch und die Verleihungsurkunde sowie Angaben zu allfälligen Hilfsbaukonzessionen und Revierstollenkonzessionen anzuschließen.

(2) In der Bekanntmachung des Versteigerungstermins sind der Name des Bergbaus, die sich darauf beziehenden Grubenmaße (Grubenfelder) und Überscharen, die Größe des Grubenfeldes, die mineralischen Rohstoffe, die in diesem Bergbau gewonnen werden oder wurden, und die dem Bergbau zunächst gelegene Eisenbahn- oder Schifffahrtsstation anzugeben.

(BGBl I 2021/86)

Fristen

§ 243. Die Einhaltung der in § 148 Z 2 und § 188 Abs. 4 vorgesehenen Fristen sowie der in § 140 Abs. 1 und § 167 Abs. 2 bestimmten Zwischenfristen ist nicht erforderlich.

(BGBl I 2021/86)

Geringstes Gebot

§ 244. (1) Bei Versteigerung von Gegenständen des Bergwerkseigentums beträgt das geringste zulässige Gebot ein Drittel des der Versteigerung zugrunde gelegten Werts der Bergwerksberechtigung samt den in § 146 MinroG genannten Gegenständen.

(2) Entstehen während der Zwangsversteigerung Zweifel über Art, Menge und Zuordnung der in § 146 MinroG genannten Gegenstände, so hat die Bundesministerin für Landwirtschaft, Regionen und Tourismus als Montanbehörde darüber zu entscheiden.

(BGBl I 2021/86)

Zwangsversteigerung eines außer Betrieb befindlichen und unfahrbaren Bergbaues
(BGBl I 2021/86)

§ 245. Wird die Zwangsversteigerung eines außer Betrieb befindlichen und unfahrbaren Bergbaues beantragt, so ist der Betrag der Forderung, zu Gunsten deren Exekution geführt wird, der Versteigerung als Ausrufspreis zu Grunde zu legen. *(BGBl I 2021/86)*

Verteilung

§ 246. Bei Verteilung des durch die Versteigerung einer Bergwerksberechtigung oder eines anderen Gegenstandes des Bergwerkseigentums samt den in § 146 MinroG genannten Gegenständen erzielten Erlöses sind vor den in § 216 Abs. 1

Z 4 bezeichneten Forderungen aus der Masse in der hier bezeichneten Ordnung zu bezahlen:

1. die aus dem letzten Jahr vor dem Tag der Erteilung des Zuschlags rückständigen Beträge an Lohn und anderen Arbeitseinkommen der beim Betrieb des versteigerten Bergbauobjekts tätigen Personen;

2. die aus dem letzten Jahr vor dem Tag der Erteilung des Zuschlags rückständigen Beträge an Revierstollengebühren und an jährlichen Leistungen an den Besitzer der Oberfläche. Sind diese Forderungen, Abgaben und Gebühren länger als ein Jahr rückständig, so sind sie nach den in § 217 Abs. 1 Z 2 bezeichneten Ansprüchen aus der Verteilungsmasse zu tilgen;

3. die Kosten der Schätzung der Bergwerksberechtigung oder eines anderen Gegenstandes des Bergwerkseigentums und der in § 146 MinroG genannten Gegenstände.

(BGBl I 2021/86)

Zustellung

§ 247. Mit Ausnahme des eine Exekution bewilligenden Beschlusses können alle Zustellungen an Bergbauunternehmer oder Bergbauberechtigte, welche im Laufe einer auf Gegenstände des Bergwerkseigentums geführten Exekution vorkommen, an den zur Besorgung der Verwaltung des Bergbaues bestellten Bevollmächtigten bewirkt werden. *(BGBl I 2021/86)*

§ 248. *(entfällt samt Überschrift, BGBl I 2021/86)*

Zweiter Titel
Exekution auf das bewegliche Vermögen

Erste Abteilung
Exekution auf bewegliche Sachen
(BGBl I 2021/86)

Besondere Übergangsbestimmungen: Ist in einem Exekutionsverfahren auf bewegliche Sachen der Exekutionsantrag vor dem 1. Juli 2021 bei Gericht eingelangt, so ist bei einem Antrag auf Fortsetzung oder neuerlichen Vollzug das Verfahren an das nach den §§ 4a ff in der Fassung der GREx zuständige Bezirksgericht zu überweisen, wenn bei diesem ein Exekutionsverfahren auf bewegliche Sachen anhängig ist. § 33 Abs. 1 in der Fassung der GREx ist anzuwenden (§ 502 Abs 4).

Grundsatz
(BGBl I 2021/86)

§ 249. (1) Die Exekution auf bewegliche Sachen erfolgt durch Pfändung und Verkauf derselben. Wenn das Gericht auf Antrag des betreibenden Gläubigers nichts anderes bestimmt, erfasst die Exekution auf bewegliche Sachen alle in der Gewahrsame des Verpflichteten befindlichen beweglichen Sachen. Die Exekutionsbewilligung erfasst auch Forderungen aus indossablen Papieren sowie solche, deren Geltendmachung sonst an den Besitz des über die Forderung errichteten Papiers gebunden ist. *(BGBl I 2021/86)*

(2) Der Vollzugsauftrag umfasst auch den Auftrag zur Aufnahme eines Vermögensverzeichnisses. *(BGBl I 2003/31)*

(2a) *(entfällt, BGBl I 2021/86)*

(3) Im vereinfachten Bewilligungsverfahren dürfen Vollzugshandlungen frühestens 14 Tage nach Zustellung der Bewilligung der Exekution vorgenommen werden. Ist die Exekution nicht im vereinfachten Bewilligungsverfahren bewilligt worden, so ist der Beschluss, durch welchen die Pfändung bewilligt wurde, dem Verpflichteten erst bei Vornahme der Pfändung zuzustellen. *(BGBl I 2010/111; BGBl I 2014/69)*

(BGBl 1995/519)

Verbindung mit Exekution auf Einkommensbezüge

§ 249a. (1) Ist eine Exekution auf eine Gehaltsforderung oder andere regelmäßig wiederkehrende Geldleistungen anhängig, so ist zur Hereinbringung derselben Forderung eine Exekution auf bewegliche Sachen erst dann zu vollziehen, wenn

1. die Exekution nach § 295 erfolglos geblieben ist, weil der Dachverband der Sozialversicherungsträger die Anfrage des Gerichts nach § 295 nicht positiv beantwortet hat oder einen möglichen Drittschuldner bekanntgegeben hat, gegenüber dem der Gläubiger auf die Pfändung verzichtet hat, oder

2. der Drittschuldner in seiner Erklärung die gepfändete Forderung nicht als begründet anerkannt oder trotz Auftrags keine Erklärung abgegeben hat oder

3. offenkundig ist, dass die hereinzubringende Forderung nicht innerhalb eines Jahres durch die Einziehung der gepfändeten Forderung getilgt werden kann, oder

4. der betreibende Gläubiger den Vollzug der Exekution auf bewegliche Sachen nach Erhalt der Erklärung des Drittschuldners beantragt.

(2) Ein im Rahmen eines erweiterten Exekutionspaketes bestellter Verwalter kann die Exekution auf bewegliche Sachen auch dann vollziehen, wenn die Voraussetzungen des Abs. 1 nicht vorliegen.

(BGBl I 2021/86)

Verwalter

§ 249b. (1) Ist ein Verwalter bestellt, so sind die für das Vollstreckungsorgan geltenden Bestimmungen auch auf den Verwalter anzuwenden, sofern das Gesetz nichts anderes bestimmt.

(2) Der Verwalter kann von den Bestimmungen dieser Abteilung abweichen, soweit diese nicht die Pfändung oder öffentliche Versteigerung betreffen oder zur Wahrung der Interessen des Verpflichteten geboten sind.

(3) Der Verwalter kann gesetzliche Fristen überschreiten und er hat Sperrfristen nicht einzuhalten, sofern solche Fristen in diesem Bundesgesetz vorgesehen sind.

(4) Eine Verwahrung der gepfändeten Sache bei Gericht darf der Verwalter nur auf Antrag des betreibenden Gläubigers vornehmen. Er kann diese wie eine Überstellung der gepfändeten Sache von einem Kostenvorschuss des betreibenden Gläubigers oder dessen Mitwirkung abhängig machen. § 260 ist anzuwenden.

(BGBl I 2021/86)

Unpfändbare Sachen

§ 250. (1) Unpfändbar sind

1. die dem persönlichen Gebrauch oder dem Haushalt dienenden Gegenstände, soweit sie einer bescheidenen Lebensführung des Verpflichteten und der mit ihm im gemeinsamen Haushalt lebenden Familienmitglieder entsprechen oder wenn ohne weiteres ersichtlich ist, dass durch deren Verwertung nur ein Erlös erzielt werden würde, der zum Wert außer allem Verhältnis steht;

2. bei Personen, die aus persönlichen Leistungen ihren Erwerb ziehen, sowie bei Kleinunternehmern die zur Berufsausübung bzw. persönlichen Fortsetzung der Erwerbstätigkeit erforderlichen Gegenstände sowie nach Wahl des Verpflichteten bis zum Wert von 750 Euro die zur Aufarbeitung bestimmten Rohmaterialien; *(BGBl I 2001/98; BGBl I 2021/86)*

3. die für den Verpflichteten und die mit ihm im gemeinsamen Haushalt lebenden Familienmitglieder auf vier Wochen erforderlichen Nahrungsmittel und Heizstoffe;

4. nicht zur Veräußerung bestimmte Haustiere, zu denen eine gefühlsmäßige Bindung besteht, sowie eine Milchkuh oder nach Wahl des Verpflichteten zwei Schweine, Ziegen oder Schafe, wenn diese Tiere für die Ernährung des Verpflichteten oder der mit ihm im gemeinsamen Haushalt lebenden Familienmitglieder erforderlich sind, ferner die Futter- und Streuvorräte auf vier Wochen; *(BGBl I 2001/98; BGBl I 2021/86)*

5. bei Personen, deren Geldbezug durch Gesetz unpfändbar oder beschränkt pfändbar ist, der Teil des vorgefundenen Bargelds, der dem unpfändba-

ren, auf die Zeit von der Vornahme der Pfändung bis zum nächsten Zahlungstermin des Bezugs entfallenden Einkommen entspricht;

6. die zur Vorbereitung eines Berufs erforderlichen Gegenstände sowie die Lernbehelfe, die zum Gebrauch des Verpflichteten und seiner im gemeinsamen Haushalt mit ihm lebenden Familienmitglieder in der Schule bestimmt sind;

7. die zum Betrieb einer Apotheke unentbehrlichen Geräte, Gefäße und Warenvorräte, unbeschadet der Zulässigkeit der Zwangsverwaltung dieses Betriebs;

8. Hilfsmittel zum Ausgleich einer körperlichen, geistigen oder psychischen Behinderung oder einer Sinnesbehinderung und Hilfsmittel zur Pflege des Verpflichteten oder der mit ihm im gemeinsamen Haushalt lebenden Familienmitglieder sowie Therapeutika und Hilfsgeräte, die im Rahmen einer medizinischen Therapie benötigt werden;

9. Familienbilder mit Ausnahme der Rahmen, Briefe und andere Schriften sowie der Ehering des Verpflichteten.

(2) Das Vollstreckungsorgan hat Gegenstände geringen Wert auch dann nicht zu pfänden, wenn offenkundig ist, dass die Fortsetzung oder Durchführung der Exekution einen die Kosten dieser Exekution übersteigenden Ertrag nicht ergeben wird.

(BGBl 1995/519)

Weitere unpfändbare Sachen

§ 251. (1) Unpfändbar sind weiters

1. Gegenstände, die zur Ausübung des Gottesdienstes einer gesetzlich anerkannten Kirche oder Religionsgesellschaft verwendet werden,

2. Kreuzpartikel und Reliquien mit Ausnahme ihrer Fassung.

(2) Bei einer Exekution auf die Fassung von Kreuzpartikeln und Reliquien darf die Authentika nicht verletzt werden.

(BGBl 1995/519)

Austauschpfändung

§ 251a. (1) Das Vollstreckungsorgan kann eine unpfändbare Sache vorläufig pfänden, wenn der Austausch durch ein Ersatzstück nach Lage der Verhältnisse angemessen ist, insbesondere der Verwertungserlös den Wert eines Ersatzstücks, das dem geschützten Verwendungszweck genügt, erheblich übersteigen wird.

(2) Der betreibende Gläubiger ist von der vorläufigen Pfändung unverzüglich zu verständigen. Das Vollstreckungsorgan hat ihm auch den Wert eines Ersatzstücks oder den zur Beschaffung eines solchen Ersatzstücks erforderlichen Geldbetrag mitzuteilen.

(3) Erklärt sich der betreibende Gläubiger nicht binnen 14 Tagen ab Zustellung der Verständigung, wenn er aber bei der Pfändung anwesend ist, nicht bei dieser bereit, dem Verpflichteten ein solches Ersatzstück oder den zur Ersatzbeschaffung erforderlichen Betrag zur Verfügung zu stellen, oder überlässt er zu dem vom Vollstreckungsorgan festgelegten Termin dem Verpflichteten nicht das Ersatzstück oder den zur Ersatzbeschaffung erforderlichen Betrag, so erlischt das Pfandrecht.

(4) Hat der betreibende Gläubiger innerhalb der Frist des Abs. 3 eine Vollzugsbeschwerde gegen den vom Vollstreckungsorgan mitgeteilten Wert des Ersatzstücks oder den zur Beschaffung eines solchen Ersatzstücks erforderlichen Geldbetrag erhoben, so wird diese Frist bis zum Eintritt der Rechtskraft der Entscheidung über die Vollzugsbeschwerde unterbrochen.

(BGBl 1995/519)

Liegenschaftszubehör

§ 252. (1) Das auf einer Liegenschaft befindliche Zubehör derselben (§§ 294 bis 297a ABGB.) darf nur mit dieser Liegenschaft selbst in Exekution gezogen werden.

(2) Auf das Bergwerkszubehör und das Zubehör von Schiffen und Flößen findet eine abgesonderte Exekution nicht statt.

Vollzugszeit

§ 252a. Bei Festlegung der Vollzugszeit hat das Vollstreckungsorgan insbesondere darauf Bedacht zu nehmen, wann der Verpflichtete am wahrscheinlichsten anzutreffen ist.

(BGBl I 2003/31, § 252b wurde zu § 252a)

Vollzugsversuche

§ 252b. Kann beim Vollzugsversuch der Vollzugsort nicht betreten werden und ist nicht auszuschließen, dass sich dort der Verpflichtete oder Vermögensteile, auf die Exekution geführt werden soll, befinden, so sind zwei weitere Versuche durchzuführen. *(BGBl I 2003/31, § 252c wurde zu § 252b)*

Weitere Vollzüge

§ 252c. Das Vollstreckungsorgan hat Vollzüge durchzuführen, solange sie erfolgversprechend sind, insbesondere Zahlung auch nur eines Teils der betriebenen Forderung zu erwarten ist. *(BGBl I 2003/31, § 252d wurde zu § 252c)*

Bericht des Vollstreckungsorgans

§ 252d. (1) Das Vollstreckungsorgan hat dem Gericht, dem Verpflichteten und dem betreibenden Gläubiger zu berichten, wenn *(BGBl I 2003/31; BGBl I 2021/86)*

1. die hereinzubringende Forderung vom Verpflichteten bezahlt wurde oder

2. kein Vollzugsort erhoben werden konnte oder

3. keine pfändbaren Gegenstände vorgefunden wurden und weitere Vollzugsversuche nicht erfolgversprechend sind oder

4. das Verkaufsverfahren abgeschlossen ist oder

5. das Gericht dies begehrt, etwa weil der Bericht für eine von ihm zu fällende Entscheidung wesentlich ist.

(2) Das Vollstreckungsorgan hat auch spätestens vier Monate nach Erhalt des Vollzugsauftrags über den Stand des Verfahrens zu berichten. Wurde dem betreibenden Gläubiger innerhalb dieser Frist der Vollzug der Pfändung mitgeteilt und dem Gericht das Pfändungsprotokoll vorgelegt, so ist erst nach sechs Monaten über den Stand des Verfahrens zu berichten. Nach Ablauf von vier bzw. sechs Monaten ist monatlich zu berichten. *(BGBl I 2003/31) vgl § 12 Abs 3 1.COVID-JuBG*

(3) *(entfällt, BGBl I 2003/31)*

(BGBl I 2003/31, § 252g wurde zu § 252d)

Vollzug nach einem ergebnislosen Vollzugsversuch

§ 252e. (1) Vor Ablauf von sechs Monaten nach einem ergebnislosen Vollzugsversuch bei einer verpflichteten Partei, die kein Unternehmen betreibt, ist ein Antrag auf neuerlichen Vollzug nur zu bewilligen, wenn der betreibende Gläubiger glaubhaft macht, dass ein neuerlicher Vollzugsversuch erfolgversprechend ist.

(2) Fand der ergebnislose Vollzugsversuch in einem anderen gegen eine verpflichtete Partei nach Abs. 1 geführten Exekutionsverfahren statt, so ist der Antrag auf Exekutionsbewilligung oder neuerlichen Vollzug zu bewilligen. Die Exekution ist aber erst sechs Monate nach dem letzten ergebnislosen Vollzugsversuch zu vollziehen, wenn nicht ein früherer Vollzugsversuch erfolgversprechend ist. Ist die Sperrfrist des § 49 für die neuerliche Abgabe eines Vermögensverzeichnisses noch nicht abgelaufen, so ist dem betreibenden Gläubiger eine Ausfertigung des zuletzt abgegebenen Vermögensverzeichnisses zu übersenden. Der betreibende Gläubiger ist von der Nichtdurchführung des Vollzugsversuchs zu verständigen.

(3) Ein Vollzugsversuch ist ergebnislos, wenn keine pfändbaren Gegenstände vorgefunden wurden und weitere Vollzugsversuche nicht erfolgversprechend sind.

(4) Ein Vollzugsversuch ist insbesondere dann erfolgversprechend, wenn

1. der betreibende Gläubiger einen neuen Vollzugsort bekanntgibt oder

2. er glaubhaft macht, dass beim Verpflichteten zwischenzeitig pfändbare Gegenstände vorhanden sind, oder

3. die Voraussetzungen zur Aufnahme eines Vermögensverzeichnisses nach § 47 vorliegen.

(BGBl I 2021/86)

§ 252f. *(entfällt samt Überschrift, BGBl I 2021/86)*

Pfändung

§ 253. (1) Die Pfändung der in der Gewahrsame des Verpflichteten befindlichen körperlichen Sachen wird dadurch bewirkt, dass das Vollstreckungsorgan dieselben in einem Protokoll verzeichnet und beschreibt (Pfändungsprotokoll). Das Vollstreckungsorgan hat auch den voraussichtlich erzielbaren Erlös anzugeben. Werden die Pfandstücke nicht verwahrt, so ist die Pfändung in einer für jedermann leicht erkennbaren Weise durch Aufkleben von Pfändungsmarken oder, wenn dies nicht möglich ist oder nicht genügen würde, durch Anbringen von Pfändungsanzeigen an geeigneter Stelle, in denen angegeben wurde, was gepfändet wurde, ersichtlich zu machen. *(BGBl 1995/519; BGBl I 2008/37)*

(2) In das Protokoll ist die Erklärung aufzunehmen, dass die verzeichneten Gegenstände zu Gunsten der vollstreckbaren Forderung des zu benennenden Gläubigers in Pfändung genommen wurden. Die Forderung ist im Protokolle nach Kapital und Nebengebühren unter Bezugnahme auf den Exekutionstitel anzugeben. Die Pfändung kann nur für eine ziffermäßige bestimmte Geldsumme stattfinden; ziffermäßige Angabe der vom Verpflichteten zu leistenden Nebengebühren ist nicht notwendig. Im Pfändungsprotokoll ist der Wohnort des Gläubigers und seines Vertreters anzugeben.

(3) Behaupten dritte Personen oder der Verpflichtete bei der Pfändung an den im Protokoll verzeichneten Sachen solche Rechte, die die Vornahme der Exekution unzulässig machen würden, so sind diese Ansprüche im Pfändungsprotokoll anzumerken. Werden Name und genaue Anschrift des Dritten bekanntgegeben, so ist dieser vom Vollstreckungsorgan von der Pfändung zu verständigen. *(BGBl 1995/519)*

(4) Von dem Vollzug der Pfändung sind der betreibende Gläubiger und der Verpflichtete in Kenntnis zu setzen, es sei denn, dass sie bei der Pfändung anwesend oder vertreten waren oder

dass ihnen eine Ausfertigung des Versteigerungsediktes unverweilt zugestellt wird. Eine Ablichtung des Pfändungsprotokolls ist dem betreibenden Gläubiger auf Antrag und gegen Kostenersatz
zu übersenden. *(RGBl 1914/118; BGBl 1995/519)*

Aufnahme eines Vermögensverzeichnisses

§ 253a. (1) Liegen die Voraussetzungen des
§ 47 Abs. 1 Z 1 vor, so hat das Vollstreckungsorgan am Vollzugsort mit dem Verpflichteten ein
Vermögensverzeichnis aufzunehmen. Der betreibende Gläubiger kann dem Verpflichteten zur
Ermittlung der in Exekution zu ziehenden Sachen
Fragen durch das Vollstreckungsorgan stellen
lassen oder mit dessen Zustimmung unmittelbar
selbst stellen. *(BGBl I 2005/68)*

(2) Wird der Verpflichtete zur Aufnahme eines
Vermögensverzeichnisses nach Abs. 1 nicht angetroffen, so sind zwei weitere Versuche durchzuführen. Verweigert der Verpflichtete ungerechtfertigter Weise die Abgabe des Vermögensverzeichnisses vor dem Vollstreckungsorgan, so hat
das Vollstreckungsorgan den Verpflichteten
zwangsweise vorzuführen. Das Exekutionsgericht
kann zu deren Erzwingung auch die Haft verhängen. *(BGBl I 2021/86)*

(3) Hat der Verpflichtete zur Begleichung der
Forderung einen Scheck zahlungshalber dem
Vollstreckungsorgan übergeben, so ist das Vermö-
gensverzeichnis erst anzunehmen, wenn der
rechtzeitig vorgelegte Scheck nicht eingelöst wird.
(BGBl I 2021/86)

(4) Wurde mit dem Verpflichteten kein Vermögensverzeichnis aufgenommen, weil dessen Aufnahme nach § 49 Abs. 1 unzulässig war, so kann
der betreibende Gläubiger die Aufnahme eines
Vermögensverzeichnisses nur gemeinsam mit einem neuerlichen Vollzug beantragen. *(BGBl I
2021/86)*

(BGBl 1991/628; BGBl 1995/519)

Kostenersatz für die Beteiligung

§ 253b. Der betreibende Gläubiger hat keinen
Anspruch auf Ersatz der Kosten für die Beteiligung am Exekutionsvollzug, wenn die hereinzubringende Forderung an Kapital 2 700 Euro nicht
übersteigt. Prozesskosten oder Nebengebühren
sind nur dann zu berücksichtigen, wenn sie allein
Gegenstand des durchzusetzenden Anspruchs
sind. *(BGBl I 2009/52)*

(BGBl I 2005/68)

Pfändungsregister und Pfändungsprotokoll

§ 254. (1) Das Vollstreckungsorgan hat jede
vorgenommene Pfändung im Pfändungsregister
ersichtlich zu machen.

(2) Das Vollstreckungsorgan hat dem Exekutionsgericht das Pfändungsprotokoll vorzulegen.
(BGBl 1995/519)

Auskunft aus dem Pfändungsregister
(BGBl 1995/519)

§ 255. Auskünfte aus dem Pfändungsregister
sind allen Personen zu erteilen, welche glaubhaft
machen, dass sie diese Auskünfte behufs Einleitung eines Rechtsstreites oder einer Exekution,
zur Geltendmachung von Einwendungen gegen
eine bereits eingeleitete Exekution oder aus anderen wichtigen Gründen bedürfen.

Erwerb des Pfandrechts
(BGBl 1995/519)

§ 256. (1) Durch die Pfändung erwirbt der betreibende Gläubiger für seine vollstreckbare Forderung ein Pfandrecht an den im Pfändungsprotokoll verzeichneten und beschriebenen körperlichen Sachen.

(2) Das Pfandrecht erlischt nach zwei Jahren,
wenn das Verkaufsverfahren nicht gehörig fortgesetzt wurde. *(BGBl 1995/519)*

(3) Erfolgt die Pfändung gleichzeitig zu Gunsten mehrerer Gläubiger, so stehen die hiedurch
begründeten Pfandrechte im Range einander
gleich. Jedem dieser Gläubiger kommt die Stellung eines betreibenden Gläubigers zu.

Nachpfändung
(BGBl 1995/519)

§ 257. (1) Die Pfändung von körperlichen Sachen, welche bereits zu Gunsten einer andern
vollstreckbaren Forderung pfandweise verzeichnet
und beschrieben sind, geschieht durch Anmerkung
auf dem vorhandenen Pfändungsprotokoll. In der
Anmerkung ist der Name des betreibenden Gläubigers, auf dessen Antrag diese weitere Pfändung
stattfindet, und seines Vertreters Wohnort
und die vollstreckbare Forderung (§ 253 Abs. 2)
zu bezeichnen.

(2) *(aufgehoben, BGBl 1995/519)*

(3) Jedem Gläubiger, zu dessen Gunsten Pfändung stattfindet, kommt die Stellung eines betreibenden Gläubigers zu.

Geltendmachung von Pfand- und
Vorzugsrechten Dritter

§ 258. (1) Der Pfändung kann ein Dritter, der
sich nicht im Besitze der Sache befindet, wegen
eines ihm zustehenden Pfand- oder Vorzugsrechtes nicht widersprechen. Er kann jedoch schon
vor Fälligkeit der Forderung, für die das Pfand-
oder Vorzugsrecht besteht, seinen Anspruch auf

vorzugsweise Befriedigung aus dem Erlös der fraglichen Sache mittels Klage geltend machen. Zur Entscheidung über diese Klage ist das Exekutionsgericht zuständig. Im Falle der Erhebung der Klage wider den betreibenden Gläubiger und den Verpflichteten sind diese als Streitgenossen zu behandeln. *(BGBl I 2021/86)*

(2) Wenn die Sache vor rechtskräftiger Entscheidung über die Klage im Exekutionszuge verkauft wird und der klägerische Anspruch genügend bescheinigt ist, kann auf Antrag vom Gericht die einstweilige Hinterlegung des Erlöses angeordnet werden.

Verwahrung

§ 259. (1) Die Pfandstücke sind auf Antrag des betreibenden Gläubigers in Verwahrung zu nehmen, Gegenstände, die sich zum gerichtlichen Erlag eignen, können auch von Amts wegen verwahrt werden. Ist eine sofortige Verwahrung nicht möglich, so können zur Vorbereitung der Verwahrung auch Maßnahmen gesetzt werden, die eine Verbringung der Pfandsache oder Verfügungen hierüber verhindern. *(BGBl 1995/519)*

(1a) Zum gerichtlichen Erlag eignen sich kleine Gegenstände, insbesondere technische Geräte, wertvolle Bild- und Tonträger, Zeitschriften, Bücher und Musikinstrumente. *(BGBl I 2016/100)*

(2) Der Antrag auf Einleitung einer Verwahrung kann mit dem Antrag auf Bewilligung der Pfändung verbunden werden. Gegen einen Beschluss, mit dem die Verwahrung bewilligt wird, ist kein Rekurs zulässig. Müssen die Gegenstände durch Transportmittel zum Verwahrer gebracht werden, so wird die Verwahrung nur vollzogen, wenn der betreibende Gläubiger die Transportmittel bereitstellt. *(BGBl 1995/519; BGBl I 2021/86)*

(3) Die Verwahrung geschieht, sofern sich die gepfändeten Sachen hiezu eignen, durch deren gerichtlichen Erlag, sonst durch Übergabe an eine sich mit derlei Verwahrungen befassende, unter staatlicher Aufsicht stehende Anstalt oder durch Übergabe an einen auf Gefahr des betreibenden Gläubigers zu bestellenden Verwahrer (§ 968 ABGB). Im letzteren Fall kann auch der betreibende Gläubiger oder – bei einer Mehrheit von solchen – einer derselben als Verwahrer bestellt werden. Ist der voraussichtlich erzielbare Erlös der Sache höher als die betriebene Forderung, so ist hiezu die Zustimmung des Verpflichteten erforderlich. Die Sachen können, soweit sie nicht nach § 274 Abs. 3 ausgeschlossen sind, auch in einer Auktionshalle verwahrt werden, wenn die vorhandenen Räume dies erlauben. Ob diese Voraussetzung zutrifft, entscheidet der Leiter der Auktionshalle. Diese Verwahrung gilt als Verwahrung in einer unter staatlicher Aufsicht stehenden Anstalt. *(BGBl 1995/519; BGBl I 2003/31)*

(4) Die Kosten der Verwahrung sind einstweilen vom betreibenden Gläubiger und beim Vorhandensein mehrerer betreibender Gläubiger von allen nach Verhältnis ihrer vollstreckbaren Forderungen zu tragen.

(5) Dem bei der Pfändungsvornahme gestellten Antrag auf Einleitung einer Verwahrung durch gerichtlichen Erlag oder durch Übergabe der Sachen an eine sich mit derlei Verwahrungen befassende Anstalt hat das Vollstreckungsorgan zu entsprechen, ohne vorher die Beschlussfassung des Gerichtes darüber einzuholen.

(6) Die Einleitung der Verwahrung ist unter Angabe des Verwahrers im Pfändungsprotokoll ersichtlich zu machen. *(RGBl 1914/118)*

Bestellung des Verwahrers

§ 260. Der Verwahrer wird vom Vollstreckungsorgan bestellt. Sofern der Verwahrer ohne Zustimmung des Verpflichteten und der betreibenden Gläubiger bestellt wurde, sind sie unter Bekanntgabe des Namens des Verwahrers von dessen Ernennung zu verständigen. Unter Darlegung geeigneter Gründe kann von ihnen jederzeit die Ernennung eines anderen Verwahrers beim Exekutionsgerichte beantragt werden.

(RGBl 1914/118; BGBl 1995/519)

Vorgefundenes Bargeld
(BGBl 1995/519)

§ 261. (1) Das Vollstreckungsorgan hat vorgefundenes Geld in Verwahrung zu nehmen, und wenn die Pfändung zu Gunsten eines einzigen Gläubigers stattfindet, nach Maßgabe des zu vollstreckenden Anspruches an diesen Gläubiger gegen Quittung abzuliefern. Die Wegnahme des Geldes durch das Vollstreckungsorgan gilt in diesem Fall als Zahlung des Verpflichteten. *(BGBl 1995/519)*

(2) Ist das Vollstreckungsorgan über die Höhe des dem betreibenden Gläubiger gebührenden Betrages oder in Ansehung der dem Gläubiger bei Ausfolgung des Geldes abzufordernden Schuldurkunden oder der auf letzteren vorzunehmenden Abschreibungen im Zweifel, so hat es vor Ausfolgung des Geldes die Weisung des Exekutionsgerichtes einzuholen.

(3) Für die Berechnung des Wertes von Münzen und ausländischen Geldzeichen ist der an der nächstgelegenen Börse amtlich notierte Kurs des Pfändungstages maßgebend.

(4) Erfolgt die Pfändung zu Gunsten mehrerer Gläubiger (§ 256 Abs. 3), so ist das vorgefundene Geld vom Vollstreckungsorgan bei Gericht zu erlegen und vom Exekutionsgerichte, nach Beschaffenheit des Falles, abgesondert oder zugleich mit dem Erlös der gepfändeten Sachen zu verteilen. Eine abgesonderte Verteilung ist nach den

für die Verteilung des Verkaufserlöses geltenden Bestimmungen vorzunehmen. *(BGBl 1995/519)*

(5) Behauptet der Verpflichtete oder sonst eine bei der Pfändung anwesende Person, dass ein Umstand vorliegt, dessen Geltendmachung zur Aufschiebung der Exekution führen kann, so ist das vorgefundene Geld in jedem Falle zunächst gerichtlich zu erlegen und damit nach den vorstehenden Bestimmungen zu verfahren; es darf aber vor Ablauf von acht Tagen nicht ausgefolgt werden. Das Vollstreckungsorgan hat bei Vornahme der Pfändung die Anwesenden auf diese Frist aufmerksam zu machen. *(BGBl 1929/222)*

Pfändung bei Dritten

(BGBl 1995/519)

§ 262. Die gleichen Vorschriften gelten für die Pfändung und Verwahrung der beweglichen körperlichen Sachen des Verpflichteten, die sich in der Gewahrsame des betreibenden Gläubigers oder einer zu deren Herausgabe bereiten dritten Person befinden.

Einschränkung der Pfändung

§ 263. Hat der betreibende Gläubiger eine bewegliche körperliche Sache des Verpflichteten in seiner Gewahrsame, an der ihm ein Pfandrecht oder ein Zurückbehaltungsrecht für die zu vollstreckende Forderung zusteht, so kann der Verpflichtete, soweit diese Forderung durch die Sache gedeckt ist, beim Exekutionsgerichte die Einschränkung der Pfändung auf diese Sache beantragen. Besteht das Pfand- oder Zurückbehaltungsrecht zugleich für eine andere Forderung des betreibenden Gläubigers, so ist dem Antrag nur stattzugeben, wenn auch diese Forderung durch die Sache gedeckt ist.

Aufschiebung des Verkaufs

(BGBl 1995/519)

§ 264. Der Verkauf ist, vorbehaltlich der Anwendung der §§ 14, 27 Abs. 1 und 41 Abs. 2, aufzuschieben, wenn zur Hereinbringung derselben Forderung Exekution auf wiederkehrende Geldforderungen geführt wird und deren Erlös voraussichtlich ausreichen wird, die vollstreckbare Forderung samt Nebengebühren im Lauf eines Jahres zu tilgen. Das gilt nicht, wenn Gegenstand des Verkaufs eine der im § 321 genannten Forderungen ist (§ § 317 bis 319). *(BGBl I 2021/86)*

(BGBl 1983/135)

Innehalten mit der Anordnung des Verkaufs

§ 264a. Im Fall des § 252c kann das Vollstreckungsorgan für den Zeitraum von erfolgversprechenden Vollzügen, längstens aber für vier Monate, mit der Anordnung des Verkaufs der Pfandgegenstände innehalten. Dies ist dem betreibenden Gläubiger mitzuteilen. *(BGBl I 2005/68; BGBl I 2021/86)*

(BGBl 1995/519)

Wertpapiere einer juristischen Person des öffentlichen Rechts

(BGBl 1995/519)

§ 265. (1) Der Verkauf von Wertpapieren, die zu Gunsten einer juristischen Person des öffentlichen Rechts als Kaution vinkuliert oder in Verwahrung erlegt sind, darf erst bewilligt werden, wenn das betreffende Verpflichtungsverhältnis beendet ist und die etwaigen Ersatzansprüche im administrativen Wege festgestellt worden sind. *(BGBl 1995/519)*

(2) Von dieser Feststellung sind alle Personen zu verständigen, die an dem Wertpapier ein Pfandrecht erworben haben.

Verkauf vor Rechtskraft der Pfändungsbewilligung

(BGBl 1995/519)

§ 266. (1) Vor Eintritt der Rechtskraft der Pfändungsbewilligung darf nur dann zum Verkauf geschritten werden, wenn Sachen gepfändet wurden, die ihrer Beschaffenheit nach bei längerer Aufbewahrung dem Verderben unterliegen, oder wenn die gepfändeten Sachen bei Aufschub des Verkaufes beträchtlich an Wert verlieren würden und der betreibende Gläubiger für alle dem Verpflichteten aus dem früheren Verkauf entspringenden Nachteile Sicherheit leistet.

(2) Vor Leistung der vom Exekutionsgerichte zu bestimmenden Sicherheit darf der Verkauf nicht stattfinden.

Beitritt zum Verkaufsverfahren

(BGBl 1995/519)

§ 267. (1) Nach Bewilligung des Verkaufes kann, solange das Verkaufsverfahren im Gange ist, zu Gunsten weiterer vollstreckbarer Forderungen ein besonderes Verkaufsverfahren in Ansehung derselben Sachen nicht mehr eingeleitet werden.

(2) Alle Gläubiger, welchen während der Anhängigkeit eines Verkaufsverfahrens der Verkauf derselben, auch zu ihren Gunsten gepfändeten Sachen bewilligt wird, treten damit dem bereits eingeleiteten Verkaufsverfahren bei und müssen dasselbe in der Lage annehmen, in welcher es sich zur Zeit ihres Beitrittes befindet.

(3) Die beitretenden Gläubiger haben vom Zeitpunkt ihres Beitrittes an dieselben Rechte, als

wenn das Verfahren auf ihren Antrag eingeleitet worden wäre.

(RGBl 1914/118)

Freihandverkauf

§ 268. (1) Aus freier Hand sind zu verkaufen:

1. Gegenstände, die einen Börsenpreis haben, durch Vermittlung eines Handelsmaklers, Handelskommissionärs oder Vollstreckungsorgans zum Börsenpreis; dem Bericht über den Verkauf ist ein amtlicher Nachweis über den Börsenpreis des Verkaufstags und über die etwa bezahlte Maklerprovision und sonstige Auslagen anzuschließen;

2. Wertpapiere. Lautet ein Wertpapier auf Namen, so hat das Vollstreckungsorgan die Umschreibung auf die Namen des Käufers zu erwirken und alle zum Zweck der Veräußerung erforderlichen urkundlichen Erklärungen mit Rechtswirksamkeit anstelle des Verpflichteten abzugeben. Wertpapiere können auch durch ein Kreditinstitut verkauft werden.

(2) Der Verwalter kann bewegliche Sachen unter Berücksichtigung des Schätzwerts verkaufen. Er hat den beabsichtigten Freihandverkauf, soweit tunlich, für mindestens 14 Tage öffentlich bekanntzumachen.

(BGBl I 2021/86)

Gutgläubiger Eigentumserwerb

§ 269. Die Bestimmung des § 367 ABGB über den Eigentumserwerb an Sachen, die in einer öffentlichen Versteigerung veräußert werden, gilt auch bei einem Verkauf aus freier Hand. *(BGBl I 2021/86)*

(BGBl 1995/519)

Öffentliche Versteigerung

§ 270. (1) Die nicht in § 268 Abs. 1 Z 1 und 2 genannten gepfändeten Gegenstände sind, sofern sie dem Verkauf überhaupt unterliegen, öffentlich zu versteigern.

(2) Auch die in § 268 Abs. 1 Z 1 und 2 genannten Sachen sind auf Antrag des betreibenden Gläubigers öffentlich zu versteigern, wenn sie nicht innerhalb von vier Wochen aus freier Hand verkauft werden.

(3) Ist ein Verwalter bestellt, so kann das Gericht auf Ersuchen des Verwalters ein Vollstreckungsorgan mit der Versteigerung der beweglichen Sachen beauftragen.

(4) Gewährleistungsrechte des Erwerbers wegen eines Mangels der veräußerten Sache sowie das Rücktrittsrecht sind ausgeschlossen, das FAGG ist nicht anzuwenden.

(BGBl I 2021/86)

Sofortkauf vor der Versteigerung

§ 271. Solange die Versteigerung noch nicht begonnen hat, kann eine gepfändete Sache, die keinen Liebhaberwert hat, unter Entfall der Versteigerung zu einem Preis, der den Schätzwert um ein Viertel übersteigt, verkauft werden. Wird der Kaufpreis nicht vor der Versteigerung erlegt, so ist die Versteigerung durchzuführen.

(BGBl I 2021/86)

§ 271a. *(entfällt samt Überschrift, BGBl I 2021/86)*

Versteigerungstermin

§ 272. (1) Den Versteigerungstermin bestimmt

1. der zur Durchführung einer Versteigerung bestellte Versteigerer,

2. der Leiter der Auktionshalle bei der Versteigerung in einer Auktionshalle oder

3. sonst das mit dem Vollzug der Versteigerung betraute Vollstreckungsorgan.

(2) Vom Versteigerungstermin und vom Versteigerungsort sind der Verpflichtete und die betreibenden Gläubiger durch Zustellung einer Ausfertigung des Edikts zu verständigen. Dies kann unterbleiben, soweit dem Verpflichteten und dem betreibenden Gläubiger der Versteigerungstermin und der Versteigerungsort bereits bei der Pfändung bekanntgegeben wurden; die Kenntnisnahme ist zu bestätigen.

(BGBl I 2008/37)

Versteigerungsedikt

§ 272a. (1) Die Versteigerung ist mit Edikt bekannt zu machen.

(2) Im Edikt sind die zu versteigernden Sachen zu beschreiben; es sind weiters anzugeben

1. der Ort der Versteigerung oder bei einer Versteigerung im Internet die Internet-Adresse; bei einer Versteigerung am Vollzugsort auch der Name des Verpflichteten,

2. der Zeitpunkt des Beginns der Versteigerung sowie

3. ob, gegebenenfalls wann und wo die zu versteigernden Sachen vor der Versteigerung besichtigt werden können.

(3) Bei einer Versteigerung im Internet ist der Tag anzugeben, an dem die Versteigerung beginnt, und die Frist, innerhalb der Gebote zulässig sind.

(4) Für die Versteigerung in einem Versteigerungshaus oder einer Auktionshalle kann als Zeitpunkt des Beginns der Versteigerung auch ein solcher festgesetzt werden, von dem ab die Versteigerung von Gegenständen mehrerer Ver-

kaufsverfahren stattfinden wird. Der Versteigerer oder die Auktionshalle haben den Zeitpunkt des Beginns der Versteigerung dem Exekutionsgericht mitzuteilen.

(5) Die Bekanntmachung der Versteigerung in der Ediktsdatei kann unterbleiben, wenn

1. vom Versteigerungshaus Mitteilungsblätter aufgelegt werden, die einen größeren Käuferkreis ansprechen, oder

2. bei einer Versteigerung im Internet aufgrund des Kundenkreises zu erwarten ist, dass ein großer Interessentenkreis angesprochen wird.

(BGBl I 2008/37)

Frist zwischen Pfändung und Versteigerung
(BGBl 1995/519)

§ 273. (1) Zwischen der Pfändung und der Versteigerung muss eine Frist von mindestens drei Wochen, zwischen der Bekanntmachung des Versteigerungsedikts und der Versteigerung eine Frist von mindestens 14 Tagen liegen. Eine Abkürzung dieser Fristen ist zulässig, wenn Umstände vorliegen, wegen welcher nach § 266 der Verkauf des Pfands vor Rechtskraft der Pfändungsbewilligung gestattet werden kann, oder wenn die längere Aufbewahrung des Pfandstücks unverhältnismäßige Kosten verursachen würde. *(BGBl I 2008/37)*

(2) Das zur Vornahme der Versteigerung oder bei der Versteigerung in einem Versteigerungshaus das zur Überstellung berufene Vollstreckungsorgan hat sich rechtzeitig vor dem Termin von der Zustellung der Versteigerungsbewilligung an die Beteiligten und von der ordnungsgemäßen Bekanntmachung des Versteigerungstermins zu überzeugen und wahrgenommene Mängel dem Exekutionsgericht mitzuteilen. Das Exekutionsgericht hat infolge einer solchen Anzeige im Sinne des § 175 vorzugehen. *(BGBl 1995/519)*

Versteigerungsort

§ 274. (1) Die Versteigerung kann erfolgen

1. im Internet,

2. im Versteigerungshaus,

3. in der Auktionshalle oder

4. an dem Ort, an dem sich die gepfändeten Gegenstände befinden.
(BGBl I 2008/37)

(2) Das Vollstreckungsorgan bestimmt den Versteigerungsort. Hiebei ist zu berücksichtigen, wo voraussichtlich der höchste Erlös zu erzielen sein wird und welche Kosten auflaufen werden.

1. Technische Geräte, wertvolle Bild- und Tonträger, Zeitschriften, Bücher und Musikinstrumente sind insbesondere im Internet auf der Plattform Justiz-Auktion.at zu versteigern.

2. Bei Gegenständen von großem Wert, bei Gold- und Silbersachen[1] oder anderen Kostbarkeiten, bei Kunstobjekten, Münzen, Briefmarken, hochwertigen Möbelstücken, Sammlungen und dergleichen kommt insbesondere die Versteigerung in einem Versteigerungshaus oder im Internet in Betracht.

Bei Versteigerungen über die Plattform Justiz-Auktion.at ist kein Versteigerer zu bestellen; bei Versteigerungen auf einer anderen Plattform kann ein Versteigerer bestellt werden. Diese andere Plattform darf jedoch nur dann herangezogen werden, wenn zu erwarten ist, dass dort offenkundig unter Berücksichtigung der Kosten ein höherer Erlös erzielt werden kann. Ist offenkundig, dass die Kosten der Überstellung, der Verkaufsverwahrung und der Versteigerung den Erlös der Gegenstände übersteigen, so dürfen die Gegenstände nicht zur Versteigerung überstellt werden. *(BGBl I 2008/37; BGBl I 2016/100)*

(3) Ausgeschlossen von der Aufnahme zum Verkauf in Auktionshallen und Versteigerungshäusern sowie von der Versteigerung im Internet über die Plattform Justiz-Auktion.at sind: *(BGBl I 2021/86)*

1. feuer- und explosionsgefährliche Sachen sowie Sachen, die gesundheitsschädigenden Strahlen aussenden, Gifte,

2. Sachen aus Wohnungen, in denen ansteckende Krankheiten herrschen oder geherrscht haben, solange nicht die vorgeschriebene Desinfektion stattgefunden hat,

3. verunreinigte oder mit Ungeziefer behaftete Sachen vor Durchführung der Reinigung,

4. Sachen, zu deren wenn auch nur teilweisen Unterbringung die Räume des Versteigerungshauses nicht ausreichen,

5. dem raschen Verderben unterliegende Sachen,

6. Tiere und Pflanzen,

7. Schrott, Hadern und sonstiges Altmaterial, *(BGBl I 2021/86)*

8. pornographisches Material. *(BGBl I 2021/86)*

(3a) Von der Versteigerung im Internet über die Plattform Justiz-Auktion.at sind überdies Waffen im Sinne des § 1 WaffG ausgeschlossen. *(BGBl I 2021/86)*

(4) Das Versteigerungshaus, das sich zur Durchführung von Versteigerungen bereiterklärt hat, und die Auktionshalle dürfen die Übernahme zum Verkauf nur ablehnen, wenn die Gegenstände nach Abs. 3 ausgeschlossen sind.

(5) Das Vollstreckungsorgan darf nur solche Versteigerer heranziehen, die einer Versteigerung

im Internet die Bestimmungen dieses Gesetzes zugrunde legen. *(BGBl I 2008/37)*

(BGBl 1995/519)

Vgl §§ 433f und DorotheumsG

---

[1] Betreffend Edelmetallgegenstände vgl §§ 8, 10, 11 Abs 1, 17 Abs 4 Punzierungsgesetz 2000, BGBl I 2001/24 sowie den Erlass des BMJ v. 1. 8. 2001, JMZ 12.251/33-1.5/2001.

Vorschuss für Kosten des Transports, der Verkaufsverwahrung und des Versteigerers
(BGBl I 2008/37)

§ 274a. (1) Das Vollstreckungsorgan hat den betreibenden Gläubiger zum Erlag eines Kostenvorschusses für die Überstellung, die Verkaufsverwahrung und die Einschaltung eines Versteigerers aufzufordern. Befinden sich die Sachen in dem Gerichtssprengel, in welchem sie versteigert werden oder für eine Versteigerung im Internet verwahrt werden sollen, oder sollen sie zwar in einem anderen Sprengel, aber in dem selben Ort, an dem das Gericht liegt, versteigert oder für eine Versteigerung im Internet verwahrt werden, so kann ein Kostenvorschuss für den Transport nur dann verlangt werden, wenn mit der Einbringung der Kosten nicht gerechnet werden kann. *(BGBl I 2008/37)*

(2) Der betreibende Gläubiger kann auch die zur Überstellung erforderlichen Transportmittel und Arbeitskräfte bereitstellen. Dies hat er rechtzeitig dem Vollstreckungsorgan bekanntzugeben.

(BGBl 1995/519)

Transportkosten

§ 274b. (1) Die Kosten der Überstellung zum Ort der Versteigerung sind einstweilen vom betreibenden Gläubiger zu tragen.

(2) Diese Kosten sind aus dem vom betreibenden Gläubiger erlegten Kostenvorschuss, mangels eines solchen aus dem Verkaufserlös zu berichtigen.

(BGBl 1995/519)

Vgl § 434 Abs 3.

Zeitpunkt der Überstellung und Besichtigung

§ 274c. (1) Den Verkaufsinteressenten ist die Besichtigung der Pfandstücke zu ermöglichen. Dies kann bei der Versteigerung im Internet entfallen.

(2) Die Pfandstücke sind von Amts wegen so zeitgerecht zu überstellen, dass sie zur Besichtigung ausgestellt werden können. Der Termin der Überstellung ist den Parteien möglichst bei Bekanntgabe des Versteigerungstermins bekannt zu geben.

(BGBl 1995/519; BGBl I 2008/37)

Überstellungsverfahren

§ 274d. (1) Das Vollstreckungsorgan hat die Pfandsachen zur Versteigerung zu überstellen und dem Versteigerer oder der Auktionshalle zu übergeben. Wird zur Überstellung ein Frachtführer oder ein Versteigerer herangezogen, so obliegt dem Vollstreckungsorgan nur die Übergabe an diese. *(BGBl I 2008/37)*

(2) Sollen die Sachen in einer Auktionshalle verkauft werden, die sich nicht im Sprengel des Exekutionsgerichts befindet, so hat das Vollstreckungsorgan die Auktionshalle unter Anschluss des Exekutionsakts und des Pfändungsprotokolls oder einer Abschrift davon um den Verkauf zu ersuchen.

(3) Die Sachen sind unter Anschluss eines Verzeichnisses, in dem die Gegenstände mit den Postnummern des Pfändungsprotokolls sowie die Parteien des Exekutionsverfahrens anzuführen sind, der Auktionshalle oder dem Versteigerungshaus zu übergeben.

(4) *(entfällt, BGBl I 2003/31)*

(BGBl 1995/519)

Übernahme der Sachen

§ 274e. (1) Bei Übernahme der Sachen durch die Auktionshalle oder das Versteigerungshaus ist zu prüfen, ob alle zur Übernahme bestimmten Sachen übergeben wurden und ob sie Fehler, Mängel oder Beschädigungen aufweisen, die in die Augen fallen.

(2) Fehlen Gegenstände oder zeigen sich Fehler, Mängel oder Beschädigungen, so hat dies die Auktionshalle oder das Versteigerungshaus dem Exekutionsgericht unverzüglich mitzuteilen und die nötigen Schritte zur Erhebung des Schadens und des Schädigers einzuleiten.

(BGBl 1995/519)

Verkaufsverwahrung

§ 274f. Die Auktionshalle und das Versteigerungshaus haben für die ordnungsgemäße Aufbewahrung der übernommenen Sachen zu sorgen. Werden Sachen während der Aufbewahrung beschädigt oder vernichtet, so ist § 274e Abs 2 anzuwenden.

(BGBl 1995/519)

Verständigungen

§ 274g. Das Gericht hat der zuständigen Abgabenbehörde oder dem Amt für Betrugsbekämpfung und der Vollstreckungsbehörde, die dem Gericht das Bestehen eines Pfandrechtes nach § 286a Abs. 2 mitgeteilt hat, das Versteigerungsedikt zuzustellen und diese Behörden von der beabsichtigten Verwertung nach §§ 268, 270 Abs. 2 und § 280 Abs. 1 zu verständigen.

(BGBl I 2021/86)

Schätzung

§ 275. (1) Der Versteigerung ist ein Sachverständiger beizuziehen, welcher die einzelnen zur Versteigerung gelangenden Gegenstände bewertet. Fehlt es an Sachverständigen, die alle zum Verkauf bestimmten Gegenstände zu bewerten verstehen, so können, falls es sich um größere Mengen oder um Gegenstände größeren Wertes handelt, für die einzelnen Gruppen von Gegenständen verschiedene Sachverständige beigezogen werden. Bei Bewertung von Gold- und Silbersachen ist auch der Metallwert anzugeben.

(2) Kostbarkeiten, Warenlager und andere Gegenstände, deren Schätzung bei der Versteigerung selbst untunlich ist, sind schon vor der Versteigerung schätzen zu lassen. In allen anderen Fällen findet eine vorgängige Schätzung nur auf Begehren und Kosten eines Gläubigers statt; den Ersatz dieser Kosten kann der Gläubiger nur insoweit beanspruchen, als durch die vorgängige Schätzung die Aufwendung der Kosten für die Beiziehung eines Sachverständigen zur nachträglich erfolgenden Versteigerung entbehrlich wurde.

(3) Gelangen lediglich Gegenstände zur Versteigerung, welche bereits im Sinne des vorstehenden Absatzes abgeschätzt sind, so ist die Versteigerung ohne Beiziehung eines Sachverständigen abzuhalten.

(4) Die Person des Sachverständigen bestimmt

1. der Leiter der Auktionshalle bei der Versteigerung in einer Auktionshalle,

2. das Versteigerungshaus bei einer Versteigerung in einem Versteigerungshaus und

3. sonst das mit dem Vollzug der Versteigerung betraute Vollstreckungsorgan.

(5) Zum Sachverständigen darf nur ein allgemein beeideter gerichtlicher Sachverständiger bestimmt werden; bei der Versteigerung von Gegenständen nach § 274 Abs. 2 in einem Versteigerungshaus auch ein anerkannter, ständig vom Versteigerungshaus zugezogener Experte. Wohnungseinrichtungsstücke und sonstige Gegenstände minderen und allgemein bekannten Werts sind vom Vollstreckungsorgan zu schätzen. *(BGBl I 2008/37)*

(6) *(entfällt, BGBl I 2021/86)*

(BGBl 1995/519)

Innehalten mit der Versteigerung

§ 275a. (1) Ist das Gericht, bei dem eine Auktionshalle eingerichtet ist, nicht zugleich Exekutionsgericht, so kann der Leiter der Auktionshalle auf Antrag des Verpflichteten mit der Versteigerung innehalten, wenn der Verpflichtete

1. die Zahlung der hereinzubringenden Forderung in Aussicht stellt und

2. zugleich eine entsprechende Sicherheitsleistung erlegt.

(2) Der Leiter der Auktionshalle hat dem Verpflichteten den Zeitraum mitzuteilen, für den mit der Versteigerung innegehalten wird; dieser Zeitraum darf drei Tage nicht übersteigen.

(BGBl 1995/519)

Durchführung der Versteigerung

§ 276. (1) Die gepfändeten Gegenstände werden durch das Vollstreckungsorgan, bei der Versteigerung im Versteigerungshaus durch einen Bediensteten des Versteigerungshauses und bei einer Versteigerung im Internet durch einen Versteigerer, das Vollstreckungsorgan oder durch den Leiter der Auktionshalle versteigert. *(BGBl I 2008/37; BGBl I 2021/86)*

(2) Bei der Versteigerung sind die Pfandstücke einzeln, oder wenn größere Mengen gleichartiger Gegenstände zum Verkauf gelangen, auch partienweise unter Angabe des Schätzwerts, der im Rahmen der Schätzung überprüften Betriebstauglichkeit des Gegenstands und des geringsten Gebots auszubieten.

(3) Die Bieter brauchen kein Vadium zu erlegen. *(BGBl I 2021/86)*

(BGBl 1995/519)

Sonderbestimmungen für die Versteigerung im Internet

§ 277. (1) Die gepfändeten Gegenstände dürfen erst dann im Internet ausgeboten werden, wenn sie

1. geschätzt sind und

2. sich in Verwahrung oder Verkaufsverwahrung befinden oder sonst gewährleistet ist, dass die Gegenstände dem Ersteher übergeben werden können.

(2) Sind mehrere Gegenstände zu versteigern und ist anzunehmen, dass der erzielte Erlös einiger Gegenstände zur Befriedigung der vollstreckbaren Forderungen sämtlicher mittels Verkaufes Exekution führender Gläubiger und zur Deckung aller Nebengebühren dieser Forderungen sowie der Kosten der Exekution hinreicht, so sind vorerst nur diese zu versteigern; § 279 Abs. 1 ist nicht anzuwenden.

(3) Bei der Versteigerung ist anzugeben:

1. der zu versteigernde Gegenstand,

2. das geringste Gebot,

3. der Schätzwert und die im Rahmen der Schätzung überprüfte Betriebstauglichkeit des Gegenstands,

4. eine Frist, bis zu welchem Zeitpunkt Gebote zulässig sind. Diese Frist darf sieben Tage nicht unter- und vier Wochen nicht überschreiten,

5. der Hinweis, ob der Ersteher eine Versendung des Gegenstands auf seine Kosten verlangen kann,

6. die Adresse des Lagerungsorts des Gegenstandes und ein Hinweis, ob und wann er besichtigt werden kann,

7. ein Hinweis auf den Gewährleistungsausschluss und darauf, dass es kein Rücktrittsrecht gibt und dass die Versendung auf Gefahr des Erstehers erfolgt, sowie

8. ein Hinweis auf die Möglichkeit eines Sofortkaufs und den dafür nach § 277a zu zahlenden Preis oder ein Hinweis auf den Ausschluss eines Sofortkaufs. *(BGBl I 2016/100; BGBl I 2021/86)*

(4) Der Bekanntmachung ist eine Beschreibung und zumindest ein Foto des Pfandstücks und ein vorhandenes schriftliches Schätzgutachten anzuschließen.

(5) Bei Internetversteigerungen kann vorgesehen werden, dass das vom Bieter abgegebene Gebot ein Höchstgebot ist, innerhalb dessen Gebote als abgegeben gelten, bis das von einem anderen Bieter abgegebene Gebot übertroffen wird. Unzulässig ist die Abgabe von Geboten mittels eines automatisierten Datenverarbeitungsprogramms, das die Gebote beobachtet und unmittelbar vor Ablauf der Frist, innerhalb der Gebote zulässig sind, ein Gebot abgibt, das im Rahmen einer oberen Grenze nach Möglichkeit das aktuelle Höchstgebot überbietet, sodass dem Bieter, der das Programm verwendet, der Zuschlag erteilt wird (Sniper-Programm). Gebote von Personen, die ein solches Programm verwenden, sind unwirksam. *(BGBl I 2016/100; BGBl I 2021/86)*

(BGBl I 2008/37; BGBl I 2021/86)

Sofortkauf

§ 277a. Solange kein Gebot abgegeben wurde, kann bei einer Versteigerung im Internet der Gegenstand unter Entfall der Versteigerung zu einem Preis, der den Schätzwert um ein Viertel übersteigt, erworben werden. Dem Käufer ist der Zuschlag zu erteilen. Ein Sofortkauf kann vom Vollstreckungsorgan ausgeschlossen werden. Dies ist den Parteien bei Übermittlung des Versteigerungsediktes bekannt zu geben. *(BGBl I 2016/100; BGBl I 2021/86)*

(BGBl I 2008/37)

Abbruch der Versteigerung

§ 277b. Bei Einstellung oder Aufschiebung der Exekution ist die Versteigerung im Internet abzubrechen, solange kein Gebot abgegeben wurde; danach nur bei einer Einstellung oder Aufschiebung aufgrund eines Widerspruchs Dritter. Der Versteigerer hat in diesen Fällen einem Ersuchen des Gerichts oder Vollstreckungsorgans auf Abbruch der Versteigerung zu entsprechen. *(BGBl I 2021/86)*

(BGBl I 2016/100)

Erfüllung des Meistbots
(BGBl I 2021/86)

§ 278. (1) Dem Meistbietenden kann bei Gegenständen nach § 274 Abs. 2, die im Versteigerungshaus oder in der Auktionshalle verkauft werden, eine Zahlungsfrist von acht Tagen eingeräumt werden. Sonstige Gegenstände werden nur gegen Barzahlung verkauft. Dem Ersteher ist auf sein Verlangen eine Bestätigung über den Kauf auszustellen. *(BGBl I 2000/59; BGBl I 2021/86)*

(2) Dem Meistbietenden sind die Gegenstände erst nach Bezahlung zu übergeben. Er hat sie sofort danach oder bei der Versteigerung in der Auktionshalle oder einem Versteigerungshaus spätestens am folgenden Tag zu übernehmen und wegzubringen. Hat der Ersteher oder Käufer die Sachen nicht binnen drei Monaten weggebracht, so sind sie auf Beschluss des Gerichts, bei dem die Auktionshalle eingerichtet ist, zu verwerten. Mit dem dabei erzielten Erlös sind die Gerichtskosten und der Lagerzins zu decken. Ein Mehrerlös ist gerichtlich zu erlegen. *(BGBl I 2003/31; BGBl I 2021/86)*

(3) Hat der Meistbietende den in bar zu zahlenden Kaufpreis nicht über Aufforderung unverzüglich, sonst bis zum Schluss der Versteigerung erlegt, so kann die Versteigerung ausgehend von dem dem Bietgebot des Meistbietenden vorangehenden Bietgebot weitergeführt werden, wenn dies nach den Umständen tunlich ist; sonst ist die ihm zugeschlagene Sache bei einem neuen Termin neuerlich auszubieten. Der Meistbietende wird bei der neuerlichen Versteigerung zu einem Anbot nicht zugelassen; er haftet für einen etwaigen Ausfall, ohne den Mehrerlös beanspruchen zu können. In Bezug auf die Hereinbringung des Ausfalls vom Kaufpreis gilt § 206 Abs. 2. *(BGBl I 2008/37; BGBl I 2021/86)*

(BGBl 1995/519)

Zuschlag bei Versteigerung im Internet

§ 278a. Nach Ablauf der Versteigerungsfrist ist der Zuschlag demjenigen zu erteilen, der bei Ablauf dieser Frist das höchste Anbot abgegeben hat. Der Ersteher ist von der Zuschlagserteilung zu verständigen. *(BGBl I 2021/86)*

(BGBl I 2008/37)

Schluss der Versteigerung
(BGBl 1995/519)

§ 279. (1) Die Versteigerung wird geschlossen, sobald der erzielte Erlös zur Befriedigung der vollstreckbaren Forderungen sämtlicher mittels Verkaufes Exekution führender Gläubiger und zur Deckung aller Nebengebühren dieser Forderungen sowie der Kosten der Exekution hinreicht.

(2) Für das im Versteigerungstermin aufzunehmende Protokoll haben die Bestimmungen des § 194 Abs. 1 Z. 1 und 2 sinngemäß Anwendung zu finden. Außerdem sind im Protokolle nebst den Ausrufspreisen die erzielten Meistbote und die Käufer anzugeben. *(RGBl 1914/118)*

Unauffindbarkeit der Pfandsachen

§ 279a. Werden die gepfändeten Gegenstände bei der Überstellung oder der Versteigerung an Ort und Stelle nicht vorgefunden, so hat der Verpflichtete vor Gericht oder vor dem Vollstreckungsorgan anzugeben, wo sich diese Sachen befinden. Das Vollstreckungsorgan hat den Verpflichteten hiezu aufzufordern. § 47 Abs. 2 über die Belehrung, die Protokolleinsicht und die Bestätigung durch den Verpflichteten sowie § 48 und § 346a Abs. 2 sind anzuwenden. Kann dadurch nicht festgestellt werden, wo sich die Sachen befinden, oder ist der Verpflichtete unter Mitnahme der Sachen verzogen und kann das Vollstreckungsorgan durch zumutbare Erhebungen nicht in Erfahrung bringen, wo sich der Verpflichtete aufhält, so wird die Exekution hinsichtlich der nicht vorgefundenen Sachen erst fortgesetzt, sobald der Gläubiger bekannt gibt, wo sich diese Gegenstände befinden. *(BGBl I 2003/31; BGBl I 2004/128; BGBl I 2005/68)*

(BGBl 1929/222, idF BGBl 1995/519)

Neuerlicher Verwertungsversuch

§ 280. (1) Die Auktionshalle und das Versteigerungshaus können von Amts wegen die Gegenstände, für die bei der Versteigerung das geringste Gebot nicht erzielt wurde, binnen einem Monat, bei Gegenständen nach § 274 Abs. 2 innerhalb von sechs Monaten nach dem Versteigerungstermin an Käufer, die sich in der Auktionshalle bzw. im Versteigerungshaus melden, ohne Verständigung der Parteien aus freier Hand verkaufen. Die Bestimmungen über das geringste Gebot sind anzuwenden. *(BGBl I 2003/31; BGBl I 2008/37; BGBl I 2021/86)*

(2) Für Gegenstände, für die bei der Versteigerung das geringste Gebot nicht erzielt wurde, ist

auf Antrag des betreibenden Gläubigers ein weiterer Versteigerungstermin festzulegen. Wird auch hiebei das geringste Gebot nicht erzielt, so ist von Amts wegen ein weiterer Versteigerungstermin festzulegen. *(BGBl I 2003/31)*

(3) Meldet sich im Versteigerungstermin eine Person, die ein Interesse am Erwerb eines Gegenstands, für den bei der Versteigerung das geringste Gebot nicht erzielt wurde, hat, so ist der Gegenstand im selben Termin neuerlich auszubieten.

(BGBl 1995/519)

Ausfolgung und Verwertung unverkaufter Gegenstände

§ 281. (1) Wenn Gegenstände nach § 280 Abs. 1 nicht verkauft oder nach § 280 Abs. 2 nicht versteigert werden können oder das Exekutionsverfahren eingestellt wird, ist der Verpflichtete schriftlich aufzufordern, sie binnen 14 Tagen abzuholen. Die Gegenstände sind ihm auszufolgen, wenn er der Auktionshalle oder dem Versteigerungshaus die entstandenen Kosten zahlt. *(BGBl I 2021/86)*

(2) Wenn der Verpflichtete die Sachen nicht innerhalb der Frist des Abs. 1 abholt oder die Kosten nach Abs. 1 nicht zahlt, können die Gegenstände auch unter dem geringsten Gebot verkauft werden. Darauf ist der Verpflichtete in der Aufforderung zur Abholung nach Abs. 1 hinzuweisen.

(3) Können die Sachen nicht binnen vier Wochen verkauft werden, so kann das Exekutionsgericht anordnen, dass die Sachen auf Gefahr und Kosten des Verpflichteten einem Dritten in Verwahrung gegeben werden.

(BGBl 1995/519)

Versendung und Ausschluss derselben

§ 281a. (1) Die Versandkosten für die Versendung des im Internet versteigerten Gegenstandes hat der Ersteher zu tragen. Dem Ersteher sind die Versandkosten bekannt zu geben; er hat binnen 14 Tagen das Meistbot samt den Versandkosten zu bezahlen. Nach Zahlungseingang ist der Gegenstand auf Gefahr des Erstehers zu versenden.

(2) Die Übersendung von Gegenständen an den Ersteher darf ausgeschlossen werden, wenn es sich nicht um Gegenstände nach § 259 Abs. 1a handelt und die Übersendung einen erheblichen Aufwand erfordert. Der Ausschluss ist den Parteien möglichst bei Bekanntgabe des Versteigerungstermins bekannt zu geben. *(BGBl I 2016/100)*

(3) Wird die Versendung ausgeschlossen oder begehrt der Ersteher die Selbstabholung, so hat dieser binnen 14 Tagen ab Verständigung von

der Zuschlagserteilung den Gegenstand gegen Bezahlung des Meistbots abzuholen. *(BGBl I 2008/37)*

Nicht abgeholte Gegenstände

§ 281b. Ist der Ersteher bei einer Versteigerung im Internet mit der Abholung oder Bezahlung des Meistbots und der Transportkosten säumig, so ist der Gegenstand neuerlich auszubieten. § 278 Abs. 3 zweiter und dritter Satz sind anzuwenden. *(BGBl I 2021/86)*

(BGBl I 2008/37)

Einstellung des Verkaufsverfahrens
(BGBl 1995/519)

§ 282. (1) In Ansehung des Abstehens von der Exekution sowie der Einstellung des Verkaufsverfahrens ist § 148 Z 2 und 3 sinngemäß anzuwenden. Bei der Versteigerung im Internet kommt es nicht auf den Beginn der Versteigerung, sondern auf die Abgabe von Geboten an. *(BGBl 1995/519; BGBl I 2000/59; BGBl I 2016/100; BGBl I 2021/86)*

(2) Im Falle der Fortsetzung des Verkaufsverfahrens gemäß § 150 sind die Gläubiger, wider welche der Einstellungs- oder Aufschiebungsgrund wirkt, nach Maßgabe des ihnen allenfalls zustehenden Pfandrechtes aus dem Verkaufserlöse zu befriedigen (§ 285 Abs. 3). *(RGBl 1914/118; BGBl I 2021/86)*

(3) Von der Einstellung des Verkaufsverfahrens sind nur der Verpflichtete und die betreibenden Gläubiger zu verständigen. *(BGBl 1995/519)*

Aufschiebung der Exekution bei einer Naturkatastrophe

§ 282a. (1) Das Verkaufsverfahren ist aufzuschieben, wenn die Voraussetzungen des § 158 vorliegen. *(BGBl I 2021/86)*

(2) Die Frist des § 256 Abs. 2 verlängert sich um die Dauer der Aufschiebung.

(BGBl I 2003/31)

Erlös bei Versteigerung durch einen Versteigerer
(BGBl I 2008/37)

§ 282b. (1) Der Versteigerer hat dem Vollstreckungsorgan den Ausgang der Versteigerung mitzuteilen. Er hat binnen vier Wochen nach Versteigerung oder Verkauf dem Gericht den Erlös abzüglich seiner Kosten zu überweisen. Für spätere Zahlungen sind die gesetzlichen Verzugszinsen zu zahlen. *(BGBl I 2008/37)*

(2) Ist die Berechnung der dem Versteigerungshaus zustehenden Kosten strittig, so hat hierüber das Exekutionsgericht auf Antrag eines Beteiligten zu entscheiden.

(BGBl 1995/519; BGBl I 2003/31, § 282b war früher § 282a)

Verwendung des Verkaufserlöses

§ 283. (1) Aus dem bei der Versteigerung erzielten Erlös, einschließlich des vom säumigen Meistbietenden gemäß § 278 Abs. 3 geleisteten Ersatzes, hat das Vollstreckungsorgan, wenn die Exekution nur zu Gunsten desjenigen Gläubigers geführt wird, dem nach Inhalt der Pfändungsakten das alleinige Pfandrecht an den verkauften Gegenständen zusteht, diesem Gläubiger den nach Abzug der Versteigerungs- und Schätzungskosten erübrigenden, zur Befriedigung der vollstreckbaren Forderung samt Nebengebühren erforderlichen Betrag zu übergeben. *(BGBl 1929/222; BGBl I 2021/86)*

(2) Bei verzinslichen Forderungen sind die Zinsen, soweit sie nicht verjährt sind, bis zum Versteigerungstermin zu berechnen.

(3) Die Ausfolgung dieser Beträge an den betreibenden Gläubiger gilt als Zahlung des Verpflichteten.

(4) Ein etwa verbleibender Rest ist, sofern nicht ein nachfolgender Pfandgläubiger inzwischen darauf gegriffen hat, dem Verpflichteten auszufolgen.

Ersatz noch nicht gerichtlich festgestellter Exekutionskosten
(BGBl 1995/519)

§ 284. (1) Begehrt der betreibende Gläubiger den Ersatz von noch nicht gerichtlich festgestellten Exekutionskosten, so hat er gleichzeitig dem Vollstreckungsorgan das Verzeichnis dieser Kosten vorzulegen. Die bezüglichen Kosten sind in diesem Fall auf Anzeige des Vollstreckungsorgans durch das Exekutionsgericht zu bestimmen.

(2) Den nach Angabe des Gläubigers zur Deckung der angesprochenen Kosten erforderlichen Betrag hat das Vollstreckungsorgan zurückzubehalten und bei Gericht zu erlegen. In gleicher Weise ist mit dem Betrage zu verfahren, der vom Vollstreckungsorgan zur Deckung der Versteigerungskosten, einschließlich der für die Abschätzung der versteigerten Gegenstände zu entrichtenden Sachverständigengebühren, zurückbehalten wird. *(BGBl 1995/519)*

(3) Werden die erlegten Summen durch die dem betreibenden Gläubiger gerichtlich zuerkannten Kosten oder durch die gerichtlich bestimmten Versteigerungs- und Schätzungskosten nicht erschöpft, so ist der Restbetrag zur ferneren Befriedigung des betreibenden Gläubigers oder nach voller Tilgung seiner Ansprüche im Sinne des § 283 letzter Absatz zu verwenden.

(4) Das Begehren um Kostenersatz muss vom betreibenden Gläubiger bei sonstigem Ausschlusse vor Beendigung des Versteigerungstermines gestellt werden.

Verteilungstagsatzung
(BGBl 1995/519)

§ 285. (1) Steht dem betreibenden Gläubiger nach Inhalt der Pfändungsakten nicht das alleinige Pfandrecht zu oder hat die Versteigerung zu Gunsten mehrerer betreibender Gläubiger stattgefunden, so ist der Erlös vom Vollstreckungsorgan bei Gericht zu erlegen und vom Exekutionsgerichte zu verteilen. *(BGBl 1929/222; BGBl 1995/519)*

(2) Wenn der Erlös bis zur Verteilung fruchtbringend angelegt wurde, sind die Zinsen zur Verteilungsmasse zu schlagen; desgleichen ist der vom säumigen Meistbietenden gemäß § 278 Abs. 3 geleistete Ersatz in die Verteilungsmasse einzubeziehen. *(BGBl 1929/222; BGBl I 2021/86)*

(3) Die Verteilungstagsatzung ist vom Exekutionsgerichte von Amts wegen anzuberaumen. Zur Tagsatzung sind der Verpflichtete und alle aus den Pfändungsakten ersichtlichen, noch nicht vollständig befriedigten Gläubiger zu laden, deren Pfandrecht nicht bereits gemäß § 256 Abs. 2 erloschen ist. Die Gläubiger sind zugleich aufzufordern, ihre Ansprüche an Kapital, Zinsen, Kosten und sonstigen Nebenforderungen vor oder bei der Tagsatzung anzumelden. Sie haben dazu die zum Nachweis ihrer Ansprüche dienenden Urkunden, falls sich diese nicht schon bei Gericht befinden, spätestens bei der Tagsatzung in Urschrift oder Abschrift vorzulegen. Andernfalls werden ihre Ansprüche bei der Verteilung nur insoweit berücksichtigt, als zu deren Gunsten bereits die Exekution durch Versteigerung bewilligt wurde. Eine nachträgliche Einstellung des Verkaufsverfahrens und die Aufschiebung der Exekution wegen einer Zahlungsvereinbarung nach § 45a hindern eine Berücksichtigung ebenso wie der Umstand, dass die gepfändeten Gegenstände vorerst nicht vorgefunden wurden und auf Antrag eines anderen betreibenden Gläubigers die Versteigerung der später vorgefundenen Gegenstände erfolgte oder dass für Gegenstände bei der Versteigerung das geringste Gebot vorerst nicht erzielt wurde und später auf Antrag eines anderen betreibenden Gläubigers die Gegenstände versteigert wurden. Darüber sind die Gläubiger in der Aufforderung zu belehren. *(RGBl 1914/118; BGBl I 2000/59; BGBl I 2008/37)*

Verteilung
(BGBl 1995/519)

§ 286. (1) Das Exekutionsgericht hat bei der Verteilung des Erlöses unter sinngemäßer Anwendung der §§ 212 bis 214, 219 bis 221, 223 Abs. 3, 229, 231 bis 234 und 236 vorzugehen.

(2) Aus der Verteilungsmasse sind zu berichtigen

1. die Entlohung des Verwalters und die vom Verkaufserlös abhängige Vergütung des Gerichtsvollziehers, hierauf *(BGBl I 2021/86)*

2. die Kosten der Schätzung, der Überstellung und der Versteigerung und sodann

3. die rechtzeitig angemeldeten Pfandforderungen sowie die vollstreckbaren Forderungen, zu deren Hereinbringung die Versteigerung bewilligt wurde.

Der Betrag der Forderungen ist nach der Anmeldung und deren Belegen sowie nach den gerichtlichen Exekutionsbewilligungen zu berechnen. *(BGBl I 2003/31)*

(3) Unbeschadet des Vorranges, den Zölle, Verbrauchs- und andere öffentliche Abgaben und Vermögensstrafen genießen oder der für einzelne Forderungen durch den Bestand eines gesetzlichen oder vertragsmäßigen Pfandrechtes begründet wird, ist für die Bezahlung der oben bezeichneten Forderungen die nach der gerichtlichen Pfändung zu beurteilende Rangordnung entscheidend.

(4) In Ansehung der Berichtigung von Zinsen, wiederkehrenden Zahlungen, Prozess- und Exekutionskosten sind die in den §§ 216, 217, 218 Abs. 1 und 219 aufgestellten Grundsätze anzuwenden.

Abgabenbehördliche und verwaltungsbehördliche Pfandrechte

§ 286a. (1) Auf Pfandrechte, die im Vollstreckungsverfahren einer Abgabenbehörde, des Amts für Betrugsbekämpfung oder einer Verwaltungsbehörde erworben wurden (§ 2 AbgEO und § 3 VVG), hat das Gericht bei Verwendung des Verkaufserlöses in dem durch die Pfändung begründeten Rang Bedacht zu nehmen.

(2) Die Gerichte haben die ihnen von der Verwaltungsbehörde mitgeteilten Verwaltungspfandrechte im Pfändungsregister mit dem Namen der Vollstreckungsbehörde, der Zahl und dem Tag der Verwaltungspfändung und der Höhe der Forderung anzumerken und der Vollstreckungsbehörde Entstehungstag und Geschäftszahl gerichtlicher Pfandrechte mitzuteilen.

(3) Bei abgabenbehördlichen Pfandrechten hat das Gericht zu jeder Verteilungstagsatzung die zuständige Abgabenbehörde oder das Amt für Betrugsbekämpfung zu laden. Steht dem betreibenden Gläubiger nach Inhalt der Pfändungsakten das alleinige Pfandrecht zu (§ 285 Abs. 1), so hat das Gericht vor Ausfolgung des Erlöses durch Anfrage bei der Abgabenbehörde oder dem Amt für Betrugsbekämpfung zu erheben, ob ein abgabenbehördliches Pfandrecht besteht. Falls binnen 14 Tagen nach Zustellung eine Äußerung nicht

einlangt, kann der Verkaufserlös ausgefolgt werden. Abgabenbehördliche Pfandrechte sind bei der Verteilung des Verkaufserlöses nur auf Anmelden zu berücksichtigen.

(4) Bei verwaltungsbehördlichen Pfandrechten hat das Gericht zu jeder Verteilungstagsatzung die Vollstreckungsbehörde, die dem Gericht das Bestehen eines Pfandrechtes nach Abs. 2 mitgeteilt hat, zu laden. Verwaltungspfandrechte sind bei der Verteilung des Verkaufserlöses nur auf Anmelden zu berücksichtigen.

(5) Ein im abgaben- oder verwaltungsbehördlichen Vollstreckungsverfahren erzielter Verkaufserlös ist bei Gericht zu erlegen, falls an dem verkauften Gegenstand ein gerichtliches Pfandrecht besteht, auch wenn ein gerichtliches Verwertungsverfahren nicht anhängig ist. Die Verteilung des Verkaufserlöses obliegt in diesem Fall dem Gericht. Die Gerichte haben Anfragen der Abgabenbehörden oder des Amts für Betrugsbekämpfung oder der Verwaltungsbehörde, ob gerichtliche Pfandrechte an den verkauften Gegenständen haften, längstens binnen 14 Tagen zu beantworten. Nach fruchtlosem Ablauf dieser Frist kann die Abgabenbehörde oder das Amt für Betrugsbekämpfung oder die Verwaltungsbehörde den Verkaufserlös verwenden.

(BGBl I 2021/86)

Ausfolgung des Erlöses

§ 287. Im Verteilungsbeschluss sind die für den Erlös bezugsberechtigten Personen und die diesen auszufolgenden Beträge anzugeben. Diese Beträge sind nach Eintritt der Rechtskraft den bezugsberechtigten Personen auszufolgen. Diese Verfügungen können auch gesondert getroffen werden, insbesondere, wenn hinsichtlich einzelner Posten die Erledigung im Rechtsweg abgewartet werden muss.

(BGBl 1995/519)

Erlös aus Freihandverkauf
(BGBl 1995/519)

§ 288. Die Bestimmungen der §§ 283 bis 287 haben für die Verwendung des Erlöses sinngemäß zu gelten, der bei einem Verkaufe aus freier Hand erzielt wurde. Das Begehren um Kostenersatz muss in diesem Fall vom betreibenden Gläubiger bei sonstigem Ausschlusse innerhalb der im § 74 Abs. 2 festgesetzten Frist gestellt werden. Vor Ablauf dieser Frist darf dem Verpflichteten von dem erzielten Erlös nichts ausgefolgt werden.

Grundsatz

§ 289. (1) Die Exekution auf Geldforderungen des Verpflichteten erfolgt durch Pfändung und Überweisung an den betreibenden Gläubiger oder durch Pfändung und Einziehung durch den Verwalter. Wenn das Gericht auf Antrag des betreibenden Gläubigers nichts anderes bestimmt, erfasst die Exekution auf Geldforderungen alle Forderungen des Verpflichteten, außer die nach § 321.

(2) Es ist ein Verwalter zu bestellen, der – wenn es rechtzeitig möglich ist, unter Zuziehung des Verpflichteten – unverzüglich pfändbare Forderungen zu ermitteln hat. Von der Bestellung ist abzusehen, wenn der betreibende Gläubiger Exekution nur

1. auf einzelne im Antrag genannte Forderungen oder

2. auf Geldforderungen bei unbekanntem Drittschuldner nach § 295 oder

3. auf einzelne im Antrag genannte Forderungen und auf Geldforderungen bei unbekanntem Drittschuldner nach § 295

führt.

(3) Bezüge im Sinne dieser Abteilung sind regelmäßig wiederkehrende Geldleistungen, insbesondere Einkünfte aus einem Arbeitsverhältnis oder sonstige wiederkehrende Leistungen mit Einkommensersatzfunktion.

(BGBl I 2021/86)

Unpfändbare Forderungen

§ 290. (1) Unpfändbar sind Forderungen auf folgende Leistungen:

1. Aufwandsentschädigungen, soweit sie den in Ausübung der Berufstätigkeit tatsächlich erwachsenden Mehraufwand abgelten, insbesondere für auswärtige Arbeiten, für Arbeitsmaterial und Arbeitsgerät, das vom Arbeitnehmer selbst beigestellt wird, sowie für Kauf und Reinigen typischer Arbeitskleidung;

2. gesetzliche Beihilfen und Zulagen, die zur Abdeckung des Mehraufwands wegen körperlicher oder geistiger Behinderung, Hilflosigkeit oder Pflegebedürftigkeit zu gewähren sind, wie zB das Pflegegeld;

3. Beihilfen des Arbeitsmarktservice, soweit sie nicht unter § 290 a Abs. 1 Z 8 fallen, sowie einem Versehrten gewährte berufliche Maßnahmen der Rehabilitation, die die Fortsetzung der Erwerbstätigkeit ermöglichen; *(BGBl 1994/314)*

4. Ersatz der Kosten, die der Arbeitnehmer für seine Vertretung aufwenden muss;

5. Beiträge für Bestattungskosten;

6. Rückersätze und Kostenvergütungen für Sachleistungsansprüche sowie Kostenersätze aus der gesetzlichen Sozialversicherung und Entschädigungen für aufgewendete Heilungskosten;

7. Leistungen aus dem Unterstützungsfonds und besondere Unterstützungen nach den Sozialversicherungsgesetzen;

8. gesetzliche Beihilfen zur Zahlung des Mietzinses oder zur Deckung des sonstigen Wohnungsaufwands;

9. gesetzliche Familienbeihilfe einschließlich Mehrkindzuschlag und Schulfahrtbeihilfe sowie die nach den jeweils geltenden einkommensteuerrechtlichen Bestimmungen zur Abgeltung gesetzlicher Unterhaltsverpflichtungen gegenüber Kindern auszuzahlenden Absetzbeträge; *(BGBl 1994/624; BGBl I 2003/31)*

10. gesetzliche Leistungen, die aus Anlass der Geburt eines Kindes zu gewähren sind, soweit sie nicht unter § 290a Abs. 1 Z 6 fallen, insbesondere das pauschale Kinderbetreuungsgeld und die Beihilfe zum pauschalen Kinderbetreuungsgeld; *(BGBl 1994/624; BGBl I 2001/103; BGBl I 2011/139)*

11. Beihilfen und Stipendien, die Schülern und Studenten gewährt werden;

12. und 13. *(aufgehoben, BGBl 1994/624)*

14. Leistungen nach dem Kriegsopferversorgungsgesetz und dem Opferfürsorgegesetz;

15. Leistungen der Tuberkulosehilfe, soweit es sich nicht um regelmäßige Geldbeihilfen handelt;

16. Ansprüche auf die Arbeitsvergütung nach dem Strafvollzugsgesetz und daraus herrührende Beträge während der Haft, soweit sie nicht unter § 291 d fallen. *(BGBl 1993/799)*

(2) Die Unpfändbarkeit gilt nicht, wenn die Exekution wegen einer Forderung geführt wird, zu deren Begleichung die Leistung widmungsgemäß bestimmt ist.

(3) Die Unpfändbarkeit von Renten und Beihilfen nach Abs. 1 Z 14 gilt nicht bei einer Exekution wegen einer Forderung nach § 291 b Abs. 1 Z 1.

(BGBl 1991/628)

Beschränkt pfändbare Forderungen

§ 290a. (1) Forderungen auf folgende Leistungen dürfen nur nach Maßgabe des § 291 a oder des § 291 b gepfändet werden:

1. Einkünfte aus einem privat- oder öffentlichrechtlichen Arbeitsverhältnis, einem Lehr- oder sonstigen Ausbildungsverhältnis und die gesetzlichen Leistungen an Präsenz- oder Ausbildungs- oder Zivildienstleistende; *(BGBl I 1998/30)*

2. sonstige wiederkehrende Vergütungen für Arbeitsleistungen aller Art, die die Erwerbstätigkeit des Verpflichteten vollständig oder zu einem wesentlichen Teil in Anspruch nehmen;

3. Bezüge, die ein Arbeitnehmer zum Ausgleich für Wettbewerbsbeschränkungen für die Zeit nach Beendigung seines Arbeitsverhältnisses beanspruchen kann;

4. Ruhe-, Versorgungs- und andere Bezüge für frühere Arbeitsleistungen, wie zB die Pensionen aus der gesetzlichen Sozialversicherung einschließlich der Ausgleichszulagen und die gesetzlichen Leistungen an Kleinrentner;

5. gesetzliche Leistungen und satzungsgemäße Mehrleistungen, die aus Anlass einer Beeinträchtigung der Arbeits- oder Erwerbsfähigkeit zu gewähren sind und Entgeltersatzfunktion haben, insbesondere solche der Sozialversicherung; das sind vor allem

a) Versehrtenrente,

b) Versehrtengeld,

c) Übergangsrente,

d) Übergangsgeld,

e) Familien- und Taggeld,

f) Krankengeld, *(BGBl I 2016/100)*

g) Rehabilitationsgeld; *(BGBl I 2016/100)*

6. Leistungen der gesetzlichen Sozialversicherung aus dem Versicherungsfall der Mutterschaft, insbesondere das Wochengeld und die Betriebshilfe, sowie das Kinderbetreuungsgeld als Ersatz des Erwerbseinkommens nach dem Kinderbetreuungsgeldgesetz; *(BGBl I 2011/139)*

7. Leistungen, die für die Dauer der Arbeitslosigkeit zu gewähren sind, wie das Arbeitslosengeld, die Notstandshilfe, die Überbrückungshilfe und die erweiterte Überbrückungshilfe nach dem Überbrückungshilfegesetz, das Weiterbildungsgeld sowie die Sonderunterstützung nach dem Sonderunterstützungsgesetz; *(BGBl I 2000/59)*

8. Beihilfen des Arbeitsmarktservice, die zur Deckung des Lebensunterhalts gewährt werden; *(BGBl 1994/314)*

9. wiederkehrende Leistungen aus Versicherungsverträgen, wenn diese Verträge zur Versorgung des Versicherungsnehmers oder seiner unterhaltsberechtigten Angehörigen eingegangen sind;

10. gesetzliche Unterhaltsleistungen;

11. wiederkehrende Leistungen, die auf Grund eines Ausgedingsvertrags oder eines Unterhaltszwecken dienenden Leibrentenvertrags zu gewähren sind;

12. Leistungen wegen Minderung der Erwerbsfähigkeit, für Verdienstentgang, zur Sicherung des Lebensunterhalts und an die Hinterbliebenen

für entgangenen Unterhalt, die wegen Tötung, Körperverletzung, Gesundheitsschädigung oder Krankheit zu gewähren sind, insbesondere Schadenersatzrenten.

(2) Die Pfändung der in Abs. 1 genannten Leistungen umfasst alle Beträge, die im Rahmen des der gepfändeten Forderung zugrunde liegenden Rechtsverhältnisses geleistet werden; insbesondere umfassen die in Abs. 1 Z 1 und 2 genannten Leistungen alle Vorteile aus diesen Tätigkeiten ohne Rücksicht auf ihre Benennung und Berechnungsart.

(3) Gesetzliche Ansprüche auf Vorschüsse sowie der Anspruch auf Insolvenz-Entgelt sind wie die Leistungen, für die der Vorschuss gewährt wird, pfändbar. *(BGBl I 2008/82)*

(BGBl 1991/628)

Sonderzahlungen

§ 290b. Auch vom 14. Monatsbezug (Urlaubszuschuss, Urlaubsbeihilfe, Renten- oder Pensionssonderzahlung, die zu den im April oder Mai bezogenen Renten bzw. Pensionen gebührt, und dergleichen) und vom 13. Monatsbezug (Weihnachtszuwendung, Weihnachtsremuneration, Renten- oder Pensionssonderzahlung, die zu den im September oder Oktober bezogenen Renten bzw. Pensionen gebührt, und dergleichen) hat dem Verpflichteten ein unpfändbarer Freibetrag nach § 291a zu verbleiben. Wird die Sonderzahlung in Teilzahlungen geleistet, so ist der unpfändbare Freibetrag auf die Teilzahlungen entsprechend deren Höhe aufzuteilen. *(BGBl I 2003/31)*

(BGBl 1991/628)

Vorschüsse und Nachzahlungen

§ 290c. (1) Der Drittschuldner kann für die Einbringung eines dem Verpflichteten gewährten Vorschusses den Betrag, der sich aus dem Unterschied zwischen den in § 292 Abs. 4 genannten Beträgen und dem unpfändbaren Freibetrag ergibt, abziehen. Soweit der Vorschuss daraus nicht gedeckt wird, steht dem Drittschuldner auch ein Abzug vom pfändbaren Betrag zu. Der unpfändbare Freibetrag ist so zu berechnen, als ob kein Vorschuss geleistet worden wäre.

(2) Beträge zur Rückzahlung eines vom Drittschuldner zugezählten Gelddarlehens sind den Beträgen zur Einbringung eines Vorschusses gleichzuhalten.

(3) Nachzahlungen sind für den Zeitraum zu berücksichtigen, auf den sie sich beziehen.

(BGBl 1991/628)

Ermittlung der Berechnungsgrundlage

§ 291. (1) Bei der Ermittlung der Berechnungsgrundlage für den unpfändbaren Freibetrag (§ 291 a) sind vom Gesamtbezug abzuziehen:

1. Beträge, die unmittelbar auf Grund steuer- oder sozialrechtlicher Vorschriften zur Erfüllung gesetzlicher Verpflichtungen des Verpflichteten abzuführen sind;

1a. Beträge nach dem Betrieblichen Mitarbeitervorsorgegesetz; *(BGBl I 2003/31)*

2. die der Pfändung entzogenen Forderungen und Forderungsteile;

3. Beträge, die der Verpflichtete an seine betrieblichen und überbetrieblichen Interessenvertretungen zu entrichten hat und auch entrichtet;

4. Beträge, die der Verpflichtete zu einer Versicherung, deren Leistungen nach Art und Umfang jenen der gesetzlichen Sozialversicherung entsprechen, für sich oder seine unterhaltsberechtigten Angehörigen leistet, sofern kein Schutz aus der gesetzlichen Pflichtversicherung besteht.

(2) Der sich nach Abs. 1 ergebende Betrag ist abzurunden, und zwar bei Auszahlung für Monate auf einen durch 20, bei Auszahlung für Wochen auf einen durch fünf teilbaren Betrag und bei Auszahlung für Tage auf einen ganzen Betrag. *(BGBl I 2001/98)*

(BGBl 1991/628)

Unpfändbarer Freibetrag [1]
(Existenzminimum)
[1] *Siehe hiezu Tabellen im Anhang des KODEX ZGV.*

§ 291a. (1) Beschränkt pfändbare Forderungen, bei denen der sich nach § 291 ergebende Betrag (Berechnungsgrundlage) bei monatlicher Leistung den Ausgleichszulagenrichtsatz für alleinstehende Personen (§ 293 Abs. 1 lit. a sublit. bb ASVG) nicht übersteigt, haben dem Verpflichteten zur Gänze zu verbleiben (allgemeiner Grundbetrag). *(BGBl I 2021/86)*

(2) Der Betrag nach Abs. 1 erhöht sich

1. um ein Sechstel, wenn der Verpflichtete keine Leistungen nach § 290b erhält (erhöhter allgemeiner Grundbetrag),

2. um 20% für jede Person, der der Verpflichtete gesetzlichen Unterhalt gewährt (Unterhaltsgrundbetrag); höchstens jedoch für fünf Personen. *(BGBl I 2003/31)*

(3) Übersteigt die Berechnungsgrundlage den sich aus Abs. 1 und 2 ergebenden Betrag, so verbleiben dem Verpflichteten neben diesem Betrag

1. 30% des Mehrbetrags (allgemeiner Steigerungsbetrag) und

2. 10% des Mehrbetrags für jede Person, der der Verpflichtete gesetzlichen Unterhalt gewährt;

höchstens jedoch für fünf Personen (Unterhalts-steigerungsbetrag). *(BGBl I 2003/31)*

Der Teil der Berechnungsgrundlage, der das Vierfache des Ausgleichszulagenrichtsatzes (Höchstberechnungsgrundlage) übersteigt, ist jedenfalls zur Gänze pfändbar. *(BGBl I 2003/31)*

(4) Bei täglicher Leistung ist für die Ermittlung des unpfändbaren Freibetrags nach den vorhergehenden Absätzen der 30. Teil des Ausgleichszulagenrichtsatzes, bei wöchentlicher Leistung das Siebenfache des täglichen Betrags heranzuziehen.

(5) Die Grundbeträge sind auf volle Euro abzurunden; der Betrag nach Abs. 3 letzter Satz ist nach § 291 Abs. 2 zu runden.

(BGBl 1991/628; BGBl I 2001/98)

Besonderheiten bei Exekutionen wegen Unterhaltsansprüchen

§ 291b. (1) Bei einer Exekution wegen

1. eines gesetzlichen Unterhaltsanspruchs,

2. eines gesetzlichen Unterhaltsanspruchs, der auf Dritte übergegangen ist,

3. eines Anspruchs auf Ersatz von Aufwendungen, die der Verpflichtete auf Grund einer gesetzlichen Unterhaltspflicht selbst hätte machen müssen (§ 1042 ABGB), sowie wegen

4. der Prozess- und Exekutionskosten samt allen Zinsen, die durch die Durchsetzung eines Anspruchs nach Z 1 bis 3 entstanden sind, gilt Abs. 2.

(2) Dem Verpflichteten haben 75% des unpfändbaren Freibetrags nach § 291a zu verbleiben, wobei dem Verpflichteten für jene Personen, die Exekution wegen einer Forderung nach Abs. 1 führen, ein Unterhaltsgrund- und ein Unterhalts-steigerungsbetrag nicht gebührt. *(BGBl I 2001/98; BGBl I 2003/31)*

(3) Aus dem Betrag, der sich aus dem Unterschied zwischen den unpfändbaren Freibeträgen bei einer Exekution wegen einer Forderung nach Abs. 1 einerseits und wegen einer sonstigen Forderung andererseits ergibt, sind vorweg die laufenden gesetzlichen Unterhaltsansprüche unabhängig von dem für sie begründeten Pfandrang verhältnismäßig nach der Höhe der laufenden monatlichen Unterhaltsleistung zu befriedigen. Aus dem Rest des Unterschiedsbetrags sind die übrigen in Abs. 1 genannten Forderungen zu befriedigen. *(BGBl I 2003/31)*

(4) Gläubigern, die Exekution wegen einer Forderung nach Abs. 1 führen, stehen Zahlungen aus dem nach § 291 a pfändbaren Betrag, aus dem Forderungen nach Abs. 1 und sonstige Forderungen rangmäßig zu befriedigen sind, nur zu, soweit ihre Forderungen aus dem in Abs. 3 genannten

Unterschiedsbetrag nicht gedeckt werden. *(BGBl I 2003/31)*

(BGBl 1991/628)

Besonderheiten bei Exekutionen wegen wiederkehrender Leistungen

§ 291c. (1) Die Exekution wegen Forderungen auf wiederkehrende Leistungen, die künftig fällig werden, ist nur bei Forderungen

1. nach § 291 b Abs. 1 oder

2. auf wiederkehrende Leistungen, die aus Anlass einer Verletzung am Körper oder an der Gesundheit dem Verletzten oder wegen Tötung seinen Hinterbliebenen zu entrichten sind, zulässig, wenn überdies die Exekution zugleich für bereits fällige Ansprüche dieser Art bewilligt wird.

(2) Die Exekution nach Abs. 1 ist auf Antrag des Verpflichteten einzustellen, wenn er

1. alle fälligen Forderungen gezahlt hat und

2. bescheinigt, dass er künftig seiner Zahlungspflicht nachkommen wird. Das ist insbesondere dann anzunehmen, wenn er die Forderungen für die kommenden zwei Monate

a) entweder auch schon gezahlt oder

b) zugunsten des Gläubigers gerichtlich erlegt hat. Vor der Entscheidung ist der betreibende Gläubiger einzuvernehmen (§ 55 Abs. 1).

(3) Auf Antrag des betreibenden Gläubigers hat das Gericht bei einer neuerlichen Bewilligung der Exekution auszusprechen, dass das Pfandrecht den ursprünglich begründeten Pfandrang, dessen Datum das Gericht anzugeben hat, erhält.

(BGBl 1991/628)

Beschränkt pfändbare einmalige Leistungen

§ 291d. (1) Von allen einmaligen Leistungen zusammen, die dem Verpflichteten bei Beendigung seines Arbeitsverhältnisses vom Arbeitgeber gebühren, insbesondere von der Abfertigung, aber mit Ausnahme der Kündigungsentschädigung, hat dem Verpflichteten ein unpfändbarer Freibetrag nach § 291a zu verbleiben, wobei der erhöhte allgemeine Grundbetrag nach § 291a Abs. 2 Z 1 maßgebend ist. Die Höchstberechnungsgrundlage nach § 291a Abs. 3 vervielfacht sich mit der Anzahl der Monate, für die die Leistung zusteht. Bei einer Abfertigung nach dem Betrieblichen Mitarbeitervorsorgegesetz erhöht sich die Höchstberechnungsgrundlage ab dem vierten Jahr pro Jahr um ein Drittel. Auf Antrag des Verpflichteten ist ihm jenes Vielfache des unpfändbaren Freibetrages zu verbleiben, das der Anzahl der Monate entspricht, für die diese Leistungen nach dem Gesetz zustehen, wenn die Voraussetzungen für eine Zusammenrechnung nicht vorliegen. Der pfändbare Betrag ist dem betreibenden Gläubiger erst nach vier Wochen auszuzahlen. *(BGBl I 2001/98; BGBl I 2003/31)*

(2) Von einmaligen Leistungen, die gewährt werden, wenn kein Anspruch auf eine wiederkehrende Leistung besteht, oder die kraft Gesetzes an die Stelle von wiederkehrenden Leistungen treten, wie insbesondere von

1. der Abfindung für eine Hinterbliebenenpension,

2. der Abfertigung für eine Witwer- oder Witwenpension,

3. der Abfertigung für eine Witwer- oder Witwenrente,

4. der Gesamtvergütung für eine vorläufige Versehrtenrente,

5. dem Versehrtengeld aus der Unfallversicherung und

6. dem Übergangsbetrag,

hat dem Verpflichteten jenes Vielfache des unpfändbaren Freibetrags zu verbleiben, das der Anzahl der Monate, für die diese einmalige Leistung gewährt wird, entspricht, mindestens jedoch der unpfändbare Freibetrag für einen Monat.

(3) Abs. 1 Satz 1 ist auch auf sonstige einmalige Leistungen anzuwenden, wenn diese beschränkt pfändbare Forderungen im Sinn des § 290 sind, die nicht von § 290 a Abs. 2 erfasst werden.

(4) Vom Anspruch auf Auszahlung des Entlassungsgeldes (§ 54 Abs. 5, § 150 Abs. 3 und § 156 Abs. 3 StVG) hat dem Verpflichteten das Sechsfache des unpfändbaren Freibetrags nach § 291a Abs. 2 zu verbleiben. *(BGBl 1993/799; BGBl I 2005/68)*

(BGBl 1991/628)

Einmalige Vergütung für persönlich geleistete Arbeiten

§ 291e. (1) Ist eine nicht wiederkehrende Vergütung für persönlich geleistete Arbeiten, die die Erwerbstätigkeit des Verpflichteten vollständig oder zu einem wesentlichen Teil in Anspruch nehmen, gepfändet, so hat das Exekutionsgericht dem Verpflichteten auf seinen Antrag so viel zu belassen, wie er während eines angemessenen Zeitraums für seinen notwendigen Unterhalt sowie den Unterhalt der Personen, denen er gesetzlichen Unterhalt gewährt, bedarf. Bei der Entscheidung sind die wirtschaftlichen Verhältnisse des Verpflichteten, insbesondere seine sonstigen Verdienstmöglichkeiten, frei zu würdigen. Dem Verpflichteten ist nicht mehr zu belassen, als ihm nach freier Überzeugung im Sinn des § 273 ZPO verbleiben würde, wenn er Einkünfte im Sinn des § 290 a in der Höhe der Vergütung hätte. Der Antrag des Verpflichteten ist insoweit abzuweisen, als die Gefahr besteht, dass der betreibende

Gläubiger dadurch schwer geschädigt werden könnte.

(2) Abs. 1 gilt entsprechend für gepfändete Vergütungen, die dem Verpflichteten für die Gewährung einer Wohngelegenheit oder für die sonstige Benützung einer Sache geschuldet werden, aber zu einem nicht unwesentlichen Teil auch als Entgelt für Arbeitsleistungen, die vom Verpflichteten erbracht wurden, anzusehen sind. *(BGBl 1991/628)*

Nebenleistungen und Abgabenguthaben

§ 291f. (1) Von sonstigen wiederkehrenden Vergütungen für Arbeitsleistungen aller Art, die die Erwerbstätigkeit des Verpflichteten weder vollständig noch zu einem wesentlichen Teil in Anspruch nehmen, sowie von dem Abgabenguthaben im Rahmen der Arbeitnehmerveranlagung haben dem Verpflichteten 30% und 10% für jede Person, der der Verpflichtete gesetzlichen Unterhalt gewährt, höchstens jedoch für fünf Personen, zu verbleiben. Der pfändbare Betrag ist dem betreibenden Gläubiger erst nach vier Wochen auszuzahlen.

(2) Auf Antrag des Verpflichteten ist der unpfändbare Betrag nach Abs. 1 zu erhöhen, soweit er die unpfändbaren Grundbeträge von einem anderen Bezug nicht erhalten hat.

Zusammenrechnung – Sachleistungen

§ 292. (1) Hat der Verpflichtete gegen einen Drittschuldner mehrere beschränkt pfändbare Geldforderungen oder beschränkt pfändbare Geldforderungen und Ansprüche auf Sachleistungen, so hat sie der Drittschuldner zusammenzurechnen.

(2) Hat der Verpflichtete gegen verschiedene Drittschuldner beschränkt pfändbare Geldforderungen oder beschränkt pfändbare Geldforderungen und Ansprüche auf Sachleistungen, so hat das Gericht auf Antrag die Zusammenrechnung anzuordnen.

(3) Bei der Zusammenrechnung mehrerer beschränkt pfändbarer Geldforderungen gegen verschiedene Drittschuldner sind die unpfändbaren Grundbeträge in erster Linie für die Forderung zu gewähren, die die wesentliche Grundlage der Lebenshaltung des Verpflichteten bildet. Das Gericht hat den Drittschuldner zu bezeichnen, der die unpfändbaren Grundbeträge zu gewähren hat.

(3a) Übersteigt keine der beschränkt pfändbaren Geldforderungen die unpfändbaren Grundbeträge, so hat das Gericht die unpfändbaren Grundbeträge aufzuteilen und die Höhe des von den Drittschuldnern zu gewährenden Teils festzulegen. Ist ein Unterschreiten des zu gewährenden Teils der unpfändbaren Grundbeträge zu erwarten, so hat das Gericht dem Drittschuldner aufzutragen, ein solches Unterschreiten bekanntzugeben. Das Gericht hat sodann die unpfändbaren Grundbeträge von Amts wegen neu aufzuteilen. Beantragt der Verpflichtete bei seiner Einvernahme eine Erhöhung des unpfändbaren Betrages wegen zu erwartender Steuermehrbelastungen, so ist darüber zugleich mit dem Zusammenrechnungsbeschluss zu entscheiden. *(BGBl I 2016/100)*

(4) Bei der Zusammenrechnung von beschränkt pfändbaren Geldforderungen mit Ansprüchen auf Sachleistungen vermindert sich der unpfändbare Freibetrag der Gesamtforderung um den Wert der dem Verpflichteten verbleibenden Sachleistungen. Dem Verpflichteten hat jedoch von den Geldforderungen mindestens der halbe allgemeine Grundbetrag nach § 291a Abs. 1 oder § 291b Abs. 2 in Verbindung mit § 291a Abs. 1 zu verbleiben. *(BGBl I 2001/98; BGBl I 2003/31; BGBl I 2005/68)*

(5) Das Exekutionsgericht hat den Wert der Sachleistungen bei einer Zusammenrechnung

1. nach Abs. 1 auf Antrag,

2. nach Abs. 2 von Amts wegen zugleich mit der Anordnung der Zusammenrechnung

nach freier Überzeugung im Sinn des § 273 ZPO festzulegen, wobei der gesetzliche Naturalunterhalt so zu bewerten ist, als ob der Unterhalt in Geld zu leisten wäre.

(BGBl 1991/628)

Erhöhung des unpfändbaren Betrags

§ 292a. Das Exekutionsgericht hat auf Antrag den unpfändbaren Freibetrag angemessen zu erhöhen, wenn dies mit Rücksicht auf

1. wesentliche Mehrauslagen des Verpflichteten, insbesondere wegen Hilflosigkeit, Gebrechlichkeit oder Krankheit des Verpflichteten oder seiner unterhaltsberechtigten Familienangehörigen, oder

2. unvermeidbare Wohnungskosten, die im Verhältnis zu dem Betrag, der dem Verpflichteten zur Lebensführung verbleibt, unangemessen hoch sind, oder

3. besondere Aufwendungen des Verpflichteten, die in sachlichem Zusammenhang mit seiner Berufsausübung stehen, oder

4. einen Notstand des Verpflichteten infolge eines Unglücks- oder eines Todesfalls oder

5. besonders umfangreiche gesetzliche Unterhaltspflichten des Verpflichteten

dringend geboten ist und nicht die Gefahr besteht, dass der betreibende Gläubiger dadurch schwer geschädigt werden könnte. Der Beschluss über die Erhöhung ist vor Ablauf der Rekursfrist in Vollzug zu setzen. *(BGBl I 2021/86)*

(BGBl 1991/628)

Herabsetzung des unpfändbaren Betrags

§ 292b. Das Exekutionsgericht hat auf Antrag

1. den für Forderungen nach § 291 b Abs. 1 geltenden unpfändbaren Freibetrag angemessen herabzusetzen, wenn laufende gesetzliche Unterhaltsforderungen durch die Exekution nicht zur Gänze hereingebracht werden können;

2. auszusprechen, dass eine Unterhaltspflicht nicht zu berücksichtigen ist, soweit deren Höhe den hiefür gewährten unpfändbaren Grund- und Steigerungsbetrag nicht erreicht;

3. den unpfändbaren Freibetrag herabzusetzen, wenn der Verpflichtete im Rahmen des Arbeitsverhältnisses Leistungen von Dritten erhält, die nicht von § 290 a Abs. 2 erfasst werden.

Der Beschluss über die Herabsetzung ist vor Ablauf der Rekursfrist in Vollzug zu setzen. *(BGBl I 2021/86)*

(BGBl 1991/628)

Änderung der Voraussetzungen der Unpfändbarkeit

§ 292c. Das Exekutionsgericht hat auf Antrag die Beschlüsse, die den unpfändbaren Freibetrag festlegen, entsprechend zu ändern, wenn

1. sich die für die Berechnung des unpfändbaren Freibetrags maßgebenden Verhältnisse geändert haben oder

2. diese Verhältnisse dem Gericht bei der Beschlussfassung nicht vollständig bekannt waren.

(BGBl 1991/628)

Auszahlung des Entgelts an Dritte

§ 292d. Wenn

1. der Verpflichtete für den Drittschuldner Arbeitsleistungen erbringt,

2. sich der Drittschuldner dafür verpflichtet hat, als Entgelt an einen Dritten wiederkehrende Leistungen zu erbringen, und

3. auf Grund eines Exekutionstitels gegen den Verpflichteten die Pfändung des Entgeltsanspruchs des Verpflichteten bewilligt wurde, erstrecken sich die Wirkungen des Pfandrechts auch auf den Anspruch des Dritten, der ihm gegen den Drittschuldner zusteht. Der Anspruch des Dritten wird insoweit erfasst, als ob er dem Verpflichteten zustehen würde. Die Exekutionsbewilligung ist mit dem Verfügungsverbot dem Drittberechtigten ebenso wie dem Verpflichteten zuzustellen.

(BGBl 1991/628)

Verschleiertes Entgelt

§ 292e. (1) Erbringt der Verpflichtete dem Drittschuldner in einem ständigen Verhältnis Arbeitsleistungen, die nach Art und Umfang üblicherweise vergütet werden, ohne oder gegen eine unverhältnismäßig geringe Gegenleistung, so gilt im Verhältnis des betreibenden Gläubigers zum Drittschuldner ein angemessenes Entgelt als geschuldet.

(2) Bei der Bemessung des Entgelts ist insbesondere auf

1. die Art der Arbeitsleistung,

2. die verwandtschaftlichen oder sonstigen Beziehungen zwischen dem Drittschuldner und dem Verpflichteten und

3. die wirtschaftliche Leistungsfähigkeit des Drittschuldners

Rücksicht zu nehmen. Die wirtschaftliche Existenz des Drittschuldners darf nicht beeinträchtigt werden. Bei einem Betriebsübergang gilt das Entgelt ab dem Zeitpunkt des Übergangs als vereinbart. *(BGBl I 2021/86)*

(BGBl 1991/628)

Bestimmungen für die Berechnung durch den Drittschuldner

§ 292f. (1) Die Zahlung des Drittschuldners wirkt schuldbefreiend, wenn ihn weder Vorsatz noch grobe Fahrlässigkeit trifft. Dies ist jedenfalls gegeben, wenn der Drittschuldner nach dem Inhalt des Beschlusses, der den unpfändbaren Freibetrag festlegt, leistet.

(1a) Zahlt der Drittschuldner

1. in den ersten beiden Monaten des Kalenderjahres entsprechend den im Vorjahr gültigen Beträgen oder

2. während des ganzen Jahres entsprechend den im Jänner geltenden Beträgen,

so wirkt dies schuldbefreiend. *(BGBl I 2001/98)*

(2) Der Drittschuldner hat bei der Berücksichtigung der Unterhaltpflichten von den Angaben des Verpflichteten auszugehen, solange ihm deren Unrichtigkeit nicht bekannt ist.

(3) Der Drittschuldner darf Entschädigungen nach § 290 Abs. 1 Z 1 höchstens mit einem der Werte berücksichtigen, die

1. im Steuerrecht oder

2. in Rechtsvorschriften und Kollektivverträgen, die für einen Personenkreis gelten, dem der Verpflichtete angehört,

vorgesehen sind. *(BGBl I 2021/86)*

(4) Der Drittschuldner hat bei der Berücksichtigung von Sachleistungen den im Steuerrecht vorgesehenen Wert zugrunde zu legen. *(BGBl I 2021/86)*

(5) Der Drittschuldner kann den Gesamtbetrag einer Forderung als pfändungsfrei behandeln,

wenn die nicht gerundete Berechnungsgrundlage den unpfändbaren Betrag um nicht mehr als

1. 10 Euro monatlich,

2. 2,5 Euro wöchentlich,

3. 0,5 Euro täglich

übersteigt. *(BGBl I 2001/98)*

(BGBl 1991/628; BGBl I 2021/86)

Besondere Übergangsbestimmungen: §§ 292f und 292g in der Fassung der GREx sind auch auf Exekutionsverfahrens anzuwenden, die am 1. Juli 2021 bereits anhängig sind (§ 502 Abs 3).

Entscheidung des Exekutionsgerichts – Antragsberechtigung

§ 292g. (1) Das Exekutionsgericht hat auf Antrag – in den Fällen der Z 1 und 2 nach freier Überzeugung im Sinn des § 273 ZPO – zu entscheiden,

1. ob bei der Berechnung des unpfändbaren Freibetrags Unterhaltspflichten zu berücksichtigen sind oder

2. ob und inwieweit ein Bezug oder Bezugsteil pfändbar ist, insbesondere auch, ob die Entschädigungen nach § 290 Abs. 1 Z 1 dem tatsächlich erwachsenden Mehraufwand entsprechen, oder

3. ob an der Forderung, deren Pfändung durch das Gericht bewilligt wurde, tatsächlich ein Pfandrecht begründet wurde. *(BGBl I 2021/86)*

(2) Der Drittschuldner kann die von einem Antrag nach Abs. 1 erfassten Beträge bis zur rechtskräftigen Entscheidung des Gerichts zurückbehalten.

(3) Antragsberechtigt sind neben den Parteien:

1. der Drittschuldner für einen Antrag nach Abs. 1 sowie auf Änderung der Beschlüsse, die den unpfändbaren Freibetrag festlegen, nach § 292 c,

2. ein Dritter, dem der Verpflichtete gesetzlichen Unterhalt zu gewähren hat, für einen Antrag nach Abs. 1 Z 1, auf Erhöhung des unpfändbaren Betrags nach § 292 a sowie auf Änderung der Beschlüsse, die den unpfändbaren Freibetrag festlegen, nach § 292 c,

3. ein betreibender Gläubiger sonstiger Forderungen, der einem betreibenden Gläubiger, der wegen einer Forderung nach § 291 b Abs. 1 Exekution führt, nachfolgt, für einen Antrag nach § 292 c.

In diesen Fällen hat jede Partei ihre Kosten selbst zu tragen.

(4) Vor der Entscheidung über folgende Anträge sind die Parteien und alle betreibenden Gläubiger, die auf den gegenständlichen Bezug Exekution führen, einzuvernehmen:

1. nach Abs. 1,

2. auf Zusammenrechnung und Festlegung des Werts der Sachleistungen nach § 292,

3. auf Erhöhung des unpfändbaren Betrags nach § 292a,

4. auf Herabsetzung des unpfändbaren Betrags nach § 292b und

5. auf Änderung der Beschlüsse, die den unpfändbaren Freibetrag festlegen, nach § 292c.

Der Beschluss wirkt in allen diesen Verfahren für die künftig fällig werdenden Bezugsteile. *(BGBl I 2021/86)*

(5) In den Verfahren nach Abs. 4 kann der betreibende Gläubiger vom Verpflichteten den Ersatz seiner Kosten nur nach den Bestimmungen der ZPO und nur insoweit beanspruchen, als der Verpflichtete dem Antrag nicht zustimmt. Dies gilt auch sinngemäß für einen Anspruch des Verpflichteten auf Kostenersatz. Der Drittschuldner hat keinen Anspruch auf Kostenersatz und ist nicht zum Kostenersatz verpflichtet. *(BGBl I 2021/86)*

(6) Wird einem betreibenden Gläubiger nach Erlassen eines Beschlusses nach Abs. 4 die Exekution bewilligt, so gilt der Beschluss auch für ihn. Dem betreibenden Gläubiger ist der Beschluss zuzustellen; er kann auf dessen Antrag geändert werden. *(BGBl I 2021/86)*

(BGBl 1991/628; BGBl I 2021/86)

§§ 292f und 292g in der Fassung der GREx sind auch auf Exekutionsverfahrens anzuwenden, die am 1. Juli 2021 bereits anhängig sind (§ 502 Abs 3).

Kosten des Drittschuldners für die Berechnung

§ 292h. (1) Dem Drittschuldner steht für die Berechnung des unpfändbaren Teils einer beschränkt pfändbaren Geldforderung

1. bei der ersten Zahlung an den betreibenden Gläubiger 2% von dem dem betreibenden Gläubiger zu zahlenden Betrag, höchstens jedoch 8 Euro,

2. bei den weiteren Zahlungen 1%, höchstens jedoch 4 Euro, *(BGBl I 2001/98)*

zu. Dieser Betrag ist von dem dem Verpflichteten zustehenden Betrag einzubehalten, sofern dadurch der unpfändbare Betrag nicht geschmälert wird; sonst von dem dem betreibenden Gläubiger zustehenden Betrag.

(2) Ist die Berechnung des dem Drittschuldner nach Abs. 1 zustehenden Betrags strittig, so hat hierüber das Exekutionsgericht auf Antrag eines Beteiligten zu entscheiden.

(3) In den Fällen des § 75 hat der betreibende Gläubiger dem Verpflichteten auf dessen Verlangen die Beträge zu ersetzen, die dem Drittschuldner nach Abs. 1 zugekommen sind.

(BGBl 1991/628)

Kontenschutz

§ 292i. (1) Werden beschränkt pfändbare Geldforderungen auf das Konto des Verpflichteten bei einer Bank überwiesen, so ist eine Pfändung des Guthabens auf Antrag des Verpflichteten vom Exekutionsgericht insoweit aufzuheben, als das Guthaben dem der Pfändung nicht unterworfenen Teil der Einkünfte für die Zeit von der Pfändung bis zum nächsten Zahlungstermin entspricht. *(BGBl I 2021/86)*

(2) Wird ein bei einer Bank gepfändetes Guthaben eines Verpflichteten, der eine natürliche Person ist, dem betreibenden Gläubiger überwiesen, so darf erst 14 Tage nach der Zustellung des Überweisungsbeschlusses an den Drittschuldner aus dem Guthaben an den betreibenden Gläubiger geleistet oder der Betrag hinterlegt werden. *(BGBl I 2021/86)*

(3) Das Exekutionsgericht hat die Pfändung des Guthabens für den Teil vorweg aufzuheben, dessen der Verpflichtete bis zum nächsten Zahlungstermin dringend bedarf, um seinen notwendigen Unterhalt zu bestreiten und seine laufenden gesetzlichen Unterhaltspflichten zu erfüllen. Der vorweg freigegebene Teil des Guthabens darf den Betrag nicht übersteigen, den dem Verpflichteten voraussichtlich nach Abs. 1 zu belassen ist. Der Verpflichtete hat glaubhaft zu machen, dass beschränkt pfändbare Geldforderungen auf das Konto überwiesen worden sind und dass die Voraussetzungen des Satzes 1 vorliegen. Der betreibende Gläubiger ist nicht einzuvernehmen, wenn der damit verbundene Aufschub dem Verpflichteten nicht zuzumuten ist.

(BGBl 1991/628)

Aufstellung über die offene Forderung

§ 292j. (1) Der Drittschuldner ist berechtigt, bei Gehaltsforderungen oder anderen in fortlaufenden Bezügen bestehenden Forderungen nach vollständiger Zahlung der in der Exekutionsbewilligung genannten festen Beträge das Zahlungsverbot nicht weiter zu berücksichtigen, bis er vom betreibenden Gläubiger oder vom Verwalter eine Aufstellung über die offene Forderung gegen den Verpflichteten erhält; diese Aufstellung ist auch dem Verpflichteten zu übersenden. Der Drittschuldner hat dem betreibenden Gläubiger oder dem Verwalter mindestens vier Wochen vorher schriftlich anzukündigen, dass er von diesem Recht Gebrauch machen wird. Kommt dem Drittschuldner eine Aufstellung des betreibenden Gläubigers über die offene Forderung nicht zu, so ist auf seinen Antrag die Exekution einzustellen. Vor der Entscheidung ist der betreibende Gläubiger einzuvernehmen (§ 55 Abs. 1). *(BGBl I 2021/86)*

(2) Der betreibende Gläubiger oder der Verwalter hat dem Verpflichteten binnen vier Wochen

nach dessen schriftlicher Aufforderung eine Quittung über die erhaltenen Beträge zu übersenden und die Höhe der offenen Forderung bekanntzugeben. Die Aufstellung über die Höhe der offenen Forderung ist auch dem Drittschuldner zu übersenden. Eine neuerliche Abrechnung darf der Verpflichtete erst nach Ablauf eines Jahres oder nach Tilgung der festen Beträge verlangen. Kommt der betreibende Gläubiger der Aufforderung nicht nach, so hat das Exekutionsgericht auf Antrag des Verpflichteten die Exekution einzustellen. Vor der Entscheidung ist der betreibende Gläubiger einzuvernehmen (§ 55 Abs. 1). *(BGBl I 2021/86)*

(3) Der Drittschuldner kann in den Fällen der Abs. 1 und 2 entsprechend der Aufstellung über die Höhe der offenen Forderung schuldbefreiend zahlen.

(4) Die Verpflichtung des betreibenden Gläubigers oder des Verwalters, eine Quittung und eine Aufstellung über die Höhe der offenen Forderung nach Abs. 1 und 2 zu übersenden, besteht nicht, wenn die Exekution nur zur Hereinbringung des laufenden gesetzlichen Unterhalts oder anderer wiederkehrender Leistungen geführt wird. *(BGBl I 2021/86)*

(BGBl 1991/628; BGBl I 2021/86)

Zwingendes Recht

§ 293. (1) Die Anwendung der Pfändungsbeschränkungen kann durch ein zwischen dem Verpflichteten und dem Gläubiger getroffenes Übereinkommen weder ausgeschlossen noch beschränkt werden.

(2) Jede diesen Vorschriften widersprechende Verfügung durch Abtretung, Anweisung, Verpfändung oder durch ein anderes Rechtsgeschäft ist ohne rechtliche Wirkung.

(3) Die Aufrechnung gegen den der Exekution entzogenen Teil der Forderung ist, abgesehen von den Fällen, wo nach bereits bestehenden Vorschriften Abzüge ohne Beschränkung auf den der Exekution unterliegenden Teil gestattet sind, nur zulässig zur Einbringung eines Vorschusses, einer im rechtlichen Zusammenhange stehenden Gegenforderung oder einer Schadenersatzforderung, wenn der Schade vorsätzlich zugefügt wurde.

(4) Ein Übereinkommen, wodurch einer Forderung bei ihrer Begründung oder später die Eigenschaft einer Forderung anderer Art beigelegt wird, um sie ganz oder teilweise der Exekution oder der Veranschlagung bei Berechnung des der Exekution unterliegenden Teiles von Gesamtbezügen zu entziehen, ist ohne rechtliche Wirkung. *(BGBl 1922/460)*

(BGBl 1991/628)

Pfändung

§ 294. (1) Das Gericht hat bei Bewilligung der Exekution dem Drittschuldner zu verbieten, an den Verpflichteten zu bezahlen. Zugleich hat das Gericht dem Verpflichteten selbst jede Verfügung über seine Forderung und über ein allfälliges für diese bestellte Pfand sowie insbesondere die Einziehung der Forderung zu untersagen. Ihm ist aufzutragen, bei beschränkt pfändbaren Geldforderungen unverzüglich dem Drittschuldner allfällige Unterhaltspflichten und das Einkommen der Unterhaltsberechtigten bekanntzugeben. Sowohl dem Drittschuldner wie dem Verpflichteten ist hiebei mitzuteilen, dass der betreibende Gläubiger an der betreffenden Forderung ein Pfandrecht erworben hat. Die Zustellung des Zahlungsverbotes ist nach den Vorschriften über die Zustellung von Klagen vorzunehmen. *(BGBl 1991/628; BGBl I 2021/86)*

(2) Ist ein Verwalter bestellt, so obliegt es ihm, dem Drittschuldner und dem Verpflichteten die vom Gericht ausgesprochenen Verbote sowie den Auftrag und die Mitteilungen nach Abs. 1 hinsichtlich der von ihm ermittelten und genau zu bezeichnenden Forderungen mitzuteilen. Er kann den Drittschuldner zur Abgabe einer Drittschuldnererklärung nach § 301 auffordern. Der Verwalter hat das Gericht und den betreibenden Gläubiger von der von ihm vorgenommenen Pfändung der Forderungen zu verständigen. *(RGBl 1914/118; BGBl I 2021/86)*

(3) Die Pfändung ist mit Zustellung des Zahlungsverbotes an den Drittschuldner als bewirkt anzusehen. Wird das Zahlungsverbot einem Konzernunternehmen zugestellt, das nicht Schuldner der im Exekutionsantrag genannten Forderung ist und ist Schuldner dieser Forderung ein anderes Unternehmen im selben Konzern, so ist der Empfänger des Zahlungsverbots berechtigt, dieses und den Auftrag zur Drittschuldnererklärung auf Gefahr des betreibenden Gläubigers an das andere Konzernunternehmen weiterzuleiten. Er hat den betreibenden Gläubiger von der Weiterleitung zu verständigen. *(RGBl 1914/118; BGBl I 2005/68)*

(4) Der Drittschuldner kann das Zahlungsverbot mit Rekurs anfechten oder dem Exekutionsgericht anzeigen, dass die Exekutionsführung nach den darüber bestehenden Vorschriften unzulässig sei. *(BGBl 1991/628)*

Unbekannter Drittschuldner

§ 295. (1) Das Exekutionsgericht hat den Dachverband der Sozialversicherungsträger um die Bekanntgabe zu ersuchen, ob nach den bei ihm gespeicherten Daten (§ 30c Abs. 1 Z 2 ASVG) der Verpflichtete in einer Rechtsbeziehung steht, aus der ihm Forderungen im Sinn des

§ 290a zustehen können, und bejahendenfalls mit wem, wenn der betreibende Gläubiger

1. Forderungsexekution auf Arbeitseinkommen oder sonstige Bezüge, ohne einen Drittschuldner zu nennen, oder

2. Forderungsexekution, ohne die zu pfändenden Forderungen zu nennen,

beantragt hat, im Exekutionsantrag das Geburtsdatum des Verpflichteten angegeben hat und die verpflichtete Partei eine natürliche Person ist. Gibt der Dachverband der Sozialversicherungsträger einen oder mehrere mögliche Drittschuldner bekannt, so hat das Gericht mit den in § 294 vorgesehenen Zustellungen an den Verpflichteten und den Drittschuldner vorzugehen, wenn der Gläubiger nicht auf die Pfändung von Forderungen gegenüber einer von ihm genannten Person verzichtet hat. *(BGBl 1991/628; BGBl I 2021/86)*

(2) Auf Antrag des betreibenden Gläubigers oder Ersuchen des Verwalters hat das Gericht, solange das Exekutionsverfahren weder eingestellt noch unter vollständiger Befriedigung des Gläubigers beendet wurde, eine neuerliche Auskunft vom Dachverband der Sozialversicherungsträger einzuholen, wenn seit der letzten Abfrage mehr als drei Monate vergangen sind oder glaubhaft gemacht wird, dass der Verpflichtete zwischenzeitig einen Bezug im Sinne des § 289 Abs. 3 erworben hat. *(BGBl I 2021/86)*

(3) Die Meldebehörden haben Personen, die ihnen eine Ausfertigung eines Exekutionstitels oder eine Ablichtung hievon vorlegen, aus dem Melderegister Auskunft über das Geburtsdatum des im Exekutionstitel genannten Schuldners zu erteilen.

(4) Liegen die Voraussetzungen des § 47 Abs. 1 Z 2 vor und ist kein Vollzugsversuch bei der Exekution auf bewegliche Sachen durchzuführen, so hat das Gericht mit dem Verpflichteten nach dessen ordnungsgemäßer Ladung ein Vermögensverzeichnis aufzunehmen. *(BGBl I 2021/86)*

(5) Die Anfrage an den Dachverband der Sozialversicherungsträger und dessen Antwort sind mit automationsunterstützer Datenverarbeitung durchzuführen. Die Sozialversicherungsträger und der Dachverband der Sozialversicherungsträger sind verpflichtet, die in Abs. 1 angeführten Informationen den Gerichten zu übermitteln. *(BGBl I 2021/86)*

(BGBl 1986/71; BGBl I 2021/86)

Frühere Bewilligung einer Fahrnisexekution

§ 296. Eine Exekution nach § 295 ist nach Bewilligung einer Exekution auf bewegliche Sachen nur dann zu bewilligen, wenn seit Bewilligung ein Jahr vergangen ist oder der betreibende Gläubiger glaubhaft macht, dass er erst nach sei-

nem Antrag auf Exekution auf bewegliche Sachen erfahren hat, dass dem Verpflichteten Forderungen im Sinn des § 290a zustehen.

(BGBl I 2021/86)

Pfändung von Forderungen gegen eine juristische Person des öffentlichen Rechts

§ 297.[1)] (1) Wird auf eine Geldforderung Exekution geführt, die dem Verpflichteten gegen eine juristische Person des öffentlichen Rechts gebührt, so ist das Zahlungsverbot der Stelle, die zur Anweisung der betreffenden Zahlung berufen ist, und auf Antrag des betreibenden Gläubigers auch dem Organe (Kasse oder Rechnungsdepartement, Rechnungsabteilung), das zur Liquidierung der dem Verpflichteten gebührenden Zahlung berufen ist, zuzustellen. Mit der Zustellung des Zahlungsverbotes an die anweisende Stelle ist die Pfändung als bewirkt anzusehen. Die Angabe des zur Liquidierung berufenen Organs obliegt dem betreibenden Gläubiger. Inwiefern dieses Organ infolge eines empfangenen Zahlungsverbotes die Auszahlung fälliger Beträge an den Verpflichteten vorläufig zurückzuhalten befugt ist, bestimmt sich nach den dafür bestehenden Vorschriften. *(RGBl 1914/118)*

(2) Ergibt sich aus den sonstigen Angaben im Exekutionsantrag, insbesondere über die Art der zu pfändenden Forderung, dass der Empfänger des Zahlungsverbots für diese Forderung nicht anweisende Stelle im Sinn des Abs. 1 ist, so hat er das Zahlungsverbot und den Auftrag zur Drittschuldnererklärung der anweisenden Stelle auf Gefahr des betreibenden Gläubigers weiterzuleiten, wenn er die anweisende Stelle kennt und beide Stellen zur selben juristischen Person des öffentlichen Rechts gehören.

(BGBl 1991/628; BGBl I 2021/86)

Verwahrung eines Handpfands
(BGBl 1991/628)

§ 298. Ein für die gepfändete Forderung bestelltes Handpfand ist auf Antrag des betreibenden Gläubigers in Verwahrung zu nehmen (§ 259). Der Antrag auf Einleitung der Verwahrung kann mit dem Antrag auf Bewilligung der Forderungspfändung verbunden oder abgesondert nach Bewilligung der Pfändung beim Exekutionsgerichte gestellt werden.

Umfang des Pfandrechts
(BGBl 1991/628)

§ 299. (1) Das Pfandrecht, welches durch die Pfändung einer Gehaltsforderung oder einer andern in fortlaufenden Bezügen bestehenden Forderung erworben wird, erstreckt sich auch auf die nach der Pfändung fällig werdenden Bezüge, das an einer verzinslichen Forderung erwirkte Pfandrecht auf die nach der Pfändung fällig werdenden Zinsen. Wird ein Arbeitsverhältnis oder ein anderes Rechtsverhältnis, das einer in fortlaufenden Bezügen bestehenden Forderung zugrunde liegt, nicht mehr als ein Jahr unterbrochen, so erstreckt sich die Wirksamkeit des Pfandrechts auch auf die gegen denselben Drittschuldner nach der Unterbrechung entstehenden und fällig werdenden Forderungen. Es gilt auch als Unterbrechung, wenn der Anspruch neuerlich geltend zu machen ist. Eine Karenzierung ist jedoch keine Unterbrechung. *(BGBl 1994/624; BGBl I 2005/68)*

(2) Durch Pfändung eines Diensteinkommens wird insbesondere auch dasjenige Einkommen getroffen, welches der Verpflichtete infolge einer Erhöhung seiner Bezüge, infolge Übertragung eines neuen Amtes, Versetzung in ein anderes Amt oder infolge Versetzung in den Ruhestand erhält. Sinkt das Arbeitseinkommen unter den unpfändbaren Betrag, übersteigt es aber wieder diesen Betrag, so erstreckt sich die Wirksamkeit des Pfandrechts auch auf die erhöhten Bezüge. Diese Bestimmungen gelten hinsichtlich der Erhöhung der Bezüge und des zweiten Satzes auch für andere Forderungen, die in fortlaufenden Bezügen bestehen. *(BGBl 1991/628; BGBl I 2005/68; BGBl I 2021/86)*

(3) Ein Pfandrecht wird auch dann begründet, wenn eine Gehaltsforderung oder eine andere in fortlaufenden Bezügen bestehende Forderung zwar nicht im Zeitpunkt der Zustellung des Zahlungsverbots, aber später den unpfändbaren Betrag übersteigt. *(BGBl 1991/628; BGBl I 2005/68)*

(4) Das Pfandrecht bleibt bei einem Betriebsübergang und einer Gesamtrechtsnachfolge bestehen. Bei einem Wechsel zu einem anderen Konzernunternehmen kann der bisherige Drittschuldner das Zahlungsverbot auf Gefahr des betreibenden Gläubigers an das andere Konzernunternehmen weiterleiten. Er hat den betreibenden Gläubiger von der Weiterleitung zu verständigen. Ab dem Zeitpunkt der Weiterleitung hat der neue Drittschuldner das Zahlungsverbot zu beachten. *(BGBl I 2021/86)*

Anspruch auf einen Entgeltteil gegen einen Dritten

§ 299a. (1) Hat auf Grund gesetzlicher Bestimmungen oder vertraglicher Vereinbarung der Arbeitnehmer Anspruch auf einen Teil des Entgelts nicht gegen den Arbeitgeber, sondern gegen einen Dritten, dann erstrecken sich die Wirkungen des dem Arbeitgeber zugestellten Zahlungsverbots auch auf den Anspruch gegen den Dritten. Der Arbeitgeber hat den Dritten vom Zahlungsverbot zu verständigen. Ab diesem Zeitpunkt hat der Dritte das Zahlungsverbot zu beachten. Er hat den Teil des Entgelts, der dem Arbeitnehmer gegen ihn zusteht, dem Arbeitgeber zu zahlen. Diese

Zahlung wirkt schuldbefreiend. Der Arbeitgeber hat beide Teile des Entgelts zusammenzurechnen und die Zahlungen vorzunehmen.

(2) Während der Dauer eines Arbeitsverhältnisses darf der dem Arbeitnehmer gegen den Dritten zustehende Anspruch auf einen Teil des Entgelts nur durch Abs. 1 Satz 1 in Exekution gezogen werden.

(3) Bei einer vertraglich vereinbarten oder im Gesetz vorgesehenen Direktzahlung des Dritten an den Arbeitnehmer kann der Dritte anstelle der Zahlung des Entgeltteils an den Arbeitgeber diesem lediglich dessen Höhe mitteilen und die Zahlungen nach den Angaben und Berechnungen des Arbeitgebers schuldbefreiend selbst vornehmen.

(4) Abs. 1 bis 3 gelten nicht für die Abfindung, die Abfertigung, die Urlaubsersatzleistung und das Überbrückungsgeld nach dem Bauarbeiter-Urlaubs- und Abfertigungsgesetz. *(BGBl I 2016/100)*

(BGBl 1991/628)

Rang der Pfandrechte

(BGBl 1991/628)

§ 300. (1) Wird von mehreren Gläubigern zu verschiedenen Zeiten die Pfändung derselben Forderung erwirkt, so ist für die Beurteilung der Priorität der hiedurch erworbenen Rechte bei Forderungen aus den im § 321 bezeichneten Papieren der Zeitpunkt maßgebend, in dem das Papier vom Verwalter oder vom Vollstreckungsorgan in Verwahrung genommen oder die spätere Pfändung auf dem bereits vorhandenen Pfändungsprotokoll angemerkt wurde. *(BGBl I 2021/86)*

(2) In allen übrigen Fällen richtet sich die Rangordnung der Pfandrechte nach dem Zeitpunkt, in welchem die zu Gunsten der einzelnen Gläubiger erlassenen Zahlungsverbote an den Drittschuldner oder bei Forderungen gegen eine juristische Person des öffentlichen Rechts an die Stelle gelangt sind, welche zur Anweisung der betreffenden Zahlung berufen ist.

(3) Erfolgt die Besitznahme der im Abs. 1 bezeichneten Papiere gleichzeitig zu Gunsten mehrerer Gläubiger oder kommen mehrere Zahlungsverbote dem Drittschuldner oder bei Forderungen gegen eine juristische Person des öffentlichen Rechts der anweisenden Stelle am nämlichen Tage zu, so stehen die hiedurch begründeten Pfandrechte im Range einander gleich. Bei Unzulänglichkeit des gepfändeten Anspruchs sind sodann die zu vollstreckenden Forderungen samt Nebengebühren nach Verhältnis ihrer Gesamtbeträge zu berichtigen.

Pfändung einer übertragenen oder verpfändeten Forderung

§ 300a. (1) Das gerichtliche Pfandrecht erfasst eine Forderung soweit nicht, als diese vor seiner Begründung übertragen wurde.

(2) Wurde die Forderung vor der Begründung eines gerichtlichen Pfandrechts verpfändet, so steht dies der Begründung eines gerichtlichen Pfandrechts nicht entgegen. § 300 Abs. 2 und 3 über die Rangordnung der Pfandrechte ist sinngemäß anzuwenden. Bei einer Gehaltsforderung oder einer anderen in fortlaufenden Bezügen bestehenden Forderung erfasst das vertragliche Pfandrecht nur die Bezüge, die fällig werden, sobald der Anspruch gerichtlich geltend gemacht wurde oder ein Anspruch auf Verwertung besteht und die gerichtliche Geltendmachung bzw. der Verwertungsanspruch dem Drittschuldner angezeigt wurde. Der Drittschuldner hat Zahlungen auf Grund des vertraglichen Pfandrechts erst vorzunehmen, sobald dessen Gläubiger einen Anspruch auf Verwertung hat und dies dem Drittschuldner angezeigt wurde. Davor ist der Drittschuldner auf Verlangen eines Gläubigers verpflichtet, die vom vertraglichen Pfandrecht erfassten Bezüge nach Maßgabe ihrer Fälligkeit beim Exekutionsgericht zu hinterlegen. *(BGBl I 2021/86)*

(3) Dass ein gerichtliches Pfandrecht nach § 291c Abs. 2 erlischt, ist nach Abs. 1 bis 2 unbeachtlich, sobald es wieder auflebt.

(BGBl 1991/628)

Drittschuldnererklärung

§ 301. (1) Sofern der betreibende Gläubiger nichts anderes beantragt und die Zustellung des Zahlungsverbots nach § 294 Abs. 2 nicht dem Verwalter obliegt, hat das Gericht dem Drittschuldner gleichzeitig mit dem Zahlungsverbot aufzutragen, sich binnen vier Wochen darüber zu erklären: *(BGBl I 2021/86)*

1. ob und inwieweit er die gepfändete Forderung als begründet anerkenne und Zahlung zu leisten bereit sei;

2. ob und von welchen Gegenleistungen seine Zahlungspflicht abhängig sei;

3. ob und welche Ansprüche andere Personen auf die gepfändete Forderung erheben, insbesondere solche nach § 300a;

4. ob und wegen welcher Ansprüche zu Gunsten anderer Gläubiger an der Forderung ein Pfandrecht bestehe, auch wenn das Verfahren nach § 291 c Abs. 2 eingestellt wurde;

5. die vom Verpflichteten bekannt gegebenen Unterhaltspflichten, *(BGBl I 2000/59; BGBl I 2021/86)*

6. ist ein Verwalter bestellt oder zu bestellen, ob die Berechnung des unpfändbaren Freibetrags durch diesen angeregt wird. *(BGBl I 2021/86)*

(2) Der Drittschuldner hat seine Erklärung dem Exekutionsgericht sowie eine Abschrift davon dem Verwalter – ist keiner bestellt, dem betreibenden Gläubiger – zu übersenden. *(BGBl I 2021/86)*

(3) Hat der Drittschuldner seine Pflichten nach Abs. 1 schuldhaft nicht, vorsätzlich oder grob fahrlässig unrichtig oder unvollständig erfüllt, so ist dem Drittschuldner trotz Obsiegens im Drittschuldnerprozess (§ 308) der Ersatz der Kosten des Verfahrens aufzuerlegen. § 43 Abs. 2 ZPO gilt sinngemäß. Überdies haftet der Drittschuldner dem betreibenden Gläubiger für den Schaden, der dadurch entsteht, dass er seine Pflichten schuldhaft überhaupt nicht, vorsätzlich oder grob fahrlässig unrichtig oder unvollständig erfüllt hat. Diese Folgen sind dem Drittschuldner bei Zustellung des Auftrags bekanntzugeben.

(4) Wurde eine wiederkehrende Forderung gepfändet, so hat der Drittschuldner den betreibenden Gläubiger von der nach wie vor bestehenden Beendigung des der Forderung zugrunde liegenden Rechtsverhältnisses innerhalb einer Woche nach Ende des Monats, der dem Monat folgt, in dem das Rechtsverhältnis beendet wurde, zu verständigen. Abs. 3 ist anzuwenden, wobei die Haftung auf 1000 Euro je Bezugsende beschränkt ist. *(BGBl I 2000/59)*

(5) Ist ein Verwalter bestellt, so obliegt es ihm, dem Drittschuldner den Auftrag zur Abgabe der Drittschuldnererklärung zu erteilen; er kann aber davon absehen. *(BGBl I 2021/86)*

(BGBl 1991/628)

Kosten des Drittschuldners für seine Erklärung

§ 302. (1) Für die mit der Abgabe der Erklärung verbundenen Kosten stehen dem Drittschuldner als Ersatz zu:

1. 35 Euro, wenn eine wiederkehrende Forderung gepfändet wurde und diese besteht;

2. 25 Euro in den sonstigen Fällen.
(BGBl I 2000/59; BGBl I 2016/100)

(2) Die Kosten sind vorläufig vom betreibenden Gläubiger zu tragen; ihm ist deren Ersatz an den Drittschuldner vom Gericht aufzuerlegen. Die zuerkannten Beträge sind von Amts wegen als Kosten des Exekutionsverfahrens zu bestimmen. Mehrere betreibende Gläubiger haben die Kosten zu gleichen Teilen zu tragen.

(3) Der Drittschuldner ist im Fall des Abs. 1 berechtigt, den ihm als Kostenersatz zustehenden Betrag von dem dem Verpflichteten zustehenden Betrag der überwiesenen Forderung einzubehalten, sofern dadurch der unpfändbare Betrag nicht geschmälert wird; sonst von dem dem betreiben-

den Gläubiger zustehenden Betrag. § 292 h Abs. 3 ist anzuwenden. *(BGBl I 2000/59)*

(BGBl 1991/178 (VfGH); BGBl 1991/628, frühere Fassung aufgehoben durch VfGH)

Geltendmachung durch Verwalter und Überweisung

§ 303. (1) Der Verwalter ist berechtigt, die gepfändete Forderung bis zur Höhe der vollstreckbaren Forderung samt dem vom Gericht zur Deckung der Entlohnung des Verwalters bestimmten Betrag geltend zu machen; ist kein Verwalter bestellt, so ist die gepfändete Geldforderung dem betreibenden Gläubiger nach Maßgabe des für ihn begründeten Pfandrechts bis zur Höhe der vollstreckbaren Forderung zur Einziehung zu überweisen.

(2) Der Verwalter ist berechtigt, bei beschränkt pfändbaren Forderungen auch den unpfändbaren Teil des Bezugs geltend zu machen und Bezüge zusammenzurechnen, wenn dies im Interesse der Parteien ist. Der Verwalter hat die Parteien davon zu verständigen und den unpfändbaren Betrag jeweils unverzüglich, längstens innerhalb von drei Tagen ab Einlangen des Betrags, dem Verpflichteten zu zahlen. Der Drittschuldner hat dem Verwalter die zur Berechnung des unpfändbaren Freibetrags erforderlichen Auskünfte zu erteilen.

(3) Ein Interesse der Parteien im Sinn des Abs. 2 liegt insbesondere dann nicht vor, wenn der Drittschuldner häufig mit Exekutionen auf die Bezüge seiner Arbeitnehmer befasst ist und die Berechnung durch den Verwalter nicht angeregt hat (§ 301 Abs. 1 Z 6), außer es liegt ein Fall der Zusammenrechnung nach § 292 Abs. 2 vor.

(BGBl I 2021/86)

Besonderheiten im vereinfachten Bewilligungsverfahren

§ 304. Wurde die Forderungsexekution im vereinfachten Bewilligungsverfahren bewilligt, so darf an den betreibenden Gläubiger erst vier Wochen nach Zustellung des Zahlungsverbots an den Drittschuldner geleistet oder der Betrag hinterlegt werden. Dies ist dem Drittschuldner bekanntzugeben. Der Drittschuldner kann mit der Leistung oder Hinterlegung bis zum nächsten Auszahlungstermin zuwarten, nicht jedoch länger als 8 Wochen. *(BGBl I 2005/68; BGBl I 2021/86)*

(BGBl 1995/519)

Durchführung der Überweisung

§ 305. (1) Die Überweisung geschieht durch Zustellung des die Überweisung aussprechenden Beschlusses an den Drittschuldner. *(BGBl I 2021/86)*

(2) §§ 297 und 300 Abs. 2 und 3 gelten für die dort genannten Forderungen gegen eine juristische Person des öffentlichen Rechts auch für den Überweisungsbeschluss. *(BGBl I 2021/86)*

(BGBl 1991/628)

Auskunftsrecht – Ausfolgung der Urkunden

§ 306. (1) Der Verpflichtete hat dem Verwalter oder dem betreibenden Gläubiger, dem die Forderung überwiesen wurde, die zur Geltendmachung der Forderung nötigen Auskünfte zu erteilen und ihm die über die Forderung vorhandenen Urkunden herauszugeben. Wenn sich die Überweisung auf einen Teil der gepfändeten Forderung beschränkt, hat der Gläubiger auf Antrag für die Rückstellung der die ganze Forderung betreffenden Urkunden Sicherheit zu leisten.

(2) Die erfolgte Überweisung ist vom Gericht auf den dem Gläubiger ausgefolgten Urkunden ersichtlich zu machen.

(BGBl I 2021/86)

Hinterlegung bei Gericht

§ 307.[1] (1) Wird die Forderung, deren Pfändung und Überweisung, wenn auch vorbehaltlich früher erworbener Rechte Dritter, ausgesprochen wurde, nicht nur vom betreibenden Gläubiger, sondern auch von anderen Personen in Anspruch genommen, so ist bei Vorliegen einer unklaren Sach- oder Rechtslage der Drittschuldner befugt und auf Antrag eines Gläubigers verpflichtet, den Betrag der Forderung samt Nebengebühren nach Maßgabe ihrer Fälligkeit zugunsten aller dieser Personen beim Exekutionsgericht zu hinterlegen. Über einen solchen Antrag ist nach Einvernehmung des Drittschuldners (§ 55 Abs. 1) durch Beschluss zu entscheiden. *(BGBl I 2021/86)*

(2) Die gerichtlich erlegten Beträge sind zu verteilen. Hiefür gelten §§ 285 bis 287 mit der Maßgabe, dass unter Gläubiger nicht nur betreibende Gläubiger, sondern auch solche zu verstehen sind, die in § 300 a genannte Rechte an der Forderung haben.

(3) Falls wegen Bezahlung der Forderung gegen den Drittschuldner Klagen anhängig gemacht wurden, kann dieser nach Bewirkung des Erlages beim Prozessgerichte beantragen, aus dem Rechtsstreite entlassen zu werden.

(4) Die Befugnis des Drittschuldners nach Abs. 1 besteht soweit nicht, als ihm ein Antragsrecht nach § 292g zusteht. *(BGBl I 2021/86)*

(BGBl 1991/628)

---
[1] Siehe auch § 300a Abs 2.

Rechte des Verwalters und des betreibenden Gläubigers

(BGBl I 2021/86)

§ 308. (1) Der Verwalter oder der betreibende Gläubiger, dem die gepfändete Forderung überwiesen wurde, ist ermächtigt, namens des Verpflichteten vom Drittschuldner die Entrichtung der gepfändeten Forderung bis zur Höhe des hereinzubringenden Betrags – der Verwalter auch samt des vom Gericht zur Deckung seiner Entlohnung bestimmten Betrags – nach Maßgabe des Rechtsbestands der gepfändeten Forderung und des Eintritts ihrer Fälligkeit zu begehren, den Eintritt der Fälligkeit durch Einmahnung oder Kündigung herbeizuführen, alle zur Erhaltung und Ausübung des Forderungsrechts notwendigen Präsentationen, Protesterhebungen, Notifikationen und sonstigen Handlungen vorzunehmen, Zahlung zur Befriedigung seines Anspruchs und in Anrechnung auf denselben in Empfang zu nehmen, die nicht rechtzeitig und ordnungsmäßig bezahlte Forderung gegen den Drittschuldner in Vertretung des Verpflichteten einzuklagen und das für die gepfändete Forderung begründete Pfandrecht geltend zu machen. Weder der Verwalter noch der betreibende Gläubiger sind befugt, dem Drittschuldner seine Schuld zu erlassen oder die Entscheidung über den Rechtsbestand der Forderung Schiedsrichtern zu übertragen. Ein Vergleich des betreibenden Gläubigers über die zur Einziehung überwiesene Forderung und ein Vergleich des Verwalters bedürfen der Zustimmung des Exekutionsgerichts. Der Erteilung der Zustimmung hat die Einvernehmung des betreibenden Gläubigers und des Verpflichteten vorauszugehen. *(BGBl I 2021/86)*

(2) Einwendungen, welche aus den zwischen dem betreibenden Gläubiger und dem Drittschuldner bestehenden rechtlichen Beziehungen entspringen, können der vom Gläubiger infolge der Überweisung angestrengten Klage nicht entgegengestellt werden.

(3) Eine vom Verpflichteten vorgenommene Abtretung der überwiesenen Forderung ist auf die durch die Überweisung begründeten Befugnisse des Gläubigers und insbesondere auf dessen Recht, die Leistung des Forderungsgegenstandes zu begehren, ohne Einfluß.

(4) Ist ein Verwalter bestellt, so kann das Gericht auf Antrag des betreibenden Gläubigers diesem die Forderung zur Einziehung überweisen. *(BGBl I 2021/86)*

Klagerecht des Verpflichteten

§ 308a. (1) Wurde eine beschränkt pfändbare Forderung gepfändet und überwiesen und hat der betreibende Gläubiger diese nicht bereits gerichtlich geltend gemacht, so kann auch der Verpflich-

tete den pfändbaren Teil zugunsten des betreibenden Gläubigers gerichtlich geltend machen,

1. insoweit nicht der betreibende Gläubiger binnen 14 Tagen nach der Zustellung der Streitverkündung (Abs. 2) mit Schriftsatz oder durch Erklärung in der Tagsatzung zur mündlichen Streitverhandlung in den Rechtsstreit eintritt oder

2. wenn drei Monate seit der Überweisung und dem Eintritt der Fälligkeit der Forderung abgelaufen sind.

Ein Zahlungsbefehl darf bereits davor erlassen werden. Nach der Zustellung der Streitverkündung nach Z 1 oder dem Ablauf der Frist nach Z 2 erstreckt sich die Streitanhängigkeit auch auf den betreibenden Gläubiger.

(2) Die Streitverkündung (Abs. 1 Z 1) ist längstens binnen einer vom Gericht festzusetzenden, angemessenen, vier Wochen nicht überschreitenden Frist vorzunehmen und dem betreibenden Gläubiger nach den Vorschriften über die Zustellung von Klagen zuzustellen. Tritt der betreibende Gläubiger nach Abs. 1 Z 1 ein, so ist der Verpflichtete in diesem Umfang durch Beschluss des Prozessgerichts vom Rechtsstreit zu entbinden. In das vom betreibenden Gläubiger vorgelegte Kostenverzeichnis können auch die dem Verpflichteten vor seiner Entbindung vom Rechtsstreit verursachten Kosten aufgenommen werden. Soweit Kosten des Verpflichteten vom Beklagten zu ersetzen sind, sind sie dem Verpflichteten zuzusprechen.

(3) Eine Änderung des Klagebegehrens auf Leistung einer gepfändeten und überwiesenen beschränkt pfändbaren Forderung an den betreibenden Gläubiger ist ohne Zustimmung des Beklagten möglich.

(4) Ein Vergleich oder ein Verzicht über den vom Verpflichteten nach Abs. 1 geltend gemachten pfändbaren Teil der Forderung auf Rechnung des betreibenden Gläubigers bedarf dessen Zustimmung. Dies gilt nicht, wenn dem betreibenden Gläubiger die Klage oder die Streitverkündung zugestellt wurde, dieser nicht als Nebenintervenient beigetreten ist und er auf den Eintritt dieser Rechtsfolge hingewiesen wurde.

(5) Im Klagebegehren und in der Entscheidung über eine vom Verpflichteten geltend gemachte beschränkt pfändbare Forderung kann die Berechnung des unpfändbaren und pfändbaren Teils der Forderung dem Drittschuldner überlassen werden.

(6) Jede Entscheidung über die gepfändete und überwiesene Forderung ist auch dem betreibenden Gläubiger und im Fall des Eintritts des betreibenden Gläubigers (Abs. 1 Z 1) dem Verpflichteten zuzustellen. Bei Geltendmachung des pfändbaren Teils durch den Verpflichteten nach Abs. 1 Z 2 ist auch die Klage sowie eine allfällige Änderung

des Klagebegehrens (Abs. 3) dem betreibenden Gläubiger zuzustellen.

(BGBl 1994/624)

Von Gegenleistung abhängige Forderung

§ 309. (1) Wenn die Verpflichtung des Drittschuldners zur Leistung von der als Gegenleistung zu bewirkenden Übergabe von Sachen abhängig ist und sich diese im Vermögen des Verpflichteten vorfinden, so hat sie letzterer dem Verwalter oder dem betreibenden Gläubiger, dem die Forderung zur Einziehung überwiesen wurde, zum Zwecke ihrer Übergabe an den Drittschuldner herauszugeben. Dies hat das Gericht auf Antrag des Verwalters oder des betreibenden Gläubigers, dem die Forderung zur Einziehung überwiesen wurde, anzuordnen.

(2) Die Herausgabe ist nach den §§ 346 bis 348 zu bewirken, wenn die Verpflichtung zur Gegenleistung durch ein gegen den Drittschuldner erlangtes oder gegen den Verpflichteten ergangenes Urteil festgestellt ist oder durch beweiskräftige Urkunden dem Gericht dargetan werden kann.

(3) Vor Entscheidung über den Antrag ist der Verpflichtete einzuvernehmen.

(BGBl I 2021/86)

Streitverkündung

§ 310. (1) Der Verwalter oder der betreibende Gläubiger, der die überwiesene Forderung einklagt, hat dem Verpflichteten, wenn dessen Wohnort bekannt und im Inland liegt, gerichtlich den Streit zu verkünden.

(2) Der Verwalter und jeder Gläubiger, für welchen die eingeklagte Forderung gleichfalls gepfändet ist, kann dem Rechtsstreit auf seine Kosten als Nebenintervenient beitreten. Die Entscheidung, welche in diesem Rechtsstreit über die in der Klage geltend gemachte Forderung gefällt wird, ist für und gegen sämtliche Gläubiger wirksam, zu deren Gunsten die Pfändung der Forderung erfolgt.

(3) Die Verzögerung der Betreibung einer zur Einziehung überwiesenen Forderung sowie die Unterlassung der Streitverkündung machen den betreibenden Gläubiger, dem die Forderung überwiesen wurde, für allen dem Verpflichteten, sowie den übrigen auf dieselbe Forderung Exekution führenden Gläubigern dadurch verursachten Schaden haftbar.

(4) Im Fall der Verzögerung der Betreibung ist auf Antrag des Verwalters, jedes nachrangigen Gläubigers, der auf dieselbe Forderung Exekution führt, oder der verpflichteten Partei die Überweisung der Forderung an den säumigen Gläubiger aufzuheben und zur Einziehung der gepfändeten Forderung vom Exekutionsgericht ein Kurator zu bestellen; ist ein Verwalter bestellt, so ist er zum Kurator zu bestellen. Vor der Entscheidung über einen solchen Antrag ist der betreibende Gläubiger einzuvernehmen, dem die Forderung überwiesen wurde.

(BGBl I 2021/86)

Verzicht auf die Rechte aus der Überweisung
(BGBl 1991/628)

§ 311. (1) Der Gläubiger kann auf die durch Überweisung zur Einziehung erworbenen Rechte, unbeschadet seines vollstreckbaren Anspruches und des zu Gunsten desselben an der Forderung des Verpflichteten erworbenen Pfandrechtes, verzichten.

(2) Die Verzichtleistung erfolgt durch eine bezügliche Mitteilung an das Exekutionsgericht, welches hievon den Verpflichteten, den Drittschuldner und die übrigen Pfandgläubiger zu verständigen hat. Der Verzicht ist auf den vom Gläubiger zurückzustellenden Urkunden anzumerken.

(3) Die gesamten durch die Überweisung und insbesondere die durch die Einklagung der überwiesenen Forderung entstandenen Kosten sind vom verzichtleistenden Gläubiger zu tragen.

Zahlungsvereinbarung

§ 311a. Bei Aufschiebung einer Exekution zur Hereinbringung einer Forderung auf wiederkehrende Leistungen wegen einer Zahlungsvereinbarung nach § 45a werden bereits vollzogene Exekutionsakte aufgehoben; der Pfandrang bleibt erhalten.

(BGBl I 2003/31)

Zahlung des Drittschuldners
(BGBl 1991/628)

§ 312. (1) Durch die Zahlung des Drittschuldners wird die Forderung des betreibenden Gläubigers bis zur Höhe des ihm nach Maßgabe seines Pfandrechtes gebührenden Betrages getilgt.

(2) Hat der Drittschuldner sämtliche Forderungen samt Nebengebühren getilgt, so ist auf Antrag der verpflichteten Partei oder des Drittschuldners das Exekutionsverfahren einzustellen. *(BGBl I 2014/69; BGBl I 2021/86)*

(3) *(entfällt, BGBl I 2021/86)*

Befreiung des Drittschuldners von der Verbindlichkeit

§ 313. (1) Der Drittschuldner wird nach Verhältnis der von ihm an den Verwalter oder betreibenden Gläubiger, welchem die Forderung zur

Einziehung überwiesen wurde, geleisteten Zahlung von seiner Verbindlichkeit befreit.

(2) Die vom Verwalter oder betreibenden Gläubiger dem Drittschuldner erteilten Zahlungsbestätigungen haben dieselbe Wirkung wie eine vom Verpflichteten ausgestellte Bestätigung. *(BGBl I 2021/86)*

Einziehung durch einen Kurator

§ 314. (1) Wenn die Überweisung zur Einziehung nicht stattfinden kann, weil keiner der betreibenden Gläubiger die nach § 323 Abs. 2 geforderte Sicherheit leistet, oder wenn die Überweisung wegen Verweigerung der im § 306 Abs. 1 bestimmten Sicherheit wieder aufgehoben werden muss, ist vom Exekutionsgerichte auf Antrag zur Einziehung der gepfändeten Forderung ein Kurator zu bestellen. *(BGBl I 2021/86)*

(2) Von Amts wegen oder auf Antrag kann ferner zur Einziehung der Forderung ein Kurator bestellt werden, wenn dieselbe Forderung nach Teilbeträgen verschiedenen Gläubigern zur Einziehung überwiesen wird und sich diese über die Bestellung eines gemeinsamen Bevollmächtigten nicht einigen.

(3) Auf den Kurator sind die Bestimmungen über den Verwalter anzuwenden. *(BGBl I 2021/86)*

Verteilung

§ 315. (1) Die vom Drittschuldner dem Verwalter oder Kurator gezahlten Beträge sind nach den §§ 285 bis 287 zu verteilen; die dem Verwalter oder Kurator im Prozess gegen den Drittschuldner zugesprochenen Kosten gehören zur Verteilungsmasse; die durch die Bestellung und Tätigkeit des Verwalters oder Kurators erwachsenden Kosten sind gleich den Kosten des Versteigerungsverfahrens vor allen anderen Forderungen zu berichtigen.

(2) Abs. 1 ist auf die Exekution zur Hereinbringung von Unterhalt nicht anzuwenden; der Verwalter hat den betreibenden Gläubigern, die Exekution wegen einer Forderung nach § 291b Abs. 1 führen, den pfändbaren Betrag jeweils unverzüglich, längstens innerhalb von drei Tagen ab Einlangen des Betrags, zu zahlen.

(BGBl I 2021/86)

§ 316. *(entfällt samt Überschrift, BGBl I 2021/86)*

Anderweitige Verwertung

§ 317. (1) Der Verwalter kann die gepfändete Forderung auf eine andere Art verwerten: *(BGBl I 2021/86)*

1. wenn die Einziehung der gepfändeten Forderung wegen ihrer Abhängigkeit von einer, im Wege der Exekutionsführung nach § 309 Abs. 2 und 3 nicht zu beschaffenden Gegenleistung des Verpflichteten mit Schwierigkeiten verbunden ist;

2. wenn die Fälligkeit der gepfändeten Forderung durch eine dem Drittschuldner zustehende Kündigung bedingt oder für die dem Verpflichteten vorbehaltene Kündigung eine mehr als halbjährige Kündigungsfrist vereinbart ist oder überhaupt die Forderung erst nach Ablauf eines halben Jahres von der Pfändung an fällig wird;

3. wenn nach erfolgter Überweisung zur Einziehung der Versuch der Einziehung der Forderung aus andern Gründen als wegen Zahlungsunfähigkeit des Drittschuldners, wegen rechtskräftiger gerichtlicher Aberkennung der Forderung oder wegen Verzichtleistung des zur Einziehung ermächtigten Gläubigers (§ 311 Abs. 1 und 2) nicht zum Ziele geführt hat, oder wenn sich einer der in Z. 1 und 2 angeführten Umstände erst nach erfolgter Überweisung ergibt.

(2) Wurde die Forderung einem Gläubiger überwiesen, so kann das Exekutionsgericht auf Antrag eines Gläubigers, zu dessen Gunsten die Forderung gepfändet wurde, eine andere Art der Verwertung anordnen. *(BGBl I 2021/86)*

(3) Vor Beschlussfassung über den Antrag sind die übrigen Gläubiger, welche an der Forderung ein Pfandrecht erworben haben, und, wenn es ohne erhebliche Verzögerung geschehen kann, der Verpflichtete einzuvernehmen. Wird dem Antrag Folge gegeben, so ist ein früher ergangener Überweisungsbeschluss unter Verständigung des Drittschuldners und sämtlicher übrigen Beteiligten aufzuheben. *(BGBl I 2021/86)*

Verkauf einer Forderung

(BGBl 1991/628)

§ 318. Der Verkauf einer gepfändeten Forderung ist unter sinngemäßer Anwendung der Bestimmungen über den Verkauf gepfändeter beweglicher Sachen (§§ 264 bis 276, 278, 281 und 282) zu vollziehen. Dabei hat der Nennwert der Forderung den Ausrufspreis zu bilden. Die über die verkaufte Forderung vorhandenen Urkunden sind dem Käufer bei Erlag des Kaufpreises vom Verwalter oder vom Vollstreckungsorgan zu übergeben. Betreffs der erforderlichen schriftlichen Übertragungserklärungen haben die Bestimmungen des § 323 Abs. 1 sinngemäße Anwendung zu finden. *(BGBl I 2000/59; BGBl I 2021/86)*

Verkauf durch Versteigerung –
Zwangsverwaltung
(BGBl I 2021/86)

§ 319. (1) Eine Forderung darf nicht öffentlich versteigert werden: *(BGBl I 2021/86)*

1. wenn für die Forderung eine genügende Deckung bietendes Handpfand bestellt ist;

2. wenn die Forderung dem Verpflichteten gegen den betreibenden Gläubiger selbst zusteht und mit dem zu vollstreckenden Anspruche kompensiert werden kann;

3. wenn die Forderung den Bezug jährlicher Renten, Unterhaltsgelder oder anderer wiederkehrender Zahlungen zum Gegenstande hat;

4. wenn sich die Forderung auf eine Sparurkunde gründet; *(BGBl 1991/628)*

5. wenn die auf eines der im § 321 bezeichneten Papiere sich gründende Forderung einen Börsenpreis hat; *(BGBl I 2021/86)*

6. wenn der Betrag der Forderung nicht mit Bestimmtheit angegeben oder der Bestand der Forderung nicht glaubhaft gemacht werden kann; *(BGBl I 2021/86)*

7. wenn sie bücherlich sichergestellt ist. *(BGBl I 2021/86)*

(2) Die Zwangsverwaltung von Forderungen ist nach § 332 durchzuführen. *(BGBl I 2021/86)*

(3) *(entfällt, BGBl I 2021/86)*

§ 319a. *(entfällt samt Überschrift, BGBl I 2021/86)*

Besondere Bestimmungen über die Exekution auf bücherlich sichergestellte Forderungen

§ 320. (1) Wird auf Forderungen Exekution geführt, für die auf einer Liegenschaft oder einem Liegenschaftsanteil ein Pfandrecht bücherlich einverleibt ist, so ist zu deren Pfändung die Einverleibung des Pfandrechtes in dem öffentlichen Buch erforderlich. Wenn dem zur vollstreckenden Forderung auf Grund einer früheren Bestellung ein Pfandrecht an der bücherlich sichergestellten Forderung einverleibt ist, genügt zur Pfändung die bücherliche Anmerkung der Vollstreckbarkeit.

(2) Ist eine Forderung bücherlich sichergestellt, so hat das die Exekution bewilligende Gericht das zum Vollzug der Einverleibung des Pfandrechts Erforderliche gleichzeitig mit der Bewilligung der Exekution zu verfügen. Bei Einverleibung dieses Pfandrechts ist anzugeben, dass dieses zum Zweck der Exekution einer vollstreckbaren Geldforderung vom Gericht bewilligt wird. Ist ein Verwalter bestellt, so ist er zum Antrag auf Einverleibung des Pfandrechtes berechtigt. Dieser ist auch im öffentlichen Buch anzumerken. Ist kein Verwalter bestellt, so ist die Überweisung zur Einziehung an den betreibenden Gläubiger im öffentlichen Buch anzumerken. *(BGBl I 2021/86)*

(3) Wenn von mehreren Gläubigern die Pfändung derselben bücherlich sichergestellten Forderung erwirkt wird, so kommen in Betreff der Rangordnung der Pfandrechte die Bestimmungen des Allgemeinen Grundbuchsgesetzes 1955 in Anwendung.

(4) Zugleich mit der Bewilligung der Einverleibung des Pfandrechtes oder der Anmerkung der Vollstreckbarkeit hat das Gericht an den Verpflichteten, sowie an den Drittschuldner die im § 294 angeführten Verbote zu erlassen.

(5) Dem Verwalter oder dem betreibenden Gläubiger steht auch die Befugnis zu, die bücherliche Anmerkung der Aufkündigung und der Hypotharklage zu erwirken und alle Erklärungen namens des Verpflichteten abzugeben, welche zur bücherlichen Löschung des einverleibten Pfandrechtes erforderlich sind. Diese Löschungserklärungen bedürfen zu ihrer Wirksamkeit der Genehmigung des Exekutionsgerichts. *(BGBl I 2021/86)*

(6) Wenn der betreibende Gläubiger auf die durch die Überweisung zur Einziehung erworbenen Rechte oder der Verwalter auf die Einziehung verzichtet, so ist die Anmerkung von Amts wegen zu löschen. *(BGBl I 2021/86)*

§§ 321 bis 344 idF BGBl I 2021/86:

Pfändung von Forderungen aus Papieren

§ 321. (1) Die Pfändung von Forderungen aus indossablen Papieren sowie solchen, deren Geltendmachung sonst an den Besitz des über die Forderung errichteten Papiers gebunden ist, wird dadurch bewirkt, dass der Verwalter oder das Vollstreckungsorgan diese Papiere unter Aufnahme eines Pfändungsprotokolls (§§ 253, 254 Abs. 1) an sich nimmt. Das Vollstreckungsorgan hat weiters die Papiere bei Gericht zu hinterlegen.

(2) Für eine später zu Gunsten eines anderen Gläubigers bewilligte Pfändung derselben Forderung gilt § 257.

(BGBl I 2021/86)

Sonderbestimmungen für bei Gericht erliegende Papiere

§ 322. (1) Präsentationen, Protesterhebungen, Notifikationen und sonstige Handlungen zur Erhaltung oder Ausübung der Rechte aus den in § 321 Abs. 1 bezeichneten Papieren sind, solange das Papier bei Gericht erliegt, durch das Vollstreckungsorgan an Stelle des Verpflichteten vorzunehmen.

(2) Bei Gefahr im Verzug kann das Vollstreckungsorgan die fällige Forderung aus einem

derartigen bei Gericht erliegenden Papier einziehen. Die eingehenden Beträge sind gerichtlich zu hinterlegen; das für den betreibenden Gläubiger an der Forderung begründete Pfandrecht erstreckt sich auf diese Forderungseingänge. Wenn die Einklagung der Forderung zur Unterbrechung der Verjährung oder zur Vermeidung sonstiger Nachteile nötig erscheint, hat das Exekutionsgericht von Amts wegen oder auf Antrag zu diesem Zweck einen Kurator zu bestellen.

(BGBl I 2021/86)

Überweisung von Forderungen aus Papieren

§ 323. (1) Bei Forderungen aus Papieren nach § 321 Abs. 1 geschieht die Überweisung durch Übergabe des mit der erforderlichen schriftlichen Übertragungserklärung versehenen Papieres an den betreibenden Gläubiger, dem die Forderung überwiesen wurde. Diese Übertragungserklärung ist vom Exekutionsgericht oder vom Vollstreckungsorgan abzugeben.

(2) Gründet sich die Forderung auf ein Papier nach § 321 Abs. 1, so ist die Überweisung nur im Gesamtbetrag der gepfändeten Forderung und, falls letzterer den Betrag der vollstreckbaren Forderung übersteigt, nur dann zulässig, wenn vom betreibenden Gläubiger für die Ausfolgung des Überschusses Sicherheit geleistet wird.

(BGBl I 2021/86)

Verwertung der Forderung aus einer Sparurkunde

§ 324. (1) Die Forderung aus einer Sparurkunde ist vom Vollstreckungsorgan einzuziehen oder vom Verwalter geltend zu machen. Das Vollstreckungsorgan ist nicht berechtigt, die Forderung aus einer Sparurkunde gerichtlich geltend zu machen. § 323 Abs. 2 ist nicht anzuwenden.

(2) § 323 ist anzuwenden, wenn kein Verwalter bestellt ist und die Einziehung scheitert.

(BGBl I 2021/86)

Zahlung des Drittschuldners – Mehrempfang

§ 325. (1) Das Mehrempfangene hat der Verwalter oder der betreibende Gläubiger gegen Rückstellung der von ihm geleisteten Sicherheit entweder unmittelbar den bezugsberechtigten Pfandgläubigern auszufolgen oder zu Gericht zu erlegen oder dem Verpflichteten zu übergeben, soweit diesem wegen teilweiser Befriedigung der Forderung von der Exekution ein Teil der Zahlung gebührt oder der eingegangene Betrag von niemand anderem in Anspruch genommen wird.

(2) Die Verwendung des dem betreibenden Gläubiger nicht gebührenden Einganges ist auf Antrag vom Exekutionsgericht zu bestimmen.

Vor der Entscheidung sind alle Beteiligten einzuvernehmen.

(BGBl I 2021/86)

Dritte Abteilung

Exekution auf Vermögensrechte
(BGBl I 2021/86)

Anwendungsbereich

§ 326. (1) Vermögensrechte des Verpflichteten im Sinn dieser Abteilung sind alle vermögenswerten Rechte, die nicht von §§ 88 bis 325 erfasst sind. Zu den Vermögensrechten gehören auch Miteigentumsanteile von Liegenschaften, die durch deren Teilung verwertet werden sollen, und Rechte aus virtuellen Währungen.

(2) Unpfändbar sind:

1. das Recht, die Aufteilung des ehelichen Gebrauchsvermögens und der ehelichen Ersparnisse sowie des partnerschaftlichen Gebrauchsvermögens und der partnerschaftlichen Ersparnisse zu verlangen, solange ein Aufteilungsverfahren nicht eingeleitet wurde oder nicht durch Vertrag, Vergleich oder rechtskräftige Entscheidung Einzelrechte begründet wurden,

2. höchstpersönliche oder sonst unübertragbare Rechte,

3. die nach den Sozialversicherungsgesetzen gewährten Sachleistungen,

4. Unternehmen, die derart durch die Person des Unternehmers geprägt sind, dass eine Verwaltung oder Verpachtung des Unternehmens ohne die persönliche Arbeitskraft des Unternehmers nicht möglich ist. Dies wird bei einem Kleinunternehmen vermutet, das vom Unternehmer allein oder mit höchstens vier Arbeitnehmern betrieben wird.

(3) Der neben einer Gehaltsforderung oder einer anderen in fortlaufenden Bezügen bestehenden beschränkt pfändbaren Forderung gegenüber einem Drittschuldner bestehende wiederkehrende Anspruch auf Herausgabe und Leistung beweglicher Sachen darf nur durch Zusammenrechnung mit der Forderung selbst in Exekution gezogen werden.

(BGBl I 2021/86)

Grundsatz

§ 327. (1) Wenn das Gericht nicht auf Antrag des betreibenden Gläubigers anderes bestimmt, erfasst die Exekution auf Vermögensrechte alle Vermögensrechte des Verpflichteten. Das Gericht hat einen Verwalter zu bestellen, der, wenn möglich unter Zuziehung des Verpflichteten, unverzüglich pfändbare Vermögensrechte zu ermitteln hat.

(2) Das Gericht hat bei Bewilligung der Exekution an den Verpflichteten das Gebot zu erlassen, sich jeder Verfügung über die vom Verwalter bestimmten Rechte zu enthalten. Dritten, die kraft eines Vermögensrechts zu Leistungen an die verpflichtete Partei verpflichtet sind, ist zu verbieten, an diese zu leisten.

(BGBl I 2021/86)

Pfändung

§ 328. (1) Mit Zustellung des gerichtlichen Gebots an den Verpflichteten, sich jeder Verfügung über das Recht zu enthalten, wird die Pfändung bewirkt. Ist kraft eines Vermögensrechtes eine bestimmte Person zu Leistungen verpflichtet, so ist die Pfändung dann als bewirkt anzusehen, wenn dieser dritten Person das gerichtliche Verbot, an den Verpflichteten zu leisten, zugestellt wurde. Bei verbücherten Rechten erfolgt die Pfändung durch Eintragung des Pfandrechts im öffentlichen Buch oder Register.

(2) Bestimmt der Verwalter die zu pfändenden Vermögensrechte, so obliegt es ihm, die Verbote bezüglich der von ihm ermittelten und genau zu bezeichnenden Vermögensrechte mitzuteilen und das Gericht sowie den betreibenden Gläubiger von der vorgenommenen Pfändung zu verständigen; sonst obliegt die Zustellung dem Gericht.

(3) Der Verwalter hat das in Exekution gezogene Recht pfandweise zu beschreiben, wenn dies zur Bestimmung des Rechts erforderlich ist.

(4) Das Pfandrecht erfasst auch die durch Ausübung der Befugnisse nach § 329 Abs. 1 entstehenden Forderungen und Ansprüche oder daraus erlangte Sachen. Es hat den Rang des gepfändeten Rechts.

(5) Ist ein Dritter kraft eines Vermögensrechtes zu Leistungen an die verpflichtete Partei verpflichtet, so kann das Gericht oder der Verwalter dem Drittschuldner gleichzeitig mit dem Zahlungsverbot eine Drittschuldnererklärung auftragen; § 301 gilt dabei sinngemäß. Der Drittschuldner hat seine Erklärung dem Gericht sowie eine Abschrift davon dem Verwalter – ist keiner bestellt, dem betreibenden Gläubiger – zu übersenden.

(BGBl I 2021/86)

Befugnisse des Verwalters

§ 329. (1) Der Verwalter ist zur Geltendmachung und Einklagung des gepfändeten Rechtes (§ 308), zur Geltendmachung einer Teilung, Einleitung des Auseinandersetzungsverfahrens und Kündigung sowie zur Abgabe der sonst zur Ausübung und Nutzbarmachung des gepfändeten Rechtes erforderlichen Erklärungen für den Verpflichteten befugt.

(2) Der Verwalter hat die aus der Ausübung seiner Befugnisse nach Abs. 1 hervorgehenden Ansprüche durchzusetzen und die sich ergebenden Vermögenswerte zu verwerten.

(3) Rechtshandlungen des Verpflichteten, die das gepfändete Vermögensrecht betreffen, insbesondere dessen Kündigung, sind dem betreibenden Gläubiger gegenüber unwirksam und ohne Einfluss auf die Befugnisse des Verwalters.

(BGBl I 2021/86)

Exekution ohne Verwalter

§ 330. (1) Wird im Exekutionsantrag das Vermögensrecht bestimmt bezeichnet und zugleich die Verwertung begehrt, hat das Gericht auf Antrag des betreibenden Gläubigers von der Bestellung eines Verwalters abzusehen.

(2) Die Exekution ist auf Antrag des Verpflichteten unter gleichzeitiger Aufhebung aller bis dahin vollzogenen Exekutionsakte einzustellen, wenn der aus der beabsichtigten Art der Verwertung des Vermögensrechts oder der daraus entstehenden Forderungen und Ansprüche oder der daraus erlangten Sachen voraussichtlich erzielbare Erlös nicht

1. die umfassendste und schnellste Befriedigung des betreibenden Gläubigers bringt, wobei auf die Wahrung der Interessen des Verpflichteten Bedacht zu nehmen ist, oder

2. unter Berücksichtigung der Kosten höher ist als der voraussichtliche Erlös, der durch Bestellung eines Verwalters erzielt werden kann.

(3) Wird kein Verwalter bestellt, so hat das Exekutionsgericht den betreibenden Gläubiger zur Geltendmachung und Einklagung des gepfändeten Rechtes (§ 308), zur Geltendmachung einer Teilung, Einleitung des Auseinandersetzungsverfahrens und Kündigung sowie zur Abgabe der sonst zur Ausübung und Nutzbarmachung des gepfändeten Rechtes erforderlichen Erklärungen für den Verpflichteten ermächtigen. In den übrigen Fällen obliegt die Verwertung dem Gericht.

(4) Geschieht die Verwertung durch

1. die Verpachtung eines Unternehmens,

2. den Verkauf, die Verpachtung oder Vermietung einer Liegenschaft,

3. den Verkauf eines Gesellschaftsanteils oder

4. die Kündigung eines Gesellschaftsverhältnisses,

so ist jedenfalls ein Verwalter zu bestellen.

(BGBl I 2021/86)

Verwertung

§ 331. (1) Die Verwertung geschieht insbesondere durch Verkauf, Versteigerung, Zwangsverwaltung, Verpachtung oder Vermietung.

(2) Der Genehmigung des Gerichts bedürfen:

1. die Verpachtung eines Unternehmens,

2. der Verkauf, die Vermietung und die Verpachtung einer Liegenschaft,

3. die Zwangsverwaltung,

4. der Verkauf eines Gesellschaftsanteils und

5. die Kündigung eines Gesellschaftsverhältnisses.

(BGBl I 2021/86)

Zwangsverwaltung

§ 332. (1) Durch Zwangsverwaltung können insbesondere verwertet werden

1. Rechte auf den wiederholten Bezug von Früchten,

2. Rechte, die eine andere zu Gunsten des betreibenden Gläubigers verwertbare Benützung beweglicher oder unbeweglicher Sachen gewähren,

3. Jagd- und Fischereirechte sowie

4. Gesellschaftsanteile.

(2) Auf die Zwangsverwaltung sind die Bestimmungen über die Zwangsverwaltung von Liegenschaften sinngemäß anzuwenden. Vor der Genehmigung der in §§ 112 und 331 Abs. 2 bezeichneten Verfügungen ist der Eigentümer der Sache einzuvernehmen, auf welche sich das gepfändete Recht bezieht. Er ist auch zu Einwendungen und Beschwerden im Sinne des § 84 berechtigt.

(3) Steht dem Verpflichteten das gepfändete Recht gegen einen bestimmten Zins oder gegen andere periodische Leistungen zu, so gehören diese Leistungen zu den vom Zwangsverwalter unmittelbar aus den Verwaltungserträgnissen zu berichtigenden Auslagen.

(4) Ist das gepfändete Vermögensrecht befristet, so endet die Zwangsverwaltung mit Ablauf der Zeit, für die das gepfändete Recht des Verpflichteten besteht.

(BGBl I 2021/86)

Vermietung und Verpachtung

§ 333. (1) Das Vermögensrecht kann durch Vermietung oder Verpachtung verwertet werden, wenn hiebei unter Berücksichtigung der Kosten ein höherer Erlös als durch eine Zwangsverwaltung erzielt werden kann.

(2) Der Bestandvertrag ist dem Gläubiger und dem Verpflichteten mindestens 14 Tage vor Vertragsabschluss zu übersenden.

(3) Zahlt der Bestandnehmer den Pachtzins trotz Mahnung nicht, so ist der Verwalter berechtigt, das Bestandverhältnis aufzulösen.

(BGBl I 2021/86)

Freihandverkauf

§ 334. Ein Vermögensrecht, sowie daraus hervorgehende Forderungen oder Ansprüche oder daraus erlangte Sachen dürfen nur dann öffentlich versteigert werden, wenn hiebei unter Berücksichtigung der Kosten ein höherer Erlös als bei einem Verkauf erzielt werden kann.

(BGBl I 2021/86)

EO

Freihandverkauf von Liegenschaften

§ 335. (1) Erfasst das gepfändete Vermögensrecht den Anspruch des Verpflichteten auf Einverleibung des Eigentumsrechts an einer Liegenschaft, so hat das Exekutionsgericht auf Antrag des Verwalters die Anmerkung der Exekutionsbewilligung unter Angabe der Person des Verwalters und der betriebenen Forderung im Grundbuch zu veranlassen (Anmerkung nach § 335 Abs. 1 EO), sobald der Verpflichtete außerbücherlich Eigentum erworben hat oder die Liegenschaft sowie die für die Einverleibung des Eigentumsrechts des Verpflichteten erforderlichen Urkunden dem Verwalter übergeben wurden. § 138 gilt sinngemäß.

(2) Der Verwalter ist zum Verkauf der Liegenschaft binnen drei Monaten ab dem außerbücherlichen Eigentumserwerb des Verpflichteten oder ab der Übernahme der Liegenschaft sowie der Übernahme der für die Einverleibung des Eigentumsrechts des Verpflichteten erforderlichen Urkunden berechtigt; die Frist beginnt nicht vor der Zustellung der Exekutionsbewilligung an den Verwalter. Der Kaufpreis darf den Schätzwert der Liegenschaft nicht unterschreiten. Wird innerhalb der Frist kein Kaufvertrag abgeschlossen, so hat der Verwalter den betreibenden Gläubiger vom Unterbleiben des Verkaufs zu verständigen.

(3) Unterbleibt der Verkauf, so kann der betreibende Gläubiger innerhalb von drei Monaten nach Verständigung durch den Verwalter die Einleitung der Zwangsverwaltung oder Zwangsversteigerung beantragen. Der Verwalter hat die Liegenschaft im Fall der Bestellung eines Zwangsverwalters diesem, sonst dem Verpflichteten zu übergeben und von deren Verwertung abzusehen. Die bücherliche Anmerkung nach § 98 Abs. 1 oder § 137 Abs. 1 ersetzt die bücherliche Anmerkung nach Abs. 1 und erfolgt in deren Rang.

(4) Unterlässt es der betreibende Gläubiger, die Einleitung der Zwangsverwaltung oder Zwangsversteigerung fristgerecht zu beantragen, so hat der Verwalter die Liegenschaft dem Verpflichteten zur freien Verfügung zu überlassen.

(5) Die Anmerkung nach Abs. 1 ist im Grundbuch zu löschen

1. auf Antrag des Käufers der Liegenschaft mit der bücherlichen Einverleibung dessen Eigentumsrechts,

2. auf Antrag des Verpflichteten, wenn diesem die Liegenschaft vom Verwalter überlassen wurde,

3. von Amts wegen bei Einstellung der Exekution.

(6) Die Abs. 1 bis 5 gelten für Superädifikate sinngemäß.

(BGBl I 2021/86)

Eigentumsvorbehalt

§ 336. (1) Bei Pfändung des Anwartschaftsrechts des Eigentumsvorbehaltskäufers entsteht das Pfandrecht an der vom Verpflichteten unter Eigentumsvorbehalt erworbenen Sache mit der Zahlung des Restkaufpreises. Es hat den Rang des Pfandrechts am Anwartschaftsrecht.

(2) Die Sache ist zu verwerten, nachdem der Verwalter den ihm vom betreibenden Gläubiger zur Verfügung gestellten Restkaufpreis gezahlt hat. Das Gericht hat den gezahlten Restkaufpreis als weitere Exekutionskosten zu bestimmen.

(3) Ein Rücktritt des Vorbehaltsverkäufers binnen 14 Tagen nach Erhalt des Leistungsverbots ist unwirksam, sofern dieser nicht zur Abwendung schwerer persönlicher oder wirtschaftlicher Nachteile des Vorbehaltsverkäufers unerlässlich ist.

(BGBl I 2021/86)

Schrankfach

§ 337. (1) Der Verpflichtete hat an der Öffnung eines Schrankfaches, dessen Rechte gepfändet worden sind, mitzuwirken. Die Mitwirkung des Verpflichteten an der Öffnung des Schrankfaches kann auch auf Antrag des Verwalters vom Gericht nach § 354 durchgesetzt werden.

(2) Der Verwalter hat die Rechte, die der Verpflichtete hätte, wenn der Schlüssel oder Urkunden verloren worden wären oder das Losungswort vergessen worden wäre. Hat der Verwalter in Ausübung der Befugnisse nach § 329 Abs. 1 einen Exekutionstitel zur gewaltsamen Öffnung des Schrankfaches erwirkt, so hat das Gericht diese auf dessen Antrag unter Beiziehung eines Vollstreckungsorgans anzuordnen, ohne dass es einer weiteren Exekutionsbewilligung bedarf. Der Öffnung steht nicht entgegen, dass auch Dritte Rechte am Schrankfach haben, aber trotz Aufforderung nicht an der Öffnung mitwirken.

(3) Der Inhalt des Schrankfaches ist vom Verwalter pfandweise zu beschreiben und zu verwerten.

(BGBl I 2021/86)

Ansprüche auf Herausgabe und Leistung von Sachen

§ 338. (1) Bei Pfändung eines Anspruchs des Verpflichteten auf Herausgabe oder Leistung von beweglichen oder unbeweglichen Sachen hat der Drittschuldner nach Fälligkeit des Anspruches die Sache dem Verwalter herauszugeben.

(2) § 307 gilt auch bei Ansprüchen auf Herausgabe und Leistung beweglicher Sachen. Wenn sich die zu leistende Sache zu gerichtlichem Erlag nicht eignet, hat das Gericht auf Antrag des Drittschuldners einen Verwahrer zu bestellen, an den der Drittschuldner die Sache herauszugeben hat.

(BGBl I 2021/86)

Gesellschaftsanteile an Personengesellschaften und Genossenschaften

§ 339. (1) Erfasst das gepfändete Vermögensrecht dasjenige, was dem Verpflichteten als Gesellschafter bei der Auseinandersetzung der Gesellschaft zukommt, so kann der Verwalter die Gesellschaft ohne Rücksicht darauf, ob sie für bestimmte Zeit eingegangen ist, sechs Monate vor dem Ende des Geschäftsjahrs für diesen Zeitpunkt kündigen.

(2) Erfasst das gepfändete Vermögensrecht dasjenige, was dem Verpflichteten als Genossenschafter für den Fall dessen Ausscheidens aus der Genossenschaft zukommt, so kann der Verwalter die Mitgliedschaft des Genossenschafters ohne Rücksicht darauf, ob die Genossenschaft für bestimmte Zeit eingegangen ist, sechs Monate vor dem Ende des Geschäftsjahrs für diesen Zeitpunkt kündigen.

(3) Ist kein Verwalter bestellt, so kann der betreibende Gläubiger nach Abs. 1 oder Abs. 2 nur kündigen, wenn innerhalb der letzten sechs Monate ein Vollzugsversuch bei einer Exekution auf bewegliche Sachen des Gesellschafters ergebnislos gewesen ist.

(BGBl I 2021/86)

Vinkulierung und Aufgriffsrecht an Gesellschaftsanteilen an Kapitalgesellschaften

§ 340. (1) Bei Verwertung des Gesellschaftsanteils einer Kapitalgesellschaft, der nur mit Zustimmung der Gesellschaft oder eines Gesellschafters übertragbar ist (§ 76 Abs. 2 GmbHG, § 62 Abs. 2 AktG), ist dem Verpflichteten, dem betreibenden Gläubiger, allen Gläubigern, die bis dahin die Pfändung des Gesellschaftsanteils erwirkt haben, der zustimmungsberechtigten Gesellschaft sowie dem gesellschaftsvertraglich zustimmungsberechtigten Gesellschafter unter gleichzeitiger Verständigung von der Pfändung der Schätzwert bekannt zu geben. Die Schätzung kann unterbleiben, wenn der Gesellschaftsanteil einen Börsenpreis hat oder zwischen dem betreibenden Gläubiger, dem Verpflichteten und der zustimmungsberechtigten Gesellschaft oder dem gesellschaftsvertraglich zustimmungsberechtigten Gesellschafter eine Einigung über den Übernahmspreis zustande kommt. Wird ein Gesellschaftsanteil nicht innerhalb von zwei Monaten nach Benachrichtigung des Zustimmungsberechtigten durch einen von diesem zugelassenen Käufer gegen Bezahlung eines den Schätzwert (Übernahmspreis) erreichenden Kaufpreises übernommen, so bedarf es zur Verwertung nicht der Zustimmung.

(2) Der Bekanntgabe des Schätzwertes bedarf es nicht, wenn der Anteil durch Zwangsverwaltung verwertet werden soll. Der Zustimmungsberechtigte ist zur Person des Zwangsverwalters vor dessen Bestellung einzuvernehmen.

(3) Ist im Gesellschaftsvertrag für den Exekutionsfall ein Aufgriffsrecht vorgesehen, so hat der Verwalter den Aufgriffsberechtigten vom geplanten Verkauf zu verständigen. Der Aufgriffsberechtigte kann das Aufgriffsrecht binnen zwei Monaten durch Erklärung gegenüber dem Verwalter und Zahlung des Aufgriffspreises ausüben.

(BGBl I 2021/86)

Unternehmen

§ 341. (1) Unternehmen können nur durch Zwangsverwaltung oder Verpachtung verwertet werden.

(2) Das Verfügungsverbot erfasst insbesondere das Verbot,

1. das Unternehmen zu veräußern oder zu verpachten,

2. den Unternehmensgegenstand zu ändern,

3. den Betrieb des Unternehmens einzustellen,

4. über Sachen und Rechte des Unternehmens zu verfügen, insbesondere sie zu veräußern,

5. Pfandrechte oder sonstige Rechte an den Sachen und Rechten des Unternehmens zu begründen.

(3) Gegen das Verfügungsverbot verstoßende Verfügungen sind dem betreibenden Gläubiger gegenüber unwirksam.

(BGBl I 2021/86)

Bekanntmachung des Zwangsverwalters

§ 342. (1) Der Zwangsverwalter hat zugleich mit der Benachrichtigung des Verpflichteten vom Verfügungsverbot seine Bestellung unter Angabe des Unternehmens und des Exekutionsmittels öffentlich bekanntzumachen.

(2) Ist der Verpflichtete im Firmenbuch eingetragen, so hat das Exekutionsgericht von Amts wegen zu veranlassen, dass die Zwangsverwal-

tung und der Zwangsverwalter unter Angabe des Unternehmens und des Exekutionsmittels im Firmenbuch eingetragen werden.

(3) Nach Bekanntmachung der Bestellung des Zwangsverwalters in der Ediktsdatei ist, solange eine Exekution auf ein Unternehmen anhängig ist, eine Exekution auf einzelne Vermögensobjekte des Unternehmens nicht zulässig.

(BGBl I 2021/86)

Befugnisse des Zwangsverwalters

§ 343. (1) Der Zwangsverwalter ist kraft seiner Bestellung zu allen Geschäften und Rechtshandlungen befugt, welche der Betrieb eines Unternehmens von der Art des zu verwaltenden gewöhnlich mit sich bringt.

(2) Der Zwangsverwalter ist insbesondere berechtigt:

1. zum Widerruf einer vom Verpflichteten für den Betrieb des in Verwaltung gezogenen Unternehmens erteilten Prokura oder Handlungsvollmacht und

2. zur Empfangnahme der als Wertsendungen bezeichneten Postsendungen, welche an das verwaltete Unternehmen gerichtet sind.

(3) Inwieweit die dem Inhaber des Unternehmens in gewerberechtlicher Beziehung zukommenden Befugnisse und Obliegenheiten auf den Zwangsverwalter übergehen, bestimmt sich nach der Gewerbeordnung.

(BGBl I 2021/86)

Unmittelbare Berichtigung aus den Verwaltungserträgnissen

§ 344. (1) Bei der Zwangsverwaltung von Unternehmen hat der Zwangsverwalter die während der Verwaltung fällig werdenden und die aus dem letzten Jahr vor deren Bekanntmachung in der Ediktsdatei rückständigen Beträge an Lohn und anderen Arbeitseinkommen der beim Betrieb des verwalteten Unternehmens verwendeten Personen aus den Erträgnissen ohne weiteres Verfahren zu berichtigen.

(2) Vor der Bekanntmachung in der Ediktsdatei fällig gewordene Forderungen kann der Zwangsverwalter begleichen, wenn das der Forderung zugrundeliegende Rechtsgeschäft wiederkehrende Leistungen umfasst und diese für den Betrieb des Unternehmens geboten sind.

(BGBl I 2021/86)

Rekurs

§ 345. (1) Ein Rekurs ist unstatthaft gegen Beschlüsse, welche:

1. dem Verpflichteten nach bewilligter Pfändung die Verfügung über das gepfändete Recht

und das für die gepfändete Forderung bestellte Pfand untersagen (§§ 294, 327 Abs. 2); *(BGBl I 2021/86)*

2. dem Drittschuldner die Abgabe einer Erklärung nach §§ 301, 328 Abs. 5 auftragen; *(BGBl I 2021/86)*

3. dem betreibenden Gläubiger gemäß §§ 306 und 323 Abs. 2 die Leistung einer Sicherheit auftragen; *(BGBl I 2021/86)*

4. behufs Einziehung einer überwiesenen Forderung gemäß §§ 310, 314 und 322 einen Kurator bestellen; *(BGBl I 2021/86)*

5. die Anmerkung und Verlautbarung einer bewilligten Zwangsverwaltung verfügen. *(BGBl I 2021/86)*

(2) In Betreff der Beschlüsse, durch welche die Verwahrung von Gegenständen angeordnet oder ein Verwahrer ernannt wird, gilt § 259 Abs. 2 letzter Satz. *(BGBl I 2021/86)*

Dritter Abschnitt
Exekution zur Erwirkung von Handlungen, Duldungen oder Unterlassungen
(BGBl I 2021/86)

Herausgabe oder Leistung von beweglichen Sachen

§ 346. (1) Hat der Verpflichtete bestimmte bewegliche Sachen oder bewegliche Sachen bestimmter Gattung zu übergeben und befinden sich diese in seiner Gewahrsame, so sind sie infolge Auftrages des Exekutionsgerichtes vom Vollstreckungsorgan dem Verpflichteten wegzunehmen und dem betreibenden Gläubiger gegen Empfangsbestätigung einzuhändigen. Der Vollzugsauftrag erfasst auch die Aufnahme eines Vermögensverzeichnisses nach § 346a. *(BGBl I 2003/31; BGBl I 2005/68)*

(2) Diese Vorschrift findet auch Anwendung, wenn der Verpflichtete Wertpapiere oder eine bestimmte Quantität von vertretbaren Sachen zu leisten hat.

Angaben über die herauszugebenden Sachen

§ 346a. (1) Wenn die Sachen, wegen deren Herausgabe oder Leistung Exekution geführt wird, beim Verpflichteten nicht vorgefunden werden, hat er vor Gericht oder vor dem Vollstreckungsorgan anzugeben, wo sich diese Sachen befinden, oder dass er sie nicht besitze und auch nicht wisse, wo sie sich befinden.

(2) Der Verpflichtete kann nach einer Vermögensangabe nach Abs. 1 auf Antrag desselben betreibenden Gläubigers und wegen desselben Anspruchs zur nochmaligen Vermögensangabe vor Gericht nur dann verhalten werden, wenn der betreibende Gläubiger glaubhaft macht, dass sich

seither die Sachlage in Bezug auf die Innehabung der Sachen oder das Wissen des Verpflichteten geändert hat.

(3) Auf die Vermögensangabe sind § 47 Abs. 2 über die Belehrung, die Protokolleinsicht und die Bestätigung durch den Verpflichteten sowie § 48 anzuwenden.

(BGBl I 2005/68)

Herausgabe durch Dritte
(BGBl I 2021/86)

§ 347. (1) In derselben Weise kann die Exekution zu Gunsten eines auf Übergabe beweglicher Sachen gerichteten Anspruches geführt werden, wenn sich die herauszugebenden Sachen in der Gewahrsame eines zu ihrer Ausfolgung bereiten Dritten befinden.

(2) Wird von dem Dritten die Herausgabe der Sachen verweigert, so kann der betreibende Gläubiger beim Exekutionsgerichte beantragen, dass ihm der wider den Inhaber der Sachen bestehende Anspruch des Verpflichteten auf Herausgabe der Sachen überwiesen werde. Auf diese Überweisung haben die für die Überweisung von Geldforderungen zur Einziehung erlassenen Vorschriften entsprechend Anwendung zu finden.

Herausgabe durch Zeichen
(BGBl I 2021/86)

§ 348. (1) Betreffs solcher Sachen, welche ihrer Beschaffenheit nach eine körperliche Übergabe nicht zulassen, hat das Vollstreckungsorgan nach Maßgabe der Bestimmungen des § 427 ABGB. vorzugehen. Die hiernach dem betreibenden Gläubiger einzuhändigenden Urkunden und Werkzeuge hat das Vollstreckungsorgan dem Verpflichteten wegzunehmen.

(2) Auf den im Sinne des § 427 ABGB. dem betreibenden Gläubiger vom Vollstreckungsorgan zu übergebenden Urkunden hat letzteres anzumerken, dass die Übergabe behufs Vollstreckung des bestimmt zu bezeichnenden Anspruches erfolgt sei. Die nach Vorschrift des bürgerlichen Rechtes zum Zwecke der Übertragung noch erforderlichen urkundlichen Erklärungen sind vom Exekutionsgerichte oder auf Grund der Ermächtigung des Exekutionsgerichtes vom Vollstreckungsorgan abzugeben.

Überlassung oder Räumung von unbeweglichen Sachen, Gegenständen des Bergwerkseigentums und Schiffen

§ 349. (1) Ist eine Liegenschaft oder ein Teil derselben, ein Gegenstand des Bergwerkseigentums oder ein Schiff[1)] zu überlassen oder zu räumen, so hat das Vollstreckungsorgan die zu diesem Zwecke erforderliche Entfernung von Personen und beweglichen Sachen vorzunehmen und den betreibenden Gläubiger in den Besitz des zu übergebenden Gegenstandes zu setzen. Ist bei Liegenschaften auch deren Zubehör zu übergeben, so finden die §§ 346 und 348 sinngemäße Anwendung. Die Räumung wird nur dann vollzogen, wenn der betreibende Gläubiger die zur Öffnung der Räumlichkeiten und zur Wegschaffung der zu übergebenden beweglichen Sachen erforderlichen Arbeitskräfte und Beförderungsmittel bereitstellt. *(BGBl 1956/158)*

(2) Die wegzuschaffenden beweglichen Sachen, welche nicht den Gegenstand der Exekution bilden, sind durch das Vollstreckungsorgan dem Verpflichteten oder im Falle seiner Abwesenheit seinem Bevollmächtigten oder einer zur Familie des Verpflichteten gehörigen oder in dieser beschäftigten erwachsenen Person zu übergeben. In Ermangelung einer zur Übernahme befugten Person sind diese Sachen auf Kosten des Verpflichteten durch das Vollstreckungsorgan anderweitig in Verwahrung zu bringen, die dem Gericht bekannten Personen, für welche die Sachen gepfändet sind oder welche sonst Anspruch darauf erheben können, hievon zu verständigen und endlich, wenn der Verpflichtete die Rückforderung der Sachen verzögert oder mit der Berichtigung der Verwahrungskosten säumig ist und auch von niemandem Rechte an den Sachen geltend gemacht werden, auf Verfügung des Exekutionsgerichtes nach vorgängiger Androhung für Rechnung des Verpflichteten zu verkaufen; diese Androhung darf frühestens mit der Festsetzung des Räumungstermins vorgenommen werden. Diese Verfügung zu veranlassen, ist das Vollstreckungsorgan und jeder Beteiligte berechtigt. Der Anspruch des betreibenden Gläubigers auf Ersatz seiner Aufwendungen (§ 74) sowie der ihm im Lauf der Verwahrung entstehenden Kosten bleibt unberührt, ohne Rücksicht darauf, ob die Verwahrung vom Vollstreckungsorgan angeordnet worden ist. *(BGBl 1983/135)*

(3) Der nach Deckung der Verwahrungs- und Veräußerungskosten erübrigende Erlös ist für den Verpflichteten gerichtlich zu hinterlegen.

¹⁾ Vgl DRGBl 1940 I S 1609.

Zur Räumungsexekution vgl auch §§ 568, 575 ZPO, 569 Geo, §§ 34 ff MRG; zur Zuständigkeit in Wien siehe § 104 JN und BG-OrgG Wien (KODEX ZGV)

§ 35 MRG (idF BGBl 1983/135) lautet:

Aufschiebung der Räumungsexekution

§ 35. (1) Ist ein Mieter, dem rechtskräftig gekündigt worden ist, im Fall der zwangsweisen Räumung der Wohnung oder eines Wohnraumes der Obdachlosigkeit ausgesetzt, so ist auf seinen Antrag die Räumungsexekution aufzuschieben

(§ 42 EO), wenn die Aufschiebung dem betreibenden Vermieter nach Lage der Verhältnisse zugemutet werden kann. Die so bewilligte Verlängerung der Räumungsfrist soll drei Monate nicht übersteigen. Bei besonders berücksichtigungswürdigen Umständen darf darüber hinaus ein weiterer Aufschub, jedoch höchstens zweimal und jeweils nicht länger als um drei Monate, bewilligt werden. Wurde bereits im Urteil eine Verlängerung der Räumungsfrist nach § 34 Abs. 1 bewilligt, so darf eine weitere Verlängerung der Räumungsfrist nur bei Vorliegen besonders berücksichtigungswürdiger Umstände bewilligt werden, und es darf die Gesamtdauer der so bewilligten Räumungsaufschübe ein Jahr nicht übersteigen. Während der Dauer des Aufschubes gilt der § 34 Abs. 2.

(2) Setzt der Mieter nach der Bewilligung des Aufschubes der Räumungsexekution einen neuen Kündigungsgrund, so ist auf Antrag des Vermieters nach Einvernehmung des Mieters (§ 56 EO) die Aufschiebung zu widerrufen und, wenn die ursprüngliche Räumungsfrist bereits abgelaufen ist, eine neue Räumungsfrist zu bestimmen, die auf das zur freiwilligen Räumung unbedingt erforderliche Maß zu beschränken ist.

(3) Im Verfahren über die Aufschiebung der Räumungsexekution findet ein Kostenersatz zwischen den Parteien nicht statt.

Einräumung oder Aufhebung bücherlicher Rechte

§ 350. (1) Die Exekution eines Anspruches, welcher auf Einräumung, Übertragung, Beschränkung oder Aufhebung eines bücherlichen Rechtes gerichtet ist, geschieht durch die Vornahme der bezüglichen bücherlichen Eintragung.

(2) Der betreibende Gläubiger kann auf Grund des Exekutionstitels die Einverleibung als Eigentümer der ihm zugesprochenen Liegenschaft oder Liegenschaftsanteile oder die bücherliche Übertragung eines ihm zugesprochenen bücherlichen Rechtes auf seine Person verlangen, wenngleich der Verpflichtete bis dahin als Eigentümer der Liegenschaft oder des bücherlichen Rechtes noch nicht eingetragen ist. Der Exekutionsantrag muss in diesem Fall den gemäß § 22 GBG 1955 notwendigen Nachweis der Voreigentümer enthalten. *(BGBl I 2021/86)*

(3) Wenn kraft des Exekutionstitels Eintragungen auf Liegenschaften oder Liegenschaftsanteile des Verpflichteten erfolgen sollen, in Ansehung deren der Verpflichtete noch nicht als Eigentümer einverleibt oder vorgemerkt ist, oder wenn im Wege der Eintragung Rechte des Verpflichteten belastet werden sollen, die für diesen noch nicht einverleibt oder vorgemerkt sind, so kann der betreibende Gläubiger unter Nachweisung des Rechtserwerbes des Verpflichteten zugleich mit

der Exekution die bücherliche Eintragung des Eigentums oder des fraglichen bücherlichen Rechtes zu Gunsten des Verpflichteten begehren.

(4) Das zur Bewilligung der Exekution zuständige Gericht hat wegen des Vollzuges der beantragten Eintragungen das Erforderliche zu veranlassen.

(5) Die nach den Vorschriften des Allgemeinen Grundbuchsgesetzes 1955 zum Zwecke solcher Eintragungen erforderlichen Erklärungen des Verpflichteten werden durch den Ausspruch des die Exekution bewilligenden Gerichtes ersetzt.

(6) Soll nebst der bücherlichen Begründung des Rechtes die Übergabe der Liegenschaft an den betreibenden Gläubiger oder dessen Einführung in den Besitz des Rechtes stattfinden, so ist zugleich gemäß § 349 vorzugehen.

(7) *(entfällt, BGBl I 2021/86)*

Aufhebung einer Gemeinschaft[1]
[1] Vgl §§ 853a ABGB, 40 VermG.

(BGBl I 2021/86)

§ 351. (1) Die durch einen vollstreckbaren Titel angeordnete körperliche Teilung einer gemeinschaftlichen unbeweglichen Sache, die in gleicher Weise angeordnete Erbteilung oder Teilung einer andern Vermögensmasse sind durch einen richterlichen Beamten des Exekutionsgerichtes, mit entsprechender Bedachtnahme auf die Vorschriften der §§ 841 bis 853 ABGB. unter Zuziehung der Beteiligten auszuführen. *(BGBl I 2021/86)*

(2) Gegen die im Teilungsverfahren ergehenden Beschlüsse des Gerichts ist mit Ausnahme des Beschlusses, wodurch die Teilung endgültig bestimmt wird, kein Rekurs zulässig. *(BGBl I 2021/86)*

(3) § 74 ist im Teilungsverfahren nicht anzuwenden. Die entstandenen Barauslagen sind auf die Parteien im Verhältnis ihrer Miteigentumsanteile aufzuteilen; Barauslagen, die eine Partei in einem darüber hinausgehenden Ausmaß vorläufig bestritten hat, sind ihr, soweit sie zur Rechtsverwirklichung notwendig waren, auf ihr Verlangen zu erstatten. *(BGBl I 2000/59)*

Versteigerung einer gemeinschaftlichen Liegenschaft

§ 352. Auf die Vollstreckung des Anspruchs der gerichtlichen Versteigerung einer gemeinschaftlichen Liegenschaft zum Zwecke der Auseinandersetzung sind die Bestimmungen über die Zwangsversteigerung von Liegenschaften mit folgenden Abweichungen sinngemäß anzuwenden:

1. Die dem betreibenden Gläubiger oder dem Verpflichteten im Verfahren eingeräumten Rechte und aufgetragenen Pflichten treffen alle Miteigentümer.

2. Die Vorlage eines Interessentenverzeichnisses ist nicht erforderlich.

3. Die Exekutionsbewilligung ist dem Vorkaufsberechtigten zuzustellen; er ist zum Versteigerungstermin zu laden.

4. Dinglich Berechtigte sind nicht Beteiligte des Verfahrens. Sie sind nicht einzuvernehmen, sie sind zu Tagsatzungen nicht zu laden; Beschlüsse sind ihnen nicht zuzustellen.

5. Die Einstellung nach § 39 Abs. 1 Z 6 bedarf auch der Zustimmung des Verpflichteten.

6. Hinsichtlich der Kosten des Verfahrens gilt § 351 Abs. 3.

(BGBl I 2000/59)

Versteigerungsbedingungen

§ 352a. (1) Die betreibende Partei kann mit dem Exekutionsantrag, die verplichtete Partei innerhalb von 14 Tagen nach Zustellung der Exekutionsbewilligung von den gesetzlichen Bestimmungen bei der Zwangsversteigerung abweichende Versteigerungsbedingungen vorlegen. Hierüber ist eine Tagsatzung abzuhalten, zu der alle Miteigentümer zu laden sind. Diese Versteigerungsbedingungen hat das Gericht zu genehmigen, wenn alle übrigen Miteigentümer zustimmen und sie keine unerlaubten oder ungültigen Bestimmungen enthalten.

(2) Die Rechte dinglich Berechtigter bleiben von der Versteigerung unberührt. Diese Lasten sind vom Ersteher ohne Anrechnung auf das Meistbot zu übernehmen, auch wenn sie durch das Meistbot nicht gedeckt sind. Auch ein eingetragenes Wiederkaufsrecht bleibt unberührt. § 1408 ABGB gilt. Abweichungen hievon sind unzulässig.

(3) Das geringste Gebot ist der Schätzwert. Die Versteigerungsbedingungen können anderes vorsehen, nicht jedoch weniger als drei Viertel des Schätzwerts.

(4) Einer Schätzung bedarf es nicht, wenn sich die Miteigentümer vor dem Schätzungstermin auf einen Ausrufpreis einigen. Im Versteigerungsedikt ist darauf hinzuweisen, dass keine Schätzung erfolgt ist. Im Übrigen tritt der Ausrufpreis, soweit in gesetzlichen Bestimmungen auf den Schätzwert abgestellt wird, an dessen Stelle.

(BGBl I 2000/59)

Versteigerung

§ 352b. Bei der Versteigerung gilt Folgendes:

1. Die Frist des § 167 Abs. 2 gilt nicht. *(BGBl I 2021/86)*

2. Der Verpflichtete ist vom Bieten nicht ausgeschlossen.

3. Wird im Versteigerungstermin kein Bietanbot abgegeben, so hat das Gericht eine Frist, die mindestens vier, höchstens jedoch acht Wochen betragen soll, festzulegen, innerhalb der schriftliche Anbote an das Gericht zu richten sind. Dies ist in der Tagsatzung bekanntzugeben und öffentlich bekanntzumachen. §§ 168 und 170 Abs. 3 sind anzuwenden. *(BGBl I 2021/86)*

4. Die schriftlichen Anbote dürfen den Schätzwert um ein Viertel unterschreiten. Das schriftliche Anbot ist in einem verschlossenen Kuvert abzugeben. Dessen Inhalt ist bis zur Öffnung durch den Richter von der Akteneinsicht ausgenommen. Unverzüglich nach Ablauf der Frist, keinesfalls jedoch vor diesem Zeitpunkt, hat der Richter in einer öffentlichen Tagsatzung eigenhändig sämtliche eingelangte Kuverts zu öffnen und den Bieter mit dem höchsten Anbot zum Erlag des Vadiums binnen 14 Tagen aufzufordern. Bei rechtzeitigem Erlag des Vadiums ist diesem Bieter mit Beschluss der Zuschlag zu erteilen.

(BGBl I 2000/59)

Verteilung

§ 352c. Das Meistbot ist nach dem Einvernehmen der Parteien aufzuteilen. Einigen sich die Parteien nicht, so hat das Gericht hierüber nach mündlicher Verhandlung durch Urteil zu entscheiden. Auf das Verfahren sind die Bestimmungen über das Verfahren vor den Bezirksgerichten (§§ 431ff ZPO) anzuwenden.

(BGBl I 2000/59)

Erwirkung vertretbarer Handlungen
(BGBl I 2021/86)

§ 353. (1) Wenn der Verpflichtete eine Handlung vorzunehmen hat, deren Vornahme durch einen Dritten erfolgen kann, ist der betreibende Gläubiger auf Antrag von dem die Exekution bewilligenden Gericht zu ermächtigen, die Handlung auf Kosten des Verpflichteten vornehmen zu lassen.

(2) Der betreibende Gläubiger kann zugleich beantragen, dem Verpflichteten die Vorauszahlung der Kosten aufzutragen, welche durch die Vornahme der Handlung entstehen werden. Der diesem Antrag stattgebende Beschluss ist in das Vermögen des Verpflichteten vollstreckbar.

Erwirkung unvertretbarer Handlungen
(BGBl I 2021/86)

§ 354. (1) Der Anspruch auf eine Handlung, die durch einen Dritten nicht vorgenommen werden kann und deren Vornahme zugleich aus-

schließlich vom Willen des Verpflichteten abhängt, wird dadurch vollstreckt, dass der Verpflichtete auf Antrag vom Exekutionsgerichte durch Geldstrafen oder durch Haft bis zur Gesamtdauer von sechs Monaten zur Vornahme der Handlung angehalten wird.

(2) Die Exekution hat mit Androhung der für den Fall der Saumsal zu verhängenden Strafe zu beginnen; als erste Strafe darf nur eine Geldstrafe angedroht werden. Nach fruchtlosem Ablauf der in dieser Verfügung für die Vornahme der Handlung gewährten Frist ist das angedrohte Zwangsmittel auf Antrag des betreibenden Gläubigers zu vollziehen und zugleich unter jeweiliger Bestimmung einer neuerlichen Frist für die geschuldete Leistung ein stets schärferes Zwangsmittel anzudrohen. Der Vollzug desselben erfolgt nur auf Antrag des betreibenden Gläubigers. *(BGBl 1980/120)*

(3) *(aufgehoben, BGBl 1980/120)*

Erwirkung von Duldungen und Unterlassungen

§ 355. (1) Die Exekution gegen den zur Unterlassung einer Handlung oder zur Duldung der Vornahme einer Handlung Verpflichteten geschieht dadurch, dass wegen eines jeden Zuwiderhandelns nach Eintritt der Vollstreckbarkeit des Exekutionstitels auf Antrag vom Exekutionsgericht anlässlich der Bewilligung der Exekution eine Geldstrafe verhängt wird. Wegen eines jeden weiteren Zuwiderhandelns hat das Exekutionsgericht auf Antrag eine weitere Geldstrafe oder eine Haft bis zur Gesamtdauer eines Jahres zu verhängen. Diese sind nach Art und Schwere des jeweiligen Zuwiderhandelns, unter Bedachtnahme auf die wirtschaftliche Leistungsfähigkeit des Verpflichteten und das Ausmaß der Beteiligung an der Zuwiderhandlung auszumessen. In einem Beschluss, mit dem eine Geldstrafe oder eine Haft verhängt wird, sind auch die Gründe anzuführen, die für die Festsetzung der Höhe der Strafe maßgeblich sind. *(BGBl I 2000/59; BGBl I 2008/37)*

(2) Auf Antrag des betreibenden Gläubigers kann dem Verpflichteten vom Exekutionsgerichte die Bestellung einer Sicherheit für den durch ferneres Zuwiderhandeln entstehenden Schaden aufgetragen werden. Hiebei ist die Höhe und Art der zu leistenden Sicherheit, sowie die Zeit zu bestimmen, für welche sie zu haften hat. In Ansehung der Vollstreckung dieses Beschlusses gelten die Bestimmungen des § 353 Abs. 2.

(3) *(aufgehoben, BGBl 1980/120)*

Wiederherstellung des früheren Zustands
(BGBl I 2021/86)

§ 356. (1) Wurde im Falle des § 355 durch das Verhalten des Verpflichteten eine dem Recht des betreibenden Gläubigers widerstreitende Veränderung herbeigeführt, so hat das Exekutionsgericht den betreibenden Gläubiger auf Antrag zu ermächtigen, den früheren Zustand auf Gefahr und Kosten des Verpflichteten wieder herstellen zu lassen.

(2) Der Beschluss, durch den die Kosten dieser Wiederherstellung bestimmt werden, ist in das Vermögen des Verpflichteten vollstreckbar.

Widerstand des Verpflichteten
(BGBl I 2021/86)

§ 357. Leistet der Verpflichtete gegen die Vornahme einer Handlung, die er nach Inhalt des § 356 Abs. 1 zu dulden hat, Widerstand, so ist dem betreibenden Gläubiger auf Antrag zum Zwecke der Beseitigung des Widerstandes und zum Schutze der auszuführenden Arbeit ein Vollstreckungsorgan beizugeben.

Strafantrag – Strafzumessung
(BGBl I 2021/86)

§ 358. (1) Der betreibende Gläubiger hat den Antrag auf Bewilligung der Exekution und jeden Strafantrag zugleich dem Verpflichteten direkt zu übersenden; diese Übersendung ist auf dem dem Gericht überreichten Stück des Schriftsatzes zu vermerken. Bei unrichtigen Angaben hat das Gericht dem betreibenden Gläubiger eine mit Rücksicht auf die besonderen Umstände des Einzelfalls zu bemessende Mutwillensstrafe aufzuerlegen.

(2) Sofern nicht Gefahr im Verzug ist, hat das Gericht vor der Verhängung von Geldstrafen dem Verpflichteten Gelegenheit zu einer Äußerung zu den Strafzumessungsgründen zu geben, wenn nicht bereits eine Äußerung zu einem im Wesentlichen gleichen Antrag notorisch ist. Gegen die Höhe einer Strafe kann der Verpflichtete, falls er nicht bereits vor der Beschlussfassung einvernommen wurde, Widerspruch erheben. Auf den Widerspruch sind die §§ 397 f sinngemäß anzuwenden.

(BGBl 1929/222; BGBl I 2008/37)

Geldstrafen

§ 359. (1) Die Geldstrafe darf je Antrag 100 000 Euro nicht übersteigen. *(BGBl 1989/343; BGBl I 2000/59)*

(2) Ist die Geldstrafe zu Unrecht verhängt worden oder wird der Antrag vor Rechtskraft des Strafbeschlusses zurückgezogen, so ist der erhaltene Betrag dem Verpflichteten zurückzuzahlen. Über die Rückzahlungspflicht hat auf Antrag des Verpflichteten das Exekutionsgericht durch Beschluss zu entscheiden. *(BGBl 1980/120; BGBl I 2000/59)*

(3) *(aufgehoben, BGBl I 2000/59)*
Die Geldstrafen fließen dem Bund zu: Art III Abs 16 BGBl I 2000/59

Haft

§ 360. (1) Die Haft wird durch Anhaltung in einem hiezu bestimmten (öffentlichen) Haftlokale vollzogen. Dieses muss von den Räumen gesondert sein, die zum Strafvollzuge, sowie zur Anhaltung der Personen verwendet werden, wider welche die Untersuchungshaft verhängt ist.

(2) Die Verhaftung wird auf Grund eines vom Exekutionsgerichte erteilten Haftbefehles, in welchem insbesondere der Grund der Verhaftung zu bezeichnen ist, durch das Vollstreckungsorgan vorgenommen. Der Haftbefehl muss dem Verpflichteten bei Verhaftung zugestellt werden.

Haftdauer
(BGBl I 2021/86)

§ 361. Die Haft darf nur verhängt werden, wenn der maßgebliche Sachverhalt bewiesen ist (§ 55 Abs. 2); sie darf in jeder einzelnen Strafverfügung nicht für länger als für die Dauer von zwei Monaten verhängt werden. Nach Ablauf der in der Strafverfügung angegebenen Haftzeit ist der Verpflichtete von Amts wegen aus der Haft zu entlassen.

(BGBl 1980/120)

Haft von im öffentlichen Amt oder Dienst stehenden Personen
(BGBl I 2021/86)

§ 362. (1) Von der Verhängung der Haft gegen eine in einem öffentlichen Amte oder Dienste stehende Person oder gegen den Bediensteten einer dem öffentlichen Verkehr dienenden Unternehmung ist dem unmittelbar Vorgesetzten dieser Person oder der vorgesetzten Dienstbehörde gleichzeitig mit der Verhaftung Anzeige zu machen.

(2) Muss zur Wahrung der öffentlichen Sicherheit oder anderer öffentlicher Interessen eine Stellvertretung während der Anhaltung eintreten, so darf die Verhaftung erst dann erfolgen, wenn für die Stellvertretung Vorsorge getroffen ist. Das hiezu Erforderliche ist von dem Vorgesetzten des Verpflichteten ohne Verzug nach empfangener Verständigung von dem Haftbeschlusse zu verfügen.

Schadenersatz bei Mutwilligkeit
(BGBl I 2021/86)

§ 363. Wird die Verhängung einer Strafe vom betreibenden Gläubiger mutwillig erwirkt, so hat er dem Verpflichteten alle verursachten Vermögensnachteile zu ersetzen. § 63a Abs. 2 ist sinnge-mäß anzuwenden. *(BGBl I 2021/86)*

(StGBl 1920/321; BGBl I 2008/37)

§ 364. *(entfällt, BGBl I 2021/86)*

Gesundheitsgefährdung
(BGBl I 2021/86)

§ 365. Die Haft kann nicht vollzogen werden, solange durch sie die Gesundheit des Verpflichte-ten einer nahen und erheblichen Gefahr ausgesetzt würde. Sie ist von Amts wegen aufzuheben, wenn sich nach ihrem Beginne solche Gefahren einstel-len.

Kostenvorschuss
(BGBl I 2021/86)

§ 366. Der Vollzug der Haft ist nicht vom Erlag eines Kostenvorschusses abhängig zu machen.

(BGBl 1991/628)

Abgabe einer Willenserklärung

§ 367. (1) Wenn der Verpflichtete nach Inhalt des Exekutionstitels eine Willenserklärung abzu-geben hat, gilt diese Erklärung als abgegeben, sobald das Urteil die Rechtskraft erlangt hat oder ein anderer Exekutionstitel gleichen Inhaltes zum Antrag auf Exekutionsbewilligung berechtigt.

(2) Insofern die Verpflichtung zur Abgabe der Willenserklärung von einer Gegenleistung abhän-gig ist, tritt die im Abs. 1 bezeichnete Rechtsfolge erst mit Bewirkung der Gegenleistung seitens des betreibenden Gläubigers ein.

Interesse

§ 368. (1) Durch die Bestimmungen dieses Abschnittes wird der Anspruch des betreibenden Gläubigers auf Leistung des Interesses wegen Nichterfüllung der dem Verpflichteten obliegen-den Verbindlichkeit oder auf Ersatz des dadurch verursachten Schadens nicht berührt.

(2) Diese Ansprüche können jederzeit unter Verzicht auf die Fortsetzung des eingeleiteten Exekutionsverfahrens oder nach fruchtloser Durchführung desselben, nach Wahl des betrei-benden Gläubigers bei dem sonst hiefür zuständi-gen Gericht oder bei dem Exekutionsgericht mit-tels Klage geltend gemacht werden.

Kosten der Exekution

§ 369. (1) Die Bewilligung der Exekution zum Zwecke der Verwirklichung von Ansprüchen auf Herausgabe oder Überlassung von Sachen, auf Handlungen oder Unterlassungen, schließt die Bewilligung der Exekution zu Gunsten der dem betreibenden Gläubiger durch das Exekutionsver-fahren erwachsenden Kosten in sich.

(2) Der betreibende Gläubiger hat das zur De-ckung der Kosten zu verwendende Vermögen des Verpflichteten sowie die deshalb anzuwendenden Exekutionsmittel im Sinne des § 54 schon in dem ersten Antrag auf Exekutionsbewilligung zu be-zeichnen.

Zweiter Teil
Sicherung

Erster Abschnitt
Exekutionshandlungen zur Sicherung von Geldforderungen (Exekution zur Sicherstellung)

Bewilligung
(BGBl I 2021/86)

§ 370. Zur Sicherung von Geldforderungen kann auf Grund der von inländischen Zivilgerich-ten in nicht streitigen Rechtsangelegenheiten er-lassenen, einstweilen noch nicht vollziehbaren Verfügungen, sowie auf Grund von Endurteilen und Zahlungsaufträgen inländischer Zivilgerichte schon vor Eintritt ihrer Rechtskraft oder vor Ab-lauf der für die Leistung bestimmten Frist auf Antrag die Vornahme von Exekutionshandlungen bewilligt werden, wenn dem Gericht glaubhaft gemacht wird, dass ohne diese die Einbringung der gerichtlich zuerkannten Geldforderung verei-telt oder erheblich erschwert werden würde oder dass zum Zweck ihrer Einbringung die Entschei-dung in Staaten vollstreckt werden müsste, in die Vollstreckung des Anspruchs weder durch völker-rechtliche Verträge noch durch Unionsrecht gesi-chert ist.

(RGBl 1914/118; BGBl 1995/519; BGBl I 2014/69)

Exekution zur Sicherstellung ohne Bescheinigung
(BGBl I 2021/86)

§ 371. Selbst ohne solche Bescheinigung ist die Vornahme von Exekutionshandlungen zur Sicherung von Geldforderungen auf Antrag zu bewilligen:

1. auf Grund der infolge Anerkenntnis ergange-nen Endurteile erster Instanz (§ 395 der ZPO), wenn wider diese Urteile Berufung erhoben wur-de, auf Grund der nach den §§ 396, 442 der ZPO gefällten Versäumungsurteile, wenn gegen sie Widerspruch nach den § § 397a, 398, 442a ZPO erhoben wurde, auf Grund eines in zweiter Instanz bestätigten Urteils, wenn wider das Urteil des

Berufungsgerichts Revision erhoben wurde oder wenn wider ein Urteil zweiter Instanz ein Antrag verbunden mit einer ordentlichen Revision nach § 508 Abs. 1 ZPO gestellt wurde. *(RGBl 1914/118; BGBl 1979/140; BGBl 1983/135; BGBl I 1997/140)*

2. aufgrund der in § 1 Z 2 angeführten Zahlungsaufträge *(BGBl 1979/140; BGBl I 2008/37)*

3. auf Grund der im Mahnverfahren ergangenen bedingten Zahlungsbefehle, wenn der Beklagte die Wiedereinsetzung in den vorigen Stand zur Erhebung des Einspruchs beantragt hat; *(BGBl 1983/135)*

4. auf Grund von strafgerichtlichen Entscheidungen über privatrechtliche Ansprüche, wenn die Wiederaufnahme des Strafverfahrens bewilligt wurde.

Leistung einer Sicherheit für drohenden Schaden
(BGBl I 2021/86)

§ 371a. Auf Grund von Endurteilen erster oder zweiter Instanz, wider die Berufung oder Revision erhoben wurde, sind Exekutionshandlungen zur Sicherung von Geldforderungen ohne die im § 370 geforderte Bescheinigung auch dann zulässig, wenn der betreibende Gläubiger eine vom Gericht nach freiem Ermessen zu bestimmende Sicherheit für den dem Verpflichteten durch die Exekutionshandlungen drohenden Schaden (§ 376 Abs. 2) leistet. Vor Nachweis des gerichtlichen Erlages der zu leistenden Sicherheit darf mit dem Vollzug der Exekutionshandlungen nicht begonnen werden.

(BGBl 1925/183)

Unterhaltsansprüche, Geldrenten
(BGBl I 2021/86)

§ 372. Zur Sicherung noch nicht fälliger Unterhaltsansprüche und noch nicht fälliger Geldrenten wegen Tötung, Verletzung des Körpers oder der Gesundheit kann, soweit § 291 c Abs. 1 nicht anzuwenden ist, zugleich mit der Exekution zur Hereinbringung fälliger Beträge Exekution zur Sicherung der innerhalb eines Jahres fällig werdenden Beträge begehrt werden.

(2) *(aufgehoben, BGBl 1976/251)*

(BGBl 1991/628)

Versäumungsurteil
(BGBl I 2021/86)

§ 373. Exekutionshandlungen zur Sicherung von Geldforderungen sind auf Grund eines Versäumungsurteils, gegen das Widerspruch nach den § 397a, 398, 442a ZPO erhoben worden ist, auch dann zu bewilligen, wenn das Versäumnis-

urteil zwar infolge des Widerspruchs aufgehoben, aber die Geldforderung dem Gläubiger noch nicht aberkannt oder deren Erlöschung noch nicht festgestellt worden ist.

(BGBl 1979/140; BGBl 1983/135)

Sicherungsmittel von Geldforderungen
(BGBl I 2021/86)

§ 374. (1) Zur Sicherung von Geldforderungen kann nur die Pfändung von Gegenständen des beweglichen Vermögens, die bücherliche Vormerkung des Pfandrechtes auf Liegenschaften oder daran haftenden Rechten, die Zwangsverwaltung, mit Ausnahme der Zwangsverwaltung von Unternehmen und Gesellschaftsanteilen, oder, wenn eine Forderung des Verpflichteten gepfändet wurde und mit der Verzögerung ihrer Geltendmachung eine Gefährdung ihrer Einbringlichkeit oder der Verlust von Regreßrechten gegen dritte Personen verbunden wäre, die Überweisung der gepfändeten Forderung zur Einziehung bewilligt werden. *(BGBl I 2021/86)*

(2) Sofern es zur Beschaffung hinreichender Sicherung notwendig erscheint, können gleichzeitig mehrere dieser Exekutionshandlungen bewilligt werden.

(3) Die Beträge, welche bei der Zwangsverwaltung auf die zu sichernde Forderung entfallen oder im Wege der Einziehung der gepfändeten Forderung eingehen, sind solange in gerichtlicher Verwahrung zu behalten, als nicht die Vollstreckbarkeit der Forderung oder der einzelnen Unterhaltsraten eingetreten ist oder die behufs Sicherung bewilligten Exekutionshandlungen aufgehoben worden sind.

Zuständigkeit
(BGBl I 2021/86)

§ 375. (1) Zur Bewilligung von Exekutionshandlungen ist in den Fällen der §§ 370, bis 3, 371 a und 372 das Prozessgericht erster Instanz oder das Gericht, bei dem die Rechtsangelegenheit der freiwilligen Gerichtsbarkeit in erster Instanz anhängig war, im Fall des § 371 Z 4 das Exekutionsgericht zuständig. In den Fällen der §§ 370, 371 Z. 1 bis 3, 371a und 372 kann um die Bewilligung von Exekutionshandlungen auch beim Exekutionsgericht angesucht werden, wenn dem Antrag eine Ausfertigung der Entscheidung oder der Verfügung und eine Amtsbestätigung über die Erhebung der Berufung, der Revision oder des Widerspruchs (§ 371 Z. 1, § 371a) oder über die Anbringung des Wiedereinsetzungsantrages (§ 371 Z. 3) angeschlossen ist. *(RGBl 1914/118; BGBl 1979/140; BGBl 1983/135)*

(2) In dem bewilligenden Beschlusse ist der zu sichernde Betrag samt Nebengebühren und durch Hinweisung auf den Umstand, von welchem der

Eintritt der Vollstreckbarkeit des Anspruches abhängt, der Zeitraum anzugeben, für dessen Dauer die Sicherung gewährt wird. §§ 54b bis 54e sowie 63a sind nicht anzuwenden. *(BGBl 1995/519; BGBl I 2021/86)*

Vollziehung
(BGBl I 2021/86)

§ 376. (1) Die Vollziehung der bewilligten Exekutionshandlungen hat auf Antrag zu unterbleiben und die bereits vollzogenen Exekutionshandlungen sind aufzuheben:

1. wenn glaubhaft gemacht wird, dass die Geldforderung, zu deren Gunsten eine Exekutionshandlung bewilligt wurde, schon zur Zeit dieser Bewilligung berichtigt oder hinlänglich sichergestellt war;

2. wenn glaubhaft gemacht wird, dass diese Forderung derzeit berichtigt oder hinlänglich sichergestellt ist, insbesondere wenn der Verpflichtete den Betrag der zu sichernden Forderung samt Nebengebühren in barem Gelde oder in Wertpapieren zu Gerichtshanden erlegt; bei verzinslichen Forderungen müssen auch die Zinsen für die ganze Zeit der bewilligten Sicherung erlegt werden;

3. wenn die Geldforderung, zu Gunsten deren die Exekutionshandlung bewilligt wurde, dem Gläubiger rechtskräftig aberkannt oder wenn deren Erlöschung rechtskräftig festgestellt wird;

4. wenn im Falle des § 371, Z. 3 dem Wiedereinsetzungsgesuche rechtskräftig stattgegeben wird.

(2) In den unter Z. 1, 3 und 4 bezeichneten Fällen hat der betreibende Gläubiger alle durch die Bewilligung, den Vollzug und die Wiederaufhebung der Exekutionshandlungen entstandenen Kosten zu tragen und den dem Verpflichteten verursachten Schaden zu ersetzen. Ist die Exekution auf Grund eines Versäumungsurteils, gegen das Widerspruch erhoben ist, bewilligt worden, so tritt die Schadenersatzpflicht nicht ein, wenn dem betreibenden Gläubiger bei der Einleitung und der Fortsetzung der Exekution keine grobe Fahrlässigkeit zur Last fällt. *(BGBl 1983/135)*

Aufhebung und Einschränkung der Exekutionshandlungen
(BGBl I 2021/86)

§ 377. (1) Wenn der Verpflichtete zu bescheinigen vermag, dass zur Sicherung einer Geldforderung Exekutionshandlungen in weiterem Umfange bewilligt oder vollzogen wurden, als zur vollständigen Sicherstellung der Forderung samt Nebengebühren notwendig ist, so hat das Gericht auf seinen Antrag eine verhältnismäßige Einschränkung der Exekutionshandlungen anzuordnen.

(2) Nach Ablauf des Zeitraumes, für dessen Dauer die Sicherung gewährt wurde, sind die vollzogenen Exekutionshandlungen auf Antrag des Verpflichteten aufzuheben, falls die Vollstreckbarkeit der sichergestellten Geldforderung bis dahin noch nicht eingetreten ist.

(3) Der Antrag auf Unterlassung des Vollzuges bewilligter Exekutionshandlungen oder auf Aufhebung oder Einschränkung derselben ist bei dem Gericht, das gemäß § 375 Abs. 1 zur Bewilligung berufen war, oder bei dem Exekutionsgericht anzubringen, je nachdem der Antrag vor oder nach Beginn des Vollzuges der Exekutionshandlungen (§ 16 Abs. 3) gestellt wird. Der Entscheidung über diese Anträge hat eine Einvernehmung des betreibenden Gläubigers vorauszugehen. *(BGBl I 2021/86)*

(4) Eine zur Deckung der Schadenersatzansprüche des Verpflichteten von dem betreibenden Gläubiger erlegte Sicherheit (§ 371a) darf diesem erst nach Ablauf von 14 Tagen seit Eintritt der Rechtskraft des Beschlusses ausgefolgt werden, womit dem Antrag auf Unterlassung des Vollzuges bewilligter Exekutionshandlungen oder auf deren Aufhebung aus den im § 376 Abs. 1 Z 1 oder 3 bezeichneten Gründen stattgegeben wurde. *(BGBl 1925/183; BGBl I 2014/69)*

Zweiter Abschnitt
Einstweilige Verfügungen

Zulässigkeit

Besondere Übergangsbestimmungen: Die Bestimmungen des Zweiten Abschnitts des Zweiten Teils (einstweilige Verfügungen) sind in der Fassung der GREx auf Verfahren anzuwenden, in denen der Antrag nach dem 30. Juni 2021 bei Gericht eingelangt ist; mit 1. Juli 2021 wird das Hofdekret JGS Nr. 1621/1819 aufgehoben (§ 502 Abs 7).

§ 378. (1) Sowohl vor Einleitung eines Rechtsstreites als während desselben und während des Exekutionsverfahrens kann das Gericht zur Sicherung des Rechtes einer Partei auf Antrag einstweilige Verfügungen treffen.

(2) Die Zulässigkeit einstweiliger Verfügungen wird dadurch nicht ausgeschlossen, dass der Anspruch der antragstellenden Partei (gefährdete Partei) ein betagter oder bedingter ist.

Einstweilige Verfügungen in Verfahren außer Streitsachen

§ 378a. In Verfahren außer Streitsachen, die von Amts wegen eingeleitet werden können, kann das Gericht einstweilige Verfügungen auch von

Amts wegen erlassen, einschränken oder aufheben.

(BGBl I 2003/112)

Vgl § 402 Abs 3a zur Vertretungspflicht

Sicherung von Geldforderungen
(BGBl I 2021/86)

§ 379. (1) Zur Sicherung von Geldforderungen sind einstweilige Verfügungen unstatthaft, soweit die Partei zu gleichem Zwecke die Vornahme von Exekutionshandlungen auf das Vermögen des Gegners erwirken kann (§ 370ff.).

(2) Sonst können zur Sicherung von Geldforderungen einstweilige Verfügungen getroffen werden:

1. wenn wahrscheinlich ist, dass ohne sie der Gegner der gefährdeten Partei durch Beschädigen, Zerstören, Verheimlichen oder Verbringen von Vermögensstücken durch Veräußerung oder andere Verfügungen über Gegenstände seines Vermögens, insbesondere durch darüber mit dritten Personen getroffene Vereinbarungen die Hereinbringung der Geldforderung vereiteln oder erheblich erschweren würde;

2. wenn die Entscheidung in Staaten vollstreckt werden müsste, in denen die Vollstreckung des Anspruchs weder durch völkerrechtliche Verträge noch durch Unionsrecht gesichert ist. *(BGBl 1995/519; BGBl I 2014/69)*

(3) Zur Sicherung von Geldforderungen kann angeordnet werden:

1. die Verwahrung und Verwaltung von beweglichen körperlichen Sachen des Gegners der gefährdeten Partei (§ 259ff.), einschließlich der Hinterlegung von Geld;

2. das gerichtliche Verbot der Veräußerung oder Verpfändung beweglicher körperlicher Sachen mit der Wirkung, dass eine verbotswidrige Veräußerung oder Verpfändung ungültig ist, sofern nicht der Erwerber infolge sinngemäßer Anwendung der §§ 367 und 456 ABGB. oder durch die Vorschriften [der Artikel 306 und 307][1] des Handelsgesetzbuches geschützt ist;

3. das gerichtliche Drittverbot, wenn der Gegner der gefährdeten Partei an eine dritte Person eine Geldforderung oder einen Anspruch auf Leistung oder Herausgabe von anderen Sachen zu stellen hat. Dieses Verbot wird dadurch vollzogen, dass dem Gegner der gefährdeten Partei jede Verfügung über den Anspruch und insbesondere dessen Einziehung untersagt und an den Dritten der Befehl gerichtet wird, bis auf weitere gerichtliche Anordnung das dem Gegner der gefährdeten Partei Geschuldete nicht zu zahlen und die diesem gebührenden Sachen weder auszufolgen noch sonst in Ansehung ihrer etwas zu unternehmen, was die Exekutionsführung auf die Geldforderung oder auf die geschuldeten oder herauszugebenden

Sachen vereiteln oder erheblich erschweren könnte;

4. die Verwaltung von Liegenschaften des Gegners der gefährdeten Partei; *(BGBl I 2000/59)*

5. das Verbot der Veräußerung und Belastung von Liegenschaften oder bücherlichen Rechten des Gegners der gefährdeten Partei. *(BGBl I 2000/59)*

(4) Die Pfändung von Sachen des Gegners der gefährdeten Partei darf nicht angeordnet werden. *(BGBl I 2000/59)*

(5) Zur Sicherung von Forderungen gegen einen Erben können bei Vorhandensein der in Abs. 2 angegebenen Voraussetzungen zu Gunsten der Gläubiger des Erben in Ansehung des ihm angefallenen Erbgutes vor der Einantwortung einstweilige Verfügungen getroffen werden. Je nach dem zu erreichenden Zweck können mit der einstweiligen Verfügung die notwendigen Sicherungsmittel (§§ 379 und 382) angeordnet werden. *(BGBl I 2000/59)*

[1] *Nunmehr § 367 UGB.*

Pfandweise Beschreibung nach § 1101 ABGB

§ 379a. (1) Für eine pfandweise Beschreibung nach § 1101 ABGB muss der Bestandgeber den Anspruch nicht bescheinigen, wenn er die Forderungen aus dem Bestandverhältnis mit Klage geltend gemacht hat und das Verfahren noch nicht rechtskräftig abgeschlossen ist; die pfandweise Beschreibung ist auch dann anzuordnen, wenn die in § 381 bezeichneten Voraussetzungen nicht vorliegen.

(2) Die Anmeldung einer Forderung im Insolvenzverfahren ist einer Klage nach Abs. 1 gleichzuhalten.

(BGBl I 2021/86)

Der Exekution entzogene Vermögenswerte
(BGBl I 2021/86)

§ 380. Soweit Ansprüche und Rechte der Exekution entzogen sind, können sie durch ein gerichtliches Verbot oder durch eine andere einstweilige, zur Sicherung einer Geldforderung angeordnete Verfügung nicht getroffen werden.

(BGBl 1922/460; DRGBl 1940 I S 1451; BGBl 1991/628)

Sicherung anderer Ansprüche
(BGBl I 2021/86)

§ 381. Zur Sicherung anderer Ansprüche können einstweilige Verfügungen getroffen werden:

1. wenn zu besorgen ist, dass sonst die gerichtliche Verfolgung oder Verwirklichung des fraglichen Anspruches, insbesondere durch eine Verän-

derung des bestehenden Zustandes, vereitelt oder erheblich erschwert werden würde; als solche Erschwerung ist es anzusehen, wenn die Entscheidung in Staaten vollstreckt werden müsste, in denen die Vollstreckung des Anspruchs weder durch völkerrechtliche Verträge noch durch Unionsrecht gesichert ist; *(BGBl 1995/519; BGBl I 2014/69)*

2. wenn derartige Verfügungen zur Verhütung drohender Gewalt oder zur Abwendung eines drohenden unwiederbringlichen Schadens nötig erscheinen.

Vgl § 24 UWG

Sicherungsmittel
(BGBl I 2021/86)

§ 382. Sicherungsmittel, die das Gericht je nach Beschaffenheit des im einzelnen Falle zu erreichenden Zweckes auf Antrag anordnen kann, sind insbesondere:

1. die gerichtliche Hinterlegung der beweglichen, in der Gewahrsame des Gegners der gefährdeten Partei befindlichen Sachen, auf deren Herausgabe oder Leistung der von letzterer behauptete oder ihr bereits zuerkannte Anspruch gerichtet ist, oder wenn sich die Sachen zum gerichtlichen Erlage nicht eignen sollte, die Anordnung einer Verwahrung im Sinne des § 259;

2. die Verwaltung der in Z. 1 bezeichneten beweglichen Sachen oder derjenigen unbeweglichen Sachen oder Rechte, auf welche sich der von der gefährdeten Partei behauptete oder ihr bereits zuerkannte Anspruch bezieht;

3. die Ermächtigung der gefährdeten Partei, in ihrer Gewahrsame befindliche Sachen des Gegners, auf welche sich ein von ihr behaupteter oder ihr bereits zuerkannter Anspruch bezieht, bis zur rechtskräftigen Entscheidung über diesen Anspruch zurückbehalten zu dürfen;

4. das an den Gegner der gefährdeten Partei gerichtete Gebot, einzelne Handlungen vorzunehmen, die zur Erhaltung der in Z. 1 und 2 bezeichneten Sachen oder zur Erhaltung des gegenwärtigen Zustandes notwendig erscheinen;

5. das an den Gegner der gefährdeten Partei gerichtete Verbot einzelner nachteiliger Handlungen oder der Vornahme bestimmter oder aller Veränderungen an den in Z. 1 und 2 bezeichneten Sachen;

6. das gerichtliche Verbot der Veräußerung, Belastung oder Verpfändung von Liegenschaften oder Rechten, die in einem öffentlichen Buch eingetragen sind und auf welche sich der von der gefährdeten Partei behauptete oder ihr bereits zuerkannte Anspruch bezieht;

7. das gerichtliche Drittverbot, wenn der Gegner der gefährdeten Partei an eine dritte Person einen Anspruch auf Leistung oder Herausgabe von Sachen zu stellen hat, auf welche sich der von der gefährdeten Partei behauptete oder ihr bereits zuerkannte Anspruch bezieht. Dieses Verbot wird dadurch vollzogen, dass dem Gegner der gefährdeten Partei jede Verfügung über seinen Anspruch wider den Dritten und insbesondere die Empfangnahme jener Sachen untersagt und an den Dritten der Befehl gerichtet wird, bis auf weitere gerichtliche Anordnung die dem Gegner der gefährdeten Partei gebührenden Sachen weder auszufolgen noch sonst in Ansehung ihrer etwas zu unternehmen, was die Exekutionsführung darauf vereiteln oder erheblich erschweren könnte;

8. a) die Bestimmung eines einstweilen von einem Ehegatten oder einem geschiedenen Ehegatten dem anderen oder von einem Elternteil seinem Kind zu leistenden Unterhalts, jeweils im Zusammenhang mit einem Verfahren auf Leistung des Unterhalts; handelt es sich um die Unterhaltspflicht des Vaters eines unehelichen Kindes, so gilt dies nur, wenn die Vaterschaft festgestellt ist; im Fall des Unterhalts des Ehegatten oder eines ehelichen Kindes genügt der Zusammenhang mit einem Verfahren auf Scheidung, Aufhebung oder Nichtigerklärung der Ehe; *(BGBl 1975/412)*

b) die einstweilige Regelung der Benützung oder die einstweilige Sicherung ehelichen Gebrauchsvermögens und ehelicher Ersparnisse im Zusammenhang mit einem Verfahren auf Aufteilung dieses Vermögens oder im Zusammenhang mit einem Verfahren auf Scheidung, Aufhebung oder Nichtigerklärung der Ehe. *(BGBl 1975/412; BGBl 1978/280; BGBl 1996/759; BGBl I 2021/86)*
(BGBl I 2021/86)

§ 382 ist in der jeweiligen Fassung auf eingetragene Partner, Partnersachen oder Partnerangelegenheiten sinngemäß anzuwenden (§ 43 Abs 1 Z 3 EPG idF BGBl I 2021/86).

Vorläufiger Unterhalt
(BGBl I 2021/86)

§ 382a. (1) Ein Antrag eines Minderjährigen auf Gewährung vorläufigen Unterhalts durch einen Elternteil, in dessen Haushalt der Minderjährige nicht betreut wird, ist zu bewilligen, wenn der Elternteil dem Kind nicht bereits aus einem vollstreckbaren Unterhaltstitel zu Unterhalt verpflichtet ist und ein Verfahren zur Bemessung des Unterhalts des Minderjährigen gegen den Elternteil anhängig ist oder zugleich anhängig gemacht wird.

(2) Vorläufiger Unterhalt gemäß Abs. 1 kann höchstens bis zum jeweiligen altersabhängig bestimmten Betrag der Familienbeihilfe nach dem Familienlastenausgleichsgesetz bewilligt werden. *(BGBl I 2001/103; BGBl I 2009/75)*

(3) Großeltern können nach Abs. 1 nicht zu vorläufigem Unterhalt verpflichtet werden, der

Vater eines unehelichen Minderjährigen nur, wenn seine Vaterschaft festgestellt ist.

(4) Das Vorbringen des Minderjährigen ist für bescheinigt zu halten, soweit sich aus den Pflegschaftsakten, die ihn betreffen, nichts anderes ergibt. Über den Antrag ist ohne Anhörung des Elternteils unverzüglich zu entscheiden.

(5) Die Möglichkeit der Anordnung einer einstweiligen Verfügung nach § 382 Z 8 lit. a bleibt unberührt. *(BGBl 1990/96; BGBl I 2021/86)*

(BGBl 1987/645)

§ 382a ist in der jeweiligen Fassung auf eingetragene Partner, Partnersachen oder Partnerangelegenheiten sinngemäß anzuwenden (§ 43 Abs 1 Z 3 EPG idF BGBl I 2021/86).

Schutz vor Gewalt in Wohnungen

§ 382b. Das Gericht hat einer Person, die einer anderen Person durch einen körperlichen Angriff, eine Drohung mit einem solchen oder ein die psychische Gesundheit erheblich beeinträchtigendes Verhalten das weitere Zusammenleben unzumutbar macht, auf deren Antrag

1. das Verlassen der Wohnung und deren unmittelbarer Umgebung aufzutragen und

2. die Rückkehr in die Wohnung und deren unmittelbare Umgebung zu verbieten,

wenn die Wohnung der Befriedigung des dringenden Wohnbedürfnisses des Antragstellers dient. *(BGBl I 2021/86)*

(BGBl I 2009/40)

§ 382b ist in der jeweiligen Fassung auf eingetragene Partner, Partnersachen oder Partnerangelegenheiten sinngemäß anzuwenden (§ 43 Abs 1 Z 3 EPG idF BGBl I 2021/86).

Allgemeiner Schutz vor Gewalt

§ 382c. Das Gericht hat einer Person, die einer anderen Person durch einen körperlichen Angriff, eine Drohung mit einem solchen oder ein die psychische Gesundheit erheblich beeinträchtigendes Verhalten das weitere Zusammentreffen unzumutbar macht, auf deren Antrag

1. den Aufenthalt an bestimmt zu bezeichnenden Orten zu verbieten, *(BGBl I 2019/105)*

2. aufzutragen, das Zusammentreffen sowie die Kontaktaufnahme mit dem Antragsteller zu vermeiden und *(BGBl I 2019/105)*

3. zu verbieten, sich dem Antragsteller oder bestimmt zu bezeichnenden Orten in einem bestimmten Umkreis anzunähern, *(BGBl I 2019/105, anzuwenden, wenn der Antrag auf Erlassung der einstweiligen Verfügung nach dem 01.01.2020 bei Gericht einlangt)*

soweit dem nicht schwerwiegende Interessen des Antragsgegners zuwiderlaufen. *(BGBl I 2021/86)*

(BGBl I 2009/40; BGBl I 2021/86)

§ 382c ist in der jeweiligen Fassung auf eingetragene Partner, Partnersachen oder Partnerangelegenheiten sinngemäß anzuwenden (§ 43 Abs 1 Z 3 EPG).

Schutz vor Eingriffen in die Privatsphäre

§ 382d. Der Anspruch auf Unterlassung von Eingriffen in die Privatsphäre kann insbesondere durch folgende Mittel gesichert werden:

1. Verbot persönlicher Kontaktaufnahme sowie Verbot der Verfolgung der gefährdeten Partei,

2. Verbot brieflicher, telefonischer oder sonstiger Kontaktaufnahme,

3. Verbot des Aufenthalts an bestimmt zu bezeichnenden Orten,

4. Verbot der Weitergabe und Verbreitung von personenbezogenen Daten und Lichtbildern der gefährdeten Partei, *(BGBl I 2018/32, [Durchführungshinweis Art 115 Abs 1])*

5. Verbot, Waren oder Dienstleistungen unter Verwendung personenbezogener Daten der gefährdeten Partei bei einem Dritten zu bestellen,

6. Verbot, einen Dritten zur Aufnahme von Kontakten mit der gefährdeten Partei zu veranlassen, *(BGBl I 2019/105)*

7. Verbot, insbesondere im Wege der Telekommunikation oder unter Verwendung eines Computersystems, Tatsachen oder Bildaufnahmen des höchstpersönlichen Lebensbereiches oder Verletzungen der Ehre oder Privatsphäre der gefährdeten Partei ohne ihre Zustimmung für eine größere Zahl von Menschen wahrnehmbar zu machen oder zu halten, *(BGBl I 2019/105, anzuwenden, wenn der Antrag auf Erlassung der einstweiligen Verfügung nach dem 01.01.2020 bei Gericht einlangt)*

8. Verbot, sich der gefährdeten Partei oder bestimmt zu bezeichnenden Orten in einem bestimmten Umkreis anzunähern. *(BGBl I 2019/105, anzuwenden, wenn der Antrag auf Erlassung der einstweiligen Verfügung nach dem 01.01.2020 bei Gericht einlangt)*
(BGBl I 2021/86)

(BGBl I 2006/56; BGBl I 2021/86)

§ 382d ist in der jeweiligen Fassung auf eingetragene Partner, Partnersachen oder Partnerangelegenheiten sinngemäß anzuwenden (§ 43 Abs 1 Z 3 EPG idF BGBl I 2021/86).

Dauer

§ 382e. (1) Eine einstweilige Verfügung zum Schutz vor Gewalt in Wohnungen kann längstens für sechs Monate angeordnet werden.

(2) Eine einstweilige Verfügung zum allgemeinen Schutz vor Gewalt oder zum Schutz vor Eingriffen in die Privatsphäre kann längstens für ein Jahr angeordnet werden. Gleiches gilt für eine Verlängerung der einstweiligen Verfügung nach Zuwiderhandeln durch den Antragsgegner.

(3) Das Gericht kann zusätzlich die Dauer der einstweiligen Verfügung mit dem rechtskräftigen Abschluss des anhängigen oder eines binnen der angeordneten Dauer einzuleitenden Verfahrens in der Hauptsache festsetzen.

(4) Verfahren in der Hauptsache im Sinn des § 391 Abs. 2 sind bei einstweiligen Verfügungen nach § 382b und bei einer mit dieser gemeinsam erlassenen einstweiligen Verfügung nach § 382c Verfahren auf Scheidung, Aufhebung oder Nichtigerklärung der Ehe, Verfahren über die Aufteilung des ehelichen Gebrauchsvermögens und der ehelichen Ersparnisse und Verfahren zur Klärung der Benützungsberechtigung an der Wohnung.

(BGBl I 2021/86)

§ 382e ist in der jeweiligen Fassung auf eingetragene Partner, Partnersachen oder Partnerangelegenheiten sinngemäß anzuwenden (§ 43 Abs 1 Z 3 EPG idF BGBl I 2021/86).

Verfahrensbestimmungen

§ 382f. (1) Gefährdete Parteien können sich bei einem Antrag auf Erlassung einer einstweiligen Verfügung zum Schutz vor Gewalt (§§ 382b, 382c) oder zum Schutz vor Eingriffen in die Privatsphäre (§ 382d) sowie bei weiteren Schriftsätzen im Verfahren erster Instanz durch eine geeignete Opferschutzeinrichtung (§ 25 Abs. 3 SPG) vertreten lassen. Die Opferschutzeinrichtung kann sich auf die erteilte Vollmacht berufen.

(2) Von der Anhörung des Antragsgegners vor Erlassung der einstweiligen Verfügung zum Schutz vor Gewalt ist insbesondere abzusehen, wenn eine weitere Gefährdung durch den Antragsgegner unmittelbar droht. Dies kann sich vor allem aus einem Bericht der Sicherheitsbehörde ergeben, den das Gericht von Amts wegen beizuschaffen hat; die Sicherheitsbehörden sind verpflichtet, solche Berichte den Gerichten unverzüglich zu übersenden. Wird der Antrag bei aufrechtem Betretungs- und Annäherungsverbot gestellt (§ 38a Abs. 10 SPG), so ist dieser dem Antragsgegner unverzüglich zuzustellen.

(3) Der Auftrag zum Verlassen der Wohnung ist, wenn der Antragsteller nichts anderes beantragt, dem Antragsgegner durch das Vollstreckungsorgan beim Vollzug zuzustellen. Dieser Zeitpunkt ist dem Antragsteller mitzuteilen.

§ 382f ist in der jeweiligen Fassung auf eingetragene Partner, Partnersachen oder Partnerangelegenheiten sinngemäß anzuwenden (§ 43 Abs 1 Z 3 EPG idF BGBl I 2021/86).

Abgabestelle des Antragsgegners

§ 382g. Wenn eine einstweilige Verfügung zum Schutz vor Gewalt (§§ 382b, 382c) beantragt wurde und der Antragsgegner gegenüber Organen des öffentlichen Sicherheitsdienstes aus Anlass eines Betretungs- und Annäherungsverbots nach § 38a SPG eine Abgabestelle bekanntgegeben hat, so gilt diese als Abgabestelle für das gerichtliche Verfahren über eine einstweilige Verfügung zum Schutz vor Gewalt. Hat der Antragsgegner eine solche Bekanntgabe trotz Hinweises auf die Rechtsfolgen unterlassen, so können die Zustellungen im Verfahren über die einstweilige Verfügung durch Hinterlegung so lange ohne vorausgehenden Zustellversuch vorgenommen werden (§§ 8 und 23 Zustellgesetz), bis dem Gericht eine Abgabestelle bekanntgegeben wird.

(BGBl I 2021/86)

§ 382g ist in der jeweiligen Fassung auf eingetragene Partner, Partnersachen oder Partnerangelegenheiten sinngemäß anzuwenden (§ 43 Abs 1 Z 3 EPG idF BGBl I 2021/86).

Verständigungen

§ 382h. (1) Das Gericht, bei dem der Antrag auf Erlassung einer einstweiligen Verfügung zum Schutz vor Gewalt (§§ 382b, 382c) eingebracht wurde, hat die örtlich zuständige Sicherheitsbehörde von der Einbringung des Antrags und dessen Umfang sowie von einer allfälligen Zurückziehung unverzüglich in Kenntnis zu setzen.

(2) Vom Inhalt des Beschlusses, mit dem über einen Antrag auf Erlassung einer einstweiligen Verfügung zum Schutz vor Gewalt oder zum Schutz vor Eingriffen in die Privatsphäre entschieden wird, und von einem Beschluss, mit dem die einstweilige Verfügung aufgehoben wird, sind auch

1. im Gebiet einer Gemeinde, für das die Landespolizeidirektion zugleich Sicherheitsbehörde erster Instanz ist, die Landespolizeidirektion, sonst die örtlich zuständige Bezirksverwaltungsbehörde als Sicherheitsbehörde,

2. der örtlich zuständige Kinder- und Jugendhilfeträger sowie das Pflegschaftsgericht, wenn eine der Parteien minderjährig oder sich aus der Aktenlage ergibt, dass eine minderjährige Person in der von der einstweiligen Verfügung erfassten Wohnung wohnt,

unverzüglich zu verständigen.

(BGBl I 2021/86)

§ 382h ist in der jeweiligen Fassung auf eingetragene Partner, Partnersachen oder Partnerangelegenheiten sinngemäß anzuwenden (§ 43 Abs 1 Z 3 EPG idF BGBl I 2021/86).

Vollzug

§ 382i. (1) Einstweilige Verfügungen zum Schutz vor Gewalt in Wohnungen sind sofort von Amts wegen oder auf Antrag zu vollziehen. Dabei gilt Folgendes:

1. Das Vollstreckungsorgan hat den Antragsgegner aus der Wohnung zu weisen und ihm alle Schlüssel zur Wohnung abzunehmen und bei Gericht zu erlegen. Es hat dem Antragsgegner Gelegenheit zur Mitnahme seiner persönlichen Wertsachen und Dokumente sowie jener Sachen zu gewähren, die seinem alleinigen persönlichen Gebrauch oder der Ausübung seines Berufs dienen.

2. Ist der Antragsgegner beim Vollzug nicht anwesend, so hat ihm das Vollstreckungsorgan auf seinen Antrag binnen zwei Tagen Gelegenheit zu geben, seine Sachen im Sinn der Z 1 aus der Wohnung abzuholen. Auf dieses Recht ist der Antragsgegner vom Vollstreckungsorgan durch Hinterlassung einer Nachricht an der Wohnungstüre sowie mit dem Beschluss auf Bewilligung der einstweiligen Verfügung hinzuweisen.

3. Vor der Ausfolgung gemäß Z 1 abgenommener oder nach § 38a SPG bei Gericht erlegter Schlüssel sind die Parteien einzuvernehmen. Ist strittig, wer über die Schlüssel verfügungsberechtigt ist, so sind die Parteien auf den streitigen Rechtsweg zu verweisen; die Schlüssel sind in diesem Fall weiter gerichtlich zu verwahren.

(2) Das Gericht kann auch die Sicherheitsbehörden mit dem Vollzug einer einstweiligen Verfügung zum Schutz vor Gewalt (§§ 382b, 382c) oder zum Schutz vor Eingriffen in die Privatsphäre nach § 382d Z 1, 3 und 8 durch die ihnen zur Verfügung stehenden Organe des öffentlichen Sicherheitsdienstes beauftragen. In diesem Fall sind diese Organe als Vollstreckungsorgane jeweils auf Ersuchen des Antragstellers verpflichtet, den einer solchen einstweiligen Verfügung entsprechenden Zustand durch unmittelbare Befehls- und Zwangsgewalt herzustellen und dem Gericht, das die einstweilige Verfügung erlassen hat, darüber zu berichten.

(3) Einstweilige Verfügungen zum Schutz vor Gewalt und zum Schutz vor Eingriffen in die Privatsphäre können auch nach den Bestimmungen des Dritten Abschnitts im Ersten Teil vollzogen werden.

(BGBl I 2021/86)

§ 382i ist in der jeweiligen Fassung auf eingetragene Partner, Partnersachen oder Partnerangelegenheiten sinngemäß anzuwenden (§ 43 Abs 1 Z 3 EPG idF BGBl I 2021/86).

Siehe § 38a SicherheitspolizeiG (SPG):

§ 38a neu gefasst durch BGBl I 2019/105 idF BGBl I 2020/144, BGBl I 2021/86 und BGBl I 2021/124:

Betretungs- und Annäherungsverbot zum Schutz vor Gewalt

§ 38a. (1) Die Organe des öffentlichen Sicherheitsdienstes sind ermächtigt, einem Menschen, von dem auf Grund bestimmter Tatsachen, insbesondere wegen eines vorangegangenen gefährlichen Angriffs, anzunehmen ist, dass er einen gefährlichen Angriff auf Leben, Gesundheit oder Freiheit, „insbesondere in einer Wohnung, in der ein Gefährdeter wohnt, " begehen werde (Gefährder), das Betreten einer Wohnung, in der ein Gefährdeter wohnt, samt einem Bereich im Umkreis von hundert Metern zu untersagen (Betretungsverbot). Mit dem Betretungsverbot verbunden ist das Verbot der Annäherung an den Gefährdeten im Umkreis von hundert Metern (Annäherungsverbot). (*BGBl I 2021/124, ab 7.7.2021)*

(2) Bei Anordnung eines Betretungs- und Annäherungsverbots haben die Organe des öffentlichen Sicherheitsdienstes

1. dem Gefährder den Verbotsbereich nach Abs. 1 zur Kenntnis zu bringen;

2. dem Gefährder alle in seiner Gewahrsame befindlichen Schlüssel zur Wohnung gemäß Abs. 1 abzunehmen und ihn zu diesem Zweck erforderlichenfalls zu durchsuchen; § 40 Abs. 3 und 4 gilt sinngemäß;

3. dem Gefährder Gelegenheit zu geben, dringend benötigte Gegenstände des persönlichen Bedarfs mitzunehmen und sich darüber zu informieren, welche Möglichkeiten er hat, unterzukommen;

4. den Gefährder über die Verpflichtung gemäß Abs. 8 und die Rechtsfolgen einer Zuwiderhandlung sowie über die Möglichkeit eines Antrags gemäß Abs. 9 zu informieren;

5. vom Gefährder die Bekanntgabe einer Abgabestelle für Zwecke der Zustellung von Schriftstücken nach dieser Bestimmung oder der Exekutionsordnung (EO), RGBl. Nr. 79/1896, zu verlangen; unterlässt er dies, kann die Zustellung solcher Schriftstücke so lange durch Hinterlegung ohne vorausgehenden Zustellversuch erfolgen, bis eine Bekanntgabe erfolgt; darauf ist der Gefährder hinzuweisen;

6. den Gefährder bei Aufenthalt in einem Verbotsbereich nach Abs. 1 wegzuweisen.

(3) Betrifft das Betretungsverbot eine vom Gefährder bewohnte Wohnung, ist besonders darauf Bedacht zu nehmen, dass dieser Eingriff in das Privatleben des Gefährders die Verhältnismäßigkeit (§ 29) wahrt. Sofern keine Ausnahme gemäß Abs. 9 vorliegt, darf der Gefährder den Verbotsbereich gemäß Abs. 1 nur in Gegenwart eines Organs des öffentlichen Sicherheitsdienstes aufsuchen.

(4) Die Organe des öffentlichen Sicherheitsdienstes sind verpflichtet, den Gefährdeten über die Möglichkeit einer einstweiligen Verfügung nach §§ 382b und 382c EO und geeignete Opferschutzeinrichtungen (§ 25 Abs. 3) zu informieren.

Darüber hinaus sind sie verpflichtet, (BGBl I 2021/86)

1. sofern der Gefährdete minderjährig ist und es im Einzelfall erforderlich erscheint, jene Menschen, in deren Obhut er sich regelmäßig befindet, sowie

2. sofern ein Minderjähriger in der vom Betretungsverbot erfassten Wohnung wohnt, unverzüglich den örtlich zuständigen Kinder- und Jugendhilfeträger

über die Anordnung eines Betretungs- und Annäherungsverbots zu informieren.

(5) Die Organe des öffentlichen Sicherheitsdienstes sind ermächtigt, den Gefährder bei Verstoß gegen das Betretungs- und Annäherungsverbot wegzuweisen. Die Einhaltung eines Betretungsverbots ist zumindest einmal während der ersten drei Tage seiner Geltung durch Organe des öffentlichen Sicherheitsdienstes zu kontrollieren.

(6) Bei der Dokumentation der Anordnung eines Betretungs- und Annäherungsverbots ist auf die für das Einschreiten maßgeblichen Umstände sowie auf jene Bedacht zu nehmen, die für ein Verfahren nach §§ 382b und 382c EO oder für eine Abklärung der Gefährdung des Kindeswohls durch den zuständigen Kinder- und Jugendhilfeträger von Bedeutung sein können. (BGBl I 2021/86)

(7) Die Anordnung eines Betretungs- und Annäherungsverbots ist der Sicherheitsbehörde unverzüglich bekanntzugeben und von dieser binnen drei Tagen zu überprüfen. Stellt die Sicherheitsbehörde fest, dass das Betretungs- und Annäherungsverbot nicht hätte angeordnet werden dürfen, so hat sie unverzüglich den Gefährdeten über die beabsichtigte Aufhebung zu informieren und das Verbot gegenüber dem Gefährder aufzuheben. Die Information des Gefährdeten sowie die Aufhebung des Betretungs- und Annäherungsverbots haben nach Möglichkeit mündlich oder schriftlich durch persönliche Übergabe zu erfolgen.

(8) Der Gefährder hat binnen fünf Tagen ab Anordnung des Betretungs- und Annäherungsverbots eine Beratungsstelle für Gewaltprävention zur Vereinbarung einer Gewaltpräventionsberatung (§ 25 Abs. 4) zu kontaktieren und an der Beratung aktiv teilzunehmen, sofern das Betretungs- und Annäherungsverbot nicht gemäß Abs. 7 aufgehoben wird. Die Beratung hat längstens binnen 14 Tagen ab Kontaktaufnahme erstmals* stattzufinden. Nimmt der Gefährder keinen Kontakt auf oder nicht (aktiv) an einer Gewaltpräventionsberatung teil, ist er zur Sicherheitsbehörde zum Zweck der Ermöglichung der Durchführung der Gewaltpräventionsberatung durch die Beratungsstelle für Gewaltprävention zu laden; § 19 des Allgemeinen Verwaltungsverfahrensgesetzes 1991 – AVG, BGBl. Nr. 51/1991, gilt.

Anm.: Änderungen durch BGBl I 2020/144 (ab 1.9.2021): Es entfällt der letzte Satz und die

Wortfolge „ein Gewaltpräventionszentrum" wird durch die Wortfolge „eine Beratungsstelle für Gewaltprävention" sowie die Wortfolge „das Gewaltpräventionszentrum" durch die Wortfolge „die Beratungsstelle für Gewaltprävention" ersetzt.

(*BGBl I 2021/124, ab 1.9.2021)

(9) Die Sicherheitsbehörde ist ermächtigt, bei Vorliegen zwingender Notwendigkeit auf begründeten Antrag des Gefährders mit Bescheid örtliche oder zeitliche Ausnahmen von dem Betretungs- und Annäherungsverbot festzulegen, sofern schutzwürdige Interessen des Gefährdeten dem nicht entgegenstehen; zu diesem Zweck ist dem Gefährdeten Gelegenheit zur Äußerung zu geben. Ausnahmen für die Wohnung, die vom Betretungsverbot betroffen ist, sind nicht zulässig. Die Entscheidung der Behörde ist dem Gefährdeten unverzüglich zur Kenntnis zu bringen.

(10) Das Betretungs- und Annäherungsverbot endet zwei Wochen nach seiner Anordnung oder, wenn die Sicherheitsbehörde binnen dieser Frist vom ordentlichen Gericht über die Einbringung eines Antrags auf Erlassung einer einstweiligen Verfügung nach §§ 382b und 382c EO informiert wird, mit dem Zeitpunkt der Zustellung der Entscheidung des ordentlichen Gerichts an den Antragsgegner, längstens jedoch vier Wochen nach seiner Anordnung. Im Falle einer Zurückziehung des Antrags endet das Betretungs- und Annäherungsverbot sobald die Sicherheitsbehörde von der Zurückziehung durch Mitteilung des ordentlichen Gerichts Kenntnis erlangt, frühestens jedoch zwei Wochen nach seiner Anordnung. (BGBl I 2021/86)

(11) Die nach Abs. 2 abgenommenen Schlüssel sind mit Aufhebung oder Beendigung des Betretungsverbots zur Abholung durch den Gefährder bereit zu halten und diesem auszufolgen. Werden die Schlüssel trotz nachweislicher Information des Gefährders über die Abholungsmöglichkeit nicht binnen einer Frist von zwei Wochen abgeholt, können die Schlüssel auch einem sonstigen Verfügungsberechtigten ausgefolgt werden. Sechs Wochen nach Aufhebung oder Beendigung des Betretungsverbots gelten diese als verfallen; § 43 Abs. 2 gilt sinngemäß. Im Falle eines Antrags auf Erlassung einer einstweiligen Verfügung nach §§ 382b und 382c EO sind die nach Abs. 2 abgenommenen Schlüssel beim ordentlichen Gericht zu erlegen. (BGBl I 2021/86)

(12) Die Berechnung von Fristen nach dieser Bestimmung richtet sich nach §§ 32 und 33 Abs. 1 AVG.

(BGBl I 2019/105)

Sicherung des dringenden Wohnbedürfnisses eines Ehegatten

§ 382j. (1) Der Anspruch eines Ehegatten auf Befriedigung seines dringenden Wohnbedürfnisses sowie die ihm auf Grund einer Verletzung dieses Anspruchs zustehenden, nicht in Geld bestehenden Forderungen können insbesondere durch die Sicherungsmittel nach § 382 Z 4 bis 7 gesichert werden. *(BGBl I 2021/86)*

(2) Ist zwischen den Parteien ein Verfahren auf Scheidung, Aufhebung oder Nichtigerklärung der Ehe anhängig, so kann die einstweilige Verfügung nach Abs. 1 erlassen werden, auch wenn die in § 381 bezeichneten Voraussetzungen nicht zutreffen.

(3) Von der Anhörung des Antragsgegners vor Erlassung der einstweiligen Verfügung ist insbesondere abzusehen, wenn zu besorgen ist, dass dadurch der Zweck der einstweiligen Verfügung vereitelt würde.

(4) Die Zeit, für die die einstweilige Verfügung getroffen wird, darf über den Zeitpunkt nicht hinausgehen, ab dem ein die Ehewohnung betreffender Anspruch im Zusammenhang mit einem Verfahren auf Scheidung, Aufhebung oder Nichtigerklärung der Ehe nicht mehr geltend gemacht werden kann oder ein Verfahren darüber rechtskräftig beendet ist.

(BGBl I 1999/125; BGBl I 2009/40; BGBl I 2021/86)

Einstweiliger Mietzins

§ 382k. (1) Ist zwischen den Parteien eines dem Mietrechtsgesetz gänzlich unterliegenden Hauptmietvertrags über eine Wohnung oder eine Geschäftsräumlichkeit über eine Kündigung nach § 30 Abs. 2 Z 1 MRG oder über eine Räumungsklage wegen Mietzinsrückstandes gemäß § 1118 ABGB anhängig, so hat das Gericht auf Antrag des Vermieters dem Hauptmieter die Zahlung eines einstweiligen Mietzinses aufzutragen, sofern der Vermieter bescheinigt, dass der Mieter seine Pflicht zur Bezahlung des vertraglich vereinbarten oder des nach den Bestimmungen des Mietrechtsgesetzes erhöhten Hauptmietzinses zuzüglich Betriebskosten und öffentlicher Abgaben verletzt.

(2) Der einstweilige Mietzins nach Abs. 1 ist mit dem in § 45 Abs. 1 oder 2 MRG für den jeweiligen Mietgegenstand vorgesehenen Betrag zuzüglich des im Antragszeitpunkt für den Mietgegenstand vorgeschriebenen gleichbleibenden Teilbetrags an Betriebskosten und öffentlichen Abgaben nach § 21 Abs. 3 MRG festzusetzen. Liegt aber der vertraglich vereinbarte Hauptmietzins unter dem für den Mietgegenstand geltenden Betrag nach § 45 Abs. 1 oder 2 MRG, so ist der Festsetzung des einstweiligen Mietzinses die Mietzinsvereinbarung zugrunde zu legen. § 15 Abs. 2 MRG ist anzuwenden. Bei einer Wohnung ist für die Bescheinigung der Ausstattungskategorie de-

ren Anführung in der Mietvertragsurkunde ausreichend.

(BGBl I 2003/113; BGBl I 2021/86)

Verwaltung von Sachen
(BGBl I 2021/86)

§ 383. (1) Die im § 379 Abs. 3 Z 4 und im § 382 Z 2 bezeichnete Verwaltung ist in Ansehung von Liegenschaften unter entsprechender Anwendung der über die Zwangsverwaltung von Liegenschaften erlassenen Vorschriften, in allen übrigen Fällen aber nach den Bestimmungen über die Vermögensrechte oder in sinngemäßer Anwendung dieser Bestimmungen durchzuführen. Die zu verwahrenden oder verwaltenden beweglichen Sachen sind durch das Vollstreckungsorgan dem Gegner der gefährdeten Partei wegzunehmen und dem Verwahrer oder Verwalter zu übergeben. *(BGBl 1990/96; BGBl I 2000/59; BGBl I 2021/86)*

(2) Die Ertragsüberschüsse, die sich nach Bestreitung aller aus den Erträgnissen zu berichtigenden Kosten und Auslagen ergeben, sind, soweit nicht Rechte dritter Personen entgegenstehen, dem Gegner der gefährdeten Partei auszufolgen, bei Bestrittenheit des Eigentums an der Sache aber gerichtlich zu erlegen.

Vollzug aufgetragener Handlungen
(BGBl I 2021/86)

§ 384. (1) Wenn dem Gegner der gefährdeten Partei die Vornahme oder die Unterlassung bestimmter Handlungen und Veränderungen zur Pflicht gemacht wurde, haben behufs Durchführung dieser gerichtlichen Verfügungen die Vorschriften der §§ 353 bis 358 entsprechende Anwendung zu finden.

(2) Die Untersagung der Veräußerung, Belastung oder Verpfändung von Liegenschaften und bücherlichen Rechten ist von Amts wegen in dem öffentlichen Buch, in welchem die Liegenschaft oder das fragliche Recht eingetragen ist, anzumerken.

(3) Durch Eintragungen, welche nach Vollzug dieser Anmerkung auf Grund einer vom Gegner der gefährdeten Partei dem Verbote zuwider vorgenommenen freiwilligen Verfügung erfolgen, wird der gefährdeten Partei gegenüber nur für den Fall ein Recht bewirkt, als die von ihr geltend gemachte Geldforderung oder der von ihr auf die Liegenschaft oder das bücherliche Recht erhobene Anspruch rechtskräftig abgewiesen wird. *(BGBl I 2000/59)*

Drittverbot

§ 385. (1) Das in § 382 Z 7 bezeichnete Verbot wird dem Inhaber der Sachen gegenüber mit Zustellung an ihn wirksam. *(BGBl 1990/96; BGBl I 2021/86)*

(2) Er haftet von da an für allen durch die Nichtbefolgung des gerichtlichen Verbotes entstandenen Schaden, kann sich jedoch von dieser Haftung durch gerichtlichen Erlag der durch das Verbot betroffenen Sachen oder durch deren Übergabe an einen auf seinen Antrag vom Gericht zu bestellenden Verwahrer oder Verwalter befreien.

(3) Diese Bestimmungen gelten in gleicher Weise für den Drittschuldner oder den Inhaber der Sachen, wenn das gerichtliche Verbot gemäß § 379 Abs. 3 Z. 3 erlassen wurde.

(4) Das Gericht hat dem Drittschuldner auf Antrag der gefährdeten Partei gleichzeitig mit dem Drittverbot aufzutragen, binnen vier Wochen eine Erklärung nach § 301 abzugeben. Für die mit der Abgabe dieser Erklärung verbundenen Kosten stehen dem Drittschuldner als Ersatz 25 Euro zu. Das Gericht hat auf Antrag des Drittschuldners der gefährdeten Partei den Ersatz der Kosten an den Drittschuldner aufzuerlegen. *(BGBl I 2016/100)*

Haft

(BGBl I 2021/86)

§ **386.** (1) Zum Zwecke der Sicherung der Person des Gegners der gefährdeten Partei darf nur die Verhaftung und Anhaltung stattfinden. Die Verhaftung darf nur angeordnet werden, wenn der Gegner der gefährdeten Partei flüchtig oder der Flucht verdächtig und zugleich die Besorgnis begründet ist, dass durch seine Flucht die Verwirklichung des Rechtes der gefährdeten Partei vereitelt würde.

(2) In Bezug auf die Zulässigkeit der Anhaltung in Haft und die Vollziehung dieser Haft gelten die Vorschriften der §§ 360 bis 366 mit der Abweichung:

1. dass gegen eine in aktiver Dienstleistung begriffene Person der bewaffneten Macht oder der Bundespolizei als einstweilige Vorkehrung weder Haft angeordnet, noch vollzogen werden darf, *(BGBl I 2004/151)*

2. dass die Haft wegen Fluchtverdachts auf Ansuchen des Verhafteten, sofern der Zweck der einstweiligen Verfügung hiedurch nicht vereitelt oder gefährdet wird, durch Anhaltung des Verhafteten in seiner Wohnung oder in einem andern nicht öffentlichen Orte vollzogen werden kann.

(3) Die Kosten einer solchen, nicht im öffentlichen Haftlokale zu vollziehenden Haft und insbesondere die mit der entsprechenden Überwachung des Verhafteten verbundenen Kosten hat dieser selbst zu tragen. § 366 ist auf diese Kosten insoweit anzuwenden, als bei nicht rechtzeitigem Erlag der Kosten der Verhaftete in die Haftanstalt zu bringen ist. *(BGBl I 2021/86)*

Zuständigkeit

§ **387.** (1) Für die Bewilligung einstweiliger Verfügungen, für die zu deren Durchführung notwendigen Anordnungen, sowie für die aus Anlass solcher Verfügungen sich ergebenden sonstigen Antragstellungen und Verhandlungen ist, falls in diesem Gesetz nichts anderes bestimmt wird, das Gericht zuständig, vor welchem der Prozess in der Hauptsache oder das Exekutionsverfahren, in Ansehung deren eine Verfügung getroffen werden soll, zur Zeit des ersten Antrages anhängig ist.

(2) Falls solche Verfügungen vor Einleitung eines Rechtsstreites oder nach rechtskräftigem Abschluss desselben, jedoch vor Beginn der Exekution beantragt werden, ist für die bezeichneten Bewilligungen, Anordnungen, Antragstellungen und Verhandlungen das Bezirksgericht zuständig, bei dem der Gegner der gefährdeten Partei zur Zeit der ersten Antragstellung seinen allgemeinen Gerichtsstand in Streitsachen hat, wenn aber ein solcher für ihn im Inland nicht begründet ist, das inländische Bezirksgericht, in dessen Sprengel sich die Sache befindet, in Ansehung deren eine Verfügung getroffen werden soll, oder der Drittschuldner seinen Wohnsitz, Sitz oder Aufenthalt hat, oder in dessen Sprengel sonst die zum Vollzug der einstweiligen Verfügung dienende Handlung vorzunehmen ist. *(BGBl I 2021/86)*

(3) Abweichend vom Abs. 2 ist auch in diesen Fällen das Gericht zuständig, das für den Prozess in der Hauptsache zuständig wäre, wenn es sich um einstweilige Verfügungen nach § 382 Z 8 oder solche wegen unlauteren Wettbewerbs, nach dem Urheberrechtsgesetz oder nach den §§ 28 bis 30 des Konsumentenschutzgesetzes handelt. *(BGBl I 2021/86)*

(4) Abweichend von Abs. 2 ist in den dort genannten Fällen für eine einstweilige Verfügung nach §§ 382b, 382c oder 382d das Bezirksgericht zuständig, bei dem die gefährdete Partei ihren allgemeinen Gerichtsstand in Streitsachen hat. *(BGBl I 2009/40; BGBl I 2021/86)*

(BGBl 1985/70; BGBl 1990/96; BGBl 1996/759)

Vgl § 162 (1) PatentG

§ **388.** (1) Ist nach § 387 für die Bewilligung der einstweiligen Verfügung und für das sich daran anschließende Verfahren ein Gerichtshof zuständig, so entscheidet, vorbehaltlich des Abs. 2, der Vorsitzende des Senats, dem die Angelegenheit zugewiesen ist, über die sich auf einstweilige Verfügungen beziehenden Anträge.

(2) Bei den im § 387 Abs. 3 erwähnten einstweiligen Verfügungen entscheidet der Senat in der für die Hauptsache vorgesehenen Zusammensetzung. In dringenden Fällen kann jedoch auch

in solchen Angelegenheiten der Vorsitzende des Senates allein entscheiden.

(3) Der erste Satz des Abs. 2 gilt auch für das Rekursverfahren.

(BGBl 1983/135)

Antrag auf Erlassung einstweiliger Verfügungen

§ 389. (1) Bei Stellung des Antrages auf Erlassung einstweiliger Verfügungen hat die gefährdete Partei die von ihr begehrte Verfügung, die Zeit, für welche diese in Antrag gebracht wird, sowie den von ihr behaupteten oder ihr bereits zuerkannten Anspruch genau zu bezeichnen und die den Antrag begründenden Tatsachen im einzelnen wahrheitsgemäß darzulegen. Falls nicht dem Antrag die nötigen Bescheinigungen in urkundlicher Form beiliegen, sind diese Tatsachen und, sofern nicht schon ein den Anspruch zuerkennendes Urteil vorliegt, auch der von der gefährdeten Partei behauptete Anspruch auf Verlangen des Gerichtes glaubhaft zu machen.

(2) Bei Forderungen ist insbesondere der geschuldete Geldbetrag oder der Geldwert des sonst zu leistenden Gegenstandes und, falls die antragstellende Partei statt der beantragten einstweiligen Verfügung mit der Sicherstellung durch gerichtliche Hinterlegung einer bestimmten Geldsumme sich begnügen zu wollen erklärt, diese Geldsumme anzugeben. *(BGBl 1922/460; BGBl 1991/628)*

Bankguthaben

§ 389a. Beantragt die gefährdete Partei, zur Sicherung einer Geldforderung ein Drittverbot zu erlassen, weil der Gegner ein Guthaben bei einer Bank hat, so hat die gefährdete Partei im Antrag und während des Verfahrens zur Erlangung einer einstweiligen Verfügung unverzüglich das Gericht zu informieren, wenn

1. sie gegen denselben Gegner der gefährdeten Partei im Hinblick auf die Sicherung derselben Geldforderung den Erlass eines Europäischen Beschlusses zur vorläufigen Kontenpfändung beantragte, einen solchen Beschluss erwirkte und inwieweit dieser ausgeführt wurde,

2. ein solcher Antrag als unzulässig oder unbegründet abgelehnt wurde oder

3. ein solcher Beschluss widerrufen oder abgeändert wurde.

(BGBl I 2016/100)

Sicherheitsleistung

(BGBl I 2021/86)

§ 390. (1) Das Gericht kann bei nicht ausreichender Bescheinigung des von der antragstellenden Partei behaupteten Anspruches eine einstweilige Verfügung anordnen, wenn die dem Gegner hieraus drohenden Nachteile durch Geldersatz ausgeglichen werden können und vom Antragsteller zu diesem Zwecke eine vom Gericht nach freiem Ermessen zu bestimmende Sicherheit geleistet wird.

(2) Das Gericht kann die Bewilligung einer einstweiligen Verfügung nach Lage der Umstände von einer solchen Sicherheitsleistung abhängig machen, wenngleich die antragstellende Partei die ihr obliegenden Bescheinigungen in genügender Art beigebracht hat.

(3) In diesen Fällen darf mit dem Vollzug der Verfügung nicht vor Nachweis des gerichtlichen Erlages der zu leistenden Sicherheit begonnen werden.

(4) Die Bewilligung einer einstweiligen Verfügung zum Schutz vor Gewalt (§§ 382b, 382c), zum Schutz vor Eingriffen in die Privatsphäre (§ 382d), nach § 382 Z 8 lit. a oder § 382a kann nicht von einer Sicherheitsleistung abhängig gemacht werden. *(BGBl 1987/645; BGBl 1990/96; BGBl 1996/759; BGBl I 2006/56; BGBl I 2009/40; BGBl I 2021/86)*

Dauer, Befreiungsbetrag und Frist zur Rechtfertigung

(BGBl I 2021/86)

§ 391. (1) Der Beschluss, durch welchen eine einstweilige Verfügung bewilligt wird, hat die Zeit, für welche diese Verfügung getroffen wird, und im Falle der Anordnung einer gerichtlichen Hinterlegung der Sachen oder der Vornahme von Handlungen die Frist zu bestimmen, innerhalb welcher der Gegner der gefährdeten Partei diesem Auftrage nachzukommen hat. Ferner ist in dem Beschlusse, sofern dies nach Beschaffenheit des Falles zur Sicherung des Antragstellers genügt, ein Geldbetrag festzustellen, durch dessen gerichtliche Hinterlegung die Vollziehung der bewilligten Verfügung gehemmt und der Gegner der gefährdeten Partei zu dem Antrag auf Aufhebung der bereits vollzogenen Verfügung berechtigt wird.

(2) Wenn eine einstweilige Verfügung vor Eintritt der Fälligkeit des von der antragstellenden Partei behaupteten Rechts oder sonst vor Einleitung des Prozesses oder der Exekution bewilligt wird, ist – außer bei einstweiligen Verfügungen nach §§ 382b, 382e oder 382g Abs. 1 Z 1 bis 8 – im Beschluss eine angemessene Frist für die Einbringung der Klage oder für den Antrag auf Bewilligung der Exekution zu bestimmen. Nach vergeblichem Ablauf der Frist ist die getroffene Verfügung auf Antrag oder von Amts wegen aufzuheben. *(BGBl I 2019/105)*

Mehrere Verfügungen zugunsten desselben Anspruchs
(BGBl I 2021/86)

§ 392. (1) Zu Gunsten desselben Anspruches können auf Antrag zugleich mehrere Verfügungen bewilligt werden, wenn dies dem Gericht nach Beschaffenheit des Falles zur vollen Erreichung des Sicherungszweckes notwendig erscheint.

(2) Unter mehreren im einzelnen Falle gleich anwendbaren Verfügungen ist diejenige zu bewilligen, die zur Hintanhaltung der nach den besonderen Verhältnissen zu besorgenden Gefährdung am geeignetsten ist, bei gleicher Eignung aber die den Gegner der gefährdeten Partei am wenigsten beschwerende Verfügung.

Kosten
(BGBl I 2021/86)

§ 393. (1) Einstweilige Verfügungen werden stets auf Kosten der antragstellenden Partei getroffen, unbeschadet eines ihr zustehenden Anspruches auf Ersatz dieser Kosten. Dies gilt insbesondere auch von den Kosten des Erlages, der Verwahrung oder Verwaltung mit Verbot belegter Sachen (§ 385). Ein allfälliger Kostenersatzanspruch des Gegners der gefährdeten Partei richtet sich nach den Kostenersatzbestimmungen des Verfahrens in der Hauptsache. *(BGBl I 2003/112)*

(2) Im Verfahren über einstweilige Verfügungen zum Schutz vor Gewalt (§§ 382b, 382c) und zum Schutz vor Eingriffen in die Privatsphäre (§ 382d) richtet sich die Kostenersatzpflicht nach §§ 40 ff ZPO. *(BGBl 1990/96; BGBl 1996/759; BGBl I 2006/56; BGBl I 2009/40; BGBl I 2021/86)*

(3) Bei Bewilligung einer einstweiligen Verfügung kann der antragstellenden Partei aufgetragen werden, den zur Vollziehung der erlassenen Verfügung erforderlichen Geldbetrag im Vorhinein gerichtlich zu erlegen. Vor Nachweis dieses Erlages darf mit der Vollziehung der Verfügung nicht begonnen werden. *(BGBl 1990/96; BGBl I 2014/69)*

---
1) Vgl § 285 Geo.

Schadenersatz und Mutwillensstrafe
(BGBl I 2021/86)

§ 394. (1) Wenn der gefährdeten Partei der behauptete Anspruch, für welchen die einstweilige Verfügung bewilligt wurde, rechtskräftig aberkannt wird, wenn ihr Ansuchen sich sonst als ungerechtfertigt erweist oder wenn sie die zur Erhebung der Klage oder Einleitung der Exekution bestimmte Frist versäumt, so hat die Partei, auf deren Antrag die einstweilige Verfügung bewilligt wurde, ihrem Gegner für alle ihm durch die einstweilige Verfügung verursachten Vermögensnachteile Ersatz zu leisten. Die Höhe des Ersatzes hat das Gericht auf Antrag nach freier Überzeugung (§ 273 der ZPO) durch Beschluss festzusetzen. Nach Eintritt der Rechtskraft findet auf Grund dieses Beschlusses Exekution auf das Vermögen der Partei statt, welche die einstweilige Verfügung beantragt hat.

(2) Wurde die einstweilige Verfügung offenbar mutwillig erwirkt, so ist der Partei überdies auf Antrag ihres Gegners eine vom Gericht mit Rücksicht auf die besonderen Umstände des einzelnen Falles zu bemessende Mutwillensstrafe aufzuerlegen.

Zustellung
(BGBl I 2021/86)

§ 395. (1) Für die Zustellung des eine einstweilige Verfügung bewilligenden Beschlusses an den Gegner der gefährdeten Partei, an den Drittschuldner und an den Inhaber der mit Verbot belegten Sachen sind die für die Zustellung von Klagen geltenden Bestimmungen maßgebend.

(2) Im Falle der Anordnung einer Haft hat die Zustellung des Beschlusses an die anzuhaltende Person bei Verhaftung derselben zu geschehen.

(3) *(entfällt, BGBl I 2021/86)*

Unstatthaftigkeit der Vollziehung einer einstweiligen Verfügung

§ 396. Die Vollziehung einer bewilligten Verfügung ist, sofern sie nicht wegen eines angebrachten Rekurses aufgeschoben wurde, unstatthaft, wenn seit dem Tage, an welchem die Bewilligung verkündet oder der antragstellenden Partei durch Zustellung des Beschlusses bekannt gegeben wurde, mehr als ein Monat verstrichen ist.

Widerspruch

§ 397. (1) Gegen die Bewilligung einer einstweiligen Verfügung können der Gegner der gefährdeten Partei und der Drittschuldner Widerspruch erheben, falls diese nicht bereits vor Beschlussfassung einvernommen wurden. Gegen eine einstweilige Verfügung nach § 382 a ist ein Widerspruch unzulässig. *(BGBl 1987/645; BGBl I 2014/69)*

(2) Der Widerspruch muss innerhalb vierzehn Tagen nach Zustellung des Beschlusses bei dem Gericht erhoben werden, bei welchem der Antrag auf Bewilligung der einstweiligen Verfügung angebracht wurde.

(3) Durch die Erhebung des Widerspruches wird die Vollziehung der getroffenen Verfügungen nicht gehemmt.

Verfahren über den Widerspruch
(BGBl I 2021/86)

§ 398. (1) Zufolge erhobenen Widerspruches ist über die Statthaftigkeit und Angemessenheit der bewilligten Verfügung mündlich zu verhandeln und durch Beschluss zu entscheiden.

(2) Das Gericht kann die Bestätigung, Abänderung oder Aufhebung der getroffenen Verfügung von der Leistung einer von ihm nach freiem Ermessen zu bestimmenden Sicherheit abhängig machen.

Aufhebung oder Einschränkung der angeordneten Verfügung
(BGBl I 2019/105)

§ 399. (1) Das Gericht kann auf Antrag eine angeordnete Verfügung selbst nach Zurückweisung eines gemäß § 397 erhobenen Widerspruchs insbesondere dann aufheben oder einschränken, wenn

1. die Verfügung in weiterem Umfang ausgeführt wurde, als es zur Sicherung der gefährdeten Partei notwendig ist,

2. sich inzwischen die Verhältnisse, in Anbetracht deren die einstweilige Verfügung bewilligt wurde, derart geändert haben, dass es des Fortbestandes dieser Verfügung zur Sicherung der Partei, auf deren Antrag sie bewilligt wurde, nicht mehr bedarf,

3. der Gegner der gefährdeten Partei die ihm vorbehaltene oder eine anderweitige, dem Gericht genügend erscheinende Sicherheit geleistet hat und sich darüber ausweist,

4. der Anspruch der gefährdeten Partei, für welchen die einstweilige Verfügung bewilligt wurde, berichtigt oder rechtskräftig aberkannt oder dessen Erlöschen rechtskräftig festgestellt wurde,

5. ein Fall des § 39 Abs. 1 oder des § 391 vorliegt.

(2) Über solche Anträge hat, wenn sie während des in der Hauptsache noch anhängigen Prozesses gestellt werden, das Prozessgericht erster Instanz, sonst das Gericht, das über Antrag auf Bewilligung der einstweiligen Verfügung in erster Instanz entschieden hat, mit Beschluss zu entscheiden. Vor der Entscheidung ist die gefährdete Partei einzuvernehmen.

(BGBl I 2019/105)

Aufhebung oder Einschränkung des vorläufigen Unterhalts
(BGBl I 2021/86)

§ 399a. (1) Eine einstweilige Verfügung nach § 382 a ist soweit einzuschränken, als sich aus den Pflegschaftsakten ergibt oder der Gegner bescheinigt, dass er dem Minderjährigen offenbar nicht in dieser Höhe zu Unterhalt verpflichtet ist.

(2) Eine einstweilige Verfügung nach § 382 a ist aufzuheben:

1. wenn sich aus den Pflegschaftsakten ergibt oder der Gegner bescheinigt, dass er dem Minderjährigen zu Unterhalt nicht verpflichtet ist oder eine Bewilligungsvoraussetzung nach § 382 a Abs. 1 nicht vorliegt;

2. wenn das Unterhaltsverfahren beendet ist.

(3) Die Aufhebung oder Einschränkung der einstweiligen Verfügung nach § 382 a wirkt ab der Verwirklichung des Aufhebungs- beziehungsweise Einschränkungsgrundes. Dieser Zeitpunkt ist im Beschluss über die Aufhebung oder Einschränkung der einstweiligen Verfügung festzustellen.

(4) Der § 399 ist nicht anzuwenden.

(BGBl 1987/645)

Ersatz und Aufrechnung nach Aufhebung oder Einschränkung des vorläufigen Unterhalts
(BGBl I 2021/86)

§ 399b. (1) Im Fall der Aufhebung oder Einschränkung der einstweiligen Verfügung nach § 382 a kann der Gegner den Ersatz der Beträge verlangen, die er nach Wirksamwerden der Aufhebung oder Einschränkung dem Minderjährigen zu Unrecht geleistet hat. Über den Grund und die Höhe des Ersatzanspruchs sowie die Leistungsfrist ist nach Billigkeit zu entscheiden. Dabei sind besonders die Bedürfnisse des Minderjährigen und des Gegners auf eigenen angemessenen Unterhalt sowie seine Sorgepflichten abzuwägen; es ist auch zu berücksichtigen, ob der Minderjährige oder sein gesetzlicher Vertreter wusste oder ohne weitere Erhebungen wissen musste, dass der Gegner zu Unterhaltsleistung nicht oder nicht in der bewilligten Höhe verpflichtet ist.

(2) Das Gericht kann die Aufrechnung des Ersatzanspruchs gegen künftig fällig werdende Unterhaltsbeiträge nach Billigkeit bewilligen.

(3) Das Gericht kann sich die Entscheidung über den Antrag auf Ersatz und Aufrechnung bis zur Beendigung des Unterhaltsverfahrens vorbehalten.

(BGBl 1987/645)

Anpassung einer einstweiligen Verfügung zum Schutz vor Gewalt und Eingriffen in die Privatsphäre
(BGBl I 2019/105)

§ 399c. (1) Das für die Erlassung einer einstweiligen Verfügung nach §§ 382b, 382c und 382d zuständige Gericht erster Instanz hat auf Antrag der gefährdeten Partei die faktischen Elemente einer solchen einstweiligen Verfügung an die geänderten Umstände anzupassen, sofern und soweit das erforderlich ist, um der Verfügung Wirkung zu verleihen. *(BGBl I 2021/86)*

(2) Das Gericht hat über den Antrag ohne Einvernehmung des Antragsgegners zu entscheiden; dieser kann gegen den Beschluss auf Anpassung Widerspruch im Sinn des § 397 Abs. 2 erheben. Im Übrigen sind auf das Verfahren über die Anpassung die für die Entscheidung über den Antrag auf Erlassung einer Verfügung nach §§ 382b, 382c und 382d geltenden Bestimmungen sowie § 393 Abs. 2 anzuwenden. *(BGBl I 2021/86)*

(3) Die für den Vollzug einer Verfügung nach §§ 382b, 382c und 382d geltenden Bestimmungen sind auf den Vollzug der angepassten Verfügung anzuwenden. *(BGBl I 2021/86)*

(BGBl I 2019/105)

Ausfolgung der Sicherheitsleistung
(BGBl I 2021/86)

§ 400. Eine zur Deckung der Kosten oder der Schadenersatzansprüche von der gefährdeten Partei erlegte Sicherheit (§§ 390 Abs. 1 und 2 und 398 Abs. 2) darf ihr erst nach Ablauf von vierzehn Tagen seit Eintritt der Rechtskraft des Beschlusses ausgefolgt werden, durch welchen die einstweilige Verfügung aufgehoben wird.

Anordnungen über verwahrte Sachen
(BGBl I 2021/86)

§ 401. (1) Sind zur Abwendung einer beträchtlichen Wertverringerung, unverhältnismäßiger Kosten oder anderer Nachteile oder zur Erzielung eines Vorteiles bei in Verwahrung genommenen Sachen irgendwelche Verfügungen notwendig oder nützlich, so können diese von dem im § 399 Abs. 2 bezeichneten Gericht auf Antrag bewilligt werden. Falls nicht beide Parteien über die zu treffende Verfügung einig sind, hat das Gericht mit tunlichster Berücksichtigung der Rechte des Eigentümers das nach Beschaffenheit des Falles Erforderliche anzuordnen. *(BGBl I 2021/86)*

(2) In besonders dringenden Fällen kann eine solche Anordnung ohne vorgängige Vernehmung des Gegners erlassen werden. Dies gilt insbesondere für die Handlungen, die zur Erhaltung oder Ausübung der Rechte aus den im § 321 bezeichneten Papieren erforderlich sind. *(BGBl I 2021/86)*

Rekurs
(BGBl I 2021/86)

§ 402. (1) Hat das Verfahren einen Rekurs gegen einen Beschluss über einen Antrag auf Erlassung einer einstweiligen Verfügung, über einen Widerspruch nach § 397 oder über einen Antrag

auf Einschränkung oder Aufhebung einer einstweiligen Verfügung zum Gegenstand, so ist § 521a ZPO sinngemäß anzuwenden. Ein Revisionsrekurs ist nicht deshalb unzulässig, weil das Gericht zweiter Instanz den angefochtenen Beschluss zur Gänze bestätigt hat. *(BGBl 1986/71; BGBl 1992/756)*

(2) Abs. 1 gilt nicht für einen Rekurs der gefährdeten Partei gegen die Abweisung eines Antrags auf Erlassung einer einstweiligen Verfügung, wenn der Gegner der gefährdeten Partei zu dem Antrag noch nicht einvernommen worden ist.

(3) Die Frist für den Rekurs und dessen Beantwortung beträgt vierzehn Tage.

(3a) Bei einstweiligen Verfügungen zur Sicherung eines im Verfahren außer Streitsachen geltend zu machenden Anspruchs richtet sich die Vertretungspflicht für das Rechtsmittelverfahren nach den Bestimmungen des Außerstreitgesetzes. *(BGBl I 2003/112)*

(4) Im Übrigen sind die Bestimmungen über das Exekutionsverfahren sinngemäß anzuwenden, sofern nicht in diesem Teil etwas anderes bestimmt ist.

(BGBl 1983/135)

Dritter Teil

Internationales Exekutionsrecht

Erster Abschnitt

Allgemeine Bestimmungen

Allgemeines

§ 403. Akte und Urkunden, die im Ausland errichtet wurden (ausländische Exekutionstitel), bedürfen zur Vollstreckung einer Vollstreckbarerklärung im Inland, soweit sie nicht aufgrund einer völkerrechtlichen Vereinbarung oder eines Rechtsakts der Europäischen Union ohne gesonderte Vollstreckbarerklärung zu vollstrecken sind.

(BGBl I 2016/100, § 403 idF BGBl I 2004/128 wurde in § 431 umbenannt)

§ 403a wurde in § 432 umbenannt.

Anpassung ausländischer Exekutionstitel

§ 404. (1) Ausländische Exekutionstitel, die eine Maßnahme oder Anordnung enthalten, die in der österreichischen Rechtsordnung nicht vorgesehen ist, sind auf Antrag oder, soweit sich das aus einem unmittelbar anwendbaren internationalen Rechtsakt ergibt, von Amts wegen zugleich mit Bewilligung der Exekution an eine in der österreichischen Rechtsordnung vorgesehene Maßnahme oder Anordnung anzupassen, mit der vergleichbare Wirkungen verbunden sind und die ähnliche Ziele und Interessen verfolgt. Die Anpassung darf nicht zu Wirkungen führen, die über die im Recht des Ursprungsstaates vorgesehenen Wirkungen hinausgehen.

(2) Vor der Entscheidung über die Anpassung können der Verpflichtete und der betreibende Gläubiger einvernommen werden.

(3) Gegen die Anpassung der Entscheidung kann die Partei, die nicht bereits vor der Beschlussfassung einvernommen wurde, Widerspruch erheben.

(4) Der Widerspruch muss innerhalb von vierzehn Tagen nach Zustellung des Beschlusses erhoben werden. Zufolge erhobenen Widerspruches ist über die Rechtmäßigkeit der Anpassung mündlich zu verhandeln und mit Beschluss zu entscheiden. *(BGBl I 2016/100, § 404 idF BGBl I 2004/128 wurde in § 433 umbenannt)*

Anpassung von Bruchteilstiteln

§ 405. (1) Wird aufgrund von ausländischen Exekutionstiteln Unterhalt oder eine Forderung auf sonstige wiederkehrende Leistungen, die auf demselben Rechtsgrund beruhen, in einem Bruchteil der Bezüge geschuldet, so hat das Gericht vor Bewilligung der Exekution der vom betreibenden Gläubiger bekannt gegebenen oder der vom Dachverband der Sozialversicherungsträger erhobenen bezugauszahlenden Person aufzutragen, sich binnen vier Wochen über das Ausmaß der Bezüge zu erklären. Der Beschluss kann durch ein Rechtsmittel nicht angefochten werden. Bei Säumnis hat das Gericht von Amts wegen eine neuerliche Frist zu bestimmen und für den Fall der erneuten Säumnis eine Ordnungsstrafe anzudrohen. Nach fruchtlosem Ablauf dieser neuerlichen Frist ist die Ordnungsstrafe zu vollziehen und zugleich unter jeweiliger Bestimmung einer weiteren Frist eine Ordnungsstrafe anzudrohen. Der Vollzug erfolgt von Amts wegen. § 301 Abs. 2 und 3 dritter und vierter Satz sind anzuwenden. *(BGBl I 2018/100, s. § 720 ASVG: Dachverband der Sozialversicherungsträger statt Hauptverband der österreichischen Sozialversicherungsträger)*

(2) Das Gericht hat aufgrund der Erklärung der bezugauszahlenden Person den Umfang der zu vollstreckenden Forderung in der Exekutionsbewilligung festzusetzen, den laufenden Unterhalt mit einem Durchschnittswert aus den letzten sechs Monaten. Gegen die Höhe des festgesetzten Betrages können die Parteien Widerspruch erheben. § 404 Abs. 4 ist anzuwenden.

(3) Bei einer wesentlichen Verschlechterung der Bezüge ist auf Antrag des Verpflichteten die Exekution einzuschränken. Ein Exekutionsantrag nach Abs. 1 darf vor Ablauf eines Jahres nach seiner Einbringung nur dann wiederholt werden, wenn glaubhaft gemacht wird, dass sich die Bezüge wesentlich geändert haben.

(4) Für die mit der Abgabe der Erklärung verbundenen Kosten stehen der bezugauszahlenden Person 35 Euro als Ersatz zu. § 302 Abs. 2 ist anzuwenden.

(BGBl I 2016/100, § 405 idF BGBl I 2004/128 wurde in § 434 umbenannt)

Zweiter Abschnitt

Vollstreckbarerklärung und Anerkennung von Akten und Urkunden, die im Ausland errichtet wurden

§ 406. Akte und Urkunden sind für vollstreckbar zu erklären, wenn die Akte und Urkunden nach den Bestimmungen des Staates, in dem sie errichtet wurden, vollstreckbar sind und die Gegenseitigkeit durch Staatsverträge oder durch Verordnungen verbürgt ist. *(BGBl I 2016/100, war vor dem 1. 12. 2016 § 79, § 406 idF BGBl I 2004/128 wurde in § 435 umbenannt)*

(BGBl 1995/519)

§ 407. Einem Antrag auf Vollstreckbarerklärung, der sich auf ein Erkenntnis eines ausländischen Gerichts oder einer sonstigen Behörde, auf einen vor diesen geschlossenen Vergleich oder auf eine ausländische öffentliche Urkunde gründet, ist überdies nur dann stattzugeben:

1. wenn die Rechtssache nach Maßgabe der im Inlande über die Zuständigkeit geltenden Bestimmungen im auswärtigen Staate anhängig gemacht werden konnte;

2. wenn die Ladung oder Verfügung, durch die das Verfahren vor dem auswärtigen Gericht oder der auswärtigen Behörde eingeleitet wurde, der Person, wider welche Exekution geführt werden soll, entweder in dem betreffenden auswärtigen Gebiete oder mittels Gewährung der Rechtshilfe in einem andern Staatsgebiete oder im Inlande nach den für die Zustellung von Klagen geltenden Vorschriften zugestellt wurde; *(BGBl I 2010/111)*

3. wenn das Erkenntnis gemäß dem darüber vorliegenden Zeugnisse der ausländischen Gerichts- oder sonstigen Behörde nach dem für letztere geltenden Rechte einem die Vollstreckbarkeit hemmenden Rechtszuge nicht mehr unterliegt.

(BGBl 1995/519; BGBl I 2016/100, war vor dem 1. 12. 2016 § 80, § 407 idF BGBl I 2004/128 wurde in § 436 umbenannt)

Versagungsgründe

§ 408. Die Vollstreckbarerklärung ist ungeachtet des Vorhandenseins der in §§ 406 und 407 angeführten Bedingungen zu versagen: *(BGBl I 2016/100)*

1. wenn es dem Antragsgegner wegen einer Unregelmäßigkeit des Verfahrens nicht möglich war, sich an dem vor dem ausländischen Gericht oder der ausländischen Behörde stattfindenden Verfahren zu beteiligen;

2. wenn durch die Vollstreckbarerklärung eine Handlung erzwungen werden soll, die nach dem Recht des Inlands entweder überhaupt unerlaubt oder nicht erzwingbar ist;

3. wenn durch die Vollstreckbarerklärung ein Rechtsverhältnis zur Anerkennung oder ein Anspruch zur Verwirklichung gelangen soll, dem durch das inländische Gesetz im Inland aus Rücksichten der öffentlichen Ordnung oder der Sittlichkeit die Gültigkeit oder Klagbarkeit versagt ist.

(BGBl 1995/519; BGBl I 2016/100, war vor dem 1. 12. 2016 § 81, § 408 idF BGBl I 2005/68 wurde in § 437 umbenannt)

Zuständigkeit

§ 409. Für die Vollstreckbarerklärung ist zuständig:

1. das Bezirksgericht, bei dem der Verpflichtete seinen Wohnsitz oder Sitz hat, oder

2. das nach §§ 18 und 19 bezeichnete Bezirksgericht, in Wien das nach dem Bezirksgerichts-Organisationsgesetz für Wien in Exekutionssachen zuständige Gericht.

(BGBl I 2000/59; BGBl I 2016/100, war vor dem 1. 12. 2016 § 82, § 409 idF BGBl I 2005/68 wurde in § 437 umbenannt)

Zur örtlichen Zuständigkeit in Wien siehe nach § 104 JN und Bezirksgerichts-OrgG Wien (Anhang)

Verfahren

§ 410. (1) Über den Antrag auf Vollstreckbarerklärung ist ohne vorhergehende mündliche Verhandlung und ohne Einvernehmung des Gegners mit Beschluss zu entscheiden.

(2) Soweit nicht in diesem Titel etwas anderes bestimmt ist, sind die Bestimmungen über die Exekution inländischer Akte und Urkunden sinngemäß anzuwenden.

(BGBl 1995/519; BGBl I 2016/100, § 410 idF BGBl I 2008/37 wurde in § 439 umbenannt)

Rekurs

§ 411. (1) Im Verfahren über einen Rekurs gegen einen Beschluss über den Antrag auf Vollstreckbarerklärung ist § 521a ZPO mit der Maßgabe sinngemäß anzuwenden, dass die Fristen für

Rekurs und Rekursbeantwortung jeweils vier Wochen betragen. *(BGBl I 2016/100)*

(2) Wird dem Antrag auf Vollstreckbarerklärung ganz oder teilweise stattgegeben, so gilt für den Rekurs des Antragsgegners an das Gericht zweiter Instanz Folgendes:

1. Befindet sich der Wohnsitz oder Sitz des Antragsgegners nicht im Inland und stellt der Rekurs dessen erste Möglichkeit dar, sich am Verfahren zu beteiligen, so beträgt die Frist für den Rekurs acht Wochen. Die Frist für die Rekursbeantwortung beträgt auch in diesem Fall vier Wochen. *(BGBl I 2016/100)*

2. Im Rekurs gegen die Vollstreckbarerklärung können Gründe für deren Versagung auch dann geltend gemacht werden, wenn sie in erster Instanz nicht aktenkundig waren. Der Antragsgegner ist dabei zur gleichzeitigen Geltendmachung aller nicht aktenkundigen Versagungsgründe bei sonstigem Ausschluss verpflichtet.

(3) Wird der Antrag auf Vollstreckbarerklärung ganz oder teilweise abgewiesen und erhebt der Antragsteller dagegen Rekurs, so ist auf die Rekursbeantwortung des Antragsgegners Abs. 2 Z 1 erster Satz und Z 2 entsprechend anzuwenden.

(4) Gegen die Entscheidung über einen wegen der Erteilung oder Versagung der Vollstreckbarerklärung erhobenen Rekurs ist ein weiterer Rekurs nicht deshalb unzulässig, weil das Gericht zweiter Instanz die angefochtene erstinstanzliche Entscheidung zur Gänze bestätigt hat.[1]

(5) Ist der ausländische Exekutionstitel nach den Rechtsvorschriften des Ursprungsstaates noch nicht rechtskräftig, so kann das mit einem Rekurs gegen die Entscheidung über den Antrag auf Vollstreckbarerklärung befasste Gericht auf Antrag des Antragsgegners das Verfahren zur Vollstreckbarerklärung bis zum Eintritt der Rechtskraft des ausländischen Exekutionstitels unterbrechen, wobei es dem Antragsgegner eine angemessene Frist für das Einlegen eines Rechtsmittels im Ursprungsstaat setzen kann. Das Gericht kann außerdem die Vornahme bereits zulässiger Exekutionshandlungen davon abhängig machen, dass der betreibende Gläubiger eine vom Gericht nach freiem Ermessen zu bestimmende Sicherheit für den dem Verpflichteten drohenden Schaden leistet.

(BGBl I 2000/59; BGBl I 2016/100, § 411 idF BGBl I 2008/82 wurde in § 440 umbenannt)

---

[1] *Ausnahme von § 528 (2) Z 2 ZPO.*

Exekutionsantrag und Vollzug

§ 412. (1) Mit dem Antrag auf Vollstreckbarerklärung kann der Antrag auf Bewilligung der Exekution verbunden werden. Über beide Anträge hat das Gericht zugleich zu entscheiden.

EO

(2) Wenn bis zur Vornahme von Verwertungshandlungen über den Antrag auf Vollstreckbarerklärung nicht rechtskräftig entschieden ist, hat das Exekutionsgericht von Amts wegen mit dem weiteren Vollzug bis zum Eintritt der Rechtskraft dieser Entscheidung innezuhalten.
(BGBl 1995/519; BGBl I 2016/100, war vor dem 1. 12. 2016 § 84a, § 412 idF BGBl I 2004/128 wurde in § 441 umbenannt)

Wirkung der Vollstreckbarerklärung

§ 413. Nach Eintritt der Rechtskraft der Vollstreckbarerklärung ist der ausländische Exekutionstitel wie ein inländischer zu behandeln. Ihm kommt aber nie mehr Wirkung als im Ursprungsstaat zu. *(BGBl I 2016/100, war vor dem 1. 12. 2016 § 84b, § 413 idF BGBl I 2009/30 wurde in § 442 umbenannt)*

(BGBl 1995/519)

Aufhebung und Abänderung der Vollstreckbarerklärung

§ 414. (1) Wird der Exekutionstitel im Ursprungsstaat nach Rechtskraft der Vollstreckbarerklärung aufgehoben oder abgeändert, so kann der Verpflichtete die Aufhebung oder Abänderung der Vollstreckbarerklärung beantragen. Dieser Antrag kann mit einem Antrag auf Einstellung oder Einschränkung der Exekution verbunden werden.

(2) Über den Antrag auf Aufhebung oder Abänderung der Vollstreckbarerklärung hat das für die Vollstreckbarerklärung in erster Instanz zuständige Gericht nach Anhörung des betreibenden Gläubigers mit Beschluss zu entscheiden.
(BGBl 1995/519; BGBl I 2016/100, war vor dem 1. 12. 2016 § 84c, § 414 idF BGBl I 2009/75 wurde in § 443 umbenannt)

Anerkennung

§ 415. Wird die Feststellung beantragt, ob Akte und Urkunden anzuerkennen sind, die

1. im Ausland errichtet wurden,

2. eine vermögensrechtliche Angelegenheit zum Gegenstand haben und

3. einer Vollstreckung nicht zugänglich sind, so sind die vorstehenden Bestimmungen sinngemäß anzuwenden.
(BGBl 1995/519; BGBl I 2016/100, war vor dem 1. 12. 2016 § 85, § 415 idF BGBl I 2010/111 wurde in § 444 umbenannt)

§ 416. (1) Die vorstehenden Bestimmungen sind nicht anzuwenden, soweit nach Völkerrecht oder in Rechtsakten der Europäischen Union anderes bestimmt ist.

(2) Ist zur Vollstreckbarerklärung eines ausländischen Titels auf Grund besonderer Vorschriften eine andere Behörde als das nach § 409 zuständige Gericht berufen, so sind von den Bestimmungen des Zweiten Abschnitts § 412 Abs. 2 und § 413 anzuwenden. *(BGBl I 2016/100)*

(BGBl I 2003/31; BGBl I 2016/100, war vor dem 1. 12. 2016 § 86, § 416 idF BGBl I 2011/139 wurde in § 445 umbenannt)

Dritter Abschnitt

Exekution auf Grund von Akten und Urkunden supranationaler Organisationen

§ 417. Akte und Urkunden supranationaler Organisationen, denen Österreich angehört, sind, unabhängig davon, ob sie im Inland oder im Ausland errichtet worden sind, ausländischen Akten und Urkunden gleichgestellt. *(BGBl I 2016/100, war vor dem 1. 12. 2016 § 86a, § 417 idF BGBl I 2014/69 wurde in § 446 umbenannt; BGBl I 2021/86)*

(BGBl 1995/519)

Vierter Abschnitt

Keine Vollstreckbarerklärung

Frist für Versagungsanträge

§ 418. (1) Setzt die Bewilligung der Exekution aufgrund von ausländischen Exekutionstiteln nicht eine Vollstreckbarerklärung voraus, so kann die verpflichtete Partei Gründe, die der Vollstreckung im Inland entgegenstehen (Versagungsgründe), mit Einstellungsantrag geltend machen.

(2) Die Einstellung nach Abs. 1 kann nur innerhalb von acht Wochen nach Zustellung der Exekutionsbewilligung beantragt werden.

(3) Sofern Versagungsgründe auf Tatsachen beruhen, die erst nach Zustellung der Exekutionsbewilligung entstanden sind oder von denen die verpflichtete Partei durch ein unvorhergesehenes oder unabwendbares Ereignis ohne ihr Verschulden oder auf Grund eines minderen Grades des Versehens keine Kenntnis erlangt hat, beginnt die Frist mit dem Tag zu laufen, an dem die verpflichtete Partei von diesen Tatsachen Kenntnis erlangen konnte. Die verpflichtete Partei hat diese Umstände in ihrem Einstellungsantrag anzuführen und die Mittel zu ihrer Glaubhaftmachung anzugeben.

(4) Ein weiterer Rekurs gegen die Entscheidung, mit der über einen Rekurs gegen die Entscheidung über die Versagung der Vollstreckung oder Abweisung eines solchen Antrags entschieden wird, ist nicht deshalb unzulässig, weil das

Gericht zweiter Instanz die angefochtene Entscheidung zur Gänze bestätigt hat.

(BGBl I 2016/100)

Fünfter Abschnitt
Bestätigung über die Vollstreckbarkeit

Europäischer Vollstreckungstitel

§ 419. (1) Eine für die Vollstreckung im Ausland erforderliche Bestätigung über die Vollstreckbarkeit oder den Inhalt eines in § 1 Z 1 bis 9 genannten Exekutionstitels wird auf Antrag von jenem Gericht erteilt, das in erster Instanz zuständig war. Auf die Aufhebung oder Berichtigung einer solchen Bestätigung ist § 7 Abs. 3 entsprechend anzuwenden.

(2) Bei den in § 1 Z 10 bis 15 genannten Exekutionstiteln obliegt die Erteilung, Aufhebung oder Berichtigung der in Abs. 1 genannten Bestätigung jener Stelle, die den Exekutionstitel erlassen oder beurkundet hat.

(3) Bei den in § 1 Z 17 genannten Exekutionstiteln obliegt die Erteilung der in Abs. 1 genannten Bestätigung und deren Berichtigung jenem Notar, der den Notariatsakt aufgenommen hat, im Verhinderungsfall dem nach §§ 119 und 146 NO berufenen Amtsträger. Für die Aufhebung der vom Notar erteilten Bestätigung ist das nach den Prozessgesetzen zur Entscheidung über die Bestreitung der Exekutionskraft eines Notariatsakts berufene Gericht zuständig (§ 4 NO). *(BGBl I 2021/86)*

(BGBl I 2005/68; BGBl I 2016/100, war vor dem 1. 12. 2016 § 7a)

Sechster Abschnitt
Begleitregelungen zur EuSchMaVO

Zuständigkeit

§ 420. (1) Das Bezirksgericht, bei dem die geschützte Person ihren allgemeinen Gerichtsstand in Streitsachen hat, ist zuständig für

1. die Anordnung der Vollstreckung einer ausländischen Schutzmaßnahme nach der Verordnung (EU) Nr. 606/2013 über die gegenseitige Anerkennung von Schutzmaßnahmen in Zivilsachen (EuSchMaVO) und die Entscheidung über den Exekutionsantrag aufgrund einer solchen Schutzmaßnahme sowie

2. die Anpassung nach Art. 11 EuSchMaVO.
Hat die geschützte Person ihren allgemeinen Gerichtsstand in Streitsachen nicht im Inland, so ist das Bezirksgericht Innere Stadt Wien zuständig.

(2) Das Bezirksgericht, das die Vollstreckung einer Schutzmaßnahme angeordnet oder das die Exekution bewilligt hat, ist zuständig für

1. die Versagung der Anerkennung oder der Vollstreckung nach Art. 13 EuSchMaVO und

2. die Aufhebung der Anerkennung oder der Vollstreckung nach Art. 14 Abs. 2 EuSchMaVO.

(BGBl I 2014/69; BGBl I 2016/100, war vor dem 1. 12. 2016 § 86b)

Verfahren bei der Anpassung von Schutzmaßnahmen

§ 421. (1) Die geschützte Person hat im Antrag auf Anpassung der Schutzmaßnahme (Art. 11 EuSchMaVO) die begehrte Anpassung anzugeben.

(2) Das Gericht hat über den Antrag ohne Anhörung der gefährdenden Person zu entscheiden; diese kann gegen den Beschluss auf Anpassung Widerspruch im Sinne des § 397 Abs. 2 erheben.

(3) Die Kostenersatzpflicht im Verfahren über die Anpassung der Schutzmaßnahme richtet sich nach den Bestimmungen der ZPO.

(BGBl I 2014/69; BGBl I 2016/100, war vor dem 1. 12. 2016 § 86c)

Siebenter Abschnitt
Begleitregelungen zur EuKoPfVO

Anwendung der Bestimmungen über einstweilige Verfügungen und Anwendungsbereich

§ 422. (1) Soweit in diesem Abschnitt oder in der Verordnung (EU) Nr. 655/2014 zur Einführung eines Verfahrens für einen Europäischen Beschluss zur vorläufigen Kontenpfändung im Hinblick auf die Erleichterung der grenzüberschreitenden Eintreibung von Forderungen in Zivil- und Handelssachen (Europäische Kontenpfändungsverordnung – EuKoPfVO) keine abweichenden Regelungen vorgesehen sind, sind auf einen Europäischen Beschluss zur vorläufigen Kontenpfändung die Bestimmungen über einstweilige Verfügungen anzuwenden.

(2) Hat der Gläubiger bereits eine gerichtliche Entscheidung, einen gerichtlichen Vergleich oder eine öffentliche Urkunde auf Zahlung des Betrages, der mit dem Europäischen Beschluss zur vorläufigen Kontenpfändung vorläufig gepfändet werden soll, erwirkt, so wird mit Zustellung dieses Beschlusses an die Bank als Drittschuldner ein Pfandrecht erworben. Dies ist der Bank und dem Schuldner mitzuteilen.

(3) Die Regelungen der EuKoPfVO sind auch dann anzuwenden, wenn sich das vorläufig zu pfändende Bankkonto, das zuständige Gericht und der Wohnsitz des Gläubigers im Inland befinden.

(BGBl I 2016/100)

Zuständigkeit

§ 423. (1) Für ein Verfahren zur Erlangung eines Europäischen Beschlusses zur vorläufigen Kontenpfändung, der vor Einleitung eines Rechtsstreites in der Hauptsache oder nach dessen rechtskräftigem Abschluss, jedoch vor Beginn der Exekution, beantragt wird, sowie für dessen Vollstreckung und die Entscheidung über Rechtsbehelfe ist das Bezirksgericht Innere Stadt Wien zuständig; sonst gilt § 387 Abs. 1.

(2) Für die Vollstreckung eines nicht im Inland erlassenen Europäischen Beschlusses zur vorläufigen Kontenpfändung ist das Bezirksgericht Innere Stadt Wien zuständig. Das Bezirksgericht Innere Stadt Wien ist auch zuständig, um dem Schuldner, allenfalls unter Beifügung einer gemäß Art. 49 Abs. 1 EuKoPfVO erforderlichen Übersetzung oder Transliteration, die in Art. 28 Abs. 3 EuKoPfVO genannten Schriftstücke zuzustellen.

(3) Der Schuldner kann Anträge und Rechtsbehelfe nach der EuKoPfVO beim Bezirksgericht seines Aufenthalts mündlich zu Protokoll erklären; dieses Bezirksgericht hat das Protokoll dem zuständigen Gericht unverzüglich zu übersenden.

(BGBl I 2016/100)

Einholung von Kontoinformationen

§ 424. (1) Zur Einholung einer Kontoinformation in einem nicht im Inland anhängigen Verfahren zur Erlangung eines Europäischen Beschlusses zur vorläufigen Kontenpfändung ist das Bezirksgericht, in dessen Sprengel der Schuldner seinen Wohnsitz oder gewöhnlichen Aufenthalt hat, zuständig. Hat der Schuldner im Inland weder seinen Wohnsitz noch seinen gewöhnlichen Aufenthalt, so ist das Bezirksgericht Innere Stadt Wien zuständig.

(2) Das Gericht hat mit Beschluss den Schuldner zur Bekanntgabe seiner im Inland geführten Bankkonten aufzufordern. Der Beschluss hat das Verbot an den Schuldner zu enthalten, über die vom Europäischen Beschluss zur vorläufigen Kontenpfändung betroffenen, im Inland geführten Bankkonten bis zu dem Betrag, der mit dem Beschluss vorläufig gepfändet werden soll, zu verfügen. Mit dem Beschluss ist dem Schuldner auch aufzutragen, sämtliche Einzugsermächtigungen und Daueraufträge, aufgrund derer Geldbeträge von dem vorläufig zu pfändenden Konto abgebucht werden, aufzulösen, soweit sie die Einbringlichkeit des Betrages, der mit dem Europäischen Beschluss zur vorläufigen Kontenpfändung vorläufig gepfändet werden soll, gefährden und nicht aus dem unpfändbaren Freibetrag erfüllt werden können.

(3) Hat der Schuldner im Inland seinen Wohnsitz oder seinen gewöhnlichen Aufenthalt, so hat er vor dem Gericht oder dem Vollstreckungsorgan in einem Vermögensverzeichnis seine Bankkonten anzugeben oder anzugeben, dass solche nicht vorhanden sind. Das Vollstreckungsorgan hat den Beschluss nach Abs. 2 dem Schuldner zuzustellen und mit dem Schuldner das Vermögensverzeichnis aufzunehmen. Auf die Kontoangabe sind § 47 Abs. 2 über die Belehrung, die Protokolleinsicht und die Bestätigung durch den Schuldner sowie § 48 anzuwenden.

(4) Das Gericht hat über den Schuldner, der gegen den Beschluss nach Abs. 2 verstößt, eine Ordnungsstrafe bis zu 5 000 Euro zu verhängen.

(BGBl I 2016/100)

Zwischen § 424 und § 427 enthält die EO keine Normen.

Vierter Teil

Begleitregelungen

Erster Abschnitt

Elektronische Abfrage von Daten
(BGBl I 2017/122, ab 1. 1. 2019)

Voraussetzungen

§ 427. (1) Ein Gläubiger kann zur Beurteilung, ob er einen Rechtsstreit oder ein Exekutions- oder Insolvenzverfahren einleiten oder weiterführen soll, in folgende Daten über Exekutionsverfahren, die gegen seinen Schuldner wegen Geldforderungen geführt werden, elektronisch Einsicht nehmen, wenn er eine Forderung und berechtigte Zweifel an der Bonität des Schuldners bescheinigt: *(BGBl I 2021/86)*

1. das Exekutionsgericht, das Aktenzeichen und die Höhe der betriebenen Forderungen der Verfahren, die länger als ein Monat seit der Bewilligung anhängig und weder eingestellt noch unter vollständiger Befriedigung des Gläubigers beendet sind und bei denen auch nicht zwei Jahre seit dem letzten in die Daten aufgenommenen Exekutionsschritt abgelaufen sind, samt dem Hinweis auf eine Aufschiebung des Exekutionsverfahrens und die Art der Exekutionsmittel, *(BGBl I 2019/38)*

2. bei solchen Exekutionsverfahren auf bewegliche körperliche Sachen die erfolgten Pfändungen und ergebnislosen Vollzugsversuche, und

3. die Tatsache, dass innerhalb eines Jahres vor der Abfrage ein Vermögensverzeichnis abgegeben wurde.

(2) Abfrageberechtigt sind Rechtsanwälte und Notare als Vertreter von Gläubigern sowie folgende inländische Körperschaften des öffentlichen Rechts als Gläubiger:

1. Gebietskörperschaften und

2. Sozialversicherungsträger.

(3) Ein Schuldner kann zur Vorbereitung eines Insolvenz-, Restrukturierungs- oder Reorganisationsverfahrens oder seiner sonstigen Entschuldung in die in Abs. 1 genannten, seine Person betreffenden Daten einsehen. Abfrageberechtigt sind Rechtsanwälte, Notare und anerkannte Schuldenberatungsstellen als Vertreter des Schuldners. *(BGBl I 2021/86)*

(BGBl I 2017/122, ab 1. 1. 2019)

Durchführung der Abfrage

§ 428. (1) Die Abfrage erfolgt über die vom Bundesminister für Justiz beauftragten Verrechnungsstellen. Diese haben sicherzustellen, dass nur dem abfrageberechtigten Personenkreis Einsicht gewährt wird.

(2) Rechtsanwälte und Notare sind unter Angabe ihres Anschriftcodes für die Teilnahme am elektronischen Rechtsverkehr abfrageberechtigt. Dienstleistenden europäischen Rechtsanwälten (§ 2 EIRAG) erteilt das Bundesministerium für Justiz nach Nachweis ihrer Berechtigung nach § 1 EIRAG eine auf ein Jahr befristete Abfrageberechtigung; als Ort der inländischen Dienstleistungserbringung gilt der Sitz der zuerst in Anspruch genommenen Verrechnungsstelle.

(3) Als Suchbegriff sind der Name (Vor- und Familienname oder Firma) und die Postleitzahl der Adresse des Schuldners einzugeben. Statt der Postleitzahl oder zusätzlich können auch das Geburtsdatum und die Firmenbuch- oder Vereinsregisternummer oder Gewerbeinformationssystem Austria-Zahl (GISA-Zahl) oder die im Ergänzungsregister vergebene Ordnungsnummer (ErsB-Ordnungsnummer) angeführt werden. Zu Dokumentationszwecken sind der Name des Gläubigers und seine Adresse sowie der Exekutionstitel oder die Tatsachen, auf die sich die Forderung gründet, und die Höhe der Forderung gegen den Schuldner sowie die Zweifel an der Bonität anzugeben. Es ist zu ergänzen, ob ein Rechtsstreit oder ein Exekutions- oder Insolvenzverfahren eingeleitet wird. Bei der Abfrage durch den Schuldnervertreter ist zu Dokumentationszwecken der Grund der Einsicht zu dokumentieren. *(BGBl I 2019/38; BGBl I 2021/86)*

(4) Mit dem Abfrageergebnis sind zur näheren Bestimmung des Schuldners dessen Adresse, sowie – soweit vorhanden – dessen Geburtsdatum, Firmenbuch- oder Vereinsregisternummer oder Gewerbeinformationssystem Austria-Zahl (GISA-Zahl) oder die im Ergänzungsregister vergebene Ordnungsnummer (ErsB-Ordnungsnummer) anzugeben und auf einen Doppelgängerfall hinzuweisen. *(BGBl I 2019/38; BGBl I 2021/86)*

(BGBl I 2017/122)

Verhinderung von Missbrauch

§ 429. (1) Das Abfrageergebnis und die ergänzenden Angaben dürfen nur für die Zwecke des § 427 verwendet, darüber hinaus aber nicht verarbeitet und übermittelt werden; sie sind gesondert und geschützt aufzubewahren sowie nach Wegfall des Zwecks, spätestens jedoch ein Jahr nach der Abfrage, zu vernichten. *(BGBl I 2021/86)*

(2) Die Bundesrechenzentrum GmbH hat die Abfragen, deren Inhalt, die Abfrageergebnisse, die abfragende Person oder Stelle und den Zeitpunkt der Abfrage zu protokollieren. Die Protokolle sind zehn Jahre aufzubewahren. *(BGBl I 2019/38)*

(3) Ein Rechtsanwalt oder Notar darf pro Kalendertag nicht mehr als 25 Abfragen tätigen.

(BGBl I 2017/122)

Kontrolle

§ 430. (1) Die Rechtsanwalts- und Notariatskammern, die sonstigen Körperschaften öffentlichen Rechts sowie die Dachorganisation der Schuldenberatungsstellen haben durch geeignete Maßnahmen, insbesondere durch regelmäßige Stichproben, sicherzustellen, dass die Abfrage nur unter den gesetzlich bestimmten Voraussetzungen durchgeführt wird. Massenaufträge an Rechtsanwälte und Notare müssen standardmäßig kontrolliert werden. Die im ersten Satz genannten Stellen haben dem Bundesministerium für Justiz über die getroffenen Maßnahmen auf Anfrage umgehend – die Rechtsanwalts- und Notariatskammern und die Dachorganisation der Schuldenberatungsstellen darüber hinaus jährlich – zu berichten. *(BGBl I 2021/86)*

(2) Die jeweilige Rechtsanwalts- oder Notariatskammer hat Rechtsanwälten bzw. Notaren, die gegen § 427 oder § 429 verstoßen, ungeachtet weiterer disziplinarrechtlicher Folgen die Befugnis zur Abfrage befristet oder unbefristet zu untersagen. Jede Untersagung ist unverzüglich sämtlichen Verrechnungsstellen und dem Bundesministerium für Justiz zur Kenntnis zu bringen.

(3) Die Bundesrechenzentrum GmbH hat *(BGBl I 2019/38)*

1. dem Bundesministerium für Justiz,

2. den Gerichten und Bezirksverwaltungsbehörden, *(BGBl I 2021/86)*

3. den Rechtsanwalts- und Notariatskammern und den Körperschaften des öffentlichen Rechts nach § 427 Abs. 2 sowie *(BGBl I 2021/86)*

4. der Dachorganisation der Schuldenberatungsstellen *(BGBl I 2021/86)*

auf deren Ersuchen zur Wahrnehmung der ihnen gesetzlich zukommenden Aufgaben im Rahmen ihres jeweiligen gesetzlichen Wirkungs- und

Aufgabenbereichs Einsicht in die nach § 429 Abs. 2 zu führenden Protokolle zu gewähren.

(4) Jeder Person ist beim Bezirksgericht ihres Wohnsitzes oder gewöhnlichen Aufenthalts Auskunft über die sie betreffenden Protokolle (§ 429 Abs. 2) zu erteilen.

(5) Das Bundesministerium für Justiz kann zur Verhinderung von Missbrauch bei Verstößen gegen §§ 427 bis 429 alle erforderlichen Maßnahmen treffen.

(6) Das Bundesministerium für Justiz veröffentlicht einen jährlichen Kontrollbericht.

(BGBl I 2017/122)

Strafbestimmung

§ 431. (1) Wer gegen §§ 427 und 429 Abs. 1 und Abs. 3 verstößt, begeht, sofern die Tat nicht den Tatbestand einer in die Zuständigkeit der Gerichte fallenden strafbaren Handlung bildet, eine Verwaltungsübertretung und ist mit einer Geldstrafe bis zu 25 000 Euro, im Wiederholungsfall bis zu 50 000 Euro, zu bestrafen. *(BGBl I 2017/122)*

(2) Die Bezirksverwaltungsbehörden haben von jeder rechtskräftigen Verurteilung das Bundesministerium für Justiz und, wenn der Täter Rechtsanwalt oder Notar ist, die Rechtsanwalts- bzw. Notariatskammer zu verständigen. *(BGBl I 2017/122)*

(BGBl I 2004/128; BGBl I 2016/100, war vor dem 1. 12. 2016 § 403)

Zweiter Abschnitt

Sonstige Begleitregelungen

(BGBl I 2017/122)

Geschäftsverteilung bei exekutionsrechtlichen Klagen und Anträgen

§ 432. (1) Klagen und Anträge nach den §§ 35 und 36 zwischen Ehegatten aus dem Eheverhältnis sowohl während als auch nach Auflösung der Ehe, zwischen eingetragenen Partnern aus dem Partnerschaftsverhältnis sowohl während als auch nach Auflösung der Partnerschaft sowie zwischen Eltern und Kindern aus dem Eltern-Kind-Verhältnis gehören in die für die Familienrechtssache zuständige Abteilung.

(2) Alle sonstigen Klagen nach den §§ 17, 35, 36 und 37 sind von der mit Exekutionssachen befassten Abteilung zu bearbeiten.

(BGBl I 2014/69; BGBl I 2016/100, war vor dem 1. 12. 2016 § 403a)

Auktionshallen

§ 433. In der Ediktsdatei ist bekannt zu machen, bei welchen Gerichten Auktionshallen betrieben werden. *(BGBl I 2021/86)*

(BGBl I 2005/68)

Lagerzins

§ 434. (1) Für die Lagerung in der Auktionshalle ist ein Lagerzins zu entrichten. Er beträgt bei Verwahrung nach § 259 für jeden angefangenen Monat der Verwahrung 1/2 % vom Wert der eingelagerten Sachen; sonst für einen Tag 1%. Ist die Sache bereits verkauft worden, so ist Bemessungsgrundlage das Meistbot oder der Kaufpreis, sonst der Schätzwert oder mangels einer Schätzung der vom Vollstreckungsorgan bei der Pfändung angegebene voraussichtlich erzielbare Erlös. *(BGBl I 2021/86)*

(2) Zur Zahlung sind verpflichtet

1. der betreibende Gläubiger für die Verwahrung nach § 259;

2. der Ersteher oder der Käufer, wenn er die erworbenen Sachen nicht rechtzeitig weggebracht hat, beginnend mit dem zweiten Tag nach der Versteigerung oder dem Verkauf;

3. der Verpflichtete oder ein sonstiger Empfangsberechtigter, wenn er innerhalb von 14 Tagen nach Zustellung der Aufforderung die Sache nicht abgeholt hat, beginnend mit dem fünfzehnten Tag nach Zustellung der Aufforderung.

(3) Der Lagerzins ist von dem Gericht, bei dem die Auktionshalle eingerichtet ist, vorzuschreiben und nach den Bestimmungen des GEG einzubringen. Für die Einbringung des Lagerzinses bei Verwahrung gilt außerdem § 274b Abs. 2 sinngemäß. *(BGBl I 2021/86)*

(BGBl I 2003/31; BGBl I 2021/86)

Besondere Übergabgsbestimmungen: §§ 435 bis 437 treten mit 1. Juli 2021 in Kraft. Eintragungen in die Zwangsverwalterliste sind in die Verwalterliste in Exekutionssachen zu übernehmen (§ 502 Abs 6).

Formblätter

§ 435. Die Bundesministerin für Justiz wird ermächtigt, zur Ermöglichung einer zweckmäßigen Behandlung der Eingaben mit Verordnung Formblätter einzuführen, die die Parteien für ihre Eingaben an das Gericht zu verwenden haben. Diese Formblätter sind so zu gestalten, dass sie die Parteien leicht und sicher verwenden können.

(BGBl I 2021/86)

Verwalterliste in Exekutionssachen

§ 436. (1) Die Verwalterliste in Exekutionssachen hat Textfelder für folgende Angaben zu enthalten:

1. Name, Anschrift, Telefon- und Telefaxnummer sowie E-Mail-Adresse;

2. Ausbildung;

3. berufliche Laufbahn;

4. eingetragen in eine Berufsliste (seit wann) oder Art der Berufserfahrung (seit wann);

5. besondere Fachkenntnisse (in wirtschaftlichen Belangen);

6. besondere Kenntnisse über die Verwertung bestimmter Vermögenswerte und die Verwaltung bestimmter Vermögensobjekte und Liegenschaftskategorien;

7. Infrastruktur

a) Gesamtzahl der Mitarbeiter,

b) Zahl der Mitarbeiter mit Exekutionsverwaltungspraxis,

c) Zahl der Mitarbeiter mit juristischer Ausbildung,

d) Zahl der Mitarbeiter mit betriebswirtschaftlicher Ausbildung,

e) geeignetes EDV-Programm,

f) Haftpflichtversicherung als Verwalter;

8. Erfahrung als Verwalter in Exekutionssachen (insbesondere Anzahl der Bestellungen sowie Umsatz und Mitarbeiteranzahl)

9. angestrebter örtlicher Tätigkeitsbereich;

10. bei juristischen Personen und eingetragenen Personengesellschaften

a) Vertretung bei Ausübung der Verwaltung in Exekutionssachen samt Angaben nach Z 1 bis 6,

b) Gesellschafter und wirtschaftlich Beteiligte.

(2) Die Verwalterliste in Exekutionssachen ist als allgemein zugängliche Datenbank vom Oberlandesgericht Linz für ganz Österreich zu führen. Eintragungen sind von Amts wegen zu löschen, wenn sie gegenstandslos sind oder wenn die Gebühr für die Veröffentlichung in der Verwalterliste trotz Zahlungsauftrags samt Hinweis auf diese Rechtsfolge nicht innerhalb der im Zahlungsauftrag bestimmten Leistungsfrist entrichtet wurde.

(3) Die an der Verwaltung interessierten Personen haben sich selbst in die Exekutionsverwalterliste einzutragen. Sie können die Angaben auch jederzeit selbst ändern.

(4) § 89e GOG ist anzuwenden.

(BGBl I 2021/86)

Überweisung bei Neuerrichtung eines Bezirksgerichts

§ 437. Wenn ein neues Bezirksgericht errichtet wird, sind die im Zeitpunkt der Errichtung dieses Bezirksgerichts bei dem Bezirksgericht, dessen Sprengelgrenzen geändert wurden, anhängigen Exekutionsverfahren von Amts wegen an das neue Bezirksgericht zu überweisen, wenn dieses nach §§ 4 ff zuständig ist.

(BGBl I 2021/86)

Fünfter Teil

Anfechtung von Rechtshandlungen

Besondere Übergangsbestimmungen: Die Bestimmungen des Fünften Teils (Anfechtung) sind auf Rechtshandlungen nach dem 30. Juni 2021 anzuwenden (§ 502 Abs 8).

Anfechtungsrecht

§ 438. Rechtshandlungen, die das Vermögen eines Schuldners betreffen, können außerhalb des Insolvenzverfahrens nach den folgenden Bestimmungen zum Zweck der Befriedigung eines Gläubigers angefochten und diesem gegenüber als unwirksam erklärt werden. §§ 36, 38 und 42 IO sind anzuwenden.

(BGBl I 2021/86)

Benachteiligungsabsicht und Vermögensverschleuderung

§ 439. Anfechtbar sind

1. alle Rechtshandlungen, die der Schuldner in der dem anderen Teil bekannten Absicht, seine Gläubiger zu benachteiligen, in den letzten zehn Jahren vor der Anfechtung vorgenommen hat;

2. alle Rechtshandlungen, durch welche die Gläubiger des Schuldners benachteiligt werden und die dieser in den letzten zwei Jahren vor der Anfechtung vorgenommen hat, wenn dem anderen Teil die Benachteiligungsabsicht bekannt sein musste;

3. alle Rechtshandlungen, durch welche die Gläubiger des Schuldners benachteiligt werden und die er in den letzten zwei Jahren vor der Anfechtung gegenüber seinem Ehegatten oder eingetragenen Partner – vor oder während der Ehe oder eingetragenen Partnerschaft – oder gegenüber anderen nahen Angehörigen gemäß § 32 IO oder zugunsten der genannten Personen vorgenommen hat, es sei denn, dass dem anderen Teil zur Zeit der Vornahme der Rechtshandlung eine Benachteiligungsabsicht des Schuldners weder bekannt war noch bekannt sein musste;

4. die im letzten Jahr vor der Anfechtung vom Schuldner eingegangenen Kauf-, Tausch- und

Lieferungsverträge, sofern der andere Teil in dem Geschäft eine die Gläubiger benachteiligende Vermögensverschleuderung erkannte oder erkennen musste.

(BGBl I 2021/86)

Unentgeltliche und ihnen gleichgestellte Verfügungen

§ 440. Anfechtbar sind folgende in den letzten zwei Jahren vor der Anfechtung vorgenommene Rechtshandlungen:

1. unentgeltliche Verfügungen des Schuldners, soweit es sich nicht um die Erfüllung einer gesetzlichen Verpflichtung, um gebräuchliche Gelegenheitsgeschenke oder um Verfügungen in angemessener Höhe handelt, die zu gemeinnützigen Zwecken gemacht wurden oder durch die einer sittlichen Pflicht oder Rücksichten des Anstandes entsprochen worden ist;

2. der Erwerb von Sachen des Schuldners zufolge obrigkeitlicher Verfügung, wenn das Entgelt aus den Mitteln des Schuldners geleistet worden ist. Sind diese Sachen von nahen Angehörigen des Schuldners gemäß § 32 IO erworben worden, so wird vermutet, dass das Entgelt aus den Mitteln des Schuldners geleistet worden ist.

(BGBl I 2021/86)

Einzelverkäufe

§ 441. Leistungen auf Grund von Einzelverkäufen beweglicher Sachen im gewerbemäßigen Betrieb des Schuldners können nur wegen Benachteiligungsabsicht nach § 439 Z 1 bis 3 angefochten werden.

(BGBl I 2021/86)

Exekution und Anfechtung

§ 442. Die Anfechtung wird dadurch nicht ausgeschlossen, dass für die anzufechtende Handlung ein Exekutionstitel erworben oder dass sie durch Exekution bewirkt worden ist. Wird die Rechtshandlung für unwirksam erklärt, so erlischt dem Gläubiger gegenüber auch die Wirksamkeit des Exekutionstitels.

(BGBl I 2021/86)

Anfechtungsbefugnis

§ 443. (1) Zur Anfechtung ist jeder Gläubiger, dessen Forderung vollstreckbar ist, ohne Rücksicht auf die Zeit ihrer Entstehung befugt, sofern die Exekution in das Vermögen des Schuldners nicht zu einer vollständigen Befriedigung des Gläubigers geführt hat oder anzunehmen ist, dass sie zu einer solchen nicht führen würde.

(2) Die Anfechtung kann durch Klage oder Einrede geltend gemacht werden.

(BGBl I 2021/86)

Hemmung des Ablaufs der Anfechtungsfrist

§ 444. (1) Der Ablauf der Anfechtungsfrist wird für den Gläubiger einer vor diesem Ablauf fällig gewordenen, aber noch nicht vollstreckbaren Forderung bis zum Ende des sechsten Monats seit dem Eintritt der Vollstreckbarkeit der Forderung gehemmt, wenn der Gläubiger, nachdem er von der anfechtbaren Rechtshandlung des Schuldners erfahren hat,

1. das Verfahren gegen den Schuldner über die bereits anhängige Klage gehörig fortsetzt oder

2. den Schuldner unverzüglich klagt und das Verfahren über die Klage gehörig fortsetzt und

3. in beiden Fällen demjenigen, dem gegenüber die Rechtshandlung vorgenommen worden ist, oder dessen Erben seine Anfechtungsabsicht vor dem Ablauf der Anfechtungsfrist mit einem gerichtlich oder notariell zugestellten Schriftsatz mitteilt.

(2) Zur Entgegennahme und zur Zustellung des in Abs. 1 genannten Schriftsatzes ist jedes mit bürgerlichen Rechtssachen befasste Bezirksgericht zuständig. Die Zustellung dieses Schriftsatzes ist nach den Vorschriften über die Zustellung von Klagen vorzunehmen.

(3) Zur Erstreckung der Fristen genügt die Zustellung des Schriftsatzes an denjenigen, gegen den die Anfechtung stattfinden soll.

(BGBl I 2021/86)

Anfechtung vor Vollstreckbarkeit

§ 445. Die Anfechtung kann mittels Einrede ausgeübt werden, bevor die Forderung des Gläubigers vollstreckbar geworden ist. Ebenso kann die Anfechtung im Verfahren zur Verteilung eines im Wege der Zwangsvollstreckung erzielten Erlöses auch stattfinden, bevor die Forderung des anfechtenden Gläubigers vollstreckbar geworden ist.

(BGBl I 2021/86)

Anfechtungsklage

§ 446. In der Klage ist anzugeben, in welchem Umfang und in welcher Weise der Beklagte zum Zweck der Befriedigung des Gläubigers etwas leisten oder dulden soll.

(BGBl I 2021/86)

Inhalt des Anfechtungsanspruchs

§ 447. (1) Was durch die anfechtbare Handlung dem Vermögen des Schuldners entgangen oder daraus veräußert oder aufgegeben worden ist, kann der Gläubiger soweit für sich beanspruchen, als es zu seiner Befriedigung erforderlich ist; ist dies nicht tunlich, so ist Ersatz zu leisten.

(2) Der zur Leistung Verpflichtete ist als unredlicher Besitzer anzusehen, dessen Erbe jedoch nur dann, wenn ihm die Umstände, die das Anfechtungsrecht gegen den Verstorbenen begründen, bekannt waren oder bekannt sein mussten.

(3) Der gutgläubige Empfänger einer unentgeltlichen Leistung hat diese nur so weit zu erstatten, als er durch sie bereichert ist, es sei denn, dass sein Erwerb auch als entgeltlicher anfechtbar wäre.

(BGBl I 2021/86)

Rechte Dritter

§ 448. Haben dritte Personen an Sachen, die zurückzustellen sind, unanfechtbare Rechte erworben, so ist derjenige, während dessen Besitz die Belastung stattgefunden hat, zum Ersatz des Schadens an den Gläubiger verpflichtet, wenn sein Erwerb anfechtbar war. § 447 Abs. 3 ist anzuwenden.

(BGBl I 2021/86)

Ansprüche des Anfechtungsgegners

§ 449. Wegen Erstattung einer Gegenleistung oder wegen einer infolge der Anfechtung wieder auflebenden Forderung kann sich der Anfechtungsgegner nur an den Schuldner halten.

(BGBl I 2021/86)

Befreiung des Anfechtungsgegners

§ 450. Der Anfechtungsgegner kann sich von dem Anfechtungsanspruch dadurch befreien, dass er die dem anfechtenden Gläubiger gegen den Schuldner zustehende Forderung befriedigt.

(BGBl I 2021/86)

Mehrfache Anfechtung

§ 451. Der Umstand, dass dieselbe Rechtshandlung von mehreren Gläubigern angefochten wird, kann in keinem Fall zur Folge haben, dass die den Anfechtungsgegner treffenden Verbindlichkeiten das durch die §§ 447 und 448 bestimmte Maß überschreiten.

(BGBl I 2021/86)

Anfechtbarkeit bei Eröffnung eines Insolvenzverfahrens

§ 452. (1) Inwiefern Anfechtungsansprüche, die von Insolvenzgläubigern erhoben worden sind, nach der Eröffnung eines Insolvenzverfahrens weiter geltend gemacht werden können, bestimmt § 37 IO.

(2) Eine Befriedigung oder Sicherstellung, die ein Gläubiger infolge einer Anfechtung vor der Eröffnung eines Insolvenzverfahrens erlangt hat, kann, wenn über das Vermögen des Schuldners ein Insolvenzverfahren eröffnet wird, nach den Bestimmungen der Insolvenzordnung angefochten werden.

(BGBl I 2021/86)

Anmerkung der Anfechtungsklage

§ 453. (1) Wird die Anfechtung mit Klage geltend gemacht, so kann der Anfechtungsberechtigte beim Prozessgericht die Anmerkung der Klage im jeweiligen Grundbuch beantragen.

(2) Diese Anmerkung bewirkt, dass das Urteil über die Anfechtungsklage auch gegen Personen wirkt, die nach der Anmerkung bücherliche Rechte erworben haben.

(BGBl I 2021/86)

Sechster Teil

Vollzugsgebühr und Vergütungen der Gerichtsvollzieher

Besondere Übergangsbestimmungen: Die Bestimmungen des Ersten Abschnitts des Sechsten Teils (Vollzugsgebühr und Vergütungen der Gerichtsvollzieher) sind anzuwenden, wenn der Exekutionsantrag oder der Antrag auf Neuvollzug nach dem 30. Juni 2021 bei Gericht einlangt; dessen Zweiter und Dritter Abschnitt sind anzuwenden, wenn die Amtshandlung nach dem 30. Juni 2021 vorgenommen wird(§ 502 Abs 9).

Erster Abschnitt

Vollzugsgebühr

Gebührenpflicht

§ 454. (1) Der betreibende Gläubiger hat mit Einbringung des Exekutionsantrags und bei der Exekution auf bewegliche Sachen auch mit dem Antrag auf Neuvollzug oder auf neuerliche Versteigerung die Vollzugsgebühr nach § 455 zu entrichten.

(2) Bei Protokollaranträgen ist die Gebühr mit dem Beginn der Niederschrift zu entrichten.

(3) Ein Antrag auf Neuvollzug im Sinne des Abs. 1 ist insbesondere jeder Antrag auf Vollzug in den Fällen des § 252d Abs. 1 Z 2 und 3, nicht jedoch im Fall des § 249a Abs. 1 Z 4.

(BGBl I 2021/86)

Höhe der Gebühr

§ 455. Die Vollzugsgebühr beträgt für

1. die Zwangsverwaltung einer Liegenschaft, eines Superädifikats oder eines Baurechts .... 20 Euro,

2. die Zwangsversteigerung einer Liegenschaft, eines Superädifikats oder eines Baurechts .... 20 Euro,

3. die Exekution auf bewegliche Sachen oder auf Forderungen aus Papieren nach § 321 .... 7,50 Euro,

4. die Exekution auf Vermögensrechte .... 20 Euro,

5. die Exekution zur Herausgabe oder Leistung beweglicher Sachen ... 9 Euro und

6. die Räumungsexekution ... 30 Euro.

Wenn der betreibende Gläubiger in einem Antrag mehr als ein Exekutionsmittel zur Hereinbringung einer Geldforderung auf das bewegliche Vermögen beantragt, dann ist nur die höhere Gebühr zu entrichten.

(BGBl I 2021/86)

Anwendbarkeit anderer Vorschriften

§ 456. (1) Auf die Vollzugsgebühren sind sinngemäß anzuwenden

1. § 4 Abs. 1 bis 4 und Abs. 6 GGG über die Art der Gebührenentrichtung,

2. § 7 Abs. 2 bis 4 GGG über die Zahlungspflicht,

3. §§ 8 bis 10 sowie 12, 13 und 21 Abs. 1 bis 3 GGG über die Gebührenfreiheit und

4. § 31 Abs. 1 bis 4 GGG über den Gebührenmehrbetrag.

(2) Auf die Vollzugsgebühren ist das Gerichtliche Einbringungsgesetz mit Ausnahme des § 6a Abs. 3 anzuwenden.

(BGBl I 2021/86)

Zweiter Abschnitt
Vergütung des Gerichtsvollziehers

Entstehen der Vergütung

§ 457. (1) Der Gerichtsvollzieher hat für die gesetz- und auftragsgemäß durchgeführten Handlungen einen Anspruch auf Vergütung nach §§ 461 bis 473 sowie Ersatz seiner Fahrtkosten.

(2) Der Gerichtsvollzieher erhält

1. die Vergütung für den an ihn gezahlten oder von ihm weggenommenen Betrag aus diesem,

2. die vom Verwertungserlös abhängige Vergütung aus der Verteilungsmasse sowie

3. die Fahrtkosten und sonst die Vergütung aus Amtsgeldern.

(3) Die Vergütung steht im Rang vor der betriebenen Forderung. Der Anspruch gegen den Bund entsteht mit Ende des Monats, der auf jenen Monat folgt, in dem der Gerichtsvollzieher über die Beendigung seiner Tätigkeit berichtete. Bei der Vergütung nach § 466 Abs. 3 und 4 endet die Frist drei Monate später.

(BGBl I 2021/86)

Vergütung bei Handlungen zugunsten mehrerer Verfahren

§ 458. Für Handlungen, die zugunsten mehrerer Verfahren vorgenommen werden, gebühren die Vergütung und die Fahrtkosten für jedes Verfahren. Für Handlungen im Rahmen eines einheitlichen Verwertungsverfahrens und bei nach § 33 verbundenen Verfahren stehen die Vergütung und die Fahrtkosten jedoch nur einmal zu.

(BGBl I 2021/86)

Vergütung bei mehreren Handlungen in einem Verfahren

§ 459. (1) Für alle in einem Exekutionsverfahren und bei der Exekution auf bewegliche Sachen auch für alle nach einem Vollzugsauftrag auf Grund eines Antrags auf neuerlichen Vollzug oder auf neuerliche Versteigerung vorgenommenen Handlungen richtet sich die Vergütung nach dem höchsten vorgesehenen Betrag.

(2) Die Vergütungen für

1. Pfändung, sofern nicht beim gleichen Vollzugsversuch Zahlung der gesamten Forderung geleistet wird,

2. Zahlung,

3. Nachweis der Zahlung ab dem zweiten Vollzugsversuch und

4. Verwertung

stehen nebeneinander zu. Wird Zahlung geleistet, so sind bei der Berechnung der Vergütung die vorher geleisteten Zahlungen, wird bei einem oder mehreren Vollzügen Zahlung nachgewiesen, so sind die insgesamt geleisteten Zahlungen zu berücksichtigen.

(3) Die Vergütung für die Aufnahme des Vermögensverzeichnisses gebührt zusätzlich zu sonstigen Vergütungen.

(BGBl I 2021/86)

Zurückzahlung der Vergütung

§ 460. Der Gerichtsvollzieher hat die Vergütung und die Fahrtkosten zurückzuzahlen, soweit ein Anspruch hierauf nicht bestanden hat.

(BGBl I 2021/86)

Vermögensverzeichnis

§ 461. Für die Aufnahme jedes Vermögensverzeichnisses, insbesondere auch einer Kontoangabe nach § 424 Abs. 3, beträgt die Vergütung 2 Euro.

(BGBl I 2021/86)

Zahlung

§ 462. Bei der Exekution wegen Geldforderungen, ausgenommen bei der Exekution auf das unbewegliche Vermögen, beträgt die Vergütung von dem an den Gerichtsvollzieher insgesamt gezahlten oder von ihm weggenommenen Betrag:

bis 150 Euro .... 5,0 %,

vom Mehrbetrag bis 400 Euro .... 3,0 %,

vom Mehrbetrag bis 800 Euro .... 1,5 %,

vom Mehrbetrag bis 4 000 Euro .... 1,0 %,

vom Mehrbetrag bis 8 000 Euro .... 0,7 %,

vom Mehrbetrag bis 50 000 Euro .... 0,3 %
und vom Mehrbetrag über 50 000 Euro .... 0,15 %,

mindestens jedoch 6 Euro.

(BGBl I 2021/86)

Verwertung von Gegenständen

§ 463. Werden Gegenstände verwertet, so gebührt eine vom Verwertungserlös abhängige Vergütung. Diese bemisst sich nach § 462.

(BGBl I 2021/86)

Zwangsverwaltung einer Liegenschaft

§ 464. Bei der Zwangsverwaltung einer Liegenschaft beträgt die Vergütung für die Einführung eines Verwalters 20 Euro.

(BGBl I 2021/86)

Zwangsversteigerung einer Liegenschaft

§ 465. Bei der Zwangsversteigerung einer Liegenschaft, eines Superädifikats oder eines Baurechts beträgt die Vergütung für

1. die Einführung eines einstweiligen Verwalters 20 Euro,

2. die Übergabe der Liegenschaft an den Ersteher 20 Euro und

3. die Schätzung oder Besichtigung einer Liegenschaft 4,50 Euro.

(BGBl I 2021/86)

Fahrnisexekution

§ 466. (1) Bei Pfändung beträgt die Vergütung 6 Euro. Wird der gepfändete Gegenstand verwer-

tet, so gebührt zusätzlich eine vom Verwertungserlös abhängige Vergütung nach § 462.

(2) Weist der Verpflichtete beim ersten Vollzugsversuch des Gerichtsvollziehers Vollzahlung nach, so beträgt die Vergütung 4,50 Euro; weist der Verpflichtete bei späteren Vollzugsversuchen Zahlung nach, insbesondere wenn Zahlung dem Gerichtsvollzieher in Aussicht gestellt wurde, so beträgt die Vergütung die Hälfte der Vergütung nach Abs. 1, höchstens jedoch 21 Euro.

(3) Unterbleibt die Pfändung mangels pfändbarer Gegenstände, so beträgt die Vergütung 2 Euro.

(4) Hat der Gerichtsvollzieher Handlungen aufgrund eines Vollzugsauftrags und nach Ablauf der Frist des § 249 Abs. 3 gesetzt, wird aber kein Tatbestand nach Abs. 1 bis 3 verwirklicht, so beträgt die Vergütung 70 Cent.

(BGBl I 2021/86)

Exekution auf Vermögensrechte

§ 467. Bei der Exekution auf Vermögensrechte beträgt die Vergütung für

1. die pfandweise Beschreibung solcher Rechte 4,50 Euro und für

2. die Einführung eines Pächters oder Verwalters solcher Rechte 20 Euro.

Im Übrigen ist § 466 sinngemäß anzuwenden.

(BGBl I 2021/86)

Exekution zur Herausgabe beweglicher Sachen

§ 468. Bei der Exekution zur Herausgabe oder Leistung beweglicher Sachen beträgt die Vergütung für die Abnahme der Sachen 4,50 Euro.

(BGBl I 2021/86)

Räumungsexekution

§ 469. Bei der Räumungsexekution beträgt die Vergütung für die Räumung 30 Euro. Wird eine begonnene Räumung nicht beendet, so beträgt die Vergütung 15 Euro. Eine Räumung gilt nur dann als begonnen, wenn der betreibende Gläubiger die zur Öffnung der Räumlichkeiten und zur Wegschaffung der zu entfernenden beweglichen Sachen erforderlichen Arbeitskräfte und Beförderungsmittel bereitgestellt hat.

(BGBl I 2021/86)

Insolvenzverfahren

§ 470. Im Insolvenzverfahren beträgt die Vergütung für

1. die Aufnahme eines Inventars 6 Euro und für

2. Ermittlungen in einem Insolvenzeröffnungsverfahren 6 Euro.

(BGBl I 2021/86)

Pfandweise Beschreibung

§ 471. Für die pfandweise Beschreibung nach
§ 1101 ABGB beträgt die Vergütung 6 Euro.

(BGBl I 2021/86)

Verhaftung und Vorführung

§ 472. Für die Verhaftung oder Vorführung
einer Person außerhalb eines Exekutionsverfahrens sowie für den Vollzug einer einstweiligen
Verfügung zum Schutz vor Gewalt beträgt die
Vergütung 10 Euro; für die Übergabe eines Kindes oder einer sonstigen schutzberechtigten Person 30 Euro.

(BGBl I 2021/86)

Zustellung

§ 473. Für die Zustellung von Schriftstücken
und deren Anschlag im Haus beträgt die Vergütung 2 Euro.

(BGBl I 2021/86)

Dritter Abschnitt

Fahrtkosten des Gerichtsvollziehers

Höhe

§ 474. (1) Der Fahrtkostenersatz beträgt, wenn
das Vollzugsgebiet zum überwiegenden Teil

1. in einem mit öffentlichen Verkehrsmitteln
gut erschlossenen städtischen Kerngebiet liegt
.... 1,10 Euro,

2. in einem verbauten städtischen oder in einem
Agglomerationsgebiet liegt, in dem ein Vollzug
mit öffentlichen Verkehrsmitteln nicht möglich
ist, ... 1,60 Euro,

3. in einem durchschnittlich bis dichter verbauten ländlichen Gebiet liegt .... 2,30 Euro,

4. a) in einem dünn und verstreut besiedelten
ländlichen Gebiet liegt .... 3 Euro und

b) in einem sehr dünn und verstreut besiedelten
sowie weit ausgedehnten ländlichen Gebiet liegt
.... 3,60 Euro.

(2) Bei Benützung eines unentgeltlich beigestellten Kraftfahrzeugs sind keine Fahrtkosten zu
erstatten.

(BGBl I 2021/86)

Vierter Abschnitt

Vollzugsgebiete

Vollzugsgebietsplan

§ 475. (1) Der Präsident des Oberlandesgerichts
hat einen Vollzugsgebietsplan zu erstellen.

(2) Im Vollzugsgebietsplan sind die Gemeinden
oder Teile von Gemeinden des Oberlandesgerichtssprengels Vollzugsgebieten zuzuordnen.
Die Grenzen der Vollzugsgebiete sind durch
Einzeichnen auf Plänen oder auch durch Beschreibung darzustellen. Bei jedem Vollzugsgebiet ist
die Kategorisierung nach § 474 Abs. 1 anzugeben.

(3) Die Zahl der Vollzugsgebiete hat der Anzahl der Gerichtsvollzieher im Sprengel des betreffenden Oberlandesgerichts abzüglich der Anzahl der ausschließlich für die Verrichtung besonderer Vollzugshandlungen vorgesehenen Gerichtsvollzieher zu entsprechen.

(4) Bei Festlegung der Vollzugsgebiete ist
insbesondere auf eine ausgewogene Auslastung
der Vollzugsvollzieher und die Minimierung der
Wegstrecken Bedacht zu nehmen.

(5) Der Vollzugsgebietsplan gewährt dem Gerichtsvollzieher kein Recht auf Betrauung mit einem Vollzugsgebiet und den Parteien kein Recht
auf Einschreiten eines bestimmten Gerichtsvollziehers.

(BGBl I 2021/86)

Entwurf des Vollzugsgebietsplans

§ 476. (1) Der Präsident des Oberlandesgerichts
hat den Entwurf des Vollzugsgebietsplans drei
Wochen beim Oberlandesgericht aufzulegen.

(2) Jeder Gerichtsvollzieher ist berechtigt,
während der Amtsstunden in den Entwurf des
Vollzugsgebietsplans und dessen Teile Einsicht
zu nehmen und innerhalb der Auflagefrist zum
gesamten Entwurf seines Oberlandesgerichtssprengels schriftlich Stellung zu nehmen. Auf diese
Möglichkeit ist im Entwurf hinzuweisen. Rechtzeitig abgegebene Stellungnahmen sind bei der
Erstellung des Vollzugsgebietsplans in Erwägung
zu ziehen.

(BGBl I 2021/86)

Auflage des Vollzugsgebietsplans

§ 477. Der Vollzugsgebietsplan oder dessen
Teile sind beim Oberlandesgericht zur Einsicht
durch Gerichtsbedienstete während der Amtsstunden aufzulegen.

(BGBl I 2021/86)

Änderung des Vollzugsgebietsplans

§ 478. Werden Vollzugsgebiete nicht bloß geringfügig geändert, so sind §§ 475 bis 477 sinngemäß anzuwenden. Stellungnahmen können in diesem Fall nur zu den Änderungen abgegeben werden.

(BGBl I 2021/86)

Überprüfung des Vollzugsgebietsplans

§ 479. Der Präsident des Oberlandesgerichts hat den Vollzugsgebietsplan periodisch, jedenfalls alle zwei Jahre, zu überprüfen sowie notwendige und zweckmäßige Änderungen und Neuzuordnungen vorzunehmen. §§ 475 bis 477 sind sinngemäß anzuwenden.

(BGBl I 2021/86)

Zusammensetzung der Vergütung

§ 480. (1) Die Vergütung und der Ersatz der Fahrtkosten treten an die Stelle der Ansprüche, die sich für Bundesbeamte aus §§ 16 bis 18 und 19a bis 20a des Gehaltsgesetzes 1956 und aus der Reisegebührenvorschrift 1955 ergeben. Gleiches gilt für Vertragsbedienstete in Verbindung mit § 22 Abs. 1 des Vertragsbedienstetengesetzes 1948.

(2) Die Vergütung gilt mit

1. 70% als Überstundenvergütung (§ 16 des Gehaltsgesetzes 1956); hievon stellen 33,3% den Überstundenzuschlag dar,

2. 23% als Reisezulage (§ 13 Abs. 1 der Reisegebührenvorschrift 1955),

3. 5% als Aufwandsentschädigung (§ 20 Abs. 1 des Gehaltsgesetzes 1956) und

4. 2% als Fehlgeldentschädigung (§ 20a des Gehaltsgesetzes 1956).

(3) Der Fahrtkostenersatz gilt als Reisekostenvergütung und als Nächtigungsgebühr nach Abschnitt II der Reisegebührenvorschrift 1955.

(BGBl I 2021/86)

Reisegebühren

§ 481. (1) Umfasst das Vollzugsgebiet eines Gerichtsvollziehers auch Teile eines Sprengels eines Bezirksgerichts, das nicht sein Dienstort ist, liegt aber dieses Bezirksgericht selbst außerhalb seines Vollzugsgebiets, so gebühren ihm für die Anreise und Abreise von seinem Dienstort zu diesem Bezirksgericht im Rahmen von Vollzugstätigkeiten Reisegebühren nach der RGV.

(2) Bei einer vorübergehenden Betrauung mit einem weiteren Vollzugsgebiet gebühren dem Gerichtsvollzieher Reisegebühren für die Anreise und Abreise von seinem Dienstort zu dem Bezirks-gericht, in dessen Sprengel der überwiegende Teil dieses Vollzugsgebiets liegt.

(BGBl I 2021/86)

Vollzugsgebietsbetrauung

§ 482. Es obliegt dem Präsidenten des Oberlandesgerichts, die Gerichtsvollzieher mit den Vollzugsgebieten zu betrauen. Hiebei ist auf die persönliche Eignung der Gerichtsvollzieher Bedacht zu nehmen.

(BGBl I 2021/86)

Sonstige Bedienstete

§ 483. Die Bestimmungen dieses Teils gelten auch für sonstige Bedienstete der Gerichte, die die im zweiten Abschnitt genannten Amtshandlungen außerhalb des Gerichts vornehmen.

(BGBl I 2021/86)

Siebenter Teil

Inkrafttreten, Schluss- und Übergangsbestimmungen[*]

(BGBl I 2021/86)

[*] *Die Übergangsvorschriften zu BGBl 1991/628, 1995/519 und I 2000/59 sind zuletzt abgedruckt in der 40. Auflage (Kapitel 11).*

Fassung ab 27. 7. 2021 (BGBl I 2021/147):

Vollziehung

§ 483a. Mit der Vollziehung dieses Bundesgesetzes ist die Bundesministerin für Justiz betraut.

(BGBl I 2021/147)

Inkrafttreten

§ 484. (1) Die §§ 290 Abs. 1 Z 3 und 290 a Abs. 1 Z 8 in der Fassung des Bundesgesetzes BGBl. Nr. 314/1994 treten mit 1. Juli 1994 in Kraft. *(BGBl 1994/314)*

(2) § 382c Abs. 1 in der Fassung des Bundesgesetzes BGBl. I Nr. 146/1999 tritt mit 1. Jänner 2000 in Kraft. *(BGBl I 1999/146)*

(BGBl I 2004/128, BGBl I 2016/100; BGBl I 2021/86)

§ 485. (1) § 290a Abs. 1 Z 1 in der Fassung des Bundesgesetzes BGBl. I Nr. 30/1998 tritt mit 1. Jänner 1998 in Kraft. *(BGBl I 2012/50)*

(2) § 382c Abs. 3 Z 1 in der Fassung des Bundesgesetzes BGBl. I Nr. 50/2012 tritt mit 1. September 2012 in Kraft. *(BGBl I 2012/50)*

(3) In der Fassung des Art. 12 des Bundesgesetzes BGBl. I Nr. 33/2013 treten in Kraft:

1. § 1 Z 10, § 1 Z 12 in der Fassung der Z 2 und § 1 Z 14 mit Ablauf des Monats der Kundmachung dieses Bundesgesetzes;

2. § 1 Z 12 in der Fassung der Z 3 mit 1. Jänner 2014.

(BGBl I 2013/33)

(BGBl I 1998/30; BGBl I 2004/128, BGBl I 2016/100; BGBl I 2021/86)

In-Kraft-Treten und Übergangsbestimmungen zur EO-Novelle 2003

§ 486. (1) Die EO-Novelle 2003 tritt, soweit im Folgenden nichts anderes bestimmt ist, mit 1. Jänner 2004 in Kraft. Sie ist auf Exekutionsverfahren anzuwenden, in denen der Exekutionsantrag oder der Antrag auf neuerlichen Vollzug nach dem 31. Dezember 2003 bei Gericht eingebracht wird.

(2) §§ 8a, 54 und 63 EO in der Fassung der EO-Novelle 2003 ist auf Exekutionsanträge, die nach dem auf die Bekanntmachung dieses Bundesgesetzes folgenden Tag bei Gericht eingebracht werden, anzuwenden.

(3) §§ 23 und 23a EO in der Fassung der EO-Novelle 2003 und die Aufhebung der §§ 292f und 292g treten mit 1. Jänner 2004 in Kraft; die Auktionshalle beim Bezirksgericht Innere Stadt Wien wird bereits mit 1. August 2003 geschlossen.

(4) § 26a EO in der Fassung der EO-Novelle 2003 ist anzuwenden, wenn die Vollzugshandlung nach dem 31. Dezember 2003 stattfindet.

(5) §§ 25 bis 25d, 30, 48 Abs. 1, §§ 249, 252a bis 252f, 286 Abs. 2 und § 346 Abs. 1 EO in der Fassung der EO-Novelle 2003 sind anzuwenden, wenn der Vollzugsauftrag nach dem 31. Dezember 2003 erteilt wird.

(6) § 42 Abs. 1 Z 9, §§ 45a, 46, 48, 58, 86, 140, 200a, 200b, 271a, 282a und 311a EO in der Fassung der EO-Novelle 2003 sind auch auf Verfahren anzuwenden, die am 1. Jänner 2004 anhängig sind.

(7) § 259 EO in der Fassung der EO-Novelle 2003 ist anzuwenden, wenn der Verwahrer nach dem 31. Dezember 2003 bestellt wird.

(8) §§ 278 und 280 in der Fassung der EO-Novelle 2003 sind anzuwenden, wenn die Versteigerung oder der Verkauf nach dem 31. Dezember 2003 stattfindet.

(9) § 279a EO in der Fassung der EO-Novelle 2003 ist anzuwenden, wenn die Sachen nach dem 31. Dezember 2003 nicht vorgefunden werden.

(10) §§ 290, 290b, 291 Abs. 1, 291a, 291b und 292 EO in der Fassung der EO-Novelle 2003 sind anzuwenden, wenn die Leistungen nach dem 31. Dezember 2003 fällig werden; § 291d EO,

wenn der Anspruch auf die einmalige Leistung oder die Abfertigung nach dem 31. Dezember 2003 entsteht.

(11) §§ 382b und 382d EO in der Fassung der EO-Novelle 2003 sind anzuwenden, wenn der Antrag auf einstweilige Verfügung nach dem 31. Dezember 2003 bei Gericht eingebracht wird.

(12) In den Auktionshallen nach § 23 EO können auch Sachen, die nicht Gegenstand eines Exekutionsverfahrens sind, verwertet werden. Die Bestimmungen der Exekutionsordnung sind hiebei sinngemäß anzuwenden.

(13) Auf Vollzugsaufträge außerhalb eines Exekutionsverfahrens sind §§ 25 ff EO sinngemäß anzuwenden.

(14) Erfordert eine große Zahl von Überstellungen, Aufsperren verschlossener Schlösser und Verwahrungen die Heranziehung eines ständigen Frachtführers, Schlossers bzw. Verwahrers, so hat der Präsident des Oberlandesgerichts die nötigen Vorkehrungen zu treffen.

(BGBl I 2003/31; BGBl I 2004/128, BGBl I 2016/100; BGBl I 2021/86)

In-Kraft-Treten und Übergangsbestimmung zur ZVN 2004

§ 487. § 403 tritt am 1. Jänner 2005 in Kraft; er ist auf Verstöße anzuwenden, die nach dem 31. Dezember 2004 vorgenommen wurden. *(BGBl I 2016/100, BGBl I 2016/100; BGBl I 2021/86)*

(BGBl I 2004/128)

In-Kraft-Treten und Übergangsbestimmungen zur EO-Novelle 2005

§ 488. (1) Der Titel, §§ 7a, 23, 39 Abs. 4, § 42 Abs. 3, § 47 Abs. 1 bis 3, §§ 48, 49 Abs. 1 und 2, § 54 Abs. 2, § 54b Abs. 1 Z 2 und 4, § 54e Abs. 1 Z 2, §§ 54f, 141 Abs. 4, § 170 Z 7 und 10, § 170b Abs. 3, § 182 Abs. 1, § 253a Abs. 1, §§ 253b, § 279a, § 292 Abs. 4, § 294 Abs. 3, §§ 299, 343, 346 Abs. 1, §§ 346a und 399 Abs. 2 in der Fassung der EO-Novelle 2005, BGBl. I Nr. 68/2005, treten mit 1. September 2005 in Kraft.

(2) § 2 Abs. 2 in der Fassung der EO-Novelle 2005 ist anzuwenden, wenn der Exekutionsantrag nach dem 20. Oktober 2005 bei Gericht einlangt.

(3) § 7a in der Fassung der EO-Novelle 2005 ist anzuwenden, wenn der Exekutionstitel nach dem 20. Jänner 2005 erlassen, beurkundet bzw. aufgenommen wurde.

(4) § 47 Abs. 1 bis 3, §§ 48, 49 Abs. 1 und 2, § 253a Abs. 1, § 279a und § 346a in der Fassung der EO-Novelle 2005 sind anzuwenden, wenn das Vermögensverzeichnis nach dem 31. August 2005 aufgenommen wird.

(5) §§ 54, 54b Abs. 1 Z 2 und 4, § 54e Abs. 1 Z 2 und § 54f in der Fassung der EO-Novelle

2005 sind anzuwenden, wenn der Exekutionsantrag nach dem 31. August 2005 bei Gericht einlangt.

(6) § 141 Abs. 4 zweiter Satz, § 170 Z 7 und § 170b Abs. 3 in der Fassung der EO-Novelle 2005 sind anzuwenden, wenn die Schätzung nach dem 31. August 2005 angeordnet wird.

(7) § 253b in der Fassung der EO-Novelle 2005 ist anzuwenden, wenn der Exekutionsvollzug nach dem 31. August 2005 stattfindet.

(8) § 294 Abs. 3, § 299 Abs. 3 und § 303a in der Fassung der EO-Novelle 2005 sind anzuwenden, wenn das Zahlungsverbot nach dem 31. August 2005 zugestellt wird.

(9) § 299 Abs. 1 in der Fassung der EO-Novelle 2005 ist anzuwenden, wenn das Arbeitsverhältnis oder sonstige Rechtsverhältnis, das einer in fortlaufenden Bezügen bestehenden Forderung zugrunde liegt, nach dem 31. August 2005 beendet wird oder nach dem 31. August 2005 die Karenz beginnt.

(10) § 299 Abs. 2 in der Fassung der EO-Novelle 2005 ist anzuwenden, wenn das Arbeitseinkommen nach dem 31. August 2005 absinkt.

(11) § 399 Abs. 2 in der Fassung der EO-Novelle 2005 ist anzuwenden, wenn der Antrag auf Einstellung oder Aufhebung der einstweiligen Verfügung nach dem 31. August 2005 bei Gericht einlangt.

(BGBl I 2005/68; BGBl I 2016/100, BGBl I 2016/100; BGBl I 2021/86)

In-Kraft-Treten und Übergangsbestimmungen

§ 489. (1) § 382g, 390 Abs. 4 und § 393 Abs. 2 in der Fassung des Bundesgesetzes, BGBl. I Nr. 56/2006, treten mit 1. Juli 2006 in Kraft.

(2) §§ 382g, 390 Abs. 4 und 393 Abs. 2 in der Fassung des Bundesgesetzes, BGBl. I Nr. 56/2006, sind anzuwenden, wenn der Antrag auf Erlassung der einstweiligen Verfügung nach dem 30. Juni 2006 bei Gericht einlangt.

(BGBl I 2006/56; BGBl I 2016/100; BGBl I 2021/86)

In-Kraft-Treten und Übergangsbestimmungen zur EO-Novelle 2008

§ 490. (1) Die EO-Novelle 2008 tritt, soweit im Folgenden nichts anderes bestimmt ist, mit 1. März 2008 in Kraft.

(2) §§ 22a, 25 Abs. 2 und 3, § 25b Abs. 2a, §§ 26a, 32, 60 Abs. 2 und 3, §§ 68, 140 Abs. 2, § 141 Abs. 3a und 4, § 143 Abs. 1 und 4, § 146 Abs. 1 Z 3a und Abs. 2, § 147 Abs. 3, § 148 Abs. 2a und 3, § 176 Abs. 2 und 3, § 196 Abs. 1, § 197, § 203, § 253 Abs. 1, § 275 Abs. 5 und § 278 Abs. 4 in der Fassung der EO-Novelle 2008

sind auch auf in diesem Zeitpunkt anhängige Exekutionsverfahren anzuwenden.

(3) § 1 Z 2 und 13, § 54b Abs. 1 Z 1, § 71a Abs. 2, §§ 87, 97 bis 119, 121 bis 132, 134, 138 Abs. 1, §§ 144, 150 Abs. 1a, §§ 152a, § 170 Z 8a, § 355 Abs. 1, §§ 358, 363 und 371 Z 2 in der Fassung der EO-Novelle 2008 sind anzuwenden, wenn der Exekutionsantrag nach dem 29. Februar 2008 bei Gericht einlangt.

(4) §§ 272, § 273 Abs. 1, § 274 Abs. 1, 2 und 5, §§ 274a, 274c, 274d Abs. 1, § 276 Abs. 1, §§ 277a bis 277c, 278a, 281a, 281b und 282b sind anzuwenden, wenn das Versteigerungsedikt nach dem 29. Februar 2008 erlassen wird.

(5) § 146a in der Fassung der EO-Novelle 2008 ist anzuwenden, wenn die Pfändung nach dem 29. Februar 2008 erfolgt.

(6) § 285 Abs. 3 in der Fassung der EO-Novelle 2008 ist anzuwenden, wenn das Edikt über die Verteilungstagsatzung nach dem 31. Dezember 2007 erlassen wird.

(7) § 278 Abs. 4 und § 280 Abs. 1 in der Fassung der EO-Novelle 2008 sind anzuwenden, wenn die Versteigerung nach dem 29. Februar 2008 stattfindet.

(8) Die in § 99 vorgesehene Bekanntmachung in der Ediktsdatei sowie § 108 Abs. 4 und § 123 Abs. 2 in der Fassung der EO-Novelle 2008 treten mit 1. Juli 2008 in Kraft.

(9) Erfordert eine große Zahl von Versteigerungen im Internet die Heranziehung eines oder mehrerer ständiger Versteigerer, so hat der Präsident des Oberlandesgerichts die nötigen Vorkehrungen zu treffen.

(BGBl I 2008/37; BGBl I 2016/100; BGBl I 2021/86)

Inkrafttreten und Übergangsbestimmungen zur Novelle BGBl. I Nr. 82/2008

§ 491. § 290a Abs. 3 in der Fassung des Bundesgesetzes BGBl. I Nr. 82/2008 tritt mit 1. Juli 2008 in Kraft. *(BGBl I 2016/100; BGBl I 2021/86)*

(BGBl I 2008/82)

Inkrafttreten und Übergangsbestimmungen zur ZVN 2009

§ 492. (1) § 65 Abs. 3 in der Fassung des Bundesgesetzes BGBl. I Nr. 30/2009 tritt mit 1. April 2009 in Kraft. Die Bestimmung ist in dieser Fassung anzuwenden, wenn das Datum der Entscheidung erster Instanz nach dem 31. März 2009 liegt.

(2) Die Aufhebung des § 73a tritt mit 1. April 2009 in Kraft.

(BGBl I 2009/30; BGBl I 2016/100; BGBl I 2021/86)

Inkrafttreten und Übergangsbestimmungen zum 2. Gewaltschutzgesetz

§ 493. §§ 382b, 382e, 382g Abs. 2 und 3, § 387 Abs. 3 und 4, § 390 Abs. 4 und § 393 Abs. 2 in der Fassung des 2. Gewaltschutzgesetzes, BGBl. I Nr. 40/2009, treten mit 1. Juni 2009 in Kraft und sind anzuwenden, wenn der Antrag auf Erlassung der einstweiligen Verfügung nach dem 31. Mai 2009 bei Gericht einlangt. *(BGBl I 2016/100; BGBl I 2021/86)*

(BGBl I 2009/40)

Inkrafttreten und Übergangsbestimmungen zum Familienrechts-Änderungsgesetz 2009

§ 494. §§ 382a in der Fassung des Bundesgesetzes BGBl. I Nr. 75/2009 tritt mit 1. Jänner 2010 in Kraft und ist in der Fassung dieses Bundesgesetzes anzuwenden, wenn der Antrag auf Gewährung vorläufigen Unterhalts nach dem 31. Dezember 2009 bei Gericht eingebracht wird. *(BGBl I 2016/100; BGBl I 2021/86)*

(BGBl I 2009/75)

Inkrafttreten und Übergangsbestimmung zur Novelle BGBl. I Nr. 111/2010

§ 495. § 78 in der Fassung des Budgetbegleitgesetzes 2011, BGBl. I Nr. 111/2010, tritt mit 1. Mai 2011 in Kraft. § 80 Z 2 tritt mit 1. Jänner 2011 in Kraft und ist in dieser Fassung anzuwenden, wenn die Ladung oder Verfügung nach dem 30. Juni 2009 zugestellt worden ist. § 249 Abs. 3 in der Fassung des Budgetbegleitgesetzes 2011, BGBl. I Nr. 111/2010, tritt mit 1. Juli 2011 in Kraft und ist in dieser Fassung anzuwenden, wenn der Exekutionsantrag nach dem 30. Juni 2011 bei Gericht einlangt. *(BGBl I 2016/100; BGBl I 2021/86)*

(BGBl I 2010/111)

§ 496. § 290 Abs. 1 Z 10 und § 290a Abs. 1 Z 6 in der Fassung BGBl. I Nr. 139/2011 treten mit 1. Jänner 2012 in Kraft. *(BGBl I 2016/100, war vor dem 1. 12. 2016 § 416; BGBl I 2021/86)*

(BGBl I 2011/139)

Inkrafttreten und Übergangsbestimmungen zur EO-Novelle 2014

§ 497. (1) §§ 1, 18, 45, 65, 150, 177, 177a, 187a, 196, 249, 278, 292l, 312, 370, 379, 381 und 397 in der Fassung der EO-Nov. 2014, BGBl. I Nr. 69/2014, treten mit 1. Oktober 2014 in Kraft. Sie sind, soweit im Folgenden nichts anderes bestimmt ist, auf Exekutionsverfahren anzuwenden, in denen der Exekutionsantrag nach dem 30. September 2014 bei Gericht einlangt.

(2) § 1 Z 8 in der Fassung der EO-Nov. 2014, BGBl. I Nr. 69/2014, ist anzuwenden, wenn die gerichtliche Entscheidung betreffend die vermögensrechtliche Anordnung nach dem 30. September 2014 ergangen ist.

(3) §§ 35, 36, 38 und 403a in der Fassung der EO-Nov. 2014, BGBl. I Nr. 69/2014, treten mit 1. Jänner 2015 in Kraft; sie sind anzuwenden, wenn der verfahrenseinleitende Schriftsatz nach dem 31. Dezember 2014 bei Gericht einlangt.

(4) § 42 in der Fassung der EO-Nov. 2014, BGBl. I Nr. 69/2014, tritt mit 1. Jänner 2015 in Kraft und ist anzuwenden, wenn der Antrag auf Aufschiebung nach dem 31. Dezember 2014 bei Gericht einlangt.

(5) § 45 Abs. 3 in der Fassung der EO-Nov. 2014, BGBl. I Nr. 69/2014, ist anzuwenden, wenn der Antrag auf Einstellung, Einschränkung oder Aufschiebung nach dem 30. September 2014 bei Gericht einlangt.

(6) § 65 in der Fassung der EO-Nov. 2014, BGBl. I Nr. 69/2014, ist anzuwenden, wenn die Entscheidung der ersten Instanz nach dem 30. September 2014 liegt.

(7) §§ 86b und 86c in der Fassung der EO-Nov. 2014, BGBl. I Nr. 69/2014, treten mit 11. Jänner 2015 in Kraft.

(8) § 150 Abs. 1a in der Fassung der EO-Nov. 2014, BGBl. I Nr. 69/2014, ist anzuwenden, wenn die Schätzung nach dem 30. September 2014 angeordnet wird.

(9) §§ 177, 177a und § 278 in der Fassung der EO-Nov. 2014, BGBl. I Nr. 69/2014, sind anzuwenden, wenn die Vereinbarung nach § 177a Abs. 1 nach dem 30. September 2014 abgeschlossen oder abzuschließen versucht wurde.

(10) § 187a in der Fassung der EO-Nov. 2014, BGBl. I Nr. 69/2014, ist anzuwenden, wenn der Zuschlag nach dem 30. September 2014 erteilt wird.

(11) § 196 in der Fassung der EO-Nov. 2014, BGBl. I Nr. 69/2014, ist anzuwenden, wenn das Überbot nach dem 30. September 2014 bei Gericht einlangt.

(12) § 292l Abs. 1 und § 312 Abs. 4 in der Fassung der EO-Nov. 2014, BGBl. I Nr. 69/2014, sind anzuwenden, wenn der Antrag auf Einstellung nach dem 30. September 2014 bei Gericht einlangt.

(13) § 397 in der Fassung der EO-Nov. 2014, BGBl. I Nr. 69/2014, ist anzuwenden, wenn die

einstweilige Verfügung nach dem 30. September 2014 bewilligt wird.

(BGBl I 2014/69; BGBl I 2016/100; BGBl I 2021/86)

Inkrafttreten und Übergangsbestimmungen zur EO-Novelle 2016

§ 498. (1) §§ 385, 389a, 422, 423, 424 in der Fassung der EO-Nov. 2016, BGBl. I Nr 100/2016, treten mit 18. Jänner 2017 in Kraft. Sie sind anzuwenden, wenn der das Verfahren einleitende Antrag nach dem 17. Jänner 2017 bei Gericht eingebracht wird.

(2) § 25 Abs. 2 und 3, § 42 Abs. 1 Z 10, § 259 Abs. 1a, § 274 Abs. 2, § 277a Abs. 3 Z 8 und Abs. 5, §§ 277b, 277c, 281 Abs. 1, 281a Abs. 2, § 282 Abs. 1, § 290a Abs. 1 Z 5 lit. g, § 292 Abs. 3a, § 299a Abs. 4, § 302 Abs. 1, §§ 403 bis 421 in der Fassung der EO-Nov. 2016, BGBl. I Nr 100/2016, treten mit 2. Jänner 2017 in Kraft.

(3) § 25 Abs. 2 und 3 sowie § 418 in der Fassung der EO-Nov. 2016, BGBl. I Nr 100/2016, sind anzuwenden, wenn die Exekution nach dem 1. Jänner 2017 bewilligt wird.

(4) § 42 Abs. 1 Z 10, §§ 404 und 405 in der Fassung der EO-Nov. 2016, BGBl. I Nr 100/2016, sind anzuwenden, wenn der Antrag auf Anpassung nach dem 1. Jänner 2017 bei Gericht eingebracht wird; bei einer Anpassung von Amts wegen, wenn über die Anpassung nach dem 1. Jänner 2017 entschieden wird.

(5) § 259 Abs. 1a in der Fassung der EO-Nov. 2016, BGBl. I Nr 100/2016, ist anzuwenden, wenn die Gegenstände nach dem 1. Jänner 2017 in Verwahrung genommen werden.

(6) § 274 Abs. 2, § 277a Abs. 3 Z 8 und Abs. 5, §§ 277b, 277c und 281a Abs. 2 in der Fassung der EO-Nov. 2016, BGBl. I Nr 100/2016, sind anzuwenden, wenn das Versteigerungsedikt nach dem 1. Jänner 2017 in der Ediktsdatei veröffentlicht wird.

(7) § 281 Abs. 1 und § 282 Abs. 1 in der Fassung der EO-Nov. 2016, BGBl. I Nr 100/2016, sind anzuwenden, wenn die Versteigerung nach dem 1. Jänner 2017 stattfindet.

(8) § 292 Abs. 3a in der Fassung der EO-Nov. 2016, BGBl. I Nr 100/2016, ist anzuwenden, wenn der Antrag auf Zusammenrechnung nach dem 1. Jänner 2017 bei Gericht eingebracht wird.

(9) § 302 Abs. 1 in der Fassung der EO-Nov. 2016, BGBl. I Nr 100/2016, ist anzuwenden, wenn die Drittschuldnererklärung nach dem 1. Jänner 2017 bei Gericht einlangt.

(10) § 411 in der Fassung der EO-Nov. 2016, BGBl. I Nr 100/2016, ist anzuwenden, wenn der ausländische Exekutionstitel nach dem 1. Jänner 2017 für vollstreckbar erklärt wird.

(BGBl I 2016/100; BGBl I 2021/86)

Inkrafttreten und Übergangsbestimmungen zum IRÄG 2017

§ 499. (1) § 40 Abs. 1 und § 45a Abs. 2 in der Fassung des Insolvenzrechtsänderungsgesetzes 2017, BGBl. Nr. 122/2017, treten mit 1. August 2017 in Kraft. Sie sind auf behördliche Stundungsentscheidungen anzuwenden, die nach dem 31. Juli 2017 ergangen sind.

(2) §§ 427 bis 431 in der Fassung des IRÄG 2017, BGBl. I Nr. 122/2017, treten mit 1. Jänner 2019 in Kraft; § 431 ist auf Abfragen anzuwenden, die nach dem 31. Dezember 2018 durchgeführt werden. *(BGBl I 2017/122)*

(BGBl I 2017/122; BGBl I 2021/86)

Inkrafttreten des ZZRÄG 2019

§ 500. § 41a, § 427 Abs. 1, § 428 Abs. 3 und 4, § 429 Abs. 2 und § 430 Abs. 3 in der Fassung des Bundesgesetzes BGBl. I Nr. 38/2019 treten mit 1. Juni 2019 in Kraft. § 107a Abs. 2 tritt mit dem der Kundmachung folgenden Tag in Kraft. *(BGBl I 2021/86)*

(BGBl I 2019/38)

Inkrafttreten und Übergangsbestimmungen zum Gewaltschutzgesetz 2019

§ 501. § 382b Abs. 2, § 382c Abs. 1, 3 und 4, § 382d Abs. 2, 4 und 5, § 382e Abs. 1 bis 3, § 382g Abs. 1 bis 3, § 391 Abs. 2, § 395 Abs. 3, §§ 399 und 399c in der Fassung des Gewaltschutzgesetzes 2019, BGBl. I Nr. 105/2019, treten mit 01.01.2020 in Kraft und sind anzuwenden, wenn der Antrag auf Erlassung oder – im Fall des § 399c – auf Anpassung der einstweiligen Verfügung nach dem 01.01.2020 bei Gericht einlangt. *(BGBl I 2021/86)*

(BGBl I 2019/105)

Inkrafttreten und Übergangsbestimmungen zur GREx

§ 502. (1) Das Bundesgesetz Gesamtreform des Exekutionsrechts – GREx, BGBl. I Nr. 86/2021 tritt mit 1. Juli 2021 in Kraft. Es ist, soweit im Folgenden nicht anderes bestimmt ist, auf Exekutionsverfahren anzuwenden, in denen der Exekutionsantrag nach dem 30. Juni 2021 bei Gericht eingelangt ist.

(2) § 33 Abs. 1 in der Fassung der GREx ist auch auf Exekutionsverfahren, die beim selben Gericht anhängig sind, anzuwenden, in denen der Exekutionsantrag vor dem 1. Juli 2021 bei Gericht eingelangt ist.

(3) §§ 292f und 292g in der Fassung der GREx sind auch auf Exekutionsverfahrens anzuwenden, die am 1. Juli 2021 bereits anhängig sind.

(4) Ist in einem Exekutionsverfahren auf bewegliche Sachen der Exekutionsantrag vor dem 1. Juli 2021 bei Gericht eingelangt, so ist bei einem Antrag auf Fortsetzung oder neuerlichen Vollzug das Verfahren an das nach den §§ 4a ff in der Fassung der GREx zuständige Bezirksgericht zu überweisen, wenn bei diesem ein Exekutionsverfahren auf bewegliche Sachen anhängig ist. § 33 Abs. 1 in der Fassung der GREx ist anzuwenden.

Fassung ab 27. 7. 2021 (BGBl I 2021/147):
(4) Ist in einem Exekutionsverfahren auf bewegliche Sachen der Exekutionsantrag vor dem 1. Juli 2021 bei Gericht eingelangt, so ist bei einem Antrag auf Fortsetzung oder neuerlichen Vollzug das Verfahren an das nach den §§ 4 ff in der Fassung der GREx zuständige Bezirksgericht zu überweisen, wenn bei diesem ein Exekutionsverfahren auf bewegliche Sachen anhängig ist. § 33 Abs. 1 in der Fassung der GREx ist anzuwenden. (BGBl I 2021/147)

(5) Tritt der betreibende Gläubiger einem anhängigen Zwangsversteigerungsverfahren bei, so ist dieses Bundesgesetz nur anzuwenden, wenn der Exekutionsantrag des führenden betreibenden Gläubigers nach dem 30. Juni 2021 bei Gericht eingelangt ist.

(6) §§ 435 bis 437 treten mit 1. Juli 2021 in Kraft. Eintragungen in die Zwangsverwalterliste sind in die Verwalterliste in Exekutionssachen zu übernehmen.

(7) Die Bestimmungen des Zweiten Abschnitts des Zweiten Teils (einstweilige Verfügungen) sind in der Fassung der GREx auf Verfahren anzuwenden, in denen der Antrag nach dem 30. Juni 2021 bei Gericht eingelangt ist; mit 1. Juli 2021 wird das Hofdekret JGS Nr. 1621/1819 aufgehoben.

(8) Die Bestimmungen des Fünften Teils (Anfechtung) sind auf Rechtshandlungen nach dem 30. Juni 2021 anzuwenden.

(9) Die Bestimmungen des Ersten Abschnitts des Sechsten Teils (Vollzugsgebühr und Vergütungen der Gerichtsvollzieher) sind anzuwenden, wenn der Exekutionsantrag oder der Antrag auf Neuvollzug nach dem 30. Juni 2021 bei Gericht einlangt; dessen Zweiter und Dritter Abschnitt sind anzuwenden, wenn die Amtshandlung nach dem 30. Juni 2021 vorgenommen wird.

(BGBl I 2021/86)

Exekutionsordnung

Fassung bis 30.6.2021
Detaillierte Übergangsbestimmungen in § 502 EO

RGBl 1896/79 idF

1 RGBl 1914/118
2 RGBl 1916/69
3 StGBl 1919/95
4 StGBl 1920/321
5 BGBl 1922/460
6 BGBl 1922/558 (DFB)
7 BGBl 1922/647
8 BGBl 1925/183
9 BGBl 1927/67
10 BGBl 1929/222
11 BGBl 1933/346
12 DRGBl 1938 I S 1999
13 DRGBl 1939 I S 2443
14 DRGBl 1940 I S 1451
15 DRGBl 1940 I S 301
16 StGBl 1945/188
17 BGBl 1948/26
18 BGBl 1949/20
19 BGBl 1954/73
20 BGBl 1955/39
21 BGBl 1955/51
22 BGBl 1956/158
23 BGBl 1967/193
24 BGBl 1975/259
25 BGBl 1975/412
26 BGBl 1976/91
27 BGBl 1976/251
28 BGBl 1978/280
29 BGBl 1979/140
30 BGBl 1980/120
31 BGBl 1982/370
32 BGBl 1982/652
33 BGBl 1983/135
34 BGBl 1985/70
35 BGBl 1986/71
36 BGBl 1987/645
37 BGBl 1989/343
38 BGBl 1990/96
39 BGBl 1990/280
40 BGBl 1991/10
41 BGBl 1991/178 (VfGH)
42 BGBl 1991/628
43 BGBl 1992/150
44 BGBl 1992/756
45 BGBl 1993/799
46 BGBl 1994/314
47 BGBl 1994/624

48 BGBl 1995/519
49 BGBl 1996/201
50 BGBl 1996/759
51 BGBl I 1997/140
52 BGBl I 1998/30
53 BGBl I 1999/125
54 BGBl I 1999/146
55 BGBl I 1999/147
56 BGBl I 2000/59
57 BGBl I 2000/135
58 BGBl I 2001/98
59 BGBl I 2001/103
60 BGBl I 2002/71
61 BGBl I 2002/114 (DFB)
62 BGBl I 2003/31
63 BGBl I 2003/112
64 BGBl I 2003/113
65 BGBl I 2004/85
66 BGBl I 2004/128
67 BGBl I 2004/151
68 BGBl I 2005/53
69 BGBl I 2005/68
70 BGBl I 2005/140
71 BGBl I 2006/56
72 BGBl I 2008/37
73 BGBl I 2008/82
74 BGBl I 2009/30 (ZVN 2009)
75 BGBl I 2009/40 (2. GeSchG)
76 BGBl I 2009/52 (BudgetbegleitG 2009)
77 BGBl I 2009/75 (FamRÄG 2009)
78 BGBl I 2010/29 (IRÄG 2010)
79 BGBl I 2010/58 (IRÄ-BG)
80 BGBl I 2010/111
81 BGBl I 2011/139
82 BGBl I 2012/50
83 BGBl I 2013/33
84 BGBl I 2014/69
85 BGBl I 2016/100 (EO-Nov. 2016)
86 BGBl I 2017/122 (IRÄG 2017)
87 BGBl I 2018/32
88 BGBl I 2018/100
89 BGBl I 2019/38 (ZZRÄG 2019)
90 BGBl I 2019/105 (Gewaltschutzgesetz 2019)
91 BGBl I 2020/16 (2. COVID-19-Gesetz)
92 BGBl I 2020/148 (HiNBG)

EO

EO

STICHWORTVERZEICHNIS

Barauslagen 74a, 113,117a, 118, 124, 351, 352
Bargeld, Barzahlung 77, 152, 178, 196, 220, 222, 224, 250, 259, 261
Barzahlung(serklärung) 178, 223 ff, 230
Basiszinssatz 8a, siehe auch variable Zinsen
Bauarbeiter-Urlaubs- und Abfertigungsgesetz 299a
Baurecht 22a, 54b, 87, 97, 131, 143, 146, 133, 143
Bauwerkskartei 55a
Beamte, Haft 362
Bedenken an Exekutionstitel 54b
Bedingter Anspruch, einstweilige Verfügung 378
Bedingte Forderungen 170a, 219 f
Bedingter Zahlungsbefehl siehe Zahlungsbefehl
Bedingung im Exekutionstitel 7
Beförderungsmittel bei Räumungsexekution 349
Befriedigung der betriebenen Forderung 40, 46, 200
Befriedigungsrecht 104, 138, 218
– Entstehung 104
Befristetes Recht 223, 378
Befristung siehe Frist
Beginn des Exekutionsvollzuges 33, 37, 45, 258, 377
Begleitregelungen (Geschäftsverteilung § 35, § 36 EO) 431
Begleitregelungen zur EuKoPfVO 422 ff, siehe Kontenpfändung
Begründung 355
Behältnisse 26
Behinderung, Pfändungsschutz 250
Beilagen 53
Beihilfen etc 290
Beiträge an Interessenvertretungen etc 291
Beitritt 100, 103, 139, 267
Bekanntgabe des Schätzwerts 144
Belastungsverbot 148 f, 188, 199, 379, 382, 384
Beleg über Zahlungen an Vollstrecker 60
Belehrung über Widerspruchsgründe 182
Bemängelung, Rechnungslegung 116
Benachrichtigung, Ausschluss 25
Benützungsberechtigungsverfahren 382b
Berechnungsgrundlage für den unpfändbaren Freibetrag 291
Bergbuch 19
Bergbaudienstbarkeiten 243
Bergwerkseigentum 240 f, 349
– Zwangsversteigerung 242 ff
– Zwangsverwaltung 240 f
Bergwerkszubehör 140, 252
Bericht des Vollstreckungsorgans 25d, 74, 252d
Berufsausübung, Pfändungsschutz 250, 290, 292a
Berufung 371 f
– auf Vollmacht 180
Berufungsurteil 42
Beschädigung bei Öffnen von Türen und Behältnissen 26
– bei Pfandsachen 274e, 274 f
Beschäftigte 349
Bescheid 1, 64

Bescheidene Lebensführung 250
Bescheinigung 14, 49, 54b, 55, 91, 134, 187a, 292i, 294a, 370f
Bescheinigungsmittel 389 f
Beschlüsse 1, 62 ff, 78
– aufschiebende Wirkung von Rekursen 67
– auf Exekutionsbewilligung 63
– Rekurs 65 ff
– Verkündung 64
– Vollstreckbarkeit 67 siehe auch Rechtskraft
– Zustellung 64
Beschränkt pfändbare Forderungen 290a ff
– einmalige Leistungen 291d, 291e
Beschreibung siehe Schätzung
Beschwerde über Exekutionsvollzug siehe Vollzugsbeschwerde
Besichtigung
– der Liegenschaft 176
– beweglicher Sachen 272a, 277a
Besitz 91, 134, 349
Besseres Recht 231
Bestandrecht 133, 143, 150, 211, 216, 227
Bestandverträge 1, 111 f
Bestattungskostenbeitrag 290
Bestätigender Beschluss, Revisionsrekurs 402, 410
Bestätigendes Urteil, Exekution zur Sicherstellung 371
Bestätigung der Vollstreckbarkeit 7, 39, 42, 54, 54b, 54c, 54d, 54f, 75
Betagte Forderungen siehe befristetes Recht
Beteiligte 32, 55 f, 66, 73
Beteiligung am Exekutionsvollzug, Kosten 74
Betreibender Gläubiger 3
Betreibungspflicht des betreibenden Gläubigers 200, 256, 279a f, 310, 325, 396
Betretungsverbot 382b ff
Betriebliches Mitarbeitervorsorgegesetz 291, 291d
Betriebshilfe 290a
Beurkundung ausländischer Behörden (inländischen unterstellt) 2
Bevollmächtigung 52, 180
Bevorrangte Forderungen 286 siehe auch Rangordnung
Bewegliches Vermögen 249 ff
Beweis 8, 47, 78
Beweisaufnahme 55
Beweispflicht 55, 96
Bewertung
– von Dienstbarkeiten und Reallasten 225
– gepfändeter Fahrnisse 275
Bewilligung der Exekution siehe Exekutionsbewilligung
Bezirksgericht, Zuständigkeit zur Exekutionsbewilligung bei Auslandtiteln 409
Bezirksgericht Innere Stadt Wien
– Kontenpfändung 423 f
– Schutzmaßnahmen in Zivilsachen 420 f
Bieten 177, 177a, 179 f, 194, 276 ff
Bild- und Tonträger
– Versendung 281a

EO

EO

EO

EO

EO

Stichwortverzeichnis

EO

- Rekursausschluss 239
- Sachverständige 143 f
- Schätzung 140 ff, 202
- frühere Schätzung 142
- Superädifikat 134 siehe auch Superädifikat
- Überbot 195 ff
- Übergabe der Liegenschaft 156, 159 f
- Übernahme von Lasten siehe Übernahme
- Undurchführbarkeit 137
- Vadium 146, 147 ff, 152, 155, 188, 194, 199, 215, 276
- Verfall, erweiterter 1
- Versteigerer 272, 274a, 274, 274d, 276, 277c, 282b, 439
- Versteigerungsbedingungen 146, 178
- Versteigerungsedikt 170 ff, 272, **272a**
- Versteigerungstermin 169 ff, 177 ff
- – Protokoll 194
- Verwertung in anderer Weise 271a
- Widerspruch gegen Zuschlag 182 ff
- Wiederversteigerung 154 f, 157, 159 f, 169, 209
- Zahlungsvereinbarung s Zahlungsvereinbarung
- Zuschlag 161, 182 f, 194 siehe Zuschlag
- Zustellung des Beschlusses bei Änderung der gesetzlichen Versteigerungsbedingungen 146
- Zustellung des Bewilligungsbeschlusses 136
- Zustellung des Versteigerungsediktes 171 ff
- und Zwangsverwaltung 161, 201 ff, 218
Zwangsverwalter 99 ff
- Aufwand 117
- außergewöhnliche Verfügungen 112
- Bergwerkseigentum 240 f
- Bestellung 106 ff
- Bestellungsbeschluss, Zustellung 109
- Bestellungsurkunde 106, 110
- Enthebung 108
- Entlohnung und Vorschüsse 113 ff, 117a ff, 124
- – Rekurs 117a
- Exekution gegen Zwangsverwalter 118
- Geschäftskreis 109
- gewerbliche Unternehmen etc 341 ff
- Klagsführung 109, 111
- Kündigung von Bestandverträgen 111
- Liste 107, **107a**
- neuer Verwalter 108, 114, 132
- Rechnungslegung 115 f
- rückständige Leistungen 110
- Schlussrechnung 130
- Übergabe der Liegenschaft 99, 102, 109, 130

- Überwachung 114, 118
- unmittelbare Berichtigung 120
- Unabhängigkeit 107b
- Verpachtung 111
- Verpflichtung an Eidesstatt 108
- Verzeichnis s Liste
- Zustimmung des Exekutionsgerichts 112
Zwangsverwaltung 19, 34, **97 ff**, 100, 218, 319, 328, 334 ff
- Anmelden von Forderungen 127 f
- Anmerkung 98, 119
- Aufschiebung 99b
- Beitritt 100, 103
- Bergwerkseigentum 240 f
- Bestandverträge 111
- bücherlich nicht eingetragene Liegenschaften 102, 104
- Einleitung 98 ff
- Einstellung 97, 101, 129 f
- Erträgnisse 119 ff
- Klagsführung 109, 111
- Kosten 120
- Kündigung von Bestandverträgen 111
- Liegenschaft im öffentlichen Buch 98 ff
- Meldepflichten 107b
- Miet- und Pachtverträge 111
- Rekurs 132
- Undurchführbarkeit 101
- Verteilung 122 ff
- Verteilungsordnung 124 ff
- Vorrang der Zwangsverwaltung 201
- Widerspruch 128
- – Verweisung auf Rechtsweg 128
- Wirkung 103 f
- Wohnräume des Verpflichteten 105
- Zeitpunkt für Priorität 104
- und Zwangsversteigerung 161, 201 ff, 218
- Zwangsverwalter siehe Zwangsverwalter
Zwangsweise Pfandrechtsbegründung, 87 ff
- auf Liegenschaften im öffentlichen Buch 88 f
- bücherlich nicht eingetragene Liegenschaften 90 ff
- Einschränkung 96
Zwangsweise Räumung im Versteigerungsverfahren 156 siehe auch Räumungsexekution
Zwangsweise Vorführung 48
Zwingendes Recht 293
Zwischenrechnung 122

EO

**Gesetz vom 27. 5. 1896 über das Exekutions-
und Sicherungsverfahren (Exekutionsordnung
– EO)**

(BGBl I 2005/68, Kurztitel eingefügt)

Erster Teil

Exekution

Erster Abschnitt

Allgemeine Bestimmungen

Erster Titel

Exekution aus inländischen Akten und Urkunden

Exekutionstitel

§ **1.** Exekutionstitel im Sinne des gegenwärtigen Gesetzes sind die nachfolgenden im Geltungsgebiete dieses Gesetzes errichteten Akte und Urkunden:

1. Endurteile und andere in Streitsachen ergangene Urteile, Beschlüsse und Bescheide der Zivilgerichte, wenn ein weiterer Rechtszug dawider ausgeschlossen oder doch ein die Exekution hemmendes Rechtsmittel nicht gewährt ist;

2. Zahlungsaufträge, die im Wechselverfahren erlassen wurden, wenn gegen sie nicht rechtzeitig Einwendungen erhoben worden sind, sowie Unterlassungsaufträge nach § 549 ZPO, gegen die nicht rechtzeitig Einwendungen erhoben oder denen vorläufige Vollstreckbarkeit zuerkannt wurde;[1)2)] *(BGBl I 2008/37, anzuwenden, wenn der Exekutionsantrag nach dem 29. 2. 2008 bei Gericht einlangt; BGBl I 2020/148)*

3. die im Mahnverfahren erlassenen Zahlungsbefehle, wenn sie einem Einspruch nicht mehr unterliegen;[3)] *(BGBl 1983/135)*

4. gerichtliche Aufkündigungen eines Bestandvertrages über Grundstücke, Gebäude und andere unbewegliche oder gesetzlich für unbeweglich erklärte Sachen, über Schiffmühlen und auf Schiffen errichtete Bauwerke, wenn gegen die Aufkündigung nicht rechtzeitig Einwendungen erhoben worden sind, sowie unter der gleichen Voraussetzung die gerichtlichen Aufträge zur Übergabe oder Übernahme des Bestandgegenstandes;

5. Vergleiche, welche über privatrechtliche Ansprüche vor Zivil- oder Strafgerichten abgeschlossen wurden;

6. in Verfahren außer Streitsachen ergangene Beschlüsse, soweit sie nach den dafür geltenden Vorschriften vollstreckbar sind; *(BGBl I 2003/112)*

7. die im Insolvenzverfahren ergangenen rechtskräftigen gerichtlichen Beschlüsse und die amtlichen Eintragungen in das im Insolvenzverfahren angelegte Anmeldungsverzeichnis, soweit sie nach § 61 IO vollstreckbar sind; *(BGBl 1929/222; BGBl I 2010/58)*

8. rechtskräftige Erkenntnisse der Strafgerichte, welche den Verfall, den erweiterten Verfall, die Konfiskation oder die Einziehung von Vermögenswerten oder Gegenständen aussprechen oder über die Einziehung oder die Verwertung sichergestellter oder beschlagnahmter Vermögenswerte (§ 115a StPO), über die Vollstreckung einer ausländischen Entscheidung in Strafsachen betreffend vermögensrechtliche Anordnungen (§ 65 ARHG, § 52d EU-JZG), über die Kosten des Strafverfahrens oder über die privatrechtlichen Ansprüche ergehen oder eine bestellte Sicherheit für verfallen erklären; *(BGBl I 2014/69, ab 1. 10. 2014, anzuwenden, wenn die gerichtliche Entscheidung betreffend die vermögensrechtliche Anordnung nach dem 30. September 2014 ergangen ist.)*

9. rechtskräftige Beschlüsse und Entscheidungen der Zivil- und Strafgerichte, wodurch gegen Parteien oder deren Vertreter Geldstrafen oder Geldbußen verhängt werden;

10. Entscheidungen der Verwaltungsbehörden über privatrechtliche Ansprüche, soweit sie nach den dafür geltenden Vorschriften vollstreckbar sind und die Exekution durch gesetzliche Bestimmungen den ordentlichen Gerichten überwiesen ist;[4)] *(BGBl I 2013/33, ab 1. 3. 2013)*

11. Bescheide der Versicherungsträger (§ 66 ASGG), mit denen Leistungen zuerkannt oder zurückgefordert werden;[5)] *(BGBl 1994/624)*

12. Bescheide der Verwaltungsbehörden sowie Erkenntnisse und Beschlüsse der Verwaltungsgerichte, des Verwaltungsgerichtshofes und des Verfassungsgerichtshofes, soweit sie nach den dafür geltenden Vorschriften vollstreckbar sind und die Exekution durch gesetzliche Bestimmungen den ordentlichen Gerichten überwiesen ist; *(BGBl I 2013/33, ab 1. 1. 2014)*

13. die über direkte Steuern, Gebühren und Sozialversicherungsbeiträge sowie über Landes-, Bezirks- und Gemeindezuschläge ausgefertigten, nach den darüber bestehenden Vorschriften vollstreckbaren Zahlungsaufträge und Rückstandsausweise; *(BGBl I 2008/37, anzuwenden, wenn der Exekutionsantrag nach dem 29. 2. 2008 bei Gericht einlangt)*

14. Entscheidungen der in Z 10 und 12 genannten Verwaltungsbehörden und Gerichte, mit denen Geldstrafen, Geldbußen oder der Ersatz der Kosten eines Verfahrens auferlegt wird, soweit sie nach den dafür geltenden Vorschriften vollstreckbar sind und die Exekution durch gesetzliche Bestimmungen den ordentlichen Gerichten überwiesen ist; *(BGBl I 2013/33, ab 1. 3. 2013)*

15. Vergleiche, welche vor einem Gemeindevermittlungsamte, vor Polizeibehörden oder vor anderen zur Aufnahme von Vergleichen berufenen öffentlichen Organen[6] abgeschlossen wurden, falls denselben durch die bestehenden Vorschriften die Wirkung eines gerichtlichen Vergleiches beigelegt ist;

16. die einer Anfechtung vor einer höheren schiedsgerichtlichen Instanz nicht mehr unterliegenden Sprüche von Schiedsrichtern und Schiedsgerichten und die vor diesen abgeschlossenen Vergleiche;

17. die im § 3 des Gesetzes vom 25. Juli 1871, RGBl. Nr. 75, bezeichneten Notariatsakte;[7]

18. *(aufgehoben, BGBl 1983/135, bezog sich nicht auf außergerichtliche Aufkündigungen, die am 1. Mai 1983 noch als Exekutionstitel wirksam waren ; vgl § 33 (1) MRG)*

---

[1] *Siehe auch Art 59a ScheckG.*
[2] *Vgl § 371 Z 2 EO.*
[3] *Vgl §§ 448 ZPO u. 371 Z 3 EO.*
[4] *Vgl § 3 Abs 2 VVG.*
[5] *Auch auf Bescheide der Versicherungsträger anzuwenden, die vor dem 1. 1. 1995 erlassen worden sind; vgl § 2 Abs 1 ASGG.*
[6] *Vgl § 210 (2) ABGB.*
[7] *Vgl § 3 NO.*

Ausländische Exekutionstitel

§ 2. (1) Den im § 1 Z. 1 bis 10 und 12 bis 15 bezeichneten, im Geltungsgebiete dieses Gesetzes errichteten Akten und Urkunden stehen in Ansehung der Exekution die gleichartigen Akte und Urkunden jener Behörden oder öffentlichen Organe gleich, welche sich zwar außerhalb des Geltungsgebietes dieses Gesetzes befinden, aber einer Behörde unterstehen, welche in diesem Geltungsgebiete ihren Sitz hat. *(BGBl 1983/135, vgl Anm. zu § 1 Z 18; BGBl I 2005/68)*

(2) Den in § 1 genannten Akten und Urkunden stehen auch solche Akte und Urkunden gleich, die zwar außerhalb des Geltungsbereichs dieses Gesetzes errichtet wurden, aber aufgrund einer völkerrechtlichen Vereinbarung oder eines Rechtsakts der Europäischen Union ohne gesonderte Vollstreckbarerklärung zu vollstrecken sind. *(BGBl I 2005/68)*

Bewilligung der Exekution

§ 3. (1) Zur Bewilligung der Exekution auf Grund der in §§ 1 und 2 angeführten Exekutionstitel sind die Zivilgerichte berufen.

(2) Die Bewilligung erfolgt auf Antrag der anspruchsberechtigten Partei (betreibender Gläubiger). Über den Antrag auf Bewilligung der Exekution ist, sofern im gegenwärtigen Gesetze nicht etwas anderes angeordnet ist[1], ohne vorhergehende mündliche Verhandlung und ohne Einvernehmung des Gegners Beschluß zu fassen.

---

[1] *ZB §§ 10, 309 (3) EO.*

§ 4. Zur Bewilligung der Exekution ist das in den §§ 18 und 19 bezeichnete Exekutionsgericht zuständig.

(BGBl 1995/519)

§ 5. Hat derjenige, gegen den Exekution geführt werden soll (Verpflichteter), im Fall des § 18 Z 3 bei mehreren inländischen Bezirksgerichten seinen allgemeinen Gerichtsstand in Streitsachen, so hat der Gläubiger die Wahl, bei welchem der zum Einschreiten als Exekutionsgericht zuständigen Gerichte er um Bewilligung der Exekution ansucht.

(BGBl 1995/519)

§ 6. Der Gläubiger hat die Wahl, bei welchem der zum Einschreiten als Exekutionsgericht zuständigen Gerichte er um Bewilligung der Exekution ansucht, wenn in verschiedenen Gerichtssprengeln Exekutionshandlungen vorzunehmen wären

1. wegen der Lage des Vermögens, auf das Exekution geführt werden soll, oder

2. wegen des gleichzeitigen Ansuchens mehrerer Exekutionsarten oder

3. weil ein betreibender Gläubiger auf Grund desselben Exekutionstitels Exekution gegen mehrere Verpflichtete beantragt.

(BGBl 1995/519)

§ 7. (1) Die Exekution darf nur bewilligt werden, wenn aus dem Exekutionstitel – im Fall des § 308 a Abs. 5 im Zusammenhalt mit einer Entscheidung nach § 292 k – nebst der Person des Berechtigten und Verpflichteten auch Gegenstand, Art, Umfang und Zeit der geschuldeten Leistung oder Unterlassung zu entnehmen sind. *(BGBl 1994/624)*

(2) Vor Eintritt der Fälligkeit einer Forderung und vor Ablauf der in einem Urteile oder in einem andern Exekutionstitel für die Leistung bestimmten Frist kann die Exekution nicht bewilligt werden. Ist der Fälligkeitstag oder das Ende der Leistungsfrist im Exekutionstitel weder durch Angabe eines Kalendertages, noch durch Angabe eines kalendermäßig feststehenden Anfangspunktes der Frist bestimmt, oder ist im Exekutionstitel die Vollstreckbarkeit des Anspruches von dem seitens des Berechtigten zu beweisenden Eintritte einer Tatsache, namentlich von einer vorangegangenen Leistung des Berechtigten abhängig gemacht, so muß der Eintritt der hienach für die Fälligkeit oder Vollstreckbarkeit maßgebenden

Tatsachen mittels öffentlicher oder öffentlich beglaubigter Urkunden bewiesen werden.[1]

(3) Die gesetzwidrig oder irrtümlich erteilte Bestätigung der Vollstreckbarkeit ist von dem Gerichte, das sie erteilt hat, von Amts wegen oder auf Antrag eines Beteiligten durch Beschluß aufzuheben. Der Beschluß ist allen Beteiligten zuzustellen. *(BGBl 1929/222)*

(4) Ist die Bestätigung der Vollstreckbarkeit für einen der im § 1 Z. 13, oder im § 3 Absatz 2 des Verwaltungsvollstreckungsgesetzes – VVG 1950 angeführten Exekutionstitel gesetzwidrig oder irrtümlich erteilt worden, so sind Anträge auf Aufhebung der Bestätigung bei jener Stelle anzubringen, von der der Exekutionstitel ausgegangen ist. *(BGBl 1929/222)*

(5) Mit dem Antrage auf Aufhebung der Bestätigung kann der Antrag auf Einstellung (§ 39 Abs. 1 Z. 9) oder auf Aufschiebung (§ 42 Absatz 2) verbunden werden; diese Anträge sind, wenn sie nicht beim Exekutionsgericht gestellt werden, an dieses zur Erledigung zu leiten. *(BGBl 1929/222)*

(6) Das Recht, die Exekutionsbewilligung auf Grund eines ausländischen Exekutionstitels oder auf Grund von Schiedssprüchen durch Rekurs oder durch die Klage nach § 36 anzufechten, bleibt unberührt. *(BGBl 1929/222)*

---

[1] Vgl § 156c (2) IO.

§ 7a. *(erhielt durch BGBl I 2016/100 ab 1.12. 2016 die Bezeichnung § 419)*

§ 8. (1) Die Bewilligung der Exekution wegen eines Anspruches, den der Verpflichtete nur gegen eine ihm Zug um Zug zu gewährende Gegenleistung zu erfüllen hat, ist von dem Nachweise, daß die Gegenleistung bereits bewirkt oder doch ihre Erfüllung sichergestellt sei, nicht abhängig.

(2) Die Exekution ist auch hinsichtlich des Anspruchs zu bewilligen, der sich auf Grund einer Wertsicherungsklausel ergibt, wenn

1. die Wertsicherungsklausel an nicht mehr als eine veränderliche Größe anknüpft und

2. der Aufwertungsschlüssel durch eine unbedenkliche Urkunde bewiesen wird. Der Beweis entfällt, wenn Aufwertungsschlüssel ein vom Österreichischen Statistischen Zentralamt verlautbarter Verbraucherpreisindex oder die Höhe des Aufwertungsschlüssels gesetzlich bestimmt ist.

(3) Ist nach einem Exekutionstitel ein Anspruch wertgesichert zu zahlen, ohne daß hiezu Näheres bestimmt ist, so gilt als Aufwertungsschlüssel der vom Österreichischen Statistischen Zentralamt verlautbarte, für den Monat der Schaffung des Exekutionstitels gültige Verbraucherpreisindex. Der Anspruch vermindert oder erhöht sich in dem Maß, als sich der Verbraucherpreisindex gegen-über dem Zeitpunkt der Schaffung des Exekutionstitels ändert. Änderungen sind so lange nicht zu berücksichtigen, als sie 10% der bisher maßgebenden Indexzahl nicht übersteigen.

(BGBl 1991/628)

Variable Zinsen

§ 8a. Die Exekution ist bezüglich der Zinsen auch dann zu bewilligen, wenn der Zinssatz in einer bestimmten Zahl von Prozentpunkten über dem Basiszinssatz ausgedrückt wird. Eines Nachweises des Basiszinssatzes bedarf es nicht.

(BGBl I 2003/31)

§ 9. Zugunsten einer anderen als der im Exekutionstitel als berechtigt bezeichneten Person oder wider einen andern als den im Exekutionstitel benannten Verpflichteten kann die Exekution nur soweit stattfinden, als durch öffentliche oder öffentlich beglaubigte Urkunden bewiesen wird, daß der im Exekutionstitel anerkannte Anspruch oder die darin festgestellte Verpflichtung von den daselbst benannten Personen auf diejenigen Personen übergegangen ist, von welchen oder wider welche die Exekution beantragt wird.

§ 10. Wenn die in § 7 Abs. 1 und 2, § 8 Abs. 2 und § 9 geforderten urkundlichen Beweise nicht erbracht werden können, muß der Bewilligung der Exekution oder ihrer Fortführung die Erwirkung eines gerichtlichen Urteiles vorausgehen.

(BGBl 1991/628)

Siehe aber § 28 Abs 2 UVG

§ 10a. *(aufgehoben, BGBl 1991/628)*

§ 11. *(aufgehoben, DRGBl 1938 I S 1999)*

§ 12. (1) Wenn dem Verpflichteten die Wahl zwischen mehreren Leistungen zusteht, kann der Gläubiger nach fruchtlosem Ablauf der für die Leistung bestimmten Frist die Exekution behufs Bewirkung einer dieser Leistungen beantragen. Die von dem Gläubiger gewünschte Leistung ist im Exekutionsantrage anzugeben.

(2) Der Verpflichtete kann dessen ungeachtet sein Wahlrecht insolange ausüben, als der Gläubiger die seinerseits gewählte Leistung weder ganz noch zum Teile empfangen hat.

§ 13. Auf Grund einer Entscheidung, in der mehrere voneinander unabhängige Ansprüche zuerkannt wurden, kann, wenn nur hinsichtlich einzelner dieser Ansprüche ein die Exekution hemmendes Rechtsmittel erhoben wurde, zugunsten der übrigen nicht angefochtenen Ansprüche die Exekution bewilligt werden, sobald die Entscheidung über diese Ansprüche in Rechtskraft erwachsen ist.

§ 14. (1) Die gleichzeitige Anwendung mehrerer Exekutionsmittel ist gestattet; die Bewilligung kann jedoch auf einzelne Exekutionsmittel beschränkt werden, wenn aus dem Exekutionsantrage offenbar erhellt, daß bereits eines oder mehrere der beantragten Exekutionsmittel zur Befriedigung des betreibenden Gläubigers hinreichen.

(2) Ist eine Exekution auf eine Gehaltsforderung oder eine andere in fortlaufenden Bezügen bestehende Forderung anhängig, so ist zur Hereinbringung derselben Forderung eine Exekution auf bewegliche körperliche Sachen erst dann zu vollziehen, wenn

1. die Exekution nach § 294 a erfolglos geblieben ist, weil der Dachverband der Sozialversicherungsträger die Anfrage des Gerichts nach § 294 a nicht positiv beantwortet hat, oder *(BGBl I 2018/100, s. § 720 ASVG ab 1.1.2020: Dachverband der Sozialversicherungsträger statt Hauptverband der österreichischen Sozialversicherungsträger)*

2. der Drittschuldner in seiner Erklärung die gepfändete Forderung nicht als begründet anerkannt oder keine Erklärung abgegeben hat oder

3. der betreibenden Gläubiger den Vollzug der Exekution auf bewegliche körperliche Sachen nach Erhalt der Erklärung des Drittschuldners beantragt. *(BGBl 1991/628)*

(3) Eine Exekution nach § 294 a darf ein betreibender Gläubiger nach Bewilligung einer Exekution auf bewegliche körperliche Sachen erst dann beantragen, wenn seit Bewilligung ein Jahr vergangen ist oder der betreibende Gläubiger glaubhaft macht, daß er erst nach seinem Antrag auf Exekution auf bewegliche körperliche Sachen erfahren hat, daß dem Verpflichteten Forderungen im Sinne des § 290 a zustehen. *(BGBl 1991/628)*

§ 15. Gegen eine Gemeinde oder gegen eine durch Ausspruch einer Verwaltungsbehörde als öffentlich und gemeinnützig erklärte Anstalt kann die Exekution zum Zwecke der Hereinbringung von Geldforderungen, falls es sich nicht um die Verwirklichung eines vertragsmäßigen Pfandrechtes handelt, nur in Ansehung solcher Vermögensbestandteile bewilligt werden, welche ohne Beeinträchtigung der durch die Gemeinde oder jene Anstalt zu wahrenden öffentlichen Interessen zur Befriedigung des Gläubigers verwendet werden können. Zur Abgabe der Erklärung, inwieweit letzteres hinsichtlich bestimmter Vermögensbestandteile zutrifft, sind die staatlichen Verwaltungsbehörden berufen.

Vgl RGBl 1897/153

Exekutionsvollzug

§ 16. (1) Der Vollzug einer bewilligten Exekution erfolgt, sofern in diesem Gesetze nichts anderes bestimmt ist[1], von Amts wegen.

(2) Der Vollzug der Exekution wird entweder unmittelbar durch die Zivilgerichte oder durch Vollstreckungsorgane bewirkt, welche dabei im Auftrage und unter Leitung des Gerichtes handeln.

---

[1] *ZB § 354 (2) EO.*

Exekutionsgericht

§ 17. (1) Die den Zivilgerichten durch das gegenwärtige Gesetz übertragene Beteiligung am Exekutionsvollzuge obliegt, soweit das Gesetz nichts anderes bestimmt, den Bezirksgerichten (Exekutionsgericht).

(2) Dem Exekutionsgerichte steht auch die Verhandlung und Entscheidung über alle im Laufe eines Exekutionsverfahrens und aus Anlaß desselben sich ergebenden Streitigkeiten zu, sofern nicht im gegenwärtigen Gesetze ein anderes Gericht dafür zuständig erklärt wird.

§ 18. Sofern im gegenwärtigen Gesetze nichts anderes angeordnet wird, ist als Exekutionsgericht einzuschreiten berufen:

1. wenn die Exekution auf ein im Inland gelegenes und in einem öffentlichen Buch eingetragenes unbewegliches Vermögen oder auf daran bücherlich eingetragene Rechte geführt wird, das Bezirksgericht, bei dem sich die Einlage des unbeweglichen Vermögens befindet; *(DRGBl 1940 I S 301; BGBl I 2014/69, ab 1. 10. 2014, anzuwenden auf Exekutionsverfahren, in denen der Exekutionsantrag nach dem 30. September 2014 bei Gericht einlangt.)*

2. wenn die Exekution auf im Inlande gelegene, jedoch in einem öffentlichen Buche nicht eingetragene, unbewegliche oder gesetzlich für unbeweglich erklärte Sachen, auf eben daselbst befindliche Schiffmühlen oder auf Schiffen errichtete Bauwerke geführt wird, das Bezirksgericht, in dessen Sprengel die Sache, und zwar bei Schiffmühlen und auf Schiffen errichteten Bauwerken bei Beginn des Exekutionsvollzuges, gelegen ist;

3. bei der Exekution auf Forderungen, sofern sie nicht bücherlich sichergestellt sind (Z. 1), das Bezirksgericht, bei welchem der Verpflichtete seinen allgemeinen Gerichtsstand in Streitsachen hat, und, wenn ein solcher im Inlande begründet ist, das Bezirksgericht, in dessen Sprengel sich der Wohnsitz, Sitz oder Aufenthalt des Drittschuldners oder, wenn dieser unbekannt oder nicht im Inlande gelegen wäre, das für die Forderung eingeräumte Pfand befindet; *(RGBl 1914/118)*

4. in allen übrigen Fällen dasjenige inländische Bezirksgericht, in dessen Sprengel sich bei Beginn des Exekutionsvollzuges die Sachen befinden, auf welche Exekution geführt wird, oder in Ermangelung solcher Sachen das Bezirksgericht, in dessen Sprengel die erste Exekutionshandlung tatsächlich vorzunehmen ist.

§ 19. Wenn die Exekution auf ein unbewegliches, in einer Landtafel, in einem Berg- oder Eisenbahnbuche eingetragenes Gut oder auf bücherlich eingetragene Rechte an einem solchen Gute geführt wird, so ist das Bezirksgericht Exekutionsgericht, bei welchem sich die Landtafel, das Berg- oder das Eisenbahnbuch befindet, worin das Gut eingetragen ist. Dieses Bezirksgericht kann jedoch, sofern sich eine solche Maßregel als zweckmäßig darstellt, von Amts wegen oder auf Antrag die Erledigung einzelner Teile des Exekutionsverfahrens und insbesondere auch die gesamte, dem Exekutionsgerichte in Ansehung einer Zwangsverwaltung obliegende Mitwirkung dem Bezirksgerichte übertragen, in dessen Sprengel das unbewegliche Gut, auf welches Exekution geführt wird, ganz oder zum größeren Teile gelegen ist. Gegen diesen Beschluß findet ein Rekurs nicht statt.

(DRGBl 1940 I S 301)

§ 20. *(aufgehoben, BGBl 1995/519)*

§ 21. (1) Wenn von einem Gläubiger wider denselben Verpflichteten gleichzeitig bei mehreren Gerichten desselben Oberlandesgerichtssprengels Exekution geführt wird, so kann das Oberlandesgericht auf Anzeige des die Exekution bewilligenden Gerichtes oder eines der zum Exekutionsvollzuge berufenen Gerichte sowie auf Antrag einzelne Akte des Exekutionsvollzuges einem dieser Gerichte ausschließlich übertragen. Zur Antragstellung ist sowohl der betreibende Gläubiger wie der Verpflichtete befugt.

(2) Diese Anordnung ist zu treffen, falls sich eine solche Maßregel zur Vereinfachung des Exekutionsverfahrens, zur vorteilhafteren Verwertung der Exekutionsobjekte oder zur Verminderung der Exekutionskosten geeignet darstellt.

(3) Bei Bestimmung des Exekutionsgerichtes ist auf den Wert und die Beschaffenheit der einzelnen Exekutionsobjekte, auf die besonderen Anforderungen der bewilligten Exekutionsmittel und auch auf den Umfang Rücksicht zu nehmen, in welchem jedes der mehreren in Frage kommenden Gerichte nach den Vorschriften dieses Gesetzes am Exekutionsvollzuge mitzuwirken hätte.

(4) Durch eine Antragstellung im Sinne des ersten Absatzes wird der Fortgang des Exekutionsverfahrens nicht aufgehalten. Gegen die Entscheidung über einen solchen Antrag sowie gegen

eine von Amts wegen angeordnete Übertragung des Exekutionsvollzuges findet ein Rekurs nicht statt. Das Oberlandesgericht kann vor der Entscheidung den in Frage kommenden Exekutionsgerichten oder einzelnen derselben eine Äußerung abfordern.

§ 22. (1) Wenn ein Gläubiger wider denselben Verpflichteten auf mehrere Liegenschaften abgesonderte Exekutionen führt, deren Vollzug dem nämlichen Gerichte oder benachbarten Gerichten desselben Oberlandesgerichtssprengels obliegt, und die bewilligten Exekutionsmittel gleichartig sind oder doch eine Zusammenfassung des Exekutionsvollzuges ermöglichen, so kann eine Verbindung des Vollzuges dieser Exekutionen angeordnet werden, falls sich eine solche Maßregel zur Vereinfachung des Exekutionsverfahrens, zur vorteilhafteren Verwertung der Exekutionsobjekte oder zur Verminderung der Exekutionskosten geeignet darstellt.

(2) Diese Anordnung kann das zum Vollzuge sämtlicher Exekutionen berufene Gericht von Amts wegen oder auf Antrag treffen. Bei Beteiligung mehrerer Exekutionsgerichte kann die Verbindung nur von dem Oberlandesgerichte, und zwar auf Anzeige eines der Exekutionsgerichte oder auf Antrag angeordnet werden; das Oberlandesgericht kann zugleich den gemeinsamen Exekutionsvollzug einem der Exekutionsgerichte ausschließlich übertragen (§ 21 Absatz 3).

(3) Zur Antragstellung ist sowohl der betreibende Gläubiger wie der Verpflichtete befugt. Durch die Antragstellung wird der Fortgang des Exekutionsverfahrens nicht aufgehalten. Gegen die Anordnung des Oberlandesgerichtes findet ein Rekurs nicht statt. Das Oberlandesgericht kann vor seiner Entscheidung den in Frage kommenden Exekutionsgerichten oder einzelnen derselben eine Äußerung abfordern.

§ 22a. Auf Antrag oder von Amts wegen können Exekutionsverfahren, in denen mehreren Verpflichteten Anteile einer Liegenschaft, eines Superädifikats oder eines Baurechts zustehen, verbunden werden.

(BGBl I 2008/37, ab 1. 3. 2008, auch auf in diesem Zeitpunkt anhängige Exekutionsverfahren anzuwenden)

Auktionshallen

§ 23. In der Ediktsdatei ist bekannt zu machen, bei welchen Gerichten Auktionshallen betrieben werden.

(BGBl I 2003/31; BGBl I 2005/68)

Lagerzins

§ 23a. (1) Für die Lagerung in der Auktionshalle ist ein Lagerzins zu entrichten. Er beträgt bei Verwahrung nach § 259 EO für jeden angefangenen Monat der Verwahrung 1/2 % vom Wert der eingelagerten Sachen; sonst für einen Tag 1%. Ist die Sache bereits verkauft worden, so ist Bemessungsgrundlage das Meistbot oder der Kaufpreis, sonst der Schätzwert oder mangels einer Schätzung die vom Vollstreckungsorgan bei der Pfändung angegebene voraussichtlich erzielbare Erlös.

(2) Zur Zahlung sind verpflichtet

1. der betreibende Gläubiger für die Verwahrung nach § 259;

2. der Ersteher oder der Käufer, wenn er die erworbenen Sachen nicht rechtzeitig weggebracht hat, beginnend mit dem zweiten Tag nach der Versteigerung oder dem Verkauf;

3. der Verpflichtete oder ein sonstiger Empfangsberechtigter, wenn er innerhalb von 14 Tagen nach Zustellung der Aufforderung die Sache nicht abgeholt hat, beginnend mit dem fünfzehnten Tag nach Zustellung der Aufforderung.

(3) Der Lagerzins ist von dem Gericht, bei dem die Auktionshalle eingerichtet ist, vorzuschreiben und nach den Bestimmungen des Gerichtlichen Einbringungsgesetzes 1962 einzubringen. Für die Einbringung des Lagerzinses bei Verwahrung gilt außerdem § 274b Abs. 2 sinngemäß.

(BGBl I 2003/31)

Vollstreckungsorgane

§ 24. (1) Als Vollstreckungsorgane schreiten die Gerichtsvollzieher ein. In besonderen Fällen können auch andere dafür geeignete Gerichtsbedienstete herangezogen werden.

(2) Sind bei einem Gericht zumindest zwei Gerichtsvollzieher tätig, so sind die Geschäfte nach Gebieten aufzuteilen.

(BGBl 1995/519)

Tätigkeit der Vollstreckungsorgane

§ 25. (1) Die Vollstreckungsorgane haben sich bei Ausübung ihrer Tätigkeit innerhalb des ihnen durch das Gesetz zugewiesenen Wirkungskreises und der erteilten Aufträge zu halten. Die Vollstreckungsorgane haben die ihnen zugeteilten Aufträge ohne Verzug und unter Bedachtnahme auf eine Minimierung der Wegstrecken möglichst nach der Reihenfolge ihrer Zuteilung zu vollziehen. *(BGBl 1995/519; BGBl I 2003/31)*

(2) Die Übergabe des Exekutionsakts an das Vollstreckungsorgan enthält den Auftrag, Exekutionshandlungen so lange vorzunehmen, bis der Auftrag erfüllt ist oder feststeht, dass er nicht erfüllt werden kann. Hat das Vollstreckungsorgan Vollzugshandlungen erst nach Erlag einer Sicherheit zu setzen, so ist der Vollzugsauftrag erst nach Erlag der Sicherheit zu erteilen. Sonst ist der Vollzugsauftrag sofort zu erteilen, auch bei Bewilligung im vereinfachten Bewilligungsverfahren. *(BGBl I 2003/31; BGBl I 2008/37; BGBl I 2016/100, ab 2. 1. 2017, anzuwenden, wenn die Exekution nach dem 1. Jänner 2017 bewilligt wird: § 447 Abs 3)*

(3) Das Vollstreckungsorgan hat die erste Vollzugshandlung innerhalb von vier Wochen ab Erhalt des Vollzugsauftrags durchzuführen. Die Frist beträgt sechs Wochen, wenn das Vollzugsgebiet zum überwiegenden Teil in einem dünn und verstreut besiedelten ländlichen Gebiet liegt. Das Vollstreckungsorgan darf, soweit nichts anderes im Gesetz vorgesehen ist, den Verpflichteten von einer bevorstehenden Vollzugshandlung nicht benachrichtigen. *(BGBl 1995/519; BGBl I 2003/31; BGBl I 2008/37; BGBl I 2016/100, ab 2. 1. 2017, anzuwenden, wenn die Exekution nach dem 1. Jänner 2017 bewilligt wird: § 447 Abs 3)*

vgl § 12 Abs 3 1.COVID-JuBG

Aufforderung zur Leistung

§ 25a. (1) Das Vollstreckungsorgan hat am Vollzugsort unmittelbar vor dem Vollzug den Verpflichteten zur Leistung der hereinzubringenden Forderung aufzufordern.

(2) Die Vollstreckungsorgane sind berechtigt, die durch die Exekution zu erzwingenden Zahlungen oder sonstigen Leistungen in Empfang zu nehmen, dies wirksam zu quittieren und dem Verpflichteten, wenn er durch die Leistung seine Verbindlichkeit erfüllt hat, auf Verlangen die ihnen zu diesem Zweck vom Gericht oder vom betreibenden Gläubiger ausgehändigten Schulddurkunden zu übergeben. Das Recht des Verpflichteten, nachträglich noch eine Quittung des Gläubigers zu fordern, wird hiedurch nicht berührt. Der Gläubiger kann während des Exekutionsverfahrens die ihm als Gegenleistung obliegende Übergabe einer Urkunde, einer Geldsumme oder sonstiger Sachen an den Verpflichteten rechtswirksam durch die Vollstreckungsorgane bewerkstelligen lassen.

(3) Die Vollstreckungsorgane sind auch berechtigt, Schecks zahlungshalber entgegenzunehmen.

(BGBl I 2003/31)

Vollzugsort

§ 25b. (1) Das Vollstreckungsorgan hat den Vollzugsauftrag an dem im Antrag auf Exekutionsbewilligung genannten Ort zu vollziehen, außer es ist ihm bekannt, dass die Vollzugshandlung dort nicht durchgeführt werden kann.

(2) Sind dem Vollstreckungsorgan Orte, wo die Exekution erfolgreich durchgeführt werden kann, bekannt oder können solche durch zumutbare Erhebungen von ihm in Erfahrung gebracht werden, so hat er diese von Amts wegen aufzusuchen.

(2a) Auf Anfrage des Gerichts haben der Bundesminister für Inneres aus der zentralen Zulassungsevidenz nach § 47 Abs. 4 KFG und die Gemeinschaftseinrichtung der zum Betrieb der Kraftfahrzeug-Haftpflichtversicherung berechtigten Versicherer aus der zentralen Evidenz nach § 47 Abs. 4a KFG im Wege der Datenfernverarbeitung mitzuteilen, welche Kraftfahrzeuge und Anhänger auf den Verpflichteten zugelassen sind und das zugewiesene Kennzeichen anzugeben. *(BGBl I 2008/37, ab 1. 3. 2008, auch auf in diesem Zeitpunkt anhängige Exekutionsverfahren anzuwenden)*

(3) Die Vollstreckungsorgane dürfen die Grenzen ihres Gebiets sowie die Grenzen des Bezirksgerichtssprengels überschreiten. Sie dürfen stattdessen das nach dem voraussichtlichen Vollzugsort zuständige Vollstreckungsorgan um die Vornahme der Amtshandlung ersuchen. Das ersuchte Vollstreckungsorgan wird dabei im Auftrag des Gerichts, das den Vollzug angeordnet hat, tätig.

(BGBl I 2003/31)

Kontaktaufnahme mit dem Verpflichteten

§ 25c. Wird der Verpflichtete bei einem Vollzugsversuch nicht angetroffen, so kann das Vollstreckungsorgan diesen auffordern, sich bei ihm zu melden, wenn der Zweck der Exekution dadurch nicht vereitelt wird.

(BGBl I 2003/31)

Bericht des Vollstreckungsorgans

§ 25d. Das Vollstreckungsorgan hat über die Durchführung des Vollzugs oder die entgegenstehenden Hindernisse und spätestens vier Monate nach Erhalt des Vollzugsauftrags dem Gericht und dem betreibenden Gläubiger über den Stand des Verfahrens zu berichten.

(BGBl I 2003/31)

vgl § 12 Abs 3 1.COVID-JuBG

§ 26. (1) Die Vollstreckungsorgane sind befugt, soweit es der Zweck der Exekution erfordert, die Wohnung des Verpflichteten, dessen Behältnisse, und wenn nötig, mit entsprechender Schonung der Person, selbst die vom Verpflichteten getragene Kleidung zu durchsuchen. Verschlossene Haus-, Wohnungs- und Zimmertüren sowie verschlossene Behältnisse dürfen sie ungeachtet geringfügiger Beschädigungen zum Zweck der

Exekution öffnen lassen; Haus- und Wohnungstüren durch Auswechseln des Schlosses jedoch nur dann, wenn der Schlüssel zum neuen Schloß jederzeit behoben werden kann. Wenn jedoch weder der Verpflichtete noch eine zu seiner Familie gehörende oder von ihm zur Obsorge bestellte volljährige Person anwesend ist, sind den vorerwähnten Exekutionshandlungen zwei vertrauenswürdige, volljährige Personen als Zeugen beizuziehen. *(BGBl 1995/519)*

(2) Die Vollstreckungsorgane können zur Beseitigung eines ihnen entgegengestellten Widerstandes die den Sicherheitsbehörden zur Verfügung stehenden Organe des öffentlichen Sicherheitsdienstes unmittelbar um Unterstützung ersuchen. Wegen Erwirkung militärischer Hilfe haben sie sich an den Vorsteher des Exekutionsgerichtes zu wenden. *(BGBl 1983/135; BGBl 1996/759)*

(3) Bei Exekutionen gegen aktiv dienende Personen der bewaffneten Macht oder der Bundespolizei ist, wenn nicht Gefahr am Verzuge ist, behufs Beseitigung eines Widerstandes die Unterstützung des militärischen Vorgesetzten des Verpflichteten anzusuchen. *(BGBl 1983/135; BGBl I 2004/151)*

Öffnen der verschlossenen Haus- und Wohnungstüren

§ 26a. (1) Verschlossene Haus- und Wohnungstüren dürfen geöffnet werden, wenn diese

1. bei einem Vollzugsversuch, der bei Unternehmen zur Geschäftszeit, sonst an Samstagen, Sonntagen und gesetzlichen Feiertagen von 22 bis 6 Uhr durchgeführt wurde, versperrt waren oder *(BGBl I 2008/37, ab 1. 3. 2008, auch auf in diesem Zeitpunkt anhängige Exekutionsverfahren anzuwenden)*

2. wahrscheinlich über vier Monate versperrt sein werden oder

3. bei der dem Verpflichteten bekannt gegebenen Vollzugszeit versperrt sind oder

4. die am Vollzugsort anwesende Person nicht öffnet und

der betreibende Gläubiger nicht auf eine Öffnung verzichtet hat.

(2) Das Vollstreckungsorgan hat den betreibenden Gläubiger zum Erlag eines Kostenvorschusses aufzufordern. Dieser kann auch die zur Öffnung erforderlichen Arbeitskräfte bereitstellen, wenn er dies während der zum Erlag des Kostenvorschusses offen stehenden Frist bekannt gibt.

(3) Die Kosten des Schlossers sind einstweilen vom betreibenden Gläubiger und bei Vorhandensein mehrerer betreibender Gläubiger von allen nach dem Verhältnis der vollstreckbaren Forderungen zu tragen.

(BGBl I 2003/31)

§ 27. (1) Die Exekution darf nicht im weiteren Umfange vollzogen werden, als es zur Verwirklichung des in der Exekutionsbewilligung bezeichneten Anspruches notwendig ist.

(2) Bei der Exekution zur Hereinbringung von Geldforderungen ist stets auch auf die bis zur Befriedigung des Gläubigers voraussichtlich noch erwachsenden Kosten Bedacht zu nehmen.

§ 28. In das Eigentum einer unter staatlicher Aufsicht stehenden, dem öffentlichen Verkehre dienenden Anstalt dürfen Exekutionsakte, welche geeignet wären, die Aufrechterhaltung des öffentlichen Verkehres zu stören, nur im Einvernehmen mit der Aufsichtsbehörde und unter den von dieser Behörde im Interesse des öffentlichen Verkehres für notwendig befundenen Einschränkungen vorgenommen werden.

§ 29. Gegen eine in Ausübung des Dienstes befindliche Person der bewaffneten Macht oder der Bundespolizei darf mit dem Exekutionsvollzuge erst begonnen werden, nachdem dem vorgesetzten Kommando dieser Personen von der Bewilligung der Exekution Anzeige gemacht wurde. *(BGBl I 2004/151)*

Vollzugszeit

§ 30. (1) Das Vollstreckungsorgan hat die Zeit des Vollzugs selbst zu wählen. Hiebei ist darauf Bedacht zu nehmen, wann der Vollzug am wahrscheinlichsten erfolgreich durchgeführt werden kann.

(2) An Samstagen, Sonntagen und gesetzlichen Feiertagen sowie von 22 bis 6 Uhr darf das Vollstreckungsorgan Exekutionshandlungen nur

1. in dringenden Fällen, insbesondere wenn der Zweck der Exekution nicht anders erreicht werden kann, oder

2. wenn ein Vollzugsversuch an Werktagen zur Tageszeit erfolglos war, vornehmen.

(BGBl I 2003/31)

§ 31. (1) Exekutionshandlungen gegen Personen, die in Österreich auf Grund des Völkerrechts Immunität genießen, sowie auf Exekutionsobjekte und in Räumlichkeiten solcher Personen dürfen nur über das Bundesministerium für Justiz im Einvernehmen mit dem Bundesministerium für auswärtige Angelegenheiten vorgenommen werden. *(BGBl 1995/519)*

(2) In militärischen oder vom Militär besetzten Gebäuden kann die Vornahme von Exekutionshandlungen erst nach vorgängiger Anzeige an den Kommandanten des Gebäudes und unter Zuziehung einer von diesem beigegebenen Militärperson erfolgen.

Vgl auch RHZiv

§ 32. (1)[1] Alle an einer Exekutionshandlung Beteiligten können bei deren Vornahme anwesend sein. Personen, welche die Exekutionshandlung stören oder sich unangemessen betragen, können vom Vollstreckungsorgane entfernt werden. *(BGBl I 2008/37, ab 1. 3. 2008, auch auf in diesem Zeitpunkt anhängige Exekutionsverfahren anzuwenden)*

(2) Die Ladung zu einer vom Vollstreckungsorgan vorzunehmenden Amtshandlung obliegt diesem. *(BGBl I 2008/37, ab 1. 3. 2008, auch auf in diesem Zeitpunkt anhängige Exekutionsverfahren anzuwenden)*

(3) Beantragt der betreibende Gläubiger, dass der Vollzug unter seiner Beteiligung vorgenommen wird, so ist ihm Zeit und Ort des Vollzugs bekannt zu geben. Kommt der betreibende Gläubiger nicht zu diesem Termin, so wird in seiner Abwesenheit vollzogen. Der betreibende Gläubiger ist in diesem Fall von weiteren Vollzügen nur mehr auf neuerlichen Antrag zu benachrichtigen. Wird der betreibende Gläubiger trotz Antrags nicht vom Termin verständigt, so hat ein weiterer Termin von Amts wegen unter seiner Beteiligung stattzufinden. *(BGBl I 2008/37, ab 1. 3. 2008, auch auf in diesem Zeitpunkt anhängige Exekutionsverfahren anzuwenden)*

---

[1] *Der bisherige § 32 erhielt die Absatzbezeichnung (1).*

Beginn des Exekutionsvollzuges

§ 33. Der Vollzug der Exekution ist als begonnen anzusehen, sobald das Ersuchen um den Exekutionsvollzug beim Exekutionsgerichte eingelangt ist, falls aber das zur Bewilligung der Exekution zuständige Gericht zugleich Exekutionsgericht ist, sobald der Auftrag zur Vornahme der ersten Exekutionshandlung an das zu dessen Ausführung bestimmte Organ gelangt ist.

Tod des Verpflichteten

§ 34. (1) Stirbt der Verpflichtete nach Bewilligung der Exekution, so kann diese, sobald eine Erbserklärung angebracht oder ein Nachlaßkurator ernannt ist, in Ansehung des hinterlassenen Vermögens ohne neuerliche Bewilligung in Vollzug gesetzt oder fortgeführt werden. Sonst muß der betreibende Gläubiger zu diesem Behufe die Bestellung eines einstweiligen Vertreters des Nachlasses beantragen. Der Antrag ist bei dem zur Abhandlung des Nachlasses oder bei dem zur Bewilligung der Exekution zuständigen Gerichte gestellt werden.

(2) Eine bei Lebzeiten des Verpflichteten begonnene Exekution auf Liegenschaften kann ohne vorherige Bestellung eines einstweiligen Nachlaßvertreters fortgeführt werden, wenn die zur Einleitung der Zwangsverwaltung oder Zwangsver-

steigerung notwendige bücherliche Anmerkung noch vor dem Tode des Verpflichteten erfolgt ist.

BGBl I 2004/58 § 10: Soweit in Bundesgesetzen der Begriff „Erbserklärung" verwendet wird, ist darunter ab 1. Jänner 2005 die Erbantrittserklärung zu verstehen.

Einwendungen gegen den Anspruch[1]

[1] *Oppositionsklage, Oppositionsantrag; vgl § 40 (Oppositionsgesuch).*

§ 35. (1) Gegen den Anspruch, zu dessen Gunsten Exekution bewilligt wurde, können im Zuge des Exekutionsverfahrens nur insofern Einwendungen erhoben werden, als diese auf den Anspruch aufhebenden oder hemmenden Tatsachen beruhen, die erst nach Entstehung des diesem Verfahren zugrunde liegenden Exekutionstitels eingetreten sind. Falls jedoch dieser Exekutionstitel in einer gerichtlichen Entscheidung besteht, ist der Zeitpunkt maßgebend, bis zu welchem der Verpflichtete von den bezüglichen Tatsachen im vorausgegangenen gerichtlichen Verfahren wirksam Gebrauch machen konnte. *(BGBl 1994/624)*

(2) Diese Einwendungen sind, unbeschadet eines allfälligen Rekurses gegen die Exekutionsbewilligung, im Wege der Klage bei dem Gericht geltend zu machen, das die Exekution in erster Instanz bewilligt hat. Ist der Exekutionstitel in einer Arbeitsrechtssache nach § 50 ASGG ergangen, so sind die Einwendungen bei dem Gericht geltend zu machen, bei dem der Prozeß in erster Instanz anhängig war. Ist der Exekutionstitel in einer Unterhaltssache ergangen, so sind die Einwendungen bei dem für diese Sache zuständigen Gericht in der dafür vorgesehenen Verfahrensart geltend zu machen. Ist für die Unterhaltssache kein österreichisches Gericht zuständig, so ist für solche Einwendungen, wenn sich aus Unions- oder Völkerrecht nichts Abweichendes ergibt, das Gericht zuständig, das die Exekution in erster Instanz bewilligt hat. Einwendungen gegen einen Anspruch, der sich auf einen der im § 1 Z. 10 und 12 bis 14 angeführten Exekutionstitel stützt, sind bei jener Behörde anzubringen, von welcher der Exekutionstitel ausgegangen ist. *(BGBl I 2014/69, ab 1. 1. 2015, anzuwenden, wenn der verfahrenseinleitende Schriftsatz nach dem 31. Dezember 2014 bei Gericht einlangt.)*

(3) Alle Einwendungen, die die verpflichtete Partei zur Zeit der Geltendmachung bei Gericht oder zur Zeit des Einschreitens bei einer der in Abs. 2 bezeichneten Behörden vorzubringen imstande war, müssen bei sonstigem Ausschluss gleichzeitig geltend gemacht werden. Dies gilt nicht für Unterhaltssachen, soweit die zum Unterhalt verpflichtete Person eine Änderung der Verhältnisse einwendet, aufgrund derer der Anspruch ganz oder teilweise erloschen oder gehemmt ist. *(BGBl I 2014/69, ab 1. 1. 2015, anzuwenden,*

wenn der verfahrenseinleitende Schriftsatz nach dem 31. Dezember 2014 bei Gericht einlangt.)

(4) Wenn den Einwendungen rechtskräftig stattgegeben wird, ist die Exekution einzustellen.

Einwendungen gegen die Exekutionsbewilligung[1]

[1] *Impugnationsklage, Impugnationsantrag; vgl § 40 (Impugnationsgesuch).*

§ 36. (1) Wenn der Verpflichtete bestreitet:

1. daß die für die Fälligkeit oder Vollstreckbarkeit des Anspruches maßgebenden Tatsachen (§ 7 Absatz 2) oder die angenommene Rechtsnachfolge (§ 9) eingetreten seien;

2. daß sich der Anspruch, zu dessen Hereinbringung die Exekution bewilligt wurde, auf Grund einer Wertsicherungsklausel ergibt;

3. wenn er behauptet, daß der betreibende Gläubiger auf die Einleitung der Exekution überhaupt oder für eine einstweilen noch nicht abgelaufene Frist verzichtet hat,

so hat er seine bezüglichen Einwendungen, falls sie nicht mittels Rekurs gegen die Exekutionsbewilligung angebracht werden können, im Wege der Klage geltend zu machen.

(2) Die Klage ist bei dem Gericht anzubringen, das die Exekution in erster Instanz bewilligt hat. Ist der Exekutionstitel in einer Arbeitsrechtssache nach § 50 ASGG ergangen, so ist die Klage bei dem Gericht anzubringen, bei dem der Prozess in erster Instanz anhängig war. Ist der Exekutionstitel in einer Unterhaltssache ergangen, so sind die Einwendungen bei dem für diese Sache zuständigen Gericht in der dafür vorgesehenen Verfahrensart geltend zu machen. § 35 Abs. 3 erster Satz über die Verbindung aller Einwendungen, die die verpflichtete Partei zur Zeit der Geltendmachung vorzubringen imstande war, ist anzuwenden. *(BGBl 1994/624; BGBl I 2014/69, ab 1. 1. 2015, anzuwenden, wenn der verfahrenseinleitende Schriftsatz nach dem 31. Dezember 2014 bei Gericht einlangt.)*

(3) Wenn den Einwendungen rechtskräftig stattgegeben wird, ist die Exekution einzustellen. *(BGBl I 2014/69, ab 1. 1. 2015, anzuwenden, wenn der verfahrenseinleitende Schriftsatz nach dem 31. Dezember 2014 bei Gericht einlangt.)*

Widerspruch Dritter[1]

[1] *Exszindierungsklage.*

§ 37. (1) Gegen die Exekution kann auch von einer dritten Person Widerspruch erhoben werden, wenn dieselbe an einem durch die Exekution betroffenen Gegenstande, an einem Teile eines solchen oder an einzelnen Gegenständen des Zubehörs einer in Exekution gezogenen Liegenschaft ein Recht behauptet, welches die Vornahme der Exekution unzulässig machen würde.

EO

(2) Ein solcher Widerspruch ist mittels Klage geltend zu machen; die Klage kann zugleich gegen den betreibenden Gläubiger und gegen den Verpflichteten gerichtet werden, welche in diesem Falle als Streitgenossen zu behandeln sind.

(3) Für diese Klage ist, je nachdem sie vor oder nach Beginn des Exekutionsvollzuges angebracht wird, das Gericht, bei dem die Bewilligung der Exekution in erster Instanz beantragt wurde, oder das Exekutionsgericht zuständig.

(4) Wenn der Klage rechtskräftig stattgegeben wird, ist die Exekution einzustellen.

§ 38. (1) Muß eine der in den §§ 35, 36 und 37 bezeichneten Klagen im Sinne der vorstehenden Bestimmungen bei einem Bezirksgerichte angebracht werden, so ist dieses Gericht zur Verhandlung und Entscheidung über die Klage zuständig, wenngleich die Streitsache sonst zur sachlichen Zuständigkeit eines Gerichtshofes gehören würde.

(2) Für Verfahren nach den §§ 35, 36 und 37 kann die inländische Gerichtsbarkeit nach § 104 Abs. 1 oder 3 JN nicht begründet werden. *(BGBl I 2014/69, ab 1. 1. 2015, anzuwenden, wenn der verfahrenseinleitende Schriftsatz nach dem 31. Dezember 2014 bei Gericht einlangt.)*

(3) Der Abs. 2 ist insoweit zur Gänze oder zum Teil nicht anzuwenden, als nach Völkerrecht oder besonderen gesetzlichen Anordnungen ausdrücklich anderes bestimmt ist.

(BGBl I 1997/140)

Einstellung, Einschränkung und Aufschiebung der Exekution

§ 39. (1) Außer den in den §§ 35, 36 und 37 angeführten Fällen ist die Exekution unter gleichzeitiger Aufhebung aller bis dahin vollzogenen Exekutionsakte einzustellen:

1. wenn der ihr zu Grunde liegende Exekutionstitel durch rechtskräftige Entscheidung für ungültig erkannt, aufgehoben oder sonst für unwirksam erklärt wurde; *(BGBl 1929/222)*

2. wenn die Exekution auf Sachen, Rechte oder Forderungen geführt wird, die nach den geltenden Vorschriften der Exekution überhaupt oder einer abgesonderten Exekutionsführung entzogen sind;

3. wenn die Exekution auf Grund von Urteilen oder Vergleichen, die gemäß § 2 der Zivilprozeßordnung ohne Mitwirkung eines gesetzlichen Vertreters zustande gekommen sind, auf solches Vermögen eines Minderjährigen geführt wird, auf das sich seine freie Verfügung nicht erstreckt;

4. wenn die Exekution gegen eine Gemeinde oder eine als öffentlich und gemeinnützig erklärte Anstalt gemäß § 15 für unzulässig erklärt wurde;

5. wenn die Exekution aus anderen Gründen durch rechtskräftige Entscheidung für unzulässig erklärt wurde;[1]

6. wenn der Gläubiger das Exekutionsbegehren zurückgezogen hat, wenn er auf den Vollzug der bewilligten Exekution überhaupt oder für eine einstweilen noch nicht abgelaufene Frist verzichtet hat, oder wenn er von der Fortsetzung des Exekutionsverfahrens abgestanden ist;

7. wenn der Verpflichtete im Falle des § 12 Abs. 2 nach Bewilligung der Exekution in Ausübung seines Wahlrechtes eine andere als diejenige Leistung bewirkt hat, auf welche die Exekution gerichtet ist;

8. wenn sich nicht erwarten läßt, daß die Fortsetzung oder Durchführung der Exekution einen die Kosten dieser Exekution übersteigenden Ertrag ergeben wird;

9. wenn die erteilte Bestätigung der Vollstreckbarkeit rechtskräftig aufgehoben wurde; *(BGBl 1929/222)*

10. wenn die Exekution nicht durch einen Exekutionstitel gedeckt ist oder diesem die Bestätigung der Vollstreckbarkeit fehlt; *(BGBl 1995/519)*

11. wenn die Vollstreckbarerklärung eines ausländischen Exekutionstitels rechtskräftig aufgehoben wurde. *(BGBl 1995/519)*

(2) In den unter Z. 1, 6 und 7 angegebenen Fällen erfolgt die Einstellung nur auf Antrag, sonst kann sie auch von Amts wegen erfolgen; der Einstellung von Amts wegen hat jedoch in den unter Z. 2 und 3 angegebenen Fällen, sofern nicht schon eine rechtskräftige Entscheidung über die Unzulässigkeit der Exekutionsführung vorliegt, eine Einvernehmung der Parteien vorauszugehen. Wenn auf Geldforderungen Exekution geführt wird, gilt die dem Exekutionsgericht erstattete Anzeige des Drittschuldners über die Unzulässigkeit der Exekutionsführung (§ 294 Abs. 4) als Antrag auf Einstellung der Exekution. Im Falle der Einstellung nach Z. 6 kann die Zustellung des Einstellungsbeschlusses an den Antragsteller unterbleiben. *(RGBl 1914/118)*

(3) Wird auf Ungültig- oder Unwirksamerklärung oder auf Aufhebung des Exekutionstitels geklagt, so kann der Antrag auf Einstellung der Exekution mit der Klage verbunden werden. *(BGBl 1995/519)*

(4) Mit dem Antrag auf Aufhebung der Bestätigung der Vollstreckbarkeit kann der Antrag auf Einstellung der Exekution nach Abs. 1 Z 9 verbunden werden. Dieser Antrag ist, wenn er nicht bei dem Gericht eingebracht wird, das die Bestätigung der Vollstreckbarkeit erteilt hat, an dieses zur Erledigung zu leiten. *(BGBl I 2005/68)*

Vgl §§ 54e EO, 12, 12a, 12c, 35, 61, 156c, 197, 208 IO

---

[1] *ZB § 28 EO.*

§ 40. (1) Wenn der betreibende Gläubiger nach Entstehung des Exekutionstitels oder bei gerichtlichen Entscheidungen nach dem in § 35 Absatz 1 angegebenen Zeitpunkte befriedigt wurde, Stundung bewilligt oder auf die Einleitung der Exekution überhaupt oder für eine einstweilen noch nicht abgelaufene Frist verzichtet hat, so kann der Verpflichtete, ohne vorläufig gemäß §§ 35 oder 36 Klage zu erheben, die Einstellung der Exekution in Antrag bringen. Der Entscheidung über den Antrag hat eine Einvernehmung des betreibenden Gläubigers voranzugehen. Wird die Befriedigung oder Erklärung des betreibenden Gläubigers durch unbedenkliche Urkunden dargetan, so kann von seiner Einvernehmung abgesehen werden. Für eine Stundungsentscheidung einer Behörde gilt § 45a Abs. 2. *(RGBl 1914/118; BGBl I 2017/122, auf behördliche Stundungsentscheidungen anzuwenden, die nach dem 31. Juli 2017 ergangen sind)*

(2) Erscheint die Entscheidung nach den Ergebnissen dieser Einvernehmung von der Ermittlung und Feststellung streitiger Tatumstände abhängig, so ist der Verpflichtete mit seinen Einwendungen auf den Rechtsweg zu verweisen.

§ 41. (1) Treten die in den §§ 35 bis 37, 39 und 40 bezeichneten Einstellungsgründe nur hinsichtlich einzelner der in Exekution gezogenen Gegenstände oder eines Teiles des vollstreckbaren Anspruches ein, so hat statt der Einstellung eine verhältnismäßige Einschränkung der Exekution stattzufinden.

(2) Außerdem ist die Exekution einzuschränken, wenn sie in größerem Umfange vollzogen wurde, als zur Erzielung vollständiger Befriedigung des Gläubigers notwendig ist. Der Entscheidung über einen darauf gerichteten Antrag hat eine Einvernehmung des betreibenden Gläubigers voranzugehen.

Beendigung der Exekution

§ 41a. Das Gericht hat auf Antrag die Beendigung eines Exekutionsverfahrens wegen Geldforderungen mit Beschluss festzustellen, wenn sämtliche Forderungen samt Nebengebühren, zu deren Hereinbringung das Exekutionsverfahren geführt wurde, in diesem Verfahren getilgt worden sind. Ein Rechtsmittel gegen diese Entscheidung ist unzulässig; sie kann jedoch jederzeit auf Antrag abgeändert werden.

(BGBl I 2019/38)

§ 42. (1) Die Aufschiebung (Hemmung) der Exekution kann auf Antrag angeordnet werden:

1. wenn eine Klage auf Ungültig- oder Unwirksamerklärung oder auf Aufhebung eines der im § 1 angeführten, einer bewilligten Exekution zu Grunde liegenden Exekutionstitels erhoben wird;

2. wenn in Bezug auf einen der im § 1 angeführten Exekutionstitel die Wiederaufnahme des Verfahrens oder die Wiedereinsetzung in den vorigen Stand begehrt oder wenn die Aufhebung eines Schiedsspruches (§ 1, Z. 16) im Klagewege beantragt wird;

2a. wenn gegen das der Exekution zu Grunde liegende Berufungsurteil außerordentliche Revision (§ 505 Abs. 4 ZPO) erhoben worden ist; *(BGBl 1983/135; BGBl I 2004/128)*

3. wenn gemäß § 39 Abs. 1 Z 2 bis 4, 6, 8 und 10 oder § 40 die Einstellung der Exekution beantragt wird; *(BGBl 1995/519)*

4. wenn die Exekution wegen eines Anspruches stattfindet, der von einer Zug um Zug zu bewirkenden Gegenleistung des betreibenden Gläubigers abhängig ist, und der Gläubiger weder die ihm obliegende Gegenleistung bewirkt hat, noch dieselbe zu bewirken oder sicherzustellen bereit ist;

5. wenn Einwendungen nach den §§ 35 oder 36 gerichtlich geltend gemacht werden oder Klage nach § 37 erhoben wird, wenn aus anderen Gründen auf Unzulässigerklärung der Exekution geklagt wird (§ 39 Abs. 1 Z 5) oder wenn Einwendungen gegen den Anspruch bei der Behörde erhoben werden, von welcher einer der in § 1 Z 10 und 12 bis 14 angeführten Exekutionstitel ausgegangen ist; *(BGBl I 2014/69, ab 1. 1. 2015, anzuwenden, wenn der Antrag auf Aufschiebung nach dem 31. Dezember 2014 bei Gericht einlangt.)*

6. wenn eine Einberufung der Verlassenschaftsgläubiger (§ 813 ABGB) bewilligt wird;

7. wenn der die Exekution bewilligende Beschluß des Gerichtes mittels Rekurs angefochten wird;

8. wenn gegen einen Vorgang des Exekutionsvollzuges Beschwerde geführt wird und die für die Entscheidung darüber erforderliche Einvernehmung der Parteien oder sonstigen Beteiligten nicht unverzüglich stattfinden kann (§ 68);

9. wenn die Aufhebung oder Abänderung der rechtskräftigen Vollstreckbarerklärung beantragt wird; *(BGBl 1995/519; BGBl I 2003/31; BGBl I 2016/100)*

10. wenn gegen die Anpassung des Exekutionstitels Widerspruch erhoben wird. *(BGBl I 2016/100, ab 2. 1. 2017, anzuwenden, wenn der Antrag auf Anpassung nach dem 1. Jänner 2017 bei Gericht eingebracht wird; bei einer Anpassung von Amts wegen, wenn über die Anpassung nach dem 1. Jänner 2017 entschieden wird: § 447 Abs 4)*

(2) Die Aufschiebung der Exekution kann ferner in den Fällen des § 7 Abs. 3 und 4, auf Begehren der Stelle, der die Aufhebung obliegt, oder auf Antrag eines Beteiligten angeordnet werden.

(3) Mit dem Antrag auf Aufhebung der Bestätigung der Vollstreckbarkeit kann der Antrag auf

Aufschiebung der Exekution verbunden werden. Dieser Antrag ist, wenn er nicht bei dem Gericht eingebracht wird, das die Bestätigung der Vollstreckbarkeit erteilt hat, an dieses zur Erledigung zu leiten. *(BGBl I 2005/68)*

(BGBl 1929/222)

Vgl §§ 11 (3), 12c, 120a IO

§ 43. (1) Bei Aufschiebung der Exekution bleiben, sofern das Gericht nicht etwas anderes anordnet, alle Exekutionsakte einstweilen bestehen, welche zur Zeit des Ansuchens um Aufschiebung bereits in Vollzug gesetzt waren.

(2) Die Aufhebung bereits vollzogener Exekutionsakte kann das Gericht bei Aufschiebung der Exekution nur dann anordnen, wenn die Aufrechterhaltung dieser Akte demjenigen, der die Aufschiebung verlangt, einen schwer zu ersetzenden Nachteil verursachen würde und er überdies für die volle Befriedigung des zu vollstreckenden Anspruches Sicherheit leistet.

(3) Wenn nur in Ansehung einzelner der in Exekution gezogenen Gegenstände oder eines Teiles des Anspruches Gründe für die Aufschiebung der Exekution eintreten, ist die Exekution in dem einen Falle einstweilen nur hinsichtlich der übrigen Gegenstände, in dem anderen Falle aber nur wegen des durch den Aufschiebungsgrund nicht betroffenen Teiles des Anspruches fortzuführen.

§ 44. (1) Die Bewilligung der Exekutionsaufschiebung hat zu unterbleiben, wenn die Exekution begonnen oder fortgeführt werden kann, ohne daß dies für denjenigen, der die Aufschiebung verlangt, mit der Gefahr eines unersetzlichen oder schwer zu ersetzenden Vermögensnachteiles verbunden wäre.

(2) Die Aufschiebung der Exekution ist von einer entsprechenden Sicherheitsleistung des Antragstellers abhängig zu machen:

1. wenn die Tatsachen, auf die sich die Einwendungen gegen den Anspruch oder gegen die Exekutionsbewilligung (§§ 35 und 36) stützen, nicht durch unbedenkliche Urkunden dargetan sind;

2. wenn ein naher Angehöriger des Verpflichteten (§ 32 Insolvenzordnung) oder eine mit ihm in Hausgemeinschaft lebende Person später als 14 Tage nach dem Exekutionsvollzuge die Widerspruchsklage (§ 37) erhebt und der Kläger nicht bescheinigt, daß er von dem Vollzuge erst kurz vor oder nach Ablauf dieses Zeitraumes Kenntnis erlangen konnte und daß er die Klage ohne unnötigen Aufschub eingebracht hat; *(BGBl I 2010/29)*

3. wenn die Aufschiebung der Exekution die Befriedigung des betreibenden Gläubigers zu gefährden geeignet ist. Treten erst nach Bewilligung der Aufschiebung Umstände ein, die eine solche

Gefährdung wahrscheinlich machen, so kann demjenigen, auf dessen Ansuchen die Aufschiebung bewilligt wurde, auf Antrag aufgetragen werden, innerhalb einer bestimmten Frist Sicherheit zu leisten, widrigens die Exekution wieder aufgenommen werden würde.

(3) Bei der Entscheidung über einen Aufschiebungsantrag nach § 42 Abs. 1 Z 2 a sind die Erfolgsaussichten der außerordentlichen Revision nicht zu prüfen. *(BGBl 1983/135)*

(4) Bei Bewilligung der Aufschiebung hat das Gericht anzugeben, für wie lange die Exekution aufgeschoben sein soll. *(BGBl 1983/135)*

(5) Ein aufgeschobenes Exekutionsverfahren wird, sofern nicht für einzelne Fälle etwas anderes angeordnet ist, nur auf Antrag wieder aufgenommen. *(BGBl 1983/135)*

§ 45. (1) Durch die Bestimmungen der §§ 39 bis 44 wird die Anwendung der besonderen Vorschriften nicht ausgeschlossen, welche das gegenwärtige Gesetz in Ansehung einzelner Vollstreckungsarten über die Einstellung, Einschränkung oder Aufschiebung der Exekution oder gewisser Akte derselben enthält.

(2) Sofern nicht für einzelne Fälle etwas anderes angeordnet ist, sind Anträge auf Einstellung, Einschränkung oder Aufschiebung der Exekution, sowie Anträge auf Wiederaufnahme einer aufgeschobenen Exekution bei dem Gerichte, bei dem die Bewilligung der Exekution in erster Instanz beantragt wurde, oder beim Exekutionsgerichte anzubringen, je nachdem der Antrag vor oder nach Beginn des Exekutionsvollzuges gestellt wird.

(3) Sofern nicht für einzelne Fälle etwas anderes angeordnet ist oder schon eine rechtskräftige Entscheidung über die Einstellung, Einschränkung oder Aufschiebung des Exekutionsverfahrens vorliegt oder der Antrag offenkundig unberechtigt ist, sind die Parteien vor der Entscheidung über Anträge auf Einstellung, Einschränkung oder Aufschiebung des Exekutionsverfahrens, die nicht vom betreibenden Gläubiger selbst gestellt werden, einzuvernehmen (§ 55 Abs. 1). *(BGBl 1995/519; BGBl I 2014/69, ab 1. 10. 2014, anzuwenden, wenn der Antrag auf Einstellung, Einschränkung oder Aufschiebung nach dem 30. September 2014 bei Gericht einlangt.)*

Zahlungsvereinbarung

§ 45a. (1) Die Exekution ist auf Antrag des betreibenden Gläubigers oder mit dessen Zustimmung durch Beschluss ohne Auferlegung einer Sicherheitsleistung aufzuschieben, wenn zwischen den Parteien eine Zahlungsvereinbarung getroffen wurde. Sie kann erst nach Ablauf von drei Monaten ab Einlangen des Aufschiebungsantrags bei Gericht fortgesetzt werden. Wird die Fortsetzung nicht innerhalb von zwei Jahren beantragt, so ist die Exekution einzustellen. *(BGBl I 2017/122)*

(2) Die Entscheidung einer Behörde, die Zahlungsfrist für eine den Gebietskörperschaften zustehende Forderung zu verlängern oder die Entrichtung in Teilbeträgen zu gestatten, hat die Wirkung einer Zahlungsvereinbarung nach Abs. 1. Das Exekutionsverfahren kann nach Ablauf der Zahlungsfrist oder nach Eintritt eines Terminverlustes fortgesetzt werden. Wird die Fortsetzung nicht innerhalb von einem Jahr nach Ablauf der Zahlungsfrist beantragt, so ist die Exekution einzustellen. *(BGBl I 2017/122, auf behördliche Stundungsentscheidungen anzuwenden, die nach dem 31. Juli 2017 ergangen sind)*

(BGBl I 2003/31)

Nachweis der Befriedigung

§ 46. Das Vollstreckungsorgan darf mit der Vollziehung der ihm aufgetragenen Exekutionshandlung nur dann innehalten, wenn ihm nachgewiesen wird, dass der betreibende Gläubiger nach Erlassung des Exekutionstitels befriedigt worden ist, Stundung bewilligt hat oder von der Fortsetzung des Exekutionsverfahrens abgestanden ist.

(BGBl I 2003/31)

Vermögensverzeichnis

§ 47. (1) Wenn der betreibende Gläubiger nichts anderes beantragt, hat der Verpflichtete unter Angabe seines Geburtsdatums gegenüber dem Gericht sein gesamtes Vermögen anzugeben (Vermögensverzeichnis), wenn

1. der Vollzug einer Exekution auf bewegliche körperliche Sachen erfolglos geblieben ist, weil beim Verpflichteten keine pfändbaren Sachen oder nur solche Sachen vorgefunden wurden, deren Unzulänglichkeit sich mit Rücksicht auf ihren geringen Wert oder auf die daran zugunsten anderer Gläubiger bereits begründeten Pfandrechte klar ergibt oder die von dritten Personen in Anspruch genommen werden, oder wenn

2. eine Forderungsexekution nach § 294a erfolglos geblieben ist, weil der Dachverband der Sozialversicherungsträger die Anfrage des Gerichts nach § 294a nicht positiv beantwortet hat, oder wenn der Erlös dieser Exekution voraussichtlich nicht ausreichen wird, die vollstreckbare Forderung samt Nebengebühren im Lauf eines Jahres zu tilgen. *(BGBl I 2018/100, s. § 720 ASVG ab 1.1.2020: Dachverband der Sozialversicherungsträger statt Hauptverband der österreichischen Sozialversicherungsträger)*
(BGBl 1991/628; BGBl I 2005/68)

(2) Im Vermögensverzeichnis hat der Verpflichtete insbesondere

1. bei Vermögensstücken anzugeben, wo sie sich befinden; bei Sachen, die zugleich gepfändet werden, genügt ein Hinweis auf das Pfändungsprotokoll;

2. bei Forderungen die Person des Schuldners und den Schuldgrund anzugeben. Ist eine Forderung streitig oder vermutlich nicht zur Gänze einbringlich, so ist darauf hinzuweisen. Die Beweismittel sind zu bezeichnen.

Die Angaben des Verpflichteten sind, soweit sie nicht unpfändbare oder wertlose Sachen betreffen, vom Gericht oder Vollstreckungsorgan zu Protokoll zu nehmen. Hiebei ist das auf der Internet Website des Bundesministeriums für Justiz kundgemachte Formular zu verwenden. Der Verpflichtete ist über die Straffolgen zu belehren; es ist ihm Einsicht in das aufgenommene Protokoll zu gewähren. Dies sowie die Richtigkeit und Vollständigkeit seiner Angaben er mit seiner Unterschrift zu bestätigen. *(BGBl 1995/519; BGBl I 2005/68)*

(3) Die Finanzprokuratur, das Finanzamt, soweit es nach den geltenden Vorschriften anstelle der Finanzprokuratur einzuschreiten berufen ist, und jede Verwaltungsbehörde können verlangen, dass der Verpflichtete gegenüber dem Gericht ein Vermögensverzeichnis abgibt, wenn die verwaltungs- oder finanzbehördliche Exekution zur Hereinbringung der Steuern, der Zuschläge und der den Steuern hinsichtlich der Einbringung gleichgehaltenen Leistungen erfolglos geblieben ist. Der Antrag ist bei dem Bezirksgericht zu stellen, in dessen Sprengel die Exekution erfolglos versucht wurde. *(BGBl 1995/519; BGBl I 2005/68)*

(4) Das Exekutionsgericht kann auf Anregung des betreibenden Gläubigers oder von Amts wegen noch andere nach den gegebenen Verhältnissen zur Ermittlung der herauszugebenden oder in Exekution zu ziehenden Sachen dienliche Fragen in das Vermögensverzeichnis aufnehmen.

(Überschrift idF BGBl 1991/628)
Vgl § 294a, § 346 Abs 1

Erzwingung der Abgabe des Vermögensverzeichnisses

§ 48. (1) Erscheint der ordnungsgemäß geladene Verpflichtete ohne genügende Entschuldigung nicht bei Gericht, um das Vermögensverzeichnis abzugeben, so hat das Gericht die zwangsweise Vorführung des Verpflichteten anzuordnen. Der Auftrag an das Vollstreckungsorgan zur zwangsweisen Vorführung erfasst auch die Aufnahme des Vermögensverzeichnisses. Wurde dem Vollstreckungsorgan der Auftrag erteilt, ein Vermögensverzeichnis aufzunehmen, und verweigert der Verpflichtete ungerechtfertigter Weise die Abgabe des Vermögensverzeichnisses, so hat das Vollstreckungsorgan den Verpflichteten zwangsweise vorzuführen. *(BGBl I 2003/31; BGBl I 2005/68)*

(2) Wenn der Verpflichtete die Abgabe des Vermögensverzeichnisses vor Gericht ungerechtfertigter Weise verweigert, hat das Exekutionsgericht zu deren Erzwingung die Haft zu verhängen. Die Haft ist nach den §§ 360 bis 366 zu vollziehen. Sie darf in ihrer Gesamtdauer sechs Monate nicht überschreiten und endet, sobald der Verpflichtete das Vermögensverzeichnis abgibt. *(BGBl I 2005/68)*

(3) Auf Antrag des verhafteten Verpflichteten ist diesem unverzüglich vom Vollstreckungsorgan des Exekutionsgerichts oder des Bezirksgerichts des Haftorts die Abgabe des Vermögensverzeichnisses zu ermöglichen. *(BGBl I 2005/68)*

(4) Die Verhängung der Haft verliert ihre Wirksamkeit, wenn sie nicht innerhalb eines Jahres vollzogen worden ist. Der Verpflichtete kann jedoch neuerlich zur Abgabe eines Vermögensverzeichnisses verhalten werden. Auch die Haft kann unter den in Abs. 2 bezeichneten Voraussetzungen neuerlich verhängt werden. *(BGBl I 2005/68)*

(BGBl 1991/628)

(Überschrift idF BGBl I 2005/68)

**Neuerliche Abgabe eines
Vermögensverzeichnisses**

§ 49. (1) Wer ein Vermögensverzeichnis abgegeben hat, ist zur neuerlichen Abgabe auch dritten Gläubigern gegenüber nur dann verpflichtet, wenn glaubhaft gemacht wird, dass er später Vermögen erworben habe. Gleicher Glaubhaftmachung bedarf es, wenn nach Vollziehung der sechsmonatigen Haft nach § 48 gegen den Verpflichteten neuerlich zur Erzwingung der Abgabe eines Vermögensverzeichnisses die Haft verhängt werden soll. Der Glaubhaftmachung bedarf es jedoch in beiden Fällen nicht, wenn seit Vollziehung der Haft oder Abgabe des Vermögensverzeichnisses mehr als ein Jahr vergangen sind.

(2) Sind die Voraussetzungen zur Abgabe eines Vermögensverzeichnisses nach § 47 Abs. 1 gegeben und ist ein Auftrag zu einer neuerlichen Abgabe eines Vermögensverzeichnisses nach Abs. 1 unzulässig, so ist dem betreibenden Gläubiger eine Ausfertigung des zuletzt abgegebenen Vermögensverzeichnisses zu übersenden.

(BGBl 1991/628; BGBl I 2005/68)

Verfahren

§ 50. Die gesetzlichen Bestimmungen über die Beiziehung eines fachmännischen Laienrichters finden auf die Ausübung der Gerichtsbarkeit im Exekutionsverfahren keine Anwendung.

Anders § 162 (1) Patentgesetz (Fassung BGBl I 2013/126)

§ 51. Die im gegenwärtigen Gesetze angeordneten Gerichtsstände sind ausschließliche. Vereinbarungen der Parteien über die Zuständigkeit der Gerichte im Exekutionsverfahren sind wirkungslos.

§ 52. Im Exekutionsverfahren können die Parteien und sonstigen Beteiligten sowohl in Person, als durch Bevollmächtigte handeln. Die Vertretung durch Rechtsanwälte ist im Exekutionsverfahren weder vor den Bezirksgerichten noch vor den Gerichtshöfen erster Instanz geboten.

Vgl §§ 26 ff und § 31 (1) Z 3 ZPO

§ 53. (1) Die im Exekutionsverfahren vorkommenden Anträge können, falls in diesem Gesetze nichts anderes bestimmt ist, mittels Schriftsatzes angebracht oder mündlich zu gerichtlichem Protokoll erklärt werden. Wird ein Antrag mündlich vorgebracht, so hat das Gericht die zur Stellung eines dem Gesetze entsprechenden Antrages nötige Anleitung zu geben.

(2) Falls ein Antrag mittels Schriftsatz angebracht wird, sind so viele gleichlautende Ausfertigungen des Schriftsatzes zu überreichen, daß jedem der Gegner eine Ausfertigung zugestellt und überdies eine für die Gerichtsakten zurückbehalten werden kann; Abschriften der Beilagen des Schriftsatzes sind dem Gegner nicht zuzustellen. Sofern nach Vorschrift des Gesetzes von der Beschlußfassung über den Antrag außer dem Gegner noch andere Personen zu verständigen sind, hat der Antragsteller dem Schriftsatze die hiezu erforderlichen Rubriken beizulegen.

(3) Eine Abschrift des Protokolles über einen mündlich vorgebrachten Antrag ist dem Gegner bei der Mitteilung des Beschlusses nur dann zuzustellen, wenn das Protokoll für die Beurteilung der Gesetzmäßigkeit des gefaßten Beschlusses wesentliche, aus dem Beschlusse selbst nicht ersichtliche Angaben enthält.

§ 54. (1) Der Antrag auf Exekutionsbewilligung muß neben den sonst vorgeschriebenen besonderen Angaben und Belegen enthalten:

1. die genaue Bezeichnung des Antragstellers und desjenigen, wider welchen die Exekution geführt werden soll, sowie die Angabe aller für die Ermittlung des Exekutionsgerichtes wesentlichen Umstände;

2. die bestimmte Angabe des Anspruches, wegen dessen die Exekution stattfinden soll, und des dafür vorhandenen Exekutionstitels. Bei Geldforderungen sind auch

a) der Betrag, der im Exekutionsweg hereingebracht werden soll,

b) die beanspruchten Nebengebühren, *(BGBl I 2003/31)*

c) bei variablen Zinsen ein prozentmäßiger Zinssatz, soweit er feststeht, und *(BGBl I 2003/31)*

d) der Anspruch, der sich auf Grund einer Wertsicherungsklausel ergibt, *(BGBl I 2003/31)*

3. die Bezeichnung der anzuwendenden Exekutionsmittel und bei Exekution auf das Vermögen, die Bezeichnung der Vermögensteile, auf welche Exekution geführt werden soll, sowie des Ortes, wo sich dieselben befinden, und endlich alle jene Angaben, welche nach Beschaffenheit des Falles für die vom bewilligenden Gerichte oder vom Exekutionsgerichte im Interesse der Exekutionsführung zu erlassenden Verfügungen von Wichtigkeit sind. *(BGBl 1991/628)*

(2) Dem Exekutionsantrag ist eine Ausfertigung des Exekutionstitels samt Bestätigung der Vollstreckbarkeit anzuschließen, bei einem rechtskräftig für vollstreckbar erklärten ausländischen Exekutionstitel auch die Vollstreckbarerklärung samt Bestätigung der Rechtskraft dieser Entscheidung. Eine Bestätigung der Vollstreckbarkeit ist bei Beschlüssen, mit denen die Exekutionskosten bestimmt werden, bei Vergleichen und bei vollstreckbaren Notariatsakten nicht erforderlich. Hat der betreibende Gläubiger den Exekutionstitel selbst ausgestellt, so genügt es, den Inhalt des Exekutionstitels in den Exekutionsantrag aufzunehmen. *(BGBl 1995/519; BGBl I 2005/68)*

(3) Fehlt im Exekutionsantrag das gesetzlich vorgeschriebene Vorbringen oder sind ihm nicht alle vorgeschriebenen Urkunden angeschlossen, so ist der Schriftsatz zur Verbesserung zurückzustellen. *(BGBl 1995/519)*

(4) Ist die hereinzubringende Forderung eine Unterhaltsforderung oder eine Forderung auf sonstige wiederkehrende Leistungen, die auf demselben Rechtsgrund beruht, und liegen ihr mehrere Exekutionstitel zu Grunde, so genügt es, die hereinzubringende Forderung mit dem Gesamtbetrag anzuführen. *(BGBl I 2000/135)*

§ 54a. (1) Das Exekutionsverfahren kann mit Hilfe automationsunterstützter Datenverarbeitung durchgeführt werden.

(2) Der Bundesminister für Justiz wird ermächtigt, zur Ermöglichung einer zweckmäßigen Behandlung der Eingaben in den mit Hilfe automationsunterstützter Datenverarbeitung geführten Exekutionsverfahren mit Verordnung Formblätter einzuführen, die die Parteien für ihre Eingaben an das Gericht zu verwenden haben. Diese Formblätter sind so zu gestalten, daß sie die Parteien leicht und sicher verwenden können.

(3) Für das Exekutionsverfahren, das mit Hilfe automationsunterstützter Datenverarbeitung durchgeführt wird, gelten folgende Besonderheiten:

1. Exekutionsanträge und andere Schriftsätze können in einfacher Ausfertigung und ohne Beibringung von Halbschriften überreicht werden;

2. die Zustellung von Ausfertigungen von Schriftsätzen an den Gegner (§ 80 Abs. 1 ZPO) kann entfallen, wenn der Inhalt des Schriftsatzes in der Erledigung des Gerichts vollständig wiedergegeben wird;

3. ergeht ein Auftrag zur Verbesserung einer Eingabe, weil sich der Antragsteller nicht des hiefür eingeführten Formblatts bedient hat, so ist diesem Auftrag das entsprechende Formblatt anzuschließen.

4. § 453 a Z 6 ZPO und § 89 e Abs. 1 GOG sind sinngemäß anzuwenden.

(BGBl 1991/628)

Vereinfachtes Bewilligungsverfahren

§ 54b. (1) Das Gericht hat über einen Exekutionsantrag im vereinfachten Bewilligungsverfahren zu entscheiden, wenn

1. der betreibende Gläubiger Exekution wegen Geldforderungen, nicht jedoch auf das unbewegliche Vermögen, ein Superädifikat oder ein Baurecht beantragt, *(BGBl I 2008/37, anzuwenden, wenn der Exekutionsantrag nach dem 29. 2. 2008 bei Gericht einlangt)*

2. die hereinzubringende Forderung an Kapital 50 000 Euro nicht übersteigt; Prozesskosten oder Nebengebühren sind nur dann zu berücksichtigen, wenn sie allein Gegenstand des durchzusetzenden Anspruchs sind; bei einer Exekution wegen Forderungen auf wiederkehrende Leistungen sind nur die bereits fälligen Ansprüche maßgebend, *(BGBl I 1997/140; BGBl I 2003/31; BGBl I 2005/68; BGBl I 2009/52)*

3. die Vorlage anderer Urkunden als des Exekutionstitels nicht vorgeschrieben ist,

4. sich der betreibende Gläubiger auf einen inländischen, einen diesem gleichgestellten (§ 2) oder einen rechtskräftig für vollstreckbar erklärten ausländischen Exekutionstitel stützt und *(BGBl I 2005/68)*

5. der betreibende Gläubiger nicht bescheinigt hat, daß ein vorhandenes Exekutionsobjekt durch Zustellung der Exekutionsbewilligung vor Vornahme der Pfändung der Exekution entzogen würde.

(2) Im vereinfachten Bewilligungsverfahren gilt folgendes:

1. Der Exekutionsantrag hat die Angaben nach § 7 Abs. 1 zu enthalten; es ist auch der Tag zu nennen, an dem die Bestätigung der Vollstreckbarkeit erteilt wurde.

2. Der betreibende Gläubiger braucht dem Exekutionsantrag keine Ausfertigung des Exekutionstitels anzuschließen.

3. Das Gericht hat nur auf Grund der Angaben im Exekutionsantrag zu entscheiden. Bestehen auf Grund der Angaben im Exekutionsantrag oder gerichtsbekannten Tatsachen Bedenken, ob ein die Exekution deckender Exekutionstitel samt Bestätigung der Vollstreckbarkeit besteht, so hat das Gericht den betreibenden Gläubiger vor der Entscheidung aufzufordern, binnen fünf Tagen eine Ausfertigung des Exekutionstitels samt Bestätigung der Vollstreckbarkeit vorzulegen.

(BGBl 1995/519)

Einspruch

§ 54c. (1) Gegen die im vereinfachten Bewilligungsverfahren ergangene Exekutionsbewilligung steht dem Verpflichteten der Einspruch zu. Mit diesem kann nur geltend gemacht werden, daß ein die bewilligte Exekution deckender Exekutionstitel samt Bestätigung der Vollstreckbarkeit fehlt oder daß der Exekutionstitel nicht mit den im Exekutionsantrag enthaltenen Angaben darüber übereinstimmt. Rechtsbehelfe und Rechtsmittel, mit denen diese Mängel innerhalb der Einspruchsfrist geltend gemacht werden, sind als Einspruch zu behandeln.

(2) Die Einspruchsfrist beträgt 14 Tage. Sie beginnt mit Zustellung der schriftlichen Ausfertigung des Bewilligungsbeschlusses an den Verpflichteten.

(3) Die Erhebung des Einspruchs hemmt nicht den Vollzug der bewilligten Exekution. Wenn über den Einspruch bis zur Vornahme von Verwertungshandlungen nicht rechtskräftig entschieden ist, hat das Exekutionsgericht von Amts wegen mit dem weiteren Vollzug bis zum Eintritt der Rechtskraft dieser Entscheidung innezuhalten.

(BGBl 1995/519)

Auftrag zur Vorlage des Exekutionstitels

§ 54d. (1) Wenn der Verpflichtete rechtzeitig Einspruch erhebt, ist dem betreibenden Gläubiger aufzutragen, eine Ausfertigung des im Exekutionsantrag genannten Exekutionstitels samt Bestätigung der Vollstreckbarkeit binnen fünf Tagen vorzulegen. Diese Frist beginnt mit Zustellung des Vorlageauftrags.

(2) Das Exekutionsgericht kann auch auf andere Art prüfen, ob der im Exekutionsantrag genann-te Exekutionstitel samt Bestätigung der Vollstreckbarkeit vorliegt.

(BGBl 1995/519)

Einstellung der Exekution

§ 54e. (1) Das Exekutionsverfahren ist unter gleichzeitiger Aufhebung aller bis dahin vollzogenen Exekutionsakte auch dann einzustellen, wenn

1. der betreibende Gläubiger dem Vorlageauftrag nach § 54d Abs. 1 nicht rechtzeitig nachkommt oder

2. der Exekutionstitel nicht mit sämtlichen im Exekutionsantrag enthaltenen Angaben darüber, insbesondere auch mit jenen über Zinsen, beanspruchte Nebengebühren oder Kosten, übereinstimmt. *(BGBl I 2005/68)*

(2) Tritt der Einstellungsgrund nur hinsichtlich eines Teils der Exekution ein, so ist diese verhältnismäßig einzuschränken.

(BGBl 1995/519)

Schadenersatz und Kostenersatz

§ 54f. (1) Wird die Exekution bewilligt, ohne daß der betreibende Gläubiger über den im Exekutionsantrag genannten Exekutionstitel samt Bestätigung der Vollstreckbarkeit verfügt, so hat er dem Verpflichteten alle verursachten Vermögensnachteile zu ersetzen.

(2) Das Exekutionsgericht hat auf Antrag des Verpflichteten die Höhe des Ersatzes nach freier Überzeugung (§ 273 ZPO) festzusetzen. Die Kosten des Einspruchs sind, wenn der Verpflichtete nicht höhere Kosten nachweist, mit 20 Euro festzusetzen. Nach Eintritt der Rechtskraft findet auf Grund dieses Beschlusses Exekution auf das Vermögen des betreibenden Gläubigers statt. *(BGBl I 2005/68)*

(3) Hat der betreibende Gläubiger im Exekutionsantrag oder einem sonstigen Antrag eine neue Anschrift oder einen neuen Namen des Schuldners angegeben und steht fest, dass dadurch ein Dritter als Verpflichteter in das Exekutionsverfahren einbezogen wurde, insbesondere durch Einstellung der Exekution nach § 39 Abs. 1 Z 10, so hat der betreibende Gläubiger dem Verpflichteten die notwendigen Kosten zu ersetzen. Diese Kosten sind, wenn nicht höhere Kosten nachgewiesen werden, mit 50 Euro festzusetzen. *(BGBl I 2005/68)*

(BGBl 1995/519)

Mutwillensstrafe

§ 54g. Wurde die Exekutionsbewilligung mutwillig erwirkt, so ist dem betreibenden Gläubiger überdies eine vom Gericht mit Rücksicht auf die besonderen Umstände des Einzelfalls, insbesondere auf die Höhe des zu Unrecht in Exekution gezogenen Betrags, zu bemessende Mutwillensstrafe von mindestens 100 Euro aufzuerlegen. *(BGBl I 2009/52)*

(BGBl 1995/519; BGBl I 2001/98)

§ 55. (1) Die gerichtlichen Entscheidungen und Verfügungen im Exekutionsverfahren ergehen, soweit in diesem Gesetze nicht etwas anderes geboten ist[1], ohne vorherige mündliche Verhandlung. Eine vom Gesetze angeordnete Einvernehmung der Parteien oder sonstigen Beteiligten ist an die für mündliche Verhandlungen geltenden Vorschriften nicht gebunden. Sie kann mündlich oder durch das Abfordern schriftlicher Äußerungen und ersteren Falls ohne gleichzeitige Anwesenheit der übrigen einzuvernehmenden Personen und ohne Aufnahme eines Protokolles geschehen; es genügt ein kurzer schriftlicher Aktenvermerk über das Ergebnis die Einvernehmung. Ebensowenig erfordert die Einvernehmung, daß jeder der zu befragenden Personen Gelegenheit gegeben wird, sich über die von den übrigen Personen abgegebenen Erklärungen zu äußern. Jede Partei kann verlangen, daß außer ihrem Bevollmächtigten eine Person ihres Vertrauens die Anwesenheit bei ihrer mündlichen Einvernahme gestattet werde. Der Vertrauensperson kann die Anwesenheit untersagt werden, wenn begründete Besorgnis besteht, daß die Anwesenheit zur Störung der Einvernahme oder zur Erschwerung der Sachverhaltsfeststellung mißbraucht werde. *(BGBl 1996/759)*

(2) Alle für eine beantragte richterliche Entscheidung oder Verfügung wesentlichen Umstände sind von dem Antragsteller zu beweisen. Ausgenommen den Antrag auf Bewilligung der Exekution, kann das Gericht auch vor Beschlußfassungen, für die es das Gesetz nicht verlangt, behufs Feststellung der erheblichen Tatsachen die mündliche oder schriftliche Einvernehmung einer oder beider Parteien oder sonstiger Beteiligter anordnen und diese zur Beibringung der nötigen Urkunden und anderen Beweise auffordern.

(3) Das Gericht kann jedoch die ihm nötig scheinenden Aufklärungen auch ohne Vermittlung der Parteien oder sonstigen Beteiligten einholen und zu diesem Zwecke von Amts wegen alle hiezu geeigneten Erhebungen pflegen und nach Maßgabe der Vorschriften der Zivilprozeßordnung die erforderlichen Bescheinigungen oder Beweisaufnahmen anordnen.

[1] *ZB §§ 45 (3), 83 (1), 116 (1), 123, 141, 209, 285 (3), 398 f EO, 35 (2) MRG; vgl §§ 78, 84c (2), 358 EO.*

Berücksichtigung des Grundbuchsstands

§ 55a. Ist für eine Entscheidung des Gerichts die Kenntnis des Grundbuchsstands von Bedeu-

tung, so hat es diesen von Amts wegen zu erheben. Bei unverbücherten Liegenschaften und Superädifikaten ist in die Liegenschafts- und Bauwerkskartei Einsicht zu nehmen.

(BGBl I 2000/59; BGBl I 2002/114 (DFB))

§ 56. (1) Wird nach den Vorschriften dieses Gesetzes eine mündliche Verhandlung anberaumt oder vom Gerichte die Einvernehmung von Parteien oder sonstigen Beteiligten angeordnet, so steht das Nichterscheinen der zur Verhandlung oder zur Einvernehmung gehörig geladenen Personen der Aufnahme und Fortsetzung der Verhandlung und der gerichtlichen Beschlußfassung nicht entgegen.

(2) Wenn der Verhandlung oder Einvernehmung ein Antrag einer Partei oder ein von Amts wegen in Aussicht genommenes Vorgehen des Gerichts zugrunde liegt, so sind, falls das Gesetz nichts anderes bestimmt, diejenigen Personen, die trotz gehöriger Ladung nicht erscheinen, als diesem Antrag oder diesem Vorgehen zustimmend zu behandeln. Der wesentliche Inhalt des Antrags oder des von Amts wegen in Aussicht genommenen Vorgehens und die mit dem Nichterscheinen verbundenen Rechtsfolgen sind in der Ladung anzugeben. *(BGBl I 2000/59)*

(3) Die vorstehenden Bestimmungen gelten auch für die Versäumung von Fristen, die für schriftliche Erklärungen oder Äußerungen der Parteien oder sonstigen Beteiligten gegeben werden.

§ 57. (1) Anträge, Erinnerungen und Einwendungen, zu deren Anbringung eine Tagsatzung bestimmt ist, können von den zur selben nicht erschienenen, gehörig geladenen Personen nachträglich nicht mehr vorgebracht werden. Das gleiche gilt von der Versäumung einer Tagsatzung, bei welcher ein Widerspruch erhoben werden konnte.

(2) Von der Erstreckung einer zur mündlichen Verhandlung, zur Einvernehmung von Parteien oder sonstigen Beteiligten, zur Anbringung von Anträgen, Erinnerungen und Einwendungen oder zur Erhebung eines Widerspruches bestimmten Tagsatzung sind die trotz gehöriger Ladung zur ersten Tagsatzung nicht erschienenen Personen nicht zu verständigen.

§ 58. (1) Die im gegenwärtigen Gesetze bestimmten Fristen sind, wenn nicht bezüglich einzelner derselben etwas anderes angeordnet ist, unerstreckbar.

(2) Eine Wiedereinsetzung in den vorigen Stand findet wegen Versäumens einer Frist oder einer Tagsatzung nicht statt; dies gilt jedoch nicht für die im Laufe eines Exekutionsverfahrens und aus Anlaß desselben sich ergebenden Prozesse,

EO

die nach den Bestimmungen der Zivilprozeßordnung zu verhandeln und zu entscheiden sind.

(3) Beginnt eine Frist mit dem Einlangen eines Antrags bei Gericht und wird die mit dem Antrag verbundene Rechtsfolge auch bei einer Zustimmung zum Antrag des Antragsgegners vorgesehen, so beginnt in diesem Fall die Frist mit dem Einlangen der Zustimmung bei Gericht oder mangels einer solchen mit dem Ablauf der zur Äußerung festgelegten Frist. *(BGBl I 2003/31)*

§ 59. (1) Die mündliche Verhandlung im Exekutionsverfahren ist nicht öffentlich[1].

(2) Bei jeder solchen mündlichen Verhandlung ist durch den Richter oder einen beeideten Schriftführer ein Protokoll aufzunehmen.

(3) Dasselbe hat die Namen der bei der Tagsatzung anwesenden Parteien und sonstigen Beteiligten, ferner eine kurze Angabe über den Gang und Inhalt der Verhandlung, über die während der Tagsatzung gestellten, nicht vor Beschlußfassung wieder zurückgezogenen Anträge und endlich die vom Gerichte verkündeten Entscheidungen und Verfügungen zu enthalten. Den Anwesenden steht es frei, zur Wahrung ihrer Rechte die protokollarische Feststellung einzelner Punkte oder einzelner bei der Tagsatzung von ihnen selbst oder von anderen abgegebenen Erklärungen zu verlangen.

(4) Das Protokoll ist, sofern nichts anderes im gegenwärtigen Gesetze angeordnet ist, nur vom Richter und dem der Tagsatzung beigezogenen Schriftführer zu unterschreiben.

[1] *Vgl aber §§ 177 (1), 270 EO.*

§ 60. (1) Über die durch ein Vollstreckungsorgan vorgenommenen Exekutionshandlungen ist von demselben ein kurzes Protokoll aufzunehmen.

(2) Das Protokoll hat Ort und Zeit der Aufnahme, die Namen der bei der Exekutionshandlung anwesenden beteiligten Personen, den Gegenstand der Exekutionshandlung und eine Angabe der wesentlichen Vorgänge zu enthalten. Insbesondere ist jede bei Vornahme einer Exekutionshandlung vom Verpflichteten oder für denselben geleistete Zahlung im Protokolle zu beurkunden. Wenn sich nicht aus dem vom betreibenden Gläubiger unterfertigten Protokoll ergibt, dass die vom Vollstreckungsorgan übernommenen Beträge unmittelbar dem betreibenden Gläubiger übergeben wurden, hat der Gerichtsvollzieher dem Protokoll den entsprechenden Beleg anzuschließen. Das Protokoll ist vom Vollstreckungsorgane zu unterschreiben. *(BGBl I 2008/37, ab 1. 3. 2008, auch auf in diesem Zeitpunkt anhängige Exekutionsverfahren anzuwenden)*

(3) Überdies hat das Vollstreckungsorgan die mit seiner Amtshandlung in Zusammenhang stehenden Anträge und Erklärungen der Parteien entgegenzunehmen und erforderlichenfalls zu beurkunden. *(BGBl I 2008/37, ab 1. 3. 2008, auch auf in diesem Zeitpunkt anhängige Exekutionsverfahren anzuwenden)*

§ 61. Wenn eine Exekutionshandlung vom Vollstreckungsorgane nicht gesetzgemäß oder auftraggemäß ausgeführt wurde, hat das Gericht von Amts wegen dem Vollstreckungsorgane die Weisungen zu erteilen, welche zur Behebung der unterlaufenen Fehler oder sonst zum richtigen Vollzug der Exekutionshandlung nötig sind.

(BGBl 1995/519)

Beschlüsse

§ 62. Sofern nicht ein durch Klage eingeleiteter Streit zu entscheiden ist oder das Gesetz etwas anderes anordnet, erfolgen die gerichtlichen Entscheidungen im Exekutionsverfahren und alle in diesem Verfahren vorkommenden gerichtlichen Verfügungen durch Beschluß.

§ 63. Der Beschluß, durch welchen die Exekution bewilligt wird, hat insbesondere zu enthalten:

1. Namen, Wohnort und Beschäftigung des betreibenden Gläubigers und des Verpflichteten;

2. den zu vollstreckenden Anspruch unter genauer Bezeichnung seines Inhaltes und Gegenstandes, sowie aller etwaigen Nebengebühren; bei verzinslichen Forderungen ist der Zinsfuß und der Tag anzugeben, von welchem an die Zinsen rückständig sind; bei variablen Zinsen ist ein prozentmäßiger Zinssatz nur anzugeben, soweit er feststeht; *(BGBl I 2003/31)*

3. die Angabe der anzuwendenden Exekutionsmittel;

4. bei einer Exekution in das Vermögen des Verpflichteten die Bezeichnung der zum Zwecke der Befriedigung des betreibenden Gläubigers heranzuziehenden Vermögensteile;

5. die Bezeichnung des Exekutionsgerichtes.

§ 64. (1) Außerhalb einer Tagsatzung gefaßte Beschlüsse sind den Parteien und allen sonst nach Vorschrift des Gesetzes von der Beschlußfassung zu verständigenden Personen, sofern nicht im einzelnen Falle eine andere Form der Mitteilung angeordnet ist, durch Zustellung einer schriftlichen Ausfertigung (Bescheid) bekannt zu geben. Ein Bescheid, durch welchen ein Antrag ohne Verhandlung oder Einvernehmung des Gegners abgewiesen wird, ist letzterem nur auf Ansuchen des Antragstellers zuzustellen.

(2) Alle während einer Tagsatzung oder bei einer Exekutionshandlung gefaßten Beschlüsse sind zu verkünden. Diese Beschlüsse sind den bei der Verkündung anwesenden Parteien und sonstigen Beteiligten in schriftlicher Ausfertigung zuzustellen, insoweit diesen Personen ein abgeson-

dertes Rechtsmittel gegen den Beschluß oder das Recht zur sofortigen Exekutionsführung auf Grund des Beschlusses zusteht. An Parteien und sonstige Beteiligte, welche bei der Verkündung nicht anwesend waren, ist in diesen Fällen und nebstdem in allen Fällen, in welchen die Leitung des Verfahrens es erfordert, die Zustellung einer schriftlichen Ausfertigung zu bewirken.

(3) Wenn hienach die Zustellung einer schriftlichen Ausfertigung nicht zu erfolgen hat, begründet die mündliche Verkündung die Wirkung der Zustellung.

Rekurs

§ 65. (1) Wider die im Exekutionsverfahren ergehenden gerichtlichen Beschlüsse ist das Rechtsmittel des Rekurses zulässig, soweit das gegenwärtige Gesetz dieselben weder für unanfechtbar erklärt, noch ein abgesondertes Rechtsmittel wider sie versagt.

(2) § 517 ZPO gilt nicht für die Exekution auf das unbewegliche Vermögen, für Beschlüsse, mit denen über die Bewilligung, Einstellung, Aufschiebung oder Fortsetzung der Exekution, eine Geldstrafe oder eine Haft entschieden wird, sowie für die im § 402 aufgezählten Beschlüsse.

(3) § 521a ZPO ist nur anzuwenden, wenn

1. es sich um Entscheidungen über die Kosten des Exekutionsverfahrens handelt oder

2. es sich um Entscheidungen über den Antrag auf Einstellung, Einschränkung oder Aufschiebung der Exekution handelt oder

3. dies sonst in diesem Gesetz angeordnet ist. *(BGBl I 2009/30; BGBl I 2014/69, ab 1. 10. 2014, anzuwenden, wenn die Entscheidung der ersten Instanz nach dem 30. September 2014 liegt)*

(4) Schreitet der Kinder- und Jugendhilfeträger als Partei oder Parteienvertreter ein, so besteht für ihn keine Vertretungspflicht. Er ist anwaltlich vertretenen Parteien gleichzuhalten. *(BGBl I 2014/69, ab 1. 10. 2014, anzuwenden, wenn die Entscheidung der ersten Instanz nach dem 30. September 2014 liegt)*

(BGBl 1986/71)

Zur Rekursfrist (14 Tage) vgl §§ 402 Abs 3. Siehe aber § 411 Abs 1.
Siehe auch §§ 88 (2), 187 (1), 208 (2) EO.

§ 66. (1) Gegen Beschlüsse, durch die

1. Tagsatzungen anberaumt oder erstreckt werden oder

2. eine Einvernehmung der Parteien oder der sonst am Exekutionsverfahren beteiligten Personen angeordnet wird oder

3. der Auftrag zur Vorlage des Exekutionstitels nach § 54b Abs. 2 oder § 54d Abs. 1 erteilt wird, sowie

4. gegen die zur Durchführung einzelner Exekutionsakte an die Vollstreckungsorgane erlassenen Aufträge ist ein abgesondertes Rechtsmittel nicht gestattet.

(2) Die Höhe einer aufgetragenen Sicherheitsleistung kann nur dann angefochten werden, wenn sie 2 700 Euro übersteigt. *(BGBl I 1997/140; BGBl I 2009/52)*

(BGBl 1995/519)

§ 67. (1) Die gerichtlichen Beschlüsse im Exekutionsverfahren können, sofern das gegenwärtige Gesetz nichts anderes bestimmt, schon vor Ablauf der Rekursfrist in Vollzug gesetzt werden.

(2) Dem Rekurse kommt eine die Ausführung des angefochtenen Beschlusses hemmende Wirkung[1] nur in den im Gesetze besonders bezeichneten Fällen zu.

[1] Vgl §§ 524 (2) ZPO, 78 EO.

Vollzugsbeschwerde

§ 68. Wer sich durch einen Vorgang des Exekutionsvollzugs, insbesondere durch eine Amtshandlung des Vollstreckungsorgans oder durch die Verweigerung einer Exekutionshandlung, für beschwert erachtet, kann vom Exekutionsgericht Abhilfe verlangen. Die Vollzugsbeschwerde ist innerhalb von 14 Tagen nach Kenntnis vom Exekutionsvollzug oder von der Verweigerung der Exekutionshandlung einzubringen. *(BGBl I 2008/37, ab 1. 3. 2008, auch auf in diesem Zeitpunkt anhängige Exekutionsverfahren anzuwenden)*

(BGBl 1995/519)

Ersuchen an eine Behörde

§ 69. (1) Wenn der Vollzug der bewilligten Exekution nicht dem Gerichte zusteht, welches die Exekution bewilligt hat, so hat letzteres das zum Einschreiten als Exekutionsgericht berufene Gericht von Amts wegen um den Exekutionsvollzug zu ersuchen. *(BGBl 1995/519)*

(2) Das Exekutionsgericht hat mit der Erlassung der erforderlichen Ersuchschreiben von Amts wegen vorzugehen, wenn sich im Laufe eines Exekutionsverfahrens die Notwendigkeit ergibt, behufs Vornahme einzelner, außerhalb des Sprengels des Exekutionsgerichtes zu bewirkender Exekutionsmaßregeln oder überhaupt zur Erledigung eines anhängigen Exekutionsverfahrens die Mitwirkung eines andern Gerichtes in Anspruch zu nehmen, oder wenn während eines Exekutionsverfahrens die Mitwirkung anderer Behörden notwendig wird. *(BGBl 1995/519)*

(3) *(aufgehoben, BGBl 1995/519)*

§ 70. (1) Von der Erhebung des Rekurses gegen die Exekutionsbewilligung ist das Exekutionsgericht durch das ersuchende Gericht nur dann zu benachrichtigen, wenn letzteres infolge des Rekurses die Vollziehung des angefochtenen Beschlusses aufgeschoben hat. Die rechtskräftige Erledigung des Rekurses ist dem Exekutionsgerichte nicht nur in diesem Falle, sondern jedesmal zur Kenntnis zu bringen, wenn der die Exekution bewilligende Beschluß infolge des Rekurses aufgehoben oder abgeändert worden ist.

(2) Das Exekutionsgericht hat sodann je nach dem Inhalte der ihm zukommenden Mitteilungen alle zur Fortsetzung oder zur Einstellung, Einschränkung oder Aufschiebung des Exekutionsvollzuges erforderlichen Anordnungen zu erlassen.

(3) *(aufgehoben, BGBl 1995/519)*

Öffentliche Bekanntmachung, Ediktsdatei

§ 71. (1) Die öffentliche Bekanntmachung erfolgt durch Aufnahme in die Ediktsdatei.

(2) Bei Versteigerungsedikten kann das Gericht jedoch von Amts wegen oder auf Antrag verfügen, dass das Edikt auch in Zeitungen veröffentlicht oder sonst bekannt gemacht wird, wenn dadurch offenkundig mehr Kaufinteressenten angesprochen werden. Die Parteien und sonstige Beteiligte können verlangen, dass mit der vom Gericht angeordneten Bekanntmachung auf ihre Kosten weitere entgeltliche Bekanntmachungen verbunden werden.

(BGBl I 2000/59)

Löschen der Daten der Ediktsdatei

§ 71a. (1) Tagsatzungen, Termine und für Anträge eingeräumte Fristen sind nach dem dort vorgesehenen Termin bzw. dem Fristende zu löschen.

(2) Soweit nichts anderes bestimmt ist, sind die Bestellungen von Kuratoren zu löschen, sobald der Kurator rechtskräftig seines Amtes enthoben wurde oder das Kuratel sonst erloschen ist.

(2a) Die Daten einer Zwangsverwaltung sind zu löschen, sobald dieses Verfahren und die beigetretenen Verfahren rechtskräftig eingestellt wurden. *(BGBl I 2008/37, anzuwenden, wenn der Exekutionsantrag nach dem 29. 2. 2008 bei Gericht einlangt)*

(3) Die übrigen Daten sind zu löschen, wenn seit der Aufnahme in die Ediktsdatei ein Monat vergangen ist.

(BGBl I 2000/59)

Aufforderungen und Mitteilungen bei einer Exekutionshandlung

§ 72. (1) Die bei einer Exekutionshandlung vorkommenden Aufforderungen und sonstigen Mitteilungen erfolgen, falls nicht im gegenwärtigen Gesetze etwas anderes bestimmt ist[1], mündlich.

(2) Aufforderungen und Mitteilungen, welche wegen Abwesenheit der Person, an welche sie zu richten sind, nicht mündlich geschehen können, sind derselben schriftlich zuzustellen. Die Befolgung dieser Vorschrift ist im Protokolle zu bemerken.

---

[1] *Etwa §§ 294, 379 (3) Z 3 etc.*

Exekutionsakten

§ 73. Die Parteien und alle sonstigen Beteiligten können Einsicht in die das Exekutionsverfahren betreffenden Akten begehren und auf ihre Kosten von einzelnen Aktenstücken Abschriften verlangen. Solche Einsicht- und Abschriftnahme kann auch dritten Personen, insoweit sie ein rechtliches Interesse glaubhaft machen, gestattet werden. Durch die Abschriftnahme dürfen jedoch die gerade dringend benötigten Aktenstücke dem Vollstreckungsorgane nicht entzogen werden.

(BGBl 1995/519)

§ 73a. *(aufgehoben samt Überschrift, BGBl I 2009/30)*

Siehe § 891 GOG

Kosten der Exekution

§ 74. (1) Sofern nicht für einzelne Fälle etwas anderes angeordnet ist[1], hat der Verpflichtete dem betreibenden Gläubiger auf dessen Verlangen alle ihm verursachten, zur Rechtsverwirklichung notwendigen Kosten des Exekutionsverfahrens zu erstatten; welche Kosten notwendig sind, hat das Gericht nach sorgfältiger Erwägung aller Umstände zu bestimmen. Der § 54 a ZPO ist auf die Kosten des Exekutionsverfahrens nicht anzuwenden. *(BGBl 1989/343; BGBl 1991/628; BGBl 1995/519; BGBl I 1997/140; BGBl I 2001/98; BGBl I 2003/31; BGBl I 2004/128, BGBl I 2005/53; BGBl I 2005/140)*

(2) Der Anspruch auf Ersatz der nicht schon rechtskräftig zuerkannten Exekutionskosten erlischt, wenn deren Bestimmung nicht binnen vier Wochen begehrt wird. Die Frist beginnt mit der Beendigung oder Einstellung der Exekution zu laufen. Entstehen jedoch Kosten erst danach, so gilt § 54 Abs. 2 ZPO. *(BGBl 1983/135)*

(3) Bei der Exekution auf bewegliche körperliche Sachen sind die nach Bewilligung der Exekution entstandenen Kosten erst nach Bericht des

Vollstreckungsorgans zu bestimmen. *(BGBl 1995/519)*

(4) Beschlüsse, mit denen die Exekutionskosten bestimmt werden, sind ab deren Erlassung vollstreckbar. *(BGBl 1995/519)*

Vgl § 351 (3)

---

[1] *ZB §§ 74a, 75, 155 Abs 1, 351ff, 405 Abs 3 EO uva, 35 (3) MRG; vgl § 284 (4) EO.*

Barauslagen

§ 74a. Der betreibende Gläubiger, der einen Antrag im elektronischen Rechtsverkehr einbringt, braucht Barauslagen, wenn sie den Betrag von 30 Euro nicht übersteigen, nur auf Aufforderung des Gerichts zu belegen. Diese Aufforderung ist bei Bedenken gegen die Richtigkeit der verzeichneten Barauslagen oder auf Verlangen des Verpflichteten zu erlassen. § 54b Abs. 2 Z 3 und § 54c ff sind sinngemäß anzuwenden, wobei der Verpflichtete im Einspruch nur geltend machen kann, dass die vom betreibenden Gläubiger verzeichneten Barauslagen diesem nicht oder nicht in der geltend gemachten Höhe entstanden sind. *(BGBl I 2000/59)*

§ 75. Wenn ein Exekutionsverfahren aus einem der in den §§ 35, 36 und 39 Abs. 1 Z 1, 9 und 10 sowie § 54 e angeführten Gründe eingestellt wird oder dessen Einstellung aus anderen, dem betreibenden Gläubiger bei Stellung des Antrages auf Exekutionsbewilligung oder bei Beginn des Exekutionsvollzuges schon bekannten Gründen erfolgen mußte, so hat der betreibende Gläubiger auf Ersatz der gesamten bis zur Einstellung aufgelaufenen Exekutionskosten keinen Anspruch. Dies gilt nicht, wenn die Exekution eingestellt wird, weil dem Verpflichteten im Titelverfahren die Wiedereinsetzung in den vorigen Stand bewilligt wurde. *(BGBl 1929/222; BGBl 1995/519; BGBl I 2000/59)*

§ 76. Bei der voraussichtlich letzten gerichtlichen Bestimmung der Exekutionskosten sind auch die Auslagen von Amts wegen zu berücksichtigen, die durch das Einheben der Exekutionskosten entstehen dürfen. Eine nachträgliche Bestimmung dieser Einhebungskosten findet nicht statt.

Fruchtbringende Anlegung gerichtlich erlegter Barbeträge

§ 77. Wenn sich mit Rücksicht auf die Höhe der Beträge, die wahrscheinliche Dauer des Erlages oder aus anderen Gründen die fruchtbringende Anlage der im Laufe eines Exekutionsverfahrens zu Gericht erlegten Ertragsüberschüsse, Feilbietungserlöse, Kassareste oder anderen Bargeldbeträge empfiehlt, so hat das Gericht von Amts wegen oder auf Antrag wegen deren fruchtbringender Anlage das Geeignete zu veranlassen. Die näheren Bestimmungen über die Art der Anlage und das hiebei zu beobachtende Verfahren sind im Verordnungswege zu treffen.

Vgl Art XXIII EGEO, § 556 Abs 3–5 Geo, sowie das AHG

Anwendung der Zivilprozeßordnung

§ 78. (1) Soweit in diesem Gesetze nichts anderes angeordnet ist, haben auch im Exekutionsverfahren die allgemeinen Bestimmungen der Zivilprozeßordnung über die Parteien, das Verfahren und die mündliche Verhandlung, über den Beweis, die Beweisaufnahme und über die einzelnen Beweismittel, über richterliche Beschlüsse und über das Rechtsmittel des Rekurses zur Anwendung zu kommen. *(BGBl I 2010/111, ab 1. 5. 2011, Absatzbezeichnung (1) wurde eingefügt)*

(2) Nicht anzuwenden sind die Bestimmungen über die Hemmung von Fristen und die Erstreckung von Tagsatzungen nach § 222 ZPO. *(BGBl I 2010/111, ab 1. 5. 2011)*

§ 79. *(erhielt durch BGBl I 2016/100 ab 1.12. 2016 die Bezeichnung § 406)*

§ 80. *(erhielt durch BGBl I 2016/100 ab 1.12. 2016 die Bezeichnung § 407)*

§ 81. *(erhielt durch BGBl I 2016/100 ab 1.12. 2016 die Bezeichnung § 408)*

§ 82. *(erhielt durch BGBl I 2016/100 ab 1.12. 2016 die Bezeichnung § 409)*

§ 83. *(erhielt durch BGBl I 2016/100 ab 1.12. 2016 die Bezeichnung § 410)*

§ 84. *(erhielt durch BGBl I 2016/100 ab 1.12. 2016 die Bezeichnung § 411)*

§ 84a. *(erhielt durch BGBl I 2016/100 ab 1.12. 2016 die Bezeichnung § 412)*

§ 84b. *(erhielt durch BGBl I 2016/100 ab 1.12. 2016 die Bezeichnung § 413)*

§ 84c. *(erhielt durch BGBl I 2016/100 ab 1.12. 2016 die Bezeichnung § 414)*

§ 85. *(erhielt durch BGBl I 2016/100 ab 1.12. 2016 die Bezeichnung § 415)*

EO

§ 86. *(erhielt durch BGBl I 2016/100 ab 1.12. 2016 die Bezeichnung § 416)*

§ 86a. *(erhielt durch BGBl I 2016/100 ab 1.12. 2016 die Bezeichnung § 417)*

§ 86b. *(erhielt durch BGBl I 2016/100 ab 1.12. 2016 die Bezeichnung § 420)*

§ 86c. *(erhielt durch BGBl I 2016/100 ab 1.12. 2016 die Bezeichnung § 421)*

Zweiter Abschnitt

Exekution wegen Geldforderungen

Erster Titel

Exekution auf das unbewegliche Vermögen

Erste Abteilung

Zwangsweise Pfandrechtsbegründung

Bewilligung und Vollzug

§ 87. Zu Gunsten einer vollstreckbaren Geldforderung kann auf Antrag des betreibenden Gläubigers ein Pfandrecht an einer Liegenschaft des Verpflichteten oder an einem diesem gehörenden Liegenschaftsanteil, einem Superädifikat oder einem Baurecht begründet werden.

(BGBl I 2008/37, anzuwenden, wenn der Exekutionsantrag nach dem 29. 2. 2008 bei Gericht einlangt)

Vgl §§ 320 ff EO

1. In einem öffentlichen Buche eingetragene Liegenschaften

§ 88. (1) Sofern die Liegenschaft in einem öffentlichen Buche eingetragen ist, erfolgt die Pfandrechtsbegründung durch bücherliche Einverleibung des Pfandrechtes.

(2) Für die Bewilligung und den Vollzug der Einverleibung gelten die Bestimmungen des Allgemeinen Grundbuchsgesetzes mit der Maßgabe, daß die Frist zur Einbringung von Rekursen 14 Tage beträgt. *(BGBl 1995/519)*

(3) Bei der bücherlichen Einverleibung des Pfandrechtes ist die Forderung, für die das Pfandrecht eingetragen wird, als vollstreckbare zu bezeichnen. Diese Einverleibung hat die Wirkung, daß wegen der vollstreckbaren Forderung auf die Liegenschaft oder den Liegenschaftsanteil unmittelbar gegen jeden späteren Erwerber derselben Exekution geführt werden kann.

§ 89. (1) Ist eine Forderung vollstreckbar geworden, für die schon auf Grund einer dem Eintritte der Vollstreckbarkeit vorausgehenden Bestellung ein Pfandrecht einverleibt war, so ist auf Antrag des betreibenden Gläubigers die bücherliche Anmerkung der Vollstreckbarkeit zu bewilligen.

(2) In Ansehung der Bewilligung und des Vollzuges der Anmerkung haben die Bestimmungen des Allgemeinen Grundbuchsgesetzes 1955, BGBl. Nr. 39, mit den in § 88 angeführten Abweichungen zu gelten. Durch diese Anmerkung erlangt die Forderung unmittelbare Vollstreckbarkeit gegen jeden späteren Erwerber der Liegenschaft oder des Liegenschaftsanteiles.

2. Bücherlich nicht eingetragene Liegenschaften

§ 90. (1) Wenn die Liegenschaft, an der oder an deren Anteil für die vollstreckbare Forderung ein Pfandrecht begründet werden soll, in ein öffentliches Buch nicht aufgenommen ist, so ist zum Erwerbe des Pfandrechtes die vom Exekutionsgerichte auf Grund der Exekutionsbewilligung vorzunehmende pfandweise Beschreibung der zu pfändenden Liegenschaft erforderlich.

(2) Dem Antrage auf Exekutionsbewilligung ist in diesem Falle ein die Liegenschaft betreffender Auszug aus dem Kataster beizulegen.

(3) Die Pfändung kann nur für eine ziffernmäßig bestimmte Geldsumme stattfinden; die ziffernmäßige Angabe der vom Verpflichteten zu leistenden Nebengebühren ist nicht notwendig.

§ 91. Die pfandweise Beschreibung ist nur dann vorzunehmen, wenn und soweit die zu pfändende Liegenschaft im Besitze oder Mitbesitze des Verpflichteten steht. Sofern dieser Besitz weder dem Exekutionsgerichte bekannt ist, noch durch Vorlage urkundlicher Bescheinigung glaubhaft gemacht wird, hat der Anordnung der pfandweisen Beschreibung eine Einvernehmung des Verpflichteten über die Frage des Liegenschaftsbesitzes vorauszugehen.

§ 92. (1) Von der angeordneten pfandweisen Beschreibung ist der Verpflichtete unter Bekanntgabe von Ort und Zeit zu benachrichtigen.

(2) Die pfandweise Beschreibung hat in der Art zu geschehen, daß die Bestandteile der Liegenschaft nach Kulturgattung, Ausmaß und Grenzen unter gleichzeitiger Bezeichnung der Person des Besitzers und, falls die Liegenschaft mehreren Personen gehört, der Mitbesitzer, sowie unter Anführung der Nummern der Katastralparzellen, aus welchen sich die zu pfändende Liegenschaft zusammensetzt, in einem Protokolle verzeichnet werden, und in das Protokoll die Erklärung aufgenommen wird, daß diese Liegenschaft

oder der dem Verpflichteten gehörige Anteil derselben zu Gunsten der vollstreckbaren Forderung des zu benennenden Gläubigers in Pfändung genommen sei; auch ist der Wohnort des Gläubigers und seines Vertreters anzugeben.

(3) Die Forderung ist im Protokolle nach Kapital und Nebengebühren unter Bezugnahme auf den Exekutionstitel anzugeben und als vollstreckbare zu bezeichnen.

(4) Das Protokoll über die Vornahme der pfandweisen Beschreibung ist dem Exekutionsgerichte vorzulegen.

§ 93. (1) Die zur genauen Ermittlung des Pfandgegenstandes erforderlichen Erhebungen sind nötigen Falls an Ort und Stelle zu pflegen.

(2) Wird hiebei eine das Eigentumsrecht des Verpflichteten begründende oder beweisende Urkunde vorgefunden, so ist die geschehene Pfändung auf dieser Urkunde anzumerken.

(3) Vom Vollzuge der pfandweisen Beschreibung hat das Exekutionsgericht den betreibenden Gläubiger wie den Verpflichteten zu verständigen.

§ 94. Eine später zu Gunsten anderer vollstreckbarer Forderungen bewilligte Pfändung derselben Liegenschaft ist, solange die Richtigkeit und Vollständigkeit der ersten pfandweisen Beschreibung unbestritten ist, durch Anmerkung auf dem bereits errichteten Protokolle zu vollziehen. In der Anmerkung ist der Gläubiger zu benennen, auf dessen Antrag die weitere Pfändung stattfindet, und es ist dessen vollstreckbare Forderung im Sinne des § 92 zu bezeichnen. Auch ist der Wohnort des Gläubigers und seines Vertreters anzugeben.

§ 95. Jede durch pfandweise Beschreibung oder durch Anmerkung am Pfändungsprotokolle vollzogene Liegenschaftspfändung ist in der Gemeinde, in welcher sich die Liegenschaft befindet, durch die Gemeindeorgane in ortsüblicher Weise zu verlautbaren und überdies durch Anschlag an der Gerichtstafel des Exekutionsgerichtes bekanntzumachen.

Einschränkung der Exekution

§ 96. (1) Hat der betreibende Gläubiger durch die zwangsweise Pfandrechtsbegründung allein oder in Verbindung mit anderen, von ihm schon früher für die vollstreckbare Forderung erworbenen Pfandrechten an Liegenschaften (§ 89) eine größere Sicherheit erlangt, als das Gesetz für die Anlegung von Pupillengeldern erfordert,[1] so kann auf Antrag des Verpflichteten vom Exekutionsgerichte die Aufhebung der zwangsweise begründeten Pfandrechtes oder dessen Einschränkung, insbesondere auch die Einschränkung des für die vollstreckbare Forderung auf mehreren Liegen-

schaften oder Liegenschaftsanteilen haftenden Pfandrechtes auf eine oder einzelne dieser Liegenschaften angeordnet werden, sofern die übrigbleibende Sicherheit den Vorschriften über die Anlegung von Pupillengeldern noch entspricht. Bei dieser Einschränkung bleiben unter allen Umständen die ursprünglich vertragsmäßige Pfandrechte aufrecht.

(2) Der Verpflichtete hat die seinen Antrag begründenden Umstände zu beweisen.

(3) Der Beschluß darf erst nach Eintritt der Rechtskraft in Vollzug gesetzt werden.

---

[1] *§ 230c ABGB (Mündelsicherheit).*

Zweite Abteilung
Zwangsverwaltung

Anwendbarkeit der Zwangsverwaltung

§ 97. (1) Zugunsten einer vollstreckbaren Geldforderung kann auf Antrag des betreibenden Gläubigers die Zwangsverwaltung einer Liegenschaft, eines Superädifikats oder eines Baurechts des Verpflichteten bewilligt werden.

(2) Durch Zwangsverwaltung wird auf die Nutzungen und Einkünfte des Exekutionsobjekts gegriffen. Wird auf der Liegenschaft eine Forst- oder Landwirtschaft betrieben, so werden auch die Einkünfte aus diesem Unternehmen erfasst.

(3) Ist für die hereinzubringende vollstreckbare Forderung schon ein Pfandrecht an der Liegenschaft des Verpflichteten rechtskräftig begründet, so bedarf es der Vorlage einer Ausfertigung des Exekutionstitels nicht.

(4) Wurde die Zwangsverwaltung innerhalb des letzten Jahres eingestellt, weil die Erzielung von Erträgnissen, die zur Befriedigung der betreibenden Gläubiger verwendet werden könnten, überhaupt nicht oder doch innerhalb eines Jahres nicht zu erwarten ist, so setzt die Bewilligung der Zwangsverwaltung voraus, dass der betreibende Gläubiger bescheinigt, dass die Erzielung von Erträgnissen, die zur Befriedigung der betreibenden Gläubiger verwendet werden könnten, zu erwarten ist.

(BGBl I 2008/37, anzuwenden, wenn der Exekutionsantrag nach dem 29. 2. 2008 bei Gericht einlangt)

Einleitung

Anmerkung im Grundbuch[1]
[1] *Überschrift eingefügt durch BGBl I 2008/37*

§ 98. (1) Das Bewilligungsgericht hat von Amts wegen anzuordnen, dass die Bewilligung der Zwangsverwaltung bei der betreffenden Liegenschaft unter Angabe des betreibenden Gläubigers und der betriebenen Forderung bücherlich angemerkt wird (Anmerkung der Zwangsverwaltung). Ist das Bewilligungsgericht nicht auch Grundbuchsgericht, so hat es dieses unter Anschluss der erforderlichen Anzahl von Ausfertigungen um die Anmerkung zu ersuchen. Wurde die Zwangsverwaltung nur für Teile einer Liegenschaft bewilligt, so ist dies in der Anmerkung anzugeben. *(BGBl I 2008/37, anzuwenden, wenn der Exekutionsantrag nach dem 29. 2. 2008 bei Gericht einlangt)*

(2) Diese Anmerkung hat die Folge, daß die bewilligte Zwangsverwaltung gegen jeden späteren Erwerber der Liegenschaft durchgeführt werden kann.

(3) Zugleich mit der Veranlassung der bücherlichen Anmerkung ist das Exekutionsgericht um den Vollzug der Zwangsverwaltung zu ersuchen.

Zustellungen

§ 98a. (1) Die Bewilligung der Exekution ist dem betreibenden Gläubiger und dem Verpflichteten zuzustellen. Ab Zustellung dieses Beschlusses an den Verpflichteten sind Rechtshandlungen des Verpflichteten, die die in Exekution gezogene Liegenschaft sowie deren Zubehör betreffen und die nicht zur ordentlichen Verwaltung gehören, den Gläubigern gegenüber unwirksam. Auf diese Rechtsfolge ist hinzuweisen.

(2) Dem betreibenden Gläubiger kann zugleich der Erlag eines Kostenvorschusses binnen einer mindestens vierwöchigen Frist zur Deckung der Mindestentlohnung des Zwangsverwalters aufgetragen werden.

(BGBl I 2008/37, anzuwenden, wenn der Exekutionsantrag nach dem 29. 2. 2008 bei Gericht einlangt)

Bestellung des Zwangsverwalters und Übernahme der Liegenschaft

§ 99. (1) Sobald der Kostenvorschuss erlegt ist, hat das Exekutionsgericht einen Verwalter zu bestellen und den Verpflichteten zu verständigen, dass er sich jeder Verwaltungshandlung, insbesondere jeder Verfügung über die von der Exekution betroffenen Erträgnisse, zu enthalten habe und sich an der Geschäftsführung des Verwalters gegen dessen Willen nicht beteiligen dürfe.

(2) Der Beschluss nach Abs. 1 ist dem betreibenden Gläubiger, dem Verpflichteten, dem Verwalter und den öffentlichen Organen, die zur Eintreibung der von der Liegenschaft zu entrichtenden Steuern samt Zuschlägen, Vermögensübertragungsgebühren und sonstigen öffentlichen Abgabe berufen sind, zuzustellen und unter Angabe der Person des Verpflichteten und der zu verwaltenden Liegenschaft in der Ediktsdatei öffentlich bekannt zu machen. Zugleich hat das

Exekutionsgericht dem Verpflichteten aufzutragen, die Liegenschaft dem Verwalter zu übergeben. Wurde die Zwangsverwaltung hinsichtlich eines Liegenschaftsanteils, mit dem nicht Wohnungseigentum verbunden ist, bewilligt, so sind auch die übrigen Miteigentümer zu verständigen.

(3) Kommt der Verpflichtete dem Auftrag nach Abs. 2 nicht nach, so kann das Exekutionsgericht auf Ersuchen des Verwalters anordnen, dass die Liegenschaft dem Verwalter durch das Vollstreckungsorgan zur Verwaltung und Einziehung der Erträgnisse übergeben wird.

(BGBl I 2008/37, anzuwenden, wenn der Exekutionsantrag nach dem 29. 2. 2008 bei Gericht einlangt; die in § 99 vorgesehene Bekanntmachung in der Ediktsdatei tritt mit 1. 7. 2008 in Kraft)

Mitwirkungspflicht des Verpflichteten

§ 99a. Der Verpflichtete hat dem Zwangsverwalter alle zur Geschäftsführung nötigen Unterlagen zu übergeben und alle erforderlichen Aufklärungen zu erteilen. Das Exekutionsgericht kann den Verpflichteten auf Antrag des Zwangsverwalters in Haft nehmen, wenn er die Verpflichtungen beharrlich und ohne hinreichenden Grund nicht erfüllt. Gegen den Verpflichteten kann die Ausfolgung der Urkunden auf Antrag des Zwangsverwalters auch im Wege der Exekution (§§ 346, 347) erwirkt werden. Der Antrag ist beim Exekutionsgericht zu stellen.

(BGBl I 2008/37, anzuwenden, wenn der Exekutionsantrag nach dem 29. 2. 2008 bei Gericht einlangt)

Aufschiebung der Zwangsverwaltung

§ 99b. Die Zwangsverwaltung ist, vorbehaltlich der Anwendung des § 14 Abs. 1, § 27 Abs. 1 und § 41 Abs. 2, aufzuschieben, wenn zur Hereinbringung derselben Forderung Exekution auf wiederkehrende Geldforderungen geführt wird und der pfändbare Betrag voraussichtlich ausreichen wird, die hereinzubringende Forderung samt Nebengebühren im Lauf eines Jahres zu tilgen.

(BGBl I 2008/37, anzuwenden, wenn der Exekutionsantrag nach dem 29. 2. 2008 bei Gericht einlangt)

Beitritt[1]

[1] *Überschrift eingefügt durch BGBl I 2008/37*

§ 100. (1) Wenn das Exekutionsgericht, bevor ein Verwalter ernannt ist, davon verständigt wird (§ 99 Absatz 1), daß die Zwangsverwaltung noch einem anderen Gläubiger bewilligt wurde, so ist dem zu ernennenden Verwalter aufzutragen, die Verwaltung auch zu Gunsten dieses letzteren Gläubigers zu führen.

(2) Wird einem Gläubiger die Zwangsverwaltung einer Liegenschaft bewilligt, für die bereits in einem anderen Zwangsverwaltungsverfahren ein Verwalter ernannt ist, so hat das Exekutionsgericht keinen neuen Verwalter zu bestellen, sondern dem bereits bestellten Verwalter aufzutragen, die Verwaltung auch zu Gunsten des neu hinzugekommenen Gläubigers zu führen. *(BGBl I 2008/37, anzuwenden, wenn der Exekutionsantrag nach dem 29. 2. 2008 bei Gericht einlangt)*

(3) Vom Beitritt ist neben dem neuen Gläubiger auch der Verpflichtete zu verständigen. *(BGBl I 2008/37, anzuwenden, wenn der Exekutionsantrag nach dem 29. 2. 2008 bei Gericht einlangt)*

Undurchführbarkeit der Zwangsverwaltung

§ 101. Wird die Zwangsverwaltung nicht beim Exekutionsgericht beantragt und ist die Zwangsverwaltung nach dem Stand des Grundbuchs undurchführbar, so hat das zur Entscheidung über den Exekutionsantrag berufene Gericht – wenn das Hindernis beseitigt werden kann – dem betreibenden Gläubiger aufzutragen, innerhalb einer nach Ermessen zu bestimmenden Frist die Beseitigung des wahrgenommenen Hindernisses darzutun. Nach fruchtlosem Ablauf dieser Frist ist der Exekutionsantrag abzuweisen. Ergibt sich das Hindernis erst aus dem für das Exekutionsgericht maßgebendem Grundbuchsstand, so ist die Zwangsverwaltung, wenn das Hindernis beseitigt werden kann, nach fruchtlosem Ablauf der Frist, sonst sofort von Amts wegen einzustellen.

(BGBl I 2008/37, anzuwenden, wenn der Exekutionsantrag nach dem 29. 2. 2008 bei Gericht einlangt)

Superädifikate

§ 102. (1) Bei einem Superädifikat, für das bei Gericht keine Urkunde über den Erwerb des Eigentums durch Hinterlegung aufgenommen wurde, hat der Gläubiger das Eigentum oder den Besitz des Verpflichteten zu behaupten und durch Urkunden glaubhaft zu machen. Fehlt die urkundliche Bescheinigung, so haben der Exekutionsbewilligung Erhebungen des Vollstreckungsorgans und eine Einvernahme des Verpflichteten über die Frage des Eigentums oder des Besitzes voranzugehen. Nach Bewilligung der Exekution hat das Exekutionsgericht von Amts wegen unverzüglich die pfandweise Beschreibung des Superädifikats (§§ 90 ff) zu Gunsten der vollstreckbaren Forderung des betreibenden Gläubigers anzuordnen.

(2) Die bewilligte Zwangsverwaltung ist im Protokoll über die Vornahme der pfandweisen Beschreibung anzumerken.

(3) Sobald die Bewilligung der Zwangsverwaltung angemerkt wurde, kann die bewilligte Zwangsverwaltung gegen jeden späteren Erwerber des Superädifikats durchgeführt werden.

(BGBl I 2008/37, anzuwenden, wenn der Exekutionsantrag nach dem 29. 2. 2008 bei Gericht einlangt)

Wirkung der Einleitung

§ 103. (1) Nach Anmerkung der Zwangsverwaltung kann, solange die Zwangsverwaltung nicht rechtskräftig eingestellt ist, auf die Erträgnisse der Liegenschaft, unbeschadet schon früher daran erworbener Rechte, nur im Wege der Zwangsverwaltung Exekution geführt werden. *(BGBl I 2008/37, anzuwenden, wenn der Exekutionsantrag nach dem 29. 2. 2008 bei Gericht einlangt)*

(2) Sobald im Sinne des ersten Absatzes die Zwangsverwaltung einer Liegenschaft eingeleitet wurde, kann, solange sie nicht rechtskräftig eingestellt ist, zu Gunsten weiterer vollstreckbarer Forderungen eine besondere Zwangsverwaltung derselben Liegenschaft nicht mehr eingeleitet werden. Alle Gläubiger, welchen während dieser Zeit die Zwangsverwaltung der Liegenschaft bewilligt wird, treten damit der bereits eingeleiteten Zwangsverwaltung bei; sie müssen diese in der Lage annehmen, in der sie sich zur Zeit ihres Beitrittes befindet. Von da an haben die beitretenden Gläubiger dieselben Rechte, als wenn die Zwangsverwaltung auf ihren Antrag eingeleitet worden wäre.

Priorität des Befriedigungsrechts[1)

[1)] *Überschrift eingefügt durch BGBl I 2008/37*

§ 104. (1) Für die Priorität des Befriedigungsrechts des betreibenden Gläubigers ist der Zeitpunkt maßgebend, in welchem das Ersuchen um den Vollzug der Anmerkung beim Buchgericht eingelangt ist, oder wenn das Buchgericht selbst zur Bewilligung der Zwangsverwaltung berufen war, der Zeitpunkt der Anbringung des Antrags auf Zwangsverwaltung (§ 29 GBG). Der betreibende Gläubiger, zu dessen Gunsten die Anmerkung erfolgt, geht in Bezug auf die Befriedigung seiner vollstreckbaren Forderung samt Nebengebühren aus den Erträgnissen allen Personen vor, die erst nach diesem Zeitpunkte bücherliche Rechte an der Liegenschaft erwerben oder die Zwangsverwaltung erwirken. *(BGBl I 2008/37, anzuwenden, wenn der Exekutionsantrag nach dem 29. 2. 2008 bei Gericht einlangt)*

(2) Bei Superädifikaten bestimmt sich die Priorität nach dem Zeitpunkt der Anmerkung der Bewilligung der Zwangsverwaltung im Protokoll über die pfandweise Beschreibung. *(BGBl I 2008/37, anzuwenden, wenn der Exekutionsantrag nach dem 29. 2. 2008 bei Gericht einlangt)*

Wohnungsräume des Verpflichteten

§ 105. (1) Wohnt der Verpflichtete zur Zeit der Bewilligung der Zwangsverwaltung auf dem derselben unterworfenen Grundstück oder in dem zu verwaltenden Haus, so ist ihm während der Dauer der Zwangsverwaltung eine getrennte Wohneinheit zu überlassen, die die unentbehrlichen Wohnräume für ihn und für die im gemeinsamen Haushalt lebenden Personen aufweist. Über den Umfang dieser Räume entscheidet das Exekutionsgericht. Wenn der Verpflichtete die Verwaltung der Liegenschaft gefährdet, können ihm die überlassenen Wohnungsräume vom Exekutionsgerichte auf Antrag entzogen werden. *(BGBl I 2008/37, anzuwenden, wenn der Exekutionsantrag nach dem 29. 2. 2008 bei Gericht einlangt)*

(2) Zur Räumung der Wohnung können Personen nicht angehalten werden, solange sie dieselbe ohne Gefährdung ihrer Gesundheit nicht verlassen können. *(BGBl I 2008/37, anzuwenden, wenn der Exekutionsantrag nach dem 29. 2. 2008 bei Gericht einlangt)*

Zwangsverwalter

§ 106. (1) Zum Zwangsverwalter ist eine unbescholtene, verlässliche und geschäftskundige Person zu bestellen, die Kenntnisse in der Verwaltung von Liegenschaften hat.

(2) Die in Aussicht genommene Person muss in Zwangsverwaltungen, die Unternehmen erfassen, ausreichende Fachkenntnisse des Wirtschaftsrechts oder der Betriebswirtschaft haben oder eine erfahrene Persönlichkeit des Wirtschaftslebens sein. Wenn die Zwangsverwaltung ein Unternehmen erfasst, das im Hinblick auf seine Größe, seinen Standort, seine wirtschaftlichen Verflechtungen oder aus anderen gleich wichtigen Gründen von wirtschaftlicher Bedeutung ist, ist eine besonders erfahrene Person heranzuziehen. Erforderliche Anfragen des Gerichts über diese Eigenschaften sind von den Behörden und den zuständigen gesetzlichen Interessenvertretungen umgehend zu beantworten.

(3) Der Zwangsverwalter erhält eine Bestellungsurkunde.

(4) Zum Zwangsverwalter kann auch eine juristische Person bestellt werden. Sie hat dem Gericht bekanntzugeben, wer sie bei Ausübung der Zwangsverwaltung vertritt. *(BGBl I 2008/37, anzuwenden, wenn der Exekutionsantrag nach dem 29. 2. 2008 bei Gericht einlangt)*

Auswahl des Zwangsverwalters

§ 107. (1) Das Exekutionsgericht hat eine für den jeweiligen Einzelfall geeignete Person auszuwählen, die eine zügige Durchführung der Zwangsverwaltung gewährleistet. Dabei hat das Gericht insbesondere das Vorhandensein einer hinreichenden Kanzleiorganisation und zeitgemäßen technischen Ausstattung sowie die Belastung mit anhängigen Zwangsverwaltungen zu berücksichtigen.

(2) Bei der Auswahl hat das Gericht weiters zu berücksichtigen:

1. allfällige besondere Kenntnisse, insbesondere der Betriebswirtschaft sowie des Exekutions-, Steuer- und Arbeitsrechts,

2. die bisherige Tätigkeit der in Aussicht genommenen Person als Zwangsverwalter und

3. deren Berufserfahrung.

(3) Erfüllt keine der in die Zwangsverwalterliste aufgenommenen Personen diese Anforderungen oder ist keine bereit, die Zwangsverwaltung zu übernehmen, oder ist eine besser geeignete, zur Übernahme bereite Person nicht in die Liste eingetragen, so kann das Exekutionsgericht eine nicht in die Zwangsverwalterliste eingetragene Person auswählen.

(BGBl I 2008/37, anzuwenden, wenn der Exekutionsantrag nach dem 29. 2. 2008 bei Gericht einlangt)

Zwangsverwalterliste

§ 107a. (1) Die Zwangsverwalterliste hat Textfelder für folgende Angaben zu enthalten:

1. Name, Anschrift, Telefon- und Telefaxnummer sowie E-Mail-Adresse;

2. Ausbildung;

3. berufliche Laufbahn;

4. eingetragen in eine Berufsliste (seit wann) oder Art der Berufserfahrung (seit wann);

5. besondere Fachkenntnisse (in wirtschaftlichen Belangen);

6. besondere Kenntnisse über die Verwaltung bestimmter Liegenschaftskategorien;

7. Infrastruktur

a) Gesamtzahl der Mitarbeiter,

b) Zahl der Mitarbeiter mit Zwangsverwaltungspraxis,

c) Zahl der Mitarbeiter mit juristischer Ausbildung,

d) Zahl der Mitarbeiter mit betriebswirtschaftlicher Ausbildung,

e) geeignetes EDV-Programm,

f) Haftpflichtversicherung als Zwangsverwalter;

8. Erfahrung als Zwangsverwalter (insbesondere Anzahl der Bestellungen sowie Umsatz und Mitarbeiteranzahl);

9. angestrebter örtlicher Tätigkeitsbereich;

10. bei juristischen Personen

a) Vertretung bei Ausübung der Zwangsverwaltung samt Angaben nach Z 1 bis 6,

b) Gesellschafter und wirtschaftlich Beteiligte.

(2) Die Zwangsverwalterliste ist als allgemein zugängliche Datenbank vom Oberlandesgericht Linz für ganz Österreich zu führen. Eintragungen sind von Amts wegen zu löschen, wenn sie gegenstandslos sind oder wenn die Gebühr für die Veröffentlichung in der Zwangsverwalterliste trotz Zahlungsauftrags samt Hinweis auf diese Rechtsfolge nicht innerhalb der im Zahlungsauftrag bestimmten Leistungsfrist entrichtet wurde. *(BGBl I 2019/38)*

(3) Die an der Verwaltung interessierten Personen haben sich selbst in die Zwangsverwalterliste einzutragen. Sie können die Angaben auch jederzeit selbst ändern.

(4) § 89e GOG ist anzuwenden.

(BGBl I 2008/37, anzuwenden, wenn der Exekutionsantrag nach dem 29. 2. 2008 bei Gericht einlangt)

Unabhängigkeit des Zwangsverwalters

§ 107b. (1) Der Zwangsverwalter muss vom Verpflichteten und von den betreibenden Gläubigern unabhängig sein. Er darf kein naher Angehöriger (§ 32 IO) und kein Konkurrent des Verpflichteten sein. *(BGBl I 2010/29)*

(2) Der Zwangsverwalter hat Umstände, die geeignet sind, seine Unabhängigkeit in Zweifel zu ziehen, unverzüglich dem Gericht anzuzeigen. Er hat dem Exekutionsgericht jedenfalls bekannt zu geben, dass er

1. den Verpflichteten, dessen nahe Angehörige (§ 32 IO) oder organschaftliche Vertreter vertritt oder berät oder dies innerhalb von fünf Jahren vor der Zwangsverwaltung getan hat, *(BGBl I 2010/29)*

2. einen Gläubiger des Verpflichteten vertritt oder berät oder einen betreibenden Gläubiger gegen den Verpflichteten innerhalb von drei Jahren vor der Zwangsverwaltung vertreten oder beraten hat oder

3. einen unmittelbaren Konkurrenten oder vom Verfahren wesentlich Betroffenen vertritt oder berät.

(3) Ist der Zwangsverwalter eine juristische Person, so hat diese das Vorliegen einer Vertretung oder Beratung nach Abs. 2 Z 1 bis 3 auch hinsichtlich der Gesellschafter, der zur Vertretung nach außen berufenen sowie der maßgeblich an dieser juristischen Person beteiligten Personen dem Exekutionsgericht bekannt zu geben.

(4) Die vom Zwangsverwalter bekannt gegebenen Umstände sind, wenn sie das Gericht nicht zum Anlass nimmt, um den Zwangsverwalter zu entheben, den Parteien weiterzuleiten.

(BGBl I 2008/37, anzuwenden, wenn der Exekutionsantrag nach dem 29. 2. 2008 bei Gericht einlangt)

Bestellung eines anderen Verwalters - Enthebung

§ 108. (1) Der betreibende Gläubiger und der Verpflichtete können innerhalb von 14 Tagen nach Zustellung des Beschlusses über die Bestellung des Zwangsverwalters und der vom Zwangsverwalter bekannt gegebenen Umstände nach § 107 Abs. 4 dessen Enthebung beantragen. Der Enthebungsantrag ist zu begründen. Sofern dies rechtzeitig möglich ist, hat der Entscheidung über den Antrag die Einvernehmung des Verwalters und, je nach der Person des Antragstellers, des Verpflichteten oder des betreibenden Gläubigers vorauszugehen.

(2) Das Exekutionsgericht hat den Zwangsverwalter überdies jederzeit aus wichtigen Gründen von Amts wegen oder auf Antrag zu entheben.

(3) Wird der Zwangsverwalter seines Amtes enthoben, lehnt der Bestellte die Übernahme der Tätigkeit ab oder fällt er sonst weg, so hat das Gericht von Amts wegen eine andere Person zum Zwangsverwalter zu bestellen.

(4) Die Enthebung und die Bestellung eines anderen Verwalters sind in der Ediktsdatei bekannt zu machen.

(BGBl I 2008/37, anzuwenden, wenn der Exekutionsantrag nach dem 29. 2. 2008 bei Gericht einlangt, Abs 4 tritt mit 1. 7. 2008 in Kraft)

Geschäftskreis des Verwalters

§ 109. (1) Die dem Verwalter nach Maßgabe des Gesetzes zustehenden geschäftlichen Befugnisse und Berechtigungen treten mit Zustellung des Bestellungsbeschlusses an den Verwalter in Kraft.

(2) Der Verwalter hat alle zur ordnungsgemäßen und vorteilhaften wirtschaftlichen Nutzung der Liegenschaft dienenden Maßnahmen zu treffen. Er ist allen Beteiligten für Vermögensnachteile, die er ihnen durch pflichtwidrige Führung seines Amtes verursacht, verantwortlich.

(3) Der Zwangsverwalter ist kraft seiner Bestellung befugt, alle Nutzungen und Einkünfte sowie die Betriebskosten aus der verwalteten Liegenschaft einzuziehen und darüber zu quittieren. Er kann alle Rechtsgeschäfte und Rechtshandlungen vornehmen und alle Klagen anstrengen, die zur Durchführung der Zwangsverwaltung erforderlich

sind, insbesondere auch eine Klage auf Unterlassung schuldhaft schädigender Einwirkungen.

(BGBl I 2008/37, anzuwenden, wenn der Exekutionsantrag nach dem 29. 2. 2008 bei Gericht einlangt)

Aufforderung an dritte Personen

§ 110. Der Verwalter hat dritte Personen, denen Leistungen an den Verpflichteten obliegen, die sich als Einkünfte der verwalteten Liegenschaft darstellen, unter Anschluss einer Ausfertigung der Bestellungsurkunde aufzufordern, diese an den Verwalter zu entrichten. Nach der Aufforderung des Verwalters, Zahlungen nur an ihn zu leisten, können diese nicht mehr gültig an den Verpflichteten leisten. Hierauf ist in der Aufforderung hinzuweisen. Bei früheren Zahlungen einer Schuld an den Verpflichteten wird der Dritte befreit, außer der Zwangsverwalter beweist, dass dem Dritten zur Zeit der Zahlung die Zwangsverwaltung bekannt war.

(BGBl I 2008/37, anzuwenden, wenn der Exekutionsantrag nach dem 29. 2. 2008 bei Gericht einlangt)

Miet- und Pachtverträge

§ 111. Die Bewilligung der Zwangsverwaltung ist auf die bei Anmerkung der Zwangsverwaltung im Grundbuch bestehende Miet- und Pachtverträge ohne Einfluss. Der Verwalter kann jedoch solche Verträge unter den sonst hiefür maßgebenden Bedingungen kündigen, Klage wegen Räumung erheben und neue Mietverträge für die ortsübliche Dauer abschließen. *(BGBl I 2008/37, anzuwenden, wenn der Exekutionsantrag nach dem 29. 2. 2008 bei Gericht einlangt)*

Genehmigungspflichtige Rechtsgeschäfte[1]
[1] *Überschrift eingefügt durch BGBl I 2008/37*

§ 112. (1) Der Verwalter bedarf der Zustimmung des Exekutionsgerichts bei Verfügungen, die nicht zur ordentlichen Verwaltung gehören, insbesondere

1. zum Abschluss von Mietverträgen, die auf längere Zeit als die voraussichtliche Dauer der Zwangsverwaltung abgeschlossen werden,

2. zur Verpachtung der Liegenschaft oder einzelner Teile derselben und

3. zur Verpachtung einzelner oder der gesamten Erträgnisse der Liegenschaft durch öffentliche Versteigerung; die Versteigerung obliegt dem Vollstreckungsorgan nach §§ 277 ff.
(BGBl I 2008/37)

(2) Soweit dies rechtzeitig möglich ist, hat der Erteilung dieser Zustimmung die Einvernehmung des betreibenden Gläubigers und des Verpflichteten vorauszugehen. *(BGBl I 2008/37)*

(3) Wenn dem für einen Liegenschaftsanteil bestellten Verwalter auch von den übrigen Miteigentümern die Verwaltung übertragen ist, so müssen vor der gerichtlichen Genehmigung von Verfügungen, die nicht innerhalb des gewöhnlichen Wirtschaftsbetriebes gelegen sind, oder anderer Maßregeln von besonderer Wichtigkeit immer auch die von der Zwangsverwaltung nicht betroffenen Miteigentümer über den Antrag des Verwalters einvernommen werden.

Entlohnung des Zwangsverwalters

§ 113. (1) Der Verwalter hat Anspruch auf eine Entlohnung zuzüglich Umsatzsteuer sowie auf Ersatz seiner Barauslagen. Die Entlohnung ist nach dem Umfang, der Schwierigkeit und der Sorgfalt seiner Geschäftsführung zu bemessen.

(2) Das Exekutionsgericht kann den Verwalter auf seinen Antrag jederzeit ermächtigen, aus den Erträgnissen angemessene Vorschüsse zu entnehmen.

(BGBl I 2008/37)

Entlohnung des Zwangsverwalters für die Verwaltung von Immobilien

§ 113a. Bei der Zwangsverwaltung von Liegenschaften, die durch Vermietung oder Verpachtung genutzt werden, beträgt die Entlohnung in der Regel 10% des an Mieten oder Pachten eingezogenen Bruttobetrags. Sie beträgt nicht nur in diesem Fall mindestens 500 Euro.

(BGBl I 2008/37)

Erhöhung oder Verminderung der Entlohnung des Zwangsverwalters

§ 113b. (1) Die Entlohnung erhöht sich, soweit dies unter Berücksichtigung außergewöhnlicher Umstände geboten ist, und zwar insbesondere im Hinblick auf

1. die Größe und Schwierigkeit des Verfahrens,

2. den mit der Bearbeitung der Arbeitsverhältnisse, komplexer Bestand-, Werk- und sonstiger Rechtsverhältnisse sowie mit der Fertigstellung von Bauvorhaben und der Vornahme von größeren Reparaturen verbundenen besonderen Aufwand,

3. den mit der Prüfung von Exszindierungsansprüchen und vorrangigen Pfandrechten verbundenen besonderen Aufwand oder

4. den für die betreibenden Gläubiger erzielten besonderen Erfolg.

(2) Die Entlohnung verringert sich, soweit dies unter Berücksichtigung außergewöhnlicher Umstände geboten ist, und zwar insbesondere im Hinblick auf

1. die Einfachheit oder Kürze des Verfahrens

2. das Fehlen von Arbeitnehmern bei verwalteten Unternehmen

3. die Tatsache, dass der Zwangsverwalter auf bestehende Strukturen des zwangsverwalteten Unternehmens zurückgreifen konnte, oder

4. die Tatsache, dass der erzielte Erfolg nicht auf die Tätigkeit des Zwangsverwalters zurückzuführen war, sondern auf Leistungen des Verpflichteten oder Dritter.

(BGBl I 2008/37)

Überwachung der Geschäftsführung des Verwalters

§ 114. (1) Das Exekutionsgericht hat die Tätigkeit des Verwalters zu überwachen. Es kann ihm schriftlich oder mündlich Weisungen erteilen, Berichte und Aufklärungen einholen, Rechnungen oder sonstige Schriftstücke einsehen und die erforderlichen Erhebungen vornehmen.

(2) Kommt der Verwalter seinen Obliegenheiten nicht oder nicht rechtzeitig nach, so kann ihn das Gericht zur pünktlichen Erfüllung seiner Pflichten durch Geldstrafen anhalten und in dringenden Fällen auf seine Kosten und Gefahr zur Besorgung einzelner Geschäfte einen besonderen Verwalter bestellen.

(3) Über Beschwerden von beteiligten Gläubigern, vom Verpflichteten, von Miteigentümern der verwalteten Liegenschaft gegen einzelne Maßnahmen oder das Verhalten des Verwalters entscheidet das Exekutionsgericht nach Einvernehmung des Verwalters und derjenigen Personen, für welche diese Entscheidung von Belang ist.

(BGBl I 2008/37)

Rechnungslegung

§ 115. (1) Der Verwalter hat innerhalb von 14 Tagen nach Abschluss jedes Rechnungsjahres sowie nach Beendigung der Verwaltung Rechnung zu legen. Das erste Rechnungsjahr läuft bis zum Ende des Kalendermonats, in den seine Bestellung gefallen ist. Das Exekutionsgericht kann anderes anordnen. Bei Verwaltungen von kürzerer als Jahresdauer ist lediglich nach Schluss der Verwaltung Rechnung zu legen. Die sich als Ertragsüberschüsse ergebenden Gelder hat der Verwalter unverzüglich sicher und bestmöglich fruchtbringend anzulegen. Das Gericht kann bestimmen, dass der Verwalter die Ertragsüberschüsse bei Gericht zu erlegen hat. Hiebei hat das Gericht die Perioden im Hinblick auf die hinsichtlich der Liegenschaftseinkünfte üblichen Fälligkeitstermine zu bestimmen.

(2) Die Rechnungslegung hat mittels Überreichung einer mit den nötigen Belegen versehenen Rechnung zu geschehen.

(3) Der mit der Rechnungslegung säumige Verwalter ist durch Geldstrafen und durch Abzüge von der Entlohnung für die Verwaltung zur Erfüllung seiner Pflichten zu verhalten.

(BGBl I 2008/37)

Entscheidung über die Rechnungslegung

§ 116. Das Exekutionsgericht hat dem Verpflichteten und dem betreibenden Gläubiger unter Setzung einer bestimmten Frist Gelegenheit zu geben, sich zu der vom Zwangsverwalter gelegten Rechnung zu äußern. Über allfällige Bemängelungen ist eine Tagsatzung anzuberaumen. Von den Personen, die keine Bemängelung angebracht haben, wird angenommen, dass sie die gelegte Rechnung als richtig anerkennen. Diese Rechtsfolge ist in der Aufforderung zur Äußerung bekannt zu geben.

(BGBl I 2008/37)

Entscheidung über die Rechnung

§ 117. (1) Die Rechnung ist vom Exekutionsgericht zu genehmigen, wenn nach dem Ergebnis der Prüfung keine Bedenken dagegen bestehen.

(2) Den Personen, die keine Bemängelung angebracht haben, steht der Rekurs gegen die Entscheidung über die Verwaltungsrechnung nicht zu.

(BGBl I 2008/37)

Geltendmachung der Entlohnung

§ 117a. (1) Der Zwangsverwalter hat zugleich mit der Rechnungslegung seinen Anspruch auf Entlohnung und Barauslagen geltend zu machen.

(2) Über den Anspruch des Zwangsverwalters hat das Exekutionsgericht nach Einvernahme des betreibenden Gläubigers und des Verpflichteten gemeinsam mit der Entscheidung über die Rechnung zu entscheiden. Wird gegen die Entscheidung Rekurs erhoben, so ist die Rekursschrift oder eine Abschrift des sie ersetzenden Protokolls den anderen Rekursberechtigten zuzustellen. Diese können binnen 14 Tagen ab Zustellung des Rekurses eine Rekursbeantwortung anbringen. Ein Kostenersatz findet im Rekursverfahren nicht statt.

(BGBl I 2008/37)

Erfüllung der Rechnungslegungspflicht[1]

[1] *Überschrift eingefügt durch BGBl I 2008/37*

§ 118. (1) Auf die Erfüllung der dem Verwalter in der Rechnungserledigung vom Exekutionsgericht erteilten Aufträge hat das Exekutionsgericht im Wege von Geldstrafen, durch Abzüge an der zugesprochenen Entlohnung oder durch Zurückhaltung derselben zu dringen. *(BGBl I 2008/37)*

(2) Dem Verwalter rechtskräftig auferlegte Ersätze sind durch Einrechnung auf die ihm zugesprochene Entlohnung oder auf die ihm als Barauslagen gebührende Summe, falls dies aber unausführbar wäre oder nicht vollen Erfolg hätte, durch Exekution auf das Vermögen des Verwalters hereinzubringen. Die Exekution hat das Exekutionsgericht von Amts wegen einzuleiten. *(BGBl I 2008/37)*

Verwaltungserträgnisse

§ 119. (1) Die Erträgnisse der verwalteten Liegenschaft sind in Gemäßheit der nachfolgenden Bestimmungen zur Berichtigung der Verwaltungsauslagen sowie zur Befriedigung des betreibenden Gläubigers und der sonst Berechtigten zu verwenden.

(2) Zu diesen Erträgnissen gehören alle dem Verpflichteten gebührenden, der Exekution nicht entzogenen Nutzungen und Einkünfte der Liegenschaft, und zwar insbesondere

1. die nach Anmerkung der Zwangsverwaltung gewonnenen Früchte,

2. die zur Zeit der Anmerkung schon abgesonderten und auf der Liegenschaft befindlichen Früchte,

3. die in diesem Zeitpunkt schon fälligen, jedoch noch nicht gezahlten Einkünfte und

4. die erst nach Anmerkung der Zwangsverwaltung fällig werdenden Einkünfte. *(BGBl I 2008/37)*

(3) Wenn Früchte oder Einkünfte schon vor Anmerkung der Zwangsverwaltung von Gläubigern des Verpflichteten gepfändet wurden, so gehört nur der nach Berichtigung der Pfandforderung samt Nebengebühren erübrigende Teil zu den Verwaltungserträgnissen. *(BGBl I 2008/37)*

(4) Die Zwangsverwaltung erfasst Sachen und Einkünfte nicht, die vor der Anmerkung der Zwangsverwaltung übertragen worden sind. Bei einer Verpfändung und einer Übereignung oder Zession zur Sicherstellung gehört der nach Berichtigung der verpfändeten oder gesicherten Forderung samt Nebengebühren erübrigende Teil zu den Verwaltungserträgnissen. *(BGBl I 2008/37)*

Unmittelbare Berichtigung aus den Verwaltungserträgnissen

§ 120. (1) Die mit der Verwaltung und gewöhnlichen wirtschaftlichen Benützung der Liegenschaft verbundenen Auslagen sind vom Verwalter ohne weiteres Verfahren aus den Erträgnissen zu berichtigen.

(2) Zu diesen Auslagen gehören insbesondere:

1. die zur Zeit der Bewilligung der Zwangsverwaltung nicht länger als drei Jahre rückständigen, sowie die während der Zwangsverwaltung fällig werdenden, von der Liegenschaft zu entrichtenden Steuern samt Zuschlägen, die sonstigen von der Liegenschaft zu entrichtenden öffentlichen Abgaben, sowie die nicht länger als drei Jahre rückständigen Verzugszinsen dieser Steuern und Abgaben;

2. die dem Verpflichteten aus Versicherungsverträgen obliegenden Leistungen, sofern diese Verträge in Ansehung der verwalteten Liegenschaft, einzelner Teile derselben, des Zubehörs oder der in die Verwaltung einbezogenen Vorräte geschlossen sind;

3. die während der Zwangsverwaltung fällig werdenden und die aus dem letzten Jahre vor Bewilligung der Zwangsverwaltung rückständigen Beträge an Lohn, Kostgeld und anderen Dienstbezügen der bei Bewirtschaftung eines zur Forst- oder Landwirtschaft bestimmten Grundstückes oder zur Überwachung und Instandhaltung von Wohnhäusern verwendeten Personen; erstreckt sich die Zwangsverwaltung auf gewerbliche Unternehmungen, die mit dem forst- oder landwirtschaftlichen Betriebe verbunden sind, so sind auch die Dienstbezüge der in diesen Unternehmungen verwendeten Personen in gleichem Umfange unmittelbar aus den Erträgnissen zu berichtigen;

4. die Kosten der Zwangsverwaltung, die Kosten der Erhaltung und notwendigen Verbesserung der Liegenschaft und die zur einstweiligen Bestreitung dieser Kosten geleisteten Vorschüsse;

5. die während der Zwangsverwaltung fällig werdenden und die aus dem letzten Jahre vor Bewilligung der Zwangsverwaltung rückständigen Zinsen, Renten, Unterhaltsgelder und sonstigen wiederkehrenden Leistungen, die aus unangefochtenen, auf der Liegenschaft sichergestellten Forderungen und Rechten gebühren, einschließlich der aus Ausgedingen gebührenden Leistungen, sowie die auf eine Kapitalstilgung berechneten Abschlagszahlungen, welche kraft einer bereits vor Bewilligung der Zwangsverwaltung getroffenen, unanfechtbaren Vereinbarung durch Annuitäten oder durch gleichmäßige, in Zeitabschnitten von höchstens einem Jahre fällige Raten zu bewirken sind.

(3) Die unmittelbare Berichtigung der unter Z. 5 angeführten Ausgaben ist nur insoweit statthaft, als die fraglichen Bezugsrechte unbestritten den Vorrang vor dem Befriedigungsrechte des betreibenden Gläubigers genießen.

§ 121. (1) Die zur Erhaltung und Bewirtschaftung der Liegenschaft notwendigen Auslagen, einschließlich der im § 120 Abs. 2 Z. 2 und 3 bezeichneten Leistungen, sind aus den Erträgnissen vor den rückständigen oder während der Zwangsverwaltung fällig werdenden Steuern und öffentlichen Abgaben (§ 120 Abs. 2 Z. 2 und 3) zu berichtigen.

(2) Für die übrigen in § 120 Abs. 2 Z 5 bezeichneten Zahlungen ist die nach dem Grundbuchsstand oder nach dem Inhalt des Protokolls über die pfandweise Beschreibung den Bezugsrechten selbst zukommende Rangordnung maßgebend. *(BGBl I 2008/37)*

Verteilung der Ertragsüberschüsse

§ 122. Die Verteilung der nach Abzug der unmittelbar berichtigten Auslagen (§ 120) erübrigenden Erträgnisse (Ertragsüberschüsse) hat in der Regel nach Erledigung jeder einzelnen Verwaltungsrechnung stattzufinden. Das Gericht kann jedoch solche Verteilungen beim Vorhandensein hinreichender Zahlungsmittel auf Antrag während des Laufes einer Rechnungsperiode nach einer Zwischenrechnung oder, wenn die Einleitung einer besonderen Verteilungsverhandlung wegen der Geringfügigkeit der jährlichen Ertragsüberschüsse dem Gericht unzweckmäßig erscheint und die Rechte der Gläubiger durch eine solche Aufschiebung nicht leiden, auf Antrag oder von Amts wegen erst nach Verstreichen mehrerer Rechnungsperioden vornehmen. *(BGBl I 2008/37)*

Verteilungstagsatzung

§ 123. (1) Zur Verhandlung über die Verteilung hat das Gericht eine Tagsatzung anzuberaumen. Zu dieser sind außer dem Verpflichteten und dem betreibenden Gläubiger alle Personen zu laden, für welche nach den dem Gerichte vorliegenden Ausweisen auf der Liegenschaft oder auf den an der Liegenschaft haftenden Rechten zu Geldleistungen verpflichtende Forderungen und Rechte begründet sind.

(2) Die Verteilungstagsatzung ist in der Ediktsdatei öffentlich bekannt zu machen.

(BGBl I 2008/37)

§ 124. Aus den zur Verteilung gelangenden Ertragsüberschüssen sind nach den in §§ 120 und 121 genannten Forderungen in der nachstehend angegebenen Reihenfolge zu berichtigen: *(BGBl I 2008/37)*

1. die Ansprüche des Verwalters auf Entlohnung und Ersatz der Barauslagen, soweit sie nicht schon durch die gewährten Vorschüsse (§ 113) gedeckt sind; *(BGBl I 2008/37)*

2. die nicht länger als drei Jahre vor Bewilligung der Zwangsverwaltung rückständigen, von der Liegenschaft zu entrichtenden Vermögensübertragungsgebühren und, soweit sie nicht schon im Sinne des § 120 unmittelbar aus den Erträgnissen berichtigt wurden, die im § 120 Abs. 2 Z. 1 bezeichneten Steuern und öffentlichen Abgaben samt Verzugszinsen;

3. soweit nicht gleichfalls schon deren Berichtigung gemäß § 120 Abs. 2 Z. 5 erfolgt ist, die während der Zwangsverwaltung fällig werdenden oder aus dem letzten Jahre vor Bewilligung der Zwangsverwaltung rückständigen Zinsen, Renten, Unterhaltsgelder und sonstigen wiederkehrenden Leistungen aus Forderungen und Rechten, die auf der Liegenschaft sichergestellt sind, einschließlich der im § 120 Abs. 2 Z. 5 bezeichneten Kapitalsabschlagszahlungen, in der den Bezugsrechten selbst zukommenden Rangordnung, vorausgesetzt, daß diesen Bezugsrechten der Vorrang vor dem betreibenden Gläubiger gebührt.

Tilgung der betriebenen Forderung[1]
[1] *Überschrift eingefügt durch BGBl I 2008/37*

§ 125. (1) Die nach Berichtigung dieser Zahlungen verbleibenden Summen sind zur Tilgung der Forderung zu verwenden, zu deren Hereinbringung die Zwangsverwaltung bewilligt worden ist. Beim Vorhandensein mehrerer durch Zwangsverwaltung Exekution führender Gläubiger entscheidet der im § 104 angegebene Zeitpunkt über die Reihenfolge der Tilgung ihrer Forderungen, sofern nicht einzelnen derselben auf Grund eines vorher erworbenen Pfandrechtes der Vorrang gebührt. Der hiernach zurückstehende Gläubiger gelangt zum Zuge, wenn sämtliche vorausgehende Forderungen der übrigen betreibenden Gläubiger mit den dreijährigen Zinsen und sonstigen Rückständen, Prozeß- und Exekutionskosten getilgt sind.

(2) Forderungen, die untereinander in gleicher Rangordnung stehen, sind nach Verhältnis ihrer Gesamtbeträge zu tilgen. Die Forderungen der betreibenden Gläubiger gehen in Bezug auf die Befriedigung aus den Ertragsüberschüssen den länger als drei Jahre rückständigen pfandrechtlich nicht sichergestellten Steuern, Gebühren und öffentlichen Abgaben voraus.

Verteilung der verbleibenden Ertragsüberschüsse; Hyperocha[1]
[1] *Überschrift eingefügt durch BGBl I 2008/37*

§ 126. Der gemäß §§ 124 und 125 nicht zur Verwendung gelangende Teil der Ertragsüberschüsse ist zur Berichtigung derjenigen im § 124 Z. 3 bezeichneten, während der Zwangsverwaltung fällig werdenden oder aus dem letzten Jahre vor deren Bewilligung rückständigen Leistungen zu verwenden, die dem Befriedigungsrechte des betreibenden Gläubigers im Range nachstehen. Ein nach Berichtigung aller dieser Ansprüche erübrigender Rest ist dem Verpflichteten zuzuweisen.

Forderungsanmeldung

§ 127. (1) Die Ansprüche werden bei der Verteilung nur infolge Anmeldens der Gäubiger berücksichtigt. Die Forderungen, zu deren Gunsten die Zwangsverwaltung bewilligt wurde, sind jedoch von Amts wegen in die Verteilung einzubeziehen.

(2) In der Anmeldung ist der beanspruchte, aus den Ertragsüberschüssen zuzuweisende Betrag anzugeben. § 210 gilt sinngemäß.

(BGBl I 2008/37)

§ 128. (1) Bei der Tagsatzung ist über die erfolgten Anmeldungen und die von Amts wegen zu beachtenden Ansprüche, sowie über die Reihenfolge und Art ihrer Befriedigung zu verhandeln.

(2) Widersprüche, die hiebei gegen die Bezahlung einzelner angemeldeter oder von Amts wegen zu berücksichtigender Forderungen oder ihrer Zinsen aus den Ertragsüberschüssen, gegen die beantragte Reihenfolge der Bezahlung, gegen die Höhe der auszufolgenden Beträge oder gegen die Berechtigung zur Empfangnahme der Zahlungen erhoben werden, sind nur dann auf den Rechtsweg zu verweisen, wenn die Entscheidung über den Widerspruch von der Ermittlung und Feststellung streitiger Tatumstände abhängt.

(3) Zur Erhebung von Widersprüchen sind alle Gläubiger befugt, deren Ansprüche beim Ausfallen des bestrittenen Rechtes aus den Ertragsüberschüssen zum Zuge kommen könnten; die Befugnis zum Widerspruche steht unter dieser Voraussetzung insbesondere auch den Afterpfandgläubigern zu. Der Verpflichtete kann nur gegen die Berücksichtigung solcher Ansprüche Widerspruch erheben, für welche ein Exekutionstitel nicht vorliegt.

(4) Das weitere Verfahren bei Erhebung von Widersprüchen, die Rechtsfolgen der versäumten Klagsanbringung, die Erlassung des Verteilungsbeschlusses, die Ausfolgung der zugewiesenen Beträge an die Berechtigten und der Einfluß anhängiger Widerspruchsprozesse auf die Ausführung des Verteilungsbeschlusses bestimmen sich nach den für die Meistbotsverteilung aufgestellten Vorschriften. § 212 Abs. 2 und § 214 Abs. 2 erster Halbsatz gelten sinngemäß. *(BGBl I 2008/37)*

Einstellung der Zwangsverwaltung

§ 129. (1) Die Zwangsverwaltung ist von Amts wegen oder auf Antrag des Verpflichteten einzustellen, wenn sämtliche Forderungen samt Nebengebühren getilgt sind, zu deren Hereinbringung die Zwangsverwaltung bewilligt wurde. *(BGBl I 2008/37)*

(2) Das Exekutionsgericht hat die Einstellung der Zwangsverwaltung von Amts wegen oder auf Antrag anzuordnen, wenn die Fortsetzung der Zwangsverwaltung besondere Kosten erfordern würde, die aus den Einkünften der Liegenschaft nicht bestritten werden können, und der betreibende Gläubiger den nötigen Geldbetrag nicht vorschießt, oder wenn nach den Verhältnissen die Erzielung von Erträgnissen, die zur Befriedigung des führenden betreibenden Gläubigers verwendet werden könnten, überhaupt nicht oder doch innerhalb eines Jahres nicht zu erwarten ist oder diese Erträgnisse nicht einmal 25% der laufenden Zinsen des betriebenen Kapitals decken. *(BGBl I 2008/37)*

(3) Der Einstellung hat eine Einvernehmung der Parteien und des Verwalters vorauszugehen. *(BGBl I 2008/37)*

(4) Die Zwangsverwaltung ist ferner jederzeit auf Antrag des betreibenden Gläubigers einzustellen. Findet gleichzeitig zu Gunsten mehrerer Gläubiger Zwangsverwaltung statt, so hat der nur von einem derselben gestellte Antrag auf Einstellung der Zwangsverwaltung bloß die Wirkung, daß dieser Gläubiger die Rechte und Pflichten eines betreibenden Gläubigers verliert, die zu seinen Gunsten vollzogene Anmerkung der Zwangsverwaltung gelöscht wird und die Forderung dieses Gläubigers künftighin lediglich nach Maßgabe ihrer sonstigen Sicherstellung (§§ 120 Abs. 2 Z. 5, 124 Z. 3 und 126) bei den Verteilungen der Erträgnisse berücksichtigt wird.

Verständigung von der Einstellung der Zwangsverwaltung – Folgen der Einstellung der Zwangsverwaltung[1]

[1] Überschrift eingefügt durch BGBl I 2008/37

§ 130. (1) Von der Einstellung einer Zwangsverwaltung sind der Verpflichtete und der betreibende Gläubiger sowie nach Eintritt der Rechtskraft der Verwalter die in § 99 Abs. 2 genannten öffentlichen Organe und die dort genannten Miteigentümer der Liegenschaft zu verständigen. *(RGBl 1914/118; BGBl I 2008/37)*

(2) Mit Rechtskraft des Einstellungsbeschlusses erlangt der Verpflichtete wieder die Befugnis zur Bewirtschaftung und Benützung der Liegenschaft, zur Einziehung der Erträgnisse und zur Verfügung über dieselben. Das Exekutionsgericht hat die bücherliche Löschung der Anmerkung der Zwangsverwaltung von Amts wegen zu veranlassen und den Verwalter zur Übergabe der Liegenschaft an den Verpflichteten, zur Verständigung jener Personen, die gemäß § 110 Abs. 1 zur Zahlung an den Verwalter aufgefordert wurden, sowie zur Erstattung der Schlußrechnung anzuweisen. Ein aus der Schlussrechnung sich ergebender Restbetrag ist dem Verpflichteten herauszugeben, sofern der betreibende Gläubiger mit Zustimmung des Verpflichteten nichts anderes beantragt. *(BGBl I 2008/37)*

Verwaltung von Superädifikaten, Liegenschaftsanteilen und nicht verbücherten Liegenschaften

§ 131. (1) Soweit das Gesetz nichts anderes bestimmt[1], sind die Bestimmungen über die Zwangsverwaltung von Liegenschaften auch auf die Zwangsverwaltung von Superädifikaten, Baurechten und einzelnen Liegenschaftsanteilen zu beziehen.

(2) Wird auf eine Liegenschaft Exekution geführt, die in das Grundbuch nicht eingetragen ist, so gelten hiefür die Bestimmungen über Superädifikate sinngemäß.

(BGBl I 2008/37)

---

[1] §§ 99 (2), 112 (3), 130 (1) EO.
Vgl auch für Superädifikate §§ 22a, 54b, 87, 97, 102, 104 EO ua; für Baurechte §§ 22a, 54b, 87, 97 EO ua.

Rekurs

§ 132. Gegen die in den §§ 99 und 100 bezeichneten Beschlüsse und gegen die Beschlüsse, durch welche:

1. die bücherliche Anmerkung der Einleitung der Zwangsverwaltung angeordnet wird (§ 98),

2. ein anderer Zwangsverwalter bestellt wird (§ 108) und

3. der Zeitpunkt der Verteilung der Ertragsüberschüsse bestimmt wird (§ 122) sowie gegen

4. die Beschlüsse, die nach § 114 im Rahmen der Überwachung der Geschäftsführung des Verwalters ergehen, mit Ausnahme des Beschlusses über die Verhängung einer Geldstrafe,

findet ein Rekurs nicht statt.

(BGBl I 2008/37)

Dritte Abteilung

Zwangsversteigerung

Exekutionsantrag

§ 133. (1) Zu Gunsten einer vollstreckbaren Geldforderung kann auf Antrag des betreibenden Gläubigers die Zwangsversteigerung einer Liegenschaft, eines Superädifikats oder eines Baurechtes des Verpflichteten bewilligt werden.

(2) Ist dem Antrag ein Verzeichnis der Personen, denen an der Liegenschaft oder dem Superädifikat dingliche Rechte zustehen oder zu deren Gunsten Bestand-, Wiederkaufs- und Vorkaufsrechte eingetragen sind, und ihrer Adressen nicht angeschlossen, so ist der Exekutionsantrag aus diesem Grund nicht abzuweisen. Das Gericht kann den betreibenden Gläubiger auffordern, binnen einer festzusetzenden Frist ein solches Verzeichnis vorzulegen.

(BGBl I 2000/59)

Superädifikat

§ 134. Bei einem Superädifikat, für das bei Gericht keine Urkunde über den Erwerb des Eigentums durch Hinterlegung aufgenommen wurde, hat der Gläubiger das Eigentum oder den Besitz des Verpflichteten zu behaupten und durch Urkunden glaubhaft zu machen. Fehlt die urkundliche Bescheinigung, so haben der Exekutionsbewilligung Erhebungen des Gerichtsvollziehers und eine Einvernahme des Verpflichteten über die Frage des Eigentums oder des Besitzes voranzugehen. Nach Bewilligung der Exekution hat das Exekutionsgericht von Amts wegen unverzüglich die pfandweise Beschreibung des Superädifikats (§ § 90ff) zugunsten der vollstreckbaren Forderung des betreibenden Gläubigers anzuordnen. *(BGBl I 2008/37)*

(BGBl I 2000/59)

Betreibender Gläubiger mit Pfandrecht

§ 135. Ist für die hereinzubringende vollstreckbare Forderung schon ein Pfandrecht an der Liegenschaft des Verpflichteten rechtskräftig begründet, so bedarf es der Vorlage einer Ausfertigung des Exekutionstitels nicht; die Exekution ist im Rang dieses Pfandrechts zu bewilligen, wenn der betreibende Gläubiger dies beantragt und die Identität der Forderung nachweist.

(BGBl I 2000/59)

Zustellungen

§ 136. (1) Die Bewilligung der Exekution ist dem betreibenden Gläubiger, dem Verpflichteten und allen Personen, für die auf der Liegenschaft ein Wiederkaufsrecht einverleibt ist, zuzustellen. Weicht die aus dem Grundbuch ersichtliche Adresse des Verpflichteten von der im Exekutionsantrag oder im Exekutionstitel angegebenen Adresse ab, so ist die Exekutionsbewilligung auch an die im Grundbuch angegebene Adresse zu übersenden.

(2) Dem betreibenden Gläubiger ist zugleich der Erlag eines Kostenvorschusses binnen einer mindestens vierwöchigen Frist aufzutragen. Den Wiederkaufsberechtigten ist mitzuteilen, dass sie ihr Recht bei sonstigem Ausschluss innerhalb eines Monats nach Zustellung dieser Verständigung auszuüben haben.

(BGBl I 2000/59)

EO

Anmerkung

§ 137. (1) Das Bewilligungsgericht hat von Amts wegen anzuordnen, dass die Bewilligung der Zwangsversteigerung bei der betreffenden Liegenschaft unter Angabe des betreibenden Gläubigers und der betriebenen Forderung bücherlich angemerkt wird (Anmerkung der Einleitung des Versteigerungsverfahrens). Ist das Bewilligungsgericht nicht auch Grundbuchsgericht, so hat es dieses unter Anschluss der erforderlichen Anzahl von Ausfertigungen um die Anmerkung zu ersuchen. Wurde die Zwangsversteigerung zur Hereinbringung einer schon pfandrechtlich sichergestellten Forderung bewilligt, so ist in der Anmerkung darauf hinzuweisen.

(2) Bei Superädifikaten ist die bewilligte Versteigerung im Protokoll über die Vornahme der pfandweisen Beschreibung anzumerken.

(3) Wenn das Versteigerungsverfahren nach dem Grundbuchsstand undurchführbar ist, ist § 101 sinngemäß anzuwenden.

(BGBl I 2000/59)

Wirkung der Anmerkung

§ 138. (1) Die Anmerkung der Einleitung des Versteigerungsverfahrens hat die Folge, dass die bewilligte Versteigerung gegen jeden späteren Erwerber der Liegenschaft durchgeführt werden kann und dass der Gläubiger, zu dessen Gunsten die Anmerkung erfolgt, in Bezug auf die Befriedigung seiner vollstreckbaren Forderung samt Nebengebühren aus dem Versteigerungserlös allen Personen vorgeht, welche erst später bücherliche Rechte an der Liegenschaft erwerben oder die Versteigerung dieser Liegenschaft erwirken. Für die Priorität des Befriedigungsrechts des betreibenden Gläubigers ist der Zeitpunkt maßgebend, in welchem das Ersuchen um den Vollzug der Anmerkung beim Buchgericht eingelangt ist, oder wenn das Buchgericht selbst zur Bewilligung der Versteigerung berufen war, der Zeitpunkt der Anbringung des Versteigerungsantrags (§ 29 GBG). Bei Superädifikaten entscheidet der Zeitpunkt der Anmerkung der Versteigerungsbewilligung auf dem Protokoll über die pfandweise Beschreibung. Ein Rangvorbehalt nach § 58 GBG bleibt unberücksichtigt, wenn bis zur Anmerkung der Einleitung des Versteigerungsverfahrens hievon kein Gebrauch gemacht wurde. *(BGBl I 2008/37)*

(2) Ab dem Zeitpunkt der Anmerkung der Einleitung des Versteigerungsverfahrens sind Rechtshandlungen des Verpflichteten, die die in Exekution gezogene Liegenschaft oder das Superädifikat sowie deren Zubehör betreffen und die nicht zur ordentlichen Verwaltung gehören, den Gläubigern und dem Ersteher gegenüber unwirksam.

(BGBl I 2000/59)

Beitritt

§ 139. (1) Nach Anmerkung der Einleitung des Versteigerungsverfahrens kann, solange dieses im Gang ist, zu Gunsten weiterer vollstreckbarer Forderungen ein besonderes Versteigerungsverfahren hinsichtlich derselben Liegenschaft oder desselben Superädifikats nicht mehr eingeleitet werden. *(BGBl I 2000/59)*

(2) Alle Gläubiger, welchen während der Anhängigkeit eines Versteigerungsverfahrens die Zwangsversteigerung derselben Liegenschaft bewilligt wird, treten damit dem bereits eingeleiteten Versteigerungsverfahren bei; sie müssen dieses in der Lage annehmen, in der es sich zur Zeit ihres Beitrittes befindet.

(3) Von da an haben die beitretenden Gläubiger dieselben Rechte, als wenn das Verfahren auf ihren Antrag eingeleitet worden wäre.

(4) Das Exekutionsgericht, das nach den im Absatz 1 bezeichneten Akten die Versteigerung der nämlichen Liegenschaft bewilligt oder um den Vollzug einer bewilligten Versteigerung ersucht wird, hat den Gläubiger, der den Versteigerungsantrag gestellt hat, zu verständigen, daß und welchem anhängigen Versteigerungsverfahren er beigetreten sei. Von jedem Beitritt hat das Exekutionsgericht auch den Verpflichteten zu verständigen. *(BGBl I 2000/59)*

Anordnung und Vorbereitung der Schätzung; Zubehör

§ 140. (1) Das Exekutionsgericht hat die Schätzung der zu versteigernden Liegenschaft anzuordnen; die Schätzung soll nicht vor Ablauf von drei Wochen seit der Bewilligung der Versteigerung vorgenommen werden.

(2) Der Sachverständige hat die für die Schätzung benötigten Unterlagen anderer Behörden, die sich auf die zu versteigernde Liegenschaft beziehen, insbesondere über den Einheitswert, den Grundsteuermeßbetrag und (Abgaben)bescheide mit dinglicher Wirkung beizuschaffen. Der Verpflichtete hat dem Sachverständigen alle dazu nötigen Unterlagen zu übergeben und alle erforderlichen Aufklärungen zu erteilen. Die Behörden sind zur Überlassung der Unterlagen verpflichtet. *(BGBl I 2008/37)*

(3) Zugleich mit der Schätzung ist das auf der Liegenschaft befindliche Zubehör derselben (§§ 294 bis 297a ABGB) zu Gunsten der vollstreckbaren Forderung des betreibenden Gläubigers zu beschreiben und zu schätzen. Für die Beschreibung des Liegenschaftszubehörs haben das Gericht § 257 und der Sachverständige §§ 253

und 254 Abs. 2 sinngemäß anzuwenden. *(BGBl I 2000/59; BGBl I 2003/31)*

(BGBl 1992/150)

Vornahme der Schätzung

§ 141. (1) Die Schätzung ist nach dem Liegenschaftsbewertungsgesetz vorzunehmen, soweit im folgenden nicht anderes bestimmt wird. Der für die Schätzung maßgebliche Stichtag ist der Tag der Befundaufnahme. *(BGBl 1992/150)*

(2) Sind Grundstücke verschiedener Kulturgattung, Flächenwidmung oder Nutzung zu schätzen, so sind für die einzelnen Arten von Grundstücken besondere Sachverständige beizuziehen, wenn dies zur richtigen Ermittlung des Wertes unerlässlich erscheint. *(BGBl I 2000/59)*

(3) Zur Befundaufnahme und Beschreibung der Liegenschaft sind der Verpflichtete, der betreibende Gläubiger sowie unter gleichzeitiger Verständigung von der Bewilligung der Versteigerung alle Personen zu laden, für die nach dem Inhalt der dem Gericht darüber vorliegenden Urkunden auf der Liegenschaft dingliche Rechte und Lasten begründet sind. *(BGBl I 2000/59)*

(3a) Verschlossene Haus- und Wohnungstüren dürfen auch dann geöffnet werden, wenn die Liegenschaft von einem Dritten bewohnt wird und die Türen zum Zeitpunkt der Schätzung, der dem Dritten bekannt gegeben wurde, verschlossen sind. § 26 und § 26a Abs. 2 und 3 sind sinngemäß anzuwenden. *(BGBl I 2008/37)*

(4) Der Sachverständige hat in das Gutachten auch einen Lageplan und bei Gebäuden auch einen Grundriss sowie zumindest ein Bild aufzunehmen. Er hat dem Gericht das Gutachten sowie eine Kurzfassung hievon auch in elektronischer Form zur Verfügung zu stellen. *(BGBl I 2000/59; BGBl I 2005/68)*

(5) Der Sachverständige haftet nach § 1299 ABGB dem Ersteher und allen Beteiligten für Vermögensnachteile, die er ihnen durch pflichtwidrige Führung seines Amtes verursacht. *(BGBl I 2000/59)*

Unterbleiben der Schätzung

§ 142. (1) Die Anordnung der Schätzung der Liegenschaft kann unterbleiben, wenn die Liegenschaft aus Anlass eines früheren gerichtlichen Verfahrens geschätzt wurde, seither nicht mehr als zwei Jahre verstrichen sind und eine wesentliche Veränderung der Beschaffenheit der Liegenschaft inzwischen nicht stattgefunden hat. Unter der gleichen Voraussetzung kann von der neuerlichen Beschreibung und Schätzung des Zubehörs einer Liegenschaft abgesehen werden, wenn sich seither weder Beschaffenheit noch Umfang dieses Zubehörs wesentlich geändert haben. *(BGBl I 2000/59)*

(2) In einem solchen Falle wird das Ergebnis der früheren Beschreibung und Schätzung dem Versteigerungsverfahren zu Grunde gelegt und die Beschreibung des Zubehörs durch Anmerkung auf dem bei der früheren Beschreibung aufgenommenen Protokolle vollzogen.

(3) Der Beschlußfassung hat eine Einvernehmung beider Teile oder, wenn ein Antrag vorliegt, des Gegners des Antragstellers vorherzugehen. *(RGBl 1914/118)*

(Überschrift idF BGBl 1992/150)

Umfang der Schätzung

§ 143. (1) Bei der Schätzung ist zu ermitteln, welchen Wert die Liegenschaft bei Aufrechterhaltung der Belastungen und welchen Wert sie ohne diese Belastungen hat. Außerdem sind die auf der Liegenschaft lastenden Dienstbarkeiten, Ausgedinge, anderen Reallasten, auf der Liegenschaft eingetragenen Bestandrechte und das Baurecht für sich zu schätzen und die ihnen entsprechenden Kapitalbeträge zu ermitteln. Bei der Schätzung sind auch die auf Grund von (Abgaben)bescheiden mit dinglicher Wirkung auf die Liegenschaft lastenden Beträge zu berücksichtigen. *(BGBl I 2008/37)*

(2) Wenn auf der Liegenschaft Lasten haften, die auf den Ersteher von Rechts wegen übergehen, ist nur der Wert zu ermitteln, den die Liegenschaft bei Aufrechterhaltung der Last hat. Eine abgesonderte Schätzung des aus der Last entspringenden Rechtes entfällt.

(3) Bilden mehrere Grundbuchskörper eine wirtschaftliche Einheit, so ist zu ermitteln, welchen Wert jeder Grundbuchskörper für sich allein und welchen alle zusammen als wirtschaftliche Einheit haben.

(4) Ist offenkundig, dass ein höherer Erlös erzielt werden wird, wenn mehrere Grundstücke eines Grundbuchskörpers einzeln oder in Gruppen versteigert werden oder bei gemeinsamer Versteigerung mehrerer Eigentumswohnungen oder Anteile verschiedener Verpflichteter an einer Liegenschaft, einem Superädifikat oder einem Baurecht, so hat der Sachverständige auch zu ermitteln, welchen Wert die einzelnen Grundstücke eines Grundbuchskörpers oder die Gruppen von Grundstücken oder die gemeinsam zu versteigernden Eigentumswohnungen oder Anteile verschiedener Verpflichteter an einer Liegenschaft, einem Superädifikat oder einem Baurecht haben. *(BGBl I 2000/59; BGBl I 2008/37)*

(BGBl 1992/150)

Bekanntgabe des Schätzwerts

§ 144. (1)[1] Dem Verpflichteten, dem betreibenden Gläubiger sowie allen Personen, für die nach dem Inhalt der dem Gericht darüber vorliegenden

EO

Urkunden auf der Liegenschaft dingliche Rechte und Lasten begründet sind, ist der Schätzwert bekannt zu geben. Sie sind gleichzeitig aufzufordern, ihre Einwendungen binnen einer festzusetzenden Frist geltend zu machen. *(BGBl I 2008/37)*

(2) Ist auf der Liegenschaft eine Dienstbarkeit begründet, die der leitungsgebundenen Energieversorgung dient, so kann der aus der Dienstbarkeit Berechtigte binnen 14 Tagen ab Zustellung des Schätzgutachtens unwiderruflich erklären, dass er die Übernahme der Dienstbarkeit ohne Anrechnung auf das Meistbot wünscht und bereit ist, den vom Sachverständigen ermittelten Wert der Dienstbarkeit zu zahlen. *(BGBl I 2008/37)*

(BGBl I 2000/59)

---

¹⁾ Der bisherige § 144 erhielt die Absatzbezeichnung (1).

Ergänzung der Schätzung

§ 145. Spätestens nach Ablauf der Frist zur Erstattung von Einwendungen gegen den Schätzwert hat das Exekutionsgericht alle nötigen Ergänzungen, Richtigstellungen und Verbesserungen des Schätzungsgutachtens von Amts wegen zu veranlassen.

(BGBl I 2000/59)

Änderung der gesetzlichen
Versteigerungsbedingungen

§ 146. (1) Das Gericht hat, wenn dadurch voraussichtlich ein höherer Erlös zu erzielen sein wird, auf Antrag oder, wenn dies in den Fällen der Z 1 bis 3a offenkundig ist, auch von Amts wegen nach Einvernahme des Verpflichteten, des betreibenden Gläubigers und aller Personen, für die nach Inhalt der dem Gericht darüber vorliegenden Urkunden auf der Liegenschaft oder dem Superädifikat dingliche Rechte begründet sind, festzulegen, dass *(BGBl I 2014/69, ab 12. 8. 2014)*

1. mehrere Grundstücke eines Grundbuchskörpers einzeln oder in Gruppen zu versteigern sind und dass der Grundbuchskörper vor der Erteilung des Zuschlags zweimal, und zwar einmal als Ganzes und dann die einzelnen Grundstücke, ausgeboten werden soll;

2. mehrere ein wirtschaftliches Ganzes bildende Grundbuchskörper gemeinsam ausgeboten werden sollen;

3. wenn mit den Miteigentumsanteilen des Verpflichteten Wohnungseigentum an mehr als einer Wohnung verbunden ist, eine gemeinsame Versteigerung der einzelnen Eigentumswohnungen erfolgen soll;

3a. Anteile einer Liegenschaft, eines Superädifikates oder eines Baurechts gemeinsam mit Anteilen, die einem anderen Verpflichteten aus einem verbundenen Verfahren zustehen, versteigert werden, *(BGBl I 2008/37)*

4. Dienstbarkeiten, Ausgedinge und andere Reallasten, denen der Vorrang vor dem Befriedigungsrecht des betreibenden Gläubigers oder einem eingetragenen Pfandrecht eines Gläubigers zukommt, vom Ersteher nicht oder nur unter Anrechnung auf das Meistbot zu übernehmen sind; hiezu ist auch die Zustimmung des Berechtigten erforderlich;

5. ein höherer Betrag als geringstes Gebot der Versteigerung zugrunde gelegt wird; hiezu ist die Zustimmung des betreibenden Gläubigers erforderlich.

Die Zustellung des Beschlusses kann unterbleiben, wenn das Versteigerungsedikt unverzüglich zugestellt wird.

(2) Der Antrag nach Abs. 1 Z 1, 3 und 3a ist spätestens innerhalb der zum Erlag des Kostenvorschusses für die Schätzung der Liegenschaft offen stehenden Frist, der Antrag nach Abs. 1 Z 2, 4 und 5 längstens bis 14 Tage nach Bekanntgabe des Schätzwerts zu stellen. *(BGBl I 2008/37)*

(BGBl I 2000/59)

Zubehör

§ 146a. (1) Wenn Gegenstände des Zubehörs im Rahmen einer Exekution auf bewegliche körperliche Sachen gepfändet wurden, hat das für die Zwangsversteigerung zuständige Exekutionsgericht von Amts wegen oder auf Antrag mit Beschluss die Zubehöreigenschaft festzustellen. Mit Eintritt der Rechtskraft dieses Beschlusses erlischt das Pfandrecht an jenen beweglichen körperlichen Sachen, die Zubehör sind. Vor der Entscheidung sind die betreibende Gläubiger des Exekutionsverfahrens auf bewegliche körperliche Sachen und der betreibende Gläubiger des Zwangsversteigerungsverfahrens einzuvernehmen.

(2) Wurden die Sachen vom Finanzamt oder von der Verwaltungsbehörde gepfändet, so ist vor der Entscheidung die Behörde um Stellungnahme zu ersuchen.

(3) Das Gericht oder die Behörde, welche die Exekution auf bewegliche Sachen geführt hat, ist auch vom Eintritt der Rechtskraft des Beschlusses nach Abs. 1 zu verständigen.

(BGBl I 2008/37)

Vadium

§ 147. (1) Die zu leistende Sicherheit beträgt 10% des Schätzwerts. Als Sicherheitsleistung kommen nur Sparurkunden in Betracht. Auch eine Sparurkunde, die durch Losungswort gesichert ist oder die auf den Namen des gemäß § 40 Abs. 1 BWG identifizierten Kunden lautet, ist als Sicherheitsleistung geeignet. Das Gericht kann hierüber auch ohne Angabe des Losungsworts verfügen. Bei einer Sparurkunde, die auf den gemäß § 40 Abs. 1 BWG identifizierten Kunden lautet, ist das Versteigerungsprotokoll oder ein Beschluss, der die für den Ersteher maßgeblichen Angaben nach § 194 Abs. 1 Z 3 enthält, vorzulegen. *(BGBl I 2001/98)*

(2) Personen, die sich namens einer unter staatlicher oder Landesverwaltung stehenden Anstalt an der Versteigerung beteiligen und eine Bestätigung der für die Verwaltung zuständigen Bundes- oder Landesbehörde vorlegen, dass es sich um eine Anstalt der genannten Art handelt, sowie Personen, die sich namens des Staates oder eines Landes an der Versteigerung beteiligen, haben keine Sicherheitsleistung zu erlegen.

(3) *(aufgehoben, BGBl I 2008/37)*

(BGBl I 2000/59)

Vgl JABl 2001/13

Erlag des Vadiums; Veräußerungs- und Belastungsverbot

§ 148. (1) Vor Zuschlagserteilung ist der Meistbietende zum Erlag des Vadiums aufzufordern. Erlegt er nicht unverzüglich, so ist ausgehend von dem dem Bietgebot des Meistbietenden vorangehenden Bietgebot die Versteigerung weiterzuführen und über den Meistbietenden, der die Sicherheitsleistung nicht erlegt hat, eine Ordnungsstrafe bis zu 10 000 Euro zu verhängen.

(2) Das erlegte Vadium ist bis zum vollständigen Erlag des Meistbots oder bis zur rechtskräftigen Versagung des Zuschlags in gerichtlicher Verwahrung zu halten.

(2a) Haftet für den Meistbietenden auf der versteigerten Liegenschaft ein Pfandrecht, so ist ihm im Versteigerungstermin auf seinen Antrag die Verpflichtung zum Erlag des Vadiums in dem Umfang zu erlassen, in dem die pfandrechtlich sichergestellte Forderung für das Vadium voraussichtlich Deckung bietet. *(BGBl I 2008/37)*

(3) Insoweit dem Ersteher die Sicherheitsleistung erlassen wurde, ist ihm sogleich nach Schluss der Versteigerung die Veräußerung, Belastung oder Verpfändung der bücherlich sichergestellten Forderung zu untersagen und dieses Verbot von Amts wegen im Grundbuch bei der betreffenden Forderung anzumerken. Eintragungen, die gegen ihn nach dieser Anmerkung erwirkt werden, können die Verwendung der Forderung zur Befriedigung aller aus der Versteigerung gegen den Ersteher sich ergebenden Ansprüche nicht hindern. *(BGBl I 2008/37)*

(BGBl I 2000/59)

Verwahrung des Vadiums

§ 149. (1) Der Ersteher kann im Fall des § 148 Abs. 3 jederzeit durch nachträglichen Erlag des Vadiums (§ 147 Abs. 1) die Aufhebung des zufolge § 148 erlassenen Verbots und die bücherliche Löschung der Anmerkung erwirken.

(2) Jede als Sicherheitsleistung des Erstehers bei Gericht verwahrte Sache haftet von der Zeit ihrer Übergabe als Pfand für alle aus der Versteigerung wider den Ersteher sich ergebenden Ansprüche.

(BGBl I 2000/59)

Übernahme von Lasten

§ 150. (1) Dienstbarkeiten,[1)] Ausgedinge und andere Reallasten, denen der Vorrang vor dem Befriedigungsrecht eines betreibenden Gläubigers oder einem eingetragenen Pfandrecht zukommt, sind vom Ersteher ohne Anrechnung auf das Meistbot zu übernehmen. Nachfolgende Lasten sind nur insoweit zu übernehmen, als sie nach der ihnen zukommenden Rangordnung in der Verteilungsmasse Deckung finden. *(BGBl I 2000/59)*

(1a) Dienstbarkeiten, die der leitungsgebundenen Energieversorgung dienen und nicht nach anderen Bestimmungen ohne Anrechnung auf das Meistbot zu übernehmen sind, sind dann ohne Anrechnung auf das Meistbot zu übernehmen, wenn der aus der Dienstbarkeit Berechtigte unwiderruflich erklärt hat, den vom Sachverständigen ermittelten Wert der Dienstbarkeit zu zahlen. *(BGBl I 2008/37; BGBl I 2014/69, ab 1. 10. 2014, anzuwenden, wenn die Schätzung nach dem 30. September 2014 angeordnet wird.)*

(2) Nicht rechtzeitig ausgeübte Wiederkaufsrechte sind nach Durchführung des Versteigerungsverfahrens ohne Anspruch auf Entschädigung aus dem Meistbote zu löschen. *(BGBl I 2000/59)*

(3) Für bücherlich eingetragene Bestandrechte bleiben die Vorschriften des § 1121 ABGB. maßgebend.

[1)] *Vgl § 1121 ABGB, § 11 WEG 2002.*

Vorrangseinräumung

§ 150a. Im Fall einer nur relativ wirksamen Vorrangseinräumung im Sinne des § 30 Abs. 3 GBG ist bei der Meistbotsverteilung das vortretende Recht an seiner ursprünglichen Stelle zu berücksichtigen, wenn das Recht, das nach seinem ursprünglichen Rang vom Ersteher ohne Anrechnung auf das Meistbot zu übernehmen ist, zurücktritt und ein seiner Natur nach verschiedenes Recht vortritt.

(BGBl I 2000/59)

Geringstes Gebot

§ 151. (1) Das geringste Gebot ist der halbe Schätzwert.

(2) Gebote, die das geringste Gebot nicht erreichen, dürfen bei der Versteigerung nicht berücksichtigt werden.

(3) Wird im Versteigerungstermin weniger geboten, als das geringste Gebot beträgt, so darf der Verkauf der Liegenschaft nicht stattfinden. Auf einen binnen zwei Jahren zu stellenden Antrag ist ein weiterer Versteigerungstermin anzuberaumen. Die neuerliche Versteigerung ist unter entsprechender Anwendung der für die erste Versteigerung geltenden Vorschriften durchzuführen. Lag der ersten Versteigerung ein höheres geringstes Gebot als der halbe Schätzwert zugrunde, so kann gleichzeitig beantragt werden, dass dieses auf den gesetzlich vorgeschriebenen Betrag herabgesetzt wird.[1]

(BGBl I 2000/59)

---
[1] *Vgl § 188 (2) EO.*

Berichtigung des Meistbots

§ 152. (1) Das Meistbot ist binnen zwei Monaten ab Rechtskraft der Zuschlagserteilung bei Gericht zu erlegen. Unterliegt die Übertragung des Eigentums landesgesetzlichen Grundverkehrsgesetzen, so beginnt die Frist mit der Rechtskraft des Beschlusses, womit der Zuschlag für wirksam erklärt wird. Der zu erlegende Betrag vermindert sich um jene Beträge, die auf Forderungen von Pfandgläubigern, die aus dem Meistbote voraussichtlich zum Zuge gelangen und mit der Übernahme der Schuld durch den Ersteher einverstanden sind oder auf pfandrechtlich sichergestellte Forderungen, Dienstbarkeiten, Ausgedinge und andere Reallasten, die vom Ersteher in Anrechnung auf das Meistbot übernommen werden müssen, entfallen. Rückständige Renten, Unterhaltsgelder und andere wiederkehrende Leistungen, rückständige Zinsen der zur Übernahme bestimmten Forderungen sowie Prozess- und Exekutionskosten dürfen bei dieser Berechnung nicht in Anschlag gebracht werden. *(BGBl I 2000/59)*

(2) Auch das bei Gericht erlegte Vadium vermindert den zu erlegenden Betrag des Meistbots. *(BGBl I 2000/59)*

(3) Der Ersteher hat das Meistbot, soweit es nicht auf Forderungen und Lasten aufzurechnen ist, vom Tag der Erteilung des Zuschlags bis zum Erlag mit 4 % zu verzinsen. Diese Zinsen sowie die Zinsen der bei Gericht erlegten Beträge des Meistbots fallen in die Verteilungsmasse. *(BGBl I 2000/59)*

(4) Die für die Erwerbung der Liegenschaft zu entrichtenden Übertragungsgebühren dürfen nicht in das Meistbot eingerechnet werden.

(5) *(aufgehoben, BGBl I 2000/59)*

Übernahmebetrag für Dienstbarkeiten zu leitungsgebundener Energieversorgung

§ 152a. (1) Der Betrag, welcher für die Übernahme einer Dienstbarkeit, die der leitungsgebundenen Energieversorgung dient, zu leisten ist, ist binnen zwei Monaten ab Rechtskraft der Zuschlagserteilung bei Gericht zu erlegen. Er ist dem Meistbot zuzuschlagen und mit diesem zu verteilen.

(2) Wird dieser Betrag nicht fristgerecht erlegt, so ist dieser von Amts wegen durch Beschluss des Exekutionsgerichts festzustellen. Der festgestellte Betrag ist mit 4 % zu verzinsen. Zu seiner Hereinbringung findet nach Rechtskraft des Beschlusses Exekution statt. Diese kann vom betreibenden Gläubiger sowie von jeder der übrigen auf das Meistbot gewiesenen Personen beim Exekutionsgericht beantragt und zugunsten der Verteilungsmasse durchgeführt werden.

(BGBl I 2008/37)

Kündigung pfandrechtlich sichergestellter Forderungen

§ 153. (1) Der Ersteher kann von ihm in Anrechnung auf das Meistbot übernommene pfandrechtlich sichergestellte Forderungen halbjährig kündigen und ohne Rücksicht auf die vertragsmäßig für die Rückzahlung geltenden Bestimmungen zurückzahlen, wenn die vertragsmäßig von der Forderung außer den Kapitalsabschlagszahlungen dem Gläubiger zu entrichtenden wiederkehrenden Leistungen in ihrem jährlichen Gesamtbetrage vier von Hundert übersteigen.

(2) Sofern vertragsmäßig kürzere Kündigungsfristen gelten, kommen diese dem Ersteher zu statten.

(Überschrift eingefügt durch BGBl I 2000/59)

Nutzungsverhältnis bei Superädifikat

§ 153a. Bei Versteigerung eines Superädifikats tritt der Ersteher in das bestehende Nutzungsverhältnis ein. Der Eigentümer kann jedoch das Nutzungsverhältnis aus wichtigem Grund kündigen.

(BGBl I 2000/59)

Wiederversteigerung

§ 154. (1) Wenn das Meistbot vom Ersteher nicht rechtzeitig und ordnungsgemäß berichtigt wird, findet auf Antrag oder von Amts wegen die Wiederversteigerung der Liegenschaft auf Kosten und Gefahr des säumigen Erstehers statt. *(BGBl I 2000/59)*

(2) Die Wiederversteigerung unterbleibt, wenn der säumige Ersteher vor Ablauf der Frist zum Rekurs gegen die Anordnung der Wiederversteigerung den noch offenen Betrag des Meistbots samt Zinsen bei Gericht erlegt. Mit Rechtskraft der Anordnung der Wiederversteigerung verliert die erste Versteigerung ihre Wirksamkeit. *(BGBl I 2000/59)*

(3) Die Wiederversteigerung ist unter entsprechender Anwendung der für die erste Versteigerung geltenden Vorschriften durchzuführen. Der säumige Ersteher ist vom Bieten nicht ausgeschlossen; er hat jedoch eine Sicherheitsleistung in der Höhe des geringsten Gebots vor dem Beginn des Bietens zu erlegen. *(BGBl I 2000/59)*

(4) Von dem neuerlichen Versteigerungstermine sind auch jene Personen in Kenntnis zu setzen, für welche erst nach Anberaumung der ersten Versteigerung dingliche Rechte und Lasten begründet, oder Wiederkaufs- und Vorkaufsrechte eingetragen wurden.

Haftung des säumigen Erstehers

§ 155. (1) Der säumige Ersteher haftet für den Ausfall am Meistbot, der sich bei der Wiederversteigerung ergibt, für die Kosten der Wiederversteigerung, die entgangenen Zinsen nach § 152 Abs. 3 und für alle sonst durch seine Saumsal verursachten Schäden sowohl mit dem Vadium und dem erlegten Betrag des Meistbots wie mit seinem übrigen Vermögen. *(BGBl I 2000/59)*

(2) Der Ausfall am Meistbot, die Kosten der Wiederversteigerung und die entgangenen Zinsen gemäß § 152 Abs. 3 sind von Amts wegen durch Beschluss des Exekutionsgerichtes festzustellen. Der festgestellte Betrag ist mit 4% zu verzinsen. Soweit diese Beträge nicht aus dem Vadium und dem erlegten Betrag des Meistbots berichtigt werden können, findet zu ihrer Hereinbringung nach Rechtskraft des Beschlusses Exekution statt. Diese kann vom betreibenden Gläubiger sowie von jeder der übrigen auf das Meistbot gewiesenen Personen beim Exekutionsgerichte beantragt und zu Gunsten der Verteilungsmasse durchgeführt werden. *(BGBl I 2000/59)*

(3) Auf den Betrag, um welchen das bei der Wiederversteigerung erzielte Meistbot das Meistbot der ersten Versteigerung überschreitet, hat der säumige Ersteher keinen Anspruch.

(4) Bleibt die Wiederversteigerung erfolglos, so gilt als Ausfall am Meistbot der Unterschiedsbetrag zwischen dem geringsten Gebot (§ 151) und dem Meistbot des säumigen Erstehers. *(BGBl I 2000/59)*

(Überschrift eingefügt durch BGBl I 2000/59)

Übergang der Gefahr, der Nutzungen und Lasten und Übergabe der Liegenschaft[1]
[1] *Vgl § 237 EO.*

§ 156. (1) Die Gefahr der zur Versteigerung gelangten Liegenschaft geht mit dem Tage der Erteilung des Zuschlages auf den Ersteher über. Dies gilt auch dann, wenn die Übertragung des Eigentums landesgesetzlichen Grundverkehrsgesetzen unterliegt. Von diesem Tage an gebühren ihm alle Früchte und Einkünfte der Liegenschaft. Dagegen hat er von da an die mit dem Eigentume der Liegenschaft verbundenen Lasten, soweit sie nicht durch das Versteigerungsverfahren erlöschen, sowie die Steuern und öffentlichen Abgaben zu tragen, welche von der Liegenschaft zu entrichten sind, und die in Anrechnung auf das Meistbot übernommenen Schuldbeträge zu verzinsen.

(2) Die Übergabe der Liegenschaft sowie des veräußerten Zubehörs an den Ersteher und die bücherliche Eintragung seines Eigentumsrechtes hat erst nach Erfüllung aller Versteigerungsbedingungen zu erfolgen. Die Übergabe der Liegenschaft ist nach den Bestimmungen des § 349 zu vollziehen. Die Kosten einer zwangsweisen Räumung sind durch Beschluss des Exekutionsgerichtes festzusetzen; dem Verpflichteten ist die Zahlung an den Ersteher aufzutragen.

(BGBl I 2000/59)

Rückerstattung bei Aufhebung oder Unwirksamkeit des Zuschlags

§ 157. (1) Wenn der Zuschlag rechtskräftig aufgehoben wird oder wenn er infolge der Anordnung der Wiederversteigerung oder der gerichtlichen Annahme eines Überbots seine Wirksamkeit verliert, hat der Ersteher die bezogenen Früchte und Einkünfte zurückzuerstatten. Er darf jedoch, wenn nicht wegen seiner Saumsal Wiederversteigerung stattfindet, die von ihm in der Zwischenzeit entrichteten Steuern und öffentlichen Abgaben, die auf Erzielung der Früchte und Einkünfte verwendeten Kosten und die Zinsen des gerichtlich erlegten Betrags des Meistbots vom jeweiligen Erlagstag an in Abrechnung bringen. *(BGBl I 2000/59)*

(2) Die Rückerstattung der bezogenen Früchte und Einkünfte ist vom Exekutionsgerichte auf Antrag einer der im § 154 Abs. 1 genannten Personen durch Beschluß aufzutragen; hiebei sind die wegen Verwertung der Früchte nötigen Anordnungen zu treffen. Vor Erlassung des Beschlusses ist der frühere Ersteher einzuvernehmen. Nach Rechtskraft des Beschlusses kann vom betreibenden Gläubiger sowie von jeder der übrigen auf das Meistbot gewiesenen Personen beim Exekutionsgerichte die Exekution auf das Vermögen des früheren Erstehers beantragt und zu Gunsten der Verteilungsmasse durchgeführt werden.

EO

(3) Die erstatteten Beträge oder der für erstattete Früchte erzielte Erlös sind in gerichtliche Verwahrung zu nehmen.

(4) Wird der auf Grund landesgesetzlicher Grundverkehrsgesetze unter Vorbehalt erteilte Zuschlag nicht rechtswirksam, so sind für die Wiederversteigerung die entsprechenden landesgesetzlichen Sondervorschriften zu beachten. *(BGBl I 2000/59)*

(Überschrift eingefügt durch BGBl I 2000/59)

Einstweilige Verwaltung

§ 158. (1) Ab Zuschlagserteilung, jedoch nur solange die zur Versteigerung gelangte Liegenschaft dem Ersteher noch nicht übergeben wurde, können der betreibende Gläubiger, jeder auf der Liegenschaft pfandrechtlich sichergestellte Gläubiger sowie der Ersteher, wenn er mit dem Erlag des Meistbotes nicht säumig ist, beim Exekutionsgericht den Antrag auf Anordnung einer einstweiligen Verwaltung der versteigerten Liegenschaft stellen.

(2) Eine einstweilige Verwaltung ist auch dann zulässig, wenn der Zuschlag auf Grund landesgesetzlicher Grundverkehrsgesetze noch nicht rechtswirksam ist.

(BGBl I 2000/59)

Einstweilige Verwaltung – anzuwendende Bestimmungen

§ 159. Auf diese einstweilige Verwaltung sind die Vorschriften über die Zwangsverwaltung mit folgenden Abweichungen sinngemäß anzuwenden:

1. Sofern nicht im einzelnen Falle mit Rücksicht auf die Person des Erstehers oder aus anderen wichtigen Gründen dagegen Bedenken obwalten, kann der Ersteher zum Verwalter ernannt werden;

2. die dem betreibenden Gläubiger eingeräumte Einflussnahme auf die Verwaltung gebührt in gleichem Maß dem Gläubiger, der die Verwaltung nach der Versteigerung beantragt hat, sowie, wenn er nicht selbst Verwalter ist, dem Ersteher, so lange er mit dem Erlag des Meistbots nicht säumig ist;

3. die Verwaltung endet mit rechtskräftiger Einstellung des Versteigerungsverfahrens oder mit Übergabe der Liegenschaft an den Ersteher (§ 156 Abs. 2); das Exekutionsgericht hat in diesen Fällen nach § 130 erforderliche Aufträge zu erlassen, außer der Ersteher wurde im zweiten Fall zum Verwalter bestellt;

4. aus den Erträgnissen sind nur die Kosten der Verwaltung und die in § 120 Abs. 2 Z 1 bis 3 bezeichneten Auslagen, soweit sie während der Verwaltung fällig werden, zu berichtigen; die

danach erübrigenden Erträgnisse sind gerichtlich zu erlegen und werden dem Ersteher erst nach dem Erlag des gesamten Meistbots ausgefolgt; wenn der Zuschlag früher rechtskräftig aufgehoben wird oder wenn er infolge der Anordnung der Wiederversteigerung oder der gerichtlichen Annahme eines Überbots seine Wirksamkeit verliert, fallen die gerichtlich erlegten Erträgnisse in die Verteilungsmasse;

5. anstelle des Erstehers kann von Amts wegen oder auf Antrag ein anderer Verwalter ernannt werden, wenn der Ersteher mit dem Erlag des Meistbots säumig wird oder wenn die Abnahme der Verwaltung aus anderen erheblichen Gründen notwendig oder zweckmäßig erscheint.

(BGBl I 2000/59)

Einstweilige Verwaltung bei Aufhebung oder Unwirksamkeit des Zuschlags

§ 160. Eine gemäß § 158 angeordnete Verwaltung hat, wenn der Zuschlag rechtskräftig aufgehoben wird oder wenn er infolge der Anordnung der Wiederversteigerung oder der gerichtlichen Annahme eines Überbots seine Wirksamkeit verliert, bis zur Übergabe der Liegenschaft an den neuen Ersteher fortzudauern. Dem früheren Ersteher ist die Verwaltung abzunehmen. Wenn aufgrund landesgesetzlicher Grundverkehrsgesetze die erneute Versteigerung bewilligt wird, so ist dem Meistbietenden der ersten Versteigerung die einstweilige Verwaltung erst dann abzunehmen, wenn im neuerlichen Versteigerungstermin einem anderen Bieter der Zuschlag erteilt worden ist. Anstelle des früheren Verwalters kann unter den in § 159 Z 1 angegebenen Voraussetzungen der neue Ersteher auf seinen Antrag zum Verwalter ernannt werden.

(BGBl I 2000/59)

Übergang der Zwangsverwaltung in eine einstweilige Verwaltung

§ 161. (1) Eine vor dem Versteigerungstermine zu Gunsten eines Gläubigers eingeleitete Zwangsverwaltung geht mit dem Tage des Zuschlages ohne Unterbrechung in eine Verwaltung zu Gunsten des Erstehers über (§§ 158 bis 160). Der Verwalter ist von der Erteilung des Zuschlages von Amts wegen zu verständigen. An seiner Statt kann unter den im § 159 Z. 1 angegebenen Voraussetzungen auf Antrag der Ersteher zum Verwalter ernannt werden.

(2) Die Verteilung der Erträgnisse, die auf die Zeit vor dem Tage des Zuschlages entfallen, hat nach den Vorschriften der §§ 122 bis 128 zu geschehen; wenn das Versteigerungsverfahren vor seinem Abschlusse eingestellt wird, erfolgt die Verteilung der Erträgnisse ohne Rücksicht auf

eine dazwischenliegende Verwaltung zu Gunsten des Erstehers.

(Überschrift eingefügt durch BGBl I 2000/59)

§§ 162 bis 168. *(aufgehoben, BGBl I 2000/59)*

Anberaumung des Versteigerungstermins

§ 169. (1) Nach Ablauf der Einwendungsfrist gegen den Schätzwert bestimmt das Gericht den Versteigerungstermin. *(BGBl I 2000/59)*

(2) Dieser ist nach Ermessen des Gerichtes auf ein bis zwei Monate hinaus anzuberaumen. Zwischen der Bewilligung der Versteigerung und dem Versteigerungstermine muß ein Zeitraum von mindestens drei Monaten liegen; auf Wiederversteigerungen und auf neuerliche Versteigerungen infolge Versagung des Zuschlages (§ 188) findet letztere Bestimmung keine Anwendung.

(3) Vor Eintritt der Rechtskraft der Versteigerungsbewilligung und vor rechtskräftiger Entscheidung nach § 146 Abs. 1 darf die Versteigerung nicht vorgenommen werden. *(BGBl I 2000/59)*

(4) Ist zur Zeit der Anberaumung des Versteigerungstermins die Frist zur Anfechtung des die Versteigerungsbedingungen ändernden Beschlusses noch nicht verstrichen oder ein gegen diesen Beschluss angebrachter Rekurs noch anhängig, so hat das Exekutionsgericht bei der Terminsanberaumung darauf entsprechend Rücksicht zu nehmen. *(BGBl I 2000/59)*

(Überschrift eingefügt durch BGBl I 2000/59)

Inhalt des Versteigerungsedikts

§ 170. Das Versteigerungsedikt muss enthalten:

1. die deutliche Bezeichnung der zur Versteigerung gelangenden Liegenschaft unter Angabe der genauen Adresse, der Einlagezahl und der Katastralgemeinde,

2. eine kurze Bezeichnung des mitzuversteigernden Zubehörs,

3. die Angabe des Wertes der Liegenschaft und des Zubehörs,

4. die Grundstücksgröße und bei der Versteigerung von Liegenschaftsanteilen auch die Angabe der Größe des Anteils und, wenn damit Wohnungseigentum verbunden ist, einen Hinweis darauf und auf die Größe der Wohnung und der sonstigen Räumlichkeiten, die ausschließlich genutzt werden können (§ 1 Abs. 1 WEG),

5. zusätzlich können die Benutzungsart und sonstige nach Auffassung des Verkehrs wesentliche Umstände aufgenommen werden,

6. Zeit und Ort der Versteigerung, die Höhe des Vadiums und des geringsten Gebots,

7. die Mitteilung, dass die sich auf die Liegenschaft beziehenden Urkunden, Schätzungsproto-

kolle usw. bei dem zu benennenden Exekutionsgericht eingesehen werden können, dass Ablichtungen des gesamten Schätzungsgutachtens gegen Kostenersatz erhältlich sind und ob dieses oder ausnahmsweise nur seine Kurzfassung aus der Ediktsdatei zu ersehen ist, *(BGBl I 2000/59; BGBl I 2005/68)*

8. die Bezeichnung der Dienstbarkeiten, Ausgedinge und anderen nicht zu den Hypotheken gehörenden Lasten, welche der Ersteher ohne Anrechnung auf das Meistbot übernehmen muss,

8a. Erklärungen nach § 144 Abs. 2, *(BGBl I 2008/37)*

9. Festlegungen nach § 146 Abs. 1,

10. eine Aussage darüber, ob der Verpflichtete bis spätestens vierzehn Tage nach Bekanntgabe des Schätzwertes (§ 144) dem Exekutionsgericht mitgeteilt hat, dass er auf die Steuerbefreiung gemäß § 6 Abs. 1 Z 9 lit. a UStG 1994 verzichtet. *(BGBl I 2005/68)*

(BGBl I 2000/59)

Weiterer Inhalt des Versteigerungsedikts

§ 170a. In das Versteigerungsedikt sind weiters aufzunehmen:

1. die Aufforderung, Rechte an der Liegenschaft, welche die Versteigerung unzulässig machen würden, spätestens im Versteigerungstermin vor Beginn der Versteigerung bei Gericht anzumelden, widrigens sie zum Nachteil eines gutgläubigen Erstehers in Ansehung der Liegenschaft selbst nicht mehr geltend gemacht werden könnten,

2. die Aufforderung an Gläubiger, für welche auf der Liegenschaft pfandrechtlich sichergestellte Forderungen haften, mit Ausnahme der Gläubiger mit bedingten Forderungen, bekanntzugeben, ob sie mit der Übernahme der Schuld durch den Ersteher unter gleichzeitiger Befreiung des bisherigen Schuldners einverstanden sind,

3. die Aufforderung an die öffentlichen Organe, die zur Vorschreibung und Eintreibung der von der Liegenschaft zu entrichtenden Steuern, Zuschläge und sonstigen öffentlichen Abgaben berufen sind, in Ansehung der bereits pfandrechtlich sichergestellten Steuern, Zuschläge, Gebühren und sonstigen öffentlichen Abgaben nach Z 2 über die Art der Berichtigung dieser Ansprüche zu erklären und überdies spätestens im Versteigerungstermin vor Beginn der Versteigerung die bis dahin rückständigen, von der Liegenschaft zu entrichtenden, durch bücherliche Eintragung oder pfandweise Beschreibung noch nicht sichergestellten Steuern, Zuschläge, Gebühren und sonstigen öffentlichen Abgaben samt Zinsen und anderen Nebengebühren anzumelden, widrigens diese letzteren Ansprüche, ohne Rücksicht auf das ihnen sonst zustehende Vorrecht, erst nach voller

Befriedigung des betreibenden Gläubigers aus der Verteilungsmasse berichtigt werden würden,

4. bei Superädifikaten, die Aufforderung an alle Personen, die dingliche Rechte an dem zu versteigernden Superädifikat in Anspruch nehmen, ihre Rechte und Ansprüche innerhalb einer bestimmten Frist bei Gericht anzumelden, widrigens auf dieselben im Versteigerungsverfahren nur insoweit Rücksicht genommen würde, als sie sich aus den Exekutionsakten ergeben.

(BGBl I 2000/59)

Bekanntmachung des Versteigerungstermins

§ 170b. (1) Das Versteigerungsedikt ist öffentlich bekannt zu machen.

(2) Nach öffentlicher Bekanntmachung des Versteigerungstermins ist dessen Abberaumung oder Verlegung wie dieser öffentlich bekannt zu machen.

(3) Bei der Bekanntmachung in der Ediktsdatei ist dem Versteigerungsedikt das vom Sachverständigen übermittelte Schätzungsgutachten, wenn es nicht von außergewöhnlichem Umfang ist, sowie dessen Kurzfassung samt Lageplan und bei Gebäuden auch ein Grundriss sowie zumindest ein Bild anzuschließen. *(BGBl I 2005/68)*

(BGBl I 2000/59)

Zustellung des Versteigerungsedikts

§ 171. Ausfertigungen des Versteigerungsedikts sind dem Verpflichteten, dem betreibenden Gläubiger und allen Personen zuzustellen, für die nach den dem Gericht darüber vorliegenden Urkunden auf der Liegenschaft oder an den auf dieser Liegenschaft haftenden Rechten dingliche Rechte und Lasten bestehen oder Vorkaufsrechte einverleibt sind. Wird ein Miteigentumsanteil, mit dem nicht Wohnungseigentum verbunden ist, versteigert, so ist auch jedem Miteigentümer eine Ausfertigung des Edikts an die im Grundbuch angeführte Adresse zu übersenden.

(BGBl I 2000/59)

Weitere Zustellungen

§ 172. Personen, zugunsten deren vor Aufnahme des Versteigerungsedikts in die Ediktsdatei um Einverleibung dinglicher Rechte und Lasten oder eines Vorkaufsrechtes im Grundbuch angesucht wurde, ist, falls sie von der Versteigerung noch nicht verständigt sind, eine Ausfertigung des Versteigerungsediktes zuzustellen.

(BGBl I 2000/59)

Verständigung bei einem Superädifikat

§ 173. Bei einem Superädifikat ist eine Ausfertigung des Versteigerungsedikts auch dem Eigentümer der Liegenschaft, auf dem sich das Superädifikat befindet, zu übersenden.

(BGBl I 2000/59)

Kuratorbestellung

§ 174. (1) Für Personen, an die die Zustellung der Ediktsausfertigung voraussichtlich nicht rechtzeitig bewirkt werden kann oder an die die Zustellung fruchtlos versucht wurde, hat das Gericht einen Kurator zu bestellen, dem die Ausfertigung zuzustellen ist. Die Bestellung ist öffentlich bekannt zu machen.

(2) Soweit ein Widerstreit der Interessen nicht zu besorgen ist, kann dieselbe Person für mehrere Beteiligte zum Kurator bestellt werden. Das Exekutionsgericht hat den Kurator zu entheben, wenn die Person, für welche er bestellt ist, selbst erscheint oder dem Gericht einen anderen Vertreter namhaft macht oder die Interessen eine weitere Vertretung nicht mehr erfordern.

(3) Die Daten über die Bestellung eines Kurators nach Abs. 1 sind in der Ediktsdatei zu löschen, sobald der Kurator rechtskräftig seines Amtes enthoben wurde, der Meistbotsverteilungsbeschluss in Rechtskraft erwachsen ist, oder die Kuratel sonst erloschen ist.

(BGBl I 2000/59)

Vgl § 71 EO

Prüfungspflichten und Anordnungen des Gerichts

§ 175. Das Gericht hat sich spätestens vierzehn Tage vor dem Versteigerungstermine durch Prüfung der Urkunden, welche zum Beweise der Kundmachung und der Zustellung zu dienen haben, die Gewißheit zu verschaffen, daß in Beziehung auf die Bekanntmachung und Zustellung des Versteigerungsediktes erteilten Anordnungen befolgt wurden. Bei wahrgenommenen Mängeln sind die erforderlichen Berichtigungen, Ergänzungen und Kuratorsbestellungen in der Art zu verfügen, daß die Versteigerung in dem für sie bestimmten Termine ungehindert vorgenommen werden kann.

(Überschrift eingefügt durch BGBl I 2000/59)

Besichtigung der Liegenschaft

§ 176. (1) Der Verpflichtete hat in der Zeit zwischen der Bekanntmachung und der Vornahme der Versteigerung Kauflustigen die Besichtigung der Liegenschaft und ihres Zubehörs zu gestatten. Auch Dritte haben die Besichtigung zu dulden.

(BGBl I 2000/59)

(2) Für die Besichtigung sind vom Gerichte auf Antrag des betreibenden Gläubigers oder eines Bietinteressenten unter tunlichster Berücksichtigung der Verhältnisse des Verpflichteten und der Anforderungen des ungestörten Wirtschaftsbetriebes bestimmte Tage und Stunden festzusetzen. Die Besichtigungszeit ist in die Ediktsdatei aufzunehmen. Sie ist dem Verpflichteten und Dritten mitzuteilen; bei Häusern mit mehr als zwei vermieteten Wohnungen kann dies durch Anschlag im Haus geschehen. *(BGBl I 2000/59; BGBl I 2008/37)*

(3) Verschlossene Haus- und Wohnungstüren dürfen auch dann geöffnet werden, wenn die Liegenschaft von einem Dritten bewohnt wird und die Türen zum Zeitpunkt der Besichtigung, der dem Dritten bekannt gegeben wurde, verschlossen sind. § 26 und § 26a Abs. 2 und 3 sind sinngemäß anzuwenden. *(BGBl I 2008/37)*

Versteigerungstermin

§ 177. (1) Der Versteigerungstermin ist öffentlich; er ist in der Regel an der Gerichtsstelle abzuhalten. Aus wichtigen Gründen kann die Versteigerung auf Antrag an dem Orte vorgenommen werden, an dem sich die Liegenschaft befindet.

(2) Bei dem Termin sind alle das Versteigerungsverfahren betreffenden Urkunden, insbesondere der Katasterauszug, das Schätzungsgutachten und die zum Nachweis der geschehenen Bekanntmachungen und Zustellungen dienenden Urkunden zur Einsicht aufzulegen. *(BGBl I 2000/59)*

(3) Die Leitung des Termins und der Versteigerung obliegt dem Richter. Er ist befugt, alle zur Wahrung der Ruhe und Ordnung, sowie zur Hintanhaltung unerlaubter Verabredungen, Einschüchterungen und sonstiger Verhinderungen von Anboten nötigen Verfügungen zu treffen und sie zwangsweise, erforderlichen Falls mit Unterstützung der den Sicherheitsbehörden zur Verfügung stehenden Organe des öffentlichen Sicherheitsdienstes, durchzuführen. Er hat über alle während der Versteigerung von einzelnen Beteiligten vorgebrachten Einwendungen und Anträge zu entscheiden, unbeschadet der Befugnis dieser Personen, gegen die Erteilung des Zuschlages später Widerspruch zu erheben.

(4) *(entfällt, BGBl I 2014/69, ab 1. 10. 2014, der bisherige Text des Abs. 4 wird zur § 177a Abs. 1.)*

(Überschrift eingefügt durch BGBl I 2000/59)

Unzulässige Bieterabsprachen

§ 177a. (1) Vereinbarungen, wonach jemand verspricht, bei einer Versteigerung als Mitbieter nicht zu erscheinen oder nur bis zu einem bestimmten Preis oder sonst nur nach einem gegebenen Maßstab oder gar nicht mitzubieten, sind ungültig. Die für die Erfüllung dieses Versprechens zugesicherten Beträge, Geschenke oder andere Vorteile können nicht eingeklagt werden. Was dafür wirklich gezahlt oder übergeben worden ist, kann zurückgefordert werden.

(2) Der Richter kann über eine Person, die während des Versteigerungsverfahrens Vereinbarungen im Sinn des Abs. 1 schließt oder zu schließen versucht, eine Ordnungsstrafe bis zu 10 000 Euro verhängen.

(3) Der Richter kann eine Person vom Bieten ausschließen, die vor oder während des Versteigerungstermins Vereinbarungen im Sinn des Abs. 1 schließt oder zu schließen versucht.

(BGBl I 2014/69, ab 1. 10. 2014, anzuwenden, wenn die Vereinbarung nach § 177a Abs. 1 nach dem 30. September 2014 abgeschlossen oder abzuschließen versucht wurde.)

Verfahrensablauf

§ 178. (1) Vor der Aufforderung zum Bieten hat der Richter bekanntzugeben:

1. die Höhe der Steuern, Zuschläge, Gebühren und sonstigen öffentlichen Abgaben samt Nebengebühren, deren Barzahlung verlangt wird;

2. die von den Gläubigern in Bezug auf die Übernahme der Schuld durch den Ersteher abgegebenen Erklärungen;

3. inwieweit von den gesetzlichen Versteigerungsbedingungen abgewichen wird;

4. die Bestimmungen der §§ 148 und 177a. *(BGBl I 2016/100)*
(BGBl I 2000/59)

(2) Hierauf hat der Richter auf Befragen über die Versteigerungsbedingungen, über die Beträge der auf der Liegenschaft sichergestellten Forderungen, über die vom Ersteher zu übernehmenden Lasten, sowie über alle sonstigen die zu versteigernde Liegenschaft betreffenden Verhältnisse, sofern diese aus den Akten zu entnehmen sind, die erbetenen näheren Aufklärungen zu geben. Endlich ist die Reihenfolge zu verkünden, in welcher mehrere im selben Termine zur Versteigerung gelangende Liegenschaften desselben Verpflichteten oder Anteile an Liegenschaften ausgeboten werden.

(Überschrift eingefügt durch BGBl I 2000/59)

Aufforderung zum Bieten

§ 179. (1) Hierauf wird zum Bieten aufgefordert.

(2) Der die Versteigerung leitende Richter kann Versteigerungsstufen vorgeben. Die vorgegebenen Versteigerungsstufen dürfen höchstens drei Prozent des Schätzwerts betragen. *(BGBl I 2000/59)*

(Überschrift eingefügt durch BGBl I 2000/59)

EO

Zulassung von Anboten und von Vertretern

§ 180. (1) Der Verpflichtete ist vom Bieten im eigenen und im fremden Namen ausgeschlossen. Gleiches gilt von dem den Termin leitenden Richter, dem Schriftführer und Ausrufer.

(2) Anbote eines Vertreters dürfen nur zugelassen werden, wenn dessen Vertretungsbefugnis durch öffentliche Urkunden oder durch öffentlich beglaubigte Vollmacht nachgewiesen ist. Diese Urkunden sind bei den Gerichtsakten zurückzubehalten. Wenn dieser Nachweis dem Richter vor Beginn der Versteigerung erbracht wird, kann er auf Antrag beim Vorhandensein erheblicher Gründe gestatten, daß der Name des Vollmachtgebers erst nach Schluß der Versteigerung öffentlich bekanntgegeben werde. Schreitet als Bevollmächtigter ein Rechtsanwalt oder Notar ein, so ersetzt die Berufung auf die ihm erteilte Bevollmächtigung deren urkundlichen Nachweis. *(BGBl I 2000/59)*

(3) Vertreter des Verpflichteten sind zum Bieten nicht zuzulassen.

(4) Angebote, die den gesetzlichen Anforderungen nicht entsprechen, sind nicht zuzulassen. *(BGBl I 2000/59)*

(5) Jeder Bieter, dessen Anbot von dem den Termin leitenden Richter zugelassen wurde, bleibt an dasselbe gebunden, bis ein höheres Anbot abgegeben wird. Durch Einstellung des Verfahrens wird der Bieter von seiner Verpflichtung frei.

(Überschrift eingefügt durch BGBl I 2000/59)

Schluss der Versteigerung

§ 181. (1) Die Versteigerung ist fortzusetzen, solange höhere Anbote abgegeben werden. Auf Verlangen eines oder mehrerer Bieter kann eine kurze Überlegungsfrist bewilligt werden.

(2) Die Versteigerung ist zu schließen, wenn ungeachtet einer zweimaligen Aufforderung kein höheres Anbot abgegeben wird und der Meistbietende das Vadium erlegt hat. *(BGBl I 2000/59)*

(3) Vor dem Schlusse der Versteigerung hat der den Termin leitende Richter das letzte Anbot noch einmal vernehmlich bekannt zu machen. Der Schluß der Versteigerung ist zu verkünden.

(Überschrift eingefügt durch BGBl I 2000/59)

Widerspruchserhebung

§ 182. (1) Nach Schluss der Versteigerung sind die Personen, die mitgeboten haben, die öffentlichen Organe, welche zur Vorschreibung und Eintreibung der von der Liegenschaft zu entrichtenden Steuern, Zuschläge und sonstigen öffentlichen Abgaben berufen sind, sowie alle Anwesenden, die gemäß §§ 171 bis 173 vom Versteigerungstermin zu verständigen waren, vom Richter über die Gründe, aus welchen gegen die Erteilung des Zuschlags Widerspruch erhoben werden kann, zu belehren und sodann zu befragen, ob und aus welchen Gründen sie Widerspruch erheben. Ein Widerspruch gegen die Erteilung des Zuschlages wird nur berücksichtigt, wenn er im Versteigerungstermine selbst erhoben wird. Dasselbe gilt für das Vorbringen von Tatsachen, durch welche ein erhobener Widerspruch entkräftet werden soll. *(BGBl I 2005/68)*

(2) Auf Erklärungen, welche nach Schluß des Versteigerungsprotokolles erfolgen, auf Vorbehalte und unbestimmte Erklärungen, sowie auf einen Widerspruch, der sich auf Umstände stützt, durch welche das Recht des Widersprechenden nicht berührt wird, ist bei der Entscheidung über die Erteilung des Zuschlages kein Bedacht zu nehmen.

(Überschrift eingefügt durch BGBl I 2000/59)

Erteilung des Zuschlages

§ 183. (1) Wird kein Widerspruch erhoben, so ist dem Meistbietenden, dessen Anbot der Richter für zulässig befunden hat, der Zuschlag gleich im Versteigerungstermine mittels Beschlusses zu erteilen und dieser Beschluß zu verkünden. Der Beschluß ist überdies dem Verpflichteten, dem betreibenden Gläubiger und dem Meistbietenden innerhalb acht Tagen nach dem Versteigerungstermine in schriftlicher Ausfertigung zuzustellen. Bei Superädifikaten ist vom Zuschlag auch der Eigentümer der Liegenschaft, auf dem sich das Superädifikat befindet, zu verständigen. Unterliegt die Übertragung des Eigentums landesgesetzlichen Grundverkehrsgesetzen, so ist der Zuschlag unter Vorbehalt zu erteilen und bei Vorliegen der von dem jeweiligen Grundverkehrsgesetz festgelegten Voraussetzung für rechtswirksam zu erklären. *(BGBl I 2000/59)*

(2) In dieser Ausfertigung sind die versteigerte Liegenschaft, das auf den Ersteher übergebene Zubehör, der Ersteher, das Gebot, für welches, und die Bedingungen, unter welchen der Zuschlag erteilt wurde, zu bezeichnen. Die Angabe des Zubehörs kann durch Bezugnahme auf das Schätzungsgutachten, die Angabe der Bedingungen des Zuschlags durch Bezugnahme auf die Versteigerungsbedingungen geschehen. *(BGBl I 2000/59)*

(3) Die Erteilung des Zuschlags ist innerhalb von acht Tagen nach dem Versteigerungstermin öffentlich bekanntzumachen und im Grundbuch anzumerken. In der Bekanntmachung der Zuschlagserteilung ist die Höhe des erzielten Meistbots anzugeben. Ist ein Überbot zulässig, so ist die für die Überreichung von Überboten offenstehende Frist und der Mindestbetrag des zulässigen Überbots öffentlich bekannt zu machen. §§ 170 und 170b Abs. 3 sind anzuwenden. *(BGBl I 2000/59)*

(4) Wer vom Versteigerungstermine zu verständigen war, kann beantragen, daß diese Verlautbarung auf seine Kosten in die für amtliche Kundmachungen im Lande bestimmte Zeitung[1] eingeschaltet werde.

(5) Die Bestimmungen der Absätze 3 und 4 kommen auch dann zur Anwendung, wenn der Zuschlag unter Abweisung eines erhobenen Widerspruches erteilt wird.

---

[1] *Wiener Zeitung.*

Widerspruchsgründe

§ 184. (1) Ein Widerspruch gegen die Erteilung des Zuschlages an den Meistbietenden kann nur darauf gestützt werden, daß:

1. die Frist zwischen der Aufnahme des Versteigerungsedikts in die Ediktsdatei und dem Versteigerungstermin nicht einmal einen Monat betragen hat; *(BGBl I 2000/59)*

2. die Bekanntmachung des Versteigerungstermins nicht den vorgeschriebenen Inhalt hatte oder nicht in der gesetzlich bestimmten Art veröffentlicht wurde;

3. nicht alle vom Versteigerungstermin zu verständigenden Personen verständigt wurden;

4. das Versteigerungsverfahren ohne Rücksicht auf einen etwa gefaßten Einstellungsbeschluß fortgesetzt wurde;

5. bei der Versteigerung die Bestimmungen der §§ 180 und 181 nicht beachtet oder ein Bieter mit Unrecht zurückgewiesen wurde;

6. die Bedingungen, unter denen das höchste Anbot abgegeben wurde, von den Versteigerungsbedingungen abweichen, oder das Anbot, für das der Zuschlag verlangt wird, nach diesen Versteigerungsbedingungen nicht zugelassen werden durfte; *(BGBl I 2000/59)*

7. dem Meistbietenden die Fähigkeit zum Vertragsabschlusse oder zum Erwerbe der zu versteigernden Liegenschaft fehlt oder das höchste Anbot durch einen nicht gehörig ausgewiesenen Vertreter abgegeben wurde.

8. *(entfällt, BGBl I 2000/59)*

(2) Die für den Widerspruch angeführten Gründe sind von Amts wegen festzustellen.

(Überschrift eingefügt durch BGBl I 2000/59)

Entscheidung über den Widerspruch

§ 185. (1) Über einen erhobenen Widerspruch ist in der Regel gleich im Versteigerungstermine mittels Beschlusses zu entscheiden.

(2) Versagt der Richter infolge des Widerspruches den Zuschlag, so ist nach Anhörung derjenigen Anwesenden, die vom Versteigerungstermine zu verständigen waren, mit Rücksicht auf die Beschaffenheit des geltend gemachten Mangels

darüber zu entscheiden, ob die Versteigerung, nötigen Falls nach vorheriger Behebung des Mangels, sogleich wieder aufgenommen und fortgesetzt werde, oder ob zur Durchführung der Versteigerung ein neuer Termin anzuordnen sei. Ersteren Falls sind, soweit nicht die Gründe des für berechtigt erkannten Widerspruches entgegenstehen, die Bieter, die bei der geschlossenen Versteigerung mitgewirkt haben, an ihre früher abgegebenen, nicht durch ein höheres Anbot entkräfteten Anbote gebunden.

(3) Wenn über einen erhobenen Widerspruch nicht gleich im Versteigerungstermine entschieden werden kann, so ist der Beschluß, mittels dessen über den Widerspruch entschieden wird, innerhalb acht Tagen nach dem Versteigerungstermine dem Meistbietenden, dem betreibenden Gläubiger, dem Verpflichteten sowie allen sonst jeweils zum Rekurse berechtigten Personen in schriftlicher Ausfertigung (§ 183 Absatz 2) zuzustellen.

(Überschrift eingefügt durch BGBl I 2000/59)

Versagung des Zuschlags

§ 186. (1) Der Zuschlag ist zu versagen, wenn ein begründeter Widerspruch erhoben wurde, oder wenn das Vorhandensein der im § 184 Abs. 1 Z. 2, 3, 4, 6 und 7 angegebenen Mängel auf eine andere Weise offenbar wurde.

(2) Wegen des im § 184 Abs. 1 Z. 3 angeführten Umstandes ist der Zuschlag nicht zu versagen, wenn die nicht geladenen Personen dessenungeachtet im Versteigerungstermine erschienen sind oder zu demselben einen Vertreter entsendet haben. Auf den Mangel eines gesetzmäßigen Vadiums, sowie auf das Fehlen des Nachweises der Vertretungsbefugnis oder Bevollmächtigung ist trotz Widerspruches nicht Rücksicht zu nehmen, wenn diese Mängel vor Entscheidung über den Zuschlag durch nachträglichen Erlag oder Ergänzung der Sicherheit oder durch nachträgliche Beibringung der im § 180 bezeichneten Urkunden beseitigt werden.

(3) Die Versagung des Zuschlages ist im öffentlichen Buche anzumerken. Diese Anmerkung hat die Folge, daß im Falle der Aufhebung des Beschlusses in höherer Instanz die Rechtswirkungen der Anmerkung der Erteilung des Zuschlages (§ 72 GBG) auf den Zeitpunkt der Anmerkung der Zuschlagsversagung zurückbezogen werden. *(BGBl I 2000/59)*

Rekurs gegen Zuschlagserteilung oder -versagung

§ 187. (1) Der Beschluß, durch welchen der Zuschlag erteilt wird, kann nur von denjenigen Personen mittels Rekurs angefochten werden, welche im Versteigerungstermine anwesend und wegen Erhebung des Widerspruches zu befragen waren. Die Anfechtung kann auf einen der im § 184 Abs. 1 angeführten Umstände oder darauf gegründet werden, daß der Zuschlag mit dem Inhalte des über den Versteigerungstermin aufgenommenen Protokolles oder anderer nach Vorschrift dieses Gesetzes bei der Entscheidung über den Zuschlag zu berücksichtigender Akten nicht übereinstimmt, oder daß sich das Meistbot auf ein anderes Grundstück bezieht. Wegen der im § 184 Abs. 1 angeführten Mängel Rekurs einzulegen, sind nur jene Personen befugt, welche wegen dieser Mängel im Versteigerungstermine erfolglos Widerspruch erhoben haben. Der in § 184 Abs. 1 Z. 3 angeführte Mangel kann innerhalb einer Frist von 14 Tagen nach dem Versteigerungstermine von den gemäß § 171 erster Satz von der Versteigerung zu verständigenden Personen auch dann mit Rekurs geltend gemacht werden, wenn sie im Versteigerungstermine nicht anwesend waren. *(RGBl 1914/118; BGBl I 2000/59)*

(2) Die vom Gerichte als Ersteher bezeichnete Person kann die Erteilung des Zuschlages auch dann anfechten, wenn ihr der Zuschlag nicht, oder unter anderen als den in der Ausfertigung des Zuschlagsbeschlusses angegebenen Bedingungen zu erteilen gewesen wäre.

(3) Der Rekurs gegen die Versagung des Zuschlages kann nur darauf gestützt werden, daß die Versagung mit dem Inhalte des über den Versteigerungstermin aufgenommenen Protokolles oder anderer nach Vorschrift dieses Gesetzes bei der Entscheidung über den Zuschlag zu berücksichtigender Akten nicht übereinstimmt oder daß keiner der in diesem Gesetze angegebenen Versagungsgründe vorliegt. Zur Anbringung eines solchen Rekurses ist nicht berechtigt, wer im Versteigerungstermine gegen die Erteilung des Zuschlages Widerspruch erhoben hat.

(4) Von der Erledigung des Rekurses sind der Meistbietende, der betreibende Gläubiger und der Verpflichtete in Kenntnis zu setzen, wenngleich sie nicht Beschwerdeführer sind.

(5) Die nach der Rekursentscheidung erforderlichen weiteren Verfügungen hat das Gericht erster Instanz von Amts wegen zu treffen.

(Überschrift eingefügt durch BGBl I 2000/59)

Aufhebung des Zuschlags

§ 187a. (1) Auf Antrag der verpflichteten Partei ist der Zuschlag einer Liegenschaft aufzuheben und bis zur Entscheidung darüber das Exekutionsverfahren aufzuschieben, wenn sie

1. während des Exekutionsverfahrens einer gesetzlichen Vertretung bedurfte, nicht gesetzlich vertreten war und die Verfahrensführung auch nicht nachträglich genehmigt wurde,

2. bescheinigt, dass die versteigerte Liegenschaft der Befriedigung ihres dringenden Wohnbedürfnisses dient, und

3. bescheinigt, dass sie die hereinzubringende Forderung erfüllt hat.

(2) Der Zuschlag ist bei Vorliegen der Voraussetzungen des Abs. 1 Z 1 und 2 auch dann aufzuheben, wenn die verpflichtete Partei die Nichtigkeit nach Abs. 1 Z 1 des dem Exekutionsverfahren zugrunde liegenden Exekutionstitels gerichtlich geltend gemacht hat und bescheinigt, dass

1. sie in diesem Verfahren einer gesetzlichen Vertretung bedurfte und nicht gesetzlich vertreten war und

2. die der Zwangsversteigerung zugrunde liegende Forderung nicht besteht.

(3) Der Zuschlag ist nicht aufzuheben, wenn der Umstand, dass die verpflichtete Partei einer gesetzlichen Vertretung bedurfte und nicht gesetzlich vertreten war, bereits im Verfahren hätte geltend gemacht werden können oder ohne Erfolg geltend gemacht wurde.

(4) Der Aufhebungsantrag ist binnen vier Wochen ab dem Tag anzubringen, an dem der Beschluss über die Erteilung des Zuschlags der verpflichteten Partei wirksam zugestellt wurde. Die Frist beginnt jedenfalls nicht vor Rechtskraft des Zuschlags. Der Antrag kann längstens binnen drei Monaten nach dem Versteigerungstermin gestellt werden. Vor der Entscheidung über die Aufhebung des Zuschlags sind der betreibende Gläubiger und der Ersteher einzuvernehmen (§ 55 Abs. 1).

(5) Vor Eintritt der Rechtskraft des Beschlusses über die Aufhebung des Zuschlags findet keine Rückabwicklung statt.

(BGBl I 2014/69, ab 1. 10. 2014, anzuwenden, wenn der Zuschlag nach dem 30. September 2014 erteilt wird.)

Neuerliche Versteigerung

§ 188. (1) Nach Rechtskraft des den Zuschlag versagenden Beschlusses ist die vom Meistbietenden geleistete Sicherheit auf dessen Antrag oder von Amts wegen zurückzugeben oder im Fall des § 148 Abs. 3 das gegen den Meistbietenden erlassene Verbot aufzuheben und die bücherliche Anmerkung zu löschen.

(2) Ist eine neuerliche Versteigerung zulässig, so ist von Amts wegen oder auf Antrag des betreibenden Gläubigers nach Eintritt der Rechtskraft der Zuschlagsversagung neuerlich ein Versteigerungstermin anzuberaumen.

(3) Kann die Versteigerung nach rechtskräftiger Versagung des Zuschlages nicht erneuert werden, so hat das Gericht das Versteigerungsverfahren einzustellen.

(BGBl I 2000/59)

Rechtsfolgen der Zuschlagserteilung

§ 189. (1) Die durch rechtskräftige Erteilung des Zuschlages erworbenen Rechte des Erstehers können nicht deshalb angefochten werden, weil der Exekutionstitel, auf welchem die Bewilligung der Zwangsversteigerung beruht, aufgehoben worden ist oder nachträglich aufgehoben wird.

(2) Der Ersteher kann wegen Unrichtigkeit der Angaben, die im Versteigerungsedikt oder in den vor der Versteigerung mitgeteilten Akten über die versteigerte Liegenschaft oder über deren Zubehör enthalten waren, keinen Anspruch auf Gewährleistung erheben. *(BGBl I 2000/59)*

(Überschrift eingefügt durch BGBl I 2000/59)

§§ 190 bis 193. *(aufgehoben, BGBl I 2000/59)*

Protokoll über den Versteigerungstermin

§ 194. (1) Das über den Versteigerungstermin aufzunehmende Protokoll hat insbesondere anzugeben:

1. die Namen des Richters, des Schriftführers und derjenigen anwesenden Personen, die vom Versteigerungstermine zu verständigen waren;

2. die Zeit des Beginnes des Termins, der Aufforderung zur Abgabe von Anboten und des Schlusses der Versteigerung;

3. die Namen der Bieter und jeweils deren Geburtsdatum, Adresse und Staatsangehörigkeit sowie beim Ersteher zusätzlich die von ihm geleistete Sicherheit; *(BGBl I 2000/59)*

4. alle bei der Versteigerung vorgekommenen, zugelassenen oder vom Richter zurückgewiesenen Anbote;

5. die im Termine verkündete Entscheidung über den Zuschlag;

6. bei Erhebung von Widersprüchen gegen die Erteilung des Zuschlages den Namen der Widerspruch erhebenden Personen, die für den Widerspruch angeführten Gründe, die vorgebrachten Beweise und das aus den Erklärungen der Beteiligten sich ergebende Sachverhältnis;

7. *(entfällt, BGBl I 2000/59)*

(2) Das Protokoll ist von den Personen zu unterschreiben, die beim Versteigerungsakte als Bieter mitgewirkt oder gegen den Zuschlag Widerspruch erhoben haben. Wird die Unterschrift verweigert, so ist dies unter Angabe des hiefür geltend gemachten Grundes in einem Anhange zum Protokolle zu beurkunden.

(3) *(entfällt, BGBl I 2000/59)*

Überbot

§ 195. (1) Wenn das Meistbot, für das der Zuschlag erteilt wurde, drei Viertel des Schätzungswertes der Liegenschaft und des Zubehörs nicht erreicht, kann die Versteigerung durch ein Überbot unwirksam gemacht werden.

(2) Ein solches Überbot ist zu berücksichtigen, wenn dem Überbieter kein ihn vom Bieten im Versteigerungstermin ausschließendes Hindernis entgegensteht und wenn er sich bereit erklärt, einen das frühere Meistbot mindestens um ein Viertel übersteigenden Preis zu entrichten und die für die frühere Versteigerung geltenden Versteigerungsbedingungen zu erfüllen. Unterliegt die Übertragung des Eigentums landesgesetzlichen Grundverkehrsgesetze, so sind die entsprechenden Vorschriften zu beachten. *(BGBl I 2000/59)*

Anbringung des Überbots

§ 196. (1) Das Überbot ist innerhalb von 14 Tagen nach öffentlicher Bekanntmachung der Zuschlagserteilung beim Exekutionsgericht anzubringen. Gleichzeitig ist dem Gericht anzubieten, dass ein Viertel des angebotenen Kaufpreises durch gerichtlichen oder notariellen Erlag von Bargeld oder Sparurkunden binnen sieben Tagen nach gerichtlicher Aufforderung sichergestellt werden wird. Das Überbot wird wirksam, wenn die angebotene Sicherheit geleistet wird. Dies ist dem Gericht nachzuweisen. Erlegt der Überbieter die Sicherheitsleistung nicht oder kommt er einem Verbesserungsauftrag nicht nach, so ist über ihn eine Ordnungsstrafe bis zu 10 000 Euro zu verhängen. Ist das Überbot unbestimmt, so ist es ohne Verbesserungsauftrag zurückzuweisen. *(BGBl I 2000/59; BGBl I 2008/37; BGBl I 2014/69, ab 1. 10. 2014, anzuwenden, wenn das Überbot nach dem 30. September 2014 bei Gericht einlangt.)*

(2) Ein Zurückziehen des Überbots ist unzulässig.

(Überschrift eingefügt durch BGBl I 2000/59)

Entkräftung des Überbots

§ 197. Von dem höchsten Überbot, für das eine Sicherheit erlegt wurde, ist der Ersteher zu verständigen. Er kann die angebrachten Überbote dadurch entkräften, daß er innerhalb dreier Tage, nachdem ihm das letzte rechtzeitig eingelangte Überbot mitgeteilt wurde, sein Meistbot auf den Betrag des höchsten Überbots erhöht. Die Erklärung darüber ist beim Exekutionsgerichte mittels Schriftsatz oder zu Protokoll abzugeben; sobald der Schriftsatz beim Exekutionsgerichte eingelangt oder das Protokoll geschlossen ist, kann die Erklärung nicht mehr zurückgezogen werden. *(BGBl I 2008/37)*

(Überschrift eingefügt durch BGBl I 2000/59)

Annahme des Überbots

§ 198. (1) Wenn der Ersteher das Meistbot gemäß § 197 erhöht, sind sämmtliche Überbote zurückzuweisen. Sonst ist unter mehreren Überbietern derjenige zuzulassen, welcher den höchsten Preis angeboten hat; bei Gleichheit der Überbote gibt das Zuvorkommen den Ausschlag. *(BGBl I 2000/59; BGBl I 2014/69, ab 12. 8. 2014)*

(2) Der Ersteher, die Überbieter, der betreibende Gläubiger, der Verpflichtete, sowie alle Personen, welche gegen die dem Überbote vorausgegangene Zuschlagserteilung Rekurs erhoben haben, sind von der Entscheidung zu verständigen und können sie mittels Rekurs anfechten. Das Unterlassen der Anfechtung der gerichtlichen Überbotsannahme seitens derjenigen, welche gegen die Zuschlagserteilung Rekurs erhoben haben, gilt als Zurücknahme dieses Rekurses.

(Überschrift eingefügt durch BGBl I 2000/59)

Rechtsfolgen der Annahme des Überbots

§ 199. (1) Mit Eintritt der Rechtskraft einer gerichtlichen Überbotsannahme verliert die frühere Versteigerung ihre Wirksamkeit. Das Gericht hat von Amts wegen den früheren Zuschlag aufzuheben und dem Überbieter den Zuschlag zu erteilen. Dieser Beschluß ist dem Überbieter, dessen Überbot angenommen wurde, dem Verpflichteten, dem betreibenden Gläubiger und dem früheren Ersteher innerhalb acht Tagen nach Rechtskraft der Überbotsannahme in schriftlicher Ausfertigung zuzustellen (§ 183 Absatz 2). Binnen derselben Frist ist die Erteilung des Zuschlages öffentlich bekannt zu machen und im Grundbuch anzumerken; dieser Anmerkung kommt die Rechtswirkung einer Anmerkung der Erteilung des Zuschlages (§ 72 GBG) zu. Gegen den Beschluß, durch welchen der Zuschlag erteilt wird, ist ein weiteres Überbot unzulässig.

(2) Der Überbieter, dessen Überbot angenommen wurde, gilt von dem Tag der Erteilung des Zuschlags an als Ersteher und hat alle in Gemäßheit der Vorschriften dieses Gesetzes dem Ersteher obliegenden Verpflichtungen zu erfüllen, dagegen hat er von diesem Tag auf alle Nutzungen Anspruch, die dem Ersteher nach den Vorschriften dieses Gesetzes vom Tag der Zuschlagserteilung an gebühren.

(3) Das in gerichtlicher Verwahrung befindliche Vadium des früheren Erstehers samt den aufgelaufenen Zinsen, der von ihm schon erlegte Betrag des Meistbots samt den hinzugekommenen Zinsen und die von den nicht zugelassenen Überbietern erlegten Gelder und Sparurkunden sind zurückzustellen; in Ansehung der als Vadium dienenden Hypothekarforderungen ist nach § 188 Abs. 1 vorzugehen.

(4) Eine nach § 158 bewilligte einstweilige Verwaltung der Liegenschaft findet von Erteilung des Zuschlages an zu Gunsten des Überbieters statt. War die Liegenschaft schon dem Ersteher übergeben, so hat das Exekutionsgericht von Amts wegen eine einstweilige Verwaltung (§ § 159 ff.) anzuordnen.

(BGBl I 2000/59)

Einstellung der Exekution

§ 200. Außer den sonst in diesem Gesetze bezeichneten Fällen[1] ist das Versteigerungsverfahren durch Beschluß einzustellen:

1. *(entfällt, BGBl I 2000/59)*

2. wenn ein Pfandgläubiger die vollstreckbare Forderung, wegen deren Versteigerung bewilligt wurde, unter gleichzeitigem Ersatz aller dem Verpflichteten zur Last fallenden Kosten einlöst und Einstellung der Versteigerung beantragt; einen solchen Antrag kann auch der betreibende Gläubiger stellen, der die Forderungen aller übrigen betreibenden Gläubiger unter Ersatz der dem Verpflichteten zur Last fallenden Kosten einlöst;[2]

3. wenn der betreibende Gläubiger vor Beginn der Versteigerung von der Fortsetzung der Exekution absteht (§ 39 Abs. 1 Z 6 letzter Fall); wegen der vollstreckbaren Forderung des betreibenden Gläubigers kann vor Ablauf eines halben Jahres seit dem Antrag auf Einstellung eine neue Versteigerung nicht beantragt werden; *(BGBl I 2000/59)*

4. wenn der Verpflichtete vor Beginn der Versteigerung allen betreibenden Gläubigern die volle Befriedigung ihrer vollstreckbaren Forderungen samt Nebengebühren und die Bezahlung der bis dahin aufgelaufenen Kosten des Versteigerungsverfahrens anbietet; die dazu erforderlichen Geldbeträge dem Richter, der den Versteigerungstermin leitet, übergibt oder gerichtlich erlegt und die Einstellung beantragt; soweit die Kosten des Versteigerungsverfahrens noch nicht bestimmt sind, ist zu deren Deckung ein vom Richter festzusetzender Betrag als Sicherstellung zu übergeben.

(Überschrift eingefügt durch BGBl I 2000/59)

[1] *ZB §§ 35 ff EO.*
[2] *Vgl § 462 ABGB.*

Zahlungsvereinbarung

§ 200a. Die Aufschiebung der Exekution wegen einer Zahlungsvereinbarung nach § 45a ist bis zum Beginn der Versteigerung möglich.

(BGBl I 2000/59; BGBl I 2003/31)

Aufschiebung der Exekution bei einer Naturkatastrophe

§ 200b. (1) Die Exekution ist auf Antrag des Verpflichteten ohne Auferlegung einer Sicherheitsleistung aufzuschieben, wenn dieser von einer Naturkatastrophe (Hochwasser, Lawine, Schneedruck, Erdrutsch, Bergsturz, Orkan, Erdbeben, Epidemie, Pandemie oder ähnliche Katastrophe vergleichbarer Tragweite) betroffen worden ist, er dadurch in wirtschaftliche Schwierigkeiten geraten ist, die zur Einleitung der Exekution geführt haben, und diese Exekution seine wirtschaftliche Existenz vernichten würde sowie nicht die Gefahr besteht, dass durch sie der betreibende Gläubiger schwer geschädigt, insbesondere seine Forderung ganz oder teilweise uneinbringlich werden könnte. Vor der Entscheidung über die Aufschiebung ist der betreibende Gläubiger zu vernehmen. *(BGBl I 2020/16)*

(2) Das Verfahren ist auf Antrag des betreibenden Gläubigers nach Ablauf eines Jahres ab Einlangen des Aufschiebungsantrags oder dann, wenn die Voraussetzungen des Abs. 1 nicht mehr gegeben sind, fortzusetzen.

(3) Es gibt keinen Kostenersatz zwischen den Parteien.

(BGBl I 2003/31)

Vorrang der Zwangsverwaltung

§ 201. (1) Auf Antrag des Verpflichteten kann statt des Versteigerungsverfahrens die Zwangsverwaltung der Liegenschaft zu Gunsten der vollstreckbaren Forderung des betreibenden Gläubigers durch Beschluß angeordnet und das Versteigerungsverfahren aufgeschoben werden, wenn der durchschnittliche jährliche Ertragsüberschuß aus der Bewirtschaftung der zu versteigernden Liegenschaft hinreicht, um die bei Begründung des Schuldverhältnisses oder nachträglich zwischen dem Gläubiger und Schuldner vereinbarten Annuitäten oder sonstigen Kapitalabschlagszahlungen samt den laufenden Zinsen zu decken.

(2) Dasselbe kann auf Antrag des Verpflichteten geschehen, wenn zwar eine terminweise Tilgung der vollstreckbaren Forderung nicht vereinbart war, diese Forderung aber samt Nebengebühren aus den voraussichtlichen Ertragsüberschüssen im Laufe eines Jahres getilgt werden kann.

(Überschrift eingefügt durch BGBl I 2000/59)

Zwangsverwaltung – Aufschiebung

§ 202. (1) Anträge auf Aufschiebung des Versteigerungsverfahrens, die sich auf § 201 gründen, müssen bei sonstigem Ausschluß innerhalb vierzehn Tagen nach Verständigung des Verpflichteten von der Bewilligung der Versteigerung angebracht werden.

(2) Wenn zur Zeit, da der Aufschiebungsantrag angebracht wird, die Schätzung noch nicht stattgefunden hat, kann das Exekutionsgericht zur Hintanhaltung einer voraussichtlich vergeblichen Aufwendung von Kosten auf Antrag oder von Amts wegen verfügen, dass die Schätzung bis zur Entscheidung über den Antrag zu unterbleiben hat.

(BGBl I 2000/59)

EO

Vorrang anderer Exekutionsarten

§ 203. Das Versteigerungsverfahren ist vorbehaltlich der Anwendung des § 14 Abs. 1, § 27 Abs. 1 und § 41 Abs. 2 aufzuschieben, wenn zur Hereinbringung derselben Forderung Exekution auf wiederkehrende Geldforderungen geführt wird und der pfändbare Betrag voraussichtlich ausreichen wird, die hereinzubringende Forderung samt Nebengebühren im Laufe eines Jahres zu tilgen oder Exekution auf bewegliche körperliche Sachen geführt wird und die gepfändeten Sachen die hereinzubringende Forderung voraussichtlich decken werden.

(BGBl I 2000/59; BGBl I 2008/37, ab 1. 3. 2008, auch auf in diesem Zeitpunkt anhängige Exekutionsverfahren anzuwenden)

§ 204. *(aufgehoben, BGBl I 2000/59)*

Verständigung von der Einstellung oder Aufschiebung

§ 205. Von jeder Einstellung oder Aufschiebung eines Versteigerungsverfahrens sind neben dem Verpflichteten der betreibende Gläubiger sowie alle übrigen Personen besonders zu verständigen, die von den Vorfällen des Versteigerungsverfahrens jeweils durch Zustellung schriftlicher Beschlussausfertigungen zu benachrichtigen sind. Von der rechtskräftigen Einstellung ist auch der nach § 158 oder 199 bestellte Verwalter der Liegenschaft zu verständigen. Der betreibende Gläubiger, dessen Gunsten die Einleitung des Versteigerungsverfahrens im Grundbuch angemerkt wurde, ist gleichzeitig von den ihm nach § 208 zustehenden Befugnissen und von der Frist zu verständigen, binnen deren diese Befugnisse auszuüben sind.

(BGBl I 2000/59)

Ausscheiden eines betreibenden Gläubigers

§ 206. Erfolgt die Einstellung oder Aufschiebung aus einem Grunde, der nicht in gleicher Weise gegen alle Gläubiger wirkt, die das Versteigerungsverfahren betreiben (§§ 35 bis 37, 39, 40, 188, 200 Z 3, 200a, 201), so ist das Versteigerungsverfahren zu Gunsten der übrigen betreibenden Gläubiger fortzusetzen.[1)]

(2) und (3) *(entfällt, BGBl I 2000/59)*

(BGBl I 2000/59)

¹⁾ *Vgl § 169 (3) EO.*

Löschung der bücherlichen Anmerkungen

§ 207. (1) Nach Ablauf von vierzehn Tagen seit rechtskräftiger Einstellung eines Versteigerungsverfahrens hat das Exekutionsgericht von Amts wegen die Löschung aller auf dieses Versteigerungsverfahren sich beziehenden bücherlichen Anmerkungen zu veranlassen. *(BGBl I 2000/59)*

(2) Erfolgt die Einstellung des Versteigerungsverfahrens nur in Ansehung eines oder einzelner Gläubiger, so sind nur diejenigen bücherlichen Anmerkungen zu löschen, welche zu Gunsten des aus dem Versteigerungsverfahren ausscheidenden Gläubigers eingetragen sind. *(RGBl 1914/118)*

(Überschrift eingefügt durch BGBl I 2000/59)

Pfandrechtseintragung

§ 208. (1) Innerhalb der im § 207 Absatz 1 angegebenen Frist können alle Gläubiger, zu deren Gunsten die Einleitung des Versteigerungsverfahrens im öffentlichen Buche angemerkt wurde (§ 137), beim Exekutionsgerichte den Antrag stellen, daß in der Rangordnung dieser Anmerkung für ihre vollstreckbare Forderung das Pfandrecht auf die in Exekution gezogene Liegenschaft einverleibt werde.

(2) Für die Bewilligung und den Vollzug dieser Einverleibung gelten die Bestimmungen des GBG mit der Abweichung, dass die Rekursfrist 14 Tage beträgt. Einer solchen Einverleibung des Pfandrechtes steht nicht entgegen, dass die Liegenschaft inzwischen vom Verpflichteten veräußert oder belastet wurde. *(BGBl I 2000/59)*

(3) Dagegen kann einem nach Absatz 1 gestellten Antrage nicht Folge gegeben werden, wenn das Versteigerungsverfahren deshalb eingestellt wurde, weil ein Exekutionsverfahren zu Gunsten der bestimmten Forderung überhaupt unzulässig ist, weil der Exekutionstitel rechtskräftig aufgehoben oder unwirksam erklärt wurde oder weil der zu vollstreckende Anspruch berichtigt oder dem Gläubiger rechtskräftig aberkannt wurde.

(Überschrift eingefügt durch BGBl I 2000/59)

Anberaumung der Meistbotsverteilungstagsatzung

§ 209. (1) Spätestens nach vollständiger Berichtigung des Meistbots hat das Gericht von Amts wegen zur Verhandlung über die Verteilung des Meistbots eine Tagsatzung anzuberaumen. *(BGBl I 2000/59)*

(2) Zur Tagsatzung sind außer dem Verpflichteten der betreibende Gläubiger und alle Personen zu laden, für die nach den dem Gericht darüber vorliegenden Urkunden an der versteigerten Liegenschaft oder an den auf dieser Liegenschaft haftenden Rechten dingliche Rechte und Lasten bestehen. *(BGBl I 2000/59)*

(3) Dem Ersteher ist die Anberaumung der Tagsatzung mit dem Beifügen mitzuteilen, daß es ihm freistehe, an derselben teilzunehmen.

(4) Die Anberaumung der Tagsatzung ist öffentlich bekannt zu machen. Zwischen der Aufnahme in die Ediktsdatei und der Tagsatzung soll eine Frist von mindestens vier Wochen liegen. *(BGBl I 2000/59)*

(Überschrift eingefügt durch BGBl I 2000/59)

Forderungsanmeldung

§ 210. (1) Die mit ihren Ansprüchen auf das Meistbot gewiesenen Personen sind bei der Ladung aufzufordern, ihre Ansprüche an Kapital, Zinsen, wiederkehrenden Leistungen, Kosten und sonstigen Nebenforderungen spätestens 14 Tage vor der Tagsatzung anzumelden und die zum Nachweis ihrer Ansprüche dienenden Urkunden, falls sich diese nicht schon bei den Zwangsversteigerungsakten befinden, gleichzeitig in Urschrift oder Abschrift vorzulegen, widrigens ihre Ansprüche bei der Verteilung nur insoweit berücksichtigt würden, als sie sich aus dem Grundbuch als rechtsbeständig und zur Befriedigung geeignet ergeben.

(2) Auch Forderungen, die nach Ablauf der in Abs. 1 genannten Frist, spätestens aber bei der Tagsatzung angemeldet werden, sind bei der Verteilung zu berücksichtigen. Muss auf Grund der verspäteten Anmeldung die Verhandlung von Amts wegen oder auf Antrag eines anwesenden Gläubigers erstreckt werden, so hat das Exekutionsgericht nach freier Überzeugung (§ 273 ZPO) die Kosten jedes nach § 209 Abs. 2 und 3 zu verständigten und bei der erstreckten Tagsatzung anwesenden Beteiligten für die Teilnahme an der erstreckten Verhandlung festzusetzen und deren Bezahlung dem säumigen Gläubiger aufzuerlegen. Wenn ein Beteiligter durch einen Rechtsanwalt vertreten wird, sind die Kosten nach dem Rechtsanwaltstarifgesetz zu bemessen.

(BGBl I 2000/59, vgl § 127 (2) Satz 2 EO)

Angabe des Entschädigungs- oder Kapitalbetrags

§ 211. (1) Bei Dienstbarkeiten, Ausgedingen und anderen Reallasten, bei einverleibten Bestandrechten sowie bei anderen nach den Versteigerungsbedingungen und nach dem Ergebnis der Versteigerung vom Ersteher nicht zu übernehmenden Rechten und Lasten muss der Betrag, der wegen Nichtüberweisung beanspruchten Entschädigung angegeben werden, bei Höchstbetragshypotheken der Betrag, mit dem Befriedigung beansprucht wird. *(BGBl I 2000/59)*

(2) Wer bereit ist, seinen sichergestellten Anspruch auf Entrichtung von Renten und anderen wiederkehrenden Leistungen und Zahlungen gegen einen bestimmten Kapitalsbetrag aufzugeben, hat diesen Betrag zu bezeichnen.

(3) Bei Superädifikaten ist von den Pfandgläubigern die Rangordnung des von ihnen behaupteten Pfandrechts unter Bezeichnung der Zeit, von der an das Pfandrecht in Anspruch genommen wird, anzugeben. *(BGBl I 2000/59)*

(4) Nach Beendigung der Verteilungstagsatzung ist eine Ergänzung der Anmeldung unstatthaft.

(5) Bei einer Höchstbetragshypothek reicht zum Nachweis des zum Zeitpunkt der letzten vom Verpflichteten unwidersprochen gebliebenen Saldomitteilung offenen Betrags die Vorlage dieser Saldomitteilung aus. *(BGBl I 2000/59)*

(Überschrift eingefügt durch BGBl I 2000/59)

Verhandlung über die Ansprüche

§ 212. (1) Bei der Tagsatzung haben die erschienenen Personen über die bei der Verteilung des Meistbotes zu berücksichtigenden Ansprüche und die Reihenfolge ihrer Befriedigung zu verhandeln. Der zur Tagsatzung erschienene Verpflichtete hat alle vom Gerichte oder von einem der Anwesenden geforderten Aufklärungen zu geben, welche für die Prüfung der Richtigkeit und Rangordnung der aus dem Meistbote zu berichtigenden Ansprüche nötig sind.

(2) Ansprüche, welche selbst beim Ausfallen vorausgehender bestrittener Ansprüche aus dem Versteigerungserlöse nicht zum Zuge kommen würden, sind in die Verhandlung nicht einzubeziehen.

Vgl § 128 (4) Satz 2 EO

(3) Kann die Verhandlung an einem Tage nicht beendet werden, so ist die Fortsetzung derselben für einen der nächsten Tage anzuordnen und dies den anwesenden Personen bei Unterbrechung der Verhandlung zu verkünden. Einer neuerlichen Ladung der im § 209 bezeichneten Personen bedarf es nicht.

(Überschrift eingefügt durch BGBl I 2000/59)

Widerspruchsrecht

§ 213. (1) Gegen die Berücksichtigung angemeldeter oder aus dem Grundbuch zu entnehmender Ansprüche bei der Verteilung, gegen die Höhe der an Kapital- und Nebengebühren angesprochenen Beträge und gegen die für einzelne Forderungen begehrte Rangordnung kann von allen zur Tagsatzung erschienenen Berechtigten Widerspruch erhoben werden, deren Ansprüche beim Ausfallen des bestrittenen Rechts aus dem Versteigerungserlös zum Zug kommen könnten; die Befugnis zum Widerspruch steht unter dieser Voraussetzung insbesondere auch den Afterpfandgläubigern zu. Der Verpflichtete kann nur gegen die Berücksichtigung solcher Ansprüche Widerspruch erheben, für welche ein Exekutionstitel nicht vorliegt. *(BGBl I 2000/59)*

(2) Im Falle der Erhebung eines Widerspruches hat der die Verhandlung leitende Richter die Erzielung eines Einverständnisses nach Möglichkeit zu fördern. Kommt ein solches Einverständnis nicht zustande, so sind alle für die Entscheidung des Gerichtes maßgebenden Umstände im Wege der Vernehmung der durch den fraglichen Widerspruch betroffenen anwesenden Personen ins klare zu setzen.

(3) Das über die Tagsatzung aufzunehmende Protokoll hat den wesentlichen Inhalt der von den Beteiligten abgegebenen, für die Verteilung erheblichen Erklärungen zu enthalten.

(Überschrift eingefügt durch BGBl I 2000/59)

Verteilungsbeschluss

§ 214. (1) Nach den Ergebnissen dieser Verhandlung ist auf Grund der erfolgten Anmeldungen, der Akten des Versteigerungsverfahrens und des Grundbuchsstandes über die Verteilung Beschluss zu fassen. *(BGBl I 2000/59)*

(2) Soweit die im einzelnen Falle davon betroffenen berechtigten Personen einig sind, erfolgt die Verteilung nach Maßgabe dieses Einverständnisses; andernfalls sind dabei die nachfolgenden Vorschriften zu beobachten.

(Überschrift eingefügt durch BGBl I 2000/59)
Vgl § 120 (2) Z 4 EO

Verteilungsmasse

§ 215. Die Verteilungsmasse bilden:

1. das Meistbot oder Überbot, die zur Erhöhung des Meistbots gegebenen Beträge (§ 197) und die Zinsen hievon, soweit letztere nicht nach den Vorschriften dieses Gesetzes dem Ersteher zufallen; *(BGBl I 2000/59)*

2. die Erträgnisse einer während des Versteigerungsverfahrens angeordneten einstweiligen Verwaltung (§ 159 Z. 4);

3. das Vadium des säumigen Erstehers und die von diesem erlegten Meistbotsraten, soweit sie nach den Vorschriften dieses Gesetzes in die Verteilungsmasse fallen, sowie die vom Ersteher geleisteten sonstigen Ersätze samt Zinsen (§ 155); *(BGBl I 2000/59)*

4. die vom Ersteher gemäß § 157 geleisteten Rückerstattungen und alle übrigen nach den

EO

Vorschriften dieses Gesetzes in die Verteilungsmasse fließenden Beträge.

Rangordnung der zu berichtigenden Ansprüche

§ 216. (1) Aus der Verteilungsmasse sind in nachfolgender Rangordnung zu berichtigen:

1. falls während des Versteigerungsverfahrens zu Gunsten der auf das Meistbot gewiesenen Personen eine Verwaltung stattgefunden hat, die im § 120 Abs. 2 Z. 4 bezeichneten Auslagen und Vorschüsse;

2. die aus den letzten drei Jahren vor dem Tage der Erteilung des Zuschlages rückständigen, von der Liegenschaft zu entrichtenden Steuern samt Zuschlägen, Vermögensübertragungsgebühren und sonstige von der Liegenschaft zu entrichtende öffentliche Abgaben, die nach den bestehenden Vorschriften ein gesetzliches Pfand- oder Vorzugsrecht genießen, sowie die nicht länger als drei Jahre rückständigen Verzugszinsen dieser Steuern und Abgaben, und zwar die Zuschläge in gleicher Rangordnung mit den Steuern und Abgaben, welche die Grundlage ihrer Bemessung bilden. Diese Ansprüche sind jedoch ohne Rücksicht auf das ihnen sonst zustehende Vorrecht erst nach voller Befriedigung des betreibenden Gläubigers aus der Verteilungsmasse zu berichtigen, wenn sie nicht spätestens im Versteigerungstermin vor Beginn der Versteigerung angemeldet wurden; *(BGBl I 2000/59)*

3. die aus den letzten fünf Jahren vor dem Tage der Erteilung des Zuschlages rückständigen Forderungen gemäß § 27 des Wohnungseigentumsgesetzes 2002, wobei Ansprüche mehrerer Miteigentümer untereinander den gleichen Rang haben; *(BGBl I 1999/147; BGBl I 2002/71)*

4. die auf der Liegenschaft pfandrechtlich sichergestellten Forderungen, einschließlich der pfandrechtlich sichergestellten Steuer- und Gebührenforderungen, die nicht pfandrechtlich sichergestellte Forderung des betreibenden Gläubigers, die Deckung für die vom Ersteher in Anrechnung auf das Meistbot zu übernehmenden Dienstbarkeiten, Ausgedinge und andere Reallasten und die Entschädigungsansprüche für einverleibte Bestandrechte sowie für andere vom Ersteher nach den Versteigerungsbedingungen und dem Ergebnisse der Versteigerung nicht zu übernehmende Rechte und Lasten, sämtlich nach der Rangordnung der bezüglichen bücherlichen Eintragungen oder nach der Zeitfolge der pfandweisen Beschreibungen und der sonst nachgewiesenen Rechtsbegründungsakte.

(2) Die gerichtlich bestimmten Prozeß- und Exekutionskosten, die durch die Geltendmachung eines der in Z. 2 bis 4 angeführten Ansprüche entstanden sind, und die nicht länger als drei Jahre vor dem Tage der Erteilung des Zuschlages

rückständigen, aus einem Vertrage oder aus dem Gesetze gebührenden Zinsen, Renten, Unterhaltsgelder und sonstigen wiederkehrenden Leistungen genießen gleiche Priorität mit dem Kapitale oder Bezugsrechte. Eine gleiche Priorität wie dem Kapitale kommt auch den Ansprüchen aus einem für den Fall der vorzeitigen Rückzahlung einer bücherlich sichergestellten Forderung geschlossenen Vertrage zu. Bei Unzulänglichkeit der Verteilungsmasse sind diese Nebengebühren vor dem Kapitale zu berichtigen.

(Überschrift eingefügt durch BGBl I 2000/59)

Rest der Verteilungsmasse

§ 217. (1) Sofern die Verteilungsmasse durch die bisher angeführten Leistungen nicht erschöpft ist, sind aus ihr zu berichtigen:

1. die länger als drei Jahre rückständigen, von der Liegenschaft zu entrichtenden Steuern samt Zuschlägen, Vermögensübertragungsgebühren, und sonstige von der Liegenschaft zu entrichtende öffentliche Abgaben, die nach den bestehenden Vorschriften ein gesetzliches Pfandrecht genießen;

2. nach diesen die länger als drei Jahre rückständigen, aus einem Vertrage oder aus dem Gesetze gebührenden Zinsen, Renten, Unterhaltsgelder und sonstigen wiederkehrenden Leistungen, insoweit denselben ein Pfandrecht zukommt, nach der Priorität der Kapitalien oder Bezugsrechte.

(2) Ein nach Berichtigung aller dieser Ansprüche erübrigender Rest der Verteilungsmasse ist dem Verpflichteten zuzuweisen.

(Überschrift eingefügt durch BGBl I 2000/59)

Gleiche Rangordnung

§ 218.[1] (1) Bei Unzulänglichkeit der Verteilungsmasse sind die eine gleiche Rangordnung genießenden Ansprüche samt Nebengebühren nach Verhältnis ihrer Gesamtbeträge zu berichtigen.

(2) Forderungen, zu deren Hereinbringung vor Einleitung des Versteigerungsverfahrens die Zwangsverwaltung der Liegenschaft angeordnet wurde, gelangen in der gemäß § 104 dem Befriedigungsrechte des Gläubigers zukommenden Rangordnung aus der Verteilungsmasse zum Zuge, wenngleich dieser Gläubiger auf der Liegenschaft weder pfandrechtlich sichergestellt, noch dem Versteigerungsverfahren beigetreten ist.

(Überschrift eingefügt durch BGBl I 2000/59)

---

[1] *Zur bücherlichen Vorranganmerkung vgl § 30 GBG 1955.*

EO

Renten und wiederkehrende Leistungen

§ 219. (1) Pfandrechtlich sichergestellte Ansprüche auf jährliche Renten, Unterhaltsgelder und andere wiederkehrende Zahlungen werden aus der Verteilungsmasse in der Art berichtigt, daß zunächst die bis zum Tage der Erteilung des Zuschlages rückständigen Leistungen (§§ 216 und 217) bezahlt und sodann das Kapital, das erforderlich ist, um die vom Tage der Erteilung des Zuschlages an verfallenden Leistungen aus seinen Zinsen zu berichtigen, zinstragend angelegt wird.

(2) Das durch Erlöschen des Bezugsrechtes frei werdende Kapital ist, soweit tunlich, schon im voraus nach Maßgabe der Priorität ihrer Ansprüche den Berechtigten, deren Ansprüche aus der Verteilungsmasse nicht mehr voll zum Zuge gelangen, und in Ermanglung solcher dem Verpflichteten zu überweisen.

(Überschrift eingefügt durch BGBl I 2000/59)

Pfandrechtlich sichergestellte Forderungen unter auflösender Bedingung

§ 220. (1) Pfandrechtlich sichergestellte Forderungen unter auflösender Bedingung sind durch Zuweisung des nach §§ 216 und 217 auf die Forderung entfallenden Barbetrages zu berichtigen; der Gläubiger hat die Rückleistung des Empfangenen für den Fall des Eintrittes der Bedingung sicherzustellen.

(2) Wird die Sicherstellung verweigert, so ist der zur Berichtigung erforderliche Betrag für die Zeit, bis der Nichteintritt der Bedingung gewiß ist, zinstragend anzulegen. Die bis dahin laufenden Zinsen sind dem bedingt berechtigten Gläubiger als Ersatz der ihm vertragsmäßig gebührenden Zinsen, wenn aber die Forderung eine unverzinsliche ist, den aus der Verteilungsmasse nicht mehr voll zum Zuge gelangenden Berechtigten nach der Rangordnung ihrer Ansprüche oder mangels solcher dem Verpflichteten zuzuweisen. Die Sicherstellung gilt als verweigert, wenn sich der Gläubiger nicht spätestens bei der letzten Verteilungstagsatzung zu deren Leistung bereit erklärt oder wenn er die rechtzeitig angebotene Sicherheit vor Rechtskraft des Verteilungsbeschlusses nicht leistet.

(3) In beiden Fällen ist bei der Verteilung auf das Eintreten der Bedingung im Sinne des § 219 Absatz 2 entsprechend Bedacht zu nehmen.

(4) Forderungen, hinsichtlich deren im öffentlichen Buche eine Streitanmerkung oder die Anmerkung der Löschungsklage eingetragen ist, sind wie Forderungen unter auflösender Bedingung zu behandeln.

(Überschrift eingefügt durch BGBl I 2000/59)

Pfandrechtlich sichergestellte Forderungen unter aufschiebender Bedingung

§ 221. (1) Die Beträge, welche aus der Verteilungsmasse nach barer Berichtigung der dem Gläubiger nach §§ 216 und 217 zukommenden Nebengebühren auf pfandrechtlich sichergestellte Forderungen unter aufschiebender Bedingung entfallen, sind für die Zeit bis zum Eintritte der Bedingung zinstragend anzulegen.

(2) Die Zinsen sind dem bedingt berechtigten Gläubiger, wenn diesem aber der Zinsenbezug nicht gebührt, den im § 220 Absatz 2 genannten Personen zuzuweisen. Für die Verwendung des frei werdenden Kapitals gelten die Vorschriften des § 219 Absatz 2.

(Überschrift eingefügt durch BGBl I 2000/59)

Simultanhypothek

§ 222. (1) Forderungen, für die eine Simultanhypothek bestellt ist, sind durch Barzahlung aus der Verteilungsmasse zu berichtigen (§§ 216 und 217).

(2) Werden sämtliche für die Forderung ungeteilt haftenden Liegenschaften versteigert, so haben die einzelnen Verteilungsmassen zur Befriedigung der Forderung mit jener Teilsumme beizutragen, die sich zur Forderung einschließlich ihrer Nebengebühren verhält, wie der bei jeder einzelnen Liegenschaft nach Berichtigung der vorausgehenden Ansprüche erübrigende Rest der Verteilungsmasse zur Summe aller dieser Reste.

(3) Fordert der Gläubiger die Bezahlung in einem andern Verhältnisse, so können die nachstehenden Berechtigten, die infolgedessen weniger erhalten, als wenn der Gläubiger seine Befriedigung gemäß Absatz 2 aus allen versteigerten Liegenschaften genommen hätte, begehren, daß aus den einzelnen Verteilungsmassen der Betrag, welcher nach der im Absatz 2 vorgesehenen Verteilung auf die ungeteilt haftende Forderung entfallen wäre, insoweit an sie abgeführt werde, als dies zur Deckung ihres Ausfalles notwendig ist.

(4) Wenn nicht sämtliche mitverhafteten Liegenschaften zur Versteigerung gelangen, sind der Berechnung des den nachstehenden Berechtigten gebührenden Ersatzes anstelle der Restbeträge der einzelnen Verteilungsmassen die Einheitswerte sämtlicher ungeteilt haftenden Liegenschaften zugrunde zu legen. Die Finanzbehörden sind zur Auskunft über die Einheitswerte verpflichtet. Der Ersatzanspruch der nachstehenden Berechtigten ist in diesem Falle zu deren Gunsten auf den nicht versteigerten, mitverhafteten Liegenschaften in der Rangordnung der ganz oder teilweise getilgten und gleichzeitig zu löschenden Forderung des befriedigten Simultanpfandgläubigers einzuver-

leiben. Diese Einverleibung ist vom Gerichte auf Antrag zu verfügen. *(BGBl 1992/150)*

(Überschrift eingefügt durch BGBl I 2000/59)

Andere pfandrechtlich sichergestellte Forderungen

§ 223. (1) Auch alle anderen pfandrechtlich sichergestellten Forderungen, einschließlich der pfandrechtlich sichergestellten Steuern- und Gebührenforderungen sind durch Barzahlung zu berichtigen. Der Gläubiger kann sich aber noch in der Verteilungstagsatzung mit der Übernahme der Schuld in Anrechnung auf das Meistbot durch den Ersteher und der Befreiung des früheren Schuldners einverstanden erklären. *(BGBl I 2000/59)*

(2) Bei Berichtigung von pfandrechtlich sichergestellten Forderungen durch Übernahme sind lediglich die bis zum Tage der Erteilung des Zuschlages rückständigen Zinsen, sowie die sonstigen Nebengebühren (§§ 216 und 217) durch Barzahlung aus der Verteilungsmasse zu berichtigen.

(3) Bei Berichtigung von unverzinslichen betagten Forderungen durch Barzahlung ist der aus der Verteilungsmasse auf die Forderung entfallende Betrag für die Zeit bis zum Eintritt der Fälligkeit zinstragend anzulegen. Die bis zum Fälligkeitstage laufenden Zinsen sind den aus der Verteilungsmasse nach dem zum Zuge gelangenden Berechtigten nach der Rangordnung ihrer Ansprüche, mangels solcher Berechtigter aber dem Verpflichteten zuzuweisen. *(BGBl I 2000/59)*

(4) Für unverzinsliche betagte Forderungen, die in Anrechnung auf das Meistbot übernommen werden, hat der Ersteher vom Tage der Erteilung des Zuschlages bis zum Eintritte der Fälligkeit Zinsen in der Höhe der gesetzlichen Zinsen zu entrichten. Diese Zinsen sind nach den Bestimmungen des vorhergehenden Absatzes zu verwenden.

(Überschrift eingefügt durch BGBl I 2000/59)

Höchstbetragshypothek

§ 224. Bei einer Höchstbetragshypothek sind die bis zur letzten Verteilungstagsatzung bereits entstandenen Forderungen des Gläubigers an Kapital und Nebengebühren in Gemäßheit der sonst für pfandrechtlich sichergestellte Forderungen der gleichen Art geltenden Vorschriften durch Barzahlung (zinstragende Anlegung) oder Übernahme zu berichtigen.

(BGBl I 2000/59)

Dienstbarkeiten und Reallasten

§ 225. (1) Mit welchem Betrage Dienstbarkeiten und Reallasten von unbeschränkter Dauer zu bewerten sind, die der Ersteher nach den Versteigerungsbedingungen und dem Ergebnisse der Versteigerung in Anrechnung auf das Meistbot zu übernehmen hat, ist vom Richter unter Berücksichtigung der Ergebnisse der Schätzung (§ 143) zu bestimmen. Bei Dienstbarkeiten und Reallasten, die zum Bezuge wiederkehrender Leistungen berechtigen, ist dieser Betrag dem Kapitale gleich, das erforderlich ist, um die vom Tage der Erteilung des Zuschlages an verfallenden Leistungen oder deren Geldwert aus den Zinsen zu berichtigen. Der Betrag, der auf eine vom Ersteher übernommene Last entfällt, wird diesem ausgefolgt. *(BGBl I 2000/59)*

(2) Bei Dienstbarkeiten und Reallasten von beschränkter Dauer, die der Ersteher in Anrechnung auf das Meistbot übernimmt, ist das Deckungskapital zinstragend anzulegen. Die Zinsen gebühren für die Dauer der fraglichen Last dem Ersteher. In Bezug auf das frei werdende Deckungskapital ist im Sinne des § 219 Absatz 2 zu verfahren.

(Überschrift eingefügt durch BGBl I 2000/59)

Einverleibte Ausgedinge

§ 226. (1) Einverleibte Ausgedinge sind wie Reallasten von beschränkter Dauer, die zu wiederkehrenden Leistungen verpflichten, nach den Vorschriften des § 225 zu behandeln.

(2) Der Ersteher hat dem Berechtigten die ihm kraft des übernommenen Ausgedinges gebührenden Natural- und Geldleistungen zu gewähren. Ist die aus der Verteilungsmasse auf das Ausgedinge entfallende Deckung zu gering, um aus ihren Zinsen diese Leistung oder ihren Geldwert voll zu berichtigen, so darf der Ersteher die zur unverkürzten Aufrechterhaltung der Ausgedingsleistungen erforderlichen Ergänzungsbeträge aus dem Deckungskapitale entnehmen.

(3) Mit Zustimmung des Ausgedingsberechtigten und der auf das Deckungskapital gewiesenen Personen kann das Gericht verfügen, daß, wo Altersversorgungskassen bestehen, das Deckungskapital in eine solche Kasse zu Gunsten des Ausgedingsberechtigten eingezahlt werde.

(Überschrift eingefügt durch BGBl I 2000/59)

Entschädigungsansprüche

§ 227. (1) Dienstbarkeiten und Reallasten, mit Ausnahme der Ausgedinge, für welche aus der Verteilungsmasse nicht mehr die volle Deckung erübrigt, sind aufzuheben; an ihre Stelle tritt der Entschädigungsanspruch für die nicht überwiesene Last. Die Entschädigung ist vom Richter zu bestimmen und nach Zulänglichkeit der Verteilungsmasse in der Rangordnung, die dem aufgehobenen Rechte zukam, durch Barzahlung zu berichtigen.

(2) Das gleiche gilt betreffs der Entschädigungsansprüche für ein nicht auf den Ersteher überwiesenes einverleibtes Bestandrecht.[1)]

(Überschrift eingefügt durch BGBl I 2000/59)

[1)] *Vgl § 1121 ABGB.*

Bücherliche Vormerkungen

§ 228. Bücherliche Vormerkungen sind nur dann zu berücksichtigen, wenn spätestens bei der letzten Verteilungstagsatzung nachgewiesen wird, daß das Verfahren zur Rechtfertigung der Vormerkung sich im Zuge befindet, oder wenn zu dieser Zeit die Frist für die Einleitung dieses Verfahrens noch nicht abgelaufen ist.

(Überschrift eingefügt durch BGBl I 2000/59)

Verteilungsbeschluß

§ 229. (1) Im Verteilungsbeschluss ist zunächst der gesamte Betrag der Verteilungsmasse auszuweisen. Sodann sind die an die einzelnen Berechtigten abzuführenden oder für sie zu erlegenden Barbeträge, die vom Ersteher in Anrechnung auf das Meistbot übernommenen Lasten und Schulden samt Nebengebühren und die den übernommenen Lasten und Schulden entsprechenden Deckungsbeträge ziffernmäßig, nach der Rangordnung der hiedurch zu befriedigenden oder sicherzustellenden Rechte und Ansprüche aufzuführen. *(BGBl I 2000/59)*

(2) Im Verteilungsbeschlusse ist ferner anzugeben, wie die Zinsen fruchtbringend angelegter Beträge zu verwenden sind, wie mit frei werdenden Beträgen zu verfahren ist, welche Sicherheit bei barer Berichtigung von Forderungen unter auflösender Bedingung zu leisten ist, welche Berechtigte, mit welchem Betrage und in welcher Reihenfolge sie auf Ersatz im Sinne des § 222 Anspruch haben, und welcher Betrag der Masse zu Gunsten des Verpflichteten erübrigt.

(3) Der Verteilungsbeschluß ist allen zur Tagsatzung geladenen Personen zuzustellen.

Gläubiger unbekannten Aufenthalts

§ 230. (1) Ist der Gläubiger einer auf der Liegenschaft pfandrechtlich sichergestellten Forderung unbekannten Aufenthalts, so ist für ihn ein Abwesenheitskurator nach § 270 ABGB zu bestellen. Der auf diese Forderung entfallende Betrag kann nicht durch Übernahme der Schuld durch den Ersteher beglichen werden, sondern nur durch Barzahlung. Gibt der Kurator nicht binnen fünf Jahren ab Rechtskraft des Meistbot-

verteilungsbeschlusses den Gläubiger oder dessen Rechtsnachfolger dem Gericht bekannt, so ist der Betrag in einer Nachtragsverteilung an die Gläubiger zu verteilen. *(BGBl I 2000/59; BGBl I 2014/69, ab 12. 8. 2014)*

(2) Die Bestellung des Kurators obliegt dem Exekutionsgericht. Das Verfahren richtet sich nach den Bestimmungen dieses Bundesgesetzes. § 174 Abs. 1 zweiter Satz und Abs. 2 sind anzuwenden. Die Kosten des Kurators hat zunächst der betreibende Gläubiger zu tragen, unbeschadet seines Ersatzanspruchs nach § 74. *(BGBl I 2000/59)*

(3) Die Daten über die Bestellung eines Kurators nach Abs. 1 sind in der Ediktsdatei zu löschen, sobald der Kurator rechtskräftig seines Amtes enthoben wurde oder der Beschluss über die Nachtragsverteilung in Rechtskraft erwachsen ist oder die Kuratel sonst erloschen ist. *(BGBl I 2000/59)*

Entscheidung über den Widerspruch

§ 231. (1) Wenn die Entscheidung über einen bei der Verteilungstagsatzung erhobenen Widerspruch von der Ermittlung und Feststellung streitiger Tatumstände abhängt, so ist die Erledigung des Widerspruches im Verteilungsbeschlusse auf den Rechtsweg zu verweisen; sonst ist über den Widerspruch sogleich im Verteilungsbeschlusse zu entscheiden. Ansprüche, gegen welche sich ein auf den Rechtsweg verwiesener Widerspruch richtet, sind im Verteilungsbeschlusse vorläufig so zu behandeln, als ob sie hinsichtlich des geforderten Betrages und der behaupteten Rangordnung unbestritten wären.

(2) Wer infolge Widerspruches auf den Rechtsweg verwiesen ist, muß sich binnen einem Monate nach Zustellung des Verteilungsbeschlusses darüber ausweisen, daß er das zur Erledigung des Widerspruches notwendige Streitverfahren bereits anhängig gemacht habe, widrigens der Verteilungsbeschluß auf Antrag eines jeden durch den Widerspruch betroffenen Berechtigten ohne Rücksicht auf den Widerspruch ausgeführt wird. Dies ist im Verteilungsbeschlusse bekannt zu geben.

(3) Die vorstehenden Bestimmungen sind sinngemäß anzuwenden, wenn die Erledigung des Widerspruches die Einleitung des Verfahrens bei der zuständigen Verwaltungsbehörde erheischt.

(4) Die Befugnis desjenigen, der Widerspruch erhoben hat, gegen Personen, die auf Grund des Verteilungsbeschlusses Befriedigung erlangt haben, sein besseres Recht im Wege der Klage geltend zu machen, wird weder durch die Versäumung der für die Erhebung der Klage bestimmten

EO

Frist, noch durch die Ausführung des Verteilungsbeschlusses verwirkt.

(Überschrift eingefügt durch BGBl I 2000/59)

Verfahrensbestimmungen

§ 232. (1) Zur Entscheidung über die auf den Rechtsweg verwiesenen Widersprüche ist das Exekutionsgericht zuständig. Die in Ansehung desselben Anspruches von mehreren Personen erhobenen Widersprüche können von diesen als Streitgenossen in einer gemeinschaftlichen Klage geltend gemacht werden.

(2) Das Urteil, welches in dem Prozesse über einen bei der Verteilungstagsatzung erhobenen Widerspruch erfließt, ist für und gegen sämtliche beteiligte Gläubiger und Berechtigte, sowie für und gegen den Verpflichteten (§ 14 der Zivilprozeßordnung) wirksam.

(Überschrift eingefügt durch BGBl I 2000/59)

Inhalt des Urteils

§ 233. (1) In dem Urteile, durch welches einem erhobenen Widerspruche stattgegeben wird, ist, auch ohne ein darauf gerichtetes Begehren, auf Grund des Verteilungsbeschlusses und der Akten des Verteilungsverfahrens zu bestimmen, welchem Gläubiger und in welchem Betrage der streitige Teil der Masse auszuzahlen sei.

(2) Stehen solcher Bestimmung nach Ermessen des Gerichtes erhebliche Schwierigkeiten entgegen, so ist im Urteile eine neuerliche Verteilungsverfahren anzuordnen und nach Rechtskraft des Urteils von Amts wegen einzuleiten. Diese neuerliche Verteilung hat sich auf den durch den Widerspruch betroffenen Teil der Masse zu beschränken. Die durch Barzahlung, Schuldübernahme oder Deckungserlag aus dem Versteigerungserlöse bereits befriedigten Beteiligten sind diesem neuen Verfahren nicht beizuziehen.

(Überschrift eingefügt durch BGBl I 2000/59)

Rekurs gegen Verteilungsbeschluss

§ 234. (1) Zur Anfechtung des Verteilungsbeschlusses mittels Rekurs sind der Verpflichtete und die zur Verteilungstagsatzung erschienenen Berechtigten nur im Umfange des ihnen gemäß § 213 zustehenden Widerspruchsrechtes befugt. *(BGBl I 2000/59)*

(2) Die Bestimmungen des § 233 sind auch auf die Entscheidung über den Rekurs anzuwenden.

(Überschrift eingefügt durch BGBl I 2000/59)

Meistbotsrest

§ 235. (1) Wenn dem Widerspruche gegen die Anrechnung einer pfandrechtlich sichergestellten

Forderung auf das Meistbot in dem Verteilungsbeschlusse, in der Entscheidung über einen dagegen erhobenen Rekurs oder in dem über den Widerspruch ergangenen Urteile Folge gegeben wird, so ist sofort nach Eintritt der Rechtskraft dem Ersteher vom Exekutionsgerichte der Auftrag zu erteilen, den Meistbotsrest, welcher dem nicht anrechenbaren Betrage der pfandrechtlich sichergestellten Forderung samt Nebengebühren gleichkommt, sowie dessen gesetzliche Zinsen vom Tage der Erteilung des Zuschlages an binnen der nächsten vierzehn Tage bei Gericht zu erlegen.

(2) Auf Grund dieses Auftrages findet nach Ablauf der Frist auf Antrag zur Hereinbringung des restlichen Meistbotes samt Zinsen Exekution auf das Vermögen des Erstehers statt. Zur Antragstellung ist jede der zur Verteilungstagsatzung geladenen Personen berechtigt; der Antrag ist beim Exekutionsgerichte zu stellen.

(3) Mit dem eingezahlten Meistbotsreste ist nach § 233 Absatz 2 zu verfahren.

(Überschrift eingefügt durch BGBl I 2000/59)

Ausfolgungsbeschluss

§ 236. (1) Im Verteilungsbeschluss sind die für den Erlös bezugsberechtigten Personen und die diesen auszufolgenden Beträge anzugeben. Diese Beträge sind nach Eintritt der Rechtskraft den bezugsberechtigten Personen auszufolgen. Diese Verfügungen können auch gesondert getroffen werden. *(BGBl I 2000/59)*

(2) Wegen Bewirkung der angeordneten zinstragenden Anlegung ist in Ermanglung einer anderweitigen Einigung unter den Personen, welchen diese Beträge oder deren Zinsen bestimmt sind, vom Exekutionsgerichte das Geeignete zu veranlassen (§ 77).

(3) Soweit der Verteilungsbeschluß wegen eines anhängigen Rechtsstreites nicht ausgeführt werden kann, bleiben die entsprechenden Beträge bis zur rechtskräftigen Entscheidung in gerichtlicher Verwahrung.

(Überschrift eingefügt durch BGBl I 2000/59)

Bücherliche Einverleibungen und Löschungen

§ 237. (1) Die bücherliche Einverleibung seines mit dem Zuschlage erworbenen Eigentumsrechtes an der versteigerten Liegenschaft, die Übertragung der mit dem Eigentum an der Liegenschaft verbundenen bücherlichen Rechte, die Löschung der Anmerkung der Versteigerung, der Zuschlagserteilung und aller übrigen auf das Versteigerungsverfahren bezüglichen bücherlichen Anmerkungen kann vom Ersteher unter Nachweis der rechtzeitigen und ordnungsmäßigen Erfüllung aller Versteigerungsbedingungen schon vor Erledigung der Meistbotsverteilung beim Exekutions-gerichte angesucht werden.

(2) Das Gericht kann, falls es ihm zur Klarstellung und insbesondere zur Ergänzung der vorgelegten Beweise notwendig erscheint, vor Bewilligung des Ansuchens den betreibenden Gläubiger und die an der Liegenschaft dinglich Berechtigten oder einzelne dieser Personen einvernehmen; diese Einvernehmung geschieht auf Kosten des Erstehers. Wenn dies zur Wahrung der Rechte der genannten Personen zweckmäßiger ist, kann das Gericht statt deren Einvernehmung anordnen, daß sie von der Bewilligung des Ansuchens verständigt werden. Bei Bewilligung des Ansuchens hat das Gericht zugleich das Erforderliche wegen Vollzuges der bücherlichen Eintragungen zu verfügen.

(3) Die Löschung der auf der versteigerten Liegenschaft eingetragenen, vom Ersteher nicht übernommenen Lasten und Rechte kann erst nach Rechtskraft des Verteilungsbeschlusses vom Exekutionsgerichte auf Antrag des Erstehers bewilligt werden; mit diesem Antrage kann das im ersten Absatze bezeichnete Begehren verbunden werden.

Zu den Säumnisfolgen vgl § 28 (2) u (3) Lieg-TeilG

Versteigerung von Liegenschaftsanteilen und nicht verbücherten Liegenschaften

§ 238. (1) Soweit das Gesetz nicht unterscheidet, sind dessen Bestimmungen über die Versteigerung von Liegenschaften auch auf die Versteigerung von einzelnen Liegenschaftsanteilen zu beziehen, auf welche Exekution geführt wird.

(2) Wird auf eine Liegenschaft Exekution geführt, die in ein öffentliches Buch nicht eingetragen ist, so gelten hiefür die Bestimmungen über Superädifikate sinngemäß.

(BGBl I 2000/59)

Rekurs

§ 239. (1) Ein Rekurs findet nicht statt gegen Beschlüsse, durch welche:

1. Wiederkaufsberechtigte und Pfandgläubiger von der Bewilligung der Versteigerung verständigt werden oder die bücherliche Anmerkung der Einleitung des Versteigerungsverfahrens angeordnet wird; *(BGBl I 2000/59)*

2. gemäß §§ 134 Abs. 1 und 2 und 140 die Beschreibung und Schätzung der zu versteigernden Liegenschaft und des Liegenschaftszubehörs angeordnet wird; die Zahl der zur Schätzung beizuziehenden Sachverständigen bestimmt und die Sachverständigen ernannt werden; *(BGBl I 2000/59)*

3. zufolge § 142 bestimmt wird, daß eine neuerliche Beschreibung oder Schätzung nicht stattzufinden habe;

4. der Versteigerungstermin bestimmt wird; *(BGBl I 2000/59)*

5. nach § 158 die Verwaltung der versteigerten Liegenschaft angeordnet wird;

6. die Aufschiebung der Schätzungsvornahme im Sinne des § 202 verfügt wird;

7. zu den Bewertungen im Meistbotsverteilungsverfahren Sachverständige beigezogen werden;

8. wegen rechtskräftiger Einstellung oder wegen Durchführung des Versteigerungsverfahrens die Löschung der dieses Verfahren betreffenden bücherlichen Anmerkungen verfügt wird.

(2) Gegen die während des Versteigerungstermins und während der Verteilungstagsatzung gefaßten und verkündeten Beschlüsse ist ein abgesonderter Rekurs nicht zulässig. *(BGBl I 2000/59)*

(3) *(aufgehoben, BGBl I 2000/59)*

Vierte Abteilung

Besondere Bestimmungen über die Exekution auf Gegenstände des Bergwerkseigentums

Zwangsverwaltung

§ 240. (1) Wenn auf den Anteil eines Bergwerkes Exekution durch Zwangsverwaltung geführt wird, kann der von den Teilhabern des Bergbaues bestellte gemeinschaftliche Bevollmächtigte [§ 166 BergG. 1975] zum Verwalter ernannt werden. Wenn im einzelnen Falle mit Rücksicht auf die Person dieses Bevollmächtigten wichtige Bedenken dagegen bestehen, sind vor Ernennung des Verwalters sämtliche Teilhaber des Bergbaues einzuvernehmen.

(2) Der vom Exekutionsgerichte sodann ernannte Verwalter hat auch für die anderen Teilhaber des Bergbaues und als deren Bevollmächtigter die Verwaltung zu besorgen, und es tritt für die Dauer der Zwangsverwaltung die Vollmacht des von den Teilhabern früher bestellten gemeinschaftlichen Bevollmächtigten außer Wirksamkeit. Ein solcher Verwalter ist kraft seiner Bestellung zu allen Rechtsgeschäften und Rechtshandlungen befugt, zu deren Vornahme der Besitz einer Vollmacht nach [§ 166 BergG. 1975] berechtigt.

(3) Von der Ernennung des Zwangsverwalters hat das Exekutionsgericht der zuständigen Berghauptmannschaft von Amts wegen Mitteilung zu machen.

§ 241. Zu den nach § 120 vom Verwalter aus den Erträgnissen unmittelbar zu berichtigenden Auslagen gehören insbesondere auch:

1. die während der Zwangsverwaltung fällig werdenden und die aus dem letzten Jahre vor

Bewilligung der Zwangsverwaltung rückständigen Beträge an Erb- und Revierstollengebühren und anderen Beiträgen zu Revieranstalten, an Wasser-, Schacht- und Gestänggebühren und anderen jährlichen Leistungen für eingeräumte Bergbaudienstbarkeiten, sowie an jährlichen Leistungen an den Besitzer der Oberfläche;

2. gegenstandslos (*betraf Bruderladen*);

3. die während der Zwangsverwaltung fällig werdenden und die aus dem letzten Jahre vor Bewilligung der Zwangsverwaltung rückständigen Beträge an Lohn und sonstigen Dienstbezügen der beim Betriebe des Bergbaues verwendeten Personen.

Zwangsversteigerung

§ 242. (1) Dem Antrage auf Bewilligung der Zwangsversteigerung sind außer den im § 133 Abs. 1 Z. 1 und 2 bezeichneten urkundlichen Bescheinigungen bergbehördlich oder sonst öffentlich beglaubigte Abschriften der Verleihungsurkunde, der Konzession von Hilfsbauen oder der Revierstollenkonzession oder beglaubigte Auszüge aus dem Verleihungs- oder Konzessionsbuche beizulegen.

(2) In der Bekanntmachung des Versteigerungstermines ist der Name des Bergwerkes oder Feldes, die Größe des Feldes, die Mineralien, auf deren Aufschluß die Verleihung erfolgt ist, und die dem Werke zunächst gelegene Eisenbahn- oder Schifffahrtsstation anzugeben.

§ 243. gegenstandslos (*betraf § 102 BergG 1954*)

§ 244. Bei Versteigerung von Gegenständen des Bergwerkseigentums beträgt das geringste zulässige Gebot ein Drittel des der Versteigerung zu Grunde gelegten Wertes.

§ 245. (1) Wird die Zwangsversteigerung eines außer Betrieb befindlichen und unfahrbaren Bergbaues beantragt, so ist der Betrag der Forderung, zu Gunsten deren Exekution geführt wird, der Versteigerung als Ausrufspreis zu Grunde zu legen. Die Bestimmungen über die vorläufige Feststellung des Lastenzustandes, über das geringste Gebot und über den Widerspruch wegen mangelnder Deckung pfandrechtlich sichergestellter Ansprüche haben in diesem Falle keine Anwendung zu finden.

(2) Die Bekanntmachung der Versteigerung hat die Mitteilung zu enthalten, daß das zur Versteigerung gelangende Objekt auch unter dem gleichzeitig bekannt zu gebenden Schätzungs- oder Ausrufspreise hintangegeben wird.

§ 246. Bei Verteilung des durch die Versteigerung eines Bergwerkes oder eines andern Gegenstandes des Bergwerkseigentums erzielten Erlöses sind vor den im § 216 Abs. 1 Z. 4 bezeichneten Forderungen aus der Masse in der hier bezeichneten Ordnung zu bezahlen:

1. die aus dem letzten Jahre vor dem Tage der Erteilung des Zuschlages rückständigen Beträge an Lohn und sonstigen Dienstbezügen der beim Betriebe des versteigerten Bergbauobjektes verwendeten Personen;

2. die vom Werksbesitzer auf Grund der bergbehördlich genehmigten Dienstordnung zur Sicherung seiner etwaigen Ansprüche gegen Aufseher und Arbeiter zurückbehaltenen Lohnbeträge;

3. gegenstandslos (*betraf Bruderladen*).

4. die aus dem letzten Jahre vor dem Tage der Erteilung des Zuschlages rückständigen Beträge an Erb- und Revierstollengebühren und anderen Beiträgen zu Revieranstalten, an Wasser-, Schacht- und Gestänggebühren und anderen jährlichen Leistungen für eingeräumte Bergbaudienstbarkeiten, sowie an jährlichen Leistungen an den Besitzer der Oberfläche. Sind diese Forderungen, Abgaben und Gebühren länger als ein Jahr rückständig, so sind sie nach den im § 217 Abs. 1 Z. 2 bezeichneten Ansprüchen aus der Verteilungsmasse zu tilgen.

Zustellung

§ 247. Mit Ausnahme des eine Exekution bewilligenden Beschlusses können alle Zustellungen an Bergbauunternehmer oder an Teilhaber eines von mehreren betriebenen Bergbaues, welche im Laufe einer auf Gegenstände des Bergwerkseigentums geführten Exekution vorkommen, an den zur Besorgung der Verwaltung des Bergbaues bestellten Bevollmächtigten bewirkt werden.

[Exekution auf das Recht zur Gewinnung von Erdharzen]

§ 248. gegenstandslos (*vgl § 4 Abs 1 Z 2 Mineralrohstoffg BGBl I 1999/38*)

Zweiter Titel

Exekution auf das bewegliche Vermögen

Erste Abteilung

Exekution auf körperliche Sachen

§ 249. (1) Die Exekution auf bewegliche körperliche Sachen erfolgt durch Pfändung und Verkauf derselben.

(2) Der Vollzugsauftrag umfasst auch den Auftrag zur Aufnahme eines Vermögensverzeichnisses. *(BGBl I 2003/31)*

(2a) Werden Gegenstände außerhalb des Sprengels des Exekutionsgerichts gepfändet oder wird dort ein Vermögensverzeichnis aufgenommen, so hat das Gericht seine Unzuständigkeit auszusprechen und das Verfahren dem zuständigen Exekutionsgericht zu überweisen. *(BGBl I 2003/31)*

(3) Im vereinfachten Bewilligungsverfahren dürfen Vollzugshandlungen frühestens 14 Tage nach Zustellung der Bewilligung der Exekution vorgenommen werden. Ist die Exekution nicht im vereinfachten Bewilligungsverfahren bewilligt worden, so ist der Beschluss, durch welchen die Pfändung bewilligt wurde, dem Verpflichteten erst bei Vornahme der Pfändung zuzustellen. *(BGBl I 2010/111; BGBl I 2014/69, ab 1. 10. 2014, anzuwenden auf Exekutionsverfahren, in denen der Exekutionsantrag nach dem 30. September 2014 bei Gericht einlangt.)*

(BGBl 1995/519)

§ 249a. *(aufgehoben, BGBl I 2003/31)*

Unpfändbare Sachen

§ 250. (1) Unpfändbar sind

1. die dem persönlichen Gebrauch oder dem Haushalt dienenden Gegenstände, soweit sie einer bescheidenen Lebensführung des Verpflichteten und der mit ihm im gemeinsamen Haushalt lebenden Familienmitglieder entsprechen oder wenn ohne weiteres ersichtlich ist, daß durch deren Verwertung nur ein Erlös erzielt werden würde, der zum Wert außer allem Verhältnis steht;

2. bei Personen, die aus persönlichen Leistungen ihren Erwerb ziehen, sowie bei Kleingewerbetreibenden und Kleinlandwirten die zur Berufsausübung bzw. persönlichen Fortsetzung der Erwerbstätigkeit erforderlichen Gegenstände sowie nach Wahl des Verpflichteten bis zum Wert von 750 Euro die zur Aufarbeitung bestimmten Rohmaterialien; *(BGBl I 2001/98)*

3. die für den Verpflichteten und die mit ihm im gemeinsamen Haushalt lebenden Familienmitglieder auf vier Wochen erforderlichen Nahrungsmittel und Heizstoffe;

4. nicht zur Veräußerung bestimmte Haustiere, zu denen eine gefühlsmäßige Bindung besteht, bis zum Wert von 750 Euro sowie eine Milchkuh oder nach Wahl des Verpflichteten zwei Schweine, Ziegen oder Schafe, wenn diese Tiere für die Ernährung des Verpflichteten oder der mit ihm im gemeinsamen Haushalt lebenden Familienmitglieder erforderlich sind, ferner die Futter- und Streuvorräte auf vier Wochen; *(BGBl I 2001/98)*

5. bei Personen, deren Geldbezug durch Gesetz unpfändbar oder beschränkt pfändbar ist, der Teil des vorgefundenen Bargelds, der dem unpfändbaren, auf die Zeit von der Vornahme der Pfändung

bis zum nächsten Zahlungstermin des Bezugs entfallenden Einkommen entspricht;

6. die zur Vorbereitung eines Berufs erforderlichen Gegenstände sowie die Lernbehelfe, die zum Gebrauch des Verpflichteten und seiner im gemeinsamen Haushalt mit ihm lebenden Familienmitglieder in der Schule bestimmt sind;

7. die zum Betrieb einer Apotheke unentbehrlichen Geräte, Gefäße und Warenvorräte, unbeschadet der Zulässigkeit der Zwangsverwaltung dieses Betriebs;

8. Hilfsmittel zum Ausgleich einer körperlichen, geistigen oder psychischen Behinderung oder einer Sinnesbehinderung und Hilfsmittel zur Pflege des Verpflichteten oder der mit ihm im gemeinsamen Haushalt lebenden Familienmitglieder sowie Therapeutika und Hilfsgeräte, die im Rahmen einer medizinischen Therapie benötigt werden;

9. Familienbilder mit Ausnahme der Rahmen, Briefe und andere Schriften sowie der Ehering des Verpflichteten.

(2) Das Vollstreckungsorgan hat Gegenstände geringen Wert auch dann nicht zu pfänden, wenn offenkundig ist, daß die Fortsetzung oder Durchführung der Exekution einen die Kosten dieser Exekution übersteigenden Ertrag nicht ergeben wird.

(BGBl 1995/519)

Weitere unpfändbare Sachen

§ 251. (1) Unpfändbar sind weiters

1. Gegenstände, die zur Ausübung des Gottesdienstes einer gesetzlich anerkannten Kirche oder Religionsgesellschaft verwendet werden,

2. Kreuzpartikel und Reliquien mit Ausnahme ihrer Fassung.

(2) Bei einer Exekution auf die Fassung von Kreuzpartikeln und Reliquien darf die Authentika nicht verletzt werden.

(BGBl 1995/519)

Austauschpfändung

§ 251a. (1) Das Vollstreckungsorgan kann eine unpfändbare Sache vorläufig pfänden, wenn der Austausch durch ein Ersatzstück nach Lage der Verhältnisse angemessen ist, insbesondere der Verwertungserlös den Wert eines Ersatzstücks, das dem geschützten Verwendungszweck genügt, erheblich übersteigen wird.

(2) Der betreibende Gläubiger ist von der vorläufigen Pfändung unverzüglich zu verständigen. Das Vollstreckungsorgan hat ihm auch den Wert eines Ersatzstücks oder den zur Beschaffung eines solchen Ersatzstücks erforderlichen Geldbetrag mitzuteilen.

(3) Erklärt sich der betreibende Gläubiger nicht binnen 14 Tagen ab Zustellung der Verständigung, wenn er aber bei der Pfändung anwesend ist, nicht bei dieser bereit, dem Verpflichteten ein solches Ersatzstück oder den zur Ersatzbeschaffung erforderlichen Betrag zur Verfügung zu stellen, oder überläßt er zu dem vom Vollstreckungsorgan festgelegten Termin dem Verpflichteten nicht das Ersatzstück oder den zur Ersatzbeschaffung erforderlichen Betrag, so erlischt das Pfandrecht.

(4) Hat der betreibende Gläubiger innerhalb der Frist des Abs. 3 eine Vollzugsbeschwerde gegen den vom Vollstreckungsorgan mitgeteilten Wert des Ersatzstücks oder den zur Beschaffung eines solchen Ersatzstücks erforderlichen Geldbetrag erhoben, so wird diese Frist bis zum Eintritt der Rechtskraft der Entscheidung über die Vollzugsbeschwerde unterbrochen.

(BGBl 1995/519)

Liegenschaftszubehör

§ 252. (1) Das auf einer Liegenschaft befindliche Zubehör derselben (§§ 294 bis 297a ABGB.) darf nur mit dieser Liegenschaft selbst in Exekution gezogen werden.

(2) Auf das Bergwerkszubehör und das Zubehör von Schiffen und Flößen findet eine abgesonderte Exekution nicht statt.

Vollzugszeit

§ 252a. Bei Festlegung der Vollzugszeit hat das Vollstreckungsorgan insbesondere darauf Bedacht zu nehmen, wann der Verpflichtete am wahrscheinlichsten anzutreffen ist.

(BGBl I 2003/31, § 252b wurde zu § 252a)

Vollzugsversuche

§ 252b. Kann beim Vollzugsversuch der Vollzugsort nicht betreten werden und ist nicht auszuschließen, daß sich dort der Verpflichtete oder Vermögensteile, auf die Exekution geführt werden soll, befinden, so sind zwei weitere Versuche durchzuführen. *(BGBl I 2003/31, § 252c wurde zu § 252b)*

Weitere Vollzüge

§ 252c. Das Vollstreckungsorgan hat Vollzüge durchzuführen, solange sie erfolgversprechend sind, insbesondere Zahlung auch nur eines Teils der betriebenen Forderung zu erwarten ist. *(BGBl I 2003/31, § 252d wurde zu § 252c)*

Bericht des Vollstreckungsorgans

§ 252d. (1) Das Vollstreckungsorgan hat dem Gericht und dem betreibenden Gläubiger zu berichten, wenn

1. die hereinzubringende Forderung vom Verpflichteten bezahlt wurde oder

2. kein Vollzugsort erhoben werden konnte oder

3. keine pfändbaren Gegenstände vorgefunden wurden und weitere Vollzugsversuche nicht erfolgversprechend sind oder

4. das Verkaufsverfahren abgeschlossen ist oder

5. das Gericht dies begehrt, etwa weil der Bericht für eine von ihm zu fällende Entscheidung wesentlich ist.
(BGBl I 2003/31)

(2) Das Vollstreckungsorgan hat auch spätestens vier Monate nach Erhalt des Vollzugsauftrags über den Stand des Verfahrens zu berichten. Wurde dem betreibenden Gläubiger innerhalb dieser Frist der Vollzug der Pfändung mitgeteilt und dem Gericht das Pfändungsprotokoll vorgelegt, so ist erst nach sechs Monaten über den Stand des Verfahrens zu berichten. Nach Ablauf von vier bzw. sechs Monaten ist monatlich zu berichten. *(BGBl I 2003/31 ;vgl § 12 Abs 3 1.COVID-JuBG)*

(3) *(entfällt, BGBl I 2003/31)*

(BGBl I 2003/31, § 252g wurde zu § 252d)

Neuerlicher Vollzug nach Bericht

§ 252e. Ein Antrag auf Vollzug darf vor Ablauf von sechs Monaten nach einem ergebnislosen Vollzugsversuch nur dann gestellt werden, wenn glaubhaft gemacht wird, daß beim Verpflichteten zwischenzeitig pfändbare Gegenstände vorhanden sind, oder der Gläubiger einen neuen Vollzugsort bekanntgibt. *(BGBl I 2003/31, § 252h wurde zu § 252e)*

Allgemeine Sperrfrist

§ 252f. Ein Antrag auf Exekutionsbewilligung oder neuerlichen Vollzug, der sich gegen einen Verpflichteten richtet, bei dem in einem anderen Verfahren innerhalb der letzten sechs Monate ein Vollzug nicht durchgeführt werden konnte, weil keine pfändbaren Gegenstände vorgefunden wurden, ist zu bewilligen, jedoch erst sechs Monate nach dem letzten ergebnislosen Vollzugsversuch zu vollziehen, wenn nicht ein früherer Vollzugsversuch erfolgversprechend ist. Der betreibende Gläubiger ist davon zu verständigen. Macht der betreibende Gläubiger glaubhaft, daß beim Verpflichteten zwischenzeitig pfändbare Gegenstände vorhanden sind, so ist der Vollzug vor

Ablauf dieser Frist durchzuführen. *(BGBl I 2003/31, § 252i wurde zu § 252f)*

§§ 252g. - j. entfallen (BGBl I 2003/31)

Pfändung

§ 253. (1) Die Pfändung der in der Gewahrsame des Verpflichteten befindlichen körperlichen Sachen wird dadurch bewirkt, daß das Vollstreckungsorgan dieselben in einem Protokolle verzeichnet und beschreibt (Pfändungsprotokoll). Das Vollstreckungsorgan hat auch den voraussichtlich erzielbaren Erlös anzugeben. Werden die Pfandstücke nicht verwahrt, so ist die Pfändung in einer für jedermann leicht erkennbaren Weise durch Aufkleben von Pfändungsmarken oder, wenn dies nicht möglich ist oder nicht genügen würde, durch Anbringen von Pfändungsanzeigen an geeigneter Stelle, in denen angegeben wurde, was gepfändet wurde, ersichtlich zu machen. *(BGBl 1995/519; BGBl I 2008/37)*

(2) In das Protokoll ist die Erklärung aufzunehmen, daß die verzeichneten Gegenstände zu Gunsten der vollstreckbaren Forderung des zu benennenden Gläubigers in Pfändung genommen wurden. Die Forderung ist im Protokolle nach Kapital und Nebengebühren unter Bezugnahme auf den Exekutionstitel anzugeben. Die Pfändung kann nur für eine ziffermäßige bestimmte Geldsumme stattfinden; ziffermäßige Angabe der vom Verpflichteten zu leistenden Nebengebühren ist nicht notwendig. Im Pfändungsprotokolle ist der Wohnort des Gläubigers und seines Vertreters anzugeben.

(3) Behaupten dritte Personen oder der Verpflichtete bei der Pfändung an den im Protokoll verzeichneten Sachen solche Rechte, die die Vornahme der Exekution unzulässig machen würden, so sind diese Ansprüche im Pfändungsprotokoll anzumerken. Werden Name und genaue Anschrift des Dritten bekanntgegeben, so ist dieser vom Vollstreckungsorgan von der Pfändung zu verständigen. *(BGBl 1995/519)*

(4) Von dem Vollzuge der Pfändung sind der betreibende Gläubiger und der Verpflichtete in Kenntnis zu setzen, es sei denn, daß sie bei der Pfändung anwesend oder vertreten waren oder daß ihnen eine Ausfertigung des Versteigerungsediktes unverweilt zugestellt wird. Eine Ablichtung des Pfändungsprotokolls ist dem betreibenden Gläubiger auf Antrag und gegen Kostenersatz zu übersenden. *(RGBl 1914/118; BGBl 1995/519)*

Aufnahme eines Vermögensverzeichnisses

§ 253a. (1) Liegen die Voraussetzungen des § 47 Abs. 1 Z 1 vor, so hat das Vollstreckungsorgan am Vollzugsort mit dem Verpflichteten ein Vermögensverzeichnis aufzunehmen. Der betreibende Gläubiger kann dem Verpflichteten zur Ermittlung der in Exekution zu ziehenden Sachen Fragen durch das Vollstreckungsorgan stellen lassen oder mit dessen Zustimmung unmittelbar selbst stellen. *(BGBl I 2005/68)*

(2) Hat der Verpflichtete zur Begleichung der Forderung einen Scheck zahlungshalber dem Vollstreckungsorgan übergeben, so ist das Vermögensverzeichnis erst anzunehmen, wenn der rechtzeitig vorgelegte Scheck nicht eingelöst wird. *(BGBl 1991/628; BGBl 1995/519)*

Kostenersatz für die Beteiligung

§ 253b. Der betreibende Gläubiger hat keinen Anspruch auf Ersatz der Kosten für die Beteiligung am Exekutionsvollzug, wenn die hereinzubringende Forderung an Kapital 2 700 Euro nicht übersteigt. Prozesskosten oder Nebengebühren sind nur dann zu berücksichtigen, wenn sie allein Gegenstand des durchzusetzenden Anspruchs sind. *(BGBl I 2009/52)*

(BGBl I 2005/68)

Pfändungsregister und Pfändungsprotokoll

§ 254. (1) Das Vollstreckungsorgan hat jede vorgenommene Pfändung im Pfändungsregister ersichtlich zu machen.

(2) Das Vollstreckungsorgan hat dem Exekutionsgericht das Pfändungsprotokoll vorzulegen. *(BGBl 1995/519)*

Auskunft aus dem Pfändungsregister

§ 255. Auskünfte aus dem Pfändungsregister sind allen Personen zu erteilen, welche glaubhaft machen, daß sie diese Auskünfte behufs Einleitung eines Rechtsstreites oder einer Exekution, zur Geltendmachung von Einwendungen gegen eine bereits eingeleitete Exekution oder aus anderen wichtigen Gründen bedürfen.

(Überschrift idF BGBl 1995/519)

Erwerb des Pfandrechts

§ 256. (1) Durch die Pfändung erwirbt der betreibende Gläubiger für seine vollstreckbare Forderung ein Pfandrecht an den im Pfändungsprotokolle verzeichneten und beschriebenen körperlichen Sachen.

(2) Das Pfandrecht erlischt nach zwei Jahren, wenn das Verkaufsverfahren nicht gehörig fortgesetzt wurde. *(BGBl 1995/519)*

(3) Erfolgt die Pfändung gleichzeitig zu Gunsten mehrerer Gläubiger, so stehen die hiedurch begründeten Pfandrechte im Range einander gleich. Jedem dieser Gläubiger kommt die Stellung eines betreibenden Gläubigers zu.

(Überschrift idF BGBl 1995/519)

Nachpfändung

§ 257. (1) Die Pfändung von körperlichen Sachen, welche bereits zu Gunsten einer andern vollstreckbaren Forderung pfandweise verzeichnet und beschrieben sind, geschieht durch Anmerkung auf dem vorhandenen Pfändungsprotokolle. In der Anmerkung ist der Name des betreibenden Gläubigers, auf dessen Antrag diese weitere Pfändung stattfindet, dessen und seines Vertreters Wohnort und die vollstreckbare Forderung (§ 253 Absatz 2) zu bezeichnen.

(2) *(aufgehoben, BGBl 1995/519)*

(3) Jedem Gläubiger, zu dessen Gunsten Pfändung stattfindet, kommt die Stellung eines betreibenden Gläubigers zu.

(Überschrift idF BGBl 1995/519)

**Geltendmachung von Pfand- und
Vorzugsrechten Dritter**

§ 258. (1) Der Pfändung kann ein Dritter, der sich nicht im Besitze der Sache befindet, wegen eines ihm zustehenden Pfand- oder Vorzugsrechtes nicht widersprechen. Er kann jedoch schon vor Fälligkeit der Forderung, für die das Pfand- oder Vorzugsrecht besteht, seinen Anspruch auf vorzugsweise Befriedigung aus dem Erlöse der fraglichen Sache mittels Klage geltend machen. Zur Entscheidung über diese Klage ist vom Beginne des Exekutionsvollzuges an das Exekutionsgericht zuständig. Im Falle der Erhebung der Klage wider den betreibenden Gläubiger und den Verpflichteten sind diese als Streitgenossen zu behandeln.

(2) Wenn die Sache vor rechtskräftiger Entscheidung über die Klage im Exekutionszuge verkauft wird und der klägerische Anspruch genügend bescheinigt ist, kann auf Antrag vom Gerichte die einstweilige Hinterlegung des Erlöses angeordnet werden.

Verwahrung

§ 259. (1) Die Pfandstücke sind auf Antrag des betreibenden Gläubigers in Verwahrung zu nehmen, Gegenstände, die sich zum gerichtlichen Erlag eignen, können auch von Amts wegen verwahrt werden. Ist eine sofortige Verwahrung nicht möglich, so können zur Vorbereitung der Verwahrung auch Maßnahmen gesetzt werden, die eine Verbringung der Pfandsache oder Verfügungen hierüber verhindern. *(BGBl 1995/519)*

(1a) Zum gerichtlichen Erlag eignen sich kleine Gegenstände, insbesondere technische Geräte, wertvolle Bild- und Tonträger, Zeitschriften, Bücher und Musikinstrumente. *(BGBl I 2016/100, ab 2. 1. 2017, anzuwenden, wenn die Gegenstände nach dem 1. Jänner 2017 in Verwahrung genommen werden: § 447 Abs 5)*

(2) Der Antrag auf Einleitung einer Verwahrung kann mit dem Antrage auf Bewilligung der Pfändung verbunden werden. Müssen die Gegenstände durch Transportmittel zum Verwahrer gebracht werden, so wird die Verwahrung nur vollzogen, wenn der betreibende Gläubiger die Transportmittel bereitstellt. *(BGBl 1995/519)*

(3) Die Verwahrung geschieht, sofern sich die gepfändeten Sachen hiezu eignen, durch deren gerichtlichen Erlag, sonst durch Übergabe an eine sich mit derlei Verwahrungen befassende, unter staatlicher Aufsicht stehende Anstalt oder durch Übergabe an einen auf Gefahr des betreibenden Gläubigers zu bestellenden Verwahrer (§ 968 ABGB). Im letzteren Fall kann auch der betreibende Gläubiger oder – bei einer Mehrheit von solchen – einer derselben als Verwahrer bestellt werden. Ist der voraussichtlich erzielbare Erlös der Sache höher als die betriebene Forderung, so ist hiezu die Zustimmung des Verpflichteten erforderlich. Die Sachen können, soweit sie nicht nach § 274 Abs. 3 ausgeschlossen sind, auch in einer Auktionshalle verwahrt werden, wenn die vorhandenen Räume dies erlauben. Ob diese Voraussetzung zutrifft, entscheidet der Leiter der Auktionshalle. Diese Verwahrung gilt als Verwahrung in einer unter staatlicher Aufsicht stehenden Anstalt. *(BGBl 1995/519; BGBl I 2003/31)*

(4) Die Kosten der Verwahrung sind einstweilen vom betreibenden Gläubiger und beim Vorhandensein mehrerer betreibender Gläubiger von allen nach Verhältnis ihrer vollstreckbaren Forderungen zu tragen.

(5) Dem bei der Pfändungsvornahme gestellten Antrage auf Einleitung einer Verwahrung durch gerichtlichen Erlag oder durch Übergabe der Sachen an eine sich mit derlei Verwahrungen befassende Anstalt hat das Vollstreckungsorgan zu entsprechen, ohne vorher die Beschlußfassung des Gerichtes darüber einzuholen.

(6) Die Einleitung der Verwahrung ist unter Angabe des Verwahrers im Pfändungsprotokolle ersichtlich zu machen. *(RGBl 1914/118)*

Bestellung des Verwahrers

§ 260. Der Verwahrer wird vom Vollstreckungsorgan bestellt. Sofern der Verwahrer ohne Zustimmung des Verpflichteten und der betreibenden Gläubiger bestellt wurde, sind sie unter Bekanntgabe des Namens des Verwahrers von dessen Bestellung zu verständigen. Unter Darlegung geeigneter Gründe kann von ihnen jederzeit die Ernennung eines anderen Verwahrers beim Exekutionsgerichte beantragt werden.

(RGBl 1914/118; BGBl 1995/519)

EO

Vorgefundenes Bargeld

§ 261. (1) Das Vollstreckungsorgan hat vorgefundenes Geld in Verwahrung zu nehmen, und wenn die Pfändung zu Gunsten eines einzigen Gläubigers stattfindet, nach Maßgabe des zu vollstreckenden Anspruches an diesen Gläubiger gegen Quittung abzuliefern. Die Wegnahme des Geldes durch das Vollstreckungsorgan gilt in diesem Falle als Zahlung des Verpflichteten. *(BGBl 1995/519)*

(2) Ist das Vollstreckungsorgan über die Höhe des dem betreibenden Gläubiger gebührenden Betrages oder in Ansehung der dem Gläubiger bei Ausfolgung des Geldes abzufordernden Schuldurkunden oder der auf letzteren vorzunehmenden Abschreibungen im Zweifel, so hat es vor Ausfolgung des Geldes die Weisung des Exekutionsgerichtes einzuholen.

(3) Für die Berechnung des Wertes von Münzen und ausländischen Geldzeichen ist der an der nächstgelegenen Börse amtlich notierte Kurs des Pfändungstages maßgebend.

(4) Erfolgt die Pfändung zu Gunsten mehrerer Gläubiger (§ 256 Absatz 3), so ist das vorgefundene Geld vom Vollstreckungsorgane bei Gericht zu erlegen und vom Exekutionsgerichte, nach Beschaffenheit des Falles, abgesondert oder zugleich mit dem Erlöse der gepfändeten Sachen zu verteilen. Eine abgesonderte Verteilung ist nach den für die Verteilung des Verkaufserlöses geltenden Bestimmungen vorzunehmen. *(BGBl 1995/519)*

(5) Behauptet der Verpflichtete oder sonst eine bei der Pfändung anwesende Person, daß ein Umstand vorliegt, dessen Geltendmachung zur Aufschiebung der Exekution führen kann, so ist das vorgefundene Geld in jedem Falle zunächst gerichtlich zu erlegen und damit nach den vorstehenden Bestimmungen zu verfahren; es darf aber vor Ablauf von acht Tagen nicht ausgefolgt werden. Das Vollstreckungsorgan hat bei Vornahme der Pfändung die Anwesenden auf diese Frist aufmerksam zu machen. *(BGBl 1929/222)*

(Überschrift idF BGBl 1995/519)

Pfändung bei Dritten

§ 262. Die gleichen Vorschriften gelten für die Pfändung und Verwahrung der beweglichen körperlichen Sachen des Verpflichteten, die sich in der Gewahrsame des betreibenden Gläubigers oder einer zu deren Herausgabe bereiten dritten Person befinden.

(Überschrift idF BGBl 1995/519)

Einschränkung der Pfändung

§ 263. Hat der betreibende Gläubiger eine bewegliche körperliche Sache des Verpflichteten in seiner Gewahrsame, an der ihm ein Pfandrecht oder ein Zurückbehaltungsrecht für die zu vollstreckende Forderung zusteht, so kann der Verpflichtete, soweit diese Forderung durch die Sache gedeckt ist, beim Exekutionsgerichte die Einschränkung der Pfändung auf diese Sache beantragen. Besteht das Pfand- oder Zurückbehaltungsrecht zugleich für eine andere Forderung des betreibenden Gläubigers, so ist dem Antrage nur stattzugeben, wenn auch diese Forderung durch die Sache gedeckt ist.

Verkauf

§ 264. (1) Die gepfändeten Sachen sind auf Antrag eines der Gläubiger, für deren vollstreckbare Forderungen sie gepfändet wurden, zu verkaufen.

(2) Der Antrag auf Bewilligung des Verkaufs ist mit dem Antrag auf Bewilligung der Pfändung zu verbinden. Über diese Anträge hat das Gericht zugleich zu entscheiden. *(BGBl 1995/519)*

Aufschiebung des Verkaufs

§ 264a. Der Verkauf ist, vorbehaltlich der Anwendung der §§ 14, 27 Abs. 1 und 41 Abs. 2, aufzuschieben, wenn zur Hereinbringung derselben Forderung Exekution auf wiederkehrende Geldforderungen geführt wird und deren Erlös voraussichtlich ausreichen wird, die vollstreckbare Forderung samt Nebengebühren im Lauf eines Jahres zu tilgen. Das gilt nicht, wenn Gegenstand des Verkaufs eine der im § 296 genannten Forderungen ist (§ 317 bis 319).

(BGBl 1983/135)

(Überschrift idF BGBl 1995/519)

Innehalten mit der Anordnung des Verkaufs

§ 264b. Im Fall des § 252c kann das Vollstreckungsorgan für den Zeitraum von erfolgversprechenden Vollzügen, längstens aber für vier Monate, mit der Anordnung des Verkaufs der Pfandgegenstände innehalten. Dies ist dem betreibenden Gläubiger mitzuteilen. *(BGBl I 2005/68)*

(BGBl 1995/519)

Wertpapiere einer juristischen Person des öffentlichen Rechts

§ 265. (1) Der Verkauf von Wertpapieren, die zu Gunsten einer juristischen Person des öffentlichen Rechts als Kaution vinkuliert oder in Verwahrung erlegt sind, darf erst bewilligt werden, wenn das betreffende Verpflichtungsverhältnis beendet ist und die etwaigen Ersatzansprüche im administrativen Wege festgestellt worden sind. *(BGBl 1995/519)*

(2) Von dieser Feststellung sind alle Personen zu verständigen, die an dem Wertpapier ein Pfandrecht erworben haben.

(Überschrift idF BGBl 1995/519)

Verkauf vor Rechtskraft der Pfändungsbewilligung

§ 266. (1) Vor Eintritt der Rechtskraft der Pfändungsbewilligung darf nur dann zum Verkaufe geschritten werden, wenn Sachen gepfändet wurden, die ihrer Beschaffenheit nach bei längerer Aufbewahrung dem Verderben unterliegen, oder wenn die gepfändeten Sachen bei Aufschub des Verkaufes beträchtlich an Wert verlieren würden und der betreibende Gläubiger für alle dem Verpflichteten aus dem früheren Verkaufe entspringenden Nachteile Sicherheit leistet.

(2) Vor Leistung der vom Exekutionsgerichte zu bestimmenden Sicherheit darf der Verkauf nicht stattfinden.

(Überschrift idF BGBl 1995/519)

Beitritt zum Verkaufsverfahren

§ 267. (1) Nach Bewilligung des Verkaufes kann, solange das Verkaufsverfahren im Gange ist, zu Gunsten weiterer vollstreckbarer Forderungen ein besonderes Verkaufsverfahren in Ansehung derselben Sachen nicht mehr eingeleitet werden.

(2) Alle Gläubiger, welchen während der Anhängigkeit eines Verkaufsverfahrens der Verkauf derselben, auch zu ihren Gunsten gepfändeten Sachen bewilligt wird, treten damit dem bereits eingeleiteten Verkaufsverfahren bei und müssen dasselbe in der Lage annehmen, in welcher es sich zur Zeit ihres Beitrittes befindet.

(3) Die beitretenden Gläubiger haben vom Zeitpunkte ihres Beitrittes an dieselben Rechte, als wenn das Verfahren auf ihren Antrag eingeleitet worden wäre.

(RGBl 1914/118)

(Überschrift idF BGBl 1995/519)

Freihandverkauf

§ 268. (1) Gegenstände, die einen Börsenpreis haben, sind durch Vermittlung eines Handelsmaklers oder Vollstreckungsorgans zum Börsenpreis aus freier Hand zu verkaufen. Dem Bericht über den Verkauf ist ein amtlicher Nachweis über den Börsenpreis des Verkaufstags und über die etwa bezahlte Maklerprovision und sonstige Auslagen anzuschließen.

(2) Wertpapiere können auch durch ein Kreditinstitut verkauft werden. Lautet ein Wertpapier auf Namen, so hat das Vollstreckungsorgan die Umschreibung auf die Namen des Käufers zu erwirken und alle zum Zweck der Veräußerung erforderlichen urkundlichen Erklärungen mit Rechtswirksamkeit anstelle des Verpflichteten abzugeben.

(BGBl 1995/519)

Gutgläubiger Eigentumserwerb

§ 269. Die Bestimmung des § 367 ABGB über den Eigentumserwerb an Sachen, die in einer öffentlichen Versteigerung veräußert werden, gilt auch bei einem Verkauf aus freier Hand durch einen Handelsmakler, ein Kreditinstitut, ein Versteigerungshaus oder ein Vollstreckungsorgan.

(BGBl 1995/519)

Öffentliche Versteigerung

§ 270. (1) Alle übrigen gepfändeten Gegenstände sind, sofern sie dem Verkaufe überhaupt unterliegen, öffentlich zu versteigern.

(2) Auch Gegenstände, die nach § 268 aus freier Hand zu verkaufen sind, sind auf Antrag des betreibenden Gläubigers zu versteigern, wenn sie innerhalb von vier Wochen aus freier Hand nicht verkauft werden. *(BGBl 1995/519)*

(Überschrift idF BGBl 1995/519)

Übernahmsantrag

§ 271. (1) Wenn sich jemand spätestens 14 Tage vor dem Versteigerungstermin unter gleichzeitiger Leistung einer Sicherheit in der Höhe von mindestens einem Viertel des Schätzungswertes bereit erklärt, die gepfändeten Sachen im ganzen oder größere Partien derselben um einen Preis zu übernehmen, welcher ihren Schätzungswert um mindestens ein Viertel übersteigt, und nebst den etwaigen Schätzungskosten auch alle bisher aufgelaufenen, dem Verpflichteten zur Last fallenden Exekutionskosten ohne Anrechnung auf den Übernahmspreis zu tragen, so kann das Gericht diesem Antrage nach Einvernehmung des Verpflichteten stattgeben, wenn der betreibende Gläubiger und diejenigen Personen zustimmen, die ein Pfandrecht an diesen Gegenständen erworben haben, deren Forderungen aber durch den Übernahmspreis nicht unzweifelhaft vollständig gedeckt werden. *(BGBl 1925/183; BGBl 1995/519)*

(2) Wenn ein Übernahmsantrag gestellt wird und die Sicherheit geleistet wurde, ist das Exekutionsverfahren aufzuschieben. Die geleistete Sicherheit verfällt, unbeschadet aller aus dem genehmigten Übernahmsantrag gegen den Antragsteller sich ergebenden Ansprüche, zu Gunsten der Verteilungsmasse, wenn der Antragsteller nach Genehmigung seines Antrags mit der Zahlung des Übernahmspreises und der Kosten säumig wird. In Bezug auf die Hereinbringung des

Übernahmspreises samt Zinsen gilt § 155 Abs. 2. *(BGBl I 2000/59)*

(3) Nach Genehmigung des Übernahmsantrags und Bezahlung des Übernahmspreises samt Nebengebühren hat das Gericht das Exekutionsverfahren einzustellen. Bei Saumsal in der Bezahlung des Übernahmspreises ist das aufgeschobene Verfahren auf Antrag oder von Amts wegen wieder aufzunehmen. *(BGBl I 2000/59)*

(Überschrift idF BGBl 1995/519)

Verwertung in anderer Weise

§ 271a. Das Gericht kann, wenn dies allen Beteiligten offenbar zum Vorteil gereicht, auf Antrag des betreibenden Gläubigers oder des Verpflichteten bewilligen, dass die gepfändeten Sachen, die nicht zu den in § 268 bezeichneten Gegenständen gehören und hinsichtlich deren auch kein Übernahmsantrag nach § 271 vorliegt, in anderer Weise als durch öffentliche Versteigerung verwertet werden; doch muss der Antrag spätestens 14 Tage vor dem Versteigerungstermin gestellt werden. Der Verkauf aus freier Hand darf überdies nur gegen entsprechende Sicherheitsleistung und bei Zusicherung des namhaft gemachten Käufers, den bestimmten Kaufpreis zu bezahlen, bewilligt werden. Wird die Sicherheit erlegt, so ist der Versteigerungstermin abzusetzen. Hinsichtlich der Sicherheitsleistung ist § 271 Abs. 2 und 3 sinngemäß anzuwenden.

(BGBl I 2003/31)

Versteigerungstermin

§ 272. (1) Den Versteigerungstermin bestimmt

1. der zur Durchführung einer Versteigerung bestellte Versteigerer,

2. der Leiter der Auktionshalle bei der Versteigerung in einer Auktionshalle oder

3. sonst das mit dem Vollzug der Versteigerung betraute Vollstreckungsorgan.

(2) Vom Versteigerungstermin und vom Versteigerungsort sind der Verpflichtete und die betreibenden Gläubiger durch Zustellung einer Ausfertigung des Edikts zu verständigen. Dies kann unterbleiben, soweit dem Verpflichteten und dem betreibenden Gläubiger der Versteigerungstermin und der Versteigerungsort bereits bei der Pfändung bekanntgegeben wurden; die Kenntnisnahme ist zu bestätigen.

(BGBl I 2008/37, anzuwenden, wenn das Versteigerungsedikt nach dem 29. 2. 2008 erlassen wird)

Versteigerungsedikt

§ 272a. (1) Die Versteigerung ist mit Edikt bekannt zu machen.

(2) Im Edikt sind die zu versteigernden Sachen zu beschreiben; es sind weiters anzugeben

1. der Ort der Versteigerung oder bei einer Versteigerung im Internet die Internet-Adresse; bei einer Versteigerung am Vollzugsort auch der Name des Verpflichteten,

2. der Zeitpunkt des Beginns der Versteigerung sowie

3. ob, gegebenenfalls wann und wo die zu versteigernden Sachen vor der Versteigerung besichtigt werden können.

(3) Bei einer Versteigerung im Internet ist der Tag anzugeben, an dem die Versteigerung beginnt, und die Frist, innerhalb der Gebote zulässig sind.

(4) Für die Versteigerung in einem Versteigerungshaus oder einer Auktionshalle kann als Zeitpunkt des Beginns der Versteigerung auch ein solcher festgesetzt werden, von dem ab die Versteigerung von Gegenständen mehrerer Verkaufsverfahren stattfinden wird. Der Versteigerer oder die Auktionshalle haben den Zeitpunkt des Beginns der Versteigerung dem Exekutionsgericht mitzuteilen.

(5) Die Bekanntmachung der Versteigerung in der Ediktsdatei kann unterbleiben, wenn

1. vom Versteigerungshaus Mitteilungsblätter aufgelegt werden, die einen größeren Käuferkreis ansprechen, oder

2. bei einer Versteigerung im Internet aufgrund des Kundenkreises zu erwarten ist, dass ein großer Interessentenkreis angesprochen wird.

(BGBl I 2008/37)

Frist zwischen Pfändung und Versteigerung

§ 273. (1) Zwischen der Pfändung und der Versteigerung muss eine Frist von mindestens drei Wochen, zwischen der Bekanntmachung des Versteigerungsedikts und der Versteigerung eine Frist von mindestens 14 Tagen liegen. Eine Abkürzung dieser Fristen ist zulässig, wenn Umstände vorliegen, wegen welcher nach § 266 der Verkauf des Pfands vor Rechtskraft der Pfändungsbewilligung gestattet werden kann, oder wenn die längere Aufbewahrung des Pfandstücks unverhältnismäßige Kosten verursachen würde. *(BGBl I 2008/37, anzuwenden, wenn das Versteigerungsedikt nach dem 29. 2. 2008 erlassen wird)*

(2) Das zur Vornahme der Versteigerung oder bei der Versteigerung in einem Versteigerungshaus das zur Überstellung berufene Vollstreckungsorgan hat sich rechtzeitig vor dem Termin von der Zustellung der Versteigerungsbewilligung an die Beteiligten und von der ordnungsgemäßen Bekanntmachung des Versteigerungstermins zu überzeugen und wahrgenommene Mängel dem Exekutionsgericht mitzuteilen. Das Exekutionsge-

richt hat infolge einer solchen Anzeige im Sinne des § 175 vorzugehen. *(BGBl 1995/519)*

(Überschrift idF BGBl 1995/519)

Versteigerungsort

§ 274. (1) Die Versteigerung kann erfolgen

1. im Internet,

2. im Versteigerungshaus,

3. in der Auktionshalle oder

4. an dem Ort, an dem sich die gepfändeten Gegenstände befinden. *(BGBl I 2008/37, anzuwenden, wenn das Versteigerungsedikt nach dem 29. 2. 2008 erlassen wird)*

(2) Das Vollstreckungsorgan bestimmt den Versteigerungsort. Hiebei ist zu berücksichtigen, wo voraussichtlich der höchste Erlös zu erzielen sein wird und welche Kosten auflaufen werden.

1. Technische Geräte, wertvolle Bild- und Tonträger, Zeitschriften, Bücher und Musikinstrumente sind insbesondere im Internet auf der Plattform Justiz-Auktion.at zu versteigern.

2. Bei Gegenständen von großem Wert, bei Gold- und Silbersachen[1] oder anderen Kostbarkeiten, bei Kunstobjekten, Briefmarken, Münzen, hochwertigen Möbelstücken, Sammlungen und dergleichen kommt insbesondere die Versteigerung in einem Versteigerungshaus oder im Internet in Betracht.

Bei Versteigerungen über die Plattform Justiz-Auktion.at ist kein Versteigerer zu bestellen; bei Versteigerungen auf einer anderen Plattform kann ein Versteigerer bestellt werden. Diese andere Plattform darf jedoch nur dann herangezogen werden, wenn zu erwarten ist, dass dort offenkundig unter Berücksichtigung der Kosten ein höherer Erlös erzielt werden kann. Ist offenkundig, dass die Kosten der Überstellung, der Verkaufsverwahrung und der Versteigerung den Erlös der Gegenstände übersteigen, so dürfen die Gegenstände nicht zur Versteigerung überstellt werden. *(BGBl I 2008/37; BGBl I 2016/100, ab 2. 1. 2017, anzuwenden, wenn das Versteigerungsedikt nach dem 1. Jänner 2017 in der Ediktsdatei veröffentlicht wird: § 447 Abs 6)*

(3) Ausgeschlossen von der Aufnahme zum Verkauf in Auktionshallen und Versteigerungshäusern sind:

1. feuer- und explosionsgefährliche Sachen sowie Sachen, die gesundheitsschädigenden Strahlen aussenden, Gifte,

2. Sachen aus Wohnungen, in denen ansteckende Krankheiten herrschen oder geherrscht haben, solange nicht die vorgeschriebene Desinfektion stattgefunden hat,

3. verunreinigte oder mit Ungeziefer behaftete Sachen vor Durchführung der Reinigung,

4. Sachen, zu deren wenn auch nur teilweisen Unterbringung die Räume des Versteigerungshauses nicht ausreichen,

5. dem raschen Verderben unterliegende Sachen,

6. Tiere und Pflanzen,

7. Schrott, Hadern und sonstiges Altmaterial.

(4) Das Versteigerungshaus, das sich zur Durchführung von Versteigerungen bereiterklärt hat, und die Auktionshalle dürfen die Übernahme zum Verkauf nur ablehnen, wenn die Gegenstände nach Abs. 3 ausgeschlossen sind.

(5) Das Vollstreckungsorgan darf nur solche Versteigerer heranziehen, die einer Versteigerung im Internet die Bestimmungen dieses Gesetzes zugrunde legen. *(BGBl I 2008/37, anzuwenden, wenn das Versteigerungsedikt nach dem 29. 2. 2008 erlassen wird)*

(BGBl 1995/519)

Vgl §§ 23f und DorotheumsG

[1] *Betreffend Edelmetallgegenstände vgl §§ 8, 10, 11 Abs 1, 17 Abs 4, 20 Punzierungsgesetz 2000, BGBl I 2001/24 sowie den Erlass des BMJ v. 1. 8. 2001, JMZ 12.251/33-I.5/2001.*

Vorschuss für Kosten des Transports, der Verkaufsverwahrung und des Versteigerers[1]
[1] *Überschrift geändert ab 1. 3. 2008 (BGBl I 2008/37).*

§ 274a. (1) Das Vollstreckungsorgan hat den betreibenden Gläubiger zum Erlag eines Kostenvorschusses für die Überstellung, die Verkaufsverwahrung und die Einschaltung eines Versteigerers aufzufordern. Befinden sich die Sachen in dem Gerichtssprengel, in welchem sie versteigert werden oder für eine Versteigerung im Internet verwahrt werden sollen, oder sollen sie zwar in einem anderen Sprengel, aber in dem selben Ort, an dem das Gericht liegt, versteigert oder für eine Versteigerung im Internet verwahrt werden, so kann ein Kostenvorschuss für den Transport nur dann verlangt werden, wenn mit der Einbringung der Kosten nicht gerechnet werden kann. *(BGBl I 2008/37, anzuwenden, wenn das Versteigerungsedikt nach dem 29. 2. 2008 erlassen wird)*

(2) Der betreibende Gläubiger kann auch die zur Überstellung erforderlichen Transportmittel und Arbeitskräfte bereitstellen. Dies hat er rechtzeitig dem Vollstreckungsorgan bekanntzugeben.

(BGBl 1995/519)

Transportkosten

§ 274b. (1) Die Kosten der Überstellung zum Ort der Versteigerung sind einstweilen vom betreibenden Gläubiger zu tragen.

(2) Diese Kosten sind aus dem vom betreibenden Gläubiger erlegten Kostenvorschuß, mangels

eines solchen aus dem Verkaufserlös zu berichtigen.

(BGBl 1995/519)

Vgl § 23a Abs 3.

Zeitpunkt der Überstellung und Besichtigung

§ 274c. (1) Den Verkaufsinteressenten ist die Besichtigung der Pfandstücke zu ermöglichen. Dies kann bei der Versteigerung im Internet entfallen.

(2) Die Pfandstücke sind von Amts wegen so zeitgerecht zu überstellen, dass sie zur Besichtigung ausgestellt werden können. Der Termin der Überstellung ist den Parteien möglichst bei Bekanntgabe des Versteigerungstermins bekannt zu geben.

(BGBl 1995/519; BGBl I 2008/37, anzuwenden, wenn das Versteigerungsedikt nach dem 29. 2. 2008 erlassen wird)

Überstellungsverfahren

§ 274d. (1) Das Vollstreckungsorgan hat die Pfandsachen zur Versteigerung zu überstellen und dem Versteigerer oder der Auktionshalle zu übergeben. Wird zur Überstellung ein Frachtführer oder ein Versteigerer herangezogen, so obliegt dem Vollstreckungsorgan nur die Übergabe an diese. *(BGBl I 2008/37, anzuwenden, wenn das Versteigerungsedikt nach dem 29. 2. 2008 erlassen wird)*

(2) Sollen die Sachen in einer Auktionshalle verkauft werden, die sich nicht im Sprengel des Exekutionsgerichts befindet, so hat das Vollstreckungsorgan die Auktionshalle unter Anschluß des Exekutionsakts und des Pfändungsprotokolls oder einer Abschrift davon um den Verkauf zu ersuchen.

(3) Die Sachen sind unter Anschluß eines Verzeichnisses, in dem die Gegenstände mit den Postnummern des Pfändungsprotokolls sowie die Parteien des Exekutionsverfahrens anzuführen sind, der Auktionshalle oder dem Versteigerungshaus zu übergeben.

(4) *(entfällt, BGBl I 2003/31)*

(BGBl 1995/519)

Übernahme der Sachen

§ 274e. (1) Bei Übernahme der Sachen durch die Auktionshalle oder das Versteigerungshaus ist zu prüfen, ob alle zur Übernahme bestimmten Sachen übergeben wurden und ob sie Fehler, Mängel oder Beschädigungen aufweisen, die in die Augen fallen.

(2) Fehlen Gegenstände oder zeigen sich Fehler, Mängel oder Beschädigungen, so hat dies die Auktionshalle oder das Versteigerungshaus dem Exekutionsgericht unverzüglich mitzuteilen und die nötigen Schritte zur Erhebung des Schadens und des Schädigers einzuleiten.

(BGBl 1995/519)

Verkaufsverwahrung

§ 274f. Die Auktionshalle und das Versteigerungshaus haben für die ordnungsgemäße Aufbewahrung der übernommenen Sachen zu sorgen. Werden Sachen während der Aufbewahrung beschädigt oder vernichtet, so ist § 274e Abs. 2 anzuwenden.

(BGBl 1995/519)

Schätzung

§ 275. (1) Der Versteigerung ist ein Sachverständiger beizuziehen, welcher die einzelnen zur Versteigerung gelangenden Gegenstände bewertet. Fehlt es an Sachverständigen, die alle zum Verkaufe bestimmten Gegenstände zu bewerten verstehen, so können, falls es sich um größere Mengen oder um Gegenstände größeren Wertes handelt, für die einzelnen Gruppen von Gegenständen verschiedene Sachverständige beigezogen werden. Bei Bewertung von Gold- und Silbersachen ist auch der Metallwert anzugeben.

(2) Kostbarkeiten, Warenlager und andere Gegenstände, deren Schätzung bei der Versteigerung selbst untunlich ist, sind schon vor der Versteigerung schätzen zu lassen. In allen anderen Fällen findet eine vorgängige Schätzung nur auf Begehren und Kosten eines Gläubigers statt; den Ersatz dieser Kosten kann der Gläubiger nur insoweit beanspruchen, als durch die vorgängige Schätzung die Aufwendung der Kosten für die Beiziehung eines Sachverständigen zur nachträglich erfolgenden Versteigerung entbehrlich wurde.

(3) Gelangen lediglich Gegenstände zur Versteigerung, welche bereits im Sinne der vorstehenden Absatzes abgeschätzt sind, so ist die Versteigerung ohne Beiziehung eines Sachverständigen abzuhalten.

(4) Die Person des Sachverständigen bestimmt

1. der Leiter der Auktionshalle bei der Versteigerung in einer Auktionshalle,

2. das Versteigerungshaus bei einer Versteigerung in einem Versteigerungshaus und

3. sonst das mit dem Vollzug der Versteigerung betraute Vollstreckungsorgan.

(5) Zum Sachverständigen darf nur ein allgemein beeideter gerichtlicher Sachverständiger bestimmt werden; bei der Versteigerung von Gegenständen nach § 274 Abs. 2 in einem Versteigerungshaus auch ein anerkannter, ständig vom Versteigerungshaus zugezogener Experte. Wohnungseinrichtungsstücke und sonstige Gegenstände minderen und allgemein bekannten Werts sind

vom Vollstreckungsorgan zu schätzen. *(BGBl I 2008/37, ab 1. 3. 2008, auch auf in diesem Zeitpunkt anhängige Exekutionsverfahren anzuwenden)*

(6) Befinden sich auf einem gepfändeten Gegenstand personenbezogene Daten Dritter, die im Sinne der Verordnung (EU) 2016/679 zum Schutz natürlicher Personen bei der Verarbeitung personenbezogener Daten, zum freien Datenverkehr und zur Aufhebung der Richtlinie 95/46/EG (Datenschutz-Grundverordnung) zu schützen sind, so sind sie auf Antrag des Verpflichteten im Zuge der Schätzung zu löschen. *(BGBl I 2018/32, [Durchführungshinweis Art 115 Abs 1], ab 18.5.2018)*

(BGBl 1995/519)

(Überschrift eingefügt durch BGBl 1995/519)

Innehalten mit der Versteigerung

§ 275a. (1) Ist das Gericht, bei dem eine Auktionshalle eingerichtet ist, nicht zugleich Exekutionsgericht, so kann der Leiter der Auktionshalle auf Antrag des Verpflichteten mit der Versteigerung innehalten, wenn der Verpflichtete

1. die Zahlung der hereinzubringenden Forderung in Aussicht stellt und

2. zugleich eine entsprechende Sicherheitsleistung erlegt.

(2) Der Leiter der Auktionshalle hat dem Verpflichteten den Zeitraum mitzuteilen, für den mit der Versteigerung innegehalten wird; dieser Zeitraum darf drei Tage nicht übersteigen.

(BGBl 1995/519)

Durchführung der Versteigerung

§ 276. (1) Die gepfändeten Gegenstände werden durch das Vollstreckungsorgan, bei der Versteigerung im Versteigerungshaus durch einen Bediensteten des Versteigerungshauses und bei einer Versteigerung im Internet durch einen Versteigerer oder durch das Vollstreckungsorgan versteigert. *(BGBl I 2008/37, anzuwenden, wenn das Versteigerungsedikt nach dem 29. 2. 2008 erlassen wird)*

(2) Bei der Versteigerung sind die Pfandstücke einzeln, oder wenn größere Mengen gleichartiger Gegenstände zum Verkauf gelangen, auch partienweise unter Angabe des Schätzwerts, der im Rahmen der Schätzung überprüften Betriebstauglichkeit des Gegenstands und des geringsten Gebots auszubieten.

(3) Die Zuziehung eines Ausrufers kann unterbleiben.

(4) Die Bieter brauchen kein Vadium zu erlegen.

(BGBl 1995/519)

Versteigerungsanbote

§ 277. (1) Das geringste Gebot ist bei der Versteigerung der halbe Schätzwert; bei Gold- und Silbersachen zumindest der Metallwert.

(2) Anbote, die das geringste Gebot nicht erreichen, dürfen bei der Versteigerung nicht berücksichtigt werden.

(3) Die Bediensteten der Auktionshalle und des Versteigerungshauses sind vom Bieten ausgeschlossen.

(BGBl 1995/519)

Sonderbestimmungen für die Versteigerung im Internet

§ 277a. (1) Die gepfändeten Gegenstände dürfen erst dann im Internet ausgeboten werden, wenn sie

1. geschätzt sind und

2. sich in Verwahrung oder Verkaufsverwahrung befinden oder sonst gewährleistet ist, dass die Gegenstände dem Ersteher übergeben werden können.

(2) Sind mehrere Gegenstände zu versteigern und ist anzunehmen, dass der erzielte Erlös einiger Gegenstände zur Befriedigung der vollstreckbaren Forderungen sämtlicher mittels Verkaufes Exekution führender Gläubiger und zur Deckung aller Nebengebühren dieser Forderungen sowie der Kosten der Exekution hinreicht, so sind vorerst nur diese zu versteigern; § 279 Abs. 1 ist nicht anzuwenden.

(3) Bei der Versteigerung ist anzugeben:

1. der zu versteigernde Gegenstand,

2. das geringste Gebot,

3. der Schätzwert und die im Rahmen der Schätzung überprüfte Betriebstauglichkeit des Gegenstands,

4. eine Frist, bis zu welchem Zeitpunkt Gebote zulässig sind. Diese Frist darf sieben Tage nicht unter- und vier Wochen nicht überschreiten,

5. der Hinweis, ob der Ersteher eine Versendung des Gegenstands auf seine Kosten verlangen kann,

6. die Adresse des Lagerungsorts des Gegenstandes und ein Hinweis, ob und wann er besichtigt werden kann,

7. ein Hinweis auf den Gewährleistungsausschluss und darauf, dass es kein Rücktrittsrecht gibt und dass die Versendung auf Gefahr des Erstehers erfolgt, sowie

8. ein Hinweis auf die Möglichkeit eines Sofortkaufs und den dafür nach § 277b zu zahlenden Preis oder ein Hinweis auf den Ausschluss eines Sofortkaufs. *(BGBl I 2016/100, ab 2. 1. 2017, anzuwenden, wenn das Versteigerungsedikt nach*

dem 1. Jänner 2017 in der Ediktsdatei veröffentlicht wird: § 447 Abs 6)

(4) Der Bekanntmachung ist eine Beschreibung und zumindest ein Foto des Pfandstücks und ein vorhandenes schriftliches Schätzgutachten anzuschließen.

(5) Bei Internetversteigerungen kann vorgesehen werden, dass das vom Bieter abgegebene Gebot ein Höchstgebot ist, innerhalb dessen Gebote als abgegeben gelten, bis das von einem anderen Bieter abgegebene Gebot übertroffen wird. § 179 Abs. 2 zweiter Satz ist nicht anzuwenden. Unzulässig ist die Abgabe von Geboten mittels eines automatisierten Datenverarbeitungsprogramms, das die Gebote beobachtet und unmittelbar vor Ablauf der Frist, innerhalb der Gebote zulässig sind, ein Gebot abgibt, das im Rahmen einer oberen Grenze nach Möglichkeit das aktuelle Höchstgebot überbietet, sodass dem Bieter, der das Programm verwendet, der Zuschlag erteilt wird (Sniper-Programm). Gebote von Personen, die ein solches Programm verwenden, sind unwirksam. *(BGBl I 2016/100, ab 2. 1. 2017, anzuwenden, wenn das Versteigerungsedikt nach dem 1. Jänner 2017 in der Ediktsdatei veröffentlicht wird: § 447 Abs 6)*

(BGBl I 2008/37)

Sofortkauf

§ 277b. Solange kein Gebot abgegeben wurde, kann bei einer Versteigerung im Internet der Gegenstand unter Entfall der Versteigerung zu einem Preis, der den Schätzwert um ein Viertel übersteigt, erworben werden. Dem Käufer ist der Zuschlag zu erteilen. Bei Sachen mit Liebhaberwert kann der Sofortkauf ausgeschlossen werden. Dies ist den Parteien bei Übermittlung des Versteigerungsediktes bekannt zu geben. *(BGBl I 2016/100, ab 2. 1. 2017, anzuwenden, wenn das Versteigerungsedikt nach dem 1. Jänner 2017 in der Ediktsdatei veröffentlicht wird: § 447 Abs 6)*

(BGBl I 2008/37)

Abbruch der Versteigerung

§ 277c. Bei Einstellung oder Aufschiebung der Exekution ist die Versteigerung im Internet abzubrechen, solange kein Gebot abgegeben wurde; danach nur bei einer Einstellung oder Aufschiebung aufgrund eines Widerspruchs Dritter. Der Versteigerer hat in diesen Fällen einem Ersuchen des Gerichts oder Vollstreckungsorgans auf Abbruch der Versteigerung zu entsprechen.

(BGBl I 2008/37; BGBl I 2016/100, ab 2. 1. 2017, anzuwenden, wenn das Versteigerungsedikt nach dem 1. Jänner 2017 in der Ediktsdatei veröffentlicht wird: § 447 Abs 6)

Erteilung des Zuschlags

§ 278. (1) Der Zuschlag an den Meistbietenden erfolgt, wenn ungeachtet einer zweimaligen an die Bieter gerichteten Aufforderung ein höheres Anbot nicht mehr abgegeben wird. Im übrigen sind §§ 177a, 179 , § 180 Abs. 1, 3 und 5 sowie § 181 Abs. 1 und 3 anzuwenden. *(BGBl I 2000/59; BGBl I 2014/69, ab 1. 10. 2014, anzuwenden, wenn die Vereinbarung nach § 177a Abs. 1 nach dem 30. September 2014 abgeschlossen oder abzuschließen versucht wurde.)*

(2) Dem Meistbietenden kann bei Gegenständen nach § 274 Abs. 1, die im Versteigerungshaus oder in der Auktionshalle verkauft werden, eine Zahlungsfrist von acht Tagen eingeräumt werden. Sonstige Gegenstände werden nur gegen Barzahlung verkauft. Dem Ersteher ist auf sein Verlangen eine Bestätigung über den Kauf auszustellen.

(3) Dem Meistbietenden sind die Gegenstände erst nach Bezahlung zu übergeben. Er hat sie sofort danach oder bei der Versteigerung in der Auktionshalle oder einem Versteigerungshaus spätestens am folgenden Tag zu übernehmen und wegzubringen. Hat der Ersteher oder Käufer die Sachen nicht binnen drei Monaten weggebracht, so sind sie auf Beschluss des Gerichts, bei dem die Auktionshalle eingerichtet ist, zu verwerten. Mit dem dabei erzielten Erlös sind die Gerichtskosten und der Lagerzins zu decken. Ein Mehrerlös ist gerichtlich zu erlegen. Der Ersteher hat wegen eines Mangels der veräußerten Sachen keinen Anspruch auf Gewährleistung. *(BGBl I 2003/31)*

(4) Hat der Meistbietende den in bar zu zahlenden Kaufpreis nicht über Aufforderung unverzüglich, sonst bis zum Schluss der Versteigerung erlegt, so kann die Versteigerung ausgehend von dem dem Bietgebot des Meistbietenden vorangehenden Bietgebot weitergeführt werden, wenn dies nach den Umständen tunlich ist; sonst ist die ihm zugeschlagene Sache bei einem neuen Termin neuerlich auszubieten. Der Meistbietende wird bei der neuerlichen Versteigerung zu einem Anbot nicht zugelassen; er haftet für einen etwaigen Ausfall, ohne den Mehrerlös beanspruchen zu können. Für die Hereinbringung des Ausfalls vom Kaufpreis gilt § 155 Abs. 2. *(BGBl I 2008/37, ab 1. 3. 2008, auch auf in diesem Zeitpunkt anhängige Exekutionsverfahren anzuwenden und anzuwenden, wenn die Versteigerung nach dem 29. 2. 2008 stattfindet)*

(BGBl 1995/519)

Zuschlag bei Versteigerung im Internet

§ 278a. Nach Ablauf der Versteigerungsfrist ist der Zuschlag demjenigen zu erteilen, der bei Ablauf dieser Frist das höchste Anbot abgegeben hat. Der Ersteher ist von der Zuschlagserteilung zu verständigen. Er hat wegen eines Mangels der

EO

veräußerten Sache keinen Anspruch auf Gewähr-leistung.

(BGBl I 2008/37, anzuwenden, wenn das Versteigerungsedikt nach dem 29. 2. 2008 erlassen wird)

Schluß der Versteigerung

§ 279. (1) Die Versteigerung wird geschlossen, sobald der erzielte Erlös zur Befriedigung der vollstreckbaren Forderungen sämtlicher mittels Verkaufes Exekution führender Gläubiger und zur Deckung aller Nebengebühren dieser Forderungen sowie der Kosten der Exekution hinreicht.

(2) Für das im Versteigerungstermine aufzunehmende Protokoll haben die Bestimmungen des § 194 Abs. 1 Z. 1 und 2 sinngemäß Anwendung zu finden. Außerdem sind im Protokolle nebst den Ausrufspreisen die erzielten Meistbote und die Käufer anzugeben. *(RGBl 1914/118)*

(Überschrift idF BGBl 1995/519)

Unauffindbarkeit der Pfandsachen

§ 279a. Werden die gepfändeten Gegenstände bei der Überstellung oder der Versteigerung an Ort und Stelle nicht vorgefunden, so hat der Verpflichtete vor Gericht oder vor dem Vollstreckungsorgan anzugeben, wo sich diese Sachen befinden. Das Vollstreckungsorgan hat den Verpflichteten hiezu aufzufordern. § 47 Abs. 2 über die Belehrung, die Protokolleinsicht und die Bestätigung durch den Verpflichteten sowie § 48 und § 346a Abs. 2 sind anzuwenden. Kann dadurch nicht festgestellt werden, wo sich die Sachen befinden, oder ist der Verpflichtete unter Mitnahme der Sachen verzogen und kann das Vollstreckungsorgan durch zumutbare Erhebungen nicht in Erfahrung bringen, wo sich der Verpflichtete aufhält, so wird die Exekution hinsichtlich der nicht vorgefundenen Sachen erst fortgesetzt, sobald der Gläubiger bekannt gibt, wo sich diese Gegenstände befinden. *(BGBl I 2003/31; BGBl I 2004/128; BGBl I 2005/68)*

(BGBl 1929/222, idF BGBl 1995/519)

Neuerlicher Verwertungsversuch

§ 280. (1) Die Auktionshalle und das Versteigerungshaus können von Amts wegen die Gegenstände, für die bei der Versteigerung das geringste Gebot nicht erzielt wurde, binnen einem Monat, bei Gegenständen nach § 274 Abs. 2 innerhalb von drei Monaten nach dem Versteigerungstermin an Käufer, die sich in der Auktionshalle bzw. im Versteigerungshaus melden, ohne Verständigung der Parteien aus freier Hand verkaufen. Die Bestimmungen über das geringste Gebot sind anzuwenden. *(BGBl I 2003/31; BGBl I 2008/37)*

(2) Für Gegenstände, für die bei der Versteigerung das geringste Gebot nicht erzielt wurde, ist auf Antrag des betreibenden Gläubigers ein weiterer Versteigerungstermin festzulegen. Wird auch hiebei das geringste Gebot nicht erzielt, so ist von Amts wegen ein weiterer Versteigerungstermin festzulegen. *(BGBl I 2003/31)*

(3) Meldet sich im Versteigerungstermin eine Person, die ein Interesse am Erwerb eines Gegenstands, für den bei der Versteigerung das geringste Gebot nicht erzielt wurde, hat, so ist der Gegenstand im selben Termin neuerlich auszubieten. *(BGBl 1995/519)*

Ausfolgung und Verwertung unverkaufter Gegenstände

§ 281. (1) Wenn Gegenstände nach § 280 Abs. 1 nicht verkauft oder Gegenstände nach § 280 Abs. 2 nicht versteigert werden können, ist der Verpflichtete schriftlich aufzufordern, sie binnen 14 Tagen abzuholen. Die Gegenstände sind ihm auszufolgen, wenn er der Auktionshalle oder dem Versteigerungshaus die entstandenen Kosten zahlt. *(BGBl I 2016/100, ab 2. 1. 2017, anzuwenden, wenn die Versteigerung nach dem 1. Jänner 2017 stattfindet: § 447 Abs 7)*

(2) Wenn der Verpflichtete die Sachen nicht innerhalb der Frist des Abs. 1 abholt oder die Kosten nach Abs. 1 nicht zahlt, können die Gegenstände auch unter dem geringsten Gebot verkauft werden. Darauf ist der Verpflichtete in der Aufforderung zur Abholung nach Abs. 1 hinzuweisen.

(3) Können die Sachen nicht binnen vier Wochen verkauft werden, so kann das Exekutionsgericht anordnen, daß die Sachen auf Gefahr und Kosten des Verpflichteten einem Dritten in Verwahrung gegeben werden.

(BGBl 1995/519)

Versendung und Ausschluss derselben

§ 281a. (1) Die Versandkosten für die Versendung des im Internet versteigerten Gegenstandes hat der Ersteher zu tragen. Dem Ersteher sind die Versandkosten bekannt zu geben; er hat binnen 14 Tagen das Meistbot samt den Versandkosten zu bezahlen. Nach Zahlungseingang ist der Gegenstand auf Gefahr des Erstehers zu versenden.

(2) Die Übersendung von Gegenständen an den Ersteher darf ausgeschlossen werden, wenn es sich nicht um Gegenstände nach § 259 Abs. 1a handelt oder die Übersendung einen erheblichen Aufwand erfordert. Der Ausschluss ist den Parteien möglichst bei Bekanntgabe des Versteigerungstermins bekannt zu geben. *(BGBl I 2016/100, ab 2. 1. 2017, anzuwenden, wenn das Versteigerungsedikt nach dem 1. Jänner 2017 in der Ediktsdatei veröffentlicht wird: § 447 Abs 6)*

(3) Wird die Versendung ausgeschlossen oder begehrt der Ersteher die Selbstabholung, so hat dieser binnen 14 Tagen ab Verständigung von der Zuschlagserteilung den Gegenstand gegen Bezahlung des Meistbots abzuholen. *(BGBl I 2008/37, anzuwenden, wenn das Versteigerungsedikt nach dem 29. 2. 2008 erlassen wird)*

Nicht abgeholte Gegenstände

§ 281b. Ist der Ersteher bei einer Versteigerung im Internet mit der Abholung oder Bezahlung des Meistbots und der Transportkosten säumig, so ist der Gegenstand neuerlich auszubieten. § 278 Abs. 4 Sätze 2 und 3 sind anzuwenden.

(BGBl I 2008/37, anzuwenden, wenn das Versteigerungsedikt nach dem 29. 2. 2008 erlassen wird)

Einstellung des Verkaufsverfahrens

§ 282. (1) In Ansehung des Abstehens von der Exekution sowie der Einstellung des Verkaufsverfahrens ist § 200 Z 3 und 4 sinngemäß anzuwenden. Bei der Versteigerung im Internet kommt es nicht auf den Beginn der Versteigerung, sondern auf die Abgabe von Geboten an. *(BGBl 1995/519; BGBl I 2000/59; BGBl I 2016/100, ab 2. 1. 2017, anzuwenden, wenn die Versteigerung nach dem 1. Jänner 2017 stattfindet: § 447 Abs 7)*

(2) Im Falle der Fortsetzung des Verkaufsverfahrens gemäß § 206 Absatz 1 sind die Gläubiger, wider welche die Einstellungs- oder Aufschiebungsgrund wirkt, nach Maßgabe des ihnen allenfalls zustehenden Pfandrechtes aus dem Verkaufserlöse zu befriedigen (§ 285 Absatz 3). *(RGBl 1914/118)*

(3) Von der Einstellung des Verkaufsverfahrens sind nur der Verpflichtete und die betreibenden Gläubiger zu verständigen. *(BGBl 1995/519)*

(Überschrift idF BGBl 1995/519)

Aufschiebung der Exekution bei einer Naturkatastrophe

§ 282a. (1) Das Verkaufsverfahren ist aufzuschieben, wenn die Voraussetzungen des § 200b vorliegen.

(2) Die Frist des § 256 Abs. 2 verlängert sich um die Dauer der Aufschiebung.

(BGBl I 2003/31)

Erlös bei Versteigerung durch einen Versteigerer[1]
[1] *Überschrift idF BGBl I 2008/37*

§ 282b. (1) Der Versteigerer hat dem Vollstreckungsorgan den Ausgang der Versteigerung mitzuteilen. Er hat binnen vier Wochen nach Versteigerung oder Verkauf dem Gericht den Erlös abzüglich seiner Kosten zu überweisen. Für spätere Zahlungen sind die gesetzlichen Verzugszinsen zu zahlen. *(BGBl I 2008/37, anzuwenden, wenn das Versteigerungsedikt nach dem 29. 2. 2008 erlassen wird)*

(2) Ist die Berechnung der dem Versteigerungshaus zustehenden Kosten strittig, so hat hierüber das Exekutionsgericht auf Antrag eines Beteiligten zu entscheiden.

(BGBl 1995/519; BGBl I 2003/31, § 282b war früher § 282a)

Verwendung des Verkaufserlöses

§ 283. (1) Aus dem bei der Versteigerung erzielten Erlöse, einschließlich der gemäß § 271 oder § 271a Abs. 1 verfallenen Sicherheit und des vom säumigen Meistbietenden gemäß § 278 Abs. 3 geleisteten Ersatzes, hat das Vollstreckungsorgan, wenn die Exekution nur zu Gunsten desjenigen Gläubigers geführt wird, dem nach Inhalt der Pfändungsakten das alleinige Pfandrecht an den verkauften Gegenständen zusteht, diesem Gläubiger den nach Abzug der Versteigerungs- und Schätzungskosten erübrigenden, zur Befriedigung der vollstreckbaren Forderung samt Nebengebühren erforderlichen Betrag zu übergeben. *(BGBl 1929/222; BGBl I 2005/68)*

(2) Bei verzinslichen Forderungen sind die Zinsen, soweit sie nicht verjährt sind, bis zum Versteigerungstermine zu berechnen.

(3) Die Ausfolgung dieser Beträge an den betreibenden Gläubiger gilt als Zahlung des Verpflichteten.

(4) Ein etwa verbleibender Rest ist, sofern nicht ein nachfolgender Pfandgläubiger inzwischen darauf gegriffen hat, dem Verpflichteten auszufolgen.

Ersatz noch nicht gerichtlich festgestellter Exekutionskosten

§ 284. (1) Begehrt der betreibende Gläubiger den Ersatz von noch nicht gerichtlich festgestellten Exekutionskosten, so hat er gleichzeitig dem Vollstreckungsorgane das Verzeichnis dieser Kosten vorzulegen. Die bezüglichen Kosten sind in diesem Falle auf Anzeige des Vollstreckungsorgans durch das Exekutionsgericht zu bestimmen.

(2) Den nach Angabe des Gläubigers zur Deckung der angesprochenen Kosten erforderlichen Betrag hat das Vollstreckungsorgan zurückzubehalten und bei Gericht zu erlegen. In gleicher Weise ist mit dem Betrage zu verfahren, der vom Vollstreckungsorgan zur Deckung der Versteigerungskosten, einschließlich der für die Abschätzung der versteigerten Gegenstände zu entrichten-

den Sachverständigengebühren, zurückbehalten wird. *(BGBl 1995/519)*

(3) Werden die erlegten Summen durch die dem betreibenden Gläubiger gerichtlich zuerkannten Kosten oder durch die gerichtlich bestimmten Versteigerungs- und Schätzungskosten nicht erschöpft, so ist der Restbetrag zur ferneren Befriedigung des betreibenden Gläubigers oder nach voller Tilgung seiner Ansprüche im Sinne des § 283 letzter Absatz zu verwenden.

(4) Das Begehren um Kostenersatz muß vom betreibenden Gläubiger bei sonstigem Ausschlusse vor Beendigung des Versteigerungstermines gestellt werden.

(Überschrift idF BGBl 1995/519)

Verteilungstagsatzung

§ **285.** (1) Steht dem betreibenden Gläubiger nach Inhalt der Pfändungsakten nicht das alleinige Pfandrecht zu oder hat die Versteigerung zu Gunsten mehrerer betreibender Gläubiger stattgefunden, so ist der Erlös vom Vollstreckungsorgane bei Gericht zu erlegen und vom Exekutionsgerichte zu verteilen. *(BGBl 1929/222; BGBl 1995/519)*

(2) Wenn der Erlös bis zur Verteilung fruchtbringend angelegt wurde, sind die Zinsen zur Verteilungsmasse zu schlagen; desgleichen ist die gemäß § 271 oder § 271a Abs. 1 verfallene Sicherheit und der vom säumigen Meistbietenden gemäß § 278 Abs. 3 geleistete Ersatz in die Verteilungsmasse einzubeziehen. *(BGBl 1929/222; BGBl I 2005/68)*

(3) Die Verteilungstagsatzung ist vom Exekutionsgerichte von Amts wegen anzuberaumen. Zur Tagsatzung sind der Verpflichtete und alle aus den Pfändungsakten ersichtlichen, noch nicht vollständig befriedigten Gläubiger zu laden, deren Pfandrecht nicht bereits gemäß § 256 Absatz 2 erloschen ist. Die Gläubiger sind zugleich aufzufordern, ihre Ansprüche an Kapital, Zinsen, Kosten und sonstigen Nebenforderungen vor oder bei der Tagsatzung anzumelden. Sie haben dazu die zum Nachweis ihrer Ansprüche dienenden Urkunden, falls sich diese nicht schon bei Gericht befinden, spätestens bei der Tagsatzung in Urschrift oder Abschrift vorzulegen. Andernfalls werden ihre Ansprüche bei der Verteilung nur insoweit berücksichtigt, als zu deren Gunsten bereits die Exekution durch Versteigerung bewilligt wurde. Eine nachträgliche Einstellung des Verkaufsverfahrens und die Aufschiebung der Exekution wegen einer Zahlungsvereinbarung nach § 45a hindern eine Berücksichtigung ebenso wie der Umstand, dass die gepfändeten Gegenstände vorerst nicht vorgefunden wurden und auf Antrag eines anderen betreibenden Gläubigers die Versteigerung der später vorgefundenen Gegenstände erfolgte oder dass für Gegenstände bei der Verstei-

gerung das geringste Gebot vorerst nicht erzielt wurde und später auf Antrag eines anderen betreibenden Gläubigers die Gegenstände versteigert wurden. Darüber die Gläubiger in der Aufforderung zu belehren. *(RGBl 1914/118; BGBl I 2000/59; BGBl I 2008/37, anzuwenden, wenn das Edikt über die Verteilungstagsatzung nach dem 31. 12. 2007 erlassen wird)*

(Überschrift idF BGBl 1995/519)

Verteilung

§ **286.** (1) Das Exekutionsgericht hat bei der Verteilung des Erlöses unter sinngemäßer Anwendung der §§ 212 bis 214, 219 bis 221, 223 Absatz 3, 229, 231 bis 234 und 236 vorzugehen.

(2) Aus der Verteilungsmasse sind zu berichtigen

1. die vom Verkaufserlös abhängige Vergütung des Gerichtsvollziehers, hierauf

2. die Kosten der Schätzung, der Überstellung und der Versteigerung und sodann

3. die rechtzeitig angemeldeten Pfandforderungen sowie die vollstreckbaren Forderungen, zu deren Hereinbringung die Versteigerung bewilligt wurde.

Der Betrag der Forderungen ist nach der Anmeldung und deren Belegen sowie nach den gerichtlichen Exekutionsbewilligungen zu berechnen. *(BGBl I 2003/31)*

(3) Unbeschadet des Vorranges, den Zölle, Verbrauchs- und andere öffentliche Abgaben und Vermögensstrafen genießen oder der für einzelne Forderungen durch den Bestand eines gesetzlichen oder vertragsmäßigen Pfandrechtes begründet wird, ist für die Bezahlung der oben bezeichneten Forderungen die nach der gerichtlichen Pfändung zu beurteilende Rangordnung entscheidend.

(4) In Ansehung der Berichtigung von Zinsen, wiederkehrenden Zahlungen, Prozeß- und Exekutionskosten sind die in den §§ 216, 217, 218 Absatz 1 und 219 aufgestellten Grundsätze anzuwenden.

(Überschrift eingefügt durch BGBl 1995/519)

Ausfolgung des Erlöses

§ **287.** Im Verteilungsbeschluß sind die für den Erlös bezugsberechtigten Personen und die diesen auszufolgenden Beträge anzugeben. Diese Beträge sind nach Eintritt der Rechtskraft den bezugsberechtigten Personen auszufolgen. Diese Verfügungen können auch gesondert getroffen werden, insbesondere, wenn hinsichtlich einzelner Posten die Erledigung im Rechtsweg abgewartet werden muß.

(BGBl 1995/519)

Erlös aus Freihandverkauf

§ 288. Die Bestimmungen der §§ 283 bis 287 haben für die Verwendung des Erlöses sinngemäß zu gelten, der bei einem Verkaufe aus freier Hand erzielt wurde. Das Begehren um Kostenersatz muß in diesem Falle vom betreibenden Gläubiger bei sonstigem Ausschlusse innerhalb der im § 74 Absatz 2 festgesetzten Frist gestellt werden. Vor Ablauf dieser Frist darf dem Verpflichteten von dem erzielten Erlöse nichts ausgefolgt werden.

(Überschrift idF BGBl 1995/519)

Rekurs

§ 289. Gegen Beschlüsse, durch die die Verwahrung bewilligt wird, ist kein Rekurs zulässig.

(BGBl 1995/519)

Zweite Abteilung

Exekution auf Geldforderungen

Unpfändbare Forderungen

§ 290. (1) Unpfändbar sind Forderungen auf folgende Leistungen:

1. Aufwandsentschädigungen, soweit sie den in Ausübung der Berufstätigkeit tatsächlich erwachsenden Mehraufwand abgelten, insbesondere für auswärtige Arbeiten, für Arbeitsmaterial und Arbeitsgerät, das vom Arbeitnehmer selbst beigestellt wird, sowie für Kauf und Reinigen typischer Arbeitskleidung;

2. gesetzliche Beihilfen und Zulagen, die zur Abdeckung des Mehraufwands wegen körperlicher oder geistiger Behinderung, Hilflosigkeit oder Pflegebedürftigkeit zu gewähren sind, wie zB das Pflegegeld;

3. Beihilfen des Arbeitsmarktservice, soweit sie nicht unter § 290 a Abs. 1 Z 8 fallen, sowie einem Versehrten gewährte berufliche Maßnahmen der Rehabilitation, die die Fortsetzung der Erwerbstätigkeit ermöglichen; *(BGBl 1994/314)*

4. Ersatz der Kosten, die der Arbeitnehmer für seine Vertretung aufwenden muß;

5. Beiträge für Bestattungskosten;

6. Rückersätze und Kostenvergütungen für Sachleistungsansprüche sowie Kostenersätze aus der gesetzlichen Sozialversicherung und Entschädigungen für aufgewendete Heilungskosten;

7. Leistungen aus dem Unterstützungsfonds und besondere Unterstützungen nach den Sozialversicherungsgesetzen;

8. gesetzliche Beihilfen zur Zahlung des Mietzinses oder zur Deckung des sonstigen Wohnungsaufwands;

9. gesetzliche Familienbeihilfe einschließlich Mehrkindzuschlag und Schulfahrtbeihilfe sowie die nach den jeweils geltenden einkommensteuerrechtlichen Bestimmungen zur Abgeltung gesetzlicher Unterhaltsverpflichtungen gegenüber Kindern auszuzahlenden Absetzbeträge; *(BGBl 1994/624; BGBl I 2003/31)*

10. gesetzliche Leistungen, die aus Anlass der Geburt eines Kindes zu gewähren sind, soweit sie nicht unter § 290a Abs. 1 Z 6 fallen, insbesondere das pauschale Kinderbetreuungsgeld und die Beihilfe zum pauschalen Kinderbetreuungsgeld; *(BGBl 1994/624; BGBl I 2001/103; BGBl I 2011/139)*

11. Beihilfen und Stipendien, die Schülern und Studenten gewährt werden;

12. und 13. *(aufgehoben, BGBl 1994/624)*

14. Leistungen nach dem Kriegsopferversorgungsgesetz und dem Opferfürsorgesetz;

15. Leistungen der Tuberkulosehilfe, soweit es sich nicht um regelmäßige Geldbeihilfen handelt;

16. Ansprüche auf die Arbeitsvergütung nach dem Strafvollzugsgesetz und daraus herrührende Beträge während der Haft, soweit sie nicht unter § 291 d fallen. *(BGBl 1993/799)*

(2) Die Unpfändbarkeit gilt nicht, wenn die Exekution wegen einer Forderung geführt wird, zu deren Begleichung die Leistung widmungsgemäß bestimmt ist.

(3) Die Unpfändbarkeit von Renten und Beihilfen nach Abs. 1 Z 14 gilt nicht bei einer Exekution wegen einer Forderung nach § 291 b Abs. 1 Z 1.

(BGBl 1991/628)

Beschränkt pfändbare Forderungen

§ 290a. (1) Forderungen auf folgende Leistungen dürfen nur nach Maßgabe des § 291 a oder des § 291 b gepfändet werden:

1. Einkünfte aus einem privat- oder öffentlichrechtlichen Arbeitsverhältnis, einem Lehr- oder sonstigen Ausbildungsverhältnis und die gesetzlichen Leistungen an Präsenz- oder Ausbildungs- oder Zivildienstleistende; *(BGBl I 1998/30)*

2. sonstige wiederkehrende Vergütungen für Arbeitsleistungen aller Art, die die Erwerbstätigkeit des Verpflichteten vollständig oder zu einem wesentlichen Teil in Anspruch nehmen;

3. Bezüge, die ein Arbeitnehmer zum Ausgleich für Wettbewerbsbeschränkungen für die Zeit nach Beendigung seines Arbeitsverhältnisses beanspruchen kann;

4. Ruhe-, Versorgungs- und andere Bezüge für frühere Arbeitsleistungen, wie zB die Pensionen aus der gesetzlichen Sozialversicherung einschließlich der Ausgleichszulagen und die gesetzlichen Leistungen an Kleinrentner;

5. gesetzliche Leistungen und satzungsgemäße Mehrleistungen, die aus Anlaß einer Beeinträchtigung der Arbeits- oder Erwerbsfähigkeit zu gewähren sind und Entgeltersatzfunktion haben, insbesondere solche der Sozialversicherung; das sind vor allem

   a) Versehrtenrente,

   b) Versehrtengeld,

   c) Übergangsrente,

   d) Übergangsgeld,

   e) Familien- und Taggeld,

   f) Krankengeld, *(BGBl I 2016/100, ab 2. 1. 2017)*

   g) Rehabilitationsgeld; *(BGBl I 2016/100, ab 2. 1. 2017)*

6. Leistungen der gesetzlichen Sozialversicherung aus dem Versicherungsfall der Mutterschaft, insbesondere das Wochengeld und die Betriebshilfe, sowie das Kinderbetreuungsgeld als Ersatz des Erwerbseinkommens nach dem Kinderbetreuungsgeldgesetz; *(BGBl I 2011/139)*

7. Leistungen, die für die Dauer der Arbeitslosigkeit zu gewähren sind, wie das Arbeitslosengeld, die Notstandshilfe, die Überbrückungshilfe und die erweiterte Überbrückungshilfe nach dem Überbrückungshilfegesetz, das Weiterbildungsgeld sowie die Sonderunterstützung nach dem Sonderunterstützungsgesetz; *(BGBl I 2000/59)*

8. Beihilfen des Arbeitsmarktservice, die zur Deckung des Lebensunterhalts gewährt werden; *(BGBl 1994/314)*

9. wiederkehrende Leistungen aus Versicherungsverträgen, wenn diese Verträge zur Versorgung des Versicherungsnehmers oder seiner unterhaltsberechtigten Angehörigen eingegangen sind;

10. gesetzliche Unterhaltsleistungen;

11. wiederkehrende Leistungen, die auf Grund eines Ausgedingsvertrags oder eines Unterhaltszwecken dienenden Leibrentenvertrags zu gewähren sind;

12. Leistungen wegen Minderung der Erwerbsfähigkeit, für Verdienstentgang, zur Sicherung des Lebensunterhalts und an die Hinterbliebenen für entgangenen Unterhalt, die wegen Tötung, Körperverletzung, Gesundheitsschädigung oder Krankheit zu gewähren sind, insbesondere Schadenersatzrenten.

(2) Die Pfändung der in Abs. 1 genannten Leistungen umfaßt alle Beträge, die im Rahmen des der gepfändeten Forderung zugrunde liegenden Rechtsverhältnisses geleistet werden; insbesondere umfassen die in Abs. 1 Z 1 und 2 genannten Leistungen alle Vorteile aus diesen Tätigkeiten ohne Rücksicht auf ihre Benennung und Berechnungsart.

(3) Gesetzliche Ansprüche auf Vorschüsse sowie der Anspruch auf Insolvenz-Entgelt sind wie die Leistungen, für die der Vorschuß gewährt wird, pfändbar. *(BGBl I 2008/82)*

(BGBl 1991/628)

Sonderzahlungen

§ 290b. Auch vom 14. Monatsbezug (Urlaubszuschuss, Urlaubsbeihilfe, Renten- oder Pensionssonderzahlung, die zu den im April oder Mai bezogenen Renten bzw. Pensionen gebührt, und dergleichen) und vom 13. Monatsbezug (Weihnachtszuwendung, Weihnachtsremuneration, Renten- oder Pensionssonderzahlung, die zu den im September oder Oktober bezogenen Renten bzw. Pensionen gebührt, und dergleichen) hat dem Verpflichteten ein unpfändbarer Freibetrag nach § 291a zu verbleiben. Wird die Sonderzahlung in Teilzahlungen geleistet, so ist der unpfändbare Freibetrag auf die Teilzahlungen entsprechend deren Höhe aufzuteilen. *(BGBl I 2003/31)*

(BGBl 1991/628)

Vorschüsse und Nachzahlungen

§ 290c. (1) Der Drittschuldner kann für die Einbringung eines dem Verpflichteten gewährten Vorschusses den Betrag, der sich aus dem Unterschied zwischen den in § 292 Abs. 4 genannten Beträgen und dem unpfändbaren Freibetrag ergibt, abziehen. Soweit der Vorschuß daraus nicht gedeckt wird, steht dem Drittschuldner auch ein Abzug vom pfändbaren Betrag zu. Der unpfändbare Freibetrag ist so zu berechnen, als ob kein Vorschuß geleistet worden wäre.

(2) Beträge zur Rückzahlung eines vom Drittschuldner zugezählten Gelddarlehens sind den Beträgen zur Einbringung eines Vorschusses gleichzuhalten.

(3) Nachzahlungen sind für den Zeitraum zu berücksichtigen, auf den sie sich beziehen.

(BGBl 1991/628)

Ermittlung der Berechnungsgrundlage

§ 291. (1) Bei der Ermittlung der Berechnungsgrundlage für den unpfändbaren Freibetrag (§ 291a) sind vom Gesamtbezug abzuziehen:

1. Beträge, die unmittelbar auf Grund steuer- oder sozialrechtlicher Vorschriften zur Erfüllung gesetzlicher Verpflichtungen des Verpflichteten abzuführen sind;

1a. Beiträge nach dem Betrieblichen Mitarbeitervorsorgegesetz; *(BGBl I 2003/31)*

2. die der Pfändung entzogenen Forderungen und Forderungsteile;

3. Beiträge, die der Verpflichtete an seine betrieblichen und überbetrieblichen Interessenvertretungen zu entrichten hat und auch entrichtet;

4. Beiträge, die der Verpflichtete zu einer Versicherung, deren Leistungen nach Art und Umfang jenen der gesetzlichen Sozialversicherung entsprechen, für sich oder seine unterhaltsberechtigten Angehörigen leistet, sofern kein Schutz aus der gesetzlichen Pflichtversicherung besteht.

(2) Der sich nach Abs. 1 ergebende Betrag ist abzurunden, und zwar bei Auszahlung für Monate auf einen durch 20, bei Auszahlung für Wochen auf einen durch fünf teilbaren Betrag und bei Auszahlung für Tage auf einen ganzen Betrag. *(BGBl I 2001/98)*

(BGBl 1991/628)

Unpfändbarer Freibetrag [1]

(Existenzminimum)
[1] *Siehe hiezu Tabellen im Anhang.*

§ 291a. (1) Beschränkt pfändbare Forderungen, bei denen der sich nach § 291 ergebende Betrag (Berechnungsgrundlage) bei monatlicher Leistung den Ausgleichszulagenrichtsatz für alleinstehende Personen (§ 293 Abs. 1 lit. a ASVG) nicht übersteigt, haben dem Verpflichteten zur Gänze zu verbleiben (allgemeiner Grundbetrag).

(2) Der Betrag nach Abs. 1 erhöht sich

1. um ein Sechstel, wenn der Verpflichtete keine Leistungen nach § 290b erhält (erhöhter allgemeiner Grundbetrag),

2. um 20% für jede Person, der der Verpflichtete gesetzlichen Unterhalt gewährt (Unterhaltsgrundbetrag); höchstens jedoch für fünf Personen. *(BGBl I 2003/31)*

(3) Übersteigt die Berechnungsgrundlage den sich aus Abs. 1 und 2 ergebenden Betrag, so verbleiben dem Verpflichteten neben diesem Betrag

1. 30% des Mehrbetrags (allgemeiner Steigerungsbetrag) und

2. 10% des Mehrbetrags für jede Person, der der Verpflichtete gesetzlichen Unterhalt gewährt; höchstens jedoch für fünf Personen (Unterhaltssteigerungsbetrag). *(BGBl I 2003/31)*

Der Teil der Berechnungsgrundlage, der das Vierfache des Ausgleichszulagenrichtsatzes (Höchstberechnungsgrundlage) übersteigt, ist jedenfalls zur Gänze pfändbar. *(BGBl I 2003/31)*

(4) Bei täglicher Leistung ist für die Ermittlung des unpfändbaren Freibetrags nach den vorhergehenden Absätzen der 30. Teil des Ausgleichszulagenrichtsatzes, bei wöchentlicher Leistung das Siebenfache des täglichen Betrags heranzuziehen.

(5) Die Grundbeträge sind auf volle Euro abzurunden; der Betrag nach Abs. 3 letzter Satz ist nach § 291 Abs. 2 zu runden.

(BGBl 1991/628; BGBl I 2001/98)

Besonderheiten bei Exekutionen wegen Unterhaltsansprüchen

§ 291b. (1) Bei einer Exekution wegen

1. eines gesetzlichen Unterhaltsanspruchs,

2. eines gesetzlichen Unterhaltsanspruchs, der auf Dritte übergegangen ist,

3. eines Anspruchs auf Ersatz von Aufwendungen, die der Verpflichtete auf Grund einer gesetzlichen Unterhaltspflicht selbst hätte machen müssen (§ 1042 ABGB), sowie wegen

4. der Prozeß- und Exekutionskosten samt allen Zinsen, die durch die Durchsetzung eines Anspruchs nach Z 1 bis 3 entstanden sind, gilt Abs. 2.

(2) Dem Verpflichteten haben 75% des unpfändbaren Freibetrags nach § 291a zu verbleiben, wobei dem Verpflichteten für jene Personen, die Exekution wegen einer Forderung nach Abs. 1 führen, ein Unterhaltsgrund- und ein Unterhaltssteigerungsbetrag nicht gebührt. *(BGBl I 2001/98; BGBl I 2003/31)*

(3) Aus dem Betrag, der sich aus dem Unterschied zwischen den unpfändbaren Freibeträgen bei einer Exekution wegen einer Forderung nach Abs. 1 einerseits und wegen einer sonstigen Forderung andererseits ergibt, sind vorweg die laufenden gesetzlichen Unterhaltsansprüche unabhängig von dem für sie begründeten Pfandrang verhältnismäßig nach der Höhe der laufenden monatlichen Unterhaltsleistung zu befriedigen. Aus dem Rest des Unterschiedsbetrags sind die übrigen in Abs. 1 genannten Forderungen zu befriedigen. *(BGBl I 2003/31)*

(4) Gläubigern, die Exekution wegen einer Forderung nach Abs. 1 führen, stehen Zahlungen aus dem nach § 291a pfändbaren Betrag, aus dem Forderungen nach Abs. 1 und sonstige Forderungen rangmäßig zu befriedigen sind, nur zu, soweit ihre Forderungen aus dem in Abs. 3 genannten Unterschiedsbetrag nicht gedeckt werden. *(BGBl I 2003/31)*

(BGBl 1991/628)

Besonderheiten bei Exekutionen wegen wiederkehrender Leistungen

§ 291c. (1) Die Exekution wegen Forderungen auf wiederkehrende Leistungen, die künftig fällig werden, ist nur für Forderungen

1. nach § 291b Abs. 1 oder

2. auf wiederkehrende Leistungen, die aus Anlaß einer Verletzung am Körper oder an der Gesundheit dem Verletzten oder wegen Tötung seinen Hinterbliebenen zu entrichten sind, zulässig, wenn überdies die Exekution zugleich für bereits fällige Ansprüche dieser Art bewilligt wird.

(2) Die Exekution nach Abs. 1 ist auf Antrag des Verpflichteten einzustellen, wenn er

1. alle fälligen Forderungen gezahlt hat und

2. bescheinigt, daß er künftig seiner Zahlungspflicht nachkommen wird. Das ist insbesondere dann anzunehmen, wenn er die Forderungen für die kommenden zwei Monate

a) entweder auch schon gezahlt oder

b) zugunsten des Gläubigers gerichtlich erlegt hat. Vor der Entscheidung ist der betreibende Gläubiger einzuvernehmen (§ 55 Abs. 1).

(3) Auf Antrag des betreibenden Gläubigers hat das Gericht bei einer neuerlichen Bewilligung der Exekution auszusprechen, daß das Pfandrecht den ursprünglich begründeten Pfandrang, dessen Datum das Gericht anzugeben hat, erhält.

(BGBl 1991/628)

Beschränkt pfändbare einmalige Leistungen

§ 291d. (1) Von allen einmaligen Leistungen zusammen, die dem Verpflichteten bei Beendigung seines Arbeitsverhältnisses vom Arbeitgeber gebühren, insbesondere von der Abfertigung, aber mit Ausnahme der Kündigungsentschädigung, hat dem Verpflichteten ein unpfändbarer Freibetrag nach § 291a zu verbleiben, wobei der erhöhte allgemeine Grundbetrag nach § 291a Abs. 2 Z 1 maßgebend ist. Die Höchstberechnungsgrundlage nach § 291a Abs. 3 vervielfacht sich mit der Anzahl der Monate, für die die Leistung zusteht. Bei einer Abfertigung nach dem Betrieblichen Mitarbeitervorsorgegesetz erhöht sich die Höchstberechnungsgrundlage ab dem vierten Jahr pro Jahr um ein Drittel. Auf Antrag des Verpflichteten hat ihm jenes Vielfache des unpfändbaren Freibetrages zu verbleiben, das der Anzahl der Monate entspricht, für die diese Leistungen nach dem Gesetz zustehen, wenn die Voraussetzungen für eine Zusammenrechnung nicht vorliegen. Der pfändbare Betrag ist dem betreibenden Gläubiger erst nach vier Wochen auszuzahlen. *(BGBl I 2001/98; BGBl I 2003/31)*

(2) Von einmaligen Leistungen, die gewährt werden, wenn kein Anspruch auf eine wiederkehrende Leistung besteht, die aber kraft Gesetzes an die Stelle von wiederkehrenden Leistungen treten, wie insbesondere von

1. der Abfindung für eine Hinterbliebenenpension,

2. der Abfertigung für eine Witwer- oder Witwenpension,

3. der Abfertigung für eine Witwer- oder Witwenrente,

4. der Gesamtvergütung für eine vorläufige Versehrtenrente,

5. dem Versehrtengeld aus der Unfallversicherung und

6. dem Übergangsbetrag,

hat dem Verpflichteten jenes Vielfache des unpfändbaren Freibetrags zu verbleiben, das der Anzahl der Monate, für die diese einmalige Leistung gewährt wird, entspricht, mindestens jedoch der unpfändbare Freibetrag für einen Monat.

(3) Abs. 1 Satz 1 ist auch auf sonstige einmalige Leistungen anzuwenden, wenn diese beschränkt pfändbare Forderungen im Sinn des § 290a sind, die nicht von § 290a Abs. 2 erfaßt werden.

(4) Vom Anspruch auf Auszahlung des Entlassungsgeldes (§ 54 Abs. 5, § 150 Abs. 3 und § 156 Abs. 3 StVG) hat dem Verpflichteten das Sechsfache des unpfändbaren Freibetrags nach § 291a Abs. 2 zu verbleiben. *(BGBl 1993/799; BGBl I 2005/68)*

(BGBl 1991/628)

Einmalige Vergütung für persönlich geleistete Arbeiten

§ 291e. (1) Ist eine nicht wiederkehrende Vergütung für persönlich geleistete Arbeiten, die die Erwerbstätigkeit des Verpflichteten vollständig oder zu einem wesentlichen Teil in Anspruch nehmen, gepfändet, so hat das Exekutionsgericht dem Verpflichteten auf seinen Antrag so viel zu belassen, wie er während eines angemessenen Zeitraums für seinen notwendigen Unterhalt sowie den Unterhalt der Personen, denen er gesetzlichen Unterhalt gewährt, bedarf. Bei der Entscheidung sind die wirtschaftlichen Verhältnisse des Verpflichteten, insbesondere seine sonstigen Verdienstmöglichkeiten, frei zu würdigen. Dem Verpflichteten ist nicht mehr zu belassen, als ihm nach freier Überzeugung im Sinn des § 273 ZPO verbleiben würde, wenn er Einkünfte im Sinn des § 290a in der Höhe der Vergütung hätte. Der Antrag des Verpflichteten ist insoweit abzuweisen, als die Gefahr besteht, daß der betreibende Gläubiger dadurch schwer geschädigt werden könnte.

(2) Abs. 1 gilt entsprechend für gepfändete Vergütungen, die dem Verpflichteten für die Gewährung einer Wohngelegenheit oder für die sonstige Benützung einer Sache geschuldet werden, aber zu einem nicht unwesentlichen Teil auch als Entgelt für Arbeitsleistungen, die vom Verpflichteten erbracht wurden, anzusehen sind.

(BGBl 1991/628)

Zusammenrechnung – Sachleistungen

§ 292. (1) Hat der Verpflichtete gegen einen Drittschuldner mehrere beschränkt pfändbare Geldforderungen oder beschränkt pfändbare Geldforderungen und Ansprüche auf Sachleistungen, so hat sie der Drittschuldner zusammenzurechnen.

(2) Hat der Verpflichtete gegen verschiedene Drittschuldner beschränkt pfändbare Geldforderungen oder beschränkt pfändbare Geldforderungen und Ansprüche auf Sachleistungen, so hat das Gericht auf Antrag die Zusammenrechnung anzuordnen.

(3) Bei der Zusammenrechnung mehrerer beschränkt pfändbarer Geldforderungen gegen verschiedene Drittschuldner sind die unpfändbaren Grundbeträge in erster Linie für die Forderung zu gewähren, die die wesentliche Grundlage der Lebenshaltung des Verpflichteten bildet. Das Gericht hat den Drittschuldner zu bezeichnen, der die unpfändbaren Grundbeträge zu gewähren hat.

(3a) Übersteigt keine der beschränkt pfändbaren Geldforderungen die unpfändbaren Grundbeträge, so hat das Gericht die unpfändbaren Grundbeträge aufzuteilen und die Höhe des von den Drittschuldnern zu gewährenden Teils festzulegen. Ist ein Unterschreiten des zu gewährenden Teils der unpfändbaren Grundbeträge zu erwarten, so hat das Gericht dem Drittschuldner aufzutragen, ein solches Unterschreiten bekanntzugeben. Das Gericht hat sodann die unpfändbaren Grundbeträge von Amts wegen neu aufzuteilen. Beantragt der Verpflichtete bei seiner Einvernahme eine Erhöhung des unpfändbaren Betrages wegen zu erwartender Steuermehrbelastungen, so ist darüber zugleich mit dem Zusammenrechnungsbeschluss zu entscheiden. *(BGBl I 2016/100, ab 2. 1. 2017, anzuwenden, wenn der Antrag auf Zusammenrechnung nach dem 1. Jänner 2017 bei Gericht eingebracht wird: § 447 Abs 8)*

(4) Bei der Zusammenrechnung von beschränkt pfändbaren Geldforderungen mit Ansprüchen auf Sachleistungen vermindert sich der unpfändbare Freibetrag der Gesamtforderung um den Wert der dem Verpflichteten verbleibenden Sachleistungen. Dem Verpflichteten hat jedoch von den Geldforderungen mindestens der halbe allgemeine Grundbetrag nach § 291a Abs. 1 oder § 291b Abs. 2 in Verbindung mit § 291a Abs. 1 zu verbleiben. *(BGBl I 2001/98; BGBl I 2003/31; BGBl I 2005/68)*

(5) Das Exekutionsgericht hat den Wert der Sachleistungen bei einer Zusammenrechnung

1. nach Abs. 1 auf Antrag,

2. nach Abs. 2 von Amts wegen zugleich mit der Anordnung der Zusammenrechnung

nach freier Überzeugung im Sinn des § 273 ZPO festzulegen, wobei der gesetzliche Naturalunterhalt so zu bewerten ist, als ob der Unterhalt in Geld zu leisten wäre.

(BGBl 1991/628)

Erhöhung des unpfändbaren Betrags

§ 292a. Das Exekutionsgericht hat auf Antrag den unpfändbaren Freibetrag angemessen zu erhöhen, wenn dies mit Rücksicht auf

1. wesentliche Mehrauslagen des Verpflichteten, insbesondere wegen Hilflosigkeit, Gebrechlichkeit oder Krankheit des Verpflichteten oder seiner unterhaltsberechtigten Familienangehörigen, oder

2. unvermeidbare Wohnungskosten, die im Verhältnis zu dem Betrag, der dem Verpflichteten zur Lebensführung verbleibt, unangemessen hoch sind, oder

3. besondere Aufwendungen des Verpflichteten, die in sachlichem Zusammenhang mit seiner Berufsausübung stehen, oder

4. einen Notstand des Verpflichteten infolge eines Unglücks- oder eines Todesfalls oder

5. besonders umfangreiche gesetzliche Unterhaltspflichten des Verpflichteten

dringend geboten ist und nicht die Gefahr besteht, daß der betreibende Gläubiger dadurch schwer geschädigt werden könnte.

(BGBl 1991/628)

Herabsetzung des unpfändbaren Betrags

§ 292b. Das Exekutionsgericht hat auf Antrag

1. den für Forderungen nach § 291 b Abs. 1 geltenden unpfändbaren Freibetrag angemessen herabzusetzen, wenn laufende gesetzliche Unterhaltsforderungen durch die Exekution nicht zur Gänze hereingebracht werden können;

2. auszusprechen, daß eine Unterhaltpflicht nicht zu berücksichtigen ist, soweit deren Höhe den hiefür gewährten unpfändbaren Grund- und Steigerungsbetrag nicht erreicht;

3. den unpfändbaren Freibetrag herabzusetzen, wenn der Verpflichtete im Rahmen des Arbeitsverhältnisses Leistungen von Dritten erhält, die nicht von § 290 a Abs. 2 erfaßt werden.

(BGBl 1991/628)

Änderung der Voraussetzungen der Unpfändbarkeit

§ 292c. Das Exekutionsgericht hat auf Antrag die Beschlüsse, die den unpfändbaren Freibetrag festlegen, entsprechend zu ändern, wenn

1. sich die für die Berechnung des unpfändbaren Freibetrags maßgebenden Verhältnisse geändert haben oder

2. diese Verhältnisse dem Gericht bei der Beschlußfassung nicht vollständig bekannt waren.

(BGBl 1991/628)

EO

Auszahlung des Entgelts an Dritte

§ 292d. Wenn

1. der Verpflichtete für den Drittschuldner Arbeitsleistungen erbringt,

2. sich der Drittschuldner dafür verpflichtet hat, als Entgelt an einen Dritten wiederkehrende Leistungen zu erbringen, und

3. auf Grund eines Exekutionstitels gegen den Verpflichteten die Pfändung des Entgeltsanspruchs des Verpflichteten bewilligt wurde, erstrecken sich die Wirkungen des Pfandrechts auch auf den Anspruch des Dritten, der ihm gegen den Drittschuldner zusteht. Der Anspruch des Dritten wird insoweit erfaßt, als ob er dem Verpflichteten zustehen würde. Die Exekutionsbewilligung ist mit dem Verfügungsverbot dem Drittberechtigten ebenso wie dem Verpflichteten zuzustellen.

(BGBl 1991/628)

Verschleiertes Entgelt

§ 292e. (1) Erbringt der Verpflichtete dem Drittschuldner in einem ständigen Verhältnis Arbeitsleistungen, die nach Art und Umfang üblicherweise vergütet werden, ohne oder gegen eine unverhältnismäßig geringe Gegenleistung, so gilt im Verhältnis des betreibenden Gläubigers zum Drittschuldner ein angemessenes Entgelt als geschuldet.

(2) Bei der Bemessung des Entgelts ist insbesondere auf

1. die Art der Arbeitsleistung,

2. die verwandtschaftlichen oder sonstigen Beziehungen zwischen dem Drittschuldner und dem Verpflichteten und

3. die wirtschaftliche Leistungsfähigkeit des Drittschuldners

Rücksicht zu nehmen. Die wirtschaftliche Existenz des Drittschuldners darf nicht beeinträchtigt werden. Das Entgelt gilt ab dem Zeitpunkt der Pfändung als vereinbart.

(BGBl 1991/628)

[Tabelle der unpfändbaren Freibeträge]

§ 292f. *(aufgehoben, BGBl I 2003/31, die Veröffentlichung der Tabelle erfolgt auf der Home-Page des BMJ.)*

Siehe Tabellen im Anhang

Bekanntmachung von Zuschlägen

§ 292g. *(aufgehoben, BGBl I 2003/31)*

Kosten des Drittschuldners für die Berechnung

§ 292h. (1) Dem Drittschuldner steht für die Berechnung des unpfändbaren Teils einer beschränkt pfändbaren Geldforderung

1. bei der ersten Zahlung an den betreibenden Gläubiger 2% von dem dem betreibenden Gläubiger zu zahlenden Betrag, höchstens jedoch 8 Euro,

2. bei den weiteren Zahlungen 1%, höchstens jedoch 4 Euro, *(BGBl I 2001/98)*

zu. Dieser Betrag ist von dem dem Verpflichteten zustehenden Betrag einzubehalten, sofern dadurch der unpfändbare Betrag nicht geschmälert wird; sonst von dem dem betreibenden Gläubiger zustehenden Betrag.

(2) Ist die Berechnung des dem Drittschuldner nach Abs. 1 zustehenden Betrags strittig, so hat hierüber das Exekutionsgericht auf Antrag eines Beteiligten zu entscheiden.

(3) In den Fällen des § 75 hat der betreibende Gläubiger dem Verpflichteten auf dessen Verlangen die Beträge zu ersetzen, die dem Drittschuldner nach Abs. 1 zugekommen sind.

(BGBl 1991/628)

Kontenschutz

§ 292i. (1) Werden beschränkt pfändbare Geldforderungen auf das Konto des Verpflichteten bei einer Bank oder der Österreichischen Postsparkasse überwiesen, so ist eine Pfändung des Guthabens auf Antrag des Verpflichteten vom Exekutionsgericht insoweit aufzuheben, als das Guthaben dem der Pfändung nicht unterworfenen Teil der Einkünfte für die Zeit von der Pfändung bis zum nächsten Zahlungstermin entspricht.

(2) Wird ein bei einer Bank oder der Österreichischen Postsparkasse gepfändetes Guthaben eines Verpflichteten, der eine natürliche Person ist, dem betreibenden Gläubiger überwiesen, so darf erst 14 Tage nach der Zustellung des Überweisungsbeschlusses an den Drittschuldner aus dem Guthaben an den betreibenden Gläubiger geleistet oder der Betrag hinterlegt werden.

(3) Das Exekutionsgericht hat die Pfändung des Guthabens für den Teil vorweg aufzuheben, dessen der Verpflichtete bis zum nächsten Zahlungstermin dringend bedarf, um seinen notwendigen Unterhalt zu bestreiten und seine laufenden gesetzlichen Unterhaltspflichten zu erfüllen. Der vorweg freigegebene Teil des Guthabens darf den Betrag nicht übersteigen, der dem Verpflichteten voraussichtlich nach Abs. 1 zu belassen ist. Der Verpflichtete hat glaubhaft zu machen, daß beschränkt pfändbare Geldforderungen auf das Konto überwiesen worden sind und daß die Voraussetzungen des Satzes 1 vorliegen. Der betreibende Gläubiger ist nicht einzuvernehmen, wenn

der damit verbundene Aufschub dem Verpflichteten nicht zuzumuten ist.

(BGBl 1991/628)

Bestimmungen für die Berechnung durch den Drittschuldner

§ 292j. (1) Die Zahlung des Drittschuldners wirkt schuldbefreiend, wenn ihn weder Vorsatz noch grobe Fahrlässigkeit trifft. Dies ist jedenfalls gegeben, wenn der Drittschuldner nach dem Inhalt des Beschlusses, der den unpfändbaren Freibetrag festlegt, leistet.

(1a) Zahlt der Drittschuldner

1. in den ersten beiden Monaten des Kalenderjahres entsprechend den im Vorjahr gültigen Beträgen oder

2. während des ganzen Jahres entsprechend den im Jänner geltenden Beträgen,

so wirkt dies schuldbefreiend. *(BGBl I 2001/98)*

(2) Der Drittschuldner hat bei der Berücksichtigung der Unterhaltspflichten von den Angaben des Verpflichteten auszugehen, solange ihm deren Unrichtigkeit nicht bekannt ist.

(3) Der Drittschuldner darf Entschädigungen nach § 290 Abs. 1 Z 1 höchstens mit einem der Werte berücksichtigen, die

1. im Steuer- oder

2. im Sozialversicherungsrecht oder

3. in Rechtsvorschriften und Kollektivverträgen, die für einen Personenkreis gelten, dem der Verpflichtete angehört,

vorgesehen sind.

(4) Der Drittschuldner hat bei der Berücksichtigung von Sachleistungen einen der in Abs. 3 genannten Werte zugrunde zu legen.

(5) Der Drittschuldner kann den Gesamtbetrag einer Forderung als pfändungsfrei behandeln, wenn die nicht gerundete Berechnungsgrundlage den unpfändbaren Betrag um nicht mehr als

1. 10 Euro monatlich,

2. 2,5 Euro wöchentlich,

3. 0,5 Euro täglich

übersteigt. *(BGBl I 2001/98)*

(BGBl 1991/628)

Entscheidung des Exekutionsgerichts – Antragsberechtigung

§ 292k. (1) Das Exekutionsgericht hat auf Antrag – in den Fällen der Z 1 und 2 nach freier Überzeugung im Sinn des § 273 ZPO – zu entscheiden,

1. ob bei der Berechnung des unpfändbaren Freibetrags Unterhaltspflichten zu berücksichtigen sind oder

2. ob und inwieweit ein Bezug oder Bezugsteil pfändbar ist, insbesondere auch, ob die Entschädigungen nach § 290 Abs. 1 Z 1 dem tatsächlich erwachsenen Mehraufwand entsprechen, oder

3. ob an der Gehaltsforderung oder einer anderen in fortlaufenden Bezügen bestehenden Forderung, deren Pfändung durch das Gericht bewilligt wurde, tatsächlich ein Pfandrecht begründet wurde.

(2) Der Drittschuldner kann die von einem Antrag nach Abs. 1 erfaßten Beträge bis zur rechtskräftigen Entscheidung des Gerichts zurückbehalten.

(3) Antragsberechtigt sind neben den Parteien:

1. der Drittschuldner für einen Antrag nach Abs. 1 sowie auf Änderung der Beschlüsse, die den unpfändbaren Freibetrag festlegen, nach § 292 c,

2. ein Dritter, dem der Verpflichtete gesetzlichen Unterhalt zu gewähren hat, für einen Antrag nach Abs. 1 Z 1, auf Erhöhung des unpfändbaren Betrags nach § 292 a sowie auf Änderung der Beschlüsse, die den unpfändbaren Freibetrag festlegen, nach § 292 c,

3. ein betreibender Gläubiger sonstiger Forderungen, der einem betreibenden Gläubiger, der wegen einer Forderung nach § 291 b Abs. 1 Exekution führt, nachfolgt, für einen Antrag nach § 292 c.

In diesen Fällen hat jede Partei ihre Kosten selbst zu tragen.

(4) Vor der Entscheidung über Anträge nach Abs. 1, auf Zusammenrechnung und Festlegung des Werts der Sachleistungen nach § 292, auf Erhöhung des unpfändbaren Betrags nach § 292 a, auf Herabsetzung des unpfändbaren Betrags nach § 292 b und auf Änderung der Beschlüsse, die den unpfändbaren Freibetrag festlegen, nach § 292 c sind die Parteien einzuvernehmen (§ 55 Abs. 1). In diesen Verfahren kann der betreibende Gläubiger den Ersatz seiner Kosten nur nach den Bestimmungen der ZPO und nur insoweit beanspruchen, als der Verpflichtete dem Antrag nicht zustimmt. Dies gilt auch sinngemäß für einen Anspruch des Verpflichteten auf Kostenersatz.

(BGBl 1991/628)

Aufstellung über die offene Forderung

§ 292l. (1) Der Drittschuldner ist berechtigt, bei Gehaltsforderungen oder anderen in fortlaufenden Bezügen bestehenden Forderungen nach vollständiger Zahlung der in der Exekutionsbewilligung genannten festen Beträge das Zahlungsverbot nicht weiter zu berücksichtigen, bis er vom betreibenden Gläubiger eine Aufstellung über die offene Forderung gegen den Verpflichteten erhält; diese Aufstellung ist auch dem Verpflichteten zu übersenden. Der Drittschuldner hat dem betreibenden Gläubiger mindestens vier Wochen vorher schriftlich anzukündigen, daß er von diesem Recht Gebrauch machen wird. Kommt dem Drittschuldner eine Aufstellung über die offene Forderung nicht zu, so ist auf seinen Antrag die Exekution einzustellen. Vor der Entscheidung ist der betreibende Gläubiger einzuvernehmen (§ 55 Abs. 1). *(BGBl I 2014/69, ab 1. 10. 2014, anzuwenden, wenn der Antrag auf Einstellung nach dem 30. September 2014 bei Gericht einlangt.)*

(2) Der betreibende Gläubiger hat dem Verpflichteten binnen vier Wochen nach dessen schriftlicher Aufforderung eine Quittung über die erhaltenen Beträge zu übersenden und die Höhe der offenen Forderung bekanntzugeben. Die Aufstellung über die Höhe der offenen Forderung ist auch dem Drittschuldner zu übersenden. Eine neuerliche Abrechnung darf der Verpflichtete erst nach Ablauf eines Jahres oder nach Tilgung der festen Beträge verlangen. Kommt der betreibende Gläubiger der Aufforderung nicht nach, so hat das Exekutionsgericht auf Antrag des Verpflichteten die Exekution einzustellen. Vor der Entscheidung ist der betreibende Gläubiger einzuvernehmen (§ 55 Abs. 1).

(3) Der Drittschuldner kann in den Fällen der Abs. 1 und 2 entsprechend der Aufstellung über die Höhe der offenen Forderung schuldbefreiend zahlen.

(4) Die Verpflichtung des betreibenden Gläubigers, eine Quittung und eine Aufstellung über die Höhe der offenen Forderung nach Abs. 1 und 2 zu übersenden, besteht nicht, wenn die Exekution nur zur Hereinbringung des laufenden gesetzlichen Unterhalts oder anderer wiederkehrender Leistungen geführt wird. *(BGBl 1991/628)*

Zwingendes Recht

§ 293. (1) Die Anwendung der Pfändungsbeschränkungen kann durch ein zwischen dem Verpflichteten und dem Gläubiger getroffenes Übereinkommen weder ausgeschlossen noch beschränkt werden.

(2) Jede diesen Vorschriften widersprechende Verfügung durch Abtretung, Anweisung, Verpfändung oder durch ein anderes Rechtsgeschäft ist ohne rechtliche Wirkung.

(3) Die Aufrechnung gegen den der Exekution entzogenen Teil der Forderung ist, abgesehen von den Fällen, wo nach bereits bestehenden Vorschriften Abzüge ohne Beschränkung auf den der Exekution unterliegenden Teil gestattet sind, nur zulässig zur Einbringung eines Vorschusses, einer im rechtlichen Zusammenhange stehenden Gegen-

forderung oder einer Schadenersatzforderung, wenn der Schade vorsätzlich zugefügt wurde.

(4) Ein Übereinkommen, wodurch einer Forderung bei ihrer Begründung oder später die Eigenschaft einer Forderung anderer Art beigelegt wird, um sie ganz oder teilweise der Exekution oder der Veranschlagung bei Berechnung des der Exekution unterliegenden Teiles von Gesamtbezügen zu entziehen, ist ohne rechtliche Wirkung. *(BGBl 1922/460)*

(BGBl 1991/628)

Pfändung

§ 294. (1) Die Exekution auf Geldforderungen des Verpflichteten erfolgt durch Pfändung und Überweisung. Sofern nicht die Bestimmung des § 296 zur Anwendung kommt, geschieht die Pfändung dadurch, daß das Gericht, welches die Exekution bewilligt, dem Drittschuldner verbietet, an den Verpflichteten zu bezahlen. Zugleich ist dem Verpflichteten selbst jede Verfügung über seine Forderung sowie über das für dieselbe etwa bestellte Pfand und insbesondere die Einziehung der Forderung zu untersagen. Ihm ist aufzutragen, bei beschränkt pfändbaren Geldforderungen unverzüglich dem Drittschuldner allfällige Unterhaltspflichten und das Einkommen der Unterhaltsberechtigten bekanntzugeben. *(BGBl 1991/628)*

(2) Sowohl dem Drittschuldner wie dem Verpflichteten ist hiebei mitzuteilen, daß der betreibende Gläubiger an der betreffenden Forderung ein Pfandrecht erworben hat. Die Zustellung des Zahlungsverbotes ist nach den Vorschriften über die Zustellung von Klagen vorzunehmen. *(RGBl 1914/118)*

(3) Die Pfändung ist mit Zustellung des Zahlungsverbotes an den Drittschuldner als bewirkt anzusehen. Wird das Zahlungsverbot einem Konzernunternehmen zugestellt, das nicht Schuldner der im Exekutionsantrag genannten Forderung ist und ist Schuldner dieser Forderung ein anderes Unternehmen im selben Konzern, so ist der Empfänger des Zahlungsverbots berechtigt, dieses und den Auftrag zur Drittschuldnererklärung auf Gefahr des betreibenden Gläubigers an das andere Konzernunternehmen weiterzuleiten. Er hat den betreibenden Gläubiger von der Weiterleitung zu verständigen. *(RGBl 1914/118; BGBl I 2005/68)*

(4) Der Drittschuldner kann das Zahlungsverbot mit Rekurs anfechten oder dem Exekutionsgericht anzeigen, daß die Exekutionsführung nach den bestehenden Vorschriften unzulässig sei. *(BGBl 1991/628)*

Unbekannter Drittschuldner

§ 294a. (1) Behauptet der Gläubiger, daß dem Verpflichteten Forderungen im Sinn des § 290 a zustünden, er jedoch den bzw. die Drittschuldner nicht kenne, so gelten nachstehende Besonderheiten:

1. Der Drittschuldner muß im Exekutionsantrag nicht, die Forderung muß nicht näher bezeichnet sein. Es ist jedoch das Geburtsdatum des Verpflichteten anzugeben.

2. Das Exekutionsgericht hat den Dachverband der Sozialversicherungsträger um die Bekanntgabe zu ersuchen, ob nach den bei ihm gespeicherten Daten (§ 31 Abs. 4 Z 3 ASVG) der Verpflichtete in einer Rechtsbeziehung steht, aus der ihm Forderungen im Sinn des § 290a zustehen können, und bejahendenfalls mit wem. *(BGBl 1995/519; BGBl I 2018/100, s. § 720 ASVG ab 1.1.2020: Dachverband der Sozialversicherungsträger statt Hauptverband der österreichischen Sozialversicherungsträger)*

3. Gibt der Dachverband der Sozialversicherungsträger einen oder mehrere mögliche Drittschuldner bekannt, so hat das Gericht mit den in § 294 vorgesehenen Zustellungen an den Verpflichteten und den bzw. die Drittschuldner vorzugehen. *(BGBl I 2018/100, s. § 720 ASVG ab 1.1.2020: Dachverband der Sozialversicherungsträger statt Hauptverband der österreichischen Sozialversicherungsträger) (BGBl 1991/628)*

(2) Ein Exekutionsantrag nach Abs. 1 darf vor Ablauf eines Jahres nach seiner Einbringung nur dann wiederholt werden, wenn glaubhaft gemacht wird, daß der Verpflichtete inzwischen eine derartige Forderung erworben hat.

(3) Die Meldebehörden haben Personen, die ihnen eine Ausfertigung eines Exekutionstitels oder eine Ablichtung hievon vorlegen, aus dem Melderegister Auskunft über das Geburtsdatum des im Exekutionstitel genannten Schuldners zu erteilen.

(4) Die Anfrage an den Dachverband der Sozialversicherungsträger und dessen Antwort sind mit Hilfe automationsunterstützter Datenverarbeitung durchzuführen. Hiefür gilt: *(BGBl I 2018/100)*

1. Der Bundesminister für Justiz wird ermächtigt, im Einvernehmen mit dem Bundesminister für soziale Verwaltung und nach Anhörung des Dachverbandes der Sozialversicherungsträger die Durchführung der Anfrage und ihrer Beantwortung näher zu regeln, um ihre rasche, richtige und kostensparende Durchführung sicherzustellen *(BGBl I 2018/100, s. § 720 ASVG ab 1.1.2020: Dachverband der Sozialversicherungsträger statt Hauptverband der österreichischen Sozialversicherungsträger)*

2. Die Sozialversicherungsträger und deren Verband sind verpflichtet, die in Abs. 1 Z 2 angeführten Daten den Gerichten zu übermitteln. *(BGBl I 2018/100, s. § 720 ASVG ab 1.1.2020: Dachverband der Sozialversicherungsträger statt*

Hauptverband der österreichischen Sozialversicherungsträger)

(BGBl 1986/71)

Pfändung von Forderungen gegen eine juristische Person des öffentlichen Rechts

§ 295.[1] (1) Wird auf eine Geldforderung Exekution geführt, die dem Verpflichteten gegen eine juristische Person des öffentlichen Rechts gebührt, so ist das Zahlungsverbot der Stelle, die zur Anweisung der betreffenden Zahlung berufen ist, und auf Antrag des betreibenden Gläubigers auch dem Organe (Kasse oder Rechnungsdepartement, Rechnungsabteilung), das zur Liquidierung der dem Verpflichteten gebührenden Zahlung berufen ist, zuzustellen. Mit der Zustellung des Zahlungsverbotes an die anweisende Stelle ist die Pfändung als bewirkt anzusehen. Die Angabe des zur Liquidierung berufenen Organs obliegt dem betreibenden Gläubiger. Inwiefern dieses Organ infolge eines empfangenen Zahlungsverbotes die Auszahlung fälliger Beträge an den Verpflichteten vorläufig zurückzuhalten befugt ist, bestimmt sich nach den dafür bestehenden Vorschriften. *(RGBl 1914/118)*

(2) Ergibt sich aus den sonstigen Angaben im Exekutionsantrag, insbesondere über die Art der zu pfändenden Forderung, daß der Empfänger des Zahlungsverbots für diese Forderung nicht anweisende Stelle im Sinn des Abs. 1 ist, so hat er das Zahlungsverbot und den Auftrag zur Drittschuldnererklärung der anweisenden Stelle auf Gefahr des betreibenden Gläubigers weiterzuleiten, wenn er die anweisende Stelle kennt und beide Stellen zur selben juristischen Person des öffentlichen Rechts gehören.

(BGBl 1991/628)

---

[1] Vgl RGBl 1897/250, JMVBl 1899/56, BGBl 1978/123.

Pfändung von Forderungen aus Papieren

§ 296. (1) Die Pfändung von Forderungen aus indossablen Papieren sowie solchen, deren Geltendmachung sonst an den Besitz des über die Forderung errichteten Papiers gebunden ist, wird dadurch bewirkt, daß das Vollstreckungsorgan diese Papiere zufolge Auftrags des Exekutionsgerichts unter Aufnahme eines Pfändungsprotokolls (§§ 253, 254 Abs. 1) an sich nimmt und bei Gericht erlegt. *(BGBl 1991/628)*

(2) Für eine später zu Gunsten eines andern Gläubigers bewilligte Pfändung derselben Forderung gilt die Bestimmung des § 257.

(Überschrift eingefügt durch BGBl 1991/628) Vgl § 264a EO

Sonderbestimmungen für bei Gericht erliegende Papiere

§ 297. (1) Präsentationen, Protesterhebungen, Notifikationen und sonstige Handlungen zur Erhaltung oder Ausübung der Rechte aus den im § 296 bezeichneten Papieren sind, insolange das Papier bei Gericht erliegt, zufolge Ermächtigung des Exekutionsgerichtes durch das Vollstreckungsorgan an Stelle des Verpflichteten vorzunehmen. Die Ermächtigung, solche Handlungen mit Rechtswirksamkeit vorzunehmen, kann dem Vollstreckungsorgan von Amts wegen oder auf Antrag des Verpflichteten oder des betreibenden Gläubigers erteilt werden.

(2) Insbesondere kann das Vollstreckungsorgan vom Exekutionsgerichte, falls Gefahr im Verzuge ist, ermächtigt werden, die fällige Forderung aus einem derartigen bei Gericht erliegenden Papier einzuziehen. Die eingehenden Beträge sind gerichtlich zu hinterlegen; das für den betreibenden Gläubiger an der Forderung begründete Pfandrecht erstreckt sich auf diese Forderungseingänge.

(3) Wenn die Einklagung der Forderung zur Unterbrechung der Verjährung oder zur Vermeidung sonstiger Nachteile nötig erscheint, hat das Exekutionsgericht von Amts wegen oder auf Antrag zu diesem Zwecke einen Kurator zu bestellen.

(Überschrift eingefügt durch BGBl 1991/628)

Verwahrung eines Handpfands

§ 298. Ein für die gepfändete Forderung bestelltes Handpfand ist auf Antrag des betreibenden Gläubigers in Verwahrung zu nehmen (§ 259). Der Antrag auf Einleitung der Verwahrung kann mit dem Antrage auf Bewilligung der Forderungspfändung verbunden oder abgesondert nach Bewilligung der Pfändung beim Exekutionsgerichte gestellt werden.

(Überschrift eingefügt durch BGBl 1991/628)

Umfang des Pfandrechts

§ 299. (1) Das Pfandrecht, welches durch die Pfändung einer Gehaltsforderung oder einer andern in fortlaufenden Bezügen bestehenden Forderung erworben wird, erstreckt sich auch auf die nach der Pfändung fällig werdenden Bezüge, das an einer verzinslichen Forderung erwirkte Pfandrecht auf die nach der Pfändung fällig werdenden Zinsen. Wird ein Arbeitsverhältnis oder ein anderes Rechtsverhältnis, das einer in fortlaufenden Bezügen bestehenden Forderung zugrunde liegt, nicht mehr als ein Jahr unterbrochen, so erstreckt sich die Wirksamkeit des Pfandrechts auch auf die gegen denselben Drittschuldner nach der Unterbrechung entstehenden und fällig werdenden Forderungen. Es gilt auch als Unterbrechung, wenn der Anspruch neuerlich geltend zu machen

ist. Eine Karenzierung ist jedoch keine Unterbrechung. *(BGBl 1994/624; BGBl I 2005/68)*

(2) Durch Pfändung eines Diensteinkommens wird insbesondere auch dasjenige Einkommen getroffen, welches der Verpflichtete infolge einer Erhöhung seiner Bezüge, infolge Übertragung eines neuen Amtes, Versetzung in ein anderes Amt oder infolge Versetzung in den Ruhestand erhält. Diese Bestimmung findet jedoch auf den Fall der Änderung des Dienstherrn keine Anwendung. Sinkt das Arbeitseinkommen unter den unpfändbaren Betrag, übersteigt es aber wieder diesen Betrag, so erstreckt sich die Wirksamkeit des Pfandrechts auch auf die erhöhten Bezüge. Diese Bestimmungen gelten hinsichtlich der Erhöhung der Bezüge und des Satzes 3 auch für andere Forderungen, die in fortlaufenden Bezügen bestehen. *(BGBl 1991/628; BGBl I 2005/68)*

(3) Ein Pfandrecht wird auch dann begründet, wenn eine Gehaltsforderung oder eine andere in fortlaufenden Bezügen bestehende Forderung zwar nicht im Zeitpunkt der Zustellung des Zahlungsverbots, aber später den unpfändbaren Betrag übersteigt. *(BGBl 1991/628; BGBl I 2005/68)*

(Überschrift eingefügt durch BGBl 1991/628)

Anspruch auf einen Entgeltteil gegen einen Dritten

§ 299a. (1) Hat auf Grund gesetzlicher Bestimmungen oder vertraglicher Vereinbarung der Arbeitnehmer Anspruch auf einen Teil des Entgelts nicht gegen den Arbeitgeber, sondern gegen einen Dritten, dann erstrecken sich die Wirkungen des dem Arbeitgeber zugestellten Zahlungsverbots auch auf den Anspruch gegen den Dritten. Der Arbeitgeber hat den Dritten vom Zahlungsverbot zu verständigen. Ab diesem Zeitpunkt hat der Dritte das Zahlungsverbot zu beachten. Er hat den Teil des Entgelts, der dem Arbeitnehmer gegen ihn zusteht, dem Arbeitgeber zu zahlen. Diese Zahlung wirkt schuldbefreiend. Der Arbeitgeber hat beide Teile des Entgelts zusammenzurechnen und die Zahlungen vorzunehmen.

(2) Während der Dauer eines Arbeitsverhältnisses darf der dem Arbeitnehmer gegen den Dritten zustehende Anspruch auf einen Teil des Entgelts nur durch Abs. 1 Satz 1 in Exekution gezogen werden.

(3) Bei einer vertraglich vereinbarten oder im Gesetz vorgesehenen Direktzahlung des Dritten an den Arbeitnehmer kann der Dritte anstelle der Zahlung des Entgeltteils an den Arbeitgeber diesem lediglich dessen Höhe mitteilen und die Zahlungen nach den Angaben und Berechnungen des Arbeitgebers schuldbefreiend selbst vornehmen.

(4) Abs. 1 bis 3 gelten nicht für die Abfindung, die Abfertigung, die Urlaubsersatzleistung und das Überbrückungsgeld nach dem Bauarbeiter-

Urlaubs- und Abfertigungsgesetz. *(BGBl I 2016/100, ab 2. 1. 2017)*

(BGBl 1991/628)

Rang der Pfandrechte

§ 300. (1) Wird von mehreren Gläubigern zu verschiedenen Zeiten die Pfändung derselben Forderung erwirkt, so ist für die Beurteilung der Priorität der hiedurch erworbenen Rechte bei Forderungen aus den im § 296 bezeichneten Papieren der Zeitpunkt maßgebend, in dem das Papier vom Vollstreckungsorgane in Verwahrung genommen oder die spätere Pfändung auf dem bereits vorhandenen Pfändungsprotokolle angemerkt wurde.

(2) In allen übrigen Fällen richtet sich die Rangordnung der Pfandrechte nach dem Zeitpunkte, in welchem die zu Gunsten der einzelnen Gläubiger erlassenen Zahlungsverbote an den Drittschuldner oder bei Forderungen gegen eine juristische Person des öffentlichen Rechts an die Stelle gelangt sind, welche zur Anweisung der betreffenden Zahlung berufen ist.

(3) Erfolgt die Besitznahme der im Absatze 1 bezeichneten Papiere gleichzeitig zu Gunsten mehrerer Gläubiger oder kommen mehrere Zahlungsverbote dem Drittschuldner oder bei Forderungen gegen eine juristische Person des öffentlichen Rechts der anweisenden Stelle am nämlichen Tage zu, so stehen die hiedurch begründeten Pfandrechte im Range einander gleich. Bei Unzulänglichkeit des gepfändeten Anspruchs sind sodann die zu vollstreckenden Forderungen samt Nebengebühren nach Verhältnis ihrer Gesamtbeträge zu berichtigen.

(Überschrift eingefügt durch BGBl 1991/628)

Pfändung einer übertragenen oder verpfändeten Forderung

§ 300a. (1) Das gerichtliche Pfandrecht erfaßt eine Forderung soweit nicht, als diese vor seiner Begründung übertragen wurde.

(2) Wurde die Forderung vor der Begründung eines gerichtlichen Pfandrechts verpfändet, so steht dies der Begründung eines gerichtlichen Pfandrechts nicht entgegen. § 300 Abs. 2 und 3 über die Rangordnung der Pfandrechte ist sinngemäß anzuwenden. Bei einer Gehaltsforderung oder einer anderen in fortlaufenden Bezügen bestehenden Forderung erfaßt das vertragliche Pfandrecht nur die Bezüge, die fällig werden, sobald der Anspruch gerichtlich geltend gemacht oder ein Anspruch auf Verwertung besteht und die gerichtliche Geltendmachung bzw. der Verwertungsanspruch dem Drittschuldner angezeigt wurde. Der Drittschuldner hat Zahlungen auf Grund des vertraglichen Pfandrechts erst vorzunehmen, sobald dessen Gläubiger einen Anspruch

auf Verwertung hat und dies dem Drittschuldner angezeigt wurde. Davor ist der Drittschuldner auf Verlangen eines Gläubigers verpflichtet, die vom vertraglichen Pfandrecht erfaßten Bezüge nach Maßgabe ihrer Fälligkeit beim Exekutionsgericht zu hinterlegen.

(3) Daß ein gerichtliches Pfandrecht nach § 291c Abs. 2 erlischt, ist nach Abs. 1 bis 2 unbeachtlich, sobald es wieder auflebt.

(BGBl 1991/628)

Drittschuldnererklärung

§ 301. (1) Sofern der betreibende Gläubiger nichts anderes beantragt, hat das Gericht dem Drittschuldner gleichzeitig mit dem Zahlungsverbot aufzutragen, sich binnen vier Wochen darüber zu erklären:

1. ob und inwieweit er die gepfändete Forderung als begründet anerkenne und Zahlung zu leisten bereit sei;

2. ob und von welchen Gegenleistungen seine Zahlungspflicht abhängig sei;

3. ob und welche Ansprüche andere Personen auf die gepfändete Forderung erheben, insbesondere solche nach § 300a;

4. ob und wegen welcher Ansprüche zu Gunsten anderer Gläubiger an der Forderung ein Pfandrecht bestehe, auch wenn das Verfahren nach § 291c Abs. 2 eingestellt wurde;

5. die vom Verpflichteten bekannt gegebenen Unterhaltspflichten. *(BGBl I 2000/59, Z 5 ersetzt die bisherigen Z 5 - 7)*

(2) Der Drittschuldner hat seine Erklärung dem Exekutionsgericht, eine Abschrift davon dem betreibenden Gläubiger zu übersenden. Er ist auch berechtigt, seine Erklärung vor dem Exekutionsgericht oder dem Bezirksgericht seines Aufenthalts zu Protokoll zu geben. Dieses Protokoll ist von Amts wegen dem Exekutionsgericht, eine Ausfertigung davon dem betreibenden Gläubiger zu übersenden.

(3) Hat der Drittschuldner seine Pflichten nach Abs. 1 schuldhaft nicht, vorsätzlich oder grob fahrlässig unrichtig oder unvollständig erfüllt, so ist dem Drittschuldner trotz Obsiegens im Drittschuldnerprozeß (§ 308) der Ersatz der Kosten des Verfahrens aufzuerlegen. § 43 Abs. 2 ZPO gilt sinngemäß. Überdies haftet der Drittschuldner dem betreibenden Gläubiger für den Schaden, der dadurch entsteht, daß er seine Pflichten schuldhaft überhaupt nicht, vorsätzlich oder grob fahrlässig unrichtig oder unvollständig erfüllt hat. Diese Folgen sind dem Drittschuldner bei Zustellung des Auftrags bekanntzugeben.

(4) Wurde eine wiederkehrende Forderung gepfändet, so hat der Drittschuldner den betreibenden Gläubiger von der nach wie vor bestehenden Beendigung des der Forderung zugrunde liegen-

den Rechtsverhältnisses innerhalb einer Woche nach Ende des Monats, der dem Monat folgt, in dem das Rechtsverhältnis beendet wurde, zu verständigen. Abs. 3 ist anzuwenden, wobei die Haftung auf 1000 Euro je Bezugsende beschränkt ist. *(BGBl I 2000/59)*

(BGBl 1991/628)

Kosten des Drittschuldners für seine Erklärung

§ 302. (1) Für die mit der Abgabe der Erklärung verbundenen Kosten stehen dem Drittschuldner als Ersatz zu:

1. 35 Euro, wenn eine wiederkehrende Forderung gepfändet wurde und diese besteht;

2. 25 Euro in den sonstigen Fällen.
(BGBl I 2000/59; BGBl I 2016/100, ab 2. 1. 2017, anzuwenden, wenn die Drittschuldnererklärung nach dem 1. Jänner 2017 bei Gericht einlangt: § 447 Abs 9)

(2) Die Kosten sind vorläufig vom betreibenden Gläubiger zu tragen; ihm ist deren Ersatz an den Drittschuldner vom Gericht aufzuerlegen. Die zuerkannten Beträge sind von Amts wegen als Kosten des Exekutionsverfahrens zu bestimmen. Mehrere betreibende Gläubiger haben die Kosten zu gleichen Teilen zu tragen.

(3) Der Drittschuldner ist im Fall des Abs. 1 berechtigt, den ihm als Kostenersatz zustehenden Betrag von dem dem Verpflichteten zustehenden Betrag der überwiesenen Forderung einzubehalten, sofern dadurch der unpfändbare Betrag nicht geschmälert wird; sonst von dem dem betreibenden Gläubiger zustehenden Betrag. § 292 h Abs. 3 ist anzuwenden. *(BGBl I 2000/59)*

(BGBl 1991/178 (VfGH); BGBl 1991/628, frühere Fassung aufgehoben durch VfGH)

Überweisung

§ 303. (1) Die gepfändete Geldforderung ist dem betreibenden Gläubiger nach Maßgabe des für ihn begründeten Pfandrechts bis zur Höhe der vollstreckbaren Forderung auf Antrag zur Einziehung oder an Zahlungsstatt zu überweisen.

(2) Der Antrag auf Überweisung ist mit dem Antrag auf Bewilligung der Pfändung zu verbinden. Über diese Anträge hat das Gericht zugleich zu entscheiden.

(BGBl 1991/628)

Besonderheiten im vereinfachten Bewilligungsverfahren

§ 303a. Wurde die Forderungsexekution im vereinfachten Bewilligungsverfahren bewilligt, so darf an den betreibenden Gläubiger erst vier Wochen nach Zustellung des Zahlungsverbots an

den Drittschuldner geleistet oder der Betrag hinterlegt werden. Dies ist dem Drittschuldner bekanntzugeben. Der Drittschuldner kann mit der Leistung oder Hinterlegung bis zum nächsten Auszahlungstermin zuwarten, nicht jedoch länger als 8 Wochen. *(BGBl I 2005/68)*

(BGBl 1995/519)

Überweisung von Forderungen aus Papieren

§ 304. (1) Gründet sich die Forderung auf ein durch Indossament übertragbares Papier oder ist sonst deren Geltendmachung an den Besitz des über die Forderung errichteten Papieres gebunden, so ist die Überweisung nur im Gesamtbetrage der gepfändeten Forderung und, falls letzterer den Betrag der vollstreckbaren Forderung übersteigt, nur dann zulässig, wenn vom betreibenden Gläubiger für die Ausfolgung des Überschusses Sicherheit geleistet wird. Dasselbe gilt, wenn die gepfändete Forderung aus andern Gründen in Ansehung der Übertragung oder Geltendmachung nicht teilbar ist.

(2) Abs. 1 gilt nicht, falls eine Forderung aus einer Sparurkunde vom Vollstreckungsorgan eingezogen wird (§ 319 a).

(BGBl 1991/628)

Durchführung der Überweisung

§ 305. (1) Die Überweisung geschieht durch Zustellung des dem Überweisungsantrage stattgebenden Beschlusses an den Drittschuldner, bei Forderungen aus indossablen Papieren aber, sowie bei Forderungen, deren Geltendmachung sonst an den Besitz des über die Forderung errichteten Papieres gebunden ist, durch Übergabe des mit der erforderlichen schriftlichen Übertragungserklärung versehenen Papieres an den betreibenden Gläubiger, dem die Forderung überwiesen wurde. Diese Übertragungserklärung ist vom Exekutionsgerichte oder in dessen Auftrag vom Vollstreckungsorgane abzugeben. Die Wirkungen der Übergabe des Papiers an den betreibenden Gläubiger hat auch die Übergabe einer Sparurkunde an das Vollstreckungsorgan mit einer gerichtlichen Einziehungsermächtigung.

(2) §§ 295 und 300 Abs. 2 und 3 gelten für die dort genannten Forderungen gegen eine juristische Person des öffentlichen Rechts auch für den Überweisungsbeschluß.

(BGBl 1991/628)

Auskunftsrecht des betreibenden Gläubigers – Ausfolgung der Urkunden

§ 306. (1) Der Verpflichtete hat dem betreibenden Gläubiger, dem die Forderung überwiesen wurde, die zur Geltendmachung der überwiesenen Forderung nötigen Auskünfte zu erteilen und ihm die über die Forderung vorhandenen Urkunden herauszugeben. Wenn sich die Überweisung auf einen Teil der gepfändeten Forderung beschränkt, hat der Gläubiger auf Antrag für die Rückstellung der die ganze Forderung betreffenden Urkunden Sicherheit zu leisten.

(2) Gegen den Verpflichteten kann die Ausfolgung der Urkunden auf Antrag des betreibenden Gläubigers im Wege der Exekution (§§ 346, 347) erwirkt werden. Der Antrag ist beim Exekutionsgerichte zu stellen. Von dritten Besitzern der Urkunden kann der betreibende Gläubiger die Herausgabe im Klagswege begehren.

(3) Die erfolgte Überweisung ist vom Gericht auf den dem Gläubiger ausgefolgten Urkunden ersichtlich zu machen. *(BGBl 1991/628)*

(Überschrift eingefügt durch BGBl 1991/628)

Hinterlegung bei Gericht

§ 307.[1] (1) Wird die Forderung, deren Pfändung und Überweisung, wenn auch vorbehaltlich früher erworbener Rechte Dritter, ausgesprochen wurde, nicht nur vom betreibenden Gläubiger, sondern auch von anderen Personen in Anspruch genommen, so ist bei Vorliegen einer unklaren Sach- und Rechtslage der Drittschuldner befugt und auf Antrag eines Gläubigers verpflichtet, den Betrag der Forderung samt Nebengebühren nach Maßgabe ihrer Fälligkeit zugunsten aller dieser Personen beim Exekutionsgericht zu hinterlegen. Über einen solchen Antrag ist nach Einvernehmung des Drittschuldners (§ 55 Abs. 1) durch Beschluß zu entscheiden.

(2) Die gerichtlich erlegten Beträge sind zu verteilen. Hiefür gelten §§ 285 bis 287 mit der Maßgabe, daß unter Gläubiger nicht nur betreibende Gläubiger, sondern auch solche zu verstehen sind, die in § 300 a genannte Rechte an der Forderung haben.

(3) Falls wegen Bezahlung der Forderung gegen den Drittschuldner Klagen anhängig gemacht wurden, kann dieser nach Bewirkung des Erlages beim Prozeßgerichte beantragen, aus dem Rechtsstreite entlassen zu werden.

(4) Die Befugnis des Drittschuldners nach Abs. 1 besteht soweit nicht, als ihm ein Antragsrecht nach § 292 k zusteht.

(BGBl 1991/628)

---

[1] *Siehe auch § 329 EO.*

Überweisung zur Einziehung

§ 308. (1) Die Überweisung zur Einziehung ermächtigt den betreibenden Gläubiger, namens des Verpflichteten vom Drittschuldner die Entrichtung des im Überweisungsbeschlusse bezeichneten Betrages nach Maßgabe des Rechtsbestandes der gepfändeten Forderung und des Eintrittes ihrer Fälligkeit zu begehren, den Eintritt der Fälligkeit durch Einmahnung oder Kündigung herbeizuführen, alle zur Erhaltung und Ausübung des Forderungsrechtes notwendigen Präsentationen, Protesterhebungen, Notifikationen und sonstigen Handlungen vorzunehmen, Zahlung zur Befriedigung seines Anspruches in Anrechnung auf denselben in Empfang zu nehmen, die nicht rechtzeitig und ordnungsmäßig bezahlte Forderung gegen den Drittschuldner in Vertretung des Verpflichteten einzuklagen und das für die überwiesene Forderung begründete Pfandrecht geltend zu machen. Der Überweisungsbeschluß ermächtigt jedoch den betreibenden Gläubiger nicht, auf Rechnung des Verpflichteten über die zur Einziehung überwiesene Forderung Vergleiche zu schließen, dem Drittschuldner seine Schuld zu erlassen oder die Entscheidung über den Rechtsbestand der Forderung Schiedsrichtern zu übertragen.

(2) Einwendungen, welche aus den zwischen dem betreibenden Gläubiger und dem Drittschuldner bestehenden rechtlichen Beziehungen entspringen, können der vom Gläubiger infolge der Überweisung angestrengten Klage nicht entgegengestellt werden.

(3) Eine vom Verpflichteten vorgenommene Abtretung der überwiesenen Forderung ist auf die durch die Überweisung begründeten Befugnisse des Gläubigers und insbesondere auf dessen Recht, die Leistung des Forderungsgegenstandes zu begehren, ohne Einfluß.

Klagerecht des Verpflichteten

§ 308a. (1) Wurde eine beschränkt pfändbare Forderung gepfändet und überwiesen und hat der betreibende Gläubiger diese nicht bereits gerichtlich geltend gemacht, so kann auch der Verpflichtete den pfändbaren Teil zugunsten des betreibenden Gläubigers gerichtlich geltend machen,

1. insoweit nicht der betreibende Gläubiger binnen 14 Tagen nach der Zustellung der Streitverkündung (Abs. 2) mit Schriftsatz oder durch Erklärung in der Tagsatzung zur mündlichen Streitverhandlung in den Rechtsstreit eintritt oder

2. wenn drei Monate seit der Überweisung und dem Eintritt der Fälligkeit der Forderung abgelaufen sind.

Ein Zahlungsbefehl darf bereits davor erlassen werden. Nach der Zustellung der Streitverkündung nach Z 1 oder dem Ablauf der Frist nach Z 2 erstreckt sich die Streitanhängigkeit auch auf den betreibenden Gläubiger.

(2) Die Streitverkündung (Abs. 1 Z 1) ist längstens binnen einer vom Gericht festzusetzenden, angemessenen, vier Wochen nicht überschreitenden Frist vorzunehmen und dem betreibenden Gläubiger nach den Vorschriften über die Zustellung von Klagen zuzustellen. Tritt der betreibende

Gläubiger nach Abs. 1 Z 1 ein, so ist der Verpflichtete in diesem Umfang durch Beschluß des Prozeßgerichts vom Rechtsstreit zu entbinden. In das vom betreibenden Gläubiger vorgelegte Kostenverzeichnis können auch die dem Verpflichteten vor seiner Entbindung vom Rechtsstreit verursachten Kosten aufgenommen werden. Soweit Kosten des Verpflichteten vom Beklagten zu ersetzen sind, sind sie dem Verpflichteten zuzusprechen.

(3) Eine Änderung des Klagebegehrens auf Leistung einer gepfändeten und überwiesenen beschränkt pfändbaren Forderung an den betreibenden Gläubiger ist ohne Zustimmung des Beklagten möglich.

(4) Ein Vergleich oder ein Verzicht über den vom Verpflichteten geltend gemachten pfändbaren Teil der Forderung auf Rechnung des betreibenden Gläubigers bedarf dessen Zustimmung. Dies gilt nicht, wenn dem betreibenden Gläubiger die Klage oder die Streitverkündung zugestellt wurde, dieser nicht als Nebenintervenient beigetreten ist und er auf den Eintritt dieser Rechtsfolge hingewiesen wurde.

(5) Im Klagebegehren und in der Entscheidung über eine vom Verpflichteten geltend gemachte beschränkt pfändbare Forderung kann die Berechnung des unpfändbaren und pfändbaren Teils der Forderung dem Drittschuldner überlassen werden.

(6) Jede Entscheidung über die gepfändete und überwiesene Forderung ist auch dem betreibenden Gläubiger und im Fall des Eintritts des betreibenden Gläubigers (Abs. 1 Z 1) dem Verpflichteten zuzustellen. Bei Geltendmachung des pfändbaren Teils durch den Verpflichteten nach Abs. 1 Z 2 ist auch die Klage sowie eine allfällige Änderung des Klagebegehrens (Abs. 3) dem betreibenden Gläubiger zuzustellen.

(BGBl 1994/624)

Von Gegenleistung abhängige Forderung

§ 309. (1) Wenn die Verpflichtung des Drittschuldners zur Leistung von der als Gegenleistung zu bewirkenden Übergabe von Sachen abhängig ist und sich diese im Vermögen des Verpflichteten vorfinden, so hat sie letzterer auf Antrag des betreibenden Gläubigers, dem die Forderung zur Einziehung überwiesen wurde, zum Zwecke ihrer Übergabe an den Drittschuldner herauszugeben.

(2) Der betreibende Gläubiger kann diese Herausgabe im Wege der Exekution (§ 346 bis 348) bewirken, wenn die Verpflichtung zur Gegenleistung durch ein wider den Drittschuldner erlangtes oder wider den Verpflichteten ergangenes Urteil festgestellt ist oder durch beweiskräftige Urkunden dem Richter dargetan werden kann.

(3) Der Antrag auf Bewilligung einer derartigen Exekutionsführung ist bei dem Gerichte zu stellen, das über den Überweisungsantrag in erster Instanz entschieden hat. Vor Entscheidung über den Antrag ist der Verpflichtete einzuvernehmen.

(Überschrift eingefügt durch BGBl 1991/628)

Streitverkündung

§ 310. (1) Der betreibende Gläubiger, der die überwiesene Forderung einklagt, hat dem Verpflichteten, wenn dessen Wohnort bekannt und im Inlande befindlich ist, gerichtlich den Streit zu verkünden.

(2) Jeder Gläubiger, für welchen die eingeklagte Forderung gleichfalls gepfändet ist, kann dem Rechtsstreite auf seine Kosten als Nebenintervenient beitreten. Die Entscheidung, welche in diesem Rechtsstreite über die in der Klage geltend gemachte Forderung gefällt wird, ist für und gegen sämtliche Gläubiger wirksam, zu deren Gunsten die Pfändung der Forderung erfolgt.

(3) Die Verzögerung der Beitreibung einer zur Einziehung überwiesenen Forderung, sowie die Unterlassung der Streitverkündigung macht den betreibenden Gläubiger, dem die Forderung überwiesen wurde, für allen dem Verpflichteten, sowie den übrigen auf dieselbe Forderung Exekution führenden Gläubigern dadurch verursachten Schaden haftbar.

(4) Im Falle der Verzögerung der Beitreibung kann überdies jeder andere auf dieselbe Forderung Exekution führende Gläubiger den Antrag stellen, daß die Überweisung der Forderung an den säumigen Gläubiger aufgehoben und behufs Einziehung der gepfändeten Forderung vom Exekutionsgerichte ein Kurator bestellt werde. Vor der Entscheidung über einen solchen Antrag ist der betreibende Gläubiger einzuvernehmen, dem die Forderung überwiesen wurde.

(Überschrift eingefügt durch BGBl 1991/628)

Verzicht auf die Rechte aus der Überweisung

§ 311. (1) Der Gläubiger kann auf die durch Überweisung zur Einziehung erworbenen Rechte, unbeschadet seines vollstreckbaren Anspruches und des zu Gunsten desselben an der Forderung des Verpflichteten erworbenen Pfandrechtes, verzichten.

(2) Die Verzichtleistung erfolgt durch eine bezügliche Mitteilung an das Exekutionsgericht, welches hievon den Verpflichteten, den Drittschuldner und die übrigen Pfandgläubiger zu verständigen hat. Der Verzicht ist auf den vom Gläubiger zurückzustellenden Urkunden anzumerken.

(3) Die gesamten durch die Überweisung und insbesondere die durch die Einklagung der überwiesenen Forderung entstandenen Kosten sind vom verzichtleistenden Gläubiger zu tragen.

(Überschrift eingefügt durch BGBl 1991/628)

Zahlungsvereinbarung

§ 311a. Bei Aufschiebung einer Exekution zur Hereinbringung einer Forderung auf wiederkehrende Leistungen wegen einer Zahlungsvereinbarung nach § 45a werden bereits vollzogene Exekutionsakte aufgehoben; der Pfandrang bleibt erhalten.

(BGBl I 2003/31)

Zahlung des Drittschuldners

§ 312. (1) Durch die Zahlung des Drittschuldners wird die Forderung des betreibenden Gläubigers bis zur Höhe des ihm nach Maßgabe seines Pfandrechtes gebührenden Betrages getilgt.

(2) Das Mehrempfangene hat der betreibende Gläubiger gegen Rückstellung der von ihm geleisteten Sicherheit entweder unmittelbar den bezugsberechtigten Pfandgläubigern auszufolgen oder zu Gericht zu erlegen oder dem Verpflichteten zu übergeben, soweit diesem wegen teilweiser Befreiung der Forderung von der Exekution ein Teil der Zahlung gebührt oder der eingegangene Betrag von niemand anderem in Anspruch genommen wird.

(3) Die Verwendung des dem betreibenden Gläubiger nicht gebührenden Einganges ist auf Antrag schon bei Bewilligung der Überweisung vom Exekutionsgerichte zu bestimmen. Wird der Antrag abgesondert gestellt, so sind vor der Entscheidung alle Beteiligten einzuvernehmen.

(4) Hat der Drittschuldner sämtliche Forderungen samt Nebengebühren getilgt, so ist auf Antrag der verpflichteten Partei oder des Drittschuldners das Exekutionsverfahren einzustellen. *(BGBl I 2014/69, ab 1. 10. 2014, anzuwenden, wenn der Antrag auf Einstellung nach dem 30. September 2014 bei Gericht einlangt.)*

(Überschrift eingefügt durch BGBl 1991/628)

Befreiung des Drittschuldners von der Verbindlichkeit

§ 313. (1) Der Drittschuldner wird nach Verhältnis der von ihm an den betreibenden Gläubiger, welchem die Forderung zur Einziehung überwiesen wurde, geleisteten Zahlung von seiner Verbindlichkeit befreit.

(2) Die vom betreibenden Gläubiger dem Drittschuldner erteilten Zahlungsbestätigungen haben dieselbe Wirkung, als wenn sie vom Verpflichteten selbst ausgegangen wären.

(Überschrift eingefügt durch BGBl 1991/628)

Einziehung durch einen Kurator

§ 314. (1) Wenn die Überweisung zur Einziehung nicht stattfinden kann, weil keiner der betreibenden Gläubiger die nach § 304 geforderte Sicherheit leistet, oder wenn die Überweisung wegen Verweigerung der im § 306 Abs. 1 bestimmten Sicherheit wieder aufgehoben werden muß, ist vom Exekutionsgerichte auf Antrag zur Einziehung der gepfändeten Forderung ein Kurator zu bestellen.

(2) Von Amts wegen oder auf Antrag kann ferner zur Einziehung der Forderung ein Kurator bestellt werden, wenn dieselbe Forderung nach Teilbeträgen verschiedenen Gläubigern zur Einziehung überwiesen wird und sich diese über die Bestellung eines gemeinsamen Bevollmächtigten nicht einigen.

Rechte des Kurators

§ 315. (1) Dem nach den Bestimmungen dieses Gesetzes (§§ 297 Abs. 3, 310 Abs. 4 und 314) zur Einziehung einer gepfändeten Forderung gerichtlich bestellten Kurator kommen alle Rechte zu, die durch das Gesetz dem betreibenden Gläubiger eingeräumt sind, dem eine Forderung zur Einziehung überwiesen wurde. Das Exekutionsgericht hat die Tätigkeit des Kurators zu überwachen und von Amts wegen oder infolge von Erinnerungen, die von den Gläubigern oder vom Verpflichteten gegen das Verhalten des Kurators vorgebracht werden, auf Abstellung vorgenommener Verzögerungen oder anderer Mängel sowie auf tunlichst rasche Ausführung des erteilten Auftrages zu dringen.

(2) Die vom Drittschuldner bezahlten Beträge sind gerichtlich zu erlegen; in Bezug auf die Verwendung derselben gelten die Bestimmungen der §§ 285 bis 287 mit der Maßgabe, daß die dem Kurator im Prozesse gegen den Drittschuldner zugesprochenen Kosten zur Verteilungsmasse zu ziehen und die durch die Bestellung und Tätigkeit des Kurators erwachsenden Kosten gleich den Kosten des Versteigerungsverfahrens vor allen anderen Forderungen zu berichtigen sind.

(Überschrift eingefügt durch BGBl 1991/628)

Überweisung an Zahlungsstatt

§ 316. Durch die Überweisung der gepfändeten Forderung an Zahlungsstatt geht die Forderung im Umfange dieser Überweisung auf den betreibenden Gläubiger mit der Wirkung einer vom Verpflichteten vorgenommenen entgeltlichen Abtretung über. Vorbehaltlich der dem Verpflichteten nach den Vorschriften des bürgerlichen Rechtes obliegenden Haftung (§§ 1397 ff. ABGB.) ist der Gläubiger mit der Überweisung in Betreff seiner Forderung als befriedigt anzusehen.

Anderweitige Verwertung

§ 317. (1) An Stelle der Überweisung kann das Exekutionsgericht auf Antrag eines Gläubigers, zu dessen Gunsten die Forderung gepfändet wurde, eine andere Art der Verwertung anordnen:

1. wenn die Einziehung der gepfändeten Forderung wegen ihrer Abhängigkeit von einer, im Wege der Exekutionsführung nach § 309 Abs. 2 und 3 nicht zu beschaffenden Gegenleistung des Verpflichteten mit Schwierigkeiten verbunden ist;

2. wenn die Fälligkeit der gepfändeten Forderung durch eine dem Drittschuldner zustehende Kündigung bedingt oder für die dem Verpflichteten vorbehaltene Kündigung eine mehr als halbjährige Kündigungsfrist vereinbart ist oder überhaupt die Forderung erst nach Ablauf eines halben Jahres von der Pfändung an fällig wird;

3. wenn nach erfolgter Überweisung zur Einziehung der Versuch der Einziehung der Forderung aus andern Gründen als wegen Zahlungsunfähigkeit des Drittschuldners, wegen rechtskräftiger gerichtlicher Aberkennung der Forderung oder wegen Verzichtleistung des zur Einziehung ermächtigten Gläubigers (§ 311 Abs. 1 und 2) nicht zum Ziele geführt hat, oder wenn sich einer der in Z. 1 und 2 angeführten Umstände erst nach erfolgter Überweisung ergibt.

(2) Vor Beschlußfassung über den Antrag sind die übrigen Gläubiger, welche an der Forderung ein Pfandrecht erworben haben, und, wenn es ohne erhebliche Verzögerung geschehen kann, der Verpflichtete einzuvernehmen. Wird dem Antrage Folge gegeben, so ist ein früher ergangener Überweisungsbeschluß unter Verständigung des Drittschuldners und sämtlicher übrigen Beteiligten aufzuheben.

Verkauf einer Forderung

§ 318. (1) Der Verkauf einer gepfändeten Forderung ist unter sinngemäßer Anwendung der Bestimmungen über den Verkauf gepfändeter beweglicher Sachen (§§ 264 bis 276, 278, 281 und 282) zu vollziehen. Dabei hat der Nennwert der Forderung den Ausrufspreis zu bilden. Die über die verkaufte Forderung vorhandenen Urkunden sind dem Käufer bei Erlag des Kaufpreises von dem Vollstreckungsorgane zu übergeben. Betreffs der erforderlichen schriftlichen Übertragungserklärungen haben die Bestimmungen des § 305 Absatz 1 sinngemäße Anwendung zu finden. *(BGBl I 2000/59)*

(2) Für die Verwendung des Verkaufserlöses gelten die Vorschriften der §§ 283 bis 287.

(Überschrift eingefügt durch BGBl 1991/628)

Verkauf durch Versteigerung oder aus freier Hand – Zwangsverwaltung

§ 319. (1) Die Bewilligung zum Verkaufe der Forderung mittels öffentlicher Versteigerung darf nicht erteilt werden:

1. wenn für die Forderung eine genügende Deckung bietendes Handpfand bestellt ist;

2. wenn die Forderung dem Verpflichteten gegen den betreibenden Gläubiger selbst zusteht und mit dem zu vollstreckenden Anspruche kompensiert werden kann;

3. wenn die Forderung den Bezug jährlicher Renten, Unterhaltsgelder oder anderer wiederkehrender Zahlungen zum Gegenstande hat;

4. wenn sich die Forderung auf eine Sparurkunde gründet; *(BGBl 1991/628)*

5. wenn die auf eines der im § 296 bezeichneten Papiere sich gründende Forderung einen Börsenpreis hat;

6. wenn der Betrag der Forderung nicht mit Bestimmtheit angegeben oder der Bestand der Forderung nicht glaubhaft gemacht werden kann.

(2) Die Bewilligung zum Verkaufe der Forderung aus freier Hand kann nur erteilt werden, wenn dem Gerichte vom betreibenden Gläubiger oder vom Verpflichteten ein Käufer namhaft gemacht wird, der sich bereit erklärt, die Forderung zu angemessenen Bedingungen zu übernehmen.

(3) Sofern die Zwangsverwaltung von Forderungen bewilligt wird, ist dieselbe nach den Vorschriften der §§ 334 bis 339 durchzuführen.

(Überschrift eingefügt durch BGBl 1991/628)

Verwertung der Forderung aus einer Sparurkunde

§ 319a. (1) Die Forderung aus einer Sparurkunde ist vom Vollstreckungsorgan einzuziehen. Dazu ist das Vollstreckungsorgan mit Beschluß des Exekutionsgerichts zu ermächtigen.

(2) Dem Vollstreckungsorgan kommen die Befugnisse eines Kurators nach § 315 zu. Das Vollstreckungsorgan ist jedoch nicht berechtigt, die Forderung aus einer Sparurkunde gerichtlich geltend zu machen. Dieses Recht kommt nur dem betreibenden Gläubiger zu, dem die Forderung aus einer Sparurkunde nach § 305 Abs. 1 überwiesen wurde. § 304 Abs. 1 ist anzuwenden.

(BGBl 1991/628)

Vgl JABl 2001/13

Besondere Bestimmungen über die Exekution auf bücherlich sichergestellte Forderungen

§ 320. (1) Wird auf Forderungen Exekution geführt, für die auf einer Liegenschaft oder einem Liegenschaftsanteile ein Pfandrecht bücherlich einverleibt ist, so ist zu deren Pfändung die Einverleibung des Pfandrechtes in dem öffentlichen Buche erforderlich. Wenn zu Gunsten der zu vollstreckenden Forderung auf Grund einer früheren Bestellung ein Pfandrecht an der bücherlich sichergestellten Forderung einverleibt ist, genügt zur Pfändung die bücherliche Anmerkung der Vollstreckbarkeit.

(2) Der Antrag auf Bewilligung der Pfändung einer bücherlich sichergestellten Forderung schließt den Antrag auf Bewilligung der bücherlichen Pfandrechtseinverleibung in sich; das die Pfändung bewilligende Gericht hat das zum Vollzuge dieser Einverleibung Erforderliche gleichzeitig mit der Pfändungsbewilligung zu verfügen. Bei Einverleibung dieses Pfandrechtes ist anzugeben, daß dasselbe zum Zwecke der Exekution einer vollstreckbaren Geldforderung vom Gerichte bewilligt wird.

(3) Wenn von mehreren Gläubigern die Pfändung derselben bücherlich sichergestellten Forderung erwirkt wird, so kommen in Betreff der Rangordnung der Pfandrechte die Bestimmungen des Allgemeinen Grundbuchsgesetzes 1955 in Anwendung.

(4) Zugleich mit der Bewilligung der Einverleibung des Pfandrechtes oder der Anmerkung der Vollstreckbarkeit hat das Gericht an den Verpflichteten, sowie an den Drittschuldner die im § 294 angeführten Verbote zu erlassen.

Verwertung einer bücherlich sichergestellten Forderung

§ 321. Bücherlich sichergestellte Forderungen dürfen nicht durch Verkauf mittels öffentlicher Versteigerung verwertet werden.

(Überschrift eingefügt durch BGBl 1991/628)

Überweisung einer bücherlich sichergestellten Forderung zur Einziehung – Anmerkung

§ 322. (1) Die Überweisung einer bücherlich sichergestellten Forderung zur Einziehung ist von Amts wegen im öffentlichen Buche anzumerken.

(2) Außer den im § 308 angeführten Berechtigungen steht dem betreibenden Gläubiger in diesem Falle die Befugnis zu, die bücherliche Anmerkung der Aufkündigung und der Hypothekarklage zu erwirken und alle Erklärungen namens des Verpflichteten abzugeben, welche zur bücherlichen Löschung des für die überwiesene Forderung einverleibten Pfandrechtes erforderlich sind. Diese Löschungserklärungen bedürfen zu ihrer Wirksamkeit der Genehmigung des Exekutionsgerichtes.

(Überschrift eingefügt durch BGBl 1991/628)

Löschung der Anmerkung der Überweisung

§ 323. Wenn der betreibende Gläubiger auf die durch die Überweisung zur Einziehung erworbenen Rechte verzichtet, so ist die Anmerkung der Überweisung von Amts wegen zu löschen.

(Überschrift eingefügt durch BGBl 1991/628)

Überweisung an Zahlungsstatt

§ 324. (1) Wenn eine bücherlich sichergestellte Forderung an Zahlungsstatt überwiesen wird, sind auf Grund der rechtskräftigen gerichtlichen Überweisung und nach Maßgabe derselben die Rechte des Verpflichteten dem betreibenden Gläubiger von Amts wegen bücherlich zu übertragen.

(2) Zugleich mit dieser Übertragung ist die bücherliche Löschung des für den betreibenden Gläubiger nach § 320 Absatz 1 eingetragenen Pfandrechtes zu verfügen. Die Rechtswirkung dieser Löschung erstreckt sich auf die in der Zwischenzeit auf das Pfandrecht des betreibenden Gläubigers einverleibten Afterpfandrechte; diese sind auf die vom betreibenden Gläubiger durch die Überweisung an Zahlungsstatt erworbene Hypothekarforderung zu übertragen.

(Überschrift eingefügt durch BGBl 1991/628)

Dritte Abteilung

Exekution auf Ansprüche auf Herausgabe und Leistung körperlicher Sachen

Pfändung

§ 325. (1) Die Pfändung von Ansprüchen des Verpflichteten, welche die Herausgabe oder Leistung körperlicher Sachen zum Gegenstande haben, erfolgt nach den Vorschriften der §§ 294 bis 298.

(2) Auf die weiteren Exekutionsschritte haben die Vorschriften der §§ 300 bis 319 unter Berücksichtigung der nachfolgenden Bestimmungen sinngemäße Anwendung zu finden.

(3) Der mit einer Gehaltsforderung oder einer anderen in fortlaufenden Bezügen bestehenden beschränkt pfändbaren Forderung im rechtlichen Zusammenhang stehende wiederkehrende Anspruch auf Herausgabe und Leistung körperlicher Sachen darf nur durch Zusammenrechnung mit der Forderung selbst in Exekution gezogen werden. *(BGBl 1991/628)*

(4) Unpfändbar sind nach den Sozialversicherungsgesetzen gewährten Sachleistungen. *(BGBl 1991/628)*

(Überschrift eingefügt durch BGBl 1991/628)

Beitreibung

§ 326. Eine Überweisung des gepfändeten Anspruches an Zahlungsstatt ist nicht zulässig.

§ 327. (1) Wurde ein Anspruch auf Herausgabe oder Leistung von beweglichen körperlichen Sachen zur Einziehung überwiesen, so hat der Drittschuldner nach Fälligkeit des Anspruches die Sache dem ihm vom Gerichte bezeichneten Vollstreckungsorgane herauszugeben. Soll die Sache nicht im Sprengel des Exekutionsgerichtes geleistet werden, so ist das Vollstreckungsorgan auf Ersuchen des Exekutionsgerichtes von dem Bezirksgerichte zu bestimmen, in dessen Sprengel die Sache herausgegeben oder geleistet werden muß.

(2) Auf die Verwertung der geleisteten Sache finden die Bestimmungen über den Verkauf gepfändeter beweglicher Sachen Anwendung.

(3) Wenn die Sache vom Drittschuldner nicht im Sprengel des Exekutionsgerichtes herausgegeben oder geleistet wurde, so ist sie zur Durchführung des Verkaufs- und Verteilungsverfahrens an das Exekutionsgericht zu übersenden. Würde eine solche Übersendung erhebliche Kosten oder Schwierigkeiten verursachen, ohne besondere Vorteile zu versprechen, oder würde die Übersendung aus anderen Gründen unausführbar oder unzweckmäßig erscheinen, so hat das Bezirksgericht, in dessen Sprengel die Sache geleistet wurde, auf Antrag oder von Amts wegen das Verkaufs- und Verteilungsverfahren durchzuführen. Hievon ist das Exekutionsgericht sogleich zu verständigen.

(4) Die vollstreckbare Geldforderung des betreibenden Gläubigers und die Geldforderungen der übrigen Gläubiger, die an demselben Anspruche ein Pfandrecht erworben haben, sind aus dem Verkaufserlöse nach Vorschrift der §§ 283 bis 287 zu befriedigen.

§ 328. (1) Bei Überweisung eines Anspruches des Verpflichteten, der auf Leistung einer unbeweglichen Sache gerichtet ist, muß diese nach Eintritt der Fälligkeit des Anspruches vom Drittschuldner einem auf Antrag des betreibenden Gläubigers vom Gerichte zu bestellenden Verwalter übergeben werden. Ist die Sache nicht im Sprengel des Exekutionsgerichtes gelegen, so ist der Verwalter auf Ersuchen des Exekutionsgerichtes vom Bezirksgerichte zu ernennen, in dessen Sprengel sich die Sache befindet.

(2) Behufs Befriedigung seiner vollstreckbaren Geldforderung hat der betreibende Gläubiger auf die dem Verwalter übergebene Sache nach den für die Exekution auf unbewegliches Vermögen erlassenen Vorschriften durch Zwangsverwaltung oder Zwangsversteigerung Exekution zu führen, ohne daß es bei der Zwangsversteigerung einer

bücherlichen Eintragung des Verpflichteten bedarf; wenn der betreibende Gläubiger die Zwangsverwaltung erwirkt, kann sowohl er, wie der Verwalter die bücherliche Eintragung des Eigentumsrechtes des Verpflichteten ansuchen. Für die Bewilligung und Durchführung dieser Exekution ist das Bezirksgericht zuständig, in dessen Sprengel sich die Sache befindet.

(3) Unterläßt es der betreibende Gläubiger, innerhalb eines Monates nach Übergabe der Sache an den Verwalter die zur Einleitung der Zwangsverwaltung oder Zwangsversteigerung erforderlichen Anträge zu stellen, so ist die Exekution von Amts wegen einzustellen.

§ 329. Die Bestimmung des § 307 gilt auch in Bezug auf Ansprüche auf Herausgabe und Leistung körperlicher Sachen. Wenn sich die zu leistende Sache zu gerichtlichem Erlage nicht eignet, hat der Drittschuldner beim Exekutionsgerichte um Bestellung eines Verwahrers oder Verwalters einzuschreiten und letzterem die Sache herauszugeben.

Vierte Abteilung

Exekution auf andere Vermögensrechte

Der Exekution entzogene Rechte

§ 330. Der Anspruch auf Aufteilung ehelichen Gebrauchsvermögens und ehelicher Ersparnisse (§§ 81 bis 96 Ehegesetz) ist, soweit er nicht durch Vertrag oder Vergleich anerkannt oder gerichtlich geltend gemacht worden ist, der Pfändung nicht unterworfen.

(BGBl 1978/280)

Pfändung

§ 331. (1) Zum Zwecke der Exekution auf Vermögensrechte des Verpflichteten, welche nicht zu den Forderungen gehören, hat das die Exekution bewilligende Gericht, falls auch nicht die Vorschriften über die Exekution auf unbewegliches Vermögen zur Anwendung zu kommen haben (§§ 240 ff., 248), auf Antrag des betreibenden Gläubigers an den Verpflichteten das Gebot zu erlassen, sich jeder Verfügung über das Recht zu enthalten (Pfändung). Ist kraft dieses Rechtes eine bestimmte Person zu Leistungen verpflichtet, so ist die Pfändung erst dann als bewirkt anzusehen, wenn auch dieser dritten Person das gerichtliche Verbot, an den Verpflichteten zu leisten, zugestellt wurde. Insoweit es nach der Natur der Sache tunlich ist, kann auch die pfandweise Beschreibung des in Exekution gezogenen Rechtes (§ 253) vorgenommen werden.

(2) Die Art der Verwertung des Rechtes hat das Exekutionsgericht auf Antrag des betreiben-

den Gläubigers nach Einvernehmung des Verpflichteten und aller Gläubiger, zu deren Gunsten Pfändung erfolgte, zu bestimmen.

Verwertung

§ 332. (1) Der Verkauf eines veräußerlichen Rechtes im Wege der öffentlichen Versteigerung darf vom Gerichte nur dann bewilligt werden, wenn eine andere Verwertung überhaupt nicht oder nur mit unverhältnismäßig großem Kostenaufwande ausführbar ist.

(2) Der Verkauf hat nach den Bestimmungen über den Verkauf gepfändeter beweglicher Sachen, die Verteilung des Erlöses unter sinngemäßer Anwendung der Vorschriften der §§ 283 bis 287 zu geschehen.

§ 333. (1) Hat der Verpflichtete kraft des gepfändeten Rechtes die Ausfolgung einer Vermögensmasse oder die Teilung derselben und die Ausscheidung des ihm gebührenden Anteiles zu beanspruchen, so kann das Exekutionsgericht den betreibenden Gläubiger auf Antrag ermächtigen, dieses Recht im Namen des Verpflichteten geltend zu machen und zu diesem Zwecke nach Maßgabe der Vorschriften des bürgerlichen Rechtes die Teilung oder die Einleitung des Auseinandersetzungsverfahrens zu begehren, Kündigungen vorzunehmen und die sonst zur Ausübung und Nutzbarmachung des gepfändeten Rechtes erforderlichen Erklärungen wirksam für den Verpflichteten abzugeben. Diese Ermächtigung gewährt dem Gläubiger auch die Befugnis zur Einklagung des gepfändeten Rechtes, sowie einzelner aus demselben hervorgehender Ansprüche (§ 308).

(2) Das auf diese Weise herangezogene Vermögen ist nach Beschaffenheit seiner verschiedenen Bestandteile im Wege einer der in diesem Gesetze zugelassenen Exekutionsarten zur Befriedigung des betreibenden Gläubigers zu verwenden. Für die Bewilligung dieser Exekutionen ist das Gericht zuständig, bei welchem der betreibende Gläubiger in erster Instanz den Antrag zu stellen hatte, ihn zur Geltendmachung des gepfändeten Rechtes zu ermächtigen.

§ 334. (1) Bei Rechten, welche den wiederholten Bezug von Früchten oder eine andere zu Gunsten des betreibenden Gläubigers verwertbare Benützung beweglicher oder unbeweglicher Sachen gewähren, bei Gewerbeberechtigungen, Industrieprivilegien, bei Jagd- und Fischereirechten, Freischurfberechtigungen u. ä. kann vom Exekutionsgerichte auf Antrag des betreibenden Gläubigers Zwangsverwaltung bewilligt und angeordnet werden.

(2) Auf deren Einleitung, Vollziehung und Einstellung sind die Bestimmungen über die Zwangsverwaltung von Liegenschaften mit den in den §§ 335 bis 339 angegebenen Abweichungen sinngemäß anzuwenden.

(3) Von der Bewilligung der Zwangsverwaltung von [Freischurfberechtigungen][1] ist das zuständige Revierbergamt[2] zu verständigen.

---

[1] *Nunmehr: Bergberechtigungen des MinroG, vgl § 146 MinroG.*
[2] *Nunmehr Bezirkshauptmannschaft (§ 171 Abs 1 MinroG).*

§ 335. (1) Wenn zur Ausübung des gepfändeten Rechtes der Gebrauch oder die Benützung bestimmter beweglicher oder unbeweglicher Sachen gehört, stehen die in den §§ 99 bis 130 dem Exekutionsgerichte zugeteilten Befugnisse und Obliegenheiten demjenigen Bezirksgerichte zu, in dessen Sprengel die betreffende Sache, und zwar bei beweglichen Sachen zur Zeit der Bewilligung der Zwangsverwaltung gelegen ist.

(2) In allen übrigen Fällen tritt an Stelle der gerichtlichen Übergabe der Sache die gerichtliche Ermächtigung des Verwalters zur Ausübung des gepfändeten Rechtes.

§ 336. Steht dem Verpflichteten das gepfändete Recht gegen einen bestimmten Zins oder gegen andere periodische Leistungen zu, so gehören diese Leistungen, und bei der Zwangsverwaltung einer dem Vater am Vermögen seines Kindes eingeräumten Fruchtnießung (§ 150 ABGB.)[1] auch die Leistungen für den standesmäßigen Unterhalt des Kindes zu den vom Verwalter unmittelbar aus dem Verwaltungserträgnisse zu berichtigenden Auslagen. Der für den Unterhalt des Kindes aufzuwendende Betrag ist auf Einschreiten des Verwalters vom Vormundschaftsgerichte im voraus festzusetzen.

---

[1] *§ 150 ABGB wurde jedoch neu gefaßt durch BGBl 1977/403.*

§ 337. Vor der Genehmigung der im § 112 bezeichneten Verfügungen ist der Eigentümer der Sache einzuvernehmen, auf welche sich das gepfändete Recht bezieht. Er ist auch zu Einwendungen und Erinnerungen im Sinne des § 114 berechtigt.

§ 338. Bei Freischurfberechtigungen hat der Zwangsverwalter alles zur Erhaltung des Freischurfrechtes Erforderliche vorzukehren; zu diesem Zwecke kann insbesondere auch die Verlängerung der Dauer der Schurfberechtigung vom Zwangsverwalter erwirkt werden.

§ 339. Die Zwangsverwaltung endet mit Ablauf der Zeit, auf welche das gepfändete Recht des Verpflichteten eingeschränkt ist.

§ 340. (1) Sofern dies zur Vermeidung bedeutender Verwaltungskosten oder aus anderen Gründen vorteilhafter erscheint, kann auf Antrag anstatt der Zwangsverwaltung die Verwertung durch Verpachtung angeordnet werden.

(2) Die Verpachtung kann im Wege der öffentlichen Versteigerung an den Meistbietenden erfolgen. In Bezug auf die Versteigerung sind die Bestimmungen über die Versteigerung gepfändeter beweglicher Sachen sinngemäß anzuwenden; die Verteilung der zu Gericht zu erlegenden Pachtzinsraten hat nach den Vorschriften über die Verteilung der bei einer Zwangsverwaltung sich ergebenden Ertragsüberschüsse zu geschehen.

Besondere Bestimmungen über die Exekution
auf gewerbliche Unternehmungen,
Fabriksetablissements usw.[1]

[1] Siehe auch GewO.

§ 341. (1) Auf gewerbliche Unternehmungen, Fabriksetablissements, Handelsbetriebe und ähnliche wirtschaftliche Unternehmungen kann die Exekution auf Antrag durch Zwangsverwaltung (§ 334) oder durch Verpachtung (§ 340) geführt werden. Bei handwerksmäßigen und bei solchen konzessionierten Gewerben, zu deren Antritt eine besondere Befähigung erforderlich ist, findet die Exekution durch Zwangsverwaltung oder Verpachtung nicht statt, wenn das Gewerbe vom Gewerbeinhaber allein oder mit höchstens vier Hilfsarbeitern ausgeübt wird.

(2) Bedarf die Ausübung des Gewerbes oder der Betrieb eines andern Unternehmens durch einen Stellvertreter nach den darüber bestehenden Vorschriften der Genehmigung der Verwaltungsbehörden und soll infolge der Bewilligung der Zwangsverwaltung die Geschäftsführung auf den Verwalter selbst übergehen, so ist der Beschluß des Exekutionsgerichtes, durch welchen der Verwalter ernannt wird, vor Zustellung an die Beteiligten der zuständigen Verwaltungsbehörde zur Genehmigung vorzulegen.

(3) Gleiches gilt hinsichtlich des über die Verpachtung eines Gewerbes ergehenden Beschlusses, insofern für die Verpachtung die Einholung der Genehmigung der Verwaltungsbehörde vorgeschrieben ist.

§ 342. (1) Ist der Verpflichtete im Firmenbuch eingetragen, so hat das Exekutionsgericht von Amts wegen zu veranlassen, daß die Bewilligung der Zwangsverwaltung und der Verwalter im Firmenbuch eingetragen werden.

(2) Das Exekutionsgericht kann auch bei Verpflichteten, die nicht im Firmenbuch eingetragen sind, auf Antrag oder von Amts wegen die Bewilligung der Zwangsverwaltung und den Verwalter durch Anzeige in den öffentlichen Blättern oder auf andere ortsübliche Weise verlautbaren lassen.

(BGBl 1991/10)

§ 343. (1) Der Verwalter, der durch das Vollstreckungsorgan in das zu verwaltende Unternehmen einzuführen ist, gilt kraft seiner Bestellung zu allen Geschäften und Rechtshandlungen ermächtigt, welche der Betrieb eines Unternehmens von der Art des zu verwaltenden gewöhnlich mit sich bringt.

(2) Der Verwalter ist insbesondere zum Widerrufe einer vom Verpflichteten für den Betrieb des in Verwaltung gezogenen Unternehmens erteilten Prokura oder Handelsvollmacht berechtigt. Ferner ist er zur Empfangnahme der als Wertsendungen bezeichneten Postsendungen befugt, welche an die verwaltete Unternehmung (Fabriksetablissement, Handelsbetrieb) gerichtet sind.

(3) Inwieweit die dem Inhaber des Unternehmens in gewerberechtlicher Beziehung zukommenden Befugnisse und Obliegenheiten auf den Verwalter übergehen, bestimmt sich nach den Vorschriften der Gewerbeordnung.

§ 344. Bei Zwangsverwaltung von gewerblichen Unternehmungen, Fabriksetablissements, Handelsbetrieben und ähnlichen wirtschaftlichen Unternehmungen hat der Verwalter die während der Zwangsverwaltung fällig werdenden und die aus dem letzten Jahre vor deren Bewilligung rückständigen Beträge an Lohn, Kostgeld und anderen Dienstbezügen der beim Betriebe des verwalteten Unternehmens verwendeten Personen aus den Erträgnissen ohne weiteres Verfahren zu berichtigen.

Rekurs

§ 345. (1) Ein Rekurs ist unstatthaft gegen Beschlüsse, welche:

1. dem Verpflichteten nach bewilligter Pfändung die Verfügung über das gepfändete Recht und das für die gepfändete Forderung bestellte Pfand untersagen (§§ 294 Abs. 1, 331 Abs. 1);

2. dem Drittschuldner die Abgabe einer Erklärung nach § 301 Abs. 1 und 2 auftragen;

3. dem betreibenden Gläubiger gemäß §§ 304 und 306 Abs. 1 die Leistung einer Sicherheit auftragen;

4. behufs Einziehung einer überwiesenen Forderung gemäß §§ 297 Abs. 3, 310 Abs. 4 und 314 einen Kurator bestellen;

5. im Falle des § 327 die Durchführung des Verkaufs- und Verteilungsverfahrens vor dem Bezirksgerichte des Leistungsortes anordnen;

6. die Anmerkung und Verlautbarung einer bewilligten Zwangsverwaltung verfügen.

(2) In Betreff der Beschlüsse, durch welche die Verwahrung von Gegenständen angeordnet oder ein Verwahrer ernannt wird, gelten die Bestimmungen des § 289.

Dritter Abschnitt

Exekution zur Erwirkung von Handlungen oder Unterlassungen

Herausgabe oder Leistung von beweglichen Sachen

§ 346. (1) Hat der Verpflichtete bestimmte bewegliche Sachen oder bewegliche Sachen bestimmter Gattung zu übergeben und befinden sich diese in seiner Gewahrsame, so sind sie infolge Auftrages des Exekutionsgerichtes vom Vollstreckungsorgane dem Verpflichteten wegzunehmen und dem betreibenden Gläubiger gegen Empfangsbestätigung einzuhändigen. Der Vollzugsauftrag erfasst auch die Aufnahme eines Vermögensverzeichnisses nach § 346a. *(BGBl I 2003/31; BGBl I 2005/68)*

(2) Diese Vorschrift findet auch Anwendung, wenn der Verpflichtete Wertpapiere oder eine bestimmte Quantität von vertretbaren Sachen zu leisten hat.

Angaben über die herauszugebenden Sachen

§ 346a. (1) Wenn die Sachen, wegen deren Herausgabe oder Leistung Exekution geführt wird, beim Verpflichteten nicht vorgefunden werden, hat er vor Gericht oder vor dem Vollstreckungsorgan anzugeben, wo sich diese Sachen befinden, oder dass er sie nicht besitze und auch nicht wisse, wo sie sich befinden.

(2) Der Verpflichtete kann nach einer Vermögensangabe nach Abs. 1 auf Antrag desselben betreibenden Gläubigers und wegen desselben Anspruchs zu nochmaliger Vermögensangabe vor Gericht nur dann verhalten werden, wenn der betreibende Gläubiger glaubhaft macht, dass sich seither die Sachlage in Bezug auf die Innehabung der Sachen oder das Wissen des Verpflichteten geändert hat.

(3) Auf die Vermögensangabe sind § 47 Abs. 2 über die Belehrung, die Protokolleinsicht und die Bestätigung durch den Verpflichteten sowie § 48 anzuwenden.

(BGBl I 2005/68)

§ 347. (1) In derselben Weise kann die Exekution zu Gunsten eines auf Übergabe beweglicher Sachen gerichteten Anspruches geführt werden, wenn sich die herauszugebenden Sachen in der Gewahrsame eines zu ihrer Ausfolgung bereiten Dritten befinden.

(2) Wird von dem Dritten die Herausgabe der Sachen verweigert, so kann der betreibende Gläubiger beim Exekutionsgerichte beantragen, daß ihm der wider den Inhaber der Sachen bestehende Anspruch des Verpflichteten auf Herausgabe der Sachen überwiesen werde. Auf diese Überweisung haben die für die Überweisung von Geldforderungen zur Einziehung erlassenen Vorschriften entsprechende Anwendung zu finden.

§ 348. (1) Betreffs solcher Sachen, welche ihrer Beschaffenheit nach eine körperliche Übergabe nicht zulassen, hat das Vollstreckungsorgan nach Maßgabe der Bestimmungen des § 427 ABGB. vorzugehen. Die hiernach dem betreibenden Gläubiger einzuhändigenden Urkunden und Werkzeuge hat das Vollstreckungsorgan dem Verpflichteten wegzunehmen.

(2) Auf den im Sinne des § 427 ABGB. dem betreibenden Gläubiger vom Vollstreckungsorgane zu übergebenden Urkunden hat letzteres anzumerken, daß die Übergabe behufs Vollstreckung des bestimmt zu bezeichnenden Anspruches erfolgt sei. Die nach Vorschrift des bürgerlichen Rechtes zum Zwecke der Übertragung sonst noch erforderlichen urkundlichen Erklärungen sind vom Exekutionsgerichte oder auf Grund der Ermächtigung des Exekutionsgerichtes vom Vollstreckungsorgane abzugeben.

Überlassung oder Räumung von unbeweglichen Sachen, Gegenständen des Bergwerkseigentums und Schiffen

§ 349. (1) Ist eine Liegenschaft oder ein Teil derselben, ein Gegenstand des Bergwerkseigentums oder ein Schiff[1]) zu überlassen oder zu räumen, so hat das Vollstreckungsorgan die zu diesem Zwecke erforderliche Entfernung von Personen und beweglichen Sachen vorzunehmen und den betreibenden Gläubiger in den Besitz des zu übergebenden Gegenstandes zu setzen. Ist bei Liegenschaften auch deren Zubehör zu übergeben, so finden die §§ 346 und 348 sinngemäße Anwendung. Die Räumung wird nur dann vollzogen, wenn der betreibende Gläubiger die zur Öffnung der Räumlichkeiten und zur Wegschaffung der zu entfernenden beweglichen Sachen erforderlichen Arbeitskräfte und Beförderungsmittel bereitstellt. *(BGBl 1956/158)*

(2) Die wegzuschaffenden beweglichen Sachen, welche nicht den Gegenstand der Exekution bilden, sind durch das Vollstreckungsorgan dem Verpflichteten oder im Falle seiner Abwesenheit seinem Bevollmächtigten oder einer zur Familie des Verpflichteten gehörigen oder in dieser beschäftigten erwachsenen Person zu übergeben. In Ermangelung einer zur Übernahme befugten Person sind diese Sachen auf Kosten des Verpflichteten durch das Vollstreckungsorgan ander-

weitig in Verwahrung zu bringen, die dem Gerichte bekannten Personen, für welche die Sachen gepfändet sind oder welche sonst Anspruch darauf erheben können, hievon zu verständigen und endlich, wenn der Verpflichtete die Rückforderung der Sachen verzögert oder mit der Berichtigung der Verwahrungskosten säumig ist und auch von niemandem Rechte an den Sachen geltend gemacht werden, auf Verfügung des Exekutionsgerichtes nach vorgängiger Androhung für Rechnung des Verpflichteten zu verkaufen; diese Androhung darf frühestens mit der Festsetzung des Räumungstermins vorgenommen werden. Diese Verfügung zu veranlassen, ist das Vollstreckungsorgan und jeder Beteiligte berechtigt. Der Anspruch des betreibenden Gläubigers auf Ersatz seiner Aufwendungen (§ 74) sowie der ihm im Lauf der Verwahrung entstehenden Kosten bleibt unberührt, ohne Rücksicht darauf, ob die Verwahrung vom Vollstreckungsorgan angeordnet worden ist. *(BGBl 1983/135)*

(3) Der nach Deckung der Verwahrungs- und Veräußerungskosten erübrigende Erlös ist für den Verpflichteten gerichtlich zu hinterlegen.

------

1) Vgl DRGBl 1940 I S 1609.

Zur Räumungsexekution vgl auch §§ 568, 575 ZPO, 569 Geo, §§ 34 ff MRG; zur Zuständigkeit in Wien siehe § 104 JN und BG-OrgG Wien (Anhang)

§ 35 MRG (idF BGBl 1983/135) lautet:

Aufschiebung der Räumungsexekution

§ 35. (1) Ist ein Mieter, dem rechtskräftig gekündigt worden ist, im Fall der zwangsweisen Räumung der Wohnung oder eines Wohnraumes der Obdachlosigkeit ausgesetzt, so ist auf seinen Antrag die Räumungsexekution aufzuschieben (§ 42 EO), wenn die Aufschiebung dem betreibenden Vermieter nach Lage der Verhältnisse zugemutet werden kann. Die so bewilligte Verlängerung der Räumungsfrist soll drei Monate nicht übersteigen. Bei besonders berücksichtigungswürdigen Umständen darf darüber hinaus ein weiterer Aufschub, jedoch höchstens zweimal und jeweils nicht länger als um drei Monate, bewilligt werden. Wurde bereits im Urteil eine Verlängerung der Räumungsfrist nach § 34 Abs. 1 bewilligt, so darf eine weitere Verlängerung der Räumungsfrist nur bei Vorliegen besonders berücksichtigungswürdiger Umstände bewilligt werden, und es darf die Gesamtdauer der so bewilligten Räumungsaufschübe ein Jahr nicht übersteigen. Während der Dauer des Aufschubes gilt der § 34 Abs. 2.

(2) Setzt der Mieter nach der Bewilligung des Aufschubes der Räumungsexekution einen neuen Kündigungsgrund, so ist auf Antrag des Vermieters nach Einvernehmung des Mieters (§ 56 EO) die Aufschiebung zu widerrufen und, wenn die ursprüngliche Räumungsfrist bereits abgelaufen ist, eine neue Räumungsfrist zu bestimmen, die auf das zur freiwilligen Räumung unbedingt erforderliche Maß zu beschränken ist.

(3) Im Verfahren über die Aufschiebung der Räumungsexekution findet ein Kostenersatz zwischen den Parteien nicht statt.

Einräumung oder Aufhebung bücherlicher Rechte

§ 350. (1) Die Exekution eines Anspruches, welcher auf Einräumung, Übertragung, Beschränkung oder Aufhebung eines bücherlichen Rechtes gerichtet ist, geschieht durch die Vornahme der bezüglichen bücherlichen Eintragung.

(2) Der betreibende Gläubiger kann auf Grund des Exekutionstitels die Einverleibung als Eigentümer der ihm zugesprochenen Liegenschaft oder Liegenschaftsanteile oder die bücherliche Übertragung eines ihm zugesprochenen bücherlichen Rechtes auf seine Person verlangen, wenngleich der Verpflichtete bis dahin als Eigentümer der Liegenschaft oder des bücherlichen Rechtes noch nicht eingetragen ist. Das Exekutionsgesuch muß in diesem Falle die gemäß § 22 des Allgemeinen Grundbuchsgesetzes 1955 notwendige Nachweisung der Vormänner enthalten.

(3) Wenn kraft des Exekutionstitels Eintragungen auf Liegenschaften oder Liegenschaftsanteile des Verpflichteten erfolgen sollen, in Ansehung deren der Verpflichtete noch nicht als Eigentümer einverleibt oder vorgemerkt ist, oder wenn im Wege der Eintragung Rechte des Verpflichteten belastet werden sollen, die für diesen noch nicht einverleibt oder vorgemerkt sind, so kann der betreibende Gläubiger unter Nachweisung des Rechtserwerbes des Verpflichteten zugleich mit der Exekution die bücherliche Eintragung des Eigentums oder des fraglichen bücherlichen Rechtes zu Gunsten des Verpflichteten begehren.

(4) Das zur Bewilligung der Exekution zuständige Gericht hat wegen des Vollzuges der beantragten Eintragungen das Erforderliche zu veranlassen.

(5) Die nach den Vorschriften des Allgemeinen Grundbuchsgesetzes 1955 zum Zwecke solcher Eintragungen erforderlichen Erklärungen des Verpflichteten werden durch den Ausspruch des die Exekution bewilligenden Gerichtes ersetzt.

(6) Soll nebst der bücherlichen Begründung des Rechtes die Übergabe der Liegenschaft an den betreibenden Gläubiger oder dessen Einführung in den Besitz des Rechtes stattfinden, so ist zugleich gemäß § 349 vorzugehen.

(7) gegenstandslos *(betraf Erdharze, vgl § 248)*

Aufhebung einer Gemeinschaft und Grenzberichtigung[1]

[1] Vgl §§ 853a ABGB, 40 VermG.

§ 351. (1) Die durch einen vollstreckbaren Titel angeordnete körperliche Teilung einer gemeinschaftlichen unbeweglichen Sache, die in gleicher Weise angeordnete Erbteilung oder Teilung einer andern Vermögensmasse [und die durch einen vollstreckbaren Titel angeordnete Berichtigung einer streitigen Grenze] sind durch einen richterlichen Beamten des Exekutionsgerichtes, mit entsprechender Bedachtnahme auf die Vorschriften der §§ 841 bis 853 ABGB. unter Zuziehung der Beteiligten auszuführen.

(2) Die im Teilungs- [und Grenzberichtigungs]verfahren ergehenden Beschlüsse des Richters können mit Ausnahme des Beschlusses, wodurch die Teilung [oder der Grenzlauf] endgültig bestimmt werden, mittels Rekurs nicht angefochten werden.

(3) § 74 ist im Teilungsverfahren nicht anzuwenden. Die entstandenen Barauslagen sind auf die Parteien im Verhältnis ihrer Miteigentumsanteile aufzuteilen; Barauslagen, die eine Partei in einem darüber hinausgehenden Ausmaß vorläufig bestritten hat, sind ihr, soweit sie zur Rechtsverwirklichung notwendig waren, auf ihr Verlangen zu erstatten. *(BGBl I 2000/59)*

Versteigerung einer gemeinschaftlichen Liegenschaft

§ 352. Auf die Vollstreckung des Anspruchs der gerichtlichen Versteigerung einer gemeinschaftlichen Liegenschaft zum Zwecke der Auseinandersetzung sind die Bestimmungen über die Zwangsversteigerung von Liegenschaften mit folgenden Abweichungen sinngemäß anzuwenden:

1. Die dem betreibenden Gläubiger oder dem Verpflichteten im Verfahren eingeräumten Rechte und aufgetragenen Pflichten treffen alle Miteigentümer.

2. Die Vorlage eines Interessentenverzeichnisses ist nicht erforderlich.

3. Die Exekutionsbewilligung ist dem Vorkaufsberechtigten zuzustellen; er ist zum Versteigerungstermin zu laden.

4. Dinglich Berechtigte sind nicht Beteiligte des Verfahrens. Sie sind nicht einzuvernehmen, sie sind zu Tagsatzungen nicht zu laden; Beschlüsse sind ihnen nicht zuzustellen.

5. Die Einstellung nach § 39 Abs. 1 Z 6 bedarf auch der Zustimmung des Verpflichteten.

6. Hinsichtlich der Kosten des Verfahrens gilt § 351 Abs. 3.

(BGBl I 2000/59)

Versteigerungsbedingungen

§ 352a. (1) Die betreibende Partei kann mit dem Exekutionsantrag, die verpflichtete Partei innerhalb von 14 Tagen nach Zustellung der Exekutionsbewilligung von den gesetzlichen Bestimmungen bei der Zwangsversteigerung abweichende Versteigerungsbedingungen vorlegen. Hierüber ist eine Tagsatzung abzuhalten, zu der alle Miteigentümer zu laden sind. Diese Versteigerungsbedingungen hat das Gericht zu genehmigen, wenn alle übrigen Miteigentümer zustimmen und sie keine unerlaubten oder ungültigen Bestimmungen enthalten.

(2) Die Rechte dinglich Berechtigter bleiben von der Versteigerung unberührt. Diese Lasten sind vom Ersteher ohne Anrechnung auf das Meistbot zu übernehmen, auch wenn sie durch das Meistbot nicht gedeckt sind. Auch ein eingetragenes Wiederkaufsrecht bleibt unberührt. § 1408 ABGB gilt. Abweichungen hievon sind unzulässig.

(3) Das geringste Gebot ist der Schätzwert. Die Versteigerungsbedingungen können anderes vorsehen, nicht jedoch weniger als drei Viertel des Schätzwerts.

(4) Einer Schätzung bedarf es nicht, wenn sich die Miteigentümer vor dem Schätzungstermin auf einen Ausrufpreis einigen. Im Versteigerungsedikt ist darauf hinzuweisen, dass keine Schätzung erfolgt ist. Im Übrigen tritt der Ausrufpreis, soweit in gesetzlichen Bestimmungen auf den Schätzwert abgestellt wird, an dessen Stelle.

(BGBl I 2000/59)

Versteigerung

§ 352b. Bei der Versteigerung gilt Folgendes:

1. Die Frist des § 169 Abs. 2 gilt nicht.

2. Der Verpflichtete ist vom Bieten nicht ausgeschlossen.

3. Wird im Versteigerungstermin kein Bietanbot abgegeben, so hat das Gericht eine Frist, die mindestens vier, höchstens jedoch acht Wochen betragen soll, festzulegen, innerhalb der schriftliche Anbote an das Gericht zu richten sind. Dies ist in der Tagsatzung bekanntzugeben und öffentlich bekanntzumachen. §§ 170 und 170b Abs. 3 sind anzuwenden.

4. Die schriftlichen Anbote dürfen den Schätzwert um ein Viertel unterschreiten. Das schriftliche Anbot ist in einem verschlossenen Kuvert abzugeben. Dessen Inhalt ist bis zur Öffnung durch den Richter von der Akteneinsicht ausgenommen. Unverzüglich nach Ablauf der Frist, keinesfalls jedoch vor diesem Zeitpunkt, hat der Richter in einer öffentlichen Tagsatzung eigenhändig sämtliche eingelangte Kuverts zu öffnen und den Bieter mit dem höchsten Anbot zum Erlag des Vadiums binnen 14 Tagen aufzu-

fordern. Bei rechtzeitigem Erlag des Vadiums ist diesem Bieter mit Beschluss der Zuschlag zu erteilen.

(BGBl I 2000/59)

Verteilung

§ 352c. Das Meistbot ist nach dem Einvernehmen der Parteien aufzuteilen. Einigen sich die Parteien nicht, so hat das Gericht hierüber nach mündlicher Verhandlung durch Urteil zu entscheiden. Auf das Verfahren sind die Bestimmungen über das Verfahren vor den Bezirksgerichten (§§ 431ff ZPO) anzuwenden.

(BGBl I 2000/59)

Erwirkung von anderen Handlungen

§ 353. (1) Wenn der Verpflichtete eine Handlung vorzunehmen hat, deren Vornahme durch einen Dritten erfolgen kann, ist der betreibende Gläubiger auf Antrag von dem die Exekution bewilligenden Gerichte zu ermächtigen, die Handlung auf Kosten des Verpflichteten vornehmen zu lassen.

(2) Der betreibende Gläubiger kann zugleich beantragen, dem Verpflichteten die Vorauszahlung der Kosten aufzutragen, welche durch die Vornahme der Handlung entstehen werden. Der diesem Antrage stattgebende Beschluß ist in das Vermögen des Verpflichteten vollstreckbar.

§ 354. (1) Der Anspruch auf eine Handlung, die durch einen Dritten nicht vorgenommen werden kann und deren Vornahme zugleich ausschließlich vom Willen des Verpflichteten abhängt, wird dadurch vollstreckt, daß der Verpflichtete auf Antrag vom Exekutionsgerichte durch Geldstrafen oder durch Haft bis zur Gesamtdauer von sechs Monaten zur Vornahme der Handlung angehalten wird.

(2) Die Exekution hat mit Androhung der für den Fall der Saumsal zu verhängenden Strafe zu beginnen; als erste Strafe darf nur eine Geldstrafe angedroht werden. Nach fruchtlosem Ablauf der in dieser Verfügung für die Vornahme der Handlung gewährten Frist ist das angedrohte Zwangsmittel auf Antrag des betreibenden Gläubigers zu vollziehen und zugleich unter jeweiliger Bestimmung einer neuerlichen Frist für die geschuldete Leistung ein stets schärferes Zwangsmittel anzudrohen. Der Vollzug desselben erfolgt nur auf Antrag des betreibenden Gläubigers. *(BGBl 1980/120)*

(3) *(aufgehoben, BGBl 1980/120)*

Erwirkung von Duldungen und Unterlassungen

§ 355. (1) Die Exekution gegen den zur Unterlassung einer Handlung oder zur Duldung der Vornahme einer Handlung Verpflichteten geschieht dadurch, dass wegen eines jeden Zuwiderhandelns nach Eintritt der Vollstreckbarkeit des Exekutionstitels auf Antrag vom Exekutionsgericht anlässlich der Bewilligung der Exekution eine Geldstrafe verhängt wird. Wegen eines jeden weiteren Zuwiderhandelns hat das Exekutionsgericht auf Antrag eine weitere Geldstrafe oder eine Haft bis zur Gesamtdauer eines Jahres zu verhängen. Diese sind nach Art und Schwere des jeweiligen Zuwiderhandelns, unter Bedachtnahme auf die wirtschaftliche Leistungsfähigkeit des Verpflichteten und das Ausmaß der Beteiligung an der Zuwiderhandlung auszumessen. In einem Beschluss, mit dem eine Geldstrafe oder eine Haft verhängt wird, sind auch die Gründe anzuführen, die für die Festsetzung der Höhe der Strafe maßgeblich sind. *(BGBl I 2000/59; BGBl I 2008/37, anzuwenden, wenn der Exekutionsantrag nach dem 29. 2. 2008 bei Gericht einlangt)*

(2) Auf Antrag des betreibenden Gläubigers kann dem Verpflichteten vom Exekutionsgerichte die Bestellung einer Sicherheit für den durch ferneres Zuwiderhandeln entstehenden Schaden aufgetragen werden. Hiebei ist die Höhe und Art der zu leistenden Sicherheit, sowie die Zeit zu bestimmen, für welche sie zu haften hat. In Ansehung der Vollstreckung dieses Beschlusses gelten die Bestimmungen des § 353 Absatz 2.

(3) *(aufgehoben, BGBl 1980/120)*

§ 356. (1) Wurde im Falle des § 355 durch das Verhalten des Verpflichteten eine dem Rechte des betreibenden Gläubigers widerstreitende Veränderung herbeigeführt, so hat das Exekutionsgericht den betreibenden Gläubiger auf Antrag zu ermächtigen, den früheren Zustand auf Gefahr und Kosten des Verpflichteten wieder herstellen zu lassen.

(2) Der Beschluß, durch den die Kosten dieser Wiederherstellung bestimmt werden, ist in das Vermögen des Verpflichteten vollstreckbar.

§ 357. Leistet der Verpflichtete gegen die Vornahme einer Handlung, die er nach Inhalt des § 356 Absatz 1 zu dulden hat, Widerstand, so ist dem betreibenden Gläubiger auf Antrag zum Zwecke der Beseitigung des Widerstandes und zum Schutze der auszuführenden Arbeit ein Vollstreckungsorgan beizugeben.

§ 358. (1) Der betreibende Gläubiger hat den Antrag auf Bewilligung der Exekution und jeden Strafantrag zugleich dem Verpflichteten direkt zu übersenden; diese Übersendung ist auf dem

dem Gericht überreichten Stück des Schriftsatzes zu vermerken. Bei unrichtigen Angaben hat das Gericht dem betreibenden Gläubiger eine mit Rücksicht auf die besonderen Umstände des Einzelfalls zu bemessende Mutwillensstrafe aufzuerlegen.

(2) Sofern nicht Gefahr im Verzug ist, hat das Gericht vor der Verhängung von Geldstrafen dem Verpflichteten Gelegenheit zu einer Äußerung zu den Strafzumessungsgründen zu geben, wenn nicht bereits eine Äußerung zu einem im Wesentlichen gleichen Antrag notorisch ist. Gegen die Höhe einer Strafe kann der Verpflichtete, falls er nicht bereits vor der Beschlussfassung einvernommen wurde, Widerspruch erheben. Auf den Widerspruch sind die §§ 397 f sinngemäß anzuwenden.

(BGBl 1929/222; BGBl I 2008/37, anzuwenden, wenn der Exekutionsantrag nach dem 29. 2. 2008 bei Gericht einlangt)

Geldstrafen

§ 359. (1) Die Geldstrafe darf je Antrag 100 000 Euro nicht übersteigen. *(BGBl 1989/343; BGBl I 2000/59)*

(2) Ist die Geldstrafe zu Unrecht verhängt worden oder wird der Antrag vor Rechtskraft des Strafbeschlusses zurückgezogen, so ist der erhaltene Betrag dem Verpflichteten zurückzuzahlen. Über die Rückzahlungspflicht hat auf Antrag des Verpflichteten das Exekutionsgericht durch Beschluß zu entscheiden. *(BGBl 1980/120; BGBl I 2000/59)*

(3) *(aufgehoben, BGBl I 2000/59)*

Die Geldstrafen fließen dem Bund zu: Art III Abs 16 BGBl I 2000/59

Haft

§ 360. (1) Die Haft wird durch Anhaltung in einem hiezu bestimmten (öffentlichen) Haftlokale vollzogen. Dieses muß von den Räumen gesondert sein, die zum Strafvollzuge, sowie zur Anhaltung der Personen verwendet werden, wider welche die Untersuchungshaft verhängt ist.

(2) Die Verhaftung wird auf Grund eines vom Exekutionsgerichte erteilten Haftbefehles, in welchem insbesondere der Grund der Verhaftung zu bezeichnen ist, durch das Vollstreckungsorgan vorgenommen. Der Haftbefehl muß dem Verpflichteten bei der Verhaftung zugestellt werden.

§ 361. Die Haft darf nur verhängt werden, wenn der maßgebliche Sachverhalt bewiesen ist (§ 55 Abs. 2); sie darf in jeder einzelnen Strafverfügung nicht für länger als für die Dauer von zwei Monaten verhängt werden. Nach Ablauf der in der Strafverfügung angegebenen Haftzeit ist der Verpflichtete von Amts wegen aus der Haft zu entlassen.

(BGBl 1980/120)

§ 362. (1) Von der Verhängung der Haft gegen eine in einem öffentlichen Amte oder Dienste stehende Person oder gegen den Bediensteten einer dem öffentlichen Verkehre dienenden Unternehmung ist dem unmittelbar Vorgesetzten dieser Person oder der vorgesetzten Dienstbehörde gleichzeitig mit der Verhaftung Anzeige zu machen.

(2) Muß zur Wahrung der öffentlichen Sicherheit oder anderer öffentlicher Interessen eine Stellvertretung während der Anhaltung eintreten, so darf die Verhaftung erst dann erfolgen, wenn für die Stellvertretung Vorsorge getroffen ist. Das hiezu Erforderliche ist von dem Vorgesetzten des Verpflichteten ohne Verzug nach empfangener Verständigung von dem Haftbeschlusse zu verfügen.

§ 363. Wird die Verhängung einer Strafe vom betreibenden Gläubiger mutwillig erwirkt, so hat er dem Verpflichteten alle verursachten Vermögensnachteile zu ersetzen. § 54 f Abs. 2 ist sinngemäß anzuwenden.

(StGBl 1920/321; BGBl I 2008/37, anzuwenden, wenn der Exekutionsantrag nach dem 29. 2. 2008 bei Gericht einlangt)

§ 364. (1) Gegen einen Schiffer, gegen Personen der Schiffsmannschaft und gegen alle übrigen auf einem Seeschiffe angestellten Personen kann die Haft nicht vollzogen werden, wenn dieses Schiff zum Abgehen fertig (segelfertig) ist und für die zur Schiffsmannschaft gehörige oder sonst auf dem Seeschiffe angestellte Person nicht unverzüglich ein tauglicher Ersatzmann beschafft werden kann.

(2) Werden verhaftete Personen zu einem mobilisierten Truppenteile oder auf ein in den Kriegsdienst gestelltes Fahrzeug einberufen, so ist die Haft für die Dauer dieser Verwendung zu unterbrechen.

§ 365. Die Haft kann nicht vollzogen werden, solange durch sie die Gesundheit des Verpflichteten einer nahen und erheblichen Gefahr ausgesetzt würde. Sie ist von Amts wegen aufzuheben, wenn sich nach ihrem Beginne solche Gefahren einstellen.

§ 366. Der Vollzug der Haft ist nicht vom Erlag eines Kostenvorschusses abhängig zu machen.

(BGBl 1991/628)

Abgabe einer Willenserklärung

§ 367. (1) Wenn der Verpflichtete nach Inhalt des Exekutionstitels eine Willenserklärung abzugeben hat, gilt diese Erklärung als abgegeben, sobald das Urteil die Rechtskraft erlangt hat oder ein anderer Exekutionstitel gleichen Inhaltes zum Antrage auf Exekutionsbewilligung berechtigt.

(2) Insofern die Verpflichtung zur Abgabe der Willenserklärung von einer Gegenleistung abhängig ist, tritt die im Absatze 1 bezeichnete Rechtsfolge erst mit Bewirkung der Gegenleistung seitens des betreibenden Gläubigers ein.

Interesse

§ 368. (1) Durch die Bestimmungen dieses Abschnittes wird der Anspruch des betreibenden Gläubigers auf Leistung des Interesses wegen Nichterfüllung der dem Verpflichteten obliegenden Verbindlichkeit oder auf Ersatz des dadurch verursachten Schadens nicht berührt.

(2) Diese Ansprüche können jederzeit unter Verzicht auf die Fortsetzung des eingeleiteten Exekutionsverfahrens oder nach fruchtloser Durchführung desselben, nach Wahl des betreibenden Gläubigers bei dem sonst hiefür zuständigen Gerichte oder bei dem Exekutionsgerichte mittels Klage geltend gemacht werden.

Kosten der Exekution

§ 369. (1) Die Bewilligung der Exekution zum Zwecke der Verwirklichung von Ansprüchen auf Herausgabe oder Überlassung von Sachen, auf Handlungen oder Unterlassungen, schließt die Bewilligung der Exekution zu Gunsten der betreibenden Gläubiger durch das Exekutionsverfahren erwachsenden Kosten in sich.

(2) Der betreibende Gläubiger hat das zur Deckung der Kosten zu verwendende Vermögen des Verpflichteten sowie die deshalb anzuwendenden Exekutionsmittel im Sinne des § 54 schon in dem ersten Antrage auf Exekutionsbewilligung zu bezeichnen.

Zweiter Teil

Sicherung

Erster Abschnitt

Exekutionshandlungen zur Sicherung von Geldforderungen (Exekution zur Sicherstellung)

§ 370. Zur Sicherung von Geldforderungen kann auf Grund der von inländischen Zivilgerichten in nicht streitigen Rechtsangelegenheiten erlassenen, einstweilen noch nicht vollziehbaren Verfügungen, sowie auf Grund von Endurteilen und Zahlungsaufträgen inländischer Zivilgerichte schon vor Eintritt ihrer Rechtskraft oder vor Ablauf der für die Leistung bestimmten Frist auf Antrag die Vornahme von Exekutionshandlungen bewilligt werden, wenn dem Gericht glaubhaft gemacht wird, dass ohne diese die Einbringung der gerichtlich zuerkannten Geldforderung vereitelt oder erheblich erschwert werden würde oder dass zum Zweck ihrer Einbringung die Entscheidung in Staaten vollstreckt werden müsste, in die Vollstreckung des Anspruchs weder durch völkerrechtliche Verträge noch durch Unionsrecht gesichert ist.

(RGBl 1914/118; BGBl 1995/519; BGBl I 2014/69, ab 1. 10. 2014, anzuwenden auf Exekutionsverfahren, in denen der Exekutionsantrag nach dem 30. September 2014 bei Gericht einlangt.)

§ 371. Selbst ohne solche Bescheinigung ist die Vornahme von Exekutionshandlungen zur Sicherung von Geldforderungen auf Antrag zu bewilligen:

1. auf Grund der infolge Anerkenntnis ergangenen Endurteile erster Instanz (§ 395 der Zivilprozeßordnung), wenn wider diese Urteile Berufung erhoben wurde, auf Grund der nach den §§ 396, 442 der Zivilprozeßordnung gefällten Versäumungsurteile, wenn gegen sie Widerspruch nach den § 397a, 398, 442a ZPO erhoben wurde, auf Grund eines in zweiter Instanz bestätigten Urteils, wenn wider das Urteil des Berufungsgerichts Revision erhoben wurde oder wenn wider ein Urteil zweiter Instanz ein Antrag verbunden mit einer ordentlichen Revision nach § 508 Abs. 1 ZPO gestellt wurde. *(RGBl 1914/118; BGBl 1979/140; BGBl 1983/135; BGBl I 1997/140)*

2. aufgrund der in § 1 Z 2 angeführten Zahlungsaufträge *(BGBl 1979/140; BGBl I 2008/37, anzuwenden, wenn der Exekutionsantrag nach dem 29. 2. 2008 bei Gericht einlangt)*

3. auf Grund der im Mahnverfahren ergangenen bedingten Zahlungsbefehle, wenn der Beklagte die Wiedereinsetzung in den vorigen Stand zur Erhebung des Einspruchs beantragt hat; *(BGBl 1983/135)*

4. auf Grund von strafgerichtlichen Entscheidungen über privatrechtliche Ansprüche, wenn die Wiederaufnahme des Strafverfahrens bewilligt wurde.

§ 371a. Auf Grund von Endurteilen erster oder zweiter Instanz, wider die Berufung oder Revision erhoben wurde, sind Exekutionshandlungen zur Sicherung von Geldforderungen ohne die im § 370 geforderte Bescheinigung auch dann zulässig, wenn der betreibende Gläubiger eine vom Gerichte nach freiem Ermessen zu bestimmende Sicherheit für den dem Verpflichteten durch die Exekutionshandlungen drohenden Schaden (§ 376

EO

Absatz 2) leistet. Vor Nachweis des gerichtlichen Erlages der zu leistenden Sicherheit darf mit dem Vollzuge der Exekutionshandlungen nicht begonnen werden.

(BGBl 1925/183)

§ 372. Zur Sicherung noch nicht fälliger Unterhaltsansprüche und noch nicht fälliger Geldrenten wegen Tötung, Verletzung des Körpers oder der Gesundheit kann, soweit § 291 c Abs. 1 nicht anzuwenden ist, zugleich mit der Exekution zur Hereinbringung fälliger Beträge Exekution zur Sicherung der innerhalb eines Jahres fällig werdenden Beträge begehrt werden.

(2) *(aufgehoben, BGBl 1976/251)*

(BGBl 1991/628)

§ 373. Exekutionshandlungen zur Sicherung von Geldforderungen sind auf Grund eines Versäumungsurteils, gegen das Widerspruch nach den §§ 397a, 398, 442a ZPO erhoben worden ist, auch dann zu bewilligen, wenn das Versäumnisurteil zwar infolge des Widerspruchs aufgehoben, aber die Geldforderung dem Gläubiger noch nicht aberkannt oder deren Erlöschung noch nicht festgestellt worden ist.

(BGBl 1979/140; BGBl 1983/135)

§ 374. (1) Zur Sicherung von Geldforderungen kann nur die Pfändung von Gegenständen des beweglichen Vermögens, die bücherliche Vormerkung des Pfandrechtes auf Liegenschaften oder daran haftenden Rechten, die Zwangsverwaltung oder, wenn eine Forderung des Verpflichteten gepfändet wurde und mit der Verzögerung ihrer Geltendmachung eine Gefährdung ihrer Einbringlichkeit oder der Verlust von Regreßrechten gegen dritte Personen verbunden wäre, die Überweisung der gepfändeten Forderung zur Einziehung bewilligt werden.

(2) Sofern es zur Beschaffung hinreichender Sicherung notwendig erscheint, können gleichzeitig mehrere dieser Exekutionshandlungen bewilligt werden.

(3) Die Beträge, welche bei der Zwangsverwaltung auf die zu sichernde Forderung entfallen oder im Wege der Einziehung der gepfändeten Forderung eingehen, sind insolange in gerichtlicher Verwahrung zu behalten, als nicht die Vollstreckbarkeit der Forderung oder der einzelnen Unterhaltsraten eingetreten ist oder die behufs Sicherung bewilligten Exekutionshandlungen aufgehoben worden sind.

§ 375. (1) Zur Bewilligung von Exekutionshandlungen ist in den Fällen der §§ 370, bis 3, 371 a und 372 das Prozeßgericht erster Instanz oder das Gericht, bei dem die Rechtsangelegen-

heit der freiwilligen Gerichtsbarkeit in erster Instanz anhängig war, im Fall des § 371 Z 4 das Exekutionsgericht zuständig. In den Fällen der §§ 370, 371 Z. 1 bis 3, 371a und 372 kann um die Bewilligung von Exekutionshandlungen auch beim Exekutionsgericht angesucht werden, wenn dem Antrag eine Ausfertigung der Entscheidung oder der Verfügung und eine Amtsbestätigung über die Erhebung der Berufung, der Revision oder des Widerspruchs (§ 371 Z. 1, § 371a) oder über die Anbringung des Wiedereinsetzungsantrages (§ 371 Z. 3) angeschlossen ist. *(RGBl 1914/118; BGBl 1979/140; BGBl 1983/135)*

(2) In dem bewilligenden Beschlusse ist der zu sichernde Betrag samt Nebengebühren und durch Hinweisung auf den Umstand, von welchem der Eintritt der Vollstreckbarkeit des Anspruches abhängt, der Zeitraum anzugeben, für dessen Dauer die Sicherung gewährt wird. § § 54b bis 54f sind nicht anzuwenden. *(BGBl 1995/519)*

§ 376. (1) Die Vollziehung der bewilligten Exekutionshandlungen hat auf Antrag zu unterbleiben und die bereits vollzogenen Exekutionshandlungen sind aufzuheben:

1. wenn glaubhaft gemacht wird, daß die Geldforderung, zu deren Gunsten eine Exekutionshandlung bewilligt wurde, schon zur Zeit dieser Bewilligung berichtigt oder hinlänglich sichergestellt war;

2. wenn glaubhaft gemacht wird, daß diese Forderung derzeit berichtigt oder hinlänglich sichergestellt ist, insbesondere wenn der Verpflichtete den Betrag der zu sichernden Forderung samt Nebengebühren in barem Gelde oder in Wertpapieren zu Gerichtshanden erlegt; bei verzinslichen Forderungen müssen auch die Zinsen für die ganze Zeit der bewilligten Sicherung erlegt werden;

3. wenn die Geldforderung, zu deren Gunsten die Exekutionshandlung bewilligt wurde, dem Gläubiger rechtskräftig aberkannt oder wenn deren Erlöschung rechtskräftig festgestellt wird;

4. wenn im Falle des § 371, Z. 3 dem Wiedereinsetzungsgesuche rechtskräftig stattgegeben wird.

(2) In den unter Z. 1, 3 und 4 bezeichneten Fällen hat der betreibende Gläubiger alle durch die Bewilligung, den Vollzug und die Wiederaufhebung der Exekutionshandlungen entstandenen Kosten zu tragen und den dem Verpflichteten verursachten Schaden zu ersetzen. Ist die Exekution auf Grund eines Versäumungsurteils, gegen das Widerspruch erhoben ist, bewilligt worden, so tritt die Schadenersatzpflicht nicht ein, wenn dem betreibenden Gläubiger bei der Einleitung und der Fortsetzung der Exekution keine grobe Fahrlässigkeit zur Last fällt. *(BGBl 1983/135)*

§ 377. (1) Wenn der Verpflichtete zu bescheinigen vermag, daß zur Sicherung einer Geldforderung Exekutionshandlungen in weiterem Umfange bewilligt oder vollzogen wurden, als zur vollständigen Sicherstellung der Forderung samt Nebengebühren notwendig ist, so hat das Gericht auf seinen Antrag eine verhältnismäßige Einschränkung der Exekutionshandlungen anzuordnen.

(2) Nach Ablauf des Zeitraumes, für dessen Dauer die Sicherung gewährt wurde, sind die vollzogenen Exekutionshandlungen auf Antrag des Verpflichteten aufzuheben, falls die Vollstreckbarkeit der sichergestellten Geldforderung bis dahin noch nicht eingetreten ist.

(3) Der Antrag auf Unterlassung des Vollzuges bewilligter Exekutionshandlungen oder auf Aufhebung oder Einschränkung derselben ist bei dem Gerichte, das gemäß § 375 Abs. 1 zur Bewilligung berufen war, oder bei dem Exekutionsgerichte anzubringen, je nachdem der Antrag vor oder nach Beginn des Vollzuges der Exekutionshandlungen (§ 33) gestellt wird. Der Entscheidung über diese Anträge hat eine Einvernehmung des betreibenden Gläubigers vorauszugehen.

(4) Eine zur Deckung der Schadenersatzansprüche des Verpflichteten von dem betreibenden Gläubiger erlegte Sicherheit (§ 371a) darf diesem erst nach Ablauf von 14 Tagen seit Eintritt der Rechtskraft des Beschlusses ausgefolgt werden, womit dem Antrage auf Unterlassung des Vollzuges bewilligter Exekutionshandlungen oder auf deren Aufhebung aus den im § 376 Abs. 1 Z 1 oder 3 bezeichneten Gründen stattgegeben wurde. *(BGBl 1925/183; BGBl I 2014/69, ab 12. 8. 2014)*

Zweiter Abschnitt

Einstweilige Verfügungen

Zulässigkeit

§ 378. (1) Sowohl vor Einleitung eines Rechtsstreites als während desselben und während des Exekutionsverfahrens kann das Gericht zur Sicherung des Rechtes einer Partei auf Antrag einstweilige Verfügungen treffen.

(2) Die Zulässigkeit einstweiliger Verfügungen wird dadurch nicht ausgeschlossen, daß der Anspruch der antragstellenden Partei (gefährdete Partei) ein betagter oder bedingter ist.

Einstweilige Verfügungen in Verfahren außer Streitsachen

§ 378a. In Verfahren außer Streitsachen, die von Amts wegen eingeleitet werden können, kann das Gericht einstweilige Verfügungen auch von Amts wegen erlassen, einschränken oder aufheben.

(BGBl I 2003/112)

Vgl § 402 Abs 3a zur Vertretungspflicht

1. Zur Sicherung von Geldforderungen

§ 379. (1) Zur Sicherung von Geldforderungen sind einstweilige Verfügungen unstatthaft, soweit die Partei zu gleichem Zwecke die Vornahme von Exekutionshandlungen auf das Vermögen des Gegners erwirken kann (§ 370ff.).

(2) Sonst können zur Sicherung von Geldforderungen einstweilige Verfügungen getroffen werden:

1. wenn wahrscheinlich ist, daß ohne sie der Gegner der gefährdeten Partei durch Beschädigen, Zerstören, Verheimlichen oder Verbringen von Vermögensstücken durch Veräußerung oder andere Verfügungen über Gegenstände seines Vermögens, insbesondere durch darüber mit dritten Personen getroffene Vereinbarungen die Hereinbringung der Geldforderung vereiteln oder erheblich erschweren würde;

2. wenn die Entscheidung in Staaten vollstreckt werden müßte, in denen die Vollstreckung des Anspruchs weder durch völkerrechtliche Verträge noch durch Unionsrecht gesichert ist. *(BGBl 1995/519; BGBl I 2014/69, ab 1. 10. 2014, anzuwenden auf Exekutionsverfahren, in denen der Exekutionsantrag nach dem 30. September 2014 bei Gericht einlangt.)*

(3) Zur Sicherung von Geldforderungen kann angeordnet werden:

1. die Verwahrung und Verwaltung von beweglichen körperlichen Sachen des Gegners der gefährdeten Partei (§ 259ff.), einschließlich der Hinterlegung von Geld;

2. das gerichtliche Verbot der Veräußerung oder Verpfändung beweglicher körperlicher Sachen mit der Wirkung, daß eine verbotswidrige Veräußerung oder Verpfändung ungültig ist, dafern nicht der Erwerber infolge sinngemäßer Anwendung der §§ 367 und 456 ABGB. oder durch die Vorschriften [der Artikel 306 und 307][1] des Handelsgesetzbuches geschützt ist;

3. das gerichtliche Drittverbot, wenn der Gegner der gefährdeten Partei an eine dritte Person eine Geldforderung oder einen Anspruch auf Leistung oder Herausgabe von anderen Sachen zu stellen hat. Dieses Verbot wird dadurch vollzogen, daß dem Gegner der gefährdeten Partei jede Verfügung über den Anspruch und insbesondere dessen Einziehung untersagt und an den Dritten der Befehl gerichtet wird, bis auf weitere gerichtliche Anordnung das dem Gegner der gefährdeten Partei Geschuldete nicht zu zahlen und die diesem gebührenden Sachen weder auszufolgen noch sonst in Ansehung ihrer etwas zu unternehmen,

was die Exekutionsführung auf die Geldforderung oder auf die geschuldeten oder herauszugebenden Sachen vereiteln oder erheblich erschweren könnte;

4. die Verwaltung von Liegenschaften des Gegners der gefährdeten Partei; *(BGBl I 2000/59)*

5. das Verbot der Veräußerung und Belastung von Liegenschaften oder bücherlichen Rechten des Gegners der gefährdeten Partei. *(BGBl I 2000/59)*

(4) Die Pfändung von Sachen des Gegners der gefährdeten Partei darf nicht angeordnet werden. *(BGBl I 2000/59)*

(5) Zur Sicherung von Forderungen gegen einen Erben können bei Vorhandensein der in Abs. 2 angegebenen Voraussetzungen zu Gunsten der Gläubiger des Erben in Ansehung des ihm angefallenen Erbgutes vor der Einantwortung einstweilige Verfügungen getroffen werden. Je nach dem zu erreichenden Zweck können mit der einstweiligen Verfügung die notwendigen Sicherungsmittel (§§ 379 und 382) angeordnet werden. *(BGBl I 2000/59)*

_____

1) Nunmehr §§ 367 UGB.

§ 380. Soweit Ansprüche und Rechte der Exekution entzogen sind, können sie durch ein gerichtliches Verbot oder durch eine andere einstweilige, zur Sicherung einer Geldforderung angeordnete Verfügung nicht getroffen werden.

(BGBl 1922/460; DRGBl 1940 I S 1451; BGBl 1991/628)

2. Zur Sicherung anderer Ansprüche

§ 381. Zur Sicherung anderer Ansprüche können einstweilige Verfügungen getroffen werden:

1. wenn zu besorgen ist, daß sonst die gerichtliche Verfolgung oder Verwirklichung des fraglichen Anspruches, insbesondere durch eine Veränderung des bestehenden Zustandes, vereitelt oder erheblich erschwert werden würde; als solche Erschwerung ist es anzusehen, wenn die Entscheidung in Staaten vollstreckt werden müsste, in denen die Vollstreckung des Anspruchs weder durch völkerrechtliche Verträge noch durch Unionsrecht gesichert ist; *(BGBl 1995/519; BGBl I 2014/69, ab 1. 10. 2014, anzuwenden auf Exekutionsverfahren, in denen der Exekutionsantrag nach dem 30. September 2014 bei Gericht einlangt.)*

2. wenn derartige Verfügungen zur Verhütung drohender Gewalt oder zur Abwendung eines drohenden unwiederbringlichen Schadens nötig erscheinen.

Vgl § 24 UWG

§ 382. (1) Sicherungsmittel, die das Gericht je nach Beschaffenheit des im einzelnen Falle zu erreichenden Zweckes auf Antrag anordnen kann, sind insbesondere:

1. die gerichtliche Hinterlegung der beweglichen, in der Gewahrsame des Gegners der gefährdeten Partei befindlichen Sachen, auf deren Herausgabe oder Leistung der von letzterer behauptete oder ihr bereits zuerkannte Anspruch gerichtet ist, oder wenn sich die Sachen zum gerichtlichen Erlage nicht eignen sollten, die Anordnung einer Verwahrung im Sinne des § 259;

2. die Verwaltung der in Z. 1 bezeichneten beweglichen Sachen oder derjenigen unbeweglichen Sachen oder Rechte, auf welche sich der von der gefährdeten Partei behauptete oder ihr bereits zuerkannte Anspruch bezieht;

3. die Ermächtigung der gefährdeten Partei, in ihrer Gewahrsame befindliche Sachen des Gegners, auf welche sich ein von ihr behaupteter oder ihr bereits zuerkannter Anspruch bezieht, bis zur rechtskräftigen Entscheidung über diesen Anspruch zurückbehalten zu dürfen;

4. das an den Gegner der gefährdeten Partei gerichtete Gebot, einzelne Handlungen vorzunehmen, die zur Erhaltung der in Z. 1 und 2 bezeichneten Zustandes notwendig erscheinen;

5. das an den Gegner der gefährdeten Partei gerichtete Verbot einzelner nachteiliger Handlungen oder der Vornahme bestimmter oder aller Veränderungen an den in Z. 1 und 2 bezeichneten Sachen;

6. das gerichtliche Verbot der Veräußerung, Belastung oder Verpfändung von Liegenschaften oder Rechten, die in einem öffentlichen Buche eingetragen sind und auf welche sich der von der gefährdeten Partei behauptete oder ihr bereits zuerkannte Anspruch bezieht;

7. das gerichtliche Drittverbot, wenn der Gegner der gefährdeten Partei an eine dritte Person einen Anspruch auf Leistung oder Herausgabe von Sachen zu stellen hat, auf welche sich von der gefährdeten Partei behauptete oder ihr bereits zuerkannte Anspruch bezieht. Dieses Verbot wird dadurch vollzogen, daß dem Gegner der gefährdeten Partei jede Verfügung über seinen Anspruch wider den Dritten und insbesondere die Empfangnahme jener Sachen untersagt und an den Dritten der Befehl gerichtet wird, bis auf weitere gerichtliche Anordnung die dem Gegner der gefährdeten Partei gebührenden Sachen weder auszufolgen noch sonst in Ansehung ihrer etwas zu unternehmen, was die Exekutionsführung darauf vereiteln oder erheblich erschweren könnte;

8. a) die Bestimmung eines einstweilen von einem Ehegatten oder einem geschiedenen Ehegatten dem anderen oder von einem Elternteil seinem Kind zu leistenden Unterhalts, jeweils im Zusammenhang mit einem Verfahren auf Leistung

des Unterhalts; handelt es sich um die Unterhaltspflicht des Vaters eines unehelichen Kindes, so gilt dies nur, wenn die Vaterschaft festgestellt ist; im Fall des Unterhalts des Ehegatten oder eines ehelichen Kindes genügt der Zusammenhang mit einem Verfahren auf Scheidung, Aufhebung oder Nichtigerklärung der Ehe; *(BGBl 1975/412)*

b) *(aufgehoben, BGBl 1996/759, ab 1. 5. 1997)*

c) die einstweilige Regelung der Benützung oder die einstweilige Sicherung ehelichen Gebrauchsvermögens und ehelicher Ersparnisse im Zusammenhang mit einem Verfahren auf Aufteilung dieses Vermögens oder im Zusammenhang mit einem Verfahren auf Scheidung, Aufhebung oder Nichtigerklärung der Ehe. *(BGBl 1978/280)*

(2) *(aufgehoben, BGBl 1996/759, ab 1. 5. 1997)*

§ 382 ist in der jeweiligen Fassung auf eingetragene Partner, Partnersachen oder Partnerangelegenheiten sinngemäß anzuwenden (§ 43 Abs 1 Z 3 EPG).

§ 382a. (1) Ein Antrag eines Minderjährigen auf Gewährung vorläufigen Unterhalts durch einen Elternteil, in dessen Haushalt der Minderjährige nicht betreut wird, ist zu bewilligen, wenn der Elternteil dem Kind nicht bereits aus einem vollstreckbaren Unterhaltstitel zu Unterhalt verpflichtet ist und ein Verfahren zur Bemessung des Unterhalts des Minderjährigen gegen den Elternteil anhängig ist oder zugleich anhängig gemacht wird.

(2) Vorläufiger Unterhalt gemäß Abs. 1 kann höchstens bis zum jeweiligen altersabhängig bestimmten Betrag der Familienbeihilfe nach dem Familienlastenausgleichsgesetz bewilligt werden. *(BGBl I 2001/103; BGBl I 2009/75)*

(3) Großeltern können nach Abs. 1 nicht zu vorläufigem Unterhalt verpflichtet werden, der Vater eines unehelichen Minderjährigen nur, wenn seine Vaterschaft festgestellt ist.

(4) Das Vorbringen des Minderjährigen ist für bescheinigt zu halten, soweit sich aus den Pflegschaftsakten, die ihn betreffen, nichts anderes ergibt. Über den Antrag ist ohne Anhörung des Elternteils unverzüglich zu entscheiden.

(5) Die Möglichkeit der Anordnung einer einstweiligen Verfügung nach § 382 Abs. 1 Z. 8 lit. a bleibt unberührt. *(BGBl 1990/96)*

(BGBl 1987/645)

Schutz vor Gewalt in Wohnungen

§ 382b. (1) Das Gericht hat einer Person, die einer anderen Person durch einen körperlichen Angriff, eine Drohung mit einem solchen oder ein die psychische Gesundheit erheblich beeinträchtigendes Verhalten das weitere Zusammenleben unzumutbar macht, auf deren Antrag

1. das Verlassen der Wohnung und deren unmittelbarer Umgebung aufzutragen und

2. die Rückkehr in die Wohnung und deren unmittelbare Umgebung zu verbieten,

wenn die Wohnung der Befriedigung des dringenden Wohnbedürfnisses des Antragstellers dient.

(2) Eine einstweilige Verfügung nach Abs. 1 kann längstens für sechs Monate angeordnet werden. Das Gericht kann zusätzlich die Dauer mit dem rechtskräftigen Abschluss des anhängigen oder eines binnen der angeordneten Dauer einzuleitenden Verfahrens in der Hauptsache festsetzen. *(BGBl I 2019/105, anzuwenden, wenn der Antrag auf Erlassung der einstweiligen Verfügung nach dem 01.01.2020 bei Gericht einlangt)*

(3) Verfahren in der Hauptsache im Sinne des § 391 Abs. 2 können Verfahren auf Scheidung, Aufhebung oder Nichtigerklärung der Ehe, Verfahren über die Aufteilung des ehelichen Gebrauchsvermögens und der ehelichen Ersparnisse und Verfahren zur Klärung der Benützungsberechtigung an der Wohnung sein.

(BGBl I 2009/40)

§ 382b ist in der jeweiligen Fassung auf eingetragene Partner, Partnersachen oder Partnerangelegenheiten sinngemäß anzuwenden (§ 43 Abs 1 Z 3 EPG).

Verfahren und Anordnung

§ 382c. (1) Von der Anhörung des Antragsgegners vor Erlassung der einstweiligen Verfügung nach § 382b Abs. 1 ist insbesondere abzusehen, wenn eine weitere Gefährdung durch den Antragsgegner unmittelbar droht. Dies kann sich vor allem aus einem Bericht der Sicherheitsbehörde ergeben, das das Gericht von Amts wegen beizuschaffen hat; die Sicherheitsbehörden sind verpflichtet, solche Berichte den Gerichten unverzüglich zu übersenden. Wird jedoch der Antrag ohne unnötigen Aufschub nach einem Betretungs- und Annäherungsverbot gestellt (§ 38a Abs. 10 SPG), ist dem Antragsgegner unverzüglich zuzustellen. *(BGBl I 1999/146; BGBl I 2019/105, anzuwenden, wenn der Antrag auf Erlassung der einstweiligen Verfügung nach dem 01.01.2020 bei Gericht einlangt)*

(2) Der Auftrag zum Verlassen der Wohnung ist, wenn der Antragsteller nichts anderes beantragt, dem Antragsgegner durch das Vollstreckungsorgan beim Vollzug zuzustellen. Dieser Zeitpunkt ist dem Antragsteller mitzuteilen.

(3) Vom Inhalt des Beschlusses, mit dem über einen Antrag auf Erlassung einer einstweiligen Verfügung nach § 382b entschieden wird, und von einem Beschluss, mit dem die einstweilige Verfügung aufgehoben wird, sind auch *(BGBl I 2019/105, anzuwenden, wenn der Antrag auf Er-*

lassung der einstweiligen Verfügung nach dem 01.01.2020 bei Gericht einlangt)

1. im Gebiet einer Gemeinde, für das die Landespolizeidirektion zugleich Sicherheitsbehörde erster Instanz ist, die Landespolizeidirektion, sonst die örtlich zuständige Bezirksverwaltungsbehörde als Sicherheitsbehörde, *(BGBl I 2012/50)*

2. ist eine der Parteien minderjährig, auch der örtlich zuständige Kinder- und Jugendhilfeträger sowie das Pflegschaftsgericht *(BGBl I 2014/69, ab 12. 8. 2014; BGBl I 2019/105, anzuwenden, wenn der Antrag auf Erlassung der einstweiligen Verfügung nach dem 01.01.2020 bei Gericht einlangt)*

unverzüglich zu verständigen.

(4) Hat der Antragsgegner gegenüber Organen des öffentlichen Sicherheitsdienstes nach § 38a Abs. 2 Z 5 SPG aus Anlass der Anordnung eines Betretungs- und Annäherungsverbots eine Abgabestelle bekanntgegeben, so gilt diese als Abgabestelle für das gerichtliche Verfahren. Hat der Antragsgegner eine solche Bekanntgabe trotz Hinweises auf die Rechtsfolgen unterlassen, so können die Zustellungen im Verfahren über die einstweilige Verfügung durch Hinterlegung so lange ohne vorausgehenden Zustellversuch vorgenommen werden (§§ 8 und 23 Zustellgesetz), bis dem Gericht eine Abgabestelle bekanntgegeben wird. *(BGBl I 2019/105, anzuwenden, wenn der Antrag auf Erlassung der einstweiligen Verfügung nach dem 01.01.2020 bei Gericht einlangt)*

(BGBl 1996/759)

§ 382c ist in der jeweiligen Fassung auf eingetragene Partner, Partnersachen oder Partnerangelegenheiten sinngemäß anzuwenden (§ 43 Abs 1 Z 3 EPG).

Vollzug

§ 382d. (1) Einstweilige Verfügungen nach § 382b sind sofort von Amts wegen oder auf Antrag zu vollziehen. *(BGBl I 2003/31)*

(2) Beim Vollzug einer einstweiligen Verfügung nach § 382b Abs. 1 hat das Vollstreckungsorgan den Antragsgegner aus der Wohnung zu weisen und ihm alle Schlüssel zur Wohnung abzunehmen und bei Gericht zu erlegen. Es hat dem Antragsgegner Gelegenheit zur Mitnahme seiner persönlichen Wertsachen und Dokumente sowie jener Sachen zu gewähren, die seinem alleinigen persönlichen Gebrauch oder der Ausübung seines Berufs dienen. *(BGBl I 2003/31; BGBl I 2019/105, anzuwenden, wenn der Antrag auf Erlassung der einstweiligen Verfügung nach dem 01.01.2020 bei Gericht einlangt)*

(3) Ist der Antragsgegner beim Vollzug einer einstweiligen Verfügung nach § 382b Abs. 1 nicht anwesend, so hat ihm das Vollstreckungsorgan auf seinen Antrag binnen zweier Tage Gelegen-

heit zu geben, seine Sachen im Sinn des Abs. 2 aus der Wohnung abzuholen. Auf dieses Recht ist der Antragsgegner vom Vollstreckungsorgan durch Hinterlassung einer Nachricht an der Wohnungstüre hinzuweisen. *(BGBl I 2003/31)*

(4) Das Gericht kann auch die Sicherheitsbehörden mit dem Vollzug einer einstweiligen Verfügung nach § 382b durch die ihnen zur Verfügung stehenden Organe des öffentlichen Sicherheitsdienstes beauftragen. In diesem Fall sind diese Organe als Vollstreckungsorgane jeweils auf Ersuchen des Antragstellers verpflichtet, einer einstweiligen Verfügung nach § 382b entsprechenden Zustand durch unmittelbare Befehls- und Zwangsgewalt herzustellen und dem Gericht, das die einstweilige Verfügung erlassen hat, darüber zu berichten. Einstweilige Verfügungen nach § 382b können auch nach den Bestimmungen des Dritten Abschnitts im Ersten Teil vollzogen werden. *(BGBl I 2003/31; BGBl I 2019/105, anzuwenden, wenn der Antrag auf Erlassung der einstweiligen Verfügung nach dem 01.01.2020 bei Gericht einlangt)*

(5) Vor der Ausfolgung gemäß Abs. 2 abgenommener oder nach § 38a SPG bei Gericht erlegter Schlüssel sind die Parteien einzuvernehmen. Ist strittig, wer über die Schlüssel verfügungsberechtigt ist, so sind die Parteien auf den streitigen Rechtsweg zu verweisen; die Schlüssel sind in diesem Fall weiter gerichtlich zu verwahren. *(BGBl I 2019/105, anzuwenden, wenn der Antrag auf Erlassung der einstweiligen Verfügung nach dem 01.01.2020 bei Gericht einlangt)*

(BGBl 1996/759)

§ 382d ist in der jeweiligen Fassung auf eingetragene Partner, Partnersachen oder Partnerangelegenheiten sinngemäß anzuwenden (§ 43 Abs 1 Z 3 EPG).

Siehe § 38a SicherheitspolizeiG (SPG):

§ 38a neu gefasst durch BGBl I 2019/105 idF BGBl I 2020/144:

Betretungs- und Annäherungsverbot zum Schutz vor Gewalt

§ 38a. (1) Die Organe des öffentlichen Sicherheitsdienstes sind ermächtigt, einem Menschen, von dem auf Grund bestimmter Tatsachen, insbesondere wegen eines vorangegangenen gefährlichen Angriffs, anzunehmen ist, dass er einen gefährlichen Angriff auf Leben, Gesundheit oder Freiheit begehen werde (Gefährder), das Betreten einer Wohnung, in der ein Gefährdeter wohnt, samt einem Bereich im Umkreis von hundert Metern zu untersagen (Betretungsverbot). Mit dem Betretungsverbot verbunden ist das Verbot der Annäherung an den Gefährdeten im Umkreis von hundert Metern (Annäherungsverbot).

(2) Bei Anordnung eines Betretungs- und Annäherungsverbots haben die Organe des öffentlichen Sicherheitsdienstes

1. dem Gefährder den Verbotsbereich nach Abs. 1 zur Kenntnis zu bringen;

2. dem Gefährder alle in seiner Gewahrsame befindlichen Schlüssel zur Wohnung gemäß Abs. 1 abzunehmen und ihn zu diesem Zweck erforderlichenfalls zu durchsuchen; § 40 Abs. 3 und 4 gilt sinngemäß;

3. dem Gefährder Gelegenheit zu geben, dringend benötigte Gegenstände des persönlichen Bedarfs mitzunehmen und sich darüber zu informieren, welche Möglichkeiten er hat, unterzukommen;

4. den Gefährder über die Verpflichtung gemäß Abs. 8 und die Rechtsfolgen einer Zuwiderhandlung sowie über die Möglichkeit eines Antrags gemäß Abs. 9 zu informieren;

5. vom Gefährder die Bekanntgabe einer Abgabestelle für Zwecke der Zustellung von Schriftstücken nach dieser Bestimmung oder der Exekutionsordnung (EO), RGBl. Nr. 79/1896, zu verlangen; unterlässt er dies, kann die Zustellung solcher Schriftstücke so lange durch Hinterlegung ohne vorausgehenden Zustellversuch erfolgen, bis eine Bekanntgabe erfolgt; darauf ist der Gefährder hinzuweisen;

6. den Gefährder bei Aufenthalt in einem Verbotsbereich nach Abs. 1 wegzuweisen.

(3) Betrifft das Betretungsverbot eine vom Gefährder bewohnte Wohnung, ist besonders darauf Bedacht zu nehmen, dass dieser Eingriff in das Privatleben des Gefährders die Verhältnismäßigkeit (§ 29) wahrt. Sofern keine Ausnahme gemäß Abs. 9 vorliegt, darf der Gefährder den Verbotsbereich gemäß Abs. 1 nur in Gegenwart eines Organs des öffentlichen Sicherheitsdienstes aufsuchen.

(4) Die Organe des öffentlichen Sicherheitsdienstes sind verpflichtet, den Gefährdeten über die Möglichkeit einer einstweiligen Verfügung nach §§ 382b und 382e EO und geeignete Opferschutzeinrichtungen (§ 25 Abs. 3) zu informieren. Darüber hinaus sind sie verpflichtet,

1. sofern der Gefährdete minderjährig ist und es im Einzelfall erforderlich erscheint, jene Menschen, in deren Obhut er sich regelmäßig befindet, sowie

2. sofern ein Minderjähriger in der vom Betretungsverbot erfassten Wohnung wohnt, unverzüglich den örtlich zuständigen Kinder- und Jugendhilfeträger

über die Anordnung eines Betretungs- und Annäherungsverbots zu informieren.

(5) Die Organe des öffentlichen Sicherheitsdienstes sind ermächtigt, den Gefährder bei Verstoß gegen das Betretungs- und Annäherungsverbot wegzuweisen. Die Einhaltung eines Betretungs-

verbots ist zumindest einmal während der ersten drei Tage seiner Geltung durch Organe des öffentlichen Sicherheitsdienstes zu kontrollieren.

(6) Bei der Dokumentation der Anordnung eines Betretungs- und Annäherungsverbots ist auf die für das Einschreiten maßgeblichen Umstände sowie auf jene Bedacht zu nehmen, die für ein Verfahren nach §§ 382b und 382e EO oder für eine Abklärung der Gefährdung des Kindeswohls durch den zuständigen Kinder- und Jugendhilfeträger von Bedeutung sein können.

(7) Die Anordnung eines Betretungs- und Annäherungsverbots ist der Sicherheitsbehörde unverzüglich bekanntzugeben und von dieser binnen drei Tagen zu überprüfen. Stellt die Sicherheitsbehörde fest, dass das Betretungs- und Annäherungsverbot nicht hätte angeordnet werden dürfen, so hat sie unverzüglich den Gefährdeten über die beabsichtigte Aufhebung zu informieren und das Verbot gegenüber dem Gefährder aufzuheben. Die Information des Gefährdeten sowie die Aufhebung des Betretungs- und Annäherungsverbots haben nach Möglichkeit mündlich oder schriftlich durch persönliche Übergabe zu erfolgen.

(8) Der Gefährder hat binnen fünf Tagen ab Anordnung des Betretungs- und Annäherungsverbots eine Beratungsstelle für Gewaltprävention zur Vereinbarung einer Gewaltpräventionsberatung (§ 25 Abs. 4) zu kontaktieren und an der Beratung aktiv teilzunehmen, sofern das Betretungs- und Annäherungsverbot nicht gemäß Abs. 7 aufgehoben wird. Die Beratung hat längstens binnen 14 Tagen ab Kontaktaufnahme stattzufinden. Nimmt der Gefährder keinen Kontakt auf oder nicht (aktiv) an einer Gewaltpräventionsberatung teil, ist er zur Sicherheitsbehörde zum Zweck der Ermöglichung der Durchführung der Gewaltpräventionsberatung durch die Beratungsstelle für Gewaltprävention zu laden; § 19 des Allgemeinen Verwaltungsverfahrensgesetzes 1991 – AVG, BGBl. Nr. 51/1991, gilt.

Anm.: Änderungen durch BGBl I 2020/144 (ab 1.9.2021): Es entfällt der letzte Satz und die Wortfolge „ein Gewaltpräventionszentrum" wird durch die Wortfolge „eine Beratungsstelle für Gewaltprävention" sowie die Wortfolge „das Gewaltpräventionszentrum" durch die Wortfolge „die Beratungsstelle für Gewaltprävention" ersetzt.

(9) Die Sicherheitsbehörde ist ermächtigt, bei Vorliegen zwingender Notwendigkeit auf begründeten Antrag des Gefährders mit Bescheid örtliche oder zeitliche Ausnahmen vom Betretungs- und Annäherungsverbot festzulegen, sofern schutzwürdige Interessen des Gefährdeten dem nicht entgegenstehen; zu diesem Zweck ist dem Gefährdeten Gelegenheit zur Äußerung zu geben. Ausnahmen für die Wohnung, die vom Betretungsverbot betroffen ist, sind nicht zulässig. Die Ent-

scheidung der Behörde ist dem Gefährdeten unverzüglich zur Kenntnis zu bringen.

(10) Das Betretungs- und Annäherungsverbot endet zwei Wochen nach seiner Anordnung oder, wenn die Sicherheitsbehörde binnen dieser Frist vom ordentlichen Gericht über die Einbringung eines Antrags auf Erlassung einer einstweiligen Verfügung nach §§ 382b und 382e EO informiert wird, mit dem Zeitpunkt der Zustellung der Entscheidung des ordentlichen Gerichts an den Antragsgegner, längstens jedoch vier Wochen nach seiner Anordnung. Im Falle einer Zurückziehung des Antrags endet das Betretungs- und Annäherungsverbot sobald die Sicherheitsbehörde von der Zurückziehung durch Mitteilung des ordentlichen Gerichts Kenntnis erlangt, frühestens jedoch zwei Wochen nach seiner Anordnung.

(11) Die nach Abs. 2 abgenommenen Schlüssel sind mit Aufhebung oder Beendigung des Bretungsverbots zur Abholung durch den Gefährder bereit zu halten und diesem auszufolgen. Werden die Schlüssel trotz nachweislicher Information des Gefährders über die Abholungsmöglichkeit nicht binnen einer Frist von zwei Wochen abgeholt, können die Schlüssel auch einem sonstigen Verfügungsberechtigten ausgefolgt werden. Sechs Wochen nach Aufhebung oder Beendigung des Betretungsverbots gelten diese als verfallen; § 43 Abs. 2 gilt sinngemäß. Im Falle eines Antrags auf Erlassung einer einstweiligen Verfügung nach §§ 382b und 382e EO sind die nach Abs. 2 abgenommenen Schlüssel beim ordentlichen Gericht zu erlegen.

(12) Die Berechnung von Fristen nach dieser Bestimmung richtet sich nach §§ 32 und 33 Abs. 1 AVG.

(BGBl I 2019/105)

Allgemeiner Schutz vor Gewalt

§ 382e. (1) Das Gericht hat einer Person, die einer anderen Person durch einen körperlichen Angriff, eine Drohung mit einem solchen oder ein die psychische Gesundheit erheblich beeinträchtigendes Verhalten das weitere Zusammentreffen unzumutbar macht, auf deren Antrag

1. den Aufenthalt an bestimmt zu bezeichnenden Orten zu verbieten, *(BGBl I 2019/105)*

2. aufzutragen, das Zusammentreffen sowie die Kontaktaufnahme mit dem Antragsteller zu vermeiden und *(BGBl I 2019/105)*

3. zu verbieten, sich dem Antragsteller oder bestimmt zu bezeichnenden Orten in einem bestimmten Umkreis anzunähern, *(BGBl I 2019/105, anzuwenden, wenn der Antrag auf Erlassung der einstweiligen Verfügung nach dem 01.01.2020 bei Gericht einlangt)*

soweit dem nicht schwerwiegende Interessen des Antragsgegners zuwiderlaufen.

(2) Eine einstweilige Verfügung nach Abs. 1 kann längstens für ein Jahr angeordnet werden; § 382b Abs. 2 zweiter Satz ist anzuwenden. Gleiches gilt für eine Verlängerung der einstweiligen Verfügung nach Zuwiderhandeln durch den Antragsgegner. *(BGBl I 2019/105, anzuwenden, wenn der Antrag auf Erlassung der einstweiligen Verfügung nach dem 01.01.2020 bei Gericht einlangt)*

(3) § 382c Abs. 3 ist sinngemäß anzuwenden. Wird eine einstweilige Verfügung nach Abs. 1 gemeinsam mit einer einstweiligen Verfügung nach § 382b Abs. 1 erlassen, so gelten § 382b Abs. 3 und § 382c Abs. 4 sinngemäß. *(BGBl I 2019/105, anzuwenden, wenn der Antrag auf Erlassung der einstweiligen Verfügung nach dem 01.01.2020 bei Gericht einlangt)*

(4) Das Gericht kann mit dem Vollzug von einstweiligen Verfügungen nach Abs. 1 die Sicherheitsbehörden betrauen. § 382d Abs. 4 ist sinngemäß anzuwenden. Im Übrigen sind einstweilige Verfügungen nach Abs. 1 nach den Bestimmungen des Dritten Abschnitts im Ersten Teil zu vollziehen.

(BGBl I 2009/40)

§ 382e ist in der jeweiligen Fassung auf eingetragene Partner, Partnersachen oder Partnerangelegenheiten sinngemäß anzuwenden (§ 43 Abs 1 Z 3 EPG).

Einstweiliger Mietzins

§ 382f. (1) Ist zwischen den Parteien eines dem Mietrechtsgesetz gänzlich unterliegenden Hauptmietvertrags über eine Wohnung oder eine Geschäftsräumlichkeit ein Verfahren über eine Kündigung nach § 30 Abs. 2 Z 1 MRG oder über eine Räumungsklage wegen Mietzinsrückstandes gemäß § 1118 ABGB anhängig, so hat das Gericht auf Antrag des Vermieters dem Hauptmieter die Zahlung eines einstweiligen Mietzinses aufzutragen, sofern der Vermieter bescheinigt, dass der Mieter seine Pflicht zur Bezahlung des vertraglich vereinbarten oder des nach den Bestimmungen des Mietrechtsgesetzes erhöhten Hauptmietzinses zuzüglich Betriebskosten und öffentlicher Abgaben verletzt.

(2) Der einstweilige Mietzins nach Abs. 1 ist mit dem in § 45 Abs. 1 oder 2 MRG für den jeweiligen Mietgegenstand vorgesehenen Betrag zuzüglich des im Antragszeitpunkt für den Mietgegenstand vorgeschriebenen gleichbleibenden Teilbetrags an Betriebskosten und öffentlichen Abgaben nach § 21 Abs. 3 MRG festzusetzen. Liegt aber der vertraglich vereinbarte Hauptmietzins unter dem für den Mietgegenstand geltenden Betrag nach § 45 Abs. 1 oder 2 MRG, so ist der Festsetzung des einstweiligen Mietzinses die Mietzinsvereinbarung zugrunde zu legen. § 15 Abs. 2 MRG ist anzuwenden. Bei einer Wohnung ist für

EO

die Bescheinigung der Ausstattungskategorie deren Anführung in der Mietvertragsurkunde ausreichend.

(BGBl I 2003/113)

§ 382f ist in der jeweiligen Fassung auf eingetragene Partner, Partnersachen oder Partnerangelegenheiten sinngemäß anzuwenden (§ 43 Abs 1 Z 3 EPG).

Schutz vor Eingriffen in die Privatsphäre

§ 382g. (1) Der Anspruch auf Unterlassung von Eingriffen in die Privatsphäre kann insbesondere durch folgende Mittel gesichert werden:

1. Verbot persönlicher Kontaktaufnahme sowie Verbot der Verfolgung der gefährdeten Partei,

2. Verbot brieflicher, telefonischer oder sonstiger Kontaktaufnahme,

3. Verbot des Aufenthalts an bestimmt zu bezeichnenden Orten,

4. Verbot der Weitergabe und Verbreitung von personenbezogenen Daten und Lichtbildern der gefährdeten Partei, *(BGBl I 2018/32, [Durchführungshinweis Art 115 Abs 1], ab 18.5.2018)*

5. Verbot, Waren oder Dienstleistungen unter Verwendung personenbezogener Daten der gefährdeten Partei bei einem Dritten zu bestellen,

6. Verbot, einen Dritten zur Aufnahme von Kontakten mit der gefährdeten Partei zu veranlassen, *(BGBl I 2019/105)*

7. Verbot, insbesondere im Wege der Telekommunikation oder unter Verwendung eines Computersystems, Tatsachen oder Bildaufnahmen des höchstpersönlichen Lebensbereiches oder Verletzungen der Ehre oder Privatsphäre der gefährdeten Partei ohne ihre Zustimmung für eine größere Zahl von Menschen wahrnehmbar zu machen oder zu halten, *(BGBl I 2019/105, anzuwenden, wenn der Antrag auf Erlassung der einstweiligen Verfügung nach dem 01.01.2020 bei Gericht einlangt)*

8. Verbot, sich der gefährdeten Partei oder bestimmt zu bezeichnenden Orten in einem bestimmten Umkreis anzunähern. *(BGBl I 2019/105, anzuwenden, wenn der Antrag auf Erlassung der einstweiligen Verfügung nach dem 01.01.2020 bei Gericht einlangt)*

(2) Eine einstweilige Verfügung nach Abs. 1 kann längstens für ein Jahr angeordnet werden; § 382b Abs. 2 zweiter Satz ist anzuwenden. Gleiches gilt für eine Verlängerung der einstweiligen Verfügung nach Zuwiderhandeln durch den Antragsgegner. *(BGBl I 2009/40; BGBl I 2019/105, anzuwenden, wenn der Antrag auf Erlassung der einstweiligen Verfügung nach dem 01.01.2020 bei Gericht einlangt)*

(3) Das Gericht kann mit dem Vollzug von einstweiligen Verfügungen nach Abs. 1 Z 1, 3 und 8 die Sicherheitsbehörden betrauen. § 382c Abs. 3 und § 382d Abs. 4 sind sinngemäß anzuwenden. Im Übrigen sind einstweilige Verfügungen nach Abs. 1 nach den Bestimmungen des Dritten Abschnitts im Ersten Teil zu vollziehen. *(BGBl I 2009/40; BGBl I 2019/105, anzuwenden, wenn der Antrag auf Erlassung der einstweiligen Verfügung nach dem 01.01.2020 bei Gericht einlangt)*

(BGBl I 2006/56)

§ 382g ist in der jeweiligen Fassung auf eingetragene Partner, Partnersachen oder Partnerangelegenheiten sinngemäß anzuwenden (§ 43 Abs 1 Z 3 EPG).

Sicherung des dringenden Wohnbedürfnisses eines Ehegatten

§ 382h.[1] (1) Der Anspruch eines Ehegatten auf Befriedigung seines dringenden Wohnbedürfnisses sowie die ihm auf Grund einer Verletzung dieses Anspruchs zustehenden, nicht in Geld bestehenden Forderungen können insbesondere durch die Sicherungsmittel nach § 382 Abs. 1 Z 4 bis 7 gesichert werden.

(2) Ist zwischen den Parteien ein Verfahren auf Scheidung, Aufhebung oder Nichtigerklärung der Ehe anhängig, so kann die einstweilige Verfügung nach Abs. 1 erlassen werden, auch wenn die in § 381 bezeichneten Voraussetzungen nicht zutreffen.

(3) Von der Anhörung des Antragsgegners vor Erlassung der einstweiligen Verfügung ist insbesondere abzusehen, wenn zu besorgen ist, daß dadurch der Zweck der einstweiligen Verfügung vereitelt würde.

(4) Die Zeit, für die die einstweilige Verfügung getroffen wird, darf über den Zeitpunkt nicht hinausgehen, ab dem ein die Ehewohnung betreffender Anspruch im Zusammenhang mit einem Verfahren auf Scheidung, Aufhebung oder Nichtigerklärung der Ehe nicht mehr geltend gemacht werden kann oder ein Verfahren darüber rechtskräftig beendet ist.

(BGBl I 1999/125; BGBl I 2009/40)

§ 382h ist in der jeweiligen Fassung auf eingetragene Partner, Partnersachen oder Partnerangelegenheiten sinngemäß anzuwenden (§ 43 Abs 1 Z 3 EPG).

---

[1] *§ 382h hatte vor BGBl I 2009/40 die Paragraphenbezeichnung § 382e.*

§ 383. (1) Die im § 379 Abs. 3 Z 4 und im § 382 Abs. 1 Z. 2 bezeichnete Verwaltung ist in Ansehung von Liegenschaften unter entsprechender Anwendung der über die Zwangsverwaltung von Liegenschaften erlassenen Vorschriften, in allen übrigen Fällen aber nach §§ 334 bis 339 und

341 bis 344 oder in sinngemäßer Anwendung dieser Bestimmungen durchzuführen. Die zu verwahrenden oder verwaltenden beweglichen Sachen sind durch das Vollstreckungsorgan dem Gegner der gefährdeten Partei wegzunehmen und dem Verwahrer oder Verwalter zu übergeben. *(BGBl 1990/96; BGBl I 2000/59)*

(2) Die Ertragsüberschüsse, die sich nach Bestreitung aller aus den Erträgnissen zu berichtigenden Kosten und Auslagen ergeben, sind, soweit nicht Rechte dritter Personen entgegenstehen, dem Gegener der gefährdeten Partei auszufolgen, bei Bestrittenheit des Eigentums an der Sache aber gerichtlich zu erlegen.

§ 384. (1) Wenn dem Gegner der gefährdeten Partei die Vornahme oder die Unterlassung bestimmter Handlungen und Veränderungen zur Pflicht gemacht wurde, haben behufs Durchführung dieser gerichtlichen Verfügungen die Vorschriften der §§ 353 bis 358 entsprechend Anwendung zu finden.

(2) Die Untersagung der Veräußerung, Belastung oder Verpfändung von Liegenschaften und bücherlichen Rechten ist von Amts wegen in dem öffentlichen Buche, in welchem die Liegenschaft oder das fragliche Recht eingetragen ist, anzumerken.

(3) Durch Eintragungen, welche nach Vollzug dieser Anmerkung auf Grund einer vom Gegner der gefährdeten Partei dem Verbote zuwider vorgenommenen freiwilligen Verfügung erfolgen, wird der gefährdeten Partei gegenüber nur für den Fall ein Recht bewirkt, als die von ihr geltend gemachte Geldforderung oder der von ihr auf die Liegenschaft oder das bücherliche Recht erhobene Anspruch rechtskräftig abgewiesen wird. *(BGBl I 2000/59)*

Drittverbot

§ 385. (1) Das im § 382 Abs. 1 Z. 7 bezeichnete Verbot erlangt dem Inhaber der Sachen gegenüber erst mit der Zustellung an ihn Wirksamkeit.[1] *(BGBl 1990/96)*

(2) Er haftet von da an für allen durch die Nichtbefolgung des gerichtlichen Verbotes entstandenen Schaden, kann sich jedoch von dieser Haftung durch gerichtlichen Erlag der durch das Verbot betroffenen Sachen oder durch deren Übergabe an einen auf seinen Antrag vom Gerichte zu bestellenden Verwahrer oder Verwalter befreien.

(3) Diese Bestimmungen gelten in gleicher Weise für den Drittschuldner oder den Inhaber der Sachen, wenn das gerichtliche Verbot gemäß § 379 Abs. 3 Z. 3 erlassen wurde.

(4) Das Gericht hat dem Drittschuldner auf Antrag der gefährdeten Partei gleichzeitig mit dem Drittverbot aufzutragen, binnen vier Wochen

eine Erklärung nach § 301 abzugeben. Für die mit der Abgabe dieser Erklärung verbundenen Kosten stehen dem Drittschuldner als Ersatz 25 Euro zu. Das Gericht hat auf Antrag des Drittschuldners der gefährdeten Partei den Ersatz der Kosten an den Drittschuldner aufzuerlegen. *(BGBl I 2016/100, ab 18. 1. 2017, anzuwenden, wenn der das Verfahren einleitende Antrag nach dem 17. Jänner 2017 bei Gericht eingebracht wird: § 447 Abs 1)*

---
[1] Vgl § 395 EO.

§ 386. (1) Zum Zwecke der Sicherung der Person des Gegners der gefährdeten Partei darf nur die Verhaftung und Anhaltung stattfinden. Die Verhaftung darf nur angeordnet werden, wenn der Gegner der gefährdeten Partei flüchtig oder der Flucht verdächtig und zugleich der Besorgnis begründet ist, daß durch seine Flucht die Verwirklichung des Rechtes der gefährdeten Partei vereitelt würde.

(2) In Bezug auf die Zulässigkeit der Anhaltung in Haft und die Vollziehung dieser Haft gelten die Vorschriften der §§ 360 bis 366 mit der Abweichung:

1. daß gegen eine in aktiver Dienstleistung begriffene Person der bewaffneten Macht oder der Bundespolizei als einstweilige Vorkehrung weder Haft angeordnet, noch vollzogen werden darf, *(BGBl I 2004/151)*

2. daß die Haft wegen Fluchtverdachts auf Ansuchen des Verhafteten, sofern der Zweck der einstweiligen Verfügung hiedurch nicht vereitelt oder gefährdet wird, durch Anhaltung des Verhafteten in seiner Wohnung oder in einem andern nicht öffentlichen Orte vollzogen werden kann.

(3) Die Kosten einer solchen, nicht im öffentlichen Haftlokale zu vollziehenden Haft und insbesondere die mit der entsprechenden Überwachung des Verhafteten verbundenen Kosten hat dieser selbst zu tragen. Die Bestimmungen des § 366 finden auf diese Kosten in der Art Anwendung, daß bei nicht rechtzeitigem Vorauslag der Kosten der Verhaftete in das öffentliche Haftlokal zu bringen ist.

Zuständigkeit

§ 387. (1) Für die Bewilligung einstweiliger Verfügungen, für die zu deren Durchführung notwendigen Anordnungen, sowie für die aus Anlaß solcher Verfügungen sich ergebenden sonstigen Antragstellungen und Verhandlungen ist, falls in diesem Gesetze nichts anderes bestimmt wird, das Gericht zuständig, vor welchem der Prozeß in der Hauptsache oder das Exekutionsverfahren, in Ansehung deren eine Verfügung getroffen werden soll, zur Zeit des ersten Antrages anhängig ist.

(2) Falls solche Verfügungen vor Einleitung eines Rechtsstreites oder nach rechtskräftigem Abschlusse desselben, jedoch vor Beginn der Exekution beantragt werden, ist für die bezeichneten Bewilligungen, Anordnungen, Antragstellungen und Verhandlungen das Bezirksgericht zuständig, bei dem der Gegner der gefährdeten Partei zur Zeit der ersten Antragstellung seinen allgemeinen Gerichtsstand in Streitsachen hat, wenn aber ein solcher für ihn im Geltungsgebiete dieses Gesetzes nicht begründet ist, das inländische Bezirksgericht, in dessen Sprengel sich die Sache befindet, in Ansehung deren eine Verfügung getroffen werden soll, oder der Drittschuldner seinen Wohnsitz, Sitz oder Aufenthalt hat, oder in dessen Sprengel sonst die dem Vollzuge der einstweiligen Verfügung dienende Handlung vorzunehmen ist.

(3) Abweichend vom Abs. 2 ist auch in diesen Fällen das Gericht zuständig, das für den Prozeß in der Hauptsache zuständig wäre, wenn es sich um einstweilige Verfügungen nach § 382 Abs. 1 Z. 8 oder nach § 382b oder solche wegen unlauteren Wettbewerbs, nach dem Urheberrechtsgesetz oder nach den §§ 28 bis 30 des Konsumentenschutzgesetzes handelt. Wird nur eine einstweilige Verfügung nach § 382e beantragt, so ist das Bezirksgericht zuständig, in dessen Sprengel der Antragsteller seinen allgemeinen Gerichtsstand in Streitsachen hat. *(BGBl I 2009/40)*

(4) Abweichend von Abs. 2 ist in den dort genannten Fällen für eine einstweilige Verfügung nach § 382g das Bezirksgericht zuständig, bei dem die gefährdete Partei ihren allgemeinen Gerichtsstand in Streitsachen hat. *(BGBl I 2009/40)*

(BGBl 1985/70; BGBl 1990/96; BGBl 1996/759)

Vgl § 162 (1) PatentG

§ 388. (1) Ist nach § 387 für die Bewilligung der einstweiligen Verfügung und für das sich daran anschließende Verfahren ein Gerichtshof zuständig, so entscheidet, vorbehaltlich des Abs. 2, der Vorsitzende des Senats, dem die Angelegenheit zugewiesen ist, über die sich auf einstweilige Verfügungen beziehenden Anträge.

(2) Bei den im § 387 Abs. 3 erwähnten einstweiligen Verfügungen entscheidet der Senat in der für die Hauptsache vorgesehenen Zusammensetzung. In dringenden Fällen kann jedoch auch in solchen Angelegenheiten der Vorsitzende des Senates allein entscheiden.

(3) Der erste Satz des Abs. 2 gilt auch für das Rekursverfahren.

(BGBl 1983/135)

Antrag auf Erlassung einstweiliger Verfügungen

§ 389. (1) Bei Stellung des Antrages auf Erlassung einstweiliger Verfügungen hat die gefährdete Partei die von ihr begehrte Verfügung, die Zeit, für welche diese in Antrag gebracht wird, sowie den von ihr behaupteten oder ihr bereits zuerkannten Anspruch genau zu bezeichnen und die den Antrag begründenden Tatsachen im einzelnen wahrheitsgemäß darzulegen. Falls sich dem Antrage die nötigen Bescheinigungen in urkundlicher Form beiliegen, sind diese Tatsachen und, sofern nicht schon ein den Anspruch zuerkennendes Urteil vorliegt, auch der von der gefährdeten Partei behauptete Anspruch auf Verlangen des Gerichtes glaubhaft zu machen.

(2) Bei Forderungen ist insbesondere der geschuldete Geldbetrag oder der Geldwert des zu leistenden Gegenstandes und, falls die antragstellende Partei statt der beantragten einstweiligen Verfügung mit der Sicherstellung durch gerichtliche Hinterlegung einer bestimmten Geldsumme sich begnügen zu wollen erklärt, diese Geldsumme anzugeben. *(BGBl 1922/460; BGBl 1991/628)*

Bankguthaben

§ 389a. Beantragt die gefährdete Partei, zur Sicherung einer Geldforderung ein Drittverbot zu erlassen, weil der Gegner ein Guthaben bei einer Bank hat, so hat die gefährdete Partei im Antrag und während des Verfahrens zur Erlangung einer einstweiligen Verfügung unverzüglich das Gericht zu informieren, wenn

1. sie gegen denselben Gegner der gefährdeten Partei im Hinblick auf die Sicherung derselben Geldforderung den Erlass eines Europäischen Beschlusses zur vorläufigen Kontenpfändung beantragte, einen solchen Beschluss erwirkte und inwieweit dieser ausgeführt wurde,

2. ein solcher Antrag als unzulässig oder unbegründet abgelehnt wurde oder

3. ein solcher Beschluss widerrufen oder abgeändert wurde.

(BGBl I 2016/100, ab 18. 1. 2017, anzuwenden wenn der das Verfahren einleitende Antrag nach dem 17. Jänner 2017 bei Gericht eingebracht wird: § 447 Abs 1)

Anordnung

§ 390. (1) Das Gericht kann bei nicht ausreichender Bescheinigung des von der antragstellenden Partei behaupteten Anspruches eine einstweilige Verfügung anordnen, wenn die dem Gegner hieraus drohenden Nachteile durch Geldersatz ausgeglichen werden können und vom Antragsteller zu diesem Zwecke eine vom Gerichte nach freiem Ermessen zu bestimmende Sicherheit geleistet wird.

(2) Das Gericht kann die Bewilligung einer einstweiligen Verfügung nach Lage der Umstände von einer solchen Sicherheitsleistung abhängig machen, wenngleich die antragstellende Partei die ihr obliegenden Bescheinigungen in genügender Art beigebracht hat.

(3) In diesen Fällen darf mit dem Vollzuge der Verfügung nicht vor Nachweis des gerichtlichen Erlages der zu leistenden Sicherheit begonnen werden.

(4) Die Bewilligung einer einstweiligen Verfügung nach § 382 Abs. 1 Z 8 lit. a, §§ 382a, 382b, 382e oder 382g kann nicht von einer Sicherheitsleistung abhängig gemacht werden. *(BGBl 1987/645; BGBl 1990/96; BGBl 1996/759; BGBl I 2006/56; BGBl I 2009/40)*

§ 391. (1) Der Beschluß, durch welchen eine einstweilige Verfügung bewilligt wird, hat die Zeit, für welche diese Verfügung getroffen wird, und im Falle der Anordnung einer gerichtlichen Hinterlegung der Sachen oder der Vornahme von Handlungen die Frist zu bestimmen, innerhalb welcher der Gegner der gefährdeten Partei diesem Auftrage nachzukommen hat. Ferner ist in dem Beschlusse, sofern dies nach Beschaffenheit des Falles zur Sicherung des Antragstellers genügt, ein Geldbetrag festzustellen, durch dessen gerichtliche Hinterlegung die Vollziehung der bewilligten Verfügung gehemmt und der Gegner der gefährdeten Partei zu dem Antrage auf Aufhebung der bereits vollzogenen Verfügung berechtigt wird.

(2) Wenn eine einstweilige Verfügung vor Eintritt der Fälligkeit des von der antragstellenden Partei behaupteten Rechts oder sonst vor Einleitung des Prozesses oder der Exekution bewilligt wird, ist – außer bei einstweiligen Verfügungen nach §§ 382b, 382e oder 382g Abs. 1 Z 1 bis 8 – im Beschluss eine angemessene Frist für die Einbringung der Klage oder für den Antrag auf Bewilligung der Exekution zu bestimmen. Nach vergeblichem Ablauf der Frist ist die getroffene Verfügung auf Antrag oder von Amts wegen aufzuheben. *(BGBl I 2019/105, anzuwenden, wenn der Antrag auf Erlassung der einstweiligen Verfügung nach dem 01.01.2020 bei Gericht einlangt)*

§ 392. (1) Zu Gunsten desselben Anspruches können auf Antrag zugleich mehrere Verfügungen bewilligt werden, wenn dies dem Gerichte nach Beschaffenheit des Falles zur vollen Erreichung des Sicherungszweckes notwendig erscheint.

(2) Unter mehreren im einzelnen Falle gleich anwendbaren Verfügungen ist diejenige zu bewilligen, die zur Hintanhaltung der nach den besonderen Verhältnissen zu besorgenden Gefährdung am geeignetsten ist, bei gleicher Eignung aber die den Gegner der gefährdeten Partei am wenigsten beschwerende Verfügung.

§ 393. (1) Einstweilige Verfügungen werden stets auf Kosten der antragstellenden Partei getroffen, unbeschadet eines ihr zustehenden Anspruches auf Ersatz dieser Kosten. Dies gilt insbesondere auch von den Kosten des Erlages, der Verwahrung oder Verwaltung mit Verbot belegter Sachen (§ 385). Ein allfälliger Kostenersatzanspruch des Gegners der gefährdeten Partei richtet sich nach den Kostenersatzbestimmungen des Verfahrens in der Hauptsache. *(BGBl I 2003/112)*

(2) Im Verfahren über einstweilige Verfügungen nach §§ 382b, 382e und 382g richtet sich die Kostenersatzpflicht nach den Bestimmungen der ZPO. *(BGBl 1990/96; BGBl 1996/759; BGBl I 2006/56; BGBl I 2009/40)*

(3) Bei Bewilligung einer einstweiligen Verfügung kann der antragstellenden Partei aufgetragen werden, den zur Vollziehung der erlassenen Verfügung erforderlichen Geldbetrag im Vorhinein gerichtlich zu erlegen. Vor Nachweis dieses Erlages darf mit der Vollziehung der Verfügung nicht begonnen werden. *(BGBl 1990/96; BGBl I 2014/69, ab 12. 8. 2014)*

---
[1] Siehe § 285 Geo.

§ 394. (1) Wenn der gefährdeten Partei der behauptete Anspruch, für welchen die einstweilige Verfügung bewilligt wurde, rechtskräftig aberkannt wird, wenn ihr Ansuchen sich sonst als ungerechtfertigt erweist oder wenn sie die zur Erhebung der Klage oder Einleitung der Exekution bestimmte Frist versäumt, so hat die Partei, auf deren Antrag die einstweilige Verfügung bewilligt wurde, ihrem Gegner für alle ihm durch die einstweilige Verfügung verursachten Vermögensnachteile Ersatz zu leisten. Die Höhe des Ersatzes hat das Gericht auf Antrag nach freier Überzeugung (§ 273 der Zivilprozeßordnung) durch Beschluß festzusetzen. Nach Eintritt der Rechtskraft findet auf Grund dieses Beschlusses Exekution auf das Vermögen der Partei statt, welche die einstweilige Verfügung beantragt hat.

(2) Wurde die einstweilige Verfügung offenbar mutwillig erwirkt, so ist der Partei überdies auf Antrag ihres Gegners eine vom Gerichte mit Rücksicht auf die besonderen Umstände des einzelnen Falles zu bemessende Mutwillensstrafe aufzuerlegen.

§ 395. (1) Für die Zustellung des eine einstweilige Verfügung bewilligenden Beschlusses an den Gegner der gefährdeten Partei, an den Drittschuldner und an den Inhaber der mit Verbot belegten Sachen sind die für die Zustellung von Klagen geltenden Bestimmungen maßgebend.

(2) Im Falle der Anordnung einer Haft hat die Zustellung des Beschlusses an die anzuhaltende Person bei Verhaftung derselben zu geschehen.

(3) Das Gericht, bei dem der Antrag auf Erlassung einer einstweiligen Verfügung nach §§ 382b oder 382e eingebracht wurde, hat die örtlich zuständige Sicherheitsbehörde von der Einbringung des Antrags und dessen Umfang sowie von einer allfälligen Zurückziehung unverzüglich in Kenntnis zu setzen. *(BGBl I 2019/105, anzuwenden, wenn der Antrag auf Erlassung der einstweiligen Verfügung nach dem 01.01.2020 bei Gericht einlangt)*

Unstatthaftigkeit der Vollziehung einer einstweiligen Verfügung

§ 396. Die Vollziehung einer bewilligten Verfügung ist, sofern sie nicht wegen eines angebrachten Rekurses aufgeschoben wurde, unstatthaft, wenn seit dem Tage, an welchem die Bewilligung verkündet oder der antragstellenden Partei durch Zustellung des Beschlusses bekannt gegeben wurde, mehr als ein Monat verstrichen ist.

Widerspruch

§ 397. (1) Gegen die Bewilligung einer einstweiligen Verfügung können der Gegner der gefährdeten Partei und der Drittschuldner Widerspruch erheben, falls diese nicht bereits vor Beschlussfassung einvernommen wurden. Gegen eine einstweilige Verfügung nach § 382 a ist ein Widerspruch unzulässig. *(BGBl 1987/645; BGBl I 2014/69, ab 1. 10. 2014, anzuwenden, wenn die einstweilige Verfügung nach dem 30. September 2014 bewilligt wird.)*

(2) Der Widerspruch muß innerhalb vierzehn Tagen nach Zustellung des Beschlusses bei dem Gerichte erhoben werden, bei welchem der Antrag auf Bewilligung der einstweiligen Verfügung angebracht wurde.

(3) Durch die Erhebung des Widerspruches wird die Vollziehung der getroffenen Verfügungen nicht gehemmt.

§ 398. (1) Zufolge erhobenen Widerspruches ist über die Statthaftigkeit und Angemessenheit der bewilligten Verfügung mündlich zu verhandeln und durch Beschluß zu entscheiden.

(2) Das Gericht kann die Bestätigung, Abänderung oder Aufhebung der getroffenen Verfügung von der Leistung einer von ihm nach freiem Ermessen zu bestimmenden Sicherheit abhängig machen.

Aufhebung oder Einschränkung der angeordneten Verfügung

§ 399. (1) Das Gericht kann auf Antrag eine angeordnete Verfügung selbst nach Zurückweisung eines gemäß § 397 erhobenen Widerspruchs insbesondere dann aufheben oder einschränken, wenn

1. die Verfügung in weiterem Umfang ausgeführt wurde, als es zur Sicherung der gefährdeten Partei notwendig ist,

2. sich inzwischen die Verhältnisse, in Anbetracht deren die einstweilige Verfügung bewilligt wurde, derart geändert haben, dass es des Fortbestandes dieser Verfügung zur Sicherung der Partei, auf deren Antrag sie bewilligt wurde, nicht mehr bedarf,

3. der Gegner der gefährdeten Partei die ihm vorbehaltene oder eine anderweitige, dem Gericht genügend erscheinende Sicherheit geleistet hat und sich darüber ausweist,

4. der Anspruch der gefährdeten Partei, für welchen die einstweilige Verfügung bewilligt wurde, berichtigt oder rechtskräftig aberkannt oder dessen Erlöschen rechtskräftig festgestellt wurde,

5. ein Fall des § 39 Abs. 1 oder des § 391 vorliegt.

(2) Über solche Anträge hat, wenn sie während eines in der Hauptsache noch anhängigen Prozesses gestellt werden, das Prozessgericht erster Instanz, sonst das Gericht, das über Antrag auf Bewilligung der einstweiligen Verfügung in erster Instanz entschieden hat, mit Beschluss zu entscheiden. Vor der Entscheidung ist die gefährdete Partei einzuvernehmen.

(BGBl I 2019/105, anzuwenden, wenn der Antrag auf Erlassung der einstweiligen Verfügung nach dem 01.01.2020 bei Gericht einlangt)

§ 399a. (1) Eine einstweilige Verfügung nach § 382 a ist soweit einzuschränken, als sich aus den Pflegschaftsakten ergibt oder der Gegner bescheinigt, daß er dem Minderjährigen offenbar nicht in dieser Höhe zu Unterhalt verpflichtet ist.

(2) Eine einstweilige Verfügung nach § 382 a ist aufzuheben:

1. wenn sich aus den Pflegschaftsakten ergibt oder der Gegner bescheinigt, daß er dem Minderjährigen zu Unterhalt nicht verpflichtet ist oder eine Bewilligungsvoraussetzung nach § 382 a Abs. 1 nicht vorliegt;

2. wenn das Unterhaltsverfahren beendet ist.

(3) Die Aufhebung oder Einschränkung der einstweiligen Verfügung nach § 382 a wirkt ab der Verwirklichung des Aufhebungs- beziehungsweise Einschränkungsgrundes. Dieser Zeitpunkt ist im Beschluß über die Aufhebung oder Ein-

schränkung der einstweiligen Verfügung festzustellen.

(4) Der § 399 ist nicht anzuwenden.

(BGBl 1987/645)

§ 399b. (1) Im Fall der Aufhebung oder Einschränkung der einstweiligen Verfügung nach § 382 a kann der Gegner den Ersatz der Beträge verlangen, die er nach Wirksamwerden der Aufhebung oder Einschränkung dem Minderjährigen zu Unrecht geleistet hat. Über den Grund und die Höhe des Ersatzanspruchs sowie die Leistungsfrist ist nach Billigkeit zu entscheiden. Dabei sind besonders die Bedürfnisse des Minderjährigen und des Gegners auf eigenen angemessenen Unterhalt sowie seine Sorgepflichten abzuwägen; es ist auch zu berücksichtigen, ob der Minderjährige oder sein gesetzlicher Vertreter wußte oder ohne weitere Erhebungen wissen mußte, daß der Gegner zur Unterhaltsleistung nicht oder nicht in der bewilligten Höhe verpflichtet ist.

(2) Das Gericht kann die Aufrechnung des Ersatzanspruchs gegen künftig fällig werdende Unterhaltsbeiträge nach Billigkeit bewilligen.

(3) Das Gericht kann sich die Entscheidung über den Antrag auf Ersatz und Aufrechnung bis zur Beendigung des Unterhaltsverfahrens vorbehalten.

(BGBl 1987/645)

Anpassung einer einstweiligen Verfügung zum Schutz vor Gewalt und Eingriffen in die Privatsphäre

§ 399c. (1) Das für die Erlassung einer einstweiligen Verfügung nach §§ 382b, 382e und 382g zuständige Gericht erster Instanz hat auf Antrag der gefährdeten Partei die faktischen Elemente einer solchen einstweiligen Verfügung an die geänderten Umstände anzupassen, sofern und soweit das erforderlich ist, um der Verfügung Wirkung zu verleihen.

(2) Das Gericht hat über den Antrag ohne Einvernehmung des Antragsgegners zu entscheiden; dieser kann gegen den Beschluss auf Anpassung Widerspruch im Sinn des § 397 Abs. 2 erheben. Im Übrigen sind auf das Verfahren über die Anpassung die für die Entscheidung über den Antrag auf Erlassung einer Verfügung nach §§ 382b, 382e und 382g geltenden Bestimmungen sowie § 393 Abs. 2 anzuwenden.

(3) Die für den Vollzug einer Verfügung nach §§ 382b, 382e und 382g geltenden Bestimmungen sind auf den Vollzug der angepassten Verfügung anzuwenden.

(BGBl I 2019/105, anzuwenden, wenn der Antrag auf Anpassung der einstweiligen Verfügung nach dem 01.01.2020 bei Gericht einlangt)

§ 400. Eine zur Deckung der Kosten oder der Schadenersatzansprüche von der gefährdeten Partei erlegte Sicherheit (§§ 390 Abs. 1 und 2 und 398 Abs. 2) darf ihr erst nach Ablauf von vierzehn Tagen seit Eintritt der Rechtskraft des Beschlusses ausgefolgt werden, durch welchen die einstweilige Verfügung aufgehoben wird.

Anordnungen in Betreff verwahrter Sachen

§ 401. (1) Sind zur Abwendung einer beträchtlichen Wertverringerung, unverhältnismäßiger Kosten oder anderer Nachteile oder zur Erzielung eines Vorteiles bei in Verwahrung genommenen Sachen irgendwelche Verfügungen notwendig oder nützlich, so können diese von dem im § 399 letzter Absatz bezeichneten Gerichte auf Antrag bewilligt werden. Falls nicht beide Parteien über die zu treffende Verfügung einig sind, hat das Gericht mit tunlichster Berücksichtigung der Rechte des Eigentümers das nach Beschaffenheit des Falles Erforderliche anzuordnen.

(2) In besonders dringenden Fällen kann eine solche Anordnung ohne vorgängige Vernehmung des Gegners erlassen werden. Dies gilt insbesondere für die Handlungen, die zur Erhaltung oder Ausübung der Rechte aus den im § 296 bezeichneten Papieren erforderlich sind.

§ 402. (1) Hat das Verfahren einen Rekurs gegen einen Beschluß über einen Antrag auf Erlassung einer einstweiligen Verfügung, über einen Widerspruch nach § 397 oder über einen Antrag auf Einschränkung oder Aufhebung einer einstweiligen Verfügung zum Gegenstand, so ist § 521a ZPO sinngemäß anzuwenden. Ein Revisionsrekurs ist nicht deshalb unzulässig, weil das Gericht zweiter Instanz den angefochtenen Beschluß zur Gänze bestätigt hat. *(BGBl 1986/71; BGBl 1992/756)*

(2) Abs. 1 gilt nicht für einen Rekurs der gefährdeten Partei gegen die Abweisung eines Antrags auf Erlassung einer einstweiligen Verfügung, wenn der Gegner der gefährdeten Partei zu dem Antrag noch nicht einvernommen worden ist.

(3) Die Frist für den Rekurs und dessen Beantwortung beträgt vierzehn Tage.

(3a) Bei einstweiligen Verfügungen zur Sicherung eines im Verfahren außer Streitsachen geltend zu machenden Anspruchs richtet sich die Vertretungspflicht für das Rechtsmittelverfahren nach den Bestimmungen des Außerstreitgesetzes. *(BGBl I 2003/112)*

(4) Im übrigen sind die Bestimmungen über das Exekutionsverfahren sinngemäß anzuwenden, sofern nicht in diesem Teil etwas anderes bestimmt ist.

(BGBl 1983/135)

Dritter Teil

Internationales Exekutionsrecht

Erster Abschnitt

Allgemeine Bestimmungen

Allgemeines

§ 403. Akte und Urkunden, die im Ausland errichtet wurden (ausländische Exekutionstitel), bedürfen zur Vollstreckung einer Vollstreckbarerklärung im Inland, soweit sie nicht aufgrund einer völkerrechtlichen Vereinbarung oder eines Rechtsakts der Europäischen Union ohne gesonderte Vollstreckbarerklärung zu vollstrecken sind.

(BGBl I 2016/100, ab 2. 1. 2017, § 403 idF BGBl I 2004/128 wurde in § 431 umbenannt)

§ 403a wurde in § 432 umbenannt.

Anpassung ausländischer Exekutionstitel

§ 404. (1) Ausländische Exekutionstitel, die eine Maßnahme oder Anordnung enthalten, die in der österreichischen Rechtsordnung nicht vorgesehen ist, sind auf Antrag oder, soweit sich das aus einem unmittelbar anwendbaren internationalen Rechtsakt ergibt, von Amts wegen zugleich mit Bewilligung der Exekution an eine in der österreichischen Rechtsordnung vorgesehene Maßnahme oder Anordnung anzupassen, mit der vergleichbare Wirkungen verbunden sind und die ähnliche Ziele und Interessen verfolgt. Die Anpassung darf nicht zu Wirkungen führen, die über die im Recht des Ursprungsstaates vorgesehenen Wirkungen hinausgehen.

(2) Vor der Entscheidung über die Anpassung können der Verpflichtete und der betreibende Gläubiger einvernommen werden.

(3) Gegen die Anpassung der Entscheidung kann die Partei, die nicht bereits vor der Beschlussfassung einvernommen wurde, Widerspruch erheben.

(4) Der Widerspruch muss innerhalb von vierzehn Tagen nach Zustellung des Beschlusses erhoben werden. Zufolge erhobenen Widerspruches ist über die Rechtmäßigkeit der Anpassung mündlich zu verhandeln und mit Beschluss zu entscheiden.

(BGBl I 2016/100, ab 2. 1. 2017, anzuwenden, wenn der Antrag auf Anpassung nach dem 1. Jänner 2017 bei Gericht eingebracht wird; bei einer Anpassung von Amts wegen, wenn über die Anpassung nach dem 1. Jänner 2017 entschieden wird: § 447 Abs 4, § 404 idF BGBl I 2004/128 wurde in § 433 umbenannt)

Anpassung von Bruchteilstiteln

§ 405. (1) Wird aufgrund von ausländischen Exekutionstiteln Unterhalt oder eine Forderung auf sonstige wiederkehrende Leistungen, die auf demselben Rechtsgrund beruhen, in einem Bruchteil der Bezüge geschuldet, so hat das Gericht vor Bewilligung der Exekution der vom betreibenden Gläubiger bekannt gegebenen oder der vom Dachverband der Sozialversicherungsträger erhobenen bezugauszahlenden Person aufzutragen, sich binnen vier Wochen über das Ausmaß der Bezüge zu erklären. Der Beschluss kann durch ein Rechtsmittel nicht angefochten werden. Bei Säumnis hat das Gericht von Amts wegen eine neuerliche Frist zu bestimmen und für den Fall der erneuten Säumnis eine Ordnungsstrafe anzudrohen. Nach fruchtlosem Ablauf dieser neuerlichen Frist ist die Ordnungsstrafe zu vollziehen und zugleich unter jeweiliger Bestimmung einer weiteren Frist eine Ordnungsstrafe anzudrohen. Der Vollzug erfolgt von Amts wegen. § 301 Abs. 2 und 3 dritter und vierter Satz sind anzuwenden. *(BGBl I 2018/100, s. § 720 ASVG ab 1.1.2020: Dachverband der Sozialversicherungsträger statt Hauptverband der österreichischen Sozialversicherungsträger)*

(2) Das Gericht hat aufgrund der Erklärung der bezugauszahlenden Person den Umfang der zu vollstreckenden Forderung in der Exekutionsbewilligung festzusetzen, den laufenden Unterhalt mit dem Durchschnittswert aus den letzten sechs Monaten. Gegen die Höhe des festgesetzten Betrages können die Parteien Widerspruch erheben. § 404 Abs. 4 ist anzuwenden.

(3) Bei einer wesentlichen Verschlechterung der Bezüge ist auf Antrag des Verpflichteten die Exekution einzuschränken. Ein Exekutionsantrag nach Abs. 1 darf vor Ablauf eines Jahres nach seiner Einbringung nur dann wiederholt werden, wenn glaubhaft gemacht wird, dass sich die Bezüge wesentlich geändert haben.

(4) Für die mit der Abgabe der Erklärung verbundenen Kosten stehen der bezugauszahlenden Person 35 Euro als Ersatz zu. § 302 Abs. 2 ist anzuwenden.

(BGBl I 2016/100, ab 2. 1. 2017, anzuwenden, wenn der Antrag auf Anpassung nach dem 1. Jänner 2017 bei Gericht eingebracht wird; bei einer Anpassung von Amts wegen, wenn über die Anpassung nach dem 1. Jänner 2017 entschieden wird: § 447 Abs 4, § 405 idF BGBl I 2004/128 wurde in § 434 umbenannt)

Zweiter Abschnitt

Vollstreckbarerklärung und Anerkennung von Akten und Urkunden, die im Ausland errichtet wurden

§ 406. Akte und Urkunden sind für vollstreckbar zu erklären, wenn die Akte und Urkunden nach den Bestimmungen des Staates, in dem sie errichtet wurden, vollstreckbar sind und die Gegenseitigkeit durch Staatsverträge oder durch Verordnungen verbürgt ist. *(BGBl I 2016/100, ab 2. 1. 2017, war vor dem 1. 12. 2016 § 79, § 406 idF BGBl I 2004/128 wurde in § 435 umbenannt)*

(BGBl 1995/519)

§ 407. Einem Antrag auf Vollstreckbarerklärung, der sich auf ein Erkenntnis eines ausländischen Gerichts oder einer sonstigen Behörde, auf einen vor diesen geschlossenen Vergleich oder auf eine ausländische öffentliche Urkunde gründet, ist überdies nur dann stattzugeben:

1. wenn die Rechtssache nach Maßgabe der im Inlande über die Zuständigkeit geltenden Bestimmungen im auswärtigen Staate anhängig gemacht werden konnte;

2. wenn die Ladung oder Verfügung, durch die das Verfahren vor dem auswärtigen Gerichte oder der auswärtigen Behörde eingeleitet wurde, der Person, wider welche Exekution geführt werden soll, entweder in dem betreffenden auswärtigen Gebiete oder mittels Gewährung der Rechtshilfe in einem andern Staatsgebiete oder im Inlande nach den für die Zustellung von Klagen geltenden Vorschriften zugestellt wurde; *(BGBl I 2010/111)*

3. wenn das Erkenntnis gemäß dem darüber vorliegenden Zeugnisse der ausländischen Gerichts- oder sonstigen Behörde nach dem für letztere geltenden Rechte einem die Vollstreckbarkeit hemmenden Rechtszuge nicht mehr unterliegt.

(BGBl 1995/519; BGBl I 2016/100, ab 2. 1. 2017, war vor dem 1. 12. 2016 § 80, § 407 idF BGBl I 2004/128 wurde in § 436 umbenannt)

Versagungsgründe

§ 408. Die Vollstreckbarerklärung ist ungeachtet des Vorhandenseins der in §§ 406 und 407 angeführten Bedingungen zu versagen: *(BGBl I 2016/100)*

1. wenn es dem Antragsgegner wegen einer Unregelmäßigkeit des Verfahrens nicht möglich war, sich an dem vor dem ausländischen Gericht oder der ausländischen Behörde stattfindenden Verfahren zu beteiligen;

2. wenn durch die Vollstreckbarerklärung eine Handlung erzwungen werden soll, die nach dem Recht des Inlands entweder überhaupt unerlaubt oder nicht erzwingbar ist;

3. wenn durch die Vollstreckbarerklärung ein Rechtsverhältnis zur Anerkennung oder ein Anspruch zur Verwirklichung gelangen soll, dem durch das inländische Gesetz im Inland aus Rücksichten der öffentlichen Ordnung oder der Sittlichkeit die Gültigkeit oder Klagbarkeit versagt ist.

(BGBl 1995/519; BGBl I 2016/100, ab 2. 1. 2017, war vor dem 1. 12. 2016 § 81, § 408 idF BGBl I 2005/68 wurde in § 437 umbenannt)

Zuständigkeit

§ 409. Für die Vollstreckbarerklärung ist zuständig:

1. das Bezirksgericht, bei dem der Verpflichtete seinen Wohnsitz oder Sitz hat, oder

2. das nach §§ 18 und 19 bezeichnete Bezirksgericht, in Wien das nach dem Bezirksgerichts-Organisationsgesetz für Wien in Exekutionssachen zuständige Gericht.

(BGBl I 2000/59; BGBl I 2016/100, ab 2. 1. 2017, war vor dem 1. 12. 2016 § 82, § 409 idF BGBl I 2005/68 wurde in § 437 umbenannt)

Zur örtlichen Zuständigkeit in Wien siehe nach § 104 JN und Bezirksgerichts-OrgG Wien (Anhang)

Verfahren

§ 410. (1) Über den Antrag auf Vollstreckbarerklärung ist ohne vorhergehende mündliche Verhandlung und ohne Einvernehmung des Gegners mit Beschluß zu entscheiden.

(2) Soweit nicht in diesem Titel etwas anderes bestimmt ist, sind die Bestimmungen über die Exekution inländischer Akte und Urkunden sinngemäß anzuwenden.

(BGBl 1995/519; BGBl I 2016/100, ab 2. 1. 2017, war vor dem 1. 12. 2016 § 83, § 410 idF BGBl I 2008/37 wurde in § 439 umbenannt)

Rekurs

§ 411. (1) Im Verfahren über einen Rekurs gegen einen Beschluss über den Antrag auf Vollstreckbarerklärung ist § 521a ZPO mit der Maßgabe sinngemäß anzuwenden, dass die Fristen für Rekurs und Rekursbeantwortung jeweils vier Wochen betragen. *(BGBl I 2016/100, ab 2. 1. 2017, anzuwenden, wenn der ausländische Exekutionstitel nach dem 1. Jänner 2017 für vollstreckbar erklärt wird: § 447 Abs 10)*

(2) Wird dem Antrag auf Vollstreckbarerklärung ganz oder teilweise stattgegeben, so gilt für den Rekurs des Antragsgegners an das Gericht zweiter Instanz Folgendes:

EO

1. Befindet sich der Wohnsitz oder Sitz des Antragsgegners nicht im Inland und stellt der Rekurs dessen erste Möglichkeit dar, sich am Verfahren zu beteiligen, so beträgt die Frist für den Rekurs acht Wochen. Die Frist für die Rekursbeantwortung beträgt auch in diesem Fall vier Wochen. *(BGBl I 2016/100, ab 2. 1. 2017, anzuwenden, wenn der ausländische Exekutionstitel nach dem 1. Jänner 2017 für vollstreckbar erklärt wird: § 447 Abs 10)*

2. Im Rekurs gegen die Vollstreckbarerklärung können Gründe für deren Versagung auch dann geltend gemacht werden, wenn sie in erster Instanz nicht aktenkundig waren. Der Antragsgegner ist dabei zur gleichzeitigen Geltendmachung aller nicht aktenkundigen Versagungsgründe bei sonstigem Ausschluss verpflichtet.

(3) Wird der Antrag auf Vollstreckbarerklärung ganz oder teilweise abgewiesen und erhebt der Antragsteller dagegen Rekurs, so ist auf die Rekursbeantwortung des Antragsgegners Abs. 2 Z 1 erster Satz und Z 2 entsprechend anzuwenden.

(4) Gegen die Entscheidung über einen wegen der Erteilung oder Versagung der Vollstreckbarerklärung erhobenen Rekurs ist ein weiterer Rekurs nicht deshalb unzulässig, weil das Gericht zweiter Instanz die angefochtene erstinstanzliche Entscheidung zur Gänze bestätigt hat.[1]

(5) Ist der ausländische Exekutionstitel nach den Rechtsvorschriften des Ursprungsstaates noch nicht rechtskräftig, so kann das mit einem Rekurs gegen die Entscheidung über den Antrag auf Vollstreckbarerklärung befasste Gericht auf Antrag des Antragsgegners das Verfahren zur Vollstreckbarerklärung bis zum Eintritt der Rechtskraft des ausländischen Exekutionstitels unterbrechen, wobei es dem Antragsgegner eine angemessene Frist für das Einlegen eines Rechtsmittels im Ursprungsstaat setzen kann. Das Gericht kann außerdem die Vornahme bereits zulässiger Exekutionshandlungen davon abhängig machen, dass der betreibende Gläubiger eine vom Gericht nach freiem Ermessen zu bestimmende Sicherheit für den dem Verpflichteten drohenden Schaden leistet.

(BGBl I 2000/59; BGBl I 2016/100, ab 2. 1. 2017, war vor dem 1. 12. 2016 § 84, anzuwenden, wenn der ausländische Exekutionstitel nach dem 1. Jänner 2017 für vollstreckbar erklärt wird: § 447 Abs 10; § 411 idF BGBl I 2008/82 wurde in § 440 umbenannt)

---

[1] *Ausnahme von § 528 (2) Z 2 ZPO.*

Exekutionsantrag und Vollzug

§ 412. (1) Mit dem Antrag auf Vollstreckbarerklärung kann der Antrag auf Bewilligung der Exekution verbunden werden. Über beide Anträge hat das Gericht zugleich zu entscheiden.

(2) Wenn bis zur Vornahme von Verwertungshandlungen über den Antrag auf Vollstreckbarerklärung nicht rechtskräftig entschieden ist, hat das Exekutionsgericht von Amts wegen mit dem weiteren Vollzug bis zum Eintritt der Rechtskraft dieser Entscheidung innezuhalten.

(BGBl 1995/519; BGBl I 2016/100, ab 2. 1. 2017, war vor dem 1. 12. 2016 § 84a, § 412 idF BGBl I 2004/128 wurde in § 441 umbenannt)

Wirkung der Vollstreckbarerklärung

§ 413. Nach Eintritt der Rechtskraft der Vollstreckbarerklärung ist der ausländische Exekutionstitel wie ein inländischer zu behandeln. Ihm kommt aber nie mehr Wirkung als im Ursprungsstaat zu. *(BGBl I 2016/100, ab 2. 1. 2017, war vor dem 1. 12. 2016 § 84b, § 413 idF BGBl I 2009/30 wurde in § 442 umbenannt)*

(BGBl 1995/519)

Aufhebung und Abänderung der Vollstreckbarerklärung

§ 414. (1) Wird der Exekutionstitel im Ursprungsstaat nach Rechtskraft der Vollstreckbarerklärung aufgehoben oder abgeändert, so kann der Verpflichtete die Aufhebung oder Abänderung der Vollstreckbarerklärung beantragen. Dieser Antrag kann mit einem Antrag auf Einstellung oder Einschränkung der Exekution verbunden werden.

(2) Über den Antrag auf Aufhebung oder Abänderung der Vollstreckbarerklärung hat das für die Vollstreckbarerklärung in erster Instanz zuständige Gericht nach Anhörung der betreibenden Gläubigers mit Beschluß zu entscheiden.

(BGBl 1995/519; BGBl I 2016/100, ab 2. 1. 2017, war vor dem 1. 12. 2016 § 84c, § 414 idF BGBl I 2009/75 wurde in § 443 umbenannt)

Anerkennung

§ 415. Wird die Feststellung beantragt, ob Akte und Urkunden anzuerkennen sind, die

1. im Ausland errichtet wurden,

2. eine vermögensrechtliche Angelegenheit zum Gegenstand haben und

3. einer Vollstreckung nicht zugänglich sind,

so sind die vorstehenden Bestimmungen sinngemäß anzuwenden.

(BGBl 1995/519; BGBl I 2016/100, ab 2. 1. 2017, war vor dem 1. 12. 2016 § 85, § 415 idF BGBl I 2010/111 wurde in § 444 umbenannt)

§ 416. (1) Die vorstehenden Bestimmungen sind nicht anzuwenden, soweit nach Völkerrecht oder in Rechtsakten der Europäischen Union anderes bestimmt ist.

(2) Ist zur Vollstreckbarerklärung eines ausländischen Titels auf Grund besonderer Vorschriften eine andere Behörde als das nach § 409 zuständige Gericht berufen, so sind von den Bestimmungen des Zweiten Abschnitts § 412 Abs. 2 und § 413 anzuwenden. *(BGBl I 2016/100, ab 2. 1. 2017)*

(BGBl I 2003/31; BGBl I 2016/100, ab 2. 1. 2017, war vor dem 1. 12. 2016 § 86, § 416 idF BGBl I 2011/139 wurde in § 445 umbenannt)

Dritter Abschnitt

Exekution auf Grund von Akten und Urkunden supranationaler Organisationen

§ 417. Akte und Urkunden supranationaler Organisationen, denen Österreich angehört, sind, unabhängig davon, ob sie im Geltungsgebiet oder außerhalb des Geltungsgebiets dieses Gesetzes errichtet worden sind, ausländischen Akten und Urkunden gleichgestellt. *(BGBl I 2016/100, ab 2. 1. 2017, war vor dem 1. 12. 2016 § 86a, § 417 idF BGBl I 2014/69 wurde in § 446 umbenannt)*

(BGBl 1995/519)

Vierter Abschnitt

Keine Vollstreckbarerklärung

Frist für Versagungsanträge

§ 418. (1) Setzt die Bewilligung der Exekution aufgrund von ausländischen Exekutionstiteln nicht eine Vollstreckbarerklärung voraus, so kann die verpflichtete Partei Gründe, die der Vollstreckung im Inland entgegenstehen (Versagungsgründe), mit Einstellungsantrag geltend machen.

(2) Die Einstellung nach Abs. 1 kann nur innerhalb von acht Wochen nach Zustellung der Exekutionsbewilligung beantragt werden.

(3) Sofern Versagungsgründe auf Tatsachen beruhen, die erst nach Zustellung der Exekutionsbewilligung entstanden sind oder von denen die verpflichtete Partei durch ein unvorhergesehenes oder unabwendbares Ereignis ohne ihr Verschulden oder auf Grund eines minderen Grades des Versehens keine Kenntnis erlangt hat, beginnt die Frist mit dem Tag zu laufen, an dem die verpflichtete Partei von diesen Tatsachen Kenntnis erlangen konnte. Die verpflichtete Partei hat diese Umstände in ihrem Einstellungsantrag anzuführen und die Mittel zu ihrer Glaubhaftmachung anzugeben.

(4) Ein weiterer Rekurs gegen die Entscheidung, mit der über den Rekurs gegen die Entscheidung über die Versagung der Vollstreckung oder Abweisung eines solchen Antrags entschieden wird, ist nicht deshalb unzulässig, weil das Gericht zweiter Instanz die angefochtene Entscheidung zur Gänze bestätigt hat.

(BGBl I 2016/100, ab 2. 1. 2017, anzuwenden, wenn die Exekution nach dem 1. Jänner 2017 bewilligt wird: § 447 Abs 3)

Fünfter Abschnitt

Bestätigung über die Vollstreckbarkeit

Europäischer Vollstreckungstitel

§ 419. (1) Eine für die Vollstreckung im Ausland erforderliche Bestätigung über die Vollstreckbarkeit oder den Inhalt eines in § 1 Z 1 bis 9 genannten Exekutionstitels wird auf Antrag von jenem Gericht erteilt, das in erster Instanz zuständig war. Auf die Aufhebung oder Berichtigung einer solchen Bestätigung ist § 7 Abs. 3 entsprechend anzuwenden.

(2) Bei den in § 1 Z 10 bis 15 genannten Exekutionstiteln obliegt die Erteilung, Aufhebung oder Berichtigung der in Abs. 1 genannten Bestätigung jener Stelle, die den Exekutionstitel erlassen oder beurkundet hat.

(3) Bei den in § 1 Z 17 genannten Exekutionstiteln obliegt die Erteilung der in Abs. 1 genannten Bestätigung und deren Berichtigung jenem Notar, der den Notariatsakt aufgenommen hat, im Verhinderungsfall dem nach §§ 119, 146, 149 NO berufenen Amtsträger. Für die Aufhebung der vom Notar erteilten Bestätigung ist das nach den Prozessgesetzen zur Entscheidung über die Bestreitung der Exekutionskraft eines Notariatsakts berufene Gericht zuständig (§ 4 NO).

(BGBl I 2005/68; BGBl I 2016/100, ab 2. 1. 2017, war vor dem 1. 12. 2016 § 7a)

Sechster Abschnitt

Begleitregelungen zur EuSchMaVO

Zuständigkeit

§ 420. (1) Das Bezirksgericht, bei dem die geschützte Person ihren allgemeinen Gerichtsstand in Streitsachen hat, ist zuständig für

1. die Anordnung der Vollstreckung einer ausländischen Schutzmaßnahme nach der Verordnung (EU) Nr. 606/2013 über die gegenseitige Anerkennung von Schutzmaßnahmen in Zivilsachen (EuSchMaVO) und die Entscheidung über den Exekutionsantrag aufgrund einer solchen Schutzmaßnahme sowie

2. die Anpassung nach Art. 11 EuSchMaVO.

Hat die geschützte Person ihren allgemeinen Gerichtsstand in Streitsachen nicht im Inland, so ist das Bezirksgericht Innere Stadt Wien zuständig.

(2) Das Bezirksgericht, das die Vollstreckung einer Schutzmaßnahme angeordnet oder das die Exekution bewilligt hat, ist zuständig für

1. die Versagung der Anerkennung oder der Vollstreckung nach Art. 13 EuSchMaVO und

2. die Aufhebung der Anerkennung oder der Vollstreckung nach Art. 14 Abs. 2 EuSchMaVO.

*(BGBl I 2014/69, ab 11. 1. 2015; BGBl I 2016/100, ab 2. 1. 2017, **war vor dem 1. 12. 2016** § 86b)*

Verfahren bei der Anpassung von Schutzmaßnahmen

§ 421. (1) Die geschützte Person hat im Antrag auf Anpassung der Schutzmaßnahme (Art. 11 EuSchMaVO) die begehrte Anpassung anzugeben.

(2) Das Gericht hat über den Antrag ohne Anhörung der gefährdenden Person zu entscheiden; diese kann gegen den Beschluss auf Anpassung Widerspruch im Sinne des § 397 Abs. 2 erheben.

(3) Die Kostenersatzpflicht im Verfahren über die Anpassung der Schutzmaßnahme richtet sich nach den Bestimmungen der ZPO.

*(BGBl I 2014/69, ab 11. 1. 2015; BGBl I 2016/100, ab 2. 1. 2017, **war vor dem 1. 12. 2016** § 86c)*

Siebenter Abschnitt

Begleitregelungen zur EuKoPfVO

Anwendung der Bestimmungen über einstweilige Verfügungen und Anwendungsbereich

§ 422. (1) Soweit in diesem Abschnitt oder in der Verordnung (EU) Nr. 655/2014 zur Einführung eines Verfahrens für einen Europäischen Beschluss zur vorläufigen Kontenpfändung im Hinblick auf die Erleichterung der grenzüberschreitenden Eintreibung von Forderungen in Zivil- und Handelssachen (Europäische Kontenpfändungsverordnung – EuKoPfVO) keine abweichenden Regelungen vorgesehen sind, sind auf einen Europäischen Beschluss zur vorläufigen Kontenpfändung die Bestimmungen über einstweilige Verfügungen anzuwenden.

(2) Hat der Gläubiger bereits eine gerichtliche Entscheidung, einen gerichtlichen Vergleich oder eine öffentliche Urkunde auf Zahlung des Betrages, der mit dem Europäischen Beschluss zur vorläufigen Kontenpfändung vorläufig gepfändet werden soll, erwirkt, so wird mit Zustellung dieses Beschlusses an die Bank als Drittschuldner ein Pfandrecht erworben. Dies ist der Bank und dem Schuldner mitzuteilen.

(3) Die Regelungen der EuKoPfVO sind auch dann anzuwenden, wenn sich das vorläufig zu pfändende Bankkonto, das zuständige Gericht und der Wohnsitz des Gläubigers im Inland befinden.

(BGBl I 2016/100, ab 18. 1. 2017, anzuwenden, wenn der das Verfahren einleitende Antrag nach dem 17. Jänner 2017 bei Gericht eingebracht wird: § 447 Abs 1)

Zuständigkeit

§ 423. (1) Für ein Verfahren zur Erlangung eines Europäischen Beschlusses zur vorläufigen Kontenpfändung, der vor Einleitung eines Rechtsstreites in der Hauptsache oder nach dessen rechtskräftigem Abschluss, jedoch vor Beginn der Exekution, beantragt wird, sowie für dessen Vollstreckung und die Entscheidung über Rechtsbehelfe ist das Bezirksgericht Innere Stadt Wien zuständig; sonst gilt § 387 Abs. 1.

(2) Für die Vollstreckung eines nicht im Inland erlassenen Europäischen Beschlusses zur vorläufigen Kontenpfändung ist das Bezirksgericht Innere Stadt Wien zuständig. Das Bezirksgericht Innere Stadt Wien ist auch zuständig, um dem Schuldner, allenfalls unter Beifügung einer gemäß Art. 49 Abs. 1 EuKoPfVO erforderlichen Übersetzung oder Transliteration, die in Art. 28 Abs. 3 EuKoPfVO genannten Schriftstücke zuzustellen.

(3) Der Schuldner kann Anträge und Rechtsbehelfe nach der EuKoPfVO beim Bezirksgericht seines Aufenthalts mündlich zu Protokoll erklären; dieses Bezirksgericht hat das Protokoll dem zuständigen Gericht unverzüglich zu übersenden.

(BGBl I 2016/100, ab 18. 1. 2017, anzuwenden, wenn der das Verfahren einleitende Antrag nach dem 17. Jänner 2017 bei Gericht eingebracht wird: § 447 Abs 1)

Einholung von Kontoinformationen

§ 424. (1) Zur Einholung einer Kontoinformation in einem nicht im Inland anhängigen Verfahren zur Erlangung eines Europäischen Beschlusses zur vorläufigen Kontenpfändung ist das Bezirksgericht, in dessen Sprengel der Schuldner seinen Wohnsitz oder gewöhnlichen Aufenthalt hat, zuständig. Hat der Schuldner im Inland weder seinen Wohnsitz noch seinen gewöhnlichen Aufenthalt, so ist das Bezirksgericht Innere Stadt Wien zuständig.

(2) Das Gericht hat mit Beschluss den Schuldner zur Bekanntgabe seiner im Inland geführten Bankkonten aufzufordern. Der Beschluss hat das Verbot an den Schuldner zu enthalten, über die vom Europäischen Beschluss zur vorläufigen Kontenpfändung betroffenen, im Inland geführten Bankkonten bis zu dem Betrag, der mit dem Beschluss vorläufig gepfändet werden soll, zu verfü-

gen. Mit dem Beschluss ist dem Schuldner auch aufzutragen, sämtliche Einzugsermächtigungen und Daueraufträge, aufgrund derer Geldbeträge von dem vorläufig zu pfändenden Konto abgebucht werden, aufzulösen, soweit sie die Einbringlichkeit des Betrages, der mit dem Europäischen Beschluss zur vorläufigen Kontenpfändung vorläufig gepfändet werden soll, gefährden und nicht aus dem unpfändbaren Freibetrag erfüllt werden können.

(3) Hat der Schuldner im Inland seinen Wohnsitz oder seinen gewöhnlichen Aufenthalt, so hat er vor dem Gericht oder dem Vollstreckungsorgan in einem Vermögensverzeichnis seine Bankkonten anzugeben oder anzugeben, dass solche nicht vorhanden sind. Das Vollstreckungsorgan hat den Beschluss nach Abs. 2 dem Schuldner zuzustellen und mit dem Schuldner das Vermögensverzeichnis aufzunehmen. Auf die Kontoangabe sind § 47 Abs. 2 über die Belehrung, die Protokolleinsicht und die Bestätigung durch den Schuldner sowie § 48 anzuwenden.

(4) Das Gericht hat über den Schuldner, der gegen den Beschluss nach Abs. 2 verstößt, eine Ordnungsstrafe bis zu 5 000 Euro zu verhängen.

(BGBl I 2016/100, ab 18. 1. 2017, anzuwenden, wenn der das Verfahren einleitende Antrag nach dem 17. Jänner 2017 bei Gericht eingebracht wird: § 447 Abs 1)

Vierter Teil

Begleitregelungen

Erster Abschnitt

Elektronische Abfrage von Daten

Voraussetzungen

§ 427. (1) Ein Gläubiger kann zur Beurteilung, ob er einen Rechtsstreit oder ein Exekutionsverfahren einleiten oder weiterführen soll, in folgende Daten über Exekutionsverfahren, die gegen seinen Schuldner wegen Geldforderungen geführt werden, elektronisch Einsicht nehmen, wenn er eine Forderung und berechtigte Zweifel an der Bonität des Schuldners bescheinigt:

1. das Exekutionsgericht, das Aktenzeichen und die Höhe der betriebenen Forderungen der Verfahren, die länger als ein Monat seit der Bewilligung anhängig und weder eingestellt noch unter vollständiger Befriedigung des Gläubigers beendet sind und bei denen auch nicht zwei Jahre seit dem letzten in die Daten aufgenommenen Exekutionsschritt abgelaufen sind, samt dem Hinweis auf eine Aufschiebung des Exekutionsverfahrens und die Art der Exekutionsmittel, *(BGBl I 2019/38)*

2. bei solchen Exekutionsverfahren auf bewegliche körperliche Sachen die erfolgten Pfändungen und ergebnislosen Vollzugsversuche, und

3. die Tatsache, dass innerhalb eines Jahres vor der Abfrage ein Vermögensverzeichnis abgegeben wurde.

(2) Abfrageberechtigt sind Rechtsanwälte und Notare als Vertreter von Gläubigern sowie folgende inländische Körperschaften des öffentlichen Rechts als Gläubiger:

1. Gebietskörperschaften und

2. Sozialversicherungsträger.

(BGBl I 2017/122, ab 1. 1. 2019)

Durchführung der Abfrage

§ 428. (1) Die Abfrage erfolgt über die vom Bundesminister für Justiz beauftragten Verrechnungsstellen. Diese haben sicherzustellen, dass nur dem abfrageberechtigten Personenkreis Einsicht gewährt wird.

(2) Rechtsanwälte und Notare sind unter Angabe ihres Anschriftcodes für die Teilnahme am elektronischen Rechtsverkehr abfrageberechtigt. Dienstleistenden europäischen Rechtsanwälten (§ 2 EIRAG) erteilt das Bundesministerium für Justiz nach Nachweis ihrer Berechtigung nach § 1 EIRAG eine auf ein Jahr befristete Abfrageberechtigung; als Ort der inländischen Dienstleistungserbringung gilt der Sitz der zuerst in Anspruch genommenen Verrechnungsstelle.

(3) Als Suchbegriff sind der Name (Vor- und Familienname oder Firma) und die Postleitzahl der Adresse des Schuldners einzugeben. Statt der Postleitzahl oder zusätzlich können auch das Geburtsdatum und die Firmenbuch- oder Vereinsregisternummer oder Gewerbeinformationssystem Austria-Zahl (GISA-Zahl) angeführt werden. Zu Dokumentationszwecken sind der Name des Gläubigers und seine Adresse sowie der Exekutionstitel oder die Tatsachen, auf die sich die Forderung gründet, und die Höhe der Forderung gegen den Schuldner sowie die Zweifel an der Bonität anzugeben. Es ist zu ergänzen, ob ein Rechtsstreit oder ein Exekutionsverfahren eingeleitet wird. *(BGBl I 2019/38)*

(4) Mit dem Abfrageergebnis sind zur näheren Bestimmung des Schuldners dessen Adresse, sowie – soweit vorhanden – dessen Geburtsdatum, Firmenbuch- oder Vereinsregisternummer oder Gewerbeinformationssystem Austria-Zahl (GISA-Zahl) anzugeben und auf einen Doppelgängerfall hinzuweisen. *(BGBl I 2019/38)*

(BGBl I 2017/122, ab 1. 1. 2019)

Verhinderung von Missbrauch

§ 429. (1) Das Abfrageergebnis und die ergänzenden Angaben dürfen nur zum Zweck des § 427

Abs. 1 verwendet, darüber hinaus aber nicht verarbeitet und übermittelt werden; sie sind gesondert und geschützt aufzubewahren sowie nach Wegfall des Zwecks, spätestens jedoch ein Jahr nach der Abfrage, zu vernichten.

(2) Die Bundesrechenzentrum GmbH hat die Abfragen, deren Inhalt, die Abfrageergebnisse, die abfragende Person oder Stelle und den Zeitpunkt der Abfrage zu protokollieren. Die Protokolle sind zehn Jahre aufzubewahren. *(BGBl I 2019/38)*

(3) Ein Rechtsanwalt oder Notar darf pro Kalendertag nicht mehr als 25 Abfragen tätigen.

(BGBl I 2017/122, ab 1. 1. 2019)

Kontrolle

§ 430. (1) Die Rechtsanwalts- und Notariatskammern sowie die sonstigen Körperschaften öffentlichen Rechts haben durch geeignete Maßnahmen, insbesondere durch regelmäßige Stichproben, sicherzustellen, dass die Abfrage nur unter den gesetzlich bestimmten Voraussetzungen durchgeführt wird. Massenaufträge an Rechtsanwälte und Notare müssen standardmäßig kontrolliert werden. Sie haben dem Bundesministerium für Justiz über die getroffenen Maßnahmen auf Anfrage umgehend – die Rechtsanwalts- und Notariatskammern darüber hinaus jährlich – zu berichten.

(2) Die jeweilige Rechtsanwalts- oder Notariatskammer hat Rechtsanwälten bzw. Notaren, die gegen § 427 oder § 429 verstoßen, ungeachtet weiterer disziplinarrechtlicher Folgen die Befugnis zur Abfrage befristet oder unbefristet zu untersagen. Jede Untersagung ist unverzüglich sämtlichen Verrechnungsstellen und dem Bundesministerium für Justiz zur Kenntnis zu bringen.

(3) Die Bundesrechenzentrum GmbH hat *(BGBl I 2019/38)*

1. dem Bundesministerium für Justiz,

2. den Gerichten und Bezirksverwaltungsbehörden sowie

3. den Rechtsanwalts- und Notariatskammern und den Körperschaften des öffentlichen Rechts nach § 427 Abs. 2

auf deren Ersuchen zur Wahrnehmung der ihnen gesetzlich zukommenden Aufgaben im Rahmen ihres jeweiligen gesetzlichen Wirkungs- und Aufgabenbereichs Einsicht in die nach § 429 Abs. 2 zu führenden Protokolle zu gewähren.

(4) Jeder Person ist beim Bezirksgericht ihres Wohnsitzes oder gewöhnlichen Aufenthalts Auskunft über die sie betreffenden Protokolle (§ 429 Abs. 2) zu erteilen.

(5) Das Bundesministerium für Justiz kann zur Verhinderung von Missbrauch bei Verstößen gegen §§ 427 bis 429 alle erforderlichen Maßnahmen treffen.

(6) Das Bundesministerium für Justiz veröffentlicht einen jährlichen Kontrollbericht.

(BGBl I 2017/122, ab 1. 1. 2019)

Strafbestimmung

§ 431. (1) Wer gegen §§ 427 und 429 Abs. 1 und Abs. 3 verstößt, begeht, sofern die Tat nicht den Tatbestand einer in die Zuständigkeit der Gerichte fallenden strafbaren Handlung bildet, eine Verwaltungsübertretung und ist mit einer Geldstrafe bis zu 25 000 Euro, im Wiederholungsfall bis zu 50 000 Euro, zu bestrafen. *(BGBl I 2017/122, ab 1. 1. 2019, auf Abfragen anzuwenden, die nach dem 31. Dezember 2018 durchgeführt werden)*

(2) Die Bezirksverwaltungsbehörden haben von jeder rechtskräftigen Verurteilung das Bundesministerium für Justiz und, wenn der Täter Rechtsanwalt oder Notar ist, die Rechtsanwaltsbzw. Notariatskammer zu verständigen. *(BGBl I 2017/122, ab 1. 1. 2019, auf Abfragen anzuwenden, die nach dem 31. Dezember 2018 durchgeführt werden)*

(BGBl I 2004/128; BGBl I 2016/100, war vor dem 1. 12. 2016 § 403)

Zweiter Abschnitt

Sonstige Begleitregelungen

Geschäftsverteilung bei exekutionsrechtlichen Klagen und Anträgen

§ 432. (1) Klagen und Anträge nach den §§ 35 und 36 zwischen Ehegatten aus dem Eheverhältnis sowohl während als auch nach Auflösung der Ehe, zwischen eingetragenen Partnern aus dem Partnerschaftsverhältnis sowohl während als auch nach Auflösung der Partnerschaft sowie zwischen Eltern und Kindern aus dem Eltern-Kind-Verhältnis gehören in die für die Familienrechtssache zuständige Abteilung.

(2) Alle sonstigen Klagen nach den §§ 17, 35, 36 und 37 sind von der mit Exekutionssachen befassten Abteilung zu bearbeiten.

(BGBl I 2014/69, ab 1. 1. 2015, anzuwenden, wenn der verfahrenseinleitende Schriftsatz nach dem 31. Dezember 2014 bei Gericht einlangt.; BGBl I 2016/100, war vor dem 1. 12. 2016 § 403a)

Fünfter Teil

Inkrafttreten, Schluss- und Übergangsbestimmungen

Inkrafttreten

§ **433.** (1) Die §§ 290 Abs. 1 Z 3 und 290 a Abs. 1 Z 8 in der Fassung des Bundesgesetzes BGBl. Nr. 314/1994 treten mit 1. Juli 1994 in Kraft. *(BGBl 1994/314)*

(2) § 382c Abs. 1 in der Fassung des Bundesgesetzes BGBl. I Nr. 146/1999 tritt mit 1. Jänner 2000 in Kraft. *(BGBl I 1999/146)*

(BGBl I 2004/128; BGBl I 2016/100, war vor dem 1. 12. 2016 § 404)

§ **434.** (1) § 290a Abs. 1 Z 1 in der Fassung des Bundesgesetzes BGBl. I Nr. 30/1998 tritt mit 1. Jänner 1998 in Kraft. *(BGBl I 2012/50)*

(2) § 382c Abs. 3 Z 1 in der Fassung des Bundesgesetzes BGBl. I Nr. 50/2012 tritt mit 1. September 2012 in Kraft. *(BGBl I 2012/50)*

(3) In der Fassung des Art. 12 des Bundesgesetzes BGBl. I Nr. 33/2013 treten in Kraft:

1. § 1 Z 10, § 1 Z 12 in der Fassung der Z 2 und § 1 Z 14 mit Ablauf des Monats der Kundmachung dieses Bundesgesetzes;

2. § 1 Z 12 in der Fassung der Z 3 mit 1. Jänner 2014.
(BGBl I 2013/33)

(BGBl I 1998/30; BGBl I 2004/128; BGBl I 2016/100, war vor dem 1. 12. 2016 § 405)

In-Kraft-Treten und Übergangsbestimmungen zur EO-Novelle 2003

§ **435.** (1) Die EO-Novelle 2003 tritt, soweit im Folgenden nichts anderes bestimmt ist, mit 1. Jänner 2004 in Kraft. Sie ist auf Exekutionsverfahren anzuwenden, in denen der Exekutionsantrag oder der Antrag auf neuerlichen Vollzug nach dem 31. Dezember 2003 bei Gericht eingebracht wird.

(2) §§ 8a, 54 und 63 EO in der Fassung der EO-Novelle 2003 ist auf Exekutionsanträge, die nach dem auf die Bekanntmachung dieses Bundesgesetzes folgenden Tag bei Gericht eingebracht werden, anzuwenden.

(3) §§ 23 und 23a EO in der Fassung der EO-Novelle 2003 und die Aufhebung der §§ 292f und 292g treten mit 1. Jänner 2004 in Kraft; die Auktionshalle beim Bezirksgericht Innere Stadt Wien wird bereits mit 1. August 2003 geschlossen.

(4) § 26a EO in der Fassung der EO-Novelle 2003 ist anzuwenden, wenn die Vollzugshandlung nach dem 31. Dezember 2003 stattfindet.

(5) §§ 25 bis 25d, 30, 48 Abs. 1, §§ 249, 252a bis 252f, 286 Abs. 2 und § 346 Abs. 1 EO in der

Fassung der EO-Novelle 2003 sind anzuwenden, wenn der Vollzugsauftrag nach dem 31. Dezember 2003 erteilt wird.

(6) § 42 Abs. 1 Z 9, §§ 45a, 46, 48, 58, 86, 140, 200a, 200b, 271a, 282a und 311a EO in der Fassung der EO-Novelle 2003 sind auch auf Verfahren anzuwenden, die am 1. Jänner 2004 anhängig sind.

(7) § 259 EO in der Fassung der EO-Novelle 2003 ist anzuwenden, wenn der Verwahrer nach dem 31. Dezember 2003 bestellt wird.

(8) §§ 278 und 280 in der Fassung der EO-Novelle 2003 sind anzuwenden, wenn die Versteigerung oder der Verkauf nach dem 31. Dezember 2003 stattfindet.

(9) § 279a EO in der Fassung der EO-Novelle 2003 ist anzuwenden, wenn die Sachen nach dem 31. Dezember 2003 nicht vorgefunden werden.

(10) §§ 290, 290b, 291 Abs. 1, 291a, 291b und 292 EO in der Fassung der EO-Novelle 2003 sind anzuwenden, wenn die Leistungen nach dem 31. Dezember fällig werden; § 291d EO, wenn der Anspruch auf die einmalige Leistung oder die Abfertigung nach dem 31. Dezember 2003 entsteht.

(11) §§ 382b und 382d EO in der Fassung der EO-Novelle 2003 sind anzuwenden, wenn der Antrag auf einstweilige Verfügung nach dem 31. Dezember 2003 bei Gericht eingebracht wird.

(12) In den Auktionshallen nach § 23 EO können auch Sachen, die nicht Gegenstand eines Exekutionsverfahrens sind, verwertet werden. Die Bestimmungen der Exekutionsordnung sind hiebei sinngemäß anzuwenden.

(13) Auf Vollzugsaufträge außerhalb eines Exekutionsverfahrens sind §§ 25 ff EO sinngemäß anzuwenden.

(14) Erfordert eine große Zahl von Überstellungen, Aufsperren verschlossener Schlösser und Verwahrungen die Heranziehung eines ständigen Frachtführers, Schlossers bzw. Verwahrers, so hat der Präsident des Oberlandesgerichts die nötigen Vorkehrungen zu treffen.

(BGBl I 2003/31; BGBl I 2004/128; BGBl I 2016/100, war vor dem 1. 12. 2016 § 406)

In-Kraft-Treten und Übergangsbestimmung zur ZVN 2004

§ **436.** § 403 tritt am 1. Jänner 2005 in Kraft; er ist auf Verstöße anzuwenden, die nach dem 31. Dezember 2004 vorgenommen wurden. *(BGBl I 2016/100, war vor dem 1. 12. 2016 § 407)*

(BGBl I 2004/128)

**In-Kraft-Treten und Übergangsbestimmungen
zur EO-Novelle 2005**

§ 437. (1) Der Titel, §§ 7a, 23, 39 Abs. 4, § 42
Abs. 3, § 47 Abs. 1 bis 3, §§ 48, 49 Abs. 1 und
2, § 54 Abs. 2, § 54b Abs. 1 Z 2 und 4, § 54e
Abs. 1 Z 2, §§ 54f, 141 Abs. 4, § 170 Z 7 und 10,
§ 170b Abs. 3, § 182 Abs. 1, § 253a Abs. 1,
§§ 253b, § 279a, § 292 Abs. 4, § 294 Abs. 3,
§§ 299, 303a, 346 Abs. 1, §§ 346a und 399 Abs. 2
in der Fassung der EO-Novelle 2005, BGBl. I Nr.
68/2005, treten mit 1. September 2005 in Kraft.

(2) § 2 Abs. 2 in der Fassung der EO-Novelle
2005 ist anzuwenden, wenn der Exekutionsantrag
nach dem 20. Oktober 2005 bei Gericht einlangt.

(3) § 7a in der Fassung der EO-Novelle 2005
ist anzuwenden, wenn der Exekutionstitel nach
dem 20. Jänner 2005 erlassen, beurkundet bzw.
aufgenommen wurde.

(4) § 47 Abs. 1 bis 3, §§ 48, 49 Abs. 1 und 2,
§ 253a Abs. 1, § 279a und § 346a in der Fassung
der EO-Novelle 2005 sind anzuwenden, wenn
das Vermögensverzeichnis nach dem 31. August
2005 aufgenommen wird.

(5) §§ 54, 54b Abs. 1 Z 2 und 4, § 54e Abs. 1
Z 2 und § 54f in der Fassung der EO-Novelle
2005 sind anzuwenden, wenn der Exekutionsantrag nach dem 31. August 2005 bei Gericht einlangt.

(6) § 141 Abs. 4 zweiter Satz, § 170 Z 7 und
§ 170b Abs. 3 in der Fassung der EO-Novelle
2005 sind anzuwenden, wenn die Schätzung nach
dem 31. August 2005 angeordnet wird.

(7) § 253b in der Fassung der EO-Novelle 2005
ist anzuwenden, wenn der Exekutionsvollzug
nach dem 31. August 2005 stattfindet.

(8) § 294 Abs. 3, § 299 Abs. 3 und § 303a in
der Fassung der EO-Novelle 2005 sind anzuwenden, wenn das Zahlungsverbot nach dem 31. August 2005 zugestellt wird.

(9) § 299 Abs. 1 in der Fassung der EO-Novelle 2005 ist anzuwenden, wenn das Arbeitsverhältnis oder sonstige Rechtsverhältnis, das einer in
fortlaufenden Bezügen bestehenden Forderung
zugrunde liegt, nach dem 31. August 2005 beendet wird oder nach dem 31. August 2005 die Karenz beginnt.

(10) § 299 Abs. 2 in der Fassung der EO-Novelle 2005 ist anzuwenden, wenn das Arbeitseinkommen nach dem 31. August 2005 absinkt.

(11) § 399 Abs. 2 in der Fassung der EO-Novelle 2005 ist anzuwenden, wenn der Antrag auf
Einstellung oder Aufhebung der einstweiligen
Verfügung nach dem 31. August 2005 bei Gericht
einlangt.

*(BGBl I 2005/68; BGBl I 2016/100, war vor
dem 1. 12. 2016 § 408)*

In-Kraft-Treten und Übergangsbestimmungen

§ 438. (1) § 382g, 390 Abs. 4 und § 393 Abs.
2 in der Fassung des Bundesgesetzes, BGBl. I Nr.
56/2006, treten mit 1. Juli 2006 in Kraft.

(2) §§ 382g, 390 Abs. 4 und 393 Abs. 2 in der
Fassung des Bundesgesetzes, BGBl. I Nr.
56/2006, sind anzuwenden, wenn der Antrag auf
Erlassung der einstweiligen Verfügung nach dem
30. Juni 2006 bei Gericht einlangt.

*(BGBl I 2006/56; BGBl I 2016/100, war vor
dem 1. 12. 2016 § 409)*

**In-Kraft-Treten und Übergangsbestimmungen
zur EO-Novelle 2008**

§ 439. (1) Die EO-Novelle 2008 tritt, soweit
im Folgenden nichts anderes bestimmt ist, mit
1. März 2008 in Kraft.

(2) §§ 22a, 25 Abs. 2 und 3, § 25b Abs. 2a,
§§ 26a, 32, 60 Abs. 2 und 3, §§ 68, 140 Abs. 2,
§ 141 Abs. 3a und 4, § 143 Abs. 1 und 4, § 146
Abs. 1 Z 3a und Abs. 2, § 147 Abs. 3, § 148
Abs. 2a und 3, § 176 Abs. 2 und 3, § 196 Abs. 1,
§ 197, § 203, § 253 Abs. 1, § 275 Abs. 5 und
§ 278 Abs. 4 in der Fassung der EO-Novelle 2008
sind auch auf in diesem Zeitpunkt anhängige
Exekutionsverfahren anzuwenden.

(3) § 1 Z 2 und 13, § 54b Abs. 1 Z 1, § 71a
Abs. 2, §§ 87, 97 bis 119, 121 bis 132, 134, 138
Abs. 1, §§ 144, 150 Abs. 1a, §§ 152a, § 170 Z 8a,
§ 355 Abs. 1, §§ 358, 363 und 371 Z 2 in der
Fassung der EO-Novelle 2008 sind anzuwenden,
wenn der Exekutionsantrag nach dem 29. Februar
2008 bei Gericht einlangt.

(4) §§ 272, § 273 Abs. 1, § 274 Abs. 1, 2 und
5, §§ 274a, 274c, 274d Abs. 1, § 276 Abs. 1,
§§ 277a bis 277c, 278a, 281a, 281b und 282b sind
anzuwenden, wenn das Versteigerungsedikt nach
dem 29. Februar 2008 erlassen wird.

(5) § 146a in der Fassung der EO-Novelle 2008
ist anzuwenden, wenn die Pfändung nach dem
29. Februar 2008 erfolgt.

(6) § 285 Abs. 3 in der Fassung der EO-Novelle 2008 ist anzuwenden, wenn das Edikt über die
Verteilungstagsatzung nach dem 31. Dezember
2007 erlassen wird.

(7) § 278 Abs. 4 und § 280 Abs. 1 in der Fassung der EO-Novelle 2008 sind anzuwenden,
wenn die Versteigerung nach dem 29. Februar
2008 stattfindet.

(8) Die in § 99 vorgesehene Bekanntmachung
in der Ediktsdatei sowie § 108 Abs. 4 und § 123
Abs. 2 in der Fassung der EO-Novelle 2008 treten
mit 1. Juli 2008 in Kraft.

(9) Erfordert eine große Zahl von Versteigerungen im Internet die Heranziehung eines oder
mehrerer ständiger Versteigerer, so hat der Präsi-

dent des Oberlandesgerichts die nötigen Vorkehrungen zu treffen.

(BGBl I 2008/37; BGBl I 2016/100, war vor dem 1. 12. 2016 § 410)

Inkrafttreten und Übergangsbestimmungen zur Novelle BGBl. I Nr. 82/2008

§ 440. § 290a Abs. 3 in der Fassung des Bundesgesetzes BGBl. I Nr. 82/2008 tritt mit 1. Juli 2008 in Kraft. *(BGBl I 2016/100, war vor dem 1. 12. 2016 § 411)*

(BGBl I 2008/82)

Inkrafttreten und Übergangsbestimmungen zur ZVN 2009

§ 441. (1) § 65 Abs. 3 in der Fassung des Bundesgesetzes BGBl. I Nr. 30/2009 tritt mit 1. April 2009 in Kraft. Die Bestimmung ist in dieser Fassung anzuwenden, wenn das Datum der Entscheidung erster Instanz nach dem 31. März 2009 liegt.

(2) Die Aufhebung des § 73a tritt mit 1. April 2009 in Kraft.

(BGBl I 2009/30; BGBl I 2016/100, war vor dem 1. 12. 2016 § 412)

Inkrafttreten und Übergangsbestimmungen zum 2. Gewaltschutzgesetz

§ 442. §§ 382b, 382e, 382g Abs. 2 und 3, § 387 Abs. 3 und 4, § 390 Abs. 4 und § 393 Abs. 2 in der Fassung des 2. Gewaltschutzgesetzes, BGBl. I Nr. 40/2009, treten mit 1. Juni 2009 in Kraft und sind anzuwenden, wenn der Antrag auf Erlassung der einstweiligen Verfügung nach dem 31. Mai 2009 bei Gericht einlangt. *(BGBl I 2016/100, war vor dem 1. 12. 2016 § 413)*

(BGBl I 2009/40)

Inkrafttreten und Übergangsbestimmungen zum Familienrechts-Änderungsgesetz 2009

§ 443. §§ 382a in der Fassung des Bundesgesetzes BGBl. I Nr. 75/2009 tritt mit 1. Jänner 2010 in Kraft und ist in der Fassung dieses Bundesgesetzes anzuwenden, wenn der Antrag auf Gewährung vorläufigen Unterhalts nach dem 31. Dezember 2009 bei Gericht eingebracht wird. *(BGBl I 2016/100, war vor dem 1. 12. 2016 § 414)*

(BGBl I 2009/75)

Inkrafttreten und Übergangsbestimmung zur Novelle BGBl. I Nr. 111/2010

§ 444. § 78 in der Fassung des Budgetbegleitgesetzes 2011, BGBl. I Nr. 111/2010, tritt mit 1. Mai 2011 in Kraft. § 80 Z 2 tritt mit 1. Jänner 2011 in Kraft und ist in dieser Fassung anzuwenden, wenn die Ladung oder Verfügung nach dem 30. Juni 2009 zugestellt worden ist. § 249 Abs. 3 in der Fassung des Budgetbegleitgesetzes 2011, BGBl. I Nr. 111/2010, tritt mit 1. Juli 2011 in Kraft und ist in dieser Fassung anzuwenden, wenn der Exekutionsantrag nach dem 30. Juni 2011 bei Gericht einlangt. *(BGBl I 2016/100, war vor dem 1. 12. 2016 § 415)*

(BGBl I 2010/111)

§ 445. § 290 Abs. 1 Z 10 und § 290a Abs. 1 Z 6 in der Fassung BGBl. I Nr. 139/2011 treten mit 1. Jänner 2012 in Kraft. *(BGBl I 2016/100, war vor dem 1. 12. 2016 § 416)*

(BGBl I 2011/139)

Inkrafttreten und Übergangsbestimmungen zur EO-Novelle 2014

§ 446. (1) §§ 1, 18, 45, 65, 150, 177, 177a, 187a, 196, 249, 278, 292l, 312, 370, 379, 381 und 397 in der Fassung der EO-Nov. 2014, BGBl. I Nr. 69/2014, treten mit 1. Oktober 2014 in Kraft. Sie sind, soweit im Folgenden nichts anderes bestimmt ist, auf Exekutionsverfahren anzuwenden, in denen der Exekutionsantrag nach dem 30. September 2014 bei Gericht einlangt.

(2) § 1 Z 8 in der Fassung der EO-Nov. 2014, BGBl. I Nr. 69/2014, ist anzuwenden, wenn die gerichtliche Entscheidung betreffend die vermögensrechtliche Anordnung nach dem 30. September 2014 ergangen ist.

(3) §§ 35, 36, 38 und 403a in der Fassung der EO-Nov. 2014, BGBl. I Nr. 69/2014, treten mit 1. Jänner 2015 in Kraft; sie sind anzuwenden, wenn der verfahrenseinleitende Schriftsatz nach dem 31. Dezember 2014 bei Gericht einlangt.

(4) § 42 in der Fassung der EO-Nov. 2014, BGBl. I Nr. 69/2014, tritt mit 1. Jänner 2015 in Kraft und ist anzuwenden, wenn der Antrag auf Aufschiebung nach dem 31. Dezember 2014 bei Gericht einlangt.

(5) § 45 Abs. 3 in der Fassung der EO-Nov. 2014, BGBl. I Nr. 69/2014, ist anzuwenden, wenn der Antrag auf Einstellung, Einschränkung oder Aufschiebung nach dem 30. September 2014 bei Gericht einlangt.

(6) § 65 in der Fassung der EO-Nov. 2014, BGBl. I Nr. 69/2014, ist anzuwenden, wenn die Entscheidung der ersten Instanz nach dem 30. September 2014 liegt.

(7) §§ 86b und 86c in der Fassung der EO-Nov. 2014, BGBl. I Nr. 69/2014, treten mit 11. Jänner 2015 in Kraft.

(8) § 150 Abs. 1a in der Fassung der EO-Nov. 2014, BGBl. I Nr. 69/2014, ist anzuwenden, wenn die Schätzung nach dem 30. September 2014 angeordnet wird.

EO

(9) §§ 177, 177a und § 278 in der Fassung der EO-Nov. 2014, BGBl. I Nr. 69/2014, sind anzuwenden, wenn die Vereinbarung nach § 177a Abs. 1 nach dem 30. September 2014 abgeschlossen oder abzuschließen versucht wurde.

(10) § 187a in der Fassung der EO-Nov. 2014, BGBl. I Nr. 69/2014, ist anzuwenden, wenn der Zuschlag nach dem 30. September 2014 erteilt wird.

(11) § 196 in der Fassung der EO-Nov. 2014, BGBl. I Nr. 69/2014, ist anzuwenden, wenn das Überbot nach dem 30. September 2014 bei Gericht einlangt.

(12) § 292l Abs. 1 und § 312 Abs. 4 in der Fassung der EO-Nov. 2014, BGBl. I Nr. 69/2014, sind anzuwenden, wenn der Antrag auf Einstellung nach dem 30. September 2014 bei Gericht einlangt.

(13) § 397 in der Fassung der EO-Nov. 2014, BGBl. I Nr. 69/2014, ist anzuwenden, wenn die einstweilige Verfügung nach dem 30. September 2014 bewilligt wird.

(BGBl I 2014/69; BGBl I 2016/100, war vor dem 1. 12. 2016 § 417)

Inkrafttreten und Übergangsbestimmungen zur EO-Novelle 2016

§ 447. (1) §§ 385, 389a, 422, 423, 424 in der Fassung der EO-Nov. 2016, BGBl. I Nr 100/2016, treten mit 18. Jänner 2017 in Kraft. Sie sind anzuwenden, wenn der das Verfahren einleitende Antrag nach dem 17. Jänner 2017 bei Gericht eingebracht wird.

(2) § 25 Abs. 2 und 3, § 42 Abs. 1 Z 10, § 259 Abs. 1a, § 274 Abs. 2, § 277a Abs. 3 Z 8 und Abs. 5, §§ 277b, 277c, 281 Abs. 1, 281a Abs. 2, § 282 Abs. 1, § 290a Abs. 1 Z 5 lit. g, § 292 Abs. 3a, § 299a Abs. 4, § 302 Abs. 1, §§ 403 bis 421 in der Fassung der EO-Nov. 2016, BGBl. I Nr 100/2016, treten mit 2. Jänner 2017 in Kraft.

(3) § 25 Abs. 2 und 3 sowie § 418 in der Fassung der EO-Nov. 2016, BGBl. I Nr 100/2016, sind anzuwenden, wenn die Exekution nach dem 1. Jänner 2017 bewilligt wird.

(4) § 42 Abs. 1 Z 10, §§ 404 und 405 in der Fassung der EO-Nov. 2016, BGBl. I Nr 100/2016, sind anzuwenden, wenn der Antrag auf Anpassung nach dem 1. Jänner 2017 bei Gericht eingebracht wird; bei einer Anpassung von Amts wegen, wenn über die Anpassung nach dem 1. Jänner 2017 entschieden wird.

(5) § 259 Abs. 1a in der Fassung der EO-Nov. 2016, BGBl. I Nr 100/2016, ist anzuwenden, wenn die Gegenstände nach dem 1. Jänner 2017 in Verwahrung genommen werden.

(6) § 274 Abs. 2, § 277a Abs. 3 Z 8 und Abs. 5, §§ 277b, 277c und 281a Abs. 2 in der Fassung der EO-Nov. 2016, BGBl. I Nr 100/2016, sind

anzuwenden, wenn das Versteigerungsedikt nach dem 1. Jänner 2017 in der Ediktsdatei veröffentlicht wird.

(7) § 281 Abs. 1 und § 282 Abs. 1 in der Fassung der EO-Nov. 2016, BGBl. I Nr 100/2016, sind anzuwenden, wenn die Versteigerung nach dem 1. Jänner 2017 stattfindet.

(8) § 292 Abs. 3a in der Fassung der EO-Nov. 2016, BGBl. I Nr 100/2016, ist anzuwenden, wenn der Antrag auf Zusammenrechnung nach dem 1. Jänner 2017 bei Gericht eingebracht wird.

(9) § 302 Abs. 1 in der Fassung der EO-Nov. 2016, BGBl. I Nr 100/2016, ist anzuwenden, wenn die Drittschuldnererklärung nach dem 1. Jänner 2017 bei Gericht einlangt.

(10) § 411 in der Fassung der EO-Nov. 2016, BGBl. I Nr 100/2016, ist anzuwenden, wenn der ausländische Exekutionstitel nach dem 1. Jänner 2017 für vollstreckbar erklärt wird.

(BGBl I 2016/100)

Die Übergangsvorschriften zu BGBl 1991/628, 1995/519 und I 2000/59 sind zuletzt abgedruckt in der 40. Auflage (Kapitel 11).

Inkrafttreten und Übergangsbestimmungen zum IRÄG 2017

§ 448. (1) § 40 Abs. 1 und § 45a Abs. 2 in der Fassung des Insolvenzrechtsänderungsgesetzes 2017, BGBl. Nr. 122/2017, treten mit 1. August 2017 in Kraft. Sie sind auf behördliche Stundungsentscheidungen anzuwenden, die nach dem 31. Juli 2017 ergangen sind.

(2) §§ 427 bis 431 in der Fassung des IRÄG 2017, BGBl. I Nr. 122/2017, treten mit 1. Jänner 2019 in Kraft; § 431 ist auf Abfragen anzuwenden, die nach dem 31. Dezember 2018 durchgeführt werden. *(BGBl I 2017/122)*

(BGBl I 2017/122)

Inkrafttreten des ZZRÄG 2019

§ 449. § 41a, § 427 Abs. 1, § 428 Abs. 3 und 4, § 429 Abs. 2 und § 430 Abs. 3 in der Fassung des Bundesgesetzes BGBl. I Nr. 38/2019 treten mit 1. Juni 2019 in Kraft. § 107a Abs. 2 tritt mit dem der Kundmachung folgenden Tag in Kraft.

(BGBl I 2019/38)

Inkrafttreten und Übergangsbestimmungen zum Gewaltschutzgesetz 2019

§ 450. § 382b Abs. 2, § 382c Abs. 1, 3 und 4, § 382d Abs. 2, 4 und 5, § 382e Abs. 1 bis 3, § 382g Abs. 1 bis 3, § 391 Abs. 2, § 395 Abs. 3, §§ 399 und 399c in der Fassung des Gewaltschutzgesetzes 2019, BGBl. I Nr. 105/2019, treten mit 01.01.2020 in Kraft und sind anzuwenden, wenn der Antrag auf Erlassung oder – im Fall des

§ 399c – auf Anpassung der einstweiligen Verfügung nach dem 01.01.2020 bei Gericht einlangt.
(BGBl I 2019/105)

Drittschuldneranfrage-Verordnung

BGBl 1986/452

Verordnung des Bundesministers für Justiz vom 12. August 1986 über die Durchführung der Drittschuldneranfrage beim Hauptverband der österreichischen Sozialversicherungsträger*) mit Hilfe automationsunterstützter Datenverarbeitung (Drittschuldneranfrage-Verordnung)

*) nun Dachverband der Sozialversicherungsträger

Auf Grund des § 294 a Abs. 4 Z 1 der Exekutionsordnung, RGBl. Nr. 79/1896, zuletzt geändert durch das Bundesgesetz BGBl. Nr. 71/1986, wird im Einvernehmen mit dem Bundesminister für soziale Verwaltung und nach Anhörung des Hauptverbandes der österreichischen Sozialversicherungsträger*) verordnet:

*) nun Dachverband der Sozialversicherungsträger

I. Durchführung der Drittschuldneranfrage

§ 1. (1) Die im Wege der automationsunterstützten Datenverarbeitung durchzuführende Anfrage an den Hauptverband der österreichischen Sozialversicherungsträger*) um Bekanntgabe der im § 294 a Abs. 1 Z 2 EO angeführten Daten (Drittschuldneranfrage) hat jedenfalls den oder die Vornamen, den Familiennamen und das Geburtsdatum des Verpflichteten sowie die Bezeichnung des Exekutionsgerichts und das Aktenzeichen zu enthalten. Geschlecht und akademischer Grad des Verpflichteten sind anzugeben, soweit sie sich aus dem Exekutionsantrag ergeben.

(2) Der Hauptverband der österreichischen Sozialversicherungsträger*) hat die bei ihm gespeicherten aktuellen Daten (Abs. 1) im Wege der automationsunterstützten Datenverarbeitung bekanntzugeben oder mitzuteilen, daß keine oder nicht eindeutige Daten vorhanden sind.

*) nun Dachverband der Sozialversicherungsträger

II. Anfragegerichte

§ 2. (1) Die Gerichte, bei denen die technischen Voraussetzungen gegeben sind, haben die Drittschuldneranfrage selbst durchzuführen (Eigenanfrage).

(2) Die technischen Voraussetzungen für die Drittschuldneranfrage liegen ab dem Zeitpunkt vor, ab dem zumindest ein Datensichtgerät und ein Drucker verfügbar sind, von denen aus ein Zugriff auf einen der im Netzwerk Justiz installierten Zwischenrechner möglich ist.

§ 3. (1) Gerichte, bei denen die technischen Voraussetzungen noch nicht gegeben sind, haben sich zur Durchführung der Drittschuldneranfrage an das Bezirksgericht am Sitz des übergeordneten Landes- oder Kreisgerichtes oder, wenn auch bei diesem die technischen Voraussetzungen noch nicht gegeben sind, an das Bezirksgericht am Sitz des übergeordneten Oberlandesgerichtes zu wenden (Fremdanfrage).

(2) Als Bezirksgericht am Sitz des Landesgerichtes für Zivilrechtssachen Wien bzw. des Oberlandesgerichtes Wien gilt das Bezirksgericht Innere Stadt Wien; als Bezirksgericht am Sitz des Landesgerichtes Graz bzw. des Oberlandesgerichtes Graz gilt das Bezirksgericht für Zivilrechtssachen Graz; als Bezirksgericht am Sitz des Landesgerichtes Linz bzw. des Oberlandesgerichtes Linz gilt das Bezirksgericht Linz.

(3) Der Präsident des Oberlandesgerichtes kann für die Fremdanfrage in seinem Sprengel aus personellen oder organisatorischen Gründen abweichende Regelungen treffen, um eine reibungslose Durchführung der Drittschuldneranfrage zu gewährleisten. Er hat dabei im einzelnen zu bestimmen, welche Gerichte für welche anderen Gerichte die Fremdanfrage durchzuführen haben, und das Bundesministerium für Justiz davon zu verständigen.

III. Inkrafttreten

§ 4. Diese Verordnung tritt mit dem 1. September 1986 in Kraft.

Liegenschaftsbewertungsgesetz

BGBl 1992/150

Bundesgesetz über die gerichtliche Bewertung von Liegenschaften (Liegenschaftsbewertungsgesetz – LBG) sowie über Änderungen des Außerstreitgesetzes und der Exekutionsordnung

Artikel I
Liegenschaftsbewertungsgesetz

Geltungsbereich

§ 1. (1) Dieses Bundesgesetz gilt für die Ermittlung des Wertes (Bewertung) von Liegenschaften, Liegenschaftsteilen und Überbauten im Sinn des § 435 ABGB sowie von damit verbundenen Rechten und darauf ruhenden Lasten in allen gerichtlichen Verfahren.

(2) Dieses Bundesgesetz gilt auch für die Bewertung der in Abs. 1 genannten Sachen in Verfahren auf Grund von bundesgesetzlichen Verwaltungsvorschriften, sofern vorgesehen ist, daß der Bescheid, zu dessen Erlassung der Wert ermittelt wird, mit der Anrufung eines Gerichts außer Kraft tritt, und sofern die Verwaltungsvorschriften nichts anderes bestimmen.

Bewertungsgrundsatz

§ 2. (1) Sofern durch Gesetz oder Rechtsgeschäft nichts anderes bestimmt wird, ist der Verkehrswert der Sache zu ermitteln.

(2) Verkehrswert ist der Preis, der bei einer Veräußerung der Sache üblicherweise im redlichen Geschäftsverkehr für sie erzielt werden kann.

(3) Die besondere Vorliebe und andere ideelle Wertzumessungen einzelner Personen haben bei der Ermittlung des Verkehrswertes außer Betracht zu bleiben.

Allgemeine Regeln für die Bewertung

§ 3. (1) Für die Bewertung sind Wertermittlungsverfahren anzuwenden, die dem jeweiligen Stand der Wissenschaft entsprechen. Als solche Verfahren kommen insbesondere das Vergleichswertverfahren (§ 4), das Ertragswertverfahren (§ 5) und das Sachwertverfahren (§ 6) in Betracht.

(2) Wenn es zur vollständigen Berücksichtigung aller den Wert der Sache bestimmenden Umstände erforderlich ist, sind für die Bewertung mehrere Wertermittlungsverfahren anzuwenden.

(3) Rechte und Lasten, die mit der zu bewertenden Sache verbunden sind und deren Wert beeinflussen, sind bei der Bewertung entsprechend zu berücksichtigen. Wenn eine Bewertung von Rechten und Lasten nach den in den §§ 2 bis 7 enthaltenen Regeln nicht möglich ist, muß der vermögenswerte Vorteil des Berechtigten beziehungsweise der vermögenswerte Nachteil des Belasteten herangezogen werden.

(4) Ist nur ein Teil einer Liegenschaft, ein mit einer Liegenschaft verbundenes Recht oder eine darauf ruhende Last oder ein Teil eines Rechtes oder einer Last zu bewerten, so ist auch der Wert der ganzen Liegenschaft beziehungsweise des ganzen Rechtes oder der ganzen Last zu ermitteln, wenn dies für die Bewertung von Bedeutung ist.

Vergleichswertverfahren

§ 4. (1) Im Vergleichswertverfahren ist der Wert der Sache durch Vergleich mit tatsächlich erzielten Kaufpreisen vergleichbarer Sachen zu ermitteln (Vergleichswert). Vergleichbare Sachen sind solche, die hinsichtlich der den Wert beeinflussenden Umstände weitgehend mit der zu bewertenden Sache übereinstimmen. Abweichende Eigenschaften der Sache und geänderte Marktverhältnisse sind nach Maßgabe ihres Einflusses auf den Wert durch Zu- oder Abschläge zu berücksichtigen.

(2) Zum Vergleich sind Kaufpreise heranzuziehen, die im redlichen Geschäftsverkehr in zeitlicher Nähe zum Bewertungsstichtag in vergleichbaren Gebieten erzielt wurden. Soweit sie vor oder nach dem Stichtag vereinbart wurden, sind sie entsprechend den Preisschwankungen im redlichen Geschäftsverkehr des betreffenden Gebietes auf- oder abzuwerten.

(3) Kaufpreise, von denen anzunehmen ist, daß sie durch ungewöhnliche Verhältnisse oder persönliche Umstände der Vertragsteile beeinflußt wurden, dürfen zum Vergleich nur herangezogen werden, wenn der Einfluß dieser Verhältnisse und Umstände wertmäßig erfaßt werden kann und die Kaufpreise entsprechend berichtigt werden.

Ertragswertverfahren

§ 5. (1) Im Ertragswertverfahren ist der Wert der Sache durch Kapitalisierung des für die Zeit nach dem Bewertungsstichtag zu erwartenden oder erzielten Reinertrags zum angemessenen Zinssatz und entsprechend der zu erwartenden Nutzungsdauer der Sache zu ermitteln (Ertragswert).

(2) Hiebei ist von jenen Erträgen auszugehen, die aus der Bewirtschaftung der Sache tatsächlich erzielt wurden (Rohertrag). Durch Abzug des tatsächlichen Aufwands für Betrieb, Instandhaltung und Verwaltung der Sache (Bewirtschaftungsaufwands) und der Abschreibung vom Rohertrag errechnet sich der Reinertrag; die Abschreibung ist nur abzuziehen, soweit sie nicht bereits bei der Kapitalisierung berücksichtigt wurde. Bei der Ermittlung des Reinertrags ist überdies auf das Ausfallwagnis und auf allfällige Liquidationserlöse und Liquidationskosten Bedacht zu nehmen.

(3) Sind die tatsächlich erzielten Erträge in Ermangelung von Aufzeichnungen nicht erfaßbar oder weichen sie von den bei ordnungsgemäßer Bewirtschaftung der Sache erzielbaren Erträgen ab, so ist von jenen Erträgen, die bei ordnungsgemäßer Bewirtschaftung der Sache nachhaltig hätten erzielt werden können, und dem bei einer solchen Bewirtschaftung entstehenden Aufwand auszugehen; dafür können insbesondere Erträge vergleichbarer Sachen oder allgemein anerkannte statistische Daten herangezogen werden.

(4) Der Zinssatz zur Ermittlung des Ertragswertes richtet sich nach der bei Sachen dieser Art üblicherweise erzielbaren Kapitalverzinsung.

Sachwertverfahren

§ 6. (1) Im Sachwertverfahren ist der Wert der Sache durch Zusammenzählung des Bodenwertes, des Bauwertes und des Wertes sonstiger Bestandteile sowie gegebenenfalls des Zubehörs der Sache zu ermitteln (Sachwert).

(2) Der Bodenwert ist in der Regel als Vergleichswert durch Heranziehung von Kaufpreisen vergleichbarer unbebauter und unbestockter Liegenschaften zu ermitteln. Wertänderungen, die sich demgegenüber aus der Bebauung oder Bestockung der zu bewertenden Liegenschaft oder deren Zugehörigkeit zu einem Liegenschaftsverband ergeben, sind gesondert zu berücksichtigen.

(3) Der Bauwert ist die Summe der Werte der baulichen Anlagen. Bei seiner Ermittlung ist in der Regel vom Herstellungswert auszugehen und von diesem die technische und wirtschaftliche Wertminderung abzuziehen. Sonstige Wertänderungen und sonstige wertbeeinflussende Umstände, wie etwa Lage der Liegenschaft, baurechtliche oder andere öffentlichrechtliche Beschränkungen sowie erhebliche Abweichungen von den üblichen Baukosten, sind gesondert zu berücksichtigen.

Wahl des Wertermittlungsverfahrens

§ 7. (1) Soweit das Gericht oder die Verwaltungsbehörde nichts anderes anordnet, hat der Sachverständige das Wertermittlungsverfahren auszuwählen. Er hat dabei den jeweiligen Stand der Wissenschaft und die im redlichen Geschäfts-

verkehr bestehenden Gepflogenheiten zu beachten. Aus dem Ergebnis des gewählten Verfahrens ist der Wert unter Berücksichtigung der Verhältnisse im redlichen Geschäftsverkehr zu ermitteln.

(2) Sind für die Bewertung mehrere Wertermittlungsverfahren anzuwenden (§ 3 Abs. 2), so ist aus deren Ergebnissen der Wert unter Berücksichtigung der Verhältnisse im redlichen Geschäftsverkehr zu ermitteln.

Beiziehung von Sachverständigen

§ 8. (1) Für die Bewertung ist ein gerichtlich beeideter Sachverständiger für das jeweilige Bewertungsfachgebiet beizuziehen; erforderlichenfalls können auch mehrere Sachverständige beigezogen werden.

(2) Dabei ist der für die Bewertung maßgebliche Stichtag festzusetzen.

(3) Ferner ist anzuordnen, ob das Bewertungsgutachten schriftlich oder mündlich zu erstatten ist. Sofern sie nicht unzweckmäßig oder unzulässig ist, ist die schriftliche Gutachtenserstattung anzuordnen.

(4) Wird durch Gesetz oder Rechtsgeschäft ein anderer Wert als der Verkehrswert als für die Bewertung der Sache maßgeblich bestimmt, so ist dem Sachverständigen die Ermittlung dieses anderen Wertes aufzutragen.

(5) Sofern nicht eine Partei die Beiziehung eines Sachverständigen beantragt, kann von ihr abgesehen werden, wenn sich der Wert aus anderen unbedenklichen Beweismitteln eindeutig ergibt.

Allgemeine Erfordernisse des Gutachtens

§ 9. (1) Das Bewertungsgutachten hat zu enthalten

1. den Zweck des Gutachtens, den Bewertungsstichtag, den Tag der Besichtigung der Sache und die dabei anwesenden Personen sowie die verwendeten Unterlagen;

2. den Befund mit einer Beschreibung der Sache nach ihren Wertbestimmungsmerkmalen und ihren sonstigen, für die Bewertung bedeutsamen Eigenschaften tatsächlicher oder rechtlicher Art;

3. die Bewertung unter Darlegung des angewendeten Wertermittlungsverfahrens und der Gründe für die Auswahl des angewendeten Verfahrens oder der allenfalls angewendeten Verfahrensverbindung.

(2) Wenn mit der zu bewertenden Sache Rechte oder Lasten verbunden sind, muß angegeben und begründet werden, inwieweit sie den Wert der Sache beeinflussen.

Besondere Erfordernisse des Gutachtens

§ 10. (1) Beim Vergleichswertverfahren sind überdies die zum Vergleich herangezogenen Sachen anzuführen und ihre Wertbestimmungsmerkmale zu beschreiben, die dafür erzielten Kaufpreise anzugeben und allfällige Zu- oder Abschläge (§ 4 Abs. 1), Auf- oder Abwertungen (§ 4 Abs. 2) und Kaufpreisberichtigungen (§ 4 Abs. 3) zu begründen.

(2) Beim Ertragswertverfahren ist die Wahl des Kapitalisierungszinssatzes zu begründen.

(3) Beim Sachwertverfahren sind die dem Herstellungswert zugrundegelegten Raum- oder Flächenmeterpreise und Indices anzugeben; der wertbestimmende Einfluß von allfälligen Baumängeln und Bauschäden sowie eines allfälligen rückgestauten Reparaturbedarfs und die wegen allfälliger technischer und wirtschaftlicher Wertminderung vom Herstellungswert vorgenommenen Abschläge sind gesondert zu beziffern.

(4) Bei anderen wissenschaftlich anerkannten Wertermittlungsverfahren als den in den §§ 4 bis 6 geregelten sind die zugrundegelegten Umstände darzustellen und ist auszuführen, in welcher Weise die Verhältnisse im redlichen Geschäftsverkehr bei der Bewertung berücksichtigt wurden.

(5) Bei der Bewertung von Rechten und Lasten nach dem Vorteil des Berechtigten beziehungsweise dem Nachteil des Belasteten (§ 3 Abs. 3) sind die Vor- und Nachteile zu beschreiben und deren Dauer anzugeben; die Bewertung der Vor- und Nachteile sowie die allfällige Auswahl eines Kapitalisierungszinssatzes und Kapitalisierungsfaktors sind zu begründen.

Artikel II

*(Änderungen des Außerstreitgesetzes, RGBl.
Nr. 208/1854)*

Artikel III

*(Änderungen der Exekutionsordnung, RGBl.
Nr. 79/1869)*

Artikel IV

Schluß- und Übergangsbestimmungen

(1) Dieses Bundesgesetz tritt mit 1. Juli 1992 in Kraft.

(2) 1. Dieses Bundesgesetz ist anzuwenden auf
a) Bewertungen, die ab dem 1. Juli 1992 angeordnet werden, auch wenn der Bewertungsstichtag vor dem 1. Juli 1992 liegt,

b) hinsichtlich seines Artikels II auf zum Zeitpunkt des Inkrafttretens dieses Bundesgesetzes anhängige Verlassenschaftsverfahren, wenn die Errichtung des Inventars nach dem 30. Juni 1992 angeordnet wurde,

c) hinsichtlich seines Artikels III auf zum Zeitpunkt des Inkrafttretens dieses Bundesgesetzes anhängige Exekutionsverfahren, die Z 2, 4 und 5 jedoch nur dann, wenn die Schätzung der zu versteigernden Liegenschaft nach dem 30. Juni 1992 angeordnet wurde.

2. Im übrigen sind Bewertungen nach den bisher geltenden Vorschriften vorzunehmen.

(3) Mit dem Inkrafttreten dieses Bundesgesetzes treten außer Kraft:

1. die Realschätzungsordnung, RGBl. Nr. 175/1897, zuletzt geändert durch das Bundesgesetz BGBl. Nr. 561/1985,

2. die Verordnung über den bei der vorläufigen Feststellung des Lastenstands und bei der Meistbotsverteilung zugrunde zu legenden Steuerschätzwert der mit einer Simultanhypothek belasteten Liegenschaften, RGBl. Nr. 174/1897,

3. die Verordnung betreffend die Festsetzung des Kapitalisierungszinsfußes für die Schätzung unbeweglicher Güter nach dem Ertrage, JMVBl. Nr. 41/1899.

(4) Mit der Vollziehung dieses Bundesgesetzes ist der Bundesminister für Justiz betraut. Mit der Vollziehung des 1 Abs. 2 des Liegenschaftsbewertungsgesetzes und des § 140 Abs. 2 zweiter Satz der Exekutionsordnung ist der Bundesminister, jeder in seinem Wirkungsbereich, betraut. Mit der Vollziehung des § 166 Abs. 1 letzter Satz der Exekutionsordnung und des § 222 Abs. 4 zweiter Satz der Exekutionsordnung ist der Bundesminister für Finanzen im Einvernehmen mit dem Bundesminister für Justiz betraut.

LBG

Vollzugsgebührengesetz

BGBl I 2003/31 idF

1 BGBl I 2005/68	4 BGBl I 2014/69 (EO-Nov 2014)
2 BGBl I 2008/37	5 BGBl I 2016/100 (EO-Nov. 2016)
3 BGBl I 2010/58 (IRÄ-BG)	6 BGBl I 2018/58 (ErwSchAG-Justiz)

Das Vollzugsgebührengesetz ist mit Ablauf des 30. Juni 2021 außer Kraft getreten; dessen Erster Abschnitt ist weiterhin anzuwenden, wenn der Exekutionsantrag oder der Antrag auf Neuvollzug vor dem 1. Juli 2021 bei Gericht einlangt; dessen Zweiter und Dritter Abschnitt sind weiterhin anzuwenden, wenn die Amtshandlung vor dem 1. Juli 2021 vorgenommen wird.
Ab 1.7.2021 siehe §§ 454 ff EO.

Bundesgesetz über die Vollzugsgebühren

(Vollzugsgebührengesetz – VGebG)

1. Abschnitt

Vollzugsgebühr

Gebührenpflicht

§ 1. (1) Der betreibende Gläubiger hat mit Einbringung des Exekutionsantrags und bei der Exekution auf bewegliche körperliche Sachen auch mit dem Antrag auf Neuvollzug oder auf neuerliche Versteigerung die Vollzugsgebühr nach§ 2 zu entrichten.

(2) Bei Protokollaranträgen ist die Gebühr mit dem Beginn der Niederschrift zu entrichten.

(3) Ein Antrag auf Neuvollzug im Sinne des Abs. 1 ist insbesondere jeder Antrag auf Vollzug in den Fällen des § 252d Abs. 1 Z 2 und 3 EO, nicht jedoch im Fall des § 14 Abs. 2 Z 3 EO. *(BGBl I 2008/37, anzuwenden, wenn der Exekutionsantrag oder der Antrag auf Neuvollzug nach dem 29. 2. 2008 bei Gericht einlangt)*

Höhe der Gebühr

§ 2. Die Vollzugsgebühr beträgt für

1. die Zwangsverwaltung einer Liegenschaft .... 20 Euro,

2. die Zwangsversteigerung einer Liegenschaft, eines Superädifikats oder eines Baurechts .... 20 Euro,

3. die Exekution auf bewegliche körperliche Sachen oder auf Forderungen nach Papieren nach § 296 EO.......... 7,50 Euro,

(BGBl I 2014/69, ab 1. 10. 2014)

4. die Exekution zur Herausgabe oder Leistung beweglicher Sachen .... 9 Euro,

(BGBl I 2014/69, ab 1. 10. 2014)

5. die Exekution auf andere Vermögensrechte .... 20 Euro und

6. die Räumungsexekution .... 30 Euro.

---

*) siehe § 35 Abs 2.

Anwendbarkeit anderer Vorschriften

§ 3. (1) Auf die Vollzugsgebühren sind sinngemäß anzuwenden

1. § 4 Abs. 1 bis 4 und Abs. 6 GGG über die Art der Gebührenentrichtung,

2. § 7 Abs. 2 bis 4 GGG über die Zahlungspflicht,

3. §§ 8 bis 10 sowie 12, 13 und 21 Abs. 1 bis 3 GGG über die Gebührenfreiheit und

4. § 31 Abs. 1 bis 4 GGG über den Gebührenmehrbetrag.

(2) Auf die Vollzugsgebühren ist das Gerichtliche Einbringungsgesetz mit Ausnahme des § 6a Abs. 3 anzuwenden.

(BGBl I 2016/100, ab 1. 12. 2016)

2. Abschnitt

Vergütung des Gerichtsvollziehers

Entstehen der Vergütung

§ 4. (1) Der Gerichtsvollzieher hat für die gesetz- und auftragsgemäß durchgeführten Handlungen einen Anspruch auf Vergütung nach §§ 8 bis 18 sowie Ersatz seiner Fahrtkosten.

(2) Der Gerichtsvollzieher erhält

1. die Vergütung für den an ihn gezahlten oder von ihm weggenommenen Betrag aus diesem,

2. die vom Verwertungserlös abhängige Vergütung aus der Verteilungsmasse sowie

3. die Fahrtkosten und sonst die Vergütung aus Amtsgeldern.

(3) Die Vergütung steht im Rang vor der betriebenen Forderung. Der Anspruch gegen den Bund entsteht mit Ende des Monats, der auf jenen Monat folgt, in dem der Gerichtsvollzieher über die Beendigung seiner Tätigkeit berichtete.

Vergütung bei Handlungen zugunsten mehrerer Verfahren

§ 5. Für Handlungen, die zugunsten mehrerer Verfahren vorgenommen werden, gebühren die Vergütung und die Fahrtkosten für jedes Verfahren. Für Handlungen im Rahmen eines einheitlichen Verwertungsverfahrens und bei verbundenen Verfahren stehen die Vergütung und die Fahrtkosten jedoch nur einmal zu.

Vergütung bei mehreren Handlungen in einem Verfahren

§ 6. (1) Für alle in einem Verfahren und bei der Fahrnisexekution auch für alle nach einem Vollzugsauftrag auf Grund eines Antrags auf neuerlichen Vollzug oder auf neuerliche Versteigerung vorgenommenen Handlungen richtet sich die Vergütung nach dem höchsten vorgesehenen Betrag.

(2) Die Vergütungen für

1. Pfändung, sofern nicht beim gleichen Vollzugsversuch Zahlung der gesamten Forderung geleistet wird,

2. Zahlung,

3. Nachweis der Zahlung ab dem zweiten Vollzugsversuch und

4. Verwertung

stehen nebeneinander zu. Wird Zahlung geleistet, so sind bei der Berechnung der Vergütung die vorher geleisteten Zahlungen, wird bei einem oder mehreren Vollzügen Zahlung nachgewiesen, so sind die insgesamt geleisteten Zahlungen zu berücksichtigen. *(BGBl I 2014/69, ab 1. 10. 2014, anzuwenden, wenn der Vollzugsauftrag nach dem 30. September 2014 erteilt wird)*

(3) Die Vergütung für die Aufnahme des Vermögensverzeichnisses gebührt zusätzlich zu sonstigen Vergütungen.

Zurückzahlung der Vergütung

§ 7. Der Gerichtsvollzieher hat die Vergütung und die Fahrtkosten zurückzuzahlen, soweit ein Anspruch hierauf nicht bestanden hat.

Vermögensverzeichnis

§ 8. Für die Aufnahme jedes Vermögensverzeichnisses, insbesondere auch einer Kontoangabe nach § 424 Abs. 3 EO,**) beträgt die Vergütung 2 Euro*). *(BGBl I 2016/100)*

(BGBl I 2008/37)

**) *BGBl 2016/100, ab 1. 12. 2016*
*) *BGBl I 2008/37, anzuwenden, wenn die Amtshandlung nach dem 29. 2. 2008 vorgenommen wird*

Zahlung

§ 8a. Bei der Exekution wegen Geldforderungen, ausgenommen bei der Exekution auf das unbewegliche Vermögen, beträgt die Vergütung von dem an den Gerichtsvollzieher insgesamt gezahlten oder von ihm weggenommenen Betrag:

bis 150 Euro 5,0%,

vom Mehrbetrag bis 400 Euro 3,0%,

vom Mehrbetrag bis 800 Euro. 1,5%,

vom Mehrbetrag bis 4 000 Euro 1,0%,

vom Mehrbetrag bis 8 000 Euro 0,7%,

vom Mehrbetrag bis 50 000 Euro.... 0,3% und

vom Mehrbetrag über 50 000 Euro ....
....0,15%,
mindestens jedoch 6 Euro.

(BGBl I 2014/69, ab 1. 10. 2014, anzuwenden, wenn die Zahlung nach dem 30. September 2014 erfolgt.)

Verwertung von Gegenständen

§ 8b. Werden Gegenstände verwertet, so gebührt eine vom Verwertungserlös abhängige Vergütung. Diese bemisst sich nach § 8a.

(BGBl I 2014/69, ab 1. 10. 2014, anzuwenden, wenn der Vollzugsauftrag nach dem 30. September 2014 erteilt wird.)

Zwangsverwaltung einer Liegenschaft

§ 9. Bei der Zwangsverwaltung einer Liegenschaft beträgt die Vergütung für die Einführung eines Verwalters 20 Euro.

Zwangsversteigerung einer Liegenschaft

§ 10. Bei der Zwangsversteigerung einer Liegenschaft, eines Superädifikats oder eines Baurechts beträgt die Vergütung für

1. die Einführung eines einstweiligen Verwalters 20 Euro,

2. die Übergabe der Liegenschaft an den Ersteher 20 Euro und

3. für die Schätzung oder Besichtigung einer Liegenschaft 4,50 Euro. *(BGBl I 2005/68, ab 1. 9. 2005)*

Fahrnisexekution

§ 11. (1) Bei Pfändung beträgt die Vergütung 6 Euro. Wird der gepfändete Gegenstand verwertet, so gebührt zusätzlich eine vom Verwertungserlös abhängige Vergütung nach § 8a. *(BGBl I 2014/69, ab 1. 10. 2014, anzuwenden, wenn der Vollzugsauftrag nach dem 30. September 2014 erteilt wird)*

(2) Weist der Verpflichtete beim ersten Vollzugsversuch des Gerichtsvollziehers Vollzahlung nach, so beträgt die Vergütung 4,50 Euro; weist der Verpflichtete bei späteren Vollzugsversuchen Zahlung nach, insbesondere wenn Zahlung dem Gerichtsvollzieher in Aussicht gestellt wurde, so beträgt die Vergütung die Hälfte der Vergütung

VGebG

nach Abs. 1, höchstens jedoch 21 Euro. *(BGBl I 2014/69)*

(3) Unterbleibt die Pfändung mangels pfändbarer Gegenstände, so beträgt die Vergütung 2 Euro. *(BGBl I 2014/69)*

(4) Wird kein Tatbestand nach Abs. 1 bis 3 verwirklicht, so beträgt die Vergütung 70 Cent. *(BGBl I 2008/37, anzuwenden, wenn die Amtshandlung nach dem 29. 2. 2008 vorgenommen wird; BGBl I 2014/69, ab 1. 10. 2014, anzuwenden, wenn der Vollzugsauftrag nach dem 30. September 2014 erteilt wird)*

---

*) Siehe § 35 Abs 3.

Exekution auf andere Vermögensrechte

§ 12. Bei der Exekution auf andere Vermögensrechte beträgt die Vergütung für

1. die pfandweise Beschreibung solcher Rechte 4,50 Euro und für

2. die Einführung eines Pächters oder Verwalters solcher Rechte 20 Euro.

Im Übrigen ist § 11 sinngemäß anzuwenden.

Exekution zur Herausgabe beweglicher Sachen

§ 13. Bei der Exekution zur Herausgabe oder Leistung beweglicher Sachen beträgt die Vergütung für die Abnahme der Sachen 4,50 Euro.

Räumungsexekution

§ 14. Bei der Räumungsexekution beträgt die Vergütung für die Räumung 30 Euro. Wird eine begonnene Räumung nicht beendet, so beträgt die Vergütung 15 Euro. *(BGBl I 2005/68, ab 1. 9. 2005)*

Insolvenzverfahren

§ 15. Im Insolvenzverfahren beträgt die Vergütung für

1. die Aufnahme eines Inventars 6 Euro und für *(BGBl I 2014/69)*

2. Ermittlungen in einem Insolvenzeröffnungsverfahren 6 Euro. *(BGBl I 2010/58; BGBl I 2014/69)*

---

*) Siehe § 35 Abs 3.

Pfandweise Beschreibung

§ 16. Für die pfandweise Beschreibung nach § 1101 ABGB beträgt die Vergütung 6 Euro. *(BGBl I 2014/69)*

Verhaftung und Vorführung

§ 17. Für die Verhaftung oder Vorführung einer Person außerhalb eines Exekutionsverfahrens sowie für den Vollzug einer einstweiligen Verfügung zum Schutz vor Gewalt beträgt die Vergütung 10 Euro; für die Übergabe eines Kindes oder einer sonstigen schutzberechtigten Person 30 Euro. *(BGBl I 2014/69, ab 1. 10. 2014; BGBl I 2018/58)*

(BGBl I 2005/68, ab 1. 9. 2005)

Zustellung

§ 18. Für die Zustellung von Schriftstücken und deren Anschlag im Haus beträgt die Vergütung 2 Euro.

(BGBl I 2008/37, anzuwenden, wenn die Amtshandlung nach dem 29. 2. 2008 vorgenommen wird)

3. Abschnitt

Fahrtkosten des Gerichtsvollziehers

Höhe

§ 19. (1) Der Fahrtkostenersatz beträgt, wenn das Vollzugsgebiet zum überwiegenden Teil

1. in einem mit öffentlichen Verkehrsmitteln gut erschlossenen städtischen Kerngebiet liegt .... 1,10 Euro

(BGBl I 2014/69, ab 1. 10. 2014, anzuwenden, wenn der Vollzugsauftrag nach dem 30. September 2014 erteilt wird.)

2. in einem verbauten städtischen oder in einem Agglomerationsgebiet liegt, in dem ein Vollzug mit öffentlichen Verkehrsmitteln nicht möglich ist .... 1,60 Euro,

(BGBl I 2014/69, ab 1. 10. 2014, anzuwenden, wenn der Vollzugsauftrag nach dem 30. September 2014 erteilt wird.)

3. in einem durchschnittlich bis dichter verbauten ländlichen Gebiet liegt .... 2,30 Euro

(BGBl I 2005/68; BGBl I 2014/69, ab 1. 10. 2014, anzuwenden, wenn der Vollzugsauftrag nach dem 30. September 2014 erteilt wird.)

4. a) in einem dünn und verstreut besiedelten ländlichen Gebiet liegt .... 3 Euro und *(BGBl I 2008/37; BGBl I 2014/69, ab 1. 10. 2014)*

b) in einem sehr dünn und verstreut besiedelten sowie weit ausgedehnten ländlichen Gebiet liegt .... 3,60 Euro.

(BGBl I 2008/37; BGBl I 2014/69, ab 1. 10. 2014)
(BGBl I 2005/68)

(2) Bei Benützung eines unentgeltlich beigestellten Kraftfahrzeugs sind keine Fahrtkosten zu erstatten.

Vollzugsgebietsplan

§ 20. (1) Der Präsident des Oberlandesgerichts hat einen Vollzugsgebietsplan zu erstellen.

(2) Im Vollzugsgebietsplan sind die Gemeinden oder Teile von Gemeinden des Oberlandesgerichtssprengels Vollzugsgebieten zuzuordnen. Die Grenzen der Vollzugsgebiete sind durch Einzeichnen auf Plänen oder auch durch Beschreibung darzustellen. Bei jedem Vollzugsgebiet ist die Kategorisierung nach § 19 Abs. 1 anzugeben.

(3) Die Zahl der Vollzugsgebiete hat der Anzahl der Gerichtsvollzieher im Sprengel des betreffenden Oberlandesgerichts abzüglich der Anzahl der ausschließlich für die Verrichtung besonderer Vollzugshandlungen vorgesehenen Gerichtsvollzieher zu entsprechen.

(4) Bei Festlegung der Vollzugsgebiete ist insbesondere auf eine ausgewogene Auslastung der Gerichtsvollzieher und die Minimierung der Wegstrecken Bedacht zu nehmen.

(5) Der Vollzugsgebietsplan gewährt dem Gerichtsvollzieher kein Recht auf Betrauung mit einem Vollzugsgebiet und den Parteien kein Recht auf Einschreiten eines bestimmten Gerichtsvollziehers.

Entwurf

§ 21. (1) Der Präsident des Oberlandesgerichts hat den Entwurf des Vollzugsgebietsplans drei Wochen beim Oberlandesgericht aufzulegen, dem Bundesministerium für Justiz zu Beginn der Auflagefrist zu übersenden und zu veranlassen, dass bei den Landes- und Bezirksgerichten die den jeweiligen Landes- bzw. Bezirksgerichtssprengel betreffenden Teile des Entwurfs des Vollzugsgebietsplans drei Wochen aufgelegt werden.

(2) Jeder Gerichtsvollzieher ist berechtigt, während der Amtsstunden in den Entwurf des Vollzugsgebietsplans und dessen Teile Einsicht zu nehmen und innerhalb der Auflagefrist zum gesamten Entwurf seines Oberlandesgerichtssprengels schriftlich Stellung zu nehmen. Auf diese Möglichkeit ist im Entwurf hinzuweisen. Rechtzeitig abgegebene Stellungnahmen sind bei der Erstellung des Vollzugsgebietsplans in Erwägung zu ziehen.

Auflage des Vollzugsgebietsplans

§ 22. Der Vollzugsgebietsplan oder dessen Teile sind beim Oberlandesgericht sowie den Landes- und Bezirksgerichten zur Einsicht durch Gerichtsbedienstete während der Amtsstunden aufzulegen.

Änderung des Vollzugsgebietsplans

§ 23. Werden Vollzugsgebiete nicht bloß geringfügig geändert, so sind §§ 20 bis 22 sinngemäß anzuwenden. Stellungnahmen können in diesem Fall nur zu den Änderungen abgegeben werden.

Überprüfung des Vollzugsgebietsplans

§ 24. Der Präsident des Oberlandesgerichts hat den Vollzugsgebietsplan periodisch, jedenfalls alle zwei Jahre, zu überprüfen sowie notwendige und zweckmäßige Änderungen und Neuzuordnungen vorzunehmen. §§ 20 bis 22 sind sinngemäß anzuwenden.

4. Abschnitt

Schlussbestimmungen

§ 25. (1) Die Vergütung und der Ersatz der Fahrtkosten treten an die Stelle der Ansprüche, die sich für Bundesbeamte aus §§ 16 bis 18 und 19a bis 20a des Gehaltsgesetzes 1956 und aus der Reisegebührenvorschrift 1955 ergeben. Gleiches gilt für Vertragsbedienstete in Verbindung mit § 22 Abs. 1 des Vertragsbedienstetengesetzes 1948.

(2) Die Vergütung gilt mit

1. 70% als Überstundenvergütung (§ 16 des Gehaltsgesetzes 1956); hievon stellen 33,3% den Überstundenzuschlag dar,

2. 23% als Reisezulage (§ 13 Abs. 1 der Reisegebührenvorschrift 1955),

3. 5% als Aufwandsentschädigung (§ 20 Abs. 1 des Gehaltsgesetzes 1956) und

4. 2% als Fehlgeldentschädigung (§ 20a des Gehaltsgesetzes 1956).

(3) Der Fahrtkostenersatz gilt als Reisekostenvergütung und als Nächtigungsgebühr nach Abschnitt II der Reisegebührenvorschrift 1955.

§ 26. (1) Umfasst das Vollzugsgebiet eines Gerichtsvollziehers auch Teile eines Sprengels eines Bezirksgerichts, das nicht sein Dienstort ist, liegt aber dieses Bezirksgericht selbst außerhalb seines Vollzugsgebiets, so gebühren ihm für die Anreise und Abreise von seinem Dienstort zu diesem Bezirksgericht im Rahmen von Vollzugstätigkeiten Reisegebühren nach der RGV. *(BGBl I 2008/37, wenn die Amtshandlung nach dem 29. 2. 2008 vorgenommen wird.)*

(2)[1] Bei einer vorübergehenden Betrauung mit einem weiteren Vollzugsgebiet gebühren dem Gerichtsvollzieher Reisegebühren für die Anreise und Abreise von seinem Dienstort zu dem Bezirksgericht, in dessen Sprengel der überwiegende Teil dieses Vollzugsgebiets liegt. *(BGBl I 2008/37,*

VGebG

anzuwenden, wenn die Amtshandlung nach dem 29. 2. 2008 vorgenommen wird)

[1)] *Der ursprüngliche § 26 erhielt die Absatzbezeichnung (2).*

§ 27. Es obliegt dem Präsidenten des Oberlandesgerichts, die Gerichtsvollzieher mit den Vollzugsgebieten zu betrauen. Hiebei ist auf die persönliche Eignung der Gerichtsvollzieher Bedacht zu nehmen.

§ 28. Die Bestimmungen dieses Bundesgesetzes gelten auch für sonstige Bedienstete der Gerichte, die die im 2. Abschnitt genannten Amtshandlungen außerhalb des Gerichts vornehmen.

Festsetzung von Zuschlägen

§ 29. *(aufgehoben, BGBl I 2008/37, anzuwenden, wenn die Amtshandlung nach dem 29. 2. 2008 vorgenommen wird)*

§ 30. Soweit in diesem Bundesgesetz auf Bestimmungen anderer Gesetze verwiesen wird, beziehen sich diese Verweisungen auf die jeweils geltende Fassung.

5. Abschnitt

In-Kraft-Treten

§ 31. (1) Dieses Bundesgesetz tritt, sofern im Folgenden nichts anderes bestimmt ist, mit 1. Jänner 2004 in Kraft.

(2) §§ 1 bis 3 sind anzuwenden, wenn der Exekutionsantrag, der Antrag auf neuerlichen Vollzug oder der Antrag auf neuerliche Versteigerung nach dem 31. Dezember 2003 bei Gericht eingebracht wird.

(3) §§ 4 bis 19 sind anzuwenden, wenn der Vollzugsauftrag nach dem 31. Dezember 2003 erteilt wird.

(4) §§ 20 bis 22 und 27 treten mit 1. Oktober 2003 in Kraft.

Vollziehung

§ 32. Mit der Vollziehung dieses Bundesgesetzes ist der Bundesminister für Justiz betraut.

In-Kraft-Treten und Übergangsbestimmung zur EO-Novelle 2005

§ 33. § 3 Abs. 1 Z 3 und Abs. 2, §§ 8, 8a, 10 Z 1, 2 und 3, §§ 14, 17 und 19 in der Fassung der EONovelle 2005, BGBl I Nr. 68/2005, treten mit 1. September 2005 in Kraft. §§ 8, 8a, 10 Z 1, 2 und 3, §§ 14, 17 und 19 in der Fassung der EO-Novelle 2005 sind anzuwenden, wenn die Amtshandlung nach dem 31. August 2005 vorgenommen wurde.

(BGBl I 2005/68)

In-Kraft-Treten und Übergangsbestimmungen zur EO-Novelle 2008

§ 34. (1) § 1 Abs. 3 und § 3 Abs. 1 Z 3 in der Fassung der EO-Novelle 2008 sind anzuwenden, wenn der Exekutionsantrag oder der Antrag auf Neuvollzug nach dem 29. Februar 2008 bei Gericht einlangt.

(2) §§ 8, 11 Abs. 5, §§ 18, 19 Abs. 1, §§ 26 und 29 in der Fassung der EO-Novelle 2008 sind anzuwenden, wenn die Amtshandlung nach dem 29. Februar 2008 vorgenommen wird.

(BGBl I 2008/37)

Inkrafttreten und Übergangsbestimmungen zur EO-Novelle 2014

§ 35. (1) §§ 2, 6, 8a, 8b, 11, 15, 16 und 19 in der Fassung der EO-Nov. 2014, BGBl. I Nr. 69/2014, treten mit 1. Oktober 2014 in Kraft.

(2) § 2 in der Fassung der EO-Nov. 2014, BGBl. I Nr. 69/2014, ist anzuwenden, wenn der Exekutionsantrag oder der Antrag auf Neuvollzug nach dem 30. September 2014 bei Gericht einlangt.

(3) §§ 6, 8b, 11, 15, 16 und 19 in der Fassung der EO-Nov. 2014, BGBl. I Nr. 69/2014, sind anzuwenden, wenn der Vollzugsauftrag nach dem 30. September 2014 erteilt wird.

(4) § 8a in der Fassung der EO-Nov. 2014, BGBl. I Nr. 69/2014, ist anzuwenden, wenn die Zahlung nach dem 30. September 2014 erfolgt.

(BGBl I 2014/69)

Verwaltungsvollstreckungsgesetz

BGBl 1991/53 (WV) idF

1 BGBl 1995/472	6 BGBl I 2011/100
2 BGBl I 1998/158	7 BGBl I 2012/50
3 BGBl I 1999/191 (BG)	8 BGBl I 2013/33 (Verwaltungsgerichts-
4 BGBl I 2001/137	barkeits-Ausführungsgesetz 2013)
5 BGBl I 2008/3	9 BGBl I 2020/118 (VfGH)

Kundmachung des Bundeskanzlers, mit der das Verwaltungsvollstreckungsgesetz wiederverlautbart wird

Artikel I

Auf Grund des Art. 49 a B-VG wird in der Anlage das Verwaltungsvollstreckungsgesetz, BGBl. Nr. 172/1950, wiederverlautbart.

Artikel II – VI

(nicht abgedruckt)

Anlage

Verwaltungsvollstreckungsgesetz 1991 – VVG

Allgemeine Grundsätze

§ 1. (1) Vorbehaltlich des § 3 Abs. 3 obliegt den Bezirksverwaltungsbehörden

1. die Vollstreckung der von ihnen selbst und von den ihnen übergeordneten Behörden erlassenen Bescheide;

2. soweit durch besondere Vorschriften nicht anderes bestimmt ist,

a) die Vollstreckung der von anderen Behörden des Bundes oder der Länder erlassenen Bescheide;

b) die Vollstreckung der von Gemeindebehörden – ausgenommen die Behörden der Städte mit eigenem Statut – erlassenen Bescheide auf Ersuchen dieser Behörden;

3. die Vollstreckung der von den Verwaltungsgerichten mit Ausnahme des Bundesfinanzgerichtes erlassenen Erkenntnisse und Beschlüsse; *(BGBl I 2013/33)*

4. die Einbringung von Geldleistungen, für die durch besondere Vorschriften die Einbringung im Verwaltungsweg (politische Exekution) gewährt ist. *(BGBl I 2013/33)*

(2) Im Gebiet einer Gemeinde, für das die Landespolizeidirektion zugleich Sicherheitsbehörde erster Instanz ist, gilt Abs. 1 Z 1 bis 3 auch für die Landespolizeidirektionen in den Angelegenheiten ihres sachlichen Wirkungsbereiches. *(BGBl I 2013/33)*

(3) Die öffentlichen Abgaben und Beiträge und die ihnen gesetzlich gleichgehaltenen Geldleistungen werden, soweit durch besondere Vorschriften nicht anderes bestimmt ist, nach den für die Einhebung, Einbringung und Sicherung der öffentlichen Abgaben geltenden Vorschriften von den hiezu berufenen Organen eingebracht.

§ 1a. (1) Die Vollstreckung von Verpflichtungen, deren Erfüllung im öffentlichen Interesse gelegen ist, ist von der Vollstreckungsbehörde

1. wenn ein von ihr selbst erlassener Bescheid zu vollstrecken ist, von Amts wegen,

2. wenn ein sonstiger Vollstreckungstitel zu vollstrecken ist, auf Ersuchen der Stelle, von der er ausgegangen ist,

einzuleiten.

(2) Die Vollstreckung von Verpflichtungen, auf deren Erfüllung ein Anspruch besteht, ist auf Antrag des Berechtigten (betreibender Gläubiger) einzuleiten.

(3) Die Vollstreckung ist von Amts wegen durchzuführen.

(BGBl I 2013/33)

§ 2. (1) Bei der Handhabung der in diesem Bundesgesetz geregelten Zwangsbefugnisse haben die Vollstreckungsbehörden an dem Grundsatz festzuhalten, daß jeweils das gelindeste noch zum Ziel führende Zwangsmittel anzuwenden ist.

(2) Geldleistungen dürfen nur insoweit zwangsweise eingebracht werden, als dadurch der notwendige Unterhalt des Verpflichteten und der Personen, für die er nach dem Gesetz zu sorgen hat, nicht gefährdet wird. *(BGBl I 2011/100)*

Eintreibung von Geldleistungen

§ 3. (1) Die Verpflichtung zu einer Geldleistung ist in der Weise zu vollstrecken, daß die Vollstreckungsbehörde durch das zuständige Gericht nach den für das gerichtliche Exekutionsverfahren geltenden Vorschriften die Eintreibung veranlaßt. In diesem Fall schreitet die Vollstreckungsbehörde namens des Berechtigten als betreibenden Gläubigers ein. Die Vollstreckungsbehörde kann die Eintreibung unter sinngemäßer Anwendung der Vorschriften über die Einbringung und Sicherung der öffentlichen Abgaben selbst vornehmen, wenn dies im Interesse der Raschheit und der Kostenersparnis gelegen ist.

(2) Der Vollstreckungstitel muss mit einer Bestätigung der Stelle, von der er ausgegangen ist, oder der Vollstreckungsbehörde versehen sein, dass er einem die Vollstreckbarkeit hemmenden Rechtszug nicht mehr unterliegt (Vollstreckbarkeitsbestätigung). Einwendungen gegen den Anspruch im Sinne des § 35 der Exekutionsordnung – EO, RGBl. Nr. 79/1896, sind bei der Stelle zu erheben, von der der Vollstreckungstitel ausgegangen ist. *(BGBl I 2013/33)*

(3) Natürliche Personen, juristische Personen des Privatrechts sowie der Bund, die Länder und die Gemeinden können die Eintreibung einer Geldleistung unmittelbar beim zuständigen Gericht beantragen. Andere juristische Personen des öffentlichen Rechts können dies nur, soweit ihnen zur Eintreibung einer Geldleistung die Einbringung im Verwaltungsweg (politische Exekution) gewährt ist. *(BGBl I 2001/137)*

Erzwingung anderer Leistungen und Unterlassungen

a) Ersatzvornahme

§ 4. (1) Wenn der zu einer Arbeits- oder Naturalleistung Verpflichtete dieser Pflicht gar nicht oder nicht vollständig oder nicht zur gehörigen Zeit nachgekommen ist, so kann die mangelnde Leistung nach vorheriger Androhung auf Gefahr und Kosten des Verpflichteten bewerkstelligt werden.

(2) Die Vollstreckungsbehörde kann in einem solchen Fall dem Verpflichteten die Vorauszahlung der Kosten gegen nachträgliche Verrechnung auftragen. Der Auftrag zur Vorauszahlung ist vollstreckbar.

b) Zwangsstrafen

§ 5. (1) Die Verpflichtung zu einer Duldung oder Unterlassung oder zu einer Handlung, die sich wegen ihrer eigentümlichen Beschaffenheit nicht durch einen Dritten bewerkstelligen läßt, wird dadurch vollstreckt, daß der Verpflichtete von der Vollstreckungsbehörde durch Geldstrafen oder durch Haft zur Erfüllung seiner Pflicht angehalten wird.

Fassung ab 1. 1. 2021 (BGBl I 2020/118):
(1) Die Verpflichtung zu einer Duldung oder Unterlassung oder zu einer Handlung, die sich wegen ihrer eigentümlichen Beschaffenheit nicht durch einen Dritten bewerkstelligen läßt, wird dadurch vollstreckt, daß der Verpflichtete von der Vollstreckungsbehörde durch Geldstrafen zur Erfüllung seiner Pflicht angehalten wird. *(BGBl I 2020/118 (VfGH))*

(2) Die Vollstreckung hat mit der Androhung des für den Fall des Zuwiderhandelns oder der Säumnis zur Anwendung kommenden Nachteiles

zu beginnen. Das angedrohte Zwangsmittel ist beim ersten Zuwiderhandeln oder nach fruchtlosem Ablauf der für die Vornahme der Handlung gesetzten Frist sofort zu vollziehen. Gleichzeitig ist für den Fall der Wiederholung oder des weiteren Verzuges ein stets schärferes Zwangsmittel anzudrohen. Ein angedrohtes Zwangsmittel ist nicht mehr zu vollziehen, sobald der Verpflichtung entsprochen ist.

(3) Die Zwangsmittel dürfen in jedem einzelnen Fall an Geld den Betrag von 726 Euro , an Haft die Dauer von vier Wochen nicht übersteigen. *(BGBl I 2001/137)*

Fassung ab 1. 1. 2021 (BGBl I 2020/118):
(3) Die Zwangsmittel dürfen in jedem einzelnen Fall an Geld den Betrag von 726 Euro nicht übersteigen. *(BGBl I 2001/137; BGBl I 2020/118 (VfGH))*

(4) Die Vollstreckung durch Geldstrafen als Zwangsmittel ist auch gegen juristische Personen mit Ausnahme der Körperschaften des öffentlichen Rechts und eingetragene Personengesellschaften zulässig. *(BGBl I 2008/3)*

§ 6. (1) Die nach § 5 verhängten Geldstrafen fließen der Gebietskörperschaft zu, die den Aufwand der Vollstreckungsbehörde zu tragen hat.

(2) Bei der Vollziehung der Haft sind die §§ 360 bis 362 und 365 EO sinngemäß anzuwenden. Wird die Haft durch die Gerichte vollzogen, so sind die damit verbundenen Kosten durch die Gerichte nach den für die Einbringung der Kosten des Vollzuges gerichtlicher Strafen bestehenden Vorschriften vom Verpflichteten einzutreiben.

Fassung ab 1. 1. 2021 (BGBl I 2020/118):
(2) *(aufgehoben, BGBl I 2020/118, (VfGH))*

c) Anwendung unmittelbaren Zwanges

§ 7. Sofern die Gesetze nicht anderes bestimmen, kann der einem Vollstreckungstitel entsprechende Zustand durch Anwendung unmittelbaren Zwanges hergestellt werden, wenn dies auf andere Weise nicht oder nicht rechtzeitig möglich ist. Im Fall der Festnahme ist der Festgenommene ehestens, womöglich bei seiner Festnahme, in einer ihm verständlichen Sprache über die Gründe seiner Festnahme zu unterrichten. Für diese Festnahme gilt weiters § 36 Abs. 2 und 3 VStG. *(BGBl 1995/472; BGBl I 2013/33)*

Einstweilige Verfügungen

§ 8. (1) Steht die Pflicht zu einer Leistung fest oder ist sie wahrscheinlich, so kann die Vollstreckungsbehörde zur Sicherung der Leistung einstweilige Verfügungen treffen, wenn die Gefahr besteht, daß sich der Verpflichtete durch Verfügungen über Gegenstände seines Vermögens, durch Vereinbarungen mit dritten Personen oder durch andere Maßnahmen der Leistung entziehen und deren Vollstreckung vereiteln oder gefährden werde.

(2) Einstweilige Verfügungen sind nach diesem Bundesgesetz sofort vollstreckbar.

Organe der Vollstreckung

§ 9. (1) Die Vollstreckungsbehörde ist berechtigt, bei der Durchführung dieses Bundesgesetzes die Organe der öffentlichen Aufsicht heranzuziehen. Ist die Vollstreckungsbehörde nicht selbst Dienstbehörde dieser Organe, so hat sie mit ihr das Einvernehmen zu pflegen.

(2) Die Gemeinden sind zur Mitwirkung verpflichtet.

(3) Unter den gesetzlichen Voraussetzungen kann die Vollstreckungsbehörde nötigenfalls auch die Mitwirkung des Bundesheeres in Anspruch nehmen.

Verfahren

§ 10. (1) Auf das Vollstreckungsverfahren sind, soweit sich aus diesem Bundesgesetz nicht anderes ergibt, der I. Teil, hinsichtlich der Rechtsmittelbelehrung die §§ 58 Abs. 1 und 61 und der 2. und 3. Abschnitt des IV. Teiles des AVG sinngemäß anzuwenden.

(2) Die Beschwerde beim Verwaltungsgericht gegen die Vollstreckungsverfügung hat keine aufschiebende Wirkung.

(BGBl I 2013/33)

Kosten

§ 11. (1) Die Kosten der Vollstreckung fallen dem Verpflichteten zur Last und sind gemäß § 3 einzutreiben.

(2) Wurde die Vollstreckung gemäß § 1a Abs. 2 auf Antrag des Berechtigten (betreibender Gläubiger) eingeleitet, so sind die Kosten im Fall der Uneinbringlichkeit von diesem zu tragen. Hierüber ist von der Vollstreckungsbehörde nach dem AVG zu entscheiden. *(BGBl I 2013/33)*

(3) Wenn die Vollstreckungsbehörde im Fall einer Ersatzvornahme Leistungen erbringt, für die der Verpflichtete, würden sie durch einen von der Behörde beauftragten Dritten erbracht, Barauslagen zu ersetzen hätte, so zählt zu den Kosten auch ein angemessener Beitrag zum Personal- und Sachaufwand der Vollstreckungsbehörde. Dieser darf 10% der bei der Vollstreckung im übrigen anfallenden Barauslagen nicht übersteigen.

(4) Soweit der Verpflichtete die Kosten der Vollstreckung für Maßnahmen nach § 4 nicht vor der Durchführung der Ersatzvornahme entrichtet

hat (§ 4 Abs. 2) und die Durchführung der Ersatzvornahme unaufschiebbar ist, zählen zu den Kosten der Vollstreckung auch angemessene Finanzierungskosten, die ab dem Zeitpunkt entstanden sind, in dem die Behörde in Vorlage getreten ist. Diese Kosten sind jedenfalls angemessen, wenn sie jährlich den jeweils geltenden Basiszinssatz um nicht mehr als 2% übersteigen. Maßgebend ist der Zeitpunkt der Erlassung der Vollstreckungsverfügung. *(BGBl I 2008/3; BGBl I 2013/33)*

Besondere Zwangsbefugnisse

§ 12. Die den Verwaltungsbehörden in den Verwaltungsvorschriften eingeräumten besonderen Zwangsbefugnisse bleiben unberührt.

Inkrafttreten

§ 13. (1) § 7 zweiter und dritter Satz in der Fassung des Bundesgesetzes BGBl. Nr. 472/1995 tritt mit 1. Juli 1995 in Kraft. *(BGBl 1995/472; BGBl I 2011/100)*

(2) § 5 Abs. 4 in der Fassung des Bundesgesetzes BGBl. I Nr. 158/1998 tritt mit 1. Jänner 1999 in Kraft. *(BGBl I 1998/158)*

(3) § 3 Abs. 3 und § 5 Abs. 3 in der Fassung des Bundesgesetzes BGBl. I Nr. 137/2001 treten mit 1. Jänner 2002 in Kraft. *(BGBl I 2001/137)*

(4) § 1 Abs. 2, § 5 Abs. 4, § 10 Abs. 1 und Abs. 3 zweiter Satz, § 11 Abs. 4 und § 15 samt Überschrift in der Fassung des Bundesgesetzes BGBl. I Nr. 3/2008 treten mit Ablauf des Tages der Kundmachung dieses Bundesgesetzes in Kraft. *(BGBl I 2008/3)*

(5) § 2 Abs. 2, § 10 Abs. 1 letzter Satz und Abs. 3 zweiter Satz, die Überschrift zu § 12, die Überschrift zu § 13, § 13 Abs. 1 und § 14 samt Überschrift in der Fassung des Bundesgesetzes BGBl. I Nr. 100/2011 treten mit 1. Jänner 2012 in Kraft. *(BGBl I 2011/100)*

(6) § 1 Abs. 2 und § 10 Abs. 3 Z 1 in der Fassung des Bundesgesetzes BGBl. I Nr. 50/2012 treten mit 1. September 2012 in Kraft. *(BGBl I 2012/50)*

(7) In der Fassung des Art. 8 des Bundesgesetzes BGBl. I Nr. 33/2013 treten in Kraft:

1. § 1 Abs. 2 in der Fassung der Z 3 mit 1. September 2012;

2. § 1a und § 11 Abs. 2 erster Satz mit Ablauf des Monats der Kundmachung[1] dieses Bundesgesetzes;

3. § 1 Abs. 1, § 1 Abs. 2 in der Fassung der Z 4, § 3 Abs. 2, § 7, § 10 und § 11 Abs. 4 letzter Satz mit 1. Jänner 2014; gleichzeitig tritt § 11 Abs. 2 letzter Satz außer Kraft.

(BGBl I 2013/33)

¹⁾ *Inkrafttreten ab 1.3.2013.*

Vollziehung

§ 14. Mit der Vollziehung dieses Bundesgesetzes ist die Bundesregierung betraut.

(BGBl I 2011/100)

Sprachliche Gleichbehandlung

§ 15. Soweit in diesem Bundesgesetz auf natürliche Personen bezogene Bezeichnungen nur in männlicher Form angeführt sind, beziehen sie sich auf Frauen und Männer in gleicher Weise. Bei der Anwendung der Bezeichnung auf bestimmte natürliche Personen ist die jeweils geschlechtsspezifische Form zu verwenden.

(BGBl I 2008/3)

15. Unterhaltsschutzgesetz 1985

BGBl 1985/452 (WV) idF

1 BGBl 1991/628 (EO-Nov 1991)

Kundmachung des Bundeskanzlers und des Bundesministers für Justiz vom 22. Oktober 1985, mit der das Unterhaltsschutzgesetz 1960 wiederverlautbart wird

Artikel I

Auf Grund des Art. 49 a B-VG wird in der Anlage das Unterhaltsschutzgesetz 1960, BGBl. Nr. 59, wiederverlautbart.

Artikel II

Bei der Wiederverlautbarung wird die Aufhebung der §§ 1 bis 3 und 6 Abs. 4 durch Art. XI Abs. 2 Z 33 des Strafrechtsanpassungsgesetzes, BGBl. Nr. 422/1974, berücksichtigt.

Artikel III

(1) Der gegenstandslos gewordene § 6 Abs. 1 bis 3 wird als nicht mehr geltend festgestellt.

(2) Im § 6 Abs. 5 werden im Hinblick auf die Art. II und III Abs. 1 dieser Kundmachung nur mehr die zivilrechtlichen Bestimmungen des darin genannten Bundesgesetzes angeführt.

Artikel IV

(1) Im Hinblick auf Art. III Abs. 1 dieser Kundmachung

1. entfallen in der Überschrift vor § 6 die Worte „Übergangs- und", sowie

2. wird im § 6 Abs. 5 das Bundesgesetz BGBl. Nr. 69/1925 mit seinem vollen Titel angeführt.

(2) In § 7 wird „Bundesministerium" durch „Bundesminister" ersetzt.

Artikel V

(1) Die Schreibweise der Überschriften wird der heute üblichen Schreibweise angepaßt.

(2) Der überholte Gebrauch des Dativ-„e" wird dem heute üblichen Gebrauch angepaßt.

Artikel VI

Im wiederverlautbarten Text werden die bisherigen Gliederungsbezeichnungen wie folgt geändert:

§§ 1 bis 3 .... entfallen
§ 4 ....§ 1
§ 5 ....§ 2
§ 6 (1) bis (4) .... entfallen
§ 6 (5) ....§ 3
§ 7 ....§ 4

Artikel VII

Das Unterhaltsschutzgesetz 1960 wird mit dem Titel „Bundesgesetz über den Schutz des gesetzlichen Anspruches auf Unterhalt (Unterhaltsschutzgesetz 1985)" wiederverlautbart.

Bundesgesetz über den Schutz des gesetzlichen Anspruches auf Unterhalt (Unterhaltsschutzgesetz 1985)

Haftung für fremde Unterhaltsschulden

§ 1. Geht jemand, der gesetzlich zur Leistung von Unterhalt verpflichtet ist, keinem Erwerb nach, der ihm die Erfüllung dieser Pflicht ermöglichen würde, und gewährt ihm ein Dritter in Kenntnis dieser Pflicht Unterhalt, ohne seinerseits hiezu gesetzlich verpflichtet zu sein, so haftet der Dritte dem Unterhaltsberechtigten als Bürge und Zahler für die Unterhaltsschulden, die auf die Zeit der Unterhaltsgewährung entfallen.

§ 2. *(aufgehoben, BGBl 1991/628)*

Schlußbestimmungen

§ 3. Wo in anderen Bundesgesetzen die §§ 2 oder 3 des Bundesgesetzes vom 4. Februar 1925, BGBl. Nr. 69, über den Schutz des gesetzlichen Unterhaltsanspruches angeführt sind, tritt an die Stelle dieser Anführung die der entsprechenden Bestimmung des vorliegenden Bundesgesetzes.

§ 4. Mit der Vollziehung dieses Bundesgesetzes ist der Bundesminister für Justiz betraut.

KODEX
DES ÖSTERREICHISCHEN RECHTS
SAMMLUNG DER ÖSTERREICHISCHEN BUNDESGESETZE

VERFASSUNGS-RECHT

LexisNexis

1	B-VG
1a	ÜG, B-VGNov
2a	StGG
2b	EMRK
2c	ReligionsR, ZDG / VerG / VersammlungsG / ORF-G, RGG / PrR-G, PrTV-G / FERG, KOG / PresseFG / MinderheitenR
3a	BVG
3b	VfBest in BG
4	UnabhBfkl, V-ÜG / R-ÜG, StV Wien
5	BVG Neutralität / KMG / Int Sanktionen / KSE-BVG, TrAufG / Staatl Symbole
6	StbG
7	PartG / VerbotsG / KlubFG, PubFG
8	Wahlen / Direkte Demokratie
9	GOG-NR
10	BezR / UnivG
11	BGBlG / Rechtsbereinigung
12	BMG / BVG ÄmterLReg / BGemAufsG
13	F-VG, FAG 2005 / KonstMech / StabPakt 2005
14	RHG
15	UBASG
16	VwGG
17	VfGG
18	VolksanwG
19	AHG, OrgHG
20	AuskPfl
21	EUV/EGV

KODEX
DES ÖSTERREICHISCHEN RECHTS
SAMMLUNG DER ÖSTERREICHISCHEN BUNDESGESETZE

BÜRGERLICHES RECHT

LexisNexis

1	ABGB mit FamErbRÄG
2	IPRG RVO
3	TEG
4	EheG
5	PStG
6	NÄG
7	RelKEG
8	UVG mit AuslUG
9	JWG
10	NotwegeG
11	GSGG
12	WWSGG
13	EisbEG
14	WEG
15	MRG RWG / HeizKG
16	BauRG
17	LPG
18	KlGG
19	GBG mit GUG
20	UHG mit LiegTG
21	AnerbG
22	KSchG BTVG, TNG / FernFinG
23	WucherG
24	UrhG mit ZugKG
25	RHPflG
26	EKHG VerkGG, LFG / EU-LFVO / ÜberbauVO
27	AtomHG
28	AHG ProdHG
29	OrgHG
30	DHG
31	ASVG Haftung
32	PHG mit GTG
33	UN-KaufR
34	AngG
35	NotaktsG
36	ECG
37	SigG
38	RAPG

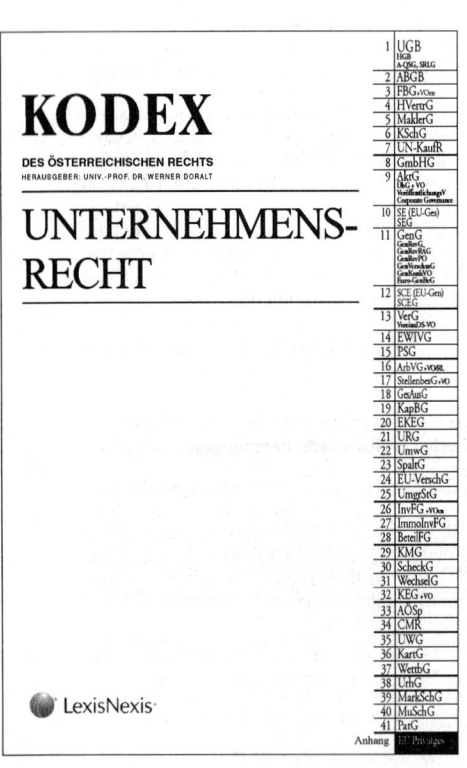

KODEX
DES ÖSTERREICHISCHEN RECHTS
HERAUSGEBER: UNIV.-PROF. DR. WERNER DORALT

UNTERNEHMENS-RECHT

LexisNexis

1	UGB / HGB / A-QSG, SRLG
2	ABGB
3	FBG +VOen
4	HVertrG
5	MaklerG
6	KSchG
7	UN-KaufR
8	GmbHG
9	AktG / DilG +VO / VeröffentlichungsV / Corporate Governance
10	SE (EU-Ges) / SEG
11	GenG / GenRefG / GenRevRÄG / GenRevPO / GenVerschmG / GenRevelnVO / Euro-GenRefG
12	SCE (EU-Gen) / SCEG
13	VerG / VereinsDS-VO
14	EWIVG
15	PSG
16	ArbVG +VOidZ
17	StellenberG +VO
18	GesAusG
19	KapBG
20	EKEG
21	URG
22	UmwG
23	SpaltG
24	EU-VerschG
25	UmgrStG
26	InvFG +VOen
27	ImmoInvFG
28	BeteilFG
29	KMG
30	ScheckG
31	WechselG
32	KEG +VO
33	AÖSp
34	CMR
35	UWG
36	KartG
37	WettbG
38	UrhG
39	MarkSchG
40	MuSchG
41	PatG
Anhang	EU-Privileges

KODEX
DES ÖSTERREICHISCHEN RECHTS
SAMMLUNG DER ÖSTERREICHISCHEN BUNDESGESETZE

ZIVIL-GERICHTLICHES VERFAHREN

LexisNexis

1	JN
2	ZPO
3	ZustellG / ZustellV
4	ASGG
5	OGHG
6	ProkG
7	RpflG
8	Winkelschreiber
9	Ehe- und Abstverf / EisbsG / FeiertRG / B-VG, EMRK
10	EO
11	EO-ÜbgB
12	LBG
13	VGebG
14	VVG
15	USchG
16	KO
17	AO
18	IEG / Insolvenz-ÜbgB
19	AnfO
20	GenKV
21/1	BWG
21/2	URG
22	IESG
23	EuInsVO
23/1	EuInsVO - Erlass
24	AußStrG
25	GKoärG
26	KEG
27	VerwEinzG
28	UVG
29	AuslUG
30	UbG
31	HeimAufG
Anhang:	BG-Wien/Graz / GOG / Binär Rechtsverk / ADV-Form V / ZustellForm V / TABELLEN / LUGANO-Übk / Brüsseler Übk / Brüssel I-VO / Euro / Beweisaufnahme VO / Zivilrechts Mediations... / RL Prozesskosten / AußStreG-gF / FamErbRÄG 2004 samt Mat / Zivilverfahrensnov 2004 samt Mat

Insolvenzordnung

RGBl 1914/337 idF

1 StGBl 1920/116
2 BGBl 1921/292
3 BGBl 1921/743
4 BGBl 1922/532
5 BGBl 1924/19
6 BGBl 1924/254
7 BGBl 1925/87
8 BGBl 1925/183
9 BGBl 1932/6
10 BGBl 1933/346
11 BGBl 1934 II/178
12 dRGBl 1938 I S 1999
13 dRGBl 1939 I S 1658
14 StGBl 1945/188
15 BGBl 1948/26
16 BGBl 1951/118
17 BGBl 1955/282
18 BGBl 1959/253
19 BGBl 1963/176
20 BGBl 1974/284
21 BGBl 1976/91
22 BGBl 1982/370
23 BGBl 1985/104
24 BGBl 1986/325
25 BGBl 1989/343
26 BGBl 1991/10
27 BGBl 1991/628
28 BGBl 1993/532
29 BGBl 1993/656 (VfGH)
30 BGBl 1993/974
31 BGBl 1994/153
32 BGBl 1994/314
33 BGBl 1994/624

34 BGBl 1996/753
35 BGBl I 1997/114
36 BGBl I 1999/73 (IVEG)
37 BGBl I 1999/123
38 BGBl I 2001/88
39 BGBl I 2001/98
40 BGBl I 2002/75
41 BGBl I 2002/156
42 BGBl I 2003/36
43 BGBl I 2003/92
44 BGBl I 2004/152 (SozBeG)
45 BGBl I 2005/120 (HaRÄG)
46 BGBl I 2006/8 (GIN 2006)
47 BGBl I 2007/18
48 BGBl I 2007/73
49 BGBl I 2008/82
50 BGBl I 2009/30 (ZVN 2009)
51 BGBl I 2009/75 (FamRÄG 2009)
52 BGBl I 2010/29 (IRÄG 2010)
53 BGBl I 2010/111
54 BGBl I 2013/109 (GesRÄG 2013)
55 BGBl I 2014/69 (EO-Nov. 2014)
56 BGBl I 2014/98
57 BGBl I 2015/34
58 BGBl I 2016/43
59 BGBl I 2017/107 (APRÄG 2016)
60 BGBl I 2017/122 (IRÄG 2017)
61 BGBl I 2019/38 (ZZRÄG 2019)
62 BGBl I 2020/16 (2. COVID-19-Gesetz)
63 BGBl I 2020/24 (4. COVID-19-Gesetz)
64 BGBl I 2021/86 (GREx)
65 BGBl I 2021/147 (RIRUG)

IO

GLIEDERUNG

IO

IO

STICHWORTVERZEICHNIS

Stichwortverzeichnis

IO

IO

Stichwortverzeichnis

Stichwortverzeichnis

IO

Stichwortverzeichnis

IO

Stichwortverzeichnis

IO

16. IO   — 692 —

Stichwortverzeichnis

– juristische Person 100
– Organe der Belegschaft 254
– organschaftliche 72d
– Schuldner 145
– des Schuldners durch anerkannte Schuldenberatungsstelle 192
Verwaltungsauslagen für Insolvenzmasse 46, 49
Verwaltungsbehörde 46, 60, 110, 152a, 156c
Verwandtschaft 32 siehe auch nahe Angehörige
Verweisungen 271
Verwertung 49, 114 ff, 140, 157g, 157i ff, 172, 187, 193, 221, 237, 239, 241
Verwertungsverfahren, Einstellung 12
Verzögerung der Insolvenzanmeldung 69, 154
Verzug 21, 25a
Verzug bei Erfüllung des Sanierungsplans 156a, 156b, 157m
vollstreckbare Forderungen 110, 131, siehe auch Exekutionstitel
Vollstreckbarkeit von Verfügungen 71a, 71b, 254
Vollstreckungsorgane 71, 96, 189a, 190
Vollstreckungsschutz siehe Exekutionssperre
Vollziehung 270
Vollzugskosten der Haft 101
Vorabentscheidungsersuchen 264
Vorausleistung 21
vorläufige Prüfung
– von Forderungen 93, 156b
– der Quote 197
Vormerkungen 13
Vorsatz 201, 215 f
Vorschüsse siehe Kostenvorschuss
vorzeitige Einstellung des Abschöpfungsverfahren 211 f
vorzeitiger Austritt bei Arbeitsverträgen 25
Völkerrecht 217

Wahlkinder 32
Wechselzahlungen 33
Weisung an Insolvenzverwalter 84
Wert, allgemein bekannter 96
Wert, geringer 96, 119, 138 siehe auch geringfügiger Konkurs
Wertpapier 20, 230
Wertpapierfirmen 243
Wertpapierpensionsgeschäfte 234
Wertgrenze für geringfügige Konkurse 180a
wichtiger Grund 25, 25a, 184a
Widerlage 29
Widerruf
– der Ermächtigung an Treuhänder, Ausschluss 157g
– der Restschuldbefreiung 12a, 216
Widerspruch
– Exekutionsaufschiebung 120a
– Forderungen 110, 131
– Veräußerung einer mit Absonderungsrecht belasteten Sache 120
Wiederaufleben
– Absonderungsrechte 12, 12a, 12b
– Aussonderungsrechte 12a, 12b
– Forderungen 20, 41, 156a, 198

Wiederaufnahme des Insolvenzverfahrens 158 ff, 212
Wiederaufnahmsklage, Ausschluss 152
Wiedereinsetzung in den vorigen Stand, Ausschluss 259
Wiederholung des Insolvenzverfahrens 159
wiederkehrende Leistungen 12a, 15, 74, 113a, 116, 184 f, 187, 199, 202, 205, 210
Wien 64, 182
Wirkungen der Eröffnung des Insolvenzverfahrens 1 ff
– Beginn 2
– Ende 79, 123, 152b, 157d, 157 f
– der Entziehung der Eigenverwaltung 170
wirtschaftliche Bedeutung eines Unternehmens 80
Wissen, Wissenmüssen 3, 171
Witwengehalt 29
Wohnanschrift des Schuldners 74
Wohnung des Schuldners 5, 184a
Wohnungseinrichtungsgegenstände, Schätzung 96
Wohnsitzwechsel 210

Zahlung
– bedingte Forderung 16
– an Schuldner 3
– Masseforderungen 47
– an Treuhänder 210
Zahlungseinstellung 66, 69
Zahlungsplan 59, 77a, 113a, 183, 184a, **193 ff**, 221, 256
Zahlungsunfähigkeit 20, 30 ff, 36a, 36b, 66 ff, 70, 71b, 144, 148
Zession 12a, 44, 94, 144, 148, 150a, 184, 199, 202 f, 206, 210 f, 213, 222
– Stimmrecht 94
Zinsen 14 f, 48, 58, 132, 156, 184a
Zögern mit Insolvenzeröffnungsantrag 69
ZPO 189b, 252, 254
Zölle 46
ZRS Wien (Sprengel) 64
Zug-um-Zug-Leistung 44
Zurückbehaltungsrecht 10
Zurückziehung
– Erinnerungen 130
– Insolvenzeröffnungsantrag 70
– Sanierungsplan 12c, 142, 145, 167
Zusammenrechnung nach § 292 EO 189b
Zuständigkeit
– Anfechtungsklagen 43
– Anmeldung von Forderungen 104
– Gesellschaftsinsolvenz und Gesellschafterinsolvenz 65
– Insolvenzeröffnung 63 ff
– insolvenznahe Verfahren 63a
– internationale Zuständigkeit, Kreditinstitute, Versicherungsunternehmen 244
– Insolvenz- und Schuldenregulierungsverfahren 182
– natürliche Personen (Schuldenregulierungsverfahren) 182

IO

**Bundesgesetz über das Insolvenzverfahren
(Insolvenzordnung – IO)**

(BGBl I 2010/29)

Erster Teil

Insolvenzrecht

Erstes Hauptstück

**Wirkungen der Eröffnung eines
Insolvenzverfahrens**

Erster Abschnitt

Allgemeine Vorschriften

**Insolvenzverfahren (Sanierungs- und
Konkursverfahren)**[1]

[1] *Gesetzestitel und Überschriften vor § 1 geändert durch BGBl I 2010/29.*

§ 1. Bei Zahlungsunfähigkeit oder Überschuldung (§§ 66 und 67) ist auf Antrag ein Insolvenzverfahren zu eröffnen. Die Bestimmungen dieses Bundesgesetzes sind, soweit nichts anderes angegeben ist, auf Sanierungsverfahren und Konkursverfahren anzuwenden.

(BGBl I 2010/29)

vgl § 9 2.COVID-JuBG

Beginn der Wirkung, Insolvenzmasse[1]

[1] *Überschrift idF BGBl I 2010/29.*

§ 2. (1) Die Rechtswirkungen der Eröffnung des Insolvenzverfahrens treten mit Beginn des Tages ein, der der öffentlichen Bekanntmachung des Inhalts des Insolvenzedikts folgt.

(2) Durch Eröffnung des Insolvenzverfahrens wird das gesamte der Exekution unterworfene Vermögen, das dem Schuldner zu dieser Zeit gehört oder das er während des Insolvenzverfahrens erlangt (Insolvenzmasse), dessen freier Verfügung entzogen.

(BGBl 1982/370; BGBl I 1997/114; BGBl I 2010/29, Abs 3 wurde aufgehoben)

Rechtshandlungen des Schuldners

§ 3. (1) Rechtshandlungen des Schuldners nach der Eröffnung des Insolvenzverfahrens, welche die Insolvenzmasse betreffen, sind den Insolvenzgläubigern gegenüber unwirksam. Dem anderen Teil ist die Gegenleistung zurückzustellen, soweit sich die Masse durch sie bereichern würde.

(2) Durch Zahlung einer Schuld an den Schuldner nach der Eröffnung des Insolvenzverfahrens wird der Verpflichtete nicht befreit, es sei denn, daß das Geleistete der Insolvenzmasse zugewendet worden ist oder daß dem Verpflichteten zur Zeit der Leistung die Eröffnung des Insolvenzverfahrens nicht bekannt war und daß die Unkenntnis nicht auf einer Außerachtlassung der gehörigen Sorgfalt beruht (bekannt sein mußte).

(BGBl I 2010/29)

vgl § 171 Abs 3

**Erwerb durch Erbschaft, Vermächtnis oder
Zuwendung unter Lebenden**

§ 4. (1) Der Insolvenzverwalter kann an Stelle des Schuldners Erbschaften mit dem Vorbehalte der Rechtswohltat des Inventars antreten.

(2) Tritt er eine Erbschaft nicht an oder lehnt er ein Vermächtnis oder die Annahme einer unentgeltlichen Zuwendung unter Lebenden ab, so scheidet das Recht aus der Insolvenzmasse aus.

(BGBl I 2010/29)

Unterhalt des Schuldners und seiner Familie

§ 5. (1) Der Schuldner hat keinen Anspruch auf Unterhalt aus der Masse. Was der Schuldner durch eigene Tätigkeit erwirbt oder was ihm während des Insolvenzverfahrens unentgeltlich zugewendet wird, ist ihm zu überlassen, soweit es zu einer bescheidenen Lebensführung für ihn und für diejenigen, die gegen ihn einen gesetzlichen Anspruch auf Unterhalt haben, unerläßlich ist.

(2) Soweit dem Schuldner nichts zu überlassen ist, hat der Insolvenzverwalter mit Zustimmung des Gläubigerausschusses ihm und seiner Familie das zu gewähren, was zu einer bescheidenen Lebensführung unerläßlich ist; jedoch ist der Schuldner aus der Masse nicht zu unterstützen, soweit er nach seinen Kräften zu einem Erwerb durch eigene Tätigkeit imstande ist.

(3) Wohnt der Schuldner in einem zur Insolvenzmasse gehörigen Hause, so sind auf die Überlassung und Räumung der Wohnung des Schuldners die Vorschriften des § 105 EO sinngemäß anzuwenden. *(BGBl I 2021/86, der Punkt nach EO wurde ab 1.7.2021 entfernt)*

(4) Das Insolvenzgericht hat dem Schuldner die Miet- und sonstigen Nutzungsrechte an Wohnungen zur freien Verfügung zu überlassen, wenn sie Wohnräume betreffen, die für den Schuldner und die mit ihm im gemeinsamen Haushalt lebenden Familienangehörigen unentbehrlich sind. *(BGBl 1982/370; BGBl 1993/974; BGBl I 2010/29)*

Wirkung in Ansehung von Rechtsstreitigkeiten

§ 6. (1) Rechtsstreitigkeiten, welche die Geltendmachung oder Sicherstellung von Ansprüchen auf das zur Insolvenzmasse gehörige Vermögen bezwecken, können nach der Eröffnung des Insolvenzverfahrens gegen den Schuldner weder anhängig gemacht noch fortgesetzt werden. *„Prozess-Sperre"*

(2) Rechtsstreitigkeiten über Absonderungsansprüche und über Ansprüche auf Aussonderung nicht zur Insolvenzmasse gehöriger Sachen können auch nach der Eröffnung des Insolvenzverfahrens, jedoch nur gegen den Insolvenzverwalter anhängig gemacht und fortgesetzt werden.

(3) Rechtsstreitigkeiten über Ansprüche, die das zur Insolvenzmasse gehörige Vermögen überhaupt nicht betreffen, insbesondere über Ansprüche auf persönliche Leistungen des Schuldners, können auch während des Insolvenzverfahrens gegen den Schuldner oder von ihm anhängig gemacht und fortgesetzt werden.

(BGBl I 2010/29)

vgl §§ 173, 171f

Unterbrechung und Wiederaufnahme von anhängigen Rechtsstreitigkeiten

§ 7. (1) Alle anhängigen Rechtsstreitigkeiten, in denen der Schuldner Kläger oder Beklagter ist, mit Ausnahme der in § 6, Absatz 3, bezeichneten Streitigkeiten, werden durch die Eröffnung des Insolvenzverfahrens unterbrochen. Auf Streitgenossen des Schuldners wirkt die Unterbrechung nur dann, wenn sie mit dem Schuldner eine einheitliche Streitpartei bilden (§ 14 ZPO.).

(2) Das Verfahren kann vom Insolvenzverwalter, von den Streitgenossen des Schuldners und vom Gegner aufgenommen werden.

(3) Bei Rechtsstreitigkeiten über Ansprüche, die der Anmeldung im Insolvenzverfahren unterliegen, kann das Verfahren vor Abschluß der Prüfungstagsatzung nicht aufgenommen werden. An Stelle des Insolvenzverwalters können auch Insolvenzgläubiger, die die Forderung bei der Prüfungstagsatzung bestritten haben, das Verfahren aufnehmen.

(BGBl I 2010/29)

Ablehnung des Eintrittes in den Rechtsstreit

§ 8. (1) Lehnt der Insolvenzverwalter den Eintritt in einen Rechtsstreit ab, in dem der Schuldner Kläger ist oder in dem gegen den Schuldner der Anspruch auf Aussonderung nicht zur Insolvenzmasse gehöriger Sachen geltend gemacht wird, so scheiden der Anspruch oder die vom Aussonderungskläger beanspruchten Sachen aus der Insolvenzmasse aus.

(2) Es gilt als Ablehnung des Insolvenzverwalters, wenn er nicht binnen einer vom Prozeßgerichte bestimmten Frist erklärt, in den Rechtsstreit einzutreten.

(3) Das Verfahren kann in diesem Falle vom Schuldner, von dessen Streitgenossen und vom Gegner aufgenommen werden.

(BGBl I 2010/29)

Außerstreitverfahren

§ 8a. Die Bestimmungen betreffend Rechtsstreitigkeiten im Sinne dieses Bundesgesetzes gelten sinngemäß für Außerstreitverfahren.

(BGBl I 2006/8)

Verjährung

§ 9. (1) Durch die Anmeldung im Insolvenzverfahren wird die Verjährung der angemeldeten Forderung unterbrochen. Die Verjährung der Forderung gegen den Schuldner beginnt von neuem mit dem Ablauf des Tages, an dem der Beschluß über die Aufhebung des Insolvenzverfahrens rechtskräftig geworden ist. *(BGBl I 2010/29)*

(2) Wird ein Anspruch bei der Prüfungstagsatzung bestritten, so gilt die Verjährung vom Tage der Anmeldung bis zum Ablauf der für die Geltendmachung des Anspruches bestimmten Frist als gehemmt.

(Überschrift idF BGBl 1982/370)

Absonderungsrechte und ihnen gleichgestellte Rechte

§ 10. (1) Nach der Eröffnung des Insolvenzverfahrens kann wegen einer Forderung gegen den Schuldner an den zur Insolvenzmasse gehörigen Sachen kein richterliches Pfand- oder Befriedigungsrecht erworben werden. *„Exekutionssperre"; vgl §§ 206, 208*

(2) Zurückbehaltungsrechte sind im Insolvenzverfahren wie Pfandrechte zu behandeln.

(3) Soweit in der Insolvenzordnung nichts anderes bestimmt ist, gelten die für Absonderungsgläubiger getroffenen Bestimmungen auch für persönliche Gläubiger, die zur Sicherung ihrer Ansprüche bestimmte Vermögensstücke des Schuldners, insbesondere Buchforderungen, erworben haben.

(BGBl I 2010/29)

Wirkung der Eröffnung des Insolvenzverfahrens auf Absonderungs- und Aussonderungsrechte

§ 11. (1) Absonderungsrechte sowie Rechte auf Aussonderung nicht zur Insolvenzmasse gehöriger Sachen werden durch die Eröffnung des Insolvenzverfahrens nicht berührt.

(2) Die Erfüllung eines Aussonderungsanspruchs, die die Fortführung des Unternehmens

gefährden könnte, kann vor Ablauf von sechs Monaten ab der Eröffnung des Insolvenzverfahrens,[1] nicht gefordert werden; das gilt nicht, wenn die Erfüllung zur Abwendung schwerer persönlicher oder wirtschaftlicher Nachteile des Berechtigten unerläßlich ist und eine Zwangsvollstreckung in anderes Vermögen des Schuldners zu einer vollständigen Befriedigung des Gläubigers nicht geführt hat oder voraussichtlich nicht führen wird. Diese Bestimmungen sind auch auf Ansprüche auf abgesonderte Befriedigung aus bestimmten Sachen anzuwenden. *(vgl § 7 Abs 3 2.COVID-JuBG)*

(3) Das Exekutionsgericht hat auf Antrag des Insolvenzverwalters oder auf Ersuchen des Insolvenzgerichts ein Exekutionsverfahren wegen eines Aussonderungs- oder eines Absonderungsanspruchs, ausgenommen die Begründung eines richterlichen Pfand- oder Befriedigungsrechts, so weit und so lange aufzuschieben, als der Berechtigte Erfüllung nicht verlangen kann. Die Frist des § 256 Abs. 2 EO verlängert sich um die Zeit der Aufschiebung. Das aufgeschobene Exekutionsverfahren ist nach Ablauf der Aufschiebungsfrist nur auf Antrag des Berechtigten wieder aufzunehmen.

(BGBl 1934 II/178; BGBl 1982/370; BGBl I 2010/29)

---

[1] *Der Beistrich ist überflüssig.*

§ 12. (1) Absonderungsrechte, die in den letzten sechzig Tagen vor der Eröffnung des Insolvenzverfahrens durch Exekution zur Befriedigung oder Sicherstellung neu erworben worden sind, mit Ausnahme der für öffentliche Abgaben erworbenen Absonderungsrechte, erlöschen durch die Eröffnung des Insolvenzverfahrens; sie leben jedoch wieder auf, wenn das Insolvenzverfahren gemäß § 123a aufgehoben wird. Bei der zwangsweisen Pfandrechtsbegründung nach § 208 EO entscheidet der Tag der Einleitung des Versteigerungsverfahrens.

Fassung ab 1. 7. 2021 (BGBl I 2021/86):
(1) Absonderungsrechte, die in den letzten sechzig Tagen vor der Eröffnung des Insolvenzverfahrens durch Exekution zur Befriedigung oder Sicherstellung neu erworben worden sind, mit Ausnahme der für öffentliche Abgaben erworbenen Absonderungsrechte, erlöschen durch die Eröffnung des Insolvenzverfahrens; sie leben jedoch wieder auf, wenn das Insolvenzverfahren gemäß § 123a aufgehoben wird. Bei der zwangsweisen Pfandrechtsbegründung nach § 152 EO entscheidet der Tag der Einleitung des Versteigerungsverfahrens. *(BGBl I 2021/86)*

(2) Ist lediglich auf Grund eines solchen Absonderungsrechtes die Verwertung beantragt worden, so ist auf Ersuchen des Insolvenzgerichts oder auf Antrag des Insolvenzverwalters das Verwer-tungsverfahren einzustellen. Die in § 256 Abs. 2 EO für das Erlöschen des Pfandrechtes festgesetzte Frist ist zugunsten dieses Absonderungsrechtes im Falle seines Wiederauflebens bis zum Ablaufe des Tages gehemmt, an dem der Beschluß über die Aufhebung des Insolvenzverfahrens rechtskräftig geworden ist. *(BGBl I 2021/86, die Wendung „§ 256, Absatz 2, E.O." wurde durch „§ 256 Absatz 2 EO" ersetzt.)*

(3) Ist bei einer vor oder nach der Eröffnung des Insolvenzverfahrens durchgeführten Verwertung ein Erlös erzielt worden, so ist der auf ein solches Absonderungsrecht entfallende Teil in die Insolvenzmasse einzubeziehen.

(BGBl 1982/370; BGBl I 2010/29)

Einkünfte aus einem Arbeitsverhältnis

§ 12a. (1) Aus- oder Absonderungsrechte, die vor Eröffnung des Insolvenzverfahrens durch Abtretung bzw. Verpfändung einer Forderung auf Einkünfte aus einem Arbeitsverhältnis oder auf sonstige wiederkehrende Leistungen mit Einkommensersatzfunktion erworben worden sind, erlöschen zwei Jahre nach Ablauf des Kalendermonats, in den die Eröffnung des Insolvenzverfahrens fällt. *(BGBl I 2010/29)*

(2) Nur für den in Abs. 1 bezeichneten Zeitraum kann der Drittschuldner gegen die Forderung auf Einkünfte aus einem Arbeitsverhältnis oder auf sonstige wiederkehrende Leistungen mit Einkommensersatzfunktion eine Forderung aufrechnen, die ihm gegen den Schuldner zusteht. §§ 19 und 20 bleiben unberührt. *(BGBl I 2010/29)*

(3) Absonderungsrechte, die vor Eröffnung des Insolvenzverfahrens durch Exekution zur Befriedigung oder Sicherstellung einer Forderung auf Einkünfte aus einem Arbeitsverhältnis oder auf sonstige wiederkehrende Leistungen mit Einkommensersatzfunktion erworben worden sind, erlöschen mit Ablauf des zur Zeit der Eröffnung des Insolvenzverfahrens laufenden Kalendermonats. Wird das Insolvenzverfahren nach dem 15. Tag des Monats eröffnet, so erlischt das Absonderungsrecht erst mit Ablauf des folgenden Kalendermonats. *(BGBl I 1997/114; BGBl I 2010/29)*

(4) Aus- und Absonderungsrechte nach Abs. 1 und 3 leben wieder auf, wenn

1. das Insolvenzverfahren nach §§ 123a, 123b und 139 aufgehoben wird oder *(BGBl I 2010/29)*

2. die gesicherte Forderung wieder auflebt oder

3. das Abschöpfungsverfahren vorzeitig eingestellt wird oder

4. die Restschuldbefreiung nicht erteilt oder widerrufen wird.

(5) Aus- und Absonderungsrechte nach Abs. 1 und 3, die zugunsten einer von der Restschuldbefreiung ausgenommenen Forderung erworben

worden sind, leben auch bei Erteilung der Restschuldbefreiung wieder auf.

(6) Das Gericht hat dem Drittschuldner den
Zeitpunkt des Erlöschens und auf Antrag des
Gläubigers das Wiederaufleben der Rechte nach
Abs. 1 und 3 mitzuteilen.

(BGBl 1993/974, ab 1. 1. 1995)

Sicherheiten für Forderungen aus Eigenkapital ersetzenden Leistungen

§ 12b. Ab- oder Aussonderungsrechte, die aus
dem Vermögen des Schuldners für eine diesem
gewährte Eigenkapital ersetzende Leistung erworben wurden, und Aboder Aussonderungsrechte,
die aus dem Vermögen des Schuldners für eine
diesem früher erbrachte Leistung in einem Zeitpunkt erworben wurden, in dem diese Eigenkapital ersetzend gewesen wäre, erlöschen mit Eröffnung des Insolvenzverfahrens. Sie leben jedoch
wieder auf, wenn das Insolvenzverfahren gemäß
§ 123a aufgehoben wird. § 12 Abs. 1 letzter Satz
und Abs. 2 und 3 gelten sinngemäß.

(BGBl I 2003/92; BGBl I 2010/29)

Räumungsexekution

§ 12c. Auf Antrag des Insolvenzverwalters ist
eine Exekution zur Räumung eines Bestandob-
jekts, in dem das Unternehmen betrieben wird,
wegen Nichtzahlung des Bestandzinses in der
Zeit vor Eröffnung des Insolvenzverfahrens aufzuschieben bis

1. das Unternehmen geschlossen wird,

2. der Schuldner den Sanierungsplan zurückzieht oder das Gericht den Antrag zurückweist,

3. der Sanierungsplan in der Sanierungsplantagsatzung abgelehnt und die Tagsatzung nicht erstreckt wurde,

4. dem Sanierungsplan die Bestätigung versagt
wurde oder

5. die Forderung des Bestandgebers nach
§ 156a wieder auflebt.

Wird die Forderung mit dem im Sanierungsplan
festgesetzten Betrag rechtzeitig voll befriedigt,
so ist die Räumungsexekution auf Antrag einzustellen. Das Bestandverhältnis gilt als fortgesetzt.

(BGBl I 2010/29)

Zwangsverwaltung

§ 12d. Die Zwangsverwaltung eines Unternehmens, einer Liegenschaft, eines Superädifikats
oder eines Liegenschaftsanteils erlischt mit Ablauf des zur Zeit der Eröffnung des Insolvenzverfahrens laufenden Kalendermonats. Wird das Insolvenzverfahren nach dem 15. Tag des Monats

eröffnet, so erlischt die Zwangsverwaltung erst
mit Ablauf des folgenden Kalendermonats.

(BGBl I 2010/29)

Grundbücherliche Eintragungen

§ 13. Einverleibungen und Vormerkungen in
den öffentlichen Büchern über unbewegliche Sachen können auch nach der Eröffnung des Insolvenzverfahrens bewilligt und vollzogen werden,
wenn sich der Rang der Eintragung nach einem
vor der Eröffnung des Insolvenzverfahrens liegenden Tage richtet. *(BGBl I 2010/29)*

Unbestimmte und betagte Forderungen

§ 14. (1) Forderungen, die nicht auf eine
Geldleistung gerichtet sind oder deren Geldbetrag
unbestimmt oder nicht in inländischer Währung
festgesetzt ist, sind nach ihrem Schätzwert in inländischer Währung zur Zeit der Eröffnung des
Insolvenzverfahrens geltend zu machen.

(2) Betagte Forderungen gelten im Insolvenzverfahren als fällig.

(3) Betagte unverzinsliche Forderungen können
nur in dem Betrage geltend gemacht werden, der
mit Hinzurechnung der gesetzlichen Zinsen für
die Zeit von der Eröffnung des Insolvenzverfahrens bis zur Fälligkeit dem vollen Betrage der
Forderung gleichkommt[1].

(BGBl I 2010/29)

---

[1] *Abzug der Zwischenzinsen.*

Forderungen auf wiederkehrende Leistungen

§ 15. (1) Forderungen auf Entrichtung von
Renten, Ruhe- und Unterhaltsgeldern oder ande-
ren wiederkehrenden Leistungen von bestimmter
Dauer sind unter Abzug der in § 14 Abs. 3 be-
zeichneten Zwischenzinsen zusammenzurechnen.
(BGBl 1982/370)

(2) Forderungen der in Absatz 1 bezeichneten
Art von unbestimmter Dauer sind nach ihrem
Schätzwert zur Zeit der Eröffnung des Insolvenz-
verfahrens geltend zu machen. *(BGBl I 2010/29)*

Bedingte Forderungen

§ 16. Wer eine bedingte Forderung hat, kann
das Begehren auf Sicherstellung der Zahlung für
den Fall des Eintrittes der aufschiebenden oder
des Nichteintrittes der auflösenden Bedingung,
wenn aber die Bedingung auflösend ist und wenn
er für den Fall, daß die Bedingung eintritt, Sicherheit leistet, das Begehren auf Zahlung stellen.

Rechte der Mitschuldner und Bürgen gegen die Insolvenzmasse

§ 17. (1) Mitschuldner zur ungeteilten Hand und Bürgen des Schuldners können im Insolvenzverfahren das Begehren auf Ersatz der vor oder nach der Eröffnung des Insolvenzverfahrens von ihnen auf die Forderung geleisteten Zahlungen stellen, soweit ihnen ein Rückgriff gegen den Schuldner zusteht.

(2) In Ansehung der Zahlungen, die sie infolge ihrer Haftung etwa künftig treffen könnten, bleibt ihnen vorbehalten, ihre Ansprüche im Insolvenzverfahren für den Fall anzumelden, daß die Forderung von dem Gläubiger im Insolvenzverfahren nicht geltend gemacht wird.

(3) Nach der Eröffnung des Insolvenzverfahrens können Mitverpflichtete des Schuldners die Forderung vom Gläubiger oder von einem Nachmanne, der gegen sie Rückgriff nehmen kann, einlösen.

(BGBl I 2010/29)

Rechte der Gläubiger gegen Mitverpflichtete

§ 18. (1) Haften dem Gläubiger mehrere Personen für dieselbe Forderung zur ungeteilten Hand, so kann der Gläubiger bis zu seiner vollen Befriedigung gegen jeden Schuldner, der sich im Insolvenzverfahren befindet, den ganzen Betrag der zur Zeit der Eröffnung des Insolvenzverfahrens noch ausständigen Forderung geltend machen. *(BGBl I 2010/29)*

(2) Wenn sich nach der vollen Befriedigung des Gläubigers ein Überschuß ergibt, so findet bis zur Höhe dieses Überschusses das Rückgriffsrecht nach den allgemeinen gesetzlichen Bestimmungen statt.

Eigenkapital ersetzende Gesellschaftersicherheiten

§ 18a. Liegen die Voraussetzungen des § 16 EKEG vor, so können Insolvenzgläubiger nur den Ausfall oder, solange dieser nicht endgültig feststeht, den mutmaßlichen Ausfall geltend machen.

(BGBl I 2003/92; BGBl I 2010/29)

Aufrechnung

§ 19. (1) Forderungen, die zur Zeit der Eröffnung des Insolvenzverfahrens bereits aufrechenbar waren, brauchen im Insolvenzverfahren nicht geltend gemacht zu werden.

(2) Die Aufrechnung wird dadurch nicht ausgeschlossen, daß die Forderung des Gläubigers oder des Schuldners zur Zeit der Eröffnung des Insolvenzverfahrens noch bedingt oder betagt, oder daß die Forderung des Gläubigers nicht auf eine Geldleistung gerichtet war. Die Forderung des Gläubigers ist zum Zwecke der Aufrechnung nach §§ 14 und 15 zu berechnen. Ist die Forderung des Gläubigers bedingt, so kann das Gericht die Zulässigkeit der Aufrechnung von einer Sicherheitsleistung abhängig machen.

(BGBl I 2010/29)

§ 20. (1) Die Aufrechnung ist unzulässig, wenn ein Insolvenzgläubiger erst nach der Eröffnung des Insolvenzverfahrens Schuldner der Insolvenzmasse geworden oder wenn die Forderung gegen den Schuldner, über dessen Vermögen das Insolvenzverfahren eröffnet wurde, erst nach der Eröffnung des Insolvenzverfahrens erworben worden ist. Das Gleiche gilt, wenn der Schuldner der Insolvenzmasse die Gegenforderung zwar vor der Eröffnung des Insolvenzverfahrens erworben hat, jedoch zur Zeit des Erwerbes von der Zahlungsunfähigkeit des Schuldners, über dessen Vermögen in der Folge das Insolvenzverfahren eröffnet wurde, Kenntnis hatte oder Kenntnis haben musste. *(BGBl I 2017/122, ab 1. 8. 2017)*

(2) Die Aufrechnung ist jedoch zulässig, wenn der Schuldner die Gegenforderung früher als sechs Monate vor der Eröffnung des Insolvenzverfahrens erworben hat oder wenn er zur Forderungsübernahme verpflichtet war und bei Eingehung dieser Verpflichtung von der Zahlungsunfähigkeit des Schuldners weder Kenntnis hatte noch Kenntnis haben mußte. *(BGBl I 2010/29)*

(3) Ferner können auch die Ansprüche aufgerechnet werden, die nach der Eröffnung des Insolvenzverfahrens auf Grund der §§ 21 bis 25 entstehen oder nach § 41, Absatz 2, wieder aufleben. *(BGBl I 2010/29)*

(4) Aufrechenbar sind auch Forderungen aus Verträgen, die auf Grund der Eröffnung des Insolvenzverfahrens aufgelöst worden sind, über

1. im Anhang II der Verordnung (EU) Nr. 575/2013 über Aufsichtsanforderungen an Kreditinstitute und Wertpapierfirmen und zur Änderung der Verordnung (EU) Nr. 648/2012 genannte besondere außerbilanzmäßige Finanzgeschäfte, einschließlich derivativer Instrumente für den Transfer von Kreditrisiken, *(BGBl I 2007/18; BGBl I 2014/69, ab 1. 1. 2014)*

2. verkaufte Zinssatz-, Währungs-, Edelmetall-, Rohstoff-, Aktien- und sonstige Wertpapieroptionen sowie Optionen auf Indices, *(BGBl I 2010/29; BGBl I 2014/69, ab 1. 1. 2014)*

2a. Handelsgeschäfte mit börsennotierten Waren und Rohstoffen im Sinne des § 1 Z 3 Börsegesetz 2018, BGBl. I Nr. 107/2017, soweit sie nicht der Deckung des Eigenbedarfs dienen, sondern reine Handelsgeschäfte sind, *(BGBl I 2010/29; BGBl I 2017/107, ab 3. 1. 2018)*

3. Pensionsgeschäfte (§ 50 Abs. 1 BWG und Art. 4 Abs. 1 Nr. 83 der Verordnung (EU) Nr. 575/2013) und *(BGBl I 2014/69, ab 1. 1. 2014)*

4. Wertpapierverleih- und Wertpapierleihge-schäfte, *(BGBl I 2014/69, ab 1. 1. 2014)*

wenn vereinbart wurde, daß diese Verträge bei Eröffnung des Insolvenzverfahrens über das Vermögen eines Vertragspartners aufgelöst wer-den oder vom anderen Teil aufgelöst werden können und daß alle wechselseitigen Forderungen daraus aufzurechnen sind. *(BGBl 1996/753; BGBl I 2010/29)*

Vgl auch § 25b Abs 2

Erfüllung von zweiseitigen Rechtsgeschäften

a) im allgemeinen

§ 21. (1) Ist ein zweiseitiger Vertrag von dem Schuldner und dem anderen Teil zur Zeit der Er-öffnung des Insolvenzverfahrens noch nicht oder nicht vollständig erfüllt worden, so kann der In-solvenzverwalter entweder an Stelle des Schuld-ners den Vertrag erfüllen und vom anderen Teil Erfüllung verlangen oder vom Vertrag zurücktre-ten.

(2) Der Insolvenzverwalter muß sich darüber spätestens binnen einer vom Insolvenzgericht auf Antrag des anderen Teiles zu bestimmenden Frist erklären, widrigens angenommen wird, daß der Insolvenzverwalter vom Geschäfte zurücktritt. Die vom Insolvenzgericht zu bestimmende Frist darf frühestens drei Tage nach der Berichtstagsatzung enden. Im Falle des Rücktrittes kann der andere Teil den Ersatz des ihm verursachten Schadens als Insolvenzgläubiger verlangen. Ist der Schuldner zu einer nicht in Geld bestehenden Leistung verpflichtet, mit deren Erfüllung er in Verzug ist, so muss sich der Insolvenzverwalter unverzüglich nach Einlangen des Ersuchens des Vertragspartners, längstens aber innerhalb von fünf Arbeitstagen erklären. Erklärt er sich nicht binnen dieser Frist, so wird angenommen, dass er vom Geschäft zurücktritt.

(3) Ist der andere Teil zur Vorausleistung ver-pflichtet, so kann er seine Leistung bis zur Bewir-kung oder Sicherstellung der Gegenleistung ver-weigern, wenn ihm zur Zeit des Vertragsabschlus-ses die schlechten Vermögensverhältnisse des Schuldners nicht bekannt sein mußten.

(4) Sind die geschuldeten Leistungen teilbar und hat der Gläubiger die ihm obliegende Leis-tung zur Zeit der Eröffnung des Insolvenzverfah-rens bereits teilweise erbracht, so ist er mit dem der Teilleistung entsprechenden Betrag seiner Forderung auf die Gegenleistung Insolvenzgläu-biger.

(BGBl 1934 II/178; BGBl 1982/370; BGBl I 1997/114; BGBl I 2010/29)

b) Fixgeschäfte

§ 22. (1) War die Ablieferung von Waren, die einen Markt- oder Börsenpreis haben, genau zu einer festbestimmten Zeit oder binnen einer fest bestimmten Frist bedungen und tritt die Zeit oder der Ablauf der Frist erst nach der Eröffnung des Insolvenzverfahrens ein, so kann nicht Erfüllung verlangt, sondern nur Schadenersatz wegen Nichterfüllung gefordert werden.

(2) Der Betrag des Schadenersatzes besteht in dem Unterschied zwischen dem Kaufpreis und dem Markt- oder Börsenpreis, der an dem Erfül-lungsort oder an dem für diesen maßgebenden Handelsplatz für die am zweiten Werktage nach der Eröffnung des Insolvenzverfahrens mit der bedungenen Erfüllungszeit geschlossenen Geschäf-te besteht.

(BGBl I 2010/29)

c) Bestandverträge

§ 23. Hat der Schuldner eine Sache in Bestand genommen, so kann der Insolvenzverwalter, un-beschadet des Anspruches auf Ersatz des verur-sachten Schadens, den Vertrag unter Einhaltung der gesetzlichen oder der vereinbarten kürzeren Kündigungsfrist kündigen.

(BGBl I 2010/29)

§ 24. (1) Hat der Schuldner eine Sache in Be-stand gegeben, so tritt der Insolvenzverwalter in den Vertrag ein. Eine aus dem öffentlichen Buche nicht ersichtliche Vorauszahlung des Bestandzin-ses kann dem Insolvenzverwalter, unbeschadet des Anspruches auf Ersatz des verursachten Schadens, nur für die Zeit eingewendet werden, bis zu der das Bestandverhältnis im Falle unver-züglicher Kündigung unter Einhaltung der verein-barten oder, in Ermangelung einer solchen, der gesetzlichen Kündigungsfrist dauern würde.

(2) Jede Veräußerung der Bestandsache im In-solvenzverfahren hat auf das Bestandverhältnis die Wirkung einer notwendigen[1] Veräußerung.

(BGBl I 2010/29)

---

[1] *vgl §§ 1120 f ABGB.*

d) Arbeitsverträge

§ 25. (1) Ist der Schuldner Arbeitgeber, so übt der Insolvenzverwalter die Rechte und Pflichten des Arbeitgebers aus. Ist das Arbeitsverhältnis bereits angetreten worden, so kann es

1. im Schuldenregulierungsverfahren innerhalb eines Monats nach Eröffnung des Schuldenregu-lierungsverfahrens,

2. sonst innerhalb eines Monats nach

16. IO

a) öffentlicher Bekanntmachung des Beschlusses, mit dem die Schließung des Unternehmens oder eines Unternehmensbereichs angeordnet, bewilligt oder festgestellt wird, oder

b) der Berichtstagsatzung, es sei denn, das Gericht hat dort die Fortführung des Unternehmens beschlossen, oder

3. im vierten Monat nach Eröffnung des Insolvenzverfahrens, wenn bis dahin keine Berichtstagsatzung stattgefunden hat und die Fortführung des Unternehmens nicht in der Insolvenzdatei bekannt gemacht wurde,

Fassung ab 17. 7. 2021 (BGBl I 2021/147):
3. im vierten Monat nach Eröffnung des Insolvenzverfahrens, wenn bis dahin keine Berichtstagsatzung stattgefunden hat und die Fortführung des Unternehmens nicht öffentlich bekannt gemacht wurde, *(BGBl I 2021/147)*

vom Arbeitnehmer durch vorzeitigen Austritt, wobei die Eröffnung des Insolvenzverfahrens als wichtiger Grund gilt, und vom Insolvenzverwalter unter Einhaltung der gesetzlichen, kollektivvertraglichen oder der zulässigerweise vereinbarten kürzeren Kündigungsfrist unter Bedachtnahme auf die gesetzlichen Kündigungsbeschränkungen gelöst werden.

(1a) Bei Arbeitnehmern mit besonderem gesetzlichem Kündigungsschutz ist die Frist des Abs. 1 gewahrt, wenn die Klage bzw. der Antrag auf Zustimmung zur Kündigung durch den Insolvenzverwalter fristgerecht eingebracht worden ist. Gleiches gilt auch für die Anzeigeverpflichtung nach § 45a AMFG.

(1b) Wurde nicht die Schließung des gesamten Unternehmens, sondern nur eines Unternehmensbereichs angeordnet, bewilligt oder festgestellt, so stehen das Austrittsrecht und das Kündigungsrecht nach Abs. 1 nur den Arbeitnehmern bzw. nur in Bezug auf die Arbeitnehmer zu, die in dem betroffenen Unternehmensbereich beschäftigt sind. Hat das Gericht in der Berichtstagsatzung die Fortführung des Unternehmens beschlossen, so kann der Insolvenzverwalter nur Arbeitnehmer, die in einzuschränkenden Bereichen beschäftigt sind, innerhalb eines Monats nach der Berichtstagsatzung nach Abs. 1 kündigen. Dem gekündigten Arbeitnehmer steht ein Austrittsrecht nach Abs. 1 zu.

(1c) Im Sanierungsverfahren mit Eigenverwaltung kann der Schuldner Arbeitnehmer, die in einzuschränkenden Bereichen beschäftigt sind, überdies innerhalb eines Monats nach der öffentlichen Bekanntmachung des Eröffnungsbeschlusses mit Zustimmung des Sanierungsverwalters nach Abs. 1 kündigen, wenn die Aufrechterhaltung des Arbeitsverhältnisses das Zustandekommen oder die Erfüllbarkeit des Sanierungsplans oder die Fortführung des Unternehmens gefährden könnte. Dem gekündigten Arbeitnehmer steht ein

Austrittsrecht nach Abs. 1 zu. Abs. 1a zweiter Satz ist nicht anzuwenden.

(2) Wird das Arbeitsverhältnis nach Abs. 1 gelöst, so kann der Arbeitnehmer den Ersatz des verursachten Schadens als Insolvenzforderung verlangen.

(3) Nach Eröffnung des Insolvenzverfahrens ist ein Austritt unwirksam, wenn er nur darauf gestützt wird, dass dem Arbeitnehmer das vor Eröffnung des Insolvenzverfahrens zustehende Entgelt ungebührlich geschmälert oder vorenthalten wurde.

(4) Bestimmungen besonderer Gesetze über den Einfluß der Eröffnung des Insolvenzverfahrens auf das Arbeitsverhältnis bleiben unberührt.

(BGBl 1994/153; BGBl I 1997/114; BGBl I 2010/29)

Auflösung von Verträgen durch Vertragspartner des Schuldners[1]
[1] Überschrift idF BGBl I 2010/29.

§ 25a. (1) Wenn die Vertragsauflösung die Fortführung des Unternehmens gefährden könnte, können Vertragspartner des Schuldners mit dem Schuldner geschlossene Verträge bis zum Ablauf von sechs Monaten nach Eröffnung des Insolvenzverfahrens nur aus wichtigem Grund auflösen. Nicht als wichtiger Grund gilt

1. eine Verschlechterung der wirtschaftlichen Situation des Schuldners und

2. Verzug des Schuldners mit der Erfüllung von vor Eröffnung des Insolvenzverfahrens fällig gewordenen Forderungen.

(2) Die Beschränkungen des Abs. 1 gelten nicht,

1. wenn die Auflösung des Vertrags zur Abwendung schwerer persönlicher oder wirtschaftlicher Nachteile des Vertragspartners unerlässlich ist,

2. bei Ansprüchen auf Auszahlung von Krediten und

3. bei Arbeitsverträgen.

(BGBl I 2010/29)

vgl § 7 Abs 3 2.COVID-JuBG

Unwirksame Vereinbarungen

§ 25b. (1) Auf Vereinbarungen, wodurch die Anwendung der §§ 21 bis 25a im Verhältnis zwischen Gläubiger und Schuldner im voraus ausgeschlossen oder beschränkt wird, können sich die Vertragsteile nicht berufen.

(2) Die Vereinbarung eines Rücktrittsrechts oder der Vertragsauflösung für den Fall der Eröffnung eines Insolvenzverfahrens ist unzulässig, außer bei Verträgen nach § 20 Abs. 4.

(BGBl I 2010/29)

Übergangsbestimmungen s § 273 (7)

Aufträge und Anträge

§ 26. (1) Ein vom Schuldner erteilter Auftrag erlischt mit der Eröffnung des Insolvenzverfahrens.

(2) Anträge, die vor der Eröffnung des Insolvenzverfahrens vom Schuldner noch nicht angenommen worden sind, bleiben aufrecht, sofern nicht ein anderer Wille des Antragstellers aus den Umständen hervorgeht.

(3) An Anträge des Schuldners, die vor der Eröffnung des Insolvenzverfahrens noch nicht angenommen worden sind, ist der Insolvenzverwalter nicht gebunden.

(BGBl I 2010/29)

e) Gebrauchsüberlassung durch Gesellschafter

§ 26a. Wurde dem Schuldner von einem nach dem EKEG erfassten Gesellschafter eine Sache zum Gebrauch überlassen, so kann die Sache vor Ablauf von einem Jahr ab der Eröffnung des Insolvenzverfahrens nicht zurückgefordert werden, wenn dadurch die Fortführung des Unternehmens gefährdet wäre. § 11 Abs. 3 gilt sinngemäß.

(BGBl I 2003/92; BGBl I 2010/29)

vgl § 7 Abs 3 2.COVID-JuBG

Zweiter Abschnitt

Anfechtung der vor Eröffnung des Insolvenzverfahrens vorgenommenen Rechtshandlungen

Anfechtungsrecht

§ 27. Rechtshandlungen, die vor der Eröffnung des Insolvenzverfahrens vorgenommen worden sind und das Vermögen des Schuldners betreffen, können nach den Bestimmungen dieses Abschnittes angefochten und den Insolvenzgläubigern gegenüber als unwirksam erklärt werden.

(BGBl I 2010/29)

Anfechtung

a) wegen Benachteiligungsabsicht

§ 28. Anfechtbar sind:

1. Alle Rechtshandlungen, die der Schuldner in der dem anderen Teile bekannten Absicht, seine Gläubiger zu benachteiligen, in den letzten zehn Jahren vor der Eröffnung des Insolvenzverfahrens vorgenommen hat;

2. alle Rechtshandlungen, durch welche die Gläubiger benachteiligt werden und die er in den letzten zwei Jahren vor der Eröffnung des Insolvenzverfahrens vorgenommen

hat, wenn dem anderen Teile die Benachteiligungsabsicht bekannt sein mußte;

3. alle Rechtshandlungen, durch welche die Gläubiger des Schuldners benachteiligt werden und die er in den letzten zwei Jahren vor der Eröffnung des Insolvenzverfahrens gegenüber seinem Ehegatten – vor oder während der Ehe – oder gegenüber anderen nahen Angehörigen oder zugunsten der genannten Personen vorgenommen hat, es sei denn, daß dem anderen Teile zur Zeit der Vornahme der Rechtshandlung eine Benachteiligungsabsicht des Schuldners weder bekannt war noch bekannt sein mußte;

(BGBl I 2010/29)

b) wegen Vermögensverschleuderung

4. die im letzten Jahre vor der Eröffnung des Insolvenzverfahrens vom Schuldner eingegangenen Kauf-, Tausch- und Lieferungsverträge, sofern der andere Teil ein bei dem Geschäfte eine die Gläubiger benachteiligende Vermögensverschleuderung erkannte oder erkennen mußte. *(BGBl I 2010/29)*

§ 28 ist in der jeweiligen Fassung auf eingetragene Partner, Partnersachen oder Partnerangelegenheiten sinngemäß anzuwenden (§ 43 Abs 1 Z 8 EPG).

Anfechtung unentgeltlicher und ihnen gleichgestellter Verfügungen

§ 29. Anfechtbar sind folgende, in den letzten zwei Jahren vor der Eröffnung des Insolvenzverfahrens vorgenommene Rechtshandlungen:

1. unentgeltliche Verfügungen des Schuldners, soweit es sich nicht um die Erfüllung einer gesetzlichen Verpflichtung, um gebräuchliche Gelegenheitsgeschenke oder um Verfügungen in angemessener Höhe handelt, die zu gemeinnützigen Zwecken gemacht wurden oder durch die einer sittlichen Pflicht oder Rücksichten des Anstandes entsprochen worden ist; *(BGBl I 2010/29)*

2. der Erwerb von Sachen des Schuldners zufolge obrigkeitlicher Verfügung, wenn das Entgelt aus den Mitteln des Schuldners geleistet worden ist. Sind diese Sachen von nahen Angehörigen des Schuldners erworben worden, so wird vermutet, daß das Entgelt aus den Mitteln des Schuldners geleistet worden ist. *(BGBl I 2010/29)*

3. *(aufgehoben, BGBl I 2009/75, ab 1. 1. 2010, Z 3 ist auf Rechtshandlungen weiterhin anzuwenden, die vor dem 1. Jänner 2010 vorgenommen werden: § 272 Abs 8, vorher § 254 Abs 8 KO)*

(BGBl I 2010/29)

Anfechtung wegen Begünstigung

§ 30. (1) Anfechtbar ist eine nach Eintritt der Zahlungsunfähigkeit oder nach dem Antrage auf Eröffnung des Insolvenzverfahrens oder in den letzten sechzig Tagen vorher vorgenommene Sicherstellung oder Befriedigung eines Gläubigers: *(BGBl I 2010/29)*

1. wenn der Gläubiger eine Sicherstellung oder Befriedigung erlangt hat, die er nicht oder nicht in der Art oder nicht in der Zeit zu beanspruchen hatte, es sei denn, daß er durch diese Rechtshandlung vor den anderen Gläubigern nicht begünstigt worden ist;

2. wenn die Sicherstellung oder Befriedigung zugunsten naher Angehöriger vorgenommen worden ist, es sei denn, daß diesen die Absicht des Schuldners, sie vor den anderen Gläubigern zu begünstigen, weder bekannt war noch bekannt sein mußte; *(BGBl I 2010/29)*

3. wenn sie zugunsten anderer als der unter Z 2 genannten Personen vorgenommen worden ist und diesen die Absicht des Schuldners, sie vor den anderen Gläubigern zu begünstigen, bekannt war oder bekannt sein mußte. *(BGBl I 2010/29)*

(2) Die Anfechtung ist ausgeschlossen, wenn die Begünstigung früher als ein Jahr vor der Eröffnung des Insolvenzverfahrens stattgefunden hat. *(BGBl I 2010/29)*

Anfechtung wegen Kenntnis der Zahlungsunfähigkeit

§ 31. (1) Anfechtbar sind folgende, nach Eintritt der Zahlungsunfähigkeit oder nach dem Antrage auf Eröffnung des Insolvenzverfahrens vorgenommene Rechtshandlungen:

1. Rechtshandlungen, durch die ein naher Angehöriger des Schuldners für seine Insolvenzforderung Sicherstellung oder Befriedigung erlangt, und alle vom Schuldner mit diesen Personen eingegangenen, für die Gläubiger nachteiligen Rechtsgeschäfte, es sei denn, dass dem nahen Angehörigen bei der Sicherstellung oder Befriedigung oder bei einem unmittelbar nachteiligen Rechtsgeschäft die Zahlungsunfähigkeit oder der Eröffnungsantrag weder bekannt war noch bekannt sein musste und dass bei einem sonst nachteiligen Rechtsgeschäft zudem der Eintritt eines Nachteils objektiv nicht vorhersehbar war;

2. Rechtshandlungen, durch die ein anderer Insolvenzgläubiger Sicherstellung oder Befriedigung erlangt, und alle vom Schuldner mit anderen Personen eingegangenen, für die Gläubiger unmittelbar nachteiligen Rechtsgeschäfte, wenn dem anderen Teil die Zahlungsunfähigkeit oder der Eröffnungsantrag bekannt war oder bekannt sein musste,

3. alle vom Schuldner mit anderen Personen eingegangenen, für die Gläubiger nachteiligen

Rechtsgeschäfte, wenn dem anderen Teil die Zahlungsunfähigkeit oder der Eröffnungsantrag bekannt war oder bekannt sein musste und der Eintritt eines Nachteils für die Insolvenzmasse objektiv vorhersehbar war. Eine solche objektive Vorhersehbarkeit liegt insbesondere dann vor, wenn ein Sanierungskonzept offensichtlich untauglich war.

(2) Die Anfechtung ist ausgeschlossen, wenn die anfechtbaren Rechtshandlungen früher als sechs Monate vor der Eröffnung des Insolvenzverfahrens vorgenommen worden sind.

(BGBl I 2010/29, die bisherigen Abs 2 und 3 wurden aufgehoben)

vgl § 10 2.COVID-JuBG

§ 32. (1) Als nahe Angehörige sind der Ehegatte und Personen anzusehen, die mit dem Schuldner oder dessen Ehegatten in gerader Linie oder bis zum vierten Grad der Seitenlinie verwandt oder verschwägert sind, ferner Wahl- und Pflegekinder sowie Personen, die mit dem Schuldner in außerehelicher Gemeinschaft leben. Außereheliche Verwandtschaft ist der ehelichen gleichzustellen.

(2) Ist der Schuldner eine juristische Person, eine Personengesellschaft oder ein sonstiges parteifähiges Gebilde, so gelten

1. die Mitglieder des Leitungs- oder Aufsichtsorgans,

2. die unbeschränkt haftenden Gesellschafter sowie

3. Gesellschafter im Sinne des § 5 EKEG

Fassung ab 17. 7. 2021 (BGBl I 2021/147):
3. Gesellschafter im Sinne des EKEG (BGBl I 2021/147, anzuwenden auf Insolvenzverfahren (Konkursverfahren, Sanierungsverfahren), die nach dem 16. Juli 2021 eröffnet oder wiederaufgenommen (§ 158 Abs. 2) werden. (§ 283 Abs 2))

als nahe Angehörige des Schuldners. Das Gleiche gilt für solche Personen, auf die dies im letzten Jahr vor der Eröffnung des Insolvenzverfahrens zugetroffen hat, sowie für die in Abs. 1 aufgezählten nahen Angehörigen aller dieser Personen.

(BGBl 1925/87; BGBl 1934 II/178; BGBl I 2003/92; BGBl I 2006/8; BGBl I 2010/29)

§ 32 ist in der jeweiligen Fassung auf eingetragene Partner, Partnersachen oder Partnerangelegenheiten sinngemäß anzuwenden (§ 43 Abs 1 Z 8 EPG).

Wechsel- und Scheckzahlungen

§ 33. (1) Wechselzahlungen des Schuldners können auf Grund der §§ 30, Z. 2 und 3, und 31, Absatz 1, nicht zurückgefordert werden, wenn nach Wechselrecht der Empfänger bei Verlust des Wechselanspruches gegen andere Wechselschuldner zur Annahme der Zahlung verpflichtet war. *(BGBl I 2010/29)*

(2) Doch kann der Anfechtungsberechtigte die Erstattung der gezahlten Wechselsumme vom letzten Rückgriffsverpflichteten oder, wenn dieser den Wechsel für Rechnung eines Dritten begeben hatte, von dem Dritten verlangen, wenn dem letzten Rückgriffsverpflichteten oder dem Dritten zur Zeit, als er den Wechsel begab oder begeben ließ, die Begünstigungsabsicht, die Zahlungsunfähigkeit oder der Eröffnungsantrag bekannt war oder bekannt sein mußte.

(3) Die vorstehenden Bestimmungen sind auf Scheckzahlungen sinngemäß anzuwenden.

Einzelverkäufe

§ 34. Leistungen auf Grund von Einzelverkäufen beweglicher Sachen im gewerbemäßigen Betriebe des Schuldners können nur unter den Voraussetzungen des § 28, Z 1 bis 3, angefochten werden.

(BGBl I 2010/29)

Exekution und Anfechtung

§ 35. Die Anfechtung wird dadurch nicht ausgeschlossen, daß für die anzufechtende Handlung ein Exekutionstitel erworben oder daß sie durch Exekution bewirkt worden ist. Wird die Rechtshandlung für unwirksam erklärt, so erlischt den Insolvenzgläubigern gegenüber auch die Wirksamkeit des Exekutionstitels.

(BGBl I 2010/29)

Anfechtung von Unterlassungen

§ 36. Als Rechtshandlungen sind auch Unterlassungen des Schuldners anzusehen, durch die er ein Recht verliert oder durch die gegen ihn vermögensrechtliche Ansprüche begründet, erhalten oder gesichert werden. Das gleiche gilt für die Unterlassung der Antretung einer Erbschaft.

(BGBl I 2010/29)

Fassung ab 17. 7. 2021 (BGBl I 2021/147):

Schutz für Finanzierungen im Zusammenhang mit einer Restrukturierung

§ 36a. (1) Neue Finanzierungen (Abs. 3) und Zwischenfinanzierungen nach § 18 Abs. 1 Restrukturierungsordnung (ReO) sind nach § 31 Abs. 1 Z 3 nicht anfechtbar, wenn dem Anfechtungsgegner die Zahlungsunfähigkeit nicht bekannt war.

(2) Abs. 1 gilt nur für neue Finanzierungen, die in einem vom Gericht bestätigten Restrukturierungsplan enthalten sind, und nur für Zwischenfinanzierungen, die vom Gericht genehmigt wurden.

(3) Eine neue Finanzierung im Zusammenhang mit einer Restrukturierung nach der ReO ist eine neue finanzielle Unterstützung, die von einem bestehenden oder einem neuen Gläubiger zur Umsetzung eines Restrukturierungsplans bereitgestellt wird und die in diesem Restrukturierungsplan enthalten ist.

(BGBl I 2021/147, anzuwenden auf Rechtshandlungen und Rechtsgeschäfte, die nach dem 16. Juli 2021 vorgenommen bzw. eingegangen werden. (§ 283 Abs 3))

Fassung ab 17. 7. 2021 (BGBl I 2021/147):

Schutz für Transaktionen im Zusammenhang mit einer Restrukturierung

§ 36b. (1) Transaktionen im Sinne des § 18 Abs. 2 und 3 ReO während des Restrukturierungsverfahrens sind nicht nach § 31 anfechtbar, wenn sie vom Gericht genehmigt wurden und dem Anfechtungsgegner die Zahlungsunfähigkeit nicht bekannt war; Transaktionen nach § 18 Abs. 3 Z 1 und 2 ReO auch dann nicht, wenn sie innerhalb von 14 Tagen vor dem Antrag auf Einleitung des Restrukturierungsverfahrens geleistet wurden.

(2) Transaktionen nach § 18 Abs. 3 ReO, die angemessen und für die Umsetzung eines Restrukturierungsplans unmittelbar notwendig sind, sind nicht nach § 31 anfechtbar, wenn sie im Einklang mit dem vom Gericht bestätigten Restrukturierungsplan innerhalb von drei Monaten nach Eintritt der Rechtskraft der Bestätigung des Restrukturierungsplans durchgeführt werden und dem Anfechtungsgegner die Zahlungsunfähigkeit nicht bekannt war.

(BGBl I 2021/147, anzuwenden auf Rechtshandlungen und Rechtsgeschäfte, die nach dem 16. Juli 2021 vorgenommen bzw. eingegangen werden. (§ 283 Abs 3))

Anfechtungsbefugnis

Anhängige Rechtsstreitigkeiten

§ 37. (1) Das Anfechtungsrecht wird vom Insolvenzverwalter ausgeübt. *(BGBl I 2010/29)*

(2) Anfechtungsansprüche, die von Insolvenzgläubigern außerhalb des Insolvenzverfahrens erhoben worden sind, sowie Exekutionen auf Grund von Titeln, die von Insolvenzgläubigern für ihre Anfechtungsansprüche erwirkt worden sind, können während des Insolvenzverfahrens nur vom Insolvenzverwalter verfolgt werden. Aus dem, was infolge solcher Ansprüche in die Insol-

venzmasse gelangt, sind dem Gläubiger die Prozeßkosten vorweg zu ersetzen. *(BGBl I 2010/29)*

(3) Sind über Anfechtungsklagen von Gläubigern Rechtsstreitigkeiten noch anhängig, so werden sie durch die Eröffnung des Insolvenzverfahrens unterbrochen. Der Insolvenzverwalter kann an Stelle des Gläubigers in den Rechtsstreit eintreten oder den Eintritt ablehnen. Auf die Ablehnung findet die Bestimmung des § 8, Absatz 2, Anwendung. *(BGBl I 2010/29)*

(4) Lehnt der Insolvenzverwalter den Eintritt in den Rechtsstreit ab, so kann das Verfahren von den Parteien nur in Ansehung der Prozeßkosten aufgenommen und fortgesetzt werden. Durch die Ablehnung wird das Recht des Insolvenzverwalters, nach den Bestimmungen dieses Bundesgesetzes anzufechten, nicht ausgeschlossen. *(BGBl I 2010/29)*

(5) Die Bestimmungen der Absätze 1 bis 4 gelten nicht für Anfechtungsansprüche, die Absonderungsgläubigern nach der Anfechtungsordnung zur Wahrung ihres Rechtes auf abgesonderte Befriedigung und zur Bestreitung des Anspruches eines anderen Absonderungsgläubigers auf dieselbe Sache zustehen.

Anfechtungsgegner

§ 38. (1) Die gegen den Erblasser begründete Anfechtung ist auch gegen den Erben zulässig.

(2) Gegen einen anderen Rechtsnachfolger oder Rechtsnehmer ist die gegen seinen Rechtsvorgänger begründete Anfechtung nur zulässig:

1. wenn ihm zur Zeit seines Erwerbes Umstände bekannt waren oder bekannt sein mußten, die das Anfechtungsrecht gegen seinen Vorgänger begründen;

2. wenn sein Erwerb auf einer unentgeltlichen Verfügung seines Vorgängers beruht;

3. wenn er ein naher Angehöriger des Schuldners ist, es sei denn, daß ihm zur Zeit seines Erwerbes die Umstände, die das Anfechtungsrecht gegen seinen Vorgänger begründen, weder bekannt waren noch bekannt sein mußten. *(BGBl I 2010/29)*

Inhalt des Anfechtungsanspruches

§ 39. (1) Was durch die anfechtbare Handlung dem Vermögen des Schuldners entgangen oder daraus veräußert oder aufgegeben worden ist, muß zur Insolvenzmasse geleistet werden; ist dies nicht tunlich, so ist Ersatz zu leisten. *(BGBl I 2010/29)*

(2) Der zur Leistung Verpflichtete ist als unredlicher Besitzer anzusehen, dessen Erbe jedoch nur dann, wenn ihm die Umstände, die das Anfechtungsrecht gegen den Erblasser begründen, bekannt waren oder bekannt sein mußten.

(3) Der gutgläubige Empfänger einer unentgeltlichen Leistung hat diese nur soweit zu erstatten, als er durch sie bereichert ist, es sei denn, daß sein Erwerb auch als entgeltlicher anfechtbar wäre.

§ 40. Haben dritte Personen an Sachen, die zurückzustellen sind, unanfechtbare Rechte erworben, so ist derjenige, während dessen Besitz die Belastung stattgefunden hat, zum Ersatze des Schadens an die Insolvenzmasse verpflichtet, wenn sein Erwerb anfechtbar war. Die Bestimmung des § 39, Absatz 3, findet Anwendung. *(BGBl I 2010/29)*

Ansprüche des Anfechtungsgegners

§ 41. (1) Der Anfechtungsgegner kann die Zurückstellung seiner Gegenleistung aus der Insolvenzmasse verlangen, soweit sie in dieser noch unterscheidbar vorhanden ist oder soweit die Masse um ihren Wert bereichert ist.

(2) Eine weitergehende Forderung auf Erstattung der Gegenleistung sowie die infolge Erstattung einer anfechtbaren Leistung an die Masse wieder auflebende Forderung können nur als Insolvenzforderungen geltend gemacht werden. *(BGBl I 2010/29)*

Unzulässigkeit der Aufrechnung

§ 42. Gegen den Anfechtungsanspruch kann eine Forderung an den Schuldner nicht aufgerechnet werden. *(BGBl I 2010/29)*

Geltendmachung des Anfechtungsrechtes

§ 43. (1) Die Anfechtung kann durch Klage oder Einrede geltend gemacht werden.

(2) Die Anfechtung durch Klage muß bei sonstigem Erlöschen des Anspruches binnen Jahresfrist nach der Eröffnung des Insolvenzverfahrens geltend gemacht werden. Die Frist ist ab Annahme eines Sanierungsplanvorschlags bis zum Eintritt der Rechtskraft des Beschlusses, mit dem Bestätigung versagt wird, gehemmt. Die Jahresfrist verlängert sich, wenn Insolvenzverwalter und Anfechtungsgegner dies vereinbaren. Die Verlängerung darf nur einmal vereinbart werden und darf drei Monate nicht übersteigen. *(BGBl I 2006/8; BGBl I 2010/29; BGBl I 2017/122, ab 26.6.2017, Übergangsbestimmungen s § 278 Abs 1)*

(3) Der Anfechtungsberechtigte kann beim Prozeßgericht um die Anmerkung der Klage bei den bücherlichen Einlagen ansuchen, bei denen die Durchführung des Anfechtungsanspruches Eintragungen erfordert.

(4) Diese Anmerkung hat zur Folge, daß das Urteil über die Anfechtungsklage auch gegen Personen wirkt, die nach der Anmerkung bücherliche Rechte erworben haben.

(5) Soweit das Anfechtungsrecht vom Insolvenzverwalter oder von den Insolvenzgläubigern nach § 189 ausgeübt wird, ist das Insolvenzgericht zur Verhandlung und Entscheidung über Anfechtungsklagen ausschließlich zuständig; dies gilt nicht, wenn der Insolvenzverwalter in einen anhängigen Rechtsstreit eintritt (§ 37 Abs. 3). *(BGBl 1982/370; BGBl 1993/974, ab 1. 1. 1995; BGBl I 2010/29)*

Zweites Hauptstück

Ansprüche im Insolvenzverfahren

Aussonderungsansprüche

§ 44. (1) Befinden sich in der Insolvenzmasse Sachen, die dem Schuldner ganz oder zum Teile nicht gehören, so ist das dingliche oder persönliche Recht auf Aussonderung nach den allgemeinen Rechtsgrundsätzen zu beurteilen.

(2) Ist eine solche Sache nach der Eröffnung des Insolvenzverfahrens veräußert worden, so kann der Berechtigte, unbeschadet weitergehender Ersatzansprüche, die Aussonderung des bereits geleisteten Entgeltes aus der Masse, wenn aber das Entgelt noch nicht geleistet worden ist, die Abtretung des Rechtes auf das ausstehende Entgelt verlangen.

(3) Sind dem Schuldner oder dem Insolvenzverwalter Auslagen zu vergüten, die für die zurückzustellende Sache oder zur Erzielung des Entgeltes aufgewendet worden sind, so sind sie vom Aussonderungsberechtigten Zug um Zug zu ersetzen.

(BGBl I 2010/29)

Verfolgungsrecht

§ 45. Der Verkäufer oder Einkaufskommissionär kann Waren, die von einem anderen Ort an den Schuldner abgesendet und von diesem noch nicht vollständig bezahlt worden sind, zurückfordern, es sei denn, daß sie schon vor der Eröffnung des Insolvenzverfahrens am Ablieferungsorte angekommen und in die Gewahrsame des Schuldners oder einer anderen Person für ihn gelangt sind (Verfolgungsrecht).

(BGBl I 2010/29)

Masseforderungen

§ 46. Masseforderungen sind:

1. die Kosten des Insolvenzverfahrens; *(BGBl I 2010/29)*

2. alle Auslagen, die mit der Erhaltung, Verwaltung und Bewirtschaftung der Masse verbunden sind, einschließlich der Forderungen von Fonds und anderen gemeinsamen Einrichtungen der Arbeitnehmer und der Arbeitgeber, sofern deren Leistungen Arbeitnehmern als Entgelt oder gleich diesem zugute kommen, sowie der die Masse treffenden Steuern, Gebühren, Zölle, Beiträge zur Sozialversicherung und anderen öffentlichen Abgaben, wenn und soweit der die Abgabepflicht auslösende Sachverhalt während des Insolvenzverfahrens verwirklicht wird. Hiezu gehören auch die nach persönlichen Verhältnissen des Schuldners bemessenen öffentlichen Abgaben; soweit jedoch diese Abgaben nach dem verwaltungsbehördlichen Feststellungen auf ein anderes als für die Insolvenzmasse nach der Eröffnung des Insolvenzverfahrens erzielte Einkommen entfallen, ist dieser Teil auszuscheiden. Inwieweit im Insolvenzverfahren eines Unternehmers die im ersten Satz bezeichneten Forderungen von Fonds und von anderen gemeinsamen Einrichtungen sowie die auf Forderungen der Arbeitnehmer (arbeitnehmerähnlichen Personen) entfallenden öffentlichen Abgaben Masseforderungen sind, richtet sich nach der Einordnung der Arbeitnehmerforderung; *(BGBl I 2010/29)*

3. Forderungen der Arbeitnehmer (arbeitnehmerähnlichen Personen) auf laufendes Entgelt (einschließlich Sonderzahlungen) für die Zeit nach der Eröffnung des Insolvenzverfahrens; *(BGBl 1994/153; BGBl I 2010/29)*

3a. Beendigungsansprüche, wenn

a) das Beschäftigungsverhältnis vor Eröffnung des Insolvenzverfahrens eingegangen worden ist und danach, jedoch nicht nach § 25, durch den Insolvenzverwalter oder – wenn die Beendigung auf eine Rechtshandlung oder ein sonstiges Verhalten des Insolvenzverwalters, insbesondere die Nichtzahlung des Entgelts, zurückzuführen ist – durch den Arbeitnehmer (die arbeitnehmerähnliche Person) gelöst wird; das gilt auch, wenn nach Eintritt der Masseunzulänglichkeit Entgelt nicht bezahlt wird; *(BGBl I 2010/29)*

b) das Beschäftigungsverhältnis während des Insolvenzverfahrens vom Insolvenzverwalter neu eingegangen wird; *(BGBl I 2010/29)* *(BGBl I 1997/114)*

4. unbeschadet der Z 3 und des § 21 Abs. 4 Ansprüche auf Erfüllung zweiseitiger Verträge, in die der Insolvenzverwalter eingetreten ist; *(BGBl I 2010/29)*

5. unbeschadet der Z 3 alle Ansprüche aus Rechtshandlungen des Insolvenzverwalters; *(BGBl I 2010/29)*

6. die Ansprüche aus einer grundlosen Bereicherung der Masse;

7. die Kosten einer einfachen Bestattung des Schuldners; *(BGBl I 2010/29)*

8. die Belohnung der bevorrechteten Gläubiger-schutzverbände.[1] *(BGBl I 1997/114; BGBl I 1999/73)*

(BGBl 1982/370)

Der frühere Abs 2 wurde aufgehoben (BGBl I 2010/29)

---

[1] *siehe § 266.*

§ 47. (1) Aus der Insolvenzmasse sind vor allem die Masseforderungen, und zwar aus der Masse, auf die sie sich beziehen, zu berichtigen. *(BGBl I 2010/29)*

(2) Können die Masseforderungen nicht vollständig befriedigt werden, so sind sie nacheinander wie folgt zu zahlen:

1. die unter § 46 Z 1 fallenden, vom Insolvenzverwalter vorschußweise bestrittenen Barauslagen, *(BGBl I 2010/29; BGBl I 2017/122, ab 1. 8. 2017)*

2. die übrigen Kosten des Verfahrens nach § 46 Z 1, *(BGBl I 2010/29; BGBl I 2017/122, ab 1. 8. 2017)*

3. der von Dritten erlegte Kostenvorschuß, soweit er zur Deckung der Kosten des Insolvenzverfahrens benötigt wurde, *(BGBl I 2010/29)*

4. die Forderungen der Arbeitnehmer (arbeitnehmerähnlichen Personen) auf laufendes Entgelt, soweit sie nicht nach dem Insolvenz-Entgeltsicherungsgesetz gesichert sind,

5. Beendigungsansprüche der Arbeitnehmer (arbeitnehmerähnlichen Personen), soweit sie nicht nach dem Insolvenz-Entgeltsicherungsgesetz gesichert sind, und

6. die übrigen Masseforderungen.

Innerhalb gleicher Gruppen sind die Masseforderungen verhältnismäßig zu befriedigen. Geleistete Zahlungen können nicht zurückgefordert werden. *(BGBl I 1997/114)*

(3) Im Zweifel, ob sich Masseforderungen auf die gemeinschaftliche oder auf eine besondere Masse beziehen, gilt das erste. Darüber entscheidet das Insolvenzgericht nach Vornahme der erforderlichen Erhebungen (§ 254 Abs. 5) unter Ausschluß des Rechtsweges. *(BGBl I 2010/29)*

Absonderungsansprüche

§ 48. (1) Gläubiger, die Ansprüche auf abgesonderte Befriedigung aus bestimmten Sachen des Schuldners haben (Absonderungsgläubiger), schließen, soweit ihre Forderungen reichen, die Insolvenzgläubiger von der Zahlung aus diesen Sachen (Sondermassen) aus. Während des Insolvenzverfahrens anfallende Zinsen können bis zum Ablauf von sechs Monaten ab der Verfahrenseröffnung nur in der für die vertragsgemäße Zahlung vereinbarten Höhe geltend gemacht werden.

Sind für die vertragsgemäße Zahlung keine Zinsen vereinbart, sind die gesetzlichen Zinsen maßgebend. Die Beschränkung entfällt, wenn das Insolvenzverfahren nach § 123a aufgehoben wird.

(2) Was nach Befriedigung der Absonderungsgläubiger von den Sondermassen übrig bleibt, fließt in die gemeinschaftliche Insolvenzmasse.

(3) Absonderungsgläubiger, denen zugleich ein persönlicher Anspruch gegen den Schuldner zusteht, können ihre Forderung gleichzeitig als Insolvenzgläubiger geltend machen.

(4) Das dem Bestandgeber nach § 1101 ABGB. zustehende Pfandrecht kann in Ansehung des Bestandzinses für eine frühere Zeit als das letzte Jahr vor der Eröffnung des Insolvenzverfahrens nicht geltend gemacht werden. Diese Bestimmung findet auf das Pfandrecht des Verpächters landwirtschaftlicher Liegenschaften keine Anwendung.

(BGBl I 2010/29)

Vgl § 16b MRG idF BGBl I 2009/25

§ 49. (1) Aus den Nutzungen sowie aus dem Erlös einer zur Sondermasse gehörigen Sache sind von den Absonderungsgläubigern die Kosten der besonderen Verwaltung, Verwertung und Verteilung der Sondermasse zu berichtigen.

(2) Für die Rangordnung der Ansprüche, die aus den Sondermassen zu befriedigen sind, gelten bei allen Veräußerungen im Insolvenzverfahren die Vorschriften der Exekutionsordnung. *(BGBl I 2010/29)*

Gemeinschaftliche Insolvenzmasse

§ 50. Soweit das Insolvenzvermögen nicht zur Befriedigung der Masseforderungen und der Ansprüche der Absonderungsberechtigten verwendet wird, bildet es die gemeinschaftliche Insolvenzmasse, aus der die Insolvenzforderungen, unbeschadet der §§ 56 und 57, nach dem Verhältnis ihrer Beträge zu befriedigen sind.

(BGBl 1982/370; BGBl I 2010/29)

Insolvenzforderungen

§ 51. (1) Insolvenzforderungen sind Forderungen von Gläubigern, denen vermögensrechtliche Ansprüche an den Schuldner zur Zeit der Eröffnung des Insolvenzverfahrens zustehen (Insolvenzgläubiger).

(2) Insolvenzforderungen sind auch

1. aus dem Gesetz gebührende Unterhaltsansprüche für die Zeit nach der Eröffnung des Insolvenzverfahrens, soweit der Schuldner als Erbe des Unterhaltspflichtigen haftet;

2. Ansprüche aus der Beendigung des Beschäftigungsverhältnisses

a) nach § 25, auch wenn während der Kündigungsfrist das Arbeitsverhältnis wegen Nichtzahlung des Entgelts beendet wurde, oder

b) wenn die Auflösungserklärung vor Eröffnung des Insolvenzverfahrens rechtswirksam abgegeben wurde oder

c) wenn das Beschäftigungsverhältnis nach Eröffnung des Insolvenzverfahrens nicht nach § 25 vom Arbeitnehmer (arbeitnehmerähnliche Person) gelöst wird und dies nicht auf eine Rechtshandlung oder ein sonstiges Verhalten des Insolvenzverwalters zurückzuführen ist.

(BGBl I 1997/114; BGBl I 2010/29)

§§ 52 und 53. *(aufgehoben, BGBl 1982/370)*

Nebengebühren und Ersatzforderungen

§ 54. (1) Die bis zur Eröffnung des Insolvenzverfahrens entstandenen Nebengebühren stehen mit den Forderungen im gleichen Range.

(2) Forderungen auf Ersatz einer für den Schuldner bezahlten Schuld genießen den Rang der bezahlten Forderung.

(BGBl I 2010/29)

Forderungen der Ehegattin des Gemeinschuldners

§ 55. *(aufgehoben samt Überschrift, BGBl I 2009/75, ab 1. 1. 2010, § 55 ist auf Heiratsgüter weiterhin anzuwenden, die vor dem 1. Jänner 2010 gewährt werden: § 254 Abs 8)*

Forderungen von Unternehmensgläubigern

§ 56. Forderungen von Unternehmensgläubigern, denen die Rechte des Ehegatten des Schuldners aus den Ehepakten nach § 36 UGB nachstehen, sind mit dem Betrage zu berücksichtigen, der auf sie ohne Rücksicht auf die Ehepakte aus der Insolvenzmasse entfallen würde. Der Mehrbetrag, der dadurch den Unternehmensgläubigern zukommt, ist aus dem Anteil zuzuweisen, der dem Ehegatten des Schuldners als Insolvenzgläubiger für den Anspruch aus den Ehepakten gebührt.

(BGBl I 2005/120; BGBl I 2010/29)

§ 56 ist in der jeweiligen Fassung auf eingetragene Partner, Partnersachen oder Partnerangelegenheiten sinngemäß anzuwenden (§ 43 Abs 1 Z 8 EPG).

Forderungen der Gesellschaftsgläubiger gegen einen unbeschränkt haftenden Gesellschafter

§ 57. Gläubiger einer eingetragenen Personengesellschaft sind im Insolvenzverfahren gegen einen unbeschränkt haftenden Gesellschafter, wenn auch über das Vermögen der eingetragenen Personengesellschaft ein Insolvenzverfahren eröffnet ist, nur mit dem Betrag zu berücksichtigen, der durch die anderweitige Geltendmachung befriedigt wird. Auf die Begünstigungen, die dem Gesellschafter aufgrund eines Sanierungsplans der Gesellschaft zustatten kommen, ist Bedacht zu nehmen.

(BGBl I 2010/29)

Nachrangige Forderungen

§ 57a. (1) Nach den Insolvenzforderungen sind die Forderungen aus Eigenkapital ersetzenden Leistungen zu befriedigen.

(2) Die nachrangigen Forderungen sind wie Insolvenzforderungen durchzusetzen. Sie sind jedoch nur anzumelden, wenn das Insolvenzgericht besonders zur Anmeldung dieser Forderungen auffordert. Das Insolvenzgericht hat eine solche Aufforderung zu erlassen, sobald zu erwarten ist, dass es zu einer – wenn auch nur teilweisen – Befriedigung nachrangiger Forderungen kommen wird. Die besondere Aufforderung ist öffentlich bekannt zu machen und den Gläubigern, die nachrangige Forderungen haben und deren Anschrift bekannt ist, zuzustellen. Bei der Anmeldung solcher Forderungen ist auf den Nachrang hinzuweisen. Die Rechte der Insolvenzgläubiger werden durch die Befugnisse der Gläubiger mit nachrangigen Forderungen nicht berührt.

Fassung ab 17. 7. 2021 (BGBl I 2021/147):
(3) Forderungen aufgrund von Finanzierungen, Zwischenfinanzierungen und Transaktionen nach §§ 36a und 36b sind nur dann nachrangige Forderungen, wenn die Nachrangigkeit vereinbart wurde. *(BGBl I 2021/147, anzuwenden auf Insolvenzverfahren (Konkursverfahren, Sanierungsverfahren), die nach dem 16. Juli 2021 eröffnet oder wiederaufgenommen (§ 158 Abs. 2) werden. (§ 283 Abs 2))*

(BGBl I 2003/92; BGBl I 2010/29)

Ausgeschlossene Ansprüche

§ 58. Als Insolvenzforderungen können nicht geltend gemacht werden:

1. die seit der Eröffnung des Insolvenzverfahrens laufenden Zinsen von Insolvenzforderungen sowie Kosten, die den einzelnen Gläubigern aus ihrer Teilnahme am Verfahren erwachsen; *(BGBl I 2010/29)*

2. Geldstrafen wegen strafbarer Handlungen jeder Art;

3. Ansprüche aus Schenkungen und im Verlassenschaftsinsolvenzverfahren auch Ansprüche aus Vermächtnissen. *(BGBl I 2010/29)*

(BGBl 1982/370, § 58 war bis zur Novelle § 57; BGBl I 2010/29)

vgl § 156 (5)

Drittes Hauptstück

Wirkungen der Aufhebung des Insolvenzverfahrens

Rechte des Schuldners nach Aufhebung des Insolvenzverfahrens

§ 59. Durch den rechtskräftigen Beschluss des Insolvenzgerichts, dass der Sanierungsplan oder der Zahlungsplan bestätigt, das Abschöpfungsverfahren eingeleitet oder aus sonstigen Gründen das Insolvenzverfahren aufgehoben wird, tritt der Schuldner wieder in das Recht, über sein Vermögen frei zu verfügen, soweit dieses Bundesgesetz nicht eine Einschränkung festlegt.

(BGBl I 2010/29)

Rechte der Gläubiger nach Aufhebung des Insolvenzverfahrens

a) Klagerecht

§ 60. (1) Insolvenzgläubiger können, gleichviel ob sie ihre Forderungen im Insolvenzverfahren angemeldet haben oder nicht, ihre unberichtigten Forderungen auf das zur freien Verfügung bleibende oder nach der Aufhebung des Insolvenzverfahrens erworbene Vermögen des Schuldners geltend machen. Ist das Insolvenzverfahren infolge Bestätigung eines Sanierungsplans aufgehoben (§ 152b Abs. 2), so gilt dies auch für Massegläubiger.

(2) Wenn der Schuldner eine Insolvenzforderung nicht ausdrücklich bestritten hat, bindet ihre Feststellung die Gerichte und, wenn besondere Gesetze nichts anderes bestimmen, auch die Verwaltungsbehörden. Leistungsklagen über solche Forderungen bleiben zulässig; jedoch sind dem unterlegenen Beklagten die Prozeßkosten zu ersetzen, es sei denn, er hat die Abweisung des Klagebegehrens beantragt oder der Kläger benötigt das Urteil zur Zwangsvollstreckung in einem Staat, der Auszüge aus dem Anmeldungsverzeichnis eines österreichischen Gerichtes nicht als Exekutionstitel anerkennt.

(BGBl 1982/370; BGBl I 2006/8; BGBl I 2010/29)

vgl § 156c (3)

b) Exekutionsrecht

§ 61. Wenn eine Forderung im Insolvenzverfahren festgestellt und vom Schuldner nicht ausdrücklich bestritten worden ist, kann wegen dieser Forderung auch auf Grund der Eintragung in das Anmeldungsverzeichnis auf das zur freien Verfügung bleibende oder nach der Aufhebung des Insolvenzverfahrens erworbene Vermögen des Schuldners Exekution geführt werden. Bestehen zugunsten derselben Forderung mehrere Exekutionstitel und ist auf Grund eines von ihnen die Exekution bewilligt worden, so ist während der Dauer des hierauf beruhenden Exekutionsverfahrens die Bewilligung der Exekution auf Grund eines anderen Exekutionstitels unzulässig; eine dennoch bewilligte Exekution ist von Amts wegen oder auf Antrag ohne Vernehmung der Parteien einzustellen.

(BGBl 1982/370; BGBl I 2010/29)

vgl § 156c (1)

Vorbehalt für den Sanierungsplan

§ 62. Durch die Bestimmungen der §§ 59 bis 61 werden die rechtlichen Folgen der Aufhebung des Insolvenzverfahrens durch Sanierungsplan nicht berührt.

(BGBl I 2010/29)

Zweiter Teil

Insolvenzverfahren

Erstes Hauptstück

Allgemeine Vorschriften

Erster Abschnitt

Gerichtsbarkeit im Insolvenzverfahren[1]

[1] *Überschrift vor § 63 idF BGBl I 2010/29.*

Zuständigkeit

§ 63. (1) Für das Insolvenzverfahren ist der Gerichtshof erster Instanz (Insolvenzgericht) zuständig, in dessen Sprengel der Schuldner im Zeitpunkt der Antragstellung sein Unternehmen betreibt oder mangels eines solchen seinen gewöhnlichen Aufenthalt hat. *(BGBl I 2017/122, anzuwenden (§ 278 Abs 3), wenn der Antrag auf Eröffnung des Insolvenzverfahrens nach dem 15. Juli 2017 bei Gericht einlangt)*

(2) Betreibt der Schuldner im Inland kein Unternehmen und hat er im Inland keinen gewöhnlichen Aufenthalt, so ist der Gerichtshof erster Instanz zuständig, in dessen Sprengel sich eine Niederlassung, mangels einer solchen Vermögen des Schuldners befindet.

(3) Sind mehrere Gerichte zuständig, so entscheidet das Zuvorkommen mit der Eröffnung des Insolvenzverfahrens.

(BGBl 1982/370; BGBl I 2010/29)

vgl § 182

Zuständigkeit für insolvenznahe Verfahren

§ 63a. Das Insolvenzgericht ist für Klagen, die unmittelbar aus dem Insolvenzverfahren hervorgehen und in engem Zusammenhang damit stehen, sowie für andere zivil- oder unternehmensrechtliche Klagen, die mit jenen im Zusammenhang stehen, ausschließlich zuständig. Dies gilt nicht, wenn der Insolvenzverwalter in einen anhängigen Rechtsstreit eintritt.

(BGBl I 2017/122, anzuwenden (§ 278 Abs 3), wenn die Klage nach dem 25. Juni 2017 bei Gericht eingebracht wird)

§ 64. Das Handelsgericht Wien ist Insolvenzgericht für den Bereich des Landesgerichts für Zivilrechtssachen Wien.

(BGBl 1982/370; BGBl I 2010/29)

§ 65. Soll gleichzeitig mit der Eröffnung des Insolvenzverfahrens über das Vermögen einer eingetragenen Personengesellschaft oder im Laufe eines solchen Insolvenzverfahrens das Insolvenzverfahren über das Privatvermögen eines unbeschränkt haftenden Gesellschafters eröffnet werden, so ist das Gericht zuständig, bei dem das Verfahren im Gesellschaftsinsolvenzverfahren anhängig ist.

(BGBl 1982/370; BGBl I 2005/120; BGBl I 2010/29)

§ 65 war bis zur Novelle BGBl 1982/370 § 65 (2). Absatz 1 wurde aufgehoben.

Zweiter Abschnitt

Eröffnung des Insolvenzverfahrens

Erster Unterabschnitt

Allgemeine Voraussetzungen

Zahlungsunfähigkeit

§ 66. (1) Die Eröffnung des Insolvenzverfahrens setzt voraus, daß der Schuldner zahlungsunfähig ist. *(BGBl I 2010/29)*

(2) Zahlungsunfähigkeit ist insbesondere anzunehmen, wenn der Schuldner seine Zahlungen einstellt.

(3) Zahlungsunfähigkeit setzt nicht voraus, daß Gläubiger andrängen. Der Umstand, daß der Schuldner Forderungen einzelner Gläubiger ganz oder teilweise befriedigt hat oder noch befriedigen kann, begründet für sich allein nicht die Annahme, daß er zahlungsfähig ist.

(BGBl 1982/370)

§ 66 (1) u (2) war bis zur Novelle BGBl 1982/370 § 68 (1) u (2)

Überschuldung

§ 67. (1) Die Eröffnung des Insolvenzverfahrens über eingetragene Personengesellschaften, bei denen kein unbeschränkt haftender Gesellschafter eine natürliche Person ist, über das Vermögen juristischer Personen und über Verlassenschaften findet, soweit besondere Gesetze nichts anderes bestimmen, auch bei Überschuldung statt. *(BGBl I 2005/120, ab 1. 1. 2007; BGBl I 2010/29)*

(2) Die auf die Zahlungsunfähigkeit sich beziehenden Vorschriften dieses Bundesgesetzes gelten in diesen Fällen sinngemäß auch für die Überschuldung. *(BGBl I 2010/29)*

(3) Bei der Prüfung, ob rechnerische Überschuldung vorliegt, sind Verbindlichkeiten – auch solche aus Eigenkapital ersetzenden Leistungen – dann nicht zu berücksichtigen, wenn der Gläubiger erklärt, dass er Befriedigung erst nach Beseitigung eines negativen Eigenkapitals (§ 225 Abs. 1 UGB[1]) oder im Fall der Liquidation nach Befriedigung aller Gläubiger begehrt und dass wegen dieser Verbindlichkeiten kein Insolvenzverfahren eröffnet zu werden braucht. *(BGBl I 2003/92)*

(BGBl 1982/370)

§ 67 war bis zur Novelle BGBl 1982/370 § 69

vgl § 9 2.COVID-JuBG

---

[1] UGB i.S. des BGBl I 2005/120.

Aufgelöste juristische Person

§ 68. (1) Nach der Auflösung einer juristischen Person oder einer eingetragenen Personengesellschaft ist die Eröffnung eines Insolvenzverfahrens zulässig, solange das Vermögen nicht verteilt ist. *(BGBl I 2017/122, § 68 wurde ab 26.6.2017 zu § 68 Abs 1)*

(2) Wird ein Insolvenzverfahren über das Vermögen einer aufgelösten juristischen Person oder eingetragenen Personengesellschaft nicht eröffnet, weil das Vermögen bereits verteilt wurde, so sind dieser Beschluss und der Eintritt der Rechtskraft dieses Beschlusses öffentlich bekanntzumachen. *(BGBl I 2017/122, anzuwenden (§ 268 Abs 4), wenn der Beschluss über die Nichteröffnung des Insolvenzverfahrens nach dem 15. Juli 2017 ergeht)*

(BGBl 1982/370; BGBl I 2005/120; BGBl I 2010/29)

IO

Antrag des Schuldners

§ 69. (1) Auf Antrag des Schuldners ist das Insolvenzverfahren sofort zu eröffnen. Die vom Schuldner an das Gericht erstattete Anzeige von der Zahlungseinstellung gilt als Antrag. Im Beschluss auf Eröffnung des Insolvenzverfahrens ist jedenfalls das Vorliegen der Voraussetzungen für die örtliche Zuständigkeit zu begründen. *(BGBl I 2002/75; BGBl I 2010/29)*

(2) Liegen die Voraussetzungen für die Eröffnung des Insolvenzverfahrens (§§ 66 und 67) vor, so ist diese ohne schuldhaftes Zögern, spätestens aber sechzig Tage nach dem Eintritt der Zahlungsunfähigkeit zu beantragen. Schuldhaft verzögert ist der Antrag nicht, wenn die Eröffnung eines Sanierungsverfahrens mit Eigenverwaltung sorgfältig betrieben worden ist. *(BGBl I 1997/114; BGBl I 2010/29)*

(2a) Bei einer durch eine Naturkatastrophe (Hochwasser, Lawine, Schneedruck, Erdrutsch, Bergsturz, Orkan, Erdbeben, Epidemie, Pandemie oder ähnliche Katastrophe vergleichbarer Tragweite) eingetretenen Zahlungsunfähigkeit verlängert sich die Frist des Abs. 2 auf 120 Tage. *(BGBl I 2002/156; BGBl I 2020/16)*

(3) Die Verpflichtung nach Abs. 2 trifft natürliche Personen, die unbeschränkt haftenden Gesellschafter und Liquidatoren einer eingetragenen Personengesellschaft und die organschaftlichen Vertreter juristischer Personen. Ist eine solche Person nicht voll handlungsfähig, so trifft diese Verpflichtung ihre gesetzlichen Vertreter. Ist ein zur Vertretung Berufener seinerseits eingetragene Personengesellschaft oder juristische Person oder setzt sich die Verbindung in dieser Art fort, so gilt der erste Satz entsprechend. *(BGBl I 1997/114; BGBl I 2005/120; BGBl I 2010/29)*

(3a) Hat eine inländische oder ausländische Kapitalgesellschaft keine organschaftlichen Vertreter, so trifft die Verpflichtung nach Abs. 2 den Gesellschafter, der mit einem Anteil von mehr als der Hälfte am Stammkapital beteiligt ist. Abs. 3 letzter Satz gilt sinngemäß. *(BGBl I 2013/109)*

(4) Geht der Antrag nicht von allen natürlichen Personen aus, deren Antragspflicht sich aus Abs. 3 ergibt, so sind die übrigen über den Antrag zu vernehmen. Ist ein Einverständnis über den Antrag nicht zu erzielen oder die rechtzeitige Vernehmung nicht möglich, so ist das Insolvenzverfahren nur dann zu eröffnen, wenn die Zahlungsunfähigkeit glaubhaft gemacht wird. Gleiches gilt, wenn die Eröffnung des Insolvenzverfahrens über eine Verlassenschaft nicht von allen Erben beantragt wird. *(BGBl I 2010/29)*

(5) Die Insolvenzgläubiger können Schadenersatzansprüche wegen einer Verschlechterung der Insolvenzquote infolge einer Verletzung der Verpflichtung nach Abs. 2 erst nach Rechtskraft der Aufhebung des Insolvenzverfahrens geltend machen. *(BGBl I 2003/92; BGBl I 2010/29)*

(BGBl 1982/370)

Antrag eines Gläubigers

§ 70. (1) Auf Antrag eines Gläubigers ist das Insolvenzverfahren unverzüglich zu eröffnen, wenn er glaubhaft macht, dass er eine – wenngleich nicht fällige – Insolvenzforderung oder Forderung aus einer Eigenkapital ersetzenden Leistung hat und dass der Schuldner zahlungsunfähig ist.

(2) Der Antrag ist dem Schuldner zuzustellen. Eine Belehrung über die Eröffnung eines Sanierungsverfahrens bei rechtzeitiger Vorlage eines Sanierungsplans ist anzuschließen. Das Gericht hat den Schuldner und sonstige Auskunftspersonen (§ 254 Abs. 5) zu vernehmen, wenn es rechtzeitig möglich ist; jedoch ist der Antrag ohne Anhörung sofort abzuweisen, wenn er offenbar unbegründet ist, insbesondere, wenn die Glaubhaftmachung nicht erbracht ist, oder wenn er offenbar missbräuchlich gestellt ist. Zur Vernehmung bestimmte Tagsatzungen dürfen nur von Amts wegen und nicht zum Zwecke des Abschlusses von Ratenvereinbarungen erstreckt werden. *(BGBl I 2010/111)*

(3) Ein vom Gläubiger zurückgezogener Antrag auf Eröffnung des Insolvenzverfahrens kann unter Berufung auf dieselbe Forderung nicht vor Ablauf von sechs Monaten erneuert werden.

(4) Bei der Entscheidung über den Antrag auf Eröffnung eines Insolvenzverfahrens ist nicht zu berücksichtigen, daß der Gläubiger den Antrag auf Eröffnung eines Insolvenzverfahrens zurückgezogen hat oder daß die Forderung des Gläubigers nach dem Antrag auf Eröffnung eines Insolvenzverfahrens befriedigt worden ist. Wenn der Schuldner eine solche Befriedigung oder das Vorliegen einer Stundungsvereinbarung mit dem Gläubiger bescheinigt, so reicht dies allein nicht aus, um das Vorliegen der Zahlungsunfähigkeit zu entkräften. Weist das Gericht den Antrag auf Eröffnung eines Insolvenzverfahrens dennoch ab, so ist der Beschluß auch den bevorrechteten Gläubigerschutzverbänden[1] zuzustellen.

(BGBl 1982/370; BGBl I 1997/114; BGBl I 2003/92; BGBl I 2010/29)

---

[1] siehe § 266.

§ 70 war bis zur Novelle BGBl 1982/370 § 71

Kostendeckendes Vermögen

§ 71. (1) Weitere Voraussetzung für die Eröffnung des Insolvenzverfahrens ist das Vorhandensein kostendeckenden Vermögens. *(BGBl I 2010/29)*

(2) Kostendeckendes Vermögen liegt vor, wenn das Vermögen des Schuldners zumindest ausreicht, um die Anlaufkosten des Insolvenzverfahrens zu decken. Das Vermögen muß weder sofort noch ohne Aufwand verwertbar sein. *(BGBl I 2010/29)*

(3) Bei Prüfung, ob kostendeckendes Vermögen vorhanden ist, kann das Gericht auch Stellungnahmen der bevorrechteten Gläubigerschutzverbände einholen oder Vollstreckungsorgane mit Ermittlungen beauftragen.

(4) Der Schuldner hat bei seiner Einvernahme ein Vermögensverzeichnis vorzulegen und vor Gericht zu unterfertigen (§§ 100a, 101). Darin hat der Schuldner auch Auskunft über Anfechtungsansprüche zu geben. *(BGBl I 2010/29)*

(BGBl I 1997/114)

Eröffnung trotz Fehlens kostendeckenden Vermögens

§ 71a. (1) Fehlt es an einem zur Deckung der Kosten des Insolvenzverfahrens voraussichtlich hinreichenden Vermögen, so ist das Insolvenzverfahren dennoch zu eröffnen, wenn der Antragsteller auf Anordnung des Gerichts innerhalb einer bestimmten Frist einen von diesem zu bestimmenden Betrag zur Deckung der Kosten vorschußweise erlegt. Die Anordnung des Kostenvorschusses erfolgt durch Beschluß; dieser ist auch jedem bevorrechteten Gläubigerschutzverband zuzustellen. Er ist nicht abgesondert anfechtbar und nicht vollstreckbar. Einen solchen Kostenvorschuß kann das Gericht auch dann fordern, wenn das Vermögen in einem Anfechtungsanspruch oder sonstigen Ansprüchen und Forderungen besteht. *(BGBl I 2010/29)*

(2) Wenn der Vorschuß nicht rechtzeitig erlegt wird, ist der Antrag mangels kostendeckenden Vermögens abzuweisen; darauf ist der Antragsteller zugleich mit der Anordnung aufmerksam zu machen.

(3) Der Antragsteller kann den rechtzeitig als Kostenvorschuß geleisteten Betrag nur als Masseforderung geltend machen.

(BGBl I 1997/114)

Abweisung mangels kostendeckenden Vermögens

§ 71b. (1) Wird das Insolvenzverfahren mangels kostendeckenden Vermögens nicht eröffnet, so hat der Spruch des Beschlusses einen Hinweis darauf und auf die Zahlungsunfähigkeit des Schuldners zu enthalten. Der Beschluss und der Eintritt der Rechtskraft dieses Beschlusses sind öffentlich bekannt zu machen. In einem binnen sechs Monaten nach öffentlicher Bekanntmachung der Rechtskraft des Beschlusses eingebrachten Antrag auf Eröffnung eines Insolvenzverfahrens

hat der Antragsteller zu bescheinigen, dass nunmehr Vermögen vorhanden ist, oder sich bereit zu erklären, einen Kostenvorschuss nach § 71a zu erlegen.

(2) Der Schuldner hat auf Antrag eines Gläubigers ein Vermögensverzeichnis vorzulegen und vor Gericht zu unterfertigen (§§ 100a, 101). Kommt hiebei Vermögen zum Vorschein, so kann ungeachtet des Abs. 1 dritter Satz und des § 70 Abs. 3 die Eröffnung des Insolvenzverfahrens neuerlich beantragt werden.

(3) Wird auf Grund eines Rekurses der Beschluß, mit dem das Insolvenzverfahren mangels kostendeckenden Vermögens nicht eröffnet wurde, dahin abgeändert, daß der Antrag auf Eröffnung eines Insolvenzverfahrens abgewiesen wird, so ist die Eintragung in die Insolvenzdatei zu löschen.

(BGBl I 1997/114; BGBl I 2002/75; BGBl I 2010/29)

Rechtsmittel

§ 71c. (1) Beschlüsse des Gerichtes, womit das Insolvenzverfahren eröffnet oder der Antrag auf Eröffnung des Insolvenzverfahrens abgewiesen wird, können von allen Personen, deren Rechte dadurch berührt werden, sowie von den bevorrechteten Gläubigerschutzverbänden angefochten werden.

(2) Rechtsmittel gegen Beschlüsse, womit das Insolvenzverfahren eröffnet wird, haben keine aufschiebende Wirkung.

(BGBl 1982/370; BGBl I 1997/114; BGBl I 2010/29)

§ 71c war bis zur Novelle BGBl 1982/370 § 72, bis zur Novelle BGBl I 1997/114 § 71

Rückgriff[1]
[1] Überschrift idF BGBl I 2010/29.

§ 71d. (1) Wer einen Kostenvorschuß geleistet hat, kann diesen Betrag von jeder Person verlangen, die nach § 69 verpflichtet war, die Eröffnung des Insolvenzverfahrens zu beantragen, und die den Antrag schuldhaft nicht gestellt hat. Der Anspruch verjährt in drei Jahren nach Aufhebung des Insolvenzverfahrens.

(2) Wer einen Kostenvorschuss geleistet hat, kann diesen Betrag unabhängig von den Voraussetzungen des Abs. 1 von jeder Person verlangen, die gemäß § 72a oder § 72d zur Leistung eines Kostenvorschusses verpflichtet gewesen wäre. Über diese Verpflichtung zum Ersatz des Kostenvorschusses hat das Insolvenzgericht auf Antrag mit Beschluss zu entscheiden. Auf diesen Beschluss ist § 72b Abs. 4 und 5 sinngemäß anzuwenden.

(BGBl I 2010/29)

IO

Zweiter Unterabschnitt
Sonderbestimmungen für juristische Personen

Fehlen kostendeckenden Vermögens

§ 72. (1) Fehlt es bei einer juristischen Person an einem kostendeckenden Vermögen, so ist das Insolvenzverfahren auch dann zu eröffnen, wenn

1. die organschaftlichen Vertreter dieser juristischen Person einen Betrag zur Deckung der Kosten vorschußweise erlegen oder

2. feststeht, daß die organschaftlichen Vertreter über Vermögen verfügen, das zur Deckung der Kosten ausreicht. *(BGBl I 2010/29)*

(2) Der Antrag des Gläubigers ist erst dann nach § 71a Abs. 2 abzuweisen, wenn die organschaftlichen Vertreter weder einen Kostenvorschuß erlegen noch ein Vermögen feststeht, aus dem er hereingebracht werden kann.

(BGBl I 1997/114)

Organschaftliche Vertreter

§ 72a. (1) Die organschaftlichen Vertreter einer juristischen Person sind zur Leistung eines Kostenvorschusses für die Anlaufkosten, höchstens jedoch zu 4 000 Euro, zur ungeteilten Hand verpflichtet. *(BGBl I 2001/98, für Konkursanträge, die nach dem 31. Dezember 2001 bei Gericht eingelangt sind.)*

(2) Zur Leistung dieses Kostenvorschusses sind auch sämtliche Personen, die innerhalb der letzten drei Monate vor der Einbringung des Antrags auf Eröffnung des Insolvenzverfahrens organschaftliche Vertreter des Schuldners waren, verpflichtet, nicht jedoch Notgeschäftsführer. *(BGBl I 2010/29)*

(BGBl I 1997/114)

Kostenvorschuß und Vermögensverzeichnis der organschaftlichen Vertreter

§ 72b. (1) Das Gericht hat die organschaftlichen Vertreter aufzufordern, binnen 14 Tagen einen vom Gericht festzulegenden Betrag zu zahlen und ein Vermögensverzeichnis über ihre Vermögenslage vorzulegen. Die Verpflichtung zur Vorlage des Vermögensverzeichnisses entfällt, wenn der Vorschuß geleistet wird. Dies ist den organschaftlichen Vertretern mitzuteilen. Der Beschluß über die Leistung des Vorschusses ist sofort vollstreckbar.

(2) Der organschaftliche Vertreter hat auf Anordnung des Gerichts das Vermögensverzeichnis vor Gericht zu unterfertigen.

(3) Verfügen die organschaftlichen Vertreter über Vermögen, das die Anlaufkosten für das Insolvenzverfahren der juristischen Person deckt,

so hat der Insolvenzverwalter den Kostenvorschuß von ihnen hereinzubringen. Das Gericht kann einstweilige Vorkehrungen nach § 73 zu Lasten dieser Personen treffen. *(BGBl I 2010/29)*

(4) Der dem organschaftlichen Vertreter erteilte Auftrag zum Erlag eines Kostenvorschusses und zur Vorlage und Unterfertigung eines Vermögensverzeichnisses kann von diesem nur insoweit angefochten werden als er die sich aus der Organstellung ergebende Verpflichtung bestreitet.

(5) Rechtsmittel gegen Beschlüsse, womit dem organschaftlichen Vertreter ein Auftrag zum Erlag eines Kostenvorschusses und zur Vorlage und Unterfertigung eines Vermögensverzeichnisses erteilt wird, haben keine aufschiebende Wirkung.

(BGBl I 1997/114)

Rückforderungsanprüche der organschaftlichen Vertreter

§ 72c. Der organschaftliche Vertreter kann den als Kostenvorschuß geleisteten Betrag nur als Masseforderung geltend machen.

(BGBl I 1997/114)

Gesellschafter

§ 72d. Neben den organschaftlichen Vertretern ist auch ein Gesellschafter, dessen Anteil an der Gesellschaft mehr als 50 % beträgt, zur Leistung eines Kostenvorschusses verpflichtet. Die §§ 72 bis 72c gelten für diesen Gesellschafter entsprechend.

(BGBl I 2010/29)

Dritter Unterabschnitt
Verfügungen des Gerichts

Einstweilige Vorkehrungen

§ 73. (1) Wenn das Insolvenzverfahren nicht sofort eröffnet werden kann und der Antrag nicht offenbar unbegründet ist, hat das Insolvenzgericht zur Sicherung der Masse, insbesondere zur Unterbindung anfechtbarer Rechtshandlungen und zur Sicherung der Fortführung eines Unternehmens dienliche einstweilige Vorkehrungen nach Erhebungen anzuordnen. *(BGBl I 2010/29)*

(2) Dem Schuldner können insbesondere Rechtshandlungen, die nicht zum gewöhnlichen Unternehmensbetrieb gehören, das Veräußern oder Belasten von Liegenschaften, das Bestellen von Absonderungsrechten, das Eingehen von Bürgschaften und unentgeltliche Verfügungen überhaupt oder doch ohne Zustimmung des Richters oder eines von ihm bestellten einstweiligen Verwalters verboten werden. Die Bestellung eines einstweiligen Verwalters und seine Befugnisse sind öffentlich bekanntzumachen; § 74

Abs. 2 Z 6 ist anzuwenden. Die Eintragung in der Insolvenzdatei ist nach Eintritt der Rechtskraft des Beschlusses, mit dem der Antrag auf Eröffnung eines Insolvenzverfahrens abgewiesen wird, zu löschen. *(BGBl I 2017/122, anzuwenden (§ 278 Abs 5), wenn der einstweilige Verwalter nach dem 25. Juni 2017 bestellt wird)*

(3) Einstweilige Vorkehrungen sind in den öffentlichen Büchern und Registern anzumerken. Entgegenstehende Rechtshandlungen sind den Gläubigern gegenüber unwirksam, wenn der Dritte das Verbot kannte oder kennen mußte oder wenn er selbst die Eröffnung des Insolvenzverfahrens beantragt hat. *(BGBl I 2010/29)*

(4) Einstweilige Vorkehrungen sind aufzuheben, wenn das Insolvenzverfahren nicht eröffnet wird oder wenn sich die Verhältnisse sonst so geändert haben, daß es ihrer nicht mehr bedarf. Sie erlöschen mit der Eröffnung des Insolvenzverfahrens , soweit sie das Gericht nicht als Sicherungsmaßnahmen (§ 78) aufrechterhält. *(BGBl I 2010/29)*

(5) Über Rekurse gegen Beschlüsse, mit denen einstweilige Vorkehrungen angeordnet, geändert oder aufgehoben werden, entscheidet das Gericht zweiter Instanz endgültig. *(BGBl I 1997/114)*

(BGBl 1982/370)

Bekanntmachung der Eröffnung des Insolvenzverfahrens

§ 74. (1) Die Eröffnung des Insolvenzverfahrens ist durch ein Edikt öffentlich bekanntzumachen, wobei das Verfahren ausdrücklich entweder als Konkursverfahren oder als Sanierungsverfahren zu bezeichnen ist. *(BGBl I 2010/29)*

(2) Das Edikt hat zu enthalten:

1. das Datum der Eröffnung des Insolvenzverfahrens,

2. das Gericht, das das Insolvenzverfahren eröffnet hat, und das Aktenzeichen des Verfahrens,

3. die Art des eröffneten Insolvenzverfahrens,

4. bei einer eingetragenen Personengesellschaft oder einer juristischen Person die Firma, gegebenenfalls frühere Firmen, die Firmenbuchnummer oder ZVR-Zahl, den Sitz und, sofern davon abweichend, die Geschäftsanschrift des Schuldners sowie die Anschriften der Niederlassungen,

5. bei einer natürlichen Person den Namen, die Wohn- und Geschäftsanschrift und das Geburtsdatum des Schuldners, gegebenenfalls die Firma und Firmenbuchnummer und frühere Namen sowie, falls die Anschrift geschützt ist, den Geburtsort des Schuldners,

6. den Namen, die Anschrift, die Telefonnummer und die E-Mail-Adresse des Insolvenzverwalters und, wenn eine juristische Person bestellt wurde, der Person, die sie bei Ausübung der In-

solvenzverwaltung vertritt, und ob dem Schuldner die Eigenverwaltung zusteht,

7. den Ort, die Zeit und den Zweck der ersten Gläubigerversammlung mit der Aufforderung an die Gläubiger, die Belege für die Glaubhaftmachung ihrer Forderungen mitzubringen,

8. die Frist für die Anmeldung der Forderungen und die Aufforderung an die Insolvenzgläubiger, ihre Forderungen innerhalb dieser Frist anzumelden,

9. die Aufforderung an die Aussonderungsberechtigten und Absonderungsgläubiger an einer Forderung auf Einkünfte aus einem Arbeitsverhältnis oder auf sonstige wiederkehrende Leistungen mit Einkommensersatzfunktion, ihre Aussonderungs- oder Absonderungsrechte innerhalb der Anmeldungsfrist geltend zu machen,

10. eine kurze Belehrung über die Folgen einer Versäumung der Anmeldungsfrist und

11. den Ort und die Zeit der allgemeinen Prüfungstagsatzung. *(BGBl 1982/370; BGBl I 2017/122, ab 26. 6. 2017, Übergangsbestimmungen s § 278 Abs 1)*

(3) Die erste Gläubigerversammlung ist in der Regel nicht über 14 Tage, die allgemeine Prüfungstagsatzung in der Regel auf 60 bis 90 Tage nach der Eröffnung des Insolvenzverfahrens und die Anmeldungsfrist in der Regel auf 14 Tage vor der allgemeinen Prüfungstagsatzung anzuordnen. *(BGBl I 1997/114; BGBl I 2010/29)*

§ 75. (1) Ausfertigungen des Ediktes sind zuzustellen:

1. jedem Insolvenzgläubiger, dessen Anschrift bekannt ist; *(BGBl I 2010/29) (vgl § 8 2.COVID-JuBG)*

2. jedem im Unternehmen errichteten Organ der Belegschaft;

3. auf die nach den zur Verfügung stehenden technischen Mitteln schnellste Art der Oesterreichischen Nationalbank, wenn das Insolvenzverfahren vom Gerichtshof erster Instanz eröffnet wurde. *(BGBl I 2002/75; BGBl I 2010/29)*

4. bis 8. *(entfällt, BGBl I 1999/73, ab 1. 1. 2000)*

(2) Ausfertigungen des Ediktes sind, wenn der Schuldner Unternehmer ist, der für ihn und der für seine Arbeitnehmer zuständigen gesetzlichen Interessenvertretung zuzustellen. Hat der Schuldner das Vermögensverzeichnis und die Bilanz (§ 100) bereits vorgelegt, so sind sie anzuschließen. *(BGBl I 2010/29)*

(BGBl 1982/370; BGBl I 1997/114)

IO

Anhörung der gesetzlichen Interessenvertretungen und des Landesarbeitsamtes

§ 76. Die gesetzlichen Interessenvertretungen (§ 75 Abs. 2) und das Bundesamt für Soziales und Behindertenwesen sowie die Landesgeschäftsstelle des Arbeitsmarktservice können sich innerhalb dreier Wochen über die im § 81a Abs. 1 bezeichneten Umstände äußern. Die Äußerungen sind dem Insolvenzverwalter und dem Gläubigerausschuß zur Kenntnis zu bringen. Wenn die hiefür notwendigen Abschriften beigebracht werden, sind die Äußerungen auf Verlangen der Äußerungsberechtigten auch den Gläubigern zuzustellen.

(BGBl 1982/370; BGBl 1994/314; BGBl I 1997/114; BGBl I 1999/73; BGBl I 2010/29)

Anmerkung der Eröffnung des Insolvenzverfahrens

§ 77. Das Insolvenzgericht hat zu veranlassen, daß die Eröffnung des Insolvenzverfahrens im öffentlichen Buche bei den Liegenschaften und Forderungen des Schuldners und erforderlichenfalls auch in den Schiffs- und Patentregistern sowie in den gegen den Schuldner aufgenommenen Pfändungsprotokollen unter Ersichtlichmachung des Tages der Eröffnung des Insolvenzverfahrens angemerkt wird.

(BGBl 1982/370; BGBl 1991/10; BGBl I 2010/29)

§ 77 war bis zur Novelle BGBl 1982/370 § 76

Eintragungen und Löschungen im Firmenbuch

§ 77a. (1) Ist die Firma des Schuldners im Firmenbuch eingetragen, so hat das Insolvenzgericht folgende Eintragungen im Firmenbuch zu veranlassen:

1. die Eröffnung des Konkurs- oder Sanierungsverfahrens unter Angabe, ob dem Schuldner die Eigenverwaltung zusteht, sowie die Änderung der Bezeichnung von Sanierungs- auf Konkursverfahren und die Entziehung der Eigenverwaltung, jeweils unter Angabe ihres Tages;

2. die Aufhebung des Insolvenzverfahrens, sofern es sich nicht um den Fall des § 79 handelt;

3. die Art der Überwachung der Erfüllung des Sanierungsplans;

4. einstweilige Vorkehrungen nach § 73;

5. den Namen des Sanierungs- oder Masseverwalters, des besonderen Verwalters nach § 86 und des Treuhänders;

6. die Nichteröffnung eines Insolvenzverfahrens mangels kostendeckenden Vermögens;

7. die Zurückweisung des Antrags auf Eröffnung des Insolvenzverfahrens gemäß § 63.

(2) Ändern sich die in Abs. 1 Z 3 bis 5 angeführten Tatsachen oder wird das Insolvenzverfahren nach § 79 aufgehoben, so hat das Insolvenzgericht die Löschung dieser Eintragungen im Firmenbuch zu veranlassen. Nach Ablauf von fünf Jahren ab Aufhebung des Insolvenzverfahrens oder nach einem beschlussmäßigen Ausschluss der Einsicht in die Insolvenzdatei wegen Erfüllung des Sanierungsplans oder des Zahlungsplans hat das Firmenbuchgericht sämtliche Eintragungen nach Abs. 1 Z 1 bis 5 auf Antrag des Schuldners zu löschen.

(BGBl 1991/10; BGBl I 2010/29)

Sicherungsmaßnahmen und Benachrichtigungen von der Eröffnung des Insolvenzverfahrens

§ 78. (1) Zugleich mit der Eröffnung des Insolvenzverfahrens hat das Insolvenzgericht alle Maßnahmen zu treffen, die zur Sicherung der Masse und zur Fortführung eines Unternehmens dienlich sind. Vor dessen Schließung hat es den Insolvenzverwalter und den Gläubigerausschuß sowie, wenn es rechtzeitig möglich ist, den Schuldner und sonstige Auskunftspersonen (§ 254 Abs. 5) zu vernehmen.

(2) Das Gericht hat zugleich mit der Eröffnung des Insolvenzverfahrens die Post- und Telegraphendienststellen, die nach Lage der Wohnung und der Betriebsstätte in Betracht kommen, von der Eröffnung des Insolvenzverfahrens zu benachrichtigen. Solange es keinen gegenteiligen Beschluß faßt, haben diese Stellen dem Insolvenzverwalter alle Sendungen auszuhändigen, die sonst dem Schuldner auszufolgen wären. Das gilt nicht für die mit der Post beförderten gerichtlichen oder sonstigen amtlichen Briefsendungen, sofern sie mit einem auf die Zulässigkeit der Zustellung trotz der Postsperre hinweisenden amtlichen Vermerk versehen sind. *(BGBl I 2020/24)*

(3) Der Insolvenzverwalter darf die ihm ausgehändigten Sendungen öffnen. Er hat gerichtliche und sonstige amtliche Schriftstücke, die die Masse nicht berühren, mit einem auf die Anhängigkeit des Insolvenzverfahrens hinweisenden Vermerk zurückzusenden. Ansonsten hat der Insolvenzverwalter dem Schuldner Einsicht in die an diesen gerichteten Mitteilungen zu gewähren und ihm die Sendungen, die die Masse nicht berühren, unverzüglich auszufolgen.

(4) und (5) *(entfallen, BGBl I 2020/24)*

(BGBl 1982/370; BGBl 1986/325; BGBl 1993/532; BGBl I 2010/29)

Die neugefassten §§ 78 und 79 waren bis zur Novelle BGBl 1982/370 die §§ 77 und 78. Der bisherige § 79 wurde aufgehoben.

Verständigung der Arbeitnehmer

§ 78a. Der Insolvenzverwalter hat die Arbeitnehmer des Schuldners unverzüglich von der Eröffnung des Insolvenzverfahrens zu verständigen, wenn sie nicht bereits vom Insolvenzgericht verständigt worden sind oder die Eröffnung des Insolvenzverfahrens nicht allgemein bekannt ist.

(BGBl I 2002/75; BGBl I 2010/29)

Bekanntmachung der Aufhebung des Insolvenzverfahrens

§ 79. (1) Ist der Beschluss, mit dem das Insolvenzverfahren eröffnet worden ist, auf Grund eines Rekurses rechtskräftig abgeändert worden, so ist dies in derselben Weise öffentlich bekannt zu machen, wie die Eröffnung des Insolvenzverfahrens.

(2) Die Beendigung der Wirkungen der Eröffnung des Insolvenzverfahrens ist den Behörden und Stellen mitzuteilen, die gemäß §§ 75 und 78 von der Eröffnung des Insolvenzverfahrens benachrichtigt worden sind.

(3) Gleichzeitig ist zu veranlassen, daß die gemäß § 77 vollzogenen Anmerkungen der Eröffnung des Insolvenzverfahrens und die Eintragung in die Insolvenzdatei gelöscht und alle die freie Verfügung des Schuldners beschränkenden Maßnahmen aufgehoben werden.

(BGBl I 1997/114; BGBl I 2002/75; BGBl I 2010/29)

vgl §§ 152b (4), 196 (1)

Dritter Abschnitt
Organe des Insolvenzverfahrens

Insolvenzverwalter

§ 80. (1) Das Insolvenzgericht hat bei der Eröffnung des Verfahrens von Amts wegen einen Insolvenzverwalter zu bestellen. Lehnt der Bestellte die Übernahme der Tätigkeit ab, wird er seines Amtes enthoben oder fällt er sonst weg, so hat das Gericht von Amts wegen eine andere Person zum Insolvenzverwalter zu bestellen; die Bestellung eines anderen Insolvenzverwalters ist öffentlich bekanntzumachen.

(2) Zum Insolvenzverwalter ist eine unbescholtene, verlässliche und geschäftskundige Person zu bestellen, die Kenntnisse im Insolvenzwesen hat.

(3) Die in Aussicht genommene Person muss in Insolvenzverfahren, die Unternehmen betreffen, ausreichende Fachkenntnisse des Wirtschaftsrechts oder der Betriebswirtschaft haben oder eine erfahrene Persönlichkeit des Wirtschaftslebens sein. Wenn das Insolvenzverfahren ein Unternehmen betrifft, das im Hinblick auf seine Größe,

seinen Standort, seine wirtschaftlichen Verflechtungen oder aus anderen gleich wichtigen Gründen von wirtschaftlicher Bedeutung ist, eine im Insolvenzwesen besonders erfahrene Person heranzuziehen. Erforderliche Anfragen des Gerichts über diese Eigenschaften sind von den Behörden und den zuständigen gesetzlichen Interessenvertretungen umgehend zu beantworten.

(4) Dem Insolvenzverwalter ist auf dessen Antrag eine Bestellungsurkunde auszufertigen. *(BGBl I 2020/24)*

(5) Zum Insolvenzverwalter kann auch eine juristische Person oder eine eingetragene Personengesellschaft bestellt werden. Sie hat dem Gericht bekanntzugeben, wer sie bei Ausübung der Insolvenzverwaltung vertritt. *(BGBl I 2019/38)*

(BGBl 1982/370; BGBl I 2002/75; BGBl I 2010/29)

Auswahl des Insolvenzverwalters

§ 80a. (1) Das Insolvenzgericht hat eine für den jeweiligen Einzelfall geeignete Person auszuwählen, die eine zügige Durchführung des Insolvenzverfahrens gewährleistet. Dabei hat das Gericht insbesondere das Vorhandensein einer hinreichenden Kanzleiorganisation und einer zeitgemäßen technischen Ausstattung sowie die Belastung mit anhängigen Insolvenzverfahren zu berücksichtigen.

(2) Bei der Auswahl hat das Gericht weiters zu berücksichtigen:

1. allfällige besondere Kenntnisse, insbesondere der Betriebswirtschaft sowie des Insolvenz-, Steuer- und Arbeitsrechts,

2. die bisherige Tätigkeit der in Aussicht genommenen Person als Insolvenzverwalter und

3. deren Berufserfahrung.

(3) Erfüllt keine der in die Insolvenzverwalterliste aufgenommenen Personen diese Anforderungen oder ist keine bereit, die Insolvenzverwaltung zu übernehmen, oder ist eine besser geeignete, zur Übernahme bereite Person nicht in die Liste eingetragen, so kann das Insolvenzgericht eine nicht in die Insolvenzverwalterliste eingetragene Person auswählen.

(BGBl I 2002/75; BGBl I 2010/29)

Unabhängigkeit des Insolvenzverwalters

§ 80b. (1) Der Insolvenzverwalter muss vom Schuldner und von den Gläubigern unabhängig sein. Er darf kein naher Angehöriger (§ 32) und kein Konkurrent des Schuldners sein und auch nicht in einem vorangegangenen Reorganisationsverfahren Reorganisationsprüfer gewesen sein. *(BGBl I 2010/29)*

(2) Der Insolvenzverwalter hat Umstände, die geeignet sind, seine Unabhängigkeit in Zweifel

IO

zu ziehen, unverzüglich dem Gericht anzuzeigen. Er hat dem Insolvenzgericht jedenfalls bekannt zu geben, dass er *(BGBl I 2010/29)*

1. den Schuldner , dessen nahe Angehörige (§ 32) oder organschaftliche Vertreter vertritt oder berät oder dies innerhalb von fünf Jahren vor Eröffnung des Insolvenzverfahrens getan hat, *(BGBl I 2010/29)*

2. einen Gläubiger des Schuldners vertritt oder berät oder einen Gläubiger gegen den Schuldner innerhalb von drei Jahren vor Eröffnung des Insolvenzverfahrens vertreten oder beraten hat oder *(BGBl I 2010/29)*

3. einen unmittelbaren Konkurrenten oder vom Verfahren wesentlich Betroffenen vertritt oder berät.

(3) Ist der Insolvenzverwalter eine juristische Person, so hat diese das Vorliegen einer Vertretung oder Beratung nach Abs. 2 Z 1 bis 3 auch hinsichtlich des Gesellschafter, der zur Vertretung nach außen berufenen sowie der maßgeblich an dieser juristischen Person beteiligten Personen dem Insolvenzgericht bekannt zu geben. *(BGBl I 2010/29)*

Fassung ab 17. 7. 2021 (BGBl I 2021/147):
(3) Ist der Insolvenzverwalter eine juristische Person oder eine eingetragene Personengesellschaft, so hat diese das Vorliegen einer Vertretung oder Beratung nach Abs. 2 Z 1 bis 3 auch hinsichtlich des Gesellschafter, der zur Vertretung nach außen berufenen sowie der maßgeblich an dieser juristischen Person oder dieser eingetragenen Personengesellschaft beteiligten Personen dem Insolvenzgericht bekannt zu geben. *(BGBl I 2010/29; BGBl I 2021/147)*

(4) Die vom Insolvenzverwalter bekannt gegebenen Umstände sind in der ersten Gläubigerversammlung zu erörtern; bei späterer Bekanntgabe in einer zu diesem Zweck vom Gericht einberufenen Gläubigerversammlung. *(BGBl I 2010/29)*

(BGBl I 2002/75)

Pflichten und Verantwortlichkeit des Insolvenzverwalters

§ 81. (1) Der Insolvenzverwalter hat die durch den Gegenstand seiner Geschäftsführung gebotene Sorgfalt (§ 1299 ABGB) anzuwenden und über seine Verwaltung genaue Rechnung zu legen. *(BGBl 1982/370; BGBl I 1997/114; BGBl I 2010/29)*

(2) Gegenüber den Sonderinteressen einzelner Beteiligter hat er die gemeinsamen Interessen zu wahren.

(3) Der Insolvenzverwalter ist allen Beteiligten für Vermögensnachteile, die er ihnen durch pflichtwidrige Führung seines Amtes verursacht, verantwortlich. *(BGBl I 2010/29)*

(4) Der Insolvenzverwalter hat die ihm zugewiesenen Tätigkeiten selbst auszuüben. Für einzelne Tätigkeiten, insbesondere die Prüfung der Bücher, die Schätzung des Anlage- und Umlaufvermögens und die vorausschauende Beurteilung der Erfolgsaussichten einer Unternehmensfortführung kann er Dritte mit Zustimmung des Gerichtes heranziehen. Diese darf nur erteilt werden, wenn die betreffende Tätigkeit besondere Schwierigkeiten bietet, der zu Betreuende zur Erfüllung der Aufgabe geeignet und verläßlich ist und eine wesentliche Schmälerung der Masse nicht zu gewärtigen ist. Unter diesen Voraussetzungen kann das Gericht auch von Amts wegen oder auf Antrag des Insolvenzverwalters oder des Gläubigerausschusses die Prüfung durch Sachverständige anordnen. Gegen diesen Beschluß ist kein Rechtsmittel zulässig. *(BGBl 1982/370; BGBl I 2010/29)*

Tätigkeit des Insolvenzverwalters

§ 81a. (1) Der Insolvenzverwalter hat sich unverzüglich genaue Kenntnis zu verschaffen über *(BGBl I 2010/29)*

1. die wirtschaftliche Lage,

2. die bisherige Geschäftsführung,

3. die Ursachen des Vermögensverfalls,

4. das Ausmaß der Gefährdung von Arbeitsplätzen,

5. das Vorliegen von Haftungserklärungen Dritter und

6. alle für die Entschließung der Gläubiger wichtigen Umstände.

(2) Er hat ferner unverzüglich den Stand der Masse zu ermitteln, für die Einbringung und Sicherstellung der Aktiven sowie für die Feststellung der Schulden, insbesondere durch Prüfung der angemeldeten Ansprüche, zu sorgen und Rechtsstreitigkeiten, die die Masse ganz oder teilweise betreffen, zu führen.

(3) Der Insolvenzverwalter hat unverzüglich zu prüfen, ob das Unternehmen fortgeführt oder wieder eröffnet werden kann. Er hat spätestens bis zur Berichtstagsatzung zu prüfen, ob *(BGBl I 2010/29)*

1. eine Fortführung möglich ist und *(BGBl I 2010/29)*

2. ob ein Sanierungsplan dem gemeinsamen Interesse der Insolvenzgläubiger entspricht und ob dessen Erfüllung voraussichtlich möglich sein wird. *(BGBl I 2010/29)*

(BGBl I 1997/114)

Entlohnung des Insolvenzverwalters

§ 82. (1) Der Insolvenzverwalter hat Anspruch auf eine Entlohnung zuzüglich Umsatzsteuer sowie auf Ersatz seiner Barauslagen. Die Entloh-

nung beträgt in der Regel 3 000 Euro zuzüglich *(BGBl I 2010/29; BGBl I 2017/122, anzuwenden (§ 278 Abs 6), wenn der Entlohnungsantrag des Insolvenzverwalters nach dem 15. Juli 2017 gestellt wird)*
von den ersten 22 000 Euro der

Bemessungsgrundlage 20%,

von dem Mehrbetrag

bis zu 100 000 Euro 15%,

von dem Mehrbetrag

bis zu 500 000 Euro 10%,

von dem Mehrbetrag

bis zu 1 000 000 Euro 8%,

von dem Mehrbetrag

bis zu 2 000 000 Euro 6%,

von dem Mehrbetrag

bis zu 3 000 000 Euro 4%,

von dem Mehrbetrag

bis zu 6 000 000 Euro 2%,

und von dem darüber

hinausgehenden Betrag .... 1%.
(BGBl I 2001/98; BGBl I 2017/122, anzuwenden (§ 278 Abs 6), wenn der Entlohnungsantrag des Insolvenzverwalters nach dem 15. Juli 2017 gestellt wird, ab 26. 6. 2017)

(2) Bemessungsgrundlage nach Abs. 1 ist der bei der Verwertung erzielte Bruttoerlös, um dessen Einbringlichmachung sich der Insolvenzverwalter verdient gemacht hat, einschließlich der bei Verwertung von Sondermassen der Insolvenzmasse zufließenden Beträge und unter Abzug der Beträge, die aus der Masse an den Insolvenzverwalter oder an Dritte (§ 81 Abs. 4) geleistet wurden. *(BGBl I 2010/29)*

(3) Für die Fortführung des Unternehmens gebührt dem Insolvenzverwalter bei Vorlage des Kostenvoranschlags längstens innerhalb eines Monats ab Eröffnung des Insolvenzverfahrens, sonst ab Vorlage keine besondere Entlohnung, die den vom Insolvenzverwalter nach § 125a angesprochenen Betrag nicht um mehr als 15% überschreiten darf. *(BGBl I 2010/29)*

(4) Der Insolvenzverwalter kann den Ersatz von Auslagen, die ihm dadurch erwachsen sind, daß er Dritte (§ 81 Abs. 4) heranzieht, nur verlangen, wenn das Gericht zugestimmt hat. *(BGBl I 2010/29)*

(BGBl I 1999/73)

Entlohnung bei Sanierungsplan

§ 82a. (1) Bei Annahme eines Sanierungsplans beträgt die Entlohnung des Insolvenzverwalters in der Regel 3 000 Euro zuzüglich von den ersten 50 000 Euro des zur Befriedigung der Insolvenzgläubiger *(BGBl I 2010/29; BGBl I 2017/122, anzuwenden (§ 278 Abs 6), wenn der Entlohnungsantrag des Insolvenzverwalters nach dem 15. Juli 2017 gestellt wird)*
erforderlichen Betrags 4%,

von dem Mehrbetrag

bis zu 500 000 Euro 3%,

von dem Mehrbetrag

bis zu 1 500 000 Euro 2%,

und von dem darüber

hinausgehenden Betrag .... 1%.
(BGBl I 2001/98; BGBl I 2017/122, anzuwenden (§ 278 Abs 6), wenn der Entlohnungsantrag des Insolvenzverwalters nach dem 15. Juli 2017 gestellt wird)

(2) Wurden auch Erlöse im Sinn des § 82 erzielt, so gebührt dem Insolvenzverwalter auch eine Entlohnung nach § 82. Die Mindestentlohnung nach § 82 Abs. 1 steht ihm jedoch nicht zu. *(BGBl I 2010/29)*

(BGBl I 1999/73)

Erhöhung der Entlohnung

§ 82b. Die Regelentlohnung nach §§ 82 und 82a erhöht sich, soweit dies unter Berücksichtigung außergewöhnlicher Umstände geboten ist, und zwar insbesondere im Hinblick auf

1. die Größe und Schwierigkeit des Verfahrens,

2. den mit der Bearbeitung der Arbeitsverhältnisse verbundenen besonderen Aufwand,

3. den mit der Prüfung der Aus- und Absonderungsrechte verbundenen besonderen Aufwand oder

4. den für die Insolvenzgläubiger erzielten besonderen Erfolg. *(BGBl I 2010/29)*

(BGBl I 1999/73)

Verminderung der Entlohnung

§ 82c. Die Regelentlohnung nach §§ 82 und 82a vermindert sich, soweit dies unter Berücksichtigung außergewöhnlicher Umstände geboten ist, und zwar insbesondere im Hinblick auf

1. die Einfachheit des Verfahrens,

2. die geringe Anzahl der Arbeitnehmer,

3. die Tatsache, dass der Insolvenzverwalter auf bestehende Strukturen des Unternehmens des Schuldners zurückgreifen konnte oder *(BGBl I*

IO

2017/122, anzuwenden (§ 278 Abs 6), wenn der Entlohnungsantrag des Insolvenzverwalters nach dem 15. Juli 2017 gestellt wird)

4. die Tatsache, daß der erzielte Erfolg nicht auf die Tätigkeit des Insolvenzverwalters zurückzuführen war, sondern auf Leistungen des Schuldners oder Dritter. *(BGBl I 2010/29)*

(BGBl I 1999/73)

Entlohnung bei Verwertung einer Sondermasse

§ 82d. Für die besondere Verwaltung, Verwertung und Verteilung einer Sondermasse gebührt dem Insolvenzverwalter eine besondere Entlohnung. Sie beträgt in der Regel *(BGBl I 2010/29)*

1. bei gerichtlicher Veräußerung von den ersten 250 000 Euro des bei der Verwertung der Sondermasse erzielten, nicht in die gemeinschaftliche

Insolvenzmasse fließenden Erlöses........ 3%,

von dem Mehrbetrag

bis zu 1 000 000 Euro 2%,

und von dem darüber

hinausgehenden Betrag .... 1%.

(BGBl I 2001/98; BGBl I 2010/29)

2. bei anderer Verwertungsart von den ersten 250 000 Euro des bei der Verwertung der Sondermasse erzielten, nicht in die gemeinschaftliche

Insolvenzmasse fließenden Erlöses........ 4%,

von dem Mehrbetrag

bis zu 1 000 000 Euro 2,75%,

und von dem darüber

hinausgehenden Betrag .... 1,5%.

(BGBl I 2001/98; BGBl I 2010/29)

§§ 82b und 82c gelten sinngemäß.

(BGBl I 1999/73)

Befugnisse des Insolvenzverwalters

§ 83. (1) Im Verhältnis zu Dritten ist der Insolvenzverwalter, außer in den Fällen des § 117, kraft seiner Bestellung befugt, alle Rechtsgeschäfte und Rechtshandlungen vorzunehmen, welche die Erfüllung der Obliegenheiten seines Amtes mit sich bringt, insoweit nicht das Insolvenzgericht im einzelnen Fall eine Beschränkung der Befugnisse des Insolvenzverwalters verfügt und dem Dritten bekannt gegeben hat.

(2) Bedarf der Insolvenzverwalter eines besonderen Ausweises zur Vornahme eines Geschäftes oder einer Rechtshandlung, so ist ihm vom Insolvenzgericht von Fall zu Fall eine Ermächtigungsurkunde auszufertigen.

(BGBl 1982/370; BGBl I 2002/75; BGBl I 2010/29)

Überwachung des Insolvenzverwalters

§ 84. (1) Das Insolvenzgericht hat die Tätigkeit des Insolvenzverwalters zu überwachen. Es kann ihm schriftlich oder mündlich Weisungen erteilen, Berichte und Aufklärungen einholen, Rechnungen oder sonstige Schriftstücke einsehen und die erforderlichen Erhebungen vornehmen. Das Gericht kann anordnen, daß der Insolvenzverwalter über bestimmte Fragen Weisungen des Gläubigerausschusses einholt.

(2) Kommt der Insolvenzverwalter seinen Obliegenheiten nicht oder nicht rechtzeitig nach, so kann ihn das Gericht zur pünktlichen Erfüllung seiner Pflichten durch Geldstrafen anhalten und in dringenden Fällen auf seine Kosten und Gefahr zur Besorgung einzelner Geschäfte einen besonderen Verwalter bestellen.

(3) Über Beschwerden eines Gläubigers, eines Mitglieds des Gläubigerausschusses oder des Schuldners gegen einzelne Maßnahmen oder das Verhalten des Insolvenzverwalters entscheidet das Insolvenzgericht. Gegen dessen Entscheidung ist kein Rechtsmittel zulässig.

(BGBl 1982/370; BGBl I 2010/29)

Stellvertreter des Insolvenzverwalters

§ 85. Aus Zweckmäßigkeitsgründen kann ein Stellvertreter des Insolvenzverwalters bestellt werden, der ihn im Falle der Verhinderung zu vertreten hat. Auf den Stellvertreter sind die für den Insolvenzverwalter geltenden Bestimmungen anzuwenden.

(BGBl I 2010/29)

Besondere Verwalter

§ 86. (1) Das Insolvenzgericht kann dem Insolvenzverwalter besondere Verwalter beigeben, wenn *(BGBl I 2010/29)*

1. es der Umfang des Geschäfts erfordert,

a) für bestimmte Zweige der Verwaltung, insbesondere für die Verwaltung von unbeweglichem Vermögen,

b) für einzelne Tätigkeiten, insbesondere für solche, die besonderer Kenntnisse oder Fähigkeiten bedürfen,

2. dem Insolvenzverwalter die Unabhängigkeit gegenüber einem Gläubiger (§ 80b Abs. 2 Z 2) fehlt. *(BGBl I 2010/29)*

Die Rechte und Pflichten solcher Verwalter richten sich innerhalb ihres Geschäftskreises nach den für den Insolvenzverwalter geltenden Bestimmungen. *(BGBl I 2002/75; BGBl I 2010/29)*

(2) Ist jedoch schon vor der Eröffnung des Insolvenzverfahrens die Zwangsverwaltung erwirkt worden, so ist der Zwangsverwalter, wenn nicht überwiegende Gründe die Bestellung einer anderen Person notwendig machen, zum besonderen Verwalter zu bestellen. *(BGBl I 2010/29)*

(3) Haben Absonderungsgläubiger die Zwangsverwaltung erst nach der Eröffnung des Insolvenzverfahrens erwirkt, so ist dem schon bestellten besonderen Verwalter in der Regel auch das Amt des Zwangsverwalters zu übertragen. *(BGBl I 2010/29)*

Enthebung des Insolvenzverwalters

§ 87. (1) Das Insolvenzgericht kann den Insolvenzverwalter aus wichtigen Gründen von Amts wegen oder auf Antrag entheben.

(2) Ein Enthebungsantrag kann jederzeit vom Schuldner oder von jedem Mitglied des Gläubigerausschusses gestellt werden. Die erste und jede spätere zur Verhandlung dieses Gegenstands einberufene Gläubigerversammlung (§ 91 Abs. 1) können die Enthebung beantragen. Der Enthebungsantrag ist zu begründen.

(3) Vor der Entscheidung hat das Gericht die Mitglieder des Gläubigerausschusses, und, wenn tunlich, den Insolvenzverwalter zu vernehmen.

(BGBl 1982/370; BGBl I 2002/75; BGBl I 2010/29)

Belohnung der bevorrechteten Gläubigerschutzverbände

§ 87a. (1) Die bevorrechteten Gläubigerschutzverbände haben für ihre Tätigkeit zur Unterstützung des Gerichts sowie für die Vorbereitung eines Sanierungsplans bzw. für die Ermittlung und Sicherung des Vermögens zum Vorteil aller Gläubiger einen Anspruch auf Belohnung zuzüglich Umsatzsteuer. Diese beträgt für alle am Verfahren teilnehmenden bevorrechteten Gläubigerschutzverbände gemeinsam in der Regel *(BGBl I 2010/29)*

1. 10% der dem Insolvenzverwalter nach §§ 82 bis 82c zugesprochenen Nettoentlohnung, wenn es zu einer Verteilung an die Insolvenzgläubiger oder zu einer Aufhebung des Insolvenzverfahrens mit Einverständnis der Gläubiger kommt, und *(BGBl I 2010/29; BGBl I 2017/122, anzuwenden (§ 287 Abs 7), wenn das Insolvenzverfahren nach dem 15. Juli 2017 aufgehoben wird)*

2. 15% der dem Insolvenzverwalter nach §§ 82 bis 82c zugesprochenen Nettoentlohnung bei Annahme eines Sanierungsplans. *(BGBl I 2010/29)*

(2) Die Belohnung ist unter den bevorrechteten Gläubigerschutzverbänden in der Regel wie folgt aufzuteilen:

1. 30% der Belohnung sind gleichteilig aufzuteilen;

2. 70% der Belohnung sind nach Anzahl der vom jeweiligen bevorrechteten Gläubigerschutzverband vertretenen Gläubiger unter denjenigen bevorrechteten Gläubigerschutzverbänden aufzuteilen, die nicht überwiegend Gläubiger vertreten, deren Forderungen kraft Gesetzes großteils auf eine Garantieeinrichtung übergegangen sind.

(3) Von der Regelbelohnung kann das Gericht unter sinngemäßer Anwendung der §§ 82b und 82c abweichen.

(BGBl I 1999/73)

Gläubigerausschuß

§ 88. (1) Das Gericht hat unverzüglich dem Insolvenzverwalter von Amts wegen oder auf Antrag der ersten oder einer späteren zur Verhandlung dieses Gegenstands einberufenen Gläubigerversammlung (§ 91 Abs. 1) einen Gläubigerausschuß von drei bis sieben Mitgliedern (hievon eines für die Belange der Arbeitnehmer) beizuordnen, wenn die Eigenart oder der besondere Umfang des Unternehmens des Schuldners dies geboten erscheinen läßt. Im Fall einer beabsichtigten Veräußerung oder Verpachtung nach § 117 Abs. 1 Z 1 oder 2 hat das Gericht dem Insolvenzverwalter stets einen Gläubigerausschuss beizuordnen. Hiebei ist, wenn tunlich, auf Vorschläge der Gläubiger, der im Unternehmen errichteten Organe der Belegschaft sowie der gesetzlichen und der freiwilligen Interessenvertretungen der Gläubiger (einschließlich der bevorrechteten Gläubigerschutzverbände) Bedacht zu nehmen. Organe der Belegschaft und gesetzliche Interessenvertretungen sind, wenn es rechtzeitig möglich ist, jedenfalls zu vernehmen; erforderliche Anfragen des Gerichtes sind von den gesetzlichen Interessenvertretungen umgehend zu beantworten. Die Beiordnung des Gläubigerausschusses und die Namen der Mitglieder sind öffentlich bekannt zu machen. *(BGBl I 2002/75; BGBl I 2010/29)*

(2) Zu Mitgliedern des Gläubigerausschusses können auch physische und juristische Personen, die nicht Gläubiger sind, sowie Dienststellen der Gebietskörperschaften bestellt werden. Jedes Mitglied kann sich bei der Erfüllung seiner Pflichten auf eigene Gefahr und Kosten vertreten lassen.

(3) Das Gericht hat Mitglieder des Gläubigerausschusses von Amts wegen oder auf Antrag der ersten oder einer späteren zur Verhandlung dieses Gegenstands einberufenen Gläubigerversammlung (§ 91 Abs. 1) aus wichtigen Gründen, insbesondere, wenn sie ihren Obliegenheiten nicht oder nicht rechtzeitig nachkommen, zu entheben.

IO

(4) Lehnt ein Mitglied des Gläubigerausschusses die Übernahme der Tätigkeit ab, wird es seines Amtes enthoben oder fällt es sonst weg, so hat das Gericht eine andere Person zum Mitglied des Gläubigerausschusses zu bestellen.

(BGBl 1982/370)

Pflichten, Verantwortlichkeit und Belohnung des Gläubigerausschusses

§ 89. (1) Der Gläubigerausschuß hat die Pflicht, den Insolvenzverwalter zu überwachen und zu unterstützen. Er hat die Kasse des Insolvenzverwalters durch wenigstens zwei seiner Mitglieder von Zeit zu Zeit und jedesmal, wenn dies das Insolvenzgericht anordnet, prüfen zu lassen. *(BGBl I 2010/29)*

(2) Die Mitglieder des Gläubigerausschusses dürfen zur Insolvenzmasse gehörige Sachen selbst oder durch Dritte anders als durch Übernahmsantrag oder bei einer öffentlichen Versteigerung nur mit Genehmigung der Gläubigerversammlung an sich bringen. Sie sind allen Beteiligten für Vermögensnachteile, die sie durch Übertretung dieser Vorschrift oder sonst durch pflichtwidriges Verhalten verursachen, verantwortlich und können vom Insolvenzgericht durch Ordnungsstrafen zur Erfüllung ihrer Pflichten angehalten werden. *(BGBl I 2010/29)*

(3) Der Gläubigerausschuss ist vom Insolvenzgericht oder vom Insolvenzverwalter schriftlich einzuberufen, wobei in den Fällen des § 117 auch der Schuldner mit dem Hinweis zu verständigen ist, dass ihm eine Teilnahme an der Sitzung freisteht. Die Einberufung kann jedes Mitglied des Gläubigerausschusses unter Darlegung der Gründe beantragen; der Gläubigerausschuß ist insbesondere einzuberufen, wenn es von der Mehrheit des Gläubigerausschusses beantragt wird. Zu einem Beschluß bedarf es so vieler Stimmen, als der Mehrheit aller Mitglieder des Gläubigerausschusses entspricht. Die Abstimmung kann auf schriftlichem Weg stattfinden. In eigener Sache kann niemand mitstimmen. *(BGBl I 2002/75; BGBl I 2010/29)*

(4) Jedes Mitglied des Gläubigerausschusses, das mit seiner Auffassung nicht durchdringt, kann einen Minderheitsbericht abfassen und dem Gericht vorlegen. *(BGBl I 2010/29)*

(5) Den Mitgliedern des Gläubigerausschusses gebührt keine Belohnung, wohl aber der Ersatz ihrer notwendigen Auslagen. Werden ihnen jedoch durch Verfügung des Insolvenzgerichts oder Beschluß des Gläubigerausschusses besondere Geschäfte übertragen, so kann ihnen mit Genehmigung des Insolvenzgerichts eine besondere Vergütung gewährt werden. *(BGBl I 2010/29)*

(BGBl 1982/370)

Rechte des Insolvenzgerichts beim Mangel eines Gläubigerausschusses

§ 90. Solange ein Gläubigerausschuß nicht bestellt ist, hat das Insolvenzgericht die dem Gläubigerausschuß zugewiesenen Obliegenheiten. Wenn die Zustimmung des Gläubigerausschusses vorgeschrieben ist, kann das Insolvenzgericht den Beschluß der Gläubigerversammlung einholen.

(BGBl 1982/370; BGBl I 2010/29)

Gläubigerversammlung

§ 91. (1) Die Gläubigerversammlung wird vom Insolvenzgericht einberufen und geleitet. Sie ist insbesondere einzuberufen, wenn es vom Insolvenzverwalter, vom Gläubigerausschuß oder von wenigstens zwei Insolvenzgläubigern, deren Forderungen nach Schätzung des Insolvenzgerichts den vierten Teil der Insolvenzforderungen erreichen, unter Angabe des Verhandlungsgegenstandes beantragt wird. *(BGBl 1982/370; BGBl I 2010/29)*

(2) Die Einberufung ist unter Angabe des Verhandlungsgegenstandes öffentlich bekanntzumachen. Die öffentliche Bekanntmachung kann entfallen, wenn in einer Gläubigerversammlung die Fortsetzung der Verhandlung unter Festsetzung von Ort, Tag und Stunde angeordnet wird.

(3) Über Gegenstände, deren Verhandlung nicht in dieser Weise angekündigt worden ist, können Beschlüsse nicht gefaßt werden; hievon ist jedoch der Beschluß über den Antrag auf Einberufung einer neuen Gläubigerversammlung ausgenommen.

Berichtstagsatzung

§ 91a. Das Gericht hat eine Gläubigerversammlung, in der die Entscheidung über die weitere Vorgangsweise (Fortführung oder Schließung des Unternehmens, Sanierungsplan) getroffen werden soll, anzuberaumen, wenn das Unternehmen noch nicht geschlossen wurde. Diese Tagsatzung kann mit der allgemeinen Prüfungstagsatzung verbunden werden. Sie hat spätestens 90 Tage nach Eröffnung des Insolvenzverfahrens stattzufinden. Sie kann auch den Zweck der ersten Gläubigerversammlung erfüllen, die in diesem Fall entfällt. Sie ist, wenn sie gleichzeitig mit der Eröffnung des Insolvenzverfahrens angeordnet wird, im Edikt, sonst gesondert, öffentlich bekanntzumachen.

(BGBl I 1997/114; BGBl I 2010/29)

Beschlusserfordernisse in der Gläubigerversammlung[1]

[1] Überschrift idF BGBl I 2010/29.

§ 92. (1) Beschlüsse und Anträge bedürfen der absoluten Mehrheit der Stimmen, die nach dem Betrag der Forderungen zu berechnen ist.

(2) Es sind nur die Stimmen der bei der Gläubigerversammlung erschienenen Insolvenzgläubiger zu zählen.

(3) Ein Mitstimmen in eigener Sache ist nur bei Anträgen möglich.

(BGBl I 2010/29)

Stimmrecht bei der Gläubigerversammlung[1]
[1] *Überschrift idF BGBl I 2010/29.*

§ 93. (1) Zur Teilnahme an den Abstimmungen berechtigen die festgestellten Insolvenzforderungen.

(2) Für Forderungen der Absonderungsgläubiger und der Gläubiger einer eingetragenen Personengesellschaft im Insolvenzverfahren eines unbeschränkt haftenden Gesellschafters wird ein Stimmrecht nur gewährt, soweit der Gläubiger dies begehrt, und nur für den Teil der Forderung, der voraussichtlich durch die anderweitige Geltendmachung nicht gedeckt ist.

(3) Gläubiger, deren Forderungen noch nicht geprüft, die bestritten oder bedingt sind, sowie Gläubiger im Sinne des Abs. 2 nehmen zunächst an der Abstimmung teil.

(4) Stellt sich heraus, dass das Ergebnis der Abstimmung verschieden ist, je nachdem ob und inwieweit die von einem der in Abs. 3 genannten Gläubiger abgegebene Stimme gezählt wird oder nicht, so hat das Insolvenzgericht nach vorläufiger Prüfung und Einvernehmung der Parteien zu entscheiden, ob und inwieweit die Stimme dieses Gläubigers zu zählen ist. Ein Rechtsmittel gegen die Entscheidung ist unzulässig, doch kann die Entscheidung auf Antrag bei einer späteren Abstimmung abgeändert werden.

(BGBl I 2010/29)

Forderungserwerb durch Abtretung[1]
[1] *Überschrift idF BGBl I 2010/29.*

§ 94. Insolvenzgläubigern, die erst nach der Eröffnung des Insolvenzverfahrens die Forderung durch rechtsgeschäftliche Abtretung erworben haben, gebührt kein Stimmrecht, es sei denn, dass sie die Forderung aufgrund eines vor der Eröffnung des Insolvenzverfahrens eingegangenen Verpflichtungsverhältnisses übernommen haben.

(BGBl I 2010/29)

Aufhebung von Beschlüssen

§ 95. (1) Die Beschlüsse des Gläubigerausschusses sind vom Insolvenzverwalter dem Insolvenzgericht unverzüglich mitzuteilen. *(BGBl I 2010/29)*

(2) Das Insolvenzgericht hat einen Beschluss des Gläubigerausschusses oder der Gläubigerversammlung von Amts wegen oder auf Antrag des Insolvenzverwalters oder jedes Mitglieds des Gläubigerausschusses binnen acht Tagen aufzuheben, wenn er dem gemeinsamen Interesse der Insolvenzgläubiger widerspricht oder andere gleich gewichtige Gründe vorliegen. *(BGBl I 2002/75; BGBl I 2010/29)*

(3) In dringenden Fällen kann das Gericht zur Unterbindung eines offenbaren Nachteils den Beschluß des Gläubigerausschusses oder der Gläubigerversammlung durch eine andere Verfügung ersetzen. *(BGBl I 2002/75, vormalige Abs 3 und 5 wurden aufgehoben, Abs 4 wurde zu Abs 3)*

(BGBl 1982/370)

Vierter Abschnitt

Feststellung der Insolvenzmasse

Inventar und Schätzung

§ 96. (1) Über die Masse ist, wenn möglich unter Zuziehung des Schuldners, vom Insolvenzverwalter unverzüglich ein Inventar zu errichten. Das Insolvenzgericht kann die zur Durchführung dieser Maßnahmen erforderlichen Anordnungen treffen; es kann von Amts wegen oder auf Antrag des Insolvenzverwalters ein Vollstreckungsorgan mit der Errichtung des Inventars betrauen, sofern voraussichtlich Gegenstände zur Masse gehören, die nach Abs. 2 von diesem geschätzt werden können. *(BGBl 1982/370; BGBl I 2003/92; BGBl I 2010/29)*

(2) Mit der Errichtung des Inventars ist in der Regel die Schätzung zu verbinden; sie kann jedoch aus Zweckmäßigkeitsgründen vom Insolvenzgericht aufgeschoben werden. Die Zuziehung eines Sachverständigen zum Zwecke der Schätzung genügt; auch diese Zuziehung kann entfallen, wenn Mitglieder des Gläubigerausschusses die Bewertung mit Genehmigung des Insolvenzgerichts selbst vornehmen. Wohnungseinrichtungsstücke und sonstige Gegenstände minderen und allgemein bekannten Werts können auch von dem mit der Inventarisierung betrauten Vollstreckungsorgan geschätzt werden. *(BGBl 1982/370; I 1997/114; BGBl I 2003/92; BGBl I 2010/29)*

(3) Auf Schätzungen unbeweglicher Sachen sind die Vorschriften der Exekutionsordnung sinngemäß anzuwenden.
vgl §§ 140–144 EO sowie das LBG (BGBl 1992/150)

(4) *(entfällt, BGBl I 2003/92)*

a) bei fremden Sachen und Sachen in fremder Gewahrsame

§ 97. (1) Sachen, von denen es zweifelhaft ist, ob sie in die Masse gehören, sind in das Inventar aufzunehmen; die von dritten Personen erhobenen Ansprüche sind anzumerken.

(2) Wer Sachen, die zur Insolvenzmasse gehören, in seiner Gewahrsame hat, ist, sobald er von der Eröffnung des Insolvenzverfahrens Kenntnis erlangt, bei sonstiger Haftung für den durch sein Verschulden verursachten Schaden verpflichtet, dies dem Insolvenzverwalter anzuzeigen sowie die Verzeichnung und Abschätzung zu gestatten. *(BGBl I 2010/29)*

(3) Wer im letzten Jahre vor der Eröffnung des Insolvenzverfahrens Buchforderungen des Schuldners erworben hat, ist verpflichtet, auf Verlangen des Insolvenzverwalters ein Verzeichnis dieser Forderungen zur Verfügung zu stellen sowie Abrechnungen über die jeweils darauf eingegangenen Beträge zu erteilen. *(BGBl I 2010/29)*

(4) Das Insolvenzgericht kann die zur Durchführung dieser Maßnahmen erforderlichen Anordnungen treffen. *(BGBl 1982/370; BGBl I 2010/29)*

b) bei Erbschaften

§ 98. (1) Ist dem Schuldner noch vor der Eröffnung des Insolvenzverfahrens eine Erbschaft angefallen und bis zum Tage der Eröffnung des Insolvenzverfahrens noch nicht eingeantwortet worden, so ist in das Inventar über die Insolvenzmasse nur dasjenige aufzunehmen, was dem Schuldner nach dem Ergebnisse der Verlassenschaftsabhandlung zukommt.

(2) Wird auch über die Erbschaft das Insolvenzverfahren eröffnet, so ist dieses als abgesondertes Insolvenzverfahren zu verhandeln. *(BGBl I 2017/122)*

(3) Die vorstehenden Bestimmungen sind auch auf Erbschaften anzuwenden, die dem Schuldner erst während des Insolvenzverfahrens anfallen. *(BGBl I 2010/29)*

Verpflichtung des Schuldners

§ 99. Der Schuldner ist verpflichtet, dem Insolvenzverwalter alle zur Geschäftsführung erforderlichen Aufklärungen zu erteilen. *(BGBl I 2010/29)*

Vermögensverzeichnis und Bilanz

§ 100. (1) Das Insolvenzgericht hat einen Schuldner, der vor der Eröffnung des Insolvenzverfahrens ein genaues Vermögensverzeichnis nicht überreicht hat, zu dessen unverzüglicher Vorlage anzuhalten. Vom Vermögensverzeichnis sind so viele gleichlautende Abschriften (Ablich-

tungen) vorzulegen, daß die Verständigungen (§ 75) bewirkt, eine Abschrift dem Insolvenzverwalter zugeleitet und eine weitere für die Gerichtsakten zurückbehalten werden kann; das gilt auch für etwa überreichte Bilanzen. *(BGBl 1982/370; BGBl I 2010/29)*

(2) *(aufgehoben, BGBl I 2010/29) s § 100a*

(3) Hat der Schuldner eine Bilanz vorgelegt, so ist sie vom Insolvenzverwalter zu prüfen und zu berichtigen. Andernfalls kann das Insolvenzgericht dem Insolvenzverwalter auftragen, unter Beobachtung der Vorschriften des § 96, Absatz 2, selbst eine Bilanz aufzustellen. *(BGBl 1982/370; BGBl I 2010/29)*

(4) Der Schuldner muß das Verzeichnis oder die von ihm vorgelegte Bilanz eigenhändig unterschreiben und sich zugleich bereiterklären, vor dem Insolvenzgericht zu unterfertigen, daß seine Angaben über den Aktiv- und Passivstand richtig und vollständig seien und daß er von seinem Vermögen nichts verschwiegen habe. *(BGBl 1991/628; BGBl I 2010/29)*

(5) Sobald der Aktivstand durch das Inventar richtiggestellt ist, hat der Schuldner das Vermögensverzeichnis vor dem Insolvenzgericht auf Antrag des Insolvenzverwalters oder eines Insolvenzgläubigers oder auf Anordnung des Insolvenzgerichts zu unterfertigen. Zu dieser Tagsatzung sind der Insolvenzverwalter, die Mitglieder des Gläubigerausschusses und der Antragsteller zu laden. *(BGBl 1991/628; BGBl I 2010/29)*

(6) Ist eine Verlassenschaft, eine eingetragene Personengesellschaft oder eine juristische Person Schuldner, so bestimmt das Insolvenzgericht, ob alle oder welche von den Erben, unbeschränkt haftenden Gesellschaftern oder Liquidatoren oder von den zur Vertretung der juristischen Person berechtigten Personen das Vermögensverzeichnis vor dem Insolvenzgericht zu unterfertigen haben. *(BGBl 1982/370; BGBl 1991/628; BGBl I 2005/120; BGBl I 2010/29)*

Inhalt des Vermögensverzeichnisses

§ 100a. (1) In das Vermögensverzeichnis sind die einzelnen Vermögensstücke (Aktiven) und Verbindlichkeiten (Passiven) unter Anführung ihres Betrages oder Wertes aufzunehmen. Bei Forderungen ist die Person des Schuldners, bei Verbindlichkeiten die Person des Gläubigers, bei beiden sind der Schuldgrund, der Zeitpunkt der Fälligkeit und etwa bestehende Sicherheiten anzugeben. Bei Forderungen ist weiter anzuführen, ob und inwieweit sie vermutlich einbringlich sein werden. Ist eine Forderung oder eine Schuld streitig, so ist dies anzugeben. Bei Verbindlichkeiten, die dem Gläubiger ein Recht auf abgesonderte Befriedigung gewähren, ist die Höhe des mutmaßlichen Ausfalles anzugeben. Ist ein Gläubiger oder ein Schuldner naher Angehöriger (§ 32) des

Insolvenzschuldners, so ist darauf hinzuweisen, ebenso wenn ein Gläubiger oder Schuldner ein Angestellter des Insolvenzschuldners ist oder mit ihm in einem Gesellschafts- oder anderem Gemeinschaftsverhältnis steht; das Gesellschafts- oder Gemeinschaftsverhältnis ist genau zu bezeichnen. Bei allen Gläubigern und Schuldnern ist die Anschrift anzugeben.

(2) In das Vermögensverzeichnis hat der Schuldner eine Erklärung darüber beizufügen, ob innerhalb der letzten zwei Jahre vor Stellung des Antrags zwischen ihm und seinen nahen Angehörigen eine Vermögensauseinandersetzung stattgefunden hat, ferner ob und welche Verfügungen über Vermögensgegenstände er innerhalb der letzten zwei Jahre vor Stellung des Antrags zugunsten seiner nahen Angehörigen vorgenommen hat. Unentgeltliche Verfügungen bleiben, soweit sie gemäß § 29 Z 1 der Anfechtung entzogen sind, außer Betracht.

(BGBl I 2010/29)

Maßregeln in Ansehung der Person des Schuldners

§ 101. (1) Das Insolvenzgericht kann den Schuldner zwangsweise vorführen lassen, wenn er Ladungen nicht Folge leistet. Desgleichen kann es[1] den Schuldner in Haft nehmen, wenn er die im § 99 bezeichnete Pflicht beharrlich und ohne hinreichenden Grund nicht erfüllt, wenn er dem Auftrag zur Vorlage des Vermögensverzeichnisses oder zur Unterfertigung desselben vor dem Insolvenzgericht nicht nachkommt, oder wenn dies zur Sicherung der Masse oder zur Hintanhaltung von Umtrieben notwendig ist, durch welche die Gläubiger geschädigt werden können. *(BGBl 1982/370; BGBl 1991/628; BGBl I 2010/29)*

(2) Die Haft ist nach den Bestimmungen der §§ 360 bis 366 EO zu vollziehen. Die Gesamtdauer der nach der Eröffnung des Insolvenzverfahrens verhängten Haft darf sechs Monate nicht übersteigen. Die Vollzugs- und Verpflegungskosten gehören zu den Kosten des Insolvenzverfahrens. *(BGBl I 2010/29; BGBl I 2021/86, E.O. ab 1.7.2021 ersetzt durch EO)*

(3) Vor der Beschlußfassung über die Haft oder deren Aufhebung ist, soweit dies tunlich ist, der Gläubigerausschuß zu vernehmen.

---

[1] „es" ergibt sich aus dem Sinn (Der Gesetzestext: „er" verblieb aus dem früheren Bezug auf den Konkurskommissär).

Fünfter Abschnitt
Feststellung der Ansprüche

Geltendmachung der Forderungen

§ 102. Die Insolvenzgläubiger haben ihre Forderungen, auch wenn darüber ein Rechtsstreit anhängig ist, nach den folgenden Vorschriften im Insolvenzverfahren geltend zu machen.

(BGBl I 2010/29, Absatzbezeichnung entfallen, der bisherige Abs 2 ist aufgehoben)

Inhalt der Anmeldung

§ 103. (1) In der Anmeldung sind der Betrag der Forderung und die Tatsachen, auf die sie sich gründet, sowie die in Anspruch genommene Rangordnung anzugeben und die Beweismittel zu bezeichnen, die zum Nachweise der behaupteten Forderung beigebracht werden können. Für die Anmeldung soll das auf der Website der Justiz kundgemachte Formblatt verwendet werden. Meldet ein Gläubiger seine Forderung auf anderem Wege als mithilfe des Formulars an, so muss seine Anmeldung die darin genannten Angaben enthalten. *(BGBl I 2017/122, ab 26. 6. 2017, Übergangsbestimmungen s § 278 Abs 1)*

(2) Bei Forderungen, über die ein Rechtsstreit anhängig ist, hat die Anmeldung auch die Angabe des Prozeßgerichtes und des Aktenzeichens zu enthalten.
vgl § 113a (1)

(3) Absonderungsgläubiger, die ihre Forderungen auch als Insolvenzgläubiger geltend machen, haben den Sachverhalt unter genauer Angabe des Gegenstandes der Absonderung darzulegen und anzugeben, bis zu welchem Betrage ihre Forderungen voraussichtlich durch das Absonderungsrecht gedeckt sind. *(BGBl I 2010/29)*

(4) Der Gläubiger hat auch anzugeben,

1. ob für die Forderung ein Eigentumsvorbehalt besteht und welche Vermögenswerte Gegenstand des Eigentumsvorbehalts sind sowie

2. ob eine Aufrechnung beansprucht wird und wenn ja, die Beträge der zum Zeitpunkt der Eröffnung des Insolvenzverfahrens bestehenden gegenseitigen Forderungen.
(BGBl I 2017/122, ab 26. 6. 2017)

(5) Der Gläubiger soll auch seine E-Mail-Adresse und seine Bankverbindung angeben. *(BGBl I 2017/122, ab 26. 6. 2017)*

Einbringung und Behandlung der Anmeldungen

§ 104. (1) Die Forderungen sind beim Insolvenzgericht schriftlich oder mündlich zu Protokoll anzumelden. Der schriftlichen Anmeldung kann der Antrag auf Insolvenz-Entgelt beigefügt werden. Diesen hat das Gericht ohne weitere Prüfung unverzüglich der zur Entscheidung zuständigen Geschäftsstelle der Insolvenz-Entgelt-Fonds-Service GmbH zu übersenden; das zur Vorlage bei der Geschäftsstelle bestimmte Stück der Forderungsanmeldung ist anzuschließen. *(BGBl 1982/370; BGBl 1994/314; BGBl I 2001/88; BGBl I 2008/82; BGBl I 2010/29; BGBl I 2017/122)*

(2) Mit der Anmeldung im Insolvenzverfahren einer eingetragenen Personengesellschaft kann die Anmeldung derselben Forderung im Insolvenzverfahren der Gesellschafter vereinigt werden. *(BGBl I 2005/120; BGBl I 2010/29)*

(3) Schriftliche, nicht elektronisch eingebrachte Anmeldungen sind in doppelter Ausfertigung zu überreichen. Von den in Urschrift vorgelegten Beilagen ist eine Abschrift anzuschließen. *(BGBl 1982/370; BGBl I 2002/75; BGBl I 2009/30)*

(4) Die zweite Ausfertigung der schriftlichen Anmeldungen und amtliche Abschriften der zu Protokoll gegebenen oder der im elektronischen Rechtsverkehr eingebrachten Anmeldungen sowie Abschriften der Beilagen sind dem Insolvenzverwalter zuzustellen. *(BGBl I 2002/75; BGBl I 2010/29)*

(5) Die Beteiligten können in die Anmeldungen und deren Beilagen Einsicht nehmen.

(6) Der Insolvenzverwalter hat die Forderungen nach der beanspruchten Rangordnung in ein Verzeichnis einzutragen, das dem Insolvenzgericht vorzulegen ist. *(BGBl I 2010/29)*

vgl § 113a (1)

Prüfungsverhandlung

§ 105. (1) Zur Prüfungstagsatzung haben der Insolvenzverwalter und der Schuldner zu erscheinen. Die Geschäftsbücher und Aufzeichnungen des Schuldners sind, soweit tunlich, mitzubringen. *(BGBl I 2010/29)*

(2) Die angemeldeten Forderungen sind nach ihrer Rangordnung, bei gleicher Rangordnung nach der Reihenfolge der Anmeldung zu prüfen.

(3) Der Insolvenzverwalter hat bei jeder angemeldeten Forderung eine bestimmte Erklärung über ihre Richtigkeit und Rangordnung abzugeben; Vorbehalte des Insolvenzverwalters bei Abgabe dieser Erklärung sind unzulässig. *(BGBl I 2010/29)*

(4) Der Schuldner kann die Richtigkeit, aber nicht die Rangordnung angemeldeter Forderungen bestreiten. *(BGBl I 2010/29)*

(5) Insolvenzgläubiger, deren Forderung festgestellt oder deren Stimmrecht anerkannt wird, können die Richtigkeit und Rangordnung angemeldeter Forderungen bestreiten. *(BGBl I 2010/29)*

§ 106. (1) Solange die Prüfungsverhandlung nicht abgeschlossen ist, kann der Gläubiger für seine angemeldete Forderung einen anderen Rang in Anspruch nehmen.

(2) Sonstige Anträge auf Ausdehnung oder Änderung der angemeldeten Forderung sind zuzulassen, wenn dadurch keine Erschwerung der Prüfungsverhandlung eintritt.

(3) Nach Ablauf der Anmeldungsfrist angemeldete Forderungen sind, soweit tunlich, in die Verhandlung einzubeziehen.

Nachträgliche Anmeldungen

§ 107. (1) Für Forderungen, die erst nach Ablauf der Anmeldungsfrist angemeldet und in der allgemeinen Prüfungstagsatzung nicht verhandelt worden sind, ist eine besondere Prüfungstagsatzung anzuordnen. § 105, Absatz 1, findet Anwendung. Forderungen, die später als 14 Tage vor der Tagsatzung zur Prüfung der Schlußrechnung angemeldet werden, sind nicht zu beachten. *(BGBl I 1997/114)*

(2) Das Insolvenzgericht hat die Gläubiger zu dieser besonderen Prüfungstagsatzung durch öffentliche Bekanntmachung oder besonders zu laden. Für die mit dieser Ladung und der Erklärung des Insolvenzverwalters verbundenen Kosten hat jeder Gläubiger, der die Anmeldefrist versäumt hat, dem Insolvenzverwalter 50 Euro zuzüglich Umsatzsteuer zu ersetzen, es sei denn, eine frühere Anmeldung war dem Gläubiger nicht möglich. Dies hat er in der Anmeldung zu behaupten und spätestens in der nachträglichen Prüfungstagsatzung zu bescheinigen. *(BGBl 1982/370; BGBl I 1997/114; BGBl I 2006/8; BGBl I 2010/29)*

(3) Gläubiger, über deren Forderungen erst bei einer besonderen Prüfungstagsatzung verhandelt wird, können früher geprüfte Forderungen nicht bestreiten.

vgl § 113a (2)

Anmeldungsverzeichnis

§ 108. (1) Das Ergebnis der Prüfungsverhandlung ist in das Anmeldungsverzeichnis einzutragen.

(2) Das Verzeichnis gilt als Bestandteil des bei der Prüfungstagsatzung aufzunehmenden Protokolles. Die Gläubiger können beglaubigte Auszüge verlangen.

Feststellung der Forderungen

§ 109. (1) Eine Forderung gilt im Insolvenzverfahren als festgestellt, wenn sie vom Insolvenzverwalter anerkannt und von keinem hierzu berechtigten Insolvenzgläubiger bestritten worden ist.

(2) Eine vom Schuldner ausgehende Bestreitung ist in dem Anmeldungsverzeichnis anzumerken; sie hat jedoch für das Insolvenzverfahren keine rechtliche Wirkung.

(3) *(aufgehoben, BGBl I 2010/29)*

(BGBl I 2010/29)

Bestrittene Forderungen

§ 110. (1) Gläubiger, deren Forderungen in Ansehung der Richtigkeit oder Rangordnung streitig geblieben sind, können deren Feststellung, sofern der streitige Rechtsweg zulässig ist, mit Klage geltend machen, die gegen alle Bestreitenden zu richten ist (§ 14 ZPO). Das Klagebegehren kann nur auf den Grund, der in der Anmeldung und bei der Prüfungstagsatzung angegeben worden ist, gestützt und nicht auf einen höheren als den dort angegebenen Betrag gerichtet werden. *(BGBl I 2006/8, ab 1. 3. 2006)*

(2) Wird eine vollstreckbare Forderung bestritten, so hat der Bestreitende seinen Widerspruch mittels Klage geltend zu machen.

(3) Gehört die Sache nicht auf den streitigen Rechtsweg, so hat über die Richtigkeit der Forderung das zuständige Gericht bzw. die zuständige Behörde zu entscheiden; über die Rangordnung entscheidet das Insolvenzgericht. *(BGBl I 2006/8; BGBl I 2010/29)*

(4) Das Insolvenzgericht hat die Fristen zu bestimmen, innerhalb deren der Anspruch geltend zu machen ist, und die Beteiligten auf die Folgen einer Versäumung dieser Frist (§ 123b Abs. 2, § 131 Abs. 3, § 134 Abs. 2) aufmerksam zu machen. Die Frist muß wenigstens einen Monat betragen. *(BGBl I 2010/29)*

(5) Insolvenzgläubiger, deren Forderungen in Ansehung der Richtigkeit oder Rangordnung streitig geblieben sind und die bei der Prüfungstagsatzung nicht anwesend waren, sind vom Insolvenzgericht in Kenntnis zu setzen, in wie weit ihre Forderungen bestritten worden sind. *(BGBl 1982/370; BGBl I 2010/29)*

Zuständigkeit für Klagen wegen bestrittener Forderungen

§ 111. (1) Zur Verhandlung und Entscheidung von Rechtsstreitigkeiten über die Richtigkeit und die Rangordnung von Insolvenzforderungen ist ausschließlich das Insolvenzgericht zuständig. Dies gilt nicht für Arbeitsrechtssachen nach § 50 ASGG. *(BGBl 1994/624; BGBl I 2010/29)*

(2) Die allgemeinen Vorschriften über die Zuständigkeit der Gerichte für Klagen wegen Ansprüche auf Aussonderung, Absonderung oder auf Grund von Masseforderungen werden nicht berührt.

Wirkung der Entscheidung

§ 112. (1) Rechtskräftige Entscheidungen über die Richtigkeit und Rangordnung der bestrittenen Ansprüche sind gegenüber allen Insolvenzgläubigern wirksam.

(2) Die Kosten des Rechtsstreites sind als Massekosten zu behandeln, insoweit der Insolvenzverwalter an der Bestreitung teilgenommen hat. Das Prozeßgericht kann jedoch dem Insolvenzverwalter den Rücksatz der Kosten des Rechtsstreites an die Insolvenzmasse auferlegen, wenn er mutwillig bestritten oder Prozeß geführt hat.

(3) Hat der Insolvenzverwalter an dem Rechtsstreite nicht teilgenommen, so haben die bestreitenden Gläubiger auf die Vergütung der Kosten aus der Insolvenzmasse so weit Anspruch, als durch die Führung des Rechtsstreites der Insolvenzmasse ein Vorteil zugewendet worden ist.

(BGBl I 2010/29)

Anwendbarkeit der Vorschriften auf anhängige Rechtssachen

§ 113. Die Bestimmungen der §§ 110 und 112 gelten auch für die Fortsetzung und Entscheidung der gegen den Schuldner vor der Eröffnung des Insolvenzverfahrens anhängig gewesenen und unterbrochenen Rechtsstreitigkeiten.

(2) *(aufgehoben, BGBl 1982/370)*

(BGBl I 2010/29)

Geltendmachung von Aus- oder Absonderungsrechten an Einkünften aus einem Arbeitsverhältnis

§ 113a. (1) Aussonderungsberechtigte und Absonderungsgläubiger an einer Forderung auf Einkünfte aus einem Arbeitsverhältnis oder sonstige wiederkehrende Leistungen mit Einkommensersatzfunktion haben ihre Aussonderungs- oder Absonderungsrechte schriftlich oder mündlich zu Protokoll beim Insolvenzgericht geltend zu machen. Dabei ist der Betrag der dem Ab- oder Aussonderungsrechte zugrunde liegenden Forderung und die Tatsachen, auf die sich diese Forderung sowie das Ab- oder Aussonderungsrecht gründen, anzugeben sowie die Beweismittel zu bezeichnen, die zum Nachweis der behaupteten Forderung sowie des Ab- oder Aussonderungsrechts beigebracht werden können. § 103 Abs. 2 und § 104 Abs. 3 bis 5 gelten sinngemäß. *(BGBl I 2010/29)*

(2) Aussonderungs- und Absonderungsrechte an einer Forderung auf Einkünfte aus einem Arbeitsverhältnis oder auf sonstige wiederkehrende Leistungen mit Einkommensersatzfunktion erlöschen, wenn sie nicht bis zur Abstimmung über einen Zahlungsplan geltend gemacht worden sind.

IO

Muss die Zahlungsplantagsatzung wegen der Geltendmachung eines solchen Rechts erstreckt werden, so gilt hinsichtlich der Kosten § 107 Abs. 2 sinngemäß.

(BGBl I 2002/75)

Sechster Abschnitt
Verfügungen über das Massevermögen und Rechnungslegung

Geschäftsführung durch den Insolvenzverwalter

§ 114. (1) Der Insolvenzverwalter hat das zur Insolvenzmasse gehörige Vermögen zu verwalten und zu verwerten. Geld, das zur Berichtigung der Masseforderungen nicht benötigt wird, hat der Insolvenzverwalter bis zur Verteilung unverzüglich sicher und bestmöglich fruchtbringend anzulegen. Er hat bei allen wichtigen Vorkehrungen die Äußerung des Gläubigerausschusses einzuholen, insbesondere, wenn es sich um die freiwillige Veräußerung beweglicher Sachen, die nicht durch die Fortführung des Unternehmens veranlaßt wird, um die gerichtliche Geltendmachung von Forderungen, deren Einbringlichkeit zweifelhaft ist, die Erhebung von Anfechtungsklagen und den Eintritt in Anfechtungsprozesse, die zur Zeit der Eröffnung des Insolvenzverfahrens anhängig sind, oder um die Aufnahme von Darlehen und Krediten handelt. Der Schuldner ist zu vernehmen, wenn es rechtzeitig möglich ist. *(BGBl 1982/370; BGBl I 2010/29)*

(2) In dringenden Fällen kann das Gericht gestatten, daß der Insolvenzverwalter solche Vorkehrungen ohne Vernehmung trifft. *(BGBl 1982/370; BGBl I 2010/29)*

(3) und (4) *(entfällt, BGBl I 1997/114)*

Fortführung des Unternehmens

§ 114a. (1) Der Insolvenzverwalter hat das Unternehmen bis zur Berichtstagsatzung fortzuführen, es sei denn, es ist offenkundig, daß eine Fortführung des Unternehmens zu einer Erhöhung des Ausfalls führen wird, den die Insolvenzgläubiger erleiden. Solange das Unternehmen fortgeführt wird, kann es nur als Ganzes und nur dann veräußert werden, wenn der Verkauf offenkundig dem gemeinsamen Interesse der Insolvenzgläubiger entspricht.

(2) Der Insolvenzverwalter kann ein Unternehmen oder einzelne Unternehmensbereiche nur nach Bewilligung durch das Insolvenzgericht schließen oder wiedereröffnen. Vor der Beschlußfassung hierüber hat das Gericht den Gläubigerausschuß sowie, wenn es rechtzeitig möglich ist, auch den Schuldner und sonstige Auskunftspersonen (§ 254 Abs. 5) zu vernehmen. Waren das

Unternehmen oder einzelne Unternehmensbereiche zur Zeit der Eröffnung des Insolvenzverfahrens bereits geschlossen, bestehen aber noch aufrechte Arbeitsverhältnisse und kommt es zu keiner Wiedereröffnung, so hat das Gericht dies mit Beschluß festzustellen.

(3) Beschlüsse des Gerichts über die Schließung, die Wiedereröffnung und die Feststellung, daß das bereits geschlossene Unternehmen geschlossen bleibt, sind, wenn sie gleichzeitig mit der Eröffnung des Insolvenzverfahrens gefaßt werden, im Edikt, sonst gesondert, öffentlich bekanntzumachen.

(4) Können ein Unternehmen oder einzelne Unternehmensbereiche nicht fortgeführt werden, so hat der Gläubigerausschuß auf Vorschlag des Insolvenzverwalters und mit Genehmigung des Gerichts die für die Beteiligten günstigste Art der Verwertung des Unternehmens oder einzelner Unternehmensbereiche zu bestimmen; hiebei ist stets zu prüfen, ob statt der Abwicklung des Vermögens eine andere Art der Verwertung, insbesondere die Gesamtveräußerung des Unternehmens oder einzelner Unternehmensbereiche, vorteilhafter ist.

(BGBl I 1997/114; BGBl I 1999/73; BGBl I 2010/29)

Inhalt der Berichtstagsatzung

§ 114b. (1) Der Insolvenzverwalter hat in der Berichtstagsatzung zu berichten, ob die Voraussetzungen für eine sofortige Schließung des gesamten Unternehmens oder einzelner Unternehmensbereiche beziehungsweise für eine Fortführung gegeben sind sowie ob ein Sanierungsplan dem gemeinsamen Interesse der Insolvenzgläubiger entspricht und ob dessen Erfüllung voraussichtlich möglich sein wird. In der Begründung seines Berichts hat der Insolvenzverwalter in einer der Größe und Bedeutung des Falles angemessenen Weise auf die Markt-, Unternehmens- und Finanzlage einzugehen.

(2) Sind die Voraussetzungen für eine Fortführung gegeben, so hat das Insolvenzgericht nach Anhörung der Insolvenzgläubiger mit Beschluss die Fortführung auszusprechen; entspricht überdies ein Sanierungsplan, dessen Erfüllung voraussichtlich möglich ist, dem gemeinsamen Interesse der Insolvenzgläubiger, so hat es auch dem Schuldner auf dessen Antrag eine Frist zum Sanierungsplanantrag einzuräumen. Gegen diese Beschlüsse ist kein Rechtsmittel zulässig. Die Frist darf 14 Tage nicht übersteigen. Währenddessen darf das Unternehmen nicht verwertet werden. Die Beschlüsse sind öffentlich bekannt zu machen.

(BGBl I 2010/29)

Sanierungsplanvorschlag

§ 114c. (1) Ist der Sanierungsplanantrag fristgerecht und zulässig, so hat das Gericht eine Sanierungsplantagsatzung auf längstens sechs Wochen anzuordnen. Das Unternehmen ist erst zu verwerten, wenn der Sanierungsplanvorschlag nicht innerhalb von 90 Tagen angenommen wird oder wenn er nicht mehr dem gemeinsamen Interesse der Insolvenzgläubiger entspricht oder wenn die Voraussetzungen für eine Fortführung nicht mehr gegeben sind.

(2) Danach ist mit der Verwertung des Unternehmens nur dann innezuhalten, wenn der Sanierungsplanvorschlag auch mit den wirtschaftlichen Verhältnissen des Schuldners nicht im Widerspruch steht und im Hinblick auf das bisherige Ergebnis des Verfahrens, insbesondere die Abstimmung über den zuletzt vorgelegten Sanierungsplanvorschlag, zu erwarten ist, daß er von den Gläubigern angenommen werden wird.

(BGBl I 1997/114; BGBl I 2010/29)

Schließung und Wiedereröffnung des Unternehmens

§ 115. (1) Das Insolvenzgericht darf die Schließung eines Unternehmens nur anordnen oder bewilligen (§ 78 Abs. 1, § 114a Abs. 2), wenn auf Grund der Erhebungen feststeht, daß anders eine Erhöhung des Ausfalls, die die Insolvenzgläubiger erleiden, nicht vermeidbar ist. Wird bei der Vernehmung glaubhaft gemacht, daß innerhalb vierzehn Tagen die Voraussetzungen zur Abwendung des Nachteils, der den Insolvenzgläubigern droht, geschaffen sein werden, insbesondere, daß eine Erklärung nach Abs. 2 abgegeben werden wird, so ist die Beschlußfassung bis zum Ablauf dieser Frist auszusetzen.

(2) Als vermeidbar ist die Erhöhung des Ausfalls jedenfalls dann anzusehen, wenn sich eine oder mehrere Personen in gegenüber dem Gericht abgegebenen schriftlichen Erklärungen ausdrücklich verpflichten, den Insolvenzgläubigern in beträglich und zeitlich ausreichendem Umfang für den Ausfall zu haften, den diese auf Grund der Fortführung erleiden können, und keine Bedenken gegen die Einhaltung dieser Verpflichtungen bestehen. Die Verpflichtung ist als ausreichend anzusehen, wenn ihr ein nicht vor dem Ablauf des dritten auf die Eröffnung des Insolvenzverfahrens folgenden Monats endender Fortführungszeitraum zugrunde liegt und wenn sie für diesen Zeitraum dem anteiligen Betrag entspricht, der sich aus der Ermittlung des ordentlichen Betriebserfolgs der letzten zwölf Monate vor der Eröffnung des Insolvenzverfahrens ergibt.

(3) Die Wiedereröffnung eines Unternehmens darf das Insolvenzgericht nur anordnen oder bewilligen, wenn bei dieser eine Erhöhung des Ausfalls voraussichtlich vermeidbar ist; Abs. 1 und 2 sind entsprechend anzuwenden.

(4) Das Insolvenzgericht hat die Schließung eines Unternehmens jedenfalls ein Jahr nach Eröffnung des Insolvenzverfahrens anzuordnen oder zu bewilligen, wenn nicht innerhalb dieser Frist ein Sanierungsplanvorschlag angenommen wurde. Die Frist ist auf Antrag des Insolvenzverwalters um höchstens ein Jahr zu erstrecken, wenn die Schließung dem gemeinsamen Interesse der Gläubiger widerspricht oder andere gleich wichtige Gründe vorliegen. Die Frist kann auch mehrmals, jedoch höchstens insgesamt um zwei Jahre erstreckt werden.

(BGBl 1982/370; BGBl I 1997/114; BGBl I 2010/29)

Dem Insolvenzgericht mitzuteilende Geschäfte

§ 116. (1) Der Insolvenzverwalter hat dem Insolvenzgericht mindestens acht Tage im Vorhinein folgende Geschäfte zusammen mit der Äußerung des Gläubigerausschusses mitzuteilen: *(BGBl I 2010/29)*

1. den Abschluss von Vergleichen,

2. das Anerkenntnis von strittigen Aussonderungs-, Absonderungs- und Aufrechnungsansprüchen sowie von strittigen Masseforderungen,

3. die Erhebung von Anfechtungsklagen und den Eintritt in Anfechtungsprozesse, die zur Zeit der Eröffnung des Insolvenzverfahrens anhängig sind, *(BGBl I 2010/29)*

4. die Erfüllung oder Aufhebung von zweiseitigen Verträgen, die vom Schuldner und dem anderen Teil zur Zeit der Eröffnung des Insolvenzverfahrens noch nicht oder nicht vollständig erfüllt worden sind. *(BGBl I 2010/29)*

(2) Der Mitteilung bedarf es nicht, wenn der Wert 100 000 Euro nicht übersteigt.

(BGBl 1989/343; BGBl I 2002/75)

Genehmigungspflichtige Geschäfte

§ 117. (1) Der Genehmigung des Gläubigerausschusses und des Insolvenzgerichts bedürfen ohne Rücksicht auf den Wert des Gegenstands folgende Geschäfte: *(BGBl I 2010/29)*

1. die Veräußerung oder Verpachtung des Unternehmens des Schuldners oder seines Anteils an einem Unternehmen im Sinne des § 189a Z 2 UGB, *(BGBl I 2010/29; BGBl I 2016/43)*

2. die Veräußerung oder Verpachtung des gesamten beweglichen Anlage- und Umlaufvermögens oder eines für den Betrieb notwendigen Teils davon und

3. die freiwillige Veräußerung oder Verpachtung einer unbeweglichen Sache.

IO

(2) Der Insolvenzverwalter hat die beabsichtigte Veräußerung oder Verpachtung öffentlich bekannt zu machen, insbesondere durch Aufnahme in die Ediktsdatei für 14 Tage. *(BGBl I 2010/29)*

(3) Die Genehmigung setzt voraus, dass seit dem Beginn der Bekanntmachung der beabsichtigten Veräußerung oder Verpachtung mindestens 14 Tage, oder wenn bei Aufschub der Genehmigung das Verkaufsobjekt beträchtlich an Wert verlieren würde, acht Tage vergangen sind.

(BGBl 1982/370; BGBl I 1997/114; BGBl I 2002/75)

Äußerung des Schuldners

§ 118. (1) Der Insolvenzverwalter hat dem Schuldner Gelegenheit zu geben, sich zu den in den §§ 116 und 117 bezeichneten Angelegenheiten zu äußern und das Ergebnis oder die einer solchen Äußerung entgegenstehenden Hindernisse dem Gläubigerausschuss und dem Insolvenzgericht mitzuteilen.

(2) Das Insolvenzgericht hat dem Schuldner, soweit dies rechtzeitig möglich und im Hinblick auf Abs. 1 noch geboten ist, Gelegenheit zur Äußerung (§ 259 Abs. 3) zu geben.

(BGBl I 2002/75; BGBl I 2010/29)

Gerichtliche Veräußerung

§ 119. (1) Die zur Insolvenzmasse gehörenden Sachen sind nur dann gerichtlich zu veräußern, wenn dies auf Antrag des Insolvenzverwalters vom Insolvenzgericht beschlossen wird. *(BGBl I 2010/29)*

(2) Auf gerichtliche Veräußerungen sind die Vorschriften der Exekutionsordnung mit nachstehenden Abweichungen sinngemäß anzuwenden:

1. dem Insolvenzverwalter kommt die Stellung eines betreibenden Gläubigers zu; *(BGBl I 2010/29)*

2. § 200 Z 3 EO, wonach vor Ablauf eines halben Jahres seit dem Antrag auf Einstellung eine neue Versteigerung nicht beantragt werden kann, sowie die Frist zum Antrag auf Änderung der gesetzlichen Versteigerungsbedingungen nach § 146 Abs. 2 EO und die Zweijahresfrist des § 151 Abs. 3 EO sind nicht anzuwenden;

Fassung ab 1. 7. 2021 (BGBl I 2021/86):
2. § 148 Z 2 EO, wonach vor Ablauf eines halben Jahres seit dem Antrag auf Einstellung eine neue Versteigerung nicht beantragt werden kann, sowie die Frist zum Antrag auf Änderung der gesetzlichen Versteigerungsbedingungen nach § 146 Abs. 2 EO und die Zweijahresfrist des § 188 Abs. 4 EO sind nicht anzuwenden; *(BGBl I 2021/86)*

3. die Einhaltung der in § 140 Abs. 1 und § 169 Abs. 2 EO bestimmten Zwischenfristen für die Vornahme der Schätzung und der Versteigerung ist nicht erforderlich;

Fassung ab 1. 7. 2021 (BGBl I 2021/86):
3. die Einhaltung der in § 140 Abs. 1 und § 167 Abs. 2 EO bestimmten Zwischenfristen für die Vornahme der Schätzung und der Versteigerung ist nicht erforderlich; *(BGBl I 2021/86)*

4. der Kostenersatz des Insolvenzverwalters für die Veräußerung einer Sondermasse richtet sich nach § 82d. *(BGBl I 2010/29)*

(3) Bei einer gerichtlichen Veräußerung hat das Exekutionsgericht die Veräußerung und die Verteilung des Erlöses unter die Absonderungsgläubiger vorzunehmen. *(BGBl I 2002/75)*

(4) Der Insolvenzverwalter kann in jedes gegen den Schuldner im Zuge befindliche Zwangsvollstreckungsverfahren als betreibender Gläubiger eintreten. *(BGBl I 2010/29) vgl § 157h Abs 3, § 172 Abs 1 Z 5*

(5) Der Gläubigerausschuß kann mit Genehmigung des Insolvenzgerichts beschließen, daß von der Veräußerung von Forderungen, deren Eintreibung keinen ausreichenden Erfolg verspricht, und von der Veräußerung von Sachen unbedeutenden Wertes abzusehen sei und daß diese Forderungen und Sachen dem Schuldner zur freien Verfügung überlassen werden. *(BGBl I 2010/29)*

(BGBl I 1997/114; BGBl I 1999/73; BGBl I 2002/75)

Veräußerung von Sachen, an denen ein Absonderungsrecht besteht

§ 120. (1) Sind Sachen des Schuldners mit Pfandrecht belastet, so kann der Insolvenzverwalter sie jederzeit durch Bezahlung der Pfandschuld einlösen und bei unbeweglichen Sachen durch Bezahlung der Pfandschuld in das Pfandrecht eintreten. Diese Bestimmung findet sinngemäß auf andere Absonderungsrechte Anwendung.

(2) Sachen, an denen ein Absonderungsrecht besteht, können anders als durch gerichtliche Veräußerung nur verwertet werden, wenn der Insolvenzverwalter den Absonderungsgläubiger von der beabsichtigten Veräußerung verständigt hat, und der Absonderungsgläubiger nicht innerhalb vierzehn Tagen wirksam Widerspruch erhoben hat. Der Widerspruch ist wirksam, wenn der Absonderungsgläubiger glaubhaft macht, daß die gerichtliche Veräußerung für ihn erheblich vorteilhafter wäre. Über den Widerspruch entscheidet das Insolvenzgericht. Bei der Anwendung dieser Bestimmungen steht die Veräußerung einer Sache, die einen Markt- oder Börsenpreis hat, der gerichtlichen Veräußerung gleich, wenn die Veräußerung zum laufenden Preis erfolgt. Der Insolvenzverwalter kann die Sache in dringenden Fällen, insbesondere wenn ihre Entwertung zu besorgen ist, mit Genehmigung des Insolvenzgerichts anders als

durch gerichtliche Veräußerung verwerten. Gegen die nach diesen Bestimmungen ergehenden Beschlüsse ist kein Rechtsmittel zulässig. *(BGBl I 2017/122)*

(3) Befinden sich solche Sachen in der Gewahrsame von Absonderungsgläubigern, deren Forderungen fällig sind, so kann das Insolvenzgericht auf Antrag des Insolvenzverwalters nach Einvernehmung der Absonderungsgläubiger eine angemessene Frist bestimmen, innerhalb deren sie die Sache verwerten müssen. Wird die Sache innerhalb dieser Frist nicht verwertet, so kann das Insolvenzgericht deren Herausgabe zur Verwertung anordnen. Ein Rechtsmittel gegen diesen Beschluß ist unzulässig.

(4) Die Vorschriften des Absatzes 3 finden auch auf Gläubiger Anwendung, die befugt sind, sich aus dem Pfande ohne gerichtliche Dazwischenkunft zu befriedigen; Anstalten, denen diese Befugnis auf Grund ihrer gesetzlich festgestellten oder staatlich genehmigten Satzungen zusteht, sind jedoch nur zur Erteilung der vom Insolvenzverwalter geforderten Auskünfte verpflichtet.

(BGBl 1982/370; BGBl I 2010/29)

Aufschiebung des Exekutionsverfahrens

§ 120a. (1) Das Exekutionsgericht hat auf Antrag des Insolvenzverwalters oder auf Ersuchen des Insolvenzgerichts ein Exekutionsverfahren aufzuschieben, wenn eine andere Verwertung in Aussicht genommen ist (§ 120 Abs. 2), es sei denn, die Verfahrensfortsetzung ist für den Absonderungsgläubiger zur Abwendung schwerer wirtschaftlicher Nachteile unerlässlich. Ein solcher Antrag oder ein solches Ersuchen kann hinsichtlich eines eingeleiteten Exekutionsverfahrens nur einmal gestellt werden. Die Frist des § 256 Abs. 2 EO verlängert sich um die Dauer der Aufschiebung.

(2) Das Exekutionsgericht hat bei Veräußerung der Sache das Exekutionsverfahren auf Ersuchen des Insolvenzgerichts einzustellen, sonst nach einem vom Insolvenzgericht als wirksam erkannten Widerspruch des Absonderungsgläubigers oder nach Ablauf von 90 Tagen ab Einlangen des Aufschiebungsantrags oder des Ersuchens des Insolvenzgerichts beim Exekutionsgericht auf Antrag des Absonderungsgläubigers fortzusetzen.

(BGBl I 2002/75; BGBl I 2010/29)

Rechnungslegung

§ 121. (1) Der Insolvenzverwalter hat auf jedesmalige Anordnung des Insolvenzgerichts, spätestens aber bei Beendigung seiner Tätigkeit, diesem Rechnung zu legen und erforderlichen Falles einen die Rechnung erläuternden Bericht zu erstatten.

(2) Das Insolvenzgericht hat die Rechnung zu prüfen und erforderlichen Falles deren Richtigstellung oder Ergänzung durch den Insolvenzverwalter zu veranlassen. Es kann zur Prüfung Sachverständige oder einzelne Mitglieder des Gläubigerausschusses zuziehen. *(BGBl I 2017/122)*

(3) Zur Verhandlung über die Rechnung ist eine Tagsatzung anzuordnen, die öffentlich bekanntzumachen ist und zu der der Insolvenzverwalter, dessen Nachfolger, die Mitglieder des Gläubigerausschusses, der Schuldner und sämtliche Insolvenzgläubiger mit dem Bemerken zu laden sind, daß sie in die Rechnung Einsicht nehmen und allfällige Bemängelungen bei der Tagsatzung oder vorher durch Schriftsatz vorbringen können.

(BGBl 1982/370; BGBl I 1997/114; BGBl I 2010/29)

vgl § 157g Abs 4

Genehmigung oder Bemängelung

§ 122. (1) Die Rechnung ist vom Insolvenzgericht zu genehmigen, wenn nach dem Ergebnis der Prüfung dagegen keine Bedenken bestehen und Bemängelungen nicht vorgebracht wurden.

(2) Andernfalls entscheidet das Insolvenzgericht nach Vornahme der erforderlichen Erhebungen (§ 254 Abs. 5) unter Ausschluss des Rechtsweges.

(3) Die Entscheidung ist öffentlich bekannt zu machen und dem Insolvenzverwalter sowie dem Schuldner zuzustellen. Eine Verständigung der Gläubiger findet nur statt, wenn Bemängelungen Folge gegeben worden ist. Sonst sind nur die Gläubiger zu verständigen, deren Bemängelungen verworfen worden sind.

(BGBl I 2010/29)

vgl § 157g Abs 4

Siebenter Abschnitt

Aufhebung des Insolvenzverfahrens[1]

[1] *Überschrift idF BGBl I 2010/29.*

Bekanntmachung und Verständigungen

§ 123. (1) Der Beschluss über die Aufhebung des Insolvenzverfahrens ist öffentlich bekanntzumachen. Der Eintritt der Rechtskraft des Beschlusses über die Aufhebung des Insolvenzverfahrens ist in der Insolvenzdatei anzumerken.

(2) Für die Aufhebung des Insolvenzverfahrens gilt im Übrigen § 79 Abs. 2 und 3.

(BGBl I 2010/29)

IO

Aufhebung des Insolvenzverfahrens mangels Vermögens

§ 123a. Kommt im Lauf des Insolvenzverfahrens hervor, dass das Vermögen zur Deckung der Kosten des Insolvenzverfahrens nicht hinreicht, so ist das Insolvenzverfahren aufzuheben. Die Aufhebung unterbleibt, wenn ein angemessener Kostenvorschuss geleistet wird.

(BGBl I 2010/29)

Aufhebung des Insolvenzverfahrens mit Einverständnis der Gläubiger

§ 123b. (1) Das Insolvenzverfahren ist aufzuheben, wenn nach Ablauf der Anmeldungsfrist alle Insolvenzgläubiger, die Forderungen angemeldet haben, und alle Massegläubiger der Aufhebung zustimmen.

(2) Der ausdrücklichen Zustimmung eines Gläubigers bedarf es nicht, wenn seine Forderung befriedigt oder beim Insolvenzverwalter sichergestellt worden ist oder wenn bei bestrittenen Forderungen die Klagefrist abgelaufen und die Klage nicht spätestens an dem Tag, an dem die Aufhebung des Insolvenzverfahrens beantragt wird, angebracht worden ist.

(BGBl I 2010/29)

Befriedigung der Massegläubiger

§ 124. (1) Die Massegläubiger sind ohne Rücksicht auf den Stand des Verfahrens zu befriedigen, sobald ihre Ansprüche feststehen und fällig sind.

(2) Der Insolvenzverwalter hat dafür zu sorgen, daß die erforderlichen Beträge rechtzeitig verfügbar sind. *(BGBl I 2010/29)*

(3) Bei Verweigerung oder Verzögerung der Leistung können die Massegläubiger sich an das Insolvenzgericht um Abhilfe wenden oder ihre Ansprüche mit Klage gegen den Insolvenzverwalter geltend machen. *(BGBl 1982/370; BGBl I 2010/29)*

Masseunzulänglichkeit

§ 124a. (1) Reicht die Insolvenzmasse nicht aus, um die Masseforderungen zu erfüllen, so hat dies der Insolvenzverwalter unverzüglich dem Insolvenzgericht anzuzeigen und mit der Befriedigung der Massegläubiger innezuhalten. Er darf jedoch solche Rechtshandlungen vornehmen, die zur Verwaltung und zur Verwertung geboten sind. Daraus herrührende Masseforderungen sind unverzüglich zu befriedigen.

(2) Das Insolvenzgericht hat die Masseunzulänglichkeit öffentlich bekannt zu machen. Ab diesem Zeitpunkt kann an den zur Insolvenzmasse gehörenden Sachen nur mehr wegen Masseforderungen nach Abs. 1 dritter Satz ein richterliches Pfand- oder Befriedigungsrecht erworben werden.

(3) Nach der Verwertung hat der >Insolvenzverwalter dem Insolvenzgericht einen Verteilungsentwurf im Sinne des § 47 Abs. 2 vorzulegen. Nach Durchführung der Verteilung hat das Insolvenzgericht das Insolvenzverfahren aufzuheben (§ 123a).

(4) Können die Masseforderungen auf Grund geänderter Umstände wieder erfüllt werden, so hat der Insolvenzverwalter dies dem Insolvenzgericht unverzüglich anzuzeigen. Ab der vom Insolvenzgericht zu veranlassenden öffentlichen Bekanntmachung der Massezulänglichkeit hat der Insolvenzverwalter wieder nach § 124 Abs. 1 vorzugehen. Abs. 2 zweiter Satz ist nicht mehr anzuwenden.

(BGBl I 2002/75; BGBl I 2010/29)

Insbesondere:

a) Ansprüche des Insolvenzverwalters

§ 125. (1) Der Insolvenzverwalter hat bei Beendigung seiner Tätigkeit, bei sonstigem Verluste spätestens in der Tagsatzung zur Prüfung der Schlussrechnung, seine Ansprüche auf Entlohnung sowie auf Ersatz der Barauslagen beim Insolvenzgericht geltend zu machen. Dabei hat er die für die Bemessung der Entlohnung maßgebenden Umstände, insbesondere die Bemessungsgrundlage für die Entlohnung und die Verdienstlichkeit seiner Tätigkeit, nachvollziehbar darzustellen. Das Insolvenzgericht kann dem Insolvenzverwalter jederzeit auftragen, seine Ansprüche bekanntzugeben.

(2) Über die Ansprüche des Insolvenzverwalters hat das Insolvenzgericht nach Einvernehmung des Gläubigerausschusses und des Schuldners zu entscheiden. Es hat die Entlohnung entsprechend den Bestimmungen der §§ 82, 82a, 82b und 82c mit einem Pauschalbetrag festzusetzen. Die Entscheidung ist dem Insolvenzverwalter, dem Schuldner und allen Mitgliedern des Gläubigerausschusses zuzustellen. Sie können die Entscheidung mit Rekurs anfechten. Die Rekursschrift oder eine Abschrift des sie ersetzenden Protokolls ist den anderen Rekursberechtigten zuzustellen. Diese können binnen 14 Tagen ab Zustellung des Rekurses eine Rekursbeantwortung anbringen. Das Gericht zweiter Instanz entscheidet endgültig.

(3) Auf die Ansprüche des Insolvenzverwalters können vom Insolvenzgericht nach Einvernehmung des Gläubigerausschusses Vorschüsse bewilligt werden.

(4) Kosten des Insolvenzverwalters, die er anläßlich der gerichtlichen Veräußerung von Sachen und der Verteilung des Erlöses beim Exekutions-

gerichte zu beanspruchen hat, sind von diesem festzusetzen.

(5) Vereinbarungen des Insolvenzverwalters mit dem Schuldner oder den Gläubigern über die Höhe der Entlohnung und des Barauslagenersatzes sind ungültig.

(BGBl 1982/370; BGBl I 1999/73; BGBl I 2002/75; BGBl I 2006/8; BGBl I 2010/29)

Voraussichtliche Entlohnung bei Unternehmensfortführung

§ 125a. (1) Will der Insolvenzverwalter für die Fortführung des Unternehmens eine zusätzliche Entlohnung beanspruchen, so hat er spätestens in der Berichtstagsatzung einen Kostenvoranschlag vorzulegen, in dem er die erforderlichen Tätigkeiten und die voraussichtliche Entlohnung je Monat darzulegen hat. Werden zusätzliche Tätigkeiten erforderlich und will der Insolvenzverwalter eine gegenüber dem früheren Kostenvoranschlag um mehr als 15% höhere Entlohnung beanspruchen, so hat er einen weiteren Kostenvoranschlag vorzulegen. § 125 Abs. 1 Satz 2, Abs. 2 und Abs. 5 ist sinngemäß anzuwenden. *(BGBl I 2010/29)*

(2) Der Gläubigerausschuß ist zum Kostenvoranschlag einzuvernehmen, wenn dieser nicht in der Berichtstagsatzung erörtert wird.

(BGBl I 1999/73)

b) Ansprüche der Mitglieder des Gläubigerausschusses

§ 126. Über die Höhe des von den Mitgliedern des Gläubigerausschusses beanspruchten Barauslagenersatzes oder einer besonderen Vergütung (§ 89 Abs. 5) hat das Insolvenzgericht nach Vernehmung des Insolvenzverwalters zu entscheiden. § 125 Abs. 2 und 5 ist sinngemäß anzuwenden.

(BGBl 1982/370; BGBl I 2010/29)

c) Ansprüche der bevorrechteten Gläubigerschutzverbände

§ 127. (1) Über die Ansprüche der bevorrechteten Gläubigerschutzverbände hat das Insolvenzgericht nach Vernehmung des Insolvenzverwalters und des Gläubigerausschusses zu entscheiden. § 125 Abs. 1, Abs. 2 und Abs. 5 ist mit der Maßgabe sinngemäß anzuwenden, dass Regelbelohnung (§ 87a Abs. 1 und 2) ohne ziffernmäßig bestimmtes Begehren beantragt werden kann.

(2) Die Entscheidung ist dem Gläubigerschutzverband, dem Schuldner, dem Insolvenzverwalter und allen Mitgliedern des Gläubigerausschusses zuzustellen. Sie können die Entscheidung durch Rekurs anfechten; das Gericht zweiter Instanz entscheidet endgültig.

(BGBl 1982/370; BGBl I 1997/114; BGBl I 1999/73; BGBl I 2006/8; BGBl I 2010/29)

Zweites Hauptstück
Verteilung

Befriedigung der Insolvenzgläubiger

§ 128. (1) Mit der Befriedigung der Insolvenzgläubiger kann erst nach der allgemeinen Prüfungstagsatzung begonnen werden.

(2) Verteilungen an die Insolvenzgläubiger haben so oft stattzufinden, als ein hinreichendes Massevermögen vorhanden ist.

(2a) Hat ein Insolvenzgläubiger im Rahmen eines ausländischen Insolvenzverfahrens eine Quote seiner Forderung erlangt, so nimmt er an der Verteilung erst dann teil, wenn die anderen Insolvenzgläubiger die gleiche Quote erlangt haben.

(3) Die Verteilung hat der Insolvenzverwalter nach Einvernehmung des Gläubigerausschusses und mit Zustimmung des Insolvenzgerichts vorzunehmen.

(BGBl 1982/370; BGBl I 2003/36; BGBl I 2010/29)

Formlose Verteilung und Verteilungsentwurf

§ 129. (1) In einfachen Fällen kann das Insolvenzgericht die vom Insolvenzverwalter mit Zustimmung des Gläubigerausschusses vorgeschlagene Verteilung ohne vorhergehende Verständigung der Gläubiger genehmigen. *(BGBl 1982/370; BGBl I 1997/114; BGBl I 2010/29)*

(2) Trägt das Insolvenzgericht Bedenken, einer solchen Verteilung zuzustimmen, oder handelt es sich um schwierigere Verteilungen, insbesondere um Berücksichtigung von Insolvenzgläubigern, die nur mit dem Ausfalle ihrer Forderungen zu befriedigen sind, so hat der Insolvenzverwalter einen vom Gläubigerausschuß genehmigten Verteilungsentwurf vorzulegen. *(BGBl 1982/370; BGBl I 2010/29)*

(3) Im Verteilungsentwurfe sind sämtliche Forderungen in ihrer Rangordnung, ferner das zur Verteilung verfügbare Vermögen und die Beträge anzuführen, die auf jede einzelne Forderung entfallen.

Entscheidung über den Verteilungsentwurf

§ 130. (1) Das Insolvenzgericht hat die Vorlage des Verteilungsentwurfs nach dessen Prüfung und allfälliger Berichtigung und die darin vorgesehene Verteilungsquote öffentlich bekannt zu machen und den Schuldner sowie die Gläubiger davon mit dem Beifügen zu verständigen, dass es ihnen freisteht, Einsicht zu nehmen und binnen 14 Tagen ihre Erinnerungen anzubringen. Zugleich ist ihnen und dem Insolvenzverwalter sowie den Mitgliedern des Gläubigerausschusses die Tagsatzung bekanntzugeben, bei der über allfällige Erinnerungen verhandelt werden wird. *(BGBl 1982/370; BGBl I 1997/114; BGBl I 2002/75; BGBl I 2010/29)*

(2) Der Verteilungsentwurf ist vom Insolvenzgericht zu genehmigen, wenn nach dem Ergebnisse der Prüfung ein Bedenken dagegen nicht obwaltet und wenn Erinnerungen nicht vorgebracht oder bei der Tagsatzung zurückgezogen worden sind. *(BGBl 1982/370; BGBl I 2010/29)*

(3) Andernfalls entscheidet das Insolvenzgericht nach Vornahme der erforderlichen Erhebungen (§ 254 Abs. 5) unter Ausschluß des Rechtsweges. *(BGBl I 2010/29)*

(4) Die Entscheidung ist öffentlich bekanntzumachen und dem Insolvenzverwalter sowie dem Schuldner zuzustellen. Eine Verständigung der Gläubiger findet nur statt, wenn Erinnerungen Folge gegeben worden ist. Sonst sind nur die Gläubiger zu verständigen, deren Erinnerungen verworfen worden sind. *(BGBl I 1997/114; BGBl I 2010/29)*

(5) Beträge, deren Auszahlung von der Entscheidung über die Erinnerungen abhängig ist, sind bis zur Rechtskraft der Entscheidung bei Gericht zu erlegen.

Berücksichtigung bestrittener Forderungen bei der Verteilung

§ 131. (1) Sind Forderungen bestritten, so können Verteilungen auf die im Range gleichstehenden Forderungen stattfinden, wenn der auf die bestrittene Forderung entfallende Betrag bei Gericht erlegt wird.

(2) Ist der volle Betrag der bestrittenen Forderung erlegt worden, so können Verteilungen auf Forderungen stattfinden, die der bestrittenen Forderung im Range nachstehen.

(3) Bestrittene Forderungen sind jedoch nur zu berücksichtigen, wenn die Frist zur Erhebung der Klage (§ 110, Absatz 4) noch offen oder wenn die Klage spätestens an dem Tage angebracht worden ist, an dem der Insolvenzverwalter den Antrag auf Verteilung gestellt hat. *(BGBl I 2010/29)*

(4) Vollstreckbare Forderungen gelten nur dann als bestritten, wenn der Bestreitende innerhalb der Frist seinen Widerspruch mit Klage geltend gemacht hat.

Berücksichtigung der Absonderungs- und Ausfallsgläubiger bei der Verteilung

§ 132. (1) Insolvenzgläubiger, die zugleich Absonderungsgläubiger sind, sind bei Verteilungen, die der Verteilung des Erlöses aus der Sondermasse vorhergehen, mit dem ganzen Betrage ihrer Forderungen zu berücksichtigen. *(BGBl I 2010/29)*

(2) Stellt sich bei der nachfolgenden Verteilung des Erlöses aus der Sondermasse heraus, daß der Gläubiger bei der Verteilung mehr erhalten hat, als der nach der Höhe des tatsächlichen Ausfalles zu bemessende Anteil beträgt, so ist der Mehrbetrag unmittelbar aus der Sondermasse an die allgemeine Masse zurückzustellen.

(3) Die vorstehenden Bestimmungen gelten sinngemäß auch für die Forderungen der Gläubiger einer im Insolvenzverfahren befindlichen eingetragenen Personengesellschaft, die ihre Forderungen zugleich im Insolvenzverfahren eines unbeschränkt haftenden Gesellschafters angemeldet haben. *(BGBl I 2005/120; BGBl I 2010/29)*

(4) Insolvenzgläubiger, die zur Sicherung ihrer Ansprüche bestimmte Vermögensstücke des Schuldners, insbesondere Buchforderungen erworben haben oder denen für ihre Forderung ein Pfandrecht an einem nicht im Inlande gelegenen unbeweglichen Vermögen des Schuldners zusteht, sind nur mit dem Betrage des mutmaßlichen Ausfalles zu berücksichtigen. Die Höhe dieses Ausfalles ist von dem Insolvenzgläubiger bis zum Ablaufe der für die Anbringung von Erinnerungen festgesetzten Frist dem Insolvenzverwalter glaubhaft zu machen und vom Insolvenzgericht zu genehmigen. *(BGBl 1982/370; BGBl I 2010/29)*

(5) Die Bestimmungen des Absatzes 2 gelten auch für die im Absatz 4 genannten Insolvenzgläubiger. Wenn sie jedoch bei der Verteilung weniger erhalten haben, als der nach der Höhe des tatsächlichen Ausfalles zu bemessende Anteil beträgt, ist ihnen der Unterschied aus der Masse zu vergüten. *(BGBl I 2010/29)*

(6) Bei der Berechnung des Ausfalls haben die nach Eröffnung des Insolvenzverfahrens anfallenden Zinsen und Kosten außer Betracht zu bleiben. *(BGBl I 2010/29)*

Vgl § 209 Abs 1.

Erlag bei Gericht

§ 133. (1) Beträge, die auf bestrittene Forderungen sowie auf Forderungen entfallen, die nur auf Sicherheitsleistung gerichtet oder die gemäß § 132, Absatz 4, nur mit dem Ausfalle zu befriedigen sind, hat der Insolvenzverwalter bei Gericht zu erlegen. *(BGBl I 2010/29)*

(2) Das Gleiche gilt von Beträgen, die auf bedingte Forderungen entfallen, es sei denn, daß die

Bedingung auflösend ist und daß der Gläubiger Sicherheit leistet.

Berücksichtigung verspätet angemeldeter Forderungen bei der Verteilung

§ 134. (1) Gläubiger, deren Forderungen wegen verspäteter Anmeldung bei einer Verteilung nicht berücksichtigt werden konnten, können verlangen, daß sie bei der folgenden Verteilung einen Betrag voraus erhalten, der ihrer Gleichstellung mit den übrigen Gläubigern entspricht.

(2) Ein solcher Anspruch steht den Gläubigern nicht zu, deren Forderungen wegen nicht rechtzeitiger Anbringung der Klage (§ 131, Absatz 3) bei der Verteilung unberücksichtigt geblieben sind.

Vollzug der Verteilung

§ 135. Der Vollzug jeder Verteilung ist dem Insolvenzgericht vom Insolvenzverwalter nachzuweisen.

(BGBl 1982/370; BGBl I 2010/29)

Schlußverteilung

§ 136. (1) Ist die Masse vollständig verwertet und über sämtliche bestrittenen Forderungen endgültig entschieden, so ist nach Feststellung der Ansprüche des Insolvenzverwalters und Genehmigung der Schlußrechnung die Schlußverteilung vorzunehmen. *(BGBl I 2010/29)*

(2) Die Schlußverteilung kann nur auf Grund eines Verteilungsentwurfes im Sinne des § 129, Absatz 2 und 3, stattfinden.

(3) Auf die Schlußverteilung und das Verfahren sind die Vorschriften der §§ 130 bis 135 anzuwenden.

§ 137. (1) Die Schlußverteilung darf nicht deshalb aufgeschoben werden, weil noch nicht feststeht, ob und inwieweit Sicherstellungsbeträge zur Deckung von Forderungen an die Masse zurückfallen werden.

(2) Ist der Eintritt einer Bedingung so unwahrscheinlich, dass die bedingte Forderung gegenwärtig keinen Vermögenswert hat, so ist der auf die Forderung entfallende Betrag nicht gerichtlich zu erlegen. *(BGBl I 2010/29)*

(3) Gläubiger, die gemäß § 132, Absatz 4, nur mit dem Ausfalle ihrer Forderung zu befriedigen sind, werden bei der Schlußverteilung nur dann berücksichtigt, wenn die Höhe ihres Ausfalles dem Insolvenzverwalter vor Ablauf der für die Erinnerungen festgesetzten Frist nachgewiesen und vom Insolvenzgericht genehmigt worden ist. *(BGBl 1982/370; BGBl I 2010/29)*

Nach der Schlußverteilung freiwerdendes oder zum Vorschein kommendes Insolvenzvermögen

§ 138. (1) Wenn nach dem Vollzuge der Schlußverteilung Beträge, die bei Gericht erlegt worden sind, für die Masse frei werden oder wenn sonst bezahlte Beträge in die Masse zurückfließen, so sind sie auf Grund des Schlußverteilungsentwurfes vom Insolvenzverwalter mit Genehmigung des Insolvenzgerichts zu verteilen. Der Nachweis darüber ist dem Insolvenzgericht vorzulegen.

(2) Das Gleiche gilt, wenn nach der Schlußverteilung oder nach der Aufhebung des Insolvenzverfahrens Vermögensstücke ermittelt werden, die zur Insolvenzmasse gehören.

(3) Das Insolvenzgericht kann von einer nachträglichen Verteilung nach allfälliger Einvernehmung des Insolvenzverwalters und des Gläubigerausschusses absehen und den zur Verfügung stehenden Betrag dem Schuldner überlassen, wenn dies mit Rücksicht auf die Geringfügigkeit des Betrages und die Kosten einer nachträglichen Verteilung entsprechend erscheint.

(4) Insolvenzgläubiger, die weniger als 10 erhalten würden, sind nicht zu berücksichtigen. Dieser Betrag erhöht die den anderen Insolvenzgläubigern zukommenden Beträge.

(BGBl 1982/370; BGBl I 1997/114; BGBl I 2001/98; BGBl I 2010/29)

Aufhebung des Insolvenzverfahrens[1]
[1] *Überschrift idF BGBl I 2010/29.*

§ 139. Ist der Vollzug der Schlussverteilung nachgewiesen, so ist das Insolvenzverfahren vom Insolvenzgericht aufzuheben.

(BGBl I 2010/29)

Drittes Hauptstück

Sanierungsplan

Erster Abschnitt

Allgemeines[1]
[1] *Überschriften idF BGBl I 2010/29.*

Übergangsbestimmungen s § 273 (5)

Antrag auf Abschluss eines Sanierungsplans

§ 140. (1) Der Schuldner kann bereits zugleich mit dem Antrag auf Eröffnung des Insolvenzverfahrens oder danach bis zur Aufhebung des Insolvenzverfahrens den Abschluss eines Sanierungsplans beantragen. Im Antrag ist anzugeben, in welcher Weise die Gläubiger befriedigt oder sichergestellt werden sollen.

(2) Wird der Antrag vom Insolvenzgericht nicht als unzulässig zurückgewiesen, so kann das Insolvenzgericht nach Einvernehmung des Insolvenzverwalters und des Gläubigerausschusses anordnen, dass mit der Verwertung der Insolvenzmasse bis zur Beschlussfassung durch die Gläubigerversammlung innegehalten wird.

(BGBl I 2010/29)

Inhalt und Unzulässigkeit des Sanierungsplans

§ 141. (1) Den Insolvenzgläubigern muss angeboten werden, die Quote innerhalb von längstens zwei Jahren vom Tag der Annahme des Sanierungsplans zu zahlen. Die Quote hat mindestens 20 % der Forderungen zu betragen. Natürliche Personen, die kein Unternehmen betreiben, können eine Zahlungsfrist von über zwei Jahren in Anspruch nehmen; diese Zahlungsfrist darf jedoch fünf Jahre nicht übersteigen.

(2) Der Antrag ist unzulässig:

1. solange der Schuldner flüchtig ist;

2. wenn der Schuldner nach Eintritt der Zahlungsunfähigkeit wegen betrügerischer Krida rechtskräftig verurteilt worden ist;

3. solange der Schuldner trotz Auftrag das Vermögensverzeichnis nicht vorgelegt und nicht vor dem Insolvenzgericht unterfertigt hat;

4. wenn der Inhalt des Vorschlags gegen die §§ 149 bis 151 oder gegen zwingende Rechtsvorschriften verstößt;

5. wenn der Schuldner den Sanierungsplan missbräuchlich vorschlägt, insbesondere wenn der Antrag offenbar Verschleppungszwecken dient;

6. wenn die Erfüllung des Sanierungsplans offensichtlich nicht möglich sein wird, wobei Forderungen aus Eigenkapital ersetzenden Leistungen nicht zu berücksichtigen sind.

(3) Ist der Schuldner eine juristische Person, so ist Abs. 2 mit der Besonderheit anzuwenden, dass

1. die Voraussetzungen des Abs. 2 Z 1 und 3 auf alle organschaftlichen Vertreter zutreffen müssen und

2. die Voraussetzung des Abs. 2 Z 2 auf zumindest einen der organschaftlichen Vertreter zutreffen muss.

(BGBl I 2010/29)

Vorprüfung

§ 142. Das Insolvenzgericht kann einen Sanierungsplanantrag nach Einvernehmung des Insolvenzverwalters und des Gläubigerausschusses zurückweisen:

1. wenn über das Vermögen des Schuldners in den letzten fünf Jahren ein Insolvenzverfahren eröffnet worden ist oder wenn innerhalb dieser Frist das Insolvenzverfahren mangels eines kostendeckenden Vermögens nicht eröffnet worden ist;

2. wenn es infolge der Beschaffenheit oder des Mangels geschäftlicher Aufzeichnungen des Schuldners nicht möglich ist, einen hinreichenden Überblick über dessen Vermögenslage zu gewinnen;

3. wenn ein Sanierungsplan von den Gläubigern abgelehnt oder vom Schuldner nach der öffentlichen Bekanntmachung der Sanierungsplantagsatzung zurückgezogen oder wenn der Sanierungsplan vom Gericht nicht bestätigt worden ist.

(BGBl I 2010/29)

Berechtigung zur Stimmführung

§ 143. (1) Gläubigern, deren Rechte durch den Inhalt des Sanierungsplans keinen Abbruch erleiden, gebührt kein Stimmrecht. *(BGBl I 2017/122)*

(2) Im übrigen gelten die Vorschriften des § 93 über das Stimmrecht. *(BGBl 1982/370; BGBl I 2010/29)*

(Der Absatz 2 war bisher der Absatz 4; die bisherigen Abs 2 und 3 sind aufgehoben; BGBl I 2010/29)

Gemeinschaftliche Forderung

§ 144. (1) Mehreren Insolvenzgläubigern, denen eine Forderung gemeinschaftlich zusteht oder deren Forderungen bis zur Eröffnung des Insolvenzverfahrens eine einheitliche Forderung gebildet haben, gebührt nur eine Stimme. Diese Vorschrift ist sinngemäß anzuwenden, wenn an der Forderung des Insolvenzgläubigers ein Pfandrecht besteht.

(2) Die mehreren Personen müssen sich über die Ausübung des Stimmrechts einigen.

(3) Einem Gläubiger, der mehrere Forderungen angemeldet hat, gebührt nur eine Stimme. Für eine Forderung, die er nach Eröffnung des Insolvenzverfahrens durch Abtretung erworben hat, gebührt ihm, soweit ihm dafür gemäß § 94 überhaupt ein Stimmrecht zusteht, auch die Stimme des Gläubigers, dem die Forderung vor Eröffnung des Insolvenzverfahrens zustand.

(BGBl I 2010/29)

Sanierungsplantagsatzung

§ 145. (1) Die Tagsatzung zur Verhandlung und Beschlussfassung über den Sanierungsplan darf nicht vor der Prüfungstagsatzung stattfinden. Sie ist mit der Rechnungslegungstagsatzung (§ 121 Abs. 3) zu verbinden.

(2) Die Tagsatzung ist öffentlich bekannt zu machen. Außerdem sind der Schuldner und die

Personen, die sich zur Übernahme einer Haftung für seine Verbindlichkeiten bereit erklären, sowie der Insolvenzverwalter, die Mitglieder des Gläubigerausschusses und die übrigen stimmberechtigten Insolvenzgläubiger besonders zu laden. Gleichzeitig ist den Insolvenzgläubigern je eine Abschrift des Antrages auf Abschluss eines Sanierungsplans, die der Schuldner beizubringen hat, zuzustellen und der wesentliche Inhalt des Sanierungsplans öffentlich bekannt zu machen.

(3) Der Schuldner hat an der Tagsatzung persönlich teilzunehmen. Seine Vertretung durch einen Bevollmächtigten ist nur zulässig, wenn er aus wichtigen Gründen verhindert ist und das Insolvenzgericht sein Ausbleiben für gerechtfertigt erklärt. Andernfalls gilt der Antrag auf Abschluss eines Sanierungsplans als zurückgezogen.

(BGBl I 2010/29)

Änderung des Sanierungsplans

§ 145a. Ändert der Schuldner bei der Tagsatzung den Sanierungsplan oder unterbreitet er einen neuen Vorschlag, so hat das Insolvenzgericht, wenn nicht alle stimmberechtigten Insolvenzgläubiger anwesend sind, die Abstimmung hierüber nur zuzulassen, wenn der geänderte oder der neue Vorschlag für die Insolvenzgläubiger nicht ungünstiger ist.

(BGBl I 2010/29)

Besonderheiten der Rechnungslegung

§ 145b. (1) Der Insolvenzverwalter hat

1. dem Insolvenzgericht spätestens 14 Tage vor der Sanierungsplantagsatzung Rechnung zu legen und

2. in der Sanierungsplantagsatzung die Rechnung zu ergänzen.

(2) Für den Zeitraum bis zum Eintritt der Rechtskraft der Bestätigung des Sanierungsplans hat der Insolvenzverwalter nur dann eine weitere ergänzende Rechnung zu legen, wenn der Schuldner dies in der Sanierungsplantagsatzung beantragt oder das Insolvenzgericht dies binnen vier Wochen ab Eintritt der Rechtskraft der Bestätigung verlangt. Das Gericht hat über diese ergänzende Rechnung nur zu entscheiden, wenn der Schuldner binnen 14 Tagen Bemängelungen erhebt. Eine Verhandlung über die ergänzende Rechnung kann unterbleiben.

(BGBl I 2010/29)

Bericht des Insolvenzverwalters

§ 146. Vor Beginn der Abstimmung hat der Insolvenzverwalter über die wirtschaftliche Lage und die bisherige Geschäftsführung des Schuldners sowie über die Ursachen seines Vermögens-

verfalls und über die voraussichtlichen Ergebnisse einer Durchführung des Insolvenzverfahrens zu berichten.

(BGBl I 2010/29)

Erfordernisse für die Annahme des Sanierungsplans

§ 147. (1) Zur Annahme des Sanierungsplans ist erforderlich, dass die Mehrheit der bei der Tagsatzung anwesenden stimmberechtigten Insolvenzgläubiger dem Antrag zustimmt und dass die Gesamtsumme der Forderungen der zustimmenden Insolvenzgläubiger mehr als die Hälfte der Gesamtsumme der Forderungen der bei der Tagsatzung anwesenden stimmberechtigten Insolvenzgläubiger beträgt. Die Annahme des Sanierungsplans und dessen wesentlicher Inhalt sind öffentlich bekannt zu machen.

(2) Wird nur eine der Mehrheiten erreicht, so kann der Schuldner bis zum Schluss der Tagsatzung begehren, dass bei einer neuerlichen Tagsatzung abermals abgestimmt wird.

(3) Im Falle einer neuerlichen Tagsatzung sind die Gläubiger an ihre Erklärungen bei der ersten Tagsatzung nicht gebunden.

(BGBl I 2010/29)

Nahe Angehörige

§ 148. Die nahen Angehörigen des Schuldners (§ 32) sowie Rechtsnachfolger, die deren Forderungen nicht früher als sechs Monate vor der Eröffnung des Insolvenzverfahrens erworben haben, werden bei Berechnung der Mehrheit der Insolvenzgläubiger und deren Forderungen bei Berechnung der Gesamtsumme der Forderungen nur mitgezählt, wenn sie gegen den Vorschlag stimmen. Sofern sie die Forderung nach Eintritt der Zahlungsunfähigkeit des Schuldners von jemandem erworben haben, der kein naher Angehöriger des Schuldners ist, ist diese Bestimmung nicht anzuwenden.

(BGBl I 2010/29)

Erstreckung der Sanierungsplantagsatzung

§ 148a. (1) Die Sanierungsplantagsatzung kann erstreckt werden

1. im Fall des § 147 Abs. 2 oder

2. wenn das Gericht die Abstimmung über den bei der Tagsatzung geänderten oder neuen zulässigen Vorschlag nicht zugelassen hat oder

3. wenn zu erwarten ist, dass die Erstreckung der Tagsatzung zur Annahme des Vorschlags führen wird.

(2) Die neuerliche Tagsatzung ist vom Insolvenzgericht sofort festzusetzen, mündlich bekanntzugeben und öffentlich bekanntzumachen. Wird

IO

in der neuerlichen Tagsatzung über einen geänderten oder neuen Vorschlag abgestimmt, so ist bei der öffentlichen Bekanntmachung darauf hinzuweisen und dessen wesentlicher Inhalt anzugeben.

(BGBl I 2010/29)

Rechte der Aussonderungsberechtigten und Absonderungsgläubiger

§ 149. (1) Die Ansprüche der Aussonderungsberechtigten und der Absonderungsgläubiger werden durch den Sanierungsplan nicht berührt. Wird der Sanierungsplan bestätigt, so sind die gesicherten Forderungen mit dem Wert der Sache begrenzt, an der Absonderungsrechte bestehen. Gläubiger, deren Forderungen durch Absonderungsrechte zum Teil gedeckt sind, nehmen mit dem Ausfall (§ 132 Abs. 6) am Sanierungsplanverfahren teil; solange dieser jedoch nicht endgültig feststeht, sind sie bei der Erfüllung des Sanierungsplans mit dem mutmaßlichen Ausfall zu berücksichtigen.

(2) Für die Ansprüche des Insolvenzverwalters gilt § 125.

(BGBl I 2010/29)

Rechte der Masse- und Insolvenzgläubiger

§ 150. (1) Massegläubiger müssen voll befriedigt werden.

(2) Insolvenzgläubiger müssen, unbeschadet der sinngemäßen Anwendung des § 56, im Sanierungsplan gleich behandelt werden. Eine ungleiche Behandlung ist nur zulässig, wenn die Mehrheit der zurückgesetzten, bei der Tagsatzung anwesenden stimmberechtigten Insolvenzgläubiger zustimmt und die Gesamtsumme der Forderungen der zustimmenden Insolvenzgläubiger wenigstens drei Viertel der Gesamtsumme der Forderungen der bei der Tagsatzung anwesenden zurückgesetzten Insolvenzgläubiger beträgt.

(3) Beträge, die auf bestrittene Forderungen entfallen, sind in demselben Ausmaß und unter den gleichen Bedingungen, die für die Bezahlung unbestrittener Forderungen im Sanierungsplan festgesetzt worden sind, sicherzustellen, wenn die Frist zur Anbringung der Klage noch offen ist oder wenn die Klage bis zur Sanierungsplantagsatzung angebracht worden ist.

(4) Eine Sicherstellung in diesem Umfang hat auch stattzufinden, wenn die Forderung nur vom Schuldner bestritten worden ist. Der sichergestellte Betrag wird frei, wenn der Gläubiger nicht innerhalb der vom Insolvenzgericht bestimmten Frist wegen der bestrittenen Forderung die Klage angebracht oder das bereits anhängige Verfahren wieder aufgenommen hat.

(BGBl I 2010/29)

Sonderbegünstigungen

§ 150a. Eine Vereinbarung des Schuldners oder anderer Personen mit einem Gläubiger, wodurch diesem vor Abschluss des Sanierungsplans oder in der Zeit zwischen dem Abschluss und dem Eintritt der Rechtskraft des Bestätigungsbeschlusses besondere Vorteile eingeräumt werden, ist ungültig. Was aufgrund einer ungültigen Vereinbarung oder aufgrund eines zur Verdeckung einer solchen Vereinbarung eingegangenen Verpflichtungsverhältnisses geleistet worden ist, kann, unbeschadet weitergehender Ersatzansprüche, binnen drei Jahren zurückgefordert werden. Als ein besonderer Vorteil ist es nicht anzusehen, wenn einem Gläubiger für die Abtretung seiner Forderung ein Entgelt gewährt wird, das der wirtschaftlichen Lage des Schuldners unmittelbar vor der Eröffnung des Insolvenzverfahrens oder, wenn die Forderung früher abgetreten worden ist, dessen wirtschaftlicher Lage zur Zeit der Abtretung entsprochen hat.

(BGBl I 2010/29)

zur Zuständigkeit s § 162

Rechte der Gläubiger gegen Mitverpflichtete

§ 151. Die Rechte der Insolvenzgläubiger gegen Bürgen oder Mitschuldner des Schuldners sowie gegen Rückgriffsverpflichtete können ohne ausdrückliche Zustimmung der Berechtigten durch den Sanierungsplan nicht beschränkt werden.

(BGBl I 2010/29)

Gerichtliche Bestätigung des Sanierungsplans

§ 152. (1) Der Sanierungsplan bedarf der Bestätigung durch das Insolvenzgericht.

(2) Wird der Sanierungsplan bestätigt, so hat der Beschluss dessen wesentliche Bestimmungen anzugeben.

(3) Der Beschluss über die Bestätigung ist öffentlich bekannt zu machen und allen Insolvenzgläubigern und den übrigen Beteiligten zuzustellen. Gegen den Beschluss ist weder eine Nichtigkeitsklage noch eine Wiederaufnahmsklage zulässig.

(BGBl I 2010/29)

Voraussetzungen der Bestätigung

§ 152a. (1) Die Bestätigung ist erst zu erteilen, wenn

1. die Entlohnung des Insolvenzverwalters und die Belohnungen der Gläubigerschutzverbände vom Gericht bestimmt sowie gezahlt oder beim Insolvenzverwalter sichergestellt sind und

2. alle fälligen und feststehenden sonstigen Masseforderungen gezahlt sind sowie die bei Gericht oder einer Verwaltungsbehörde geltend gemachten Masseforderungen, von deren Geltendmachung der Insolvenzverwalter in Kenntnis gesetzt wurde, sichergestellt sind und

3. im Sanierungsplan vorgesehene Bedingungen für die Bestätigung erfüllt sind.

(2) Über das Vorliegen der in Abs. 1 genannten Voraussetzungen hat der Insolvenzverwalter über Aufforderung des Insolvenzgerichts zu berichten, hinsichtlich jener in Abs. 1 Z 1 und 2 jedenfalls in der Sanierungsplantagsatzung.

(BGBl I 2010/29)

Aufhebung des Insolvenzverfahrens

§ 152b. (1) Wird der Sanierungsplan bestätigt, so ist zugleich auch über die vom Insolvenzverwalter gelegte Rechnung abzusprechen (§ 122).

(2) Das Insolvenzverfahren ist mit Eintritt der Rechtskraft der Bestätigung aufgehoben. Dies ist gemeinsam mit dem Eintritt der Rechtskraft der Bestätigung in der Insolvenzdatei anzumerken.

(3) Soweit der Sanierungsplan nichts anderes bestimmt, tritt der Schuldner wieder in das Recht, über sein Vermögen frei zu verfügen.

(4) Für die Aufhebung des Insolvenzverfahrens gilt im Übrigen § 79 Abs. 2 und 3.

(BGBl I 2010/29)

Zwingende Versagung der Bestätigung

§ 153. Die Bestätigung ist zu versagen, wenn

1. ein Grund vorliegt, aus dem der Antrag auf Abschluss eines Sanierungsplans unzulässig ist (§ 141);

2. die für das Verfahren und den Abschluss des Sanierungsplans geltenden Vorschriften nicht beobachtet worden sind, es sei denn, dass diese Mängel nachträglich behoben werden können oder nach der Sachlage nicht erheblich sind;

3. der Sanierungsplan durch eine gegen § 150a verstoßende Begünstigung eines Gläubigers zustande gebracht worden ist.

(BGBl I 2010/29)

Versagung der Bestätigung nach Ermessen

§ 154. Die Bestätigung kann versagt werden, wenn

1. die dem Schuldner im Sanierungsplan gewährten Begünstigungen in Widerspruch mit dessen Verhältnissen stehen;

2. der Sanierungsplan dem gemeinsamen Interesse der Insolvenzgläubiger widerspricht, wobei Forderungen aus Eigenkapital ersetzenden Leistungen nicht zu berücksichtigen sind;

3. die Insolvenzgläubiger weniger als 30% ihrer Forderungen erhalten und dieses Ergebnis darauf zurückzuführen ist, dass der Schuldner seinen Vermögensverfall durch Unredlichkeit, Leichtsinn oder übermäßigen Aufwand für seine Lebenshaltung verursacht oder beschleunigt hat oder dass er den Antrag auf Eröffnung eines Insolvenzverfahrens verzögert hat.

(BGBl I 2010/29)

Rekurs

§ 155. (1) Gegen die Bestätigung des Sanierungsplans kann Rekurs erhoben werden von

1. jedem Beteiligten, der dem Sanierungsplan nicht ausdrücklich zugestimmt hat,

2. jedem Mitschuldner und Bürgen des Schuldners,

3. Massegläubigern bei Nichtvorliegen der in § 152a Abs. 1 Z 1 und 2 genannten Voraussetzungen.

(2) Gegen die Versagung der Bestätigung des Sanierungsplans kann Rekurs erhoben werden:

1. vom Schuldner,

2. von jedem Insolvenzgläubiger, der dem Sanierungsplan nicht widersprochen hat.

(BGBl I 2010/29)

Rechtswirkungen des Sanierungsplans

§ 156. (1) Durch den rechtskräftig bestätigten Sanierungsplan wird der Schuldner von der Verbindlichkeit befreit, seinen Gläubigern den Ausfall, den sie erleiden, nachträglich zu ersetzen oder für die sonst gewährte Begünstigung nachträglich aufzukommen, gleichviel ob sie am Insolvenzverfahren oder an der Abstimmung über den Sanierungsplan teilgenommen oder gegen den Sanierungsplan gestimmt haben oder ob ihnen ein Stimmrecht überhaupt nicht gewährt worden ist.

(2) In gleicher Weise wird der Schuldner gegenüber den Bürgen und anderen Rückgriffsberechtigten befreit.

(3) Entgegenstehende Bestimmungen im Sanierungsplan sind nur soweit gültig, als sie den Erfordernissen des § 150 über die gleiche Behandlung der Gläubiger nicht widersprechen.

(4) Gläubiger, deren Forderungen nur aus Verschulden des Schuldners im Sanierungsplan unberücksichtigt geblieben sind, können nach Aufhebung des Insolvenzverfahrens die Bezahlung ihrer Forderungen im vollen Betrag vom Schuldner verlangen.

(5) Die in § 58 Z 1 bezeichneten Forderungen können nach Abschluss des Sanierungsplans nicht mehr geltend gemacht werden. Die in § 58 Z 2

und 3 bezeichneten Forderungen werden durch den Sanierungsplan nicht berührt.

(BGBl I 2010/29)

Verzug

§ 156a. (1) Der Nachlass und die sonstigen Begünstigungen, die der Sanierungsplan gewährt, werden für diejenigen Gläubiger hinfällig, gegenüber welchen der Schuldner mit der Erfüllung des Sanierungsplans in Verzug gerät. *(vgl § 5 1.CO-VID-JuBG)*

(2) Ein solcher Verzug ist erst anzunehmen, wenn der Schuldner eine fällige Verbindlichkeit trotz einer vom Gläubiger unter Einräumung einer mindestens vierzehntägigen Nachfrist an ihn gerichteten schriftlichen Mahnung nicht gezahlt hat. Ist der Schuldner eine natürliche Person, die kein Unternehmen betreibt, und ist die Sanierungsplanquote in Raten zu zahlen, deren Laufzeit ein Jahr übersteigt, so ist ein Verzug erst dann anzunehmen, wenn er eine seit mindestens sechs Wochen fällige Verbindlichkeit trotz einer vom Gläubiger unter Einräumung einer mindestens vierzehntägigen Nachfrist an ihn gerichteten schriftlichen Mahnung nicht gezahlt hat.

(3) Die Wirkung des Wiederauflebens erstreckt sich nicht auf Forderungen, die zur Zeit der eingetretenen Säumnis mit dem im Sanierungsplan festgesetzten Betrag voll befriedigt waren; andere Forderungen sind mit dem Bruchteile als getilgt anzusehen, der dem Verhältnis des bezahlten Betrags zu dem nach dem Sanierungsplan zu zahlenden Betrag entspricht. Die Rechte, die der Sanierungsplan den Gläubigern gegenüber dem Schuldner oder dritten Personen einräumt, bleiben unberührt.

(4) Im Sanierungsplan kann von Abs. 1 bis 3 nicht zum Nachteil des Schuldners abgewichen werden, von Abs. 3 erster Satz kann jedoch abgewichen werden, wenn in den letzten fünf Jahren vor Eröffnung des Insolvenzverfahrens ein Sanierungsplan abgeschlossen worden ist.

(BGBl I 2010/29)

§ 5 1.COVID-19-Ju-BG (BGBl I 2020/16), ab 22.3.2020 bis 31.12.2020

Mahnung nach der Insolvenzordnung

§ 5. Eine schriftliche Mahnung einer nach dem Inkrafttreten dieser Bestimmung fällig gewordenen Verbindlichkeit, die ab dem Inkrafttreten dieses Bundesgesetzes bis zum Ablauf des 30. April 2020 abgesendet wird, führt nicht zum Verzug nach § 156a Abs. 1 IO. (BGBl I 2020/16)

Vorläufige Feststellung der Höhe bestrittener und des Ausfalls teilweise gedeckter Forderungen

§ 156b. (1) Ist das Bestehen oder die Höhe einer Insolvenzforderung oder bei einer teilweise gedeckten Forderung die Höhe des Ausfalls strittig und liegt darüber keine Entscheidung nach § 93 vor, so hat das Insolvenzgericht auf Antrag des Schuldners oder des Gläubigers die mutmaßliche Höhe der bestrittenen Forderung oder des Ausfalls vorläufig festzustellen. Gegen diese Entscheidung ist kein Rechtsmittel zulässig.

(2) Die für den Fall des Verzugs in der Erfüllung des Sanierungsplans vorgesehenen Rechtsfolgen (§ 156a) können den Schuldner jedenfalls dann nicht treffen, wenn er

1. bestrittene Forderungen bis zur endgültigen Feststellung des Bestehens oder der Höhe der Forderung in dem Ausmaß durch Erlag bei Gericht sichergestellt hat, das einer vom Insolvenzgericht gemäß Abs. 1 oder § 93 getroffenen Entscheidung entspricht, oder

2. teilweise gedeckte Forderungen bis zur endgültigen Feststellung der Höhe des Ausfalls in dem Ausmaß beglichen hat, das einer vom Insolvenzgericht gemäß Abs. 1 oder § 93 getroffenen Entscheidung entspricht.

(3) Nach endgültiger Feststellung der Höhe der bestrittenen Forderung oder des Ausfalls hat der Schuldner, der bis dahin die Forderung in dem sich aus der Entscheidung des Insolvenzgerichts ergebenden geringeren Ausmaß bei der Erfüllung des Sanierungsplans berücksichtigt hat, das Fehlende nachzuzahlen.

(4) Verzug in der Erfüllung des Sanierungsplans ist jedoch erst anzunehmen, wenn der Schuldner den Fehlbetrag trotz einer vom Gläubiger unter Einräumung einer mindestens vierzehntägigen Nachfrist an ihn gerichteten schriftlichen Mahnung nicht gezahlt hat. Ergibt aber die endgültige Feststellung, dass der Schuldner zuviel gezahlt hat, so hat er nur insoweit Anspruch auf den Mehrbetrag, als der Gläubiger durch die vom Schuldner geleisteten Zahlungen mehr erhalten hat, als die gesamte ihm nach dem Sanierungsplan zustehende, wenn auch noch nicht fällige Forderung beträgt.

(BGBl I 2010/29)

Exekution

§ 156c. (1) Soweit eine Forderung im Insolvenzverfahren festgestellt und vom Schuldner nicht ausdrücklich bestritten worden ist, kann nach rechtskräftiger Bestätigung des Sanierungsplans auch aufgrund der Eintragung in das Anmeldungsverzeichnis zur Hereinbringung der nach Maßgabe des Sanierungsplans geschuldeten Beträge gegen die Personen, die sich als Mitschuldner oder als Bürgen und Zahler zur Erfüllung des Sanierungsplans verpflichtet haben, Exekution geführt werden, wenn sich diese Personen in einer gegenüber dem Insolvenzgericht abgegebenen schriftlichen Erklärung ausdrücklich verpflichtet haben, die von ihnen übernommenen Verbindlichkeiten bei Vermeidung unmittelbarer Zwangsvollstreckung zu erfüllen. § 61 letzter Satz ist anzuwenden.

(2) Macht der Gläubiger die Rechte geltend, die ihm bei Verzug des Schuldners zustehen, so bedarf es zur Bewilligung der Exekution nicht des Nachweises, dass sich der Schuldner im Verzug befindet.

(3) Soweit aufgrund einer Eintragung in das Anmeldungsverzeichnis gegen die nach Abs. 1 Verpflichteten Exekution geführt werden kann, gilt § 60 Abs. 2 auch für sie.

(BGBl I 2010/29)

Zweiter Abschnitt
Überwachung durch einen Treuhänder

Allgemeine Vorschrift

§ 157. (1) Wenn sich der Schuldner im Sanierungsplan bis zu dessen Erfüllung oder bis zum Eintritt einer im Sanierungsplan festgesetzten Bedingung der Überwachung durch eine im Sanierungsplan bezeichnete Person als Treuhänder der Gläubiger unterworfen hat, gelten die §§ 157a bis 157f, im Fall der Übergabe von Vermögen an einen Treuhänder auch die §§ 157g bis 157m. Zum Nachteil des Schuldners oder der Gläubiger kann insbesondere von den Bestimmungen über die Rechnungslegung nicht abgewichen werden.

(2) Auf die Art der Überwachung ist in der Bekanntmachung über die Bestätigung des Sanierungsplans hinzuweisen. Das Insolvenzgericht hat zu veranlassen, dass die Art der Überwachung in den öffentlichen Büchern und Registern (§ 77) angemerkt wird.

(BGBl I 2010/29)

Sicherungsmaßnahmen

§ 157a. Während der Dauer der Überwachung kann das Insolvenzgericht auf Antrag des Treuhänders oder Schuldners Maßnahmen zur Sicherung des Vermögens des Schuldners erlassen, abändern und aufheben, wenn das zur Sicherung des Vermögens, zur Erfüllung des Sanierungsplans oder zur Fortführung des Unternehmens des Schuldners zweckmäßig ist. Insbesondere kann das Gericht dem Schuldner bestimmte Rechtshandlungen während der Dauer des Verfahrens überhaupt oder doch ohne Zustimmung des Treuhänders verbieten.

(BGBl I 2010/29)

Treuhänder

§ 157b. (1) Die Stellung des Treuhänders richtet sich nach §§ 171 und 172.

(2) Im Verhältnis zu Dritten ist der Treuhänder zu allen Rechtsgeschäften und Rechtshandlungen befugt, welche die Erfüllung der mit seinen Aufgaben verbundenen Obliegenheiten mit sich bringt, soweit nicht das Insolvenzgericht im einzelnen Fall eine Beschränkung der Befugnisse verfügt und dem Dritten bekanntgegeben hat.

(3) Der Treuhänder darf die Geschäftsräume des Schuldners betreten und dort Nachforschungen anstellen. Der Schuldner hat dem Treuhänder Einsicht in seine Bücher und Schriften zu gestatten; er und seine Bediensteten und Beauftragten haben dem Treuhänder alle erforderlichen Auskünfte zu geben.

(4) Der Treuhänder hat die durch den Gegenstand seiner Geschäftsführung gebotene Sorgfalt (§ 1299 ABGB) anzuwenden; § 81 Abs. 2 und 3 gilt entsprechend.

(5) §§ 84 und 87 gelten entsprechend, § 87 jedoch mit der Maßgabe, dass die Enthebung von jedem Insolvenzgläubiger beantragt werden kann. Lehnt der Treuhänder die Übernahme der Tätigkeit ab, wird er enthoben oder fällt er sonst weg, so hat das Insolvenzgericht einen anderen Treuhänder zu bestellen. Die Bestellung eines anderen Treuhänders ist öffentlich bekanntzumachen; bei Bestellung eines anderen Treuhänders sind § 80 Abs. 2, 3 und 5 sowie § 80b entsprechend anzuwenden.

(BGBl I 2010/29)

Entlohnung des Treuhänders

§ 157c. (1) Der Treuhänder hat Anspruch auf eine Entlohnung zuzüglich Umsatzsteuer sowie auf Ersatz seiner Barauslagen.

(2) Die Entlohnung des Treuhänders beträgt in der Regel 10% der dem Insolvenzverwalter zugesprochenen Entlohnung; §§ 82b, 82c sowie 125 Abs. 1, 2, 3 und 5 sind entsprechend anzuwenden, wobei insbesondere auch zu berücksichtigen ist, ob der Sanierungsplan erfüllt worden ist.

(BGBl I 2010/29)

Beendigung

§ 157d. (1) Die Überwachung ist auf Antrag des Schuldners oder des Treuhänders durch das Insolvenzgericht auf Kosten des Schuldners für beendet zu erklären, wenn der Schuldner oder der Treuhänder glaubhaft macht, dass der Sanierungsplan erfüllt oder dass die festgesetzte Bedingung eingetreten ist.

(2) Der Beschluss, mit dem das Verfahren für beendet erklärt wird, ist öffentlich bekanntzumachen; § 79 Abs. 2 und 3 ist entsprechend anzuwen-

den. Der Eintritt der Rechtskraft des Beschlusses ist in der Insolvenzdatei anzumerken.

(3) Über Rekurse gegen Beschlüsse über die Beendigung der Überwachung entscheidet das Gericht zweiter Instanz endgültig.

(BGBl I 2010/29)

Einstellung

§ 157e. (1) Die Überwachung ist einzustellen, wenn

1. innerhalb von vierzehn Tagen nach Ablauf der letzten im Sanierungsplan bestimmten Zahlungsfrist kein Antrag nach § 157d vorliegt oder wenn der Antrag abgelehnt wird;

2. der Schuldner Verfügungsbeschränkungen so zuwiderhandelt, dass das Ziel der Überwachung gefährdet wird.

(2) Die Überwachung ist weiters einzustellen, wenn sich herausstellt, dass die Überwachung nicht zu einer Beendigung führen wird; der Treuhänder ist zu einer solchen Anzeige verpflichtet, sobald er den Eintritt dieses Einstellungsgrunds zu besorgen hat.

(BGBl I 2010/29)

vgl § 157l

Einstellungsbeschluss

§ 157f. (1) Der Beschluss, mit dem das Verfahren eingestellt wird, ist öffentlich bekanntzumachen; § 79 Abs. 2 und 3 ist entsprechend anzuwenden.

(2) Das Insolvenzgericht hat unmittelbar nach Eintritt der Rechtskraft des Einstellungsbeschlusses nach § 157e Abs. 2 von Amts wegen darüber zu entscheiden, ob das Insolvenzverfahren neuerlich zu eröffnen ist. Wird das Insolvenzverfahren eröffnet, so ist der Eröffnungsbeschluss gemeinsam mit der Anmerkung des Eintritts der Rechtskraft des Einstellungsbeschlusses bekanntzumachen. Die Wirkungen der Überwachung enden, wenn das Insolvenzverfahren von Amts wegen eröffnet wird, mit Beginn des Tages, der der öffentlichen Bekanntmachung des Insolvenzedikts folgt. Wird das Insolvenzverfahren nicht eröffnet, so tritt der Schuldner mit der öffentlichen Bekanntmachung des Eintritts der Rechtskraft des Einstellungsbeschlusses wieder in sein Recht, über sein Vermögen frei zu verfügen.

(BGBl I 2010/29)

Dritter Abschnitt
Vermögensübergabe

Rechtsstellung des Treuhänders bei Übergabe von Vermögen

§ 157g. (1) Der Schuldner kann dem Treuhänder erteilte Ermächtigungen zur Verwaltung und zur Verwertung des Vermögens bis zur Beendigung der Tätigkeit des Treuhänders nicht widerrufen.

(2) Die Vorschriften des bürgerlichen Rechtes und des Unternehmensrechts über die Haftung des Vermögensübernehmers sind auf den übernehmenden Treuhänder nicht anzuwenden.

(3) Rechtshandlungen des Schuldners, die das übergebene Vermögen betreffen, sind Gläubigern gegenüber unwirksam, soweit ihn der Treuhänder hiezu nicht ermächtigt hat.

(4) Der Treuhänder hat dem Gericht jährlich zu der im Sanierungsplan bezeichneten Zeit und überdies auf jedesmalige Anordnung des Gerichts sowie nach Beendigung seiner Tätigkeit Rechnung zu legen und erforderlichenfalls einen die Rechnung erläuternden Bericht zu erstatten; § 121 Abs. 2 und 3 sowie § 122 sind entsprechend anzuwenden. Mangels einer Regelung im Sanierungsplan hat der Treuhänder innerhalb von 14 Tagen nach Abschluss jedes Rechnungsjahrs Rechnung zu legen. Das erste Rechnungsjahr läuft bis zum Ende des Kalendermonats, in das der Beginn seiner Treuhandschaft gefallen ist.

(BGBl I 2010/29)

§ 157h. (1) Rechtskräftige Entscheidungen aus den vom Treuhänder oder gegen diesen geführten Prozessen über Angelegenheiten, die das übergebene Vermögen betreffen, wirken auch gegenüber dem Schuldner.

(2) Ein Insolvenzverfahren, das während der Überwachung eröffnet wird, erfasst solches Vermögen nicht, das gemäß dem Sanierungsplan einem Treuhänder übergeben worden ist; es ist jedoch in das Insolvenzverfahren einzubeziehen, wenn die Überwachung eingestellt wird. Der Zwangsvollstreckung unterliegt dieses Vermögen, sofern es von ihr auch dann getroffen würde, wenn ein Insolvenzverfahren anhängig wäre; jedoch beginnt mit dem Eintritt der Rechtskraft der Bestätigung des Sanierungsplans neuerlich eine Frist von sechs Monaten (§ 11 Abs. 2) zu laufen.

(3) Ist im Sanierungsplan vorgesehen, dass zur Sicherung der Erfüllung eine Hypothek bestellt werden soll, so ist sie in der Weise einzutragen, dass die Gläubiger ohne nähere Angabe als Berechtigte bezeichnet werden. Die alleinige Berechtigung des jeweiligen Treuhänders, über die Hypothek mit Wirkung für und gegen die Gläubiger zu verfügen, ist anzumerken. Das Insolvenzge-

richt hat dem Treuhänder auf dessen Antrag und nach Einvernahme des Schuldners die gerichtliche Verwertung der Liegenschaft zu bewilligen; dem Treuhänder kommt die Stellung eines betreibenden Gläubigers zu; § 119 Abs. 2 bis 4 ist entsprechend anzuwenden.

(BGBl I 2010/29)

Vierter Abschnitt

Sanierungsplan mit Übergabe von Vermögen zur Verwertung

Allgemeine Vorschriften

§ 157i. (1) Der Schuldner kann im Sanierungsplan auch vorschlagen, sein Vermögen an einen Treuhänder zur Verwertung zu übergeben. Hiebei kann auch vorgesehen werden, dass der Treuhänder bestimmt zu bezeichnende Ansprüche geltend zu machen hat, aus deren Beträgen die Insolvenzgläubiger zu befriedigen sind; insbesondere die Hereinbringung offener Forderungen und Anfechtungsansprüche.

(2) Soweit der Schuldner einem Treuhänder Vermögen zur Verwertung übergeben hat, beträgt diesbezüglich die Zahlungsfrist zwei Jahre vom Tag der Annahme des Sanierungsplans. Das Insolvenzgericht hat die Überwachung auf Antrag des Treuhänders zu erstrecken, wenn dies dem überwiegenden Interesse der Beteiligten entspricht. Die Frist kann auch mehrmals, jedoch höchstens insgesamt um drei Jahre erstreckt werden. Der Antrag muss vor Ablauf der Frist angebracht werden; sie läuft nicht vor dem Eintritt der Rechtskraft der über den Antrag ergangenen Entscheidung ab. Vor der Entscheidung ist auch der Schuldner zu vernehmen. Die Entscheidung über die Verlängerung ist öffentlich bekanntzumachen. Über Rekurse gegen Beschlüsse über die Verlängerung der Überwachung entscheidet das Gericht zweiter Instanz endgültig.

(BGBl I 2010/29)

Abstimmung

§ 157j. Die Abstimmung in der gleichen Tagsatzung ist auch dann zuzulassen, wenn

1. der Schuldner in der Tagsatzung den Vorschlag derart abändert, dass er sein gesamtes Vermögen innerhalb einer im Sanierungsplan zu bestimmenden Frist einem Treuhänder der Insolvenzgläubiger zur Erfüllung übergibt,

2. zu erwarten ist, dass die Insolvenzgläubiger die zuletzt angebotene Quote insgesamt erhalten werden, und

3. nach dem Vorschlag der Ausfall, den die Insolvenzgläubiger erleiden (§ 156), wenn diese Quote bei Beendigung der Tätigkeit des Treuhän-

ders nicht erreicht sein sollte, nicht den auf die Quote noch fehlenden Betrag umfasst.

(BGBl I 2010/29)

Entlohnung des Treuhänders

§ 157k. (1) Die Entlohnung des Treuhänders ist in sinngemäßer Anwendung des § 82 Abs. 1 zu bemessen.

(2) §§ 82b, 82c sowie 125 Abs. 1, 2, 3 und 5 sind entsprechend anzuwenden, wobei insbesondere auch zu berücksichtigen ist, ob der Sanierungsplan erfüllt worden ist.

(BGBl I 2010/29)

Einstellung

§ 157l. Bei einem Sanierungsplan mit Übergabe von Vermögen zur Verwertung gilt § 157e Abs. 2 nicht.

(BGBl I 2010/29)

Verzug in der Erfüllung

§ 157m. Die Verzugsfolgen nach § 156a treten nicht ein, wenn der Schuldner innerhalb der im Sanierungsplan bestimmten Frist sein gesamtes Vermögen übergeben hat, selbst wenn er nach Beendigung der Tätigkeit des Treuhänders mit der Entrichtung des Betrags in Verzug gerät, für den er wegen Nichterreichung der Quote weiter haftet.

(BGBl I 2010/29)

Fünfter Abschnitt

Nichtigkeit und Unwirksamerklärung des Sanierungsplans

Nichtigkeit des Sanierungsplans

§ 158. (1) Die Verurteilung des Schuldners wegen betrügerischer Krida hebt, wenn sie innerhalb zweier Jahre nach der Bestätigung des Sanierungsplans rechtskräftig wird, für alle Gläubiger den im Sanierungsplan gewährten Nachlass sowie die sonstigen Begünstigungen auf, ohne den Verlust der Rechte nach sich zu ziehen, die ihnen der Sanierungsplan gegenüber dem Schuldner oder dritten Personen einräumt.

(2) Das Insolvenzgericht hat von Amts wegen oder auf Antrag eines Insolvenzgläubigers die Nichtigkeit festzustellen. Der Beschluss ist öffentlich bekannt zu machen. Ist kostendeckendes Vermögen vorhanden oder wird ein angemessener Kostenvorschuss (§ 71a Abs. 1) geleistet, so ist das Insolvenzverfahren auf Antrag eines Insolvenzgläubigers wieder aufzunehmen.

(3) Die Vorschriften der §§ 74 bis 78 über die Bekanntmachung und die Anmerkung der Insolvenzeröffnung sowie über die Benachrichtigungen von der Insolvenzeröffnung sind auf die Wiederaufnahme des Insolvenzverfahrens anzuwenden.

(BGBl I 2010/29)

Verfahren bei Wiederaufnahme des Insolvenzverfahrens

§ 159. (1) An dem wieder aufgenommenen Insolvenzverfahren nehmen auch die Gläubiger teil, deren Ansprüche zwischen der Aufhebung und der Wiederaufnahme des Insolvenzverfahrens entstanden sind.

(2) Insolvenzgläubiger, für die der Sanierungsplan wirksam war, nehmen an dem wieder aufgenommenen Insolvenzverfahren mit dem noch nicht getilgten Betrag ihrer ursprünglichen Forderungen teil.

(3) Das Insolvenzverfahren ist, soweit dies notwendig ist, zu wiederholen. Früher geprüfte Forderungen sind nicht neuerlich zu prüfen.

(BGBl I 2010/29)

Wirkung der Wiederaufnahme auf die Anfechtung und Aufrechnung

§ 160. (1) Für die Anfechtung von Rechtshandlungen, die zwischen der Aufhebung und der Wiederaufnahme des Insolvenzverfahrens vorgenommen worden sind, sowie für die in dieser Zeit entstandenen Aufrechnungsansprüche gilt, wenn nicht inzwischen Zahlungsunfähigkeit eingetreten ist, als Eintritt der Zahlungsunfähigkeit der Tag des ersten strafgerichtlichen Erkenntnisses, das die Verurteilung des Schuldners enthält.

(2) Die Frist für die gerichtliche Geltendmachung des Anfechtungsrechts ist für die Zeit von der Bestätigung des Sanierungsplans bis zur Wiederaufnahme des Insolvenzverfahrens gehemmt.

(BGBl I 2010/29)

Unwirksamerklärung des Sanierungsplans

§ 161. (1) Ist der Sanierungsplan durch betrügerische Handlungen oder durch unzulässige Einräumung besonderer Vorteile an einzelne Gläubiger zustande gebracht worden, ohne dass die Voraussetzungen des § 158 vorliegen, so kann jeder Insolvenzgläubiger innerhalb dreier Jahre nach Eintritt der Rechtskraft der Bestätigung des Sanierungsplans mit Klage den Anspruch auf Bezahlung des Ausfalls oder auf Unwirksamerklärung der sonst gewährten Begünstigung geltend machen, ohne die Rechte zu verlieren, die ihm der Sanierungsplan gegenüber dem Schuldner oder dritten Personen einräumt.

(2) Dieser Anspruch steht nur Insolvenzgläubigern zu, die an den betrügerischen Handlungen oder an den unzulässigen Abmachungen nicht teilgenommen haben und ohne Verschulden außerstande waren, die zur Klage berechtigenden Tatsachen im Bestätigungsverfahren geltend zu machen.

(BGBl I 2010/29)

Zuständigkeit

§ 162. Für den Anspruch des Gläubigers gegen den Schuldner aufgrund von § 150a oder § 161 ist das Insolvenzgericht zuständig.

(BGBl I 2010/29)

Neuerliches Insolvenzverfahren

§ 163. (1) Wird vor vollständiger Erfüllung des Sanierungsplans neuerlich ein Insolvenzverfahren eröffnet, ohne dass die Voraussetzungen des § 158 vorliegen, so sind die früheren Insolvenzgläubiger nicht verpflichtet, das im guten Glauben Bezogene zurückzuerstatten.

(2) Ihre Forderungen sind jedoch als vollständig getilgt anzusehen, wenn sie mit dem im Sanierungsplan festgesetzten Betrag befriedigt worden sind; andernfalls ist die Forderung nur mit dem Bruchteil als getilgt anzusehen, der dem Verhältnis des bezahlten Betrages zu dem nach dem Sanierungsplan zu zahlenden Betrag entspricht.

(BGBl I 2010/29)

Sechster Abschnitt

Sonderbestimmungen für eingetragene Personengesellschaften

Insolvenzverfahren einer eingetragenen Personengesellschaft oder Verlassenschaft

§ 164. (1) Ist der Schuldner eine eingetragene Personengesellschaft oder eine Verlassenschaft, so kann der Sanierungsplan nur mit Zustimmung sämtlicher unbeschränkt haftenden Gesellschafter oder sämtlicher Erben geschlossen werden.

(2) Die Rechtswirkungen des Sanierungsplans kommen, soweit im Sanierungsplan nichts anderes bestimmt ist, einem jeden solchen Gesellschafter oder Erben gegenüber den Gesellschaftsgläubigern oder Erbschaftsgläubigern zustatten.

(BGBl I 2010/29)

Haftung eines ausgeschiedenen unbeschränkt haftenden Gesellschafters

§ 164a. Der Sanierungsplan einer eingetragenen Personengesellschaft oder eines Schuldners, der das Unternehmen einer solchen ohne

Liquidation mit Aktiven und Passiven übernommen hat, begrenzt auch den Umfang der auf dem Gesetz beruhenden Haftung eines aus der eingetragenen Personengesellschaft bereits ausgeschiedenen unbeschränkt haftenden Gesellschafters. Zu dessen Nachteil kann hievon im Sanierungsplan nicht abgewichen werden.

(BGBl I 2010/29)

Sanierungsplan eines unbeschränkt haftenden Gesellschafters

§ 165. (1) Ist nur über das Privatvermögen eines unbeschränkt haftenden Gesellschafters einer eingetragenen Personengesellschaft ein Insolvenzverfahren eröffnet worden und in diesem Verfahren ein Sanierungsplan zustande gekommen, so wird hiedurch der Gesellschafter von einer weitergehenden Haftung für die Gesellschaftsschulden frei.

(2) Ist gleichzeitig mit dem Insolvenzverfahren über das Gesellschaftsvermögen ein Insolvenzverfahren über das Privatvermögen eines unbeschränkt haftenden Gesellschafters anhängig, so werden durch den Sanierungsplan des Gesellschafters die Forderungen der Gesellschaftsgläubiger so weit getroffen, als sie in diesem Insolvenzverfahren nach § 57 überhaupt zu berücksichtigen sind.

(BGBl I 2010/29)

Dritter Teil

Sanierungsverfahren

Anwendungsbereich

§ 166. Ist der Schuldner eine natürliche Person, die ein Unternehmen betreibt, eine juristische Person, eine Personengesellschaft oder eine Verlassenschaft, so gelten die Bestimmungen dieses und des Vierten Teils.

(BGBl I 2010/29)

Antrag

§ 167. (1) Das Insolvenzverfahren ist als Sanierungsverfahren zu bezeichnen, wenn der Schuldner

1. dessen Eröffnung sowie

2. unter Anschluss eines zulässigen Sanierungsplans die Annahme eines Sanierungsplans beantragt und dieser Antrag vom Gericht nicht zugleich mit der Eröffnung des Insolvenzverfahrens zurückgewiesen wird.

(2) Das Sanierungsverfahren kann auch bei drohender Zahlungsunfähigkeit eröffnet werden, jedoch nicht während eines Konkursverfahrens über das Vermögen des Schuldners.

(3) Die Bezeichnung ist auf Konkursverfahren abzuändern, wenn

1. der Insolvenzverwalter angezeigt hat, dass die Insolvenzmasse nicht ausreicht, um die Masseforderungen zu erfüllen, oder

2. der Schuldner den Sanierungsplanantrag zurückzieht oder das Gericht den Antrag zurückweist oder

3. der Sanierungsplan in der Sanierungsplantagsatzung abgelehnt und die Tagsatzung nicht erstreckt wurde oder

4. dem Sanierungsplan vom Gericht die Bestätigung versagt wurde.

(4) Die Änderung der Bezeichnung auf Konkursverfahren ist öffentlich bekannt zu machen. Gegen die Bezeichnung und deren Änderung ist kein Rekurs zulässig; die Bezeichnung kann jedoch auf Antrag oder von Amts wegen vom Gericht berichtigt werden.

(BGBl I 2010/29)

vgl § 180 (1)

Anberaumung der Sanierungsplantagsatzung

§ 168. (1) Das Gericht hat zugleich mit der Eröffnung die Sanierungsplantagsatzung in der Regel auf 60 bis 90 Tage anzuordnen. Sie kann mit der Prüfungstagsatzung verbunden werden.

(2) Das Unternehmen ist erst zu verwerten, wenn der Sanierungsplanvorschlag nicht innerhalb von 90 Tagen nach Eröffnung des Verfahrens angenommen wird.

(BGBl I 2010/29)

Vierter Teil

Sanierungsverfahren mit Eigenverwaltung unter Aufsicht eines Verwalters

Voraussetzungen

§ 169. (1) Im Sanierungsverfahren steht dem Schuldner die Verwaltung der Insolvenzmasse unter Aufsicht eines Insolvenzverwalters (Sanierungsverwalters) nach den Bestimmungen des Vierten Teils zu (Eigenverwaltung), wenn er vor dessen Eröffnung

1. folgende Urkunden vorgelegt hat:

a) einen Sanierungsplan, in dem den Insolvenzgläubigern angeboten wird, innerhalb von längstens zwei Jahren vom Tag der Annahme des Sanierungsplans mindestens 30% der Forderungen zu zahlen;

b) ein genaues Vermögensverzeichnis;

c) eine aktuelle und vollständige Übersicht über den Vermögens- und Schuldenstand, in der die Bestandteile des Vermögens auszuweisen und zu bewerten und die Verbindlichkeiten mit dem

Rückzahlungsbetrag anzusetzen und aufzugliedern sind (Status);

d) eine Gegenüberstellung der voraussichtlichen Einnahmen und Ausgaben für die folgenden 90 Tage, aus der sich ergibt, wie die für die Fortführung des Unternehmens und die Bezahlung der Masseforderungen notwendigen Mittel aufgebracht und verwendet werden sollen (Finanzplan), und

e) ein Verzeichnis der nach §§ 75 und 145 Abs. 2 zu Verständigenden sowie

2. der Antrag folgende Angaben enthält:

a) darüber, wie die zur Erfüllung des Sanierungsplans nötigen Mittel aufgebracht werden sollen,

b) über die Anzahl der Beschäftigten und über deren im Unternehmen errichteten Organe und

c) über die zur Erfüllung des Sanierungsplans nötigen Reorganisationsmaßnahmen, insbesondere Finanzierungsmaßnahmen.

(2) Ist der Schuldner nach Unternehmensrecht verpflichtet, Jahresabschlüsse aufzustellen, so hat er diese vorzulegen. Betreibt er sein Unternehmen länger als drei Jahre, so genügt die Vorlage für die letzten drei Jahre.

(3) Der Schuldner hat das Vermögensverzeichnis eigenhändig zu unterschreiben und sich zugleich bereitzuerklären, vor dem Gericht zu unterfertigen, dass seine Angaben über den Aktiv- und Passivstand richtig und vollständig seien und dass er von seinem Vermögen nichts verschwiegen habe.

(4) Der Schuldner hat die Angaben nach Abs. 1, soweit zumutbar, zu belegen.

(5) Fehlt im Antrag das gesetzlich vorgeschriebene Vorbringen oder sind ihm nicht alle vorgeschriebenen Urkunden angeschlossen, so ist der Schriftsatz zur Verbesserung zurückzustellen. Wird der Antrag nicht fristgerecht verbessert, so ist das Sanierungsverfahren nach dem Dritten Teil oder der Konkurs zu eröffnen.

(BGBl I 2010/29)

Entziehung der Eigenverwaltung

§ 170. (1) Das Gericht hat dem Schuldner die Eigenverwaltung zu entziehen und einen Masseverwalter zu bestellen, wenn

1. Umstände bekannt sind, die erwarten lassen, dass die Eigenverwaltung zu Nachteilen für die Gläubiger führen wird, insbesondere wenn der Schuldner Mitwirkungs- oder Auskunftspflichten verletzt, Verfügungsbeschränkungen oder überhaupt den Interessen der Gläubiger zuwiderhandelt, die Voraussetzungen des § 169 nicht vorliegen, der Finanzplan nicht eingehalten werden kann, die Angaben im Status unrichtig sind oder

der Schuldner die Masseforderungen nicht pünktlich erfüllt;

2. die Voraussetzungen des § 167 Abs. 3 erfüllt sind;

3. der Sanierungsplan nicht innerhalb von 90 Tagen nach Eröffnung des Verfahrens von den Gläubigern angenommen wurde oder *(vgl § 7 Abs 4 2.COVID-JuBG)*

4. der Schuldner dies beantragt.

(2) Die Entziehung der Eigenverwaltung ist öffentlich bekannt zu machen; die Rechtswirkungen treten mit Beginn des Tages ein, der der öffentlichen Bekanntmachung folgt.

(BGBl I 2010/29)

Umfang der Eigenverwaltung

§ 171. (1) Der Schuldner ist bei Eigenverwaltung berechtigt, alle Rechtshandlungen vorzunehmen. Der Genehmigung des Sanierungsverwalters bedürfen Rechtshandlungen, die nicht zum gewöhnlichen Unternehmensbetrieb gehören, sowie der Rücktritt, die Kündigung oder die Auflösung der Verträge nach §§ 21, 23 und 25. Der Schuldner muss aber auch eine zum gewöhnlichen Unternehmensbetrieb gehörende Handlung unterlassen, wenn der Sanierungsverwalter dagegen Einspruch erhebt.

(2) Von der Eröffnung des Verfahrens an bedarf der Schuldner zur Schließung oder Wiedereröffnung seines Unternehmens der Bewilligung des Gerichts; § 115 ist entsprechend anzuwenden.

(3) Rechtshandlungen, die der Schuldner entgegen Abs. 1 ohne Zustimmung oder gegen Einspruch des Sanierungsverwalters vorgenommen hat, sind den Gläubigern gegenüber unwirksam, wenn der Dritte wusste oder wissen musste, dass sie über den gewöhnlichen Unternehmensbetrieb hinausgehen und dass der Sanierungsverwalter seine Zustimmung nicht erteilt oder dass er Einspruch gegen die Vornahme erhoben hat.

(BGBl I 2010/29)

Beschränkung der Eigenverwaltung

§ 172. (1) Dem Sanierungsverwalter sind vorbehalten:

1. die Anfechtung von Rechtshandlungen nach den §§ 27 bis 43, wobei das durch die anfechtbare Handlung dem Vermögen des Schuldners Entgangene an den Sanierungsverwalter zu leisten und zur Befriedigung der Gläubiger zu verwenden ist,

2. die Forderungsprüfung nach §§ 102 ff,

3. die Mitteilung der Geschäfte nach § 116,

4. der Abschluss der Geschäfte nach § 117,

5. die gerichtliche Veräußerung nach § 119,

6. die Veräußerung von Sachen, an denen ein Absonderungsrecht besteht, nach § 120 und

7. die Aufschiebung des Exekutionsverfahrens nach § 120a.

(2) Das Gericht kann dem Schuldner bestimmte Rechtshandlungen überhaupt oder doch ohne Zustimmung des Sanierungsverwalters verbieten, soweit dies notwendig ist, um Nachteile für die Gläubiger zu vermeiden. Die Beschränkungen sind, wenn sie gleichzeitig mit der Eröffnung des Sanierungsverfahrens angeordnet werden, mit der Eröffnung, sonst gesondert öffentlich bekanntzumachen und in jedem Fall in den öffentlichen Büchern und Registern anzumerken. In dringenden Fällen kann die Anordnung der Sanierungsverwalter treffen.

(3) Soweit der Schuldner zu Rechtshandlungen nicht befugt ist, hat der Sanierungsverwalter an dessen Stelle tätig zu werden. Zur Verwertung bedarf der Sanierungsverwalter der Zustimmung des Schuldners.

(BGBl I 2010/29)

Prozessführungsbefugnis

§ 173. Der Schuldner ist in Angelegenheiten der Eigenverwaltung zur Führung von Rechtsstreitigkeiten und sonstigen Verfahren befugt.

(BGBl I 2010/29)

Masseforderungen

§ 174. Masseforderungen sind – unbeschadet des § 46 – auch Forderungen aus Rechtshandlungen des Schuldners, zu denen er nach § 171 berechtigt ist.

(BGBl I 2010/29)

Unterhalt

§ 175. Der Schuldner darf die vorhandenen Mittel nur insoweit für sich verbrauchen, als es zu einer bescheidenen Lebensführung für ihn und seine Familie unerlässlich ist.

(BGBl I 2010/29)

Sonderregelungen

§ 176. Bei Eigenverwaltung des Schuldners gilt Folgendes:

1. Der Schuldner ist berechtigt, alle Sendungen nach § 78 Abs. 2 entgegenzunehmen; § 78 Abs. 4 ist nicht anzuwenden.

2. Ein Inventar ist nicht zu errichten.

3. § 8 ist in Angelegenheiten der Eigenverwaltung nicht anzuwenden.

4. Der Sanierungsverwalter ist zur Rechnungslegung nur insoweit verpflichtet, als er Handlun-

gen nicht nur überwacht, sondern selbst vornimmt.

(BGBl I 2010/29)

Befugnisse des Sanierungsverwalters

§ 177. (1) Im Verhältnis zu Dritten ist der Sanierungsverwalter zu allen Rechtsgeschäften und Rechtshandlungen befugt, welche die Erfüllung der mit seinen Aufgaben verbundenen Obliegenheiten mit sich bringt, soweit nicht das Insolvenzgericht im einzelnen Fall eine Beschränkung der Befugnisse verfügt und dem Dritten bekanntgegeben hat.

(2) Der Sanierungsverwalter hat die durch den Gegenstand seiner Geschäftsführung gebotene Sorgfalt (§ 1299 ABGB) anzuwenden; § 81 Abs. 2 und 3 gilt entsprechend.

(3) Der Sanierungsverwalter hat Anspruch auf eine Entlohnung zuzüglich Umsatzsteuer sowie auf Ersatz seiner Barauslagen. §§ 82, 82a, 82b, 82c, 82d sowie 125 und 125a sind anzuwenden, wobei dem Sanierungsverwalter für die Überwachung der Fortführung eine besondere Entlohnung nach § 82 Abs. 3 gebührt. Ist der Sanierungsverwalter nicht zur Rechnungslegung verpflichtet und findet keine Schlussrechnungstagsatzung statt, so ist die Sanierungsplantagsatzung für die Frist des § 125 Abs. 1 maßgebend.

(BGBl I 2010/29)

Aufgaben des Sanierungsverwalters

§ 178. (1) Der Sanierungsverwalter hat die Überprüfung der wirtschaftlichen Lage des Schuldners unverzüglich nach seiner Bestellung zu beginnen und die Geschäftsführung des Schuldners sowie die Ausgaben für dessen Lebensführung zu überwachen.

(2) Der Sanierungsverwalter hat spätestens bis zur ersten Gläubigerversammlung, sofern keine gesonderte erste Gläubigerversammlung stattfindet, bis zur Berichtstagsatzung über die wirtschaftliche Lage des Schuldners und darüber zu berichten, ob

1. der Finanzplan eingehalten werden kann,

2. der Sanierungsplan erfüllbar ist und

3. Gründe zur Entziehung der Eigenverwaltung vorliegen.

(3) Abschriften schriftlicher Berichte des Sanierungsverwalters sind den Mitgliedern des Gläubigerausschusses und erforderlichenfalls den Gläubigern zu übersenden.

(4) Dritte können sich gegenüber dem Sanierungsverwalter auf eine zugunsten des Schuldners bestehende Verpflichtung zur Verschwiegenheit nicht berufen, soweit der Schuldner der Einholung von Auskünften durch den Sanierungsverwalter zugestimmt oder auf Antrag des Sanierungsver-

IO

walters das Gericht die mangelnde Zustimmung mit Beschluss ersetzt hat. Die mangelnde Zustimmung darf nur ersetzt werden, wenn der Sanierungsverwalter ein rechtliches Interesse an der Auskunft glaubhaft macht. Gegen den Beschluss, mit dem die mangelnde Zustimmung ersetzt wird, ist kein Rechtsmittel zulässig.

(BGBl I 2010/29)

Tagsatzungen

§ 179. (1) Die erste Gläubigerversammlung oder die Berichtstagsatzung hat in der Regel innerhalb von 3 Wochen ab Eröffnung des Sanierungsverfahrens stattzufinden.

(2) Vor Beginn der Abstimmung in der Sanierungsplantagsatzung hat der Schuldner vor dem Gericht auf Antrag des Sanierungsverwalters oder eines Gläubigers oder auf Anordnung des Gerichts zu unterfertigen, dass seine Angaben im Vermögensverzeichnis über den Aktiv- und Passivstand richtig und vollständig seien und dass er von seinem Vermögen nichts verschwiegen habe.

(BGBl I 2010/29)

Fünfter Teil

Konkursverfahren

Bezeichnung

§ 180. (1) Liegen die Voraussetzungen des § 167 Abs. 1 nicht vor, so heißt das Insolvenzverfahren Konkursverfahren.

(2) Die Konkursmasse ist vom Masseverwalter, wenn es nicht zu einem Sanierungsplan kommt, zur gemeinschaftlichen Befriedigung der Konkursgläubiger zu verwenden.

(BGBl I 2010/29)

Geringfügigkeit des Konkurses

§ 180a. Wenn das zur Konkursmasse gehörende Vermögen voraussichtlich nicht mehr als 50 000 Euro beträgt (geringfügiger Konkurs), kann bei der allgemeinen Prüfungstagsatzung gleichzeitig über alle der Beschlussfassung der Gläubigerversammlung unterliegenden Fragen und, soweit dies zweckmäßig ist, auch über die Verteilung der Konkursmasse verhandelt werden.

(BGBl I 2010/29)

Sechster Teil

Konzern

Zusammenarbeit und Koordination

§ 180b. Wenn Insolvenzverfahren über das Vermögen von Mitgliedern einer Unternehmens-

gruppe eröffnet werden, sind die Regelungen über die Zusammenarbeit und Kommunikation nach Art. 56 bis 60 EuInsVO sowie die Koordinierung nach Art. 61 bis 77 EuInsVO anzuwenden.

(BGBl I 2017/122, anzuwenden (§ 187 Abs 8), wenn das Insolvenzverfahren über das Vermögen eines Unternehmens der Gruppe nach dem 25. Juni 2017 eröffnet wird)

Genehmigungspflichtige Anträge und Handlungen

§ 180c. (1) Der Genehmigung des Gläubigerausschusses und des Insolvenzgerichts bedürfen:

1. Vereinbarungen im Sinne des Art. 56 Abs. 2 EuInsVO,

2. der Antrag auf Eröffnung eines Gruppen-Koordinationsverfahrens nach Art. 61 EuInsVO,

3. die Teilnahme oder Nichtteilnahme am Gruppen-Koordinationsverfahren nach Art. 64 Abs. 1 lit. a EuInsVO sowie ein nachträglicher Beitritt nach Art. 69 Abs. 1 EuInsVO und

4. die Abstimmung bei der Wahl des Gerichts für ein Gruppen-Koordinationsverfahren nach Art. 66 EuInsVO.

(2) Das Insolvenzgericht hat den Koordinator von den Gläubigerversammlungen zu verständigen.

(3) Der Koordinator hat dem Gericht nach Art. 72 Abs. 1 EuInsVO zu berichten; der Verwalter nach Art. 70 Abs. 2.

(4) Die anteilige Vergütung des Koordinators ist eine Masseforderung nach § 46.

(BGBl I 2017/122, anzuwenden (§ 187 Abs 8), wenn das Insolvenzverfahren über das Vermögen eines Unternehmens der Gruppe nach dem 25. Juni 2017 eröffnet wird)

Siebenter Teil[1]

[1] *Überschrift idF BGBl I 2017/122, ab 26. 6. 2017.*

Sonderbestimmungen für natürliche Personen

ERSTES HAUPTSTÜCK

Insolvenz- und Schuldenregulierungsverfahren[1]

[1] *Überschrift idF BGBl I 2010/29*

Anwendungsbereich

§ 181. Ist der Schuldner eine natürliche Person, so gelten die Bestimmungen des ordentlichen Verfahrens mit den in §§ 182 bis 216 festgelegten Besonderheiten.

(BGBl 1993/974)

16. IO

§§ 182 – 184

Zuständigkeit

§ 182. (1) Betreibt der Schuldner kein Unternehmen, so ist Insolvenzgericht das zum Zeitpunkt der Antragstellung örtlich zuständige Bezirksgericht; in Wien das Bezirksgericht, das für Exekutionssachen nach dem Bezirksgerichts-Organisationsgesetz für Wien zuständig ist (Schuldenregulierungsverfahren). *(BGBl I 2017/122, § 182 wurde zu § 182 Abs 1)*

(2) Ist ein anderes als das angerufene Gericht sachlich zuständig, so hat letzteres seine Unzuständigkeit in jeder Lage des Verfahrens von Amts wegen oder auf Antrag durch Beschluss auszusprechen und die Sache an das sachlich zuständige Gericht zu überweisen. *(BGBl I 2017/122, anzuwenden (§ 187 Abs 2), wenn der Antrag auf Eröffnung des Insolvenzverfahrens nach dem 15. Juli 2017 bei Gericht einlangt)*

(BGBl 1993/974; BGBl I 2010/29)

Antrag des Schuldners

§ 183. (1) Wenn es an einem zur Deckung der Kosten des Insolvenzverfahrens voraussichtlich hinreichenden Vermögen fehlt, ist der Antrag auf Eröffnung eines Insolvenzverfahrens aus diesem Grund nicht abzuweisen, wenn der Schuldner *(BGBl I 2010/29)*

1. ein genaues Vermögensverzeichnis vorlegt, das Vermögensverzeichnis eigenhändig unterschrieben hat und sich zugleich bereit erklärt, vor dem Insolvenzgericht zu unterfertigen, daß seine Angaben über den Aktiv- und Passivstand vollständig sind und daß er von seinem Vermögen nichts verschwiegen hat, *(BGBl I 2010/29)*

2. einen zulässigen Zahlungsplan vorlegt, dessen Annahme beantragt und bescheinigt, daß er den Zahlungsplan erfüllen wird, und

3. bescheinigt, dass seine Einkünfte die Kosten des Verfahrens voraussichtlich decken werden. *(BGBl I 2002/75)*

(2) Die Bescheinigungen nach Abs. 1 müssen in urkundlicher Form erfolgen. *(BGBl I 2017/122, Abs 2 war vorher Abs 3, anzuwenden (§ 279 Abs 4), wenn der Antrag auf Eröffnung des Insolvenzverfahrens nach dem 31. Oktober 2017 bei Gericht einlangt)*

(3) Das Gericht kann dem Schuldner eine Frist zur Vorlage des Vermögensverzeichnisses und des Zahlungsplans bewilligen. *(BGBl I 2017/122, Abs 3 war vorher Abs 4, anzuwenden (§ 279 Abs 4), wenn der Antrag auf Eröffnung des Insolvenzverfahrens nach dem 31. Oktober 2017 bei Gericht einlangt)*

(4) Solange die Voraussetzungen nach Abs. 1 vorliegen, ist § 123a nicht anzuwenden. *(BGBl I 1997/114; BGBl I 2017/122, Abs 4 war vorher Abs 5, anzuwenden (§ 279 Abs 4), wenn der An-*trag auf Eröffnung des Insolvenzverfahrens nach dem 31. Oktober 2017 bei Gericht einlangt)*

(BGBl 1993/974)

Fassung ab 1. 7. 2021 (BGBl I 2021/86):

Gläubigerantrag

§ 183a. Wenn es nach öffentlicher Bekanntmachung der offenkundigen Zahlungsunfähigkeit an einem zur Deckung der Kosten des Schuldenregulierungsverfahrens voraussichtlich hinreichenden Vermögen fehlt, ist der Antrag eines Gläubigers auf Eröffnung des Verfahrens aus diesem Grund nicht abzuweisen.

(BGBl I 2021/86, anzuwenden auf Insolvenzverfahren, die nach dem 30. Juni 2021 eröffnet werden)

Fassung ab 1. 7. 2021 (BGBl I 2021/86):

Kostendeckendes Vermögen

§ 183b. § 71 ist im Schuldenregulierungsverfahren nur anzuwenden, wenn die Voraussetzungen zur Entziehung der Eigenverwaltung vorliegen.

(BGBl I 2021/86, anzuwenden auf Insolvenzverfahren, die nach dem 30. Juni 2021 eröffnet werden)

Verfahrenskosten

§ 184. (1) Soweit die Kosten eines nach § 183 eröffneten Verfahrens, sobald sie feststehen und fällig sind, nicht aus der Masse bezahlt werden können, sind sie vorläufig aus Amtsgeldern zu zahlen. Gleiches gilt für die Kosten eines Verfahrens, bei dem das Vorliegen der Voraussetzungen nach § 183 festgestellt wird. *(BGBl I 2002/75; BGBl I 2017/122, auf Insolvenzverfahren anzuwenden (§ 279 Abs 1), die nach dem 31. Oktober 2017 eröffnet werden)*

(2) Die aus Amtsgeldern gezahlten Beträge sind dem Bund unmittelbar

1. aus der Insolvenzmasse und *(BGBl I 2010/29)*

2. im Abschöpfungsverfahren aus den Beträgen, die der Treuhänder durch Abtretung der Forderungen des Schuldners auf Einkünfte aus einem Arbeitsverhältnis oder auf sonstige wiederkehrende Leistungen mit Einkommensersatzfunktion erlangt, und aus sonstigen Leistungen des Schuldners oder Dritter, die der Treuhänder erhält, zu ersetzen. Sie sind wie die ihnen zugrunde liegenden Forderungen zu behandeln.

(3) Der Schuldner ist mit Beschluß zur Nachzahlung der Beträge zu verpflichten, die vorläufig aus Amtsgeldern gezahlt und dem Bund noch

IO

nicht ersetzt wurden, soweit und sobald er ohne Beeinträchtigung des notwendigen Unterhalts dazu imstande ist. Drei Jahre nach Beendigung oder Einstellung des Abschöpfungsverfahrens kann die Verpflichtung zur Nachzahlung nicht mehr auferlegt werden.

(BGBl 1993/974)

Fassung ab 1. 7. 2021 (BGBl I 2021/86):

Gesamtvollstreckung – Verträge und Insolvenzforderungen

§ 184a. (1) Das auf Antrag eines Gläubigers eröffnete Schuldenregulierungsverfahren ist im Insolvenzedikt auch als Gesamtvollstreckung zu bezeichnen. Die Gesamtvollstreckung ist zu beenden, sobald der Schuldner die Annahme eines Sanierungsplans oder Zahlungsplans oder die Einleitung eines Abschöpfungsverfahrens beantragt. Die Beendigung ist öffentlich bekannt zu machen; sie wird mit Ablauf des Tages der öffentlichen Bekanntmachung wirksam und ist nicht anfechtbar.

(2) Während einer Gesamtvollstreckung können Vertragspartner des Schuldners mit dem Schuldner geschlossene Verträge nach § 5 Abs. 4 und die zur Benutzung einer solchen Wohnung notwendigen Verträge, insbesondere zur Energieversorgung, nur aus wichtigem Grund auflösen, solange der Schuldner die während des Verfahrens anfallenden Entgelte leistet. § 25a Abs. 1 zweiter Satz und Abs. 2 ist anzuwenden.

(3) Forderungen von Gläubigern, denen vertragliche vermögensrechtliche Ansprüche an den Schuldner bei Beendigung der Gesamtvollstreckung zustehen, sind Insolvenzforderungen, wenn sie weder Masseforderungen sind noch aus Verträgen zur Deckung des dringenden Lebensbedarfs stammen, nicht jedoch die Zinsen für diese Forderungen. Diese Insolvenzgläubiger sind zur Anmeldung ihrer Forderungen aufzufordern.

(BGBl I 2021/86, anzuwenden auf Insolvenzverfahren, die nach dem 30. Juni 2021 eröffnet werden)

Vermögensverzeichnis

§ 185. (1) In das Vermögensverzeichnis sind die einzelnen Vermögensstücke und Verbindlichkeiten unter Anführung ihres Betrags oder Werts aufzunehmen:

1. Bei Forderungen sind die Person des Schuldners, der Schuldgrund, der Zeitpunkt der Fälligkeit und etwa bestehende Sicherheiten anzugeben. Unter den Forderungen sind insbesondere die Einkünfte aus einem Arbeitsverhältnis oder sonstige wiederkehrende Leistungen mit Einkommensersatzfunktion, deren Höhe in den letzten drei Monaten (samt Sonderzahlungen) sowie die für die Ermittlung des unpfändbaren Freibetrags nach § 291 Abs. 1 EO abzuziehenden Beträge, die Unterhaltsverpflichtungen sowie die für die Zusammenrechnung, Erhöhung und Herabsetzung des unpfändbaren Freibetrags maßgebenden Umstände anzuführen. Es ist weiters anzugeben, ob und inwieweit die Forderungen vermutlich einbringlich sein werden. Ist eine Forderung streitig, so ist darauf hinzuweisen.

2. Bei Verbindlichkeiten sind die Person des Gläubigers, der Schuldgrund, der Zeitpunkt der Fälligkeit und etwa bestehende Sicherheiten anzugeben. Unter den Verbindlichkeiten sind insbesondere die laufenden Verbindlichkeiten, wie zB Wohnungskosten, Unterhaltsverpflichtungen und Versicherungsprämien, anzuführen. Bei Verbindlichkeiten, die dem Gläubiger ein Recht auf abgesonderte Befriedigung gewähren, ist die Höhe des mutmaßlichen Ausfalls anzugeben. Ist die Schuld streitig, so ist darauf hinzuweisen.

3. Bei allen Gläubigern und Schuldnern ist die Anschrift anzugeben. Ist ein Gläubiger oder ein Schuldner naher Angehöriger (§ 32 Abs. 1) des Schuldners, so ist darauf hinzuweisen.

(2) Im Vermögensverzeichnis hat der Schuldner auch anzugeben, ob innerhalb der letzten zehn[1] Jahre vor Stellung des Antrags zwischen ihm und seinen nahen Angehörigen eine Vermögensauseinandersetzung stattgefunden hat, ferner ob und welche Verfügungen über Vermögensgegenstände er innerhalb der letzten zehn[1] Jahre vor Stellung des Antrages zugunsten seiner nahen Angehörigen vorgenommen hat. Unentgeltliche Verfügungen bleiben, soweit sie nach § 29 Z 1 der Anfechtung entzogen sind, außer Betracht. *(BGBl I 2002/75)*

(3) Der Schuldner hat die Angaben nach Abs. 1, soweit zumutbar, zu belegen.

(BGBl 1993/974)

---

[1] ab 1. 7. 2002.

Eigenverwaltung

§ 186. (1) Im Schuldenregulierungsverfahren steht dem Schuldner, sofern das Gericht nicht anderes bestimmt, die Verwaltung der Insolvenzmasse zu (Eigenverwaltung). *(BGBl I 2010/29)*

(2) Das Gericht hat dem Schuldner die Eigenverwaltung zu entziehen und einen Insolvenzverwalter zu bestellen, wenn *(BGBl I 2010/29)*

1. die Vermögensverhältnisse des Schuldners nicht überschaubar sind, insbesondere wegen der Zahl der Gläubiger und der Höhe der Verbindlichkeiten, oder

2. Umstände bekannt sind, die erwarten lassen, daß die Eigenverwaltung zu Nachteilen für die Gläubiger führen wird, oder

3. der Schuldner nicht ein genaues Vermögensverzeichnis vorgelegt hat. *(BGBl I 2002/75)*

Fassung ab 1. 7. 2021 (BGBl I 2021/86):
(2) Das Gericht hat dem Schuldner die Eigenverwaltung zu entziehen, wenn *(BGBl I 2010/29; BGBl I 2021/86, anzuwenden auf Insolvenzverfahren, die nach dem 30. Juni 2021 eröffnet werden)*

1. die Vermögensverhältnisse des Schuldners nicht überschaubar sind, insbesondere wegen der Zahl der Gläubiger und der Höhe der Verbindlichkeiten,

2. Umstände bekannt sind, die erwarten lassen, daß die Eigenverwaltung zu Nachteilen für die Gläubiger führen wird, oder

3. der Schuldner nicht ein genaues Vermögensverzeichnis vorgelegt hat. *(BGBl I 2002/75)*

(BGBl 1993/974)

Umfang der Eigenverwaltung – Verfügungsrecht des Schuldners

§ 187. (1) Bei Eigenverwaltung des Schuldners gilt folgendes:

Fassung ab 17. 7. 2021 (BGBl I 2021/147):
(1) Bei Eigenverwaltung des Schuldners ist dieser zur Verwaltung und Verwertung der Insolvenzmasse in folgendem Umfang befugt: *(BGBl I 2021/147)*

1. Der Schuldner ist berechtigt, alle Sendungen nach § 78 Abs. 2 entgegenzunehmen.

2. Die Vorschriften über die Erfüllung von Rechtsgeschäften gelten mit der Maßgabe, daß an die Stelle des Insolvenzverwalters der Schuldner tritt. *(BGBl I 2010/29)*

3. Verfügungen des Schuldners über Gegenstände der Insolvenzmasse sind nur wirksam, wenn das Insolvenzgericht zustimmt. § 3 Abs. 1 gilt entsprechend. *(BGBl I 1997/114; BGBl I 2010/29)*

Fassung ab 17. 7. 2021 (BGBl I 2021/147):
3. Verfügungen des Schuldners über die Insolvenzmasse sind nur wirksam, wenn das Insolvenzgericht zustimmt. § 3 Abs. 1 gilt entsprechend. *(BGBl I 1997/114; BGBl I 2021/147, anzuwenden auf Insolvenzverfahren (Konkursverfahren, Sanierungsverfahren), die nach dem 16. Juli 2021 eröffnet oder wiederaufgenommen (§ 158 Abs. 2) werden. (§ 283 Abs 2))*

4. Verbindlichkeiten, die der Schuldner nach Eröffnung des Insolvenzverfahrens begründet, sind nur dann aus der Insolvenzmasse zu erfüllen, wenn das Insolvenzgericht der Begründung der Verbindlichkeit zustimmt. Dies gilt auch im Fall der Z 2. *(BGBl I 1997/114; BGBl I 2010/29)*

Fassung ab 17. 7. 2021 (BGBl I 2021/147):
4. Verbindlichkeiten, die der Schuldner nach Eröffnung des Insolvenzverfahrens begründet, sind nur dann Masseforderungen, wenn das Insolvenzgericht der Begründung der Verbindlichkeit zustimmt. *(BGBl I 1997/114; BGBl I 2021/147, anzuwenden auf Insolvenzverfahren (Konkursverfahren, Sanierungsverfahren), die nach dem 16. Juli 2021 eröffnet oder wiederaufgenommen (§ 158 Abs. 2) werden. (§ 283 Abs 2))*

5. Der Schuldner ist nicht zur Empfangnahme des pfändbaren Teils der Einkünfte aus einem Arbeitsverhältnis oder sonstiger wiederkehrender Leistungen mit Einkommensersatzfunktion berechtigt. Er darf darüber auch nicht verfügen.

6. Dem Schuldner steht nicht das Recht zu, die Zwangsversteigerung oder die Zwangsverwaltung einer unbeweglichen Sache der Insolvenzmasse* zu betreiben. *(BGBl I 2010/29)*

Fassung ab 17. 7. 2021 (BGBl I 2021/147):
6. Dem Schuldner steht nicht das Recht zu, die kridamäßige Verwertung der Insolvenzmasse zu beantragen. *(BGBl I 2021/147, anzuwenden auf Insolvenzverfahren (Konkursverfahren, Sanierungsverfahren), die nach dem 16. Juli 2021 eröffnet oder wiederaufgenommen (§ 158 Abs. 2) werden. (§ 283 Abs 2))*

(2) Die Zustimmung nach Abs. 1 Z 3 und 4 kann allgemein für bestimmte Arten von Rechtshandlungen erteilt werden.

(BGBl 1993/974)

Feststellung der Forderungen

§ 188. (1) Bei Eigenverwaltung hat der Schuldner in der Prüfungstagsatzung bei jeder angemeldeten Forderung eine bestimmte Erklärung über ihre Richtigkeit abzugeben; Vorbehalte des Schuldners bei Abgabe dieser Erklärungen sind unzulässig. Die vom Schuldner abgegebenen Erklärungen hat das Gericht im Anmeldungsverzeichnis anzumerken. Gibt der Schuldner zu einer Forderung keine Erklärung ab, so gilt die Forderung als anerkannt.

(2) Eine Forderung gilt im Insolvenzverfahren als festgestellt, wenn sie vom Schuldner anerkannt und von keinem hiezu berechtigten Insolvenzgläubiger bestritten worden ist. *(BGBl I 2010/29)*

Fassung ab 1. 7. 2021 (BGBl I 2021/86):
(3) Eine Forderung gilt vom Schuldner als anerkannt, wenn er diese in der Tagsatzung nicht ausdrücklich bestreitet. Nimmt er an der Tagsatzung nicht teil, so ist sie zu erstrecken. Nimmt er neuerlich nicht teil, so gilt die angemeldete Forderung als anerkannt. Auf diese Rechtsfolge ist der Schuldner in der neuerlichen Ladung hinzuweisen. *(BGBl I 2021/86, anzuwenden auf Insol*

IO

venzverfahren, die nach dem 30. Juni 2021 eröffnet werden)

(BGBl 1993/974)

Anfechtung[1]
[1] *Überschrift idF BGBl I 2017/122, ab 1. 8. 2017*

§ 189. Zur Anfechtung von Rechtshandlungen nach den §§ 27 bis 43 ist jeder Insolvenzgläubiger berechtigt. Aus dem Erlangten sind dem Insolvenzgläubiger die ihm entstandenen Kosten vorweg zu erstatten. Hat die Gläubigerversammlung den Insolvenzgläubiger mit der Anfechtung beauftragt, so sind diesem die entstandenen Kosten, soweit sie nicht aus dem Erlangten gedeckt werden können, aus der Insolvenzmasse zu ersetzen.

(BGBl 1993/974; BGBl I 2010/29)

Fassung ab 1. 7. 2021 (BGBl I 2021/86):

Überprüfung der Vermögenslage

§ 189a. Ist ein Insolvenzverwalter nicht bestellt, so gilt Folgendes:

1. Das Gericht hat alle sechs Monate eine Auskunft beim Dachverband der Sozialversicherungsträger einzuholen, bei einem Hinweis auf einen möglichen Drittschuldner auch früher.

2. Das Gericht hat jährlich zu prüfen, ob der Schuldner Vermögen erworben hat, insbesondere durch Einsicht in das Grundbuch und eine Anfrage nach § 25b Abs. 2a EO.

3. Der Schuldner hat jährlich sein Vermögensverzeichnis zu ergänzen und zu bekräftigen; § 48 Abs. 1 und 2 EO ist anzuwenden.

4. Das Vollstreckungsorgan hat alle zwei Jahre an geeigneten Orten, insbesondere am Wohnort des Schuldners, zu prüfen, ob der Schuldner Vermögen erworben hat.

5. Bei Hinweisen auf erworbenes Vermögen ist ein Inventar über das neu erworbene Vermögen zu errichten.

(BGBl I 2021/86, anzuwenden auf Insolvenzverfahren, die nach dem 30. Juni 2021 eröffnet werden)

Fassung ab 1. 7. 2021 (BGBl I 2021/86):

Arbeitseinkommen

§ 189b. (1) Das Insolvenzgericht hat auf Antrag oder von Amts wegen

1. die Forderungen des Schuldners auf Einkünfte aus einem Arbeitsverhältnis oder auf sonstige wiederkehrende Leistungen mit Einkommensersatzfunktion nach § 292 EO zusammenzurechnen,

2. den unpfändbaren Freibetrag nach § 292a EO zu erhöhen oder

3. den unpfändbaren Freibetrag nach § 292b EO herabzusetzen.

(2) Das Insolvenzgericht hat überdies auf Antrag nach freier Überzeugung im Sinn des § 273 ZPO zu entscheiden,

1. ob bei der Berechnung des unpfändbaren Freibetrags Unterhaltspflichten zu berücksichtigen sind und

2. ob und inwieweit ein Bezug oder Bezugsteil pfändbar ist, insbesondere auch, ob die Entschädigungen nach § 290 Abs. 1 Z 1 EO dem tatsächlich erwachsenden Mehraufwand entsprechen.

(3) Die Entscheidungen des Exekutionsgerichts nach §§ 292, 292a, 292b und 292g EO bleiben bei Eröffnung des Insolvenzverfahrens über das Vermögen des Verpflichteten wirksam. Das Insolvenzgericht kann sie auf Antrag eines Gläubigers oder des Schuldners abändern, auf Antrag eines Gläubigers, in dessen Exekutionsverfahren die Entscheidung ergangen ist, oder des Schuldners nur bei Änderung der Umstände.

(4) Ein Beschluss nach Abs. 1 bis 3 ist öffentlich bekanntzumachen und dem Drittschuldner, dem Schuldner und dem Antragsteller zuzustellen.

(BGBl I 2021/86, anzuwenden auf Insolvenzverfahren, die nach dem 30. Juni 2021 eröffnet werden)

Bestellung eines Insolvenzverwalters

§ 190. (1) Ein Insolvenzverwalter ist nicht zu bestellen, wenn dem Schuldner Eigenverwaltung zusteht. Bei Eröffnung eines Schuldenregulierungsverfahrens auf Antrag eines Gläubigers nach öffentlicher Bekanntmachung der offenkundigen Zahlungsunfähigkeit ist ein Insolvenzverwalter nur zu bestellen, wenn der Antragsteller auf Anordnung des Gerichts einen von diesem zu bestimmenden Betrag zur Deckung der Entlohnung vorschussweise erlegt. Selbst wenn die Voraussetzungen zur Entziehung der Eigenverwaltung vorliegen und kein Insolvenzverwalter bestellt wird, ist § 187 Abs. 1 Z 2 anzuwenden. *(BGBl I 2021/86, anzuwenden auf Insolvenzverfahren, die nach dem 30. Juni 2021 eröffnet werden)*

Fassung ab 17. 7. 2021 (BGBl I 2021/147):
(1) Ein Insolvenzverwalter ist nicht zu bestellen, wenn dem Schuldner Eigenverwaltung zusteht. Bei Eröffnung eines Schuldenregulierungsverfahrens auf Antrag eines Gläubigers nach öffentlicher Bekanntmachung der offenkundigen Zahlungsunfähigkeit ist ein Insolvenzverwalter nur zu bestellen, wenn der Antragsteller auf Anordnung des Gerichts einen von diesem zu bestimmenden Betrag zur Deckung der Entlohnung vorschussweise erlegt. Selbst wenn die Voraussetzungen zur Entziehung der Eigenverwaltung vorliegen und kein Insolvenzverwalter bestellt wird, ist § 187 Abs. 1 Z 1 und 2 anzuwenden.

(BGBl I 2021/86, anzuwenden auf Insolvenzverfahren, die nach dem 30. Juni 2021 eröffnet werden; BGBl I 2021/147, anzuwenden auf Insolvenzverfahren (Konkursverfahren, Sanierungsverfahren), die nach dem 16. Juli 2021 eröffnet oder wiederaufgenommen (§ 158 Abs. 2) werden. (§ 283 Abs 2))

(2) Das Gericht kann für einzelne, mit besonderen Schwierigkeiten verbundene Tätigkeiten von Amts wegen oder auf Antrag eines Insolvenzgläubigers oder des Schuldners einen Insolvenzverwalter mit einem auf diese Tätigkeiten beschränkten Geschäftskreis bestellen.

(3) Die nach diesem Gesetz dem Insolvenzverwalter zugewiesenen Obliegenheiten sind, soweit ein Insolvenzverwalter nicht bestellt ist und auch der Schuldner hiezu nicht befugt ist, vom Gericht wahrzunehmen. Insbesondere kann das Insolvenzgericht eine unbewegliche Sache der Insolvenzmasse selbst veräußern oder das hiefür zuständige Exekutionsgericht um die gerichtliche Veräußerung ersuchen. Mit der Errichtung des Inventars kann das Gericht unabhängig von den Voraussetzungen des § 96 Abs. 1 Vollstreckungsorgane beauftragen.

Fassung ab 1. 7. 2021 (BGBl I 2021/86):
(3) Die nach diesem Gesetz dem Insolvenzverwalter zugewiesenen Obliegenheiten sind, soweit ein Insolvenzverwalter nicht bestellt ist und auch der Schuldner hiezu nicht befugt ist, vom Gericht wahrzunehmen. Insbesondere kann das Insolvenzgericht eine unbewegliche Sache der Insolvenzmasse selbst veräußern oder das hiefür zuständige Exekutionsgericht um die gerichtliche Veräußerung ersuchen. Mit der Errichtung des Inventars kann das Gericht unabhängig von den Voraussetzungen des § 96 Abs. 1 Vollstreckungsorgane beauftragen. Die beweglichen Sachen sind vom Gerichtsvollzieher zu verwerten und Forderungen von ihm einzuziehen. *(BGBl I 2021/86, anzuwenden auf Insolvenzverfahren, die nach dem 30. Juni 2021 eröffnet werden)*

(BGBl 1993/974; BGBl I 1997/114; BGBl I 2003/92; BGBl I 2010/29)

Entlohnung des Insolvenzverwalters und der bevorrechteten Gläubigerschutzverbände

§ 191. (1) Die Entlohnung des Insolvenzverwalters beträgt mindestens 1 000 Euro. *(BGBl I 2001/98; BGBl I 2010/29; BGBl I 2017/122, anzuwenden (§ 278 Abs 6), wenn der Entlohnungsantrag des Insolvenzverwalters nach dem 15. Juli 2017 gestellt wird.)*

(2) Für die Belohnung der bevorrechteten Gläubigerschutzverbände gilt § 87a Abs. 1 Satz 1.

(BGBl 1993/974; BGBl I 1999/73)

§ 191a. *(entfällt, BGBl I 1997/114, ab 1. 1. 2000)*

Vgl Art XII Abs 5 BGBl I 1997/114 (18/4)

Vertretung des Schuldners durch eine anerkannte Schuldenberatungsstelle

§ 192. Schuldner können sich im Schuldenregulierungsverfahren auch durch eine anerkannte Schuldenberatungsstelle vertreten lassen. Zur Stellung eines Antrags auf Eröffnung des Insolvenzverfahrens und im Verfahren erster Instanz kann sich die anerkannte Schuldenberatungsstelle, wenn sie nicht durch ein satzungsgemäß berufenes Organ vertreten ist, nur eines ihrer Bediensteten oder eines gesetzlich befugten Parteienvertreters als Bevollmächtigten bedienen. Lässt sich ein Schuldner zur Erhebung eines Rekurses durch eine anerkannte Schuldenberatungsstelle vertreten, so muss das Rechtsmittel mit der Unterschrift eines Rechtsanwalts versehen sein.

(BGBl I 2007/73; BGBl I 2010/29)

Fassung ab 17. 7. 2021 (BGBl I 2021/147):
§ 192. Schuldner können sich im Schuldenregulierungsverfahren auch durch eine anerkannte Schuldenberatungsstelle vertreten lassen. Zur Stellung eines Antrags auf Eröffnung des Insolvenzverfahrens und im Verfahren erster Instanz kann sich die anerkannte Schuldenberatungsstelle, wenn sie nicht durch ein satzungsgemäß berufenes Organ vertreten ist, nur eines ihrer Bediensteten oder eines gesetzlich befugten Parteienvertreters als Bevollmächtigten bedienen. Lässt sich ein Schuldner zur Erhebung eines Revisionsrekurses durch eine anerkannte Schuldenberatungsstelle vertreten, so muss das Rechtsmittel mit der Unterschrift eines Rechtsanwalts versehen sein. *(BGBl I 2021/147)*

(BGBl I 2007/73; BGBl I 2010/29)

Fassung ab 1. 7. 2021 (BGBl I 2021/86):
Verteilungen

§ 192a. Verteilungen an die Insolvenzgläubiger sind durchzuführen, sobald eine Quote von zumindest 10% verteilt werden kann, jedenfalls aber nach drei Jahren.

(BGBl I 2021/86, anzuwenden auf Insolvenzverfahren, die nach dem 30. Juni 2021 eröffnet werden)

Fassung ab 1. 7. 2021 (BGBl I 2021/86):
Aufhebung wegen dauerhaft fehlenden pfändbaren Bezugs

§ 192b. Das Schuldenregulierungsverfahren ist nach § 123a oder § 139 erst aufzuheben, wenn

16. IO

der Schuldner seit mehr als fünf Jahren keinen den unpfändbaren Freibetrag übersteigenden Bezug hatte und ein solcher nicht zu erwarten ist. Vor der Aufhebung sind der Schuldner und die Insolvenzgläubiger einzuvernehmen; der Schuldner ist überdies auf eine mögliche Beratung bei einer staatlich anerkannten Schuldenberatungsstelle hinzuweisen.

(BGBl I 2021/86, anzuwenden auf Insolvenzverfahren, die nach dem 30. Juni 2021 eröffnet werden)

ZWEITES HAUPTSTÜCK
Zahlungsplan

Antrag

§ 193. (1) Der Schuldner kann bereits zugleich mit dem Antrag auf Eröffnung des Insolvenzverfahrens oder danach bis zur Aufhebung des Insolvenzverfahrens den Abschluss eines Zahlungsplans beantragen. Soweit nichts anderes angeordnet ist, gelten hiefür die Bestimmungen über den Sanierungsplan. *(BGBl I 2017/122, anzuwenden (§ 179 Abs 2), wenn der Antrag auf Abschluss eines Zahlungsplans nach dem 31. Oktober 2017 bei Gericht einlangt)*

(2) Die Tagsatzung zur Verhandlung und Beschlussfassung über den Zahlungsplan darf nicht vor Verwertung des Vermögens des Schuldners stattfinden. Die in § 250 Abs. 1 Z 2 EO genannten Gegenstände sind erst nach Nichtannahme oder Versagung der Bestätigung des Zahlungsplans zu verwerten. Die Tagsatzung kann mit der Verteilungstagsatzung verbunden werden.

(BGBl 1993/974; BGBl I 2010/29)

Inhalt und Unzulässigkeit des Zahlungsplans

§ 194. (1) Der Schuldner muß den Insolvenzgläubigern mindestens eine Quote anbieten, die seiner Einkommenslage in den folgenden fünf Jahren entspricht. Die Zahlungsfrist darf sieben Jahre nicht übersteigen. Bezieht der Schuldner in diesem Zeitraum voraussichtlich kein pfändbares Einkommen oder übersteigt dieses das Existenzminimum nur geringfügig, so braucht er keine Zahlungen anzubieten. *(BGBl I 2010/29; BGBl I 2017/122)*

Fassung ab 17. 7. 2021 (BGBl I 2021/147):
(1) Der Schuldner muß den Insolvenzgläubigern mindestens eine Quote anbieten, die seiner Einkommenslage in den folgenden drei Jahren entspricht. Die Zahlungsfrist darf sieben Jahre nicht übersteigen. Bezieht der Schuldner in diesem Zeitraum voraussichtlich kein pfändbares Einkommen oder übersteigt dieses das Existenzminimum nur geringfügig, so braucht er keine

Zahlungen anzubieten. *(BGBl I 2010/29; BGBl I 2017/122; BGBl I 2021/147, anzuwenden auf Zahlungspläne, wenn der Antrag auf Annahme nach dem 16. Juli 2021 bei Gericht einlangt. (§ 283 Abs 4))*

(2) Der Antrag auf Annahme eines Zahlungsplans ist unzulässig, wenn

1. der Schuldner flüchtig ist oder

2. der Schuldner trotz Auftrag das Vermögensverzeichnis nicht vorgelegt oder vor dem Insolvenzgericht nicht unterfertigt hat oder *(BGBl I 2010/29)*

3. der Inhalt des Zahlungsplans gegen die §§ 149 bis 151 oder gegen zwingende Rechtsvorschriften verstößt oder

4. vor weniger als zehn Jahren ein Abschöpfungsverfahren eingeleitet wurde.

(BGBl 1993/974)

Versagung der Bestätigung des Zahlungsplans

§ 195. Dem Zahlungsplan ist die Bestätigung zu versagen, wenn

1. ein Grund vorliegt, aus dem der Antrag auf Annahme des Zahlungsplans unzulässig ist (§ 194 Abs. 2), oder

2. die für das Verfahren und die Annahme des Zahlungsplans geltenden Vorschriften nicht beachtet worden sind, es sei denn, daß diese Mängel nachträglich behoben werden können oder nach der Sachlage nicht erheblich sind, oder

3. wenn der Zahlungsplan durch eine gegen § 150a verstoßende Begünstigung eines Gläubigers zustande gebracht worden ist. *(BGBl I 2010/29)*

(BGBl 1993/974)

§ 195a. *(aufgehoben samt Überschrift, BGBl I 2017/122, anzuwenden (§ 179 Abs 2), wenn der Antrag auf Abschluss eines Zahlungsplans nach dem 31. Oktober 2017 bei Gericht einlangt)*

Aufhebung des Insolvenzverfahrens – Nichtigkeit des Zahlungsplans

§ 196. (1) Das Insolvenzverfahren ist mit Eintritt der Rechtskraft der Bestätigung des Zahlungsplans aufgehoben. Dies ist gemeinsam mit dem Eintritt der Rechtskraft der Bestätigung in der Insolvenzdatei anzumerken. *(BGBl I 2006/8; BGBl I 2010/29)*

(2) Zahlt der Schuldner die Masseforderungen nicht binnen einer vom Gericht angemessen festzusetzenden Frist, die drei Jahre nicht übersteigen darf, so ist der Zahlungsplan nichtig. Die Nichtigkeit des Zahlungsplans tritt erst dann ein, wenn der Schuldner die Masseforderungen trotz Aufforderung unter Einräumung einer mindestens vier-

wöchigen Nachfrist nicht gezahlt hat. Die Aufforderung hat einen Hinweis auf diese Rechtsfolge zu enthalten. *(BGBl I 2002/75)*

(BGBl 1993/974)

Berücksichtigung nicht angemeldeter Forderungen

§ 197. (1) Insolvenzgläubiger, die ihre Forderungen bei Abstimmung über den Zahlungsplan nicht angemeldet haben, haben Anspruch auf die nach dem Zahlungsplan zu zahlende Quote nur insoweit, als diese der Einkommens- und Vermögenslage des Schuldners entspricht. § 156 Abs. 4 bleibt unberührt.

Fassung ab 17. 7. 2021 (BGBl I 2021/147):
(1) Insolvenzgläubiger, die ihre Forderungen bei Abstimmung über den Zahlungsplan nicht angemeldet haben, haben nur unter der Voraussetzung, dass sie nicht von der Eröffnung des Insolvenzverfahrens verständigt wurden, Anspruch auf die nach dem Zahlungsplan zu zahlende Quote, jedoch nur für die Restlaufzeit des Zahlungsplans, mindestens aber bis zum Ablauf von drei Jahren ab der Annahme des Zahlungsplans, selbst wenn die Laufzeit früher endet, und nur insoweit, als diese Quote der Einkommens- und Vermögenslage des Schuldners entspricht. § 156 Abs. 4 bleibt unberührt. (BGBl I 2021/147, anzuwenden auf Zahlungspläne, wenn der Antrag auf Annahme nach dem 16. Juli 2021 bei Gericht einlangt. (§ 283 Abs 4))

(2) Ob die zu zahlende Quote der nachträglich hervorgekommenen Forderung der Einkommens- und Vermögenslage des Schuldners entspricht, hat das Insolvenzgericht auf Antrag vorläufig zu entscheiden (§ 156b).

(3) Zu Gunsten eines Insolvenzgläubigers, der seine Forderung nicht angemeldet hat, kann die Exekution nur so weit stattfinden, als ein Beschluss nach Abs. 2 ergangen ist. Der Gläubiger hat dem Exekutionsantrag auch eine Ausfertigung des Beschlusses nach Abs. 2 samt Bestätigung der Vollstreckbarkeit anzuschließen oder darzulegen, dass er die Forderung angemeldet hat. Eine entgegen dem ersten Satz bewilligte Exekution ist von Amts wegen oder auf Antrag ohne Vernehmung der Parteien einzustellen.

(BGBl 1993/974; BGBl I 2002/75; BGBl I 2010/29)

Änderung des Zahlungsplans

§ 198. (1) Ändert sich die Einkommens- und Vermögenslage des Schuldners ohne dessen Verschulden, sodaß er fällige Verbindlichkeiten des Zahlungsplans nicht erfüllen kann und ist im Zahlungsplan nicht darauf Bedacht genommen worden, so kann der Schuldner binnen 14 Tagen nach Mahnung durch den Gläubiger neuerlich die

Abstimmung über einen Zahlungsplan und die Einleitung eines Abschöpfungsverfahrens beantragen. Hiebei gilt:

1. Die in § 194 Abs. 1 vorgesehene Frist zur Beurteilung der Angemessenheit der Quote des Zahlungsplans ist um die Hälfte der Frist des Zahlungsplans, die abgelaufen ist, zu verkürzen;

Fassung ab 17. 7. 2021 (BGBl I 2021/147):
1. Die in § 194 Abs. 1 vorgesehene Frist zur Beurteilung der Angemessenheit der Quote des Zahlungsplans verkürzt sich um die Hälfte der Frist des Zahlungsplans, während derer Zahlungen geleistet wurden; (BGBl I 2021/147, auf Zahlungspläne anzuwenden, wenn der Antrag auf neuerliche Abstimmung nach dem 16. Juli 2021 bei Gericht einlangt. (§ 283 Abs 5))

2. auf die Dauer des Abschöpfungsverfahrens ist die bisherige Frist des Zahlungsplans zur Hälfte anzurechnen.

Fassung ab 17. 7. 2021 (BGBl I 2021/147):
2. auf die Dauer der Abtretungserklärung kann der Schuldner die Frist des Zahlungsplans, während derer Zahlungen geleistet wurden, zur Hälfte anrechnen. (BGBl I 2021/147, auf Zahlungspläne anzuwenden, wenn der Antrag auf neuerliche Abstimmung nach dem 16. Juli 2021 bei Gericht einlangt. (§ 283 Abs 5))

(2) Die Forderungen leben erst bei Versagung der Bestätigung des Zahlungsplans und Abweisung des Antrags auf Einleitung des Abschöpfungsverfahrens auf.

(BGBl 1993/974)

DRITTES HAUPTSTÜCK

Abschöpfungsverfahren mit Restschuldbefreiung

Antrag des Schuldners

Vgl § 280 für anhängige Abschöpfungsverfahren und § 281 für einen noch laufenden Zahlungsplan

§ 199. (1) Der Schuldner kann im Lauf des Insolvenzverfahrens, spätestens mit dem Antrag auf Annahme eines Zahlungsplans, die Durchführung des Abschöpfungsverfahrens mit Restschuldbefreiung beantragen. *(BGBl I 2010/29)*

(2) Der Schuldner hat dem Antrag die Erklärung beizufügen, daß er den pfändbaren Teil seiner Forderungen auf Einkünfte aus einem Arbeitsverhältnis oder auf sonstige wiederkehrende Leistungen mit Einkommensersatzfunktion für die Zeit von fünf Jahren nach Eintritt der Rechtskraft des Beschlusses, mit dem das Abschöpfungsverfahren eingeleitet wird, an einen vom Gericht zu bestellenden Treuhänder abtritt. Hat der Schuldner diese Forderungen bereits vorher an

IO

einen Dritten abgetreten oder verpfändet, so ist in der Erklärung darauf hinzuweisen. *(BGBl I 2017/122, anzuwenden (§ 279 Abs 3), wenn der Antrag auf Durchführung des Abschöpfungsverfahrens nach dem 31. Oktober 2017 bei Gericht einlangt. § 201 Abs. 1 Z 6 ist nur anzuwenden, wenn dem Schuldner eine Restschuldbefreiung erteilt oder ein Abschöpfungsverfahren vorzeitig eingestellt wurde)*

(BGBl 1993/974)

Fassung ab 17. 7. 2021 (BGBl I 2021/147):
§ 199. (1) Der Schuldner kann im Lauf des Insolvenzverfahrens, spätestens mit dem Antrag auf Annahme eines Zahlungsplans, die Durchführung eines Abschöpfungsverfahrens mit Tilgungsplan oder mit Abschöpfungsplan beantragen.

(2) Der Schuldner hat in den Tilgungsplan die Erklärung aufzunehmen, dass er den pfändbaren Teil seiner Forderungen auf Einkünfte aus einem Arbeitsverhältnis oder auf sonstige wiederkehrende Leistungen mit Einkommensersatzfunktion für die Zeit von drei Jahren nach Eintritt der Rechtskraft des Beschlusses, mit dem das Abschöpfungsverfahren eingeleitet wird, an einen vom Gericht zu bestellenden Treuhänder abtritt. Bei einem Abschöpfungsplan hat der Schuldner die Erklärung nach dem ersten Satz mit einer Frist von fünf Jahren aufzunehmen. Hat der Schuldner diese Forderungen bereits vorher an einen Dritten abgetreten oder verpfändet, so ist in der Erklärung darauf hinzuweisen.

(BGBl 1993/974; BGBl I 2021/147, auf Abschöpfungsverfahren anzuwenden, wenn der Antrag auf die Einleitung nach dem 16. Juli 2021 bei Gericht einlangt. (§ 283 Abs 6) Die Bestimmungen über den Tilgungsplan (§§ 199, 201 Abs. 2, § 216 Abs. 1) treten, soweit davon Verbraucher erfasst sind, mit Ablauf des 16. Juli 2026 außer Kraft; diese Bestimmungen bleiben anwendbar, wenn der Antrag auf Durchführung des Abschöpfungsverfahrens mit Restschuldbefreiung mit Tilgungsplan vor dem 17. Juli 2026 bei Gericht eingelangt ist. (§ 283 Abs 9))

Entscheidung des Insolvenzgerichts

§ 200. (1) Über den Antrag auf Durchführung des Abschöpfungsverfahrens ist erst zu entscheiden, wenn einem Zahlungsplan, obwohl er zulässig gewesen ist und die für das Verfahren geltenden Vorschriften beachtet worden sind, die Bestätigung versagt wurde. Anträge auf Durchführung des Abschöpfungsverfahrens, über die die Entscheidung nach Satz 1 ausgesetzt war, gelten mit dem Eintritt der Rechtskraft der Entscheidung über die Bestätigung des Zahlungsplans als nicht gestellt.

(2) Unmittelbar vor Beschlußfassung ist eine Tagsatzung abzuhalten, die öffentlich bekanntzu-

machen ist und zu der der Insolvenzverwalter, die Mitglieder des Gläubigerausschusses, die Insolvenzgläubiger und der Schuldner zu laden sind. In der Tagsatzung hat das Gericht zu berichten, ob Einleitungshindernisse nach § 201 Abs. 1 Z 1, 5 und 6 vorliegen. Diese Tagsatzung soll mit der Tagsatzung zur Verhandlung und Beschlußfassung über den Zahlungsplan verbunden werden. *(BGBl I 1997/114; BGBl I 2010/29)*

(3) Der Beschluß ist öffentlich bekanntzumachen und dem Insolvenzverwalter, den Mitgliedern des Gläubigerausschusses, den Insolvenzgläubigern und dem Schuldner zuzustellen. *(BGBl I 1997/114; BGBl I 2010/29)*

(4) Das Insolvenzverfahren ist mit Eintritt der Rechtskraft des Beschlusses, mit dem das Abschöpfungsverfahren eingeleitet wird, aufgehoben. Dies ist gemeinsam mit dem Eintritt der Rechtskraft des Beschlusses, mit dem das Abschöpfungsverfahren eingeleitet wird, in der Insolvenzdatei anzumerken. Für die Aufhebung des Insolvenzverfahrens gilt im Übrigen § 79. *(BGBl I 2006/8; BGBl I 2010/29)*

(BGBl 1993/974)

Einleitungshindernisse

§ 201. (1) Der Antrag auf Durchführung des Abschöpfungsverfahrens ist nur abzuweisen, wenn *(BGBl I 2002/75)*

1. der Schuldner wegen einer Straftat nach den §§ 156, 158, 162 oder 292a StGB rechtskräftig verurteilt wurde und diese Verurteilung weder getilgt ist noch der beschränkten Auskunft aus dem Strafregister unterliegt oder

2. der Schuldner während des Insolvenzverfahrens Auskunfts- oder Mitwirkungspflichten nach diesem Gesetz vorsätzlich oder grob fahrlässig verletzt hat oder *(BGBl I 2010/29)*

2a. der Schuldner während des Insolvenzverfahrens nicht eine angemessene Erwerbstätigkeit ausgeübt oder, wenn er ohne Beschäftigung war, sich nicht um eine solche bemüht oder eine zumutbare Tätigkeit abgelehnt hat oder *(BGBl I 2017/122, anzuwenden (§ 279 Abs 3), wenn der Antrag auf Durchführung des Abschöpfungsverfahrens nach dem 31. Oktober 2017 bei Gericht einlangt. § 201 Abs. 1 Z 6 ist nur anzuwenden, wenn dem Schuldner eine Restschuldbefreiung erteilt oder ein Abschöpfungsverfahren vorzeitig eingestellt wurde)*

2b. der Schuldner dem Vertretungsorgan einer juristischen Person oder Personengesellschaft angehört oder in den letzten fünf Jahren vor Eröffnung des Insolvenzverfahrens angehört hat und im Insolvenzverfahren der juristischen Person oder Personengesellschaft die Auskunfts- oder Mitwirkungspflicht nach diesem Gesetz vorsätzlich oder grob fahrlässig verletzt hat oder *(BGBl I 2017/122, anzuwenden (§ 279 Abs 3), wenn der*

Antrag auf Durchführung des Abschöpfungsverfahrens nach dem 31. Oktober 2017 bei Gericht einlangt. § 201 Abs. 1 Z 6 ist nur anzuwenden, wenn dem Schuldner eine Restschuldbefreiung erteilt oder ein Abschöpfungsverfahren vorzeitig eingestellt wurde)

3. der Schuldner innerhalb von drei Jahren vor dem Antrag auf Eröffnung des Insolvenzverfahrens vorsätzlich oder grob fahrlässig die Befriedigung der Insolvenzgläubiger dadurch vereitelt oder geschmälert hat, daß er unverhältnismäßig Verbindlichkeiten begründet oder Vermögen verschleudert hat, oder *(BGBl I 2010/29)*

Fassung ab 1. 7. 2021 (BGBl I 2021/86):
3. der Schuldner innerhalb von drei Jahren vor dem Antrag auf Einleitung des Abschöpfungsverfahrens vorsätzlich oder grob fahrlässig die Befriedigung der Insolvenzgläubiger dadurch vereitelt oder geschmälert hat, dass er unverhältnismäßig Verbindlichkeiten begründet oder Vermögen verschleudert hat, oder *(BGBl I 2021/86, anzuwenden auf Insolvenzverfahren, die nach dem 30. Juni 2021 eröffnet werden)*

4. der Schuldner vorsätzlich oder grob fahrlässig schriftlich unrichtige oder unvollständige Angaben über seine wirtschaftlichen Verhältnisse oder die wirtschaftlichen Verhältnisse der von ihm als Organ vertretenen juristischen Person gemacht hat, um die einer Insolvenzforderung zugrundeliegende Leistung zu erhalten, und der Gläubiger daran nicht vorsätzlich mitgewirkt hat oder *(BGBl I 2010/29)*

5. dem Zahlungsplan nach § 195 Z 3 die Bestätigung versagt wurde oder

6. vor weniger als 20 Jahren vor dem Antrag auf ein Abschöpfungsverfahren eingeleitet wurde. *(BGBl I 2010/29) siehe auch § 279 Abs 3*

Fassung ab 1. 7. 2021 (BGBl I 2021/86):
6. vor weniger als 20 Jahren vor dem Antrag auf Durchführung eines Abschöpfungsverfahrens bereits ein Abschöpfungsverfahren eingeleitet wurde. *(BGBl I 2021/86, anzuwenden auf Insolvenzverfahren, die nach dem 30. Juni 2021 eröffnet werden) siehe auch § 279 Abs 3*

(2) Das Gericht hat die Einleitung des Abschöpfungsverfahrens nur auf Antrag eines Insolvenzgläubigers abzuweisen. Der Insolvenzgläubiger hat den Abweisungsgrund glaubhaft zu machen. *(BGBl I 2010/29)*

Fassung ab 17. 7. 2021 (BGBl I 2021/147):
(2) Liegt dem Abschöpfungsverfahren ein Tilgungsplan zugrunde, so ist der Antrag auf Durchführung des Abschöpfungsverfahrens auch dann abzuweisen, wenn

1. der Schuldner nicht längstens binnen 30 Tagen nach öffentlicher Bekanntmachung des Beschlusses über die Feststellung der offenkundi-

gen Zahlungsunfähigkeit im Exekutionsverfahren die Eröffnung eines Insolvenzverfahrens beantragt oder

2. der Tatbestand des Abs. 1 Z 3 innerhalb von fünf Jahren erfüllt wurde.

(BGBl I 2021/147, auf Abschöpfungsverfahren anzuwenden, wenn der Antrag auf die Einleitung nach dem 16. Juli 2021 bei Gericht einlangt. (§ 283 Abs 6) Die Bestimmungen über den Tilgungsplan (§§ 199, 201 Abs. 2, § 216 Abs. 1) treten, soweit davon Verbraucher erfasst sind, mit Ablauf des 16. Juli 2026 außer Kraft; diese Bestimmungen bleiben anwendbar, wenn der Antrag auf Durchführung des Abschöpfungsverfahrens mit Restschuldbefreiung mit Tilgungsplan vor dem 17. Juli 2026 bei Gericht eingelangt ist. (§ 283 Abs 9))

Fassung ab 17. 7. 2021 (BGBl I 2021/147):
(3) Hat der Schuldner bei dem der öffentlichen Bekanntmachung des Beschlusses über die Feststellung der offenkundigen Zahlungsunfähigkeit vorangegangenen Vollzug kein Unternehmen betrieben, so ist Abs. 2 Z 1 nicht erfüllt, wenn der Schuldner binnen 30 Tagen nach öffentlicher Bekanntmachung Maßnahmen zur Beseitigung der Zahlungsunfähigkeit oder zur Vorbereitung des Insolvenzverfahrens ergreift und ab der öffentlichen Bekanntmachung bis zur Eröffnung des Insolvenzverfahrens keine neuen Schulden eingeht, die er bei Fälligkeit nicht bezahlen kann. *(BGBl I 2021/147, auf Abschöpfungsverfahren anzuwenden, wenn der Antrag auf die Einleitung nach dem 16. Juli 2021 bei Gericht einlangt. (§ 283 Abs 6))*

Fassung ab 17. 7. 2021 (BGBl I 2021/147):
(4) Das Gericht hat die Einleitung des Abschöpfungsverfahrens nur auf Antrag eines Insolvenzgläubigers abzuweisen. Der Insolvenzgläubiger hat den Abweisungsgrund glaubhaft zu machen. *(BGBl I 2010/29; BGBl I 2021/147, auf Abschöpfungsverfahren anzuwenden, wenn der Antrag auf die Einleitung nach dem 16. Juli 2021 bei Gericht einlangt. (§ 283 Abs 6))*

(BGBl 1993/974)

Einleitung des Abschöpfungsverfahrens

§ 202. (1) Liegen keine Einleitungshindernisse vor und sind die Kosten des Abschöpfungsverfahrens durch die dem Treuhänder zukommenden Beträge voraussichtlich gedeckt, so leitet das Gericht das Abschöpfungsverfahren ein. *(BGBl I 2002/75)*

(2) Zugleich bestimmt das Gericht für die Dauer des Abschöpfungsverfahrens einen Treuhänder, auf den der pfändbare Teil der Forderungen des Schuldners auf Einkünfte aus einem Arbeitsverhältnis oder auf sonstige wiederkehrende Leistungen mit Einkommensersatzfunktion nach

Maßgabe der Abtretungserklärung (§ 199 Abs. 2) übergeht.

Fassung ab 17. 7. 2021 (BGBl I 2021/147):
(2) Zugleich bestimmt das Gericht für die Dauer des Abschöpfungsverfahrens einen Treuhänder, auf den der pfändbare Teil der Forderungen des Schuldners auf Einkünfte aus einem Arbeitsverhältnis oder auf sonstige wiederkehrende Leistungen mit Einkommensersatzfunktion nach Maßgabe der Abtretungserklärung (§ 199 Abs. 2) übergeht. Wenn der Schuldner keinen, einen unpfändbaren oder keinen den unpfändbaren Freibetrag übersteigenden Bezug hat und dies eine Verletzung der Obliegenheit nach § 210 Abs. 1 Z 1 sein kann, hat das Gericht bei Einleitung des Abschöpfungsverfahrens und anlässlich der Rechnungslegung des Treuhänders jeweils für das nächste Rechnungslegungsjahr dem Schuldner aufzutragen, zu festgelegten Zeitpunkten dem Gericht und dem Treuhänder Auskunft über seine Bemühungen um eine Erwerbstätigkeit zu erteilen. *(BGBl I 2021/147, auf Abschöpfungsverfahren anzuwenden, wenn der Antrag auf die Einleitung nach dem 16. Juli 2021 bei Gericht einlangt. (§ 283 Abs 6))*

(3) Zum Treuhänder kann auch ein bevorrechteter Gläubigerschutzverband bestellt werden.

(BGBl 1993/974)

Rechtsstellung des Treuhänders

§ 203. (1) Der Treuhänder hat dem Drittschuldner die Abtretung mitzuteilen. Er hat die Beträge, die er durch die Abtretung erlangt, und sonstige Leistungen des Schuldners oder Dritter von seinem Vermögen getrennt zu halten, fruchtbringend anzulegen und nach Ablauf der Abtretungserklärung binnen acht Wochen an die Gläubiger zu verteilen. Hiebei sind *(BGBl I 2002/75; BGBl I 2017/122, anzuwenden (§ 279 Abs 3), wenn der Antrag auf Durchführung des Abschöpfungsverfahrens nach dem 31. Oktober 2017 bei Gericht einlangt. § 201 Abs 1 Z 6 ist nur anzuwenden, wenn dem Schuldner eine Restschuldbefreiung erteilt oder ein Abschöpfungsverfahren vorzeitig eingestellt wurde)*

1. die Masseforderungen,

2. die Kosten des Abschöpfungsverfahrens und hierauf

3. die Forderungen der Insolvenzgläubiger nach den für das Insolvenzverfahren geltenden Bestimmungen zu befriedigen. Verteilungen haben bereits vorher stattzufinden, wenn hinreichendes zu verteilendes Vermögen vorhanden ist, jedenfalls wenn eine Quote von zumindest 10% verteilt werden kann. *(BGBl I 2010/29; BGBl I 2017/122, anzuwenden (§ 279 Abs 3), wenn der Antrag auf Durchführung des Abschöpfungsverfahrens nach dem 31. Oktober 2017 bei Gericht einlangt. § 201 Abs 1 Z 6 ist nur anzuwenden, wenn dem*

Schuldner eine Restschuldbefreiung erteilt oder ein Abschöpfungsverfahren vorzeitig eingestellt wurde)

(2) Das Gericht kann auf Antrag der Gläubigerversammlung dem Treuhänder zusätzlich die Aufgabe übertragen, durch angemessene Erhebungen zu prüfen, ob der Schuldner seine Obliegenheiten erfüllt. Die dadurch entstehenden Kosten müssen voraussichtlich gedeckt sein oder bevorschußt werden. Der Treuhänder hat die Insolvenzgläubiger unverzüglich zu benachrichtigen, wenn er einen Verstoß gegen diese Obliegenheiten feststellt. *(BGBl I 2010/29)*

Fassung ab 17. 7. 2021 (BGBl I 2021/147):
(2) Der Treuhänder hat das ihm vom Schuldner herausgegebene Vermögen zu verwerten; er kann stattdessen dem Schuldner die Verwertung auftragen; diese ist nur wirksam, wenn der Treuhänder zustimmt. Das Gericht kann auf Antrag der Gläubigerversammlung dem Treuhänder zusätzlich die Aufgabe übertragen, durch angemessene Erhebungen zu prüfen, ob der Schuldner seine Obliegenheiten erfüllt. Die dadurch entstehenden Kosten müssen voraussichtlich gedeckt sein oder bevorschußt werden. Der Treuhänder hat die Insolvenzgläubiger unverzüglich zu benachrichtigen, wenn er einen Verstoß gegen diese Obliegenheiten feststellt. *(BGBl I 2010/29; BGBl I 2021/147, auf Abschöpfungsverfahren anzuwenden, wenn der Antrag auf die Einleitung nach dem 16. Juli 2021 bei Gericht einlangt. (§ 283 Abs 6))*

(3) Der Treuhänder hat dem Gericht und auf Aufforderung des Schuldners auch diesem

1. jährlich,

2. nach Ablauf der Abtretungserklärung und

3. bei Beendigung seiner Tätigkeit Rechnung zu legen.
(BGBl I 2002/75)

(4) §§ 84 und 87 gelten entsprechend, § 87 jedoch mit der Maßgabe, daß die Enthebung von jedem Insolvenzgläubiger beantragt werden kann. *(BGBl I 2010/29)*

(BGBl 1993/974)

Vergütung des Treuhänders

§ 204. (1) Die Vergütung des Treuhänders beträgt in der Regel von den ersten 44 000 Euro der auf Grund der Abtretung oder von sonstigem erfassten Vermögen einlangenden Beträge 6%,

von dem Mehrbetrag bis zu 100 000 Euro 4%

und von dem darüber hinausgehenden Betrag 2%,
mindestens jedoch 10 Euro monatlich, jeweils zuzüglich Umsatzsteuer. Der Treuhänder kann

diese Vergütung von den nach § 203 Abs. 1 eingehenden Beträgen einbehalten.
(BGBl I 2006/8)

Fassung ab 17. 7. 2021 (BGBl I 2021/147):
(1) Die Vergütung des Treuhänders beträgt in der Regel von den ersten 44 000 Euro der auf Grund der Abtretung oder von sonstigem erfassten Vermögen einlangenden Beträge 6%,

von dem Mehrbetrag bis zu 100 000 Euro ....
.... 4%

und von dem darüber hinausgehenden Betrag ....
.... 2%,
mindestens jedoch 15 Euro monatlich, jeweils zuzüglich Umsatzsteuer. Der Treuhänder kann diese Vergütung von den nach § 203 Abs. 1 eingehenden Beträgen einbehalten. Auf Antrag des Treuhänders kann die Vergütung aus Amtsgeldern gezahlt werden.
(BGBl I 2006/8; BGBl I 2021/147, erster Satz auf Abschöpfungsverfahren anzuwenden, wenn der Antrag auf die Einleitung nach dem 16. Juli 2021 bei Gericht einlangt. (§ 283 Abs 6), dritter Satz anzuwenden auf Vergütungen für Tätigkeiten nach dem 1. August 2021. (§ 283 Abs 7))

(2) §§ 82b und 82c sind anzuwenden. Ein Erhöhungsgrund liegt auch dann vor, wenn dem Treuhänder die Aufgabe übertragen wurde, durch angemessene Erhebungen zu prüfen, ob der Schuldner seine Obliegenheiten erfüllt. Bei einem Antrag auf Erhöhung oder Herabsetzung entscheidet über die Vergütung das Insolvenzgericht . § 125 ist anzuwenden. *(BGBl I 2010/29)*

Fassung ab 17. 7. 2021 (BGBl I 2021/147):
(2) Die Mindestvergütung kann nicht herabgesetzt werden; im Übrigen sind §§ 82b und 82c anzuwenden. Ein Erhöhungsgrund liegt auch dann vor, wenn dem Treuhänder die Aufgabe übertragen wurde, durch angemessene Erhebungen zu prüfen, ob der Schuldner seine Obliegenheiten erfüllt. Bei einem Antrag auf Erhöhung oder Herabsetzung entscheidet über die Vergütung das Insolvenzgericht . § 125 ist anzuwenden. *(BGBl I 2010/29; BGBl I 2021/147, erster Satz anzuwenden auf Vergütungen für Tätigkeiten nach dem 1. August 2021. (§ 283 Abs 7))*

(BGBl I 2002/75)

Änderung des unpfändbaren Betrags der Einkünfte aus einem Arbeitsverhältnis

§ 205. (1) Auf Antrag des Treuhänders, eines Insolvenzgläubigers oder des Schuldners hat das Insolvenzgericht die Forderungen des Schuldners auf Einkünfte aus einem Arbeitsverhältnis oder auf sonstige wiederkehrende Leistungen mit Einkommensersatzfunktion nach § 292 EO zusammenzurechnen, den unpfändbaren Freibetrag nach § 292a EO zu erhöhen oder nach § 292b EO herabzusetzen. *(BGBl I 2010/29)*

Fassung ab 1. 7. 2021 (BGBl I 2021/86):
(1) Auf Antrag des Treuhänders, eines Insolvenzgläubigers oder des Schuldners hat das Insolvenzgericht die Forderungen des Schuldners auf Einkünfte aus einem Arbeitsverhältnis oder auf sonstige wiederkehrende Leistungen mit Einkommensersatzfunktion nach § 292 EO zusammenzurechnen, den unpfändbaren Freibetrag nach § 292a EO zu erhöhen oder nach § 292b EO herabzusetzen. Die im Insolvenzverfahren oder vom Exekutionsgericht getroffenen Entscheidungen nach §§ 292, 292a, 292b und 292g EO bleiben wirksam. *(BGBl I 2010/29; BGBl I 2021/86, anzuwenden auf Insolvenzverfahren, die nach dem 30. Juni 2021 eröffnet werden)*

(2) Der Beschluß nach Abs. 1 ist öffentlich bekanntzumachen und dem Treuhänder, dem Drittschuldner, dem Schuldner und dem Antragsteller zuzustellen. *(BGBl I 1997/114)*

(BGBl 1993/974)

Gleichbehandlung der Insolvenzgläubiger

§ 206. (1) Exekutionen einzelner Insolvenzgläubiger in das Vermögen des Schuldners sind während des Abschöpfungsverfahrens nicht zulässig.

(2) Eine Vereinbarung des Schuldners oder anderer Personen mit einem Insolvenzgläubiger, wodurch diesem besondere Vorteile eingeräumt werden, ist ungültig. Was auf Grund einer ungültigen Vereinbarung oder auf Grund eines zur Verdeckung einer solchen Vereinbarung eingegangenen Verpflichtungsverhältnisses geleistet worden ist, kann, unbeschadet weitergehender Ersatzansprüche, binnen drei Jahren nach Beendigung oder Einstellung des Abschöpfungsverfahrens zurückgefordert werden.

(3) Gegen die Forderung auf die Bezüge, die von der Abtretungserklärung erfaßt werden, kann der Drittschuldner eine Forderung gegen den Schuldner nur aufrechnen, soweit er bei einer Fortdauer des Insolvenzverfahrens nach §§ 19 und 20 zur Aufrechnung berechtigt wäre.

Fassung ab 17. 7. 2021 (BGBl I 2021/147):
(3) Gegen eine Forderung des Schuldners, insbesondere auf die Bezüge, die von der Abtretungserklärung erfaßt werden, kann der Drittschuldner eine Forderung gegen den Schuldner nur aufrechnen, soweit er bei einer Fortdauer des Insolvenzverfahrens nach §§ 19 und 20 zur Aufrechnung berechtigt wäre. *(BGBl I 2021/147, auf Abschöpfungsverfahren anzuwenden, wenn der Antrag auf die Einleitung nach dem 16. Juli 2021 bei Gericht einlangt. (§ 283 Abs 6))*

(BGBl 1993/974; BGBl I 2010/29)

IO

Berücksichtigung nicht angemeldeter Forderungen während des Abschöpfungsverfahrens

§ 207. (1) Insolvenzgläubiger, die ihre Forderungen nicht angemeldet haben, sind bei den Verteilungen nur dann zu berücksichtigen, wenn ihre Forderungen feststehen und die Insolvenzgläubiger dies dem Treuhänder angezeigt haben.

Fassung ab 17. 7. 2021 (BGBl I 2021/147):
(1) Insolvenzgläubiger, die ihre Forderungen nicht angemeldet haben, sind bei den Verteilungen nur dann zu berücksichtigen, wenn sie von der Eröffnung des Insolvenzverfahrens nicht verständigt wurden, ihre Forderungen feststehen und die Insolvenzgläubiger dies dem Treuhänder angezeigt haben. *(BGBl I 2021/147, auf Abschöpfungsverfahren anzuwenden, wenn der Antrag auf die Einleitung nach dem 16. Juli 2021 bei Gericht einlangt. (§ 283 Abs 6))*

(2) Für die Forderungsprüfung nach Abs. 1 haben die Insolvenzgläubiger dem Treuhänder 50 Euro zuzüglich Umsatzsteuer zu ersetzen. Der Treuhänder kann diese Vergütung von den an den betreffenden Insolvenzgläubiger auszuzahlenden Beträgen einbehalten.

(BGBl 1993/974; BGBl I 2002/75; BGBl I 2010/29)

Eröffnung des Insolvenzverfahrens während des Abschöpfungsverfahrens

§ 208. Wird während des Abschöpfungsverfahrens ein Insolvenzverfahren eröffnet, so fällt das Vermögen, das vom Abschöpfungsverfahren erfaßt wird, nicht in die Insolvenzmasse. Dieses Vermögen ist auch der Exekution insoweit entzogen, als der Schuldner es dem Treuhänder herausgibt. Auf Antrag des Schuldners ist die Exekution einzustellen, wenn er zustimmt, daß die in Exekution gezogene Sache dem Treuhänder ausgefolgt wird.

(BGBl 1993/974; BGBl I 2010/29)

Aus- und Absonderungsberechtigte

§ 209. (1) Solange der Ausfall bei einem Aus- oder Absonderungsrecht auf zukünftig fällig werdende Forderungen nicht feststeht, hat der Insolvenzgläubiger dem Treuhänder 14 Tage vor Ende des Kalenderjahres eine Aufstellung über die offene Forderung zu übersenden, widrigenfalls er bei dieser Verteilung nicht berücksichtigt wird. § 132 Abs. 2 ist erst nach Erlöschen des Aus- oder Absonderungsrechts anzuwenden.

(2) Nach dem Erlöschen des Aus- oder Absonderungsrechts hat der Treuhänder die Forderung des Insolvenzgläubigers so lange nicht zu berücksichtigen, bis er eine Aufstellung über den Ausfall erhält. Der Drittschuldner hat das vorzeitige Erlöschen des Aus- oder Absonderungsrechts nach § 12a dem Insolvenzgläubiger und dem Treuhänder mitzuteilen.

(BGBl 1993/974; BGBl I 2002/75; BGBl I 2010/29)

Obliegenheiten des Schuldners

§ 210. (1) Dem Schuldner obliegt es, während der Rechtswirksamkeit der Abtretungserklärung

1. eine angemessene Erwerbstätigkeit auszuüben oder, wenn er ohne Beschäftigung ist, sich um eine solche zu bemühen und keine zumutbare Tätigkeit abzulehnen;

2. Vermögen, das er von Todes wegen oder mit Rücksicht auf ein künftiges Erbrecht oder durch unentgeltliche Zuwendung oder als Gewinn in einem Glücksspiel erwirbt, herauszugeben; *(BGBl I 2017/122)*

3. jeden Wechsel des Wohnsitzes oder des Drittschuldners unverzüglich dem Gericht und dem Treuhänder anzuzeigen;

4. keine von der Abtretungserklärung erfaßten Bezüge und kein von Z 2 erfaßtes Vermögen zu verheimlichen oder dessen Erwerb zu unterlassen;

5. dem Gericht und dem Treuhänder auf Verlangen Auskunft über seine Erwerbstätigkeit bzw. seine Bemühungen um eine solche sowie über seine Bezüge und sein Vermögen zu erteilen;

5a. dem Gericht und dem Treuhänder zu den vom Gericht festgelegten Zeitpunkten, mindestens einmal im Jahr, Auskunft über seine Bemühungen um eine Erwerbstätigkeit zu erteilen, wenn er keinen, einen unpfändbaren oder keinen den unpfändbaren Freibetrag übersteigenden Bezug hat; unterbleibt die Auskunft, so hat das Gericht dem Schuldner eine Nachfrist von zwei Wochen einzuräumen, um die Auskunft zu erteilen; *(BGBl I 2017/122)*

Fassung ab 17. 7. 2021 (BGBl I 2021/147):
5a. dem Gericht und dem Treuhänder zu den vom Gericht nach § 202 Abs. 2 festgelegten Zeitpunkten Auskunft über seine Bemühungen um eine Erwerbstätigkeit zu erteilen; unterbleibt die Auskunft, so hat das Gericht dem Schuldner eine Nachfrist von zwei Wochen einzuräumen, um die Auskunft zu erteilen; *(BGBl I 2017/122; BGBl I 2021/147, auf Abschöpfungsverfahren anzuwenden, wenn der Antrag auf die Einleitung nach dem 16. Juli 2021 bei Gericht einlangt. (§ 283 Abs 6))*

6. Zahlungen zur Befriedigung der Gläubiger nur an den Treuhänder zu leisten;

7. keinem Insolvenzgläubiger besondere Vorteile (§ 206 Abs. 2) einzuräumen und *(BGBl I 2010/29)*

8. keine neuen Schulden einzugehen, die er bei Fälligkeit nicht bezahlen kann.

(2) Soweit der Schuldner eine selbständige Tätigkeit ausübt, obliegt es ihm, die Gläubiger jedenfalls so zu stellen, als würde er eine angemessene unselbständige Erwerbstätigkeit ausüben. Es darf ihm jedoch nicht mehr verbleiben, als wenn er Einkünfte aus einem Arbeitsverhältnis in der Höhe des Gewinns aus der selbständigen Tätigkeit hätte.

Fassung ab 17. 7. 2021 (BGBl I 2021/147):
(2) Soweit der Schuldner eine selbständige Tätigkeit ausübt, obliegt es ihm, die Gläubiger jedenfalls so zu stellen, als würde er eine angemessene unselbständige Erwerbstätigkeit ausüben. Es darf ihm jedoch nicht mehr verbleiben, als wenn er Einkünfte aus einem Arbeitsverhältnis in der Höhe des Gewinns aus der selbständigen Tätigkeit hätte. Der Treuhänder hat einen Betrag zu bestimmen, den der Schuldner monatlich vorläufig an ihn zu bezahlen hat. (BGBl I 2021/147, auf Abschöpfungsverfahren anzuwenden, wenn der Antrag auf die Einleitung nach dem 16. Juli 2021 bei Gericht einlangt. (§ 283 Abs 6))

(BGBl 1993/974)

Auskunftserteilung über die Erfüllung der Obliegenheiten

§ 210a. (1) Der Treuhänder hat den Schuldner bei wesentlicher Verminderung der auf Grund der Abtretung einlangenden Beträge aufzufordern, über seine Arbeitssituation zu berichten.

(2) Hat der Schuldner nicht nach Abs. 1 oder nach § 210 Abs. 1 Z 3, 5 und 5a dem Treuhänder auf sein Verlangen Auskunft erteilt, so hat das Gericht über Mitteilung des Treuhänders den Schuldner einzuvernehmen. Der Schuldner hat über die Erfüllung seiner Obliegenheiten Auskunft zu erteilen. *(BGBl I 2019/38)*

(3) Erscheint der ordnungsgemäß geladene Schuldner ohne genügende Entschuldigung nicht zu seiner Einvernahme oder lehnt er die Erteilung der Auskunft ab, so ist das Verfahren von Amts wegen unabhängig vom Vorliegen der Voraussetzungen nach § 211 Abs. 1 Z 2 vorzeitig einzustellen. Die Ladung hat einen Hinweis auf diese Rechtsfolge zu enthalten. Hat der Schuldner über die Erfüllung seiner Obliegenheiten Auskunft erteilt, so hat das Gericht dem Treuhänder eine Protokollabschrift zu übermitteln.

Fassung ab 17. 7. 2021 (BGBl I 2021/147):
(4) Liegt nach dem Bericht oder der Auskunft des Schuldners über seine Erwerbstätigkeit oder seine Bemühungen um eine solche offenkundig eine Verletzung einer Obliegenheit vor, so hat der Treuhänder die Insolvenzgläubiger darüber zu informieren. (BGBl I 2021/147, auf Abschöpfungsverfahren anzuwenden, wenn der Antrag

auf die Einleitung nach dem 16. Juli 2021 bei Gericht einlangt. (§ 283 Abs 6))

(BGBl I 2002/75)

Vorzeitige Einstellung des Abschöpfungsverfahrens

§ 211. (1) Das Gericht hat auf Antrag eines Insolvenzgläubigers das Abschöpfungsverfahren vorzeitig einzustellen, wenn der Schuldner

1. wegen einer Straftat nach den §§ 156, 158, 162 oder 292a StGB rechtskräftig verurteilt wurde und diese Verurteilung weder getilgt ist noch der beschränkten Auskunft aus dem Strafregister unterliegt oder die Obliegenheit nach § 210 Abs. 1 Z 8 verletzt oder *(BGBl I 2002/75)*

2. eine seiner Obliegenheiten verletzt und dadurch die Befriedigung der Insolvenzgläubiger beeinträchtigt; dies gilt nicht, wenn den Schuldner kein Verschulden trifft. *(BGBl I 2010/29)*

Der Antrag kann nur binnen eines Jahres nach dem Zeitpunkt gestellt werden, in dem die Verurteilung bzw. die Obliegenheitsverletzung dem Insolvenzgläubiger bekanntgeworden ist. Er ist abzuweisen, wenn die Voraussetzungen der Z 2 nicht glaubhaft gemacht werden. *(BGBl I 2010/29)*

(2) Vor der Entscheidung über den Antrag nach Abs. 1 Z 2 sind der Treuhänder und der Schuldner zu vernehmen. Der Schuldner hat über die Erfüllung seiner Obliegenheiten Auskunft zu erteilen. Erscheint der ordnungsgemäß geladene Schuldner ohne genügende Entschuldigung nicht zu seiner Einvernahme oder lehnt er die Erteilung der Auskunft ab, so ist das Verfahren vorzeitig einzustellen. Die Ladung hat einen Hinweis auf diese Rechtsfolge zu enthalten. *(BGBl I 2002/75)*

(3) Das Gericht hat das Abschöpfungsverfahren bei Tod des Schuldners von Amts wegen vorzeitig einzustellen.

(4) Der Beschluß über die vorzeitige Einstellung des Verfahrens ist öffentlich bekanntzumachen.

(5) Mit Eintritt der Rechtskraft der Entscheidung enden die Wirksamkeit der Abtretungserklärung, das Amt des Treuhänders und die Beschränkung der Rechte der Insolvenzgläubiger. *(BGBl I 2010/29)*

(BGBl 1993/974)

Wiederaufnahme des Insolvenzverfahrens

§ 212. Wird das Abschöpfungsverfahren vorzeitig eingestellt und ist hinreichendes Vermögen vorhanden oder wird ein angemessener Kostenvorschuß geleistet, so ist das Insolvenzverfahren auf Antrag eines Insolvenzgläubigers wieder aufzunehmen.

(BGBl 1993/974; BGBl I 2010/29)

Beendigung des Abschöpfungsverfahrens – Entscheidung über die Restschuldbefreiung

§ 213. (1) Nach Ende der Laufzeit der Abtretungserklärung hat das Gericht das Abschöpfungsverfahren, das nicht eingestellt wurde, für beendet zu erklären und gleichzeitig auszusprechen, dass der Schuldner von den im Verfahren nicht erfüllten Verbindlichkeiten gegenüber den Insolvenzgläubigern befreit ist (Restschuldbefreiung). Wenn ein Antrag eines Insolvenzgläubigers auf vorzeitige Einstellung vorliegt, hat das Gericht die Entscheidung bis zum Eintritt der Rechtskraft dieses Beschlusses auszusetzen und erst dann zu treffen, wenn der Antrag eines Insolvenzgläubigers auf vorzeitige Einstellung rechtskräftig abgewiesen wurde.

Fassung ab 17. 7. 2021 (BGBl I 2021/147):
(1) Nach Ende der Laufzeit der Abtretungserklärung oder wenn die Insolvenzforderungen aller Gläubiger, die ihre Forderungen angemeldet haben, befriedigt wurden, hat das Gericht das Abschöpfungsverfahren, das nicht eingestellt wurde, für beendet zu erklären und gleichzeitig auszusprechen, dass der Schuldner von den im Verfahren nicht erfüllten Verbindlichkeiten gegenüber den Insolvenzgläubigern befreit ist (Restschuldbefreiung). Wenn ein Antrag eines Insolvenzgläubigers auf vorzeitige Einstellung vorliegt, hat das Gericht die Entscheidung bis zum Eintritt der Rechtskraft dieses Beschlusses auszusetzen und erst dann zu treffen, wenn der Antrag eines Insolvenzgläubigers auf vorzeitige Einstellung rechtskräftig abgewiesen wurde. *(BGBl I 2021/147, auf Abschöpfungsverfahren anzuwenden, wenn der Antrag auf die Einleitung nach dem 16. Juli 2021 bei Gericht einlangt. (§ 283 Abs 6))*

(2) Der Beschluss über die Beendigung des Abschöpfungsverfahrens und über die Restschuldbefreiung ist öffentlich bekannt zu machen.

(BGBl 1993/974; BGBl I 2017/122, anzuwenden (§ 279 Abs 3), wenn der Antrag auf Durchführung des Abschöpfungsverfahrens nach dem 31. Oktober 2017 bei Gericht einlangt)

Wirkung der Restschuldbefreiung

§ 214. (1) Wird die Restschuldbefreiung erteilt, so wirkt sie gegen alle Insolvenzgläubiger. Dies gilt auch für Gläubiger, die ihre Forderungen nicht angemeldet haben, und für Forderungen nach § 58 Z 1.

(2) Die Rechte der Insolvenzgläubiger gegen Bürgen oder Mitschuldner des Schuldners sowie gegen Rückgriffsverpflichtete werden durch die Restschuldbefreiung nicht berührt. Der Schuldner wird jedoch gegenüber den Bürgen und anderen Rückgriffsberechtigten in gleicher Weise befreit wie gegenüber den Insolvenzgläubigern.

(3) Wird ein Insolvenzgläubiger befriedigt, obwohl er auf Grund der Restschuldbefreiung keine Befriedigung zu beanspruchen hat, so begründet dies keine Pflicht zur Rückgabe des Erlangten.

(BGBl 1993/974; BGBl I 2010/29)

Ausgenommene Forderungen

§ 215. Von der Erteilung der Restschuldbefreiung werden

1. Verbindlichkeiten des Schuldners aus einer vorsätzlich begangenen unerlaubten Handlung oder einer vorsätzlichen strafgesetzwidrigen Unterlassung und

2. Verbindlichkeiten, die nur aus Verschulden des Schuldners unberücksichtigt geblieben sind, nicht berührt.

(BGBl 1993/974)

Widerruf der Restschuldbefreiung

§ 216. (1) Auf Antrag eines Insolvenzgläubigers hat das Gericht die Erteilung der Restschuldbefreiung zu widerrufen, wenn sich nachträglich herausstellt, daß der Schuldner eine seiner Obliegenheiten vorsätzlich verletzt und dadurch die Befriedigung der Insolvenzgläubiger erheblich beeinträchtigt hat. *(BGBl I 2010/29)*

Fassung ab 17. 7. 2021 (BGBl I 2021/147):
(1) Auf Antrag eines Insolvenzgläubigers hat das Gericht die Erteilung der Restschuldbefreiung zu widerrufen, wenn sich nachträglich herausstellt, daß der Schuldner eine seiner Obliegenheiten vorsätzlich verletzt und dadurch die Befriedigung der Insolvenzgläubiger erheblich beeinträchtigt hat oder bei einem Tilgungsplan der Schuldner wegen einer Straftat nach den §§ 156, 158, 162 oder 292a StGB rechtskräftig verurteilt wurde und diese Verurteilung weder getilgt ist noch der beschränkten Auskunft aus dem Strafregister unterliegt. *(BGBl I 2010/29; BGBl I 2021/147, auf Abschöpfungsverfahren anzuwenden, wenn der Antrag auf die Einleitung nach dem 16. Juli 2021 bei Gericht einlangt. (§ 283 Abs 6) Die Bestimmungen über den Tilgungsplan (§§ 199, 201 Abs. 2, § 216 Abs. 1) treten, soweit davon Verbraucher erfasst sind, mit Ablauf des 16. Juli 2026 außer Kraft; diese Bestimmungen bleiben anwendbar, wenn der Antrag auf Durchführung des Abschöpfungsverfahrens mit Restschuldbefreiung mit Tilgungsplan vor dem 17. Juli 2026 bei Gericht eingelangt ist. (§ 283 Abs 9))*

(2) Der Antrag kann nur innerhalb von zwei Jahren nach Eintritt der Rechtskraft der Entscheidung über die Restschuldbefreiung gestellt wer-

den. Er ist abzuweisen, wenn nicht glaubhaft gemacht wird, daß die Voraussetzungen des Abs. 1 vorliegen und daß der Insolvenzgläubiger bis zum Ende der Laufzeit der Abtretungserklärung keine Kenntnis von ihnen hatte. *(BGBl I 2010/29)*

(3) Vor der Entscheidung über den Antrag sind der Treuhänder und der Schuldner zu vernehmen.

(4) Die Entscheidung, mit der die Restschuldbefreiung widerrufen wird, ist öffentlich bekanntzumachen.

(BGBl 1993/974)

Achter Teil[1]

[1] *Überschrift idF BGBl I 2017/122, ab 26. 6. 2017.*

Internationales Insolvenzrecht

Erstes Hauptstück

Allgemeine Bestimmungen

Grundsatz

§ 217. Die Bestimmungen des Achten Teils sind nur anzuwenden, soweit nicht nach Völkerrecht oder in Rechtsakten der Europäischen Union, insbesondere nach der Verordnung (EU) Nr. 848/2015 über Insolvenzverfahren (EuInsVO), anderes bestimmt ist.

(BGBl I 2017/122, ab 26. 6. 2017, Übergangsbestimmungen s § 278 Abs 1)

Bekanntmachung ausländischer Insolvenzverfahren

§ 218. (1) Anträge, ausländische Insolvenzverfahren öffentlich bekanntzumachen, sind an das Handelsgericht Wien zu richten, das die bekanntgegebenen Daten in die Insolvenzdatei aufzunehmen hat.

(2) Die öffentliche Bekanntmachung der Eröffnung eines Insolvenzverfahrens soll insbesondere enthalten:

1. das Datum der Eröffnung des Insolvenzverfahrens,

2. das Gericht, das das Insolvenzverfahren eröffnet hat, und das Aktenzeichen des Verfahrens,

3. die Art des eröffneten Insolvenzverfahrens,

4. bei einer Gesellschaft oder einer juristischen Person: die Firma, die Registernummer, den Sitz oder, sofern davon abweichend, die Postanschrift des Schuldners,

5. bei einer natürlichen Person: den Namen, gegebenenfalls die Registernummer sowie die Postanschrift des Schuldners oder, falls die Anschrift geschützt ist, den Geburtsort und das Geburtsdatum des Schuldners,

6. den Namen, die Anschrift, die Telefonnummer und die E-Mail-Adresse des Insolvenzverwalters und, wenn eine juristische Person bestellt wurde, der Person, die sie bei Ausübung der Insolvenzverwaltung vertritt, und ob dem Schuldner die Eigenverwaltung zusteht sowie

7. die Frist für die Anmeldung der Forderungen.

(BGBl I 2017/122, ab 26. 6. 2017, Übergangsbestimmungen s § 278 Abs 1)

Zweites Hauptstück

Ergänzende Bestimmungen zur EuInsVO

Zuständigkeit für Sicherungsmaßnahmen

§ 219. (1) Für Sicherungsmaßnahmen nach Art. 52 EuInsVO und die Anordnung von Zwangsmitteln nach Art. 21 Abs. 3 EuInsVO ist das in § 63 bezeichnete Gericht zuständig.

(2) Betreibt der Schuldner im Inland kein Unternehmen und hat er im Inland weder eine Niederlassung noch einen gewöhnlichen Aufenthalt oder Vermögen, so ist das Handelsgericht Wien zuständig.

(BGBl I 2017/122, ab 26. 6. 2017, Übergangsbestimmungen s § 278 Abs 1)

Haupt-, Partikular- oder Sekundärinsolvenzverfahren

§ 220. (1) Im Anwendungsbereich der EuInsVO hat das Gericht in der Entscheidung über die Eröffnung des Insolvenzverfahrens auszusprechen, ob es sich um ein Haupt-, Partikular- oder Sekundärinsolvenzverfahren im Sinne der EuInsVO handelt. Dies ist öffentlich bekanntzumachen.

(2) Stellt sich während des Insolvenzverfahrens heraus, dass Auslandsbezug gegeben ist, so ist auszusprechen, ob es sich um ein Haupt-, Partikular- oder Sekundärinsolvenzverfahren im Sinne der EuInsVO handelt. Dies ist öffentlich bekanntzumachen.

(BGBl I 2017/122, ab 26. 6. 2017, Übergangsbestimmungen s § 278 Abs 1)

Bekanntmachung und Registereintragung

§ 220a. (1) Auf Antrag des Verwalters oder des Schuldners in Eigenverwaltung hat das Handelsgericht Wien die Entscheidung über die Eröffnung des Insolvenzverfahrens und die Bestellung des Verwalters öffentlich bekanntzumachen. In der Bekanntmachung ist anzugeben, wer als Verwalter bestellt wurde und ob sich die Zuständigkeit aus Art. 3 Abs. 1 oder Abs. 2 EuInsVO ergibt.

(2) Auf Antrag des Verwalters oder des Schuldners in Eigenverwaltung ist die Eröffnung des Insolvenzverfahrens nach Abs. 1 durch das zuständige Gericht im Grundbuch, im Firmenbuch oder in einem sonstigen öffentlichen Register einzutragen.

(3) Der im Rahmen eines ausländischen Hauptinsolvenzverfahrens bestellte Verwalter ist allen Beteiligten für Vermögensnachteile, die ihnen durch die Verletzung seiner Pflichten nach Art. 28 und 29 EuInsVO entstehen, verantwortlich.

(BGBl I 2017/122, ab 26. 6. 2017, Übergangsbestimmungen s § 278 Abs 1)

Zusicherung im inländischen Hauptinsolvenzverfahren zur Vermeidung eines Sekundärinsolvenzverfahrens

§ 220b. (1) Das Insolvenzgericht hat die Vorlage und den wesentlichen Inhalt der vom Gläubigerausschuss genehmigten Zusicherung zur Vermeidung eines Sekundärinsolvenzverfahrens (Art. 36 EuInsVO) in einem anderen Mitgliedstaat nach deren Prüfung und allfälliger Berichtigung öffentlich bekanntzumachen und den Schuldner sowie die Gläubiger davon mit dem Beifügen zu verständigen, dass es ihnen freisteht, Einsicht zu nehmen und binnen 14 Tagen ihre Erinnerungen anzubringen. Zugleich ist ihnen und dem Insolvenzverwalter sowie den Mitgliedern des Gläubigerausschusses die Tagsatzung bekanntzugeben, bei der über allfällige Erinnerungen verhandelt werden wird. § 130 Abs. 2 bis 4 ist anzuwenden.

(2) Die Zusicherung hat auch Angaben darüber zu enthalten, welche Gegenstände der Insolvenzverwalter nach dem Antrag auf Eröffnung des Insolvenzverfahrens in einen anderen Staat verbracht hat.

(BGBl I 2017/122, ab 26. 6. 2017, Übergangsbestimmungen s § 278 Abs 1)

Abstimmung über die in einem anderen Mitgliedstaat abgegebene Zusicherung

§ 220c. (1) Auf die in einem anderen Mitgliedstaat abgegebene Zusicherung des Verwalters des Hauptinsolvenzverfahrens in Bezug auf in Österreich gelegenes Vermögen des Schuldners sind die Bestimmungen für den Sanierungsplan anzuwenden.

(2) Im Rahmen des Verfahrens über eine Zusicherung gilt der Insolvenz-Entgelt-Fonds als lokaler Gläubiger.

(BGBl I 2017/122, ab 26. 6. 2017, Übergangsbestimmungen s § 278 Abs 1)

Gerichtliche Abstimmung

§ 220d. (1) Das Gericht hat eine Tagsatzung zur Abstimmung über die Zusicherung anzuordnen.

(2) Zuständig ist das für die Eröffnung des Sekundärinsolvenzverfahrens zuständige Gericht.

(3) Der Verwalter hat dem Antrag auf Abschluss einer Zusicherung anzuschließen:

1. die Zusicherung und

2. eine Liste der bekannten lokalen Gläubiger, wobei anzugeben ist, ob die Forderungen angemeldet, geprüft, anerkannt oder bestritten wurden.

(4) Die lokalen Gläubiger sind aufzufordern, ihre Forderungen innerhalb einer vom Gericht bestimmten Frist, die öffentlich bekanntzumachen und den Gläubigern zugleich mit der Ladung zur Abstimmungstagsatzung mitzuteilen ist, anzumelden. Im Schriftsatz hat der Gläubiger seine Forderung und auch den Bezug zur Niederlassung darzulegen.

(5) Für die Belohnung der bevorrechteten Gläubigerschutzverbände gilt § 87a Abs. 1 Satz 1.

(BGBl I 2017/122, ab 26. 6. 2017, Übergangsbestimmungen s § 278 Abs 1)

Prüfung des Stimmrechts

§ 220e. (1) Das Gericht hat die angemeldeten Forderungen dem Verwalter des Hauptinsolvenzverfahrens zur Kenntnis zu bringen. Der Verwalter des Hauptinsolvenzverfahrens hat hinsichtlich jeder dieser Forderungen innerhalb der ihm vom Gericht gesetzten Frist schriftlich zu erklären, ob die Forderungen im Hauptverfahren angemeldet, geprüft, anerkannt oder bestritten wurden; falls nicht, ob er sie anerkennt oder bestreitet. Gibt der Verwalter des Hauptinsolvenzverfahrens zu einer Forderung keine Erklärung ab, so gilt die Forderung als anerkannt. Der Verwalter hat sich auch dazu zu äußern, ob der Gläubiger ein lokaler ist.

(2) Das Gericht hat der Abstimmung die vom Verwalter des Hauptinsolvenzverfahrens anerkannten Forderungen der lokalen Gläubiger zugrunde zu legen. Wurde eine Forderung nicht anerkannt oder die Forderung oder die Eigenschaft als lokaler Gläubiger von einem anderen lokalen Gläubiger in der Abstimmungstagsatzung bestritten, so hat das Gericht nach vorläufiger Prüfung und Einvernehmung der Parteien zu entscheiden, ob und inwieweit die Stimme des Gläubigers zu zählen ist.

(BGBl I 2017/122, ab 26. 6. 2017, Übergangsbestimmungen s § 278 Abs 1)

Prüfung durch einen besonderen Verwalter

§ 220f. (1) Das Gericht kann zur Prüfung der Forderungen einen besonderen Verwalter bestellen. Es hat in diesem Fall den Verwalter des Hauptinsolvenzverfahrens zum Erlag eines Kostenvorschusses zur Deckung der Entlohnung des besonderen Verwalters aufzufordern. Der besondere Verwalter muss vom Verwalter des Hauptinsolvenzverfahrens unabhängig sein.

(2) Der besondere Verwalter hat die nach § 220e angemeldeten Forderungen in ein Verzeichnis einzutragen und insbesondere anhand der Geschäftsbücher und Aufzeichnungen des Schuldners zu prüfen.

(3) Der besondere Verwalter ist berechtigt, in die Geschäftsbücher und Aufzeichnungen des Schuldners Einsicht zu nehmen und von diesem und vom Hauptinsolvenzverwalter alle erforderlichen Auskünfte zu verlangen. Er hat die Anmeldungen dem Verwalter des Hauptinsolvenzverfahrens zur Kenntnis zu bringen. § 220e Abs. 1 zweiter und vierter Satz sind anzuwenden.

(4) Der besondere Verwalter hat den Bestand oder die Höhe einer Forderung zu bestreiten, wenn sich dagegen insbesondere aus den Geschäftsbüchern und Aufzeichnungen des Schuldners, aus Mitteilungen von Gläubigern oder sonst begründete Bedenken gegen das Bestehen, die Höhe oder die Eigenschaft des Gläubigers als lokaler Gläubiger ergeben, die der Verwalter des Hauptinsolvenzverfahrens nicht zu zerstreuen vermag.

(5) Der besondere Verwalter hat seine Bestreitung und die des Verwalters des Hauptinsolvenzverfahrens im Verzeichnis anzumerken und die vom Verwalter des Hauptinsolvenzverfahrens abgegebenen Erklärungen dem Verzeichnis beizulegen. Der besondere Verwalter hat das Verzeichnis und die Beilagen spätestens an dem der Tagsatzung vorangehenden Tag dem Gericht vorzulegen.

(6) Das Gericht hat der Abstimmung die vom besonderen Verwalter anerkannten Forderungen der lokalen Gläubiger zugrunde zu legen. § 220e Abs. 2 zweiter Satz ist anzuwenden.

(BGBl I 2017/122, ab 26. 6. 2017, Übergangsbestimmungen s § 278 Abs 1)

Bestätigung

§ 220g. (1) Die Annahme der Zusicherung bedarf der gerichtlichen Bestätigung.

(2) Wird die Mehrheit der Gläubiger nicht erreicht, so ist der Antrag abzuweisen. Dies ist öffentlich bekanntzumachen.

(BGBl I 2017/122, ab 26. 6. 2017, Übergangsbestimmungen s § 278 Abs 1)

Verteilung im inländischen Hauptinsolvenzverfahren

§ 220h. Auf das Verfahren zur Verteilung des Erlöses der von der Zusicherung umfassten Vermögenswerte im inländischen Hauptinsolvenzverfahren sind die §§ 129 bis 137 anzuwenden.

(BGBl I 2017/122, ab 26. 6. 2017, Übergangsbestimmungen s § 278 Abs 1)

Maßnahmen zur Sicherung der Zusicherung

§ 220i. Für einstweilige Maßnahmen oder Sicherungsmaßnahmen nach Art. 36 Abs. 9 EuInsVO ist das Gericht zuständig, das für die Eröffnung des Sekundärverfahrens zuständig wäre.

(BGBl I 2017/122, ab 26. 6. 2017, Übergangsbestimmungen s § 278 Abs 1)

Drittes Hauptstück

Nicht von der EuInsVO erfasste Verfahren[1)]
[1)] *Überschrift idF BGBl I 2017/122, ab 26. 6. 2017*

Erster Abschnitt

Anzuwendendes Recht

Grundsatz

§ 221. (1) Für Insolvenzverfahren, die Voraussetzungen für ihre Eröffnung und ihre Wirkungen gilt, soweit in den §§ 222 bis 235 nichts anderes bestimmt ist, das Recht des Staates, in dem das Verfahren eröffnet wird.

(2) Nach dem Recht des Staates der Verfahrenseröffnung richten sich insbesondere:

1. bei welcher Art von Schuldnern ein Insolvenzverfahren zulässig ist;

2. welche Vermögenswerte zur Masse gehören und wie die nach der Verfahrenseröffnung vom Schuldner erlangten Vermögenswerte zu behandeln sind;

3. die jeweiligen Befugnisse des Schuldners und des Verwalters;

4. die Voraussetzungen für die Zulässigkeit einer Aufrechnung im Insolvenzverfahren;

5. wie sich die Eröffnung eines Insolvenzverfahrens auf laufende Verträge des Schuldners auswirkt;

6. wie sich die Eröffnung eines Insolvenzverfahrens auf Rechtsverfolgungsmaßnahmen einzelner Gläubiger auswirkt; ausgenommen sind die Wirkungen auf anhängige Rechtsstreitigkeiten gemäß § 231;

7. welche Forderungen als Insolvenzforderungen anzumelden sind und wie Forderungen im Insolvenzverfahren zu behandeln sind, die nach der Eröffnung des Insolvenzverfahrens entstehen;

IO

8. die Anmeldung, die Prüfung und die Feststellung der Forderungen im Insolvenzverfahren;

9. die Verteilung des Erlöses aus der Verwertung des Vermögens, der Rang der Forderungen und die Rechte der Gläubiger, die nach der Eröffnung des Insolvenzverfahrens auf Grund eines dinglichen Rechts oder infolge einer Aufrechnung teilweise befriedigt wurden;

10. die Voraussetzungen und Wirkungen der Beendigung des Insolvenzverfahrens, insbesondere durch Abschluss eines Sanierungsplans; *(BGBl I 2014/98)*

11. die Rechte der Gläubiger nach Beendigung des Insolvenzverfahrens;

12. wer die Kosten des Insolvenzverfahrens einschließlich der Auslagen zu tragen hat;

13. welche Rechtshandlungen nichtig, anfechtbar oder relativ unwirksam sind, weil sie die Gesamtheit der Gläubiger benachteiligen.

(BGBl I 2003/36)

Dingliche Rechte Dritter

§ 222. (1) Das dingliche Recht eines Gläubigers oder eines Dritten an körperlichen oder unkörperlichen, beweglichen oder unbeweglichen Sachen des Schuldners – sowohl an bestimmten Sachen als auch an einer Sache mit nicht bestimmten Sachen mit wechselnder Zusammensetzung -, die sich zum Zeitpunkt der Eröffnung des Insolvenzverfahrens im Gebiet eines anderen Staates befinden, wird von der Eröffnung des Verfahrens nicht berührt.

(2) Rechte im Sinne des Abs. 1 sind insbesondere

1. das Recht, die Sache zu verwerten oder verwerten zu lassen und aus dem Erlös oder den Nutzungen dieser Sache befriedigt zu werden, insbesondere auf Grund eines Pfandrechts oder einer Hypothek;

2. das ausschließliche Recht, eine Forderung einzuziehen, insbesondere auf Grund eines Pfandrechts an einer Forderung oder auf Grund einer Sicherungsabtretung dieser Forderung;

3. das Recht, die Herausgabe der Sache von jedermann zu verlangen, der diese gegen den Willen des Berechtigten besitzt oder nutzt;

4. das dingliche Recht, die Früchte einer Sache zu ziehen.

(3) Das in einem öffentlichen Register eingetragene und gegen jedermann wirksame Recht, ein dingliches Recht im Sinne des Abs. 1 zu erlangen, wird einem dinglichen Recht gleichgestellt.

(BGBl I 2003/36)

Aufrechnung

§ 223. Die Befugnis eines Gläubigers, mit seiner Forderung gegen eine Forderung des Schuldners aufzurechnen, wird von der Eröffnung des Insolvenzverfahrens nicht berührt, wenn diese Aufrechnung nach dem für die Forderung des Schuldners maßgebenden Recht zulässig ist.

(BGBl I 2003/36)

Eigentumsvorbehalt

§ 224. (1) Die Eröffnung eines Insolvenzverfahrens über das Vermögen des Käufers einer Sache lässt die Rechte des Verkäufers aus einem Eigentumsvorbehalt unberührt, wenn sich diese Sache zum Zeitpunkt der Eröffnung des Verfahrens im Gebiet eines anderen Staates als dem der Verfahrenseröffnung befindet.

(2) Die Eröffnung eines Insolvenzverfahrens über das Vermögen des Verkäufers einer Sache nach deren Lieferung rechtfertigt nicht die Auflösung oder Beendigung des Kaufvertrags und steht dem Eigentumserwerb des Käufers nicht entgegen, wenn sich diese Sache bei Verfahrenseröffnung im Gebiet eines anderen Staates als dem der Verfahrenseröffnung befindet.

(BGBl I 2003/36)

Vertrag über eine unbewegliche Sache

§ 225. Für die Wirkungen eines Insolvenzverfahrens auf einen Vertrag, der zum Erwerb oder zur Nutzung einer unbeweglichen Sache berechtigt, ist ausschließlich das Recht des Staates maßgebend, in dessen Gebiet diese unbewegliche Sache gelegen ist.

(BGBl I 2003/36)

Geregelte Märkte

§ 226. (1) Für die Wirkungen der Eröffnung eines Insolvenzverfahrens auf die Rechte und Pflichten der Teilnehmer an einem geregelten Markt und für Transaktionen im Rahmen eines geregelten Marktes im Sinne des Art. 4 Abs. 1 Nr. 21 der Richtlinie 2014/65/EU ist das Recht des Staates maßgebend, das für den betreffenden Markt gilt bzw. das auf derartige Transaktionen anzuwenden ist. §§ 222 und 232 werden dadurch nicht berührt. *(BGBl I 2014/98)*

(2) Abs. 1 steht einer Nichtigkeit, Anfechtbarkeit oder relativen Unwirksamkeit nach § 221 Abs. 2 Z 13 von Zahlungen oder Transaktionen gemäß dem für den betreffenden Markt geltenden Recht nicht entgegen.

(BGBl I 2003/36)

Arbeitsvertrag

§ 227. Für die Wirkungen des Insolvenzverfahrens auf einen Arbeitsvertrag und auf das Arbeitsverhältnis ist das Recht des Staates maßgebend, das auf den Arbeitsvertrag anzuwenden ist.

(BGBl I 2003/36)

Wirkung auf eintragungspflichtige Rechte

§ 228. Für die Wirkungen des Insolvenzverfahrens auf Rechte des Schuldners an einer unbeweglichen Sache, einem Schiff oder einem Luftfahrzeug, die der Eintragung in ein öffentliches Register unterliegen, ist das Recht des Staates maßgebend, unter dessen Aufsicht das Register geführt wird.

(BGBl I 2003/36)

Benachteiligende Handlungen

§ 229. (1) Wenn die Person, die durch eine die Gesamtheit der Gläubiger benachteiligende Rechtshandlung begünstigt wurde, nachweist, dass

1. für diese Handlung das Recht eines anderen Staates maßgebend ist und

2. in diesem Fall diese Handlung in keiner Weise nach diesem Recht angreifbar ist, ist § 221 Abs. 2 Z 13 nicht anzuwenden.

(2) Hingegen stehen § 222 Abs. 1, §§ 223 und 224 der Geltendmachung der Nichtigkeit, Anfechtbarkeit oder relativen Unwirksamkeit einer Rechtshandlung nach § 221 Abs. 2 Z 13 nicht entgegen.

(BGBl I 2003/36)

Schutz des Dritterwerbers

§ 230. Verfügt der Schuldner durch eine nach Eröffnung des Insolvenzverfahrens vorgenommene Rechtshandlung gegen Entgelt über

1. eine unbewegliche Sache oder

2. ein Schiff oder ein Luftfahrzeug, das der Eintragung in ein öffentliches Register unterliegt, oder

3. Wertpapiere oder andere Finanzinstrumente im Sinne des Art. 4 Abs. 1 Nr. 50 lit. b der Verordnung (EU) Nr. 575/2013, deren Existenz oder Übertragung die Eintragung in ein gesetzlich vorgeschriebenes Register oder Konto oder bei einer zentralen Verwahrstelle voraussetzt, *(BGBl I 2014/98; BGBl I 2017/122)*

so richtet sich die Wirksamkeit dieser Rechtshandlung nach dem Recht des Staates, in dem diese unbewegliche Sache gelegen ist oder unter dessen Aufsicht das Register, das Konto oder die Verwahrstelle steht.

(BGBl I 2003/36)

Wirkungen des Insolvenzverfahrens auf anhängige Rechtsstreitigkeiten

§ 231. Für die Wirkungen des Insolvenzverfahrens auf einen anhängigen Rechtsstreit über eine Sache oder ein Recht der Masse ist das Recht des Staates maßgebend, in dem der Rechtsstreit anhängig ist.

(BGBl I 2003/36)

Recht der gelegenen Sache

§ 232. Für die Ausübung von Eigentumsrechten oder anderen Rechten an Finanzinstrumenten im Sinne des Art. 4 Abs. 1 Nr. 50 lit. b der Verordnung (EU) Nr. 575/2013, deren Existenz oder Übertragung ihre Eintragung in ein Register oder Konto oder bei einer zentralen Verwahrstelle voraussetzt, ist das Recht des Staates maßgebend, in dem sich das Register, das Konto bzw. die zentrale Verwahrstelle befindet, in dem bzw. bei der die betreffenden Rechte eingetragen wurden.
(BGBl I 2014/98)

(BGBl I 2003/36)

Aufrechnungs- und Schuldumwandlungsvereinbarungen

§ 233. Für Aufrechnungs- und Schuldumwandlungsvereinbarungen („netting agreements") ist ausschließlich das Recht maßgebend, das auf derartige Vereinbarungen anzuwenden ist.

(BGBl I 2003/36)

Saldierungsvereinbarungen

§ 233. Für Saldierungsvereinbarungen gilt ausschließlich das Recht, das für den Vertrag über derartige Vereinbarungen maßgebend ist.

(BGBl I 2014/98)

Pensionsgeschäfte („Repurchase agreements")

§ 234. Unbeschadet § 232 ist für Pensionsgeschäfte („Repurchase agreements") ausschließlich das Recht maßgebend, das auf derartige Vereinbarungen anzuwenden ist.

(BGBl I 2003/36)

Wertpapierpensionsgeschäfte

§ 234. Für Wertpapierpensionsgeschäfte gilt ausschließlich das Recht, das für den Vertrag über derartige Geschäfte maßgebend ist.

(BGBl I 2014/98)

Zahlungen nach Eröffnung eines Insolvenzverfahrens

§ 235. (1) Wer an eine Person, über deren Vermögen in einem anderen Staat ein Insolvenzverfahren eröffnet worden ist, leistet, obwohl er an den Verwalter des Insolvenzverfahrens hätte leisten müssen, wird befreit, wenn ihm die Eröffnung des Verfahrens nicht bekannt war.

(2) Erfolgt die Leistung vor der öffentlichen Bekanntmachung im Staat der Leistung, so wird bis zum Beweis des Gegenteils vermutet, dass dem Leistenden die Eröffnung nicht bekannt war. Erfolgt die Leistung nach der Bekanntmachung, so wird bis zum Beweis des Gegenteils vermutet, dass dem Leistenden die Eröffnung bekannt war. Bei Liquidationsverfahren über Kreditinstitute (§ 243) ist die öffentliche Bekanntmachung nach § 247 maßgebend.

(BGBl I 2003/36)

Zweiter Abschnitt

Österreichische Insolvenzverfahren

Ausübung von Gläubigerrechten

§ 236. Jeder Gläubiger hat das Recht, seine Forderungen im Insolvenzverfahren geltend zu machen (§ 102).

(BGBl I 2003/36; BGBl I 2010/29)

Auslandsvermögen

§ 237. (1) Die Wirkungen eines in Österreich eröffneten Insolvenzverfahrens erstrecken sich auch auf im Ausland gelegenes Vermögen, es sei denn, *(BGBl I 2010/29)*

1. der Mittelpunkt der hauptsächlichen Interessen des Schuldners liegt in einem anderen Staat,

2. in diesem Staat wurde ein Insolvenzverfahren eröffnet und

3. in dieses Insolvenzverfahren ist das Auslandsvermögen einbezogen.

(2) Der Schuldner ist verpflichtet, in Abstimmung mit dem Insolvenzverwalter an der Verwertung ausländischen Vermögens, auf das sich die Wirkungen des Insolvenzverfahrens erstrecken, mitzuwirken. § 101 ist anzuwenden. *(BGBl I 2010/29; BGBl I 2017/122)*

(3) Erlangt ein Gläubiger nach Eröffnung des Insolvenzverfahrens durch Verwertung von im Ausland gelegenem Vermögen Befriedigung, so hat er vorbehaltlich der §§ 222 und 224 das Erlangte abzüglich seiner zur zweckentsprechenden Rechtsverfolgung notwendigen Aufwändungen an die Insolvenzmasse herauszugeben. *(BGBl I 2010/29)*

(BGBl I 2003/36)

Vertreter des Insolvenzverwalters

§ 238. Der Insolvenzverwalter kann Personen bestellen, die ihn bei der Abwicklung des Insolvenzverfahrens im Ausland vertreten. *(BGBl I 2014/98)*

(BGBl I 2003/36; BGBl I 2010/29)

Koordination

§ 239. (1) Das Insolvenzgericht oder der Insolvenzverwalter hat dem ausländischen Insolvenzverwalter unverzüglich alle Umstände mitzuteilen, die für die Durchführung des ausländischen Verfahrens Bedeutung haben können.

(2) Das Insolvenzgericht oder der Insolvenzverwalter hat dem ausländischen Insolvenzverwalter Gelegenheit zu geben, Vorschläge für die Verwertung oder sonstige Verwendung des inländischen Vermögens zu unterbreiten. Ein Sanierungsplan ist dem ausländischen Insolvenzverwalter zur Stellungnahme zuzuleiten.

(BGBl I 2003/36; BGBl I 2010/29)

Dritter Abschnitt

Anerkennung ausländischer Verfahren

Grundsatz

§ 240. (1) Die Wirkungen eines in einem anderen Staat eröffneten Insolvenzverfahrens und die in einem solchen Verfahren ergangenen Entscheidungen werden in Österreich anerkannt, wenn

1. der Mittelpunkt der hauptsächlichen Interessen des Schuldners im anderen Staat liegt und

2. das Insolvenzverfahren in den Grundzügen einem österreichischen vergleichbar ist, insbesondere österreichische Gläubiger wie Gläubiger aus dem Staat der Verfahrenseröffnung behandelt werden.

(2) Die Anerkennung unterbleibt, soweit

1. in Österreich ein Insolvenzverfahren eröffnet wurde oder einstweilige Vorkehrungen angeordnet wurden oder *(BGBl I 2017/122)*

2. die Anerkennung zu einem Ergebnis führt, das den Grundwertungen der österreichischen Rechtsordnung offensichtlich widerspricht.

(3) Ein ausländisches Insolvenzverfahren steht der Eröffnung und Durchführung eines österreichischen Insolvenzverfahrens nicht entgegen. *(BGBl I 2017/122)*

(4) Die Bewilligung der Exekution auf Grund von Akten und Urkunden, die

1. zur Durchführung des Insolvenzverfahrens erforderlich,

2. im anderen Staat vollstreckbar und

3. nach Abs. 1 und 2 in Österreich anzuerkennen sind,

setzt voraus, dass sie für Österreich in einem Verfahren nach den §§ 409 bis 416 EO für vollstreckbar erklärt wurden. Für andere Akte und Urkunden richtet sich die Bewilligung der Exekution nach den §§ 406 ff EO. *(BGBl I 2017/122)*

(BGBl I 2003/36)

Ausländische Insolvenzverwalter

§ 241. (1) Die Insolvenzverwalter und deren Vertreter dürfen in Österreich alle Befugnisse ausüben, die ihnen in dem Staat, in dem das Insolvenzverfahren eröffnet wurde, zustehen.

(2) Bei der Ausübung ihrer Befugnisse haben sie das österreichische Recht zu beachten, insbesondere hinsichtlich der Art und Weise der Verwertung von Vermögenswerten und der Unterrichtung der Arbeitnehmer. Die Befugnisse umfassen nicht die Anwendung von Zwangsmitteln oder das Recht, über Rechtsstreitigkeiten oder andere Auseinandersetzungen zu befinden.

(3) Der Insolvenzverwalter hat sich durch eine beglaubigte Abschrift der Entscheidung, durch die er bestellt worden ist, oder durch eine andere von der Behörde oder dem Gericht des Bestellungsstaates ausgestellte Bescheinigung auszuweisen, wobei eine Übersetzung in die deutsche Sprache verlangt werden kann.

(BGBl I 2003/36)

Bekanntmachungen und Registereintragungen

§ 242. (1) Wird im Ausland ein Insolvenzverfahren eröffnet, dessen Wirkungen nach § 240 anzuerkennen sind, und hat der Schuldner im Inland eine Niederlassung, so hat der im Rahmen des ausländischen Insolvenzverfahrens bestellte Verwalter oder die nach dem Recht des Staates der Verfahrenseröffnung zuständige Stelle die öffentliche Bekanntmachung der Eröffnung des Verfahrens im Inland zu beantragen. *(BGBl I 2017/122, anzuwenden, wenn das ausländische Insolvenzverfahren nach dem 25. Juni 2017 eröffnet wird)*

(2) Hat der Schuldner im Inland unbewegliches Vermögen oder eine Niederlassung, so hat der im Rahmen des ausländischen Insolvenzverfahrens bestellte Verwalter oder die nach dem Recht des Staates der Verfahrenseröffnung zuständige Stelle die Eintragung der Eröffnung des Verfahrens im Grundbuch bzw. Firmenbuch zu beantragen. Das Grundbuchs- bzw. Firmenbuchgericht hat die Eröffnung des Verfahrens einzutragen. *(BGBl I 2017/122, anzuwenden, wenn das ausländische Insolvenzverfahren nach dem 25. Juni 2017 eröffnet wird)*

(3) Der die Bekanntmachung oder Eintragung begehrende Verwalter hat das Vorliegen der Anerkennungsvoraussetzung nach § 240 Abs. 1 Z 1 durch eine öffentliche Urkunde nachzuweisen. Behauptet der Schuldner, dass die Voraussetzungen für eine Anerkennung nicht gegeben sind, so entscheidet das in § 63 bezeichnete Gericht. *(BGBl I 2017/122, anzuwenden, wenn das ausländische Insolvenzverfahren nach dem 25. Juni 2017 eröffnet wird)*

(4) Der im Rahmen eines ausländischen Insolvenzverfahrens bestellte Verwalter ist allen Beteiligten für Vermögensnachteile, die ihnen durch Verletzung seiner Pflichten nach Abs. 1 und 2 entstehen, verantwortlich. *(BGBl I 2017/122, anzuwenden, wenn das ausländische Insolvenzverfahren nach dem 25. Juni 2017 eröffnet wird)*

(5) Auf Antrag des ausländischen Insolvenzverwalters ist vom Handelsgericht Wien die Fortführung des Unternehmens öffentlich bekannt zu machen. *(BGBl I 2017/122, anzuwenden, wenn das ausländische Insolvenzverfahren nach dem 25. Juni 2017 eröffnet wird)*

(BGBl I 2003/36; BGBl I 2010/29)

Viertes Hauptstück

Sonderbestimmungen für Kreditinstitute und Versicherungsunternehmen

Erster Abschnitt

Grenzüberschreitende österreichische Insolvenzverfahren[1)]
[1)] *Überschrift idF BGBl I 2010/29.*

Anwendungsbereich

§ 243. (1) §§ 244 und 246 bis 251 sind auf Kreditinstitute, die in einem Vertragsstaat des Europäischen Wirtschaftsraums (EWR-Staat) gemäß Art. 4 bis 11 der Richtlinie 2000/12/EG, und Versicherungsunternehmen, die in einem EWR-Staat gemäß gemäß Art. 14 der Richtlinie 2009/138/EG betreffend die Aufnahme und Ausübung der Versicherungs- und Rückversicherungstätigkeit (Solvabilität II) (Neufassung), ABl. Nr. L 335 vom 17.12.2009 S. 1, zuletzt geändert durch die Richtlinie 2014/51/EU, ABl. Nr. L 153 vom 22.05.2014 S. 1, zugelassen wurden, anzuwenden. Unter den Begriff des Kreditinstitutes fallen auch die Wertpapierfirmen im Sinne von Art. 4 Abs. 1 Nr. 2 der Verordnung (EU) Nr. 575/2013 und deren in einem anderen Mitgliedstaat als ihrem Sitz-Mitgliedstaat errichteten Zweigstellen. *(BGBl I 2014/98; BGBl I 2015/34)*

Fassung ab 17. 7. 2021 (BGBl I 2021/147):
(1) §§ 244 und 246 bis 251 sind auf Kreditinstitute, die in einem Vertragsstaat des Europäischen Wirtschaftsraums (EWR-Staat) gemäß Art. 8 der Richtlinie 2013/36/EU über den Zugang zur Tätigkeit von Kreditinstituten und die Beaufsichtigung von Kreditinstituten und Wertpapier-

IO

firmen, zur Änderung der Richtlinie 2002/87/EG und zur Aufhebung der Richtlinien 2006/48/EG und 2006/49/EG, ABl. Nr. L 176 vom 27.06.2013 S. 338, zuletzt geändert durch Richtlinie 2019/878/EU, ABl. Nr. L 150 vom 07.06.2019 S. 253, zuletzt berichtigt durch ABl. Nr. L 212 vom 03.07.2020 S. 20, und Versicherungsunternehmen, die in einem EWR-Staat gemäß Art. 14 der Richtlinie 2009/138/EG betreffend die Aufnahme und Ausübung der Versicherungs- und Rückversicherungstätigkeit (Solvabilität II), ABl. Nr. L 335 vom 17.12.2009 S. 1, zuletzt geändert durch Richtlinie 2018/843/EU, ABl. Nr. L 156 vom 19.6.2018 S. 43, in der Fassung der Berichtigung ABl. Nr. L 219 vom 25.07.2014 S. 66, zugelassen wurden, anzuwenden. *(BGBl I 2021/147)*

(2) Auf Kreditinstitute und Versicherungsunternehmen mit Sitz außerhalb des EWR sind §§ 244 bis 251 dann anzuwenden, wenn in zumindest einem EWR-Staat eine Zweigstelle oder eine Zweigniederlassung besteht.

(BGBl I 2003/36)

Internationale Zuständigkeit

§ 244. (1) Zur Eröffnung des Insolvenzverfahrens über das Vermögen von im EWR zugelassenen Kreditinstituten oder im EWR zugelassenen Versicherungsunternehmen sind die österreichischen Gerichte nur dann zuständig, wenn die Kreditinstitute gemäß § 1 Abs. 1 BWG bzw. die Versicherungsunternehmen gemäß § 6 Abs. 1 des Versicherungsaufsichtsgesetzes 2016, BGBl. I Nr. 34/2015, in Österreich zugelassen sind. *(BGBl I 2015/34)*

(2) Zur Eröffnung des Insolvenzverfahrens über das Vermögen von Kreditinstituten und Versicherungsunternehmen mit Sitz außerhalb des EWR sind die österreichischen Gerichte nur dann zuständig, wenn eine Zweigstelle oder eine Zweigniederlassung in Österreich besteht.

(BGBl I 2003/36; BGBl I 2010/29)

Koordination

§ 245. Wird sowohl in Österreich das Insolvenzverfahren als auch in einem anderen EWR-Staat ein Liquidationsverfahren über das Vermögen eines Kreditinstitutes oder Versicherungsunternehmens mit Sitz außerhalb des EWR eröffnet, von dem in beiden EWR-Staaten Zweigstellen oder Zweigniederlassungen bestehen, so haben das österreichische Insolvenzgericht und der Insolvenzverwalter ihr Vorgehen mit den ausländischen Behörden, Gerichten und Liquidatoren abzustimmen.

(BGBl I 2003/36; BGBl I 2010/29)

Zustellung des Insolvenzediktes[1]
[1] *Überschrift idF BGBl I 2010/29.*

§ 246. (1) Eine Ausfertigung des Insolvenzediktes ist unverzüglich auch der Finanzmarktaufsichtsbehörde (FMA) zuzustellen. Die FMA hat bei einem Insolvenzverfahren über das Vermögen eines Versicherungsunternehmens unverzüglich die Aufsichtsbehörden (Art. 13 Nr. 10 der Richtlinie 2009/138/EG) aller anderen EWR-Staaten, bei einem Insolvenzverfahren über das Vermögen eines Kreditinstitutes unverzüglich die zuständigen Behörden (Art. 2 4. Teilstrich der Richtlinie 2001/24/EG) jener EWR-Staaten, in denen das Kreditinstitut eine Zweigstelle hat oder eine Dienstleistung erbringt, von der Eröffnung des Insolvenzverfahrens und den Wirkungen des Insolvenzverfahrens zu unterrichten. Bei einem Insolvenzverfahren über das Vermögen eines Kreditinstituts mit Sitz außerhalb des EWR sind jedoch nur die zuständigen Behörden jener EWR-Staaten, in denen das Kreditinstitut eine Zweigstelle hat, zu verständigen. *(BGBl I 2015/34)*

(2) Den bekannten Gläubigern, die ihren gewöhnlichen Aufenthalt, ihren Wohnsitz oder ihren Sitz in einem anderen EWR-Staat haben, ist – selbst wenn die Voraussetzungen des § 257 Abs. 3 vorliegen – eine Ausfertigung des Insolvenzedikts zuzustellen. Dem Insolvenzedikt ist eine Belehrung anzuschließen, die in sämtlichen Amtssprachen des EWR mit den Worten „Aufforderung zur Anmeldung einer Forderung. Fristen beachten!" überschrieben sein muss und in der anzugeben ist, ob die bevorrechteten oder dinglich gesicherten Gläubiger ihre Forderungen anmelden müssen. Die Belehrung hat weiters einen Hinweis auf die Insolvenzdatei zu enthalten. *(BGBl I 2014/98)*

(3) Ist der Gläubiger Inhaber einer Versicherungsforderung, so hat die Belehrung in der Amtssprache des EWR-Staats zu erfolgen, in dem der Gläubiger seinen gewöhnlichen Aufenthalt, seinen Wohnsitz oder seinen Sitz hat, und auch Angaben zu den allgemeinen Wirkungen des Insolvenzverfahrens auf die Versicherungsverträge zu enthalten. Insbesondere ist dabei den Zeitpunkt anzugeben, ab dem Versicherungsverträge oder -geschäfte keine Rechtswirkung mehr entfalten, und die Rechte und Pflichten des Versicherten in Bezug auf den betreffenden Vertrag bzw. das betreffende Geschäft zu nennen.

(BGBl I 2003/36; BGBl I 2010/29)

Bekanntmachungen im Ausland

§ 247. Der Insolvenzverwalter hat das Insolvenzedikt im Amtsblatt der Europäischen Union und bei Insolvenzverfahren über das Vermögen von Kreditinstituten auch in mindestens jeweils zwei überregionalen Zeitungen jener Staaten bekannt zu machen, in denen das Kreditinstitut eine

Zweigstelle hat oder Dienstleistungen erbringt. Bei Insolvenzverfahren über das Vermögen von Kreditinstituten mit Sitz außerhalb des EWR ist das Insolvenzedikt nur im Amtsblatt der Europäischen Union bekannt zu machen. Bei Insolvenzverfahren über das Vermögen von Versicherungsunternehmen ist in der Bekanntmachung darauf hinzuweisen, dass österreichisches Recht anwendbar ist. *(BGBl I 2014/98)*

(BGBl I 2003/36; BGBl I 2010/29)

Eintragung in öffentliche Register

§ 248. Der Insolvenzverwalter ist berechtigt, die Eintragung der Eröffnung des Insolvenzverfahrens in das Grundbuch, das Handelsregister und alle sonstigen öffentlichen Register in den übrigen EWR-Staaten zu verlangen.

(BGBl I 2003/36; BGBl I 2010/29)

Sprache der Forderungsanmeldungen

§ 249. Jeder Gläubiger, der seinen Wohnsitz, gewöhnlichen Aufenthalt oder Sitz in einem anderen EWR-Staat hat, kann seine Forderung in der Amtssprache dieses Staates anmelden und erläutern. In diesem Fall muss die Anmeldung die Überschrift „Anmeldung einer Forderung" in deutscher Sprache tragen. Bei Insolvenzverfahren über das Vermögen von Kreditinstituten kann vom Gläubiger eine Übersetzung der Anmeldung verlangt werden.

(BGBl I 2003/36; BGBl I 2010/29)

Zweiter Abschnitt
Anerkennung ausländischer Verfahren

Grundsatz

§ 250. Die Entscheidung eines EWR-Staats zur Eröffnung eines Verfahrens zur Liquidation eines Kreditinstituts oder eines Versicherungsunternehmens wird in Österreich ohne Rücksicht auf die Voraussetzungen des § 240 anerkannt. Sie ist in Österreich wirksam, sobald die Entscheidung in dem Staat der Verfahrenseröffnung wirksam wird.

(BGBl I 2003/36)

Bekanntmachungen und Registereintragungen

§ 251. Auf Antrag des Verwalters, des Liquidators oder auf Ersuchen jeder Behörde oder jedes Gerichts des Herkunftsmitgliedstaats ist die Eröffnung eines Liquidationsverfahrens in die Insolvenzdatei, das Grundbuch und das Firmenbuch einzutragen. § 242 ist entsprechend anzuwenden. *(BGBl I 2017/122, letzter Satz anzuwenden, wenn das ausländische Insolvenzverfahren nach dem 25. Juni 2017 eröffnet wird)*

(BGBl I 2003/36)

Neunter Teil
Allgemeine Verfahrensbestimmungen

Anwendung der Prozessgesetze

§ 252. Soweit in diesem Bundesgesetz nichts anderes angeordnet ist, sind auf das Verfahren die Jurisdiktionsnorm, die Zivilprozessordnung und ihre Einführungsgesetze sinngemäß anzuwenden.

(BGBl I 2010/29)

Zuständigkeit und Vertretung

§ 253. (1) Die Gerichtsbarkeit im Verfahren vor dem Insolvenzgericht übt in erster Instanz ein Mitglied des Gerichts als Einzelrichter aus.

(2) Vereinbarungen über die Zuständigkeit der Gerichte sind unwirksam.

(3) Gläubiger können sich auch durch einen bevorrechteten Gläubigerschutzverband vertreten lassen. Die Berufung auf die erteilte Bevollmächtigung ersetzt deren urkundlichen Nachweis. Zur Stellung eines Antrags auf Eröffnung des Insolvenzverfahrens und im Verfahren erster Instanz kann sich der Gläubigerschutzverband, wenn er nicht durch ein satzungsgemäß berufenes Organ vertreten ist, nur eines seiner Bediensteten oder eines gesetzlich befugten Parteienvertreters als Bevollmächtigten bedienen. Lässt sich ein Gläubiger zur Erhebung eines Rekurses durch einen Gläubigerschutzverband vertreten, so muss das Rechtsmittel mit der Unterschrift eines Rechtsanwalts versehen sein. Satzungsgemäß berufenen Organen der bevorrechteten Gläubigerschutzverbände sowie ihren Bevollmächtigten ist auch dann, wenn die Bevollmächtigung durch einen Gläubiger nicht ausgewiesen ist, die Einsichtnahme in die Insolvenzakten zu gestatten (§ 219 Abs. 2 ZPO), ohne dass ein rechtliches Interesse glaubhaft gemacht werden muss.

(4) Durch einen Bevollmächtigten seiner gesetzlichen Interessenvertretung oder seiner freiwilligen kollektivvertragsfähigen Berufsvereinigung kann sich ein Gläubiger im gleichen Umfang wie durch einen bevorrechteten Gläubigerschutzverband vertreten lassen, wenn ein Rechtsstreit über die Forderung eine Arbeitsrechtssache nach § 50 ASGG wäre.

(BGBl I 2010/29)

§ 254. (1) Nicht anzuwenden sind die Bestimmungen über

1. die Prozesskosten,

2. das Erfordernis einer Sicherheitsleistung,

3. das Ruhen des Verfahrens,

4. die Hemmung von Fristen und die Erstreckung von Tagsatzungen nach § 222 ZPO, *(BGBl I 2010/111)*

5. die Zustellung zwischen Rechtsanwälten nach § 112 ZPO bei schriftlichen Forderungsanmeldungen und Anträgen auf Abschluss eines Sanierungsplans und

6. die Vertretung durch Rechtsanwälte, soweit § 253 Abs. 3 vierter Satz nichts anderes bestimmt.

(2) Anträge können durch Schriftsatz angebracht oder mündlich zu Protokoll erklärt werden. §§ 432 und 435 ZPO sind anzuwenden.

(3) Für mündliche Verhandlungen gilt § 59 EO.

(4) Die gerichtlichen Entscheidungen können, soweit dieses Bundesgesetz nichts anderes bestimmt, ohne vorhergehende mündliche Verhandlung ergehen.

Fassung ab 17. 7. 2021 (BGBl I 2021/147):
(4) Die gerichtlichen Entscheidungen können, soweit dieses Bundesgesetz nichts anderes bestimmt, ohne vorhergehende mündliche Verhandlung ergehen. Das Gericht hat jede Entscheidung mit Blick auf eine zügige Bearbeitung der Angelegenheit auf effiziente Weise zu treffen. (BGBl I 2021/147)

(5) Das Gericht hat alle für seine Beurteilung erheblichen Tatsachen von Amts wegen zu erheben und festzustellen; es hat hiezu alle geeigneten Erhebungen, insbesondere durch Vernehmung von Auskunftspersonen, zu pflegen und Beweise aufzunehmen. Auskunftsperson kann auch jedes im Unternehmen errichtete Organ der Belegschaft sein; die Bestimmungen über die Vertretung solcher Organe in gerichtlichen Verfahren sind anzuwenden.

(6) Gerichtliche Verfügungen sind vollstreckbar.

(BGBl I 2010/29)

Öffentliche Bekanntmachung

§ 255. Die öffentliche Bekanntmachung von Schriftstücken und Beschlüssen erfolgt durch Aufnahme in die Insolvenzdatei.

(BGBl I 2010/29)

Insolvenzdatei

§ 256. (1) In die Ediktsdatei sind die Daten aufzunehmen, die nach diesem Bundesgesetz öffentlich bekanntzumachen sind (Insolvenzdatei).

(2) Die Einsicht in die Insolvenzdatei ist nicht mehr zu gewähren, wenn ein Jahr vergangen ist seit

1. der Aufhebung des Insolvenzverfahrens nach §§ 123a, 123b und 139,

2. Ablauf der im Sanierungsplan vorgesehenen Zahlungsfrist, wenn dessen Erfüllung nicht überwacht wird,

3. Beendigung oder Einstellung der Überwachung des Sanierungsplans,

4. Ablauf der im Zahlungsplan vorgesehenen Zahlungsfrist oder

5. der vorzeitigen Einstellung oder Beendigung des Abschöpfungsverfahrens.

(3) Auf Antrag des Schuldners ist die Einsicht in die Insolvenzdatei bereits dann nicht mehr zu gewähren, wenn der rechtskräftig bestätigte Sanierungsplan oder Zahlungsplan erfüllt worden ist. Der Schuldner hat die Erfüllung urkundlich nachzuweisen. Mit der Prüfung der Erfüllung kann das Gericht einen Sachverständigen beauftragen, dessen Kosten vom Schuldner zu tragen sind. Über die Einsicht entscheidet das Gericht mit unanfechtbarem Beschluss.

(4) Die Einsicht in die Eintragung der mangels kostendeckenden Vermögens oder wegen Vermögenslosigkeit nach § 68 nicht eröffneten Insolvenzverfahren ist nach drei Jahren nach der Eintragung nicht mehr zu gewähren. *(BGBl I 2017/122, anzuwenden (§ 278 Abs 4), wenn der Beschluss über die Nichteröffnung des Insolvenzverfahrens nach dem 15. Juli 2017 ergeht)*

(BGBl I 2010/29)

Verständigungen

§ 257. (1) Die Verständigung einzelner Personen kann auch durch Umlaufschreiben stattfinden.

(2) Ist neben der öffentlichen Bekanntmachung eine besondere Zustellung vorgeschrieben, so treten, auch wenn die Zustellung unterblieben ist, die Folgen der Zustellung schon durch die öffentliche Bekanntmachung ein.

(3) Im Insolvenzverfahren mit einer ungewöhnlich großen Anzahl von Gläubigern kann nach Ermessen des Gerichts die besondere Zustellung an die Gläubiger unterbleiben, wenn der wesentliche Inhalt des zuzustellenden Schriftstücks öffentlich bekanntgemacht wird; doch ist auch in diesem Fall, wenn es sich um Entscheidungen handelt, den Gläubigern, die es verlangen, eine Ausfertigung zuzustellen. *(BGBl I 2017/122, auf Insolvenzverfahren anzuwenden (§ 279 Abs 1), die nach dem 31. Oktober 2017 eröffnet werden)*

(BGBl I 2010/29)

siehe aber auch § 246 Abs. 3

Zustellung bei unbekanntem Aufenthalt

§ 258. (1) Ist die Feststellung einer Abgabestelle nicht möglich, so kann die Zustellung an einen im Firmenbuch eingetragenen Rechtsträger und dessen Organe ohne Bestellung eines Kurators durch Aufnahme in die Ediktsdatei erfolgen (§ 115 ZPO). Auch alle weiteren Zustellungen können durch Aufnahme in die Ediktsdatei erfolgen. Hierauf ist in der Bekanntmachung hinzuweisen.

(2) Ist der Beschluss in der Insolvenzdatei öffentlich bekannt zu machen (§ 255), so kann die zusätzliche Aufnahme in die Ediktsdatei entfallen. In der Ediktsdatei ist auf die Bekanntmachung in der Insolvenzdatei hinzuweisen.

(3) Werden Daten eines Verfahrens in die Insolvenzdatei aufgenommen, so sind die nach Abs. 1 in die Ediktsdatei aufgenommenen Daten zu löschen, sobald die Einsicht in die Insolvenzdatei nicht mehr zu gewähren ist; sonst nach einem Jahr nach deren Eintragung.

(BGBl I 2010/29)

Gesellschaft ohne gesetzlichen Vertreter

§ 258a. (1) Hat eine Kapitalgesellschaft keinen organschaftlichen Vertreter, so kann die Zustellung an die Gesellschaft ohne Bestellung eines Kurators durch Aufnahme in die Ediktsdatei erfolgen (§ 115 ZPO). Diese Bekanntmachung ist durch den Hinweis zu ergänzen, dass alle weiteren Zustellungen an die zuletzt dem Gericht bekannte Anschrift der Gesellschafter erfolgen werden. Das Gericht hat die Gesellschafter über Form und Inhalt dieser öffentlichen Bekanntmachung zu benachrichtigen. Ein Zustellanstand hinsichtlich dieser Benachrichtigung hindert das weitere Verfahren nicht. Die Zustellung an die Gesellschaft gilt vier Wochen nach Aufnahme in die Ediktsdatei als bewirkt.

Fassung ab 17. 7. 2021 (BGBl I 2021/147):
(1a) Alle weiteren Zustellungen an die Kapitalgesellschaft sind unbeschadet des § 257 Abs. 2 an die zuletzt dem Gericht bekannte Anschrift der Gesellschafter vorzunehmen. Liegt an der zuletzt dem Gericht bekannten Anschrift eines Gesellschafters keine Abgabestelle vor, oder hat dieser selbst keinen organschaftlichen Vertreter, so ist an die Kapitalgesellschaft in sinngemäßer Anwendung von § 258 Abs. 1 zuzustellen; den übrigen Gesellschaftern ist eine Ausfertigung des Beschlusses zu übersenden. *(BGBl I 2021/147, anzuwenden, wenn der Antrag auf Eröffnung eines Insolvenzverfahrens nach dem 31. Juli 2021 bei Gericht einlangt. (§ 283 Abs 8))*

(2) Bei Aktiengesellschaften haben die Benachrichtigungen und Zustellungen statt an die Gesellschafter an die zuletzt im Firmenbuch eingetragen gewesenen oder noch aktuell eingetragenen Mitglieder des Vorstands und des Aufsichtsrats zu erfolgen. Hat die Aktiengesellschaft einen im Firmenbuch eingetragenen Alleinaktionär (§ 35 AktG), so ist dieser ebenfalls zu verständigen.

(BGBl I 2017/122, anzuwenden(§ 187 Abs 2), wenn der Antrag auf Eröffnung des Insolvenzverfahrens nach dem 15. Juli 2017 bei Gericht einlangt)

Fristen, Versäumnis

§ 259. (1) Die in diesem Bundesgesetz bestimmten Fristen sind unerstreckbar.

(2) Anträge, Erklärungen und Einwendungen, zu deren Anbringung eine Tagsatzung bestimmt ist, können von den nicht erschienenen, gehörig geladenen Personen nachträglich nicht mehr vorgebracht werden.

(3) Das Gericht kann jeden Beteiligten unter Setzung einer angemessenen Frist zur Äußerung über einen Antrag auffordern und im Fall der Nichtäußerung annehmen, dass der Beteiligte diesem keine Einwendungen entgegensetzt. Die Aufforderung hat einen Hinweis auf diese Rechtsfolge zu enthalten.

(4) Eine Wiedereinsetzung in den vorigen Stand findet weder gegen die Versäumung einer Tagsatzung noch gegen die Versäumung einer Frist statt.

(BGBl I 2010/29)

Rekurs

§ 260. (1) Die Rekursfrist beträgt 14 Tage.

(2) In Rekursen können neue Tatsachen, soweit sie bereits zur Zeit der Beschlussfassung in erster Instanz entstanden waren, und neue Beweismittel angeführt werden.

(3) Das Gericht kann einem Rekurs außer in den in § 522 ZPO bezeichneten Fällen selbst stattgeben, wenn die Verfügung oder Entscheidung ohne Nachteil eines Beteiligten geändert werden kann.

(4) § 521a ZPO ist – soweit in diesem Bundesgesetz nichts anderes angeordnet ist – nicht anzuwenden.

(5) Die Rekursentscheidung ist öffentlich bekannt zu machen, wenn die Entscheidung des Insolvenzgerichts öffentlich bekannt zu machen war und nicht zur Gänze bestätigt worden ist.

(6) Ist das Rekursverfahren mehrseitig, so ist die Rekursschrift dem Schuldner und dem Insolvenzverwalter durch das Insolvenzgericht zuzustellen. Das Einlangen des Rekurses ist in der Insolvenzdatei öffentlich bekanntzumachen. Die Rekursgegner können binnen 14 Tagen ab der Bekanntmachung beim Insolvenzgericht eine Rekursbeantwortung einbringen. *(BGBl I 2017/122)*

(BGBl I 2010/29)

Strafanzeige

§ 261. Das Insolvenzgericht hat der Staatsanwaltschaft Anzeige zu erstatten, wenn

1. der Schuldner, die organschaftlichen Vertreter einer juristischen Person oder die Gesellschafter nach § 72d die Vorlage des Vermögensverzeichnisses (§§ 71, 71b, 72b, 72d und 100) oder dessen Unterfertigung vor dem Insolvenzgericht verweigern oder *(BGBl I 2017/122)*

2. der Schuldner flüchtig ist oder

3. sonst der Verdacht einer vom Schuldner begangenen strafbaren Handlung vorliegt.

(BGBl I 2010/29)

siehe § 14 (7) IESG zur Verständigung der IEF-Service GmbH

Rechtsstreitigkeiten - Zuständigkeit

§ 262. Vor das Insolvenzgericht können gebracht werden:

1. Klagen über Ansprüche auf Aussonderung und auf Absonderung;

2. Klagen über Masseforderungen;

3. Klagen über Ansprüche aus pflichtwidrigem Verhalten eines Insolvenzverwalters, eines Mitgliedes des Gläubigerausschusses, eines Sachverständigen und eines Treuhänders, gleichviel, ob das Insolvenzverfahren noch anhängig ist oder nicht;

4. Klagen über Ansprüche aus Erklärungen Dritter, mit denen diese die Haftung für Nachteile übernommen haben, die Insolvenzgläubigern aus dem Unterbleiben der Schließung eines Unternehmens erwachsen können.

(BGBl I 2010/29)

Verfahren

§ 263. Für Rechtsstreitigkeiten, die vor das Insolvenzgericht gehören oder gemäß § 262 vor dieses gebracht werden, gelten folgende Abweichungen:

1. im Verfahren erster Instanz entscheidet ohne Rücksicht auf den Wert des Streitgegenstandes ein Mitglied des Gerichts als Einzelrichter;

2. die Bestimmungen über das Verfahren vor den Bezirksgerichten sind anzuwenden, es sei denn, die Klage fiele auch sonst in die sachliche Zuständigkeit eines Gerichtshofs;

3. die §§ 252 bis 261 sind nicht anzuwenden.

(BGBl I 2010/29)

Zehnter Teil

Begleitregelungen

Vorabentscheidungsersuchen

§ 264. Einem Vorabentscheidungsersuchen kommt keine aufschiebende Wirkung zu.

(BGBl I 2010/29)

Geschäftsverteilung in Insolvenzsachen

§ 265. (1) In jeweils einer einzigen Abteilung sind zu vereinigen:

1. Sanierungsverfahren, Konkursverfahren, Anträge auf Eröffnung eines Insolvenzverfahrens und Reorganisationsverfahren nach dem URG;

Fassung ab 17. 7. 2021 (BGBl I 2021/147):
1. Sanierungsverfahren, Konkursverfahren, Schuldenregulierungsverfahren, Anträge auf Eröffnung eines Insolvenzverfahrens sowie Restrukturierungsverfahren nach der ReO und Reorganisationsverfahren nach dem URG; *(BGBl I 2021/147, anzuwenden auf Insolvenzverfahren (Konkursverfahren, Sanierungsverfahren), die nach dem 16. Juli 2021 eröffnet oder wiederaufgenommen (§ 158 Abs. 2) werden. (§ 283 Abs 2))*

2. Rechtsstreitigkeiten, die vor das Insolvenzgericht gehören, oder vor dieses gemäß § 262 gebracht werden können.

(2) Die in Abs. 1 bezeichneten Angelegenheiten sind nur dann jeweils mehr als einer Abteilung zuzuweisen, wenn diese mit solchen bereits ausgelastet ist; die zusätzliche Anzahl der Abteilungen soll so gering wie möglich sein. Müssen mehrere solche Abteilungen gebildet werden, so sind die Geschäfte unter ihnen so zu verteilen, dass

1. nicht nach der Art des Insolvenzverfahrens (Abs. 1 Z 1) unterschieden wird; die Verteilung nach den Namen der Schuldner oder nach örtlich abgegrenzten Gebieten ist zulässig;

2. alle mit dem Insolvenzverfahren eines Schuldners zusammenhängenden Rechtsstreitigkeiten (Abs. 1 Z 2) derselben Fachabteilung zufallen; eine Unterscheidung danach, ob der Rechtsstreit mit einem Konkursverfahren oder einem Sanierungsverfahren zusammenhängt, ist unzulässig.

(3) Die für die in Abs. 2 genannten Angelegenheiten einmal angenommenen Verteilungsgründe sollen tunlichst beibehalten werden.

(4) Bei den Gerichten zweiter Instanz sind die in Abs. 1 genannten Geschäfte nach denselben Grundsätzen wie bei den Gerichten erster Instanz zu verteilen.

(BGBl I 2010/29)

Bevorrechtung eines Gläubigerschutzverbands*[)]

*[)] *Bevorrechtete Gläubigerschutzverbände sind:*
Kreditschutzverband von 1870 Wien (BGBl 1925/93)
Alpenländischer Kreditorenverband, Graz (BGBl 1926/291, 1954/119)
Insolvenzschutzverband für Arbeitnehmer (BGBl II 1998/323)
Österreichischer Verband Creditreform (BGBl II 2006/442)

§ 266. (1) Der Bundesminister für Justiz hat bei Bedarf, insbesondere unter Berücksichtigung der Erfordernisse eines umfassenden, wirksamen Schutzes der Gläubigerinteressen, deren zweckmäßigen Wahrnehmung in den Verfahren nach den Insolvenzgesetzen und einer damit verbundenen Unterstützung der Gerichte, Vereinen auf deren Antrag mit Verordnung die Stellung eines bevorrechteten Gläubigerschutzverbandes zuzuerkennen.

(2) Ein Gläubigerschutzverband muss verlässlich, in seinem Wirken auf ganz Österreich ausgerichtet und imstande sein, die Aufgaben nach Abs. 1 zu erfüllen; er darf nicht auf Gewinn gerichtet sein. Er muss zahlreiche Mitglieder haben, oder es müssen ihm Mitglieder angehören, die, ohne selbst auf Gewinn gerichtet zu sein, die Interessen einer großen Anzahl von Gläubigern vertreten.

(3) Wird ein neuer Gläubigerschutzverband zugelassen, so ist in der Verordnung ein sechsmonatiger Zeitraum bis zum Inkrafttreten der Verordnung zu bestimmen.

(4) Das Vorrecht erlischt mit der Auflösung des Gläubigerschutzverbands. Der Bundesminister für Justiz hat das Erlöschen mit Verordnung festzustellen.

(5) Der Bundesminister für Justiz hat das Vorrecht mit Verordnung zu entziehen, wenn die Voraussetzungen wegfallen, unter denen es erteilt worden ist.

(BGBl I 2010/29)

Anerkennung einer Schuldenberatungsstelle

§ 267. (1) Eine Schuldenberatungsstelle ist auf Antrag mit Bescheid als anerkannte Schuldenberatungsstelle zu bevorrechten, wenn sie

1. nicht auf Gewinn gerichtet ist,

2. die Beratung unentgeltlich anbietet,

3. verlässlich ist, insbesondere finanziell abgesichert und auf Dauer ausgerichtet,

4. eine ausreichende Anzahl an Schuldnern berät, um im Geschäftsjahr durchschnittlich mindestens drei Schuldenberater ganztägig zu beschäftigen,

5. über eine an den Erfordernissen eines zeitgemäßen Qualitätsmanagements ausgerichtete Organisation verfügt und

6. sich seit mindestens zwei Jahren für Schuldner kostenlos auf dem Gebiet der Schuldenberatung erfolgreich betätigt.

Über die Bevorrechtung hat der Präsident jenes Oberlandesgerichts zu entscheiden, in dessen Sprengel die Schuldenberatungsstelle ihren Sitz hat. Vor der Entscheidung ist eine Stellungnahme der Dachorganisation der Schuldenberatungsstellen einzuholen. Gegen die Bevorrechtung steht auch der Dachorganisation ein Rechtsmittel zu.

(2) Ist eine Schuldenberatungsstelle als anerkannte Schuldenberatungsstelle bevorrechtet, so hat sie

1. im Rahmen der Überprüfung von Beschwerdefällen der Dachorganisation der Schuldenberatungsstellen mit Zustimmung des Schuldners Einsicht in die zu dem jeweiligen Fall geführten Unterlagen zu gewähren,

2. die Eckdaten ihrer Tätigkeit laufend zu erheben, insbesondere die Anzahl der Erstkontakte und Erstberatungen, die Verteilung nach Geschlecht, die Verschuldungshöhe, die Arbeitssituation, die Anzahl und das Ergebnis außergerichtlicher Ausgleiche sowie beantragter Schuldenregulierungsverfahren, und die Erhebungsergebnisse der Dachorganisation der Schuldenberatungsstellen zur Verfügung zu stellen und

3. das Schuldenberatungszeichen (§ 268) zu führen.

(3) Der Präsident des Oberlandesgerichts hat einer Schuldenberatungsstelle das Vorrecht mit Bescheid zu entziehen, wenn sie die Voraussetzungen des Abs. 1 nicht mehr erfüllt oder eine Pflicht des Abs. 2 verletzt. Die Dachorganisation der Schuldenberatungsstellen hat dem Präsidenten des Oberlandesgerichts unverzüglich über das Vorliegen von Entziehungsgründen zu berichten.

(4) Das Vorrecht erlischt mit der Auflösung der Schuldenberatungsstelle. Der Präsident des Oberlandesgerichts hat das Erlöschen mit Bescheid festzustellen.

(5) Der Präsident des Oberlandesgerichts hat die Erteilung, die Entziehung oder das Erlöschen des Vorrechts nach Eintritt der Rechtskraft unverzüglich dem Bundesministerium für Justiz zur Kundmachung in der Ediktsdatei mitzuteilen.

(6) Die Erteilung, die Entziehung und das Erlöschen des Vorrechts werden mit dem Ablauf des Tages der Kundmachung wirksam.

(BGBl I 2010/29)

Schuldenberatungszeichen

§ 268. (1) Das Schuldenberatungszeichen besteht aus dem Wappen der Republik Österreich (Bundeswappen) und der Wortfolge „Staatlich anerkannte Schuldenberatung"; es ist in der Anlage A festgelegt.

(2) Das Schuldenberatungszeichen darf nur von Schuldenberatungsstellen, die gemäß § 267 Abs. 1 als anerkannte Schuldenberatungsstellen bevorrechtet sind, und von der Dachorganisation der Schuldenberatungsstellen geführt werden. Die Dachorganisation hat bei Führung des Schuldenberatungszeichens einen Zusatz anzufügen, der auf ihre Funktion als Dachorganisation hinweist.

(3) Wer ein Schuldenberatungszeichen führt, ohne dazu berechtigt zu sein (Abs. 2), begeht eine Verwaltungsübertretung und ist mit Geldstrafe bis zu 3000 Euro zu bestrafen. Eine Verwaltungsübertretung liegt nicht vor, wenn die Tat den Tatbestand einer gerichtlich strafbaren Handlung bildet oder nach anderen Verwaltungsstrafbestimmungen mit strengerer Strafe bedroht ist.

(BGBl I 2010/29)

Insolvenzverwalterliste

§ 269. (1) Die Insolvenzverwalterliste hat Textfelder für folgende Angaben zu enthalten:

1. Name, Anschrift, Telefon- und Telefaxnummer sowie E-Mail-Adresse;

2. Ausbildung;

3. berufliche Laufbahn;

4. eingetragen in eine Berufsliste (seit wann) oder Art der Berufserfahrung (seit wann);

5. besondere Fachkenntnisse (in wirtschaftlichen Belangen);

6. besondere Branchenkenntnisse;

7. Infrastruktur

a) Gesamtzahl der Mitarbeiter,

b) Zahl der Mitarbeiter mit Insolvenzpraxis,

c) Zahl der Mitarbeiter mit juristischer Ausbildung,

d) Zahl der Mitarbeiter mit betriebswirtschaftlicher Ausbildung,

e) EDV-Insolvenzprogramm,

f) Haftpflichtversicherung als Insolvenzverwalter;

8. Erfahrung als Insolvenzverwalter (insbesondere Anzahl der Bestellungen sowie Umsatz, Mitarbeiteranzahl und Fortbetriebsdauer der Unternehmen im Insolvenzverfahren);

9. angestrebter örtlicher Tätigkeitsbereich;

10. bei juristischen Personen

a) Vertretung bei Ausübung der Insolvenzverwaltung samt Angaben nach Z 1 bis 6,

b) Gesellschafter und wirtschaftlich Beteiligte.

Fassung ab 17. 7. 2021 (BGBl I 2021/147):
10. bei juristischen Personen oder eingetragenen Personengesellschaften *(BGBl I 2021/147)*
a) Vertretung bei Ausübung der Insolvenzverwaltung samt Angaben nach Z 1 bis 6,
b) Gesellschafter und wirtschaftlich Beteiligte.

(2) Die Insolvenzverwalterliste ist als allgemein zugängliche Datenbank vom Oberlandesgericht Linz für ganz Österreich zu führen. Eintragungen sind von Amts wegen zu löschen, wenn sie gegenstandslos sind oder wenn die Gebühr für die Veröffentlichung in der Insolvenzverwalterliste trotz Zahlungsauftrags samt Hinweis auf diese Rechtsfolge nicht innerhalb der im Zahlungsauftrag bestimmten Leistungsfrist entrichtet wurde. *(BGBl I 2019/38)*

(3) Die an der Insolvenzverwaltung interessierten Personen haben sich selbst in die Insolvenzverwalterliste einzutragen. Sie können die Angaben auch jederzeit selbst ändern.

(4) § 89e GOG ist anzuwenden. *(BGBl I 2017/122)*

(BGBl I 2010/29)

Elfter Teil

Schluß- und Übergangsbestimmungen

Vollziehung

§ 270. Mit der Vollziehung dieses Gesetzes ist der Bundesminister für Justiz betraut.

(BGBl I 2003/36; BGBl I 2010/29)

Verweisungen

§ 271. Soweit in diesem Bundesgesetz auf Bestimmungen anderer Bundesgesetze verwiesen wird, sind diese in ihrer jeweils geltenden Fassung anzuwenden.

(BGBl I 2003/36; BGBl I 2010/29)

Inkrafttreten

§ 272. (1) Die §§ 72 Abs. 3, 75 Abs. 3 Z 6 und 7, 76 und 104 Abs. 1 in der Fassung des Bundesgesetzes BGBl. Nr. 314/1994 treten mit 1. Juli 1994 in Kraft.

(2) § 20 Abs. 4 in der Fassung des Bundesgesetzes BGBl. Nr. 753/1996 tritt mit 1. Jänner 1997 in Kraft.

(3) § 104 Abs. 1 in der Fassung des Bundesgesetzes BGBl. I Nr. 88/2001 tritt mit 1. August 2001 in Kraft.

(4) § 56, § 57, § 65, § 67 Abs. 1, § 68, § 69 Abs. 3, § 93 Abs. 3, § 100 Abs. 6, § 104 Abs. 2, § 132 Abs. 3, § 157e Abs. 2, § 164 Abs. 1, § 164a und § 165 Abs. 1 in der Fassung des Handelsrechts-Änderungsgesetzes, BGBl. I Nr. 120/2005, treten mit 1. Jänner 2007 in Kraft. *(BGBl I 2005/120)*

(5) § 183 Abs. 2 und § 192 in der Fassung des Bundesgesetzes BGBl. I Nr. 73/2007 treten mit 1. Jänner 2008 in Kraft. *(BGBl I 2007/73)*

(6) § 104 Abs. 1 in der Fassung des Bundesgesetzes BGBl. I Nr. 82/2008 tritt mit 1. Juli 2008 in Kraft. *(BGBl I 2008/82)*

(7) § 176 Abs. 4 in der Fassung des Bundesgesetzes BGBl. I Nr. 30/2009 tritt mit 1. April 2009 in Kraft. Die Bestimmung ist in dieser Fassung anzuwenden, wenn das Datum der Entscheidung erster Instanz nach dem 31. März 2009 liegt. *(BGBl I 2009/30)*

(8) Die Aufhebungen des § 29 Z 3 und des § 55 in der Fassung des Bundesgesetzes BGBl. I Nr. 75/2009 treten mit 1. Jänner 2010 in Kraft; § 29 Z 3 ist auf Rechtshandlungen weiterhin anzuwenden, die vor dem 1. Jänner 2010 vorgenommen werden, § 55 auf davor gewährte Heiratsgüter. *(BGBl I 2009/75)*

(9) § 70 Abs. 2 erster Satz und § 254 Abs. 1 Z 4 in der Fassung des Budgetbegleitgesetzes 2011, BGBl. I Nr. 111/2010, treten mit 1. Mai 2011 in Kraft. § 70 Abs. 2 erster Satz ist in dieser Fassung anzuwenden, wenn das zuzustellende Schriftstück nach dem 30. April 2011 abgefertigt wird. *(BGBl I 2010/111)*

(10) § 243 Abs. 1, § 244 Abs. 1 und § 246 Abs. 1 in der Fassung des Bundesgesetzes BGBl. I Nr. 34/2015 treten mit 1. Jänner 2016 in Kraft. *(BGBl I 2015/34)*

(11) §§ 226, 230, 232 bis 234 und 243 in der Fassung des Bundesgesetzes über die Sanierung und Abwicklung von Banken, BGBl. I Nr. 98/2014, treten mit 1. Jänner 2015 in Kraft. *(BGBl I 2014/98)*

(12) § 20 Abs. 4 Z 2a in der Fassung des Bundesgesetzes BGBl. I Nr. 107/2017 tritt mit 3. Jänner 2018 in Kraft. *(BGBl I 2017/107)*

(13) § 80 Abs. 5, § 210a Abs. 2, § 269 Abs. 2 und § 279 Abs. 1 in der Fassung des Bundesgesetzes BGBl. I Nr. 38/2019 treten mit dem der Kundmachung folgenden Tag in Kraft. *(BGBl I 2019/38)*

(BGBl I 2001/88; BGBl I 2010/29, § 272 war vorher § 254)

Inkrafttretens- und Übergangsbestimmungen zum IRÄG 2010

§ 273. (1) Die Änderungen dieses Bundesgesetzes durch das Insolvenzrechtsänderungsgesetz 2010, BGBl I Nr. 29/2010, treten mit 1. Juli 2010 in Kraft. Sie sind – soweit die folgenden Absätze nichts anderes bestimmen – auf Insolvenzverfahren (Konkursverfahren, Sanierungsverfahren) anzuwenden, die nach dem 30. Juni 2010 eröffnet oder wieder aufgenommen (§ 158 Abs. 2) werden.

(2) Auf Anschlusskonkurse, die auf vor dem 1. Juli 2010 eröffnete Ausgleichsverfahren folgen, sind – soweit die Abs. 5 und 6 nichts anderes vorsehen – die bisher geltenden Bestimmungen weiterhin anzuwenden.

(3) §§ 69, 70, 71, 71b, 71d und 72d in der Fassung des Insolvenzrechtsänderungsgesetzes 2010 sind auf Anträge auf Eröffnung eines Insolvenzverfahrens, die nach dem 30. Juni 2010 bei Gericht einlangen, anzuwenden.

(4) § 31 in der Fassung des Insolvenzrechtsänderungsgesetzes 2010 ist auf Rechtshandlungen und Rechtsgeschäfte anzuwenden, die nach dem 30. Juni 2010 vorgenommen bzw. eingegangen werden.

(5) §§ 140 bis 146 und 148 bis 165 in der Fassung des Insolvenzrechtsänderungsgesetzes 2010 sind anzuwenden, wenn der Antrag auf Annahme eines Sanierungsplans nach dem 30. Juni 2010 bei Gericht einlangt. § 142 Z 2 in der bisher geltenden Fassung ist auf Verfahren, die vor dem 1. Juli 2015 eröffnet werden, weiterhin anzuwenden.

(6) §§ 92 bis 94, 147 und 193 Abs. 2 in der Fassung des Insolvenzrechtsänderungsgesetzes 2010 sind anzuwenden, wenn die Tagsatzung nach dem 30. Juni 2010 stattfindet. § 77a Abs. 2 letzter Satz und § 256 Abs. 3 in der Fassung des Insolvenzrechtsänderungsgesetzes 2010 sind auf Anträge auf Nichtgewährung der Einsicht anzuwenden, die nach dem 30. Juni 2010 bei Gericht einlangen.

(7) § 25b in der Fassung des Insolvenzrechtsänderungsgesetzes 2010 ist auch auf vor dem 1. Juli 2010 abgeschlossene Vereinbarungen anzuwenden.

(8) § 115 Abs. 4, §§ 242 und 252 bis 263 in der Fassung des Insolvenzrechtsänderungsgesetzes 2010 sind auch auf am 30. Juni 2010 anhängige Verfahren anzuwenden.

(BGBl I 2010/29)

Weitergeltung von Bevorrechtungen

§ 274. (1) Die auf § 11 IEG beruhenden Bevorrechtungen gelten als Bevorrechtungen nach § 266 in der Fassung des Insolvenzrechtsänderungsgesetzes 2010 weiter.

(2) Die auf § 12 IEG beruhenden Bevorrechtungen gelten als Bevorrechtungen nach § 267 in der Fassung des Insolvenzrechtsänderungsgesetzes 2010 weiter. Die Anlage A des IEG wird als Anlage zur Insolvenzordnung übernommen.

(BGBl I 2010/29)

Ersetzung von Begriffen und Verweisen

§ 275. (1) Soweit die Bestimmungen dieses Bundesgesetzes durch das Insolvenzrechtsänderungsgesetz 2010 nicht geändert werden, werden folgende Begriffe in diesem Bundesgesetz (auch in den Überschriften), in der grammatikalisch jeweils richtigen Form und dem dazu passenden bestimmten oder unbestimmten Artikel, ersetzt:

1. Konkurseröffnung durch Eröffnung des Insolvenzverfahrens,

2. Konkursmasse durch Insolvenzmasse,

3. Konkursgläubiger durch Insolvenzgläubiger,

4. Konkurs und Konkursverfahren durch Insolvenzverfahren,

5. Konkursgericht durch Insolvenzgericht,

6. Konkursforderung durch Insolvenzforderung,

7. Konkursvermögen durch Insolvenzvermögen,

8. Konkursantrag und Konkurseröffnungsantrag durch Antrag auf Eröffnung eines Insolvenzverfahrens,

9. Konkursaufhebung durch Aufhebung des Insolvenzverfahrens,

10. Konkursquote durch Insolvenzquote,

11. Konkursedikt durch Insolvenzedikt,

12. Gesellschaftskonkurs durch Gesellschaftsinsolvenzverfahren,

13. Konkursantragstellung durch Insolvenzantragstellung,

14. Masseverwalter durch Insolvenzverwalter,

15. Masseverwaltung durch Insolvenzverwaltung,

16. Verlassenschaftskonkurs durch Verlassenschaftsinsolvenzverfahren,

17. Zwangsausgleich durch Sanierungsplan,

18. Zwangsausgleichsvorschlag und Ausgleichsvorschlag durch Sanierungsplanvorschlag,

19. Zwangsausgleichsantrag durch Sanierungsplanantrag,

20. Zwangsausgleichstagsatzung durch Sanierungsplantagsatzung,

21. Ausgleichserfüllung durch Erfüllung des Sanierungsplans,

22. Sachwalter durch Treuhänder,

23. Gemeinschuldner durch Schuldner,

24. persönlich haftender Gesellschafter durch unbeschränkt haftender Gesellschafter und

25. Konkursordnung durch Insolvenzordnung.

(2) Soweit in anderen Bundesgesetzen und Verordnungen auf Bestimmungen der Konkursordnung verwiesen ist, wird das Zitat „Konkursordnung" durch das Zitat „Insolvenzordnung" und das Zitat „KO" durch das Zitat „IO" ersetzt.

(BGBl I 2010/29)

Inkrafttretensbestimmung zum GesRÄG 2013

§ 276. § 69 Abs. 3a in der Fassung des Gesellschaftsrechts-Änderungsgesetzes 2013, BGBl. I Nr. 109/2013, tritt mit 1. Juli 2013 in Kraft.

(BGBl I 2013/109)

Inkrafttretensbestimmung zur Exekutionsordnungs-Novelle 2014

§ 277. § 20 Abs. 4 in der Fassung der Exekutionsordnungs-Novelle 2014, BGBl. I Nr. 69/2014, tritt mit 1. Jänner 2014 in Kraft.

(BGBl I 2014/69)

Inkrafttretens- und Übergangsbestimmungen zum IRÄG 2017

§ 278. (1) § 43 Abs. 2, § 63 Abs. 1, §§ 63a, 68, 73 Abs. 2, § 74 Abs. 2, § 82 Abs. 1, § 82a Abs. 1, § 82c Z 3, § 87a Abs. 1 Z 1, §§ 103, 180b, 180c, 182, 191 Abs. 1, §§ 217 bis 220i, 242, 251, 256 Abs. 4 und § 258a in der Fassung des Insolvenzrechtsänderungsgesetzes 2017, BGBl. I Nr. 122/2017, treten mit 26. Juni 2017 in Kraft. Sie sind – soweit die folgenden Absätze nichts anderes bestimmen – auf Insolvenzverfahren (Konkursverfahren, Sanierungsverfahren) anzuwenden, die nach dem 25. Juni 2017 eröffnet oder wieder aufgenommen (§ 158 Abs. 2) werden. Auf Insolvenzverfahren (Konkursverfahren, Sanierungsverfahren), die vor dem 26. Juni 2017 eröffnet oder wieder aufgenommen (§ 158 Abs. 2) wurden, sind die bisher geltenden Bestimmungen weiterhin anzuwenden.

(2) § 63 Abs. 1, § 182 und § 258a sind anzuwenden, wenn der Antrag auf Eröffnung des Insolvenzverfahrens nach dem 15. Juli 2017 bei Gericht einlangt.

(3) § 63a ist anzuwenden, wenn die Klage nach dem 25. Juni 2017 bei Gericht eingebracht wird.

(4) §§ 68 und 256 Abs. 4 sind anzuwenden, wenn der Beschluss über die Nichteröffnung des Insolvenzverfahrens nach dem 15. Juli 2017 ergeht.

(5) § 73 Abs. 2 ist anzuwenden, wenn der einstweilige Verwalter nach dem 25. Juni 2017 bestellt wird.

(6) § 82 Abs. 1, § 82a Abs. 1, § 82c Z 3 und § 191 Abs. 1 sind anzuwenden, wenn der Entlohnungsantrag des Insolvenzverwalters nach dem 15. Juli 2017 gestellt wird.

(7) § 87a Abs. 1 Z 1 ist anzuwenden, wenn das Insolvenzverfahren nach dem 15. Juli 2017 aufgehoben wird.

(8) §§ 180b und 180c sind anzuwenden, wenn das Insolvenzverfahren über das Vermögen eines Unternehmens der Gruppe nach dem 25. Juni 2017 eröffnet wird.

(9) §§ 242 und 251 sind anzuwenden, wenn das ausländische Insolvenzverfahren nach dem 25. Juni 2017 eröffnet wird.

(BGBl I 2017/122)

Weitere Inkrafttretens- und Übergangsbestimmungen

§ 279. (1) §§ 183, 184 Abs. 1, §§ 193, 194 Abs. 1, § 199 Abs. 2, § 201 Abs. 1, § 203 Abs. 1, §§ 213 und 257 Abs. 3 in der Fassung des Insolvenzrechtsänderungsgesetzes 2017, BGBl. I Nr. 122/2017, und die Aufhebung des § 195a treten mit 1. November 2017 in Kraft. Die Bestimmungen sind, soweit die folgenden Absätze nichts anderes bestimmen, auf Insolvenzverfahren anzuwenden, die nach dem 31. Oktober 2017 eröffnet werden. *(BGBl I 2019/38)*

(2) §§ 193 und 194 sowie die Aufhebung des § 195a sind anzuwenden, wenn der Antrag auf Abschluss eines Zahlungsplans nach dem 31. Oktober 2017 bei Gericht einlangt. § 194 Abs. 2 Z 4 ist nur , wenn dem Schuldner eine Restschuldbefreiung erteilt oder ein Abschöpfungsverfahren vorzeitig eingestellt wurde.

(3) §§ 199, 201, 203 und 213 sind anzuwenden, wenn der Antrag auf Durchführung des Abschöpfungsverfahrens nach dem 31. Oktober 2017 bei Gericht einlangt. § 201 Abs. 1 Z 6 ist nur anzuwenden, wenn dem Schuldner eine Restschuldbefreiung erteilt oder ein Abschöpfungsverfahren vorzeitig eingestellt wurde.

(4) § 183 ist anzuwenden, wenn der Antrag auf Eröffnung des Insolvenzverfahrens nach dem 31. Oktober 2017 bei Gericht einlangt.

(BGBl I 2017/122)

Anhängige Abschöpfungsverfahren

§ 280. Nach Einleitung des Abschöpfungsverfahrens bis zur Entscheidung über die Restschuldbefreiung ist auf Antrag des Schuldners das Abschöpfungsverfahren zu beenden, wenn die Abtretungserklärung abgelaufen ist oder seit dem 1. November 2017 fünf Jahre der Abtretungserklärung abgelaufen sind. § 213 Abs. 1 zweiter bis vierter Satz in der vor dem Insolvenzrechtsänderungsgesetz 2017 vorgesehenen Fassung sind anzuwenden.

(BGBl I 2017/122)

Zahlungsplan

§ 281. Während der am 1. November 2017 noch nicht abgelaufenen Laufzeit des Zahlungsplans kann der Schuldner neuerlich die Abstimmung über einen Zahlungsplan und die Einleitung eines Abschöpfungsverfahrens beantragen. Auf den Zahlungsplan und die Einleitung des Abschöpfungsverfahrens sind die Bestimmungen in der Fassung des Insolvenzrechtsänderungsgesetzes 2017 anzuwenden.

(BGBl I 2017/122)

Übergangsbestimmungen zur GREx

§ 282. (1) § 5 Abs. 3, § 12 Abs. 1 und 3, § 101 Abs. 2, § 119 Abs. 2, §§ 183a, 183b, 184a, § 186 Abs. 2, § 188 Abs. 3, §§ 189a, 189b, § 190 Abs. 1 und 3, §§ 192a, 192b, § 201 Abs. 1 Z 3, 4 und 6 und § 205 Abs. 1 in der Fassung des Bundesgesetzes Gesamtreform des Exekutionsrechts – GREx, BGBl. I Nr. 86/2021, treten mit 1. Juli 2021 in Kraft.

(2) §§ 183a, 183b, 184a, § 186 Abs. 2, § 188 Abs. 3, §§ 189a, 189b, § 190 Abs. 1 und 3, §§ 192a, 192b, § 201 Abs. 1 und § 205 Abs. 1 in der Fassung GREx sind auf Insolvenzverfahren anzuwenden, die nach dem 30. Juni 2021 eröffnet werden.

(BGBl I 2021/86)

Inkrafttretens- und Übergangsbestimmungen zum Restrukturierungs- und Insolvenz-Richtlinie-Umsetzungsgesetz

§ 283. (1) § 25 Abs. 1 Z 3, § 32 Abs. 2 Z 3, §§ 36a, 36b, 57a Abs. 3, § 80b Abs. 3, § 187 Abs. 1, § 190 Abs. 1, § 192, § 194 Abs. 1, § 197 Abs. 1, § 198 Abs. 1, § 199, § 201 Abs. 2, 3 und 4, § 202 Abs. 2, § 203 Abs. 2, §§ 204, 206 Abs. 3, § 207 Abs. 1, § 210, § 210a Abs. 4, § 213 Abs. 1, § 216 Abs. 1, § 243 Abs. 1, § 254 Abs. 4, § 258a Abs. 1a, § 265 Abs. 1 Z 1 und § 269 Abs. 1 Z 10 in der Fassung des Restrukturierungs- und Insolvenz-Richtlinie-Umsetzungsgesetzes, BGBl. I Nr. 147/2021, treten mit 17. Juli 2021 in Kraft.

(2) §§ 32, 57a, 187, 190 Abs. 1 und § 265 in der Fassung des Restrukturierungs- und Insolvenz-Richtlinie-Umsetzungsgesetzes sind auf Insolvenzverfahren (Konkursverfahren, Sanierungsverfahren) anzuwenden, die nach dem 16. Juli 2021 eröffnet oder wiederaufgenommen (§ 158 Abs. 2) werden.

(3) §§ 36a und 36b in der Fassung des Restrukturierungs- und Insolvenz-Richtlinie-Umsetzungsgesetzes sind auf Rechtshandlungen und Rechtsgeschäfte anzuwenden, die nach dem 16. Juli 2021 vorgenommen bzw. eingegangen werden.

(4) §§ 194 und 197 in der Fassung des Restrukturierungs- und Insolvenz-Richtlinie-Umsetzungsgesetzes sind auf Zahlungspläne anzuwenden, wenn der Antrag auf Annahme nach dem 16. Juli 2021 bei Gericht einlangt.

(5) § 198 in der Fassung des Restrukturierungs- und Insolvenz-Richtlinie-Umsetzungsgesetzes ist auf Zahlungspläne anzuwenden, wenn der Antrag auf neuerliche Abstimmung nach dem 16. Juli 2021 bei Gericht einlangt.

IO

(6) §§ 199, 201, 202, 203, 204 Abs. 1 dritter Satz, §§ 206, 207, 210, 210a, 213 und 216 in der Fassung des Restrukturierungs- und Insolvenz-Richtlinie-Umsetzungsgesetzes sind auf Abschöpfungsverfahren anzuwenden, wenn der Antrag auf die Einleitung nach dem 16. Juli 2021 bei Gericht einlangt.

(7) § 204 Abs. 1 erster Satz und Abs. 2 erster Satz in der Fassung des Restrukturierungs- und Insolvenz-Richtlinie-Umsetzungsgesetzes ist auf Vergütungen für Tätigkeiten nach dem 1. August 2021 anzuwenden.

(8) § 258a in der Fassung des Restrukturierungs- und Insolvenz-Richtlinie-Umsetzungsgesetzes ist anzuwenden, wenn der Antrag auf Eröffnung eines Insolvenzverfahrens nach dem 31. Juli 2021 bei Gericht einlangt.

(9) Die Bestimmungen über den Tilgungsplan (§§ 199, 201 Abs. 2, § 216 Abs. 1) treten, soweit davon Verbraucher erfasst sind, mit Ablauf des 16. Juli 2026 außer Kraft; diese Bestimmungen bleiben anwendbar, wenn der Antrag auf Durchführung des Abschöpfungsverfahrens mit Restschuldbefreiung mit Tilgungsplan vor dem 17. Juli 2026 bei Gericht eingelangt ist.

(BGBl I 2021/147)

Anlage A

(BGBl I 2010/29, die ursprüngliche Anlage A des IEG wird gem. § 274 Abs 2 IO als Anlage zur Insolvenzordnung übernommen)

16/1. Insolvenzrechtseinführungsgesetz (IEG)

(Auszug)

RGBl 1914/337 idF

1 BGBl 1982/370	**5** BGBl I 2003/36
2 BGBl 1993/974	**6** BGBl I 2007/73
3 BGBl I 1997/114	**7** BGBl I 2010/29 (IRÄG 2010)
4 BGBl I 2002/75	

Kaiserliche Verordnung über die Einführung einer Konkursordnung, einer Ausgleichsordnung und einer Anfechtungsordnung, RGBl. Nr. 337/1914, idF BGBl 1982/370, 1993/974, I 1997/114, I 2002/75, I 2003/36, I 2007/73, I 2010/29

EU-Insolvenzverordnung – Insolvenzedikt

...

Unzulässige Bezeichnungen

§ 13. (1) In eine Firma dürfen keine Bezeichnungen aufgenommen und ihr keine Zusätze beigefügt werden, die wie insbesondere die Bezeichnungen „Konkurs", „Ausgleich", „Insolvenz" geeignet sind, auf die Herkunft der Waren aus einer Konkursmasse, einem im Ausgleich befindlichen oder sonst zahlungsunfähigen Unternehmen hinzuweisen.

(2) Solche Bezeichnungen oder Zusätze dürfen auch nicht im geschäftlichen Verkehr zur Bezeichnung des Geschäftszwecks oder zu Werbemaßnahmen verwendet werden, wenn die Waren nicht oder nicht mehr zur Gänze zum Bestand einer Konkursmasse, eines im Ausgleich befindlichen oder sonst zahlungsunfähigen Unternehmens gehören.

(BGBl 1982/370)

Schlussbestimmung

§ 16. ...

(3) Die §§ 12 und 12a in der Fassung des Bundesgesetzes BGBl. I Nr. 73/2007 treten mit 1. Jänner 2008 in Kraft.

IO

(4) Die §§ 9a bis 12a sowie 14 und 15 treten mit Ablauf des 30. Juni 2010 außer Kraft. *(BGBl I 2010/29)*

Übergangsbestimmungen

§ 17. (1) Vor dem 1. Jänner 2008 bevorrechtete Schuldnerberatungsstellen gelten mit 1. Jänner 2008 als anerkannte Schuldenberatungsstellen und unterliegen den §§ 12 und 12a in der Fassung des Bundesgesetzes BGBl. I Nr. 73/2007.

(2) § 12 Abs. 1 in der Fassung des Bundesgesetzes BGBl. I Nr. 73/2007 ist ab 1. Jänner 2008 – mit Ausnahme der geänderten Behördenzuständigkeit – auch auf anhängige Verfahren anzuwenden.

(3) § 14 ist auf vor dem 1. Juli 2010 eröffnete Ausgleichsverfahren weiterhin anzuwenden. *(BGBl I 2010/29)*

...

Anhang A

(aufgehoben, BGBl I 2010/29, gem. § 274 Abs 2 Satz 2 IO wird die Anlage als Anlage zur Insolvenzordnung übernommen)

17. Restrukturierungsordnung (ReO)

BGBl I 2021/147 (RIRUG)

Bundesgesetz über die Restrukturierung von Unternehmen (Restrukturierungsordnung – ReO)

1. Abschnitt

Anwendungsbereich

Restrukturierungsmaßnahmen

§ 1. (1) Auf Antrag eines Schuldners ist ein Restrukturierungsverfahren einzuleiten, das dem Schuldner ermöglicht, sich zu restrukturieren, um die Zahlungsunfähigkeit abzuwenden und die Bestandfähigkeit sicherzustellen.

(2) Unter den Begriff der Restrukturierung fallen Maßnahmen, die auf die Restrukturierung des Unternehmens des Schuldners abzielen und zu denen die Änderung der Zusammensetzung, der Bedingungen oder der Struktur der Vermögenswerte und Verbindlichkeiten oder jedes anderen Teils der Kapitalstruktur des Unternehmens des Schuldners gehört, etwa der Verkauf von Vermögenswerten oder Geschäftsbereichen und die Gesamtveräußerung des Unternehmens sowie alle erforderlichen operativen Maßnahmen oder eine Kombination dieser Elemente.

(3) Bei Eintritt einer wahrscheinlichen Insolvenz hat die Unternehmensleitung Schritte einzuleiten, um die Insolvenz abzuwenden und die Bestandfähigkeit sicherzustellen; dabei sind die Interessen der Gläubiger, der Anteilsinhaber und der sonstigen Interessenträger angemessen zu berücksichtigen.

Ausgenommene Schuldner

§ 2. (1) Dieses Bundesgesetz ist auf folgende Schuldner nicht anzuwenden:

1. Rechtsträger gemäß § 1 Abs. 1 Z 1 bis 5 und 9 VAG 2016,

2. Pensionskassen gemäß § 1 Abs. 1 PKG,

3. Kreditinstitute gemäß § 1 Abs. 1 BWG,

4. Abbaueinheiten gemäß § 83 BaSAG oder § 2 GSA und Abbaugesellschaften gemäß § 162 BaSAG,

5. Wertpapierfirmen oder Organismen für gemeinsame Anlagen gemäß Art. 4 Abs. 1 Nr. 2 und 7 der Verordnung (EU) Nr. 575/2013, ABl. 2013 L 176, S. 1,

6. zentrale Gegenparteien gemäß Art. 2 Nr. 1 der Verordnung (EU) Nr. 648/2012 über OTC-Derivate, zentrale Gegenparteien und Transaktionsregister, ABl. 2012 L 201, S. 1,

7. Zentralverwahrer gemäß Art. 2 Abs. 1 Nr. 1 der Verordnung (EU) Nr. 909/2014 zur Verbesserung der Wertpapierlieferungen und -abrechnungen in der Europäischen Union und über Zentralverwahrer, ABl. Nr. L 257, S. 1,

8. andere Finanzinstitute und Unternehmen gemäß § 1 Abs. 1 BaSAG,

9. öffentliche Stellen und

10. natürliche Personen, die keine Unternehmer sind.

(2) Unternehmer sind natürliche Personen, die eine gewerbliche, geschäftliche, handwerkliche oder freiberufliche Tätigkeit ausüben.

Ausgenommene Forderungen

§ 3. (1) Vom Restrukturierungsverfahren sind

1. bestehende und künftige Forderungen derzeitiger oder ehemaliger Arbeitnehmer,

2. bestehende und künftige Forderungen zur betrieblichen Vorsorge (§§ 6 und 7 BMSVG),

3. nach Einleitung des Restrukturierungsverfahrens entstehende Forderungen, wobei § 46 Z 1, 2, 4, 5 und 6 IO anzuwenden ist,

4. Geldstrafen wegen strafbarer Handlungen jeder Art und

5. Forderungen auf gesetzlichen Unterhalt ausgeschlossen.

(2) Restrukturierungsverfahren haben keine Auswirkungen auf erworbene Ansprüche auf eine betriebliche Altersversorgung.

2. Abschnitt

Verfahrenseinleitung

Zuständigkeit

§ 4. Für das Restrukturierungsverfahren ist das Gericht nach § 63 IO zuständig. §§ 64 und 65 IO sind anzuwenden.

Anwendung der Insolvenzordnung

§ 5. Soweit in diesem Bundesgesetz nichts anderes angeordnet ist, sind die allgemeinen Verfahrensbestimmungen der IO anzuwenden. § 253 Abs. 3 fünfter Satz IO ist nicht anzuwenden.

Voraussetzungen für die Einleitung eines Restrukturierungsverfahrens

§ 6. (1) Die Einleitung eines Restrukturierungsverfahrens setzt die wahrscheinliche Insolvenz des Schuldners voraus.

(2) Wahrscheinliche Insolvenz liegt vor, wenn der Bestand des Unternehmens des Schuldners ohne Restrukturierung gefährdet wäre, insbesondere bei drohender Zahlungsunfähigkeit; sie wird vermutet, wenn die Eigenmittelquote 8% unterschreitet und die fiktive Schuldentilgungsdauer 15 Jahre übersteigt.

(3) Ein Restrukturierungsverfahren ist nicht einzuleiten, wenn

1. ein Insolvenzverfahren über das Vermögen des Schuldners anhängig ist oder

2. ein Restrukturierungsplan oder ein Sanierungsplan vor weniger als sieben Jahren bestätigt wurde.

(4) Ist der Schuldner oder ein Mitglied von dessen vertretungsbefugtem Organ innerhalb von drei Jahren vor dem Antrag auf Einleitung des Restrukturierungsverfahrens nach § 163a StGB rechtskräftig verurteilt worden, so kann das Restrukturierungsverfahren nur dann eingeleitet werden, wenn er bescheinigt, geeignete Maßnahmen zur Behebung der Probleme, die zur Verurteilung geführt haben, ergriffen zu haben.

Antrag auf Einleitung

§ 7. (1) Der Schuldner hat im Antrag auf Einleitung des Restrukturierungsverfahrens das Vorliegen der wahrscheinlichen Insolvenz darzulegen. Er hat dem Antrag Folgendes anzuschließen:

1. einen Restrukturierungsplan oder ein Restrukturierungskonzept,

2. eine von ihm unterfertigte Gegenüberstellung der voraussichtlichen Einnahmen und Ausgaben für die folgenden 90 Tage, aus der sich ergibt, wie die für die Fortführung des Unternehmens und die Bezahlung der laufenden Aufwendungen notwendigen Mittel aufgebracht und verwendet werden sollen (Finanzplan), und

3. Jahresabschlüsse, zu deren Aufstellung der Schuldner nach Unternehmensrecht verpflichtet ist; betreibt er sein Unternehmen länger als drei Jahre, so genügt die Vorlage für die letzten drei Jahre.

(2) Hat der Schuldner dem Antrag keinen Restrukturierungsplan angeschlossen, so hat er darzulegen, dass mit dem Restrukturierungskonzept die Bestandfähigkeit des Unternehmens erreicht werden kann.

(3) Der Antrag ist unzulässig, wenn der Restrukturierungsplan oder das Restrukturierungskonzept offenbar untauglich ist oder der Antrag missbräuchlich ist, insbesondere weil wahrscheinliche Insolvenz offenbar nicht vorliegt oder sich aus den Exekutionsdaten die Zahlungsunfähigkeit offenkundig ergibt.

(4) Fehlt im Antrag das gesetzlich vorgeschriebene Vorbringen oder sind ihm nicht alle vorgeschriebenen Urkunden angeschlossen, so ist der Schriftsatz zur Verbesserung binnen einer vom Gericht festzulegenden Frist von höchstens 14 Tagen zurückzustellen. Wird der Antrag nicht fristgerecht verbessert, so ist er zurückzuweisen.

(5) Der Beschluss, mit dem das Restrukturierungsverfahren eingeleitet wird, ist dem Schuldner zuzustellen.

Restrukturierungskonzept – Frist zur Vorlage eines Restrukturierungsplans

§ 8. (1) Ein Restrukturierungskonzept hat zumindest die in Aussicht genommenen Restrukturierungsmaßnahmen und eine Auflistung der Vermögenswerte und Verbindlichkeiten des Schuldners zum Zeitpunkt des Antrags auf Einleitung des Restrukturierungsverfahrens einschließlich einer Bewertung der Vermögenswerte zu enthalten.

(2) Hat der Schuldner nur ein Restrukturierungskonzept, aber keinen Restrukturierungsplan nach § 27 vorgelegt, so hat das Gericht ihm auf seinen Antrag eine Frist von höchstens 60 Tagen zur Vorlage eines Restrukturierungsplans einzuräumen. Wird ein solcher Antrag nicht zugleich mit dem Antrag auf Einleitung des Restrukturierungsverfahrens oder binnen der zum Erlag eines Kostenvorschusses zur Deckung der Entlohnung des Restrukturierungsbeauftragten bestimmten Frist gestellt, so ist ein Restrukturierungsbeauftragter zu bestellen, der den Schuldner bei der Ausarbeitung des Restrukturierungsplans binnen der vom Gericht gesetzten Frist von höchstens 60 Tagen zu unterstützen hat.

3. Abschnitt

Restrukturierungsbeauftragter

Bestellung eines Restrukturierungsbeauftragten

§ 9. (1) Das Gericht hat einen Restrukturierungsbeauftragten zur Unterstützung des Schuldners und der Gläubiger bei der Aushandlung und Ausarbeitung des Plans zu bestellen, wenn

1. das Gericht eine Vollstreckungssperre bewilligt und ein solcher Beauftragter zur Wahrung der Interessen der Gläubiger erforderlich ist,

2. die Bestätigung des Restrukturierungsplans eines klassenübergreifenden Cram-down bedarf oder

3. der Schuldner oder die Mehrheit der Gläubiger, die nach dem Betrag der Forderungen zu berechnen ist, dies beantragt; in letzterem Fall aber nur, wenn die Kosten des Restrukturierungsbeauftragten von den die Bestellung beantragenden Gläubigern getragen werden und von diesen ein Kostenvorschuss erlegt wurde. Der Auftrag zum Erlag eines Kostenvorschusses, der 2 000 Euro nicht übersteigt, kann nicht angefochten werden.

(2) Das Gericht hat weiters einen Restrukturierungsbeauftragten zu bestellen, wenn Umstände bekannt sind, die erwarten lassen, dass die Eigenverwaltung zu Nachteilen für die Gläubiger führen wird, insbesondere wenn

1. der Schuldner Mitwirkungs- oder Auskunftspflichten verletzt,

2. der Schuldner den Interessen der Gläubiger zuwiderhandelt,

3. gegen den Schuldner oder ein Mitglied von dessen vertretungsbefugtem Organ ein Ermittlungsverfahren wegen des Verdachts der Begehung einer mit Strafe bedrohten Handlung im Zusammenhang mit den Geschäftsbeziehungen eingeleitet wurde,

4. die Angaben im Finanzplan im Interesse der Gläubiger überprüft werden müssen oder

5. der Schuldner nach Einleitung des Verfahrens entstehende Forderungen nicht erfüllt oder Forderungen betroffener Gläubiger sicherstellt oder begleicht.

(3) Liegen die Voraussetzungen weder nach Abs. 1 noch nach Abs. 2 vor, so kann das Gericht einen Restrukturierungsbeauftragten bestellen, insbesondere

1. zur Prüfung, ob eine Zwischenfinanzierung oder Transaktion zu genehmigen ist oder eine neue Finanzierung (§ 36a IO) für die Umsetzung des Restrukturierungsplans geeignet ist,

2. zur Erstattung eines Berichts über die voraussichtlichen Ergebnisse der Durchführung eines Insolvenzverfahrens,

3. bei Festlegung von Verfügungsbeschränkungen oder

4. zur Prüfung der Forderungen, gegen die Einwendungen vorgebracht worden sind.

(4) Aus Zweckmäßigkeitsgründen kann ein Stellvertreter des Restrukturierungsbeauftragten bestellt werden, der ihn im Falle der Verhinderung zu vertreten hat. Auf den Stellvertreter sind die für den Restrukturierungsbeauftragten geltenden Bestimmungen anzuwenden.

(5) Der Beschluss über die Bestellung des Restrukturierungsbeauftragten ist dem Schuldner und den bekannten betroffenen Gläubigern zuzustellen.

Kostenvorschuss

§ 10. (1) Das Gericht hat dem Schuldner – nach dessen Einvernahme, soweit dies rechtzeitig möglich ist – aufzutragen, binnen einer vom Gericht festzusetzenden Frist einen angemessenen Kostenvorschuss zur Deckung der Anlaufkosten für die Entlohnung des Restrukturierungsbeauftragten zu erlegen.

(2) Der Restrukturierungsbeauftragte hat unverzüglich nach seiner Bestellung dem Gericht einen Kostenvoranschlag, in dem er die voraussichtliche Entlohnung für die ihm aufgetragenen Aufgaben darzulegen hat, vorzulegen und dem Schuldner zu übersenden. Will der Restrukturierungsbeauftragte für seine Tätigkeit eine über den Kostenvoranschlag hinausgehende Entlohnung ansprechen, so hat er einen weiteren Kostenvoranschlag vorzulegen.

(3) Nach Vorlage eines Kostenvoranschlags hat das Gericht dem Schuldner aufzutragen, binnen einer vom Gericht festzusetzenden Frist einen Kostenvorschuss zur Deckung der voraussichtlichen Entlohnung des Restrukturierungsbeauftragten zu erlegen. Das Gericht kann auf Antrag des Schuldners die Zahlung in monatlichen Raten, die den voraussichtlichen Arbeitsaufwand entsprechen, bewilligen. Diese Bewilligung unterbricht die Frist zum Erlag des Kostenvorschusses.

(4) Der Auftrag zum Erlag eines Kostenvorschusses, der 2 000 Euro nicht übersteigt, kann nicht, ein darüber hinausgehender Betrag nicht abgesondert angefochten werden.

Auswahl des Restrukturierungsbeauftragten

§ 11. (1) Zum Restrukturierungsbeauftragten ist eine unbescholtene, verlässliche und geschäftskundige Person aus der Liste der Restrukturierungsbeauftragten zu bestellen. Sie muss ausreichende Fachkenntnisse des Restrukturierungs- und Insolvenzrechts, des Wirtschaftsrechts oder der Betriebswirtschaft haben. § 80a IO ist anzuwenden.

(2) Der Restrukturierungsbeauftragte muss vom Schuldner und von den Gläubigern unabhängig sein. Er darf kein naher Angehöriger (§ 32 IO) und kein Konkurrent des Schuldners sein. § 80b Abs. 2 und 3 IO ist anzuwenden.

(3) Zum Restrukturierungsbeauftragten kann auch eine juristische Person oder eine eingetragene Personengesellschaft bestellt werden. Sie hat dem Gericht bekanntzugeben, wer sie bei der Besorgung der Aufgaben des Restrukturierungsbeauftragten vertritt.

ReO

Pflichten und Verantwortlichkeit des Restrukturierungsbeauftragten

§ 12. (1) Im Verhältnis zu Dritten ist der Restrukturierungsbeauftragte zu allen Rechtshandlungen befugt, welche die Erfüllung der mit seinen Aufgaben verbundenen Obliegenheiten mit sich bringt.

(2) Der Restrukturierungsbeauftragte hat die durch den Gegenstand seiner Geschäftsführung gebotene Sorgfalt (§ 1299 ABGB) anzuwenden. § 84 IO ist anzuwenden.

(3) Gegenüber den Sonderinteressen einzelner Beteiligter hat der Restrukturierungsbeauftragte die gemeinsamen Interessen zu wahren.

(4) Der Restrukturierungsbeauftragte ist allen Beteiligten für Vermögensnachteile, die er ihnen durch die pflichtwidrige Führung seines Amtes verursacht, verantwortlich.

Enthebung des Restrukturierungsbeauftragten

§ 13. Das Gericht kann den Restrukturierungsbeauftragten sowohl auf seinen Antrag als auch aus wichtigen Gründen von Amts wegen oder auf Antrag des Schuldners oder eines Gläubigers entheben. Vor der Entscheidung hat das Gericht, wenn tunlich, den Restrukturierungsbeauftragten zu vernehmen.

Aufgaben des Restrukturierungsbeauftragten

§ 14. Das Gericht hat die Aufgaben des Restrukturierungsbeauftragten festzulegen; es kann ihm insbesondere folgende Aufgaben übertragen:

1. die Unterstützung des Schuldners oder der Gläubiger bei der Ausarbeitung oder Aushandlung eines Restrukturierungsplans,

2. die Überwachung der Tätigkeit des Schuldners während der Verhandlungen über einen Restrukturierungsplan und die Berichterstattung an das Gericht,

3. die Übernahme der teilweisen Kontrolle über die Vermögenswerte oder Geschäfte des Schuldners während der Verhandlungen, insbesondere die Erteilung von Zustimmungen zu Rechtshandlungen des Schuldners nach § 16 Abs. 2.

Ansprüche des Restrukturierungsbeauftragten

§ 15. (1) Der Restrukturierungsbeauftragte hat Anspruch auf eine angemessene Entlohnung für seine Mühewaltung zuzüglich Umsatzsteuer und auf Ersatz seiner Barauslagen. Die Entlohnung ist nach dem Umfang, der Schwierigkeit und der Sorgfalt seiner Tätigkeit zu bemessen.

(2) Der Restrukturierungsbeauftragte hat seinen bis zur Restrukturierungsplantagsatzung entstandenen Anspruch nach Abs. 1 bei sonstigem Verluste in dieser Tagsatzung geltend zu machen.

War er in der Tagsatzung nicht anwesend, so hat ihm das Gericht eine Frist für die Geltendmachung einzuräumen. Ansprüche, die für Tätigkeiten nach dieser Tagsatzung anfallen, sind binnen 14 Tagen nach Beendigung der Tätigkeit geltend zu machen. § 125 IO ist anzuwenden.

(3) Auf Antrag des Restrukturierungsbeauftragten ist dem Schuldner die Zahlung der Entlohnung samt Barauslagen binnen 14 Tagen aufzutragen, soweit der erlegte Kostenvorschuss nicht ausreicht.

Eigenverwaltung des Schuldners

§ 16. (1) Der Schuldner behält im Restrukturierungsverfahren die Kontrolle über seine Vermögenswerte und den Betrieb seines Unternehmens, soweit nicht dem Restrukturierungsbeauftragten Aufgaben übertragen wurden.

(2) Soweit dies zur Wahrung der Interessen betroffener Gläubiger erforderlich ist, kann das Gericht dem Schuldner für die Dauer des Restrukturierungsverfahrens bestimmte Rechtshandlungen überhaupt oder doch ohne Zustimmung des Gerichts oder des Restrukturierungsbeauftragten verbieten. Das Gericht darf dem Schuldner jedoch nicht diejenigen Beschränkungen auferlegen, die einen Schuldner kraft Gesetzes im Konkursverfahren treffen.

(3) Rechtshandlungen, die der Schuldner entgegen Abs. 2 ohne Zustimmung vorgenommen hat, werden erst mit vollständiger Erfüllung des Restrukturierungsplans wirksam, wenn der Dritte wusste, dass die Zustimmung nicht erteilt worden ist.

(4) Der Beschluss über die Beschränkung der Eigenverwaltung des Schuldners ist diesem und dem Restrukturierungsbeauftragten zuzustellen. Der Beschluss kann nicht angefochten, aber auf Antrag abgeändert werden.

Auskunfts- und Mitwirkungspflicht des
Schuldners

§ 17. (1) Der Schuldner ist verpflichtet, dem Restrukturierungsbeauftragten alle zur Wahrnehmung seiner Aufgaben erforderlichen Auskünfte zu erteilen und ihm Einsicht in sämtliche hiefür erforderlichen Unterlagen zu gewähren.

(2) Ist der Schuldner nach Unternehmensrecht zur Aufstellung eines Jahresabschlusses verpflichtet, so hat er spätestens in der Restrukturierungsplantagsatzung dem Gericht den Jahresabschluss vorzulegen, für den die Frist zur Aufstellung während des Verfahrens abgelaufen ist.

4. Abschnitt
Finanzierungen

Zwischenfinanzierungen und Transaktionen

§ 18. (1) Auf Antrag des Schuldners hat das Gericht eine neue finanzielle Unterstützung, die von einem bestehenden oder einem neuen Gläubiger bereitgestellt wird, zu genehmigen, wenn sie angemessen sowie unverzüglich notwendig ist, damit das Unternehmen des Schuldners seinen Betrieb fortsetzen kann oder der Wert dieses Unternehmens erhalten oder gesteigert wird (Zwischenfinanzierung).

(2) Auf Antrag des Schuldners hat das Gericht Transaktionen zu genehmigen, wenn sie angemessen und für die Aushandlung eines Restrukturierungsplans unmittelbar notwendig sind.

(3) Transaktionen im Sinne des Abs. 2 sind

1. die Zahlung von Gebühren und Kosten für die Aushandlung, Annahme oder Bestätigung eines Restrukturierungsplans,

2. die Zahlung von Gebühren und Kosten für die Inanspruchnahme professioneller Beratung in engem Zusammenhang mit der Restrukturierung,

3. die Zahlung von Arbeitnehmerlöhnen für bereits geleistete Arbeit, unbeschadet eines anderen vorgesehenen Schutzes, und

4. andere als in den Z 1 bis 3 genannte Zahlungen im gewöhnlichen Geschäftsbetrieb.

(4) Der Schuldner kann die Anträge nach Abs. 1 und 2 mit dem Antrag auf Einleitung des Restrukturierungsverfahrens verbinden.

5. Abschnitt
Vollstreckungssperre und deren Wirkungen

Vollstreckungssperre

§ 19. (1) Das Gericht hat auf Antrag des Schuldners zur Unterstützung der Verhandlungen über einen Restrukturierungsplan im Rahmen eines Restrukturierungsverfahrens anzuordnen, dass Anträge auf Bewilligung der Exekution auf das Vermögen des Schuldners nicht bewilligt werden dürfen und kein richterliches Pfand- oder Befriedigungsrecht erworben werden darf (Vollstreckungssperre).

(2) Das Gericht hat den Antrag auf Bewilligung einer Vollstreckungssperre abzuweisen, wenn

1. sie zur Erreichung des Restrukturierungsziels nicht erforderlich ist,

2. sie die Verhandlungen über einen Restrukturierungsplan nicht unterstützen kann oder

3. der Schuldner zahlungsunfähig ist.

(3) Der Schuldner hat im Antrag die Gläubiger samt Anschrift zu nennen oder Gläubigerklassen anzugeben, für deren Forderungen die Vollstreckungssperre begehrt wird. Vor der Entscheidung sind die Gläubiger nicht zu vernehmen.

(4) Das Gericht hat durch Einsicht in die Exekutionsdaten zu prüfen, ob der Schuldner zahlungsunfähig ist. Zahlungsunfähigkeit wird vermutet, wenn zur Hereinbringung von Abgaben oder Sozialversicherungsbeiträgen Exekutionsverfahren gegen den Schuldner geführt werden, die weder eingestellt, aufgeschoben noch unter vollständiger Befriedigung des Gläubigers beendet sind. Die Abgabenbehörden und die Sozialversicherungsträger sind zur Auskunft darüber verpflichtet.

Umfang der Vollstreckungssperre

§ 20. (1) Die Vollstreckungssperre kann alle Arten von Forderungen, einschließlich besicherter Forderungen, erfassen. Ansprüche, die in einem Insolvenzverfahren als Aussonderungsansprüche (§ 44 IO) oder Absonderungsansprüche (§ 48 IO) einzustufen wären, werden nur von der Vollstreckungssperre erfasst, wenn sie nicht auf Forderungen des Schuldners gerichtet sind, und nur unter den Voraussetzungen des § 11 Abs. 2 und Abs. 3 IO. § 12 IO ist anzuwenden; die Absonderungsrechte leben mit Eintritt der Rechtskraft des Beschlusses auf Einstellung des Restrukturierungsverfahrens wieder auf.

(2) Die Vollstreckungssperre erfasst auch das Recht, bewegliche und unbewegliche Gegenstände des Schuldners außergerichtlich zu verwerten.

Bewilligung der Vollstreckungssperre

§ 21. (1) Das Gericht hat bei Bewilligung der Vollstreckungssperre einen oder mehrere Gläubiger zu nennen oder Gläubigerklassen festzulegen, deren Forderungen unter die Vollstreckungssperre fallen.

(2) Die Bewilligung der Vollstreckungssperre ist dem Schuldner sowie den Gläubigern, deren Forderungen von der Sperre umfasst sind, zuzustellen. Die Rechtswirkungen der Vollstreckungssperre treten mit der Zustellung ihrer Bewilligung an den jeweiligen Gläubiger ein. Das für die Exekution auf das bewegliche Vermögen zuständige Exekutionsgericht sowie der Restrukturierungsbeauftragte sind von der Bewilligung der Sperre zu verständigen.

(3) Der Beschluss über die Bewilligung der Vollstreckungssperre ist nicht anfechtbar.

Dauer der Vollstreckungssperre

§ 22. (1) Die Vollstreckungssperre ist nur für die Dauer zu bewilligen, die zur Erreichung des

Restrukturierungszieles unerlässlich ist. Die Dauer der Vollstreckungssperre darf drei Monate nicht übersteigen.

(2) Das Gericht hat auf Antrag des Schuldners oder des Restrukturierungsbeauftragten die Dauer der Vollstreckungssperre zu verlängern oder eine neue Vollstreckungssperre bewilligen, wenn eine solche Verlängerung oder neue Sperre ausreichend begründet ist, der Finanzplan den Verlängerungszeitraum umfasst und

1. in den Verhandlungen über den Restrukturierungsplan deutliche Fortschritte erzielt wurden, sodass die Verhandlungen vor dem Abschluss stehen, oder

2. gegen die Bestätigung des Restrukturierungsplans Rekurs erhoben wurde.

(3) Abs. 1 und die §§ 19 bis 21 sind auch auf die Verlängerung oder neuerliche Bewilligung der Vollstreckungssperre anzuwenden.

(4) Die Gesamtdauer der Vollstreckungssperre darf einschließlich Verlängerungen und Erneuerungen sechs Monate nicht überschreiten. Die Gesamtdauer ist mit höchstens vier Monaten begrenzt, wenn der Schuldner den Mittelpunkt seiner hauptsächlichen Interessen innerhalb eines Zeitraums von drei Monaten vor Einbringen des Antrags auf Einleitung eines Restrukturierungsverfahrens aus einem anderen Mitgliedstaat der Europäischen Union oder einem Drittstaat nach Österreich verlegt hat.

Aufhebung der Vollstreckungssperre

§ 23. (1) Das Gericht hat die Vollstreckungssperre auf Antrag eines Gläubigers, des Restrukturierungsbeauftragten oder von Amts wegen nach Einvernahme des Schuldners und des Restrukturierungsbeauftragten ganz oder teilweise aufzuheben, wenn oder soweit sie

1. die Verhandlungen über den Restrukturierungsplan nicht mehr unterstützt, insbesondere wenn ein Teil der Gläubiger, der die Annahme des Restrukturierungsplans verhindern könnte, die Fortsetzung der Verhandlungen nicht unterstützt, oder

2. einen oder mehrere Gläubiger oder eine oder mehrere Gläubigerklassen in unangemessener Weise beeinträchtigt, insbesondere wenn ein Gläubiger von einem vorgelegten Plan nicht betroffen ist, oder

3. zur Insolvenz des Gläubigers führt oder

4. die Verwertung von Vermögensobjekten des Schuldners umfasst, die zur Fortführung des Unternehmens des Schuldners nicht notwendig sind.

(2) Die Vollstreckungssperre ist auf Antrag des Schuldners aufzuheben. Sie endet mit Fristablauf oder dem Eintritt der Rechtskraft des Beschlusses über die Einstellung des Restrukturierungsverfahrens, ohne dass es einer Aufhebung bedarf.

(3) Das für die Exekution auf das bewegliche Vermögen zuständige Exekutionsgericht ist von der Aufhebung der Sperre zu verständigen.

Eintritt der Insolvenz

§ 24. (1) Die Verpflichtung des Schuldners, die Eröffnung eines Insolvenzverfahrens wegen Überschuldung zu beantragen, ruht während der Vollstreckungssperre.

(2) Während der Vollstreckungssperre ist über einen auf Überschuldung gestützten Antrag eines Gläubigers auf Eröffnung eines Insolvenzverfahrens nicht zu entscheiden.

(3) Während der Vollstreckungssperre ist ein Insolvenzverfahren wegen Zahlungsunfähigkeit dann nicht zu eröffnen, wenn die Eröffnung unter Berücksichtigung der Umstände des Falles nicht im allgemeinen Interesse der Gläubiger ist. Über das Vorliegen des allgemeinen Interesses hat das Gericht im Restrukturierungsverfahren zu entscheiden. Es hat das Insolvenzgericht von der rechtskräftigen Entscheidung zu informieren.

Ausschluss der Haftung

§ 25. (1) Während der Vollstreckungssperre entfällt die an die Überschuldung anknüpfende Haftung gemäß § 84 Abs. 3 Z 6 AktG und § 25 Abs. 3 Z 2 GmbHG. Ausgenommen ist eine Haftung für Zahlungen an betroffene Gläubiger sowie von Forderungen, für die eine Vollstreckungssperre gilt.

(2) Die Haftung nach § 22 Abs. 1 URG entfällt, wenn die Mitglieder des vertretungsbefugten Organs unverzüglich nach Erhalt des Berichtes des Abschlussprüfers über das Vorliegen der Voraussetzungen für die Vermutung eines Reorganisationsbedarfs (§ 22 Abs. 1 Z 1 URG) die Einleitung eines Restrukturierungsverfahrens beantragt und das Restrukturierungsverfahren gehörig fortgesetzt haben.

Verträge

§ 26. (1) Gläubiger, für die die Vollstreckungssperre gilt, dürfen in Bezug auf vor der Vollstreckungssperre entstandene Forderungen und allein aufgrund der Tatsache, dass die Forderungen vom Schuldner nicht gezahlt wurden, nicht Leistungen aus wesentlichen noch zu erfüllenden Verträgen verweigern oder diese Verträge vorzeitig fällig stellen, kündigen oder in sonstiger Weise zum Nachteil des Schuldners ändern.

(2) Ein wesentlicher noch zu erfüllender Vertrag ist ein Vertrag zwischen dem Schuldner und einem oder mehreren Gläubigern, nach dem die Parteien bei Bewilligung der Vollstreckungssperre noch Verpflichtungen zu erfüllen haben, die für

die Weiterführung des täglichen Betriebs des Unternehmens erforderlich sind.

(3) Vertragliche Vereinbarungen über die Verweigerung von Leistungen aus noch zu erfüllenden Verträgen oder deren vorzeitige Fälligstellung, Kündigung oder Abänderung in sonstiger Weise zum Nachteil des Schuldners allein wegen

1. eines Antrags auf Einleitung eines Restrukturierungsverfahrens,

2. eines Antrags auf Bewilligung einer Vollstreckungssperre,

3. der Einleitung eines Restrukturierungsverfahrens,

4. der Bewilligung einer Vollstreckungssperre als solcher oder

5. einer solchen Verschlechterung der wirtschaftlichen Situation, die die Einleitung eines Restrukturierungsverfahrens ermöglicht,

sind unzulässig.

(4) Abs. 3 gilt nicht für Nettingmechanismen – einschließlich Close-out-Nettingmechanismen – der in § 20 Abs. 4 IO genannten Geschäfte auf Finanzmärkten, Energiemärkten und Rohstoffmärkten. Abs. 3 ist jedoch anzuwenden auf Verträge über die Lieferung von Waren, die Erbringung von Dienstleistungen oder die Versorgung mit Energie, die für den Betrieb des Unternehmens des Schuldners erforderlich sind, es sei denn, diese Verträge nehmen die Gestalt einer an einer Börse oder einem anderen Markt gehandelten Position an, sodass sie jederzeit zum aktuellen Marktwert ersetzt werden können. Auf die Vollstreckung einer Forderung gegen den Schuldner durch einen Gläubiger, die sich aus der Durchführung eines Nettingmechanismus ergibt, ist die Vollstreckungssperre anzuwenden. Für Nettingmechanismen – einschließlich Close-out-Nettingmechanismen – gilt ausschließlich das Recht, das für den Vertrag über derartige Vereinbarungen maßgebend ist.

(5) Die Beschränkungen nach Abs. 1 sowie nach Abs. 3 Z 5 gelten nicht bei Ansprüchen auf Auszahlung von Krediten oder anderen Kreditzusagen.

6. Abschnitt

Restrukturierungsplan

Inhalt von Restrukturierungsplänen

§ 27. (1) Der Schuldner hat entweder mit dem Antrag auf Einleitung eines Restrukturierungsverfahrens oder während der ihm zur Vorlage eingeräumten Frist einen Restrukturierungsplan vorzulegen und dessen Abschluss zu beantragen. Mangels ausdrücklichen Verzichts ist davon ein Antrag auf Bestätigung des Restrukturierungsplans nach § 36 mitumfasst.

(2) Der Restrukturierungsplan hat folgende Informationen zu enthalten:

1. Name und Anschrift des Schuldners;

2. Name und Anschrift des bereits bestellten Restrukturierungsbeauftragten;

3. eine Darstellung der wirtschaftlichen Situation des Schuldners, insbesondere

a) eine Auflistung und Bewertung der Vermögenswerte und Verbindlichkeiten des Schuldners zum Zeitpunkt der Antragstellung, einschließlich einer Bewertung des Unternehmens unter Zugrundelegung einer Fortführung und einer Liquidation;

b) die Anzahl der Arbeitnehmer und deren Tätigkeitsbereiche;

c) eine Beschreibung der Ursachen und des Umfangs der finanziellen Schwierigkeiten des Schuldners;

4. die betroffenen Gläubiger und ihre unter den Restrukturierungsplan fallenden Forderungen sowie den Gesamtbetrag der Forderungen, der die bis zum Tag der Vorlage des Plans angefallenen Zinsen enthält;

5. die Gläubigerklassen und die jeweilige Höhe der Forderungen in jeder Klasse sowie die Zuordnung der betroffenen Gläubiger zu den Klassen oder die Angabe, dass keine Klassen gebildet werden (§ 29 Abs. 3);

6. die vom Restrukturierungsplan nicht betroffenen Gläubiger, die entweder namentlich zu benennen oder, wenn sie nicht namentlich bekannt sind, unter Bezugnahme auf Forderungskategorien zu beschreiben sind, sowie eine Begründung, warum diese Gläubiger nicht betroffen sein sollen;

7. die Bedingungen des Restrukturierungsplans, insbesondere:

a) die vorgeschlagenen Restrukturierungsmaßnahmen;

b) die vorgeschlagene Laufzeit der Restrukturierungsmaßnahmen;

c) die Modalitäten der Benachrichtigung und Anhörung der im Unternehmen errichteten Organe der Belegschaft (§ 75 Abs. 1 Z 2 IO) und der Arbeitnehmervertreter;

d) die allgemeinen Auswirkungen auf die Arbeitsplätze, wie Kündigungen, Versetzungen, Kurzarbeitsregelungen oder Ähnliches;

e) eine Gegenüberstellung der voraussichtlichen Einnahmen und Ausgaben für die Laufzeit der Restrukturierungsmaßnahmen, aus der sich ergibt, wie die für die Umsetzung des Restrukturierungsplans notwendigen Mittel aufgebracht und verwendet werden sollen (Finanzplan), und

f) eine von einem bestehenden oder neuen Gläubiger zur Umsetzung des Restrukturierungsplans bereitgestellte neue finanzielle Unterstützung sowie die Gründe, aus denen die Finanzierung für die Umsetzung dieses Plans erforderlich ist;

ReO

8. eine Darlegung der Gründe, aus denen der Restrukturierungsplan die Zahlungsunfähigkeit des Schuldners und den Eintritt der Überschuldung verhindern oder eine bereits eingetretene Überschuldung beseitigen und die Bestandfähigkeit des Unternehmens gewährleisten wird, in Form einer Fortbestehensprognose, die von der Annahme und Bestätigung des Restrukturierungsplans abhängig sein kann (bedingte Fortbestehensprognose), und der notwendigen Voraussetzungen für den Erfolg des Plans;

9. einen Vergleich mit den Szenarien der IO nach § 35 Abs. 1.

(3) Dem Restrukturierungsplan ist eine Liste der betroffenen Gläubiger mit Namen, Adressen und E-Mail-Adressen oder, wenn diese nicht bekannt sind, mit sonstigen individualisierenden Bezeichnungen und Kontaktinformationen anzuschließen. Diese Liste ist nicht Teil des Restrukturierungsplans.

Forderungen

§ 28. Im Restrukturierungsplan sind die vorgeschlagenen Zahlungsfristen der unter den Restrukturierungsplan fallenden Forderungen anzugeben. Die die Zahlung betreffenden Vertragsbedingungen können geändert werden. § 14 Abs. 2, §§ 15, 19 bis 20 und § 21 Abs. 4 IO sind anzuwenden, soweit der Restrukturierungsplan nichts anderes bestimmt. Sollen die unter den Restrukturierungsplan fallenden Forderungen gekürzt werden, so ist anzugeben, auf welchen Bruchteil die Kürzung erfolgen soll.

Gläubigerklassen

§ 29. (1) Der Schuldner hat folgende Klassen der Gläubiger, deren Forderungen gekürzt oder gestundet werden (betroffene Gläubiger), zu bilden:

1. Gläubiger mit Forderungen, für die ein Pfand oder eine vergleichbare Sicherheit aus dem Vermögen des Schuldners bestellt worden ist (besicherte Forderungen),

2. Gläubiger mit unbesicherten Forderungen,

3. Anleihegläubiger,

4. schutzbedürftige Gläubiger, insbesondere Gläubiger mit Forderungen unter 10 000 Euro, und

5. Gläubiger nachrangiger Forderungen.

(2) Gläubiger mit besicherten Forderungen werden in der Gläubigerklasse nach Abs. 1 Z 1 mit jenem Betrag erfasst, der durch die Sicherheit gedeckt ist.

(3) Ist der Schuldner ein Kleinstunternehmen, ein kleines oder ein mittleres Unternehmen (KMU), so ist er nicht verpflichtet, Gläubigerklassen zu bilden. Ein KMU ist ein Schuldner jeder

Rechtsform, der zwei der drei Größenmerkmale des § 221 Abs. 1 UGB nicht überschreitet.

Prüfung des Restrukturierungsplans

§ 30. (1) Das Gericht hat nach Vorlage des Restrukturierungsplans

1. die Angaben nach § 27 Abs. 2 auf deren Vollständigkeit und Gesetzmäßigkeit,

2. die Plausibilität der Begründungen nach § 27 Abs. 2 Z 8,

3. die Sachgemäßheit der Bildung der Gläubigerklassen nach § 27 Abs. 2 Z 5 in Verbindung mit § 29 und

4. die Sachgemäßheit der Auswahl der betroffenen Gläubiger nach § 27 Abs. 2 Z 4 und 6

zu prüfen. Mit der Prüfung nach § 27 Abs. 2 Z 8 kann das Gericht den Restrukturierungsbeauftragten oder einen Sachverständigen beauftragen.

(2) Sind die Anforderungen nach Abs. 1 nicht erfüllt, so ist dem Schuldner aufzutragen, den Restrukturierungsplan binnen der vom Gericht festgesetzten Frist zu verbessern.

Abstimmung über den Restrukturierungsplan

§ 31. (1) Über den Restrukturierungsplan ist in einer Tagsatzung abzustimmen, die das Gericht in der Regel auf 30 bis 60 Tage nach Vorlage des Restrukturierungsplans anzuordnen hat. § 145 Abs. 2 zweiter Satz und Abs. 3 IO ist anzuwenden. Der Schuldner hat den zur Abstimmung gelangenden Restrukturierungsplan den betroffenen Gläubigern spätestens zwei Wochen vor der Abstimmung zu übermitteln.

(2) Auf Antrag des Schuldners sind die bevorrechteten Gläubigerschutzverbände der Restrukturierungsplantagsatzung beizuziehen. Für ihre Tätigkeit haben die Gläubigerschutzverbände einen Anspruch auf angemessene Belohnung, die der Schuldner zu zahlen hat. Auf Antrag des Gläubigerschutzverbandes ist dem Schuldner die Zahlung der Belohnung binnen 14 Tagen aufzutragen.

(3) Die Restrukturierungsplantagsatzung kann unter Verwendung geeigneter technischer Kommunikationsmittel zur Wort- und Bildübertragung durchgeführt werden.

(4) In der Restrukturierungsplantagsatzung hat der Restrukturierungsbeauftragte nach § 146 IO zu berichten.

(5) Die Restrukturierungsplantagsatzung kann erstreckt werden. § 147 Abs. 2 und 3 sowie § 148a Abs. 1 IO sind anzuwenden.

(6) Der Schuldner kann den Restrukturierungsplan ändern. § 145a IO ist anzuwenden.

Stimmrecht

§ 32. (1) Betroffene Gläubiger haben das Recht, über die Annahme des Restrukturierungsplans abzustimmen. Das Stimmrecht bemisst sich nach dem Betrag der unter den Restrukturierungsplan fallenden Forderungen zuzüglich der bis zum Tag der Vorlage des Restrukturierungsplans angelaufenen Zinsen.

(2) Die betroffenen Gläubiger sind berechtigt, Einwendungen gegen die unter den Restrukturierungsplan fallenden Forderungen vorzubringen.

(3) Der Restrukturierungsbeauftragte hat zur Prüfung des Bestands und der Höhe der Forderungen Einsicht in die Geschäftsbücher und die Aufzeichnungen des Schuldners zu nehmen.

(4) § 93 Abs. 3 bis 4 sowie §§ 94, 144 und 148 IO sind anzuwenden.

Annahme des Restrukturierungsplans

§ 33. (1) Zur Annahme des Restrukturierungsplans ist erforderlich, dass in jeder Klasse die Mehrheit der anwesenden betroffenen Gläubiger dem Plan zustimmt und die Summe der Forderungen der zustimmenden Gläubiger in jeder Klasse zumindest 75 % der Gesamtsumme der Forderungen der anwesenden betroffenen Gläubiger in dieser Klasse beträgt. Wurden keine Klassen gebildet, so berechnen sich die erforderlichen Mehrheiten anhand der insgesamt anwesenden Gläubiger. § 164 Abs. 1 IO ist anzuwenden.

(2) Die Teilnahme über ein vom Gericht bestimmtes technisches Kommunikationsmittel zur Wort- und Bildübertragung gilt als Anwesenheit im Sinne des Abs. 1.

Bestätigung des Restrukturierungsplans

§ 34. (1) Der Restrukturierungsplan bedarf der Bestätigung durch das Gericht. Die Bestätigung des Restrukturierungsplans setzt voraus, dass

1. der Restrukturierungsplan im Einklang mit §§ 31 bis 33 angenommen wurde,

2. Gläubiger in derselben Klasse oder, wenn keine Klassen gebildet wurden, alle betroffenen Gläubiger im Verhältnis zu ihren Forderungen gleich behandelt werden,

3. der Schuldner bescheinigt, dass er den Restrukturierungsplan an alle betroffenen Gläubiger gemäß § 31 Abs. 1 übermittelt hat,

4. die vereinbarte neue Finanzierung zur Umsetzung des Restrukturierungsplans erforderlich ist und die Interessen der Gläubiger nicht in unangemessener Weise beeinträchtigt und

5. die vom Restrukturierungsbeauftragten bis zur Restrukturierungsplantagsatzung entstandene und geltend gemachte Entlohnung gerichtlich bestimmt wurde.

(2) Hat ein ablehnender Gläubiger die Überprüfung der Einhaltung des Kriteriums des Gläubigerinteresses nach § 35 beantragt, so setzt die Bestätigung voraus, dass der Restrukturierungsplan dieses Kriterium erfüllt.

(3) Die Bestätigung ist zu versagen, wenn

1. ein Grund vorliegt, aus dem der Antrag auf Einleitung des Restrukturierungsverfahrens unzulässig ist (§ 7 Abs. 3),

2. der Restrukturierungsplan durch eine gegen § 150a IO verstoßende Begünstigung eines Gläubigers zustande gebracht wurde oder der Schuldner bei der Angabe der vom Restrukturierungsplan nicht betroffenen Gläubiger nach § 27 Abs. 2 Z 6 wissentlich Gläubiger verschwiegen hat;

3. der Schuldner nicht unter den Restrukturierungsplan fallende fällige und feststehende Forderungen nicht bezahlt hat;

4. eine Prüfung aufgrund spätestens in der Restrukturierungsplantagsatzung zu erhebender begründeter Einwendungen eines betroffenen Gläubigers ergibt, dass der Restrukturierungsplan den nach § 30 Abs. 1 zu überprüfenden Anforderungen nicht entspricht.

(4) Das Gericht hat die Bestätigung weiters zu versagen, wenn offensichtlich ist, dass der Restrukturierungsplan die Zahlungsunfähigkeit des Schuldners oder den Eintritt der Überschuldung nicht verhindert, eine bereits eingetretene Überschuldung nicht beseitigt oder die Bestandfähigkeit des Unternehmens nicht gewährleistet.

(5) Die Entscheidung über die Bestätigung eines Restrukturierungsplans hat das Gericht mit Blick auf eine zügige Bearbeitung der Angelegenheit auf effiziente Weise zu treffen.

Kriterium des Gläubigerinteresses

§ 35. (1) Das Kriterium des Gläubigerinteresses ist erfüllt, wenn kein ablehnender betroffener Gläubiger durch den Restrukturierungsplan schlechter gestellt wird als im Insolvenzverfahren nach der IO. Zum Vergleich ist das nächstbeste nach den Umständen des Falles voraussichtlich verwirklichbare Alternativszenario für den Fall, dass der Restrukturierungsplan nicht bestätigt werden sollte, heranzuziehen.

(2) Die Einhaltung von Abs. 1 hat das Gericht nur auf Antrag eines ablehnenden betroffenen Gläubigers zu prüfen. Der Antrag ist in der Restrukturierungsplantagsatzung oder binnen sieben Tagen nach dieser Tagsatzung zu stellen.

Klassenübergreifender Cram-down

§ 36. (1) Ein Restrukturierungsplan, der nicht in jeder Gläubigerklasse von den betroffenen Gläubigern angenommen worden ist, ist auf An-

ReO

trag des Schuldners vom Gericht zu bestätigen, wenn

1. die Voraussetzungen für die Bestätigung erfüllt sind,

2. ablehnende Gläubigerklassen gleichgestellt werden wie gleichrangige Klassen und bessergestellt werden als nachrangige Klassen und

3. keine Gläubigerklasse mehr erhält als den vollen Betrag ihrer Forderungen.

Die Beurteilung des Rangs der Klassen nach Z 2 richtet sich nach der Befriedigungsrangfolge des Insolvenzrechts.

(2) Weitere Voraussetzung ist, dass der Restrukturierungsplan von einer Mehrheit der Gläubigerklassen einschließlich der Klasse der besicherten Gläubiger oder von einer Mehrheit der Gläubigerklassen, bei welchen davon ausgegangen werden kann, dass deren Gläubiger im Falle einer Bewertung des Schuldners als fortgeführtes Unternehmen im Insolvenzverfahren eine Verteilungsquote erhalten würden, angenommen wurde. Wenn nur zwei Gläubigerklassen gebildet wurden, reicht die Annahme durch eine dieser Klassen aus.

Anteilsinhaber

§ 37. (1) Die Anteilsinhaber dürfen die Annahme, die Bestätigung und die Umsetzung eines Restrukturierungsplans nicht grundlos verhindern oder erschweren. Umfasst der Plan Maßnahmen, die einer Zustimmung der Anteilsinhaber bedürfen, so sind die Bestimmungen des Gesellschaftsrechts zu beachten. Greift ein Restrukturierungsplan nicht in die rechtliche oder wirtschaftliche Stellung der Anteilsinhaber ein, so kann eine gesellschaftsrechtlich erforderliche Zustimmung der Anteilsinhaber durch Beschluss des Gerichts ersetzt werden.

(2) Die Einberufung der Gesellschafterversammlung zur Abstimmung über Maßnahmen, die der Zustimmung der Anteilsinhaber bedürfen, kann mit der im Gesetz vorgesehenen Einberufungsfrist erfolgen, auch wenn der Gesellschaftsvertrag eine längere Frist vorsieht.

(3) Die Abstimmung der Gläubiger über den Restrukturierungsplan hat erst zu erfolgen, wenn die dazu gebotenen Beschlüsse der Gesellschafterversammlung wirksam sind.

Bewertung

§ 38. (1) Das Unternehmen und die Vermögenswerte des Schuldners sind nur zu bewerten, wenn ein ablehnender betroffener Gläubiger in der Restrukturierungsplantagsatzung oder binnen sieben Tagen nach dieser einen Verstoß

1. gegen das Kriterium des Gläubigerinteresses gemäß § 35 oder

2. gegen die Bedingungen für einen klassenübergreifenden Cram-down gemäß § 36 Abs. 2 behauptet.

(2) Das Gericht kann zur Bewertung gemäß Abs. 1 einen Sachverständigen bestellen oder hiemit den Restrukturierungsbeauftragten beauftragen.

(3) Der Kostenersatz für die Gebühren des Sachverständigen und die Kosten des Restrukturierungsbeauftragten richtet sich nach der ZPO. Dem betroffenen Gläubiger, auf dessen Antrag die Überprüfung vorgenommen wird, kann der Erlag eines Kostenvorschusses aufgetragen werden.

Wirkung von Restrukturierungsplänen

§ 39. (1) Der vom Gericht bestätigte Restrukturierungsplan ist für alle im Restrukturierungsplan genannten betroffenen Gläubiger und den Schuldner verbindlich. Forderungsgestaltungen nach § 28 werden mit Bestätigung des Restrukturierungsplans wirksam, soweit der Restrukturierungsplan nichts anderes bestimmt. Bei einer Forderungskürzung wird der Schuldner von der Verbindlichkeit befreit, den betroffenen Gläubigern den Ausfall, den sie erleiden, nachträglich zu ersetzen oder für die sonst gewährte Begünstigung nachträglich aufzukommen.

(2) Gläubiger, die an der Annahme des Restrukturierungsplans nicht beteiligt waren, werden vom Plan nicht beeinträchtigt. Dies gilt nicht für Gläubiger, die sich trotz Übermittlung des Plans nach § 31 Abs. 1 oder Ladung zur Restrukturierungsplantagsatzung am Verfahren nicht beteiligten.

(3) Die Bestätigung des Restrukturierungsplans ersetzt nicht die Erfüllung gesetzlicher und vertraglicher Voraussetzungen, die zur Durchführung sonstiger Restrukturierungsmaßnahmen erforderlich sind. Gläubiger können durch den Restrukturierungsplan nicht zur Abgabe von Vertragserklärungen verpflichtet werden.

(4) §§ 150a, 151, 156 Abs. 2, § 164 Abs. 2 und § 164a IO sind anzuwenden.

(5) § 156a Abs. 1 bis 3 IO ist anzuwenden, soweit der Restrukturierungsplan nichts anderes bestimmt.

Rekurs

§ 40. (1) Gegen die Bestätigung des Restrukturierungsplans kann von jedem ablehnenden betroffenen Gläubiger, gegen die Versagung der Bestätigung vom Schuldner und von jedem zustimmenden betroffenen Gläubiger Rekurs erhoben werden.

(2) Der Rekurs hat keine aufschiebende Wirkung. Über den Rekurs ist mit Blick auf eine zü-

gige Bearbeitung auf effiziente Weise zu entscheiden.

(3) Dem Rekurs ist auf Antrag aufschiebende Wirkung zuzuerkennen, wenn die Umsetzung des Restrukturierungsplans für den Rekurswerber mit einem schwerwiegenden unwiederbringlichen Schaden verbunden wäre, der außer Verhältnis zu den Vorteilen der sofortigen Planumsetzung steht. Zugleich hat das Gericht, das über die Bestätigung des Plans in erster Instanz entschieden hat, zur Sicherstellung eines allfälligen Ausgleichs nach Abs. 5 nach freiem Ermessen eine Sicherheit festzusetzen. Erlegt der Schuldner die Sicherheit, so ist die aufschiebende Wirkung abzuerkennen. Diese Beschlüsse können nicht angefochten werden.

(4) Das Rekursgericht, das einem Rekurs gegen die Bestätigung des Restrukturierungsplans Folge gibt, kann

1. die Bestätigung des Restrukturierungsplans aufheben oder

2. die Bestätigung des Restrukturierungsplans aufrecht erhalten, wenn dies dem gemeinsamen Interesse der Gläubiger entspricht.

(5) Das Gericht, das über die Bestätigung des Restrukturierungsplans in erster Instanz entschieden hat, hat auf Antrag eines Gläubigers, dem finanzielle Verluste entstanden sind und dessen Rekurs stattgegeben wird, im Falle der Bestätigung eines Plans gemäß Abs. 4 Z 2 einen vom Schuldner zu zahlenden Ausgleich zu gewähren. Die Höhe des Ausgleiches ist vom Gericht nach freier Überzeugung (§ 273 ZPO) durch Beschluss festzusetzen.

Aufhebung und Einstellung

§ 41. (1) Das Restrukturierungsverfahren ist mit Eintritt der Rechtskraft der Bestätigung aufgehoben.

(2) Das Restrukturierungsverfahren ist einzustellen, wenn

1. der Schuldner innerhalb der vom Gericht festgelegten Frist keinen Restrukturierungsplan vorgelegt hat,

2. der Schuldner einem Auftrag zur Verbesserung des Restrukturierungsplans nicht rechtzeitig nachgekommen ist,

3. der Schuldner den Antrag auf Annahme eines Restrukturierungsplans zurückzieht,

4. der Schuldner Mitwirkungs- und Auskunftspflichten oder Verfügungsbeschränkungen nach § 16 Abs. 2 beharrlich verletzt,

5. der Schuldner den Kostenvorschuss für die Entlohnung des Restrukturierungsbeauftragten nicht rechtzeitig erlegt,

6. der Schuldner den Jahresabschluss nicht vorlegt, für den die Frist zur Aufstellung während des Verfahrens abgelaufen ist,

7. ein Insolvenzverfahren über das Vermögen des Schuldners eröffnet wurde,

8. offensichtlich ist, dass der Restrukturierungsplan die Zahlungsunfähigkeit des Schuldners oder den Eintritt der Überschuldung nicht verhindert, eine bereits eingetretene Überschuldung nicht beseitigt oder die Bestandfähigkeit des Unternehmens nicht gewährleistet,

9. die Gläubiger den Restrukturierungsplan ablehnen und die Tagsatzung nicht erstreckt wird,

10. ein gebotener Beschluss der Gesellschafterversammlung (§ 37) nicht binnen sechs Monaten ab Beschlussfassung wirksam wird oder

11. die Bestätigung des Restrukturierungsplans rechtskräftig versagt wurde.

Anspruch auf Ausfall

§ 42. Hat der Schuldner bei der Angabe der vom Restrukturierungsplan nicht betroffenen Gläubiger gemäß § 27 Abs. 2 Z 6 wissentlich Gläubiger verschwiegen, so kann jeder betroffene Gläubiger, der ohne Verschulden außerstande war, die zur Klage berechtigenden Umstände vor Bestätigung des Restrukturierungplans geltend zu machen, innerhalb von drei Jahren nach Eintritt der Rechtskraft der Bestätigung des Restrukturierungsplans mit Klage den Anspruch auf Bezahlung des Ausfalls geltend machen, ohne die Rechte zu verlieren, die ihm der Restrukturierungsplan einräumt.

Arbeitnehmer

§ 43. Die individuellen und kollektiven Rechte der Arbeitnehmer nach dem Arbeitsrecht werden durch das Restrukturierungsverfahren und den Restrukturierungsplan nicht beeinträchtigt; dazu gehören insbesondere

1. das Recht auf Tarifverhandlungen und Arbeitskampfmaßnahmen und

2. das Recht auf Unterrichtung und Anhörung im Einklang mit der Richtlinie 2002/14/EG und der Richtlinie 2009/38/EG, insbesondere

a) die Unterrichtung der Arbeitnehmervertreter über die jüngste Entwicklung und die wahrscheinliche Weiterentwicklung der Tätigkeit und der wirtschaftlichen Situation des Unternehmens des Betriebs, damit sie dem Schuldner ihre Bedenken hinsichtlich der Geschäftssituation und in Bezug auf die Notwendigkeit, Restrukturierungsmechanismen in Betracht zu ziehen, mitteilen können,

b) die Unterrichtung der Arbeitnehmervertreter über ein Restrukturierungsverfahren, das sich auf die Beschäftigung auswirken könnte,

c) die Unterrichtung und Anhörung der Arbeitnehmervertreter zum Restrukturierungsplan, bevor

ReO

er zur Annahme durch die Gläubiger oder dem Gericht zur Bestätigung vorgelegt wird, und

d) die durch die Richtlinien 98/59/EG, 2001/23/EG und 2008/94/EG garantierten Rechte.

7. Abschnitt

Besondere Verfahrensarten

Europäisches Restrukturierungsverfahren

§ 44. (1) Das Gericht hat auf einen vor Einleitung des Restrukturierungsverfahrens zu stellenden Antrag des Schuldners die Einleitung des Restrukturierungsverfahrens mit Edikt öffentlich bekannt zu machen (Europäisches Restrukturierungsverfahren). Das Edikt hat zu enthalten:

1. das Datum der Einleitung des Restrukturierungsverfahrens,

2. das Gericht, das das Restrukturierungsverfahren eingeleitet hat, und das Aktenzeichen des Verfahrens,

3. bei einer eingetragenen Personengesellschaft oder einer juristischen Person die Firma, gegebenenfalls frühere Firmen, die Firmenbuchnummer oder ZVR-Zahl, den Sitz und, sofern davon abweichend, die Geschäftsanschrift des Schuldners sowie die Anschriften der Niederlassungen,

4. bei einer natürlichen Person den Namen, die Wohn- und Geschäftsanschrift und das Geburtsdatum des Schuldners, gegebenenfalls die Firma und Firmenbuchnummer und frühere Namen sowie, falls die Anschrift geschützt ist, den Geburtsort des Schuldners,

5. den Namen, die Anschrift, die Telefonnummer und die E-Mail-Adresse eines bestellten Restrukturierungsbeauftragten und, wenn eine juristische Person oder eine eingetragene Personengesellschaft bestellt wurde, der Person, die sie bei Ausübung vertritt.

(2) Öffentlich bekanntzumachen sind weiters:

1. die Tagsatzung zur Abstimmung über den Restrukturierungsplan und der wesentliche Inhalt des Restrukturierungsplans,

2. Beschränkungen der Eigenverwaltung,

3. die Bestätigung des Restrukturierungsplans,

4. die Aufhebung und die Einstellung des Restrukturierungsverfahrens sowie der Eintritt der Rechtskraft des Einstellungsbeschlusses.

(3) Das Gericht kann festlegen, dass die Vollstreckungssperre alle Gläubiger umfasst (allgemeine Vollstreckungssperre). Der Beschluss über die Bewilligung und über die gänzliche oder teilweise Aufhebung der allgemeinen Vollstreckungssperre ist öffentlich bekannt zu machen; die gesonderte Zustellung an die Gläubiger (§ 21 Abs. 2) kann unterbleiben. Die Rechtswirkungen der Sperre treten mit Beginn des Tages ein, der der öffentlichen Bekanntmachung des Beschlusses folgt.

(4) Auf Antrag des Schuldners sind die Gläubiger zur Anmeldung ihrer Forderungen aufzufordern. Die Aufforderung ist öffentlich bekanntzumachen. Die Aufforderung hat die Frist für die Anmeldung der Forderungen und die Aufforderung an die Gläubiger, ihre Forderungen innerhalb dieser Frist bei Gericht anzumelden und eine Ausfertigung der Anmeldung dem Schuldner zu übersenden, sowie eine kurze Belehrung über die Folgen einer Versäumung der Anmeldungsfrist zu enthalten. Gläubiger haben ein Recht zur Teilnahme am Verfahren erst nach rechtzeitiger Anmeldung ihrer Forderungen. Der vom Gericht bestätigte Restrukturierungsplan ist auch für betroffene Gläubiger verbindlich, die ihre Forderungen trotz Aufforderung nicht rechtzeitig anmelden.

(5) Beantragt der Schuldner, die Gläubiger zur Anmeldung ihrer Forderungen aufzufordern, so kann er die betroffenen Gläubiger und ihre Forderungen im Restrukturierungsplan bloß unter Bezugnahme auf Forderungskategorien benennen; § 27 Abs. 2 Z 4 und Abs. 3 ist erst nach Ablauf der Anmeldefrist anzuwenden.

(6) § 253 Abs. 3 fünfter Satz IO ist anzuwenden.

(7) Rechtshandlungen nach § 16 Abs. 3 werden erst mit vollständiger Erfüllung des Restrukturierungsplans wirksam, wenn der Dritte wusste oder wissen musste, dass eine Zustimmung nicht erteilt worden ist.

(8) § 22 Abs. 4 zweiter Satz ist nicht anzuwenden.

(9) Die öffentlichen Bekanntmachungen erfolgen durch Aufnahme in die Ediktsdatei. Die Einsicht in die Eintragungen nach dieser Bestimmung ist ein Jahr nach Aufhebung oder Einstellung des Restrukturierungsverfahrens nicht mehr zu gewähren.

Vereinfachtes Restrukturierungsverfahren

§ 45. (1) Wenn nur Finanzgläubiger betroffene Gläubiger sind, hat das Gericht auf Antrag des Schuldners ein vereinfachtes Restrukturierungsverfahren einzuleiten und nach Annahme der betroffenen Gläubiger ohne Durchführung einer Tagsatzung über die Bestätigung der Restrukturierungsvereinbarung zu entscheiden.

(2) Auf das vereinfachte Restrukturierungsverfahren sind, soweit nichts anderes bestimmt ist, die Bestimmungen des Restrukturierungsverfahrens anzuwenden.

(3) Der Schuldner hat im Antrag auf Einleitung des vereinfachten Restrukturierungsverfahrens darzulegen, dass

1. wahrscheinliche Insolvenz vorliegt,

2. nur Finanzgläubiger betroffene Gläubiger sind,

3. eine Mehrheit von mindestens 75% der Gesamtsumme der Forderungen in jeder Gläubigerklasse zugestimmt hat und

4. der Schuldner und die zustimmenden Gläubiger die Restrukturierungsvereinbarung unter Angabe des Datums der Unterfertigung unterschrieben haben.

(4) Der Schuldner hat dem Antrag

1. eine Restrukturierungsvereinbarung, die den Inhalt eines Restrukturierungsplans (§ 27 Abs. 2) hat, anzuschließen, wobei die Zustimmungserklärungen der betroffenen Gläubiger, die auch unter der Bedingung der gerichtlichen Bestätigung im Rahmen eines vereinfachten Restrukturierungsverfahrens erfolgt sein können, nicht älter als 14 Tage sein dürfen,

2. eine Liste nach § 27 Abs. 3 und

3. eine Bestätigung nach Abs. 8 Z 3, in der die Bestätigungsvoraussetzungen nach Abs. 8 Z 3 lit. a bis d dargelegt werden

anzuschließen.

(5) Die Eigenverwaltung des Schuldners darf nicht beschränkt werden; ein Restrukturierungsbeauftragter ist nicht zu bestellen.

(6) Eine Vollstreckungssperre ist nicht anzuordnen.

(7) Die Restrukturierungsvereinbarung hat die Wirkungen eines Restrukturierungsplans für alle in der Vereinbarung genannten betroffenen Gläubiger, die nach Abs. 1 einvernommen wurden.

(8) Das Gericht hat die Restrukturierungsvereinbarung zu bestätigen, wenn

1. Abs. 3 Z 1 bis 4 erfüllt ist,

2. die Unterlagen nach Abs. 4 Z 1 bis 3 vorliegen und

3. durch die vom Schuldner vorgelegte Bestätigung eines allgemein beeideten und gerichtlich zertifizierten Sachverständigen für das Gebiet Unternehmensführung, Unternehmensreorganisation, Unternehmenssanierung, Unternehmensliquidation bescheinigt ist, dass

a) § 34 Abs. 1 Z 2 und 4 erfüllt ist,

b) die Einteilung der Gläubigerklassen in besicherte und unbesicherte Forderungen unter Berücksichtigung des Verkehrswerts der bestellten Sicherheiten erfolgt ist,

c) das Kriterium des Gläubigerinteresses gemäß § 35 Abs. 1 erfüllt ist, und

d) die Restrukturierungsvereinbarung die Zahlungsunfähigkeit des Schuldners und den Eintritt der Überschuldung verhindert oder eine bereits eingetretene Überschuldung beseitigt und die Bestandfähigkeit des Unternehmens gewährleistet.

8. Abschnitt

Schlussbestimmungen

Liste der Restrukturierungsbeauftragten

§ 46. (1) Die Liste der Restrukturierungsbeauftragten hat folgende Informationen zu enthalten:

1. Name, Anschrift, Telefonnummer sowie E-Mail-Adresse der interessierten Person sowie

2. Angaben über

a) die Ausbildung, die berufliche Laufbahn und die Berufserfahrung,

b) eine Eintragung in eine Berufsliste samt Datum der Eintragung,

c) besondere Fachkenntnisse des Restrukturierungs- und Insolvenzrechts, des Wirtschaftsrechts und der Betriebswirtschaft,

d) besondere Branchenkenntnisse,

e) die bestehende Infrastruktur für die Durchführung eines Restrukturierungsverfahrens (Kanzleiorganisation, Anzahl der Mitarbeiter, technische Ausstattung),

f) das Bestehen einer Haftpflichtversicherung für die Tätigkeit als Restrukturierungsbeauftragter,

g) die Erfahrung als Restrukturierungsbeauftragter (insbesondere die Anzahl der Bestellungen sowie den Umsatz und die Mitarbeiteranzahl der Unternehmen im Restrukturierungsverfahren),

h) den angestrebten örtlichen Tätigkeitsbereich und

3. bei juristischen Personen und eingetragenen Personengesellschaften: Angaben über die Vertretung bei der Besorgung der Aufgaben des Restrukturierungsbeauftragten samt Angaben nach lit. a bis h sowie über die Gesellschafter und die wirtschaftlich Beteiligten.

(2) Die Liste der Restrukturierungsbeauftragten ist als allgemein zugängliche Datenbank vom Oberlandesgericht Linz für ganz Österreich zu führen. Eintragungen sind von Amts wegen zu löschen, wenn sie gegenstandslos sind oder wenn die Gebühr für die Veröffentlichung in der Liste trotz Zahlungsauftrags samt Hinweis auf diese Rechtsfolge nicht innerhalb der im Zahlungsauftrag bestimmten Leistungsfrist entrichtet wurde.

(3) Die an der Restrukturierung interessierten Personen haben sich selbst in die Liste der Restrukturierungsbeauftragten einzutragen. Sie können die Angaben auch jederzeit selbst ändern.

(4) § 89e GOG ist anzuwenden.

Verweisungen

§ 47. Soweit in diesem Bundesgesetz auf Bestimmungen anderer Bundesgesetze verwiesen wird, sind diese in ihrer jeweils geltenden Fassung anzuwenden; soweit auf Bestimmungen der IO

ReO

verwiesen wird, sind diese nur sinngemäß anzuwenden.

Inkrafttreten

§ 48. Dieses Bundesgesetz tritt am 17. Juli 2021 in Kraft.

Vollziehung

§ 49. Mit der Vollziehung dieses Bundesgesetzes ist die Bundesministerin für Justiz betraut.

Umsetzungshinweis

§ 50. Mit diesem Bundesgesetz wird die Richtlinie (EU) 2019/1023 über präventive Restrukturierungsrahmen, über Entschuldung und über Tätigkeitsverbote sowie über Maßnahmen zur Steigerung der Effizienz von Restrukturierungs-, Insolvenz- und Entschuldungsverfahren und zur Änderung der Richtlinie (EU) 2017/1132 (Richtlinie über Restrukturierung und Insolvenz), ABl. 2019 L 172, S. 18, umgesetzt.

18. E-GeldG
§§ 1 – 21

E-Geldgesetz 2010
(Auszug)

BGBl I 2010/107 (Art 2) idF

1 BGBl I 2013/184   2 BGBl I 2018/17

Bundesgesetz über die Ausgabe von E-Geld und die Aufnahme, Ausübung und Beaufsichtigung der Tätigkeit von E-Geld-Instituten (E-Geldgesetz 2010)

1. Hauptstück

Anwendungsbereich und Begriffsbestimmungen

E-Geld und E-Geld-Emittenten

§ 1. (1) E-Geld bezeichnet jeden elektronisch – darunter auch magnetisch – gespeicherten monetären Wert in Form einer Forderung gegenüber dem E-Geld-Emittenten, der gegen Zahlung eines Geldbetrags ausgestellt wird, um damit Zahlungsvorgänge im Sinne von § 4 Z 5 des Zahlungsdienstegesetzes 2018 – ZaDiG 2018, BGBl. I Nr. 17/2018 durchzuführen, und der auch von anderen natürlichen oder juristischen Personen als dem E-Geld-Emittenten angenommen wird. *(BGBl I 2018/17)*

(2) Nur E-Geld-Emittenten sind zur Ausgabe von E-Geld berechtigt. E-Geld-Emittenten sind:

1. Kreditinstitute und CRR-Kreditinstitute gemäß § 1 und § 1a Z 1 Bankwesengesetz – BWG, BGBl. Nr. 532/1993 , die nach dem Recht ihres Herkunftmitgliedstaates zur Ausgabe von E-Geld berechtigt sind, einschließlich deren Zweigstellen sowie Zweigstellen ausländischer Kreditinstitute im Sinne des § 2 Z 13 BWG, sofern sich diese Zweigstellen innerhalb des Europäischen Wirtschaftsraumes befinden; *(BGBl I 2013/184)*

2. E-Geld-Institute im Sinne des § 3 Abs. 2 sowie E-Geld-Institute gemäß § 9, die nach dem Recht ihres Herkunftmitgliedstaates (Art. 4 Abs. 1 Nummer 43 der Verordnung (EU) Nr. 575/2013) zur Ausgabe von E-Geld berechtigt sind, einschließlich innerhalb des Europäischen Wirtschaftsraumes ansässiger Zweigstellen von E-Geld-Instituten, deren Sitz sich außerhalb des Europäischen Wirtschaftsraumes befindet, sofern die Europäische Union entsprechende Abkommen abgeschlossen hat oder sofern diesen eine Konzession gemäß § 4 Abs. 6 erteilt worden ist; *(BGBl I 2013/184)*

3. die Post, im Rahmen des Geldverkehrs;

4. die Europäische Zentralbank, die Österreichische Nationalbank, sowie andere Zentralbanken des Europäischen Wirtschaftsraumes, sofern sie nicht in ihrer Eigenschaft als Währungsbehörden oder sonst als Behörden handeln;

5. der Bund, die Länder und Gemeinden, wenn sie als Behörden handeln;

6. die Österreichische Kontrollbank AG.

(3) Auf den Inhalt der in diesem Bundesgesetz verwendeten Begriffe sind, soweit in diesem Bundesgesetz nicht ausdrücklich anderes festgelegt wird, die Begriffsbestimmungen des ZaDiG 2018 anzuwenden. *(BGBl I 2018/17)*

...

4. Hauptstück

Insolvenzbestimmungen, Aufsicht und internationale Zusammenarbeit

1. Abschnitt

Geschäftsaufsicht und Insolvenzbestimmungen

§ 21. Über das Vermögen eines E-Geld-Institutes kann ein Sanierungsverfahren nicht eröffnet werden. Im Konkurs eines E-Geld-Institutes findet ein Sanierungsplanantrag nicht statt. Auf das Geschäftsaufsichts- und Konkursverfahren eines E-Geld-Institutes sind die §§ 106 bis 114 ZaDiG 2018 anzuwenden. Das Gericht hat im Wege der FMA, wenn es über eine inländische Zweigstelle eines ausländischen E-Geld-Institutes die Geschäftsaufsicht verhängt hat, die zuständigen Behörden allfälliger anderer Mitgliedstaaten, in denen solche Zweigstellen E-Geldgeschäfte betreiben, von seiner Entscheidung auf Anordnung der Geschäftsaufsicht sowie den konkreten Wirkungen der Geschäftsaufsicht unverzüglich in Kenntnis zu setzen. Um Doppelentscheidungen zu vermeiden, sind vor der Entscheidung die zuständigen Behörden in den anderen Mitgliedstaaten von der beabsichtigten Entscheidung zu unterrichten und ist nach Möglichkeit das Vorgehen abzustimmen. *(BGBl I 2018/17)*

...

E-GeldG

Anfechtungsordnung

RGBl 1914/337 idF

1 BGBl 1934 II/178   4 BGBl I 2009/75 (FamRÄG 2009)
2 BGBl 1968/240   5 BGBl I 2010/29 (IRÄG 2010)
3 BGBl I 2006/8 (GIN 2006)

Aufhebung der Anfechtungsordnung (Art 17 BGBl I 2021/86)

Die Anfechtungsordnung, RGBl. Nr. 337/1914, zuletzt geändert durch das Bundesgesetz BGBl. I Nr. 29/2010, tritt mit Ablauf des 30. Juni 2021 außer Kraft; sie ist weiterhin auf Rechtshandlungen vor dem 1. Juli 2021 anzuwenden.

Ab 1. Juli 2021 siehe §§ 438 – 453 EO

Kaiserliche Verordnung vom 10. Dezember 1914, RGBl 1914/337, über die Einführung einer Konkursordnung, einer Ausgleichsordnung und einer Anfechtungsordnung

Anfechtungsrecht

§ 1. Rechtshandlungen, die das Vermögen eines Schuldners betreffen, können außerhalb des Konkurses nach den folgenden Bestimmungen zum Zwecke der Befriedigung eines Gläubigers angefochten und diesem gegenüber als unwirksam erklärt werden.

Anfechtung

a) wegen Benachteiligungsabsicht

§ 2. Anfechtbar sind:

1. Alle Rechtshandlungen, die der Schuldner in der dem anderen Teile bekannten Absicht, seine Gläubiger zu benachteiligen, in den letzten zehn Jahren vor der Anfechtung vorgenommen hat;

2. alle Rechtshandlungen, durch welche die Gläubiger des Schuldners benachteiligt werden und die er in den letzten zwei Jahren vor der Anfechtung vorgenommen hat, wenn dem anderen Teile die Benachteiligungsabsicht bekannt sein mußte;

3. alle Rechtshandlungen, durch welche die Gläubiger des Schuldners benachteiligt werden und die er in den letzten zwei Jahren vor der Anfechtung gegenüber seinem Ehegatten - vor oder während der Ehe - oder gegenüber anderen nahen Angehörigen oder zugunsten der genannten Personen vorgenommen hat, es sei denn, daß dem anderen Teile zur Zeit der Vornahme der Rechtshandlung eine Benachteiligungsabsicht des Schuldners weder bekannt war noch bekannt sein mußte;

b) wegen Vermögensverschleuderung

4. die im letzten Jahre vor der Anfechtung vom Schuldner eingegangen Kauf-, Tausch- und Lieferungsverträge, sofern der andere Teil in dem Geschäfte eine die Gläubiger benachteiligende Vermögensverschleuderung erkannte oder erkennen mußte.

§ 2 ist in der jeweiligen Fassung auf eingetragene Partner, Partnersachen oder Partnerangelegenheiten sinngemäß anzuwenden (§ 43 Abs 1 Z 1 EPG).

Anfechtung unentgeltlicher und ihnen gleichgestellter Verfügungen

§ 3. Anfechtbar sind folgende, in den letzten zwei Jahren vor der Anfechtung vorgenommene Rechtshandlungen:

1. unentgeltliche Verfügungen des Schuldners, soweit es sich nicht um die Erfüllung einer gesetzlichen Verpflichtung, um gebräuchliche Gelegenheitsgeschenke oder um Verfügungen in angemessener Höhe handelt, die zu gemeinnützigen Zwecken gemacht wurden oder durch die einer sittlichen Pflicht oder Rücksichten des Anstandes entsprochen worden ist;

2. der Erwerb von Sachen des Schuldners zufolge obrigkeitlicher Verfügung, wenn das Entgelt aus den Mitteln des Schuldners geleistet worden ist. Sind diese Sachen von nahen Angehörigen des Schuldners erworben worden, so wird vermutet, daß das Entgelt aus den Mitteln des Schuldners geleistet worden ist.

3. *(aufgehoben, BGBl I 2009/75, die bis dahin geltende Fassung ist auf Rechtshandlungen weiterhin anzuwenden, die vor dem 1. Jänner 2010 vorgenommen werden: § 21)*

Nahe Angehörige

§ 4. (1) Als nahe Angehörige sind der Ehegatte und Personen anzusehen, die mit dem Schuldner oder dessen Ehegatten in gerader Linie oder bis zum vierten Grade der Seitenlinie verwandt oder verschwägert sind, ferner Wahl- und Pflegekinder sowie Personen, die mit dem Schuldner in außerehelicher Gemeinschaft leben. Außereheliche Verwandtschaft ist der ehelichen gleichzustellen.

(2) Ist der Schuldner eine juristische Person, eine Personengesellschaft oder ein sonstiges parteifähiges Gebilde, so gelten

1. die Mitglieder des Leitungs- oder Aufsichtsorgans,

2. die unbeschränkt haftenden Gesellschafter sowie

3. Gesellschafter im Sinne des § 5 EKEG

als nahe Angehörige des Schuldners. Das Gleiche gilt für solche Personen, auf die dies im letzten Jahr vor der anfechtbaren Rechtshandlung zugetroffen hat, sowie für die in Abs. 1 aufgezählten nahen Angehörigen aller dieser Personen. *(BGBl 1934 II/178; BGBl I 2006/8, Art 11§ 3, auf Rechtshandlungen anzuwenden, die nach dem 28. Februar 2006 vorgenommen werden.)*

§ 4 ist in der jeweiligen Fassung auf eingetragene Partner, Partnersachen oder Partnerangelegenheiten sinngemäß anzuwenden (§ 43 Abs 1 Z 1 EPG).

Einzelverkäufe

§ 5. Leistungen auf Grund von Einzelverkäufen beweglicher Sachen im gewerbsmäßigen Betriebe des Schuldners können nur unter den Voraussetzungen des § 2, Z. 1 bis 3, angefochten werden.

Exekution und Anfechtung

§ 6. Die Anfechtung wird dadurch nicht ausgeschlossen, daß für die anzufechtende Handlung ein Exekutionstitel erworben oder daß sie durch Exekution bewirkt worden ist. Wird die Rechtshandlung für unwirksam erklärt, so erlischt dem Gläubiger gegenüber auch die Wirksamkeit des Exekutionstitels.

Anfechtung von Unterlassungen

§ 7. Als Rechtshandlungen sind auch Unterlassungen des Schuldners anzusehen, durch die er ein Recht verliert oder durch die gegen ihn vermögensrechtliche Ansprüche begründet, erhalten oder gesichert werden. Das gleiche gilt für die Unterlassung der Antretung einer Erbschaft.

Anfechtungsbefugnis

§ 8. (1) Zur Anfechtung ist jeder Gläubiger, dessen Forderung vollstreckbar ist, ohne Rücksicht auf die Zeit ihrer Entstehung befugt, sofern die Exekution in das Vermögen des Schuldners zu einer vollständigen Befriedigung des Gläubigers nicht geführt hat oder anzunehmen ist, daß sie zu einer solchen nicht führen würde.

(2) Die Anfechtung kann durch Klage oder Einrede geltend gemacht werden.

Hemmung des Ablaufs der Anfechtungsfrist

§ 9. (1) Der Ablauf der Anfechtungsfrist wird für den Gläubiger einer vor diesem Ablauf fällig gewordenen, aber noch nicht vollstreckbaren Forderung bis zum Ende des sechsten Monats seit dem Eintritt der Vollstreckbarkeit der Forderung gehemmt, wenn der Gläubiger, nachdem er von der anfechtbaren Rechtshandlung des Schuldners erfahren hat,

1. das Verfahren gegen den Schuldner über die bereits anhängige Klage gehörig fortsetzt oder

2. den Schuldner unverzüglich klagt und das Verfahren über die Klage gehörig fortsetzt und

3. in beiden Fällen demjenigen, dem gegenüber die Rechtshandlung vorgenommen worden ist, oder dessen Erben seine Anfechtungsabsicht vor dem Ablauf der Anfechtungsfrist mit einem gerichtlich oder notariell zugestellten Schriftsatz mitteilt.

(2) Zur Entgegennahme und zur Zustellung des im Abs. 1 genannten Schriftsatzes ist jedes mit bürgerlichen Rechtssachen befaßte Bezirksgericht zuständig. Die Zustellung dieses Schriftsatzes ist nach den Vorschriften über die Zustellung von Klagen vorzunehmen. *(BGBl 1968/240)*

Anfechtung vor Vollstreckbarkeit

§ 10. Die Anfechtung kann mittels Einrede ausgeübt werden, bevor die Forderung des Gläubigers vollstreckbar geworden ist. Ebenso kann die Anfechtung im Verfahren zur Verteilung eines im Wege der Zwangsvollstreckung erzielten Erlöses auch stattfinden, bevor die Forderung des anfechtenden Gläubigers vollstreckbar geworden ist.

Anfechtungsgegner

§ 11. (1) Die gegen den Erblasser begründete Anfechtung ist auch gegen den Erben zulässig.

(2) Gegen einen anderen Rechtsnachfolger oder Rechtsnehmer ist die gegen seinen Rechtsvorgänger begründete Anfechtung nur zulässig:

1. wenn ihm zur Zeit seines Erwerbes Umstände bekannt waren oder bekannt sein mußten, welche das Anfechtungsrecht gegen seinen Vorgänger begründen;

2. wenn sein Erwerb auf einer unentgeltlichen Verfügung seines Vorgängers beruht;

3. wenn er ein naher Angehöriger des Schuldners ist, es sei denn, daß ihm zur Zeit seines Erwerbes die Umstände, die das Anfechtungsrecht gegen seinen Vorgänger begründen, weder bekannt waren noch bekannt sein mußten.

(3) Zur Ersteckung der Fristen nach § 9 genügt die Zustellung des Schriftsatzes an denjenigen, gegen den die Anfechtung stattfinden soll.

Anfechtungsklage

§ 12. Findet eine Anfechtung mittels Klage statt, so ist in der Klage anzugeben, in welchem Umfange und in welcher Weise der Beklagte zum Zwecke der Befriedigung des Gläubigers etwas leisten oder dulden soll.

Inhalt des Anfechtungsanspruches

§ 13. (1) Was durch die anfechtbare Handlung dem Vermögen des Schuldners entgangen oder daraus veräußert oder aufgegeben worden ist, kann der Gläubiger soweit für sich beanspruchen, als es zu seiner Befriedigung erforderlich ist; ist dies nicht tunlich, so ist Ersatz zu leisten.

(2) Der zur Leistung Verpflichtete ist als unredlicher Besitzer anzusehen, dessen Erbe jedoch nur dann, wenn ihm die Umstände, die das Anfechtungsrecht gegen den Erblasser begründen, bekannt waren oder bekannt sein mußten.

(3) Der gutgläubige Empfänger einer unentgeltlichen Leistung hat diese nur so weit zu erstatten, als er durch sie bereichert ist, es sei denn, daß sein Erwerb auch als entgeltlicher anfechtbar wäre.

§ 14. Haben dritte Personen an Sachen, die zurückzustellen sind, unanfechtbare Rechte erworben, so ist derjenige, während dessen Besitz die Belastung stattgefunden hat, zum Ersatze des Schadens an den Gläubiger verpflichtet, wenn sein Erwerb anfechtbar war. Die Bestimmung des § 13, Absatz 3, findet Anwendung.

Ansprüche des Anfechtungsgegners

§ 15. Wegen Erstattung einer Gegenleistung oder wegen einer infolge der Anfechtung wieder auflebenden Forderung kann sich der Anfechtungsgegner nur an den Schuldner halten.

Unzulässigkeit der Aufrechnung

§ 16. Gegen den Anfechtungsanspruch kann eine Gegenforderung an den Schuldner nicht aufgerechnet werden.

Befreiung des Anfechtungsgegners

§ 17. Der Anfechtungsgegner kann sich von dem Anfechtungsanspruch dadurch befreien, daß er die dem anfechtenden Gläubiger gegen den Schuldner zustehende Forderung befriedigt.

Mehrfache Anfechtung

§ 18. Der Umstand, daß dieselbe Rechtshandlung von mehreren Gläubigern angefochten wird, kann in keinem Falle zur Folge haben, daß die den Anfechtungsgegner treffenden Verbindlichkeiten das durch die §§ 13 und 14 bestimmte Maß überschreiten.

Anfechtbarkeit bei Konkurseröffnung

§ 19. (1) Inwiefern Anfechtungsansprüche, die von Konkursgläubigern erhoben worden sind, nach der Konkurseröffnung weiter geltend gemacht werden können, bestimmt § 37 IO . *(BGBl I 2010/29, ab 1. 7. 2010)*

(2) Eine Befriedigung oder Sicherstellung, die ein Gläubiger infolge einer Anfechtung vor der Konkurseröffnung erlangt hat, kann, wenn über das Vermögen des Schuldners der Konkurs eröffnet wird, nach den Bestimmungen der Insolvenzordnung angefochten werden. *(BGBl I 2010/29, ab 1. 7. 2010)*

Anmerkung der Anfechtungsklage

§ 20. (1) Wird die Anfechtung mittels Klage geltend gemacht, so kann der Anfechtungsberechtigte beim Prozeßgericht um die Anmerkung der Klage bei den bücherlichen Einlagen ansuchen, bei denen die Durchführung des Anfechtungsanspruches Eintragungen erfordert.

(2) Diese Anmerkung hat zur Folge, daß das Urteil über die Anfechtungsklage auch gegen Personen wirkt, die nach der Anmerkung bücherliche Rechte erworben haben.

Übergangsbestimmung zum FamRÄG 2009

§ 21. Die Aufhebung des § 3 Z 3 durch das Bundesgesetz BGBl. I Nr. 75/2009 tritt mit 1. Jänner 2010 in Kraft. § 3 Z 3 ist in der bis dahin geltenden Fassung auf Rechtshandlungen weiterhin anzuwenden, die vor dem 1. Jänner 2010 vorgenommen werden.

(BGBl I 2009/75)

20. GenIG
§§ 1 – 6

Genossenschaftsinsolvenzgesetz

RGBl 1918/105 idF

1 BGBl 1925/87
2 BGBl 1982/371
3 BGBl 1991/10

4 BGBl I 2010/29 (IRÄG 2010)
5 BGBl I 2010/58 (IRÄ-BG)

Bundesgesetz über insolvenzrechtliche Sonderbestimmungen bei Erwerbs- und Wirtschaftsgenossenschaften (Genossenschaftsinsolvenzgesetz – GenIG)

(BGBl I 2010/58, ab 1. 8. 2010)

§ 1. (1) Ist über das Vermögen einer Genossenschaft das Konkursverfahren eröffnet worden und reicht das Vermögen zur Deckung der Forderungen der Konkursgläubiger nicht hin, so ist der Abgang von den Genossenschaftern nach den folgenden Bestimmungen zu decken. Ein unmittelbarer Anspruch gegen die Genossenschafter auf Deckung des Abganges steht den Genossenschaftsgläubigern auch bei Genossenschaften mit unbeschränkter Haftung nicht zu. *(BGBl I 2010/58, ab 1. 8. 2010)*

(2) Die Forderungen ausgeschiedener Genossenschafter auf Auszahlung ihres Guthabens (§ 55 Abs. 3 und § 79 GenG) können als Insolvenzforderungen nicht geltend gemacht werden. *(BGBl I 2010/58, ab 1. 8. 2010)*

§ 2. Der Masseverwalter hat nach Durchführung der Prüfungsverhandlung (§ 105 IO) die Genossenschafter zur Leistung der Nachschüsse aufzufordern, die zur Deckung des Abganges erforderlich sind. Der Abgang ist durch die Aufstellung einer Beitragsberechnung zu ermitteln, in der die Verbindlichkeiten der Genossenschaft und die voraussichtlichen Kosten des Konkursverfahrens (§ 46 Z 1 IO) dem Genossenschaftsvermögen mit Ausnahme der zur Zeit der Auflösung der Genossenschaft noch nicht fälligen Forderungen gegen die Genossenschafter auf Volleinzahlung ihrer Geschäftsanteile gegenüberzustellen sind. *(BGBl I 2010/58, ab 1. 8. 2010)*

§ 3. (1) Zur Deckung des Abganges sind zunächst die zur Volleinzahlung der Geschäftsanteile erforderlichen, zur Zeit der Auflösung der Genossenschaft noch nicht fälligen Beträge, und zwar nach dem Verhältnis, in dem die Genossenschafter nach dem Statut an dem Verluste der Genossenschaft teilzunehmen haben, nötigenfalls bis zu ihrer vollen Höhe einzufordern.

(2) Reichen die in Absatz 1 bezeichneten Beträge zur Deckung des Abganges nicht aus, so sind die Genossenschafter zur Leistung von Nachschüssen, nötigenfalls bis zur vollen Höhe ihrer Haftung (§§ 2, 53 und 79 GenG), und zwar nach dem Verhältnisse der Geschäftsanteile heranzuziehen, wenn das Statut keine andere Verteilung des Verlustes anordnet. *(BGBl I 2010/58, ab 1. 8. 2010)*

(3) Nachschußpflichtig sind die Genossenschafter, deren Haftung zur Zeit der Auflösung der Genossenschaft noch nicht erloschen war. Genossenschafter, die durch Übertragung ihrer Geschäftsanteile ganz oder teilweise ausschieden, sind überdies nur insoweit nachschußpflichtig, als der auf sie entfallende Nachschußbetrag vom Erwerber des Geschäftsanteiles nicht hereingebracht werden kann.

(4) Hat ein vor der Auflösung der Genossenschaft ausgeschiedener Genossenschafter auf Grund der mit ihm nach dem Ausscheiden gepflogenen Auseinandersetzung (§ 55 Abs. 3 und § 79 GenG) einen Beitrag zur Deckung eines Verlustes der Genossenschaft geleistet, so ist dieser Betrag auf den von ihm zu zahlenden Nachschuß anzurechnen. *(BGBl I 2010/58, ab 1. 8. 2010)*

GenIG

§ 4. (1) Der Masseverwalter hat nach Anhörung des Gläubigerausschusses zu prüfen, ob und inwieweit Genossenschafter, die offenbar ganz oder zum Teil außerstande sind, die auf sie entfallenden Beträge zu leisten, in der Beitragsberechnung zu berücksichtigen sind. Uneinbringliche Beiträge sind auf die übrigen Genossenschafter zu verteilen.

(2) Die Beitragsrechnung ist so aufzustellen, daß durch das Unvermögen einzelner Genossenschafter voraussichtlich kein Ausfall entsteht.

§ 5. (1) In der Beitragsberechnung sind sämtliche Genossenschafter mit Namen anzuführen und die Beträge, die sie zu zahlen haben, ziffernmäßig zu bestimmen. Werden einzelne Genossenschafter gemäß § 4 überhaupt nicht oder mit einem geringeren Betrage berücksichtigt, so ist dies kurz zu begründen.

(2) Die Beitragsberechnung ist dem Konkursgerichte zur Genehmigung vorzulegen.

§ 6. (1) Das Konkursgericht hat nach Prüfung und allfälliger Berichtigung der Beitragsrechnung in der Insolvenzdatei öffentlich bekanntzumachen, dass die in die Beitragsberechnung aufgenommenen Genossenschafter und die Konkursgläubiger die Beitragsberechnung bei ihm oder beim Masseverwalter einsehen, von ihr Abschrift nehmen und dagegen binnen 14 Tagen ihre Erinnerung anbringen können. Zugleich ist die Tagsatzung bekanntzugeben, bei der über allfällige Erinnerungen verhandelt werden wird. *(BGBl I 2010/58, ab 1. 8. 2010)*

(2) Der Vorstand und der Aufsichtsrat der Genossenschaft, der Masseverwalter, die Mitglieder des Gläubigerausschusses und alle in Anspruch genommenen Genossenschafter sind überdies unmittelbar zu benachrichtigen. *(BGBl I 2010/58, ab 1. 8. 2010)*

(3) *(entfällt, BGBl I 2010/58)*

§ 7. (1) Die Beitragsberechnung ist vom Konkursgericht zu genehmigen, wenn nach dem Ergebnisse der Prüfung kein Bedenken dagegen obwaltet und wenn Erinnerungen nicht vorgebracht oder bei der Tagsatzung zurückgezogen worden sind.

(2) Andernfalls entscheidet das Konkursgericht, unter Ausschluß des Rechtsweges, erforderlichenfalls nach Vornahme von Erhebungen (§ 254 Abs. 5 IO) und nach entsprechender Berichtigung der Beitragsberechnung. Diese Berichtigung kann das Konkursgericht entweder selbst vornehmen oder dem Masseverwalter auftragen. *(BGBl I 2010/58, ab 1. 8. 2010)*

(3) Erinnerungen, womit ein Genossenschafter beantragt, ihn in der Beitragsberechnung überhaupt nicht oder mit einem geringeren Betrage zu berücksichtigen, weil er ganz oder zum Teil außerstande sei, den auf ihn entfallenden Betrag zu leisten, sind unzulässig.

§ 8. (1) Ausfertigungen der mit der gerichtlichen Genehmigung versehenen Beitragsberechnung sind dem Masseverwalter und dem Vorstande zuzustellen. Eine weitere Ausfertigung ist bei Gericht zur Einsicht der Beteiligten bereitzuhalten.

(2) In dem Beschluß über die Genehmigung, der in der Insolvenzdatei öffentlich bekanntzumachen ist, sind die Genossenschafter und die Konkursgläubiger aufmerksam zu machen, daß die genehmigte Beitragsberechnung bei Gericht, beim Masseverwalter und beim Vorstand eingesehen werden kann. *(BGBl I 2010/58, ab 1. 8. 2010)*

(3) Die gerichtlich genehmigte Beitragsberechnung ist nach Ablauf des 14. Tages, von der öffentlichen Bekanntmachung an, vollstreckbar. *(BGBl I 2010/58, ab 1. 8. 2010)*

§ 9. (1) Die Genossenschafter können die genehmigte Beitragsberechnung durch Rekurs anfechten. *(BGBl I 2010/58, ab 1. 8. 2010)*

(2) Infolge der Erhebung des Rekurses kann die Aufschiebung der Exekution angeordnet werden. *(BGBl I 2010/58, ab 1. 8. 2010, der bisherige Abs 2 ist entfallen, Abs 3 wurde zu Abs 2)*

§ 10. (1) Sobald die Beitragsberechnung vollstreckbar geworden ist, hat der Masseverwalter die Beiträge einzubringen.

(2) Beiträge, deren Vorschreibung angefochten wurde, sind vom Masseverwalter bis zur endgültigen Entscheidung über die Anfechtung zurückzubehalten.

§ 11. Zeigt sich, daß der Abgang auf Grund einer Beitragsberechnung nicht gedeckt wird, so hat der Masseverwalter eine Zusatzberechnung aufzustellen, auf welche die Bestimmungen der §§ 3 bis 10 Anwendung finden. Nötigenfalls ist die Aufstellung einer Zusatzberechnung zu wiederholen.

§ 12. Wird nach dem Schlußergebnisse nicht der ganze eingehobene Betrag zur Deckung des Abganges benötigt, so sind zunächst Beträge, um welche einzelne Genossenschafter verhältnismäßig mehr als andere geleistet haben, zurückzuzahlen.

§ 13. Der Pflicht zur Zahlung von Beträgen, die zur Deckung des Abganges eingefordert werden, kann durch Aufrechnung mit einer Forderung gegen die Genossenschaft nur in dem Betrage genügt werden, der auf die Forderung nach einem rechtskräftig genehmigten Verteilungsentwurf entfällt.

§ 14. Auf Grund der Zahlung von Beiträgen, die gemäß der Beitragsberechnung geleistet wurden, können Rückgriffsrechte gegen andere Genossenschafter nicht geltend gemacht werden.

§ 15. (1) Die Bestimmungen dieses Bundesgesetzes sind sinngemäß anzuwenden, wenn die Eröffnung des Insolvenzverfahrens mangels eines kostendeckenden Vermögens unterbleibt oder das Insolvenzverfahren aus diesem Grund aufgehoben wird. In diesem Falle haben die Liquidatoren oder der Vorstand die sonst dem Masseverwalter obliegenden Aufgaben zu erfüllen. Das Firmenbuchgericht kann an ihrer Stelle von Amts wegen oder auf Antrag andere Personen mit diesen Obliegenheiten betrauen. *(BGBl I 2010/58, ab 1. 8. 2010)*

(2) Wegen nicht ausreichender Deckung der Kosten des Konkursverfahrens (§§ 71 und 123a IO) darf das Konkursverfahren nur dann unterbleiben oder aufgehoben werden, wenn die Kosten voraussichtlich auch in den Nachschüssen der Genossenschafter (§ 2) keine Deckung finden. *(BGBl 1982/371; BGBl I 2010/58, ab 1. 8. 2010)*

§ 16. Während des Konkursverfahrens kann auch der Masseverwalter eine Generalversammlung der Genossenschaft einberufen.

§ 17. Ein Sanierungsverfahren ist auch bei Erwerbs- und Wirtschaftsgenossenschaften zulässig. Die Bestimmung des § 16 findet sinngemäß Anwendung. Im Vermögensverzeichnisse (§ 169 IO) sind auch die Beträge, mit denen die einzelnen Genossenschafter für die Deckung eines Abganges haften, und die voraussichtlich aus der Haftung einbringlichen Beträge anzugeben. *(BGBl 1991/10; BGBl I 2010/58, ab 1. 8. 2010)*

§ 18. (1) Diese Verordnung tritt am ersten Tage des auf ihre Kundmachung folgenden Monates in Wirksamkeit.

(2) Sie findet auch auf bereits eröffnete, am Tage der Kundmachung der Verordnung aber noch nicht beendete Konkurse von Genossenschaften Anwendung; doch gelten die Bestimmungen des § 3, Absatz 3, für Genossenschafter nicht, deren Haftung an diesem Tage bereits erloschen war.

(3) Die §§ 1, 2, 3 Abs. 2 und 4, §§ 6, 7 Abs. 2, § 8 Abs. 2 und 3, §§ 9, 15 und 17 in der durch das Bundesgesetz BGBl. I Nr. 58/2010 geänderten Fassung treten mit 1. August 2010 in Kraft. *(BGBl 1982/371; BGBl I 2010/58)*

GenIG

21. BWG

§§ 81 – 81b

Insolvenzbestimmungen des Bankwesengesetzes

BGBl 1993/532 (Art I Finanzmarktanpassungsgesetz) idF

1 BGBl 1996/445	**7** BGBl I 2010/29 (IRÄG 2010)
2 BGBl I 1997/114	**8** BGBl I 2010/58 (IRÄ-BG)
3 BGBl I 1999/123	**9** BGBl I 2013/184
4 BGBl I 2001/97	**10** BGBl I 2014/59 (SSM-UG)
5 BGBl I 2003/36	**11** BGBl I 2014/98 (BaSAG)
6 BGBl I 2006/141	**12** BGBl I 2021/98

**Bundesgesetz über das Bankwesen
(Bankwesengesetz – BWG)**

**XVII. Geschäftsaufsicht und
Insolvenzbestimmungen**

§ 81. (1) Für in Österreich eröffnete Geschäftsaufsichtsverfahren, die Voraussetzungen für deren
Eröffnung und ihre Wirkungen gilt, soweit in den
folgenden Absätzen und in §§ 81a bis 81 m nichts
anderes bestimmt ist, im gesamten EWR österreichisches Recht. Die Wirkungen erstrecken sich
auch auf im gesamten EWR gelegenes Vermögen
des Kreditinstituts, insbesondere auf dessen
Zweigstellen.

(2) Das Geschäftsaufsichtsverfahren gemäß
§ 82 Abs. 2 ist eine Sanierungsmaßnahme im
Sinne des Art. 2 der Richtlinie 2001/24/EG. Der
Aufsichtsperson gemäß § 82 Abs. 3 ist vom Gericht ein Bestellungsdekret auszustellen.

(3) Eine nach dem Recht eines anderen Mitgliedstaats als Österreich ergangene Entscheidung
zur Durchführung einer Maßnahme zur Sanierung
eines Kreditinstituts, das in diesem Mitgliedstaat
gemäß den Art. 9ff der Richtlinie 2013/36/EU
zugelassen wurde, ist in Österreich ohne weitere
Formalität wirksam, sobald die Entscheidung in
dem Mitgliedstaat, in dem das Verfahren eröffnet
wurde, wirksam wird. Entsprechendes gilt für
Maßnahmen auf Grund eines Geschäftsaufsichtsverfahrens gemäß § 82 Abs. 2 im EWR außerhalb
Österreichs. *(BGBl I 2013/184)*

(4) Die durch das Bestellungsdekret der zuständigen Behörde des Herkunftmitgliedstaates in Ur-
oder beglaubigter Abschrift ausgewiesenen Verwalter im Sinne des Art. 2 der Richtlinie
2001/24/EG und deren Vertreter sowie die Aufsichtsperson gemäß § 82 Abs. 3 dürfen in den jeweiligen Aufnahmemitgliedstaaten ohne weitere
Formalität alle Befugnisse ausüben, die ihnen in
Durchführung einer Sanierungsmaßnahme gemäß
Abs. 3 im Hoheitsgebiet des Herkunftmitgliedstaats zustehen. Sofern bei einem in Österreich
tätigen Verwalter der Text im Bestellungsdekret
nicht Deutsch oder Englisch ist, ist diesem eine
Übersetzung in Deutsch beizuschließen. Bei der
Ausübung ihrer Befugnisse hat die Aufsichtsperson gemäß § 82 Abs. 3 das Recht der Mitgliedstaaten, in deren Hoheitsgebiet sie tätig werden

will, insbesondere hinsichtlich der Art und Weise
der Verwertung von Vermögenswerten und der
Unterrichtung der Arbeitnehmer zu beachten.
Diese Befugnisse schließen nicht die Anwendung
von Zwangsmitteln oder das Recht, über Rechtsstreitigkeiten oder andere Auseinandersetzungen
zu befinden, ein. Die Verwalter haben bei der
Ausübung ihrer Befugnisse in Österreich österreichisches Recht zu beachten; die Sanierungsmaßnahmen der zuständigen Behörde des Herkunftmitgliedstaates stellen Exekutionstitel im Sinne
der Exekutionsordnung dar. Soweit Sanierungsmaßnahmen der zuständigen Behörde des Herkunftmitgliedstaates Belange von Arbeitnehmern
betreffen und nach österreichischem Recht die
Arbeitnehmer von einer derartigen Maßnahme
einer österreichischen Behörde zu unterrichten
wären, hat der Verwalter die Arbeitnehmer genauso zu unterrichten.

(5) Auf Antrag des Verwalters oder jeder Behörde oder jedes Gerichts des Herkunftmitgliedstaats ist die Eröffnung einer Sanierungsmaßnahme in das Grundbuch und das Firmenbuch einzutragen. Die Kosten der Eintragung gelten als
Kosten und Auslagen der Maßnahme.

(6) Bei in Österreich eröffneten Geschäftsaufsichtsverfahren gegen inländische Zweigstellen
eines ausländischen Kreditinstitutes erstrecken
sich die Wirkungen gemäß Abs. 1 auf im Ausland
gelegenes Vermögen unbeschadet § 83 Abs. 5
nicht.

(BGBl I 2003/36)

§ 81a. Für die Wirkungen einer Sanierungsmaßnahme im Sinne des Art. 2 der Richtlinie
2001/24/EG auf einen Arbeitsvertrag und auf das
Arbeitsverhältnis gilt ausschließlich das Recht
des Mitgliedstaats, das auf den Arbeitsvertrag
anzuwenden ist (Arbeitsvertrag).

(BGBl I 2003/36)

§ 81b. (1) Das dingliche Recht eines Gläubigers oder eines Dritten an körperlichen oder unkörperlichen, beweglichen oder unbeweglichen
Gegenständen des Kreditinstituts – sowohl an
bestimmten Gegenständen als auch an einer
Mehrheit von nicht bestimmten Gegenständen
mit wechselnder Zusammensetzung –, die sich

BWG, ZaDiG

zum Zeitpunkt der Eröffnung der Sanierungsmaßnahme im Sinne des Art. 2 der Richtlinie 2001/24/EG im Gebiet eines anderen Mitgliedstaats befinden, wird von der Eröffnung einer Sanierungsmaßnahme im Sinne des Art. 2 der Richtlinie 2001/24/EG nicht berührt (Dingliche Rechte Dritter).

(2) Rechte im Sinne von Abs. 1 sind insbesondere

1. das Recht, den Gegenstand zu verwerten oder verwerten zu lassen und aus dem Erlös oder den Nutzungen dieses Gegenstands befriedigt zu werden, insbesondere aufgrund eines Pfandrechts oder einer Hypothek;

2. das ausschließliche Recht, eine Forderung einzuziehen, insbesondere aufgrund eines Pfandrechts an einer Forderung oder aufgrund einer Sicherheitsabtretung dieser Forderung;

3. das Recht, die Herausgabe des Gegenstands von jedermann zu verlangen, der diesen gegen den Willen des Berechtigten besitzt oder nutzt;

4. das dingliche Recht, die Früchte eines Gegenstands zu ziehen.

(3) Das in einem öffentlichen Register eingetragene und gegen jedermann wirksame Recht, ein dingliches Recht im Sinne von Abs. 1 zu erlangen, ist einem dinglichen Recht gleichgestellt.

(4) Abs. 1 steht der Geltendmachung der Nichtigkeit, Anfechtbarkeit oder relativen Unwirksamkeit einer Rechtshandlung nach Art. 10 Abs. 2 lit. l der Richtlinie 2001/24/EG nicht entgegen.

(BGBl I 2003/36)

§ 81c. (1) Die Befugnis eines Gläubigers, mit seiner Forderung gegen eine Forderung des Kreditinstitutes aufzurechnen, wird von der Eröffnung einer Sanierungsmaßnahme im Sinne des Art. 2 der Richtlinie 2001/24/EG nicht berührt, wenn diese Aufrechnung nach dem für die Forderung des Kreditinstitutes maßgeblichen Recht zulässig ist (Aufrechnung).

(2) Abs. 1 steht der Geltendmachung der Nichtigkeit, Anfechtbarkeit oder relativen Unwirksamkeit einer Rechtshandlung nach Art. 10 Abs. 2. lit. l der Richtlinie 2001/24/EG nicht entgegen.

(BGBl I 2003/36)

§ 81d. (1) Die Eröffnung einer Sanierungsmaßnahme im Sinne des Art. 2 der Richtlinie 2001/24/EG gegen ein Kreditinstitut lässt die Rechte des Verkäufers einer Sache aus einem Eigentumsvorbehalt unberührt, wenn sich diese Sache zum Zeitpunkt der Eröffnung der Sanierungsmaßnahme im Sinne des Art. 2 der Richtlinie 2001/24/EG im Gebiet eines anderen Mitgliedstaats als dem der Eröffnung der Sanierungsmaßnahme befindet (Eigentumsvorbehalt).

(2) Die Eröffnung einer Sanierungsmaßnahme im Sinne des Art. 2 der Richtlinie 2001/24/EG gegen ein Kreditinstitut rechtfertigt nach Lieferung einer von ihm verkauften Sache nicht die Auflösung oder Beendigung des Kaufvertrags und steht dem Eigentumserwerb des Käufers nicht entgegen, wenn sich diese Sache zum Zeitpunkt der Eröffnung der Sanierungsmaßnahme im Gebiet eines anderen Mitgliedstaats als dem der Eröffnung der Sanierungsmaßnahme befindet.

(3) Abs. 1 und 2 stehen der Geltendmachung der Nichtigkeit, Anfechtbarkeit oder relativen Unwirksamkeit einer Rechtshandlung nach Art. 10 Abs. 2 lit. l der Richtlinie 2001/24/EG nicht entgegen.

(BGBl I 2003/36)

§ 81e. Für die Wirkungen der Sanierungsmaßnahme im Sinne des Art. 2 der Richtlinie 2001/24/EG auf einen Vertrag, der zum Erwerb oder zur Nutzung eines unbeweglichen Gegenstands berechtigt, ist ausschließlich das Recht des Mitgliedstaats maßgebend, in dessen Gebiet dieser Gegenstand gelegen ist. Nach diesem Recht bestimmt sich auch, ob der Gegenstand ein beweglicher oder ein unbeweglicher Gegenstand ist (Vertrag über einen unbeweglichen Gegenstand).

(BGBl I 2003/36)

§ 81f. Unbeschadet des § 81 k (Lex rei sitae) gilt für Transaktionen im Rahmen eines geregelten Marktes ausschließlich das Recht, das auf derartige Transaktionen anwendbar ist (geregelte Märkte).

(BGBl I 2003/36)

§ 81g. Für die Wirkungen der Sanierungsmaßnahme im Sinne des Art. 2 der Richtlinie 2001/24/EG auf Rechte des Schuldners an einem unbeweglichen Gegenstand, einem Schiff oder einem Luftfahrzeug, die der Eintragung in ein öffentliches Register unterliegen, ist das Recht des Mitgliedstaats maßgebend, unter dessen Aufsicht das Register geführt wird (Wirkungen auf eintragungspflichtige Rechte).

(BGBl I 2003/36)

§ 81h. Sieht eine von einem Gericht angeordnete Sanierungsmaßnahme im Sinne des Art. 2 der Richtlinie 2001/24/EG Regeln für die Nichtigkeit, Anfechtbarkeit oder relative Unwirksamkeit von Rechtshandlungen vor, die die Gesamtheit der Gläubiger benachteiligen und vor Eröffnung der Maßnahme vorgenommen wurden, so gilt § 81 Abs. 1 und 3 nicht, wenn die Person, die durch eine die Gesamtheit der Gläubiger benachteiligende Handlung begünstigt wurde, nachweist, dass

1. für diese Handlung das Recht eines anderen Mitgliedstaats als des Herkunftmitgliedstaats gilt und

2. in diesem Fall diese Handlung in keiner Weise nach diesem Recht angreifbar ist (Benachteiligende Handlungen).

(BGBl I 2003/36)

§ 81i. Verfügt das Kreditinstitut durch eine nach Eröffnung der Sanierungsmaßnahme im Sinne des Art. 2 der Richtlinie 2001/24/EG vorgenommene Rechtshandlung gegen Entgelt über

1. einen unbeweglichen Gegenstand oder

2. ein Schiff oder ein Luftfahrzeug, das der Eintragung in ein öffentliches Register unterliegt, oder

3. Instrumente oder Rechte an Instrumenten, deren Existenz oder Übertragung ihre Eintragung in ein in einem Mitgliedstaat geführtes Register oder Konto oder bei einer zentralen Verwahrstelle eines Mitgliedstaats voraussetzt,

so richtet sich die Wirksamkeit dieser Rechtshandlung nach dem Recht des Mitgliedstaats, in dessen Gebiet dieser unbewegliche Gegenstand gelegen ist oder unter dessen Aufsicht das Register, das Konto oder die Verwahrstelle steht (Schutz des Dritterwerbers).

(BGBl I 2003/36)

§ 81j. Für die Wirkungen einer Sanierungsmaßnahme im Sinne des Art. 2 der Richtlinie 2001/24/EG auf einen anhängigen Rechtsstreit über einen Vermögensgegenstand gilt ausschließlich das Recht des Mitgliedstaats, in dem der Rechtsstreit anhängig ist (Wirkungen auf anhängige Rechtsstreitigkeiten).

(BGBl I 2003/36)

§ 81k. Für die Ausübung von Eigentumsrechten oder anderen Rechten an Instrumenten, deren Existenz oder Übertragung ihre Eintragung in ein in einem Mitgliedstaat geführtes Register oder Konto oder bei einer zentralen Verwahrstelle eines Mitgliedstaats voraussetzt, gilt das Recht des Mitgliedstaats, in dem sich das Register, das Konto bzw. die zentrale Verwahrstelle befindet, in dem bzw. bei der die betreffenden Rechte eingetragen wurden (Lex rei sitae).

(BGBl I 2003/36)

§ 81l. Für Aufrechnungs- und Schuldumwandlungsvereinbarungen („netting agreements") gilt ausschließlich das Recht, das auf derartige Vereinbarungen anwendbar ist (Aufrechnungs- und Schuldumwandlungsvereinbarungen).

(BGBl I 2003/36)

§ 81m. Unbeschadet § 81 k ist für Pensionsgeschäfte („repurchase agreements") ausschließlich das Recht maßgebend, das auf derartige Vereinbarungen anwendbar ist [Pensionsgeschäfte („repurchase agreements")].

(BGBl I 2003/36)

§ 82. (1) Über das Vermögen eines Kreditinstitutes kann ein Sanierungsverfahren nicht eröffnet werden. Im Konkurs eines Kreditinstitutes findet ein Sanierungsplanantrag nicht statt. *(BGBl 1996/445; BGBl I 2010/58)*

(2) In Geschäftsaufsichts- und Konkursverfahren von Kreditinstituten steht der FMA Parteistellung zu. *(BGBl I 2001/97)*

(3) Der Antrag auf Eröffnung des Konkurses kann nur von der FMA, während aufrechter Geschäftsaufsicht nur von der Aufsichtsperson gestellt werden. Ansonsten ist § 70 IO anzuwenden. *(BGBl I 2001/97; BGBl I 2010/29)*

(4) Als Aufsichtsperson kann auch eine juristische Person bestellt werden.

(5) Das Gericht hat vor Bestellung und Abberufung einer Aufsichtsperson oder eines Masseverwalters die FMA anzuhören. *(BGBl I 2001/97)*

(6) Das Gericht hat die FMA und die Oesterreichische Nationalbank von der Anordnung der Geschäftsaufsicht durch Übersendung eines Edikts unverzüglich zu verständigen. *(BGBl I 2001/97)*

(7) Wird über das Vermögen eines Kreditinstituts eine Rechtsträgers gemäß § 1 des Bundesgesetzes über die Sanierung und Abwicklung von Banken – BaSAG, BGBl. I Nr. 98/2014, ein Konkursverfahren eröffnet, hat es weiterhin Dienstleistungen zu erbringen oder Unterstützung zu leisten, wenn von der Abwicklungsbehörde eine Anordnung gemäß § 61 BaSAG erlassen wurde. Der Masseverwalter ist verpflichtet dieser Anordnung zu entsprechen. *(BGBl I 2014/98)*

§ 83. (1) Kreditinstitute, die überschuldet oder zahlungsunfähig sind, können, wenn die Überschuldung oder Zahlungsunfähigkeit voraussichtlich wieder behoben werden kann, bei dem für die Konkurseröffnung zuständigen Gericht die Anordnung der Geschäftsaufsicht beantragen. Diesen Antrag kann auch die FMA stellen. *(BGBl I 2001/97)*

(2) Das Kreditinstitut hat mit dem Antrag ein geordnetes Verzeichnis seiner Forderungen und Verbindlichkeiten sowie die Jahresabschlüsse samt Anhängen und die Lageberichte der letzten drei Jahre vorzulegen.

(3) Das Gericht kann zur Vorbereitung seiner Entscheidungen Auskunftspersonen und Sachverständige einvernehmen und andere Erhebungen pflegen.

(4) Das Gericht setzt im Wege der FMA die für die Durchführung einer Sanierungsmaßnahme im Sinne des Art. 2 der Richtlinie 2001/24/EG

BWG, ZaDiG

zuständigen Behörden allfälliger Aufnahmemitgliedstaaten von seiner Entscheidung auf Anordnung der Geschäftsaufsicht sowie den konkreten Wirkungen der Geschäftsaufsicht unverzüglich in Kenntnis. *(BGBl I 2003/36)*

(5) Ebenso setzt das Gericht im Wege der FMA, wenn es über eine inländische Zweigstelle eines ausländischen Kreditinstitutes die Geschäftsaufsicht verhängt hat, die zuständigen Behörden allfälliger anderer Mitgliedstaaten, in denen solche Zweigstellen Bankgeschäfte betreiben, die in der jährlich im Amtsblatt der Europäischen Gemeinschaften veröffentlichten Liste gemäß Art. 20 der Richtlinie 2013/36/EU aufgeführt sind, von seiner Entscheidung auf Anordnung der Geschäftsaufsicht sowie den konkreten Wirkungen der Geschäftsaufsicht unverzüglich in Kenntnis. Um Doppelentscheidungen zu vermeiden, sind vor Entscheidung die zuständigen Behörden in den anderen Mitgliedstaaten von der beabsichtigten Entscheidung zu unterrichten und ist nach Möglichkeit das Vorgehen abzustimmen. *(BGBl I 2003/36; BGBl I 2006/141; BGBl I 2014/59)*

(6) Hält die FMA bei Kreditinstituten, die gemäß § 9 im Wege einer Zweigstelle in Österreich tätig werden, die Durchführung einer oder mehrerer Sanierungsmaßnahmen im Sinne des Art. 2 der Richtlinie 2001/24/EG für notwendig, so setzt sie die zuständigen Behörden des Herkunftmitgliedstaats davon in Kenntnis. *(BGBl I 2003/36)*

(7) Kann die Durchführung der Geschäftsaufsicht die Rechte von Dritten in einem Aufnahmemitgliedstaat oder in einem Mitgliedstaat gemäß Abs. 5 beeinträchtigen, so veröffentlicht das Gericht unverzüglich im Amtsblatt der Europäischen Gemeinschaften und in zwei überregionalen Zeitungen jedes dieser Mitgliedstaate die Entscheidung auf Anordnung der Geschäftsaufsichtsverfahrens, um das rechtzeitige Einlegen eines Rechtsbehelfes zu ermöglichen. Die genannte Entscheidung ist für Zwecke der Veröffentlichung unverzüglich und auf dem geeignetsten Wege an das Amt für amtliche Veröffentlichungen der Europäischen Gemeinschaften und an die zwei überregionalen Zeitungen jedes der betroffenen Mitgliedstaaten zu senden. *(BGBl I 2003/36)*

(8) Zusätzlich zur zu veröffentlichenden Entscheidung sind durch das Gericht in der Amtssprache oder den Amtssprachen der betroffenen Mitgliedstaaten insbesondere Gegenstand und Rechtsgrundlage der Entscheidung, die Rechtsmittelfristen, vor allem eine leicht verständliche Angabe des Zeitpunkts, zu dem diese Fristen enden, und die genaue Anschrift des Gerichts, bei dem das Rechtsmittel einzubringen ist, und des Gerichts, von dem über das Rechtsmittel zu entscheiden ist, anzugeben. *(BGBl I 2003/36)*

(9) Allfällige Rechtsmittel gegen die Anordnung der Geschäftsaufsicht haben keine aufschiebende Wirkung. *(BGBl I 2003/36)*

§ 84. (1) Wird die Aufsicht angeordnet, so hat das Gericht eine physische oder juristische Person als Aufsichtsperson zu bestellen. Dieser obliegt es, die Geschäftsführung des Kreditinstitutes zu überwachen. Sie haftet allen Beteiligten für den Schaden, den sie durch pflichtwidrige Führung ihres Amtes verursacht.

(2) Die Aufsichtsperson hat das Recht, in die Geschäftsunterlagen des Kreditinstitutes Einsicht zu nehmen; sie ist zu den Sitzungen der Verwaltungs- und Aufsichtsorgane einzuladen und kann auch selbst solche Sitzungen einberufen. Die Aufsichtsperson ist berechtigt, die Durchführung von Beschlüssen der Organe des Kreditinstitutes zu untersagen.

(3) Das Gericht kann die Bestellung der Aufsichtsperson jederzeit widerrufen.

(4) Die Aufsichtsperson hat für ihre Tätigkeit Anspruch auf Vergütung, deren Höhe vom Gericht zu bestimmen ist.

(5) Die Anordnung der Geschäftsaufsicht und die Aufsichtsperson sind öffentlich bekanntzumachen. Das Gericht hat zu veranlassen, daß die Anordnung der Geschäftsaufsicht und die Aufsichtsperson im Firmenbuch eingetragen werden.

§ 85. Die Wirkungen der Aufsicht treten mit Beginn des Tages ein, der der öffentlichen Bekanntmachung des Edikts über die Anordnung der Geschäftsaufsicht folgt.

(BGBl I 1997/114)

§ 86. (1) Mit dem Wirksamkeitsbeginn der Geschäftsaufsicht sind alle vorher entstandenen Forderungen gegen das Kreditinstitut einschließlich der Forderungen aus Wechseln und Schecks, die im Konkurs aus der gemeinschaftlichen Konkursmasse (§ 50 IO) zu befriedigen wären, sowie deren Zinsen und sonstige Nebengebühren, selbst wenn sie erst während der Dauer der Geschäftsaufsicht fällig geworden oder aufgelaufen sind, gestundet. *(BGBl I 2010/29)*

(2) Nach Anordnung der Geschäftsaufsicht hat das Gericht den finanziellen Stand des Kreditinstitutes auf dessen Kosten durch Sachverständige feststellen zu lassen. Über das Ergebnis der Feststellung hat die Aufsichtsperson dem Gericht schriftlich zu berichten. Der Bericht hat auch anzugeben, ob das Kreditinstitut in der Lage ist, einen bestimmten Bruchteil seiner vor dem Eintritt der Rechtswirkungen der Geschäftsaufsicht entstandenen Verbindlichkeiten zu bezahlen. Nach Maßgabe des Berichtes kann das Gericht anordnen, daß die alten Forderungen nur mit einem bestimmten Bruchteil der Kündigung unterliegen; es kann auch gestatten, daß die Aufsichtsperson nach Gattung oder Höhe zu bestimmende alte Forderungen zur Gänze befriedigt.

(3) Während der Geschäftsaufsicht dürfen die alten Forderungen weder sichergestellt noch, so-

weit nicht etwa eine teilweise Auszahlung zugelassen ist (Abs. 2), ausbezahlt oder in irgendeiner Weise befriedigt werden.

(4) Während der Geschäftsaufsicht kann wegen der alten Forderungen, soweit sie der Stundung unterliegen, über das Vermögen des Kreditinstitutes weder der Konkurs eröffnet noch an dem ihm angehörigen Sachen ein richterliches Pfand- oder Befriedigungsrecht erworben werden.

(5) Die Zeit, um die infolge der Stundung die Zahlung hinausgeschoben wird, ist bei der Berechnung der Verjährungsfrist und der gesetzlichen Fristen zur Erhebung von Klagen nicht einzurechnen.

(6) Einleger sind im Konkurs des Kreditinstitutes berechtigt, ihre Forderungen gegenüber dem Kreditinstitut mit dessen Forderungen aufzurechnen. *(BGBl 1996/445)*

§ 87. (1) Ist das Kreditinstitut, für das die Geschäftsaufsicht angeordnet ist, eine Genossenschaft, so können die Geschäftsanteile während der Geschäftsaufsicht weder rechtswirksam gekündigt werden noch dürfen die Anteile und die dem ausgeschiedenen Genossenschafter sonst auf Grund des Genossenschaftsverhältnisses gebührenden Guthaben ausbezahlt werden; bereits laufende Kündigungs- und Haftungsfristen werden gehemmt.

(2) Das Kreditinstitut kann, falls das Gericht auf Antrag der Aufsichtsperson nichts anderes verfügt, seine Geschäftstätigkeit fortsetzen. Zur Vornahme von Geschäften, die nicht zum gewöhnlichen Geschäftsbetrieb gehören, ist jedoch die Zustimmung der Aufsichtsperson erforderlich. Das Kreditinstitut hat aber auch zum gewöhnlichen Geschäftsbetrieb gehörende Handlungen zu unterlassen, wenn die Aufsichtsperson dagegen Einspruch erhebt. Rechtshandlungen, die ohne Zustimmung oder gegen den Einspruch der Aufsichtsperson vorgenommen wurden, sind den Gläubigern gegenüber unwirksam, wenn der Dritte wußte oder wissen mußte, daß sie über den gewöhnlichen Geschäftsbetrieb hinausgehen und die Aufsichtsperson ihre Zustimmung nicht erteilt oder daß sie Einspruch gegen ihre Vornahme erhoben hat.

(3) Die Mittel, die dem Kreditinstitut aus den nach Wirksamkeitsbeginn der Geschäftsaufsicht geschlossenen Geschäften (neue Forderungen) zufließen, sind gesondert zu verrechnen und zu verwalten; sie bilden – auch nach Erlöschen der Geschäftsaufsicht – eine zur vorzugsweisen Befriedigung der Ansprüche aus der neuen Forderung dienende Sondermasse.

§ 88. Nach Ablauf von zwei Jahren seit Beendigung der Geschäftsaufsicht kann das Kreditinstitut, wenn nicht innerhalb dieser Zeit über sein Vermögen ein Konkurs eröffnet wurde, seine

Befreiung von der Verpflichtung der gesonderten Verrechnung und Verwaltung der aus den neuen Forderungen zugeflossenen Mittel beantragen. Wird ein solcher Antrag gestellt, so hat das Gericht die Vermögenslage der Antragstellerin zu prüfen. Ergibt die Überprüfung, daß die Sicherheit der neuen Forderungen durch die Auflassung nicht gefährdet wird, so ist dem Antrag stattzugeben; von diesem Zeitpunkt an ist die Sondermasse als aufgelöst anzusehen.

§ 89. In Streitfällen, die sich aus den Anordnungen der Aufsichtsperson ergeben, entscheidet das Gericht mit Beschluß. Das Gericht kann die erforderlichen Aufklärungen auch ohne Vermittlung der Beteiligten einholen und zum Zwecke der erforderlichen Feststellungen von Amts wegen alle hiezu geeigneten Erhebungen pflegen.

§ 90. (1) Die Geschäftsaufsicht erlischt durch Aufhebungsbeschluß des Gerichtes sowie durch Eröffnung des Konkursverfahrens.

(2) Das Gericht hat die Geschäftsaufsicht aufzuheben, wenn

1. die Voraussetzungen, die für die Anordnung maßgebend waren, weggefallen sind oder

2. seit der Anordnung der Geschäftsaufsicht ein Jahr verstrichen ist. *(BGBl I 2001/97)*

(3) Die Aufhebung der Geschäftsaufsicht ist nach Rechtskraft des Aufhebungsbeschlusses öffentlich bekanntzumachen. Weiters hat das Gericht zu veranlassen, daß im Firmenbuch die Aufhebung der Geschäftsaufsicht eingetragen und die Eintragung der Aufsichtsperson gelöscht wird.

(4) Ist die Geschäftsaufsicht infolge Eröffnung des Konkursverfahrens erloschen und wird ein Konkursverfahren auf Grund eines binnen 14 Tagen nach Erlöschen der Geschäftsaufsicht eingebrachten Antrages eröffnet, so sind die nach der Insolvenzordnung vom Tage des Antrages auf Eröffnung eines solchen Verfahrens oder vom Tage der Eröffnung eines solchen Verfahrens zurückzurechnenden Fristen von dem Tage an zu berechnen, an dem die Geschäftsaufsicht in Wirksamkeit getreten ist. *(BGBl I 2003/36; BGBl I 2010/29)*

(5) Gegen die Abweisung des Antrages auf Anordnung der Geschäftsaufsicht und gegen die Aufhebung der Geschäftsaufsicht steht sowohl dem Kreditinstitut als auch der FMA der Rekurs offen, gegen Beschlüsse, womit die Höhe der Vergütung der Aufsichtsperson und der ihr zu ersetzenden Barauslagen bestimmt wird, jedoch nur dem Kreditinstitut. Andere Entscheidungen können nicht angefochten werden. Gegen die Entscheidungen des Oberlandesgerichtes findet ein weiterer Rechtszug nicht statt. *(BGBl I 2001/97)*

BWG, ZaDiG

§ 91. (1) Für die öffentlichen Bekanntmachungen gelten die Vorschriften der Insolvenzordnung. *(BGBl I 2010/29)*

(2) Die Einsicht in die Ediktsdatei ist nicht mehr zu gewähren, wenn seit der Aufhebung der Geschäftsaufsicht drei Jahre vergangen sind. Ist die Geschäftsaufsicht infolge der Eröffnung des Konkursverfahrens erloschen, so ist die Einsicht erst dann nicht mehr zu gewähren, wenn auch die Frist für die Einsicht im Konkurs abgelaufen ist (§ 256 IO). *(BGBl I 2021/98)*

(BGBl I 2001/97)

Insolvenzbestimmungen des Zahlungsdienstegesetzes – ZaDiG

BGBl I 2018/17

ab 1. 6. 2018

Bundesgesetz über die Erbringung von Zahlungsdiensten 2018 (Zahlungsdienstegesetz 2018 – ZaDiG 2018)

5. Hauptstück

Aufsicht, Strafbestimmungen und sonstige Maßnahmen

...

4. Abschnitt

Geschäftsaufsicht und Insolvenzbestimmungen

Allgemeine Vorschriften

§ **106.** (1) Über das Vermögen eines Zahlungsinstitutes kann ein Sanierungsverfahren nicht eröffnet werden. Im Konkurs eines Zahlungsinstitutes findet ein Sanierungsplanantrag nicht statt.

(2) In Geschäftsaufsichts- und Konkursverfahren von Zahlungsinstituten steht der FMA Parteistellung zu.

(3) Der Antrag auf Eröffnung des Konkurses eines Zahlungsinstitutes kann nur von der FMA gestellt werden. Ansonsten ist § 70 IO anzuwenden.

(4) Als Aufsichtsperson kann eine natürliche oder juristische Person bestellt werden.

(5) Das Gericht hat vor Bestellung und Abberufung einer Aufsichtsperson oder eines Masseverwalters die FMA anzuhören.

(6) Das Gericht hat die FMA von der Anordnung der Geschäftsaufsicht durch Übersendung eines Edikts unverzüglich zu verständigen.

Eröffnungsantrag

§ **107.** (1) Zahlungsinstitute, die überschuldet oder zahlungsunfähig sind, können, wenn die Überschuldung oder Zahlungsunfähigkeit voraussichtlich wieder behoben werden kann, bei dem für die Konkurseröffnung zuständigen Gericht die Anordnung der Geschäftsaufsicht beantragen. Diesen Antrag kann auch die FMA stellen.

(2) Zahlungsinstitute haben mit dem Antrag ein geordnetes Verzeichnis ihrer Forderungen und Verbindlichkeiten sowie die Jahresabschlüsse samt Anhängen und die Lageberichte der letzten drei Jahre vorzulegen.

(3) Das Gericht kann zur Vorbereitung seiner Entscheidung Auskunftspersonen und Sachver-

ständige einvernehmen und andere Erhebungen pflegen.

Aufsichtsperson

§ **108.** (1) Wird die Aufsicht angeordnet, so hat das Gericht eine Aufsichtsperson zu bestellen. Dieser obliegt es, die Geschäftsführung des Zahlungsinstitutes zu überwachen. Sie haftet allen Beteiligten für den Schaden, den sie durch pflichtwidrige Führung ihres Amtes verursacht.

(2) Die Aufsichtsperson hat das Recht, in die Geschäftsunterlagen des Zahlungsinstitutes Einsicht zu nehmen; sie ist zu den Sitzungen der Verwaltungs- und Aufsichtsorgane einzuladen und kann auch selbst solche Sitzungen einberufen. Die Aufsichtsperson ist berechtigt, die Durchführung von Beschlüssen der Organe des Zahlungsinstitutes zu untersagen.

(3) Das Gericht kann die Bestellung der Aufsichtsperson jederzeit widerrufen.

(4) Die Aufsichtsperson hat für ihre Tätigkeit Anspruch auf Vergütung, deren Höhe vom Gericht zu bestimmen ist.

(5) Die Anordnung der Geschäftsaufsicht und die Aufsichtsperson sind öffentlich bekannt zu machen. Das Gericht hat zu veranlassen, dass die Anordnung der Geschäftsaufsicht und die Aufsichtsperson im Firmenbuch eingetragen werden.

Rechtswirkungen

§ **109.** (1) Die Wirkungen der Aufsicht treten mit Beginn des Tages ein, der der öffentlichen Bekanntmachung des Edikts über die Anordnung der Geschäftsaufsicht folgt.

(2) Mit dem Wirksamkeitsbeginn der Geschäftsaufsicht sind alle vorher entstandenen Forderungen gegen das Zahlungsinstitut einschließlich Forderungen aus Wechseln und Schecks, die im Konkurs aus der gemeinschaftlichen Konkursmasse (§ 50 IO) zu befriedigen wären, sowie deren Zinsen und sonstige Nebengebühren, selbst wenn sie erst während der Dauer der Geschäftsaufsicht fällig geworden oder aufgelaufen sind, gestundet.

(3) Nach Anordnung der Geschäftsaufsicht hat das Gericht den finanziellen Stand des Zahlungsinstitutes auf dessen Kosten durch Sachverständige feststellen zu lassen. Über das Ergebnis der Feststellung hat die Aufsichtsperson dem Gericht schriftlich zu berichten. Der Bericht hat auch anzugeben, ob das Zahlungsinstitut in der Lage ist, einen bestimmten Bruchteil seiner vor dem Ein-

BWG, ZaDiG

tritt der Rechtswirkungen der Geschäftsaufsicht entstandenen Verbindlichkeiten zu bezahlen. Nach Maßgabe des Berichtes kann das Gericht anordnen, dass die alten Forderungen nur mit einem bestimmten Bruchteil der Kündigung unterliegen; es kann auch gestatten, dass die Aufsichtsperson nach Gattung oder Höhe zu bestimmende alte Forderungen zur Gänze befriedigt.

(4) Während der Geschäftsaufsicht dürfen die alten Forderungen weder sichergestellt noch, soweit nicht etwa eine teilweise Auszahlung zugelassen ist (Abs. 3), ausbezahlt oder in irgendeiner Weise befriedigt werden.

(5) Während der Geschäftsaufsicht kann wegen der alten Forderungen, soweit sie der Stundung unterliegen, über das Vermögen des Zahlungsinstitutes weder der Konkurs eröffnet noch an dem ihm angehörigen Sachen ein richterliches Pfand- oder Befriedigungsrecht erworben werden.

(6) Die Zeit, um die infolge der Stundung die Zahlung hinausgeschoben wird, ist bei der Berechnung der Verjährungsfrist und der gesetzlichen Fristen zur Erhebung von Klagen nicht einzurechnen.

(7) Zahlungsdienstnutzer sind im Konkurs des Zahlungsinstitutes berechtigt, ihre Forderungen gegenüber dem Zahlungsinstitut mit dessen Forderungen aufzurechnen.

Besondere Regelungen

§ 110. (1) Ist das Zahlungsinstitut, für das die Geschäftsaufsicht angeordnet ist, eine Genossenschaft, so können die Geschäftsanteile während der Geschäftsaufsicht weder rechtswirksam gekündigt werden noch dürfen die Anteile und die dem ausgeschiedenen Genossenschafter sonst auf Grund des Genossenschaftsverhältnisses gebührenden Guthaben ausbezahlt werden; bereits laufende Kündigungsund Haftungsfristen werden gehemmt.

(2) Das Zahlungsinstitut kann, falls das Gericht auf Antrag der Aufsichtsperson nichts anderes verfügt, seine Geschäftätigkeit fortsetzen. Zur Vornahme von Geschäften, die nicht zum gewöhnlichen Geschäftsbetrieb gehören, ist jedoch die Zustimmung der Aufsichtsperson erforderlich. Das Zahlungsinstitut hat aber auch zum gewöhnlichen Geschäftsbetrieb gehörende Handlungen zu unterlassen, wenn die Aufsichtsperson dagegen Einspruch erhebt. Rechtshandlungen, die ohne Zustimmung oder gegen den Einspruch der Aufsichtsperson vorgenommen wurden, sind den Gläubigern gegenüber unwirksam, wenn der Dritte wusste oder wissen musste, dass sie über den gewöhnlichen Geschäftsbetrieb hinausgehen und die Aufsichtsperson ihre Zustimmung nicht erteilt oder dass sie Einspruch gegen ihre Vornahme erhoben hat.

(3) Die Mittel, die dem Zahlungsinstitut aus den nach Wirksamkeitsbeginn der Geschäftsaufsicht geschlossenen Geschäften (neue Forderungen) zufließen, sind gesondert zu verrechnen und zu verwalten; sie bilden – auch nach Erlöschen der Geschäftsaufsicht – eine zur vorzugsweisen Befriedigung der Ansprüche aus der neuen Forderung dienende Sondermasse.

Antrag auf Befreiung

§ 111. Nach Ablauf von zwei Jahren seit Beendigung der Geschäftsaufsicht kann das Zahlungsinstitut, wenn nicht innerhalb dieser Zeit über sein Vermögen ein Konkurs eröffnet wurde, seine Befreiung von der Verpflichtung der gesonderten Verrechnung und Verwaltung der aus den neuen Forderungen zugeflossenen Mittel beantragen. Wird ein solcher Antrag gestellt, so hat das Gericht die Vermögenslage des Antragstellers zu prüfen. Ergibt die Überprüfung, dass die Sicherheit der neuen Forderungen durch die Auflassung nicht gefährdet wird, so ist dem Antrag stattzugeben; von diesem Zeitpunkt an ist die Sondermasse als aufgelöst anzusehen.

Anordnungen der Aufsichtsperson

§ 112. In Streitfällen, die sich aus den Anordnungen der Aufsichtsperson ergeben, entscheidet das Gericht mit Beschluss. Das Gericht kann die erforderlichen Aufklärungen auch ohne Vermittlung der Beteiligten einholen und zum Zwecke der erforderlichen Feststellungen von Amts wegen alle hiezu geeigneten Erhebungen pflegen.

Erlöschen der Geschäftsaufsicht

§ 113. (1) Die Geschäftsaufsicht erlischt durch Aufhebungsbeschluss des Gerichtes sowie durch Eröffnung des Konkursverfahrens.

(2) Das Gericht hat die Geschäftsaufsicht aufzuheben, wenn

1. die Voraussetzungen, die für die Anordnung maßgebend waren, weggefallen sind oder

2. seit der Anordnung der Geschäftsaufsicht ein Jahr verstrichen ist.

(3) Die Aufhebung der Geschäftsaufsicht ist nach Rechtskraft des Aufhebungsbeschlusses öffentlich bekannt zu machen. Weiters hat das Gericht zu veranlassen, dass im Firmenbuch der Aufhebung der Geschäftsaufsicht eingetragen und die Eintragung der Aufsichtsperson gelöscht wird.

(4) Ist die Geschäftsaufsicht infolge Eröffnung des Konkursverfahrens erloschen oder wird ein Konkursverfahren auf Grund eines binnen 14 Tagen nach Erlöschen der Geschäftsaufsicht eingebrachten Antrages eröffnet, so sind die nach der Insolvenzordnung vom Tage des Antrages auf Eröffnung eines solchen Verfahrens oder vom

Tage der Eröffnung eines solchen Verfahrens zurückzurechnenden Fristen von dem Tage an zu berechnen, an dem die Geschäftsaufsicht in Wirksamkeit getreten ist.

(5) Gegen die Abweisung des Antrages auf Anordnung der Geschäftsaufsicht und gegen die Aufhebung der Geschäftsaufsicht steht sowohl dem Zahlungsinstitut als auch der FMA der Rekurs offen, gegen Beschlüsse, womit die Höhe der Vergütung der Aufsichtsperson und der ihr zu ersetzenden Barauslagen bestimmt wird, jedoch nur dem Zahlungsinstitut. Andere Entscheidungen können nicht angefochten werden. Gegen die Entscheidungen des Oberlandesgerichtes findet ein weiterer Rechtszug nicht statt.

Öffentliche Bekanntmachungen

§ 114. (1) Für die öffentlichen Bekanntmachungen gelten die Vorschriften der Insolvenzordnung.

(2) Die Einsicht in die Ediktsdatei ist nicht mehr zu gewähren, wenn seit der Aufhebung der Geschäftsaufsicht drei Jahre vergangen sind. Ist die Geschäftsaufsicht infolge der Eröffnung des Konkursverfahrens erloschen, so ist die Einsicht erst dann nicht mehr zu gewähren, wenn auch die Frist für die Einsicht im Konkurs abgelaufen ist (§ 256 IO).

...

BWG, ZaDiG

Exekutions- und Insolvenzrechtliche Bestimmungen für Versicherungsunternehmen – VAG

BGBl I 2015/34 idF

1 BGBl I 2018/16 (VersVertrRÄG 2018)	2 BGBl I 2021/16

ab 1. 1. 2016

Bundesgesetz über den Betrieb und die Beaufsichtigung der Vertragsversicherung (Versicherungsaufsichtsgesetz 2016 – VAG 2016)

12. Hauptstück

Deckungsstock, Auflösung eines Versicherungs- oder Rückversicherungsunternehmens, exekutions- und insolvenzrechtliche Bestimmungen für Versicherungsunternehmen

4. Abschnitt

Exekutions- und Insolvenzrechtliche Bestimmungen für Versicherungsunternehmen

Exekution auf Werte des Deckungsstocks

...

§ 307. (1) Auf Werte des Deckungsstocks darf nur zugunsten einer Versicherungsforderung Exekution geführt werden, die in das Deckungserfordernis einzubeziehen war.

(2) In der Lebensversicherung und der nach Art der Lebensversicherung betriebenen Unfallversicherung ist der Zugriff auf den Betrag beschränkt, der zum Deckungserfordernis für den einzelnen Versicherungsvertrag im gleichen Verhältnis steht wie der Gesamtbetrag der Werte des Deckungsstocks zum gesamten Deckungserfordernis, höchstens aber auf den Betrag des auf den einzelnen Versicherungsvertrag entfallenden Deckungserfordernisses.

(3) Besteht der Deckungsstock aus mehreren Abteilungen, so ist die Berechnung des der Exekution unterliegenden Betrages für jede Abteilung gesondert vorzunehmen.

(4) Mietrechtliche Bestimmungen werden durch die Abs. 1 bis 3 nicht berührt.

Versicherungsforderungen

§ 308. Versicherungsforderungen im Sinne dieses Hauptstücks sind alle Forderungen, die Versicherungsnehmern, Versicherten, Begünstigten oder geschädigten Dritten, die ein direktes Klagerecht gegen den Versicherer haben, auf Grund eines Versicherungsvertrages (einschließlich eines Tontinengeschäfts) gegen das Versiche-

rungsunternehmen zustehen. Dazu gehören auch Forderungen auf Rückzahlung der Prämie, wenn ein Vertrag vor Eröffnung des Konkursverfahrens nicht zustande gekommen ist.

Eröffnung des Konkursverfahrens

§ 309. (1) Der Vorstand bzw. der Verwaltungsrat und die geschäftsführenden Direktoren oder die Abwickler haben den Eintritt der Zahlungsunfähigkeit oder der Überschuldung des Versicherungsunternehmens unverzüglich der FMA anzuzeigen. § 69 IO ist nicht anzuwenden.

(2) Der Antrag auf Eröffnung des Konkursverfahrens kann nur von der FMA gestellt werden. Diese ist bei Vorliegen der Voraussetzungen vorbehaltlich des § 316 zur Antragstellung verpflichtet. Das Konkursverfahren ist auf Antrag der FMA unverzüglich zu eröffnen.

(3) Über das Vermögen eines Versicherungsunternehmens kann ein insolvenzrechtliches Sanierungsverfahren nicht eröffnet werden.

(4) Im Insolvenzverfahren eines Versicherungsunternehmens ist ein insolvenzrechtlicher Sanierungsplanantrag nicht zulässig.

Kurator

§ 310. (1) Das Konkursgericht hat bei Eröffnung des Konkursverfahrens einen Kurator zur Geltendmachung der Versicherungsforderungen, die in das Deckungserfordernis einzubeziehen waren, zu bestellen. Der Kurator hat diese Versicherungsforderungen zu ermitteln und anzumelden. Er ist verpflichtet, die Anspruchsberechtigten auf ihr Verlangen vor Anmeldung der Forderung zu hören und sie von der Anmeldung zu benachrichtigen. Das Recht der Anspruchsberechtigten, die Forderungen selbst anzumelden, bleibt unberührt.

(2) Der Masseverwalter hat dem Kurator und auf Verlangen den Inhabern von Versicherungsforderungen gemäß Abs. 1 Einsicht in die Bücher und Aufzeichnungen des Versicherungsunternehmens und in die Aufstellung der Deckungsstockwerte (§ 312 Abs. 1) zu gewähren.

(3) Der Kurator hat gegen die Konkursmasse Anspruch auf Ersatz seiner Barauslagen und auf eine angemessene Vergütung seiner Mühewaltung. § 125 IO ist anzuwenden.

Erlöschen von Versicherungsverhältnissen

§ 311. Bei Versicherungszweigen gemäß Z 19 bis 22 gemäß Anlage A erlöschen durch die Eröffnung des Konkursverfahrens die Versicherungsverhältnisse.

Deckungsstock im Konkursverfahren

§ 312. (1) Sofern für Versicherungen ein Deckungsstock besteht, hat das Versicherungsunternehmen dem Konkursgericht unverzüglich eine Aufstellung der zum Zeitpunkt der Eröffnung des Konkursverfahrens dem Deckungsstock gewidmeten Vermögenswerte vorzulegen.

(2) Der Deckungsstock bildet im Konkursverfahren eine Sondermasse (§ 48 Abs. 1 IO). Rückflüsse und Erträge aus den dem Deckungsstock gewidmeten Vermögenswerten und Prämien (abzüglich der Rückversicherungsabgabe) für die in das Deckungserfordernis einbezogenen Versicherungsverträge, die nach der Eröffnung des Konkursverfahrens eingehen, fallen in diese Sondermasse.

(3) Die gemäß Abs. 1 vorgelegte Aufstellung darf nach Eröffnung des Konkursverfahrens nicht mehr geändert werden. Technische Richtigstellungen bei den eingetragenen Vermögenswerten darf der Masseverwalter mit Zustimmung des Konkursgerichts vornehmen.

(4) Ist der Erlös aus der Verwertung der Vermögenswerte geringer als ihre Bewertung in der gemäß Abs. 1 vorgelegten Aufstellung, so hat der Masseverwalter dies dem Konkursgericht und der FMA mitzuteilen und die Abweichung zu begründen.

(5) Für Versicherungsforderungen, die in das Deckungserfordernis einzubeziehen waren, gilt § 303 Abs. 1 und 2 sinngemäß. Für die Höhe dieser Versicherungsforderungen und des gesamten Deckungserfordernisses ist der Zeitpunkt der Eröffnung des Konkursverfahrens maßgebend.

(6) Soweit Versicherungsforderungen aus dem Deckungsstock nicht zur Gänze befriedigt werden, sind sie wie sonstige Versicherungsforderungen zu behandeln.

Anmeldung

§ 313. Die aus den Büchern des Versicherungsunternehmens feststellbaren Versicherungsforderungen gelten als angemeldet. Das Recht des Anspruchsberechtigten und die Pflicht des Kurators (§ 310), auch diese Forderungen anzumelden, bleiben unberührt.

Rangordnung

§ 314. (1) Versicherungsforderungen gehen den übrigen Konkursforderungen vor. § 312 Abs. 2 bleibt unberührt.

(2) Ansprüche auf die Versicherungsleistung gehen allen anderen Versicherungsforderungen vor. Innerhalb des gleichen Ranges sind die Forderungen nach dem Verhältnis ihrer Beträge zu befriedigen.

(3) Abweichend von § 103 Abs. 1 IO braucht die Forderungsanmeldung keine Angabe der Rangordnung zu enthalten.

Versicherungsvereine auf Gegenseitigkeit

§ 315. (1) Für die Beurteilung der Überschuldung eines Versicherungsvereins auf Gegenseitigkeit sind ausgeschriebene Nachschüsse, die sechs Monate nach ihrer Fälligkeit noch nicht eingezahlt sind, nicht mehr als Aktiva des Vereins zu werten.

(2) Für die Berechnung und die Eintreibung der Nachschüsse im Konkursverfahren sind § 2 und § 4 bis § 12 des GenIG sinngemäß anzuwenden. Die Nachschüsse dürfen ein in der Satzung festgesetztes Höchstmaß nicht übersteigen.

(3) Bei der Beurteilung, ob das Vermögen des Vereins zur Deckung der Kosten des Konkursverfahrens voraussichtlich ausreichen wird, sind die nach Abs. 2 zulässigen Nachschüsse zu berücksichtigen.

(4) Die Ansprüche auf Tilgung des Gründungsfonds gehen allen übrigen Konkursforderungen und den nachrangigen Forderungen im Sinne des § 57a IO nach.

Verbot und Herabsetzung von Leistungen

§ 316. (1) Ergibt sich bei der Prüfung der Geschäftsführung und der Vermögenslage eines Versicherungsunternehmens, dass die Voraussetzung für die Eröffnung des Konkursverfahrens gemäß § 66 oder § 67 IO erfüllt ist, die Vermeidung eines Konkursverfahrens aber im Interesse der Versicherungsnehmer und Anspruchsberechtigten gelegen ist, so hat die FMA für das auf Grund der gemäß § 6 erteilten Konzession betriebene Geschäft, sofern dies mit dem Interesse der Versicherungsnehmer und Anspruchsberechtigten aus dem im Rahmen dieses Geschäfts abgeschlossenen Versicherungsverträgen vereinbar ist,

1. Zahlungen, insbesondere Versicherungsleistungen, in der Lebensversicherung auch Rückkäufe und Vorauszahlungen auf Polizzen, in dem zur Überwindung der Zahlungsschwierigkeiten erforderlichen Ausmaß zu untersagen oder

2. Verpflichtungen des Versicherungsunternehmens aus der Lebensversicherung entsprechend dem vorhandenen Vermögen herabzusetzen.

(2) Die nach Abs. 1 Z 1 getroffenen Maßnahmen sind aufzuheben, sobald die Vermögenslage des Versicherungsunternehmens dies gestattet.

(3) Die Pflicht der Versicherungsnehmer, die Prämien (Beiträge) in der bisherigen Höhe weiter zu zahlen, wird durch Maßnahmen nach Abs. 1 nicht berührt.

(4) Eine nach dem Recht eines anderen Mitgliedstaats ergriffene Sanierungsmaßnahme im Sinne des Art. 268 Abs. 1 lit. c der Richtlinie 2009/138/EU ist in Österreich wirksam, sobald diese im Herkunftsmitgliedstaat wirksam ist. Auf Verwalter gemäß Art. 268 Abs. 1 lit. e dieser Richtlinie und deren Vertreter ist § 241 IO anzuwenden. Auf Antrag des Verwalters oder jeder Behörde oder jedes Gerichtes des Staats, in dem die Sanierungsmaßnahme eingeleitet wurde, ist die Einleitung der Sanierungsmaßnahme in das Grundbuch und das Firmenbuch einzutragen. *(BGBl I 2021/16)*

(5) Vor Einleitung einer Maßnahme gemäß Abs. 1 gegen die Zweigniederlassung eines Versicherungsunternehmens mit Sitz in einem Drittland hat die FMA die Aufsichtsbehörden anderer Mitgliedstaaten, in denen das Versicherungsunternehmen ebenfalls eine Zweigniederlassung errichtet hat, zu hören. Ist dies vor Einleitung der Maßnahme nicht möglich, so sind diese Aufsichtsbehörden unverzüglich danach zu unterrichten.

(6) § 222 bis § 231 IO sind auf Maßnahmen gemäß Abs. 1 sinngemäß anzuwenden.

13. Hauptstück

Strafbestimmungen

Verletzung von Anzeige-, Melde- und Vorlagepflichten

§ 317. (1) Wer gegen die Verpflichtung zur

1. Anzeige des Erwerbs oder der Aufgabe von Anteilsrechten gemäß § 24 verstößt, *(BGBl I 2018/16; BGBl I 2021/16)*

2. Anzeige gemäß § 63 Abs. 5 erster Satz (Wirkungen der Einbringung) verstößt,

3. Anzeige gemäß § 65 Abs. 3 erster Satz (Wirkungen einer Umstrukturierung) verstößt,

4. Anzeige gemäß § 66 Abs. 3 Z 4 erster Satz und Z 6 sechster Satz (Formwechselnde Umwandlung in eine Privatstiftung) verstößt,

5. Vorlage der verwendeten versicherungsmathematischen Grundlagen vor ihrer erstmaligen Anwendung oder bei jeder Änderung oder Ergänzung vor ihrer Anwendung gemäß § 92 Abs. 1 und § 102 Abs. 1 verstößt,

6. Anzeige eines Auslagerungsvertrages gemäß § 86 Abs. 1 und 4 oder § 109 Abs. 2 und 4 verstößt,

7. Anzeige der Bestellung des verantwortlichen Aktuars oder seines Stellvertreters gemäß § 115 Abs. 2 oder gegen die Verpflichtung zur Anzeige des Ausscheidens des verantwortlichen Aktuars oder seines Stellvertreters gemäß § 115 Abs. 4 verstößt,

8. Vorlage des jährlichen schriftlichen Berichts des verantwortlichen Aktuars gemäß § 116 Abs. 3 zweiter Satz verstößt,

9. Anzeige gemäß § 116 Abs. 4 zweiter Satz als verantwortlicher Aktuar verstößt,

10. Anzeige gemäß § 122 Abs. 1 und 3 im Hinblick auf Mitglieder des Vorstands bzw. des Verwaltungsrats und geschäftsführende Direktoren sowie sonstiger Personen, die das Unternehmen tatsächlich leiten oder für Governance- oder andere Schlüsselfunktionen verantwortlich sind, verstößt,

11. Anzeige der Wahl und des Ausscheidens von Mitgliedern in den Aufsichtsrat gemäß § 123 Abs. 3 verstößt,

12. Anzeige der Wahl und des Ausscheidens des Vorsitzenden des Aufsichtsrats gemäß § 123 Abs. 4 verstößt,

13. Anzeige des Erwerbs oder der Veräußerung einer wesentlichen Beteiligung an einer Kapitalgesellschaft gemäß § 127 Abs. 1 bis 3 verstößt,

14. Anzeige einer die Passiva verändernden Vermögensumschichtung gemäß § 141 Abs. 3 verstößt,

15. Anzeige des Abschlussprüfers gemäß § 260 Abs. 1 verstößt,

16. Anzeige gemäß § 265 Abs. 1 und 2 als Abschlussprüfer verstößt,

17. Anzeige gemäß § 272 Abs. 2 (Gefährdung der dauernden Erfüllbarkeit der Verpflichtungen aus den Versicherungsverträgen), § 279 Abs. 1 (Nichtbedeckung der Solvenzkapitalanforderung) und § 280 Abs. 1 (Nichtbedeckung der Mindestkapitalanforderung) verstößt,

18. Anzeige der Einrichtung oder Auflösung einer gesonderten Abteilung des Deckungsstocks gemäß § 300 Abs. 3 verstößt,

19. Anzeige gemäß § 305 Abs. 1 Z 3 als Treuhänder verstößt oder

20. Anzeige der Auflösung eines Versicherungs- oder Rückversicherungsunternehmens gemäß § 306 Abs. 1 verstößt,

begeht eine Verwaltungsübertretung und ist von der FMA mit einer Geldstrafe bis zu 60 000 Euro zu bestrafen.

(2) Wer die in § 248 Abs. 2 bis 6 und 8 oder § 249 vorgesehenen Vorlage- und Meldepflichten oder die Meldepflichten im Rahmen der regelmäßigen aufsichtlichen Berichterstattung auf Einzel- und Gruppenebene gemäß § 248 Abs. 1 und der Durchführungsverordnung (EU) und den technischen Standards (EU) wiederholt nicht fristge-

recht, unrichtig oder unvollständig erfüllt, begeht eine Verwaltungsübertretung und ist von der FMA mit einer Geldstrafe bis zu 60 000 Euro zu bestrafen.

(3) Bei Verletzung einer Verpflichtung gemäß § 122 Abs. 1 und 3 im Hinblick auf sonstige Personen, die das Unternehmen tatsächlich leiten oder für Governance- oder andere Schlüsselfunktionen verantwortlich sind, § 123 Abs. 3 hinsichtlich der Anzeige der Wiederwahl derselben Person als Aufsichtsratsmitglied, § 123 Abs. 4 hin-

sichtlich der Anzeige der Wiederwahl derselben Person als Vorsitzenden, § 300 Abs. 3 hinsichtlich der Einrichtung oder der Auflösung einer gesonderten Abteilung des Deckungsstocks hat die FMA von der Einleitung und Durchführung eines Verwaltungsstrafverfahrens abzusehen, wenn die nicht ordnungsgemäß erstattete Anzeige nachgeholt wurde, bevor die FMA Kenntnis von dieser Übertretung erlangt hat.

...

BWG. ZaDiG

Geschäftsaufsicht und Insolvenzbestimmungen – WAG

BGBl I 2017/107

ab 3. 1. 2018

Wertpapieraufsichtsgesetz 2018 – WAG 2018

...

3. Hauptstück

Aufsicht und sonstige Maßnahmen

...

1. Abschnitt

Rechnungslegung, Anlegerentschädigung und Geschäftsaufsicht

...

Geschäftsaufsicht und Insolvenzbestimmungen

§ 77. Die Bestimmungen des § 81 bis § 81m BWG sind auf Wertpapierfirmen gemäß Art. 4 Abs. 1 Nr. 2 der Verordnung (EU) Nr. 575/2013 mit der Maßgabe anzuwenden, dass an die Stelle des Verweises auf § 82 Abs. 2 BWG in § 81 Abs. 2 BWG der Verweis auf § 79 Abs. 2 dieses Bundesgesetzes und an die Stelle des Verweises auf Art. 9ff der Richtlinie 2013/36/EU in § 81 Abs. 3 BWG der Verweis auf Art. 5 der Richtlinie 2014/65/EU tritt.

§ 78. Die §§ 79 bis 88 sind nur auf Wertpapierfirmen und Wertpapierdienstleistungsunternehmen in der Rechtsform einer Kapitalgesellschaft oder Genossenschaft (§ 3 Abs. 5 Z 1) anzuwenden.

§ 79. (1) Über das Vermögen einer Wertpapierfirma oder eines Wertpapierdienstleistungsunternehmens kann ein Sanierungsverfahren nicht eröffnet werden. Im Konkurs einer Wertpapierfirma oder eines Wertpapierdienstleistungsunternehmens findet ein Sanierungsplanantrag nicht statt.

(2) In Geschäftsaufsichts- und Konkursverfahren von Wertpapierfirmen und Wertpapierdienstleistungsunternehmen steht der FMA Parteistellung zu.

(3) Der Antrag auf Eröffnung des Konkurses einer Wertpapierfirma kann nur von der FMA, derjenige eines Wertpapierdienstleistungsunternehmens kann auch von der FMA, während aufrechter Geschäftsaufsicht jedoch in beiden Fällen nur von der Aufsichtsperson gestellt werden. Ansonsten ist § 70 IO anzuwenden.

(4) Als Aufsichtsperson kann auch eine juristische Person bestellt werden.

(5) Das Gericht hat vor Bestellung und Abberufung einer Aufsichtsperson oder eines Masseverwalters die FMA anzuhören.

(6) Das Gericht hat die FMA von der Anordnung der Geschäftsaufsicht durch Übersendung eines Edikts unverzüglich zu verständigen.

§ 80. (1) Wertpapierfirmen und Wertpapierdienstleistungsunternehmen, die überschuldet oder zahlungsunfähig sind, können, wenn die Überschuldung oder Zahlungsunfähigkeit voraussichtlich wieder behoben werden kann, bei dem für die Konkurseröffnung zuständigen Gericht die Anordnung der Geschäftsaufsicht beantragen. Diesen Antrag kann auch die FMA stellen.

(2) Wertpapierfirmen und Wertpapierdienstleistungsunternehmen haben mit dem Antrag ein geordnetes Verzeichnis ihrer Forderungen und Verbindlichkeiten sowie die Jahresabschlüsse samt Anhängen und die Lageberichte der letzten drei Jahre vorzulegen.

(3) Das Gericht kann zur Vorbereitung seiner Entscheidung Auskunftspersonen und Sachverständige einvernehmen und andere Erhebungen pflegen.

§ 81. (1) Wird die Aufsicht angeordnet, so hat das Gericht eine physische oder juristische Person als Aufsichtsperson zu bestellen. Dieser obliegt es, die Geschäftsführung der Wertpapierfirma oder des Wertpapierdienstleistungsunternehmens zu überwachen. Sie haftet allen Beteiligten für den Schaden, den sie durch pflichtwidrige Führung ihres Amtes verursacht.

(2) Die Aufsichtsperson hat das Recht, in die Geschäftsunterlagen der Wertpapierfirma oder des Wertpapierdienstleistungsunternehmens Einsicht zu nehmen; sie ist zu den Sitzungen der Verwaltungs- und Aufsichtsorgane einzuladen und kann auch selbst solche Sitzungen einberufen. Die Aufsichtsperson ist berechtigt, die Durchführung von Beschlüssen der Organe der Wertpapierfirma oder des Wertpapierdienstleistungsunternehmens zu untersagen.

(3) Das Gericht kann die Bestellung der Aufsichtsperson jederzeit widerrufen.

(4) Die Aufsichtsperson hat für ihre Tätigkeit Anspruch auf Vergütung, deren Höhe vom Gericht zu bestimmen ist.

(5) Die Anordnung der Geschäftsaufsicht und die Aufsichtsperson sind öffentlich bekannt zu machen. Das Gericht hat zu veranlassen, dass die Anordnung der Geschäftsaufsicht und die Aufsichtsperson im Firmenbuch eingetragen werden.

§ 82. Die Wirkungen der Aufsicht treten mit Beginn des Tages ein, der der öffentlichen Bekanntmachung des Edikts über die Anordnung der Geschäftsaufsicht folgt.

§ 83. (1) Mit dem Wirksamkeitsbeginn der Geschäftsaufsicht sind alle vorher entstandenen Forderungen gegen die Wertpapierfirma oder das Wertpapierdienstleistungsunternehmen einschließlich der Forderungen aus Wechseln und Schecks, die im Konkurs aus der gemeinschaftlichen Konkursmasse (§ 50 IO) zu befriedigen wären, sowie deren Zinsen und sonstige Nebengebühren, selbst wenn sie erst während der Dauer der Geschäftsaufsicht fällig geworden oder aufgelaufen sind, gestundet.

(2) Nach Anordnung der Geschäftsaufsicht hat das Gericht den finanziellen Stand der Wertpapierfirma oder des Wertpapierdienstleistungsunternehmens auf dessen Kosten durch Sachverständige feststellen zu lassen. Über das Ergebnis der Feststellung hat die Aufsichtsperson dem Gericht schriftlich zu berichten. Der Bericht hat auch anzugeben, ob die Wertpapierfirma oder das Wertpapierdienstleistungsunternehmen in der Lage ist, einen bestimmten Bruchteil seiner vor dem Eintritt der Rechtswirkungen der Geschäftsaufsicht entstandenen Verbindlichkeiten zu bezahlen. Nach Maßgabe des Berichtes kann das Gericht anordnen, dass die alten Forderungen nur mit einem bestimmten Bruchteil der Kündigung unterliegen; es kann auch gestatten, dass die Aufsichtsperson nach Gattung oder Höhe zu bestimmende alte Forderungen zur Gänze befriedigt.

(3) Während der Geschäftsaufsicht dürfen die alten Forderungen weder sichergestellt noch, soweit nicht etwa eine teilweise Auszahlung zugelassen ist (Abs. 2), ausbezahlt oder in irgendeiner Weise befriedigt werden.

(4) Während der Geschäftsaufsicht kann wegen der alten Forderungen, soweit sie der Stundung unterliegen, über das Vermögen der Wertpapierfirma oder des Wertpapierdienstleistungsunternehmens weder der Konkurs eröffnet noch an dem ihnen angehörigen Sachen ein richterliches Pfand- oder Befriedigungsrecht erworben werden.

(5) Die Zeit, um die infolge der Stundung die Zahlung hinausgeschoben wird, ist bei der Berechnung der Verjährungsfrist und der gesetzlichen Fristen zur Erhebung von Klagen nicht einzurechnen.

(6) Anleger sind im Konkurs der Wertpapierfirma oder des Wertpapierdienstleistungsunternehmens berechtigt, ihre Forderungen gegenüber der Wertpapierfirma oder dem Wertpapierdienstleistungsunternehmen mit dessen Forderungen aufzurechnen.

§ 84. (1) Ist die Wertpapierfirma oder das Wertpapierdienstleistungsunternehmen, für die

oder das die Geschäftsaufsicht angeordnet ist, eine Genossenschaft, so können die Geschäftsanteile während der Geschäftsaufsicht weder rechtswirksam gekündigt werden noch dürfen die Anteile und die dem ausgeschiedenen Genossenschafter sonst auf Grund des Genossenschaftsverhältnisses gebührenden Guthaben ausbezahlt werden; bereits laufende Kündigungs- und Haftungsfristen werden gehemmt.

(2) Die Wertpapierfirma oder das Wertpapierdienstleistungsunternehmen kann, falls das Gericht auf Antrag der Aufsichtsperson nichts anderes verfügt, ihre Geschäftstätigkeit fortsetzen. Zur Vornahme von Geschäften, die nicht zum gewöhnlichen Geschäftsbetrieb gehören, ist jedoch die Zustimmung der Aufsichtsperson erforderlich. Die Wertpapierfirma oder das Wertpapierdienstleistungsunternehmen hat aber auch zum gewöhnlichen Geschäftsbetrieb gehörende Handlungen zu unterlassen, wenn die Aufsichtsperson dagegen Einspruch erhebt. Rechtshandlungen, die ohne Zustimmung oder gegen den Einspruch der Aufsichtsperson vorgenommen wurden, sind den Gläubigern gegenüber unwirksam, wenn der Dritte wusste oder wissen musste, dass sie über den gewöhnlichen Geschäftsbetrieb hinausgehen und die Aufsichtsperson ihre Zustimmung nicht erteilt oder dass sie Einspruch gegen ihre Vornahme erhoben hat.

(3) Die Mittel, die der Wertpapierfirma oder dem Wertpapierdienstleistungsunternehmen aus den nach Wirksamkeitsbeginn der Geschäftsaufsicht geschlossenen Geschäften (neue Forderungen) zufließen, sind gesondert zu verrechnen und zu verwalten; sie bilden – auch nach Erlöschen der Geschäftsaufsicht – eine zur vorzugsweisen Befriedigung der Ansprüche aus der neuen Forderung dienende Sondermasse.

§ 85. Nach Ablauf von zwei Jahren seit Beendigung der Geschäftsaufsicht kann die Wertpapierfirma oder das Wertpapierdienstleistungsunternehmen, wenn nicht innerhalb dieser Zeit über ihr oder sein Vermögen ein Konkurs eröffnet wurde, ihre oder seine Befreiung von der Verpflichtung der gesonderten Verrechnung und Verwaltung der aus den neuen Forderungen zugeflossenen Mittel beantragen. Wird ein solcher Antrag gestellt, so hat das Gericht die Vermögenslage des Antragstellers zu prüfen. Ergibt die Überprüfung, dass die Sicherheit der neuen Forderungen durch die Auflassung nicht gefährdet wird, so ist dem Antrag stattzugeben; von diesem Zeitpunkt an ist die Sondermasse als aufgelöst anzusehen.

§ 86. In Streitfällen, die sich aus den Anordnungen der Aufsichtsperson ergeben, entscheidet das Gericht mit Beschluss. Das Gericht kann die erforderlichen Aufklärungen auch ohne Vermittlung der Beteiligten einholen und zum Zwecke der er-

BWG. ZaDiG

forderlichen Feststellungen von Amts wegen alle hierzu geeigneten Erhebungen pflegen.

§ 87. (1) Die Geschäftsaufsicht erlischt durch Aufhebungsbeschluss des Gerichtes sowie durch Eröffnung des Konkursverfahrens.

(2) Das Gericht hat die Geschäftsaufsicht aufzuheben, wenn

1. die Voraussetzungen, die für die Anordnung maßgebend waren, weggefallen sind oder

2. seit der Anordnung der Geschäftsaufsicht ein Jahr verstrichen ist.

(3) Die Aufhebung der Geschäftsaufsicht ist nach Rechtskraft des Aufhebungsbeschlusses öffentlich bekannt zu machen. Weiters hat das Gericht zu veranlassen, dass im Firmenbuch die Aufhebung der Geschäftsaufsicht eingetragen und die Eintragung der Aufsichtsperson gelöscht wird.

(4) Ist die Geschäftsaufsicht infolge Eröffnung des Konkursverfahrens erloschen oder wird ein Konkursverfahren auf Grund eines binnen 14 Tagen nach Erlöschen der Geschäftsaufsicht eingebrachten Antrages eröffnet, so sind die nach der Insolvenzordnung vom Tage des Antrages auf Eröffnung eines solchen Verfahrens oder vom Tage der Eröffnung eines solchen Verfahrens zurückzurechnenden Fristen von dem Tage an zu berechnen, an dem die Geschäftsaufsicht in Wirksamkeit getreten ist.

(5) Gegen die Abweisung des Antrages auf Anordnung der Geschäftsaufsicht und gegen die Aufhebung der Geschäftsaufsicht steht sowohl der Wertpapierfirma oder dem Wertpapierdienstleistungsunternehmen als auch der FMA der Rekurs offen, gegen Beschlüsse, womit die Höhe der Vergütung der Aufsichtsperson und der ihr zu ersetzenden Barauslagen bestimmt wird, jedoch nur der Wertpapierfirma oder dem Wertpapierdienstleistungsunternehmen. Andere Entscheidungen können nicht angefochten werden. Gegen die Entscheidungen des Oberlandesgerichtes findet ein weiterer Rechtszug nicht statt.

§ 88. (1) Für die öffentlichen Bekanntmachungen gelten die Vorschriften der Insolvenzordnung.

(2) Die Einsicht in die Ediktsdatei ist nicht mehr zu gewähren, wenn seit der Aufhebung der Geschäftsaufsicht drei Jahre vergangen sind. Ist die Geschäftsaufsicht infolge der Eröffnung des Konkursverfahrens erloschen, so ist die Einsicht erst dann nicht mehr zu gewähren, wenn auch die Frist für die Einsicht im Konkurs abgelaufen ist (§ 256 IO).

...

Unternehmensreorganisationsgesetz

BGBl I 1997/114 (Art XI Insolvenzrechtsänderungsgesetz 1997) idF

1 BGBl I 2001/98
2 BGBl I 2003/92
3 BGBl I 2005/120 (HaRÄG)

4 BGBl I 2010/29 (IRÄG 2010)
5 BGBl I 2010/58 (IRÄ-BG)
6 BGBl I 2016/43 (APRÄG 2016)

Bundesgesetz über die Reorganisation von Unternehmen
(Unternehmensreorganisationsgesetz – URG)

1. Abschnitt

Anwendungsbereich

Unternehmensreorganisation

§ 1. (1) Bedarf ein Unternehmen der Reorganisation, so kann der Unternehmer, sofern er nicht insolvent ist, die Einleitung eines Reorganisationsverfahrens beantragen.

(2) Reorganisation ist eine nach betriebswirtschaftlichen Grundsätzen durchgeführte Maßnahme zur Verbesserung der Vermögens-, Finanz- und Ertragslage eines im Bestand gefährdeten Unternehmens, die dessen nachhaltige Weiterführung ermöglicht.

(3) Reorganisationsbedarf ist insbesondere bei einer vorausschauend feststellbaren wesentlichen und nachhaltigen Verschlechterung der Eigenmittelquote anzunehmen.

Ausnahmen

§ 2. Dieses Bundesgesetz ist auf Kreditinstitute, Pensionskassen, Versicherungsunternehmen, Wertpapierunternehmen und Finanzinstitute wie insbesondere Leasinggesellschaften nicht anzuwenden.

(BGBl I 2010/58, ab 1. 8. 2010)

2. Abschnitt

Reorganisationsverfahren

Zuständigkeit

§ 3. Für das Reorganisationsverfahren ist der Gerichtshof erster Instanz zuständig, in dessen Sprengel das Unternehmen betrieben wird, für den Bereich des Landesgerichts für Zivilrechtssachen Wien das Handelsgericht Wien.

Antrag

§ 4. (1) Der Unternehmer hat im Antrag auf Einleitung des Reorganisationsverfahrens zu erklären, daß er nicht insolvent ist und das Unternehmen der Reorganisation bedarf.

(2) Der Unternehmer hat durch Urkunden, etwa die Jahresabschlüsse für die letzten drei Jahre, andere Unterlagen des Rechnungswesens oder das Gutachten eines Wirtschaftsfachmanns, glaubhaft zu machen, daß das Unternehmen der Reorganisation bedarf.

(3) Der Unternehmer kann dem Antrag auch den Reorganisationsplan beilegen.

Einleitung des Verfahrens

§ 5. (1) Hat der Unternehmer den Reorganisationsbedarf glaubhaft gemacht und ist er nicht offenkundig insolvent, so hat das Gericht das Reorganisationsverfahren einzuleiten. Zugleich hat das Gericht nach Anhörung des Unternehmers, aber ohne an dessen Vorschläge gebunden zu sein, einen Reorganisationsprüfer zu bestellen und zur Deckung dessen Ansprüche (§ 15) dem Unternehmer den Erlag eines Kostenvorschusses aufzutragen.

(2) Hat der Unternehmer dem Antrag nicht auch einen Reorganisationsplan beigelegt, so hat ihm das Gericht dessen Vorlage binnen 60 Tagen aufzutragen. Das Gericht kann diese Frist auf begründeten Antrag des Unternehmers um längstens 30 Tage verlängern; gegen die Abweisung dieses Antrags ist kein Rechtsmittel zulässig.

(3) Der Beschluß auf Einleitung des Reorganisationsverfahrens ist dem Unternehmer und dem Reorganisationsprüfer zuzustellen. Die Einleitung des Verfahrens ist nicht öffentlich bekanntzumachen.

Inhalt des Reorganisationsplans

§ 6. Im Reorganisationsplan sind die Ursachen des Reorganisationsbedarfs sowie jene Maßnahmen, die zur Verbesserung der Vermögens-, Finanz- und Ertragslage geplant sind, und deren Erfolgsaussichten darzustellen. Insbesondere hat sich der Reorganisationsplan mit einem allenfalls erforderlichen Reorganisationskredit und den Auswirkungen der geplanten Maßnahmen auf die Arbeitnehmer des Unternehmens auseinanderzusetzen sowie die für die Durchführung der Reorganisation vorgesehene Frist (Reorganisationszeitraum), die tunlichst zwei Jahre nicht übersteigen soll, anzugeben.

URG

Vorlage des Reorganisationsplans

§ 7. Der Unternehmer hat den Reorganisationsplan fristgerecht dem Gericht und dem Reorganisationsprüfer vorzulegen. Dabei hat er die Zustimmung der in den Reorganisationsplan einbezogenen Personen zu den sie jeweils betreffenden Maßnahmen nachzuweisen. Im Zweifel ist anzunehmen, daß diese Zustimmung unter der Bedingung der Aufhebung des Verfahrens (§ 12) erteilt worden ist.

Auswahl des Reorganisationsprüfers

§ 8. (1) Zum Reorganisationsprüfer ist eine unbescholtene, verläßliche und geschäftskundige Person zu bestellen. Sie muß ausreichende Fachkenntnisse des Wirtschaftsrechts oder der Betriebswirtschaft haben oder eine erfahrene Persönlichkeit des Wirtschaftslebens sein.

(2) Der Reorganisationsprüfer darf kein naher Angehöriger (§ 32 IO) des Unternehmers sein. Er muß von diesem und von den Gläubigern unabhängig sein und darf kein Konkurrent des Unternehmers sein. *(BGBl I 2010/29)*

(3) Zum Reorganisationsprüfer kann auch eine juristische Person bestellt werden. Sie hat dem Gericht bekanntzugeben, wer sie bei der Besorgung der Aufgaben des Reorganisationsprüfers vertritt.

Enthebung des Reorganisationsprüfers

§ 9. Das Gericht kann den Reorganisationsprüfer von Amts wegen oder auf Antrag aus wichtigen Gründen entheben.

Aufgaben des Reorganisationsprüfers

§ 10. (1) Der Reorganisationsprüfer hat sich unverzüglich über die Vermögens-, Finanz- und Ertragslage des Unternehmens sowie über alle sonstigen für die geplante Reorganisation maßgebenden Umstände zu informieren. Er hat längstens innerhalb von 30 Tagen ab seiner Bestellung dem Gericht zu berichten, ob der Unternehmer insolvent ist.

(2) Der Reorganisationsprüfer hat auch in jedem weiterem Stadium des Verfahrens zu beobachten, ob Insolvenz eintritt. Nimmt er wahr, daß der Unternehmer insolvent ist, so hat er dies unverzüglich dem Gericht, dem Unternehmer, den ihm bekannten Vertragspartnern von Überbrückungsmaßnahmen sowie allen in den Reorganisationsplan einbezogenen Personen mitzuteilen.

(3) Der Reorganisationsprüfer hat innerhalb von 30 Tagen nach Erhalt des Reorganisationsplans dem Gericht ein Gutachten über die Zweckmäßigkeit der geplanten Reorganisationsmaßnahmen und deren Erfolgsaussichten vorzulegen. Je eine Ausfertigung des Gutachtens hat er dem Unternehmer und allen in den Reorganisationsplan einbezogenen Personen zu übersenden.

Auskunftspflicht des Unternehmers

§ 11. Der Unternehmer ist verpflichtet, dem Reorganisationsprüfer alle zur Wahrnehmung seiner Aufgaben erforderlichen Auskünfte zu erteilen und ihm Einsicht in sämtliche hiefür erforderlichen Unterlagen zu gewähren.

Aufhebung des Verfahrens

§ 12. (1) Das Gericht hat das Reorganisationsverfahren aufzuheben, wenn der Reorganisationsprüfer in seinem Gutachten zu dem Ergebnis gelangt, daß der Reorganisationsplan zweckmäßig ist und gute Aussichten auf dessen Verwirklichung bestehen.

(2) Der Beschluß ist dem Unternehmer zuzustellen. Je eine Ausfertigung ist den in den Reorganisationsplan einbezogenen Personen zu übersenden.

Einstellung des Verfahren

§ 13. (1) Das Gericht hat das Reorganisationsverfahren einzustellen, wenn

1. der Unternehmer insolvent ist oder

2. der Unternehmer den Reorganisationsplan nicht rechtzeitig vorlegt oder

3. der Unternehmer den Kostenvorschuß für die Ansprüche des Reorganisationsprüfers nicht rechtzeitig erlegt oder

4. der Unternehmer seine Mitwirkungspflichten verletzt oder

5. der Reorganisationsprüfer in seinem Gutachten nicht zu dem Ergebnis gelangt, daß der Reorganisationsplan zweckmäßig ist und gute Aussichten auf dessen Verwirklichung bestehen.

(2) Der Beschluß ist dem Unternehmer zuzustellen. Je eine Ausfertigung ist den in den Reorganisationsplan einbezogenen Personen zu übersenden.

(3) Vor Fassung des Beschlusses nach Abs. 1 Z 1 ist der Unternehmer anzuhören. Der Beschluss hat eine Belehrung über die Pflicht des Unternehmers nach § 69 Abs. 2 IO sowie über die Eröffnung eines Sanierungsverfahrens bei rechtzeitiger Vorlage eines Sanierungsplans zu enthalten. Je eine Ausfertigung des Beschlusses ist samt dem Bericht des Reorganisationsprüfers auch den bevorrechteten Gläubigerschutzverbänden zu übersenden. *(BGBl I 2010/58, ab 1. 8. 2010)*

Durchführung des Reorganisationsplans

§ 14. (1) Der Unternehmer hat während des Reorganisationszeitraums den in den Reorganisationsplan einbezogenen Personen halbjährlich über die Lage des Unternehmens und den Stand der Reorganisation sowie unverzüglich dann zu berichten, wenn sich die für die Durchführung des Reorganisationsplans maßgeblichen Umstände ändern.

(2) Hat nach dem Reorganisationsplan der Reorganisationsprüfer die Durchführung der Reorganisation zu überwachen, so obliegt diesem die Berichtspflicht. In diesem Fall hat der Reorganisationsprüfer auch zu beobachten, ob der Unternehmer insolvent wird, und gegebenenfalls den Eintritt der Insolvenz dem Unternehmer, den ihm bekannten Vertragspartnern von Überbrückungsmaßnahmen, allen in den Reorganisationsplan einbezogenen Personen sowie den bevorrechteten Gläubigerschutzverbänden mitzuteilen.

Ansprüche des Reorganisationsprüfers

§ 15. (1) Der Reorganisationsprüfer hat an den Unternehmer Anspruch auf Ersatz seiner Auslagen und auf Entlohnung für seine Mühewaltung. Er hat diese Ansprüche mit der Vorlage des Gutachtens (§ 10 Abs. 3) und, wenn er die Durchführung des Reorganisationsplans überwacht, für diese Tätigkeit nach jeweils drei Monaten beim Gericht anzumelden.

(2) Nimmt der Reorganisationsprüfer wahr, daß seine Ansprüche die Höhe des erlegten Kostenvorschusses voraussichtlich erheblich übersteigen werden, so hat er das Gericht hierauf unverzüglich hinzuweisen. Das Gericht hat hierauf dem Unternehmer den ergänzenden Erlag eines Kostenvorschusses aufzutragen.

(3) Das Gericht hat über die Ansprüche des Reorganisationsprüfers nach Anhörung des Unternehmers zu entscheiden. Soweit die Ansprüche nicht durch den Kostenvorschuß gedeckt sind, hat das Gericht durch einen vollstreckbaren Beschluß dem Unternehmer die Zahlung an den Reorganisationsprüfer aufzutragen. Vereinbarungen des Reorganisationsprüfers mit dem Unternehmer oder den in den Reorganisationsplan einbezogenen Personen über die Höhe der Ansprüche sind ungültig.

(4) Hat der Reorganisationsprüfer aus seinem Verschulden das Gutachten nicht fristgerecht vorgelegt oder so mangelhaft abgefaßt, daß eine Ergänzung erforderlich ist, oder ist er nicht seiner Pflicht nach Abs. 2 nachgekommen, so kann das Gericht die Entlohnung unter Bedachtnahme auf das den Reorganisationsprüfer treffende Verschulden und das Ausmaß der Verzögerung mindern.

Anspruch der bevorrechteten Gläubigerschutzverbände

§ 16. Die bevorrechteten Gläubigerschutzverbände haben an den Unternehmer Anspruch auf Ersatz ihrer Auslagen, die sie für die Vorbereitung des Reorganisationsplans zum Vorteil aller Gläubiger aufgewendet haben, wenn sie vom Unternehmer zu diesem Zweck beigezogen worden sind. Sie haben diesen Anspruch innerhalb von vier Monaten nach Einleitung des Reorganisationsverfahrens beim Gericht anzumelden. Dieses hat über den Anspruch der bevorrechteten Gläubigerschutzverbände nach Anhörung des Unternehmers zu entscheiden. Es hat durch einen vollstreckbaren Beschluß dem Unternehmer die Zahlung an die bevorrechteten Gläubigerschutzverbände aufzutragen.

Anwendung der Insolvenzordnung und der Zivilprozeßordnung

§ 17. Soweit in diesem Bundesgesetz nichts anderes angeordnet ist, sind auf das Verfahren die allgemeinen Verfahrensbestimmungen der Insolvenzordnung, ausgenommen § 253 Abs. 3 Satz 5, sowie die Zivilprozeßordnung sinngemäß anzuwenden. *(BGBl I 2010/29; BGBl I 2010/58, ab 1. 8. 2010)*

3. Abschnitt
Wirkungen des Verfahrens

Anfechtungsfristen

§ 18. Die für die Anfechtung nach der Insolvenzordnung vom Tag der Eröffnung des Insolvenzverfahrens zu berechnenden Fristen werden um die Dauer des Reorganisationsverfahrens verlängert, wenn es während der Anfechtungsfrist eingestellt worden ist. *(BGBl I 2010/29; BGBl I 2010/58, ab 1. 8. 2010)*

Verträge

§ 19. Die Vereinbarung eines Rücktrittsrechts, der Vertragsauflösung oder der Fälligkeit eines zugezählten Kredits für den Fall der Einleitung eines Reorganisationsverfahrens ist unzulässig.

Anfechtbarkeit von Überbrückungs- und Reorganisationsmaßnahmen

§ 20. (1) Überbrückungsmaßnahmen sind Rechtshandlungen während des Verfahrens zur Aufrechterhaltung des gewöhnlichen Geschäftsbetriebs, Reorganisationsmaßnahmen Rechtshandlungen, die im Reorganisationsplan, auf Grund dessen das Verfahren aufgehoben worden ist, beschrieben sind und während des Verfahrens, binnen 30 Tagen nach dessen Aufhebung oder danach, solange ein Reorganisationsprüfer bestellt ist, vorgenommen werden.

(2) Überbrückungsmaßnahmen, denen der Reorganisationsprüfer zugestimmt hat, und Reorga-

URG

nisationsmaßnahmen können nach §§ 28, 30 und 31 IO nur auf Grund von Umständen angefochten werden, die dem Reorganisationsprüfer nicht bekannt gewesen sind. Die Anfechtung setzt überdies voraus, daß der Anfechtungsgegner die Benachteiligung eines anderen Gläubigers bzw. seine Begünstigung und die entsprechende Absicht des Schuldners bzw. die Zahlungsunfähigkeit gekannt hat. Gleiches gilt für Befriedigungen und Sicherstellungen von Forderungen aus den genannten Maßnahmen, solange ein Reorganisationsprüfer bestellt war. *(BGBl I 2010/29; BGBl I 2010/58, ab 1. 8. 2010)*

(3) Überbrückungsmaßnahmen, die für die ersten 30 Tage nach Einleitung des Verfahrens ohne Zustimmung des Reorganisationsprüfers vorgenommen werden, können nicht deshalb nach der Insolvenzordnung angefochten werden, weil der Anfechtungsgegener die Zahlungsunfähigkeit kennen mußte. Gleiches gilt für Befriedigungen und Sicherstellungen von Forderungen aus diesen Maßnahmen, solange ein Reorganisationsprüfer bestellt war. *(BGBl I 2010/29)*

Eigenkapitalersetzende Gesellschafterleistungen

§ 21. Reorganisationsmaßnahmen unterliegen nicht den Bestimmungen des Eigenkapitalersatzrechts.

(BGBl I 2003/92)

4. Abschnitt

Haftungsbestimmungen

Voraussetzungen der Haftung

§ 22. (1) Wird über das Vermögen einer prüfpflichtigen juristischen Person, die ein Unternehmen betreibt, ein Insolvenzverfahren eröffnet, so haften die Mitglieder des vertretungsbefugten Organs gegenüber der juristischen Person zur ungeteilten Hand, jedoch je Person nur bis zu 100 000 Euro[1)], für die durch die Insolvenzmasse nicht gedeckten Verbindlichkeiten, wenn sie innerhalb der letzten zwei Jahre vor dem Antrag auf Eröffnung eines Insolvenzverfahrens

1. einen Bericht des Abschlußprüfers erhalten haben, wonach die Eigenmittelquote (§ 23) weniger als 8% und die fiktive Schuldentilgungsdauer (§ 24) mehr als 15 Jahre beträgt (Vermutung des Reorganisationsbedarfs), und nicht unverzüglich ein Reorganisationsverfahren beantragt oder nicht gehörig fortgesetzt haben oder

2. einen Jahresabschluß nicht oder nicht rechtzeitig aufgestellt oder nicht unverzüglich den Abschlußprüfer mit dessen Prüfung beauftragt haben.
(BGBl I 2001/98; BGBl I 2010/58, ab 1. 8. 2010)

(2) Abs 1 gilt auch für unternehmerisch tätige eingetragene Personengesellschaften, bei denen kein persönlich haftender Gesellschafter mit Vertretungsbefugnis eine natürliche Person ist. Es haften die Mitglieder des vertretungsbefugten Organs des persönlich haftenden Gesellschafters mit Vertretungsbefugnis. *(BGBl I 2005/120)*

(3) Die Haftung besteht bei einem Gesamtvertretungsorgan nur für jene Mitglieder, die die Einleitung eines Reorganisationsverfahrens abgelehnt haben.

(4) Sonstige Schadenersatzansprüche nach anderen Gesetzen bleiben unberührt.

[1)] *anzuwenden, wenn das Verhalten der Mitglieder des vertretungsbefugten Organs nach dem 31. Dezember 2001 gesetzt wurde. (BGBl 2001/98)*

Eigenmittelquote

§ 23. Eigenmittelquote im Sinne dieses Gesetzes ist der Prozentsatz, der sich aus dem Verhältnis zwischen dem Eigenkapital (§ 224 Abs. 3 A UGB) einerseits sowie den Posten des Gesamtkapitals (§ 224 Abs. 3 UGB), vermindert um die nach § 225 Abs. 6 UGB von den Vorräten absetzbaren Anzahlungen andererseits, ergibt. *(BGBl I 2005/120; BGBl I 2016/43)*

Fiktive Schuldentilgungsdauer

§ 24. (1) Zur Errechnung der fiktiven Schuldentilgungsdauer sind die in der Bilanz ausgewiesenen Rückstellungen (§ 224 Abs. 3 B UGB) und Verbindlichkeiten (§ 224 Abs. 3 C UGB), vermindert um die im Unternehmen verfügbaren Aktiva nach § 224 Abs. 2 B III Z 2 und B IV UGB und die nach § 225 Abs. 6 UGB von den Vorräten absetzbaren Anzahlungen, durch den Mittelüberschuss zu dividieren.

(2) Zur Ermittlung des Mittelüberschusses sind

1. vom Jahresüberschuss/-fehlbetrag die Abschreibungen auf das Anlagevermögen und Verluste aus dem Abgang von Anlagevermögen hinzuzuzählen und die Zuschreibungen zum Anlagevermögen und Gewinne aus dem Abgang von Anlagevermögen abzuziehen und

2. die Veränderung der langfristigen Rückstellungen zu berücksichtigen.

(BGBl I 2016/43)

Haftung des Aufsichtsrats und der Gesellschafterversammlung

§ 25. Hat ein Mitglied des vertretungsbefugten Organs die Einleitung des Reorganisationsverfahrens vorgeschlagen, aber nicht die dafür notwendige Zustimmung des Aufsichtsrats bzw. der Gesellschafterversammlung erhalten oder wurde ihm wirksam die Weisung erteilt, das Verfahren nicht einzuleiten, so haftet es nicht. In diesem Fall haften die Mitglieder des Organs, die gegen die Einleitung gestimmt oder die die Weisung erteilt haben, zur ungeteilten Hand nach § 22 Abs. 1 in dem sich aus dieser Bestimmung ergebenden Gesamtumfang, jedoch je Person nur bis zu 100 000 Euro. *(BGBl I 2003/92)*

Nichteintritt der Haftung

§ 26. (1) Die Haftung tritt nicht ein, wenn die Mitglieder des vertretungsbefugten Organs unverzüglich nach Erhalt des Berichtes des Abschlußprüfers über das Vorliegen der Voraussetzungen für die Vermutung eines Reorganisationsbedarfs (§ 22 Abs. 1 Z 1) ein Gutachten eines Wirtschaftstreuhänders, der zur Prüfung des Jahresabschlusses der juristischen Person befugt ist, eingeholt haben und dieses einen Reorganisationsbedarf verneint hat.

(2) Das Gutachten des Wirtschaftstreuhänders hat insbesondere darauf einzugehen,

1. ob die Fortbestandsprognose positiv ist,

2. ob der Bestand des Unternehmens gefährdet ist,

3. auf Grund welcher Umstände trotz Vorliegens der Kennzahlen nach § 22 Abs. 1 Z 1 kein Reorganisationsbedarf besteht,

4. ob stille Reserven vorhanden sind und

5. ob gesellschaftsrechtliche Beschlüsse, wie über eine Kapitalerhöhung, gefaßt worden sind oder ein Verlustabdeckungsvertrag abgeschlossen worden ist.

(3) Die Haftung tritt weiters nicht ein, wenn innerhalb der Zweijahresfrist des § 22 Abs. 1 der mit der Prüfung eines weiteren Jahresabschlusses beauftragte Abschlußprüfer keinen weiteren Bericht über das Vorliegen der Voraussetzungen für die Vermutung eines Reorganisationsbedarfs erstattet.

Entfall der Haftung

§ 27. Die Haftung entfällt, wenn bewiesen wird, daß die Insolvenz aus anderen Gründen als wegen der Unterlassung der Reorganisation eingetreten ist.

Geltendmachung der Haftung

§ 28. (1) Der Anspruch nach § 22 und nach § 25 kann nur vom Masse- oder Sanierungsverwalter für die Insolvenzmasse geltend gemacht werden. *(BGBl I 2010/58, ab 1. 8. 2010)*

(2) Die juristische Person kann auf den Anspruch nicht verzichten. Gegen den Anspruch kann nicht mit Forderungen an die juristische Person aufgerechnet werden.

5. Abschnitt

Schlußbestimmungen

Verweisungen

§ 29. Soweit in diesem Bundesgesetz auf Bestimmungen anderer Bundesgesetze verwiesen wird, sind diese in ihrer jeweils geltenden Fassung anzuwenden.

Inkrafttreten

§ 30. (1) Dieses Bundesgesetz tritt mit 1. Oktober 1997 in Kraft. *(BGBl I 2005/120, ab 1. 1. 2007 Absatzbezeichnung (1))*

(2) § 22 Abs. 2, § 23 und § 24 Abs. 1 in der Fassung des Handelsrechts-Änderungsgesetzes, BGBl. I Nr. 120/2005, treten mit 1. Jänner 2007 in Kraft. *(BGBl I 2005/120)*

(3) Die §§ 2, 13 Abs. 3, 17, 18, 20 Abs. 2, 22 Abs. 1 und 28 Abs. 1 in der Fassung des Bundesgesetzes BGBl. I Nr. 58/2010 treten mit 1. August 2010 in Kraft. *(BGBl I 2010/58)*

(4) §§ 23 und 24 in der Fassung des Bundesgesetzes BGBl. I Nr. 43/2016 treten mit 20. Juli 2015 in Kraft und sind auf Jahresabschlüsse für Geschäftsjahre anzuwenden, die nach dem 31. Dezember 2015 beginnen. *(BGBl I 2016/43)*

Vollziehung

§ 31. Mit der Vollziehung dieses Bundesgesetzes ist der Bundesminister für Justiz betraut.

URG

KODEX

DES ÖSTERREICHISCHEN RECHTS
SAMMLUNG DER ÖSTERREICHISCHEN BUNDESGESETZE

VETERINÄR-RECHT

LexisNexis
ARD Orac

1	TierÄG -Verordnungen
2	Staatliche VetVerwalt
3	TierSG -Verordnungen
4	BangSG -BangS-VO
5	RindLeukG -RindLeuk-UmsVO
6	IBR/IPV-G -Verordnungen
7	DeckSG -DeckS-VO
8	DasselBG
9	Veterinär-rechts-anpassG Art V
10	BienenSG
11	TGG -Verordnungen
12	Desinfektions-vorschriften
13	Tierkörper-verwertung
14	FleischUG -Verordnungen
15	TAKG -Verordnungen
16	Völkerrechtl Verträge Übersicht
17	Neben-vorschriften

KODEX

DES ÖSTERREICHISCHEN RECHTS
SAMMLUNG DER ÖSTERREICHISCHEN BUNDESGESETZE

ÄRZTE-RECHT

LexisNexis
ARD Orac

1	ÄrzteG
2	FA ZMK
3	PsychologenG
4	GuKG
5	AusbVorbG
6	AIDS-G
7	KrebsstatistikG
8	KAG
9	ASchG
10	StrahlenschutzG
11	AMG
12	ApothekenG
13	FMedG
14	MuKiPaßV
15	ASVG
16	SMG
17	PStG
18	StVO
19	StGB
20	ABGB

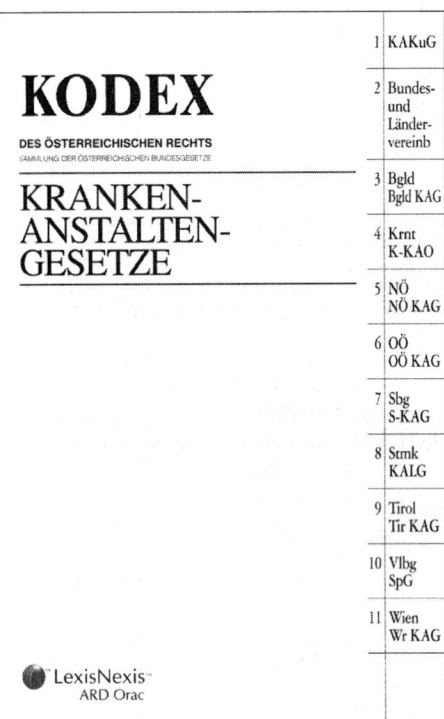

KODEX

DES ÖSTERREICHISCHEN RECHTS
SAMMLUNG DER ÖSTERREICHISCHEN BUNDESGESETZE

KRANKEN-ANSTALTEN-GESETZE

LexisNexis
ARD Orac

1	KAKuG
2	Bundes- und Länder-vereinb
3	Bgld Bgld KAG
4	Krnt K-KAO
5	NÖ NÖ KAG
6	OÖ OÖ KAG
7	Sbg S-KAG
8	Stmk KALG
9	Tirol Tir KAG
10	Vlbg SpG
11	Wien Wr KAG

KODEX

DES ÖSTERREICHISCHEN RECHTS
SAMMLUNG DER ÖSTERREICHISCHEN BUNDESGESETZE

VERWALTUNGS-VERFAHRENS-GESETZE

LexisNexis
ARD Orac

1	EGVG
2	AVG BVwAbgVO BKostenGebVO AufwandersatzVO UVS-Verthilfe-PauschVO BeglaubigungsVO
3	VStG VerfallsVO AmbO VorEisVO OrgeSeVVO
4	VVG EinwVO
5	AgrVG
6	DVG DVV
7	ZustellG ZFormVO ZustellÜb
8	VwFormV
9	FristenÜb
10	AmtssprVOen
11	AuskPflG B-BerichtspflG

Insolvenz-Entgeltsicherungsgesetz

BGBl 1977/324 idF

IESG

Bundesgesetz vom 2. Juni 1977 über die Sicherung von Arbeitnehmeransprüchen im Falle der Insolvenz des Arbeitgebers (Insolvenz-Entgeltsicherungsgesetz – IESG)

Voraussetzungen des Anspruches

§ 1. (1) Anspruch auf Insolvenz-Entgelt haben Arbeitnehmer, freie Dienstnehmer im Sinne des § 4 Abs. 4 des Allgemeinen Sozialversicherungsgesetzes (ASVG), BGBl. Nr. 189/1955, Heimarbeiter und ihre Hinterbliebenen sowie ihre Rechtsnachfolger von Todes wegen (Anspruchsberechtigte) für die nach Abs. 2 gesicherten Ansprüche, wenn sie in einem Arbeitsverhältnis (freien Dienstverhältnis, Auftragsverhältnis) stehen oder gestanden sind und gemäß § 3 Abs. 1 oder Abs. 2 lit. a bis d ASVG als im Inland beschäftigt gelten (galten) und über das Vermögen des Arbeitgebers (Auftraggebers) im Inland ein Verfahren nach der Insolvenzordnung (IO), RGBl. Nr. 337/1914 eröffnet wird. Den Verfahren nach der IO (im folgenden „Insolvenzverfahren") stehen gleich:

1. die Anordnung der Geschäftsaufsicht,

2. die Nichteröffnung des Insolvenzverfahrens mangels kostendeckenden Vermögens,

3. die Ablehnung der Eröffnung des Insolvenzverfahrens gemäß § 68 IO wegen Vermögenslosigkeit,

4. die Löschung gemäß § 40 oder § 42 des Firmenbuchgesetzes (FBG), BGBl. Nr. 10/1991, wegen Vermögenslosigkeit,

5. die Zurückweisung des Antrags auf Eröffnung des Insolvenzverfahrens gemäß § 63 IO,

6. der Beschluss gemäß § 153 Abs. 1 oder § 154 Abs. 1 des Außerstreitgesetzes (AußStrG), BGBl. I Nr. 111/2003.

Hat ein ausländisches Gericht eine Entscheidung getroffen, die

– nach der Verordnung (EU) Nr. 848/2015 vom 20. Mai 2015 über Insolvenzverfahren (Neufassung), ABl. Nr. L 141 vom 5.6.2015 S. 19, oder

– gemäß § 240 IO oder

– nach den §§ 243 bis 251 IO (betreffend Kreditinstitute und Versicherungsunternehmen)

im Inland anerkannt wird, besteht nach Maßgabe dieses Bundesgesetzes gleichfalls Anspruch auf Insolvenz-Entgelt, wenn die Voraussetzungen

– des ersten Satzes mit Ausnahme der Eröffnung des Insolvenzverfahrens im Inland und

– des Art. 2 Abs. 1 der Richtlinie 2008/94/EG vom 22. Oktober 2008 über den Schutz der Arbeitnehmer bei Zahlungsunfähigkeit des Arbeitgebers, ABl. Nr. L 283 vom 28.10.2008 S. 36, erfüllt sind.

(BGBl I 1997/107; BGBl I 2005/102; BGBl I 2010/29; BGBl I 2017/122)

(2) Gesichert sind aufrechte, nicht verjährte und nicht ausgeschlossene Ansprüche (Abs. 3) aus dem Arbeitsverhältnis, auch wenn sie gepfändet, verpfändet oder übertragen worden sind, und zwar:

1. Entgeltansprüche, insbesondere auf laufendes Entgelt und aus der Beendigung des Arbeitsverhältnisses,

2. Schadenersatzansprüche,

3. sonstige Ansprüche gegen den Arbeitgeber und

4. die zur zweckentsprechenden Rechtsverfolgung notwendigen Kosten. Dies sind insbesondere:

a) Prozesskosten, die dem Arbeitnehmer zur Durchsetzung der Ansprüche nach Z 1 bis 3 rechtskräftig zugesprochen oder im Fall eines Insolvenzverfahrens gemäß § 109 IO festgestellt wurden;

b) rechtskräftig zugesprochene Kosten der gemäß § 110 IO geführten Prüfungsprozesse;

c) rechtskräftig zugesprochene Exekutionskosten zur Hereinbringung der Ansprüche des Arbeitnehmers gegen den Arbeitgeber;

d) tarifmäßige Prozesskosten, die dem Arbeitnehmer in einem Verfahren zur Durchsetzung seiner Ansprüche nach Abs. 2 Z 1 bis 3 entstanden sind und deren Ersatz ihm auf Grund eines rechtswirksamen gerichtlichen oder außergerichtlichen Vergleiches oder Anerkenntnisses zusteht, sowie Prozesskosten, die dem Arbeitnehmer in einem derartigen Gerichtsverfahren entstanden sind, das gemäß § 7 Abs. 1 IO unterbrochen worden ist;

e) Barauslagen und Kosten für den Rechtsvertreter, die dem Arbeitnehmer anlässlich eines außergerichtlichen Vergleiches oder Anerkenntnisses über Ansprüche nach Abs. 2 Z 1 bis 3 entstanden sind, Kosten für den Rechtsvertreter jedoch nur bis zu der in der Tarifpost 2 des Rechtsanwaltstarifgesetzes, BGBl. Nr. 189/1969, festgesetzten Höhe;

f) tarifmäßige Verfahrenskosten und Barauslagen, die dem Arbeitnehmer im Zuge der Beantragung und der Teilnahme an einem Verfahren nach Abs. 1 erwachsen sind;

g) tarifmäßige Verfahrenskosten und Barauslagen für eine nachträgliche Prüfungstagsatzung hinsichtlich von Forderungen, die nach der allgemeinen Prüfungstagsatzung entstanden oder fällig geworden sind;

h) die dem Arbeitnehmer zugesprochenen Kosten, wenn dieser vom Arbeitgeber die Ausstellung eines Dienstzeugnisses begehrt hat;

i) Prozesskosten, die der Arbeitgeber als Kläger dem Arbeitnehmer als Beklagten in einem Verfahren über Forderungen, die im Zusammenhang mit dem Arbeitsverhältnis stehen, zu ersetzen hat, soweit der Arbeitgeber diese wegen der Eröffnung eines Insolvenzverfahrens oder Vorliegens eines anderen Insolvenztatbestandes nach Abs. 1 nicht mehr zahlen kann. Dies gilt nicht für Kosten in einem Verfahren nach § 7 Abs. 7.

(BGBl I 2010/29)
(BGBl 1982/370; BGBl 1986/395; BGBl 1994/153)

(3) Insolvenz-Entgelt gebührt nicht (ausgeschlossener Anspruch): *(BGBl I 2008/82)*

1. für Ansprüche nach Abs. 2, die durch eine im Sinne der Anfechtungsordnung, RGBl. Nr. 337/1914, bzw. der Insolvenzordnung anfechtbare Rechtshandlung erworben wurden; *(BGBl I 2010/29)*

Fassung ab 1. 7. 2021 (BGBl I 2021/86):
1. für Ansprüche nach Abs. 2, die durch eine im Sinn der §§ 438 ff EO bzw. der Insolvenzordnung anfechtbare Rechtshandlung erworben wurden; *(BGBl I 2010/29; BGBl I 2021/86)*

1a. für Ansprüche nach Abs. 2, wenn der Anspruchsberechtigte im Zusammenhang mit der Insolvenz nach Abs. 1 wegen einer im § 11 Abs. 3 angeführten Straftat verurteilt wird; *(BGBl I 2005/102)*

2. für Ansprüche, die auf einer Einzelvereinbarung beruhen, die

a) nach dem Antrag auf Eröffnung des Insolvenzverfahrens oder auf Anordnung der Geschäftsaufsicht oder *(BGBl I 2010/29)*

b) in den letzten sechs Monaten vor der Eröffnung des Insolvenzverfahrens oder der Anordnung der Geschäftsaufsicht bzw. vor der Kenntnis vom Beschluss nach Abs. 1 Z 2 bis 6 *(BGBl I 2010/29)*

abgeschlossen wurde, soweit die Ansprüche über den durch Gesetz, Kollektivvertrag oder Betriebsvereinbarung [§ 97 Abs. 1 des Arbeitsverfassungsgesetzes (ArbVG), BGBl. Nr. 22/1974] zustehenden Anspruch oder die betriebsübliche Entlohnung hinausgehen oder auf sonstigen Besserstellungen beruhen, wenn die höhere Entlohnung sachlich nicht gerechtfertigt ist; *(BGBl I 1997/107)*

3. für Ansprüche auf Kündigungsentschädigung, sofern dieser Anspruch das Entgelt für den Zeitraum von drei Monaten übersteigt, hinsichtlich jenes Betrages, den der Arbeitnehmer infolge des Unterbleibens der Arbeitsleistung erspart oder durch anderweitige Verwendung erworben oder zu erwerben absichtlich versäumt hat;

3a. für Ansprüche auf laufendes Entgelt, wenn für denselben Zeitraum Anspruch auf Kündigungsentschädigung nach Z 3 besteht, es sei denn, dass im Insolvenzverfahren die Insolvenzmasse, ansonsten der Arbeitgeber nicht in der Lage ist, das laufende Entgelt zum Teil oder zur Gänze dem Anspruchsberechtigten zu zahlen, höchstens jedoch bis zum Zeitpunkt des arbeitsrechtlich frühestmöglichen Austritts wegen Vorenthaltung des gebührenden Entgeltes; *(BGBl I 2010/29)*

4. für Entgeltansprüche – ausgenommen solche nach Abs. 4 a –, wenn der als Insolvenz-Entgelt begehrte Bruttobetrag im Zeitpunkt der bedungenen Zahlung den Grenzbetrag nach Maßgabe des Abs. 4 übersteigt; *(BGBl I 2008/82)*

5. für Ansprüche nach Abs. 2, sofern auf Grund gesetzlicher Anordnung ein anderer als der Arbeitgeber (ehemaliger Arbeitgeber) zur Zahlung verpflichtet ist;

6. für Ansprüche nach dem Betriebspensionsgesetz (BPG), BGBl. Nr. 282/1990, gegenüber einer Pensionskasse im Sinne des Pensionskassengesetzes (PKG), BGBl. Nr. 281/1990 oder einem Unternehmen gemäß § 1 Abs. 1 Z 1, 2, 4 oder 5 des Versicherungsaufsichtsgesetzes 2016, BGBl. I Nr. 34/2015. *(BGBl I 2005/8; BGBl I 2015/34) (BGBl 1986/395; BGBl 1987/618; BGBl 1990/282; BGBl 1993/817; BGBl 1994/153)*

(4) Als Grenzbetrag gemäß Abs. 3 Z 4 gilt der zweifache Betrag der Höchstbeitragsgrundlage gemäß § 45 Abs. 1 des Allgemeinen Sozialversicherungsgesetzes (ASVG), BGBl. Nr. 189/1955, der

1. bei Entgeltansprüchen, die nach Zeiträumen bemessen werden, mit der Anzahl der Tage des jeweiligen Entlohnungszeitraumes zu vervielfachen ist;

2. bei Entgeltansprüchen, die nicht nach Zeiträumen bemessen werden, mit der Anzahl der Tage des jeweiligen Kalendervierteljahres zu vervielfachen ist, in welchem der Anspruch abzurechnen gewesen wäre. Der jeweilige Grenzbetrag ist um die, vom Arbeitgeber bzw. der Masse auf den Einzelanspruch geleisteten Zahlungen zu vermindern.

3. Abweichend von Z 1 und Z 2 gilt für Ansprüche auf Auszahlung von fällig gewordenem Entgelt aus Überstunden- oder Mehrarbeit, für die Zeitausgleich vereinbart war, aus Zeitguthaben oder Zeitzuschlägen als Grenzbetrag für jede ab-

zugeltende Stunde ein Viertel der täglichen Höchstbeitragsgrundlage gemäß § 45 Abs. 1 ASVG zum Zeitpunkt der Fälligkeit. Diese Ansprüche gelten abweichend von § 44 Abs. 7 ASVG für jenen Kalendermonat als erworben, in dem sie fällig geworden sind; als monatliche Höchstbeitragsgrundlage gilt für diese Ansprüche der 30-fache Betrag der täglichen Höchstbeitragsgrundlage gemäß § 45 Abs. 1 ASVG zum Zeitpunkt der Fälligkeit. *(BGBl I 2017/123) (BGBl 1986/395; BGBl 1994/153)*

(4a) Besteht Anspruch auf Abfertigung nach den §§ 23 und 23 a AngG oder einer anderen gleichartigen österreichischen Rechtsvorschrift, gebührt Insolvenz-Entgelt hiefür *(BGBl I 2008/82)*

a) bis zum Ausmaß der einfachen Höchstbeitragsgrundlage nach Abs. 4 pro Monatsbetrag Abfertigung in voller Höhe

b) und, soweit ein höherer Anspruch zusteht, bis zum Ausmaß der zweifachen Höchstbeitragsgrundlage nach Abs. 4 pro Monatsbetrag Abfertigung in halber Höhe. *(BGBl 1993/817)*

(5) Sofern der gesicherte Anspruch auf Grund der insolvenzrechtlichen Vorschriften angemeldet werden kann, besteht Anspruch auf Insolvenz-Entgelt nur dann, wenn der gesicherte Anspruch als Forderung in einem solchen Insolvenzverfahren angemeldet worden ist, es sei denn, daß dem Anspruchsberechtigten die Anmeldung nicht möglich war. Wird Insolvenz-Entgelt auf Grund einer ausländischen Entscheidung beantragt, hat der Antragsteller eine nach dem jeweiligen ausländischen Recht erforderliche Forderungsanmeldung der zuständigen Geschäftsstelle der Insolvenz-Entgelt- Fonds-Service GmbH (IEF-Service GmbH) zur Kenntnis zu bringen. *(BGBl 1986/395; BGBl I 1997/107; BGBl I 2005/102; BGBl I 2008/82; BGBl I 2010/29)*

(6) Keinen Anspruch auf Insolvenz-Entgelt haben: *(BGBl I 2008/82)*

1. Arbeitnehmer, die in einem Dienstverhältnis zum Bund, zu einem Bundesland, zu einer Gemeinde, zu einem Gemeindeverband oder zu einem Arbeitgeber stehen, der entweder nach den allgemein anerkannten Regeln des Völkerrechtes oder gemäß völkerrechtlichen Verträgen oder auf Grund des Bundesgesetzes über die Einräumung von Privilegien und Immunität an internationale Organisationen, BGBl. Nr. 677/1977, Immunität genießt, aus diesem Dienstverhältnis;

2 . Gesellschafter, denen ein beherrschender Einfluß auf die Gesellschaft zusteht, auch wenn dieser Einfluß ausschließlich oder teilweise auf der treuhändigen Verfügung von Gesellschaftsanteilen Dritter beruht oder durch treuhändige Weitergabe von Gesellschaftsanteilen ausgeübt wird; *(BGBl I 2005/102)*

IESG

3. Personen, die nach § 66 a des Arbeitslosen-versicherungsgesetzes 1977, BGBl. Nr. 609, der Arbeitslosenversicherungspflicht unterliegen. *(BGBl I 2005/102, ab 1. 10. 2005, Z 2 und 3 entfallen, bisherige Z 4 und 5 in Z 2 und 3 umbenannt)* *(BGBl 1986/395; BGBl 1993/799; BGBl 1995/297; BGBl I 1997/107)*

(BGBl 1980/580)

Insolvenz-Entgelt für Abfertigung wegen Verschlechterung der Wirtschaftslage und bei überschuldetem Nachlass

§ 1a. (1) Insolvenz-Entgelt gebührt auch für eine Abfertigung, wenn der Arbeitgeber auf Grund eines Urteiles, in dem die Prüfung ergab, daß sich seine persönliche Wirtschaftslage derart verschlechtert hat, daß ihm die Erfüllung der Zahlung der Abfertigung zum Teil oder zur Gänze billigerweise nicht zugemutet werden kann, gemäß § 23 Abs. 2 des Angestelltengesetzes (AngG), BGBl. Nr. 292/1921, oder des § 22 Abs. 2 des Gutsangestelltengesetzes, BGBl. Nr. 538/1923, oder einer anderen gleichartigen österreichischen Rechtsvorschrift von der Zahlung einer Abfertigung zum Teil oder zur Gänze befreit wurde. *(BGBl I 1997/107; BGBl I 2008/82)*

(2) Der Anspruch auf Insolvenz-Entgelt umfaßt den Teil der Abfertigung, den der Arbeitgeber im Sinne des Abs. 1 dem Anspruchsberechtigten nicht ausbezahlen muß, und die dem Arbeitnehmer diesbezüglich erwachsenen tarifmäßigen Verfahrenskosten und Barauslagen sowie die von ihm zu ersetzenden Prozeßkosten. *(BGBl I 2008/82)*

(3) Insolvenz-Entgelt gebührt für gesicherte Ansprüche nach § 1 Abs. 2 hinsichtlich jenes Teils, für den der Anspruchsberechtigte vom bedingt erbserklärten Erben wegen der auf Grund eines Urteils feststehenden nicht ausreichenden Nachlassaktiva keine Zahlung erhalten kann. In diesem Fall gebührt dem Arbeitnehmer Insolvenz-Entgelt auch für die ihm erwachsenen tarifmäßigen Verfahrenskosten und Barauslagen sowie die von ihm an diesen Erben zu ersetzenden Prozesskosten. *(BGBl I 2010/29)*

(4) Im übrigen gelten die Bestimmungen dieses Bundesgesetzes mit der Maßgabe, daß

1. das Vorliegen eines Insolvenztatbestandes im Sinne des § 1 Abs. 1 nicht erforderlich ist,

2. für das Verfahren die Geschäftsstelle der IEF-Service GmbH (im folgenden „Geschäftsstelle„) zuständig ist, in deren Sprengel sich gemäß § 5 Abs. 1 das Gericht befindet, das die Entscheidung erster Instanz erlassen hat, *(BGBl I 2001/88; BGBl I 2008/82)*

3. die Antragsfrist gemäß § 6 Abs. 1 mit der Zustellung des dem Anspruchsberechtigten gegen-über rechtskräftig gewordenen Urteiles zu laufen beginnt und

4. ein Übergang des Anspruches (§ 11) nicht stattfindet. *(BGBl 1994/314; BGBl I 2010/29)*

(BGBl 1992/835)

Insolvenz-Entgelt für Übertragungsbeträge

§ 1b. (1) Insolvenz-Entgelt gebührt auch für Übertragungsbeträge nach § 47 Abs. 3 des Betrieblichen Mitarbeiter- und Selbständigenvorsorgegesetzes (BMSVG), BGBl. I Nr. 100/2002 , bei Vorliegen eines Insolvenztatbestandes nach § 1 Abs. 1. *(BGBl I 2007/104; BGBl I 2008/82)*

(2) Der Anspruch auf Insolvenz-Entgelt umfasst die zum Stichtag (§ 3 Abs. 1) noch aushaftenden Übertragungsbeträge, soweit diese die zum Stichtag fiktiv bei Anwendung der im § 47 Abs. 1 BMSVG angeführten Rechtsvorschriften oder Vertragsbedingungen gebührenden Monatsentgelte an Abfertigung unter Beachtung der Grenzbeträge gemäß § 1 Abs. 4a nicht übersteigen. *(BGBl I 2007/104; BGBl I 2008/82)*

(3) Die BV-Kasse hat dem Arbeitnehmer auf sein Verlangen eine schriftliche Bestätigung über die vom Arbeitgeber bis zum Stichtag (§ 3 Abs. 1) einbezahlten Übertragungsbeträge auszufolgen. Wird die BV-Kasse innerhalb von sechs Monaten nach dem Stichtag um die Ausfolgung einer solchen schriftlichen Bestätigung ersucht, beginnt die Frist zur Beantragung von Insolvenz-Entgelt für aushaftende Übertragungsbeträge mit der Zustellung dieser Bestätigung zu laufen. Der Arbeitnehmer hat diese Bestätigung und die Vereinbarung gemäß § 47 Abs. 1 BMSVG der zuständigen Geschäftsstelle vorzulegen. *(BGBl I 2007/104; BGBl I 2008/82)*

(4) Das für Übertragungsbeträge zuerkannte Insolvenz-Entgelt ist an die BV-Kasse zu zahlen; der BV-Kasse ist auch eine Abschrift des Zuerkennungsbescheides zu übermitteln. *(BGBl I 2007/104; BGBl I 2008/82)*

(BGBl I 2005/36)

Sprachliche Gleichbehandlung und Verweisungen

§ 2. (1) Soweit in diesem Bundesgesetz personenbezogene Bezeichnungen nur in männlicher Form angeführt sind, beziehen sie sich auf Frauen und Männer in gleicher Weise, es sei denn, daß ausdrücklich anderes angeordnet ist.

(2) Soweit in diesem Bundesgesetz auf andere Bundesgesetze verwiesen wird, sind diese in ihrer jeweils geltenden Fassung anzuwenden.

(BGBl I 1997/107)

Gleichstellung von freien Dienstnehmern

§ 2a. *(entfällt samt Überschrift, BGBl I 2010/29)*

Ausmaß des Insolvenz-Entgelts

§ 3. (1) Das Insolvenz-Entgelt gebührt, vorbehaltlich § 3d, in inländischer Währung in der Höhe des gesicherten Anspruches, vermindert um die Dienstnehmerbeitragsanteile zur gesetzlichen Sozialversicherung, unbeschadet § 13a Abs. 1, und vermindert um jene gesetzlichen Abzüge, die von anderen öffentlich-rechtlichen Körperschaften im Insolvenzverfahren geltend zu machen sind. Ist dieser Anspruch nicht auf eine Geldleistung gerichtet oder ist sein Geldbetrag unbestimmt oder nicht in inländischer Währung festgesetzt, so ist der Schätzwert zum Zeitpunkt der Eröffnung des Insolvenzverfahrens oder der Anordnung der Geschäftsaufsicht bzw. zum Zeitpunkt eines Beschlusses nach § 1 Abs. 1 Z 2 bis 6 (Stichtag) maßgebend. Betagte Forderungen gelten als fällig. Betagte unverzinsliche Forderungen können nur in dem Betrag geltend gemacht werden, der mit Hinzurechnung der gesetzlichen Zinsen von dem im zweiten Satz genannten Zeitpunkt bis zur Fälligkeit dem vollen Betrag der Forderung gleichkommt. *(BGBl I 2008/82; BGBl I 2010/29)*

(2) Insolvenz-Entgelt für Zinsen gebührt für die gemäß § 1 Abs. 2 Z 1 bis 3 gesicherten Ansprüche ab der Fälligkeit dieser Ansprüche bis zum Stichtag (§ 3 Abs. 1). *(BGBl I 2000/142; BGBl I 2008/82)*

(3) Der Berechnung des Insolvenz-Entgelts für gesicherte Ansprüche sind unbeschadet des zweiten Satzes nur die gesetzlichen oder kollektivvertraglichen Kündigungsfristen unter Bedachtnahme auf die Kündigungstermine und die gesetzlichen Kündigungsbeschränkungen zugrunde zu legen. Eine einzelvertragliche Anrechnung von Vordienstzeiten ist unter Bedachtnahme auf § 1 Abs. 3 Z 2 der Berechnung des Insolvenz-Entgelts nur insoweit zugrunde zu legen, als es sich um die Anrechnung von tatsächlich geleisteten Beschäftigungszeiten handelt oder solche Zeiten nicht bereits bei früheren Beendigungsansprüchen berücksichtigt wurden. Der erste und zweite Satz finden auch auf befristete Arbeitsverhältnisse Anwendung; der erste Satz jedoch nur dann, wenn das Arbeitsverhältnis nicht vorher durch Fristablauf endet. *(BGBl I 2008/82)*

(BGBl I 1997/107)

für Entgelt und Ansprüche aus nicht ausgeglichenen Zeitguthaben

vor der Insolvenz

§ 3a. (1) Insolvenz-Entgelt gebührt für das dem Arbeitnehmer gebührende Entgelt einschließlich der gebührenden Sonderzahlungen, das in den letzten sechs Monaten vor dem Stichtag (§ 3 Abs. 1) oder, wenn das Arbeitsverhältnis vor dem Stichtag geendet hat, in den letzten sechs Monaten vor dessen arbeitsrechtlichem Ende fällig geworden ist. Die Frist von sechs Monaten gilt nicht, soweit Ansprüche auf Entgelt binnen sechs Monaten nach ihrer Fälligkeit gerichtlich oder im Rahmen eines gesetzlich oder in Normen der kollektiven Rechtsgestaltung vorgesehenen Schlichtungsverfahrens oder eines Verfahrens vor der Gleichbehandlungskommission zulässigerweise geltend gemacht wurden und das diesbezügliche Verfahren gehörig fortgesetzt wird oder soweit eine Differenz zwischen unterkollektivvertraglicher und kollektivvertraglicher Entlohnung beantragt wird. *(BGBl I 2017/123)*

(BGBl I 2010/29)

bei Eröffnung des Insolvenzverfahrens im Inland

(2) Insolvenz-Entgelt gebührt im Fall der Eröffnung des Insolvenzverfahrens für Ansprüche auf Entgelt einschließlich der gebührenden Sonderzahlungen *(BGBl I 2017/123)*

1. bis zur jeweiligen Berichtstagsatzung;

2. bis zum rechtlichen Ende des Arbeitsverhältnisses, wenn dieses vor der Berichtstagsatzung gelöst wird;

3. bis zum Ende des Zeitraumes nach Abs. 5, wenn keine Berichtstagsatzung stattfindet;

4. bis zum rechtlichen Ende des Arbeitsverhältnisses, wenn es innerhalb eines Monates nach der Berichtstagsatzung, auf der kein Beschluss über die Fortführung des Unternehmens gefasst wurde, nach § 25 IO gelöst wird;

5. bis zum rechtlichen Ende des Arbeitsverhältnisses als Ausfallshaftung (Abs. 4), wenn nach der Berichtstagsatzung oder - findet keine solche statt - nach Ablauf des Zeitraums nach Abs. 5 oder Abs. 6 bis zur Aufhebung des Insolvenzverfahrens der Arbeitnehmer infolge der ersten nicht vollständigen Zahlung des ihm zukommenden Entgelts wegen der ungebührlichen Schmälerung oder Vorenthaltung des gebührenden Entgelts seinen berechtigten vorzeitigen Austritt erklärt oder das Arbeitsverhältnis aus anderen Gründen gelöst wird. Diese Austrittsobliegenheit gilt nicht für Sonderzahlungen und bestrittene Ansprüche. Abs. 4 findet jedoch keine Anwendung für jenes Entgelt, wegen dessen ungebührlicher Schmäle-

rung oder Vorenthaltung der Austritt erklärt wurde. *(BGBl I 2017/123)*

bei Anordnung der Geschäftsaufsicht

(3) Insolvenz-Entgelt gebührt im Fall der Anordnung der Geschäftsaufsicht für Ansprüche auf Entgelt einschließlich der gebührenden Sonderzahlungen, die bis zum Ende des Monats, in dem die Anordnung der Geschäftsaufsicht erfolgt, entstehen. Ab diesem Zeitpunkt besteht Anspruch auf Insolvenz-Entgelt für Entgelt einschließlich der anteiligen Sonderzahlungen gemäß § 3 Abs. 1 nur dann, wenn der Arbeitnehmer infolge der ersten nicht vollständigen Zahlung des ihm zukommenden Entgelts wegen ungebührlicher Schmälerung oder Vorenthaltung des gebührenden Entgelts seinen berechtigten vorzeitigen Austritt erklärt. Auf Abs. 2 Z 5 vorletzter Satz ist hierbei Bedacht zu nehmen. Insolvenz-Entgelt gebührt längstens bis zum Ablauf der Frist nach Abs. 5. *(BGBl I 2017/123)*

als Ausfallshaftung bei Eröffnung des Insolvenzverfahrens

(4) Anspruch auf Insolvenz-Entgelt in den Fällen des Abs. 2 Z 5 und des Abs. 3 gebührt nur dann und insoweit, als der zuständige Verwalter entweder schriftlich erklärt, dass die Insolvenzmasse bzw. der Arbeitgeber zur Zahlung nicht oder nicht vollständig in der Lage ist oder die Masseunzulänglichkeit nach § 124a IO dem Insolvenzgericht angezeigt hat.

in den übrigen Fällen und bei Insolvenzfällen im Ausland

(5) Insolvenz-Entgelt gebührt im Fall eines Beschlusses nach § 1 Abs. 1 Z 2 bis 6, soweit nicht anderes bestimmt ist, für Entgelt einschließlich der gebührenden Sonderzahlungen, die bis zum Ende des dritten Monats entstanden sind, der auf den Stichtag (§ 3 Abs. 1) folgt. *(BGBl I 2017/123)*

(6) Abs. 5 gilt auch bei Vorliegen eines ausländischen Insolvenztitels nach § 1 Abs. 1 letzter Satz, sofern nicht hinsichtlich desselben Arbeitgebers (Auftraggebers) im Inland ein Sekundärinsolvenzverfahren nach Art. 3 Abs. 3 der EU-Insolvenzverordnung oder ein Partikularverfahren nach Art. 3 Abs. 2 und 4 der EU-Insolvenzverordnung anhängig ist; dies mit der Maßgabe, dass für die in Abs. 5 erster Satz genannten Ansprüche Insolvenz-Entgelt bis zum Ende des vierten Monats, der auf den Stichtag folgt, gebührt. Wird auf Antrag des ausländischen Insolvenzverwalters die Fortführung des Unternehmens in der Insolvenzdatei schon vor Ablauf dieser Frist bekannt gemacht, gebührt Insolvenz-Entgelt einschließlich der gebührenden Sonderzahlungen nur bis zum

Ende des Monats, in dem die Bekanntmachung in der Insolvenzdatei erfolgt ist.

Für weitere Ansprüche

§ 3b. Insolvenz-Entgelt gebührt – mit Ausnahme der Ansprüche gemäß § 3a – für folgende gesicherte Ansprüche: *(BGBl I 2008/82; BGBl I 2017/123)*

1. für Ansprüche, sofern diese spätestens bis zum Ablauf der jeweiligen Frist nach § 3a Abs. 2 Z 1 bis 4, Abs. 3, 5 oder 6 entstanden sind; *(BGBl I 2010/29)*

2. für Ansprüche, sofern spätestens bis zum Ablauf der jeweiligen Frist nach § 3a Abs. 2 Z 1 bis 4, Abs. 3, 5 oder 6

a) die Kündigung des Arbeitsverhältnisses ausgesprochen,

b) die einvernehmliche Lösung des Arbeitsverhältnisses vereinbart,

c) die vorzeitige Auflösung des Arbeitsverhältnisses ausgesprochen oder

d) bei einem, einen besonderen Kündigungs- und Entlassungsschutz genießenden Arbeitnehmer die Klage auf Zustimmung zur Kündigung oder vorzeitigen Auflösung beim zuständigen Gericht erhoben bzw. die Zustimmung zur Kündigung oder vorzeitigen Auflösung des Arbeitsverhältnisses bei der zuständigen Behörde beantragt wurde; *(BGBl I 2010/29)*

3. für Ansprüche aus der Beendigung des Arbeitsverhältnisses bei Fortführung des Unternehmens nach der Berichtstagsatzung bis zur Aufhebung des Insolvenzverfahrens, wenn der Arbeitnehmer wegen der ungebührlichen Schmälerung oder Vorenthaltung des ihm zukommenden Entgelts seinen berechtigten vorzeitigen Austritt erklärt, sofern die Voraussetzungen für die Ausfallshaftung nach § 3a Abs. 4 vorliegen; *(BGBl I 2010/29)*

4. für Ansprüche aus der Beendigung des Arbeitsverhältnisses, die bis zur Aufhebung des Insolvenzverfahrens entstehen, sofern das Arbeitsverhältnis aus anderen Gründen als gemäß Z 3 gelöst wird und die Voraussetzungen für die Ausfallshaftung nach § 3a Abs. 4 vorliegen; *(BGBl I 2010/29)*

5. für Kosten gemäß § 1 Abs. 2 Z 4.

(BGBl I 1997/107)

Bei besonderem Kündigungs- und Entlassungsschutz

§ 3c. Arbeitnehmern mit besonderem Kündigungs- und Entlassungsschutz nach dem Mutterschutzgesetz, BGBl. Nr. 221/1979, dem Eltern-Karenzurlaubsgesetz, BGBl. Nr. 651/1989, oder dem Arbeitsplatzsicherungsgesetz, BGBl. Nr. 683/1991, oder gleichartigen österreichischen

Rechtsvorschriften, gebührt Insolvenz-Entgelt für gesicherte Ansprüche (§ 1 Abs. 2), wenn *(BGBl I 2008/82)*

1. der Arbeitnehmer den berechtigten vorzeitigen Austritt nach § 23a Abs. 3 und 4 AngG oder nach § 22a Abs. 3 und 4 des Gutsangestelltengesetzes oder gleichartigen österreichischen Rechtsvorschriften erklärt hat oder

2. das Arbeitsverhältnis bis unmittelbar nach Ablauf des jeweiligen besonderen Kündigungsschutzes gelöst wurde oder

3. infolge Betriebsstillegung der Arbeitnehmer zum Zeitpunkt des Wiederantritts nach Beendigung des Karenzurlaubs oder Präsenz- oder Ausbildungs- oder Zivildienstes nicht beschäftigt wird,

auch nach dem Stichtag (§ 3 Abs. 1). Insolvenz-Entgelt gebührt im Fall des aufrechten Insolvenzverfahrens nur unter den Voraussetzungen für die Ausfallshaftung nach § 3a Abs. 4. *(BGBl I 2008/82; BGBl I 2010/29)*

(BGBl I 1997/107; BGBl I 1998/30)

Für Betriebspensionen

§ 3d. (1) Besteht zum Stichtag

1. bereits ein Anspruch auf Zahlung einer Pension aus einer Leistungszusage gemäß § 2 Z 2 BPG in Verbindung mit Art. V Abs. 3 des Bundesgesetzes BGBl. Nr. 282/1990, so gebührt als Insolvenz-Entgelt für die nach dem Stichtag gebührenden Leistungen ausschließlich eine Zahlung in der Höhe von 24 Monatsbeträgen; *(BGBl I 2008/82)*

2. noch kein Anspruch auf Leistungen aus einer Leistungszusage gemäß § 2 Z 2 BPG in Verbindung mit Art. V Abs. 3 des Bundesgesetzes BGBl. Nr. 282/1990, so gebührt für den Unverfallbarkeitsbetrag gemäß § 7 Abs. 1 bis 2b BPG als Insolvenz-Entgelt eine Zahlung in der Höhe von 24 Monatsbeträgen, wobei sich die Höhe des Monatsbetrages aus dem Unverfallbarkeitsbetrag entsprechend den Berechnungsvorschriften des § 7 Abs. 3 Z 4 BPG ergibt; unbeachtlich ist, ob eine Verfügung gemäß § 7 Abs. 3 Z 1 bis 3 BPG erfolgt oder die unverfallbare Anwartschaft gemäß § 7 Abs. 6 BPG abgefunden wird; *(BGBl I 2008/82; BGBl I 2018/100)*

3. ein Anspruch auf Leistung eines Abfindungsbetrages nach § 5 Abs. 2 des Arbeitsvertragsrechtsanpassungsgesetzes, BGBl. Nr. 459/1993, so gebührt für den Abfindungsbetrag eine Zahlung von 24 Monatsbeträgen, wobei sich die Höhe des Monatsbetrages aus dem Abfindungsbetrag unter sinngemäßer Anwendung der Berechnungsvorschriften des § 7 Abs. 3 Z 4 BPG ergibt; dasselbe gilt, wenn in einem Insolvenzverfahren der Anspruch auf Abfindung wegen eines Betriebsüberganges entsteht.

(2) Besteht am Stichtag Anspruch auf Zahlung einer Pension aus einer Leistungszusage, die nicht dem Betriebspensionsgesetz unterliegt, gebührt als Insolvenz-Entgelt für nach dem Stichtag gebührende Leistungen ausschließlich eine einmalige Zahlung von zwölf Monatsbeträgen. *(BGBl I 2008/82)*

(3) Soweit durch die Obergrenzen gemäß Abs. 1 und Abs. 2 die auf Grund der Richtlinie 2008/94/EG über den Schutz der Arbeitnehmer bei Zahlungsunfähigkeit des Arbeitgebers zwingend gebotene Mindestabsicherung nicht gewährleistet ist, gebührt als Insolvenz-Entgelt zumindest

1. die Hälfte des Barwerts des Anspruches auf eine Pension aus einer direkten Leistungszusage nach § 2 Z 2 BPG in Verbindung mit Art. V Abs. 3 des Bundesgesetzes BGBl. Nr. 282/1990 oder des Anspruchs aus einer Leistungszusage, die nicht dem BPG unterliegt, oder

2. die Hälfte des Unverfallbarkeitsbetrages gemäß § 7 Abs. 1 bis 2b BPG oder des Abfindungsbetrages gemäß § 5 Abs. 2 AVRAG. *(BGBl I 2015/113, ab 1. 1. 2016)*

(BGBl I 1997/107)

Gewährung von Insolvenz-Entgelt bei Vorliegen berücksichtigungswürdiger Gründe

§ 4. Bei Vorliegen berücksichtigungswürdiger Gründe hat die Geschäftsstelle über den Antrag auf Insolvenz-Entgelt des Anspruchsberechtigten besonders rasch zu entscheiden. Berücksichtigungswürdige Gründe liegen insbesondere vor, wenn der Anspruchsberechtigte glaubhaft macht, dass er sich in einer die Existenz gefährdenden Situation befindet und die Deckung des Lebensunterhaltes in anderer zumutbarer Weise nicht gewährleistet ist.

(BGBl 1980/580; BGBl 1994/314; BGBl I 2001/88; BGBl I 2010/29)

§ 5. (1) Für das Verfahren nach diesem Bundesgesetz ist jene Geschäftsstelle zuständig, in deren Sprengel sich das Gericht befindet, das das Insolvenzverfahren eröffnet oder den Beschluss nach § 1 Abs. 1 bis 6 gefasst hat. *(BGBl I 2015/113, ab 1. 1. 2016)*

(2) Die Geschäftsstellen werden durch Verordnung des Bundesministers für Arbeit, Soziales und Konsumentenschutz festgelegt. Dabei ist auf die Gewährleistung einer effizienten Vollziehung und die betriebswirtschaftlichen Erfordernisse der IEF-Service GmbH Bedacht zu nehmen. *(BGBl I 2015/113, ab 1. 1. 2016)*

(3) Hat ein ausländisches Gericht eine Entscheidung im Sinne des § 1 Abs. 1 getroffen, die im Inland anerkannt wird, oder wurde ein Sekundärinsolvenzverfahren nach Art. 3 Abs. 3 der EU-Insolvenzverordnung eröffnet, so ist die Geschäftsstelle Wien zuständig. Ist jedoch im Inland ein

23. IESG

§§ 5 – 6

Partikularverfahren nach Art. 3 Abs. 2 und 4 der EU-Insolvenzverordnung anhängig, so bleibt die nach Abs. 1 oder Abs. 2 zuständige Geschäftsstelle auch nach Eröffnung des Hauptinsolvenzverfahrens im Ausland weiterhin zuständig. *(BGBl I 2005/102)*

(4) Der Antrag auf Insolvenz-Entgelt kann bei jeder Geschäftsstelle eingebracht werden. Sofern es sich nicht um eine Geschäftsstelle nach Abs. 1 bis 3 handelt, ist der Antrag der zur Entscheidung zuständigen Geschäftsstelle unverzüglich zu übersenden. Wird der Antrag beim Insolvenzgericht (§ 104 Abs. IO) eingebracht, so ist der Antrag als an die zuständige Geschäftsstelle gerichtet anzusehen. *(BGBl I 2008/82; BGBl I 2010/29)*

(5) *(entfällt, BGBl I 2018/32)*

(BGBl I 2001/88)

Antrag

§ 6. (1) Der Antrag auf Insolvenz-Entgelt ist bei sonstigem Ausschluss jeweils binnen sechs Monaten ab Eröffnung eines Insolvenzverfahrens nach § 1 Abs. 1 oder eines Sekundärinsolvenzverfahrens nach Art. 3 Abs. 3 der EU-Insolvenzverordnung im Inland oder binnen sechs Monaten ab Kenntnis von einem Beschluss nach § 1 Abs. 1 Z 2 bis 6 zu stellen. Diese Frist beginnt neuerlich zu laufen, wenn *(BGBl I 2005/102; BGBl I 2008/82; BGBl I 2010/29)*

1. das Arbeitsverhältnis nach dem im ersten Satz maßgeblichen Zeitpunkt endet, mit dessen Ende; *(BGBl I 2005/102; BGBl I 2010/29)*

2. der Anspruchsberechtigte vor Ablauf der Frist nach dem ersten Satz stirbt; *(BGBl I 2010/29)*

3. hinsichtlich von Ansprüchen nach § 1 Abs. 2 ein Gerichtsverfahren bis längstens zum Ablauf der Frist nach dem ersten Satz anhängig gemacht wird, mit der rechtskräftigen Beendigung dieses Verfahrens bzw. hinsichtlich von Ansprüchen im Sinne des § 7 Abs. 7 mit der Zustellung der Klage bzw. der Übermittlung der schriftlichen Aufforderung ohne nachfolgende Klage an den Arbeitnehmer; *(BGBl I 2005/102; BGBl I 2010/29)*

4. Kosten nach Ablauf der Frist nach dem ersten Satz entstehen bzw. festgestellt werden, hinsichtlich des Antrages auf diese Kosten. *(BGBl I 2010/29)*

Ist der Antrag auf Insolvenz-Entgelt nach Ablauf der in Frage kommenden vorstehenden Frist gestellt worden, so sind von Amts wegen die Rechtsfolgen der Fristversäumung bei Vorliegen von berücksichtigungswürdigen Gründen nachzusehen. Berücksichtigungswürdige Gründe liegen insbesondere vor, wenn dem Arbeitnehmer billigerweise die Kenntnis von der Eröffnung des Insolvenzverfahrens nach § 1 Abs. 1 nicht zugemutet werden konnte oder ihm die betragsmäßige

Angabe seiner Ansprüche nicht rechtzeitig möglich war. Eine solche Nachsicht ist nicht mehr möglich, wenn seit der Eröffnung des Insolvenzverfahrens bzw. seit dem Beschluß nach § 1 Abs. 1 Z 2 bis 6 mehr als drei Jahre verstrichen sind. *(BGBl 1994/153; BGBl I 1997/107; BGBl I 1999/73; BGBl I 2008/82; BGBl I 2010/29)*

(2) Der Antrag ist mit einem bundeseinheitlich aufgelegten Formular zu stellen; nach Maßgabe der technischen Möglichkeiten kann dieses oder ein inhaltlich übereinstimmendes Formular auch telegrafisch, fernschriftlich, mit Telefax, im Wege automationsunterstützter Datenübertragung oder in jeder anderen technisch möglichen Weise übermittelt werden. In ihm sind der Betrag der Forderung (Höhe des Bruttoanspruches, der Dienstnehmerbeitragsanteile zur gesetzlichen Sozialversicherung und der gesetzlichen Abzüge, die von anderen öffentlich-rechtlichen Körperschaften im Insolvenzverfahren geltend zu machen sind) und die Tatsachen, auf die sie sich gründet, anzugeben, die Beweismittel, die zum Nachweis der behaupteten Forderung beigebracht werden, zu bezeichnen und bei Forderungen, über die ein Rechtsstreit anhängig war oder ist, auch das Prozessgericht und das Aktenzeichen anzugeben und ein allenfalls vorhandener Exekutionstitel anzuschließen. Wenn das Insolvenzverfahren eröffnet wurde und der gesicherte Anspruch Gegenstand der Anmeldung ist, sind ein Stück der Forderungsanmeldung (§ 103 IO) und Abschriften der ihr angeschlossenen Urkunden beizufügen; der zweite Halbsatz des ersten Satzes gilt entsprechend. *(BGBl 1980/580; BGBl I 1999/73; BGBl I 2000/142; BGBl I 2010/29)*

(3) Die Geschäftsstelle hat die Forderungen in ein Verzeichnis einzutragen (Forderungsverzeichnis). Die Forderungen sind nur dann gruppenweise entsprechend den Vorschriften der Insolvenzordnung zu verzeichnen, wenn ein Insolvenzverfahren anhängig ist. Das Forderungsverzeichnis ist dem Arbeitgeber, bei Anhängigkeit eines Insolvenzverfahrens dem Sanierungsverwalter bzw. Insolvenzverwalter (im folgenden „zuständiger Verwalter"), in zweifacher Ausfertigung zuzustellen. Dem zuständigen Verwalter sind überdies auf sein Verlangen die Anträge und ihre Beilagen zu übersenden, soweit sie sich auf Forderungen beziehen, die nicht Gegenstand der Anmeldung (§ 103 IO) sind. Die Übermittlung des Forderungsverzeichnisses an den zuständigen Verwalter kann auch telegrafisch, fernschriftlich, mit Telefax, im Wege automationsunterstützter Datenübertragung oder in jeder anderen technisch möglichen Weise erfolgen. Dies gilt in der Folge auch für dessen Stellungnahme an die Geschäftsstelle. *(BGBl 1994/314; BGBl I 2001/88; BGBl I 2010/29)*

(4) Ist ein Insolvenzverfahren nicht anhängig, so hat der Arbeitgeber binnen 14 Tagen ab eigenhändiger Zustellung einer Aufforderung der Geschäftsstelle oder des Gerichts zu jeder Forderung

Kodex Zivilgerichtliches Verfahren 1. 9. 2021

eine bestimmte Erklärung über ihre Richtigkeit und Höhe nach Maßgabe des § 3 Abs. 1 erster Satz abzugeben; Vorbehalte sind unzulässig. Dem Arbeitgeber ist hiezu auf sein Verlangen Einsicht in die Anträge und ihre Beilagen zu gewähren. *(BGBl 1985/104; BGBl 1986/69; BGBl 1994/314; BGBl I 1997/107; BGBl I 2001/88; BGBl I 2010/29)*

(5) Ist ein Insolvenzverfahren anhängig, so hat der zuständige Verwalter die Erklärung nach Abs. 4 abzugeben. Die Erklärungsfrist kann auf Antrag des zuständigen Verwalters verlängert werden, wenn die zur Überprüfung notwendigen Aufzeichnungen des Schuldners nicht vorhanden oder mangelhaft sind oder sonst die Abgabe der Erklärung binnen 14 Tagen unzumutbar ist. Soweit die Forderung Gegenstand der Anmeldung ist, tritt an die Stelle der Erklärung nach Abs. 4 die unverzügliche Übersendung eines Auszugs (einer Abschrift) aus dem Anmeldeverzeichnis (§ 108 IO) durch den zuständigen Verwalter. *(BGBl I 2010/29)*

(6) Die Abs. 2 bis 5 sind bei Anordnung der Geschäftsaufsicht sinngemäß anzuwenden; an die Stelle des zuständigen Verwalters tritt die Aufsichtsperson. *(BGBl I 2010/29)*

(7) Wird Insolvenz-Entgelt auf Grund eines Beschlusses gemäß § 1 Abs. 1 Z 3, 4, 5 oder 6 begehrt, so sind die Abs. 3 und 4 nicht anzuwenden. *(BGBl 1986/395; BGBl I 2008/82; BGBl I 2010/29)*

(8) Die Berechtigung zur Antragstellung kommt nur dem Anspruchsberechtigten zu. Werden der Anspruch auf Insolvenz-Entgelt oder die nach § 1 Abs. 2 gesicherten Ansprüche gepfändet, verpfändet oder übertragen, ist der Anspruchsberechtigte zur Antragstellung hinsichtlich des pfändbaren Teils der gesicherten Ansprüche verpflichtet. Kommt der Anspruchsberechtigte der Verpflichtung zur Antragstellung nicht innerhalb der Antragsfrist nach Abs. 1 nach, so ist der Gläubiger zur Antragstellung hinsichtlich des pfändbaren Teils der gesicherten Ansprüche berechtigt, wenn er gegen den Anspruchsberechtigten einen rechtskräftigen Exekutionstitel betreffend die Verpflichtung zur Antragstellung erwirkt hat und diesen gemeinsam mit einem der Erfordernissen des Abs. 2 entsprechenden Antrag binnen sechs Monaten nach dem Ende der Antragsfrist nach Abs. 1 vorlegt. Die Verfahrensrechte und -pflichten eines antragsberechtigten Gläubigers entsprechen jener des Anspruchsberechtigten. Der Ablauf der Antragsfrist des Gläubigers ist während des Verfahrens zur Erlangung des Exekutionstitels betreffend die Verpflichtung des Anspruchsberechtigten zur Antragstellung gehemmt. Eine durch Nachsicht ermöglichte verspätete Antragstellung des betroffenen Anspruchsberechtigten ist auf jenen Teil der gesicherten Ansprüche beschränkt, der nicht bereits anderen Personen zuerkannt wurde. *(BGBl I 2009/90)*

Entscheidung und Auszahlung

§ 7. (1) Die Geschäftsstelle ist bei der Beurteilung des Vorliegens eines gesicherten Anspruches an die hierüber ergangenen gerichtlichen Entscheidungen gebunden, die gegenüber dem Antragsteller rechtskräftig geworden sind. Diese Bindung tritt nicht ein, wenn der gerichtlichen Entscheidung kein streitiges Verfahren vorangegangen ist oder ein Anerkenntnisurteil gefällt wurde, sofern diese Gerichtsentscheidung vor weniger als sechs Monaten vor Eröffnung des Insolvenzverfahrens oder vor Erlassung eines nach § 1 Abs. 1 gleichzuhaltenden Gerichtsbeschlusses rechtskräftig geworden ist. Soweit der dritte Satz des § 6 Abs. 5 anzuwenden ist, hat die Geschäftsstelle dem Antrag ohne weitere Prüfung insoweit stattzugeben, als nach dem übersendeten Auszug (Abschrift) des Anmeldungsverzeichnisses der gesicherte Anspruch im Insolvenzverfahren festgestellt ist, es sei denn, daß die gerichtliche Feststellung auf einer nicht bindenden gerichtlichen Entscheidung im Sinne des zweiten Satzes beruht. Im übrigen sind die §§ 45 bis 55 AVG anzuwenden. Zur Ermittlung des Nettoanspruches nach § 3 Abs. 1 erster Satz ist die Geschäftsstelle berechtigt, einen Steuerberater heranzuziehen, wenn hiezu der Arbeitgeber nach § 6 Abs. 4 nicht in der Lage ist. Durch den fristgerechten Antrag (§ 6 Abs. 1) werden Verjährungs- und Verfallsfristen unterbrochen. *(BGBl 1992/835; BGBl 1994/153; BGBl 1994/314; BGBl I 1997/107; BGBl I 2001/88; BGBl I 2010/29)*

(1a) Durch die Übermittlung einer Scheinunternehmerverdachtsmeldung nach § 8 Abs. 4 des Sozialbetrugsbekämpfungsgesetzes (SBBG), BGBl. I Nr. 113/2015, an die IEF-Service GmbH wird das Verfahren über die Zuerkennung von Insolvenz-Entgelt gegenüber den in dieser Verdachtsmeldung namentlich angeführten Antragstellerinnen und Antragstellern bis zur Klärung des Sachverhaltes ausgesetzt. *(BGBl I 2015/113, ab 1. 1. 2016)*

(2) Die Geschäftsstelle hat für die IEF-Service GmbH über Anträge auf Insolvenz-Entgelt mit schriftlichem Bescheid abzusprechen. Sie hat über die abzuweisenden und die zuzuerkennenden Ansprüche gesonderte Bescheide zu erlassen. Hiebei sind die zuzuerkennenden Einzelbeträge kaufmännisch auf volle Eurobeträge zu runden. *(BGBl 1980/580; BGBl 1985/104; BGBl 1994/314; BGBl I 2001/88; BGBl I 2008/82)*

(3) Ausfertigungen, die im Wege elektronischer Datenverarbeitungsanlagen oder in einem ähnlichen Verfahren hergestellt werden, bedürfen weder einer Unterschrift noch einer Beglaubigung.

(4) Die Geschäftsstelle hat Ausfertigungen der Bescheide, tunlichst gesammelt, dem Arbeitgeber

IESG

23. IESG
§§ 7 – 8

(ehemaligen Arbeitgeber), im Fall der Anhängigkeit eines Insolvenzverfahrens jedoch dem zuständigen Verwalter zuzustellen. Nach Maßgabe der technischen Möglichkeiten können die Bescheide auch telegrafisch, fernschriftlich, mit Telefax, im Weg automationsunterstützter Datenübertragung oder in jeder anderen technisch möglichen Weise zugestellt werden. *(BGBl 1983/613; BGBl 1994/314; BGBl I 1999/73; BGBl I 2001/88; BGBl I 2010/29)*

(5) Zahlungen sind dem Anspruchsberechtigten, sofern er handlungsunfähig ist, seinem gesetzlichen Vertreter, auf postalischem Weg zu leisten. Auf Antrag des Anspruchsberechtigten sind Zahlungen auf ein von ihm oder seinem ausgewiesenen bevollmächtigten Vertreter im Antrag angegebenes Scheckkonto der Österreichischen Postsparkasse oder auf ein Girokonto bei einem anderen inländischen Kreditinstitut oder einer Postsparkasse oder eines Kreditinstitutes eines anderen Staates, in dem der Euro gesetzliches Zahlungsmittel ist, zu überweisen. *(BGBl 1980/580; BGBl I 2001/88)*

(6) Im Falle der Pfändung, Verpfändung oder Übertragung der gesicherten Ansprüche sind die entsprechenden Teilbeträge des Insolvenz-Entgelts dem Berechtigten zu zahlen, sofern die diesbezüglichen Urkunden oder gerichtlichen Entscheidungen der Geschäftsstelle vor der Erlassung des Bescheides vorgelegt werden. § 8 Abs. 1 ist sinngemäß anzuwenden. *(BGBl 1980/580; BGBl 1983/613; BGBl 1986/395; BGBl 1992/835; BGBl 1994/314; BGBl I 2001/88; BGBl I 2010/29)*

(6a) Trotz der Voraussetzungen des Abs. 6 ist die Pfändung, Verpfändung oder Übertragung gegenüber dem Insolvenz-Entgelt-Fonds rechtsunwirksam und daher die Auszahlung an den Anspruchsberechtigten vorzunehmen, wenn gesicherte Ansprüche (§ 1 Abs. 2) für den Gläubiger oder Zessionar erkennbar zur Vorfinanzierung des Entgelts für vor dem Stichtag (§ 3 Abs. 1) liegende Ansprüche gepfändet, verpfändet oder übertragen worden sind, es sei denn, daß diese Vorfinanzierung nach einem Reorganisationsplan oder mit Zustimmung des Reorganisationsprüfers im Sinne des Unternehmensreorganisationsgesetzes, BGBl. I Nr. 106/1997, erfolgt. Stellt das Gericht das Reorganisationsverfahren wegen Zahlungsunfähigkeit oder Überschuldung ein, so sind nach dem Einstellungsbeschluß fällig werdende Ansprüche an den Anspruchsberechtigten auszuzahlen. *(BGBl I 1997/107; BGBl I 2008/82)*

(7) Ist unter Bedachtnahme auf § 1 Abs. 3 Z 1 der Anspruchsberechtigte aufgrund eines Urteiles nach der Insolvenzordnung oder der Anfechtungsordnung verpflichtet, erhaltene Zahlungen für Ansprüche aus dem Arbeitsverhältnis (freien Dienstverhältnis, Auftragsverhältnis) zurückzuerstatten, so geht diese Verpflichtung mit der rechtzeitigen Beantragung (§ 6 Abs. 1) auf den Insolvenz-Entgelt-Fonds über. Diese Verpflichtung besteht auch dann, wenn der Anspruchsberechtigte aufgrund einer nachweislich ihm zugegangenen schriftlichen Aufforderung solche Zahlungen für Ansprüche aus dem Arbeitsverhältnis (freien Dienstverhältnis, Auftragsverhältnis) zurückzuerstatten hat. *(BGBl I 1997/107; BGBl I 1999/73; BGBl I 2010/29)*

Fassung ab 1. 7. 2021 (BGBl I 2021/86):
(7) Ist unter Bedachtnahme auf § 1 Abs. 3 Z 1 der Anspruchsberechtigte aufgrund eines Urteiles nach der Insolvenzordnung oder der §§ 438 ff EO verpflichtet, erhaltene Zahlungen für Ansprüche aus dem Arbeitsverhältnis (freien Dienstverhältnis, Auftragsverhältnis) zurückzuerstatten, so geht diese Verpflichtung mit der rechtzeitigen Beantragung (§ 6 Abs. 1) auf den Insolvenz-Entgelt-Fonds über. Diese Verpflichtung besteht auch dann, wenn der Anspruchsberechtigte aufgrund einer nachweislich ihm zugegangenen schriftlichen Aufforderung solche Zahlungen für Ansprüche aus dem Arbeitsverhältnis (freien Dienstverhältnis, Auftragsverhältnis) zurückzuerstatten hat. *(BGBl I 1997/107; BGBl I 1999/73; BGBl I 2010/29; BGBl I 2021/86)*

(8) Insolvenz-Entgelt für Pensionskassenbeiträge oder für Prämien in eine betriebliche Kollektivversicherung, die den Arbeitnehmern als Teil des laufenden Entgelts bis zur Beendigung des Arbeitsverhältnisses oder im Rahmen der Kündigungsentschädigung, Ersatzleistung für Urlaubsentgelt (Urlaubsabfindung, Urlaubsentschädigung) oder der Sonderzahlungen gebühren, ist in die Pensionskasse oder das Versicherungsunternehmen einzuzahlen. *(BGBl 1996/754; BGBl I 2000/44; BGBl I 2005/8; BGBl I 2008/82)*

Pfändung, Verpfändung und Übertragung

§ 8. (1) Die Exekutionsordnung, RGBl. Nr. 79/1896, regelt, inwieweit Ansprüche auf Insolvenz-Entgelt übertragen, verpfändet und gepfändet werden können. *(BGBl I 2008/82)*

(2) Im Falle der Pfändung, Verpfändung bzw. Übertragung gemäß Abs. 1, bei denen der Insolvenz-Entgelt-Fonds Drittschuldner ist, sind die diesbezüglichen Urkunden oder gerichtlichen Entscheidungen der nach § 5 Abs. 1 bis 3 zuständigen Geschäftsstelle als anweisende Stelle im Sinne des § 295 der Exekutionsordnung zuzustellen. *(BGBl 1991/628; BGBl 1994/314; BGBl I 2001/88; BGBl I 2008/82)*

Fassung ab 1. 7. 2021 (BGBl I 2021/86):
(2) Im Falle der Pfändung, Verpfändung bzw. Übertragung gemäß Abs. 1, bei denen der Insolvenz-Entgelt-Fonds Drittschuldner ist, sind die diesbezüglichen Urkunden oder gerichtlichen Entscheidungen der nach § 5 Abs. 1 bis 3 zuständigen Geschäftsstelle als anweisende Stelle im

Sinne des § 297 der Exekutionsordnung zuzustellen. *(BGBl 1991/628; BGBl 1994/314; BGBl I 2001/88; BGBl I 2008/82; BGBl I 2021/86)*

Widerruf und Rückforderung

§ 9. (1) Sofern der Bezug von Insolvenz-Entgelt durch unwahre Angaben oder durch Verschweigung maßgebender Tatsachen herbeigeführt wurde oder der Empfänger erkennen mußte, daß die Zahlung nicht oder nicht in dieser Höhe gebührte, ist die zu Unrecht bezogene Leistung mit Bescheid zu widerrufen und rückzufordern. Gleiches gilt, wenn eine Verurteilung gemäß § 1 Abs. 3 Z 1a vorliegt. Die Erlassung eines Rückforderungsbescheides ist nicht mehr zulässig, wenn seit der Kenntnis des maßgeblichen Sachverhaltes durch die Geschäftsstelle mehr als fünf Jahre vergangen sind. *(BGBl I 2005/102; BGBl I 2008/82; BGBl I 2010/29)*

(2) Ausfertigungen der Bescheide nach Abs. 1 sind auch dem Arbeitgeber (ehemaligen Arbeitgeber), im Fall eines Insolvenzverfahrens jedoch dem zuständigen Verwalter zuzustellen. *(BGBl I 2001/88; BGBl I 2010/29)*

(BGBl 1983/613)

Streit über den Anspruch auf Insolvenz-Entgelt

§ 10. Bei Streit über den Anspruch auf Insolvenz-Entgelt sind die Bestimmungen des Arbeits- und Sozialgerichtsgesetzes sinngemäß anzuwenden. Dabei tritt an die Stelle des Versicherungsträgers die Geschäftsstelle der IEF-Service GmbH , die den Bescheid erlassen hat oder zu erlassen gehabt hätte. Die Gerichte erster Instanz haben den § 7 Abs. 4 sinngemäß anzuwenden. *(BGBl I 2008/82; BGBl I 2010/29)*

(BGBl 1994/314; BGBl I 2001/88)

Übergang der Ansprüche

§ 11. (1) Die diesem Bundesgesetz unterliegenden gesicherten Ansprüche gegen den Arbeitgeber (gegen die Insolvenzmasse) gehen, soweit sie nicht bestritten sind, auf den Insolvenz-Entgelt-Fonds mit der Antragstellung (§ 6 Abs. 1), sind die gesicherten Ansprüche nach § 1 Abs. 5 anzumelden, mit dieser Anmeldung über. Bestrittene Ansprüche gehen mit der Zahlung zuerkannten Insolvenz-Entgeltes auf den Insolvenz-Entgelt-Fonds über. Mit dem Forderungsübergang gehen auch sämtliche vertragliche Rechte des Anspruchsberechtigten gegenüber Dritten hinsichtlich der gesicherten Ansprüche unter Bedachtnahme auf Abs. 3 über, soweit für sie Insolvenz-Entgelt gewährt wurde. Mit dem Übergang ist unbeschadet § 47 Abs. 2 IO keine Änderung des Rechtsgrundes, des Ranges oder der Bevorrechtung der Forderung verbunden. Die gleichen Rechtsfolgen

treten mit der Zustellung des rechtskräftigen Urteils (§ 10) ein. *(BGBl 1980/580; BGBl 1983/613; BGBl 1985/104; BGBl 1986/395; BGBl I 2010/29)*

(2) Im Falle eines Widerrufes (§ 9 Abs. 1) tritt der Forderungsübergang in der Höhe des Widerrufsbetrages außer Kraft. Zahlungen, die der Arbeitgeber (der zuständige Verwalter) bis zur Zustellung dieses Bescheides (§ 9 Abs. 2) an den Insolvenz-Entgelt-Fonds geleistet hat, wirken schuldbefreiend; diese Zahlungen sind einem Rückzahlungspflichtigen anzurechnen. *(BGBl I 2008/82; BGBl I 2010/29)*

(3) Ist jedoch der Anspruch nach Abs. 1 auf den Insolvenz-Entgelt-Fonds übergegangen, so ist ein Zugriff auf künftiges Vermögen, das der Arbeitgeber nach der Aufhebung des Insolvenzverfahrens erworben hat, insoweit ausgeschlossen. Das gleiche gilt sinngemäß in den im § 1 Abs. 1 Z 1 bis 6 angeführten Fällen, jedoch nicht, wenn die nach dem Sanierungsplan, Zahlungsplan oder Abschöpfungsverfahren dem Insolvenz-Entgelt-Fonds zustehenden Zahlungen (Quotenzahlungen, Abschöpfungserträge), einschließlich solcher allenfalls noch aushaftender Masseforderungen, noch nicht erfolgt sind. Wird der Arbeitgeber bzw. dessen Organ im Zusammenhang mit der Insolvenz nach § 1 allerdings wegen schweren Betruges (§ 147 StGB), wegen gewerbsmäßigen Betruges (§ 148 StGB), wegen Vorenthaltens von Dienstnehmerbeiträgen zur Sozialversicherung (§ 153c StGB), wegen betrügerischen Vorenthaltens von Sozialversicherungsbeiträgen und Zuschlägen nach dem Bauarbeiter-, Urlaubs- und Abfertigungsgesetz (§ 153d StGB), wegen organisierter Schwarzarbeit (§ 153e StGB), wegen Sachwuchers (§ 155 StGB), wegen betrügerischer Krida (§ 156 StGB), wegen Schädigung fremder Gläubiger (§ 157 StGB) oder wegen Begünstigung eines Gläubigers (§ 158 StGB) verurteilt, so ist der Insolvenz-Entgelt-Fonds berechtigt, zur Hereinbringung der auf ihn übergegangenen und nicht hereingebrachten Forderungen auf das Vermögen des Verurteilten zu greifen. *(BGBl 1994/153; BGBl I 2003/71; BGBl I 2005/102; BGBl I 2008/82; BGBl I 2010/29; BGBl I 2011/24)*

Aufbringung der Mittel und Deckung des Aufwandes

§ 12. (1) Die Ausgaben des Insolvenz-Entgelt-Fonds werden bestritten aus:

1. Mitteln, die dem Insolvenz-Entgelt-Fonds auf Grund übergegangener Ansprüche (§ 11) zufließen,

2. Eingänge der gemäß § 16 Abs. 1 verhängten Geldstrafen,

3. Zinsen aus dem Geldverkehr,

IESG

4. einem vom Arbeitgeber zu tragenden Zuschlag zu dem vom Dienstgeber zu leistenden Anteil des Arbeitslosenversicherungsbeitrages gemäß § 2 des Arbeitsmarktpolitik-Finanzierungsgesetzes (AMPFG), BGBl. Nr. 315/1994,

5. Mitteln aus der Gebarung Arbeitsmarktpolitik nach Maßgabe des § 14 AMPFG und

6. sonstigen dem Insolvenz-Entgelt-Fonds zufließenden Mitteln.

(2) Die Arbeitgeber von Personen im Sinne des § 1 Abs. 6 haben für diese Personen keinen Zuschlag gemäß Abs. 1 Z 4 zu entrichten. Für Lehrlinge ist für die gesamte Lehrzeit kein Zuschlag zu entrichten. Für Personen, die das 63. Lebensjahr vollendet haben, ist ab Beginn des folgenden Kalendermonates kein Zuschlag zu entrichten. *(BGBl I 2012/35)*

(3) Der Zuschlag gemäß Abs. 1 Z 4 beträgt ab dem Beitragsjahr 2015 0,45 vH*). Der Bundesminister für Arbeit, Soziales und Konsumentenschutz hat darauf zu achten, dass eine ausgeglichene Gebarung des Insolvenz-Entgelt-Fonds gewährleistet ist und den Zuschlag

1. zu erhöhen, wenn der voraussichtliche Leistungsaufwand des laufenden Jahres oder des Folgejahres unter Berücksichtigung allfälliger Reserven und der Kreditmöglichkeiten gemäß § 13 Abs. 3 nicht gedeckt ist,

2. zu senken, wenn sich unter Berücksichtigung des Ergebnisses der Bilanz des Vorjahres sowie des voraussichtlichen Gebarungsabschlusses des laufenden Jahres und des Folgejahres laut Voranschlag ein Überschuss ergibt, der 20 vH des durchschnittlichen Leistungsaufwandes dieser Jahre übersteigt.
(BGBl I 2014/30)

(4) Die Erhöhung des Zuschlages gemäß Abs. 3 Z 1 ist so zu bemessen, dass nach Abdeckung allfälliger Kredite (§ 13 Abs. 3) die voraussichtliche Gebarung des laufenden Jahres und des Folgejahres laut Voranschlag ausgeglichen ist. Allfällige Kredite sind dabei jeweils nur insoweit anteilig zu berücksichtigen, als sie in den betreffenden Jahren abzudecken sind.

(5) Für die Einhebung und Abfuhr des Zuschlages gemäß Abs. 1 Z 4 findet § 5 AMPFG Anwendung. Der Zuschlag ist auf ein Konto des Insolvenz-Entgelt-Fonds (§ 13 Abs. 6) abzuführen.

(6) Die Geschäftsführung der IEF-Service GmbH hat den Bundesminister für Arbeit, Soziales und Konsumentenschutz regelmäßig über die Entwicklung der Einnahmen und Ausgaben des Insolvenz-Entgelt-Fonds zu informieren. Der Bundesminister für Arbeit, Soziales und Konsumentenschutz hat unter Berücksichtigung der Erfahrungen über die Einnahmen- und Ausgabenentwicklung des Fonds und der Prognosen über die zu erwartende wirtschaftliche Entwicklung zu prüfen, ob die Voraussetzungen für eine Veränderung der Höhe des Zuschlages gemäß Abs. 3 vorliegen. *(BGBl I 2014/30)*

(7) Die Mittel des Insolvenz-Entgelt-Fonds sind für die gesetzlich übertragenen Aufgaben zweckgebunden.

(BGBl I 2011/39)

(§ 12 idF BGBl I 2005/102 ab 1. 8. 2005, Abs 6 - 8 wurden durch Abs 6 - 7 ersetzt, die Abs 6 u 7 idF BGBl I 2000/142 wurden vom VfGH aufgehoben: BGBl I 2005/139; s nun § 19 sowie die Neufassung des § 12 Abs 7)

---

*) ab 2020: 0,20 vH (BGBl II 2019/356)

Insolvenz-Entgelt-Fonds

§ 13. (1) Die Mittel gemäß § 12 Abs. 1 sind dem Insolvenz-Entgelt-Fonds (im folgenden „Fonds") zuzuführen. Dieser Fonds besitzt Rechtspersönlichkeit. Sein Sitz ist in Wien. Der Fonds wird durch den Bundesminister für Arbeit, Soziales und Konsumentenschutz vertreten. *(BGBl 1986/395; BGBl I 1997/107; BGBl I 2000/142; BGBl I 2001/88; BGBl I 2008/82; BGBl I 2011/39)*

(2) Der Fonds hat für jedes Geschäftsjahr (Kalenderjahr) einen Voranschlag und eine Bilanz zu erstellen sowie einen Geschäftsbericht zu verfassen. Dem Voranschlag ist jeweils eine Vorschau über das folgende Jahr anzuschließen. Der Voranschlag ist bis Mitte Oktober des dem Geschäftsjahr vorangehenden Kalenderjahres, die Bilanz und der Geschäftsbericht bis Mitte Oktober des dem Geschäftsjahr folgenden Kalenderjahres vorzulegen. Die Bilanz ist zu veröffentlichen. *(BGBl I 1997/107; BGBl I 2001/88; BGBl I 2014/30)*

(3) Der Fonds ist ermächtigt, zur Überbrückung finanzieller Bedeckungsschwierigkeiten Kredite aufzunehmen.

(4) Unbeschadet der Vertretung durch die Finanzprokuratur sind der Fonds und im hoheitlichen Bereich die IEF-Service GmbH ermächtigt, insbesondere für die Geltendmachung und weitere Verfolgung ihrer Ansprüche im Sinne des § 11 Abs. 1 geeignete physische oder juristische Personen zu beauftragen. Die diesbezüglichen Kosten trägt der Fonds. Die Vereinbarung zur Pauschalabgeltung der Vertretungskosten mit dem jeweiligen Rechtsvertreter ist zulässig. *(BGBl 1992/835; BGBl I 2001/88; BGBl I 2008/82)*

(4a) Die Bundesrechenzentrum GmbH hat IT-Aufgaben im Sinne des § 2 Abs. 2 des Bundesgesetzes über die Bundesrechenzentrum GmbH (BRZ GmbH), BGBl. Nr.757/1996, für die IEF-Service GmbH, soweit dies für die Vollziehung der nur nach diesem Bundesgesetz und nach dem IEF-Service-GmbH-Gesetz (IEFG), BGBl. I Nr. 88/2001, übertragenen Aufgaben eine wesentliche Voraussetzung bildet, auf deren Verlangen gegen

Entgelt zu erbringen. *(BGBl I 2004/77; BGBl I 2008/82)*

(5) Der Fonds kann seine Forderungen (§§ 9 und 11) stunden, deren Abstattung in Raten bewilligen und auf seine Forderungen ganz oder teilweise verzichten, wobei die einschlägigen haushaltsrechtlichen Vorschriften des Bundes unter Bedachtnahme auf die §§ 222 Abs. 3, 235 und 236 der Bundesabgabenordnung, BGBl. Nr. 194/1961, sinngemäß anzuwenden sind; der Fonds ist berechtigt, Stundungszinsen zu verrechnen, es sei denn, es handelt sich um nach nach § 58 Z 1 IO ausgeschlossene Ansprüche. *(BGBl I 1997/107; BGBl I 2010/29)*

(6) Die Mittel des Fonds sind derart anzulegen, daß sie zur Deckung des Aufwandes jederzeit herangezogen werden können.

(7) Der Fonds ist von den Stempel- und Rechtsgebühren sowie den Gerichts- und Justizverwaltungsgebühren befreit. *(BGBl 1982/647)*

(8) Hinsichtlich der nachstehenden Angelegenheiten von grundsätzlicher Bedeutung sind die gesetzlichen Interessenvertretungen der Arbeitgeber und der Arbeitnehmer zu hören:

1. zum Voranschlag und zur Vorschau sowie zur Bilanz und zum Geschäftsbericht gemäß Abs. 2; *(BGBl I 2010/29; BGBl I 2014/30)*

2. vor jeder Veränderung der Zuschlagshöhe durch Verordnung gemäß § 12 Abs. 3; *(BGBl I 2008/82; BGBl I 2010/29; BGBl I 2014/30)*

3. vor Erlassung einer Verordnung über die örtliche Zuständigkeit der Geschäftsstellen gemäß § 5 Abs. 2;

4. vor Erlassung von Durchführungsrichtlinien grundsätzlicher Art, insbesondere hinsichtlich der gesicherten Ansprüche im Sinne des § 1 Abs. 2 Z 4;

5. vor Erlassung von Richtlinien des Insolvenz-Entgelt-Fonds über die Verrechnung von Stundungszinsen für auf diesen nach § 11 übergegangene Forderungen. *(BGBl I 2008/82)* *(BGBl I 1979/107; BGBl I 1996/754; BGBl I 1997/107; BGBl I 2001/88)*

Zu Abs 5 und Abs 8 Z 5 siehe insbesondere die Übergangsbestimmungen in § 17a Abs 13.

Dienstnehmer-Beitragsanteile zur gesetzlichen Sozialversicherung

§ 13a. (1) Der Anspruch des Anspruchsberechtigten umfasst auch die auf den Dienstnehmer entfallenden Beitragsanteile zur gesetzlichen Sozialversicherung (im folgenden „Dienstnehmerbeitragsanteile"). *(BGBl I 2010/29)*

(2) Dienstnehmerbeitragsanteile zur gesetzlichen Sozialversicherung, die für gesicherte Ansprüche fällig werden und Dienstnehmerbeitragsanteile, soweit diese bis längstens zwei Jahre vor der Eröffnung des Insolvenzverfahrens bzw. vor

jenen Zeitpunkten, welche dieser gemäß § 1 Abs. 1 gleichgestellt sind, rückständig sind, schuldet der Insolvenz-Entgelt-Fonds dem zur Beitragseinhebung zuständigen Sozialversicherungsträger. Die Verrechnung hat zwischen diesem Sozialversicherungsträger und dem Fonds nach Maßgabe der folgenden Bestimmungen im direkten Wege zu erfolgen. *(BGBl 1986/395; BGBl I 2008/82; BGBl I 2010/29)*

(3) Die von den Sozialversicherungsträgern im beantragten oder durchgeführten Insolvenzverfahren oder durch die Verwertung von Absonderungs- und diesen gleichgestellten Rechten sowie von Aussonderungsrechten nicht hereinbringbaren Dienstnehmerbeitragsanteile für die in Abs. 2 genannten Zeiträume sind vom zuständigen Sozialversicherungsträger für alle im laufenden Kalenderjahr im nachstehenden Sinne beendeten Insolvenzfälle dem Fonds bis Ende April des Folgejahres bekanntzugeben. Auch hinsichtlich der Dienstnehmerbeitragsanteile, die nach § 67a Abs. 2 und Abs. 13 ASVG nicht einbringlich gemacht werden konnten, hat der zur Beitragseinhebung zuständige Sozialversicherungsträger zuerst nach dem ersten Satz vorzugehen. Als Beendigung der Insolvenz gelten:

1. die Aufhebung des Insolvenzverfahrens, im Fall eines Sanierungsplans dessen Erfüllung;

2. das Erlöschen bzw. die Aufhebung der Geschäftsaufsicht;

3. die Nichteröffnung des Insolvenzverfahrens mangels kostendeckenden Vermögens;

4. die Ablehnung der Eröffnung des Insolvenzverfahrens gemäß § 68 IO wegen Vermögenslosigkeit,

5. die Löschung gemäß § 40 oder § 42 des Firmenbuchgesetzes (FBG), BGBl. Nr. 10/1991, wegen Vermögenslosigkeit,

6. die Zurückweisung des Antrags auf Eröffnung des Insolvenzverfahrens gemäß § 63 IO,

7. der Beschluss gemäß § 153 Abs. 1 oder § 154 Abs. 1 des Außerstreitgesetzes (AußStrG), BGBl. I Nr. 111/2003.
(BGBl 1986/395; BGBl I 1997/107; BGBl I 2005/102; BGBl I 2010/29)

(4) Wird ein Sanierungsplan nicht erfüllt, so hat die Verrechnung nach den Abs. 2 und 3 erst mit der Beendigung des Insolvenzverfahrens nach Abs. 3 Z 1 und bei der Ablehnung des Antrages auf Eröffnung des Insolvenzverfahrens mangels hinreichenden Vermögens nach Abs. 3 Z 3 zu erfolgen. Erlischt die Geschäftsaufsicht durch Eröffnung des Insolvenzverfahrens, so hat die Verrechnung erst mit der Beendigung des Insolvenzverfahrens nach Abs. 3 Z 1 zu erfolgen. Wird ein Sekundärinsolvenzverfahren (§ 6 Abs. 1) eröffnet, beziehen sich die im Abs. 3 Z 1 genannten Zeitpunkte auf dieses Sekundärinsolvenzverfahren. *(BGBl I 2010/29)*

IESG

(5) Auf die Jahresabrechnung nach Abs. 3 hat der Fonds dem Sozialversicherungsträger monatlich Abschlagszahlungen im Ausmaß von je einem Zwölftel der Summe der Vorjahresabrechnungen zu gewähren.

(BGBl 1982/647; BGBl 1986/395)

Zuschläge nach dem Bauarbeiter-Urlaubs- und Abfertigungsgesetz

§ 13b. (1) Vom Arbeitgeber zu leistende Zuschläge nach dem BUAG schuldet der Insolvenz-Entgelt-Fonds der Bauarbeiter-Urlaubs- und Abfertigungskasse, soweit diese längstens zwei Jahre vor der Eröffnung des Insolvenzverfahrens oder einem gemäß § 1 Abs. 1 gleichgestellten Beschluss rückständig sind und nicht Beschäftigungszeiten betreffen, für die der Arbeitnehmer keinen Anspruch gegenüber der Bauarbeiter-Urlaubs- und Abfertigungskasse (§§ 4a und 8 sowie §§ 13c Abs. 1 und 13j Abs. 1 Z 5 BUAG) erwirbt. Die Verrechnung hat zwischen der Bauarbeiter-Urlaubs- und Abfertigungskasse und dem Fonds nach Maßgabe der folgenden Bestimmungen im direkten Wege zu erfolgen. *(BGBl I 2009/70; BGBl I 2010/29)*

(2) § 13a Abs. 3 und 4 gelten mit der Maßgabe, dass an die Stelle der Sozialversicherungsträger und der Dienstnehmerbeitragsanteile die Bauarbeiter-Urlaubs- und Abfertigungskasse und die Zuschläge treten. Auf die Jahresabrechnungen nach § 13a Abs. 3 hat der Fonds der Bauarbeiter-Urlaubs- und Abfertigungskasse vierteljährliche Abschlagszahlungen im Ausmaß von je einem Viertel der Summe der Vorjahresabrechnungen zu gewähren.

(BGBl I 2000/44)

Ansprüche eines bevorrechteten Gläubigerschutzverbandes bei Vertretung von Anspruchsberechtigten

§ 13c. (1) Wird der Anspruchsberechtigte (§ 1 Abs. 1) im Verfahren nach diesem Bundesgesetz vor einer Geschäftsstelle durch einen bevorrechteten Gläubigerschutzverband vertreten, der statutengemäß in einem solchen Verfahren Anspruchsberechtigten ausnahmslos unentgeltlichen Rechtsschutz gewährt, schuldet der Fonds einem solchen Rechtsvertreter insbesondere für die im Zusammenhang mit der Ermittlung des Anspruches auf Insolvenz-Entgelt nach § 3 Abs. 1 erster Satz aufgelaufenen Unkosten je vertretenem Anspruchsberechtigten eine pauschalierte Abgeltung von 59 Euro zuzüglich Umsatzsteuer; daran ändert nichts, dass ein solcher Gläubigerschutzverband sich diesbezüglich auf eigene Kosten eines Rechtsvertreters bzw. eines Steuerberaters bedient. *(BGBl I 2008/82)*

(2) Der im Abs. 1 genannte Pauschalbetrag ist mit Wirkung ab 1. Jänner des Jahres 2003 und jedes darauffolgenden Jahres mit der Aufwertungszahl (§ 108a ASVG) des jeweiligen Kalenderjahres zu vervielfachen und kaufmännisch auf einen vollen Eurobetrag zu runden. Der neue Pauschalbetrag gilt hinsichtlich der in diesem Kalenderjahr vertretenen Anspruchsberechtigten.

(BGBl I 2001/88)

Beiträge nach dem Betrieblichen Mitarbeiter- und Selbständigenvorsorgegesetz

§ 13d. (1) Für die vom Arbeitgeber zu leistenden Beiträge gemäß § 6 Abs. 1 BMSVG oder nach gleichartigen österreichischen Rechtsvorschriften gilt § 13a mit der Maßgabe, dass an die Stelle der Dienstnehmerbeitragsanteile zur gesetzlichen Sozialversicherung die BV-Kassenbeiträge treten. *(BGBl I 2003/128; BGBl I 2007/104)*

(2) *(entfällt, BGBl I 2005/36)*

(2) Abs. 1 gilt für die dem Sachbereich der Abfertigungsregelung nach dem Bauarbeiter-Urlaubs- und Abfertigungsgesetz unterliegenden Arbeitnehmer (Lehrlinge) und die diese beschäftigenden Betriebe (Unternehmungen) mit der Maßgabe, dass an die Stelle des Sozialversicherungsträgers die Bauarbeiter-Urlaubs- und Abfertigungskasse tritt. *(BGBl I 2003/128; BGBl I 2005/36, ab 1. 7. 2005, Abs 3 wurde in Abs 2 umbenannt)*

(4) *(entfällt, BGBl I 2003/128)*

(BGBl I 2002/100)

Beiträge zur Förderung der Ausbildung und Beschäftigung Jugendlicher

§ 13e. (1) Der Insolvenz-Entgelt-Fonds hat dem Bund jährlich zum Zweck der besonderen Förderung der Ausbildung und Beschäftigung Jugendlicher Mittel im Ausmaß des bei einem Zuschlag in der Höhe von 0,2 vH erzielten jährlichen Einnahmen aus den Zuschlägen zur Verfügung zu stellen. Diese Mittel können zur Gewährung von Beihilfen gemäß § 19c des Berufsausbildungsgesetzes (BAG), BGBl. Nr. 142/1969, durch die Lehrlingsstellen (§ 19 BAG) und nach Maßgabe des Abs. 4 auch zur Finanzierung von Maßnahmen in einer Einrichtung gemäß § 18 Abs. 7 Z 3 AlVG verwendet werden. Werden diese Mittel in einem Kalenderjahr nicht zur Gänze ausgeschöpft, so sind die nicht benötigten Mittel dem Insolvenz-Entgelt-Fonds zur Bestreitung der Ausgaben für Insolvenz-Entgelt zur Verfügung zu stellen; in diesem Fall sind die im Folgejahr dem Bund zum Zweck der besonderen Förderung der Ausbildung und Beschäftigung Jugendlicher zur Verfügung zu stellenden Mittel um den entsprechenden Betrag zu erhöhen. Darüber hinaus kann der Bundesminister für Arbeit, Soziales und Konsumentenschutz den Insolvenz-Entgelt-Fonds anweisen, für diesen Zweck weitere

Mittel aus vorhandenem Finanzvermögen zur Verfügung zu stellen. *(BGBl I 2009/90; BGBl I 2009/148)*

(2) Der Insolvenz-Entgelt-Fonds hat dem Bund zur anteiligen Bedeckung der zum Zwecke der besonderen Förderung der Beschäftigung von Lehrlingen gewährten Lehrlingsausbildungsprämie gemäß § 108f EStG 1988 in den Jahren 2008 bis 2010 Mittel in folgender Höhe zur Verfügung zu stellen:

1. im Jahr 2008 .... 113,75 Mio. €;
2. im Jahr 2009 .... 62,75 Mio. €;
3. im Jahr 2010 .... 29,75 Mio. €.

Diese Mittel sind auf die gemäß Abs. 1 erster Satz zur Verfügung zu stellenden Mittel betragsmindernd anzurechnen.

(3) Akontierungen der gemäß Abs. 1 und 2 zu gewährenden Mittel auf der Grundlage des Voranschlages gemäß § 13 Abs. 2 sind zulässig.

(4) In den Jahren 2009 und 2010 sind Mittel in Höhe von insgesamt 3 Mio. € zur Finanzierung von Maßnahmen in einer Einrichtung gemäß § 18 Abs. 7 Z 3 AlVG zur Verfügung zu stellen. *(BGBl I 2009/90)*

(5) Der Insolvenz-Entgelt-Fonds hat dem Bund die zur Bedeckung der Aufwendungen der Lehrberechtigten für die Tragung von Internatskosten für Lehrlinge während des Besuches der Berufsschule gemäß § 9 Abs. 5 BAG und § 130 Abs. 4a des Landarbeitsgesetzes 1984 (LAG), BGBl. Nr. 287/1984 durch die Lehrlingsstellen erforderlichen Mittel zur Verfügung zu stellen. Dies gilt nicht für Lehrberechtigte beim Bund, bei einem Land, einer Gemeinde oder einem Gemeindeverband. *(BGBl I 2017/154; BGBl I 2019/16)*

(6) *(entfällt, BGBl I 2018/30)*

(BGBl I 2008/82)

Fassung ab 1. 1. 2023 (BGBl I 2020/98):
§ 13e. *(entfällt, BGBl I 2020/98)*

§ 13e tritt mit Ablauf des 31.12.2022 außer Kraft.

Rechtshilfe und Auskunftspflicht

§ 14. (1) Die Verwaltungsbehörden, die Träger der Sozialversicherung, die Bauarbeiter-Urlaubs- und Abfertigungskasse sowie die gesetzlichen Interessenvertretungen der Arbeitgeber und der Arbeitnehmer sind verpflichtet, die IEF-Service GmbH und deren Geschäftsstellen sowie die Gerichte bei der Erfüllung ihrer Aufgaben nach diesem Bundesgesetz zu unterstützen. Ebenso haben die IEF-Service GmbH samt deren Geschäftsstellen und die Gerichte einander zu unterstützen. *(BGBl 1986/395; BGBl 1987/618; BGBl 1994/314; BGBl I 2001/88; BGBl I 2017/123)*

(2) Der Arbeitgeber, der Arbeitnehmer und die Personen, die Einblick in die Arbeitsentgeltunterlagen haben oder hatten, sowie alle Behörden, Ämter, Träger der Sozialversicherung und die Bauarbeiter-Urlaubs- und Abfertigungskasse sind verpflichtet, dem zuständigen Verwalter unverzüglich alle Auskünfte zu erteilen, die er für Erklärungen nach § 6 Abs. 5 benötigt. *(BGBl 1987/618; BGBl I 2010/29)*

(3) Der Arbeitgeber, der zuständige Verwalter, die Arbeitnehmer sowie die Personen, die Einblick in die Arbeitsentgeltunterlagen haben oder hatten, sind verpflichtet, der IEF-Service GmbH, deren Geschäftsstellen und Beauftragten sowie den Gerichten alle Auskünfte zu erteilen, die zur Durchführung dieses Bundesgesetzes erforderlich sind. *(BGBl 1986/395; BGBl 1994/314; BGBl I 2001/88; BGBl I 2008/82; BGBl I 2010/29)*

(4) Der Dachverband der Sozialversicherungsträger (Dachverband) ist verpflichtet, auf automationsunterstütztem Wege gespeicherte Daten (§ 31 Abs. 4 Z 3 ASVG) über die Versicherungszeiten, Beitragsgrundlagen, Qualifikationen und Dienstgeber von natürlichen Personen der IEF-Service GmbH und deren Geschäftsstellen, den Gerichten und dem Bundesministerium für Arbeit, Soziales, Gesundheit und Konsumentenschutz offen zu legen, soweit dies für die Vollziehung der diesen Stellen jeweils gesetzlich übertragenen Aufgaben erforderlich ist. Für Zwecke der Prüfung des Vorliegens von Betriebsübergängen (§ 3 AVRAG) und des Verdachts auf Sozialbetrug sind vom Dachverband auf automationsunterstütztem Wege auch die zu bestimmten Stichtagen jeweils beschäftigten Personen je Dienstgeber offen zu legen. *(BGBl 1986/395; BGBl 1994/314; BGBl 1996/754; BGBl I 2001/88; BGBl I 2017/123; BGBl I 2018/32; BGBl I 2018/100)*

(5) Der Bundesminister für Inneres hat der IEF-Service GmbH und deren Geschäftsstellen die Meldedaten, die für diese zur Wahrnehmung der ihnen gesetzlich, insbesondere nach diesem Bundesgesetz und nach dem IEFG übertragenen Aufgaben eine wesentliche Voraussetzung bilden, im Wege automationsunterstützter Datenübermittlung aus dem Zentralen Melderegister (ZMR) gemäß § 16a Abs. 4 des Meldegesetzes 1991, BGBl. Nr. 9/1992, in der Weise zur Verfügung zu stellen, dass diese den Gesamtdatensatz bestimmter Personen im Datenfernverkehr ermitteln können. *(BGBl I 2004/77; BGBl I 2008/82)*

(6) Die zentrale Koordinationsstelle für die Kontrolle der illegalen Beschäftigung des Amtes für Betrugsbekämpfung ist verpflichtet, der IEF-Service GmbH und deren Geschäftsstellen alle zur Wahrnehmung der gesetzlich übertragenen Aufgaben notwendigen Daten, die sie im Rahmen von Kontrollen oder bei der Führung der zentralen Verwaltungsstrafevidenz erhoben hat, in einer für die IEFService GmbH technisch geeigneten Form zur Verfügung zu stellen. *(BGBl I 2008/82; BGBl I 2019/104, ab 1. 7. 2020)*

IESG

(7) Hat das Insolvenzgericht der Staatsanwaltschaft eine Anzeige gemäß § 261 IO erstattet, so hat dieses Gericht auch die IEF-Service GmbH in Wien darüber in Kenntnis zu setzen. *(BGBl I 2010/29)*

Zusammenarbeit mit ausländischen

Einrichtungen

§ 14a. (1) Ist der insolvente Arbeitgeber auch in einem anderen EWR-Staat tätig, so hat die IEF-Service GmbH der zuständigen ausländischen öffentlichen Verwaltung oder Garantieeinrichtung (im Folgenden ausländische Einrichtung) den allenfalls vorhandenen inländischen Gerichtsbeschluss im Sinne des § 1 Abs. 1 und die im Zusammenhang mit Anträgen auf Insolvenz-Entgelt ergangenen Entscheidungen mitzuteilen, soweit diese zur Aufgabenerfüllung der ausländischen Einrichtung unbedingt erforderlich sind. Nach Maßgabe der technischen Möglichkeiten können entsprechende Daten gemäß § 5 Abs. 5 auch telegrafisch, fernschriftlich, mit Telefax, im Wege automationsunterstützter Datenübertragung oder in jeder anderen technisch möglichen Weise übermittelt werden. Näheres kann durch eine Vereinbarung zwischen der IEF-Service GmbH und der jeweiligen ausländischen Einrichtung bestimmt werden. In der Vereinbarung kann auch geregelt werden, dass die jeweilige ausländische Einrichtung die IEF-Service GmbH und den Insolvenz-Entgelt-Fonds insbesondere zur Wahrnehmung der sich nach § 11 ergebenden Rechte vertritt oder auch die IEF-Service GmbH eine solche ausländische Einrichtung im Inland vertritt. Eine derartige Vereinbarung bedarf der Zustimmung des Bundesministers für Arbeit, Soziales und Konsumentenschutz. *(BGBl I 2008/82; BGBl I 2011/39)*

(2) Abs. 1 gilt auch dann, wenn die IEF-Service GmbH bei Anträgen auf Insolvenz-Entgelt , die sich auf § 1 Abs. 1 letzter Satz stützen, die erforderlichen Informationen von der ausländischen Einrichtung benötigt. *(BGBl I 2008/82)*

(3) Abs. 1 und 2 gelten auch für Vereinbarungen zwischen der IEF-Service GmbH und ausländischen Einrichtungen in Staaten außerhalb des EWR, wenn diese Staaten das Übereinkommen betreffend den Schutz der Forderungen der Arbeitnehmer bei Zahlungsunfähigkeit ihres Arbeitgebers, BGBl. III Nr. 49/1997, ratifiziert haben. In einer solchen Vereinbarung ist auch festzulegen, dass die Übermittlung und Überlassung von Daten gemäß § 5 Abs. 5 nur erfolgen kann, wenn die im § 13 Abs. 2 des Datenschutzgesetzes 2000 genannten Voraussetzungen vorliegen. *(BGBl I 2008/82)*

(BGBl I 2005/102)

Stempel- und Gebührenfreiheit

§ 15. (1) Die im Verfahren nach diesem Bundesgesetz erforderlichen Eingaben und deren Beilagen, Ausfertigungen, Niederschriften, Entscheidungen, Vollmachten und Zeugnisse sind von den Stempel- und Rechtsgebühren befreit.

(2) Die §§ 76 bis 78 AVG 1950 und die auf Grund dieser Bestimmungen erlassenen Verordnungen sind im Verfahren nach diesem Bundesgesetz nicht anzuwenden.

Strafbestimmungen

§ 16. (1) Arbeitgeber, die wissentlich unwahre Angaben machen oder vorsätzlich die Erklärung nach § 6 Abs. 4 grundlos verweigern oder ihrer Auskunftspflicht nach § 14 Abs. 3 vorsätzlich nicht nachkommen, begehen, sofern die Tat nicht mit strengerer Strafe bedroht ist, eine Verwaltungsübertretung und sind von der Bezirksverwaltungsbehörde mit einer Geldstrafe von 365 Euro bis 1 455 Euro zu bestrafen[1].

(2) Für mehrere danach strafbare Handlungen ist nur auf eine einzige Strafe zu erkennen.

(3) Die Eingänge aus den gemäß Abs. 1 verhängten Geldstrafen fließen dem Insolvenz-Entgelt-Fonds zu. *(BGBl I 2008/82)*

---

[1] *Für Sachverhalte bis 31. 12. 2001 (§ 17a Abs 27) „mit Geldstrafe von 5.000 bis 20.000 S".*

Übergangsbestimmungen

§ 17. (1) Dieses Bundesgesetz ist erstmals anzuwenden, wenn das Insolvenzverfahren über das Vermögen des Arbeitgebers (ehemaligen Arbeitgebers) nach dem 31. Dezember 1975 eröffnet und am 31. Dezember 1977 noch nicht abgeschlossen worden ist. § 1 Abs. 1 Z. 1 bis 3 gelten entsprechend. *(BGBl I 2010/29)*

(2) Ansprüche im Sinne des § 1 Abs. 2 aus der Zeit vor dem Inkrafttreten dieses Bundesgesetzes sind so weit gesichert, als die Fälligkeit nach dem 31. Dezember 1974 eingetreten ist.

(3) Die Frist nach § 6 Abs. 1 endet frühestens 90 Tage nach dem Inkrafttreten dieses Bundesgesetzes. Anträge nach diesem Bundesgesetz können jedoch bereits ab dem 1. Oktober 1977 gestellt werden.

(4) Ist ein Insolvenzverfahren vor dem Inkrafttreten dieses Bundesgesetzes eröffnet worden, so hat das Bundesamt für Soziales und Behindertenwesen die zur Beurteilung des Anspruches notwendigen Unterlagen von Amts wegen zu beschaffen, soweit deren Beibringung durch den Antragsteller unzumutbar ist. *(BGBl 1994/314)*

(5) Der vom Arbeitgeber zu tragende Zuschlag gemäß § 12 Abs. 1 Z. 5 wird bis zum Inkrafttreten der gemäß § 12 Abs. 1 Z. 4 erstmals zu erlassen-

den Verordnung mit 0,1 v. H. festgesetzt. *(BGBl 1996/754)*

(6) Der Reservefonds der Arbeitslosenversicherung (§ 64 AlVG 1958) hat bis zu 200 Millionen Schilling je nach Bedarf auf das Konto des Insolvenz-Ausfallgeld-Fonds im Jahre 1978 zu überweisen. Bei dieser Überweisung handelt es sich um ein verzinsliches Darlehen, das bis spätestens 31. Dezember 1981 zurückzuzahlen ist. Die Zinsen sind in der Höhe des jeweiligen Eckzinssatzes bei zweijähriger Bindung zu leisten. Bei der Festsetzung des Beitragszuschlages ist auf die Rückzahlung des Darlehens entsprechend Bedacht zu nehmen.

Novellen; Inkrafttreten und Übergangsbestimmungen

§ 17a. (1) § 1 Abs. 1 Z 3, § 1a, § 3 Abs. 2 Z 1 und Abs. 3a, § 6 Abs. 1 Z 3 und Z 4, der an § 7 Abs. 1 angefügte Satz, § 7 Abs. 6 letzter Satz, § 7 Abs. 7 und die im § 13 Abs. 4 anstelle des letzten Satzes tretenden Sätze in der Fassung des Bundesgesetzes BGBl. Nr. 835/1992 treten mit 1. Jänner 1993 in Kraft. *(BGBl 1992/835)*

(2) Der mit Bundesgesetz BGBl. Nr. 799/1993 eingefügte § 1 Abs. 6 Z 4 tritt mit 1. Jänner 1994 in Kraft. *(BGBl 1993/799)*

(3) § 1 Abs. 3 Z 4 und § 1 Abs. 4 a in der Fassung des Bundesgesetzes BGBl. Nr. 817/1993 treten mit 1. Jänner 1994 in Kraft. Sie sind auf Beschlüsse über die Eröffnung eines Insolvenzverfahrens nach § 1 Abs. 1 bzw. über einen anderen Insolvenztatbestand nach § 1 Abs. 1 Z 3 bis 7, die vor dem 1. Jänner 1994 gefaßt wurden, nicht anzuwenden. *(BGBl 1993/817)*

(4) § 1 Abs. 2 Z 4 lit. g, § 1 Abs. 3 Z 2, § 1 Abs. 3 Z 3 a, § 1 Abs. 4, § 5 Abs. 4, § 6 Abs. 1, § 7 Abs. 1, § 7 Abs. 6 a, § 11 Abs. 3 und § 13 Abs. 5 in der Fassung des Bundesgesetzes BGBl. Nr. 153/1994 treten mit 1. März 1994 in Kraft. Sie sind, mit Ausnahme des § 5 Abs. 4, nicht anzuwenden, wenn der Beschluß über die Eröffnung oder der sonst nach § 1 Abs. 1 Z 1 bis 7 maßgebliche Beschluß vor dem genannten Zeitpunkt gefaßt worden ist. § 7 Abs. 6 a in der Fassung des Bundesgesetzes BGBl. Nr. 153/1994 ist überdies nur für Vorfinanzierungen, die für Zeiträume nach dem 28. Februar 1994 gewährt wurden, anzuwenden. *(BGBl 1994/153)*

(5) Die §§ 1 a Abs. 3; 4, 5, 6 Abs. 1, 3 und 4, 7 Abs. 1, 2, 4 und 6, 8 Abs. 2, 10, 13 Abs. 5, 14 Abs. 1, 3 und 4 und 17 Abs. 4 in der Fassung des Bundesgesetzes BGBl. Nr. 314/1994 treten mit 1. Juli 1994 in Kraft. Bis zum Inkrafttreten des § 5 Z 2 lit. a des Bundessozialämtergesetzes (Art. 33 des Arbeitsmarktservice-Begleitgesetzes, BGBl. Nr. 314/1994) obliegen die Aufgaben und Befugnisse der Bundesämter für Soziales und Behindertenwesen den jeweiligen regionalen Geschäftsstellen und Landesgeschäftsstellen des Arbeitsmarktservice. *(BGBl 1994/314)*

(6) § 1 Abs. 6 Z 3, 4 und 5, § 12 Abs. 1 Z 5 und Abs. 4 sowie § 13 Abs. 2 in der Fassung des Bundesgesetzes BGBl. Nr. 297/1995 treten mit 1. Mai 1995 in Kraft. Sie sind, mit Ausnahme des § 12 Abs. 1 Z 5 und Abs. 4 sowie § 13 Abs. 2 nicht anzuwenden, wenn der Beschluß über die Eröffnung eines Insolvenzverfahrens nach § 1 Abs. 1 bzw. über einen anderen Insolvenztatbestand nach § 1 Abs. 1 Z 3 bis 7 vor dem 1. Mai 1995 gefaßt wurde. *(BGBl 1995/297)*

(7) § 3 Abs. 5 und 6 und § 7 Abs. 8 in der Fassung des Bundesgesetzes BGBl. Nr. 754/1996 treten mit 1. Jänner 1997 in Kraft. Sie sind auf Beschlüsse über die Eröffnung eines Insolvenzverfahrens nach § 1 Abs. 1 oder über einen anderen Insolvenztatbestand nach § 1 Abs. 1 Z 3 bis 7 nicht anzuwenden, die vor dem 1. Jänner 1997 gefaßt wurden. *(BGBl 1996/754)*

(8) § 12 Abs. 1, § 12 Abs. 2, § 12 Abs. 4, § 12 Abs. 5, § 13 Abs. 5, § 13 Abs. 8 Z 1, § 13b und § 14 Abs. 4 in der Fassung des Bundesgesetzes BGBl. Nr. 754/1996 treten mit Beginn der Beitragsperiode 1997 in Kraft. Gewährte Darlehen nach § 12 Abs. 1 Z 4 in Verbindung mit § 13 Abs. 5 in der Fassung vor dem Bundesgesetz BGBl. Nr. 754/1996 sind nach den bisherigen Bestimmungen abzuwickeln. *(BGBl 1996/754)*

(9) Der vom Arbeitgeber zu tragende Zuschlag gemäß § 12 Abs. 1 Z 4 in der Fassung des Bundesgesetzes BGBl. Nr. 754/1996 wird für das Beitragsjahr 1997 mit 0,7 vH festgesetzt. *(BGBl 1996/754)*

(10) § 1 Abs. 1, 3 und 5, § 2, § 3, § 3a Abs. 2 bis 4, § 3b, § 3c, § 3d, § 5 Abs. 1, § 6 Abs. 1, 4 und 7, § 7 Abs. 1, 6a und 7, § 11 Abs. 3 und § 13a Abs. 3 in der Fassung des Bundesgesetzes BGBl. I. Nr. 107/1997 treten mit 1. Oktober 1997 in Kraft und sind anzuwenden, wenn der Beschluß über die Eröffnung eines Insolvenzverfahrens nach § 1 Abs. 1 bzw. der sonst nach § 1 Abs. 1 maßgebende Beschluß nach dem 30. September 1997 gefaßt wurde. § 1 Abs. 1, 3 und 5, § 2, § 3, § 5 Abs. 1, § 6 Abs. 1, 4 und 7, § 7 Abs. 1, 6a und 7, § 11 Abs. 3 und § 13a Abs. 3 in der Fassung vor dem Bundesgesetz BGBl. I Nr. 107/1997 sind weiterhin anzuwenden, wenn der Beschluß über die Eröffnung eines Insolvenzverfahrens nach § 1 Abs. 1 bzw. der sonst nach § 1 Abs. 1 maßgebende Beschluß vor dem 1. Oktober 1997 gefaßt wurde. § 1 Abs. 1 Z 5, § 3 Abs. 2 Z 2 lit. a und § 13a Abs. 3 Z 6 in der Fassung vor dem Bundesgesetz BGBl. I Nr. 107/1997 sind weiterhin anzuwenden, sofern die Eröffnung des Vorverfahrens vor dem 1. Oktober 1997 erfolgt ist. *(BGBl I 1997/107)*

(11) § 3a Abs. 1 in der Fassung des Bundesgesetzes BGBl. I Nr. 107/1997 tritt mit 1. April 1998 in Kraft und ist nicht anzuwenden, wenn der Be-

IESG

schluß über die Eröffnung eines Insolvenzverfahrens nach § 1 Abs. 1 bzw. der sonst nach § 1 Abs. 1 maßgebende Beschluß vor dem 1. April 1998 gefaßt wurde. *(BGBl I 1997/107)*

(12) § 1 Abs. 6 Z 5, § 1a Abs. 1, § 2, § 3 Abs. 2, § 5 Abs. 4, § 12 Abs. 1 Z 4 und § 13b in der Fassung des Bundesgesetzes BGBl. I Nr. 107/1997 treten mit 1. Oktober 1997 in Kraft. Bis zur Erlassung der Verordnung gemäß Abs. 13 ist § 3 Abs. 2 mit der Maßgabe anzuwenden, daß Insolvenz-Ausfallgeld für Zinsen für Zeiträume ab dem nach § 6 Abs. 1 in Frage kommenden Zeitpunkt im Ausmaß von sechs Monaten gebührt. *(BGBl I 1997/107)*

(13) § 13 Abs. 5 und Abs. 8 Z 5 in der Fassung des Bundesgesetzes BGBl. I Nr. 107/1997 treten mit 1. Jänner 2004 in Kraft. *(BGBl I 2003/71)*

(14) § 13 Abs. 1 fünfter bis achter Satz, § 13 Abs. 2 und § 13 Abs. 8 Z 3 in der Fassung des Bundesgesetzes BGBl. I Nr. 107/1997 treten mit 1. September 1997 mit der Maßgabe in Kraft, daß abweichend von § 13 Abs. 1 letzter Satz in den Geschäftsjahren des Insolvenz-Ausfallgeld-Fonds 1998 bis einschließlich 2002 der gesamte Gegenwert der gemäß § 13 Abs. 1 fünfter Satz zulässigen finanziellen Mittel den 175fachen Jahresbezug nach dem fünften Satz nicht überschreiten darf. Der Plan gemäß § 13 Abs. 1 fünfter Satz in der Fassung des Bundesgesetzes BGBl. I Nr. 107/1997 für das Geschäftsjahr 1998 ist bis spätestens 1. Jänner 1998 zu erstellen. *(BGBl I 1997/107)*

(15) § 3c Z 3 in der Fassung des Bundesgesetzes BGBl. I Nr. 30/1998 tritt mit 1. Jänner 1998 in Kraft. *(BGBl I 1998/30)*

(16) § 3a Abs. 1 erster Satz, § 6 Abs. 1 Z 5, § 6 Abs. 2 erster Satz, § 7 Abs. 4 zweiter Satz und § 7 Abs. 7 in der Fassung des Bundesgesetzes BGBl. I Nr. 73/1999 treten mit 1. Mai 1999 in Kraft. Sie sind, mit Ausnahme des § 6 Abs. 2 erster Satz und § 7 Abs. 4 zweiter Satz, nicht anzuwenden, wenn der Beschluß über die Eröffnung eines Insolvenzverfahrens nach § 1 Abs. 1 bzw. über einen anderen Insolvenztatbestand nach § 1 Abs. 1 Z 3 bis 6 vor dem 1. Mai 1999 gefaßt wurde.

(17) § 13c samt Überschrift in der Fassung des Bundesgesetzes BGBl. I Nr. 73/1999 tritt mit 1. Mai 1999 in Kraft und ist auch auf zu diesem Zeitpunkt anhängige Rechtsvertretungen im Sinne des § 13c Abs. 1 anzuwenden. Die erstmalige Anpassung nach § 13c Abs. 2 hat für das Kalenderjahr 2000 zu erfolgen.

(18) § 12 Abs. 6 in der Fassung des Bundesgesetzes BGBl. I Nr. 26/2000 tritt mit 1. Juni 2000 in Kraft. *(BGBl I 2000/26)*

(19) § 7 Abs. 8 in der Fassung des Bundesgesetzes BGBl. I Nr. 44/2000 tritt mit 1. Jänner 2001 in Kraft. *(BGBl I 2000/44)*

(20) § 13b in der Fassung des Bundesgesetzes BGBl. I Nr. 44/2000 tritt mit 1. Jänner 2001 in Kraft und ist anzuwenden, wenn der Beschluss über die Eröffnung eines Insolvenzverfahrens nach § 1 Abs. 1 bzw. über einen anderen Insolvenztatbestand nach § 1 Abs. 1 Z 3 bis 6 nach dem 31. Dezember 2000 gefasst wurde. *(BGBl I 2000/44)*

(21) Der Insolvenz-Ausfallgeld-Fonds hat der Bauarbeiter-Urlaubs- und Abfertigungskasse die Abfertigungszahlungen gemäß § 13b in der Fassung vor dem Bundesgesetz BGBl. I Nr. 44/2000 auch nach dem 31. Dezember 2000 zu ersetzen, wenn der Beschluss über die Eröffnung eines Insolvenzverfahrens nach § 1 Abs. 1 bzw. über einen anderen Insolvenztatbestand nach § 1 Abs. 1 Z 3 bis 6 vor dem 1. Jänner 2001 gefasst wurde. *(BGBl I 2000/44)*

(22) Im Zeitraum bis 31. Dezember 2002 sind die vierteljährlichen Abschlagszahlungen gemäß § 13b Abs. 2 zweiter Satz in der Fassung des Bundesgesetzes BGBl. I Nr. 44/2000 in der Höhe von 80 vH der von der Bauarbeiter-Urlaubs- und Abfertigungskasse im vorhergehenden Quartal in Insolvenzverfahren nach § 1 Abs. 1 angemeldeten Zuschläge zu gewähren. *(BGBl I 2000/44)*

(23) § 3 Abs. 2, die Überschrift zu § 3a und § 3a Abs. 1 in der Fassung des Bundesgesetzes BGBl. I Nr. 142/2000 treten mit 1. Jänner 2001 in Kraft und sind auf Insolvenzverfahren anzuwenden, wenn der Beschluss über die Eröffnung eines Insolvenzverfahrens nach § 1 Abs. 1 oder der sonst nach § 1 maßgebende Beschluss nach dem 31. Dezember 2000 gefasst wird. *(BGBl I 2000/142)*

(24) § 6 Abs. 2, § 12 Abs. 7 und § 13 Abs. 1 in der Fassung des Bundesgesetzes BGBl. I Nr. 142/2000 treten mit 1. Jänner 2001 in Kraft. *(BGBl I 2000/142)*

(25) § 1a Abs. 3 Z 2, § 4, § 6 Abs. 3 und 4, § 7 Abs. 1, 4 und 6, § 8 Abs. 2, § 13 Abs. 8 Z 3 und § 14 Abs. 1, 3 und 4 in der Fassung des Bundesgesetzes BGBl. I Nr. 88/2001 treten mit 1. August 2001 in Kraft. *(BGBl I 2001/88)*

(26) § 5 und § 7 Abs. 2 erster und zweiter Satz treten mit 1. August 2001 in Kraft und gelten mit der Maßgabe, dass die am 31. Juli 2001 bei den Bundesämtern für Soziales und Behindertenwesen anhängigen Geschäftsfälle mit 1. August 2001 auf die jeweils gemäß § 5 Abs. 1 bis 3 in der Fassung des Bundesgesetzes BGBl. I Nr. 88/2001 zuständigen Geschäftsstellen übergehen. *(BGBl I 2001/88)*

(27) § 7 Abs. 2 dritter Satz und Abs. 5, § 13c und § 16 Abs. 1 in der Fassung des Bundesgesetzes BGBl. I Nr. 88/2001, treten mit 1. Jänner 2002 in Kraft und sind auf Sachverhalte anzuwenden, die sich nach Ablauf des 31. Dezember 2001 ereignen. *(BGBl I 2001/88)*

(28) § 9 Abs. 2 in der Fassung des Bundesgesetzes BGBl. I Nr. 88/2001 tritt mit 1. Jänner 2003 in Kraft. *(BGBl I 2001/88)*

(29) § 10 in der Fassung des Bundesgesetzes BGBl. I Nr. 88/2001 tritt mit 1. August 2001 mit der Maßgabe in Kraft, dass Klagen im Sinne des § 67 des Arbeits- und Sozialgerichtsgesetzes, die vor dem 1. August 2001 gegen ein Bundesamt für Soziales und Behindertenwesen erhoben wurden, ab dem 1. August 2001 als gegen jene Geschäftsstelle der Insolvenz-Ausfallgeld-Fonds GmbH gerichtet gelten, in deren Sprengel das bisher zuständige Bundesamt für Soziales und Behindertenwesen seinen Sitz hat. Die örtliche Zuständigkeit der Landesgerichte, des Arbeits- und Sozialgerichtes Wien und der Oberlandesgerichte richtet sich in solchen Fällen nach der des ursprünglich beklagten Bundesamtes für Soziales und Behindertenwesen. Klagen gegen Bescheide, die vor dem 1. August 2001 erlassen worden oder zu erlassen gewesen wären, sind gegen jene Geschäftsstelle zu richten, in deren Sprengel das bisher zuständige Bundesamt für Soziales und Behindertenwesen seinen Sitz hat. *(BGBl I 2001/88)*

(30) § 12 Abs. 1 und 5 sowie § 13 Abs. 4 gelten ab dem Finanzjahr 2001, das mit 1. August 2001 beginnt und mit 31. Dezember 2001 endet. § 13 Abs. 4 letzter Satz in der Fassung vor dem Bundesgesetz BGBl. I Nr. 88/2001 ist bis zum Ablauf des 31. Juli 2001 mit der Maßgabe anzuwenden, dass sieben Zwölftel der festgesetzten Jahresvergütung zu entrichten sind; sie ist spätestens am 1. September 2001 an die Finanzprokuratur zu überweisen. *(BGBl I 2001/88)*

(31) § 13 Abs. 1 und 2 in der Fassung des Bundesgesetzes BGBl. I Nr. 88/2001 tritt mit 1. August 2001 in Kraft. In die gemäß § 13 Abs. 1 sechster Satz in der Fassung vor dem Bundesgesetz BGBl. I Nr. 88/2001 vom Insolvenz-Ausfallgeld-Fonds abgeschlossenen Rechtsgeschäfte tritt die Insolvenz-Ausfallgeld-Fonds-Service GmbH ein. § 13 Abs. 1 siebenter Satz in der Fassung vor dem Bundesgesetz BGBl. I Nr. 88/2001 ist bis Ablauf des 31. Juli 2001 mit der Maßgabe anzuwenden, dass sieben Zwölftel der festgesetzten Jahresvergütung zu entrichten sind; sie ist spätestens am 1. September 2001 an den Bund zu überweisen. *(BGBl I 2001/88)*

(32) § 12 Abs. 1 Z 4 und Abs. 8 in der Fassung des Bundesgesetzes BGBl. I Nr. 158/2002 und § 13d in der Fassung der Bundesgesetze BGBl. I Nr. 100/2002 und BGBl. I Nr. 158/2002 treten mit 1. Jänner 2003 in Kraft. *(BGBl I 2002/158)*

(33) § 12 Abs. 1 Z 4 in der Fassung des Bundesgesetzes BGBl. I Nr. 71/2003 tritt mit Beginn des Beitragszeitraumes 2004 in Kraft. *(BGBl I 2003/71)*

(34) § 13d in der Fassung des Bundesgesetzes BGBl. I Nr. 128/2003 tritt rückwirkend mit 1. Jänner 2003 in Kraft. *(BGBl I 2003/128)*

(35) § 12 Abs. 8 in der Fassung des Bundesgesetzes BGBl. I Nr. 128/2003 tritt mit 1. Jänner 2004 in Kraft. *(BGBl I 2003/128)*

(36) § 13 Abs. 4a und § 14 Abs. 5 in der Fassung des Bundesgesetzes BGBl. I Nr. 77/2004 treten mit 1. August 2004 in Kraft. *(BGBl I 2004/77)*

(37) § 1 Abs. 1 Z 6 und § 13a Abs. 3 Z 7 in der Fassung des Bundesgesetzes BGBl. I Nr. 77/2004 treten mit 1. Jänner 2005 in Kraft und sind auf Verlassenschaftsverfahren anzuwenden, die nach dem 31. Dezember 2004 erstmals bei Gericht oder beim Gerichtskommissär anhängig gemacht wurden, sofern sie nicht schon früher eingeleitet hätten werden können. Sonst sind § 1 Abs. 1 Z 6 und § 13a Abs. 3 Z 7 in der Fassung vor dem Bundesgesetz BGBl. I Nr. 77/2004 weiter anzuwenden. *(BGBl I 2004/77)*

(38) Die §§ 1 Abs. 3 Z 6 und 7 Abs. 8 in der Fassung des Bundesgesetzes BGBl. I Nr. 8/2005 treten mit 23. September 2005 in Kraft. *(BGBl I 2005/8)*

(39) § 1b und § 13d in der Fassung des Bundesgesetzes BGBl. I Nr. 36/2005 treten mit 1. Juli 2005 in Kraft und sind auf Beschlüsse über die Eröffnung eines Insolvenzverfahrens nach § 1 Abs. 1 oder über einen anderen Insolvenztatbestand nach § 1 Abs. 1 Z 3 bis 6 anzuwenden, die nach dem 30. Juni 2005 gefasst wurden. Die Geltendmachung der ausstehenden Übertragungsbeträge gemäß § 13d Abs. 2 in der Fassung vor dem Bundesgesetz BGBl. I Nr. 36/2005 gegenüber dem Insolvenz-Ausfallgeld-Fonds endet in den im § 13a Abs. 2 und 3 angeführten Insolvenzfällen frühestens mit Ablauf des 30. April 2006. *(BGBl I 2005/36; BGBl I 2005/114)*

(40) Der Entfall des § 1 Abs. 6 Z 3 in der Fassung vor dem Bundesgesetz BGBl. I Nr. 102/2005 tritt rückwirkend mit 1. Mai 1995 in Kraft und ist auf Anträge auf Insolvenz-Ausfallgeld anzuwenden, die mit Ablauf des 30. September 2005 noch nicht rechtskräftig entschieden sind. *(BGBl I 2005/102)*

(41) § 1 Abs. 1 Z 4 und § 12 in der Fassung des Bundesgesetzes BGBl. I Nr. 102/2005 treten mit 1. August 2005 in Kraft. *(BGBl I 2005/102)*

(42) § 1 Abs. 1, 5 und 6, § 5 Abs. 3, § 6 Abs. 1, § 9 Abs. 1 dritter Satz und § 13a Abs. 3 und 4 in der Fassung des Bundesgesetzes BGBl. I Nr. 102/2005 treten mit 1. Oktober 2005 in Kraft und sind auf inländische Beschlüsse über die Eröffnung eines Insolvenzverfahrens nach § 1 Abs. 1 oder über einen anderen Insolvenztatbestand nach § 1 Abs. 1 Z 3 bis 6 und auf ausländische Entscheidungen nach § 1 Abs. 1 letzter Satz anzuwenden, die nach dem 30. September 2005 gefasst wurden. *(BGBl I 2005/102)*

IESG

(43) Für Personen, die gemäß § 1 Abs. 6 in der Fassung des Bundesgesetzes BGBl. I Nr. 102/2005 nicht mehr vom Anspruch auf Insolvenz-Ausfallgeld ausgeschlossen sind, haben deren Arbeitgeber den Zuschlag nach Maßgabe des § 12 Abs. 1 Z 4 ab dem Beginn der Beitragsperiode 2006 zu entrichten. *(BGBl I 2005/102)*

(44) § 14a in der Fassung des Bundesgesetzes BGBl. I Nr. 102/2005 tritt mit 1. Oktober 2005 in Kraft. *(BGBl I 2005/102)*

(45) § 1 Abs. 3 Z 1a, § 9 Abs. 1 zweiter Satz und § 11 Abs. 3 in der Fassung des Bundesgesetzes BGBl. I Nr. 102/2005 treten mit 1. Oktober 2005 in Kraft und sind auf Tatbestände anzuwenden, die nach dem 30. September 2005 verwirklicht wurden. *(BGBl I 2005/102)*

Wirksamkeitsbeginn und Vollziehung

§ 18. (1) Dieses Bundesgesetz tritt mit 1. Jänner 1978 in Kraft.

(2) Die Verordnungen auf Grund dieses Bundesgesetzes können vor dem Inkrafttreten der entsprechenden Bestimmungen erlassen werden, jedoch frühestens mit diesen in Kraft treten.

(3) Mit der Vollziehung dieses Bundesgesetzes sind betraut:

1. Hinsichtlich der Bestimmungen des § 6 Abs. 4 bis 6, des § 11 Abs. 1 bis 3 und des § 14 Abs. 1 und 3 der Bundesminister für soziale Verwaltung[1]) im Einvernehmen mit dem Bundesminister für Justiz; *(BGBl 1985/104)*

2. hinsichtlich der Bestimmungen des § 17 Abs. 6 der Bundesminister für soziale Verwaltung[1]) im Einvernehmen mit dem Bundesminister für Finanzen;

3. hinsichtlich der Bestimmungen des § 8 und des § 10 der Bundesminister für Justiz; *(BGBl 1985/104)*

4. hinsichtlich der Bestimmung des § 13 Abs. 7 und des § 15 Abs. 1 der Bundesminister für Finanzen sowie der Bundesminister für Justiz im Einvernehmen mit dem Bundesminister für Finanzen; *(BGBl 1982/647)*

5. hinsichtlich der Bestimmungen des § 15 Abs. 2 der Bundeskanzler;

6. hinsichtlich der übrigen Bestimmungen der Bundesminister für soziale Verwaltung[1]).

---

[1]) *Jetzt: Bundesminister für Arbeit, Soziales und Konsumentenschutz.*

Sonderbestimmungen

§ 19. (1) Die Höhe der Zuschläge gemäß § 12 Abs. 1 Z 4 für jene Anlassfälle, auf die gemäß Art. 139 Abs. 6 B-VG die auf Grund des Erkenntnisses des Verfassungsgerichtshofes vom 13. Oktober 2005, G 39/05, V 25-31/05-12, G 40/05, V 32-37/05-10, G 82/05, V 56-63/05-9,

BGBl. II Nr. 380/2005, aufgehobenen Verordnungen nicht mehr anzuwenden sind, wird wie folgt festgesetzt:

1. für das Jahr 2000 ab Beginn der Beitragsperiode 2000 mit 0,4 vH,

2. für das Jahr 2001 ab Beginn der Beitragsperiode 2001 mit 0,4 vH,

3. für das Jahr 2002 ab Beginn der Beitragsperiode 2002 mit 0,4 vH,

4. für das Jahr 2003 ab Beginn der Beitragsperiode 2003 mit 0,6 vH,

5. für das Jahr 2004 ab Beginn der Beitragsperiode 2004 mit 0,7 vH,

6. für das Jahr 2005 ab Beginn der Beitragsperiode 2005 mit 0,7 vH.

(2) Die Differenz zwischen den auf Grund der Verordnungen BGBl. II Nr. 511/1999, BGBl. II Nr. 410/2000, BGBl. II Nr. 452/2001, BGBl. II Nr. 454/2002, BGBl. II Nr. 560/2003 und BGBl. II Nr. 503/2004 eingehobenen Zuschlägen von jeweils 0,7 vH und den für die jeweilige Beitragsperiode gemäß Abs. 1 für die Anlassfälle festgesetzten Zuschlägen zuzüglich gesetzlicher Zinsen in der Höhe von 4 vH ist den betroffenen Dienstgebern für die jeweils betroffenen Teile dieser Beitragsperioden rückzuerstatten.

(3) Die Träger der Krankenversicherung haben die Rückerstattungen nach Abs. 2 innerhalb von drei Monaten, nachdem ihnen der neu erlassene Bescheid zugestellt wurde, zu leisten.

(4) Die Träger der Krankenversicherung sind berechtigt, die rückerstatteten Zuschläge einschließlich der gesetzlichen Zinsen von der Summe der an den Insolvenz-Entgelt-Fonds abzuführenden Zuschläge abzuziehen. *(BGBl I 2009/90)*

(5) Abweichend von § 12 Abs. 3 und 4 ist die Höhe des mit 0,55 vH festgesetzten Zuschlages in den Jahren 2011 und 2012 nicht zu verändern. Eine Überprüfung gemäß § 12 Abs. 6 hat dennoch stattzufinden; eine Veränderung der Höhe des Zuschlages ist frühestens mit Wirksamkeit ab 2013 festzulegen. *(BGBl I 2011/39)*

(BGBl I 2006/86)

Inkrafttreten

§ 20. (1) § 1b, die Überschrift vor § 13d und § 13d Abs. 1 in der Fassung des Bundesgesetzes BGBl. I Nr. 104/2007 treten mit 1. Jänner 2008 in Kraft.

(2) § 2a in der Fassung des Bundesgesetzes BGBl. I Nr. 104/2007 tritt mit 1. Jänner 2008 in Kraft und ist auf Beschlüsse über die Eröffnung eines Insolvenzverfahrens nach § 1 Abs. 1 oder einen anderen Insolvenztatbestand nach § 1 Abs. 1 Z 3 bis 6 anzuwenden, die nach dem 31. Dezember 2007 gefasst werden.

(3) Der Zuschlag gemäß § 12 Abs. 1 Z 4 ist für freie Dienstnehmer ab dem Beitragsjahr 2008 zu entrichten.

(BGBl I 2007/104)

Inkrafttreten und Übergangsbestimmungen zur Novelle BGBl. I Nr. 82/2008

§ 21. (1) § 6 Abs. 2 und § 13e in der Fassung des Bundesgesetzes BGBl. I Nr. 82/2008 treten mit 28. Juni 2008 in Kraft.

(2) § 12, § 13 Abs. 2 und Abs. 8 Z 2 in der Fassung des Bundesgesetzes BGBl. I Nr. 82/2008 treten mit 28. Juni 2008 in Kraft und sind erstmalig im Zusammenhang mit der Festsetzung des Zuschlages gemäß § 12 Abs. 1 Z 4 ab 2009 anzuwenden.

(3) Die Ersetzung der Bezeichnungen in § 1 Abs. 1, 3, 4a, 5 und 6, § 1a Abs. 1, Abs. 2 und Abs. 3 Z 2, in der Überschrift vor § 1b, im § 1b Abs. 1 und 4, in der Überschrift vor § 3, § 3 Abs. 1 bis 3, § 3a Abs. 1 bis 5, § 3b, § 3c, § 3d Abs. 1 Z 1 und 2 und Abs. 2, § 4, § 5 Abs. 4 und 5, § 6 Abs. 1 und 7, § 7 Abs. 2, 6, 6a, 7 und 8, § 8 Abs. 1 und 2, § 9 Abs. 1, § 10, § 11, § 12 Abs. 1 Einleitungssatz, Z 1 und Z 4, Abs. 2 und Abs. 4, in der Überschrift vor § 13, im § 13 Abs. 1, Abs. 4, Abs. 4a und Abs. 8 Z 5, § 13a Abs. 2, § 13b Abs. 1, § 13c Abs. 1, § 14 Abs. 1, 3, 4 und 5, § 14a, § 16 Abs. 3 und § 19 Abs. 4 sowie die Anfügung des § 14 Abs. 6 durch das Bundesgesetz BGBl. I Nr. 82/2008 treten mit 1. Juli 2008 in Kraft. *(BGBl I 2009/90)*

(BGBl I 2008/82)

Inkrafttreten der Novelle BGBl. I Nr. 90/2009

§ 22. (1) § 13e Abs. 1 und 4 in der Fassung des Bundesgesetzes BGBl. I Nr. 90/2009 tritt rückwirkend mit 1. Juni 2009 in Kraft.

(2) § 6 Abs. 8 in der Fassung des Bundesgesetzes BGBl. I Nr. 90/2009 tritt mit 1. August 2009 in Kraft.

(3) Die Bezeichnungsänderungen im § 12 Abs. 5, § 13a Abs. 1 und § 19 Abs. 4 in der Fassung des Bundesgesetzes BGBl. I Nr. 90/2009 treten mit 1. Juli 2008 in Kraft.

(BGBl I 2009/90)

Inkrafttreten und Übergangsbestimmungen zur Novelle BGBl. I Nr. 70/2009

§ 23. § 13b Abs. 1 in der Fassung des Bundesgesetzes BGBl. I Nr. 70/2009 tritt mit 1. Oktober 2010 in Kraft.

(BGBl I 2009/70)

Inkrafttreten und Übergangsbestimmungen zur Novelle BGBl. I Nr. 148/2009

§ 24. § 13e Abs. 1 dritter Satz in der Fassung des Bundesgesetzes BGBl. I Nr. 148/2009 tritt rückwirkend mit 15. Dezember 2009 in Kraft.

(BGBl I 2009/148)

Inkrafttreten und Übergangsbestimmungen zur Novelle BGBl. I Nr. 29/2010

§ 25. (1) § 1, § 3 Abs. 1, § 3a samt Überschriften, § 3c, § 4 samt Überschrift, § 5, § 6 Abs 1, Abs. 2, Abs. 3 erster und zweiter Satz und Abs. 4 bis Abs. 7, § 7, § 9, § 10, § 11, § 13 Abs. 5, § 13a Abs. 2 und Abs. 4, § 13b, § 14 Abs. 2 und § 17 Abs. 1 in der Fassung des Bundesgesetzes BGBl. I Nr. 29/2010 treten mit 1. Juli 2010 in Kraft und sind auf Insolvenzverfahren und auf gleichzuhaltende andere Beschlüsse nach § 1 Abs. 1 Z 1 bis 6 anzuwenden, die nach dem 30. Juni 2010 gefasst werden.

(2) § 1a Abs. und Abs. 4 in der Fassung des Bundesgesetzes BGBl. I Nr. 29/2010 tritt mit 1. Juli 2010 mit der Maßgabe in Kraft, dass diese Bestimmungen auf Klagen von Anspruchsberechtigten gegen Erben anzuwenden sind, die nach dem 30. Juni 2010 bei Gericht eingebracht werden.

(3) § 13a Abs. 3 zweiter Satz in der Fassung des Bundesgesetzes BGBl. I Nr. 29/2010 tritt nach Maßgabe des § 635 Abs. 1 ASVG (BGBl. I Nr. 91/2008) in Kraft.

(4) Die Überschriften vor § 1a und § 10, § 6 Abs. 2, Abs. 3 dritter und vierter Satz sowie § 13 Abs. 8 und § 14 Abs. 7 in der Fassung des Bundesgesetzes BGBl. I Nr. 29/2010 treten mit 1. Juli 2010 in Kraft.

(5) § 2a samt Überschrift in der Fassung vor dem Bundesgesetz BGBl. I Nr. 29/2010 tritt mit Ablauf des 30. Juni 2010 mit der Maßgabe außer Kraft, dass diese Bestimmung weiterhin auf Insolvenzverfahren und auf gleichzuhaltende andere Beschlüsse nach § 1 Abs. 1 Z 1 bis 6 anzuwenden ist, die vor dem 1. Juli 2010 gefasst werden.

(BGBl I 2010/29)

Inkrafttreten der Novelle BGBl. I Nr. 111/2010

§ 26. § 12 Abs. 3 in der Fassung des Budgetbegleitgesetzes 2011, BGBl. I Nr. 111/2010, tritt mit 1. Jänner 2011 in Kraft.

(BGBl I 2011/39)

Inkrafttreten der Novelle BGBl. I Nr. 24/2011

§ 27. § 11 Abs. 3 in der Fassung des Lohn- und Sozialdumping - Bekämpfungsgesetzes, BGBl. I Nr. 24/2011, tritt mit 1. Mai 2011 in Kraft und

IESG

ist auf Tatbestände anzuwenden, die nach dem 30. April 2011 verwirklicht werden.

(BGBl I 2011/39)

Inkrafttreten der Novelle BGBl. I Nr. 39/2011

§ 28. § 5 Abs. 2, § 12, § 13 Abs. 1, § 14 Abs. 4, § 14a Abs. 1, § 18 Abs. 3 Z 1, 2 und 6 sowie § 19 Abs. 5 in der Fassung des Bundesgesetzes BGBl. I Nr. 39/2011 treten mit 1. Juli 2011 in Kraft.

(BGBl I 2011/39)

Inkrafttreten der Novelle BGBl. I Nr. 35/2012

§ 29. § 12 Abs. 2 in der Fassung des 2. Stabilitätsgesetzes 2012, BGBl. I Nr. 35/2012, tritt mit 1. Jänner 2013 in Kraft und gilt für Personen, die nach dem 31. Dezember 1952 geboren sind.

(BGBl I 2012/35)

Inkrafttreten der Novelle BGBl. I Nr. 35/2012

§ 30. § 12 Abs. 3 und Abs. 6 sowie § 13 Abs. 2 und Abs. 8 Z 1 und 2 in der Fassung des Bundesgesetzes BGBl. I Nr. 30/2014 treten mit 1. Mai 2014 in Kraft.

(BGBl I 2014/30)

Inkrafttreten der Novelle BGBl. I Nr. 34/2015

§ 31. § 1 Abs. 3 Z 6 in der Fassung des Bundesgesetzes BGBl. I Nr. 34/2015 tritt mit 1. Jänner 2016 in Kraft.

(BGBl I 2015/34)

Inkrafttreten der Novelle BGBl. I Nr. 113/2015

§ 32. § 3d Abs. 3, § 5 Abs. 1 und 2 sowie § 7 Abs. 1a in der Fassung des Bundesgesetzes BGBl. I Nr. 113/2015 treten mit 1. Jänner 2016 in Kraft. Eine Verordnung gemäß § 5 Abs. 2 kann bereits ab dem Tag nach der Kundmachung dieses Bundesgesetzes erlassen werden, aber frühestens mit 1. Jänner 2016 in Kraft treten. Bis zum Inkrafttreten dieser Verordnung gelten § 5 Abs. 1 und 2 in der Fassung vor diesem Bundesgesetz weiter.

(BGBl I 2015/113)

Inkrafttreten der Novelle BGBl. I Nr. 122/2017

§ 33. § 1 Abs. 1 letzter Satz in der Fassung des Bundesgesetzes BGBl. I Nr. 122/2017 tritt mit 26. Juni 2017 in Kraft und ist auf Insolvenzverfahren (Konkursverfahren, Sanierungsverfahren) anzuwenden, die nach dem 25. Juni 2017 eröffnet oder wieder aufgenommen (§ 158 Abs. 2 IO) werden. Auf Insolvenzverfahren (Konkursverfahren, Sanierungsverfahren), die vor dem 26. Juni 2017 eröffnet oder wieder aufgenommen (§ 158

Abs. 2 IO) wurden, sind die vor diesem Zeitpunkt geltenden Bestimmungen weiterhin anzuwenden.

(BGBl I 2017/122)

Inkrafttreten der Novelle BGBl. I Nr. 123/2017

§ 34. § 1 Abs. 4 Z 3, die Überschrift vor § 3a, § 3a Abs. 1, 2, 3 und 5 sowie § 3b in der Fassung des Bundesgesetzes BGBl. I Nr. 123/2017 treten mit 1. August 2017 in Kraft und sind auf Beschlüsse über die Eröffnung eines Insolvenzverfahrens nach § 1 Abs. 1 oder einen anderen Insolvenztatbestand nach § 1 Abs. 1 Z 1 bis 6, die nach dem 31. Juli 2017 gefasst werden, anzuwenden. § 14 Abs. 1 und 4 in der Fassung des Bundesgesetzes BGBl. I Nr. 123/2017 tritt mit 1. August 2017 in Kraft.

(BGBl I 2017/123)

Inkrafttreten der Novelle BGBl. I Nr. 154/2017

§ 35. § 13e Abs. 5 in der Fassung des Bundesgesetzes BGBl. I Nr. 154/2017 tritt mit 1. Jänner 2018 in Kraft. *(BGBl I 2018/30)*

(BGBl I 2017/154)

Inkrafttreten der Novelle BGBl. I Nr. 32/2018

§ 36. § 14 Abs. 4 in der Fassung des Materien-Datenschutz-Anpassungsgesetzes 2018, BGBl. I Nr. 32/2018, tritt mit 25. Mai 2018 in Kraft. § 5 Abs. 5 tritt mit Ablauf des 24. Mai 2018 außer Kraft.

(BGBl I 2018/32)

Inkrafttreten der Novelle BGBl. I Nr. 16/2019

§ 37. § 13e Abs. 5 in der Fassung des Bundesgesetzes BGBl. I Nr. 16/2019 tritt rückwirkend mit 1. Jänner 2018 in Kraft.

(BGBl I 2019/16)

Inkrafttreten der Novelle BGBl. I Nr. 100/2018

§ 38. § 3d Abs. 1 Z 2 und § 14 Abs. 4 in der Fassung des Bundesgesetzes BGBl. I Nr. 100/2018 treten mit 1. Jänner 2020 in Kraft.

(BGBl I 2018/100)

Inkrafttreten der Novelle BGBl. I Nr. 104/2019

§ 39. § 14 Abs. 6 in der Fassung des Bundesgesetzes BGBl. I Nr. 104/2019 tritt mit 1. Juli 2020 in Kraft.

(BGBl I 2019/104)

Fassung ab 7. 8. 2020 (BGBl I 2020/98):	*Fassung ab 15. 5. 2021 (BGBl I 2021/86):*
Inkrafttreten der Novelle BGBl. I Nr. 98/2020	**Inkrafttreten der Novelle BGBl. I Nr. 86/2021**

§ 40. § 13e tritt mit Ablauf des 31. Dezember 2022 außer Kraft.

(BGBl I 2020/98)

§ 41. § 1 Abs. 3 Z 1, § 7 Abs. 7 und § 8 Abs. 2 in der Fassung des Bundesgesetzes Gesamtreform des Exekutionsrechts – GREx, BGBl. I Nr. 86/2021, treten mit 1. Juli 2021 in Kraft.

(BGBl I 2021/86)

IESG

KODEX
DES ÖSTERREICHISCHEN RECHTS
HERAUSGEBER: UNIV.-PROF. DR. WERNER DORALT

VERFASSUNGS-RECHT

LexisNexis

1	B-VG
1a	ÜG, B-VGNov
2a	StGG
2b	EMRK
2c	ReligionsR / ZDG / VerG, VslgG / ORF-G, RGG / PrR-G, AMD-G / PERG, KOG / PresseFG / MinderheitenR
3a	BVG
3b	VfBest in BG
4	UmalsbEntl, R-ÜG / StV Wien
5	BVG Neutralität / KMG / SanktG / KSE-BVG, TrAufG / Staatl Symbole
6	StbG
7	PartG, VerbotG / PartFörG / KlubFG, PubFG
8	Wahlen / Direkte Demokratie
9	GOG-NR / BV-DMG / InfOG
10	BezR / Urn-Ti-G
11	BGBlG / Rechtsbereinigung
12	BMG / BVG ÄmterLReg / BGemAufsG
13a	F-VG, FAG 2008
13b	KonsMech / ÖStP 2012
14	RHG
15	BVwGG / VwGVG / VwGhk-ÜG
16	VwGG
17	VfGG
18	VolksanwG
19	AHG, OrgHG
20	AuskPfl
21	EUV, AEUV / EU-GRC
Anh	IA 1295/A / BlgNR 25. GP

KODEX
DES ÖSTERREICHISCHEN RECHTS
HERAUSGEBER: UNIV.-PROF. DR. WERNER DORALT

VÖLKER-RECHT

LexisNexis

1	UN / UN-Charta / IGH-Statut / Völkerbund / Amtssitzabk.
2	WVK / WVK I, II
3	Österreich / B-VG Auszug / Staatsvertrag 1955 / NeutralitätsG
4	Immunität / UN-Übk / Basler Übk / Immunität UN / Immunität Spezialorg. / IO ImmunitätenG
5	Dipl. Verkehr / WDK / WKK / Spezialmissionen / Strafsachen
6	Streitbeileg. / 1. Haager Übk / Manila-Erkl.
7	Gewaltverbot / Uniting for Peace / Definit. Aggression / Friendl. Relations Decl. / Weltgipfel 2005-Auszug / UNSR-Resolutionen
8	Humanitäres VR / Haager LKO / GK + Protokoll I, II / Kulturgut
9	Seerecht / UNCLOS
10	Polarrecht / Antarktis
11	LuftfahrtR / Zivilluftfahrt
12	WeltraumR / Weltraum / Rettung / Haftung / Registrierung / Mond / WeltraumG
13	WirtschaftsR / WTO-Abk. / GATT / GATS / TRIPS / DSU / NY Übk. / ICSID
14	UmweltR / Rio-Dekl.
15	Menschenrechte / UDHR / ICCPR + Fak.prot. / ICESCR / CAT / EMRK / EU-Charta / GFK
16	Strafrecht / Röm. Statut / IStGH-G / StGB Auszug
17	Verantwortlk. / ASR, ARIO

KODEX
DES ÖSTERREICHISCHEN RECHTS
HERAUSGEBER: UNIV.-PROF. DR. WERNER DORALT

UNTERNEHMENS-RECHT

LexisNexis

1	UGB / HGB / A-QSG, SRLG / USPG
2	ABGB
3	E-Commerce-G
4	FBG
5	
6	KSchG / FAGG
7	UN-KaufR
8	GmbHG
9	AktG / ÜbG, Ü-VO / VorstReisekostenV / Corporate Governance
10	SE (EU-Ges) / SE-Gesetz
11	GenG / GenRevG / GenVerschmG / GenIG
12	SCE (EU-Gen) / SCEG
13	VerG / VereinsDS-VO
14	EWIVG
15	PSG
16	ArbVG , WORL
17	StellenberG , ISW
18	GesAusG
19	KapBG
20	EKEG
21	URG
22	UmwG
23	SpaltG
24	EU-VerschG
25	UmgrStG
26	KMG
27	ScheckG
28	WechselG
29	KEG , VO
30	AÖSp
31	CMR
32	UWG
33	KartG
34	WettbG
35	UrhG
36	MarkSchG
37	MuSchG
38	PatG
	Anhang / Entwurf / Europäische / Firmanm GmbH I

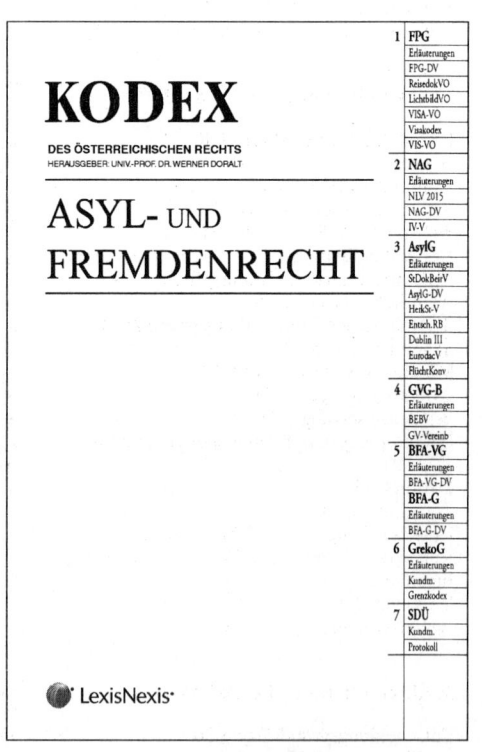

KODEX
DES ÖSTERREICHISCHEN RECHTS
HERAUSGEBER: UNIV.-PROF. DR. WERNER DORALT

ASYL- UND FREMDENRECHT

LexisNexis

1	FPG / Erläuterungen / FPG-DV / ReisedokVO / LichtbildVO / VISA-VO / Visakodex / VIS-VO
2	NAG / Erläuterungen / NLV 2015 / NAG-DV / IV-V
3	AsylG / Erläuterungen / StDokBeiV / AsylG-DV / HerkSt-V / Entach.RB / Dublin III / EurodacV / FlüchtKonv
4	GVG-B / Erläuterungen / BEBV / GV-Vereinb
5	BFA-VG / Erläuterungen / BFA-VG-DV / BFA-G / Erläuterungen / BFA-G-DV
6	GrekoG / Erläuterungen / Kundm. / Grenzkodex
7	SDÜ / Kundm. / Protokoll

24. AußStrG

Gliederung

Außerstreitgesetz

BGBl I 2003/111 idF

GLIEDERUNG

AußStrG

AußStrG

AußStrG

Stichwortverzeichnis

AußStrG

AußStrG

Stichwortverzeichnis

AußStrG

Stichwortverzeichnis

AußStrG

Stichwortverzeichnis

AußStrG

AußStrG

Stichwortverzeichnis

24. AußStrG
Stichwortverzeichnis

AußStrG

AußStrG

AußStrG

AußStrG

Stichwortverzeichnis

AußStrG

I. Hauptstück
Allgemeine Bestimmungen

1. Abschnitt
Anwendungsbereich und Parteien

Anwendungsbereich

§ 1. (1) Dieses Bundesgesetz regelt das Verfahren außer Streitsachen (Außerstreitverfahren).

(2) Das Außerstreitverfahren ist in denjenigen bürgerlichen Rechtssachen anzuwenden, für die dies im Gesetz angeordnet ist.

(3) Soweit nichts anderes angeordnet ist, sind die Allgemeinen Bestimmungen dieses Bundesgesetzes auch auf Außerstreitverfahren anzuwenden, die in anderen gesetzlichen Vorschriften geregelt sind.

Parteien

§ 2. (1) Parteien sind
1. der Antragsteller,
2. der vom Antragsteller als Antragsgegner oder sonst als Partei Bezeichnete,
3. jede Person, soweit ihre rechtlich geschützte Stellung durch die begehrte oder vom Gericht in Aussicht genommene Entscheidung oder durch eine sonstige gerichtliche Tätigkeit unmittelbar beeinflusst würde, sowie
4. jede Person oder Stelle, die auf Grund gesetzlicher Vorschriften in das Verfahren einzubeziehen ist.

(2) Wer eine Tätigkeit des Gerichtes offensichtlich nur anregt, ist nicht Partei.

(3) Die Fähigkeit einer Partei, selbständig vor Gericht zu handeln, und die Stellung des gesetzlichen Vertreters richten sich nach den Bestimmungen der Zivilprozessordnung.

§ 3. (1) Handlungen und Unterlassungen einer Partei wirken nicht unmittelbar für andere Parteien.

(2) Jede Partei kann den anderen Parteien oder deren Vertretern, den Zeugen oder Sachverständigen Fragen durch das Gericht stellen lassen oder mit dessen Zustimmung unmittelbar selbst stellen. Unangemessene und unzulässige Fragen hat das Gericht zurückzuweisen.

§ 4. (1) Die Parteien können in erster und zweiter Instanz selbst vor Gericht handeln und sich in erster Instanz durch jede Person vertreten lassen, die volljährig und geschäftsfähig ist und für die in keinem Bereich ein gerichtlicher Erwachsenenvertreter bestellt oder eine gewählte oder gesetzliche Erwachsenenvertretung oder Vorsorgevollmacht wirksam ist. *(BGBl I 2017/59, auf Verfahren anzuwenden, die nach dem 30. Juni 2018 anhängig sind oder anhängig werden, Näheres s § 207m)*

(2) Vermag sich eine Partei schriftlich oder mündlich nicht verständlich auszudrücken, so hat ihr das Gericht unter Setzung einer angemessenen Frist den Auftrag zu erteilen, einen geeigneten Bevollmächtigten zu bestellen, wenn dies notwendig ist, um das Verfahren zweckentsprechend durchzuführen. Kommt die Partei einem solchen Auftrag nicht fristgerecht nach, so hat das Gericht auf ihre Gefahr und Kosten einen geeigneten Vertreter zu bestellen.

(3) § 73a ZPO gilt sinngemäß. *(BGBl I 2009/30)*

Siehe auch § 6 (Vertretungspflicht)

§ 5. (1) Der Mangel der Verfahrensfähigkeit, der gesetzlichen Vertretung sowie der etwa erforderlichen besonderen Ermächtigung zur Verfahrensführung ist in jeder Lage des Verfahrens von Amts wegen zu berücksichtigen. Zur Beseitigung derartiger Mängel hat das Gericht das Erforderliche anzuordnen sowie Vorsorge zu treffen, dass der Partei hieraus keine Nachteile erwachsen. Solche gerichtlichen Verfügungen sind nicht selbständig anfechtbar.

(2) Das Gericht hat in einem anhängigen Verfahren von Amts wegen

1. einen gesetzlichen Vertreter (Kurator) zu bestellen, wenn

a) dem gesetzlichen Vertreter einer Partei die Vertretung wegen eines Interessenwiderspruchs untersagt ist (§ 277 Abs. 2 ABGB); *(BGBl I 2018/58, ab 1. 8. 2018)*

b) an eine Partei nur durch öffentliche Bekanntmachung zugestellt werden könnte und sie infolge der Zustellung zur Wahrung ihrer Rechte eine Verfahrenshandlung vorzunehmen hätte, insbesondere das zuzustellende Schriftstück eine Ladung enthält;

2. für die Bestellung eines gesetzlichen Vertreters zu sorgen, wenn

a) eine Partei noch nicht geboren ist (§ 277 Abs. 1 Z 2 ABGB); *(BGBl I 2018/58, ab 1. 8. 2018)*

b) die Person oder der Aufenthalt einer Partei unbekannt ist und ohne einen solchen Vertreter die Partei oder ein Dritter in der Verfolgung ihrer Rechte beeinträchtigt werden könnten (§ 277 Abs. 1 Z 1, 3, 4 und Abs. 3 ABGB); *(BGBl I 2018/58, ab 1. 8. 2018)*

c) sich bei der Partei Anzeichen für das Vorliegen der Voraussetzungen des § 271 ABGB ergeben; *(BGBl I 2009/30; BGBl I 2018/58, ab 1. 8. 2018)*

d) eine Partei aus anderen Gründen eines gesetzlichen Vertreters für das Verfahren bedarf.

(3) Soweit nichts anderes angeordnet ist, ist über die Bestellung und die Enthebung des gesetzlichen Vertreters nach Abs. 2 Z 2 sowie die aus seinem Einschreiten entstehenden Ansprüche in dem dafür vorgesehenen besonderen Verfahren zu entscheiden.

(4) Sobald das Gericht eine Verfahrenshandlung wegen der Bestellung eines gesetzlichen Vertreters vornimmt, werden der betroffenen Partei gegenüber laufende Notfristen unterbrochen, und zwar unabhängig davon, ob das Verfahren unterbrochen wird. Sie beginnen von neuem mit Rechtskraft der Entscheidung über die Bestellung des gesetzlichen Vertreters. Wird ein gesetzlicher Vertreter bestellt und war die Zustellung eines Schriftstücks fristauslösend, so beginnt die Frist mit Zustellung des Schriftstücks an diesen.

Vgl § 27 Abs 1.
Vgl § 156 für das Abhandlungsverfahren.

Vertretungspflicht

§ 6. (1) In Verfahren, in denen einander Anträge zweier oder mehrerer Parteien gegenüber stehen können, ist im Rekursverfahren nur ein Rechtsanwalt vertretungsbefugt; im Revisionsrekursverfahren müssen sich die Parteien in solchen Verfahren durch einen Rechtsanwalt vertreten lassen.

(2) Sonst, jedenfalls aber in Verfahren über die Annahme an Kindes statt, über die Erwachsenenvertretung einschließlich der Unterbringung von Personen mit Erwachsenenvertreter sowie in Verfahren über die Genehmigung von Rechtshandlungen sonstiger schutzberechtigter Personen, weiters — vorbehaltlich des § 162 — in Verlassen-

AußStrG

schaftsverfahren, in Verfahren zur Todeserklärung und Kraftloserklärung sowie in Grundbuchs-, Firmenbuch- und anderen Registerverfahren, ist im Rekursverfahren nur ein Rechtsanwalt oder Notar vertretungsbefugt; im Revisionsrekursverfahren müssen sich die Parteien durch einen Rechtsanwalt oder Notar vertreten lassen. *(BGBl I 2017/59, auf Verfahren anzuwenden, die nach dem 30. Juni 2018 anhängig sind oder anhängig werden, Näheres s § 207m)*

(3) Schreiten die Präsidenten der Oberlandesgerichte, die Kinder- und Jugendhilfeträger, Staatsanwälte oder die Finanzprokuratur als Partei oder Parteienvertreter ein, so besteht für sie keine Vertretungspflicht. Sie sind den durch einen Rechtsanwalt vertretenen Parteien gleichzuhalten. *(BGBl I 2017/59, ab 26. 4. 2017)*

(4) Soweit im Übrigen nichts anderes angeordnet ist, sind die Bestimmungen der Zivilprozessordnung über Bevollmächtigte sinngemäß anzuwenden.

Vgl auch §§ 47 f, 65, 68, 101 (1) und 142.
Weiters s § 3 GKoärG.
Bevollmächtigte in der ZPO: §§ 26-39 ZPO.
Zur Verfahrenshilfe im Revisionsrekursverfahren für Minderjährige mit eigener Verfahrensfähigkeit siehe § 104 Abs 3.
Siehe auch § 37 Abs 3 Z 9 MRG, § 52 Abs 2 Z 6 WEG 2002, § 22 Abs 4 WGG, § 12 Z 1 LPG, § 53 Abs 1 KartellG.

Verfahrenshilfe und Prozessbegleitung

§ 7. (1) Die Bestimmungen der Zivilprozessordnung über die Verfahrenshilfe und die Prozessbegleitung sind sinngemäß anzuwenden. Der Beschluss über die Bewilligung der Verfahrenshilfe ist nur jener Partei, die sie beantragt hat sowie dem Revisor zuzustellen. Nur diesen steht ein Rekurs oder eine Rekursbeantwortung zu. *(BGBl I 2004/128; BGBl I 2009/40)*

(2) Beantragt eine Partei innerhalb einer verfahrensrechtlichen Notfrist oder einer für eine solche eingeräumten Verbesserungsfrist die Beigebung eines Rechtsanwalts im Wege der Verfahrenshilfe, so beginnt für sie die Frist mit der Zustellung des Bescheides über die Bestellung des Rechtsanwalts und, wenn ein Schriftstück fristauslösend war, mit Zustellung auch dieses an den bestellten Rechtsanwalt neu zu laufen; der Bescheid ist durch das Gericht zuzustellen. Wird der rechtzeitig gestellte Antrag auf Beigebung eines Rechtsanwalts abgewiesen, so beginnt die Frist mit dem Eintritt der Rechtskraft des abweisenden Beschlusses.

(BGBl I 2009/40)

Verfahrenshilfe Minderjähriger, Unerheblichkeit von Unterhaltsansprüchen: § 82 Abs 3 (Abstammung Mj), § 101 Abs 5 (Bemessung, Durchsetzung, Hereinbringung des gesetzlichen Unterhalts).
Verfahrenshilfe in der ZPO: §§ 63-73.
Zur Verfahrenshilfe im Revisionsrekursverfahren für Minderjährige mit eigener Verfahrensfähigkeit siehe § 104 Abs 3.
Vgl die Sonderbestimmungen in § 10 Abs 2 und 3 AuslandsunterhaltsG, § 5 Abs 3 BGBl 1985/322 (Sorgerechtsanerkennung und -vollstreckung, Europ. Übereinkommen) und in § 5 Abs 2 BGBl 1988/513 (intern. Kindesentführung, Übereinkommen).
Zur Prozessbegleitung siehe § 73b ZPO.

2. Abschnitt

Verfahren

Einleitung des Verfahrens

§ 8. (1) Soweit nichts anderes angeordnet ist, ist ein Verfahren nur auf Antrag einzuleiten.

(2) Verfahrenseinleitende Anträge sind, sofern sie nicht sogleich ab- oder zurückzuweisen sind, spätestens gleichzeitig mit der Einleitung von Erhebungen allen Personen, deren Parteistellung sich aus dem Akt ergibt (aktenkundige Parteien), wie eine Klage zuzustellen.

(3) In Verfahren, die von Amts wegen eingeleitet werden, hat das Gericht den Gegenstand des Verfahrens spätestens in seiner ersten Verfahrenshandlung gegenüber der Partei deutlich zu bezeichnen.

Zur Amtswegigkeit bei der Erlassung, Einschränkung und Aufhebung von einstweiligen Verfügungen in Amtsverfahren siehe § 378a EO.

Begehren

§ 9. (1) Der Antrag muss kein bestimmtes Begehren enthalten, jedoch hinreichend erkennen lassen, welche Entscheidung oder sonstige gerichtliche Tätigkeit der Antragsteller anstrebt und aus welchem Sachverhalt er dies ableitet.

(2) Wird ausschließlich eine Geldleistung begehrt, ihre Höhe aber nicht bestimmt angegeben, so hat das Gericht die Partei unter Setzung einer angemessenen Frist zur ziffernmäßig bestimmten Angabe des Begehrens aufzufordern, sobald die Verfahrensergebnisse eine derartige Angabe zu-

lassen. Gegen diese Entscheidung ist ein Rechtsmittel nicht zulässig.

(3) Nach fruchtlosem Verstreichen der gesetzten Frist ist ein ziffernmäßig nicht bestimmter Antrag zurückzuweisen. Auf diese Rechtsfolge ist in der Aufforderung hinzuweisen.

Siehe aber § 47 Abs 3 letzter Satz; siehe auch § 75 Abs 2.

Anbringen

§ 10. (1) Anträge, Erklärungen und Mitteilungen (Anbringen) können in der Form eines Schriftsatzes beim Gericht erster Instanz eingebracht oder zu Protokoll erklärt werden.

(2) Schriftsätze sind mit so vielen Gleichschriften zu überreichen, wie Parteien am Verfahren beteiligt sind, denen eine Gleichschrift des Schriftsatzes zuzustellen ist. Unterlässt dies eine nicht von einem Rechtsanwalt oder Notar vertretene Partei, so sind die erforderlichen Kopien vom Gericht herzustellen, wenn dies zur Beschleunigung des Verfahrens geboten ist.

(3) Anbringen müssen die Bezeichnung der Sache, Vor- und Familiennamen und Anschrift des Einschreiters, seines Vertreters sowie – soweit dies erforderlich ist – Namen und Anschriften der ihm bekannten anderen Parteien, in Personenstandssachen überdies auch Tag und Ort der Geburt sowie die Staatsangehörigkeit der Parteien enthalten.

(4) Leidet das Anbringen an einem Form- oder Inhaltsmangel, der weitere Verfahrensschritte hindert, so hat es das Gericht nicht sogleich ab- oder zurückzuweisen, sondern erst für die Verbesserung zu sorgen. War bei dem Anbringen eine Frist einzuhalten, so ist die Partei unter Setzung einer angemessenen Frist aufzufordern, den Mangel zu verbessern. Die Aufforderung hat den Mangel zu bezeichnen und ist nachweislich zuzustellen.

(5) Wird die gesetzte Frist eingehalten, so gilt das Anbringen als zum ursprünglichen Zeitpunkt eingebracht. Die für eine Notfrist eingeräumte Verbesserungsfrist kann nicht verlängert werden.

(6) § 86a ZPO gilt sinngemäß. *(BGBl I 2010/111)*

Siehe auch § 3 Abs 2 GKoärG.

§ 10a. Die Bestimmungen der Zivilprozessordnung über die Geheimhaltung der Wohnanschrift von Parteien und Zeugen sind sinngemäß anzuwenden.

(BGBl I 2009/40)

Siehe §§ 75a, 76 Abs 2 ZPO

Zurücknahme des Antrags

§ 11. (1) Verfahren, die nur auf Antrag eingeleitet werden können, sind mit Zurücknahme des Antrags beendet. Der Antrag kann bis zur Entscheidung des Gerichtes erster Instanz zurückgenommen werden. Wurde ein zulässiges Rechtsmittel erhoben, so kann der Antrag, soweit er Gegenstand des Rechtsmittelverfahrens ist, noch bis zur Entscheidung des Rechtsmittelgerichts, allerdings nur unter Verzicht auf den Anspruch oder mit Zustimmung des Antragsgegners, zurückgenommen werden; im Umfang der Zurücknahme des Antrags wird der angefochtene Beschluss – mit Ausnahme der Kostenzusprüche an andere Parteien – wirkungslos; dies hat das Rechtsmittelgericht mit Beschluss festzustellen.

(2) Verfahren, die auch von Amts wegen eingeleitet werden können, sind mit Zurücknahme des Antrags beendet, wenn das Gericht erster Instanz nicht ausspricht, dass es das Verfahren von Amts wegen fortsetzt. Nach der Entscheidung des Gerichtes erster Instanz kann der Antrag nicht mehr zurückgenommen werden.

(3) Soweit mit der Zurücknahme des Antrags auch wirksam auf den zugrunde liegenden Anspruch verzichtet wurde, kann er nicht neuerlich geltend gemacht werden.

Anhängigkeit des Verfahrens

§ 12. (1) Ein Verfahren ist anhängig, sobald ein Antrag auf seine Einleitung bei Gericht gestellt wird oder das Gericht in einem von Amts wegen einzuleitenden Verfahren eine Verfahrenshandlung vorgenommen hat.

(2) Ist derselbe Verfahrensgegenstand bei mehreren Gerichten anhängig, so ist die Sache an jenes der an sich zuständigen Gerichte zu überweisen, bei dem sie zuerst anhängig geworden ist.

Verfahrensführung

§ 13. (1) Das Gericht hat von Amts wegen für den Fortgang des Verfahrens zu sorgen und dieses so zu gestalten, dass eine erschöpfende Erörterung und gründliche Beurteilung des Verfahrensgegenstands und eine möglichst kurze Verfahrensdauer gewährleistet sind. Die Parteien haben das Gericht dabei zu unterstützen.

(2) Verfahren, die eine schutzberechtigte Person betreffen, sind so zu führen, dass deren Wohl bestmöglich gewahrt wird. *(BGBl I 2017/59, auf Verfahren anzuwenden, die nach dem 30. Juni 2018 anhängig sind oder anhängig werden, Näheres s § 207m)*

(3) Das Gericht hat in jeder Lage des Verfahrens auf eine einvernehmliche Regelung zwischen den Parteien hinzuwirken.

Anleitungs- und Belehrungspflicht

§ 14. Die Bestimmungen der Zivilprozessordnung über die Anleitungs- und Belehrungspflicht sind anzuwenden. Darüber hinaus hat das Gericht die Parteien, die nicht durch einen Rechtsanwalt oder Notar vertreten sind, über die bei dem Gegenstand des Verfahrens in Betracht kommenden besonderen Vorbringen und Beweisanbote zu belehren, die der zweckentsprechenden Rechtsverfolgung oder Rechtsverteidigung dienen können, und sie zur Vornahme der sich anbietenden derartigen Verfahrenshandlungen anzuleiten.

Vgl § 182 ff ZPO.

Rechtliches Gehör

§ 15. Den Parteien ist Gelegenheit zu geben, von dem Gegenstand, über den das Gericht das Verfahren von Amts wegen eingeleitet hat, den Anträgen und Vorbringen der anderen Parteien und dem Inhalt der Erhebungen Kenntnis zu erhalten und dazu Stellung zu nehmen.

Sammlung der Entscheidungsgrundlagen

§ 16. (1) Das Gericht hat von Amts wegen dafür zu sorgen, dass alle für seine Entscheidung maßgebenden Tatsachen aufgeklärt werden, und sämtliche Hinweise auf solche Tatsachen entsprechend zu berücksichtigen.

(2) Die Parteien haben vollständig und wahrheitsgemäß alle ihnen bekannten, für die Entscheidung des Gerichtes maßgebenden Tatsachen und Beweise vorzubringen beziehungsweise anzubieten und alle darauf gerichteten Fragen des Gerichtes zu beantworten.

Säumnisfolgen

§ 17. Das Gericht kann eine Partei unter Setzung einer angemessenen Frist auffordern, sich zum Antrag einer anderen Partei oder zum Inhalt der Erhebungen zu äußern, oder die Partei zu diesem Zweck zu einer Vernehmung oder Tagsatzung laden. Lässt die Partei die Frist ungenützt verstreichen oder leistet sie der Ladung nicht Folge, so kann das Gericht annehmen, dass keine Einwendungen gegen die Angaben der anderen Partei oder gegen eine beabsichtigte Entscheidung auf der Grundlage des bekanntgegebenen Inhalts der Erhebungen bestehen. Die Aufforderung zur Äußerung sowie die Ladung haben einen Hinweis auf diese Rechtsfolge zu enthalten und sind wie eine Klage zuzustellen. Gegen eine solche Fristsetzung oder Ladung ist ein Rechtsmittel nicht zulässig.

Vgl die Einschränkung in 83 Abs 3 Satz 2 für das Abstammungsverfahren.

Mündliche Verhandlung

§ 18. Sofern eine mündliche Verhandlung nicht zwingend vorgeschrieben ist, steht es dem Gericht frei, eine Tagsatzung zur mündlichen Verhandlung über die ganze Sache oder einzelne Punkte mit den vom Verhandlungsgegenstand betroffenen Parteien anzuordnen, wenn es dies zur Beschleunigung des Verfahrens, Erhebung des Sachverhalts oder Erörterung von Rechtsfragen für zweckmäßig erachtet. Auch wenn eine Tagsatzung zur mündlichen Verhandlung abgehalten wurde, ist das Gericht nicht gehalten, im weiteren Verfahren mündlich zu verhandeln.

Zur vorgeschriebenen mündlichen Verhandlung siehe § 83 Abs 1 (Abstammungsverfahren), § 94 Abs 1 (Ehesachen), § 121 (Sachwalterbestellung), § 162 (Verfahren über Erbrecht). Weiters zB § 37 Abs 3 Z 10 MRG, § 52 Abs 2 WEG 2002, § 22 Abs 4 WGG, § 12 Z 2 LPG, § 11 Abs 2 NotwegeG, § 24 Abs 2 EisbEG, § 10 Abs 1 AnerbenG, § 11 Abs 1 zweiter Satz Kärntner ErbhöfeG 1990, § 20 Abs 1 zweiter Satz Tiroler HöfeG.

Öffentlichkeit

§ 19. (1) Die mündliche Verhandlung ist öffentlich.

(2) Die Öffentlichkeit ist von Amts wegen auszuschließen, wenn

1. durch sie die Sittlichkeit oder die öffentliche Ordnung gefährdet erscheint;

2. die begründete Besorgnis besteht, dass sie zur Störung der Verhandlung oder zur Erschwerung der Erhebung des Sachverhalts führen könnte;

3. dies im Interesse einer schutzberechtigten Person erforderlich ist. *(BGBl I 2017/59, auf Verfahren anzuwenden, die nach dem 30. Juni 2018 anhängig sind oder anhängig werden, Näheres s § 207m)*

(3) Die Öffentlichkeit ist außerdem auf Antrag einer Partei aus berücksichtigungswürdigen Gründen auszuschließen, insbesondere weil Tatsachen des Familienlebens zu erörtern sind.

(4) Die Öffentlichkeit kann für die ganze Verhandlung oder für einzelne Teile ausgeschlossen werden. Soweit die Öffentlichkeit ausgeschlossen ist, ist die öffentliche Verlautbarung des Inhalts der Verhandlung untersagt.

(5) Hat das Gericht die Öffentlichkeit ausgeschlossen, so kann eine Partei verlangen, dass außer ihr und ihrem Vertreter auch einer Person ihres Vertrauens die Anwesenheit bei der mündlichen Verhandlung gestattet werde; im Übrigen sind die §§ 171 Abs. 2 und Abs. 3, 173, 174 Abs. 2 und 175 Abs. 2 ZPO anzuwenden.

Vgl § 140 Abs 1.

§ 20. (1) An der Aufnahme von Beweisen außerhalb einer mündlichen Verhandlung, insbesondere der Einvernahme einer Person, dürfen erschienene Parteien und deren Vertreter teilnehmen. Eine Verständigung von der Beweisaufnahme erfolgt nur auf Antrag. Das Gericht kann Parteien und deren Vertreter von der Teilnahme ausschließen, soweit das Verfahren einen Minderjährigen oder eine sonstige schutzberechtigte Person betrifft und die Teilnahme an der Beweisaufnahme das Wohl einer schutzberechtigten Person gefährden oder die Feststellung des Sachverhalts erheblich erschweren würde. *(BGBl I 2017/59, auf Verfahren anzuwenden, die nach dem 30. Juni 2018 anhängig sind oder anhängig werden, Näheres s § 207m)*

(2) Gegen den Ausschluss von der Beweisaufnahme ist kein Rechtsmittel zulässig.

§ 20 Abs 1 ist bei Erhebungen der Familiengerichtshilfe nicht anzuwenden (§ 106a Abs 2 Satz 4).

Wiedereinsetzung

§ 21. Die Bestimmungen der Zivilprozessordnung über die Wiedereinsetzung in den vorigen Stand, ausgenommen § 154, sind sinngemäß anzuwenden, wenn der aus der Versäumung einer Frist oder Tagsatzung entstehende Rechtsnachteil nicht durch ein Rechtsmittel oder einen neuen Antrag abgewendet werden kann.

Vgl § 78 (Kostenersatz) sowie §§ 146 - 154 ZPO zur Wiedereinsetzung.

Protokolle, Akten, Sitzungspolizei und Strafen

§ 22. Die Bestimmungen der Zivilprozessordnung über Protokolle, Akten sowie die Sitzungspolizei, Beleidigungen in Schriftsätzen und über Strafen sind sinngemäß anzuwenden.

Fristen

§ 23. (1) Die Bestimmungen der Zivilprozessordnung über die Fristen, ausgenommen § 222 ZPO, sind sinngemäß anzuwenden. *(BGBl I 2010/111)*

(2) Die Fristen für die Einbringung und Beantwortung eines Rechtsmittels und die Anbringung eines Abänderungsantrags sind Notfristen.

Zustellung

§ 24. (1) Soweit nichts anderes angeordnet ist, sind die Bestimmungen der Zivilprozessordnung über Zustellungen und das Zustellgesetz anzuwenden.

(2) Soweit dies zweckmäßig ist, kann das Gericht anordnen, dass ein Geschäftsstück durch einen Gerichtsbediensteten seines Personalstandes in einem anderen Gerichtssprengel zuzustellen ist.

(3) Durch öffentliche Bekanntmachung (§ 25 Zustellgesetz) ist zuzustellen, wenn das Gericht das Vorliegen der dafür erforderlichen Voraussetzungen für wahrscheinlich erachtet. Edikte sind in der in § 117 Abs. 2 ZPO angeordneten Weise bekannt zu machen. Darüber hinaus kann von Amts wegen oder auf Antrag eine ortsübliche Bekanntmachung angeordnet werden.

Zur Zustellung nach der ZPO siehe §§ 87 - 121 ZPO.

Siehe auch § 8 Abs 2 AußStrG sowie § 9 GKoärG, § 37 Abs 3 Z 2 - 8, 15 und 16 MRG, § 52 Abs 2 WEG 2002, § 22 Abs 4 WGG, § 18 Abs 3 u 4 TodeserklärungsG.

Unterbrechung des Verfahrens

§ 25. (1) Das Verfahren wird unterbrochen, wenn

1. die unvertretene Partei stirbt oder die Fähigkeit verliert, selbständig vor Gericht als Partei zu handeln;

2. der gesetzliche Vertreter der Partei stirbt oder die Vertretungsbefugnis verliert, und die Partei weder selbständig vor Gericht handeln kann, noch durch eine mit Prozessvollmacht ausgestattete Person vertreten ist;

3. der Rechtsanwalt oder Notar stirbt oder die Fähigkeit verliert, die Vertretung der Partei fortzuführen, soweit eine solche Vertretung gesetzlich geboten ist;

4. ein Insolvenzverfahren über das Vermögen einer Partei eröffnet wird, sofern die Bestimmungen der Insolvenzordnung dies vorsehen; *(BGBl I 2010/58)*

5. das Gericht infolge eines Krieges oder eines anderen vergleichbar schwerwiegenden Ereignisses seine Amtstätigkeit einstellt.
vgl § 4 1.COVID-JuBG

(2) Das Verfahren kann ganz oder zum Teil von Amts wegen oder auf Antrag unterbrochen werden, wenn

1. eine Vorfrage über das Bestehen oder Nichtbestehen eines Rechtsverhältnisses den Gegenstand eines anderen anhängigen oder eines von Amts wegen einzuleitenden Verfahrens vor einem Gericht oder einer Verwaltungsbehörde bildet, die Lösung der Vorfrage im anhängigen Verfahren nicht ohne einen erheblichen Verfahrensaufwand möglich und mit der Unterbrechung keine unzumutbare Verzögerung verbunden ist,

2. sich der Verdacht einer strafbaren Handlung ergibt, deren Ermittlung und Aburteilung für die Entscheidung im anhängigen Verfahren voraussichtlich von maßgeblichem Einfluss ist, oder

3. eine Partei infolge eines Krieges oder eines anderen vergleichbar schwerwiegenden Ereignis-

AußStrG

ses an einer Verfahrensbeteiligung verhindert ist und zugleich die Besorgnis besteht, dass die abwesende Partei dadurch erhebliche Nachteile erleiden würde.

Vgl § 163 sowie zB § 37 Abs 3 Z 12 und § 41 MRG.

§ 26. (1) Während der Unterbrechung hat das Gericht nur dringend gebotene Verfahrenshandlungen vorzunehmen. Im Fall des § 25 Abs. 2 Z 1 und 2 können Verfahrenshandlungen des Gerichtes und der Parteien vorgenommen werden, soweit sie der Entscheidung über die Vorfrage nicht vorgreifen. Tritt die Unterbrechung ein, nachdem die Sache zur Entscheidung reif geworden ist, hindert sie die Erlassung der Entscheidung nicht.

(2) Mit der Unterbrechung hört der Lauf jeder Frist zur Vornahme einer Verfahrenshandlung auf. Dies gilt nicht für Fristen, die das Gericht für dringend gebotene Verfahrenshandlungen ungeachtet der Unterbrechung festsetzt. Sonst entfalten Verfahrenshandlungen während der Unterbrechung anderen Parteien gegenüber keinerlei Wirkung.

(3) Ein unterbrochenes Verfahren ist auf Antrag einer Partei mit Beschluss fortzusetzen, wenn die Gründe für die Unterbrechung weggefallen sind. Ein Verfahren, das von Amts wegen eingeleitet werden kann, ist von Amts wegen darüber hinaus auch dann mit Beschluss fortzusetzen, wenn ansonsten Belange einer Partei oder der Allgemeinheit gefährdet werden könnten, deren Schutz Zweck des Verfahrens ist. Mit der Zustellung des Fortsetzungsbeschlusses beginnen unterbrochene Fristen von neuem.

(4) Der Beschluss, mit dem die Unterbrechung des Verfahrens angeordnet oder die Fortsetzung des unterbrochenen Verfahrens verweigert wird, ist selbständig anfechtbar.

Vgl § 163; weiters § 41 MRG.

§ 27. (1) Wird das Verfahren aus Gründen, die in der Person einer Partei oder ihres gesetzlichen Vertreters liegen (§ 25 Abs. 1 Z 1 und 2), unterbrochen, so ist das Verfahren mit dem in der Folge bestellten Vertreter fortzusetzen. Liegt der Grund für die Unterbrechung in der Person des Rechtsanwalts oder Notars (§ 25 Abs. 1 Z 3), so hat das Gericht die Partei unter Setzung einer angemessenen Frist aufzufordern, dem Gericht ihren neuen Vertreter bekanntzugeben. Wird der Aufforderung nicht fristgerecht nachgekommen, so ist das Verfahren ungeachtet dieses Umstands mit Beschluss fortzusetzen.

(2) Wird ein Verfahren zur Lösung einer Vorfrage (§ 25 Abs. 2 Z 1) unterbrochen und ist die Vorfrage in einem von Amts wegen einzuleitenden Verfahren zu lösen, so hat das Gericht die

unverzügliche Einleitung eines solchen Verfahrens anzuregen.

Vgl § 163.

Ruhen des Verfahrens

§ 28. (1) Sind an einem Verfahren mindestens zwei Parteien beteiligt, so tritt Ruhen des Verfahrens ein, wenn dies alle Parteien ausdrücklich vereinbaren und die Vereinbarung dem Gericht anzeigen; eine solche Vereinbarung wird mit dem Zeitpunkt wirksam, mit dem sie von allen Parteien bei Gericht angezeigt wurde.

(2) Sind an einem Verfahren, das nur auf Antrag eingeleitet werden kann, mindestens zwei Parteien beteiligt, so tritt Ruhen auch dann ein, wenn zu einer mündlichen Verhandlung alle Parteien mit dem Hinweis auf diese Rechtsfolge geladen wurden, aber keine Partei der Ladung Folge leistet oder die anwesenden Parteien erklären, nicht verhandeln zu wollen.

(3) Mit dem Ruhen des Verfahrens sind die Wirkungen einer Unterbrechung des Verfahrens verbunden; Notfristen laufen jedoch weiter. Ein Verfahren, das ruht, darf nicht vor Ablauf von drei Monaten seit dem Eintritt des Ruhens fortgesetzt werden. Verfahren, die auch von Amts wegen eingeleitet werden können, sind jedoch schon dann fortzusetzen, wenn sonst Belange einer Partei oder der Allgemeinheit gefährdet werden könnten, deren Schutz Zweck des Verfahrens ist.

(4) Nach dem Ablauf der dreimonatigen Frist ist das Verfahren auf Antrag einer Partei fortzusetzen. Verfahren, die von Amts wegen eingeleitet werden können, kann das Gericht auch von Amts wegen fortsetzen.

(5) Wurde ein ruhendes Verfahren bereits einmal von Amts wegen fortgesetzt, so bedarf jede neuerliche Vereinbarung des Ruhens zu ihrer Wirksamkeit der Genehmigung des Gerichtes.

(6) Der Beschluss, mit dem die Fortsetzung des ruhenden Verfahrens nach Ablauf von drei Monaten verweigert wird, ist selbständig anfechtbar.

Vgl § 163.

Innehalten

§ 29. (1) Ist eine einvernehmliche Regelung zwischen den Parteien, insbesondere mit Unterstützung einer dafür geeigneten Einrichtung, zu erwarten, so kann das Gericht mit dem Verfahren innehalten, soweit dadurch nicht Belange einer Partei oder der Allgemeinheit gefährdet werden, deren Schutz Zweck des Verfahrens ist.

(2) Das Innehalten darf während des Verfahrens über eine Sache nur für einen Zeitraum von höchstens sechs Monaten angeordnet werden. Während des Innehaltens hat das Gericht nur

dringend gebotene Verfahrenshandlungen vorzu-nehmen.

(3) Zeigt sich schon vor Ablauf des festgesetz-ten Zeitraums, dass die Voraussetzungen für das Innehalten nicht mehr gegeben sind, so ist das Verfahren mit Beschluss fortzusetzen.

(4) Ein Beschluss auf Innehalten, der gegen Abs. 2 verstößt, ist selbständig anfechtbar.

Vgl § 163.

Vergleich

§ 30. (1) Soweit die Parteien berechtigt sind, über Rechte zu verfügen, die Gegenstand eines gerichtlichen Verfahrens sein können, können sie darüber einen gerichtlichen Vergleich schließen.

(2) Kommt ein Vergleich zustande, so ist des-sen Inhalt zu protokollieren. Den Parteien sind auf ihr Verlangen Ausfertigungen des Vergleichs zu erteilen.

(3) In Verfahren, die nur auf Antrag eingeleitet werden können, kann vor Antragstellung bei dem zuständigen Gericht die Ladung des Gegners zum Zweck eines Vergleichsversuchs beantragt wer-den.

Vgl § 109. Siehe auch § 1 Abs 2 Z 2 NO.

Beweisverfahren

§ 31. (1) Zur Feststellung des Sachverhalts kann jedes dafür geeignete Beweismittel verwen-det werden.

(2) Das Gericht kann auch dann Beweise auf-nehmen und Erkundigungen einholen, wenn sich alle Parteien dagegen aussprechen oder wenn das Gericht begründete Bedenken gegen Tatsachen hegt, die gesetzlich vermutet werden oder für die ein Beweismittel vorhanden ist, das vollen Beweis macht.

(3) Das Gericht kann Sachverständige bestel-len, auch ohne vorher die Parteien über deren Person zu vernehmen. Wenn der Richter über die nötige Fachkunde verfügt, kann er vom Sachver-ständigenbeweis absehen.

(4) Selbst in Verfahren, für die eine mündliche Verhandlung vorgeschrieben ist, hat das Gericht auch außerhalb dieser Vorgebrachtes zu berück-sichtigen. Es darf auch außerhalb der Verhand-lung Beweise aufnehmen, den Parteien ergänzen-de Angaben auftragen und sonstige Verfahrens-handlungen setzen.

(5) Erachtet es das Gericht für unverzichtbar, dass eine Partei zu einer Vernehmung kommt, eine Urkunde vorlegt oder die Besichtigung eines in ihrer Gewahrsame befindlichen Augenscheins-gegenstands ermöglicht, so kann es gegen die Partei Zwangsmittel (§ 79 Abs. 2) anwenden, wenn sie der Ladung oder Aufforderung ohne

berücksichtigungswürdigen Grund nicht Folge leistet.

Zur erweiterten Auskunftspflicht betreffend das Strafregister siehe § 6 Abs 1 Z 1b Tilgungsgesetz 1972

§ 32. Das Gericht hat unter sorgfältiger Berück-sichtigung der Ergebnisse des gesamten Verfah-rens nach freier Überzeugung zu beurteilen, was für wahr zu halten ist und was nicht.

§ 33. (1) Das Gericht kann von Erhebungen absehen, wenn es schon auf Grund offenkundiger Tatsachen oder der unbestritten und unbedenk-lichen Angaben einer oder mehrerer Parteien da-von überzeugt ist, dass eine Behauptung für wahr zu halten ist.

(2) Das Gericht kann nicht erwiesene Tatsachen-vorbringen unberücksichtigt lassen und von der Aufnahme von Beweisen Abstand nehmen, wenn solche Tatsachen oder Beweise von einer Partei verspätet vorgebracht oder angeboten werden und bei sorgfältiger Berücksichtigung aller Umstände kein vernünftiger Zweifel besteht, dass damit das Verfahren verschleppt werden soll und die Zulas-sung die Erledigung des Verfahrens erheblich verzögern würde.

§ 34. Wenn feststeht, dass einer Partei eine Geldleistung zusteht, die Erhebung der Höhe des Betrages jedoch nicht möglich ist oder mit unver-hältnismäßigen Schwierigkeiten verbunden wäre, so kann das Gericht auf Antrag oder von Amts wegen auch unter Abstandnahme von der Aufnah-me angebotener Beweise die Höhe des Betrages nach freier Überzeugung festsetzen.

§ 35. Soweit nichts anderes angeordnet ist, sind die Bestimmungen der Zivilprozessordnung über die Verwendung technischer Einrichtungen zur Wort- und Bildübertragung bei der Beweisaufnah-me, über die Beweisaufnahme durch einen ersuch-ten oder beauftragten Richter, über die abgeson-derte Vernehmung von Parteien oder Zeugen, über die Vernehmung minderjähriger Personen, über die Beweisaufnahme im Ausland und über die einzelnen Beweismittel mit Ausnahme der Bestimmungen über die Gemeinschaftlichkeit der Beweise, die Fortsetzung des Verfahrens ohne Rücksicht auf die ausstehende Beweisaufnahme sowie die eidliche Vernehmung eines Zeugen oder einer Partei sinngemäß anzuwenden. *(BGBl I 2009/30; BGBl I 2009/40)*

Zur abgesonderten Vernehmung siehe § 289a ZPO, zur Vernehmung Minderjähriger siehe § 289b ZPO

AußStrG

3. Abschnitt
Beschlüsse

Entscheidungsgrundsätze

§ 36. (1) Das Gericht hat in Form von Beschlüssen zu entscheiden. Diese ergehen schriftlich; ist zumindest eine Partei anwesend, können sie auch mündlich verkündet werden.

(2) Das Gericht kann über den Grund eines Anspruchs durch Zwischenbeschluss und über einen Teil der Sache durch Teilbeschluss entscheiden.

(3) Jeder Beschluss ist im Rahmen des Gegenstands des Verfahrens zu fassen, wobei auf die Interessenlagen und die zivilrechtlich wirksamen rechtsgeschäftlichen Willenserklärungen der Parteien Bedacht zu nehmen ist.

(4) In Verfahren, die nur auf Antrag eingeleitet werden können, ist der Beschluss im Rahmen der Anträge zu fassen. In Verfahren, die auch von Amts wegen eingeleitet werden können, ist das Gericht bei seiner Entscheidung nicht an die Anträge gebunden.

Vgl auch etwa § 37 Abs 3 Z 11 MRG zum Zwischensachbeschluss.

Erfüllungsfrist

§ 37. (1) Die Auferlegung einer Leistung ist nur zulässig, wenn die Fälligkeit zur Zeit der Beschlussfassung bereits eingetreten ist oder die Regelung eines Rechtsverhältnisses den Zuspruch nicht fälliger Leistungen erfordert.

(2) Soweit dies erforderlich ist, hat das Gericht zur Erfüllung seiner Aufträge eine angemessene Frist oder einen angemessenen Termin zu bestimmen. Für die Berechnung der Frist gilt § 409 Abs. 3 ZPO sinngemäß.

Vgl § 43 Abs 3; siehe auch § 14 NotwegeG.

Ausfertigung und Zustellung von Beschlüssen

§ 38. Beschlüsse sind schriftlich auszufertigen und allen aktenkundigen Parteien zuzustellen. Mündlich verkündete Beschlüsse sind schriftlich auszufertigen, wenn nicht auf Ausfertigung und Rechtsmittel verzichtet wurde. In Personenstandssachen ist ein Verzicht auf die Ausfertigung und Zustellung von Beschlüssen in der Sache unwirksam.

Siehe auch § 180 (1).

Inhalt von Beschlussausfertigungen

§ 39. (1) Die schriftliche Ausfertigung eines Beschlusses hat Folgendes zu enthalten:

1. die Bezeichnung des Gerichtes und der Sache;

2. den Vor- und Familiennamen der Parteien, ihre Anschrift und ihre Vertreter; in Personenstandssachen überdies auch den Tag und den Ort ihrer Geburt sowie ihre Staatsbürgerschaft;

3. den Gegenstand des Verfahrens;

4. den Spruch;

5. die Begründung.

(2) Der Spruch und die Begründung sind äußerlich zu sondern. Fristen oder Zeitpunkte, die zur Erfüllung erteilter Aufträge bestimmt werden, sowie die vorläufige Zuerkennung von Verbindlichkeit oder Vollstreckbarkeit sind in den Spruch aufzunehmen.

(3) In die Begründung sind die Anträge der Parteien, die Feststellung des rechtserheblichen Sachverhalts und die Beweiswürdigung sowie die rechtliche Beurteilung aufzunehmen.

(4) Die Begründung kann unterbleiben, wenn gleichgerichteten Anträgen der Parteien stattgegeben wird, der Beschluss dem erklärten Willen aller Parteien entspricht oder der Beschluss in Gegenwart aller Parteien mündlich verkündet wurde und alle Parteien auf Rechtsmittel verzichtet haben.

(5) Die für die Gerichtsakten bestimmte schriftliche Abfassung des Beschlusses ist vom Richter oder Rechtspfleger, in Senatssachen vom Vorsitzenden zu unterschreiben.

Siehe die Abweichung von Abs 4: § 83 Abs 5 Satz 2 (Abstammungsverfahren), § 123 Abs 2 (Sachwalter/Erwachsenenvertreterbestellungsbeschluss), § 132 Abs 1 Satz 3 (Genehmigung von Rechtshandlungen).

Vgl auch § 89 (Adoptionsbeschluss).

Bindung des Gerichtes an die Beschlüsse

§ 40. Das Gericht ist an seine Beschlüsse mit deren mündlicher Verkündung, wenn eine solche unterbleibt, mit Abgabe der schriftlichen Abfassung zur Ausfertigung gebunden; an verfahrensleitende Beschlüsse jedoch nur, soweit diese selbständig anfechtbar sind.

Ergänzung und Berichtigung von Beschlüssen

§ 41. Die Bestimmungen der Zivilprozessordnung über die Ergänzung und Berichtigung von Entscheidungen sind sinngemäß anzuwenden.

Rechtskraft

§ 42. Soweit eine Partei einen Beschluss nicht mehr anfechten kann, erwächst er ihr gegenüber in Rechtskraft.

Vgl etwa auch § 37 Abs 3 Z 18 MRG, § 22 Abs 4 Z 6 WGG, §§ 18 f NotwegeG.

Beschlusswirkungen

§ 43. (1) Mit der Rechtskraft eines Beschlusses treten Vollstreckbarkeit, Verbindlichkeit der Feststellung oder Rechtsgestaltung ein.

(2) Erstreckt sich die Wirkung eines Beschlusses kraft der Beschaffenheit des Rechtsverhältnisses oder kraft gesetzlicher Vorschriften auf alle aktenkundigen Parteien, so treten seine Wirkungen jedoch erst ein, wenn er von keiner Partei mehr angefochten werden kann.

(3) Ist in einem Beschluss eine Leistungsfrist oder ein Fälligkeitszeitpunkt bestimmt, so tritt die Vollstreckbarkeit erst nach dem Ablauf der Leistungsfrist beziehungsweise dem Verstreichen des Fälligkeitszeitpunkts ein.

(4) Wurde auf Rechtsmittel gegen einen mündlich verkündeten Beschluss verzichtet, ist aber die schriftliche Ausfertigung des Beschlusses zuzustellen, so treten seine Wirkungen mit der Zustellung ein.

(5) Verfahrensleitende Beschlüsse werden bei mündlicher Verkündung mit dieser, sonst mit der Zustellung ihrer schriftlichen Ausfertigung für die Partei verbindlich.

Zur Leistungsfrist siehe auch § 37.
Übergangsbestimmungen: Die Bestimmungen über die Beschlusswirkungen und die vorläufige Vollstreckbarkeit (§§ 43 und 44) sind nur dann anzuwenden, wenn das Datum der Entscheidung erster Instanz nach dem 31. Dezember 2004 liegt. Für alle vorher ergangenen Entscheidungen sind die bisher in Geltung gestandenen Vorschriften über Beschlusswirkungen und Vollstreckbarkeit weiter anzuwenden. (§ 203 Abs 6)

Vorläufige Zuerkennung von Verbindlichkeit oder Vollstreckbarkeit

§ 44. (1) Sofern es sich nicht um eine Personenstandssache handelt, kann das Gericht einem Beschluss vorläufig Verbindlichkeit oder Vollstreckbarkeit zuerkennen, soweit es dies zur Vermeidung erheblicher Nachteile für eine Partei oder die Allgemeinheit für notwendig erachtet. Die vorläufigen Beschlusswirkungen treten ein, sobald der Beschluss über ihre Zuerkennung zugestellt wurde, und wirken bis zum Eintritt der Rechtskraft der Entscheidung über die Sache, auch wenn der Beschluss inzwischen aufgehoben oder durch einen anderen Beschluss ersetzt wurde. Die Entscheidung über die Zuerkennung kann geändert werden, insbesondere wenn einem Rekurswerber erheblichere Nachteile drohen, die bei einem Erfolg seines Rekurses nicht beseitigt werden könnten. Für solche Entscheidungen ist nach der Vorlage des Rechtsmittels das Rechtsmittelgericht zuständig.

(2) Gegen Entscheidungen über die vorläufige Verbindlichkeit oder Vollstreckbarkeit ist ein Rechtsmittel nicht zulässig.

Vgl den Ausschluss des § 44 in § 37 Abs 3 Z 13 MRG und § 12 Z 4 LPG.

4. Abschnitt
Rekurs

Zulässigkeit des Rekurses

§ 45. Beschlüsse des Gerichtes erster Instanz können mit Rekurs an das Gericht zweiter Instanz (Rekursgericht) angefochten werden. Verfahrensleitende Beschlüsse sind, soweit nicht ihre selbständige Anfechtung angeordnet ist, nur mit dem Rekurs gegen die Entscheidung über die Sache anfechtbar.

Rekursfrist

§ 46. (1) Die Frist für den Rekurs beträgt vierzehn Tage. Sie beginnt mit der Zustellung der schriftlichen Ausfertigung des selbständig anfechtbaren Beschlusses.

(2) Eine nicht aktenkundige Partei, der der Beschluss nicht zugestellt worden ist, kann einen Rekurs bis zu jenem Zeitpunkt erheben, bis zu dem eine aktenkundige Partei einen Rekurs erheben oder eine Rekursbeantwortung erstatten kann.

(3) *(aufgehoben, BGBl I 2010/111)*

Vgl die abweichenden Rekursfristen in § 98 Abs 4, § 114 Abs 3, § 131c Abs 3 und 5.

Form und Inhalt des Rekurses

§ 47. (1) Der Rekurs ist durch Überreichung eines Schriftsatzes beim Gericht erster Instanz zu erheben; er kann nicht zu gerichtlichem Protokoll erklärt werden. *(BGBl I 2010/111)*

(2) Der Rekurs hat neben den allgemeinen Erfordernissen eines Anbringens die Bezeichnung des Beschlusses zu enthalten, gegen den er erhoben wird.

(3) Der Rekurs muss kein bestimmtes Begehren enthalten, aber hinreichend erkennen lassen, aus welchen Gründen sich die Partei beschwert erachtet und welche andere Entscheidung sie anstrebt (Rekursbegehren); im Zweifel gilt der Beschluss, gegen den Rekurs erhoben worden ist, als zur Gänze angefochten. § 9 ist nicht anzuwenden.

Vgl auch § 6.
Vgl zu Abs 1 etwa § 37 Abs 3 Z 14 MRG.

Rekursbeantwortung

§ 48. (1) Wird ein Rekurs gegen einen Beschluss erhoben, mit dem über die Sache oder

AußStrG

über die Kosten des Verfahrens entschieden worden ist, so ist jeder anderen aktenkundigen Partei eine Gleichschrift des Rekurses zuzustellen.

(2) Die Parteien, denen eine Gleichschrift des Rekurses zugestellt worden ist, können binnen vierzehn Tagen ab dem Zeitpunkt der Zustellung an sie beim Gericht erster Instanz eine Rekursbeantwortung anbringen; § 47 Abs. 1 ist sinngemäß anzuwenden. Solange eine aktenkundige Partei einen Rekurs oder eine Rekursbeantwortung anbringen kann, können auch die nicht aktenkundigen Parteien eine Rekursbeantwortung anbringen.

(3) Von der Einbringung der Rekursbeantwortung sind die anderen Parteien durch Zustellung einer Gleichschrift zu verständigen.

Vgl die abweichenden Fristen in § 98 Abs 4, § 114 Abs 3 sowie etwa in § 37 Abs 3 Z 15 MRG, § 12 Z 6 LPG.
Ausschluss der Rekursbeantwortung: § 124 GBG.

Zulässigkeit von Neuerungen

§ 49. (1) Im Rekursverfahren neu vorgebrachte Tatsachen und angebotene Beweismittel sind soweit zu berücksichtigen, als sie nicht unangefochtene Teile des Beschlusses zum Gegenstand haben und sich aus § 55 Abs. 2 nicht anderes ergibt.

(2) Tatsachen und Beweismittel, die zur Zeit des Beschlusses erster Instanz schon vorhanden waren, sind jedoch nicht zu berücksichtigen, wenn sie von der Partei schon vor der Erlassung des Beschlusses hätten vorgebracht werden können, es sei denn, die Partei kann dartun, dass es sich bei der Verspätung (Unterlassung) des Vorbringens um eine entschuldbare Fehlleistung handelt.

(3) Waren die neu vorgebrachten Tatsachen zur Zeit des Beschlusses noch nicht vorhanden, so sind sie nur soweit zu berücksichtigen, als sie nicht ohne wesentlichen Nachteil zum Gegenstand eines neuen Antrags – ausgenommen einen Abänderungsantrag – gemacht werden können.

Vgl hingegen etwa § 37 Abs 3 Z 14 MRG, § 12 Z 5 LPG.

Rekursentscheidung durch das Gericht erster Instanz

§ 50. (1) Wird gegen einen Beschluss nur ein Rekurs erhoben, so kann das Gericht erster Instanz diesem selbst stattgeben, wenn er sich richtet gegen

1. einen verfahrensleitenden Beschluss, soweit er selbständig anfechtbar ist;

2. eine Strafverfügung;

3. die Zurückweisung eines Rechtsmittels (§ 67);

4. einen Beschluss, mit dem über die Sache entschieden worden ist, sofern sich ohne weitere Erhebungen auf Grund der Aktenlage ergibt, dass dieser aufzuheben und der allenfalls zu Grunde liegende verfahrenseinleitende Antrag zurückzuweisen oder dass er im Sinne des Rekursbegehrens zur Gänze abzuändern ist.

(2) Einen Beschluss nach Abs. 1 Z 4 darf das Gericht während des Verfahrens über eine Sache nur einmal fällen.

Vgl § 11 Abs 1a RpflG: Selbststattgebung durch Rechtspfleger.

Vorlage der Akten an das Rekursgericht

§ 51. (1) Das Gericht erster Instanz hat den Rekurs, soweit vorgesehen nach dem Einlangen der Rekursbeantwortung oder dem fruchtlosen Ablauf der dafür offenstehenden Frist, dem Rekursgericht mit allen die Sache betreffenden Akten vorzulegen, sofern es dem Rekurs nicht selbst (§ 50) stattgibt.

(2) Gibt der Inhalt eines Rekurses oder einer Rekursbeantwortung zu einer Erledigung des Gerichtes erster Instanz Anlass, so ist diese vorher zu treffen; werden Zustellmängel behauptet, so sind vorher die notwendigen Erhebungen durchzuführen.

(3) Wurde die Sache durch den angefochtenen Beschluss nicht oder nicht vollständig erledigt und soll das Verfahren über die noch unerledigten Punkte während des Rekursverfahrens fortgesetzt werden, so sind dem Rekursgericht Kopien oder Originale der auf den Gegenstand des Rekursverfahrens bezüglichen Teile derjenigen Akten vorzulegen, welche zugleich für das Verfahren in erster Instanz benötigt werden.

Verfahren vor dem Rekursgericht

§ 52. (1) Das Rekursgericht hat eine mündliche Rekursverhandlung durchzuführen, wenn es eine solche für erforderlich erachtet. Auch wenn keine Rekursbeantwortung vorgesehen ist, hat das Rekursgericht den Parteien Gelegenheit zu geben, sich zu Anbringen anderer Parteien zu äußern, soweit dies erforderlich ist, um deren Anspruch auf rechtliches Gehör zu wahren.

(2) Erwägt das Rekursgericht, von den Feststellungen des Erstgerichts abzuweichen, so darf es nur dann von der neuerlichen Aufnahme eines in erster Instanz unmittelbar aufgenommenen, für die Feststellungen maßgeblichen Beweises Abstand nehmen, wenn es vorher den Parteien bekanntgegeben hat, dass es gegen die Würdigung dieses Beweises durch das Erstgericht Bedenken habe, und ihnen Gelegenheit gegeben hat, eine neuerliche Aufnahme dieses Beweises durch das Rekursgericht zu beantragen; diese kann auch

durch einen beauftragten Richter des Rekursgerichts vorgenommen werden.

Vgl den Ausschluss des Abs 2 letzter HS etwa in § 37 Abs 3 Z 14 MRG, § 12 Z 5 LPG.

Entscheidungsgrundlagen

§ 53. Das Rekursgericht hat seiner Entscheidung die Erhebungsergebnisse und Tatsachenfeststellungen des erstinstanzlichen Verfahrens insoweit zugrunde zu legen, als sie nicht durch die Ergebnisse des Rekursverfahrens eine Berichtigung erfahren haben.

Zurückweisung durch das Rekursgericht

§ 54. (1) Der Rekurs ist zurückzuweisen, wenn

1. er unzulässig oder – soweit nicht § 46 Abs. 3[1] anzuwenden ist – verspätet ist;

2. er – trotz durchgeführten Verbesserungsverfahrens – nicht die notwendige Form oder den notwendigen Inhalt hat.

(2) Unzulässig ist ein Rekurs insbesondere dann, wenn er von einer Person eingebracht worden ist, der der Rekurs nicht zusteht oder die auf ihn verzichtet hat.

---

[1] *Redaktionsversehen: 2Ob62/14b.*

Entscheidung über den Rekurs

§ 55. (1) Ist der Rekurs nicht zurückzuweisen, so hat das Rekursgericht über die Sache selbst, erforderlichenfalls nach Verfahrensergänzung, zu entscheiden.

(2) Das Rekursgericht darf nur im Rahmen des Rekursbegehrens entscheiden. In Verfahren, die von Amts wegen eingeleitet werden können, ist das Rekursgericht an das Rekursbegehren jedoch nicht gebunden; es kann den angefochtenen Beschluss auch zu Ungunsten der anfechtenden Partei abändern.

(3) Gelangt das Rekursgericht aus Anlass eines zulässigen Rekurses zu der Überzeugung, dass der angefochtene Beschluss oder das Verfahren erster Instanz an einem bisher unbeachtet gebliebenen Mangel nach den §§ 56 Abs. 1, 57 Z 1 oder 58 Abs. 1 Z 1 und 2 sowie Abs. 4 leide, so ist dieser wahrzunehmen, auch wenn dies von keiner der Parteien geltend gemacht wurde.

(4) Hat das Gericht erster Instanz einem Rekurs selbst stattgegeben und hebt das Rekursgericht diese Entscheidung des Erstgerichts auf, so hat es zugleich über das Rechtsmittel zu entscheiden, das gegen die ursprüngliche Entscheidung des Erstgerichts erhoben wurde.

Zur reformatio in peius siehe auch § 77 Abs 2 (Abänderungsverfahren) und § 107 Abs 1 Z 2 (Obsorge- und Besuchsrecht).

§ 56. (1) Wurde der angefochtene Beschluss über eine Sache gefällt, die nicht auf den außerstreitigen Rechtsweg gehört, der inländischen Gerichtsbarkeit nicht unterworfen oder bereits rechtskräftig entschieden ist oder unter Verzicht auf den Anspruch zurückgezogen wurde, so ist der Beschluss aufzuheben und das vorangegangene Verfahren für nichtig zu erklären sowie der ihm allenfalls vorangegangene Antrag zurückzuweisen.

(2) Wurde der angefochtene Beschluss von einem sachlich unzuständigen Gericht gefällt, so ist er aufzuheben und die Sache an das sachlich und örtlich zuständige Gericht erster Instanz zu verweisen.

§ 57. Das Rekursgericht darf den angefochtenen Beschluss und, soweit das vorangegangene Verfahren von dem Verfahrensverstoß betroffen ist, auch dieses aufheben und die Sache zur neuerlichen Entscheidung, allenfalls auch Verfahrensergänzung oder -wiederholung an das Gericht erster Instanz zurückverweisen, wenn dadurch der Verfahrensaufwand und die den Parteien erwachsenden Kosten voraussichtlich erheblich verringert werden und

1. die Fassung des Beschlusses so mangelhaft ist, dass dessen Überprüfung nicht mit Sicherheit vorgenommen werden kann, der Beschluss mit sich selbst im Widerspruch ist oder – außer in den Fällen des § 39 Abs. 4 – keine Begründung enthält und diesen Mängeln durch eine Berichtigung des Beschlusses nicht abgeholfen werden kann,

2. die Öffentlichkeit in gesetzwidriger Weise ausgeschlossen worden ist,

3. die Sachanträge durch den angefochtenen Beschluss nicht vollständig erledigt worden sind und die Entscheidung nicht als Teilbeschluss bestätigt oder abgeändert werden kann,

4. das Verfahren erster Instanz an wesentlichen Mängeln leidet, welche eine erschöpfende Erörterung und gründliche Beurteilung der Sache verhindern,

5. nach dem Inhalt der Akten erheblich erscheinende Tatsachen in erster Instanz gar nicht erhoben worden sind oder

6. andere vergleichbar schwerwiegende Verfahrensverstöße vorliegen.

§ 58. (1) Ist selbst auf Grund der Angaben im Rekursverfahren der angefochtene Beschluss zur Gänze zu bestätigen, so hat das Rekursgericht, auch wenn

1. einer Partei das rechtliche Gehör nicht gewährt worden ist,

2. eine Partei in dem Verfahren nicht oder, falls sie eines gesetzlichen Vertreters bedarf, nicht durch einen solchen vertreten war und die Verfah-

AußStrG

rensführung nicht nachträglich genehmigt wurde oder

3. entgegen besonderer gesetzlicher Vorschriften nicht mündlich verhandelt wurde,

den Beschluss nicht aufzuheben, sondern selbst in der Sache zu entscheiden.

(2) Eine nachträgliche Genehmigung der Verfahrensführung liegt insbesondere dann vor, wenn der gesetzliche Vertreter, ohne den Mangel der Vertretung geltend zu machen, durch Erhebung des Rekurses oder Erstattung der Rekursbeantwortung in das Rekursverfahren eingetreten ist.

(3) Kommt eine Entscheidung nach Abs. 1 nicht in Betracht und kann der angefochtene Beschluss auch nicht ohne weitere Erhebungen abgeändert werden, so sind er und das vorangegangene Verfahren, soweit es vom Verfahrensverstoß betroffen ist, aufzuheben und die Sache zur neuerlichen Entscheidung, allenfalls nach Verfahrensergänzung oder -wiederholung, an das Gericht erster Instanz zurückzuverweisen.

(4) Das Gericht hat den angefochtenen Beschluss jedenfalls aufzuheben und nach Abs. 3 vorzugehen, wenn

1. ein ausgeschlossener oder mit Erfolg abgelehnter Richter oder Rechtspfleger entschieden hat,

2. anstelle eines Richters ein Rechtspfleger entschieden hat oder

3. das Gericht nicht vorschriftsmäßig besetzt war.

Ausspruch des Rekursgerichts

§ 59. (1) Das Rekursgericht hat in seinem Beschluss auszusprechen,

1. dass der Revisionsrekurs nach § 62 Abs. 2 jedenfalls unzulässig ist;

2. falls Z 1 nicht zutrifft, ob der ordentliche Revisionsrekurs nach § 62 Abs. 1 zulässig ist.

(2) Hat das Rekursgericht nach Abs. 1 Z 2 ausgesprochen, dass der ordentliche Revisionsrekurs nicht zulässig ist, und besteht ein Entscheidungsgegenstand rein vermögensrechtlicher Natur nicht ausschließlich in einem Geldbetrag, so hat das Rekursgericht ferner auszusprechen, ob der Wert des Entscheidungsgegenstands insgesamt 30 000 Euro übersteigt oder nicht. *(BGBl I 2015/87, ab 1. 1. 2017, auf Verlassenschaftsverfahren anzuwenden, die nach dem 31. Dezember 2016 anhängig werden)*

(3) Bei dem Ausspruch nach Abs. 2 sind die §§ 54 Abs. 2, 55 Abs. 1 bis 3, 56 Abs. 3, 57, 58 JN sinngemäß anzuwenden. Der Ausspruch nach Abs. 1 Z 1 bindet weder die Parteien noch die Gerichte. Der Ausspruch nach Abs. 1 Z 2 ist kurz zu begründen. *(BGBl I 2015/1 (VfGH))*

(4) Gegen die Aussprüche nach Abs. 1 Z 1 und Abs. 2 findet kein Rechtsmittel statt. Die Unrichtigkeit eines Ausspruchs nach Abs. 1 Z 2 kann – außer in einer Zulassungsvorstellung – nur in einem außerordentlichen Revisionsrekurs, allenfalls in der Beantwortung eines ordentlichen Revisionsrekurses geltend gemacht werden.

Ausfertigung der Rekursentscheidung

§ 60. (1) Die schriftliche Ausfertigung der Rekursentscheidung hat auch die Namen der Richter zu enthalten, die an der Entscheidung mitgewirkt haben.

(2) In der Ausfertigung seiner Entscheidung kann das Rekursgericht die Wiedergabe des Parteivorbringens und der tatsächlichen Entscheidungsgrundlagen auf das beschränken, was zum Verständnis seiner Rechtsausführungen erforderlich ist. Soweit das Rekursgericht die Rechtsmittelausführungen für nicht stichhältig, hingegen die damit bekämpfte Begründung des angefochtenen Beschlusses für zutreffend erachtet, kann es sich unter Hinweis auf deren Richtigkeit mit einer kurzen Begründung seiner Beurteilung begnügen.

Bindung an die rechtliche Beurteilung des Rekursgerichts

§ 61. Das Gericht, an das eine Sache infolge eines Beschlusses des Rekursgerichts zur gänzlichen oder teilweisen neuerlichen Durchführung des Verfahrens oder Entscheidung zurückverwiesen wird, ist an die rechtliche Beurteilung gebunden, von welcher das Rekursgericht bei seinem Beschluss ausgegangen ist.

5. Abschnitt

Revisionsrekurs

Zulässigkeit des Revisionsrekurses

§ 62. (1) Gegen einen im Rahmen des Rekursverfahrens ergangenen Beschluss des Rekursgerichts ist der Revisionsrekurs nur zulässig, wenn die Entscheidung von der Lösung einer Rechtsfrage des materiellen Rechts oder des Verfahrensrechts abhängt, der zur Wahrung der Rechtseinheit, Rechtssicherheit oder Rechtsentwicklung erhebliche Bedeutung zukommt, etwa weil das Rekursgericht von der Rechtsprechung des Obersten Gerichtshofs abweicht oder eine solche Rechtsprechung fehlt oder uneinheitlich ist.

(2) Der Revisionsrekurs ist jedoch jedenfalls unzulässig

1. über den Kostenpunkt,

2. über die Verfahrenshilfe sowie

3. über die Gebühren.

(3) Weiters ist der Revisionsrekurs – außer im Fall des § 63 Abs. 3 – jedenfalls unzulässig, wenn der Entscheidungsgegenstand an Geld oder Geldeswert insgesamt 30 000 Euro nicht übersteigt und das Rekursgericht nach § 59 Abs. 1 Z 2 den ordentlichen Revisionsrekurs für nicht zulässig erklärt hat. *(BGBl I 2009/52)*

(4) Der Abs. 3 gilt nicht, soweit der Entscheidungsgegenstand nicht rein vermögensrechtlicher Natur ist.

(5) Hat das Rekursgericht nach § 59 Abs. 1 Z 2 ausgesprochen, dass der ordentliche Revisionsrekurs nicht nach Abs. 1 zulässig ist, so kann dennoch ein Revisionsrekurs erhoben werden, wenn der Entscheidungsgegenstand insgesamt 30 000 Euro übersteigt oder soweit er nicht rein vermögensrechtlicher Natur ist (außerordentlicher Revisionsrekurs). *(BGBl I 2009/52)*

Vgl aber etwa § 37 Abs 3 Z 16 MRG, § 12 Z 7 LPG.

Zulassungsvorstellung

§ 63. (1) Übersteigt der Entscheidungsgegenstand nicht insgesamt 30 000 Euro und hat das Rekursgericht nach § 59 Abs. 1 Z 2 ausgesprochen, dass der ordentliche Revisionsrekurs nach § 62 Abs. 1 nicht zulässig ist, so kann eine Partei einen Antrag an das Rekursgericht stellen, seinen Ausspruch dahingehend abzuändern, dass der ordentliche Revisionsrekurs doch für zulässig erklärt werde (Zulassungsvorstellung); der Antrag muss hinreichend erkennen lassen, warum – entgegen dem Ausspruch des Rekursgerichts – nach § 62 Abs. 1 der ordentliche Revisionsrekurs für zulässig erachtet wird. Mit demselben Schriftsatz ist der ordentliche Revisionsrekurs auszuführen. *(BGBl I 2009/52)*

(2) Die Zulassungsvorstellung, verbunden mit dem ordentlichen Revisionsrekurs, ist beim Gericht erster Instanz binnen vierzehn Tagen zu stellen; die Frist beginnt mit der Zustellung der Entscheidung des Rekursgerichts zu laufen. § 65 Abs. 1 zweiter Satz und Abs. 2 gilt sinngemäß.

(3) Erachtet das Rekursgericht die Zulassungsvorstellung für stichhältig, so hat es seinen Ausspruch mit Beschluss abzuändern und auszusprechen, dass der ordentliche Revisionsrekurs doch nach § 62 Abs. 1 zulässig ist; dieser Beschluss ist kurz zu begründen (§ 59 Abs. 3 letzter Satz).

(4) Erachtet das Rekursgericht die Zulassungsvorstellung für nicht stichhältig, so hat es diese samt dem ordentlichen Revisionsrekurs mit Beschluss zurückzuweisen; diese Entscheidung bedarf keiner Begründung. Gegen diesen Beschluss ist kein Rechtsmittel zulässig. *(BGBl I 2019/38, ab 23. 5. 2019)*

(5) Erklärt das Rekursgericht den Revisionsrekurs doch für zulässig, so hat es diesen Beschluss den Parteien zuzustellen und, soweit vorgesehen, dem Revisionsrekursgegner die Beantwortung des Revisionsrekurses freizustellen. Davon ist auch das Gericht erster Instanz zu verständigen.

Vgl aber etwa § 37 Abs 3 Z 16 MRG, § 12 Z 7 LPG.

Siehe § 64 Abs 2.

Anfechtung des Aufhebungsbeschlusses

§ 64. (1) Ein Beschluss, mit dem das Rekursgericht einen Beschluss des Gerichtes erster Instanz aufgehoben und diesem eine neuerliche, nach Ergänzung des Verfahrens zu fällende Entscheidung aufgetragen hat, ist nur dann anfechtbar, wenn das Rekursgericht ausgesprochen hat, dass der Revisionsrekurs zulässig ist. Das Rekursgericht darf dies nur aussprechen, wenn es die Voraussetzungen für die Zulässigkeit nach § 62 Abs. 1 und 2 für gegeben erachtet. Dieser Ausspruch kann von Amts wegen oder auf Antrag ergehen und ist kurz zu begründen.

(2) Der § 63 ist nicht anzuwenden.

(3) Im Fall eines Ausspruchs nach Abs. 1 ist das Verfahren in erster Instanz erst nach Rechtskraft des Aufhebungsbeschlusses fortzusetzen.

Vgl aber etwa § 37 Abs 3 Z 16 MRG, § 12 Z 7 LPG.

Frist, Form und Inhalt des Revisionsrekurses

§ 65. (1) Die Frist für den Revisionsrekurs beträgt vierzehn Tage. Sie beginnt mit der Zustellung der Entscheidung des Rekursgerichts. Eine nicht aktenkundige Partei, der der Beschluss nicht zugestellt worden ist, kann einen Revisionsrekurs bis zu jenem Zeitpunkt erheben, bis zu dem eine aktenkundige Partei einen Revisionsrekurs erheben oder eine Revisionsrekursbeantwortung erstatten kann.

(2) Der Revisionsrekurs ist durch Überreichung eines Schriftsatzes beim Gericht erster Instanz zu erheben; er kann nicht zu gerichtlichem Protokoll erklärt werden.

(3) Der Revisionsrekurs hat neben den allgemeinen Erfordernissen eines Anbringens zu enthalten

1. die Bezeichnung des Beschlusses, gegen welchen der Revisionsrekurs gerichtet ist;

2. die bestimmte Erklärung, inwieweit der Beschluss angefochten wird, die ebenso bestimmte kurze Bezeichnung der Gründe der Anfechtung und die Erklärung, ob die Aufhebung oder welche Abänderung des Beschlusses beantragt wird;

3. das tatsächliche Vorbringen und die Beweismittel, durch welche die Revisionsrekursgründe erwiesen werden sollen;

4. soweit der Revisionsrekurs auf § 66 Z 4 gestützt wird, ohne Weitläufigkeit die Gründe, aus

AußStrG

welchen die rechtliche Beurteilung der Sache unrichtig erscheint;

5. die Unterschrift eines Rechtsanwalts oder Notars;

6. bei einem außerordentlichen Revisionsrekurs gesondert die Gründe, warum entgegen dem Ausspruch des Rekursgerichts nach § 62 Abs. 1 der Revisionsrekurs für zulässig erachtet wird.

Zu Abs 1 vgl etwa die Revisionsrekursfrist in § 37 Abs 3 Z 16 MRG, § 12 Z 7 LPG.

Zu § 65 Abs 3 Z 5 vgl etwa § 37 Abs 3 Z 16 MRG.

Revisionsrekursgründe

§ 66. (1) In einem Revisionsrekurs kann nur geltend gemacht werden, dass

1. ein Fall der §§ 56, 57 Z 1 oder 58 gegeben ist;

2. das Rekursverfahren an einem Mangel leidet, der eine erschöpfende Erörterung und gründliche Beurteilung der Sache zu hindern geeignet war;

3. der Beschluss des Rekursgerichts in einem wesentlichen Punkt eine tatsächliche Voraussetzung zugrundelegt, welche mit den Akten erster oder zweiter Instanz im Widerspruch steht;

4. der Beschluss des Rekursgerichts auf einer unrichtigen rechtlichen Beurteilung der Sache beruht.

(2) Neue Tatsachen und Beweismittel können nur zur Unterstützung oder Bekämpfung der Revisionsrekursgründe vorgebracht werden.

Zurückweisung des Revisionsrekurses

§ 67. Ein Revisionsrekurs, der aus einem anderen Grund als wegen des Fehlens der Voraussetzungen nach § 62 Abs. 1 unzulässig ist, ist vom Gericht erster Instanz, allenfalls vom Gericht zweiter Instanz zurückzuweisen; dies gilt auch für eine Zulassungsvorstellung, mit der ein ordentlicher Revisionsrekurs verbunden ist.

Revisionsrekursbeantwortung

§ 68. (1) Wird ein Revisionsrekurs oder eine Zulassungsvorstellung, mit der ein ordentlicher Revisionsrekurs verbunden ist, gegen einen Beschluss erhoben, mit dem über die Sache entschieden worden ist, und findet das Gericht erster Instanz keinen Grund zur Zurückweisung, so ist jeder anderen aktenkundigen Partei eine Gleichschrift zuzustellen. Diese Parteien können binnen vierzehn Tagen eine Beantwortung des Revisionsrekurses mittels Schriftsatzes überreichen; § 65 Abs. 1 zweiter Satz, Abs. 2 zweiter Halbsatz, Abs. 3 Z 3 bis 6 und § 66 Abs. 2 sind sinngemäß anzuwenden.

(2) Einwendungen gegen die Rechtzeitigkeit oder Zulässigkeit des Revisionsrekurses oder der Zulassungsvorstellung können nicht durch Rekurs, sondern nur in der Revisionsrekursbeantwortung geltend gemacht werden.

(3) Die Frist für die Beantwortung des Revisionsrekurses beginnt bei

1. einem Revisionsrekurs, dessen Zulässigkeit das Rekursgericht ausgesprochen hat (ordentlicher Revisionsrekurs), mit der Zustellung der Gleichschrift des Revisionsrekurses durch das Gericht erster Instanz;

2. einer Zulassungsvorstellung, mit dem ein ordentlicher Revisionsrekurs verbunden ist, mit der Zustellung der Mitteilung des Rekursgerichts, dass den anderen aktenkundigen Parteien die Beantwortung des Revisionsrekurses freigestellt werde;

3. einem außerordentlichen Revisionsrekurs mit der Zustellung der Mitteilung des Obersten Gerichtshofs, dass den anderen aktenkundigen Parteien die Beantwortung des Revisionsrekurses freigestellt werde.

(4) Die Revisionsrekursbeantwortung ist einzubringen:

1. beim Rekursgericht, wenn dieses den anderen aktenkundigen Parteien nach § 63 Abs. 5 freigestellt hat, eine Revisionsrekursbeantwortung einzubringen;

2. beim Obersten Gerichtshof, wenn dieser den anderen aktenkundigen Parteien nach § 71 Abs. 2 freigestellt hat, eine Revisionsrekursbeantwortung einzubringen;

3. sonst beim Gericht erster Instanz.

(5) Von der Einbringung einer Revisionsrekursbeantwortung sind die anderen Parteien durch Zustellung einer Gleichschrift zu verständigen.

Zu § 68 Abs 1 vgl etwa § 37 Abs 3 Z 16 MRG, § 12 Z 7 LPG.

Ausschluss der Revisionsrekursbeantwortung: § 126 Abs 2 GBG.

Vorlage der Akten an den Obersten Gerichtshof

§ 69. (1) Ist ein Revisionsrekurs oder eine Zulassungsvorstellung, mit der ein ordentlicher Revisionsrekurs verbunden ist, nicht schon vom Gericht erster Instanz zurückzuweisen, so hat es die Akten vorzulegen.

(2) Einen ordentlichen Revisionsrekurs hat das Gericht erster Instanz, soweit vorgesehen nach dem Einlangen der Beantwortung oder dem fruchtlosen Verstreichen der dafür offenstehenden Frist mit allen die Sache betreffenden Akten dem Gericht zweiter Instanz vorzulegen; dieses hat die Akten nach Anschluss der betreffenden rekursgerichtlichen Akten an den Obersten Gerichtshof weiterzubefördern.

(3) Eine Zulassungsvorstellung, mit der ein ordentlicher Revisionsrekurs verbunden ist, hat das Gericht erster Instanz mit allen die Sache betreffenden Akten sofort dem Gericht zweiter Instanz vorzulegen.

(4) Einen außerordentlichen Revisionsrekurs hat das Gericht erster Instanz mit allen die Sache betreffenden Akten sofort und unmittelbar dem Obersten Gerichtshof vorzulegen.

Entscheidung über den Revisionsrekurs

§ 70. (1) Der Oberste Gerichtshof darf über den angefochtenen Beschluss nur im Rahmen des Revisionsrekursbegehrens entscheiden. In Verfahren, die von Amts wegen eingeleitet werden können, ist der Oberste Gerichtshof an das Begehren jedoch nicht gebunden; er kann den angefochtenen Beschluss auch zu Ungunsten der anfechtenden Partei abändern.

(2) Über einen Revisionsrekurs nach § 64 kann der Oberste Gerichtshof in der Sache selbst entscheiden, wenn die Sache zur Entscheidung reif ist.

(3) Ist der Beschluss des Rekursgerichts aufzuheben, so hat es die Sache an das Rekursgericht zurückzuverweisen, wenn nur das Verfahren zweiter Instanz einer Ergänzung bedarf. Bedarf hingegen das Verfahren erster Instanz einer Ergänzung oder leidet dieses an einem von Amts wegen wahrzunehmenden Mangel, so ist auch der Beschluss der ersten Instanz aufzuheben und die Sache an diese zurückzuverweisen. Der Oberste Gerichtshof kann einen Beschluss des Rekursgerichts überdies dann aufheben und die Sache zur neuerlichen Entscheidung an dieses zurückverweisen, wenn sich bei einem Revisionsrekurs aus der Lösung einer erheblichen Rechtsfrage (§ 62 Abs. 1) zur abschließenden Entscheidung über den Anspruch die Notwendigkeit einer näheren Prüfung einzelner Anspruchsgrundlagen oder eingehender Berechnungen ergibt.

Verfahren vor dem Obersten Gerichtshof

§ 71. (1) Bei der Prüfung der Zulässigkeit des Revisionsrekurses ist der Oberste Gerichtshof an einen Ausspruch des Rekursgerichts nach § 59 Abs. 1 Z 2 nicht gebunden.

(2) Findet der Oberste Gerichtshof nicht schon bei der ersten Prüfung, dass ein außerordentlicher Revisionsrekurs mangels der Voraussetzungen nach § 62 Abs. 1 zurückzuweisen ist, so hat er dem Revisionsrekursgegner mitzuteilen, dass ihm die Beantwortung des Revisionsrekurses freistehe. Von dieser Mitteilung sind das Gericht erster und zweiter Instanz sowie der Revisionsrekurswerber zu verständigen. Das Rekursgericht hat nach dem Einlangen dieser Verständigung dem Obersten

Gerichtshof seine Akten über dieses Verfahren vorzulegen.

(3) In der Ausfertigung seiner Entscheidung kann der Oberste Gerichtshof die Wiedergabe des Parteivorbringens und der tatsächlichen Entscheidungsgrundlagen auf das beschränken, was zum Verständnis seiner Rechtsausführungen erforderlich ist. Bestätigt der Oberste Gerichtshof die Entscheidung des Rekursgerichts und erachtet er dessen Begründung für zutreffend, so reicht es aus, wenn er auf deren Richtigkeit hinweist. Die Beurteilung, dass eine geltend gemachte Mangelhaftigkeit oder Aktenwidrigkeit nicht vorliegt, sowie die Zurückweisung eines außerordentlichen Revisionsrekurses bedürfen keiner Begründung. Die Zurückweisung eines ordentlichen Revisionsrekurses wegen Fehlens einer erheblichen Rechtsfrage kann sich auf die Ausführung der Zurückweisungsgründe beschränken.

(4) Soweit nichts Abweichendes angeordnet ist, sind die Bestimmungen über den Rekurs mit Ausnahme des § 50 Abs. 1 Z 4 sinngemäß anzuwenden.

6. Abschnitt

Abänderungsantrag

Zulässigkeit des Abänderungsantrags

§ 72. Können die Wirkungen eines Beschlusses nicht durch die Einleitung eines anderen gerichtlichen Verfahrens beseitigt werden, so kann dessen Abänderung nach den folgenden Bestimmungen begehrt werden.

Ausschluss des Abänderungsantrags: im Adoptionsverfahren: § 90 Abs 2 Satz 1; im Obsorge- und Besuchsrechtsverfahren: § 107 Abs 1 Z 3; nach Rechtskraft der Einantwortung: § 180 Abs 2; Vermögensrechte Pflegebefohlener: § 139 Abs 2; § 1 Abs 2 KEG 1951, § 122 Abs 1 GBG, § 225e Abs 1 AktG, § 15 Abs 1 FBG.

Abänderungsantrag

§ 73. (1) Nach dem Eintritt der Rechtskraft eines Beschlusses, mit dem über die Sache entschieden wurde, kann seine Abänderung beantragt werden, wenn

1. die Partei in dem vorangegangenen Verfahren nicht vertreten war,

2. die Partei eines gesetzlichen Vertreters bedarf und nicht durch einen solchen vertreten war und die Verfahrensführung nicht nachträglich genehmigt wurde,

3. ein ausgeschlossener oder mit Erfolg abgelehnter Richter oder Rechtspfleger entschieden hat,

4. die Voraussetzungen nach § 530 Abs. 1 Z 1 bis 5 ZPO vorliegen,

AußStrG

5. eine Partei eine über die Sache früher ergangene, bereits rechtskräftige Entscheidung auffindet oder zu benützen in den Stand gesetzt wird, welche zwischen den Parteien des dem abzuändernden Beschluss zugrundeliegenden Verfahrens Recht schafft, oder

6. die Partei in Kenntnis von neuen Tatsachen gelangt oder Beweismittel auffindet oder zu benützen in den Stand gesetzt wird, deren Vorbringen und Benützung im früheren Verfahren eine ihr günstigere Entscheidung herbeigeführt hätte.

(2) Ein Abänderungsgrund nach Abs. 1 Z 1 bis 4 liegt nicht vor, wenn der Umstand, der dem Abänderungsantrag zu Grunde gelegt wird, bereits im vorangegangenen Verfahren hätte geltend gemacht werden können oder ohne Erfolg geltend gemacht wurde.

(3) Ein Abänderungsgrund nach Abs. 1 Z 5 und 6 liegt nur dann vor, wenn die Partei ohne ihr Verschulden außerstande war, die Rechtskraft der Entscheidung oder die neuen Tatsachen oder Beweismittel in dem vorangegangenen Verfahren geltend zu machen.

Fristen für den Abänderungsantrag

§ 74. (1) Der Abänderungsantrag ist binnen vier Wochen anzubringen.

(2) Diese Frist ist von dem Tag zu berechnen, an welchem

1. die Entscheidung der Partei wirksam zugestellt wurde (§ 73 Abs. 1 Z 1 und 2),

2. die Partei von dem Ausschließungsgrund Kenntnis erlangt hat (§ 73 Abs. 1 Z 3),

3. das strafgerichtliche Urteil oder der die Einstellung eines strafgerichtlichen Verfahrens aussprechende Beschluss in Rechtskraft erwachsen ist (§ 73 Z 4) oder

4. die Partei imstande war, die rechtskräftige Entscheidung zu benützen oder die ihr bekanntgewordenen Tatsachen und Beweismittel bei Gericht vorzubringen (§ 73 Abs. 1 Z 5 und 6).

(3) Wurde vor dem Abänderungsantrag zur Beseitigung der Wirkungen des Beschlusses ein anderer Antrag gestellt oder von einer nicht aktenkundigen Partei Rekurs erhoben, so beginnt im Falle der Zurückweisung dieses Antrags oder Rekurses die vierwöchige Frist erst mit dem Eintritt der Rechtskraft des Zurückweisungsbeschlusses.

(4) Die Frist beginnt jedenfalls nicht vor Rechtskraft des abzuändernden Beschlusses.

(5) Nach Ablauf von zehn Jahren nach dem Eintritt der Rechtskraft der Entscheidung kann der Abänderungsantrag nur mehr in den Fällen des § 73 Abs. 1 Z 1 und 2 angebracht werden.

§ 83 Abs 5 Satz 1: Die Frist des § 74 Abs 5 beträgt im Abstammungsverfahren 30 Jahre.

Form und Inhalt des Abänderungsantrags

§ 75. (1) Der Abänderungsantrag hat neben den allgemeinen Erfordernissen eines Anbringens zu enthalten:

1. die Bezeichnung des Beschlusses, dessen Abänderung begehrt wird;

2. die Gründe, weshalb die Abänderung beantragt wird;

3. Angaben über die Umstände, aus welchen sich die Einhaltung der Frist nach § 74 ergibt.

(2) Der Antrag muss erkennen lassen, welche andere Entscheidung angestrebt wird. § 9 Abs. 2 und 3 ist anzuwenden.

Zuständigkeit für das Abänderungsverfahren

§ 76. (1) Der Antrag ist bei dem Gericht einzubringen, das zuletzt in erster Instanz als erkennendes Gericht tätig war. Ist die Zuständigkeit in erster Instanz inzwischen auf ein anderes Gericht übergegangen, so ist der Antrag bei diesem einzubringen.

(2) Das Gericht erster Instanz hat über den Abänderungsantrag zu entscheiden, auch wenn der abzuändernde Beschluss von einem Gericht höherer Instanz gefällt wurde.

Entscheidung über den Abänderungsantrag

§ 77. (1) Ist der Abänderungsantrag unzulässig, so hat ihn das Gericht zurückzuweisen.

(2) Liegt ein Abänderungsgrund vor, so ist der Beschluss im Rahmen des Antrags so weit abzuändern, als er vom Abänderungsgrund betroffen ist. Zu Ungunsten der Partei, die die Abänderung begehrt, können Beschlüsse nur in Verfahren, die auch von Amts wegen eingeleitet werden können, abgeändert werden. Sonst ist der Abänderungsantrag abzuweisen, wenn keine für den Antragsteller günstigere Entscheidung über die Sache zu fällen wäre.

(3) Die Abänderung rechtsgestaltender Beschlüsse wirkt dritten Personen gegenüber nicht zurück.

7. Abschnitt

Kostenersatz

§ 78. (1) Soweit in diesem Bundesgesetz oder anderen gesetzlichen Vorschriften nicht ausdrücklich etwas anderes angeordnet ist, hat das Gericht ohne weitere Erhebungen und nach sorgfältiger Würdigung aller Umstände auszusprechen, inwieweit ein Kostenersatz auferlegt wird. Darüber ist in jedem die Sache erledigenden Beschluss zu entscheiden, sofern nicht das Erstgericht die Kostenentscheidung bis zur rechtskräftigen Erledigung der Sache vorbehält.

(2) Die zur zweckentsprechenden Rechtsverfolgung oder Rechtsverteidigung notwendigen Kosten sind einer Partei zu ersetzen, soweit sie mit ihrer Rechtsverfolgung oder Rechtsverteidigung gegenüber anderen Parteien, die entgegengesetzte Interessen verfolgt haben, Erfolg hatte. Davon ist nur abzuweichen, soweit dies nach Billigkeit, insbesondere wegen der tatsächlichen oder rechtlichen Schwierigkeiten der Sache oder wegen eines dem Verhalten einzelner Parteien zuzurechnenden Aufwands, erforderlich ist.

(3) Soweit sich daraus keine Ersatzansprüche ergeben, sind die in § 43 Abs. 1 dritter Satz ZPO genannten Barauslagen den Parteien im Verhältnis ihrer Anteile am Verfahrensgegenstand, mangels Bestimmbarkeit der Anteile zu gleichen Teilen unter Berücksichtigung eines dem Verhalten einzelner Parteien zuzurechnenden Aufwands aufzuerlegen. Im Übrigen haben die Parteien ihre Kosten selbst zu tragen.

(4) Auf die Verzeichnung der Kosten und ihre Verzinsung sind die Bestimmungen der ZPO sinngemäß anzuwenden.

Siehe §§ 54, 54a ZPO.

Ausschluss des Kostenersatzes:

- im Abstammungsverfahren: § 83 Abs 4; vgl auch § 85 Abs 3 Satz 3,

- im Adoptionsverfahren: § 90 Abs 2 Satz 1,

- bei Legitimation durch den Bundespräsidenten: § 92 Abs 4,

- im Verfahren über Unterhaltsansprüche eines mj. Kindes: § 101 Abs 2,

- in Obsorge- und Besuchsrechtsverfahren: § 107 Abs 5,

- Vermögensrechte Pflegebefohlener: § 139 Abs 2,

- Vollstreckbarerklärung (Obsorge und Besuchsrecht): § 114 Abs 6,

- im Verlassenschaftsverfahren (außer im Verfahren über das Erbrecht): § 185 (Vertretungskosten),

- zum Ausschluss des Kostenersatzes im Grundbuchsverfahren siehe § 75 Abs 2 GBG und 5 Ob 101/08a.

- im Verfahren nach dem UVG (§ 10a UVG)

- siehe auch § 40 UbG und § 11 Abs 3 HeimAufG

Vgl § 129 (Kostenübernahme durch den Bund im Sachwalterverfahren)
Zum Kostenersatz vgl auch etwa § 393 Abs 1 letzter Satz EO, § 37 Abs 3 Z 17 MRG, § 30 Abs 2 EisbEG.

8. Abschnitt

Durchsetzung von Entscheidungen

Zwangsmittel im Verfahren

§ 79. (1) Für den Fortgang des Verfahrens notwendige Verfügungen hat das Gericht gegenüber Personen, die sie unbefolgt lassen, von Amts wegen durch angemessene Zwangsmittel durchzusetzen.

(2) Als Zwangsmittel kommen insbesondere in Betracht:

1. Geldstrafen, auch um vertretbare Handlungen zu erzwingen; für deren Ausmaß und Rückzahlung gilt § 359 EO sinngemäß;

2. die Beugehaft, die nur bei unvertretbaren Handlungen, bei Duldungen oder Unterlassungen bis zur Gesamtdauer von einem Jahr verhängt werden darf;

3. die zwangsweise Vorführung;

4. die Abnahme von Urkunden, Auskunftssachen und anderen beweglichen Sachen;

5. die Bestellung von Kuratoren, die auf Kosten und Gefahr eines Säumigen vertretbare Handlungen vorzunehmen haben.

Vgl § 31 Abs 5. Vgl § 85 (Abstammungsverfahren), § 103 (Auskunftspflichten). Siehe auch § 110 (Obsorge- und Besuchsverfahren) und § 106a Abs 2 Satz 3. Siehe auch § 1 Abs 2 Z 3 NO. Vgl den Ausschluss der Anwendung des § 79 etwa in § 37 Abs 3 Z 19 MRG, § 12 Z 7 LPG.

Exekution

§ 80. Soweit nicht anderes angeordnet ist, sind Entscheidungen nach der Exekutionsordnung zu vollstrecken.

9. Abschnitt

Parteiantrag auf Prüfung der Gesetzmäßigkeit von Verordnungen und Kundmachungen über die Wiederverlautbarung eines Gesetzes (Staatsvertrages), der Verfassungsmäßigkeit von Gesetzen und der Rechtmäßigkeit von Staatsverträgen

§ 80a. (1) § 528b ZPO*) ist sinngemäß anzuwenden.

(2) Das Gericht zweiter Instanz hat in dem bei ihm anhängigen Verfahren überpflegschaftsgerichtliche Entscheidungen nach § 254 ABGB sowie nach den §§ 28, 29 und 38 UbG und nach den §§ 16 und 17 HeimAufG auch im Fall der

AußStrG

Einbringung des Parteiantrages zu entscheiden. *(BGBl I 2019/38, ab 23. 5. 2019)*

(BGBl I 2014/92, s aber Art 139 und Art 140 B-VG: 1.1.2015)

---

*) Siehe besonders
§ 20 Abs 4 VfGG:
(4) Die Verwaltungsbehörden und Gerichte können anlässlich der Vorlage von Akten an den Verfassungsgerichtshof verlangen, dass bestimmte Akten oder Aktenbestandteile im öffentlichen Interesse von der Akteneinsicht ausgenommen werden. Hält der Referent das Verlangen für zu weitgehend, hat er die Verwaltungsbehörde bzw. das Gericht über seine Bedenken zu hören und allenfalls einen in nichtöffentlicher Sitzung zu fassenden Beschluss des Gerichtshofes einzuholen. In Aktenbestandteile, die im Verwaltungsverfahren oder im Verfahren vor dem Gericht von der Akteneinsicht ausgenommen waren, darf Akteneinsicht jedoch nicht gewährt werden. Die Verwaltungsbehörde bzw. das Gericht hat die in Betracht kommenden Aktenbestandteile anlässlich der Vorlage der Akten zu bezeichnen. (BGBl I 2014/92, BGBl I 2017/24)
§ 35 Abs 2 VfGG:
(2) Insbesondere finden die Bestimmungen dieses Gesetzes auch auf die Berechnung von Fristen Anwendung; die Tage des Postlaufs werden in die Fristen nicht eingerechnet. (BGBl I 2013/33)
§ 57a VfGG:
(1) Eine Person, die als Partei einer von einem ordentlichen Gericht in erster Instanz entschiedenen Rechtssache wegen Anwendung einer gesetzwidrigen Verordnung in ihren Rechten verletzt zu sein behauptet, kann einen Antrag stellen, die Verordnung als gesetzwidrig aufzuheben (Art. 139 Abs. 1 Z 4 B-VG). Die Stellung eines solchen Antrages ist unzulässig: (BGBl I 2016/90, VfGH)
1. im Verfahren zur Anordnung oder Durchsetzung der Rückstellung widerrechtlich verbrachter oder zurückgehaltener Kinder (§ 111a AußStrG);
2. im Besitzstörungsverfahren (§§ 454 bis 459 ZPO);
3. im Beweissicherungsverfahren (§§ 384 bis 389 ZPO);
4. im Verfahren gemäß § 52 Abs. 1 des Wohnungseigentumsgesetzes 2002 – WEG 2002, BGBl. I Nr. 70/2002, und § 22 Abs. 1 des Wohnungsgemeinnützigkeitsgesetzes – WGG, BGBl. Nr. 13/1979; (BGBl I 2016/89, VfGH)
5. im Verfahren über die Kündigung von Mietverträgen und über die Räumung von Mietgegenständen;
6. im Verfahren betreffend mittlerweilige Vorkehrungen gemäß § 180 der Notariatsordnung – NO, RGBl. Nr. 75/1871;
7. im Verfahren gemäß den Bestimmungen des Unterhaltsvorschußgesetzes 1985 – UVG, BGBl. Nr. 451/1985;
8. im Insolvenzverfahren;
9. im Exekutionsverfahren und im Verfahren betreffend einstweilige Verfügungen gemäß den Bestimmungen der Exekutionsordnung – EO, RGBl. Nr. 79/1896, einschließlich des Verfahrens über die Vollstreckbarerklärung;
10. im Verfahren der justiziellen Zusammenarbeit in Strafsachen, insbesondere Auslieferung, Übergabe, Rechtshilfe, gegenseitige Anerkennung und Vollstreckung.
(2) Der gesetzliche Vertreter eines jugendlichen Beschuldigten (§ 38 des Jugendgerichtsgesetzes 1988 – JGG, BGBl. Nr. 599/1988) hat das Recht, auch gegen den Willen des Beschuldigten zu dessen Gunsten einen Antrag zu stellen, die Verordnung als gesetzwidrig aufzuheben.
(3) Der Antrag hat über die Erfordernisse des § 57 hinaus zu enthalten:
1. die Bezeichnung der Entscheidung, und des ordentlichen Gerichtes, das sie erlassen hat; (BGBl I 2016/90, VfGH)

2. die Angaben, die erforderlich sind, um zu beurteilen, ob der Antrag rechtzeitig eingebracht ist.
(4) Dem Antrag sind eine Ausfertigung, Abschrift oder Kopie der Entscheidung, sowie eine Abschrift oder Kopie dieses Rechtsmittels anzuschließen. (BGBl I 2016/90, VfGH)
(5) Der Verfassungsgerichtshof hat das ordentliche Gericht erster Instanz von der Stellung eines Antrages gemäß Abs. 1 unverzüglich zu verständigen. Dieses hat dem Verfassungsgerichtshof seine Entscheidung über die Rechtzeitigkeit und Zulässigkeit des Rechtsmittels mitzuteilen.
(6) In dem beim Rechtsmittelgericht anhängigen Verfahren dürfen bis zur Verkündung bzw. Zustellung des Erkenntnisses des Verfassungsgerichtshofes nur solche Handlungen vorgenommen oder Anordnungen und Entscheidungen getroffen werden, die durch das Erkenntnis des Verfassungsgerichtshofes nicht beeinflusst werden können oder die die Frage nicht abschließend regeln und keinen Aufschub gestatten.
(BGBl I 2014/92)
[vgl. die Aufhebungen des VfGH in § 62a VfGG]
§ 62 Abs 3 VfGG:
(3) Hat ein Gericht (Art. 140 Abs. 1 Z 1 lit. a B-VG) einen Antrag auf Aufhebung eines Gesetzes oder von bestimmten Stellen eines solchen gestellt, so dürfen in dem bei ihm anhängigen Verfahren bis zur Verkündung bzw. Zustellung des Erkenntnisses des Verfassungsgerichtshofes nur solche Handlungen vorgenommen oder Anordnungen und Entscheidungen getroffen werden, die durch das Erkenntnis des Verfassungsgerichtshofes nicht beeinflusst werden können oder die die Frage nicht abschließend regeln und keinen Aufschub gestatten. (BGB I 2013/33)
§ 62a VfGG:
§ 62a (1) Eine Person, die als Partei einer von einem ordentlichen Gericht in erster Instanz entschiedenen Rechtssache wegen Anwendung eines verfassungswidrigen Gesetzes in ihren Rechten verletzt zu sein behauptet, kann einen Antrag stellen, das Gesetz als verfassungswidrig aufzuheben (Art. 140 Abs. 1 Z 1 lit. d B-VG). Die Stellung eines solchen Antrages ist unzulässig: (BGBl I 2016/78, VfGH)
1. im Verfahren zur Anordnung oder Durchsetzung der Rückstellung widerrechtlich verbrachter oder zurückgehaltener Kinder (§ 111a AußStrG);
2. im Besitzstörungsverfahren (§§ 454 bis 459 ZPO);
3. im Beweissicherungsverfahren (§§ 384 bis 389 ZPO);
4. (BGBl I 2015/124, VfGH; BGBl I 2016/59, VfGH und aufgehoben durch BGBl I 2016/107 (VfGH))
5. (aufgehoben durch VfGH, BGBl. I 2016/15)
6. im Verfahren betreffend mittlerweilige Vorkehrungen gemäß § 180 NO;
7. im Verfahren gemäß den Bestimmungen des UVG;
8. im Insolvenzverfahren;
9. im Exekutionsverfahren und im Verfahren betreffend einstweilige Verfügungen gemäß den Bestimmungen der EO, einschließlich des Verfahrens über die Vollstreckbarerklärung;
10. (aufgehoben durch VfGH, BGBl. I 2016/58)
(2) Der gesetzliche Vertreter eines jugendlichen Beschuldigten (§ 38 JGG) hat das Recht, auch gegen den Willen des Beschuldigten zu dessen Gunsten einen Antrag zu stellen, das Gesetz als verfassungswidrig aufzuheben.
(3) Der Antrag hat über die Erfordernisse des § 62 hinaus zu enthalten:
1. die Bezeichnung der Entscheidung und des ordentlichen Gerichtes, das sie erlassen hat; (BGBl I 2016/78, VfGH)
2. die Angaben, die erforderlich sind, um zu beurteilen, ob der Antrag rechtzeitig eingebracht ist.
(4) Dem Antrag sind eine Ausfertigung, Abschrift oder Kopie der Entscheidung sowie eine Abschrift oder Kopie

dieses Rechtsmittels anzuschließen. (BGBl I 2016/78, VfGH)

(5) Der Verfassungsgerichtshof hat das ordentliche Gericht erster Instanz von der Stellung eines Antrages gemäß Abs. 1 unverzüglich zu verständigen. Dieses hat dem Verfassungsgerichtshof seine Entscheidung über die Rechtzeitigkeit und Zulässigkeit des Rechtsmittels mitzuteilen.

(6) In dem beim Rechtsmittelgericht anhängigen Verfahren dürfen bis zur Verkündung bzw. Zustellung des Erkenntnisses des Verfassungsgerichtshofes nur solche Handlungen vorgenommen oder Anordnungen und Entscheidungen getroffen werden, die durch das Erkenntnis des Verfassungsgerichtshofes nicht beeinflusst werden können oder die die Frage nicht abschließend regeln und keinen Aufschub gestatten. (BGBl I 2014/92)

II. Hauptstück

Verfahren in Ehe-, Kindschafts- und Erwachsenenschutzangelegenheiten*)

) idF BGBl I 2019/38, davor: „Sachwalterschaftsangelegenheiten" (Redaktionsversehen)

1. Abschnitt

Abstammung

Anerkennung der Vaterschaft

§ 81. (1) Über die Anerkennung der Vaterschaft und über damit zusammenhängende Erklärungen hat das Gericht eine Niederschrift aufzunehmen.

(2) Die Niederschrift über die Anerkennung hat zu enthalten

1. die ausdrückliche Anerkennung der Vaterschaft,

2. Vor- und Familiennamen, Tag und Ort der Geburt, Staatsangehörigkeit, Beruf, Anschrift und Zugehörigkeit zu einer gesetzlich anerkannten Kirche oder Religionsgesellschaft des Anerkennenden sowie tunlichst einen Hinweis auf die Eintragung in dessen Geburtenbuch und

3. – soweit bekannt – Vor- und Familiennamen, Tag und Ort der Geburt, Staatsangehörigkeit, Beruf und Anschrift des Kindes und der Mutter sowie tunlichst einen Hinweis auf die Eintragung in deren Geburtenbuch.

(3) Das Gericht hat Ausfertigungen der von ihm beurkundeten Erklärungen oder der ihm zur Weiterleitung übergebenen beglaubigten Erklärungen der zuständigen Personenstandsbehörde zu übermitteln.

(4) Die vorstehenden Regelungen gelten für die Anerkennung der Mutterschaft entsprechend, soweit diese nach ausländischem Recht in Betracht kommt.

Besondere Verfahrensbestimmungen in Abstammungsverfahren

§ 82. (1) Verfahren über die Abstammung werden, sofern nichts anderes angeordnet ist, nur auf Antrag eingeleitet.

(2) In Verfahren über die Abstammung sind jedenfalls das Kind, die Person, deren Elternschaft durch das Verfahren begründet, beseitigt oder wieder begründet werden kann, und der andere Elternteil des Kindes, sofern er entscheidungsfähig sowie am Leben ist, Parteien. *(BGBl I 2017/59, auf Verfahren anzuwenden, die nach dem 30. Juni 2018 anhängig sind oder anhängig werden, Näheres s § 207m)*

(3) In Verfahren über die Abstammung minderjähriger Kinder bleiben bei Entscheidungen über die Verfahrenshilfe die Unterhaltsansprüche des minderjährigen Kindes außer Betracht. *(BGBl I 2006/8)*

§ 83. (1) In Abstammungsverfahren ist mündlich zu verhandeln.

(2) Ein Antrag ist von Amts wegen als ohne Verzicht auf den Anspruch zurückgenommen zu erklären, soweit das Begehren auf andere Weise als durch Entscheidung des Gerichtes, insbesondere durch Anerkennung der Abstammung, erfüllt wurde und sich der Antragsteller nach Belehrung nicht dagegen ausspricht. Betrifft das Verfahren die Feststellung einer Nichtabstammung, so hat das Gericht den Antrag auf Verlangen des Antragsgegners als ohne Verzicht auf den Anspruch zurückgenommen zu erklären, wenn der Antragsteller zur mündlichen Verhandlung nicht erscheint. Auf diese Rechtsfolge ist der Antragsteller in der Ladung hinzuweisen.

(3) Vergleiche oder Entscheidungen auf Grund eines Anerkenntnisses sind unzulässig. § 17 ist nur so weit anzuwenden, als es im Interesse der Feststellung der Abstammung eines minderjährigen Kindes liegt.

(4) In Verfahren über die Abstammung minderjähriger Kinder sind Kosten nicht zu ersetzen.

(5) Im Abstammungsverfahren beträgt die Frist nach § 74 Abs. 5 30 Jahre. Entscheidungen in der Sache sind immer zu begründen. Wird durch die Entscheidung die Abstammung festgestellt, so hat sie tunlichst die Angaben des § 81 Abs. 2 Z 2 und 3 zu enthalten. *(BGBl I 2009/30)*

Behandlung mehrerer Anträge

§ 84. (1) Verfahren, die die Abstammung desselben Kindes betreffen, sind tunlichst zu verbinden und durch eine einzige Entscheidung zu erledigen.

(2) Setzt die Feststellung einer Abstammung nach dem anzuwendenden materiellen Recht die

Feststellung der Nichtabstammung von einer anderen Person voraus, so

1. ist eine Verbindung nach Abs. 1 nur zulässig, wenn der Antrag auf Feststellung der Abstammung vor der Entscheidung erster Instanz über die Feststellung der Nichtabstammung gestellt worden ist;

2. hat das Gericht die Partei, welche die Feststellung der Abstammung begehrt, ohne dass ein Antrag auf Feststellung der Nichtabstammung gestellt wurde, über die Rechtslage zu belehren und das Verfahren erforderlichenfalls auf längstens zwei Jahre zu unterbrechen;

3. wird der Beschluss, mit dem die Feststellung ausgesprochen wird, nicht vor der Rechtskraft des Beschlusses, mit dem die Nichtabstammung ausgesprochen wird, wirksam.

(3) Werden mehrere Personen auf Feststellung der Abstammung zum selben Kind in Anspruch genommen und kann nach dem anzuwendenden materiellen Recht nur die Abstammung von einer von ihnen festgestellt werden, so hat das Gericht den Beschluss über die Feststellung der Abstammung von einer Person mit der Abweisung der Anträge auf Feststellung der Abstammung von den anderen Personen zu verbinden. Der Beschluss über die Abweisung der Anträge kann nur gemeinsam mit dem Beschluss über die Feststellung mit Rechtsmitteln und Abänderungsanträgen bekämpft und rechtskräftig werden.

Mitwirkungspflichten

§ 85. (1) Soweit es zur Feststellung der Abstammung erforderlich ist, haben die Parteien und alle Personen, die nach den Ergebnissen des Verfahrens zur Aufklärung des Sachverhalts beitragen können, bei der Befundaufnahme durch einen vom Gericht bestellten Sachverständigen, insbesondere an der notwendigen Gewinnung von Gewebeproben, Körperflüssigkeiten und Blutproben, mitzuwirken.

(2) Die Pflicht zur Mitwirkung besteht nicht, soweit diese mit einer ernsten oder dauernden Gefahr für Leben oder Gesundheit verbunden wäre. Vor einer Befundaufnahme hat das Gericht die zur Mitwirkung aufgeforderten Personen über die Weigerungsgründe zu belehren und zur Äußerung aufzufordern. Über die Weigerung ist mit besonderem, selbständig anfechtbaren Beschluss zu entscheiden. Im Fall einer rechtmäßigen Weigerung hat das Gericht eine nicht mit der angeführten Gefahr verbundene Methode der Abstammungsuntersuchung anzuordnen.

(3) Zur Gewinnung von Gewebeproben mit Methoden, bei denen die körperliche Integrität nicht verletzt wird, hat das Gericht erforderlichenfalls die zwangsweise Vorführung und die Anwendung angemessenen unmittelbaren Zwanges anzuordnen. Dabei sind die Organe der öffentlichen

Sicherheit zur Hilfeleistung verpflichtet. Die Kosten der Vorführung und des Zwanges sind von der mitwirkungspflichtigen Person zu ersetzen.

(4) Soweit die erforderlichen Beweise nicht nach den vorstehenden Absätzen erbracht werden können und besondere gesetzliche Bestimmungen nicht entgegenstehen, kann das Gericht von jedermann die Herausgabe notwendiger Gewebeproben, Körperflüssigkeiten und Blutproben der in Abs. 1 genannten Personen, auch wenn diese bereits verstorben sind, verlangen.

2. Abschnitt

Annahme an Kindes statt

Zustimmungserklärungen

§ 86. (1) Erklärungen über die Zustimmung zur Annahme an Kindes statt sind persönlich vor Gericht abzugeben. Wäre dies mit unverhältnismäßigen Schwierigkeiten oder Kosten verbunden oder ist ein gerichtliches Verfahren noch nicht eingeleitet, so kann die Zustimmung in öffentlicher oder öffentlich beglaubigter Urkunde erklärt werden.

(2) Eine Bevollmächtigung zur Abgabe der Erklärung über die Zustimmung ist in öffentlicher oder öffentlich beglaubigter Urkunde zulässig.

(3) Die Zustimmungserklärung nach Abs. 1 und die Vollmacht nach Abs. 2 haben das Wahlkind und den Annehmenden bestimmt zu bezeichnen. Wird auf die Mitteilung des Namens und des Wohnorts des Annehmenden und auf die Zustellung des Bewilligungsbeschlusses verzichtet (§ 88 Abs. 1), entfällt die Bezeichnung des Annehmenden.

(4) Wird ein solcher Verzicht in einer schriftlichen Erklärung nach Abs. 1 oder in einer Vollmacht nach Abs. 2 abgegeben, so bedarf es dazu einer öffentlichen Urkunde. Eine Zustimmungserklärung, die einen solchen Verzicht enthält, kann überdies persönlich vor Gericht abgegeben werden. Dabei ist der Verzichtende über die Folgen seiner Erklärung zu belehren.

Übergangsbestimmungen: Auf vor In-Kraft-Treten dieses Bundesgesetzes erklärte Zustimmungen zu Annahmen an Kindes statt sind die bisher geltenden Bestimmungen weiter anzuwenden. (§ 204 Abs 1)

§ 87. (1) Eine Zustimmung kann bis zur Entscheidung erster Instanz (§ 40) schriftlich oder vor Gericht widerrufen werden.

(2) Ist ein Verfahren über die Bewilligung der Annahme bereits anhängig, so ist der Widerruf einer Zustimmungserklärung bei Gericht anzubringen. Wurde die Zustimmung vor einer die Adoption vermittelnden Stelle abgegeben oder dieser

übergeben, so kann der Widerruf auch dieser gegenüber erklärt werden. Diese Stelle ist zur unverzüglichen Weiterleitung des Widerrufs an das Gericht verpflichtet.

(3) Zustimmungserklärungen bleiben wirksam, solange sie nicht widerrufen wurden, und können auch einem weiteren Verfahren zugrundegelegt werden.

Übergangsbestimmungen: Auf vor In-Kraft-Treten dieses Bundesgesetzes erklärte Zustimmungen zu Annahmen an Kindes statt sind die bisher geltenden Bestimmungen weiter anzuwenden. (§ 204 Abs 1)

Inkognitoadoption

§ 88. (1) Die Vertragsteile können durch übereinstimmenden Antrag die Bewilligung der Annahme eines Minderjährigen von der Bedingung abhängig machen, dass alle einzelne der Zustimmungs- und Anhörungsberechtigten, ausgenommen der Kinder- und Jugendhilfeträger, auf die Mitteilung des Namens und des Wohnorts des Annehmenden und auf die Zustellung des Bewilligungsbeschlusses verzichten. *(BGBl I 2017/59, ab 26. 4. 2017)*

(2) Auf Verlangen des Verzichtenden sind ihm die persönlichen und wirtschaftlichen Verhältnisse des Annehmenden allgemein zu beschreiben.

(3) Die Beschlussausfertigung, die den Verzichtenden zugestellt wird, darf keinen Hinweis auf den Namen oder den Wohnort des Annehmenden enthalten.

(4) Tritt die Bedingung nach Abs. 1 nicht ein, so ist der Antrag abzuweisen.

Bewilligung

§ 89. (1) Der Bewilligungsbeschluss hat über § 39 hinaus zu enthalten:

1. den Ausspruch über die Bewilligung der Annahme an Kindes statt;

2. den Ausspruch über das Erlöschen der Rechtsbeziehungen des Wahlkindes zu einem leiblichen Elternteil und über den Zeitpunkt, mit dem dieses Erlöschen wirksam wird, sofern eine Einwilligung in dieses Erlöschen vorliegt;

3. Vor- und Familiennamen der Wahleltern und des Wahlkindes, Tag und Ort deren Geburt, Staatsangehörigkeit, Zugehörigkeit zu einer gesetzlich anerkannten Kirche oder Religionsgesellschaft sowie einen Hinweis auf die entsprechenden Eintragungen in den Personenstandsbüchern;

4. den Tag des Wirksamwerdens der Annahme;

5. auf Antrag sonstige Angaben, die zur vollständigen Erfassung der Annahme an Kindes statt durch ausländische Personenstandsbehörden erforderlich sind.
(BGBl I 2013/15, ab 12. 1. 2013)

(2) Im Anwendungsbereich des Haager Übereinkommens über den Schutz von Kindern und die Zusammenarbeit auf dem Gebiet der internationalen Adoption, BGBl. III Nr. 145/1999, ist in den Beschluss auch die Bescheinigung aufzunehmen, dass die Adoption gemäß den Bestimmungen dieses Übereinkommens zustande gekommen ist, insbesondere wann und vom wem die Zustimmungen der Zentralen Behörden zur Fortsetzung des Adoptionsverfahrens erteilt worden sind; das Gericht hat zu diesem Zweck eine Äußerung des zuständigen Amts der Landesregierung einzuholen. *(BGBl I 2013/15, ab 12. 1. 2013)*

Besondere Verfahrensbestimmungen

§ 90. (1) Vor der Bewilligung der Annahme eines minderjährigen Kindes sind zu hören

1. das minderjährige Kind unter sinngemäßer Anwendung des § 105 und

2. der Kinder- und Jugendhilfeträger. *(BGBl I 2017/59, ab 26. 4. 2017)*

(2) Im Verfahren über die Annahme an Kindes statt ist ein Abänderungsantrag nicht zulässig und werden Kosten nicht ersetzt. § 104 ist sinngemäß anzuwenden.

(3) Das Gericht hat auf geeignete Weise zu ermitteln, ob die Annahme dem Wohl des minderjährigen Wahlkindes entspricht. Zu diesem Zweck hat es auch eine Auskunft aus dem Strafregister über die Wahleltern und gegebenenfalls über Personen in deren engem familiären Umfeld einzuholen. *(BGBl I 2009/75)*

Ausschluss des Abänderungsantrags in Verfahren über Obsorge und persönliche Kontakt: § 107 Abs 1 Z 4.

§ 91. Bei der Aufhebung der Annahme an Kindes statt sind die §§ 88 und 90 Abs. 2 entsprechend anzuwenden.

2a. Abschnitt
Anerkennung ausländischer Entscheidungen über die Annahme an Kindes statt

Anerkennung und Verweigerungsgründe

§ 91a. (1) Eine ausländische Entscheidung über die Annahme an Kindes statt wird in Österreich anerkannt, wenn sie rechtskräftig ist und kein Grund zur Verweigerung der Anerkennung vorliegt. Die Anerkennung kann als Vorfrage selbständig beurteilt werden, ohne dass es eines besonderen Verfahrens bedarf.

(2) Die Anerkennung der Entscheidung ist zu verweigern, wenn

1. sie dem Kindeswohl oder anderen Grundwertungen der österreichischen Rechtsordnung (ordre public) offensichtlich widerspricht;

2. das rechtliche Gehör einer der Parteien nicht gewahrt wurde, es sei denn, sie ist mit der Entscheidung offenkundig einverstanden;

3. die Entscheidung mit einer österreichischen oder einer früheren, die Voraussetzungen für eine Anerkennung in Österreich erfüllenden Entscheidung unvereinbar ist;

4. die erkennende Behörde bei Anwendung österreichischen Rechts international nicht zuständig gewesen wäre.

(3) Die Anerkennung ist weiters jederzeit auf Antrag jeder Person zu verweigern, deren Zustimmungsrechte nach dem anzuwendenden Recht nicht gewahrt wurden, insbesondere weil sie keine Möglichkeit hatte, sich am Verfahren des Ursprungsstaats zu beteiligen.

(BGBl I 2009/75)

Verfahren der Anerkennung

§ 91b. (1) Die Anerkennung der Entscheidung in einem selbständigen Verfahren kann beantragen, wer ein rechtliches Interesse daran hat.

(2) Dem Antrag sind eine Ausfertigung der Entscheidung und ein Nachweis ihrer Rechtskraft nach dem Recht des Ursprungsstaats anzuschließen. Wenn sich eine Partei, die die Anerkennung nicht beantragt hat, in das Verfahren des Ursprungsstaats nicht eingelassen hat, ist überdies der Nachweis der Zustellung des Schriftstücks, das ihrer Einbeziehung in das Verfahren diente, oder eine Urkunde vorzulegen, aus der sich ergibt, dass diese Partei mit der ausländischen Entscheidung offenkundig einverstanden ist.

(3) Das Gericht hat die Wahleltern und das Wahlkind, nicht aber sonstige am ausländischen Verfahren über die Annahme an Kindes statt beteiligte Personen in das Verfahren einzubeziehen.

(4) Richtet sich ein Rekurs gegen eine Entscheidung erster Instanz, so beträgt die Frist für Rekurs und Rekursbeantwortung einen Monat. Befindet sich der gewöhnliche Aufenthalt einer Partei, die die Anerkennung nicht beantragt hat, im Ausland, und stellt ein Rekurs oder eine Rekursbeantwortung ihre erste Möglichkeit dar, sich am Verfahren zu beteiligen, so beträgt die Frist für den Rekurs oder die Rekursbeantwortung für sie zwei Monate.

(BGBl I 2009/75)

Antrag auf Nichtanerkennung

§ 91c. Die §§ 91a und 91b sind auf Anträge, mit denen die Nichtanerkennung ausländischer Entscheidungen über eine Annahme an Kindes

statt geltend gemacht wird, entsprechend anzuwenden.

(BGBl I 2009/75)

Vorrang des Völkerrechts

§ 91d. Die §§ 91a bis 91c sind nicht anzuwenden, soweit nach Völkerrecht Anderes bestimmt ist.

(BGBl I 2009/75)

3. Abschnitt

Legitimation durch den Bundespräsidenten[1]
[1] *entfällt ab 1. 1. 2016*

§ 92. *(entfällt, BGBl I 2013/15)*

4. Abschnitt

Eheangelegenheiten

Besondere Verfahrensbestimmungen

§ 93. (1) In Verfahren über die Scheidung im Einvernehmen, über die Abgeltung der Mitwirkung eines Ehegatten im Erwerb des anderen sowie über die Aufteilung des ehelichen Gebrauchsvermögens und der ehelichen Ersparnisse (Eheangelegenheiten) können sich die Parteien nur durch einen Rechtsanwalt vertreten lassen. Die Vertretung beider Parteien durch denselben Rechtsanwalt ist unzulässig.

(2) Im Verfahren über die Scheidung im Einvernehmen sind nur die Ehegatten Parteien.

(3) In das Verfahren nach § 98 EheG ist der Kreditgeber tunlichst erst durch die Zustellung der Entscheidung erster Instanz einzubeziehen.

§ 93 ist in der jeweiligen Fassung auf eingetragene Partner, Partnersachen oder Partnerangelegenheiten sinngemäß anzuwenden (§ 43 Abs 1 Z 2 EPG).

§ 94. (1) In Eheangelegenheiten ist mündlich zu verhandeln.

(2) Erscheint im Verfahren über die Scheidung im Einvernehmen ein Antragsteller zur mündlichen Verhandlung nicht, so ist der Antrag von Amts wegen als zurückgenommen zu erklären.

(3) Den Antrag auf Scheidung im Einvernehmen kann jeder Ehegatte bis zum Eintritt der Rechtskraft des Scheidungsbeschlusses (§ 43) zurücknehmen. Die Zurücknahme des Antrags hat die Folge, dass ein schon ergangener Scheidungsbeschluss wirkungslos wird; dies hat das Gericht erster Instanz mit Beschluss festzustellen.

Gleiches gilt, wenn ein Ehegatte vor Eintritt der Rechtskraft des Scheidungsbeschlusses stirbt.

§ 94 ist in der jeweiligen Fassung auf eingetragene Partner, Partnersachen oder Partnerangelegenheiten sinngemäß anzuwenden (§ 43 Abs 1 Z 2 EPG).

Regelung der Scheidungsfolgen

§ 95. (1) Ist eine Partei im Verfahren über die Scheidung im Einvernehmen nicht durch einen Rechtsanwalt vertreten und hat sie keine Beratung über die gesamten Scheidungsfolgen, einschließlich der sozialversicherungsrechtlichen Folgen und der Voraussetzungen eines Ausspruchs über die Haftung für Kredite, in Anspruch genommen, so hat das Gericht auf entsprechende Beratungsangebote und allgemein auf die Nachteile hinzuweisen, die durch ungenügende Kenntnisse über diese Folgen entstehen können. Der Partei ist Gelegenheit zur Einholung einer Beratung zu geben. Eine neuerliche Erstreckung aus diesem Grund ist unzulässig. Das Gericht hat die nächste Verhandlung für einen Termin tunlichst innerhalb von sechs Wochen anzuberaumen. *(BGBl I 2009/75)*

(1a) Vor Abschluss oder Vorlage einer Regelung der Scheidungsfolgen bei Gericht haben die Parteien zu bescheinigen, dass sie sich über die spezifischen aus der Scheidung resultierenden Bedürfnisse ihrer minderjährigen Kinder bei einer geeigneten Person oder Einrichtung haben beraten lassen. *(BGBl I 2013/15)*

(2) Legen die Ehegatten keine Vereinbarung vor, mit der sie die Scheidungsfolgen regeln, so hat sie das Gericht zur Schließung einer solchen anzuleiten. Solange die Vereinbarung über die Scheidungsfolgen nicht schriftlich vorliegt, ist ein Verzicht auf die Zurücknahme des Scheidungsantrags oder auf Rechtsmittel gegen den Beschluss auf Ehescheidung wirkungslos.

(3) Verliert ein Ehegatte durch die Scheidung offenbar den Schutz der gesetzlichen Krankenversicherung, so hat das Gericht, sofern dieser Ehegatte zustimmt und seine Sozialversicherungsnummer mitteilt, nach Rechtskraft des Beschlusses auf Scheidung den zuständigen Krankenversicherungsträger im Weg des Hauptverbandes der Österreichischen Sozialversicherungsträger[*)] automationsunterstützt zu verständigen. Die Verständigung hat Vor- und Familiennamen, Tag der Geburt, Anschrift sowie die Sozialversicherungsnummer des Ehegatten zu enthalten. Der Versicherungsträger hat dem Ehegatten Informationen über die sozialversicherungsrechtlichen Folgen der Eheauflösung und die Möglichkeit der Fortsetzung des Versicherungsschutzes zu übermitteln.

§ 95 ist in der jeweiligen Fassung auf eingetragene Partner, Partnersachen oder Partnerange- *legenheiten sinngemäß anzuwenden (§ 43 Abs 1 Z 2 EPG).*

[*)] nun Dachverband der Sozialversicherungsträger (§ 720 ASVG)

Beschluss auf Scheidung

§ 96. (1) Der Beschluss auf Scheidung hat zu enthalten:

1. Vor- und Familiennamen, Tag und Ort der Geburt, Staatsangehörigkeit, Beruf und Wohnort der Ehegatten;

2. den Tag der Eheschließung und die Behörde, vor der die Ehe geschlossen worden ist, samt einem Hinweis auf die diesbezügliche Eintragung im Ehebuch;

3. auf Antrag einer Partei sonstige Angaben, die zur vollständigen Erfassung der Ehescheidung durch ausländische Personenstandsbehörden erforderlich sind.

(2) Der Beschluss ist zu begründen.

(3) Der Scheidungsausspruch hat die Wirkung, dass die Ehe mit Eintritt der Rechtskraft des Beschlusses aufgelöst ist.

(4) Haben die Ehegatten einen Ausspruch nach § 98 EheG beantragt, so ist dieser tunlichst mit dem Beschluss auf Scheidung zu verbinden.

(5) Auf Antrag ist den Parteien eine Ausfertigung des Beschlusses auf Scheidung ohne Begründung und ohne Ausspruch nach Abs. 4 auszustellen.

§ 96 ist in der jeweiligen Fassung auf eingetragene Partner, Partnersachen oder Partnerangelegenheiten sinngemäß anzuwenden (§ 43 Abs 1 Z 2 EPG).

5. Abschnitt
Anerkennung ausländischer Entscheidungen über den Bestand einer Ehe

Anerkennung und Verweigerungsgründe

§ 97. (1) Eine ausländische Entscheidung über die Trennung ohne Auflösung des Ehebandes, die Ehescheidung oder die Ungültigerklärung einer Ehe sowie über die Feststellung des Bestehens oder Nichtbestehens einer Ehe wird in Österreich anerkannt, wenn sie rechtskräftig ist und kein Grund zur Verweigerung der Anerkennung vorliegt. Die Anerkennung kann als Vorfrage selbständig beurteilt werden, ohne dass es eines besonderen Verfahrens bedarf.

(2) Die Anerkennung der Entscheidung ist zu verweigern, wenn

1. sie den Grundwertungen der österreichischen Rechtsordnung (ordre public) offensichtlich widerspricht;

2. das rechtliche Gehör eines der Ehegatten nicht gewahrt wurde, es sei denn, er ist mit der Entscheidung offenkundig einverstanden;

3. die Entscheidung mit einer österreichischen oder einer früheren die Voraussetzungen für eine Anerkennung in Österreich erfüllenden Entscheidung unvereinbar ist, mit der die betreffende Ehe getrennt, geschieden, für ungültig erklärt oder das Bestehen oder Nichtbestehen der Ehe festgestellt worden ist;

4. die erkennende Behörde bei Anwendung österreichischen Rechts international nicht zuständig gewesen wäre.

§ 97 ist in der jeweiligen Fassung auf eingetragene Partner, Partnersachen oder Partnerangelegenheiten sinngemäß anzuwenden (§ 43 Abs 1 Z 2 EPG).

Verfahren der Anerkennung

§ 98. (1) Die Anerkennung der Entscheidung in einem selbständigen Verfahren kann beantragen, wer ein rechtliches Interesse daran hat. Der Staatsanwalt ist zur Antragstellung befugt, wenn die Entscheidung auf einen den §§ 21 bis 25 des Ehegesetzes vergleichbaren Nichtigkeitsgrund gegründet ist.

(2) Dem Antrag sind eine Ausfertigung der Entscheidung und ein Nachweis ihrer Rechtskraft nach dem Recht des Ursprungsstaats anzuschließen. Im Fall der Nichtladung des Antragsgegners in das Verfahren des Ursprungsstaats ist überdies der Nachweis der Zustellung des verfahrenseinleitenden Schriftstücks oder eine Urkunde vorzulegen, aus der sich ergibt, dass die säumige Partei mit der ausländischen Entscheidung offenkundig einverstanden ist.

(3) Das Gericht kann den Antragsgegner auch erst durch die Zustellung der Entscheidung in das Verfahren einbeziehen.

(4) Richtet sich ein Rekurs gegen eine Entscheidung erster Instanz, so beträgt die Frist für Rekurs und Rekursbeantwortung einen Monat. Befindet sich der gewöhnliche Aufenthalt des Antragsgegners im Ausland und stellt ein Rekurs oder eine Rekursbeantwortung seine erste Möglichkeit dar, sich am Verfahren zu beteiligen, so beträgt die Frist für den Rekurs oder die Rekursbeantwortung für ihn zwei Monate.

§ 98 ist in der jeweiligen Fassung auf eingetragene Partner, Partnersachen oder Partnerangelegenheiten sinngemäß anzuwenden (§ 43 Abs 1 Z 2 EPG).

Antrag auf Nichtanerkennung

§ 99. Die §§ 97 und 98 sind auf Anträge, mit denen die Nichtanerkennung ausländischer Ent-

scheidungen über den Bestand einer Ehe geltend gemacht wird, entsprechend anzuwenden.

§ 99 ist in der jeweiligen Fassung auf eingetragene Partner, Partnersachen oder Partnerangelegenheiten sinngemäß anzuwenden (§ 43 Abs 1 Z 2 EPG).

Vorrang des Völkerrechts

§ 100. Die §§ 97 bis 99 sind nicht anzuwenden, soweit nach Völkerrecht oder in Rechtsakten der Europäischen Gemeinschaften Anderes bestimmt ist.

6. Abschnitt

Unterhalt

Besondere Verfahrensbestimmungen

§ 101. (1) Die Parteien können sich in Verfahren über Unterhaltsansprüche zwischen Kindern und ihren Eltern, deren Streitwert an Geld oder Geldeswert 5 000 Euro übersteigt, nur durch einen Rechtsanwalt vertreten lassen. *(BGBl I 2009/52; BGBl I 2013/15, ab 1. 2. 2013, § 101 idF Kind-NamRÄG 2013 ist auf Verfahren anzuwenden, in denen der verfahrenseinleitende Antrag nach dem 31. Jänner 2013 bei Gericht angebracht wurde, s § 207i Abs 3)*

(2) In Verfahren über Unterhaltsansprüche eines minderjährigen Kindes findet ein Kostenersatz nicht statt.

(3) Hängt der Unterhaltsanspruch vom Ergebnis eines Abstammungsverfahrens ab, so kann ein Antrag auf Unterhalt gestellt werden, wenn spätestens gleichzeitig ein auf Einleitung des Abstammungsverfahrens zielender Antrag bei Gericht eingebracht wird. Über den Unterhaltsantrag ist nicht vor rechtskräftiger Beendigung des Abstammungsverfahrens zu entscheiden.

(4) Die Verpflichtung zur Leistung noch nicht fälligen Unterhalts ist zulässig, wenn die Unterhaltspflicht bereits verletzt wurde oder verletzt zu werden droht.

(5) In Verfahren über die Bemessung, Durchsetzung und Hereinbringung des gesetzlichen Unterhalts Minderjähriger bleiben bei Entscheidungen über die Verfahrenshilfe die Unterhaltsansprüche des minderjährigen Kindes außer Betracht. *(BGBl I 2006/8)*

Auskunftpflichten

§ 102. (1) Personen, deren Einkommen oder Vermögen für die Entscheidung über den gesetzlichen Unterhalt zwischen in gerader Linie verwandten Personen von Belang ist, haben dem Gericht hierüber Auskunft zu geben und die

Überprüfung von deren Richtigkeit zu ermöglichen.

(2) Das Gericht kann auch das Arbeitsmarktservice, die in Betracht kommenden Träger der Sozialversicherung und andere Sozialleistungen gewährende Stellen um Auskunft über Beschäftigungs- oder Versicherungsverhältnisse oder über Einkommen von Personen ersuchen, deren Einkommen für die Entscheidung über den gesetzlichen Unterhalt zwischen in gerader Linie verwandten Personen von Belang ist. Kommt jemand den Pflichten nach Abs. 1 nicht nach, so kann auch dessen Dienstgeber um Auskunft ersucht werden. Steht die Unterhaltspflicht dem Grunde nach fest und kann das Gericht die Höhe des Unterhalts nicht auf andere Weise feststellen, so kann es auch die Finanzämter um Auskunft ersuchen.

(3) Die Auskunftsersuchen nach Abs. 1 und Abs. 2 erster und zweiter Satz stehen auch dem Kinder- und Jugendhilfeträger als gesetzlichem Vertreter des minderjährigen Kindes zu. *(BGBl I 2017/59, auf Verfahren anzuwenden, die nach dem 30. Juni 2018 anhängig sind oder anhängig werden, Näheres s § 207m)*

(4) Die Auskunftsersuchen sind so zu gestalten, dass dem Auskunftspflichtigen die rasche, vollständige und nachvollziehbare Beantwortung ermöglicht wird. Die Ersuchten sind zur Auskunftserteilung verpflichtet.

Vgl § 133 Abs 4.

§ 103. Hat eine auskunftspflichtige Person ihre Pflicht grob schuldhaft nicht erfüllt, so kann sie das Gericht auf Antrag nach billigem Ermessen zum Ersatz der dadurch entstandenen zusätzlichen Verfahrenskosten verpflichten. Hierauf ist der Auskunftspflichtige im Auskunftsersuchen hinzuweisen.

7. Abschnitt
Regelung der Obsorge und der persönlichen Kontakte[1]
[1] ab 1. 2. 2013

Besondere Verfahrensfähigkeit Minderjähriger

§ 104. (1) Minderjährige, die das vierzehnte Lebensjahr vollendet haben, können in Verfahren über Pflege und Erziehung oder über die persönlichen Kontakte selbständig vor Gericht handeln. Soweit die Verständnisfähigkeit des Minderjährigen dies erfordert, hat das Gericht – spätestens anlässlich der Befragung – dafür zu sorgen, dass dieser seine Verfahrensrechte wirksam wahrnehmen kann; auf bestehende Beratungsmöglichkeiten ist er hinzuweisen. *(BGBl I 2013/15)*

(2) Die Befugnis des gesetzlichen Vertreters des Minderjährigen, auch in dessen Namen Verfahrenshandlungen zu setzen, bleibt unberührt. Stimmen Anträge, die der Minderjährige und der gesetzliche Vertreter gestellt haben, nicht überein, so sind bei der Entscheidung alle Anträge inhaltlich zu berücksichtigen.

(3) Entbehrt ein Minderjähriger, der das vierzehnte Lebensjahr vollendet hat, im Revisionsrekursverfahren vor dem Obersten Gerichtshof einer Vertretung nach § 6, so ist ihm auf Antrag die Verfahrenshilfe durch Beigebung eines Rechtsanwalts ohne vorherige Prüfung der vermögensrechtlichen Voraussetzungen zu bewilligen. Nach Abschluss des Revisionsrekursverfahrens die Voraussetzungen für die Verfahrenshilfe zu prüfen und über eine allfällige Nachzahlung endgültig zu entscheiden.

Siehe auch § 90 Abs 2 Satz 2 zum Adoptionsverfahren sowie § 139 Abs 1 zu Informationsrechten.

Kinderbeistand

§ 104a. (1) In Verfahren über die Obsorge oder über die persönlichen Kontakte ist Minderjährigen unter 14 Jahren, bei besonderem Bedarf mit deren Zustimmung auch Minderjährigen unter 16 Jahren, ein Kinderbeistand zu bestellen, wenn es im Hinblick auf die Intensität der Auseinandersetzung zwischen den übrigen Parteien zur Unterstützung des Minderjährigen geboten ist und dem Gericht geeignete Personen zur Verfügung stehen. Das Gericht kann zum Kinderbeistand nur vom Bundesministerium für Justiz oder in dessen Auftrag von der Justizbetreuungsagentur namhaft gemachte Personen bestellen. Namhaft gemacht werden können nur Personen, die insbesondere nach ihrem Beruf, ihrer beruflichen Erfahrung im Umgang mit Kindern und Jugendlichen und ihrer Ausbildung für diese Tätigkeit geeignet sind. *(BGBl I 2013/15)*

(2) Der Kinderbeistand hat mit dem Minderjährigen den erforderlichen Kontakt zu pflegen und ihn über den Gang des Verfahrens zu informieren. Er ist zur Verschwiegenheit über die ihm in Ausübung seiner Funktion anvertrauten oder bekannt gewordenen Tatsachen verpflichtet. Im Einvernehmen mit dem Minderjährigen hat er dessen Meinung dem Gericht gegenüber zu äußern.

(3) Der Kinderbeistand hat das Recht auf Akteneinsicht. Er ist von allen Terminen zu verständigen. Er darf an den mündlichen Verhandlungen teilnehmen und den Minderjährigen zu Beweisaufnahmen außerhalb der mündlichen Verhandlung auf dessen Wunsch begleiten. Alle Anträge der Parteien sind ihm zu übersenden; von weiteren Personensorgeverfahren ist er durch Übersendung des verfahrenseinleitenden Antrags zu informieren.

AußStrG

(4) Für die Ablehnung des Kinderbeistands gelten die Bestimmungen über die Ablehnung eines Sachverständigen sinngemäß.

(5) Die Bestellung endet mit der rechtskräftigen Erledigung der Sache. Das Gericht kann den Kinderbeistand vorher entheben, wenn dies das Wohl des Minderjährigen erfordert. Im zeitlichen Zusammenhang mit der rechtskräftigen Erledigung der Sache hat der Kinderbeistand mit dem Minderjährigen das Verfahren und dessen Ergebnisse abschließend zu besprechen. Wird während der Bestellung eines Kinderbeistands ein weiteres in Abs. 1 erster Satz genanntes Verfahren dieselben Minderjährigen betreffend anhängig, so verlängert sich die Bestellung des Kinderbeistands längstens bis zum Abschluss dieses weiteren Verfahrens.

(6) Das Bundesministerium für Justiz und die Stelle, die den Kinderbeistand namhaft gemacht hat, können die Namhaftmachung eines Kinderbeistands aus wichtigen Gründen widerrufen. Liegt ein solcher Grund vor, hat ihn das Gericht zu entheben und unter den Voraussetzungen des Abs. 1 einen anderen zu bestellen.

(BGBl I 2009/137)

Befragung Minderjähriger

§ 105. (1) Das Gericht hat Minderjährige in Verfahren über Pflege und Erziehung oder die persönlichen Kontakte persönlich zu hören. Der Minderjährige kann auch durch den Kinder- und Jugendhilfeträger, die Familiengerichtshilfe, durch Einrichtungen der Jugendgerichtshilfe oder in anderer geeigneter Weise, etwa durch Sachverständige, gehört werden, wenn er das zehnte Lebensjahr noch nicht vollendet hat, wenn dies seine Entwicklung oder sein Gesundheitszustand erfordert oder wenn sonst eine Äußerung der ernsthaften und unbeeinflussten Meinung des Minderjährigen nicht zu erwarten ist. *(BGBl I 2013/15; BGBl I 2017/59, ab 26. 4. 2017)*

(2) Die Befragung hat zu unterbleiben, soweit durch sie oder durch einen damit verbundenen Aufschub der Verfügung das Wohl des Minderjährigen gefährdet wäre oder im Hinblick auf die Verständnisfähigkeit des Minderjährigen offenbar eine überlegte Äußerung zum Verfahrensgegenstand nicht zu erwarten ist.

Befragung des Kinder- und Jugendhilfeträgers

§ 106. Der Kinder- und Jugendhilfeträger kann vor Verfügungen über Pflege und Erziehung oder über die persönlichen Kontakte gehört werden. *(BGBl I 2013/15; BGBl I 2017/59, ab 26. 4. 2017, vorher „Jugendwohlfahrtsträger")*

(BGBl I 2009/75)

Familiengerichtshilfe

§ 106a. (1) Die Familiengerichtshilfe unterstützt das Gericht auf dessen Auftrag bei der Sammlung der Entscheidungsgrundlagen, der Anbahnung einer gütlichen Einigung und der Information der Parteien in Verfahren über die Obsorge oder die persönlichen Kontakte.

(2) Die Familiengerichtshilfe ist berechtigt, Personen, die über die Lebensumstände eines minderjährigen Kindes Auskünfte erteilen können, zu laden und zu befragen, sowie unmittelbaren Kontakt mit dem Kind herzustellen. Personen, in deren Obhut das Kind steht, sind verpflichtet, einen solchen Kontakt zu dulden. Gegen Personen, die ihre Pflicht zur Mitwirkung an Erhebungen der Familiengerichtshilfe verletzen, kann das Gericht angemessene Zwangsmittel nach § 79 Abs. 2 anordnen. § 20 Abs. 1 erster Satz ist bei Erhebungen der Familiengerichtshilfe nicht anzuwenden.

(3) Die Sicherheitsbehörden, Staatsanwaltschaften, Gerichte sowie Einrichtungen zur Unterrichtung, Betreuung und Behandlung minderjähriger Personen haben den bei der Familiengerichtshilfe tätigen Personen die erforderlichen Auskünfte zu erteilen und Einsicht in die Akten und Aufzeichnungen zu gewähren; den Kinder- und Jugendhilfeträger trifft nur die Pflicht zur Auskunftserteilung. Die bei der Familiengerichtshilfe tätigen Personen sind, außer wenn sie eine amtliche Mitteilung zu machen haben, jedermann gegenüber zur Verschwiegenheit über die in Ausübung ihrer Tätigkeit gemachten, im Interesse eines Beteiligten geheim zu haltenden Wahrnehmungen verpflichtet. *(BGBl I 2017/59, ab 26. 4. 2017)*

(4) Die bei der Familiengerichtshilfe tätigen Personen erstatten dem Gericht schriftlich oder in der mündlichen Verhandlung Bericht. Für die Ablehnung einer bei der Familiengerichtshilfe tätigen Person gelten die Bestimmungen über die Ablehnung eines Sachverständigen sinngemäß.

(BGBl I 2013/15, ab 12. 1. 2013)

§ 106b. In Verfahren zur Regelung oder zwangsweisen Durchsetzung des Rechts auf persönliche Kontakte kann das Gericht die Familiengerichtshilfe als Besuchsmittler einsetzen. Als solcher hat sie sich mit den Eltern über die konkrete Ausübung der persönlichen Kontakte zu verständigen und bei Konflikten zwischen ihnen zu vermitteln. Sie hat das Recht, bei der Vorbereitung der persönlichen Kontakte zu dem Elternteil, der mit dem Kind nicht im gemeinsamen Haushalt lebt, bei der Übergabe des Kindes an diesen und bei der Rückgabe des Kindes durch diesen anwesend zu sein. Sie hat dem Gericht auf dessen Ersuchen über ihre Wahrnehmungen bei der Durchführung der persönlichen Kontakte schriftlich oder in der mündlichen Verhandlung zu berichten.

(BGBl I 2013/15, ab 12. 1. 2013)

§ 106c. (1) Die Bundesministerin für Justiz wird ermächtigt, nach Maßgabe der budgetären, organisatorischen, technischen und personellen Möglichkeiten sowie unter Bedachtnahme auf die wirtschaftliche Vertretbarkeit mit Verordnung anzuordnen, für welche Bezirksgerichte eine Familiengerichtshilfe eingerichtet wird. Soweit es möglich und erforderlich ist, sind der Familiengerichtshilfe im Gerichtsgebäude die nötigen Räumlichkeiten und Telekommunikationseinrichtungen unentgeltlich zur Verfügung zu stellen. *Siehe die Verordnung BGBl II 2013/185.*

(2) Für jene Bezirksgerichte in Wien, für die keine Familiengerichtshilfe eingerichtet ist, fungiert die Wiener Jugendgerichtshilfe (§ 49 Abs. 1 Jugendgerichtsgesetz 1988) als Familiengerichtshilfe.

(3) Bei Wahrnehmung ihrer Aufgaben stehen die in der Familiengerichtshilfe tätigen Personen den Beamten im Sinne des § 74 Abs. 1 Z 4 StGB gleich. Sie sind mit einem Dienstausweis des Bundes auszustatten.

(BGBl I 2013/15, ab 12. 1. 2013)

Besondere Verfahrensbestimmungen

§ 107. (1) Im Verfahren über die Obsorge oder die persönlichen Kontakte

1. können sich die Parteien nur durch einen Rechtsanwalt vertreten lassen;

2. ist den Parteien auf Antrag eine Ausfertigung der Entscheidung ohne Begründung oder eine Urkunde, in der der Umfang der Betrauung mit der Obsorge umschrieben ist, auszustellen;

3. können angefochtene Beschlüsse auch zu Ungunsten der anfechtenden Partei abgeändert werden, wenn dies das Wohl des betroffenen Minderjährigen verlangt;

4. findet ein Abänderungsverfahren nicht statt.

(2) Das Gericht hat die Obsorge und die Ausübung des Rechts auf persönliche Kontakte nach Maßgabe des Kindeswohls, insbesondere zur Aufrechterhaltung der verlässlichen Kontakte und zur Schaffung von Rechtsklarheit, auch vorläufig einzuräumen oder zu entziehen. Dies kann besonders nach Auflösung der Ehe oder der häuslichen Gemeinschaft der Eltern erforderlich sein (§ 180 Abs. 1 Z 1 ABGB). Dieser Entscheidung kommt vorläufige Verbindlichkeit und Vollstreckbarkeit zu, sofern das Gericht diese nicht ausschließt. Im Übrigen gilt § 44 sinngemäß.

(3) Das Gericht hat die zur Sicherung des Kindeswohls erforderlichen Maßnahmen anzuordnen, soweit dadurch nicht Interessen einer Partei, deren Schutz das Verfahren dient, gefährdet oder

Belange der übrigen Parteien unzumutbar beeinträchtigt werden. Als derartige Maßnahmen kommen insbesondere in Betracht

1. der verpflichtende Besuch einer Familien-, Eltern- oder Erziehungsberatung;

2. die Teilnahme an einem Erstgespräch über Mediation oder über ein Schlichtungsverfahren;

3. die Teilnahme an einer Beratung oder Schulung zum Umgang mit Gewalt und Aggression;

4. das Verbot der Ausreise mit dem Kind und

5. die Abnahme der Reisedokumente des Kindes.

(4) Das Gericht kann zur Durchführung von Maßnahmen nach Abs. 3, die auf den Fortgang des Verfahrens Einfluss haben können, und zwar erforderlichenfalls auch mehrfach, innehalten. Im Übrigen gilt § 29 entsprechend.

(5) In Verfahren über die Obsorge und die persönlichen Kontakte findet ein Kostenersatz nicht statt.

(BGBl I 2013/15)

§ 107 Abs. 1 Z 1 idF KindNamRÄG 2013 ist auf Verfahren anzuwenden, in denen der verfahrenseinleitende Antrag nach dem 31. Jänner 2013 bei Gericht angebracht wurde, s § 207i Abs 3.

AußStrG

Besondere Entscheidungen bei vom Kinder- und Jugendhilfeträger[1] gesetzten Maßnahmen
[1] *ab 26. 4. 2017, davor: „Jugendwohlfahrtsträger"*

§ 107a. (1) In Verfahren über einen Antrag des Kinder- und Jugendhilfeträgers nach § 211 Abs. 1 zweiter Satz ABGB hat das Gericht auf Antrag des Kindes oder der Person, in deren Obsorge eingegriffen wurde, unverzüglich, tunlichst binnen vier Wochen, auszusprechen, ob die Maßnahme des Kinder- und Jugendhilfeträgers unzulässig oder vorläufig zulässig ist. Ein solcher Antrag muss binnen vier Wochen nach Beginn der Maßnahme gestellt werden. Erklärt das Gericht die Maßnahme für unzulässig, so kommt dieser Entscheidung vorläufige Verbindlichkeit und Vollstreckbarkeit zu, sofern das Gericht diese nicht ausschließt. Im Übrigen gilt § 44 sinngemäß. Die Frist für den Rekurs, mit dem die Unzulässigerklärung der Maßnahme angefochten wird, beträgt drei Tage. Gegen die vorläufige Zulässigerklärung ist ein Rechtsmittel nicht zulässig. *(BGBl I 2017/59, ab 26. 4. 2017)*

(2) Hat der Kinder- und Jugendhilfeträger die Maßnahme beendet, so hat das Gericht auf Antrag des Kindes oder der Person, in deren Obsorge eingegriffen wurde, auszusprechen, ob die Maßnahme unzulässig war. Ein solcher Antrag muss binnen drei Monaten nach Beendigung der Maßnahme gestellt werden. *(BGBl I 2017/59, ab 26. 4. 2017) § 107a Abs. 2 in der Fassung dieses Bundesgesetzes ist anzuwenden, wenn die Maß-*

nahme des Jugendwohlfahrtsträgers nach dem 31. Jänner 2013 beendet wurde. *(BGBl I 2013/15)*

Der in § 207i als mit 1. 2. 2013 in Kraft tretende § 107b wurde nicht erlassen.

Besondere Entscheidungen im Verfahren über das Recht auf persönliche Kontakte

§ 108. Lehnt ein Minderjähriger, der das vierzehnte Lebensjahr bereits vollendet hat, ausdrücklich die Ausübung der persönlichen Kontakte ab und bleiben eine Belehrung über die Rechtslage und darüber, dass die Anbahnung oder Aufrechterhaltung des Kontakts mit beiden Elternteilen grundsätzlich seinem Wohl entspricht, sowie der Versuch einer gütlichen Einigung erfolglos, so ist der Antrag auf Regelung der persönlichen Kontakte ohne weitere inhaltliche Prüfung abzuweisen und von der Fortsetzung der Durchsetzung abzusehen. *(BGBl I 2013/15)*

Vereinbarungen über Obsorge und persönliche Kontakte[1]

[1] *ab 1. 2. 2013*

§ 109. (1) Das Gericht hat über Vereinbarungen über die Obsorge oder über die persönlichen Kontakte eine Niederschrift aufzunehmen. Soweit dadurch der Verfahrensgegenstand inhaltlich erledigt wurde, ist das Verfahren ohne weiteres beendet. *(BGBl I 2013/15)*

(2) Das Gericht, das die Niederschrift aufgenommen hat, hat eine Ausfertigung der Niederschrift einer Vereinbarung nach Abs. 1 dem für die Entscheidung über die Obsorge oder über die persönlichen Kontakte zuständigen Gericht zu übermitteln. *(BGBl I 2013/15)*

(3) Der Standesbeamte hat das für die Entscheidung über die Obsorge zuständige Gericht unter Anschluss der Erklärungen der Eltern schriftlich über eine Bestimmung der Obsorge (§ 177 Abs. 2 ABGB) zu informieren. *(BGBl I 2013/15)*

Durchsetzung von Regelungen der Obsorge oder des Rechts auf persönliche Kontakte[1]

[1] *ab 1. 2. 2013*

§ 110. (1) Die zwangsweise Durchsetzung einer Regelung der Obsorge oder des Rechts auf persönliche Kontakte hat nur dann zu erfolgen, wenn

1. eine gerichtliche Entscheidung vorliegt;

2. eine Vereinbarung vor Gericht geschlossen wurde oder

3. die Obsorge vor dem Standesbeamten bestimmt worden ist. *(BGBl I 2013/15)*

(2) Eine Vollstreckung nach der Exekutionsordnung ist ausgeschlossen. Das Gericht hat auf Antrag oder von Amts wegen angemessene Zwangsmittel nach § 79 Abs. 2 anzuordnen. Regelungen, die die persönlichen Kontakte betreffen, sind auch gegen den Willen des Elternteils durchzusetzen, der mit dem Minderjährigen nicht im gemeinsamen Haushalt lebt. Regelungen, die Obsorge betreffen, kann das Gericht auch durch Anwendung angemessenen unmittelbaren Zwanges vollziehen. *(BGBl I 2013/15)*

(3) Das Gericht kann von der Fortsetzung der Durchsetzung auch von Amts wegen nur absehen, wenn und solange sie das Wohl des Minderjährigen gefährdet.

(4) Wenn es das Wohl des betroffenen Minderjährigen verlangt, kann das Gericht bei der Durchsetzung der gerichtlichen oder gerichtlich genehmigten Regelung der Obsorge den Kinder- und Jugendhilfeträger oder die Jugendgerichtshilfe um Unterstützung, insbesondere um die vorübergehende Betreuung des Minderjährigen, ersuchen. Unmittelbarer Zwang zur Durchsetzung der gerichtlichen Regelung darf jedoch ausschließlich durch Gerichtsorgane ausgeübt werden; diese können die Organe des öffentlichen Sicherheitsdienstes beiziehen. *(BGBl I 2017/59, ab 26. 4. 2017)*

Besuchsbegleitung

§ 111. Wenn es das Wohl des Minderjährigen verlangt, kann das Gericht eine geeignete und dazu bereite Person zur Unterstützung bei der Ausübung des Rechts auf persönliche Kontakte heranziehen (Besuchsbegleitung). In einem Antrag auf Besuchsbegleitung ist eine geeignete Person oder Stelle (Besuchsbegleiter) namhaft zu machen. Die in Aussicht genommene Person oder Stelle ist am Verfahren zu beteiligen; ihre Aufgaben und Befugnisse hat das Gericht zumindest in den Grundzügen festzulegen. Zwangsmaßnahmen gegen den Besuchsbegleiter sind nicht zulässig. *(BGBl I 2013/15)*

7a. Abschnitt

Verfahren nach dem Haager Kindesentführungsübereinkommen

Anträge in das Ausland

§ 111a. (1) Ein Antrag auf Rückführung eines Kindes oder auf Ausübung des Rechts auf Kontakt mit dem Kind, der vom Bundesministerium für Justiz als Zentrale Behörde im Sinn des Art. 6 des Übereinkommens vom 25. Oktober 1980, BGBl. Nr. 512/1988, über die zivilrechtlichen Aspekte internationaler Kindesentführung (im Folgenden: HKÜ) an eine ausländische Zentrale Behörde übermittelt werden soll, ist vom Antragsteller beim Pflegschaftsgericht schriftlich anzubringen oder zu Protokoll zu geben. § 434 Abs. 2 ZPO ist sinngemäß anzuwenden.

(2) Sind der Antrag und die beizufügenden sonstigen Schriftstücke im Hinblick auf Art. 24 Abs. 1 HKÜ zu übersetzen, so sind bei Vorliegen eines Antrags auf Bewilligung der Verfahrenshilfe hinsichtlich der Gebühren der Dolmetscher die §§ 63 ff ZPO anzuwenden. Nach der Bewilligung der Verfahrenshilfe hat das Gericht die Herstellung der erforderlichen Übersetzungen zu veranlassen.

(3) Ein Verlangen der antragstellenden Partei auf Beistellung einer psychosozialen Prozessbegleitung in Österreich während des Verfahrens über den Antrag auf Rückführung eines Kindes ist an die in Frage kommende Einrichtung weiterzuleiten. § 73b ZPO ist sinngemäß anzuwenden, wobei die Bereitstellung psychosozialer Prozessbegleitung während dieses Verfahrens kein vorangegangenes Strafverfahren voraussetzt.

(BGBl I 2017/130)

§ 111b. (1) Das Gericht hat den Antrag vordringlich zu behandeln. Es hat zu prüfen, ob der Antrag und die Beilagen den Erfordernissen des Art. 8 HKÜ entsprechen, ob die nach Art. 24 Abs. 1 HKÜ erforderlichen Übersetzungen sowie die im Art. 28 HKÜ genannte Vollmacht für die ausländische Zentrale Behörde angeschlossen sind, und sodann den Antrag und die Beilagen unverzüglich dem Bundesministerium für Justiz vorzulegen.

(2) Ist eine im Art. 8 Abs. 2 lit. f HKÜ genannte Bescheinigung erforderlich, so ist sie vom Bundesministerium für Justiz in Form eines Gesetzeszeugnisses auszustellen.

(3) Sind die Voraussetzungen des Art. 3 HKÜ offensichtlich nicht gegeben, so hat das Gericht den Antrag, sofern er nicht verbessert werden kann, ohne weiteres Verfahren zurückzuweisen.

(BGBl I 2017/130)

Anträge aus dem Ausland

§ 111c. (1) Aus dem Ausland einlangende Anträge auf Rückführung eines Kindes sind vordringlich zu behandeln.

(2) Wenn der Aufenthalt eines Kindes unter 16 Jahren unbekannt ist, aber Anhaltspunkte dafür vorliegen, dass es sich in Österreich aufhält, hat das Bundesministerium für Justiz als Zentrale Behörde anlässlich eines Rückführungsantrags alle erforderlichen Maßnahmen zur Aufenthaltsermittlung zu treffen. Es ist zu diesem Zweck befugt, die Sicherheitsbehörden um die Mitwirkung an der Ermittlung des Aufenthaltes zu ersuchen und eine Abfrage beim zentralen Melderegister sowie beim Hauptverband der österreichischen Sozialversicherungsträger*⁾ zu tätigen.

(3) Sofern nicht die Voraussetzungen nach Art. 9 HKÜ vorliegen, hat das Bundesministerium für Justiz einen aus dem Ausland einlangenden Antrag samt Beilagen auf Kosten des Bundes übersetzen zu lassen (Art. 24 Abs. 1 HKÜ) und sodann an das zuständige Bezirksgerichts zu übersenden.

(4) Der zur Durchführung des Verfahrens zuständige Richter hat zugunsten des Antragstellers ohne Rücksicht darauf, ob die im § 63 Abs. 1 ZPO vorgesehenen Voraussetzungen vorliegen, die Verfahrenshilfe, bei bisher Unvertretenen einschließlich der Beigebung eines Rechtsanwalts, zu bewilligen (§ 64 Abs. 1 ZPO). Entbehrt die gegnerische Partei einer Vertretung, so ist ihr auf Antrag die Verfahrenshilfe durch Beigebung eines Rechtsanwalts ohne vorherige Prüfung der vermögensrechtlichen Voraussetzungen zu bewilligen. Nach Abschluss des Verfahrens sind die Voraussetzungen für die Verfahrenshilfe zu prüfen und über eine allfällige Nachzahlung endgültig zu entscheiden.

(5) Das Gericht hat bei Bemühungen um eine gütliche Einigung im Interesse des Kindeswohls (§ 13), bei der tunlichst beide Elternteile bei Gericht erscheinen sollen, die besondere Dringlichkeit des Verfahrens zu beachten. Über den Antrag ist unverzüglich zu entscheiden, sofern eine gerichtliche Entscheidung nicht durch die freiwillige sofortige Rückführung des Kindes oder durch Zurückziehung des Antrags entbehrlich wird. Die Anordnung der Rückführung ist mit der Anordnung ihrer zwangsweisen Durchsetzung, unter Setzung einer Erfüllungsfrist, zu verbinden, sofern die zwangsweise Durchsetzung nicht noch von fehlenden Nachweisen bestimmter Voraussetzungen abhängt. Dieser Entscheidung kommt vorläufige Verbindlichkeit und Vollstreckbarkeit zu, sofern das Gericht diese nicht insbesondere ausschließt, weil sonst das Kindeswohl nach den konkreten Umständen des Einzelfalls gefährdet wäre. Im Übrigen gilt § 44 sinngemäß.

(6) Zur Sicherung der Zwecke des HKÜ hat das Gericht erster Instanz in jeder Lage des Rückführungsverfahrens Maßnahmen zu setzen, um das Recht zum persönlichen Kontakt des zurückgelassenen Elternteils mit dem Kind bis zur endgültigen Entscheidung über die Rückführung des Kindes und deren Durchsetzung zu gewährleisten, soweit dem Kindeswohl nicht entgegensteht.

(7) Das Gericht kann bei der Durchführung einer Rückführung des Kindes oder eines Beschlusses zur Regelung des Rechts auf Kontakt den Kinder- und Jugendhilfeträger um Mitwirkung im Interesse des Kindes ersuchen.

(8) Das Gericht hat dem Bundesministerium für Justiz unmittelbar über alle wichtigen Maßnah-

AußStrG

men und über das Ergebnis des Verfahrens zu berichten. Hat das Gericht innerhalb von sechs Wochen nach Einlangen des Antrages bei ihm keine Entscheidung getroffen, so hat es dem Bundesministerium für Justiz unverzüglich über die Gründe für die Verzögerung zu berichten. Das Bundesministerium für Justiz kann auch den zur Vertretung des Antragstellers bestellten Rechtsanwalt (Abs. 4) um Bekanntgabe des Verfahrensstandes ersuchen.

(BGBl I 2017/130)

) nun Dachverband der Sozialversicherungsträger (§ 720 ASVG)

§ 111d. (1) Im Übrigen sind die Bestimmungen des 7. Abschnitts sinngemäß auch auf Verfahren nach dem HKÜ anzuwenden. Es ist tunlichst ein Kinderbeistand (§ 104a) zu bestellen.

(2) Wurde ein selbständiger Beschluss zur Anordnung der zwangsweisen Durchsetzung gefasst, so kommt diesem jedenfalls vorläufige Verbindlichkeit und Vollstreckbarkeit zu. Im Übrigen gilt § 44 sinngemäß, wobei die Aberkennung der vorläufigen Verbindlichkeit und Vollstreckbarkeit anzuordnen ist, wenn sonst das Kindeswohl nach den konkreten Umständen des Einzelfalls gefährdet wäre. Einwendungen gegen die Vollstreckung des Beschlusses sind nur noch zu berücksichtigen, soweit die nun eingewendeten Umstände im Verfahren zur Anordnung der Rückführung noch nicht geprüft wurden oder soweit nachträglich Umstände eingetreten sind, die das Wohl des Kindes gefährden.

(BGBl I 2017/130)

§ 111e. Wird dem Antragsgegner während des im Inland anhängigen Rückführungsverfahrens von der zuständigen Behörde im ersuchenden Staat das Recht zur Bestimmung des Aufenthalts für das widerrechtlich verbrachte oder zurückgehaltene Kind zwar rechtswirksam, jedoch bloß vorläufig oder nicht rechtskräftig zugewiesen, so ist das Rückführungsverfahren gemäß § 25 Abs. 2 Z 1 zu unterbrechen. Wird dem Antragsgegner das Aufenthaltsbestimmungsrecht endgültig und rechtskräftig zugewiesen, ist das Rückführungsverfahren einzustellen.

(BGBl I 2017/130)

§ 111f. Die aufgrund dieses Abschnittes vorzunehmenden Datenverarbeitungen erfüllten die Voraussetzungen des Art. 35 Abs. 10 der Verordnung (EU) 2016/679 zum Schutz natürlicher Personen bei der Verarbeitung personenbezogener Daten, zum freien Datenverkehr und zur Aufhebung der Richtlinie 95/46/EG (Datenschutz-Grundverordnung), ABl. Nr. L 119 vom 4.5.2016 S. 1, für einen Entfall der Datenschutz-Folgenabschätzung.

(BGBl I 2017/130)

8. Abschnitt

Vollstreckbarerklärung ausländischer Entscheidungen über die Regelung der Obsorge und das Recht auf persönlichen Verkehr

Vollstreckbarerklärung

§ 112. (1) Ausländische gerichtliche Entscheidungen über die Regelung der Obsorge und das Recht auf persönliche Kontakte können nur vollstreckt werden, wenn sie vom Gericht für Österreich für vollstreckbar erklärt wurden. Dabei sind gerichtliche Vergleiche und vollstreckbare öffentliche Urkunden gerichtlichen Entscheidungen gleichzuhalten. *(BGBl I 2013/15)*

(2) Eine ausländische Entscheidung ist für vollstreckbar zu erklären, wenn sie nach dem Recht des Ursprungsstaats vollstreckbar ist und kein Grund für die Verweigerung der Vollstreckbarerklärung vorliegt.

Verweigerungsgründe

§ 113. (1) Die Vollstreckbarerklärung ist zu verweigern, wenn

1. sie dem Kindeswohl oder anderen Grundwertungen der österreichischen Rechtsordnung (ordre public) offensichtlich widerspricht;

2. das rechtliche Gehör des Antragsgegners im Ursprungsstaat nicht gewahrt wurde, es sei denn, er ist mit der Entscheidung offenkundig einverstanden;

3. die Entscheidung mit einer späteren österreichischen oder einer späteren ausländischen Obsorge- oder Besuchsrechtsentscheidung, die die Voraussetzungen für eine Vollstreckbarerklärung in Österreich erfüllt, unvereinbar ist;

4. die erkennende Behörde bei Anwendung österreichischen Rechts für die Entscheidung international nicht zuständig gewesen wäre.

(2) Die Vollstreckbarerklärung ist weiters auf Antrag jener Person zu verweigern, der die Obsorge für das Kind zukommt, wenn sie keine Möglichkeit hatte, sich am Verfahren des Ursprungsstaats zu beteiligen.

Verfahren der Vollstreckbarerklärung

§ 114. (1) Dem Antrag auf Vollstreckbarerklärung sind eine Ausfertigung der Entscheidung und ein Nachweis, dass sie nach dem Recht des Ursprungsstaats vollstreckbar ist und dass sie zugestellt wurde, anzuschließen. Im Fall der Nichteinlassung des Antragsgegners in das Verfahren des Ursprungsstaats ist überdies der Nachweis der Zustellung des verfahrenseinleitenden Schriftstücks oder eine Urkunde, aus der sich ergibt, dass die säumige Partei mit der ausländischen Entscheidung offenkundig einverstanden ist, vorzulegen.

(2) Das Gericht kann die anderen Beteiligten auch erst durch Zustellung der Entscheidung in das Verfahren einbeziehen und von der Anhörung des betroffenen Kindes absehen.

(3) Richtet sich ein Rekurs gegen eine Entscheidung erster Instanz, so beträgt die Frist für Rekurs und Rekursbeantwortung einen Monat. Befindet sich der gewöhnliche Aufenthalt des Antragsgegners im Ausland und stellt ein Rekurs oder eine Rekursbeantwortung seine erste Möglichkeit dar, sich am Verfahren zu beteiligen, so beträgt die Frist für den Rekurs oder die Rekursbeantwortung für ihn zwei Monate.

(4) Ist die ausländische Entscheidung nach den Vorschriften des Ursprungsstaats noch nicht rechtskräftig, so kann auf Antrag des Antragsgegners das Verfahren zur Vollstreckbarerklärung bis zum Eintritt der Rechtskraft unterbrochen werden. Erforderlichenfalls kann dem Antragsgegner eine Frist für die Bekämpfung der ausländischen Entscheidung gesetzt werden.

(5) Die Vollstreckung kann zugleich mit der Vollstreckbarerklärung beantragt werden. Das Gericht hat über beide Anträge zugleich zu entscheiden.

(6) Ein Kostenersatz findet nicht statt.

Anerkennung

§ 115. Auf Anträge, mit denen die Anerkennung oder Nichtanerkennung gerichtlicher Entscheidungen über die Regelung der Obsorge und des Rechts auf persönliche Kontakte geltend gemacht wird, sind die vorstehenden Bestimmungen sinngemäß anzuwenden. *(BGBl I 2013/15)*

Vorrang des Völkerrechts

§ 116. Die §§ 112 bis 115 sind nicht anzuwenden, soweit nach Völkerrecht oder in Rechtsakten der Europäischen Gemeinschaften Anderes bestimmt ist.

9. Abschnitt

Erwachsenenschutzverfahren

I. Verfahrensrechte der betroffenen Person

§ 116a. (1) Die betroffene Person kann in Erwachsenenschutzverfahren unabhängig von ihrer Verfahrensfähigkeit Verfahrenshandlungen vornehmen. Stimmen ihre Anträge nicht mit jenen ihres Vertreters überein, so sind bei der Entscheidung alle Anträge inhaltlich zu berücksichtigen.

(2) Der betroffenen Person sind sämtliche Beschlüsse zuzustellen. Die Zustellung des Beschlusses über die Bestellung eines Erwachsenenvertreters hat zu eigenen Handen zu erfolgen; der Rechtsbeistand im Verfahren hat ihr dessen Inhalt in geeigneter Weise zu erläutern.

(3) Kann die betroffene Person den Zustellvorgang oder den Inhalt der Entscheidung auch nicht annähernd begreifen, so ist die Zustellung wirksam, wenn die Ausfertigung des Beschlusses auf eine Weise in den körperlichen Nahebereich der betroffenen Person gelangt, dass sie sich bei Erhalt ohne ihre psychische Krankheit oder eine vergleichbare Beeinträchtigung ihrer Entscheidungsfähigkeit Kenntnis vom Inhalt des Beschlusses verschaffen könnte.

(4) Will die betroffene Person Beschlüsse anfechten, so genügt es, dass aus dem Schriftstück deutlich hervorgeht, dass sie mit der Entscheidung nicht einverstanden ist.

(BGBl I 2017/59, auf Verfahren anzuwenden, die nach dem 30. Juni 2018 anhängig sind oder anhängig werden, Näheres s § 207m)

II. Bestellung eines gerichtlichen Erwachsenenvertreters

Verfahrenseinleitung

§ 117. (1) Das Verfahren über die Bestellung eines gerichtlichen Erwachsenenvertreters für eine Person ist einzuleiten, wenn sie selbst die Bestellung beantragt oder von Amts wegen, etwa auf Grund einer Mitteilung.

(2) Ist die Person noch minderjährig, so kann das Verfahren frühestens drei Monate vor Erreichen der Volljährigkeit eingeleitet werden; die Bestellung eines gerichtlichen Erwachsenenvertreters wird nicht vor Eintritt der Volljährigkeit wirksam.

(BGBl I 2017/59, auf Verfahren anzuwenden, die nach dem 30. Juni 2018 anhängig sind oder anhängig werden, Näheres s § 207m)

Befassung des Erwachsenenschutzvereins

§ 117a. (1) Liegen konkrete und begründete Anhaltspunkte für die Notwendigkeit der Bestellung eines gerichtlichen Erwachsenenvertreters vor, so hat das Gericht zunächst den Erwachsenenschutzverein (§ 1 ErwSchVG) mit der Abklärung (§ 4a ErwSchVG) zu beauftragen. Es hat Auszüge aus dem Grundbuch und dem Firmenbuch, eine Übersicht über die anhängigen Gerichtsverfahren und über den sozialversicherungsrechtlichen Status (Versicherungsdatenauszug, zuständiger Versicherungsträger) sowie allenfalls weite-

AußStrG

re erforderliche Unterlagen beizuschaffen und dem Auftrag beizulegen.

(2) Die betroffene Person ist unverzüglich von der Befassung des Erwachsenenschutzvereins zu verständigen.

(BGBl I 2017/59, auf Verfahren anzuwenden, die nach dem 30. Juni 2018 anhängig sind oder anhängig werden, Näheres s § 207m)

Erstanhörung

§ 118. (1) Setzt das Gericht das Verfahren fort, so hat es sich einen persönlichen Eindruck von der vom Verfahren betroffenen Person zu verschaffen. Es hat sie über Grund und Zweck des Verfahrens, die Aufgaben eines Rechtsbeistands im Verfahren und die Möglichkeit, einen solchen selbst zu wählen, zu unterrichten und Gelegenheit zur Stellungnahme zu geben.

(2) Ist das Erscheinen der betroffenen Person vor Gericht unmöglich, untunlich oder ihrem Wohl abträglich, so hat das Gericht sie aufzusuchen. Eine zwangsweise Vorführung der betroffenen Person ist nicht zulässig.

(3) Kann sich das Gericht wegen aus dem Aufenthalt der betroffenen Person resultierender unverhältnismäßiger Schwierigkeiten oder Kosten keinen persönlichen Eindruck von der betroffenen Person verschaffen, so kann die Erstanhörung im Weg der Rechtshilfe erfolgen.

(BGBl I 2017/59, auf Verfahren anzuwenden, die nach dem 30. Juni 2018 anhängig sind oder anhängig werden, Näheres s § 207m)

Rechtsbeistand im Verfahren

§ 119. Ist das Verfahren auf Grund der Ergebnisse der Erstanhörung fortzusetzen, so hat das Gericht für einen Rechtsbeistand der betroffenen Person im Verfahren zu sorgen. Hat sie keinen geeigneten gesetzlichen oder selbstgewählten Vertreter, so hat das Gericht für sie mit sofortiger Wirksamkeit einen Vertreter für das Verfahren zu bestellen. Er ist zu entheben, sobald die betroffene Person einen anderen geeigneten Vertreter gewählt und dem Gericht bekannt gegeben hat.

(BGBl I 2017/59, auf Verfahren anzuwenden, die nach dem 30. Juni 2018 anhängig sind oder anhängig werden, Näheres s § 207m)

Einstweiliger Erwachsenenvertreter

§ 120. (1) Erfordert es das Wohl der betroffenen Person, so hat ihr das Gericht zur Besorgung dringender Angelegenheiten längstens für die Dauer des Verfahrens einen einstweiligen Erwachsenenvertreter mit sofortiger Wirksamkeit zu bestellen.

(2) Ein einstweiliger Erwachsenenvertreter kann erst nach Abklärung durch den Erwachsenenschutzverein und Durchführung der Erstanhörung bestellt werden, es sei denn, dass sonst ein erheblicher und unwiederbringlicher Nachteil für die betroffene Person zu befürchten ist. Die Abklärung und die Erstanhörung sind unverzüglich nachzuholen.

(3) Ein einstweiliger Erwachsenenvertreter kann auch für denselben Wirkungsbereich wie ein bereits eingesetzter Vertreter bestellt werden. Ansonsten gelten für die einstweilige Erwachsenenvertretung die Regelungen über die gerichtliche Erwachsenenvertretung. Die einstweilige Erwachsenenvertretung ist im Österreichischen Zentralen Vertretungsverzeichnis einzutragen. § 123 – ausgenommen Abs. 1 Z 4 und 5 – und § 126 sind sinngemäß anzuwenden. *(BGBl I 2018/58, ab 1. 8. 2018)*

(BGBl I 2017/59, auf Verfahren anzuwenden, die nach dem 30. Juni 2018 anhängig sind oder anhängig werden, Näheres s § 207m)

Sachverständigengutachten

§ 120a. Das Gericht hat einen Sachverständigen zu bestellen, wenn es dies für erforderlich hält oder die betroffene Person dies beantragt. Der Sachverständige hat ein schriftliches Gutachten zu erstatten. Das Gericht hat das Gutachten der betroffenen Person und ihrem Rechtsbeistand (§ 119) zu übermitteln. Findet eine mündliche Verhandlung statt, so hat die Übermittlung rechtzeitig vor dieser zu erfolgen.

(BGBl I 2017/59, auf Verfahren anzuwenden, die nach dem 30. Juni 2018 anhängig sind oder anhängig werden, Näheres s § 207m)

Mündliche Verhandlung

§ 121. (1) Über die Bestellung eines gerichtlichen Erwachsenenvertreters hat das Gericht mündlich zu verhandeln, wenn dies das Gericht für erforderlich hält oder die betroffene Person dies beantragt.

(2) Zur mündlichen Verhandlung sind die betroffene Person, ihr Rechtsbeistand (§ 119), ihr einstweiliger Erwachsenenvertreter sowie die Person, die zum Erwachsenenvertreter bestellt werden soll, zu laden.

(3) Ist das Erscheinen der betroffenen Person vor Gericht unmöglich, untunlich oder ihrem Wohl abträglich, so hat das Gericht die mündliche Verhandlung an dem Ort durchzuführen, an dem sich die betroffene Person befindet. Gelingt dies nicht oder gefährdet die Teilnahme an der Verhandlung das Wohl der betroffenen Person, so kann das Gericht auch ohne sie verhandeln.

(4) Bei der mündlichen Verhandlung sind die für die Feststellung des Sachverhalts erforderli-

chen Beweise aufzunehmen. Wenn dies die betroffene Person beantragt oder das Gericht für erforderlich hält, haben ein Mitarbeiter des Erwachsenenschutzvereins die Abklärung und der Sachverständige das Gutachten in der mündlichen Verhandlung vorzutragen. Bei entsprechenden Hinweisen kann auch ein informierter Mitarbeiter des Trägers der Sozial- oder Behindertenhilfe beigezogen werden.

(5) Sofern eine rechtsunkundige Person zum gerichtlichen Erwachsenenvertreter bestellt werden soll, ist sie über die Grundzüge der Erwachsenenvertretung zu informieren.

(BGBl I 2017/59, auf Verfahren anzuwenden, die nach dem 30. Juni 2018 anhängig sind oder anhängig werden, Näheres s § 207m)

Einstellung

§ 122. (1) Gelangt das Gericht zum Ergebnis, dass ein gerichtlicher Erwachsenenvertreter nicht zu bestellen ist, so hat es das Verfahren in jeder Lage einzustellen.

(2) Ein Beschluss über die Einstellung ist nur dann zu fassen, wenn

1. die betroffene Person von der Anregung (§ 117) oder dem Verfahren bereits Kenntnis erlangt hat oder

2. ein Gericht oder eine Behörde die Verfahrenseinleitung angeregt hat.

(3) Im Beschluss über die Einstellung oder mit gesondertem Beschluss kann das Gericht auch aussprechen, dass die Voraussetzungen für die Errichtung einer Vorsorgevollmacht, für die Eintragung des Eintritts des Vorsorgefalls oder für die Eintragung einer gewählten oder gesetzlichen Erwachsenenvertretung im Österreichischen Zentralen Vertretungsverzeichnis vorliegen. Gegebenenfalls kann es auch die Beendigung einer Vorsorgevollmacht oder einer gesetzlichen oder gewählten Erwachsenenvertretung anordnen.

(4) Gerichte oder Behörden, die die Einleitung des Verfahrens angeregt haben, sowie der Erwachsenenschutzverein, der die Abklärung vorgenommen hat, sind von der Einstellung zu verständigen; dabei ist der Schutz des Privat- oder Familienlebens der betroffenen Person zu gewährleisten.

(BGBl I 2017/59, auf Verfahren anzuwenden, die nach dem 30. Juni 2018 anhängig sind oder anhängig werden, Näheres s § 207m)

Bestellung

§ 123. (1) Der Beschluss über die Bestellung des gerichtlichen Erwachsenenvertreters hat zu enthalten:

1. den Ausspruch, dass für die betroffene Person ein gerichtlicher Erwachsenenvertreter bestellt wird;

2. die Umschreibung der Angelegenheiten, die der Erwachsenenvertreter zu besorgen hat;

3. die Bezeichnung der Person des Erwachsenenvertreters;

4. den konkreten Zeitpunkt, in dem die Erwachsenenvertretung endet, wenn nicht zuvor ein Erneuerungsverfahren eingeleitet wird (§ 128) und

5. den Ausspruch über die Kosten.

(2) Im Beschluss über die Bestellung eines gerichtlichen Erwachsenenvertreters oder mit gesondertem Beschluss kann das Gericht auch einen Genehmigungsvorbehalt (§ 242 Abs. 2 ABGB) und die Beendigung einer Vorsorgevollmacht oder einer gesetzlichen oder gewählten Erwachsenenvertretung anordnen. Gegebenenfalls kann es auch aussprechen, dass für nicht von der gerichtlichen Erwachsenenvertretung umfasste Angelegenheiten die Voraussetzungen für die Errichtung einer Vorsorgevollmacht, für die Eintragung des Eintritts des Vorsorgefalls oder für die Eintragung einer gewählten oder gesetzlichen Erwachsenenvertretung im Österreichischen Zentralen Vertretungsverzeichnis vorliegen.

(3) Der Beschluss über die Bestellung eines gerichtlichen Erwachsenenvertreters ist für die betroffene Person möglichst verständlich zu begründen.

(BGBl I 2017/59, auf Verfahren anzuwenden, die nach dem 30. Juni 2018 anhängig sind oder anhängig werden, Näheres s § 207m)

Zur nötigen Zustimmung des Erwachsenenvertreters s § 274 ABGB

Kosten

§ 124. Bei Bestellung eines gerichtlichen Erwachsenenvertreters sind die dem Bund erwachsenen Kosten der betroffenen Person aufzuerlegen, soweit dadurch nicht ihr notwendiger Unterhalt oder der ihrer Familie, für die sie zu sorgen hat, gefährdet wird. Im Übrigen hat der Bund die Kosten endgültig zu tragen.

(BGBl I 2017/59, auf Verfahren anzuwenden, die nach dem 30. Juni 2018 anhängig sind oder anhängig werden, Näheres s § 207m)

Wirksamwerden der Bestellung eines Erwachsenenvertreters

§ 125. Dem Beschluss, mit dem der gerichtliche Erwachsenenvertreter bestellt wird (§ 123 Abs. 1), kann keine vorläufige Wirksamkeit zuerkannt werden.

(BGBl I 2017/59, auf Verfahren anzuwenden, die nach dem 30. Juni 2018 anhängig sind oder anhängig werden, Näheres s § 207m)

AußStrG

Verständigungspflichten

§ 126. (1) Von der Bestellung des gerichtlichen Erwachsenenvertreters sind auf geeignete Weise diejenigen Personen und Stellen zu verständigen, die nach den aktenkundigen Ergebnissen des Verfahrens, insbesondere nach den Angaben des Erwachsenenvertreters, ein begründetes Interesse daran haben. Von der Beendigung einer Vorsorgevollmacht oder einer gesetzlichen oder gewählten Erwachsenenvertretung ist der von der Beendigung betroffene Vertreter zu verständigen.

(2) Das Gericht hat zu veranlassen, dass die Anordnung eines Genehmigungsvorbehalts in die öffentlichen Bücher und Register eingetragen wird, wenn der Genehmigungsvorbehalt die in dem betreffenden Buch oder Register eingetragenen Rechte umfasst. Darüber hinaus hat es die Bestellung des gerichtlichen Erwachsenenvertreters im Österreichischen Zentralen Vertretungsverzeichnis einzutragen. *(BGBl I 2018/58, ab 1. 8. 2018)*

(BGBl I 2017/59, auf Verfahren anzuwenden, die nach dem 30. Juni 2018 anhängig sind oder anhängig werden, Näheres s § 207m)

Angehörige

§ 127. (1) Von der Einleitung des Verfahrens über die Bestellung eines gerichtlichen Erwachsenenvertreters sind der Ehegatte, eingetragene Partner oder Lebensgefährte, die Eltern und volljährigen Kinder der betroffenen Person sowie die in einer Erwachsenenvertreter-Verfügung bezeichnete Person (§ 244 Abs. 1 ABGB) zu verständigen, soweit die betroffene Person nichts anderes verfügt hat oder zu erkennen gibt, dass sie eine solche Verständigung nicht will.

(2) Ergibt sich unter solchen Angehörigen im Rahmen der Abklärung durch den Erwachsenenschutzverein kein Einvernehmen über die Person des zu bestellenden Erwachsenenvertreters, so hat das Gericht diese Angehörigen zu hören.

(3) Einem Angehörigen im Sinn des Abs. 1, dessen Verständigung die betroffene Person nicht abgelehnt hat, steht gegen den Beschluss über die Bestellung eines gerichtlichen Erwachsenenvertreters im Hinblick auf die Person des gerichtlichen Erwachsenenvertreters der Rekurs zu.

(4) Kann die Abgabestelle eines Angehörigen im Sinn des Abs. 1 nicht mit geringfügigem Aufwand ermittelt werden oder ist er zu einer Äußerung nicht nur vorübergehend unfähig, so ist dieser Angehörige wie eine nicht aktenkundige Partei zu behandeln und von einer Verständigung desselben abzusehen.

(BGBl I 2017/59, auf Verfahren anzuwenden, die nach dem 30. Juni 2018 anhängig sind oder anhängig werden, Näheres s § 207m)

III. Änderung, Übertragung, Erneuerung und Beendigung der gerichtlichen Erwachsenenvertretung

§ 128. (1) Die Vorschriften für das Verfahren zur Bestellung eines gerichtlichen Erwachsenenvertreters sind auch auf das Verfahren über die Erweiterung, Einschränkung, Übertragung, Erneuerung und Beendigung der gerichtlichen Erwachsenenvertretung anzuwenden, soweit im Folgenden nichts anderes bestimmt ist. Bei einer Einschränkung oder Beendigung der gerichtlichen Erwachsenenvertretung hat stets der Bund die Kosten endgültig zu tragen. § 125 gilt nur für den Beschluss über die Erweiterung der gerichtlichen Erwachsenenvertretung.

(2) Das Gericht hat die in Abs. 1 genannten Verfahren auch auf Antrag des gerichtlichen Erwachsenenvertreters einzuleiten. Diesem kommen die Aufgaben des Rechtsbeistands im Verfahren (§ 119) zu. Im Verfahren über die Übertragung der gerichtlichen Erwachsenenvertretung kann das Gericht erforderlichenfalls einen vom bisherigen gerichtlichen Erwachsenenvertreter verschiedenen Vertreter für das Verfahren bestellen.

(3) Das Gericht hat im Verfahren

1. über die Erneuerung der Erwachsenenvertretung und

2. zur Erweiterung der gerichtlichen Erwachsenenvertretung, wenn diese auf die Zustimmung zu einzelnen oder Arten von medizinischen Behandlungen, die Entscheidung über eine dauerhafte Änderung des Wohnortes oder auf einzelne oder Arten von Angelegenheiten des außerordentlichen Wirtschaftsbetriebes erweitert werden soll,

den Erwachsenenschutzverein mit der Abklärung zu beauftragen und sich einen persönlichen Eindruck von der betroffenen Person zu verschaffen. In allen anderen Verfahren kann sich das Gericht, wenn es das für erforderlich hält, einen persönlichen Eindruck von der betroffenen Person verschaffen, einen Sachverständigen bestellen oder eine mündliche Verhandlung durchführen sowie, ausgenommen im Verfahren über die Übertragung der gerichtlichen Erwachsenenvertretung, den Erwachsenenschutzverein mit der Abklärung beauftragen.

(4) Das Gericht hat die betroffene Person und den gerichtlichen Erwachsenenvertreter zumindest ein halbes Jahr vor dem § 123 Abs. 1 Z 4 genannten Zeitpunkt über die bevorstehende Beendigung der Erwachsenenvertretung zu informieren und auf die Möglichkeit einer Erneuerung hinzuweisen. Wurde vor dem § 123 Abs. 1 Z 4 genannten Zeitpunkt ein Antrag auf Erneuerung gestellt oder das Verfahren über die Erneuerung von Amts wegen mit Beschluss eingeleitet, so bleibt die Bestellung des gerichtlichen Erwachsenenvertreters bis zur rechtskräftigen Entscheidung über die Erneuerung aufrecht. Über das Einbrin-

gen des Antrags ist eine Bestätigung auszustellen. Unterbleibt eine Erneuerung der gerichtlichen Erwachsenenvertretung, so hat das Gericht deren Beendigung durch Beschluss festzustellen.

(5) Das Gericht hat die Änderung, Übertragung, Einleitung des Erneuerungsverfahrens, Erneuerung und Beendigung der gerichtlichen Erwachsenenvertretung im Österreichischen Zentralen Vertretungsverzeichnis einzutragen. *(BGBl I 2018/58, ab 1. 8. 2018)*

(BGBl I 2017/59, auf Verfahren anzuwenden, die nach dem 30. Juni 2018 anhängig sind oder anhängig werden, Näheres s § 207m)

IV. Anordnung oder Aufhebung eines
Genehmigungsvorbehalts

§ 129. Vor Anordnung eines Genehmigungsvorbehalts (§ 242 Abs. 2 ABGB) muss sich das Gericht einen persönlichen Eindruck von der betroffenen Person verschaffen, vor der Aufhebung eines Genehmigungsvorbehalts nur dann, wenn es dies für erforderlich hält. Wenn dies das Gericht für erforderlich hält, hat es den Erwachsenenschutzverein mit der Abklärung zu beauftragen, einen Sachverständigen zu bestellen oder mündlich zu verhandeln. § 120 Abs. 2 und § 126 gelten sinngemäß.

(BGBl I 2017/59, auf Verfahren anzuwenden, die nach dem 30. Juni 2018 anhängig sind oder anhängig werden, Näheres s § 207m)

V. Berichtspflicht und Auskunftsrechte

§ 130. (1) Im Rahmen der Kontrolle der Erwachsenenvertretung im Sinn des § 259 Abs. 1 ABGB hat der Erwachsenenvertreter dem Gericht binnen vier Wochen nach Beginn seiner Vertretungsbefugnis einen Bericht über die Lebenssituation der vertretenen Person vorzulegen.

(2) Das Gericht kann dem Erwachsenenvertreter auch einen Auftrag zu einem solchen Bericht erteilen. Soweit dadurch kein Nachteil für die vertretene Person zu besorgen ist, kann das Gericht die Verpflichtung zum Lebenssituationsbericht auch einschränken.

(3) Das Gericht hat jeder Person, die ein rechtliches Interesse glaubhaft macht, auf schriftliche Anfrage über die Person eines Vorsorgebevollmächtigten oder Erwachsenenvertreters und – soweit dies dem Gericht bekannt ist – über dessen Wirkungsbereich Auskunft zu erteilen.

(BGBl I 2017/59, auf Verfahren anzuwenden, die nach dem 30. Juni 2018 anhängig sind oder anhängig werden, Näheres s § 207m)

VI. Gerichtliche Kontrolle von
Rechtshandlungen in der Personensorge

§ 131. (1) Im Verfahren über

1. die Genehmigung der Zustimmung des Vorsorgebevollmächtigten oder Erwachsenenvertreters zu einer medizinischen Behandlung der betroffenen Person,

2. die Ersetzung der von einem solchen Vertreter verweigerten Zustimmung sowie

3. die Genehmigung der Zustimmung des Erwachsenenvertreters oder Vorsorgebevollmächtigten zu einer Forschung an der betroffenen Person, die diese ablehnt,

hat das Gericht zur Vertretung der betroffenen Person den Erwachsenenschutzverein (§ 1 ErwSchVG), soweit er nicht bereits Erwachsenenvertreter der betroffenen Person ist, zum besonderen Rechtsbeistand im Verfahren zu bestellen. Das Gericht hat überdies einen Sachverständigen beizuziehen. Das Verfahren ist auch dann fortzusetzen, wenn die medizinische Behandlung zwischenzeitig beendet worden ist.

(2) Im Verfahren über die Genehmigung der Entscheidung des Erwachsenenvertreters oder Vorsorgebevollmächtigten über eine dauerhafte Änderung des Wohnortes hat sich das Gericht einen persönlichen Eindruck von der betroffenen Person zu machen und, wenn die betroffene Person zu erkennen gibt, dass sie ihren Wohnort nicht ändern will, den Erwachsenenschutzverein (§ 1 ErwSchVG) mit der Abklärung (§ 4b ErwSchVG) zu beauftragen. Ergeben sich bereits im Rahmen der Abklärung nach §§ 117a bzw. 128 Abs. 3 Anhaltspunkte für die ablehnende Haltung der betroffenen Person, so ist das Gericht zu verständigen und mit dessen Einvernehmen sogleich die ergänzende Abklärung vorzunehmen. Den persönlichen Eindruck von der betroffenen Person kann das Gericht diesfalls im Rahmen der Erstanhörung nach § 118 gewinnen.

(3) Im Verfahren über die Genehmigung der Zustimmung zu einer medizinischen Maßnahme, die eine dauernde Fortpflanzungsunfähigkeit der betroffenen Person zum Ziel hat, hat das Gericht den Erwachsenenschutzverein (§ 1 ErwSchVG), soweit er nicht bereits Erwachsenenvertreter der betroffenen Person ist, zum besonderen Rechtsbeistand im Verfahren zu bestellen. Das Gericht hat dem Verfahren außerdem zwei voneinander unabhängige Sachverständige beizuziehen.

(4) Das Gericht hat die in den Abs. 1 bis 3 genannten Verfahren auf Antrag der vertretenen Person und des Vorsorgebevollmächtigten oder Erwachsenenvertreters sowie von Amts wegen, etwa auf Grund der Mitteilung einer behandelnden Person oder eines Trägers der Sozial- oder Behindertenhilfe, einzuleiten. Die dem Bund erwachsenen Kosten sind der betroffenen Person aufzuerlegen, soweit dadurch nicht ihr notwendiger Un-

AußStrG

terhalt oder der ihrer Familie, für die sie zu sorgen hat, gefährdet wird. Im Übrigen hat der Bund die Kosten endgültig zu tragen.

(BGBl I 2017/59, auf Verfahren anzuwenden, die nach dem 30. Juni 2018 anhängig sind oder anhängig werden, Näheres s § 207m)

9a. Abschnitt

Anerkennung, Vollstreckbarerklärung und Vollstreckung ausländischer Entscheidungen zum Schutz der Person oder des Vermögens Erwachsener

Anwendungsbereich

§ 131a. Dieser Abschnitt regelt

1. das Verfahren und die Voraussetzungen zur Anerkennung und Vollstreckbarerklärung von Entscheidungen zum Schutz von Erwachsenen aus einem Staat, der nicht Vertragsstaat des Übereinkommens über den internationalen Schutz von Erwachsenen ist, insbesondere über

a) die Bestellung, Umbestellung oder Enthebung eines endgültigen oder einstweiligen gesetzlichen Vertreters für Erwachsene sowie die Änderung dessen Wirkungskreises,

b) den Entzug oder die Einschränkung ihrer Geschäftsfähigkeit wegen einer psychischen Krankheit oder vergleichbaren Beeinträchtigung der Entscheidungsfähigkeit,

c) ihre Vermögensangelegenheiten, soweit sie in den Wirkungskreis des gesetzlichen Vertreters fallen, wie die Überwachung und Sicherung des Vermögens sowie die Gewährung von Entgelt, Entschädigung für persönliche Bemühungen und Aufwandersatz eines gesetzlichen Vertreters, oder

d) die pflegschaftsgerichtliche Genehmigung von Handlungen eines gesetzlichen Vertreters,

2. das Verfahren zur Anerkennung und Vollstreckbarerklärung von Maßnahmen zum Schutz von Erwachsenen nach dem Übereinkommen über den internationalen Schutz von Erwachsenen sowie die Durchsetzung solcher Maßnahmen zum Schutz der Person.

(BGBl I 2013/158; BGBl I 2017/59, auf Verfahren anzuwenden, die nach dem 30. Juni 2018 anhängig sind oder anhängig werden, Näheres s § 207m)

Voraussetzungen der Anerkennung und Anerkennungsverweigerungsgründe

§ 131b. (1) Die Voraussetzungen der Anerkennung einer Maßnahme zum Schutz eines Erwachsenen (§ 131a Z 2) richten sich nach dem Übereinkommen über den internationalen Schutz von Erwachsenen[*]. *(BGBl I 2017/59, auf Verfahren anzuwenden, die nach dem 30. Juni 2018 anhän-*

gig sind oder anhängig werden, Näheres s § 207m)

(2) Eine Entscheidung zum Schutz eines Erwachsenen (§ 131a Z 1) wird in Österreich anerkannt, wenn kein Grund zur Verweigerung der Anerkennung vorliegt. *(BGBl I 2017/59, auf Verfahren anzuwenden, die nach dem 30. Juni 2018 anhängig sind oder anhängig werden, Näheres s § 207m)*

(3) Die Anerkennung kann als Vorfrage selbständig beurteilt werden, ohne dass es eines besonderen Verfahrens bedarf.

(4) Die Anerkennung der Entscheidung zum Schutz eines Erwachsenen (§ 131a Z 1) ist zu verweigern, wenn *(BGBl I 2017/59, auf Verfahren anzuwenden, die nach dem 30. Juni 2018 anhängig sind oder anhängig werden, Näheres s § 207m)*

1. sie den Grundwertungen der österreichischen Rechtsordnung (ordre public) offensichtlich widerspricht oder

2. das rechtliche Gehör der betroffenen Person nicht gewahrt wurde oder

3. die Entscheidung mit einer späteren österreichischen Maßnahme zum Schutz eines Erwachsenen (§ 131a Abs. 3 AußStrG) oder einer späteren Entscheidung zum Schutz eines Erwachsenen (§ 131a Z 1), die die Voraussetzungen für eine Anerkennung in Österreich erfüllt, unvereinbar ist oder *(BGBl I 2017/59, auf Verfahren anzuwenden, die nach dem 30. Juni 2018 anhängig sind oder anhängig werden, Näheres s § 207m)*

4. die erkennende Behörde bei Anwendung österreichischen Rechts für die Entscheidung international nicht zuständig gewesen wäre.

(BGBl I 2013/158)

———————

[*] *Haager Übereinkommen über den internationalen Schutz von Erwachsenen (siehe BGBl III 2013/287).*

Verfahren der Anerkennung

§ 131c. (1) Die Anerkennung einer Entscheidung zum Schutz eines Erwachsenen (§ 131a Z 1) und einer Maßnahme zum Schutz eines Erwachsenen (§ 131a Z 2) in einem selbständigen Verfahren kann beantragen, wer ein rechtliches Interesse daran hat. *(BGBl I 2017/59, auf Verfahren anzuwenden, die nach dem 30. Juni 2018 anhängig sind oder anhängig werden, Näheres s § 207m)*

(2) Dem Antrag sind eine Ausfertigung der Entscheidung, ein Nachweis ihrer Rechtskraft oder vorläufigen Wirksamkeit sowie ein Nachweis über die Wahrung des rechtlichen Gehörs der betroffenen Person anzuschließen. Das Gericht kann sich mit gleichwertigen Urkunden begnügen oder die Parteien von der Vorlage der Urkunden befreien, wenn es eine weitere Klärung nicht für erforderlich hält.

(3) Richtet sich ein Rekurs gegen eine Entscheidung erster Instanz, so beträgt die Frist für Rekurs und Rekursbeantwortung einen Monat. Befindet sich der gewöhnliche Aufenthalt einer Partei im Ausland und stellt ein Rekurs oder eine Rekursbeantwortung ihre erste Möglichkeit dar, sich am Verfahren zu beteiligen, so beträgt die Frist für den Rekurs oder die Rekursbeantwortung für sie zwei Monate.

(4) Ein Kostenersatz findet nicht statt.

(5) Ist die ausländische Entscheidung zum Schutz eines Erwachsenen (§ 131a Z 1) oder die Maßnahme zum Schutz eines Erwachsenen (§ 131a Z 2) nach den Vorschriften des Ursprungsstaats noch nicht rechtskräftig, so kann auf Antrag einer Partei das Verfahren zur Anerkennung bis zum Eintritt der Rechtskraft unterbrochen werden. Erforderlichenfalls kann einer Partei eine Frist für die Bekämpfung der ausländischen Entscheidung gesetzt werden. *(BGBl I 2017/59, auf Verfahren anzuwenden, die nach dem 30. Juni 2018 anhängig sind oder anhängig werden, Näheres s § 207m)*

(6) Die Verständigungspflichten des § 126 Abs. 1 und 2 sowie des § 128 Abs. 1 sind in Verfahren über die Anerkennung entsprechender Entscheidungen anzuwenden. § 130 Abs. 3 sowie § 128 Abs. 1 sind in Verfahren über die Anerkennung und die Nichtanerkennung entsprechender Entscheidungen anzuwenden. *(BGBl I 2017/59, auf Verfahren anzuwenden, die nach dem 30. Juni 2018 anhängig sind oder anhängig werden, Näheres s § 207m)*

(BGBl I 2013/158)

Antrag auf Nichtanerkennung

§ 131d. Die §§ 131b und 131c sind auf Anträge, mit denen die Nichtanerkennung geltend gemacht wird, entsprechend anzuwenden.

(BGBl I 2013/158)

Vollstreckbarerklärung

§ 131e. (1) Entscheidungen zum Schutz eines Erwachsenen (§ 131a Z 1) und Maßnahmen zum Schutz Erwachsener (§ 131a Z 2) können nur vollstreckt werden, wenn sie vom Gericht für Österreich für vollstreckbar erklärt wurden. *(BGBl I 2017/59, auf Verfahren anzuwenden, die nach dem 30. Juni 2018 anhängig sind oder anhängig werden, Näheres s § 207m)*

(2) Die Voraussetzungen der Vollstreckbarerklärung einer Maßnahme zum Schutz Erwachsener (§ 131a Z 2) richten sich nach dem Übereinkommen über den internationalen Schutz von Erwachsenen*⁾. *(BGBl I 2017/59, auf Verfahren anzuwenden, die nach dem 30. Juni 2018 anhängig sind oder anhängig werden, Näheres s § 207m)*

(3) Eine Entscheidung zum Schutz eines Erwachsenen (§ 131a Z 1) ist für vollstreckbar zu erklären, wenn sie nach dem Recht des Ursprungsstaats vollstreckbar ist und kein Grund für die Verweigerung der Vollstreckbarerklärung vorliegt. Für die Verweigerung der Vollstreckbarerklärung gilt § 131b Abs. 4 sinngemäß. *(BGBl I 2017/59, auf Verfahren anzuwenden, die nach dem 30. Juni 2018 anhängig sind oder anhängig werden, Näheres s § 207m)*

(BGBl I 2013/158)

_____
*⁾ *Haager Übereinkommen über den internationalen Schutz von Erwachsenen (siehe BGBl III 2013/287).*

Verfahren der Vollstreckbarerklärung

§ 131f. (1) Dem Antrag auf Vollstreckbarerklärung sind neben den in § 131c Abs. 2 genannten Urkunden ein Nachweis über die Vollstreckbarkeit der Entscheidung nach dem Recht des Ursprungsstaats anzuschließen.

(2) Für das weitere Verfahren zur Vollstreckbarerklärung gilt § 131c Abs. 3 bis 6 sinngemäß.

(3) Die Vollstreckung kann, soweit eine solche im Verfahren außer Streitsachen erfolgt, zugleich mit der Vollstreckbarerklärung beantragt werden. Das Gericht hat über beide Anträge zugleich zu entscheiden.

(BGBl I 2013/158)

Durchsetzung ausländischer Maßnahmen zum Schutz eines Erwachsenen

§ 131g. (1) Soweit eine ausländische Maßnahme zum Schutz der Person eines Erwachsenen (§ 131a Z 2) zwangsweise durchzusetzen ist, ist eine Vollstreckung nach der Exekutionsordnung, RGBl. Nr. 79/1896, ausgeschlossen. *(BGBl I 2017/59, auf Verfahren anzuwenden, die nach dem 30. Juni 2018 anhängig sind oder anhängig werden, Näheres s § 207m)*

(2) Das Gericht hat auf Antrag oder von Amts wegen angemessene Zwangsmittel nach § 79 Abs. 2 anzuordnen. Das Gericht kann Entscheidungen, die nicht das Recht auf persönliche Kontakte betreffen, auch durch Anwendung angemessenen unmittelbaren Zwanges vollziehen.

(3) Das Gericht kann von der Fortsetzung der Durchsetzung auch von Amts wegen nur absehen, wenn und solange sie das Wohl des schutzbedürftigen Erwachsenen gefährdet.

(4) Ein Kostenersatz findet nicht statt.

(BGBl I 2013/158)

AußStrG

10. Abschnitt
Vermögensrechte von Personen unter gesetzlicher Vertretung[1]

[1] ab 1. 7. 2018

Genehmigung von Rechtshandlungen in der Vermögenssorge[1]

[1] ab 1. 7. 2018

§ 132. (1) Das Gericht darf in seiner Entscheidung über die Genehmigung der Rechtshandlung einer vertretenen Person dieser keine inhaltlich abweichende Fassung geben. Das Gericht kann auch eine bestimmte, erst geplante Rechtshandlung genehmigen oder aussprechen, dass eine Rechtshandlung keiner gerichtlichen Genehmigung bedarf. Der Beschluss über die Genehmigung der Rechtshandlung ist immer zu begründen. Beruht die Versagung der Genehmigung auf mehreren Gründen, so sind sie alle in der Begründung anzuführen. Auf Antrag hat das Gericht auf der Urkunde über die Rechtshandlung ohne Beifügung einer Begründung zu bestätigen, dass es die Genehmigung erteilt hat oder die Rechtshandlung keiner Genehmigung bedarf. *(BGBl I 2013/15; BGBl I 2017/59, auf Verfahren anzuwenden, die nach dem 30. Juni 2018 anhängig sind oder anhängig werden, Näheres s § 207m)*

(2) Zur Beurteilung der Sicherheit und Wirtschaftlichkeit der Anlegung von Mündelgeld (§§ 215 bis 220 ABGB) sowie des Erfordernisses eines Wechsels der Anlageform (§ 221 ABGB) hat das Gericht einen Sachverständigen beizuziehen. *(BGBl I 2013/15; BGBl I 2017/59, auf Verfahren anzuwenden, die nach dem 30. Juni 2018 anhängig sind oder anhängig werden, Näheres s § 207m)*

Vgl § 137 Abs 1, § 138 Abs 3.

Aufsicht über die Verwaltung des Vermögens

§ 133. (1) Bestehen Anhaltspunkte dafür, dass eine vertretene Person ein nennenswertes Vermögen hat, so hat das Gericht dieses von Amts wegen zu erforschen. Hat demnach die vertretene Person nennenswertes Vermögen, so hat das Gericht dessen Verwaltung mit dem Ziel zu überwachen, eine Gefährdung des Wohles der vertretenen Person hintanzuhalten. *(BGBl I 2017/59, auf Verfahren anzuwenden, die nach dem 30. Juni 2018 anhängig sind oder anhängig werden, Näheres s § 207m, ab 1. 7. 2018)*

(2) Sind mit der Verwaltung des Vermögens im Rahmen der Obsorge Eltern, Großeltern oder Pflegeeltern und im Rahmen der Erwachsenenvertretung nächste Angehörige im Sinn des § 268 Abs. 2 ABGB betraut, so hat das Gericht die Verwaltung des Vermögens nur zu überwachen, wenn das unbewegliche Sache zum Vermögen gehört oder der Wert des Vermögens oder der Jahreseinkünfte 15 000 Euro wesentlich übersteigt. *(BGBl I 2017/59, auf Verfahren anzuwenden, die nach dem 30. Juni 2018 anhängig sind oder anhängig werden, Näheres s § 207m)*

(3) In jedem Fall hat das Gericht die Verwaltung auch nicht nennenswerten Vermögens zu überwachen, wenn dies zur Abwehr einer unmittelbar drohenden Gefahr für das Wohl der vertretenen Person erforderlich ist. Unter diesen Voraussetzungen hat das Gericht auch die Verwaltungstätigkeit eines Kinder- und Jugendhilfeträgers sowie eines Erwachsenenschutzvereins (§ 1 ErwSchVG) zu überwachen. *(BGBl I 2017/59, ab 1. 7. 2018)*

(4) Zur Erforschung des Vermögens und zur Überwachung seiner Verwaltung, einschließlich zu seiner Sicherung, kann das Gericht insbesondere dem gesetzlichen Vertreter Aufträge erteilen, Auskünfte von Kreditunternehmen oder von gemäß § 102 auskunftspflichtigen Personen einholen, eine Schätzung, die Sperre von Guthaben sowie die gerichtliche Verwahrung von Urkunden und Fahrnissen anordnen sowie einstweilige Vorkehrungen treffen.

Vgl § 137 Abs 1, § 138 Abs 3.

Pflegschaftsrechnung

§ 134. Im Rahmen der Überwachung der Verwaltung des Vermögens hat der gesetzliche Vertreter gegenüber dem Gericht zum Ablauf des ersten vollen Jahres der Überwachung (Antrittsrechnung), danach in angemessenen Zeitabständen von höchstens drei Jahren (laufende Rechnung) sowie nach Beendigung der Vermögensverwaltung (Schlussrechnung) Rechnung zu legen. Dazu hat das Gericht dem gesetzlichen Vertreter die erforderlichen Aufträge zu erteilen; bei der laufenden Rechnung und der Schlussrechnung hat dies jeweils mit der Entscheidung über die letzte Rechnung zu geschehen.

§ 135. (1) Eltern, Großeltern und Pflegeeltern sowie ein Kinder- und Jugendhilfeträger sind im Rahmen der Obsorge gegenüber dem Gericht zur Rechnungslegung nur verpflichtet, soweit das Gericht dies aus besonderen Gründen verfügt. *(BGBl I 2018/58, ab 1. 8. 2018)*

(2) Nächste Angehörige im Sinn des § 268 Abs. 2 ABGB sowie ein Erwachsenenschutzverein (§ 1 ErwSchVG) sind im Rahmen der Erwachsenenvertretung zur laufenden Rechnungslegung nur verpflichtet, soweit das Gericht dies aus besonderen Gründen verfügt. Die Verpflichtung anderer gesetzlicher Vertreter zur laufenden Rechnung kann das Gericht einschränken, soweit dadurch kein Nachteil für die vertretene Person zu besorgen ist. *(BGBl I 2018/58, ab 1. 8. 2018)*

(3) Selbst wenn der gesetzliche Vertreter dem Gericht gegenüber von der Rechnungslegung befreit ist, bleibt er verpflichtet, Belege über die Verwaltung nennenswerten Vermögens zu sammeln, sie bis zur Beendigung der Vermögensverwaltung aufzubewahren und dem Gericht den Erwerb unbeweglicher Sachen oder eine Überschreitung des Wertes von 15 000 Euro mitzuteilen.

(4) Zur Abwehr einer Gefährdung des Wohles der vertretenen Person hat das Gericht einem gesetzlichen Vertreter einen besonderen Auftrag zur Rechnungslegung zu erteilen. *(BGBl I 2017/59, auf Verfahren anzuwenden, die nach dem 30. Juni 2018 anhängig sind oder anhängig werden, Näheres s § 207m)*

Inhalt und Beilagen der Rechnung

§ 136. (1) In der Rechnung ist zuerst das Vermögen der vertretenen Person, wie es am Anfang des Rechnungszeitraums vorhanden war, auszuweisen. Sodann sind die Veränderungen des Stammvermögens, die Einkünfte und Ausgaben und schließlich der Stand des Vermögens am Ende des Rechnungszeitraums anzugeben. Die Rechnung ist leicht nachvollziehbar zu gestalten. *(BGBl I 2017/59, auf Verfahren anzuwenden, die nach dem 30. Juni 2018 anhängig sind oder anhängig werden, Näheres s § 207m)*

(2) Soweit nach anderen Vorschriften ein Jahresabschluss aufzustellen oder eine Abgabenerklärung abzugeben ist, hat der gesetzliche Vertreter in der Rechnung darauf hinzuweisen und diese Unterlagen, soweit bereits verfügbar, der Rechnung anzuschließen. Andere Belege, zu deren Sammlung und Aufbewahrung der gesetzliche Vertreter verpflichtet ist (§ 135 Abs. 4), sind nur auf Verlangen des Gerichtes vorzulegen.

(3) Ist der gesetzliche Vertreter nur zur Antritts- und zur Schlussrechnung verpflichtet, so darf sich die Rechnung auf die Darstellung des Vermögensstandes am Anfang beziehungsweise am Ende des Rechnungszeitraums beschränken.

Bestätigung der Rechnung, Entschädigung

§ 137. (1) Ergeben sich keine Bedenken gegen die Richtigkeit und Vollständigkeit der Rechnung, so hat sie das Gericht zu bestätigen. Sonst ist der gesetzliche Vertreter aufzufordern, die Rechnung entsprechend zu ergänzen oder zu berichtigen; misslingt dies, so ist die Bestätigung zu versagen. Soweit das Vermögen oder die Einkünfte nicht gesetzmäßig angelegt oder gesichert erscheinen, hat das Gericht die erforderlichen Maßnahmen nach § 133 Abs. 4 zu treffen.

(2) Zugleich mit der Entscheidung oder – bei Befreiung von der Rechnungslegung – unabhängig davon hat das Gericht über Anträge des gesetzlichen Vertreters auf Gewährung von Entschädigung, Entgelt und Aufwandersatz zu entscheiden und die Ansprüche der Höhe nach zu bestimmen. Auf Antrag hat das Gericht die zur Befriedigung dieser Ansprüche aus den Einkünften oder dem Vermögen der vertretenen Person notwendigen Verfügungen zu treffen, den gesetzlichen Vertreter nur soweit zur Entnahme der Beträge zu ermächtigen oder die vertretene Person zur Leistung der Beträge zu verpflichten ist, als die vertretene Person die Zahlung ohne Beeinträchtigung ihres notwendigen Unterhalts (§ 63 Abs. 1 ZPO) bestreiten kann. Ist der gesetzliche Vertreter nicht mit der Verwaltung des Vermögens und des Einkommens betraut, so hat das Gericht die vertretene Person unter Setzung einer angemessenen Frist dazu aufzufordern, ein Vermögensbekenntnis (§ 66 Abs. 1 ZPO) beizubringen und erforderlichenfalls nach § 66 Abs. 2 zweiter und dritter Satz ZPO vorzugehen. Kommt die vertretene Person der Aufforderung nicht nach, so hat das Gericht auf Antrag oder von Amts wegen die Höhe des Betrages nach freier Überzeugung festzusetzen. Beantragt der gesetzliche Vertreter Vorschüsse auf Entgelt, Entschädigung oder Aufwandersatz, so hat sie ihm das Gericht zu gewähren, soweit er bescheinigt, dass dies die ordnungsgemäße Vermögensverwaltung fördert. *(BGBl I 2017/59, auf Verfahren anzuwenden, die nach dem 30. Juni 2018 anhängig sind oder anhängig werden, Näheres s § 207m; BGBl I 2018/58, ab 1. 8. 2018)*

(3) Die Entscheidung über die Rechnung beschränkt nicht das Recht der vertretenen Person, Ansprüche, die sich aus der Vermögensverwaltung ergeben, auf dem streitigen Rechtsweg geltend zu machen. *(BGBl I 2017/59, auf Verfahren anzuwenden, die nach dem 30. Juni 2018 anhängig sind oder anhängig werden, Näheres s § 207m)*

Beendigung der Vermögensverwaltung, Schlussrechnung

§ 138. (1) Für den Inhalt der Schlussrechnung sowie für die Entscheidung darüber gelten die §§ 136 und 137 sinngemäß. Das Gericht hat der vertretenen Person, soweit dies erforderlich ist, den Inhalt der Schlussrechnung verständlich zu machen. *(BGBl I 2017/59, auf Verfahren anzuwenden, die nach dem 30. Juni 2018 anhängig sind oder anhängig werden, Näheres s § 207m)*

(2) Mit der Beendigung der Vermögensverwaltung hat das Gericht erforderlichenfalls dem gesetzlichen Vertreter mit vollstreckbarem Beschluss die Übergabe des Vermögens an die vertretene Person oder an einen anderen gesetzlichen Vertreter aufzutragen. *(BGBl I 2017/59, auf Verfahren anzuwenden, die nach dem 30. Juni 2018 anhängig sind oder anhängig werden, Näheres s § 207m)*

(3) Nach dem Ende der Minderjährigkeit oder Erwachsenenvertretung ist die zuvor vertretene Person aufzufordern, Vermögen, das sich in gerichtlicher Verwahrung befindet, zu übernehmen. Dabei ist sie auf die Vorschriften über die Einziehung gerichtlicher Verwahrnisse hinzuweisen. Maßnahmen nach § 133 Abs. 4 sind aufzuheben, sofern die zuvor vertretene Person nicht deren befristete Aufrechterhaltung zur Abwehr sonst drohender Gefahren verlangt. Das Gericht hat dafür zu sorgen, dass eine Anmerkung der Minderjährigkeit, die Bestellung eines Erwachsenenvertreters oder die Anordnung eines Genehmigungsvorbehalts in den öffentlichen Büchern und Registern gelöscht wird. *(BGBl I 2017/59, auf Verfahren anzuwenden, die nach dem 30. Juni 2018 anhängig sind oder anhängig werden, Näheres s § 207m)*

Besondere Verfahrensbestimmungen

§ 139. (1) Der vertretenen Person sind sämtliche Beschlüsse zuzustellen. § 116a Abs. 1, 3 und 4 AußStrG gilt sinngemäß, für minderjährige Personen ab Vollendung des 14. Lebensjahres. *(BGBl I 2017/59, auf Verfahren anzuwenden, die nach dem 30. Juni 2018 anhängig sind oder anhängig werden, Näheres s § 207m)*

(2) Ein Kostenersatz und ein Abänderungsverfahren finden nicht statt.

11. Abschnitt

Sonstige Bestimmungen

Schutz des Privat- und Familienlebens

§ 140. (1) Mündliche Verhandlungen sind nicht öffentlich. Das Gericht kann, wenn sich keine Partei dagegen ausspricht, die Öffentlichkeit herstellen, soweit keine Umstände des Privat- und Familienlebens erörtert werden und dies mit dem Wohl der vertretenen Person vereinbar ist. An den nichtöffentlichen Teilen des Beweisverfahrens können neben den im § 19 Abs. 5 genannten Personen auch die gesetzlichen Vertreter des Minderjährigen sowie die Vertreter des Kinder- und Jugendhilfeträgers, der Familiengerichtshilfe und der Jugendgerichtshilfe teilnehmen. *(BGBl I 2013/15; BGBl I 2017/59, auf Verfahren anzuwenden, die nach dem 30. Juni 2018 anhängig sind oder anhängig werden, Näheres s § 207m)*

(2) Mitteilungen über Umstände des Privat- und Familienlebens, an deren Geheimhaltung ein begründetes Interesse einer Partei oder eines Dritten besteht, dürfen, soweit deren Kenntnis ausschließlich durch das Verfahren vermittelt wurde, nicht veröffentlicht werden (§ 301 Abs. 1 StGB).

(3) Soweit es das Wohl eines Minderjährigen verlangt, hat das Gericht überdies Personen zur Geheimhaltung (§ 301 Abs. 2 zweiter Fall StGB) bestimmter Tatsachen, von denen sie ausschließlich durch das Verfahren Kenntnis erlangt haben, zu verpflichten. Dieser Beschluss ist selbständig anfechtbar.

Vertraulichkeit der Daten

§ 141. (1) Auskünfte über Einkommens- und Vermögensverhältnisse der vertretenen Person sowie Informationen zu deren Gesundheitszustand darf das Gericht nur dieser und ihrem gesetzlichen Vertreter erteilen. Nach dem Tod der vertretenen Person dürfen Erben und erbantrittserklärten Personen (§ 157) Auskünfte über die Einkommens- und Vermögensverhältnisse der verstorbenen Person und – soweit dies der Durchsetzung ihres letzten Willens dient – über Informationen zu ihrem Gesundheitszustand erteilt werden.

(2) Im Rahmen der Amtshilfe darf das Gericht Auskünfte über Einkommens- und Vermögensverhältnisse der vertretenen Person und Informationen zu deren Gesundheitszustand nur erteilen, wenn

1. die Auskünfte zur Aufklärung einer vorsätzlich begangenen Straftat oder eines Vergehens, das in die Zuständigkeit des Landesgerichts fällt, erforderlich sind oder

2. die vertretene Person gesetzlich zur Mitwirkung an einem behördlichen Verfahren verpflichtet ist, die gewünschten Auskünfte für die angegebenen Zwecke erforderlich sind und die Behörde die Informationen nicht mit zumutbarem Aufwand auf andere Weise erhalten kann.

Das ersuchte Gericht und die ersuchende Stelle haben das Geheimhaltungsinteresse der vertretenen Person zu wahren. Das ersuchte Gericht hat die vertretene Person und ihren gesetzlichen Vertreter über die erteilten Auskünfte zu informieren. Im Fall der Z 1 darf diese Verständigung solange unterbleiben, als sonst der Zweck der Ermittlungen gefährdet wäre.

(BGBl I 2017/59, auf Verfahren anzuwenden, die nach dem 30. Juni 2018 anhängig sind oder anhängig werden, Näheres s § 207m)

Bevollmächtigung

§ 142. In Verfahren nach diesem Hauptstück, die in einem gemeinschaftlichen Gerichtsakt zusammengefasst sind, haben alle weiteren Zustellungen an einen als Bevollmächtigten namhaft gemachten Rechtsanwalt oder Notar zu geschehen, soweit die Bevollmächtigung nicht eindeutig beschränkt ist.

Erlass des BMJ

BMJ-B11.005/0005-I. 8/2004

(Auszug)

8. Neugestaltung der Führung von Pflegschaftsakten

a) Im Zusammenhang mit dem In-Kraft-Treten des neuen Außerstreitgesetzes hat die Richterschaft eine Neugestaltung der Aktenführung in Pflegschaftssachen vorgeschlagen. Das Bundesministerium für Justiz hat diesen Vorschlag mit den anderen im Bereich der Justiz an der Vollziehung des neuen Gesetzes beteiligten Kreisen erörtert, nachdem das Modell der Aktenführung an deutschen Gerichten näher untersucht worden war. Die dort bestehende aktenmäßige Trennung der Behandlung jedes einzelnen Antrages, also Unterhaltsfestsetzung, -erhöhung und -herabsetzung in jeweils getrennten Akten und gleichzeitig anhängige Verfahren auf Regelung elterlicher Sorge und Umgang (Besuch) in jeweils getrennten Akten, ermöglicht zwar eine zeitsparende, weil gleichzeitige Behandlung verschiedener Anträge oder amtswegig eingeleiteter Vorgänge, freilich um den Preis eines deutlich geringeren Informationsgehaltes der einzelnen Akten. Der neue § 142 AußStrG nimmt auf die Möglichkeit Bedacht, dass – wie bisher – einzelne Verfahren in „gemeinschaftlichen Gerichtsakten" zusammengefasst werden können. Allerdings haben die Erörterungen ergeben, dass eine Zusammenfassung von Vorgängen einer zusammengehörigen Materie größere Vorteile bei der Aktenbehandlung bietet als die bisherige unsystematische Zusammenfassung aller Vorgänge aller Materien in einem einzigen, gelegentlich höchst unübersichtlichen, weil umfangreichen Pflegschaftsakt.

b) In den Pflegschaftssachen minderjähriger Kinder werden daher jeweils sämtliche Maßnahmen einer bestimmten Gruppe von Pflegschaftsangelegenheiten zu einem eigenständigen gemeinschaftlichen Akt iSd § 142 AußStrG zusammengefasst:

– zur Sicherung des Unterhalts zum gemeinschaftlichen Akt „Unterhalt";

– zur Sicherung oder Verwaltung des Vermögens zum gemeinschaftlichen Akt „Vermögensverwaltung";

– in allen sonstigen Angelegenheiten, insbesondere Obsorge, Besuchsrecht, Genehmigung von Scheidungsvereinbarungen, Verfahren über die Einsichts- und Urteilsfähigkeit sowie die Geschäftsfähigkeit minderjähriger Kinder und Verfahren über die Informations- und Äußerungsrechte nach § 178 ABGB, zum gemeinschaftlichen Akt „Personensorge".

c) Der allumfassende „P-Akt" wird somit – vorbehaltlich der Übergangsbestimmungen (siehe Pkt. h) – ab 1.1.2005 nicht mehr bestehen. Zur Erleichterung des Auffindens der einzelnen ge-meinschaftlichen Akten über einen bestimmten Minderjährigen wird die Registrierung – wie bisher – unter derselben „P-Zahl" (siehe Pkt. d), freilich mit Unterscheidungskennzeichen für die gemeinschaftlichen Akten, vorgenommen.

d) Die Unterscheidung bei Registrierung der „gemeinschaftlichen Gerichtsakten" wird durch Beifügung eines Zusatzes zur Aktenzahl, der den jeweiligen „gemeinschaftlichen Akt" thematisch kennzeichnet, vorgenommen werden. Für den gemeinschaftlichen Akt „Vermögensverwaltung" ist das Unterscheidungskennzeichen „G" (Merkwort „Geld"), für den gemeinschaftlichen Akt „Personensorge" das Unterscheidungskennzeichen „S" (Merkwort „Sorge") und für den gemeinschaftlichen Akt „Unterhalt" das Unterscheidungskennzeichen „U" (Merkwort „Unterhalt") vorgesehen. „U" und „V" hätten bei Gebrauch von Handschrift zu wenig Unterscheidungskraft gehabt, auch die Verwechslung des Buchstabens „O" mit der Zahl Null musste vermieden werden. Das jeweilige Unterscheidungskennzeichen ist unter Bindestrichen zwischen Aktenzahl und Ordnungsnummer der jeweiligen Geschäftszahl hinzuzufügen (z.B.: 1 P 14/04 – U – 12).

Als weiteres Unterscheidungsmerkmal werden die „grauen Aktendeckel" für außerstreitige Verfahren (GeoForm Nr 82) mit farbigen Einsätzen versehen. Für die gemeinschaftlichen Akten „Personensorge" ist die Farbe blau, für „Vermögensverwaltung" gelb und für „Unterhalt" rot als Farbeinsatz zum „grauen Aktendeckel" vorgesehen.

Alle unter derselben P-Zahl registrierten gemeinschaftlichen Gerichtsakten (Pkt. b) sind zusammen in einem (einfärbig) grauen Aktendeckel (GeoForm Nr 82) abzulegen.

Der Pflegschaftsbogen bleibt in der bestehenden Form erhalten. Dieser ist in jeden der gemeinschaftlichen Akten zu legen.

e) Da die in den gemeinschaftlichen Akten zusammen gefassten Vorgänge (Pkt. b) völlig getrennt von den in anderen gemeinschaftlichen Akten zusammen gefassten Vorgängen geführt werden, gelten – vorbehaltlich der Rechtsprechung – auch alle Verfahrenshandlungen der Parteien und des Gerichts nur für den gemeinschaftlichen Akt, auf den sie sich beziehen. Nach dem neuen § 142 AußStrG sind also Rechtsanwaltsvollmachten für jeden der „gemeinschaftlichen Akten" gesondert bekannt zu geben. Auch werden richterliche Kuratorenbestellungen nur für den jeweils betroffenen gemeinschaftlichen Akt gelten. Weiters sind Verfahrenshilfebewilligungen nur für den gemeinschaftlichen Akt wirksam, in dem sie beantragt und erteilt wurden.

f) Wegen der grundsätzlichen Eigenständigkeit der jeweiligen gemeinschaftlichen Akten nach

AußStrG

Pkt. b) ist wohl auch eine getrennte Übertragung der Zuständigkeit einzelner der gemeinschaftlichen Akten an ein anderes Gericht zulässig (vgl § 111 Abs. 1 JN).

g) Zu gemeinschaftlichen Akten dürfen ausschließlich die jeweils in Pkt. b) genannten Vorgänge zusammengefasst werden, welche im P-Register mit FC 01 geführt werden. Gesondert davon ins P-Register einzutragen sind Abwesenheitspflegschaftssachen (FC 02), Unterhaltssachen ausländischer Minderjähriger mit Wohnsitz im Ausland (FC 03), Adoptionsachen Minderjähriger (FC 04) sowie Sachwalterschaftssachen (FC 05).

Wird ein Verfahren zur Annahme eines oder mehrerer minderjähriger Wahlkinder an Kindes Statt oder ein Verfahren in Unterhaltssachen, ausgenommen Unterhaltsvorschusssachen, ausländischer Minderjähriger mit Aufenthalt im Ausland eingeleitet, so ist für diese Verfahren jedenfalls jeweils ein eigener P-Akt (ohne Unterscheidungskennzeichen) zu eröffnen, der durch jeweils gesonderte Eintragung ins P-Register von den gemeinschaftlichen Akten in Pflegschaftssachen zu unterscheiden ist. Im Fall der Adoption Minderjähriger sind darin nur die Bewilligung der Annahme, deren Aufhebung und deren Widerruf zu erledigen.

h) Für den Übergang wird Folgendes angeordnet:
Besteht bereits am 1.1.2005 ein Pflegschaftsakt, so sind alle vorher eingebrachten Anträge und amtswegig eingeleiteten Verfahren nach Pkt. b) im bestehenden (umfassenden) P-Akt zu erledigen. Offene Anträge und amtswegig eingeleitete Verfahren, die vor dem 1.1.2005 bei Gericht gerichtsanhängig wurden, sind im bestehenden P-Akt mit fortlaufender Nummerierung („ON") zu erledigen. Gemeinschaftliche Akten nach Pkt. b) sind erst dann zu bilden, wenn der jeweilige verfahrenseinleitende Antrag nach dem 31.12.2004 bei Gericht eingelangt ist bzw. der verfahrenseinleitende Vorgang nach diesem Zeitpunkt gesetzt wurde. Jeder solche verfahrenseinleitende Antrag oder Vorgang ist im jeweils neu anzulegenden gemeinschaftlichen Akt – unter Beifügung des jeweiligen thematisch entsprechenden Unterscheidungskennzeichens – mit ON 1 beginnend zu bezeichnen.
Solange die neuen, farbig gestalteten Aktendeckel nach GeoForm 82 für die gemeinschaftlichen Akten noch nicht zur Verfügung stehen, sind auch hierfür die bestehenden grauen Aktendeckel zu verwenden. Diese sind mit der Bezeichnung „Personensorgesache", „Vermögensverwaltungssache" oder „Unterhaltssache" zu versehen.
Bevollmächtigungen, die vor dem 1.1.2005 erteilt und dem Gericht mitgeteilt wurden, werden wohl – vorbehaltlich der Rechtsprechung – von
den Änderungen der Aktenführung in Verbindung mit dem Inkrafttreten des neuen § 142 AußStrG in ihrer Wirkung unbeeinflusst bleiben. Sie müssen daher in allen in der Folge gebildeten gemeinschaftlichen Akten nach Pkt. b) ersichtlich gemacht werden.

III. Hauptstück

Verlassenschaftsverfahren[1]

[1] *Übergangsbestimmungen siehe nach § 143*

1. Abschnitt

Vorverfahren

Einleitung des Verfahrens

§ 143. (1) Das Verlassenschaftsverfahren ist von Amts wegen einzuleiten, sobald ein Todesfall durch eine öffentliche Urkunde oder sonst auf unzweifelhafte Weise bekannt wird.

(2) Befindet sich die Verlassenschaft ausschließlich im Ausland oder besteht für bewegliches Vermögen im Inland die Abhandlungszuständigkeit nach Art. 10 Abs. 2 oder Art. 11 der Verordnung (EU) Nr. 650/2012 über die Zuständigkeit, das anzuwendende Recht, die Anerkennung und Vollstreckung öffentlicher Urkunden in Erbsachen sowie zur Einführung eines Europäischen Nachlasszeugnisses (im Folgenden: EuErbVO), ABl. Nr. L 27.7.2012 S. 107, so ist die Abhandlung nur auf Antrag einer Partei einzuleiten, die ihre Erbenstellung bescheinigt. Ergibt sich, dass dem Antragsteller keine Erbberechtigung zukommt und ist das Verfahren nicht auf Grund anderer Anträge fortzusetzen, so ist mit Beschluss einzustellen. *(BGBl I 2015/87, ab 17. 8. 2015, anzuwenden, wenn der Verstorbene an oder nach diesem Tag gestorben ist)*

Vgl § 2 Abs 1 und § 4 Abs 1 GKoärG.
Übergangsbestimmungen: *§ 205. Die Bestimmungen dieses Bundesgesetzes sind auf Verlassenschaftsverfahren anzuwenden, die nach dem 31. Dezember 2004 erstmals bei Gericht oder beim Gerichtskommissär anhängig gemacht wurden, sofern sie nicht schon früher eingeleitet hätten werden können. Sonst sind die bisher in Geltung gestandenen Vorschriften über das Verlassenschaftsverfahren weiter anzuwenden.*

Eingaben

§ 144. (1) Eingaben im Verlassenschaftsverfahren sind – außer bei schriftlicher Abhandlungspflege (§ 3 GKoärG) – an den Gerichtskommissär zu richten, doch gelten sie auch dann als rechtzeitig, wenn sie innerhalb der Frist an das Gericht statt an den Gerichtskommissär gerichtet worden sind.

(2) Rechtsmittel, Rechtsmittelbeantwortungen und sonstige Anbringen, die auf eine Entscheidung durch das Gericht zielen, sind an das Gericht zu richten. Solches Anbringen gilt auch dann als rechtzeitig, wenn es innerhalb der Frist statt an das Gericht an den Gerichtskommissär gerichtet worden ist.

(3) Der Gerichtskommissär hat den Akt unverzüglich dem Gericht vorzulegen, wenn es dies verlangt oder eine Entscheidung des Gerichtes erforderlich ist.

Todesfallaufnahme

§ 145. (1) Der Gerichtskommissär (§ 2 GKoärG) hat die Todesfallaufnahme zu errichten. Dazu hat er alle Umstände zu erheben, die für die Verlassenschaftsabhandlung und allfällige pflegschaftsgerichtliche Maßnahmen erforderlich sind.

(2) Die Todesfallaufnahme hat zu umfassen:

1. Vor- und Familiennamen, Familienstand, Staatsangehörigkeit, Beschäftigung, Tag und Ort der Geburt und des Todes des Verstorbenen, seinen letzten Wohnsitz oder gewöhnlichen Aufenthaltsort und alle übrigen für die Zuständigkeit erheblichen Umstände;

2. das hinterlassene Vermögen samt Rechten und Verbindlichkeiten;

3. die Begräbniskosten und die Person, die sie allenfalls vorgestreckt hat;

4. die Urkunden über letztwillige Anordnungen (Testamente, sonstige letztwillige Verfügungen) und deren Widerruf, Vermächtnis-, Erb- und Pflichtteilsverträge, Erb- und Pflichtteilsverzichtsverträge und deren Aufhebung sowie den Vor- und Familiennamen und die Anschrift der Zeugen mündlicher letztwilliger Verfügungen; *(BGBl I 2015/87, ab 1. 1. 2017, auf Verlassenschaftsverfahren anzuwenden, die nach dem 31. Dezember 2016 anhängig werden)*

5. Vor- und Familiennamen, Anschrift und Tag der Geburt der gesetzlichen und der auf Grund einer letztwilligen Verfügung berufenen Erben;

6. Vor- und Familiennamen, Anschrift und Tag der Geburt derjenigen, deren gesetzlicher Vertreter der Verstorbene war.

(3) *(entfällt, BGBl I 2015/87, ab 1. 1. 2017, auf Verlassenschaftsverfahren anzuwenden, die nach dem 31. Dezember 2016 anhängig werden)*

Erhebungen und Registereintragungen

§ 145a. (1) Umfang und Wert des hinterlassenen Vermögens sind auf einfache Weise und ohne weitwendige Erhebungen, tunlichst ohne Beiziehung eines Sachverständigen, zu ermitteln. Dies kann insbesondere auf folgende Weise erfolgen:

1. durch Befragung von Auskunftspersonen;

2. durch Abfragen im Grundbuch und Firmenbuch und, soweit erforderlich, in anderen öffentlichen Registern und Datenbanken.

(2) Der Gerichtskommissär hat eine Abfrage des Österreichischen Zentralen Testamentsregisters und des Testamentsregisters der österreichischen Rechtsanwälte durchzuführen und das Ergebnis zu dokumentieren.

(3) Der Gerichtskommissär hat die Beendigung einer Vorsorgevollmacht oder Erwachsenenvertretung, die im Österreichischen Zentralen Vertretungsverzeichnis für den Verstorbenen, sei es als Vertretener oder Vertreter, eingetragen ist, zu registrieren. *(BGBl I 2017/59, auf Verfahren anzuwenden, die nach dem 30. Juni 2018 anhängig sind oder anhängig werden, Näheres s § 207m)*

(BGBl I 2015/87, ab 1. 1. 2017, auf Verlassenschaftsverfahren anzuwenden, die nach dem 31. Dezember 2016 anhängig werden)

§ 146. (1) Der Gerichtskommissär kann zum Zweck der Erhebungen die Wohnung, das Geschäftslokal und Schrankfächer des Verstorbenen, seine Schränke und sonstigen Behältnisse schonend öffnen. Dazu sind zwei volljährige Personen, vorzugsweise Angehörige, Mitbewohner oder Nachbarn des Verstorbenen, als Vertrauenspersonen beizuziehen; diese sind zur Hilfeleistung verpflichtet.

(2) Findet der Gerichtskommissär Fremdgelder, Kassenschlüssel, Schriftstücke oder Akten, die sich auf die Tätigkeit des Verstorbenen im öffentlichen Dienst beziehen, so hat er diese ohne nähere Einsicht sicherzustellen und der Dienstbehörde zu übergeben.

(3) Der Gerichtskommissär hat den Tod von Personen, die aus öffentlichen Kassen fortlaufende Zahlungen erhalten haben, der auszahlenden Stelle unverzüglich zu melden, wenn diese nicht schon offenkundig Kenntnis davon hat.

(4) Unterlag der Verstorbene einem Amts- oder Berufsgeheimnis, so ist der Gerichtskommissär verpflichtet, alles zu unterlassen, was die dadurch geschützten Geheimhaltungsinteressen beeinträchtigen oder gefährden könnte.

Vgl § 168 Abs 1 zur Inventarerrichtung.

Sicherung der Verlassenschaft

§ 147. (1) Besteht die Gefahr, dass Vermögensbestandteile der Verlassenschaftsabhandlung entzogen werden, oder sind die vermutlichen Erben, nahen Angehörigen oder Mitbewohner zur Verwahrung nicht fähig oder doch nicht bereit, so hat der Gerichtskommissär die Verlassenschaft auf geeignete Weise zu sichern.

(2) Als Sicherungsmaßnahme kommt neben dem Versperren oder die Versiegelung der Verlassenschaft oder ihre Verwahrung beim

AußStrG

Gerichtskommissär oder einem Verwahrer in Betracht. Die Kosten der Sicherung hat die Verlassenschaft zu tragen.

(3) Dritte Personen, insbesondere Angehörige und Mitbewohner des Verstorbenen, haben, auch wenn sie die Verlassenschaft verwahren, jede Verfügung über sie zu unterlassen.

(4) Ist im Sinn des Art. 3 Abs. 2 EuErbVO ein ausländisches Gericht zuständig, so sind zur Sicherung von Verlassenschaftsvermögen, das sich in Österreich befindet, die Abs. 1 und 2 sowie § 146 Abs. 1 entsprechend anzuwenden. *(BGBl I 2015/87, ab 17. 8. 2015, anzuwenden, wenn der Verstorbene an oder nach diesem Tag gestorben ist)*

Freigabe

§ 148. (1) Der Gerichtskommissär kann – ungeachtet allfälliger Maßnahmen zur Sicherung der Verlassenschaft – die zur Berichtigung der Kosten eines einfachen Begräbnisses erforderlichen Beträge ausfolgen oder freigeben.

(2) Ist unbestritten oder durch unbedenkliche Urkunden erwiesen, dass einem Dritten an Gegenständen, die anscheinend zur Verlassenschaft zählen, ein Recht zusteht, so kann er dieses auch während des Verlassenschaftsverfahrens ausüben.

Sperren

§ 149. Sofern die Rechtsgrundlagen eines Vertrages zwischen einem Kreditinstitut und dem Verstorbenen vorsehen, dass nach dessen Tod hinsichtlich bestimmter Verfügungen, insbesondere Kontoauszahlungen oder Zutritt zu einem Schrankfach, eine Sperre eintritt, kann der Gerichtskommissär die Freigabe (§ 148) erklären; diese Erklärung bedarf keiner Genehmigung des Gerichtes.

Ausfolgungsverfahren

§ 150. Im Fall des Art. 10 Abs. 2 EuErbVO hat das Gericht das im Inland gelegene bewegliche Vermögen auf Antrag einer Person, die auf Grund einer Erklärung der Heimatbehörde des Verstorbenen oder der Behörde des Staates, in dem der Verstorbene seinen letzten gewöhnlichen Aufenthalt hatte, zur Übernahme berechtigt ist, mit Beschluss auszufolgen, wenn eine Abhandlung unterbleibt.

(BGBl I 2015/87, ab 17. 8. 2015, anzuwenden, wenn der Verstorbene an oder nach diesem Tag gestorben ist)

Übermittlung und Übernahme letztwilliger Verfügungen

§ 151. Wer vom Tod einer Person erfährt, deren Urkunden über letztwillige Anordnungen (Testamente, sonstige letztwillige Verfügungen) und deren Widerruf, Vermächtnis-, Erb- und Pflichtteilsverträge, Erb- und Pflichtteilsverzichtsverträge und deren Aufhebung sowie Aufzeichnungen über eine mündliche Erklärung des letzten Willens sich bei ihm befinden, ist verpflichtet, diese Urkunden unverzüglich dem Gerichtskommissär zu übermitteln, selbst wenn das Geschäft seiner Ansicht nach unwirksam, gegenstandslos oder widerrufen sein sollte. *(BGBl I 2015/87, ab 1. 1. 2017, auf Verlassenschaftsverfahren anzuwenden, die nach dem 31. Dezember 2016 anhängig werden)*

Vgl § 183 Abs 4 sowie § 111 NO.

§ 152. (1) Der Gerichtskommissär hat Urkunden über letztwillige Anordnungen (Testamente, sonstige letztwillige Verfügungen) und deren Widerruf, Vermächtnis-, Erb- und Pflichtteilsverträge, Erb- und Pflichtteilsverzichtsverträge und deren Aufhebung oder sonstige Erklärungen auf den Todesfall zu übernehmen und in einem Übernahmeprotokoll alle für die Beurteilung der Echtheit und Gültigkeit allenfalls bedeutenden Umstände, wie etwa, ob das Schriftstück verschlossen war und ob ihm äußere Mängel anhafteten, anzuführen. *(BGBl I 2015/87, ab 1. 1. 2017)*

(2) Eine beglaubigte Abschrift der Urkunde ist zum Verlassenschaftsakt zu nehmen. Der Tag der Aufnahme in den Akt ist auf der Abschrift zu vermerken. Den Parteien und jenen, die nach der Aktenlage auf Grund des Gesetzes zur Erbfolge berufen wären, sind unbeglaubigte Abschriften zuzustellen.

(3) Die Urschrift ist bei Gericht zu verwahren, soweit sich aus § 111 Abs. 2 NO nichts anderes ergibt.

(4) Wird das Vorliegen einer mündlichen Erklärung des letzten Willens behauptet, so hat der Gerichtskommissär die Zeugen über den Inhalt der Erklärung und über die Umstände, von denen ihre Gültigkeit abhängt, zu befragen und dies im Übernahmeprotokoll anzuführen.

Vgl § 183 Abs 4.

Unterbleiben der Abhandlung

§ 153. (1) Sind Aktiven der Verlassenschaft nicht vorhanden oder übersteigen sie nicht den Wert von 5 000 Euro oder tritt die Rechtsnachfolge nach dem maßgebenden Recht von Gesetzes wegen ein und sind keine Eintragungen in die öffentlichen Bücher erforderlich, so unterbleibt die Abhandlung, wenn kein Antrag auf Fortsetzung des Verlassenschaftsverfahrens gestellt wird. Einer Verständigung bedarf es nicht.

(2) Ist auf die Rechtsnachfolge von Todes wegen österreichisches Recht anzuwenden, so hat das Gericht auf Antrag denjenigen, deren Anspruch nach der Aktenlage bescheinigt ist, die Ermächtigung zu erteilen, das Verlassenschaftsvermögen ganz oder zu bestimmten Teilen zu übernehmen, dazu gehörende Rechte geltend zu machen oder aufzugeben, über erhaltene Leistungen rechtswirksam zu quittieren und Löschungserklärungen auszustellen. *(BGBl I 2015/87, ab 17. 8. 2015, anzuwenden, wenn der Verstorbene an oder nach diesem Tag gestorben ist)*

Überlassung an Zahlungs statt

§ 154. (1) Ist auf die Rechtsnachfolge von Todes wegen österreichisches Recht anzuwenden, so hat das Gericht die Aktiven einer überschuldeten Verlassenschaft auf Antrag den Gläubigern zu überlassen, wenn nicht schon eine unbedingte Erbantrittserklärung oder ein Antrag auf Überlassung als erblos vorliegt und kein Verlassenschaftsinsolvenzverfahren eröffnet wurde. *(BGBl I 2010/58; BGBl I 2015/87, ab 17. 8. 2015, anzuwenden, wenn der Verstorbene an oder nach diesem Tag gestorben ist)*

(2) Das Vermögen ist zu verteilen:

1. zunächst in sinngemäßer Anwendung der §§ 46 und 47 IO; *(BGBl I 2010/29)*

2. sodann an den gesetzlichen Vertreter des Verstorbenen, soweit ihm beschlussmäßig Beträge zuerkannt wurden; *(BGBl I 2017/59; BGBl I 2019/38, ab 23. 5. 2019)*

3. schließlich an alle übrigen Gläubiger, jeweils im Verhältnis der Höhe ihrer unbestrittenen oder durch unbedenkliche Urkunden bescheinigten Forderungen.

§ 155. (1) Übersteigt der Wert der Aktiven voraussichtlich 5 000 Euro, so hat der Gerichtskommissär vor der Überlassung an Zahlungs statt die aktenkundigen Gläubiger und jene aktenkundigen Personen, die als Erben oder Pflichtteilsberechtigte in Frage kommen, zu verständigen, soweit deren Aufenthalt bekannt ist, und ihnen Gelegenheit zur Äußerung zu geben. *(BGBl I 2015/87, ab 1. 1. 2017, auf Verlassenschaftsverfahren anzuwenden, die nach dem 31. Dezember 2016 anhängig werden)*

(2) Übersteigt der Wert der Aktiven voraussichtlich 25 000 Euro, so sind die Verlassenschaftsgläubiger aufzufordern (§ 174). *(BGBl I 2015/87, ab 1. 1. 2017, auf Verlassenschaftsverfahren anzuwenden, die nach dem 31. Dezember 2016 anhängig werden)*

(3) Der Beschluss auf Überlassung an Zahlungs statt hat zu enthalten:

1. die Gegenstände, die übergeben werden;

2. Vor- und Familiennamen sowie Anschrift der Personen, denen die Gegenstände an Zahlungs statt überlassen werden;

3. welche Forderungen dadurch berichtigt werden sollen;

4. allenfalls zur bücherlichen Durchführung erforderliche sonstige Angaben.

2. Abschnitt
Verlassenschaftsabhandlung

Vertretungsvorsorge

§ 156. (1) Zur Durchführung der Abhandlung hat das Verlassenschaftsgericht über die Bestellung von Kuratoren in den Fällen des § 5 Abs. 2 Z 1 lit. a und Z 2 lit. a sowie für die Verlassenschaft von Amts wegen oder auf Antrag zu entscheiden. Ist der Aufenthalt bekannter Erben oder Pflichtteilsberechtigter unbekannt, so hat das Verlassenschaftsgericht für sie einen Kurator im Sinne des § 5 Abs. 2 Z 2 lit. b zu bestellen. *(BGBl I 2015/87, ab 1. 1. 2017, auf Verlassenschaftsverfahren anzuwenden, die nach dem 31. Dezember 2016 anhängig werden)*

(2) Ist die Bestellung eines Verlassenschaftskurators erforderlich und hat der Verstorbene in seinem letzten Willen eine Person zur Vertretung der Verlassenschaft bestimmt, so ist diese tunlichst zum Verlassenschaftskurator zu bestellen.

(3) Bedarf ein Minderjähriger oder eine sonst schutzberechtigte Person eines gesetzlichen Vertreters, so ist für dessen Bestellung durch das Pflegschaftsgericht zu sorgen. *(BGBl I 2018/58, ab 1. 8. 2018)*

Erbantrittserklärung

§ 157. (1) Der Gerichtskommissär hat die nach der Aktenlage als Erben in Frage kommenden Personen nachweislich aufzufordern, zu erklären, ob und wie sie die Erbschaft antreten oder ob sie diese ausschlagen wollen. Die Aufforderung hat einen Hinweis auf die Rechtsfolgen des Abs. 3 und – soweit diese Personen nicht von einem Rechtsanwalt oder Notar vertreten sind – eine Belehrung über die Rechtsfolgen der Abgabe der unbedingten und bedingten Erbantrittserklärung sowie über die Möglichkeit der Antragstellung nach § 184 Abs. 3 zu enthalten.

(2) Zur Abgabe der Erbantrittserklärung ist den als Erben in Frage kommenden Personen eine angemessene Frist von mindestens 4 Wochen zu setzen. Aus erheblichen Gründen kann ihnen auch eine Bedenkzeit eingeräumt werden, die insgesamt ein Jahr nicht überschreiten darf.

(3) Versäumt eine solche Person die Frist, so ist sie dem weiteren Verfahren nicht mehr beizuziehen, solange sie die Erklärung nicht nachholt.

AußStrG

Versäumt der gesetzliche Vertreter einer schutzberechtigten Person die Frist, so ist das Pflegschaftsgericht zu verständigen. *(BGBl I 2018/58, ab 1. 8. 2018)*

(4) Wird keine Erbantrittserklärung abgegeben, so ist – sofern dies nicht schon geschehen ist – zur Vorbereitung des Verfahrens nach § 184 ein Verlassenschaftskurator zu bestellen.

Unbekannte Erben und Pflichtteilsberechtigte

§ 158. (1) Sind keine Erben bekannt oder bestehen nach der Aktenlage Anhaltspunkte dafür, dass neben den bekannten Personen noch andere als Erben oder Pflichtteilsberechtigte in Betracht kommen, so hat sie der Gerichtskommissär durch öffentliche Bekanntmachung aufzufordern, ihre Ansprüche binnen sechs Monaten geltend zu machen. *(BGBl I 2015/87, ab 1. 1. 2017, auf Verlassenschaftsverfahren anzuwenden, die nach dem 31. Dezember 2016 anhängig werden)*

(2) Wird diese Frist versäumt, so kann die Verlassenschaft ohne Rücksicht auf die Ansprüche der unbekannten Erben oder Pflichtteilsberechtigten den bekannten Erben eingeantwortet oder für erblos erklärt werden. Auf diese Rechtsfolge ist in der Bekanntmachung hinzuweisen. *(BGBl I 2015/87, ab 1. 1. 2017, auf Verlassenschaftsverfahren anzuwenden, die nach dem 31. Dezember 2016 anhängig werden)*

§ 159. (1) Die Erbantrittserklärung hat zu enthalten:

1. Vor- und Familiennamen, Tag der Geburt und Anschrift des Erbansprechers;

2. die Berufung auf einen Erbrechtstitel;

3. die ausdrückliche Erklärung, die Erbschaft anzutreten;

4. die ausdrückliche Erklärung, ob dies unbedingt oder mit dem Vorbehalt der Rechtswohltat des Inventars (bedingte Erbantrittserklärung) geschehe.

(2) Ist dies im Zeitpunkt der Abgabe der Erklärung möglich, so ist auch die Erbquote anzugeben.

(3) Die Erklärung ist vom Erbansprecher oder seinem ausgewiesenen Vertreter eigenhändig zu unterschreiben.

Widersprechende Erbantrittserklärungen

§ 160. Stehen Erbantrittserklärungen im Widerspruch zu einander oder zu einer Erklärung der Finanzprokuratur (§ 184), so hat der Gerichtskommissär darauf hinzuwirken, dass das Erbrecht zwischen den Parteien anerkannt wird; gelingt dies nicht, so hat er den Akt dem Gericht vorzulegen.

Einwände mit Bezug auf die in einer öffentlichen Urkunde beurkundeten Rechtsgeschäfte oder Rechtsverhältnisse und Bestreitung des Erbrechts bei fremdem Erbstatut

§ 160a. Für das Verfahren zur Entscheidung über Einwände mit Bezug auf die in einer öffentlichen Urkunde beurkundeten Rechtsgeschäfte oder Rechtsverhältnisse nach Art. 59 Abs. 3 EuErbVO sowie über Einwände gegen den Erbrechtstitel, wenn das Erbstatut fremdes Recht ist, sind die §§ 161 bis 163 entsprechend anzuwenden.

(BGBl I 2015/87, ab 17. 8. 2015, anzuwenden, wenn der Verstorbene an oder nach diesem Tag gestorben ist)

Entscheidung über das Erbrecht

§ 161. (1) Das Gericht hat im Rahmen des Vorbringens der Parteien und ihrer Beweisanbote das Erbrecht der Berechtigten festzustellen und die übrigen Erbantrittserklärungen abzuweisen. Darüber kann mit gesondertem Beschluss (§ 36 Abs. 2) oder mit dem Einantwortungsbeschluss entschieden werden.

(2) Auch während des Verfahrens über das Erbrecht sind all jene Abhandlungsmaßnahmen weiterzuführen, die von der Feststellung des Erbrechts unabhängig sind.

§ 162. Im Verfahren über das Erbrecht ist mündlich zu verhandeln. Die Parteien können sich nur durch einen Rechtsanwalt vertreten lassen; übersteigt der Wert der Aktiven der Verlassenschaft voraussichtlich 5 000 Euro, so müssen sie sich durch einen Rechtsanwalt vertreten lassen. Stellt sich im Verfahren heraus, dass der Wert der Aktiven diesen Betrag übersteigt, so hat das Gericht dies den Parteien bekannt zu geben und ihnen zur Bevollmächtigung eines Vertreters eine Frist zu setzen. *(BGBl I 2009/52)*

§ 163. (1) Vereinbaren die Parteien vor dem Gericht Ruhen des Verfahrens über das Erbrecht oder treten andere Fälle der §§ 25 bis 29 ein, so hat das Gericht den Gerichtskommissär davon zu verständigen.

(2) Setzen die Parteien das Verfahren über das Erbrecht nach Ablauf der Ruhensfrist nicht fort, so hat das Gericht sie zur Stellung geeigneter Anträge innerhalb einer zu bestimmenden Frist aufzufordern. Versäumt ein Erbansprecher diese Frist, so ist das Verlassenschaftsverfahren ohne Berücksichtigung seiner Erbantrittserklärung fortzusetzen. Auf diese Rechtsfolge ist er im Aufforderungsbeschluss hinzuweisen.

§ 164. Gibt eine Partei erst nach Feststellung des Erbrechts, aber bevor das Gericht an den Beschluss über die Einantwortung gebunden ist, eine Erbantrittserklärung ab, so ist neuerlich im Sinne der §§ 160 bis 163 vorzugehen, wobei auch eine Abweisung der Erbantrittserklärung, die Grundlage der früheren Entscheidung über das Erbrecht war, zulässig ist. Später sind erbrechtliche Ansprüche nur noch mit Klage geltend zu machen.

Vgl § 161 Abs 1 Satz 2.

Inventar

§ 165. (1) Ein Inventar ist zu errichten,

1. wenn eine bedingte Erbantrittserklärung abgegeben wurde;

2. wenn Personen, die als Pflichtteilsberechtigte in Frage kommen, minderjährig sind oder aus anderen Gründen einen gesetzlichen Vertreter benötigen; *(BGBl I 2015/87, ab 1. 1. 2017, auf Verlassenschaftsverfahren anzuwenden, die nach dem 31. Dezember 2016 anhängig werden)*

3. wenn die Absonderung der Verlassenschaft (§ 812 ABGB) bewilligt wurde;

4. soweit auf eine Nacherbschaft Bedacht zu nehmen ist oder letztwillig eine Privatstiftung errichtet wurde;

5. wenn die Verlassenschaft dem Staat als erblos zufallen könnte (§ 184);

6. soweit eine dazu berechtigte Person oder der Verlassenschaftskurator dies beantragt; *(BGBl I 2015/87)*

7. wenn das Erbstatut die Haftung des Erben auf den Wert der Verlassenschaft beschränkt oder der Erbe durch Erklärung die Haftung darauf beschränkt. *(BGBl I 2015/87, ab 17. 8. 2015, anzuwenden, wenn der Verstorbene an oder nach diesem Tag gestorben ist)*

(2) In den Fällen des Abs. 1 Z 1 sind von Amts wegen die Verlassenschaftsgläubiger aufzufordern (§ 174). *(BGBl I 2015/87, ab 1. 1. 2017, auf Verlassenschaftsverfahren anzuwenden, die nach dem 31. Dezember 2016 anhängig werden)*

§ 166. (1) Das Inventar dient als vollständiges Verzeichnis der Verlassenschaft (§ 531 ABGB), nämlich aller körperlichen Sachen und aller vererblichen Rechte und Verbindlichkeiten des Verstorbenen und ihres Wertes im Zeitpunkt seines Todes.

(2) Wird die Behauptung bestritten, dass eine Sache zum Verlassenschaftsvermögen zählt, so hat das Gericht darüber zu entscheiden, ob diese Sache in das Inventar aufgenommen beziehungsweise ausgeschieden wird. Befand sich die Sache zuletzt im Besitz des Verstorbenen, so ist sie nur dann auszuscheiden, wenn durch unbedenkliche Urkunden bewiesen wird, dass sie nicht zum Verlassenschaftsvermögen zählt.

(3) Zur Feststellung der Zugehörigkeit zur Verlassenschaft sind Dritte verpflichtet, Zutritt zu den strittigen Gegenständen zu gewähren und deren Besichtigung und Beschreibung zu gestatten. *(BGBl I 2015/87, ab 1. 1. 2017, auf Verlassenschaftsverfahren anzuwenden, die nach dem 31. Dezember 2016 anhängig werden)*

§ 167. (1) Bewegliche Sachen sind mit dem Verkehrswert zu bewerten. Der Bewertung von Hausrat, Gebrauchsgegenständen und anderen beweglichen Sachen offensichtlich geringen Wertes können die unbestrittenen und unbedenklichen Angaben aller Parteien zugrunde gelegt werden, wenn nicht der Gerichtskommissär oder das Gericht Bedenken gegen diese Bewertung hat oder das Interesse einer schutzberechtigten Person oder andere besondere Umstände die Beiziehung eines Sachverständigen erfordern. *(BGBl I 2018/58, ab 1. 8. 2018)*

(2) Unbewegliche Sachen sind grundsätzlich mit ihrem dreifachen Einheitswert, beantragt dies aber eine Partei oder ist es im Interesse einer schutzberechtigten Person erforderlich, nach dem Liegenschaftsbewertungsgesetz zu bewerten. *(BGBl I 2018/58, ab 1. 8. 2018)*

(3) Schulden sind mit ihren ziffernmäßigen Rückständen samt Nebengebühren zum Todestag anzuführen, sofern dies ohne weitläufige Erhebungen und großen Zeitverlust möglich ist.

Verfahren zur Errichtung des Inventars

§ 168. (1) Bei der Errichtung des Inventars hat der Gerichtskommissär die gleichen Befugnisse wie bei der Todesfallaufnahme (§ 146 Abs. 1). Den Pflichtteilsberechtigten steht es frei, der Schätzung beizuwohnen und sich dazu zu äußern. *(BGBl I 2015/87, ab 1. 1. 2017, auf Verlassenschaftsverfahren anzuwenden, die nach dem 31. Dezember 2016 anhängig werden)*

(2) Zum Zweck der Errichtung eines Inventars kann der Gerichtskommissär Sachverständige auch außerhalb des Sprengels des Verlassenschaftsgerichts beiziehen und die Parteien zur direkten Zahlung der Gebühren auffordern. Werden die Gebühren direkt entrichtet, so unterbleibt ein Beschluss über die Bestimmung der Gebühren.

(3) Die Kosten der Errichtung eines Inventars trägt die Verlassenschaft.

§ 169. Das Inventar ist den Parteien ohne Zustellnachweis zu übermitteln. Einer Annahme zu Gericht bedarf es nicht.

Vermögenserklärung

§ 170. Ist kein Inventar zu errichten, so hat der Erbe das Verlassenschaftsvermögen nach allen Bestandteilen wie in einem Inventar zu beschrei-

AußStrG

ben und zu bewerten und die Richtigkeit und Vollständigkeit der Erklärung durch seine oder seines Vertreters Unterschrift zu bekräftigen. Der Erklärende ist auf die strafrechtlichen Folgen einer wahrheitswidrigen Erklärung hinzuweisen. Die Vermögenserklärung tritt in der Abhandlung an die Stelle des Inventars.

Benützung, Verwaltung und Vertretung der Verlassenschaft

§ 171. Jede Änderung der Art der Vertretung der Verlassenschaft (§ 810 ABGB) wird mit dem Zeitpunkt wirksam, mit dem sie dem Gericht oder dem Gerichtskommissär von allen vertretungsbefugten Erbansprechern angezeigt wird.

§ 172. Auf Verlangen hat der Gerichtskommissär den Berechtigten eine Amtsbestätigung über ihre Vertretungsbefugnis (§ 810 ABGB) auszustellen.

§ 173. (1) Einigen sich die Personen, denen gemeinschaftlich die Rechte nach § 810 ABGB zukommen, über die Art der Vertretung oder einzelne Vertretungshandlungen nicht oder ist ein Verfahren über das Erbrecht einzuleiten (§§ 160 ff), so hat das Verlassenschaftsgericht erforderlichenfalls einen Verlassenschaftskurator zu bestellen. Die Vertretungsbefugnis anderer Personen endet mit der Bestellung des Verlassenschaftskurators.

(2) Ändern sich die Vertretungsverhältnisse während des Verfahrens, so hat der Gerichtskommissär die dadurch überholten Amtsbestätigungen von den Empfängern abzufordern.

Rechte der Gläubiger

§ 174. (1) Wird bei Aufforderung der Verlassenschaftsgläubiger (§§ 813 bis 815 ABGB) eine mündliche Verhandlung anberaumt, so hat der Gerichtskommissär deren Termin öffentlich bekannt zu machen und die vermutlichen Erben, Pflichtteilsberechtigten sowie allenfalls bestellte Verlassenschaftskuratoren und Testamentsvollstrecker zu laden. *(BGBl I 2015/87, ab 1. 1. 2017, auf Verlassenschaftsverfahren anzuwenden, die nach dem 31. Dezember 2016 anhängig werden)*

(2) Der Gerichtskommissär hat in der Verhandlung auf die Herstellung von Einvernehmen über die angemeldeten Forderungen hinzuwirken.

Pflegeleistungen

§ 174a. Macht eine Person ein Pflegevermächtnis (§§ 677 und 678 ABGB) geltend, so hat der Gerichtskommissär auf die Herstellung des Einvernehmens über die Erfüllung des Vermächtnisses hinzuwirken. Zur Vorbereitung des Einigungs-

versuchs hat der Gerichtskommissär die nötigen Informationen und Unterlagen für das vom Verstorbenen bezogene Pflegegeld von den zuständigen Trägern einzuholen.

(BGBl I 2015/87, ab 1. 1. 2017, auf Verlassenschaftsverfahren anzuwenden, die nach dem 31. Dezember 2016 anhängig werden)

§ 175. Über einen Antrag auf Absonderung der Verlassenschaft (§ 812 ABGB) hat das Gericht zu entscheiden. Es kann den Erben schon vor Beschlussfassung über den Antrag die Verwaltung und Benützung des Verlassenschaftsvermögens entziehen und einen Kurator bestellen. Einem bereits bestellten Verlassenschaftskurator kommen nach Bewilligung dieses Antrags die Rechte und Pflichten eines Separationskurators zu.

Zur Einantwortung erforderliche Nachweise

§ 176. (1) Alle Personen, denen an der Verlassenschaft andere erbrechtliche Ansprüche zustehen als die eines Erben, sind vor der Einantwortung nachweislich von der Existenz zu verständigen.

(2) Stehen schutzberechtigten Personen Ansprüche nach Abs. 1 zu, die noch nicht erfüllt sind, so ist vor Einantwortung Sicherheit zu leisten (§ 56 ZPO). Diese kann auch beim Gerichtskommissär hinterlegt werden. Wird die Sicherheit trotz fristgebundener Aufforderung nicht erlegt, so hat das Verlassenschaftsgericht den Erlag mit Beschluss aufzutragen. *(BGBl I 2018/58, ab 1. 8. 2018)*

(3) Die Sicherheit kann auch aus dem Verlassenschaftsvermögen gestellt werden.

Einantwortung

§ 177. Stehen die Erben und ihre Quoten fest und ist die Erfüllung der übrigen Voraussetzungen nachgewiesen, so hat das Gericht den Erben die Verlassenschaft einzuantworten (§ 797 ABGB).

§ 178. (1) Der Beschluss über die Einantwortung hat zu enthalten:

1. die Bezeichnung der Verlassenschaft durch Vor- und Familiennamen des Verstorbenen, den Tag seiner Geburt und seines Todes und seinen letzten Wohnsitz;

2. die Bezeichnung der Erben durch Vor- und Familiennamen, Tag der Geburt und Anschrift;

3. den Erbrechtstitel, die Erbquoten und den Hinweis auf ein allfälliges Erbteilungsübereinkommen;

4. die Art der abgegebenen Erbantrittserklärung (§ 800 ABGB).

(2) Weiters ist gegebenenfalls aufzunehmen:

1. jede Beschränkung der Rechte der Erben durch Nacherbschaften oder gleichgestellte Anordnungen (§§ 707 bis 709 ABGB); *(BGBl I*

2015/87, ab 1. 1. 2017, auf Verlassenschaftsver-fahren anzuwenden, die nach dem 31. Dezember 2016 anhängig werden)

2. jeder Grundbuchskörper, auf dem auf Grund der Einantwortung die Grundbuchsordnung her-zustellen sein wird; dabei ist anzugeben, ob diejenigen, denen eingeantwortet wird, zum Kreis der gesetzlichen Erben zählen.

(3) Gleichzeitig mit der Einantwortung sollen auch alle übrigen noch offenen Verfahrenshandlungen, insbesondere die Aufhebung von Sperren, Sicherstellungen (§ 176 Abs. 2) und die Bestimmung von Gebühren, vorgenommen werden.

(4) Wer glaubhaft macht, dass es sonst zu einer Beeinträchtigung der Privatsphäre des Verstorbenen oder der Parteien käme, kann die gesonderte Ausfertigung der Anordnungen verlangen. *(BGBl I 2015/87, ab 1. 1. 2017, auf Verlassenschaftsver-fahren anzuwenden, die nach dem 31. Dezember 2016 anhängig werden)*

(5) Der Einantwortungsbeschluss ist den Parteien, bei schutzberechtigten Erben, Pflichtteils-berechtigten oder Vermächtnisnehmern auch dem Pflegschaftsgericht und auf Antrag auch anderen Personen, die ein rechtliches Interesse daran dartun, insbesondere Gläubigern, zuzustellen. *(BGBl I 2015/87, ab 1. 1. 2017, auf Verlassenschaftsver-fahren anzuwenden, die nach dem 31. Dezember 2016 anhängig werden; BGBl I 2018/58, ab 1. 8. 2018)*

(6) Enthält der Einantwortungsbeschluss eine Begründung zur Erbrechtsfeststellung, so hat die für Personen, die nicht Partei im Feststellungs-verfahrens waren, bestimmte Ausfertigung insoweit keine Begründung zu enthalten.

(7) Auf Antrag ist den Parteien auch eine Amtsbestätigung (§ 186 Abs. 1) mit den Angaben nach Abs. 1 auszustellen.

§ 179. Eine mit der Bestätigung der Rechtskraft versehene Ausfertigung des Einantwortungsbe-schlusses reicht zur Überwindung einer Sperre (§ 149) aus.

§ 180. (1) Die Parteien können bereits vor Erlassung des Einantwortungsbeschlusses auf Rechtsmittel gegen einen ihren Anträgen entsprechenden Beschluss verzichten; die ihren Anträgen entsprechenden Anordnungen können dann sogleich in Vollzug gesetzt werden.

(2) Nach Rechtskraft der Einantwortung findet kein Abänderungsverfahren statt.

Übereinkommen über die Erbteilung, die Pflegeleistungen und die Stundung des Pflichtteils

§ 181. (1) Mehrere Erben können vor der Ein-antwortung ihre Vereinbarung über die Erbteilung oder die Benützung der Verlassenschaftsgegen-stände auch beim Gerichtskommissär zu Protokoll geben. Das Gleiche gilt für Vereinbarungen über Pflegeleistungen und für Vereinbarungen über die Stundung des Pflichtteils (§§ 766 ff. ABGB). Derartigen Vereinbarungen kommt die Wirkung eines vor Gericht geschlossenen Vergleichs zu. *(BGBl I 2015/87, ab 1. 1. 2017, auf Verlassen-schaftsverfahren anzuwenden, die nach dem 31. Dezember 2016 anhängig werden)*

(2) Sind schutzberechtigte Personen beteiligt, so bedarf die Vereinbarung der Genehmigung durch das Pflegschaftsgericht. *(BGBl I 2018/58, ab 1. 8. 2018)*

(3) Die vorstehenden Bestimmungen gelten sinngemäß auch für auf die Verlassenschaft bezo-gene Vereinbarungen mit sonstigen am Verlassen-schaftsverfahren beteiligten Personen.

Verfahren bei ausländischem Erbstatut

§ 181a. Richten sich der Erbschaftserwerb und die Haftung für Schulden der Verlassenschaft nach fremdem Recht, so sind die Bestimmungen über die Erbantrittserklärung und über die Einant-wortung nur insoweit anzuwenden, als es der Schutz der Rechte der Beteiligten und der Rechtsübergang nach dem maßgebenden Erbrecht erfordern.

(BGBl I 2015/87, ab 17. 8. 2015, anzuwenden, wenn der Verstorbene an oder nach diesem Tag gestorben ist)

Europäisches Nachlasszeugnis

§ 181b. (1) Soweit nicht in der EuErbVO gere-gelt, ist das Europäische Nachlasszeugnis nach den Bestimmungen dieses Bundesgesetzes auszu-stellen.

(2) Der Gerichtskommissär hat den Antrag auf Ausstellung des Europäischen Nachlasszeugnisses dem Gericht vorzulegen, wenn er der Ansicht ist, dass die Rechtskraft, deren Bestätigung bean-tragt wird, nicht besteht.

(BGBl I 2015/87, ab 17. 8. 2015, anzuwenden, wenn der Verstorbene an oder nach diesem Tag gestorben ist)

3. Abschnitt

Verfahren außerhalb der Abhandlung

Verfahren nach Rechtskraft der Einantwortung

§ 182. (1) Über Anträge auf Eintragungen in das Grundbuch, die auf Grund der Einantwortung erforderlich werden, hat das Grundbuchsgericht zu entscheiden.

AußStrG

(2) Stellen die Berechtigten innerhalb angemessener, ein Jahr nicht erheblich übersteigender Frist nach Rechtskraft des Einantwortungsbeschlusses keinen Antrag, so hat der Gerichtskommissär an ihrer Stelle die geeigneten Anträge beim Grundbuchsgericht einzubringen.

(3) Erwerben Personen Rechte auf bücherlich zu übertragende Sachen nicht auf Grund der Einantwortung, sondern als Vermächtnisnehmer oder rechtsgeschäftlich, so hat das Verlassenschaftsgericht auf deren Antrag und mit Zustimmung aller Erben mit Beschluss zu bestätigen, dass sie in den öffentlichen Büchern als Eigentümer eingetragen werden können. Für Bestätigungen zur Eintragung in das Firmenbuch gilt dies ebenso.

(4) Richtet sich der Erwerb von bücherlich zu übertragenden Sachen auf Grund der EuErbVO nach fremdem Recht, so gelten die Abs. 1 und 2 entsprechend. *(BGBl I 2015/87, ab 17. 8. 2015, anzuwenden, wenn der Verstorbene an oder nach diesem Tag gestorben ist)*

Verfahren zur Anpassung eines ausländischen Erbrechtstitels

§ 182a. Über den Antrag einer Person, die in Österreich ein dem österreichischen Recht unbekanntes dingliches Recht geltend machen will, das ihr nach dem auf die Rechtsnachfolge von Todes wegen anzuwendenden Recht zusteht, ist mit Beschluss nach Art. 31 EuErbVO zu entscheiden.

(BGBl I 2015/87, ab 17. 8. 2015, anzuwenden, wenn der Verstorbene an oder nach diesem Tag gestorben ist)

Änderungen der Abhandlungsgrundlagen

§ 183. (1) Werden Vermögenswerte erst nach Beendigung des Verlassenschaftsverfahrens bekannt, so hat der Gerichtskommissär die Parteien, denen dies noch nicht bekannt ist, davon zu verständigen.

(2) Hat das Verfahren mit Einantwortung geendet, so hat der Gerichtskommissär das Inventar zu ergänzen beziehungsweise die Erben aufzufordern ihre Vermögenserklärung zu ergänzen. Einer Ergänzung des Einantwortungsbeschlusses bedarf es in der Regel nicht, doch ist § 178 Abs. 2 anzuwenden.

(3) Ist bisher eine Verlassenschaftsabhandlung unterblieben, so ist neuerlich, auf Grundlage der nunmehr ergänzten Gesamtwerte, im Sinne der §§ 153 ff zu entscheiden.

(4) Werden Urkunden im Sinne des § 151 nach Beendigung des Verlassenschaftsverfahrens vorgefunden, so ist neuerlich nach § 152 vorzugehen.

Erblose Verlassenschaft

§ 184. (1) Nach Ablauf der nach § 157 Abs. 2 gesetzten Frist und Errichtung des Inventars ist die Verlassenschaft, soweit sie sich der Bund aneignet, auf Antrag der Finanzprokuratur zu übergeben. Auf ihren Antrag ist, wenn dies bisher unterblieben ist, eine Schätzung (§ 167) von Vermögensgegenständen vorzunehmen. *(BGBl I 2015/87, ab 17. 8. 2015, anzuwenden, wenn der Verstorbene an oder nach diesem Tag gestorben ist)*

(2) Der Übergabebeschluss hat sinngemäß die nach § 178 erforderlichen Angaben zu enthalten.

(3) Vor Fassung dieses Beschlusses ist das Inventar jenen Personen zuzustellen, die zur Abgabe einer Erbantrittserklärung aufgefordert worden waren, aber nur einen Antrag auf Zustellung des Inventars gestellt hatten.

Vgl § 157 Abs 4.

Anerkennung von Entscheidungen nach der EuErbVO

§ 184a. Über einen Antrag auf Feststellung, dass eine Entscheidung im Sinn des Art. 3 Abs. 1 lit. g EuErbVO anzuerkennen ist (Art. 39 Abs. 2 EuErbVO), ist nach den Bestimmungen dieses Bundesgesetzes zu entscheiden, soweit das Verfahren nicht durch die Art. 45 bis 58 EuErbVO geregelt ist.

(BGBl I 2015/87, ab 17. 8. 2015, anzuwenden, wenn der Verstorbene an oder nach diesem Tag gestorben ist)

Allgemeine Anordnungen

§ 185. Im Verlassenschaftsverfahren findet – außer im Verfahren über das Erbrecht – kein Ersatz von Vertretungskosten und keine öffentliche Verhandlung statt.

IV. Hauptstück

Beurkundungen

Amtsbestätigungen, Zeugnisse

§ 186. (1) Auf Antrag sind den Parteien Amtsbestätigungen über aktenmäßig bei Gericht bekannte Tatsachen auszustellen.

(2) Zeugnisse über den Wortlaut gesetzlicher Bestimmungen, die in der Republik Österreich in Geltung stehen oder gestanden sind, hat das Bundesministerium für Justiz Personen zu erteilen, die eines solchen Zeugnisses zur Verfolgung oder Verteidigung ihrer Rechte im Ausland bedürfen.

Beglaubigung von Abschriften und Ausdrucken

§ 187. (1) Auf Antrag ist die Übereinstimmung der vorgelegten, für das Gericht – nach Maßgabe seiner technischen Ausstattung – auch eindeutig lesbaren

1. Papierurkunde mit deren elektronischer oder sonstiger Abschrift (Kopie) oder

2. elektronischen Urkunde mit deren Papierausdruck

durch einen Beglaubigungsvermerk zu bestätigen. Dieser ist entsprechend dem Antrag entweder auf der bei Gericht angefertigten oder genau geprüften Papierabschrift oder sonstigen Papierkopie der Papierurkunde beziehungsweise auf dem bei Gericht angefertigten Papierausdruck der elektronischen Urkunde anzubringen (beglaubigte Papierabschrift) oder – nach Maßgabe der technischen und personellen Möglichkeiten – der elektronischen Abschrift einer Papierurkunde beizufügen (beglaubigte elektronische Abschrift).

(2) Im Beglaubigungsvermerk sind jedenfalls anzuführen

1. Ort und Tag der Beglaubigung;

2. ob die vorgewiesene Urkunde eine Papierurkunde oder elektronische Urkunde, eine Urschrift, Ausfertigung, Abschrift, eine sonstige Kopie oder ein Ausdruck ist;

3. ob die Kopie, die Abschrift oder der Ausdruck die ganze Urkunde oder nur einen Teil davon wiedergibt.

(3) Ergeben sich die folgenden Umstände nicht ohnehin eindeutig aus der Kopie, der Abschrift oder dem Ausdruck, so ist weiters anzuführen,

1. ob und mit welchen Signaturen, Sicherheitsmerkmalen oder Stampiglien die Urkunde versehen ist;

2. gegebenenfalls, dass sie zerrissen oder sonst nach ihrer äußeren Form auffallend bedenklich ist;

3. gegebenenfalls, dass in ihr Stellen erkennbar geändert, durchgestrichen, eingeschaltet oder am Rand hinzugesetzt sind.

(4) Beglaubigte Abschriften sind mit Zustimmung der Partei in das Beglaubigungsarchiv der Justiz einzustellen. Die Berechtigung zur Einsicht in die in das Beglaubigungsarchiv der Justiz eingestellten beglaubigten elektronischen Abschriften kommt dem Antragsteller und den von ihm ermächtigten Personen zu. Diesen ist gemäß § 91b Abs. 2 GOG Zugang zu den Urkunden zu gewähren.

(5) Im Übrigen sind die §§ 91b und 91d GOG anzuwenden.

(BGBl I 2005/164)

Beglaubigung von Unterschriften

§ 188. (1) Auf Antrag ist die Echtheit einer händischen Unterschrift (firmenmäßigen Zeichnung) oder eines Handzeichens auf einer Papierurkunde oder – nach Maßgabe der technischen und personellen Möglichkeiten – die Echtheit einer elektronischen Signatur (firmenmäßigen Zeichnung) auf einer elektronisch errichteten Urkunde durch einen Beglaubigungsvermerk zu bestätigen, wenn der Antragsteller

1. seine Identität und gegebenenfalls auch sein Geburtsdatum durch eines der im § 55 Notariatsordnung genannten Mittel ausweist und

2. im Falle der Verwendung einer elektronischen Signatur auch nachweist, dass die elektronische Signatur ihm zugeordnet ist, und

3. er die Unterschrift oder das Handzeichen beziehungsweise die Signatur vor Gericht setzt oder ausdrücklich anerkennt, dass die Unterschrift oder das Handzeichen oder die Signatur von ihm stammt.

Der Beglaubigungsvermerk ist entsprechend dem Antrag entweder auf der Papierurkunde (beglaubigte Papierurkunde) anzubringen oder der elektronischen Urkunde beizufügen (beglaubigte elektronische Urkunde). Im Falle elektronisch unterfertigter Urkunden hat die Beglaubigung der Unterschrift in elektronischer Form unter Verwendung der elektronischen Signatur der Justiz zu erfolgen. Die beglaubigten Urkunden sind mit Zustimmung der Partei in das Beglaubigungsarchiv der Justiz einzustellen. Falls der Antragsteller nicht anderes bestimmt, sind die Urkunden im Beglaubigungsarchiv der Justiz mindestens zehn Jahre aufzubewahren.

(2) Sämtliche nach den Bestimmungen dieses Hauptstückes beglaubigten elektronischen Signaturen entfalten auch die Rechtswirkungen der Schriftlichkeit im Sinne des § 886 ABGB; § 4 Abs. 2 SVG ist insoweit nicht anzuwenden. *(BGBl I 2016/50)*

(3) Über die Beglaubigung ist ein gerichtliches Protokoll aufzunehmen, das den Ausweis mit Ausstellungsdatum und ausstellender Behörde und den Gegenstand der Urkunde zu bezeichnen hat. Das Protokoll ist vom Antragsteller zu unterschreiben. Kann der Antragsteller nicht schreiben, so hat er – unter Beiziehung zweier Zeugen, von denen einer den Namen des Unterzeichneten beisetzt – dem Protokoll sein Handzeichen beizufügen.

(4) Der Beglaubigungsvermerk hat den Vor- und Familiennamen sowie die Anschrift des Antragstellers zu enthalten. Auf Verlangen des Antragstellers, in Grundbuchssachen auch von Amts wegen, ist der Tag – auf besonderen Wunsch auch der Ort – seiner Geburt in den Beglaubigungsvermerk aufzunehmen. Auf die Aufnahme in das Beglaubigungsarchiv der Justiz ist im Beglaubi-

AußStrG

gungsvermerk hinzuweisen. Das Protokoll kann sich auf einen Hinweis über die Aufnahme in das Beglaubigungsarchiv beschränken, wenn auch der Identitätsnachweis des Antragstellers in elektronischer Form (insbesondere eingescannt) aufbewahrt werden kann.

(5) Die Berechtigung zur Einsicht in die in das Beglaubigungsarchiv der Justiz eingestellten beglaubigten Urkunden kommt dem Antragsteller und den von ihm ermächtigten Personen zu. Diesen ist gemäß § 91b Abs. 2 GOG Zugang zu den Urkunden zu gewähren.

(6) Im Übrigen sind die §§ 91b und 91d GOG anzuwenden.

(7) Von den Gerichten ausgestellte öffentliche Urkunden, die den Namen des gerichtlichen Entscheidungsorgans enthalten, sind durch Beifügung der elektronischen Signatur der Justiz zu beglaubigen.

(8) Der Bundesminister für Justiz wird ermächtigt, mit Verordnung nähere Regelungen festzulegen für

1. die händische und die elektronische Beglaubigung von Unterschriften (Abs. 1 bis 5) und gerichtlichen Urkunden (Abs. 7), die Beglaubigung von Abschriften und Ausdrucken (§ 187) sowie die Überbeglaubigung (§ 189) jeweils durch Richter oder die hiezu bestimmten Beamten des Fachdienstes,

2. die Form und Gestaltung der Beglaubigungsvermerke und der Registerführung.

(BGBl I 2005/164)

Überbeglaubigung

§ 189. Auf Antrag hat der Präsident des Landesgerichts öffentliche Urkunden, die Gerichte oder Notare seines Sprengels ausgestellt haben, durch Bestätigung der Echtheit der Unterschrift und gegebenenfalls des Siegels des Ausstellers zu beglaubigen. Die Bestätigung der Authentizität und Integrität der elektronischen Signatur der Justiz erfolgt durch die Beglaubigung im Wege der sicheren elektronischen Signatur. § 188 gilt sinngemäß.

(BGBl I 2005/164)

Beglaubigung von Übersetzungen

§ 190. (1) Die genaue Übereinstimmung einer Übersetzung mit dem Original ist von einem allgemein beeideten und gerichtlich zertifizierten Dolmetsch unter Beifügung des Datums der Übersetzung, der Unterschrift und des Siegels des Dolmetsches (§§ 14, 8 Abs. 5 SDG) zu beglaubigen. Der Bundesminister für Justiz wird ermächtigt, mit Verordnung nähere Regelungen über Form und Gestaltung derartiger Übersetzungen

sowie der Beglaubigungsvermerke zu erlassen. *(BGBl I 2006/8)*

(2) Kann ein allgemein beeideter und gerichtlich zertifizierter Dolmetsch nicht beigezogen werden, so hat das Gericht eine dazu befähigte Person als Dolmetsch zu beeiden.

Einwände gegen die Authentizität einer öffentlichen Urkunde in Verlassenschaftssachen

§ 191. Über Einwände gegen die Authentizität einer öffentlichen Urkunde nach Art. 59 Abs. 2 EuErbVO ist nach den Bestimmungen dieses Bundesgesetzes zu entscheiden.

(BGBl I 2015/87, ab 17. 8. 2015, anzuwenden, wenn der Verstorbene an oder nach diesem Tag gestorben ist)

V. Hauptstück

Freiwillige Feilbietung

§§ 192 bis 198. *(aufgehoben, BGBl I 2008/68)*

VI. Hauptstück

Schluss- und Übergangsbestimmungen

In-Kraft-Treten

§ 199. (1) Dieses Bundesgesetz tritt am 1. Jänner 2005 in Kraft. Es ist – soweit im Folgenden nicht anderes bestimmt wird – auch auf Verfahren anzuwenden, die vor dem In-Kraft-Treten anhängig geworden sind.

(2) § 122 Abs. 3 und 4, § 123 Abs. 1 Z 6 und 7, § 124 Abs. 1, § 126 Abs. 1, 3 und 4, § 127 und § 130 in der Fassung des Bundesgesetzes BGBl. I Nr. 92/2006 treten mit 1. Juli 2007 in Kraft. Sie sind – soweit im Folgenden nicht anderes bestimmt wird[1] – auch auf Verfahren anzuwenden, die vor dem In- Kraft-Treten dieses Bundesgesetzes anhängig geworden sind.

(BGBl I 2006/92)

---

[1] *s § 204 Abs 8.*

Aufhebung von Rechtsvorschriften

§ 200. (1) Aufgehoben werden

1. das Kaiserliche Patent vom 9. August 1854, Gesetz über das gerichtliche Verfahren in Rechtsangelegenheiten außer Streitsachen, RGBl. 208;

2. das Gesetz über Ort und Zeit der Anbringung von Rekursen in Gerichtsverfahren, RGBl. 1860/205;

3. die Vierte Durchführungsverordnung zum Ehegesetz vom 25. Oktober 1941, dRGBl. I S. 654;

4. Die Verordnung über die Angleichung familienrechtlicher Vorschriften vom 6. Februar 1943, dRGBl. I S. 80;

5. Artikel V des Bundesgesetzes vom 30. Oktober 1970, BGBl. 1970/342;

6. Artikel VIII § 3 Abs. 1 des Verfahrenshilfegesetzes, BGBl. 1973/569.

(2) Die nach Abs. 1 aufgehobenen Vorschriften sind jedoch auf Verfahren, die vor In-Kraft-Treten dieses Bundesgesetzes anhängig geworden sind, weiter anzuwenden, soweit dies im Folgenden angeordnet ist.

Verweise

§ 201. Soweit in bundesgesetzlichen Vorschriften auf das Gesetz über das gerichtliche Verfahren in Rechtsangelegenheiten außer Streitsachen vom 9. August 1854, RGBl. 208, verwiesen wird, gilt dies sinngemäß als Verweis auf das Erste Hauptstück dieses Bundesgesetzes einschließlich der Übergangsvorschriften.

Übergangsbestimmungen

§ 202. Dieses Bundesgesetz ist auf vor dem In-Kraft-Treten dieses Bundesgesetzes anhängig gewordene Streitigkeiten in Angelegenheiten, die statt im streitigen Verfahren nunmehr im Verfahren außer Streitsachen durchzusetzen wären, nicht anzuwenden.

§ 203. (1) Die Bestimmungen über die Vertretung im Rekursverfahren und im Revisionsrekursverfahren (§ 6) sind nur dann anzuwenden, wenn das Datum der angefochtenen Entscheidung nach dem 31. Dezember 2004 liegt. Auf alle vorher ergangenen Entscheidungen sind die bisher in Geltung gestandenen Vorschriften über die Vertretung im Rechtsmittelverfahren weiter anzuwenden.

(2) Die Bestimmungen über die Anfechtbarkeit der Entscheidung über die Verfahrenshilfe (§ 7 Abs. 1) sind nur dann anzuwenden, wenn das Datum der Entscheidung über den Antrag nach dem 31. Dezember 2004 liegt. Auf alle vorher ergangenen Entscheidungen sind die bisher in Geltung gestandenen Vorschriften über die Anfechtbarkeit solcher Entscheidungen weiter anzuwenden.

(3) Die Bestimmungen über die Zurücknahme des Antrags (§ 11) sind nur dann anzuwenden, wenn der Antrag nach dem 31. Dezember 2004 bei Gericht eingelangt ist. Auf alle bereits vorher eingelangten Anträge sind die bisher in Geltung gestandenen Vorschriften über die Zurücknahme eines Antrags weiter anzuwenden.

(4) Die Bestimmungen über die Bekanntmachung von Edikten (§ 24 Abs. 3) sind nur dann anzuwenden, wenn das Datum der bekannt zu machenden Entscheidung nach dem 31. Dezember 2004 liegt. Auf alle vorher ergangenen Edikte sind die bisher in Geltung gestandenen Vorschriften über die Bekanntmachung weiter anzuwenden.

(5) Die Bestimmungen über die Unterbrechung und das Ruhen (§§ 25 bis 28) sind nur dann anzuwenden, wenn der den Stillstand auslösende Umstand nach dem 31. Dezember 2004 eingetreten ist. Auf alle vorher eingetretenen Umstände sind die bisher in Geltung gestandenen Vorschriften weiter anzuwenden.

(6) Die Bestimmungen über die Beschlusswirkungen und die vorläufige Vollstreckbarkeit (§§ 43 und 44) sind nur dann anzuwenden, wenn das Datum der Entscheidung erster Instanz nach dem 31. Dezember 2004 liegt. Für alle vorher ergangenen Entscheidungen sind die bisher in Geltung gestandenen Vorschriften über Beschlusswirkungen und Vollstreckbarkeit weiter anzuwenden.

(7) Die Bestimmungen über den Rekurs und den Revisionsrekurs mit Ausnahme des § 52 (§§ 45 bis 51 und 53 bis 71) sind nur dann anzuwenden, wenn das Datum der Entscheidung erster Instanz nach dem 31. Dezember 2004 liegt. Auf alle vorher ergangenen Entscheidungen sind die bisher in Geltung gestandenen Vorschriften über Rechtsmittel weiter anzuwenden. § 52 ist bereits ab In-Kraft-Treten dieses Bundesgesetzes anzuwenden.

(8) Die Bestimmungen über das Abänderungsverfahren (§§ 72 bis 77) sind nur dann anzuwenden, wenn das Datum der Entscheidung erster Instanz, deren Abänderung beantragt wird, nach dem 31. Dezember 2004 liegt.

(9) Die Bestimmungen über den Kostenersatz sind nur dann anzuwenden, wenn die Sache nach dem 31. Dezember 2004 anhängig wurde. Auf alle vorher anhängig gewordenen Verfahren sind die bisher in Geltung gestandenen Vorschriften über den Kostenersatz weiter anzuwenden.

(10) Die Bestimmungen über Vollstreckung und Zwangsmittel (§§ 79 und 80) sind nur dann anzuwenden, wenn das Vollstreckungsverfahren oder die Durchsetzung der Verfügung nach dem 31. Dezember 2004 eingeleitet wurde. Auf alle anderen Verfahren zur Durchsetzung von außerstreitigen Entscheidungen sind die bisher in Geltung gestandenen Vorschriften über die Vollziehung weiter anzuwenden.

§ 204. (1) Auf vor In-Kraft-Treten dieses Bundesgesetzes erklärte Zustimmungen zu Annahmen an Kindes statt sind die bisher geltenden Bestimmungen weiter anzuwenden.

(2) Die Bestimmungen über die Vertretung im Scheidungsverfahren (§ 93 Abs. 1 letzter Satz)

AußStrG

sind nur dann anzuwenden, wenn der Scheidungsantrag nach dem 31. Dezember 2004 bei Gericht
eingelangt ist. Sonst sind die bisher in Geltung
gestandenen Vorschriften über die Vertretung im
Scheidungsverfahren weiter anzuwenden.

(3) Die Bestimmungen über die Wirksamkeit
einer Verzichtserklärung im Scheidungsverfahren
(§ 95 Abs. 2) sind nur auf Erklärungen anzuwenden, die nach dem 31. Dezember 2004 abgegeben
wurden.

(4) Die Bestimmungen über Auskunftspflichten
in Unterhaltssachen (§ 102) treten mit dem der
Kundmachung dieses Bundesgesetzes folgenden
Tag in Kraft.

(5) Die Bestimmungen über die Gewährung
von Verfahrenshilfe an Minderjährige zur Erhebung eines Revisionsrekurses (§ 104 Abs. 3) sind
nur dann anzuwenden, wenn das Datum der anzufechtenden Entscheidung nach dem 31. Dezember
2004 liegt.

(6) Die Bestimmungen über das Verfahren zur
zwangsweisen Durchsetzung einer gerichtlichen
oder gerichtlich genehmigten Regelung der Obsorge oder des Rechts auf persönlichen Verkehr
(§ 110) sind nur dann anzuwenden, wenn das
Vollstreckungsverfahren oder die Durchsetzung
der Verfügung nach dem 31. Dezember 2004
eingeleitet wurde. Auf alle anderen Verfahren zur
Durchsetzung solcher Entscheidungen sind die
bisher in Geltung gestandenen Vorschriften über
die Vollziehung weiter anzuwenden.

(7) Die Bestimmungen über die Rechnungslegung (§§ 134 bis 138) sind auf solche Rechnungs-
legungsperioden anzuwenden, die nach dem
31. Dezember 2004 beginnen. Sonst sind die bisher in Geltung gestandenen Vorschriften über die
Rechnungslegung weiter anzuwenden.

(8) § 130 in der Fassung des Bundesgesetzes
BGBl. I Nr. 92/2006 hat auf vom Gericht vor dem
In-Kraft-Treten dieses Bundesgesetzes festgelegte
Fristen keinen Einfluss. Ist zu diesem Zeitpunkt
seit der letzten Berichterstattung über ein Jahr
verstrichen und ist keine gerichtliche Frist festgelegt, so hat der Sachwalter längstens binnen eines
halben Jahres zu berichten. *(BGBl I 2006/92)*

§ 205. Die Bestimmungen dieses Bundesgesetzes sind auf Verlassenschaftsverfahren anzuwenden, die nach dem 31. Dezember 2004 erstmals
bei Gericht oder beim Gerichtskommissär anhängig gemacht wurden, sofern sie nicht schon früher
eingeleitet hätten werden können. Sonst sind die
bisher in Geltung gestandenen Vorschriften über
das Verlassenschaftsverfahren weiter anzuwenden.

§ 206. Die Bestimmungen über Beurkundungen
(§§ 186 bis 190) sind auf alle Beurkundungen

anzuwenden, die nach dem In-Kraft-Treten dieses
Bundesgesetzes vorgenommen werden.

§ 207. Die Bestimmungen über die freiwillige
Feilbietung (§§ 191 bis 198) sind nur dann anzuwenden, wenn der verfahrenseinleitende Antrag
nach dem 31. Dezember 2004 bei Gericht eingelangt ist. Auf alle vorher anhängig gewordenen
Verfahren über die freiwillige Schätzung oder die
freiwillige Feilbietung sind die bisher in Geltung
gestandenen Vorschriften weiter anzuwenden.

**Übergangsbestimmung zum Bundesgesetz
BGBl. I Nr. 8/2005**

§ 207a. § 82 Abs. 3 und § 101 Abs. 5 jeweils
in der Fassung des Bundesgesetzes BGBl. I Nr.
8/2005 treten mit dem der Kundmachung dieses
Bundesgesetzes folgenden Tag in Kraft. Diese
Bestimmungen sind auch auf Verfahren anzuwenden, die vor ihrem In-Kraft-Treten anhängig geworden sind und zum Zeitpunkt ihres In-Kraft-
Tretens noch anhängig sind; § 64 Abs. 3 ZPO
bleibt unberührt.

(BGBl I 2006/8)

**Übergangsbestimmung zum Bundesgesetz
BGBl. I Nr. 164/2005**

§ 207b. §§ 187, 188, 189 und 190 Abs. 1 jeweils in der Fassung des Bundesgesetzes BGBl.
I Nr. 164/2005 treten mit 1. Jänner 2010 in Kraft
und sind auf Beglaubigungen anzuwenden, die
nach dem 1. Jänner 2008 erfolgen. *(BGBl I
2007/111)*

(BGBl I 2005/164)

**Inkrafttreten und Übergangsbestimmung zum
Bundesgesetz BGBl. I Nr. 30/2009**

§ 207c. §§ 4, 5, 35 und 83 in der Fassung des
Bundesgesetzes BGBl. I Nr. 30/2009 treten mit
1. April 2009 in Kraft.

(BGBl I 2009/30)

**Inkrafttreten und Übergangsbestimmung zum
Bundesgesetz BGBl Nr. 40/2009**

§ 207d. §§ 7, 10a und § 35 in der Fassung des
2. Gewaltschutzgesetzes, BGBl. Nr. 40/2009,
treten mit 1. Juni 2009 in Kraft.

(BGBl I 2009/40)

**Inkrafttreten und Übergangsbestimmung zum
Bundesgesetz BGBl Nr. 75/2009**

§ 207e. Die §§ 90, 91a bis 91d, 95, 106 und
111a in der Fassung des Bundesgesetzes BGBl.
Nr. 75/2009 treten mit 1. Jänner 2010 in Kraft.

Die §§ 95 und 111a AußStrG sind in der Fassung dieses Bundesgesetzes anzuwenden, wenn der Antrag nach dem 31. Dezember 2009 bei Gericht eingebracht wird.

(BGBl I 2009/75)

Inkrafttreten und Übergangsbestimmung zum Bundesgesetz BGBl. I Nr. 137/2009

§ 207f. § 104a in der Fassung des Bundesgesetzes BGBl. I Nr. 137/2009 tritt mit 1. Juli 2010 in Kraft.

(BGBl I 2009/137)

Inkrafttreten des Bundesgesetzes BGBl. I Nr. 58/2010

§ 207g. Die §§ 25 Abs. 1 und 154 Abs. 1 in der Fassung des Bundesgesetzes BGBl. I Nr. 58/2010 treten mit 1. August 2010 in Kraft.

(BGBl I 2010/58)

Inkrafttreten und Übergangsbestimmung zum Bundesgesetz BGBl. I Nr. 111/2010

§ 207h. Die §§ 10 und 46 in der Fassung des Budgetbegleitgesetzes 2011, BGBl. I Nr. 111/2010, treten mit 1. Juli 2011 in Kraft. Die §§ 23 und 47 in der Fassung des Budgetbegleitgesetzes 2011, BGBl. I Nr. 111/2010, treten mit 1. Mai 2011 in Kraft. § 10 in der Fassung des genannten Bundesgesetzes ist auf Schriftsätze anzuwenden, die nach dem 30. Juni 2011 bei Gericht einlangen. § 46 in der Fassung des Budgetbegleitgesetzes 2011 ist anzuwenden, wenn das Datum der Entscheidung erster Instanz nach dem 30. Juni 2011 liegt. § 47 in der Fassung des Budgetbegleitgesetzes 2011 ist anzuwenden, wenn das Datum der Entscheidung erster Instanz nach dem 30. April 2011 liegt.

(BGBl I 2010/111)

Inkrafttreten und Übergangsbestimmung zum Bundesgesetz BGBl. I Nr. 15/2013

§ 207i. (1) Die §§ 89, 106a, 106b und 106c in der Fassung des Kindschafts- und Namensrechts-Änderungsgesetzes 2013, BGBl. I Nr. 15/2013, treten mit dem auf die Kundmachung dieses Bundesgesetzes im Bundesgesetzblatt folgenden Tag in Kraft.

(2) Die Aufhebung des 3. Abschnitts im II. Hauptstück tritt mit 1. Jänner 2016 in Kraft.

(3) Die §§ 95, 101, 104, 104a, 105, 106, 107, 107a, 107b, 108, 109, 110, 111, 112, 115, 132 und 140 in der Fassung des Kindschafts- und Namensrechts-Änderungsgesetzes 2013, BGBl. I Nr. 15/2013, treten mit 1. Februar 2013 in Kraft. Die §§ 101 und 107 Abs. 1 Z 1 in der Fassung

dieses Bundesgesetzes sind auf Verfahren anzuwenden, in denen der verfahrenseinleitende Antrag nach dem 31. Jänner 2013 bei Gericht angebracht wurde. § 107a Abs. 2 in der Fassung dieses Bundesgesetzes ist anzuwenden, wenn die Maßnahme des Jugendwohlfahrtsträgers nach dem 31. Jänner 2013 beendet wurde.

(BGBl I 2013/15)

Inkrafttreten und Übergangsbestimmung zum Bundesgesetz BGBl. I Nr. 158/2013

§ 207j. Der 9a. Abschnitt in der Fassung des Bundesgesetzes BGBl. I Nr. 158/2013 tritt mit 1. November 2013 in Kraft. Er ist auch auf die Anerkennung, Vollstreckbarerklärung und Vollstreckung von Entscheidungen, die vor seinem Inkrafttreten getroffen wurden, sowie auf im Zeitpunkt ihres Inkrafttretens bereits anhängige Verfahren anzuwenden.

(BGBl I 2013/158)

Inkrafttreten und Übergangsbestimmung zum Bundesgesetz BGBl. I Nr. 87/2015

§ 207k. (1) Die §§ 59, 123, 145, 145a, 151, 152, 155, 156, 158, 165 Abs. 1 Z 2 und Abs. 2, 166, 168, 174, 174a, 178 und 181 in der Fassung des Erbrechts-Änderungsgesetzes 2015 (ErbRÄG 2015), BGBl. I Nr. 87/2015, treten mit 1. Jänner 2017 in Kraft.

(2) Die §§ 59, 123 145, 145a, 155, 156, 158, 165 Abs. 1 Z 2 und Abs. 2, 166, 168, 174, 174a, 178, und 181 in der Fassung des ErbRÄG 2015 sind auf Verlassenschaftsverfahren anzuwenden, die nach dem 31. Dezember 2016 anhängig werden.

(3) §§ 143 Abs. 2, 147 Abs. 4, 150, 153, 154 Abs. 1, 160a, 165 Abs. 1 Z 6 und 7, 181a, 181b, 182 Abs. 4, 182a, 184 Abs. 1 erster Satz, 184a und 191 in der Fassung des ErbRÄG 2015 treten mit 17. August 2015 in Kraft und sind anzuwenden, wenn der Verstorbene an oder nach diesem Tag gestorben ist.

(BGBl I 2015/87)

Inkrafttreten des Bundesgesetzes BGBl. I Nr. 50/2016

§ 207l. § 188 Abs. 2 in der Fassung des Bundesgesetzes BGBl. I Nr. 50/2016 tritt mit 1. Juli 2016 in Kraft.

Inkrafttreten und Übergangsbestimmung zum Bundesgesetz BGBl. I Nr. 59/2017

§ 207m. (1) Die §§ 4, 6 Abs. 2, 13, 19, 20, 82, 102 Abs. 3, 116a bis 131c, 131e, 131g, 132, 132a, 133 bis 141, 145a und 154 samt Überschriften sowie die Überschrift des 10. Abschnittes in der Fassung des 2. Erwachsenenschutz-Gesetzes, BGBl. I Nr. 59/2017 (2. ErwSchG), treten, soweit im Folgenden nichts anderes bestimmt ist, mit 1. Juli 2018 in Kraft und sind auf Verfahren anzuwenden, die nach dem 30. Juni 2018 anhängig sind oder anhängig werden.

(2) Die §§ 6 Abs. 3, 88, 90, 102 Abs. 3, 105, 106, 106a, 107a, 110, 133 Abs. 3, 135 Abs. 1 und 140 in der Fassung des Art. 6 Z 3 2. ErwSchG treten mit dem auf die Kundmachung dieses Bundesgesetzes folgenden Tag in Kraft.

(3) Ein im Zeitpunkt des Inkrafttretens des 2. ErwSchG anhängiges Verfahren über die Bestellung eines Sachwalters ist nach den §§ 116a bis 126 in der Fassung des 2. ErwSchG in erster Instanz fortzusetzen; ein in höherer Instanz anhängiges Verfahren ist – wenn noch Entscheidungsgrundlagen fehlen – dem Erstgericht zu überweisen und von diesem so fortzusetzen, als ob das Rechtsmittelgericht die Entscheidung aufgehoben und das Verfahren an die erste Instanz zurückverwiesen hätte. Es liegt im Ermessen des Gerichts, ob es den Erwachsenenschutzverein (§ 1 ErwSchVG) mit einer Abklärung im Sinn des § 117a beauftragt. Ist ein einstweiliger Sachwalter bestellt, so ist er mit Inkrafttreten des 2. ErwSchG einstweiliger Erwachsenenvertreter.

(4) Für im Zeitpunkt des Inkrafttretens des 2. ErwSchG anhängige Verfahren auf Änderung, Übertragung oder Beendigung der Sachwalterschaft gilt Abs. 3 sinngemäß.

(BGBl I 2017/59)

Inkrafttreten und Übergangsbestimmung zum Bundesgesetz BGBl. I Nr. 130/2017

§ 207n. Der 7a. Abschnitt in der Fassung des KindRückG 2017, BGBl. I Nr. 130/2017, tritt mit 1. September 2017 in Kraft.

(BGBl I 2017/130)

Inkrafttreten und Übergangsbestimmung zum Bundesgesetz BGBl. I Nr. 58/2018

§ 207o. §§ 5, 120, 126, 128, 135, 137, 156, 157, 167, 176, 178 und 181 in der Fassung des Bundesgesetzes BGBl. I Nr. 58/2018, treten mit 1. August 2018 in Kraft.

(BGBl I 2018/58)

Vollziehung

§ 208. Mit der Vollziehung dieses Bundesgesetzes ist der Bundesminister für Justiz betraut.

Gerichtskommissärsgesetz

BGBl 1970/343 idF

1 BGBl 1980/550	**8** BGBl I 2005/164 (BRÄG 2006)
2 BGBl 1991/10	**9** BGBl I 2007/111
3 BGBl 1993/692	**10** BGBl I 2008/68
4 BGBl 1996/304	**11** BGBl I 2009/141 (BRÄG 2010)
5 BGBl I 1997/30	**12** BGBl I 2015/87 (ErbRÄG 2015)
6 BGBl I 2001/98	**13** BGBl I 2018/58 (ErwSchAG-Justiz)
7 BGBl I 2003/112	

Bundesgesetz vom 11. November 1970 über die Tätigkeit der Notare als Beauftragte des Gerichtes im Verfahren außer Streitsachen (Gerichtskommissärsgesetz – GKG)

(BGBl I 2005/164, Langtitel neu gefasst, Kurztitel eingefügt ab 1. 1. 2006)

Umfang der Tätigkeit

§ 1. (1) Die Notare haben im Verfahren außer Streitsachen folgende Amtshandlungen zu besorgen:

1. in Verlassenschaftssachen

a) die Todesfallaufnahme und die mit dieser im Zusammenhang stehenden unaufschiebbaren Maßnahmen;

b) die anderen im Zug einer Verlassenschaftsabhandlung erforderlichen Amtshandlungen;

c) die Sicherung der in Österreich gelegenen Verlassenschaft, auch wenn ein ausländisches Gericht im Sinn des Art. 3 Abs. 2 EuErbVO zuständig ist; *(BGBl I 2015/87, ab 17. 8. 2015, anzuwenden, wenn der Verstorbene an diesem Tag oder danach gestorben ist)*

d) die Ausstellung eines Europäischen Nachlasszeugnisses nach Art. 62 EuErbVO; *(BGBl I 2015/87, ab 17. 8. 2015, anzuwenden, wenn der Verstorbene an diesem Tag oder danach gestorben ist)*

2. außerhalb einer Verlassenschaftsabhandlung die Errichtung eines Inventars und die Verfassung und Prüfung einer Rechnung oder eines Ausweises, einschließlich eines Ausweises über eine Vermögensteilung. *(BGBl I 2008/68)*

(2) Von den im Abs. 1 genannten Amtshandlungen bleiben jedoch ausgenommen:

1. richterliche Entscheidungen;

2. soweit nichts anderes angeordnet ist, die Protokollierung gerichtlicher Vergleiche (§ 30 AußStrG);

3. Zwangsmaßnahmen nach § 79 AußStrG;

4. Ersuchen um Gewährung von Rechtshilfe außerhalb des Geltungsgebietes dieses Bundesgesetzes.

(3) Bei Besorgung der ihm durch Gesetz oder Auftrag übertragenen Amtshandlungen handelt der Notar als Gerichtskommissär; er ist Beamter im Sinne des Strafgesetzes.

(BGBl I 2003/112, anzuwenden in Verlassenschaftssachen, die nach dem 31. Dezember 2004 erstmals bei Gericht oder beim Gerichtskommissär anhängig gemacht wurden, sofern sie nicht früher hätten eingeleitet werden können: Art XXII § 11 Abs 1 BGBl I 2003/112; vgl zur Novellierung auch Art XXXII § 11 Abs 3)

Notwendiges Gerichtskommissariat. Bestellung in anderen Fällen

§ 2. (1) Die im § 1 Abs. 1 Z 1 bezeichneten Amtshandlungen hat jener Notar als Gerichtskommissär durchzuführen, dessen Zuständigkeit sich aus der Verteilungsordnung ergibt. Sind vom Gerichtskommissär vor Einleitung des gerichtlichen Verfahrens bereits Verfahrenshandlungen zu setzen, so hat er das Gericht davon unverzüglich zu verständigen. *(BGBl I 2008/68)*

(2) Die im § 1 Abs. 1 Z 2 angeführten Amtshandlungen dürfen dem Notar, dessen Zuständigkeit sich aus der Verteilungsordnung ergibt, nur übertragen werden, wenn dies wegen des Umfangs oder der Schwierigkeit der einzelnen Amtshandlung oder wegen der Notwendigkeit beträchtlicher Vorarbeiten dem Vorteil der Sache dient. *(BGBl I 2008/68)*

(BGBl I 2003/112, anzuwenden auf Gerichtskommissariate in Verlassenschaftssachen, die nach dem 31. Dezember 2004 erstmals bei Gericht oder beim Gerichtskommissär anhängig gemacht wurden: Art XXXII § 11 Abs 2 BGBl I 2003/112)

§ 2a. (1) Ein Notar, der nach § 7 GUG Grundbuchseinsicht gewährt, ist hiebei als Gerichtskommissär tätig.

(2) Der Notar hat für Amtshandlungen nach Abs. 1 Anspruch auf Gebühren, deren Höhe sich nach den für gleichartige Amtshandlungen der Gerichte festgesetzten Gerichtsgebühren richtet.

(BGBl I 1997/30)

§ 2b. (1) Ein Notar, der nach § 35 FBG Einsicht in das Firmenbuch gewährt, ist hiebei als Gerichtskommissär tätig.

(2) Der Notar hat für Amtshandlungen nach Abs. 1 Anspruch auf Gebühren, deren Höhe sich nach den für gleichartige Amtshandlungen der Gerichte festgesetzten Gerichtsgebühren richtet. *(BGBl 1991/10)*

§ 2c. Ein Notar, der gemäß § 35a FBG Anmeldungen zur Eintragung in das Firmenbuch an Stelle des Gerichts entgegennimmt und sie weiterleitet, ist hiebei als Gerichtskommissär tätig.

(BGBl 1996/304)

Schriftsätze der Parteien an das Abhandlungsgericht. Bevollmächtigung

§ 3. (1) In Verlassenschaftsverfahren können die Parteien jederzeit die erforderlichen Erklärungen, Anträge oder Nachweise schriftlich verfassen und unmittelbar dem Gericht vorlegen. Sie können sich dazu eines Bevollmächtigten bedienen. Übersteigt der Wert der Aktiven der Verlassenschaft voraussichtlich 5 000 Euro[1]), so können sie nur einen Rechtsanwalt oder Notar bevollmächtigen. Schreitet ein Vertreter ein, der weder Rechtsanwalt noch Notar ist, und stellt sich im Verfahren heraus, dass der Wert der Aktiven diesen Betrag übersteigt, so hat das Gericht dies den Parteien und deren Vertretern bekannt zu geben. Mit Zustellung dieser Bekanntgabe an den Vertreter erlischt seine Vertretungsmacht für das weitere Verfahren. Auf diese Rechtsfolge ist in der Bekanntgabe hinzuweisen. *(BGBl I 2009/141, ab 1. 1. 2010, auf nach dem 31. 12. 2009 eingeleitete Verlassenschaftsverfahren anzuwenden)*

(2) Wird eine Partei trotz Setzung einer angemessenen Nachfrist mit ihren Schriftsätzen säumig oder eignen sich die Schriftsätze einer Partei oder eines Vertreters, der nicht Rechtsanwalt oder Notar ist, nicht zu einer zweckentsprechenden Erledigung und können sie nicht auf einfache Weise verbessert werden, so hat das Gericht auszusprechen, dass die von diesen Schriftsätzen betroffenen und, soweit erforderlich, auch alle weiteren Amtshandlungen in der Sache vor dem Gerichtskommissär abzuhandeln sind.

(3) Der Gerichtskommissär hat die Parteien bei seiner ersten Amtshandlung auf die Möglichkeit der schriftlichen Abhandlungspflege aufmerksam zu machen.

(BGBl I 2003/112, anzuwenden in Verlassenschaftssachen, die nach dem 31. Dezember 2004 erstmals bei Gericht oder beim Gerichtskommissär anhängig gemacht wurden, sofern sie nicht früher hätten eingeleitet werden können: Art XX-XII § 11 Abs 1 BGBl I 2003/112)

---

[1]) *Wertänderung anzuwenden auf nach dem 31.12.2009 eingeleitete Verlassenschaftsverfahren.*

Auswahl der Notare. Verteilungsordnungen

§ 4. (1) Als Gerichtskommissäre sind die Notare nach bestimmten Verteilungsordnungen zuständig beziehungsweise heranzuziehen. Die Verteilungsordnungen sind nach folgenden Grundsätzen zu erstellen:

1. Hat im Sprengel des Bezirksgerichts nur ein Notar seinen Amtssitz, so ist dieser Notar als Gerichtskommissär heranzuziehen.

2. Haben im Sprengel des Bezirksgerichts mehrere Notare ihren Amtssitz, so sind sie möglichst gleichmäßig heranzuziehen.

3. Hat im Sprengel des Bezirksgerichts kein Notar seinen Amtssitz, so sind Notare aus den Nachbarsprengeln heranzuziehen. Haben in den Nachbarsprengeln zwei oder mehrere Notare ihren Amtssitz, so kommen nur diejenigen in Betracht, die für die Mehrheit der Einwohner des Sprengels ohne Notar annähernd gleich günstig erreichbar sind; sie sind möglichst gleichmäßig heranzuziehen.

(BGBl I 2003/112)

(2) Wenn dies erforderlich ist, um eine möglichst gleichmäßige Heranziehung der Notare zu erreichen, kann ein Notar nach Anhörung der Notariatskammer für mehrere Bezirksgerichte als Gerichtskommissär herangezogen werden. *(BGBl I 2005/164, ab 1. 1. 2006)*

(3) Die möglichst gleichmäßige Heranziehung der Notare im Sinn des Abs. 1 Z. 2 ist in der Weise durchzuführen, dass die Verteilungsordnungen auf Teile des Gerichtssprengels oder auf Zeitabschnitte oder auf eine Verbindung dieser beiden Verteilungsarten abgestellt werden. Bei der Abstellung auf Teile des Gerichtssprengels ist auf die für die Vornahme der Amtshandlungen gegebenen örtlichen Verhältnisse, die Verkehrsverhältnisse und die Einwohnerdichte Bedacht zu nehmen. Eine vorübergehende Abweichung von der möglichst gleichmäßigen Heranziehung der Notare im Sinne des Abs. 1 Z 2 und 3 ist für einen angemessenen Übergangszeitraum zulässig, wenn im Sprengel des Bezirksgerichtes Notarstellen neu geschaffen werden. *(BGBl I 2005/164, ab 1. 1. 2006)*

(4) Ändern sich nach dem Inkrafttreten dieses Bundesgesetzes die Sprengel von Bezirksgerichten, so ist die vor dieser Änderung geltende Verteilungsordnung zu berücksichtigen, soweit dies erforderlich ist, um dem Umfang der bisherigen Heranziehung der Notare nicht erheblich zu beeinträchtigen. *(BGBl I 2005/164, ab 1. 1. 2006)*

Erlassung der Verteilungsordnung

§ 5. Die Verteilungsordnungen sind von den Präsidenten der sachlich in Betracht kommenden Landesgerichte für die unterstellten Bezirksgerichte am Ende eines jeden Kalenderjahres für das folgende Kalenderjahr aufzustellen. Soll ein Notar in mehr als einem Landesgerichtssprengel als Gerichtskommissär herangezogen werden, so sind die betroffenen Verteilungsordnungen von den Präsidenten dieser Landesgerichte im Einvernehmen zu erlassen. Ändern sich während des Kalenderjahres die Voraussetzungen, auf die sich die Verteilungsordnungen stützen, so sind diese unverzüglich für den Rest des Kalenderjahres neu zu erstellen. Vor der Erlassung jeder Verteilungsordnung ist die Notariatskammer zu hören. Die Verteilungsordnungen sind durch Anschlag an der Gerichtstafel des jeweiligen Landesgerichts und der betroffenen Bezirksgerichte kundzumachen und der Notariatskammer mitzuteilen; ferner sind sie dem Bundesministerium für Justiz in elektronisch weiterverarbeitbarer Form zu übermitteln. *(BGBl I 2009/141, ab 1. 1. 2010)*

(BGBl I 2005/164, ab 1. 1. 2006)

Ausschließung eines Notars

§ 6. (1) Liegt bei dem als Gerichtskommissär zuständigen beziehungsweise heranzuziehenden Notar ein Grund vor, der einen Richter von der Ausübung des Richteramts in bürgerlichen Rechtssachen ausschließen würde oder seine Unbefangenheit in Zweifel stellt, so sind die §§ 19 bis 25 JN sinngemäß anzuwenden. Der Notar, dem das Vorliegen eines solchen Grundes bekannt wird, hat dies dem Gericht anzuzeigen. Die Entscheidung obliegt dem Richter, der das Verfahren in der Hauptsache zu führen hat. Erachtet er einen der genannten Gründe für gegeben, so hat er

1. im Falle des § 2 Abs. 1 auszusprechen, welcher andere Notar als Gerichtskommissär tätig zu werden hat;

2. im Falle des § 2 Abs. 2 von der Bestellung dieses Notars abzusehen oder den bereits gestellten Auftrag zu widerrufen.
(BGBl I 2003/112, anzuwenden in Verlassenschaftssachen, die nach dem 31. Dezember 2004 erstmals bei Gericht oder beim Gerichtskommissär anhängig gemacht wurden, sofern sie nicht früher hätten eingeleitet werden können: Art XXXII § 11 Abs 1 BGBl I 2003/112)

(2) Ein bereits erteilter Auftrag ist auch dann zu widerrufen, wenn der bestellte Notar bei der Besorgung der ihm übertragenen Amtshandlungen die hierbei zu beachtenden gesetzlichen Vorschriften verletzt.

(3) In den Fällen der Abs. 1 und 2 ist ein anderer Notar zum Gerichtskommissär zu bestellen; hierbei ist auf die für die Vornahme der Amtshandlung gegebenen örtlichen Verhältnisse Bedacht zu nehmen. Kann nach den örtlichen Verhältnissen die Heranziehung eines anderen Notars den Parteien nicht zugemutet werden, so hat das Gericht die Amtshandlung selbst durchzuführen.

Unvereinbarkeit

§ 6a. (1) Geschäfte zwischen dem Gerichtskommissär, seinem Dauersubstituten, seinem Notarpartner, einem mit ihm in Regiegemeinschaft stehenden Notar oder einer Person, die zu ihm oder einem Notarpartner oder zu einem mit ihm in Regiegemeinschaft stehenden Notar in einem Dienstverhältnis steht, sowie deren im § 33 NO genannten Angehörigen einerseits und der vom Gerichtskommissär abzuhandelnden Verlassenschaft andererseits sind nicht zulässig.

(2) Weder der Gerichtskommissär noch sein Dauersubstitut, sein Notarpartner, ein mit ihm in Regiegemeinschaft stehender Notar noch eine Person, die zu ihm oder einem Notarpartner oder zu einem mit ihm in Regiegemeinschaft stehenden Notar in einem Dienstverhältnis steht, darf als Kurator oder bevollmächtigter Parteienvertreter Vertretungshandlungen setzen

1. für die Verlassenschaft oder

2. für eine andere Person in Bezug auf das Verlassenschaftsverfahren bis zur Einantwortung. *(BGBl I 2008/68)*

3. *(aufgehoben, BGBl I 2008/68)*

(BGBl I 2003/112, anzuwenden in Verlassenschaftssachen, die nach dem 31. Dezember 2004 erstmals bei Gericht oder beim Gerichtskommissär anhängig gemacht wurden, sofern sie nicht früher hätten eingeleitet werden können: Art XXXII § 11 Abs 1 BGBl I 2003/112)

Fristen. Säumnisfolgen

§ 7. (1) Für die Besorgung der aufgetragenen Amtshandlungen hat das Gericht dem Notar der Art und dem Umfang der Amtshandlungen entsprechende Fristen zu setzen. Diese können auf einen ohne Verzögerung gestellten Antrag wegen erheblicher Gründe, erforderlichenfalls auch wiederholt, verlängert werden.

(2) Wird der Notar ohne Rechtfertigung säumig und bleibt er dies auch, nachdem ihm unter gleichzeitiger Androhung des Widerrufes des Auftrages eine angemessene Nachfrist gesetzt worden ist, so ist der Auftrag zu widerrufen und ein anderer Notar zum Gerichtskommissär zu bestellen (§ 6 Abs. 3); ist es zur beschleunigten Durchführung der Sache erforderlich, so hat das Gericht die Amtshandlung selbst durchzuführen. Vom Widerruf des Auftrags ist die Notariatskammer zu verständigen.

Überwachung durch das Gericht

§ 7a. (1) Zur Überwachung der Tätigkeit des zuständigen Gerichtskommissärs (§ 2 Abs. 1) kann ihm das Gericht Aufträge erteilen, Berichte einholen und die erforderlichen Erhebungen vornehmen.

GKG

(2) Wendet sich eine Partei gegen einzelne Maßnahmen oder das Verhalten des Gerichtskommissärs, so hat das Gericht nach Anhörung des Gerichtskommissärs bei Bedarf Abhilfe zu schaffen.

(3) Bis zur Entscheidung des Gerichtes hat der Gerichtskommissär nur noch solche Maßnahmen zu treffen oder auszuführen, die dem Ergebnis der Entscheidung des Gerichtes nicht vorgreifen, es sei denn, eine solche Maßnahme ist zur Sicherung der Verlassenschaft erforderlich.

(4) § 6 Abs. 2 und 3 sowie § 7 Abs. 2 sind sinngemäß anzuwenden.

(BGBl I 2003/112, anzuwenden in Verlassenschaftssachen, die nach dem 31. Dezember 2004 erstmals bei Gericht oder beim Gerichtskommissär anhängig gemacht wurden, sofern sie nicht früher hätten eingeleitet werden können: Art XXXII § 11 Abs 1 BGBl I 2003/112)

Eintritt des Substituten oder des Amtsnachfolgers

§ 8. Wird nach der Notariatsordnung für einen Notar ein Substitut bestellt oder die erledigte Notarstelle neu besetzt, so tritt der Substitut oder der Amtsnachfolger bezüglich der dem Notar durch Gesetz oder Auftrag übertragenen und künftig zu übertragenden Amtshandlungen als Gerichtskommissär ein. § 1 Abs. 3 zweiter Halbsatz gilt dabei auch für denjenigen Substituten, der nicht Notar ist.

(BGBl I 2003/112, Anzuwenden in Verlassenschaftssachen, die nach dem 31. Dezember 2004 erstmals bei Gericht oder beim Gerichtskommissär anhängig gemacht wurden, sofern sie nicht früher hätten eingeleitet werden können: Art XXXII § 11 Abs 1 BGBl I 2003/112)

Sinngemäße Anwendung gesetzlicher Vorschriften

§ 9. (1) Der Notar kann als Gerichtskommissär im gesamten Bundesgebiet Erhebungen pflegen und alle Beweise selbst aufnehmen, Zustellungen selbst durch die Post oder die Gerichte vornehmen lassen und öffentliche Verlautbarungen veranlassen. Soweit der Gerichtskommissär mit der Wahrheitsermittlung und der Ausforschung von Tatsachen in Verlassenschaftssachen betraut ist, stehen ihm dieselben Auskunftsrechte und Einsichtsbefugnisse wie dem Verlassenschaftsgericht zu. Dies gilt insbesondere für die gebührenfreie Inanspruchnahme der elektronischen Einsicht in Geschäftsregister der Verfahrensautomation Justiz, mit Ausnahme der Register in Unterbringungssachen, der staatsanwaltschaftlichen Behörden und des obersten Gerichtshofs. *(BGBl I 2007/111, ab 1. 1. 2008)*

(2) Alle Personen, deren Aussagen oder Auskünfte Beweismittel sind, treffen dem Gerichts-

kommissär gegenüber die gleichen Rechte und Pflichten wie dem Gericht gegenüber.

(3) Gerichte, Verwaltungsbehörden und nach ihrer Verteilungsordnung zuständige Notare sind dem Gerichtskommissär gegenüber zur Amtshilfe verpflichtet. Der ersuchte Notar ist insoweit Gerichtskommissär.

(4) Stellt der Gerichtskommissär eine Amtsbestätigung aus, so ist diese mit dem Amtssiegel zu versehen.

(5) Im Übrigen hat der Notar die für die Gerichte geltenden Vorschriften bei seiner Tätigkeit als Gerichtskommissär sinngemäß anzuwenden.

(BGBl I 2003/112, anzuwenden in Verlassenschaftssachen, die nach dem 31. Dezember 2004 erstmals bei Gericht oder beim Gerichtskommissär anhängig gemacht wurden, sofern sie nicht früher hätten eingeleitet werden können: Art XXXII § 11 Abs 1 BGBl I 2003/112)

Geschäftsbehelfe und Aktenführung

§ 10. (1) Der Notar hat über seine Amtshandlungen als Gerichtskommissär ein besonderes Geschäftsregister und dazu ein Namensverzeichnis zu führen. In das Geschäftsregister sind einzutragen

1. die jährlich mit 1 beginnende fortlaufende Geschäftszahl,

2. die Bezeichnung und das Aktenzeichen des Gerichtes,

3. die Bezeichnung der aufgetragenen Amtshandlung,

4. der Tag des Einlangens des Auftrages,

5. der Tag der Vorlage der Erledigung an das Gericht,

6. Bemerkungen.

(2) Der Notar hat alle von ihm als Gerichtskommissär errichteten Urkunden mit dem gerichtlichen Aktenzeichen zu versehen und als Gerichtskommissär zu unterfertigen. Er hat alle den gerichtlichen Auftrag betreffenden Akten von seinen übrigen Akten gesondert zu verwahren.

(3) In den Fällen des § 8 hat der Substitut oder der Amtsnachfolger das Geschäftsregister und das Namensverzeichnis sowie die Akten zu übernehmen.

Gebührenermäßigung

§ 11. (1) Ist eine Verlassenschaft mit Schulden schwer belastet und ein minderjähriger oder sonst schutzberechtigter Erbe oder Pflichtteilsberechtigter daran beteiligt, für den die Belastung mit der auf ihn entfallenden tarifmäßigen Gebühr, besonders im Hinblick auf seine wirtschaftlichen Verhältnisse, eine besondere Härte darstellen würde, so gelten bezüglich der Bestimmung der Gebühr des Gerichtskommissärs folgende Besonderheiten: *(BGBl I 2015/87, ab 17. 8. 2015, anzuwenden,* *wenn der Verstorbene an diesem Tag oder danach gestorben ist; BGBl I 2018/58, ab 1. 8. 2018)*

1. Die Gebühr des Gerichtskommissärs ist auf der Grundlage der vollen tarifmäßigen Gebühr für jeden Zahlungspflichtigen gesondert nach dem Verhältnis zu bestimmen, in dem diese Zahlungspflichtigen untereinander zur Tragung der Gebühren verpflichtet wären; bei dem minderjährigen oder sonst schutzberechtigten Erben oder Pflichtteilsberechtigten ist jedoch je nach den oben genannten Umständen ein niedrigerer Betrag festzusetzen oder von einer Zahlungsverpflichtung abzusehen. *(BGBl I 2018/58, ab 1. 8. 2018)*

2. Mehrere Zahlungspflichtige, ausgenommen die in der Z. 1 genannten begünstigten Erben und Pflichtteilsberechtigten, haften gegenüber dem Gerichtskommissär zur ungeteilten Hand für die gesamte Gebühr.

3. Die Grundsätze der Z. 1 und 2, soweit sie die gesonderte Bestimmung der Ersatzpflicht und die Haftung zur ungeteilten Hand regeln, gelten auch für den Ersatz der Barauslagen.

(2) Die sonstigen Bestimmungen über die Gebühren der Notare als Gerichtskommissäre bleiben unberührt.

§ 12. *(entfällt, BGBl I 2005/164, ab 1. 1. 2006, enthielt Änderungen des AußStrG)*

Inkrafttreten

§ 13. Dieses Bundesgesetz tritt mit dem 1. Dezember 1970 in Kraft.

Übergangsbestimmungen

§ 14. (1) Bis zur Erstellung der ersten Verteilungsordnungen auf Grund dieses Bundesgesetzes bleibt die bisher gehandhabte Verteilung aufrecht.

(2) Für Amtshandlungen, die vor dem Inkrafttreten dieses Bundesgesetzes einem Notar als Gerichtskommissär aufgetragen oder, ohne einem Notar aufgetragen worden zu sein, vom Gericht oder einer anderen Stelle begonnen waren, bleibt es bezüglich der Möglichkeit, einen Notar als Gerichtskommissär heranzuziehen, bei den bisherigen Vorschriften.

Außerkrafttreten

§ 15. Mit dem Inkrafttreten dieses Bundesgesetzes treten außer Kraft

1. das Dreizehnte Hauptstück der Notariatsordnung vom 21. Mai 1855, RGBl. Nr. 94, in der Fassung des Art. V der Siebenten Gerichtsentlastungsnovelle vom 23. Dezember 1931, BGBl. Nr. 6/1932,

2. die Verordnung des Justizministeriums vom 7. Mai 1860, RGBl. Nr. 120, betreffend die Verwendung des Notare als Gerichtskommissäre und die Zahl der Notare,

3. die §§ 29, 30, 37, 153 und 270 Abs. 1 des Gesetzes über das gerichtliche Verfahren in Rechtsangelegenheiten außer Streitsachen, RGBl. Nr. 208/1854.

Vollziehung

§ 16. Mit der Vollziehung dieses Bundesgesetzes ist der Bundesminister für Justiz betraut.

Inkrafttreten und Übergangsbestimmungen ab 2015

§ 17. (1) § 1 Abs. 1 Z 1 lit. c und d sowie § 11 Abs. 1 in der Fassung des Erbrechts-Änderungsgesetzes 2015 (ErbRÄG 2015), BGBl. I Nr. 87/2015, treten mit 17. August 2015 in Kraft und sind anzuwenden, wenn der Verstorbene an diesem Tag oder danach gestorben ist. *(BGBl I 2018/58)*

(2) § 11 in der Fassung des Bundesgesetzes BGBl. I Nr. 58/2018, tritt mit 1. August 2018 in Kraft. *(BGBl I 2018/58)*

(BGBl I 2015/87)

GKG

Kraftloserklärungsgesetz 1951

BGBl 1951/86 (WV) idF

1 BGBl 1972/142   2 BGBl I 2003/112 (ab 1. 1. 2005)

Kundmachung der Bundesregierung vom 6. März 1951 über die Wiederverlautbarung der Kaiserlichen Verordnung über die Kraftloserklärung von Urkunden.

Artikel 1.

Auf Grund des Wiederverlautbarungsgesetzes, BGBl. Nr. 114/1947, wird die Kaiserliche Verordnung vom 31. August 1915, RGBl. Nr. 257, über die Kraftloserklärung von Urkunden neu verlautbart.

Kraftloserklärungsgesetz 1951

Zulässigkeit des Aufgebotsverfahrens

§ 1. (1) Urkunden, die abhanden gekommen oder vernichtet worden sind, können nach den folgenden Bestimmungen für kraftlos erklärt werden.

(2) Soweit in diesem Bundesgesetz nichts anderes bestimmt ist, richtet sich das Verfahren nach den allgemeinen Bestimmungen des Außerstreitgesetzes, ausgenommen die Bestimmungen über das Abänderungsverfahren. *(BGBl I 2003/112, ab 1. 1. 2005)*

Vgl § 115 JN

§ 2. (1) Bestehende Vorschriften, die die Kraftloserklärung gewisser Urkunden zulassen oder ausschließen, bleiben in Geltung.

(2) Insbesondere können folgende Urkunden nicht für kraftlos erklärt werden:

1. Staats- und Banknoten;

2. Einlagescheine der Zahlenlotterie sowie Lose der Klassenlotterie und der zu wohltätigen Zwecken veranstalteten Lotterien;

3. die Erneuerungsscheine (Talons) der Wertpapiere (§ 16);

4. Karten und Marken des täglichen Verkehrs, wie Eintritts- und Fahrkarten, Speisemarken und ähnliches.

Antrag auf Einleitung des Verfahrens

§ 3. (1) Zu dem Antrag auf Einleitung des Aufgebotsverfahrens ist berechtigt, wer ein Recht aus oder auf Grund der Urkunde geltend machen kann oder wer sonst ein rechtliches Interesse an der Kraftloserklärung der Urkunde hat.

(2) Der Antragsteller hat:

1. eine Abschrift der Urkunde vorzulegen oder deren wesentlichen Inhalt und alles anzugeben, was zur Erkennbarkeit der Urkunde erforderlich ist;

2. den Verlust der Urkunde sowie die Tatsachen glaubhaft zu machen, von denen seine Berechtigung zur Antragstellung abhängt.

Erste Anfrage

§ 4. (1) Erachtet das Gericht nach sorgfältiger Prüfung der über Erwerb, Besitz und Verlust der Urkunde vorgebrachten Angaben und Beweise die Bescheinigung für erbracht und den Antrag für zulässig, so hat es den Verpflichteten und nach Erfordernis auch andere Beteiligte zu befragen, ob eine Urkunde unter den angegebenen Merkmalen besteht sowie ob und welche Hindernisse der Einleitung des Aufgebotsverfahrens entgegenstehen. Der Verpflichtete kann die Organe bezeichnen, die zur Beantwortung der Anfragen und zur Abgabe der Erklärungen berufen sind.

(2) Die Anfrage an den Verpflichteten unterbleibt, wenn er selbst den Antrag stellt, wenn eine glaubwürdige Erklärung des Verpflichteten aus letzter Zeit über den Gegenstand der Anfrage vorgelegt wird, wenn bereits eine Verlustanzeige bekanntgemacht ist (§ 14), schließlich wenn infolge Kriegs, Unterbrechung des Verkehrs oder infolge anderer ungewöhnlicher Ereignisse der Anfrage oder der Beantwortung ein vorläufig nicht zu beseitigendes Hindernis im Weg steht.

Aufgebotsedikt

§ 5. (1) Die Einleitung des Aufgebotsverfahrens ist durch Edikt öffentlich kundzumachen.

(2) Das Edikt hat zu enthalten:

1. die Bezeichnung des Antragstellers und seines Vertreters nach Namen, Beruf, Wohnort (Adresse);

2. eine genaue Beschreibung oder Bezeichnung der Urkunde;

3. die Bestimmung der Aufgebotsfrist;

4. die Aufforderung, die Urkunde bei Gericht vorzuweisen oder Einwendungen gegen den Antrag zu erheben;

5. die Ansage, daß nach fruchtlosem Ablauf der Frist die Urkunde für kraftlos erklärt wird.

Zustellung und Kundmachung des Ediktes

§ 6. (1) Das Edikt ist den Beteiligten zuzustellen und sein Inhalt in die Ediktsdatei aufzunehmen. Im Übrigen ist § 117 Abs. 2 ZPO sinngemäß anzuwenden. *(BGBl I 2003/112, ab 1. 1. 2005)*

(2) Betrifft das Edikt eine der im § 7 Z. 1 bezeichneten Urkunden, so ist ein Auszug auch in einem durch Verordnung bestimmten Anzeiger kundzumachen und diese Kundmachung bis zur Kraftloserklärung der Urkunde oder bis zur Einstellung des Verfahrens ohne Unterbrechung fortzusetzen. Diese Vorschrift findet auf Einlagebücher, Versicherungsscheine, Depotscheine, Pfandscheine und andere Urkunden, die nicht Gegenstand des regelmäßigen Verkehrs sind, keine Anwendung. *(Verordnung BGBl. Nr. 265/1922, § 1 Abs 1)*

Aufgebotsfrist

§ 7. Die Aufgebotsfrist beträgt:

1. für Urkunden, die auf den Inhaber lauten oder durch Indossament übertragbar und mit einem Blankoindossament versehen sind oder denen auf den Inhaber lautende Zins-, Renten- oder Gewinnanteilscheine beigegeben sind, sowie für solche für den Inhaber lautende Scheine selbst ein Jahr;

2. für Lagerscheine, die durch Indossament übertragen werden können, zwei Monate;

3. für alle anderen Urkunden sechs Monate.

(Verordnung Deutsches RGBl. I S. 763/ 1931, § 42; Verordnung Deutsches RGBl. I S. 1428/1938, § 4, und Bundesgesetz BGBl. Nr. 90/1950, Art. I.)

§ 8. Die Aufgebotsfrist läuft vom Tag der Aufnahme des Edikts in die Ediktsdatei und, wenn es sich um eine der im § 7 Z 1 bezeichneten Urkunden handelt, vom Tag der ersten Kundmachung im Anzeiger. Ist bei den im § 7 Z. 2 genannten Urkunden die bedungene Lagerzeit noch nicht abgelaufen, so läuft die Aufgebotsfrist vom ersten Tag nach Ablauf der Lagerzeit. *(BGBl I 2003/112, ab 1. 1. 2005)*

(Verordnung Deutsches RGBl. I S. 763/ 1931, § 42; Verordnung Deutsches RGBl. I S. 1428/1938, § 4, und Bundesgesetz BGBl. Nr. 90/1950, Art. I.)

Wirkung der Einleitung des Verfahrens; Zahlungssperre

§ 9. (1) Durch die Einleitung des Verfahrens wird die Verjährung gegenüber dem Antragsteller mit dem Tag unterbrochen, an dem der Antrag beim zuständigen Gericht gestellt wurde.

(2) Der Verpflichtete und seine Erfüllungsgehilfen (Filialen, Zahlstellen) dürfen nach Ablauf des Tages, an dem ihnen das Edikt zugestellt oder durch den Anzeiger bekanntgeworden ist oder bei Anwendung der gehörigen Sorgfalt bekanntwerden konnte, weder auf Grund der Urkunde, der Zins-, Renten- oder Gewinnanteilscheine leisten noch eine Änderung daran, einen Umtausch in andere Urkunden derselben Gattung oder eine Umschreibung vornehmen noch neue Zins-, Renten- oder Gewinnanteilscheine oder einen Erneuerungsschein ausfolgen (Zahlungssperre). Dieses Verbot dauert so lange, bis das Verfahren eingestellt oder die Urkunde für kraftlos erklärt ist. Das Verbot bezieht sich nicht auf den Umtausch und die Umschreibung der nicht verlosbaren staatlichen Wertpapiere, die auf den Inhaber lauten. Auf Grund eines Lagerscheins, der durch Indossament übertragen werden kann, kann der Berechtigte nach Einleitung des Aufgebotsverfahrens vom Lagerhalter Leistung nach Maßgabe des Lagerscheins verlangen, wenn er bis zur Kraftloserklärung Sicherheit bestellt.

(3) Der Verpflichtete und seine Erfüllungsgehilfen sind berechtigt, eine vorgelegte, von der Zahlungssperre betroffene Urkunde gegen Empfangsbestätigung zurückzubehalten. Sie haben von der Vorlegung einer solchen Urkunde, auch wenn sie nicht zurückbehalten wird, das aufbietende Gericht unter Angabe der Person und der Adresse des Vorweisenden, soweit sie ihnen bekannt sind, in Kenntnis zu setzen. Das Gericht hat den Antragsteller zu benachrichtigen.

(Verordnung Deutsches RGBl. I S. 763/1931, § 42, und Bundesgesetz BGBl. Nr. 90/1950, Art. I)

Einstellung des Verfahrens

§ 10. (1) Das Verfahren und die weitere Kundmachung sind unter Benachrichtigung der Beteiligten einzustellen, wenn der Antragsteller dies begehrt oder die Einschaltungsgebühr nicht in angemessener Frist erlegt, wenn ein Dritter die Urkunde dem Gericht vorlegt oder auf andere Weise deren Innehabung nachweist oder wenn die Angaben des Antragstellers (§ 3 Abs. 2) sich nachträglich als unrichtig erweisen.

(2) Anmeldungen Dritter sind zu prüfen, wenngleich sie nach Ablauf der Aufgebotsfrist, jedoch vor Fassung des Beschlusses über die Kraftloserklärung bei Gericht einlangen. Der Antragsteller ist von jeder Anmeldung zu benachrichtigen. Wegen Versäumung der Anmeldungsfrist findet eine Wiedereinsetzung in den vorigen Stand nicht statt.

(3) Meldet sich der Inhaber und legt er die Urkunde vor, so ist dem Antragsteller vor Einstellung des Verfahrens die Einsicht der Urkunde binnen einer angemessenen Frist zu gestatten. Sonst ist zu diesem Zweck auf Antrag dem Inha-

KEG

ber die Vorlage der Urkunde an das aufbietende Gericht oder das Gericht des Ortes, an dem die Urkunde sich befindet, aufzutragen. Legt der angebliche Inhaber die Urkunde oder einen ausreichenden Nachweis der Innehabung nicht vor, so ist seine Anmeldung nicht weiter zu berücksichtigen.

Zweite Anfrage

§ 11. (1) Nach Ablauf der Aufgebotsfrist hat das Gericht auf Antrag des Antragstellers den Verpflichteten zu befragen, ob nicht seit Beantwortung der ersten Anfrage auf Grund der Urkunde eine Leistung bewirkt oder eine Änderung der Urkunde (Umtausch, Umschreibung) vorgenommen worden ist. Die Anfrage unterbleibt, wenn eine nach Ablauf der Aufgebotsfrist ausgestellte glaubwürdige Erklärung des Verpflichteten über den Gegenstand der Anfrage vorgelegt wird. *(BGBl I 2003/112, ab 1. 1. 2005)*

(2) Hat der Verpflichtete die Urkunde zur Gänze eingelöst, eine Änderung daran (Umtausch, Umschreibung) vorgenommen oder neue Zins-, Renten- oder Gewinnanteilscheine ausgefolgt, so ist das Verfahren einzustellen und der Antragsteller davon in Kenntnis zu setzen. Der Verpflichtete haftet für die schuldhafte Nichtbeachtung der Zahlungssperre.

Kraftloserklärung

§ 12. (1) Das Gericht kann vor der Kraftloserklärung weitere Erhebungen pflegen. Wird der Anspruch auf die Urkunde mit Klage geltend gemacht, so ist das Verfahren über die Kraftloserklärung bis zur Beendigung des Rechtsstreites zu unterbrechen. *(BGBl I 2003/112, ab 1. 1. 2005)*

(2) Der Beschluß, mit dem die Urkunde für kraftlos erklärt wird, hat die im § 5 Abs. 2 Z. 1 und 2 bezeichneten Angaben und die Feststellung zu enthalten, daß die Aufgebotsfrist fruchtlos abgelaufen ist.

(3) Der Beschluß ist den Beteiligten zuzustellen. Die fortlaufende Kundmachung im Anzeiger ist einzustellen.

Wirkung der Kraftloserklärung

§ 13. Der Beschluß, mit dem die Urkunde für kraftlos erklärt wird, tritt, insolange nicht eine neue Urkunde ausgefertigt ist, an die Stelle der für kraftlos erklärten Urkunde. Wer die Kraftloserklärung erlangt hat, kann unter Vorweisung des Beschlusses die ihm zustehenden Rechte aus der Urkunde oder auf Grund der Urkunde dem Verpflichteten gegenüber geltend machen oder die Ausfertigung einer neuen Urkunde gegen Ausfolgung des Beschlusses und Ersatz der Kosten verlangen. Der Verpflichtete wird durch die Leistung an diese Person insoweit befreit, als er durch die

Leistung an den Inhaber der kraftlos erklärten Urkunde befreit worden wäre.

Verlustanzeige

§ 14. (1) Wenn eine auf den Inhaber lautende Urkunde, die für kraftlos erklärt werden kann, abhanden gekommen ist, kann der Verlustträger bei der Sicherheitsbehörde seines Aufenthalts- oder des Verlustortes beantragen, daß der Verlust auf seine Kosten im Anzeiger bekanntgemacht werde. Diese Bestimmung findet auf Zins-, Renten- und Gewinnanteilscheine sowie auf Einlagebücher, Versicherungsscheine, Depotscheine, Pfandscheine und andere Urkunden, die nicht Gegenstand des regelmäßigen Verkehrs sind, keine Anwendung. *(Verordnung BGBl. Nr. 265/1922, § 1 Abs 1)*

(2) Dem Antrag muß entsprochen werden, wenn der Ansuchende den Bestimmungen des § 3 Genüge getan hat und die Kosten der Bekanntmachung erlegt. Der Verpflichtete ist von der Anordnung der Bekanntmachung zu benachrichtigen. Sie ist bis zur Kundmachung des Aufgebots, längstens aber bis zum Ablauf des zweiten, auf den Beginn der Bekanntmachung folgenden Kalendermonats ohne Unterbrechung fortzusetzen. Sie ist früher einzustellen, wenn der Antragsteller dies begehrt oder wenn die Urkunde der Behörde, die die Bekanntmachung angeordnet hat, vorgelegt wird.

(3) Gegen den Verpflichteten hat diese Bekanntmachung, sobald sie ihm durch behördliche Mitteilung oder durch den Anzeiger bekannt wird oder bei Anwendung der gehörigen Sorgfalt bekannt werden konnte, die gleiche Wirkung wie die Zahlungssperre (§ 9 Abs. 2).

Zahlungspflicht ohne Kraftloserklärung

§ 15. Sind Zins-, Renten- oder Gewinnanteilscheine abhanden gekommen oder vernichtet worden, so kann der Verlustträger innerhalb eines Jahres nach Ablauf der Verjährungsfrist vom Verpflichteten Zahlung verlangen, wenn er ihm vor Ablauf der Verjährungsfrist den Verlust unter Vorweisung der Haupturkunde angezeigt hat und wenn in dieser Frist weder der Schein vorgelegt noch der Anspruch gerichtlich geltend gemacht worden ist.

Besondere Bestimmungen für Erneuerungsscheine

§ 16. (1) Erneuerungsscheine (Talons) sind unwirksam, solange das Verfahren zur Kraftloserklärung der Haupturkunde anhängig (§ 9 Abs. 2) oder der Verlust der Haupturkunde bekanntgemacht ist oder wenn deren Inhaber unter Vorlage der Haupturkunde beim Verpflichteten Einspruch dagegen erhoben hat, daß auf Grund des Erneuerungsscheins neue Scheine ausgefolgt werden. Wenn Einspruch erhoben worden ist, dürfen weitere Zins-, Renten- oder Gewinnanteilscheine und ein weiterer Erneuerungsschein nur dem ausgefolgt werden, der die Haupturkunde vorlegt. Der Einspruch ist vom Verpflichteten auf der Haupturkunde anzumerken.

(2) Durch die Kraftloserklärung der Haupturkunde wird auch der Erneuerungsschein kraftlos.

Anzeiger aufgebotener Wertpapiere und ähnlicher Urkunden

§ 16a. (1) Der im § 6 Abs. 2 und im § 14 Abs. 1 genannte Anzeiger führt die Bezeichnung „Anzeiger aufgebotener Wertpapiere und ähnlicher Urkunden". Er ist von einem geeigneten, vom Bundesminister für Justiz durch Vertrag zu bestellenden Unternehmer herauszugeben. Der Bundesminister für Justiz hat durch die jährliche Einholung von Berichten den gesetzgemäßen Ablauf der Herausgabe zu überwachen.

(2) Durch Verordnung sind festzulegen[1]

1. die Art der Herausgabe, der Aufbau und der Inhalt des Anzeigers, die Art der Kundmachungen und der Bekanntmachungen sowie die Voraussetzungen für den Entfall der Einschaltungen, das Erscheinen des Anzeigers in regelmäßigen Zeitabschnitten; dabei ist darauf zu achten, daß sich die Personen und die Behörden, für die eine solche Verlautbarung von Bedeutung ist, schnell, einfach und verläßlich einen Überblick über die noch aufrechten Verlautbarungen verschaffen können, und daß dies möglichst sparsam erreicht wird;

2. die Pflicht des Herausgebers zur Auskunftserteilung und zur unentgeltlichen Überlassung des Anzeigers an die beteiligten Gerichte und Sicherheitsbehörden und

3. das Entgelt, das dem Herausgeber für die Einschaltung des Ediktes oder der Verlustanzeige in den Anzeiger zusteht. Dieses Entgelt ist nach dem Wert der den Gegenstand der Einschaltungen bildenden Urkunden in einem Hundertsatz festzusetzen; für die einzelne Urkunde kann dabei ein Mindestentgelt vorgesehen werden. Bei der Festsetzung des Hundertsatzes und des Mindestentgelts sind die Kosten der Herausgabe und die mit dieser verbundenen Verkaufs- und sonstigen Einnahmen zu berücksichtigen. Als Wert des Gegenstandes der Einschaltung ist der letzte Börsekurswert der Urkunde, wenn ein solcher nicht besteht, ihr Nennwert, mangels auch eines solchen, ihr Ausgabepreis maßgebend. Zins-, Renten- und Gewinnanteilscheine, die mit der Haupturkunde zugleich aufgeboten werden, bleiben bei der Berechnung des Entgelts außer Betracht; werden solche Scheine allein aufgeboten, so ist ihr letzter Börsekurswert, wenn ein solcher nicht besteht, ihr Nennwert maßgebend; mangels

auch eines solchen ist anzunehmen, daß der nach dem vorangehenden Satz zu berechnende Wert der Haupturkunde jährlich mit 5 vom Hundert verzinst wird.

(BGBl 1972/142)

---

[1] *BGBl 1972/145, 1986/463, 1995/424*

Unberührt bleibende Vorschriften

§ 17. (1) Unberührt bleiben die Bestimmungen über die Kraftloserklärung von Wechseln, Schecks und anderen Urkunden, deren Kraftloserklärung zufolge gesetzlicher Vorschrift sich nach Artikel 90 des Wechselgesetzes und Artikel 4 der Verordnung über die Einführung des Wechselrechts im Lande Österreich vom 21. April 1938, Deutsches RGBl. I S. 421, zu richten hat; insoweit in jenen Bestimmungen eine Vorschrift fehlt, sind die Bestimmungen dieses Bundesgesetzes anzuwenden. Die Kundmachung im Anzeiger und die Zahlungssperre im Sinne des § 9 Abs. 2 finden jedoch nicht statt. *(Verordnung Deutsches RGBl. I S. 421/1938, Art. 4, 7.)*

(2) Unberührt bleiben ferner die Vorschriften der §§ 18 und 24 der Ersten Durchführungsverordnung zum Erlaß zur Regelung des Postsparkassenwesens im Deutschen Reich vom 11. November 1938, Deutsches RGBl. I S. 1645 (Postsparkassenordnung), in der Fassung der Zweiten und Dritten Durchführungsverordnungen vom 8. August 1940, Deutsches RGBl. I S. 1094, und vom 2. Jänner 1942, Deutsches RGBl. I S. 16, über die Nichtigerklärung verlorener oder vernichteter Postsparbücher oder deren Ausweiskarten der Deutschen Reichspost und der Nameneinlagebücher der Österreichischen Postsparkasse sowie des § 12 der Verordnung vom 21. März 1927, BGBl. Nr. 86, über die Ausgabe von Prämieneinlagebüchern der Österreichischen Postsparkasse, in der Fassung der Verordnung vom 20. Jänner 1929, BGBl. Nr. 46, und des § 10 der Ministerialverordnung vom 24. April 1885, RGBl. Nr. 49, über verlorene Pfandscheine der Pfandleiher.

(Abs 2 gegenstandslos)

Wirksamkeitsbeginn

§ 18. (1) Dieses Gesetz ist in seinem ursprünglichen Wortlaut am 1. Oktober 1915 in Wirksamkeit getreten.

(2) Mit diesem Tag haben, soweit dieses Bundesgesetz nichts anderes bestimmt, die bis dahin geltenden Vorschriften ihre Wirksamkeit verloren, insoweit sie Gegenstände behandelten, die in diesem Bundesgesetz geregelt sind. Angelegenheiten, in denen an diesem Tag das Gericht die Einleitung des Aufgebotsverfahrens bereits beschlossen hatte, waren nach den bis dahin geltenden Vorschriften weiterzubehandeln. Auf Antrag

KEG

konnten aber die seit dem 1. August 1914 erlassenen Aufgebotsedikte gemäß § 6 Abs. 2 nachträglich im Anzeiger kundgemacht werden. Diese Kundmachung hatte die im § 9 Abs. 2 ursprünglicher Fassung angegebene Wirkung.

§ 19. (1) Die Bestimmungen des Bundesgesetzes vom 29. März 1950, BGBl. Nr. 90, betreffend die Änderung des Verfahrens zur Kraftloserklärung von Urkunden (Kraftloserklärungsnovelle 1950), sind am 18. Mai 1950 in Kraft getreten.

(2) Angelegenheiten, in denen das Gericht bei Inkrafttreten der Kraftloserklärungsnovelle 1950 die Einleitung des Aufgebotsverfahrens bereits beschlossen hat, sind nach den bisher geltenden Vorschriften weiterzubehandeln. Auf Antrag ist aber die Aufgebotsfrist gemäß § 7 Z. 1 neu zu bestimmen. Sie darf nicht zu Ende gehen, bevor sechs Monate seit dem Tag der Kundmachung des geänderten Aufgebotsediktes in der amtlichen Zeitung verstrichen sind. Die Zahlungssperre erfaßt vom Inkrafttreten der Kraftloserklärungsnovelle 1950 an auch bereits aufgebotene, aber noch nicht eingelöste Zins-, Renten- und Gewinnanteilscheine. *(Bundesgesetz BGBl. Nr. 90/1950, Art. III.)*

(3) Die §§ 1, 6, 8, 11 und 12 in der Fassung des Bundesgesetzes BGBl. I Nr. 112/2003 treten mit 1. Jänner 2005 in Kraft. *(BGBl I 2003/112)*

(4) Die §§ 1, 11 und 12 in der im Abs. 3 genannten Fassung sind auf Verfahren anzuwenden, bei denen der verfahrenseinleitende Antrag nach dem 31. Dezember 2004 eingebracht worden ist. Zu diesem Zeitpunkt bereits anhängige Verfahren sind nach den bis dahin geltenden Bestimmungen zu Ende zu führen. *(BGBl I 2003/112)*

(5) Die §§ 6 und 8 in der im Abs. 3 genannten Fassung sind anzuwenden, wenn das Datum der bekannt zu machenden Entscheidung nach dem 31. Dezember 2004 liegt. Auf alle vor diesem Datum ergangenen Edikte sind die bisher in Geltung gestandenen Vorschriften über die Bekanntmachung weiter anzuwenden. *(BGBl I 2003/112)*

§ 20. Mit der Vollziehung dieses Bundesgesetzes sind die Bundesministerien für Justiz, für Finanzen und für Inneres betraut.

Verwahrungs- und Einziehungsgesetz

BGBl I 2010/111[1]

[1] Zum Inkrafttreten vgl § 18.

Bundesgesetz über die Hinterlegung und Einziehung von Verwahrnissen (Verwahrungs- und Einziehungsgesetz – VerwEinzG)

1. Abschnitt

Allgemeines

Anwendungsbereich

§ 1. (1) Dieses Bundesgesetz regelt das Verfahren über den gerichtlichen Erlag, die Einziehung und die Ausfolgung von Verwahrnissen durch die ordentlichen Gerichte. Soweit nichts anderes bestimmt ist, ist über die in diesem Bundesgesetz geregelten Angelegenheiten im Verfahren außer Streitsachen zu entscheiden.

(2) Die Bestimmungen über verwahrte Gegenstände und Sicherheitsleistungen, über deren Ausfolgung oder Verwertung die Strafgerichte oder die Staatsanwaltschaften zu entscheiden haben, sowie über die Hinterlegung und Verwertung gerichtlich gepfändeter Sachen bleiben unberührt.

§ 2. Verwahrnisse, die das Strafgericht oder die Staatsanwaltschaft nach dem Wegfall des Rechtsgrundes für die gerichtliche oder staatsanwaltschaftliche Verwahrung nicht verwerten oder ausfolgen kann, sind nach § 1425 ABGB zu hinterlegen (strafrechtlicher Erlag). Auf solche Verwahrnisse sind die Bestimmungen dieses Bundesgesetzes anzuwenden, wobei der Bund ab dem Erlagsantrag durch die Finanzprokuratur vertreten wird.

2. Abschnitt

Hinterlegung und Ausfolgung von Verwahrnissen

Hinterlegungsverfahren

§ 3. (1) Der Erleger hat in seinem Antrag den Erlagsgrund und den zu erlegenden Gegenstand anzuführen. Auch hat er die Namen oder die Firma und die Anschrift oder den Sitz des Erlagsgegners anzuführen, sofern er nicht bescheinigt, dass der Erlagsgegner trotz zumutbarer Erhebungen unbekannt oder unbekannten Aufenthalts ist. Der Erleger kann im Antrag Bedingungen für die Ausfolgung des Erlags festsetzen.

(2) Über den Erlagsantrag ist mit Beschluss zu entscheiden. Wenn die Verwahrung des Gegenstandes voraussichtlich nicht nur geringfügige Kosten verursachen wird, ist die Annahme von einem angemessenen, binnen vierzehn Tagen zu erlegenden Vorschuss des Erlegers abhängig zu machen.

(3) Im Annahmebeschluss sind das Verwahrnis zu beschreiben sowie der Erlagsgrund und gegebenenfalls die Bedingungen für die Ausfolgung anzuführen. Darüber hinaus hat der Beschluss eine einfache und verständliche Information über die Einziehung von Verwahrnissen und die Möglichkeit einer Ausfolgung nach Einziehung zu enthalten.

(4) Der Annahmebeschluss ist dem Erleger und dem Erlagsgegner zuzustellen. Wenn der Erlagsgegner bei einem strafrechtlichen Erlag unbekannt oder unbekannten Aufenthalts ist und er oder seine Anschrift nicht mit einfachen Mitteln erhoben werden kann, ist der Beschluss ohne Bestellung eines Abwesenheitskurators in der Ediktsdatei (§ 89j des Gerichtsorganisationsgesetzes, RGBl. Nr. 217/1896) kundzumachen.

(5) Die Verpflichtung zur Erhebung des Erlagsgegners oder seines Aufenthalts (Abs. 1 zweiter Satz) und zur Erlegung eines Kostenvorschusses (Abs. 2 zweiter Satz) gilt nicht für einen strafrechtlichen Erlag.

§ 4. (1) Wenn der Erleger in seinem Antrag mehr als zehn Erlagsgegner anführt oder mehr als zehn Ausfolgungswerber auftreten und die Interessen dieser Parteien im Wesentlichen gleich sind, kann das Gericht bei einem strafrechtlichen Erlag für die gemeinsame Vertretung der Erlagsgegner und Ausfolgungswerber einen Rechtsanwalt oder Notar zum Kurator bestellen. Dabei hat das Gericht eine für den jeweiligen Einzelfall geeignete Person auszuwählen, die insbesondere auf Grund ihrer Kanzleiorganisation, ihrer technischen Ausstattung und ihrer sonstigen Belastung eine zügige Erledigung des Verfahrens gewährleistet. Der Beschluss über die Bestellung ist dem Erleger, den Erlagsgegnern, deren Aufenthalt dem Gericht bekannt ist, den Ausfolgungswerbern und dem Kurator zuzustellen und in der Ediktsdatei kundzumachen.

(2) Der Kurator vertritt die Erlagsgegner, auch wenn sie oder ihr Aufenthalt unbekannt sind, und die Ausfolgungswerber so lange, bis ihn das Gericht enthebt oder eine dieser Parteien seiner Bestellung für sich widerspricht.

(3) Der Kurator hat die Ansprüche der von ihm vertretenen Parteien dem Grunde und der Höhe nach zu prüfen. Er hat sich zu bemühen, den

VerwEinzG

Kontakt zu den Erlagsgegnern herzustellen, die unbekannt oder unbekannten Aufenthalts sind.

(4) Reicht das Verwahrnis nicht aus, um alle Ansprüche der Erlagsgegner oder Ausfolgungswerber voll zu befriedigen, so hat der Kurator auf der Grundlage der von ihm geprüften Ansprüche zur Vorbereitung einer gütlichen Einigung einen Verteilungsvorschlag auszuarbeiten. Im Fall einer Einigung über den Verteilungsvorschlag hat er die von ihm eingeholten Zustimmungserklärungen dem Gericht zu übermitteln.

(5) Die Kosten des Kurators hat das Gericht in sinngemäßer Anwendung der §§ 82, 82b und 82c der Insolvenzordnung, RGBl. Nr. 337/1914, zu bestimmen, wobei der Wert des Verwahrnisses die Bemessungsgrundlage bildet. Das Gericht kann den Kurator ermächtigen, die ihm zugesprochenen Kosten aus dem Erlag zu entnehmen.

Ausfolgungsverfahren

§ 5. (1) Ein Antrag auf Ausfolgung ist dem Erleger, dem Erlagsgegner und einem anderen Ausfolgungswerber zuzustellen.

(2) Der Erlagsgegner ist aufzufordern, sich innerhalb einer vom Gericht zu bestimmenden Frist darüber zu äußern, ob er dem Antrag auf Ausfolgung zustimmt (§ 17 des Außerstreitgesetzes – AußStrG, BGBl. I Nr. 111/2003). Lässt er die Frist ungenützt verstreichen, so kann das Gericht annehmen, dass er der Ausfolgung zustimmt. Auf diese Folge ist er in der Aufforderung hinzuweisen.

Ausfolgungsbeschluss und Verwahrungskosten

§ 6. (1) Das Gericht hat im Ausfolgungsbeschluss das Verwahrnis zu beschreiben und die Verwahrungskosten zu bestimmen.

(2) Verwahrungskosten sind die

1. Kosten für die Verwahrung und Werterhaltung einschließlich der Kosten des vom Gericht bestellten Verwahrers,

2. Kosten eines vom Gericht nach § 4 bestellten Kurators sowie

3. Gebühren einschließlich der Gebühren und Barauslagen nach dem Bundesgesetz über die Gebühren für Verwahrnisse der gerichtlichen Verwahrungsabteilungen, BGBl. Nr. 182/1962, über die Gebühren für Verwahrnisse der gerichtlichen Verwahrungsabteilungen.

3. Abschnitt

Einziehung

Voraussetzungen der Einziehung

§ 7. (1) Ein Verwahrnis, dessen Wert 10 000 Euro nicht übersteigt, ist nach einem Jahr, ein anderes Verwahrnis nach fünf Jahren für den Bund einzuziehen. Besteht das Verwahrnis aus mehreren gesonderten Teilen, so ist deren Wert zusammenzurechnen.

(2) Das Verwahrnis kann schon vor Ablauf der in Abs. 1 genannten Fristen eingezogen werden, wenn es verderblich ist, mit der weiteren Verwahrung die Gefahr einer erheblichen Wertminderung verbunden ist oder die Kosten für die Verwahrung und Werterhaltung den Wert des Verwahrnisses vor Ablauf dieser Fristen übersteigen werden.

Beginn und Hemmung der Einziehungsfrist

§ 8. Die Einziehungsfrist (§ 7 Abs. 1) beginnt mit dem Erlagstag. Der Lauf der Frist wird so lange gehemmt, als dies aus einem bestimmten Rechtsgrund, wie etwa einem anhängigen Verfahren über die Ausfolgung oder die Ersetzung einer Zustimmung, einer Sicherstellung oder einer pflegschaftsgerichtlichen Obsorge (§ 133 Abs. 4 AußStrG), erforderlich ist. Bei Beweisgegenständen beginnt die Frist nicht vor der rechtskräftigen Beendigung des Verfahrens zu laufen.

Stichtag und Wertänderungen

§ 9. Für die Dauer der Einziehungsfrist ist der Wert des Verwahrnisses im Zeitpunkt der Einleitung des Verfahrens maßgeblich. Wenn der Wert des Verwahrnisses nach Ablauf der Frist von einem Jahr unter die Grenze des § 7 Abs. 1 fällt, kann es sofort eingezogen werden.

Zuständigkeit

§ 10. (1) Die Entscheidung über die Einziehung obliegt dem Gericht, das über das Verwahrnis zu verfügen hat (Verwahrschaftsgericht).

(2) In erster Instanz entscheidet auch beim Gerichtshof der Einzelrichter.

(3) Die Verfügung über und die Verwertung eines rechtskräftig eingezogenen Verwahrnisses obliegt dem Vorsteher oder Präsidenten des Verwahrschaftsgerichts als Angelegenheit der Justizverwaltung.

Einziehungsverfahren

§ 11. (1) Das Einziehungsverfahren ist von Amts wegen oder auf Antrag des Vorstehers (Präsidenten) des Verwahrschaftsgerichts oder des Erlegers einzuleiten. Davon hat das Verwahrschaftsgericht den Erleger, den Erlagsgegner sowie andere Personen, für die das Verwahrnis erlegt worden ist oder die nach der Aktenlage möglicherweise Ausfolgungsansprüche erheben können, ohne Zustellnachweis zu verständigen, soweit ihm alle diese Personen bekannt sind.

(2) Der Wert des Verwahrnisses ist nach § 145 Abs. 3 AußStrG zu erheben.

(3) Das Verwahrschaftsgericht hat die bevorstehende Einleitung des Verfahrens durch Edikt zu verlautbaren. Das Edikt ist in der Ediktsdatei kundzumachen. Das Edikt muss in der Ediktsdatei über einen Zeitraum von zehn Jahren abfragbar gehalten werden.

(4) Die Einziehung darf erst nach Ablauf von drei Monaten ab der Kundmachung in der Ediktsdatei ausgesprochen werden; hierauf ist im Edikt hinzuweisen.

(5) Der Beschluss auf Einziehung ist den in Abs. 1 zweiter Satz genannten Personen zuzustellen. Nach Rechtskraft der Einziehung ist davon der Vorsteher (Präsident) des Verwahrschaftsgerichts zu verständigen.

Eigentum am und Verfügung über das Verwahrnis

§ 12. (1) Mit Rechtskraft des Einziehungsbeschlusses erwirbt der Bund das Eigentum an den davon betroffenen Verwahrnissen.

(2) Eingezogene Geldverwahrnisse sind zugunsten des Bundes/Bundesministerium für Justiz zu verbuchen.

(3) Eingezogene Sachverwahrnisse sind, soweit sie nach Erhebung (§ 11 Abs. 2) ihres Verkehrswertes nicht zur Deckung des Sachaufwands der Justiz verwendet oder einer geeigneten Stelle für wissenschaftliche, geschichtliche oder bildnerische Zwecke zur Verfügung gestellt werden können, bestmöglich zu verwerten. Die Verwertung ist im Wege einer öffentlichen Versteigerung durch das Exekutionsgericht oder einen hiezu befugten Unternehmer vorzunehmen. Sachverwahrnisse mit einem Börsen- oder Marktpreis dürfen zu diesem Preis auch aus freier Hand verkauft werden; Gleiches gilt für Sachverwahrnisse, die bei einer Versteigerung nicht das geringste Gebot erreichen. Wertpapiere, die einen Börsen- oder Marktpreis haben, sowie Sparurkunden dürfen aus freier Hand zu diesem Preis bzw. ihrem Einlagestand verkauft werden. Der Erlös der Verwertung ist zugunsten des Bundes dem Bund/Bundesministerium für Justiz zu verbuchen.

(4) Wertlose Verwahrnisse sind zu vernichten.

Ausfolgung nach Einziehung

§ 13. (1) Wer einen Anspruch auf Ausfolgung eines eingezogenen Verwahrnisses hatte, kann begehren, dass ihm der eingezogene Geldbetrag, der Erlös des verwerteten Verwahrnisses oder der Verkehrswert eines nicht verwerteten Verwahrnisses im Zeitpunkt der Einziehung in Geld ersetzt wird. Wenn das Verwahrnis noch vorhanden ist und dessen Ausfolgung möglich ist, kann der Anspruchswerber auch dessen Ausfolgung begeh-

ren. Der Anspruch verjährt in 30 Jahren ab Rechtskraft des Einziehungsbeschlusses.

(2) Der Antrag ist an den Vorsteher (Präsidenten) des Verwahrschaftsgerichts zu richten. Er hat hievon das Verwahrschaftsgericht zu verständigen. Das Gericht hat die Verwahrungskosten (§ 6 Abs. 2), die bis zur rechtskräftigen Einziehung entstanden sind, zu bestimmen. Nach Rechtskraft ist der Vorsteher (Präsident) von diesem Beschluss zu verständigen.

(3) Entspricht der Vorsteher (Präsident) dem Begehren nach Abs. 1 nicht binnen drei Monaten oder lehnt er es in dieser Frist ganz oder zum Teil ab, so kann der Anspruch durch Klage gegen den Bund geltend gemacht werden.

§ 14. Die §§ 4 bis 6 sind auch auf eine Ausfolgung nach Einleitung des Einziehungsverfahrens anzuwenden. Das Verwahrschaftsgericht kann das Einziehungsverfahren bis zur Entscheidung über die Ausfolgung unterbrechen.

4. Abschnitt

Gemeinsame Bestimmungen über die Ausfolgung

Aufforderung an Empfangsberechtigten

§ 15. (1) Sobald eine Ausfolgungsentscheidung rechtskräftig wird, hat der Vorsteher (Präsident) des Verwahrschaftsgerichts dem Empfangsberechtigten den Betrag der vom Bund getragenen Verwahrungskosten bekanntzugeben und ihn aufzufordern, ein Konto zur Überweisung eines Geldverwahrnisses oder eines Geldbetrags mitzuteilen. Bei Sachverwahrnissen hat er ihn aufzufordern, binnen vier Wochen das Verwahrnis entweder persönlich zu beheben oder die Übersendung zu verlangen.

(2) Die Gefahr und die Kosten der Übersendung trägt der Empfangsberechtigte.

Ausfolgung und Verwahrungskosten

§ 16. (1) Bei der Ausfolgung von Geldverwahrnissen oder Geldbeträgen sind die vom Bund getragenen Verwahrungskosten abzuziehen. Sachverwahrnisse darf der Vorsteher (Präsident) des Verwahrschaftsgerichts erst dann ausfolgen, wenn der Empfangsberechtigte diese Kosten entrichtet hat.

(2) Ein nicht verbrauchter Vorschuss auf die Verwahrungskosten (§ 3 Abs. 2) ist dem Erleger zurückzuzahlen.

Säumnis des Empfangsberechtigten

§ 17. Wenn der Empfangsberechtigte einer Aufforderung nach § 15 Abs. 1 nicht rechtzeitig

VerwEinzG

nachkommt oder die vom Bund getragenen Verwahrungskosten nicht entrichtet, hat der Vorsteher (Präsident) des Verwahrschaftsgerichts nach § 12 Abs. 2 bis 4 vorzugehen, auch wenn das Verwahrnis noch nicht eingezogen worden ist.

5. Abschnitt

Schlussbestimmungen

Inkrafttreten, Außerkrafttreten und Übergangsbestimmungen

§ 18. (1) Dieses Bundesgesetz tritt mit 1. Mai 2011 in Kraft.

(2) Die Bestimmungen dieses Bundesgesetzes sind auch auf gerichtliche Verwahrnisse, die vor seinem Inkrafttreten erlegt wurden, über deren Ausfolgung oder Einziehung (Heimfall) aber nicht bis zum 30. April 2011 in erster Instanz entschieden wurde, anzuwenden.

(3) Soweit noch Verfahren vor Rückstellungskommissionen behängen, sind auch auf die Ausfolgung und Verwahrung solcher Verwahrnisse die Bestimmungen dieses Bundesgesetz anzuwenden, sofern über die Ausfolgung des Verwahrnisses nicht bis 30. April 2010 in erster Instanz entschieden wurde.

(4) Mit Ablauf des 30. April 2011 tritt das Bundesgesetz über die Einziehung gerichtlicher Verwahrnisse, BGBl. Nr. 281/1963, über die Einziehung gerichtlicher Verwahrnisse[*] außer Kraft. Auf Verfahren, in denen bis zu diesem Zeitpunkt über die Ausfolgung oder Einziehung in erster Instanz entschieden wurde, sind dessen Bestimmungen weiter anzuwenden.

---

[*] *siehe Vorauflagen.*

§ 19. (1) Mit der Vollziehung dieses Bundesgesetzes ist die Bundesministerin für Justiz betraut.

(2) Soweit in diesem Bundesgesetz auf andere Bundesgesetze verwiesen wird, sind diese in ihrer jeweils geltenden Fassung anzuwenden.

(3) Soweit in anderen Bundesgesetzen und Verordnungen auf Bestimmungen verwiesen wird, die durch dieses Bundesgesetz aufgehoben werden, erhält die Verweisung ihren Inhalt aus den entsprechenden Bestimmungen dieses Bundesgesetzes.

Unterhaltsvorschussgesetz

BGBl 1985/451 (WV) idF

1 BGBl 1987/645	**8** BGBl I 2001/98 (2. Euro-JuBeG)
2 BGBl 1989/162 (KindRÄG)	**9** BGBl I 2003/112 (AußStr-BegleitG)
3 BGBl 1989/654 (RRAG)	**10** BGBl I 2009/75 (FamRÄG 2009)
4 BGBl 1991/628 (EO-Nov 1991)	**11** BGBl I 2010/58 (IRÄ-BG)
5 BGBl 1996/757 (BRZ GmbH)	**12** BGBl I 2015/156 (GGN 2015)
6 BGBl I 1997/140 (WGN 1997)	
7 BGBl I 2000/135 (KindRÄG 2001)	

Kundmachung des Bundeskanzlers und des Bundesministers für Justiz vom 22. Oktober 1985, mit der das Unterhaltsvorschußgesetz wiederverlautbart wird

Artikel I

Auf Grund des Art. 49 a B-VG wird in der Anlage das Unterhaltsvorschußgesetz, BGBl. Nr. 250/1976, wiederverlautbart.

Artikel II

Bei der Wiederverlautbarung werden die Änderungen und Ergänzungen berücksichtigt, die sich aus folgenden Rechtsvorschriften ergeben:

1. Bundesgesetz vom 30. Juni 1977, BGBl. Nr. 403, über die Neuordnung des Kindschaftsrechts, Art. XI;

2. Bundesgesetz vom 18. Juni 1980, BGBl. Nr. 278, mit dem das Unterhaltsvorschußgesetz und das Rechtspflegergesetz geändert werden, Art. I;

3. Bundesgesetz vom 14. Dezember 1983, BGBl. Nr. 617, mit dem das Bundesministeriengesetz 1973 geändert wird sowie damit zusammenhängende Bestimmungen über den Wirkungsbereich des Bundesministeriums für Familie, Jugend und Konsumentenschutz erlassen werden, Art. III.

Artikel III

Der gegenstandslos gewordene § 35 samt Überschrift wird als nicht mehr geltend festgestellt.

Artikel IV

[Das Lohnpfändungsgesetz wird durchgehend als „Lohnpfändungsgesetz 1985" zitiert.]

Artikel V

In folgenden Bestimmungen werden verschiedene überholte terminologische Wendungen und sonstige Unstimmigkeiten richtiggestellt:

§§ 3 Z 2, 6 Abs. 2 Z 2, 19 Abs. 3, 20 Abs. 2, 28 Abs. 4 und 32 (Beistrichsetzung).

Artikel VI

Das Unterhaltsvorschußgesetz wird mit dem Titel „Bundesgesetz über die Gewährung von Vorschüssen auf den Unterhalt von Kindern (Unterhaltsvorschußgesetz 1985 – UVG)" wiederverlautbart.

Anlage

Bundesgesetz über die Gewährung von Vorschüssen auf den Unterhalt von Kindern (Unterhaltsvorschußgesetz 1985 – UVG)

UVG

Anwendungsbereich

§ 1. Der Bund hat auf den gesetzlichen Unterhalt minderjähriger Kinder nach diesem Bundesgesetz Vorschüsse zu gewähren.

Voraussetzungen

§ 2. (1) Anspruch auf Vorschüsse haben minderjährige Kinder, die ihren gewöhnlichen Aufenthalt im Inland haben und entweder österreichische Staatsbürger[1] oder staatenlos sind. Hat derjenige, mit dem das Kind im gemeinsamen Haushalt lebt, in Erfüllung seiner Dienstpflicht gegenüber einer inländischen öffentlich-rechtlichen Körperschaft seinen Aufenthalt im Ausland, so ist für die Vollziehung dieses Bundesgesetzes anzunehmen, daß das Kind seinen gewöhnlichen Aufenthalt im Sprengel seines Pflegschaftsgerichts hat. *(BGBl 1980/278, Art. I Z 1; BGBl I 2003/112, ab 1. 1. 2005)*

(2) Ein Anspruch auf Vorschüsse besteht nicht, wenn das Kind

1. mit dem Unterhaltsschuldner im gemeinsamen Haushalt lebt oder

2. auf Grund einer Maßnahme der Sozialhilfe oder der vollen Erziehung nach dem öffentlichen Jugendwohlfahrtsrecht in einer Pflegefamilie, in einem Heim oder in einer sonstigen Einrichtung untergebracht ist. *(BGBl 1989/162)*

---

[1] Seit 15. 3. 2001 zu lesen: EWR-Bürger (Erlass des BMJ v. 20. 6. 2001, JMZ 4.589/358–I.1/2001. Genaueres in der Rechtsprechung, siehe etwa RIS-Justiz RS0125925, RS0128665, RS0127731.

§ 3. Vorschüsse sind zu gewähren, wenn

1. für den gesetzlichen Unterhaltsanspruch ein im Inland vollstreckbarer Exekutionstitel besteht und

2. der Unterhaltsschuldner nach Eintritt der Vollstreckbarkeit den laufenden Unterhaltsbeitrag nicht zur Gänze leistet sowie das Kind glaubhaft macht (§ 11 Abs. 2), einen Exekutionsantrag nach § 294a EO oder, sofern der Unterhaltsschuldner offenbar keine Gehaltsforderung oder keine andere in fortlaufenden Bezügen bestehende Forderung hat, einen Exekutionsantrag auf bewegliche körperliche Sachen unter Berücksichtigung von § 372 EO eingebracht zu haben; lebt der Unterhaltsschuldner im Ausland und muss im Ausland Exekution geführt werden, so hat das Kind glaubhaft zu machen (§ 11 Abs. 2), einen Antrag auf Vollstreckung nach dem Übereinkommen über die Geltendmachung von Unterhaltsansprüchen im Ausland, BGBl. Nr. 316/1969, dem Auslandsunterhaltsgesetz, BGBl. Nr. 160/1990, einen vergleichbaren Antrag bei der im Inland zur Bearbeitung zuständigen Behörde oder einen Antrag, mit dem entsprechende Vollstreckungsmaßnahmen unmittelbar im Ausland eingeleitet werden sollen, eingebracht zu haben. *(BGBl 1991/628; BGBl I 2009/75, ab 1. 1. 2010, Übergangsbestimmung s § 37 Abs 2)*

Für den Zeitraum 22. 3. 2020 bis 31.12. 2020 siehe § 7 1. COVID-19-JuBG, BGBl I 2020/16 idF BGBl I 2020/58:

Unterhaltsvorschüsse

§ 7. *In der Zeit vom Inkrafttreten dieses Bundesgesetzes bis zum Ablauf des 31. Oktober 2020 sind Titelvorschüsse nach § 3 UVG auch dann zu gewähren, wenn das Kind keinen entsprechenden Exekutionsantrag bei Gericht einbringt. Solche Vorschüsse sind abweichend von § 8 UVG längstens für ein halbes Jahr zu gewähren.*

§ 4. Vorschüsse sind auch zu gewähren, wenn

1. zwar die Voraussetzungen des § 3 Z 1 gegeben sind, aber die Führung einer Exekution nach § 3 Z 2 aussichtslos scheint, besonders weil im Inland ein Drittschuldner oder ein Vermögen, dessen Verwertung einen der laufenden Unterhalts-

beiträge deckenden Ertrag erwarten läßt, nicht bekannt ist;

2. die Festsetzung des Unterhaltsbeitrags überhaupt oder, falls der Exekutionstitel im Sinn des § 3 Z 1, gerechnet vom Zeitpunkt der Erlassung, älter als drei Jahre ist, die Erhöhung des Unterhaltsbeitrags aus Gründen auf Seite des Unterhaltsschuldners nicht gelingt, außer dieser ist nach seinen Kräften offenbar zu einer Unterhaltsleistung beziehungsweise einer höheren Unterhaltsleistung nicht imstande;

3. dem Unterhaltsschuldner auf Grund einer Anordnung in einem strafgerichtlichen Verfahren länger als einen Monat im Inland die Freiheit entzogen wird und er deshalb seine Unterhaltspflicht nicht erfüllen kann;

4. die Abstammung eines Kindes in erster Instanz festgestellt und ein Antrag auf Unterhaltsfestsetzung bereits eingebracht worden ist oder für den Fall der Feststellung der Abstammung des Kindes ein gerichtlicher Unterhaltsvergleich geschlossen worden ist. *(BGBl I 2003/112, ab 1. 1. 2005, nicht anzuwenden auf davor eingebrachte Klagen auf Feststellung der Vaterschaft und Festsetzung des Unterhalts)*

5. *(aufgehoben, BGBl I 2009/75, ab 1. 1. 2010, Übergangsbestimmung s § 37 Abs 3)*

(BGBl. Nr. 278/1980, Art. I Z 3)

Höhe

§ 5. (1) Die Vorschüsse sind, sofern im folgenden nicht anderes bestimmt ist, jeweils in der beantragten Höhe bis zu dem im Exekutionstitel festgesetzten Unterhaltsbeitrag zu gewähren. *(BGBl I 2003/112, ab 1. 1. 2005)*

(2) Ein Fremdwährungsbetrag ist auf Inlandswährung umzurechnen; maßgebend ist der Geldkurs an dem der Bewilligung vorangegangenen Werktag. *(BGBl I 2001/98, ab 1. 1. 2002; davor gewährte Vorschüsse sind ab 1. 1. 2002 in Eurobeträgen auszuzahlen)*

(3) Lautet der Exekutionstitel auf den Bruchteil der Bezüge des Unterhaltsschuldners aus einem Dienst- oder Arbeitsverhältnis, so hat das Gericht, gegebenenfalls auf Grund der Akten über die vorangegangene Exekution auf das Arbeitseinkommen, festzustellen, welcher Geldbetrag der Gewährung von Vorschüssen zugrunde zu legen ist.

(4) Im Fall des § 4 Z 4 sind die Vorschüsse höchstens in der im Antrag auf Unterhaltsfestsetzung begehrten oder in der im Unterhaltsvergleich vereinbarten Höhe zu gewähren. *(BGBl I 2003/112, ab 1. 1. 2005)*

(BGBl. Nr. 278/1980, Art. I Z 4)

§ 6. (1) Die Vorschüsse dürfen monatlich den Richtsatz für pensionsberechtigte Halbwaisen nach § 293 Abs. 1 Buchstabe c bb erster Fall ASVG, vervielfacht mit dem jeweiligen Anpassungsfaktor (§ 108f ASVG), nicht übersteigen.

(2) In den Fällen des § 4 Z 2, 3 und 4 sind, vorbehaltlich der § 5 Abs. 4 und § 7, einem Kind monatlich *(BGBl I 2003/112, ab 1. 1. 2005; BGBl I 2009/75, ab 1. 1. 2010)*

1. bis zum Ende des vor Vollendung des 6. Lebensjahrs liegenden Monats fünfunddreißig Prozent, *(BGBl I 2009/75, ab 1. 1. 2010, Übergangsbestimmung s § 37 Abs 4)*

2. ab diesem Zeitpunkt bis zum Ende des vor Vollendung des 14. Lebensjahrs liegenden Monats die Hälfte und

3. ab diesem Zeitpunkt fünfundsechzig Prozent des im Abs. 1 festgesetzten Höchstbetrags, jeweils aufgerundet auf volle Eurobeträge, zu gewähren. *(BGBl I 2001/98, ab 1. 1. 2002; BGBl I 2009/75, ab 1. 1. 2010, Übergangsbestimmung für Kinder, die am 1. 1. 2010 das 14. Lebensjahr bereits vollendet haben, s § 37 Abs 5)*

(BGBl. Nr. 278/1980, Art. I Z 5)

BMVRDJ-Z4.589/0009-I 1/2019, eJABl Nr. 22/2019, ab 1.1.2020:

Der monatliche Höchstbetrag nach § 6 Abs 1 UVG ....631,80 Euro

feste Beträge

nach § 6 Abs 2 Z 1 UVG (35%) ...... 222,00 Euro

nach § 6 Abs 2 Z 2 UVG (50%) ...... 316,00 Euro

nach § 6 Abs 2 Z 3 UVG (65%) ...... 411,00 Euro

zur Familienbeihilfe s § 8 Abs 2 FamilienlastenausgleichsG 1967

Versagen der Vorschüsse

§ 7. (1) Das Gericht hat die Vorschüsse ganz oder teilweise zu versagen, soweit

1. in den Fällen der §§ 3 und 4 Z 1 sich aus der Aktenlage ergibt, dass die im Exekutionstitel festgelegte Unterhaltspflicht nicht (mehr) besteht oder, der gesetzlichen Unterhaltspflicht nicht entsprechend, zu hoch festgesetzt ist; *(BGBl I 2009/75, ab 1. 1. 2010, Übergangsbestimmung s § 37 Abs 6)*

2. in den Fällen des § 4 Z 2 bis 4 das Kind eigene Einkünfte hat oder unter Berücksichtigung seiner Lebensverhältnisse selbsterhaltungsfähig ist. *(BGBl I 2003/112, ab 1. 1. 2005)*

(2) Werden einem Kind Vorschüsse nach den §§ 3 oder 4 Z 1, 2 oder 4 gewährt und wird dem Unterhaltsschuldner die Freiheit im Sinn des § 4 Z 3 entzogen, so ist dies kein Grund, die bisher gewährten Vorschüsse zu versagen; wird der Unterhaltsschuldner aber für länger als sechs Monate die Freiheit entzogen, so sind nach Ablauf dieser Zeit von Amts wegen anstelle der bisher gewährten Vorschüsse solche nach § 4 Z 3 zu gewähren, soweit ein entsprechender Antrag nicht bereits früher gestellt worden ist. Der Beschluss, mit dem Vorschüsse nach den §§ 3 oder 4 Z 1, 2 oder 4 gewährt wurden, ist mit der Beendigung der Freiheitsentziehung auf Antrag oder, falls das Gericht hievon verständigt wurde, von Amts wegen ohne Prüfung der Voraussetzungen der Gewährung wieder in Geltung zu setzen, wenn das Kind zu diesem Zeitpunkt noch minderjährig ist; der Zeitraum, für den die Vorschüsse gewährt wurden, ist dabei um die Dauer der Vorschussgewährung nach § 4 Z 3 zu verlängern. *(BGBl I 2009/75, ab 1. 1. 2010, Übergangsbestimmung s § 37 Abs 7)*

(3) Vorschüsse dürfen nicht deshalb versagt werden, weil die Unterhaltspflicht eines sonst Unterhaltspflichtigen besteht.

(BGBl. Nr. 278/1980, Art. I Z 6)

Für den Zeitraum 22. 3. 2020 bis 31.12. 2020 siehe § 7 1. COVID-19-JuBG, BGBl I 2020/16 idF BGBl I 2020/58:

Unterhaltsvorschüsse

§ 7. In der Zeit vom Inkrafttreten dieses Bundesgesetzes bis zum Ablauf des 31. Oktober 2020 sind Titelvorschüsse nach § 3 UVG auch dann zu gewähren, wenn das Kind keinen entsprechenden Exekutionsantrag bei Gericht einbringt. Solche Vorschüsse sind abweichend von § 8 UVG längstens für ein halbes Jahr zu gewähren.

Beginn und Dauer

§ 8. Die Vorschüsse sind vom Beginn des Monats, in dem das Kind dies beantragt, für die Dauer des voraussichtlichen Vorliegens der Voraussetzungen, jedoch jeweils längstens für fünf Jahre zu gewähren. Vorschüsse nach § 4 Z 4 dürfen einem Kind nur bis zur rechtskräftigen Beendigung des Verfahrens zur Feststellung der Abstammung des Kindes gewährt werden. *(BGBl I 2003/112, ab 1. 1. 2005; BGBl I 2009/75, ab 1. 1. 2010, Übergangsbestimmung s § 37 Abs 2)*

(BGBl. Nr. 278/1980, Art. I Z 7)

Vertretung

§ 9. (1) Wer zur Durchsetzung der Unterhaltsansprüche des Kindes berufen ist, hat dieses auch bei Stellung des Antrags auf Gewährung von Vorschüssen auf den gesetzlichen Unterhalt und in dem gerichtlichen Verfahren darüber zu vertreten.

(2) Der Jugendwohlfahrtsträger wird mit der Zustellung des Beschlusses, mit dem Vorschüsse gewährt werden, alleiniger gesetzlicher Vertreter des minderjährigen Kindes zur Durchsetzung der

UVG

Unterhaltsansprüche. *(BGBl 1989/162; BGBl I 2000/135, ab 1. 7. 2001)*

(3) Die Einstellung der Vorschüsse ist kein Grund zur Beendigung der Vertretung nach Abs. 2. Im Fall der Vorschussgewährung bloß nach § 4 Z 2 oder 3 ist der Jugendwohlfahrtsträger zu entheben, wenn er zur Durchsetzung des Unterhaltsanspruchs des Kindes nach der Lage des Falles nichts beizutragen vermag und keine Rückstände aus Vorschüssen nach § 3 oder § 4 Z 1 oder 4 bestehen. *(BGBl 1989/162; BGBl I 2000/135, ab 1. 7. 2001; BGBl I 2009/75, ab 1. 1. 2010, Übergangsbestimmung s § 37 Abs 6)*

Zuständigkeit

§ 10. Über die Gewährung von Vorschüssen hat das Pflegschaftsgericht im Verfahren außer Streitsachen zu entscheiden. *(BGBl I 2000/135, ab 1. 7. 2001)*

Besondere Verfahrensbestimmungen

§ 10a. In Verfahren nach diesem Bundesgesetz findet ein Kostenersatz nicht statt.

(BGBl I 2009/75, ab 1. 1. 2010, Übergangsbestimmung s § 37 Abs 2 und Abs 8)

Antrag

§ 11. (1) Die Vorschüsse sind nur auf Antrag zu gewähren.

(2) Soweit der Antragsteller die Voraussetzungen der Gewährung von Vorschüssen nicht auf Grund der Pflegschaftsakten, durch Urkunden oder sonst auf einfache Weise nachweisen kann, sind diese Voraussetzungen durch eine der Wahrheit entsprechende Erklärung des Vertreters glaubhaft zu machen; der Vertreter ist auf die strafrechtlichen Folgen einer wahrheitswidrigen Erklärung hinzuweisen. *(BGBl I 2000/135, ab 1. 7. 2001)*

§ 12. Der Unterhaltsschuldner und der Präsident des Oberlandesgerichts sind nur zu hören, wenn dadurch Zweifel über das Vorliegen der Voraussetzungen geklärt werden können und das Verfahren nicht verzögert wird. *(BGBl I 2009/75, ab 1. 1. 2010, Übergangsbestimmung s § 37 Abs 2)*

Bewilligung

§ 13. (1) In dem Beschluß, mit dem die Vorschüsse bewilligt werden, ist

1. die Höhe des monatlichen Vorschusses und der Zeitraum zu bestimmen, für den die Vorschüsse gewährt werden; richtet sich die Höhe der Vorschüsse nach § 6 Abs. 2, so ist anstelle der Bestimmung eines festen Betrages auszusprechen,

dass der monatliche Vorschuss in der jeweiligen Höhe nach § 6 Abs. 2 gewährt wird, *(BGBl I 2009/75, ab 1. 1. 2010, Übergangsbestimmung s § 37 Abs 6)*

2. der Zahlungsempfänger und gegebenenfalls diejenige Person, in deren Pflege und Erziehung sich das Kind befindet, zu bezeichnen, *(BGBl I 2009/75, ab 1. 1. 2010, Übergangsbestimmung s § 37 Abs 6)*

3. die Auszahlung der Vorschüsse durch den Präsidenten des Oberlandesgerichts zu verfügen,

4. dem Unterhaltsschuldner aufzutragen, die der gesetzlichen Regelung der Rückzahlung der Vorschüsse entsprechenden Zahlungen zu leisten, *(BGBl. Nr. 278/1980, Art. I Z 9)*

5. dem Jugendwohlfahrtsträger als gesetzlichem Vertreter des Kindes, ausgenommen in den Fällen der Vorschußgewährung nach § 4 Z 2 oder 3, aufzutragen, die bevorschußten Unterhaltsbeiträge einzutreiben und, soweit eingebracht, monatlich dem Präsidenten des Oberlandesgerichts zu überweisen, *(BGBl 1989/162; BGBl I 2009/75, ab 1. 1. 2010)*

6. dem Unterhaltsschuldner die Zahlung der Pauschalgebühr nach § 24 binnen 14 Tagen aufzutragen.

(2) Außerdem ist in dem Beschluss auf die Mitteilungspflicht nach § 21 und die Ersatzpflicht nach § 22 zu verweisen. Falls sich die Höhe der Vorschüsse nach § 6 Abs. 2 richtet, ist darauf hinzuweisen, dass der Präsident des Oberlandesgerichtes die Höhe der Vorschüsse dem jeweils aktuellen Richtsatz nach § 6 Abs. 1 und dem Alter des Kindes ohne weitere Antragstellung anzupassen hat. *(BGBl I 2009/75, ab 1. 1. 2010)*

§ 14. Der Beschluß, mit dem die Vorschüsse bewilligt werden, ist dem Kind, dem Jugendwohlfahrtsträger, soweit er das Kind nicht ohnedies vertritt, dem Unterhaltsschuldner, dem Präsidenten des Oberlandesgerichts, dem Zahlungsempfänger und gegebenenfalls derjenigen Person, in deren Pflege und Erziehung sich das Kind befindet, zuzustellen. *(BGBl I 2009/75, ab 1. 1. 2010, Übergangsbestimmung s § 37 Abs 6)*

(BGBl 1989/162)

Rechtsmittel

§ 15. (1) Beschlüsse im Verfahren über die Gewährung von Vorschüssen können von den Beteiligten nur mit Rekurs angefochten werden. Der Bund übt sein Rekursrecht durch den Präsidenten des Oberlandesgerichts aus.

(2) Der Rekurs kann nicht auf Umstände gestützt werden, die den Grund oder die Höhe des Unterhaltsanspruchs des Kindes betreffen, es sei denn, daß solche Umstände Tatbestandsmerkmale

des § 4 Z 2, 3 oder 4 oder des § 7 Abs. 1 sind. *(BGBl I 2003/112, ab 1. 1. 2005)*

(3) *(aufgehoben, BGBl I 1997/140, ab 1. 1. 1998, nicht mehr anzuwenden, wenn das Datum der Entscheidung der zweiten Instanz nach dem 31. 12. 1997 liegt)*

(BGBl. Nr. 278/1980, Art. I Z 11)

Vollzug

§ 16. (1) Der Beschluß, mit dem das Gericht die Vorschüsse bewilligt, ist sogleich zu vollziehen.

(2) Wird gegen den Bewilligungsbeschluss Rekurs erhoben, so hat das Erstgericht oder das Rekursgericht, soweit durch die vorgetragenen Einwendungen begründete Bedenken an der Richtigkeit der angefochtenen Entscheidung bestehen, unverzüglich mit Beschluss anzuordnen, dass mit dem Vollzug bis zum Eintritt der Rechtskraft des Bewilligungsbeschlusses innegehalten wird. Gegen diese Anordnung ist ein Rechtsmittel unzulässig. *(BGBl I 2009/75, ab 1. 1. 2010, Übergangsbestimmung s § 37 Abs 9)*

(3) Das die Innehaltung anordnende Gericht hat hievon umgehend den Präsidenten des Oberlandesgerichts zu verständigen. Gleiches gilt, wenn das Rekursgericht den Antrag auf Vorschußgewährung abweist.

(BGBl. Nr. 278/1980, Art. I Z 12)

§ 17. (1) Der Präsident des Oberlandesgerichts hat auf Grund des Bewilligungsbeschlusses die Vorschüsse jeweils am Ersten eines jeden Monats im voraus auszuzahlen. *(BGBl. Nr. 278/1980, Art. I Z 13)*

(2) Die Vorschüsse sind demjenigen auszuzahlen, der das Kind pflegt und erzieht, sofern der gesetzliche Vertreter zum Wohl des Kindes nicht anderes beantragt.

Weitergewährung der Vorschüsse

§ 18. (1) Das Gericht hat die Vorschüsse für längstens jeweils fünf weitere Jahre zu gewähren, wenn *(BGBl I 2009/75, ab 1. 1. 2010, Übergangsbestimmung s § 37 Abs 2)*

1. dies das Kind spätestens innerhalb von drei Monaten nach Ablauf des Monats, für den der letzte Vorschuß gezahlt wird, beantragt und

2. keine Bedenken dagegen bestehen, daß die Voraussetzungen der Gewährung der Vorschüsse, ausgenommen die des § 3 Z 2, weiter gegeben sind.

(2) Die Weitergewährung der Vorschüsse ist zu versagen, wenn es wahrscheinlich ist, daß die laufenden Unterhaltsbeiträge künftig im Weg freiwilliger Zahlungen oder der Exekution vom Unterhaltsschuldner voll eingehen werden.

Änderung der Vorschüsse

§ 19. (1) Wird der Unterhaltsbeitrag herabgesetzt oder tritt ein Fall des § 7 Abs. 1 ein, ohne daß es zur gänzlichen Versagung der Vorschüsse käme, so hat das Gericht auf Antrag oder von Amts wegen die Vorschüsse entsprechend herabzusetzen. Die Herabsetzung ist, gegebenenfalls rückwirkend, mit dem auf den Eintritt des Herabsetzungsgrundes folgenden Monatsersten anzuordnen; zugleich hat das Gericht unter Berücksichtigung der Bedürfnisse des Kindes die Einbehaltung zu Unrecht ausgezahlter Beträge, soweit notwendig in Teilbeträgen, von künftig fällig werdenden Vorschüssen anzuordnen.

(2) Wird der Unterhaltsbeitrag erhöht, so hat das Gericht von Amts wegen oder auf Antrag die Vorschüsse bis zum Ende des im zuletzt gefaßten Beschluß über die Gewährung oder Weitergewährung bestimmten Zeitraums zu erhöhen; die Erhöhung ist mit dem auf das Wirksamwerden der Unterhaltserhöhung folgenden Monatsersten, fällt die Erhöhung auf einen Monatsersten, mit diesem anzuordnen.

(3) Als Änderung der Vorschüsse im Sinn von Abs. 1 und 2 gilt auch, wenn die Vorschüsse zunächst auf Grund des § 4 Z 4 einer einstweiligen Verfügung gewährt werden und danach der Unterhaltsbeitrag (endgültig) festgesetzt wird. *(BGBl I 2009/75, ab 1. 1. 2010, Übergangsbestimmung s § 37 Abs 10)*

(4) Für die Innehaltung gilt § 16 sinngemäß. *(BGBl I 2009/75, ab 1. 1. 2010)*

(BGBl. Nr. 278/1980, Art. I Z 14)

Einstellung der Vorschüsse

§ 20. (1) Die Vorschüsse sind einzustellen

1. auf Antrag des Kindes (§ 9 Abs. 1),

2. auf Antrag des Unterhaltsschuldners, wenn er nachweist, daß er alle fälligen Unterhaltsbeiträge gezahlt und den Unterhaltsbeitrag für die kommenden zwei Monate entweder gleichfalls gezahlt oder zugunsten des Kindes gerichtlich erlegt hat (§ 1425 ABGB),

3. auf Antrag eines sonst Unterhaltpflichtigen, wenn er nachweist, daß er die Unterhaltsbeiträge des Unterhaltsschuldners regelmäßig voll leistet, oder

4. auf Antrag oder von Amts wegen, wenn

a) eine der Voraussetzungen der Gewährung der Vorschüsse, ausgenommen die des § 3 Z 2, wegfällt,

b) nach § 7 Abs. 1 die Vorschüsse zur Gänze zu versagen sind oder *(BGBl I 2003/112)*

c) im Fall des § 4 Z 4 der Antrag auf Unterhaltsfestsetzung zurückgenommen wird oder der Unterhaltsvergleich seine Wirkung verliert. *(BGBl I 2003/112, ab 1. 1. 2005)*

(2) Die Einstellung ist, gegebenenfalls rückwirkend, mit Ablauf des Monats anzuordnen, in dem der Einstellungsgrund eingetreten ist. Für die Innehaltung gilt § 16 sinngemäß. *(BGBl. Nr. 278/1980, Art. I Z 15)*

Mitteilungspflicht

§ 21. Der gesetzliche Vertreter des Kindes und diejenige Person, in deren Pflege und Erziehung sich das Kind befindet, der Zahlungsempfänger sowie der Unterhaltsschuldner haben dem Gericht unverzüglich den Eintritt jedes Grundes für die Herabsetzung oder Einstellung der Vorschüsse mitzuteilen. *(BGBl I 2009/75, ab 1. 1. 2010)*

Ersatz zu Unrecht gewährter Vorschüsse

§ 22. (1) Für Vorschüsse, die aufgrund eines im Rechtsmittelverfahren geänderten oder aufgehobenen Beschlusses oder entgegen einer Herabsetzung oder Einstellung der Vorschüsse zu Unrecht gezahlt und nicht nach § 19 Abs. 1 letzter Halbsatz einbehalten worden sind, haften der gesetzliche Vertreter des Kindes und diejenige Person, in deren Pflege und Erziehung sich das Kind befindet, der Zahlungsempfänger sowie der Unterhaltsschuldner zur ungeteilten Hand, jedoch nur derjenige, der die Gewährung der Vorschüsse durch unrichtige Angaben in der Erklärung (§ 11 Abs. 2) oder durch Verletzung der Mitteilungspflicht (§ 21) vorsätzlich oder grob fahrlässig veranlasst oder die Vorschüsse vorsätzlich oder grob fahrlässig für den Unterhalt des Kindes verbraucht hat. *(BGBl I 2009/75, ab 1. 1. 2010, Übergangsbestimmung s § 37 Abs 2)*

(2) Hilfsweise hat das Kind die zu Unrecht gewährten Vorschüsse zurückzuzahlen, soweit diese nicht gemäß Abs. 1 hereingebracht werden können und nicht für den Unterhalt des Kindes verbraucht worden sind. *(BGBl I 2009/75, ab 1. 1. 2010)*

(3) Die Ersatzpflicht besteht insoweit nicht, als dadurch der laufende Unterhalt des Kindes gefährdet wird. *(BGBl I 2009/75, ab 1. 1. 2010)*

(4) Die Ersatzpflicht erlischt drei Jahre nach Auszahlung der Vorschüsse. *(BGBl I 2009/75, ab 1. 1. 2010)*

§ 23. Werden die Unterhaltsvorschüsse herabgesetzt oder eingestellt, keine Beträge nach § 19 Abs. 1 letzter Halbsatz einbehalten und ergibt sich aus der Aktenlage, daß ein Anspruch auf Ersatz zu Unrecht gewährter Vorschüsse nicht besteht, so ist dies von Amts wegen im Beschluß über die Herabsetzung oder Einstellung der Vorschüsse auszusprechen. Sonst hat, unabhängig vom Alter des Kindes, das Pflegschaftsgericht über den Ersatz zu Unrecht gewährter Vorschüsse

auf Antrag des Präsidenten des Oberlandesgerichts im Verfahren außer Streitsachen zu entscheiden. *(BGBl I 2000/135, ab 1. 7. 2001)*

(BGBl. Nr. 278/1980, Art. I Z 16)

Gebühren

§ 24. Für Entscheidungen über die Gewährung oder Weitergewährung von Vorschüssen hat der Unterhaltsschuldner eine Pauschalgebühr in Höhe des gewährten (weitergewährten) monatlichen Vorschussbetrags, für das Verfahren über die Erhöhung der Vorschüsse eine Pauschalgebühr in Höhe des rechtskräftig gewährten monatlichen Erhöhungsbetrags zu entrichten, erhebt ein volljähriger Unterhaltsschuldner in solchen Verfahren ein Rechtsmittel, so hat er in zweiter Instanz 27,40 Euro und in dritter Instanz 41,10 Euro Pauschalgebühren zu entrichten. Den volljährigen Rechtsmittelwerber trifft die Zahlungspflicht nur dann, wenn sein Rechtsmittel oder zumindest eines seiner Rechtsmittel auch nur zum Teil erfolglos geblieben sind; ist er hingegen mit seinem Begehren zur Gänze durchgedrungen, entfällt eine Gebührenpflicht. § 3 GGG ist sinngemäß anzuwenden. Verfahrenshilfe zur einstweiligen Befreiung von der Entrichtung der Pauschalgebühren kann wirksam noch bis zur Beendigung des Verfahrens über die Vorschreibung der Gebühr beantragt werden. Im Übrigen sind die Beteiligten des Verfahrens auf Gewährung, Weitergewährung, Änderung oder Einstellung von Vorschüssen von der Pflicht zur Entrichtung von sonstigen Gebühren und Kosten befreit. *(BGBl I 2015/156, ab 1. 1. 2016, auf Fälle anzuwenden, in denen das Rechtsmittel nach dem 31. 12. 2015 erhoben wird: § 37 Abs 13)*

(BGBl I 2009/75, ab 1. 1. 2010, Übergangsbestimmung s § 37 Abs 2)

Für den Zeitraum 5. 4. 2020 bis 31.12.2020 siehe § 15 2. COVID-19-JuBG, BGBl I 2020/24

Gebührenfreiheit für bestimmte Unterhaltsvorschussentscheidungen

§ 15. *Abweichend von § 24 Unterhaltsvorschussgesetz 1985 (UVG), BGBl. Nr. 451/1985, ist für Entscheidungen über die Gewährung von Vorschüssen nach § 7 1. COVID-19-JuBG, BGBl. I Nr. 16/2020, keine Pauschalgebühr zu entrichten. Soweit vor dem Inkrafttreten dieses Bundesgesetzes in einem Beschluss über die Bewilligung solcher Vorschüsse nach § 13 Abs. 1 Z 6 UVG bereits die Zahlungspflicht für eine Pauschalgebühr ausgesprochen wurde, tritt diese von Gesetzes wegen außer Kraft; bereits bezahlte Beträge sind insoweit zurückzuzahlen.*

§ 25. *(aufgehoben, BGBl 1991/628)*

Rückzahlung der Vorschüsse

§ **26.** (1) Vorschüsse nach den §§ 3 und 4 Z 1 und 4 hat das Kind insoweit zurückzuzahlen, als diese Beträge vom Unterhaltsschuldner hereingebracht werden. *(BGBl 1987/645; BGBl I 2009/75, ab 1. 1. 2010, Übergangsbestimmung s § 37 Abs 3)*

(2) Der Unterhaltsschuldner hat ab Zustellung des Beschlusses an ihn die Unterhaltsbeiträge an den Jugendwohlfahrtsträger zu zahlen. *(BGBl 1989/162)*

(3) Die Pflicht des Unterhaltsschuldners zur Leistung der Unterhaltsbeiträge verjährt insoweit nicht, als auf sie Vorschüsse gewährt worden sind. *(BGBl. Nr. 278/1980, Art. I Z 17)*

§ **27.** (1) Aus den hereingebrachten Unterhaltsbeiträgen hat der Jugendwohlfahrtsträger zunächst die Forderung des Kindes auf laufende Unterhaltsbeiträge, soweit auf sie keine Vorschüsse gewährt werden, dann die Forderung des Bundes auf Rückzahlung der Vorschüsse und schließlich die Forderung des Kindes auf rückständige Unterhaltsbeiträge zu befriedigen. *(BGBl 1989/162; BGBl I 2009/75, ab 1. 1. 2010, Übergangsbestimmung s § 37 Abs 2)*

(2) Der Jugendwohlfahrtsträger hat die von ihm hereingebrachten Unterhaltsbeiträge, soweit aus ihnen die Forderung des Bundes auf Rückzahlung der Vorschüsse zu befriedigen ist, monatlich dem Präsidenten des Oberlandesgerichts samt einer den Unterhaltsschuldner betreffenden Aufstellung zu übermitteln. Sind die gewährten Vorschüsse zur Gänze zurückgezahlt oder ist die gesetzliche Vertretung des Jugendwohlfahrtsträgers beendet, so hat dieser dem Präsidenten des Oberlandesgerichts eine Schlußabrechnung zu übersenden. *(BGBl 1989/162)*

(3) Nimmt der Präsident des Oberlandesgerichts wahr, daß der Jugendwohlfahrtsträger seine Pflicht zur Einbringung der bevorschußten Unterhaltsbeiträge ungenügend erfüllt, so hat er das Pflegschaftsgericht zu benachrichtigen. *(BGBl 1989/162; BGBl I 2003/112, ab 1. 1. 2005; BGBl I 2009/75, ab 1. 1. 2010)*

§ **28.** (1) Vorschüsse nach § 4 Z 2 hat der Unterhaltsschuldner unmittelbar dem Bund zu Handen des Präsidenten des Oberlandesgerichts zurückzuzahlen, soweit er nicht nachweist, daß er nach seinen Lebensverhältnissen außerstande gewesen ist, dem Kind Unterhaltsbeiträge bis zur Höhe der jeweils gewährten Vorschüsse zu leisten.

(2) Der Beschluss über die Gewährung der Vorschüsse nach § 4 Z 2 gilt als Exekutionstitel. Im Exekutionsantrag hat der Präsident des Oberlandesgerichtes die Höhe des zu vollstreckenden Anspruchs nach § 6 Abs. 2 ziffernmäßig anzuge-

ben; die Beträge sind nachvollziehbar darzulegen. Eines Nachweises nach § 10 EO hinsichtlich der Beträge nach § 6 Abs. 2 bedarf es nicht. Ein für den Zeitraum der Vorschussgewährung allenfalls bestehender Exekutionstitel auf Leistung des Unterhalts erlischt insoweit. *(BGBl I 2009/75, ab 1. 1. 2010, Übergangsbestimmung s § 37 Abs 12)*

(3) Einwendungen gegen die Rückzahlungspflicht hat der Unterhaltsschuldner, unabhängig vom Alter des Kindes, ausschließlich beim Pflegschaftsgericht geltend zu machen. Dieses entscheidet im Verfahren außer Streitsachen. *(BGBl I 2000/135, ab 1. 7. 2001)*

(4) Die Geltendmachung von Einwendungen gilt als Grund für die Aufschiebung einer Exekution im Sinn des § 42 EO; § 44 Abs. 1 und 2 EO ist nicht anzuwenden. Soweit den Einwendungen rechtskräftig stattgegeben wird, ist die Exekution einzustellen.

(BGBl. Nr. 278/1980, Art. I Z 17)

§ **29.** (1) Vorschüsse nach § 4 Z 3 hat der Unterhaltsschuldner unmittelbar dem Bund zu Handen des Präsidenten des Oberlandesgerichts zurückzuzahlen, soweit dies nach den Einkommens- und Vermögensverhältnissen des Unterhaltsschuldners unter Berücksichtigung seiner Sorgepflichten und unter Beachtung der Zwecke des Strafvollzugs (§ 20 Abs. 1 StVG) aus Gründen der Billigkeit geboten scheint und seine wirtschaftliche Fähigkeit zur Schadensgutmachung nicht beeinträchtigt.

(2) Über die Pflicht zur Rückzahlung entscheidet, unabhängig vom Alter des Kindes, das Pflegschaftsgericht auf Antrag des Präsidenten des Oberlandesgerichts im Verfahren außer Streitsachen. *(BGBl I 2000/135, ab 1. 7. 2001)*

(BGBl. Nr. 278/1980, Art. I Z 17)

Übergang der Unterhaltsforderungen auf den Bund

§ **30.** Mit Beendigung der gesetzlichen Vertretung des Jugendwohlfahrtsträgers gehen die noch nicht eingebrachten Unterhaltsforderungen des Kindes von Gesetzes wegen für die Zeit, für die die Vorschüsse bewilligt worden sind, und im Ausmaß der noch nicht zurückgezahlten Vorschüsse auf den Bund über; die Unterhaltsbeiträge sind bis zur Höhe der gewährten Vorschüsse an den Präsidenten des Oberlandesgerichts zu erbringen; sonst geleistete Zahlungen befreien nicht von der Schuld. *(BGBl 1989/162)*

Eintreibung durch den Bund

§ **31.** (1) Soweit der Unterhaltsschuldner keine schuldbefreienden Zahlungen leistet, hat der Präsident des Oberlandesgerichts die Forderung zwangsweise hereinzubringen.

UVG

(2) Der Bund tritt von Gesetzes wegen mit Beendigung der gesetzlichen Vertretung durch den Jugendwohlfahrtsträger bis zur Höhe der gewährten Vorschüsse in anhängige Exekutions- oder Insolvenzverfahren gegen den Unterhaltsschuldner sowie in einen allenfalls anhängigen Rechtsstreit gegen den Drittschuldner anstelle des Kindes ein. *(BGBl 1989/162; BGBl I 2010/58)*

(3) Führen sowohl der Bund als auch das Kind, dieses wegen einer nicht auf den Bund übergegangenen Unterhaltsforderung, auf denselben Gegenstand Exekution, so gilt für die Befriedigung ihrer Forderungen die Rangordnung des § 27 Abs. 1.

(4) Der Präsident des Oberlandesgerichts kann die Finanzprokuratur ersuchen, den Bund in gerichtlichen Verfahren zu vertreten.

(BGBl. Nr. 278/1980, Art. I Z 18)

§ 31a. Mit dem Tod des Unterhaltsschuldners geht dessen Pflicht zur Leistung der Unterhaltsbeiträge, auf die Vorschüsse gewährt worden sind, sowie zur Rückzahlung der Vorschüsse an den Bund bis zum Wert der Verlassenschaft auf die Erben über. Diese Pflicht steht jedoch der zur Leistung des Unterhalts nach § 142 ABGB im Rang nach.

(BGBl. Nr. 278/1980, Art. I Z 19)

§ 32. (1) Der Präsident des Oberlandesgerichts hat die im § 102 Abs. 1 und Abs. 2 erster und zweiter Satz AußStrG dem Gericht eingeräumten Auskunftsrechte, ausgenommen das in dessen Abs. 2 letzter Satz genannte Recht. *(BGBl 1989/162; BGBl I 2003/112, ab 1. 1. 2005)*

(2) Für den Präsidenten des Oberlandesgerichts gelten – soweit ihm ein Kostenersatzanspruch zusteht – die Regelungen nach dem Bundesgesetz vom 22. Mai 1969, BGBl. Nr. 190, über die Bestimmung der Kosten, die einem durch die Bezirksverwaltungsbehörde vertretenen Minderjährigen in gerichtlichen Verfahren zu ersetzen sind, einschließlich dessen § 1 Abs. 3 sinngemäß. *(BGBl I 1997/140, ab 1. 1. 1998; BGBl I 2001/98, ab 1. 1. 2002)*

§ 33. (1) Beeinträchtigt die Durchsetzung des Anspruchs des Bundes an den Unterhaltsschuldner dessen wirtschaftliche Fähigkeit, die Unterhaltsbeiträge an den Bund oder künftig unmittelbar an das Kind zu leisten, so kann mit dem Unterhaltsschuldner die Erfüllung seiner Zahlungspflicht in Teilbeträgen unter Vorbehalt des Rechtes vereinbart werden, im Fall des Ausbleibens einer Teilzahlung die sofortige Entrichtung aller noch aushaftenden Teilzahlungen zu fordern (Terminsverlust). Reicht dies nicht aus, so kann die Erfüllung der auf den Bund übergegangenen Unterhaltsforderungen längstens bis zu acht Jahren gestundet werden. Als letztes Mittel der Ab-

hilfe kann im Einvernehmen mit dem Bundesminister für Wirtschaft, Familie und Jugend sowie mit Zustimmung des Bundesministers für Finanzen auf die Forderung ganz oder teilweise verzichtet werden. *(BGBl I 2009/75, ab 1. 1. 2010) (BGBl Nr. 278/1980, Art. I Z 20; BGBl. Nr. 617/1983, Art. III Z 1)*

(2) Der Unterhaltsschuldner hat keinen Rechtsanspruch auf Zahlungserleichterungen nach Abs. 1.

Örtliche Zuständigkeit des Oberlandesgerichts

§ 34. Als das in diesem Bundesgesetz genannte Oberlandesgericht ist dasjenige zuständig, in dessen Sprengel das Pflegschaftsgericht liegt. *(BGBl I 2003/112, ab 1. 1. 2005)*

Automationsunterstützter Datenverkehr

§ 34a. (1) Zum Zweck der Aus- und Rückzahlung der Unterhaltsvorschüsse sowie der Auskunftserteilung an Verfahrensbeteiligte dürfen folgende Daten zwischen den Präsidenten der Oberlandesgerichte und den Jugendwohlfahrtsträgern mittels maschinell lesbarer Datenträger oder im Weg der Datenfernverarbeitung übermittelt oder direkt abgefragt werden:

1. die Bezeichnung des Falles,

2. Rolle, Name, akademischer Titel, Geburtsdatum, Geburtsort, Geschlecht, Staatsbürgerschaft, Beruf, Anschrift, Sozialversicherungsnummer, Kontodaten und allenfalls Datum des Todes der in der Verfahrensautomation Justiz erfassten Verfahrensbeteiligten,

3. die Bezeichnung des Vorganges, die Höhe des Betrages und der jeweils aushaftende Vorschussbetrag, Kontostand und Kontobewegungen, Auszahlungsinformationen sowie Verzichte und Abschreibungen einschließlich solcher bei Übergenüssen,

4. die Daten der Beschlüsse im Verfahren über die Gewährung von Vorschüssen.

(2) Zur Übermittlung oder Abfrage nach dem Abs. 1 kann die Bundesrechenzentrum GmbH herangezogen werden.

(3) Dem Jugendwohlfahrtsträger und dem Pflegschaftsgericht ist zum Zweck der Wahrnehmung ihrer Aufgaben nach diesem Bundesgesetz elektronische Einsicht in die jeweiligen Falldaten, einschließlich des Anspruchs- und Personendaten sowie der Daten zu Aus- und Rückzahlungsbewegungen der Vorschusszahlungen, die in den elektronischen Datenbanken der UV-Anwendung des Präsidenten des Oberlandesgerichtes gespeichert sind, nach Maßgabe der technischen Möglichkeiten sowie unter Bedachtnahme auf eine einfache und sparsame Verwaltung und eine aus-

reichende Sicherung vor Missbrauch durch dritte Personen zu gewähren.

(BGBl 1989/162; BGBl I 2009/75, ab 1. 1. 2010)

§ 34b. (1) Soweit das für die Erfüllung der Aufgaben nach diesem Bundesgesetz erforderlich ist, ist der Präsident des Oberlandesgerichtes befugt, in der Verfahrensautomation Justiz Daten abzufragen, insbesondere den Unterhaltsschuldner betreffende Unterhalts-, Insolvenz- und Verlassenschaftsverfahren.

(2) Von den gemäß Abs. 1 abgefragten Daten dürfen den Jugendwohlfahrtsträgern die Bezeichnung des Gerichts, die Aktenzahl und die Bezeichnung eines am Verfahren beteiligten Jugendwohlfahrtsträgers mittels maschinell lesbarer Datenträger oder im Weg der Datenfernverarbeitung übermittelt oder zur direkten Abfrage bereitgestellt werden.

(3) Zur Übermittlung oder Abfrage nach dem Abs. 2 kann die Bundesrechenzentrum GmbH herangezogen werden.

(BGBl I 2009/75, ab 1. 1. 2010)

§ 35. *Entfällt samt Überschrift; Art. III der Kundmachung*

Vollziehung

§ 36. (1) Mit der Vollziehung dieses Bundesgesetzes ist, soweit Abs. 2 nicht anderes bestimmt, der Bundesminister für Justiz betraut.

(2) Mit der Vollziehung sind betraut:

1. des § 17 Abs. 1 und des § 33 der Bundesminister für Justiz im Zusammenwirken mit dem Bundesminister für Wirtschaft, Familie und Jugend und mit dem Bundesminister für Finanzen, *(BGBl I 2009/75, ab 1. 1. 2010)*

2. des § 32 hinsichtlich der Auskunftserteilung durch die Träger der Sozialversicherung der Bundesminister für Arbeit, Soziales und Konsumentenschutz im Einvernehmen mit dem Bundesminister für Justiz und *(BGBl I 2009/75, ab 1. 1. 2010)*

3. des § 34a Abs. 2 der Bundesminister für Justiz im Einvernehmen mit dem Bundesminister für Finanzen.

(BGBl 1989/162)

Inkrafttreten und Übergangsbestimmungen

§ 37. (1) Die §§ 3, 4, 6, 7, 8, 9, 10a, 12, 13, 14, 16, 18, 19, 21, 22, 24, 26, 27, 28, 33, 34a, 34b und 36 in der Fassung des Bundesgesetzes BGBl. I Nr. 75/2009 treten mit 1. Jänner 2010 in Kraft.

(2) Die §§ 3 Z 2, 8, 10a, 12, 18 Abs. 1, 24 und 27 Abs. 1 in der Fassung des Bundesgesetzes

BGBl. I Nr. 75/2009 sind auf Verfahren nach diesem Bundesgesetz anzuwenden, für die der verfahrenseinleitende Antrag nach dem 31. Dezember 2009 bei Gericht eingelangt ist oder die nach dem 31. Dezember 2009 von Amts wegen eingeleitet worden sind.

(3) Die §§ 4 Z 5 und 26 Abs. 1 sind in der bisher geltenden Fassung für Verfahren weiter anzuwenden, für die der verfahrenseinleitende Antrag vor dem 1. Jänner 2010 bei Gericht eingelangt ist. Solange Rückstände aus Vorschüssen nach § 4 Z 5 bestehen, ist der Jugendwohlfahrtsträger im Fall der Vorschussgewährung bloß nach § 4 Z 2 oder 3 nicht zu entheben (§ 9 Abs. 3).

(4) Der Präsident des Oberlandesgerichtes hat mit 1. Jänner 2010 die Unterhaltsvorschüsse für alle zu diesem Zeitpunkt wirksamen Gewährungsbeschlüsse in den Fällen des § 4 Z 2, 3 und 4 mit dem erhöhten Betrag des § 6 Abs. 2 Z 1 in der Fassung des Bundesgesetzes BGBl. I Nr. 75/2009 auszuzahlen.

(5) § 6 Abs. 2 Z 3 ist in der bisher geltenden Fassung weiter anzuwenden, wenn das Kind am 1. Jänner 2010 das 14. Lebensjahr bereits vollendet hat.

(6) Die §§ 7 Abs. 1 Z 1, 9 Abs. 3, 13 Abs. 1 und 2 und 14 sind in der bisher geltenden Fassung weiter anzuwenden, wenn die jeweilige erstinstanzliche Entscheidung vor dem 1. Jänner 2010 getroffen wurde.

(7) § 7 Abs. 2 ist in der bisher geltenden Fassung weiter anzuwenden, wenn die Beendigung der Freiheitsentziehung vor dem 1. Jänner 2010 erfolgt ist.

(8) § 10a in der Fassung des Bundesgesetzes BGBl. I Nr. 75/2009 ist für alle Verfahren nach diesem Bundesgesetz anzuwenden, für die der verfahrenseinleitende Antrag nach dem 31. Dezember 2009 bei Gericht eingelangt ist.

(9) § 16 Abs. 2 ist in der bisher geltenden Fassung weiter anzuwenden, wenn der Rekurs vor dem 1. Jänner 2010 bei Gericht eingelangt ist.

(10) § 19 Abs. 3 in der Fassung des Bundesgesetzes BGBl. I Nr. 75/2009 ist auf Verfahren anzuwenden, in denen der Antrag auf Vorschussgewährung auf Grund des § 4 Z 4 oder einer einstweiligen Verfügung nach dem 31. Dezember 2009 bei Gericht eingelangt ist.

(11) § 22 in der Fassung des Bundesgesetzes BGBl. I Nr. 75/2009 ist auf Handlungen und Unterlassungen anzuwenden, die nach dem 31. Dezember 2009 vorgenommen worden sind.

(12) § 28 Abs. 2 in der Fassung des Bundesgesetzes BGBl. I Nr. 75/2009 ist auf Verfahren anzuwenden, für die der Exekutionsantrag durch den Präsidenten des Oberlandesgerichtes nach dem 31. Dezember 2009 bei Gericht eingelangt ist.

UVG

(13) § 24 in der Fassung der Gerichtsgebühren-Novelle 2015, BGBl. I Nr. 156/2015 tritt mit 1. Jänner 2016 in Kraft und ist auf Fälle anzuwenden, in denen das Rechtsmittel nach dem 31. Dezember 2015 erhoben wird. *(BGBl I 2015/156)*

(BGBl I 2009/75)

29. Auslandsunterhaltsgesetz 2014

BGBl I 2014/34 idF

1 BGBl I 2017/130 (KindRückG 2017)

Bundesgesetz über die Geltendmachung und Durchsetzung von Unterhaltsansprüchen mit Auslandsbezug (Auslandsunterhaltsgesetz 2014 – AUG 2014)

1. Abschnitt

Allgemeines

Anwendungsbereich

§ 1. (1) Dieses Bundesgesetz regelt das Verfahren zur Geltendmachung und Durchsetzung von Unterhaltsansprüchen mit Auslandsbezug. Für den Bereich der Europäischen Union führt es die Bestimmungen der Verordnung (EG) Nr. 4/2009 über die Zuständigkeit, das anwendbare Recht, die Anerkennung und Vollstreckung von Entscheidungen und die Zusammenarbeit in Unterhaltssachen, ABl. L Nr. 7 vom 10. Jänner 2009 S. 1 (im Folgenden EU-Unterhaltsverordnung), näher aus.

(2) Die Bestimmungen dieses Bundesgesetzes lassen Anträge, die Personen in einem anderen Staat als dem ihres gewöhnlichen Aufenthalts unmittelbar stellen, unberührt.

Bestimmung der Zentralen Behörde

§ 2. Zur Wahrnehmung der Aufgaben, die sich für Zentrale Behörden oder Empfangsstellen aus der EU-Unterhaltsverordnung, aus dem Übereinkommen vom 20. Juni 1956 über die Geltendmachung von Unterhaltsansprüchen im Ausland, BGBl. Nr. 316/1969 (im Folgenden New Yorker Unterhaltsübereinkommen), aus dem Haager Übereinkommen vom 23. November 2007 über die internationale Geltendmachung der Unterhaltsansprüche von Kindern und anderen Familienangehörigen, ABl. L Nr. 192 vom 22. Juli 2011 S. 51 (im Folgenden Haager Unterhaltsübereinkommen), und aus anderen vergleichbaren Übereinkommen ergeben, wird das Bundesministerium für Justiz bestimmt.

Aufgaben der Zentralen Behörde

§ 3. (1) Das Bundesministerium für Justiz hat als Zentrale Behörde über die ihm in der EU-Unterhaltsverordnung zugewiesenen Aufgaben hinaus mit den anderen Zentralen Behörden zusammenzuarbeiten, die Zusammenarbeit der zuständigen Gerichte und Behörden zur Verwirklichung der Ziele der grenzüberschreitenden Unterhaltsdurchsetzung zu fördern und so weit wie möglich nach Lösungen für Schwierigkeiten zu suchen, die bei der Anwendung der entsprechenden Rechtsvorschriften auftreten.

(2) Das Bundesministerium für Justiz verkehrt mit den im Ausland dafür bestimmten Stellen unmittelbar.

2. Abschnitt

Durchsetzung von Unterhaltsansprüchen

Verfahrensarten

§ 4. (1) Ansprüche aus Unterhaltsbeziehungen kann eine Person (Antragsteller) gegen eine andere (Antragsgegner) nach dem in diesem Bundesgesetz vorgesehenen Verfahren geltend machen, wenn

1. sich der Antragsteller im Inland aufhält und der Antragsgegner der Gerichtsbarkeit eines Staates unterliegt, mit dem die Gegenseitigkeit verbürgt ist (Abs. 3), oder der Antragsteller sich in einem solchen Staat aufhält und der Antragsgegner der inländischen Gerichtsbarkeit unterliegt (Gegenseitigkeitsverfahren), oder

2. dies nach der EU-Unterhaltsverordnung, dem New Yorker Unterhaltsübereinkommen oder dem Haager Unterhaltsübereinkommen vorgesehen ist.

(2) Antragsteller im Sinn dieses Bundesgesetzes ist auch eine öffentliche Aufgaben wahrnehmende Stelle, die die Rückerstattung der an Unterhaltsberechtigten erbrachten Leistungen begehrt, wenn sie nach dem für sie maßgeblichen Recht die Rückerstattung vom Antragsgegner verlangen kann. Dies gilt nicht im Verhältnis zu Staaten, die ausschließlich Vertragsstaaten des New Yorker Unterhaltsübereinkommens sind.

(3) Die Gegenseitigkeit im Sinn des Abs. 1 Z 1 ist mit Staaten verbürgt, in denen eine diesem Bundesgesetz entsprechende Rechtsvorschrift in Kraft steht und der Bundesminister für Justiz dies durch Verordnung feststellt. Die Verordnung kann die Gegenseitigkeit gegebenenfalls auf bestimmte Unterhaltsansprüche oder bestimmte Arten von Unterhaltstiteln beschränken. Die Voraussetzungen der Vollstreckung von Unterhaltstiteln, die in einem solchen Staat erlassen oder errichtet worden sind, sind nach den §§ 80 und 81 EO, RGBl. Nr. 79/1896, zu beurteilen.

(4) Eine Unterhaltsentscheidung, die in einem Staat, mit dem die Gegenseitigkeit verbürgt ist (Abs. 3), ohne Anhörung des Antragsgegners

AuslUG

vorläufig und vorbehaltlich der Bestätigung durch das ersuchte Gericht ergangen ist, ist als Antrag auf Erlassung einer Entscheidung (§ 6 Abs. 1 Z 3 und 4) zu werten.

(5) Teilstaaten und Provinzen von Bundesstaaten sind für Zwecke dieses Bundesgesetzes Staaten gleichzuhalten, wenn sie für die in diesem Bundesgesetz geregelten Angelegenheiten zuständig sind.

Übermittlung von Anträgen über die Zentralen Behörden

§ 5. Anträge nach diesem Bundesgesetz sind über die Zentrale Behörde des Staates, in dem sich der Antragsteller aufhält, der Zentralen Behörde des ersuchten Staates zu übermitteln.

Antragsarten

§ 6. (1) Wer Unterhaltsansprüche in einem anderen Staat geltend machen will, kann

1. die Anerkennung oder die Anerkennung und Vollstreckbarerklärung einer Entscheidung,

2. die Vollstreckung einer im ersuchten Staat ergangenen oder anerkannten Entscheidung,

3. die Erlassung einer Entscheidung im ersuchten Staat, einschließlich, soweit erforderlich, der Feststellung der Abstammung, wenn darüber noch keine Entscheidung vorliegt,

4. die Erlassung einer Entscheidung im ersuchten Staat, wenn die Anerkennung und Vollstreckbarerklärung einer in einem anderen Staat ergangenen Entscheidung nicht möglich ist,

5. die Änderung einer im ersuchten Staat ergangenen Entscheidung oder

6. die Änderung einer in einem anderen Staat ergangenen Entscheidung

beantragen.

(2) Eine Person, gegen die eine Unterhaltsentscheidung vorliegt (verpflichtete Person), kann

1. die Anerkennung einer Entscheidung, die die Aussetzung oder Einschränkung der Vollstreckung einer früheren Entscheidung im ersuchten Staat bewirkt,

2. die Änderung einer im ersuchten Staat ergangenen Entscheidung oder

3. die Änderung einer in einem anderen Staat ergangenen Entscheidung

beantragen.

Antragserfordernisse

§ 7. (1) Ein Antrag in das Ausland ist beim Bezirksgericht, in dessen Sprengel der Antragsteller seinen Aufenthalt hat, schriftlich einzubringen oder zu Protokoll zu geben. Die Bestimmungen über die Zuständigkeit und das Verfahren zur Protokollierung richten sich nach den für das Verfahren außer Streitsachen geltenden Bestimmungen. Soweit für seine Einbringung die Verwendung eines Formblatts vorgeschrieben ist, ist dieses zu verwenden. Dem Kinder- und Jugendhilfeträger steht es in geeigneten Fällen offen, unmittelbar mit dem Bundesministerium für Justiz zu verkehren.

(2) Soweit sich aus den in § 4 genannten Bestimmungen nichts anderes ergibt, muss ein solcher Antrag mindestens folgende Angaben enthalten:

1. eine Erklärung über die Art des Antrags (§ 6 Abs. 1 und 2),

2. den Namen und die Kontaktdaten des Antragstellers, einschließlich seiner Anschrift und seines Geburtsdatums,

3. den Namen und, sofern bekannt, die Anschrift sowie das Geburtsdatum des Antragsgegners,

4. den Namen und das Geburtsdatum jeder Person, für die Unterhalt verlangt wird,

5. die Gründe, auf die sich der Antrag stützt, und

6. Angaben über das Konto, auf das Unterhaltsleistungen überwiesen werden sollen.

(3) Der Antragsteller kann von der Angabe seiner persönlichen Anschrift (Abs. 2 Z 2) absehen, wenn er ein schutzwürdiges Geheimhaltungsinteresse dartut und einen Zustellungsbevollmächtigten namhaft macht, sofern das Recht des ersuchten Mitgliedstaates nicht vorschreibt, dass der Antragsteller für die Zwecke des Verfahrens seine persönliche Anschrift angibt.

(4) Soweit das erforderlich ist, hat der Antragsteller weiters

1. die ihm bekannten finanziellen Verhältnisse der berechtigten Person,

2. die ihm bekannten finanziellen Verhältnisse der verpflichteten Person, einschließlich des Namens und der Anschrift ihres Arbeitgebers, sowie der Art und Lage ihrer Vermögensgegenstände, und

3. die ihm bekannten Informationen über den Aufenthaltsort des Antragsgegners

anzugeben.

(5) Dem Antrag sind alle erforderlichen Angaben oder schriftlichen Belege, gegebenenfalls auch Unterlagen zum Nachweis des Anspruchs des Antragstellers auf Prozesskostenhilfe, beizufügen.

(6) Sind der Antrag oder die Beilagen mit einer Übersetzung in eine fremde Sprache zu versehen und beantragt der Antragsteller die Bewilligung der Verfahrenshilfe, so hat das Gericht nach Bewilligung der Verfahrenshilfe die Herstellung der erforderlichen Übersetzungen zu veranlassen.

Behandlung von Anträgen in das Ausland

§ 8. (1) Wenn dem Antrag notwendige Angaben, Erklärungen oder Beilagen fehlen, hat das Gericht den Antragsteller unter Setzung einer angemessenen Frist zur Verbesserung aufzufordern. Lässt er diese Frist ungenützt verstreichen, so ist der Antrag von Amts wegen als zurückgenommen zu erklären. § 17 Satz 3 und 4 AußStrG, BGBl. I Nr. 111/2003, sind sinngemäß anzuwenden.

(2) In Gegenseitigkeitsverfahren (§ 4 Abs. 1 Z 1) hat das Gericht zu prüfen, ob in dem Antrag und den beigeschlossenen sonstigen Unterlagen Umstände dargetan werden, aus denen geschlossen werden kann, dass den Antragsgegner eine Unterhaltsverpflichtung gegenüber dem Antragsteller trifft (§ 6 Abs. 1) beziehungsweise ein Interesse des Antragstellers an einer Entscheidung im Sinn des § 6 Abs. 2 vorliegt, und der Antrag daher in dem im ersuchten Staat vorgesehenen Verfahren zu behandeln ist. Über das positive Ergebnis dieser Prüfung hat das Gericht eine Bestätigung auszustellen und in eine Amtssprache des ersuchten Staates übersetzen zu lassen. Anschließend hat es den Antrag samt den beizufügenden sonstigen Unterlagen und Übersetzungen – mit je drei beglaubigten Abschriften – unmittelbar dem Bundesministerium für Justiz vorzulegen.

(3) Das Bundesministerium für Justiz hat nach Einlangen des Antrags sicherzustellen, dass der Antrag alle Schriftstücke und Angaben umfasst, die für seine Prüfung notwendig sind. Anschließend hat es den Antrag der Zentralen Behörde oder Empfangsstelle des ersuchten Staates zu übermitteln.

(4) Das Bundesministerium für Justiz hat den Fortgang der ordnungsgemäßen Erledigung des Antrags im Ausland zu verfolgen.

Behandlung von Anträgen aus dem Ausland

§ 9. (1) Das Bundesministerium für Justiz hat als Vertreter des Antragstellers kraft Gesetzes alle Befugnisse, die sich aus § 31 Abs. 1 ZPO, RGBl. Nr. 112/1896, ergeben. Es hat bei ihm eingelangte Anträge nach § 6 unverzüglich an das für die Geltendmachung des Anspruches (Abs. 2) oder für die Bewilligung der Exekution (Abs. 3) zuständige Gericht zu übersenden. *(BGBl I 2017/130, ab 1. 9. 2017)*

(2) Soll ein österreichischer Unterhaltstitel geschaffen werden, so hat das zur Durchführung des Verfahrens zuständige Gericht die Beigebung eines Rechtsanwalts, im Fall der Bewilligung der Verfahrenshilfe eines Rechtsanwalts zur Verfahrenshilfe, zum Zweck der Geltendmachung des Anspruchs und der Vertretung des Antragstellers im Verfahren einschließlich aller anschließenden Verfahren zur Durchsetzung des Anspruchs (Exekution einschließlich einer Drittschuldnerkla-ge, Anmeldung in einem Insolvenzverfahren oder Verlassenschaftsverfahren und ähnliches) zu beschließen. Die Auswahl des Rechtsanwalts obliegt dem Ausschuss der Rechtsanwaltskammer. Der Rechtsanwalt bedarf keiner Vollmacht und ist, auch in Fällen der Verfahrenshilfe, zu allen in § 31 ZPO angeführten Prozesshandlungen und zur Empfangnahme der Unterhaltszahlungen ermächtigt. Die vereinnahmten Geldbeträge hat er unter Berücksichtigung von gerichtlich bestimmten Kosten sowie von bankmäßigen Überweisungsspesen und unter Beachtung der einschlägigen devisenrechtlichen Vorschriften an den Antragsteller zu überweisen, sofern die ausländische Zentrale Behörde oder Übermittlungsstelle keine andere Vorgangsweise erbeten hat. Die Kosten des Rechtsanwalts hat der Antragsteller vorläufig selbst zu tragen, sofern ihm nicht die Verfahrenshilfe bewilligt worden ist. Gehen Zahlungen des Schuldners ein, so dürfen höchstens 25 v. H. dieser Beträge zur Abdeckung der Kosten des Vertreters einbehalten werden.

(3) Kann auf Grund der Unterlagen der Anspruch ohne Durchführung eines Verfahrens nach Abs. 2 im Inland vollstreckt werden, so hat das zur Bewilligung der Exekution zuständige Gericht zur Vertretung des Antragstellers die Beigebung eines Rechtsanwalts, im Fall der Bewilligung der Verfahrenshilfe eines Rechtsanwalts zur Verfahrenshilfe zu beschließen (Abs. 2), sofern für den Antragsteller nicht bereits ein zu einem früheren Zeitpunkt bestellter oder beauftragter Rechtsanwalt im Inland einschreitet. *(BGBl I 2017/130, ab 1. 9. 2017)*

(4) Soweit dies zur Unterhaltsdurchsetzung erforderlich ist, hat das Gericht den Antragsgegner über die Abstammung zu befragen, ein allfälliges Anerkenntnis der Vaterschaft zu protokollieren sowie die Beschaffung genetischen Materials zu ermöglichen. Sofern österreichische Gerichte für die Feststellung der Abstammung zuständig sind, umfasst die Beigabe des Rechtsanwalts auch dessen Befugnis zur Vertretung des Antragstellers in einem Abstammungsverfahren.

(5) Das Gericht hat dem Bundesministerium für Justiz unmittelbar und unverzüglich über die von ihm getroffenen Maßnahmen, über den Fortgang des Verfahrens und über dessen Ergebnis zu berichten. Das Bundesministerium für Justiz kann auch den zur Vertretung des Antragstellers bestellten Rechtsanwalt um Bekanntgabe des Verfahrensstandes ersuchen.

(6) Das Bundesministerium für Justiz hat die ersuchende Zentrale Behörde oder ausländische Übermittlungsstelle vom Stand des Verfahrens in angemessenen Zeitabständen unmittelbar zu verständigen.

Verfahrenshilfe

§ 10. (1) In Gegenseitigkeitsverfahren (§ 4 Abs. 1 Z 1) hat das Gericht einem im Ausland aufhältigen Antragsteller nach § 6 Abs. 1 ohne Rücksicht auf die Voraussetzungen des § 63 Abs. 1 ZPO die Verfahrenshilfe einschließlich der Beigebung eines Rechtsanwalts zu bewilligen, sofern für ihn nicht bereits zu einem früheren Zeitpunkt ein Rechtsanwalt im Inland bestellt oder beauftragt worden ist.

(2) In Verfahren über Unterhaltspflichten aus einer Eltern-Kind-Beziehung hat das Gericht einem im Ausland aufhältigen Antragsteller nach § 6 Abs. 1, der das 21. Lebensjahr noch nicht vollendet hat, ohne Rücksicht auf seine Einkommens- und Vermögensverhältnisse Verfahrenshilfe einschließlich der Beigebung eines Rechtsanwalts zu gewähren, sofern er den Antrag über die Zentrale Behörde eines Mitgliedstaats der Europäischen Union oder eines Vertragsstaats des Haager Unterhaltsübereinkommens gestellt hat und der Antrag – außer in Anerkennungs-, Vollstreckbarerklärungs- oder Vollstreckungsverfahren (§ 6 Abs. 1 Z 1 und 2) – nicht offenbar mutwillig oder aussichtslos ist.

(3) Ist einer Partei in demjenigen Staat, in dem die Entscheidung ergangen, der gerichtliche Vergleich geschlossen oder gebilligt oder die öffentliche Urkunde ausgestellt worden ist, ganz oder teilweise Prozesskostenhilfe oder Kosten- und Gebührenbefreiung gewährt worden, so hat ihr das Gericht in Anerkennungs-, Vollstreckbarerklärungs- oder Vollstreckungsverfahren (§ 6 Abs. 1 Z 1 und 2) ohne Rücksicht auf die Voraussetzungen des § 63 Abs. 1 ZPO in entsprechendem Umfang Verfahrenshilfe zu gewähren.

(4) Hat eine Partei in dem in Abs. 3 genannten Staat ein unentgeltliches Verfahren vor einer in Anhang X der EU-Unterhaltsverordnung aufgezählten Verwaltungsbehörde in Anspruch genommen, so hat ihr das Gericht in Anerkennungs-, Vollstreckbarerklärungs- oder Vollstreckungsverfahren (§ 6 Abs. 1 Z 1 und 2) ohne Rücksicht auf ihre Einkommens- und Vermögensverhältnisse und die Aussichten ihres Antrags Verfahrenshilfe zu gewähren, sofern sie eine von der zuständigen Behörde des ersuchenden Staats erstellte Urkunde vorlegt, mit der bescheinigt wird, dass sie die wirtschaftlichen Voraussetzungen erfüllt, um ganz oder teilweise Prozesskostenhilfe oder Kosten- und Gebührenbefreiung in Anspruch nehmen zu können.

§ 11. (1) Im Übrigen sind Anträge auf Bewilligung der Verfahrenshilfe nach den §§ 63 ff. ZPO zu beurteilen. Die Begünstigungen umfassen auch die Befreiung von der Tragung der Kosten für die Erklärung des Drittschuldners (§ 302 EO).

(2) Auf Verfahren zur Gewährung der Verfahrenshilfe nach § 10 sind die §§ 68, 71 sowie 72 Abs. 2 und Abs. 2a ZPO nicht anzuwenden.

Besondere Vorschriften für öffentliche Aufgaben wahrnehmende ausländische Stellen

§ 12. Stellt eine öffentliche Aufgaben wahrnehmende ausländische Stelle einen Antrag und wird sie bei der Durchsetzung des Unterhaltsanspruchs von der Einbringungsstelle beim Oberlandesgericht Wien vertreten, so bedarf es dazu keines Nachweises einer Bevollmächtigung.

Befreiungen und Begünstigungen

§ 13. (1) Antragsteller, die nicht österreichische Staatsbürger sind, sind in Verfahren nach diesem Bundesgesetz von der Pflicht zur Sicherheitsleistung für Prozesskosten befreit.

(2) Bestimmungen, nach denen Bevollmächtigte oder gesetzliche Vertreter für Gerichtsgebühren und Ausfertigungskosten haften, sind nicht anzuwenden.

(3) Für die Tätigkeit des Bundesministeriums für Justiz und für die Geltendmachung des Unterhaltsanspruchs beim Gericht in Gegenseitigkeitsverfahren gemäß den §§ 4 Abs. 1 Z 1, 6 Abs. 1 sind weder Gerichts- noch sonstige Gebühren zu entrichten.

3. Abschnitt

Ergänzende Bestimmungen

Durchführung besonderer Maßnahmen

§ 14. (1) Angemessene besondere Maßnahmen im Sinne des Art. 51 Abs. 2 lit. b, c, g, h, i und j der EU-Unterhaltsverordnung und des Art. 6 Abs. 2 lit. b, c, g, h, i und j des Haager Unterhaltsübereinkommens können auch ergriffen werden, wenn noch kein Antrag nach § 6 anhängig gemacht worden ist. Das Bundesministerium für Justiz als ersuchte Zentrale Behörde trifft erforderlichenfalls angemessene Maßnahmen, um einem potenziellen Antragsteller bei der Einreichung eines Antrags nach § 6 oder bei der Entscheidung behilflich zu sein, ob ein solcher Antrag gestellt werden soll.

(2) Das Bundesministerium für Justiz als ersuchte Zentrale Behörde übermittelt die Anschrift des potenziellen Antragsgegners im ersuchten Mitgliedstaat an die ersuchende Zentrale Behörde. Im Rahmen eines Ersuchens im Hinblick auf die Anerkennung, die Vollstreckbarerklärung oder die Vollstreckung wird nur angegeben, ob überhaupt Einkommen oder Vermögen der verpflichteten Person in Österreich vorhanden ist.

Auskunft über Beschäftigungs- oder Versicherungsverhältnisse

§ 15. (1) Das Bundesministerium für Justiz kann sich zur Ermittlung der für den Unterhaltsanspruch maßgebenden Tatsachen der Maßnahmen bedienen, die den Gerichten nach den §§ 102, 103 AußStrG eingeräumt sind.

(2) Wenn die Benachrichtigung der von der Erhebung der Informationen betroffenen Person über die Übermittlung dieser Informationen die Gefahr birgt, dass damit die wirksame Geltendmachung des Unterhaltsanspruchs beeinträchtigt wird, kann die Benachrichtigung um höchstens 90 Tage ab dem Tag, an dem die Informationen der ersuchten Zentralen Behörde übermittelt wurden, aufgeschoben werden.

Überweisung von Geldbeträgen

§ 16. Sind zur Erfüllung von Unterhaltsansprüchen oder zur Zahlung von Verfahrenskosten nach dem New Yorker Unterhaltsübereinkommen Geldbeträge in einen dem Übereinkommen angehörenden Staat zu überweisen, so gilt hiefür Art. 10 dieses Übereinkommens.

Rechtshilfeersuchen

§ 17. Für die Erledigung eines Rechtshilfeersuchens, das an ein inländisches Gericht gestellt wird und aus dem sich ergibt, dass es ein bei einem ausländischen Gericht eingeleitetes Verfahren betrifft, auf das das New Yorker Unterhaltsübereinkommen anzuwenden ist, sind die sonst für den Rechtshilfeverkehr bestehenden Vorschriften mit folgenden Besonderheiten anzuwenden:

1. Das ersuchte Gericht hat die beteiligte Empfangs- oder Übermittlungsstelle sowie die Parteien von Zeit und Ort der durchzuführenden Rechtshilfehandlung unmittelbar mit eingeschriebenem Brief rechtzeitig zu verständigen.

2. Kann einem Rechtshilfeersuchen nicht innerhalb von vier Monaten nach seinem Einlangen bei dem ersuchten Gericht entsprochen werden, so ist dem Bundesministerium für Justiz unter Anführung der Gründe, gegebenenfalls unter Anschluss der Akten, zu berichten. Das Bundesministerium für Justiz hat hievon die ersuchende Behörde zu verständigen.

3. Für die Erledigung eines Rechtshilfeersuchens darf das ersuchte Gericht von der ersuchenden Behörde keine Gebühren und Kosten verlangen.

4. Die Rechtshilfe kann nur verweigert werden, wenn die Echtheit des Ersuchens nicht feststeht oder durch sie die Hoheitsrechte oder die staatliche Sicherheit gefährdet würden.

Exekution von Bruchteilstiteln

§ 18. Zur Exekution von Unterhaltstiteln, die den hereinzubringenden Betrag durch einen Bruchteil des Einkommens oder auf andere Weise ausdrücken, die zwar im Ursprungsstaat, nicht aber in Österreich vollstreckbar wäre, bedarf es einer ergänzenden Entscheidung, die den hereinzubringenden Betrag zahlenmäßig festlegt (§ 7 EO).

Übergangs- und Schlussbestimmungen

§ 19. (1) Dieses Bundesgesetz tritt mit 1. August 2014 in Kraft.

(2) Dieses Bundesgesetz schließt die Anwendung anderer zwischenstaatlicher Vereinbarungen oder Übungen, nach denen Unterhaltsansprüche geltend gemacht werden können, nicht aus.

(3) Mit 31. Juli 2014 treten außer Kraft:

1. das Bundesgesetz vom 22. Jänner 1969 zur Durchführung des Übereinkommens vom 20. Juni 1956 über die Geltendmachung von Unterhaltsansprüchen im Ausland, BGBl Nr. 317/1969 in der Fassung des Bundesgesetzes BGBl. Nr. 377/1986;

2. das Bundesgesetz vom 1. März 1990 zur Geltendmachung von Unterhaltsansprüchen im Verkehr mit ausländischen Staaten (Auslandsunterhaltsgesetz), BGBl Nr. 160/1990 in der Fassung des Bundesgesetzes BGBl. I Nr. 112/2003.

(4) Verordnungen auf der Grundlage des in Abs. 3 Z 2 genannten Auslandsunterhaltsgesetzes (Gegenseitigkeitsverordnungen) bleiben in Kraft und gelten als auf Grundlage dieses Bundesgesetzes erlassen.

(5) Für Fälle, in denen das Ersuchen vor dem **AuslUG** 1. August 2014 bei der Zentralen Behörde eingelangt ist, sind weiterhin die Bestimmungen des in Abs. 3 Z 2 genannten Auslandsunterhaltsgesetzes anzuwenden.

(6) § 9 Abs. 1 und 3 in der Fassung des KindRückG 2017 BGBl. I Nr. 130/2017 tritt mit 1. September 2017 in Kraft. *(BGBl I 2017/130)*

§ 20. (1) Soweit in diesem Bundesgesetz auf andere Bundesgesetze verwiesen wird, sind diese in der jeweils geltenden Fassung anzuwenden.

(2) Soweit in Bundesgesetzen auf die mit Abs. 3 aufgehobenen Bundesgesetze verwiesen wird, ist dies als Verweisung auf dieses Bundesgesetz zu verstehen.

§ 21. (1) Mit der Vollziehung dieses Bundesgesetzes ist, soweit der Abs. 2 nicht anderes bestimmt, der Bundesminister für Justiz, hinsichtlich des § 16 im Einvernehmen mit dem Bundesminister für Finanzen betraut.

(2) Mit der Vollziehung des § 15 ist hinsichtlich der Auskunftserteilung durch die Träger der

Sozialversicherung der Bundesminister für Arbeit, Soziales und Konsumentenschutz im Einvernehmen mit dem Bundesminister für Justiz betraut.

Sprachliche Gleichbehandlung

§ 22. Soweit sich die in diesem Bundesgesetz verwendeten Bezeichnungen auf natürliche Personen beziehen, gilt die gewählte Form für beide Geschlechter.

Verordnungen

BGBl 1990/479

Verordnung des Bundesministers für Justiz vom 29. Juni 1990 nach § 1 Abs. 3 des Auslandsunterhaltsgesetzes*) betreffend die Vereinigten Staaten von Amerika

Auf Grund des § 1 Abs. 3 des Auslandsunterhaltsgesetzes, BGBl. Nr. 160/1990, wird verordnet:

Die Gegenseitigkeit ist in vollem Umfang (auch hinsichtlich der Vollstreckung vollstreckbarer gerichtlicher Entscheidungen oder sonstiger vollstreckbarer Schuldtitel) mit folgenden Staaten und Gebieten der Vereinigten Staaten von Amerika verbürgt:

Alaska, American Samoa, Arizona, Arkansas, California, Colorado, Connecticut, Delaware, Florida, Georgia, Guam, Hawaii, Idaho, Illinois, Indiana, Iowa, Kansas, Kentucky, Louisiana, Maine, Maryland, Massachusetts, Michigan, Minnesota, Missouri, Montana, Nebraska, Nevada, New Hampshire, New Jersey, New Mexico, New York, North Carolina, North Dakota, Ohio, Oklahoma, Oregon, Pennsylvania, Puerto Rico, Rhode Island, South Carolina, South Dakota, Tennessee, Texas, Utah, Vermont, Virgin Islands, Virginia, Washington, West Virginia, Wisconsin, Wyoming.

BGBl 1992/399

Verordnung des Bundesministers für Justiz nach § 1 Abs. 3 Auslandsunterhaltsgesetz*)

Auf Grund des § 1 Abs. 3 des Bundesgesetzes vom 1. März 1990, BGBl. Nr. 160, zur Geltendmachung von Unterhaltsansprüchen im Verkehr mit ausländischen Staaten (Auslandsunterhaltsgesetz) wird verordnet:

Die Gegenseitigkeit mit Australien ist im vollen Umfang (auch hinsichtlich der Vollstreckung vollstreckbarer gerichtlicher Entscheidungen oder sonstiger vollstreckbarer Schuldtitel) verbürgt.

BGBl 1992/495

Verordnung des Bundesministers für Justiz nach § 1 Abs. 3 Auslandsunterhaltsgesetz*)

Auf Grund des § 1 Abs. 3 des Bundesgesetzes vom 1. März 1990, BGBl. Nr. 160, zur Geltendmachung von Unterhaltsansprüchen im Verkehr mit ausländischen Staaten (Auslandsunterhaltsgesetz) wird verordnet:

Die Gegenseitigkeit mit den kanadischen Provinzen British Columbia, Nova Scotia (Neuschottland) und Saskatchewan ist im vollen Umfang (auch hinsichtlich der Vollstreckung vollstreckbarer gerichtlicher Entscheidungen oder sonstiger vollstreckbarer Schuldtitel) verbürgt.

BGBl 1996/209

Verordnung des Bundesministers für Justiz nach § 1 Abs. 3 Auslandsunterhaltsgesetz*)

Auf Grund des § 1 Abs. 3 des Auslandsunterhaltsgesetzes, BGBl. Nr. 160/1990, wird verordnet:

Die Gegenseitigkeit mit den kanadischen Provinzen New Brunswick (Neubraunschweig) und Newfoundland (Neufundland) ist im vollen Umfang (auch hinsichtlich der Vollstreckung vollstreckbarer gerichtlicher Entscheidungen und sonstiger vollstreckbarer Schuldtitel) verbürgt.

BGBl II 1997/180

Verordnung des Bundesministers für Justiz nach § 1 Abs. 3 Auslandsunterhaltsgesetz*)

AuslUG

Auf Grund des § 1 Abs. 3 des Auslandsunterhaltsgesetzes, BGBl. Nr. 160/1990, wird verordnet:

Die Gegenseitigkeit mit dem kanadischen Yukon Territorium ist im vollen Umfang (auch hinsichtlich der Vollstreckung vollstreckbarer gerichtlicher Entscheidungen und sonstiger Schuldtitel) verbürgt.

BGBl II 1998/47

Verordnung des Bundesministers für Justiz nach § 1 Abs. 3 Auslandsunterhaltsgesetz*)

Auf Grund des § 1 Abs. 3 des Auslandsunterhaltsgesetzes, BGBl. Nr. 160/1990, wird verordnet:

Die Gegenseitigkeit mit den kanadischen Provinzen Alberta und Ontario ist im vollen Umfang (auch hinsichtlich der Vollstreckung vollstreckbarer gerichtlicher Ent-

Verordnungen

scheidungen und sonstiger vollstreckbarer Schuldtitel) verbürgt.

BGBl II 1998/82

Verordnung des Bundesministers für Justiz nach § 1 Abs. 3 Auslandsunterhaltsgesetz *)

Auf Grund des § 1 Abs. 3 des Auslandsunterhaltsgesetzes, BGBl. Nr. 160/1990, wird verordnet:

Die Gegenseitigkeit mit der kanadischen Provinz Northwest Territories ist im vollen Umfang (auch hinsichtlich der Vollstreckung vollstreckbarer gerichtlicher Entscheidungen und sonstiger vollstreckbarer Schuldtitel) verbürgt.

BGBl II 1999/356

Verordnung des Bundesministers für Justiz nach § 1 Abs. 3 Auslandsunterhaltsgesetz *)

Auf Grund des § 1 Abs. 3 des Auslandsunterhaltsgesetzes, BGBl. Nr. 160/1990, wird verordnet:

Die Gegenseitigkeit mit der kanadischen Provinz Prince Edward Island ist im vollen Umfang (auch hinsichtlich der Voll-

*) *Siehe nun § 19 Abs. 4 AUG 2014.*

streckung vollstreckbarer gerichtlicher Entscheidungen und sonstiger vollstreckbarer Schuldtitel) verbürgt.

Zur Verordnung BGBl. II Nr. 82/1998 wird festgestellt, dass sich auf dem Gebiet der kanadischen Provinz Northwest Territories ein neues Gebiet mit dem Namen Nunavut gebildet hat. Am Bestand der Gegenseitigkeit hat sich hinsichtlich des verbleibenden Rests der kanadischen Provinz Northwest Territories und des neuen Gebiets Nunavut nichts geändert.

BGBl II 2000/273

Verordnung des Bundesministers für Justiz nach § 1 Abs. 3 Auslandsunterhaltsgesetz *)

Auf Grund des § 1 Abs. 3 des Auslandsunterhaltsgesetzes, BGBl. Nr. 160/1990, wird verordnet:

Die Gegenseitigkeit mit der kanadischen Provinz Manitoba ist im vollen Umfang (auch hinsichtlich der Vollstreckung vollstreckbarer gerichtlicher Entscheidungen und sonstiger vollstreckbarer Schuldtitel) verbürgt.

Unterbringungsgesetz

BGBl 1990/155 idF

1 BGBl 1991/45
2 BGBl I 1997/12
3 BGBl I 2010/18

4 BGBl I 2017/59 (2. ErwSchG)
5 BGBl I 2017/131 (GRUG 2017)

Bundesgesetz vom 1. März 1990 über die Unterbringung psychisch Kranker in Krankenanstalten (Unterbringungsgesetz – UbG)

Schutz der Persönlichkeitsrechte

§ 1. (1) Die Persönlichkeitsrechte psychisch Kranker, die in eine Krankenanstalt aufgenommen werden, sind besonders zu schützen. Die Menschenwürde psychisch Kranker ist unter allen Umständen zu achten und zu wahren.

(2) Beschränkungen von Persönlichkeitsrechten sind nur zulässig, soweit sie im Verfassungsrecht, in diesem Bundesgesetz oder in anderen gesetzlichen Vorschriften ausdrücklich vorgesehen sind.

Geltungsbereich

§ 2. Die Bestimmungen dieses Bundesgesetzes gelten für Krankenanstalten und Abteilungen für Psychiatrie (im Folgenden psychiatrische Abteilung), in denen Personen in einem geschlossenen Bereich angehalten oder sonst Beschränkungen ihrer Bewegungsfreiheit unterworfen werden (im folgenden Unterbringung). *(BGBl I 2010/18)*

Voraussetzungen der Unterbringung

§ 3. In einer psychiatrischen Abteilung darf nur untergebracht werden, wer *(BGBl I 2010/18)*

1. an einer psychischen Krankheit leidet und im Zusammenhang damit sein Leben oder seine Gesundheit oder das Leben oder die Gesundheit anderer ernstlich und erheblich gefährdet und

2. nicht in anderer Weise, insbesondere außerhalb einer psychiatrischen Abteilung, ausreichend ärztlich behandelt oder betreut werden kann. *(BGBl I 2010/18)*

Unterbringung auf Verlangen

§ 4. (1) Eine Person, bei der die Voraussetzungen der Unterbringung vorliegen, darf auf eigenes Verlangen untergebracht werden, wenn sie entscheidungsfähig ist. *(BGBl I 2017/59, ab 1. 7. 2018)*

(2) Das Verlangen muß vor der Aufnahme eigenhändig schriftlich gestellt werden. Dies hat in Gegenwart des mit der Führung der Abteilung betrauten Arztes oder seines Vertreters (im Folgenden Abteilungsleiter) zu geschehen. *(BGBl I 2010/18)*

(3) Das Verlangen kann jederzeit widerrufen werden. Dazu genügt es, dass die Person zu erkennen gibt, dass sie nicht mehr untergebracht sein will. Auf dieses Recht des Widerrufs hat der Abteilungsleiter den Aufnahmewerber vor der Aufnahme hinzuweisen. Ein Verzicht darauf ist unwirksam. *(BGBl I 2017/59, ab 1. 7. 2018)*

§ 5. (1) Eine volljährige Person und ein mündiger Minderjähriger können ihr Verlangen auf Unterbringung nur selbst stellen.

(2) Ein entscheidungsfähiger unmündiger Minderjähriger darf nur untergebracht werden, wenn er und sein gesetzlicher[1]) Vertreter im Bereich der Pflege und Erziehung (Erziehungsberechtigter) die Unterbringung verlangen.

(3) Ein entscheidungsunfähiger unmündiger Minderjähriger darf untergebracht werden, wenn sein Erziehungsberechtigter die Unterbringung verlangt.

(4) Das Verlangen des Erziehungsberechtigten nach Abs. 2 und 3 muss eigenhändig schriftlich gestellt werden.

(5) Für den Widerruf genügt die Erklärung auch nur einer Person, die nach Abs. 2 die Unterbringung verlangen kann.

(BGBl I 2017/59, ab 1. 7. 2018)

---

[1]) *Im BGBl irrtümlich: gesetzlichen.*

§ 6. (1) Der Abteilungsleiter hat den Aufnahmewerber zu untersuchen. Dieser darf nur aufgenommen werden, wenn nach dem ärztlichen Zeugnis des Abteilungsleiters die Voraussetzungen der Unterbringung sowie die Entscheidungsfähigkeit (§ 4 Abs. 1) vorliegen. *(BGBl I 2017/59, ab 1. 7. 2018)*

(2) Das Ergebnis der Untersuchung ist in der Krankengeschichte zu dokumentieren; das ärztliche Zeugnis ist dieser als Bestandteil anzuschließen.

(3) Der Abteilungsleiter hat den aufgenommenen Kranken auf die Einrichtung des Patientenanwalts sowie auf die Möglichkeiten einer Vertretung (§ 14 Abs. 3) und Auskunftserteilung (§ 15 Abs. 2) durch diesen hinzuweisen.

(BGBl I 2010/18)

UbG

§ 7. Die Unterbringung auf Verlangen darf nur sechs Wochen, auf erneutes Verlangen aber insgesamt längstens zehn Wochen dauern; für das erneute Verlangen gelten die §§ 3 bis 6 sinngemäß. Eine Verlängerung der Unterbringung über diese Fristen hinaus ist nicht zulässig.

Unterbringung ohne Verlangen

§ 8. Eine Person darf gegen oder ohne ihren Willen nur dann in eine psychiatrische Abteilung gebracht werden, wenn sie ein/eine im öffentlichen Sanitätsdienst stehende/r Arzt/Ärztin, ein Polizeiarzt/-ärztin oder ein Arzt/eine Ärztin einer Primärversorgungseinheit, die hierfür gemäß § 8 Abs. 7 des Primärversorgungsgesetzes, BGBl. I Nr. 131/2017 verpflichtet wurde, untersucht und bescheinigt, dass die Voraussetzungen der Unterbringung vorliegen. In der Bescheinigung sind im Einzelnen die Gründe anzuführen, aus denen der Arzt die Voraussetzungen der Unterbringung für gegeben erachtet.

(BGBl I 2017/131, ab 3. 8. 2017)

§ 9. (1) Die Organe des öffentlichen Sicherheitsdienstes sind berechtigt und verpflichtet, eine Person, bei der sie aus besonderen Gründen die Voraussetzungen der Unterbringung für gegeben erachten, zur Untersuchung zum Arzt (§ 8) zu bringen oder diesen beizuziehen. Bescheinigt der Arzt das Vorliegen der Voraussetzungen der Unterbringung, so haben die Organe des öffentlichen Sicherheitsdienstes die betroffene Person in eine psychiatrische Abteilung zu bringen oder dies zu veranlassen. Wird eine solche Bescheinigung nicht ausgestellt, so darf die betroffene Person nicht länger angehalten werden. *(BGBl I 2010/18)*

(2) Bei Gefahr im Verzug können die Organe des öffentlichen Sicherheitsdienstes die betroffene Person auch ohne Untersuchung und Bescheinigung in eine psychiatrische Abteilung bringen. *(BGBl I 2010/18)*

(3) Der Arzt und die Organe des öffentlichen Sicherheitsdienstes haben unter möglichster Schonung der betroffenen Person vorzugehen und die notwendigen Vorkehrungen zur Abwehr von Gefahren zu treffen. Sie haben, soweit das möglich ist, mit psychiatrischen Einrichtungen außerhalb einer psychiatrischen Abteilung zusammenzuarbeiten und erforderlichenfalls den örtlichen Rettungsdienst beizuziehen. *(BGBl I 2010/18)*

§ 10. (1) Der Abteilungsleiter hat die betroffene Person unverzüglich zu untersuchen. Sie darf nur aufgenommen werden, wenn nach seinem ärztlichen Zeugnis die Voraussetzungen der Unterbringung vorliegen.

(2) Der Abteilungsleiter hat den aufgenommenen Kranken ehestens über die Gründe der Unterbringung zu unterrichten. Er hat ferner unverzüglich einen Patientenanwalt und, wenn der Kranke nicht widerspricht, einen Angehörigen sowie auf Verlangen des Kranken auch dessen Rechtsbeistand von der Unterbringung zu verständigen. Der Verständigung des Patientenanwalts ist eine maschinschriftliche Ausfertigung des ärztlichen Zeugnisses nach Abs. 1 anzuschließen.

(3) Verlangt dies die aufgenommene Person, ihr Vertreter oder der Abteilungsleiter, so hat ein weiterer Facharzt die aufgenommene Person spätestens am Vormittag des auf das Verlangen folgenden Werktags zu untersuchen und ein zweites ärztliches Zeugnis über das Vorliegen der Voraussetzungen der Unterbringung zu erstellen, es sei denn, dass die Anhörung (§ 19) bereits stattgefunden hat oder die Unterbringung bereits aufgehoben worden ist (§ 32); auf dieses Recht hat der Abteilungsleiter die aufgenommene Person hinzuweisen. Liegen die Voraussetzungen der Unterbringung nach dem zweiten ärztlichen Zeugnis nicht (mehr) vor, so ist die Unterbringung sogleich aufzuheben. Eine maschinschriftliche Ausfertigung des zweiten ärztlichen Zeugnisses ist dem Patientenanwalt unverzüglich zu übermitteln.

(4) Als Facharzt im Sinn des Abs. 3 gilt ein Facharzt für Psychiatrie, für Psychiatrie und Neurologie, für Neurologie und Psychiatrie, für Psychiatrie und Psychotherapeutische Medizin, oder, wenn der Patient minderjährig ist, alternativ auch ein Facharzt für Kinder- und Jugendpsychiatrie oder ein Facharzt für Kinder- und Jugendheilkunde mit einer ergänzenden speziellen Ausbildung in Kinder- und Jugendpsychiatrie oder ein Facharzt für Neurologie mit einer ergänzenden speziellen Ausbildung in Kinder- und Jugendpsychiatrie (im Folgenden Facharzt). Der Samstag gilt nicht als Werktag im Sinn des Abs. 3.

(5) Das Ergebnis der Untersuchungen ist in der Krankengeschichte zu dokumentieren; die ärztlichen Zeugnisse sind dieser als Bestandteil anzuschließen.

(BGBl I 2010/18)

§ 11. Der § 10 ist sinngemäß anzuwenden, wenn

1. bei einem sonst in die psychiatrische Abteilung aufgenommenen, in seiner Bewegungsfreiheit nicht beschränkten Kranken Grund für die Annahme besteht, daß die Voraussetzungen der Unterbringung vorliegen, oder *(BGBl I 2010/18)*

2. ein auf Verlangen Untergebrachter das Verlangen widerruft oder nach Ablauf von sechs Wochen nicht erneut erklärt oder die zulässige Gesamtdauer der Unterbringung auf Verlangen abgelaufen ist und jeweils Grund für die Annahme besteht, daß die Voraussetzungen der Unterbringung weiterhin vorliegen.

Zuständigkeit des Gerichtes und Verfahren

§ 12. (1) Zur Besorgung der nach diesem Bundesgesetz dem Gericht übertragenen Aufgaben ist das Bezirksgericht zuständig, in dessen Sprengel die psychiatrische Abteilung liegt. Dies gilt auch bei Kranken, hinsichtlich deren ein Pflegschaftsverfahren bei einem anderen Gericht anhängig ist. *(BGBl I 2010/18)*

(2) Das Gericht entscheidet im Verfahren außer Streitsachen. Soweit im Folgenden nichts anderes bestimmt wird, sind auf das Verfahren die allgemeinen Bestimmungen des Außerstreitgesetzes anzuwenden. § 116a Abs. 1, 3 und 4 AußStrG gilt sinngemäß, für minderjährige Kranke ab Vollendung des 14. Lebensjahres. *(BGBl I 2017/59, ab 1. 7. 2018)*

Vertretung des Kranken

§ 13. (1) Der Kranke wird nach Maßgabe der folgenden Bestimmungen von dem für die Namhaftmachung von Patientenanwälten nach der Lage der psychiatrischen Abteilung örtlich zuständigen Verein im Sinn des § 1 ErwSchVG (im Folgenden Verein) vertreten. Dieser hat dem ärztlichen Leiter der Krankenanstalt und dem Vorsteher des zuständigen Bezirksgerichts schriftlich in ausreichender Zahl Patientenanwälte namhaft zu machen, die zuvor von ihm ausgebildet und für die besonderen Verhältnisse in Unterbringungssachen geschult wurden. Ihnen kommt die Ausübung der Vertretungsbefugnisse des Vereins zu. *(BGBl I 2017/59, ab 1. 7. 2018)*

(2) Der Vorsteher des Bezirksgerichts hat den Namen und die Büroadresse jedes Patientenanwalts in der Ediktsdatei kundzumachen. Wenn der Verein die Namhaftmachung eines Patientenanwalts widerruft, hat der Vorsteher des Bezirksgerichts die Kundmachung zu berichtigen.

(3) Patientenanwalt im Sinn dieses Bundesgesetzes ist jede von einem Verein dem ärztlichen Leiter der Krankenanstalt und dem Vorsteher des Bezirksgerichts als Patientenanwalt schriftlich namhaft gemachte sowie jede nach § 43 bestellte Person.

(4) Zustellungen, Mitteilungen und Verständigungen an den Verein sind an die jeweils als Büroadresse bekanntgegebene Abgabestelle zu bewirken.

(BGBl I 2010/18)

(s VSPBG BGBl 1990/156 u die V v 1. 6. 2007, BGBl II 2007/117)

§ 14. (1) Der Verein wird mit der Aufnahme eines ohne Verlangen untergebrachten Kranken kraft Gesetzes dessen Vertreter für das in diesem Bundesgesetz vorgesehene gerichtliche Verfahren und zur Wahrnehmung der insbesondere in den §§ 33 bis 39 verankerten Rechte. Dadurch werden die Geschäftsfähigkeit des Kranken und die Vertretungsbefugnis eines sonstigen Vertreters nicht beschränkt. *(BGBl I 2010/18)*

(2) Der Abteilungsleiter hat dafür zu sorgen, daß der Kranke Auskunft darüber erhält, wer sein Patientenanwalt ist, und daß er sich mit diesem besprechen kann. Die Auskunft ist auf Verlangen des Kranken auch dessen Angehörigen zu erteilen.

(3) Auch einem auf Verlangen untergebrachten Kranken ist auf sein Ersuchen die Möglichkeit zu geben, sich mit dem Patientenanwalt zu besprechen. Hegt der Patientenanwalt Zweifel an der Wirksamkeit des Verlangens nach Unterbringung, so hat er dies dem Abteilungsleiter mitzuteilen. Mit Zustimmung des Kranken vertritt er diesen namens seines Vereins bei der Wahrnehmung der in den §§ 33 bis 39 verankerten Rechte; Abs. 1 zweiter Satz gilt sinngemäß. *(BGBl I 2010/18)*

§ 15. (1) Der Patientenanwalt hat den Kranken über beabsichtigte Vertretungshandlungen und sonstige wichtige Angelegenheiten oder Maßnahmen zu unterrichten und den Wünschen des Kranken zu entsprechen, soweit dies dessen Wohl nicht offenbar abträglich und dem Patientenanwalt zumutbar ist.

(2) Ein Patientenanwalt hat in die psychiatrische Abteilung aufgenommenen Patienten sowie deren Vertretern und Angehörigen auf ihr jeweiliges Ersuchen die nötigen allgemeinen Auskünfte über die Unterbringung oder den Aufenthalt in einer psychiatrischen Abteilung zu erteilen. *(BGBl I 2010/18)*

§ 16. (1) Der Kranke kann auch selbst einen Vertreter wählen; dieser hat das Gericht von der Bevollmächtigung zu verständigen.

(2) Ist der vom Kranken selbst gewählte Vertreter ein Rechtsanwalt oder Notar, so erlischt die Vertretungsbefugnis des Vereins dem Gericht gegenüber mit dessen Verständigung von der Bevollmächtigung; im Übrigen bleibt die Vertretungsbefugnis des Vereins aufrecht, soweit der Kranke nichts Anderes bestimmt. Die Vertretungsbefugnis des Vereins lebt im vollen Umfang wieder auf, wenn der Rechtsanwalt oder Notar dem Gericht die Beendigung des Vollmachtsverhältnisses mitteilt. *(BGBl I 2010/18)*

(3) Von der Begründung oder der Beendigung des Vollmachtsverhältnisses eines Kranken hat das Gericht den Verein und den Abteilungsleiter zu verständigen. *(BGBl I 2010/18)*

Verständigung des Gerichtes

§ 17. Wird eine Person ohne Verlangen in eine psychiatrische Abteilung aufgenommen (§§ 10 und 11), so hat der Abteilungsleiter hievon unverzüglich das Gericht zu verständigen. Der Verständigung ist eine maschinschriftliche Ausfertigung

UbG

des ärztlichen Zeugnisses (§ 10 Abs. 1) anzuschließen. Ein gemäß § 10 Abs. 3 erstelltes zweites ärztliches Zeugnis ist dem Gericht unverzüglich in maschinschriftlicher Ausfertigung zu übermitteln. *(BGBl I 2010/18)*

Gegenstand des Verfahrens

§ 18. Über die Zulässigkeit der Unterbringung des Kranken in den Fällen der §§ 10 und 11 hat das Gericht nach Prüfung der Voraussetzungen der Unterbringung zu entscheiden.

Anhörung des Kranken

§ 19. (1) Das Gericht hat sich binnen vier Tagen ab Kenntnis von der Unterbringung einen persönlichen Eindruck vom Kranken in der psychiatrischen Abteilung zu verschaffen. Es hat ihn über Grund und Zweck des Verfahrens zu unterrichten und hiezu zu hören. Sofern dies im Rahmen der Behandlung vertretbar ist, hat der Abteilungsleiter dafür zu sorgen, daß der Kranke nicht unter einer die Anhörung beeinträchtigenden ärztlichen Behandlung steht. *(BGBl I 2010/18)*

(2) Das Gericht hat Einsicht in die Krankengeschichte zu nehmen sowie den Abteilungsleiter, den Patientenanwalt und einen sonstigen in der Anstalt anwesenden Vertreter des Kranken zu hören.

(3) Das Gericht kann der Anhörung des Kranken einen nicht der Krankenanstalt angehörenden Facharzt als Sachverständigen beiziehen. *(BGBl I 2010/18)*

§ 20. (1) Gelangt das Gericht bei der Anhörung zum Ergebnis, daß die Voraussetzungen der Unterbringung vorliegen, so hat es diese vorläufig bis zur Entscheidung nach § 26 Abs. 1 für zulässig zu erklären und eine mündliche Verhandlung anzuberaumen, die spätestens innerhalb von 14 Tagen nach der Anhörung stattzufinden hat.

(2) Gelangt das Gericht hingegen zum Ergebnis, dass die Voraussetzungen der Unterbringung nicht vorliegen, so hat es diese für unzulässig zu erklären. In diesem Fall ist die Unterbringung sogleich aufzuheben, es sei denn, der Abteilungsleiter erklärt, dass er gegen den Beschluss Rekurs erhebt, und das Gericht erkennt diesem Rekurs sogleich aufschiebende Wirkung zu. Die Verweigerung der aufschiebenden Wirkung lässt das Rekursrecht unberührt. Der Rekurs ist jedenfalls innerhalb von drei Tagen auszuführen. *(BGBl I 2010/18)*

(3) Abgesehen von dem in Abs. 2 vorgesehenen Rekurs ist ein abgesondertes Rechtsmittel nicht zulässig.

§ 21. Erfordert es das Wohl des Kranken, ihm zur Besorgung sonstiger dringender Angelegenheiten einen einstweiligen Erwachsenenvertreter (§ 120 AußStrG) zu bestellen, so hat ihn das Gericht auch über Grund und Zweck dieses Verfahrens zu unterrichten sowie hiezu zu hören (§ 118 AußStrG). Die hierüber aufgenommene Niederschrift ist dem zur Bestellung eines gerichtlichen Erwachsenenvertreters zuständigen Gericht zu übersenden; dieses kann in seinem Verfahren von der Anhörung nach § 118 AußStrG Abstand nehmen. *(BGBl I 2017/59, ab 1. 7. 2018)*

(BGBl I 2010/18)

Mündliche Verhandlung

§ 22. (1) Zur Vorbereitung der mündlichen Verhandlung hat das Gericht einen oder mehrere, auf Verlangen des Kranken oder seines Vertreters aber jedenfalls einen zweiten Sachverständigen (§ 19 Abs. 3) zu bestellen. Der Sachverständige hat den Kranken unverzüglich zu untersuchen und ein schriftliches Gutachten über das Vorliegen der Voraussetzungen der Unterbringung zu erstatten.

(2) Das Gericht hat die Ladung zur mündlichen Verhandlung sowie den Beschluß auf Bestellung des Sachverständigen diesem, dem Kranken, dessen Vertreter sowie dem Abteilungsleiter zuzustellen.

(3) Der Sachverständige hat sein Gutachten dem Gericht, dem Vertreter des Kranken sowie dem Abteilungsleiter rechtzeitig vor der mündlichen Verhandlung zu übermitteln. Dem Kranken ist das Gutachten zu übermitteln, sofern dies seinem Wohl nicht abträglich ist.

§ 23. (1) Erforderlichenfalls hat das Gericht weitere Ermittlungen über das Vorliegen der Voraussetzungen der Unterbringung durchzuführen. Es kann auch dem Kranken nahestehende Personen sowie sonstige Personen und Stellen, die dessen ärztliche Behandlung oder Betreuung außerhalb einer Anstalt übernehmen könnten, hören oder deren schriftliche Äußerungen einholen.

(2) Auf Ersuchen des Gerichtes haben auch die Sicherheitsbehörden einzelne Ermittlungen über das Vorliegen der Voraussetzungen der Unterbringung durchzuführen.

§ 24. Der Abteilungsleiter hat vor Beginn der mündlichen Verhandlung dem Gericht die Krankengeschichte vorzulegen und dafür zu sorgen, daß der Kranke an der mündlichen Verhandlung teilnehmen kann. Dabei ist auch darauf zu achten, daß ein Kranker andere Verhandlungen tunlichst nicht wahrnehmen kann.

§ 25. (1) Für die mündliche Verhandlung gilt § 19 AußStrG. Das Gericht kann die Öffentlichkeit auch ausschließen, wenn es das Interesse des Kranken erfordert. Auf Verlangen des Kranken oder seines Vertreters ist die Öffentlichkeit jedenfalls auszuschließen. *(BGBl I 2010/18)*

(2) Das Gericht hat auch erschienene Auskunftspersonen zu vernehmen. Dem Kranken, seinem Vertreter sowie dem Abteilungsleiter ist Gelegenheit zu geben, zu den für die Entscheidung wesentlichen Umständen Stellung zu nehmen sowie Fragen an die Auskunftspersonen und an den Sachverständigen zu stellen.

(3) Der § 21 gilt entsprechend.

Beschluß

§ 26. (1) Am Schluß der mündlichen Verhandlung hat das Gericht über die Zulässigkeit der Unterbringung zu entscheiden. Der Beschluß ist in der mündlichen Verhandlung in Gegenwart des Kranken zu verkünden, zu begründen und diesem zu erläutern.

(2) Erklärt das Gericht die Unterbringung für zulässig, so hat es hiefür zugleich eine Frist festzusetzen; diese darf drei Monate ab Beginn der Unterbringung nicht übersteigen.

(3) Erklärt das Gericht die Unterbringung für unzulässig, so ist diese sogleich aufzuheben, es sei denn, der Abteilungsleiter erklärt, dass er gegen den Beschluss Rekurs erhebt und das Gericht erkennt diesem Rekurs sogleich aufschiebende Wirkung zu. Die Verweigerung der aufschiebenden Wirkung lässt das Rekursrecht unberührt. *(BGBl I 2010/18)*

Zustellung

§ 27. Das Gericht hat, wenn die Unterbringung noch andauert, den Beschluss innerhalb von sieben Tagen schriftlich auszufertigen. Der Beschluß ist dem Kranken, dessen Vertreter sowie dem Abteilungsleiter mit Zustellnachweis zuzustellen. *(BGBl I 2010/18)*

Rechtsmittel

§ 28. (1) Gegen den Beschluß, mit dem die Unterbringung für zulässig erklärt wird, können der Kranke und sein Vertreter innerhalb von 14 Tagen ab Zustellung Rekurs erheben. Weiters sind die Verwandten in auf- und absteigender Linie, der Ehegatte und der Lebensgefährte des Kranken rekursberechtigt; ihnen steht die Rekursfrist so lange offen, als sie noch für den Kranken oder seinen Vertreter läuft.

(2) Gegen den Beschluss, mit dem die Unterbringung für unzulässig erklärt wird, kann der Abteilungsleiter innerhalb von sieben Tagen Rekurs erheben. Im Falle einer nach § 26 Abs. 3

zuerkannten aufschiebenden Wirkung hat das Gericht erster Instanz unmittelbar nach Einlangen des Rekurses des Abteilungsleiters zu prüfen, ob dem Rekurs weiter aufschiebende Wirkung zukommt. Gegen diese Entscheidung ist ein abgesondertes Rechtsmittel nicht zulässig. *(BGBl I 2010/18)*

(3) Das Recht zur Rekursbeantwortung kommt nur dem Kranken und seinem Vertreter gegen Rechtsmittel des Leiters der Einrichtung zu. Die Rekursbeantwortung ist innerhalb von sieben Tagen ab Zustellung des Rechtsmittels einzubringen. *(BGBl I 2010/18)*

§ 28 ist in der jeweiligen Fassung auf eingetragene Partner, Partnersachen oder Partnerangelegenheiten sinngemäß anzuwenden (§ 43 Abs 1 Z 20 EPG).

§ 29. (1) Das Gericht zweiter Instanz hat, sofern der Kranke noch untergebracht ist, innerhalb von vierzehn Tagen ab Einlangen der Akten zu entscheiden.

(2) Das Gericht hat das Verfahren selbst zu ergänzen oder neu durchzuführen, soweit es dies für erforderlich hält. Einen persönlichen Eindruck vom Kranken darf es sich auch durch ein Mitglied des Senates verschaffen.

(3) Beschließt das Gericht zweiter Instanz, die Unterbringung für unzulässig zu erklären, so hat es, sofern die Unterbringung noch aufrecht ist, unverzüglich den Abteilungsleiter und den Patientenanwalt zu verständigen. Die Unterbringung ist in diesem Fall sogleich aufzuheben. *(BGBl I 2010/18)*

§ 29a. Im Revisionsrekursverfahren gelten die §§ 28 Abs. 3 und 29 Abs. 3 sinngemäß. **UbG**

(BGBl I 2010/18)

Weitere Unterbringung

§ 30. (1) Wird die Unterbringung nicht spätestens mit Ablauf der festgesetzten Frist aufgehoben, so hat das Gericht erneut, erforderlichenfalls auch mehrmals, über die Zulässigkeit der Unterbringung zu entscheiden. Die Frist, für die eine weitere Unterbringung für zulässig erklärt wird, darf jeweils sechs Monate nicht übersteigen.

(2) Über ein Jahr hinaus darf eine weitere Unterbringung nur für zulässig erklärt werden, wenn dies auf Grund der übereinstimmenden Gutachten zweier Sachverständiger (§ 19 Abs. 3), die tunlichst im bisherigen Verfahren noch nicht herangezogen worden sind, aus besonderen medizinischen Gründen erforderlich ist. In diesem Fall darf die Unterbringung jeweils für längstens ein Jahr für zulässig erklärt werden.

(2a) Wurde die weitere Unterbringung bereits einmal gemäß Abs. 2 über ein Jahr hinaus für zulässig erklärt, so reicht für eine weitere Verlängerung der Unterbringung ein Gutachten eines Sachverständigen im Sinn des Abs. 2 aus. Das Recht des Kranken und seines Vertreters, nach § 22 Abs. 1 die Bestellung eines zweiten Sachverständigen zu verlangen, bleibt unberührt. *(BGBl I 2010/18)*

(3) Der Abteilungsleiter hat spätestens vier Tage vor dem Ablauf der vom Gericht festgesetzten Frist dem Gericht mitzuteilen, aus welchen Gründen er die weitere Unterbringung für erforderlich hält.

(4) Die §§ 19 bis 29 sind sinngemäß anzuwenden.

Aufhebung der Unterbringung

§ 31. (1) Vor Ablauf der festgesetzten Fristen ist über die Zulässigkeit der Unterbringung zu entscheiden, wenn eine der im § 28 Abs. 1 genannten Personen dies beantragt oder das Gericht begründete Bedenken gegen das weitere Vorliegen der Voraussetzungen der Unterbringung hegt.

(2) Die §§ 22 bis 29 sind sinngemäß anzuwenden.

§ 32. Unbeschadet der Fälle, in denen das Gericht die Unterbringung des Kranken für nicht oder für nicht mehr zulässig erklärt, hat der Abteilungsleiter die Unterbringung jederzeit aufzuheben, wenn deren Voraussetzungen nicht mehr vorliegen. Er hat hievon unverzüglich das Gericht und den Vertreter des Kranken zu verständigen. Der behandelnde Arzt hat das weitere Vorliegen der Unterbringungsvoraussetzungen in der Krankengeschichte zumindest wöchentlich, sollte aber die Unterbringung bereits über sechs Monate andauern, zumindest monatlich zu dokumentieren. *(BGBl I 2010/18)*

§ 32a. Bei der Prüfung, ob die Unterbringung fortzusetzen oder aufzuheben ist, ist abzuwägen, ob die Dauer und Intensität der Freiheitsbeschränkung im Verhältnis zur erforderlichen Gefahrenabwehr angemessen sind. Dabei ist zu berücksichtigen, ob durch eine zeitlich begrenzte Fortführung der Unterbringung, insbesondere durch einen zu erwartenden und nur im Rahmen der Unterbringung erreichbaren Behandlungsfortschritt, die Wahrscheinlichkeit wesentlich verringert werden kann, dass der Kranke in absehbarer Zeit nach der Aufhebung der Unterbringung neuerlich in seiner Freiheit beschränkt werden muss.

(BGBl I 2010/18)

Beschränkungen der Bewegungsfreiheit

§ 33. (1) Beschränkungen des Kranken in seiner Bewegungsfreiheit sind nach Art, Umfang und Dauer nur insoweit zulässig, als sie im Einzelfall zur Abwehr einer Gefahr im Sinn des § 3 Z 1 sowie zur ärztlichen Behandlung oder Betreuung unerläßlich sind und zu ihrem Zweck nicht außer Verhältnis stehen.

(2) Im allgemeinen darf die Bewegungsfreiheit des Kranken nur auf mehrere Räume oder auf bestimmte räumliche Bereiche beschränkt werden.

(3) Beschränkungen der Bewegungsfreiheit auf einen Raum oder innerhalb eines Raumes sind vom behandelnden Arzt jeweils besonders anzuordnen, in der Krankengeschichte unter Angabe des Grundes zu dokumentieren und unverzüglich dem Vertreter des Kranken mitzuteilen. Auf Verlangen des Kranken oder seines Vertreters hat das Gericht über die Zulässigkeit einer solchen Beschränkung unverzüglich zu entscheiden. *(BGBl I 2010/18)*

Verkehr mit der Außenwelt

§ 34. (1) Der Schriftverkehr des Kranken und dessen Verkehr mit seinem Vertreter dürfen nicht eingeschränkt werden.

(2) Das Recht des Kranken, mit anderen Personen fernmündlich zu verkehren und von ihnen Besuche zu empfangen, darf nur eingeschränkt werden, soweit dies zur Abwehr einer Gefahr im Sinn des § 3 Z 1 oder zum Schutz der Rechte anderer Personen in der psychiatrischen Abteilung unerlässlich ist und die Einschränkung zu ihrem Zweck nicht außer Verhältnis steht. Der behandelnde Arzt hat die Einschränkung besonders anzuordnen, in der Krankengeschichte unter Angabe des Grundes zu dokumentieren sowie unverzüglich dem Kranken und dessen Vertreter mitzuteilen. Auf Verlangen des Kranken oder seines Vertreters hat das Gericht über die Zulässigkeit einer solchen Einschränkung unverzüglich zu entscheiden. *(BGBl I 2010/18)*

Beschränkung sonstiger Rechte

§ 34a. Beschränkungen sonstiger Rechte des Kranken während der Unterbringung, insbesondere Beschränkungen der Rechte auf Tragen von Privatkleidung, Gebrauch persönlicher Gegenstände und Ausgang ins Freie, sind, soweit nicht besondere Vorschriften bestehen, nur insoweit zulässig, als sie zur Abwehr einer Gefahr im Sinn des § 3 Z 1 oder zum Schutz der Rechte anderer Personen in der psychiatrischen Abteilung unerlässlich sind und zu ihrem Zweck nicht außer Verhältnis stehen. Auf Verlangen des Kranken oder seines Vertreters hat das Gericht unverzüglich über die Zulässigkeit einer solchen Beschränkung zu entscheiden.

(BGBl I 2010/18)

Ärztliche Behandlung

§ 35. (1) Der Kranke darf nur nach den Grundsätzen und anerkannten Methoden der medizinischen Wissenschaft ärztlich behandelt werden. Diese Behandlung, sei sie auch nicht psychiatrischer Art, ist nur insoweit zulässig, als sie zu ihrem Zweck nicht außer Verhältnis steht. *(BGBl I 2017/59, ab 1. 7. 2018)*

(2) Der Grund und die Bedeutung der Behandlung sind dem Kranken, soweit dies seinem Wohl nicht abträglich ist, sowie, wenn er minderjährig ist oder er aus anderen Gründen einen gesetzlichen Vertreter hat, diesem zu erläutern. Die Erläuterung ist auch dem Patientenanwalt auf dessen Verlangen zu geben. *(BGBl I 2017/59, ab 1. 7. 2018)*

§ 36. (1) Soweit der Kranke entscheidungsfähig ist, darf er nicht gegen seinen Willen behandelt werden; eine medizinische Behandlung, die gewöhnlich mit einer schweren oder nachhaltigen Beeinträchtigung der körperlichen Unversehrtheit oder der Persönlichkeit verbunden ist (besondere Heilbehandlung), darf nur mit seiner schriftlichen Zustimmung durchgeführt werden. *(BGBl I 2017/59, ab 1. 7. 2018)*

(2) Ist der Kranke nicht entscheidungsfähig, so darf er, wenn er minderjährig ist, wenn ihm ein Erwachsenenvertreter bestellt ist, dessen Wirkungskreis Willenserklärungen zur Behandlung des Kranken umfasst, oder wenn ein Vorsorgebevollmächtigter mit entsprechendem Wirkungsbereich vorhanden ist, nicht gegen den Willen seines gesetzlichen Vertreters behandelt werden; eine besondere Heilbehandlung darf nur mit schriftlicher Zustimmung des gesetzlichen Vertreters durchgeführt werden. *(BGBl I 2017/59, ab 1. 7. 2018)*

(3) Ist der Kranke nicht entscheidungsfähig, so hat auf Verlangen des Kranken oder seines Vertreters das nach § 12 Abs. 1 zuständige Gericht über die Zulässigkeit der Behandlung unverzüglich zu entscheiden. Eine besondere Heilbehandlung bedarf der Genehmigung dieses Gerichts. *(BGBl I 2017/59, ab 1. 7. 2018)*

(BGBl I 2010/18)

§ 37. Die Zustimmung und die gerichtliche Genehmigung sind nicht erforderlich, wenn mit der damit einhergehenden Verzögerung eine Gefährdung des Lebens, eine schwere Schädigung der Gesundheit oder starke Schmerzen des Kranken verbunden wären. Über die Notwendigkeit und Dringlichkeit einer Behandlung entscheidet der Abteilungsleiter. Dieser hat den gesetzlichen Vertreter oder, wenn der Kranke keinen solchen hat, den Patientenanwalt nachträglich von der Behandlung zu verständigen.

(BGBl I 2017/59, ab 1. 7. 2018)

Verfahren bei Beschränkungen und Behandlungen

§ 38. (1) Vor der Entscheidung über die Zulässigkeit einer Beschränkung der Bewegungsfreiheit, einer Einschränkung des Verkehrs mit der Außenwelt, einer Beschränkung eines sonstigen Rechts oder über die Zulässigkeit einer ärztlichen Behandlung sowie über die Genehmigung einer besonderen Heilbehandlung hat sich das Gericht in einer Tagsatzung an Ort und Stelle einen persönlichen Eindruck vom Kranken und dessen Lage zu verschaffen. Zur Tagsatzung hat das Gericht den Vertreter des Kranken und den Abteilungsleiter zu laden; es kann auch einen Sachverständigen (§ 19 Abs. 3) beiziehen.

(2) Die Entscheidung des Gerichtes ist in der Niederschrift über die Tagsatzung zu beurkunden; sie ist nur auf Verlangen des Kranken, seines Vertreters oder des Abteilungsleiters innerhalb von sieben Tagen auszufertigen und diesen Personen zuzustellen. § 26 Abs. 1 und 3 sowie die §§ 28 und 29 sind sinngemäß anzuwenden. Einem in der Tagsatzung angemeldeten Rekurs gegen den Beschluss, mit dem eine besondere Heilbehandlung genehmigt wird, kommt aufschiebende Wirkung zu, sofern das Gericht nichts anderes bestimmt.

(BGBl I 2010/18)

Nachträgliche Überprüfung

§ 38a. (1) Auf Antrag des Kranken oder seines Vertreters hat das Gericht nachträglich über die Zulässigkeit der Unterbringung, der Beschränkung der Bewegungsfreiheit, der Einschränkung des Verkehrs mit der Außenwelt, der Beschränkung eines sonstigen Rechts oder der ärztlichen Behandlung zu entscheiden, wenn die Unterbringung bereits vor der Entscheidung des Gerichts nach § 20 aufgehoben oder die Beschränkung, Einschränkung oder Behandlung bereits beendet wurde.

(2) Über Anträge nach Abs. 1 ist mündlich zu verhandeln. Zur Tagsatzung hat das Gericht den Kranken, seinen Vertreter und den Abteilungsleiter zu laden. Es kann auch einen Sachverständigen beiziehen (§ 19 Abs. 3). Der Abteilungsleiter hat dem Gericht die Krankengeschichte vorzulegen. § 25 gilt entsprechend.

(3) § 28 Abs. 1 gilt sinngemäß. Gegen den Beschluss, mit dem eine Unterbringung, eine Beschränkung der Bewegungsfreiheit, eine Einschränkung des Verkehrs mit der Außenwelt, eine Beschränkung eines sonstigen Rechts oder eine ärztliche Behandlung für unzulässig erklärt wird, kann der Abteilungsleiter innerhalb von 14 Tagen ab Zustellung Rekurs erheben.

(BGBl I 2010/18)

UbG

Einsicht in die Krankengeschichte

§ 39. Der Vertreter des Kranken hat ein Recht auf Einsicht in die Krankengeschichte; dem Kranken steht dieses Recht insoweit zu, als die Einsicht seinem Wohl nicht abträglich ist. Die Verweigerung der Einsicht ist vom behandelnden Arzt in der Krankengeschichte unter Angabe des Grundes zu dokumentieren. *(BGBl I 2010/18)*

Vertraulichkeit

§ 39a. (1) Die Sicherheitsbehörden, denen die Amtshandlungen nach §§ 8 und 9 dieses Bundesgesetzes sowie nach § 46 des Sicherheitspolizeigesetzes, BGBl. Nr. 566/191, zuzurechnen sind, und die in § 8 genannten Ärzte dürfen, vorbehaltlich des Abs. 2, die genannten Amtshandlungen und Bescheinigungen weder offenbaren noch verwerten. Die Aufzeichnungen und Bescheinigungen dürfen nicht in einer Weise bearbeitet oder in Evidenzen verzeichnet werden, die eine, wenn auch nur erleichterte, Auffindbarkeit der Aufzeichnungen oder Bescheinigungen nach einem auf die psychische Erkrankung oder die Unterbringung hindeutenden Merkmal ermöglichen würde.

(2) Die in Abs. 1 genannten Amtshandlungen sowie die Aufzeichnungen und Bescheinigungen dürfen jedoch geoffenbart oder verwertet werden

1. für die Überprüfung der Rechtmäßigkeit und Ordnungsmäßigkeit der Amtshandlung;

2. für gerichtliche Straf-, Unterbringungs- und Verfahren über die Erwachsenenvertretung; *(BGBl I 2017/59, ab 1. 7. 2018)*

3. für die Erfüllung der Pflichten nach § 39b.

(3) Dem Betroffenen steht in Umfang des § 17 Abs. 1 bis 3 des Allgemeinen Verwaltungsverfahrensgesetzes 1991, BGBl. Nr. 51, das Recht auf Einsicht in die Aufzeichnungen und Bescheinigungen zu. Über die Verweigerung der Akteneinsicht ist mit Bescheid in einem Verfahren nach dem genannten Bundesgesetz in seiner jeweiligen Fassung zu entscheiden.

(4) Die Aufzeichnungen und Bescheinigungen sind, soweit sie nicht Bestandteil der Krankengeschichte oder der Gerichtsakten geworden sind, nach drei Jahren, sollte zu diesem Zeitpunkt ein Verfahren zur Überprüfung der Amtshandlung anhängig sein, nach dessen Abschluß, unverzüglich zu vernichten.

(5) Für Aufzeichnungen der Organe des öffentlichen Sicherheitsdienstes, die ausschließlich ein das Leben oder die Gesundheit eines Dritten gefährdendes Verhalten des Betroffenen enthalten, sind die Bestimmungen des 4. Teiles des Sicherheitspolizeigesetzes maßgeblich; Abs. 3 gilt jedoch auch für sie.

(BGBl I 1997/12)

Mitteilungspflichten

§ 39b. (1) Die Organe des öffentlichen Sicherheitsdienstes haben dem Abteilungsleiter die Bescheinigung nach § 8 sowie den Bericht über die Amtshandlung nach § 9 dieses Bundesgesetzes oder nach § 46 SPG zur Aufnahmein die Krankengeschichte zu übermitteln. Der Bericht hat die Sicherheitsbehörde, der die Amtshandlung zuzurechnen ist (§ 39a Abs. 1 erster Satz), anzuführen. Der Abteilungsleiter hat Ablichtungen dieser Urkunden der Meldung nach § 17 anzuschließen.

(2) Das Unterbringungsgericht hat von einer Entscheidung nach § 20 Abs. 1 die im Bericht angeführte Sicherheitsbehörde zu verständigen. Diese Behörde hat, sofern sie nicht selbst hiefür zuständig ist, die Mitteilung des Gerichtes an jene Behörden weiterzuleiten, die bezüglich des Betroffenen zur Prüfung der Verläßlichkeit für den Bereich des Waffen-, Schieß-, Munitions- und Sprengmittelwesens zuständig sind. Die Mitteilungen dürfen nur für diese Zwecke verwendet werden.

(3) Es gelten entsprechend § 39a Abs. 1 bis 4 für die in Abs. 2 erster Satz genannten Behörden und § 39a Abs. 1 zweiter Satz für die in Abs. 2 zweiter Satz genannten Behörden.

(BGBl I 1997/12)

Kosten

§ 40. Die Kosten des gerichtlichen Verfahrens trägt der Bund.

Bekanntgabe der Anstalt

§ 41. Der ärztliche Leiter einer Krankenanstalt, für die die Bestimmungen dieses Bundesgesetzes gelten (§ 2), hat dies dem Vorsteher des Bezirksgerichts, in dessen Sprengel die psychiatrische Abteilung liegt, unverzüglich bekanntzugeben. *(BGBl I 2010/18)*

Schluß- und Übergangsbestimmungen

§ 42. (1) Dieses Bundesgesetz tritt mit 1. Jänner 1991 in Kraft.

(2) Die §§ 39a, 39b, 44 und 47 in der Fassung des Bundesgesetzes BGBl. I Nr. 12/1997 treten mit 1. Juli in Kraft. *(BGBl I 1997/12)*

(3) Die §§ 2, 3, 4, 5, 6, 8, 9, 10, 11, 12, 13, 14, 15, 16, 17, 19, 20, 21, 25, 26, 27, 28, 29, 29a, 30, 32, 32a, 33, 34, 34a, 35, 36, 37, 38, 38a, 39 und 41 sowie 43 und 47 in der Fassung des Bundesgesetzes BGBl. I Nr. 18/2010 treten mit 1. Juli 2010 in Kraft. Mit diesem Zeitpunkt tritt der jeweils örtlich zuständige Verein im Sinn des § 13 Abs. 1 als Vertreter eines Kranken an die Stelle des diesen bis dahin vertretenden Patientenanwalts. Die §§ 10 und 17 in der Fassung des Bundesgesetzes

BGBl. I Nr. 18/2010 sind anzuwenden, wenn das Aufnahmeverfahren in der psychiatrischen Abteilung nach dem 30. Juni 2010 begonnen hat. § 27 in der Fassung des Bundesgesetzes BGBl. I Nr. 18/2010 ist anzuwenden, wenn der Beschluss nach dem 30. Juni 2010 verkündet wurde. § 28 und § 29a erster Fall in der Fassung des Bundesgesetzes BGBl. I Nr. 18/2010 sind anzuwenden, wenn der angefochtene Beschluss nach dem 30. Juni 2010 ergangen ist. § 29 Abs. 3 und § 29a zweiter Fall in der Fassung des Bundesgesetzes BGBl. I Nr. 18/2010 sind anzuwenden, wenn das Gericht den Beschluss, die Unterbringung für unzulässig zu erklären, nach dem 30. Juni 2010 fasst. § 32 in der Fassung des Bundesgesetzes BGBl. I Nr. 18/2010 ist auch auf Unterbringungen anzuwenden, die vor dem 1. Juli 2010 begonnen haben, doch beginnen die in dieser Bestimmung festgelegten Fristen frühestens am 1. Juli 2010 zu laufen. *(BGBl I 2010/18)*

(4) Für das Inkrafttreten des 2. Erwachsenenschutz-Gesetzes, BGBl. I Nr. 59/2017 (2. ErwSchG), gilt Folgendes:

1. Die §§ 4, 5, 6, 12, 13, 21, 35, 36, 37 und 39a in der Fassung des 2. ErwSchG treten mit 1. Juli 2018 in Kraft.

2. Die §§ 4, 5, 13 und 35 bis 37 in der Fassung des 2. ErwSchG sind auf Unterbringungen und medizinische Behandlungen anzuwenden, die nach dem 30. Juni 2018 begonnen werden.

3. Die §§ 12 und 21 in der Fassung des 2. ErwSchG sind auf Verfahren anzuwenden, die nach dem 30. Juni 2018 anhängig werden.

4. § 39a in der Fassung des 2. ErwSchG ist auf Offenbarungen und Verwertungen nach dem 30. Juni 2018 anzuwenden.
(BGBl I 2017/59)

§ 43. (1) Solange einem Gericht nicht in ausreichender Anzahl von einem geeigneten Verein namhaft gemachte Patientenanwälte zur Verfügung stehen, hat der Vorsteher dieses Gerichtes eine oder mehrere andere geeignete und bereite Personen zu Patientenanwälten allgemein zu bestellen. § 6 VSPBG gilt sinngemäß. *(BGBl I 2010/18)*

(2) Ist dies nicht möglich, so hat das Gericht für einen ohne Verlangen untergebrachten Kranken, der keinen gewillkürten Vertreter hat, einen Patientenanwalt zu bestellen; dieser kann ein Angehöriger des Kranken, ein Gerichtsbediensteter oder eine sonstige geeignete Person sein. Gleiches gilt, wenn ein auf Verlangen untergebrachter Kranker der Bestellung eines Patientenanwalts zur Wahrnehmung der in den §§ 33 bis 39 verankerten Rechte zustimmt. § 6 VSPBG gilt sinngemäß. *(BGBl I 2010/18)*

(3) Der nach Abs. 1 bestellte Patientenanwalt hat Anspruch auf Ersatz der Reise- und Aufent-

haltskosten, der notwendigen Barauslagen und auf Abgeltung des Zeitaufwandes in der in § 18 Abs. 1 GebAG 1975, BGBl. Nr. 136, angeführten Höhe. Über den Gebührenanspruch entscheidet jeweils der Vorsteher des Bezirksgerichts. Die Beträge sind am Ende jedes Kalendervierteljahres auszuzahlen.

(4) Der nach Abs. 2 bestellte Patientenanwalt hat Anspruch auf Ersatz der Reise- und Aufenthaltskosten entsprechend den für Zeugen geltenden Bestimmungen des GebAG 1975 sowie der notwendigen Barauslagen. Über seinen Gebührenanspruch hat das Gericht zu entscheiden. Die §§ 39 bis 42 GebAG 1975 sind sinngemäß anzuwenden.

§ 44. (1) Bescheinigungen nach § 8 dieses Bundesgesetzes, die vor dem Inkrafttreten des Bundesgesetzes BGBl. I Nr. 12/1997 ausgestellt worden sind, und Bescheinigungen nach § 49 Abs. 1 Krankenanstaltengesetz, BGBl. Nr. 27/1958, in der vor dem Inkrafttreten des Bundesgesetzes BGBl. Nr. 157/1990 geltenden Fassung sowie Aufzeichnungen über damit im Zusammenhang stehende Amtshandlungen sind spätestens drei Jahre nach Inkrafttreten des Bundesgesetzes BGBl. I Nr. 12/1997, sollte zu diesem Zeitpunkt ein Verfahren zur Überprüfung der Amtshandlung anhängig sein, nach dessen Abschluß, unverzüglich zu vernichten.

(2) Evidenzen, die eine, wenn auch nur erleichterte, Auffindbarkeit der Bescheinigungen und Aufzeichnungen nach Abs. 1 nach einem auf die psychische Erkrankung oder die Unterbringung hindeutenden Merkmal ermöglichen würden, sind spätestens sechs Monate nach Inkrafttreten des Bundesgesetzes BGBl. I Nr. 12/1997 völlig zu vernichten.

(BGBl I 1997/12)

§ 45. *(aufgehoben, BGBl I 1997/12)*

§ 46. Unberührt bleiben insbesondere

1. die Vorschriften über die Zulässigkeit von Zwangsmaßnahmen aus Gründen der öffentlichen Sicherheit oder der Strafverfolgung,

2. die strafrechtlichen Vorschriften über die mit Freiheitsentziehung verbundenen vorbeugenden Maßnahmen bei geistig abnormen und entwöhnungsbedürftigen Rechtsbrechern und

3. die Vorschriften über den Vollzug der Freiheitsstrafe und der mit Freiheitsentziehung verbundenen vorbeugenden Maßnahmen.

§ 47. Mit der Vollziehung sind betraut:

1. hinsichtlich der §§ 1 bis 3 und 33 bis 37, soweit sie von den Gerichten anzuwenden sind, der Bundesminister für Justiz im Einvernehmen

mit dem Bundesminister für Gesundheit und Konsumentenschutz, soweit sie von den Krankenanstalten anzuwenden sind, der Bundesminister für Gesundheit und Konsumentenschutz im Einvernehmen mit dem Bundesminister für Justiz;

2. hinsichtlich der §§ 4 bis 7, 10, 11 und 17 sowie der §§ 32, 39, 39b Abs. 1 dritter Satz und 41 der Bundesminister für Gesundheit und Konsumentenschutz;

3. hinsichtlich der §§ 8, 9, 39a und 44 der Bundesminister für Inneres, soweit sich diese Bestimmungen aber auf einen Polizeiarzt beziehen, im Einvernehmen mit dem Bundesminister für Gesundheit und Konsumentenschutz, soweit sich diese Bestimmungen aber auf einen im öffentlichen Sanitätsdienst stehenden Arzt beziehen, der Bundesminister für Gesundheit und Konsumentenschutz im Einvernehmen mit dem Bundesminister für Inneres;

4. hinsichtlich der §§ 12 bis 16 und 18 bis 21 sowie der §§ 38, 39b Abs. 2 erster Satz, 40, 43 der Bundesminister für Justiz, hinsichtlich der §§ 23 Abs. 2, 39b Abs. 2 erster Satz im Einvernehmen mit dem Bundesminister für Inneres und hinsichtlich der §§ 40 und 43 im Einvernehmen mit dem Bundesminister für Finanzen;

5. hinsichtlich des § 39b Abs. 1 erster Satz der Bundesminister für Inneres im Einvernehmen mit dem Bundesminister für Gesundheit und Konsumentenschutz;

6. hinsichtlich des § 39b Abs. 1 zweiter Satz Abs. 2 zweiter und dritter Satz sowie Abs. 3 der Bundesminister für Inneres.

7. hinsichtlich § 38a die Bundesministerin für Justiz. *(BGBl I 2010/18)*

(BGBl 1991/45; BGBl I 1997/12)

Heimaufenthaltsgesetz

BGBl I 2004/11 idF

1 BGBl I 2006/94
2 BGBl I 2010/18

3 BGBl I 2017/59 (2. ErwSchG)

**Bundesgesetz über den Schutz der
persönlichen Freiheit während des Aufenthalts
in Heimen und anderen Pflege- und
Betreuungseinrichtungen
(Heimaufenthaltsgesetz – HeimAufG)**

1. Abschnitt

Allgemeine Bestimmungen

Schutz der persönlichen Freiheit

§ 1. (1) Die persönliche Freiheit von Menschen, die aufgrund des Alters, einer Behinderung oder einer Krankheit der Pflege oder Betreuung bedürfen, ist besonders zu schützen. Ihre Menschenwürde ist unter allen Umständen zu achten und zu wahren. Die mit der Pflege oder Betreuung betrauten Menschen sind zu diesem Zweck besonders zu unterstützen.

(2) Freiheitsbeschränkungen sind nur dann zulässig, soweit sie im Verfassungsrecht, in diesem Bundesgesetz oder in anderen gesetzlichen Vorschriften ausdrücklich vorgesehen sind.

Geltungsbereich

§ 2. (1) Dieses Bundesgesetz regelt allein die Voraussetzungen und die Überprüfung von Freiheitsbeschränkungen in Alten- und Pflegeheimen, Behindertenheimen sowie in anderen Einrichtungen, in denen wenigstens drei psychisch kranke oder geistig behinderte Menschen ständig betreut oder gepflegt werden können. In Krankenanstalten ist dieses Bundesgesetz nur auf Personen anzuwenden, die dort wegen ihrer psychischen Krankheit oder geistigen Behinderung der ständigen Pflege oder Betreuung bedürfen.

(2) Dieses Bundesgesetz ist auf Krankenanstalten oder Abteilungen für Psychiatrie sowie auf Anstalten für geistig abnorme und entwöhnungsbedürftige Rechtsbrecher nicht anzuwenden. *(BGBl I 2006/94, ab 24. 6. 2006; BGBl I 2017/59, ab 1. 7. 2018)*

(3) Im Übrigen gilt dieses Bundesgesetz nicht für die Aufnahme, die Pflege und Betreuung, die Behandlung und den Umgang mit sonstigen Persönlichkeitsrechten der Bewohner von Alten- und Pflegeheimen sowie anderen Einrichtungen.

Freiheitsbeschränkung

§ 3. (1) Eine Freiheitsbeschränkung im Sinn dieses Bundesgesetzes liegt vor, wenn eine Ortsveränderung einer betreuten oder gepflegten Person (im Folgenden Bewohner) gegen oder ohne ihren Willen mit physischen Mitteln, insbesondere durch mechanische, elektronische oder medikamentöse Maßnahmen, oder durch deren Androhung unterbunden wird.

(1a) Eine alterstypische Freiheitsbeschränkung an einem Minderjährigen ist keine Freiheitsbeschränkung im Sinn dieses Bundesgesetzes. *(BGBl I 2017/59, ab 1. 7. 2018)*

(2) Eine Freiheitsbeschränkung liegt nicht vor, wenn der entscheidungsfähige Bewohner einer Unterbindung der Ortsveränderung, insbesondere im Rahmen eines Vertrages über die ärztliche Behandlung, zugestimmt hat. Diese Zustimmung kann nur der Bewohner selbst erteilen. *(BGBl I 2017/59, ab 1. 7. 2018)*

2. Abschnitt

Voraussetzungen einer Freiheitsbeschränkung

Zulässigkeitsvoraussetzungen

§ 4. Eine Freiheitsbeschränkung darf nur vorgenommen werden, wenn

1. der Bewohner psychisch krank oder geistig behindert ist und im Zusammenhang damit sein Leben oder seine Gesundheit oder das Leben oder die Gesundheit anderer ernstlich und erheblich gefährdet, *(BGBl I 2010/18)*

2. sie zur Abwehr dieser Gefahr unerlässlich und geeignet sowie in ihrer Dauer und Intensität im Verhältnis zur Gefahr angemessen ist sowie

3. diese Gefahr nicht durch andere Maßnahmen, insbesondere schonendere Betreuungs- oder Pflegemaßnahmen, abgewendet werden kann.

Vornahme einer Freiheitsbeschränkung

§ 5. (1) Eine Freiheitsbeschränkung darf nur auf Grund der Anordnung einer dazu befugten Person vorgenommen werden. Anordnungsbefugt sind

1. für Freiheitsbeschränkungen durch medikamentöse oder sonstige dem Arzt gesetzlich vorbehaltene Maßnahmen und alle damit in unmittelba-

rem Zusammenhang erforderlichen Freiheitsbeschränkungen ein Arzt;

2. für Freiheitsbeschränkungen durch Maßnahmen im Rahmen der Pflege ein mit der Anordnung derartiger freiheitsbeschränkender Maßnahmen von der Einrichtung betrauter Angehöriger des gehobenen Dienstes für Gesundheits- und Krankenpflege und

3. für Freiheitsbeschränkungen durch Maßnahmen im Rahmen der Betreuung in Einrichtungen der Behindertenhilfe und in Einrichtungen zur Pflege und Erziehung Minderjähriger die mit der pädagogischen Leitung betraute Person und deren Vertreter. *(BGBl I 2017/59, ab 1. 7. 2018)* *(BGBl I 2010/18)*

(2) Sofern der Bewohner länger als 48 Stunden dauernd oder über diesen Zeitraum hinaus wiederholt in seiner Freiheit beschränkt wird, hat der Leiter der Einrichtung unverzüglich ein ärztliches Gutachten, ein ärztliches Zeugnis (§ 55 Ärztegesetz 1998) oder sonstige ärztliche Aufzeichnungen (§ 51 Ärztegesetz 1998) darüber einzuholen, dass der Bewohner psychisch krank oder geistig behindert ist und im Zusammenhang damit sein Leben oder seine Gesundheit oder das Leben oder die Gesundheit anderer ernstlich und erheblich gefährdet. Diese ärztlichen Dokumente müssen im Zeitpunkt der Vornahme der Freiheitsbeschränkung aktuell sein. *(BGBl I 2010/18, ab 1. 7. 2018)*

(3) Eine Freiheitsbeschränkung darf nur unter Einhaltung fachgemäßer Standards und unter möglichster Schonung des Bewohners durchgeführt werden.

(4) Eine Freiheitsbeschränkung ist sofort aufzuheben, wenn deren Voraussetzungen nicht mehr vorliegen.

Dokumentation

§ 6. (1) Der Grund, die Art, der Beginn und die Dauer der Freiheitsbeschränkung sind schriftlich zu dokumentieren. Ärztliche Zeugnisse und der Nachweis über die notwendigen Verständigungen sind diesen Aufzeichnungen anzuschließen.

(2) Ebenso sind der Grund, die Art, der Beginn und die Dauer einer mit dem Willen des Bewohners vorgenommenen Einschränkung seiner persönlichen Freiheit festzuhalten.

Aufklärung und Verständigung

§ 7. (1) Die anordnungsbefugte Person hat den Bewohner über den Grund, die Art, den Beginn und die voraussichtliche Dauer der Freiheitsbeschränkung auf geeignete, seinem Zustand entsprechende Weise aufzuklären. Zudem hat sie von der Freiheitsbeschränkung, von deren Aufhebung und von einer mit dem Willen des Bewohners vorgenommenen Einschränkung seiner per-

sönlichen Freiheit unverzüglich den Leiter der Einrichtung zu verständigen.

(2) Der Leiter der Einrichtung hat von der Freiheitsbeschränkung und von deren Aufhebung unverzüglich den Vertreter und die Vertrauensperson des Bewohners zu verständigen und diesen Gelegenheit zur Stellungnahme einzuräumen. Diese Personen sind auch von einer mit dem Willen des Bewohners vorgenommenen Einschränkung seiner persönlichen Freiheit sowie deren Aufhebung unverzüglich zu verständigen. *(BGBl I 2010/18)*

(3) Bei der Kommunikation sind nach Maßgabe der technischen Möglichkeiten der Einrichtung hinreichende Maßnahmen zur Datensicherheit zu treffen. *(BGBl I 2010/18)*

3. Abschnitt

Vertretung

Bewohnervertreter

§ 8. (1) Die Bevollmächtigung durch den Bewohner, ihn bei der Wahrnehmung seines Rechtes auf persönliche Freiheit zu vertreten, bedarf der Schriftform und muss sich ausdrücklich auf die Wahrnehmung dieses Rechtes beziehen. Der Vertreter darf nicht in einem Abhängigkeitsverhältnis oder in einer anderen engen Beziehung zur Einrichtung stehen. *(BGBl I 2010/18; BGBl I 2017/59, ab 1. 7. 2018)*

(2) Darüber hinaus wird auch der für die Namhaftmachung von Bewohnervertretern nach der Lage der Einrichtung örtlich zuständige Verein (§ 1 ErwSchVG) kraft Gesetzes Vertreter des Bewohners, sobald eine Freiheitsbeschränkung vorgenommen oder in Aussicht gestellt wird. Durch diese Vertretungsbefugnis werden die Geschäftsfähigkeit des Bewohners und die Vertretungsbefugnis eines anderen Vertreters nicht berührt. *(BGBl I 2010/18; BGBl I 2017/59, ab 1. 7. 2018)*

(3) Der Verein hat dem Träger der Einrichtung und dem Vorsteher des zuständigen Bezirksgerichts eine oder mehrere von ihm ausgebildete und für die besonderen Verhältnisse im Pflegebereich geschulte Personen namhaft zu machen, denen die Ausübung der Vertretungsbefugnisse zukommt (Bewohnervertreter). Der Vorsteher des Bezirksgerichts hat den Namen und die Büroadresse des Bewohnervertreters in der Ediktsdatei kundzumachen. Wenn der Verein die Namhaftmachung eines Bewohnervertreters widerruft, hat der Vorsteher des Bezirksgerichts die Kundmachung zu berichtigen.

(4) Der nach Abs. 1 bevollmächtigte Vertreter hat von der Begründung oder Beendigung der Vollmacht den Leiter der Einrichtung und - sofern ein gerichtliches Verfahren anhängig ist – auch

das Gericht unverzüglich zu verständigen. *(BGBl I 2017/59, ab 1. 7. 2018)*

(s VSPBG BGBl 1990/156 u die V v 1. 6. 2007, BGBl II 2007/117)

Befugnisse und Pflichten des Vertreters

§ 9. (1) Die für eine Einrichtung namhaft gemachten Bewohnervertreter sind insbesondere berechtigt, die Einrichtung unangemeldet zu besuchen, sich vom Bewohner einen persönlichen Eindruck zu verschaffen, mit der anordnungsbefugten Person und Bediensteten der Einrichtung das Vorliegen der Voraussetzungen der Freiheitsbeschränkung zu besprechen, die Interessenvertreter der Bewohner der Einrichtung zu befragen und in dem zur Wahrnehmung ihrer Aufgaben erforderlichen Umfang Einsicht in die Pflegedokumentation, die Krankengeschichte und andere Aufzeichnungen über den Bewohner zu nehmen. Diese Rechte stehen auch dem sonstigen Vertreter des Bewohners zu, sofern diese Angelegenheit in seinen Wirkungsbereich fällt, bei minderjährigen Bewohnern dem gesetzlichen Vertreter im Bereich der Pflege und Erziehung. Bei der Wahrnehmung seiner Rechte hat der Bewohnervertreter oder sonstige Vertreter auf die Erfordernisse des Betriebs der Einrichtung Bedacht zu nehmen. *(BGBl I 2010/18; BGBl I 2017/59, ab 1. 7. 2018)*

(2) Der Leiter der Einrichtung hat dafür zu sorgen, dass der Bewohner in geeigneter Weise Auskunft über den Bewohnervertreter erhält und sich mit diesem oder seinem sonstigen Vertreter ungestört besprechen kann. *(BGBl I 2017/59, ab 1. 7. 2018)*

(3) Der Bewohnervertreter ist befugt, den für die Aufsicht über die Einrichtung oder zur Bearbeitung von Beschwerden zuständigen Behörden die von ihm in Ausübung seiner Tätigkeit gemachten Wahrnehmungen mitzuteilen. Er hat diesen Behörden insoweit Auskünfte zu erteilen, als dies für die Besorgung der ihnen zukommenden Aufgaben erforderlich ist.

Verhältnis zum Vertretenen

§ 10. (1) Der Bewohnervertreter hat den Bewohner über die beabsichtigten Vertretungshandlungen und sonstige wichtige Angelegenheiten auf geeignete, dessen Zustand entsprechende Weise aufzuklären. Er hat den Wünschen des Bewohners zu entsprechen, soweit diese dessen Wohl nicht offenbar abträglich und dem Bewohnervertreter zumutbar sind.

(2) Der Bewohnervertreter ist zur Verschwiegenheit über die von ihm in Ausübung seiner Tätigkeit gemachten Wahrnehmungen verpflichtet, soweit die Geheimhaltung im Interesse des Bewohners erforderlich ist und nicht diesen selbst

eine Auskunftspflicht trifft. Diese Verschwiegenheitspflicht gilt nicht gegenüber dem Gericht, dem Verein, dem Vertreter und der Vertrauensperson des Bewohners sowie gegenüber den in § 9 Abs. 3 genannten Behörden. Ihre Verletzung ist wie die Verletzung von Berufsgeheimnissen (§ 121 des Strafgesetzbuchs, BGBl. Nr. 60/1974) zu bestrafen.

4. Abschnitt
Gerichtliche Überprüfung
Antrag auf Überprüfung

§ 11. (1) Der Bewohner, sein Vertreter, seine Vertrauensperson[1] und der Leiter der Einrichtung sind berechtigt, einen Antrag auf gerichtliche Überprüfung einer Freiheitsbeschränkung zu stellen. Sofern der Antrag nicht von der Vertrauensperson des Bewohners gestellt wird, sind deren Name und Adresse im Antrag anzugeben.

(2) Zur Überprüfung einer Freiheitsbeschränkung ist das Bezirksgericht zuständig, in dessen Sprengel die Einrichtung liegt.

(3) Soweit im Folgenden nichts anderes bestimmt wird, sind auf das Verfahren die allgemeinen Bestimmungen des Außerstreitgesetzes anzuwenden. § 116a Abs. 1, 3 und 4 AußStrG gilt sinngemäß, für minderjährige Bewohner ab Vollendung des 14. Lebensjahres. *(BGBl I 2017/59, ab 1. 7. 2018)*

(4) Die Kosten des gerichtlichen Verfahrens trägt der Bund.

---

[1] s § 7.

Anhörung des Bewohners

§ 12. (1) Das Gericht hat sich binnen sieben Tagen ab dem Einlangen des Antrags einen persönlichen Eindruck vom Bewohner in der Einrichtung zu verschaffen. Es hat ihn über Grund und Zweck des Verfahrens zu unterrichten und hiezu zu hören, die Krankengeschichte, die Pflegedokumentation und andere Aufzeichnungen über ihn einzusehen sowie seine Vertreter, seine Vertrauensperson, den Leiter der Einrichtung, die Person, die Freiheitsbeschränkung angeordnet hat, sowie erforderlichenfalls auch den Arzt, der das Dokument im Sinn des § 5 Abs. 2 errichtet hat, und andere zur Verfügung stehende Auskunftspersonen zu hören. Auch kann das Gericht der Anhörung des Bewohners einen nicht der Einrichtung angehörenden und von dieser unabhängigen Sachverständigen beiziehen. *(BGBl I 2010/18)*

(2) Das Gericht kann die Anhörung mit einer mündlichen Verhandlung (§ 14) verbinden.

HeimAufG

Erste Entscheidung

§ 13. (1) Hat das Gericht die Anhörung nicht mit einer mündlichen Verhandlung verbunden, so hat es am Schluss der Anhörung über die vorläufige Zulässigkeit der Freiheitsbeschränkung zu entscheiden. Gelangt das Gericht zum Ergebnis, dass die Voraussetzungen der Freiheitsbeschränkung vorliegen, so hat es diese vorläufig bis zur Entscheidung nach § 15 Abs. 1 für zulässig zu erklären und eine mündliche Verhandlung anzuberaumen, die spätestens innerhalb von 14 Tagen nach der Anhörung stattzufinden hat. Gegen diese Entscheidung ist ein abgesondertes Rechtsmittel nicht zulässig.

(2) Gelangt das Gericht hingegen zum Ergebnis, dass die Voraussetzungen der Freiheitsbeschränkung nicht vorliegen, so hat es diese für unzulässig zu erklären. In diesem Fall ist die Freiheitsbeschränkung sofort aufzuheben, es sei denn, dass der Leiter der Einrichtung in der Anhörung gegen diesen Beschluss einen Rekurs anmeldet und dass das Gericht diesem Rekurs sogleich aufschiebende Wirkung zuerkennt. Die Verweigerung der aufschiebenden Wirkung lässt das Rekursrecht unberührt. Der Rekurs ist innerhalb von drei Tagen auszuführen. *(BGBl I 2010/18)*

Mündliche Verhandlung

§ 14. (1) Das Gericht hat zur mündlichen Verhandlung in der Einrichtung den Bewohner, seine Vertreter, seine Vertrauensperson, den Leiter der Einrichtung, die Person, die die Freiheitsbeschränkung angeordnet hat, sowie erforderlichenfalls auch den Arzt, der das Dokument im Sinn des § 5 Abs. 2 ausgestellt hat, und andere zur Verfügung stehende Auskunftspersonen zu laden. *(BGBl I 2010/18)*

(2) Der Leiter der Einrichtung hat dafür zu sorgen, dass der Bewohner an der Verhandlung teilnehmen kann. Das Gericht und alle in der Verhandlung anwesenden Personen haben darauf zu achten, dass die Verhandlung unter möglichster Schonung des Bewohners durchgeführt wird und von anderen Bewohnern tunlichst nicht wahrgenommen werden kann. Für die mündliche Verhandlung gilt § 19 AußStrG. Das Gericht kann die Öffentlichkeit auch ausschließen, wenn es das Interesse des Bewohners erfordert. Auf Verlangen des Bewohners oder seines Vertreters ist die Öffentlichkeit jedenfalls auszuschließen. *(BGBl I 2010/18)*

(3) Das Gericht hat der mündlichen Verhandlung einen nicht der Einrichtung angehörenden und von dieser unabhängigen Sachverständigen beizuziehen. Den Parteien ist Gelegenheit zu geben, Fragen an den Sachverständigen zu stellen.

Beschluss

§ 15. (1) Das Gericht hat am Schluss der mündlichen Verhandlung über die Zulässigkeit der Freiheitsbeschränkung zu entscheiden. Der Beschluss ist in der mündlichen Verhandlung zu verkünden, zu begründen und dem Bewohner in geeigneter, seinem Zustand entsprechender Weise zu erläutern.

(2) Erklärt das Gericht die Freiheitsbeschränkung für zulässig, so hat es hiefür im Beschluss eine bestimmte, sechs Monate nicht übersteigende Frist zu setzen und die näheren Umstände sowie das zulässige Ausmaß der Freiheitsbeschränkung unter möglichster Schonung des Bewohners genau zu bestimmen. Es kann die Zulässigkeit einer Freiheitsbeschränkung erforderlichenfalls auch an Auflagen knüpfen. *(BGBl I 2010/18)*

(3) Erklärt das Gericht die Freiheitsbeschränkung für unzulässig, so ist diese sofort aufzuheben, es sei denn, dass der Leiter der Einrichtung in der Verhandlung gegen diesen Beschluss einen Rekurs anmeldet und dass das Gericht diesem Rekurs sogleich aufschiebende Wirkung zuerkennt. Die Verweigerung der aufschiebenden Wirkung lässt das Rekursrecht unberührt. *(BGBl I 2010/18)*

(4) Das Gericht hat, wenn die Freiheitsbeschränkung noch andauert, den Beschluss innerhalb von sieben Tagen schriftlich auszufertigen. Der Beschluss ist unverzüglich dem Bewohner, seinem Vertreter, seiner Vertrauensperson sowie dem Leiter der Einrichtung zuzustellen.

Rechtsmittel

§ 16. (1) Gegen den Beschluss, mit dem eine Freiheitsbeschränkung für zulässig erklärt wird, können der Bewohner, sein Vertreter und seine Vertrauensperson innerhalb von 14 Tagen ab Zustellung Rekurs erheben.

(2) Gegen den Beschluss, mit dem eine Freiheitsbeschränkung für unzulässig erklärt wird, kann der Leiter der Einrichtung innerhalb von sieben Tagen ab Zustellung Rekurs erheben. Das Gericht erster Instanz hat unmittelbar nach Einlangen des Rekurses zu entscheiden, ob die dem Rekurs nach § 15 Abs. 3 zuerkannte aufschiebende Wirkung weiter besteht. Gegen diese Entscheidung ist ein abgesondertes Rechtsmittel nicht zulässig.

(3) Das Recht zur Rekursbeantwortung steht nur dem Bewohner, seinem Vertreter und seiner Vertrauensperson gegen Rechtsmittel des Leiters der Einrichtung zu. Die Rekursbeantwortung ist innerhalb von sieben Tagen ab Zustellung des Rechtsmittels einzubringen. *(BGBl I 2010/18)*

Rekursverfahren

§ 17. (1) Das Rekursgericht hat, wenn die Freiheitsbeschränkung noch andauert, innerhalb von 14 Tagen ab dem Einlangen der Akten zu entscheiden.

(2) Das Rekursgericht hat das Verfahren selbst zu ergänzen oder neu durchzuführen, soweit es dies für erforderlich hält. Es kann sich auch durch ein einzelnes Mitglied des Senats einen persönlichen Eindruck vom Bewohner verschaffen.

(3) Beschließt das Rekursgericht, die Freiheitsbeschränkung für unzulässig zu erklären, so hat es, sofern diese noch aufrecht ist, unverzüglich den Leiter der Einrichtung sowie den Bewohnervertreter (§ 8 Abs. 2) zu verständigen. Die Freiheitsbeschränkung ist in diesem Fall sogleich aufzuheben. *(BGBl I 2010/18)*

Revisionsrekursverfahren

§ 17a. Im Revisionsrekursverfahren gelten § 16 Abs. 3 und § 17 Abs. 3 sinngemäß.

(BGBl I 2010/18)

Aufhebung der Freiheitsbeschränkung

§ 18. (1) Vor Ablauf der gerichtlich festgesetzten Frist über die Dauer der Freiheitsbeschränkung hat das Gericht neuerlich über die Zulässigkeit der Freiheitsbeschränkung zu entscheiden, wenn dies der Bewohner, sein Vertreter oder seine Vertrauensperson beantragt.

(2) Auch eine gerichtlich für zulässig erklärte Freiheitsbeschränkung ist sofort aufzuheben, wenn deren Voraussetzungen nicht mehr vorliegen. Von der Aufhebung ist neben den in § 7 Abs. 1 und 2 genannten Personen auch das Gericht unverzüglich zu verständigen.

Länger dauernde Freiheitsbeschränkung

§ 19. (1) Beabsichtigt die anordnungsbefugte Person, die Freiheitsbeschränkung nicht mit dem Ablauf der gerichtlich festgesetzten Frist aufzuheben, so hat sie hievon rechtzeitig unter Angabe der Gründe für die länger dauernde Freiheitsbeschränkung den Leiter der Einrichtung sowie in sinngemäßer Anwendung des § 7 Abs. 1 erster Satz den Bewohner zu verständigen. Der Leiter der Einrichtung hat hievon spätestens 14 Tage vor Ablauf der Frist die Vertreter und die Vertrauensperson des Bewohners unter Angabe der Gründe zu verständigen. *(BGBl I 2010/18)*

(2) Stellt der Vertreter des Bewohners nicht erneut einen Antrag auf Überprüfung, so hat er dies dem Gericht vor Ablauf der Frist unter Angabe der Gründe mitzuteilen. In diesem Fall kann das Gericht von Amts wegen ein Verfahren einleiten, wenn es dennoch Zweifel an der Zulässig-

keit der länger dauernden Freiheitsbeschränkung hegt. Auf das Verfahren zur Überprüfung einer länger dauernden Freiheitsbeschränkung sind die §§ 11 bis 18 anzuwenden.

(3) Im Beschluss, mit dem eine länger dauernde Freiheitsbeschränkung für zulässig erklärt wird, kann das Gericht eine Frist festsetzen, die ein Jahr nicht übersteigt.

Nachträgliche Überprüfung

§ 19a. (1) Auf Antrag des Bewohners oder seines Vertreters hat das Gericht nachträglich über die Zulässigkeit der Freiheitsbeschränkung zu entscheiden, wenn diese bereits vor einer Antragstellung nach § 11 aufgehoben wurde.

(2) Über Anträge nach Abs. 1 ist mündlich zu verhandeln. Zur Tagsatzung hat das Gericht den Bewohner, seine Vertreter, seine Vertrauensperson, den Leiter der Einrichtung und die Person, die die Freiheitsbeschränkung angeordnet hat, zu laden. Es kann auch einen Sachverständigen beiziehen (§ 14 Abs. 3). Der Leiter der Einrichtung hat dem Gericht das ärztliche Dokument im Sinn des § 5 Abs. 2, die Krankengeschichte, die Pflegedokumentation und sonstige Aufzeichnungen über den Bewohner vorzulegen. § 14 Abs. 2 gilt entsprechend.

(3) Gegen den Beschluss, mit dem eine Freiheitsbeschränkung für zulässig erklärt wird, können der Bewohner und sein Vertreter, gegen den Beschluss, mit dem eine Freiheitsbeschränkung für unzulässig erklärt wird, kann der Leiter der Einrichtung innerhalb von 14 Tagen ab Zustellung Rekurs erheben.

(BGBl I 2010/18)

5. Abschnitt

Schlussbestimmungen

Verweisungen

§ 20. Soweit in diesem Bundesgesetz auf andere Bundesgesetze verwiesen wird, sind diese in ihrer jeweils geltenden Fassung anzuwenden.

Personenbezogene Bezeichnungen

§ 21. Bei allen personenbezogenen Bezeichnungen gilt die gewählte Form für beide Geschlechter.

In-Kraft-Treten

§ 22. (1) Dieses Bundesgesetz tritt mit 1. Juli 2005 in Kraft.

(2) Die §§ 4, 5, 7, 8, 9, 12, 13, 14, 15, 16, 17, 17a, 19 und 19a in der Fassung des Bundesgesetzes BGBl. I Nr. 18/2010 treten mit 1. Juli 2010

in Kraft. § 5 Abs. 1 und 2 in der Fassung des Bundesgesetzes BGBl. I Nr. 18/2010 ist auf Freiheitsbeschränkungen anzuwenden, die nach dem 30. Juni 2010 vorgenommen werden; die Bestimmung ist nicht auf Freiheitsbeschränkungen anzuwenden, die bereits davor vorgenommen wurden und bereits beendet sind oder weiterhin andauern. Die §§ 17 Abs. 3 und 17a zweiter Fall in der Fassung des Bundesgesetzes BGBl. I Nr. 18/2010 sind anzuwenden, wenn das Gericht den Beschluss, die Freiheitsbeschränkung für unzulässig zu erklären, nach dem 30. Juni 2010 fasst. *(BGBl I 2010/18)*

(3) Die §§ 2, 3, 5, 8, 9 und 11 in der Fassung des 2. Erwachsenenschutz-Gesetzes, BGBl. I Nr. 59/2017 (2. ErwSchG), treten mit 1. Juli 2018 in Kraft. Die §§ 2, 3, 5, 8 und 9 in der Fassung des 2. ErwSchG sind auf Freiheitsbeschränkungen anzuwenden, die nach dem 30. Juni 2018 vorgenommen werden oder am 1. Juli 2018 noch andauern; diese Bestimmungen sind nicht auf Freiheitsbeschränkungen anzuwenden, die bereits davor vorgenommen und beendet wurden. § 11 in der Fassung des 2. ErwSchG ist anzuwenden, wenn das Verfahren nach dem 30. Juni 2018 bei Gericht anhängig wird. *(BGBl I 2017/59)*

Übergangsbestimmungen

§ 23. (1) Die Bestimmungen dieses Bundesgesetzes sind auch auf Freiheitsbeschränkungen anzuwenden, die vor seinem In-Kraft-Treten vorgenommen worden sind und weiterhin andauern.

(2) Sofern ein Verein keinen Bewohnervertreter namhaft macht, hat der Vorsteher des Bezirksgerichts für die in seinem Sprengel gelegenen Einrichtungen geeignete und dazu bereite Personen zu Bewohnervertretern zu bestellen. Diesen Personen kommen die Rechte und Pflichten des Vereins und des Bewohnervertreters zu. Der Vorsteher des Bezirksgerichts hat die Namen und Adressen dieser Personen in der Ediktsdatei kundzumachen.

(3) Ein nach Abs. 2 bestellter Bewohnervertreter hat Anspruch auf Ersatz der Reise- und Aufenthaltskosten sowie der notwendigen Barauslagen und auf Abgeltung des Zeitaufwands in der in § 18 Abs. 1 des Gebührenanspruchsgesetzes 1975, BGBl. Nr. 136, angeführten Höhe. Über den Gebührenanspruch entscheidet der Vorsteher des Bezirksgerichts. Die Beträge sind am Ende jedes Kalendervierteljahres auszuzahlen.

Haftung und Rückersatz

§ 24. (1) Der Bund haftet nach Maßgabe des Amtshaftungsgesetzes, BGBl. Nr. 20/1949, für den Schaden am Vermögen oder an der Person, den ein Bediensteter oder Beauftragter einer Einrichtung in Vollziehung dieses Bundesgesetzes durch ein rechtswidriges Verhalten wem immer schuldhaft zugefügt hat. Der Bedienstete oder Beauftragte haftet dem Geschädigten nicht.

(2) Der Träger der Einrichtung haftet dem Bund für die nach Abs. 1 erbrachten Leistungen, sofern der Schaden vorsätzlich oder grob fahrlässig verursacht worden ist. Dies gilt insbesondere auch, wenn der Schaden auf ein Organisationsverschulden zurückzuführen ist. *(BGBl I 2017/59)*

(3) Der Träger der Einrichtung kann vom Bediensteten oder Beauftragten für die nach Abs. 2 erbrachten Leistungen Rückersatz begehren, sofern dieser den Schaden vorsätzlich oder grob fahrlässig verursacht hat. Auf diesen Anspruch und seine Geltendmachung sind die Bestimmungen des Amtshaftungsgesetzes über den Rückersatz anzuwenden.

Vollziehung

§ 25. Mit der Vollziehung dieses Bundesgesetzes sind hinsichtlich der §§ 1 bis 7 und des § 23 Abs. 1, soweit diese Bestimmung sich auf die §§ 1 bis 7 bezieht, der Bundesminister für Gesundheit und Frauen, hinsichtlich der übrigen Bestimmungen der Bundesminister für Justiz betraut.

Zustellverordnung

Verordnung (EG) Nr. 1393/2007 des Europäischen Parlaments und des Rates vom 13. November 2007 über die Zustellung gerichtlicher und außergerichtlicher Schriftstücke in Zivil- oder Handelssachen in den Mitgliedstaaten („Zustellung von Schriftstücken") und zur Aufhebung der Verordnung (EG) Nr. 1348/2000 des Rates, ABl L 324 vom 10. 12. 2007, S 79 idF

1 ABl L 158 vom 10. 6. 2013 (VO (EU) Nr. 517/2013)

Abgedruckt ist nur der deutsche Text

*Für das **Vereinigte Königreich** s ab 1.1.2021 die Übergangsbestimmungen des Austrittsabkommens (abgedruckt am Ende nach Anhang III).*

Ab 1. Juli 2022 ersetzt durch die Neufassung VO 2020/1784 (ABl. L 405 vom 2.12.2020, S. 40–78)

Verordnung (EG) Nr. 1393/2007 des Europäischen Parlaments und des Rates vom 13. November 2007 über die Zustellung gerichtlicher und außergerichtlicher Schriftstücke in Zivil- oder Handelssachen in den Mitgliedstaaten („Zustellung von Schriftstücken") und zur Aufhebung der Verordnung (EG) Nr. 1348/2000 des Rates

DAS EUROPÄISCHE PARLAMENT UND DER RAT DER EUROPÄISCHEN UNION –

gestützt auf den Vertrag zur Gründung der Europäischen Gemeinschaft, insbesondere auf Artikel 61 Buchstabe c und Artikel 67 Absatz 5 zweiter Gedankenstrich,

auf Vorschlag der Kommission,

nach Stellungnahme des Europäischen Wirtschafts- und Sozialausschusses[1],

gemäß dem Verfahren des Artikels 251 des Vertrags[2],

in Erwägung nachstehender Gründe:

(1) Die Union hat sich zum Ziel gesetzt, einen Raum der Freiheit, der Sicherheit und des Rechts, in dem der freie Personenverkehr gewährleistet ist, zu erhalten und weiterzuentwickeln. Zum schrittweisen Aufbau dieses Raums erlässt die Gemeinschaft unter anderem im Bereich der justiziellen Zusammenarbeit in Zivilsachen die für das reibungslose Funktionieren des Binnenmarkts erforderlichen Maßnahmen.

(2) Für das reibungslose Funktionieren des Binnenmarkts muss die Übermittlung gerichtlicher und außergerichtlicher Schriftstücke in Zivil- oder Handelssachen, die in einem anderen Mitgliedstaat zugestellt werden sollen, zwischen den Mitgliedstaaten verbessert und beschleunigt werden.

(3) Der Rat hat mit Rechtsakt vom 26. Mai 1997[3] ein Übereinkommen über die Zustellung gerichtlicher und außergerichtlicher Schriftstücke in Zivil- oder Handelssachen in den Mitgliedstaaten der Europäischen Union und das Übereinkommen den Mitgliedstaaten zur Annahme gemäß ihren verfassungsrechtlichen Vorschriften empfohlen. Dieses Übereinkommen ist nicht in Kraft getreten. Die bei der Aushandlung dieses Übereinkommens erzielten Ergebnisse sind zu wahren.

(4) Am 29. Mai 2000 hat der Rat die Verordnung (EG) Nr. 1348/2000 über die Zustellung gerichtlicher und außergerichtlicher Schriftstücke in Zivil- oder Handelssachen in den Mitgliedstaaten[4] angenommen. Der wesentliche Inhalt des Übereinkommens hat in jene Verordnung Eingang gefunden.

(5) Am 1. Oktober 2004 hat die Kommission einen Bericht über die Anwendung der Verordnung (EG) Nr. 1348/2000 angenommen. Diesem Bericht zufolge hat sich die Übermittlung und Zustellung von Schriftstücken in den Mitgliedstaaten seit Anwendung der Verordnung (EG) Nr. 1348/2000 im Allgemeinen verbessert und beschleunigt, doch werden bestimmte Vorschriften nicht gänzlich zufrieden stellend angewandt.

ZustellVO

---

[1] ABl. C 88 vom 11.4.2006, S. 7.
[2] Stellungnahme des Europäischen Parlaments vom 4. Juli 2006 (ABl. C 303 E vom 13.12.2006, S. 69), Gemeinsamer Standpunkt des Rates vom 28. Juni 2007 (ABl. C 193 E vom 21.8.2007, S. 13) und Standpunkt des Europäischen Parlaments vom 24. Oktober 2007.

Zu Abs. 3:
[3] *ABl. C 261 vom 27.8.1997, S. 1. Der Rat hat am Tag der Fertigstellung des Übereinkommens von dem erläuternden Bericht zu diesem Übereinkommen Kenntnis genommen. Dieser erläuternde Bericht ist auf Seite 26 des vorstehenden Amtsblatts enthalten.*
Zu Abs. 4:
[4] *ABl. L 160 vom 30.6.2000, S. 37.*

(6) Die Wirksamkeit und Schnelligkeit der gerichtlichen Verfahren in Zivilsachen setzt voraus, dass die Übermittlung gerichtlicher und außergerichtlicher Schriftstücke unmittelbar und auf schnellstmöglichem Wege zwischen den von den Mitgliedstaaten benannten örtlichen Stellen erfolgt. Die Mitgliedstaaten dürfen erklären, dass sie nur eine Übermittlungs- oder Empfangsstelle oder eine Stelle, die beide Funktionen zugleich wahrnimmt, für einen Zeitraum von fünf Jahren benennen wollen. Diese Benennung kann jedoch alle fünf Jahre erneuert werden.

(7) Eine schnelle Übermittlung erfordert den Einsatz aller geeigneten Mittel, wobei bestimmte Anforderungen an die Lesbarkeit und die Originaltreue des empfangenen Schriftstücks zu beachten sind. Zur Sicherstellung der Übermittlung muss das zu übermittelnde Schriftstück mit einem Formblatt versehen sein, das in der Amtssprache oder einer der Amtssprachen des Ortes auszufüllen ist, an dem die Zustellung erfolgen soll, oder in einer anderen vom Empfängerstaat anerkannten Sprache.

(8) Diese Verordnung sollte nicht für die Zustellung eines Schriftstücks an den Bevollmächtigten einer Partei in dem Mitgliedstaat gelten, in dem das Verfahren anhängig ist, unabhängig davon, wo die Partei ihren Wohnsitz hat.

(9) Die Zustellung eines Schriftstücks sollte so bald wie möglich, in jedem Fall aber innerhalb eines Monats nach Eingang bei der Empfangsstelle erfolgen.

(10) Um die Wirksamkeit dieser Verordnung zu gewährleisten, sollte die Möglichkeit, die Zustellung von Schriftstücken zu verweigern, auf Ausnahmefälle beschränkt werden.

(11) Um die Übermittlung und Zustellung von Schriftstücken zwischen den Mitgliedstaaten zu erleichtern, sollten die in den Anhängen dieser Verordnung enthaltenen Formblätter verwendet werden.

(12) Die Empfangsstelle sollte den Zustellungsempfänger schriftlich unter Verwendung des Formblatts darüber belehren, dass er die Annahme des Schriftstücks bei der Zustellung oder dadurch verweigern darf, dass er das Schriftstück binnen einer Woche an die Empfangsstelle zurücksendet, wenn es nicht in einer Sprache, die er versteht, oder in der Amtssprache oder einer der Amtssprachen des Zustellungsortes abgefasst ist. Diese Regel sollte auch für später erfolgende Zustellungen gelten, wenn der Empfänger sein Verweigerungsrecht ausgeübt hat. Diese Verweigerungsregeln sollten auch für die Zustellung durch die diplomatischen oder konsularischen Vertretungen, die Zustellung durch Postdienste oder die unmittelbare Zustellung gelten. Die Zustellung eines Schriftstücks, dessen Annahme verweigert wurde, an den Zustellungsempfänger sollte durch die Zustellung einer Übersetzung des zuzustellenden Schriftstücks an den Zustellungsempfänger bewirkt werden können.

(13) Auf eine schnelle Übermittlung muss auch eine schnelle Zustellung des Schriftstücks in den Tagen nach seinem Eingang folgen. Konnte das Schriftstück nach Ablauf eines Monats nicht zugestellt werden, so setzt die Empfangsstelle die Übermittlungsstelle davon in Kenntnis. Der Ablauf dieser Frist bedeutet nicht, dass der Antrag an die Übermittlungsstelle zurückgesandt werden muss, wenn feststeht, dass die Zustellung innerhalb einer angemessenen Frist möglich ist.

(14) Die Empfangsstelle sollte auch in den Fällen weiterhin alle für die Zustellung des Schriftstücks erforderlichen Schritte unternehmen, in denen es nicht möglich war, die Zustellung des Schriftstücks innerhalb eines Monats zu bewirken, beispielsweise weil der Beklagte urlaubsbedingt nicht zuhause war oder sich aus dienstlichen Gründen nicht in seinem Büro aufhielt. Die Übermittlungsstelle sollte jedoch zur Vermeidung einer unbefristeten Pflicht der Empfangsstelle, Schritte zur Zustellung des Schriftstücks zu unternehmen, in dem Formblatt eine Frist festlegen können, nach deren Ablauf die Zustellung nicht mehr erforderlich ist.

(15) Aufgrund der verfahrensrechtlichen Unterschiede zwischen den Mitgliedstaaten bestimmt sich der Zustellungszeitpunkt in den einzelnen Mitgliedstaaten nach unterschiedlichen Kriterien. Unter diesen Umständen und in Anbetracht der möglicherweise daraus entstehenden Schwierigkeiten sollte diese Verordnung deshalb eine Regelung vorsehen, nach der sich der Zustellungszeitpunkt nach dem Recht des Empfangsmitgliedstaats bestimmt. Muss jedoch nach dem Recht eines Mitgliedstaats ein Schriftstück innerhalb einer bestimmten Frist zugestellt werden, so sollte im Verhältnis zum Antragsteller als Datum der Zustellung das Datum gelten, das sich aus dem Recht dieses Mitgliedstaats ergibt. Diese Regelung des doppelten Datums besteht nur in einer begrenzten Zahl von Mitgliedstaaten. Diejenigen Mitgliedstaaten, die diese Regelung anwenden, sollten dies der Kommission mitteilen, die diese Information im *Amtsblatt der Europäischen Union* veröffentlichen und über das Europäische Justizielle Netz für Zivil- und Handelssachen, das

durch die Entscheidung 2001/470/EG des Rates[5] eingerichtet worden ist, zugänglich machen sollte.

(16) Um den Zugang zum Recht zu erleichtern, sollten die Kosten, die dadurch entstehen, dass bei der Zustellung eine Amtsperson oder eine andere nach dem Recht des Empfangsmitgliedstaats zuständige Person mitwirkt, einer von diesem Mitgliedstaat nach den Grundsätzen der Verhältnismäßigkeit und der Nichtdiskriminierung im Voraus festgesetzten einheitlichen Festgebühr entsprechen. Das Erfordernis einer einheitlichen Festgebühr sollte nicht die Möglichkeit ausschließen, dass die Mitgliedstaaten unterschiedliche Festgebühren für unterschiedliche Arten der Zustellung festlegen, sofern sie diese Grundsätze beachten.

(17) Es sollte jedem Mitgliedstaat freistehen, Personen, die ihren Wohnsitz in einem anderen Mitgliedstaat haben, Schriftstücke unmittelbar durch Postdienste per Einschreiben mit Rückschein oder gleichwertigem Beleg zustellen zu lassen.

(18) Jeder an einem gerichtlichen Verfahren Beteiligte sollte Schriftstücke unmittelbar durch Amtspersonen, Beamte oder sonstige zuständige Personen des Empfangsmitgliedstaats zustellen lassen können, wenn eine solche unmittelbare Zustellung nach dem Recht dieses Mitgliedstaats zulässig ist.

(19) Die Kommission sollte ein Handbuch mit Informationen zur ordnungsgemäßen Anwendung dieser Verordnung erstellen, das über das Europäische Justizielle Netz für die Zusammenarbeit in Zivil- und Handelssachen zugänglich gemacht werden sollte. Die Kommission und die Mitgliedstaaten sollten ihr Möglichstes tun, um sicherzustellen, dass diese Informationen aktuell und vollständig sind, insbesondere hinsichtlich der Kontaktinformationen zu den Empfangs- und den Übermittlungsstellen.

(20) Die Berechnung der in dieser Verordnung vorgesehenen Fristen und Termine sollte nach Maßgabe der Verordnung (EWG, Euratom) Nr. 1182/71 des Rates vom 3. Juni 1971 zur Festlegung der Regeln für die Fristen, Daten und Termine[6] erfolgen.

(21) Die zur Durchführung dieser Verordnung erforderlichen Maßnahmen sollten gemäß dem Beschluss 1999/468/EG des Rates vom 28. Juni 1999 zur Festlegung der Modalitäten für die Ausübung der der Kommission übertragenen Durchführungsbefugnisse[7] erlassen werden.

(22) Der Kommission sollte insbesondere die Befugnis zur Aktualisierung oder technischen Anpassung der Formblätter in den Anhängen übertragen werden. Da es sich bei diesen Maßnahmen um Maßnahmen von allgemeiner Tragweite zur Änderung bzw. Streichung nicht wesentlicher Bestimmungen dieser Verordnung handelt, müssen sie nach Artikel 5a des Beschlusses 1999/468/EG im Regelungsverfahren mit Kontrolle erlassen werden.

(23) In den Beziehungen zwischen den Mitgliedstaaten, die Vertragsparteien der von den Mitgliedstaaten geschlossenen bilateralen oder multilateralen Übereinkünfte oder Vereinbarungen sind, insbesondere des Protokolls zum Brüsseler Übereinkommen vom 27. September 1968[8] und des Haager Übereinkommens vom 15. November 1965[9], hat diese Verordnung in ihrem Anwendungsbereich Vorrang vor den Bestimmungen der Übereinkünfte oder Vereinbarungen mit demselben Anwendungsbereich. Es steht den Mitgliedstaaten frei, Übereinkünfte oder Vereinbarungen zur Beschleunigung oder Vereinfachung der Übermittlung von Schriftstücken beizubehalten oder zu schließen, sofern diese Übereinkünfte oder Vereinbarungen mit dieser Verordnung vereinbar sind.

(24) Die nach dieser Verordnung übermittelten Daten sollten angemessen geschützt werden. Diese Frage wird durch die Richtlinie 95/46/EG des Europäischen Parlaments und des Rates vom 24. Oktober 1995 zum Schutz natürlicher Personen bei der Verarbeitung personenbezogener Daten und zum freien Datenverkehr[10] und die Richtlinie 2002/58/EG des Europäischen Parlaments und des Rates vom 12. Juli 2002 über die Verarbeitung personenbezogener Daten und den

---

Zu Abs. 15:
[5] *ABl. L 174 vom 27.6.2001, S. 25.*
Zu Abs. 20:
[6] *ABl. L 124 vom 8.6.1971, S. 1.*

Zu Abs. 21:
[7] *ABl. L 184 vom 17.7.1999, S. 23. Geändert durch den Beschluss 2006/512/EG (ABl. L 200 vom 22.7.2006, S. 11).*
Zu Abs. 23:
[8] *Brüsseler Übereinkommen vom 27. September 1968 über die gerichtliche Zuständigkeit und die Vollstreckbarkeit gerichtlicher Entscheidungen in Zivil- und Handelssachen (ABl. L 299 vom 31.12.1972, S. 32. Konsolidierte Fassung im ABl. C 27 vom 26.1.1998, S. 1).*
[9] *Haager Übereinkommen vom 15. November 1965 über die Zustellung gerichtlicher und außergerichtlicher Schriftstücke im Ausland in Zivil- und Handelssachen.*
Zu Abs. 24:
[10] *ABl. L 281 vom 23.11.1995, S. 31. Geändert durch die Verordnung (EG) Nr. 1882/2003 (ABl. L 284 vom 31.10.2003, S. 1).*

Schutz der Privatsphäre im Bereich der Telekommunikation (Datenschutzrichtlinie für elektronische Kommunikation)[11] geregelt.

(25) Spätestens am 1. Juni 2011 und danach alle fünf Jahre sollte die Kommission die Anwendung der Verordnung prüfen und gegebenenfalls erforderliche Änderungen vorschlagen.

(26) Da die Ziele dieser Verordnung auf Ebene der Mitgliedstaaten nicht ausreichend erreicht werden können und daher wegen ihres Umfangs und ihrer Wirkungen besser auf Gemeinschaftsebene zu verwirklichen sind, kann die Gemeinschaft im Einklang mit dem in Artikel 5 des Vertrags niedergelegten Subsidiaritätsprinzip tätig werden. Entsprechend dem in demselben Artikel genannten Grundsatz der Verhältnismäßigkeit geht diese Verordnung nicht über das zur Erreichung dieser Ziele erforderliche Maß hinaus.

(27) Im Interesse einer besseren Übersicht und Verständlichkeit sollte die Verordnung (EG) Nr. 1348/2000 aufgehoben und durch die vorliegende Verordnung ersetzt werden.

(28) Gemäß Artikel 3 des dem Vertrag über die Europäische Union und dem Vertrag zur Gründung der Europäischen Gemeinschaft beigefügten Protokolls über die Position des Vereinigten Königreichs und Irlands beteiligen sich das Vereinigte Königreich und Irland an der Annahme und Anwendung dieser Verordnung.

(29) Gemäß den Artikeln 1 und 2 des dem Vertrag über die Europäische Union und dem Vertrag zur Gründung der Europäischen Gemeinschaft beigefügten Protokolls über die Position Dänemarks beteiligt sich Dänemark nicht an der Annahme dieser Verordnung, die für Dänemark nicht bindend oder anwendbar ist –

HABEN FOLGENDE VERORDNUNG ERLASSEN:

KAPITEL I

ALLGEMEINE BESTIMMUNGEN

Artikel 1
Anwendungsbereich

(1) Diese Verordnung ist in Zivil- oder Handelssachen anzuwenden, in denen ein gerichtliches oder außergerichtliches Schriftstück von einem in einen anderen Mitgliedstaat zum Zwecke

der Zustellung zu übermitteln ist. Sie erfasst insbesondere nicht Steuer- und Zollsachen, verwaltungsrechtliche Angelegenheiten sowie die Haftung des Staates für Handlungen oder Unterlassungen im Rahmen der Ausübung hoheitlicher Rechte („acta iure imperii").

(2) Diese Verordnung findet keine Anwendung, wenn die Anschrift des Empfängers des Schriftstücks unbekannt ist.

(3) Im Sinne dieser Verordnung bezeichnet der Begriff „Mitgliedstaat" alle Mitgliedstaaten mit Ausnahme Dänemarks.

Artikel 2
Übermittlungs- und Empfangsstellen

(1) Jeder Mitgliedstaat benennt die Amtspersonen, Behörden oder sonstigen Personen, die für die Übermittlung gerichtlicher und außergerichtlicher Schriftstücke, die in einem anderen Mitgliedstaat zuzustellen sind, zuständig sind, im Folgenden „Übermittlungsstellen" genannt.

(2) Jeder Mitgliedstaat benennt die Amtspersonen, Behörden oder sonstigen Personen, die für die Entgegennahme gerichtlicher und außergerichtlicher Schriftstücke aus einem anderen Mitgliedstaat zuständig sind, im Folgenden „Empfangsstellen" genannt.

(3) Die Mitgliedstaaten können entweder eine Übermittlungsstelle und eine Empfangsstelle oder eine Stelle für beide Aufgaben benennen. Bundesstaaten, Staaten mit mehreren Rechtssystemen oder Staaten mit autonomen Gebietskörperschaften können mehrere derartige Stellen benennen. Diese Benennung ist für einen Zeitraum von fünf Jahren gültig und kann alle fünf Jahre erneuert werden.

(4) Jeder Mitgliedstaat teilt der Kommission folgende Angaben mit:

a) die Namen und Anschriften der Empfangsstellen nach den Absätzen 2 und 3,

b) den Bereich, für den diese örtlich zuständig sind,

c) die ihnen zur Verfügung stehenden Möglichkeiten für den Empfang von Schriftstücken und

d) die Sprachen, in denen das Formblatt in Anhang I ausgefüllt werden darf.

Die Mitgliedstaaten teilen der Kommission jede Änderung dieser Angaben mit.

Artikel 3
Zentralstelle

Jeder Mitgliedstaat benennt eine Zentralstelle, die

a) den Übermittlungsstellen Auskünfte erteilt;

---

[11] ABl. L 201 vom 31.7.2002, S. 37. Geändert durch die Richtlinie 2006/24/EG (ABl. L 105 vom 13.4.2006, S. 54).

b) nach Lösungswegen sucht, wenn bei der Übermittlung von Schriftstücken zum Zwecke der Zustellung Schwierigkeiten auftreten;

c) in Ausnahmefällen auf Ersuchen einer Übermittlungsstelle einen Zustellungsantrag an die zuständige Empfangsstelle weiterleitet.

Bundesstaaten, Staaten mit mehreren Rechtssystemen oder Staaten mit autonomen Gebietskörperschaften können mehrere Zentralstellen benennen.

KAPITEL II

GERICHTLICHE SCHRIFTSTÜCKE

Abschnitt 1

Übermittlung und Zustellung von gerichtlichen Schriftstücken

Artikel 4
Übermittlung von Schriftstücken

(1) Gerichtliche Schriftstücke sind zwischen den nach Artikel 2 benannten Stellen unmittelbar und so schnell wie möglich zu übermitteln.

(2) Die Übermittlung von Schriftstücken, Anträgen, Zeugnissen, Empfangsbestätigungen, Bescheinigungen und sonstigen Dokumenten zwischen den Übermittlungs- und Empfangsstellen kann auf jedem geeigneten Übermittlungsweg erfolgen, sofern das empfangene Dokument mit dem versandten Dokument inhaltlich genau übereinstimmt und alle darin enthaltenen Angaben mühelos lesbar sind.

(3) Dem zu übermittelnden Schriftstück ist ein Antrag beizufügen, der nach dem Formblatt in Anhang I erstellt wird. Das Formblatt ist in der Amtssprache des Empfangsmitgliedstaats oder, wenn es in diesem Mitgliedstaat mehrere Amtssprachen gibt, der Amtssprache oder einer der Amtssprachen des Ortes, an dem die Zustellung erfolgen soll, oder in einer sonstigen Sprache, die der Empfangsmitgliedstaat zugelassen hat, auszufüllen. Jeder Mitgliedstaat gibt die Amtssprache oder die Amtssprachen der Organe der Europäischen Union an, die er außer seiner oder seinen eigenen Amtssprache(n) für die Ausfüllung des Formblatts zulässt.

(4) Die Schriftstücke sowie alle Dokumente, die übermittelt werden, bedürfen weder der Beglaubigung noch einer anderen gleichwertigen Formalität.

(5) Wünscht die Übermittlungsstelle die Rücksendung einer Abschrift des Schriftstücks zusammen mit der Bescheinigung nach Artikel 10, so übermittelt sie das betreffende Schriftstück in zweifacher Ausfertigung.

Artikel 5
Übersetzung der Schriftstücke

(1) Der Antragsteller wird von der Übermittlungsstelle, der er das Schriftstück zum Zweck der Übermittlung übergibt, davon in Kenntnis gesetzt, dass der Empfänger die Annahme des Schriftstücks verweigern darf, wenn es nicht in einer der in Artikel 8 genannten Sprachen abgefasst ist.

(2) Der Antragsteller trägt etwaige vor der Übermittlung des Schriftstücks anfallende Übersetzungskosten unbeschadet einer etwaigen späteren Kostenentscheidung des zuständigen Gerichts oder der zuständigen Behörde.

Artikel 6
Entgegennahme der Schriftstücke durch die Empfangsstelle

(1) Nach Erhalt des Schriftstücks übersendet die Empfangsstelle der Übermittlungsstelle auf schnellstmöglichem Wege und so bald wie möglich, auf jeden Fall aber innerhalb von sieben Tagen nach Erhalt des Schriftstücks, eine Empfangsbestätigung unter Verwendung des Formblatts in Anhang I.

(2) Kann der Zustellungsantrag aufgrund der übermittelten Angaben oder Dokumente nicht erledigt werden, so nimmt die Empfangsstelle auf schnellstmöglichem Wege Verbindung zu der Übermittlungsstelle auf, um die fehlenden Angaben oder Schriftstücke zu beschaffen.

(3) Fällt der Zustellungsantrag offenkundig nicht in den Anwendungsbereich dieser Verordnung oder ist die Zustellung wegen Nichtbeachtung der erforderlichen Formvorschriften nicht möglich, sind der Zustellungsantrag und die übermittelten Schriftstücke sofort nach Erhalt unter Verwendung des Formblatts in Anhang I an die Übermittlungsstelle zurückzusenden.

(4) Eine Empfangsstelle, die ein Schriftstück erhält, für dessen Zustellung sie örtlich nicht zuständig ist, leitet dieses Schriftstück zusammen mit dem Zustellungsantrag an die örtlich zuständige Empfangsstelle in demselben Mitgliedstaat weiter, sofern der Antrag den Voraussetzungen in Artikel 4 Absatz 3 entspricht; sie setzt die Übermittlungsstelle unter Verwendung des Formblatts in Anhang I davon in Kenntnis. Die örtlich zuständige Empfangsstelle teilt der Übermittlungsstelle gemäß Absatz 1 den Eingang des Schriftstücks mit.

Artikel 7
Zustellung der Schriftstücke

(1) Die Zustellung des Schriftstücks wird von der Empfangsstelle bewirkt oder veranlasst, und zwar entweder nach dem Recht des Empfangsmit-

gliedstaats oder in einem von der Übermittlungsstelle gewünschten besonderen Verfahren, sofern
dieses Verfahren mit dem Recht des Empfangsmitgliedstaats vereinbar ist.

(2) Die Empfangsstelle unternimmt alle erforderlichen Schritte, um die Zustellung des
Schriftstücks so rasch wie möglich, in jedem Fall
jedoch binnen einem Monat nach Eingang auszuführen. Konnte die Zustellung nicht binnen einem
Monat nach Eingang vorgenommen werden, verfährt die Empfangsstelle wie folgt:

a) Sie teilt dies der Übermittlungsstelle unverzüglich unter Verwendung der Bescheinigung
mit, die in dem Formblatt in Anhang I vorgesehen
und gemäß Artikel 10 Absatz 2 auszufüllen ist,
und

b) Sie unternimmt weiterhin, sofern die Übermittlungsstelle nichts anderes angibt, alle für die
Zustellung des Schriftstücks erforderlichen
Schritte, falls die Zustellung innerhalb einer angemessenen Frist möglich scheint.

Artikel 8
Verweigerung der Annahme eines
Schriftstücks

(1) Die Empfangsstelle setzt den Empfänger
unter Verwendung des Formblatts in Anhang II
davon in Kenntnis, dass er die Annahme des zuzustellenden Schriftstücks bei der Zustellung
verweigern oder das Schriftstück der Empfangsstelle binnen einer Woche zurücksenden darf, wenn
das Schriftstück nicht in einer der folgenden
Sprachen abgefasst oder keine Übersetzung in
einer der folgenden Sprachen beigefügt ist:

a) einer Sprache, die der Empfänger versteht,
oder

b) der Amtssprache des Empfangsmitgliedstaats oder, wenn es im Empfangsmitgliedstaat
mehrere Amtssprachen gibt, der Amtssprache
oder einer der Amtssprachen des Ortes, an dem
die Zustellung erfolgen soll.

(2) Wird der Empfangsstelle mitgeteilt, dass
der Empfänger die Annahme des Schriftstücks
gemäß Absatz 1 verweigert hat, so setzt sie die
Übermittlungsstelle unter Verwendung der Bescheinigung nach Artikel 10 unverzüglich davon
in Kenntnis und sendet den Antrag sowie die
Schriftstücke, um deren Übersetzung ersucht
wird, zurück.

(3) Hat der Empfänger die Annahme des
Schriftstücks gemäß Absatz 1 verweigert, kann
die Zustellung dadurch bewirkt werden, dass dem
Empfänger im Einklang mit dieser Verordnung
das Dokument zusammen mit einer Übersetzung
des Schriftstücks in eine der in Absatz 1 vorgesehenen Sprachen zugestellt wird. In diesem Fall
ist das Datum der Zustellung des Schriftstücks
das Datum, an dem die Zustellung des Dokuments
zusammen mit der Übersetzung nach dem Recht

des Empfangsmitgliedstaats bewirkt wird. Muss
jedoch nach dem Recht eines Mitgliedstaats ein
Schriftstück innerhalb einer bestimmten Frist zugestellt werden, so ist im Verhältnis zum Antragsteller als Datum der Zustellung der nach Artikel 9 Absatz 2 ermittelte Tag maßgeblich, an dem
das erste Schriftstück zugestellt worden ist.

(4) Die Absätze 1, 2 und 3 gelten auch für die
Übermittlung und Zustellung gerichtlicher
Schriftstücke nach Abschnitt 2.

(5) Für die Zwecke von Absatz 1 gilt Folgendes: Erfolgt die Zustellung gemäß Artikel 13
durch diplomatische oder konsularische Vertretungen bzw. gemäß Artikel 14 durch eine Behörde
oder Person, so setzen die diplomatischen oder
konsularischen Vertretungen bzw. die zustellende
Behörde oder Person den Empfänger davon in
Kenntnis, dass er die Annahme des Schriftstücks
verweigern darf und dass Schriftstücke, deren
Annahme verweigert wurden, diesen Vertretungen
bzw. dieser Behörde oder Person zu übermitteln
sind.

Artikel 9
Datum der Zustellung

(1) Unbeschadet des Artikels 8 ist für das Datum der nach Artikel 7 erfolgten Zustellung eines
Schriftstücks das Recht des Empfangsmitgliedstaats maßgeblich.

(2) Muss jedoch nach dem Recht eines Mitgliedstaats ein Schriftstück innerhalb einer bestimmten
Frist zugestellt werden, so ist im Verhältnis zum
Antragsteller als Datum der Zustellung der Tag
maßgeblich, der sich aus dem Recht dieses Mitgliedstaats ergibt.

(3) Die Absätze 1 und 2 gelten auch für die
Übermittlung und Zustellung gerichtlicher
Schriftstücke nach Abschnitt 2.

Artikel 10
Bescheinigung über die Zustellung und
Abschrift des zugestellten Schriftstücks

(1) Nach Erledigung der für die Zustellung des
Schriftstücks vorzunehmenden Schritte wird nach
dem Formblatt in Anhang I eine entsprechende
Bescheinigung ausgestellt, die der Übermittlungsstelle übersandt wird. Bei Anwendung von Artikel 4 Absatz 5 wird der Bescheinigung eine Abschrift des zugestellten Schriftstücks beigefügt.

(2) Die Bescheinigung ist in der Amtssprache
oder in einer der Amtssprachen des Übermittlungsmitgliedstaats oder in einer sonstigen Sprache,
die der Übermittlungsmitgliedstaat zugelassen
hat, auszustellen. Jeder Mitgliedstaat gibt die
Amtssprache oder die Amtssprachen der Organe
der Europäischen Union an, die er außer seiner
oder seinen eigenen Amtssprache(n) für die Ausfüllung des Formblatts zulässt.

Artikel 11
Kosten der Zustellung

(1) Für die Zustellung gerichtlicher Schriftstücke aus einem anderen Mitgliedstaat darf keine Zahlung oder Erstattung von Gebühren und Auslagen für die Tätigkeit des Empfangsmitgliedstaats verlangt werden.

(2) Der Antragsteller hat jedoch die Auslagen zu zahlen oder zu erstatten, die dadurch entstehen,

a) dass bei der Zustellung eine Amtsperson oder eine andere nach dem Recht des Empfangsmitgliedstaats zuständige Person mitwirkt;

b) dass ein besonderes Verfahren der Zustellung gewählt wird.

Auslagen, die dadurch entstehen, dass bei der Zustellung eine Amtsperson oder eine andere nach dem Recht des Empfangsmitgliedstaats zuständige Person mitwirkt, müssen einer von diesem Mitgliedstaat nach den Grundsätzen der Verhältnismäßigkeit und der Nichtdiskriminierung im Voraus festgesetzten einheitlichen Festgebühr entsprechen. Die Mitgliedstaaten teilen der Kommission die jeweiligen Festgebühren mit.

Abschnitt 2
Andere Arten der Übermittlung und Zustellung gerichtlicher Schriftstücke

Artikel 12
Übermittlung auf konsularischem oder diplomatischem Weg

Jedem Mitgliedstaat steht es in Ausnahmefällen frei, den nach Artikel 2 oder Artikel 3 benannten Stellen eines anderen Mitgliedstaats gerichtliche Schriftstücke zum Zweck der Zustellung auf konsularischem oder diplomatischem Weg zu übermitteln.

Artikel 13
Zustellung von Schriftstücken durch die diplomatischen oder konsularischen Vertretungen

(1) Jedem Mitgliedstaat steht es frei, Personen, die ihren Wohnsitz in einem anderen Mitgliedstaat haben, gerichtliche Schriftstücke unmittelbar durch seine diplomatischen oder konsularischen Vertretungen ohne Anwendung von Zwang zustellen zu lassen.

(2) Jeder Mitgliedstaat kann nach Artikel 23 Absatz 1 mitteilen, dass er eine solche Zustellung in seinem Hoheitsgebiet nicht zulässt, außer wenn das Schriftstück einem Staatsangehörigen des Übermittlungsmitgliedstaats zuzustellen ist.

Artikel 14
Zustellung durch Postdienste

Jedem Mitgliedstaat steht es frei, Personen, die ihren Wohnsitz in einem anderen Mitgliedstaat haben, gerichtliche Schriftstücke unmittelbar durch Postdienste per Einschreiben mit Rückschein oder gleichwertigem Beleg zustellen zu lassen.

Artikel 15
Unmittelbare Zustellung

Jeder an einem gerichtlichen Verfahren Beteiligte kann gerichtliche Schriftstücke unmittelbar durch Amtspersonen, Beamte oder sonstige zuständige Personen des Empfangsmitgliedstaats zustellen lassen, wenn eine solche unmittelbare Zustellung nach dem Recht dieses Mitgliedstaats zulässig ist.

KAPITEL III
AUSSERGERICHTLICHE SCHRIFTSTÜCKE

Artikel 16
Übermittlung

Außergerichtliche Schriftstücke können zum Zweck der Zustellung in einem anderen Mitgliedstaat nach Maßgabe dieser Verordnung übermittelt werden.

KAPITEL IV
SCHLUSSBESTIMMUNGEN

Artikel 17
Durchführungsbestimmungen

Die Maßnahmen zur Änderung nicht wesentlicher Elemente dieser Verordnung wie die Aktualisierung oder technische Anpassung der Formblätter in den Anhängen I und II werden nach dem Regelungsverfahren mit Kontrolle gemäß Artikel 18 Absatz 2 erlassen.

Artikel 18
Ausschuss

(1) Die Kommission wird von einem Ausschuss unterstützt.

(2) Wird auf diesen Absatz Bezug genommen, so gelten Artikel 5a Absätze 1 bis 4 und Artikel 7 des Beschlusses 1999/468/EG unter Beachtung von dessen Artikel 8.

ZustellVO

Artikel 19
Nichteinlassung des Beklagten

(1) War ein verfahrenseinleitendes Schriftstück oder ein gleichwertiges Schriftstück nach dieser Verordnung zum Zweck der Zustellung in einen anderen Mitgliedstaat zu übermitteln und hat sich der Beklagte nicht auf das Verfahren eingelassen, so hat das Gericht das Verfahren auszusetzen, bis festgestellt ist,

a) dass das Schriftstück in einem Verfahren zugestellt worden ist, das das Recht des Empfangsmitgliedstaats für die Zustellung der in seinem Hoheitsgebiet ausgestellten Schriftstücke an dort befindliche Personen vorschreibt, oder

b) dass das Schriftstück tatsächlich entweder dem Beklagten persönlich ausgehändigt oder nach einem anderen in dieser Verordnung vorgesehenen Verfahren in seiner Wohnung abgegeben worden ist,

und dass in jedem dieser Fälle das Schriftstück so rechtzeitig zugestellt oder ausgehändigt bzw. abgegeben worden ist, dass der Beklagte sich hätte verteidigen können.

(2) Jeder Mitgliedstaat kann nach Artikel 23 Absatz 1 mitteilen, dass seine Gerichte ungeachtet des Absatzes 1 den Rechtsstreit entscheiden können, auch wenn keine Bescheinigung über die Zustellung oder die Aushändigung eingegangen ist, sofern folgende Voraussetzungen gegeben sind:

a) Das Schriftstück ist nach einem in dieser Verordnung vorgesehenen Verfahren übermittelt worden.

b) Seit der Absendung des Schriftstücks ist eine Frist von mindestens sechs Monaten verstrichen, die das Gericht nach den Umständen des Falles als angemessen erachtet.

c) Trotz aller zumutbaren Schritte bei den zuständigen Behörden oder Stellen des Empfangsmitgliedstaats war eine Bescheinigung nicht zu erlangen.

(3) Unbeschadet der Absätze 1 und 2 kann das Gericht in dringenden Fällen einstweilige Maßnahmen oder Sicherungsmaßnahmen anordnen.

(4) War ein verfahrenseinleitendes Schriftstück oder ein gleichwertiges Schriftstück nach dieser Verordnung zum Zweck der Zustellung in einen anderen Mitgliedstaat zu übermitteln und ist eine Entscheidung gegen einen Beklagten ergangen, der sich nicht auf das Verfahren eingelassen hat, so kann ihm das Gericht in Bezug auf Rechtsmittelfristen die Wiedereinsetzung in den vorigen Stand bewilligen, sofern

a) der Beklagte ohne sein Verschulden nicht so rechtzeitig Kenntnis von dem Schriftstück erlangt hat, dass er sich hätte verteidigen können, und nicht so rechtzeitig Kenntnis von der Entschei-

dung erlangt hat, dass er sie hätte anfechten können, und

b) die Verteidigung des Beklagten nicht von vornherein aussichtslos scheint.

Ein Antrag auf Wiedereinsetzung in den vorigen Stand kann nur innerhalb einer angemessenen Frist, nachdem der Beklagte von der Entscheidung Kenntnis erhalten hat, gestellt werden. Jeder Mitgliedstaat kann nach Artikel 23 Absatz 1 erklären, dass dieser Antrag nach Ablauf einer in seiner Mitteilung anzugebenden Frist unzulässig ist; diese Frist muss jedoch mindestens ein Jahr ab Erlass der Entscheidung betragen.

(5) Absatz 4 gilt nicht für Entscheidungen, die den Personenstand betreffen.

Artikel 20
Verhältnis zu von den Mitgliedstaaten geschlossenen Übereinkünften oder Vereinbarungen

(1) Die Verordnung hat in ihrem Anwendungsbereich Vorrang vor den Bestimmungen, die in den von den Mitgliedstaaten geschlossenen bilateralen oder multilateralen Übereinkünften oder Vereinbarungen enthalten sind, insbesondere vor Artikel IV des Protokolls zum Brüsseler Übereinkommen von 1968 und vor dem Haager Übereinkommen vom 15. November 1965.

(2) Die Verordnung hindert einzelne Mitgliedstaaten nicht daran, Übereinkünfte oder Vereinbarungen zur weiteren Beschleunigung oder Vereinfachung der Übermittlung von Schriftstücken beizubehalten oder zu schließen, sofern sie mit dieser Verordnung vereinbar sind.

(3) Die Mitgliedstaaten übermitteln der Kommission:

a) eine Abschrift der zwischen den Mitgliedstaaten geschlossenen Übereinkünfte oder Vereinbarungen nach Absatz 2 sowie Entwürfe dieser von ihnen geplanten Übereinkünfte oder Vereinbarungen sowie

b) jede Kündigung oder Änderung dieser Übereinkünfte oder Vereinbarungen.

Artikel 21
Prozesskostenhilfe

Artikel 23 des Abkommens über den Zivilprozess vom 17. Juli 1905, Artikel 24 des Übereinkommens über den Zivilprozess vom 1. März 1954 und Artikel 13 des Abkommens über die Erleichterung des internationalen Zugangs zu den Gerichten vom 25. Oktober 1980 bleiben im Verhältnis zwischen den Mitgliedstaaten, die Vertragspartei dieser Übereinkünfte sind, von dieser Verordnung unberührt.

Artikel 22
Datenschutz

(1) Die Empfangsstelle darf die nach dieser Verordnung übermittelten Informationen – einschließlich personenbezogener Daten – nur zu dem Zweck verwenden, zu dem sie übermittelt wurden.

(2) Die Empfangsstelle stellt die Vertraulichkeit derartiger Informationen nach Maßgabe ihres nationalen Rechts sicher.

(3) Die Absätze 1 und 2 berühren nicht das Auskunftsrecht von Betroffenen über die Verwendung der nach dieser Verordnung übermittelten Informationen, das ihnen nach dem einschlägigen nationalen Recht zusteht.

(4) Die Richtlinien 95/46/EG und 2002/58/EG bleiben von dieser Verordnung unberührt.

Artikel 23
Mitteilung und Veröffentlichung

(1) Die Mitgliedstaaten teilen der Kommission die Angaben nach den Artikeln 2, 3, 4, 10, 11, 13, 15 und 19 mit. Die Mitgliedstaaten teilen der Kommission mit, ob nach ihrem innerstaatlichen Recht ein Dokument gemäß Artikel 8 Absatz 3 und Artikel 9 Absatz 2 innerhalb einer bestimmten Frist zugestellt werden muss.

(2) Die Kommission veröffentlicht die gemäß Absatz 1 mitgeteilten Angaben im *Amtsblatt der Europäischen Union,* mit Ausnahme der Anschriften und sonstigen Kontaktdaten der Stellen und der Zentralstellen und ihrer geografischen Zuständigkeitsgebiete.

(3) Die Kommission sorgt für die Erstellung und regelmäßige Aktualisierung eines Handbuchs, das die Angaben nach Absatz 1 enthält und in elektronischer Form bereitgestellt wird, insbesondere über das Europäische Justizielle Netz für Zivil- und Handelssachen.

Artikel 24
Überprüfung

Die Kommission legt dem Europäischen Parlament, dem Rat und dem Europäischen Wirt-

schafts- und Sozialausschuss spätestens am 1. Juni 2011 und danach alle fünf Jahre einen Bericht über die Anwendung dieser Verordnung vor, wobei sie insbesondere auf die Effizienz der nach Artikel 2 bezeichneten Stellen und die praktische Anwendung des Artikels 3 Buchstabe c und des Artikels 9 achtet. Diesem Bericht werden erforderlichenfalls Vorschläge zur Anpassung dieser Verordnung an die Entwicklung der Zustellungssysteme beigefügt.

Artikel 25
Aufhebung der Verordnung (EG)
Nr. 1348/2000

(1) Die Verordnung (EG) Nr. 1348/2000 wird mit Beginn der Geltung dieser Verordnung aufgehoben.

(2) Jede Bezugnahme auf die aufgehobene Verordnung gilt als Bezugnahme auf die vorliegende Verordnung nach Maßgabe der Entsprechungstabelle in Anhang III.

Artikel 26
Inkrafttreten

Diese Verordnung tritt am zwanzigsten Tag nach ihrer Veröffentlichung im *Amtsblatt der Europäischen Union* in Kraft. Sie gilt ab dem 13. November 2008 mit Ausnahme des Artikels 23, der ab dem 13. August 2008 gilt.

Diese Verordnung ist in allen ihren Teilen verbindlich und gilt gemäß dem Vertrag zur Gründung der Europäischen Gemeinschaft unmittelbar in den Mitgliedstaaten.

Geschehen zu Straßburg am 13. November 2007.

Im Namen des Europäi-   Im Namen des Rates
schen Parlaments

Der Präsident   Der Präsident

H.-G. PÖTTERING   M. LOBO ANTUNES

ANTRAG AUF ZUSTELLUNG VON SCHRIFTSTÜCKEN

(Artikel 4 Absatz 3 der Verordnung (EG) Nr. 1393/2007 des Europäischen Parlaments und des Rates vom 13. November 2007 über die Zustellung gerichtlicher und außergerichtlicher Schriftstücke in Zivil- oder Handelssachen in den Mitgliedstaaten (¹))

Referenznummer: ....

1.	ÜBERMITTLUNGSSTELLE
1.1.	Name/Bezeichnung:
1.2.	Anschrift:
1.2.1.	Straße und Hausnummer/Postfach:
1.2.2.	PLZ und Ort:
1.2.3.	Staat:
1.3.	Tel.
1.4.	Fax (*)
1.5.	E-Mail (*):
2.	EMPFANGSSTELLE:
2.1.	Name/Bezeichnung:
2.2.	Anschrift:
2.2.1.	Straße und Hausnummer/Postfach:
2.2.2.	PLZ und Ort:
2.2.3.	Staat:
2.3.	Tel.
2.4.	Fax (*)
2.5.	E-Mail (*):
3.	ANTRAGSTELLER
3.1.	Name/Bezeichnung:
3.2.	Anschrift:
3.2.1.	Straße und Hausnummer/Postfach:
3.2.2.	PLZ und Ort:
3.2.3.	Staat:
3.3.	Tel. (*)
3.4.	Fax (*)
3.5.	E-Mail (*):

(¹) ABl. L 324 vom 10.12. 2007, S. 79.
(*) Angabe freigestellt.

4.	EMPFÄNGER
4.1.	Name/Bezeichnung:
4.2.	Anschrift:
4.2.1.	Straße und Hausnummer/Postfach:
4.2.2.	PLZ und Ort:
4.2.3.	Staat:
4.3.	Tel. (*)
4.4.	Fax (*)
4.5.	E-Mail (*):
4.6.	Personenkennziffer oder Sozialversicherungsnummer oder gleichwertige Kennnummer/Kennnummer des Unternehmens oder gleichwertige Kennnummer (*):
5.	VERFAHREN DER ZUSTELLUNG
5.1.	Gemäß den Rechtsvorschriften des Empfangsmitgliedstaats:
5.2.	Gemäß folgendem besonderen Verfahren:
5.2.1.	Falls dieses Verfahren der Zustellung mit dem Recht des Empfangsmitgliedstaats unvereinbar ist, soll die Zustellung nach seinem Recht erfolgen:
5.2.1.1.	Ja
5.2.1.2.	Nein
6.	ZUZUSTELLENDES SCHRIFTSTÜCK
6.1.	Art des Schriftstücks:
6.1.1.	gerichtlich
6.1.1.1.	schriftliche Vorladung
6.1.1.2.	Urteil
6.1.1.3.	Rechtsmittel
6.1.1.4.	sonstiger Art
6.1.2.	außergerichtlich
6.2.	Datum oder Frist, nach dem/der die Zustellung nicht mehr erforderlich ist (*):
	… (Tag) … (Monat) … (Jahr)
6.3.	Sprache des Schriftstücks:
6.3.1.	Original (BG, ES, CS, DE, ET, EL, EN, FR, GA, IT, LV, LT, HU, MT, NL, PL, PT, RO, SK, SL, FI, SV, sonstige Sprache):
6.3.2.	Übersetzung (*) (BG, ES, CS, DE, ET, EL, EN, FR, GA, IT, LV, LT, HU, MT, NL, PL, PT, RO, SK, SL, FI, SV, sonstige Sprache):
6.4.	Anzahl der Anlagen:
7.	RÜCKSENDUNG EINER ABSCHRIFT DES SCHRIFTSTÜCKS ZUSAMMEN MIT DER BESCHEINIGUNG ÜBER DIE ZUSTELLUNG (Artikel 4 Absatz 5 der Verordnung (EG) Nr. 1393/2007)
7.1.	Ja (in diesem Fall ist das zuzustellende Schriftstück zweifach zu übersenden)
7.2.	Nein

(*) Angabe freigestellt.

ZustellVO

1. Nach Artikel 7 Absatz 2 der Verordnung (EG) Nr. 1393/2007+ müssen alle für die Zustellung erforderlichen Schritte so bald wie möglich, in jedem Fall aber innerhalb eines Monats nach Eingang des Schriftstücks erfolgen. Ist es nicht möglich gewesen, die Zustellung innerhalb eines Monats nach Eingang vorzunehmen, so muss dies der Übermittlungsstelle durch Angabe in Nummer 13 der Bescheinigung über die Zustellung bzw. Nichtzustellung von Schriftstücken mitgeteilt werden.

2. Kann der Antrag anhand der übermittelten Informationen oder Dokumente nicht erledigt werden, so müssen Sie nach Artikel 6 Absatz 2 der Verordnung (EG) Nr. 1393/2007+ auf schnellstmöglichem Weg Verbindung zu der Übermittlungsstelle aufnehmen, um die fehlenden Angaben oder Schriftstücke zu beschaffen.

Geschehen zu: ....

am: ....

Unterschrift und/oder Stempel: ....

Referenznummer der Übermittlungsstelle: ....

Referenznummer der Empfangsstelle: ....

EMPFANGSBESTÄTIGUNG

(Artikel 6 Absatz 1 der Verordnung (EG) Nr. 1393/2007 des Europäischen Parlaments und des Rates vom 13. November 2007 über die Zustellung gerichtlicher und außergerichtlicher Schriftstücke in Zivil- oder Handelssachen in den Mitgliedstaaten)

Diese Bestätigung ist auf schnellstmöglichem Weg und so bald wie möglich, in jedem Fall aber innerhalb von sieben Tagen nach Eingang des Schriftstücks zu übermitteln.

8. TAG DES EINGANGS:

Geschehen zu: ....

am: ....

Unterschrift und/oder Stempel: ....

32/1. ZustellVO

Anhang I

Referenznummer der Übermittlungsstelle: ....

Referenznummer der Empfangsstelle: ....

BENACHRICHTIGUNG ÜBER DIE RÜCKSENDUNG DES ANTRAGS UND DES SCHRIFTSTÜCKS

(Artikel 6 Absatz 3 der Verordnung (EG) Nr. 1393/2007 des Europäischen Parlaments und des Rates vom 13. November 2007 über die Zustellung gerichtlicher und außergerichtlicher Schriftstücke in Zivil- oder Handelssachen in den Mitgliedstaaten (¹))

Der Antrag und das Schriftstück sind sofort nach Eingang zurückzuschicken.

---

9.   GRUND FÜR DIE RÜCKSENDUNG

9.1.   Der Antrag fällt offensichtlich nicht in den Anwendungsbereich der Verordnung:

9.1.1.   Das Schriftstück betrifft nicht Zivil- oder Handelssachen

9.1.2.   Die Zustellung erfolgt nicht von einem Mitgliedstaat in einen anderen Mitgliedstaat

9.2.   Aufgrund der Nichtbeachtung der erforderlichen formellen Voraussetzungen ist die Zustellung nicht möglich:

9.2.1.   Das Schriftstück ist nicht mühelos lesbar

9.2.2.   Die zur Ausfüllung des Formblatts verwendete Sprache ist unzulässig

9.2.3.   Das empfangene Schriftstück stimmt mit dem versandten Schriftstück inhaltlich nicht genau überein

9.2.4.   Sonstiges (genaue Angaben):

9.3.   Das Verfahren der Zustellung ist mit dem Recht des Empfangsmitgliedstaats nicht vereinbar (Artikel 7 Absatz 1 der Verordnung (EG) Nr. 1393/2007)

Geschehen zu: ....

am: ....

Unterschrift und/oder Stempel: ....

ZustellVO

(¹)   ABl. L 324 vom 10.12.2007, S. 79.

Referenznummer der Übermittlungsstelle: ....

Referenznummer der Empfangsstelle: ....

**BENACHRICHTIGUNG ÜBER DIE WEITERLEITUNG DES ANTRAGS UND DES SCHRIFTSTÜCKS
AN DIE ZUSTÄNDIGE EMPFANGSSTELLE**

**(Artikel 6 Absatz 4 der Verordnung (EG) Nr. 1393/2007 des Europäischen Parlaments und des Rates
vom 13. November 2007 über die Zustellung gerichtlicher und außergerichtlicher Schriftstücke
in Zivil- oder Handelssachen in den Mitgliedstaaten (¹))**

Der Antrag und das Schriftstück wurden an die folgende, örtlich zuständige Empfangsstelle weitergeleitet:

10.   ZUSTÄNDIGE EMPFANGSSTELLE

10.1.   Name/Bezeichnung:

10.2.   Anschrift:

10.2.1. Straße und Hausnummer/Postfach:

10.2.2. PLZ und Ort:

10.2.3. Staat:

10.3.   Tel.

10.4.   Fax (*)

10.5.   E-Mail (*):

Geschehen zu: ....

am: ....

Unterschrift und/oder Stempel: ....

(¹)   ABl. L 324 vom 10.12.2007, S. 79.
(*)   Angabe freigestellt.

Referenznummer der Übermittlungsstelle: ....

Referenznummer der zuständigen Empfangsstelle: ....

EMPFANGSMITTEILUNG DER ÖRTLICH ZUSTÄNDIGEN EMPFANGSSTELLE AN DIE ÜBERMITTLUNGSSTELLE

(Artikel 6 Absatz 4 der Verordnung (EG) Nr. 1393/2007 des Europäischen Parlaments und des Rates vom 13. November 2007 über die Zustellung gerichtlicher und außergerichtlicher Schriftstücke in Zivil- oder Handelssachen in den Mitgliedstaaten ([1]))

Diese Mitteilung ist auf schnellstmöglichem Weg und so bald wie möglich, in jedem Fall aber innerhalb von sieben Tagen nach Eingang des Schriftstücks zu übermitteln.

11. TAG DES EINGANGS

Geschehen zu: ....

am: ....

Unterschrift und/oder Stempel: ....

ZustellVO

([1])   ABl. L 324 vom 10.12.2007, S. 79.

Referenznummer der Übermittlungsstelle: ....

Referenznummer der Empfangsstelle: ....

BESCHEINIGUNG ÜBER DIE ZUSTELLUNG BZW. NICHTZUSTELLUNG VON SCHRIFTSTÜCKEN

(Artikel 10 der Verordnung (EG) Nr. 1393/2007 des Europäischen Parlaments und des Rates vom 13. November 2007 über die Zustellung gerichtlicher und außergerichtlicher Schriftstücke in Zivil- oder Handelssachen in den Mitgliedstaaten (¹))

Die Schriftstücke werden so rasch wie möglich zugestellt. Konnte die Zustellung nicht binnen einem Monat nach Eingang vorgenommen werden, teilt die Empfangsstelle dies der Übermittlungsstelle mit (gemäß Artikel 7 Absatz 2 der Verordnung (EG) Nr. 1393/2007)

12.	DURCHFÜHRUNG DER ZUSTELLUNG
12.1.	Tag und Ort der Zustellung:
12.2.	Das Dokument wurde
12.2.1.	gemäß dem Recht des Empfangsmitgliedstaats zugestellt, und zwar
12.2.1.1.	übergeben
12.2.1.1.1.	dem Empfänger persönlich:
12.2.1.1.2.	einer anderen Person:
12.2.1.1.2.1.	Name:
12.2.1.1.2.2.	Anschrift:
12.2.1.1.2.2.1.	Straße und Hausnummer/Postfach:
12.2.1.1.2.2.2.	PLZ und Ort:
12.2.1.1.2.2.3.	Staat:
12.2.1.1.2.3.	Beziehung zum Empfänger:
	Familienangehöriger ... Angestellter ... Sonstiges ...
12.2.1.1.3.	am Wohnsitz des Empfängers
12.2.1.2.	auf dem Postweg zustellt
12.2.1.2.1.	ohne Empfangsbestätigung
12.2.1.2.2.	mit der beigefügten Empfangsbestätigung
12.2.1.2.2.1.	des Empfängers:
12.2.1.2.2.2.	einer anderen Person:
12.2.1.2.2.2.1.	Name:
12.2.1.2.2.2.2.	Anschrift:
12.2.1.2.2.2.2.1.	Straße und Hausnummer/Postfach:
12.2.1.2.2.2.2.2.	PLZ und Ort:
12.2.1.2.2.2.2.3.	Staat:
12.2.1.2.2.2.3.	Beziehung zum Empfänger:
	Familienangehöriger ... Angestellter ... Sonstiges ...

(¹) ABl. L 324 vom 10.12.2007, S. 79.

12.2.1.3. in anderer Art und Weise zugestellt (bitte genaue Angabe):

12.2.2. in folgender besonderer Art und Weise zugestellt (bitte genaue Angabe):

12.3. Der Empfänger des Schriftstücks wurde schriftlich davon in Kenntnis gesetzt, dass er die Entgegennahme des Schriftstücks verweigern kann, wenn es weder in einer Sprache, die er versteht, noch in einer Amtssprache oder einer der Amtssprachen des Zustellungsortes abgefasst ist oder wenn dem Schriftstück keine Übersetzung in einer dieser Sprachen beigefügt ist.

13. MITTEILUNG GEMÄSS ARTIKEL 7 ABSATZ 2 DER VERORDNUNG (EG) Nr. 1393/2007

Die Zustellung konnte nicht binnen einem Monat nach Eingang des Schriftstücks vorgenommen werden.

14. VERWEIGERUNG DER ANNAHME

Der Empfänger verweigerte die Annahme des Schriftstücks aufgrund der verwendeten Sprache. Das Schriftstück ist dieser Bescheinigung beigefügt.

15. GRUND FÜR DIE NICHTZUSTELLUNG DES SCHRIFTSTÜCKS

15.1. Wohnsitz nicht bekannt

15.2. Empfänger unbekannt

15.3. Das Schriftstück konnte nicht vor dem Datum bzw. innerhalb der Frist nach Nummer 6.2 zugestellt werden.

15.4. Sonstiges (bitte angeben):

Das Schriftstück ist dieser Bescheinigung beigefügt.

Geschehen zu: ....

am: ....

Unterschrift und/oder Stempel: ....

ZustellVO

**Anhang II: BELEHRUNG DES EMPFÄNGERS ÜBER SEIN
ANNAHMEVERVEWEIGERUNGSRECHT (abgedruckt ist nur der deutsche Text)**

DE:

Die Zustellung des beigefügten Schriftstücks erfolgt im Einklang mit der Verordnung (EG) Nr. 1393/2007 des Europäischen Parlaments und des Rates über die Zustellung gerichtlicher und außergerichtlicher Schriftstücke in Zivil- oder Handelssachen in den Mitgliedstaaten.

Sie können die Annahme dieses Schriftstücks verweigern, wenn es weder in einer Sprache, die Sie verstehen, noch in einer Amtssprache oder einer der Amtssprachen des Zustellungsortes abgefasst ist, oder wenn ihm keine Übersetzung in einer dieser Sprachen beigefügt ist.

Wenn Sie von Ihrem Annahmeverweigerungsrecht Gebrauch machen wollen, müssen Sie dies entweder sofort bei der Zustellung gegenüber der das Schriftstück zustellenden Person erklären oder das Schriftstück binnen einer Woche nach der Zustellung an die nachstehende Anschrift mit der Angabe zurücksenden, dass Sie die Annahme verweigern.

ANSCHRIFT:

1.   Name/Bezeichnung:

2.   Anschrift:

2.1.   Straße und Hausnummer/Postfach:

2.2.   PLZ und Ort:

2.3.   Staat:

3.   Tel.

4.   Fax (*)

5.   E-Mail (*):

ERKLÄRUNG DES EMPFÄNGERS

Ich verweigere die Annahme des beigefügten Schriftstücks, da es entweder nicht in einer Sprache, die ich verstehe, oder nicht in einer Amtssprache oder einer der Amtssprachen des Zustellungsortes abgefasst ist oder da dem Schriftstück keine Übersetzung in einer dieser Sprachen beigefügt ist.

Ich verstehe die folgende(n) Sprache(n):

Bulgarisch	☐	Litauisch	☐
Spanisch	☐	Ungarisch	☐
Tschechisch	☐	Maltesisch	☐
Deutsch	☐	Niederländisch	☐
Estnisch	☐	Polnisch	☐
Griechisch	☐	Portugiesisch	☐
Englisch	☐	Rumänisch	☐
Französisch	☐	Slowakisch	☐
Irisch	☐	Slowenisch	☐
Italienisch	☐	Finnisch	☐
Lettisch	☐	Schwedisch	☐
Sonstige	☐	bitte angeben:	

Geschehen zu: ....

am: ....

Unterschrift und/oder Stempel: ....

(*)   Angabe freigestellt.

ENTSPRECHUNGSTABELLE	
Verordnung (EG) Nr. 1348/2000	Vorliegende Verordnung
Artikel 1 Absatz 1	Artikel 1 Absatz 1 Satz 1
—	Artikel 1 Absatz 1 Satz 2
Artikel 1 Absatz 2	Artikel 1 Absatz 2
—	Artikel 1 Absatz 3
Artikel 2	Artikel 2
Artikel 3	Artikel 3
Artikel 4	Artikel 4
Artikel 5	Artikel 5
Artikel 6	Artikel 6
Artikel 7 Absatz 1	Artikel 7 Absatz 1
Artikel 7 Absatz 2 Satz 1	Artikel 7 Absatz 2 Satz 1
Artikel 7 Absatz 2 Satz 2	Artikel 7 Absatz 2 Satz 2 (Einleitungssatz) und Artikel 7 Absatz 2 Buchstabe a
—	Artikel 7 Absatz 2 Buchstabe b
Artikel 7 Absatz 2 Satz 3	—
Artikel 8 Absatz 1 Einleitungssatz	Artikel 8 Absatz 1 Einleitungssatz
Artikel 8 Absatz 1 Buchstabe a	Artikel 8 Absatz 1 Buchstabe b
Artikel 8 Absatz 1 Buchstabe b	Artikel 8 Absatz 1 Buchstabe a
Artikel 8 Absatz 2	Artikel 8 Absatz 2
—	Artikel 8 Absätze 3 bis 5
Artikel 9 Absätze 1 und 2	Artikel 9 Absätze 1 und 2
Artikel 9 Absatz 3	—
—	Artikel 9 Absatz 3
Artikel 10	Artikel 10
Artikel 11 Absatz 1	Artikel 11 Absatz 1
Artikel 11 Absatz 2	Artikel 11 Absatz 2 Unterabsatz 1
—	Artikel 11 Absatz 2 Unterabsatz 2
Artikel 12	Artikel 12
Artikel 13	Artikel 13
Artikel 14 Absatz 1	Artikel 14
Artikel 14 Absatz 2	—
Artikel 15 Absatz 1	Artikel 15
Artikel 15 Absatz 2	—
Artikel 16	Artikel 16
Artikel 17 Einleitungssatz	Artikel 17
Artikel 17 Buchstaben a bis c	—
Artikel 18 Absätze 1 und 2	Artikel 18 Absätze 1 und 2

ZustellVO

Verordnung (EG) Nr. 1348/2000	Vorliegende Verordnung
Artikel 18 Absatz 3	—
Artikel 19	Artikel 19
Artikel 20	Artikel 20
Artikel 21	Artikel 21
Artikel 22	Artikel 22
Artikel 23 Absatz 1	Artikel 23 Absatz 1 Satz 1
—	Artikel 23 Absatz 1 Satz 2
Artikel 23 Absatz 2	Artikel 23 Absatz 2
—	Artikel 23 Absatz 3
Artikel 24	Artikel 24
Artikel 25	—
—	Artikel 25
—	Artikel 26
Anhang	Anhang I
—	Anhang II
—	Anhang III

(In Anhang I wird mit ABl L 158 vom 10. 6. 2013 (VO (EU) Nr. 517/2013) in den Nummern 6.3.1 und 6.3.2 nach dem Eintrag für Irisch jeweils eingefügt: „HR,"; bzgl. Änderungen in Anhang II in kroatischer Sprache siehe ABl L 158 vom 10. 6. 2013.)

Abkommen über den Austritt des Vereinigten Königreichs Großbritannien und Nordirland aus der Europäischen Union und der Europäischen Atomgemeinschaft

(ABl. L 029 vom 31.1.2020, S. 7, ab 1.1.2021)

Artikel 68

Im Vereinigten Königreich sowie in den Mitgliedstaaten finden in Fällen, die einen Bezug zum Vereinigten Königreich aufweisen, die nachstehenden Rechtsakte wie folgt Anwendung:
a) Die Verordnung (EG) Nr. 1393/2007 des Europäischen Parlaments und des Rates[*)] findet Anwendung auf gerichtliche und außergerichtliche Schriftstücke, die vor dem Ablauf der Übergangszeit zum Zwecke der Zustellung bei einer der folgenden Stellen eingegangen sind:

Zu Artikel 68:
[*)] Verordnung (EG) Nr. 1393/2007 des Europäischen Parlaments und des Rates vom 13. November 2007 über die Zustellung gerichtlicher und außergerichtlicher Schriftstücke in Zivil- oder Handelssachen in den Mitgliedstaaten („Zustellung von Schriftstücken") und zur Aufhebung der Verordnung (EG) Nr. 1348/2000 des Rates (ABl. L 324 vom 10.12.2007, S. 79).

i) einer Empfangsstelle;
ii) einer Zentralstelle des Staates, in dem die Zustellung erfolgen soll; oder
iii) diplomatischen oder konsularischen Vertretungen, Postdiensten oder Amtspersonen, Beamten oder sonstigen zuständigen Personen des Empfangsmitgliedstaats im Sinne der Artikel 13, 14 und 15 der genannten Verordnung;

Artikel 69

(3) Artikel 68 Buchstabe a dieses Abkommens findet auch auf diejenigen Bestimmungen der Verordnung (EG) Nr. 1393/2007 Anwendung, die aufgrund des Abkommens zwischen der Europäischen Gemeinschaft und dem Königreich Dänemark über die gerichtliche Zuständigkeit und die Anerkennung und Vollstreckung von Entscheidungen in Zivil- und Handelssachen[*)] anwendbar sind.

Der Übergangszeitraum endete am 31.12.2020 (Art 126 des Austrittsabkommens)

Zu Artikel 69:
[*)] ABl. L 300 vom 17.11.2005, S. 55.

32/2. Erlässe zur Zustellverordnung[*]

[*] Die Erlässe sind zur ZustellVO Nr. 1348/2000 ergangen, jedoch weitgehend auf die neue ZustellVO Nr. 1393/2007 anwendbar.

JMZ 30.043A/6/I11/2001

Einführungserlass vom 23. April 2001 zur Verordnung (EG) Nr. 1348/2000 des Rates vom 29. Mai 2000 über die Zustellung gerichtlicher und außergerichtlicher Schriftstücke in Zivil- oder Handelssachen in Mitgliedstaaten (Zustellverordnung)

A. Allgemeines

Am 31. Mai 2001 wird die Verordnung (EG) Nr. 1348/2000 des Rates vom 29. Mai 2000 über die Zustellung gerichtlicher und außergerichtlicher Schriftstücke in Zivil- oder Handelssachen in Mitgliedstaaten, ABl. EG vom 30. Juni 2000, L 160/37 (im Folgenden: **„Zustellverordnung"**), **in Kraft treten.** Als Rechtsakt des europäischen Gemeinschaftsrechts ist sie **unmittelbar anwendbar** und geht dem nationalen Recht vor.

Die Europäische Union ist bestrebt, durch Maßnahmen im Bereich der „justitiellen Zusammenarbeit in Zivilsachen" das System für die grenzüberschreitende Zustellung gerichtlicher und außergerichtlicher Schriftstücke zu verbessern und zu vereinfachen (vgl. Art. 65 EG). So soll die Zustellverordnung die Übermittlung gerichtlicher und außergerichtlicher Schriftstücke in Zivil- und Handelssachen zwischen den Mitgliedstaaten der EU erleichtern und beschleunigen.

Zu diesem Zweck ist die Übermittlung gerichtlicher und außergerichtlicher Schriftstücke **auf unmittelbarem und schnellstmöglichem Weg zwischen den von den einzelnen Mitgliedstaaten genannten örtlichen Übermittlungs- und Empfangsstellen** (Art. 2 Zustellverordnung) vorgesehen; in Österreich sind dies die Bezirksgerichte und – allerdings bloß als Übermittlungsstellen – auch sonstige Gerichte, sofern sie gerichtliche Schriftstücke in Zivil- oder Handelssachen zuzustellen haben.

Die möglichst rasche Übermittlung soll auch durch die grundsätzliche Zulässigkeit aller geeigneten technischen Kommunikationswege erreicht werden, wobei dem zu übermittelnden Schriftstück immer das im Anhang zur Zustellverordnung abgedruckte Formblatt beizufügen ist. Das Formblatt ist in der Sprache des Ortes auszufüllen, an dem die Zustellung erfolgen soll, oder in einer anderen vom Empfangsstaat nach Art. 4 Abs. 3 Zustellverordnung anerkannten Sprache.

Die Zustellverordnung trifft an sich keine Anordnung darüber, in welcher Sprache die vorgedruckten Angaben des Formblattes abgefasst sein müssen; da jeder Mitgliedsstaat neben seiner eigenen Amtssprache (bzw. seinen eigenen Amtssprachen) auch eine weitere anzugeben hat, die er außer seiner oder seinen eigenen für die Ausfüllung des Formblattes zulässt (Art. 4 Abs. 3 Zustellverordnung), erscheint es ausreichend, den österreichischen Übermittlungsstellen neben der deutschsprachigen Version des Formblattes auch die englisch- sowie französischsprachige Version zur Verfügung zu stellen. Das **Formblatt** ist daher in den **drei** genannten **Sprachfassungen** diesem Erlass angeschlossen.

Falls eine **Übersetzung** eines *„Antrags auf Zustellung von Schriftstücken"* in die englische oder französische Sprache erforderlich ist, ist dem befassten Übersetzer das Formblatt in der entsprechenden Sprache zur Verfügung zu stellen.

Die Zustellverordnung ist **im Zustellverkehr mit allen EU-Mitgliedstaaten außer Dänemark,** das aufgrund einer Ausnahmeregelung im Vertrag von Amsterdam nicht von der Verordnung erfasst ist, **anzuwenden.**

siehe nunmehr aber (18) vor Art I ZustellVO

B. Erläuterungen zu einzelnen Bestimmungen der Zustellverordnung

a) Zu Art. 1 (Anwendungsbereich):

Die Verordnung regelt die Übermittlung von gerichtlichen oder außergerichtlichen Schriftstücken in Zivil- oder Handelssachen in einen anderen EU-Mitgliedstaat (außer Dänemark) zum Zweck der Zustellung.

Gerichtliche Schriftstücke sind solche, die im Rahmen eines gerichtlichen Verfahrens – also ab dem Zeitpunkt der Einleitung des Verfahrens – zuzustellen sind oder gerade der Einleitung eines gerichtlichen Verfahrens dienen. **Außergerichtliche Schriftstücke** sind solche, die zur Wahrung, Durchsetzung oder Abwehr eines zivil- oder handelsrechtlichen Anspruchs, jedoch außerhalb eines gerichtlichen Verfahrens zuzustellen sind, wobei mit der grenzüberschreitenden Übermittlung außergerichtlicher Schriftstücke der Zweck verbunden sein muss, bestimmte zivilrechtliche Wirkungen auszulösen.

ZustellVO

b) Zu Art. 2 (Übermittlungs- und Empfangsstellen):

Die Zustellungsverordnung strebt ein **dezentrales System der Zustellungsrechtshilfe** an. In diesem Sinn hat **Österreich** als **Übermittlungsstellen** im Sinn des Art. 2 Abs. 1 die Bezirksgerichte – bzw. auch sonstige Gerichte, sofern sie (etwa als Prozessgerichte) gerichtliche Schriftstücke zuzustellen haben – genannt.

Empfangsstellen im Sinn des Art. 2 Abs. 2 sind hingegen ausschließlich die Bezirksgerichte.

Auf Grund der nach Art. 2 Abs. 4 der Europäischen Kommission übermittelten Angaben wird diese ein **Handbuch** erstellen, das allen Empfangs- und Übermittlungsstellen zur Verfügung gestellt werden soll. Zwischen den von den Mitgliedstaaten genannten Übermittlungs- und Empfangsstellen sind die zuzustellenden Schriftstücke samt den formularmäßigen Zustellungsersuchen auf direktem Weg zu übermitteln.

Gemäß Art. 2 Abs. 4 lit. d hat Österreich mitgeteilt, dass das Formblatt für Zustellungen in Österreich in deutscher oder englischer Sprache ausgefüllt werden darf.

Ist das Formblatt in einer anderen (und damit nicht zulässigen) Sprache ausgefüllt, so ist das Zustellungsersuchen samt der Zustellungsstücke an die Übermittlungsstelle zurückzusenden (vgl. Art. 6 Abs. 3). Auf Grund der Rücksendung ist in dem dabei zu verwendenden Formblatt *„Benachrichtigung über die Rücksendung des Antrags und des Schriftstücks"* durch Kennzeichnung des Punktes 9.2.2. hinzuweisen.

Bei Anordnung einer **Übersetzung** eines in englischer Sprache abgefassten Antrags ist dem Übersetzer die deutschsprachige Version des Formblattes zur Verfügung zu stellen.

c) Zu Art. 3 (Zentralstelle):

Die nach Art. 3 zu benennenden **Zentralstellen** der Mitgliedstaaten haben vor allem **Informationsfunktion**. Gemäß Art. 3 lit. c sollen sie nur in Ausnahmefällen – als ultima ratio – auf Ersuchen einer Übermittlungsstelle einen Zustellungsantrag an die zuständige Empfangsstelle weiterleiten; dies soll nur in außergewöhnlichen Umständen erfolgen, etwa wenn eine Übermittlungsstelle trotz wiederholter Nachfrage keine Auskunft über die für eine bestimmte Zustellung zuständige Empfangsstelle erhält oder eine im regulären direkten Verkehr nicht auszuräumende Meinungsverschiedenheit zwischen den zuständigen Stellen vorliegt.

Im Interesse der von der Zustellverordnung intendierten **Verlagerung des Zustellverkehrs auf dezentrale Stellen** ist daher die Zentralstelle im Wesentlichen auf eine Hilfs- und Servicefunktion gegenüber den Empfangs- und Übermittlungsstellen beschränkt.

Österreich hat als Zentralstelle das **Bundesministerium für Justiz** (Abt. I 11) benannt.

d) Zu Art. 4 (Übermittlung von Schriftstücken):

Zwar lässt **Art. 4 Abs. 2** durch die Formulierung *„auf jedem geeigneten Übermittlungsweg"* auch die Anwendung moderner Kommunikationstechnologien wie Telefax oder e-mail zu, die Übermittlungsstelle hat jedoch sicherzustellen, dass die Anforderungen des jeweils anzuwendenden Zivilverfahrens- und Zustellrechts eingehalten werden.

So hat etwa die Beurteilung, ob die Zustellung eines Schriftstückes im Original oder in einer Ausfertigung erforderlich ist oder ob hiefür eine Abschrift oder Fotokopie ausreicht, nach dem Recht des Prozessstaates zu erfolgen. Österreichische Gerichte haben daher als Übermittlungsstellen (nach dem österreichischen Prozessrecht) in der Regel eine Ausfertigung bzw. eine Gleichschrift zuzustellen.

Besonders hervorzuheben ist die Bestimmung des **Art. 4 Abs. 3**, wonach dem Zustellstück stets das im Anhang der Verordnung abgedruckte **Formblatt** anzufügen ist. Dieses Formblatt ist in der Amtssprache des Empfangsstaates oder in der **Sprache**, die der Empfangsstaat weiters zugelassen hat, auszufüllen.

Bei Anordnung einer **Übersetzung** eines in englischer Sprache abgefassten Antrags ist dem Übersetzer die deutschsprachige Version des Formblattes zur Verfügung zu stellen.

Die durch **Art. 4 Abs. 5** eröffnete Möglichkeit, das Zustellungsstück zweifach zu übermitteln und die Rücksendung einer Ausfertigung zusammen mit der *„Bescheinigung über die Zustellung bzw. Nichtzustellung von Schriftstücken"* nach Art. 10 zu wünschen, dient der Erleichterung der Zuordnung der Antwort und ist zu empfehlen.

e) Zu Art. 6 (Entgegennahme der Schriftstücke durch die Empfangsstelle):

Art. 6 verpflichtet die Empfangsstelle, rasch zu reagieren, nachdem sie ein Zustellersuchen erhalten hat. Für die (längstens innerhalb von sieben Tagen zu übermittelnde) **Empfangsbestätigung** nach Abs. 1, die **Rücksendung** nach Abs. 3 sowie die **Weiterleitungsnachricht** nach Abs. 4 sind die entsprechenden Abschnitte des Formblatts zur Zustellverordnung zu verwenden. Abs. 2 sieht ein **Verbesserungsverfahren** für unvollständige oder unzureichende Zustellersuchen vor.

Die Bestätigung über den Empfang des Zustellersuchens und die Weiterleitungsnachricht sollten im Regelfall – um eine rasche Verständigung der

Übermittlungsstelle zu gewährleisten – **per Telefax** übermittelt werden.

Für die in Art. 6 angeführten Verständigungen trifft die Verordnung keine eigene Sprachenregelung; empfehlenswert erscheint es, diese Verständigungen in der **Sprache** auszufüllen, in der das Zustellersuchen gestellt wurde.

f) Zu Art. 7 (Zustellung der Schriftstücke):

Nach **Art. 7 Abs.**1 erfolgt die Zustellung des Schriftstückes durch die Empfangsstelle grundsätzlich nach dem Recht des Empfangsstaates; die Übermittlungsstelle kann jedoch die Zustellung **in einer besonderen** – sich etwa durch die Zustellbestimmungen des Übermittlungsstaats ergebenden – **Form** wünschen. Ein solcher Wunsch ist unter **Punkt 5.2. des Formblattes** „*Antrag auf Zustellung von Schriftstücken*" zu vermerken.

Die **Zustellung zu eigenen Handen** nach § 21 ZustG stellt eine „besondere Form" der Zustellung im Sinn des Art. 7 Abs. 1 Zustellverordnung dar.

Art. 7 Abs. 2 Zustellverordnung sieht eine Mitteilung an die Übermittlungsstelle vor, wenn die Empfangsstelle eine Zustellung nicht binnen eines Monats nach Eingang des Zustellstücks vornehmen konnte. Diese Mitteilung ist in die formularmäßige „*Bescheinigung über die Zustellung bzw. Nichtzustellung von Schriftstücken*" aufzunehmen (Punkt 13. des Formblatts).

g) Zu Art. 8 (Verweigerung der Annahme eines Schriftstückes):

Nach **Art. 8 Abs. 1** darf der Empfänger die Annahme eines Schriftstücks verweigern, das nicht in einer am Ort der Zustellung geltenden Amtssprache oder in einer Sprache des Übermittlungsstaates, die der Empfänger versteht, abgefasst ist; „Übermittlungsstaat" ist der Staat, aus dem das Schriftstück übermittelt worden ist.

Bei der **Zustellung von nicht in deutscher Sprache verfassten Schriftstücken in Österreich** wird in diesem Zusammenhang den österreichischen Empfangsstellen geraten, dem Zustellungsstück die im Anhang ersichtliche Belehrung anzuschließen.

Bei Verweigerung der Annahme hat die Empfangsstelle nach **Art 8 Abs. 2 Zustellverordnung** das Zustellersuchen samt Zustellstück unter Verwendung des Formblattes „*Bescheinigung über die Zustellung bzw. Nichtzustellung von Schriftstücken*" zurückzusenden.

Die Rechtmäßigkeit einer derartigen Verweigerung ist durch das österreichische Gericht als Empfangsstelle zu beurteilen (§ 12 Abs. 3 ZustG).

h) Zu Art. 9 (Datum der Zustellung):

Nach Art. 9 Abs. 1 und 2 können die **Zustellwirkungen** für den Empfänger zu einem anderen Zeitpunkt eintreten als für den „Antragsteller"; unter dem **„Antragsteller" im Sinn des Art. 9 Abs. 2** ist im Fall eines Zustellersuchens eines österreichischen Gerichtes (aufgrund des österreichischen amtswegigen Zustellsystems) das österreichische Gericht zu verstehen.

Aufgrund des **Art. 9 Abs.1** bestimmt sich der Zeitpunkt der Zustellung für den Empfänger grundsätzlich nach dem Recht des Empfangsstaats. Der sich danach ergebende Zeitpunkt ist daher für vom Empfänger zu beachtende Termine und Fristen ausschlaggebend.

Hinsichtlich des Antragstellers und von diesem einzuhaltender Fristen bestimmt sich der Zeitpunkt der Zustellung allerdings aufgrund **Art. 9 Abs. 2** nach dem Recht des Übermittlungsstaates.

Von der Vorbehaltsklausel des **Art. 9 Abs. 3** hat Österreich keinen Gebrauch gemacht, sodass es zu derartigen verschiedenen Zeitpunkten der Zustellungswirkungen kommen kann.

i) Zu Art. 10 (Bescheinigung über die Zustellung und Abschrift des zugestellten Schriftstücks):

Nach Abschluss des Zustellverfahrens ist die Übermittlungsstelle unter **Verwendung des Formblattes** „*Bescheinigung über die Zustellung bzw. Nichtzustellung von Schriftstücken*" über den Ausgang des Zustellverfahrens zu verständigen.

Dieses Formular ist in einer **Amtssprache** des Übermittlungsstaates oder in der *weiteren Amtssprache der Europäischen Union, die der Übermittlungsstaat zugelassen hat,* auszufüllen.

Österreichische Gerichte haben als Empfangsstellen mit dem Formblatt „*Bescheinigung über die Zustellung bzw. Nichtzustellung von Schriftstücken*" den jeweiligen Zustellnachweis (in der Regel Rückschein) mitzusenden. Es empfiehlt sich, Ablichtungen der Bescheinigung und des Rückscheins im Akt zu belassen.

Österreich hat für das Ausfüllen des für die österreichischen Übermittlungsstellen bestimmten Bescheinigungsformulars **Englisch** als weitere Amtssprache der Europäischen Union zugelassen.

Bei Anordnung einer **Übersetzung** eines in englischer Sprache abgefassten Antrags ist dem Übersetzer die deutschsprachige Version des Formblattes zur Verfügung zu stellen.

j) Zu Art. 11 (Kosten der Zustellung):

Grundsätzlich darf der Empfangsstaat für seine Tätigkeit **keine Gebühren oder Erstattung von Auslagen** verlangen.

ZustellVO

In den Fällen des **Abs.** 2 (etwa Mitwirkung einer Amtsperson oder besondere Form der Zustellung) wird jedoch der Verfahrensbeteiligte – dies ist aus österreichischer Sicht die Verfahrenspartei, in deren Interesse die Zustellung vorgenommen wird – unter Umständen zum **Kostenersatz** verpflichtet; derartige Kosten sind bei Übersendung der *„Bescheinigung über die Zustellung bzw. Nichtzustellung von Schriftstücken"* der Übermittlungsstelle bekanntzugeben.

Falls die Zustellung in Österreich durch den **Gerichtsvollzieher** erfolgt, sind dessen Gebühren vorerst aus Amtsgeldern zu zahlen; eine Überwachung der tatsächlichen Ersatzleistung (durch Setzen eines Kalenders, Betreibung usw.) ist nur dann erforderlich, wenn die Kosten 650,--S übersteigen (§ 11 Abs. 4 GEG*⁾ analog).
*⁾ *Mittlerweile 47 Euro. (BGBl I 2001/131)*

k) Zu Art. 12 (Übermittlung auf konsularischem oder diplomatischem Weg):

Entsprechend der Zielsetzung der Zustellverordnung soll die Übermittlung auf konsularischem oder diplomatischem Weg auf Ausnahmefälle beschränkt werden, also **nur bei unüberwindlichen Hindernissen** in den anderen Zustellungsarten oder etwa in Fällen völkerrechtlicher Immunität stattfinden.

l) Zu Art. 13 (Zustellung von Schriftstücken durch die diplomatischen oder konsularischen Vertretungen):

Nach **Art. 13 Abs. 1** ist die **Zustellung ohne Anwendung von Zwang**, bei der der Empfänger zur Übernahme des Schriftstückes bereit sein muss, an Personen in anderen Mitgliedstaaten **durch die diplomatischen oder konsularischen Vertretungen zulässig.**

Österreich hat einen **Vorbehalt nach Art. 13 Abs. 2 nicht erklärt**, sodass auch die diplomatischen und konsularischen Vertretungen der anderen EU-Mitgliedstaaten derartige Zustellungen an Personen in Österreich, einschließlich österreichischer Staatsbürger, vornehmen können.

m) Zu Art. 14 (Zustellung durch die Post):

Art. 14 Abs. 1 erklärt die **Postzustellung** in anderen Mitgliedstaaten **grundsätzlich** für zulässig. Die Mitgliedstaaten können dieser Postzustellung nicht generell widersprechen, jedoch nach Art. 14 Abs. 2 dafür Bedingungen festlegen.

Die **von den Mitgliedstaaten nach Art. 14 Abs. 2 bekanntgegebenen Bedingungen** werden in das erwähnte, von der Europäischen Kommission zu erstellende **Handbuch** aufgenommen werden und sind bei einer Postzustellung in einen anderen Mitgliedstaat zu beachten.

Postzustellungen in das Ausland gestalten sich allerdings **gelegentlich problematisch**, etwa wenn trotz gewünschter eigenhändiger Zustellung eine Ersatzzustellung an andere Bewohner der Abgabestelle erfolgt oder das Zustellstück nach Hinterlegung ohne Abholung (und ohne nähere Information) zurückgesandt wird.

n) Zu Art. 15 (unmittelbare Zustellung):

Die in Art. 15 Abs. 1 vorgesehene Möglichkeit eines Verfahrensbeteiligten, Zustellungen im Empfangsstaat durch die dort eingerichteten besonderen Zustellungsbeamten bzw. Zustellungspersonen bewirken zu lassen, hat **Österreich** durch einen **Vorbehalt nach Art. 15 Abs. 2** für sein Hoheitsgebiet unterbunden, weil das österreichische Recht weder solche besonderen Zustellungsorgane noch Zustellungsersuchen durch Privatpersonen kennt.

o) Zu Art. 16 (Übermittlung von außergerichtlichen Schriftstücken):

Außergerichtliche Schriftstücke sind solche, die zur Wahrung, Durchsetzung oder Abwehr eines zivil- oder handelsrechtlichen Anspruchs, jedoch außerhalb eines gerichtlichen Verfahrens zuzustellen sind; mit der grenzüberschreitenden Übermittlung außergerichtlicher Schriftstücke muss allerdings der Zweck verfolgt werden, dadurch bestimmte zivilrechtliche Wirkungen auszulösen.

Für den **österreichischen Rechtsbereich** kommen in diesem Zusammenhang etwa einverleibungsfähige Urkunden über verbücherte Rechte, Kündigungsschreiben, Mahn- oder Aufforderungsschreiben, Zessionserklärungen, Schiedssprüche und Wechselproteste in Frage.

Art. 16 stellt klar, dass auch außergerichtliche Schriftstücke nach der Zustellverordnung übermittelt und zugestellt werden können; auch auf solche Zustellungen sind die Bestimmungen des Kap. II samt den dort erklärten Vorbehalten anzuwenden.

p) Zu Art. 19 (Nichteinlassung des Beklagten):

Art. 19 enthält **Verfahrensnormen für Säumnisfälle,** also für Konstellationen, in denen sich der Beklagte bzw. Antragsgegner in ein Verfahren nicht einlässt, nachdem ein verfahrenseinleitendes Schriftstück (oder ein „gleichwertiges Schriftstück") nach der Zustellverordnung zuzustellen war; es handelt sich dabei um **Schutzvorschriften** zugunsten des Beklagten bzw. des Antragsgegners.

Nach **Art. 19 Abs. 1** ist in derartigen Fällen das Verfahren „auszusetzen" (d.h. mit dem Verfahren ist zuzuwarten), bis festgestellt ist, dass der verfahrenseinleitende Schriftsatz im Sinne der Bestimmung ordnungsgemäß und rechtzeitig zugestellt wurde.

Österreich hat allerdings im Sinn des **Art. 19 Abs. 2** erklärt, dass österreichische Gerichte ungeachtet des Abs. 1 einen Rechtsstreit entscheiden können, wenn die drei Voraussetzungen des Abs. 2 vorliegen.

Art. 19 Abs. 4 regelt eine besondere Form der **Wiedereinsetzung in den vorigen Stand** gegen Säumnisentscheidungen aufgrund eines nach der Zustellverordnung zu übermittelnden verfahrenseinleitenden Schriftstückes.

Eine Erklärung über eine absolute **Frist** für Wiedereinsetzungsanträge nach Art. 19 Abs. 4 hat Österreich nicht abgegeben; es gilt daher lediglich die im Verordnungstext selbst ausgesprochene *„angemessene Frist"* ab Kenntnis des Beklagten bzw. Antragsgegners von der Entscheidung.

q) Zu Art. 20 (Verhältnis zu Übereinkünften oder Vereinbarungen, die die Mitgliedstaaten abgeschlossen haben):

Österreich hat gegenüber der Europäischen Kommission erklärt, dass es im **Zustellungsrechtshilfeverkehr mit der Bundesrepublik Deutschland** die Vereinbarung vom 6. Juni 1959 zwischen der Bundesregierung der Republik Österreich und der Regierung der Bundesrepublik Deutschland zur weiteren Vereinfachung des rechtlichen Verkehrs nach dem Haager Übereinkommen vom 1. März 1954, BGBl. Nr. 27/1960, beibehalten wird.

Im Zustellungsrechtshilfeverkehr mit der Bundesrepublik Deutschland kommt es somit durch die Zustellverordnung zu keinen Veränderungen, sodass insbesondere die Verwendung des Formblattes entfällt.

Sonstigen zwischen der Republik Österreich und anderen Mitgliedsstaaten der Europäischen Union (außer Dänemark) abgeschlossenen **Einzelverträgen** über die Rechtshilfe in Zivilsachen wird auf dem Gebiet der Zustellungsrechtshilfe durch die Zustellverordnung derogiert.

r) Zu Art. 23 (Mitteilung und Veröffentlichung):

In der Bestimmung wird das von der Europäischen Kommission auf Grund der **Angaben der Mitgliedstaaten** zu veröffentlichende **Handbuch** angesprochen, welches allen Übermittlungs- und Empfangsstellen **als Arbeitsbehelf** zur Verfügung gestellt werden soll.

C. Zu dem im Anhang der Zustellverordnung abgedruckten Formblatt:

Beim **Ausfüllen des Formblattes** nach der Zustellverordnung wird – auch im Sinne einer Anpassung an die österreichischen verfahrensrechtlichen Gegebenheiten – folgende Vorgangsweise empfohlen:

a) Zunächst ist darauf hinzuweisen, dass mit dem Zustellungsstück das **gesamte neunseitige Formblatt mitzusenden** ist, wobei zunächst der *„Antrag auf Zustellung von Schriftstücken"* (Amtsblatt-Seiten 44 bis 46) vollständig auszufüllen ist. Die Urschrift des Formblattes *„Antrag auf Zustellung von Schriftstücken"* sollte im Akt verbleiben, damit nachvollziehbar bleibt, wie das Zustellersuchen im Einzelnen ausgestaltet war.

Weiters müssen alle **Formularteile, die der Rückantwort durch die Empfangsstelle dienen** (Formularteile *„Empfangsbestätigung für das folgende Schriftstück"*, *„Benachrichtigung über die Rücksendung des Antrags und des Schriftstücks"*, *„Benachrichtigung über die Weiterleitung des Antrags und des Schriftstücks an die zuständige Empfangsstelle"*, *„Empfangsmitteilung der zuständigen Empfangsstelle an die Übermittlungsstelle"* und *„Bescheinigung über die Zustellung bzw. Nichtzustellung von Schriftstücken"*) am oberen Rand mit der Bezeichnung des übermittelnden Gerichtes und seiner **Geschäftszahl** versehen werden.

Nur wenn alle für die Rückantwort der Empfangsstellen in den anderen EU-Mitgliedstaaten vorgesehenen Formularteile die österreichische Geschäftszahl tragen, können die einlangenden Antworten sicher zugeordnet werden.

b) Neben der Geschäftszahl sollte auf allen Formularteilen auch die Art des Verfahrens kurz umschrieben werden (z.B. „Unterhaltssache", „Räumung", „Verlassenschaft nach ..." u. dgl.).

c) Wo das Formblatt **verschiedene Alternativen zur Auswahl** anbietet, wird empfohlen, die bejahte Alternative durch „Einkreisen" der Bezifferung bzw. des entsprechenden Buchstabens oder Wortes zu kennzeichnen:

Wird daher etwa die Einhaltung einer besonderen Form gewünscht, so ist im *„Antrag auf Zustellung von Schriftstücken"* zunächst der Pkt. 5.2. „einzukreisen" (und die weitere besondere Form einzusetzen), die weitere Alternative unter 5.2.1. kann durch Einkreisen entweder der Worte „ja" oder „nein" oder der Ziffernkombinationen „5.2.1.1." oder „5.2.1.2." entschieden werden.

Bei der Angabe der Sprache des zuzustellenden Schriftstückes unter 6.3. des *„Antrags auf Zustellung von Schriftstücken"* wäre z. B. die durch Abkürzung bezeichnete Sprache einzukreisen oder allenfalls eine nicht aufgezählte sonstige Sprache einzusetzen.

d) Die in dem unionsweit geltenden Formblatt verwendeten **Bezeichnungen** stimmen nicht in allen Fällen präzise mit den Termini des österreichischen Prozessrechts überein:

ZustellVO

So ist etwa als „**Antragsteller**" (Pkt. 3) immer das österreichische Gericht als Übermittlungsstelle zu verstehen, unter der Rubrik „**schriftliche Vorladung**" (Pkt. 6.1.1.1.1.) ist – neben einer Ladung – auch eine Klage oder ein Antrag oder ein sonstiges prozesseinleitendes Schriftstück einzuordnen.

Gerichtsbeschlüsse sind unter Pkt. 6.1.1.4. („sonstiger Art") anzuführen; bei Beschlüssen ist auch die Ordnungsnummer anzuführen.

(In EU-Mitgliedsstaaten, die ein Zustellsystem auf Initiative der Verfahrensparteien kennen, kann als „Antragsteller" die betreffende Verfahrenspartei angeführt werden.)

e) Um **eigenhändige Zustellung nach § 21 ZustG** ist als „besondere Form" der Zustellung unter Pkt. 5.2. ausdrücklich zu ersuchen.

f) Unter **Pkt. 6.2.** ist bei Übermittlung einer gerichtlichen Entscheidung eine allfällige Frist (etwa die Rechtsmittelfrist) bzw. der betreffende Termin (beispielsweise ein Ladungstermin) anzugeben.

g) Unter dem „**Stempel**" (s. unter Punkt 7., 8., 9., 10., 11. und 15.) ist das Gerichtssiegel (und nicht etwa bloß die Namensstampiglie des jeweiligen Rechtsprechungsorgans) zu verstehen; die Verwendung des Gerichtssiegels wird ausdrücklich empfohlen.

h) Falls ein von einer Übermittlungsstelle eines anderen Mitgliedstaates übersandter „*Antrag auf Zustellung von Schriftstücken*" unklar oder unvollständig ist, ist – wie in Art. 6 Abs. 2 Zustellverordnung ausgeführt – eine Anfrage an die Übermittlungsstelle zu richten; dies gilt insbesondere auch für den Fall, dass unklar erscheint, ob die übermittelnde Stelle überhaupt ein Gericht ist.

i) In der „*Bescheinigung über die Zustellung bzw. Nichtzustellung von Schriftstücken*" sollte im Fall einer **Zustellung durch Hinterlegung nach § 17 ZustG** als Art der Zustellung „Zustellung durch Hinterlegung nach § 17 ZustG" unter

Pkt. 12.2.1.1.3. („auf andere Weise zugestellt") angegeben werden. Als Tag der Zustellung (Pkt. 12.1.) ist in diesem Fall der Tag der erstmaligen Bereithaltung zur Abholung anzugeben (§ 17 Abs. 3 ZustG). Ergänzend sollte allerdings unter Pkt. 12.2.1.3. angegeben werden, ob und wann das Zustellstück tatsächlich übernommen wurde.

(JMZ 30.043A/6-I.11/2001)

Anhang

zu JMZ 30.043A/6-I.11/2001

Belehrung

(Art. 8 Abs. 1 Zustellverordnung)

„Das angeschlossene Schriftstück wird Ihnen unter Anwendung der Verordnung (EG) Nr. 1348/2000 des Rates vom 29. Mai 2000 über die Zustellung gerichtlicher und außergerichtlicher Schriftstücke in Zivil- und Handelssachen in den Mitgliedstaaten, ABl. EG L 160 vom 30. Juni 2000, S 37 ff, zugestellt.

Sie sind berechtigt, die Annahme des Schriftstückes zu verweigern, wenn dieses nicht in deutscher Sprache oder in einer Sprache des Staates, aus dem das Schriftstück übermittelt worden ist (Übermittlungsmitgliedstaat) und die Sie verstehen, abgefasst oder nicht mit einer beglaubigten Übersetzung in eine dieser Sprachen versehen ist.

Eine derartige Verweigerung kann innerhalb einer Frist von drei Tagen ab Zustellung entweder mündlich in der Geschäftsstelle des Gerichts unter Rückgabe des Schriftstückes oder schriftlich abgegeben werden. Für die schriftliche Erklärung genügt es, wenn der Empfänger auf der Rückseite dieser Belehrung vermerkt, die Annahme abzulehnen, dies unterschreibt und die Belehrung sowie das erhaltene Schriftstück innerhalb von drei Tagen an das Gericht rücksendet (maßgebend für die Wahrung der Frist ist das Datum des Poststempels)."

Erlass vom 10. Dezember 2001 zur Verordnung (EG) Nr. 1348/2000 des Rates vom 29. Mai 2000 über die Zustellung gerichtl. und außergerichtl. Schriftstücke in Zivil- oder Handelssachen in den Mitgliedstaaten, ABl. (EG) L 160/37 vom 30. Juni 2000 (EU-Zustellverordnung) Handbuch. Konsolidierte Fassung der Angaben der MS gem. Art. 23 Zustellverordnung. Glossar.

Text

1. Das Bundesministerium für Justiz teilt mit, dass mittlerweile das von der Europäischen Kommission nach Art. 17 Zustellverordnung erstellte Handbuch im Amtsblatt (EG) L 298 vom 15. November 2001 veröffentlicht wurde. Das Handbuch ist - wie auch eine konsolidierte Fassung der Angaben der EU-Mitgliedstaaten nach Art. 23 Zustellverordnung - auf der Website der Europäischen Kommission "www.europa.eu.int/comm/justice_home/unit/civil_reg1348_de.htm" abrufbar. Es ist für die Anwendung der Zustellverordnung unverzichtbar.

Das Bundesministerium für Justiz plant, die angeführte Website bei der geplanten Einrichtung eines beschränkten Internetzugangs an jeden Bildschirmarbeitsplatz der Gerichte zu berücksichtigen.

2. In der Anlage wird weiters die erwähnte konsolidierte Fassung der Angaben der EU-Mitgliedstaaten nach Art. 23 Zustellverordnung übermittelt. Außerdem wird ein Deutsch-Englisch-Französisch-Glossar zum Formblatt nach der Zustellverordnung zur Verfügung gestellt.

Das Bundesministerium für Justiz ersucht, Ablichtungen diese Unterlagen an alle Gerichte im Sprengel weiterzuleiten.

3. In diesem Zusammenhang wird ausdrücklich darauf hingewiesen, dass die Zustellverordnung die Zustellung der gerichtlichen (und außergerichtlichen) Schriftstücke in Zivil- oder Handelssachen regelt. Bei der gebotenen europarechtlichen Auslegung umfasst dieser Anwendungsbereich das gesamte zivilgerichtliche Verfahren, damit sowohl streitige als auch außerstreitige Verfahren.

Anhang

Glossar nach der EU-Zustellverordnung

5.2.

Zustellung zu eigenen Handen	The document may only be served to the addressee in person.	notification en mains propres

ZustellVO

6.1.1.1.

Klage	action	action
Antrag	application	requete
Aufkündigung	revocation	dénonciation

6.1.1.2.

Versäumungsurteil	default judgement	jugement par défaut

6.1.1.4.

Beschluss	order, decree	arret
Einantwortungsurkunde	inheritance certificate	envoi en possession de l'héritier/des hériters
Schriftsatz	writ, statement in writing	pièce de procédure
Entscheidung	decision	décision
Streitverkündung	3rd party notice (of a possibility of intervention)	intervention forcée

gerichtliche Aufkündigung	revocation by court	dénonciation judiciare
Auftrag zur Klagebeantwortung	order to submit a statement of defense	ordre de soumettre un mémoire en défense
Exekutionsbewilligung	decision granting enforcement	autorisation d'exécution
Gutachten	expert opinion	expertise
Gebührennote	invoice of fees	note d'honoraires
Zahlungsauftrag	payment order	ordre de paiement
Einstweilige Verfügung	(interim) injunction	décision provisoire
Protokoll	court records	procès-verbal

12.2.1.3.

Zustellung durch Hinterlegung nach § 17 ZustG	service by depositing the document at the local post office according to art. 17 of the Austrian Service of Documents Act (Zustellgesetz)	notification par dépot au bureau de poste suivant art. 17 de la loi Autrichienne relative à la notification des actes (Zustellgesetz)

Haager Zustellungsübereinkommen

BGBl III 2020/137

Übereinkommen über die Zustellung gerichtlicher und außergerichtlicher Schriftstücke im Ausland in Zivil- oder Handelssachen vom 15. November 1965

Die vom Bundespräsidenten unterzeichnete und vom Bundeskanzler gegengezeichnete Ratifikationsurkunde wurde am 14. Juli 2020 im Ministerium für Auswärtige Angelegenheiten der Niederlande hinterlegt; das Übereinkommen tritt gemäß seinem Art. 27 zweiter Absatz mit 12. September 2020 für Österreich in Kraft.

Die Unterzeichnerstaaten dieses Übereinkommens

—

in dem Wunsch, durch geeignete Maßnahmen sicherzustellen, dass gerichtliche und außergerichtliche Schriftstücke, die im Ausland zuzustellen sind, ihren Empfängern rechtzeitig zur Kenntnis gelangen,

in der Absicht, dafür die gegenseitige Rechtshilfe zu verbessern, indem das Verfahren vereinfacht und beschleunigt wird –

haben beschlossen, zu diesem Zweck ein Übereinkommen zu schließen, und haben die folgenden Bestimmungen vereinbart:

Artikel 1

Dieses Übereinkommen ist in Zivil- oder Handelssachen in allen Fällen anzuwenden, in denen ein gerichtliches oder außergerichtliches Schriftstück zum Zweck der Zustellung in das Ausland zu übermitteln ist.
Das Übereinkommen gilt nicht, wenn die Anschrift des Empfängers des Schriftstücks unbekannt ist.

KAPITEL I –

GERICHTLICHE SCHRIFTSTÜCKE

Artikel 2

Jeder Vertragsstaat bestimmt eine Zentrale Behörde, die nach den Artikeln 3 bis 6 Ersuchen um Zustellung von Schriftstücken aus einem anderen Vertragsstaat entgegenzunehmen und das Erforderliche zu veranlassen hat.
Jeder Staat richtet die Zentrale Behörde nach Maßgabe seines Rechts ein.

Artikel 3

Die nach dem Recht des Ursprungsstaats zuständige Behörde oder der nach diesem Recht zuständige Justizbeamte richtet an die Zentrale Behörde des ersuchten Staates ein Ersuchen, das dem diesem Übereinkommen als Anlage beigefügten Muster entspricht, ohne dass die Schriftstücke der Beglaubigung oder einer anderen entsprechenden Förmlichkeit bedürfen.
Dem Ersuchen ist das gerichtliche Schriftstück oder eine Abschrift davon beizufügen. Ersuchen und Schriftstück sind in zwei Stücken zu übermitteln.

Artikel 4

Ist die Zentrale Behörde der Ansicht, dass das Ersuchen nicht dem Übereinkommen entspricht, so unterrichtet sie unverzüglich die ersuchende Stelle und führt dabei die Einwände gegen das Ersuchen einzeln an.

Artikel 5

Die Zustellung des Schriftstücks wird von der Zentralen Behörde des ersuchten Staates bewirkt oder veranlasst, und zwar
a) entweder in einer der Formen, die das Recht des ersuchten Staates für die Zustellung der in seinem Hoheitsgebiet ausgestellten Schriftstücke an dort befindliche Personen vorschreibt,
b) oder in einer besonderen von der ersuchenden Stelle gewünschten Form, es sei denn, dass diese Form mit dem Recht des ersuchten Staates unvereinbar ist.
Von dem Fall des Absatzes 1 lit. b abgesehen, darf die Zustellung stets durch einfache Übergabe des Schriftstücks an den Empfänger bewirkt werden, wenn er zur Annahme bereit ist.
Ist das Schriftstück nach Absatz 1 zuzustellen, so kann die Zentrale Behörde verlangen, dass das Schriftstück in der Amtssprache oder einer der Amtssprachen des ersuchten Staates abgefasst oder in diese übersetzt ist.
Der Teil des Ersuchens, der entsprechend dem diesem Übereinkommen als Anlage beigefügten Muster den wesentlichen Inhalt des Schriftstücks wiedergibt, ist dem Empfänger auszuhändigen.

HZÜ

Artikel 6

Die Zentrale Behörde des ersuchten Staates oder jede von diesem hierzu bestimmte Behörde stellt ein Zustellungszeugnis aus, das dem diesem Übereinkommen als Anlage beigefügten Muster entspricht.

Das Zeugnis enthält die Angaben über die Erledigung des Ersuchens; in ihm sind Form, Ort und Zeit der Erledigung sowie die Person anzugeben, der das Schriftstück übergeben worden ist. Gegebenenfalls sind die Umstände anzuführen, welche die Erledigung verhindert haben.

Die ersuchende Stelle kann verlangen, dass ein nicht durch die Zentrale Behörde oder durch eine gerichtliche Behörde ausgestelltes Zeugnis mit einem Sichtvermerk einer dieser Behörden versehen wird.

Das Zeugnis wird der ersuchenden Stelle unmittelbar zugesandt.

Artikel 7

Die in dem diesem Übereinkommen beigefügten Muster vorgedruckten Teile müssen in englischer oder französischer Sprache abgefasst sein. Sie können außerdem in der Amtssprache oder einer der Amtssprachen des Ursprungsstaats abgefasst sein.

Die Eintragungen können in der Sprache des ersuchten Staates oder in englischer oder französischer Sprache gemacht werden.

Artikel 8

Jedem Vertragsstaat steht es frei, Personen, die sich im Ausland befinden, gerichtliche Schriftstücke unmittelbar durch seine diplomatischen oder konsularischen Vertreter ohne Anwendung von Zwang zustellen zu lassen.

Jeder Staat kann erklären, dass er einer solchen Zustellung in seinem Hoheitsgebiet widerspricht, außer wenn das Schriftstück einem Angehörigen des Ursprungsstaats zuzustellen ist.

Artikel 9

Jedem Vertragsstaat steht es ferner frei, den konsularischen Weg zu benutzen, um gerichtliche Schriftstücke zum Zweck der Zustellung den Behörden eines anderen Vertragsstaats, die dieser hierfür bestimmt hat, zu übermitteln.

Wenn außergewöhnliche Umstände dies erfordern, kann jeder Vertragsstaat zu demselben Zweck den diplomatischen Weg benutzen.

Artikel 10

Dieses Übereinkommen schließt, sofern der Bestimmungsstaat keinen Widerspruch erklärt, nicht aus,

a) dass gerichtliche Schriftstücke im Ausland befindlichen Personen unmittelbar durch die Post übersandt werden dürfen,

b) dass Justizbeamte, andere Beamte oder sonst zuständige Personen des Ursprungsstaats Zustellungen unmittelbar durch Justizbeamte, andere Beamte oder sonst zuständige Personen des Bestimmungsstaats bewirken lassen dürfen,

c) dass jeder an einem gerichtlichen Verfahren Beteiligte Zustellungen gerichtlicher Schriftstücke unmittelbar durch Justizbeamte, andere Beamte oder sonst zuständige Personen des Bestimmungsstaats bewirken lassen darf.

Artikel 11

Dieses Übereinkommen schließt nicht aus, dass Vertragsstaaten vereinbaren, zum Zweck der Zustellung gerichtlicher Schriftstücke andere als die in den vorstehenden Artikeln vorgesehenen Übermittlungswege zuzulassen, insbesondere den unmittelbaren Verkehr zwischen ihren Behörden.

Artikel 12

Für Zustellungen gerichtlicher Schriftstücke aus einem Vertragsstaat darf die Zahlung oder Erstattung von Gebühren und Auslagen für die Tätigkeit des ersuchten Staates nicht verlangt werden.

Die ersuchende Stelle hat jedoch die Auslagen zu zahlen oder zu erstatten, die dadurch entstehen,

a) dass bei der Zustellung ein Justizbeamter oder eine nach dem Recht des Bestimmungsstaats zuständige Person mitwirkt,

b) dass eine besondere Form der Zustellung angewendet wird.

Artikel 13

Die Erledigung eines Zustellungsersuchens nach diesem Übereinkommen kann nur abgelehnt werden, wenn der ersuchte Staat sie für geeignet hält, seine Hoheitsrechte oder seine Sicherheit zu gefährden.

Die Erledigung darf nicht allein aus dem Grund abgelehnt werden, dass der ersuchte Staat nach seinem Recht die ausschließliche Zuständigkeit seiner Gerichte für die Sache in Anspruch nimmt oder ein Verfahren nicht kennt, das dem entspricht, für das das Ersuchen gestellt wird.

Über die Ablehnung unterrichtet die Zentrale Behörde unverzüglich die ersuchende Stelle unter Angabe der Gründe.

Artikel 14

Schwierigkeiten, die aus Anlass der Übermittlung gerichtlicher Schriftstücke zum Zweck der Zustellung entstehen, werden auf diplomatischem Weg beigelegt.

Artikel 15

War zur Einleitung eines gerichtlichen Verfahrens eine Ladung oder ein entsprechendes Schriftstück nach diesem Übereinkommen zum Zweck der Zustellung in das Ausland zu übermitteln und hat sich der Beklagte nicht auf das Verfahren eingelassen, so hat der Richter das Verfahren auszusetzen, bis festgestellt ist,

a) dass das Schriftstück in einer der Formen zugestellt worden ist, die das Recht des ersuchten Staates für die Zustellung der in seinem Hoheitsgebiet ausgestellten Schriftstücke an dort befindliche Personen vorschreibt, oder

b) dass das Schriftstück entweder dem Beklagten selbst oder aber in seiner Wohnung nach einem anderen in diesem Übereinkommen vorgesehenen Verfahren übergeben worden ist

und dass in jedem dieser Fälle das Schriftstück so rechtzeitig zugestellt oder übergeben worden ist, dass der Beklagte sich hätte verteidigen können.

Jedem Vertragsstaat steht es frei zu erklären, dass seine Richter ungeachtet des Absatzes 1 den Rechtsstreit entscheiden können, auch wenn ein Zeugnis über die Zustellung oder die Übergabe nicht eingegangen ist, vorausgesetzt,

a) dass das Schriftstück nach einem in diesem Übereinkommen vorgesehenen Verfahren übermittelt worden ist,

b) dass seit der Absendung des Schriftstücks eine Frist verstrichen ist, die der Richter nach den Umständen des Falles als angemessen erachtet und die mindestens sechs Monate betragen muss, und

c) dass trotz aller zumutbaren Schritte bei den zuständigen Behörden des ersuchten Staates ein Zeugnis nicht zu erlangen war.

Dieser Artikel hindert nicht, dass der Richter in dringenden Fällen vorläufige Maßnahmen einschließlich solcher, die auf eine Sicherung gerichtet sind, anordnet.

Artikel 16

War zur Einleitung eines gerichtlichen Verfahrens eine Ladung oder ein entsprechendes Schriftstück nach diesem Übereinkommen zum Zweck der Zustellung in das Ausland zu übermitteln und ist eine Entscheidung gegen den Beklagten ergangen, der sich nicht auf das Verfahren eingelassen hat, so kann ihm der Richter in Bezug auf Rechtsmittelfristen die Wiedereinsetzung in den vorigen Stand bewilligen, vorausgesetzt,

a) dass der Beklagte ohne sein Verschulden nicht so rechtzeitig Kenntnis von dem Schriftstück erlangt hat, dass er sich hätte verteidigen können, und nicht so rechtzeitig Kenntnis von der Entscheidung, dass er sie hätte anfechten können, und

b) dass die Verteidigung des Beklagten nicht von vornherein aussichtslos scheint.

Der Antrag auf Wiedereinsetzung in den vorigen Stand ist nur zulässig, wenn der Beklagte ihn innerhalb einer angemessenen Frist stellt, nachdem er von der Entscheidung Kenntnis erlangt hat.

Jedem Vertragsstaat steht es frei zu erklären, dass dieser Antrag nach Ablauf einer in der Erklärung festgelegten Frist unzulässig ist, vorausgesetzt, dass diese Frist nicht weniger als ein Jahr beträgt, von der Erlassung der Entscheidung an gerechnet.

Dieser Artikel ist nicht auf Entscheidungen anzuwenden, die den Personenstand betreffen.

KAPITEL II –

AUSSERGERICHTLICHE SCHRIFTSTÜCKE

Artikel 17

Außergerichtliche Schriftstücke, die von Behörden und Justizbeamten eines Vertragsstaats stammen, können zum Zweck der Zustellung in einem anderen Vertragsstaat nach den in diesem Übereinkommen vorgesehenen Verfahren und Bedingungen übermittelt werden.

KAPITEL III –

ALLGEMEINE BESTIMMUNGEN

Artikel 18

Jeder Vertragsstaat kann außer der Zentralen Behörde weitere Behörden bestimmen, deren Zuständigkeit er festlegt.

Die ersuchende Stelle hat jedoch stets das Recht, sich unmittelbar an die Zentrale Behörde zu wenden. Bundesstaaten steht es frei, mehrere Zentrale Behörden zu bestimmen.

Artikel 19

Dieses Übereinkommen schließt nicht aus, dass das innerstaatliche Recht eines Vertragsstaats außer den in den vorstehenden Artikeln vorgesehenen auch andere Verfahren zulässt, nach denen Schriftstücke aus dem Ausland zum Zweck der Zustellung in seinem Hoheitsgebiet übermittelt werden können.

Artikel 20

Dieses Übereinkommen schließt nicht aus, dass Vertragsstaaten vereinbaren, von folgenden Bestimmungen abzuweichen:

a) Artikel 3 Absatz 2 in Bezug auf das Erfordernis, die Schriftstücke in zwei Stücken zu übermitteln,

HZÜ

b) Artikel 5 Absatz 3 und Artikel 7 in Bezug auf die Verwendung von Sprachen,

c) Artikel 5 Absatz 4,

d) Artikel 12 Absatz 2.

Artikel 21

Jeder Vertragsstaat notifiziert dem Ministerium für Auswärtige Angelegenheiten der Niederlande bei der Hinterlegung seiner Ratifikations- oder Beitrittsurkunde oder zu einem späteren Zeitpunkt

a) die Bezeichnung der Behörden nach den Artikeln 2 und 18,

b) die Bezeichnung der Behörde, die das in Artikel 6 vorgesehene Zustellungszeugnis ausstellt,

c) die Bezeichnung der Behörde, die Schriftstücke entgegennimmt, die nach Artikel 9 auf konsularischem Weg übermittelt werden.

Er notifiziert gegebenenfalls auf gleiche Weise

a) seinen Widerspruch gegen die Benutzung der in den Artikeln 8 und 10 vorgesehenen Übermittlungswege,

b) die in den Artikeln 15 Absatz 2 und 16 Absatz 3 vorgesehen Erklärungen,

c) jede Änderung der vorstehend erwähnten Behördenbezeichnungen, Widersprüche und Erklärungen.

Artikel 22

Dieses Übereinkommen tritt zwischen den Staaten, die es ratifiziert haben, an die Stelle der Artikel 1 bis 7 des am 17. Juli 1905 in Den Haag unterzeichneten Abkommens über den Zivilprozess und des am 1. März 1954 in Den Haag unterzeichneten Übereinkommens über den Zivilprozess, soweit diese Staaten Vertragsparteien jenes Abkommens oder jenes Übereinkommens sind.

Artikel 23

Dieses Übereinkommen berührt weder die Anwendung des Artikels 23 des am 17. Juli 1905 in Den Haag unterzeichneten Abkommens über den Zivilprozess noch die Anwendung des Artikels 24 des am 1. März 1954 in Den Haag unterzeichneten Übereinkommens über den Zivilprozess.

Diese Artikel sind jedoch nur anwendbar, wenn die in diesen Übereinkünften vorgesehenen Übermittlungswege benutzt werden.

Artikel 24

Zusatzvereinbarungen zu dem Abkommen von 1905 und dem Übereinkommen von 1954, die Vertragsstaaten geschlossen haben, sind auch auf das vorliegende Übereinkommen anzuwenden, es sei denn, dass die beteiligten Staaten etwas anderes vereinbaren.

Artikel 25

Unbeschadet der Artikel 22 und 24 berührt dieses Übereinkommen nicht die Übereinkommen, denen die Vertragsstaaten angehören oder angehören werden und die Bestimmungen über Rechtsgebiete enthalten, die durch dieses Übereinkommen geregelt sind.

Artikel 26

Dieses Übereinkommen liegt für die auf der Zehnten Tagung der Haager Konferenz für Internationales Privatrecht vertretenen Staaten zur Unterzeichnung auf.

Es bedarf der Ratifikation; die Ratifikationsurkunden werden beim Ministerium für Auswärtige Angelegenheiten der Niederlande hinterlegt.

Artikel 27

Dieses Übereinkommen tritt am sechzigsten Tag nach der gemäß Artikel 26 Absatz 2 vorgenommenen Hinterlegung der dritten Ratifikationsurkunde in Kraft.

Das Übereinkommen tritt für jeden Unterzeichnerstaat, der es später ratifiziert, am sechzigsten Tag nach Hinterlegung seiner Ratifikationsurkunde in Kraft.

Artikel 28

Jeder auf der Zehnten Tagung der Haager Konferenz für Internationales Privatrecht nicht vertretene Staat kann diesem Übereinkommen beitreten, nachdem es gemäß Artikel 27 Absatz 1 in Kraft getreten ist. Die Beitrittsurkunde wird beim Ministerium für Auswärtige Angelegenheiten der Niederlande hinterlegt.

Das Übereinkommen tritt für einen solchen Staat nur in Kraft, wenn keiner der Staaten, die es vor dieser Hinterlegung ratifiziert haben, dem Ministerium für Auswärtige Angelegenheiten der Niederlande binnen sechs Monaten, nachdem ihm das genannte Ministerium diesen Beitritt notifiziert hat, einen Einspruch notifiziert.

Erfolgt kein Einspruch, so tritt das Übereinkommen für den beitretenden Staat am ersten Tag des Monats in Kraft, der auf den Ablauf der letzten in Absatz 2 erwähnten Frist folgt.

Artikel 29

Jeder Staat kann bei der Unterzeichnung, bei der Ratifikation oder beim Beitritt erklären, dass sich dieses Übereinkommen auf alle oder auf einzelne der Hoheitsgebiete erstreckt, deren internationale Beziehungen er wahrnimmt. Eine solche

Erklärung wird wirksam, sobald das Übereinkommen für den Staat in Kraft tritt, der sie abgegeben hat.

Jede spätere Erstreckung dieser Art wird dem Ministerium für Auswärtige Angelegenheiten der Niederlande notifiziert.

Das Übereinkommen tritt für die Hoheitsgebiete, auf die es erstreckt wird, am sechzigsten Tag nach der in Absatz 2 erwähnten Notifikation in Kraft.

Artikel 30

Dieses Übereinkommen gilt für die Dauer von fünf Jahren, vom Tag seines Inkrafttretens nach Artikel 27 Absatz 1 an gerechnet, und zwar auch für die Staaten, die es später ratifizieren oder ihm später beitreten.

Die Geltungsdauer des Übereinkommens verlängert sich, außer im Fall der Kündigung, stillschweigend um jeweils fünf Jahre.

Die Kündigung wird spätestens sechs Monate vor Ablauf der fünf Jahre dem Ministerium für Auswärtige Angelegenheiten der Niederlande notifiziert.

Sie kann sich auf bestimmte Hoheitsgebiete beschränken, für die das Übereinkommen gilt.

Die Kündigung wirkt nur für den Staat, der sie notifiziert hat. Für die anderen Vertragsstaaten bleibt das Übereinkommen in Kraft.

Artikel 31

Das Ministerium für Auswärtige Angelegenheiten der Niederlande notifiziert den in Artikel 26 bezeichneten Staaten sowie den Staaten, die nach Artikel 28 beigetreten sind:

a) jede Unterzeichnung und Ratifikation nach Artikel 26;

b) den Tag, an dem dieses Übereinkommen nach Artikel 27 Absatz 1 in Kraft tritt;

c) jeden Beitritt nach Artikel 28 und den Tag, an dem er wirksam wird;

d) jede Erstreckung nach Artikel 29 und den Tag, an dem sie wirksam wird;

e) jede Behördenbezeichnung, jeden Widerspruch und jede Erklärung nach Artikel 21;

f) jede Kündigung nach Artikel 30 Absatz 3.

Zu Urkund dessen haben die hierzu gehörig befugten Unterzeichneten dieses Übereinkommen unterschrieben.

Geschehen in Den Haag am 15. November 1965 in englischer und französischer Sprache, wobei jeder Wortlaut gleichermaßen verbindlich ist, in einer Urschrift, die im Archiv der Regierung der Niederlande hinterlegt und von der jedem auf der Zehnten Tagung der Haager Konferenz für Internationales Privatrecht vertretenen Staat auf diplomatischem Weg eine beglaubigte Abschrift übermittelt wird.

Anlässlich der Hinterlegung ihrer Ratifikationsurkunde hat die Republik Österreich folgenden Vorbehalt angebracht und nachstehende Erklärungen abgegeben:

1. Vorbehalt:

„Das Übereinkommen über die Zustellung gerichtlicher und außergerichtlicher Schriftstücke im Ausland in Zivil- oder Handelssachen vom 15. November 1965 findet keine Anwendung auf die Zustellung von Schriftstücken an die Republik Österreich, einschließlich ihrer Gebietskörperschaften, ihrer Behörden, und der für sie handelnden Personen; derartige Zustellungen haben auf diplomatischem Weg zu erfolgen."

2. Erklärung gemäß Art. 5 Abs. 3 (Sprache der Zustellungsstücke):

„Österreich erklärt, dass seine Zentrale Behörde eine förmliche Zustellung nur veranlasst, wenn das zuzustellende Schriftstück in deutscher Sprache verfasst oder von einer Übersetzung in die deutsche Sprache begleitet ist."

3. Notifikationen gemäß Art. 21:

Bezeichnung der Zentralen Behörde gemäß Art. 2:

„Das Bundesministerium für Justiz nimmt die Aufgaben der Zentralen Behörde gemäß Art. 2 des Übereinkommens wahr."

Bezeichnung der Behörde, die das Zustellungszeugnis ausstellt, gemäß Art. 6:

„Das Zustellungszeugnis gemäß Art. 6 wird von den Bezirksgerichten ausgestellt."

Bezeichnung der Behörde, die Schriftstücke entgegennimmt, die auf dem konsularischen Weg übermittelt werden, gemäß Art. 9:

„Zur Entgegennahme von Ersuchen um Zustellung, die von einem ausländischen konsularischen Vertreter innerhalb der Republik Österreich gemäß Art. 9 übermittelt werden ist das Bundesministerium für Justiz als Zentrale Behörde zuständig."

Widerspruch gegen die in Art. 8 Abs. 2 und Art. 10 vorgesehenen Übermittlungswege:

„Österreich widerspricht der in Art. 8 Abs. 1 vorgesehenen Zustellung von Schriftstücken durch die diplomatischen oder konsularischen Vertreter anderer Vertragsstaaten in seinem Hoheitsgebiet, es sei denn, das Schriftstück ist einem Angehörigen des Ursprungsstaats zuzustellen."

HZÜ

„Österreich widerspricht Zustellungen nach Art. 10 in seinem Hoheitsgebiet."

Erklärungen gemäß Art. 15 Abs. 2 und Art. 16 Abs. 3 (Entscheidung ohne Zustellungsnachweis, Frist für Wiedereinsetzungsantrag):

„Österreich erklärt gemäß Art. 15 Abs. 2 des Übereinkommens, dass seine Richter unter den in dieser Bestimmung genannten Voraussetzungen den Rechtsstreit entscheiden können, auch wenn ein Zeugnis über die Zustellung oder die Übergabe des Schriftstücks nicht eingegangen ist."

„Österreich erklärt gemäß Art. 16 Abs. 3 des Übereinkommens, dass ein Antrag auf Wiedereinsetzung in den vorigen Stand nach Ablauf eines Jahres ab Erlassung der Entscheidung unzulässig ist."

(Übersetzung)

1. Reservation:

"The Convention on the Service Abroad of Judicial and Extrajudicial Documents in Civil or Commercial Matters of 15 November 1965 shall not apply to the service of documents addressed to the Republic of Austria, including its political subdivisions, its authorities and persons acting on its behalf; such service shall be effected through diplomatic channels."

2. Declaration pursuant to Article 5 para. 3 (language of the transmitted documents):

"Austria declares that formal service will only be effected by the Central Authority if the document to be served is written in or translated into the German language."

3. Notifications pursuant to Article 21:

Designation of the Central Authority pursuant to Article 2:

"Pursuant to Article 2 of the Convention, the Federal Ministry of Justice is designated as the Central Authority."

Designation of the authority competent to complete the certificate pursuant to Article 6:

"Pursuant to Article 6 of the Convention, the district courts are competent to complete the certificate of service."

Designation of the authority competent to receive documents transmitted by consular channels pursuant to Article 9:

"Pursuant to Article 9 of the Convention, the Federal Ministry of Justice as the Central Authority is designated to receive documents transmitted through consular channels within the Republic of Austria."

Opposition to the use of methods of transmission pursuant to Article 8 para. 2 and Article 10:

"Austria objects to the service of documents effected directly through foreign diplomatic or consular agents within its territory, as proposed in Article 8 para. 1, unless the document is to be served upon a national of the state in which the documents originate."

"Austria objects to the methods of service set out in Article 10 within its territory."

Declarations pursuant to Article 15 para. 2 and Article 16 para. 3 (judgment without certificate of service, period for the application for relief):

"Austria declares that a judge may give judgment even if no certificate of service or delivery has been received if the conditions set out in Article 15 para. 2 of the Convention are fulfilled."

"Pursuant to Article 16 para. 3 of the Convention, Austria declares that the application for relief will not be entertained if it is filed after one year following the date of the judgment."

Nach Mitteilung des Ministeriums für Auswärtige Angelegenheiten der Niederlande haben folgende weitere Staaten das Übereinkommen ratifiziert, sind ihm beigetreten oder haben erklärt, sich weiterhin an das Übereinkommen gebunden zu erachten:

Ägypten[1], Albanien[1], Andorra[1], Antigua und Barbuda[1], Argentinien[1], Armenien[1], Australien[1] (einschließlich Ashmore- und Cartierinseln, Australisches Antarktis-Territorium, Weihnachtsinsel, Kokosinseln, Heard und McDonaldinseln, Korallenmeerinseln, Norfolkinsel), Bahamas[1], Barbados[1], Belarus[1], Belgien[1], Belize[1], Bosnien und Herzegowina[1], Botsuana[1], Brasilien[1], Bulgarien[1], China[1] (einschließlich der Sonderverwaltungsregionen Hongkong und Macao), Costa Rica[1], Dänemark[1], Deutschland[1], Estland[1], Finnland[1], Frankreich[1] (einschließlich Französisch-Guayana, Französisch-Polynesien, Französische Süd- und Antarktisgebiete, Guadeloupe, Martinique, Mayotte, Neu-Kaledonien, Réunion, St. Barth, St. Martin, St. Pierre und Miquelon; weiters die Inseln Tromelin, Glorieuses, Juan de Nova, Europa, Bassas da India, Clipperton sowie Wallis und Futuna), Griechenland[1], Indien[1], Irland[1], Israel[1], Italien[1], Japan[1], Kanada[1], Kasachstan[1], Kolumbien[1], Republik Korea[1], Kroatien[1], Kuwai[1], Lettland[1], Litauen[1], Luxemburg[1], Malawi[1], Malta[1], Marokko[1], Mexiko[1], Republik Moldau[1], Monaco[1], Montenegro[1], Nicaragua[1], Niederlande[1] (für das Königreich in Europa und Aruba), Nordmazedonien[1], Norwegen[1], Pakistan[1], Philippinen[1], Polen[1], Portugal[1],

Rumänien[1], Russische Föderation[1], San Marino[1], Schweden[1], Schweiz[1], Serbien[1], Seychellen[1], Slowakei[1], Slowenien[1], Spanien[1], Sri Lanka[1], St. Vincent und die Grenadinen[1], Tschechische Republik[1], Tunesien[1], Türkei[1], Ukraine[1], Ungarn[1], Venezuela[1], Vereinigte Staaten[1] (einschließlich Guam, Nördliche Marianen, Puerto Rico und Jungferninseln), Vereinigtes Königreich[1] (einschließlich Anguilla, Bermuda, Britische Jungferninseln, Gibraltar, Guernsey, Falklandinseln, Insel Man, Jersey, Caymaninseln, Montserrat, Pitcairn, St. Helena und abhängige Gebiete, Turks- und Caicosinseln), Vietnam[1], Zypern[1].

[1] *Vorbehalte und Erklärungen anderer Staaten sowie Einsprüche und Einwendungen sind in englischer und französischer Sprache auf der Website der Haager Konferenz für Internationales Privatrecht unter http://www.hcch.net/ abrufbar [Nr. 14]. Gleiches gilt für die gemäß Übereinkommen zu benennenden Behörden oder Übermittlungsstellen.*

HZÜ

Anlage

Muster für das Ersuchen und das Zustellungszeugnis

**ERSUCHEN UM ZUSTELLUNG EINES GERICHTLICHEN ODER
AUSSERGERICHTLICHEN
SCHRIFTSTÜCKS IM AUSLAND**

———

Übereinkommen über die Zustellung gerichtlicher und außergerichtlicher Schriftstücke
im Ausland in Zivil- oder Handelssachen, unterzeichnet in Den Haag
am 15. November 1965.

Bezeichnung und Anschrift der ersuchenden Stelle	Anschrift der Bestimmungsbehörde

Die ersuchende Stelle beehrt sich, der Bestimmungsbehörde – in zwei Stücken – die unten angegebenen Schriftstücke mit der Bitte zu übersenden, davon nach Artikel 5 des Übereinkommens ein Stück unverzüglich dem Empfänger zustellen zu lassen, nämlich

(Name und Anschrift)

a) in einer der gesetzlichen Formen (Artikel 5 Absatz 1 lit. a)*).

b) in der folgenden besonderen Form (Artikel 5 Absatz 1 lit. b)*):

c) gegebenenfalls durch einfache Übergabe (Artikel 5 Absatz 2)*).

Die Behörde wird gebeten, der ersuchenden Stelle ein Stück des Schriftstücks – und seiner Anlagen *) – mit dem Zustellungszeugnis auf der Rückseite zurückzusenden oder zurücksenden zu lassen.

Verzeichnis der Schriftstücke

Ausgefertigt in .... am...........................

Unterschrift und/oder Stempel.

———————————

*) Unzutreffendes streichen

32/3. HZÜ

Anlage

Rückseite des Ersuchens

ZUSTELLUNGSZEUGNIS

Die unterzeichnete Behörde beehrt sich, nach Artikel 6 des Übereinkommens zu bescheinigen,

1. dass das Ersuchen erledigt worden ist *)
   - am (Datum)
   - in (Ort, Straße, Nummer)

   - in einer der folgenden Formen nach Artikel 5:
      a) in einer der gesetzlichen Formen (Artikel 5 Absatz 1 lit. a)*).
      b) in der folgenden besonderen Form*):

      c) durch einfache Übergabe *).

   Die in dem Ersuchen erwähnten Schriftstücke sind übergeben worden an:
   - (Namen und Stellung der Person)

   - Verwandtschafts-, Arbeits- oder sonstiges Verhältnis zum Zustellungsempfänger:

2. dass das Ersuchen aus folgenden Gründen nicht erledigt werden konnte*):

Nach Artikel 12 Absatz 2 des Übereinkommens wird die ersuchende Stelle gebeten, die Auslagen, die in der beiliegenden Aufstellung im Einzelnen angegeben sind, zu zahlen oder zu erstatten*).

Anlagen
Zurückgesandte Schriftstücke:

Gegebenenfalls Erledigungsstücke:

HZÜ

Ausgefertigt in .... am.......................….......
Unterschrift und/oder Stempel.

*) Unzutreffendes streichen

32/3. HZÜ

Anlage

ANGABEN ÜBER DEN WESENTLICHEN INHALT DES ZUZUSTELLENDEN SCHRIFTSTÜCKS

Übereinkommen über die Zustellung gerichtlicher und außergerichtlicher Schriftstücke
im Ausland in Zivil- oder Handelssachen, unterzeichnet in Den Haag
am 15. November 1965.
(Artikel 5 Absatz 4)

Bezeichnung und Anschrift der ersuchenden Stelle:

Bezeichnung der Parteien*):

GERICHTLICHES SCHRIFTSTÜCK**)

Art und Gegenstand des Schriftstücks:

Art und Gegenstand des Verfahrens, gegebenenfalls Betrag der geltend gemachten Forderung:

Termin und Ort für die Einlassung auf das Verfahren**):
Gericht, das die Entscheidung erlassen hat**):

Datum der Entscheidung**):
Im Schriftstück vermerkte Fristen**):

AUSSERGERICHTLICHES SCHRIFTSTÜCK**)

Art und Gegenstand des Schriftstücks:

Im Schriftstück vermerkte Fristen**):

---

*) Gegebenenfalls Name und Anschrift der an der Übersendung des Schriftstücks interessierten Person.
**) Unzutreffendes streichen.

32/4. Erlass zum HZÜ

Erlass v. 10. 9. 2020

Einführungserlass zum Haager Zustellungsübereinkommen

BMJ 2020-0.577.151, eJABl 2020/79

Einführungserlass vom 10. September 2020 zum Haager Übereinkommen vom 15. November 1965 über die Zustellung gerichtlicher und außergerichtlicher Schriftstücke im Ausland in Zivil- oder Handelssachen, BGBl. III Nr. 137/2020 (Haager Zustellungsübereinkommen 1965 oder HZÜ)

1. Einleitung

a. Zweck des Erlasses

Dieser Erlass stellt das Haager Übereinkommen vom 15. November 1965 über die Zustellung gerichtlicher und außergerichtlicher Schriftstücke im Ausland in Zivil- oder Handelssachen (in der Folge: Haager Zustellungsübereinkommen 1965 oder HZÜ) informativ dar; er kann die Rechtsprechung selbstverständlich nicht binden und soll ihr auch in keiner Weise vorgreifen.

b. Zum Haager Zustellungsübereinkommen 1965 und den Gründen für dessen Ratifizierung durch Österreich

Mit dem Haager Zustellungsübereinkommen 1965 wurden die Art. 1 bis 7 der älteren Haager Zivilprozessübereinkommen von 1905 und 1954 durch neue, praxistauglichere Regelungen ersetzt.

Nachdem von Seiten der Praxis Bedarf nach einer Ratifizierung des Haager Zustellungsübereinkommens durch Österreich geäußert worden war und auch die Haager Konferenz selbst immer wieder die Vorteile des Übereinkommens für Österreich herausgestrichen hatte, ersuchte das Bundesministerium für Justiz die Europäische Union bereits vor einigen Jahren um Erteilung der Genehmigung zur Unterzeichnung und Ratifizierung. Die Ermächtigung wurde nach einigen Urgenzen Österreichs und längeren Verhandlungen auf Ratsebene mit Beschluss vom 10. März 2016 rechtswirksam erteilt (ABl. Nr. L 75 vom 22. März 2016 S. 1). Österreich hat nunmehr als letzter EU-Mitgliedstaat das Haager Zustellungsübereinkommen 1965 ratifiziert.

Die wichtigste Neuerung, die das Übereinkommen bringt, betrifft die technische Abwicklung. Die Zustellung hat über eine „Zentrale Behörde" zu erfolgen, deren Organisation und Zusammensetzung den einzelnen Vertragsstaaten überlassen wird (Art. 2 HZÜ). Außerdem stellt das Haager Zustellungsübereinkommen 1965 als Erleichterung für die Praxis in einer Anlage einheitliche Formulare für den Zustellungsantrag und das Zustellungszeugnis bereit.

c. Kurzüberblick über das Übereinkommen

Im Haager Zustellungsübereinkommen 1965 ist geregelt, welche Übermittlungswege zu benutzen sind, wenn ein gerichtliches oder außergerichtliches Schriftstück in einem anderen Vertragsstaat zugestellt werden muss. Die Übermittlung gerichtlicher und außergerichtlicher Schriftstücke wird durch das Übereinkommen vereinfacht. Schriftstücke werden danach statt auf konsularischem oder diplomatischem Weg hauptsächlich über eine Zentrale Behörde weitergeleitet, die die Zustellung bewirkt oder veranlasst. Mithilfe des Übereinkommens soll zudem sichergestellt werden, dass der Adressat eines Schriftstücks, gegen den ein Verfahren eingeleitet wird, im Rahmen des Möglichen so rechtzeitig von dem ihm zuzustellenden Schriftstück Kenntnis erhält, dass er sich im Verfahren verteidigen kann. Das Übereinkommen erleichtert ferner den Nachweis, dass die Zustellung im Ausland vorgenommen wurde. Hierzu ist in der Anlage zum Übereinkommen ein Muster für ein Zustellungszeugnis enthalten.

d. Praktische Fragen

- Das Übereinkommen tritt gemäß seinem Art. 27 zweiter Absatz am 12. September 2020 für Österreich in Kraft.

- Zwischen den Mitgliedstaaten der Europäischen Union steht die Europäische Zustellungsverordnung in Geltung, durch die seit Langem ein direkter Verkehr von Gericht zu Gericht abgesichert ist und die als Unionsrecht Anwendungsvorrang genießt. Daran ändert sich nichts. Durch die Ratifizierung des Haager Zustellungsübereinkommens 1965 sind jedoch Erleichterungen bei den grenzüberschreitenden Zustellungen im Verhältnis zu Nicht-EU-Staaten, wie etwa den USA, zu erwarten. Im Übrigen zählt ab 1. Jänner 2021 auch das Vereinigte Königreich zu den Vertragsstaaten des HZÜ, die nicht vorrangig die Zustellungsverordnung anzuwenden haben.

- Der Text des Übereinkommens wurde in BGBl. III Nr. 137/2020 kundgemacht; er ist unter https://www.ris.bka.gv.at/eli/bgbl/III/2020/137 (siehe Anlagen) im Rechtsinformationssystem des Bundes (RIS) abrufbar.

- Auf der Website der Haager Konferenz für Internationales Privatrecht wird eine laufend aktualisierte Tabelle („status table") der Vertragsstaaten des Übereinkommens zur Verfügung

HZÜ

gestellt, aus der zudem die jeweiligen Vorbehalte und Erklärungen ersichtlich sind (siehe https://www.hcch.net/en/instruments/conventions/status-table/?cid=17 (zuletzt abgerufen am 8. September 2020)). Die Vorbehalte und Erklärungen Österreichs sind zudem im RIS veröffentlicht und unter https://www.ris.bka.gv.at/eli/bgbl/III/2020/137 (Hauptdokument) abrufbar.

– Zentrale Behörde für Österreich ist das Bundesministerium für Justiz, konkret die Abteilung I 10.

– **Die Formblätter zum Übereinkommen sind über die Website der Haager Konferenz für Internationales Privatrecht in zahlreichen Sprachen unter dem Link** https://www.hcch.net/en/publications-and-studies/details4/?pid=6560&dtid=65 (zuletzt abgefragt am 8. September 2020) **als pdf-Version verfügbar und als Word-Dokument online ausfüllbar.**

2. Zum Anwendungsbereich des Übereinkommens

a. Räumlicher Anwendungsbereich und Verhältnis zu anderen Übereinkommen und zwischenstaatlichen Vereinbarungen

Das Übereinkommen gilt grundsätzlich zwischen den Vertragsstaaten und tritt an die Stelle der Art. 1 bis 7 des am 17. Juli 1905 in Den Haag unterzeichneten Abkommens über den Zivilprozess und des am 1. März 1954 in Den Haag unterzeichneten Übereinkommens über den Zivilprozess, soweit diese Staaten Vertragsparteien jenes Abkommens oder dieses Übereinkommens sind (Art. 22 HZÜ). Das HZÜ berührt aber weder die Anwendung des Art. 23 des am 17. Juli 1905 in Den Haag unterzeichneten Abkommens über den Zivilprozess noch die Anwendung des Art. 24 des am 1. März 1954 in Den Haag unterzeichneten Übereinkommens über den Zivilprozess (Art. 23 HZÜ).

Die Zivilprozessübereinkommen von 1905 und 1954 bleiben zudem zwischen und im Verhältnis zu jenen Staaten weiterhin in Kraft, die nicht Vertragsstaaten des nunmehrigen Übereinkommens sind (Art. 24 HZÜ).

Zusatzvereinbarungen zu dem Abkommen von 1905 und dem Übereinkommen von 1954, die Vertragsstaaten geschlossen haben, sind auch auf das HZÜ anzuwenden, es sei denn, dass die beteiligten Staaten etwas Anderes vereinbaren (Art. 24 HZÜ). Im Detail siehe dazu Punkt 3.j.

Gemäß Art. 25 HZÜ berührt das Übereinkommen unbeschadet der Art. 22 und 24 nicht Übereinkommen, denen die Vertragsstaaten angehören oder angehören werden und die Bestimmungen

über Rechtsgebiete enthalten, die durch dieses Übereinkommen geregelt sind.

Gemäß Art. 29 kann jeder Staat bei der Unterzeichnung, bei der Ratifikation oder beim Beitritt erklären, dass sich dieses Übereinkommen auf alle oder auf einzelne der Hoheitsgebiete erstreckt, deren internationale Beziehungen er wahrnimmt. Die Regelung stellt vor allem auf Staaten mit dislozierten Gebietseinheiten, etwa Überseegebieten, ab und war für die Ratifizierung durch Österreich ohne Bedeutung. Entsprechende Informationen zu allfälligen diesbezüglichen Erklärungen sind aus der von der Haager Konferenz für Internationales Privatrecht veröffentlichten Tabelle (status table) ersichtlich (siehe https://www.hcch.net/en/instruments/conventions/status-table/?cid=17 (zuletzt abgerufen am 8. September 2020)).

Einen Überblick darüber, in welchem Verhältnis und zu welchen Staaten das HZÜ tatsächlich anzuwenden ist, für welche Staaten die EuZVO gilt und mit welchen Vertragsstaaten ein vorrangig anzuwendendes bilaterales Zustellungsabkommen besteht, gibt *Fucik*, Das Haager Zustellungsübereinkommen in Österreich, RZ 2020, 175 ff.

b. Zeitlicher Anwendungsbereich (Art. 27 und 28 HZÜ)

Das Übereinkommen ist gemäß seinem Art. 27 erster Absatz am sechzigsten Tag nach der gemäß Art. 26 Abs. 2 vorgenommenen Hinterlegung der dritten Ratifikationsurkunde in Kraft getreten. **Gemäß Art. 27 zweiter Absatz tritt das Übereinkommen für jeden Unterzeichnerstaat, der es später ratifiziert, am sechzigsten Tag nach Hinterlegung seiner Ratifikationsurkunde in Kraft, für Österreich somit am 12. September 2020.**

c. Sachlicher Anwendungsbereich (Art. 1 HZÜ)

Art. 1 HZÜ beschreibt den Inhalt und bestimmt den Anwendungsbereich des Übereinkommens. Danach ist das Übereinkommen in „Zivil- oder Handelssachen" anzuwenden. Was unter dem **Begriff der „Zivil- oder Handelssachen"** zu verstehen ist, definiert das Übereinkommen hingegen nicht. Allerdings findet sich der Begriff sowohl im Haager Übereinkommen vom 18. März 1970 über die Beweisaufnahme im Ausland in Zivil- oder Handelssachen (Österreich ist nicht Vertragsstaat dieses Übereinkommens) als auch im Haager Übereinkommen vom 1. März 1954 betreffend das Verfahren in bürgerlichen Rechtssachen; dieses hat auch Österreich ratifiziert (BGBl. Nr. 91/1957).

Das HZÜ legt nicht fest, nach welchem Recht diese Begriffe zu bestimmen sind, sodass diese Frage umstritten ist. Je nachdem, ob das Hauptaugenmerk auf einen möglichst weiten Anwendungsbereich des Übereinkommens oder aber auf einen möglichst effektiven Schutz der Vertragsstaaten vor fremden Rechtsvorstellungen gelegt wird, wird eine Qualifikation nach dem Recht des ersuchenden oder des ersuchten Staates oder auch eine kumulative Qualifikation nach dem Recht beider Staaten oder eine autonome, möglichst weitreichende Auslegung vorgeschlagen (etwa *Schlosser*, EU-Zivilprozessrecht4, Art. 1 HZÜ Rz 2 mwN).

Eine Orientierung zur Auslegung des Begriffs „Zivil- und Handelssachen" kann jedenfalls die Rechtsprechung des EuGH geben, zumal auch die relevanten Verordnungen der Europäischen Union im Bereich der zivilgerichtlichen Zusammenarbeit, etwa die Europäische Zustellungsverordnung (für die das HZÜ Vorbild war), die Europäische Beweisaufnahmeverordnung oder auch die EuGVVO diese Begriffe verwenden, ohne sie zu definieren (*Schlosser*, EU-Zivilprozessrecht4, Art. 1 HZÜ Rz 2).

Anwendbar ist das Übereinkommen immer dann, wenn nach dem Recht des ersuchenden Staates ein **gerichtliches oder außergerichtliches Schriftstück** zum Zwecke der Zustellung in einen anderen Vertragsstaat zu übermitteln ist. Das Begriffspaar „gerichtlich und außergerichtlich" wurde bereits in den Zivilprozessübereinkommen von 1905 und 1954 verwendet und hat dieselbe Bedeutung wie in diesen Übereinkommen (*Schlosser*, EU- Zivilprozessrecht4, Art. 1 HZÜ Rz 9). Zudem findet es sich in vielen Verordnungen der EU. Unter gerichtlichen Schriftstücken sind solche zu verstehen, die im Zusammenhang mit einem bereits eingeleiteten Gerichtsverfahren stehen oder für die Einleitung eines solchen Verfahrens bestimmt sind. Hingegen stehen außergerichtliche Schriftstücke nicht in unmittelbarem Zusammenhang mit einem Gerichtsverfahren, unterscheiden sich aber von rein privaten Dokumenten oder Mitteilungen dadurch, dass ihre Übermittlung nach dem anwendbaren nationalen Recht ein formalisiertes Zustellungsverfahren, d. h. die Beteiligung einer Behörde oder ähnlichen Stelle erfordert (siehe dazu *Peer* in *Burgstaller/Neumayr/Geroldinger/Schmaranzer*, Internationales Zivilverfahrensrecht, Art. 1 EuZVO Rz 3; s. auch *Schlosser*, EU-Zivilprozessrecht4, Art. 1 HZÜ Rz 9 ff).

Nach Art. 1 Satz 2 gilt das Übereinkommen nicht, wenn die Anschrift des Empfängers des Schriftstücks unbekannt ist. Der Empfangsstaat ist also aufgrund des Übereinkommens nicht verpflichtet, nach einer unbekannten Adresse zu forschen.

3. Zu den weiteren wesentlichen Bestimmungen des Übereinkommens

a. Zentrale Behörde nach dem HZÜ (Art. 2 und Art. 18 Abs. 1 HZÜ)

Nach Art. 2 HZÜ hat jeder Vertragsstaat eine „Zentrale Behörde" zu bestimmen und zu benennen, über die der regelmäßige Übermittlungsweg führt. Diese Zentrale Behörde hat die Aufgabe, Zustellungsersuchen aus anderen Vertragsstaaten entgegenzunehmen, die Zustellung der Schriftstücke an den Empfänger zu bewirken oder zu veranlassen und das Zustellungszeugnis zu übermitteln oder für dessen Übermittlung zu sorgen. **Die Zentrale Behörde muss also nicht selbst die Zustellung „bewirken", sondern kann sie auch bloß „veranlassen". In Österreich wird dies dadurch geschehen, dass sie die Ersuchen an das für Rechtshilfe zuständige Bezirksgericht weiterleitet.**

Durch den Weg über eine Zentrale Behörde wird der konsularische Übermittlungsweg, den die Zivilprozessübereinkommen von 1905 und 1954 noch als Regel vorsehen, weitgehend ersetzt, wodurch grenzüberschreitende Zustellungen schneller und effektiver werden. Einen direkten Behördenverkehr, wie ihn die Europäische Zustellungsverordnung als Regel vorsieht, kennt das HZÜ hingegen nicht.

Für Österreich wurde der Haager Konferenz für Internationales Privatrecht das Bundesministerium für Justiz als Zentrale Behörde genannt. Konkret zuständig ist die Abteilung I 10. Diese ist bereits Zentralstelle nach der Europäischen Zustellungsverordnung. Die Einrichtung von Nebenbehörden oder weiteren Zentralen Behörden war nicht zweckmäßig.

Bezeichnung und Anschrift der jeweiligen von den einzelnen Vertragsstaaten bestimmten Zentralen Behörden sind auf der Website der Haager Konferenz für Internationales Privatrecht (www.hcch.net) unter dem Link https://www.hcch.net/en/instruments/conventions/authorities1/?cid=17 (zuletzt abgerufen am 8. September 2020) abrufbar. Teilweise werden hier auch zusätzliche Informationen bereitgestellt.

b. Ersuchen an die Zentrale Behörde (Art. 3 HZÜ)

Welche staatlichen oder gerichtlichen Stellen des Übermittlungsstaates Ersuchen an die Zentrale Behörde im Empfangsstaat richten dürfen, wird nicht im Übereinkommen geregelt, sondern bestimmt sich nach dem nationalen Recht des Übermittlungsstaates. In Österreich obliegt dies in der Regel dem für das Verfahren zuständigen Richter oder Senatsvorsitzenden des Prozessgerichts. Privatpersonen können sich nicht an die Zentrale Behörde wenden. Auch um die Zustellung außergerichtlicher Schriftstücke kann nur ein Gericht ersuchen. Ein Gerichtskommissär hat im Einklang mit § 1 Abs. 2 Z 4 GKG keine Befugnis, Ersuchen an andere Staaten zu richten.

Für die Abfassung des Ersuchens ist das dem Übereinkommen als Anlage angeschlossene Standardformular *„Muster für das Ersuchen und das Zustellungszeugnis"* zu verwenden (zum entsprechenden Sprachenregime siehe unten zu Art. 7, Punkt 3. f.). Das Formblatt ist auf der Website der Haager Konferenz für Internationales Privatrecht unter dem Link https://www.hcch.net/en/publications-and-studies/details4/?pid=6560&dtid=65 (zuletzt abgerufen am 8. September 2020) in zahlreichen Sprachkombinationen abrufbar und online ausfüllbar.

Absatz 1 leg. cit. bestimmt ausdrücklich, dass weder das Ersuchen noch die anderen beigefügten Schriftstücke einer Beglaubigung oder einer anderen entsprechenden Förmlichkeit (etwa einer Apostille) bedürfen. Es genügt, wenn das Ersuchen die Unterschrift und/oder den Stempel des Absenders trägt.

Gemäß Abs. 2 leg. cit. sind dem Ersuchen alle zuzustellenden Schriftstücke (und auch das Ersuchen selbst) zweifach beizufügen. Dabei muss es sich nicht um beglaubigte Abschriften handeln. Vielmehr ist es ausschließlich Sache des Rechts des Ursprungsstaates zu entscheiden, ob die Zustellung von Originalen, Ausfertigungen, beglaubigten Abschriften oder einfachen Abschriften die mit der Zustellung beabsichtigte Wirkung entfaltet (*Schlosser,* EU-Zivilprozessrecht4, Art. 3 HZÜ Rz 4). Nach Art. 20 lit. a HZÜ können Vertragsstaaten miteinander vereinbaren, diese Bestimmung nicht anzuwenden, und somit davon absehen, Schriftstücke zweifach zu übermitteln. Österreich hat keine solche Vereinbarung getroffen.

c. Mangelhafte oder unzulässige Zustellungsersuchen (Art. 4 HZÜ)

Nach Art. 4 HZÜ hat die Zentrale Behörde Ersuchen, die nicht dem Übereinkommen entsprechen, unter Anführung der Gründe an die ersuchende Stelle im Ursprungsstaat zurückzusenden.

Bei den in dieser Vorschrift angesprochenen Mängeln handelt es sich im Gegensatz zu Art. 13 HZÜ um solche formeller Art, etwa um Abweichungen vom Formular aus dem Anhang, fehlende Anlagen, falsche oder gar fehlende Anschriften oder auch um Zweifel an der Authentizität des Ersuchens. Nach herrschender Meinung sind Ergänzungen der Zentralen Behörde aus eigenem Wissen und liquiden Erkenntnisquellen einschließlich telefonischer Rückfragen bei der ersuchenden Stelle oder bei den Verfahrensbeteiligten zulässig

und angeraten (vgl. *Schlosser,* EU-Zivilprozessrecht4, Art. 5 HZÜ Rz 1).

Um Verzögerungen zu vermeiden, soll die Zentrale Behörde des ersuchten Staates die ersuchende Behörde alsbald unterrichten, wenn sie der Ansicht ist, dass den Erfordernissen des Übereinkommens nicht entsprochen wurde. Damit Fehler rasch richtiggestellt werden können, sieht das Übereinkommen ausdrücklich vor, dass die ersuchte Behörde mitzuteilen hat, welcher Mangel ihrer Ansicht nach vorliegt, indem sie die Einwände gegen den Antrag im Einzelnen anführt.

d. Zustellvorgang nach dem Übereinkommen (Art. 5 HZÜ)

Das Haager Zustellungsübereinkommen 1965 stellt – anders als die Zivilprozessübereinkommen von 1905 und 1954 – die förmliche Zustellung in den Vordergrund. Diese förmliche Zustellung hat nach den Rechtsvorschriften zu erfolgen, die das Recht des ersuchten Staates für die Bewirkung gleichartiger Zustellungen im Inland vorschreibt (Art. 5 Abs. 1 lit. a HZÜ). Das wird als Garantie dafür angesehen, dass die Zustellung ordnungsgemäß durchgeführt wird.

Weiter kommt in Betracht, dass die Zustellungsstücke in einer besonderen, von der ersuchenden Stelle gewünschten Form zugestellt werden. Dies ist jedoch unzulässig, wenn diese Form mit dem Recht des ersuchten Staates unvereinbar ist (Art. 5 Abs. 1 lit. b HZÜ).

Mit Abs. 2 wird auch noch die Möglichkeit eröffnet, das Schriftstück dem Empfänger durch einfache Übergabe zuzustellen, sofern dieser zur Annahme bereit ist und die ersuchende Stelle keine besondere Form wünscht. Somit ist eine formlose Zustellung ohne Zwang auch nach dem HZÜ möglich.

Neben dem Umstand, dass nach dem Haager Zustellungsübereinkommen 1965 die förmliche Zustellung auch im internationalen Zustellungsverkehr in den Vordergrund tritt, ist in diesem Übereinkommen festgelegte **Regelung zur Übersetzung** von erheblicher Bedeutung. Während nach den Zivilprozessübereinkommen von 1905 und 1954 die förmliche Zustellung gegen den Willen des Empfängers nur möglich ist, wenn das zuzustellende Schriftstück in der Sprache der ersuchten Behörde abgefasst ist, kann nach Art. 5 des Zustellungsübereinkommens 1965 grundsätzlich auch ein fremdsprachiges Schriftstück zugestellt werden (siehe unten zum **Vorbehalt Österreichs**). Einen Ausgleich für die fehlende Übersetzung der zuzustellenden Schriftstücke in die Sprache der ersuchten Behörde sieht Art. 5 Abs. 4 HZÜ vor, der in Verbindung mit Art. 7 Abs. 2 regelt, dass nach dem Muster des Ersuchens der wesentliche Inhalt der zuzustellenden Schriftstücke in englischer oder französischer oder in (einer) der Amtssprache(n) des ersuchten Staates wiederzugeben und dem Empfänger auszuhändigen ist. Kann der Zustellungsempfänger diese Angaben in englischer oder französischer Sprache nicht verstehen oder reichen die Angaben nicht aus, um seine Prozessführung im ersuchenden Staat vorzubereiten, so muss er sich selbst um die Übersetzung des Schriftstücks kümmern und die Kosten dafür tragen.

Mit dieser Regelung sollte der Aufwand der Herstellung einer Übersetzung in gerechter Weise auf die Verfahrensparteien verteilt werden. Der nunmehr im europäischen Raum – so auch in Österreich – vertretenen Ansicht, die sich auch in der Europäischen Zustellungsverordnung (s. deren Art. 8) widerspiegelt, entspricht die Regelung jedoch nicht mehr. Nach dieser Ansicht erfüllt eine Zustellung nur dann ihren Zweck, wenn sie so geschieht, dass der Empfänger vom Inhalt der Zustellungsstücke sichere Kenntnis nehmen kann. Voraussetzung dafür ist aber die Verwendung einer Sprache, die der Empfänger versteht. Angesichts des großen Kreises an Vertragsstaaten des Haager Zustellungsübereinkommens 1965 kann man nicht damit rechnen, dass ein erheblicher Teil von Empfängern Schriftstücke mit juristischem Inhalt, die in der Sprache des ersuchten Staates verfasst sind, hinreichend verstehen kann. Der Empfänger wird vielmehr in der

Regel nur dann genaue Kenntnis vom Inhalt nehmen können, wenn das Schriftstück mit einer Übersetzung zugestellt wird oder er selbst eine Übersetzung herstellen lässt.

Die im Formblatt aus dem Anhang für die Zustellung vorgesehenen zusammenfassenden *„Angaben über den wesentlichen Inhalt des zuzustellenden Schriftstücks"*, die dem Empfänger gemäß Art. 5 Abs. 4 HZÜ auszuhändigen sind, können eine vollständige Übersetzung der zuzustellenden Schriftstücke im Regelfall nicht ersetzen. Dabei ist auch zu bedenken, dass das Formular in englischer oder französischer Sprache oder in der Sprache des ersuchten Staates abgefasst ist (Art. 7 Abs. 1) und in Englisch oder Französisch ausgefüllt sein kann (Art. 7 Abs. 2). Aber selbst für den Fall, dass der Empfänger die Sprache, in der das Formular ausgefüllt ist, versteht, ist davon auszugehen, dass das Formular nur stichwortartige Angaben enthält, die es dem Zustellungsempfänger nicht ermöglichen, seine Einlassung auf den Rechtsstreit ordnungsgemäß vorzubereiten.

Damit jeder Staat Nachteile aus dieser Regelung für die in seinem Gebiet wohnenden Zustellungsempfänger vermeiden kann, gibt Art. 5 Abs. 3 HZÜ den Zentralen Behörden die Befugnis zu verlangen, dass das zuzustellende Schriftstück, wenn es förmlich zugestellt werden soll, in der Amtssprache oder einer **der Amtssprachen des ersuchten Staates abgefasst oder in diese übersetzt ist.**

Es kann von den Zentralen Behörden aber nicht verlangt werden, in jedem Fall, in dem ein Schriftstück in einer Fremdsprache zugestellt werden soll, vorweg zu überprüfen, ob der Empfänger diese Sprache so ausreichend versteht, dass die Zustellung gegen den Willen des Empfängers durchgeführt werden kann, ohne seine Rechte zu beeinträchtigen.

Im Fall der förmlichen Zustellung sieht das Haager Zustellungsübereinkommen ein Annahmeverweigerungsrecht des Empfängers wegen Fremdsprachigkeit der Zustellungsstücke nicht vor. Dabei handelt es sich um eine wesentliche Schlechterstellung im Vergleich zur im Bereich der EU geltenden Zustellungsverordnung, aber auch zur formlosen Zustellung nach diesem Übereinkommen (s. dazu unten). **Um den nunmehr aktuellen Standards gerecht zu werden und Nachteile aus dieser Regelung für die in Österreich wohnenden Zustellungsempfänger zu vermeiden, hat Österreich im Rahmen der Ratifizierung des Übereinkommens erklärt, dass es stets nur deutsche oder von einer** Übersetzung in die deutsche Sprache begleitete Schriftstücke förmlich zustellen wird und dies nicht nur im Einzelfall verlangen wird:

„Erklärung gemäß Art. 5 Abs. 3 (Sprache der Zustellungsstücke):

Österreich erklärt, dass seine Zentrale Behörde eine förmliche Zustellung nur veranlasst, wenn das zuzustellende Schriftstück in deutscher Sprache verfasst oder von einer Übersetzung in die deutsche Sprache begleitet ist."

Soll ein Schriftstück hingegen formlos zugestellt werden, so ist eine Übersetzung nicht zwingend erforderlich. Voraussetzung für die formlose Zustellung nach Art. 5 Abs. 2 HZÜ ist allerdings, dass der Empfänger zur Annahme bereit ist. Er kann die Annahme aus beliebigen Gründen, also auch deshalb ablehnen, weil die Schriftstücke nicht in einer ihm verständlichen Sprache abgefasst oder von einer Übersetzung in diese Sprache begleitet sind. Lehnt er die Annahme ab, so kann eine formlose Zustellung nicht erfolgen; Zwang (im Sinne einer Zustellungsfiktion) darf nicht angewandt werden.

Erfolgt die Zustellung eines fremdsprachigen Schriftstücks formlos nach Art. 5 Abs. 2 HZÜ, so ist § 12 Abs. 2 ZustG zu beachten. Dieser bestimmt, dass die Zustellung eines ausländischen, fremdsprachigen Dokuments, dem keine (in gerichtlichen Verfahren keine beglaubigte) deutschsprachige Übersetzung angeschlossen ist, nur dann zulässig ist, wenn der Empfänger zu dessen Annahme bereit ist, und deckt sich insoweit mit Art. 5 Abs. 2 HZÜ. Darüber hinaus enthält er eine – mit dem HZÜ durchaus vereinbare – Präzisierung zur Bekundung der fehlenden Annahmebereitschaft: **Der Empfänger kann der Behörde, die das Dokument zugestellt hat, auch noch nachträglich, nämlich binnen drei Tagen erklären, dass er nicht zur Annahme bereit ist, wobei die Frist mit der Zustellung zu laufen beginnt und nicht verlängert werden kann.** Die Belehrung des Empfängers über sein Recht zur Annahmeverweigerung hat mittels Formblatt Geo-Form. Nr. 44 zu erfolgen, das ihm mit dem Zustellungsstück gemeinsam zuzustellen ist.

e. Zustellungszeugnis (Art. 6 HZÜ)

Das Zustellungszeugnis (Art. 6 HZÜ) ist mit Hilfe des dem Übereinkommen als Anlage beigefügten Standardformulars auszustellen. Das Formular befindet sich auf der Rückseite des Zustellungsersuchens. Es ist auf der Website der Haager Konferenz für Internationales Privatrecht unter dem Link https://www.hcch.net/en/instruments/conventions/publications1/?dtid=65&cid=17 (zuletzt abgefragt am 8. September 2020) abrufbar und online ausfüllbar.

Das Zustellungszeugnis kann entweder von der Zentralen Behörde selbst oder, je nach dem Recht des ersuchten Staates, von einer dazu bestimmten Stelle (Gericht, Gerichtsvollzieher) angefertigt und an die ersuchende Behörde unmittelbar rückübermittelt werden.

Wird nach dem Recht des ersuchten Staates das Zustellungszeugnis nicht durch die Zentrale Behörde selbst oder durch ein Gericht ausgestellt, so kann die ersuchende Stelle nach Abs. 3 verlangen, dass das Zeugnis mit einem Sichtvermerk einer dieser Behörden versehen wird.

Das Zeugnis enthält Angaben über die Erledigung des Ersuchens. Anzuführen sind Form, Ort und Zeit der Erledigung sowie die Person, der das Schriftstück übergeben worden ist (Art. 6 Abs. 2 HZÜ). Da es wesentlich sein kann zu wissen, an wen die Zustellung erfolgt ist, verlangt das Formular ausdrücklich Angaben zur Identität der Person, der das Schriftstück ausgehändigt worden ist, und zur Eigenschaft, in der diese Person die Zustellung entgegengenommen hat (etwa ein Verwandtschafts- oder Arbeitsverhältnis zum Empfänger des Schriftstücks).

Konnte das Ersuchen nicht erledigt werden, so muss die zuständige Behörde die Gründe angeben, die sie daran gehindert haben. Diese Gründe sind in das Formular des Zustellungszeugnisses einzutragen.

Nach Art. 21 Abs. 1 lit. b HZÜ sind die Vertragsstaaten des Übereinkommens verpflichtet, entweder bei der Hinterlegung ihrer Ratifikations-

oder Beitrittsurkunde oder zu einem späteren Zeitpunkt die für die Erteilung des Zustellungszeugnisses bestimmte Behörde mitzuteilen.

Österreich hat mitgeteilt, dass für die Ausstellung des Zustellungszeugnisses die Bezirksgerichte zuständig sind, die auch die Zustellung vornehmen.

f. Inhalt und Sprache des Zustellungsersuchens (Art. 7 HZÜ)

Nach Art. 7 HZÜ müssen die vorformulierten Teile des Standardformulars in französischer oder englischer Sprache abgefasst sein. Zusätzlich kann aber auch die Amtssprache des ersuchenden Staates (Ursprungsstaat) verwendet werden. Auszufüllen ist das Formular entweder in der Sprache des ersuchten Staates (Zustellungsstaat) oder in englischer oder französischer Sprache.

Das Zustellungsersuchen muss nachstehende Angaben enthalten: Bezeichnung und Anschrift der ersuchenden Stelle, Anschrift der Bestimmungsbehörde, Name und Anschrift des Empfängers und das Verfahren, das bei der Zustellung zu befolgen ist. Die ersuchende Behörde hat also anzugeben, ob das Schriftstück nach einer der gesetzlichen Formen des ersuchten Staates, in einer vom ersuchten Staat gewünschten besonderen Form oder durch einfache Übergabe zugestellt werden soll. **Gemäß dem Standardformblatt wird die Bestimmungsbehörde gebeten, „der ersuchenden Stelle ein Stück des Schriftstücks - und seiner Anlagen - mit dem Zustellungszeugnis auf der Rückseite zurückzusenden"** (schon deshalb ist das Erfordernis zweier Ausfertigungen nach Art. 3 Abs. 2 HZÜ sinnvoll). Das Standardformular enthält auch noch Raum für die Aufzählung der zugestellten Schriftstücke. Das Ersuchen muss mit der Unterschrift und/oder dem Stempel der ersuchenden Stelle versehen sein.

Das Zustellungszeugnis soll sich auf der Rückseite des Ersuchens befinden.

Das dritte diesem Übereinkommen beigefügte Formular gibt den wesentlichen Inhalt des zuzustellenden Schriftstücks wieder. Gemäß Art. 5 Abs. 4 HZÜ ist dieses Formular dem Empfänger anlässlich der Zustellung auszuhändigen. Auf diesem Formular sind Bezeichnung und Anschrift der ersuchenden Stelle und die Namen der Parteien anzugeben. Ist ein gerichtliches Schriftstück zuzustellen, so sind Art und Gegenstand des Schriftstücks, Art und Gegenstand des Verfahrens und gegebenenfalls der Betrag der geltend gemachten Forderung, außerdem der Termin und Ort für die Einlassung auf das Verfahren (Tagsatzung zur mündlichen Streitverhandlung), das Gericht, das die zuzustellende Entscheidung erlassen hat, und das Datum der Entscheidung sowie die in dem Schriftstück vermerkten Fristen anzugeben.

Ist ein außergerichtliches Schriftstück zuzustellen, so werden nur Angaben zu dessen Art und Gegenstand und zu den darin vermerkten Fristen verlangt.

g. Zustellung durch diplomatische oder konsularische Vertreter (Art. 8 HZÜ)

Nach Art. 8 Abs. 1 HZÜ steht es jedem Vertragsstaat frei, gerichtliche Schriftstücke in einem anderen Vertragsstaat durch seine diplomatischen oder konsularischen Vertreter ohne Anwendung von Zwang zustellen zu lassen. Die Auslandsvertretungen können nach dieser Bestimmung grundsätzlich Angehörigen ihres oder eines dritten Staates, die sich im Empfangsstaat aufhalten, darüber hinaus aber auch Angehörigen des Empfangsstaates zustellen.

Art. 8 Abs. 2 erlaubt es jedem Vertragsstaat zu erklären, dass er einer solchen Zustellung durch diplomatische oder konsularische Vertreter in seinem Hoheitsgebiet widerspricht, außer wenn das Schriftstück einem Angehörigen des Ursprungsstaats (also des Sendestaates der Vertretungsbehörde) zuzustellen ist. Es ist daher nicht zulässig, diese Zustellungsart gegenüber Angehörigen des Sendestaates auszuschließen.

Österreich hat von dieser Widerspruchsmöglichkeit Gebrauch gemacht, insbesondere um – von ihm nicht näher kontrollierbare – konsularische Zustellungen an seine eigenen Staatsbürger zu verhindern.

h. Konsularischer Übermittlungsweg (Art. 9 HZÜ)

Art. 9 Abs. 1 HZÜ lässt weiter auch den konsularischen Übermittlungsweg zu. Dieser Weg soll zwar nur ausnahmsweise eingeschlagen werden, konkrete Einschränkungen stellt das Übereinkommen allerdings nicht auf.

Um zu vermeiden, dass sich die Konsuln unmittelbar an (irgend)eine Behörde des ersuchten Staates wenden, darf sich die konsularische Behörde des Ursprungsstaats ausschließlich an jene Behörde wenden, die der andere Vertragsstaat hierfür bestimmt hat. Jeder Staat kann auch die Zentrale Behörde als jene Behörde bestimmen, an die sich die konsularischen Vertreter des Ursprungsstaats allein wenden können.

Für Österreich wurde das Bundesministerium für Justiz als Zentrale Behörde hierfür bestimmt und notifiziert. Konkret zuständig ist die Abteilung I 10.

Der diplomatische Weg nach Art. 9 Abs. 2 HZÜ kann eingeschlagen werden, wenn „außergewöhnliche Umstände dies erfordern". Da diese Bestimmung den diplomatischen Weg nicht zwingend vorsieht und das Vorliegen „außerge-

wöhnlicher Umstände" nicht genau definiert ist, hat **Österreich** dazu einen **Vorbehalt** abgegeben:

„Das Übereinkommen über die Zustellung gerichtlicher und außergerichtlicher Schriftstücke im Ausland in Zivil- oder Handelssachen vom 15. November 1965 findet keine Anwendung auf die Zustellung von Schriftstücken an die Republik Österreich, einschließlich ihrer Gebietskörperschaften, ihrer Behörden, und der für sie handelnden Personen; derartige Zustellungen haben auf diplomatischem Weg zu erfolgen."

i. Weitere Zustellungsarten (Art. 10 HZÜ)

Vorbehaltlich gegenteiliger Erklärungen (siehe zum **Vorbehalt Österreichs** aber gleich unten) können nach dieser Bestimmung gerichtliche Schriftstücke an im Ausland befindliche Personen unmittelbar durch die Post übersandt werden (lit. a). Außerdem ist es zulässig, dass Justizbeamte, andere Beamte oder sonst zuständige Personen Zustellungen unmittelbar durch Justizbeamte, andere Beamte oder sonst zuständige Personen des Zustellungsstaats bewirken lassen (lit. b). Weiter darf jeder an einem gerichtlichen Verfahren Beteiligte Zustellungen gerichtlicher Schriftstücke unmittelbar durch Justizbeamte, andere Beamte oder sonst zuständige Personen des Bestimmungsstaats bewirken lassen (lit. c).

Die unmittelbare Zustellung im Ausland durch die Post (lit. a) und der unmittelbare Zustellungsverkehr nach lit. c entsprechen Art. 6 Abs. 1 Nr. 1 bzw. 2 der Haager Zivilprozessübereinkommen von 1905 und 1954.

Art. 10 sieht für die Vertragsstaaten eine Widerspruchsmöglichkeit in Hinblick auf diese drei Übermittlungsformen vor, von der Österreich Gebrauch gemacht hat:

„Österreich widerspricht Zustellungen nach Art. 10 in seinem Hoheitsgebiet."

Betreffend die direkte **Postzustellung** gemäß Art. 10 lit. a HZÜ haben mehr als 30 Staaten einen Widerspruch eingebracht, darunter insbesondere zahlreiche europäische Staaten (Bulgarien, Deutschland, Griechenland, Kroatien, Litauen, Malta, Mazedonien, Moldau, Monaco, Montenegro, Norwegen, Polen, San Marino, Schweiz, Serbien, Slowakei, Tschechien, Ungarn). Auch Österreich hat dazu einen Widerspruch erklärt, um Probleme für in Österreich ansässige Zustelladressaten, die aus fehlerhaften Postzustellungen resultieren würden, von Vornherein zu vermeiden.

Der in Buchstabe b geregelte unmittelbare **Zustellungsverkehr zwischen Justizbeamten, anderen Beamten oder sonst zuständigen Personen** (in der Praxis vor allem von Gerichtsvollzieher zu Gerichtsvollzieher) entspricht nicht dem

Erlass v. 10. 9. 2020

österreichischen Rechtssystem. Das System ist etwa im französischen Rechtskreis verbreitet.

Im österreichischen Recht ist auch nicht vorgesehen, dass eine **Privatperson oder ein Unternehmen aus einem anderen Staat inländische Zustellorgane unmittelbar ersuchen** kann, eine Zustellung vorzunehmen, wie dies Art. 10 lit. c HZÜ ermöglicht.

j. Andere zwischenstaatliche Vereinbarungen (Art. 11 und 24 HZÜ)

Gemäß Art. 11 HZÜ, der Art. 1 Abs. 4 der Haager Zivilprozessübereinkommen von 1905 und 1954 entspricht, kann durch Zusatzvereinbarungen ein besonderer Übermittlungsweg, insbesondere der unmittelbare Verkehr zwischen den zuständigen Behörden, festgelegt werden.

Nach Art. 24 HZÜ bleiben Zusatzvereinbarungen, die zu den Zivilprozessübereinkommen von 1905 und 1954 geschlossen wurden, weiter wirksam. Eine solche Vereinbarung besteht etwa mit der **Schweiz** (Zusatzabkommen BGBl. Nr. 354/1969) und der **Türkei** (Zusatzabkommen BGBl. Nr. 570/1992). **Ebenso bleiben gem. Art. 25 HZÜ bilaterale Abkommen anwendbar.** Im Verhältnis zu Österreich ist hier auf den **österreichisch-jugoslawischen Rechtshilfevertrag** (BGBl. Nr. 224/1955), den **österreichisch-tunesischen Rechtshilfevertrag** (BGBl. Nr. 307/1980) und den **österreichisch-britischen Rechtshilfevertrag** (BGBl. Nr. 45/1932) zu verweisen.

k. Kosten der Zustellung (Art. 12 HZÜ)

Art. 12 Abs. 1 HZÜ entspricht Art. 7 Abs. 1 der Zivilprozessübereinkommen von 1905 und 1954. Mit dieser Bestimmung wird klargestellt, dass für Zustellungen gerichtlicher Schriftstücke aus einem Vertragsstaat die Zahlung und Erstattung von Gebühren und Auslagen für die Tätigkeit des ersuchten Staates nicht verlangt werden darf.

Einen vollständigen Verzicht auf eine gegenseitige Kostenerstattung enthält aber auch das HZÜ nicht. Gemäß Abs. 2 leg. cit. hat die ersuchende Stelle nämlich jene Auslagen zu zahlen oder zu erstatten, die entweder dadurch entstehen, dass bei der Zustellung ein Justizbeamter oder eine nach dem Recht des Bestimmungsstaats zuständige Person mitwirkt oder aber dass eine besondere Form der Zustellung angewendet wird. In Verfahrenshilfefällen ist jedoch Art. 23 zu beachten.

Weitere Regeln zu Fragen des Kostenersatzes enthält das Übereinkommen nicht. In der Praxis wird sich wohl die Stelle, die die Auslagen gehabt hat, an die ersuchende Stelle wenden. Da sich nur Behörden des ersuchenden Staates, Gerichtsbeamte oder sonst zuständige Personen an die Zentrale Behörde des ersuchten Staates wenden können, ist anzunehmen, dass hinreichende Sicherheit dafür besteht, dass allfällige Auslagen auch rückerstattet werden.

Treten Probleme auf, so können diese gemäß Art. 14 HZÜ auf diplomatischem Weg beigelegt werden (in der Praxis wird es wegen bloßer Kostenersatzfragen aber wohl nur selten zu diplomatischen Gesprächen kommen).

l. Materielle Zustellungsverweigerungsgründe (Art. 13 HZÜ)

Die materiellen Zustellungsverweigerungsgründe entsprechen im Wesentlichen Art. 4 der Haager Zivilprozessübereinkommen von 1905 und 1954. **Eine Ablehnung des Zustellungsersuchens kommt demnach nur dann in Frage, wenn Hoheitsrechte oder die Sicherheit des ersuchten Staates gefährdet werden könnten** (s. zu den diesbezüglichen Fragen *Schlosser*, EU-Zivilprozessrecht4, Art. 13 HZÜ Rz 2ff).

Nach Abs. 2 darf die Zustellung nicht allein deshalb abgelehnt werden, weil der ersuchte Staat der Ansicht ist, dass nach seinem Recht eine ausschließliche Zuständigkeit seiner Gerichte für das der Zustellung zu Grunde liegende Verfahren gegeben ist, und auch nicht deswegen, weil der ersuchte Staat ein entsprechendes Verfahren nicht kennt.

Abs. 3 stellt klar, dass die Zentrale Behörde die ersuchende Stelle unverzüglich über die Ablehnung des Ersuchens zu unterrichten hat, wobei die maßgebenden Gründe anzuführen sind.

m. Diplomatischer Weg zur Beilegung von Problemen (Art. 14 HZÜ)

Nach Art. 14 HZÜ, der Art. 1 Abs. 2 der Haager Zivilprozessübereinkommen von 1905 und 1954 entspricht, sollen Probleme, die als Anlass der Übermittlung gerichtlicher Schriftstücke zum Zweck der Zustellung auftreten, auf dem diplomatischen Weg beigelegt werden.

Diese Bestimmung wird hauptsächlich dann Anwendung finden, wenn ein Ersuchen aus den in Art. 13 HZÜ genannten Versagungsgründen abgelehnt wird und der ersuchende Staat auf einer Erledigung besteht.

n. Rechtzeitige und ordnungsgemäße Zustellung des verfahrenseinleitenden Schriftstücks oder einer Ladung (Art. 15)

Mit der Regelung in Art. 15 Abs. 1 HZÜ sollen die Rechte des Beklagten gewahrt und durch eine mittelbare Sanktion sichergestellt werden, dass eine Ladung oder ein entsprechendes, das Verfahren einleitende Schriftstück dem Adressaten rechtzeitig und ordnungsgemäß zugestellt wird.

Der Schutz nach Art. 15 Abs. 1 HZÜ besteht darin, dass ein Richter eine Säumnisentscheidung erst dann erlassen darf, wenn er festgestellt hat, dass der verfahrenseinleitende Schriftsatz oder die Ladung dem Beklagten rechtzeitig und ordnungsgemäß zugegangen ist.

Bei der Prüfung, ob die Zustellung ordnungsgemäß durchgeführt wurde, sind zwei Fallvarianten zu unterscheiden: Einerseits kann das Schriftstück dem Empfänger in der Form zugestellt werden, die das Recht des Zustellungsstaats vorschreibt. Lagen sämtliche Voraussetzungen, die diese Rechtsordnung verlangt, vor, so war die Zustellung ordnungsgemäß. Andererseits ist es auch möglich, ein Übermittlungsverfahren zu wählen, bei dem die Rechtsvorschriften des ersuchten Staates bei der Zustellung nicht gewahrt werden (vgl. Art. 5 Abs. 1 lit. b). Ein solches Verfahren muss aber im Haager Zustellungsübereinkommen 1965 zugelassen sein und das Schriftstück muss dem Empfänger entweder persönlich oder in seiner Wohnung zugestellt worden sein. Diese Einschränkung wurde vorgesehen, weil die fakultativen Übermittlungsverfahren, die nicht auf eine Zustellung nach den Formen des ersuchten Staates hinauslaufen, nicht stets die gleiche Rechtssicherheit gewährleisten.

Einen weitergehenden Schutz bietet Art. 15 Abs. 1 HZÜ nicht. Insbesondere ist nach dem nationalen Zustellungs- und Verfahrensrecht des Gerichtsstaats zu beurteilen, ab wann Fristen laufen. In den Ländern, welche die *remise au parquet* (danach gilt die Klagzustellung als bewirkt, sobald die Klagschrift an eine (inländische) Staatsanwaltschaft übergeben ist) kennen, wird die Zustellung weiterhin mit der Übergabe an den Staatsanwalt bewirkt sein und die Mitteilung an den Empfänger im Ausland nur benachrichtigende Bedeutung haben. Gleichwohl soll der Richter auch in einem solchen Land ein Versäumungsurteil nicht erlassen dürfen, wenn die Zustellung bloß nach seinem nationalen Recht bewirkt worden ist, vorausgesetzt, dass sich der säumige Beklagte in einem anderen Vertragsstaat aufhält. Der Richter muss sich darüber hinaus vergewissern, dass die Ladung, die Klage oder die prozesseinleitende Verfügung dem Beklagten im Ausland ordnungsgemäß im Sinne des Art. 15 Abs. 1 lit. a und b HZÜ und rechtzeitig übermittelt worden ist. Als Grundlage für diese Prüfung dient dem Gericht in erster Linie das Zustellungszeugnis.

Die Schutzfunktion des Art. 15 Abs. 1 HZÜ ist allerdings insofern eingeschränkt, als das Übereinkommen nicht festlegt, in welchen Fällen das Schriftstück *im Ausland* zuzustellen ist, sondern dies dem Recht des Verfahrensstaates überlassen bleibt (vgl. oben zur *remise au parquet*).

Absatz 2 lockert den Schutz des Abs. 1 weiter auf und kommt insbesondere (aber nicht nur) jenen Staaten entgegen, die das System der *remise au parquet* kennen und daran festhalten. Nach dieser Bestimmung haben die Vertragsstaaten nämlich die Möglichkeit zu erklären, dass über den Rechtsstreit unter bestimmten Voraussetzungen nach einer bestimmten Zeit auch dann entschieden werden darf, wenn dem Abs. 1 nicht entsprochen worden ist.

Die Voraussetzungen, unter denen die Gerichte von Abs. 1 abweichen dürfen, sind in Abs. 2 lit. a bis c festgelegt. Buchstabe a stellt klar, dass das Schriftstück nach einem in diesem Übereinkommen vorgesehenen Verfahren übermittelt worden sein muss. Buchstabe b bestimmt, dass zwischen der Absendung des Schriftstücks und der Entscheidung durch den Richter eine angemessene Frist von mindestens sechs Monaten liegen muss. Buchstabe c verlangt weiter, dass der ersuchende Staat bei den zuständigen Behörden des ersuchten Staats alle zumutbaren Schritte unternommen haben muss, um ein Zeugnis über die Zustellung zu erlangen.

Absatz 2 verlangt nicht, dass das Zustellungsersuchen aus Gründen nicht erledigt worden ist, die der Empfänger oder Stellen im ersuchten Staat zu vertreten haben.

Österreich hat – wie etwa auch Deutschland und ein Großteil der anderen Mitgliedsstaaten der Europäischen Union – eine Erklärung zu Art. 15 Abs. 2 HZÜ abgegeben, um in Fällen weitgehend gesicherter Zustellung eine Säumnisentscheidung nicht ad infinitum zu verunmöglichen (*„Österreich erklärt gemäß Art. 15 Abs. 2 des Übereinkommens, dass seine Richter unter den in dieser Bestimmung genannten Voraussetzungen den Rechtsstreit entscheiden können, auch wenn ein Zeugnis über die Zustellung oder die Übergabe des Schriftstücks nicht eingegangen ist.“*).

o. Wiedereinsetzung in den vorigen Stand (Art. 16 HZÜ)

Während Art. 15 Abs. 1 HZÜ sicherstellen will, dass dem Beklagten die Ladung oder ein entsprechendes verfahrenseinleitendes Schriftstück rechtzeitig zugeht, behandelt Art. 16 den Schutz des Beklagten im Falle eines Versäumungsurteils.

Die Bestimmung trägt dem Umstand Rechnung, dass insbesondere aufgrund von Art. 15 Abs. 2 ein Versäumungsurteil erlassen und die Rechtsmittelfrist abgelaufen sein kann, obwohl der Beklagte weder von der Einleitung des Verfahrens noch von dem Urteil tatsächlich Kenntnis erlangt hat. In einem solchen Fall kann das Gericht dem Beklagten die Wiedereinsetzung in den vorigen Stand bewilligen. Diese Bestimmung soll sich nicht nur auf Versäumungsurteile im engeren Sinn beziehen, sondern für alle Entscheidungen

HZÜ

Erlass v. 10. 9. 2020

gelten, die ohne Einlassung des Beklagten ergehen können.

Als Anfechtungsmöglichkeiten im Sinne des Art. 16 Abs. 1 lit. a HZÜ sind sowohl die ordentlichen Rechtsmittel als auch die außerordentlichen Rechtsbehelfe zu verstehen. Die Wiedereinsetzung nach Art. 16 HZÜ soll ultima ratio sein.

Die Wiedereinsetzung in den vorigen Stand gemäß dem Übereinkommen ist nur dann zu gewähren, wenn eine unter das Übereinkommen fallende Zustellung zugrunde liegt. War das der Fall und ist eine Säumnisentscheidung ergangen, so ist die Wiedereinsetzung zu gewähren, wenn die Voraussetzungen der lit. a und b vorliegen, wobei das Übereinkommen offen lässt, wer die Beweislast dafür trägt. Nach allgemeinen Grundsätzen wird dies wohl der Wiedereinsetzungswerber sein müssen. Nach Abs. 1 lit. a darf diesen jedenfalls kein Verschulden treffen. Gemäß Abs. 1 lit. b darf die Verteidigung des Beklagten nicht von vornherein aussichtslos erscheinen.

Nach Art. 16 Abs. 2 HZÜ ist der Antrag auf Wiedereinsetzung in den vorigen Stand nur zulässig, wenn der Beklagten ihn innerhalb einer angemessenen Frist ab Kenntnis von der Entscheidung stellt.

Die Vertragsstaaten haben nach Art. 16 Abs. 3 die Möglichkeit zu erklären, dass dieser Antrag nach Ablauf einer in der Erklärung festgelegten Frist unzulässig ist, vorausgesetzt, dass diese Frist nicht weniger als ein Jahr – von der Erlassung der Entscheidung an gerechnet – beträgt.

Österreich hat, wie mehr als die Hälfte der anderen Vertragsstaaten, von dieser Erklärungsmöglichkeit u. a. aus Gründen des Rechtsfriedens Gebrauch gemacht und folgende Erklärung abgegeben:

„Österreich erklärt gemäß Art. 16 Abs. 3 des Übereinkommens, dass ein Antrag auf Wiedereinsetzung in den vorigen Stand nach Ablauf eines Jahres ab Erlassung der Entscheidung unzulässig ist."

Nach Art. 16 Abs. 4 HZÜ ist der Artikel auf Entscheidungen über den Personenstand nicht anzuwenden. Dies beruht auf der Ansicht, dass der mit der Bestimmung einhergehende, möglicherweise sehr lang andauernde Schwebezustand insbesondere bei Scheidungsurteilen oder Entscheidungen über die Aufhebung einer Ehe mit dem Wesen der Entscheidung unvereinbar sei.

p. Außergerichtliche Schriftstücke (Art. 17 HZÜ)

Nach Art. 17 HZÜ können außergerichtliche Schriftstücke im gleichen Verfahren wie gerichtliche Schriftstücke in das Ausland übermittelt werden. Voraussetzung ist allerdings, dass diese außergerichtlichen Schriftstücke von Behörden oder Justizbeamten eines Vertragsstaates stammen (eine Einschränkung, die etwa die Europäische Zustellungsverordnung idgF nicht vorsieht).

q. Nebenbehörden und weitere Zentrale Behörden (Art. 18 HZÜ)

Die Bestimmung gibt den Vertragsstaaten die Möglichkeit, neben der Zentralen Behörde weitere Behörden zu bestimmen, deren Zuständigkeit sie festzulegen haben. Gemäß Abs. 2 hat jede ersuchende Stelle allerdings auch in diesem Fall das Recht, sich unmittelbar an die Zentrale Stelle zu wenden.

Bundesstaaten können außerdem mehrere Zentrale Behörden bestimmen.

Österreich hat der Haager Konferenz für Internationales Privatrecht das Bundesministerium für Justiz als Zentrale Behörde genannt (Abteilung I 10). Dieses ist auch bereits Zentralstelle nach der Europäischen Zustellungsverordnung. Die Einrichtung von Nebenbehörden oder weiteren Zentralen Behörden wäre nicht zweckmäßig.

r. Weitere Übermittlungsformen (Art. 19 HZÜ)

Diese Bestimmung erlaubt es, dass jeder Vertragsstaat weitere Übermittlungsformen für ausländische Schriftstücke zulässt, wenn sein nationales Recht diese vorsieht.

s. Kosten und Verfahrenshilfe (Art. 23 HZÜ)

Das HZÜ enthält keine eigenen Regelungen für die Kosten von Zustellungen in Verfahren, in denen einer Partei Verfahrenshilfe gewährt wurde. Art. 23 verweist dazu auf die entsprechenden Bestimmungen der Zivilprozessübereinkommen von 1905 und 1954, die aber nur anzuwenden sind, wenn die in diesen Übereinkommen vorgesehenen Übermittlungswege benutzt werden.

4. Zur Anlage

In seiner Anlage stellt das Haager Zustellungsübereinkommen 1965 ein **„Muster für das Ersuchen und das Zustellungszeugnis"** bereit (abrufbar unter https://www.hcch.net/en/publications-and-studies/details4/?pid=6560&dtid=65 (zuletzt abgerufen am 8. September 2020).

Seite 1 des Formulars enthält den Text für das Ersuchen, die Rückseite das Zustellungszeugnis und Seite 3 das Musterformular gemäß Art. 5 Abs. 4 HZÜ („Angaben über den wesentlichen Inhalt des zuzustellenden Schriftstücks").

Übereinkommen über die gerichtliche Zuständigkeit und die Anerkennung und Vollstreckung von Entscheidungen in Zivil- und Handelssachen

ABl L 339 vom 21. 12. 2007, S 3 (Ratifizierung in ABl L 2009/147, 1; vgl ABl L 2010/140,1) idF

1 ABl L 147 vom 10. 6. 2009, S 44 (Berichtigung)
2 ABl L 140 vom 8. 6. 2010, S 1 (Inkrafttreten)
3 ABl L 115 vom 5. 5. 2011, S 31 (Berichtigung)

4 ABl L 138 vom 26. 5. 2011, S 1 (Inkrafttreten)
5 ABl L 18 vom 21. 1. 2014, S 70 (Berichtigung)

In Kraft seit 1. 1. 2010. Gilt im Verhältnis zu Norwegen und Dänemark; weiters im Verhältnis zur Schweiz (ab 1. 1. 2011) und zu Island (ab 1. 5. 2011).

Übereinkommen über die gerichtliche Zuständigkeit und die Anerkennung und Vollstreckung von Entscheidungen in Zivil- und Handelssachen

TITEL I
ANWENDUNGSBEREICH
Artikel 1

(1) Dieses Übereinkommen ist in Zivil- und Handelssachen anzuwenden, ohne dass es auf die Art der Gerichtsbarkeit ankommt. Es erfasst insbesondere nicht Steuer- und Zollsachen sowie verwaltungsrechtliche Angelegenheiten.

(2) Dieses Übereinkommen ist nicht anzuwenden auf:

a) den Personenstand, die Rechts- und Handlungsfähigkeit sowie die gesetzliche Vertretung von natürlichen Personen, die ehelichen Güterstände, das Gebiet des Erbrechts einschließlich des Testamentsrechts;

b) Konkurse, Vergleiche und ähnliche Verfahren;

c) die soziale Sicherheit;

d) die Schiedsgerichtsbarkeit.

(3) In diesem Übereinkommen bezeichnet der Ausdruck „durch dieses Übereinkommen gebundener Staat" jeden Staat, der Vertragspartei dieses Übereinkommens oder ein Mitgliedstaat der Europäischen Gemeinschaft ist. Er kann auch die Europäische Gemeinschaft bezeichnen.

TITEL II
ZUSTÄNDIGKEIT
ABSCHNITT 1
Allgemeine Vorschriften
Artikel 2

(1) Vorbehaltlich der Vorschriften dieses Übereinkommens sind Personen, die ihren Wohnsitz im Hoheitsgebiet eines durch dieses Übereinkommen gebundenen Staates haben, ohne Rücksicht auf ihre Staatsangehörigkeit vor den Gerichten dieses Staates zu verklagen.

(2) Auf Personen, die nicht dem durch dieses Übereinkommen gebundenen Staat angehören, in dem sie ihren Wohnsitz haben, sind die für Inländer maßgebenden Zuständigkeitsvorschriften anzuwenden.

Artikel 3

(1) Personen, die ihren Wohnsitz im Hoheitsgebiet eines durch dieses Übereinkommen gebundenen Staates haben, können vor den Gerichten eines anderen durch dieses Übereinkommen gebundenen Staates nur gemäß den Vorschriften der Abschnitte 2 bis 7 dieses Titels verklagt werden.

(2) Gegen diese Personen können insbesondere nicht die in Anhang I aufgeführten innerstaatlichen Zuständigkeitsvorschriften geltend gemacht werden.

Artikel 4

(1) Hat der Beklagte keinen Wohnsitz im Hoheitsgebiet eines durch dieses Übereinkommen gebundenen Staates, so bestimmt sich vorbehaltlich der Artikel 22 und 23 die Zuständigkeit der Gerichte eines jeden durch dieses Übereinkom-

Lugano-Übk II

men gebundenen Staates nach dessen eigenen Gesetzen.

(2) Gegenüber einem Beklagten, der keinen Wohnsitz im Hoheitsgebiet eines durch dieses Übereinkommen gebundenen Staates hat, kann sich jede Person, die ihren Wohnsitz im Hoheitsgebiet eines durch dieses Übereinkommen gebundenen Staates hat, in diesem Staat auf die dort geltenden Zuständigkeitsvorschriften, insbesondere auf die in Anhang I aufgeführten Vorschriften, wie ein Inländer berufen, ohne dass es auf ihre Staatsangehörigkeit ankommt.

ABSCHNITT 2

Besondere Zuständigkeiten

Artikel 5

Eine Person, die ihren Wohnsitz im Hoheitsgebiet eines durch dieses Übereinkommen gebundenen Staates hat, kann in einem anderen durch dieses Übereinkommen gebundenen Staat verklagt werden:

1. a) wenn ein Vertrag oder Ansprüche aus einem Vertrag den Gegenstand des Verfahrens bilden, vor dem Gericht des Ortes, an dem die Verpflichtung erfüllt worden ist oder zu erfüllen wäre;

b) im Sinne dieser Vorschrift – und sofern nichts anderes vereinbart worden ist – ist der Erfüllungsort der Verpflichtung

– für den Verkauf beweglicher Sachen der Ort in einem durch dieses Übereinkommen gebundenen Staat, an dem sie nach dem Vertrag geliefert worden sind oder hätten geliefert werden müssen;

– für die Erbringung von Dienstleistungen der Ort in einem durch dieses Übereinkommen gebundenen Staat, an dem sie nach dem Vertrag erbracht worden sind oder hätten erbracht werden müssen;

c) ist Buchstabe b nicht anwendbar, so gilt Buchstabe a;

2. wenn es sich um eine Unterhaltssache handelt,

a) vor dem Gericht des Ortes, an dem der Unterhaltsberechtigte seinen Wohnsitz oder seinen gewöhnlichen Aufenthalt hat, oder

b) im Falle einer Unterhaltssache, über die im Zusammenhang mit einem Verfahren in Bezug auf den Personenstand zu entscheiden ist, vor dem nach seinem Recht für dieses Verfahren zuständigen Gericht, es sei denn, diese Zuständigkeit beruht lediglich auf der Staatsangehörigkeit einer der Parteien, oder

c) im Falle einer Unterhaltssache, über die im Zusammenhang mit einem Verfahren in Bezug auf die elterliche Verantwortung zu entscheiden ist, vor dem nach seinem Recht für dieses Verfahren zuständigen Gericht, es sei denn, diese Zuständigkeit beruht lediglich auf der Staatsangehörigkeit einer der Parteien;

3. wenn eine unerlaubte Handlung oder eine Handlung, die einer unerlaubten Handlung gleichgestellt ist, oder wenn Ansprüche aus einer solchen Handlung den Gegenstand des Verfahrens bilden, vor dem Gericht des Ortes, an dem das schädigende Ereignis eingetreten ist oder einzutreten droht;

4. wenn es sich um eine Klage auf Schadensersatz oder auf Wiederherstellung des früheren Zustands handelt, die auf eine mit Strafe bedrohte Handlung gestützt wird, vor dem Strafgericht, bei dem die öffentliche Klage erhoben ist, soweit dieses Gericht nach seinem Recht über zivilrechtliche Ansprüche erkennen kann;

5. wenn es sich um Streitigkeiten aus dem Betrieb einer Zweigniederlassung, einer Agentur oder einer sonstigen Niederlassung handelt, vor dem Gericht des Ortes, an dem sich diese befindet;

6. wenn sie in ihrer Eigenschaft als Begründer, „trustee" oder Begünstigter eines „trust" in Anspruch genommen wird, der aufgrund eines Gesetzes oder durch schriftlich vorgenommenes oder schriftlich bestätigtes Rechtsgeschäft errichtet worden ist, vor den Gerichten des durch dieses Übereinkommen gebundenen Staates, in dessen Hoheitsgebiet der „trust" seinen Sitz hat;

7. wenn es sich um eine Streitigkeit wegen der Zahlung von Berge- und Hilfslohn handelt, der für Bergungs- oder Hilfeleistungsarbeiten gefordert wird, die zugunsten einer Ladung oder einer Frachtforderung erbracht worden sind, vor dem Gericht, in dessen Zuständigkeitsbereich diese Ladung oder die entsprechende Frachtforderung

a) mit Arrest belegt worden ist, um die Zahlung zu gewährleisten, oder

b) mit Arrest hätte belegt werden können, jedoch dafür eine Bürgschaft oder eine andere Sicherheit geleistet worden ist;

diese Vorschrift ist nur anzuwenden, wenn behauptet wird, dass der Beklagte Rechte an der Ladung oder an der Frachtforderung hat oder zur Zeit der Bergungs- oder Hilfeleistungsarbeiten hatte.

Artikel 6

Eine Person, die ihren Wohnsitz im Hoheitsgebiet eines durch dieses Übereinkommen gebundenen Staates hat, kann auch verklagt werden:

1. wenn mehrere Personen zusammen verklagt werden, vor dem Gericht des Ortes, an dem einer der Beklagten seinen Wohnsitz hat, sofern zwischen den Klagen eine so enge Beziehung gegeben ist, dass eine gemeinsame Verhandlung und Entscheidung geboten erscheint, um zu vermei-

den, dass in getrennten Verfahren widersprechende Entscheidungen ergehen könnten;

2. wenn es sich um eine Klage auf Gewährleistung oder um eine Interventionsklage handelt, vor dem Gericht des Hauptprozesses, es sei denn, dass die Klage nur erhoben worden ist, um diese Person dem für sie zuständigen Gericht zu entziehen;

3. wenn es sich um eine Widerklage handelt, die auf denselben Vertrag oder Sachverhalt wie die Klage selbst gestützt wird, vor dem Gericht, bei dem die Klage selbst anhängig ist;

4. wenn ein Vertrag oder Ansprüche aus einem Vertrag den Gegenstand des Verfahrens bilden und die Klage mit einer Klage wegen dinglicher Rechte an unbeweglichen Sachen gegen denselben Beklagten verbunden werden kann, vor dem Gericht des durch dieses Übereinkommen gebundenen Staates, in dessen Hoheitsgebiet die unbewegliche Sache belegen ist.

Artikel 7

Ist ein Gericht eines durch dieses Übereinkommen gebundenen Staates nach diesem Übereinkommen zur Entscheidung in Verfahren wegen einer Haftpflicht aufgrund der Verwendung oder des Betriebs eines Schiffes zuständig, so entscheidet dieses oder ein anderes an seiner Stelle durch das Recht dieses Staates bestimmtes Gericht auch über Klagen auf Beschränkung dieser Haftung.

ABSCHNITT 3
Zuständigkeit für Versicherungssachen

Artikel 8

Für Klagen in Versicherungssachen bestimmt sich die Zuständigkeit unbeschadet des Artikels 4 und des Artikels 5 Nummer 5 nach diesem Abschnitt.

Artikel 9

(1) Ein Versicherer, der seinen Wohnsitz im Hoheitsgebiet eines durch dieses Übereinkommen gebundenen Staates hat, kann verklagt werden:

a) vor den Gerichten des Staates, in dem er seinen Wohnsitz hat,

b) in einem anderen durch dieses Übereinkommen gebundenen Staat bei Klagen des Versicherungsnehmers, des Versicherten oder des Begünstigten vor dem Gericht des Ortes, an dem der Kläger seinen Wohnsitz hat, oder

c) falls es sich um einen Mitversicherer handelt, vor dem Gericht eines durch dieses Übereinkommen gebundenen Staates, bei dem der federführende Versicherer verklagt wird.

(2) Hat der Versicherer im Hoheitsgebiet eines durch dieses Übereinkommen gebundenen Staates keinen Wohnsitz, besitzt er aber in einem durch dieses Übereinkommen gebundenen Staat eine Zweigniederlassung, Agentur oder sonstige Niederlassung, so wird er für Streitigkeiten aus ihrem Betrieb so behandelt, wie wenn er seinen Wohnsitz im Hoheitsgebiet dieses Staates hätte.

Artikel 10

Bei der Haftpflichtversicherung oder bei der Versicherung von unbeweglichen Sachen kann der Versicherer außerdem vor dem Gericht des Ortes, an dem das schädigende Ereignis eingetreten ist, verklagt werden. Das Gleiche gilt, wenn sowohl bewegliche als auch unbewegliche Sachen in ein und demselben Versicherungsvertrag versichert und von demselben Schadensfall betroffen sind.

Artikel 11

(1) Bei der Haftpflichtversicherung kann der Versicherer auch vor das Gericht, bei dem die Klage des Geschädigten gegen den Versicherten anhängig ist, geladen werden, sofern dies nach dem Recht des angerufenen Gerichts zulässig ist.

(2) Auf eine Klage, die der Geschädigte unmittelbar gegen den Versicherer erhebt, sind die Artikel 8, 9 und 10 anzuwenden, sofern eine solche unmittelbare Klage zulässig ist.

(3) Sieht das für die unmittelbare Klage maßgebliche Recht die Streitverkündung gegen den Versicherungsnehmer oder den Versicherten vor, so ist dasselbe Gericht auch für diese Personen zuständig.

Artikel 12

(1) Vorbehaltlich der Bestimmungen des Artikels 11 Absatz 3 kann der Versicherer nur vor den Gerichten des durch dieses Übereinkommen gebundenen Staates klagen, in dessen Hoheitsgebiet der Beklagte seinen Wohnsitz hat, ohne Rücksicht darauf, ob dieser Versicherungsnehmer, Versicherter oder Begünstigter ist.

(2) Die Vorschriften dieses Abschnitts lassen das Recht unberührt, eine Widerklage vor dem Gericht zu erheben, bei dem die Klage selbst gemäß den Bestimmungen dieses Abschnitts anhängig ist.

Artikel 13

Von den Vorschriften dieses Abschnitts kann im Wege der Vereinbarung nur abgewichen werden:

1. wenn die Vereinbarung nach der Entstehung der Streitigkeit getroffen wird,

2. wenn sie dem Versicherungsnehmer, Versicherten oder Begünstigten die Befugnis einräumt,

Lugano-Übk II

andere als die in diesem Abschnitt angeführten Gerichte anzurufen,

3. wenn sie zwischen einem Versicherungsnehmer und einem Versicherer, die zum Zeitpunkt des Vertragsabschlusses ihren Wohnsitz oder gewöhnlichen Aufenthalt in demselben durch dieses Übereinkommen gebundenen Staat haben, getroffen ist, um die Zuständigkeit der Gerichte dieses Staates auch für den Fall zu begründen, dass das schädigende Ereignis im Ausland eintritt, es sei denn, dass eine solche Vereinbarung nach dem Recht dieses Staates nicht zulässig ist,

4. wenn sie von einem Versicherungsnehmer geschlossen ist, der seinen Wohnsitz nicht in einem durch dieses Übereinkommen gebundenen Staat hat, ausgenommen soweit sie eine Versicherung, zu deren Abschluss eine gesetzliche Verpflichtung besteht, oder die Versicherung von unbeweglichen Sachen in einem durch dieses Übereinkommen gebundenen Staat betrifft, oder

5. wenn sie einen Versicherungsvertrag betrifft, soweit dieser eines oder mehrere der in Artikel 14 aufgeführten Risiken deckt.

Artikel 14

Die in Artikel 13 Nummer 5 erwähnten Risiken sind die folgenden:

1. sämtliche Schäden

a) an Seeschiffen, Anlagen vor der Küste und auf hoher See oder Luftfahrzeugen aus Gefahren, die mit ihrer Verwendung zu gewerblichen Zwecken verbunden sind,

b) an Transportgütern, ausgenommen Reisegepäck der Passagiere, wenn diese Güter ausschließlich oder zum Teil mit diesen Schiffen oder Luftfahrzeugen befördert werden;

2. Haftpflicht aller Art, mit Ausnahme der Haftung für Personenschäden an Passagieren oder Schäden an deren Reisegepäck,

a) aus der Verwendung oder dem Betrieb von Seeschiffen, Anlagen oder Luftfahrzeugen gemäß Nummer 1 Buchstabe a, es sei denn, dass – was die Letztgenannten betrifft – nach den Rechtsvorschriften des durch dieses Übereinkommen gebundenen Staates, in dem das Luftfahrzeug eingetragen ist, Gerichtsstandsvereinbarungen für die Versicherung solcher Risiken untersagt sind,

b) für Schäden, die durch Transportgüter während einer Beförderung im Sinne von Nummer 1 Buchstabe b verursacht werden;

3. finanzielle Verluste im Zusammenhang mit der Verwendung oder dem Betrieb von Seeschiffen, Anlagen oder Luftfahrzeugen gemäß Nummer 1 Buchstabe a, insbesondere Fracht- oder Charterverlust;

4. irgendein zusätzliches Risiko, das mit einem der unter den Nummern 1 bis 3 genannten Risiken in Zusammenhang steht;

5. unbeschadet der Nummern 1 bis 4 alle Großrisiken.

ABSCHNITT 4

Zuständigkeit bei Verbrauchersachen

Artikel 15

(1) Bilden ein Vertrag oder Ansprüche aus einem Vertrag, den eine Person, der Verbraucher, zu einem Zweck geschlossen hat, der nicht der beruflichen oder gewerblichen Tätigkeit dieser Person zugerechnet werden kann, den Gegenstand des Verfahrens, so bestimmt sich die Zuständigkeit unbeschadet des Artikels 4 und des Artikels 5 Nummer 5 nach diesem Abschnitt,

a) wenn es sich um den Kauf beweglicher Sachen auf Teilzahlung handelt,

b) wenn es sich um ein in Raten zurückzuzahlendes Darlehen oder ein anderes Kreditgeschäft handelt, das zur Finanzierung eines Kaufs derartiger Sachen bestimmt ist, oder

c) in allen anderen Fällen, wenn der andere Vertragspartner in dem durch dieses Übereinkommen gebundenen Staat, in dessen Hoheitsgebiet der Verbraucher seinen Wohnsitz hat, eine berufliche oder gewerbliche Tätigkeit ausübt oder eine solche auf irgendeinem Wege auf diesen Staat oder auf mehrere Staaten, einschließlich dieses Staates, ausrichtet und der Vertrag in den Bereich dieser Tätigkeit fällt.

(2) Hat der Vertragspartner des Verbrauchers im Hoheitsgebiet eines durch dieses Übereinkommen gebundenen Staates keinen Wohnsitz, besitzt er aber in einem durch dieses Übereinkommen gebundenen Staat eine Zweigniederlassung, Agentur oder sonstige Niederlassung, so wird er für Streitigkeiten aus ihrem Betrieb so behandelt, wie wenn er seinen Wohnsitz im Hoheitsgebiet dieses Staates hätte.

(3) Dieser Abschnitt ist nicht auf Beförderungsverträge mit Ausnahme von Reiseverträgen, die für einen Pauschalpreis kombinierte Beförderungs- und Unterbringungsleistungen vorsehen, anzuwenden.

Artikel 16

(1) Die Klage eines Verbrauchers gegen den anderen Vertragspartner kann entweder vor den Gerichten des durch dieses Übereinkommen gebundenen Staates erhoben werden, in dessen Hoheitsgebiet dieser Vertragspartner seinen Wohnsitz hat, oder vor dem Gericht des Ortes, an dem der Verbraucher seinen Wohnsitz hat.

(2) Die Klage des anderen Vertragspartners gegen den Verbraucher kann nur vor den Gerichten des durch dieses Übereinkommen gebundenen Staates erhoben werden, in dessen Hoheitsgebiet der Verbraucher seinen Wohnsitz hat.

(3) Die Vorschriften dieses Artikels lassen das Recht unberührt, eine Widerklage vor dem Gericht zu erheben, bei dem die Klage selbst gemäß den Bestimmungen dieses Abschnitts anhängig ist.

Artikel 17

Von den Vorschriften dieses Abschnitts kann im Wege der Vereinbarung nur abgewichen werden:

1. wenn die Vereinbarung nach der Entstehung der Streitigkeit getroffen wird,

2. wenn sie dem Verbraucher die Befugnis einräumt, andere als die in diesem Abschnitt angeführten Gerichte anzurufen, oder

3. wenn sie zwischen einem Verbraucher und seinem Vertragspartner, die zum Zeitpunkt des Vertragsabschlusses ihren Wohnsitz oder gewöhnlichen Aufenthalt in demselben durch dieses Übereinkommen gebundenen Staat haben, getroffen ist und die Zuständigkeit der Gerichte dieses Staates begründet, es sei denn, dass eine solche Vereinbarung nach dem Recht dieses Staates nicht zulässig ist.

ABSCHNITT 5
Zuständigkeit für individuelle Arbeitsverträge

Artikel 18

(1) Bilden ein individueller Arbeitsvertrag oder Ansprüche aus einem individuellen Arbeitsvertrag den Gegenstand des Verfahrens, so bestimmt sich die Zuständigkeit unbeschadet des Artikels 4 und des Artikels 5 Nummer 5 nach diesem Abschnitt.

(2) Hat der Arbeitgeber, mit dem der Arbeitnehmer einen individuellen Arbeitsvertrag geschlossen hat, im Hoheitsgebiet eines durch dieses Übereinkommen gebundenen Staates keinen Wohnsitz, besitzt er aber in einem der durch dieses Übereinkommen gebundenen Staaten eine Zweigniederlassung, Agentur oder sonstige Niederlassung, so wird er für Streitigkeiten aus ihrem Betrieb so behandelt, wie wenn er seinen Wohnsitz im Hoheitsgebiet dieses Staates hätte.

Artikel 19

Ein Arbeitgeber, der seinen Wohnsitz im Hoheitsgebiet eines durch dieses Übereinkommen gebundenen Staates hat, kann verklagt werden:

1. vor den Gerichten des Staates, in dem er seinen Wohnsitz hat,

2. in einem anderen durch dieses Übereinkommen gebundenen Staat:

a) vor dem Gericht des Ortes, an dem der Arbeitnehmer gewöhnlich seine Arbeit verrichtet oder zuletzt gewöhnlich verrichtet hat, oder

b) wenn der Arbeitnehmer seine Arbeit gewöhnlich nicht in ein und demselben Staat verrichtet oder verrichtet hat, vor dem Gericht des Ortes, an dem sich die Niederlassung, die den Arbeitnehmer eingestellt hat, befindet bzw. befand.

Artikel 20

(1) Die Klage des Arbeitgebers kann nur vor den Gerichten des durch dieses Übereinkommen gebundenen Staates erhoben werden, in dessen Hoheitsgebiet der Arbeitnehmer seinen Wohnsitz hat.

(2) Die Vorschriften dieses Abschnitts lassen das Recht unberührt, eine Widerklage vor dem Gericht zu erheben, bei dem die Klage selbst gemäß den Bestimmungen dieses Abschnitts anhängig ist.

Artikel 21

Von den Vorschriften dieses Abschnitts kann im Wege der Vereinbarung nur abgewichen werden,

1. wenn die Vereinbarung nach der Entstehung der Streitigkeit getroffen wird oder

2. wenn sie dem Arbeitnehmer die Befugnis einräumt, andere als die in diesem Abschnitt angeführten Gerichte anzurufen.

ABSCHNITT 6
Ausschließliche Zuständigkeiten

Artikel 22

Ohne Rücksicht auf den Wohnsitz sind ausschließlich zuständig:

1. für Klagen, welche dingliche Rechte an unbeweglichen Sachen sowie die Miete oder Pacht von unbeweglichen Sachen zum Gegenstand haben, die Gerichte des durch dieses Übereinkommen gebundenen Staates, in dem die unbewegliche Sache belegen ist.

Jedoch sind für Klagen betreffend die Miete oder Pacht unbeweglicher Sachen zum vorübergehenden privaten Gebrauch für höchstens sechs aufeinander folgende Monate auch die Gerichte des durch dieses Übereinkommen gebundenen Staates zuständig, in dem der Beklagte seinen Wohnsitz hat, sofern es sich bei dem Mieter oder Pächter um eine natürliche Person handelt und der Eigentümer sowie der Mieter oder Pächter ihren Wohnsitz in demselben durch dieses Übereinkommen gebundenen Staat haben;

2. für Klagen, welche die Gültigkeit, die Nichtigkeit oder die Auflösung einer Gesellschaft oder juristischen Person oder die Gültigkeit der Beschlüsse ihrer Organe zum Gegenstand haben, die Gerichte des durch dieses Übereinkommen gebundenen Staates, in dessen Hoheitsgebiet die Gesellschaft oder juristische Person ihren Sitz

Lugano-Übk II

hat. Bei der Entscheidung darüber, wo der Sitz sich befindet, wendet das Gericht die Vorschriften seines Internationalen Privatrechts an;

3. für Klagen, welche die Gültigkeit von Eintragungen in öffentliche Register zum Gegenstand haben, die Gerichte des durch dieses Übereinkommen gebundenen Staates, in dessen Hoheitsgebiet die Register geführt werden;

4. für Klagen, welche die Eintragung oder die Gültigkeit von Patenten, Marken, Mustern und Modellen sowie ähnlicher Rechte, die einer Hinterlegung oder Registrierung bedürfen, zum Gegenstand haben, unabhängig davon, ob die Frage klageweise oder einredeweise aufgeworfen wird, die Gerichte des durch dieses Übereinkommen gebundenen Staates, in dessen Hoheitsgebiet die Hinterlegung oder Registrierung beantragt oder vorgenommen worden ist oder aufgrund eines Gemeinschaftsrechtsakts oder eines zwischenstaatlichen Übereinkommens als vorgenommen gilt. Unbeschadet der Zuständigkeit des Europäischen Patentamts nach dem am 5. Oktober 1973 in München unterzeichneten Übereinkommen über die Erteilung europäischer Patente sind die Gerichte eines jeden durch dieses Übereinkommen gebundenen Staates ohne Rücksicht auf den Wohnsitz der Parteien für alle Verfahren ausschließlich zuständig, welche die Erteilung oder die Gültigkeit eines europäischen Patents zum Gegenstand haben, das für diesen Staat erteilt wurde, unabhängig davon, ob die Frage klageweise oder einredeweise aufgeworfen wird;

5. für Verfahren, welche die Zwangsvollstreckung aus Entscheidungen zum Gegenstand haben, die Gerichte des durch dieses Übereinkommen gebundenen Staates, in dessen Hoheitsgebiet die Zwangsvollstreckung durchgeführt werden soll oder durchgeführt worden ist.

ABSCHNITT 7

Vereinbarung über die Zuständigkeit

Artikel 23

(1) Haben die Parteien, von denen mindestens eine ihren Wohnsitz im Hoheitsgebiet eines durch dieses Übereinkommen gebundenen Staates hat, vereinbart, dass ein Gericht oder die Gerichte eines durch dieses Übereinkommen gebundenen Staates über eine bereits entstandene Rechtsstreitigkeit oder über eine künftige aus einem bestimmten Rechtsverhältnis entspringende Rechtsstreitigkeit entscheiden sollen, so sind dieses Gericht oder die Gerichte dieses Staates zuständig. Dieses Gericht oder die Gerichte dieses Staates sind ausschließlich zuständig, sofern die Parteien nichts anderes vereinbart haben. Eine solche Gerichtsstandsvereinbarung muss geschlossen werden

a) schriftlich oder mündlich mit schriftlicher Bestätigung,

b) in einer Form, welche den Gepflogenheiten entspricht, die zwischen den Parteien entstanden sind, oder

c) im internationalen Handel in einer Form, die einem Handelsbrauch entspricht, den die Parteien kannten oder kennen mussten und den Parteien von Verträgen dieser Art in dem betreffenden Geschäftszweig allgemein kennen und regelmäßig beachten.

(2) Elektronische Übermittlungen, die eine dauerhafte Aufzeichnung der Vereinbarung ermöglichen, sind der Schriftform gleichgestellt.

(3) Wenn eine solche Vereinbarung von Parteien geschlossen wurde, die beide ihren Wohnsitz nicht im Hoheitsgebiet eines durch dieses Übereinkommen gebundenen Staates haben, so können die Gerichte der anderen durch dieses Übereinkommen gebundenen Staaten nicht entscheiden, es sei denn, das vereinbarte Gericht oder die vereinbarten Gerichte haben sich rechtskräftig für unzuständig erklärt.

(4) Ist in schriftlich niedergelegten „trust"-Bedingungen bestimmt, dass über Klagen gegen einen Begründer, „trustee" oder Begünstigten eines „trust" ein Gericht oder die Gerichte eines durch dieses Übereinkommen gebundenen Staates entscheiden sollen, so ist dieses Gericht oder sind diese Gerichte ausschließlich zuständig, wenn es sich um Beziehungen zwischen diesen Personen oder ihre Rechte oder Pflichten im Rahmen des „trust" handelt.

(5) Gerichtsstandsvereinbarungen und entsprechende Bestimmungen in „trust"-Bedingungen haben keine rechtliche Wirkung, wenn sie den Vorschriften der Artikel 13, 17 und 21 zuwiderlaufen oder wenn die Gerichte, deren Zuständigkeit abbedungen wird, aufgrund des Artikels 22 ausschließlich zuständig sind.

Artikel 24

Sofern das Gericht eines durch dieses Übereinkommen gebundenen Staates nicht bereits nach anderen Vorschriften dieses Übereinkommens zuständig ist, wird es zuständig, wenn sich der Beklagte vor ihm auf das Verfahren einlässt. Dies gilt nicht, wenn der Beklagte sich einlässt, um den Mangel der Zuständigkeit geltend zu machen oder wenn ein anderes Gericht aufgrund des Artikels 22 ausschließlich zuständig ist.

ABSCHNITT 8
Prüfung der Zuständigkeit und der Zulässigkeit des Verfahrens

Artikel 25

Das Gericht eines durch dieses Übereinkommen gebundenen Staates hat sich von Amts wegen für unzuständig zu erklären, wenn es wegen einer Streitigkeit angerufen wird, für die das Gericht eines anderen durch dieses Übereinkommen gebundenen Staates aufgrund des Artikels 22 ausschließlich zuständig ist.

Artikel 26

(1) Lässt sich der Beklagte, der seinen Wohnsitz im Hoheitsgebiet eines durch dieses Übereinkommen gebundenen Staates hat und der vor den Gerichten eines anderen durch dieses Übereinkommen gebundenen Staates verklagt wird, auf das Verfahren nicht ein, so hat sich das Gericht von Amts wegen für unzuständig zu erklären, wenn seine Zuständigkeit nicht nach diesem Übereinkommen begründet ist.

(2) Das Gericht hat das Verfahren so lange auszusetzen, bis festgestellt ist, dass es dem Beklagten möglich war, das verfahrenseinleitende Schriftstück oder ein gleichwertiges Schriftstück so rechtzeitig zu empfangen, dass er sich verteidigen konnte oder dass alle hierzu erforderlichen Maßnahmen getroffen worden sind.

(3) An die Stelle von Absatz 2 tritt Artikel 15 des Haager Übereinkommens vom 15. November 1965 über die Zustellung gerichtlicher und außergerichtlicher Schriftstücke im Ausland in Zivil- oder Handelssachen, wenn das verfahrenseinleitende Schriftstück oder ein gleichwertiges Schriftstück nach dem genannten Übereinkommen zu übermitteln war.

(4) Die Mitgliedstaaten der Europäischen Gemeinschaft, die durch die Verordnung (EG) Nr. 1348/2000 des Rates vom 29. Mai 2000 oder durch das am 19. Oktober 2005 in Brüssel unterzeichnete Abkommen zwischen der Europäischen Gemeinschaft und dem Königreich Dänemark über die Zustellung gerichtlicher und außergerichtlicher Schriftstücke in Zivil- oder Handelssachen gebunden sind, wenden in ihrem Verhältnis untereinander Artikel 19 der genannten Verordnung an, wenn das verfahrenseinleitende Schriftstück oder ein gleichwertiges Schriftstück nach dieser Verordnung oder nach dem genannten Abkommen zu übermitteln war.

ABSCHNITT 9
Rechtshängigkeit und im Zusammenhang stehende Verfahren

Artikel 27

(1) Werden bei Gerichten verschiedener durch dieses Übereinkommen gebundener Staaten Klagen wegen desselben Anspruchs zwischen denselben Parteien anhängig gemacht, so setzt das später angerufene Gericht das Verfahren von Amts wegen aus, bis die Zuständigkeit des zuerst angerufenen Gerichts feststeht.

(2) Sobald die Zuständigkeit des zuerst angerufenen Gerichts feststeht, erklärt sich das später angerufene Gericht zugunsten dieses Gerichts für unzuständig.

Artikel 28

(1) Sind bei Gerichten verschiedener durch dieses Übereinkommen gebundener Staaten Klagen, die im Zusammenhang stehen, anhängig, so kann jedes später angerufene Gericht das Verfahren aussetzen.

(2) Sind diese Klagen in erster Instanz anhängig, so kann sich jedes später angerufene Gericht auf Antrag einer Partei auch für unzuständig erklären, wenn das zuerst angerufene Gericht für die betreffenden Klagen zuständig ist und die Verbindung der Klagen nach seinem Recht zulässig ist.

(3) Klagen stehen im Sinne dieses Artikels im Zusammenhang, wenn zwischen ihnen eine so enge Beziehung gegeben ist, dass eine gemeinsame Verhandlung und Entscheidung geboten erscheint, um zu vermeiden, dass in getrennten Verfahren widersprechende Entscheidungen ergehen könnten.

Artikel 29

Ist für die Klagen die ausschließliche Zuständigkeit mehrerer Gerichte gegeben, so hat sich das zuletzt angerufene Gericht zugunsten des zuerst angerufenen Gerichts für unzuständig zu erklären.

Artikel 30

Für die Zwecke dieses Abschnitts gilt ein Gericht als angerufen:

1. zu dem Zeitpunkt, zu dem das verfahrenseinleitende Schriftstück oder ein gleichwertiges Schriftstück bei Gericht eingereicht worden ist, vorausgesetzt, dass der Kläger es in der Folge nicht versäumt hat, die ihm obliegenden Maßnahmen zu treffen, um die Zustellung des Schriftstücks an den Beklagten zu bewirken, oder

2. falls die Zustellung an den Beklagten vor Einreichung des Schriftstücks bei Gericht zu be-

Lugano-Übk II

wirken ist, zu dem Zeitpunkt, zu dem die für die Zustellung verantwortliche Stelle das Schriftstück erhalten hat, vorausgesetzt, dass der Kläger es in der Folge nicht versäumt hat, die ihm obliegenden Maßnahmen zu treffen, um das Schriftstück bei Gericht einzureichen.

ABSCHNITT 10

Einstweilige Maßnahmen einschließlich solcher, die auf eine Sicherung gerichtet sind

Artikel 31

Die im Recht eines durch dieses Übereinkommen gebundenen Staates vorgesehenen einstweiligen Maßnahmen einschließlich solcher, die auf eine Sicherung gerichtet sind, können bei den Gerichten dieses Staates auch dann beantragt werden, wenn für die Entscheidung in der Hauptsache das Gericht eines anderen durch dieses Übereinkommen gebundenen Staates aufgrund dieses Übereinkommens zuständig ist.

TITEL III

ANERKENNUNG UND VOLLSTRECKUNG

Artikel 32

Unter „Entscheidung" im Sinne dieses Übereinkommens ist jede Entscheidung zu verstehen, die von einem Gericht eines durch dieses Übereinkommen gebundenen Staates erlassen worden ist, ohne Rücksicht auf ihre Bezeichnung wie Urteil, Beschluss, Zahlungsbefehl oder Vollstreckungsbescheid, einschließlich des Kostenfestsetzungsbeschlusses eines Gerichtsbediensteten.

ABSCHNITT 1

Anerkennung

Artikel 33

(1) Die in einem durch dieses Übereinkommen gebundenen Staat ergangenen Entscheidungen werden in den anderen durch dieses Übereinkommen gebundenen Staaten anerkannt, ohne dass es hierfür eines besonderen Verfahrens bedarf.

(2) Bildet die Frage, ob eine Entscheidung anzuerkennen ist, als solche den Gegenstand eines Streites, so kann jede Partei, welche die Anerkennung geltend macht, in dem Verfahren nach den Abschnitten 2 und 3 dieses Titels die Feststellung beantragen, dass die Entscheidung anzuerkennen ist.

(3) Wird die Anerkennung in einem Rechtsstreit vor dem Gericht eines durch dieses Übereinkommen gebundenen Staates, dessen Entscheidung von der Anerkennung abhängt, verlangt, so kann dieses Gericht über die Anerkennung entscheiden.

Artikel 34

Eine Entscheidung wird nicht anerkannt, wenn

1. die Anerkennung der öffentlichen Ordnung (ordre public) des Staates, in dem sie geltend gemacht wird, offensichtlich widersprechen würde;

2. dem Beklagten, der sich auf das Verfahren nicht eingelassen hat, das verfahrenseinleitende Schriftstück oder ein gleichwertiges Schriftstück nicht so rechtzeitig und in einer Weise zugestellt worden ist, dass er sich verteidigen konnte, es sei denn, der Beklagte hat gegen die Entscheidung keinen Rechtsbehelf eingelegt, obwohl er die Möglichkeit dazu hatte;

3. sie mit einer Entscheidung unvereinbar ist, die zwischen denselben Parteien in dem Staat, in dem die Anerkennung geltend gemacht wird, ergangen ist;

4. sie mit einer früheren Entscheidung unvereinbar ist, die in einem anderen durch dieses Übereinkommen gebundenen Staat oder in einem Drittstaat zwischen denselben Parteien in einem Rechtsstreit wegen desselben Anspruchs ergangen ist, sofern die frühere Entscheidung die notwendigen Voraussetzungen für ihre Anerkennung in dem Staat erfüllt, in dem die Anerkennung geltend gemacht wird.

Artikel 35

(1) Eine Entscheidung wird ferner nicht anerkannt, wenn die Vorschriften der Abschnitte 3, 4 und 6 des Titels II verletzt worden sind oder wenn ein Fall des Artikels 68 vorliegt. Des Weiteren kann die Anerkennung einer Entscheidung versagt werden, wenn ein Fall des Artikels 64 Absatz 3 oder des Artikels 67 Absatz 4 vorliegt.

(2) Das Gericht oder die sonst befugte Stelle des Staates, in dem die Anerkennung geltend gemacht wird, ist bei der Prüfung, ob eine der in Absatz 1 angeführten Zuständigkeiten gegeben ist, an die tatsächlichen Feststellungen gebunden, aufgrund deren das Gericht des Ursprungsstaats seine Zuständigkeit angenommen hat.

(3) Die Zuständigkeit der Gerichte des Ursprungsstaats darf, unbeschadet der Bestimmungen des Absatzes 1, nicht nachgeprüft werden. Die Vorschriften über die Zuständigkeit gehören nicht zur öffentlichen Ordnung (ordre public) im Sinne des Artikels 34 Nummer 1.

Artikel 36

Die ausländische Entscheidung darf keinesfalls in der Sache selbst nachgeprüft werden.

Artikel 37

(1) Das Gericht eines durch dieses Übereinkommen gebundenen Staates, vor dem die Anerken-

nung einer in einem anderen durch dieses Übereinkommen gebundenen Staat ergangenen Entscheidung geltend gemacht wird, kann das Verfahren aussetzen, wenn gegen die Entscheidung ein ordentlicher Rechtsbehelf eingelegt worden ist.

(2) Das Gericht eines durch dieses Übereinkommen gebundenen Staates, vor dem die Anerkennung einer in Irland oder im Vereinigten Königreich ergangenen Entscheidung geltend gemacht wird, kann das Verfahren aussetzen, wenn die Vollstreckung der Entscheidung im Ursprungsstaat wegen der Einlegung eines Rechtsbehelfs einstweilen eingestellt ist.

ABSCHNITT 2
Vollstreckung

Artikel 38

(1) Die in einem durch dieses Übereinkommen gebundenen Staat ergangenen Entscheidungen, die in diesem Staat vollstreckbar sind, werden in einem anderen durch dieses Übereinkommen gebundenen Staat vollstreckt, wenn sie dort auf Antrag eines Berechtigten für vollstreckbar erklärt worden sind.

(2) Im Vereinigten Königreich jedoch wird eine derartige Entscheidung in England und Wales, in Schottland oder in Nordirland vollstreckt, wenn sie auf Antrag eines Berechtigten zur Vollstreckung in dem betreffenden Teil des Vereinigten Königreichs registriert worden ist.

Artikel 39

(1) Der Antrag ist an das Gericht oder die sonst befugte Stelle zu richten, die in Anhang II aufgeführt ist.

(2) Die örtliche Zuständigkeit wird durch den Wohnsitz des Schuldners oder durch den Ort, an dem die Zwangsvollstreckung durchgeführt werden soll, bestimmt.

Artikel 40

(1) Für die Stellung des Antrags ist das Recht des Vollstreckungsstaats maßgebend.

(2) Der Antragsteller hat im Bezirk des angerufenen Gerichts ein Wahldomizil zu begründen. Ist das Wahldomizil im Recht des Vollstreckungsstaats nicht vorgesehen, so hat der Antragsteller einen Zustellungsbevollmächtigten zu benennen.

(3) Dem Antrag sind die in Artikel 53 angeführten Urkunden beizufügen.

Artikel 41

Sobald die in Artikel 53 vorgesehenen Förmlichkeiten erfüllt sind, wird die Entscheidung unverzüglich für vollstreckbar erklärt, ohne dass eine Prüfung nach den Artikeln 34 und 35 erfolgt. Der Schuldner erhält in diesem Abschnitt des Verfahrens keine Gelegenheit, eine Erklärung abzugeben.

Artikel 42

(1) Die Entscheidung über den Antrag auf Vollstreckbarerklärung wird dem Antragsteller unverzüglich in der Form mitgeteilt, die das Recht des Vollstreckungsstaats vorsieht.

(2) Die Vollstreckbarerklärung und, soweit dies noch nicht geschehen ist, die Entscheidung werden dem Schuldner zugestellt.

Artikel 43

(1) Gegen die Entscheidung über den Antrag auf Vollstreckbarerklärung kann jede Partei einen Rechtsbehelf einlegen.

(2) Der Rechtsbehelf wird bei dem in Anhang III aufgeführten Gericht eingelegt.

(3) Über den Rechtsbehelf wird nach den Vorschriften entschieden, die für Verfahren mit beiderseitigem rechtlichen Gehör maßgebend sind.

(4) Lässt sich der Schuldner auf das Verfahren vor dem mit dem Rechtsbehelf des Antragstellers befassten Gericht nicht ein, so ist Artikel 26 Absätze 2 bis 4 auch dann anzuwenden, wenn der Schuldner seinen Wohnsitz nicht im Hoheitsgebiet eines durch dieses Übereinkommen gebundenen Staates hat.

(5) Der Rechtsbehelf gegen die Vollstreckbarerklärung ist innerhalb eines Monats nach ihrer Zustellung einzulegen. Hat der Schuldner seinen Wohnsitz im Hoheitsgebiet eines anderen durch dieses Übereinkommen gebundenen Staates als dem, in dem die Vollstreckbarerklärung ergangen ist, so beträgt die Frist für den Rechtsbehelf zwei Monate und beginnt von dem Tage an zu laufen, an dem die Vollstreckbarerklärung ihm entweder in Person oder in seiner Wohnung zugestellt worden ist. Eine Verlängerung dieser Frist wegen weiter Entfernung ist ausgeschlossen.

Artikel 44

Gegen die Entscheidung, die über den Rechtsbehelf ergangen ist, kann nur ein Rechtsbehelf nach Anhang IV eingelegt werden.

Artikel 45

(1) Die Vollstreckbarerklärung darf von dem mit einem Rechtsbehelf nach Artikel 43 oder Artikel 44 befassten Gericht nur aus einem der in den Artikeln 34 und 35 aufgeführten Gründe versagt oder aufgehoben werden. Das Gericht erlässt seine Entscheidung unverzüglich.

Lugano-Übk II

(2) Die ausländische Entscheidung darf keinesfalls in der Sache selbst nachgeprüft werden.

Artikel 46

(1) Das nach Artikel 43 oder Artikel 44 mit dem Rechtsbehelf befasste Gericht kann auf Antrag des Schuldners das Verfahren aussetzen, wenn gegen die Entscheidung im Ursprungsstaat ein ordentlicher Rechtsbehelf eingelegt oder die Frist für einen solchen Rechtsbehelf noch nicht verstrichen ist; in letzterem Fall kann das Gericht eine Frist bestimmen, innerhalb deren der Rechtsbehelf einzulegen ist.

(2) Ist die Entscheidung in Irland oder im Vereinigten Königreich ergangen, so gilt jeder im Ursprungsstaat statthafte Rechtsbehelf als ordentlicher Rechtsbehelf im Sinne von Absatz 1.

(3) Das Gericht kann auch die Zwangsvollstreckung von der Leistung einer Sicherheit, die es bestimmt, abhängig machen.

Artikel 47

(1) Ist eine Entscheidung nach diesem Übereinkommen anzuerkennen, so ist der Antragsteller nicht daran gehindert, einstweilige Maßnahmen einschließlich solcher, die auf eine Sicherung gerichtet sind, nach dem Recht des Vollstreckungsstaats in Anspruch zu nehmen, ohne dass es einer Vollstreckbarerklärung nach Artikel 41 bedarf.

(2) Die Vollstreckbarerklärung gibt die Befugnis, Maßnahmen, die auf eine Sicherung gerichtet sind, zu veranlassen. *(ABl L 115 vom 5. 5. 2011, S 31)*

(3) Solange die in Artikel 43 Absatz 5 vorgesehene Frist für den Rechtsbehelf gegen die Vollstreckbarerklärung läuft und solange über den Rechtsbehelf nicht entschieden ist, darf die Zwangsvollstreckung in das Vermögen des Schuldners nicht über Maßnahmen zur Sicherung hinausgehen.

Artikel 48

(1) Ist durch die ausländische Entscheidung über mehrere mit der Klage geltend gemachte Ansprüche erkannt und kann die Vollstreckbarerklärung nicht für alle Ansprüche erteilt werden, so erteilt das Gericht oder die sonst befugte Stelle sie für einen oder mehrere dieser Ansprüche.

(2) Der Antragsteller kann beantragen, dass die Vollstreckbarerklärung nur für einen Teil des Gegenstands der Verurteilung erteilt wird.

Artikel 49

Ausländische Entscheidungen, die auf Zahlung eines Zwangsgelds lauten, sind im Vollstreckungsstaat nur vollstreckbar, wenn die Höhe des Zwangsgelds durch die Gerichte des Ursprungsstaats endgültig festgesetzt ist.

Artikel 50

(1) Ist dem Antragsteller im Ursprungsstaat ganz oder teilweise Prozesskostenhilfe oder Kosten- und Gebührenbefreiung gewährt worden, so genießt er in dem Verfahren nach diesem Abschnitt hinsichtlich der Prozesskostenhilfe oder der Kosten- und Gebührenbefreiung die günstigste Behandlung, die das Recht des Vollstreckungsstaats vorsieht.

(2) Der Antragsteller, der die Vollstreckung einer Entscheidung einer Verwaltungsbehörde begehrt, die in Dänemark, Island oder Norwegen in Unterhaltssachen ergangen ist, kann im Vollstreckungsstaat Anspruch auf die in Absatz 1 genannten Vorteile erheben, wenn er eine Erklärung des dänischen, isländischen oder norwegischen Justizministeriums darüber vorlegt, dass er die wirtschaftlichen Voraussetzungen für die vollständige oder teilweise Bewilligung der Prozesskostenhilfe oder für die Kosten- und Gebührenbefreiung erfüllt.

Artikel 51

Der Partei, die in einem durch dieses Übereinkommen gebundenen Staat eine in einem anderen durch dieses Übereinkommen gebundenen Staat ergangene Entscheidung vollstrecken will, darf wegen ihrer Eigenschaft als Ausländer oder wegen Fehlens eines inländischen Wohnsitzes oder Aufenthalts eine Sicherheitsleistung oder Hinterlegung, unter welcher Bezeichnung es auch sei, nicht auferlegt werden.

Artikel 52

Im Vollstreckungsstaat dürfen im Vollstreckbarerklärungsverfahren keine nach dem Streitwert abgestuften Stempelabgaben oder Gebühren erhoben werden.

ABSCHNITT 3

Gemeinsame Vorschriften

Artikel 53

(1) Die Partei, die die Anerkennung einer Entscheidung geltend macht oder eine Vollstreckbarerklärung beantragt, hat eine Ausfertigung der Entscheidung vorzulegen, die die für ihre Beweiskraft erforderlichen Voraussetzungen erfüllt.

(2) Unbeschadet des Artikels 55 hat die Partei, die eine Vollstreckbarerklärung beantragt, ferner die Bescheinigung nach Artikel 54 vorzulegen.

Artikel 54

Das Gericht oder die sonst befugte Stelle des durch dieses Übereinkommen gebundenen Staates, in dem die Entscheidung ergangen ist, stellt auf Antrag die Bescheinigung unter Verwendung des Formblatts in Anhang V dieses Übereinkommens aus.

Artikel 55

(1) Wird die Bescheinigung nach Artikel 54 nicht vorgelegt, so kann das Gericht oder die sonst befugte Stelle eine Frist bestimmen, innerhalb deren die Bescheinigung vorzulegen ist, oder sich mit einer gleichwertigen Urkunde begnügen oder von der Vorlage der Bescheinigung befreien, wenn es oder sie eine weitere Klärung nicht für erforderlich hält.

(2) Auf Verlangen des Gerichts oder der sonst befugten Stelle ist eine Übersetzung der Urkunden vorzulegen. Die Übersetzung ist von einer hierzu in einem der durch dieses Übereinkommen gebundenen Staaten befugten Person zu beglaubigen.

Artikel 56

Die in Artikel 53 und in Artikel 55 Absatz 2 angeführten Urkunden sowie die Urkunde über die Prozessvollmacht, falls eine solche erteilt wird, bedürfen weder der Legalisation noch einer ähnlichen Förmlichkeit.

TITEL IV
ÖFFENTLICHE URKUNDEN UND PROZESSVERGLEICHE

Artikel 57

(1) Öffentliche Urkunden, die in einem durch dieses Übereinkommen gebundenen Staat aufgenommen und vollstreckbar sind, werden in einem anderen durch dieses Übereinkommen gebundenen Staat auf Antrag in dem Verfahren nach den Artikeln 38 ff. für vollstreckbar erklärt. Die Vollstreckbarerklärung kann von dem mit einem Rechtsbehelf nach Artikel 43 oder Artikel 44 befassten Gericht nur zu versagen oder aufzuheben, wenn die Zwangsvollstreckung aus der Urkunde der öffentlichen Ordnung (ordre public) des Vollstreckungsstaats offensichtlich widersprechen würde.

(2) Als öffentliche Urkunden im Sinne von Absatz 1 werden auch vor Verwaltungsbehörden geschlossene oder von ihnen beurkundete Unterhaltsvereinbarungen oder -verpflichtungen angesehen.

(3) Die vorgelegte Urkunde muss die Voraussetzungen für ihre Beweiskraft erfüllen, die in dem Staat, in dem sie aufgenommen wurde, erforderlich sind.

(4) Die Vorschriften des Abschnitts 3 des Titels III sind sinngemäß anzuwenden. Die befugte Stelle des durch dieses Übereinkommen gebundenen Staates, in dem eine öffentliche Urkunde aufgenommen worden ist, stellt auf Antrag die Bescheinigung unter Verwendung des Formblatts in Anhang VI dieses Übereinkommens aus.

Artikel 58

Vergleiche, die vor einem Gericht im Laufe eines Verfahrens geschlossen und in dem durch dieses Übereinkommen gebundenen Staat, in dem sie errichtet wurden, vollstreckbar sind, werden in dem Vollstreckungsstaat unter denselben Bedingungen wie öffentliche Urkunden vollstreckt. Das Gericht oder die sonst befugte Stelle des durch dieses Übereinkommen gebundenen Staates, in dem ein Prozessvergleich geschlossen worden ist, stellt auf Antrag die Bescheinigung unter Verwendung des Formblatts in Anhang V dieses Übereinkommens aus.

TITEL V
ALLGEMEINE VORSCHRIFTEN

Artikel 59

(1) Ist zu entscheiden, ob eine Partei im Hoheitsgebiet des durch dieses Übereinkommen gebundenen Staates, dessen Gerichte angerufen sind, einen Wohnsitz hat, so wendet das Gericht sein Recht an.

(2) Hat eine Partei keinen Wohnsitz in dem durch dieses Übereinkommen gebundenen Staat, dessen Gerichte angerufen sind, so wendet das Gericht, wenn es zu entscheiden hat, ob die Partei einen Wohnsitz in einem anderen durch dieses Übereinkommen gebundenen Staat hat, das Recht dieses Staates an.

Artikel 60

(1) Gesellschaften und juristische Personen haben für die Anwendung dieses Übereinkommens ihren Wohnsitz an dem Ort, an dem sich

a) ihr satzungsmäßiger Sitz,

b) ihre Hauptverwaltung oder

c) ihre Hauptniederlassung

befindet.

(2) Im Falle des Vereinigten Königreichs und Irlands ist unter dem Ausdruck „satzungsmäßiger Sitz" das „registered office" oder, wenn ein solches nirgendwo besteht, der „place of incorporation" (Ort der Erlangung der Rechtsfähigkeit) oder, wenn ein solcher nirgendwo besteht, der Ort, nach dessen Recht die „formation" (Gründung) erfolgt ist, zu verstehen.

(3) Um zu bestimmen, ob ein „trust" seinen Sitz in dem durch dieses Übereinkommen gebun-

denen Staat hat, bei dessen Gerichten die Klage anhängig ist, wendet das Gericht sein Internationales Privatrecht an.

Artikel 61

Unbeschadet günstigerer innerstaatlicher Vorschriften können Personen, die ihren Wohnsitz im Hoheitsgebiet eines durch dieses Übereinkommen gebundenen Staates haben und die vor den Strafgerichten eines anderen durch dieses Übereinkommen gebundenen Staates, dessen Staatsangehörigkeit sie nicht besitzen, wegen einer fahrlässig begangenen Straftat verfolgt werden, sich von hierzu befugten Personen vertreten lassen, selbst wenn sie persönlich nicht erscheinen. Das Gericht kann jedoch das persönliche Erscheinen anordnen; wird diese Anordnung nicht befolgt, so braucht die Entscheidung, die über den Anspruch aus einem Rechtsverhältnis des Zivilrechts ergangen ist, ohne dass sich der Angeklagte verteidigen konnte, in den anderen durch dieses Übereinkommen gebundenen Staaten weder anerkannt noch vollstreckt zu werden.

Artikel 62

Im Sinne dieses Übereinkommens umfasst die Bezeichnung „Gericht" jede Behörde, die von einem durch dieses Übereinkommen gebundenen Staat als für die in den Anwendungsbereich dieses Übereinkommens fallenden Rechtsgebiete zuständig bezeichnet worden ist.

TITEL VI
ÜBERGANGSVORSCHRIFTEN

Artikel 63

(1) Die Vorschriften dieses Übereinkommens sind nur auf solche Klagen und öffentliche Urkunden anzuwenden, die erhoben oder aufgenommen worden sind, nachdem dieses Übereinkommen im Ursprungsstaat und, sofern die Anerkennung oder Vollstreckung einer Entscheidung oder einer öffentlichen Urkunde geltend gemacht wird, im ersuchten Staat in Kraft getreten ist.

(2) Ist die Klage im Ursprungsstaat vor dem Inkrafttreten dieses Übereinkommens erhoben worden, so werden nach diesem Zeitpunkt erlassene Entscheidungen nach Maßgabe des Titels III anerkannt und zur Vollstreckung zugelassen,

a) wenn die Klage im Ursprungsstaat erhoben wurde, nachdem das Übereinkommen von Lugano vom 16. September 1988 sowohl im Ursprungsstaat als auch in dem ersuchten Staat in Kraft getreten war;

b) in allen anderen Fällen, wenn das Gericht aufgrund von Vorschriften zuständig war, die mit den Zuständigkeitsvorschriften des Titels II oder eines Abkommens übereinstimmen, das im Zeitpunkt der Klageerhebung zwischen dem Ursprungsstaat und dem ersuchten Staat in Kraft war.

TITEL VII
VERHÄLTNIS ZU DER VERORDNUNG (EG) Nr. 44/2001 DES RATES UND ZU ANDEREN RECHTSINSTRUMENTEN

Artikel 64

(1) Dieses Übereinkommen lässt die Anwendung folgender Rechtsakte durch die Mitgliedstaaten der Europäischen Gemeinschaft unberührt: der Verordnung (EG) Nr. 44/2001 des Rates über die gerichtliche Zuständigkeit und die Anerkennung und Vollstreckung von Entscheidungen in Zivil- und Handelssachen einschließlich deren Änderungen, des am 27. September 1968 in Brüssel unterzeichneten Übereinkommens über die gerichtliche Zuständigkeit und die Vollstreckung gerichtlicher Entscheidungen in Zivil- und Handelssachen und des am 3. Juni 1971 in Luxemburg unterzeichneten Protokolls über die Auslegung des genannten Übereinkommens durch den Gerichtshof der Europäischen Gemeinschaften in der Fassung der Übereinkommen, mit denen die neuen Mitgliedstaaten der Europäischen Gemeinschaften jenem Übereinkommen und dessen Protokoll beigetreten sind, sowie des am 19. Oktober 2005 in Brüssel unterzeichneten Abkommens zwischen der Europäischen Gemeinschaft und dem Königreich Dänemark über die gerichtliche Zuständigkeit und die Anerkennung und Vollstreckung von Entscheidungen in Zivil- und Handelssachen.

(2) Dieses Übereinkommen wird jedoch in jedem Fall angewandt

a) in Fragen der gerichtlichen Zuständigkeit, wenn der Beklagte seinen Wohnsitz im Hoheitsgebiet eines Staates hat, in dem dieses Übereinkommen, aber keines der in Absatz 1 aufgeführten Rechtsinstrumente gilt, oder wenn die Gerichte eines solchen Staates nach Artikel 22 oder 23 dieses Übereinkommens zuständig sind;

b) bei Rechtshängigkeit oder im Zusammenhang stehenden Verfahren im Sinne der Artikel 27 und 28, wenn Verfahren in einem Staat anhängig gemacht werden, in dem dieses Übereinkommen, aber keines der in Absatz 1 aufgeführten Rechtsinstrumente gilt, und in einem Staat, in dem sowohl dieses Übereinkommen als auch eines der in Absatz 1 aufgeführten Rechtsinstrumente gilt;

c) in Fragen der Anerkennung und Vollstreckung, wenn entweder der Ursprungsstaat oder der ersuchte Staat keines der in Absatz 1 aufgeführten Rechtsinstrumente anwendet.

(3) Außer aus den in Titel III vorgesehenen Gründen kann die Anerkennung oder Vollstre-

ckung versagt werden, wenn sich der der Entscheidung zugrunde liegende Zuständigkeitsgrund von demjenigen unterscheidet, der sich aus diesem Übereinkommen ergibt, und wenn die Anerkennung oder Vollstreckung gegen eine Partei geltend gemacht wird, die ihren Wohnsitz in einem Staat hat, in dem dieses Übereinkommen, aber keines der in Absatz 1 aufgeführten Rechtsinstrumente gilt, es sei denn, dass die Entscheidung anderweitig nach dem Recht des ersuchten Staates anerkannt oder vollstreckt werden kann.

Artikel 65

Dieses Übereinkommen ersetzt unbeschadet des Artikels 63 Absatz 2 und der Artikel 66 und 67 im Verhältnis zwischen den durch dieses Übereinkommen gebundenen Staaten die zwischen zwei oder mehr dieser Staaten bestehenden Übereinkünfte, die sich auf dieselben Rechtsgebiete erstrecken wie dieses Übereinkommen. Durch dieses Übereinkommen werden insbesondere die in Anhang VII aufgeführten Übereinkünfte ersetzt.

Artikel 66

(1) Die in Artikel 65 angeführten Übereinkünfte behalten ihre Wirksamkeit für die Rechtsgebiete, auf die dieses Übereinkommen nicht anzuwenden ist.

(2) Sie bleiben auch weiterhin für die Entscheidungen und die öffentlichen Urkunden wirksam, die vor Inkrafttreten dieses Übereinkommens ergangen oder aufgenommen worden sind.

Artikel 67

(1) Dieses Übereinkommen lässt Übereinkünfte unberührt, denen die Vertragsparteien und/oder die durch dieses Übereinkommen gebundenen Staaten angehören und die für besondere Rechtsgebiete die gerichtliche Zuständigkeit, die Anerkennung oder die Vollstreckung von Entscheidungen regeln. Unbeschadet der Verpflichtungen aus anderen Übereinkünften, denen manche Vertragsparteien angehören, schließt dieses Übereinkommen nicht aus, dass die Vertragsparteien solche Übereinkünfte schließen.

(2) Dieses Übereinkommen schließt nicht aus, dass ein Gericht eines durch dieses Übereinkommen gebundenen Staates, der Vertragspartei einer Übereinkunft über ein besonderes Rechtsgebiet ist, seine Zuständigkeit auf eine solche Übereinkunft stützt, und zwar auch dann, wenn der Beklagte seinen Wohnsitz in einem anderen durch dieses Übereinkommen gebundenen Staat hat, der nicht Vertragspartei der betreffenden Übereinkunft ist. In jedem Fall wendet dieses Gericht Artikel 26 dieses Übereinkommens an.

(3) Entscheidungen, die in einem durch dieses Übereinkommen gebundenen Staat von einem Gericht erlassen worden sind, das seine Zuständigkeit auf eine Übereinkunft über ein besonderes Rechtsgebiet gestützt hat, werden in den anderen durch dieses Übereinkommen gebundenen Staaten nach Titel III dieses Übereinkommens anerkannt und vollstreckt.

(4) Neben den in Titel III vorgesehenen Gründen kann die Anerkennung oder Vollstreckung versagt werden, wenn der ersuchte Staat nicht durch die Übereinkunft über ein besonderes Rechtsgebiet gebunden ist und die Person, gegen die die Anerkennung oder Vollstreckung geltend gemacht wird, ihren Wohnsitz in diesem Staat hat oder, wenn der ersuchte Staat ein Mitgliedstaat der Europäischen Gemeinschaft ist und die Übereinkunft von der Europäischen Gemeinschaft geschlossen werden müsste, in einem ihrer Mitgliedstaaten, es sei denn, die Entscheidung kann anderweitig nach dem Recht des ersuchten Staates anerkannt oder vollstreckt werden.

(5) Sind der Ursprungsstaat und der ersuchte Staat Vertragsparteien einer Übereinkunft über ein besonderes Rechtsgebiet, welche die Voraussetzungen für die Anerkennung und Vollstreckung von Entscheidungen regelt, so gelten diese Voraussetzungen. In jedem Fall können die Bestimmungen dieses Übereinkommens über das Verfahren zur Anerkennung und Vollstreckung von Entscheidungen angewandt werden.

Artikel 68

(1) Dieses Übereinkommen lässt Übereinkünfte unberührt, durch die sich die durch dieses Übereinkommen gebundenen Staaten vor Inkrafttreten dieses Übereinkommens verpflichtet haben, Entscheidungen der Gerichte anderer durch dieses Übereinkommen gebundener Staaten gegen Beklagte, die ihren Wohnsitz oder gewöhnlichen Aufenthalt im Hoheitsgebiet eines Drittstaats haben, nicht anzuerkennen, wenn die Entscheidungen in den Fällen des Artikels 4 nur auf einen der in Artikel 3 Absatz 2 angeführten Zuständigkeitsgründe gestützt werden könnten. Unbeschadet der Verpflichtungen aus anderen Übereinkünften, denen manche Vertragsparteien angehören, schließt dieses Übereinkommen nicht aus, dass die Vertragsparteien solche Übereinkünfte treffen.

(2) Keine Vertragspartei kann sich jedoch gegenüber einem Drittstaat verpflichten, eine Entscheidung nicht anzuerkennen, die in einem anderen durch dieses Übereinkommen gebundenen Staat durch ein Gericht gefällt wurde, dessen Zuständigkeit auf das Vorhandensein von Vermögenswerten des Beklagten in diesem Staat oder die Beschlagnahme von dort vorhandenem Vermögen durch den Kläger gegründet ist,

a) wenn die Klage erhoben wird, um Eigentums- oder Inhaberrechte hinsichtlich dieses Vermögens festzustellen oder anzumelden oder um Verfügungsgewalt darüber zu erhalten, oder wenn die Klage sich aus einer anderen Streitsache im Zusammenhang mit diesem Vermögen ergibt, oder

b) wenn das Vermögen die Sicherheit für einen Anspruch darstellt, der Gegenstand des Verfahrens ist.

TITEL VIII

SCHLUSSVORSCHRIFTEN

Artikel 69

(1) Dieses Übereinkommen liegt für die Europäische Gemeinschaft, Dänemark und die Staaten, die Mitglieder der Europäischen Freihandelsassoziation sind, zur Unterzeichnung auf.

(2) Dieses Übereinkommen bedarf der Ratifikation durch die Unterzeichnerstaaten. Die Ratifikationsurkunden werden beim Schweizerischen Bundesrat hinterlegt, der der Verwahrer dieses Übereinkommens ist.

(3) Zum Zeitpunkt der Ratifizierung kann jede Vertragspartei Erklärungen gemäß den Artikeln I, II und III des Protokolls 1 abgeben.

(4) Dieses Übereinkommen tritt am ersten Tag des sechsten Monats in Kraft, der auf den Tag folgt, an dem die Europäische Gemeinschaft und ein Mitglied der Europäischen Freihandelsassoziation ihre Ratifikationsurkunden hinterlegt haben.

(5) Für jede andere Vertragspartei tritt dieses Übereinkommen am ersten Tag des dritten Monats in Kraft, der auf den Hinterlegung ihrer Ratifikationsurkunde folgt.

(6) Unbeschadet des Artikels 3 Absatz 3 des Protokolls 2 ersetzt dieses Übereinkommen ab dem Tag seines Inkrafttretens gemäß den Absätzen 4 und 5 das am 16. September 1988 in Lugano geschlossene Übereinkommen über die gerichtliche Zuständigkeit und die Vollstreckung gerichtlicher Entscheidungen in Zivil- und Handelssachen. Jede Bezugnahme auf das Lugano-Übereinkommen von 1988 in anderen Rechtsinstrumenten gilt als Bezugnahme auf dieses Übereinkommen.

(7) Im Verhältnis zwischen den Mitgliedstaaten der Europäischen Gemeinschaft und den außereuropäischen Gebieten im Sinne von Artikel 70 Absatz 1 Buchstabe b ersetzt dieses Übereinkommen ab dem Tag seines Inkrafttretens für diese Gebiete gemäß Artikel 73 Absatz 2 das am 27. September 1968 in Brüssel unterzeichnete Übereinkommen über die gerichtliche Zuständigkeit und die Vollstreckung gerichtlicher Entscheidungen in Zivil- und Handelssachen und das am 3. Juni 1971 in Luxemburg unterzeichnete Protokoll über die Auslegung des genannten Übereinkommens durch den Gerichtshof der Europäischen Gemeinschaften in der Fassung der Übereinkommen, mit denen die neuen Mitgliedstaaten

der Europäischen Gemeinschaften jenem Übereinkommen und dessen Protokoll beigetreten sind.

Artikel 70

(1) Dem Übereinkommen können nach seinem Inkrafttreten beitreten:

a) die Staaten, die nach Auflage dieses Übereinkommens zur Unterzeichnung Mitglieder der Europäischen Freihandelsassoziation werden, unter den Voraussetzungen des Artikels 71;

b) ein Mitgliedstaat der Europäischen Gemeinschaft im Namen bestimmter außereuropäischer Gebiete, die Teil seines Hoheitsgebiets sind oder für deren Außenbeziehungen dieser Mitgliedstaat zuständig ist, unter den Voraussetzungen des Artikels 71;

c) jeder andere Staat unter den Voraussetzungen des Artikels 72.

(2) Die in Absatz 1 genannten Staaten, die diesem Übereinkommen beitreten wollen, richten ein entsprechendes Ersuchen an den Verwahrer. Dem Beitrittsersuchen und den Angaben nach den Artikeln 71 und 72 ist eine englische und französische Übersetzung beizufügen.

Artikel 71

(1) Jeder in Artikel 70 Absatz 1 Buchstaben a und b genannte Staat, der diesem Übereinkommen beitreten will,

a) teilt die zur Anwendung dieses Übereinkommens erforderlichen Angaben mit;

b) kann Erklärungen nach Maßgabe der Artikel I und III des Protokolls 1 abgeben.

(2) Der Verwahrer übermittelt den anderen Vertragsparteien vor der Hinterlegung der Beitrittsurkunde des betreffenden Staates die Angaben, die ihm nach Absatz 1 mitgeteilt wurden.

Artikel 72

(1) Jeder in Artikel 70 Absatz 1 Buchstabe c genannte Staat, der diesem Übereinkommen beitreten will,

a) teilt die zur Anwendung dieses Übereinkommens erforderlichen Angaben mit;

b) kann Erklärungen nach Maßgabe der Artikel I und III des Protokolls 1 abgeben;

c) erteilt dem Verwahrer Auskünfte insbesondere über

1. sein Justizsystem mit Angaben zur Ernennung der Richter und zu deren Unabhängigkeit;

2. sein innerstaatliches Zivilprozess- und Vollstreckungsrecht;

3. sein Internationales Zivilprozessrecht.

(2) Der Verwahrer übermittelt den anderen Vertragsparteien die Angaben, die ihm nach Ab-

satz 1 mitgeteilt worden sind, bevor er den betreffenden Staat gemäß Absatz 3 zum Beitritt einlädt.

(3) Unbeschadet des Absatzes 4 lädt der Verwahrer den betreffenden Staat nur dann zum Beitritt ein, wenn die Zustimmung aller Vertragsparteien vorliegt. Die Vertragsparteien sind bestrebt, ihre Zustimmung spätestens innerhalb eines Jahres nach der Aufforderung durch den Verwahrer zu erteilen.

(4) Für den beitretenden Staat tritt dieses Übereinkommen nur im Verhältnis zu den Vertragsparteien in Kraft, die vor dem ersten Tag des dritten Monats, der auf die Hinterlegung der Beitrittsurkunde folgt, keine Einwände gegen den Beitritt erhoben haben.

Artikel 73

(1) Die Beitrittsurkunden werden beim Verwahrer hinterlegt.

(2) Für einen in Artikel 70 genannten beitretenden Staat tritt dieses Übereinkommen am ersten Tag des dritten Monats, der auf die Hinterlegung seiner Beitrittsurkunde folgt, in Kraft. Ab diesem Zeitpunkt gilt der beitretende Staat als Vertragspartei dieses Übereinkommens.

(3) Jede Vertragspartei kann dem Verwahrer den Wortlaut dieses Übereinkommens in ihrer oder ihren Sprachen übermitteln, der, sofern die Vertragsparteien nach Artikel 4 des Protokolls 2 zugestimmt haben, ebenfalls als verbindlich gilt.

Artikel 74

(1) Dieses Übereinkommen wird auf unbegrenzte Zeit geschlossen.

(2) Jede Vertragspartei kann dieses Übereinkommen jederzeit durch eine an den Verwahrer gerichtete Notifikation kündigen.

(3) Die Kündigung wird am Ende des Kalenderjahres wirksam, das auf einen Zeitraum von sechs Monaten folgt, gerechnet vom Eingang ihrer Notifikation beim Verwahrer.

Artikel 75

Diesem Übereinkommen sind beigefügt:

- ein Protokoll 1 über bestimmte Zuständigkeits-, Verfahrens- und Vollstreckungsfragen,
- ein Protokoll 2 über die einheitliche Auslegung des Übereinkommens und den Ständigen Ausschuss,
- ein Protokoll 3 über die Anwendung von Artikel 67,
- die Anhänge I bis IV und Anhang VII mit Angaben zur Anwendung des Übereinkommens,

- die Anhänge V und VI mit den Formblättern für die Bescheinigungen im Sinne der Artikel 54, 57 und 58,
- Anhang VIII mit der Angabe der verbindlichen Sprachfassungen des Übereinkommens gemäß Artikel 79 und
- Anhang IX mit den Angaben gemäß Artikel II des Protokolls 1.

Die Protokolle und Anhänge sind Bestandteil des Übereinkommens.

Artikel 76

Unbeschadet des Artikels 77 kann jede Vertragspartei eine Revision dieses Übereinkommens beantragen. Zu diesem Zweck beruft der Verwahrer den Ständigen Ausschuss nach Artikel 4 des Protokolls 2 ein.

Artikel 77

(1) Die Vertragsparteien teilen dem Verwahrer den Wortlaut aller Rechtsvorschriften mit, durch den die Listen in den Anhängen I bis IV geändert werden, sowie alle Streichungen oder Zusätze in der Liste des Anhangs VII und den Zeitpunkt ihres Inkrafttretens. Diese Mitteilung erfolgt rechtzeitig vor Inkrafttreten; ihr ist eine englische und französische Übersetzung beizufügen. Der Verwahrer passt die betreffenden Anhänge nach Anhörung des Ständigen Ausschusses gemäß Artikel 4 des Protokolls 2 entsprechend an. Zu diesem Zweck erstellen die Vertragsparteien eine Übersetzung der Anpassungen in ihren Sprachen.

(2) Jede Änderung der Anhänge V und VI sowie VIII und IX wird vom Ständigen Ausschuss gemäß Artikel 4 des Protokolls 2 angenommen.

Artikel 78

(1) Der Verwahrer notifiziert den Vertragsparteien:

a) die Hinterlegung jeder Ratifikations- oder Beitrittsurkunde,

b) den Tag, an dem dieses Übereinkommen für die Vertragsparteien in Kraft tritt,

c) die nach den Artikeln I bis IV des Protokolls 1 eingegangenen Erklärungen,

d) die Mitteilungen nach Artikel 74 Absatz 2, Artikel 77 Absatz 1 sowie Absatz 4 des Protokolls 3.

(2) Den Notifikationen ist eine englische und französische Übersetzung beizufügen.

Artikel 79

Dieses Übereinkommen ist in einer Urschrift in den in Anhang VIII aufgeführten Sprachen abgefasst, wobei jeder Wortlaut gleichermaßen ver-

Lugano-Übk II

bindlich ist; es wird im Schweizerischen Bundesarchiv hinterlegt. Der Schweizerische Bundesrat übermittelt jeder Vertragspartei eine beglaubigte Abschrift.

ZU URKUND DESSEN haben die unterzeichneten Bevollmächtigten dieses Übereinkommen unterzeichnet.

Geschehen zu Lugano am dreißigsten Oktober zweitausendsieben.

PROTOKOLL 1
über bestimmte Zuständigkeits-, Verfahrens- und Vollstreckungsfragen

DIE HOHEN VERTRAGSPARTEIEN SIND WIE FOLGT ÜBEREINGEKOMMEN:

Artikel I

(1) Gerichtliche und außergerichtliche Schriftstücke, die in einem durch dieses Übereinkommen gebundenen Staat ausgefertigt worden sind und einer Person zugestellt werden sollen, die sich im Hoheitsgebiet eines anderen durch dieses Übereinkommen gebundenen Staates befindet, werden nach den zwischen diesen Staaten geltenden Übereinkünften übermittelt.

(2) Sofern die Vertragspartei, in deren Hoheitsgebiet die Zustellung bewirkt werden soll, nicht durch eine an den Verwahrer gerichtete Erklärung widersprochen hat, können diese Schriftstücke auch von den gerichtlichen Amtspersonen des Staates, in dem sie ausgefertigt worden sind, unmittelbar den gerichtlichen Amtspersonen des Staates übersandt werden, in dessen Hoheitsgebiet sich die Person befindet, für welche das Schriftstück bestimmt ist. In diesem Fall übersendet die gerichtliche Amtsperson des Ursprungsstaats der gerichtlichen Amtsperson des ersuchten Staates, die für die Übermittlung an den Empfänger zuständig ist, eine Abschrift des Schriftstücks. Diese Übermittlung wird in den Formen vorgenommen, die das Recht des ersuchten Staates vorsieht. Sie wird durch eine Bescheinigung festgestellt, der gerichtlichen Amtsperson des Ursprungsstaats unmittelbar zugesandt wird.

(3) Die Mitgliedstaaten der Europäischen Gemeinschaft, die durch die Verordnung (EG) Nr. 1348/2000 des Rates vom 29. Mai 2000 oder durch das am 19. Oktober 2005 in Brüssel unterzeichnete Abkommen zwischen der Europäischen Gemeinschaft und dem Königreich Dänemark über die Zustellung gerichtlicher und außergerichtlicher Schriftstücke in Zivil- oder Handelssachen gebunden sind, wenden diese Verordnung und dieses Abkommen in ihrem Verhältnis untereinander an.

Artikel II

(1) Die in Artikel 6 Nummer 2 und Artikel 11 für eine Gewährleistungs- oder Interventionsklage vorgesehene Zuständigkeit kann in den in Anhang IX genannten Staaten, die durch dieses Übereinkommen gebunden sind, nicht in vollem Umfang geltend gemacht werden. Jede Person, die ihren Wohnsitz in einem anderen durch dieses Übereinkommen gebundenen Staat hat, kann vor den Gerichten dieser Staaten nach Maßgabe der in Anhang IX genannten Vorschriften verklagt werden.

(2) Die Europäische Gemeinschaft kann zum Zeitpunkt der Ratifizierung erklären, dass die in Artikel 6 Nummer 2 und Artikel 11 genannten Verfahren in bestimmten anderen Mitgliedstaaten nicht in Anspruch genommen werden können, und Angaben zu den geltenden Vorschriften mitteilen.

(3) Entscheidungen, die in den anderen durch dieses Übereinkommen gebundenen Staaten aufgrund des Artikels 6 Nummer 2 und der Artikels 11 ergangen sind, werden in den in den Absätzen 1 und 2 genannten Staaten nach Titel III anerkannt und vollstreckt. Die Wirkungen, welche die in diesen Staaten ergangenen Entscheidungen gemäß den Absätzen 1 und 2 gegenüber Dritten haben, werden auch in den anderen durch dieses Übereinkommen gebundenen Staaten anerkannt.

Artikel III

(1) Die Schweizerische Eidgenossenschaft behält sich das Recht vor, bei der Hinterlegung der Ratifikationsurkunde zu erklären, dass sie den folgenden Teil der Bestimmung in Artikel 34 Absatz 2 nicht anwenden wird:
„es sei denn, der Beklagte hat gegen die Entscheidung keinen Rechtsbehelf eingelegt, obwohl er die Möglichkeit dazu hatte".
Falls die Schweizerische Eidgenossenschaft diese Erklärung abgibt, wenden die anderen Vertragsparteien denselben Vorbehalt gegenüber Entscheidungen der schweizerischen Gerichte an.

(2) Die Vertragsparteien können sich in Bezug auf Entscheidungen, die in einem beitretenden Staat gemäß Artikel 70 Absatz 1 Buchstabe c ergangen sind, durch Erklärung folgende Rechte vorbehalten:

a) das in Absatz 1 erwähnte Recht und

b) das Recht einer Behörde im Sinne von Artikel 39, unbeschadet der Vorschriften des Artikels 41 von Amts wegen zu prüfen, ob Gründe für die Versagung der Anerkennung oder Vollstreckung einer Entscheidung vorliegen.

(3) Hat eine Vertragspartei einen solchen Vorbehalt gegenüber einem beitretenden Staat nach Absatz 2 erklärt, kann dieser beitretende Staat sich durch Erklärung dasselbe Recht in Bezug auf Entscheidungen vorbehalten, die von Gerichten dieser Vertragspartei erlassen worden sind.

(4) Mit Ausnahme des Vorbehalts gemäß Absatz 1 gelten die Erklärungen für einen Zeitraum von fünf Jahren und können für jeweils weitere fünf Jahre verlängert werden. Die Vertragspartei notifiziert die Verlängerung einer Erklärung gemäß Absatz 2 spätestens sechs Monate vor Ablauf des betreffenden Zeitraums. Ein beitretender Staat kann seine Erklärung gemäß Absatz 3 erst nach Verlängerung der betreffenden Erklärung gemäß Absatz 2 verlängern.

Protokolle

Artikel IV

Die Erklärungen nach diesem Protokoll können jederzeit durch Notifikation an den Verwahrer zurückgenommen werden. Der Notifikation ist eine englische und französische Übersetzung beizufügen. Die Vertragsparteien erstellen eine Übersetzung in ihren Sprachen. Die Rücknahme wird am ersten Tag des dritten Monats nach der Notifikation wirksam.

PROTOKOLL 2
über die einheitliche Auslegung des Übereinkommens und den ständigen Ausschuss

PRÄAMBEL

DIE HOHEN VERTRAGSPARTEIEN –

GESTÜTZT AUF Artikel 75 des Übereinkommens,

IN ANBETRACHT der sachlichen Verknüpfung zwischen diesem Übereinkommen, dem Lugano-Übereinkommen von 1988 und den in Artikel 64 Absatz 1 dieses Übereinkommens genannten Rechtsinstrumenten,

IN DER ERWÄGUNG, dass der Gerichtshof der Europäischen Gemeinschaften für Entscheidungen über die Auslegung der in Artikel 64 Absatz 1 dieses Übereinkommens genannten Rechtsinstrumente zuständig ist,

IN DER ERWÄGUNG, dass dieses Übereinkommen Teil des Gemeinschaftsrechts wird und der Gerichtshof der Europäischen Gemeinschaften deshalb für Entscheidungen über die Auslegung dieses Übereinkommens in Bezug auf dessen Anwendung durch die Gerichte der Mitgliedstaaten der Europäischen Gemeinschaft zuständig ist,

IN KENNTNIS der bis zur Unterzeichnung dieses Übereinkommens ergangenen Entscheidungen des Gerichtshofs der Europäischen Gemeinschaften über die Auslegung der in Artikel 64 Absatz 1 dieses Übereinkommens genannten Rechtsinstrumente und der bis zur Unterzeichnung dieses Übereinkommens ergangenen Entscheidungen der Gerichte der Vertragsparteien des Lugano-Übereinkommens von 1988 über die Auslegung des letzteren Übereinkommens,

IN DER ERWÄGUNG, dass sich die gleichzeitige Revision des Lugano-Übereinkommens von 1988 und des Brüsseler Übereinkommens von 1968, die zum Abschluss eines revidierten Texts dieser Übereinkommen geführt hat, sachlich auf die vorgenannten Entscheidungen zu dem Brüsseler Übereinkommen und dem Lugano-Übereinkommen stützte,

IN DER ERWÄGUNG, dass der revidierte Text des Brüsseler Übereinkommens nach Inkrafttreten des Vertrags von Amsterdam in die Verordnung (EG) Nr. 44/2001 Eingang gefunden hat,

IN DER ERWÄGUNG, dass dieser revidierte Text auch die Grundlage für den Text dieses Übereinkommens war,

IN DEM BESTREBEN, bei voller Wahrung der Unabhängigkeit der Gerichte voneinander abweichende Auslegungen zu vermeiden und zu einer möglichst einheitlichen Auslegung der Bestimmungen dieses Übereinkommens und der Bestimmungen der Verordnung (EG) Nr. 44/2001, die in ihrem wesentlichen Gehalt in das vorliegende Übereinkommen übernommen worden sind, sowie der anderen in Artikel 64 Absatz 1 dieses Übereinkommens genannten Rechtsinstrumente zu gelangen –

SIND WIE FOLGT ÜBEREINGEKOMMEN:

Artikel 1

(1) Jedes Gericht, das dieses Übereinkommen anwendet und auslegt, trägt den Grundsätzen gebührend Rechnung, die in maßgeblichen Entscheidungen von Gerichten der durch dieses Übereinkommen gebundenen Staaten sowie in Entscheidungen des Gerichtshofs der Europäischen Gemeinschaften zu den Bestimmungen dieses Übereinkommens oder zu ähnlichen Bestimmungen des Lugano-Übereinkommens von 1988 und der in Artikel 64 Absatz 1 dieses Übereinkommens genannten Rechtsinstrumente entwickelt worden sind.

(2) Für die Gerichte der Mitgliedstaaten der Europäischen Gemeinschaft gilt die Verpflichtung in Absatz 1 unbeschadet ihrer Verpflichtungen gegenüber dem Gerichtshof der Europäischen Gemeinschaften, wie sie sich aus dem Vertrag zur Gründung der Europäischen Gemeinschaft oder aus dem am 19. Oktober 2005 in Brüssel unterzeichneten Abkommen zwischen der Europäischen Gemeinschaft und dem Königreich Dänemark über die gerichtliche Zuständigkeit und die Anerkennung und Vollstreckung von Entscheidungen in Zivil- und Handelssachen ergeben.

Artikel 2

Jeder durch dieses Übereinkommen gebundene Staat, der kein Mitgliedstaat der Europäischen Gemeinschaft ist, hat das Recht, gemäß Artikel 23 des Protokolls über die Satzung des Gerichtshofs der Europäischen Gemeinschaften Schriftsätze einzureichen oder schriftliche Erklärungen abzugeben, wenn ein Gericht eines Mitgliedstaats der Europäischen Gemeinschaft dem Gerichtshof eine Frage über die Auslegung dieses Übereinkommens oder der in Artikel 64 Absatz 1 dieses

Übereinkommens genannten Rechtsinstrumente zur Vorabentscheidung vorlegt.

Artikel 3

(1) Die Kommission der Europäischen Gemeinschaften richtet ein System für den Austausch von Informationen über die Entscheidungen ein, die in Anwendung dieses Übereinkommens sowie des Lugano-Übereinkommens von 1988 und der in Artikel 64 Absatz 1 dieses Übereinkommens genannten Rechtsinstrumente ergangen sind. Dieses System ist öffentlich zugänglich und enthält Entscheidungen letztinstanzlicher Gerichte sowie des Gerichtshofs der Europäischen Gemeinschaften und andere besonders wichtige, rechtskräftig gewordene Entscheidungen, die in Anwendung dieses Übereinkommens, des Lugano-Übereinkommens von 1988 und der in Artikel 64 Absatz 1 dieses Übereinkommens genannten Rechtsinstrumente ergangen sind. Die Entscheidungen werden klassifiziert und mit einer Zusammenfassung versehen.
Die zuständigen Behörden der durch dieses Übereinkommen gebundenen Staaten übermitteln der Kommission auf der Grundlage dieses Systems die von den Gerichten dieser Staaten erlassenen vorgenannten Entscheidungen.

(2) Der Kanzler des Gerichtshofs der Europäischen Gemeinschaften wählt die für die Anwendung des Übereinkommens besonders interessanten Fälle aus und legt diese gemäß Artikel 5 auf einer Sitzung der Sachverständigen vor.

(3) Bis die Europäischen Gemeinschaften das System im Sinne von Absatz 1 eingerichtet haben, behält der Gerichtshof der Europäischen Gemeinschaften das System für den Austausch von Informationen über die in Anwendung dieses Übereinkommens sowie des Lugano-Übereinkommens von 1988 ergangenen Entscheidungen bei.

Artikel 4

(1) Es wird ein Ständiger Ausschuss eingesetzt, der aus den Vertretern der Vertragsparteien besteht.

(2) Auf Antrag einer Vertragspartei beruft der Verwahrer des Übereinkommens Sitzungen des Ausschusses ein zu

– einer Konsultation über das Verhältnis zwischen diesem Übereinkommen und anderen internationalen Rechtsinstrumenten;

– einer Konsultation über die Anwendung des Artikels 67 einschließlich des beabsichtigten Beitritts zu Rechtsinstrumenten über ein besonderes Rechtsgebiet im Sinne von Artikel 67 Absatz 1 und Rechtsetzungsvorschlägen gemäß dem Protokoll 3;

– der Erwägung des Beitritts neuer Staaten. Der Ausschuss kann an beitretende Staaten

im Sinne von Artikel 70 Absatz 1 Buchstabe c insbesondere Fragen über ihr Justizsystem und die Umsetzung dieses Übereinkommens richten. Der Ausschuss kann auch Anpassungen dieses Übereinkommens in Betracht ziehen, die für dessen Anwendung in den beitretenden Staaten notwendig sind;

– der Aufnahme neuer verbindlicher Sprachfassungen nach Artikel 73 Absatz 3 des Übereinkommens und den notwendigen Änderungen des Anhangs VIII;

– einer Konsultation über eine Revision des Übereinkommens gemäß Artikel 76;

– einer Konsultation über Änderungen der Anhänge I bis IV und des Anhangs VII gemäß Artikel 77 Absatz 1;

– der Annahme von Änderungen der Anhänge V und VI gemäß Artikel 77 Absatz 2;

– der Rücknahme von Vorbehalten und Erklärungen der Vertragsparteien nach Protokoll 1 und notwendigen Änderungen des Anhangs IX.

(3) Der Ausschuss gibt sich eine Geschäftsordnung mit Regeln für seine Arbeitsweise und Beschlussfassung. Darin ist auch die Möglichkeit vorzusehen, dass Konsultation und Beschlussfassung im schriftlichen Verfahren erfolgen.

Artikel 5

(1) Der Verwahrer kann im Bedarfsfall eine Sitzung der Sachverständigen zu einem Meinungsaustausch über die Wirkungsweise des Übereinkommens einberufen, insbesondere über die Entwicklung der Rechtsprechung und neue Rechtsvorschriften, die die Anwendung des Übereinkommens beeinflussen können.

(2) An der Sitzung nehmen Sachverständige der Vertragsparteien, der durch dieses Übereinkommen gebundenen Staaten, des Gerichtshofs der Europäischen Gemeinschaften und der Europäischen Freihandelsassoziation teil. Die Sitzung steht weiteren Sachverständigen offen, deren Anwesenheit zweckdienlich erscheint.

(3) Probleme, die sich bei der Anwendung des Übereinkommens stellen, können dem Ständigen Ausschuss gemäß Artikel 4 zur weiteren Behandlung vorgelegt werden.

PROTOKOLL 3
über die Anwendung von Artikel 67 des Übereinkommens

DIE HOHEN VERTRAGSPARTEIEN SIND WIE FOLGT ÜBEREINGEKOMMEN:

1. Für die Zwecke dieses Übereinkommens werden die Bestimmungen, die für besondere Rechtsgebiete die gerichtliche Zuständigkeit,

Lugano-Übk II

die Anerkennung oder die Vollstreckung von Entscheidungen regeln und in Rechtsakten der Organe der Europäischen Gemeinschaften enthalten sind oder künftig darin enthalten sein werden, ebenso behandelt wie die in Artikel 67 Absatz 1 bezeichneten Übereinkünfte.

2. Ist eine Vertragspartei der Auffassung, dass eine Bestimmung eines vorgeschlagenen Rechtsakts der Organe der Europäischen Gemeinschaften mit dem Übereinkommen nicht vereinbar ist, so fassen die Vertragsparteien unbeschadet der Anwendung des in Protokoll 2 vorgesehenen Verfahrens unverzüglich eine Änderung nach Artikel 76 ins Auge.

3. Werden einige oder alle Bestimmungen, die in Rechtsakten der Organe der Europäischen Gemeinschaften im Sinne von Absatz 1 enthalten sind, von einer Vertragspartei oder mehreren Vertragsparteien gemeinsam in innerstaatliches Recht umgesetzt, werden diese Bestimmungen des innerstaatlichen Rechts in gleicher Weise behandelt wie die Übereinkünfte im Sinne von Artikel 67 Absatz 1 des Übereinkommens.

4. Die Vertragsparteien teilen dem Verwahrer den Wortlaut der in Absatz 3 genannten Bestimmungen mit. Dieser Mitteilung ist eine englische und französische Übersetzung beizufügen.

33. LGVÜ II
ANHANG I

ANHANG I

Die innerstaatlichen Zuständigkeitsvorschriften im Sinne von Artikel 3 Absatz 2 und Artikel 4 Absatz 2 des Übereinkommens sind folgende:

– in Belgien: Artikel 5 bis 14 des Gesetzes vom 16. Juli 2004 über Internationales Privatrecht,

– *„in Bulgarien: Artikel 4 Absatz 1 Nummer 2 des Gesetzbuchs über Internationales Privatrecht," (ABl L 18 vom 21. 1. 2014, S 70)*

– in der Tschechischen Republik: Artikel 86 des Gesetzes Nr. 99/1963 Slg., Zivilprozessordnung („občanský soudní řád"), in geänderter Fassung,

– in Dänemark: Artikel 246 Absätze 2 und 3 der Prozessordnung („Lov om rettens pleje"),

– in Deutschland: § 23 der Zivilprozessordnung,

– *„in Estland: Artikel 86 der Zivilprozessordnung (,tsiviilkohtumenetluse seadustik')," (ABl L 18 vom 21. 1. 2014, S 70)*

– in Griechenland: Artikel 40 der Zivilprozessordnung („Κώδικας Πολιτικῆς Δικονομίας"),

– in Frankreich: Artikel 14 und 15 des Zivilgesetzbuches („Code civil"),

– in Island: Artikel 32 Absatz 4 der Zivilprozessordnung („Lög um meðferð einkamála nr. 91/1991"),

– in Irland: Vorschriften, nach denen die Zuständigkeit durch Zustellung eines verfahrenseinleitenden Schriftstücks an den Beklagten während dessen vorübergehender Anwesenheit in Irland begründet wird,

– in Italien: Artikel 3 und 4 des Gesetzes Nr. 218 vom 31. Mai 1995,

– in Zypern: Abschnitt 21 Absatz 2 des Gerichtsgesetzes Nr. 14 von 1960 in geänderter Fassung,

– in Lettland: Abschnitt 27 und Abschnitt 28 Absätze 3, 5, 6 und 9 der Zivilprozessordnung („Civilprocesa likums"),

– in Litauen: Artikel 31 der Zivilprozessordnung („Civilinio proceso kodeksas"),

– in Luxemburg: Artikel 14 und 15 des Zivilgesetzbuches („Code civil"),

– in Ungarn: Artikel 57 der Gesetzesverordnung Nr. 13 von 1979 über Internationales Privatrecht („a nemzetközi magánjogról szóló 1979. évi 13. törvényerejű rendelet"),

– in Malta: Artikel 742, 743 und 744 der Gerichtsverfassungs- und Zivilprozessordnung – Kap. 12 („Kodiċi ta' Organizzazzjoni u Proċedura Ċivili – Kap. 12") und Artikel 549 des Handelsgesetzbuches – Kap. 13 („Kodiċi tal-kummerċ – Kap. 13"),

– in Norwegen: Abschnitt 4-3 Absatz 2 Satz 2 der Prozessordnung („tvisteloven"),

– in Österreich: § 99 der Jurisdiktionsnorm,

– *„in Polen: Artikel 1103 Absatz 4 der Zivilprozessordnung (,Kodeks postępowania cywilnego')," (ABl L 18 vom 21. 1. 2014, S 70)*

– *„in Portugal: Artikel 65 Absatz 1 Buchstabe b der Zivilprozessordnung (,Código de Processo Civil'),* insofern als nach diesem Artikel ein exorbitanter Gerichtsstand begründet werden kann – zum Beispiel ist das Gericht des Ortes zuständig, an dem sich die Zweigniederlassung, Agentur oder sonstige Niederlassung befindet (sofern sie sich in Portugal befindet), wenn die (im Ausland befindliche) Hauptverwaltung Zustellungsadressat ist –, und Artikel 10 der Arbeitsprozessordnung (,Código de Processo do Trabalho'), insofern als nach diesem Artikel ein exorbitanter Gerichtsstand begründet werden kann – zum Beispiel ist in einem Verfahren, das ein Arbeitnehmer in Bezug auf einen individuellen Arbeitsvertrag gegen einen Arbeitgeber angestrengt hat, das Gericht des Ortes zuständig, an dem der Kläger seinen Wohnsitz hat," *(ABl L 18 vom 21. 1. 2014, S 70)*

Lugano-Übk II

– in Rumänien: die Artikel 148 bis 157 des Gesetzes Nr. 105/1992 über Beziehungen, die dem Internationalen Privatrecht unterfallen,

– in Slowenien: Artikel 48 Absatz 2 des Gesetzes über Internationales Privat- und Zivilprozessrecht („Zakon o mednarodnem zasebnem pravu in postopku") in Bezug auf Artikel 47 Absatz 2 der Zivilprozessordnung („Zakon o pravdnem postopku") und Artikel 58 des Gesetzes über Internationales Privat- und Zivilprozessrecht („Zakon o mednarodnem zasebnem pravu in postopku") in Bezug auf Artikel 59 der Zivilprozessordnung („Zakon o pravdnem postopku"),

– in der Slowakei: die Artikel 37 bis 37 e des Gesetzes Nr. 97/1963 über Internationales Privatrecht und die entsprechenden Verfahrensvorschriften,

– „in der Schweiz: Artikel 4 des Bundesgesetzes über das internationale Privatrecht (,Gerichtsstand des Arrestortes/for du lieu du séquestre/foro del luogo del sequestro'),“ *(ABl L 18 vom 21. 1. 2014, S 70)*
– „in Finnland: Kapitel 10 § 18 Absatz 1 Unterabsätze 1 und 2 der Prozessordnung (,oikeudenkäymiskaari/rättegångsbalken'),“ *(ABl L 18 vom 21. 1. 2014, S 70)*
– in Schweden: Kapitel 10 § 3 Absatz 1 Satz 1 der Prozessordnung („rättegångsbalken"),
– im Vereinigten Königreich:
  Vorschriften, nach denen die Zuständigkeit begründet wird durch:
  a) die Zustellung eines verfahrenseinleitenden Schriftstücks an den Beklagten während dessen vorübergehender Anwesenheit im Vereinigten Königreich,
  b) das Vorhandensein von Vermögenswerten des Beklagten im Vereinigten Königreich oder
  c) die Beschlagnahme von Vermögenswerten im Vereinigten Königreich durch den Kläger.

ANHANG II

Anträge nach Artikel 39 des Übereinkommens sind bei folgenden Gerichten oder zuständigen Behörden einzureichen:

– in Belgien beim „tribunal de première instance" oder bei der „rechtbank van eerste aanleg" oder beim „erstinstanzlichen Gericht",
– „in Bulgarien beim ‚окръжният съд',“ *(ABl L 18 vom 21. 1. 2014, S 70)*
– in der Tschechischen Republik beim „Okresní soud" oder „soudní exekutor",
– in Dänemark beim „Byret",
– in Deutschland:
  a) beim Vorsitzenden einer Kammer des Landgerichts,
  b) bei einem Notar für die Vollstreckbarerklärung einer öffentlichen Urkunde,
– in Estland beim „Maakohus",
– in Griechenland beim „Μονομελὲς Πρωτοδικεῖο",
– in Spanien beim „Juzgado de Primera Instancia",
– in Frankreich:
  a) beim „greffier en chef du tribunal de grande instance",
  b) beim „président de la chambre départementale des notaires" im Falle eines Antrags auf Vollstreckbarerklärung einer notariellen öffentlichen Urkunde,
– in Irland beim „High Court",
– in Island beim „héraðsdómur",
– in Italien bei der „Corte d'appello",
– in Zypern beim „Επαρχιακό Δικαστήριο" oder für Entscheidungen in Unterhaltssachen beim „Οικογενειακό Δικαστήριο",
– in Lettland beim „Rajona (pilsētas) tiesa",
– in Litauen beim „Lietuvos apeliacinis teismas",
– in Luxemburg beim Präsidenten des „tribunal d'arrondissement",
– in Ungarn beim „megyei bíróság székhelyén működő helyi bíróság" und in Budapest beim „Budai Központi Kerületi Bíróság",
– in Malta beim „Prim' Awla tal-Qorti Ċivili" oder „Qorti tal-Maġistrati ta' Għawdex fil-ġurisdizzjoni superjuri tagħha", oder für Entscheidungen in Unterhaltssachen beim „Reġistratur tal-Qorti" auf Befassung durch den „Ministru responsabbli għall-Ġustizzja",
– in den Niederlanden beim „voorzieningenrechter van de rechtbank",
– in Norwegen beim „Tingrett",
– in Österreich beim Bezirksgericht,
– in Polen beim „Sąd Okręgowy",

- in Portugal beim „Tribunal de Comarca",
- in Rumänien beim „Tribunal",
- in Slowenien beim „Okrožno sodišče",
- in der Slowakei beim „okresný súd",
- „in der Schweiz beim ‚kantonalen Vollstreckungsgericht'/‚tribunal cantonal de l'exécution'/‚giudice cantonale dell'esecuzione'," *(ABl L 18 vom 21. 1. 2014, S 70)*
- in Finnland beim „Käräjäoikeus"/‚tingsrätt",
- in Schweden beim „Svea hovrätt",
- im Vereinigten Königreich:
    a) in England und Wales beim „High Court of Justice" oder für Entscheidungen in Unterhaltssachen beim „Magistrates' Court" über den „Secretary of State",
    b) „in Schottland beim ‚Court of Session' oder für Entscheidungen in Unterhaltssachen beim ‚Sheriff Court' über die ‚Scottish Ministers'," *(ABl L 18 vom 21. 1. 2014, S 70)*
    c) in Nordirland beim „High Court of Justice" oder für Entscheidungen in Unterhaltssachen beim „Magistrates' Court" über den „Secretary of State",
    d) in Gibraltar beim „Supreme Court of Gibraltar" oder für Entscheidungen in Unterhaltssachen beim „Magistrates' Court" über den „Attorney General of Gibraltar".

ANHANG III

Die Rechtsbehelfe nach Artikel 43 Absatz 2 des Übereinkommens sind bei folgenden Gerichten einzulegen:

- in Belgien:
    a) im Falle des Schuldners beim „tribunal de première instance" oder bei der „rechtbank van eerste aanleg" oder beim „erstinstanzlichen Gericht",
    b) im Falle des Antragstellers bei der „cour d'appel" oder beim „hof van beroep",
- in Bulgarien beim „Апелативен съд – София",
- in der Tschechischen Republik beim „Odvolací soud (Berufungsgericht)" über das „Okresní soud (Bezirksgericht)",
- in Dänemark beim „landsret",
- in Deutschland beim Oberlandesgericht,
- in Estland beim „Ringkonnakohus",
- in Griechenland beim „Εφετείο",
- „in Spanien bei der ‚Audiencia Provincial' über das ‚Juzgado de Primera Instancia', das die Entscheidung erlassen hat," *(ABl L 18 vom 21. 1. 2014, S 70)*
- in Frankreich:
    a) bei der „Cour d'appel" in Bezug auf Entscheidungen zur Genehmigung des Antrags,
    b) beim vorsitzenden Richter des „Tribunal de grande instance" in Bezug auf Entscheidungen zur Ablehnung des Antrags,
- in Irland beim „High Court",
- in Island beim „héraðsdómur",
- in Italien bei der „Corte d'appello",
- in Zypern beim „Επαρχιακό Δικαστήριο" oder für Entscheidungen in Unterhaltssachen beim „Οικογενειακό Δικαστήριο",
- in Lettland beim „Apgabaltiesa" über das „rajona (pilsētas) tiesa",
- in Litauen beim „Lietuvos apeliacinis teismas",
- in Luxemburg bei der „Cour supérieure de Justice" als Berufungsinstanz für Zivilsachen
- in Ungarn bei dem Amtsgericht am Sitz des Landgerichts (in Budapest bei dem „Budai Központi Kerületi Bíróság", dem zentralen Bezirksgericht von Buda); über den Rechtsbehelf entscheidet das Landgericht (in Budapest der „Fővárosi Bíróság", das Hauptstadtgericht)

Lugano-Übk II

ANHANG IV

- in Malta beim „Qorti ta' l-Appell" nach dem in der Zivilprozessordnung („Kodiċi ta' Organizzazzjoni u Proċedura Ċivili – Kap. 12") festgelegten Verfahren oder für Entscheidungen in Unterhaltssachen durch „ċitazzjoni" vor dem „Prim' Awla tal-Qorti ivili jew il-Qorti tal-Maġistrati ta' Għawdex fil-ġurisdizzjoni superjuri tagħha'",
- in den Niederlanden die „rechtbank",
- in Norwegen beim „lagmannsrett",
- in Österreich beim Landesgericht über das Bezirksgericht,
- in Polen beim „Sąd Apelacyjny" über das „Sąd Okręgowy",
- in Portugal beim „Tribunal da Relação" über das Gericht, das die Entscheidung erlassen hat,
- in Rumänien bei der „Curte de Apel",
- in Slowenien beim „okrožno sodišče",
- in der Slowakei beim Berufungsgericht, über das Bezirksgericht, gegen dessen Entscheidung Berufung eingelegt wird,
- „in der Schweiz beim oberen Gericht des Kantons," *(ABl L 18 vom 21. 1. 2014, S 70)*
- in Finnland beim „hovioikeus"/„hovrätt",
- in Schweden beim „Svea hovrätt",
- im Vereinigten Königreich:
  - a) in England und Wales beim „High Court of Justice" oder für Entscheidungen in Unterhaltssachen beim „Magistrates' Court",
  - b) in Schottland beim „Court of Session" oder für Entscheidungen in Unterhaltssachen beim „Sheriff Court",
  - c) in Nordirland beim „High Court of Justice" oder für Entscheidungen in Unterhaltssachen beim „Magistrates' Court",
  - d) in Gibraltar beim „Supreme Court of Gibraltar" oder für Entscheidungen in Unterhaltssachen beim „Magistrates' Court".

ANHANG IV

Nach Artikel 44 des Übereinkommens können folgende Rechtsbehelfe eingelegt werden:

- in Belgien, Griechenland, Spanien, Frankreich, Italien, Luxemburg und den Niederlanden: Kassationsbeschwerde,
- in Bulgarien: „обжалване пред Върховния касационен съд",
- in der Tschechischen Republik: „dovolání" und „žaloba pro zmatečnost",
- in Dänemark: ein Rechtsbehelf beim „højesteret" nach Genehmigung des „Procesbevillingsnævnet",
- in Deutschland: „Rechtsbeschwerde",
- in Estland: „kassatsioonkaebus",
- in Irland: ein auf Rechtsfragen beschränkter Rechtsbehelf beim „Supreme Court",
- in Island: ein Rechtsbehelf beim „Hæstiréttur",
- in Zypern: ein Rechtsbehelf beim obersten Gericht,
- in Lettland: ein Rechtsbehelf beim „Augstākās tiesas Senāts" über das „Apgabaltiesa",
- in Litauen: ein Rechtsbehelf beim „Lietuvos Aukščiausiasis Teismas",
- in Ungarn: „felülvizsgálati kérelem",
- in Malta: Es können keine weiteren Rechtsbehelfe eingelegt werden; bei Entscheidungen in Unterhaltssachen „Qorti ta' l-Appell" nach dem in der Gerichtsverfassungs- und Zivilprozessordnung („kodiċi ta' Organizzazzjoni u Procedura Ċivili – Kap. 12") für Rechtsbehelfe festgelegten Verfahren,
- „in Norwegen: ein Rechtsbehelf beim „Høyesterett"," *(ABl L 147 vom 10. 6. 2009, S 44)*
- in Österreich: „Revisionsrekurs",
- in Polen: „skarga kasacyjna",
- in Portugal: ein auf Rechtsfragen beschränkter Rechtsbehelf,

- in Rumänien: „contestaţie în anulare oder revizuire",
- in Slowenien: ein Rechtsbehelf beim „Vrhovno sodišče Republike Slovenije",
- in der Slowakei: „dovolanie",
- in der Schweiz: Beschwerde beim „Bundesgericht"/„recours devant le Tribunal fédéral"/„ricorso davanti al Tribunale federale",
- in Finnland: ein Rechtsbehelf beim „korkein oikeus"/„högsta domstolen",
- in Schweden: ein Rechtsbehelf beim „Högsta domstolen",
- im Vereinigten Königreich: ein einziger auf Rechtsfragen beschränkter Rechtsbehelf.

ANHANG V

Bescheinigung über Urteile und gerichtliche Vergleiche im Sinne der Artikel 54 und 58 des Übereinkommens über die gerichtliche Zuständigkeit und die Anerkennung und Vollstreckung von Entscheidungen in Zivil- und Handelssachen

1. Ursprungsstaat
2. Gericht oder sonst befugte Stelle, das/die die vorliegende Bescheinigung ausgestellt hat
   2.1. Name
   2.2. Anschrift
   2.3. Tel./Fax/E-Mail
3. Gericht, das die Entscheidung erlassen hat/vor dem der Prozessvergleich geschlossen wurde[1]
   [1] *Nichtzutreffendes streichen.*
   3.1. Bezeichnung des Gerichts
   3.2. Gerichtsort
4. Entscheidung/Prozessvergleich[1]
   4.1. Datum
   4.2. Aktenzeichen
   4.3. Die Parteien der Entscheidung/des Prozessvergleichs[1]
      4.3.1. Name(n) des (der) Kläger(s)
      4.3.2. Name(n) des (der) Beklagten
      4.3.3. gegebenenfalls Name(n) der anderen Partei(en)
   4.4. Datum der Zustellung des verfahrenseinleitenden Schriftstücks, wenn die Entscheidung in einem Verfahren ergangen ist, auf das sich der Beklagte nicht eingelassen hat
   4.5. Wortlaut des Urteilsspruchs/des Prozessvergleichs[1] in der Anlage zu dieser Bescheinigung
5. Name(n) der Partei(en), der (denen) Prozesskostenhilfe gewährt wurde

Die Entscheidung/der Prozessvergleich[1] ist im Ursprungsstaat vollstreckbar (Artikel 38 und 58 des Übereinkommens) gegen:

Name:

> Geschehen zu … am …
> Unterschrift und/oder Dienstsiegel

ANHANG VI

Bescheinigung über öffentliche Urkunden im Sinne des Artikels 57 Absatz 4 des Übereinkommens über die gerichtliche Zuständigkeit und die Anerkennung und Vollstreckung von Entscheidungen in Zivil- und Handelssachen

1. Ursprungsstaat
2. Gericht oder sonst befugte Stelle, das/die die vorliegende Bescheinigung ausgestellt hat

2.1. Name

2.2. Anschrift

2.3. Tel./Fax/E-Mail

3. Befugte Stelle, aufgrund deren Mitwirkung eine öffentliche Urkunde vorliegt

   3.1. Stelle, die an der Aufnahme der öffentlichen Urkunde beteiligt war (falls zutreffend)

      3.1.1. Name und Bezeichnung dieser Stelle

      3.1.2. Sitz dieser Stelle

   3.2. Stelle, die die öffentliche Urkunde registriert hat (falls zutreffend)

      3.2.1. Art der Stelle

      3.2.2. Sitz dieser Stelle

4. Öffentliche Urkunde

   4.1. Bezeichnung der Urkunde

   4.2. Datum

      4.2.1. an dem die Urkunde aufgenommen wurde

      4.2.2. falls abweichend: an dem die Urkunde registriert wurde

   4.3. Aktenzeichen

   4.4. Die Parteien der Urkunde

      4.4.1. Name des Gläubigers

      4.4.2. Name des Schuldners

5. Wortlaut der vollstreckbaren Verpflichtung in der Anlage zu dieser Bescheinigung

Die öffentliche Urkunde ist im Ursprungsstaat gegen den Schuldner vollstreckbar (Artikel 57 Absatz 1 des Übereinkommens)

Geschehen zu … am …

Unterschrift und/oder Dienstsiegel

ANHANG VII

Die nachstehenden Übereinkünfte werden gemäß Artikel 65 des Übereinkommens durch das Übereinkommen ersetzt:

– der am 19. November 1896 in Madrid unterzeichnete spanisch-schweizerische Vertrag über die gegenseitige Vollstreckung gerichtlicher Urteile und Entscheidungen in Zivil- und Handelssachen,

– der am 21. Dezember 1926 in Bern unterzeichnete Vertrag zwischen der Schweiz und der Tschechoslowakischen Republik über die Anerkennung und Vollstreckung gerichtlicher Entscheidungen mit Zusatzprotokoll,

– das am 2. November 1929 in Bern unterzeichnete deutsch-schweizerische Abkommen über die gegenseitige Anerkennung und Vollstreckung von gerichtlichen Entscheidungen und Schiedssprüchen,

– das am 16. März 1932 in Kopenhagen unterzeichnete Übereinkommen zwischen Dänemark, Finnland, Island, Norwegen und Schweden über die Anerkennung und Vollstreckung gerichtlicher Entscheidungen,

– das am 3. Januar 1933 in Rom unterzeichnete italienisch-schweizerische Abkommen über die Anerkennung und Vollstreckung gerichtlicher Entscheidungen,

– das am 15. Januar 1936 in Stockholm unterzeichnete schwedisch-schweizerische Abkommen über die Anerkennung und Vollstreckung von gerichtlichen Entscheidungen und Schiedssprüchen,

– das am 29. April 1959 in Bern unterzeichnete belgisch-schweizerische Abkommen über die Anerkennung und Vollstreckung von gerichtlichen Entscheidungen und Schiedssprüchen,

– der am 16. Dezember 1960 in Bern unterzeichnete österreichisch-schweizerische Vertrag über die Anerkennung und Vollstreckung gerichtlicher Entscheidungen,

- das am 12. Juni 1961 in London unterzeichnete britisch-norwegische Abkommen über die gegenseitige Anerkennung und Vollstreckung gerichtlicher Entscheidungen in Zivilsachen,

- der am 17. Juni 1977 in Oslo unterzeichnete deutsch-norwegische Vertrag über die gegenseitige Anerkennung und Vollstreckung gerichtlicher Entscheidungen und anderer Schuldtitel in Zivil- und Handelssachen,

- das am 11. Oktober 1977 in Kopenhagen unterzeichnete Übereinkommen zwischen Dänemark, Finnland, Island, Norwegen und Schweden über die Anerkennung und Vollstreckung gerichtlicher Entscheidungen in Zivilsachen,

- das am 21. Mai 1984 in Wien unterzeichnete norwegisch-österreichische Abkommen über die Anerkennung und die Vollstreckung von Entscheidungen in Zivilsachen.

ANHANG VIII

Sprachen im Sinne des Artikels 79 des Übereinkommens sind: Bulgarisch, Dänisch, Deutsch, Englisch, Estnisch, Finnisch, Französisch, Griechisch, Isländisch, Irisch, Italienisch, Lettisch, Litauisch, Maltesisch, Niederländisch, Norwegisch, Polnisch, Portugiesisch, Rumänisch, Schwedisch, Slowakisch, Slowenisch, Spanisch, Tschechisch und Ungarisch.

ANHANG IX

Die Staaten und Vorschriften im Sinne des Artikels II des Protokolls 1 sind folgende:

- Deutschland: §§ 68, 72, 73 und 74 der Zivilprozessordnung, die für die Streitverkündung gelten,

- Estland: Artikel 214 Absätze 3 und 4 und Artikel 216 der Zivilprozessordnung (‚Tsiviilkohtumenetluse seadustik'), die für die Streitverkündung gelten,

- Lettland: Artikel 78, 79, 80 und 81 der Zivilprozessordnung (‚Civilprocesa likums'), die für die Streitverkündung gelten,

- Litauen: Artikel 47 der Zivilprozessordnung (‚Civilinio proceso kodeksas'),

- Ungarn: Artikel 58 bis 60 der Zivilprozessordnung (‚Polgári perrendtartás'), die für die Streitverkündung gelten,

- Österreich: § 21 der Zivilprozessordnung, der für die Streitverkündung gilt,

- Polen: Artikel 84 bis 85 der Zivilprozessordnung (‚Kodeks postępowania cywilnego'), die für die Streitverkündung (‚przypozwanie') gelten,

- Slowenien: Artikel 204 der Zivilprozessordnung (‚Zakon o pravdnem postopku'), der für die Streitverkündung gilt.

(ABl L 18 vom 21. 1. 2014, S 70)

Lugano-Übk II

KODEX
DES ÖSTERREICHISCHEN RECHTS
SAMMLUNG DER ÖSTERREICHISCHEN BUNDESGESETZE

DOPPEL-BESTEUERUNGS-ABKOMMEN

LINDE VERLAG

1	Deutschland
2	Liechtenstein
3	Schweiz
4	Italien
5	Slowenien
6	Ungarn
7	Slowakei
8	Tschechien
9	USSR
10	Belgien
11	Bulgarien
12	Dänemark
13	Finnland
14	Frankreich
15	Griechenland
16	Großbritannien
17	Irland
18	Kroatien
19	Luxemburg
20	Malta
21	Moldau
22	Niederlande
23	Norwegen
24	Polen
25	Portugal
26	Rumänien
27	Russland
28	Schweden
29	Spanien
30	Türkei
31	UdSSR
32	Ukraine
33	Weißrussland
34	Zypern
35	USA
36	Kanada
37	Argentinien
38	Brasilien
39	Australien
40	China
41	Japan
42	Armenien
43	Aserbaidschan
44	Georgien
45	Indien
46	Indonesien
47	Israel
48	Korea, Rep.
49	Malaysia
50	Pakistan
51	Philippinen
52	Tadschikistan
53	Thailand
54	Turkmenistan
55	Usbekistan
56	Ägypten
57	Südafrika
58	Tunesien
Anhang	EU-Recht

KODEX
DES ÖSTERREICHISCHEN RECHTS
SAMMLUNG DER ÖSTERREICHISCHEN BUNDESGESETZE

VERKEHRS-RECHT

LexisNexis
ARD Orac

1	StVO / VO
2	PARKGEBÜHRENGESETZE Bgld / Kärnten / NÖ / OÖ / Salzburg / Steiermark / Tirol / Vorarlberg / Wien
3	BStG
4	KFG / KDV / PBStV / Kraftstoff-VO / FSG + VO
5	GGBG / VO
6	GüterbefG / VO
7	GelegenheitsVG / VO
8	KraftfahrlinienG
9	KHVG 1994 / Kfz SG 1992 / Nov AG 1991 / BStFG 1996 / Mauteinzecken-VO / StraBAG 1994
10	TGSt / VO / TGEisb
11	EKHG
12	EisenbahnG / E-Kr VO / SchIV / SchlV
13	EBG
14	Transit
15	Ökopunkte-Vereinbarungen
16	EWG-RECHTSAKTE VO 3820 / VO 3821 / Einheitsformulare / Verfahrensrichtlinie

KODEX
DES ÖSTERREICHISCHEN RECHTS
SAMMLUNG DER ÖSTERREICHISCHEN BUNDESGESETZE

WEHR-RECHT

LexisNexis
ARD Orac

1	WG
2	B-VG / NeutralVG / SichVertDok / NSR / EMRK / ZDG
3	AuslEins / KSE-BVG / AuslEG / AZHG
4	HGG
5	APSG
6	HVG
7	MilStG
8	HDG
9	MBG
10	SperrGG
11	MunLG
12	MAG / VerwMG
13	EZG
14	MilBFG
15	VFüDgrd
16	TrAufG / InfoSiG / NATO-SOFA / NATO-PFP-SOFA

KODEX
DES ÖSTERREICHISCHEN RECHTS
SAMMLUNG DER ÖSTERREICHISCHEN BUNDESGESETZE

ZOLLRECHT UND VERBRAUCHSTEUERN

LexisNexis
ARD Orac

1	ZK
2	ZBefrVO
3	ZK-DVO
4	ZollR-DG
5	ZollR-DV
6	KN-VO
7	EGV
8	EUBeitr
9	FristVO
10	AußHR
11	AußHStat
12	AHVO
13	BeitrRL
14	Nachg Waren
15	AusfErst
16	GrekoG
17	StraBAG
18	KfzStG
19	SystemRL
20	BgglDrkVU / VeränßBgglD-ÄVO / FrSdlBrchVO
21	VStBefrV / VStdBeglDokV
22	AlkStG
23	BierStG
24	SchwStG
25	TabStG
26	MinStG
27	€
28	EG-AHG
29	EG-VAHG
30	TabMG
31	ALSaG
32	UStG
33	AVOG
34	FinStrG
35	BetrBek

EuGVVO (BRÜSSEL Ia-VO)

ABl L 351 vom 20. 12. 2012, S 1 idF

1 ABl L 163 vom 29. 5. 2014, S 3   3 ABl L 264 vom 30. 9. 2016, S. 43
2 ABl L 54 vom 25. 2. 2015, S 1

ab 10. 1. 2015
Die aufgehobene Fassung – Verordnung (EG) Nr. 44/2001 – ist in der 36. Auflage abgedruckt.

*Für das **Vereinigte Königreich** s ab 1.1.2021 die Übergangsbestimmungen des Austrittsabkommens
(abgedruckt am Ende nach Anhang III).*

Verordnung (EU) Nr. 1215/2012 des europäischen Parlaments und des Rates vom 12. Dezember 2012 über die gerichtliche Zuständigkeit und die Anerkennung und Vollstreckung von Entscheidungen in Zivil- und Handelssachen

DAS EUROPÄISCHE PARLAMENT UND DER RAT DER EUROPÄISCHEN UNION –

gestützt auf den Vertrag über die Arbeitsweise der Europäischen Union, insbesondere auf Artikel 67 Absatz 4 und Artikel 81 Absatz 2 Buchstaben a, c und e,

auf Vorschlag der Europäischen Kommission,

nach Zuleitung des Entwurfs des Gesetzgebungsakts an die nationalen Parlamente,

nach Stellungnahme des Europäischen Wirtschafts- und Sozialausschusses[1],

gemäß dem ordentlichen Gesetzgebungsverfahren[2],

in Erwägung nachstehender Gründe:

(1) Am 21. April 2009 hat die Kommission einen Bericht über die Anwendung der Verordnung (EG) Nr. 44/2001 des Rates vom 22. Dezember 2000 über die gerichtliche Zuständigkeit und die Anerkennung und Vollstreckung von Entscheidungen in Zivil- und Handelssachen[3] angenommen. Dem Bericht zufolge herrscht allgemein Zufriedenheit mit der Funktionsweise der genannten Verordnung, doch könnten die Anwendung bestimmter Vorschriften, der freie Verkehr gerichtlicher Entscheidungen sowie der Zugang zum Recht noch weiter verbessert werden. Da einige weitere Änderungen erfolgen sollen, sollte die

genannte Verordnung aus Gründen der Klarheit neu gefasst werden.

(2) Der Europäische Rat hat auf seiner Tagung vom 10./11. Dezember 2009 in Brüssel ein neues mehrjähriges Programm mit dem Titel „Das Stockholmer Programm – Ein offenes und sicheres Europa im Dienste und zum Schutz der Bürger"[4] angenommen. Im Stockholmer Programm vertritt der Europäische Rat die Auffassung, dass der Prozess der Abschaffung aller zwischengeschalteten Maßnahmen (Exequaturverfahren) während des von dem Programm abgedeckten Zeitraums fortgeführt werden sollte. Gleichzeitig sollte die Abschaffung der Exequaturverfahren von einer Reihe von Schutzvorkehrungen begleitet werden.

(3) Die Union hat sich zum Ziel gesetzt, einen Raum der Freiheit, der Sicherheit und des Rechts zu erhalten und weiterzuentwickeln, indem unter anderem der Zugang zum Recht, insbesondere durch den Grundsatz der gegenseitigen Anerkennung gerichtlicher und außergerichtlicher Entscheidungen in Zivilsachen, erleichtert wird. Zum schrittweisen Aufbau eines solchen Raums hat die Union im Bereich der justiziellen Zusammenarbeit in Zivilsachen, die einen grenzüberschreitenden Bezug aufweisen, Maßnahmen zu erlassen, insbesondere wenn dies für das reibungslose Funktionieren des Binnenmarkts erforderlich ist.

(4) Die Unterschiede zwischen bestimmten einzelstaatlichen Vorschriften über die gerichtliche Zuständigkeit und die Anerkennung von Entscheidungen erschweren das reibungslose Funktionieren des Binnenmarkts. Es ist daher unerlässlich, Bestimmungen zu erlassen, um die Vorschriften über die internationale Zuständigkeit in Zivil- und Handelssachen zu vereinheitlichen und eine rasche und unkomplizierte Anerkennung und Vollstreckung von Entscheidungen zu gewährleisten, die in einem Mitgliedstaat ergangen sind.

EuGVVO

Zur Präambel:

[1] *ABl. C 218 vom 23.7.2011, S. 78.*
[2] *Standpunkt des Europäischen Parlaments vom 20. November 2012 (noch nicht im Amtsblatt veröffentlicht) und Beschluss des Rates vom 6. Dezember 2012.*
Zu Abs. 1:
[3] *ABl. L 12 vom 16.1.2001, S. 1.*

Zu Abs. 2:
[4] *ABl. C 115 vom 4.5.2010, S. 1.*

(5) Diese Bestimmungen fallen in den Bereich der justiziellen Zusammenarbeit in Zivilsachen im Sinne von Artikel 81 des Vertrags über die Arbeitsweise der Europäischen Union (AEUV).

(6) Um den angestrebten freien Verkehr der Entscheidungen in Zivil- und Handelssachen zu verwirklichen, ist es erforderlich und angemessen, dass die Vorschriften über die gerichtliche Zuständigkeit und die Anerkennung und Vollstreckung von Entscheidungen im Wege eines Unionsrechtsakts festgelegt werden, der verbindlich und unmittelbar anwendbar ist.

(7) Am 27. September 1968 schlossen die seinerzeitigen Mitgliedstaaten der Europäischen Gemeinschaften auf der Grundlage von Artikel 220 vierter Gedankenstrich des Vertrags zur Gründung der Europäischen Wirtschaftsgemeinschaft das Übereinkommen von Brüssel über die gerichtliche Zuständigkeit und die Vollstreckung gerichtlicher Entscheidungen in Zivil- und Handelssachen, dessen Fassung danach durch die Übereinkommen über den Beitritt neuer Mitgliedstaaten zu diesem Übereinkommen[5] geändert wurde („Brüsseler Übereinkommen von 1968"). Am 16. September 1988 schlossen die seinerzeitigen Mitgliedstaaten der Europäischen Gemeinschaften und bestimmte EFTA-Staaten das Übereinkommen von Lugano über die gerichtliche Zuständigkeit und die Vollstreckung gerichtlicher Entscheidungen in Zivil- und Handelssachen[6] („Übereinkommen von Lugano von 1988"), das ein Parallelübereinkommen zu dem Brüsseler Übereinkommen von 1968 darstellt. Am 1. Februar 2000 wurde das Übereinkommen von Lugano von 1988 auf Polen anwendbar.

(8) Am 22. Dezember 2000 nahm der Rat die Verordnung (EG) Nr. 44/2001 an, die das Brüsseler Übereinkommen von 1968 im Verhältnis der Mitgliedstaaten zueinander mit Ausnahme Dänemarks hinsichtlich der Hoheitsgebiete der Mitgliedstaaten ersetzt, die in den Anwendungsbereich des AEUV fallen. Mit dem Beschluss 2006/325/EG des Rates[7] schloss die Gemeinschaft mit Dänemark ein Abkommen über die Anwendung der Bestimmungen der Verordnung (EG) Nr. 44/2001 in Dänemark. Das Übereinkommen von Lugano von 1988 wurde durch das am 30. Oktober 2007 von der Gemeinschaft, Däne-

mark, Island, Norwegen und der Schweiz in Lugano unterzeichnete Übereinkommen über die gerichtliche Zuständigkeit und die Anerkennung und Vollstreckung von Entscheidungen in Zivil- und Handelssachen[8] („Übereinkommen von Lugano von 2007") geändert.

(9) Das Brüsseler Übereinkommen von 1968 gilt weiter hinsichtlich der Hoheitsgebiete der Mitgliedstaaten, die in seinen territorialen Anwendungsbereich fallen und die aufgrund der Anwendung von Artikel 355 AEUV von der vorliegenden Verordnung ausgeschlossen sind.

(10) Der sachliche Anwendungsbereich dieser Verordnung sollte sich, von einigen genau festgelegten Rechtsgebieten abgesehen, auf den wesentlichen Teil des Zivil- und Handelsrechts erstrecken; aufgrund der Annahme der Verordnung (EG) Nr. 4/2009 des Rates vom 18. Dezember 2008 über die Zuständigkeit, das anwendbare Recht, die Anerkennung und Vollstreckung von Entscheidungen und die Zusammenarbeit in Unterhaltssachen[9] sollten insbesondere die Unterhaltspflichten vom Anwendungsbereich dieser Verordnung ausgenommen werden.

(11) Für die Zwecke dieser Verordnung sollten zu den Gerichten der Mitgliedstaaten auch gemeinsame Gerichte mehrerer Mitgliedstaaten gehören, wie der Benelux-Gerichtshof, wenn er seine Zuständigkeit in Angelegenheiten ausübt, die in den Anwendungsbereich dieser Verordnung fallen. Daher sollten Entscheidungen dieser Gerichte gemäß dieser Verordnung anerkannt und vollstreckt werden.

(12) Diese Verordnung sollte nicht für die Schiedsgerichtsbarkeit gelten. Sie sollte die Gerichte eines Mitgliedstaats nicht daran hindern, die Parteien gemäß dem einzelstaatlichen Recht an die Schiedsgerichtsbarkeit zu verweisen, das Verfahren auszusetzen oder einzustellen oder zu prüfen, ob die Schiedsvereinbarung hinfällig, unwirksam oder nicht erfüllbar ist, wenn sie wegen eines Streitgegenstands angerufen werden, hinsichtlich dessen die Parteien eine Schiedsvereinbarung getroffen haben.
Entscheidet ein Gericht eines Mitgliedstaats, ob eine Schiedsvereinbarung hinfällig, unwirksam oder nicht erfüllbar ist, so sollte diese Entscheidung ungeachtet dessen, ob das Gericht darüber in der Hauptsache oder als Vorfrage entschieden hat, nicht den Vorschriften dieser Verordnung über die Anerkennung und Vollstreckung unterliegen.

Zu Abs. 7:
[5] *ABl. L 299 vom 31.12.1972, S. 32; ABl. L 304 vom 30.10.1978, S. 1; ABl. L 388 vom 31.12.1982, S. 1; ABl. L 285 vom 3.10.1989, S. 1; ABl. C 15 vom 15.1.1997, S. 1. Siehe konsolidierte Fassung in ABl. C 27 vom 26.1.1998, S. 1.*
[6] *ABl. L 319 vom 25.11.1988, S. 9.*
Zu Abs. 8:
[7] *ABl. L 120 vom 5.5.2006, S. 22.*

[8] *ABl. L 147 vom 10.6.2009, S. 5.*
Zu Abs. 10:
[9] *ABl. L 7 vom 10.1.2009, S. 1.*

Hat hingegen ein nach dieser Verordnung oder nach einzelstaatlichem Recht zuständiges Gericht eines Mitgliedstaats festgestellt, dass eine Schiedsvereinbarung hinfällig, unwirksam oder nicht erfüllbar ist, so sollte die Entscheidung des Gerichts in der Hauptsache dennoch gemäß dieser Verordnung anerkannt oder vollstreckt werden können. Hiervon unberührt bleiben sollte die Zuständigkeit der Gerichte der Mitgliedstaaten, über die Anerkennung und Vollstreckung von Schiedssprüchen im Einklang mit dem am 10. Juni 1958 in New York unterzeichneten Übereinkommen über die Anerkennung und Vollstreckung ausländischer Schiedssprüche („Übereinkommen von New York von 1958") zu entscheiden, das Vorrang vor dieser Verordnung hat.

Diese Verordnung sollte nicht für Klagen oder Nebenverfahren insbesondere im Zusammenhang mit der Bildung eines Schiedsgerichts, den Befugnissen von Schiedsrichtern, der Durchführung eines Schiedsverfahrens oder sonstigen Aspekten eines solchen Verfahrens oder für eine Klage oder eine Entscheidung in Bezug auf die Aufhebung, die Überprüfung, die Anfechtung, die Anerkennung oder die Vollstreckung eines Schiedsspruchs gelten.

(13) Zwischen den Verfahren, die unter diese Verordnung fallen, und dem Hoheitsgebiet der Mitgliedstaaten muss ein Anknüpfungspunkt bestehen. Gemeinsame Zuständigkeitsvorschriften sollten demnach grundsätzlich dann Anwendung finden, wenn der Beklagte seinen Wohnsitz in einem Mitgliedstaat hat.

(14) Beklagte ohne Wohnsitz in einem Mitgliedstaat sollten im Allgemeinen den einzelstaatlichen Zuständigkeitsvorschriften unterliegen, die im Hoheitsgebiet des Mitgliedstaats gelten, in dem sich das angerufene Gericht befindet. Allerdings sollten einige Zuständigkeitsvorschriften in dieser Verordnung unabhängig vom Wohnsitz des Beklagten gelten, um den Schutz der Verbraucher und der Arbeitnehmer zu gewährleisten, um die Zuständigkeit der Gerichte der Mitgliedstaaten in Fällen zu schützen, in denen sie ausschließlich zuständig sind, und um die Parteiautonomie zu achten.

(15) Die Zuständigkeitsvorschriften sollten in hohem Maße vorhersehbar sein und sich grundsätzlich nach dem Wohnsitz des Beklagten richten. Diese Zuständigkeit sollte stets gegeben sein außer in einigen genau festgelegten Fällen, in denen aufgrund des Streitgegenstands oder der Vertragsfreiheit der Parteien ein anderes Anknüpfungskriterium gerechtfertigt ist. Der Sitz juristischer Personen muss in der Verordnung selbst definiert sein, um die Transparenz der gemeinsa-

men Vorschriften zu stärken und Kompetenzkonflikte zu vermeiden.

(16) Der Gerichtsstand des Wohnsitzes des Beklagten sollte durch alternative Gerichtsstände ergänzt werden, die entweder aufgrund der engen Verbindung zwischen Gericht und Rechtsstreit oder im Interesse einer geordneten Rechtspflege zuzulassen sind. Das Erfordernis der engen Verbindung soll Rechtssicherheit schaffen und verhindern, dass die Gegenpartei vor einem Gericht eines Mitgliedstaats verklagt werden kann, mit dem sie vernünftigerweise nicht rechnen konnte. Dies ist besonders wichtig bei Rechtsstreitigkeiten, die außervertragliche Schuldverhältnisse infolge der Verletzung der Privatsphäre oder der Persönlichkeitsrechte einschließlich Verleumdung betreffen.

(17) Der Eigentümer eines Kulturguts im Sinne des Artikels 1 Nummer 1 der Richtlinie 93/7/EWG des Rates vom 15. März 1993 über die Rückgabe von unrechtmäßig aus dem Hoheitsgebiet eines Mitgliedstaats verbrachten Kulturgütern[10] sollte eine auf Eigentum gestützte Zivilklage gemäß dieser Verordnung zur Wiedererlangung dieses Gutes vor dem Gericht des Ortes, an dem sich das Kulturgut zum Zeitpunkt der Anrufung des Gerichts befindet, erheben können. Solche Klagen sollten nach der Richtlinie 93/7/EWG eingeleitete Verfahren unberührt lassen.

(18) Bei Versicherungs-, Verbraucher- und Arbeitsverträgen sollte die schwächere Partei durch Zuständigkeitsvorschriften geschützt werden, die für sie günstiger sind als die allgemeine Regelung.

(19) Vorbehaltlich der in dieser Verordnung festgelegten ausschließlichen Zuständigkeiten sollte die Vertragsfreiheit der Parteien hinsichtlich der Wahl des Gerichtsstands, außer bei Versicherungs-, Verbraucher- und Arbeitsverträgen, wo nur eine begrenztere Vertragsfreiheit zulässig ist, gewahrt werden.

(20) Stellt sich die Frage, ob eine Gerichtsstandsvereinbarung zugunsten eines Gerichts oder der Gerichte eines Mitgliedstaats materiell nichtig ist, so sollte sie nach dem Recht einschließlich des Kollisionsrechts des Mitgliedstaats des Gerichts oder der Gerichte entschieden werden, die in der Vereinbarung bezeichnet sind.

(21) Im Interesse einer abgestimmten Rechtspflege müssen Parallelverfahren so weit wie möglich vermieden werden, damit nicht in verschiedenen Mitgliedstaaten miteinander unverein-

EuGVVO

Zu Abs. 17:
[10] *ABl. L 74 vom 27.3.1993, S. 74.*

34. EuGVVO neu — 1062 —

Präambel

bare Entscheidungen ergehen. Es sollte eine klare und wirksame Regelung zur Klärung von Fragen der Rechtshängigkeit und der im Zusammenhang stehenden Verfahren sowie zur Verhinderung von Problemen vorgesehen werden, die sich aus der einzelstaatlich unterschiedlichen Festlegung des Zeitpunkts ergeben, von dem an ein Verfahren als rechtshängig gilt. Für die Zwecke dieser Verordnung sollte dieser Zeitpunkt autonom festgelegt werden.

(22) Um allerdings die Wirksamkeit von ausschließlichen Gerichtsstandsvereinbarungen zu verbessern und missbräuchliche Prozesstaktiken zu vermeiden, ist es erforderlich, eine Ausnahme von der allgemeinen Rechtshängigkeitsregel vorzusehen, um eine befriedigende Regelung in einem Sonderfall zu erreichen, in dem es zu Parallelverfahren kommen kann. Dabei handelt es sich um den Fall, dass ein Verfahren bei einem Gericht, das nicht in einer ausschließlichen Gerichtsstandsvereinbarung vereinbart wurde, anhängig gemacht wird und später das vereinbarte Gericht wegen desselben Anspruchs zwischen denselben Parteien angerufen wird. In einem solchen Fall muss das zuerst angerufene Gericht das Verfahren aussetzen, sobald das vereinbarte Gericht angerufen wurde, und zwar so lange, bis das letzte Gericht erklärt, dass es gemäß der ausschließlichen Gerichtsstandsvereinbarung nicht zuständig ist. Hierdurch soll in einem solchen Fall sichergestellt werden, dass das vereinbarte Gericht vorrangig über die Gültigkeit der Vereinbarung und darüber entscheidet, inwieweit die Vereinbarung auf den bei ihm anhängigen Rechtsstreit Anwendung findet. Das vereinbarte Gericht sollte das Verfahren unabhängig davon fortsetzen können, ob das nicht vereinbarte Gericht bereits entschieden hat, das Verfahren auszusetzen. Diese Ausnahmeregelung sollte nicht für Fälle gelten, in denen die Parteien widersprüchliche ausschließliche Gerichtsstandsvereinbarungen geschlossen haben oder in denen ein in einer ausschließlichen Gerichtsstandsvereinbarung vereinbartes Gericht zuerst angerufen wurde. In solchen Fällen sollte die allgemeine Rechtshängigkeitsregel dieser Verordnung Anwendung finden.

(23) Diese Verordnung sollte eine flexible Regelung enthalten, die es den Gerichten der Mitgliedstaaten ermöglicht, vor den Gerichten von Drittstaaten anhängige Verfahren zu berücksichtigen, wobei insbesondere die Frage, ob eine in einem Drittstaat ergangene Entscheidung in dem betreffenden Mitgliedstaat nach dem Recht dieses Mitgliedstaats anerkannt und vollstreckt werden kann, sowie die geordnete Rechtspflege zu berücksichtigen sind.

(24) Bei der Berücksichtigung der geordneten Rechtspflege sollte das Gericht des betreffenden Mitgliedstaats alle Umstände des bei ihm anhängigen Falles prüfen. Hierzu können Verbindungen des Streitgegenstands und der Parteien zu dem betreffenden Drittstaat zählen wie auch die Frage, wie weit das Verfahren im Drittstaat zu dem Zeitpunkt, an dem ein Verfahren vor dem Gericht des Mitgliedstaats eingeleitet wird, bereits fortgeschritten ist, sowie die Frage, ob zu erwarten ist, dass das Gericht des Drittstaats innerhalb einer angemessenen Frist eine Entscheidung erlassen wird.
Dabei kann auch die Frage geprüft werden, ob das Gericht des Drittstaats unter Umständen, unter denen ein Gericht eines Mitgliedstaats ausschließlich zuständig wäre, im betreffenden Fall ausschließlich zuständig ist.

(25) Unter den Begriff einstweilige Maßnahmen einschließlich Sicherungsmaßnahmen sollten zum Beispiel Anordnungen zur Beweiserhebung oder Beweissicherung im Sinne der Artikel 6 und 7 der Richtlinie 2004/48/EG des Europäischen Parlaments und des Rates vom 29. April 2004 zur Durchsetzung der Rechte des geistigen Eigentums[11] fallen. Nicht mit eingeschlossen sein sollten Maßnahmen, die nicht auf Sicherung gerichtet sind, wie Anordnungen zur Zeugenvernehmung. Die Anwendung der Verordnung (EG) Nr. 1206/2001 des Rates vom 28. Mai 2001 über die Zusammenarbeit zwischen den Gerichten der Mitgliedstaaten auf dem Gebiet der Beweisaufnahme in Zivil- oder Handelssachen[12] sollte hiervon unberührt bleiben.

(26) Das gegenseitige Vertrauen in die Rechtspflege innerhalb der Union rechtfertigt den Grundsatz, dass eine in einem Mitgliedstaat ergangene Entscheidung in allen Mitgliedstaaten anerkannt wird, ohne dass es hierfür eines besonderen Verfahrens bedarf. Außerdem rechtfertigt die angestrebte Reduzierung des Zeit- und Kostenaufwands bei grenzüberschreitenden Rechtsstreitigkeiten die Abschaffung der Vollstreckbarerklärung, die der Vollstreckung im ersuchten Mitgliedstaat bisher vorausgehen musste. Eine von den Gerichten eines Mitgliedstaats erlassene Entscheidung sollte daher so behandelt werden, als sei sie im ersuchten Mitgliedstaat ergangen.

(27) Für die Zwecke des freien Verkehrs von gerichtlichen Entscheidungen sollte eine in einem Mitgliedstaat ergangene Entscheidung in einem anderen Mitgliedstaat selbst dann anerkannt und vollstreckt werden, wenn sie gegen eine Person

Zu Abs. 25:
[11] *ABl. L 157 vom 30.4.2004, S. 45.*
[12] *ABl. L 174 vom 27.6.2001, S. 1.*

ohne Wohnsitz in einem Mitgliedstaat ergangen ist.

(28) Enthält eine Entscheidung eine Maßnahme oder Anordnung, die im Recht des ersuchten Mitgliedstaats nicht bekannt ist, so wird diese Maßnahme oder Anordnung, einschließlich des in ihr bezeichneten Rechts, soweit möglich an eine Maßnahme oder Anordnung angepasst, mit der nach dem Recht dieses Mitgliedstaats vergleichbare Wirkungen verbunden sind und die ähnliche Ziele verfolgt. Wie und durch wen diese Anpassung zu erfolgen hat, sollte durch die einzelnen Mitgliedstaaten bestimmt werden.

(29) Die unmittelbare Vollstreckung ohne Vollstreckbarerklärung einer in einem anderen Mitgliedstaat ergangenen Entscheidung im ersuchten Mitgliedstaat sollte nicht die Achtung der Verteidigungsrechte beeinträchtigen. Deshalb sollte der Schuldner die Versagung der Anerkennung oder der Vollstreckung einer Entscheidung beantragen können, wenn er der Auffassung ist, dass einer der Gründe für die Versagung der Anerkennung vorliegt. Hierzu sollte der Grund gehören, dass ihm nicht die Gelegenheit gegeben wurde, seine Verteidigung vorzubereiten, wenn die Entscheidung in einer Zivilklage innerhalb eines Strafverfahrens in Abwesenheit ergangen ist. Auch sollten hierzu die Gründe gehören, die auf der Grundlage eines Abkommens zwischen dem ersuchten Mitgliedstaat und einem Drittstaat geltend gemacht werden könnten, das nach Artikel 59 des Brüsseler Übereinkommens von 1968 geschlossen wurde.

(30) Eine Partei, die die Vollstreckung einer in einem anderen Mitgliedstaat ergangenen Entscheidung anficht, sollte so weit wie möglich im Einklang mit dem Rechtssystem des ersuchten Mitgliedstaats in der Lage sein, im selben Verfahren außer den in dieser Verordnung genannten Versagungsgründen auch die im einzelstaatlichen Recht vorgesehenen Versagungsgründe innerhalb der nach diesem Recht vorgeschriebenen Fristen geltend zu machen. Allerdings sollte die Anerkennung einer Entscheidung nur versagt werden, wenn mindestens einer der in dieser Verordnung genannten Versagungsgründe gegeben ist.

(31) Solange ein Verfahren zur Anfechtung der Vollstreckung einer Entscheidung anhängig ist, sollten die Gerichte des ersuchten Mitgliedstaats während des gesamten Verfahrens aufgrund einer solchen Anfechtung, einschließlich dagegen gerichteter Rechtsbehelfe, den Fortgang der Vollstreckung unter der Voraussetzung zulassen können, dass die Vollstreckung einer Beschränkung unterliegt oder eine Sicherheit geleistet wird.

(32) Um den Schuldner über die Vollstreckung einer in einem anderen Mitgliedstaat ergangenen Entscheidung zu unterrichten, sollte die gemäß dieser Verordnung ausgestellte Bescheinigung – erforderlichenfalls zusammen mit der Entscheidung – dem Schuldner innerhalb einer angemessenen Frist vor der ersten Vollstreckungsmaßnahme zugestellt werden. In diesem Zusammenhang sollte als erste Vollstreckungsmaßnahme die erste Vollstreckungsmaßnahme nach einer solchen Zustellung gelten.

(33) Werden einstweilige Maßnahmen, einschließlich Sicherungsmaßnahmen, von einem Gericht angeordnet, das in der Hauptsache zuständig ist, so sollte ihr freier Verkehr nach dieser Verordnung gewährleistet sein. Allerdings sollten einstweilige Maßnahmen, einschließlich Sicherungsmaßnahmen, die angeordnet wurden, ohne dass der Beklagte vorgeladen wurde, nicht gemäß dieser Verordnung anerkannt und vollstreckt werden, es sei denn, die die Maßnahme enthaltende Entscheidung ist dem Beklagten vor der Vollstreckung zugestellt worden. Dies sollte die Anerkennung und Vollstreckung solcher Maßnahmen gemäß einzelstaatlichem Recht nicht ausschließen. Werden einstweilige Maßnahmen, einschließlich Sicherungsmaßnahmen, von einem Gericht eines Mitgliedstaats angeordnet, das für die Entscheidung in der Hauptsache nicht zuständig ist, sollte die Wirkung dieser Maßnahmen auf das Hoheitsgebiet des betreffenden Mitgliedstaats gemäß dieser Verordnung beschränkt werden.

(34) Um die Kontinuität zwischen dem Brüsseler Übereinkommen von 1968, der Verordnung (EG) Nr. 44/2001 und dieser Verordnung zu wahren, sollten Übergangsvorschriften vorgesehen werden. Dies gilt auch für die Auslegung des Brüsseler Übereinkommens von 1968 und der es ersetzenden Verordnungen durch den Gerichtshof der Europäischen Union.

(35) Um die internationalen Verpflichtungen, die die Mitgliedstaaten eingegangen sind, zu wahren, darf sich diese Verordnung nicht auf von den Mitgliedstaaten geschlossene Übereinkommen in besonderen Rechtsgebieten auswirken.

(36) Unbeschadet der Pflichten der Mitgliedstaaten nach den Verträgen sollte diese Verordnung nicht die Anwendung der bilateralen Übereinkünfte und Vereinbarungen berühren, die vor dem Inkrafttreten der Verordnung (EG) Nr. 44/2001 zwischen einem Drittstaat und einem Mitgliedstaat geschlossen wurden und in dieser Verordnung geregelte Angelegenheiten betreffen.

(37) Um sicherzustellen, dass die im Zusammenhang mit der Anerkennung oder Vollstreckung von Entscheidungen, öffentlichen Urkunden und gerichtlichen Vergleichen nach dieser Verordnung zu verwendenden Bescheinigungen stets auf dem neuesten Stand sind, sollte der

EuGVVO

Kommission die Befugnis übertragen werden, gemäß Artikel 290 AEUV Rechtsakte hinsichtlich Änderungen der Anhänge I und II dieser Verordnung zu erlassen. Es ist besonders wichtig, dass die Kommission bei ihren vorbereitenden Arbeiten angemessene Konsultationen auch auf Expertenebene durchführt. Bei der Vorbereitung und Ausarbeitung delegierter Rechtsakte sollte die Kommission dafür sorgen, dass die einschlägigen Dokumente dem Europäischen Parlament und dem Rat gleichzeitig, rechtzeitig und auf angemessene Weise übermittelt werden.

(38) Diese Verordnung steht im Einklang mit den Grundrechten und Grundsätzen, die mit der Charta der Grundrechte der Europäischen Union anerkannt wurden, insbesondere mit dem in Artikel 47 der Charta verbürgten Recht auf einen wirksamen Rechtsbehelf und ein unparteiisches Gericht.

(39) Da das Ziel dieser Verordnung auf der Ebene der Mitgliedstaaten nicht hinreichend verwirklicht werden kann und besser auf Unionsebene zu erreichen ist, kann die Union im Einklang mit dem Subsidiaritätsprinzip nach Artikel 5 des Vertrags über die Europäische Union (EUV) tätig werden. In Übereinstimmung mit dem in demselben Artikel genannten Grundsatz der Verhältnismäßigkeit geht diese Verordnung nicht über das zur Erreichung dieses Ziels erforderliche Maß hinaus.

(40) Das Vereinigte Königreich und Irland haben sich gemäß Artikel 3 des dem EUV und dem seinerzeitigen Vertrag zur Gründung der Europäischen Gemeinschaft beigefügten Protokolls über die Position des Vereinigten Königreichs und Irlands an der Annahme und Anwendung der Verordnung (EG) Nr. 44/2001 beteiligt. Gemäß Artikel 3 des dem EUV und dem AEUV beigefügten Protokolls Nr. 21 über die Position des Vereinigten Königreichs und Irlands hinsichtlich des Raums der Freiheit, der Sicherheit und des Rechts haben das Vereinigte Königreich und Irland mitgeteilt, dass sie sich an der Annahme und Anwendung dieser Verordnung beteiligen möchten.

(41) Gemäß den Artikeln 1 und 2 des dem EUV und dem AEUV beigefügten Protokolls Nr. 22 über die Position Dänemarks beteiligt sich Dänemark nicht an der Annahme dieser Verordnung und ist weder durch diese Verordnung gebunden noch zu ihrer Anwendung verpflichtet; dabei steht es Dänemark jedoch gemäß Artikel 3 des Abkommens vom 19. Oktober 2005 zwischen der Europäischen Gemeinschaft und dem Königreich Dänemark über die gerichtliche Zuständigkeit und die Anerkennung und Vollstreckung von Entscheidungen in Zivil- und Handelssachen[13] frei, die Änderungen der Verordnung (EG) Nr. 44/2001 anzuwenden –

HABEN FOLGENDE VERORDNUNG ERLASSEN:

KAPITEL I

ANWENDUNGSBEREICH UND BEGRIFFSBESTIMMUNGEN

Artikel 1

(1) Diese Verordnung ist in Zivil- und Handelssachen anzuwenden, ohne dass es auf die Art der Gerichtsbarkeit ankommt. Sie gilt insbesondere nicht für Steuer- und Zollsachen sowie verwaltungsrechtliche Angelegenheiten oder die Haftung des Staates für Handlungen oder Unterlassungen im Rahmen der Ausübung hoheitlicher Rechte *(acta iure imperii)*.

(2) Sie ist nicht anzuwenden auf:

a) den Personenstand, die Rechts- und Handlungsfähigkeit sowie die gesetzliche Vertretung von natürlichen Personen, die ehelichen Güterstände oder Güterstände aufgrund von Verhältnissen, die nach dem auf diese Verhältnisse anzuwendenden Recht mit der Ehe vergleichbare Wirkungen entfalten,

b) Konkurse, Vergleiche und ähnliche Verfahren,

c) die soziale Sicherheit,

d) die Schiedsgerichtsbarkeit,

e) Unterhaltspflichten, die auf einem Familien-, Verwandtschafts- oder eherechtlichen Verhältnis oder auf Schwägerschaft beruhen,

f) das Gebiet des Testaments- und Erbrechts, einschließlich Unterhaltspflichten, die mit dem Tod entstehen.

Artikel 2

Für die Zwecke dieser Verordnung bezeichnet der Ausdruck

a) „Entscheidung" jede von einem Gericht eines Mitgliedstaats erlassene Entscheidung ohne Rücksicht auf ihre Bezeichnung wie Urteil, Beschluss, Zahlungsbefehl oder Vollstreckungsbescheid, einschließlich des Kostenfestsetzungsbeschlusses eines Gerichtsbediensteten.
Für die Zwecke von Kapitel III umfasst der Ausdruck „Entscheidung" auch einstweilige Maßnahmen einschließlich Sicherungsmaßnahmen, die

---

Zu Abs. 41:
[13] Abl. L vom 16.11.2005, S 62.
Die EuGVVO neu gilt auch für Dänemark (s ABl L 2013/79, 4. Näheres s Europäischer Gerichtsatlas für Zivilsachen im Europäischen Justizportal, www. E-Justice.europa.eu/Gerichtsatlas)

von einem nach dieser Verordnung in der Hauptsache zuständigen Gericht angeordnet wurden. Hierzu gehören keine einstweiligen Maßnahmen einschließlich Sicherungsmaßnahmen, die von einem solchen Gericht angeordnet wurden, ohne dass der Beklagte vorgeladen wurde, es sei denn, die Entscheidung, welche die Maßnahme enthält, wird ihm vor der Vollstreckung zugestellt;

b) „gerichtlicher Vergleich" einen Vergleich, der von einem Gericht eines Mitgliedstaats gebilligt oder vor einem Gericht eines Mitgliedstaats im Laufe eines Verfahrens geschlossen worden ist;

c) „öffentliche Urkunde" ein Schriftstück, das als öffentliche Urkunde im Ursprungsmitgliedstaat förmlich errichtet oder eingetragen worden ist und dessen Beweiskraft

i) sich auf die Unterschrift und den Inhalt der öffentlichen Urkunde bezieht und

ii) durch eine Behörde oder eine andere hierzu ermächtigte Stelle festgestellt worden ist;

d) „Ursprungsmitgliedstaat" den Mitgliedstaat, in dem die Entscheidung ergangen, der gerichtliche Vergleich gebilligt oder geschlossen oder die öffentliche Urkunde förmlich errichtet oder eingetragen worden ist;

e) „ersuchter Mitgliedstaat" den Mitgliedstaat, in dem die Anerkennung der Entscheidung geltend gemacht oder die Vollstreckung der Entscheidung, des gerichtlichen Vergleichs oder der öffentlichen Urkunde beantragt wird;

f) „Ursprungsgericht" das Gericht, das die Entscheidung erlassen hat, deren Anerkennung geltend gemacht oder deren Vollstreckung beantragt wird.

Artikel 3

Für die Zwecke dieser Verordnung umfasst der Begriff „Gericht" die folgenden Behörden, soweit und sofern sie für eine in den Anwendungsbereich dieser Verordnung fallende Angelegenheit zuständig sind:

a) in Ungarn, bei summarischen Mahnverfahren (fizetési meghagyásos eljárás), den Notar (közjegyző);

b) in Schweden, bei summarischen Mahnverfahren (betalningsföreläggande) und Beistandsverfahren (handräckning), das Amt für Beitreibung (Kronofogdemyndigheten).

KAPITEL II
ZUSTÄNDIGKEIT

ABSCHNITT 1
Allgemeine Bestimmungen
Artikel 4

(1) Vorbehaltlich der Vorschriften dieser Verordnung sind Personen, die ihren Wohnsitz im Hoheitsgebiet eines Mitgliedstaats haben, ohne Rücksicht auf ihre Staatsangehörigkeit vor den Gerichten dieses Mitgliedstaats zu verklagen.

(2) Auf Personen, die nicht dem Mitgliedstaat, in dem sie ihren Wohnsitz haben, angehören, sind die für Staatsangehörige dieses Mitgliedstaats maßgebenden Zuständigkeitsvorschriften anzuwenden.

Artikel 5

(1) Personen, die ihren Wohnsitz im Hoheitsgebiet eines Mitgliedstaats haben, können vor den Gerichten eines anderen Mitgliedstaats nur gemäß den Vorschriften der Abschnitte 2 bis 7 dieses Kapitels verklagt werden.

(2) Gegen die in Absatz 1 genannten Personen können insbesondere nicht die innerstaatlichen Zuständigkeitsvorschriften, welche die Mitgliedstaaten der Kommission gemäß Artikel 76 Absatz 1 Buchstabe a notifizieren, geltend gemacht werden.

Artikel 6

(1) Hat der Beklagte keinen Wohnsitz im Hoheitsgebiet eines Mitgliedstaats, so bestimmt sich vorbehaltlich des Artikels 18 Absatz 1, des Artikels 21 Absatz 2 und der Artikel 24 und 25 die Zuständigkeit der Gerichte eines jeden Mitgliedstaats nach dessen eigenem Recht.

(2) Gegenüber einem Beklagten, der keinen Wohnsitz im Hoheitsgebiet eines Mitgliedstaats hat, kann sich unabhängig von ihrer Staatsangehörigkeit jede Person, die ihren Wohnsitz im Hoheitsgebiet eines Mitgliedstaats hat, in diesem Mitgliedstaat auf die dort geltenden Zuständigkeitsvorschriften, insbesondere auf diejenigen, welche die Mitgliedstaaten der Kommission gemäß Artikel 76 Absatz 1 Buchstabe b notifizieren, wie ein Staatsangehöriger dieses Mitgliedstaats berufen.

ABSCHNITT 2
Besondere Zuständigkeiten
Artikel 7

Eine Person, die ihren Wohnsitz im Hoheitsgebiet eines Mitgliedstaats hat, kann in einem anderen Mitgliedstaat verklagt werden:

EuGVVO

1. a) wenn ein Vertrag oder Ansprüche aus einem Vertrag den Gegenstand des Verfahrens bilden, vor dem Gericht des Ortes, an dem die Verpflichtung erfüllt worden ist oder zu erfüllen wäre;

b) im Sinne dieser Vorschrift – und sofern nichts anderes vereinbart worden ist – ist der Erfüllungsort der Verpflichtung

– für den Verkauf beweglicher Sachen der Ort in einem Mitgliedstaat, an dem sie nach dem Vertrag geliefert worden sind oder hätten geliefert werden müssen;

– für die Erbringung von Dienstleistungen der Ort in einem Mitgliedstaat, an dem sie nach dem Vertrag erbracht worden sind oder hätten erbracht werden müssen;

c) ist Buchstabe b nicht anwendbar, so gilt Buchstabe a;

2. wenn eine unerlaubte Handlung oder eine Handlung, die einer unerlaubten Handlung gleichgestellt ist, oder wenn Ansprüche aus einer solchen Handlung den Gegenstand des Verfahrens bilden, vor dem Gericht des Ortes, an dem das schädigende Ereignis eingetreten ist oder einzutreten droht;

3. wenn es sich um eine Klage auf Schadenersatz oder auf Wiederherstellung des früheren Zustands handelt, die auf eine mit Strafe bedrohte Handlung gestützt wird, vor dem Strafgericht, bei dem die öffentliche Klage erhoben ist, soweit dieses Gericht nach seinem Recht über zivilrechtliche Ansprüche erkennen kann;

4. wenn es sich um einen auf Eigentum gestützten zivilrechtlichen Anspruch zur Wiedererlangung eines Kulturguts im Sinne des Artikels 1 Nummer 1 der Richtlinie 93/7/EWG handelt, der von der Person geltend gemacht wurde, die das Recht auf Wiedererlangung eines solchen Gutes für sich in Anspruch nimmt, vor dem Gericht des Ortes, an dem sich das Kulturgut zum Zeitpunkt der Anrufung des Gerichts befindet;

5. wenn es sich um Streitigkeiten aus dem Betrieb einer Zweigniederlassung, einer Agentur oder einer sonstigen Niederlassung handelt, vor dem Gericht des Ortes, an dem sich diese befindet;

6. wenn es sich um eine Klage gegen einen Begründer, Trustee oder Begünstigten eines Trust handelt, der aufgrund eines Gesetzes oder durch schriftlich vorgenommenes oder schriftlich bestätigtes Rechtsgeschäft errichtet worden ist, vor den Gerichten des Mitgliedstaats, in dessen Hoheitsgebiet der Trust seinen Sitz hat;

7. wenn es sich um eine Streitigkeit wegen der Zahlung von Berge- und Hilfslohn handelt, der für Bergungs- oder Hilfeleistungsarbeiten gefordert wird, die zugunsten einer Ladung oder einer Frachtforderung erbracht worden sind, vor dem Gericht, in dessen Zuständigkeitsbereich diese Ladung oder die entsprechende Frachtforderung

a) mit Arrest belegt worden ist, um die Zahlung zu gewährleisten, oder

b) mit Arrest hätte belegt werden können, jedoch dafür eine Bürgschaft oder eine andere Sicherheit geleistet worden ist;

diese Vorschrift ist nur anzuwenden, wenn behauptet wird, dass der Beklagte Rechte an der Ladung oder an der Frachtforderung hat oder zur Zeit der Bergungs- oder Hilfeleistungsarbeiten hatte.

Artikel 8

Eine Person, die ihren Wohnsitz im Hoheitsgebiet eines Mitgliedstaats hat, kann auch verklagt werden:

1. wenn mehrere Personen zusammen verklagt werden, vor dem Gericht des Ortes, an dem einer der Beklagten seinen Wohnsitz hat, sofern zwischen den Klagen eine so enge Beziehung gegeben ist, dass eine gemeinsame Verhandlung und Entscheidung geboten erscheint, um zu vermeiden, dass in getrennten Verfahren widersprechende Entscheidungen ergehen könnten;

2. wenn es sich um eine Klage auf Gewährleistung oder um eine Interventionsklage handelt, vor dem Gericht des Hauptprozesses, es sei denn, dass die Klage nur erhoben worden ist, um diese Person dem für sie zuständigen Gericht zu entziehen;

3. wenn es sich um eine Widerklage handelt, die auf denselben Vertrag oder Sachverhalt wie die Klage selbst gestützt wird, vor dem Gericht, bei dem die Klage selbst anhängig ist;

4. wenn ein Vertrag oder Ansprüche aus einem Vertrag den Gegenstand des Verfahrens bilden und die Klage mit einer Klage wegen dinglicher Rechte an unbeweglichen Sachen gegen denselben Beklagten verbunden werden kann, vor dem Gericht des Mitgliedstaats, in dessen Hoheitsgebiet die unbewegliche Sache belegen ist.

Artikel 9

Ist ein Gericht eines Mitgliedstaats nach dieser Verordnung zur Entscheidung in Verfahren wegen einer Haftpflicht aufgrund der Verwendung oder des Betriebs eines Schiffes zuständig, so entscheidet dieses oder ein anderes an seiner Stelle durch das Recht dieses Mitgliedstaats bestimmtes Gericht auch über Klagen auf Beschränkung dieser Haftung.

ABSCHNITT 3

Zuständigkeit für Versicherungssachen

Artikel 10

Für Klagen in Versicherungssachen bestimmt sich die Zuständigkeit unbeschadet des Artikels 6 und des Artikels 7 Nummer 5 nach diesem Abschnitt.

Artikel 11

(1) Ein Versicherer, der seinen Wohnsitz im Hoheitsgebiet eines Mitgliedstaats hat, kann verklagt werden:

a) vor den Gerichten des Mitgliedstaats, in dem er seinen Wohnsitz hat,

b) in einem anderen Mitgliedstaat bei Klagen des Versicherungsnehmers, des Versicherten oder des Begünstigten vor dem Gericht des Ortes, an dem der Kläger seinen Wohnsitz hat, oder

c) falls es sich um einen Mitversicherer handelt, vor dem Gericht eines Mitgliedstaats, bei dem der federführende Versicherer verklagt wird.

(2) Hat der Versicherer im Hoheitsgebiet eines Mitgliedstaats keinen Wohnsitz, besitzt er aber in einem Mitgliedstaat eine Zweigniederlassung, Agentur oder sonstige Niederlassung, so wird er für Streitigkeiten aus ihrem Betrieb so behandelt, wie wenn er seinen Wohnsitz im Hoheitsgebiet dieses Mitgliedstaats hätte.

Artikel 12

Bei der Haftpflichtversicherung oder bei der Versicherung von unbeweglichen Sachen kann der Versicherer außerdem vor dem Gericht des Ortes, an dem das schädigende Ereignis eingetreten ist, verklagt werden. Das Gleiche gilt, wenn sowohl bewegliche als auch unbewegliche Sachen in ein und demselben Versicherungsvertrag versichert und von demselben Schadensfall betroffen sind.

Artikel 13

(1) Bei der Haftpflichtversicherung kann der Versicherer auch vor das Gericht, bei dem die Klage des Geschädigten gegen den Versicherten anhängig ist, geladen werden, sofern dies nach dem Recht des angerufenen Gerichts zulässig ist.

(2) Auf eine Klage, die der Geschädigte unmittelbar gegen den Versicherer erhebt, sind die Artikel 10, 11 und 12 anzuwenden, sofern eine solche unmittelbare Klage zulässig ist.

(3) Sieht das für die unmittelbare Klage maßgebliche Recht die Streitverkündung gegen den Versicherungsnehmer oder den Versicherten vor, so ist dasselbe Gericht auch für diese Personen zuständig.

Artikel 14

(1) Vorbehaltlich der Bestimmungen des Artikels 13 Absatz 3 kann der Versicherer nur vor den Gerichten des Mitgliedstaats klagen, in dessen Hoheitsgebiet der Beklagte seinen Wohnsitz hat, ohne Rücksicht darauf, ob dieser Versicherungsnehmer, Versicherter oder Begünstigter ist.

(2) Die Vorschriften dieses Abschnitts lassen das Recht unberührt, eine Widerklage vor dem Gericht zu erheben, bei dem die Klage selbst gemäß den Bestimmungen dieses Abschnitts anhängig ist.

Artikel 15

Von den Vorschriften dieses Abschnitts kann im Wege der Vereinbarung nur abgewichen werden,

1. wenn die Vereinbarung nach der Entstehung der Streitigkeit getroffen wird,

2. wenn sie dem Versicherungsnehmer, Versicherten oder Begünstigten die Befugnis einräumt, andere als die in diesem Abschnitt angeführten Gerichte anzurufen,

3. wenn sie zwischen einem Versicherungsnehmer und einem Versicherer, die zum Zeitpunkt des Vertragsabschlusses ihren Wohnsitz oder gewöhnlichen Aufenthalt in demselben Mitgliedstaat haben, getroffen ist, um die Zuständigkeit der Gerichte dieses Mitgliedstaats auch für den Fall zu begründen, dass das schädigende Ereignis im Ausland eintritt, es sei denn, dass eine solche Vereinbarung nach dem Recht dieses Mitgliedstaats nicht zulässig ist,

4. wenn sie von einem Versicherungsnehmer geschlossen ist, der seinen Wohnsitz nicht in einem Mitgliedstaat hat, ausgenommen soweit sie eine Versicherung, zu deren Abschluss eine gesetzliche Verpflichtung besteht, oder die Versicherung von unbeweglichen Sachen in einem Mitgliedstaat betrifft, oder

5. wenn sie einen Versicherungsvertrag betrifft, soweit dieser eines oder mehrere der in Artikel 16 aufgeführten Risiken deckt.

Artikel 16

Die in Artikel 15 Nummer 5 erwähnten Risiken sind die folgenden:

1. sämtliche Schäden

a) an Seeschiffen, Anlagen vor der Küste und auf hoher See oder Luftfahrzeugen aus Gefahren, die mit ihrer Verwendung zu gewerblichen Zwecken verbunden sind,

b) an Transportgütern, ausgenommen Reisegepäck der Passagiere, wenn diese Güter ausschließlich oder zum Teil mit diesen Schiffen oder Luftfahrzeugen befördert werden;

EuGVVO

2. Haftpflicht aller Art mit Ausnahme der Haftung für Personenschäden an Passagieren oder Schäden an deren Reisegepäck,

a) aus der Verwendung oder dem Betrieb von Seeschiffen, Anlagen oder Luftfahrzeugen gemäß Nummer 1 Buchstabe a, es sei denn, dass – was die letztgenannten betrifft – nach den Rechtsvorschriften des Mitgliedstaats, in dem das Luftfahrzeug eingetragen ist, Gerichtsstandsvereinbarungen für die Versicherung solcher Risiken untersagt sind,

b) für Schäden, die durch Transportgüter während einer Beförderung im Sinne von Nummer 1 Buchstabe b verursacht werden;

3. finanzielle Verluste im Zusammenhang mit der Verwendung oder dem Betrieb von Seeschiffen, Anlagen oder Luftfahrzeugen gemäß Nummer 1 Buchstabe a, insbesondere Fracht- oder Charterverlust;

4. irgendein zusätzliches Risiko, das mit einem der unter den Nummern 1 bis 3 genannten Risiken in Zusammenhang steht;

5. unbeschadet der Nummern 1 bis 4 alle „Großrisiken" entsprechend der Begriffsbestimmung in der Richtlinie 2009/138/EG des Europäischen Parlaments und des Rates vom 25. November 2009 betreffend die Aufnahme und Ausübung der Versicherungs- und der Rückversicherungstätigkeit (Solvabilität II)[1].

ABSCHNITT 4

Zuständigkeit bei Verbrauchersachen

Artikel 17

(1) Bilden ein Vertrag oder Ansprüche aus einem Vertrag, den eine Person, der Verbraucher, zu einem Zweck geschlossen hat, der nicht der beruflichen oder gewerblichen Tätigkeit dieser Person zugerechnet werden kann, den Gegenstand des Verfahrens, so bestimmt sich die Zuständigkeit unbeschadet des Artikels 6 und des Artikels 7 Nummer 5 nach diesem Abschnitt,

a) wenn es sich um den Kauf beweglicher Sachen auf Teilzahlung handelt,

b) wenn es sich um ein in Raten zurückzuzahlendes Darlehen oder ein anderes Kreditgeschäft handelt, das zur Finanzierung eines Kaufs derartiger Sachen bestimmt ist, oder

c) in allen anderen Fällen, wenn der andere Vertragspartner in dem Mitgliedstaat, in dessen Hoheitsgebiet der Verbraucher seinen Wohnsitz hat, eine berufliche oder gewerbliche Tätigkeit ausübt oder eine solche auf irgendeinem Wege auf diesen Mitgliedstaat oder auf mehrere Staaten, einschließlich dieses Mitgliedstaats, ausrichtet

und der Vertrag in den Bereich dieser Tätigkeit fällt.

(2) Hat der Vertragspartner des Verbrauchers im Hoheitsgebiet eines Mitgliedstaats keinen Wohnsitz, besitzt er aber in einem Mitgliedstaat eine Zweigniederlassung, Agentur oder sonstige Niederlassung, so wird er für Streitigkeiten aus ihrem Betrieb so behandelt, wie wenn er seinen Wohnsitz im Hoheitsgebiet dieses Mitgliedstaats hätte.

(3) Dieser Abschnitt ist nicht auf Beförderungsverträge mit Ausnahme von Reiseverträgen, die für einen Pauschalpreis kombinierte Beförderungs- und Unterbringungsleistungen vorsehen, anzuwenden.

Artikel 18

(1) Die Klage eines Verbrauchers gegen den anderen Vertragspartner kann entweder vor den Gerichten des Mitgliedstaats erhoben werden, in dessen Hoheitsgebiet dieser Vertragspartner seinen Wohnsitz hat, oder ohne Rücksicht auf den Wohnsitz des anderen Vertragspartners vor dem Gericht des Ortes, an dem der Verbraucher seinen Wohnsitz hat.

(2) Die Klage des anderen Vertragspartners gegen den Verbraucher kann nur vor den Gerichten des Mitgliedstaats erhoben werden, in dessen Hoheitsgebiet der Verbraucher seinen Wohnsitz hat.

(3) Die Vorschriften dieses Artikels lassen das Recht unberührt, eine Widerklage vor dem Gericht zu erheben, bei dem die Klage selbst gemäß den Bestimmungen dieses Abschnitts anhängig ist.

Artikel 19

Von den Vorschriften dieses Abschnitts kann im Wege der Vereinbarung nur abgewichen werden,

1. wenn die Vereinbarung nach der Entstehung der Streitigkeit getroffen wird,

2. wenn sie dem Verbraucher die Befugnis einräumt, andere als die in diesem Abschnitt angeführten Gerichte anzurufen, oder

3. wenn sie zwischen einem Verbraucher und seinem Vertragspartner, die zum Zeitpunkt des Vertragsabschlusses ihren Wohnsitz oder gewöhnlichen Aufenthalt in demselben Mitgliedstaat haben, getroffen ist und die Zuständigkeit der Gerichte dieses Mitgliedstaats begründet, es sei denn, dass eine solche Vereinbarung nach dem Recht dieses Mitgliedstaats nicht zulässig ist.

Zu Artikel 16:
[1] *ABl. L 335 vom 17.12.2009, S. 1.*

ABSCHNITT 5

Zuständigkeit für individuelle Arbeitsverträge

Artikel 20

(1) Bilden ein individueller Arbeitsvertrag oder Ansprüche aus einem individuellen Arbeitsvertrag den Gegenstand des Verfahrens, so bestimmt sich die Zuständigkeit unbeschadet des Artikels 6, des Artikels 7 Nummer 5 und, wenn die Klage gegen den Arbeitgeber erhoben wurde, des Artikels 8 Nummer 1 nach diesem Abschnitt.

(2) Hat der Arbeitgeber, mit dem der Arbeitnehmer einen individuellen Arbeitsvertrag geschlossen hat, im Hoheitsgebiet eines Mitgliedstaats keinen Wohnsitz, besitzt er aber in einem Mitgliedstaat eine Zweigniederlassung, Agentur oder sonstige Niederlassung, so wird er für Streitigkeiten aus ihrem Betrieb so behandelt, wie wenn er seinen Wohnsitz im Hoheitsgebiet dieses Mitgliedstaats hätte.

Artikel 21

(1) Ein Arbeitgeber, der seinen Wohnsitz im Hoheitsgebiet eines Mitgliedstaats hat, kann verklagt werden:

a) vor den Gerichten des Mitgliedstaats, in dem er seinen Wohnsitz hat, oder

b) in einem anderen Mitgliedstaat

i) vor dem Gericht des Ortes, an dem oder von dem aus der Arbeitnehmer gewöhnlich seine Arbeit verrichtet oder zuletzt gewöhnlich verrichtet hat, oder

ii) wenn der Arbeitnehmer seine Arbeit gewöhnlich nicht in ein und demselben Staat verrichtet oder verrichtet hat, vor dem Gericht des Ortes, an dem sich die Niederlassung, die den Arbeitnehmer eingestellt hat, befindet oder befand.

(2) Ein Arbeitgeber, der seinen Wohnsitz nicht im Hoheitsgebiet eines Mitgliedstaats hat, kann vor dem Gericht eines Mitgliedstaats gemäß Absatz 1 Buchstabe b verklagt werden.

Artikel 22

(1) Die Klage des Arbeitgebers kann nur vor den Gerichten des Mitgliedstaats erhoben werden, in dessen Hoheitsgebiet der Arbeitnehmer seinen Wohnsitz hat.

(2) Die Vorschriften dieses Abschnitts lassen das Recht unberührt, eine Widerklage vor dem Gericht zu erheben, bei dem die Klage selbst gemäß den Bestimmungen dieses Abschnitts anhängig ist.

Artikel 23

Von den Vorschriften dieses Abschnitts kann im Wege der Vereinbarung nur abgewichen werden,

1. wenn die Vereinbarung nach der Entstehung der Streitigkeit getroffen wird oder

2. wenn sie dem Arbeitnehmer die Befugnis einräumt, andere als die in diesem Abschnitt angeführten Gerichte anzurufen.

ABSCHNITT 6

Ausschließliche Zuständigkeiten

Artikel 24

Ohne Rücksicht auf den Wohnsitz der Parteien sind folgende Gerichte eines Mitgliedstaats ausschließlich zuständig:

1. für Verfahren, welche dingliche Rechte an unbeweglichen Sachen sowie die Miete oder Pacht von unbeweglichen Sachen zum Gegenstand haben, die Gerichte des Mitgliedstaats, in dem die unbewegliche Sache belegen ist. Jedoch sind für Verfahren betreffend die Miete oder Pacht unbeweglicher Sachen zum vorübergehenden privaten Gebrauch für höchstens sechs aufeinander folgende Monate auch die Gerichte des Mitgliedstaats zuständig, in dem der Beklagte seinen Wohnsitz hat, sofern es sich bei dem Mieter oder Pächter um eine natürliche Person handelt und der Eigentümer sowie der Mieter oder Pächter ihren Wohnsitz in demselben Mitgliedstaat haben;

2. für Verfahren, welche die Gültigkeit, die Nichtigkeit oder die Auflösung einer Gesellschaft oder juristischen Person oder die Gültigkeit der Beschlüsse ihrer Organe zum Gegenstand haben, die Gerichte des Mitgliedstaats, in dessen Hoheitsgebiet die Gesellschaft oder juristische Person ihren Sitz hat. Bei der Entscheidung darüber, wo der Sitz sich befindet, wendet das Gericht die Vorschriften seines Internationalen Privatrechts an;

3. für Verfahren, welche die Gültigkeit von Eintragungen in öffentliche Register zum Gegenstand haben, die Gerichte des Mitgliedstaats, in dessen Hoheitsgebiet die Register geführt werden;

4. für Verfahren, welche die Eintragung oder die Gültigkeit von Patenten, Marken, Mustern und Modellen sowie ähnlicher Rechte, die einer Hinterlegung oder Registrierung bedürfen, zum Gegenstand haben, unabhängig davon, ob die Frage im Wege der Klage oder der Einrede aufgeworfen wird, die Gerichte des Mitgliedstaats, in dessen Hoheitsgebiet die Hinterlegung oder Registrierung beantragt oder vorgenommen worden ist oder aufgrund eines Unionsrechtsakts oder eines zwischenstaatlichen Übereinkommens als vorgenommen gilt.
Unbeschadet der Zuständigkeit des Europäischen Patentamts nach dem am 5. Oktober 1973 in München unterzeichneten Übereinkommen über die Erteilung europäischer Patente sind die Gerichte eines jeden Mitgliedstaats für alle Verfah-

EuGVVO

ren ausschließlich zuständig, welche die Erteilung oder die Gültigkeit eines europäischen Patents zum Gegenstand haben, das für diesen Mitgliedstaat erteilt wurde;

5. für Verfahren, welche die Zwangsvollstreckung aus Entscheidungen zum Gegenstand haben, die Gerichte des Mitgliedstaats, in dessen Hoheitsgebiet die Zwangsvollstreckung durchgeführt werden soll oder durchgeführt worden ist.

ABSCHNITT 7
Vereinbarung über die Zuständigkeit

Artikel 25

(1) Haben die Parteien unabhängig von ihrem Wohnsitz vereinbart, dass ein Gericht oder die Gerichte eines Mitgliedstaats über eine bereits entstandene Rechtsstreitigkeit oder über eine künftige aus einem bestimmten Rechtsverhältnis entspringende Rechtsstreitigkeit entscheiden sollen, so sind dieses Gericht oder die Gerichte dieses Mitgliedstaats zuständig, es sei denn, die Vereinbarung ist nach dem Recht dieses Mitgliedstaats materiell ungültig. Dieses Gericht oder die Gerichte dieses Mitgliedstaats sind ausschließlich zuständig, sofern die Parteien nichts anderes vereinbart haben. Die Gerichtsstandsvereinbarung muss geschlossen werden: *(ABl L 264 vom 30. 9. 2016, S. 43)*

a) schriftlich oder mündlich mit schriftlicher Bestätigung,

b) in einer Form, welche den Gepflogenheiten entspricht, die zwischen den Parteien entstanden sind, oder

c) im internationalen Handel in einer Form, die einem Handelsbrauch entspricht, den die Parteien kannten oder kennen mussten und den Parteien von Verträgen dieser Art in dem betreffenden Geschäftszweig allgemein kennen und regelmäßig beachten.

(2) Elektronische Übermittlungen, die eine dauerhafte Aufzeichnung der Vereinbarung ermöglichen, sind der Schriftform gleichgestellt.

(3) Ist in schriftlich niedergelegten Trust-Bedingungen bestimmt, dass über Klagen gegen einen Begründer, Trustee oder Begünstigten eines Trust ein Gericht oder die Gerichte eines Mitgliedstaats entscheiden sollen, so ist dieses Gericht oder sind diese Gerichte ausschließlich zuständig, wenn es sich um Beziehungen zwischen diesen Personen oder ihre Rechte oder Pflichten im Rahmen des Trust handelt.

(4) Gerichtsstandsvereinbarungen und entsprechende Bestimmungen in Trust-Bedingungen haben keine rechtliche Wirkung, wenn sie den Vorschriften der Artikel 15, 19 oder 23 zuwiderlaufen oder wenn die Gerichte, deren Zuständigkeit abbedungen wird, aufgrund des Artikels 24 ausschließlich zuständig sind.

(5) Eine Gerichtsstandsvereinbarung, die Teil eines Vertrags ist, ist als eine von den übrigen Vertragsbestimmungen unabhängige Vereinbarung zu behandeln.

Die Gültigkeit der Gerichtsstandsvereinbarung kann nicht allein mit der Begründung in Frage gestellt werden, dass der Vertrag nicht gültig ist.

Artikel 26

(1) Sofern das Gericht eines Mitgliedstaats nicht bereits nach anderen Vorschriften dieser Verordnung zuständig ist, wird es zuständig, wenn sich der Beklagte vor ihm auf das Verfahren einlässt. Dies gilt nicht, wenn der Beklagte sich einlässt, um den Mangel der Zuständigkeit geltend zu machen oder wenn ein anderes Gericht aufgrund des Artikels 24 ausschließlich zuständig ist.

(2) In Streitigkeiten nach den Abschnitten 3, 4 oder 5, in denen der Beklagte Versicherungsnehmer, Versicherter, Begünstigter eines Versicherungsvertrags, Geschädigter, Verbraucher oder Arbeitnehmer ist, stellt das Gericht, bevor es sich nach Absatz 1 für zuständig erklärt, sicher, dass der Beklagte über sein Recht, die Unzuständigkeit des Gerichts geltend zu machen, und über die Folgen der Einlassung oder Nichteinlassung auf das Verfahren belehrt wird.

ABSCHNITT 8
Prüfung der Zuständigkeit und der Zulässigkeit des Verfahrens

Artikel 27

Das Gericht eines Mitgliedstaats hat sich von Amts wegen für unzuständig zu erklären, wenn es wegen einer Streitigkeit angerufen wird, für die das Gericht eines anderen Mitgliedstaats aufgrund des Artikels 24 ausschließlich zuständig ist.

Artikel 28

(1) Lässt sich der Beklagte, der seinen Wohnsitz im Hoheitsgebiet eines Mitgliedstaats hat und der vor dem Gericht eines anderen Mitgliedstaats verklagt wird, auf das Verfahren nicht ein, so hat sich das Gericht von Amts wegen für unzuständig zu erklären, wenn seine Zuständigkeit nicht nach dieser Verordnung begründet ist.

(2) Das Gericht hat das Verfahren so lange auszusetzen, bis festgestellt ist, dass es dem Beklagten möglich war, das verfahrenseinleitende Schriftstück oder ein gleichwertiges Schriftstück so rechtzeitig zu empfangen, dass er sich verteidigen konnte oder dass alle hierzu erforderlichen Maßnahmen getroffen worden sind.

(3) An die Stelle von Absatz 2 tritt Artikel 19 der Verordnung (EG) Nr. 1393/2007 des Europä-

ischen Parlaments und des Rates vom 13. November 2007 über die Zustellung gerichtlicher und außergerichtlicher Schriftstücke in Zivil- oder Handelssachen in den Mitgliedstaaten (Zustellung von Schriftstücken)[1], wenn das verfahrenseinleitende Schriftstück oder ein gleichwertiges Schriftstück nach der genannten Verordnung von einem Mitgliedstaat in einen anderen zu übermitteln war.

(4) Ist die Verordnung (EG) Nr. 1393/2007 nicht anwendbar, so gilt Artikel 15 des Haager Übereinkommens vom 15. November 1965 über die Zustellung gerichtlicher und außergerichtlicher Schriftstücke im Ausland in Zivil- und Handelssachen, wenn das verfahrenseinleitende Schriftstück oder ein gleichwertiges Schriftstück nach dem genannten Übereinkommen im Ausland zu übermitteln war.

ABSCHNITT 9

Anhängigkeit und im Zusammenhang stehende Verfahren

Artikel 29

(1) Werden bei Gerichten verschiedener Mitgliedstaaten Klagen wegen desselben Anspruchs zwischen denselben Parteien anhängig gemacht, so setzt das später angerufene Gericht unbeschadet des Artikels 31 Absatz 2 das Verfahren von Amts wegen aus, bis die Zuständigkeit des zuerst angerufenen Gerichts feststeht.

(2) In den in Absatz 1 genannten Fällen teilt das angerufene Gericht auf Antrag eines anderen angerufenen Gerichts diesem unverzüglich mit, wann es gemäß Artikel 32 angerufen wurde.

(3) Sobald die Zuständigkeit des zuerst angerufenen Gerichts feststeht, erklärt sich das später angerufene Gericht zugunsten dieses Gerichts für unzuständig.

Artikel 30

(1) Sind bei Gerichten verschiedener Mitgliedstaaten Verfahren, die im Zusammenhang stehen, anhängig, so kann jedes später angerufene Gericht das Verfahren aussetzen.

(2) Ist das beim zuerst angerufenen Gericht anhängige Verfahren in erster Instanz anhängig, so kann sich jedes später angerufene Gericht auf Antrag einer Partei auch für unzuständig erklären, wenn das zuerst angerufene Gericht für die betreffenden Verfahren zuständig ist und die Verbindung der Verfahren nach seinem Recht zulässig ist.

(3) Verfahren stehen im Sinne dieses Artikels im Zusammenhang, wenn zwischen ihnen eine

so enge Beziehung gegeben ist, dass eine gemeinsame Verhandlung und Entscheidung geboten erscheint, um zu vermeiden, dass in getrennten Verfahren widersprechende Entscheidungen ergehen könnten.

Artikel 31

(1) Ist für die Verfahren die ausschließliche Zuständigkeit mehrerer Gerichte gegeben, so hat sich das zuletzt angerufene Gericht zugunsten des zuerst angerufenen Gerichts für unzuständig zu erklären.

(2) Wird ein Gericht eines Mitgliedstaats angerufen, das gemäß einer Vereinbarung nach Artikel 25 ausschließlich zuständig ist, so setzt das Gericht des anderen Mitgliedstaats unbeschadet des Artikels 26 das Verfahren so lange aus, bis das auf der Grundlage der Vereinbarung angerufene Gericht erklärt hat, dass es gemäß der Vereinbarung nicht zuständig ist.

(3) Sobald das in der Vereinbarung bezeichnete Gericht die Zuständigkeit gemäß der Vereinbarung festgestellt hat, erklären sich die Gerichte des anderen Mitgliedstaats zugunsten dieses Gerichts für unzuständig.

(4) Die Absätze 2 und 3 gelten nicht für Streitigkeiten, die in den Abschnitten 3, 4 oder 5 genannt werden, wenn der Kläger Versicherungsnehmer, Versicherter, Begünstigter des Versicherungsvertrags, Geschädigter, Verbraucher oder Arbeitnehmer ist und die Vereinbarung nach einer in den genannten Abschnitten enthaltenen Bestimmung nicht gültig ist.

Artikel 32

(1) Für die Zwecke dieses Abschnitts gilt ein Gericht als angerufen:

a) zu dem Zeitpunkt, zu dem das verfahrenseinleitende Schriftstück oder ein gleichwertiges Schriftstück bei Gericht eingereicht worden ist, vorausgesetzt, dass der Kläger es in der Folge nicht versäumt hat, die ihm obliegenden Maßnahmen zu treffen, um die Zustellung des Schriftstücks an den Beklagten zu bewirken, oder

b) falls die Zustellung an den Beklagten vor Einreichung des Schriftstücks bei Gericht zu bewirken ist, zu dem Zeitpunkt, zu dem die für die Zustellung verantwortliche Stelle das Schriftstück erhalten hat, vorausgesetzt, dass der Kläger es in der Folge nicht versäumt hat, die ihm obliegenden Maßnahmen zu treffen, um das Schriftstück bei Gericht einzureichen.

Die für die Zustellung verantwortliche Stelle im Sinne von Buchstabe b ist die Stelle, die die zuzustellenden Schriftstücke zuerst erhält.

(2) Das Gericht oder die für die Zustellung verantwortliche Stelle gemäß Absatz 1 vermerkt das Datum der Einreichung des verfahrenseinlei-

---

Zu Artikel 28:
[1] ABl. L 324 vom 10.12.2007, S. 79.

tenden Schriftstücks oder gleichwertiger Schriftstücks beziehungsweise das Datum des Eingangs der zuzustellenden Schriftstücke.

Artikel 33

(1) Beruht die Zuständigkeit auf Artikel 4 oder auf den Artikeln 7, 8 oder 9 und ist bei Anrufung eines Gerichts eines Mitgliedstaats wegen desselben Anspruchs zwischen denselben Parteien ein Verfahren vor dem Gericht eines Drittstaats anhängig, so kann das Gericht des Mitgliedstaats das Verfahren aussetzen, wenn

a) zu erwarten ist, dass das Gericht des Drittstaats eine Entscheidung erlassen wird, die in dem betreffenden Mitgliedstaat anerkannt und gegebenenfalls vollstreckt werden kann, und

b) das Gericht des Mitgliedstaats davon überzeugt ist, dass eine Aussetzung des Verfahrens im Interesse einer geordneten Rechtspflege erforderlich ist.

(2) Das Gericht des Mitgliedstaats kann das Verfahren jederzeit fortsetzen, wenn

a) das Verfahren vor dem Gericht des Drittstaats ebenfalls ausgesetzt oder eingestellt wurde,

b) das Gericht des Mitgliedstaats es für unwahrscheinlich hält, dass das vor dem Gericht des Drittstaats anhängige Verfahren innerhalb einer angemessenen Frist abgeschlossen wird, oder

c) die Fortsetzung des Verfahrens im Interesse einer geordneten Rechtspflege erforderlich ist.

(3) Das Gericht des Mitgliedstaats stellt das Verfahren ein, wenn das vor dem Gericht des Drittstaats anhängige Verfahren abgeschlossen ist und eine Entscheidung ergangen ist, die in diesem Mitgliedstaat anerkannt und gegebenenfalls vollstreckt werden kann.

(4) Das Gericht des Mitgliedstaats wendet diesen Artikel auf Antrag einer der Parteien oder, wenn dies nach einzelstaatlichem Recht möglich ist, von Amts wegen an.

Artikel 34

(1) Beruht die Zuständigkeit auf Artikel 4 oder auf den Artikeln 7, 8 oder 9 und ist bei Anrufung eines Gerichts eines Mitgliedstaats vor einem Gericht eines Drittstaats ein Verfahren anhängig, das mit dem Verfahren vor dem Gericht des Mitgliedstaats in Zusammenhang steht, so kann das Gericht des Mitgliedstaats das Verfahren aussetzen, wenn

a) eine gemeinsame Verhandlung und Entscheidung der in Zusammenhang stehenden Verfahren geboten erscheint, um zu vermeiden, dass in getrennten Verfahren widersprechende Entscheidungen ergehen könnten,

b) zu erwarten ist, dass das Gericht des Drittstaats eine Entscheidung erlassen wird, die in dem betreffenden Mitgliedstaat anerkannt und gegebenenfalls vollstreckt werden kann, und

c) das Gericht des Mitgliedstaats davon überzeugt ist, dass die Aussetzung im Interesse einer geordneten Rechtspflege erforderlich ist.

(2) Das Gericht des Mitgliedstaats kann das Verfahren jederzeit fortsetzen, wenn

a) das Gericht des Mitgliedstaats es für wahrscheinlich hält, dass die Gefahr widersprechender Entscheidungen nicht mehr besteht,

b) das Verfahren vor dem Gericht des Drittstaats ebenfalls ausgesetzt oder eingestellt wurde,

c) das Gericht des Mitgliedstaats es für unwahrscheinlich hält, dass das vor dem Gericht des Drittstaats anhängige Verfahren innerhalb einer angemessenen Frist abgeschlossen wird, oder

d) die Fortsetzung des Verfahrens im Interesse einer geordneten Rechtspflege erforderlich ist.

(3) Das Gericht des Mitgliedstaats kann das Verfahren einstellen, wenn das vor dem Gericht des Drittstaats anhängige Verfahren abgeschlossen ist und eine Entscheidung ergangen ist, die in diesem Mitgliedstaat anerkannt und gegebenenfalls vollstreckt werden kann.

(4) Das Gericht des Mitgliedstaats wendet diesen Artikel auf Antrag einer der Parteien oder, wenn dies nach einzelstaatlichem Recht möglich ist, von Amts wegen an.

ABSCHNITT 10

Einstweilige Maßnahmen einschließlich Sicherungsmaßnahmen

Artikel 35

Die im Recht eines Mitgliedstaats vorgesehenen einstweiligen Maßnahmen einschließlich Sicherungsmaßnahmen können bei den Gerichten dieses Mitgliedstaats auch dann beantragt werden, wenn für die Entscheidung in der Hauptsache das Gericht eines anderen Mitgliedstaats zuständig ist.

KAPITEL III

ANERKENNUNG UND VOLLSTRECKUNG

ABSCHNITT 1

Anerkennung

Artikel 36

(1) Die in einem Mitgliedstaat ergangenen Entscheidungen werden in den anderen Mitgliedstaaten anerkannt, ohne dass es hierfür eines besonderen Verfahrens bedarf.

(2) Jeder Berechtigte kann gemäß dem Verfahren nach Abschnitt 3 Unterabschnitt 2 die Feststellung beantragen, dass keiner der in Artikel 45

genannten Gründe für eine Versagung der Anerkennung gegeben ist.

(3) Wird die Anerkennung in einem Rechtsstreit vor dem Gericht eines Mitgliedstaats, dessen Entscheidung von der Versagung der Anerkennung abhängt, verlangt, so kann dieses Gericht über die Anerkennung entscheiden.

Artikel 37

(1) Eine Partei, die in einem Mitgliedstaat eine in einem anderen Mitgliedstaat ergangene Entscheidung geltend machen will, hat Folgendes vorzulegen:

a) eine Ausfertigung der Entscheidung, die die für ihre Beweiskraft erforderlichen Voraussetzungen erfüllt, und

b) die nach Artikel 53 ausgestellte Bescheinigung.

(2) Das Gericht oder die Behörde, bei dem oder der eine in einem anderen Mitgliedstaat ergangene Entscheidung geltend gemacht wird, kann die Partei, die sie geltend macht, gegebenenfalls auffordern, eine Übersetzung oder eine Transliteration des Inhalts der in Absatz 1 Buchstabe b genannten Bescheinigung nach Artikel 57 zur Verfügung zu stellen. Kann das Gericht oder die Behörde das Verfahren ohne eine Übersetzung der eigentlichen Entscheidung nicht fortsetzen, so kann es oder sie die Partei auffordern, eine Übersetzung der Entscheidung statt der Übersetzung des Inhalts der Bescheinigung zur Verfügung zu stellen.

Artikel 38

Das Gericht oder die Behörde, bei dem bzw. der eine in einem anderen Mitgliedstaat ergangene Entscheidung geltend gemacht wird, kann das Verfahren ganz oder teilweise aussetzen, wenn

a) die Entscheidung im Ursprungsmitgliedstaat angefochten wird oder

b) die Feststellung, dass keiner der in Artikel 45 genannten Gründe für eine Versagung der Anerkennung gegeben ist, oder die Feststellung, dass die Anerkennung aus einem dieser Gründe zu versagen ist, beantragt worden ist.

ABSCHNITT 2

Vollstreckung

Artikel 39

Eine in einem Mitgliedstaat ergangene Entscheidung, die in diesem Mitgliedstaat vollstreckbar ist, ist in den anderen Mitgliedstaaten vollstreckbar, ohne dass es einer Vollstreckbarerklärung bedarf.

Artikel 40

Eine vollstreckbare Entscheidung umfasst von Rechts wegen die Befugnis, jede Sicherungsmaßnahme zu veranlassen, die im Recht des ersuchten Mitgliedstaats vorgesehen ist.

Artikel 41

(1) Vorbehaltlich der Bestimmungen dieses Abschnitts gilt für das Verfahren zur Vollstreckung der in einem anderen Mitgliedstaat ergangenen Entscheidungen das Recht des ersuchten Mitgliedstaats. Eine in einem Mitgliedstaat ergangene Entscheidung, die im ersuchten Mitgliedstaat vollstreckbar ist, wird dort unter den gleichen Bedingungen vollstreckt wie eine im ersuchten Mitgliedstaat ergangene Entscheidung.

(2) Ungeachtet des Absatzes 1 gelten die im Recht des ersuchten Mitgliedstaats für die Verweigerung oder Aussetzung der Vollstreckung vorgesehenen Gründe, soweit sie nicht mit den in Artikel 45 aufgeführten Gründen unvereinbar sind.

(3) Von der Partei, die die Vollstreckung einer in einem anderen Mitgliedstaat ergangenen Entscheidung beantragt, kann nicht verlangt werden, dass sie im ersuchten Mitgliedstaat über eine Postanschrift verfügt. Es kann von ihr auch nicht verlangt werden, dass sie im ersuchten Mitgliedstaat über einen bevollmächtigten Vertreter verfügt, es sei denn, ein solcher Vertreter ist ungeachtet der Staatsangehörigkeit oder des Wohnsitzes der Parteien vorgeschrieben.

Artikel 42

(1) Soll in einem Mitgliedstaat eine in einem anderen Mitgliedstaat ergangene Entscheidung vollstreckt werden, hat der Antragsteller der zuständigen Vollstreckungsbehörde Folgendes vorzulegen:

a) eine Ausfertigung der Entscheidung, die die für ihre Beweiskraft erforderlichen Voraussetzungen erfüllt, und

b) die nach Artikel 53 ausgestellte Bescheinigung, mit der bestätigt wird, dass die Entscheidung vollstreckbar ist, und die einen Auszug aus der Entscheidung sowie gegebenenfalls relevante Angaben zu den erstattungsfähigen Kosten des Verfahrens und der Berechnung der Zinsen enthält.

(2) Soll in einem Mitgliedstaat eine in einem anderen Mitgliedstaat ergangene Entscheidung vollstreckt werden, mit der eine einstweilige Maßnahme einschließlich einer Sicherungsmaßnahme angeordnet wird, hat der Antragsteller der zuständigen Vollstreckungsbehörde Folgendes vorzulegen:

a) eine Ausfertigung der Entscheidung, die die für ihre Beweiskraft erforderlichen Voraussetzungen erfüllt,

EuGVVO

b) die nach Artikel 53 ausgestellte Bescheinigung, die eine Beschreibung der Maßnahme enthält und mit der bestätigt wird, dass

i) das Gericht in der Hauptsache zuständig ist,

ii) die Entscheidung im Ursprungsmitgliedstaat vollstreckbar ist, und

c) wenn die Maßnahme ohne Vorladung des Beklagten angeordnet wurde, den Nachweis der Zustellung der Entscheidung.

(3) Die zuständige Vollstreckungsbehörde kann gegebenenfalls vom Antragsteller gemäß Artikel 57 eine Übersetzung oder Transliteration des Inhalts der Bescheinigung verlangen.

(4) Die zuständige Vollstreckungsbehörde darf vom Antragsteller eine Übersetzung der Entscheidung nur verlangen, wenn sie das Verfahren ohne eine solche Übersetzung nicht fortsetzen kann.

Artikel 43

(1) Soll eine in einem anderen Mitgliedstaat ergangene Entscheidung vollstreckt werden, so wird die gemäß Artikel 53 ausgestellte Bescheinigung dem Schuldner vor der ersten Vollstreckungsmaßnahme zugestellt. Der Bescheinigung wird die Entscheidung beigefügt, sofern sie dem Schuldner noch nicht zugestellt wurde.

(2) Hat der Schuldner seinen Wohnsitz in einem anderen Mitgliedstaat als dem Ursprungsmitgliedstaat, so kann er eine Übersetzung der Entscheidung verlangen, um ihre Vollstreckung anfechten zu können, wenn die Entscheidung nicht in einer der folgenden Sprachen abgefasst ist oder ihr keine Übersetzung in einer der folgenden Sprachen beigefügt ist:

a) einer Sprache, die er versteht, oder

b) der Amtssprache des Mitgliedstaats, in dem er seinen Wohnsitz hat, oder, wenn es in diesem Mitgliedstaat mehrere Amtssprachen gibt, in der Amtssprache oder einer der Amtssprachen des Ortes, an dem er seinen Wohnsitz hat.

Wird die Übersetzung der Entscheidung gemäß Unterabsatz 1 verlangt, so darf die Zwangsvollstreckung nicht über Sicherungsmaßnahmen hinausgehen, solange der Schuldner die Übersetzung nicht erhalten hat.

Dieser Absatz gilt nicht, wenn die Entscheidung dem Schuldner bereits in einer der in Unterabsatz 1 genannten Sprachen oder zusammen mit einer Übersetzung in eine dieser Sprachen zugestellt worden ist.

(3) Dieser Artikel gilt nicht für die Vollstreckung einer in einer Entscheidung enthaltenen Sicherungsmaßnahme oder wenn der Antragsteller Sicherungsmaßnahmen gemäß Artikel 40 erwirkt.

Artikel 44

(1) Wurde eine Versagung der Vollstreckung einer Entscheidung gemäß Abschnitt 3 Unterab-

schnitt 2 beantragt, so kann das Gericht im ersuchten Mitgliedstaat auf Antrag des Schuldners

a) das Vollstreckungsverfahren auf Sicherungsmaßnahmen beschränken,

b) die Vollstreckung von der Leistung einer vom Gericht zu bestimmenden Sicherheit abhängig machen oder

c) das Vollstreckungsverfahren insgesamt oder teilweise aussetzen.

(2) Die zuständige Behörde des ersuchten Mitgliedstaats setzt das Vollstreckungsverfahren auf Antrag des Schuldners aus, wenn die Vollstreckbarkeit der Entscheidung im Ursprungsmitgliedstaat ausgesetzt ist.

ABSCHNITT 3
Versagung der Anerkennung und Vollstreckung

Unterabschnitt 1
Versagung der Anerkennung

Artikel 45

(1) Die Anerkennung einer Entscheidung wird auf Antrag eines Berechtigten versagt, wenn

a) die Anerkennung der öffentlichen Ordnung (ordre public) des ersuchten Mitgliedstaats offensichtlich widersprechen würde;

b) dem Beklagten, der sich auf das Verfahren nicht eingelassen hat, das verfahrenseinleitende Schriftstück oder ein gleichwertiges Schriftstück nicht so rechtzeitig und in einer Weise zugestellt worden ist, dass er sich verteidigen konnte, es sei denn, der Beklagte hat gegen die Entscheidung keinen Rechtsbehelf eingelegt, obwohl er die Möglichkeit dazu hatte;

c) die Entscheidung mit einer Entscheidung unvereinbar ist, die zwischen denselben Parteien im ersuchten Mitgliedstaat ergangen ist;

d) die Entscheidung mit einer früheren Entscheidung unvereinbar ist, die in einem anderen Mitgliedstaat oder in einem Drittstaat in einem Rechtsstreit wegen desselben Anspruchs zwischen denselben Parteien ergangen ist, sofern die frühere Entscheidung die notwendigen Voraussetzungen für ihre Anerkennung im ersuchten Mitgliedstaat erfüllt, oder

e) die Entscheidung unvereinbar ist

i) mit Kapitel II Abschnitte 3, 4 oder 5, sofern der Beklagte Versicherungsnehmer, Versicherter, Begünstigter des Versicherungsvertrags, Geschädigter, Verbraucher oder Arbeitnehmer ist, oder

ii) mit Kapitel II Abschnitt 6.

(2) Das mit dem Antrag befasste Gericht ist bei der Prüfung, ob eine der in Absatz 1 Buchstabe e angeführten Zuständigkeiten gegeben ist, an die tatsächlichen Feststellungen gebunden, auf-

grund deren das Ursprungsgericht seine Zuständigkeit angenommen hat.

(3) Die Zuständigkeit des Ursprungsgerichts darf, unbeschadet des Absatzes 1 Buchstabe e, nicht nachgeprüft werden. Die Vorschriften über die Zuständigkeit gehören nicht zur öffentlichen Ordnung (ordre public) im Sinne des Absatzes 1 Buchstabe a.

(4) Der Antrag auf Versagung der Anerkennung ist gemäß den Verfahren des Unterabschnitts 2 und gegebenenfalls des Abschnitts 4 zu stellen.

Unterabschnitt 2

Versagung der Vollstreckung

Artikel 46

Die Vollstreckung einer Entscheidung wird auf Antrag des Schuldners versagt, wenn festgestellt wird, dass einer der in Artikel 45 genannten Gründe gegeben ist.

Artikel 47

(1) Der Antrag auf Versagung der Vollstreckung ist an das Gericht zu richten, das der Kommission von dem betreffenden Mitgliedstaat gemäß Artikel 75 Buchstabe a mitgeteilt wurde.

(2) Für das Verfahren zur Versagung der Vollstreckung ist, soweit es nicht durch diese Verordnung geregelt ist, das Recht des ersuchten Mitgliedstaats maßgebend.

(3) Der Antragsteller legt dem Gericht eine Ausfertigung der Entscheidung und gegebenenfalls eine Übersetzung oder Transliteration der Entscheidung vor.
Das Gericht kann auf die Vorlage der in Unterabsatz 1 genannten Schriftstücke verzichten, wenn ihm die Schriftstücke bereits vorliegen oder wenn es das Gericht für unzumutbar hält, vom Antragsteller die Vorlage der Schriftstücke zu verlangen. Im letztgenannten Fall kann das Gericht von der anderen Partei verlangen, diese Schriftstücke vorzulegen.

(4) Von der Partei, die die Versagung der Vollstreckung einer in einem anderen Mitgliedstaat ergangenen Entscheidung beantragt, kann nicht verlangt werden, dass sie im ersuchten Mitgliedstaat über eine Postanschrift verfügt. Es kann von ihr auch nicht verlangt werden, dass sie im ersuchten Mitgliedstaat über einen bevollmächtigten Vertreter verfügt, es sei denn, ein solcher Vertreter ist ungeachtet der Staatsangehörigkeit oder des Wohnsitzes der Parteien vorgeschrieben.

Artikel 48

Das Gericht entscheidet unverzüglich über den Antrag auf Versagung der Vollstreckung.

Artikel 49

(1) Gegen die Entscheidung über den Antrag auf Versagung der Vollstreckung kann jede Partei einen Rechtsbehelf einlegen.

(2) Der Rechtsbehelf ist bei dem Gericht einzulegen, das der Kommission von dem betreffenden Mitgliedstaat gemäß Artikel 75 Buchstabe b mitgeteilt wurde.

Artikel 50

Gegen die Entscheidung, die über den Rechtsbehelf ergangen ist, kann nur ein Rechtsbehelf eingelegt werden, wenn der betreffende Mitgliedstaat der Kommission gemäß Artikel 75 Buchstabe c mitgeteilt hat, bei welchen Gerichten ein weiterer Rechtsbehelf einzulegen ist.

Artikel 51

(1) Das mit einem Antrag auf Verweigerung der Vollstreckung befasste Gericht oder das nach Artikel 49 oder Artikel 50 mit einem Rechtsbehelf befasste Gericht kann das Verfahren aussetzen, wenn gegen die Entscheidung im Ursprungsmitgliedstaat ein ordentlicher Rechtsbehelf eingelegt wurde oder die Frist für einen solchen Rechtsbehelf noch nicht verstrichen ist. Im letztgenannten Fall kann das Gericht eine Frist bestimmen, innerhalb derer der Rechtsbehelf einzulegen ist.

(2) Ist die Entscheidung in Irland, Zypern oder im Vereinigten Königreich ergangen, so gilt jeder im Ursprungsmitgliedstaat statthafte Rechtsbehelf als ordentlicher Rechtsbehelf im Sinne des Absatzes 1.

ABSCHNITT 4

Gemeinsame Vorschriften

Artikel 52

Eine in einem Mitgliedstaat ergangene Entscheidung darf im ersuchten Mitgliedstaat keinesfalls in der Sache selbst nachgeprüft werden.

Artikel 53

Das Ursprungsgericht stellt auf Antrag eines Berechtigten die Bescheinigung unter Verwendung des Formblatts in Anhang I aus.

Artikel 54

(1) Enthält eine Entscheidung eine Maßnahme oder Anordnung, die im Recht des ersuchten Mitgliedstaats nicht bekannt ist, so ist diese Maßnahme oder Anordnung soweit möglich an eine im Recht dieses Mitgliedstaats bekannte Maßnahme oder Anordnung anzupassen, mit der vergleichbare Wirkungen verbunden sind und die ähnliche Ziele und Interessen verfolgt.

Eine solche Anpassung darf nicht dazu führen, dass Wirkungen entstehen, die über die im Recht des Ursprungsmitgliedstaats vorgesehenen Wirkungen hinausgehen.

(2) Jede Partei kann die Anpassung der Maßnahme oder Anordnung vor einem Gericht anfechten.

(3) Die Partei, die die Entscheidung geltend macht oder deren Vollstreckung beantragt, kann erforderlichenfalls aufgefordert werden, eine Übersetzung oder Transliteration der Entscheidung zur Verfügung zu stellen.

Artikel 55

In einem Mitgliedstaat ergangene Entscheidungen, die auf Zahlung eines Zwangsgelds lauten, sind im ersuchten Mitgliedstaat nur vollstreckbar, wenn die Höhe des Zwangsgelds durch das Ursprungsgericht endgültig festgesetzt ist.

Artikel 56

Der Partei, die in einem Mitgliedstaat eine in einem anderen Mitgliedstaat ergangene Entscheidung vollstrecken will, darf wegen ihrer Eigenschaft als Ausländer oder wegen Fehlens eines Wohnsitzes oder Aufenthalts im ersuchten Mitgliedstaat eine Sicherheitsleistung oder Hinterlegung, unter welcher Bezeichnung es auch sei, nicht auferlegt werden.

Artikel 57

(1) Ist nach dieser Verordnung eine Übersetzung oder Transliteration erforderlich, so erfolgt die Übersetzung oder Transliteration in die Amtssprache des betreffenden Mitgliedstaats oder, wenn es in diesem Mitgliedstaat mehrere Amtssprachen gibt, nach Maßgabe des Rechts dieses Mitgliedstaats in die oder in eine der Verfahrenssprachen des Ortes, an dem eine in einem anderen Mitgliedstaat ergangene Entscheidung geltend gemacht oder ein Antrag gestellt wird.

(2) Bei den in den Artikeln 53 und 60 genannten Formblättern kann eine Übersetzung oder Transliteration auch in eine oder mehrere andere Amtssprachen der Organe der Union erfolgen, die der betreffende Mitgliedstaat für diese Formblätter zugelassen hat.

(3) Eine Übersetzung aufgrund dieser Verordnung ist von einer Person zu erstellen, die zur Anfertigung von Übersetzungen in einem der Mitgliedstaaten befugt ist.

KAPITEL IV

ÖFFENTLICHE URKUNDEN UND GERICHTLICHE VERGLEICHE

Artikel 58

(1) Öffentliche Urkunden, die im Ursprungsmitgliedstaat vollstreckbar sind, sind in den anderen Mitgliedstaaten vollstreckbar, ohne dass es einer Vollstreckbarerklärung bedarf. Die Zwangsvollstreckung aus der öffentlichen Urkunde kann nur versagt werden, wenn sie der öffentlichen Ordnung (ordre public) des ersuchten Mitgliedstaats offensichtlich widersprechen würde. Die Vorschriften des Kapitels III Abschnitt 2, des Abschnitts 3 Unterabschnitt 2 und des Abschnitts 4 sind auf öffentlichen Urkunden sinngemäß anzuwenden.

(2) Die vorgelegte öffentliche Urkunde muss die Voraussetzungen für ihre Beweiskraft erfüllen, die im Ursprungsmitgliedstaat erforderlich sind.

Artikel 59

Gerichtliche Vergleiche, die im Ursprungsmitgliedstaat vollstreckbar sind, werden in den anderen Mitgliedstaaten unter denselben Bedingungen wie öffentliche Urkunden vollstreckt.

Artikel 60

Die zuständige Behörde oder das Gericht des Ursprungsmitgliedstaats stellt auf Antrag eines Berechtigten die Bescheinigung mit einer Zusammenfassung der in der öffentlichen Urkunde beurkundeten vollstreckbaren Verpflichtung oder der in dem gerichtlichen Vergleich beurkundeten Parteivereinbarung unter Verwendung des Formblatts in Anhang II aus.

KAPITEL V

ALLGEMEINE VORSCHRIFTEN

Artikel 61

Im Rahmen dieser Verordnung bedarf es hinsichtlich Urkunden, die in einem Mitgliedstaat ausgestellt werden, weder der Legalisation noch einer ähnlichen Förmlichkeit.

Artikel 62

(1) Ist zu entscheiden, ob eine Partei im Hoheitsgebiet des Mitgliedstaats, dessen Gerichte angerufen sind, einen Wohnsitz hat, so wendet das Gericht sein Recht an.

(2) Hat eine Partei keinen Wohnsitz in dem Mitgliedstaat, dessen Gerichte angerufen sind, so wendet das Gericht, wenn es zu entscheiden hat, ob die Partei einen Wohnsitz in einem anderen

Mitgliedstaat hat, das Recht dieses Mitgliedstaats an.

Artikel 63

(1) Gesellschaften und juristische Personen haben für die Anwendung dieser Verordnung ihren Wohnsitz an dem Ort, an dem sich

a) ihr satzungsmäßiger Sitz,

b) ihre Hauptverwaltung oder

c) ihre Hauptniederlassung befindet.

(2) Im Falle Irlands, Zyperns und des Vereinigten Königreichs ist unter dem Ausdruck „satzungsmäßiger Sitz" das *registered office* oder, wenn ein solches nirgendwo besteht, der *place of incorporation* (Ort der Erlangung der Rechtsfähigkeit) oder, wenn ein solcher nirgendwo besteht, der Ort, nach dessen Recht die *formation* (Gründung) erfolgt ist, zu verstehen.

(3) Um zu bestimmen, ob ein Trust seinen Sitz in dem Mitgliedstaat hat, bei dessen Gerichten die Klage anhängig ist, wendet das Gericht sein Internationales Privatrecht an.

Artikel 64

Unbeschadet günstigerer innerstaatlicher Vorschriften können Personen, die ihren Wohnsitz im Hoheitsgebiet eines Mitgliedstaats haben und die vor den Strafgerichten eines anderen Mitgliedstaats, dessen Staatsangehörigkeit sie nicht besitzen, wegen einer fahrlässig begangenen Straftat verfolgt werden, sich von hierzu befugten Personen vertreten lassen, selbst wenn sie persönlich nicht erscheinen. Das Gericht kann jedoch das persönliche Erscheinen anordnen; wird diese Anordnung nicht befolgt, so braucht die Entscheidung, die über den Anspruch aus einem Rechtsverhältnis des Zivilrechts ergangen ist, ohne dass sich der Angeklagte verteidigen konnte, in den anderen Mitgliedstaaten weder anerkannt noch vollstreckt zu werden.

Artikel 65

(1) Die in Artikel 8 Nummer 2 und Artikel 13 für eine Gewährleistungs- oder Interventionsklage vorgesehene Zuständigkeit kann in den Mitgliedstaaten, die in der von der Kommission nach Artikel 76 Absatz 1 Buchstabe b und Artikel 76 Absatz 2 festgelegten Liste aufgeführt sind, nur geltend gemacht werden, soweit das einzelstaatliche Recht dies zulässt. Eine Person, die ihren Wohnsitz in einem anderen Mitgliedstaat hat, kann aufgefordert werden, nach den Vorschriften über die Streitverkündung gemäß der genannten Liste einem Verfahren vor einem Gericht dieser Mitgliedstaaten beizutreten.

(2) Entscheidungen, die in einem Mitgliedstaat aufgrund des Artikels 8 Nummer 2 oder des Artikels 13 ergangen sind, werden nach Kapitel III

in allen anderen Mitgliedstaaten anerkannt und vollstreckt. Die Wirkungen, welche die Entscheidungen, die in den in der Liste nach Absatz 1 aufgeführten Mitgliedstaaten ergangen sind, gemäß dem Recht dieser Mitgliedstaaten infolge der Anwendung von Absatz 1 gegenüber Dritten haben, werden in den allen Mitgliedstaaten anerkannt.

(3) Die in der Liste nach Absatz 1 aufgeführten Mitgliedstaaten übermitteln im Rahmen des durch die Entscheidung 2001/470/EG des Rates[1] errichteten Europäischen Justiziellen Netzes für Zivil- und Handelssachen („Europäisches Justizielles Netz") Informationen darüber, wie nach Maßgabe ihres innerstaatlichen Rechts die in Absatz 2 Satz 2 genannten Wirkungen der Entscheidungen bestimmt werden können.

KAPITEL VI
ÜBERGANGSVORSCHRIFTEN

Artikel 66

(1) Diese Verordnung ist nur auf Verfahren, öffentliche Urkunden oder gerichtliche Vergleiche anzuwenden, die am 10. Januar 2015 oder danach eingeleitet, förmlich errichtet oder eingetragen bzw. gebilligt oder geschlossen worden sind.

(2) Ungeachtet des Artikels 80 gilt die Verordnung (EG) Nr. 44/2001 weiterhin für Entscheidungen, die in vor dem 10. Januar 2015 eingeleiteten gerichtlichen Verfahren ergangen sind, für vor diesem Zeitpunkt förmlich errichtete oder eingetragene öffentliche Urkunden sowie für vor diesem Zeitpunkt gebilligte oder geschlossene gerichtliche Vergleiche, sofern sie in den Anwendungsbereich der genannten Verordnung fallen.

KAPITEL VII
VERHÄLTNIS ZU ANDEREN RECHTSINSTRUMENTEN

Artikel 67

Diese Verordnung berührt nicht die Anwendung der Bestimmungen, die für besondere Rechtsgebiete die gerichtliche Zuständigkeit oder die Anerkennung und Vollstreckung von Entscheidungen regeln und in Unionsrechtsakten oder in dem in Ausführung dieser Rechtsakte harmonisierten einzelstaatlichen Recht enthalten sind.

Artikel 68

(1) Diese Verordnung tritt im Verhältnis zwischen den Mitgliedstaaten an die Stelle des Brüsseler Übereinkommens von 1968, außer hinsichtlich der Hoheitsgebiete der Mitgliedstaa-

EuGVVO

Zu Artikel 65:
[1] *ABl. L 174 vom 27.6.2001, S. 25.*

ten, die in den territorialen Anwendungsbereich des genannten Übereinkommens fallen und aufgrund der Anwendung von Artikel 355 AEUV von dieser Verordnung ausgeschlossen sind.

(2) Soweit diese Verordnung die Bestimmungen des Brüsseler Übereinkommens von 1968 zwischen den Mitgliedstaaten ersetzt, gelten Verweise auf dieses Übereinkommen als Verweise auf die vorliegende Verordnung.

Artikel 69

Diese Verordnung ersetzt unbeschadet der Artikel 70 und 71 im Verhältnis zwischen den Mitgliedstaaten die Übereinkünfte, die sich auf dieselben Rechtsgebiete erstrecken wie diese Verordnung. Ersetzt werden insbesondere die Übereinkünfte, die in der von der Kommission nach Artikel 76 Absatz 1 Buchstabe c und Artikel 76 Absatz 2 festgelegten Liste aufgeführt sind.

Artikel 70

(1) Die in Artikel 69 genannten Übereinkünfte behalten ihre Wirksamkeit für die Rechtsgebiete, auf die diese Verordnung nicht anzuwenden ist.

(2) Sie bleiben auch weiterhin für die Entscheidungen, öffentlichen Urkunden und gerichtlichen Vergleiche wirksam, die vor dem Inkrafttreten der Verordnung (EG) Nr. 44/2001 ergangen, förmlich errichtet oder eingetragen bzw. gebilligt oder geschlossen worden sind.

Artikel 71

(1) Diese Verordnung lässt Übereinkünfte unberührt, denen die Mitgliedstaaten angehören und die für besondere Rechtsgebiete die gerichtliche Zuständigkeit, die Anerkennung oder die Vollstreckung von Entscheidungen regeln.

(2) Um eine einheitliche Auslegung des Absatzes 1 zu sichern, wird er in folgender Weise angewandt:

a) Diese Verordnung schließt nicht aus, dass ein Gericht eines Mitgliedstaats, der Vertragspartei einer Übereinkunft über ein besonderes Rechtsgebiet ist, seine Zuständigkeit auf eine solche Übereinkunft stützt, und zwar auch dann, wenn der Beklagte seinen Wohnsitz im Hoheitsgebiet eines Mitgliedstaats hat, der nicht Vertragspartei einer solchen Übereinkunft ist. In jedem Fall wendet dieses Gericht Artikel 28 dieser Verordnung an.

b) Entscheidungen, die in einem Mitgliedstaat von einem Gericht erlassen worden sind, das seine Zuständigkeit auf eine Übereinkunft über ein besonderes Rechtsgebiet gestützt hat, werden in den anderen Mitgliedstaaten nach dieser Verordnung anerkannt und vollstreckt.

Sind der Ursprungsmitgliedstaat und der ersuchte Mitgliedstaat Vertragsparteien einer Übereinkunft

über ein besonderes Rechtsgebiet, welche die Voraussetzungen für die Anerkennung und Vollstreckung von Entscheidungen regelt, so gelten diese Voraussetzungen. In jedem Fall können die Bestimmungen dieser Verordnung über die Anerkennung und Vollstreckung von Entscheidungen angewandt werden.

Artikel 71a

(1) Für die Zwecke dieser Verordnung gilt ein gemeinsames Gericht mehrerer Mitgliedstaaten gemäß Absatz 2 („gemeinsames Gericht") als ein Gericht eines Mitgliedstaats, wenn das gemeinsame Gericht gemäß der zu seiner Errichtung geschlossenen Übereinkunft eine gerichtliche Zuständigkeit in Angelegenheiten ausübt, die in den Anwendungsbereich dieser Verordnung fallen.

(2) Jedes der folgenden Gerichte ist für die Zwecke dieser Verordnung ein gemeinsames Gericht:

a) das mit dem am 19. Februar 2013 unterzeichneten Übereinkommen zur Schaffung eines Einheitlichen Patentgerichts („EPG-Übereinkommen") errichtete Einheitliche Patentgericht und

b) der mit dem Vertrag vom 31. März 1965 über die Gründung und die Satzung des Benelux-Gerichtshofs (im Folgenden „Benelux-Gerichtshof-Vertrag") errichtete Benelux-Gerichtshof.

(ABl L 163 vom 29. 5. 2014, S 3)

Artikel 71b

Die Zuständigkeit eines gemeinsamen Gerichts wird wie folgt bestimmt:

1. Ein gemeinsames Gericht ist zuständig, wenn die Gerichte eines Mitgliedstaats, der Partei der Übereinkunft zur Errichtung des gemeinsamen Gerichts ist, nach Maßgabe dieser Verordnung in einem unter die betreffende Übereinkunft fallenden Rechtsgebiet zuständig wären.

2. In Fällen, in denen der Beklagte seinen Wohnsitz nicht in einem Mitgliedstaat hat und diese Verordnung die ihn betreffende gerichtliche Zuständigkeit nicht anderweitig begründet, findet Kapitel II, soweit einschlägig, ungeachtet des Wohnsitzes des Beklagten Anwendung.

Einstweilige Maßnahmen einschließlich Sicherungsmaßnahmen können bei einem gemeinsamen Gericht auch dann beantragt werden, wenn für die Entscheidung in der Hauptsache die Gerichte eines Drittstaats zuständig sind.

3. Ist ein gemeinsames Gericht hinsichtlich eines Beklagten nach Nummer 2 in einem Rechtsstreit über eine Verletzung eines Europäischen Patents, die zu einem Schaden innerhalb der Union geführt hat, zuständig, kann dieses Gericht seine Zuständigkeit auch hinsichtlich eines aufgrund einer solchen Verletzung außerhalb der Union entstandenen Schadens ausüben.

Diese Zuständigkeit kann nur begründet werden, wenn dem Beklagten gehörendes Vermögen in einem Mitgliedstaat belegen ist, der Vertragspartei der Übereinkunft zur Errichtung des gemeinsamen Gerichts ist und der Rechtsstreit einen hinreichenden Bezug zu einem solchen Mitgliedstaat aufweist.

(ABl L 163 vom 29. 5. 2014, S 3)

Artikel 71c

(1) Die Artikel 29 bis 32 finden Anwendung, wenn ein gemeinsames Gericht und ein Gericht eines Mitgliedstaats, der nicht Vertragspartei der Übereinkunft zur Errichtung des gemeinsamen Gerichts ist, angerufen werden.

(2) Die Artikel 29 bis 32 finden Anwendung, wenn während des Übergangszeitraums gemäß Artikel 83 des EPG- Übereinkommens das Einheitliche Patentgericht und ein Gericht eines Mitgliedstaats angerufen werden, der Vertragspartei des EPG-Übereinkommens ist.

(ABl L 163 vom 29. 5. 2014, S 3)

Artikel 71d

Diese Verordnung findet Anwendung auf die Anerkennung und Vollstreckung von

a) Entscheidungen eines gemeinsamen Gerichts, die in einem Mitgliedstaat, der nicht Vertragspartei der Übereinkunft zur Errichtung des gemeinsamen Gerichts ist, anerkannt und vollstreckt werden müssen, und

b) Entscheidungen der Gerichte eines Mitgliedstaats, der nicht Vertragspartei der Übereinkunft zur Errichtung des gemeinsamen Gerichts ist, die in einem Mitgliedstaat, der Vertragspartei dieser Übereinkunft ist, anerkannt und vollstreckt werden müssen.

Wird die Anerkennung und Vollstreckung einer Entscheidung eines gemeinsamen Gerichts jedoch in einem Mitgliedstaat beantragt, der Vertragspartei der Übereinkunft zur Errichtung des gemeinsamen Gerichts ist, gelten anstelle dieser Verordnung alle die Anerkennung und Vollstreckung betreffenden Bestimmungen der Übereinkunft.

(ABl L 163 vom 29. 5. 2014, S 3)

Artikel 72

Diese Verordnung lässt Vereinbarungen unberührt, durch die sich die Mitgliedstaaten vor Inkrafttreten der Verordnung (EG) Nr. 44/2001 nach Artikel 59 des Brüsseler Übereinkommens von 1968 verpflichtet haben, Entscheidungen der Gerichte eines anderen Vertragsstaats des genannten Übereinkommens gegen Beklagte, die ihren Wohnsitz oder gewöhnlichen Aufenthalt im Hoheitsgebiet eines Drittstaats haben, nicht anzuerkennen, wenn die Entscheidungen in den Fällen

des Artikels 4 des genannten Übereinkommens nur in einem der in Artikel 3 Absatz 2 des genannten Übereinkommens angeführten Gerichtsstände ergehen können.

Artikel 73

(1) Diese Verordnung lässt die Anwendung des Übereinkommens von Lugano von 2007 unberührt.

(2) Diese Verordnung lässt die Anwendung des Übereinkommens von New York von 1958 unberührt.

(3) Diese Verordnung lässt die Anwendung der bilateralen Übereinkünfte und Vereinbarungen zwischen einem Drittstaat und einem Mitgliedstaat unberührt, die vor dem Inkrafttreten der Verordnung (EG) Nr. 44/2001 geschlossen wurden und in dieser Verordnung geregelte Angelegenheiten betreffen.

KAPITEL VIII

SCHLUSSVORSCHRIFTEN

Artikel 74

Die Mitgliedstaaten übermitteln im Rahmen des Europäischen Justiziellen Netzes für Zivil- und Handelssachen eine Beschreibung der einzelstaatlichen Vollstreckungsvorschriften und -verfahren, einschließlich Angaben über die Vollstreckungsbehörden, sowie Informationen über alle Vollstreckungsbeschränkungen, insbesondere über Schuldnerschutzvorschriften und Verjährungsfristen, im Hinblick auf die Bereitstellung dieser Informationen für die Öffentlichkeit. Die Mitgliedstaaten halten diese Informationen stets auf dem neuesten Stand.

Artikel 75

Die Mitgliedstaaten teilen der Kommission bis zum 10. Januar 2014 mit,

a) an welches Gericht der Antrag auf Versagung der Vollstreckung gemäß Artikel 47 Absatz 1 zu richten ist;

b) bei welchen Gerichten der Rechtsbehelf gegen die Entscheidung über den Antrag auf Versagung der Vollstreckung gemäß Artikel 49 Absatz 2 einzulegen ist;

c) bei welchen Gerichten ein weiterer Rechtsbehelf gemäß Artikel 50 einzulegen ist und

d) welche Sprachen für die Übersetzung der Formblätter nach Artikel 57 Absatz 2 zugelassen sind.

Die Angaben werden von der Kommission in geeigneter Weise, insbesondere über das Europäische Justizielle Netz für Zivil- und Handelssachen, der Öffentlichkeit zur Verfügung gestellt.

EuGVVO

34. EuGVVO neu
Artikel 76 – 81

Artikel 76

(1) Die Mitgliedstaaten notifizieren der Kommission

a) die Zuständigkeitsvorschriften nach Artikel 5 Absatz 2 und Artikel 6 Absatz 2,

b) die Regeln für die Streitverkündung nach Artikel 65 und

c) die Übereinkünfte nach Artikel 69.

(2) Die Kommission legt anhand der in Absatz 1 genannten Notifizierungen der Mitgliedstaaten die jeweiligen Listen fest.

(3) Die Mitgliedstaaten notifizieren der Kommission alle späteren Änderungen, die an diesen Listen vorgenommen werden müssen. Die Kommission passt diese Listen entsprechend an.

(4) Die Kommission veröffentlicht die Listen und alle späteren Änderungen dieser Listen im *Amtsblatt der Europäischen Union.*^{*)}

(5) Die Kommission stellt der Öffentlichkeit alle nach den Absätzen 1 und 3 notifizierten Informationen auf andere geeignete Weise, insbesondere über das Europäische Justizielle Netz, zur Verfügung.

Artikel 77

Der Kommission wird die Befugnis übertragen, gemäß Artikel 78 in Bezug auf die Änderung der Anhänge I und II delegierte Rechtsakte zu erlassen.

Artikel 78

(1) Die der Kommission übertragene Befugnis zum Erlass delegierter Rechtsakte unterliegt den Bedingungen dieses Artikels.

(2) Die Befugnis zum Erlass delegierter Rechtsakte gemäß Artikel 77 wird der Kommission auf unbestimmte Zeit ab dem 9. Januar 2013 übertragen.

(3) Die Befugnisübertragung gemäß Artikel 77 kann vom Europäischen Parlament oder vom Rat jederzeit widerrufen werden. Der Beschluss über den Widerruf beendet die Übertragung der darin genannten Befugnisse. Der Beschluss tritt am Tag nach Veröffentlichung des Beschlusses im *Amtsblatt der Europäischen Union* oder zu einem späteren, in dem Beschluss festgelegten Zeitpunkt in Kraft. Er berührt nicht die Gültigkeit bereits in Kraft getretener delegierter Rechtsakte.

(4) Sobald die Kommission einen delegierten Rechtsakt erlässt, übermittelt sie ihn gleichzeitig dem Europäischen Parlament und dem Rat.

(5) Ein gemäß Artikel 77 erlassener delegierter Rechtsakt tritt nur in Kraft, wenn weder das Europäische Parlament noch der Rat innerhalb einer Frist von zwei Monaten nach Übermittlung dieses Rechtsakts an das Europäische Parlament und den Rat Einwände erhoben hat oder wenn vor Ablauf dieser Frist sowohl das Europäische Parlament als auch der Rat der Kommission mitgeteilt haben, dass sie keine Einwände zu erheben beabsichtigen. Diese Frist wird auf Initiative des Europäischen Parlaments oder des Rates um zwei Monate verlängert.

Artikel 79

Die Kommission legt dem Europäischen Parlament, dem Rat und dem Europäischen Wirtschafts- und Sozialausschuss bis zum 11. Januar 2022 einen Bericht über die Anwendung dieser Verordnung vor. Dieser Bericht enthält auch eine Bewertung der Frage, ob die Zuständigkeitsvorschriften weiter ausgedehnt werden sollten auf Beklagte, die ihren Wohnsitz nicht in einem Mitgliedstaat haben, wobei der Funktionsweise dieser Verordnung und möglichen Entwicklungen auf internationaler Ebene Rechnung zu tragen ist. Dem Bericht wird gegebenenfalls ein Vorschlag zur Änderung dieser Verordnung beigefügt.

Artikel 80

Die Verordnung (EG) Nr. 44/2001 wird durch diese Verordnung aufgehoben. Bezugnahmen auf die aufgehobene Verordnung gelten als Bezugnahmen auf die vorliegende Verordnung und sind nach Maßgabe der Entsprechungstabelle in Anhang III zu lesen.

Artikel 81

Diese Verordnung tritt am zwanzigsten Tag nach ihrer Veröffentlichung im Amtsblatt der Europäischen Union in Kraft.
Sie gilt ab dem 10. Januar 2015, mit Ausnahme der Artikel 75 und 76, die ab dem 10. Januar 2014 gelten.

Diese Verordnung ist in allen ihren Teilen verbindlich und gilt gemäß den Verträgen unmittelbar in den Mitgliedstaaten.

Geschehen zu Straßburg am 12. Dezember 2012.

Im Namen des Europäischen Parlaments	*Im Namen des Rates*
Der Präsident	*Der Präsident*
M. SCHULZ	A. D. MAVROYIANNIS

Zu Artikel 76:
^{*)} *Siehe die Listen in ABl. 2015/C 4/02*

Anhang I

ANHANG I

BESCHEINIGUNG ÜBER EINE ENTSCHEIDUNG IN ZIVIL- UND HANDELSSACHEN

Artikel 53 der Verordnung (EU) Nr. 1215/2012 des Europäischen Parlaments und des Rates über die gerichtliche Zuständigkeit und die Anerkennung und Vollstreckung von Entscheidungen in Zivil- und Handelssachen

1.	URSPRUNGSGERICHT
1.1.	Bezeichnung:
1.2.	Anschrift:
1.2.1.	Straße und Hausnummer/Postfach:
1.2.2.	PLZ und Ort:
1.2.3.	Mitgliedstaat:

AT ☐ BE ☐ BG ☐ CY ☐ CZ ☐ DK ☐ DE ☐ EE ☐ EL ☐ ES ☐ FI ☐ FR ☐ HR ☐ HU ☐ IE ☐ IT ☐ LT ☐ LU ☐ LV ☐ MT ☐ NL ☐ PL ☐ PT ☐ RO ☐ SE ☐ SI ☐ SK ☐ UK ☐

1.3.	Telefon:
1.4.	Fax:
1.5.	E-Mail (falls verfügbar):
2.	KLÄGER (¹)
2.1.	Name, Vorname/Name der Firma oder Organisation:
2.2.	Identifizierungsnummer (falls vorhanden und falls verfügbar):
2.3.	Geburtsdatum (TT/MM/JJJJ) und Geburtsort oder, bei juristischen Personen, Datum der Gründung/Erlangung der Rechtsfähigkeit/Registrierung (falls relevant und falls verfügbar):
2.4.	Anschrift:
2.4.1.	Straße und Hausnummer/Postfach:
2.4.2.	PLZ und Ort:
2.4.3.	Land:

AT ☐ BE ☐ BG ☐ CY ☐ CZ ☐ DK ☐ DE ☐ EE ☐ EL ☐ ES ☐ FI ☐ FR ☐ HR ☐ HU ☐ IE ☐ IT ☐ LT ☐ LU ☐ LV ☐ MT ☐ NL ☐ PL ☐ PT ☐ RO ☐ SE ☐ SI ☐ SK ☐ UK ☐ Sonstige (bitte angeben (ISO-Code)) ☐

2.5.	E-Mail (falls verfügbar):
3.	BEKLAGTE(R) (²)
3.1.	Name, Vorname/Name der Firma oder Organisation:
3.2.	Identifizierungsnummer (falls vorhanden und falls verfügbar):
3.3.	Geburtsdatum (TT/MM/JJJJ) und Geburtsort oder, bei juristischen Personen, Datum der Gründung/Erlangung der Rechtsfähigkeit/Registrierung (falls relevant und falls verfügbar):
3.4.	Anschrift:
3.4.1.	Straße und Hausnummer/Postfach:
3.4.2.	PLZ und Ort:
3.4.3.	Land:

AT ☐ BE ☐ BG ☐ CY ☐ CZ ☐ DK ☐ DE ☐ EE ☐ EL ☐ ES ☐ FI ☐ FR ☐ HR ☐ HU ☐ IE ☐ IT ☐ LT ☐ LU ☐ LV ☐ MT ☐ NL ☐ PL ☐ PT ☐ RO ☐ SE ☐ SI ☐ SK ☐ UK ☐ Sonstige (bitte angeben (ISO-Code)) ☐

3.5.	E-Mail (falls verfügbar):

EuGVVO

4.	ENTSCHEIDUNG
4.1.	Datum (TT/MM/JJJJ) der Entscheidung:
4.2.	Aktenzeichen der Entscheidung:
4.3.	Ist die Entscheidung ergangen, ohne dass sich der Beklagte auf das Verfahren eingelassen hat?
4.3.1.	☐ Nein
4.3.2.	☐ Ja (bitte das Datum (TT/MM/JJJJ) angeben, zu dem das verfahrenseinleitende Schriftstück oder ein gleichwertiges Schriftstück dem Beklagten zugestellt wurde):
4.4.	Die Entscheidung ist im Ursprungsmitgliedstaat vollstreckbar, ohne dass weitere Bedingungen erfüllt sein müssen:
4.4.1.	☐ Ja (bitte gegebenenfalls das Datum (TT/MM/JJJJ) angeben, zu dem die Entscheidung für vollstreckbar erklärt wurde):
4.4.2.	☐ Ja, aber nur gegenüber folgender/folgenden Person(en) (bitte angeben):
4.4.3.	☐ Ja, aber nur für einen Teil/Teile der Entscheidung (bitte angeben):
4.4.4.	☐ Die Entscheidung enthält keine vollstreckbare Verpflichtung.
4.5.	War die Entscheidung dem/den Beklagten zum Zeitpunkt der Ausstellung der Bescheinigung bereits zugestellt worden?
4.5.1.	☐ Ja (bitte das Datum der Zustellung (TT/MM/JJJJ) angeben, falls bekannt):
4.5.1.1.	Die Entscheidung wurde in der/den folgenden Sprache(n) zugestellt:

BG ☐ ES ☐ CS ☐ DK ☐ DE ☐ ET ☐ EL ☐ EN ☐ FR ☐ HR ☐ GA ☐ IT ☐ LV ☐ LT ☐ HU ☐ MT ☐ NL ☐ PL ☐ PT ☐ RO ☐ SK ☐ SL ☐ FI ☐ SV ☐ Sonstige (bitte angeben (ISO-Code)) ☐

4.5.2.	☐ Dem Gericht nicht bekannt
4.6.	Tenor der Entscheidung und zugesprochene Zinszahlung:
4.6.1.	Entscheidung über eine Geldforderung ([3])
4.6.1.1.	Kurzdarstellung des Streitgegenstands:
4.6.1.2.	Das Gericht hat:

.... (Name, Vorname(n)/Name der Firma oder Organisation) ([4])

angewiesen, eine Zahlung zu leisten an:

.... (Name, Vorname(n)/Name der Firma oder Organisation)

4.6.1.2.1.	Wurde mehr als eine Person bezeichnet, die für den Anspruch haftet, kann jede der bezeichneten Personen für den gesamten Betrag in Anspruch genommen werden:
4.6.1.2.1.1.	☐ Ja
4.6.1.2.1.2.	☐ Nein
4.6.1.3.	Währung:

☐ Euro (EUR) ☐ bulgarischer Lew (BGN) ☐ tschechische Krone (CZK) ☐ dänische Krone (DKK) ☐ kroatische Kuna (HRK) ☐ ungarischer Forint (HUF) ☐ polnischer Zloty (PLN) ☐ Pfund Sterling (GBP) ☐ rumänischer Leu (RON) ☐ schwedische Krone (SEK) ☐ Sonstige (bitte angeben (ISO-Code)):

4.6.1.4.	Hauptforderung:
4.6.1.4.1.	☐ Einmalzahlung

4.6.1.4.2.	☐ Ratenzahlung (^{5})

Fälligkeit (TT/MM/JJJJ)	Betrag

4.6.1.4.3.	☐ Regelmäßige Zahlung
4.6.1.4.3.1.	☐ Täglich
4.6.1.4.3.2.	☐ Wöchentlich
4.6.1.4.3.3.	☐ Sonstige (bitte Häufigkeit angeben):
4.6.1.4.3.4.	Ab Datum (TT/MM/JJJJ) oder Ereignis:
4.6.1.4.3.5.	Falls zutreffend, bis (Datum (TT/MM/JJJJ) oder Ereignis):
4.6.1.5.	Zinsen (falls zutreffend):
4.6.1.5.1.	Zinsen:
4.6.1.5.1.1.	☐ Nicht in der Entscheidung angegeben
4.6.1.5.1.2.	☐ Ja, in der Entscheidung folgendermaßen angegeben:
4.6.1.5.1.2.1.	Betrag:
	oder:
4.6.1.5.1.2.2.	Zinssatz … %
4.6.1.5.1.2.3.	Zinsen sind fällig ab .... (Datum (TT/MM/JJJJ) oder Ereignis) bis .... (Datum (TT/MM/JJJJ) oder Ereignis) (^{6})
4.6.1.5.2.	☐ Gesetzliche Zinsen (falls zutreffend), zu berechnen gemäß (bitte entsprechendes Gesetz angeben):
4.6.1.5.2.1.	Zinsen sind fällig ab .... (Datum (TT/MM/JJJJ) oder Ereignis) bis .... (Datum (TT/MM/JJJJ) oder Ereignis) (^{6})
4.6.1.5.3.	☐ Kapitalisierung der Zinsen (falls zutreffend, bitte angeben):
4.6.2.	Entscheidung über die Anordnung einer einstweiligen Maßnahme, einschließlich Sicherungsmaßnahme:
4.6.2.1.	Kurzdarstellung des Streitgegenstands und der angeordneten Maßnahme:
4.6.2.2.	Die Maßnahme wurde von einem Gericht angeordnet, das in der Hauptsache zuständig ist
4.6.2.2.1.	☐ Ja
4.6.3.	Sonstige Entscheidungsarten:
4.6.3.1.	Kurzdarstellung des Streitgegenstands und der Entscheidung des Gerichts:
4.7.	Kosten (^{7}):
4.7.1.	Währung:

☐ Euro (EUR) ☐ bulgarischer Lew (BGN) ☐ tschechische Krone (CZK) ☐ dänische Krone (DKK) ☐ kroatische Kuna (HRK) ☐ ungarischer Forint (HUF) ☐ polnischer Zloty (PLN) ☐ Pfund Sterling (GBP) ☐ rumänischer Leu (RON) ☐ schwedische Krone (SEK) ☐ Sonstige (bitte angeben (ISO-Code)):

4.7.2.	Dem/den folgenden Schuldner(n) wurden die Kosten aufgegeben:
4.7.2.1.	Name, Vorname/Name der Firma oder Organisation: (^{8})
4.7.2.2.	Wurden mehr als einer Person die Kosten aufgegeben, kann jede der bezeichneten Personen für den gesamten Betrag in Anspruch genommen werden:

EuGVVO

4.7.2.2.1.	☐ Ja
4.7.2.2.2.	☐ Nein

4.7.3. Folgende Kosten werden geltend gemacht: (⁴)

4.7.3.1. ☐ Die Kosten wurden in der Entscheidung in Form eines Gesamtbetrags festgesetzt (bitte Betrag angeben):

4.7.3.2. ☐ Die Kosten wurden in der Entscheidung in Form eines Prozentsatzes der Gesamtkosten festgesetzt (bitte Prozentsatz der Gesamtkosten angeben):

4.7.3.3. ☐ Die Haftung für die Kosten wurde in der Entscheidung festgelegt, und es handelt sich um folgende Beträge:

4.7.3.3.1. ☐ Gerichtsgebühren:

4.7.3.3.2. ☐ Rechtsanwaltsgebühren:

4.7.3.3.3. ☐ Zustellungskosten:

4.7.3.3.4. ☐ Sonstige Kosten:

4.7.3.4. ☐ Sonstige (bitte angeben):

4.7.4. Zinsen auf Kosten:

4.7.4.1. ☐ Nicht zutreffend

4.7.4.2. ☐ In der Entscheidung angegebene Zinsen

4.7.4.2.1. ☐ Betrag:

oder

4.7.4.2.2. ☐ Zinssatz ... %

4.7.4.2.2.1. Zinsen sind fällig ab .... (Datum (TT/MM/JJJJ) oder Ereignis) bis .... (Datum (TT/MM/JJJJ) oder Ereignis) (⁶)

4.7.4.3. ☐ Gesetzliche Zinsen (falls zutreffend), zu berechnen gemäß (bitte entsprechendes Gesetz angeben):

4.7.4.3.1. Zinsen sind fällig ab .... (Datum (TT/MM/JJJJ) oder Ereignis) bis .... (Datum (TT/MM/JJJJ) oder Ereignis) (⁶)

4.7.4.4. ☐ Kapitalisierung der Zinsen (falls zutreffend, bitte angeben):

Geschehen zu: ...

Unterschrift und/oder Dienstsiegel des Ursprungsgerichts:

(¹) Betrifft die Entscheidung mehr als einen Kläger, sind die betreffenden Angaben für sämtliche Kläger einzutragen.
(²) Betrifft die Entscheidung mehr als einen Beklagten, sind die betreffenden Angaben für sämtliche Beklagten einzutragen.
(³) Betrifft die Entscheidung allein eine Kostenfeststellung im Zusammenhang mit einem Anspruch, der Gegenstand einer vorherigen Entscheidung war, ist Ziffer 4.6.1 nicht auszufüllen und zu Ziffer 4.7 überzugehen.
(⁴) Wurde mehr als eine Person angewiesen, eine Zahlung zu leisten, sind die betreffenden Angaben für sämtliche Personen einzutragen.
(⁵) Es sind die betreffenden Angaben für die einzelnen Ratenzahlungen einzutragen.
(⁶) Bei mehr als einem Zinszeitraum sind die betreffenden Angaben für sämtliche Zinszeiträume einzutragen.
(⁷) Dieser Punkt betrifft auch Fälle, in denen die Kosten in einer gesonderten Entscheidung zugesprochen werden.
(⁸) Bei mehr als einer Person sind die betreffenden Angaben für sämtliche Personen einzutragen.
(⁹) Falls mehrere Personen für die Kosten in Anspruch genommen werden können, ist die Aufschlüsselung für jede Person gesondert einzutragen.

(ABl L 54 vom 25. 2. 2015, S 1)

ANHANG II

BESCHEINIGUNG ÜBER EINE ÖFFENTLICHE URKUNDE/EINEN GERICHTLICHEN VERGLEICH (^{1}) IN EINER ZIVIL- ODER HANDELSSACHE

Artikel 60 der Verordnung (EU) Nr. 1215/2012 des Europäischen Parlaments und des Rates über die gerichtliche Zuständigkeit und die Anerkennung und Vollstreckung von Entscheidungen in Zivil- und Handelssachen

1.	GERICHT ODER SONST BEFUGTE STELLE, DAS/DIE DIE BESCHEINIGUNG AUSSTELLT
1.1.	Bezeichnung:
1.2.	Anschrift:
1.2.1.	Straße und Hausnummer/Postfach:
1.2.2.	PLZ und Ort:
1.2.3.	Mitgliedstaat:

AT ☐ BE ☐ BG ☐ CY ☐ CZ ☐ DK ☐ DE ☐ EE ☐ EL ☐ ES ☐ FI ☐ FR ☐ HR ☐ HU ☐ IE ☐ IT ☐ LT ☐ LU ☐ LV ☐ MT ☐ NL ☐ PL ☐ PT ☐ RO ☐ SE ☐ SI ☐ SK ☐ UK ☐

1.3.	Telefon:
1.4.	Fax:
1.5.	E-Mail (falls verfügbar):
2.	ÖFFENTLICHE URKUNDE
2.1.	Stelle, die die öffentliche Urkunde errichtet hat (wenn dies eine andere Stelle als diejenige ist, die die Bescheinigung ausstellt)
2.1.1.	Name und Bezeichnung dieser Stelle:
2.1.2.	Anschrift:
2.2.	Datum (TT/MM/JJJJ), zu dem die öffentliche Urkunde durch die unter Ziffer 2.1 genannte Stelle errichtet wurde:
2.3.	Nummer der öffentlichen Urkunde (falls zutreffend):
2.4.	Datum (TT/MM/JJJJ), zu dem die öffentliche Urkunde in dem Ursprungsmitgliedstaat eingetragen wurde (nur auszufüllen, wenn das Datum der Eintragung für die Rechtswirkung der Urkunde maßgeblich ist und dieses Datum ein anderes als das unter Ziffer 2.2 angegebene Datum ist):
2.4.1.	Nummer der Eintragung (falls zutreffend):
3.	GERICHTLICHER VERGLEICH
3.1.	Gericht, das den gerichtlichen Vergleich gebilligt hat oder vor dem der gerichtliche Vergleich geschlossen wurde (wenn dies ein anderes Gericht als dasjenige ist, das die Bescheinigung ausstellt)
3.1.1.	Bezeichnung des Gerichts:
3.1.2.	Anschrift:
3.2.	Datum (TT/MM/JJJJ) des gerichtlichen Vergleichs:
3.3.	Aktenzeichen des gerichtlichen Vergleichs:
4.	PARTEIEN DER ÖFFENTLICHEN URKUNDE/DES GERICHTLICHEN VERGLEICHS:
4.1.	Name(n) des/der Gläubiger(s) (Name, Vorname(n)/Name der Firma oder Organisation) (^{2}):
4.1.1.	Identifizierungsnummer (falls vorhanden und falls verfügbar):
4.1.2.	Geburtsdatum (TT/MM/JJJJ) und Geburtsort oder, bei juristischen Personen, Datum der Gründung/Erlangung der Rechtsfähigkeit/Registrierung (falls relevant und falls verfügbar):
4.2.	Name(n) des/der Schuldner(s) (Name, Vorname(n)/Name der Firma oder Organisation) (^{3}):
4.2.1.	Identifizierungsnummer (falls vorhanden und falls verfügbar):
4.2.2.	Geburtsdatum (TT/MM/JJJJ) und Geburtsort oder, bei juristischen Personen, Datum der Gründung/Erlangung der Rechtsfähigkeit/Registrierung (falls relevant und falls verfügbar):
4.3.	Ggf. Name der anderen Parteien (Name, Vorname(n)/Name der Firma oder Organisation) (^{4}):

EuGVVO

Anhang II

4.3.1.	Identifizierungsnummer (falls vorhanden und falls verfügbar):
4.3.2.	Geburtsdatum (TT/MM/JJJJ) und Geburtsort oder, bei juristischen Personen, Datum der Gründung/Erlangung der Rechtsfähigkeit/Registrierung (falls relevant und falls verfügbar):
5.	VOLLSTRECKBARKEIT DER ÖFFENTLICHEN URKUNDE/DES GERICHTLICHEN VERGLEICHS IM URSPRUNGSMITGLIEDSTAAT
5.1.	Die öffentliche Urkunde/der gerichtliche Vergleich ist im Ursprungsmitgliedstaat vollstreckbar:
5.1.1.	☐ Ja
5.2.	Inhalt der öffentlichen Urkunde/des gerichtlichen Vergleichs und Zinsen
5.2.1.	Öffentliche Urkunde/gerichtlicher Vergleich über eine Geldforderung
5.2.1.1.	Kurzdarstellung des Gegenstands:
5.2.1.2.	Gemäß der öffentlichen Urkunde/dem gerichtlichen Vergleich muss:

.... (Name, Vorname(n)/Name der Firma oder Organisation) (^{5})

eine Zahlung leisten an:

.... (Name, Vorname(n)/Name der Firma oder Organisation)

5.2.1.2.1.	Wurde mehr als eine Person bezeichnet, die für den Anspruch haftet, kann jede der bezeichneten Personen für den gesamten Betrag in Anspruch genommen werden:
5.2.1.2.1.1.	☐ Ja
5.2.1.2.1.2.	☐ Nein
5.2.1.3.	Währung:

☐ Euro (EUR) ☐ bulgarischer Lew (BGN) ☐ tschechische Krone (CZK) ☐ dänische Krone (DKK) ☐ kroatische Kuna(HRK) ☐ ungarischer Forint (HUF) ☐ polnischer Zloty (PLN) ☐ Pfund Sterling (GBP) ☐ rumänischer Leu (RON) ☐ schwedische Krone (SEK) ☐ Sonstige (bitte angeben (ISO-Code)):

5.2.1.4.	Hauptforderung:
5.2.1.4.1.	☐ Einmalzahlung
5.2.1.4.2.	☐ Ratenzahlung (^{5})

Fälligkeit (TT/MM/JJJJ)	Betrag

5.2.1.4.3.	☐ Regelmäßige Zahlung
5.2.1.4.3.1.	☐ Täglich
5.2.1.4.3.2.	☐ Wöchentlich
5.2.1.4.3.3.	☐ Sonstige (bitte Häufigkeit angeben):
5.2.1.4.3.4.	Ab (Datum (TT/MM/JJJJ) oder Ereignis:
5.2.1.4.3.5.	Gegebenenfalls bis .... (Datum (TT/MM/JJJJ) oder Ereignis)
5.2.1.5.	Zinsen (falls zutreffend)
5.2.1.5.1.	Zinsen:
5.2.1.5.1.1.	☐ Nicht in der öffentlichen Urkunde/dem gerichtlichen Vergleich angegeben
5.2.1.5.1.2.	☐ Ja, in der öffentlichen Urkunde/dem gerichtlichen Vergleich folgendermaßen angegeben:

5.2.1.5.1.2.1. Betrag:

oder

5.2.1.5.1.2.2. Zinssatz ... %

5.2.1.5.1.2.3. Zinsen sind fällig ab .... (Datum (TT/MM/JJJJ) oder Ereignis) bis .... (Datum (TT/MM/JJJJ) oder Ereignis) (^{7})

5.2.1.5.2. ☐ Gesetzliche Zinsen (falls zutreffend), zu berechnen gemäß (bitte entsprechendes Gesetz angeben):

5.2.1.5.2.1 Zinsen sind fällig ab .... (Datum (TT/MM/JJJJ) oder Ereignis) bis .... (Datum (TT/MM/JJJJ) oder Ereignis) (^{7})

5.2.1.5.3. ☐ Kapitalisierung der Zinsen (falls zutreffend, bitte angeben):

5.2.2. Öffentliche Urkunde/gerichtlicher Vergleich über eine nichtmonetäre vollstreckbare Verpflichtung:

5.2.2.1. Kurzdarstellung der vollstreckbaren Verpflichtung

5.2.2.2. Die unter Ziffer 5.2.2.1 genannte Verpflichtung ist vollstreckbar gegen die folgende(n) Person(en) (^{8}) (Name, Vorname(n)/Name der Firma oder Organisation):

Geschehen zu: ...

Stempel und/oder Unterschrift des Gerichts oder zuständigen Behörde, welche die Bescheinigung ausstellt:

(^{1}) Unzutreffendes in der gesamten Bescheinigung jeweils streichen.
(^{2}) Bei mehreren Gläubigern sind die betreffenden Angaben für sämtliche Gläubiger einzutragen.
(^{3}) Bei mehreren Schuldnern sind die betreffenden Angaben für sämtliche Schuldner einzutragen.
(^{4}) Ggf. sind die betreffenden Angaben für sämtliche anderen Parteien einzutragen.
(^{5}) Wurde mehr als eine Person angewiesen, eine Zahlung zu leisten, sind die betreffenden Angaben für sämtliche Personen einzutragen.
(^{6}) Es sind die betreffenden Angaben für die einzelnen Ratenzahlungen einzutragen.
(^{7}) Bei mehr als einem Zinszeitraum sind die betreffenden Angaben für sämtliche Zinszeiträume einzutragen.
(^{8}) Bei mehr als einer Person sind die betreffenden Angaben für sämtliche Personen einzutragen.

(ABl L 54 vom 25. 2. 2015, S 1)

EuGVVO

ENTSPRECHUNGSTABELLE

Verordnung (EG) Nr. 44/2001	Diese Verordnung
Artikel 1 Absatz 1	Artikel 1 Absatz 1
Artikel 1 Absatz 2 Einleitung	Artikel 1 Absatz 2 Einleitung
Artikel 1 Absatz 2 Buchstabe a	Artikel 1 Absatz 2 Buchstaben a und f
Artikel 1 Absatz 2 Buchstaben b bis d	Artikel 1 Absatz 2 Buchstaben b bis d
—	Artikel 1 Absatz 2 Buchstabe e
Artikel 1 Absatz 3	—
—	Artikel 2
Artikel 2	Artikel 4
Artikel 3	Artikel 5
Artikel 4	Artikel 6
Artikel 5, einleitende Worte	Artikel 7, einleitende Worte
Artikel 5 Nummer 1	Artikel 7 Nummer 1
Artikel 5 Nummer 2	—
Artikel 5 Nummern 3 und 4	Artikel 7 Nummern 2 und 3
—	Artikel 7 Nummer 4
Artikel 5 Nummern 5 bis 7	Artikel 7 Nummern 5 bis 7
Artikel 6	Artikel 8
Artikel 7	Artikel 9
Artikel 8	Artikel 10
Artikel 9	Artikel 11
Artikel 10	Artikel 12
Artikel 11	Artikel 13
Artikel 12	Artikel 14
Artikel 13	Artikel 15
Artikel 14	Artikel 16
Artikel 15	Artikel 17
Artikel 16	Artikel 18
Artikel 17	Artikel 19
Artikel 18	Artikel 20
Artikel 19 Nummern 1 und 2	Artikel 21 Absatz 1
—	Artikel 21 Absatz 2
Artikel 20	Artikel 22
Artikel 21	Artikel 23
Artikel 22	Artikel 24
Artikel 23 Absätze 1 und 2	Artikel 25 Absätze 1 und 2
Artikel 23 Absatz 3	—
Artikel 23 Absätze 4 und 5	Artikel 25 Absätze 3 und 4
—	Artikel 25 Absatz 5
Artikel 24	Artikel 26 Absatz 1
—	Artikel 26 Absatz 2
Artikel 25	Artikel 27
Artikel 26	Artikel 28
Artikel 27 Absatz 1	Artikel 29 Absatz 1
—	Artikel 29 Absatz 2
Artikel 27 Absatz 2	Artikel 29 Absatz 3

Verordnung (EG) Nr. 44/2001	Diese Verordnung
Artikel 28	Artikel 30
Artikel 29	Artikel 31 Absatz 1
–	Artikel 31 Absatz 2
–	Artikel 31 Absatz 3
–	Artikel 31 Absatz 4
Artikel 30	Artikel 32 Absatz 1 Buchstaben a und b
–	Artikel 32 Absatz 1 Unterabsatz 2
–	Artikel 32 Absatz 2
–	Artikel 33
–	Artikel 34
Artikel 31	Artikel 35
Artikel 32	Artikel 2 Buchstabe a
Artikel 33	Artikel 36
–	Artikel 37
–	Artikel 39
–	Artikel 40
–	Artikel 41
–	Artikel 42
–	Artikel 43
–	Artikel 44
Artikel 34	Artikel 45 Absatz 1 Buchstaben a bis d
Artikel 35 Absatz 1	Artikel 45 Absatz 1 Buchstabe e
Artikel 35 Absatz 2	Artikel 45 Absatz 2
Artikel 35 Absatz 3	Artikel 45 Absatz 3
	Artikel 45 Absatz 4
Artikel 36	Artikel 52
Artikel 37 Absatz 1	Artikel 38 Buchstabe a
Artikel 38	–
Artikel 39	–
Artikel 40	–
Artikel 41	–
Artikel 42	–
Artikel 43	–
Artikel 44	–
Artikel 45	–
Artikel 46	–
Artikel 47	–
Artikel 48	–
–	Artikel 46
–	Artikel 47
–	Artikel 48
–	Artikel 49
–	Artikel 50
–	Artikel 51
–	Artikel 54
Artikel 49	Artikel 55
Artikel 50	–
Artikel 51	Artikel 56
Artikel 52	–

EuGVVO

Anhang III

Verordnung (EG) Nr. 44/2001	Diese Verordnung
Artikel 53	—
Artikel 54	Artikel 53
Artikel 55 Absatz 1	—
Artikel 55 Absatz 2	Artikel 37 Absatz 2, Artikel 47 Absatz 3 und Artikel 57
Artikel 56	Artikel 61
Artikel 57 Absatz 1	Artikel 58 Absatz 1
Artikel 57 Absatz 2	—
Artikel 57 Absatz 3	Artikel 58 Absatz 2
Artikel 57 Absatz 4	Artikel 60
Artikel 58	Artikel 59 und Artikel 60
Artikel 59	Artikel 62
Artikel 60	Artikel 63
Artikel 61	Artikel 64
Artikel 62	Artikel 3
Artikel 63	—
Artikel 64	—
Artikel 65	Artikel 65 Absätze 1 und 2
—	Artikel 65 Absatz 3
Artikel 66	Artikel 66
Artikel 67	Artikel 67
Artikel 68	Artikel 68
Artikel 69	Artikel 69
Artikel 70	Artikel 70
Artikel 71	Artikel 71
Artikel 72	Artikel 72
—	Artikel 73
Artikel 73	Artikel 79
Artikel 74 Absatz 1	Artikel 75 Absatz 1 Buchstaben a, b und c und Artikel 76 Absatz 1 Buchstabe a
Artikel 74 Absatz 2	Artikel 77
—	Artikel 78
—	Artikel 80
Artikel 75	—
Artikel 76	Artikel 81
Anhang I	Artikel 76 Absatz 1 Buchstabe a
Anhang II	Artikel 75 Buchstabe a
Anhang III	Artikel 75 Buchstabe b
Anhang IV	Artikel 75 Buchstabe c
Anhang V	Anhang I und Anhang II
Anhang VI	Anhang II
—	Anhang III

Austrittabk UK

Abkommen über den Austritt des Vereinigten Königreichs Großbritannien und Nordirland aus der Europäischen Union und der Europäischen Atomgemeinschaft

(ABl. L 029 vom 31.1.2020, S. 7, ab 1.1.2021)

Artikel 67

(1) Im Vereinigten Königreich sowie in den Mitgliedstaaten in Fällen, die einen Bezug zum Vereinigten Königreich aufweisen, gelten für vor dem Ablauf der Übergangszeit eingeleitete gerichtliche Verfahren sowie für damit zusammenhängende Verfahren oder Klagen gemäß den Artikeln 29, 30 und 31 der Verordnung (EU) Nr. 1215/2012[1]) des Europäischen Parlaments und des Rates[*]) oder Artikel 19 der Verordnung (EG) Nr. 2201/2003[2]) oder den Artikeln 12 und 13 der Verordnung (EG) Nr. 4/2009 des Rates[**]) die folgenden Rechtsakte und Bestimmungen Anwendung:

a) die Zuständigkeitsbestimmungen der Verordnung (EU) Nr. 1215/2012[1]);

b) die Zuständigkeitsbestimmungen der Verordnung (EU) 2017/1001 (über die Unionsmarke), der Verordnung (EG) Nr. 6/2002 (über das Gemeinschaftsgeschmacksmuster), der Verordnung (EG) Nr. 2100/94 (über den gemeinschaftlichen Sortenschutz), der Verordnung (EU) 2016/679 des Europäischen Parlaments und des Rates (Datenschutz-Grundverordnung) und der Richtlinie 96/71/EG des Europäischen Parlaments und des Rates. (über die Entsendung von Arbeitnehmern im Rahmen der Erbringung von Dienstleistungen);

c) die Zuständigkeitsbestimmungen der Verordnung (EU) Nr. 2201/2003[2]);

d) die Zuständigkeitsbestimmungen der Verordnung (EU) Nr. 4/2009[3]);

(2) Im Vereinigten Königreich sowie in den Mitgliedstaaten finden in Fällen, die einen Bezug zum Vereinigten Königreich aufweisen, die folgenden Rechtsakte oder Bestimmungen auf die Anerkennung und Vollstreckung von Urteilen, Entscheidungen, öffentlichen Urkunden, gerichtlichen Vergleichen und Gerichtsstandsvereinbarungen Anwendung:

a) die Zuständigkeitsbestimmungen der Verordnung (EU) Nr. 1215/2012;

---

[*]) *Verordnung (EU) Nr. 1215/2012[1]) des Europäischen Parlaments und des Rates vom 12. Dezember 2012 über die gerichtliche Zuständigkeit und die Anerkennung und Vollstreckung von Entscheidungen in Zivil- und Handelssachen (ABl. L 351 vom 20.12.2012, S. 1).*

[**]) *Verordnung (EG) Nr. 4/2009[3]) des Rates vom 18. Dezember 2008 über die Zuständigkeit, das anwendbare Recht, die Anerkennung und Vollstreckung von Entscheidungen und die Zusammenarbeit in Unterhaltssachen (ABl. L 7 vom 10.1.2009, S. 1).*

[1]) *Das ist die EuGVVO.*
[2]) *Das ist die Brüssel IIa-VO.*
[3]) *Das ist die EuUVO.*

Artikel 69

(2) Artikel 67 Absatz 1 Buchstabe a und Absatz 2 Buchstabe a dieses Abkommens finden auch auf diejenigen Bestimmungen der Verordnung (EU) Nr. 1215/2012 Anwendung, die aufgrund des Abkommens zwischen der Europäischen Gemeinschaft und dem Königreich Dänemark über die gerichtliche Zuständigkeit und die Anerkennung und Vollstreckung von Entscheidungen in Zivil- und Handelssachen[*]) anwendbar sind.

---

[*]) *ABl. L 299 vom 16.11.2005, S. 62.*

Der Übergangszeitraum endete am 31.12.2020 (Art 126 des Austrittsabkommens)

EuGVVO

34/1. Einführungserlass zur EuGVVO

BMJ BMJ-Z30.005/0013-I 9/2014

Einführungserlass vom 13. Jänner 2015 zur Verordnung (EU) Nr. 1215/2012 des Europäischen Parlaments und des Rates vom 12. Dezember 2012 über die gerichtliche Zuständigkeit und die Anerkennung und Vollstreckung von Entscheidungen in Zivil- und Handelssachen (Neufassung) - Verordnung Brüssel Ia

1. Allgemeines

Ziel dieses Erlasses ist eine kurze, informative Darstellung der revidierten und wiederverlautbarten Europäischen Gerichtsstands- und Vollstreckungsverordnung (im Folgenden: Verordnung Brüssel Ia oder VO). Der unabhängigen Rechtsprechung soll dadurch in keiner Weise vorgegriffen werden.

2. Entstehung

Die Verordnung (EG) Nr. 44/2001 des Rates vom 22. Dezember 2000 über die gerichtliche Zuständigkeit und die Anerkennung und Vollstreckung von Entscheidungen in Zivil- und Handelssachen (Brüssel I-VO, EuGVVO) ist am 1.3.2002 in Kraft getreten. Gemäß ihrer Revisionsklausel (Art. 73) hat die Europäische Kommission im April 2009 einen Bericht über die Anwendung der Verordnung (sowie ein Grünbuch) und am 14.12.2010 einen (Text)Vorschlag zu ihrer inhaltlichen Weiterentwicklung (KOM [2010] 748 endgültig) vorgelegt. Dieser Kommissionsvorschlag ist im Zuge seiner Beratung im Rat und im Europäischen Parlament erheblich umgestaltet worden. Alle Mitgliedstaaten (MS) waren der Ansicht, dass sich die EuGVVO im Wesentlichen bewährt habe und von der Praxis gut angenommen worden sei, weshalb sie auch nur zurückhaltend überarbeitet werden sollte und Änderungen ohne klar erkennbaren, deutlichen Mehrwert abzulehnen seien. Der Kommissionsvorschlag, der auch grundlegende Änderungen an der Systematik der Verordnung vorgesehen hatte, wurde daher durch Rat und Parlament deutlich zurückgenommen, vor allem wurde der grundlegende Aufbau der Verordnung unverändert beibehalten, soweit dies angesichts des Wegfalls des Exequaturverfahrens im Bereich der Urteilsvollstreckung (dazu im Detail unten) möglich war.

Die revidierte Verordnung wurde am 20.12.2012 im Amtsblatt der Europäischen Union L 351/1 veröffentlicht. Nach Art. 81 ist sie am zwanzigsten Tag nach ihrer Veröffentlichung in Kraft getreten, den Beginn ihrer operativen Anwendung legt diese Bestimmung mit dem 10.1.2015 fest.

Rechtstechnisch hat sich der europäische Gesetzgeber zu einer Wiederverlautbarung entschlossen. Die Verordnung Nr. 1215/2012 enthält daher nicht nur Änderungsanordnungen, sondern erlässt die EuGVVO völlig neu (EuGVVO neu, Regulation Brussels I recast oder auch Brüssel Ia-Verordnung). Dies hatte leider zur Folge, dass die Nummerierung vieler Artikel geändert wurde, was die Judikatur- und Literatursuche erschwert. Hilfe bietet die den Anhang III zur Verordnung bildende Entsprechungstabelle.

Inhaltlich handelt es sich jedoch um keine völlig neue Regelung, sondern nur um eine punktuelle Revision der EuGVVO in einigen Bereichen. Hauptänderung ist die Abschaffung des Verfahrens zur Vollstreckbarerklärung ausländischer Urteile.

Die Verordnung Brüssel Ia ist wie die Verordnung Brüssel I weiterhin die zentrale europäische Rechtsvorschrift für die gerichtliche Zuständigkeit und die Anerkennung und Vollstreckung von gerichtlichen Entscheidungen in Zivilsachen.

3. Anwendungsbereich

3.1 Sachlicher Anwendungsbereich

Am sachlichen Anwendungsbereich der EuGVVO wurde nichts Wesentliches geändert; die Umschreibung der grundsätzlichen Anwendbarkeit (Zivil- und Handelssachen) in Art. 1 Abs. 1 wurde durch die Klarstellung ergänzt, dass die Verordnung nicht für die Haftung des Staates für Handlungen oder Unterlassungen im Rahmen der Ausübung hoheitlicher Rechte (acta iure imperii) gilt (vgl. etwa Art. 2 Abs. 1 MahnVO, Art. 2 Abs. 1 BagatellVO und Art. 2 Abs.1 VollstreckungstitelVO).

Auch der Ausnahmenkatalog des Art. 1 Abs. 2 wurde kaum verändert. Mit seiner Ergänzung durch eine neue lit. e (Unterhaltspflichten, die auf einem familien-, verwandtschafts- oder eherechtlichen Verhältnis oder auf Schwägerschaft beruhen) vollzieht er legistisch nach, dass familienrechtliche Unterhaltsansprüche schon seit dem Beginn der operativen Anwendbarkeit (18.6.2011) der Europäischen Unterhaltsverordnung Nr. 4/2009 aus dem Anwendungsbereich der EuGVVO herausgelöst sind. Die Umschreibungen des

EuGVVO

Art. 1 Abs. 2 lit. e Brüssel Ia-VO und des Art. 1 Abs. 1 Unterhalts-VO sind daher wortgleich.

Die neue lit. f des Art. 1 Abs. 2 entstand durch Transferierung der Anwendungsausnahme für „das Gebiet des Erb- und Testamentsrechts" aus der lit a; sie ist nun durch die Klarstellung ergänzt, dass dazu auch Unterhaltspflichten zählen, die mit dem Tod entstehen (vgl. die entsprechende Gegenausnahme in Art. 1 Abs. 2 lit. e EU-Erbrechtsverordnung Nr. 650/2012). In Art. 1 Abs. 2 lit. a wurde die Ausnahme der ehelichen Güterstände um die Klarstellung ergänzt, dass auch Güterstände aufgrund eheähnlicher Verhältnisse nicht unter die Verordnung fallen; damit ist rechtlichen Entwicklungen in diesem Bereich, insbesondere bei den eingetragenen Partnerschaften, Rechnung getragen.

3.2 Örtlicher Anwendungsbereich

Die Neuregelung ist in 27 EU-MS unmittelbar anwendbar. Auf der Grundlage eines Parallelabkommens von 2005 hat aber Dänemark der Kommission (am 20.12.2012) bereits notifiziert, dass es die neue Verordnung ebenfalls anwenden wolle. Die Verordnung Brüssel Ia gilt daher seit 10.1.2015 in allen 28 MS der Union.

3.3 Zeitlicher Anwendungsbereich

Nach Art. 81 gilt die Verordnung ab dem 10.1.2015. Gemäß Art. 66 ist sie jedoch nur auf solche Verfahren, öffentliche Urkunden oder gerichtliche Vergleiche anzuwenden, die nach dem 9.1.2015 eingeleitet, förmlich errichtet oder eingetragen bzw. gebilligt oder geschlossen worden sind.

4. Die wichtigsten Neuerungen im Vergleich zur Verordnung Brüssel I

4.1 Hauptpunkt der Reform - die Abschaffung des Vollstreckbarerklärungsverfahrens

4.1.1 Exequatur

Die Abschaffung des Exequaturs bei der gegenseitigen Vollstreckung zivilgerichtlicher Entscheidungen in Europa war bereits seit Längerem durch eine Reihe politischer Grundsatzentscheidungen vorgegeben. Dieses Anliegen ist bekanntlich in einigen spezifischen Rechtsinstrumenten (z. B. MahnVO, BagatellVO, VollstreckungstitelVO) auch schon legislativ umgesetzt worden. Die Verordnung Brüssel Ia schafft das Vollstreckbarerklärungsverfahren für zivilgerichtliche Urteile aus anderen EU-MS nun auch in ihrem Anwendungsbereich, und damit also beinahe generell ab.

Dabei ist aber wichtig zu betonen, dass sich der Verordnungsgeber zwar dazu entschieden hat, das Exequatur*verfahren* als ein dem eigentlichen Vollstreckungsverfahren im „Vollstreckungsstaat" vorgelagertes eigenes Procedere abzuschaffen. Zugleich hat er sich aber entschlossen, den bisher gegebenen Rechtsschutz für den Schuldner in merito im Wesentlichen beizubehalten. Es wurden nämlich die Anerkennungs- und damit auch Vollstreckungsversagungsgründe der Art. 34 und 35 Abs. 1 EuGVVO einschließlich des ordre public-Vorbehalts in die neue Verordnung (hier Art. 45) übernommen. Die Versagungsgründe werden nur nicht wie bisher in einem eigenen Vollstreckbarerklärungsverfahren (Art. 38 Brüssel I) geprüft, sondern erst – auf Antrag des Schuldners (Art. 45 Abs. 1 Brüssel Ia) – im Rahmen des eigentlichen Vollstreckungsverfahrens. Die ausdrückliche Abschaffung des Exequaturverfahrens findet sich in Art. 39 Brüssel Ia.

4.1.2 Vollstreckung, Versagungsgründe

Nach Art. 41 Abs. 1 Brüssel Ia gilt – wie bisher – für das Verfahren zur Vollstreckung einer Entscheidung aus einem anderen MS das Recht des ersuchten MS, also des Staates, in dem um Vollstreckung angesucht wird. Art. 41 Abs. 2 stellt klar, dass dies auch für die im nationalen Recht vorgesehenen Gründe zur Verweigerung oder Aussetzung der Vollstreckung gilt; diese dürfen aber mit den Versagungsgründen der Verordnung nicht unvereinbar sein, da die Verordnung ja dem nationalen Recht vorgeht.

Für den österreichischen Rechtsbereich bedeutet dies, dass die Versagungsgründe der Verordnung im inländischen Exekutionsverfahren in gleicher Weise geltend gemacht werden können wie auch andere Vollstreckungsgegengründe, etwa der Einwand, dass die in Exekution gezogene Forderung bereits getilgt sei. Zur Einbeziehung der Vollstreckungsversagungsgründe der Verordnung Brüssel Ia in das nationale Exekutionsverfahren sei im Detail auf *Mohr*, Neues im internationalen Exekutionsrecht – die Neufassung der EuGVVO (Brüssel-I VO), ÖRpfl 2013 H 1, 32 hingewiesen.

4.1.3 Bescheinigung als Voraussetzung

Eine Person, die in Österreich eine zivilgerichtliche Entscheidung aus einem anderen EU-MS exekutiv durchsetzen möchte, muss also nach der neuen Verordnung keine Vollstreckbarerklärung beantragen, sondern kann gestützt auf die ausländische Entscheidung ohne Zwischenschritt sofort den Exekutionsantrag stellen. Wie nach Brüssel I (Art. 53 ff) hat der betreibende Gläubiger der ausländischen Entscheidung eine Bescheinigung des Ursprungsgerichts beizulegen (Art. 37 Abs. 1 lit. b Brüssel Ia), das nach Art. 53 zu deren

Ausstellung unter Verwendung eines Formblatts (Anhang I der Verordnung) verpflichtet ist.

Das Bescheinigungsformular wurde gegenüber dem Formular nach der Brüssel I-Verordnung (dort Anhang V) deutlich erweitert, die Entscheidung muss in der neuen Bescheinigung wesentlich detaillierter beschrieben werden. So sind etwa viel genauere Angaben zum vollstreckbaren Inhalt der Entscheidung vorgesehen, wodurch Schwierigkeiten bei der Auslandsvollstreckung vermieden und in vielen Fällen auch die – oft kostspielige – Übersetzung der vollständigen Entscheidung erübrigt werden sollen.

Die beiden Bescheinigungsformulare sind integrierender Bestandteil der Verordnung (Anhang I - Bescheinigung über eine Gerichtsentscheidung, Anhang II - Bescheinigung über eine öffentliche Urkunde oder einen gerichtlichen Vergleich). Die Kommission plant, sie auch im Europäischen Justizportal als dynamische Formulare zur Verfügung zu stellen; dies wird aber noch einige Zeit in Anspruch nehmen, weshalb vorerst leider mit Ausdrucken der Verordnungsanhänge das Auslangen gefunden werden muss.

4.1.4 Titelanpassung

Vollstreckungsprobleme soll auch der neue Art. 54 vermeiden helfen, der ein Urteilsanpassungsverfahren in die EuGVVO einführt: Enthält eine Entscheidung eine im Recht des Vollstreckungsstaats nicht bekannte Maßnahme oder Anordnung, so ist diese soweit möglich an eine im Recht dieses MS bekannte Maßnahme bzw. Anordnung anzupassen. Auch zu dieser Urteilsanpassung - wie überhaupt zur Einbettung von Brüssel Ia in das österreichische Exekutionsverfahren - sei auf die informativen und praxisnahen Ausführungen von *Mohr* in ÖRpfl 2013 H 1, 32, verwiesen.

4.2 Neuregelungen bei der Vollstreckung einstweiliger Maßnahmen

(Begriffsbestimmung des Art. 2 lit. a zweiter Absatz, Art. 35 [wortgleich mit Art. 31 Brüssel I], Art. 42 Abs. 2)

Die neuen Regeln orientieren sich teilweise an der Rechtsprechung des EuGH, insbesondere in der Rechtssache C-125/79 *Denilauler*. Einstweilige Maßnahmen einschließlich Sicherungsmaßnahmen, die durch ein nach der Verordnung in der Hauptsache zuständigen Gerichts angeordnet worden sind, können in anderen MS wie sonstige Entscheidungen vollstreckt werden (dies galt – auch ohne entsprechende ausdrückliche Regelung in Brüssel I - schon bisher). Bei ex parte-Maßnahmen, also solchen, die ohne vorherige Anhörung des Gegners der gefährdeten Partei angeordnet

werden, setzt die Vollstreckung allerdings die (vorherige) Zustellung der Entscheidung an diesen voraus (Art. 2 lit. a zweiter Absatz, Art. 42 Abs. 2 lit. c). Erwägungsgrund 33 stellt klar, dass das Fehlen dieser Voraussetzung die Vollstreckbarkeit einer ex parte-Maßnahme und deren Vollstreckung auf der Grundlage des nationalen Rechts nicht ausschließt.

Einstweilige Maßnahmen, die ein in der Hauptsache unzuständiges Gericht (auf Basis von Art. 35 Brüssel Ia (= Art. 31 Brüssel I) erlässt, sind – in Abkehr von der bisherigen herrschenden Auffassung – nach der Verordnung in ihren Wirkungen auf das Gebiet des Gerichtsstaates beschränkt.

4.3 Schiedsgerichtsbarkeit

Wie einleitend bereits dargelegt hat sich der sachliche Anwendungsbereich der EuGVVO durch die Neufassung nicht wesentlich verändert. Dies gilt auch für die Ausnahme der Schiedsgerichtsbarkeit vom Anwendungsbereich der Verordnung (Art. 1 Abs. 2 lit. d). Die Rechtslage wurde insoweit nicht geändert, obwohl bekanntlich einige Entscheidungen des EuGH zu dieser Anwendungsausnahme, insbesondere das Urteil vom 10.2.2009 in der Rechtssache C-185/07 (*West Tankers*), eine intensive Diskussion über das Verhältnis der Verordnung zur Schiedsgerichtsbarkeit ausgelöst haben und der ursprüngliche Verordnungsvorschlag der Kommission die teilweise Einbeziehung der Schiedsgerichtsbarkeit in die Verordnung vorgesehen hatte.

Letztlich konnte man sich jedoch nicht auf eine Änderung verständigen, sodass die Schiedsgerichtsbarkeit weiterhin vom Anwendungsbereich der Verordnung ausgeschlossen bleibt. Die Verordnung Brüssel Ia ergänzt die Anwendungsausnahme allerdings durch den klarstellenden Hinweis auf den Vorrang des New Yorker Übereinkommens von 1958 (Art. 73 Abs. 2), sowie durch einen Erwägungsgrund (12). Die *West Tankers*-Entscheidung des EuGH, wonach ein nach der EuGVVO für die Hauptsache zuständiges staatliches Gericht auch befugt ist, inzident die Gültigkeit einer Schiedsvereinbarung zu prüfen, bleibt weiterhin wirksam.

Erwägungsgrund 12 führt aus, dass die Entscheidung eines mitgliedstaatlichen Gerichts über die Wirksamkeit einer Schiedsvereinbarung nicht den Anerkennungs- und Vollstreckungsregeln der Verordnung unterliegt. Allerdings stellt der EG auch klar, dass Entscheidungen staatlicher Gerichte in der Hauptsache, die diese getroffen haben, nachdem sie eine für diese Sache geschlossene Schiedsvereinbarung – als Vorfrage bei ihrer Zuständigkeitsprüfung – für unwirksam erkannten, sehr wohl (sozusagen „ganz normal") nach der

EuGVVO

Verordnung in den anderen MS anzuerkennen und zu vollstrecken sind. Schließlich wird in EG 12 auch klargestellt, dass sich die Schiedsgerichtsbarkeitsausnahme der Verordnung auch auf der Schiedsgerichtsbarkeit zuarbeitende Gerichtsverfahren (etwa Verfahren zur Bestellung eines Schiedsrichters) und auf Verfahren betreffend die Überprüfung, Anerkennung oder Vollstreckung eines Schiedsspruchs bezieht.

4.4 Nur geringe Änderungen im Bereich der gerichtlichen Zuständigkeit

Das Gerichtsstandssystem der EuGVVO blieb im Wesentlichen unangetastet, Brüssel Ia bringt nur folgende Nachjustierungen:

4.4.1 Besonderer Gerichtsstand zur Rückführung von Kulturgütern

In Art. 7 (ex Art. 5) Nr. 4 wurde ein besonderer Gerichtsstand für die Eigentumsklage betreffend Kulturgüter im Sinn der Kulturgüterrichtlinie 93/7/EWG geschaffen (Gericht des Ortes, an dem sich das Kulturgut bei Anrufung des Gerichts befindet).

4.4.2 Verbesserung des Rechtsschutzes für Verbraucher gegen Unternehmer mit Sitz in einem Drittstaat (Art. 18 Abs.1)

Nach dieser Bestimmung kann etwa ein österreichischer Verbraucher künftig Ansprüche gegen einen Unternehmer mit Sitz außerhalb der EU vor seinem Wohnsitzgericht geltend machen (Einfügung der Wortfolge „ohne Rücksicht auf den Wohnsitz des anderen Vertragspartners" in Art. 16 Abs. 1, nunmehr Art. 18 Abs. 1). Dies wird allerdings nur dann praktisch sein, wenn der Unternehmer vollstreckbares Vermögen innerhalb der EU oder in einem Drittstaat besitzt, mit dem der Wohnsitzstaat des Verbrauchers ein entsprechendes Vollstreckungsabkommen geschlossen hat.

4.4.3 Erleichterungen für Klagen von Arbeitnehmern gegen Arbeitgeber

4.4.3.1 In arbeitsrechtlichen Streitigkeiten wurde für Arbeitnehmer die Möglichkeit geschaffen, mehrere Arbeitgeber gemeinsam zu verklagen. Die Regelung findet sich in Art. 20 Abs. 1 Brüssel Ia, der – anders als Art. 18 Abs. 1 Brüssel I – einen Vorrang auch des Art. 8 Nr. 1 (Gerichtsstand der Streitgenossenschaft, vormals Art. 6 Nr. 1) gegenüber den Bestimmungen des 5. Abschnitts (Zuständigkeit für individuelle Arbeitsverträge) des Kapitels II (Zuständigkeit) der Verordnung enthält.

4.4.3.2 Der neue Art. 21 (ex Art. 19) Abs. 2 stellt nun auch gegen in Drittstaaten ansässige Arbeitgeber bestimmte Gerichtsstände in der EU zu Verfügung, nämlich die des Art. 21 Abs. 1 lit. b (Gerichtsstand der gewöhnlichen Arbeitsverrichtung und Gerichtsstand der Niederlassung, die den Arbeitnehmer eingestellt hat).

4.4.4 Belehrung des Beklagten über die Folgen rügeloser Prozesseinlassung

Art. 24 (nunmehr Art. 26) über die Begründung der Gerichtszuständigkeit durch rügelose Prozesseinlassung des Beklagten wurde zugunsten bestimmter schwächerer Parteien etwas entschärft. Art. 26 Abs. 2 Brüssel Ia verpflichtet nämlich das Prozessgericht, bestimmte begünstigte Beklagte (Versicherungsnehmer, Versicherte, Begünstige eines Versicherungsvertrags, Geschädigte, Verbraucher oder Arbeitnehmer) über ihr Recht zur Geltendmachung der Unzuständigkeit des Gerichts und über die Folgen einer Einlassung auf das Verfahren zu belehren. Der Verordnungsgeber reagierte damit auf die Rechtsprechung des EuGH in der Rechtssache C-111/09 (*Bilas*), wonach eine rügelose Einlassung auch dann gerichtsstandsbegründend wirkt, wenn sich die beklagte Partei dessen bei der Einlassung gar nicht bewusst gewesen ist.

Im Rahmen des Europäischen Justiziellen Netzes für Zivil- und Handelssachen (EJNZ) wurde ein unverbindliches Muster für eine schriftliche Belehrung erstellt, das im Europäischen Justizatlas im Abschnitt „Brussels I Regulation (recast)" abrufbar ist, vorerst aber nur in englischer Sprache, die deutsche Sprachfassung soll nach Angaben der Kommission jedoch rasch folgen.

4.4.5 Gerichtsstandsvereinbarungen

Schon der Kommissionsvorschlag verfolgte die Absicht, die Wirksamkeit und Verlässlichkeit von Gerichtsstandsvereinbarungen zu erhöhen, worauf folgende Neuerungen abzielen.

4.4.5.1 Prorogation eines mitgliedstaatlichen Gerichts auch durch in Drittstaaten ansässige Personen möglich

Nach Art. 23 Abs. 1 Brüssel I konnten Parteien nur dann die Zuständigkeit eines in der EU gelegenen Gerichts wirksam vereinbaren, wenn zumindest eine von ihnen ihren Wohnsitz in der EU hatte. Art. 25 Abs. 1 Brüssel Ia verzichtet auf dieses Erfordernis, sodass nunmehr auch zwei oder mehrere in Drittstaaten wohnhafte Personen ihren Rechtsstreit vor ein „EUGericht" bringen können.

4.4.5.2 Kollisionsnorm für die materielle Wirksamkeit einer Gerichtsstandsvereinbarung

Während Art. 23 (Abs. 1) Brüssel I bereits Regelungen zur formellen Wirksamkeit von Gerichtsstandsvereinbarungen enthielt, bringt seine Nachfolgebestimmung (Art. 25 Brüssel Ia) nun auch eine – wenn auch nur kollisionsrechtliche – Regelung zur materiellen Wirksamkeit solcher Vereinbarungen. Diese soll sich nach dem Recht jenes MS richten, auf dessen Gericht(e) die Gerichtsstandsvereinbarung abzielt. Die Regelung folgt dem Vorbild des Art. 5 Abs. 1 des Haager Gerichtsstandsübereinkommens vom 30.6.2005, dem die EU demnächst beitreten wird. Die Regel ist als Gesamtverweisung gedacht, sie umfasst also das Kollisionsrecht des betreffenden MS (Erwägungsgrund 20). Da Gerichtsstandsvereinbarungen nicht in den Anwendungsbereich der Rom I-Verordnung fallen (s. deren Art. 1 Abs. 2 lit. d), es insoweit also kein vereinheitlichtes europäisches Kollisionsrecht gibt, vereinheitlicht Art. 25 Abs. 1 Brüssel Ia in Wahrheit nur den Ausgangspunkt für die kollisionsrechtliche Prüfung und nicht das Kollisionsrecht selbst.

4.4.5.3 Gerichtsstandsvereinbarungen und lis pendens

Die Wirksamkeit von Gerichtsstandsvereinbarungen wurde durch eine teilweise Änderung der Rechtsanhängigkeitsregel des Art. 27 Abs. 1 Brüssel I erhöht. Das bislang strikte Prinzip der zeitlichen Priorität (also Zuständigkeit des zuerst angerufenen Gerichts) wird in Art. 29 Abs. 1 in Verbindung mit Art. 31 Abs. 2 Brüssel Ia zur besseren Durchsetzbarkeit ausschließlicher Gerichtsstandsvereinbarungen durchbrochen. Ein später angerufenes prorogiertes Gericht genießt künftig Zuständigkeitsvorrang gegenüber einem aufgrund anderer Zuständigkeitstatbestände (ausgenommen Art. 26) früher angerufenen Gericht. Damit soll etwa verhindert werden, dass eine Gerichtsstandsvereinbarung dadurch (zumindest zeitweise) torpediert wird, indem der Prozessgegner die Sache bei einem zwar unzuständigen, aber bekanntermaßen langsam arbeitenden Gericht anhängig macht. Art. 31 Abs. 4 enthält jedoch Einschränkungen zu Gunsten bestimmter geschützter Kläger wie Versicherungsnehmer, Arbeitnehmer oder Verbraucher.

Die Neuregelung gilt allerdings nur für echte Fälle von lis pendens, wenn also der Streitgegenstand vor beiden befassten Gerichten derselbe ist. Für nur im Zusammenhang stehende Verfahren findet Art. 31 Abs. 2 Brüssel Ia keine Anwendung (Art. 30 Brüssel Ia).

4.4.6 Sonstiges zum Gerichtsstandsystem

Nicht geändert wurden die besonders praxisrelevanten Gerichtsstände der EuGVVO, etwa der Gerichtsstand des Erfüllungsorts (nunmehr Art. 7 Nr. 1) oder der Gerichtsstand am Ort des schädigenden Ereignisses für Schadenersatzforderungen (nunmehr Art. 7 Nr. 2).

Ebenso wurde das Vorhaben der Kommission, auch die Gerichtsstände für Klagen gegen in Drittstaaten ansässige Personen generell in der Verordnung zu regeln, anstatt diesbezüglich nur auf die innerstaatlichen Zuständigkeitsregeln der MS zu verweisen (Art. 4 Abs. 2 Brüssel I), nicht verwirklicht. Art. 6 Brüssel Ia wurde gegenüber Art. 4 Brüssel I nur sehr gering verändert:

Zum einen wurde der Vorbehalt bestimmter Regeln der Verordnung auf Art. 18 Abs. 1 ausgedehnt und damit den unter 4.4.2 dargelegten Verbesserungen des Rechtsschutzes von Verbrauchern gegenüber Drittstaatsbeklagten legistisch Rechnung getragen. Weiter wird in Art. 6 Abs. 1 auch der neue Art. 21 Abs. 2 genannt, der für Klagen gegen in Drittstaaten ansässige Arbeitgeber nunmehr die in Art. 21 Abs.1 lit b aufgeführten Gerichtsstände innerhalb der EU zulässt (vgl. oben 4.4.3.2). Zum anderen wurde die Zulassung exorbitanter Gerichtsstände gegen Drittstaatsbeklagte in Art. 6 Abs. 2 legistisch nicht mehr wie bisher (Art. 4 Abs. 2) durch Verweis auf einen entsprechenden Anhang gelöst, sondern durch eine Notifizierungspflicht der MS gegenüber der Kommission. Österreich hat – gemäß dem in Art. 6 Abs. 2 genannten Art. 76 Abs. 1 lit. a – der Kommission den Vermögensgerichtsstand nach § 99 JN notifiziert, der auch in Anhang I von Brüssel I aufgelistet war. Es ist hier also keine inhaltliche Änderung eingetreten.

4.5 Lis pendens und im Zusammenhang stehende Verfahren im Verhältnis zu Drittstaaten

EuGVVO

Der europäische Verordnungsgeber ist einem vielfach geäußerten Wunsch nachgekommen und hat – in den Art. 33 und 34 der neuen Verordnung – nunmehr die mitgliedstaatlichen Gerichte Regeln dazu geschaffen, wie vorzugehen ist, wenn bei Anrufung eines mitgliedstaatlichen Gerichts vor dem Gericht eines Drittstaates bereits ein Verfahren wegen desselben Streitgegenstands (Art. 33) oder ein im Zusammenhang stehendes Verfahren (Art. 34) anhängig ist.

Im ersten Fall, also bei lis pendens, kann das mitgliedstaatliche Gericht sein Verfahren unter zwei (kumulativen) Voraussetzungen aussetzen, nämlich wenn zu erwarten ist, dass das drittstaatliche Gericht eine im betreffenden MS anerkennungs- und vollstreckungsfähige Entscheidung erlassen wird und das mitgliedstaatliche Gericht die Verfahrensaussetzung für im Interesse einer geordneten Rechtspflege erforderlich hält. Unter den in Abs. 2 genannten (alternativen) Voraussetzungen kann das „EU-Gericht" sein Verfahren aber jederzeit wieder fortsetzen. Nach Abs. 3 hat das mitgliedstaatliche Gericht sein Verfahren einzustellen, wenn das vor dem drittstaatlichen Gericht anhängige Verfahren abgeschlossen und eine Entscheidung ergangen ist, die im betreffenden MS anerkannt und gegebenenfalls vollstreckt werden kann.

Auch im Fall (bloß) im Zusammenhang stehender Verfahren kann das später angerufene Gericht eines MS unter bestimmten Voraussetzungen (Art. 34 Abs.1) sein Verfahren aussetzen und unter ebenfalls festgelegten Voraussetzungen (Art. 34 Abs. 2) jederzeit fortsetzen. Weiters wurde die Möglichkeit der Verfahrenseinstellung eröffnet, wenn das Gerichtsverfahren im Drittstaat mit einer im MS anzuerkennenden und gegebenenfalls vollstreckbaren Entscheidung geendet hat (Abs. 3).

4.6 Mitgliedstaaten mit und ohne Streitverkündungssystem

Art. 65 Brüssel I regelte das Verhältnis zwischen MS, die Gewährleistungs- oder Interventionsklagen kennen, und jenen MS, die – wie Österreich – die Wirkungserstreckung auf Dritte in diesem Bereich durch ein System der Streitverkündung samt Möglichkeit zur Nebenintervention regeln. Sedes materiae bleibt auch in Brüssel Ia Art. 65, der jedoch einen von der Vorgängerbestimmung deutlich abweichenden Wortlaut hat.

Dennoch hat sich inhaltlich kaum etwas geändert: Dass Abs. 1 einleitend nun auf die Art. 8 und Art. 13 – anstatt wie bisher auf Art. 6 und Art. 11 – Bezug nimmt, ist nur der Änderung der Nummerierung dieser beiden Bestimmungen geschuldet. Und dass nunmehr als „Streitverkündungsstaaten" nicht mehr nur Deutschland und Österreich aufgelistet sind, sondern auf eine von der Kommission festgelegte Liste verwiesen wird, trägt dem Umstand Rechnung, dass seit dem Inkrafttreten von Brüssel I weitere Staaten mit Streitverkündungssystem der EU beigetreten sind (nämlich die drei baltischen Staaten Estland, Lettland und Litauen, sowie Kroatien, Malta, Polen, Slowenien, Ungarn und Zypern) und dass im Hinblick auf den allfälligen späteren Betritt weiterer solcher Staaten oder auf allfällige Änderungen der Rechtslage in den MS Flexibilität gegeben sein soll. Die der Kommission von den genannten neun MS (sowie von Deutschland und Österreich) nach Art. 65 in Verbindung mit Art 76 Abs 1 lit. b übermittelten Informationen über die Bestimmungen ihres jeweiligen Streitverkündungssystems hat die Kommission gemäß Art.

76 Abs. 4 im EU-Amtsblatt (C 4/2 vom 9.2.2015) veröffentlicht (Österreich hat § 21 ZPO notifiziert).

Die Informationen nach Art. 65 Abs. 3 über die wesentlichen Wirkungen einer Streitverkündung sind auch im Abschnitt „Brussels I-Regulation (recast)" des Europäischen Gerichtsatlasses (vorerst nur in englischer Sprache, die weiteren Sprachfassungen sollen bald folgen) abrufbar. Sie sollen insbesondere den Gerichten der anderen MS Hilfestellung bei der Determinierung dessen bieten, was denn nun nach Art. 65 Abs. 2 zweiter Satz an Streitverkündungswirkungen genau anzuerkennen ist.

In diesem Abschnitt des Gerichtsatlasses können überhaupt alle von den MS nach Art. 76 an die Kommission notifizierten Informationen abgerufen werden. Es empfiehlt sich, vorerst mit der englischen Sprachfassung des Atlasses zu arbeiten.

5. Das Verhältnis der Verordnung zum Lugano-Abkommen 2007

Durch die Verordnung Brüssel Ia geht die seit dem Inkrafttreten des Lugano-Abkommens 2007 bestehende Parallelität zwischen der EuGVVO und dem Gerichtsstands-, Anerkennungs- und Vollstreckungsregime im Verhältnis zu den Luganostaaten Schweiz, Norwegen und Island teilweise verloren. Nach Art. 73 Abs. 1 Brüssel Ia geht das Abkommen der Verordnung vor. Ob und gegebenenfalls wann es zu einem inhaltlichen „Nachziehen" des Lugano-Abkommens im Verhältnis zu Brüssel Ia kommen wird, ist derzeit offen.

6. Revision der Revision – Änderung von Brüssel Ia durch die Verordnung (EU) Nr. 542/2014 vom 15. Mai 2014, ABl. L 163/1 vom 29.5.2014

Die Verordnung Brüssel Ia wurde während ihrer Legisvakanz bereits novelliert und zwar durch die in der Überschrift genannte Verordnung, die darauf abzielt, die einheitliche europäische Patentgerichtsbarkeit und den Benelux-Gerichtshof in das System der EuGVVO einzubinden. Nach Art. 89 Abs. 1 des Abkommens über das Einheitliche Patentgericht (Unified Patent Court Agreement) kann dieses Abkommen erst in Kraft treten, wenn zugleich die für das Funktionieren der einheitlichen Patentgerichtsbarkeit erforderlichen Ergänzungen der Verordnung Brüssel Ia in Kraft treten; diese Ergänzungen sollen das Verhältnis zwischen Brüssel Ia und UPC-Agreement regeln.

Weiter haben die drei MS des Abkommens vom 31.3.1995, mit dem der Benelux-Gerichtshof eingerichtet wurde (Belgien, die Niederlande und

Luxemburg) am 15.10.2012 ein Protokoll unterzeichnet, das dieses Übereinkommen dahin modifiziert, dass dem Benelux-Gerichtshof auch Entscheidungskompetenzen in Angelegenheiten übertragen werden können, die in den Anwendungsbereich der EuGVVO fallen. Ähnlich wie das UPC- Agreement erfordert auch das Protokoll Adaptierungen der Verordnung Brüssel Ia.

Die Verordnung Nr. 542/2014 „zur Änderung der Verordnung (EU) Nr. 1215/2012 bezüglich der hinsichtlich des Einheitlichen Patentgerichts und des Benelux-Gerichtshofs anzuwendenden Vorschriften" trägt durch entsprechende Ergänzungen von Brüssel Ia diesen beiden Entwicklungen Rechnung. Durch die Änderungsverordnung wurden im Kapitel VII (Verhältnis zu anderen Rechtsinstrumenten) von Brüssel Ia die Art. 71a bis 71d eingefügt, die Folgendes bezwecken:

Art. 71a: Definition eines „gemeinsamen Gerichts" (common court) mehrerer MS, das als ein mitgliedstaatliches Gericht gilt. Das Einheitliche Patentgericht und der Benelux-Gerichtshof werden in Abs. 2 zu solchen gemeinsamen Gerichten erklärt; die Liste kann künftig erforderlichenfalls durch weitere Gerichte ergänzt werden.

Art. 71b: Regelung der Zuständigkeit von gemeinsamen Gerichten einschließlich der Ausdehnung der Zuständigkeitsregeln von Brüssel Ia auf Beklagte mit Sitz/Wohnsitz in Drittstaaten für Verfahren vor diesen Gerichten. Subsidiärer Vermögensgerichtsstand vor dem Einheitlichen Patentgericht (auch) für außerhalb der EU eingetretene Schäden aus Patentverletzungen.

Art. 71c: Anwendbarkeit der Regeln von Brüssel Ia über lis pendens und im Zusammenhang stehende Verfahren (Art. 29 bis 32) für Verfahren vor einem gemeinsamen Gericht einerseits und Verfahren vor einem Gericht eines MS, der nicht Vertragspartei der Übereinkunft zur Errichtung jenes gemeinsamen Gerichts ist, andererseits.

Art. 71d: Klarstellung, dass Entscheidungen der beiden gemeinsamen Gerichte auch in MS anzuerkennen und zu vollstrecken sind, die dem UPC-Agreement bzw. dem Benelux- Abkommen nicht angehören. Umgekehrt Klarstellung, dass Entscheidungen der Gerichte eines MS, der dem UPC-Agreement bzw. dem Benelux-Abkommen nicht angehört, in einem MS anzuerkennen und zu vollstrecken sind, der dem betreffenden Abkommen sehr wohl angehört. Für die Anerkennung und Vollstreckung von Entscheidungen eines gemeinsamen Gerichts in MS, die Vertragspartei des entsprechenden Errichtungsabkommens sind, gelten jedoch die Bestimmungen des Abkommens und nicht jene der Verordnung.

Die Änderungsverordnung gilt nach ihrem Art. 2 ebenfalls ab dem 10.1.2015, sodass die Verord-

nung Brüssel Ia an diesem Tag sogleich mit den Ergänzungen durch die Änderungsverordnung in operative Wirksamkeit getreten ist.

7. Noch bevorstehende kleinere technische Änderungen der Anhänge I und II der Verordnung

Nicht bis zum 10.1.2015 sind sich aber einige von der Kommission in Aussicht genommene Änderungen an den Anhängen I und II von Brüssel Ia im Wege eines so genannten delegierten Rechtsakts nach Art. 77 der Verordnung ausgegangen. Dies sollte aber keine nennenswerten Probleme bereiten. Zum einen handelt es sich dabei nur um technische Anpassungen im Hinblick auf Dänemarks Erklärung, die neue Verordnung ebenfalls anwenden zu wollen, den EU-Beitritt Kroatiens, die Einführung des Euro in Lettland am 1.1.2014 und die Einführung der Gemeinschaftswährung in Litauen am 1.1.2015. Zum anderen wird der delegierte Rechtsakt voraussichtlich noch im Jänner oder Februar 2015 erlassen werden können, also in einem Zeitraum, in dem es noch kaum Vollstreckungsfälle nach Brüssel Ia geben wird.

8. Überprüfung der Verordnung im Jahr 2022

Nach Art. 79 hat die Kommission dem EP, dem Rat und dem Wirtschafts- und Sozialausschuss zum 11.1.2022 einen Bericht über die Anwendung der neuen Verordnung vorzulegen, der sich insbesondere auch mit der allfälligen weiteren Ausdehnung der Zuständigkeitsregeln auf Drittstaatsbeklagte befassen soll. Damit wird die von vielen Seiten geforderte generelle Ausdehnung der europäischen Gerichtsstände auf Beklagte mit Wohnsitz in Drittstaaten wiederum aufs Tapet kommen. Freilich wird dies entscheidend auch davon abhängen, welche Fortschritte zwischenzeitig das kürzlich von der Haager Konferenz für Internationales Privatrecht wieder aufgenommene „Judgments Project" (Schaffung eines weltweiten Anerkennungs- und Vollstreckungsabkommens in Zivil- und Handelssachen) machen wird.

EuGVVO

9. Literatur zur Neuregelung

Czernich/Kodek/Mayr, Europäisches Gerichtsstands- und Vollstreckungsrecht4 (LexisNexis 2014), Erscheinungstermin voraussichtlich Ende Jänner 2015;

Garber, Einstweiliger Rechtsschutz nach der neuen EuGVVO, ecolex 2013, 1071;

Luginbühl/Stauer, Zuständigkeitsregeln nach der Brüssel Ia-VO für Klagen in Patentsachen, GRUR 10/2014, 885;

Mankowski, Änderungen im internationalen Verbraucherprozessrecht durch die Neufassung der EuGVVO, RIW 2014, 625;

Mohr, Neues im internationalen Exekutionsrecht – die Neufassung der EuGVVO (Brüssel-I VO), ÖRpfl 2013 H 1, 32 (befasst sich insbesondere mit vollstreckungsrechtlichen Aspekten); Pohl, Die Neufassung der EuGVVO – im Spannungsfeld zwischen Vertrauen und Kontrolle, IPRax 2/2013, 109 – sehr kompakter Überblick;

Pohl, Die Neufassung der EuGVVO – im Spannungsfeld zwischen Vertrauen und Kontrolle IPRax 2/2013, 109 – sehr kompakter Überblick;

Tretthahn/Hiersche, How to dismantle an Italian Torpedo, Gerichtstandsvereinbarungen nach den neuen EuGVVO, ÖJZ 2014, 57;

Von Hein, Die Neufassung der EuGVVO, RIW 3/2013, 97.

35/1. Brüssel IIa-VO

Präambel

Brüssel IIa-VO (EuEhe-VO 2003/EuFam-VO 2003)

Verordnung (EG) Nr. 2201/2003 des Rates vom 27. November 2003 über die Zuständigkeit und die Anerkennung und Vollstreckung von Entscheidungen in Ehesachen und in Verfahren betreffend die elterliche Verantwortung und zur Aufhebung der Verordnung EG) Nr. 1347/2000, CELEX-Nummer 32004R2116, ABl L 338 vom 23. 12. 2003, S 1 idF

1 ABl L 367 vom 14. 12. 2004, S 1   **2** ABl L 99 vom 15.4.2016, S. 34

(gilt nicht für Dänemark)

*Für das **Vereinigte Königreich** s ab 1.1.2021 die Übergangsbestimmungen des Austrittsabkommens (abgedruckt am Ende nach Anhang VI).*

Ab 1. August 2022 ersetzt durch VO 2019/1111 (ABl. L 178 vom 2.7.2019, S. 1–115) (Brüssel IIb-VO)

DER RAT DER EUROPÄISCHEN UNION –

gestützt auf den Vertrag zur Gründung der Europäischen Gemeinschaft, insbesondere auf Artikel 61 Buchstabe c) und Artikel 67 Absatz 1,

auf Vorschlag der Kommission[1],

nach Stellungnahme des Europäischen Parlaments[2],

nach Stellungnahme des Europäischen Wirtschafts- und Sozialausschusses[3],

in Erwägung nachstehender Gründe:

(1) Die Europäische Gemeinschaft hat sich die Schaffung eines Raums der Freiheit, der Sicherheit und des Rechts zum Ziel gesetzt, in dem der freie Personenverkehr gewährleistet ist. Hierzu erlässt die Gemeinschaft unter anderem die Maßnahmen, die im Bereich der justiziellen Zusammenarbeit in Zivilsachen für das reibungslose Funktionieren des Binnenmarkts erforderlich sind.

(2) Auf seiner Tagung in Tampere hat der Europäische Rat den Grundsatz der gegenseitigen Anerkennung gerichtlicher Entscheidungen, der für die Schaffung eines echten europäischen Rechtsraums unabdingbar ist, anerkannt und die Besuchsrechte als Priorität eingestuft.

(3) Die Verordnung (EG) Nr. 1347/2000 des Rates vom 29. Mai 2000[4] enthält Vorschriften für die Zuständigkeit und die Anerkennung und Vollstreckung von Entscheidungen in Ehesachen sowie von aus Anlass von Ehesachen ergangenen Entscheidungen über die elterliche Verantwortung für die gemeinsamen Kinder der Ehegatten. Der Inhalt dieser Verordnung wurde weitgehend aus dem diesbezüglichen Übereinkommen vom 28. Mai 1998 übernommen[5].

(4) Am 3. Juli 2000 hat Frankreich eine Initiative im Hinblick auf den Erlass einer Verordnung des Rates über die gegenseitige Vollstreckung von Entscheidungen über das Umgangsrecht vorgelegt[6].

(5) Um die Gleichbehandlung aller Kinder sicherzustellen, gilt diese Verordnung für alle Entscheidungen über die elterliche Verantwortung, einschließlich der Maßnahmen zum Schutz des Kindes, ohne Rücksicht darauf, ob eine Verbindung zu einem Verfahren in Ehesachen besteht.

(6) Da die Vorschriften über die elterliche Verantwortung häufig in Ehesachen herangezogen werden, empfiehlt es sich, Ehesachen und die elterliche Verantwortung in einem einzigen Rechtsakt zu regeln.

(7) Diese Verordnung gilt für Zivilsachen, unabhängig von der Art der Gerichtsbarkeit.

(8) Bezüglich Entscheidungen über die Ehescheidung, die Trennung ohne Auflösung des Ehebandes oder die Ungültigerklärung einer Ehe sollte diese Verordnung nur für die Auflösung einer Ehe und nicht für Fragen wie die Scheidungsgründe, das Ehegüterrecht oder sonstige mögliche Nebenaspekte gelten.

(9) Bezüglich des Vermögens des Kindes sollte diese Verordnung nur für Maßnahmen zum Schutz des Kindes gelten, das heißt i) für die Bestimmung und den Aufgabenbereich einer Person oder Stelle, die damit betraut ist, das Vermögen

Brüssel IIa-VO

---

[1] ABl. C 203 E vom 27.8.2002, S. 155.
[2] Stellungnahme vom 20. September 2002 (noch nicht im Amtsblatt veröffentlicht).
[3] ABl. C 61 vom 14.3.2003, S. 76.
Zu Abs. 3:
[4] ABl. L 160 vom 30.6.2000, S. 19.

[5] Bei der Annahme der Verordnung (EG) Nr. 1347/2000 hatte der Rat den von Frau Professorin Alegria Borras erstellten erläuternden Bericht zu dem Übereinkommen zur Kenntnis genommen (ABl. C 221 vom 16.7.1998, S. 27).
Zu Abs. 4:
[6] ABl. C 234 vom 15.8.2000, S. 7.

des Kindes zu verwalten, das Kind zu vertreten und ihm beizustehen, und ii) für Maßnahmen bezüglich der Verwaltung und Erhaltung des Vermögens des Kindes oder der Verfügung darüber. In diesem Zusammenhang sollte diese Verordnung beispielsweise für die Fälle gelten, in denen die Eltern über die Verwaltung des Vermögens des Kindes im Streit liegen. Das Vermögen des Kindes betreffende Maßnahmen, die nicht den Schutz des Kindes betreffen, sollten weiterhin unter die Verordnung (EG) Nr. 44/2001 des Rates vom 22. Dezember 2000 über die gerichtliche Zuständigkeit und die Anerkennung und Vollstreckung von Entscheidungen in Zivil- und Handelssachen[7] fallen.

(10) Diese Verordnung soll weder für Bereiche wie die soziale Sicherheit oder Maßnahmen allgemeiner Art des öffentlichen Rechts in Angelegenheiten der Erziehung und Gesundheit noch für Entscheidungen über Asylrecht und Einwanderung gelten. Außerdem gilt sie weder für die Feststellung des Eltern-Kind-Verhältnisses, bei der es sich um eine von der Übertragung der elterlichen Verantwortung gesonderte Frage handelt, noch für sonstige Fragen im Zusammenhang mit dem Personenstand. Sie gilt ferner nicht für Maßnahmen, die im Anschluss an von Kindern begangenen Straftaten ergriffen werden.

(11) Unterhaltspflichten sind vom Anwendungsbereich dieser Verordnung ausgenommen, da sie bereits durch die Verordnung (EG) Nr. 44/2001 geregelt werden. Die nach dieser Verordnung zuständigen Gerichte werden in Anwendung des Artikels 5 Absatz 2 der Verordnung (EG) Nr. 44/2001 in der Regel für Entscheidungen in Unterhaltssachen zuständig sein.

(12) Die in dieser Verordnung für die elterliche Verantwortung festgelegten Zuständigkeitsvorschriften wurden dem Wohle des Kindes entsprechend und insbesondere nach dem Kriterium der räumlichen Nähe ausgestaltet. Die Zuständigkeit sollte vorzugsweise dem Mitgliedstaat des gewöhnlichen Aufenthalts des Kindes vorbehalten sein außer in bestimmten Fällen, in denen sich der Aufenthaltsort des Kindes geändert hat oder in denen die Träger der elterlichen Verantwortung etwas anderes vereinbart haben.

(13) Nach dieser Verordnung kann das zuständige Gericht den Fall im Interesse des Kindes ausnahmsweise und unter bestimmten Umständen an das Gericht eines anderen Mitgliedstaats verweisen, wenn dieses den Fall besser beurteilen kann. Allerdings sollte das später angerufene Gericht nicht befugt sein, die Sache an ein drittes Gericht weiterzuverweisen.

(14) Die Anwendung des Völkerrechts im Bereich diplomatischer Immunitäten sollte durch die Wirkungen dieser Verordnung nicht berührt werden. Kann das nach dieser Verordnung zuständige Gericht seine Zuständigkeit aufgrund einer diplomatischen Immunität nach dem Völkerrecht nicht wahrnehmen, so sollte die Zuständigkeit in dem Mitgliedstaat, in dem die betreffende Person keine Immunität genießt, nach den Rechtsvorschriften dieses Staates bestimmt werden.

(15) Für die Zustellung von Schriftstücken in Verfahren, die auf der Grundlage der vorliegenden Verordnung eingeleitet wurden, gilt die Verordnung (EG) Nr. 1348/2000 des Rates vom 29. Mai 2000 über die Zustellung gerichtlicher und außergerichtlicher Schriftstücke in Zivil- oder Handelssachen in den Mitgliedstaaten[8].

(16) Die vorliegende Verordnung hindert die Gerichte eines Mitgliedstaats nicht daran, in dringenden Fällen einstweilige Maßnahmen einschließlich Schutzmaßnahmen in Bezug auf Personen oder Vermögensgegenstände, die sich in diesem Staat befinden, anzuordnen.

(17) Bei widerrechtlichem Verbringen oder Zurückhalten eines Kindes sollte dessen Rückgabe unverzüglich erwirkt werden; zu diesem Zweck sollte das Haager Übereinkommen vom 24. Oktober 1980, das durch die Bestimmungen dieser Verordnung und insbesondere des Artikels 11 ergänzt wird, weiterhin Anwendung finden. Die Gerichte des Mitgliedstaats, in den das Kind widerrechtlich verbracht wurde oder in dem es widerrechtlich zurückgehalten wird, sollten dessen Rückgabe in besonderen, ordnungsgemäß begründeten Fällen ablehnen können. Jedoch sollte eine solche Entscheidung durch eine spätere Entscheidung des Gerichts des Mitgliedstaats ersetzt werden können, in dem das Kind vor dem widerrechtlichen Verbringen oder Zurückhalten seinen gewöhnlichen Aufenthalt hatte. Sollte in dieser Entscheidung die Rückgabe des Kindes angeordnet werden, so sollte die Rückgabe erfolgen, ohne dass es in dem Mitgliedstaat, in das das Kind widerrechtlich verbracht wurde, eines besonderen Verfahrens zur Anerkennung und Vollstreckung dieser Entscheidung bedarf.

Zu Abs. 9:

[7] *ABl. L 12 vom 16.1.2001, S. 1. Zuletzt geändert durch die Verordnung (EG) Nr. 1496/2002 der Kommission (ABl. L 225 vom 22.8.2002, S. 13).*

Zu Abs. 15:

[8] *ABl. L 160 vom 30.6.2000, S. 37.*

(18) Entscheidet das Gericht gemäß Artikel 13 des Haager Übereinkommens von 1980, die Rückgabe abzulehnen, so sollte es das zuständige Gericht oder die Zentrale Behörde des Mitgliedstaats, in dem das Kind vor dem widerrechtlichen Verbringen oder Zurückhalten seinen gewöhnlichen Aufenthalt hatte, hiervon unterrichten. Wurde dieses Gericht noch nicht angerufen, so sollte dieses oder die Zentrale Behörde die Parteien entsprechend unterrichten. Diese Verpflichtung sollte die Zentrale Behörde nicht daran hindern, auch die betroffenen Behörden nach nationalem Recht zu unterrichten.

(19) Die Anhörung des Kindes spielt bei der Anwendung dieser Verordnung eine wichtige Rolle, wobei diese jedoch nicht zum Ziel hat, die diesbezüglich geltenden nationalen Verfahren zu ändern.

(20) Die Anhörung eines Kindes in einem anderen Mitgliedstaat kann nach den Modalitäten der Verordnung (EG) Nr. 1206/2001 des Rates vom 28. Mai 2001 über die Zusammenarbeit zwischen den Gerichten der Mitgliedstaaten auf dem Gebiet der Beweisaufnahme in Zivil- oder Handelssachen[9] erfolgen.

(21) Die Anerkennung und Vollstreckung der in einem Mitgliedstaat ergangenen Entscheidungen sollten auf demGrundsatz des gegenseitigen Vertrauens beruhen und die Gründe für die Nichtanerkennung auf das notwendige Minimum beschränkt sein.

(22) Zum Zwecke der Anwendung der Anerkennungs- und Vollstreckungsregeln sollten die in einem Mitgliedstaat vollstreckbaren öffentlichen Urkunden und Vereinbarungen zwischen den Parteien „Entscheidungen" gleichgestellt werden.

(23) Der Europäische Rat von Tampere hat in seinen Schlussfolgerungen (Nummer 34) die Ansicht vertreten, dass Entscheidungen in familienrechtlichen Verfahren „automatisch anerkannt" werden sollten, „ohne dass es irgendwelche Zwischenverfahren oder Gründe für die Verweigerung der Vollstreckung geben" sollte. Deshalb sollten Entscheidungen über das Umgangsrecht und über die Rückgabe des Kindes, für die im Ursprungsmitgliedstaat nach Maßgabe dieser Verordnung eine Bescheinigung ausgestellt wurde, in allen anderen Mitgliedstaaten anerkannt und vollstreckt werden, ohne dass es eines weiteren Verfahrens bedarf. Die Modalitäten der Vollstreckung dieser Entscheidungen unterliegen weiterhin dem nationalen Recht.

(24) Gegen die Bescheinigung, die ausgestellt wird, um die Vollstreckung der Entscheidung zu erleichtern, sollte kein Rechtsbehelf möglich sein. Sie sollte nur Gegenstand einer Klage auf Berichtigung sein, wenn ein materieller Fehler vorliegt, d. h., wenn in der Bescheinigung der Inhalt der Entscheidung nicht korrekt wiedergegeben ist.

(25) Die Zentralen Behörden sollten sowohl allgemein als auch in besonderen Fällen, einschließlich zur Förderung der gütlichen Beilegung von die elterliche Verantwortung betreffenden Familienstreitigkeiten, zusammenarbeiten. Zu diesem Zweck beteiligen sich die Zentralen Behörden an dem Europäischen Justiziellen Netz für Zivil- und Handelssachen, das mit der Entscheidung des Rates vom 28. Mai 2001 zur Einrichtung eines Europäischen Justiziellen Netzes für Zivil- und Handelssachen[10] eingerichtet wurde.

(26) Die Kommission sollte die von den Mitgliedstaaten übermittelten Listen mit den zuständigen Gerichten und den Rechtsbehelfen veröffentlichen und aktualisieren.

(27) Die zur Durchführung dieser Verordnung erforderlichen Maßnahmen sollten gemäß dem Beschluss 1999/468/EG des Rates vom 28. Juni 1999 zur Festlegung der Modalitäten für die Ausübung der der Kommission übertragenen Durchführungsbefugnisse[11] erlassen werden.

(28) Diese Verordnung tritt an die Stelle der Verordnung (EG) Nr. 1347/2000, die somit aufgehoben wird.

(29) Um eine ordnungsgemäße Anwendung dieser Verordnung sicherzustellen, sollte die Kommission deren Durchführung prüfen und gegebenenfalls die notwendigen Änderungen vorschlagen.

(30) Gemäß Artikel 3 des dem Vertrag über die Europäische Union und dem Vertrag zur Gründung der Europäischen Gemeinschaft beigefügten Protokolls über die Position des Vereinigten Königreichs und Irlands haben diese Mitgliedstaaten mitgeteilt, dass sie sich an der Annahme

Brüssel IIa-VO

Zu Abs. 20:
[9] *ABl. L 174 vom 27.6.2001, S. 1.*

Zu Abs. 25:
[10] *ABl. L 174 vom 27.6.2001, S. 25.*
Zu Abs. 27:
[11] *ABl. L 184 vom 17.7.1999, S. 23.*

und Anwendung dieser Verordnung beteiligen möchten.

(31) Gemäß den Artikeln 1 und 2 des dem Vertrag über die Europäische Union und dem Vertrag zur Gründung der Europäischen Gemeinschaft beigefügten Protokolls über die Position Dänemarks beteiligt sich Dänemark nicht an der Annahme dieser Verordnung, die für Dänemark nicht bindend oder anwendbar ist.

(32) Da die Ziele dieser Verordnung auf Ebene der Mitgliedstaaten nicht ausreichend erreicht werden können und daher besser auf Gemeinschaftsebene zu erreichen sind, kann die Gemeinschaft im Einklang mit dem in Artikel 5 des Vertrags niedergelegten Subsidiaritätsprinzip tätig werden. Entsprechend dem in demselben Artikel genannten Verhältnismäßigkeitsprinzip geht diese Verordnung nicht über das für die Erreichung dieser Ziele erforderliche Maß hinaus.

(33) Diese Verordnung steht im Einklang mit den Grundrechten und Grundsätzen, die mit der Charta der Grundrechte der Europäischen Union anerkannt wurden. Sie zielt insbesondere darauf ab, die Wahrung der Grundrechte des Kindes im Sinne des Artikels 24 der Grundrechtscharta der Europäischen Union zu gewährleisten –

HAT FOLGENDE VERORDNUNG ERLASSEN:

KAPITEL I

Anwendungsbereich und Begriffsbestimmungen

Artikel 1
Anwendungsbereich

(1) Diese Verordnung gilt, ungeachtet der Art der Gerichtsbarkeit, für Zivilsachen mit folgendem Gegenstand:

a) die Ehescheidung, die Trennung ohne Auflösung des Ehebandes und die Ungültigerklärung einer Ehe,

b) die Zuweisung, die Ausübung, die Übertragung sowie die vollständige oder teilweise Entziehung der elterlichen Verantwortung.

(2) Die in Absatz 1 Buchstabe b) genannten Zivilsachen betreffen insbesondere:

a) das Sorgerecht und das Umgangsrecht,

b) die Vormundschaft, die Pflegschaft und entsprechende Rechtsinstitute,

c) die Bestimmung und den Aufgabenbereich jeder Person oder Stelle, die für die Person oder das Vermögen des Kindes verantwortlich ist, es vertritt oder ihm beisteht,

d) die Unterbringung des Kindes in einer Pflegefamilie oder einem Heim,

e) die Maßnahmen zum Schutz des Kindes im Zusammenhang mit der Verwaltung und Erhaltung seines Vermögens oder der Verfügung darüber.

(3) Diese Verordnung gilt nicht für

a) die Feststellung und die Anfechtung des Eltern-Kind-Verhältnisses,

b) Adoptionsentscheidungen und Maßnahmen zur Vorbereitung einer Adoption sowie die Ungültigerklärung und den Widerruf der Adoption,

c) Namen und Vornamen des Kindes,

d) die Volljährigkeitserklärung,

e) Unterhaltspflichten,

f) Trusts und Erbschaften,

g) Maßnahmen infolge von Straftaten, die von Kindern begangen wurden.

Artikel 2
Begriffsbestimmungen

Für Zwecke dieser Verordnung bezeichnet der Ausdruck

1. „Gericht" alle Behörden der Mitgliedstaaten, die für Rechtssachen zuständig sind, die gemäß Artikel 1 in den Anwendungsbereich dieser Verordnung fallen;

2. „Richter" einen Richter oder Amtsträger, dessen Zuständigkeiten denen eines Richters in Rechtssachen entsprechen, die in den Anwendungsbereich dieser Verordnung fallen;

3. „Mitgliedstaat" jeden Mitgliedstaat mit Ausnahme Dänemarks;

4. „Entscheidung" jede von einem Gericht eines Mitgliedstaats erlassene Entscheidung über die Ehescheidung, die Trennung ohne Auflösung des Ehebandes oder die Ungültigerklärung einer Ehe sowie jede Entscheidung über die elterliche Verantwortung, ohne Rücksicht auf die Bezeichnung der jeweiligen Entscheidung, wie Urteil oder Beschluss;

5. „Ursprungsmitgliedstaat" den Mitgliedstaat, in dem die zu vollstreckende Entscheidung ergangen ist;

6. „Vollstreckungsmitgliedstaat" den Mitgliedstaat, in dem die Entscheidung vollstreckt werden soll;

7. „elterliche Verantwortung" die gesamten Rechte und Pflichten, die einer natürlichen oder juristischen Person durch Entscheidung oder kraft Gesetzes oder durch eine rechtlich verbindliche Vereinbarung betreffend die Person oder das Vermögen eines Kindes übertragen wurden. Elterliche Verantwortung umfasst insbesondere das Sorge- und das Umgangsrecht;

8. „Träger der elterlichen Verantwortung" jede Person, die die elterliche Verantwortung für ein Kind ausübt;

9. „Sorgerecht" die Rechte und Pflichten, die mit der Sorge für die Person eines Kindes verbunden sind, insbesondere das Recht auf die Bestimmung des Aufenthaltsortes des Kindes;

10. „Umgangsrecht" insbesondere auch das Recht, das Kind für eine begrenzte Zeit an einen anderen Ort als seinen gewöhnlichen Aufenthaltsort zu bringen;

11. „widerrechtliches Verbringen oder Zurückhalten eines Kindes" das Verbringen oder Zurückhalten eines Kindes, wenn

a) dadurch das Sorgerecht verletzt wird, das aufgrund einer Entscheidung oder kraft Gesetzes oder aufgrund einer rechtlich verbindlichen Vereinbarung nach dem Recht des Mitgliedstaats besteht, in dem das Kind unmittelbar vor dem Verbringen oder Zurückhalten seinen gewöhnlichen Aufenthalt hatte, und

b) das Sorgerecht zum Zeitpunkt des Verbringens oder Zurückhaltens allein oder gemeinsam tatsächlich ausgeübt wurde oder ausgeübt worden wäre, wenn das Verbringen oder Zurückhalten nicht stattgefunden hätte. Von einer gemeinsamen Ausübung des Sorgerechts ist auszugehen, wenn einer der Träger der elterlichen Verantwortung aufgrund einer Entscheidung oder kraft Gesetzes nicht ohne die Zustimmung des anderen Trägers der elterlichen Verantwortung über den Aufenthaltsort des Kindes bestimmen kann.

KAPITEL II
Zuständigkeit

ABSCHNITT 1
Ehescheidung, Trennung ohne Auflösung des Ehebandes und Ungültigerklärung einer Ehe

Artikel 3
Allgemeine Zuständigkeit

(1) Für Entscheidungen über die Ehescheidung, die Trennung ohne Auflösung des Ehebandes oder die Ungültigerklärung einer Ehe, sind die Gerichte des Mitgliedstaats zuständig,

a) in dessen Hoheitsgebiet

– beide Ehegatten ihren gewöhnlichen Aufenthalt haben oder

– die Ehegatten zuletzt beide ihren gewöhnlichen Aufenthalt hatten, sofern einer von ihnen dort noch seinen gewöhnlichen Aufenthalt hat, oder

– der Antragsgegner seinen gewöhnlichen Aufenthalt hat oder

– im Fall eines gemeinsamen Antrags einer der Ehegatten seinen gewöhnlichen Aufenthalt hat oder

– der Antragsteller seinen gewöhnlichen Aufenthalt hat, wenn er sich dort seit mindestens einem Jahr unmittelbar vor der Antragstellung aufgehalten hat, oder

– der Antragsteller seinen gewöhnlichen Aufenthalt hat, wenn er sich dort seit mindestens sechs Monaten unmittelbar vor der Antragstellung aufgehalten hat und entweder Staatsangehöriger des betreffenden Mitgliedstaats ist oder, im Fall des Vereinigten Königreichs und Irlands, dort sein „domicile" hat;

b) dessen Staatsangehörigkeit beide Ehegatten besitzen, oder, im Fall des Vereinigten Königreichs und Irlands, in dem sie ihr gemeinsames „domicile" haben.

(2) Der Begriff „domicile" im Sinne dieser Verordnung bestimmt sich nach dem Recht des Vereinigten Königreichs und Irlands.

Artikel 4
Gegenantrag

Das Gericht, bei dem ein Antrag gemäß Artikel 3 anhängig ist, ist auch für einen Gegenantrag zuständig, sofern dieser in den Anwendungsbereich dieser Verordnung fällt.

Artikel 5
Umwandlung einer Trennung ohne Auflösung des Ehebandes in eine Ehescheidung

Unbeschadet des Artikels 3 ist das Gericht eines Mitgliedstaats, das eine Entscheidung über eine Trennung ohne Auflösung des Ehebandes erlassen hat, auch für die Umwandlung dieser Entscheidung in eine Ehescheidung zuständig, sofern dies im Recht dieses Mitgliedstaats vorgesehen ist.

Artikel 6
Ausschließliche Zuständigkeit nach den Artikeln 3, 4 und 5

Gegen einen Ehegatten, der

a) seinen gewöhnlichen Aufenthalt im Hoheitsgebiet eines Mitgliedstaats hat oder

b) Staatsangehöriger eines Mitgliedstaats ist oder im Fall des Vereinigten Königreichs und Irlands sein „domicile" im Hoheitsgebiet eines dieser Mitgliedstaaten hat,

darf ein Verfahren vor den Gerichten eines anderen Mitgliedstaats nur nach Maßgabe der Artikel 3, 4 und 5 geführt werden.

Brüssel IIa-VO

Artikel 7
Restzuständigkeit

(1) Soweit sich aus den Artikeln 3, 4 und 5 keine Zuständigkeit eines Gerichts eines Mitgliedstaats ergibt, bestimmt sich die Zuständigkeit in jedem Mitgliedstaat nach dem Recht dieses Staates.

(2) Jeder Staatsangehörige eines Mitgliedstaats, der seinen gewöhnlichen Aufenthalt im Hoheitsgebiet eines anderen Mitgliedstaats hat, kann die in diesem Staat geltenden Zuständigkeitsvorschriften wie ein Inländer gegenüber einem Antragsgegner geltend machen, der seinen gewöhnlichen Aufenthalt nicht im Hoheitsgebiet eines Mitgliedstaats hat oder die Staatsangehörigkeit eines Mitgliedstaats besitzt oder im Fall des Vereinigten Königreichs und Irlands sein „domicile" nicht im Hoheitsgebiet eines dieser Mitgliedstaaten hat.

ABSCHNITT 2
Elterliche Verantwortung

Artikel 8
Allgemeine Zuständigkeit

(1) Für Entscheidungen, die die elterliche Verantwortung betreffen, sind die Gerichte des Mitgliedstaats zuständig, in dem das Kind zum Zeitpunkt der Antragstellung seinen gewöhnlichen Aufenthalt hat.

(2) Absatz 1 findet vorbehaltlich der Artikel 9, 10 und 12 Anwendung.

Artikel 9
Aufrechterhaltung der Zuständigkeit des früheren gewöhnlichen Aufenthaltsortes des Kindes

(1) Beim rechtmäßigen Umzug eines Kindes von einem Mitgliedstaat in einen anderen, durch den es dort einen neuen gewöhnlichen Aufenthalt erlangt, verbleibt abweichend von Artikel 8 die Zuständigkeit für eine Änderung einer vor dem Umzug des Kindes in diesem Mitgliedstaat ergangenen Entscheidung über das Umgangsrecht während einer Dauer von drei Monaten nach dem Umzug bei den Gerichten des früheren gewöhnlichen Aufenthalts des Kindes, wenn sich der laut der Entscheidung über das Umgangsrecht umgangsberechtigte Elternteil weiterhin gewöhnlich in dem Mitgliedstaat des früheren gewöhnlichen Aufenthalts des Kindes aufhält.

(2) Absatz 1 findet keine Anwendung, wenn der umgangsberechtigte Elternteil im Sinne des Absatzes 1 die Zuständigkeit der Gerichte des Mitgliedstaats des neuen gewöhnlichen Aufenthalts des Kindes dadurch anerkannt hat, dass er sich an Verfahren vor diesen Gerichten beteiligt, ohne ihre Zuständigkeit anzufechten.

Artikel 10
Zuständigkeit in Fällen von Kindesentführung

Bei widerrechtlichem Verbringen oder Zurückhalten eines Kindes bleiben die Gerichte des Mitgliedstaats, in dem das Kind unmittelbar vor dem widerrechtlichen Verbringen oder Zurückhalten seinen gewöhnlichen Aufenthalt hatte, so lange zuständig, bis das Kind einen gewöhnlichen Aufenthalt in einem anderen Mitgliedstaat erlangt hat und

a) jede sorgeberechtigte Person, Behörde oder sonstige Stelle dem Verbringen oder Zurückhalten zugestimmt hat

oder

b) das Kind sich in diesem anderen Mitgliedstaat mindestens ein Jahr aufgehalten hat, nachdem die sorgeberechtigte Person, Behörde oder sonstige Stelle seinen Aufenthaltsort kannte oder hätte kennen müssen und sich das Kind in seiner neuen Umgebung eingelebt hat, sofern eine der folgenden Bedingungen erfüllt ist:

i) Innerhalb eines Jahres, nachdem der Sorgeberechtigte den Aufenthaltsort des Kindes kannte oder hätte kennen müssen, wurde kein Antrag auf Rückgabe des Kindes bei den zuständigen Behörden des Mitgliedstaats gestellt, in den das Kind verbracht wurde oder in dem es zurückgehalten wird;

ii) ein von dem Sorgeberechtigten gestellter Antrag auf Rückgabe wurde zurückgezogen, und innerhalb der in Ziffer i) genannten Frist wurde kein neuer Antrag gestellt;

iii) ein Verfahren vor dem Gericht des Mitgliedstaats, in dem das Kind unmittelbar vor dem widerrechtlichen Verbringen oder Zurückhalten seinen gewöhnlichen Aufenthalt hatte, wurde gemäß Artikel 11 Absatz 7 abgeschlossen;

iv) von den Gerichten des Mitgliedstaats, in dem das Kind unmittelbar vor dem widerrechtlichen Verbringen oder Zurückhalten seinen gewöhnlichen Aufenthalt hatte, wurde eine Sorgerechtsentscheidung erlassen, in der die Rückgabe des Kindes nicht angeordnet wird.

Artikel 11
Rückgabe des Kindes

(1) Beantragt eine sorgeberechtigte Person, Behörde oder sonstige Stelle bei den zuständigen Behörden eines Mitgliedstaats eine Entscheidung auf der Grundlage des Haager Übereinkommens vom 25. Oktober 1980 über die zivilrechtlichen Aspekte internationaler Kindesentführung (nachstehend „Haager Übereinkommen von 1980" genannt), um die Rückgabe eines Kindes zu erwirken, das widerrechtlich in einen anderen als den Mitgliedstaat verbracht wurde oder dort zurückgehalten wird, in dem das Kind unmittelbar vor dem widerrechtlichen Verbringen oder Zurückhal-

ten seinen gewöhnlichen Aufenthalt hatte, so gelten die Absätze 2 bis 8.

(2) Bei Anwendung der Artikel 12 und 13 des Haager Übereinkommens von 1980 ist sicherzustellen, dass das Kind die Möglichkeit hat, während des Verfahrens gehört zu werden, sofern dies nicht aufgrund seines Alters oder seines Reifegrads unangebracht erscheint.

(3) Das Gericht, bei dem die Rückgabe eines Kindes nach Absatz 1 beantragt wird, befasst sich mit gebotener Eile mit dem Antrag und bedient sich dabei der zügigsten Verfahren des nationalen Rechts.

Unbeschadet des Unterabsatzes 1 erlässt das Gericht seine Anordnung spätestens sechs Wochen nach seiner Befassung mit dem Antrag, es sei denn, dass dies aufgrund außergewöhnlicher Umstände nicht möglich ist.

(4) Ein Gericht kann die Rückgabe eines Kindes aufgrund des Artikels 13 Buchstabe b) des Haager Übereinkommens von 1980 nicht verweigern, wenn nachgewiesen ist, dass angemessene Vorkehrungen getroffen wurden, um den Schutz des Kindes nach seiner Rückkehr zu gewährleisten.

(5) Ein Gericht kann die Rückgabe eines Kindes nicht verweigern, wenn der Person, die die Rückgabe des Kindes beantragt hat, nicht die Gelegenheit gegeben wurde, gehört zu werden.

(6) Hat ein Gericht entschieden, die Rückgabe des Kindes gemäß Artikel 13 des Haager Übereinkommens von 1980 abzulehnen, so muss es nach dem nationalen Recht dem zuständigen Gericht oder der Zentralen Behörde des Mitgliedstaats, in dem das Kind unmittelbar vor dem widerrechtlichen Verbringen oder Zurückhalten seinen gewöhnlichen Aufenthalt hatte, unverzüglich entweder direkt oder über seine Zentrale Behörde eine Abschrift der gerichtlichen Entscheidung, die Rückgabe abzulehnen, und die entsprechenden Unterlagen, insbesondere eine Niederschrift der Anhörung, übermitteln. Alle genannten Unterlagen müssen dem Gericht binnen einem Monat ab dem Datum der Entscheidung, die Rückgabe abzulehnen, vorgelegt werden.

(7) Sofern die Gerichte des Mitgliedstaats, in dem das Kind unmittelbar vor dem widerrechtlichen Verbringen oder Zurückhalten seinen gewöhnlichen Aufenthalt hatte, nicht bereits von einer der Parteien befasst wurden, muss das Gericht oder die Zentrale Behörde, das/die die Mitteilung gemäß Absatz 6 erhält, die Parteien hiervon unterrichten und sie einladen, binnen drei Monaten ab Zustellung der Mitteilung Anträge gemäß dem nationalen Recht beim Gericht einzureichen, damit das Gericht die Frage des Sorgerechts prüfen kann.

Unbeschadet der in dieser Verordnung festgelegten Zuständigkeitsregeln schließt das Gericht den Fall ab, wenn innerhalb dieser Frist keine Anträge bei dem Gericht eingegangen sind.

(8) Ungeachtet einer nach Artikel 13 des Haager Übereinkommens von 1980 ergangenen Entscheidung, mit der die Rückgabe des Kindes verweigert wird, ist eine spätere Entscheidung, mit der die Rückgabe des Kindes angeordnet wird und die von einem nach dieser Verordnung zuständigen Gericht erlassen wird, im Einklang mit Kapitel III Abschnitt 4 vollstreckbar, um die Rückgabe des Kindes sicherzustellen.

Artikel 12
Vereinbarungen über die Zuständigkeit

(1) Die Gerichte des Mitgliedstaats, in dem nach Artikel 3 über einen Antrag auf Ehescheidung, Trennung ohne Auflösung des Ehebandes oder Ungültigerklärung einer Ehe zu entscheiden ist, sind für alle Entscheidungen zuständig, die die mit diesem Antrag verbundene elterliche Verantwortung betreffen, wenn

a) zumindest einer der Ehegatten die elterliche Verantwortung für das Kind hat
und

b) die Zuständigkeit der betreffenden Gerichte von den Ehegatten oder von den Trägern der elterlichen Verantwortung zum Zeitpunkt der Anrufung des Gerichts ausdrücklich oder auf andere eindeutige Weise anerkannt wurde und im Einklang mit dem Wohl des Kindes steht.

(2) Die Zuständigkeit gemäß Absatz 1 endet,

a) sobald die stattgebende oder abweisende Entscheidung über den Antrag auf Ehescheidung, Trennung ohne Auflösung des Ehebandes oder Ungültigerklärung einer Ehe rechtskräftig geworden ist,

b) oder in den Fällen, in denen zu dem unter Buchstabe a) genannten Zeitpunkt noch ein Verfahren betreffend die elterliche Verantwortung anhängig ist, sobald die Entscheidung in diesem Verfahren rechtskräftig geworden ist,

c) oder sobald die unter den Buchstaben a) und b) genannten Verfahren aus einem anderen Grund beendet worden sind.

(3) Die Gerichte eines Mitgliedstaats sind ebenfalls zuständig in Bezug auf die elterliche Verantwortung in anderen als den in Absatz 1 genannten Verfahren, wenn

a) eine wesentliche Bindung des Kindes zu diesem Mitgliedstaat besteht, insbesondere weil einer der Träger der elterlichen Verantwortung in diesem Mitgliedstaat seinen gewöhnlichen Aufenthalt hat oder das Kind die Staatsangehörigkeit dieses Mitgliedstaats besitzt,
und

b) alle Parteien des Verfahrens zum Zeitpunkt der Anrufung des Gerichts die Zuständigkeit ausdrücklich oder auf andere eindeutige Weise

Brüssel IIa-VO

anerkannt haben und die Zuständigkeit in Einklang mit dem Wohl des Kindes steht.

(4) Hat das Kind seinen gewöhnlichen Aufenthalt in einem Drittstaat, der nicht Vertragspartei des Haager Übereinkommens vom 19. Oktober 1996 über die Zuständigkeit, das anzuwendende Recht, die Anerkennung, Vollstreckung und Zusammenarbeit auf dem Gebiet der elterlichen Verantwortung und der Maßnahmen zum Schutz von Kindern ist, so ist davon auszugehen, dass die auf diesen Artikel gestützte Zuständigkeit insbesondere dann in Einklang mit dem Wohl des Kindes steht, wenn sich ein Verfahren in dem betreffenden Drittstaat als unmöglich erweist.

Artikel 13
Zuständigkeit aufgrund der Anwesenheit des Kindes

(1) Kann der gewöhnliche Aufenthalt des Kindes nicht festgestellt werden und kann die Zuständigkeit nicht gemäß Artikel 12 bestimmt werden, so sind die Gerichte des Mitgliedstaats zuständig, in dem sich das Kind befindet.

(2) Absatz 1 gilt auch für Kinder, die Flüchtlinge oder, aufgrund von Unruhen in ihrem Land, ihres Landes Vertriebene sind.

Artikel 14
Restzuständigkeit

Soweit sich aus den Artikeln 8 bis 13 keine Zuständigkeit eines Gerichts eines Mitgliedstaats ergibt, bestimmt sich die Zuständigkeit in jedem Mitgliedstaat nach dem Recht dieses Staates.

Artikel 15
Verweisung an ein Gericht, das den Fall besser beurteilen kann

(1) In Ausnahmefällen und sofern dies dem Wohl des Kindes entspricht, kann das Gericht eines Mitgliedstaats, das für die Entscheidung in der Hauptsache zuständig ist, in dem Fall, dass seines Erachtens ein Gericht eines anderen Mitgliedstaats, zu dem das Kind eine besondere Bindung hat, den Fall oder einen bestimmten Teil des Falls besser beurteilen kann,

a) die Prüfung des Falls oder des betreffenden Teils des Falls aussetzen und die Parteien einladen, beim Gericht dieses anderen Mitgliedstaats einen Antrag gemäß Absatz 4 zu stellen, oder

b) ein Gericht eines anderen Mitgliedstaats ersuchen, sich gemäß Absatz 5 für zuständig zu erklären.

(2) Absatz 1 findet Anwendung

a) auf Antrag einer der Parteien oder

b) von Amts wegen oder

c) auf Antrag des Gerichts eines anderen Mitgliedstaats, zu dem das Kind eine besondere Bindung gemäß Absatz 3 hat.

Die Verweisung von Amts wegen oder auf Antrag des Gerichts eines anderen Mitgliedstaats erfolgt jedoch nur, wenn mindestens eine der Parteien ihr zustimmt.

(3) Es wird davon ausgegangen, dass das Kind eine besondere Bindung im Sinne des Absatzes 1 zu dem Mitgliedstaat hat, wenn

a) nach Anrufung des Gerichts im Sinne des Absatzes 1 das Kind seinen gewöhnlichen Aufenthalt in diesem Mitgliedstaat erworben hat oder

b) das Kind seinen gewöhnlichen Aufenthalt in diesem Mitgliedstaat hatte oder

c) das Kind die Staatsangehörigkeit dieses Mitgliedstaats besitzt oder

d) ein Träger der elterlichen Verantwortung seinen gewöhnlichen Aufenthalt in diesem Mitgliedstaat hat oder

e) die Streitsache Maßnahmen zum Schutz des Kindes im Zusammenhang mit der Verwaltung oder der Erhaltung des Vermögens des Kindes oder der Verfügung über dieses Vermögen betrifft und sich dieses Vermögen im Hoheitsgebiet dieses Mitgliedstaats befindet.

(4) Das Gericht des Mitgliedstaats, das für die Entscheidung in der Hauptsache zuständig ist, setzt eine Frist, innerhalb deren die Gerichte des anderen Mitgliedstaats gemäß Absatz 1 angerufen werden müssen. Werden die Gerichte innerhalb dieser Frist nicht angerufen, so ist das befasste Gericht weiterhin nach den Artikeln 8 bis 14 zuständig.

(5) Diese Gerichte dieses anderen Mitgliedstaats können sich, wenn dies aufgrund der besonderen Umstände des Falls dem Wohl des Kindes entspricht, innerhalb von sechs Wochen nach ihrer Anrufung gemäß Absatz 1 Buchstabe a) oder b) für zuständig erklären. In diesem Fall erklärt sich das zuerst angerufene Gericht für unzuständig. Anderenfalls ist das zuerst angerufene Gericht weiterhin nach den Artikeln 8 bis 14 zuständig.

(6) Die Gerichte arbeiten für die Zwecke dieses Artikels entweder direkt oder über die nach Artikel 53 bestimmten Zentralen Behörden zusammen.

ABSCHNITT 3
Gemeinsame Bestimmungen

Artikel 16
Anrufung eines Gerichtes

(1) Ein Gericht gilt als angerufen

a) zu dem Zeitpunkt, zu dem das verfahrenseinleitende Schriftstück oder ein gleichwertiges Schriftstück bei Gericht eingereicht wurde, vorausgesetzt, dass der Antragsteller es in der Folge nicht versäumt hat, die ihm obliegenden Maßnahmen zu treffen, um die Zustellung des Schriftstücks an den Antragsgegner zu bewirken,

oder

b) falls die Zustellung an den Antragsgegner vor Einreichung des Schriftstücks bei Gericht zu bewirken ist, zu dem Zeitpunkt, zu dem die für die Zustellung verantwortliche Stelle das Schriftstück erhalten hat, vorausgesetzt, dass der Antragsteller es in der Folge nicht versäumt hat, die ihm obliegenden Maßnahmen zu treffen, um das Schriftstück bei Gericht einzureichen.

Artikel 17
Prüfung der Zuständigkeit

Das Gericht eines Mitgliedstaats hat sich von Amts wegen für unzuständig zu erklären, wenn es in einer Sache angerufen wird, für die es nach dieser Verordnung keine Zuständigkeit hat und für die das Gericht eines anderen Mitgliedstaats aufgrund dieser Verordnung zuständig ist.

Artikel 18
Prüfung der Zulässigkeit

(1) Lässt sich ein Antragsgegner, der seinen gewöhnlichen Aufenthalt nicht in dem Mitgliedstaat hat, in dem das Verfahren eingeleitet wurde, auf das Verfahren nicht ein, so hat das zuständige Gericht das Verfahren so lange auszusetzen, bis festgestellt ist, dass es dem Antragsgegner möglich war, das verfahrenseinleitende Schriftstück oder ein gleichwertiges Schriftstück so rechtzeitig zu empfangen, dass er sich verteidigen konnte, oder dass alle hierzu erforderlichen Maßnahmen getroffen wurden.

(2) Artikel 19 der Verordnung (EG) Nr. 1348/2000 findet statt Absatz 1 Anwendung, wenn das verfahrenseinleitende Schriftstück oder ein gleichwertiges Schriftstück nach Maßgabe jener Verordnung von einem Mitgliedstaat in einen anderen zu übermitteln war.

(3) Sind die Bestimmungen der Verordnung (EG) Nr. 1348/2000 nicht anwendbar, so gilt Artikel 15 des Haager Übereinkommens vom 15. November 1965 über die Zustellung gerichtlicher und außergerichtlicher Schriftstücke im Ausland in Zivil- und Handelssachen, wenn das verfahrenseinleitende Schriftstück oder ein gleichwertiges Schriftstück nach Maßgabe des genannten Übereinkommens ins Ausland zu übermitteln war.

Artikel 19
Rechtshängigkeit und abhängige Verfahren

(1) Werden bei Gerichten verschiedener Mitgliedstaaten Anträge auf Ehescheidung, Trennung ohne Auflösung des Ehebandes oder Ungültiger-klärung einer Ehe zwischen denselben Parteien gestellt, so setzt das später angerufene Gericht das Verfahren von Amts wegen aus, bis die Zuständigkeit des zuerst angerufenen Gerichts geklärt ist.

(2) Werden bei Gerichten verschiedener Mitgliedstaaten Verfahren bezüglich der elterlichen Verantwortung für ein Kind wegen desselben Anspruchs anhängig gemacht, so setzt das später angerufene Gericht das Verfahren von Amts wegen aus, bis die Zuständigkeit des zuerst angerufenen Gerichts geklärt ist.

(3) Sobald die Zuständigkeit des zuerst angerufenen Gerichts feststeht, erklärt sich das später angerufene Gericht zugunsten dieses Gerichts für unzuständig.

In diesem Fall kann der Antragsteller, der den Antrag bei dem später angerufenen Gericht gestellt hat, diesen Antrag dem zuerst angerufenen Gericht vorlegen.

Artikel 20
Einstweilige Maßnahmen einschließlich Schutzmaßnahmen

(1) Die Gerichte eines Mitgliedstaats können in dringenden Fällen ungeachtet der Bestimmungen dieser Verordnung die nach dem Recht dieses Mitgliedstaats vorgesehenen einstweiligen Maßnahmen einschließlich Schutzmaßnahmen in Bezug auf in diesem Staat befindliche Personen oder Vermögensgegenstände auch dann anordnen, wenn für die Entscheidung in der Hauptsache gemäß dieser Verordnung ein Gericht eines anderen Mitgliedstaats zuständig ist.

(2) Die zur Durchführung des Absatzes 1 ergriffenen Maßnahmen treten außer Kraft, wenn das Gericht des Mitgliedstaats, das gemäß dieser Verordnung für die Entscheidung in der Hauptsache zuständig ist, die Maßnahmen getroffen hat, die es für angemessen hält.

KAPITEL III
Anerkennung und Vollstreckung

ABSCHNITT 1
Anerkennung

Artikel 21
Anerkennung einer Entscheidung

(1) Die in einem Mitgliedstaat ergangenen Entscheidungen werden in den anderen Mitgliedstaaten anerkannt, ohne dass es hierfür eines besonderen Verfahrens bedarf.

(2) Unbeschadet des Absatzes 3 bedarf es insbesondere keines besonderen Verfahrens für die Beschreibung in den Personenstandsbüchern eines Mitgliedstaats auf der Grundlage einer in einem

Brüssel IIa-VO

anderen Mitgliedstaat ergangenen Entscheidung über Ehescheidung, Trennung ohne Auflösung des Ehebandes oder Ungültigerklärung einer Ehe, gegen die nach dem Recht dieses Mitgliedstaats keine weiteren Rechtsbehelfe eingelegt werden können.

(3) Unbeschadet des Abschnitts 4 kann jede Partei, die ein Interesse hat, gemäß den Verfahren des Abschnitts 2 eine Entscheidung über die Anerkennung oder Nichtanerkennung der Entscheidung beantragen.

Das örtlich zuständige Gericht, das in der Liste aufgeführt ist, die jeder Mitgliedstaat der Kommission gemäß Artikel 68 mitteilt, wird durch das nationale Recht des Mitgliedstaats bestimmt, in dem der Antrag auf Anerkennung oder Nichtanerkennung gestellt wird.

(4) Ist in einem Rechtsstreit vor einem Gericht eines Mitgliedstaats die Frage der Anerkennung einer Entscheidung als Vorfrage zu klären, so kann dieses Gericht hierüber befinden.

Artikel 22
Gründe für die Nichtanerkennung einer Entscheidung über eine Ehescheidung, Trennung ohne Auflösung des Ehebandes oder Ungültigerklärung einer Ehe

Eine Entscheidung, die die Ehescheidung, die Trennung ohne Auflösung des Ehebandes oder die Ungültigerklärung einer Ehe betrifft, wird nicht anerkannt,

a) wenn die Anerkennung der öffentlichen Ordnung des Mitgliedstaats, in dem sie beantragt wird, offensichtlich widerspricht;

b) wenn dem Antragsgegner, der sich auf das Verfahren nicht eingelassen hat, das verfahrenseinleitende Schriftstück oder ein gleichwertiges Schriftstück nicht so rechtzeitig und in einer Weise zugestellt wurde, dass er sich verteidigen konnte, es sei denn, es wird festgestellt, dass er mit der Entscheidung eindeutig einverstanden ist;

c) wenn die Entscheidung mit einer Entscheidung unvereinbar ist, die in einem Verfahren zwischen denselben Parteien in dem Mitgliedstaat, in dem die Anerkennung beantragt wird, ergangen ist; oder

d) wenn die Entscheidung mit einer früheren Entscheidung unvereinbar ist, die in einem anderen Mitgliedstaat oder in einem Drittstaat zwischen denselben Parteien ergangen ist, sofern die frühere Entscheidung die notwendigen Voraussetzungen für ihre Anerkennung in dem Mitgliedstaat erfüllt, in dem die Anerkennung beantragt wird.

Artikel 23
Gründe für die Nichtanerkennung einer Entscheidung über die elterliche Verantwortung

Eine Entscheidung über die elterliche Verantwortung wird nicht anerkannt,

a) wenn die Anerkennung der öffentlichen Ordnung des Mitgliedstaats, in dem sie beantragt wird, offensichtlich widerspricht, wobei das Wohl des Kindes zu berücksichtigen ist;

b) wenn die Entscheidung – ausgenommen in dringenden Fällen – ergangen ist, ohne dass das Kind die Möglichkeit hatte, gehört zu werden, und damit wesentliche verfahrensrechtliche Grundsätze des Mitgliedstaats, in dem die Anerkennung beantragt wird, verletzt werden;

c) wenn der betreffenden Person, die sich auf das Verfahren nicht eingelassen hat, das verfahrenseinleitende Schriftstück oder ein gleichwertiges Schriftstück nicht so rechtzeitig und in einer Weise zugestellt wurde, dass sie sich verteidigen konnte, es sei denn, es wird festgestellt, dass sie mit der Entscheidung eindeutig einverstanden ist;

d) wenn eine Person dies mit der Begründung beantragt, dass die Entscheidung in ihre elterliche Verantwortung eingreift, falls die Entscheidung ergangen ist, ohne dass diese Person die Möglichkeit hatte, gehört zu werden;

e) wenn die Entscheidung mit einer späteren Entscheidung über die elterliche Verantwortung unvereinbar ist, die in dem Mitgliedstaat, in dem die Anerkennung beantragt wird, ergangen ist;

f) wenn die Entscheidung mit einer späteren Entscheidung über die elterliche Verantwortung unvereinbar ist, die in einem anderen Mitgliedstaat oder in dem Drittstaat, in dem das Kind seinen gewöhnlichen Aufenthalt hat, ergangen ist, sofern die spätere Entscheidung die notwendigen Voraussetzungen für ihre Anerkennung in dem Mitgliedstaat erfüllt, in dem die Anerkennung beantragt wird;

oder

g) wenn das Verfahren des Artikels 56 nicht eingehalten wurde.

Artikel 24
Verbot der Nachprüfung der Zuständigkeit des Gerichts des Ursprungsmitgliedstaats

Die Zuständigkeit des Gerichts des Ursprungsmitgliedstaats darf nicht überprüft werden. Die Überprüfung der Vereinbarkeit mit der öffentlichen Ordnung gemäß Artikel 22 Buchstabe a) und Artikel 23 Buchstabe a) darf sich nicht auf die Zuständigkeitsvorschriften der Artikel 3 bis 14 erstrecken.

Artikel 25
Unterschiede beim anzuwendenden Recht

Die Anerkennung einer Entscheidung darf nicht deshalb abgelehnt werden, weil eine Ehescheidung, Trennung ohne Auflösung des Ehebandes oder Ungültigerklärung einer Ehe nach dem Recht des Mitgliedstaats, in dem die Anerkennung beantragt wird, unter Zugrundelegung desselben Sachverhalts nicht zulässig wäre.

Artikel 26
Ausschluss einer Nachprüfung in der Sache

Die Entscheidung darf keinesfalls in der Sache selbst nachgeprüft werden.

Artikel 27
Aussetzung des Verfahrens

(1) Das Gericht eines Mitgliedstaats, vor dem die Anerkennung einer in einem anderen Mitgliedstaat ergangenen Entscheidung beantragt wird, kann das Verfahren aussetzen, wenn gegen die Entscheidung ein ordentlicher Rechtsbehelf eingelegt wurde.

(2) Das Gericht eines Mitgliedstaats, bei dem die Anerkennung einer in Irland oder im Vereinigten Königreich ergangenen Entscheidung beantragt wird, kann das Verfahren aussetzen, wenn die Vollstreckung der Entscheidung im Ursprungsmitgliedstaat wegen der Einlegung eines Rechtsbehelfs einstweilen eingestellt ist.

ABSCHNITT 2
Antrag auf Vollstreckbarerklärung

Artikel 28
Vollstreckbare Entscheidungen

(1) Die in einem Mitgliedstaat ergangenen Entscheidungen über die elterliche Verantwortung für ein Kind, die in diesem Mitgliedstaat vollstreckbar sind und die zugestellt worden sind, werden in einem anderen Mitgliedstaat vollstreckt, wenn sie dort auf Antrag einer berechtigten Partei für vollstreckbar erklärt wurden.

(2) Im Vereinigten Königreich wird eine derartige Entscheidung jedoch in England und Wales, in Schottland oder in Nordirland erst vollstreckt, wenn sie auf Antrag einer berechtigten Partei zur Vollstreckung in dem betreffenden Teil des Vereinigten Königreichs registriert worden ist.

Artikel 29
Örtlich zuständiges Gericht

(1) Ein Antrag auf Vollstreckbarerklärung ist bei dem Gericht zu stellen, das in der Liste aufgeführt ist, die jeder Mitgliedstaat der Kommission gemäß Artikel 68 mitteilt.

(2) Das örtlich zuständige Gericht wird durch den gewöhnlichen Aufenthalt der Person, gegen die die Vollstreckung erwirkt werden soll, oder durch den gewöhnlichen Aufenthalt eines Kindes, auf das sich der Antrag bezieht, bestimmt.

Befindet sich keiner der in Unterabsatz 1 angegebenen Orte im Vollstreckungsmitgliedstaat, so wird das örtlich zuständige Gericht durch den Ort der Vollstreckung bestimmt.

Artikel 30
Verfahren

(1) Für die Stellung des Antrags ist das Recht des Vollstreckungsmitgliedstaats maßgebend.

(2) Der Antragsteller hat für die Zustellung im Bezirk des angerufenen Gerichts ein Wahldomizil zu begründen. Ist das Wahldomizil im Recht des Vollstreckungsmitgliedstaats nicht vorgesehen, so hat der Antragsteller einen Zustellungsbevollmächtigten zu benennen.

(3) Dem Antrag sind die in den Artikeln 37 und 39 aufgeführten Urkunden beizufügen.

Artikel 31
Entscheidung des Gerichts

(1) Das mit dem Antrag befasste Gericht erlässt seine Entscheidung ohne Verzug und ohne dass die Person, gegen die die Vollstreckung erwirkt werden soll, noch das Kind in diesem Abschnitt des Verfahrens Gelegenheit erhalten, eine Erklärung abzugeben.

(2) Der Antrag darf nur aus einem der in den Artikeln 22, 23 und 24 aufgeführten Gründe abgelehnt werden.

(3) Die Entscheidung darf keinesfalls in der Sache selbst nachgeprüft werden.

Artikel 32
Mitteilung der Entscheidung

Die über den Antrag ergangene Entscheidung wird dem Antragsteller vom Urkundsbeamten der Geschäftsstelle unverzüglich in der Form mitgeteilt, die das Recht des Vollstreckungsmitgliedstaats vorsieht.

Artikel 33
Rechtsbehelf

(1) Gegen die Entscheidung über den Antrag auf Vollstreckbarerklärung kann jede Partei einen Rechtsbehelf einlegen.

(2) Der Rechtsbehelf wird bei dem Gericht eingelegt, das in der Liste aufgeführt ist, die jeder

Brüssel IIa-VO

Mitgliedstaat der Kommission gemäß Artikel 68 mitteilt.

(3) Über den Rechtsbehelf wird nach den Vorschriften entschieden, die für Verfahren mit beiderseitigem rechtlichen Gehör maßgebend sind.

(4) Wird der Rechtsbehelf von der Person eingelegt, die den Antrag auf Vollstreckbarerklärung gestellt hat, so wird die Partei, gegen die die Vollstreckung erwirkt werden soll, aufgefordert, sich auf das Verfahren einzulassen, das bei dem mit dem Rechtsbehelf befassten Gericht anhängig ist. Lässt sich die betreffende Person auf das Verfahren nicht ein, so gelten die Bestimmungen des Artikels 18.

(5) Der Rechtsbehelf gegen die Vollstreckbarerklärung ist innerhalb eines Monats nach ihrer Zustellung einzulegen. Hat die Partei, gegen die die Vollstreckung erwirkt werden soll, ihren gewöhnlichen Aufenthalt in einem anderen Mitgliedstaat als dem, in dem die Vollstreckbarerklärung erteilt worden ist, so beträgt die Frist für den Rechtsbehelf zwei Monate und beginnt mit dem Tag, an dem die Vollstreckbarerklärung ihr entweder persönlich oder in ihrer Wohnung zugestellt worden ist. Eine Verlängerung dieser Frist wegen weiter Entfernung ist ausgeschlossen.

Artikel 34
Für den Rechtsbehelf zuständiges Gericht und Anfechtung der Entscheidung über den Rechtsbehelf

Die Entscheidung, die über den Rechtsbehelf ergangen ist, kann nur im Wege der Verfahren angefochten werden, die in der Liste genannt sind, die jeder Mitgliedstaat der Kommission gemäß Artikel 68 mitteilt.

Artikel 35
Aussetzung des Verfahrens

(1) Das nach Artikel 33 oder Artikel 34 mit dem Rechtsbehelf befasste Gericht kann auf Antrag der Partei, gegen die die Vollstreckung erwirkt werden soll, das Verfahren aussetzen, wenn im Ursprungsmitgliedstaat ein ordentlicher Rechtsbehelf gegen die Entscheidung eingelegt wurde oder die Frist für einen solchen Rechtsbehelf noch nicht verstrichen ist. In letzterem Fall kann das Gericht eine Frist bestimmen, innerhalb deren der Rechtsbehelf einzulegen ist.

(2) Ist die Entscheidung in Irland oder im Vereinigten Königreich ergangen, so gilt jeder im Ursprungsmitgliedstaat statthafte Rechtsbehelf als ordentlicher Rechtsbehelf im Sinne des Absatzes 1.

Artikel 36
Teilvollstreckung

(1) Ist mit der Entscheidung über mehrere geltend gemachte Ansprüche entschieden worden und kann die Entscheidung nicht in vollem Umfang zur Vollstreckung zugelassen werden, so lässt das Gericht sie für einen oder mehrere Ansprüche zu.

(2) Der Antragsteller kann eine teilweise Vollstreckung beantragen.

ABSCHNITT 3
Gemeinsame Bestimmungen für die Abschnitte 1 und 2

Artikel 37
Urkunden

(1) Die Partei, die die Anerkennung oder Nichtanerkennung einer Entscheidung oder deren Vollstreckbarerklärung erwirken will, hat Folgendes vorzulegen:

a) eine Ausfertigung der Entscheidung, die die für ihre Beweiskraft erforderlichen Voraussetzungen erfüllt,

und

b) die Bescheinigung nach Artikel 39.

(2) Bei einer im Versäumnisverfahren ergangenen Entscheidung hat die Partei, die die Anerkennung einer Entscheidung oder deren Vollstreckbarerklärung erwirken will, ferner Folgendes vorzulegen:

a) die Urschrift oder eine beglaubigte Abschrift der Urkunde, aus der sich ergibt, dass das verfahrenseinleitende Schriftstück oder ein gleichwertiges Schriftstück der Partei, die sich nicht auf das Verfahren eingelassen hat, zugestellt wurde,

oder

b) eine Urkunde, aus der hervorgeht, dass der Antragsgegner mit der Entscheidung eindeutig einverstanden ist.

Artikel 38
Fehlen von Urkunden

(1) Werden die in Artikel 37 Absatz 1 Buchstabe b) oder Absatz 2 aufgeführten Urkunden nicht vorgelegt, so kann das Gericht eine Frist setzen, innerhalb deren die Urkunden vorzulegen sind, oder sich mit gleichwertigen Urkunden begnügen oder von der Vorlage der Urkunden befreien, wenn es eine weitere Klärung nicht für erforderlich hält.

(2) Auf Verlangen des Gerichts ist eine Übersetzung der Urkunden vorzulegen. Die Übersetzung ist von einer hierzu in einem der Mitgliedstaaten befugten Person zu beglaubigen.

Artikel 39
Bescheinigung bei Entscheidungen in Ehesachen und bei Entscheidungen über die elterliche Verantwortung

Das zuständige Gericht oder die Zuständige Behörde des Ursprungsmitgliedstaats stellt auf Antrag einer berechtigten Partei eine Bescheinigung unter Verwendung des Formblatts in Anhang I (Entscheidungen in Ehesachen) oder Anhang II (Entscheidungen über die elterliche Verantwortung) aus.

ABSCHNITT 4
Vollstreckbarkeit bestimmter Entscheidungen über das Umgangsrecht und bestimmter Entscheidungen, mit denen die Rückgabe des Kindes angeordnet wird

Artikel 40
Anwendungsbereich

(1) Dieser Abschnitt gilt für

a) das Umgangsrecht

und

b) die Rückgabe eines Kindes infolge einer die Rückgabe des Kindes anordnenden Entscheidung gemäß Artikel 11 Absatz 8.

(2) Der Träger der elterlichen Verantwortung kann ungeachtet der Bestimmungen dieses Abschnitts die Anerkennung und Vollstreckung nach Maßgabe der Abschnitte 1 und 2 dieses Kapitels beantragen.

Artikel 41
Umgangsrecht

(1) Eine in einem Mitgliedstaat ergangene vollstreckbare Entscheidung über das Umgangsrecht im Sinne des Artikels 40 Absatz 1 Buchstabe a), für die eine Bescheinigung nach Absatz 2 im Ursprungsmitgliedstaat ausgestellt wurde, wird in einem anderen Mitgliedstaat anerkannt und kann dort vollstreckt werden, ohne dass es einer Vollstreckbarerklärung bedarf und ohne dass die Anerkennung angefochten werden kann.

Auch wenn das nationale Recht nicht vorsieht, dass eine Entscheidung über das Umgangsrecht ungeachtet der Einlegung eines Rechtsbehelfs von Rechts wegen vollstreckbar ist, kann das Gericht des Ursprungsmitgliedstaats die Entscheidung für vollstreckbar erklären.

(2) Der Richter des Ursprungsmitgliedstaats stellt die Bescheinigung nach Absatz 1 unter Verwendung des Formblatts in Anhang III (Bescheinigung über das Umgangsrecht) nur aus, wenn

a) im Fall eines Versäumnisverfahrens das verfahrenseinleitende Schriftstück oder ein gleichwertiges Schriftstück der Partei, die sich nicht auf das Verfahren eingelassen hat, so rechtzeitig und in einer Weise zugestellt wurde, dass sie sich verteidigen konnte, oder wenn in Fällen, in denen bei der Zustellung des betreffenden Schriftstücks diese Bedingungen nicht eingehalten wurden, dennoch festgestellt wird, dass sie mit der Entscheidung eindeutig einverstanden ist;

b) alle betroffenen Parteien Gelegenheit hatten, gehört zu werden,

und

c) das Kind die Möglichkeit hatte, gehört zu werden, sofern eine Anhörung nicht aufgrund seines Alters oder seines Reifegrads unangebracht erschien.

Das Formblatt wird in der Sprache ausgefüllt, in der die Entscheidung abgefasst ist.

(3) Betrifft das Umgangsrecht einen Fall, der bei der Verkündung der Entscheidung einen grenzüberschreitenden Bezug aufweist, so wird die Bescheinigung von Amts wegen ausgestellt, sobald die Entscheidung vollstreckbar oder vorläufig vollstreckbar wird. Wird der Fall erst später zu einem Fall mit grenzüberschreitendem Bezug, so wird die Bescheinigung auf Antrag einer der Parteien ausgestellt.

Artikel 42
Rückgabe des Kindes

(1) Eine in einem Mitgliedstaat ergangene vollstreckbare Entscheidung über die Rückgabe des Kindes im Sinne des Artikels 40 Absatz 1 Buchstabe b), für die eine Bescheinigung nach Absatz 2 im Ursprungsmitgliedstaat ausgestellt wurde, wird in einem anderen Mitgliedstaat anerkannt und kann dort vollstreckt werden, ohne dass es einer Vollstreckbarerklärung bedarf und ohne dass die Anerkennung angefochten werden kann.

Auch wenn das nationale Recht nicht vorsieht, dass eine in Artikel 11 Absatz 8 genannte Entscheidung über die Rückgabe des Kindes ungeachtet der Einlegung eines Rechtsbehelfs von Rechts wegen vollstreckbar ist, kann das Gericht des Ursprungsmitgliedstaats die Entscheidung für vollstreckbar erklären.

(2) Der Richter des Ursprungsmitgliedstaats, der die Entscheidung nach Artikel 40 Absatz 1 Buchstabe b) erlassen hat, stellt die Bescheinigung nach Absatz 1 nur aus, wenn

a) das Kind die Möglichkeit hatte, gehört zu werden, sofern eine Anhörung nicht aufgrund seines Alters oder seines Reifegrads unangebracht erschien,

b) die Parteien die Gelegenheit hatten, gehört zu werden, und

c) das Gericht beim Erlass seiner Entscheidung die Gründe und Beweismittel berücksichtigt hat, die der nach Artikel 13 des Haager Übereinkommens von 1980 ergangenen Entscheidung zugrunde liegen.

Ergreift das Gericht oder eine andere Behörde Maßnahmen, um den Schutz des Kindes nach seiner Rückkehr in den Staat des gewöhnlichen Aufenthalts sicherzustellen, so sind diese Maßnahmen in der Bescheinigung anzugeben.

Der Richter des Ursprungsmitgliedstaats stellt die Bescheinigung von Amts wegen unter Verwendung des Formblatts in Anhang IV (Bescheinigung über die Rückgabe des Kindes) aus.

Das Formblatt wird in der Sprache ausgefüllt, in der die Entscheidung abgefasst ist.

Artikel 43
Klage auf Berichtigung

(1) Für Berichtigungen der Bescheinigung ist das Recht des Ursprungsmitgliedstaats maßgebend.

(2) Gegen die Ausstellung einer Bescheinigung gemäß Artikel 41 Absatz 1 oder Artikel 42 Absatz 1 sind keine Rechtsbehelfe möglich.

Artikel 44
Wirksamkeit der Bescheinigung

Die Bescheinigung ist nur im Rahmen der Vollstreckbarkeit des Urteils wirksam.

Artikel 45
Urkunden

(1) Die Partei, die die Vollstreckung einer Entscheidung erwirken will, hat Folgendes vorzulegen:

a) eine Ausfertigung der Entscheidung, die für ihre Beweiskraft erforderlichen Voraussetzungen erfüllt,

und

b) die Bescheinigung nach Artikel 41 Absatz 1 oder Artikel 42 Absatz 1.

(2) Für die Zwecke dieses Artikels

– wird der Bescheinigung gemäß Artikel 41 Absatz 1 eine Übersetzung der Nummer 12 betreffend die Modalitäten der Ausübung des Umgangsrechts beigefügt;

– wird der Bescheinigung gemäß Artikel 42 Absatz 1 eine Übersetzung der Nummer 14 betreffend die Einzelheiten der Maßnahmen, die ergriffen wurden, um die Rückgabe des Kindes sicherzustellen, beigefügt.

Die Übersetzung erfolgt in die oder in eine der Amtssprachen des Vollstreckungsmitgliedstaats oder in eine andere von ihm ausdrücklich zugelassene Sprache. Die Übersetzung ist von einer hierzu in einem der Mitgliedstaaten befugten Person zu beglaubigen.

ABSCHNITT 5
Öffentliche Urkunden und Vereinbarungen

Artikel 46

Öffentliche Urkunden, die in einem Mitgliedstaat aufgenommen und vollstreckbar sind, sowie Vereinbarungen zwischen den Parteien, die in dem Ursprungsmitgliedstaat vollstreckbar sind, werden unter denselben Bedingungen wie Entscheidungen anerkannt und für vollstreckbar erklärt.

ABSCHNITT 6
Sonstige Bestimmungen

Artikel 47
Vollstreckungsverfahren

(1) Für das Vollstreckungsverfahren ist das Recht des Vollstreckungsmitgliedstaats maßgebend.

(2) Die Vollstreckung einer von einem Gericht eines anderen Mitgliedstaats erlassenen Entscheidung, die gemäß Abschnitt 2 für vollstreckbar erklärt wurde oder für die eine Bescheinigung nach Artikel 41 Absatz 1 oder Artikel 42 Absatz 1 ausgestellt wurde, erfolgt im Vollstreckungsmitgliedstaat unter denselben Bedingungen, die für in diesem Mitgliedstaat ergangene Entscheidungen gelten.

Insbesondere darf eine Entscheidung, für die eine Bescheinigung nach Artikel 41 Absatz 1 oder Artikel 42 Absatz 1 ausgestellt wurde, nicht vollstreckt werden, wenn sie mit einer später ergangenen vollstreckbaren Entscheidung unvereinbar ist.

Artikel 48
Praktische Modalitäten der Ausübung des
Umgangsrechts

(1) Die Gerichte des Vollstreckungsmitgliedstaats können die praktischen Modalitäten der Ausübung des Umgangsrechts regeln, wenn die notwendigen Vorkehrungen nicht oder nicht in ausreichendem Maße bereits in der Entscheidung der für die Entscheidung der in der Hauptsache zuständigen Gerichte des Mitgliedstaats getroffen wurden und sofern der Wesensgehalt der Entscheidung unberührt bleibt.

(2) Die nach Absatz 1 festgelegten praktischen Modalitäten treten außer Kraft, nachdem die für die Entscheidung in der Hauptsache zuständigen Gerichte des Mitgliedstaats eine Entscheidung erlassen haben.

Artikel 49
Kosten

Die Bestimmungen dieses Kapitels mit Ausnahme der Bestimmungen des Abschnitts 4 gelten auch für die Festsetzung der Kosten für die nach dieser Verordnung eingeleiteten Verfahren und die Vollstreckung eines Kostenfestsetzungsbeschlusses.

Artikel 50
Prozesskostenhilfe

Wurde dem Antragsteller im Ursprungsmitgliedstaat ganz oder teilweise Prozesskostenhilfe oder Kostenbefreiung gewährt, so genießt er in dem Verfahren nach den Artikeln 21, 28, 41, 42 und 48 hinsichtlich der Prozesskostenhilfe oder der Kostenbefreiung die günstigste Behandlung, die das Recht des Vollstreckungsmitgliedstaats vorsieht.

Artikel 51
Sicherheitsleistung, Hinterlegung

Der Partei, die in einem Mitgliedstaat die Vollstreckung einer in einem anderen Mitgliedstaat ergangenen Entscheidung beantragt, darf eine Sicherheitsleistung oder Hinterlegung, unter welcher Bezeichnung es auch sei, nicht aus einem der folgenden Gründe auferlegt werden:

a) weil sie in dem Mitgliedstaat, in dem die Vollstreckung erwirkt werden soll, nicht ihren gewöhnlichen Aufenthalt hat, oder

b) weil sie nicht die Staatsangehörigkeit dieses Staates besitzt oder, wenn die Vollstreckung im Vereinigten Königreich oder in Irland erwirkt werden soll, ihr „domicile" nicht in einem dieser Mitgliedstaaten hat.

Artikel 52
Legalisation oder ähnliche Förmlichkeit

Die in den Artikeln 37, 38 und 45 aufgeführten Urkunden sowie die Urkunde über die Prozessvollmacht, falls eine solche erteilt wird, bedürfen weder der Legalisation noch einer ähnlichen Förmlichkeit.

KAPITEL IV
Zusammenarbeit zwischen den zentralen Behörden bei Verfahren betreffend die elterliche Verantwortung

Artikel 53
Bestimmung der Zentralen Behörden

Jeder Mitgliedstaat bestimmt eine oder mehrere Zentrale Behörden, die ihn bei der Anwendung dieser Verordnung unterstützen, und legt ihre räumliche oder sachliche Zuständigkeit fest. Hat ein Mitgliedstaat mehrere Zentrale Behörden bestimmt, so sind die Mitteilungen grundsätzlich direkt an die zuständige Zentrale Behörde zu richten. Wurde eine Mitteilung an eine nicht zuständige Zentrale Behörde gerichtet, so hat diese die Mitteilung an die zuständige Zentrale Behörde weiterzuleiten und den Absender davon in Kenntnis zu setzen.

Artikel 54
Allgemeine Aufgaben

Die Zentralen Behörden stellen Informationen über nationale Rechtsvorschriften und Verfahren zur Verfügung und ergeifen Maßnahmen, um die Durchführung dieser Verordnung zu verbessern und die Zusammenarbeit untereinander zu stärken. Hierzu wird das mit der Entscheidung 2001/470/EG eingerichtete Europäische Justizielle Netz für Zivil- und Handelssachen genutzt.

Artikel 55
Zusammenarbeit in Fällen, die speziell die elterliche Verantwortung betreffen

Die Zentralen Behörden arbeiten in bestimmten Fällen auf Antrag der Zentralen Behörde eines anderen Mitgliedstaats oder des Trägers der elterlichen Verantwortung zusammen, um die Ziele dieser Verordnung zu verwirklichen. Hierzu treffen sie folgende Maßnahmen im Einklang mit den Rechtsvorschriften dieses Mitgliedstaats, die den Schutz personenbezogener Daten regeln, direkt oder durch Einschaltung anderer Behörden oder Einrichtungen:

a) Sie holen Informationen ein und tauschen sie aus über

i) die Situation des Kindes,

ii) laufende Verfahren oder

iii) das Kind betreffende Entscheidungen.

b) Sie informieren und unterstützen die Träger der elterlichen Verantwortung, die die Anerkennung und Vollstreckung einer Entscheidung, insbesondere über das Umgangsrecht und die Rückgabe des Kindes, in ihrem Gebiet erwirken wollen.

c) Sie erleichtern die Verständigung zwischen den Gerichten, insbesondere zur Anwendung des Artikels 11 Absätze 6 und 7 und des Artikels 15.

d) Sie stellen alle Informationen und Hilfen zur Verfügung, die für die Gerichte für die Anwendung des Artikels 56 von Nutzen sind.

e) Sie erleichtern eine gütliche Einigung zwischen den Trägern der elterlichen Verantwortung durch Mediation oder auf ähnlichem Wege und fördern hierzu die grenzüberschreitende Zusammenarbeit.

Artikel 56
Unterbringung des Kindes in einem anderen Mitgliedstaat

(1) Erwägt das nach den Artikeln 8 bis 15 zuständige Gericht die Unterbringung des Kindes in einem Heim oder in einer Pflegefamilie und soll das Kind in einem anderen Mitgliedstaat untergebracht werden, so zieht das Gericht vorher die Zentrale Behörde oder eine andere zuständige Behörde dieses Mitgliedstaats zurate, sofern in diesem Mitgliedstaat für die innerstaatlichen Fälle der Unterbringung von Kindern die Einschaltung einer Behörde vorgesehen ist.

(2) Die Entscheidung über die Unterbringung nach Absatz 1 kann im ersuchenden Mitgliedstaat nur getroffen werden, wenn die zuständige Behörde des ersuchten Staates dieser Unterbringung zugestimmt hat.

(3) Für die Einzelheiten der Konsultation bzw. der Zustimmung nach den Absätzen 1 und 2 gelten das nationale Recht des ersuchten Staates.

(4) Beschließt das nach den Artikeln 8 bis 15 zuständige Gericht die Unterbringung des Kindes in einer Pflegefamilie und soll das Kind in einem anderen Mitgliedstaat untergebracht werden und ist in diesem Mitgliedstaat für die innerstaatlichen Fälle der Unterbringung von Kindern die Einschaltung einer Behörde nicht vorgesehen, so setzt das Gericht die Zentrale Behörde oder eine zuständige Behörde dieses Mitgliedstaats davon in Kenntnis.

Artikel 57
Arbeitsweise

(1) Jeder Träger der elterlichen Verantwortung kann bei der Zentralen Behörde des Mitgliedstaats, in dem er seinen gewöhnlichen Aufenthalt hat, oder bei der Zentralen Behörde des Mitgliedstaats, in dem das Kind seinen gewöhnlichen Aufenthalt hat oder in dem es sich befindet, einen Antrag auf Unterstützung gemäß Artikel 55 stellen. Dem Antrag werden grundsätzlich alle verfügbaren Informationen beigefügt, die die Ausführung des Antrags erleichtern können. Betrifft dieser Antrag die Anerkennung oder Vollstreckung einer Entscheidung über die elterliche Verantwortung, die in den Anwendungsbereich dieser Verordnung fällt, so muss der Träger der elterlichen Verantwortung dem Antrag die betreffenden Bescheinigungen nach Artikel 39, Artikel 41 Absatz 1 oder Artikel 42 Absatz 1 beifügen.

(2) Jeder Mitgliedstaat teilt der Kommission die Amtssprache(n) der Organe der Gemeinschaft mit, die er außer seiner/ seinen eigenen Sprache(n) für Mitteilungen an die Zentralen Behörden zulässt.

(3) Die Unterstützung der Zentralen Behörden gemäß Artikel 55 erfolgt unentgeltlich.

(4) Jede Zentrale Behörde trägt ihre eigenen Kosten.

Artikel 58
Zusammenkünfte

(1) Zur leichteren Anwendung dieser Verordnung werden regelmäßig Zusammenkünfte der Zentralen Behörden einberufen.

(2) Die Einberufung dieser Zusammenkünfte erfolgt im Einklang mit der Entscheidung 2001/470/EG über die Einrichtung eines Europäischen Justiziellen Netzes für Zivil- und Handelssachen.

KAPITEL V
Verhältnis zu anderen Rechtsinstituten

Artikel 59
Verhältnis zu anderen Rechtsinstrumenten

(1) Unbeschadet der Artikel 60, 63, 64 und des Absatzes 2 des vorliegenden Artikels ersetzt diese Verordnung die zum Zeitpunkt des Inkrafttretens dieser Verordnung bestehenden, zwischen zwei oder mehr Mitgliedstaaten geschlossenen Übereinkünfte, die in dieser Verordnung geregelte Bereiche betreffen. *(ABl L 99 vom 15.4.2016, S. 34)*

(2) a) Finnland und Schweden können erklären, dass das Übereinkommen vom 6. Februar 1931 zwischen Dänemark, Finnland, Island, Norwegen und Schweden mit Bestimmungen des internationalen Verfahrensrechtsüber Ehe, Adoption und Vormundschaft einschließlich des Schlussprotokolls anstelle dieser Verordnung ganz oder teilweise auf ihre gegenseitigen Beziehungen anwendbar ist. Diese Erklärungen werden dieser Verordnung als Anhang beigefügt und im Amtsblatt der Europäischen Union veröffentlicht. Die betreffenden Mitgliedstaaten können ihre Erklärung jederzeit ganz oder teilweise widerrufen.

b) Der Grundsatz der Nichtdiskriminierung von Bürgern der Union aus Gründen der Staatsangehörigkeit wird eingehalten.

c) Die Zuständigkeitskriterien in künftigen Übereinkünften zwischen den in Buchstabe a) genannten Mitgliedstaaten, die in dieser Verordnung geregelte Bereiche betreffen, müssen mit den Kriterien dieser Verordnung im Einklang stehen.

d) Entscheidungen, die in einem der nordischen Staaten, der eine Erklärung nach Buchstabe a) abgegeben hat, aufgrund eines Zuständigkeitskriteriums erlassen werden, das einem der in Kapitel II vorgesehenen Zuständigkeitskriterien entspricht, werden in den anderen Mitgliedstaaten gemäß den Bestimmungen des Kapitels III anerkannt und vollstreckt.

(3) Die Mitgliedstaaten übermitteln der Kommission

a) eine Abschrift der Übereinkünfte sowie der einheitlichen Gesetze zur Durchführung dieser Übereinkünfte gemäß Absatz 2 Buchstaben a) und c),

b) jede Kündigung oder Änderung dieser Übereinkünfte oder dieser einheitlichen Gesetze.

Artikel 60
Verhältnis zu bestimmten multilateralen Übereinkommen

Im Verhältnis zwischen den Mitgliedstaaten hat diese Verordnung vor den nachstehenden Übereinkommen insoweit Vorrang, als diese Bereiche betreffen, die in dieser Verordnung geregelt sind:

a) Haager Übereinkommen vom 5. Oktober 1961 über die Zuständigkeit der Behörden und das anzuwendende Recht auf dem Gebiet des Schutzes von Minderjährigen,

b) Luxemburger Übereinkommen vom 8. September 1967 über die Anerkennung von Entscheidungen in Ehesachen,

c) Haager Übereinkommen vom 1. Juni 1970 über die Anerkennung von Ehescheidungen und der Trennung von Tisch und Bett,

d) Europäisches Übereinkommen vom 20. Mai 1980 über die Anerkennung und Vollstreckung von Entscheidungen über das Sorgerecht für Kinder und die Wiederherstellung des Sorgeverhältnisses
und

e) Haager Übereinkommen vom 25. Oktober 1980 über die zivilrechtlichen Aspekte internationaler Kindesentführung.

Artikel 61
Verhältnis zum Haager Übereinkommen vom 19. Oktober 1996 über die Zuständigkeit, das anzuwendende Recht, die Anerkennung, Vollstreckung und Zusammenarbeit auf dem Gebiet der elterlichen Verantwortung und der Maßnahmen zum Schutz von Kindern

Im Verhältnis zum Haager Übereinkommen vom 19. Oktober 1996 über die Zuständigkeit, das anzuwendende Recht, die Anerkennung, Vollstreckung und Zusammenarbeit auf dem Gebiet der elterlichen Verantwortung und der Maßnahmen zum Schutz von Kindern ist diese Verordnung anwendbar,

a) wenn das betreffende Kind seinen gewöhnlichen Aufenthalt im Hoheitsgebiet eines Mitgliedstaats hat;

b) in Fragen der Anerkennung und der Vollstreckung einer von dem zuständigen Gericht eines Mitgliedstaats ergangenen Entscheidung im Hoheitsgebiet eines anderen Mitgliedstaats, auch wenn das betreffende Kind seinen gewöhnlichen Aufenthalt im Hoheitsgebiet eines Drittstaats hat, der Vertragspartei des genannten Übereinkommens ist.

Artikel 62
Fortbestand der Wirksamkeit

(1) Die in Artikel 59 Absatz 1 und den Artikeln 60 und 61 genannten Übereinkünfte behalten ihre Wirksamkeit für die Rechtsgebiete, die durch diese Verordnung nicht geregelt werden.

(2) Die in Artikel 60 genannten Übereinkommen, insbesondere das Haager Übereinkommen von 1980, behalten vorbehaltlich des Artikels 60 ihre Wirksamkeit zwischen den ihnen angehörenden Mitgliedstaaten.

Artikel 63
Verträge mit dem Heiligen Stuhl

(1) Diese Verordnung gilt unbeschadet des am 7. Mai 1940 in der Vatikanstadt zwischen dem Heiligen Stuhl und Portugal unterzeichneten Internationalen Vertrags (Konkordat).

(2) Eine Entscheidung über die Ungültigkeit der Ehe gemäß dem in Absatz 1 genannten Vertrag wird in den Mitgliedstaaten unter den in Kapitel III Abschnitt 1 vorgesehenen Bedingungen anerkannt.

(3) Die Absätze 1 und 2 gelten auch für folgende internationalen Verträge (Konkordate) mit dem Heiligen Stuhl:

a) Lateranvertrag vom 11. Februar 1929 zwischen Italien und dem Heiligen Stuhl, geändert durch die am 18. Februar 1984 in Rom unterzeichnete Vereinbarung mit Zusatzprotokoll,

b) Vereinbarung vom 3. Januar 1979 über Rechtsangelegenheiten zwischen dem Heiligen Stuhl und Spanien.

c) Vereinbarung zwischen dem Heiligen Stuhl und Malta über die Anerkennung der zivilrechtlichen Wirkungen von Ehen, die nach kanonischem Recht geschlossen wurden, sowie von diese Ehen betreffenden Entscheidungen der Kirchenbehörden und -gerichte, einschließlich des Anwendungsprotokolls vom selben Tag, zusammen mit dem zweiten Zusatzprotokoll vom 6. Januar 1995. *(ABl L 367 vom 14. 12. 2004, S 1)*

(4) Für die Anerkennung der Entscheidungen im Sinne des Absatzes 2 können in Spanien, Italien oder Malta dieselben Verfahren und Nachprüfungen vorgegeben werden, die auch für Entscheidungen der Kirchengerichte gemäß den in Absatz 3 genannten internationalen Verträgen mit dem Heiligen Stuhl gelten. *(ABl L 367 vom 14. 12. 2004, S 1)*

Brüssel IIa-VO

(5) Die Mitgliedstaaten übermitteln der Kommission

a) eine Abschrift der in den Absätzen 1 und 3 genannten Verträge,

b) jede Kündigung oder Änderung dieser Verträge.

KAPITEL VI

Übergangsvorschriften

Artikel 64

(1) Diese Verordnung gilt nur für gerichtliche Verfahren, öffentliche Urkunden und Vereinbarungen zwischen den Parteien, die nach Beginn der Anwendung dieser Verordnung gemäß Artikel 72 eingeleitet, aufgenommen oder getroffen wurden.

(2) Entscheidungen, die nach Beginn der Anwendung dieser Verordnung in Verfahren ergangen sind, die vor Beginn der Anwendung dieser Verordnung, aber nach Inkrafttreten der Verordnung (EG) Nr. 1347/2000 eingeleitet wurden, werden nach Maßgabe des Kapitels III der vorliegenden Verordnung anerkannt und vollstreckt, sofern das Gericht aufgrund von Vorschriften zuständig war, die mit den Zuständigkeitsvorschriften des Kapitels II der vorliegenden Verordnung oder der Verordnung (EG) Nr. 1347/2000 oder eines Abkommens übereinstimmen, das zum Zeitpunkt der Einleitung des Verfahrens zwischen dem Ursprungsmitgliedstaat und dem ersuchten Mitgliedstaat in Kraft war.

(3) Entscheidungen, die vor Beginn der Anwendung dieser Verordnung in Verfahren ergangen sind, die nach Inkrafttreten der Verordnung (EG) Nr. 1347/2000 eingeleitet wurden, werden nach Maßgabe des Kapitels III der vorliegenden Verordnung anerkannt und vollstreckt, sofern sie eine Ehescheidung, Trennung ohne Auflösung des Ehebandes oder Ungültigerklärung einer Ehe oder eine aus Anlass eines solchen Verfahrens in Ehesachen ergangene Entscheidung über die elterliche Verantwortung für die gemeinsamen Kinder zum Gegenstand haben.

(4) Entscheidungen, die vor Beginn der Anwendung dieser Verordnung, aber nach Inkrafttreten der Verordnung (EG) Nr. 1347/2000 in Verfahren ergangen sind, die vor Inkrafttreten der Verordnung (EG) Nr. 1347/2000 eingeleitet wurden, werden nach Maßgabe des Kapitels III der vorliegenden Verordnung anerkannt und vollstreckt, sofern sie eine Ehescheidung, Trennung ohne Auflösung des Ehebandes oder Ungültigerklärung einer Ehe oder eine aus Anlass eines solchen Verfahrens in Ehesachen ergangene Entscheidung über die elterliche Verantwortung für die gemeinsamen Kinder zum Gegenstand haben und Zuständigkeitsvorschriften angewandt wurden, die mit denen des Kapitels II der vorliegenden Verord-

nung oder der Verordnung (EG) Nr. 1347/2000 oder eines Abkommens übereinstimmen, das zum Zeitpunkt der Einleitung des Verfahrens zwischen dem Ursprungsmitgliedstaat und dem ersuchten Mitgliedstaat in Kraft war.

KAPITEL VII

Schlussbestimmungen

Artikel 65
Überprüfung

Die Kommission unterbreitet dem Europäischen Parlament, dem Rat und dem Europäischen Wirtschafts- und Sozialausschuss spätestens am 1. Januar 2012 und anschließend alle fünf Jahre auf der Grundlage der von den Mitgliedstaaten vorgelegten Informationen einen Bericht über die Anwendung dieser Verordnung, dem sie gegebenenfalls Vorschläge zu deren Anpassung beifügt.

Artikel 66
Mitgliedstaaten mit zwei oder mehr
Rechtssystemen

Für einen Mitgliedstaat, in dem die in dieser Verordnung behandelten Fragen in verschiedenen Gebietseinheiten durch zwei oder mehr Rechtssysteme oder Regelwerke geregelt werden, gilt Folgendes:

a) Jede Bezugnahme auf den gewöhnlichen Aufenthalt in diesem Mitgliedstaat betrifft den gewöhnlichen Aufenthalt in einer Gebietseinheit.

b) Jede Bezugnahme auf die Staatsangehörigkeit oder, im Fall des Vereinigten Königreichs, auf das „domicile" betrifft die durch die Rechtsvorschriften dieses Staates bezeichnete Gebietseinheit.

c) Jede Bezugnahme auf die Behörde eines Mitgliedstaats betrifft die zuständige Behörde der Gebietseinheit innerhalb dieses Staates.

d) Jede Bezugnahme auf die Vorschriften des ersuchten Mitgliedstaats betrifft die Vorschriften der Gebietseinheit, in der die Zuständigkeit geltend gemacht oder die Anerkennung oder Vollstreckung beantragt wird.

Artikel 67
Angaben zu den Zentralen Behörden und
zugelassenen Sprachen

Die Mitgliedstaaten teilen der Kommission binnen drei Monaten nach Inkrafttreten dieser Verordnung Folgendes mit:

a) die Namen und Anschriften der Zentralen Behörden gemäß Artikel 53 sowie die technischen Kommunikationsmittel,

b) die Sprachen, die gemäß Artikel 57 Absatz 2 für Mitteilungen an die Zentralen Behörden zugelassen sind,

und

c) die Sprachen, die gemäß Artikel 45 Absatz 2 für die Bescheinigung über das Umgangsrecht zugelassen sind.

Die Mitgliedstaaten teilen der Kommission jede Änderung dieser Angaben mit.

Die Angaben werden von der Kommission veröffentlicht.

Artikel 68
Angaben zu den Gerichten und den Rechtsbehelfen

Die Mitgliedstaaten teilen der Kommission die in den Artikeln 21, 29, 33 und 34 genannten Listen mit den zuständigen Gerichten und den Rechtsbehelfen sowie die Änderungen dieser Listen mit.

Die Kommission aktualisiert diese Angaben und gibt sie durch Veröffentlichung im Amtsblatt der Europäischen Union und auf andere geeignete Weise bekannt.

Artikel 69
Änderungen der Anhänge

Änderungen der in den Anhängen I bis IV wiedergegebenen Formblätter werden nach dem in Artikel 70 Absatz 2 genannten Verfahren beschlossen.

Artikel 70
Ausschuss

(1) Die Kommission wird von einem Ausschuss (nachstehend „Ausschuss" genannt) unterstützt.

(2) Wird auf diesen Absatz Bezug genommen, so gelten die Artikel 3 und 7 des Beschlusses 1999/468/EG.

(3) Der Ausschuss gibt sich eine Geschäftsordnung.

Artikel 71
Aufhebung der Verordnung (EG) Nr.
1347/2000

(1) Die Verordnung (EG) Nr. 1347/2000 wird mit Beginn der Geltung dieser Verordnung aufgehoben.

(2) Jede Bezugnahme auf die Verordnung (EG) Nr. 1347/2000 gilt als Bezugnahme auf diese Verordnung nach Maßgabe der Entsprechungstabelle in Anhang VI.

Artikel 72
In-Kraft-Treten

Diese Verordnung tritt am 1. August 2004 in Kraft.

Sie gilt ab 1. März 2005 mit Ausnahme der Artikel 67, 68, 69 und 70, die ab dem 1. August 2004 gelten.

Diese Verordnung ist in allen ihren Teilen verbindlich und gilt gemäß dem Vertrag zur Gründung der Europäischen Gemeinschaft unmittelbar in den Mitgliedstaaten.

Geschehen zu Brüssel am 27. November 2003.

Im Namen des Rates
Der Präsident
R. CASTELLI

Brüssel IIa-VO

Anhang I

BESCHEINIGUNG GEMÄSS ARTIKEL 39 ÜBER ENTSCHEIDUNGEN IN EHESACHEN[1]

[1] Verordnung (EG) Nr. 2201/2003 des Rates vom 27. November 2003 über die Zuständigkeit und Anerkennung und Vollstreckung von Entscheidungen in Ehesachen und in Verfahren betreffend die elterliche Verantwortung und zur Aufhebung der Verordnung (EG) Nr. 1347/2000.

1. Ursprungsmitgliedstaat

2. Ausstellendes Gericht oder ausstellende Behörde
    2.1. Bezeichnung
    2.2. Anschrift
    2.3. Telefon/Fax/E-Mail

3. Angaben zur Ehe
    3.1. Ehefrau
        3.1.1. Name, Vornamen
        3.1.2. Anschrift
        3.1.3. Staat und Ort der Geburt
        3.1.4. Geburtsdatum
    3.2. Ehemann
        3.2.1. Name, Vornamen
        3.2.2. Anschrift
        3.2.3. Staat und Ort der Geburt
        3.2.4. Geburtsdatum
    3.3. Staat, Ort (soweit bekannt) und Datum der Eheschließung
        3.3.1. Staat der Eheschließung
        3.3.2. Ort der Eheschließung (soweit bekannt)
        3.3.3. Datum der Eheschließung

4. Gericht, das die Entscheidung erlassen hat
    4.1. Bezeichnung des Gerichts
    4.2. Gerichtsort

5. Entscheidung
    5.1. Datum
    5.2. Aktenzeichen
    5.3. Art der Entscheidung
        5.3.1. Scheidung
        5.3.2. Ungültigerklärung der Ehe
        5.3.3. Trennung ohne Auflösung des Ehebandes
    5.4. Erging die Entscheidung im Versäumnisverfahren?
        5.4.1. Nein
        5.4.2. Ja[2]

> *[2] Die in Artikel 37 Absatz 2 genannten Urkunden sind vorzulegen.*

6. Namen der Parteien, denen Prozesskostenhilfe gewährt wurde

7. Können gegen die Entscheidung nach dem Recht des Ursprungsmitgliedstaats weitere Rechtsbehelfe eingelegt werden?
    7.1. Nein
    7.2. Ja

8. Datum der Rechtswirksamkeit in dem Mitgliedstaat, in dem die Entscheidung erging
   8.1. Scheidung?
   8.2. Trennung ohne Auflösung des Ehebandes

Geschehen zu .... am ....

Unterschrift und/oder Dienstsiegel

Brüssel IIa-VO

Anhang II

BESCHEINIGUNG GEMÄSS ARTIKEL 39 ÜBER ENTSCHEIDUNGEN ÜBER DIE ELTERLICHE VERANTWORTUNG[1]

[1] *Verordnung (EG) Nr. 2201/2003 des Rates vom 27. November 2003 über die Zuständigkeit und Anerkennung und Vollstreckung von Entscheidungen in Ehesachen und in Verfahren betreffend die elterliche Verantwortung und zur Aufhebung der Verordnung (EG) Nr. 1347/2000.*

1. Ursprungsmitgliedstaat

2. Ausstellendes Gericht oder ausstellende Behörde

   2.1. Bezeichnung

   2.2. Anschrift

   2.3. Telefon/Fax/E-Mail

3. Träger eines Umgangsrechts

   3.1. Name, Vornamen

   3.2. Anschrift

   3.3. Geburtsdatum und -ort (soweit bekannt)

4. Träger der elterlichen Verantwortung, die nicht in Nummer 3 genannt sind[2]

   [2] *Im Fall des gemeinsamen Sorgerechts kann die in Nummer 3 genannte Person auch in Nummer 4 genannt werden.*

   4.1.

      4.1.1. Art der Entscheidung

      4.1.2. Anschrift

      4.1.3. Geburtsdatum und -ort (soweit bekannt)

   4.2.

      4.2.1. Name, Vornamen

      4.2.2. Anschrift

      4.2.3. Geburtsdatum und -ort (soweit bekannt)

   4.3.

      4.3.1. Name, Vornamen

      4.3.2. Anschrift

      4.3.3. Geburtsdatum und -ort (soweit bekannt)

5. Gericht, das die Entscheidung erlassen hat

   5.1. Bezeichnung des Gerichts

   5.2. Gerichtsort

6. Entscheidung

   6.1. Datum

   6.2. Aktenzeichen

   6.3. Erging die Entscheidung im Versäumnisverfahren?

      6.3.1. Nein

      6.3.2. Ja[3]

      [3] *Die in Artikel 37 Absatz 2 genannten Urkunden sind vorzulegen.*

7. Kinder, für die die Entscheidung gilt[4]

   [4] *Gilt die Entscheidung für mehr als vier Kinder, ist ein weiteres Formblatt zu verwenden.*

   7.1. Name, Vornamen und Geburtsdatum

   7.2. Name, Vornamen und Geburtsdatum

   7.3. Name, Vornamen und Geburtsdatum

7.4. Name, Vornamen und Geburtsdatum

8. Namen der Parteien, denen Prozesskostenhilfe gewährt wurde

9. Bescheinigung über die Vollstreckbarkeit und Zustellung

    9.1. Ist die Entscheidung nach dem Recht des Ursprungsmitgliedstaats vollstreckbar?

        9.1.1. Ja

        9.1.2. Nein

    9.2. Ist die Entscheidung der Partei, gegen die vollstreckt werden soll, zugestellt worden?

        9.2.1. Ja

           9.2.1.1 Name, Vornamen der Partei

           9.2.1.2 Anschrift

           9.2.1.3 Datum der Zustellung

        9.2.2. Nein

10. Besondere Angaben zu Entscheidungen über das Umgangsrecht, wenn die Vollstreckbarkeitserklärung gemäß Artikel 28 beantragt wird. Diese Möglichkeit ist in Artikel 40 Absatz 2 vorgesehen:

    10.1. Modalitäten der Ausübung des Umgangsrechts (soweit in der Entscheidung angegeben)

        10.1.1. Datum, Uhrzeit

           10.1.1.1 Beginn

           10.1.1.2 Ende

        10.1.2. Ort

        10.1.3. Besondere Pflichten des Trägers der elterlichen Verantwortung

        10.1.4. Besondere Pflichten des Umgangsberechtigten

        10.1.5. Etwaige Beschränkungen des Umgangsrechts

11. Besondere Angaben zu Entscheidungen über die Rückgabe von Kindern, wenn die Vollstreckbarkeitserklärung gemäß Artikel 28 beantragt wird. Diese Möglichkeit ist in Artikel 40 Absatz 2 vorgesehen:

    11.1. In der Entscheidung wird die Rückgabe der Kinder angeordnet.

    11.2. Rückgabeberechtigter (soweit in der Entscheidung angegeben)

        11.2.1. Name, Vornamen

        11.2.2. Anschrift

Geschehen zu .... am ....

Unterschrift und/oder Dienstsiegel   Brüssel IIa-VO

Anhang III

BESCHEINIGUNG GEMÄSS ARTIKEL 41 ABSATZ 1 ÜBER ENTSCHEIDUNGEN ÜBER DAS UMGANGSRECHT[1]

[1] *Verordnung (EG) Nr. 2201/2003 des Rates vom 27. November 2003 über die Zuständigkeit und Anerkennung und Vollstreckung von Entscheidungen in Ehesachen und in Verfahren betreffend die elterliche Verantwortung und zur Aufhebung der Verordnung (EG) Nr. 1347/2000.*

1. Ursprungsmitgliedstaat

2. Ausstellendes Gericht bzw. ausstellende Behörde

   2.1. Bezeichnung

   2.2. Anschrift

   2.3. Telefon/Fax/E-Mail

3. Träger eines Umgangsrechts

   3.1. Name, Vornamen

   3.2. Anschrift

   3.3. Geburtsdatum und -ort (soweit vorhanden)

4. Träger der elterlichen Verantwortung, die nicht in Nummer 3 genannt sind[2][3]

   [2] *Im Fall des gemeinsamen Sorgerechts kann die in Nummer 3 genannte Person auch in Nummer 4 genannt werden.*
   [3] *Das Feld ankreuzen, das der Person entspricht, gegenüber der die Entscheidung zu vollstrecken ist.*

   4.1.

      4.1.1. Name, Vornamen

      4.1.2. Anschrift

      4.1.3. Geburtsdatum und -ort (soweit bekannt)

   4.2.

      4.2.1. Name, Vornamen

      4.2.2. Anschrift

      4.2.3. Geburtsdatum und -ort (soweit bekannt)

   4.3.

      4.3.1. Name, Vornamen

      4.3.2. Anschrift

      4.3.3. Geburtsdatum und -ort (soweit bekannt)

5. Gericht, das die Entscheidung erlassen hat

   5.1. Bezeichnung des Gerichts

   5.2. Gerichtsort

6. Entscheidung

   6.1. Datum

   6.2. Aktenzeichen

7. Kinder, für die die Entscheidung gilt[4]

   [4] *Gilt die Entscheidung für mehr als vier Kinder, ist ein weiteres Formblatt zu verwenden.*

   7.1. Name, Vornamen und Geburtsdatum

   7.2. Name, Vornamen und Geburtsdatum

   7.3. Name, Vornamen und Geburtsdatum

   7.4. Name, Vornamen und Geburtsdatum

8. Ist die Entscheidung im Ursprungsmitgliedstaat vollstreckbar?

   8.1. Ja

8.2. Nein

9. Im Fall des Versäumnisverfahrens wurde das verfahrenseinleitende Schriftstück oder ein gleichwertiges Schriftstück der säumigen Person so rechtzeitig und in einer Weise zugestellt, dass sie sich verteidigen konnte, oder, falls es nicht unter Einhaltung dieser Bedingungen zugestellt wurde, wurde festgestellt, dass sie mit der Entscheidung eindeutig einverstanden ist.

10. Alle betroffenen Parteien hatten Gelegenheit, gehört zu werden.

11. Die Kinder hatten die Möglichkeit, gehört zu werden, sofern eine Anhörung nicht aufgrund ihres Alters oder ihres Reifegrads unangebracht erschien.

12. Modalitäten der Ausübung des Umgangsrechts (soweit in der Entscheidung angegeben)

   12.1. Datum, Uhrzeit

      12.1.1. Beginn

      12.1.2. Ende

   12.2. Ort

   12.3. Besondere Pflichten des Trägers der elterlichen Verantwortung

   12.4. Besondere Pflichten des Umgangsberechtigten

   12.5. Etwaige Beschränkungen des Umgangsrechts

13. Namen der Parteien, denen Prozesskostenhilfe gewährt wurde

Geschehen zu .... am ....

Unterschrift und/oder Dienstsiegel

Brüssel IIa-VO

BESCHEINIGUNG GEMÄSS ARTIKEL 42 ABSATZ 1 ÜBER ENTSCHEIDUNGEN ÜBER DIE RÜCKGABE DES KINDES[1)]

[1)] *Verordnung (EG) Nr. 2201/2003 des Rates vom 27. November 2003 über die Zuständigkeit und Anerkennung und Vollstreckung von Entscheidungen in Ehesachen und in Verfahren betreffend die elterliche Verantwortung und zur Aufhebung der Verordnung (EG) Nr. 1347/2000.*

1. Ursprungsmitgliedstaat

2. Ausstellendes Gericht bzw. ausstellende Behörde

   2.1. Bezeichnung

   2.2. Anschrift

   2.3. Telefon/Fax/E-Mail

3. Rückgabeberechtigter (soweit in der Entscheidung angegeben)

   3.1. Name, Vornamen

   3.2. Anschrift

   3.3. Geburtsdatum und -ort (soweit bekannt)

4. Träger der elterlichen Verantwortung[2)]

   [2)] *Dieser Punkt ist fakultativ.*

   4.1. Mutter

      4.1.1. Name, Vornamen

      4.1.2. Anschrift

      4.1.3. Geburtsdatum und -ort (soweit bekannt)

   4.2. Vater

      4.2.1. Name, Vornamen

      4.2.2. Anschrift

      4.2.3. Geburtsdatum und -ort (soweit bekannt)

   4.3. Andere

      4.3.1. Name, Vornamen

      4.3.2. Anschrift (soweit bekannt)

      4.3.3. Geburtsdatum und -ort (soweit bekannt)

5. Beklagte Partei (soweit bekannt)

   5.1. Name, Vornamen

   5.2. Anschrift (soweit bekannt)

6. Gericht, das die Entscheidung erlassen hat

   6.1. Bezeichnung des Gerichts

   6.2. Gerichtsort

7. Entscheidung

   7.1. Datum

   7.2. Aktenzeichen

8. Kinder, für die die Entscheidung gilt[3)]

   [3)] *Gilt die Entscheidung für mehr als vier Kinder, ist ein weiteres Formblatt zu verwenden.*

   8.1. Name, Vornamen und Geburtsdatum

   8.2. Name, Vornamen und Geburtsdatum

   8.3. Name, Vornamen und Geburtsdatum

   8.4. Name, Vornamen und Geburtsdatum

9. In der Entscheidung wird die Rückgabe des Kindes angeordnet.

10. Ist die Entscheidung im Ursprungsmitgliedstaat vollstreckbar?

    10.1. Ja

    10.2. Nein

11. Die Kinder hatten die Möglichkeit, gehört zu werden, sofern eine Anhörung nicht aufgrund ihres Alters oder ihres Reifegrads unangebracht erschien.

12. Die Parteien hatten die Möglichkeit, gehört zu werden.

13. In der Entscheidung wird die Rückgabe der Kinder angeordnet, und das Gericht hat in seinem Urteil die Gründe und Beweismittel berücksichtigt, auf die sich die nach Artikel 13 des Haager Übereinkommens vom 25. Oktober 1980 über die zivilrechtlichen Aspekte internationaler Kindesentführung ergangene Entscheidung stützt.

14. Gegebenenfalls die Einzelheiten der Maßnahmen, die von Gerichten oder Behörden ergriffen wurden, um den Schutz des Kindes nach seiner Rückkehr in den Mitgliedstaat seines gewöhnlichen Aufenthalts sicherzustellen

15. Namen der Parteien, denen Prozesskostenhilfe gewährt wurde

Geschehen zu .... am ....

                                             Unterschrift und/oder Dienstsiegel

Brüssel IIa-VO

ENTSPRECHUNGSTABELLE ZUR VERORDNUNG (EG) Nr. 1347/2000

Aufgehobene Artikel	Entsprechende Artikel des neuen Textes	Aufgehobene Artikel	Entsprechende Artikel des neuen Textes
1	1, 2	25	32
2	3	26	33
3	12	27	34
4		28	35
5	4	29	36
6	5	30	50
7	6	31	51
8	7	32	37
9	17	33	39
10	18	34	38
11	16, 19	35	52
12	20	36	59
13	2, 49, 46	37	60, 61
14	21	38	62
15	22, 23	39	
16		40	63
17	24	41	66
18	25	42	64
19	26	43	65
20	27	44	68, 69
21	28	45	70
22	21, 29	46	72
23	30	Anhang I	68
24	31	Anhang II	68
		Anhang III	68
		Anhang IV	Anhang I
		Anhang V	Anhang II

Erklärungen Schwedens und Finnlands nach Artikel 59 Absatz 2 Buchstabe a) der Verordnung des Rates über die Zuständigkeit und Anerkennung und Vollstreckung von Entscheidungen in Ehesachen und in Verfahren betreffend die elterliche Verantwortung und zur Aufhebung der Verordnung (EG) Nr. 1347/2000.

Erklärung Schwedens

> Gemäß Artikel 59 Absatz 2 Buchstabe a) der Verordnung des Rates über die Zuständigkeit und Anerkennung und Vollstreckung von Entscheidungen in Ehesachen und in Verfahren betreffend die elterliche Verantwortung und zur Änderung der Verordnung (EG) Nr. 1347/2000 erklärt Schweden, dass das Übereinkommen vom 6. Februar 1931 zwischen Dänemark, Finnland, Island, Norwegen und Schweden mit Bestimmungen des internationalen Verfahrensrechts über Ehe, Adoption und Vormundschaft einschließlich des Schlussprotokolls anstelle dieser Verordnung ganz auf die Beziehungen zwischen Schweden und Finnland anwendbar ist.

Erklärung Finnlands

Gemäß Artikel 59 Absatz 2 Buchstabe a) der Verordnung des Rates über die Zuständigkeit und Anerkennung und Vollstreckung von Entscheidungen in Ehesachen und in Verfahren betreffend die elterliche Verantwortung und zur Änderung der Verordnung (EG) Nr. 1347/2000 erklärt Finnland, dass das Übereinkommen vom 6. Februar 1931 zwischen Finnland, Dänemark, Island, Norwegen und Schweden mit Bestimmungen des internationalen Verfahrensrechts über Ehe, Adoption und Vormundschaft einschließlich des Schlussprotokolls anstelle dieser Verordnung in den gegenseitigen Beziehungen zwischen Finnland und Schweden in vollem Umfang zur Anwendung kommt.

Austrittabk UK

Abkommen über den Austritt des Vereinigten Königreichs Großbritannien und Nordirland aus der Europäischen Union und der Europäischen Atomgemeinschaft

(ABl. L 029 vom 31.1.2020, S. 7, ab 1.1.2021)

Artikel 67

(1) Im Vereinigten Königreich sowie in den Mitgliedstaaten in Fällen, die einen Bezug zum Vereinigten Königreich aufweisen, gelten für vor dem Ablauf der Übergangszeit eingeleitete gerichtliche Verfahren sowie für damit zusammenhängende Verfahren oder Klagen gemäß den Artikeln 29, 30 und 31 der Verordnung (EU) Nr. 1215/2012[1] des Europäischen Parlaments und des Rates[*] oder Artikel 19 der Verordnung (EG) Nr. 2201/2003[2] oder den Artikeln 12 und 13 der Verordnung (EG) Nr. 4/2009 des Rates[**] die folgenden Rechtsakte und Bestimmungen Anwendung:

a) die Zuständigkeitsbestimmungen der Verordnung (EU) Nr. 1215/2012[1];

b) die Zuständigkeitsbestimmungen der Verordnung (EU) 2017/1001 (über die Unionsmarke), der Verordnung (EG) Nr. 6/2002 (über das Gemeinschaftsgeschmacksmuster), der Verordnung (EG) Nr. 2100/94 (über den gemeinschaftlichen Sortenschutz), der Verordnung (EU) 2016/679 des Europäischen Parlaments und des Rates (Datenschutz-Grundverordnung) und der Richtlinie 96/71/EG des Europäischen Parlaments und des Rates. (über die Entsendung von Arbeitnehmern im Rahmen der Erbringung von Dienstleistungen);

c) die Zuständigkeitsbestimmungen der Verordnung (EU) Nr. 2201/2003[2];

d) die Zuständigkeitsbestimmungen der Verordnung (EU) Nr. 4/2009[3];

(2) Im Vereinigten Königreich sowie in den Mitgliedstaaten finden in Fällen, die einen Bezug zum Vereinigten Königreich aufweisen, die folgenden Rechtsakte oder Bestimmungen auf die Anerkennung und Vollstreckung von Urteilen, Entscheidungen, öffentlichen Urkunden, gerichtlichen Vergleichen und Gerichtsstandsvereinbarungen Anwendung:

b) die Bestimmungen der Verordnung (EU) Nr. 2201/2003[2] finden Anwendung auf die Anerkennung und Vollstreckung von Urteilen, die in vor dem Ablauf des Übergangszeitraums eingeleiteten gerichtlichen Verfahren ergangen sind, sowie auf öffentliche Urkunden, die vor dem Ablauf des Übergangszeitraums förmlich errichtet oder eingetragen beziehungsweise gebilligt oder geschlossen worden sind;

(3) Im Vereinigten Königreich sowie in den Mitgliedstaaten finden in Fällen, die einen Bezug zum Vereinigten Königreich aufweisen, die nachstehenden Bestimmungen wie folgt Anwendung:

a) Kapitel IV der Verordnung (EG) Nr. 2201/2003[2] findet Anwendung auf Ersuchen und Anträge, die vor dem Ablauf des Übergangszeitraums bei der zentralen oder einer anderen zuständigen Behörde eingegangen sind:

[*] *Verordnung (EU) Nr. 1215/2012[1] des Europäischen Parlaments und des Rates vom 12. Dezember 2012 über die gerichtliche Zuständigkeit und die Anerkennung und Vollstreckung von Entscheidungen in Zivil- und Handelssachen (ABl. L 351 vom 20.12.2012, S. 1).*

[**] *Verordnung (EG) Nr. 4/2009[3] des Rates vom 18. Dezember 2008 über die Zuständigkeit, das anwendbare Recht, die Anerkennung und Vollstreckung von Entscheidungen und die Zusammenarbeit in Unterhaltssachen (ABl. L 7 vom 10.1.2009, S. 1).*

[1] *Das ist die EuGVVO.*
[2] *Das ist die Brüssel IIa-VO.*
[3] *Das ist die EuUVO.*

Der Übergangszeitraum endete am 31.12.2020 (Art 126 des Austrittsabkommens)

Brüssel IIa-VO

35/2. Einführungserlass zur Brüssel IIa-Verordnung

JABl 2005/2

Einführungserlass vom 17. **Februar 2005 zur Verordnung (EG) Nr. 2201/2003 des Rates vom 27. November 2003 über die Zuständigkeit und die Anerkennung und Vollstreckung von Entscheidungen in Ehesachen und in Verfahren betreffend die elterliche Verantwortung und zur Aufhebung der Verordnung (EG) Nr. 1347/2000, ABl. L 338 vom 23. Dezember 2003, 1 ff (Brüssel II neu-VO)**

A. Allgemeines:

A.1. Am 1.3.2005 wird die Verordnung (EG) Nr. 2201/2003 des Rates vom 27.11.2003 über die Zuständigkeit und die Anerkennung und Vollstreckung von Entscheidungen in Ehesachen und in Verfahren betreffend die elterliche Verantwortung und zur Aufhebung der Verordnung (EG) Nr. 1347/2000 (im Folgenden: Brüssel II neu-VO; Artikelbezeichnungen ohne weitere Angaben der Rechtsquelle beziehen sich auf diese Verordnung), ABl L 338 vom 23.12.2003, 1 ff, in Kraft treten.

Für Entscheidungen in Ehesachen übernimmt die Brüssel II neu-VO unverändert die Regelungen der Verordnung (EG) Nr. 1347/2000 des Rates vom 29.5.2000 über die Zuständigkeit und die Anerkennung und Vollstreckung von Entscheidungen in Ehesachen und in Verfahren betreffend die elterliche Verantwortung für die gemeinsamen Kinder der Ehegatten (im folgendem: Brüssel II-VO). Dementsprechend konzentriert sich die Darstellung des neuen Rechtsinstruments auf den Bereich der elterlichen Verantwortung.

Diesem Ansatz folgt auch der von der Europäischen Kommission erstellte Benutzerleitfaden („practice guide") für die Anwendung der Brüssel II neu-Verordnung, der im Internet unter der Adresse http://europa.eu.int/comm/justice_home/ejn/parental_resp/parental_resp_ec_de.htm abrufbar ist.

A.2. Unter Aufhebung der Brüssel II-VO sieht die Brüssel II neu VO einen deutlich erweiterten Anwendungsbereich für Entscheidungen über die elterliche Verantwortung vor. Nunmehr sind nicht mehr nur Entscheidungen betreffend die gemeinsamen Kinder von Ehegatten, die anlässlich eines Verfahrens auf Ehescheidung, Trennung ohne Auflösung des Ehebandes oder Ungültigerklärung einer Ehe getroffen wurden, erfasst, sondern alle Entscheidungen über die elterliche Verantwortung.

A.3. Das Kernstück der Neuerung betrifft die Abschaffung des Exequaturverfahrens für Besuchsrechtsentscheidungen und bestimmte Sorgerechtsentscheidungen, die eine Rückgabe des Kindes implizieren. In einem Mitgliedstaat vollstreckbare Besuchsrechtsentscheidungen und Entscheidungen gemäß Art. 11 Abs. 8 über die Rückgabe des Kindes werden nunmehr im gesamten Europäischen Rechtsraum vollstreckt werden können, ohne dass es einer eigenen Vollstreckbarerklärung im Vollstreckungsstaat bedarf. Voraussetzung ist lediglich die Ausstellung einer Bescheinigung (Anhänge III und IV) durch den Richter des Ursprungsstaates, mit der die Einhaltung fundamentaler Verfahrensgarantien bestätigt wird, sofern im Ursprungsstaat eine vollstreckbare Entscheidung vorliegt. Gemäß Art. 47 richtet sich das Vollstreckungsverfahren selbst nach dem Recht des Vollstreckungsstaates. Die Formulare im Anhang der Verordnung werden im Gerichtsatlas des Europäischen Justiziellen Netzes für Zivil- und Handelssachen (Internetadresse: http://europa.eu.int/comm/justice_home/judicialatlascivil/html/index_de.htm?countrySession=1) von der Europäischen Kommission wie auch schon zur Brüssel II-VO zur Verfügung gestellt.

A.4. Die Verordnung sieht einen für den Europäischen Rechtsraum verstärkten und speziellen Rechtsschutz gegenüber dem Haager Übereinkommen vom 25.10.1980 über die zivilrechtlichen Aspekte internationaler Kindesentführung (im Folgenden: HKÜ 1980), BGBl. Nr. 512/1988, samt Durchführungsgesetz, BGBl. Nr. 513/1998, vor. Im Verhältnis der EU-Mitgliedstaaten untereinander wird die Anwendung des Art. 13 HKÜ 1980 ergänzt. Zudem etabliert die Verordnung spezielle Zuständigkeitsregeln für Entscheidungen über die elterliche Verantwortung im Falle einer Kindesentführung, die tendenziell die Zuständigkeit der Gerichte des Mitgliedstaates, in dem das Kind vor der Verbringung seinen gewöhnlichen Aufenthalt hatte, verstärken (Art. 10).

B. Die wesentlichen Neuerungen der Verordnung im Einzelnen:

B.1. Kapitel I (Art. 1 und 2 - Anwendungsbereich und Begriffsbestimmungen):

Der persönliche Anwendungsbereich der Brüssel II neu-VO und des Haager Übereinkommens über die Zuständigkeit, das anzuwendende Recht, die Anerkennung, Vollstreckung und Zusammenarbeit auf dem Gebiet der elterlichen Verantwortung und der Maßnahmen zum Schutz von Kindern vom 19.10.1996 (im Folgenden: HKSÜ 1996), dem Österreich noch nicht angehört, umfasst Kinder ab der Geburt bis zur Vollendung des 18. Lebensjahrs. Im Gegensatz zum HKSÜ 1996 nennt die Verordnung keine Altersgrenze. Die bis zum Inkrafttreten des HKSÜ 1996 demnach relevanten nationalen Regelungen bestimmen allerdings übereinstimmend das Volljährigkeitsalter mit Vollendung des 18. Lebensjahres (siehe auch Österreich seit dem KindRÄG 2001).

Auch der sachliche Anwendungsbereich ist mit Ausnahme der lediglich in Artikel 3 lit. f des HKSÜ 1996 vorgesehenen „behördlichen Aufsicht über die Betreuung eines Kindes durch jede Person, die für das Kind verantwortlich ist," ident. Dieser Unterschied sowie Unterschiede zwischen den sogenannten "schwarzen Listen" in Art. 4 des HKSÜ 1996 und in Art. 1 Abs. 3 erklären sich im Hinblick auf die Rechtsgrundlage der Verordnung in Art. 61 lit. c und Art. 67 Abs. 1 EG (Maßnahmen im Bereich der justiziellen Zusammenarbeit in Zivil- und Handelssachen). Die im Gegensatz zum HKSÜ 1996 taxativ aufgezählten Angelegenheiten der elterlichen Verantwortung umfassen somit im Wesentlichen Fragen der Obsorge (auch Vermögensverwaltung), des Besuchsrechts und der Unterbringung in einer Pflegefamilie oder einem Heim. Ausdrücklich ausgenommen sind die Feststellung des Eltern-Kind-Verhältnisses, Adoption, Namensrecht, Volljährigkeitserklärungen, Trusts und Erbschaften, Maßnahmen infolge von Straftaten, die von Kindern begangen wurden, aber auch Unterhaltsangelegenheiten. Unterhaltssachen sind grundsätzlich von der Verordnung (EG) Nr. 44/2001 des Rates vom 22.12.2000 über die gerichtliche Zuständigkeit und die Anerkennung und Vollstreckung von Entscheidungen in Zivil- und Handelssachen (im Folgenden: Brüssel I-VO) umfasst. Ist die Unterhaltssache in Zusammenhang mit einem Verfahren betreffend die elterliche Verantwortung zu entscheiden, so ist das dafür zuständige Gericht auch zur Entscheidung über die Unterhaltssache berufen (s. Art. 5 Nr. 2 der Brüssel I-VO).

B.2. Kapitel II (Art. 3 bis 20 - Zuständigkeit):

Die Brüssel II neu-VO regelt die internationale Zuständigkeit in Ehe- und Obsorgeverfahren.

B.2.1. Abschnitt 1 (Art. 3 bis 7 - Ehescheidung, Trennung ohne Auflösung des Ehebandes und Ungültigerklärung einer Ehe)

Dieser Abschnitt übernimmt unverändert die Art. 2, 5 bis 8 der Brüssel II-VO.

B.2.2. Abschnitt 2 (Art. 8 bis 15 - Elterliche Verantwortung)

In Übereinstimmung mit Art. 5 des HKSÜ 1996 bestimmt Art. 8 die allgemeine Zuständigkeit der Gerichte des Mitgliedstaates, in dem das Kind zum Zeitpunkt der Antragstellung seinen gewöhnlichen Aufenthalt hat. Art. 9 sieht für Besuchsrechtsverfahren die Aufrechterhaltung der Zuständigkeit des früheren gewöhnlichen Aufenthaltsortes des Kindes vor. Bei einem rechtmäßigen Umzug in einen anderen Mitgliedstaat ist oft die Änderung einer Besuchsrechtsentscheidung erforderlich. Durch die Aufrechterhaltung der Zuständigkeit des früheren gewöhnlichen Aufenthaltsortes des Kindes während eines Zeitraums von drei Monaten nach dem Umzug soll ein Anreiz für eine gütliche Einigung zwischen den obsorge- und besuchsberechtigten Personen vor dem Verzug ins Ausland gesetzt werden. Die Formulierung der Zuständigkeit in Fällen einer Kindesentführung (Art. 10) orientiert sich weitgehend an Art. 7 des HKSÜ 1996. Entsprechend dem Ergebnis des Ratskompromisses vom November 2003 sieht die Brüssel II neu-VO keine eigene Rechtsgrundlage für die Rückführung widerrechtlich verbrachter oder zurückgehaltener Kinder vor. Somit bleibt es nach wie vor bei der Rückführungsanordnung des Art. 12 des HKÜ 1980. Im Verhältnis zwischen den EU-Mitgliedstaaten wird allerdings die Anwendung des Art. 13 des HKÜ 1980 maßgeblich geändert. Art. 11 Abs. 2 sieht vor, dass in Kindesentführungsfällen das Kind verpflichtend zu hören ist, es sei denn, dies erscheint aufgrund seines Alters oder Reifegrades unangebracht. Neben der Einführung einer 6-Wochen-Frist für den Erlass der Rückgabeentscheidung (Art. 11 Abs. 3) sieht die Verordnung weiters vor, dass eine Rückgabe auf Grund Art. 13 lit. b des HKÜ 1980 dann nicht mehr verweigert werden kann, wenn feststeht, dass angemessene Vorkehrungen getroffen wurden, um den Schutz des Kindes nach seiner Rückkehr zu gewährleisten (Art. 11 Abs. 4). Weiters kann eine Rückgabe nicht verweigert werden, wenn der Antragsteller nicht gehört wurde (Art. 11 Abs. 5). Bei Ablehnung der Rückgabe des Kindes nach Art. 13 des HKÜ 1980 hat das Gericht die für die Nichtrückgabe relevanten Unterlagen (z.B. Entscheidung, Anhörungsprotokolle) innerhalb eines Monats an die Zentrale Behörde oder das zuständige Gericht des Mitgliedstaates, in dem das Kind vor der Entführung seinen gewöhnlichen Aufenthalt hatte, zu übermitteln (Art. 11 Abs. 6). Das Gericht oder die Zentrale Behörde, das/die diese Mitteilung erhält, hat die Parteien davon zu unterrichten und sie einzuladen, binnen 3 Monaten einen Antrag auf Überprüfung des Sorgerechts einzubringen (Art. 11 Abs. 7). Eine daraufhin ergehende Sorgerechtsentscheidung, die die Rückgabe des Kindes anordnet, ist sofort ohne Exequatur vollstreckbar (Art. 11 Abs. 8). Sie ersetzt die frühere Entscheidung über die Nichtrückgabe. Art. 12 vereint zwei unterschiedliche Kompetenzgründe für Verfahren über die elterliche Verantwortung. Die ersten beiden Absätze enthalten zunächst eine leicht veränderte Variante der Annexzuständigkeit zu Ehesachen (in Ansätzen bereits in der Brüssel II-VO enthalten). Dazu kommt in Abs. 3 eine neue Regelung für Fälle, in denen eine „wesentliche Bindung" des Kindes zum Gerichtsstaat besteht. In beiden Fällen besteht eine Zuständigkeit nur dann, wenn sie mit dem Kindeswohl im Einklang steht und von den Ehegatten oder den Trägern der elterlichen Verantwortung (Art 12 Abs. 1 lit. b)) bzw. den Parteien des Verfahrens (Art. 12 Abs. 3 lit. b)) „anerkannt" wurde (hierin liegt die „Vereinbarung" i.S. des Art. 12). Auf die Voraussetzungen des Art. 12 kommt es nur an, sofern das Kind seinen gewöhnlichen Aufenthalt nicht im Gerichtsstaat hat; in diesem Fall gründet sich die internationale Zuständigkeit schon auf den Art. 8 Abs. 1.

Kann der gewöhnliche Aufenthalt des Kindes nicht festgestellt werden (insbesondere auch bei Flüchtlingen), sieht Art. 13 eine Notzuständigkeit auf Grund der Anwesenheit des Kindes vor (vgl. Art. 6 des HKSÜ 1996). Soweit sich aus den Art. 8 bis 13 keine Zuständigkeit ergibt, bestimmt sich die Zuständigkeit nach den nationalen Regelungen der Mitgliedstaaten (Art. 14). Die Anerkennung und Vollstreckung einer derartigen, auf der Grundlage einer nationalen Zuständigkeitsbestimmung erlassenen Sorgerechtsentscheidung erfolgt jedoch gemäß Kapitel III der Brüssel II neu-VO. In Ausnahmefällen sieht Art. 15 (weitgehend parallel zu Art. 8 und 9 des HKSÜ 1996) die Möglichkeit der Überweisung an ein Gericht vor, das den Fall besser beurteilen kann. Diese Transfermöglichkeit besteht für das gesamte Sorgerechtsverfahren oder nur für Teilaspekte (Bsp. Vermögensverwaltung) auf Antrag oder von Amts wegen, wobei im Interesse eines verantwortungsvollen Einsatzes dieses Instruments eine Reihe von Kautelen festgelegt wurden. So ist von beiden Gerichten zu prüfen, ob die Überweisung dem Kindeswohl entspricht. Zudem setzt eine Überweisung die Zustimmung zumindest eines Trägers der elterlichen Verantwortung voraus. Als Adressat einer Zuständigkeitsübertragung kommt das Gericht eines EU-Mitgliedstaates in Betracht, zu dem das Kind eine besondere Bindung hat, insbesondere weil es dort seinen gewöhnlichen Aufenthalt hat oder hatte, weil es Staatsangehöriger dieses Mitgliedstaates ist, weil sich der gewöhnliche Aufenthalt eines Trägers der elterlichen Verantwortung dort befindet oder - für Maßnahmen der Vermögensverwaltung - weil sich dort Vermögen des Kindes befindet.

B.2.3. Abschnitt 3 (Art. 16 bis 20 - Gemeinsame Bestimmungen)

übernimmt Art. 9 bis 12 der Brüssel II-VO inhaltlich unverändert.

B.3. Kapitel III (Art. 21 bis 52 - Anerkennung und Vollstreckung):

B.3.1. Abschnitt 1 (Art. 21 bis 27 - Anerkennung)

übernimmt Art. 14, 17 bis 20 der Brüssel II-VO unverändert.

Somit bleibt es bei Eheentscheidungen und Entscheidungen über die elterliche Verantwortung mit Ausnahme von Besuchsrechtsentscheidungen und Rückgabeentscheidungen gemäß Art. 11 Abs. 8 beim Anerkennungs- und Vollstreckungsregime der Brüssel II-VO. Lediglich für Fälle der grenzüberschreitenden Unterbringung des Kindes in einer Pflegefamilie oder in einem Heim sieht Art. 23 lit. g einen (gegenüber Art. 15 Abs. 2 der Brüssel II-VO) zusätzlichen Anerkennungsverweigerungsgrund vor, sollte der in Art. 56 vorgesehene Zustimmungs- bzw. Konsultationsmechanismus nicht beachtet worden sein.

B.3.2. Abschnitt 2 (Art. 28 bis 36 - Antrag auf Vollstreckbarerklärung)

übernimmt Art. 21 bis 29 der Brüssel II-VO unverändert.

B.3.3. Abschnitt 3 (Art. 37 bis 39 - Gemeinsame Bestimmungen für die Abschnitte 1 und 2)

übernimmt Art. 32 bis 34 der Brüssel II-VO unverändert.

B.3.4. Abschnitt 4 (Art. 40 bis 45 - Vollstreckbarkeit bestimmter Entscheidungen über das Umgangsrecht und bestimmter Entscheidungen, mit denen die Rückgabe des Kindes angeordnet wird)

Dieser Abschnitt enthält eine der wesentlichsten Neuerungen der Brüssel II neu-Verordnung, nämlich die Abschaffung des Exequaturverfahrens für Besuchsrechtsentscheidungen und für nach Art. 11 Abs. 8 ergangene Sorgerechtsentscheidungen. Für diesen Bereich schafft die Brüssel II neu-Verordnung die Nichtanerkennungsgründe ab. Als Garantie für die Rechtmäßigkeit des Verfahrens benötigt jede Entscheidung eine Bescheinigung durch den Ursprungsrichter, dass die Verfahrensgarantien eingehalten wurden. Bei Besuchsrechtsentscheidungen hat der Ursprungsrichter insbesondere zu bestätigen, dass alle betroffenen Parteien (auch das Kind) Gelegenheit hatten, gehört zu werden. Im Fall von Säumnisentscheidungen muss bestätigt werden, dass das verfahrenseinleitende Schriftstück der säumigen Partei so rechtzeitig und in einer Weise zugekommen ist, dass sie sich verteidigen konnte oder dass sie eindeutig ihr Einverständnis mit der Entscheidung erklärt hat. Bei gemäß Art. 11 Abs. 8 gefällten Rückgabeentscheidungen (im Rahmen eines Obsorgeverfahrens) hat der Ursprungsrichter neben der Wahrung des rechtlichen Gehörs aller betroffenen Parteien (auch des Kindes) zu bestätigen, dass das Gericht beim Erlass seiner Entscheidung die Gründe und Beweismittel berücksichtigt hat, die der nach Art. 13 des HKÜ 1980 ergangenen früheren Entscheidung zugrunde liegen. Die Bescheinigungen sind unter Verwendung der in den Anhängen III und IV zur VO abgedruckten Formblätter in der Sprache des Ursprungsstaates auszustellen. Die einheitliche Strukturierung der Formblätter in sämtlichen Amtssprachen macht eine Übersetzung weitgehend überflüssig. Eine Übersetzung ist allerdings betreffend die im Einzelnen angeordneten Modalitäten der Besuchsrechtsausübung sowie Maßnahmen zur Sicherstellung der Rückgabe des Kindes erforderlich.

B.3.5. Abschnitt 5 (Art. 46 - Öffentliche Urkunden und Vereinbarungen)

übernimmt sinngemäß Art. 13 der Brüssel II-VO.

B.3.6. Abschnitt 6 (Art. 47 bis 52 - Sonstige Bestimmungen)

Art. 47 bestimmt, dass für das Vollstreckungsverfahren das Recht des Vollstreckungsmitgliedstaats maßgeblich ist. Entscheidungen, die gemäß Abschnitt 2 für vollstreckbar erklärt wurden, oder Besuchsrechts- und Rückgabeentscheidungen, für die eine Bescheinigung gemäß Abschnitt 4 ausgestellt wurde, sind unter denselben Bedingungen wie innerstaatliche Entscheidungen zu vollstrecken.

Die Gerichte des Vollstreckungsmitgliedstaats können die praktischen Modalitäten der Ausübung des Besuchsrechts regeln, wenn die zu vollstreckende Entscheidung nicht ausreichend determiniert ist und sofern deren Wesensgehalt unberührt bleibt (Art. 48).

Art. 50 bis 51 entsprechen Art. 30, 31 und 35 der Brüssel II-VO.

B.4. Kapitel IV (Art. 53 bis 58 - Zusammenarbeit zwischen den Zentralen Behörden bei Verfahren betreffend die elterliche Verantwortung):

Nach der Verordnung sind eine oder mehrere Zentralbehörden zu bestimmen, wobei nicht nur deren örtliche, sondern auch deren sachliche Zuständigkeit im Einzelnen (möglicherweise unterschiedlich) festzulegen ist (Art. 53).

In Österreich ist Zentralbehörde das Bundesministerium für Justiz (Abt. I 10).

Nach dem Konzept der Verordnung soll sich die Zentrale Behörde am Europäischen Justiziellen Netz für Zivil- und Handelssachen (EJNZ) beteiligen (die Zentralen Behörden gemäß dem HKÜ 1980 sind derzeit bereits Mitglieder des Netzes gemäß Art. 2 Abs. 1 lit. b der Entscheidung des Rates vom 28.5.2001 über die Einrichtung eines Europäischen Justiziellen Netzes für Zivil- und Handelssachen, Abl 2001 L 174, 25). Zur Bewältigung allgemeiner Aufgaben, wie Bereitstellung von Informationen über nationale Rechtsvorschriften und Verfahren, Stärkung der Zusammenarbeit etc. kann das EJNZ (s. die auf der Website der EK www.europa.eu.int/comm/justice_home/ejn/index.htm bereits verfügbaren Informationen zur elterlichen Verantwortung) herangezogen werden. Zur leichteren Anwendung der Verordnung sollen regelmäßige Treffen der Zentralbehörden in Einklang mit den Regelungen des EJNZ einberufen werden. Im Einzelnen kommen der Zentralen Behörde nachstehende Aufgaben zu, die sie direkt oder durch Einschaltung anderer Behörden oder Einrichtungen bewältigen kann:

- Einholen und Austausch von Informationen über die Situation des Kindes, laufende Verfahren oder das Kind betreffende Entscheidungen; Information und Unterstützung der Träger der elterlichen Verantwortung, die die Anerkennung und Vollstreckung insbesondere von Besuchsrechts- oder Rückgabeentscheidungen in ihrem Gebiet erwirken wollen;

- Erleichterung der Verständigung zwischen den Gerichten in Kindesentführungsfällen (Art. 11 Abs. 6 und 7: eine Entscheidung über die Nichtrückgabe ist dem zuständigen Gericht oder der Zentralen Behörde im Mitgliedstaat des früheren gewöhnlichen Aufenthalts unverzüglich mitzuteilen; das Gericht oder die Zentrale Behörde haben daraufhin die Parteien einzuladen, einen Antrag auf Prüfung des Sorgerechts im Ursprungsstaat zu stellen) und bei Überweisung aus Zweckmäßigkeitsgründen (Art. 15 Abs. 6 bestimmt, dass die Gerichte bei Überweisungen entweder direkt oder über die Zentralen Behörden zusammenarbeiten);

- Bereitstellung von Informationen in Unterbringungsfällen;

- Erleichterung einer gütlichen Einigung zwischen den Trägern der elterlichen Verantwortung durch Mediation oder auf ähnlichem Weg.

Vorgesehen ist, dass Träger der elterlichen Verantwortung die Zentrale Behörde des Mitgliedstaates um Unterstützung ersuchen können, in dem sie oder das Kind ihren/seinen gewöhnlichen Aufenthalt haben/hat, oder in dem sich das Kind befindet. Für Mitteilungen an die Zentralen Behörden können die Mitgliedstaaten weitere als die eigene(n) Amtssprache(n) vorsehen. Die Unterstützung durch die Zentralen Behörden erfolgt unentgeltlich; diese haben ihre eigenen Kosten zu tragen.

Brüssel IIa-VO

B.5. Kapitel V (Art. 59 bis 63 - Verhältnis zu anderen Rechtsinstrumenten):

Abgesehen von den bereits aus Art. 36 und 37 sowie Art. 40 der Brüssel II-VO bekannten Regelungen sieht Art. 61 lit. a der Brüssel II neu-Verordnung einen Vorrang der Verordnung gegenüber dem HKSÜ 1996 vor, wenn das betreffende Kind seinen gewöhnlichen Aufenthalt im Hoheitsgebiet eines Mitgliedstaates hat. Art. 61 lit. b bestimmt im Verhältnis zum HKSÜ 1996 weiter, dass Entscheidungen eines Mitgliedstaates in einem anderen Mitgliedstaat nach den Bestimmungen der Verordnung anzuerkennen und zu vollstrecken sind, auch wenn das Kind seinen gewöhnlichen Aufenthalt in einem Drittland hat, das Vertragspartei des genannten Übereinkommens ist.

EU-Insolvenzverordnung (Neufassung)

Verordnung (EU) Nr. 848/2015 des Rates vom 20. Mai 2015 über Insolvenzverfahren (Neufassung), ABl L 141, 1 vom 5. 6. 2015 idF

1 ABl L 349 vom 21.12.2016, S. 6–6	2 ABl L 57 vom 3.3.2017, S. 19
(Berichtigung)	3 ABl L 171 vom 6. 7. 2018

gilt ab dem 26. 6. 2017 (siehe Art 84, 91, 92)
mit Ausnahme von Artikel 86 (ab 26. 6. 2016), Artikel 24 Absatz 1 (ab 26. 6. 2018) und Artikel 25 (ab 26. 6. 2019)

gilt nicht für Dänemark (siehe (88) der einleitenden Gründe)

Die alte Fassung (Verordnung (EG) Nr. 1346/2000 des Rates vom 29.Mai 2000 über Insolvenzverfahren, ABl L 160, 1, vom 30.6.2000) samt dem hiezu ergangenen ö. Einführungserlass (JMZ 30.008/2/111/2002) s Kodex 44. Auflage.

*Für das **Vereinigte Königreich** s ab 1.1.2021 die Übergangsbestimmungen des Austrittsabkommens (abgedruckt am Ende nach Anhang D).*

Verordnung (EU) Nr. 848/2015 des Rates vom 20. Mai 2015 über Insolvenzverfahren (Neufassung)

DAS EUROPÄISCHE PARLAMENT UND DER RAT DER EUROPÄISCHEN UNION –

gestützt auf den Vertrag über die Arbeitsweise der Europäischen Union, insbesondere auf Artikel 81,

auf Vorschlag der Europäischen Kommission,

nach Zuleitung des Entwurfs des Gesetzgebungsakts an die nationalen Parlamente,

nach Stellungnahme des Europäischen Wirtschafts- und Sozialausschusses[1],

gemäß dem ordentlichen Gesetzgebungsverfahren[2],

in Erwägung nachstehender Gründe:

(1) Die Kommission hat am 12. Dezember 2012 einen Bericht über die Anwendung der Verordnung (EG) Nr. 1346/2000 des Rates[3] angenommen. Dem Bericht zufolge funktioniert die Verordnung im Allgemeinen gut, doch sollte die Anwendung einiger Vorschriften verbessert werden, um grenzüberschreitende Insolvenzverfahren noch effizienter abwickeln zu können. Da die Verordnung mehrfach geändert wurde und weitere Änderungen erfolgen sollen, sollte aus Gründen der Klarheit eine Neufassung vorgenommen werden.

(2) Die Union hat sich die Schaffung eines Raums der Freiheit, der Sicherheit und des Rechts zum Ziel gesetzt.

(3) Für ein reibungsloses Funktionieren des Binnenmarktes sind effiziente und wirksame grenzüberschreitende Insolvenzverfahren erforderlich. Die Annahme dieser Verordnung ist zur Verwirklichung dieses Ziels erforderlich, das in den Bereich der justiziellen Zusammenarbeit in Zivilsachen im Sinne des Artikels 81 des Vertrags fällt.

(4) Die Geschäftstätigkeit von Unternehmen greift mehr und mehr über die einzelstaatlichen Grenzen hinaus und unterliegt damit in zunehmendem Maß den Vorschriften des Unionsrechts. Die Insolvenz solcher Unternehmen hat auch nachteilige Auswirkungen auf das ordnungsgemäße Funktionieren des Binnenmarktes, und es bedarf eines Unionsrechtsakts, der eine Koordinierung der Maßnahmen in Bezug auf das Vermögen eines zahlungsunfähigen Schuldners vorschreibt.

(5) Im Interesse eines ordnungsgemäßen Funktionierens des Binnenmarkts muss verhindert werden, dass es für Beteiligte vorteilhafter ist, Vermögensgegenstände oder Gerichtsverfahren von einem Mitgliedstaat in einen anderen zu verlagern, um auf diese Weise eine günstigere Rechtsstellung zum Nachteil der Gesamtheit der Gläubiger zu erlangen (im Folgenden „Forum Shopping").

EuInsVO

---

[1] ABl. C \271 vom 19.9.2013, S. 55.
[2] *Standpunkt des Europäischen Parlaments vom 5. Februar 2014 (noch nicht im Amtsblatt veröffentlicht) und Standpunkt des Rates in erster Lesung vom 12. März 2015 (noch nicht im Amtsblatt veröffentlicht). Standpunkt des Europäischen Parlaments vom 20. Mai 2015 (noch nicht im Amtsblatt veröffentlicht).*
Zu Abs. 1:
[3] *Verordnung (EG) Nr. 1346/2000 des Rates vom 29. Mai 2000 über Insolvenzverfahren (ABl. L 160 vom 30.6.2000, S. 1).*

(6) Diese Verordnung sollte Vorschriften enthalten, die die Zuständigkeit für die Eröffnung von Insolvenzverfahren und für Klagen regeln, die sich direkt aus diesen Insolvenzverfahren ableiten und eng damit verknüpft sind. Darüber hinaus sollte diese Verordnung Vorschriften für die Anerkennung und Vollstreckung von in solchen Verfahren ergangenen Entscheidungen sowie Vorschriften über das auf Insolvenzverfahren anwendbare Recht enthalten. Sie sollte auch die Koordinierung von Insolvenzverfahren regeln, die sich gegen denselben Schuldner oder gegen mehrere Mitglieder derselben Unternehmensgruppe richten.

(7) Konkurse, Vergleiche und ähnliche Verfahren sowie damit zusammenhängende Klagen sind vom Anwendungsbereich der Verordnung (EU) Nr. 1215/2012 des Europäischen Parlaments und des Rates ausgenommen[4]. Diese Verfahren sollten unter die vorliegende Verordnung fallen. Die vorliegende Verordnung ist so auszulegen, dass Rechtslücken zwischen den beiden vorgenannten Rechtsinstrumenten so weit wie möglich vermieden werden. Allerdings sollte der alleinige Umstand, dass ein nationales Verfahren nicht in Anhang A dieser Verordnung aufgeführt ist, nicht bedeuten, dass es unter die Verordnung (EU) Nr. 1215/2012 fällt.

(8) Zur Verwirklichung des Ziels einer Verbesserung der Effizienz und Wirksamkeit der Insolvenzverfahren mit grenzüberschreitender Wirkung ist es notwendig und angemessen, die Bestimmungen über den Gerichtsstand, die Anerkennung und das anwendbare Recht in diesem Bereich in einer Maßnahme der Union zu bündeln, die in den Mitgliedstaaten verbindlich ist und unmittelbar gilt.

(9) Diese Verordnung sollte für alle Insolvenzverfahren gelten, die die in ihr festgelegten Voraussetzungen erfüllen, unabhängig davon, ob es sich beim Schuldner um eine natürliche oder juristische Person, einen Kaufmann oder eine Privatperson handelt. Diese Insolvenzverfahren sind erschöpfend in Anhang A aufgeführt. Bezüglich der in Anhang A aufgeführten nationalen Verfahren sollte diese Verordnung Anwendung finden, ohne dass die Gerichte eines anderen Mitgliedstaats die Erfüllung der Anwendungsvoraussetzungen dieser Verordnung nachprüfen. Nationale Insolvenzverfahren, die nicht in Anhang A aufge-

führt sind, sollten nicht in den Anwendungsbereich dieser Verordnung fallen.

(10) In den Anwendungsbereich dieser Verordnung sollten Verfahren einbezogen werden, die die Rettung wirtschaftlich bestandsfähiger Unternehmen, die sich jedoch in finanziellen Schwierigkeiten befinden, begünstigen und Unternehmern eine zweite Chance bieten. Einbezogen werden sollten vor allem Verfahren, die auf eine Sanierung des Schuldners in einer Situation gerichtet sind, in der lediglich die Wahrscheinlichkeit einer Insolvenz besteht, und Verfahren, bei denen der Schuldner ganz oder teilweise die Kontrolle über seine Vermögenswerte und Geschäfte behält. Der Anwendungsbereich sollte sich auch auf Verfahren erstrecken, die eine Schuldbefreiung oder eine Schuldenanpassung in Bezug auf Verbraucher und Selbständige zum Ziel haben, indem z. B. der vom Schuldner zu zahlende Betrag verringert oder die dem Schuldner gewährte Zahlungsfrist verlängert wird. Da in solchen Verfahren nicht unbedingt ein Verwalter bestellt werden muss, sollten sie unter diese Verordnung fallen, wenn sie der Kontrolle oder Aufsicht eines Gerichts unterliegen. In diesem Zusammenhang sollte der Ausdruck „Kontrolle" auch Sachverhalte einschließen, in denen ein Gericht nur aufgrund des Rechtsbehelfs eines Gläubigers oder anderer Verfahrensbeteiligter tätig wird.

(11) Diese Verordnung sollte auch für Verfahren gelten, die einen vorläufigen Aufschub von Vollstreckungsmaßnahmen einzelner Gläubiger gewähren, wenn derartige Maßnahmen die Verhandlungen beeinträchtigen und die Aussichten auf eine Sanierung des Unternehmens des Schuldners mindern könnten. Diese Verfahren sollten sich nicht nachteilig auf die Gesamtheit der Gläubiger auswirken und sollten, wenn keine Einigung über einen Sanierungsplan erzielt werden kann, anderen Verfahren, die unter diese Verordnung fallen, vorgeschaltet sein.

(12) Diese Verordnung sollte für Verfahren gelten, deren Eröffnung öffentlich bekanntzugeben ist, damit Gläubiger Kenntnis von dem Verfahren erlangen und ihre Forderungen anmelden können, und dadurch der kollektive Charakter des Verfahrens sichergestellt wird, und damit den Gläubigern Gelegenheit gegeben wird, die Zuständigkeit des Gerichts überprüfen zu lassen, das das Verfahren eröffnet hat.

(13) Dementsprechend sollten vertraulich geführte Insolvenzverfahren vom Anwendungsbereich dieser Verordnung ausgenommen werden. Solche Verfahren mögen zwar in manchen Mitgliedstaaten von großer Bedeutung sein, es ist je-

---

Zu Abs. 7:

[4] *Verordnung (EU) Nr. 1215/2012 des Europäischen Parlaments und des Rates vom 12. Dezember 2012 über die gerichtliche Zuständigkeit und die Anerkennung und Vollstreckung von Entscheidungen in Zivil- und Handelssachen (ABl. L 351 vom 20.12.2012, S. 1).*

doch aufgrund ihrer Vertraulichkeit unmöglich, dass ein Gläubiger oder Gericht in einem anderen Mitgliedstaat Kenntnis von der Eröffnung eines solchen Verfahrens erlangt, so dass es schwierig ist, ihren Wirkungen unionsweit Anerkennung zu verschaffen.

(14) Ein Gesamtverfahren, das unter diese Verordnung fällt, sollte alle oder einen wesentlichen Teil der Gläubiger des Schuldners einschließen, auf die die gesamten oder ein erheblicher Anteil der ausstehenden Verbindlichkeiten des Schuldners entfallen, vorausgesetzt, dass die Forderungen der Gläubiger, die nicht an einem solchen Verfahren beteiligt sind, davon unberührt bleiben. Verfahren, die nur die finanziellen Gläubiger des Schuldners betreffen, sollten auch unter diese Verordnung fallen. Ein Verfahren, das nicht alle Gläubiger eines Schuldners einschließt, sollte ein Verfahren sein, dessen Ziel die Rettung des Schuldners ist. Ein Verfahren, das zur endgültigen Einstellung der Unternehmenstätigkeit des Schuldners oder zur Verwertung seines Vermögens führt, sollte alle Gläubiger des Schuldners einschließen. Einige Insolvenzverfahren für natürliche Personen schließen bestimmte Arten von Forderungen, wie etwa Unterhaltsforderungen, von der Möglichkeit einer Schuldenbefreiung aus, was aber nicht bedeuten sollte, dass diese Verfahren keine Gesamtverfahren sind.

(15) Diese Verordnung sollte auch für Verfahren gelten, die nach dem Recht einiger Mitgliedstaaten für eine bestimmte Zeit vorläufig oder einstweilig eröffnet und durchgeführt werden können, bevor ein Gericht durch eine Entscheidung die Fortführung des Verfahrens als nicht vorläufiges Verfahren bestätigt. Auch wenn diese Verfahren als „vorläufig" bezeichnet werden, sollten sie alle anderen Anforderungen dieser Verordnung erfüllen.

(16) Diese Verordnung sollte für Verfahren gelten, die sich auf gesetzliche Regelungen zur Insolvenz stützen. Allerdings sollten Verfahren, die sich auf allgemeines Gesellschaftsrecht stützen, das nicht ausschließlich auf Insolvenzfälle ausgerichtet ist, nicht als Verfahren gelten, die sich auf gesetzliche Regelungen zur Insolvenz stützen. Ebenso sollten Verfahren zur Schuldenanpassung nicht bestimmte Verfahren umfassen, in denen es um den Erlass von Schulden einer natürlichen Person mit sehr geringem Einkommen und Vermögen geht, sofern derartige Verfahren nie eine Zahlung an Gläubiger vorsehen.

(17) Der Anwendungsbereich dieser Verordnung sollte sich auf Verfahren erstrecken, die eingeleitet werden, wenn sich ein Schuldner in nicht finanziellen Schwierigkeiten befindet, sofern

diese Schwierigkeiten mit der tatsächlichen und erheblichen Gefahr verbunden sind, dass der Schuldner gegenwärtig oder in Zukunft seine Verbindlichkeiten bei Fälligkeit nicht begleichen kann. Der maßgebliche Zeitraum zur Feststellung einer solchen Gefahr kann mehrere Monate oder auch länger betragen, um Fällen Rechnung zu tragen, in denen sich der Schuldner in nicht finanziellen Schwierigkeiten befindet, die die Fortführung seines Unternehmens und mittelfristig seine Liquidität gefährden. Dies kann beispielsweise der Fall sein, wenn der Schuldner einen Auftrag verloren hat, der für ihn von entscheidender Bedeutung war.

(18) Die Vorschriften über die Rückforderung staatlicher Beihilfen von insolventen Unternehmen, wie sie nach der Rechtsprechung des Gerichtshofs der Europäischen Union ausgelegt worden sind, sollten von dieser Verordnung unberührt bleiben.

(19) Insolvenzverfahren über das Vermögen von Versicherungsunternehmen, Kreditinstituten, Wertpapierfirmen und anderen Firmen, Einrichtungen oder Unternehmen, die unter die Richtlinie 2001/24/EG des Europäischen Parlaments und des Rates[5] fallen, und Organismen für gemeinsame Anlagen sollten vom Anwendungsbereich dieser Verordnung ausgenommen werden, da für sie besondere Vorschriften gelten und die nationalen Aufsichtsbehörden weitreichende Eingriffsbefugnisse haben.

(20) Insolvenzverfahren sind nicht zwingend mit dem Eingreifen einer Justizbehörde verbunden. Der Ausdruck „Gericht" in dieser Verordnung sollte daher in einigen Bestimmungen weit ausgelegt werden und Personen oder Stellen umfassen, die nach einzelstaatlichem Recht befugt sind, Insolvenzverfahren zu eröffnen. Damit diese Verordnung Anwendung findet, muss es sich um ein Verfahren (mit den entsprechenden gesetzlich festgelegten Handlungen und Formalitäten) handeln, das nicht nur im Einklang mit dieser Verordnung steht, sondern auch in dem Mitgliedstaat der Eröffnung des Insolvenzverfahrens offiziell anerkannt und rechtsgültig ist.

(21) Verwalter sind in dieser Verordnung definiert und in Anhang B aufgelistet. Verwalter, die ohne Beteiligung eines Justizorgans bestellt werden, sollten nach nationalem Recht einer angemessenen Regulierung unterliegen und für die Wahr-

---

Zu Abs. 19:

[5] *Richtlinie 2001/24/EG des Europäischen Parlaments und des Rates vom 4. April 2001 über die Sanierung und Liquidation von Kreditinstituten (ABl. L 125 vom 5.5.2001, S. 15).*

Präambel

nehmung von Aufgaben in Insolvenzverfahren zugelassen sein. Der nationale Regelungsrahmen sollte angemessene Vorschriften über den Umgang mit potenziellen Interessenkonflikten umfassen.

(22) Diese Verordnung erkennt die Tatsache an, dass aufgrund der großen Unterschiede im materiellen Recht ein einziges Insolvenzverfahren mit universaler Geltung für die Union nicht realisierbar ist. Die ausnahmslose Anwendung des Rechts des Staates der Verfahrenseröffnung würde vor diesem Hintergrund häufig zu Schwierigkeiten führen. Dies gilt etwa für die in den Mitgliedstaaten sehr unterschiedlich ausgeprägten nationalen Regelungen zu den Sicherungsrechten. Aber auch die Vorrechte einzelner Gläubiger im Insolvenzverfahren sind teilweise vollkommen anders ausgestaltet. Bei der nächsten Überprüfung dieser Verordnung wird es erforderlich sein, weitere Maßnahmen zu ermitteln, um die Vorrechte der Arbeitnehmer auf europäischer Ebene zu verbessern. Diese Verordnung sollte solchen unterschiedlichen nationalen Rechten auf zweierlei Weise Rechnung tragen. Zum einen sollten Sonderanknüpfungen für besonders bedeutsame Rechte und Rechtsverhältnisse vorgesehen werden (z. B. dingliche Rechte und Arbeitsverträge). Zum anderen sollten neben einem Hauptinsolvenzverfahren mit universaler Geltung auch innerstaatliche Verfahren zugelassen werden, die lediglich das im Eröffnungsstaat befindliche Vermögen erfassen.

(23) Diese Verordnung gestattet die Eröffnung des Hauptinsolvenzverfahrens in dem Mitgliedstaat, in dem der Schuldner den Mittelpunkt seiner hauptsächlichen Interessen hat. Dieses Verfahren hat universale Geltung sowie das Ziel, das gesamte Vermögen des Schuldners zu erfassen. Zum Schutz der unterschiedlichen Interessen gestattet diese Verordnung die Eröffnung von Sekundärinsolvenzverfahren parallel zum Hauptinsolvenzverfahren. Ein Sekundärinsolvenzverfahren kann in dem Mitgliedstaat eröffnet werden, in dem der Schuldner eine Niederlassung hat. Seine Wirkungen sind auf das in dem betreffenden Mitgliedstaat belegene Vermögen des Schuldners beschränkt. Zwingende Vorschriften für die Koordinierung mit dem Hauptinsolvenzverfahren tragen dem Gebot der Einheitlichkeit in der Union Rechnung.

(24) Wird über das Vermögen einer juristischen Person oder einer Gesellschaft ein Hauptinsolvenzverfahren in einem anderen Mitgliedstaat als dem, in dem sie ihren Sitz hat, eröffnet, so sollte die Möglichkeit bestehen, im Einklang mit der Rechtsprechung des Gerichtshofs der Europäischen Union ein Sekundärinsolvenzverfahren in dem Mitgliedstaat zu eröffnen, in dem sie ihren Sitz hat, sofern der Schuldner einer wirtschaftlichen Aktivität nachgeht, die den Einsatz von Personal und Vermögenswerten in diesem Mitgliedstaat voraussetzt.

(25) Diese Verordnung gilt nur für Verfahren in Bezug auf einen Schuldner, der Mittelpunkt seiner hauptsächlichen Interessen in der Union hat.

(26) Die Zuständigkeitsvorschriften dieser Verordnung legen nur die internationale Zuständigkeit fest, das heißt, sie geben den Mitgliedstaat an, dessen Gerichte Insolvenzverfahren eröffnen dürfen. Die innerstaatliche Zuständigkeit des betreffenden Mitgliedstaats sollte nach dem nationalen Recht des betreffenden Staates bestimmt werden.

(27) Vor Eröffnung des Insolvenzverfahrens sollte das zuständige Gericht von Amts wegen prüfen, ob sich der Mittelpunkt der hauptsächlichen Interessen des Schuldners oder der Niederlassung des Schuldners tatsächlich in seinem Zuständigkeitsbereich befindet.

(28) Bei der Beantwortung der Frage, ob der Mittelpunkt der hauptsächlichen Interessen des Schuldners für Dritte feststellbar ist, sollte besonders berücksichtigt werden, welchen Ort die Gläubiger als denjenigen wahrnehmen, an dem der Schuldner der Verwaltung seiner Interessen nachgeht. Hierfür kann es erforderlich sein, Gläubiger im Fall einer Verlegung des Mittelpunkts der hauptsächlichen Interessen zeitnah über den neuen Ort zu unterrichten, an dem der Schuldner seine Tätigkeiten ausübt, z. B. durch Hervorhebung der Adressänderung in der Geschäftskorrespondenz, oder indem der neue Ort in einer anderen geeigneten Weise veröffentlicht wird.

(29) Diese Verordnung sollte eine Reihe von Schutzvorkehrungen enthalten, um betrügerisches oder missbräuchliches Forum Shopping zu verhindern.

(30) Folglich sollten die Annahmen, dass der Sitz, die Hauptniederlassung und der gewöhnliche Aufenthalt jeweils der Mittelpunkt des hauptsächlichen Interesses sind, widerlegbar sein, und das jeweilige Gericht eines Mitgliedstaats sollte sorgfältig prüfen, ob sich der Mittelpunkt der hauptsächlichen Interessen des Schuldners tatsächlich in diesem Mitgliedstaat befindet. Bei einer Gesellschaft sollte diese Vermutung widerlegt werden können, wenn sich die Hauptverwaltung der Gesellschaft in einem anderen Mitgliedstaat befindet als in dem Mitgliedstaat, in dem sich der Sitz der Gesellschaft befindet, und wenn eine

Gesamtbetrachtung aller relevanten Faktoren die von Dritten überprüfbare Feststellung zulässt, dass sich der tatsächliche Mittelpunkt der Verwaltung und der Kontrolle der Gesellschaft sowie der Verwaltung ihrer Interessen in diesem anderen Mitgliedstaat befindet. Bei einer natürlichen Person, die keine selbständige gewerbliche oder freiberufliche Tätigkeit ausübt, sollte diese Vermutung widerlegt werden können, wenn sich z. B. der Großteil des Vermögens des Schuldners außerhalb des Mitgliedstaats des gewöhnlichen Aufenthalts des Schuldners befindet oder wenn festgestellt werden kann, dass der Hauptgrund für einen Umzug darin bestand, einen Insolvenzantrag im neuen Gerichtsstand zu stellen, und die Interessen der Gläubiger, die vor dem Umzug eine Rechtsbeziehung mit dem Schuldner eingegangen sind, durch einen solchen Insolvenzantrag wesentlich beeinträchtigt würden.

(31) Im Rahmen desselben Ziels der Verhinderung von betrügerischem oder missbräuchlichem Forum Shopping sollte die Vermutung, dass der Mittelpunkt der hauptsächlichen Interessen der Sitz, die Hauptniederlassung der natürlichen Person bzw. der gewöhnliche Aufenthalt der natürlichen Person ist, nicht gelten, wenn – im Falle einer Gesellschaft, einer juristischen Person oder einer natürlichen Person, die eine selbständige gewerbliche oder freiberufliche Tätigkeit ausübt, – der Schuldner seinen Sitz oder seine Hauptniederlassung in einem Zeitraum von drei Monaten vor dem Antrag auf Eröffnung des Insolvenzverfahrens in einen anderen Mitgliedstaat verlegt hat, oder – im Falle einer natürlichen Person, die keine selbständige gewerbliche oder freiberufliche Tätigkeit ausübt – wenn der Schuldner seinen gewöhnlichen Aufenthalt in einem Zeitraum von sechs Monaten vor dem Antrag auf Eröffnung des Insolvenzverfahrens in einen anderen Mitgliedstaat verlegt hat.

(32) Das Gericht sollte in allen Fällen, in denen die Umstände des Falls Anlass zu Zweifeln an seiner Zuständigkeit geben, den Schuldner auffordern, zusätzliche Nachweise für seine Behauptung vorzulegen, und, wenn das für das Insolvenzverfahren geltende Recht dies erlaubt, den Gläubigern des Schuldners Gelegenheit geben, sich zur Frage der Zuständigkeit zu äußern.

(33) Stellt das mit dem Antrag auf Eröffnung eines Insolvenzverfahrens befasste Gericht fest, dass der Mittelpunkt der hauptsächlichen Interessen nicht in seinem Hoheitsgebiet liegt, so sollte es das Hauptinsolvenzverfahren nicht eröffnen.

(34) Allen Gläubigern des Schuldners sollte darüber hinaus ein wirksamer Rechtsbehelf gegen die Entscheidung, ein Insolvenzverfahren zu er-

öffnen, zustehen. Die Folgen einer Anfechtung der Entscheidung, ein Insolvenzverfahren zu eröffnen, sollten dem nationalen Recht unterliegen.

(35) Die Gerichte des Mitgliedstaats, in dessen Hoheitsgebiet das Insolvenzverfahren eröffnet wurde, sollten auch für Klagen zuständig sein, die sich direkt aus dem Insolvenzverfahren ableiten und eng damit verknüpft sind. Zu solchen Klagen sollten unter anderem Anfechtungsklagen gegen Beklagte in anderen Mitgliedstaaten und Klagen in Bezug auf Verpflichtungen gehören, die sich im Verlauf des Insolvenzverfahrens ergeben, wie z. B. zu Vorschüssen für Verfahrenskosten. Im Gegensatz dazu leiten sich Klagen wegen der Erfüllung von Verpflichtungen aus einem Vertrag, der vom Schuldner vor der Eröffnung des Verfahrens abgeschlossen wurde, nicht unmittelbar aus dem Verfahren ab. Steht eine solche Klage im Zusammenhang mit einer anderen zivil- oder handelsrechtlichen Klage, so sollte der Verwalter beide Klagen vor die Gerichte am Wohnsitz des Beklagten bringen können, wenn er sich von einer Erhebung der Klagen an diesem Gerichtsstand einen Effizienzgewinn verspricht. Dies kann beispielsweise dann der Fall sein, wenn der Verwalter eine insolvenzrechtliche Haftungsklage gegen einen Geschäftsführer mit einer gesellschaftsrechtlichen oder deliktsrechtlichen Klage verbinden will.

(36) Das für die Eröffnung des Hauptinsolvenzverfahrens zuständige Gericht sollte zur Anordnung einstweiliger Maßnahmen und von Sicherungsmaßnahmen ab dem Zeitpunkt des Antrags auf Verfahrenseröffnung befugt sein. Sicherungsmaßnahmen sowohl vor als auch nach Beginn des Insolvenzverfahrens sind zur Gewährleistung der Wirksamkeit des Insolvenzverfahrens von großer Bedeutung. Diese Verordnung sollte hierfür verschiedene Möglichkeiten vorsehen. Zum einen sollte das für das Hauptinsolvenzverfahren zuständige Gericht einstweilige Maßnahmen und Sicherungsmaßnahmen auch über Vermögensgegenstände anordnen können, die sich im Hoheitsgebiet anderer Mitgliedstaaten befinden. Zum anderen sollte ein vor Eröffnung des Hauptinsolvenzverfahrens bestellter vorläufiger Verwalter in den Mitgliedstaaten, in denen sich eine Niederlassung des Schuldners befindet, die nach dem Recht dieser Mitgliedstaaten möglichen Sicherungsmaßnahmen beantragen können.

(37) Das Recht, vor der Eröffnung des Hauptinsolvenzverfahrens die Eröffnung eines Insolvenzverfahrens in dem Mitgliedstaat, in dem der Schuldner eine Niederlassung hat, zu beantragen, sollte nur lokalen Gläubigern und Behörden zustehen beziehungsweise auf Fälle beschränkt sein, in denen das Recht des Mitgliedstaats, in dem der Schuldner den Mittelpunkt seiner haupt-

EuInsVO

sächlichen Interessen hat, die Eröffnung eines Hauptinsolvenzverfahrens nicht zulässt. Der Grund für diese Beschränkung ist, dass die Fälle, in denen die Eröffnung eines Partikularverfahrens vor dem Hauptinsolvenzverfahren beantragt wird, auf das unumgängliche Maß beschränkt werden sollen.

(38) Das Recht, nach der Eröffnung des Hauptinsolvenzverfahrens die Eröffnung eines Insolvenzverfahrens in dem Mitgliedstaat, in dem der Schuldner eine Niederlassung hat, zu beantragen, wird durch diese Verordnung nicht beschränkt. Der Verwalter des Hauptinsolvenzverfahrens oder jede andere, nach dem Recht des betreffenden Mitgliedstaats dazu befugte Person sollte die Eröffnung eines Sekundärverfahrens beantragen können.

(39) Diese Verordnung sollte Vorschriften für die Bestimmung der Belegenheit der Vermögenswerte des Schuldners vorsehen, und diese Vorschriften sollten bei der Feststellung, welche Vermögenswerte zur Masse des Haupt- oder des Sekundärinsolvenzverfahrens gehören, und auf Situationen, in denen die dinglichen Rechte Dritter betroffen sind, Anwendung finden. Insbesondere sollte in dieser Verordnung bestimmt werden, dass Europäische Patente mit einheitlicher Wirkung, eine Gemeinschaftsmarke oder jedes andere ähnliche Recht, wie gemeinschaftliche Sortenschutzrechte oder das Gemeinschaftsgeschmacksmuster, nur in das Hauptinsolvenzverfahren mit einbezogen werden dürfen.

(40) Ein Sekundärinsolvenzverfahren kann neben dem Schutz der inländischen Interessen auch anderen Zwecken dienen. Dies kann der Fall sein, wenn die Insolvenzmasse des Schuldners zu verschachtelt ist, um als Ganzes verwaltet zu werden, oder weil die Unterschiede in den betroffenen Rechtssystemen so groß sind, dass sich Schwierigkeiten ergeben können, wenn das Recht des Staates der Verfahrenseröffnung seine Wirkung in den anderen Staaten, in denen Vermögensgegenstände belegen sind, entfaltet. Aus diesem Grund kann der Verwalter des Hauptinsolvenzverfahrens die Eröffnung eines Sekundärinsolvenzverfahrens beantragen, wenn dies für die effiziente Verwaltung der Masse erforderlich ist.

(41) Sekundärinsolvenzverfahren können eine effiziente Verwaltung der Insolvenzmasse auch behindern. Daher sind in dieser Verordnung zwei spezifische Situationen vorgesehen, in denen das mit einem Antrag auf Eröffnung eines Sekundärinsolvenzverfahrens befasste Gericht auf Antrag des Verwalters des Hauptinsolvenzverfahrens die Eröffnung eines solchen Verfahrens aufschieben oder ablehnen können sollte.

(42) Erstens erhält der Verwalter des Hauptinsolvenzverfahrens im Rahmen dieser Verordnung die Möglichkeit, den lokalen Gläubigern die Zusicherung zu geben, dass sie so behandelt werden, als wäre das Sekundärinsolvenzverfahren eröffnet worden. Bei dieser Zusicherung ist eine Reihe von in dieser Verordnung festgelegten Voraussetzungen zu erfüllen, insbesondere muss sie von einer qualifizierten Mehrheit der lokalen Gläubiger gebilligt werden. Wurde eine solche Zusicherung gegeben, so sollte das mit einem Antrag auf Eröffnung eines Sekundärinsolvenzverfahrens befasste Gericht den Antrag ablehnen können, wenn es der Überzeugung ist, dass diese Zusicherung die allgemeinen Interessen der lokalen Gläubiger angemessen schützt. Das Gericht sollte bei der Beurteilung dieser Interessen die Tatsache berücksichtigen, dass die Zusicherung von einer qualifizierten Mehrheit der lokalen Gläubiger gebilligt worden ist.

(43) Für die Zwecke der Abgabe einer Zusicherung an die lokalen Gläubiger sollten die in dem Mitgliedstaat, in dem der Schuldner eine Niederlassung hat, belegenen Vermögenswerte und Rechte eine Teilmasse der Insolvenzmasse bilden, und der Verwalter des Hauptinsolvenzverfahrens sollte bei ihrer Verteilung bzw. der Verteilung des aus ihrer Verwertung erzielten Erlöses die Vorzugsrechte wahren, die Gläubiger bei Eröffnung eines Sekundärinsolvenzverfahrens in diesem Mitgliedstaat hätten.

(44) Für die Billigung der Zusicherung sollte, soweit angemessen, das nationale Recht Anwendung finden. Insbesondere sollten Forderungen der Gläubiger für die Zwecke der Abstimmung über die Zusicherung als festgestellt gelten, wenn die Abstimmungsregeln für die Annahme eines Sanierungsplans nach nationalem Recht die vorherige Feststellung dieser Forderungen vorschreiben. Gibt es nach nationalem Recht unterschiedliche Verfahren für die Annahme von Sanierungsplänen, so sollten die Mitgliedstaaten das spezifische Verfahren benennen, das in diesem Zusammenhang maßgeblich sein sollte.

(45) Zweitens sollte in dieser Verordnung die Möglichkeit vorgesehen werden, dass das Gericht die Eröffnung des Sekundärinsolvenzverfahrens vorläufig aussetzt, wenn im Hauptinsolvenzverfahren eine vorläufige Aussetzung von Einzelvollstreckungsverfahren gewährt wurde, um die Wirksamkeit der im Hauptinsolvenzverfahren gewährten Aussetzung zu wahren. Das Gericht sollte die vorläufige Aussetzung gewähren können, wenn es der Überzeugung ist, dass geeignete Maßnahmen zum Schutz der Interessen der lokalen Gläubiger bestehen. In diesem Fall sollten alle Gläubiger, die von dem Ergebnis der Verhandlungen über einen Sanierungsplan betroffen sein

könnten, über diese Verhandlungen informiert werden und daran teilnehmen dürfen.

(46) Im Interesse eines wirksamen Schutzes lokaler Interessen sollte es dem Verwalter im Hauptinsolvenzverfahren nicht möglich sein, das in dem Mitgliedstaat der Niederlassung befindliche Vermögen missbräuchlich zu verwerten oder missbräuchlich an einen anderen Ort zu bringen, insbesondere wenn dies in der Absicht geschieht, die wirksame Befriedigung dieser Interessen für den Fall, dass im Anschluss ein Sekundärinsolvenzverfahren eröffnet wird, zu vereiteln.

(47) Diese Verordnung sollte die Gerichte der Mitgliedstaaten, in denen Sekundärinsolvenzverfahren eröffnet worden sind, nicht daran hindern, gegen Mitglieder der Geschäftsleitung des Schuldners Sanktionen wegen etwaiger Pflichtverletzung zu verhängen, sofern diese Gerichte nach nationalem Recht für diese Streitigkeiten zuständig sind.

(48) Hauptinsolvenzverfahren und Sekundärinsolvenzverfahren können zur wirksamen Verwaltung der Insolvenzmasse oder der effizienten Verwertung des Gesamtvermögens beitragen, wenn die an allen parallelen Verfahren beteiligten Akteure ordnungsgemäß zusammenarbeiten. Ordnungsgemäße Zusammenarbeit setzt voraus, dass die verschiedenen beteiligten Verwalter und Gerichte eng zusammenarbeiten, insbesondere indem sie einander wechselseitig ausreichend informieren. Um die dominierende Rolle des Hauptinsolvenzverfahrens sicherzustellen, sollten dem Verwalter dieses Verfahrens mehrere Einwirkungsmöglichkeiten auf gleichzeitig anhängige Sekundärinsolvenzverfahren gegeben werden. Der Verwalter sollte insbesondere einen Sanierungsplan oder Vergleich vorschlagen oder die Aussetzung der Verwertung der Masse im Sekundärinsolvenzverfahren beantragen können. Bei ihrer Zusammenarbeit sollten Verwalter und Gerichte die bewährten Praktiken für grenzüberschreitende Insolvenzfälle berücksichtigen, wie sie in den Kommunikations- und Kooperationsgrundsätzen und -leitlinien, die von europäischen und internationalen Organisationen auf dem Gebiet des Insolvenzrechts ausgearbeitet worden sind, niedergelegt sind, insbesondere den einschlägigen Leitlinien der Kommission der Vereinten Nationen für internationales Handelsrecht (UNCITRAL).

(49) Zum Zwecke dieser Zusammenarbeit sollten Verwalter und Gerichte Vereinbarungen schließen und Verständigungen herbeiführen können, die der Erleichterung der grenzüberschreitenden Zusammenarbeit zwischen mehreren Insolvenzverfahren in verschiedenen Mitgliedstaaten über das Vermögen desselben Schuldners oder von Mitgliedern derselben Unternehmensgruppe dienen, sofern dies mit den für die jeweiligen Verfahren geltenden Vorschriften vereinbar ist. Diese Vereinbarungen und Verständigungen können in der Form – sie können schriftlich oder mündlich sein – und im Umfang – von allgemein bis spezifisch – variieren und von verschiedenen Parteien geschlossen werden. In einfachen allgemeinen Vereinbarungen kann die Notwendigkeit einer engen Zusammenarbeit der Parteien hervorgehoben werden, ohne dass dabei auf konkrete Punkte eingegangen wird, während in spezifischen Vereinbarungen ein Rahmen von Grundsätzen für die Verwaltung mehrerer Insolvenzverfahren festgelegt werden und von den beteiligten Gerichten gebilligt werden kann, sofern die nationalen Rechtsvorschriften dies erfordern. In ihnen kann zum Ausdruck gebracht werden, dass Einvernehmen unter den Parteien besteht, bestimmte Schritte zu unternehmen oder Maßnahmen zu treffen oder davon abzusehen.

(50) In ähnlicher Weise können Gerichte verschiedener Mitgliedstaaten durch die Koordinierung der Bestellung von Verwaltern zusammenarbeiten. In diesem Zusammenhang können sie dieselbe Person zum Verwalter für mehrere Insolvenzverfahren über das Vermögen desselben Schuldners oder verschiedener Mitglieder einer Unternehmensgruppe bestellen, vorausgesetzt, dies ist mit den für die jeweiligen Verfahren geltenden Vorschriften – insbesondere mit etwaigen Anforderungen an die Qualifikation und Zulassung von Verwaltern – vereinbar.

(51) Diese Verordnung sollte gewährleisten, dass Insolvenzverfahren über das Vermögen verschiedener Gesellschaften, die einer Unternehmensgruppe angehören, effizient geführt werden.

(52) Wurden über das Vermögen mehrerer Gesellschaften derselben Unternehmensgruppe Insolvenzverfahren eröffnet, so sollten die an diesen Verfahren beteiligten Akteure ordnungsgemäß zusammenarbeiten. Die verschiedenen beteiligten Verwalter und Gerichte sollten deshalb in ähnlicher Weise wie die Verwalter und Gerichte in denselben Schuldner betreffenden Haupt- und Sekundärinsolvenzverfahren verpflichtet sein, miteinander zu kommunizieren und zusammenzuarbeiten. Die Zusammenarbeit der Verwalter sollte nicht den Interessen der Gläubiger in den jeweiligen Verfahren zuwiderlaufen, und das Ziel dieser Zusammenarbeit sollte sein, eine Lösung zu finden, durch die Synergien innerhalb der Gruppe ausgeschöpft werden.

(53) Durch die Einführung von Vorschriften über die Insolvenzverfahren von Unternehmens-

EuInsVO

gruppen sollte ein Gericht nicht in seiner Möglichkeit eingeschränkt werden, Insolvenzverfahren über das Vermögen mehrerer Gesellschaften, die derselben Unternehmensgruppe angehören, nur an einem Gerichtsstand zu eröffnen, wenn es feststellt, dass der Mittelpunkt der hauptsächlichen Interessen dieser Gesellschaften in einem einzigen Mitgliedstaat liegt. In diesen Fällen sollte das Gericht für alle Verfahren gegebenenfalls dieselbe Person als Verwalter bestellen können, sofern dies mit den dafür geltenden Vorschriften vereinbar ist.

(54) Um die Koordinierung der Insolvenzverfahren über das Vermögen von Mitgliedern einer Unternehmensgruppe weiter zu verbessern und eine koordinierte Sanierung der Gruppe zu ermöglichen, sollten mit dieser Verordnung Verfahrensvorschriften für die Koordinierung der Insolvenzverfahren gegen Mitglieder einer Unternehmensgruppe eingeführt werden. Bei einer derartigen Koordinierung sollte angestrebt werden, dass die Effizienz der Koordinierung gewährleistet wird, wobei gleichzeitig die eigene Rechtspersönlichkeit jedes einzelnen Gruppenmitglieds zu achten ist.

(55) Ein Verwalter, der in einem Insolvenzverfahren über das Vermögen eines Mitglieds einer Unternehmensgruppe bestellt worden ist, sollte die Eröffnung eines Gruppen-Koordinationsverfahrens beantragen können. Allerdings sollte dieser Verwalter vor der Einreichung eines solchen Antrags die erforderliche Genehmigung einholen, sofern das für das Insolvenzverfahren geltende Recht dies vorschreibt. Im Antrag sollten Angaben zu den wesentlichen Elementen der Koordinierung erfolgen, insbesondere eine Darlegung des Koordinationsplans, ein Vorschlag für die als Koordinator zu bestellende Person und eine Übersicht der geschätzten Kosten für die Koordinierung.

(56) Um die Freiwilligkeit des Gruppen-Koordinationsverfahrens sicherzustellen, sollten die beteiligten Verwalter innerhalb einer festgelegten Frist Widerspruch gegen ihre Teilnahme am Verfahren einlegen können. Damit die beteiligten Verwalter eine fundierte Entscheidung über ihre Teilnahme am Gruppen-Koordinationsverfahren treffen können, sollten sie in einer frühen Phase über die wesentlichen Elemente der Koordinierung unterrichtet werden. Allerdings sollten Verwalter, die einer Einbeziehung in ein Gruppen-Koordinationsverfahren ursprünglich widersprochen haben, eine Beteiligung nachträglich beantragen können. In einem solchen Fall sollte der Koordinator über die Zulässigkeit des Antrags befinden. Alle Verwalter einschließlich des antragstellenden Verwalters sollten über die Entscheidung des Koordinators in Kenntnis gesetzt

werden und die Gelegenheit haben, diese Entscheidung bei dem Gericht anzufechten, von dem das Gruppen-Koordinationsverfahren eröffnet wurde.

(57) Gruppen-Koordinationsverfahren sollten stets zum Ziel haben, dass die wirksame Verwaltung in den Insolvenzverfahren über das Vermögen der Gruppenmitglieder erleichtert wird, und sie sollten sich allgemein positiv für die Gläubiger auswirken. Mit dieser Verordnung sollte daher sichergestellt werden, dass das Gericht, bei dem ein Antrag auf ein Gruppen-Koordinationsverfahren gestellt wurde, diese Kriterien vor der Eröffnung des Gruppen-Koordinationsverfahrens prüft.

(58) Die Kosten des Gruppen-Koordinationsverfahrens sollten dessen Vorteile nicht überwiegen. Daher muss sichergestellt werden, dass die Kosten der Koordinierung und der von jedem Gruppenmitglied zu tragende Anteil an diesen Kosten angemessen, verhältnismäßig und vertretbar sind und im Einklang mit den nationalen Rechtsvorschriften des Mitgliedstaats, in dem das Gruppen-Koordinationsverfahren eröffnet wurde, festzulegen sind. Die beteiligten Verwalter sollten auch die Möglichkeit haben, diese Kosten ab einer frühen Phase des Verfahrens zu kontrollieren. Wenn es die nationalen Rechtsvorschriften erfordern, kann die Kontrolle der Kosten ab einer frühen Phase des Verfahrens damit verbunden sein, dass der Verwalter die Genehmigung eines Gerichts oder eines Gläubigerausschusses einholt.

(59) Wenn nach Überlegung des Koordinators die Wahrnehmung seiner Aufgaben zu einer – im Vergleich zu der eingangs vorgenommenen Kostenschätzung – erheblichen Kostensteigerung führen wird, und auf jeden Fall, wenn die Kosten 10 % der geschätzten Kosten übersteigen, sollte der Koordinator von dem Gericht, das das Gruppen-Koordinationsverfahren eröffnet hat, die Genehmigung zur Überschreitung dieser Kosten einholen. Bevor das Gericht, das das Gruppen-Koordinationsverfahren eröffnet hat, seine Entscheidung trifft, sollte es den beteiligten Verwaltern Gelegenheit geben, gehört zu werden und dem Gericht ihre Bemerkungen dazu darzulegen, ob der Antrag des Koordinators angebracht ist.

(60) Diese Verordnung sollte für Mitglieder einer Unternehmensgruppe, die nicht in ein Gruppen-Koordinationsverfahren einbezogen sind, auch einen alternativen Mechanismus vorsehen, um eine koordinierte Sanierung der Gruppe zu erreichen. Ein in einem Verfahren, das über das Vermögen eines Mitglieds einer Unternehmensgruppe anhängig ist, bestellter Verwalter sollte die Aussetzung jeder Maßnahme im Zusammenhang mit der Verwertung der Masse in Verfahren über das Vermögen anderer Mitglieder der

Unternehmensgruppe, die nicht in ein Gruppen-Koordinationsverfahren einbezogen sind, beantragen können. Es sollte nur möglich sein, eine solche Aussetzung zu beantragen, wenn ein Sanierungsplan für die betroffenen Mitglieder der Gruppe vorgelegt wird, der den Gläubigern des Verfahrens, für das die Aussetzung beantragt wird, zugute kommt und die Aussetzung notwendig ist, um die ordnungsgemäße Durchführung des Plans sicherzustellen.

(61) Diese Verordnung sollte die Mitgliedstaaten nicht daran hindern, nationale Bestimmungen zu erlassen, mit denen die Bestimmungen dieser Verordnung über die Zusammenarbeit, Kommunikation und Koordinierung im Zusammenhang mit Insolvenzverfahren über das Vermögen von Mitgliedern einer Unternehmensgruppe ergänzt würden, vorausgesetzt, der Geltungsbereich der nationalen Vorschriften beschränkt sich auf die nationale Rechtsordnung und ihre Anwendung beeinträchtigt nicht die Wirksamkeit der in dieser Verordnung enthaltenen Vorschriften.

(62) Die Vorschriften dieser Verordnung über die Zusammenarbeit, Kommunikation und Koordinierung im Rahmen von Insolvenzverfahren über das Vermögen von Mitgliedern einer Unternehmensgruppe sollten nur insoweit Anwendung finden, als Verfahren über das Vermögen verschiedener Mitglieder derselben Unternehmensgruppe in mehr als einem Mitgliedstaat eröffnet worden sind.

(63) Jeder Gläubiger, der seinen gewöhnlichen Aufenthalt, Wohnsitz oder Sitz in der Union hat, sollte das Recht haben, seine Forderungen in jedem in der Union anhängigen Insolvenzverfahren über das Vermögen des Schuldners anzumelden. Dies sollte auch für Steuerbehörden und Sozialversicherungsträger gelten. Diese Verordnung sollte den Verwalter nicht daran hindern, Forderungen im Namen bestimmter Gläubigergruppen – z. B. der Arbeitnehmer – anzumelden, sofern dies im nationalen Recht vorgesehen ist. Im Interesse der Gläubigergleichbehandlung sollte jedoch die Verteilung des Erlöses koordiniert werden. Jeder Gläubiger sollte zwar behalten dürfen, was er im Rahmen eines Insolvenzverfahrens erhalten hat, sollte aber an der Verteilung der Masse in einem anderen Verfahren erst dann teilnehmen können, wenn die Gläubiger gleichen Rangs eine gleiche Quote auf ihre Forderungen erlangt haben.

(64) Es ist von grundlegender Bedeutung, dass Gläubiger, die ihren gewöhnlichen Aufenthalt, Wohnsitz oder Sitz in der Union haben, über die Eröffnung von Insolvenzverfahren über das Vermögen ihres Schuldners informiert werden. Um eine rasche Übermittlung der Informationen an

die Gläubiger sicherzustellen, sollte die Verordnung (EG) Nr. 1393/2007 des Europäischen Parlaments und des Rates[6] keine Anwendung finden, wenn in der vorliegenden Verordnung auf die Pflicht zur Information der Gläubiger verwiesen wird. Gläubigern sollte die Anmeldung ihrer Forderungen in Verfahren, die in einem anderen Mitgliedstaat eröffnet werden, durch die Bereitstellung von Standardformularen in allen Amtssprachen der Organe der Union erleichtert werden. Die Folgen des unvollständigen Ausfüllens des Standardformulars sollten durch das nationale Recht geregelt werden.

(65) In dieser Verordnung sollte die unmittelbare Anerkennung von Entscheidungen zur Eröffnung, Abwicklung und Beendigung der in ihren Geltungsbereich fallenden Insolvenzverfahren sowie von Entscheidungen, die in unmittelbarem Zusammenhang mit diesen Insolvenzverfahren ergehen, vorgesehen werden. Die automatische Anerkennung sollte somit zur Folge haben, dass die Wirkungen, die das Recht des Mitgliedstaats der Verfahrenseröffnung dem Verfahren beilegt, auf alle übrigen Mitgliedstaaten ausgedehnt werden. Die Anerkennung der Entscheidungen der Gerichte der Mitgliedstaaten sollte sich auf den Grundsatz des gegenseitigen Vertrauens stützen. Die Gründe für eine Nichtanerkennung sollten daher auf das unbedingt notwendige Maß beschränkt sein. Nach diesem Grundsatz sollte auch der Konflikt gelöst werden, wenn sich die Gerichte zweier Mitgliedstaaten für zuständig halten, ein Hauptinsolvenzverfahren zu eröffnen. Die Entscheidung des zuerst eröffnenden Gerichts sollte in den anderen Mitgliedstaaten anerkannt werden; diese Mitgliedstaaten sollten die Entscheidung dieses Gerichts keiner Überprüfung unterziehen dürfen.

(66) Diese Verordnung sollte für den Insolvenzbereich einheitliche Kollisionsnormen formulieren, die die nationalen Vorschriften des internationalen Privatrechts ersetzen. Soweit nichts anderes bestimmt ist, sollte das Recht des Staates der Verfahrenseröffnung *(lex concursus)* Anwendung finden. Diese Kollisionsnorm sollte für Hauptinsolvenzverfahren und Partikularverfahren gleichermaßen gelten. Die *lex concursus* regelt sowohl die verfahrensrechtlichen als auch die materiellen Wirkungen des Insolvenzverfahrens auf die davon betroffenen Personen und Rechts-

EuInsVO

Zu Abs. 64:

[6] *Verordnung (EG) Nr. 1393/2007 des Europäischen Parlaments und des Rates vom 13. November 2007 über die Zustellung gerichtlicher und außergerichtlicher Schriftstücke in Zivil- oder Handelssachen in den Mitgliedstaaten (Zustellung von Schriftstücken) und zur Aufhebung der Verordnung (EG) Nr. 1348/2000 des Rates (ABl. L 324 vom 10.12.2007, S. 79).*

verhältnisse. Nach ihr bestimmen sich alle Voraussetzungen für die Eröffnung, Abwicklung und Beendigung des Insolvenzverfahrens.

(67) Die automatische Anerkennung eines Insolvenzverfahrens, auf das regelmäßig das Recht des Staats der Verfahrenseröffnung Anwendung findet, kann mit den Vorschriften anderer Mitgliedstaaten für die Vornahme von Rechtshandlungen kollidieren. Um in den anderen Mitgliedstaaten als dem Staat der Verfahrenseröffnung Vertrauensschutz und Rechtssicherheit zu gewährleisten, sollte eine Reihe von Ausnahmen von der allgemeinen Vorschrift vorgesehen werden.

(68) Ein besonderes Bedürfnis für eine vom Recht des Eröffnungsstaats abweichende Sonderanknüpfung besteht bei dinglichen Rechten, da solche Rechte für die Gewährung von Krediten von erheblicher Bedeutung sind. Die Begründung, Gültigkeit und Tragweite von dinglichen Rechten sollten sich deshalb regelmäßig nach dem Recht des Belegenheitsorts bestimmen und von der Eröffnung des Insolvenzverfahrens nicht berührt werden. Der Inhaber des dinglichen Rechts sollte somit sein Recht zur Aus- bzw. Absonderung an dem Sicherungsgegenstand weiter geltend machen können. Falls an Vermögensgegenständen in einem Mitgliedstaat dingliche Rechte nach dem Recht des Belegenheitsstaats bestehen, das Hauptinsolvenzverfahren aber in einem anderen Mitgliedstaat stattfindet, sollte der Verwalter des Hauptinsolvenzverfahrens die Eröffnung eines Sekundärinsolvenzverfahrens in dem Zuständigkeitsgebiet, in dem die dinglichen Rechte bestehen, beantragen können, sofern der Schuldner dort eine Niederlassung hat. Wird kein Sekundärinsolvenzverfahren eröffnet, so sollte ein etwaiger überschießender Erlös aus der Veräußerung der Vermögensgegenstände, an denen dingliche Rechte bestanden, an den Verwalter des Hauptinsolvenzverfahrens abzuführen sein.

(69) Diese Verordnung enthält mehrere Bestimmungen, wonach ein Gericht die Aussetzung der Eröffnung eines Verfahrens oder die Aussetzung von Vollstreckungsverfahren anordnen kann. Eine solche Aussetzung sollte die dinglichen Rechte von Gläubigern oder Dritten unberührt lassen.

(70) Ist nach dem Recht des Staats der Verfahrenseröffnung eine Aufrechnung von Forderungen nicht zulässig, so sollte ein Gläubiger gleichwohl zur Aufrechnung berechtigt sein, wenn diese nach dem für die Forderung des insolventen Schuldners maßgeblichen Recht möglich ist. Auf diese Weise würde die Aufrechnung eine Art Garantiefunktion aufgrund von Rechtsvorschriften erhalten, auf die sich der betreffende Gläubiger zum Zeitpunkt der Entstehung der Forderung verlassen kann.

(71) Ein besonderes Schutzbedürfnis besteht auch bei Zahlungssystemen und Finanzmärkten, etwa im Zusammenhang mit den in diesen Systemen anzutreffenden Glattstellungsverträgen und Nettingvereinbarungen sowie der Veräußerung von Wertpapieren und den zur Absicherung dieser Transaktionen gestellten Sicherheiten, wie dies insbesondere in der Richtlinie 98/26/EG des Europäischen Parlaments und des Rates[7] geregelt ist. Für diese Transaktionen sollte deshalb allein das Recht maßgebend sein, das auf das betreffende System bzw. den betreffenden Markt anwendbar ist. Dieses Recht soll verhindern, dass im Fall der Insolvenz eines Geschäftspartners die in Zahlungs- oder Aufrechnungssystemen und auf den geregelten Finanzmärkten der Mitgliedstaaten vorgesehenen Mechanismen zur Zahlung und Abwicklung von Transaktionen geändert werden können. Die Richtlinie 98/26/EG enthält Sondervorschriften, die den in dieser Verordnung festgelegten allgemeinen Regelungen vorgehen sollten.

(72) Zum Schutz der Arbeitnehmer und der Arbeitsverhältnisse sollten die Wirkungen der Insolvenzverfahren auf die Fortsetzung oder Beendigung von Arbeitsverhältnissen sowie auf die Rechte und Pflichten aller an einem solchen Arbeitsverhältnis beteiligten Parteien durch das gemäß den allgemeinen Kollisionsnormen für den jeweiligen Arbeitsvertrag maßgebliche Recht bestimmt werden. Zudem sollte in Fällen, in denen zur Beendigung von Arbeitsverträgen die Zustimmung eines Gerichts oder einer Verwaltungsbehörde erforderlich ist, die Zuständigkeit zur Erteilung dieser Zustimmung bei dem Mitgliedstaat verbleiben, in dem sich eine Niederlassung des Schuldners befindet, selbst wenn in diesem Mitgliedstaat kein Insolvenzverfahren eröffnet wurde. Für sonstige insolvenzrechtliche Fragen, wie etwa, ob die Forderungen der Arbeitnehmer durch ein Vorrecht geschützt sind und welchen Rang dieses Vorrecht gegebenenfalls erhalten soll, sollte das Recht des Mitgliedstaats maßgeblich sein, in dem das Insolvenzverfahren (Haupt- oder Sekundärverfahren) eröffnet wurde, es sei denn, im Einklang mit dieser Verordnung wurde eine Zusicherung gegeben, um ein Sekundärinsolvenzverfahren zu vermeiden.

(73) Auf die Wirkungen des Insolvenzverfahrens auf ein anhängiges Gerichts- oder Schiedsverfahren über einen Vermögenswert oder ein Recht, der bzw. das Teil der Insolvenzmasse ist, sollte das Recht des Mitgliedstaats Anwendung

---

Zu Abs. 71:

[7] *Richtlinie 98/26/EG des Europäischen Parlaments und des Rates vom 19. Mai 1998 über die Wirksamkeit von Abrechnungen in Zahlungs- sowie Wertpapierliefer- und -abrechnungssystemen (ABl. L 166 vom 11.6.1998, S. 45).*

finden, in dem das Gerichtsverfahren anhängig ist oder die Schiedsgerichtsbarkeit ihren Sitz hat. Diese Bestimmung sollte allerdings die nationalen Vorschriften über die Anerkennung und Vollstreckung von Schiedssprüchen nicht berühren.

(74) Um den verfahrensrechtlichen Besonderheiten der Rechtssysteme einiger Mitgliedstaaten Rechnung zu tragen, sollten bestimmte Vorschriften dieser Verordnung die erforderliche Flexibilität aufweisen. Dementsprechend sollten Bezugnahmen in dieser Verordnung auf Mitteilungen eines Justizorgans eines Mitgliedstaats, sofern es die Verfahrensvorschriften eines Mitgliedstaats erforderlich machen, eine Anordnung dieses Justizorgans umfassen, die Mitteilung vorzunehmen.

(75) Im Interesse des Geschäftsverkehrs sollte der wesentliche Inhalt der Entscheidung über die Verfahrenseröffnung auf Antrag des Verwalters in einem anderen Mitgliedstaat als in dem, in dem das Gericht diese Entscheidung erlassen hat, bekanntgemacht werden. Befindet sich in dem betreffenden Mitgliedstaat eine Niederlassung, sollte die Bekanntmachung obligatorisch sein. In keinem dieser Fälle sollte die Bekanntmachung jedoch Voraussetzung für die Anerkennung des ausländischen Verfahrens sein.

(76) Um eine bessere Information der betroffenen Gläubiger und Gerichte zu gewährleisten und die Eröffnung von Parallelverfahren zu verhindern, sollten die Mitgliedstaaten verpflichtet werden, relevante Informationen in grenzüberschreitenden Insolvenzfällen in einem öffentlich zugänglichen elektronischen Register bekanntzumachen. Um Gläubigern und Gerichten in anderen Mitgliedstaaten den Zugriff auf diese Informationen zu erleichtern, sollte diese Verordnung die Vernetzung solcher Insolvenzregister über das Europäische Justizportal vorsehen. Den Mitgliedstaaten sollte freistehen, relevante Informationen in verschiedenen Registern bekanntzumachen, und es sollte möglich sein, mehr als ein Register je Mitgliedstaat zu vernetzen.

(77) In dieser Verordnung sollte der Mindestumfang der Informationen, die in den Insolvenzregistern bekanntzumachen sind, festgelegt werden. Die Mitgliedstaaten sollten zusätzliche Informationen aufnehmen dürfen. Ist der Schuldner eine natürliche Person, so sollte in den Insolvenzregistern nur dann eine Registrierungsnummer angegeben werden, wenn der Schuldner eine selbständige gewerbliche oder freiberufliche Tätigkeit ausübt. Diese Registrierungsnummer sollte gegebenenfalls als die einheitliche Registrierungsnummer seiner selbständigen oder freiberuflichen Tätigkeit im Handelsregister zu verstehen sein.

(78) Informationen über bestimmte Aspekte des Insolvenzverfahrens, wie z. B. die Fristen für die Anmeldung von Forderungen oder die Anfechtung von Entscheidungen, sind für die Gläubiger von grundlegender Bedeutung. Diese Verordnung sollte allerdings die Mitgliedstaaten nicht dazu verpflichten, diese Fristen im Einzelfall zu berechnen. Die Mitgliedstaaten sollten ihren Pflichten nachkommen können, indem sie Hyperlinks zum Europäischen Justizportal einfügen, über das selbsterklärende Angaben zu den Kriterien zur Berechnung dieser Fristen verfügbar zu machen sind.

(79) Damit ausreichender Schutz der Informationen über natürliche Personen, die keine selbständige gewerbliche oder freiberufliche Tätigkeit ausüben, gewährleistet ist, sollte es den Mitgliedstaaten möglich sein, den Zugang zu diesen Informationen von zusätzlichen Suchkriterien wie der persönlichen Kennnummer des Schuldners, seiner Anschrift, seinem Geburtsdatum oder dem Bezirk des zuständigen Gerichts abhängig zu machen oder den Zugang an die Voraussetzung eines Antrags an die zuständige Behörde oder der Feststellung eines rechtmäßigen Interesses zu knüpfen.

(80) Den Mitgliedstaaten sollte es auch möglich sein, Informationen über natürliche Personen, die keine selbständige gewerbliche oder freiberufliche Tätigkeit ausüben, nicht in ihre Insolvenzregister aufzunehmen. In solchen Fällen sollten die Mitgliedstaaten sicherstellen, dass die einschlägigen Informationen durch individuelle Mitteilung an die Gläubiger übermittelt werden und die Forderungen von Gläubigern, die die Informationen nicht erhalten haben, durch die Verfahren nicht berührt werden.

(81) Es kann der Fall eintreten, dass einige der betroffenen Personen keine Kenntnis von der Eröffnung des Insolvenzverfahrens haben und gutgläubig im Widerspruch zu der neuen Sachlage handeln. Zum Schutz solcher Personen, die in Unkenntnis der ausländischen Verfahrenseröffnung eine Zahlung an den Schuldner statt an den ausländischen Verwalter leisten, sollte eine schuldbefreiende Wirkung der Leistung bzw. Zahlung vorgesehen werden.

(82) Zur Gewährleistung einheitlicher Bedingungen für die Durchführung dieser Verordnung sollten der Kommission Durchführungsbefugnisse übertragen werden. Diese Befugnisse sollten im Einklang mit der Verordnung (EU) Nr. 182/2011

EuInsVO

des Europäischen Parlaments und des Rates[8] ausgeübt werden.

(83) Diese Verordnung steht im Einklang mit den Grundrechten und Grundsätzen, die mit der Charta der Grundrechte der Europäischen Union anerkannt wurden. Die Verordnung zielt insbesondere darauf ab, die Anwendung der Artikel 8, 17 und 47 der Charta zu fördern, die den Schutz der personenbezogenen Daten, das Recht auf Eigentum und das Recht auf einen wirksamen Rechtsbehelf und ein faires Verfahren betreffen.

(84) Die Richtlinie 95/46/EG des Europäischen Parlaments und des Rates[9] und die Verordnung (EG) Nr. 45/2001 des Europäischen Parlaments und des Rates[10] regeln die Verarbeitung personenbezogener Daten im Rahmen dieser Verordnung.

(85) Diese Verordnung lässt die Verordnung (EWG, Euratom) Nr. 1182/71 des Rates[11] unberührt.

(86) Da das Ziel dieser Verordnung von den Mitgliedstaaten nicht ausreichend verwirklicht werden kann, sondern vielmehr aufgrund der Schaffung eines rechtlichen Rahmens für die geordnete Abwicklung von grenzüberschreitenden Insolvenzverfahren auf Unionsebene besser zu verwirklichen ist, kann die Union im Einklang mit dem in Artikel 5 des Vertrags über die Europäische Union verankerten Subsidiaritätsprinzip tätig werden. Entsprechend dem in demselben Artikel genannten Grundsatz der Verhältnismäßigkeit geht diese Verordnung nicht über das zur Verwirklichung dieses Ziels erforderliche Maß hinaus.

Zu Abs. 82:

[8] *Verordnung (EU) Nr. 182/2011 des Europäischen Parlaments und des Rates vom 16. Februar 2011 zur Festlegung der allgemeinen Regeln und Grundsätze, nach denen die Mitgliedstaaten die Wahrnehmung der Durchführungsbefugnisse durch die Kommission kontrollieren (ABl. L 55 vom 28.2.2011, S. 13).*

Zu Abs. 84:

[9] *Richtlinie 95/46/EG des Europäischen Parlaments und des Rates vom 24. Oktober 1995 zum Schutz natürlicher Personen bei der Verarbeitung personenbezogener Daten und zum freien Datenverkehr (ABl. L 281 vom 23.11.1995, S. 31).*

[10] *Verordnung (EG) Nr. 45/2001 des Europäischen Parlaments und des Rates vom 18. Dezember 2000 zum Schutz natürlicher Personen bei der Verarbeitung personenbezogener Daten durch die Organe und Einrichtungen der Gemeinschaft und zum freien Datenverkehr (ABl. L 8 vom 12.1.2001, S. 1).*

Zu Abs. 85:

[11] *Verordnung (EWG, Euratom) Nr. 1182/71 des Rates vom 3. Juni 1971 zur Festlegung der Regeln für die Fristen, Daten und Termine (ABl. L 124 vom 8.6.1971, S. 1).*

(87) Gemäß Artikel 3 und Artikel 4a Absatz 1 des dem Vertrag über die Europäische Union und dem Vertrag über die Arbeitsweise der Europäischen Union beigefügten Protokolls Nr. 21 über die Position des Vereinigten Königreichs und Irlands hinsichtlich des Raums der Freiheit, der Sicherheit und des Rechts haben diese Mitgliedstaaten mitgeteilt, dass sie sich an der Annahme und Anwendung der vorliegenden Verordnung beteiligen möchten.

(88) Gemäß den Artikeln 1 und 2 des dem Vertrag über die Europäische Union und dem Vertrag über die Arbeitsweise der Europäischen Union beigefügten Protokolls Nr. 22 über die Position Dänemarks beteiligt sich Dänemark nicht an der Annahme dieser Verordnung und ist weder durch diese Verordnung gebunden noch zu ihrer Anwendung verpflichtet.

(89) Der Europäische Datenschutzbeauftragte wurde angehört und hat seine Stellungnahme am 27. März 2013 abgegeben[12] —

HABEN FOLGENDE VERORDNUNG ERLASSEN:

KAPITEL I

ALLGEMEINE BESTIMMUNGEN

Artikel 1
Anwendungsbereich

(1) Diese Verordnung gilt für öffentliche Gesamtverfahren einschließlich vorläufiger Verfahren, die auf der Grundlage gesetzlicher Regelungen zur Insolvenz stattfinden und in denen zu Zwecken der Rettung, Schuldenanpassung, Reorganisation oder Liquidation

a) dem Schuldner die Verfügungsgewalt über sein Vermögen ganz oder teilweise entzogen und ein Verwalter bestellt wird,

b) das Vermögen und die Geschäfte des Schuldners der Kontrolle oder Aufsicht durch ein Gericht unterstellt werden oder

c) die vorübergehende Aussetzung von Einzelvollstreckungsverfahren von einem Gericht oder kraft Gesetzes gewährt wird, um Verhandlungen zwischen dem Schuldner und seinen Gläubigern zu ermöglichen, sofern das Verfahren, in dem die Aussetzung gewährt wird, geeignete Maßnahmen zum Schutz der Gesamtheit der Gläubiger vorsieht und in dem Fall, dass keine Einigung erzielt wird, einem der in den Buchstaben a oder b genannten Verfahren vorgeschaltet ist.

Zu Abs. 89:

[12] *ABl. C \258 vom 7.12.2013, S. 15.*

Kann ein in diesem Absatz genanntes Verfahren in Situationen eingeleitet werden, in denen lediglich die Wahrscheinlichkeit einer Insolvenz besteht, ist der Zweck des Verfahrens die Vermeidung der Insolvenz des Schuldners oder der Einstellung seiner Geschäftstätigkeit. Die Verfahren, auf die in diesem Absatz Bezug genommen wird, sind in Anhang A aufgeführt.

(2) Diese Verordnung gilt nicht für Verfahren nach Absatz 1 in Bezug auf

a) Versicherungsunternehmen,

b) Kreditinstitute,

c) Wertpapierfirmen und andere Firmen, Einrichtungen und Unternehmen, soweit sie unter die Richtlinie 2001/24/EG fallen, oder

d) Organismen für gemeinsame Anlagen.

Artikel 2
Begriffsbestimmungen

Für die Zwecke dieser Verordnung bezeichnet der Ausdruck

1. „Gesamtverfahren" ein Verfahren, an dem alle oder ein wesentlicher Teil der Gläubiger des Schuldners beteiligt sind, vorausgesetzt, dass im letzteren Fall das Verfahren nicht die Forderungen der Gläubiger berührt, die nicht daran beteiligt sind;

2. „Organismen für gemeinsame Anlagen" Organismen für gemeinsame Anlagen in Wertpapieren (OGAW) im Sinne der Richtlinie 2009/65/EG des Europäischen Parlaments und des Rates[13] und alternative Investmentfonds (AIF) im Sinne der Richtlinie 2011/61/EU des Europäischen Parlaments und des Rates[14];

3. „Schuldner in Eigenverwaltung" einen Schuldner, über dessen Vermögen ein Insolvenzverfahren eröffnet wurde, das nicht zwingend mit der Bestellung eines Verwalters oder der vollständigen Übertragung der Rechte und Pflichten zur Verwaltung des Vermögens des Schuldners auf einen Verwalter verbunden ist, und bei dem der Schuldner daher ganz oder zumindest teilweise die Kontrolle über sein Vermögen und seine Geschäfte behält;

4. „Insolvenzverfahren" ein in Anhang A aufgeführtes Verfahren;

Zu Artikel 2:

[13] *Richtlinie 2009/65/EG des Europäischen Parlaments und des Rates vom 13. Juli 2009 zur Koordinierung der Rechts- und Verwaltungsvorschriften betreffend bestimmte Organismen für gemeinsame Anlagen in Wertpapieren (OGAW) (ABl. L 302 vom 17.11.2009, S. 32).*

[14] *Richtlinie 2011/61/EU des Europäischen Parlaments und des Rates vom 8. Juni 2011 über die Verwalter alternativer Investmentfonds und zur Änderung der Richtlinien 2003/41/EG und 2009/65/EG und der Verordnungen (EG) Nr. 1060/2009 und (EU) Nr. 1095/2010 (ABl. L 174 vom 1.7.2011, S. 1).*

5. „Verwalter" jede Person oder Stelle, deren Aufgabe es ist, auch vorläufig

i) die in Insolvenzverfahren angemeldeten Forderungen zu prüfen und zuzulassen;

ii) die Gesamtinteressen der Gläubiger zu vertreten;

iii) die Insolvenzmasse entweder vollständig oder teilweise zu verwalten;

iv) die Insolvenzmasse im Sinne der Ziffer iii zu verwerten oder

v) die Geschäftstätigkeit des Schuldners zu überwachen.

Die in Unterabsatz 1 genannten Personen und Stellen sind in Anhang B aufgeführt;

6. „Gericht"

i) in Artikel 1 Absatz 1 Buchstaben b und c, Artikel 4 Absatz 2, Artikel 5, Artikel 6, Artikel 21 Absatz 3, Artikel 24 Absatz 2 Buchstabe j, Artikel 36, Artikel 39 und Artikel 61 bis Artikel 77 das Justizorgan eines Mitgliedstaats;

ii) in allen anderen Artikeln das Justizorgan oder jede sonstige zuständige Stelle eines Mitgliedstaats, die befugt ist, ein Insolvenzverfahren zu eröffnen, die Eröffnung eines solchen Verfahrens zu bestätigen oder im Rahmen dieses Verfahrens Entscheidungen zu treffen;

7. „Entscheidung zur Eröffnung eines Insolvenzverfahrens"

i) die Entscheidung eines Gerichts zur Eröffnung eines Insolvenzverfahrens oder zur Bestätigung der Eröffnung eines solchen Verfahrens und

ii) die Entscheidung eines Gerichts zur Bestellung eines Verwalters;

8. „Zeitpunkt der Verfahrenseröffnung" den Zeitpunkt, zu dem die Entscheidung zur Eröffnung des Insolvenzverfahrens wirksam wird, unabhängig davon, ob die Entscheidung endgültig ist oder nicht;

9. „Mitgliedstaat, in dem sich ein Vermögensgegenstand befindet", im Fall von

i) Namensaktien, soweit sie nicht von Ziffer ii erfasst sind, den Mitgliedstaat, in dessen Hoheitsgebiet die Gesellschaft, die die Aktien ausgegeben hat, ihren Sitz hat;

ii) Finanzinstrumenten, bei denen die Rechtsinhaberschaft durch Eintrag in ein Register oder Buchung auf ein Konto, das von einem oder für einen Intermediär geführt wird, nachgewiesen wird („im Effektengiro übertragbare Wertpapiere"), den Mitgliedstaat, in dem das betreffende Register oder Konto geführt wird;

iii) Guthaben auf Konten bei einem Kreditinstitut, den Mitgliedstaat, der in der internationalen Kontonummer (IBAN) angegeben ist, oder im Fall von Guthaben auf Konten bei einem Kreditinstitut ohne IBAN den Mitgliedstaat, in dem das Kreditinstitut, bei dem das Konto geführt wird, seine Hauptverwaltung hat, oder, sofern das

EuInsVO

Konto bei einer Zweigniederlassung, Agentur oder sonstigen Niederlassung geführt wird, den Mitgliedstaat, in dem sich die Zweigniederlassung, Agentur oder sonstige Niederlassung befindet;

iv) Gegenständen oder Rechten, bei denen das Eigentum oder die Rechtsinhaberschaft in anderen als den unter Ziffer i genannten öffentlichen Registern eingetragen ist, den Mitgliedstaat, unter dessen Aufsicht das Register geführt wird;

v) Europäischen Patenten den Mitgliedstaat, für den das Europäische Patent erteilt wurde;

vi) Urheberrechten und verwandten Schutzrechten den Mitgliedstaat, in dessen Hoheitsgebiet der Eigentümer solcher Rechte seinen gewöhnlichen Aufenthalt oder Sitz hat;

vii) anderen als den unter den Ziffern i bis iv genannten körperlichen Gegenständen den Mitgliedstaat, in dessen Hoheitsgebiet sich der Gegenstand befindet;

viii) anderen Forderungen gegen Dritte als solchen, die sich auf Vermögenswerte gemäß Ziffer iii beziehen, den Mitgliedstaat, in dessen Hoheitsgebiet der zur Leistung verpflichtete Dritte den Mittelpunkt seiner hauptsächlichen Interessen im Sinne des Artikels 3 Absatz 1 hat;

10. „Niederlassung" jeden Tätigkeitsort, an dem der Schuldner einer wirtschaftlichen Aktivität von nicht vorübergehender Art nachgeht oder in den drei Monaten vor dem Antrag auf Eröffnung des Hauptinsolvenzverfahrens nachgegangen ist, die den Einsatz von Personal und Vermögenswerten voraussetzt;

11. „lokaler Gläubiger" den Gläubiger, dessen Forderungen gegen den Schuldner aus oder in Zusammenhang mit dem Betrieb einer Niederlassung in einem anderen Mitgliedstaat als dem Mitgliedstaat entstanden sind, in dem sich der Mittelpunkt der hauptsächlichen Interessen des Schuldners befindet;

12. „ausländischer Gläubiger" den Gläubiger, der seinen gewöhnlichen Aufenthalt, Wohnsitz oder Sitz in einem anderen Mitgliedstaat als dem Mitgliedstaat der Verfahrenseröffnung hat, einschließlich der Steuerbehörden und der Sozialversicherungsträger der Mitgliedstaaten;

13. „Unternehmensgruppe" ein Mutterunternehmen und alle seine Tochterunternehmen;

14. „Mutterunternehmen" ein Unternehmen, das ein oder mehrere Tochterunternehmen entweder unmittelbar oder mittelbar kontrolliert. Ein Unternehmen, das einen konsolidierten Abschluss gemäß der Richtlinie 2013/34/EU des Europäischen Parlaments und des Rates[15] erstellt, wird als Mutterunternehmen angesehen.

Artikel 3
Internationale Zuständigkeit

(1) Für die Eröffnung des Insolvenzverfahrens sind die Gerichte des Mitgliedstaats zuständig, in dessen Hoheitsgebiet der Schuldner den Mittelpunkt seiner hauptsächlichen Interessen hat (im Folgenden „Hauptinsolvenzverfahren"). Mittelpunkt der hauptsächlichen Interessen ist der Ort, an dem der Schuldner gewöhnlich der Verwaltung seiner Interessen nachgeht und der für Dritte feststellbar ist.

Bei Gesellschaften oder juristischen Personen wird bis zum Beweis des Gegenteils vermutet, dass der Mittelpunkt ihrer hauptsächlichen Interessen der Ort ihres Sitzes ist. Diese Annahme gilt nur, wenn der Sitz nicht in einem Zeitraum von drei Monaten vor dem Antrag auf Eröffnung des Insolvenzverfahrens in einen anderen Mitgliedstaat verlegt wurde.

Bei einer natürlichen Person, die eine selbständige gewerbliche oder freiberufliche Tätigkeit ausübt, wird bis zum Beweis des Gegenteils vermutet, dass der Mittelpunkt ihrer hauptsächlichen Interessen ihre Hauptniederlassung ist. Diese Annahme gilt nur, wenn die Hauptniederlassung der natürlichen Person nicht in einem Zeitraum von drei Monaten vor dem Antrag auf Eröffnung des Insolvenzverfahrens in einen anderen Mitgliedstaat verlegt wurde.

Bei allen anderen natürlichen Personen wird bis zum Beweis des Gegenteils vermutet, dass der Mittelpunkt ihrer hauptsächlichen Interessen der Ort ihres gewöhnlichen Aufenthalts ist. Diese Annahme gilt nur, wenn der gewöhnliche Aufenthalt nicht in einem Zeitraum von sechs Monaten vor dem Antrag auf Eröffnung des Insolvenzverfahrens in einen anderen Mitgliedstaat verlegt wurde.

(2) Hat der Schuldner den Mittelpunkt seiner hauptsächlichen Interessen im Hoheitsgebiet eines Mitgliedstaats, so sind die Gerichte eines anderen Mitgliedstaats nur dann zur Eröffnung eines Insolvenzverfahrens befugt, wenn der Schuldner eine Niederlassung im Hoheitsgebiet dieses anderen Mitgliedstaats hat. Die Wirkungen dieses Verfahrens sind auf das im Hoheitsgebiet dieses letzteren Mitgliedstaats befindliche Vermögen des Schuldners beschränkt.

(3) Wird ein Insolvenzverfahren nach Absatz 1 eröffnet, so ist jedes zu einem späteren Zeitpunkt nach Absatz 2 eröffnete Insolvenzverfahren ein Sekundärinsolvenzverfahren.

---

[15] *Richtlinie 2013/34/EU des Europäischen Parlaments und des Rates vom 26. Juni 2013 über den Jahresabschluss, den konsolidierten Abschluss und damit verbundene Be-*
richte von Unternehmen bestimmter Rechtsformen und zur Änderung der Richtlinie 2006/43/EG des Europäischen Parlaments und des Rates und zur Aufhebung der Richtlinien 78/660/EWG und 83/349/EWG des Rates (ABl. L 182 vom 29.6.2013, S. 19).

(4) Vor der Eröffnung eines Insolvenzverfahrens nach Absatz 1 kann ein Partikularverfahren nach Absatz 2 nur eröffnet werden, falls:

a) die Eröffnung eines Insolvenzverfahrens nach Absatz 1 angesichts der Bedingungen, die das Recht des Mitgliedstaats vorschreibt, in dessen Hoheitsgebiet der Schuldner den Mittelpunkt seiner hauptsächlichen Interessen hat, nicht möglich ist oder

b) die Eröffnung des Partikularverfahrens von

i) einem Gläubiger beantragt wird, dessen Forderung sich aus dem Betrieb einer Niederlassung ergibt oder damit im Zusammenhang steht, die sich im Hoheitsgebiet des Mitgliedstaats befindet, in dem die Eröffnung des Partikularverfahrens beantragt wird, oder

ii) einer Behörde beantragt wird, die nach dem Recht des Mitgliedstaats, in dessen Hoheitsgebiet sich die Niederlassung befindet, das Recht hat, die Eröffnung von Insolvenzverfahren zu beantragen.

Nach der Eröffnung des Hauptinsolvenzverfahrens wird das Partikularverfahren zum Sekundärinsolvenzverfahren.

Artikel 4
Prüfung der Zuständigkeit

(1) Das mit einem Antrag auf Eröffnung eines Insolvenzverfahrens befasste Gericht prüft von Amts wegen, ob es nach Artikel 3 zuständig ist. In der Entscheidung zur Eröffnung des Insolvenzverfahrens sind die Gründe anzugeben, auf denen die Zuständigkeit des Gerichts beruht sowie insbesondere, ob die Zuständigkeit auf Artikel 3 Absatz 1 oder Absatz 2 gestützt ist.

(2) Unbeschadet des Absatzes 1 können die Mitgliedstaaten in Insolvenzverfahren, die gemäß den nationalen Rechtsvorschriften ohne gerichtliche Entscheidung eröffnet werden, den in einem solchen Verfahren bestellten Verwalter damit betrauen, zu prüfen, ob der Mitgliedstaat, in dem der Antrag auf Eröffnung des Verfahrens anhängig ist, gemäß Artikel 3 zuständig ist. Ist dies der Fall, führt der Verwalter in der Entscheidung zur Verfahrenseröffnung die Gründe auf, auf welchen die Zuständigkeit beruht sowie insbesondere, ob die Zuständigkeit auf Artikel 3 Absatz 1 oder Absatz 2 gestützt ist.

Artikel 5
Gerichtliche Nachprüfung der Entscheidung zur Eröffnung des Hauptinsolvenzverfahrens

(1) Der Schuldner oder jeder Gläubiger kann die Entscheidung zur Eröffnung des Hauptinsolvenzverfahrens vor Gericht aus Gründen der internationalen Zuständigkeit anfechten.

(2) Die Entscheidung zur Eröffnung des Hauptinsolvenzverfahrens kann von anderen als den in Absatz 1 genannten Verfahrensbeteiligten oder aus anderen Gründen als der mangelnden internationalen Zuständigkeit angefochten werden, wenn dies nach nationalem Recht vorgesehen ist.

Artikel 6
Zuständigkeit für Klagen, die unmittelbar aus dem Insolvenzverfahren hervorgehen und in engem Zusammenhang damit stehen

(1) Die Gerichte des Mitgliedstaats, in dessen Hoheitsgebiet das Insolvenzverfahren nach Artikel 3 eröffnet worden ist, sind zuständig für alle Klagen, die unmittelbar aus dem Insolvenzverfahren hervorgehen und in engem Zusammenhang damit stehen, wie beispielsweise Anfechtungsklagen.

(2) Steht eine Klage nach Absatz 1 im Zusammenhang mit einer anderen zivil- oder handelsrechtlichen Klage gegen denselben Beklagten, so kann der Verwalter beide Klagen bei den Gerichten in dem Mitgliedstaat, in dessen Hoheitsgebiet der Beklagte seinen Wohnsitz hat, oder – bei einer Klage gegen mehrere Beklagte – bei den Gerichten in dem Mitgliedstaat, in dessen Hoheitsgebiet einer der Beklagten seinen Wohnsitz hat, erheben, vorausgesetzt, die betreffenden Gerichte sind nach der Verordnung (EU) Nr. 1215/2012 zuständig.

Unterabsatz 1 gilt auch für den Schuldner in Eigenverwaltung, sofern der Schuldner in Eigenverwaltung nach nationalem Recht Klage für die Insolvenzmasse erheben kann.

(3) Klagen gelten für die Zwecke des Absatzes 2 als miteinander im Zusammenhang stehend, wenn zwischen ihnen eine so enge Beziehung gegeben ist, dass eine gemeinsame Verhandlung und Entscheidung zweckmäßig ist, um die Gefahr zu vermeiden, dass in getrennten Verfahren miteinander unvereinbare Entscheidungen ergehen.

Artikel 7
Anwendbares Recht

EuInsVO

(1) Soweit diese Verordnung nichts anderes bestimmt, gilt für das Insolvenzverfahren und seine Wirkungen das Insolvenzrecht des Mitgliedstaats, in dessen Hoheitsgebiet das Verfahren eröffnet wird (im Folgenden „Staat der Verfahrenseröffnung").

(2) Das Recht des Staates der Verfahrenseröffnung regelt, unter welchen Voraussetzungen das Insolvenzverfahren eröffnet wird und wie es durchzuführen und zu beenden ist. Es regelt insbesondere:

a) bei welcher Art von Schuldnern ein Insolvenzverfahren zulässig ist;

b) welche Vermögenswerte zur Insolvenzmasse gehören und wie die nach der Verfahrenseröffnung vom Schuldner erworbenen Vermögenswerte zu behandeln sind;

c) die jeweiligen Befugnisse des Schuldners und des Verwalters;

d) die Voraussetzungen für die Wirksamkeit einer Aufrechnung;

e) wie sich das Insolvenzverfahren auf laufende Verträge des Schuldners auswirkt;

f) wie sich die Eröffnung eines Insolvenzverfahrens auf Rechtsverfolgungsmaßnahmen einzelner Gläubiger auswirkt; ausgenommen sind die Wirkungen auf anhängige Rechtsstreitigkeiten;

g) welche Forderungen als Insolvenzforderungen anzumelden sind und wie Forderungen zu behandeln sind, die nach der Eröffnung des Insolvenzverfahrens entstehen;

h) die Anmeldung, die Prüfung und die Feststellung der Forderungen;

i) die Verteilung des Erlöses aus der Verwertung des Vermögens, den Rang der Forderungen und die Rechte der Gläubiger, die nach der Eröffnung des Insolvenzverfahrens aufgrund eines dinglichen Rechts oder infolge einer Aufrechnung teilweise befriedigt wurden;

j) die Voraussetzungen und die Wirkungen der Beendigung des Insolvenzverfahrens, insbesondere durch Vergleich;

k) die Rechte der Gläubiger nach der Beendigung des Insolvenzverfahrens;

l) wer die Kosten des Insolvenzverfahrens einschließlich der Auslagen zu tragen hat;

m) welche Rechtshandlungen nichtig, anfechtbar oder relativ unwirksam sind, weil sie die Gesamtheit der Gläubiger benachteiligen.

Artikel 8
Dingliche Rechte Dritter

(1) Das dingliche Recht eines Gläubigers oder eines Dritten an körperlichen oder unkörperlichen, beweglichen oder unbeweglichen Gegenständen des Schuldners – sowohl an bestimmten Gegenständen als auch an einer Mehrheit von nicht bestimmten Gegenständen mit wechselnder Zusammensetzung –, die sich zum Zeitpunkt der Eröffnung des Insolvenzverfahrens im Hoheitsgebiet eines anderen Mitgliedstaats befinden, wird von der Eröffnung des Verfahrens nicht berührt.

(2) Rechte im Sinne von Absatz 1 sind insbesondere

a) das Recht, den Gegenstand zu verwerten oder verwerten zu lassen und aus dem Erlös oder den Nutzungen dieses Gegenstands befriedigt zu werden, insbesondere aufgrund eines Pfandrechts oder einer Hypothek;

b) das ausschließliche Recht, eine Forderung einzuziehen, insbesondere aufgrund eines Pfandrechts an einer Forderung oder aufgrund einer Sicherheitsabtretung dieser Forderung;

c) das Recht, die Herausgabe von Gegenständen von jedermann zu verlangen, der diese gegen den Willen des Berechtigten besitzt oder nutzt;

d) das dingliche Recht, die Früchte eines Gegenstands zu ziehen.

(3) Das in einem öffentlichen Register eingetragene und gegen jedermann wirksame Recht, ein dingliches Recht im Sinne von Absatz 1 zu erlangen, wird einem dinglichen Recht gleichgestellt.

(4) Absatz 1 steht der Nichtigkeit, Anfechtbarkeit oder relativen Unwirksamkeit einer Rechtshandlung nach Artikel 7 Absatz 2 Buchstabe m nicht entgegen.

Artikel 9
Aufrechnung

(1) Die Befugnis eines Gläubigers, mit seiner Forderung gegen eine Forderung eines Schuldners aufzurechnen, wird von der Eröffnung des Insolvenzverfahrens nicht berührt, wenn diese Aufrechnung nach dem für die Forderung des insolventen Schuldners maßgeblichen Recht zulässig ist.

(2) Absatz 1 steht der Nichtigkeit, Anfechtbarkeit oder relativen Unwirksamkeit einer Rechtshandlung nach Artikel 7 Absatz 2 Buchstabe m nicht entgegen.

Artikel 10
Eigentumsvorbehalt

(1) Die Eröffnung eines Insolvenzverfahrens gegen den Käufer einer Sache lässt die Rechte der Verkäufer aus einem Eigentumsvorbehalt unberührt, wenn sich diese Sache zum Zeitpunkt der Eröffnung des Verfahrens im Hoheitsgebiet eines anderen Mitgliedstaats als dem der Verfahrenseröffnung befindet.

(2) Die Eröffnung eines Insolvenzverfahrens gegen den Verkäufer einer Sache nach deren Lieferung rechtfertigt nicht die Auflösung oder Beendigung des Kaufvertrags und steht dem Eigentumserwerb des Käufers nicht entgegen, wenn sich diese Sache zum Zeitpunkt der Verfahrenseröffnung im Hoheitsgebiet eines anderen Mitgliedstaats als dem der Verfahrenseröffnung befindet.

(3) Die Absätze 1 und 2 stehen der Nichtigkeit, Anfechtbarkeit oder relativen Unwirksamkeit einer Rechtshandlung nach Artikel 7 Absatz 2 Buchstabe m nicht entgegen.

Artikel 11
Vertrag über einen unbeweglichen Gegenstand

(1) Für die Wirkungen des Insolvenzverfahrens auf einen Vertrag, der zum Erwerb oder zur Nutzung eines unbeweglichen Gegenstands berechtigt, ist ausschließlich das Recht des Mitgliedstaats maßgebend, in dessen Hoheitsgebiet sich dieser Gegenstand befindet.

(2) Die Zuständigkeit für die Zustimmung zu einer Beendigung oder Änderung von Verträgen nach diesem Artikel liegt bei dem Gericht, das das Hauptinsolvenzverfahren eröffnet hat, wenn

a) ein derartiger Vertrag nach den für diese Verträge geltenden Rechtsvorschriften des Mitgliedstaats nur mit Zustimmung des Gerichts der Verfahrenseröffnung beendet oder geändert werden kann und

b) in dem betreffenden Mitgliedstaat kein Insolvenzverfahren eröffnet worden ist.

Artikel 12
Zahlungssysteme und Finanzmärkte

(1) Unbeschadet des Artikels 8 ist für die Wirkungen des Insolvenzverfahrens auf die Rechte und Pflichten der Mitglieder eines Zahlungs- oder Abwicklungssystems oder eines Finanzmarktes ausschließlich das Recht des Mitgliedstaats maßgebend, das für das betreffende System oder den betreffenden Markt gilt.

(2) Absatz 1 steht einer Nichtigkeit, Anfechtbarkeit oder relativen Unwirksamkeit der Zahlungen oder Transaktionen gemäß den für das betreffende Zahlungssystem oder den betreffenden Finanzmarkt geltenden Rechtsvorschriften nicht entgegen.

Artikel 13
Arbeitsvertrag

(1) Für die Wirkungen des Insolvenzverfahrens auf einen Arbeitsvertrag und auf das Arbeitsverhältnis gilt ausschließlich das Recht des Mitgliedstaats, das auf den Arbeitsvertrag anzuwenden ist.

(2) Die Zuständigkeit für die Zustimmung zu einer Beendigung oder Änderung von Verträgen nach diesem Artikel verbleibt bei den Gerichten des Mitgliedstaats, in dem ein Sekundärinsolvenzverfahren eröffnet werden kann, auch wenn in dem betreffenden Mitgliedstaat kein Insolvenzverfahren eröffnet worden ist.

Unterabsatz 1 gilt auch für eine Behörde, die nach nationalem Recht für die Zustimmung zu einer Beendigung oder Änderung von Verträgen nach diesem Artikel zuständig ist.

Artikel 14
Wirkung auf eintragungspflichtige Rechte

Für die Wirkungen des Insolvenzverfahrens auf Rechte des Schuldners an einem unbeweglichen Gegenstand, einem Schiff oder einem Luftfahrzeug, die der Eintragung in ein öffentliches Register unterliegen, ist das Recht des Mitgliedstaats maßgebend, unter dessen Aufsicht das Register geführt wird.

Artikel 15
Europäische Patente mit einheitlicher Wirkung und Gemeinschaftsmarken

Für die Zwecke dieser Verordnung kann ein Europäisches Patent mit einheitlicher Wirkung, eine Gemeinschaftsmarke oder jedes andere durch Unionsrecht begründete ähnliche Recht nur in ein Verfahren nach Artikel 3 Absatz 1 miteinbezogen werden.

Artikel 16
Benachteiligende Handlungen

Artikel 7 Absatz 2 Buchstabe m findet keine Anwendung, wenn die Person, die durch eine die Gesamtheit der Gläubiger benachteiligende Handlung begünstigt wurde, nachweist, dass

a) für diese Handlung das Recht eines anderen Mitgliedstaats als des Staates der Verfahrenseröffnung maßgeblich ist und

b) diese Handlung im vorliegenden Fall in keiner Weise nach dem Recht dieses Mitgliedstaats angreifbar ist.

Artikel 17
Schutz des Dritterwerbers

Verfügt der Schuldner durch eine nach Eröffnung des Insolvenzverfahrens vorgenommene Handlung gegen Entgelt über

a) einen unbeweglichen Gegenstand,

b) ein Schiff oder ein Luftfahrzeug, das der Eintragung in ein öffentliches Register unterliegt, oder

c) Wertpapiere, deren Eintragung in ein gesetzlich vorgeschriebenes Register Voraussetzung für ihre Existenz ist,

so richtet sich die Wirksamkeit dieser Rechtshandlung nach dem Recht des Staats, in dessen Hoheitsgebiet sich dieser unbewegliche Gegenstand befindet oder unter dessen Aufsicht das Register geführt wird.

EuInsVO

Artikel 18
Wirkungen des Insolvenzverfahrens auf anhängige Rechtsstreitigkeiten und Schiedsverfahren

Für die Wirkungen des Insolvenzverfahrens auf einen anhängigen Rechtsstreit oder ein anhängiges Schiedsverfahren über einen Gegenstand oder ein Recht, der bzw. das Teil der Insolvenzmasse ist, gilt ausschließlich das Recht des Mitgliedstaats, in dem der Rechtsstreit anhängig oder in dem das Schiedsgericht belegen ist.

KAPITEL II

ANERKENNUNG DER INSOLVENZVERFAHREN

Artikel 19
Grundsatz

(1) Die Eröffnung eines Insolvenzverfahrens durch ein nach Artikel 3 zuständiges Gericht eines Mitgliedstaats wird in allen übrigen Mitgliedstaaten anerkannt, sobald die Entscheidung im Staat der Verfahrenseröffnung wirksam ist.
Die Regel nach Unterabsatz 1 gilt auch, wenn in den übrigen Mitgliedstaaten über das Vermögen des Schuldners wegen seiner Eigenschaft ein Insolvenzverfahren nicht eröffnet werden könnte.

(2) Die Anerkennung eines Verfahrens nach Artikel 3 Absatz 1 steht der Eröffnung eines Verfahrens nach Artikel 3 Absatz 2 durch ein Gericht eines anderen Mitgliedstaats nicht entgegen. In diesem Fall ist das Verfahren nach Artikel 3 Absatz 2 ein Sekundärinsolvenzverfahren im Sinne von Kapitel III.

Artikel 20
Wirkungen der Anerkennung

(1) Die Eröffnung eines Insolvenzverfahrens nach Artikel 3 Absatz 1 entfaltet in jedem anderen Mitgliedstaat, ohne dass es hierfür irgendwelcher Förmlichkeiten bedürfte, die Wirkungen, die das Recht des Staates der Verfahrenseröffnung dem Verfahren beilegt, sofern diese Verordnung nichts anderes bestimmt und solange in diesem anderen Mitgliedstaat kein Verfahren nach Artikel 3 Absatz 2 eröffnet ist.

(2) Die Wirkungen eines Verfahrens nach Artikel 3 Absatz 2 dürfen in den anderen Mitgliedstaaten nicht in Frage gestellt werden. Jegliche Beschränkung der Rechte der Gläubiger, insbesondere eine Stundung oder eine Schuldbefreiung infolge des Verfahrens, wirkt hinsichtlich des im Hoheitsgebiet eines anderen Mitgliedstaats befindlichen Vermögens nur gegenüber den Gläubigern, die ihre Zustimmung hierzu erteilt haben.

Artikel 21
Befugnisse des Verwalters

(1) Der Verwalter, der durch ein nach Artikel 3 Absatz 1 zuständiges Gericht bestellt worden ist, darf im Gebiet eines anderen Mitgliedstaats alle Befugnisse ausüben, die ihm nach dem Recht des Staates der Verfahrenseröffnung zustehen, solange in dem anderen Staat nicht ein weiteres Insolvenzverfahren eröffnet ist oder eine gegenteilige Sicherungsmaßnahme auf einen Antrag auf Eröffnung eines Insolvenzverfahrens hin ergriffen worden ist. Er darf insbesondere vorbehaltlich der Artikel 8 und 10 die zur Masse gehörenden Gegenstände aus dem Hoheitsgebiet des Mitgliedstaats entfernen, in dem diese sich befinden.

(2) Der Verwalter, der durch ein nach Artikel 3 Absatz 2 zuständiges Gericht bestellt worden ist, darf in jedem anderen Mitgliedstaat gerichtlich und außergerichtlich geltend machen, dass ein beweglicher Gegenstand nach der Eröffnung des Insolvenzverfahrens aus dem Hoheitsgebiet des Staates der Verfahrenseröffnung in das Hoheitsgebiet dieses anderen Mitgliedstaats verbracht worden ist. Des Weiteren kann der Verwalter eine den Interessen der Gläubiger dienende Anfechtungsklage erheben.

(3) Bei der Ausübung seiner Befugnisse hat der Verwalter das Recht des Mitgliedstaats, in dessen Hoheitsgebiet er handeln will, zu beachten, insbesondere hinsichtlich der Art und Weise der Verwertung eines Gegenstands der Masse. Diese Befugnisse dürfen nicht die Anwendung von Zwangsmitteln ohne Anordnung durch ein Gerichts dieses Mitgliedstaats oder das Recht umfassen, Rechtsstreitigkeiten oder andere Auseinandersetzungen zu entscheiden.

Artikel 22
Nachweis der Verwalterbestellung

Die Bestellung zum Verwalter wird durch eine beglaubigte Abschrift der Entscheidung, durch die er bestellt worden ist, oder durch eine andere von dem zuständigen Gericht ausgestellte Bescheinigung nachgewiesen.
Es kann eine Übersetzung in die Amtssprache oder eine der Amtssprachen des Mitgliedstaats, in dessen Hoheitsgebiet er handeln will, verlangt werden. Eine Legalisation oder eine entsprechende andere Förmlichkeit wird nicht verlangt.

Artikel 23
Herausgabepflicht und Anrechnung

(1) Ein Gläubiger, der nach der Eröffnung eines Insolvenzverfahrens nach Artikel 3 Absatz 1 auf irgendeine Weise, insbesondere durch Zwangsvollstreckung, vollständig oder teilweise aus einem Gegenstand der Masse befriedigt wird, der im Hoheitsgebiet eines anderen Mitgliedstaat be-

legen ist, hat vorbehaltlich der Artikel 8 und 10 das Erlangte an den Verwalter herauszugeben.

(2) Zur Wahrung der Gleichbehandlung der Gläubiger nimmt ein Gläubiger, der in einem Insolvenzverfahren eine Quote auf seine Forderung erlangt hat, an der Verteilung im Rahmen eines anderen Verfahrens erst dann teil, wenn die Gläubiger gleichen Ranges oder gleicher Gruppenzugehörigkeit in diesem anderen Verfahren die gleiche Quote erlangt haben.

Artikel 24
Einrichtung von Insolvenzregistern

(1) Die Mitgliedstaaten errichten und unterhalten in ihrem Hoheitsgebiet ein oder mehrere Register, um Informationen über Insolvenzverfahren bekanntzumachen (im Folgenden „Insolvenzregister"). Diese Informationen werden so bald als möglich nach Eröffnung eines solchen Verfahrens bekanntgemacht.

(2) Die Informationen nach Absatz 1 sind gemäß den Voraussetzungen nach Artikel 27 öffentlich bekanntzumachen und umfassen die folgenden Informationen (im Folgenden „Pflichtinformationen"):

a) Datum der Eröffnung des Insolvenzverfahrens;

b) Gericht, das das Insolvenzverfahren eröffnet hat, und – soweit vorhanden – Aktenzeichen;

c) Art des eröffneten Insolvenzverfahrens nach Anhang A und gegebenenfalls Unterart des nach nationalem Recht eröffneten Verfahrens;

d) Angaben dazu, ob die Zuständigkeit für die Eröffnung des Verfahrens auf Artikel 3 Absatz 1, 2 oder 4 beruht;

e) Name, Registernummer, Sitz oder, sofern davon abweichend, Postanschrift des Schuldners, wenn es sich um eine Gesellschaft oder eine juristische Person handelt;

f) Name, gegebenenfalls Registernummer sowie Postanschrift des Schuldners oder, falls die Anschrift geschützt ist, Geburtsort und Geburtsdatum des Schuldners, wenn er eine natürliche Person ist, unabhängig davon, ob er eine selbständige gewerbliche oder freiberufliche Tätigkeit ausübt;

g) gegebenenfalls Name, Postanschrift oder E-Mail-Adresse des für das Verfahren bestellten Verwalters;

h) gegebenenfalls die Frist für die Anmeldung der Forderungen bzw. einen Verweis auf die Kriterien für die Berechnung dieser Frist;

i) gegebenenfalls das Datum der Beendigung des Hauptinsolvenzverfahrens;

j) das Gericht, das gemäß Artikel 5 für eine Anfechtung der Entscheidung zur Eröffnung des Insolvenzverfahrens zuständig ist und gegebenenfalls die Frist für die Anfechtung bzw. einen Verweis auf die Kriterien für die Berechnung dieser Frist.

(3) Absatz 2 hindert die Mitgliedstaaten nicht, Dokumente oder zusätzliche Informationen, beispielsweise denn Ausschluss von einer Tätigkeit als Geschäftsleiter im Zusammenhang mit der Insolvenz, in ihre nationalen Insolvenzregister aufzunehmen.

(4) Die Mitgliedstaaten sind nicht verpflichtet, die in Absatz 1 dieses Artikels genannten Informationen über natürliche Personen, die keine selbständige gewerbliche oder freiberufliche Tätigkeit ausüben, in die Insolvenzregister aufzunehmen oder diese Informationen über das System der Vernetzung dieser Register öffentlich zugänglich zu machen, sofern bekannte ausländische Gläubiger gemäß Artikel 54 über die in Absatz 2 Buchstabe j dieses Artikels genannten Elemente informiert werden.

Macht ein Mitgliedstaat von der in Unterabsatz 1 genannten Möglichkeit Gebrauch, so berührt das Insolvenzverfahren nicht die Forderungen der ausländischen Gläubiger, die die Informationen gemäß Unterabsatz 1 nicht erhalten haben.

(5) Die Bekanntmachung von Informationen in den Registern gemäß dieser Verordnung hat keine anderen Rechtswirkungen als die, die nach nationalem Recht und in Artikel 55 Absatz 6 festgelegt sind.

Artikel 25
Vernetzung von Insolvenzregistern

(1) Die Kommission richtet im Wege von Durchführungsrechtsakten ein dezentrales System zur Vernetzung der Insolvenzregister ein. Dieses System besteht aus den Insolvenzregistern und dem Europäischen Justizportal, das für die Öffentlichkeit als zentraler elektronischer Zugangspunkt zu Informationen im System dient. Das System bietet für die Abfrage der Pflichtinformationen und alle anderen Dokumente oder Informationen in den Insolvenzregistern, die von den Mitgliedstaaten über das Europäische Justizportal verfügbar gemacht werden, einen Suchdienst in allen Amtssprachen der Organe der Union.

(2) Die Kommission legt im Wege von Durchführungsrechtsakten gemäß dem Verfahren nach Artikel 87 bis zum 26. Juni 2019 Folgendes fest:

a) die technischen Spezifikationen für die elektronische Kommunikation und den elektronischen Informationsaustausch auf der Grundlage der festgelegten Schnittstellenspezifikation für das System zur Vernetzung der Insolvenzregister;

b) die technischen Maßnahmen, durch die die IT-Mindestsicherheitsstandards für die Übermittlung und Verbreitung von Informationen innerhalb des Systems zur Vernetzung der Insolvenzregister gewährleistet werden;

EuInsVO

c) die Mindestkriterien für den vom Europäischen Justizportal bereitgestellten Suchdienst anhand der Informationen nach Artikel 24;

d) die Mindestkriterien für die Anzeige der Suchergebnisse in Bezug auf die Informationen nach Artikel 24;

e) die Mittel und technischen Voraussetzungen für die Verfügbarkeit der durch das System der Vernetzung von Insolvenzregistern angebotenen Dienste und

f) ein Glossar mit einer allgemeinen Erläuterung der in Anhang A aufgeführten nationalen Insolvenzverfahren.

Artikel 26
Kosten für die Einrichtung und Vernetzung der Insolvenzregister

(1) Die Einrichtung, Unterhaltung und Weiterentwicklung des Systems zur Vernetzung der Insolvenzregister wird aus dem Gesamthaushalt der Union finanziert.

(2) Jeder Mitgliedstaat trägt die Kosten für die Einrichtung und Anpassung seiner nationalen Insolvenzregister für deren Interoperabilität mit dem Europäischen Justizportal sowie die Kosten für die Verwaltung, den Betrieb und die Pflege dieser Register. Davon unberührt bleibt die Möglichkeit, Zuschüsse zur Unterstützung dieser Vorhaben im Rahmen der Finanzierungsprogramme der Union zu beantragen.

Artikel 27
Voraussetzungen für den Zugang zu Informationen über das System der Vernetzung

(1) Die Mitgliedstaaten stellen sicher, dass die Pflichtinformationen nach Artikel 24 Absatz 2 Buchstaben a bis j über das System der Vernetzung von Insolvenzregistern gebührenfrei zur Verfügung stehen.

(2) Diese Verordnung hindert die Mitgliedstaaten nicht, für den Zugang zu den Dokumenten oder zusätzlichen Informationen nach Artikel 24 Absatz 3 über das System der Vernetzung von Insolvenzregister eine angemessene Gebühr zu erheben.

(3) Die Mitgliedstaaten können den Zugang zu Pflichtinformationen bezüglich natürlicher Personen, die keine selbständige gewerbliche oder freiberufliche Tätigkeit ausüben sowie bezüglich natürlicher Personen, die eine selbständige gewerbliche oder freiberufliche Tätigkeit ausüben, sofern sich das Insolvenzverfahren nicht auf diese Tätigkeit bezieht, von zusätzlichen, über die Mindestkriterien nach Artikel 25 Absatz 2 Buchstabe c hinausgehenden Suchkriterien in Bezug auf den Schuldner abhängig machen.

(4) Die Mitgliedstaaten können ferner verlangen, dass der Zugang zu den Informationen nach Absatz 3 von einem Antrag an die zuständige Behörde abhängig zu machen ist. Die Mitgliedstaaten können den Zugang von der Prüfung des berechtigten Interesses am Zugang zu diesen Daten anhängig machen. Der anfragenden Person muss es möglich sein, die Auskunftsanfrage in elektronischer Form anhand eines Standardformulars über das Europäische Justizportal zu übermitteln. Ist ein berechtigtes Interesse erforderlich, so ist es zulässig, dass die anfragende Person die Rechtmäßigkeit ihres Antrags anhand von Kopien einschlägiger Dokumente in elektronischer Form belegt. Die anfragende Person erhält innerhalb von drei Arbeitstagen eine Antwort von der zuständigen Behörde.

Die anfragende Person ist weder verpflichtet, Übersetzungen der Dokumente, die die Berechtigung ihrer Anfrage belegen, zur Verfügung zu stellen, noch dazu, die bei der Behörde möglicherweise aufgrund der Übersetzungen anfallenden Kosten zu tragen.

Artikel 28
Öffentliche Bekanntmachung in einem anderen Mitgliedstaat

(1) Der Verwalter oder der Schuldner in Eigenverwaltung hat zu beantragen, dass eine Bekanntmachung der Entscheidung zur Eröffnung des Insolvenzverfahrens und gegebenenfalls der Entscheidung zur Bestellung des Verwalters in jedem anderen Mitgliedstaat, in dem sich eine Niederlassung des Schuldners befindet, nach dem in diesem Mitgliedstaat vorgesehenen Verfahren veröffentlicht wird. In der Bekanntmachung ist gegebenenfalls anzugeben, wer als Verwalter bestellt wurde und ob sich die Zuständigkeit aus Artikel 3 Absatz 1 oder Absatz 2 ergibt.

(2) Der Verwalter oder der Schuldner in Eigenverwaltung kann beantragen, dass die Bekanntmachung nach Absatz 1 in jedem anderen Mitgliedstaat, in dem er dies für notwendig hält, nach dem in diesem Mitgliedstaat vorgesehenen Verfahren der Bekanntmachung veröffentlicht wird.

Artikel 29
Eintragung in öffentliche Register eines anderen Mitgliedstaats

(1) Ist es in einem Mitgliedstaat, in dem sich eine Niederlassung des Schuldners befindet und diese Niederlassung in einem öffentlichen Register dieses Mitgliedstaats eingetragen ist oder in dem unbewegliches Vermögen des Schuldners belegen ist, gesetzlich vorgeschrieben, dass die Informationen nach Artikel 28 über die Eröffnung eines Insolvenzverfahrens im Grundbuch, Handelsregister oder einem sonstigen öffentlichen Register einzutragen sind, stellt der Verwalter

oder der Schuldner in Eigenverwaltung die Eintragung im Register durch alle dazu erforderlichen Maßnahmen sicher.

(2) Der Verwalter oder der Schuldner in Eigenverwaltung kann diese Eintragung in jedem anderen Mitgliedstaat beantragen, sofern das Recht des Mitgliedstaats, in dem das Register geführt wird, eine solche Eintragung zulässt.

Artikel 30
Kosten

Die Kosten der öffentlichen Bekanntmachung nach Artikel 28 und der Eintragung nach Artikel 29 gelten als Kosten und Aufwendungen des Verfahrens.

Artikel 31
Leistung an den Schuldner

(1) Wer in einem Mitgliedstaat an einen Schuldner leistet, über dessen Vermögen in einem anderen Mitgliedstaat ein Insolvenzverfahren eröffnet worden ist, obwohl er an den Verwalter des Insolvenzverfahrens hätte leisten müssen, wird befreit, wenn ihm die Eröffnung des Verfahrens nicht bekannt war.

(2) Erfolgt die Leistung vor der öffentlichen Bekanntmachung nach Artikel 28, so wird bis zum Beweis des Gegenteils vermutet, dass dem Leistenden die Eröffnung nicht bekannt war. Erfolgt die Leistung nach der Bekanntmachung gemäß Artikel 28, so wird bis zum Beweis des Gegenteils vermutet, dass dem Leistenden die Eröffnung bekannt war.

Artikel 32
Anerkennung und Vollstreckbarkeit sonstiger Entscheidungen

(1) Die zur Durchführung und Beendigung eines Insolvenzverfahrens ergangenen Entscheidungen eines Gerichts, dessen Eröffnungsentscheidung nach Artikel 19 anerkannt wird, sowie ein von diesem Gericht bestätigter Vergleich werden ebenfalls ohne weitere Förmlichkeiten anerkannt. Diese Entscheidungen werden nach den Artikeln 39 bis 44 und 47 bis 57 der Verordnung (EU) Nr. 1215/2012 vollstreckt.

Unterabsatz 1 gilt auch für Entscheidungen, die unmittelbar aufgrund des Insolvenzverfahrens ergehen und in engem Zusammenhang damit stehen, auch wenn diese Entscheidungen von einem anderen Gericht erlassen werden.

Unterabsatz 1 gilt auch für Entscheidungen über Sicherungsmaßnahmen, die nach dem Antrag auf Eröffnung eines Insolvenzverfahrens oder in Verbindung damit getroffen werden.

(2) Die Anerkennung und Vollstreckung anderer als der in Absatz 1 dieses Artikels genannten Entscheidungen unterliegen der Verordnung (EU) Nr. 1215/2012, sofern jene Verordnung anwendbar ist.

Artikel 33
Öffentliche Ordnung

Jeder Mitgliedstaat kann sich weigern, ein in einem anderen Mitgliedstaat eröffnetes Insolvenzverfahren anzuerkennen oder eine in einem solchen Verfahren ergangene Entscheidung zu vollstrecken, soweit diese Anerkennung oder Vollstreckung zu einem Ergebnis führt, das offensichtlich mit seiner öffentlichen Ordnung, insbesondere mit den Grundprinzipien oder den verfassungsmäßig garantierten Rechten und Freiheiten des Einzelnen, unvereinbar ist.

KAPITEL III
SEKUNDÄRINSOLVENZVERFAHREN

Artikel 34
Verfahrenseröffnung

Ist durch ein Gericht eines Mitgliedstaats ein Hauptinsolvenzverfahren eröffnet worden, das in einem anderen Mitgliedstaat anerkannt worden ist, kann ein nach Artikel 3 Absatz 2 zuständiges Gericht dieses anderen Mitgliedstaats nach Maßgabe der Vorschriften dieses Kapitels ein Sekundärinsolvenzverfahren eröffnen. War es für das Hauptinsolvenzverfahren erforderlich, dass der Schuldner insolvent ist, so wird die Insolvenz des Schuldners in dem Mitgliedstaat, in dem ein Sekundärinsolvenzverfahren eröffnet werden kann, nicht erneut geprüft. Die Wirkungen des Sekundärinsolvenzverfahrens sind auf das Vermögen des Schuldners beschränkt, das im Hoheitsgebiet des Mitgliedstaats belegen ist, in dem dieses Verfahren eröffnet wurde.

Artikel 35
Anwendbares Recht

Soweit diese Verordnung nichts anderes bestimmt, finden auf das Sekundärinsolvenzverfahren die Rechtsvorschriften des Mitgliedstaats Anwendung, in dessen Hoheitsgebiet das Sekundärinsolvenzverfahren eröffnet worden ist.

Artikel 36
Recht, zur Vermeidung eines Sekundärinsolvenzverfahrens eine Zusicherung zu geben

(1) Um die Eröffnung eines Sekundärinsolvenzverfahrens zu vermeiden, kann der Verwalter des Hauptinsolvenzverfahrens in Bezug auf das Vermögen, das in dem Mitgliedstaat, in dem ein Sekundärinsolvenzverfahren eröffnet werden könnte, belegen ist, eine einseitige Zusicherung (im Fol-

EuInsVO

genden „Zusicherung") des Inhalts geben, dass er bei der Verteilung dieses Vermögens oder des bei seiner Verwertung erzielten Erlöses die Verteilungs- und Vorzugsrechte nach nationalem Recht wahrt, die Gläubiger hätten, wenn ein Sekundärinsolvenzverfahren in diesem Mitgliedstaat eröffnet worden wäre. Die Zusicherung nennt die ihr zugrunde liegenden tatsächlichen Annahmen, insbesondere in Bezug auf den Wert der in dem betreffenden Mitgliedstaat belegenen Gegenstände der Masse und die Möglichkeiten ihrer Verwertung.

(2) Wurde eine Zusicherung im Einklang mit diesem Artikel gegeben, so gilt für die Verteilung des Erlöses aus der Verwertung von Gegenständen der Masse nach Absatz 1, für den Rang der Forderungen und für die Rechte der Gläubiger in Bezug auf Gegenstände der Masse nach Absatz 1 das Recht des Mitgliedstaats, in dem das Sekundärinsolvenzverfahren hätte eröffnet werden können. Maßgebender Zeitpunkt für die Feststellung, welche Gegenstände nach Absatz 1 betroffen sind, ist der Zeitpunkt der Abgabe der Zusicherung.

(3) Die Zusicherung erfolgt in der Amtssprache oder einer der Amtssprachen des Mitgliedstaats, in dem ein Sekundärinsolvenzverfahren hätte eröffnet werden können, oder – falls es in dem betreffenden Mitgliedstaat mehrere Amtssprachen gibt – in der Amtssprache oder einer Amtssprache des Ortes, an dem das Sekundärinsolvenzverfahren hätte eröffnet werden können.

(4) Die Zusicherung erfolgt in schriftlicher Form. Sie unterliegt den gegebenenfalls im Staat der Eröffnung des Hauptinsolvenzverfahrens geltenden Formerfordernissen und Zustimmungserfordernissen hinsichtlich der Verteilung.

(5) Die Zusicherung muss von den bekannten lokalen Gläubigern gebilligt werden. Die Regeln über die qualifizierte Mehrheit und über die Abstimmung, die für die Annahme von Sanierungsplänen gemäß dem Recht des Mitgliedstaats, in dem ein Sekundärinsolvenzverfahren hätte eröffnet werden können, gelten, gelten auch für die Billigung der Zusicherung. Die Gläubiger können über Fernkommunikationsmittel an der Abstimmung teilzunehmen, sofern das nationale Recht dies gestattet. Der Verwalter unterrichtet die bekannten lokalen Gläubiger über die Zusicherung, die Regeln und Verfahren für deren Billigung sowie die Billigung oder deren Ablehnung.

(6) Eine gemäß diesem Artikel gegebene und gebilligte Zusicherung ist für die Insolvenzmasse verbindlich. Wird ein Sekundärinsolvenzverfahren gemäß den Artikeln 37 und 38 eröffnet, so gibt der Verwalter des Hauptinsolvenzverfahrens Gegenstände der Masse, die er nach Abgabe der Zusicherung aus dem Hoheitsgebiet dieses Mitgliedstaats entfernt hat, oder – falls diese bereits verwertet wurden – ihren Erlös an den Verwalter des Sekundärinsolvenzverfahrens heraus.

(7) Hat der Verwalter eine Zusicherung gegeben, so benachrichtigt er die lokalen Gläubiger, bevor er Massegegenstände und Erlöse im Sinne des Absatzes 1 verteilt, über die beabsichtigte Verteilung. Entspricht diese Benachrichtigung nicht dem Inhalt der Zusicherung oder dem geltendem Recht, so kann jeder lokale Gläubiger diese Verteilung vor einem Gericht des Mitgliedstaats anfechten, in dem das Hauptinsolvenzverfahren eröffnet wurde, um eine Verteilung gemäß dem Inhalt der Zusicherung und dem geltendem Recht zu erreichen. In diesen Fällen findet keine Verteilung statt, bis das Gericht über die Anfechtung entschieden hat.

(8) Lokale Gläubiger können die Gerichte des Mitgliedstaats, in dem das Hauptinsolvenzverfahren eröffnet wurde, anrufen, um den Verwalter des Hauptinsolvenzverfahrens zu verpflichten, die Einhaltung des Inhalts der Zusicherung durch alle geeigneten Maßnahmen nach dem Recht des Staats, in dem das Hauptinsolvenzverfahren eröffnet wurde, sicherzustellen.

(9) Lokale Gläubiger können auch die Gerichte des Mitgliedstaats, in dem ein Sekundärinsolvenzverfahren eröffnet worden wäre, anrufen, damit das Gericht einstweilige Maßnahmen oder Sicherungsmaßnahmen trifft, um die Einhaltung des Inhalts der Zusicherung durch den Verwalter sicherzustellen.

(10) Der Verwalter haftet gegenüber den lokalen Gläubigern für jeden Schaden infolge der Nichterfüllung seiner Pflichten und Auflagen im Sinne dieses Artikels.

(11) Für die Zwecke dieses Artikels gilt eine Behörde, die in dem Mitgliedstaat, in dem ein Sekundärinsolvenzverfahren hätte eröffnet werden können, eingerichtet ist und nach der Richtlinie 2008/94/EG des Europäischen Parlaments und des Rates[16] verpflichtet ist, die Befriedigung nicht erfüllter Ansprüche von Arbeitnehmern aus Arbeitsverträgen oder Arbeitsverhältnissen zu garantieren, als lokaler Gläubiger, sofern dies im nationalen Recht geregelt ist.

Artikel 37
Recht auf Beantragung eines
Sekundärinsolvenzverfahrens

(1) Die Eröffnung eines Sekundärinsolvenzverfahrens kann beantragt werden von

---

Zu Artikel 36:

[16] *Richtlinie 2008/94/EG des Europäischen Parlaments und des Rates vom 22. Oktober 2008 über den Schutz der Arbeitnehmer bei Zahlungsunfähigkeit des Arbeitgebers (ABl. L 283 vom 28.10.2008, S. 36).*

a) dem Verwalter des Hauptinsolvenzverfahrens,

b) jeder anderen Person oder Behörde, die nach dem Recht des Mitgliedstaats, in dessen Hoheitsgebiet die Eröffnung des Sekundärinsolvenzverfahrens beantragt wird, dazu befugt ist.

(2) Ist eine Zusicherung im Einklang mit Artikel 36 bindend geworden, so ist der Antrag auf Eröffnung eines Sekundärinsolvenzverfahrens innerhalb von 30 Tagen nach Erhalt der Mitteilung über die Billigung der Zusicherung zu stellen.

Artikel 38
Entscheidung zur Eröffnung eines Sekundärinsolvenzverfahrens

(1) Das mit einem Antrag auf Eröffnung eines Sekundärinsolvenzverfahrens befasste Gericht unterrichtet den Verwalter oder den Schuldner in Eigenverwaltung des Hauptinsolvenzverfahrens umgehend davon und gibt ihm Gelegenheit, sich zu dem Antrag zu äußern.

(2) Hat der Verwalter des Hauptinsolvenzverfahrens eine Zusicherung gemäß Artikel 36 gegeben, so eröffnet das in Absatz 1 dieses Artikels genannte Gericht auf Antrag des Verwalters kein Sekundärinsolvenzverfahren, wenn es der Überzeugung ist, dass die Zusicherung die allgemeinen Interessen der lokalen Gläubiger angemessen schützt.

(3) Wurde eine vorübergehende Aussetzung eines Einzelvollstreckungsverfahrens gewährt, um Verhandlungen zwischen dem Schuldner und seinen Gläubigern zu ermöglichen, so kann das Gericht auf Antrag des Verwalters oder des Schuldners in Eigenverwaltung die Eröffnung eines Sekundärinsolvenzverfahrens für einen Zeitraum von höchstens drei Monaten aussetzen, wenn geeignete Maßnahmen zum Schutz des Interesses der lokalen Gläubiger bestehen.

Das in Absatz 1 genannte Gericht kann Sicherungsmaßnahmen zum Schutz des Interesses der lokalen Gläubiger anordnen, indem es dem Verwalter oder Schuldner in Eigenverwaltung untersagt, Gegenstände der Masse, die in dem Mitgliedstaat belegen sind, in dem sich seine Niederlassung befindet, zu entfernen oder zu veräußern, es sei denn, dies erfolgt im Rahmen des gewöhnlichen Geschäftsbetriebs. Das Gericht kann ferner andere Maßnahmen zum Schutz des Interesses der lokalen Gläubiger während einer Aussetzung anordnen, es sei denn, dies ist mit den nationalen Vorschriften über Zivilverfahren unvereinbar.

Die Aussetzung der Eröffnung eines Sekundärinsolvenzverfahrens wird vom Gericht von Amts wegen oder auf Antrag eines Gläubigers widerrufen, wenn während der Aussetzung im Zuge der Verhandlungen gemäß Unterabsatz 1 eine Vereinbarung geschlossen wurde.

Die Aussetzung kann vom Gericht von Amts wegen oder auf Antrag eines Gläubigers widerrufen werden, wenn die Fortdauer der Aussetzung für die Rechte des Gläubigers nachteilig ist, insbesondere wenn die Verhandlungen zum Erliegen gekommen sind oder wenn offensichtlich geworden ist, dass sie wahrscheinlich nicht abgeschlossen werden, oder wenn der Verwalter oder der Schuldner in Eigenverwaltung gegen das Verbot der Veräußerung von Gegenständen der Masse oder ihres Entfernens aus dem Hoheitsgebiet des Mitgliedstaats, in dem sich seine Niederlassung befindet, verstoßen hat.

(4) Auf Antrag des Verwalters des Hauptinsolvenzverfahrens kann das Gericht nach Absatz 1 abweichend von der ursprünglich beantragten Art des Insolvenzverfahrens ein anderes in Anhang A aufgeführtes Insolvenzverfahren eröffnen, sofern die Voraussetzungen für die Eröffnung dieses anderen Verfahrens nach nationalem Recht erfüllt sind und dieses Verfahren im Hinblick auf die Interessen der lokalen Gläubiger und die Kohärenz zwischen Haupt- und Sekundärinsolvenzverfahren am geeignetsten ist. Artikel 34 Satz 2 findet Anwendung.

Artikel 39
Gerichtliche Nachprüfung der Entscheidung zur Eröffnung des Sekundärinsolvenzverfahrens

Der Verwalter des Hauptinsolvenzverfahrens kann die Entscheidung zur Eröffnung eines Sekundärinsolvenzverfahrens bei dem Gericht des Mitgliedstaats, in dem das Sekundärinsolvenzverfahren eröffnet wurde, mit der Begründung anfechten, dass das Gericht den Voraussetzungen und Anforderungen des Artikels 38 nicht entsprochen hat.

Artikel 40
Kostenvorschuss

Verlangt das Recht des Mitgliedstaats, in dem ein Sekundärinsolvenzverfahren beantragt wird, dass die Kosten des Verfahrens einschließlich der Auslagen ganz oder teilweise durch die Masse gedeckt sind, so kann das Gericht, bei dem ein solcher Antrag gestellt wird, vom Antragsteller einen Kostenvorschuss oder eine angemessene Sicherheitsleistung verlangen.

Artikel 41
Zusammenarbeit und Kommunikation der Verwalter

(1) Der Verwalter des Hauptinsolvenzverfahrens und der oder die in Sekundärinsolvenzverfahren über das Vermögen desselben Schuldners bestellten Verwalter arbeiten soweit zusammen,

EuInsVO

wie eine solche Zusammenarbeit mit den für das jeweilige Verfahren geltenden Vorschriften vereinbar ist. Die Zusammenarbeit kann in beliebiger Form, einschließlich durch den Abschluss von Vereinbarungen oder Verständigungen, erfolgen.

(2) Bei der Durchführung der Zusammenarbeit nach Absatz 1 obliegt es den Verwaltern,

a) einander so bald wie möglich alle Informationen mitzuteilen, die für das jeweilige andere Verfahren von Bedeutung sein können, insbesondere den Stand der Anmeldung und Prüfung der Forderungen sowie alle Maßnahmen zur Rettung oder Sanierung des Schuldners oder zur Beendigung des Insolvenzverfahrens, vorausgesetzt, es bestehen geeignete Vorkehrungen zum Schutz vertraulicher Informationen;

b) die Möglichkeit einer Sanierung des Schuldners zu prüfen und, falls eine solche Möglichkeit besteht, die Ausarbeitung und Umsetzung eines Sanierungsplans zu koordinieren;

c) die Verwertung oder Verwendung der Insolvenzmasse und die Verwaltung der Geschäfte des Schuldners zu koordinieren; der Verwalter eines Sekundärinsolvenzverfahrens gibt dem Verwalter des Hauptinsolvenzverfahrens frühzeitig Gelegenheit, Vorschläge für die Verwertung oder Verwendung der Masse des Sekundärinsolvenzverfahrens zu unterbreiten.

(3) Die Absätze 1 und 2 gelten sinngemäß für Fälle, in denen der Schuldner im Haupt- oder Sekundärinsolvenzverfahren oder in einem der Partikularverfahren über das Vermögen desselben Schuldners, das zur gleichen Zeit eröffnet ist, die Verfügungsgewalt über sein Vermögen behält.

Artikel 42
Zusammenarbeit und Kommunikation der Gerichte

(1) Um die Koordinierung von Hauptinsolvenzverfahren, Partikularverfahren und Sekundärinsolvenzverfahren über das Vermögen desselben Schuldners zu erleichtern, arbeitet ein Gericht, das mit einem Antrag auf Eröffnung eines Insolvenzverfahrens befasst ist oder das ein solches Verfahren eröffnet hat, mit jedem anderen Gericht, das mit einem Antrag auf Eröffnung eines Insolvenzverfahrens befasst ist oder das ein solches Verfahren eröffnet hat, zusammen, soweit diese Zusammenarbeit mit den für jedes dieser Verfahren geltenden Vorschriften vereinbar ist. Die Gerichte können hierzu bei Bedarf eine unabhängige Person oder Stelle bestellen bzw. bestimmen, die auf ihre Weisungen hin tätig wird, sofern dies mit den für sie geltenden Vorschriften vereinbar ist.

(2) Bei der Durchführung der Zusammenarbeit nach Absatz 1 können die Gerichte oder eine von ihnen bestellte bzw. bestimmte und in ihrem Auftrag tätige Person oder Stelle im Sinne des Absatzes 1 direkt miteinander kommunizieren oder einander direkt um Informationen und Unterstützung ersuchen, vorausgesetzt, bei dieser Kommunikation werden die Verfahrensrechte der Verfahrensbeteiligten sowie die Vertraulichkeit der Informationen gewahrt.

(3) Die Zusammenarbeit im Sinne des Absatzes 1 kann auf jedem von dem Gericht als geeignet erachteten Weg erfolgen. Sie kann sich insbesondere beziehen auf

a) die Koordinierung bei der Bestellung von Verwaltern,

b) die Mitteilung von Informationen auf jedem von dem betreffenden Gericht als geeignet erachteten Weg,

c) die Koordinierung der Verwaltung und Überwachung des Vermögens und der Geschäfte des Schuldners,

d) die Koordinierung der Verhandlungen,

e) soweit erforderlich die Koordinierung der Zustimmung zu einer Verständigung der Verwalter.

Artikel 43
Zusammenarbeit und Kommunikation zwischen Verwaltern und Gerichten

(1) Um die Koordinierung von Hauptinsolvenzverfahren, Partikularverfahren und Sekundärinsolvenzverfahren über das Vermögen desselben Schuldners zu erleichtern,

a) arbeitet der Verwalter des Hauptinsolvenzverfahrens mit jedem Gericht, das mit einem Antrag auf Eröffnung eines Sekundärinsolvenzverfahrens befasst ist oder das ein solches Verfahren eröffnet hat, zusammen und kommuniziert mit diesem,

b) arbeitet der Verwalter eines Partikularverfahrens oder Sekundärinsolvenzverfahrens mit dem Gericht, das mit einem Antrag auf Eröffnung des Hauptinsolvenzverfahrens befasst ist oder das ein solches Verfahren eröffnet hat, zusammen und kommuniziert mit diesem, und

c) arbeitet der Verwalter eines Partikularverfahrens oder Sekundärinsolvenzverfahrens mit dem Gericht, das mit einem Antrag auf Eröffnung eines anderen Partikularverfahrens oder Sekundärinsolvenzverfahrens befasst ist oder das ein solches Verfahren eröffnet hat, zusammen und kommuniziert mit diesem,

soweit diese Zusammenarbeit und Kommunikation mit den für die einzelnen Verfahren geltenden Vorschriften vereinbar sind und keine Interessenkonflikte nach sich ziehen.

(2) Die Zusammenarbeit im Sinne des Absatzes 1 kann auf jedem geeigneten Weg, wie etwa in Artikel 42 Absatz 3 bestimmt, erfolgen.

Artikel 44
Kosten der Zusammenarbeit und Kommunikation

Die Anforderungen nach Artikel 42 und 43 dürfen nicht zur Folge haben, dass Gerichte einander die Kosten der Zusammenarbeit und Kommunikation in Rechnung stellen.

Artikel 45
Ausübung von Gläubigerrechten

(1) Jeder Gläubiger kann seine Forderung im Hauptinsolvenzverfahren und in jedem Sekundärinsolvenzverfahren anmelden.

(2) Die Verwalter des Hauptinsolvenzverfahrens und der Sekundärinsolvenzverfahren melden in den anderen Verfahren die Forderungen an, die in dem Verfahren, für das sie bestellt sind, bereits angemeldet worden sind, soweit dies für die Gläubiger des letztgenannten Verfahrens zweckmäßig ist und vorbehaltlich des Rechts dieser Gläubiger, eine solche Anmeldung abzulehnen oder die Anmeldung ihrer Ansprüche zurückzunehmen, sofern das anwendbare Recht dies vorsieht.

(3) Der Verwalter eines Haupt- oder eines Sekundärinsolvenzverfahrens ist berechtigt, wie ein Gläubiger an einem anderen Insolvenzverfahren mitzuwirken, insbesondere indem er an einer Gläubigerversammlung teilnimmt.

Artikel 46
Aussetzung der Verwertung der Masse

(1) Das Gericht, welches das Sekundärinsolvenzverfahren eröffnet hat, setzt auf Antrag des Verwalters des Hauptinsolvenzverfahrens die Verwertung der Masse ganz oder teilweise aus. In diesem Fall kann das Gericht jedoch vom Verwalter des Hauptinsolvenzverfahrens verlangen, alle angemessenen Maßnahmen zum Schutz der Interessen der Gläubiger des Sekundärinsolvenzverfahrens sowie einzelner Gruppen von Gläubigern zu ergreifen. Der Antrag des Verwalters des Hauptinsolvenzverfahrens kann nur abgelehnt werden, wenn die Aussetzung offensichtlich für die Gläubiger des Hauptinsolvenzverfahrens nicht von Interesse ist. Die Aussetzung der Verwertung der Masse kann für höchstens drei Monate angeordnet werden. Sie kann für jeweils denselben Zeitraum verlängert oder erneuert werden.

(2) Das Gericht nach Absatz 1 hebt die Aussetzung der Verwertung der Masse in folgenden Fällen auf:

a) auf Antrag des Verwalters des Hauptinsolvenzverfahrens,

b) von Amts wegen, auf Antrag eines Gläubigers oder auf Antrag des Verwalters des Sekundärinsolvenzverfahrens, wenn sich herausstellt, dass diese Maßnahme insbesondere nicht mehr mit dem Interesse der Gläubiger des Haupt- oder des Sekundärinsolvenzverfahrens zu rechtfertigen ist.

Artikel 47
Recht des Verwalters, Sanierungspläne vorzuschlagen

(1) Kann nach dem Recht des Mitgliedstaats, in dem das Sekundärinsolvenzverfahren eröffnet worden ist, ein solches Verfahren ohne Liquidation durch einen Sanierungsplan, einen Vergleich oder eine andere vergleichbare Maßnahme beendet werden, so hat der Verwalter des Hauptinsolvenzverfahrens das Recht, eine solche Maßnahme im Einklang mit dem Verfahren des betreffenden Mitgliedstaats vorzuschlagen.

(2) Jede Beschränkung der Rechte der Gläubiger, wie zum Beispiel eine Stundung oder eine Schuldbefreiung, die sich aus einer im Sekundärinsolvenzverfahren vorgeschlagenen Maßnahme im Sinne des Absatzes 1 ergibt, darf ohne Zustimmung aller von ihr betroffenen Gläubiger keine Auswirkungen auf das nicht von diesem Verfahren erfasste Vermögen des Schuldners haben.

Artikel 48
Auswirkungen der Beendigung eines Insolvenzverfahrens

(1) Unbeschadet des Artikels 49 steht die Beendigung eines Insolvenzverfahrens der Fortführung eines zu diesem Zeitpunkt noch nicht anhängigen anderen Insolvenzverfahrens über das Vermögen desselben Schuldners nicht entgegen.

(2) Hätte ein Insolvenzverfahren über das Vermögen einer juristischen Person oder einer Gesellschaft in dem Mitgliedstaat, in dem diese Person oder Gesellschaft ihren Sitz hat, deren Auflösung zur Folge, so besteht die betreffende juristische Person oder Gesellschaft so lange fort, bis jedes andere Insolvenzverfahren über das Vermögen desselben Schuldners beendet ist oder von dem Verwalter in diesem bzw. den Verwaltern in diesen anderen Verfahren der Auflösung zugestimmt wurde.

Artikel 49
Überschuss im Sekundärinsolvenzverfahren

Können bei der Verwertung der Masse des Sekundärinsolvenzverfahrens alle in diesem Verfahren festgestellten Forderungen befriedigt werden, so übergibt der in diesem Verfahren bestellte Verwalter den verbleibenden Überschuss unverzüglich dem Verwalter des Hauptinsolvenzverfahrens.

Artikel 50
Nachträgliche Eröffnung des Hauptinsolvenzverfahrens

Wird ein Verfahren nach Artikel 3 Absatz 1 eröffnet, nachdem in einem anderen Mitgliedstaat ein Verfahren nach Artikel 3 Absatz 2 eröffnet worden ist, so gelten die Artikel 41, 45, 46, 47 und 49 für das zuerst eröffnete Insolvenzverfahren, soweit dies nach dem Stand dieses Verfahrens möglich ist.

Artikel 51
Umwandlung von Sekundärinsolvenzverfahren

(1) Auf Antrag des Verwalters des Hauptinsolvenzverfahrens kann das Gericht eines Mitgliedstaats, bei dem ein Sekundärinsolvenzverfahren eröffnet worden ist, die Umwandlung des Sekundärinsolvenzverfahrens in ein anderes der in Anhang A aufgeführten Insolvenzverfahren anordnen, sofern die Voraussetzungen nach nationalem Recht für die Eröffnung dieses anderen Verfahrens erfüllt sind und dieses Verfahren im Hinblick auf die Interessen der lokalen Gläubiger und die Kohärenz zwischen Haupt- und Sekundärinsolvenzverfahren am geeignetsten ist.

(2) Bei der Prüfung des Antrags nach Absatz 1 kann das Gericht Informationen von den Verwaltern beider Verfahren anfordern.

Artikel 52
Sicherungsmaßnahmen

Bestellt das nach Artikel 3 Absatz 1 zuständige Gericht eines Mitgliedstaats zur Sicherung des Schuldnervermögens einen vorläufigen Verwalter, so ist dieser berechtigt, zur Sicherung und Erhaltung des Schuldnervermögens, das sich in einem anderen Mitgliedstaat befindet, jede Maßnahme zu beantragen, die nach dem Recht dieses Mitgliedstaats für die Zeit zwischen dem Antrag auf Eröffnung eines Insolvenzverfahrens und dessen Eröffnung vorgesehen ist.

KAPITEL IV
UNTERRICHTUNG DER GLÄUBIGER UND ANMELDUNG IHRER FORDERUNGEN

Artikel 53
Recht auf Forderungsanmeldung

Jeder ausländische Gläubiger kann sich zur Anmeldung seiner Forderungen in dem Insolvenzverfahren aller Kommunikationsmittel bedienen, die nach dem Recht des Staats der Verfahrenseröffnung zulässig sind. Allein für die Anmeldung einer Forderung ist die Vertretung durch einen Rechtsanwalt oder sonstigen Rechtsbeistand nicht zwingend.

Artikel 54
Pflicht zur Unterrichtung der Gläubiger

(1) Sobald in einem Mitgliedstaat ein Insolvenzverfahren eröffnet wird, unterrichtet das zuständige Gericht dieses Staates oder der von diesem Gericht bestellte Verwalter unverzüglich alle bekannten ausländischen Gläubiger.

(2) Die Unterrichtung nach Absatz 1 erfolgt durch individuelle Übersendung eines Vermerks und gibt insbesondere an, welche Fristen einzuhalten sind, welches die Versäumnisfolgen sind, welche Stelle für die Entgegennahme der Anmeldungen zuständig ist und welche weiteren Maßnahmen vorgeschrieben sind. In dem Vermerk ist auch anzugeben, ob die bevorrechtigten oder dinglich gesicherten Gläubiger ihre Forderungen anmelden müssen. Dem Vermerk ist des Weiteren eine Kopie des Standardformulars für die Anmeldung von Forderungen gemäß Artikel 55 beizufügen oder es ist anzugeben, wo dieses Formular erhältlich ist.

(3) Die Unterrichtung nach den Absätzen 1 und 2 dieses Artikels erfolgt mithilfe eines Standardmitteilungsformulars, das gemäß Artikel 88 festgelegt wird. Das Formular wird im Europäischen Justizportal veröffentlicht und trägt die Überschrift „Mitteilung über ein Insolvenzverfahren" in sämtlichen Amtssprachen der Organe der Union. Es wird in der Amtssprache des Staates der Verfahrenseröffnung oder – falls es in dem betreffenden Mitgliedstaat mehrere Amtssprachen gibt – in der Amtssprache oder einer der Amtssprachen des Ortes, an dem das Insolvenzverfahren eröffnet wurde, oder in einer anderen Sprache übermittelt, die dieser Staat gemäß Artikel 55 Absatz 5 zugelassen hat, wenn anzunehmen ist, dass diese Sprache für ausländische Gläubiger leichter zu verstehen ist.

(4) Bei Insolvenzverfahren bezüglich einer natürlichen Person, die keine selbständige gewerbliche oder freiberufliche Tätigkeit ausübt, ist die Verwendung des in diesem Artikel genannten Standardformulars nicht vorgeschrieben, sofern die Gläubiger nicht verpflichtet sind, ihre Forderungen anzumelden, damit diese im Verfahren berücksichtigt werden.

Artikel 55
Verfahren für die Forderungsanmeldung

(1) Ausländische Gläubiger können ihre Forderungen mithilfe des Standardformulars anmelden, das gemäß Artikel 88 festgelegt wird. Das Formular trägt die Überschrift „Forderungsanmeldung" in sämtlichen Amtssprachen der Organe der Union.

(2) Das Standardformular für die Forderungsanmeldung nach Absatz 1 enthält die folgenden Angaben:

a) Name, Postanschrift, E-Mail-Adresse sofern vorhanden, persönliche Kennnummer sofern vorhanden sowie Bankverbindung des ausländischen Gläubigers nach Absatz 1,

b) Forderungsbetrag unter Angabe der Hauptforderung und gegebenenfalls der Zinsen sowie Entstehungszeitpunkt der Forderung und – sofern davon abweichend – Fälligkeitsdatum,

c) umfasst die Forderung auch Zinsen, den Zinssatz unter Angabe, ob es sich um einen gesetzlichen oder vertraglich vereinbarten Zinssatz handelt, sowie den Zeitraum, für den die Zinsen gefordert werden, und den Betrag der kapitalisierten Zinsen,

d) falls Kosten für die Geltendmachung der Forderung vor Eröffnung des Verfahrens gefordert werden, Betrag und Aufschlüsselung dieser Kosten,

e) Art der Forderung,

f) ob ein Status als bevorrechtigter Gläubiger beansprucht wird und die Grundlage für einen solchen Anspruch,

g) ob für die Forderung eine dingliche Sicherheit oder ein Eigentumsvorbehalt geltend gemacht wird und wenn ja, welche Vermögenswerte Gegenstand der Sicherheit sind, Zeitpunkt der Überlassung der Sicherheit und Registernummer, wenn die Sicherheit in ein Register eingetragen wurde, und

h) ob eine Aufrechnung beansprucht wird und wenn ja, die Beträge der zum Zeitpunkt der Eröffnung des Insolvenzverfahrens bestehenden gegenseitigen Forderungen, den Zeitpunkt ihres Entstehens und den geforderten Saldo nach Aufrechnung.

Der Forderungsanmeldung sind etwaige Belege in Kopie beizufügen.

(3) Das Standardformular für die Forderungsanmeldung enthält den Hinweis, dass die Bankverbindung und die persönliche Kennnummer des Gläubigers nach Absatz 2 Buchstabe a nicht zwingend anzugeben sind.

(4) Meldet ein Gläubiger seine Forderung auf anderem Wege als mithilfe des in Absatz 1 genannten Standardformulars an, so muss seine Anmeldung die in Absatz 2 genannten Angaben enthalten.

(5) Forderungen können in einer Amtssprache der Organe der Union angemeldet werden. Das Gericht, der Verwalter oder der Schuldner in Eigenverwaltung können vom Gläubiger eine Übersetzung in die Amtssprache des Staats der Verfahrenseröffnung oder – falls es in dem betreffenden Mitgliedstaat mehrere Amtssprachen gibt – in die Amtssprache oder in eine der Amtssprachen des Ortes, an dem das Insolvenzverfahren eröffnet wurde, oder in eine andere Sprache, die dieser Mitgliedstaat zugelassen hat, verlangen. Jeder Mitgliedstaat gibt an, ob er neben seiner oder seinen eigenen Amtssprachen andere Amtssprachen der Organe der Union für eine Forderungsanmeldung zulässt.

(6) Forderungen sind innerhalb der im Recht des Staats der Verfahrenseröffnung festgelegten Frist anzumelden. Bei ausländischen Gläubigern beträgt diese Frist mindestens 30 Tage nach Bekanntmachung der Eröffnung des Insolvenzverfahrens im Insolvenzregister des Staats der Verfahrenseröffnung. Stützt sich ein Mitgliedstaat auf Artikel 24 Absatz 4, so beträgt diese Frist mindestens 30 Tage ab Unterrichtung eines Gläubigers gemäß Artikel 54.

(7) Hat das Gericht, der Verwalter oder der Schuldner in Eigenverwaltung Zweifel an einer nach Maßgabe dieses Artikels angemeldeten Forderung, so gibt er dem Gläubiger Gelegenheit, zusätzliche Belege für das Bestehen und die Höhe der Forderung vorzulegen.

KAPITEL V
INSOLVENZVERFAHREN ÜBER DAS VERMÖGEN VON MITGLIEDERN EINER UNTERNEHMENSGRUPPE

ABSCHNITT 1
Zusammenarbeit und Kommunikation

Artikel 56
Zusammenarbeit und Kommunikation der Verwalter

(1) Bei Insolvenzverfahren über das Vermögen von zwei oder mehr Mitgliedern derselben Unternehmensgruppe arbeiten die Verwalter dieser Verfahren zusammen, soweit diese Zusammenarbeit die wirksame Abwicklung der Verfahren erleichtern kann, mit den für die einzelnen Verfahren geltenden Vorschriften vereinbar ist und keine Interessenkonflikte nach sich zieht. Diese Zusammenarbeit kann in beliebiger Form, einschließlich durch den Abschluss von Vereinbarungen oder Verständigungen, erfolgen.

(2) Bei der Durchführung der Zusammenarbeit nach Absatz 1 obliegt es den Verwaltern,

a) einander so bald wie möglich alle Informationen mitzuteilen, die für das jeweilige andere Verfahren von Bedeutung sein können, vorausgesetzt, es bestehen geeignete Vorkehrungen zum Schutz vertraulicher Informationen;

b) zu prüfen, ob Möglichkeiten einer Koordinierung der Verwaltung und Überwachung der Geschäfte der Gruppenmitglieder, über deren Vermögen ein Insolvenzverfahren eröffnet wurde, bestehen; falls eine solche Möglichkeit besteht, koordinieren sie die Verwaltung und Überwachung dieser Geschäfte;

c) zu prüfen, ob Möglichkeiten einer Sanierung von Gruppenmitgliedern, über deren Vermögen

EuInsVO

ein Insolvenzverfahren eröffnet wurde, bestehen und, falls eine solche Möglichkeit besteht, sich über den Vorschlag für einen koordinierten Sanierungsplan und dazu, wie er ausgehandelt werden soll, abzustimmen.

Für die Zwecke der Buchstaben b und c können alle oder einige der in Absatz 1 genannten Verwalter vereinbaren, einem Verwalter aus ihrer Mitte zusätzliche Befugnisse zu übertragen, wenn eine solche Vereinbarung nach den für die jeweiligen Verfahren geltenden Vorschriften zulässig ist. Sie können ferner vereinbaren, bestimmte Aufgaben unter sich aufzuteilen, wenn eine solche Aufteilung nach den für die jeweiligen Verfahren geltenden Vorschriften zulässig ist.

Artikel 57
Zusammenarbeit und Kommunikation der Gerichte

(1) Bei Insolvenzverfahren über das Vermögen von zwei oder mehr Mitgliedern derselben Unternehmensgruppe arbeitet ein Gericht, das ein solches Verfahren eröffnet hat, mit Gerichten, die mit einem Antrag auf Eröffnung eines Insolvenzverfahrens über das Vermögen eines anderen Mitglieds derselben Unternehmensgruppe befasst sind oder die ein solches Verfahren eröffnet haben, zusammen, soweit diese Zusammenarbeit eine wirksame Verfahrensführung erleichtern kann, mit den für die einzelnen Verfahren geltenden Vorschriften vereinbar ist und keine Interessenkonflikte nach sich zieht. Die Gerichte können hierzu bei Bedarf eine unabhängige Person oder Stelle bestellen bzw. bestimmen, die auf ihre Weisungen hin tätig wird, sofern dies mit den für sie geltenden Vorschriften vereinbar ist.

(2) Bei der Durchführung der Zusammenarbeit nach Absatz 1 können die Gerichte oder eine von ihnen bestellte bzw. bestimmte Person oder Stelle im Sinne des Absatzes 1 direkt miteinander kommunizieren oder einander direkt um Informationen und Unterstützung ersuchen, vorausgesetzt, bei dieser Kommunikation werden die Verfahrensrechte der Verfahrensbeteiligten sowie die Vertraulichkeit der Informationen gewahrt.

(3) Die Zusammenarbeit im Sinne des Absatzes 1 kann auf jedem von dem Gericht als geeignet erachteten Weg erfolgen. Sie kann insbesondere Folgendes betreffen:

a) die Koordinierung bei der Bestellung von Verwaltern,

b) die Mitteilung von Informationen auf jedem von dem betreffenden Gericht als geeignet erachteten Weg,

c) die Koordinierung der Verwaltung und Überwachung der Insolvenzmasse und Geschäfte der Mitglieder der Unternehmensgruppe,

d) die Koordinierung der Verhandlungen,

e) soweit erforderlich die Koordinierung der Zustimmung zu einer Verständigung der Verwalter.

Artikel 58
Zusammenarbeit und Kommunikation zwischen Verwaltern und Gerichten

Ein Verwalter, der in einem Insolvenzverfahren über das Vermögen eines Mitglieds einer Unternehmensgruppe bestellt worden ist,

a) arbeitet mit jedem Gericht, das mit einem Antrag auf Eröffnung eines Insolvenzverfahrens über das Vermögen eines anderen Mitglieds derselben Unternehmensgruppe befasst ist oder das ein solches Verfahren eröffnet hat, zusammen und kommuniziert mit diesem und

b) kann dieses Gericht um Informationen zum Verfahren über das Vermögen des anderen Mitgliedes der Unternehmensgruppe oder um Unterstützung in dem Verfahren, für das er bestellt worden ist, ersuchen,

soweit eine solche Zusammenarbeit und Kommunikation die wirkungsvolle Verfahrensführung erleichtern können, keine Interessenkonflikte nach sich ziehen und mit den für die Verfahren geltenden Vorschriften vereinbar sind.

Artikel 59
Kosten der Zusammenarbeit und Kommunikation bei Verfahren über das Vermögen von Mitgliedern einer Unternehmensgruppe

Die Kosten der Zusammenarbeit und Kommunikation nach den Artikeln 56 bis 60, die einem Verwalter oder einem Gericht entstehen, gelten als Kosten und Auslagen des Verfahrens, in dem sie angefallen sind.

Artikel 60
Rechte des Verwalters bei Verfahren über das Vermögen von Mitgliedern einer Unternehmensgruppe

(1) Der Verwalter eines über das Vermögen eines Mitglieds einer Unternehmensgruppe eröffneten Insolvenzverfahrens kann, soweit dies eine effektive Verfahrensführung erleichtern kann,

a) in jedem über das Vermögen eines anderen Mitglieds derselben Unternehmensgruppe eröffneten Verfahren gehört werden,

b) eine Aussetzung jeder Maßnahme im Zusammenhang mit der Verwertung der Masse in jedem Verfahren über das Vermögen eines anderen Mitglieds derselben Unternehmensgruppe beantragen, sofern

i) für alle oder einige Mitglieder der Unternehmensgruppe, über deren Vermögen ein Insolvenzverfahren eröffnet worden ist, ein Sanierungsplan gemäß Artikel 56 Absatz 2 Buchstabe c vorgeschlagen wurde und hinreichende Aussicht auf Erfolg hat;

ii) die Aussetzung notwendig ist, um die ordnungsgemäße Durchführung des Sanierungsplans sicherzustellen;

iii) der Sanierungsplan den Gläubigern des Verfahrens, für das die Aussetzung beantragt wird, zugute käme und

iv) weder das Insolvenzverfahren, für das der Verwalter gemäß Absatz 1 bestellt wurde, noch das Verfahren, für das die Aussetzung beantragt wird, einer Koordinierung gemäß Abschnitt 2 dieses Kapitels unterliegt;

c) die Eröffnung eines Gruppen-Koordinationsverfahrens gemäß Artikel 61 beantragen.

(2) Das Gericht, das das Verfahren nach Absatz 1 Buchstabe b eröffnet hat, setzt alle Maßnahmen im Zusammenhang mit der Verwertung der Masse in dem Verfahren ganz oder teilweise aus, wenn es sich überzeugt hat, dass die Voraussetzungen nach Absatz 1 Buchstabe b erfüllt sind.

Vor Anordnung der Aussetzung hört das Gericht den Verwalter des Insolvenzverfahrens, für das die Aussetzung beantragt wird. Die Aussetzung kann für jeden Zeitraum bis zu drei Monaten angeordnet werden, den das Gericht für angemessen hält und der mit den für das Verfahren geltenden Vorschriften vereinbar ist.

Das Gericht, das die Aussetzung anordnet, kann verlangen, dass der Verwalter nach Absatz 1 alle geeigneten Maßnahmen nach nationalem Recht zum Schutz der Interessen der Gläubiger des Verfahrens ergreift.

Das Gericht kann die Dauer der Aussetzung um einen weiteren Zeitraum oder mehrere weitere Zeiträume verlängern, die es für angemessen hält und die mit den für das Verfahren geltenden Vorschriften vereinbar sind, sofern die in Absatz 1 Buchstabe b Ziffern ii bis iv genannten Voraussetzungen weiterhin erfüllt sind und die Gesamtdauer der Aussetzung (die anfängliche Dauer zuzüglich aller Verlängerungen) sechs Monate nicht überschreitet.

ABSCHNITT 2
Koordinierung

Unterabschnitt 1
Verfahren

Artikel 61
Antrag auf Eröffnung eines
Gruppen-Koordinationsverfahrens

(1) Ein Gruppen-Koordinationsverfahren kann von einem Verwalter, der in einem Insolvenzverfahren über das Vermögen eines Mitglieds der Gruppe bestellt worden ist, bei jedem Gericht, das für das Insolvenzverfahren eines Mitglieds der Gruppe zuständig ist, beantragt werden.

(2) Der Antrag nach Absatz 1 erfolgt gemäß dem für das Verfahren, in dem der Verwalter bestellt wurde, geltenden Recht.

(3) Dem Antrag nach Absatz 1 ist Folgendes beizufügen:

a) ein Vorschlag bezüglich der Person, die zum Gruppenkoordinator (im Folgenden: „Koordinator") ernannt werden soll, Angaben zu ihrer Eignung nach Artikel 71, Angaben zu ihren Qualifikationen und ihre schriftliche Zustimmung zur Tätigkeit als Koordinator;

b) eine Darlegung der vorgeschlagenen Gruppen-Koordination, insbesondere der Gründe, weshalb die Voraussetzungen nach Artikel 63 Absatz 1 erfüllt sind;

c) eine Liste der für die Mitglieder der Gruppe bestellten Verwalter und gegebenenfalls die Gerichte und zuständigen Behörden, die in den Insolvenzverfahren über das Vermögen der Mitglieder der Gruppe betroffen sind;

d) eine Darstellung der geschätzten Kosten der vorgeschlagenen Gruppen-Koordination und eine Schätzung des von jedem Mitglied der Gruppe zu tragenden Anteils dieser Kosten.

Artikel 62
Prioritätsregel

Unbeschadet des Artikels 66 gilt Folgendes: Wird die Eröffnung eines Gruppen-Koordinationsverfahrens bei Gerichten verschiedener Mitgliedstaaten beantragt, so erklären sich die später angerufenen Gerichte zugunsten des zuerst angerufenen Gerichts für unzuständig.

Artikel 63
Mitteilung durch das befasste Gericht

(1) Das mit einem Antrag auf Eröffnung eines Gruppen-Koordinationsverfahrens befasste Gericht unterrichtet so bald als möglich die für die Mitglieder der Gruppe bestellten Verwalter, die im Antrag gemäß Artikel 61 Absatz 3 Buchstabe c angegeben sind, über den Antrag auf Eröffnung eines Gruppen-Koordinationsverfahrens und den vorgeschlagenen Koordinator, wenn es davon überzeugt ist, dass

a) die Eröffnung eines solchen Verfahrens die effektive Führung der Insolvenzverfahren über das Vermögen der verschiedenen Mitglieder der Gruppe erleichtern kann,

b) nicht zu erwarten ist, dass ein Gläubiger eines Mitglieds der Gruppe, das voraussichtlich am Verfahren teilnehmen wird, durch die Einbeziehung dieses Mitglieds in das Verfahren finanziell benachteiligt wird, und

EuInsVO

c) der vorgeschlagene Koordinator die Anforderungen gemäß Artikel 71 erfüllt.

(2) In der Mitteilung nach Absatz 1 dieses Artikels sind die in Artikel 61 Absatz 3 Buchstaben a bis d genannten Bestandteile des Antrags aufzulisten.

(3) Die Mitteilung nach Absatz 1 ist eingeschrieben mit Rückschein aufzugeben.

(4) Das befasste Gericht gibt den beteiligten Verwaltern die Gelegenheit, sich zu äußern.

Artikel 64
Einwände von Verwaltern

(1) Ein für ein Mitglied einer Gruppe bestellter Verwalter kann Einwände erheben gegen

a) die Einbeziehung des Insolvenzverfahrens, für das er bestellt wurde, in ein Gruppen-Koordinationsverfahren oder

b) die als Koordinator vorgeschlagene Person.

(2) Einwände nach Absatz 1 dieses Artikels sind innerhalb von 30 Tagen nach Eingang der Mitteilung über den Antrag auf Eröffnung eines Gruppen-Koordinationsverfahrens durch den Verwalter gemäß Absatz 1 dieses Artikels bei dem Gericht nach Artikel 63 zu erheben. Der Einwand kann mittels des nach Artikel 88 eingeführten Standardformulars erhoben werden.

(3) Vor der Entscheidung über eine Teilnahme bzw. Nichtteilnahme an der Koordination gemäß Absatz 1 Buchstabe a hat ein Verwalter die Genehmigungen, die gegebenenfalls nach dem Recht des Staats der Verfahrenseröffnung, für das er bestellt wurde, erforderlich sind, zu erwirken.

Artikel 65
Folgen eines Einwands gegen die Einbeziehung in ein Gruppen-Koordinationsverfahren

(1) Hat ein Verwalter gegen die Einbeziehung des Verfahrens, für das er bestellt wurde, in ein Gruppen-Koordinationsverfahren Einwand erhoben, so wird dieses Verfahren nicht in das Gruppen-Koordinationsverfahren einbezogen.

(2) Die Befugnisse des Gerichts gemäß Artikel 68 oder des Koordinators, die sich aus diesem Verfahren ergeben, haben keine Wirkung hinsichtlich des betreffenden Mitglieds und ziehen keine Kosten für dieses Mitglied nach sich.

Artikel 66
Wahl des Gerichts für ein
Gruppen-Koordinationsverfahren

(1) Sind sich mindestens zwei Drittel aller Verwalter, die für Insolvenzverfahren über das Vermögen der Mitglieder der Gruppe bestellt wurden, darüber einig, dass ein zuständiges Gericht eines anderen Mitgliedstaats am besten für die Eröffnung eines Gruppen-Koordinationsverfahrens geeignet ist, so ist dieses Gericht ausschließlich zuständig.

(2) Die Wahl des Gerichts erfolgt als gemeinsame Vereinbarung in Schriftform oder wird schriftlich festgehalten. Sie kann bis zum Zeitpunkt der Eröffnung des Gruppen-Koordinationsverfahrens gemäß Artikel 68 erfolgen.

(3) Jedes andere als das gemäß Absatz 1 befasste Gericht erklärt sich zugunsten dieses Gerichts für unzuständig.

(4) Der Antrag auf Eröffnung eines Gruppen-Koordinationsverfahrens wird bei dem vereinbarten Gericht gemäß Artikel 61 eingereicht.

Artikel 67
Folgen von Einwänden gegen den
vorgeschlagenen Koordinator

Werden gegen die als Koordinator vorgeschlagene Person Einwände von einem Verwalter vorgebracht, der nicht gleichzeitig Einwände gegen die Einbeziehung des Mitglieds, für das er bestellt wurde, in das Gruppen-Koordinationsverfahren erhebt, kann das Gericht davon absehen, diese Person zu bestellen und den Einwände erhebenden Verwalter auffordern, einen den Anforderungen nach Artikel 61 Absatz 3 entsprechenden neuen Antrag einzureichen.

Artikel 68
Entscheidung zur Eröffnung eines
Gruppen-Koordinationsverfahrens

(1) Nach Ablauf der in Artikel 64 Absatz 2 genannten Frist kann das Gericht ein Gruppen-Koordinationsverfahren eröffnen, sofern es davon überzeugt ist, dass die Voraussetzungen nach Artikel 63 Absatz 1 erfüllt sind. In diesem Fall hat das Gericht:

a) einen Koordinator zu bestellen,

b) über den Entwurf der Koordination zu entscheiden und

c) über die Kostenschätzung und den Anteil, der von den Mitgliedern der Gruppe zu tragen ist, zu entscheiden.

(2) Die Entscheidung zur Eröffnung eines Gruppen-Koordinationsverfahrens wird den beteiligten Verwaltern und dem Koordinator mitgeteilt.

Artikel 69
Nachträgliches Opt-in durch Verwalter

(1) Im Einklang mit dem dafür geltenden nationalen Recht kann jeder Verwalter im Anschluss an die Entscheidung des Gerichts nach Artikel 68 die Einbeziehung des Verfahrens, für das er bestellt wurde, beantragen, wenn

a) ein Einwand gegen die Einbeziehung des Insolvenzverfahrens in das Gruppen-Koordinationsverfahren erhoben wurde oder

b) ein Insolvenzverfahren über das Vermögen eines Mitglieds der Gruppe eröffnet wurde, nachdem das Gericht ein Gruppen-Koordinationsverfahren eröffnet hat.

(2) Unbeschadet des Absatzes 4 kann der Koordinator einem solchen Antrag nach Anhörung der beteiligten Verwalter entsprechen, wenn

a) er davon überzeugt ist, dass unter Berücksichtigung des Stands, den das Gruppen-Koordinationsverfahren zum Zeitpunkt des Antrags erreicht hat, die Voraussetzungen gemäß Artikel 63 Absatz 1 Buchstaben a und b erfüllt sind, oder

b) alle beteiligten Verwalter gemäß den Bestimmungen ihres nationalen Rechts zustimmen.

(3) Der Koordinator unterrichtet das Gericht und die am Verfahren teilnehmenden Verwalter über seine Entscheidung gemäß Absatz 2 und über die Gründe, auf denen sie beruht.

(4) Jeder beteiligte Verwalter und jeder Verwalter, dessen Antrag auf Einbeziehung in das Gruppen-Koordinationsverfahren abgelehnt wurde, kann die in Absatz 2 genannte Entscheidung gemäß dem Verfahren anfechten, das nach dem Recht des Mitgliedstaats, in dem das Gruppen-Koordinationsverfahren eröffnet wurde, bestimmt ist.

Artikel 70
Empfehlungen und
Gruppen-Koordinationsplan

(1) Bei der Durchführung ihrer Insolvenzverfahren berücksichtigen die Verwalter die Empfehlungen des Koordinators und den Inhalt des in Artikel 72 Absatz 1 genannten Gruppen-Koordinationsplans.

(2) Ein Verwalter ist nicht verpflichtet, den Empfehlungen des Koordinators oder dem Gruppen-Koordinationsplan ganz oder teilweise Folge zu leisten.

Folgt er den Empfehlungen des Koordinators oder dem Gruppen-Koordinationsplan nicht, so informiert er die Personen oder Stellen, denen er nach seinem nationalen Recht Bericht erstatten muss, und den Koordinator über die Gründe dafür.

Unterabschnitt 2
Allgemeine Vorschriften

Artikel 71
Der Koordinator

(1) Der Koordinator muss eine Person sein, die nach dem Recht eines Mitgliedstaats geeignet ist, als Verwalter tätig zu werden.

(2) Der Koordinator darf keiner der Verwalter sein, die für ein Mitglied der Gruppe bestellt sind, und es darf kein Interessenkonflikt hinsichtlich der Mitglieder der Gruppe, ihrer Gläubiger und der für die Mitglieder der Gruppe bestellten Verwalter vorliegen.

Artikel 72
Aufgaben und Rechte des Koordinators

(1) Der Koordinator

a) legt Empfehlungen für die koordinierte Durchführung der Insolvenzverfahren fest und stellt diese dar,

b) schlägt einen Gruppen-Koordinationsplan vor, der einen umfassenden Katalog geeigneter Maßnahmen für einen integrierten Ansatz zur Bewältigung der Insolvenz der Gruppenmitglieder festlegt, beschreibt und empfiehlt. Der Plan kann insbesondere Vorschläge enthalten zu

i) den Maßnahmen, die zur Wiederherstellung der wirtschaftlichen Leistungsfähigkeit und der Solvenz der Gruppe oder einzelner Mitglieder zu ergreifen sind,

ii) der Beilegung gruppeninterner Streitigkeiten in Bezug auf gruppeninterne Transaktionen und Anfechtungsklagen,

iii) Vereinbarungen zwischen den Verwaltern der insolventen Gruppenmitglieder.

(2) Der Koordinator hat zudem das Recht

a) in jedem Insolvenzverfahren über das Vermögen eines Mitglieds der Unternehmensgruppe gehört zu werden und daran mitzuwirken, insbesondere durch Teilnahme an der Gläubigerversammlung,

b) bei allen Streitigkeiten zwischen zwei oder mehr Verwaltern von Gruppenmitgliedern zu vermitteln,

c) seinen Gruppen-Koordinationsplan den Personen oder Stellen vorzulegen und zu erläutern, denen er aufgrund der nationalen Rechtsvorschriften seines Landes Bericht erstatten muss,

d) von jedem Verwalter Informationen in Bezug auf jedes Gruppenmitglied anzufordern, wenn diese Informationen bei der Festlegung und Darstellung von Strategien und Maßnahmen zur Koordinierung der Verfahren von Nutzen sind oder sein könnten,

e) eine Aussetzung von Verfahren über das Vermögen jedes Mitglieds der Gruppe für bis zu sechs Monate zu beantragen, sofern die Aussetzung notwendig ist, um die ordnungsgemäße Durchführung des Plans sicherzustellen, und den Gläubigern des Verfahrens, für das die Aussetzung beantragt wird, zugute käme, oder die Aufhebung jeder bestehenden Aussetzung zu beantragen. Ein derartiger Antrag ist bei dem Gericht zu stellen, das das Verfahren eröffnet hat, für das die Aussetzung beantragt wird.

EuInsVO

(3) Der in Absatz 1 Buchstabe b genannte Plan darf keine Empfehlungen zur Konsolidierung von Verfahren oder Insolvenzmassen umfassen.

(4) Die in diesem Artikel festgelegten Aufgaben und Rechte des Koordinators erstrecken sich nicht auf Mitglieder der Gruppe, die nicht am Gruppen-Koordinationsverfahren beteiligt sind.

(5) Der Koordinator übt seine Pflichten unparteiisch und mit der gebotenen Sorgfalt aus.

(6) Wenn nach Ansicht des Koordinators die Wahrnehmung seiner Aufgaben zu einer – im Vergleich zu der in Artikel 61 Absatz 3 Buchstabe d genannten Kostenschätzung – erheblichen Kostensteigerung führen wird, und auf jeden Fall, wenn die Kosten die geschätzten Kosten um 10 % übersteigen, hat der Koordinator

a) unverzüglich die beteiligten Verwalter zu informieren und

b) die vorherige Zustimmung des Gerichts einzuholen, das das Gruppen-Koordinationsverfahren eröffnet hat.

Artikel 73
Sprachen

(1) Der Koordinator kommuniziert mit dem Verwalter eines beteiligten Gruppenmitglieds in der mit dem Verwalter vereinbarten Sprache oder bei Fehlen einer entsprechenden Vereinbarung in der Amtssprache oder in einer der Amtssprachen der Organe der Union und des Gerichts, das das Verfahren für dieses Gruppenmitglied eröffnet hat.

(2) Der Koordinator kommuniziert mit einem Gericht in der Amtssprache, die dieses Gericht verwendet.

Artikel 74
Zusammenarbeit zwischen den Verwaltern und dem Koordinator

(1) Die für die Mitglieder der Gruppe bestellten Verwalter und der Koordinator arbeiten soweit zusammen, wie diese Zusammenarbeit mit den für das betreffende Verfahren geltenden Vorschriften vereinbar ist.

(2) Insbesondere übermitteln die Verwalter jede Information, die für den Koordinator zur Wahrnehmung seiner Aufgaben von Belang ist.

Artikel 75
Abberufung des Koordinators

Das Gericht ruft den Koordinator von Amts wegen oder auf Antrag des Verwalters eines beteiligten Gruppenmitglieds ab, wenn der Koordinator

a) zum Schaden der Gläubiger eines beteiligten Gruppenmitglieds handelt oder

b) nicht seinen Verpflichtungen nach diesem Kapitel nachkommt.

Artikel 76
Schuldner in Eigenverwaltung

Die gemäß diesem Kapitel für den Verwalter geltenden Bestimmungen gelten soweit einschlägig entsprechend für den Schuldner in Eigenverwaltung.

Artikel 77
Kosten und Kostenaufteilung

(1) Die Vergütung des Koordinators muss angemessen und verhältnismäßig zu den wahrgenommenen Aufgaben sein sowie angemessene Aufwendungen berücksichtigen.

(2) Nach Erfüllung seiner Aufgaben legt der Koordinator die Endabrechnung der Kosten mit dem von jedem Mitglied zu tragenden Anteil vor und übermittelt diese Abrechnung jedem beteiligten Verwalter und dem Gericht, das das Koordinationsverfahren eröffnet hat.

(3) Legt keiner der Verwalter innerhalb von 30 Tagen nach Eingang der in Absatz 2 genannten Abrechnung Widerspruch ein, gelten die Kosten und der von jedem Mitglied zu tragende Anteil als gebilligt. Die Abrechnung wird dem Gericht, das das Koordinationsverfahren eröffnet hat, zur Bestätigung vorgelegt.

(4) Im Falle eines Widerspruchs entscheidet das Gericht, das das Gruppen-Koordinationsverfahren eröffnet hat, auf Antrag des Koordinators oder eines beteiligten Verwalters über die Kosten und den von jedem Mitglied zu tragenden Anteil im Einklang mit den Kriterien gemäß Absatz 1 dieses Artikels und unter Berücksichtigung der Kostenschätzung gemäß Artikel 68 Absatz 1 und gegebenenfalls Artikel 72 Absatz 6.

(5) Jeder beteiligte Verwalter kann die in Absatz 4 genannte Entscheidung gemäß dem Verfahren anfechten, das nach dem Recht des Mitgliedstaats, in dem das Gruppen-Koordinationsverfahren eröffnet wurde, vorgesehen ist.

KAPITEL VI
DATENSCHUTZ

Artikel 78
Datenschutz

(1) Sofern keine Verarbeitungsvorgänge im Sinne des Artikels 3 Absatz 2 der Richtlinie 95/46/EG betroffen sind, finden die nationalen Vorschriften zur Umsetzung der Richtlinie 95/46/EG auf die nach Maßgabe dieser Verordnung in den Mitgliedstaaten durchgeführte Verarbeitung personenbezogener Daten Anwendung.

(2) Die Verordnung (EG) Nr. 45/2001 gilt für die Verarbeitung personenbezogener Daten, die von der Kommission nach Maßgabe der vorliegenden Verordnung durchgeführt wird.

Artikel 79
Aufgaben der Mitgliedstaaten hinsichtlich der Verarbeitung personenbezogener Daten in nationalen Insolvenzregistern

(1) Jeder Mitgliedstaat teilt der Kommission im Hinblick auf seine Bekanntmachung im Europäischen Justizportal den Namen der natürlichen oder juristischen Person, Behörde, Einrichtung oder jeder anderen Stelle mit, die nach den nationalen Rechtsvorschriften für die Ausübung der Aufgaben eines für die Verarbeitung Verantwortlichen gemäß Artikel 2 Buchstabe d der Richtlinie 95/46/EG benannt worden ist.

(2) Die Mitgliedstaaten stellen sicher, dass die technischen Maßnahmen zur Gewährleistung der Sicherheit der in ihren nationalen Insolvenzregistern nach Artikel 24 verarbeiteten personenbezogenen Daten durchgeführt werden.

(3) Es obliegt den Mitgliedstaaten, zu überprüfen, dass der gemäß Artikel 2 Buchstabe d der Richtlinie 95/46/EG benannte für die Verarbeitung Verantwortliche die Einhaltung der Grundsätze in Bezug auf die Qualität der Daten, insbesondere die Richtigkeit und die Aktualisierung der in nationalen Insolvenzregistern gespeicherten Daten sicherstellt.

(4) Es obliegt den Mitgliedstaaten gemäß der Richtlinie 95/46/EG, Daten zu erheben und in nationalen Datenbanken zu speichern und zu entscheiden, diese Daten im vernetzten Register, das über das Europäische Justizportal eingesehen werden kann, zugänglich zu machen.

(5) Als Teil der Information, die betroffene Personen erhalten, um ihre Rechte und insbesondere das Recht auf Löschung von Daten wahrnehmen zu können, teilen die Mitgliedstaaten betroffenen Personen mit, für welchen Zeitraum ihre in Insolvenzregistern gespeicherten personenbezogenen Daten zugänglich sind.

Artikel 80
Aufgaben der Kommission im Zusammenhang mit der Verarbeitung personenbezogener Daten

(1) Die Kommission nimmt die Aufgaben des für die Verarbeitung Verantwortlichen gemäß Artikel 2 Buchstabe d der Verordnung (EG) Nr. 45/2001 im Einklang mit den diesbezüglich in diesem Artikel festgelegten Aufgaben wahr.

(2) Die Kommission legt die notwendigen Grundsätze fest und wendet die notwendigen technischen Lösungen an, um ihre Aufgaben im Aufgabenbereich des für die Verarbeitung Verantwortlichen zu erfüllen.

(3) Die Kommission setzt die technischen Maßnahmen um, die erforderlich sind, um die Sicherheit der personenbezogenen Daten bei der Übermittlung, insbesondere die Vertraulichkeit und Unversehrtheit bei der Übermittlung zum und vom Europäischen Justizportal, zu gewährleisten.

(4) Die Aufgaben der Mitgliedstaaten und anderer Stellen in Bezug auf den Inhalt und den Betrieb der von ihnen geführten, vernetzten nationalen Datenbanken bleiben von den Verpflichtungen der Kommission unberührt.

Artikel 81
Informationspflichten

Unbeschadet der anderen den betroffenen Personen nach Artikel 11 und 12 der Verordnung (EG) Nr. 45/2001 zu erteilenden Informationen informiert die Kommission die betroffenen Personen durch Bekanntmachung im Europäischen Justizportal über ihre Rolle bei der Datenverarbeitung und die Zwecke dieser Datenverarbeitung.

Artikel 82
Speicherung personenbezogener Daten

Für Informationen aus vernetzten nationalen Datenbanken gilt, dass keine personenbezogenen Daten von betroffenen Personen im Europäischen Justizportal gespeichert werden. Sämtliche derartige Daten werden in den von den Mitgliedstaaten oder anderen Stellen betriebenen nationalen Datenbanken gespeichert.

Artikel 83
Zugang zu personenbezogenen Daten über das Europäische Justizportal

Die in den nationalen Insolvenzregistern nach Artikel 24 gespeicherten personenbezogenen Daten sind solange über das Europäische Justizportal zugänglich, wie sie nach nationalem Recht zugänglich bleiben.

KAPITEL VII
ÜBERGANGS- UND SCHLUSSBESTIMMUNGEN

Artikel 84
Zeitlicher Anwendungsbereich

(1) Diese Verordnung ist nur auf solche Insolvenzverfahren anzuwenden, die ab dem 26. Juni 2017 eröffnet worden sind. Für Rechtshandlungen des Schuldners vor diesem Datum gilt weiterhin das Recht, das für diese Rechtshandlungen anwendbar war, als sie vorgenommen wurden. *(ABl L 349 vom 21.12.2016, S. 6–6 (Berichtigung))*

(2) Unbeschadet des Artikels 91 der vorliegenden Verordnung gilt die Verordnung (EG) Nr. 1346/2000 weiterhin für Verfahren, die in den Geltungsbereich jener Verordnung fallen und vor dem 26. Juni 2017 eröffnet wurden.

Artikel 85
Verhältnis zu Übereinkünften

(1) Diese Verordnung ersetzt in ihrem sachlichen Anwendungsbereich hinsichtlich der Beziehungen der Mitgliedstaaten untereinander die zwischen zwei oder mehreren Mitgliedstaaten geschlossenen Übereinkünfte, insbesondere

a) das am 8. Juli 1899 in Paris unterzeichnete belgisch-französische Abkommen über die gerichtliche Zuständigkeit, die Anerkennung und die Vollstreckung von gerichtlichen Entscheidungen, Schiedssprüchen und öffentlichen Urkunden;

b) das am 16. Juli 1969 in Brüssel unterzeichnete belgisch-österreichische Abkommen über Konkurs, Ausgleich und Zahlungsaufschub (mit Zusatzprotokoll vom 13. Juni 1973);

c) das am 28. März 1925 in Brüssel unterzeichnete belgisch-niederländische Abkommen über die Zuständigkeit der Gerichte, den Konkurs sowie die Anerkennung und die Vollstreckung von gerichtlichen Entscheidungen, Schiedssprüchen und öffentlichen Urkunden;

d) den am 25. Mai 1979 in Wien unterzeichneten deutsch-österreichischen Vertrag auf dem Gebiet des Konkurs- und Vergleichs-(Ausgleichs-)rechts;

e) das am 27. Februar 1979 in Wien unterzeichnete französisch-österreichische Abkommen über die gerichtliche Zuständigkeit, die Anerkennung und die Vollstreckung von Entscheidungen auf dem Gebiet des Insolvenzrechts;

f) das am 3. Juni 1930 in Rom unterzeichnete französisch-italienische Abkommen über die Vollstreckung gerichtlicher Urteile in Zivil- und Handelssachen;

g) das am 12. Juli 1977 in Rom unterzeichnete italienisch-österreichische Abkommen über Konkurs und Ausgleich;

h) den am 30. August 1962 in Den Haag unterzeichneten deutsch-niederländischen Vertrag über die gegenseitige Anerkennung und Vollstreckung gerichtlicher Entscheidungen und anderer Schuldtitel in Zivil- und Handelssachen;

i) das am 2. Mai 1934 in Brüssel unterzeichnete britisch-belgische Abkommen zur gegenseitigen Vollstreckung gerichtlicher Entscheidungen in Zivil- und Handelssachen mit Protokoll;

j) das am 7. November 1933 in Kopenhagen zwischen Dänemark, Finnland, Norwegen, Schweden und Irland geschlossene Konkursübereinkommen;

k) das am 5. Juni 1990 in Istanbul unterzeichnete Europäische Übereinkommen über bestimmte internationale Aspekte des Konkurses;

l) das am 18. Juni 1959 in Athen unterzeichnete Abkommen zwischen der Föderativen Volksrepublik Jugoslawien und dem Königreich Griechenland über die gegenseitige Anerkennung und Vollstreckung gerichtlicher Entscheidungen;

m) das am 18. März 1960 in Belgrad unterzeichnete Abkommen zwischen der Föderativen Volksrepublik Jugoslawien und der Republik Österreich über die gegenseitige Anerkennung und die Vollstreckung von Schiedssprüchen und schiedsgerichtlichen Vergleichen in Handelssachen;

n) das am 3. Dezember 1960 in Rom unterzeichnete Abkommen zwischen der Föderativen Volksrepublik Jugoslawien und der Republik Italien über die gegenseitige justizielle Zusammenarbeit in Zivil- und Handelssachen;

o) das am 24. September 1971 in Belgrad unterzeichnete Abkommen zwischen der Sozialistischen Föderativen Republik Jugoslawien und dem Königreich Belgien über die justizielle Zusammenarbeit in Zivil- und Handelssachen;

p) das am 18. Mai 1971 in Paris unterzeichnete Abkommen zwischen den Regierungen Jugoslawiens und Frankreichs über die Anerkennung und Vollstreckung gerichtlicher Entscheidungen in Zivil- und Handelssachen;

q) das am 22. Oktober 1980 in Athen unterzeichnete Abkommen zwischen der Tschechoslowakischen Sozialistischen Republik und der Hellenischen Republik über die Rechtshilfe in Zivil- und Strafsachen, der zwischen der Tschechischen Republik und Griechenland noch in Kraft ist;

r) das am 23. April 1982 in Nikosia unterzeichnete Abkommen zwischen der Tschechoslowakischen Sozialistischen Republik und der Republik Zypern über die Rechtshilfe in Zivil- und Strafsachen, der zwischen der Tschechischen Republik und Zypern noch in Kraft ist;

s) den am 10. Mai 1984 in Paris unterzeichneten Vertrag zwischen der Regierung der Tschechoslowakischen Sozialistischen Republik und der Regierung der Französischen Republik über die Rechtshilfe und die Anerkennung und Vollstreckung gerichtlicher Entscheidungen in Zivil-, Familien- und Handelssachen, der zwischen der Tschechischen Republik und Frankreich noch in Kraft ist;

t) den am 6. Dezember 1985 in Prag unterzeichneten Vertrag zwischen der Tschechoslowakischen Sozialistischen Republik und der Republik Italien über die Rechtshilfe in Zivil- und Strafsachen, der zwischen der Tschechischen Republik und Italien noch in Kraft ist;

u) das am 11. November 1992 in Tallinn unterzeichnete Abkommen zwischen der Republik Lettland, der Republik Estland und der Republik Litauen über Rechtshilfe und Rechtsbeziehungen;

v) das am 27. November 1998 in Tallinn unterzeichnete Abkommen zwischen Estland und Polen über Rechtshilfe und Rechtsbeziehungen in Zivil-, Arbeits- und Strafsachen;

w) das am 26. Januar 1993 in Warschau unterzeichnete Abkommen zwischen der Republik Litauen und der Republik Polen über Rechtshilfe und Rechtsbeziehungen in Zivil-, Familien-, Arbeits- und Strafsachen;

x) das am 19. Oktober 1972 in Bukarest unterzeichnete Abkommen zwischen der Sozialistischen Republik Rumänien und der Hellenischen Republik über die Rechtshilfe in Zivil- und Strafsachen mit Protokoll;

y) das am 5. November 1974 in Paris unterzeichnete Abkommen zwischen der Sozialistischen Republik Rumänien und der Französischen Republik über die Rechtshilfe in Zivil- und Handelssachen;

z) das am 10. April 1976 in Athen unterzeichnete Abkommen zwischen der Volksrepublik Bulgarien und der Hellenischen Republik über die Rechtshilfe in Zivil- und Strafsachen;

aa) das am 29. April 1983 in Nikosia unterzeichnete Abkommen zwischen der Volksrepublik Bulgarien und der Republik Zypern über die Rechtshilfe in Zivil- und Strafsachen;

ab) das am 18. Januar 1989 in Sofia unterzeichnete Abkommen zwischen der Volksrepublik Bulgarien und der Regierung der Französischen Republik über die gegenseitige Rechtshilfe in Zivilsachen;

ac) den am 11. Juli 1994 in Bukarest unterzeichneten Vertrag zwischen Rumänien und der Tschechischen Republik über die Rechtshilfe in Zivilsachen;

ad) den am 15. Mai 1999 in Bukarest unterzeichneten Vertrag zwischen Rumänien und der Republik Polen über die Rechtshilfe und die Rechtsbeziehungen in Zivilsachen.

(2) Die in Absatz 1 aufgeführten Übereinkünfte behalten ihre Wirksamkeit hinsichtlich der Verfahren, die vor Inkrafttreten der Verordnung (EG) Nr. 1346/2000 eröffnet worden sind.

(3) Diese Verordnung gilt nicht

a) in einem Mitgliedstaat, soweit es in Konkurssachen mit den Verpflichtungen aus einer Übereinkunft unvereinbar ist, die dieser Mitgliedstaat mit einem oder mehreren Drittstaaten vor Inkrafttreten der Verordnung (EG) Nr. 1346/2000 geschlossen hat;

b) im Vereinigten Königreich Großbritannien und Nordirland, soweit es in Konkurssachen mit den Verpflichtungen aus Vereinbarungen, die im Rahmen des Commonwealth geschlossen wurden und die zum Zeitpunkt des Inkrafttretens der Verordnung (EG) Nr. 1346/2000 wirksam sind, unvereinbar ist.

Artikel 86
Informationen zum Insolvenzrecht der Mitgliedstaaten und der Union

(1) Die Mitgliedstaaten übermitteln im Rahmen des durch die Entscheidung 2001/470/EG des Rates[17)] geschaffenen Europäischen Justiziellen Netzes für Zivil- und Handelssachen eine kurze Beschreibung ihres nationalen Rechts und ihrer Verfahren zum Insolvenzrecht, insbesondere zu den in Artikel 7 Absatz 2 aufgeführten Aspekten, damit die betreffenden Informationen der Öffentlichkeit zur Verfügung gestellt werden können.

(2) Die in Absatz 1 genannten Informationen werden von den Mitgliedstaaten regelmäßig aktualisiert.

(3) Die Kommission macht Informationen bezüglich dieser Verordnung öffentlich verfügbar.

Artikel 87
Einrichtung der Vernetzung der Register

Die Kommission erlässt Durchführungsrechtsakte zur Einrichtung der Vernetzung der Insolvenzregister gemäß Artikel 25. Diese Durchführungsrechtsakte werden gemäß dem in Artikel 89 Absatz 3 genannten Prüfverfahren erlassen.

Artikel 88
Erstellung und spätere Änderung von Standardformularen

Die Kommission erlässt Durchführungsrechtsakte zur Erstellung und soweit erforderlich Änderung der in Artikel 27 Absatz 4, Artikel 54, Artikel 55 und Artikel 64 Absatz 2 genannten Formulare. Diese Durchführungsrechtsakte werden gemäß dem in Artikel 89 Absatz 2 genannten Beratungsverfahren erlassen.

Artikel 89
Ausschussverfahren

(1) Die Kommission wird von einem Ausschuss unterstützt. Dieser Ausschuss ist ein Ausschuss im Sinne der Verordnung (EU) Nr. 182/2011.

EuInsVO

Zu Artikel 86:
[17)] *Entscheidung 2001/470/EG des Rates vom 28. Mai 2001 über die Einrichtung eines Europäischen Justiziellen Netzes für Zivil- und Handelssachen (ABl. L 174 vom 27.6.2001, S. 25).*

(2) Wird auf diesen Absatz Bezug genommen, so gilt Artikel 4 der Verordnung (EU) Nr. 182/2011.

(3) Wird auf diesen Absatz Bezug genommen, so gilt Artikel 5 der Verordnung (EU) Nr. 182/2011.

Artikel 90
Überprüfungsklausel

(1) Die Kommission legt dem Europäischen Parlament, dem Rat und dem Europäischen Wirtschafts- und Sozialausschuss spätestens bis zum 27. Juni 2027 und danach alle fünf Jahre einen Bericht über die Anwendung dieser Verordnung vor. Der Bericht enthält gegebenenfalls einen Vorschlag zur Anpassung dieser Verordnung.

(2) Die Kommission legt dem Europäischen Parlament, dem Rat und dem Europäischen Wirtschafts- und Sozialausschuss spätestens bis zum 27. Juni 2022 einen Bericht über die Anwendung des Gruppen-Koordinationsverfahrens vor. Der Bericht enthält gegebenenfalls einen Vorschlag zur Anpassung dieser Verordnung.

(3) Die Kommission übermittelt dem Europäischen Parlament, dem Rat und dem Europäischen Wirtschafts- und Sozialausschuss spätestens bis zum 1. Januar 2016 eine Studie zu den grenzüberschreitenden Aspekten der Haftung von Geschäftsleitern und ihres Ausschlusses von einer Tätigkeit.

(4) Die Kommission übermittelt dem Europäischen Parlament, dem Rat und dem Europäischen Wirtschafts- und Sozialausschuss spätestens bis zum 27. Juni 2020 eine Studie zur Frage der Wahl des Gerichtsstands in missbräuchlicher Absicht.

Artikel 91
Aufhebung

Die Verordnung (EG) Nr. 1346/2000 wird aufgehoben.

Verweisungen auf die aufgehobene Verordnung gelten als Verweisungen auf die vorliegende Verordnung und sind nach der Entsprechungstabelle in Anhang D dieser Verordnung zu lesen.

Artikel 92
Inkrafttreten

Diese Verordnung tritt am zwanzigsten Tag nach ihrer Veröffentlichung im *Amtsblatt der Europäischen Union* in Kraft.

Sie gilt ab dem 26. Juni 2017 mit Ausnahme von

a) Artikel 86, der ab dem 26. Juni 2016 gilt,

b) Artikel 24 Absatz 1, der ab dem 26. Juni 2018 gilt und

c) Artikel 25, der ab dem 26. Juni 2019 gilt.

Diese Verordnung ist in allen ihren Teilen verbindlich und gilt gemäß den Verträgen unmittelbar in den Mitgliedstaaten.

Geschehen zu Straßburg am 20. Mai 2015.

Im Namen des Europäischen Parlaments	*Im Namen des Rates*
Der Präsident	*Die Präsidentin*
M. SCHULZ	Z. KALNIŅA-LU-KAŠEVICA

ANHANG A
Insolvenzverfahren im Sinne von Artikel 2 Nummer 4

BELGIQUE/BELGIË
– Het faillissement/La faillite,
– De gerechtelijke reorganisatie door een collectief akkoord/La réorganisation judiciaire par accord collectif,
– De gerechtelijke reorganisatie door een minnelijk akkoord/La réorganisation judiciaire par accord amiable,
– De gerechtelijke reorganisatie door overdracht onder gerechtelijk gezag/La réorganisation judiciaire par transfert sous autorité de justice,
– De collectieve schuldenregeling/Le règlement collectif de dettes,
– De vrijwillige vereffening/La liquidation volontaire,
– De gerechtelijke vereffening/La liquidation judiciaire,
– De voorlopige ontneming van het beheer, als bedoeld in artikel XX.32 van het Wetboek van economisch recht/Le dessaisissement provisoire de la gestion, visé à l'article XX.32 du Code de droit économique,

БЪЛГАРИЯ
– Производство по несъстоятелност,
– Производство по стабилизация на търговеца,

ČESKÁ REPUBLIKA
– Konkurs,
– Reorganizace,
– Oddlužení,

DEUTSCHLAND
– Das Konkursverfahren,
– Das gerichtliche Vergleichsverfahren,
– Das Gesamtvollstreckungsverfahren,
– Das Insolvenzverfahren,

EESTI
– Pankrotimenetlus,
– Võlgade ümberkujundamise menetlus,

ÉIRE/IRELAND
– Compulsory winding-up by the court,
– Bankruptcy,
– The administration in bankruptcy of the estate of persons dying insolvent,
– Winding-up in bankruptcy of partnerships,
– Creditors' voluntary winding-up (with confirmation of a court),
– Arrangements under the control of the court which involve the vesting of all or part of the property of the debtor in the Official Assignee for realisation and distribution,
– Examinership,
– Debt Relief Notice,
– Debt Settlement Arrangement,
– Personal Insolvency Arrangement,

EuInsVO

Anhang A

ΕΛΛΑΔΑ
- Η πτώχευση,
- Η ειδική εκκαθάριση εν λειτουργία,
- Σχέδιο αναδιοργάνωσης,
- Απλοποιημένη διαδικασία επί πτωχεύσεων μικρού αντικειμένου,
- Διαδικασία εξυγίανσης,

ESPAŇA
- Concurso,
- Procedimiento de homologación de acuerdos de refinanciación,
- Procedimiento de acuerdos extrajudiciales de pago,
- Procedimiento de negociación pública para la consecución de acuerdos de refinanciación colectivos, acuerdos de refinanciación homologados y propuestas anticipadas de convenio,

FRANCE
- Sauvegarde,
- Sauvegarde accélérée,
- Sauvegarde financière accélérée,
- Redressement judiciaire,
- Liquidation judiciaire,

HRVATSKA
- Stečajni postupak,
- Predstečajni postupak,
- Postupak stečaja potrošača,
- Postupak izvanredne uprave u trgovačkim društvima od sistemskog značaja za Republiku Hrvatsku,

ITALIA
- Fallimento,
- Concordato preventivo,
- Liquidazione coatta amministrativa,
- Amministrazione straordinaria,
- Accordi di ristrutturazione,
- Procedure di composizione della crisi da sovraindebitamento del consumatore (accordo o piano),
- Liquidazione dei beni,

ΚΥΠΡΟΣ
- Υποχρεωτική εκκαθάριση από το Δικαστήριο,
- Εκούσια εκκαθάριση από μέλη,
- Εκούσια εκκαθάριση από πιστωτὲς,
- Εκκαθάριση με την εποπτεία του Δικαστηρίου,
- Διάταγμα παραλαβής και πτώχευσης κατόπιν Δικαστικού Διατάγματος,
- Διαχείριση της περιουσίας προσώπων που απεβίωσαν αφερέγγυα,

LATVIJA
- Tiesiskās aizsardzības process,
- Juridiskās personas maksātnespējas process,
- Fiziskās personas maksātnespējas process,

LIETUVA
- Įmonės restruktūrizavimo byla,

– Įmonės bankroto byla,
– Įmonės bankroto procesas ne teismo tvarka,
– Fizinio asmens bankroto procesas,

LUXEMBOURG
– Faillite,
– Gestion contrôlée,
– Concordat préventif de faillite (par abandon d'actif),
– Régime spécial de liquidation du notariat,
– Procédure de règlement collectif des dettes dans le cadre du surendettement,

MAGYARORSZÁG
– Csődeljárás,
– Felszámolási eljárás,

MALTA
– Xoljiment,
– Amministrazzjoni,
– Stralċ volontarju mill-membri jew mill-kredituri,
– Stralċ mill-Qorti,
– Falliment f'każ ta' kummerċjant,
– Proċedura biex kumpanija tirkupra,

NEDERLAND
– Het faillissement,
– De surséance van betaling,
– De schuldsaneringsregeling natuurlijke personen,

ÖSTERREICH
– Das Konkursverfahren (Insolvenzverfahren),
– Das Sanierungsverfahren ohne Eigenverwaltung (Insolvenzverfahren),
– Das Sanierungsverfahren mit Eigenverwaltung (Insolvenzverfahren),
– Das Schuldenregulierungsverfahren,
– Das Abschöpfungsverfahren,
– Das Ausgleichsverfahren,

POLSKA
– Upadłość,
– Postępowanie o zatwierdzenie układu,
– Przyspieszone postępowanie układowe,
– Postępowanie układowe,
– Postępowanie sanacyjne,

PORTUGAL
– Processo de insolvência,
– Processo especial de revitalização,
– Processo especial para acordo de pagamento,

ROMÂNIA
– Procedura insolvenței,
– Reorganizarea judiciară,

EuInsVO

Anhang A

- Procedura falimentului,
- Concordatul preventiv,

SLOVENIJA
- Postopek preventivnega prestrukturiranja,
- Postopek prisilne poravnave,
- Postopek poenostavljene prisilne poravnave,
- Stečajni postopek: stečajni postopek nad pravno osebo, postopek osebnega stečaja in postopek stečaja zapuščine,

SLOVENSKO
- Konkurzné konanie,
- Reštrukturalizačné konanie,
- Oddlženie,

SUOMI/FINLAND
- Konkurssi/konkurs,
- Yrityssaneeraus/företagssanering,
- Yksityishenkilön velkajärjestely/skuldsanering för privatpersoner,

SVERIGE
- Konkurs,
- Företagsrekonstruktion,
- Skuldsanering,

UNITED KINGDOM
- Winding-up by or subject to the supervision of the court,
- Creditors' voluntary winding-up (with confirmation by the court),
- Administration, including appointments made by filing prescribed documents with the court,
- Voluntary arrangements under insolvency legislation,
- Bankruptcy or sequestration.

(ABl L 171 vom 6. 7. 2018)

ANHANG B

Verwalter im Sinne von Artikel 2 Nummer 5

BELGIQUE/BELGIË
– De curator/Le curateur,
– De gerechtsmandataris/Le mandataire de justice,
– De schuldbemiddelaar/Le médiateur de dettes,
– De vereffenaar/Le liquidateur,
– De voorlopige bewindvoerder/L'administrateur provisoire,

БЪЛГАРИЯ
– Назначен предварително временен синдик,
– Временен синдик,
– (Постоянен) синдик,
– Служебен синдик,
– Доверено лице,

ČESKÁ REPUBLIKA
– Insolvenční správce,
– Předběžný insolvenční správce,
– Oddělený insolvenční správce,
– Zvláštní insolvenční správce,
– Zástupce insolvenčního správce,

DEUTSCHLAND
– Konkursverwalter,
– Vergleichsverwalter,
– Sachwalter (nach der Vergleichsordnung),
– Verwalter,
– Insolvenzverwalter,
– Sachwalter (nach der Insolvenzordnung),
– Treuhänder,
– Vorläufiger Insolvenzverwalter,
– Vorläufiger Sachwalter,

EESTI
– Pankrotihaldur,
– Ajutine pankrotihaldur,
– Usaldusisik,

ÉIRE/IRELAND
– Liquidator,
– Official Assignee,
– Trustee in bankruptcy,
– Provisional Liquidator,
– Examiner,
– Personal Insolvency Practitioner,
– Insolvency Service,

ΕΛΛΑΔΑ
- Ο *σύνδικος*,
- Ο *εισηγητὴς*,
- Η *επιτροπὴ των πιστωτῶν*,
- Ο *ειδικός εκκαθαριστὴς*,

ESPAÑA
- Administrador concursal,
- Mediador concursal,

FRANCE
- Mandataire judiciaire,
- Liquidateur,
- Administrateur judiciaire,
- Commissaire à l'exécution du plan,

HRVATSKA
- Stečajni upravitelj,
- Privremeni stečajni upravitelj,
- Stečajni povjerenik,
- Povjerenik,
- Izvanredni povjerenik,

ITALIA
- Curatore,
- Commissario giudiziale,
- Commissario straordinario,
- Commissario liquidatore,
- Liquidatore giudiziale,
- Professionista nominato dal Tribunale,
- Organismo di composizione della crisi nella procedura di composizione della crisi da sovraindebitamento del consumatore,
- Liquidatore,

ΚΥΠΡΟΣ
- *Εκκαθαριστὴς και Προσωρινός Εκκαθαριστὴς*,
- *Επίσημος Παραλήπτης*,
- *Διαχειριστὴς της Πτώχευσης*,

LATVIJA
- Maksātnespējas procesa administrators,
- Tiesiskās aizsardzības procesa uzraugošā persona,

LIETUVA
- Bankroto administratorius,
- Restruktūrizavimo administratorius,

LUXEMBOURG
- Le curateur,
- Le commissaire,
- Le liquidateur,

- Le conseil de gérance de la section d'assainissement du notariat,
- Le liquidateur dans le cadre du surendettement,

MAGYARORSZÁG
- Vagyonfelügyelő,
- Felszámoló,

MALTA
- Amministratur Proviżorju,
- Riċevitur Uffiċjali,
- Stralċjarju,
- Manager Speċjali,
- Kuraturi f'każ ta' proċeduri ta' falliment,
- Kontrolur Speċjali,

NEDERLAND
- De curator in het faillissement,
- De bewindvoerder in de surséance van betaling,
- De bewindvoerder in de schuldsaneringsregeling natuurlijke personen,

ÖSTERREICH
- Masseverwalter,
- Sanierungsverwalter,
- Ausgleichsverwalter,
- Besonderer Verwalter,
- Einstweiliger Verwalter,
- Sachwalter,
- Treuhänder,
- Insolvenzgericht,
- Konkursgericht,

POLSKA
- Syndyk,
- Nadzorca sądowy,
- Zarządca,
- Nadzorca układu,
- Tymczasowy nadzorca sądowy,
- Tymczasowy zarządca,
- Zarządca przymusowy,

PORTUGAL
- Administrador da insolvência,
- Administrador judicial provisório,

ROMÂNIA
- Practician în insolvență,
- Administrator concordatar,
- Administrator judiciar,
- Lichidator judiciar,

SLOVENIJA

EuInsVO

Anhang B

– Upravitelj,

SLOVENSKO
– Predbežný správca,
– Správca,

SUOMI/FINLAND
– Pesänhoitaja/boförvaltare,
– Selvittäjä/utredare,

SVERIGE
– Förvaltare,
– Rekonstruktör,

UNITED KINGDOM

– Liquidator,
– Supervisor of a voluntary arrangement,
– Administrator,
– Official Receiver,
– Trustee,
– Provisional Liquidator,
– Interim Receiver,
– Judicial factor.

(ABl L 171 vom 6. 7. 2018)

ANHANG C

ANHANG C
Aufgehobene Verordnung mit Liste ihrer nachfolgenden Änderungen

Verordnung (EG) Nr. 1346/2000 des Rates (ABl. L 160 vom 30.6.2000, S. 1)

Verordnung (EG) Nr. 603/2005 des Rates (ABl. L 100 vom 20.4.2005, S. 1)

Verordnung (EG) Nr. 694/2006 des Rates (ABl. L 121 vom 6.5.2006, S. 1)

Verordnung (EG) Nr. 1791/2006 des Rates (ABl. L 363 vom 20.12.2006, S. 1)

Verordnung (EG) Nr. 681/2007 des Rates (ABl. L 159 vom 20.6.2007, S. 1)

Verordnung (EG) Nr. 788/2008 des Rates (ABl. L 213 vom 8.8.2008, S. 1)

Durchführungsverordnung (EU) Nr. 210/2010 des Rates (ABl. L 65 vom 13.3.2010, S. 1)

Durchführungsverordnung (EU) Nr. 583/2011 des Rates (ABl. L 160 vom 18.6.2011, S. 52)

Verordnung (EU) Nr. 517/2013 des Rates (ABl. L 158 vom 10.6.2013, S. 1)

Durchführungsverordnung (EU) Nr. 663/2014 des Rates (ABl. L 179 vom 19.6.2014, S. 4)

Akte über die Bedingungen des Beitritts der Tschechischen Republik, der Republik Estland, der Republik Zypern, der Republik Lettland, der Republik Litauen, der Republik Ungarn, der Republik Malta, der Republik Polen, der Republik Slowenien und der Slowakischen Republik und die Anpassungen der die Europäische Union begründenden Verträge

(ABl. L 236 vom 23.9.2003, S. 33)

EuInsVO

ANHANG D
Entsprechungstabelle

Verordnung (EG) Nr. 1346/2000	In dieser Verordnung wird Folgendes festgelegt:
Artikel 1	Artikel 1
Artikel 2 Eingangsteil	Artikel 2 Eingangsteil
Artikel 2 Buchstabe a	Artikel 2 Nummer 4
Artikel 2 Buchstabe b	Artikel 2 Nummer 5
Artikel 2 Buchstabe c	—
Artikel 2 Buchstabe d	Artikel 2 Nummer 6
Artikel 2 Buchstabe e	Artikel 2 Nummer 7
Artikel 2 Buchstabe f	Artikel 2 Nummer 8
Artikel 2 Buchstabe g Eingangsteil	Artikel 2 Nummer 9 Eingangsteil
Artikel 2 Buchstabe g erster Gedankenstrich	Artikel 2 Nummer 9 Ziffer vii
Artikel 2 Buchstabe g zweiter Gedankenstrich	Artikel 2 Nummer 9 Ziffer iv
Artikel 2 Buchstabe g dritter Gedankenstrich	Artikel 2 Nummer 9 Ziffer viii
Artikel 2 Buchstabe h	Artikel 2 Nummer 10
—	Artikel 2 Nummern 1 bis 3 und 11 bis 13
—	Artikel 2 Nummer 9 Ziffern i bis iii, v, vi
Artikel 3	Artikel 3
—	Artikel 4
—	Artikel 5
—	Artikel 6
Artikel 4	Artikel 7
Artikel 5	Artikel 8
Artikel 6	Artikel 9
Artikel 7	Artikel 10
Artikel 8	Artikel 11 Absatz 1
—	Artikel 11 Absatz 2
Artikel 9	Artikel 12
Artikel 10	Artikel 13 Absatz 1
—	Artikel 13 Absatz 2
Artikel 11	Artikel 14
Artikel 12	Artikel 15
Artikel 13 Absatz 1	Artikel 16 Buchstabe a
Artikel 13 Absatz 2	Artikel 16 Buchstabe b
Artikel 14 Gedankenstrich 1	Artikel 17 Buchstabe a
Artikel 14 Gedankenstrich 2	Artikel 17 Buchstabe b
Artikel 14 Gedankenstrich 3	Artikel 17 Buchstabe c
Artikel 15	Artikel 18
Artikel 16	Artikel 19
Artikel 17	Artikel 20
Artikel 18	Artikel 21
Artikel 19	Artikel 22
Artikel 20	Artikel 23
—	Artikel 24
—	Artikel 25

Verordnung (EG) Nr. 1346/2000	In dieser Verordnung wird Folgendes festgelegt:
–	Artikel 26
–	Artikel 27
Artikel 21 Absatz 1	Artikel 28 Absatz 2
Artikel 21 Absatz 2	Artikel 28 Absatz 1
Artikel 22	Artikel 29
Artikel 23	Artikel 30
Artikel 24	Artikel 31
Artikel 25	Artikel 32
Artikel 26	Artikel 33
Artikel 27	Artikel 34
Artikel 28	Artikel 35
–	Artikel 36
Artikel 29	Artikel 37 Absatz 1
–	Artikel 37 Absatz 2
–	Artikel 38
–	Artikel 39
Artikel 30	Artikel 40
Artikel 31	Artikel 41
–	Artikel 42
–	Artikel 43
–	Artikel 44
Artikel 32	Artikel 45
Artikel 33	Artikel 46
Artikel 34 Absatz 1	Artikel 47 Absatz 1
Artikel 34 Absatz 2	Artikel 47 Absatz 2
Artikel 34 Absatz 3	–
–	Artikel 48
Artikel 35	Artikel 49
Artikel 36	Artikel 50
Artikel 37	Artikel 51
Artikel 38	Artikel 52
Artikel 39	Artikel 53
Artikel 40	Artikel 54
Artikel 41	Artikel 55
Artikel 42	–
–	Artikel 56
–	Artikel 57
–	Artikel 58
–	Artikel 59
–	Artikel 60
–	Artikel 61
–	Artikel 62
–	Artikel 63
–	Artikel 64
–	Artikel 65
–	Artikel 66
–	Artikel 67
–	Artikel 68

EuInsVO

Verordnung (EG) Nr. 1346/2000	In dieser Verordnung wird Folgendes festgelegt:
–	Artikel 69
–	Artikel 70
–	Artikel 71
–	Artikel 72
–	Artikel 73
–	Artikel 74
–	Artikel 75
–	Artikel 76
–	Artikel 77
–	Artikel 78
–	Artikel 79
–	Artikel 80
–	Artikel 81
–	Artikel 82
–	Artikel 83
Artikel 43	Artikel 84 Absatz 1
–	Artikel 84 Absatz 2
Artikel 44	Artikel 85
–	Artikel 86
Artikel 45	–
–	Artikel 87
–	Artikel 88
–	Artikel 89
Artikel 46	Artikel 90 Absatz 1
–	Artikel 90 Absätze 2 bis 4
–	Artikel 91
Artikel 47	Artikel 92
Anhang A	Anhang A
Anhang B	–
Anhang C	Anhang B
–	Anhang C
–	Anhang D

Abkommen über den Austritt des Vereinigten Königreichs Großbritannien und Nordirland aus der Europäischen Union und der Europäischen Atomgemeinschaft

(ABl. L 029 vom 31.1.2020, S. 7, ab 1.1.2021)

Artikel 67

(3) Im Vereinigten Königreich sowie in den Mitgliedstaaten finden in Fällen, die einen Bezug zum Vereinigten Königreich aufweisen, die nachstehenden Bestimmungen wie folgt Anwendung:

c) die Verordnung (EU) 2015/848 des Europäischen Parlaments und des Rates[*] findet Anwendung auf die in Artikel 6 Absatz 1 dieser Verordnung genannten Insolvenzverfahren und -klagen, sofern das Hauptverfahren vor dem Ablauf der Übergangszeit eingeleitet wurde;
Der Übergangszeitraum endete am 31.12.2020 (Art 126 des Austrittsabkommens)

---

[*] *Verordnung (EU) 2015/848 des Europäischen Parlaments und des Rates vom 20. Mai 2015 über Insolvenzverfahren (ABl. L 141 vom 5.6.2015, S. 19).*

Beweisaufnahmeverordnung

VERORDNUNG (EG) Nr. 1206/2001 DES RATES vom 28. Mai 2001 über die Zusammenarbeit zwischen den Gerichten der Mitgliedstaaten auf dem Gebiet der Beweisaufnahme in Zivil- oder Handelssachen, ABl L 174 vom 27. 6. 2001, S 1 idF

1 ABl L 304 vom 14. 11. 2008, S 82	**3** ABl L 324 vom 30. 11. 2016, S. 19
2 ABl L 321 vom 7. 11. 2014, S 11	

nicht anwendbar für Dänemark

*Für das **Vereinigte Königreich** s ab 1.1.2021 die Übergangsbestimmungen des Austrittsabkommens (abgedruckt am Ende nach dem Anhang).*

Ab 1. Juli 2022 ersetzt durch VO 2020/1783 (ABl. L 405 vom 2.12.2020, S. 1–39)

VERORDNUNG (EG) Nr. 1206/2001 DES RATES vom 28. Mai 2001 über die Zusammenarbeit zwischen den Gerichten der Mitgliedstaaten auf dem Gebiet der Beweisaufnahme in Zivil- oder Handelssachen

DER RAT DER EUROPÄISCHEN UNION –

gestützt auf den Vertrag zur Gründung der Europäischen

Gemeinschaft, insbesondere auf Artikel 61 Buchstabe c) und

Artikel 67 Absatz 1,

auf Initiative der Bundesrepublik Deutschland[1],

nach Stellungnahme des Europäischen Parlaments[2],

nach Stellungnahme des Wirtschafts- und Sozialausschusses[3],

in Erwägung nachstehender Gründe:

(1) Die Union hat sich zum Ziel gesetzt, einen Raum der Freiheit, der Sicherheit und des Rechts, in dem die Freizügigkeit gewährleistet ist, zu erhalten und weiterzuentwickeln. Zum schrittweisen Aufbau dieses Raums erlässt die Gemeinschaft unter anderem im Bereich der justiziellen Zusammenarbeit in Zivilsachen die für dasreibungslose Funktionieren des Binnenmarkts erforderlichen Maßnahmen.

(2) Für das reibungslose Funktionieren des Binnenmarkts sollte die Zusammenarbeit zwischen den Gerichten auf dem Gebiet der Beweisaufnahme verbessert, insbesondere vereinfacht und beschleunigt werden.

(3) Der Europäische Rat hat auf seiner Tagung vom 15. und 16. Oktober 1999 in Tampere daran erinnert, dass neue verfahrensrechtliche Vorschriften für grenzüberschreitende Fälle, insbesondere im Bereich der Beweisaufnahme, auszuarbeiten sind.

(4) Dieser Bereich fällt unter Artikel 65 des Vertrags.

(5) Da die Ziele dieser Verordnung – die Verbesserung der Zusammenarbeit zwischen den Gerichten auf dem Gebiet der Beweisaufnahme in Zivil- oder Handelssachen – auf der Ebene der Mitgliedstaaten nicht ausreichend erreicht werden können und daher besser auf Gemeinschaftsebene erreicht werden können, kann die Gemeinschaft diese Maßnahmen im Einklang mit dem in Artikel 5 des Vertrags niedergelegten Grundsatz der Subsidiarität annehmen. Entsprechend dem in demselben Artikel niedergelegten Verhältnismäßigkeitsprinzip geht diese Verordnung nicht über das für die Erreichung dieser Ziele erforderliche Maß hinaus.

(6) Bislang gibt es auf dem Gebiet der Beweisaufnahme keine alle Mitgliedstaaten bindende Übereinkunft. Das Haager Übereinkommen vom 18. März 1970 über die Beweisaufnahme im Ausland in Zivil- oder Handelssachen gilt nur zwischen elf Mitgliedstaaten der Europäischen Union.

(7) Da es für eine Entscheidung in einem bei einem Gericht eines Mitgliedstaats anhängigen zivil- oder handelsrechtlichen Verfahren oft erforderlich ist, in einem anderen Mitgliedstaat Beweis erheben zu lassen, darf sich die Tätigkeit der Gemeinschaft nicht auf den unter die Verordnung (EG) Nr. 1348/2000 des Rates vom 29. Mai 2000 über die Zustellung gerichtlicher und außergerichtlicher Schriftstücke in Zivil- oder Handelssachen

---

[1] *ABl. C 314 vom 3.11.2000, S. 2.*
[2] *Stellungnahme vom 14. März 2001 (noch nicht im Amtsblatt veröffentlicht).*
[3] *Stellungnahme vom 28. Februar 2001 (noch nicht im Amtsblatt veröffentlicht).*

in den Mitgliedstaaten[4)] fallenden Bereich der Übermittlung gerichtlicher und außergerichtlicher Schriftstücke in Zivil- und Handelssachen beschränken. Daher muss die Zusammenarbeit der Gerichte der Mitgliedstaaten auf dem Gebiet der Beweisaufnahme weiter verbessert werden.

(8) Eine effiziente Abwicklung gerichtlicher Verfahren in Zivil- oder Handelssachen setzt voraus, dass die Übermittlung der Ersuchen um Beweisaufnahme und deren Erledigung direkt und auf schnellstmöglichem Wege zwischen den Gerichten der Mitgliedstaaten erfolgt.

(9) Eine schnelle Übermittlung der Ersuchen um Beweisaufnahme erfordert den Einsatz aller geeigneten Mittel, wobei bestimmte Bedingungen hinsichtlich der Lesbarkeit und der Zuverlässigkeit des eingegangenen Dokuments zu beachten sind. Damit ein Höchstmaß an Klarheit und Rechtssicherheit gewährleistet ist, müssen die Ersuchen um Beweisaufnahme anhand eines Formblatts übermittelt werden, das in der Sprache des Mitgliedstaats des ersuchten Gerichts oder in einer anderen von diesem Staat anerkannten Sprache auszufüllen ist. Aus denselben Gründen empfiehlt es sich, auch für die weitere Kommunikation zwischen den betreffenden Gerichten nach Möglichkeit Formblätter zu verwenden.

(10) Ein Ersuchen um Beweisaufnahme sollte rasch erledigt werden. Kann das Ersuchen innerhalb von 90 Tagen nach Eingang bei dem ersuchten Gericht nicht erledigt werden, so sollte dieses das ersuchende Gericht hiervon unter Angabe der Gründe, die einer zügigen Erledigung des Ersuchens entgegenstehen, in Kenntnis zu setzen.

(11) Um die Wirksamkeit dieser Verordnung zu gewährleisten, ist die Möglichkeit, die Erledigung eines Ersuchens um Beweisaufnahme abzulehnen, auf eng begrenzte Ausnahmefälle zu beschränken.

(12) Das ersuchte Gericht sollte das Ersuchen nach Maßgabe des Rechts seines Mitgliedstaats erledigen.

(13) Die Parteien und gegebenenfalls ihre Vertreter sollten der Beweisaufnahme beiwohnen können, wenn dies im Recht des Mitgliedstaats des ersuchenden Gerichts vorgesehen ist, damit sie die Verhandlungen wie im Falle einer Beweisaufnahme im Mitgliedstaat des ersuchenden Gerichts verfolgen können. Sie sollten auch das Recht haben, die Beteiligung an den Verhandlungen zu beantragen, damit sie an der Beweisaufnahme aktiv mitwirken können. Die Bedingungen jedoch, unter denen sie teilnehmen dürfen, sollten vom ersuchten Gericht nach Maßgabe des Rechts seines Mitgliedstaats festgelegt werden.

(14) Die Beauftragten des ersuchenden Gerichts sollten der Beweisaufnahme beiwohnen können, wenn dies mit dem Recht des Mitgliedstaats des ersuchenden Gerichts vereinbar ist, damit eine bessere Beweiswürdigung erfolgen kann. Sie sollten ebenfalls das Recht haben, die Beteiligung an den Verhandlungen zu beantragen – wobei die vom ersuchten Gericht nach Maßgabe des Rechts seines Mitgliedstaats festgelegten Bedingungen zu beachten sind –, damit sie an der Beweisaufnahme aktiv mitwirken können.

(15) Damit die Beweisaufnahme erleichtert wird, sollte es einem Gericht in einem Mitgliedstaat möglich sein, nach seinem Recht in einem anderen Mitgliedstaat mit dessen Zustimmung unmittelbar Beweis zu erheben, wobei die von der Zentralstelle oder der zuständigen Behörde des ersuchten Mitgliedstaats festgelegten Bedingungen zu beachten sind.

(16) Für die Erledigung des Ersuchens nach Artikel 10 sollte keine Erstattung von Gebühren und Auslagen verlangt werden dürfen. Falls jedoch das ersuchte Gericht die Erstattung verlangt, sollten die Aufwendungen für Sachverständige und Dolmetscher sowie die aus der Anwendung von Artikel 10 Absätze 3 und 4 entstehenden Auslagen nicht von jenem Gericht getragen werden. In einem solchen Fall hat das ersuchende Gericht die erforderlichen Maßnahmen zu ergreifen, um die unverzügliche Erstattung sicherzustellen. Wird die Stellungnahme eines Sachverständigen verlangt, kann das ersuchte Gericht vor der Erledigung des Ersuchens das ersuchende Gericht um eine angemessene Kaution oder einen angemessenen Vorschuss für die Sachverständigenkosten bitten.

(17) Diese Verordnung sollte in ihrem Anwendungsbereich Vorrang vor den Bestimmungen zwischen den Mitgliedstaaten geschlossener internationaler Übereinkommen haben. Es sollte den Mitgliedstaaten freistehen, untereinander Übereinkünfte oder Vereinbarungen zur weiteren Vereinfachung der Zusammenarbeit auf dem Gebiet der Beweisaufnahme zu treffen, sofern diese Übereinkünfte oder Vereinbarungen mit dieser Verordnung vereinbar sind.

(18) Die nach dieser Verordnung übermittelten Daten müssen geschützt werden. Da die Richtlinie 95/46/EG des Europäischen Parlaments und des Rates vom 24. Oktober 1995 zum Schutz natürli-

---

Zu Abs. 7:

[4)] *ABl. L 160 vom 30.6.2000, S. 37.*

cher Personen bei der Verarbeitung personenbezogener Daten und zum freien Datenverkehr[5] und die Richtlinie 97/66/EG des Europäischen Parlaments und des Rates vom 15. Dezember 1997 über die Verarbeitung personenbezogener Daten und den Schutz der Privatsphäre im Bereich der Telekommunikation[6] Anwendung finden, sind entsprechende spezielle Bestimmungen in dieser Verordnung über Datenschutz nicht erforderlich.

(19) Die zur Durchführung dieser Verordnung erforderlichen Maßnahmen sollten gemäß dem Beschluss 99/468/EG des Rates vom 28. Juni 1999 zur Festlegung der Modalitäten für die Ausübung der der Kommission übertragenen Durchführungsbefugnisse[7] erlassen werden.

(20) Um eine einwandfreie Anwendung dieser Verordnung sicherzustellen, sollte die Kommission deren Durchführung prüfen und gegebenenfalls die notwendigen Änderungen vorschlagen.

(21) Das Vereinigte Königreich und Irland haben gemäß Artikel 3 des dem Vertrag über die Europäische Union und dem Vertrag zur Gründung der Europäischen Gemeinschaft beigefügten Protokolls über die Position des Vereinigten Königreichs und Irlands mitgeteilt, dass sie sich an der Annahme und Anwendung dieser Verordnung beteiligen möchten.

(22) Dänemark beteiligt sich gemäß den Artikeln 1 und 2 des dem Vertrag über die Europäische Union und dem Vertrag zur Gründung der Europäischen Gemeinschaft beigefügten Protokolls über die Position Dänemarks nicht an der Annahme dieser Verordnung, die daher für Dänemark nicht bindend und Dänemark gegenüber nicht anwendbar ist –
HAT FOLGENDE VERORDNUNG ERLASSEN:

KAPITEL I

ALLGEMEINE BESTIMMUNGEN

Artikel 1
Anwendungsbereich

(1) Diese Verordnung ist in Zivil- oder Handelssachen anzuwenden, wenn das Gericht eines Mitgliedstaats nach seinen innerstaatlichen Rechtsvorschriften

a) das zuständige Gericht eines anderen Mitgliedstaats um Beweisaufnahme ersucht, oder

b) darum ersucht, in einem anderen Mitgliedstaat unmittelbar Beweis erheben zu dürfen.

(2) Um Beweisaufnahme darf nicht ersucht werden, wenn die Beweise nicht zur Verwendung in einem bereits eingeleiteten oder zu eröffnenden gerichtlichen Verfahren bestimmt sind.

(3) Im Sinne dieser Verordnung bezeichnet der Ausdruck „Mitgliedstaat" die Mitgliedstaaten mit Ausnahme Dänemarks.

Artikel 2
Unmittelbarer Geschäftsverkehr zwischen den Gerichten

(1) Ersuchen nach Artikel 1 Absatz 1 Buchstabe a) (nachstehend „Ersuchen" genannt) sind von dem Gericht, bei dem das Verfahren eingeleitet wurde oder eröffnet werden soll (nachstehend „ersuchendes Gericht" genannt), unmittelbar dem zuständigen Gericht eines anderen Mitgliedstaats (nachstehend „ersuchtes Gericht" genannt) zur Durchführung der Beweisaufnahme zu übersenden.

(2) Jeder Mitgliedstaat erstellt eine Liste der für die Durchführung von Beweisaufnahmen nach dieser Verordnung zuständigen Gerichte. In dieser Liste ist auch der örtliche Zuständigkeitsbereich und gegebenenfalls die besondere fachliche Zuständigkeit dieser Gerichte anzugeben.

Artikel 3
Zentralstelle

(1) Jeder Mitgliedstaat bestimmt eine Zentralstelle, die

a) den Gerichten Auskünfte erteilt;

b) nach Lösungswegen sucht, wenn bei einem Ersuchen Schwierigkeiten auftreten;

c) in Ausnahmefällen auf Ersuchen eines ersuchenden Gerichts ein Ersuchen an das zuständige Gericht weiterleitet;

(2) Bundesstaaten, Staaten mit mehreren Rechtssystemen oder Staaten mit autonomen Gebietskörperschaften können mehrere Zentralstellen bestimmen.

(3) Jeder Mitgliedstaat benennt ferner die in Absatz 1 genannte Zentralstelle oder eine oder mehrere zuständige Behörden als verantwortliche Stellen für Entscheidungen über Ersuchen nach Artikel 17.

BeweisaufnVO

Zu Abs. 18:

[5] *ABl. L 281 vom 23.11.1995, S. 31.*
[6] *ABl. L 24 vom 30.1.1998, S. 1.*
Zu Abs. 19:
[7] *ABl. L 184 vom 17.7.1999, S. 23.*

KAPITEL II

ÜBERMITTLUNG UND ERLEDIGUNG DER ERSUCHEN

Abschnitt 1

Übermittlung des Ersuchens

Artikel 4
Form und Inhalt des Ersuchens

(1) Das Ersuchen wird unter Verwendung des im Anhang enthaltenen Formblattes A oder gegebenenfalls des Formblattes I gestellt. Es enthält folgende Angaben:

a) das ersuchende und gegebenenfalls das ersuchte Gericht;

b) den Namen und die Anschrift der Parteien und gegebenenfalls ihrer Vertreter;

c) die Art und den Gegenstand der Rechtssache sowie eine gedrängte Darstellung des Sachverhalts;

d) die Bezeichnung der durchzuführenden Beweisaufnahme;

e) bei einem Ersuchen um Vernehmung einer Person:

– Name und Anschrift der zu vernehmenden Personen;

– die Fragen, welche an die zu vernehmenden Personen gerichtet werden sollen, oder den Sachverhalt, über den sie vernommen werden sollen;

– gegebenenfalls einen Hinweis auf ein nach dem Recht des Mitgliedstaats des ersuchenden Gerichts bestehendes Zeugnisverweigerungsrecht;

– gegebenenfalls den Antrag, die Vernehmung unter Eid oder eidesstattlicher Versicherung durchzuführen, und gegebenenfalls die dabei zu verwendende Formel;

– gegebenenfalls alle anderen Informationen, die das ersuchende Gericht für erforderlich hält;

f) bei einem Ersuchen um eine sonstige Beweisaufnahme die Urkunden oder die anderen Gegenstände, die geprüft werden sollen;

g) gegebenenfalls Anträge nach Artikel 10 Absätze 3 und 4, Artikel 11 und Artikel 12 und für die Anwendung dieser Bestimmungen erforderliche Erläuterungen.

(2) Die Ersuchen sowie alle dem Ersuchen beigefügten Unterlagen bedürfen weder der Beglaubigung noch einer anderen gleichwertigen Formalität.

(3) Schriftstücke, deren Beifügung das ersuchende Gericht für die Erledigung des Ersuchens für notwendig hält, sind mit einer Übersetzung in die Sprache zu versehen, in der das Ersuchen abgefasst wurde.

Artikel 5
Sprachen

Das Ersuchen und die aufgrund dieser Verordnung gemachten Mitteilungen sind in der Amtssprache des ersuchten Mitgliedstaats oder, wenn es in diesem Mitgliedstaat mehrere Amtssprachen gibt, in der Amtssprache oder einer der Amtssprachen des Ortes, an dem die beantragte Beweisaufnahme durchgeführt werden soll, oder in einer anderen Sprache, die der ersuchte Mitgliedstaat zugelassen hat, abzufassen. Jeder Mitgliedstaat hat die Amtssprache bzw. die Amtssprachen der Organe der Europäischen Gemeinschaft anzugeben, die er außer seiner bzw. seinen eigenen für die Ausfüllung des Formblatts zulässt.

Artikel 6
Übermittlung der Ersuchen und der sonstigen Mitteilungen

Ersuchen und Mitteilungen nach dieser Verordnung werden auf dem schnellstmöglichen Wege übermittelt, mit dem der ersuchte Mitgliedstaat sich einverstanden erklärt hat. Die Übermittlung kann auf jedem geeigneten Übermittlungsweg erfolgen, sofern das empfangene Dokument mit dem versandten Dokument inhaltlich genau übereinstimmt und alle darin enthaltenen Angaben lesbar sind.

Abschnitt 2

Entgegennahme des Ersuchens

Artikel 7
Entgegennahme des Ersuchens

(1) Das ersuchte zuständige Gericht übersendet dem ersuchenden Gericht innerhalb von sieben Tagen nach Eingang des Ersuchens eine Empfangsbestätigung unter Verwendung des Formblatts B im Anhang; entspricht das Ersuchen nicht den Bedingungen der Artikel 5 und 6, so bringt das ersuchte Gericht einen entsprechenden Vermerk in der Empfangsbestätigung an.

(2) Fällt die Erledigung eines unter Verwendung des Formblatts A im Anhang gestellten Ersuchens, das den Bedingungen nach Artikel 5 erfüllt, nicht in die Zuständigkeit des Gerichts, an das es übermittelt wurde, so leitet dieses das Ersuchen an das zuständige Gericht seines Mitgliedstaats weiter und unterrichtet das ersuchende Gericht unter Verwendung des Formblatts A im Anhang hiervon.

Artikel 8
Unvollständiges Ersuchen

(1) Kann ein Ersuchen nicht erledigt werden, weil es nicht alle erforderlichen Angaben gemäß Artikel 4 enthält, so setzt das ersuchte Gericht unverzüglich, spätestens aber innerhalb von 30 Tagen nach Eingang des Ersuchens das ersuchende Gericht unter Verwendung des Formblatts C im Anhang davon in Kenntnis und ersucht es, ihm die fehlenden Angaben, die in möglichst genauer Weise zu bezeichnen sind, zu übermitteln.

(2) Kann ein Ersuchen nicht erledigt werden, weil eine Kaution oder ein Vorschuss nach Artikel 18 Absatz 3 erforderlich ist, teilt das ersuchte Gericht dem ersuchenden Gericht dies unverzüglich, spätestens 30 Tage nach Eingang des Ersuchens unter Verwendung des Formblatts C im Anhang mit; es teilt dem ersuchenden Gericht ferner mit, wie die Kaution oder der Vorschuss geleistet werden sollten. Das ersuchte Gericht bestätigt den Eingang der Kaution oder des Vorschusses unverzüglich, spätestens innerhalb von 10 Tagen nach Erhalt der Kaution oder des Vorschusses unter Verwendung des Formblatts D.

Artikel 9
Vervollständigung des Ersuchens

(1) Hat das ersuchte Gericht gemäß Artikel 7 Absatz 1 auf der Empfangsbestätigung vermerkt, dass das Ersuchen nicht die Bedingungen der Artikel 5 und Artikel 6 erfüllt, oder hat es das ersuchende Gericht gemäß Artikel 8 davon unterrichtet, dass das Ersuchen nicht erledigt werden kann, weil es nicht alle erforderlichen Angaben nach Artikel 4 enthält, beginnt die Frist nach Artikel 10 Absatz 1 erst mit dem Eingang des ordnungsgemäß ausgefüllten Ersuchens beim ersuchten Gericht zu laufen.

(2) Sofern das ersuchte Gericht gemäß Artikel 18 Absatz 3 um eine Kaution oder einen Vorschuss gebeten hat, beginnt diese Frist erst mit der Hinterlegung der Kaution oder dem Eingang des Vorschusses.

Abschnitt 3
Beweisaufnahme durch das ersuchte Gericht

Artikel 10
Allgemeine Bestimmungen über die Erledigung des Ersuchens

(1) Das ersuchte Gericht erledigt das Ersuchen unverzüglich, spätestens aber innerhalb von 90 Tagen nach Eingang des Ersuchens.

(2) Das ersuchte Gericht erledigt das Ersuchen nach Maßgabe des Rechts seines Mitgliedstaats.

(3) Das ersuchende Gericht kann unter Verwendung des Formblatts A im Anhang beantragen,

dass das Ersuchen nach einer besonderen Form erledigt wird, die das Recht seines Mitgliedstaats vorsieht. Das ersuchte Gericht entspricht einem solchen Antrag, es sei denn, dass diese Form mit dem Recht des Mitgliedstaats des ersuchten Gerichts unvereinbar oder wegen erheblicher tatsächlicher Schwierigkeiten unmöglich ist. Entspricht das ersuchte Gericht aus einem der oben genannten Gründe nicht dem Antrag, so unterrichtet es das ersuchende Gericht unter Verwendung des Formblatts E im Anhang hiervon.

(4) Das ersuchende Gericht kann das ersuchte Gericht bitten, die Beweisaufnahme unter Verwendung von Kommunikationstechnologien, insbesondere im Wege der Videokonferenz und der Telekonferenz, durchzuführen.

Das ersuchte Gericht entspricht einem solchen Antrag, es sei denn, dass dies mit dem Recht des Mitgliedstaats des ersuchten Gerichts unvereinbar oder wegen erheblicher tatsächlicher Schwierigkeiten unmöglich ist.

Entspricht das ersuchte Gericht aus einem dieser Gründe dem Antrag nicht, so unterrichtet es das ersuchende Gericht unter Verwendung des Formblatts E im Anhang hiervon.

Hat das ersuchende oder das ersuchte Gericht keinen Zugang zu den oben genannten technischen Mitteln, können diese von den Gerichten im gegenseitigen Einvernehmen zur Verfügung gestellt werden.

Artikel 11
Erledigung in Anwesenheit und unter Beteiligung der Parteien

(1) Sofern im Recht des Mitgliedstaats des ersuchenden Gerichts vorgesehen, haben die Parteien und gegebenenfalls ihre Vertreter das Recht, bei der Beweisaufnahme durch das ersuchte Gericht zugegen zu sein.

(2) Das ersuchende Gericht teilt in seinem Ersuchen unter Verwendung des Formblatts A im Anhang dem ersuchten Gericht mit, dass die Parteien und gegebenenfalls ihre Vertreter zugegen sein werden und dass gegebenenfalls ihre Beteiligung beantragt wird. Diese Mitteilung kann auch zu jedem anderen geeigneten Zeitpunkt erfolgen.

(3) Wird die Beteiligung der Parteien und gegebenenfalls ihrer Vertreter an der Durchführung der Beweisaufnahme beantragt, so legt das ersuchte Gericht nach Artikel 10 die Bedingungen für ihre Teilnahme fest.

(4) Das ersuchte Gericht teilt den Parteien und gegebenenfalls ihren Vertretern unter Verwendung des Formblatts F im Anhang Ort und Zeitpunkt der Verhandlung und gegebenenfalls die Bedingungen mit, unter denen sie teilnehmen können.

(5) Die Absätze 1 bis 4 lassen die Möglichkeit des ersuchten Gerichts unberührt, die Parteien

und gegebenenfalls ihre Vertreter zu bitten, der Beweisaufnahme beizuwohnen oder sich daran zu beteiligen, wenn das Recht des Mitgliedstaats des ersuchten Gerichts dies vorsieht. *(ABl L 321 vom 7. 11. 2014, S 11)*

Artikel 12
Erledigung in Anwesenheit und unter Beteiligung von Beauftragten des ersuchenden Gerichts

(1) Sofern mit dem Recht des Mitgliedstaats des ersuchenden Gerichts vereinbar, haben die Beauftragten des ersuchenden Gerichts das Recht, bei der Beweisaufnahme durch das ersuchte Gericht zugegen zu sein.

(2) Der Begriff „Beauftragte" im Sinne dieses Artikels umfasst vom ersuchenden Gericht nach Maßgabe des Rechts seines Mitgliedstaats bestimmte Gerichtsangehörige. Das ersuchende Gericht kann nach Maßgabe des Rechts seines Mitgliedstaats auch andere Personen wie etwa Sachverständige bestimmen.

(3) Das ersuchende Gericht teilt in seinem Ersuchen unter Verwendung des Formblatts A im Anhang dem ersuchten Gericht mit, dass seine Beauftragten zugegen sein werden und gegebenenfalls, dass ihre Beteiligung beantragt wird. Diese Mitteilung kann auch zu jedem anderen geeigneten Zeitpunkt erfolgen.

(4) Wird die Beteiligung der Beauftragten des ersuchenden Gerichts an der Beweisaufnahme beantragt, legt das ersuchte Gericht nach Artikel 10 die Bedingungen für ihre Teilnahme fest.

(5) Das ersuchte Gericht teilt dem ersuchenden Gericht unter Verwendung des Formblatts F im Anhang Ort und Zeitpunkt der Verhandlung und gegebenenfalls die Bedingungen mit, unter denen die Beauftragten daran teilnehmen können.

Artikel 13
Zwangsmaßnahmen

Soweit erforderlich, wendet das ersuchte Gericht bei der Erledigung des Ersuchens geeignete Zwangsmaßnahmen in den Fällen und in dem Umfang an, wie sie das Recht des Mitgliedstaats des ersuchten Gerichts für die Erledigung eines zum gleichen Zweck gestellten Ersuchens inländischer Behörden oder einer beteiligten Partei vorsieht.

Artikel 14
Ablehnung der Erledigung

(1) Ein Ersuchen um Vernehmung einer Person wird nicht erledigt, wenn sich die betreffende Person auf ein Recht zur Aussageverweigerung oder auf ein Aussageverbot beruft,

a) das nach dem Recht des Mitgliedstaats des ersuchten Gerichts vorgesehen ist oder

b) das nach dem Recht des Mitgliedstaats des ersuchenden Gerichts vorgesehen und im Ersuchen bezeichnet oder erforderlichenfalls auf Verlangen des ersuchten Gerichts von dem ersuchenden Gericht bestätigt worden ist.

(2) Die Erledigung eines Ersuchens kann über die in Absatz 1 genannten Gründe hinaus nur insoweit abgelehnt werden, als

a) das Ersuchen nicht in den Anwendungsbereich dieser Verordnung nach Artikel 1 fällt oder

b) die Erledigung des Ersuchens nach dem Recht des Mitgliedstaats des ersuchten Gerichts nicht in den Bereich der Gerichtsgewalt fällt oder

c) das ersuchende Gericht der Aufforderung des ersuchten Gerichts auf Ergänzung des Ersuchens gemäß Artikel 8 nicht innerhalb von 30 Tagen, nachdem das ersuchte Gericht das ersuchende Gericht um Ergänzung des Ersuchens gebeten hat, nachkommt oder

d) eine Kaution oder ein Vorschuss, die gemäß Artikel 18 Absatz 3 verlangt wurden, nicht innerhalb von 60 Tagen nach dem entsprechenden Verlangen des ersuchenden Gerichts hinterlegt bzw. einbezahlt werden.

(3) Die Erledigung darf durch das ersuchte Gericht nicht allein aus dem Grund abgelehnt werden, dass nach dem Recht seines Mitgliedstaats ein Gericht dieses Mitgliedstaats eine ausschließliche Zuständigkeit für die Sache in Anspruch nimmt oder das Recht jenes Mitgliedstaats ein Verfahren nicht kennt, das dem entspricht, für welches das Ersuchen gestellt wird.

(4) Wird die Erledigung des Ersuchens aus einem der in Absatz 2 genannten Gründe abgelehnt, so setzt das ersuchte Gericht unter Verwendung des Formblatts H im Anhang das ersuchende Gericht innerhalb von 60 Tagen nach Eingang des Ersuchens bei dem ersuchten Gericht davon in Kenntnis.

Artikel 15
Mitteilung über Verzögerungen

Ist das ersuchte Gericht nicht in der Lage, das Ersuchen innerhalb von 90 Tagen nach Eingang zu erledigen, setzt es das ersuchende Gericht unter Verwendung des Formblatts G im Anhang hiervon in Kenntnis. Dabei sind die Gründe für die Verzögerung anzugeben sowie der Zeitraum, der nach Einschätzung des ersuchten Gerichts für die Erledigung des Ersuchens voraussichtlich benötigt wird.

Artikel 16
Verfahren nach Erledigung des Ersuchens

Das ersuchte Gericht übermittelt dem ersuchenden Gericht unverzüglich die Schriftstücke, aus denen sich die Erledigung des Ersuchens ergibt, und sendet gegebenenfalls die Schriftstücke, die ihm von dem ersuchenden Gericht zugegangen sind, zurück. Den Schriftstücken ist eine Erledigungsbestätigung unter Verwendung des Formblatts H im Anhang beizufügen.

Abschnitt 4

Unmittelbare Beweisaufnahme durch das ersuchende Gericht

Artikel 17

(1) Beauftragt ein Gericht eine unmittelbare Beweisaufnahme in einem anderen Mitgliedstaat, so übermittelt es der nach Artikel 3 Absatz 3 bestimmten Zentralstelle oder zuständigen Behörde in diesem Staat unter Verwendung des Formblatts I im Anhang ein entsprechendes Ersuchen.

(2) Die unmittelbare Beweisaufnahme ist nur statthaft, wenn sie auf freiwilliger Grundlage und ohne Zwangsmaßnahmen erfolgen kann.
Macht die unmittelbare Beweisaufnahme die Vernehmung einer Person erforderlich, so teilt das ersuchende Gericht dieser Person mit, dass die Vernehmung auf freiwilliger Grundlage erfolgt.

(3) Die Beweisaufnahme wird von einem nach Maßgabe des Rechts des Mitgliedstaats des ersuchenden Gerichts bestimmten Gerichtsangehörigen oder von einer anderen Person wie etwa einem Sachverständigen durchgeführt.

(4) Die genannte Zentralstelle oder die zuständige Behörde des ersuchten Mitgliedstaats teilt dem ersuchenden Gericht unter Verwendung des Formblatts J im Anhang innerhalb von 30 Tagen nach Eingang des Ersuchens mit, ob dem Ersuchen stattgegeben werden kann und, soweit erforderlich, unter welchen Bedingungen nach Maßgabe des Rechts ihres Mitgliedstaats die betreffende Handlung vorzunehmen ist.
Die Zentralstelle oder die zuständige Behörde kann insbesondere ein Gericht ihres Mitgliedstaats bestimmen, das an der Beweisaufnahme teilnimmt, um sicherzustellen, dass dieser Artikel ordnungsgemäß angewandt wird und die festgelegten Bedingungen eingehalten werden.
Die Zentralstelle oder die zuständige Behörde fördert den Einsatz von Kommunikationstechnologie, wie Video- und Telekonferenzen.

(5) Die Zentralstelle oder die zuständige Stelle kann die unmittelbare Beweisaufnahme nur insoweit ablehnen, als

a) das Ersuchen nicht in den Anwendungsbereich dieser Verordnung nach Artikel 1 fällt,

b) das Ersuchen nicht alle nach Artikel 4 erforderlichen Angaben enthält oder

c) die beantragte unmittelbare Beweisaufnahme wesentlichen Rechtsgrundsätzen ihres Mitgliedstaats zuwiderläuft.

(6) Unbeschadet der nach Absatz 4 festgelegten Bedingungen erledigt das ersuchende Gericht das Ersuchen nach Maßgabe des Rechts seines Mitgliedstaats.

Abschnitt 5

Kosten

Artikel 18

(1) Für die Erledigung des Ersuchens nach Artikel 10 darf die Erstattung von Gebühren oder Auslagen nicht verlangt werden.

(2) Falls jedoch das ersuchte Gericht dies verlangt, stellt das ersuchende Gericht unverzüglich die Erstattung folgender Beträge sicher:

– der Aufwendungen für Sachverständige und Dolmetscher und

– der Auslagen, die durch die Anwendung von Artikel 10 Absätze 3 und 4 entstanden sind.

Die Pflicht der Parteien, diese Aufwendungen und Auslagen zu tragen, unterliegt dem Recht des Mitgliedstaats des ersuchenden Gerichts.

(3) Wird die Stellungnahme eines Sachverständigen verlangt, kann das ersuchte Gericht vor der Erledigung des Ersuchens das ersuchende Gericht um eine angemessene Kaution oder einen angemessenen Vorschuss für die Sachverständigenkosten bitten. In allen übrigen Fällen darf die Erledigung eines Ersuchens nicht von einer Kaution oder einem Vorschuss abhängig gemacht werden.
Die Kaution oder der Vorschuss wird von den Parteien hinterlegt bzw. einbezahlt, falls dies im Recht des Mitgliedstaats des ersuchenden Gerichts vorgesehen ist.

KAPITEL III

SCHLUSSBESTIMMUNGEN

Artikel 19
Durchführungsbestimmungen

(1) Die Kommission sorgt für die Erstellung und regelmäßige Aktualisierung eines Handbuchs, das auch in elektronischer Form bereit gestellt wird und die von den Mitgliedstaaten nach Artikel 22 mitgeteilten Angaben sowie die in Kraft befindlichen Übereinkünfte oder Vereinbarungen nach Artikel 21 enthält.

(2) Die Aktualisierung oder technische Anpassung der im Anhang wiedergegebenen Formblätter wird von der Kommission vorgenommen. Diese Maßnahmen zur Änderung nicht wesentlicher Bestimmungen dieser Verordnung werden

BeweisaufnVO

nach dem in Artikel 20 Absatz 2 genannten Regelungsverfahren mit Kontrolle erlassen. *(ABl L 304 vom 14. 11. 2008, S 82)*

Artikel 20
Ausschuss

(1) Die Kommission wird von einem Ausschuss unterstützt.

(2) Wird auf diesen Absatz Bezug genommen, so gelten Artikel 5a Absätze 1 bis 4 und Artikel 7 des Beschlusses 1999/468/EG unter Beachtung von dessen Artikel 8.

(ABl L 304 vom 14. 11. 2008, S 82)

Artikel 21
Verhältnis zu bestehenden oder künftigen Übereinkünften oder Vereinbarungen zwischen Mitgliedstaaten

(1) In den Beziehungen zwischen den Mitgliedstaaten, die Vertragsparteien einschlägiger, von den Mitgliedstaaten geschlossener bilateraler oder multilateraler Übereinkünfte oder Vereinbarungen sind, insbesondere des Haager Übereinkommens vom 1. März 1954 über den Zivilprozess und des Haager Übereinkommens vom 18. März 1970 über die Beweisaufnahme im Ausland in Zivil- oder Handelssachen, hat diese Verordnung in ihrem Anwendungsbereich Vorrang vor den Bestimmungen, die in den genannten Übereinkünften oder Vereinbarungen enthalten sind.

(2) Diese Verordnung hindert die Mitgliedstaaten nicht daran, dass zwei oder mehr von ihnen untereinander Übereinkünfte oder Vereinbarungen zur weiteren Vereinfachung der Beweisaufnahme schließen oder beibehalten, sofern sie mit dieser Verordnung vereinbar sind.

(3) Die Mitgliedstaaten übermitteln der Kommission

a) zum 1. Juli 2003 eine Abschrift der zwischen den Mitgliedstaaten beibehaltenen angeführten Übereinkünfte oder Vereinbarungen nach Absatz 2,

b) eine Abschrift der zwischen den Mitgliedstaaten geschlossenen Übereinkünfte oder Vereinbarungen nach Absatz 2 und den Entwurf von ihnen geplanter Übereinkünfte oder Vereinbarungen sowie

c) jede Kündigung oder Änderung dieser Übereinkünfte oder Vereinbarungen.

Artikel 22
Mitteilungen

Jeder Mitgliedstaat teilt der Kommission bis zum 1. Juli 2003 Folgendes mit:

a) die Liste nach Artikel 2 Absatz 2 sowie eine Angabe des örtlichen und gegebenenfalls fachlichen Zuständigkeitsbereichs der Gerichte;

b) den Namen und die Anschrift der Zentralstellen und zuständigen Behörden nach Artikel 3 unter Angabe ihres örtlichen Zuständigkeitsbereichs;

c) die technischen Mittel, über die die in der Liste nach Artikel 2 Absatz 2 aufgeführten Gerichte für die Entgegennahme von Ersuchen verfügen;

d) die Sprachen, die für die Ersuchen nach Artikel 5 zugelassen sind.

Die Mitgliedstaaten teilen der Kommission alle späteren Änderungen dieser Angaben mit.

(ABl L 324 vom 30. 11. 2016, S. 19)

Artikel 23
Überprüfung

Bis zum 1. Januar 2007 und danach alle fünf Jahre legt die Kommission dem Europäischen Parlament, dem Rat und dem Wirtschafts- und Sozialausschuss einen Bericht über die Anwendung dieser Verordnung vor, wobei sie insbesondere auf die praktische Anwendung des Artikels 3 Absatz 1 Buchstabe c) und Absatz 3 und der Artikel 17 und 18 achtet.

Artikel 24
Inkrafttreten

(1) Diese Verordnung tritt am 1. Juli 2001 in Kraft.

(2) Diese Verordnung gilt ab dem 1. Januar 2004, mit Ausnahme der Artikel 19, 21 und 22, die ab dem 1. Juli 2001 gelten.

Diese Verordnung ist in allen ihren Teilen verbindlich und gilt gemäß dem Vertrag zur Gründung der Europäischen Gemeinschaft unmittelbar in den Mitgliedstaaten.

Geschehen zu Brüssel am 28. Mai 2001.

Im Namen des Rates

Der Präsident

T. BODSTRÖM

ANHANG

FORMBLATT A

Ersuchen um Durchführung einer Beweisaufnahme

nach Artikel 4 der Verordnung (EG) Nr. 1206/2001 des Rates vom 28. Mai 2001 über die Zusammenarbeit zwischen den Gerichten der Mitgliedstaaten auf dem Gebiet der Beweisaufnahme in Zivil- oder Handelssachen (ABl. L 174 vom 27.6.2001, S. 1)

---

1. Aktenzeichen des ersuchenden Gerichts:

2. Aktenzeichen des ersuchten Gerichts:

3. Ersuchendes Gericht:

    3.1. Bezeichnung:

    3.2. Anschrift:

        3.2.1. Straße + Hausnummer/Postfach:

        3.2.2. PLZ + Ort:

        3.2.3. Staat:

    3.3. Tel.:

    3.4. Fax:

    3.5. E-Mail:

4. Ersuchtes Gericht:

    4.1. Bezeichnung:

    4.2. Anschrift:

        4.2.1. Straße + Hausnummer/Postfach:

        4.2.2. PLZ + Ort:

        4.2.3. Staat:

    4.3. Tel.:

    4.4. Fax:

    4.5. E-Mail:

5. In der Rechtssache des Klägers/Antragstellers:

    5.1. Name:

    5.2. Anschrift:

        5.2.1. Straße + Hausnummer/ Postfach:

        5.2.2. PLZ + Ort:

        5.2.3. Staat:

BeweisaufnVO

Anhang

5.3. Tel.:

5.4. Fax:

5.5. E-Mail:

6. Vertreter des Klägers/Antragstellers:

    6.1. Name:

    6.2. Anschrift:

        6.2.1. Straße + Hausnummer/Postfach:

        6.2.2. PLZ + Ort:

        6.2.3. Staat:

    6.3. Tel.:

    6.4. Fax:

    6.5. E-Mail:

7. Gegen den Beklagten/Antragsgegner:

    7.1. Name:

    7.2. Anschrift:

        7.2.1. Straße + Hausnummer/Postfach:

        7.2.2. PLZ + Ort:

        7.2.3. Staat:

    7.3. Tel.:

    7.4. Fax:

    7.5. E-Mail:

8. Vertreter des Beklagten/Antragsgegners:

    8.1. Name:

    8.2. Anschrift:

        8.2.1. Straße + Hausnummer/Postfach:

        8.2.2. PLZ + Ort:

        8.2.3. Staat:

    8.3. Tel.:

    8.4. Fax:

    8.5. E-Mail:

9. Anwesenheit und Beteiligung der Parteien:

   9.1. Die Parteien und gegebenenfalls ihre Vertreter werden bei der Beweisaufnahme anwesend sein. ☐

   9.2. Die Beteiligung der Parteien und gegebenenfalls ihrer Vertreter wird beantragt. ☐

10. Anwesenheit und Beteiligung der Beauftragten des ersuchenden Gerichts:

    10.1. Die Beauftragten werden bei der Beweisaufnahme anwesend sein. ☐

    10.2. Die Beteiligung der Beauftragten wird beantragt. ☐

        10.2.1. Name:

        10.2.2. Titel:

        10.2.3. Dienststellung:

        10.2.4. Aufgabe:

11. Art und Gegenstand des Falls und kurze Erläuterung des Sachverhalts (ggf. in der Anlage):

12. Durchzuführende Beweisaufnahme:

    12.1. Beschreibung der durchzuführenden Beweisaufnahme (ggf. in der Anlage)

    12.2. Vernehmung von Zeugen

        12.2.1. Vor- und Zuname:

        12.2.2. Anschrift:

        12.2.3. Tel.:

        12.2.4. Fax:

        12.2.5. E-Mail:

        12.2.6. Zu folgenden Fragen oder zu folgendem Sachverhalt: (ggf. in der Anlage):

        12.2.7. Zeugnisverweigerungsrecht nach dem Recht des Mitgliedstaats des ersuchenden Gerichts (ggf. in der Anlage):

        12.2.8. Bitte um Aufnahme der Aussage:

            12.2.8.1. unter Eid ☐

            12.2.8.2. unter eidesstattlicher Versicherung ☐

        12.2.9. Alle anderen Informationen, die das ersuchende Gericht für erforderlich hält (ggf. in der Anlage)

    12.3. Andere Beweisaufnahme:

        12.3.1. Zu prüfende Schriftstücke und eine Beschreibung der erbetenen Beweisaufnahme (ggf. in der Anlage):

        12.3.2. Zu prüfende Gegenstände und eine Beschreibung der erbetenen Beweisaufnahme (ggf. in der Anlage):

BeweisaufnVO

13. Ich bitte Sie, das Ersuchen:

   13.1. in folgender nach dem Recht des Mitgliedstaats des ersuchenden Gerichts vorgesehener besonderen Form (Artikel 10 Absatz 3) und/oder unter Einsatz der in der Anlage beschriebenen Kommunikationstechnologien (Artikel 10 Absatz 4) zu erledigen.

   13.2. Hierfür sind folgende Angaben erforderlich:

Geschehen zu:

Datum:

Benachrichtigung über die Weiterleitung des Ersuchens

nach Artikel 7 Absatz 2 der Verordnung (EG) Nr. 1206/2001 des Rates vom 28. Mai 2001 über die Zusammenarbeit zwischen den Gerichten der Mitgliedstaaten auf dem Gebiet der Beweisaufnahme in Zivil- oder Handelssachen (ABl. L 174 vom 27.6.2001, S. 1)

---

14. Das Ersuchen fällt nicht in die Zuständigkeit des unter Nummer 4 genannten Gerichts und wurde an das folgende Gericht weitergeleitet:

   14.1. Bezeichnung des zuständigen Gerichts:

   14.2. Anschrift:

      14.2.1. Straße + Hausnummer/Postfach:

      14.2.2. PLZ + Ort:

      14.2.3. Staat:

   14.3. Tel.:

   14.4. Fax:

   14.5. E-Mail:

Geschehen zu:

Datum:

FORMBLATT B

Empfangsbestätigung über den Eingang eines Ersuchens um Beweisaufnahme

nach Artikel 7 Absatz 1 der Verordnung (EG) Nr. 1206/2001 des Rates vom 28. Mai 2001 über die Zusammenarbeit zwischen den Gerichten der Mitgliedstaaten auf dem Gebiet der Beweisaufnahme in Zivil- oder Handelssachen (ABl. L 174 vom 27.6.2001, S. 1)

---

1. Aktenzeichen des ersuchenden Gerichts:

2. Aktenzeichen des ersuchten Gerichts:

3. Bezeichnung des ersuchenden Gerichts:

4. Ersuchtes Gericht:

    4.1. Bezeichnung:

    4.2. Anschrift:

        4.2.1. Straße + Hausnummer/Postfach:

        4.2.2. PLZ + Ort:

        4.2.3. Staat:

    4.3. Tel.:

    4.4. Fax:

    4.5. E-Mail:

5. Das Ersuchen ist am ... (Empfangsdatum) bei dem unter Nummer 4 genannten Gericht eingegangen.

6. Das Ersuchen kann aus folgenden Gründen nicht bearbeitet werden:

    6.1. Die im Formblatt verwendete Sprache ist unzulässig (Artikel 5) ☐

        6.1.1. Bitte verwenden Sie eine der folgenden Sprachen:

    6.2. Das Dokument ist nicht lesbar (Artikel 6). ☐

Geschehen zu:

Datum:

BeweisaufnVO

FORMBLATT C

Bitte um ergänzende Angaben für die Durchführung einer Beweisaufnahme

Nach Artikel 8 der Verordnung (EG) Nr. 1206/2001 des Rates vom 28. Mai 2001 über die Zusammenarbeit zwischen den Gerichten der Mitgliedstaaten auf dem Gebiet der Beweisaufnahme in Zivil- oder Handelssachen (ABI. L 174 vom 27.6.2001, S. 1)

---

1. Aktenzeichen des ersuchten Gerichts:

2. Aktenzeichen des ersuchenden Gerichts:

3. Bezeichnung des ersuchenden Gerichts:

4. Bezeichnung des ersuchten Gerichts:

5. Das Ersuchen kann erst erledigt werden, wenn folgende ergänzenden Angaben vorliegen:

6. Das Ersuchen kann erst erledigt werden, wenn gemäß Artikel 18 Absatz 3 eine Kaution hinterlegt oder ein Vorschuss einbezahlt wurde. Die Kaution oder der Vorschuss sollten wie folgt hinterlegt bzw. einbezahlt werden:

Geschehen zu:

Datum:

FORMBLATT D

Bestätigung des Eingangs der Kaution oder der Sicherheit

nach Artikel 8 Absatz 2 der Verordnung (EG) Nr. 1206/2001 des Rates vom 28. Mai 2001 über die Zusammenarbeit zwischen den Gerichten der Mitgliedstaaten auf dem Gebiet der Beweisaufnahme in Zivil- oder Handelssachen (ABl. L 174 vom 27.6.2001, S. 1)

1. Aktenzeichen des ersuchenden Gerichts:

2. Aktenzeichen des ersuchten Gerichts:

3. Bezeichnung des ersuchenden Gerichts:

4. Bezeichnung des ersuchten Gerichts:

5. Die Kaution oder der Vorschuss ist am ... (Tag des Eingangs) bei dem unter Nummer 4 genannten Gericht eingegangen.

Geschehen zu:

Datum:

BeweisaufnVO

FORMBLATT E

Mitteilung betreffend den Antrag auf Erledigung in besonderer Form und/oder unter Einsatz von Kommunikationstechnologie

nach Artikel 10 Absätze 3 und 4 der Verordnung (EG) Nr. 1206/2001 des Rates vom 28. Mai 2001 über die Zusammenarbeit zwischen den Gerichten der Mitgliedstaaten auf dem Gebiet der Beweisaufnahme in Zivil- oder Handelssachen (ABl. L 174 vom 27.6.2001, S. 1)

---

1. Aktenzeichen des ersuchten Gerichts:

2. Aktenzeichen des ersuchenden Gerichts:

3. Bezeichnung des ersuchenden Gerichts:

4. Bezeichnung des ersuchten Gerichts:

5. Dem Antrag auf Erledigung des Ersuchens in der unter Nummer 13.1. des Ersuchens (Formblatt A) angegebenen Form kann nicht entsprochen werden, da

    5.1. die beantragte Form mit dem Recht des Mitgliedstaats des ersuchten Gerichts unvereinbar ist; ☐

    5.2. die Einhaltung der beantragten Form aufgrund erheblicher tatsächlicher Schwierigkeiten nicht möglich ist: ☐

6. Dem Antrag auf Erledigung des Ersuchens unter Einsatz von Kommunikationstechnologie gemäß Nummer 13.1. des Ersuchens (Formblatt A) kann nicht entsprochen werden, da

    6.1. der Einsatz von Kommunikationstechnologie mit dem Recht des Mitgliedstaats des ersuchten Gerichts unvereinbar ist; ☐

    6.2. der Einsatz von Kommunikationstechnologie aufgrund erheblicher tatsächlicher Schwierigkeiten nicht möglich ist. ☐

Geschehen zu:

Datum:

FORMBLATT F

Unterrichtung über Termin und Ort der Beweisaufnahme und über die Bedingungen für die Beteiligung

nach Artikel 11 Absatz 4 und Artikel 12 Absatz 5 der Verordnung (EG) Nr. 1206/2001 des Rates vom 28. Mai 2001 über die Zusammenarbeit zwischen den Gerichten der Mitgliedstaaten auf dem Gebiet der Beweisaufnahme in Zivil- oder Handelssachen (ABl. L 174 vom 27.6.2001, S. 1)

---

1. Aktenzeichen des ersuchenden Gerichts:

2. Aktenzeichen des ersuchten Gerichts:

3. Ersuchendes Gericht:

    3.1. Bezeichnung:

    3.2. Anschrift:

        3.2.1. Straße + Hausnummer/Postfach:

        3.2.2. PLZ + Ort:

        3.2.3. Staat:

    3.3. Tel.:

    3.4. Fax:

    3.5. E-Mail:

4. Ersuchtes Gericht:

    4.1. Bezeichnung:

    4.2. Anschrift:

        4.2.1. Straße + Hausnummer/Postfach:

        4.2.2. PLZ + Ort:

        4.2.3. Staat:

    4.3. Tel.:

    4.4. Fax:

    4.5. E-Mail:

5. Termin der Beweisaufnahme:

6. Ort der Beweisaufnahme, falls dieser nicht den unter Nummer 4 genannten Angaben entspricht:

7. Ggf. Bedingungen, unter denen sich die Parteien und gegebenenfalls deren Vertreter beteiligen können:

8. Ggf. Bedingungen, unter denen sich die Beauftragten des ersuchenden Gerichts beteiligen können:

Geschehen zu:

Datum:

BeweisaufnVO

FORMBLATT G

Mitteilung über Verzögerungen

nach Artikel 15 der Verordnung (EG) Nr. 1206/2001 des Rates vom 28 Mai 2001 über die Zusammenarbeit zwischen den Gerichten der Mitgliedstaaten auf dem Gebiet der Beweisaufnahme in Zivil- oder Handelssachen (ABl. L 174 vom 27.6.2001, S. 1)

---

1.   Aktenzeichen des ersuchten Gerichts:

2.   Aktenzeichen des ersuchenden Gerichts:

3.   Bezeichnung des ersuchenden Gerichts:

4.   Bezeichnung des ersuchten Gerichts:

5.   Das Ersuchen konnte aus folgenden Gründen nicht innerhalb von 90 Tagen nach Eingang erledigt werden:

6.   Das Ersuchen wird voraussichtlich bis zum ... (geschätzter Termin) erledigt werden.

Gesehen zu:

Datum:

FORMBLATT H

Benachrichtigung über das Ergebnis des Ersuchens

nach Artikel 14 und Artikel 16 der Verordnung (EG) Nr. 1206/2001 des Rates vom 28 Mai 2001 über die Zusammenarbeit zwischen den Gerichten der Mitgliedstaaten auf dem Gebiet der Beweisaufnahme in Zivil- oder Handelssachen (ABl. L 174 vom 27.6.2001, S. 1)

1. Aktenzeichen des ersuchten Gerichts:

2. Aktenzeichen des ersuchenden Gerichts:

3. Bezeichnung des ersuchenden Gerichts:

4. Bezeichnung des ersuchten Gerichts:

5. Das Ersuchen wurde erledigt. ☐

Anbei werden folgende Schriftstücke, aus denen sich die Erledigung des Ersuchens ergibt, übermittelt:

6. Die Erledigung des Ersuchens wurde abgelehnt, weil

6.1. die zu vernehmende Person sich auf ein Recht zur Aussageverweigerung oder ein Aussageverbot

6.1.1. nach dem Recht des Mitgliedstaats des ersuchten Gerichts ☐

6.1.2. nach dem Recht des Mitgliedstaats des ersuchenden Gerichts berufen hat. ☐

6.2. Das Ersuchen fällt nicht in den Anwendungsbereich dieser Verordnung. ☐

6.3. Die Erledigung des Ersuchens fällt nach dem Recht des Mitgliedstaats des ersuchten Gerichts nicht in den Bereich der Gerichtsgewalt. ☐

6.4. Das ersuchende Gericht ist dem Antrag des ersuchten Gerichts vom ... (Zeitpunkt des Antrags) auf ergänzende Angaben nicht nachgekommen. ☐

6.5. Eine Kaution oder ein Vorschuss, um die bzw. den gemäß Artikel 18 Absatz 3 gebeten wurde, ist nicht hinterlegt bzw. einbezahlt worden ☐

Geschehen zu:

Datum:

BeweisaufnVO

FORMBLATT I

Ersuchen um direkte Beweisaufnahme

nach Artikel 17 der Verordnung (EG) Nr. 1206/2001 des Rates vom 28. Mai 2001 über die Zusammenarbeit zwischen den Gerichten der Mitgliedstaaten auf dem Gebiet der Beweisaufnahme in Zivil- oder Handelssachen (ABl. L 174 vom 27.6.2001, S. 1)

---

1. Aktenzeichen des ersuchenden Gerichts:

2. Aktenzeichen der Zentralstelle/zuständigen Behörde:

3. Ersuchendes Gericht:

    3.1. Bezeichnung:

    3.2. Anschrift:

        3.2.1. Straße + Hausnummer/Postfach:

        3.2.2. PLZ + Ort:

        3.2.3. Staat:

    3.3. Tel.:

    3.4. Fax:

    3.5. E-Mail:

4. Zentralstelle/zuständige Behörde des ersuchten Staats:

    4.1. Bezeichnung:

    4.2. Anschrift:

        4.2.1. Straße + Hausnummer/Postfach:

        4.2.2. PLZ + Ort:

        4.2.3. Staat:

    4.3. Tel.:

    4.4. Fax:

    4.5. E-Mail:

5. In der Rechtssache des Klägers/Antragstellers:

    5.1. Name:

    5.2. Anschrift:

        5.2.1. Straße + Hausnummer/Postfach:

        5.2.2. PLZ + Ort:

        5.2.3. Staat:

5.3.   Tel.:

5.4.   Fax:

5.5.   E-Mail:

6.   Vertreter des Klägers/Antragstellers:

   6.1.   Name:

   6.2.   Anschrift:

      6.2.1.   Straße + Hausnummer/Postfach:

      6.2.2.   PLZ + Ort:

      6.2.3.   Staat:

   6.3.   Tel.:

   6.4.   Fax:

   6.5.   E-Mail:

7.   Gegen den Beklagten/Antragsgegner:

   7.1.   Name:

   7.2.   Anschrift:

      7.2.1.   Straße + Hausnummer/Postfach:

      7.2.2.   PLZ + Ort:

      7.2.3.   Staat:

   7.3.   Tel.:

   7.4.   Fax:

   7.5.   E-Mail:

8.   Vertreter des Beklagten/Antragsgegners:

   8.1.   Name:

   8.2.   Anschrift:

      8.2.1.   Straße + Hausnummer/Postfach:

      8.2.2.   PLZ + Ort:

      8.2.3.   Staat:

   8.3.   Tel.:

   8.4.   Fax:

   8.5.   E-Mail:

BeweisaufnVO

9. Die Beweisaufnahme erfolgt durch:

   9.1. Name:

   9.2. Titel:

   9.3. Dienststellung:

   9.4. Aufgabe:

10. Art und Gegenstand des Falls und kurze Erläuterung des Sachverhalts (ggf. in der Anlage):

11. Durchzuführende Beweisaufnahme:

   11.1. Beschreibung der durchzuführenden Beweisaufnahme (ggf. in der Anlage):

   11.2. Vernehmung von Zeugen:

      11.2.1. Vor- und Zuname:

      11.2.2. Anschrift:

      11.2.3. Tel.:

      11.2.4. Fax:

      11.2.5. E-Mail:

      11.2.6. Zu folgenden Fragen oder zu folgendem Sachverhalt (ggf. in der Anlage):

      11.2.7. Zeugnisverweigerungsrecht nach dem Recht des Mitgliedstaats des ersuchenden Gerichts (ggf. in der Anlage):

   11.3. Andere Beweisaufnahme (ggf. in der Anlage):

12. Das ersuchende Gericht ersucht um direkte Beweisaufnahme unter Einsatz folgender Kommunikationstechnologien (ggf. in der Anlage):

Geschehen zu:

Datum:

FORMBLATT J

Mitteilung der Zentralstelle/zuständigen Behörde

nach Artikel 17 der Verordnung (EG) Nr. 1206/2001 des Rates vom 28. Mai 2001 über die Zusammenarbeit zwischen den Gerichten der Mitgliedstaaten auf dem Gebiet der Beweisaufnahme in Zivil- oder Handelssachen (ABl. L 174 vom 27.6.2001, S. 1)

1. Aktenzeichen des ersuchenden Gerichts:

2. Aktenzeichen der Zentralstelle/zuständigen Behörde:

3. Bezeichnung des ersuchenden Gerichts:

4. Zentralstelle/zuständige Behörde:

    4.1. Bezeichnung:

    4.2. Anschrift:

        4.2.1. Straße + Hausnummer/Postfach:

        4.2.2. PLZ + Ort:

        4.2.3. Staat:

    4.3. Tel.:

    4.4. Fax:

    4.5. E-Mail:

5. Mitteilung der Zentralstelle/zuständigen Behörde:

    5.1. Der direkten Beweisaufnahme gemäß dem Ersuchen wird stattgegeben: ☐

    5.2. Der direkten Beweisaufnahme gemäß dem Ersuchen wird unter folgenden Bedingungen stattgegeben (ggf. in der Anlage): ☐

    5.3. Die direkte Beweisaufnahme gemäß dem Ersuchen wird aus folgenden Gründen abgelehnt:

        5.3.1. Das Ersuchen fällt nicht in den Anwendungsbereich dieser Verordnung: ☐

        5.3.2. Das Ersuchen enthält nicht alle erforderlichen Angaben nach Artikel 4: ☐

        5.3.3. Die beantragte direkte Beweisaufnahme steht im Widerspruch zu wesentlichen Rechtsgrundsätzen des Mitgliedstaats der Zentralstelle/zuständigen Behörde: ☐

BeweisaufnVO

Geschehen zu:

Datum:

_____

Austrittsabk UK

Abkommen über den Austritt des Vereinigten Königreichs Großbritannien und Nordirland aus der Europäischen Union und der Europäischen Atomgemeinschaft

(ABl. L 029 vom 31.1.2020, S. 7, ab 1.1.2021)

Artikel 68

Im Vereinigten Königreich sowie in den Mitgliedstaaten finden in Fällen, die einen Bezug zum Vereinigten Königreich aufweisen, die nachstehenden Rechtsakte wie folgt Anwendung:

b) Die Verordnung (EG) Nr. 1206/2001*) findet Anwendung auf Ersuchen, die vor dem Ablauf der Übergangszeit bei einer der folgenden Stellen eingegangen sind:

i) einem ersuchten Gericht;

ii) einer Zentralstelle des Staates, in dem die Beweisaufnahme erfolgen soll; oder

iii) einer Zentralstelle oder zuständigen Behörde im Sinne von Artikel 17 Absatz 1 der genannten Verordnung;

---

*) *Verordnung (EG) Nr. 1206/2001 des Rates vom 28. Mai 2001 über die Zusammenarbeit zwischen den Gerichten der Mitgliedstaaten auf dem Gebiet der Beweisaufnahme in Zivil- oder Handelssachen (ABl. L 174 vom 27.6.2001, S. 1).*

Der Übergangszeitraum endete am 31.12.2020 (Art 126 des Austrittsabkommens)

Einführungserlass zur BeweisaufnVO

JMZ 30.043 B/9-I 11/2003

Einführungserlass vom 17. Dezember 2003 zur Verordnung (EG) Nr. 1206/2001 des Rates vom 28. Mai 2001 über die Zusammenarbeit zwischen den Gerichten der Mitgliedstaaten auf dem Gebiet der Beweisaufnahme in Zivil- oder Handelssachen (BeweisaufnahmeVO)

1. Allgemeines

Am 1.1.2004 tritt die *Verordnung (EG) Nr. 1206/2001 des Rates vom 28. Mai 2001 über die Zusammenarbeit zwischen den Gerichten der Mitgliedstaaten auf dem Gebiet der Beweisaufnahme in Zivil- oder Handelssachen*, ABl L 174 vom 27.6.2001, in Kraft (in der Folge: VO; Artikelbezeichnungen ohne weitere Angabe der Rechtsquelle beziehen sich auf diese Verordnung). Aufgrund institutioneller Sonderbestimmungen im Vertrag von Amsterdam ist Dänemark von den Vorschriften des EG-Vertrages über die justizielle Zusammenarbeit in Zivilsachen nicht erfasst und gilt daher nicht als Mitgliedstaat im Sinne der Verordnung.

Ziel der Verordnung ist die Erleichterung der zivilgerichtlichen Beweisaufnahme in anderen Mitgliedstaaten der Europäischen Union. Neben Vorschriften über den traditionellen Rechtshilfeverkehr enthält sie auch Regelungen über die unmittelbare Beweisaufnahme im Ausland. Bisher zwischen den Mitgliedsstaaten bestehende Übereinkommen werden im Anwendungsbereich der VO verdrängt.

Die VO macht Anpassungen des österreichischen Rechts erforderlich. Dies wurde – wie bei früheren Maßnahmen auf dem Gebiet des Internationalen Zivilverfahrensrechts – zum Anlass genommen, die EU-internen Regelungen mit den erforderlichen Modifikationen auch für das Verhältnis mit Drittstaaten zu übernehmen. Die entsprechenden Änderungen des nationalen Rechts erfolgen mit dem ebenfalls am 1.1.2004 in Kraft tretenden BG BGBl. I Nr. 114/2003. In die Jurisdiktionsnorm werden zusätzliche Vorschriften über die Behandlung ausländischer Rechtshilfeersuchen aufgenommen. Die Zivilprozessordnung wird durch Regelungen über die Zulässigkeit einer unmittelbaren Beweisaufnahme ergänzt. Eine Änderung der Reisegebührenvorschrift stellt sicher, dass rechtskräftig angeordnete Amtshandlungen österreichischer Gerichte im Ausland nicht an der Nichtgenehmigung einer Auslandsdienstreise scheitern.

Ziel dieses Erlasses ist eine kurze, die Rechtsprechung nicht bindende Darstellung der Neuregelungen.

2. Anwendungsbereich

Die VO differenziert nicht zwischen einzelnen Verfahrensarten. Sie ist daher nicht nur im Zivil-

BeweisaufnVO

prozess, sondern auch in allen anderen zivilgerichtlichen Verfahren anzuwenden. Die Umsetzungsbestimmungen in der Jurisdiktionsnorm sind ebenfalls nicht verfahrensspezifisch und daher auf alle Fälle eines in einer Zivilsache gestellten Rechtshilfeersuchens anzuwenden.

Die Regelungen der ZPO über Amtshandlungen im Ausland sind über die Verweise der § § 78 EO, 171 KO und 76 AO in diesen Verfahrensarten anzuwenden. Im Außerstreitverfahren ist (bis zum Inkrafttreten der Neukodifikation) eine analoge Anwendung angezeigt.

Die Regelungen der VO greifen nach Art 1 Abs 1 erst dann ein, wenn ein (staatliches) Gericht nach seinen innerstaatlichen Rechtsvorschriften um eine Beweisaufnahme im Rechtshilfeweg oder um die Zulassung einer unmittelbaren Beweisaufnahme ersucht. Ersuchen von Parteien, Schiedsgerichten oder Behörden, die nicht Gerichte sind, scheiden daher aus. Weiters wird mit der Verordnung nicht in das nationale Verfahrensrecht des Staates des ersuchenden Gerichtes eingegriffen. Nur nach diesem Recht ist daher zu entscheiden, ob ein bestimmtes Ersuchen zu stellen ist oder nicht. Insbesondere ist es dem nationalen Verfahrensrecht – in Österreich daher den neuen § 291a, 291b und 291c ZPO – zu entnehmen, ob und unter welchen Voraussetzungen ein Gericht ein Ersuchen um Teilnahme an einer Beweisaufnahmetagsatzung im Ausland oder um unmittelbare Beweisaufnahme im Ausland stellen kann bzw allenfalls auch stellen muss. Die Verordnung regelt hier nur die weitere Vorgangsweise, also die Übermittlung und die Erledigung des Ersuchens.

3. Beweisaufnahme im Rechtshilfeweg

3.1. Verkehr von Gericht zu Gericht

Art 2 VO enthält einen Kernpunkt für die Beschleunigung der Beweisaufnahme im traditionellen Weg. Ersuchen sind demnach nicht über Zentralstellen, sondern unmittelbar von Gericht zu Gericht zu übersenden. In Österreich sind weiterhin die Bezirksgerichte für die Erledigung von Rechtshilfeersuchen zuständig. Die in den anderen Mitgliedstaaten der EU zuständigen Gerichte können ab Inkrafttreten der VO einem Handbuch der Europäischen Kommission entnommen werden. Die auch im Intranet abfragbare Adresse lautet:

Http://www.europa.eu.int/comm/justice_home/fsj/civil/evidence/fsj_civil_regulation_en.htm

Die nach Art 3 Abs 1 VO einzurichtenden Zentralstellen – in Österreich das Bundesministerium für Justiz – haben nur beschränkte Aufgaben. In erster Linie sollen sie Gerichten Auskünfte erteilen und bei Schwierigkeiten mit einem Ersuchen nach Lösungswegen suchen. Die Weiterleitung eines Ersuchens obliegt ihnen nur in Ausnahmefällen, also etwa dann, wenn sich aus dem Handbuch der Kommission kein zuständiges Gericht ermitteln lässt.

Der Erleichterung des Verkehrs zwischen den Gerichten dienen Formblätter, die diesem Erlass in deutscher, englischer und französischer Sprache angeschlossen sind.

3.2. Inhalt und Übermittlung des Ersuchens

Das Ersuchen ist unter Verwendung des Formblattes A zu stellen. Die erforderlichen Angaben sind in Art 4 enthalten. Nach einer Darstellung des Sachverhalts ist die beantragte Beweisaufnahme möglichst genau zu bezeichnen.

Bei der Vernehmung von Personen sind neben deren Namen und Anschrift zunächst die zu stellenden Fragen oder der Sachverhalt, zu dem die Personen vernommen sollen, anzuführen. Das ersuchende Gericht sollte dabei in erster Linie das Ziel der Beweisaufnahme vorgeben und anführen, zu welchen (strittigen) Punkten Angaben gemacht werden sollen. Der Anschluss einer konkreten Frageliste kann in diesem Zusammenhang zweckmäßig sein; diese sollte jedoch eher keinen abschließenden Charakter haben. Im Zuge einer Beweisaufnahme können sich nämlich immer wieder Entwicklungen ergeben, die bei der Erstellung der Liste nicht vorhersehbar sind.

Weiters sind mit dem Ersuchen Informationen über allenfalls bestehende Aussageverweigerungsrechte nach dem Recht des ersuchenden Staates zu übermitteln, dies wegen des Rechts der zu vernehmenden Personen, sich darauf zu berufen (Art 14 Abs 1 lit b). Übersetzungen der § § 320 bis 323 bzw 371, 367 und 377 ZPO in die englische und französische Sprache sind diesem Erlass angeschlossen.

3.3. Sprache

Art 5 regelt die Frage, in welcher Sprache Ersuchen und Mitteilungen nach der Verordnung abzufassen sind. Die Auswahl der Sprache obliegt im Einzelfall jenem Gericht, das jeweilige Ersuchen oder die jeweilige Mitteilung verfasst. Es hat dabei grundsätzlich zwei Möglichkeiten: Zum einen kann die Amtssprache des ersuchten Staates verwendet werden. Gibt es dort mehrere Amtssprachen, so ist jene des Ortes der beantragten Beweisaufnahme heranzuziehen. Zum anderen hat jeder Mitgliedstaat zumindest eine Amtssprache der Organe der Europäischen Gemeinschaft anzugeben, die er außer seiner oder seinen eigenen für das Ausfüllen der Formblätter zulässt. Diese Sprachen werden wiederum in das Handbuch der Kommission aufgenommen. Österreich lässt als weitere Sprache Englisch zu.

Das ersuchte Gericht wird durch die vom ersuchenden Gericht vorgenommene Wahl der Sprache nicht präjudiziert. Auch wenn das Ersuchen in einer anderen (zulässigen) Sprache gestellt wird, kann immer in der eigenen Amtssprache geantwortet werden.

In der Praxis bedeutet das Folgendes: Ersuchen an österreichische Gerichte können daher auf englisch oder deutsch gestellt werden. Das österreichische Gericht kann seine Mitteilungen und sonstigen Erledigungen (insbesondere die Beweisaufnahmeprotokolle) jedenfalls auf deutsch abfassen.

3.4. Erledigung der Ersuchen

3.4.1.

Vorgangsweise bei Einlangen des Ersuchens

a) Langt ein Rechtshilfeersuchen ein, so sind nach Art 7 zunächst folgende Punkte zu prüfen:

– Ist das Ersuchen lesbar?

– Wurde eine zulässige Sprache verwendet?

– Ist das ersuchte Gericht für die Beweisaufnahme zuständig?

Werden diese Fragen bejaht, so ist innerhalb von sieben Tagen ab Einlangen eine Empfangsbestätigung (Formblatt B) an das ersuchende Gericht zu übersenden. Ist das Ersuchen nicht lesbar oder in einer unzulässigen Sprache verfasst, ist dies ebenfalls binnen sieben Tagen mit dem Formblatt B mitzuteilen; dabei wird das Ersuchen an das ersuchende Gericht zurückzustellen sein. Bei Unzuständigkeit des Gerichts ist das Ersuchen an das zuständige Gericht weiterzuleiten; dem ersuchenden Gericht ist das durch Übersendung einer Kopie des Formblattes A mit ausgefülltem Punkt 14 („Benachrichtigung über die Weiterleitung des Ersuchens") mitzuteilen.

b) In einem nächsten Schritt hat das ersuchte Gericht nach Art 8 Abs 1 zu prüfen, ob im Ersuchen alle für die Beweisaufnahme erforderlichen Angaben enthalten sind. Ist das nicht der Fall, so ist dies dem ersuchenden Gericht innerhalb von 30 Tagen ab Einlangen des Ersuchens unter Verwendung von Formblatt C mitzuteilen. Die fehlenden Angaben sind möglichst genau zu bezeichnen. Gegebenenfalls ist innerhalb der selben Frist auch eine Mitteilung über einen erforderlichen Kostenvorschuss für Sachverständigengebühren (Art 18 Abs 3) zu übermitteln (Art 8 Abs 2; siehe dazu näher unten 6.3).

c) Ein weiterer Prüfschritt wird in Art 14 Abs 2 lit a und b angeordnet. Nach diesen Bestimmungen kann die Erledigung des Ersuchens verweigert werden, wenn es nicht in den Anwendungsbereich der Verordnung oder nach dem Recht des ersuchten Staates nicht in den Bereich der Gerichtsgewalt fällt. Eine diesbezügliche Mitteilung ist dem ersuchenden Gericht mit Formblatt H binnen 60 Tagen ab Einlangen des Ersuchens zu machen.

d) Gemäß Art 10 Abs 1 muss das Ersuchen in weiterer Folge innerhalb von 90 Tagen erledigt werden. Diese Frist läuft grundsätzlich ab dem Einlangen des Ersuchens bei dem ersuchten Gericht. Werden jedoch Mängel im Sinn von Art 7 oder Art 8 Abs 1 gerügt, beginnt die Frist erst mit dem Einlangen des mangelfreien Ersuchens (Art 9 Abs 1). Macht das ersuchte Gericht die Einholung eines Sachverständigengutachtens von einem Kostenvorschuss abhängig, so beginnt die Frist mit dessen Erlag (Art 9 Abs 2).

Kann die neunzigtägige Frist aufgrund außergewöhnlicher Umstände nicht eingehalten werden, so ist dies dem ersuchenden Gericht unter Verwendung des Formblattes G mitzuteilen (Art 15). Diese Mitteilung sollte erfolgen, sobald absehbar ist, dass die Frist nicht eingehalten werden kann. Es sind darin die Gründe für die Verzögerung und der voraussichtliche Erledigungszeitraum zu nennen.

e) In der Praxis wird es sinnvoll sein, die oben genannten Schritte miteinander zu verbinden. Es sollte dem Gericht in der Regel möglich sein, innerhalb von sieben Tagen ab Einlangen des Ersuchens

– zu prüfen, ob es für die Erledigung überhaupt zuständig ist (sonst Weiterleitung an das zuständige Gericht),

– das Ersuchen nach Art 7 formal zu prüfen und die Empfangsbestätigung abzusenden,

– das Ersuchen inhaltlich nach Art 8 und Art 14 Abs 2 lit a und b zu prüfen, und

– bei Vorliegen der Voraussetzungen sofort alle notwendigen Verfügungen für die Beweisaufnahme zu treffen, insbesondere die Rechtshilfetagsatzung anzuberaumen.

Ergibt sich dabei, dass das Ersuchen nicht innerhalb von 90 Tagen erledigt werden kann, sollte sofort die Mitteilung nach Art 15 erfolgen und dabei der genaue Termin für die Beweisaufnahme genannt werden. Bei einer derart konzentrierten Vorgangsweise am Beginn des Verfahrens wird die neunzigtägige Erledigungsfrist, die eine durchaus ambitionierte Vorgabe darstellt, eher eingehalten werden können als bei einem vollen Ausnutzen der Fristen für die inhaltliche Prüfung.

BeweisaufnVO

f) Nach Erledigung des Ersuchens sind die Akten der Beweisaufnahme (Einvernahmeprotokolle, eingeholte Sachverständigengutachten etc) nach Art 16 mit einer Erledigungsbestätigung (Formblatt H) an das ersuchende Gericht zurückzusenden.

3.4.2. Erledigung nach dem Recht des ersuchten Staates

Das Ersuchen ist grundsätzlich nach dem Recht des ersuchten Staates zu erledigen (Art 10 Abs 2). Nach diesem Recht bestimmen sich daher – von noch zu erörternden Ausnahmen abgesehen – sämtliche Fragen, die die konkrete Durchführung der Beweisaufnahme betreffen. Das betrifft nicht nur rein formelle Punkte (zB die Art und Weise der Protokollierung einer Einvernahme), sondern beispielsweise auch Auswahl und Honorierung von Sachverständigen oder die Öffentlichkeit oder Nichtöffentlichkeit einer Beweisaufnahme. Nach dem Recht des ersuchten Staates bestimmen sich auch die Zwangsmittel zur Durchsetzung einer bestimmten Beweisaufnahme (zB Ordnungsstrafen, Vorführung von Zeugen).

3.4.3. Erledigung des Ersuchens abweichend vom Recht des ersuchten Staates

Vom Grundsatz der Erledigung des Ersuchens nach dem Recht des ersuchten Staates gibt es mehrere Ausnahmen. Einerseits kann das ersuchende Gericht um die Einhaltung einer besonderen Form nach seinem eigenen Recht ersuchen (Art 10 Abs 3), andererseits enthält die Verordnung einige autonome Regelungen für die Erledigung (Art 10 Abs 4, Art 11, Art 12). Auf diese Bestimmungen ist beim ersuchten Gericht nur dann Bedacht zu nehmen, wenn ausdrücklich darum ersucht wird (Formblatt A, Punkte 9, 10, 13.1).

3.4.3.1. Einhaltung einer besonderen Form (Art 10 Abs 3)

Nach Art 10 Abs 3 kann das ersuchende Gericht darum ersuchen, die Beweisaufnahme in einer besonderen Form zu erledigen, die sich aus dem Recht des ersuchenden Staates ergibt (zB Unterfertigung eines Vollschriftprotokolls durch alle Anwesenden, spezielle Belehrungen gegenüber Zeugen). Aus österreichischer Sicht wird regelmäßig um Belehrung über die Wahrheitspflicht und über mögliche Aussageverweigerungsgründe zu ersuchen sein. Ein Ersuchen um Einhaltung einer besonderen Form darf nur abgelehnt werden, wenn eine solche Vorgangsweise mit dem Recht des ersuchten Staates unvereinbar oder wegen erheblicher tatsächlicher Schwierigkeiten unmöglich ist (Art 10 Abs 3 Satz 2). Eine Ableh-

nung ist dem ersuchenden Gericht mit Formblatt E mitzuteilen (Art 10 Abs 3 Satz 3).

3.4.3.2. Verwendung von Kommunikationstechnologien

Die Verwendung von Kommunikationstechnologien wird in Art 10 Abs 4 als verordnungsautonome besondere Form der Beweisaufnahme angeführt. Kommunikationstechnologien können einerseits dazu dienen, eine traditionelle Beweisaufnahme nicht (nur) durch ein schriftliches Protokoll, sondern auch durch Bild- oder Tonaufzeichnungen festzuhalten. Dem ersuchenden Gericht wird in einem solchen Fall nach Erledigung des Ersuchens nicht nur das Protokoll, sondern auch die Bild- oder Tonaufzeichnung zur Verfügung gestellt. Andererseits können Kommunikationstechnologien auch dazu genutzt werden, den Parteien und/oder dem ersuchenden Gericht im Weg einer Videokonferenz die unmittelbare Wahrnehmung der Beweisaufnahme oder sogar eine aktive Beteiligung daran zu ermöglichen. Die näheren Bestimmungen dazu finden sich in den Art 11 und 12.

Da die Verwendung von Kommunikationstechnologien im österreichischen Zivilverfahrensrecht (noch) nicht vorgesehen ist, werden österreichische Gerichte in der Regel keine entsprechenden Ersuchen stellen. Ersuchen anderer Staaten sollte nach Maßgabe der technischen Möglichkeiten entsprochen werden. Die erforderlichen technischen Mittel könnten dabei auch vom ersuchenden Gericht zur Verfügung gestellt werden.

3.4.3.3. Teilnahme der Parteien oder ihrer Vertreter

a) Art 11 Abs 1 bis 4 regelt die Rolle der Parteien und/oder ihrer Vertreter bei der Beweisaufnahme durch das ersuchte Gericht. Dabei wird zwischen Anwesenheit („Zugegensein") und Beteiligung unterschieden. Anwesenheit (Art 11 Abs 1) ist der engere Begriff und bedeutet die bloße physische Präsenz, während Beteiligung (Art 11 Abs 3) jede Form der aktiven Teilnahme – insbesondere durch Befragung von zu vernehmenden Personen – erfasst.

Voraussetzung für die Anwendung von Art 11 Abs 1 bis 4 ist ein auf Anwesenheit oder Beteiligung gerichtetes Ersuchen. Außer im Fall eines Verzichts ist ein solches Ersuchen von österreichischen Gerichten in Verfahren, in denen zumindest Parteiöffentlichkeit besteht, immer zu stellen.

Die Anwesenheit der Parteien oder ihrer Vertreter nach Art 11 Abs 1 ist ein absolutes Recht, das vom ersuchten Gericht nicht eingeschränkt werden darf. Die beabsichtigte Anwesenheit wird daher im Ersuchen nur mitgeteilt, es wird nicht (im strengen Sinn) darum „ersucht". Das ersuchte

Gericht darf sich nicht darauf berufen, dass nach seinem Recht die Parteien bei der Durchführung einer vergleichbaren Beweisaufnahme nicht anwesend sein dürfen.

Demgegenüber steht es dem ersuchten Gericht nach Art 11 Abs 3 zu, für die aktive Beteiligung der Parteien bzw ihrer Vertreter Bedingungen festzulegen. Um welche Bedingungen es sich dabei handeln könnte, wird in Art 11 Abs 3 nicht ausgeführt. Statt dessen wird generell auf Art 10 verwiesen. Das bedeutet Folgendes: Grundsätzlich hat die aktive Beteiligung der Parteien oder ihrer Vertreter so abzulaufen, wie es im Recht des ersuchten Gerichtes vorgesehen ist (Art 10 Abs 2). Bei der praktisch wohl wichtigsten Form einer Beteiligung, dem Stellen von Fragen an zu vernehmende Personen, haben die Parteien bzw ihre Vertreter somit genau dieselben Befugnisse, wie sie die Parteien oder ihre Vertreter in einem internen Verfahren des ersuchten Staates hätten. Beantragt das ersuchende Gericht jedoch eine davon abweichende Form der Beteiligung (etwa ein weitergehendes Fragerecht oder eine Beteiligung in Form einer Videokonferenz), so ist dem nach Art 10 Abs 3 zu entsprechen, außer es wäre mit dem Recht des ersuchten Gerichtes unvereinbar oder wegen erheblicher tatsächlicher Schwierigkeiten unmöglich.

b) Die formale Vorgangsweise wird in Art 11 Abs 2 und 4 geregelt. Voraussetzung für die Anwesenheit oder Beteiligung der Parteien ist ein darauf gerichtetes Ersuchen (Art 11 Abs 2). Dieses Ersuchen kann entweder bereits mit dem Formblatt A oder auch gesondert davon gestellt werden. Aus Formblatt A geht deutlich die unterschiedliche Behandlung von (bloßer) Anwesenheit und (aktiver) Beteiligung hervor: Die Tatsache der beabsichtigten Anwesenheit wird bloß mitgeteilt (Punkt 9.1.), die Beteiligung wird demgegenüber beantragt (Punkt 9.2.). Im Fall einer Beteiligung wird näher auszuführen sein, worin diese Beteiligung bestehen soll (aus österreichischer Sicht: idR Befragung der zu vernehmenden Personen). Da das Formblatt A dafür keine eigene Rubrik enthält, wird die Beschreibung der gewünschten Beteiligung in einen Anhang aufzunehmen sein.

In weiterer Folge gibt das ersuchte Gericht den Parteien bzw ihren Vertretern mit dem Formblatt F Ort und Zeitpunkt der Beweisaufnahme sowie gegebenenfalls Bedingungen für die Beteiligung bekannt (Art 11 Abs 4). Soweit dabei eine Zustellung in andere Mitgliedstaaten erfolgen muss, ist grundsätzlich die ZustellVO anzuwenden. Dabei dürfte sich idR die Übersendung mit internationalem Rückschein empfehlen. Aus praktischen Gründen ist es sinnvoll, die Mitteilung zu Dokumentationszwecken auch an das ersuchende Gericht zu senden.

3.4.3.4. Teilnahme von Beauftragten des ersuchenden Gerichts

a) Art 12 regelt die Möglichkeit für Beauftragte des ersuchenden Gerichts, bei der Beweisaufnahme anwesend zu sein oder sich daran (aktiv) zu beteiligen. Auch dabei handelt es sich um eine besondere Form der traditionellen Beweisaufnahme. Die Leitung der Beweisaufnahme obliegt daher – anders als bei einer unmittelbaren Beweisaufnahme nach Art 17 – dem ersuchten Gericht.

Wer als Beauftragter des ersuchenden Gerichtes in Frage kommt, bestimmt sich gem Art 12 Abs 2 ausschließlich nach dessen Recht. Denkbar ist auch die Entsendung eines Sachverständigen.

Art 12 unterscheidet sich in seinem Aufbau kaum von Art 11. Voraussetzung für die Anwendung dieser Bestimmung ist daher wiederum ein darauf gerichtetes Ersuchen. Die bloße Anwesenheit von Beauftragten des ersuchenden Gerichts muss bei der Beweisaufnahme jedenfalls geduldet werden (Art 12 Abs 1), die aktive Beteiligung (etwa ein Fragerecht) demgegenüber nur nach den vom ersuchten Gericht gesetzten Bedingungen (Art 12 Abs 4). Diese Bedingungen sind wieder nach Art 10 festzulegen.

Aus österreichischer Sicht kann ein solches Ersuchen nur nach Maßgabe der neu eingeführten §§ 291a, 291b und 291 c ZPO gestellt werden. Diese Bestimmungen gelten auch für die unmittelbare Beweisaufnahme im Ausland und werden daher weiter unten gesondert dargestellt.

b) Die formale Vorgangsweise wird in Art 12 Abs 3 und 5 geregelt. Nach Art 12 Abs 3 kann das ersuchende Gericht die Mitteilung, dass ein Beauftragter bei der Beweisaufnahme anwesend sein soll, oder das Ersuchen um aktive Beteiligung bereits in das ursprüngliche Rechtshilfeersuchen aufnehmen (Formblatt A); diese Mitteilung kann aber auch noch zu einem späteren Zeitpunkt erfolgen. Das ersuchte Gericht teilt dem ersuchenden Gericht daraufhin mit Formblatt F Ort und Zeit der Verhandlung mit und nennt gegebenenfalls auch die Bedingungen für eine Teilnahme. Vor der formellen Bekanntgabe wird eine formlose (telefonische) Terminabsprache der beteiligten Gerichte sinnvoll sein.

Art 12 VO ist nach dem neuen § 39 Abs 3 JN auch auf Teilnahmeersuchen von Gerichten anzuwenden, die nicht Gerichte eines EU-Mitgliedstaates sind.

3.4.4.

Ablehnungsgründe

In Art 14 Abs 1 und 2 sind (durchaus unterschiedliche) Gründe für die Ablehnung der Erledigung eines Ersuchens zusammengefasst. Diese Bestimmung hat abschließenden Charakter, wenn um eine Beweisaufnahme nach dem Recht des ersuchten Staates ersucht wurde. Andere Ablehnungsgründe dürfen in einem solchen Fall nicht herangezogen werden. Wird demgegenüber um die Beweisaufnahme abweichend von diesem Recht ersucht, so sind überdies noch die in den Art 10 Abs 3 und 4 genannten Ablehnungsgründe zu beachten.

Art 14 Abs 1 regelt zunächst den Fall von Aussageverweigerungsrechten oder Aussageverboten nach dem Recht des ersuchenden oder des ersuchten Staates. Auf solche Beschränkungen ist nach dem Wortlaut der Bestimmung nur Rücksicht zu nehmen, wenn sich die zu vernehmende Person – allenfalls nach diesbezüglicher Rechtsbelehrung durch das Gericht – darauf beruft. Generell wird dieser Ablehnungsgrund daher erst erkennbar sein, wenn die Einvernahme versucht wurde. Ergibt sich, dass die Aussage zu Recht verweigert wurde, ist das dem ersuchenden Gericht unverzüglich mit dem Formblatt H mitzuteilen.

Art 14 Abs 2 lit a und lit b enthalten Ablehnungsgründe, die bereits bei der inhaltlichen Prüfung des Ersuchens auffallen müssen. Sie sind dem ersuchenden Gericht binnen 60 Tagen ab Einlangen des Ersuchens mitzuteilen (Art 14 Abs 4).

Art 14 Abs 2 lit c und d regeln die Rechtsfolgen eines Auftrages zur Vervollständigung des Ersuchens (Art 8) oder zum Erlag eines Kostenvorschusses (Art 18). Wird einem solchen Auftrag nicht binnen 30 Tagen (Vervollständigung) bzw 60 Tagen (Kostenvorschuss) nachgekommen, kann die Erledigung des Ersuchens abgelehnt werden. Davon wird das ersuchende Gericht unverzüglich nach Ablauf der Frist zu verständigen sein.

Andere Ablehnungsgründe sind nicht vorgesehen. Das ergibt sich schon aus der abschließenden Formulierung in Art 14 Abs 1 und Abs 2, Satz 1. In Art 14 Abs 3 wird zudem ausdrücklich angeordnet, dass die Erledigung des Ersuchens auch dann nicht abgelehnt werden darf, wenn für das dem Ersuchen zugrunde liegende Verfahren eine ausschließliche Zuständigkeit des ersuchten Staates besteht. Das ersuchte Gericht ist somit an die Beurteilung der Zuständigkeitsfrage durch das ersuchende Gericht gebunden.

4. Unmittelbare Beweisaufnahme im Ausland

a) Die Möglichkeit einer unmittelbaren Beweisaufnahme im Ausland (Art 17) stellt einen wesentlichen Fortschritt gegenüber der bisherigen Rechtslage dar. Anders als bei der traditionellen Beweisaufnahme im Rechtshilfeweg führt das ersuchende Gericht die Beweisaufnahme hier grundsätzlich nach seinem Recht und ohne Beteiligung von Gerichten des Staates, in dem die Beweisaufnahme stattfinden soll, durch (Art 17 Abs 3 und 6; zu Ausnahmen siehe gleich unten).

Die Möglichkeiten einer unmittelbaren Beweisaufnahme im Ausland sind mehrfach eingeschränkt. Zunächst kann sie nur auf freiwilliger Grundlage erfolgen (Art 17 Abs 2). Ein Gericht kann daher im Ausland keinesfalls Zwangsmaßnahmen setzen. Zu vernehmende Personen sind vom freiwilligen Charakter ihrer Aussage ausdrücklich in Kenntnis zu setzen. Weiters kann die zuständige Behörde des ersuchten Staates Bedingungen für die Beweisaufnahme setzen (Art 17 Abs 4). Eine solche Bedingung kann insbesondere die Teilnahme eines Gerichtes des ersuchten Staates sein. Auch in diesem Fall obliegt die Beweisaufnahme jedoch dem ersuchenden Gericht; das beigeordnete Gericht des ersuchten Staates hat lediglich darüber zu wachen, dass Art 17 ordnungsgemäß angewendet und die allenfalls gesetzten Bedingungen eingehalten werden.

Ein Ersuchen um direkte Beweisaufnahme darf abgelehnt werden, wenn es nicht in den Anwendungsbereich der Verordnung fällt oder nicht alle nach Art 4 erforderlichen Angaben enthält (Art 17 Abs 5 lit a und b). Diese Ablehnungsgründe entsprechen jenen, die auch für Ersuchen um eine traditionelle Beweisaufnahme gelten (Art 14 Abs 2 lit a und c). Darüber hinaus kann eine unmittelbare Beweisaufnahme abgelehnt werden, wenn sie wesentlichen Rechtsgrundsätzen des ersuchten Staates zuwiderläuft (Art 17 Abs 5 lit c).

b) Die formale Vorgangsweise bei einer unmittelbaren Beweisaufnahme ist in Art 17 Abs 1 und 4 geregelt. Jeder Mitgliedstaat hat eine (allenfalls mehrere) für Entscheidungen über Ersuchen um unmittelbare Beweisaufnahme zuständige Behörden zu bestimmen (in Österreich: Bundesministerium für Justiz). An diese Behörde hat ein Gericht, das in einem anderen Mitgliedstaat Beweis aufnehmen will, mit dem Formblatt I ein Ersuchen zu richten. Darin ist die beabsichtigte Beweisaufnahme möglichst genau zu beschreiben. Die zuständige Behörde des Staates, in dem die Beweisaufnahme stattfinden soll, hat binnen 30 Tagen mit dem Formblatt J mitzuteilen, ob und gegebenenfalls unter welchen Bedingungen die Beweisaufnahme genehmigt wird.

Die Rechtsfolgen eines ungenutzten Verstreichens der dreißigtägigen Frist sind nicht geregelt. Mangels ausdrücklicher Anordnung wird Schweigen nicht als Zustimmung gewertet werden können. Das ersuchende Gericht wird also auch nach Ablauf der Frist auf eine Entscheidung der zuständigen Stelle zu warten haben.

5. Ergänzende Regelungen im österreichischen Recht

5.1. Beweisaufnahme österreichischer Gerichte im Ausland

Ob und unter welchen Voraussetzungen ein Gericht im Ausland an einer im Rechtshilfeweg durchgeführten Beweisaufnahme teilnehmen (oben 3.4.3.4) oder selbst unmittelbar Beweis aufnehmen kann (oben 4.), ist nach den neuen §§ 291a, 291b und 291c ZPO zu beurteilen. Diese Bestimmungen gelten nicht nur im Verhältnis zu den anderen Mitgliedstaaten der Europäischen Union, sondern stellen eine umfassende, auch gegenüber Drittstaaten geltende Regelung dieser Frage dar.

5.1.1. Inhaltliche Voraussetzungen

Die Voraussetzungen für eine Amtshandlung im Ausland – dieser Begriff deckt sowohl die Beteiligung an einer im Rechtshilfeweg durchgeführten Beweisaufnahme als auch die unmittelbare Beweisaufnahme – sind in § 291a Abs 1 ZPO angeführt. Zunächst ist erforderlich, dass an sich eine Beweisaufnahme im Rechtshilfeweg stattzufinden hätte. Ob das der Fall ist, muss wie bisher nach den §§ 328 Abs 1 und 2 bzw 375 Abs 2 ZPO beurteilt werden. Voraussetzung für eine Amtshandlung im Ausland ist weiters ein darauf zielender Antrag einer Partei (§ 291a Abs 1 ZPO). Schließlich müssen die Vorgaben des § 291a Abs 1 lit a bis c ZPO erfüllt sein.

Lit a) Die Amtshandlung im Ausland muss zunächst aus internationaler Sicht zulässig sein. Das ist im Verhältnis zu anderen MS der Europäischen Union nach den Vorschriften der BeweisaufnahmeVO zu beurteilen, sonst nach allgemeinem Völkerrecht, insbesondere nach allenfalls bestehenden Übereinkommen oder bestehender faktischer Gegenseitigkeit. Auch die im Einzelfall erteilte Zustimmung des anderen Staates reicht aus. Weiters muss die Amtshandlung im Ausland für das Gericht unter Bedachtnahme auf den Reiseaufwand und die tatsächlichen Verhältnisse im betreffenden Staat zumutbar sein. Ein Gericht soll beispielsweise nicht gezwungen sein, eine mehrtägige Anreise zu einem entlegenen Ort auf sich zu nehmen oder sich Kriegswirren oder einer deutlich erhöhten Kriminalitätsrate auszusetzen.

Lit b) Eine Amtshandlung im Ausland ist zudem nur zulässig, wenn im konkreten Fall eine traditionelle (d. h. ohne Beteiligung des Gerichts durchgeführte) Beweisaufnahme im Rechtshilfeweg aufgrund besonderer Umstände nicht ausreicht. Das wird beispielsweise bei einem überdurchschnittlich komplexen Beweisthema oder bei einer über das gewöhnliche Maß hinausgehen-

den Bedeutung des persönlichen Eindrucks von einem Zeugen der Fall ein.

Lit c) Die voraussichtlichen Kosten – insbesondere die Reisegebühren des Richters, aber auch allfällige Dolmetscherkosten – müssen grundsätzlich als Kostenvorschuss erliegen. Durch diese Regelung soll vermieden werden, dass sich nachträglich Probleme bei der Einhebung von möglicherweise beträchtlichen Beträgen ergeben. Das Erfordernis entfällt nur dann, wenn den nach § 3 GEG zum Erlag verpflichteten Parteien (Beweisführer bzw Partei, in deren Interesse die Beweisaufnahme stattfindet) Verfahrenshilfe nach § 64 Abs 1 Z 1 lit b und c ZPO gewährt wurde. Wenn von vornherein das Anfallen von Dolmetscherkosten auszuschließen ist, weil die Vernehmung einer der deutschen Sprache mächtigen Person im deutschsprachigen Ausland zu erfolgen hat, reicht schon die Gewährung der Begünstigung nach § 64 Abs 1 Z 1 lit b ZPO aus.

5.1.2. Formale Vorgangsweise

Ob die Voraussetzungen des § 291a ZPO Abs 1 erfüllt sind, ist als Frage der Rechtsprechung grundsätzlich vom Prozessgericht zu prüfen. Im Geltungsbereich der BeweisaufnahmeVO hat das Prozessgericht die nach Art 17 erforderliche Genehmigung des Staates, in dem die Beweisaufnahme stattfinden soll, selbst einzuholen. Soll die Amtshandlung demgegenüber außerhalb des Geltungsbereichs der BeweisaufnahmeVO stattfinden, hat das Gericht zunächst eine (die Rechtsprechung selbstverständlich nicht bindende) Erklärung des Bundesministeriums für Justiz über die völkerrechtliche Zulässigkeit einzuholen. Dies soll dazu dienen, völkerrechtliche Fragen bereits im Vorfeld der Beweisaufnahme abzuklären. Zu diesem Zweck ist auch das an den betreffenden Staat zu richtende Ersuchen um Genehmigung der Beweisaufnahme im Weg des Bundesministeriums für Justiz zu übermitteln (§ 291a Abs 2 ZPO).

Eine Amtshandlung im Ausland ist gem § 291b ZPO mit Beschluss anzuordnen. Dieser Beschluss ist abgesondert anfechtbar, der Rekurs hat aufschiebende Wirkung. Die Abweisung eines Antrags auf Durchführung einer Amtshandlung im Ausland ist demgegenüber nicht abgesondert anfechtbar.

Ist die Amtshandlung rechtskräftig angeordnet, so ist die Genehmigung der Auslandsdienstreise und allenfalls die Gewährung eines Gebührenvorschusses (§ 36a RGV) beim Bundesministerium für Justiz zu beantragen. Nach der Reise ist nach § 73 Geo vorzugehen; ein dem Richter allenfalls gewährter Vorschuss ist dem Bundesschatz aus dem erliegenden Kostenvorschuss rückzuerstatten.

BeweisaufnVO

5.1.3. Entsendung von Sachverständigen

Der praktisch wohl häufigste Fall einer Beweisaufnahme im Ausland wird die Befundaufnahme durch einen vom Prozessgericht bestellten Sachverständigen sein. Diese in Einzelfällen schon jetzt praktizierte Vorgangsweise sollte mit der Neuregelung nicht stärker als unbedingt notwendig beschränkt werden. Voraussetzung für die Entsendung eines Sachverständigen in das Ausland ist daher nur die gemeinschafts- oder völkerrechtliche Zulässigkeit (§ 291a Abs 1 lit a ZPO). Im Verhältnis zu Nicht-EU-Staaten ist zu dieser Frage wiederum eine Erklärung des Bundesministeriums für Justiz einzuholen (§ 291 a Abs 2 ZPO). Im Bereich der BeweisaufnahmeVO ist eine Anfrage an die zuständige Stelle des betroffenen Staates zu richten.

Im Übrigen sind nicht die § § 291a Abs 1 lit b und c sowie 291b ZPO, sondern die allgemeinen Vorschriften über den Sachverständigenbeweis anzuwenden.

5.2.

Beweisaufnahme ausländischer Gerichte in Österreich

5.2.1. Teilnahme an Rechtshilfetagsatzungen

Die Beteiligung ausländischer Gerichte an Rechtshilfetagsatzungen ist gem § 39 Abs 3 JN auch gegenüber Nicht-EU-Staaten nach Art 12 BeweisaufnahmeVO zu beurteilen. Sie ist daher auch ohne Genehmigung durch das Bundesministerium für Justiz zulässig. Die Beweisaufnahme obliegt in solchen Fällen dem österreichischen Gericht; dem Beauftragten des ersuchenden Gerichts kann allenfalls ein Fragerecht eingeräumt werden. Einen allenfalls erforderlichen Dolmetscher hat der Beauftragte selbst zu organisieren; dabei wird man ihm allerdings faktische Unterstützung (Vermittlung von Adressen bzw Telefonnummern) anbieten können. Eine Honorierung dieses Dolmetschers aus Amtsgeldern ist nicht möglich.

5.2.2. Unmittelbare Beweisaufnahme

Die unmittelbare Beweisaufnahme durch ausländische Gerichte ist nur mit Genehmigung Bundesministeriums für Justiz zulässig (§ 39a JN). Dabei kann vorgesehen werden, dass das örtlich zuständige Bezirksgericht an der Beweisaufnahme teilnimmt und die Einhaltung der Vorgaben des Art 17 BeweisaufnahmeVO bzw des § 39a JN überwacht. Insbesondere werden zu vernehmende Personen auf die Freiwilligkeit ihrer Mitwirkung hinzuweisen sein.

Das ausländische Gericht nimmt die Beweise in seiner eigenen Sprache auf. Benötigt es dafür einen Dolmetscher, muss es sich grundsätzlich selbst darum kümmern. Das beigegebene österreichische Gericht hat dem ausländischen Gericht nach § 39a Abs 4 JN allerdings tatsächliche Unterstützung zu gewähren. Darunter wird ua die Vermittlung eines Dolmetschers, aber auch das Zurverfügungstellen eines Verhandlungssaales zu verstehen sein. Rechtshandlungen (etwa die Vorführung eines Zeugen) oder die Übernahme von Auslagen (Dolmetscherkosten) sind durch diese Bestimmung nicht gedeckt.

Kann ein beigegebenes österreichisches Gericht der Verhandlung aus sprachlichen Gründen nicht folgen, hat es seinerseits einen Dolmetscher beizuziehen. Dieser wäre aus Amtsgeldern zu honorieren. Eine Erstattung seiner Gebühren durch das ausländische Gericht erfolgt nicht.

6. Kosten

6.1. Grundsatz

Die BeweisaufnahmeVO enthält in Art 18 Regelungen für die Kosten der Rechtshilfe. Diese Bestimmung ist nur im Verhältnis zu den anderen Mitgliedstaaten der Europäischen Union anzuwenden. Ansonsten bleibt es bei den Regelungen in bestehenden Verträgen.

Nach Art 18 Abs 1 darf für die Erledigung eines Ersuchens um Beweisaufnahme keine Erstattung von Gebühren oder Auslagen verlangt werden. Die Rechtshilfe ist daher grundsätzlich unentgeltlich zu leisten. Diese Regelung ist analog anzuwenden, wenn der ersuchte Staat nach Art 17 Abs 4 zur Überwachung der für eine unmittelbare Beweisaufnahme gesetzten Bedingungen ein eigenes Gericht beiordnet. Auch dafür dürfen daher keine Kosten verrechnet werden.

6.2. Sicherstellung der Kosten durch das ersuchende Gericht

Für bestimmte potenziell kostenaufwändige Maßnahmen sieht Art 18 Abs 2 abweichend von der Grundregel des Art 18 Abs 1 eine Kostenerstattung vor. Erfasst sind Kosten von Sachverständigen und Dolmetschern sowie Aufwendungen, die durch die Anwendung besonderer Formvorschriften (Art 10 Abs 3) oder von Kommunikationstechnologien (Art 10 Abs 4) entstehen.

Sieht man vom Sonderfall der Sachverständigenkosten ab (dazu unten 6.3.), greift Art 18 Abs 2 erst nach Durchführung der Beweisaufnahme ein. Nach Art 18 Abs 3 darf nämlich die Durchführung einer Beweisaufnahme abgesehen vom Sachverständigenbeweis nicht vom Erlag eines Kostenvorschusses abhängig gemacht werden. Das ersuchte Gericht hat daher die beantragte Beweisaufnahme auch dann durchzuführen, wenn dabei Kosten anfallen, die nach Art 18 Abs 2 zu erstatten sind. Diese sind nachträglich vom ersuchenden Gericht einzufordern, wofür kein besonderes Formular vorgesehen ist.

Wird nachträglich der Ersatz der Kosten verlangt, so muss das ersuchende Gericht unverzüglich die Erstattung sicherstellen. Ein voraussichtlich mit Kosten verbundenes Ersuchen sollte daher nur dann gestellt werden, wenn allfällige Ersatzbeträge schon vorweg von den nach internem Recht zahlungspflichtigen Parteien beim ersuchenden Gericht erlegt sind.

6.3. Kostenvorschuss

Die Regelung des Art 18 Abs 2 gilt grundsätzlich auch für Sachverständigengebühren. Das ersuchte Gericht kann daher die für einen Sachverständigen anfallenden Kosten zunächst selbst zahlen und danach vom ersuchenden Gericht die Erstattung verlangen. Art 18 Abs 3 eröffnet jedoch auch die Möglichkeit, einen Sachverständigenbeweis vom Erlag eines Kostenvorschusses abhängig zu machen. Von dieser Möglichkeit ist tunlichst Gebrauch zu machen (§ 3 GEG).

Der Auftrag zum Erlag erfolgt mit Formblatt C. Das Einlangen des Kostenvorschusses ist in weiterer Folge gem Art 8 Abs 2, Satz 2, binnen 10 Tagen durch Übersendung des Formblattes D zu bestätigen. Erst mit dem Einlangen beginnt die neunzigtägige Erledigungsfrist für das Ersuchen (Art 9 Abs 2, Art 10 Abs 1). Die Bestimmung der Sachverständigengebühren erfolgt danach nach den Vorschriften des GebAG. Ein allenfalls verbleibender Kostenvorschussrest ist an das ersuchende Gericht rück zu überweisen.

Langt innerhalb von 60 Tagen nach der Aufforderung kein Vorschuss ein, so kann die Erledigung des Ersuchens abgelehnt werden (Art 14 Abs 2 lit d; Formblatt H). Dies hindert natürlich nicht ein neuerliches Ersuchen, wenn sich die Parteien oder das ersuchende Gericht nach diesem Zeitpunkt doch noch zum Erlag des Kostenvorschusses entschließen.

7. Übergangsbestimmungen

Die Verordnung trat formell mit 1.7.2001 in Kraft (Art 24 Abs 1). Die für die Gerichte relevanten Bestimmungen werden allerdings erst mit 1.1.2004 anwendbar (Art 24 Abs 2). Mit diesem Datum treten auch die Änderungen des nationalen Rechts in Kraft. Besondere Übergangsbestimmungen gibt es nicht. Die neuen Bestimmungen über Amtshandlungen im Ausland werden daher auch in bereits anhängigen Verfahren anzuwenden sein, wenn das Beweisverfahren noch nicht abgeschlossen ist.

BeweisaufnVO

KODEX
DES ÖSTERREICHISCHEN RECHTS
HERAUSGEBER: UNIV.-PROF. DR. WERNER DORALT

FINANZMARKT-RECHT I

LexisNexis

1 BWG
CRR-BeglertV
KI-RMV
MindestdeckschnittV
ReservenmeldungV
ZKR-Austauschs-VO
AP-VO
JKAB-V
VERA-V
STDM-V 2016
ZKRMV
EKV 2016
SK-EMV
KP-V
ParameterV
2 CRR + Ven
EZB-Finrep Ext-VO
EZB-Wahl-rechte-VO
EZB-Ana-Credit-VO
CRD-IV + Ven
3 ESAEG + Ven
4 BaSAG + Ven
EU-DelV und DVen
SRM-VO + Ven
5 SpG
6 BSpG + V
7 PSK-G
8 HypBG
PfandbriefG + EinfVen
FBSchVG
PfandbriefstelleG
KuratorenG
9 WBIB-G

KODEX
DES ÖSTERREICHISCHEN RECHTS
HERAUSGEBER: UNIV.-PROF. DR. WERNER DORALT

FINANZMARKT-RECHT II

LexisNexis

1 ZaDiG + Ven
SEPA-VO
VZKG + VO
ÜberweisungsVO
Auftraggeber-datenVO
GeldtransferVO
ZertifizierungsVO
ZertifizierungsVO-BeschlV
ZahlungsdiensteRL (PSD II)
InterbankenentgelteVO (MIF)
E-GeldG + VO
DevisenG + Ven
SanktionenG
Euro-Begleit-gesetze
SchMG
WechselG + ScheckG
2 VKrG
VKrRL
HIKrG
FMA-MiKaNa-V
ImmoKrRL + VO
FernFinG
FernFinRL
3 FM-GwG + V
4. GW-RL
DelVO Drittländer
4 StabAbgG
5 KontRegG/ KapAbflMG + Ven
6 GMSG + V
ADG
EU-AmtshilfeRL
7 FMABG + Ven
NBG
EBA-VO
ESRB-VO
SSM-VO + Ven
8 FinStaG + Ven
ZaBiStaG
ÖIAG-G/ ÖBIB-G
HypoSanG
HaftungsG Ktn
9 FinanzkonglomerateG + V
FK-DelVO
10 APAG
RL-KG

KODEX
DES ÖSTERREICHISCHEN RECHTS
HERAUSGEBER: UNIV.-PROF. DR. WERNER DORALT

FINANZMARKT-RECHT III

LexisNexis

1 WAG
HTAumV
AumV
IIKV
WPMV
WAG 2018
MiFIR
MiFIR DFVO
MiFID II
MiFID DFVO
2 BörseG + Ven
BörseG 2018
VeröffV
MpV
VMV
TransV
ECV
2.LVV
3 Short-Selling-VO
4 Bench-mark-VO
Benchmark-DFVO
RW-VG
5 REMIT-VO
6 Strommärkle-VO
7 Treibhausgas-VO
8 Marktmissbrauchs-VO + Ven
MAD-Sankt
DRL-Meldung
Del-VO Ausn
DFVO Meldung Form
DFVO Eigengeschäft
DFVO Insider
TransRL + delVen
DFVO Infoaustausch
ESMA
9 ESMA-VO

KODEX
DES ÖSTERREICHISCHEN RECHTS
HERAUSGEBER: UNIV.-PROF. DR. WERNER DORALT

FINANZMARKT-RECHT IV

LexisNexis

1 KMG
HGabV
MVS-V
EU-ProspektVO
Prospekt-DFV
DelV VeröffNach
DelV VeröffI
ÄquivalenzV
2 UDRBG
UDRB-KonV
3 AltFG
AltF-InfoV
4 PRIIP-VO
5 DepG
6 FinSG
7 KEG
8 InvFG
AnteileV
InfoGbwV
4. DerRiskM-V
GeldmarktF-V
EU-GeldmarktF-VO
ÜbEi-V
TeilFondsV
KID-V
InvF-LRMV
FMV, WPV
OGAW KID-V
OGAW VerfV
OGAW Asset-RL
OGAW VwGsRL
OGAW-MF-RL
OGAW DelV VwSt
OGAW DelV InfoSt
9 AIFMG
AIF-WertV
AIFM-MV
AIFM-Ven
Risikokapital-fondsVO + DFVO
SozUnternehmen-FondsVO + DFVO
ELIF-VO
10 ImmoInvFG
RisikohinweisV
OTC DerV
ProspInV
11 EMIR-VO + Ven
SFT-VO
SFT-VollzugsG
ZGVG + ZG-EKV
12 FinalitätsG
CSD-VO + ZvVG
13 BMS VG + Ven
PKG, BPG
DFV Pensfonds
EU-EbAV-RL
14 CRA-VO
RAVG
Ratingagenturliste

Vollstreckungstitelverordnung

ABl L 143, 15 vom 30. 4. 2004 idF

1 ABl L 97, 64 vom 15. 4. 2005	**3** ABl L 50, 71 vom 23. 2. 2008
2 ABl L 300, 6 vom 17. 11. 2005	**4** ABl L 304, 83 vom 14. 11. 2008

nicht anwendbar für Dänemark
zum Inkrafttreten siehe Art 33

*Für das **Vereinigte Königreich** s ab 1.1.2021 die Übergangsbestimmungen des Austrittsabkommens*
(abgedruckt am Ende nach dAnhang VI).

Verordnung (EG) Nr. 805/2004 des Europäischen Parlaments und des Rates vom 21. April 2004 zur Einführung eines europäischen Vollstreckungstitels für unbestrittene Forderungen

DAS EUROPÄISCHE PARLAMENT UND DER RAT DER EUROPÄISCHEN UNION –

gestützt auf den Vertrag zur Gründung der Europäischen Gemeinschaft, insbesondere auf Artikel 61 Buchstabe c) und Artikel 67 Absatz 5 zweiter Gedankenstrich, und der Gläubiger gegen den Schuldner entweder eine gerichtliche Entscheidung oder einen vollstreckbaren

auf Vorschlag der Kommission,[1]

nach Stellungnahme des Europäischen Wirtschafts- und Sozialausschusses,[2]

gemäß dem Verfahren des Artikels 251 des Vertrags[3]

in Erwägung nachstehender Gründe:

(1) Die Gemeinschaft hat sich zum Ziel gesetzt, einen Raum der Freiheit, der Sicherheit und des Rechts, in dem der freie Personenverkehr gewährleistet ist, zu erhalten und weiterzuentwickeln. Dazu erlässt die Gemeinschaft unter anderem im Bereich der justiziellen Zusammenarbeit in Zivilsachen die für das reibungslose Funktionieren des Binnenmarkts erforderlichen Maßnahmen.

(2) Am 3. Dezember 1998 nahm der Rat den Aktionsplan des Rates und der Kommission zur bestmöglichen Umsetzung der Bestimmungen des Amsterdamer Vertrags über den Aufbau eines

Raums der Freiheit, der Sicherheit und des Rechts[4] an (Wiener Aktionsplan).

(3) Auf seiner Tagung vom 15. und 16. Oktober 1999 in Tampere bekräftigte der Europäische Rat den Grundsatz der gegenseitigen Anerkennung gerichtlicher Entscheidungen als Eckpfeiler für die Schaffung eines echten europäischen Rechtsraums.

(4) Am 30. November 2000 verabschiedete der Rat ein Programm über Maßnahmen zur Umsetzung des Grundsatzes der gegenseitigen Anerkennung gerichtlicher Entscheidungen in Zivil- und Handelssachen[5]. Dieses Programm sieht in seiner ersten Phase die Abschaffung des Vollstreckbarerklärungsverfahrens, d. h. die Einführung eines Europäischen Vollstreckungstitels für unbestrittene Forderungen vor.

(5) Der Begriff „unbestrittene Forderung" sollte alle Situationen erfassen, in denen der Schuldner Art oder Höhe einer Geldforderung nachweislich nicht bestritten hat und der Gläubiger gegen den Schuldner entweder eine gerichtliche Entscheidung oder einen vollstreckbaren Titel, der die ausdrückliche Zustimmung des Schuldners erfordert, wie einen gerichtlichen Vergleich oder eine öffentliche Urkunde, erwirkt hat.

(6) Ein fehlender Widerspruch seitens des Schuldners im Sinne von Artikel 3 Absatz 1 Buchstabe b) liegt auch dann vor, wenn dieser nicht zur Gerichtsverhandlung erscheint oder einer Aufforderung des Gerichts, schriftlich mitzuteilen, ob er sich zu verteidigen beabsichtigt, nicht nachkommt.

VTVO, KpfVO

---

[1] *ABl. C 203 E vom 27.8.2002, S. 86.*

[2] *ABl. C 85 vom 8.4.2003, S. 1.*

[3] *Stellungnahme des Europäischen Parlaments vom 8. April 2003 (ABl. C 64 E vom 12.3.2004, S. 79). Gemeinsamer Standpunkt des Rates vom 6. Februar 2004 (noch nicht im Amtsblatt veröffentlicht) und Standpunkt des Europäischen Parlaments vom 30. März 2004 (noch nicht im Amtsblatt veröffentlicht).*

Zu Abs. 2:
[4] *ABl. C 19 vom 23.1.1999, S. 1.*
Zu Abs. 4:
[5] *ABl. C 12 vom 15.1.2001, S. 1.*

Präambel

(7) Diese Verordnung sollte auch für Entscheidungen, gerichtliche Vergleiche und öffentliche Urkunden über unbestrittene Forderungen gelten, die nach Anfechtung von als Europäischer Vollstreckungstitel bestätigten Entscheidungen, gerichtlichen Vergleichen und öffentlichen Urkunden ergangen sind.

(8) Der Europäische Rat hat in seinen Schlussfolgerungen von Tampere die Auffassung vertreten, dass der Zugang zur Vollstreckung einer Entscheidung in einem anderen Mitgliedstaat als dem, in dem die Entscheidung ergangen ist, durch den Verzicht auf die dort als Voraussetzung einer Vollstreckung erforderlichen Zwischenmaßnahmen beschleunigt und vereinfacht werden sollte. Eine Entscheidung, die vom Gericht des Ursprungsmitgliedstaats als Europäischer Vollstreckungstitel bestätigt worden ist, sollte im Hinblick auf die Vollstreckung so behandelt werden, als wäre sie im Vollstreckungsmitgliedstaat ergangen. So erfolgt beispielsweise im Vereinigten Königreich die Registrierung einer bestätigten ausländischen Entscheidung nach den gleichen Vorschriften wie die Registrierung einer Entscheidung aus einem anderen Teil des Vereinigten Königreichs und darf nicht mit einer inhaltlichen Überprüfung der ausländischen Entscheidung verbunden sein. Die Umstände der Vollstreckung dieser Entscheidung sollten sich weiterhin nach innerstaatlichem Recht richten.

(9) Dieses Verfahren sollte gegenüber dem Vollstreckbarerklärungsverfahren der Verordnung (EG) Nr. 44/2001 des Rates vom 22. Dezember 2000 über die gerichtliche Zuständigkeit und die Anerkennung und Vollstreckung von Entscheidungen in Zivil- und Handelssachen[6] einen erheblichen Vorteil bieten, der darin besteht, dass auf die Zustimmung des Gerichts eines zweiten Mitgliedstaats mit den daraus entstehenden Verzögerungen und Kosten verzichtet werden kann.

(10) Auf die Nachprüfung einer gerichtlichen Entscheidung, die in einem anderen Mitgliedstaat über eine unbestrittene Forderung in einem Verfahren ergangen ist, auf das sich der Schuldner nicht eingelassen hat, kann nur dann verzichtet werden, wenn eine hinreichende Gewähr besteht, dass die Verteidigungsrechte beachtet worden sind.

(11) Diese Verordnung soll der Förderung der Grundrechte dienen und berücksichtigt die Grundsätze, die insbesondere mit der Charta der Grundrechte der Europäischen Union anerkannt wurden. Sie zielt insbesondere darauf ab, die uneingeschränkte Wahrung des Rechts auf ein faires Verfahren, wie es in Artikel 47 der Charta verankert ist, zu gewährleisten.

(12) Für das gerichtliche Verfahren sollten Mindestvorschriften festgelegt werden, um sicherzustellen, dass der Schuldner so rechtzeitig und in einer Weise über das gegen ihn eingeleitete Verfahren, die Notwendigkeit seiner aktiven Teilnahme am Verfahren, wenn er die Forderung bestreiten will, und über die Folgen seiner Nichtteilnahme unterrichtet wird, dass er Vorkehrungen für seine Verteidigung treffen kann.

(13) Wegen der Unterschiede im Zivilprozessrecht der Mitgliedstaaten, insbesondere bei den Zustellungsvorschriften, müssen die Mindestvorschriften präzise und detailliert definiert sein. So kann insbesondere eine Zustellungsform, die auf einer juristischen Fiktion beruht, im Hinblick auf die Einhaltung der Mindestvorschriften nicht als ausreichend für die Bestätigung einer Entscheidung als Europäischer Vollstreckungstitel angesehen werden.

(14) Alle in den Artikeln 13 und 14 aufgeführten Zustellungsformen sind entweder durch eine absolute Gewissheit (Artikel 13) oder ein hohes Maß an Wahrscheinlichkeit (Artikel 14) dafür gekennzeichnet, dass das zugestellte Schriftstück dem Empfänger zugegangen ist. In der zweiten Kategorie sollte eine Entscheidung nur dann als Europäischer Vollstreckungstitel bestätigt werden, wenn der Ursprungsmitgliedstaat über einen geeigneten Mechanismus verfügt, der es dem Schuldner unter bestimmten Voraussetzungen ermöglicht, eine vollständige Überprüfung der Entscheidung gemäß Artikel 19 zu verlangen, und zwar dann, wenn das Schriftstück dem Empfänger trotz Einhaltung des Artikels 14 ausnahmsweise nicht zugegangen ist.

(15) Die persönliche Zustellung an bestimmte andere Personen als den Schuldner selbst gemäß Artikel 14 Absatz 1 Buchstaben a) und b) sollte die Anforderungen der genannten Vorschriften nur dann erfüllen, wenn diese Personen das betreffende Schriftstück auch tatsächlich erhalten haben.

(16) Artikel 15 sollte auf Situationen Anwendung finden, in denen der Schuldner sich nicht selbst vor Gericht vertreten kann, etwa weil er eine juristische Person ist, und in denen er durch eine gesetzlich bestimmte Person vertreten wird, sowie auf Situationen, in denen der Schuldner eine andere Person, insbesondere einen Rechtsan-

---

Zu Abs. 9:

[6] *ABl. L 12 vom 16.1.2001, S. 1. Zuletzt geändert durch die Verordnung (EG) Nr. 1496/2002 der Kommission (ABl. L 225 vom 22.8.2002, S. 13).*

walt, ermächtigt hat, ihn in dem betreffenden gerichtlichen Verfahren zu vertreten.

(17) Die für die Nachprüfung der Einhaltung der prozessualen Mindestvorschriften zuständigen Gerichte sollten gegebenenfalls eine einheitliche Bestätigung als Europäischer Vollstreckungstitel ausstellen, aus der die Nachprüfung und deren Ergebnis hervorgeht.

(18) Gegenseitiges Vertrauen in die ordnungsgemäße Rechtspflege in den Mitgliedstaaten rechtfertigt es, dass das Gericht nur eines Mitgliedstaats beurteilt, ob alle Voraussetzungen für die Bestätigung der Entscheidung als Europäischer Vollstreckungstitel vorliegen, so dass die Vollstreckung der Entscheidung in allen anderen Mitgliedstaaten möglich ist, ohne dass im Vollstreckungsmitgliedstaat zusätzlich von einem Gericht nachgeprüft werden muss, ob die prozessualen Mindestvorschriften eingehalten worden sind.

(19) Diese Verordnung begründet keine Verpflichtung für die Mitgliedstaaten, ihr innerstaatliches Recht an die prozessualen Mindestvorschriften in dieser Verordnung anzupassen. Entscheidungen werden in anderen Mitgliedstaaten jedoch nur dann effizienter und schneller vollstreckt, wenn diese Mindestvorschriften beachtet werden, so dass hier ein entsprechender Anreiz für die Mitgliedstaaten besteht, ihr Recht dieser Verordnung anzupassen.

(20) Dem Gläubiger sollte es frei stehen, eine Bestätigung als Europäischer Vollstreckungstitel für unbestrittene Forderungen zu beantragen oder sich für das Anerkennungs- und Vollstreckungsverfahren nach der Verordnung (EG) Nr. 44/2001 oder für andere Gemeinschaftsrechtsakte zu entscheiden.

(21) Ist ein Schriftstück zum Zwecke der Zustellung von einem Mitgliedstaat in einen anderen Mitgliedstaat zu versenden, so sollte diese Verordnung, insbesondere die darin enthaltenen Zustellungsvorschriften, zusammen mit der Verordnung (EG) Nr. 1348/2000 des Rates vom 29. Mai 2000 über die Zustellung gerichtlicher und aussergerichtlicher Schriftstücke in Zivil- oder Handelssachen in den Mitgliedstaaten[7], und insbesondere mit deren Artikel 14 in Verbindung mit den Erklärungen der Mitgliedstaaten nach deren Artikel 23, gelten.

(22) Da die Ziele der beabsichtigten Maßnahmen auf Ebene der Mitgliedstaaten nicht ausrei-

chend erreicht werden können und daher wegen ihres Umfangs und ihrer Wirkungen besser auf Gemeinschaftsebene zu erreichen sind, kann die Gemeinschaft im Einklang mit dem in Artikel 5 des Vertrags niedergelegten Subsidiaritätsprinzip tätig werden. Entsprechend dem in demselben Artikel genannten Verhältnismäßigkeitsprinzip geht diese Verordnung nicht über das zur Erreichung dieser Ziele erforderliche Maß hinaus.

(23) Die zur Durchführung dieser Verordnung erforderlichen Maßnahmen sollten gemäß dem Beschluss 1999/468/EG des Rates vom 28. Juni 1999 zur Festlegung der Modalitäten für die Ausübung der der Kommission übertragenen Durchführungsbefugnisse[8] erlassen werden.

(24) Gemäß Artikel 3 des dem Vertrag über die Europäische Union und dem Vertrag zur Gründung der Europäischen Gemeinschaft beigefügten Protokolls über die Position des Vereinigten Königreichs und Irlands haben diese Mitgliedstaaten mitgeteilt, dass sie sich an der Annahme und Anwendung dieser Verordnung beteiligen möchten.

(25) Dänemark beteiligt sich gemäß den Artikeln 1 und 2 des dem Vertrag über die Europäische Union und dem Vertrag zur Gründung der Europäischen Gemeinschaft beigefügten Protokolls über die Position Dänemarks nicht an der Annahme dieser Verordnung, die für Dänemark somit nicht bindend oder anwendbar ist.

(26) Gemäß Artikel 67 Absatz 5 zweiter Gedankenstrich des Vertrags ist für die in dieser Verordnung geregelten Maßnahmen ab dem 1. Februar 2003 das Mitentscheidungsverfahren anzuwenden –
HABEN FOLGENDE VERORDNUNG ERLASSEN:

KAPITEL I

GEGENSTAND, ANWENDUNGSBEREICH UND BEGRIFFSBESTIMMUNGEN

Artikel 1
Gegenstand

Mit dieser Verordnung wird ein Europäischer Vollstreckungstitel für unbestrittene Forderungen eingeführt, um durch die Festlegung von Mindestvorschriften den freien Verkehr von Entscheidungen, gerichtlichen Vergleichen und öffentlichen Urkunden in allen Mitgliedstaaten zu ermöglichen, ohne dass im Vollstreckungsmitgliedstaat

VTVO, KpfVO

Zu Abs. 21:
[7] *ABl. L 160 vom 30.6.2000, S. 37.*

Zu Abs. 23:
[8] *ABl. L 184 vom 17.7.1999, S. 23.*

ein Zwischenverfahren vor der Anerkennung und Vollstreckung angestrengt werden muss.

Artikel 2
Anwendungsbereich

(1) Diese Verordnung ist in Zivil- und Handelssachen anzuwenden, ohne dass es auf die Art der Gerichtsbarkeit ankommt. Sie erfasst insbesondere nicht Steuer- und Zollsachen, verwaltungsrechtliche Angelegenheiten sowie die Haftung des Staates für Handlungen oder Unterlassungen im Rahmen der Ausübung hoheitlicher Rechte („acta jure imperii").

(2) Diese Verordnung ist nicht anzuwenden auf

a) den Personenstand, die Rechts- und Handlungsfähigkeit sowie die gesetzliche Vertretung von natürlichen Personen, die ehelichen Güterstände, das Gebiet des Erbrechts einschließlich des Testamentsrechts;

b) Konkurse, Vergleiche und ähnliche Verfahren;

c) die soziale Sicherheit;

d) die Schiedsgerichtsbarkeit.

(3) In dieser Verordnung bedeutet der Begriff „Mitgliedstaaten" die Mitgliedstaaten mit Ausnahme Dänemarks.

Artikel 3
Vollstreckungstitel, die als Europäischer Vollstreckungstitel bestätigt werden

(1) Diese Verordnung gilt für Entscheidungen, gerichtliche Vergleiche und öffentliche Urkunden über unbestrittene Forderungen. Eine Forderung gilt als „unbestritten", wenn

a) der Schuldner ihr im gerichtlichen Verfahren ausdrücklich durch Anerkenntnis oder durch einen von einem Gericht gebilligten oder vor einem Gericht im Laufe eines Verfahrens geschlossenen Vergleich zugestimmt hat oder

b) der Schuldner ihr im gerichtlichen Verfahren zu keiner Zeit nach den maßgeblichen Verfahrensvorschriften des Rechts des Ursprungsmitgliedstaats widersprochen hat oder

c) der Schuldner zu einer Gerichtsverhandlung über die Forderung nicht erschienen oder dabei nicht vertreten worden ist, nachdem er zuvor im gerichtlichen Verfahren der Forderung widersprochen hatte, sofern ein solches Verhalten nach dem Recht des Ursprungsmitgliedstaats als stillschweigendes Zugeständnis der Forderung oder des vom Gläubiger behaupteten Sachverhalts anzusehen ist oder

d) der Schuldner die Forderung ausdrücklich in einer öffentlichen Urkunde anerkannt hat.

(2) Diese Verordnung gilt auch für Entscheidungen, die nach Anfechtung von als Europäischer Vollstreckungstitel bestätigten Entscheidungen, gerichtlichen Vergleichen oder öffentlichen Urkunden ergangen sind.

Artikel 4
Begriffsbestimmungen

Im Sinne dieser Verordnung gelten folgende Begriffsbestimmungen:

1. „Entscheidung": jede von einem Gericht eines Mitgliedstaats erlassene Entscheidung ohne Rücksicht auf ihre Bezeichnung wie Urteil, Beschluss, Zahlungsbefehl oder Vollstreckungsbescheid, einschliesslich des Kostenfestsetzungsbeschlusses eines Gerichtsbediensteten.

2. „Forderung": eine Forderung auf Zahlung einer bestimmten Geldsumme, die fällig ist oder deren Fälligkeitsdatum in der Entscheidung, dem gerichtlichen Vergleich oder der öffentlichen Urkunde angegeben ist.

3. „Öffentliche Urkunde":

a) ein Schriftstück, das als öffentliche Urkunde aufgenommen oder registriert worden ist, wobei die Beurkundung

i) sich auf die Unterschrift und den Inhalt der Urkunde bezieht und

ii) von einer Behörde oder einer anderen von dem Ursprungsmitgliedstaat hierzu ermächtigten Stelle vorgenommen worden ist;

oder

b) eine vor einer Verwaltungsbehörde geschlossene oder von ihr beurkundete Unterhaltsvereinbarung oder -verpflichtung.

4. „Ursprungsmitgliedstaat": der Mitgliedstaat, in dem eine Entscheidung ergangen ist, ein gerichtlicher Vergleich gebilligt oder geschlossen oder eine öffentliche Urkunde ausgestellt wurde und in dem diese als Europäischer Vollstreckungstitel zu bestätigen sind.

5. „Vollstreckungsmitgliedstaat": der Mitgliedstaat, in dem die Vollstreckung der/des als Europäischer Vollstreckungstitel bestätigten Entscheidung, gerichtlichen Vergleichs oder öffentlichen Urkunde betrieben wird.

6. „Ursprungsgericht": das Gericht, das mit dem Verfahren zum Zeitpunkt der Erfüllung der Voraussetzungen nach Artikel 3 Absatz 1 Buchstaben a), b), und c) befasst war.

7. Bei den summarischen Mahnverfahren in Schweden (betalningsföreläggande) umfasst der Begriff „Gericht" auch die schwedische kronofogdemyndighet (Amt für Beitreibung).

KAPITEL II
DER EUROPÄISCHE VOLLSTRECKUNGSTITEL

Artikel 5
Abschaffung des Vollstreckbarerklaerungsverfahrens

Eine Entscheidung, die im Ursprungsmitgliedstaat als Europäischer Vollstreckungstitel bestätigt worden ist, wird in den anderen Mitgliedstaaten anerkannt und vollstreckt, ohne dass es einer Vollstreckbarerklärung bedarf und ohne dass die Anerkennung angefochten werden kann.

Artikel 6
Voraussetzungen für die Bestaetigung als Europäischer Vollstreckungstitel

(1) Eine in einem Mitgliedstaat über eine unbestrittene Forderung ergangene Entscheidung wird auf jederzeitigen Antrag an das Ursprungsgericht als Europäischer Vollstreckungstitel bestätigt, wenn

a) die Entscheidung im Ursprungsmitgliedstaat vollstreckbar ist, und

b) die Entscheidung nicht im Widerspruch zu den Zuständigkeitsregeln in Kapitel II Abschnitte 3 und 6 der Verordnung (EG) Nr. 44/2001 steht, und

c) das gerichtliche Verfahren im Ursprungsmitgliedstaat im Fall einer unbestrittenen Forderung im Sinne von Artikel 3 Absatz 1 Buchstabe b) oder c) den Voraussetzungen des Kapitels III entsprochen hat, und

d) die Entscheidung in dem Mitgliedstaat ergangen ist, in dem der Schuldner seinen Wohnsitz im Sinne von Artikel 59 der Verordnung (EG) Nr. 44/2001 hat, sofern

– die Forderung unbestritten im Sinne von Artikel 3 Absatz 1 Buchstabe b) oder c) ist,

– sie einen Vertrag betrifft, den eine Person, der Verbraucher, zu einem Zweck geschlossen hat, der nicht der beruflichen oder gewerblichen Tätigkeit dieser Person zugerechnet werden kann und

– der Schuldner der Verbraucher ist.

(2) Ist eine als Europäischer Vollstreckungstitel bestätigte Entscheidung nicht mehr vollstreckbar oder wurde ihre Vollstreckbarkeit ausgesetzt oder eingeschränkt, so wird auf jederzeitigen Antrag an das Ursprungsgericht unter Verwendung des Formblatts in Anhang IV eine Bestätigung der Nichtvollstreckbarkeit bzw. der Beschränkung der Vollstreckbarkeit ausgestellt.

(3) Ist nach Anfechtung einer Entscheidung, die als Europäischer Vollstreckungstitel gemäß Absatz 1 bestätigt worden ist, eine Entscheidung ergangen, so wird auf jederzeitigen Antrag unter Verwendung des Formblatts in Anhang V eine Ersatzbestätigung ausgestellt, wenn diese Entscheidung im Ursprungsmitgliedstaat vollstreckbar ist; Artikel 12 Absatz 2 bleibt davon unberührt.

Artikel 7
Kosten in Verbindung mit dem gerichtlichen Verfahren

Umfasst eine Entscheidung eine vollstreckbare Entscheidung über die Höhe der mit dem gerichtlichen Verfahren verbundenen Kosten, einschließlich Zinsen, wird sie auch hinsichtlich dieser Kosten als Europäischer Vollstreckungstitel bestätigt, es sei denn, der Schuldner hat im gerichtlichen Verfahren nach den Rechtsvorschriften des Ursprungsmitgliedstaats der Verpflichtung zum Kostenersatz ausdrücklich widersprochen.

Artikel 8
Teilbarkeit der Bestätigung als Europäischer Vollstreckungstitel

Wenn die Entscheidung die Voraussetzungen dieser Verordnung nur in Teilen erfüllt, so wird die Bestätigung als Europäischer Vollstreckungstitel nur für diese Teile ausgestellt.

Artikel 9
Ausstellung der Bestätigung als Europäischer Vollstreckungstitel

(1) Die Bestaetigung als Europäischer Vollstreckungstitel wird unter Verwendung des Formblatts in Anhang I ausgestellt.

(2) Die Bestätigung als Europäischer Vollstreckungstitel wird in der Sprache ausgestellt, in der die Entscheidung abgefasst ist.

Artikel 10
Berichtigung oder Widerruf der Bestaetigung als Europäischer Vollstreckungstitel

(1) Die Bestätigung als Europäischer Vollstreckungstitel wird auf Antrag an das Ursprungsgericht

a) berichtigt, wenn die Entscheidung und die Bestätigung aufgrund eines materiellen Fehlers voneinander abweichen;

b) widerrufen, wenn sie hinsichtlich der in dieser Verordnung festgelegten Voraussetzungen eindeutig zu Unrecht erteilt wurde.

(2) Für die Berichtigung oder den Widerruf der Bestätigung als Europäischer Vollstreckungstitel ist das Recht des Ursprungsmitgliedstaats maßgebend.

(3) Die Berichtigung oder der Widerruf der Bestätigung als Europäischer Vollstreckungstitel

können unter Verwendung des Formblatts in Anhang VI beantragt werden.

(4) Gegen die Ausstellung einer Bestätigung als Europäischer Vollstreckungstitel ist kein Rechtsbehelf möglich.

Artikel 11
Wirkung der Bestätigung als Europäischer Vollstreckungstitel

Die Bestätigung als Europäischer Vollstreckungstitel entfaltet Wirkung nur im Rahmen der Vollstreckbarkeit der Entscheidung.

KAPITEL III

MINDESTVORSCHRIFTEN FÜR VERFAHREN ÜBER UNBESTRITTENE FORDERUNGEN

Artikel 12
Anwendungsbereich der Mindestvorschriften

(1) Eine Entscheidung über eine unbestrittene Forderung im Sinne von Artikel 3 Absatz 1 Buchstabe b) oder c) kann nur dann als Europäischer Vollstreckungstitel bestätigt werden, wenn das gerichtliche Verfahren im Ursprungsmitgliedstaat den verfahrensrechtlichen Erfordernissen nach diesem Kapitel genügt hat.

(2) Dieselben Erfordernisse gelten auch für die Ausstellung der Bestätigung als Europäischer Vollstreckungstitel oder einer Ersatzbestätigung im Sinne des Artikels 6 Absatz 3 für eine Entscheidung, die nach Anfechtung einer Entscheidung ergangen ist, wenn zum Zeitpunkt dieser Entscheidung die Bedingungen nach Artikel 3 Absatz 1 Buchstabe b) oder c) erfüllt sind.

Artikel 13
Zustellung mit Nachweis des Empfangs durch den Schuldner

(1) Das verfahrenseinleitende Schriftstück oder ein gleichwertiges Schriftstück kann dem Schuldner wie folgt zugestellt worden sein:

a) durch persönliche Zustellung, bei der der Schuldner eine Empfangsbestätigung unter Angabe des Empfangsdatums unterzeichnet, oder

b) durch persönliche Zustellung, bei der die zuständige Person, die die Zustellung vorgenommen hat, ein Dokument unterzeichnet, in dem angegeben ist, dass der Schuldner das Schriftstück erhalten hat oder dessen Annahme unberechtigt verweigert hat und an welchem Datum die Zustellung erfolgt ist, oder

c) durch postalische Zustellung, bei der der Schuldner die Empfangsbestätigung unter Angabe des Empfangsdatums unterzeichnet und zurückschickt, oder

d) durch elektronische Zustellung wie beispielsweise per Fax oder E-Mail, bei der der Schuldner eine Empfangsbestätigung unter Angabe des Empfangsdatums unterzeichnet und zurückschickt.

(2) Eine Ladung zu einer Gerichtsverhandlung kann dem Schuldner gemäß Absatz 1 zugestellt oder mündlich in einer vorausgehenden Verhandlung über dieselbe Forderung bekannt gemacht worden sein, wobei dies im Protokoll dieser Verhandlung festgehalten sein muss.

Artikel 14
Zustellung ohne Nachweis des Empfangs durch den Schuldner

(1) Das verfahrenseinleitende Schriftstück oder ein gleichwertiges Schriftstück sowie eine Ladung zu einer Gerichtsverhandlung kann dem Schuldner auch in einer der folgenden Formen zugestellt worden sein:

a) persönliche Zustellung unter der Privatanschrift des Schuldners an eine in derselben Wohnung wie der Schuldner lebende Person oder an eine dort beschäftigte Person;

b) wenn der Schuldner Selbstständiger oder eine juristische Person ist, persönliche Zustellung in den Geschäftsräumen des Schuldners an eine Person, die vom Schuldner beschäftigt wird;

c) Hinterlegung des Schriftstücks im Briefkasten des Schuldners;

d) Hinterlegung des Schriftstücks beim Postamt oder bei den zuständigen Behörden mit entsprechender schriftlicher Benachrichtigung im Briefkasten des Schuldners, sofern in der schriftlichen Benachrichtigung das Schriftstück eindeutig als gerichtliches Schriftstück bezeichnet oder darauf hingewiesen wird, dass die Zustellung durch die Benachrichtigung als erfolgt gilt und damit Fristen zu laufen beginnen;

e) postalisch ohne Nachweis gemäß Absatz 3, wenn der Schuldner seine Anschrift im Ursprungsmitgliedstaat hat;

f) elektronisch, mit automatisch erstellter Sendebestätigung, sofern sich der Schuldner vorab ausdrücklich mit dieser Art der Zustellung einverstanden erklärt hat.

(2) Für die Zwecke dieser Verordnung ist eine Zustellung gemäß Absatz 1 nicht zulässig, wenn die Anschrift des Schuldners nicht mit Sicherheit ermittelt werden kann.

(3) Die Zustellung nach Absatz 1 Buchstaben a) bis d) wird bescheinigt durch

a) ein von der zuständigen Person, die die Zustellung vorgenommen hat, unterzeichnetes Schriftstück mit den folgenden Angaben:

i) die gewählte Form der Zustellung und

ii) das Datum der Zustellung sowie,

iii) falls das Schriftstück einer anderen Person als dem Schuldner zugestellt wurde, der Name dieser Person und die Angabe ihres Verhältnisses zum Schuldner,

oder

b) eine Empfangsbestätigung der Person, der das Schriftstück zugestellt wurde, für die Zwecke von Absatz 1 Buchstaben a) und b).

Artikel 15
Zustellung an die Vertreter des Schuldners

Die Zustellung gemäß Artikel 13 oder Artikel 14 kann auch an den Vertreter des Schuldners bewirkt worden sein.

Artikel 16
Ordnungsgemäße Unterrichtung des
Schuldners über die Forderung

Um sicherzustellen, dass der Schuldner ordnungsgemäß über die Forderung unterrichtet worden ist, muss das verfahrenseinleitende Schriftstück oder das gleichwertige Schriftstück folgende Angaben enthalten haben:

a) den Namen und die Anschrift der Parteien;

b) die Höhe der Forderung;

c) wenn Zinsen gefordert werden, den Zinssatz und den Zeitraum, für den Zinsen gefordert werden, es sei denn, die Rechtsvorschriften des Ursprungsmitgliedstaats sehen vor, dass gesetzliche Zinsen automatisch der Hauptforderung hinzugefügt werden; *(idF ABl L 97 v 15. 4. 2005, CELEX-Nummer 32004R0805R)*

d) die Bezeichnung des Forderungsgrundes.

Artikel 17
Ordnungsgemäße Unterrichtung des
Schuldners über die Verfahrensschritte zum
Bestreiten der Forderung

In dem verfahrenseinleitenden Schriftstück, einem gleichwertigen Schriftstück oder einer Ladung zu einer Gerichtsverhandlung oder in einer zusammen mit diesem Schriftstück oder dieser Ladung zugestellten Belehrung muss deutlich auf Folgendes hingewiesen worden sein:

a) auf die verfahrensrechtlichen Erfordernisse für das Bestreiten der Forderung; dazu gehören insbesondere die Frist, innerhalb deren die Forderung schriftlich bestritten werden kann bzw. gegebenenfalls der Termin der Gerichtsverhandlung, die Bezeichnung und die Anschrift der Stelle, an die die Antwort zu richten bzw. vor der gegebenenfalls zu erscheinen ist, sowie die Information darüber, ob die Vertretung durch einen Rechtsanwalt vorgeschrieben ist;

b) auf die Konsequenzen des Nichtbestreitens oder des Nichterscheinens, insbesondere die etwaige Möglichkeit einer Entscheidung oder ihrer Vollstreckung gegen den Schuldner und der Verpflichtung zum Kostenersatz.

Artikel 18
Heilung der Nichteinhaltung von
Mindestvorschriften

(1) Genügte das Verfahren im Ursprungsmitgliedstaat nicht den in den Artikeln 13 bis 17 festgelegten verfahrensrechtlichen Erfordernissen, so sind eine Heilung der Verfahrensmängel und eine Bestätigung der Entscheidung als Europäischer Vollstreckungstitel möglich, wenn

a) die Entscheidung dem Schuldner unter Einhaltung der verfahrensrechtlichen Erfordernisse nach Artikel 13 oder Artikel 14 zugestellt worden ist, und

b) der Schuldner die Möglichkeit hatte, einen eine uneingeschränkte Überprüfung umfassenden Rechtsbehelf gegen die Entscheidung einzulegen, und er in oder zusammen mit der Entscheidung ordnungsgemäß über die verfahrensrechtlichen Erfordernisse für die Einlegung eines solchen Rechtsbehelfs, einschließlich der Bezeichnung und der Anschrift der Stelle, bei der der Rechtsbehelf einzulegen ist, und gegebenenfalls der Frist unterrichtet wurde, und

c) der Schuldner es versäumt hat, einen Rechtsbehelf gegen die Entscheidung gemäß den einschlägigen verfahrensrechtlichen Erfordernissen einzulegen.

(2) Genügte das Verfahren im Ursprungsmitgliedstaat nicht den verfahrensrechtlichen Erfordernissen nach Artikel 13 oder Artikel 14, so ist eine Heilung dieser Verfahrensmängel möglich, wenn durch das Verhalten des Schuldners im gerichtlichen Verfahren nachgewiesen ist, dass er das zuzustellende Schriftstück so rechtzeitig persönlich bekommen hat, dass er Vorkehrungen für seine Verteidigung treffen konnte.

Artikel 19
Mindestvorschriften für eine Überprüfung in
Ausnahmefällen

(1) Ergänzend zu den Artikeln 13 bis 18 kann eine Entscheidung nur dann als Europäischer Vollstreckungstitel bestätigt werden, wenn der Schuldner nach dem Recht des Ursprungsmitgliedstaats berechtigt ist, eine Überprüfung der Entscheidung zu beantragen, falls

a) i) das verfahrenseinleitende oder ein gleichwertiges Schriftstück oder gegebenenfalls die Ladung zu einer Gerichtsverhandlung in einer der in Artikel 14 genannten Formen zugestellt wurden, und

ii) die Zustellung ohne Verschulden des Schuldners nicht so rechtzeitig erfolgt ist, dass er

VTVO, KpfVO

Vorkehrungen für seine Verteidigung hätte treffen können,

oder

b) der Schuldner aufgrund höherer Gewalt oder aufgrund außergewöhnlicher Umstände ohne eigenes Verschulden der Forderung nicht widersprechen konnte,

wobei in beiden Faellen jeweils vorausgesetzt wird, dass er unverzüglich tätig wird.

(2) Dieser Artikel berührt nicht die Möglichkeit der Mitgliedstaaten, eine Überprüfung der Entscheidung unter großzügigeren Bedingungen als nach Absatz 1 zu ermöglichen.

KAPITEL IV

VOLLSTRECKUNG

Artikel 20
Vollstreckungsverfahren

(1) Unbeschadet der Bestimmungen dieses Kapitels gilt für das Vollstreckungsverfahren das Recht des Vollstreckungsmitgliedstaats. Eine als Europäischer Vollstreckungstitel bestätigte Entscheidung wird unter den gleichen Bedingungen vollstreckt wie eine im Vollstreckungsmitgliedstaat ergangene Entscheidung.

(2) Der Gläubiger ist verpflichtet, den zuständigen Vollstreckungsbehörden des Vollstreckungsmitgliedstaats Folgendes zu übermitteln:

a) eine Ausfertigung der Entscheidung, die die für ihre Beweiskraft erforderlichen Voraussetzungen erfüllt, und

b) eine Ausfertigung der Bestätigung als Europäischer Vollstreckungstitel, die die für ihre Beweiskraft erforderlichen Voraussetzungen erfüllt, und

c) gegebenenfalls eine Transkription der Bestätigung als Europäischer Vollstreckungstitel oder eine Übersetzung dieser Bestätigung in die Amtssprache des Vollstreckungsmitgliedstaats oder - falls es in diesem Mitgliedstaat mehrere Amtssprachen gibt - nach Maßgabe der Rechtsvorschriften dieses Mitgliedstaats in die Verfahrenssprache oder eine der Verfahrenssprachen des Ortes, an dem die Vollstreckung betrieben wird, oder in eine sonstige Sprache, die der Vollstreckungsmitgliedstaat zulässt. Jeder Mitgliedstaat kann angeben, welche Amtssprache oder Amtssprachen der Organe der Europäischen Gemeinschaft er neben seiner oder seinen eigenen für die Ausstellung der Bestätigung zulässt. Die Übersetzung ist von einer hierzu in einem der Mitgliedstaaten befugten Person zu beglaubigen.

(3) Der Partei, die in einem Mitgliedstaat eine Entscheidung vollstrecken will, die in einem anderen Mitgliedstaat als Europäischer Vollstreckungstitel bestätigt wurde, darf wegen ihrer Eigenschaft als Ausländer oder wegen Fehlens eines inländischen Wohnsitzes oder Aufenthaltsorts eine Sicherheitsleistung oder Hinterlegung, unter welcher Bezeichnung es auch sei, nicht auferlegt werden.

Artikel 21
Verweigerung der Vollstreckung

(1) Auf Antrag des Schuldners wird die Vollstreckung vom zuständigen Gericht im Vollstreckungsmitgliedstaat verweigert, wenn die als Europäischer Vollstreckungstitel bestätigte Entscheidung mit einer früheren Entscheidung unvereinbar ist, die in einem Mitgliedstaat oder einem Drittland ergangen ist, sofern

a) die frühere Entscheidung zwischen denselben Parteien wegen desselben Streitgegenstands ergangen ist und

b) die frühere Entscheidung im Vollstreckungsmitgliedstaat ergangen ist oder die notwendigen Voraussetzungen für ihre Anerkennung im Vollstreckungsmitgliedstaat erfüllt und

c) die Unvereinbarkeit im gerichtlichen Verfahren des Ursprungsmitgliedstaats nicht geltend gemacht worden ist und nicht geltend gemacht werden konnte.

(2) Weder die Entscheidung noch ihre Bestätigung als Europäischer Vollstreckungstitel dürfen im Vollstreckungsmitgliedstaat in der Sache selbst nachgeprüft werden.

Artikel 22
Vereinbarungen mit Drittländern

Diese Verordnung lässt Vereinbarungen unberührt, durch die sich die Mitgliedstaaten vor Inkrafttreten der Verordnung (EG) Nr. 44/2001 im Einklang mit Artikel 59 des Brüsseler Übereinkommens über die gerichtliche Zuständigkeit und die Vollstreckung gerichtlicher Entscheidungen in Zivil- und Handelssachen verpflichtet haben, Entscheidungen insbesondere der Gerichte eines anderen Vertragsstaats des genannten Übereinkommens gegen Beklagte , die ihren Wohnsitz oder gewöhnlichen Aufenthalt im Hoheitsgebiet eines Drittlands haben, nicht anzuerkennen, wenn die Entscheidungen in den Fällen des Artikels 4 des genannten Übereinkommens nur in einem der in Artikel 3 Absatz 2 des genannten Übereinkommens angeführten Gerichtsstände ergehen können.

Artikel 23
Aussetzung oder Beschränkung der Vollstreckung

Hat der Schuldner

– einen Rechtsbehelf gegen eine als Europäischer Vollstreckungstitel bestätigte Entscheidung eingelegt, wozu auch ein Antrag auf

Überprüfung im Sinne des Artikels 19 gehört, oder

– die Berichtigung oder den Widerruf einer Bestätigung als Europäischer Vollstreckungstitel gemäß Artikel 10 beantragt,

so kann das zuständige Gericht oder die befugte Stelle im Vollstreckungsmitgliedstaat auf Antrag des Schuldners

a) das Vollstreckungsverfahren auf Sicherungsmaßnahmen beschränken oder

b) die Vollstreckung von der Leistung einer von dem Gericht oder der befugten Stelle zu bestimmenden Sicherheit abhängig machen oder

c) unter außergewöhnlichen Umständen das Vollstreckungsverfahren aussetzen.

KAPITEL V
GERICHTLICHE VERGLEICHE UND ÖFFENTLICHE URKUNDEN

Artikel 24
Gerichtliche Vergleiche

(1) Ein Vergleich über eine Forderung im Sinne von Artikel 4 Nummer 2, der von einem Gericht gebilligt oder vor einem Gericht im Laufe eines Verfahrens geschlossen wurde, und der in dem Mitgliedstaat, in dem er gebilligt oder geschlossen wurde, vollstreckbar ist, wird auf Antrag an das Gericht, das ihn gebilligt hat oder vor dem er geschlossen wurde, unter Verwendung des Formblatts in Anhang II als Europäischer Vollstreckungstitel bestätigt.

(2) Ein Vergleich, der im Ursprungsmitgliedstaat als Europäischer Vollstreckungstitel bestätigt worden ist, wird in den anderen Mitgliedstaaten vollstreckt, ohne dass es einer Vollstreckbarerklärung bedarf und ohne dass seine Vollstreckbarkeit angefochten werden kann.

(3) Die Bestimmungen von Kapitel II (mit Ausnahme von Artikel 5, Artikel 6 Absatz 1 und Artikel 9 Absatz 1) sowie von Kapitel IV (mit Ausnahme von Artikel 21 Absatz 1 und Artikel 22) finden entsprechende Anwendung.

Artikel 25
Öffentliche Urkunden

(1) Eine öffentliche Urkunde über eine Forderung im Sinne von Artikel 4 Absatz 2, die in einem Mitgliedstaat vollstreckbar ist, wird auf Antrag an die vom Ursprungsmitgliedstaat bestimmte Stelle unter Verwendung des Formblatts in Anhang III als Europäischer Vollstreckungstitel bestätigt.

(2) Eine öffentliche Urkunde, die im Ursprungsmitgliedstaat als Europäischer Vollstreckungstitel bestätigt worden ist, wird in den anderen Mitgliedstaaten vollstreckt, ohne dass es einer Vollstreck-

barerklärung bedarf und ohne dass ihre Vollstreckbarkeit angefochten werden kann.

(3) Die Bestimmungen von Kapitel II (mit Ausnahme von Artikel 5, Artikel 6 Absatz 1 und Artikel 9 Absatz 1) sowie von Kapitel IV (mit Ausnahme von Artikel 21 Absatz 1 und Artikel 22) finden entsprechende Anwendung.

KAPITEL VI
ÜBERGANGSBESTIMMUNG

Artikel 26
Übergangsbestimmung

Diese Verordnung gilt nur für nach ihrem Inkrafttreten ergangene Entscheidungen, gerichtlich gebilligte oder geschlossene Vergleiche und aufgenommene oder registrierte öffentliche Urkunden.

KAPITEL VII
VERHÄLTNIS ZU ANDEREN RECHTSAKTEN DER GEMEINSCHAFT

Artikel 27
Verhältnis zur Verordnung (EG) Nr. 44/2001

Diese Verordnung berührt nicht die Möglichkeit, die Anerkennung und Vollstreckung einer Entscheidung über eine unbestrittene Forderung, eines gerichtlichen Vergleichs oder einer öffentlichen Urkunde gemäß der Verordnung (EG) Nr. 44/2001 zu betreiben.

Artikel 28
Verhältnis zur Verordnung (EG) Nr. 1348/2000

Diese Verordnung lässt die Anwendung der Verordnung (EG) Nr. 1348/2000 unberührt.

KAPITEL VIII
ALLGEMEINE UND SCHLUSSBESTIMMUNGEN

VTVO, KpfVO

Artikel 29
Informationen über Vollstreckungsverfahren und -behörden

Die Mitgliedstaaten arbeiten zusammen, um der Öffentlichkeit und den Fachkreisen folgende Informationen zur Verfügung zu stellen:

a) Informationen über die Vollstreckungsverfahren und -methoden in den Mitgliedstaaten und

b) Informationen über die zuständigen Vollstreckungsbehörden in den Mitgliedstaaten, insbesondere über das mit der Entscheidung 2001/470/EG des Rates[9] eingerichtete Europäische Justizielle Netz für Zivil- und Handelssachen.

Artikel 30
Angaben zu den Rechtsbehelfen, Sprachen und Stellen

(1) Die Mitgliedstaaten teilen der Kommission Folgendes mit:

a) das in Artikel 10 Absatz 2 genannte Berichtigungs- und Widerrufsverfahren sowie das in Artikel 19 Absatz 1 genannte Überprüfungsverfahren;

b) die gemäß Artikel 20 Absatz 2 Buchstabe c) zugelassenen Sprachen;

c) die Listen der in Artikel 25 genannten Stellen;

sowie alle nachfolgenden Änderungen.

(2) Die Kommission macht die nach Absatz 1 mitgeteilten Informationen durch Veröffentlichung im Amtsblatt der Europäischen Union und durch andere geeignete Mittel öffentlich zugänglich.

Zu Artikel 29:
[9] *Abl. L 174 vom 27. 6. 2001, S. 25*

Artikel 31
Änderungen der Anhänge

Die Kommission ändert die in den Anhängen enthaltenen Formblätter. Diese Maßnahmen zur Änderung nicht wesentlicher Bestimmungen dieser Verordnung werden nach dem in Artikel 32 Absatz 2 genannten Regelungsverfahren mit Kontrolle erlassen.

(ABl L 304, 83 vom 14. 11. 2008)

Artikel 32
Ausschuss

(1) Die Kommission wird von dem in Artikel 75 der Verordnung (EG) Nr. 44/2001 genannten Ausschuss unterstützt.

(2) Wird auf diesen Absatz Bezug genommen, so gelten Artikel 5a Absätze 1 bis 4 und Artikel 7 des Beschlusses 1999/468/EG unter Beachtung von dessen Artikel 8.

(ABl L 304, 83 vom 14. 11. 2008)

Artikel 33
Inkrafttreten

Diese Verordnung tritt am 21. Januar 2005 in Kraft.

Sie gilt ab dem 21. Oktober 2005 mit Ausnahme der Artikel 30, 31 und 32, die ab dem 21. Januar 2005 gelten.

Diese Verordnung ist in allen ihren Teilen verbindlich und gilt gemäß dem Vertrag zur Gründung der Europäischen Gemeinschaft unmittelbar in den Mitgliedstaaten.

Geschehen zu Straßburg am 21. April 2004.

Im Namen des Europäischen Parlaments
Der Präsident
P. COX

Im Namen des Rates
Der Präsident
D. ROCHE

Anhang I idF d Verordnung d Kommission v 16. 11. 2005, CELEX-Nummer 32005R1869

BESTÄTIGUNG ALS EUROPÄISCHER VOLLSTRECKUNGSTITEL — ENTSCHEIDUNG

1. Ursprungsmitgliedstaat: Belgien ☐ Tschechische Republik ☐ Deutschland ☐ Estland ☐ Griechenland ☐ Spanien ☐ Frankreich ☐ Irland ☐ Italien ☐ Zypern ☐ Lettland ☐ Litauen ☐ Luxemburg ☐ Ungarn ☐ Malta ☐ Niederlande ☐ Österreich ☐ Polen ☐ Portugal ☐ Slowakei ☐ Slowenien ☐ Finnland ☐ Schweden ☐ Vereinigtes Königreich ☐

2. Gericht, das die Bestätigung ausgestellt hat

2.1 Bezeichnung:

2.2 Anschrift:

2.3 Tel./Fax/E-Mail:

3. Falls abweichend, Gericht, das die Entscheidung erlassen hat

3.1 Bezeichnung:

3.2 Anschrift:

3.3 Tel./Fax/E-Mail:

4. Entscheidung

4.1 Datum:

4.2 Aktenzeichen:

4.3 Parteien

4.3.1 Name(n) und Anschrift(en) des/der Gläubiger(s):

4.3.2 Name(n) und Anschrift(en) des/der Schuldner(s):

5. Geldforderung laut Bestätigung

5.1 Betrag:

5.1.1 Währung: Euro ☐ Zypern-Pfund ☐ tschechische Krone ☐ estnische Krone ☐ Pfund Sterling ☐ Forint ☐ Lats ☐ maltesische Lira ☐ Zloty ☐ Litas ☐ slowakische Krone ☐ Tolar ☐ schwedische Krone ☐ andere Währung ☐ (bitte angeben)

5.1.2 Falls sich die Geldforderung auf eine wiederkehrende Leistung bezieht

5.1.2.1 Höhe jeder Rate:

5.1.2.2 Fälligkeit der ersten Rate:

5.1.2.3 Fälligkeit der nachfolgenden Raten:

wöchentlich ☐ monatlich ☐ andere Zeitabstände (bitte angeben) ☐

5.1.2.4 Laufzeit der Forderung

5.1.2.4.1 Derzeit unbestimmt ☐ oder

5.1.2.4.2 Fälligkeit der letzten Rate:

VTVO, KpfVO

5.2	Zinsen
5.2.1	Zinssatz
5.2.1.1	... % oder
5.2.1.2	... % über dem Basissatz der EZB ([1])
5.2.1.3	Anderer Wert (bitte angeben):
5.2.2	Fälligkeit der Zinsen:
5.3	Höhe der zu ersetzenden Kosten, falls in der Entscheidung angegeben:

6. Die Entscheidung ist im Ursprungsmitgliedstaat vollstreckbar ☐

7. Gegen die Entscheidung kann noch ein Rechtsmittel eingelegt werden

   Ja ☐   Nein ☐

8. Gegenstand der Entscheidung ist eine unbestrittene Forderung im Sinne von Artikel 3 Absatz 1 ☐

9. Die Entscheidung steht im Einklang mit Artikel 6 Absatz 1 Buchstabe b ☐

10. Die Entscheidung betrifft Verbrauchersachen

    Ja ☐   Nein ☐

10.1 Wenn ja:

     Der Schuldner ist der Verbraucher

     Ja ☐   Nein ☐

10.2 Wenn ja:

     Der Schuldner hat seinen Wohnsitz im Ursprungsmitgliedstaat (im Sinne von Artikel 59 der Verordnung (EG) Nr. 44/2001) ☐

11. Zustellung des verfahrenseinleitenden Schriftstücks nach Maßgabe von Kapitel III, sofern anwendbar

    Ja ☐   Nein ☐

11.1 Die Zustellung ist gemäß Artikel 13 erfolgt ☐

     oder die Zustellung ist gemäß Artikel 14 erfolgt ☐

     oder der Schuldner hat das Schriftstück nachweislich im Sinne von Artikel 18 Absatz 2 erhalten ☐

11.2 Ordnungsgemäße Unterrichtung

     Der Schuldner wurde nach Maßgabe der Artikel 16 und 17 unterrichtet ☐

12. Zustellung von Ladungen, sofern anwendbar

    Ja ☐   Nein ☐

([1]) Von der Europäischen Zentralbank auf ihre Hauptrefinanzierungsoperationen angewendeter Zinssatz.

Anhang I

12.1	Die Zustellung ist gemäß Artikel 13 erfolgt ☐
	oder die Zustellung ist gemäß Artikel 14 erfolgt ☐
	oder der Schuldner hat die Ladung nachweislich im Sinne von Artikel 18 Absatz 2 erhalten ☐
12.2	Ordnungsgemäße Unterrichtung
	Der Schuldner wurde nach Maßgabe des Artikels 17 unterrichtet ☐
13.	Heilung von Verfahrensmängeln infolge der Nichteinhaltung der Mindestvorschriften gemäß Artikel 18 Absatz 1
13.1	Die Entscheidung wurde gemäß Artikel 13 zugestellt ☐
	oder die Entscheidung wurde gemäß Artikel 14 zugestellt ☐
	oder der Schuldner hat die Entscheidung nachweislich im Sinne von Artikel 18 Absatz 2 erhalten ☐
13.2	Ordnungsgemäße Unterrichtung
	Der Schuldner wurde nach Maßgabe des Artikels 18 Absatz 1 Buchstabe b unterrichtet ☐
13.3	Der Schuldner hatte die Möglichkeit, einen Rechtsbehelf gegen die Entscheidung einzulegen
	Ja ☐ Nein ☐
13.4	Der Schuldner hat keinen Rechtsbehelf gemäß den einschlägigen Verfahrensvorschriften eingelegt
	Ja ☐ Nein ☐

Geschehen zu .... am ....

....
Unterschrift und/oder Stempel

Berichtigung durch ABl L 50/71 von 23. 2. 2008: Nummer 12.1. dritte Alternative lautet: „oder der Schuldner hat die Ladung nachweislich im Sinne von Artikel 18 Absatz 2 erhalten."

VTVO, KpfVO

Anhang II idF d Verordnung d Kommission v 16. 11. 2005, CELEX-Nummer 32005R1869

BESTÄTIGUNG ALS EUROPÄISCHER VOLLSTRECKUNGSTITEL — GERICHTLICHER VERGLEICH

1.   Ursprungsmitgliedstaat: Belgien ☐ Tschechische Republik ☐ Deutschland ☐ Estland ☐ Griechenland ☐ Spanien ☐ Frankreich ☐ Irland ☐ Italien ☐ Zypern ☐ Lettland ☐ Litauen ☐ Luxemburg ☐ Ungarn ☐ Malta ☐ Niederlande ☐ Österreich ☐ Polen ☐ Portugal ☐ Slowakei ☐ Slowenien ☐ Finnland ☐ Schweden ☐ Vereinigtes Königreich ☐

2.   Gericht, das die Bestätigung ausgestellt hat

2.   Bezeichnung:

2.2   Anschrift:

2.3   Tel./Fax/E-Mail:

3.   Falls abweichend, Gericht, das den Vergleich gebilligt hat oder vor dem er geschlossen wurde

3.1   Bezeichnung:

3.2   Anschrift:

3.3   Tel./Fax/E-Mail:

4.   Gerichtlicher Vergleich

4.1   Datum:

4.2   Aktenzeichen:

4.3   Parteien

4.3.1   Name(n) und Anschrift(en) des/der Gläubiger(s):

4.3.2   Name(n) und Anschrift(en) des/der Schuldner(s):

5.   Geldforderung laut Bestätigung

5.1   Betrag:

5.1.1   Währung: Euro ☐ Zypern-Pfund ☐ tschechische Krone ☐ estnische Krone ☐ Pfund Sterling ☐ Forint ☐ Litas ☐ Lats ☐ maltesische Lira ☐ Zloty ☐ schwedische Krone ☐ slowakische Krone ☐ Tolar ☐ andere Währung (bitte angeben) ☐

5.1.2   Falls sich die Geldforderung auf eine wiederkehrende Leistung bezieht

5.1.2.1   Höhe jeder Rate:

5.1.2.2   Fälligkeit der ersten Rate:

5.1.2.3   Fälligkeit der nachfolgenden Raten:

   wöchentlich ☐ monatlich ☐ andere Zeitabstände (bitte angeben) ☐

5.1.2.4   Laufzeit der Forderung

5.1.2.4.1   Derzeit unbestimmt ☐ oder

5.1.2.4.2   Fälligkeit der letzten Rate:

5.2	Zinsen
5.2.1	Zinssatz
5.2.1.1	... % oder
5.2.1.2	... % über dem Basissatz der EZB (^{1})
5.2.1.3	Anderer Wert (bitte angeben):
5.2.2	Fälligkeit der Zinsen:
5.3	Höhe der zu ersetzenden Kosten, falls im gerichtlichen Vergleich angegeben:
6.	Der gerichtliche Vergleich ist im Ursprungsmitgliedstaat vollstreckbar ☐

Geschehen zu .... am ....

....
Unterschrift und/oder Stempel

_____
(^{1}) Von der Europäischen Zentralbank auf ihre Hauptrefinanzierungsoperationen angewendeter Zinssatz.

VTVO, KpfVO

Anhang III idF d Verordnung d Kommission v 16. 11. 2005, CELEX-Nummer 32005R1869

BESTÄTIGUNG ALS EUROPÄISCHER VOLLSTRECKUNGSTITEL — ÖFFENTLICHE URKUNDE

1. Ursprungsmitgliedstaat: Belgien ☐ Tschechische Republik ☐ Deutschland ☐ Estland ☐ Griechenland ☐
Spanien ☐ Frankreich ☐ Irland ☐ Italien ☐ Zypern ☐ Lettland ☐
Litauen ☐ Luxemburg ☐ Ungarn ☐ Malta ☐ Niederlande ☐
Österreich ☐ Polen ☐ Portugal ☐ Slowakei ☐ Slowenien ☐ Finnland ☐
Schweden ☐ Vereinigtes Königreich ☐

2. Gericht/befugte Stelle, das/die die Bestätigung ausgestellt hat

2.1 Bezeichnung:

2.2 Anschrift:

2.3 Tel./Fax/E-Mail:

3. Falls abweichend, Gericht/befugte Stelle, das/die die öffentliche Urkunde aufgenommen oder registriert hat

3.1 Bezeichnung:

3.2 Anschrift:

3.3 Tel./Fax/E-Mail:

4. Öffentliche Urkunde

4.1 Datum:

4.2 Aktenzeichen:

4.3 Parteien

4.3.1 Name(n) und Anschrift(en) des/der Gläubiger(s):

4.3.2 Name(n) und Anschrift(en) des/der Schuldner(s):

5. Geldforderung laut Bestätigung

5.1 Betrag:

5.1.1 Währung: Euro ☐   Zypern-Pfund ☐   tschechische Krone ☐   estnische Krone ☐
Pfund Sterling ☐   Forint ☐   Litas ☐   Lats ☐
maltesische Lira ☐   Zloty ☐   schwedische Krone ☐   slowakische Krone ☐
Tolar ☐
andere Währung
(bitte angeben) ☐

5.1.2 Falls sich die Geldforderung auf eine wiederkehrende Leistung bezieht

5.1.2.1 Höhe jeder Rate:

5.1.2.2 Fälligkeit der ersten Rate:

5.1.2.3 Fälligkeit der nachfolgenden Raten:

wöchentlich ☐   monatlich ☐   andere Zeitabstände (bitte angeben) ☐

5.1.2.4 Laufzeit der Forderung

5.1.2.4.1 Derzeit unbestimmt ☐ oder

5.1.2.4.2 Fälligkeit der letzten Rate:

Anhang III

5.2   Zinsen

5.2.1   Zinssatz

5.2.1.1 ... % oder

5.2.1.2 ... % über dem Basissatz der EZB (^{1})

5.2.1.3 Anderer Wert (bitte angeben):

5.2.2   Fälligkeit der Zinsen:

5.3   Höhe der zu ersetzenden Kosten, falls in der öffentlichen Urkunde angegeben:

6.   Die öffentliche Urkunde ist im Ursprungsmitgliedstaat vollstreckbar ☐

Geschehen zu .... am ....

....

Unterschrift und/oder Stempel

(^{1}) Von der Europäischen Zentralbank auf ihre Hauptrefinanzierungsoperationen angewendeter Zinssatz.

VTVO, KpfVO

Anhang IV idF d Verordnung d Kommission v 16. 11. 2005, CELEX-Nummer 32005R1869

BESTÄTIGUNG ÜBER DIE AUSSETZUNG ODER EINSCHRÄNKUNG DER VOLLSTRECKBARKEIT
(Artikel 6 Absatz 2)

1. Ursprungsmitgliedstaat: Belgien ☐ Tschechische Republik ☐ Deutschland ☐ Estland ☐ Griechenland ☐ Spanien ☐ Frankreich ☐ Irland ☐ Italien ☐ Zypern ☐ Lettland ☐ Litauen ☐ Luxemburg ☐ Ungarn ☐ Malta ☐ Niederlande ☐ Österreich ☐ Polen ☐ Portugal ☐ Slowakei ☐ Slowenien ☐ Finnland ☐ Schweden ☐ Vereinigtes Königreich ☐

2. Gericht/befugte Stelle, das/die die Bestätigung ausgestellt hat

2.1 Bezeichnung:

2.2 Anschrift:

2.3 Tel./Fax/E-Mail:

3. Falls abweichend,

  — Gericht, das die Entscheidung erlassen hat (*)
  — Gericht, von dem der gerichtliche Vergleich gebilligt bzw. vor dem er geschlossen wurde (*)
  — Gericht/befugte Stelle, das/die die öffentliche Urkunde aufgenommen oder registriert hat (*)

3.1 Bezeichnung:

3.2 Anschrift:

3.3 Tel./Fax/E-Mail:

4. Entscheidung/gerichtlicher Vergleich/öffentliche Urkunde (*)

4.1 Datum:

4.2 Aktenzeichen:

4.3 Parteien

4.3.1 Name(n) und Anschrift(en) des/der Gläubiger(s):

4.3.2 Name(n) und Anschrift(en) des/der Schuldner(s):

5. Die Entscheidung/der gerichtliche Vergleich/die öffentliche Urkunde (*) wurde als Europäischer Vollstreckungstitel bestätigt, jedoch

5.1 ist die Entscheidung/der gerichtliche Vergleich/die öffentliche Urkunde (*) nicht mehr vollstreckbar ☐

5.2 ist die Vollstreckung einstweilig

5.2.1 ausgesetzt ☐

5.2.2 auf Sicherungsmaßnahmen beschränkt ☐

5.2.3 von der Leistung einer Sicherheit abhängig gemacht, die noch aussteht ☐

5.2.3.1 Höhe der Sicherheit:

5.2.3.2 Währung: Euro ☐ Zypern-Pfund ☐ tschechische Krone ☐ estnische Krone ☐ Pfund Sterling ☐ Forint ☐ Litas ☐ Lats ☐ maltesische Lira ☐ Zloty ☐ schwedische Krone ☐ slowakische Krone ☐ Tolar ☐ andere Währung (bitte angeben) ☐

5.2.4 Sonstiges (bitte angeben) ☐

Geschehen zu .... am ....

....
Unterschrift und/oder Stempel

_____
(*) Unzutreffendes streichen.

Anhang V idF d Verordnung d Kommission v 16. 11. 2005, CELEX-Nummer 32005R1869

ERSATZBESTÄTIGUNG ALS EUROPÄISCHER VOLLSTRECKUNGSTITEL INFOLGE EINES RECHTSBEHELFS

(Artikel 6 Absatz 3)

A. Gegen folgende(n), als Europäischer Vollstreckungstitel bestätigte(n) Entscheidung/gerichtlichen Vergleich/öffentliche Urkunde (*) wurde ein Rechtsbehelf eingelegt:

1. Ursprungsmitgliedstaat: Belgien ☐ Tschechische Republik ☐ Deutschland ☐ Estland ☐ Griechenland ☐ Spanien ☐ Frankreich ☐ Irland ☐ Italien ☐ Zypern ☐ Lettland ☐ Litauen ☐ Luxemburg ☐ Ungarn ☐ Malta ☐ Niederlande ☐ Österreich ☐ Polen ☐ Portugal ☐ Slowakei ☐ Slowenien ☐ Finnland ☐ Schweden ☐ Vereinigtes Königreich ☐

2. Gericht/befugte Stelle, das/die die Bestätigung ausgestellt hat

2.1 Bezeichnung:

2.2 Anschrift:

2.3 Tel./Fax/E-Mail:

3. Falls abweichend,

— Gericht, das die Entscheidung erlassen hat (*)

— Gericht, von dem der gerichtliche Vergleich gebilligt bzw. vor dem er geschlossen wurde (*)

— Gericht/befugte Stelle, das/die die öffentliche Urkunde aufgenommen oder registriert hat (*)

3.1 Bezeichnung:

3.2 Anschrift:

3.3 Tel./Fax/E-Mail:

4. Entscheidung/gerichtlicher Vergleich/öffentliche Urkunde (*)

4.1 Datum:

4.2 Aktenzeichen:

4.3 Parteien

4.3.1 Name(n) und Anschrift(en) des/der Gläubiger(s):

4.3.2 Name(n) und Anschrift(en) des/der Schuldner(s):

B. Auf diesen Rechtsbehelf hin ist folgende Entscheidung ergangen, die hiermit als Europäischer Vollstreckungstitel bestätigt wird, der den ursprünglichen Europäischen Vollstreckungstitel ersetzt

1. Gericht

1.1 Bezeichnung:

1.2 Anschrift:

1.3 Tel./Fax/E-Mail:

2. Entscheidung

2.1 Datum:

2.2 Aktenzeichen:

3. Geldforderung laut Bestätigung

3.1 Betrag:

(*) Unzutreffendes streichen.

VTVO, KpfVO

3.1.1	Währung: Euro ☐	Zypern-Pfund ☐	tschechische Krone ☐	estnische Krone ☐

3.1.1 Währung: Euro ☐ Zypern-Pfund ☐ tschechische Krone ☐ estnische Krone ☐
Pfund Sterling ☐ Forint ☐ Litas ☐ Lats ☐
maltesische Lira ☐ Zloty ☐ schwedische Krone ☐ slowakische Krone ☐
Tolar ☐
andere Währung
(bitte angeben) ☐

3.1.2 Falls sich die Geldforderung auf eine wiederkehrende Leistung bezieht

3.1.2.1 Höhe jeder Rate:

3.1.2.2 Fälligkeit der ersten Rate:

3.1.2.3 Fälligkeit der nachfolgenden Raten:

wöchentlich ☐ monatlich ☐ andere Zeitabstände (bitte angeben) ☐

3.1.2.4 Laufzeit der Forderung

3.1.2.4.1 Derzeit unbestimmt ☐ oder

3.1.2.4.2 Fälligkeit der letzten Rate:

3.2 Zinsen

3.2.1 Zinssatz

3.2.1.1 ... % oder

3.2.1.2 ... % über dem Basissatz der EZB

3.2.1.3 Anderer Wert (bitte angeben):

3.2.2 Fälligkeit der Zinsen:

3.3 Höhe der zu ersetzenden Kosten, falls in der Entscheidung angegeben:

4. Die Entscheidung ist im Ursprungsmitgliedstaat vollstreckbar ☐

5. Gegen die Entscheidung können noch weitere Rechtsbehelfe eingelegt werden

Ja ☐   Nein ☐

6. Die Entscheidung steht im Einklang mit Artikel 6 Absatz 1 Buchstabe b ☐

7. Die Entscheidung betrifft Verbrauchersachen

Ja ☐   Nein ☐

7.1 Wenn ja:

Der Schuldner ist der Verbraucher

Ja ☐   Nein ☐

7.2 Wenn ja:

Der Schuldner hat seinen Wohnsitz im Ursprungsmitgliedstaat im Sinne von Artikel 59 der Verordnung (EG) Nr. 44/2001 ☐

8. Zum Zeitpunkt der Entscheidung nach Einlegung des Rechtsbehelfs ist die Forderung unbestritten im Sinne des Artikels 3 Absatz 1 Buchstaben b oder c

Ja ☐   Nein ☐

Anhang V

Wenn ja:

8.1 Zustellung des den Rechtsbehelf einleitenden Schriftstücks

Hat der Schuldner Rechtsbehelf eingelegt?

Ja ☐   Nein ☐

Wenn ja:

8.1.1 Die Zustellung ist gemäß Artikel 13 erfolgt ☐

oder die Zustellung ist gemäß Artikel 14 erfolgt ☐

oder der Schuldner hat das Schriftstück nachweislich im Sinne von Artikel 18 Absatz 2 erhalten ☐

8.1.2 Ordnungsgemäße Unterrichtung

Der Schuldner wurde nach Maßgabe der Artikel 16 und 17 unterrichtet ☐

8.2 Zustellung von Ladungen, sofern anwendbar

Ja ☐   Nein ☐

8.2.1 Die Zustellung ist gemäß Artikel 13 erfolgt ☐

oder die Zustellung ist gemäß Artikel 14 erfolgt ☐

oder der Schuldner hat die Ladung nachweislich im Sinne von Artikel 18 Absatz 2 erhalten ☐

8.2.2 Ordnungsgemäße Unterrichtung

Der Schuldner wurde nach Maßgabe des Artikels 17 unterrichtet ☐

8.3 Heilung von Verfahrensmängeln infolge der Nichteinhaltung der Mindestvorschriften gemäß Artikel 18 Absatz 1

8.3.1 Die Entscheidung wurde gemäß Artikel 13 zugestellt ☐

oder die Entscheidung wurde gemäß Artikel 14 zugestellt ☐

oder der Schuldner hat die Entscheidung nachweislich im Sinne von Artikel 18 Absatz 2 erhalten ☐

8.3.2 Ordnungsgemäße Unterrichtung

Der Schuldner wurde nach Maßgabe des Artikels 18 Absatz 1 Buchstabe b unterrichtet ☐

Geschehen zu .... am ....

....
Unterschrift und/oder Stempel

VTVO, KpfVO

Anhang VI idF d Verordnung d Kommission v 16. 11. 2005, CELEX-Nummer 32005R1869

ANTRAG AUF BERICHTIGUNG ODER WIDERRUF DER BESTÄTIGUNG ALS EUROPÄISCHER VOLLSTRECKUNGSTITEL

(Artikel 10 Absatz 3)

DER FOLGENDE EUROPÄISCHE VOLLSTRECKUNGSTITEL

1. Ursprungsmitgliedstaat: Belgien ☐ Tschechische Republik ☐ Deutschland ☐ Estland ☐ Griechenland ☐ Spanien ☐ Frankreich ☐ Irland ☐ Italien ☐ Zypern ☐ Lettland ☐ Litauen ☐ Luxemburg ☐ Ungarn ☐ Malta ☐ Niederlande ☐ Österreich ☐ Polen ☐ Portugal ☐ Slowakei ☐ Slowenien ☐ Finnland ☐ Schweden ☐ Vereinigtes Königreich ☐

2. Gericht/befugte Stelle, das/die die Bestätigung ausgestellt hat

2.1 Bezeichnung:

2.2 Anschrift:

2.3 Tel./Fax/E-Mail:

3. Falls abweichend

— Gericht, das die Entscheidung erlassen hat (*)

— Gericht, von dem der gerichtliche Vergleich gebilligt bzw. vor dem er geschlossen wurde (*)

— Gericht/befugte Stelle, das/die die öffentliche Urkunde aufgenommen oder registriert hat (*)

3.1 Bezeichnung:

3.2 Anschrift:

3.3 Tel./Fax/E-Mail:

4. Entscheidung/gerichtlicher Vergleich/öffentliche Urkunde

4.1 Datum:

4.2 Aktenzeichen:

4.3 Parteien

4.3.1 Name(n) und Anschrift(en) des/der Gläubiger(s):

4.3.2 Name(n) und Anschrift(en) des/der Schuldner(s):

5. MUSS BERICHTIGT WERDEN, da aufgrund eines materiellen Fehlers der Europäische Vollstreckungstitel und die zugrunde liegende Entscheidung/der zugrunde liegende gerichtliche Vergleich/die zugrunde liegende öffentliche Urkunde folgende Abweichung aufweisen (bitte darlegen) ☐

6. MUSS WIDERRUFEN WERDEN, da

6.1 die bestätigte Entscheidung einen Verbrauchervertrag betrifft, jedoch in einem Mitgliedstaat ergangen ist, in dem der Verbraucher keinen Wohnsitz im Sinne von Artikel 59 der Verordnung (EG) Nr. 44/2001 hat ☐

6.2 die Bestätigung als Europäischer Vollstreckungstitel aus einem anderem Grund eindeutig zu Unrecht erteilt wurde (bitte darlegen) ☐

Geschehen zu .... am ....

....
Unterschrift und/oder Stempel

(*) Unzutreffendes streichen.

Abkommen über den Austritt des Vereinigten Königreichs Großbritannien und Nordirland aus der Europäischen Union und der Europäischen Atomgemeinschaft

(ABl. L 029 vom 31.1.2020, S. 7, ab 1.1.2021)

Artikel 67

(2) Im Vereinigten Königreich sowie in den Mitgliedstaaten finden in Fällen, die einen Bezug zum Vereinigten Königreich aufweisen, die folgenden Rechtsakte oder Bestimmungen auf die Anerkennung und Vollstreckung von Urteilen, Entscheidungen, öffentlichen Urkunden, gerichtlichen Vergleichen und Gerichtsstandsvereinbarungen Anwendung:

d) die Verordnung (EG) Nr. 805/2004 des Europäischen Parlaments und des Rates*) findet Anwendung auf Urteile, die in vor dem Ablauf der Übergangszeit eingeleiteten gerichtlichen Verfahren ergangen sind, sowie auf vor dem Ablauf der Übergangszeit gebilligte oder geschlossene gerichtliche Vergleiche und ausgestellte öffentliche Urkunden, sofern die Bestätigung als Europäischer Vollstreckungstitel vor dem Ablauf der Übergangszeit beantragt wurde.

) Verordnung (EG) Nr. 805/2004 des Europäischen Parlaments und des Rates vom 21. April 2004 zur Einführung eines europäischen Vollstreckungstitels für unbestrittene Forderungen (ABl. L 143 vom 30.4.2004, S. 15).

Der Übergangszeitraum endete am 31.12.2020 (Art 126 des Austrittsabkommens)

VTVO, KpfVO

Kontenpfändungsverordnung

ABl L 189 vom 27. 6. 2014, S 59

ab 18. 1. 2017 (Art. 54)
Zum räumlichen Geltungsbereich siehe insbesondere Abs 48 – 51 der einleitenden Erwägungsgründe

Verordnung (EU) Nr. 655/2014 zur Einführung eines Verfahrens für einen Europäischen Beschluss zur vorläufigen Kontenpfändung im Hinblick auf die Erleichterung der grenzüberschreitenden Eintreibung von Forderungen in Zivil- und Handelssachen

DAS EUROPÄISCHE PARLAMENT UND DER RAT DER EUROPÄISCHEN UNION –

gestützt auf den Vertrag über die Arbeitsweise der Europäischen Union, insbesondere auf Artikel 81 Absatz 2 Buchstaben a, e und f,

auf Vorschlag der Europäischen Kommission,

nach Zuleitung des Entwurfs des Gesetzgebungsakts an die nationalen Parlamente,

nach Stellungnahme des Europäischen Wirtschafts- und Sozialausschusses[1],

gemäß dem ordentlichen Gesetzgebungsverfahren[2],

in Erwägung nachstehender Gründe:

(1) Die Union hat sich zum Ziel gesetzt, einen Raum der Freiheit, der Sicherheit und des Rechts, in dem der freie Personenverkehr gewährleistet ist, zu erhalten und weiterzuentwickeln. Zum schrittweisen Aufbau eines solchen Raums hat die Union im Bereich der justiziellen Zusammenarbeit in Zivilsachen, die einen grenzüberschreitenden Bezug aufweisen, Maßnahmen zu erlassen, insbesondere wenn dies für das reibungslose Funktionieren des Binnenmarkts erforderlich ist.

(2) Gemäß Artikel 81 Absatz 2 des Vertrags über die Arbeitsweise der Europäischen Union (AEUV) können dazu Maßnahmen gehören, die unter anderem Folgendes sicherstellen sollen: die gegenseitige Anerkennung und die Vollstreckung gerichtlicher Entscheidungen zwischen den Mitgliedstaaten, einen effektiven Zugang zum Recht und die Beseitigung von Hindernissen für die reibungslose Abwicklung von Zivilverfahren, erforderlichenfalls durch Förderung der Vereinbar-

keit der in den Mitgliedstaaten geltenden zivilrechtlichen Verfahrensvorschriften.

(3) Am 24. Oktober 2006 leitete die Kommission mit dem Grünbuch „Effizientere Vollstreckung von Urteilen in der Europäischen Union: vorläufige Kontenpfändung" eine Konsultation über die Notwendigkeit eines einheitlichen europäischen Verfahrens für die vorläufige Pfändung von Bankkonten und etwaige Merkmale dieses Verfahrens ein.

(4) Im Stockholmer Programm vom Dezember 2009[3], in dem die Prioritäten im Bereich Freiheit, Sicherheit und Recht für den Zeitraum 2010-2014 festgelegt sind, forderte der Europäische Rat die Kommission auf, das Erfordernis bestimmter einstweiliger Maßnahmen auf Unionsebene, einschließlich solcher, die auf eine Sicherung gerichtet sind, wie z. B. Verhinderung der Entziehung von Vermögensgegenständen vor Vollstreckung einer Forderung, sowie die Durchführbarkeit solcher Maßnahmen zu prüfen und angemessene Vorschläge zur Verbesserung der Effizienz der Vollstreckung von Urteilen in der Union betreffend Bankkonten und Schuldnervermögen vorzulegen.

(5) Nationale Verfahren zur Erwirkung von Sicherungsmaßnahmen etwa in Gestalt von Beschlüssen zur vorläufigen Kontenpfändung gibt es in allen Mitgliedstaaten; allerdings unterscheiden sie sich hinsichtlich der Bedingungen für ihren Erlass und der Effizienz ihrer Ausführung beträchtlich voneinander. Außerdem kann sich die Inanspruchnahme nationaler Sicherungsmaßnahmen in Fällen mit grenzüberschreitendem Bezug als aufwändig erweisen, vor allem wenn der Gläubiger mehrere Konten in verschiedenen Mitgliedstaaten vorläufig pfänden lassen will. Daher scheint es erforderlich und angemessen, ein verbindliches und unmittelbar geltendes Rechtsinstrument der Union zu erlassen, mit dem ein neues Unionsverfahren eingeführt wird, das in grenzüberschreitenden Fällen die vorläufige Pfändung von Geldern auf Bankkonten in einer effizienten und zügigen Weise ermöglicht.

---

[1] *ABl. C 191 vom 29.6.2012, S. 57.*
[2] *Standpunkt des Europäischen Parlaments vom 15. April 2014 (noch nicht im Amtsblatt veröffentlicht) und Beschluss des Rates vom 13. Mai 2014.*

Zu Abs. 4:
[3] *ABl. C 115 vom 4.5.2010, S. 1.*

(6) Das mit dieser Verordnung eingeführte Verfahren sollte dem Gläubiger als weitere fakultative Möglichkeit dienen; es steht ihm nach wie vor frei, von einem anderen Verfahren zur Erwirkung einer gleichwertigen Maßnahme nach nationalem Recht Gebrauch zu machen.

(7) Ein Gläubiger sollte eine Sicherungsmaßnahme in Form eines Europäischen Beschlusses zur vorläufigen Kontenpfändung (im Folgenden „Beschluss zur vorläufigen Pfändung" oder „Beschluss") erwirken können, um die Überweisung oder Abhebung von Geldern, die sein Schuldner auf einem in einem Mitgliedstaat geführten Bankkonto hält, zu verhindern, wenn die Gefahr besteht, dass die spätere Vollstreckung seiner Forderung gegenüber dem Schuldner ohne eine solche Maßnahme unmöglich oder erheblich erschwert wird. Die Pfändung von Geldern auf dem Konto des Schuldners sollte zur Folge haben, dass nicht nur der Schuldner selbst, sondern auch Personen, die von diesem mit der Ausführung von Zahlungen über dieses Konto betraut sind, z. B. in Form von Daueraufträgen oder durch Lastschriftverfahren oder die Verwendung einer Kreditkarte, daran gehindert werden, die Gelder zu verwenden.

(8) Der sachliche Anwendungsbereich dieser Verordnung sollte sich, von einigen genau festgelegten Rechtsgebieten abgesehen, auf das gesamte Zivil- und Handelsrecht erstrecken. Keine Anwendung finden sollte diese Verordnung insbesondere auf Forderungen gegenüber einem Schuldner im Rahmen eines Insolvenzverfahrens. Dies sollte bedeuten, dass ein Beschluss zur vorläufigen Pfändung nicht gegen einen Schuldner erlassen werden kann, sobald gegen ihn ein Insolvenzverfahren im Sinne der Verordnung (EG) Nr. 1346/2000 des Rates[4)] eingeleitet worden ist. Andererseits sollte durch diesen Ausschluss ermöglicht werden, dass der Beschluss zur vorläufigen Pfändung zur Sicherung der Rückforderung benachteiligender Zahlungen, die ein solcher Schuldner an Dritte geleistet hat, verwendet werden kann.

(9) Diese Verordnung sollte für Konten gelten, die bei Kreditinstituten unterhalten werden, deren Tätigkeit darin besteht, Einlagen oder andere rückzahlbare Gelder von Kunden entgegenzunehmen und Kredite für eigene Rechnung zu gewähren.
Sie sollte somit nicht für Finanzinstitute gelten, die keine solchen Einlagen entgegennehmen,

beispielsweise Institute, die Ausfuhr- und Investitionsprojekte oder Projekte in Entwicklungsländern finanzieren, oder Institute, die Finanzmarktdienstleistungen erbringen. Ferner sollte diese Verordnung weder für Konten gelten, die von oder bei Zentralbanken geführt werden, wenn sie in ihrer Eigenschaft als Währungsbehörden handeln, noch für Konten, die nicht durch nationale Beschlüsse, die einem Beschluss zur vorläufigen Pfändung gleichwertig sind, vorläufig gepfändet werden können oder die auf andere Weise nach dem Recht des Mitgliedstaats, in dem das besagte Konto geführt wird, nicht gepfändet werden dürfen.

(10) Diese Verordnung sollte ausschließlich auf grenzüberschreitende Rechtssachen Anwendung finden und festlegen, in welchem Fall in diesem besonderen Kontext eine grenzüberschreitende Rechtssache vorliegt. Für die Zwecke dieser Verordnung sollte gelten, dass eine grenzüberschreitende Rechtssache dann vorliegt, wenn das mit dem Antrag auf Erlass eines Beschlusses zur vorläufigen Pfändung befasste Gericht seinen Sitz in einem Mitgliedstaat hat und das von dem Beschluss betroffene Bankkonto in einem anderen Mitgliedstaat geführt wird. Ferner sollte gelten, dass eine grenzüberschreitende Rechtssache vorliegt, wenn der Gläubiger seinen Wohnsitz in einem Mitgliedstaat hat und das Gericht sowie das vorläufig zu pfändende Bankkonto in einem anderen Mitgliedstaat belegen sind.
Diese Verordnung sollte nicht auf die vorläufige Pfändung von Konten Anwendung finden, die in dem Mitgliedstaat des Gerichts, bei dem der Beschluss zur vorläufigen Pfändung beantragt worden ist, geführt werden, sofern der Wohnsitz des Gläubigers sich ebenfalls in diesem Mitgliedstaat befindet, auch wenn der Gläubiger zum selben Zeitpunkt einen Antrag auf Erlass eines Beschlusses zur vorläufigen Pfändung stellt, der ein oder mehrere Konten betrifft, die in einem anderen Mitgliedstaat geführt werden. In einem solchen Fall sollte der Gläubiger zwei getrennte Anträge — einen auf Erlass eines Beschlusses zur vorläufigen Pfändung und einen auf Erlass einer nationalen Maßnahme — stellen.

(11) Das Verfahren für einen Beschluss zur vorläufigen Pfändung sollte jeder Gläubiger in Anspruch nehmen können, der vor Einleitung des Hauptsacheverfahrens bzw. in jeder Phase des Rechtsstreits sicherstellen will, dass eine spätere in der Hauptsache ergehende gerichtliche Entscheidung vollstreckt wird. Es sollte auch Gläubigern offenstehen, die bereits eine gerichtliche Entscheidung, einen gerichtlichen Vergleich oder eine öffentliche Urkunde erwirkt haben, mit der bzw. dem der Schuldner aufgefordert wird, die Forderung des Gläubigers zu erfüllen.

Zu Abs. 8:

[4)] *Verordnung (EG) Nr. 1346/2000 des Rates vom 29. Mai 2000 über Insolvenzverfahren (ABl. L 160 vom 30.6.2000, S. 1).*

(12) Der Beschluss zur vorläufigen Pfändung sollte zur Sicherung bereits fälliger Forderungen in Anspruch genommen werden können. Er sollte ferner in Bezug auf noch nicht fällige Forderungen in Anspruch genommen werden können, sofern diese sich aus einer bereits erfolgten Transaktion oder einem bereits eingetretenen Ereignis ergeben und ihre Höhe bestimmbar ist, einschließlich Forderungen aus einer unerlaubten Handlung oder einer Handlung, die einer unerlaubten Handlung gleichgestellt ist, sowie Klagen auf Schadenersatz oder auf Wiederherstellung des früheren Zustands, die auf eine mit Strafe bedrohte Handlung gestützt werden.

Der Gläubiger sollte die Möglichkeit haben, einen Beschluss zur vorläufigen Pfändung über einen Betrag in Höhe der Hauptforderung oder über einen niedrigeren Betrag zu beantragen. Letzteres könnte beispielsweise in seinem Interesse liegen, wenn er für einen Teil seiner Forderung bereits andere Sicherheiten erhalten hat.

(13) Damit eine enge Verbindung zwischen dem Verfahren zum Erlass des Beschlusses zur vorläufigen Pfändung und dem Verfahren in der Hauptsache gewährleistet ist, sollte die internationale Zuständigkeit für den Erlass des Beschlusses bei den Gerichten des Mitgliedstaats liegen, dessen Gerichte in der Hauptsache zuständig sind. Für die Zwecke dieser Verordnung sollte der Begriff „Verfahren in der Hauptsache" alle Verfahren abdecken, die darauf gerichtet sind, einen vollstreckbaren Titel über die zugrunde liegende Forderung zu erwirken, einschließlich beispielsweise summarische Mahnverfahren und Verfahren wie das französische Verfahren der einstweiligen Anordnung („procédure de référé"). Ist der Schuldner ein Verbraucher mit Wohnsitz in einem Mitgliedstaat, so sollte die Zuständigkeit für den Erlass des Beschlusses ausschließlich bei den Gerichten dieses Mitgliedstaats liegen.

(14) Hinsichtlich der Bedingungen für den Erlass des Beschlusses zur vorläufigen Pfändung sollten das Interesse des Gläubigers daran, einen Beschluss zu erwirken, und das Interesse des Schuldners daran, dass ein Missbrauch des Beschlusses verhindert wird, angemessen gegeneinander abgewogen werden.

Wenn der Gläubiger einen Beschluss zur vorläufigen Pfändung beantragt, bevor er eine gerichtliche Entscheidung erwirkt hat, sollte sich das Gericht, bei dem der Antrag eingereicht wird, daher anhand der vom Gläubiger vorgelegten Beweismittel vergewissert haben, dass über die Forderung des Gläubigers gegenüber dem Schuldner in der Hauptsache voraussichtlich zugunsten des Gläubigers entschieden wird.

Ferner sollte der Gläubiger in allen Fällen, auch wenn er bereits eine gerichtliche Entscheidung erwirkt hat, dem Gericht hinreichend nachweisen müssen, dass eine gerichtliche Maßnahme zum Schutz seiner Forderung dringend erforderlich ist und dass ohne den Beschluss die Vollstreckung einer bestehenden oder künftigen gerichtlichen Entscheidung wahrscheinlich unmöglich oder erheblich erschwert würde, weil eine tatsächliche Gefahr besteht, dass der Schuldner seine Vermögenswerte aufbraucht, verschleiert oder vernichtet oder aber unter Wert oder in einem unüblichen Ausmaß oder durch unübliche Handlungen veräußert, noch bevor der Gläubiger die Vollstreckung der bestehenden oder einer künftigen gerichtlichen Entscheidung erwirken kann.

Das Gericht sollte die Beweismittel bewerten, die der Gläubiger vorgelegt hat, um nachzuweisen, dass eine solche Gefahr besteht. Dies könnte sich beispielsweise auf das Verhalten des Schuldners hinsichtlich der Forderung des Gläubigers oder in einer vorangegangenen Streitigkeit zwischen den Parteien, die Kredithistorie des Schuldners, die Art der Vermögenswerte des Schuldners und alle jüngst vorgenommenen Handlungen des Schuldners im Zusammenhang mit seinen Vermögenswerten beziehen. Bei der Bewertung der Beweismittel kann das Gericht dem Umstand Rechnung tragen, dass Kontoabhebungen und Ausgaben des Schuldners zur Erhaltung seiner normalen Geschäftstätigkeit oder regelmäßige Ausgaben für seine Familie als solche nicht unüblich sind. Die bloße Nichtzahlung oder das bloße Bestreiten der Forderung oder die bloße Tatsache, dass der Schuldner mehr als einen Gläubiger hat, sollten an sich nicht als ausreichende Beweismittel gelten, um den Erlass eines Beschlusses zu rechtfertigen. Auch sollte die bloße Tatsache, dass die finanzielle Situation des Schuldners schlecht ist oder schlechter wird, an sich nicht als ausreichender Grund gelten, um den Erlass eines Beschlusses zu rechtfertigen. Das Gericht kann diese Faktoren jedoch bei der Gesamtbewertung des Bestehens einer Gefahr berücksichtigen.

(15) Damit der Überraschungseffekt des Beschlusses zur vorläufigen Pfändung gewährleistet ist und damit sichergestellt wird, dass er ein nützliches Instrument für einen Gläubiger ist, der versucht, in grenzübergreifenden Fällen Schulden von einem Schuldner einzutreiben, sollte der Schuldner weder über den Antrag des Gläubigers informiert noch vor dem Erlass des Beschlusses angehört, noch vor Ausführung des Beschlusses von dem Beschluss in Kenntnis gesetzt werden. Gelangt das Gericht auf Grundlage der vom Gläubiger oder gegebenenfalls dessen Zeuge(n) vorgelegten Beweismittel und Informationen nicht zu der Überzeugung, dass die vorläufige Pfändung des besagten Kontos oder der Konten gerechtfertigt ist, sollte es den Beschluss nicht erlassen.

(16) In Situationen, in denen der Gläubiger einen Beschluss zur vorläufigen Pfändung beantragt, bevor er ein Verfahren in der Hauptsache vor einem Gericht einleitet, sollte er durch diese Verordnung dazu verpflichtet werden, ein solches Verfahren innerhalb einer konkreten Frist einzuleiten sowie dem Gericht, bei dem er den Antrag auf einen Beschluss gestellt hat, einen Nachweis über die Einleitung dieses Verfahrens vorzulegen. Sollte der Gläubiger dieser Verpflichtung nicht nachkommen, so sollte der Beschluss vom Gericht auf eigene Initiative widerrufen werden oder automatisch enden.

(17) Da keine vorherige Anhörung des Schuldners erfolgt, sollten in dieser Verordnung spezifische Garantien zur Vermeidung des Missbrauchs des Beschlusses und für den Schutz der Rechte des Schuldners vorgesehen werden.

(18) Eine solche wichtige Garantie sollte in der Möglichkeit bestehen, vom Gläubiger eine Sicherheitsleistung zu verlangen, damit gewährleistet ist, dass der Schuldner für einen etwaigen Schaden, der ihm aufgrund des Beschlusses zur vorläufigen Pfändung entstanden ist, zu einem späteren Zeitpunkt entschädigt werden kann. Je nach den nationalen Rechtsvorschriften könnte diese Sicherheit in Form einer Kaution oder einer anderweitigen Sicherheitsleistung, wie etwa einer Bankgarantie oder eines Grundpfandrechts, geleistet werden. Das Gericht sollte bei der Bestimmung der Höhe der Sicherheit, die so bemessen sein muss, dass ein Missbrauch des Beschlusses verhindert wird und der Schadenersatz für den Schuldner gewährleistet ist, über eine Ermessensbefugnis verfügen und es sollte in Ermangelung spezifischer Beweismittel in Bezug auf die Höhe des potenziellen Schadens dem Gericht offenstehen, den Betrag, für der den Beschluss erlassen werden soll, als Richtschnur für die Bestimmung der Höhe der Sicherheit zu betrachten.

In Fällen, in denen der Gläubiger noch keine gerichtliche Entscheidung, keinen gerichtlichen Vergleich oder keine öffentliche Urkunde erwirkt hat, mit der bzw. dem der Schuldner aufgefordert wird, die Forderung des Gläubigers zu erfüllen, sollte die Leistung einer Sicherheit die Regel sein; das Gericht sollte nur in Ausnahmefällen von dieser Anforderung absehen oder die Leistung einer geringeren Sicherheit fordern, wenn es der Auffassung ist, dass eine solche Sicherheitsleistung angesichts der Umstände des Falls unangemessen, überflüssig oder unverhältnismäßig ist. Zu diesen Umständen könnte beispielsweise gehören, dass besonders viele Gesichtspunkte für den Gläubiger sprechen, der Gläubiger aber nicht über ausreichende Mittel verfügt, um die Sicherheit zu leisten, dass die Forderung sich auf Unterhalts- oder Lohnzahlungen bezieht oder dass die Forderung so gering ist, dass dem Schuldner

wahrscheinlich kein Schaden entsteht; als Beispiel sei eine geringfügige Geschäftsschuld genannt.

In Fällen, in denen der Gläubiger bereits eine gerichtliche Entscheidung, einen gerichtlichen Vergleich oder eine öffentliche Urkunde erwirkt hat, sollte die Leistung einer Sicherheit dem Ermessen des Gerichts überlassen werden. Die Leistung einer Sicherheit kann — von den obengenannten Ausnahmefällen abgesehen — beispielsweise angemessen sein, wenn die gerichtliche Entscheidung, deren Vollstreckung mit dem Beschluss zur vorläufigen Pfändung gesichert werden soll, wegen eines anhängigen Rechtsmittels noch nicht vollstreckbar oder nur vorläufig vollstreckbar ist.

(19) Als ein weiteres wichtiges Element zur Herstellung eines angemessenen Gleichgewichts zwischen den Interessen des Gläubigers und denen des Schuldners sollte die Regel gelten, dass der Gläubiger für jeden Schaden haftet, der dem Schuldner durch den Beschluss zur vorläufigen Pfändung entsteht. Diese Verordnung sollte daher als Mindeststandard die Haftung des Gläubigers für einen Schaden vorsehen, den der Schuldner durch den Beschluss zur vorläufigen Pfändung aufgrund eines Verschuldens des Gläubigers erlitten hat. In diesem Zusammenhang sollte die Beweislast beim Schuldner liegen. Was die in dieser Verordnung angegebenen Haftungsgründe betrifft, so sollte eine harmonisierte Vorschrift eine widerlegbare Vermutung des Verschuldens des Gläubigers vorsehen.

Ferner sollten die Mitgliedstaaten in der Lage sein, andere als die in dieser Verordnung angegebenen Haftungsgründe in ihrem nationalen Recht beizubehalten oder in ihr nationales Recht aufzunehmen. In Bezug auf diese anderen Haftungsgründe sollten die Mitgliedstaaten ferner in der Lage sein, andere Arten der Haftung wie eine Gefährdungshaftung beizubehalten oder aufzunehmen.

Diese Verordnung sollte ferner eine Kollisionsnorm enthalten, nach der das auf die Haftung des Gläubigers anzuwendende Recht das Recht des Vollstreckungsmitgliedstaats sein sollte. Gibt es mehrere Vollstreckungsmitgliedstaaten, so sollte das anzuwendende Recht das Recht des Vollstreckungsmitgliedstaats, in dem der Schuldner seinen gewöhnlichen Aufenthalt hat, sein. Hat der Schuldner in keinem der Vollstreckungsmitgliedstaaten seinen gewöhnlichen Aufenthalt, so sollte das anzuwendende Recht das Recht des Vollstreckungsmitgliedstaats, der die engste Verknüpfung mit dem Fall aufweist, sein. Bei der Bestimmung der engsten Verknüpfung könnte die Höhe des in den verschiedenen Vollstreckungsmitgliedstaaten vorläufig gepfändeten Betrags einer der vom Gericht zu berücksichtigenden Faktoren sein.

VTVO, KpfVO

(20) Um die bestehenden praktischen Schwierigkeiten dabei, Informationen über die Belegenheit des Bankkontos des Schuldners in einem grenzüberschreitenden Kontext zu erhalten, zu überwinden, sollte diese Verordnung einen Mechanismus vorsehen, wonach der Gläubiger beantragen kann, dass das Gericht vor dem Erlass eines Beschlusses zur vorläufigen Pfändung die Informationen, die für die Ermittlung des Kontos des Schuldners erforderlich sind, von der benannten Auskunftsbehörde des Mitgliedstaats, in dem der Schuldner der Ansicht des Gläubigers nach ein Konto unterhält, einholt. Angesichts des besonderen Charakters einer solchen Intervention staatlicher Stellen und eines solchen Zugriffs auf private Daten sollte der Zugang zu Kontoinformationen generell nur in Fällen erteilt werden, in denen der Gläubiger bereits eine vollstreckbare gerichtliche Entscheidung, einen vollstreckbaren gerichtlichen Vergleich oder eine vollstreckbare öffentliche Urkunde erwirkt hat. In Ausnahmefällen sollte der Gläubiger jedoch die Einholung von Kontoinformationen auch dann beantragen können, wenn die gerichtliche Entscheidung, der gerichtliche Vergleich oder die öffentliche Urkunde, die er erwirkt hat, noch nicht vollstreckbar ist. Ein entsprechender Antrag sollte gestellt werden können, wenn es sich unter Berücksichtigung der einschlägigen Gegebenheiten um einen vorläufig zu pfändenden Betrag von erheblicher Höhe handelt und wenn das Gericht aufgrund der vom Gläubiger vorgelegten Beweismittel zu der berechtigten Annahme kommt, dass diese Kontoinformationen dringend erforderlich sind, da sonst die spätere Vollstreckung der Forderung des Gläubigers gegenüber dem Schuldner wahrscheinlich gefährdet ist, und dass dies in der Folge zu einer wesentlichen Verschlechterung der finanziellen Lage des Gläubigers führen könnte. Damit dieser Mechanismus funktioniert, sollten die Mitgliedstaaten zur Einholung dieser Informationen eine oder mehrere Methoden, die wirksam und effizient sind und keinen unverhältnismäßigen Kosten- oder Zeitaufwand verursachen, in ihren nationalen Rechtsvorschriften vorsehen. Der Mechanismus sollte nur angewandt werden, wenn alle Bedingungen und Anforderungen für den Erlass eines Beschlusses zur vorläufigen Pfändung erfüllt sind und der Gläubiger in seinem Antrag gebührend begründet hat, weshalb Grund zu der Annahme besteht, dass der Schuldner in einem bestimmten Mitgliedstaat ein oder mehrere Konten unterhält, z. B. weil der Schuldner in diesem Mitgliedstaat arbeitet oder einer beruflichen Tätigkeit nachgeht oder über Eigentum verfügt.

(21) Damit der Schutz der personenbezogenen Daten des Schuldners gewährleistet wird, sollten die erhaltenen Informationen über die Ermittlung des Bankkontos oder der Bankkonten des Schuldners nicht an den Gläubiger weitergegeben werden. Sie sollten lediglich dem ersuchenden Gericht und in Ausnahmefällen der Bank des Schuldners bereitgestellt werden, wenn die Bank oder die sonstige Stelle, die für die Vollstreckung des Beschlusses im Vollstreckungsmitgliedstaat zuständig ist, nicht in der Lage ist, ein Konto des Schuldners auf der Grundlage der im Beschluss angegebenen Informationen zu ermitteln, beispielsweise wenn mehrere Personen, die den gleichen Namen und die gleiche Anschrift haben, Konten bei der gleichen Bank haben. Ist in einem solchen Fall im Beschluss angegeben, dass die Nummer(n) des/der vorläufig zu pfändenden Kontos/Konten durch einen Antrag auf Einholung von Informationen erlangt wurde/wurden, so sollte die Bank die Einholung dieser Informationen bei der Auskunftsbehörde des Vollstreckungsmitgliedstaats beantragen, und sie sollte diesen Antrag auf informelle und einfache Weise stellen können.

(22) Diese Verordnung sollte dem Gläubiger das Recht auf einen Rechtsbehelf gegen eine Ablehnung des Antrags auf Erlass eines Beschlusses zur vorläufigen Pfändung gewähren. Dieses Recht sollte nicht die Möglichkeit des Gläubigers berühren, auf der Grundlage neuer Fakten oder neuer Beweismittel einen neuen Antrag auf Erlass eines Beschlusses zur vorläufigen Pfändung zu stellen.

(23) Die einzelnen Mitgliedstaaten verfügen über sehr unterschiedliche Strukturen zur Vollstreckung der vorläufigen Pfändung von Bankkonten. Um eine Überschneidung dieser Strukturen in den Mitgliedstaaten zu vermeiden und um die nationalen Verfahren soweit wie möglich einzuhalten, sollte diese Verordnung in Bezug auf die Vollstreckung und die tatsächliche Ausführung des Beschlusses zur vorläufigen Pfändung auf den bestehenden Methoden und Strukturen für die Vollstreckung und Ausführung gleichwertiger nationaler Beschlüsse in dem Mitgliedstaat, in dem der Beschluss zu vollstrecken ist, aufbauen.

(24) Um eine zügige Vollstreckung sicherzustellen, sollte diese Verordnung vorsehen, dass die Übermittlung des Beschlusses vom Ursprungsmitgliedstaat an die zuständige Behörde des Vollstreckungsmitgliedstaats mit geeigneten Mitteln erfolgt, mit denen sichergestellt wird, dass der Inhalt der übermittelten Schriftstücke korrekt und zutreffend sowie mühelos lesbar ist.

(25) Sobald die zuständige Behörde des Vollstreckungsmitgliedstaats einen Beschluss zur vorläufigen Pfändung erhält, sollte sie die erforderlichen Schritte unternehmen, um den Beschluss gemäß ihrem nationalen Recht vollstrecken zu lassen, entweder indem sie den eingegangenen

Beschluss an die Bank oder die sonstige Stelle, die für die Vollstreckung dieser Beschlüsse in diesem Mitgliedstaat zuständig ist, weiterleitet, oder indem sie — falls dies im nationalen Recht vorgesehen ist — die Bank anweist, den Beschluss auszuführen.

(26) Der Beschluss zur vorläufigen Pfändung sollte — je nach der nach dem Recht des Vollstreckungsmitgliedstaats für gleichwertige nationale Beschlüsse verfügbaren Methode — ausgeführt werden, indem der vorläufig zu pfändende Betrag auf dem Konto des Schuldners gesperrt wird oder, wenn dies im nationalen Recht vorgesehen ist, indem dieser Betrag auf ein spezielles Konto zu Pfändungszwecken überwiesen wird, bei dem es sich um ein von der zuständigen Vollstreckungsbehörde, dem Gericht, der Bank, bei der der Schuldner sein Konto führt, oder einer als koordinierende Stelle für die vorläufige Pfändung in einem bestimmten Fall benannten Bank geführtes Konto handeln könnte.

(27) Diese Verordnung sollte der Möglichkeit, dass für die Vollstreckung des Beschlusses zur vorläufigen Pfändung im Voraus die Zahlung von Gebühren verlangt werden kann, nicht entgegenstehen. Die Regelung dieser Frage sollte dem nationalen Recht des Mitgliedstaats, in dem der Beschluss zu vollstrecken ist, überlassen bleiben.

(28) Ein Beschluss zur vorläufigen Pfändung sollte gegebenenfalls denselben Rang haben, den ein gleichwertiger nationaler Beschluss im Vollstreckungsmitgliedstaat besitzt. Falls bestimmte Vollstreckungsmaßnahmen nach nationalem Recht Vorrang vor vorläufigen Pfändungsmaßnahmen haben, sollte ihnen in Bezug auf den Beschluss zur vorläufigen Pfändung nach dieser Verordnung der gleiche Vorrang eingeräumt werden. Für die Zwecke dieser Verordnung sollten Beschlüsse in personam, die es in einigen nationalen Rechtsordnungen gibt, als gleichwertige nationale Beschlüsse angesehen werden.

(29) Diese Verordnung sollte die Bank oder die sonstige Stelle, die für die Vollstreckung des Beschlusses zur vorläufigen Pfändung im Vollstreckungsmitgliedstaat zuständig ist, dazu verpflichten, zu erklären, ob und — falls ja — in welchem Ausmaß durch den Beschluss Guthaben des Schuldners vorläufig gepfändet wurden; ferner sollte sie den Gläubiger verpflichten, für die Freigabe aller vorläufig gepfändeten Guthaben Sorge zu tragen, die über den im Beschluss angegebenen Betrag hinausgehen.

(30) Diese Verordnung sollte das Recht des Schuldners auf ein faires Verfahren sowie sein Recht auf einen wirksamen Rechtsbehelf wahren

und es ihm daher — unter Berücksichtigung dessen, dass das Verfahren für den Erlass des Beschlusses zur vorläufigen Pfändung ohne vorherige Anhörung des Antragsgegners erfolgt — ermöglichen, den Beschluss oder seine Vollstreckung aus den in dieser Verordnung vorgesehenen Gründen unmittelbar nach Ausführung des Beschlusses anzufechten.

(31) In diesem Zusammenhang sollte diese Verordnung vorschreiben, dass der Beschluss zur vorläufigen Pfändung, alle dem Gericht im Ursprungsmitgliedstaat vom Gläubiger vorgelegten Schriftstücke und alle erforderlichen Übersetzungen dem Schuldner nach Ausführung des Beschlusses unverzüglich zugestellt werden. Das Gericht sollte nach eigenem Ermessen weitere Schriftstücke beifügen können, auf die es seinen Beschluss gestützt hat und die der Schuldner für seinen Rechtsbehelf benötigen könnte, beispielsweise Mitschriften von Anhörungen.

(32) Der Schuldner sollte insbesondere dann eine Nachprüfung des Beschlusses zur vorläufigen Pfändung verlangen können, wenn die in dieser Verordnung vorgesehenen Bedingungen oder Anforderungen nicht erfüllt wurden oder wenn die Umstände, die zu dem Erlass des Beschlusses geführt haben, sich derart geändert haben, dass der Erlass des Beschlusses nicht mehr gerechtfertigt wäre. So sollte dem Schuldner z. B. ein Rechtsbehelf zur Verfügung stehen, wenn der betreffende Fall keinen grenzüberschreitenden Fall im Sinne dieser Verordnung dargestellt hat, wenn die in dieser Verordnung vorgesehenen Regeln der Zuständigkeit nicht eingehalten worden sind, wenn der Gläubiger nicht innerhalb der in dieser Verordnung vorgesehenen Frist ein Verfahren in der Hauptsache eingeleitet hat und das Gericht folglich nicht auf eigene Initiative den Beschluss widerrufen hat oder der Beschluss nicht automatisch geendet hat, wenn die Forderung des Gläubigers keinen dringenden Schutz in Form eines Beschlusses zur vorläufigen Pfändung erfordert hat, da keine Gefahr bestand, dass die spätere Vollstreckung der Forderung unmöglich oder erheblich erschwert würde, oder wenn die Leistung einer Sicherheit nicht im Einklang mit den Anforderungen dieser Verordnung stand.
Ferner sollte dem Schuldner ein Rechtsbehelf zur Verfügung stehen, wenn der Beschluss und die Erklärung hinsichtlich der vorläufigen Pfändung ihm nicht wie in dieser Verordnung vorgesehen zugestellt worden sind oder wenn die ihm zugestellten Schriftstücke die in dieser Verordnung vorgesehenen Sprachanforderungen nicht erfüllt haben. Dieser Rechtsbehelf sollte jedoch nicht gewährt werden, wenn die fehlende Zustellung oder fehlende Übersetzung innerhalb einer bestimmten Frist geheilt wird. Um die fehlende Zustellung zu heilen, sollte der Gläubiger bei der

Stelle, die für die Zustellung im Ursprungsmitgliedstaat zuständig ist, beantragen, dass die einschlägigen Schriftstücke dem Schuldner per Einschreiben zugestellt werden, oder wenn der Schuldner damit einverstanden ist, die Schriftstücke bei dem Gericht abzuholen, dem Gericht die erforderlichen Übersetzungen der Schriftstücke zur Verfügung stellen. Ein solcher Antrag sollte nicht erforderlich sein, wenn die fehlende Zustellung bereits durch andere Mittel geheilt worden ist, beispielsweise wenn das Gericht im Einklang mit dem nationalen Recht die Zustellung auf eigene Initiative eingeleitet hat.

(33) Die Regelung der Frage, wer die gemäß dieser Verordnung erforderlichen Übersetzungen bereitzustellen hat und wer die Kosten für diese Übersetzungen zu tragen hat, bleibt dem nationalen Recht überlassen.

(34) Die Zuständigkeit dafür, den Rechtsbehelfen gegen den Erlass des Beschlusses zur vorläufigen Pfändung stattzugeben, sollte bei den Gerichten des Mitgliedstaats liegen, in dem der Beschluss erlassen wurde. Die Zuständigkeit dafür, den Rechtsbehelfen gegen die Vollstreckung des Beschlusses stattzugeben, sollte bei den Gerichten oder gegebenenfalls bei den zuständigen Vollstreckungsbehörden im Vollstreckungsmitgliedstaat liegen.

(35) Der Schuldner sollte das Recht haben, die Freigabe der gepfändeten Guthaben zu beantragen, wenn er eine angemessene anderweitige Sicherheit leistet. Diese anderweitige Sicherheit könnte in Form einer Kaution oder einer anderweitigen Sicherheitsleistung, wie etwa einer Bankgarantie oder eines Grundpfandrechts, geleistet werden.

(36) Mit dieser Verordnung sollte sichergestellt werden, dass die vorläufige Pfändung des Kontos des Schuldners nicht die Beträge berührt, die nach dem Recht des Vollstreckungsmitgliedstaats von der Pfändung freigestellt sind, zum Beispiel die Beträge, die zur Sicherstellung des Lebensunterhalts des Schuldners und seiner Familie notwendig sind. Entsprechend dem Verfahren, das in diesem Mitgliedstaat anwendbar ist, sollte der einschlägige Betrag entweder von Amts wegen durch die zuständige Stelle, bei der es sich um ein Gericht, eine Bank oder die zuständige Vollstreckungsbehörde handeln könnte, vor Ausführung des Beschlusses freigestellt werden oder auf Antrag des Schuldners nach Ausführung des Beschlusses freigestellt werden. Werden Konten in mehreren Mitgliedstaaten vorläufig gepfändet und wurde die Freistellung mehrmals angewandt, so sollte der Gläubiger bei dem zuständigen Gericht eines der Vollstreckungsmitgliedstaaten

oder, soweit dies im nationalen Recht des betreffenden Vollstreckungsmitgliedstaats vorgesehen ist, bei der zuständigen Vollstreckungsbehörde in diesem Mitgliedstaat eine Anpassung der in diesem Mitgliedstaat geltenden Freistellung beantragen können.

(37) Um sicherzustellen, dass der Beschluss zur vorläufigen Pfändung rasch und zügig erlassen wird, sollten in dieser Verordnung Fristen für den Abschluss der verschiedenen Verfahrensschritte festgesetzt werden. Die an dem Verfahren beteiligten Gerichte oder Behörden sollten nur unter außergewöhnlichen Umständen von diesen Fristen abweichen können, beispielsweise in rechtlich oder sachlich komplexen Fällen.

(38) Für die Berechnung der in dieser Verordnung vorgesehenen Fristen und Termine sollte die Verordnung (EWG, Euratom) Nr. 1182/71 des Rates[5] Anwendung finden.

(39) Um die Anwendung dieser Verordnung zu erleichtern, sollten die Mitgliedstaaten verpflichtet werden, der Kommission bestimmte Informationen über ihre Rechtsvorschriften und Verfahren in Bezug auf Beschlüsse zur vorläufigen Pfändung und gleichwertige nationale Beschlüsse mitzuteilen.

(40) Um die praktische Anwendung dieser Verordnung zu erleichtern, sollten Standardformulare insbesondere für die Beantragung eines Beschlusses zur vorläufigen Pfändung, für den Beschluss selbst, für die Erklärung hinsichtlich der vorläufigen Pfändung von Geldern und für die Einlegung eines Rechtsbehelfs gemäß dieser Verordnung erstellt werden.

(41) Um die Effizienz der Verfahren zu steigern, sollte diese Verordnung die Nutzung moderner Kommunikationstechnologien, die gemäß den Verfahrensvorschriften des betreffenden Mitgliedstaats zulässig sind, im größtmöglichen Ausmaß erlauben, insbesondere für das Ausfüllen der in dieser Verordnung vorgesehenen Standardformulare und für die Kommunikation zwischen den an den Verfahren beteiligten Behörden. Ferner sollten die Verfahren für die Unterzeichnung des Beschlusses zur vorläufigen Pfändung sowie anderer Schriftstücke gemäß dieser Verordnung technologieneutral sein, so dass die Anwendung bestehender Verfahren — wie digitale Bescheinigung oder sichere Authentifizierung — möglich

---

Zu Abs. 38:

[5] *Verordnung (EWG, Euratom) Nr. 1182/71 des Rates vom 3. Juni 1971 zur Festlegung der Regeln für die Fristen, Daten und Termine (ABl. L 124 vom 8.6.1971, S. 1).*

ist und künftige technische Entwicklungen in diesem Bereich berücksichtigt werden können.

(42) Zur Gewährleistung einheitlicher Bedingungen für die Durchführung dieser Verordnung sollten der Kommission Durchführungsbefugnisse im Hinblick auf die Erstellung und spätere Änderung der in dieser Verordnung vorgesehenen Standardformulare übertragen werden. Diese Befugnisse sollten im Einklang mit der Verordnung (EU) Nr. 182/2011 des Europäischen Parlaments und des Rates[6], ausgeübt werden.

(43) Das Beratungsverfahren sollte für den Erlass von Durchführungsrechtsakten zur Erstellung und anschließenden Änderung der in dieser Verordnung vorgesehenen Standardformulare gemäß Artikel 4 der Verordnung (EU) Nr. 182/2011 angewendet werden.

(44) Diese Verordnung steht im Einklang mit den Grundrechten und Grundsätzen, die mit der Charta der Grundrechte der Europäischen Union anerkannt wurden. Mit ihr sollen insbesondere die Achtung des Privat- und Familienlebens, der Schutz personenbezogener Daten, das Eigentumsrecht sowie das Recht auf einen wirksamen Rechtsbehelf und ein faires Verfahren gemäß den Artikeln 7, 8, 17 bzw. 47 der Charta gefördert werden.

(45) Im Rahmen des Zugangs zu personenbezogenen Daten sowie der Verwendung und Weiterleitung solcher Daten gemäß dieser Verordnung sollten die Anforderungen der Richtlinie 95/46/EG des Europäischen Parlaments und des Rates[7] wie sie in das nationale Recht der Mitgliedstaaten umgesetzt ist, beachtet werden.

(46) Für die Zwecke der Anwendung dieser Verordnung sind jedoch bestimmte spezifische Bedingungen für den Zugang zu personenbezogenen Daten und für deren Verwendung und Weiterleitung festzulegen. In diesem Zusammenhang wurde die Stellungnahme des Europäischen Da-

tenschutzbeauftragten[8] berücksichtigt. Die Benachrichtigung der von der Datenerhebung betroffenen Person sollte im Einklang mit dem nationalen Recht erfolgen. Die Benachrichtigung des Schuldners über die Offenlegung von Informationen über sein Konto bzw. seine Konten sollte jedoch um 30 Tage aufgeschoben werden, um zu verhindern, dass eine frühzeitige Benachrichtigung die Wirkung des Beschlusses zur vorläufigen Pfändung gefährdet.

(47) Da das Ziel dieser Verordnung, nämlich die Festlegung eines Unionsverfahrens für eine Sicherungsmaßnahme, die es einem Gläubiger ermöglicht, einen Beschluss zur vorläufigen Pfändung zu erwirken, der verhindert, dass die spätere Vollstreckung der Forderung des Gläubigers durch die Überweisung oder die Abhebung der Gelder, die ein Schuldner auf einem Bankkonto innerhalb der Union hält, gefährdet wird, von den Mitgliedstaaten nicht ausreichend verwirklicht werden kann, sondern vielmehr wegen ihres Umfangs und ihrer Wirkungen auf Unionsebene besser zu verwirklichen ist, kann die Union im Einklang mit dem in Artikel 5 des Vertrags über die Europäische Union (EUV) niedergelegten Subsidiaritätsprinzip tätig werden. Entsprechend dem in demselben Artikel genannten Grundsatz der Verhältnismäßigkeit geht diese Verordnung nicht über das für die Verwirklichung dieses Ziels erforderliche Maß hinaus.

(48) Diese Verordnung sollte nur für die Mitgliedstaaten gelten, für die sie gemäß den Verträgen verbindlich ist. Das Verfahren für das Erwirken eines Beschlusses zur vorläufigen Pfändung nach dieser Verordnung sollte deshalb nur Gläubigern mit Wohnsitz in einem durch diese Verordnung gebundenen Mitgliedstaat zur Verfügung stehen, und aufgrund dieser Verordnung erlassene Beschlüsse sollten nur für die vorläufige Pfändung von Bankkonten gelten, die in einem solchen Mitgliedstaat geführt werden.

(49) Gemäß Artikel 3 des dem EUV und dem AEUV beigefügten Protokolls Nr. 21 über die Position des Vereinigten Königreichs und Irlands hinsichtlich des Raums der Freiheit, der Sicherheit und des Rechts hat Irland mitgeteilt, dass es sich an der Annahme und Anwendung dieser Verordnung beteiligen möchte.

(50) Gemäß den Artikeln 1 und 2 des dem EUV und dem AEUV beigefügten Protokolls Nr. 21 über die Position des Vereinigten Königreichs und Irlands hinsichtlich des Raums der Freiheit,

VTVO, KpfVO

Zu Abs. 42:

[6] *Verordnung (EU) Nr. 182/2011 des Europäischen Parlaments und des Rates vom 16. Februar 2011 zur Festlegung der allgemeinen Regeln und Grundsätze, nach denen die Mitgliedstaaten die Wahrnehmung der Durchführungsbefugnisse durch die Kommission kontrollieren (ABl. L 55 vom 28.2.2011, S. 13).*

Zu Abs. 45:

[7] *Richtlinie 95/46/EG des Europäischen Parlaments und des Rates vom 24. Oktober 1995 zum Schutz natürlicher Personen bei der Verarbeitung personenbezogener Daten und zum freien Datenverkehr (ABl. L 281 vom 23.11.1995, S. 31).*

Zu Abs. 46:

[8] *ABl. C 373 vom 21.12.2011, S. 4.*

der Sicherheit und des Rechts und unbeschadet des Artikels 4 dieses Protokolls beteiligt sich das Vereinigte Königreich nicht an der Annahme dieser Verordnung und ist weder durch diese Verordnung gebunden noch zu ihrer Anwendung verpflichtet.

(51) Gemäß den Artikeln 1 und 2 des dem EUV und dem AEUV beigefügten Protokolls Nr. 22 über die Position Dänemarks beteiligt sich Dänemark nicht an der Annahme dieser Verordnung und ist weder durch diese Verordnung gebunden noch zu ihrer Anwendung verpflichtet —

HAT FOLGENDE VERORDNUNG ERLASSEN:

KAPITEL 1

GEGENSTAND, ANWENDUNGSBEREICH UND BEGRIFFSBESTIMMUNGEN

Artikel 1
Gegenstand

(1) Mit dieser Verordnung wird ein Unionsverfahren eingeführt, mit dem ein Gläubiger einen Europäischen Beschluss zur vorläufigen Kontenpfändung (im Folgenden „Beschluss zur vorläufigen Pfändung" oder „Beschluss") erwirken kann, der verhindert, dass die spätere Vollstreckung seiner Forderung dadurch gefährdet wird, dass Gelder bis zu dem im Beschluss angegebenen Betrag, der vom Schuldner oder in seinem Namen auf einem in einem Mitgliedstaat geführten Bankkonto geführt werden, überwiesen oder abgehoben werden.

(2) Der Beschluss zur vorläufigen Pfändung steht dem Gläubiger als eine Alternative zu den Maßnahmen zur vorläufigen Pfändung nach dem nationalen Recht zur Verfügung.

Artikel 2
Anwendungsbereich

(1) Diese Verordnung gilt für Geldforderungen in Zivil- und Handelssachen bei grenzüberschreitenden Rechtssachen im Sinne des Artikels 3, ohne dass es auf die Art des Gerichts ankommt. Sie gilt insbesondere nicht für Steuer- und Zollsachen sowie verwaltungsrechtliche Angelegenheiten oder die Haftung des Staates für Handlungen oder Unterlassungen im Rahmen der Ausübung hoheitlicher Rechte *(„acta jure imperii")*.

(2) Diese Verordnung gilt nicht für:

a) die ehelichen Güterstände oder Güterstände aufgrund von Verhältnissen, die nach dem auf diese Verhältnisse anzuwendenden Recht mit der Ehe vergleichbare Wirkungen entfalten;

b) das Gebiet des Testaments- und Erbrechts, einschließlich Unterhaltspflichten, die mit dem Tod entstehen;

c) Forderungen gegenüber einem Schuldner, gegen den Insolvenzverfahren, Vergleiche oder ähnliche Verfahren eröffnet worden sind;

d) die soziale Sicherheit;

e) die Schiedsgerichtsbarkeit.

(3) Diese Verordnung gilt weder für Bankkonten, die nach dem Recht des Mitgliedstaats, in dem das Konto geführt wird, nicht gepfändet werden dürfen, noch für Konten, die im Zusammenhang mit dem Betrieb eines Systems im Sinne des Artikels 2 Buchstabe a der Richtlinie 98/26/EG des Europäischen Parlaments und des Rates[1] geführt werden.

(4) Diese Verordnung gilt nicht für Bankkonten, die von oder bei Zentralbanken geführt werden, wenn diese in ihrer Eigenschaft als Währungsbehörden tätig werden.

Artikel 3
Grenzüberschreitende Rechtssachen

(1) Für die Zwecke dieser Verordnung gilt eine Rechtssache dann als grenzüberschreitend, wenn das mit dem Beschluss zur vorläufigen Pfändung vorläufig zu pfändende Bankkonto oder die damit vorläufig zu pfändenden Bankkonten in einem anderen Mitgliedstaat geführt werden als

a) dem Mitgliedstaat des Gerichts, bei dem der Beschluss zur vorläufigen Pfändung gemäß Artikel 6 beantragt worden ist, oder

b) dem Mitgliedstaat, in dem der Gläubiger seinen Wohnsitz hat.

(2) Maßgeblicher Zeitpunkt zur Feststellung, ob eine grenzüberschreitende Rechtssache vorliegt, ist der Tag, an dem der Antrag auf Erlass eines Beschlusses zur vorläufigen Pfändung bei dem Gericht, das für den Erlass des Beschlusses zur vorläufigen Pfändung zuständig ist, eingereicht wird.

Artikel 4
Begriffsbestimmungen

Für die Zwecke dieser Verordnung bezeichnet der Ausdruck

1. „Bankkonto" oder „Konto" jedes Konto, das im Namen des Schuldners oder in fremdem Namen für den Schuldner bei einer Bank geführt wird und auf dem Gelder gutgeschrieben sind;

Zu Artikel 2:
[1] *Richtlinie 98/26/EG des Europäischen Parlaments und des Rates vom 19. Mai 1998 über die Wirksamkeit von Abrechnungen in Zahlungs- sowie Wertpapierliefer- und -abrechnungssystemen (ABl. L 166 vom 11.6.1998, S. 45).*

2. „Bank" ein Kreditinstitut im Sinne des Artikels 4 Absatz 1 Nummer 1 der Verordnung (EU) Nr. 575/2013 des Europäischen Parlaments und des Rates[1] einschließlich der Zweigniederlassungen im Sinne des Artikels 4 Absatz 1 Nummer 17 jener Verordnung, die ihren Hauptsitz innerhalb oder — gemäß Artikel 47 der Richtlinie 2013/36/EU des Europäischen Parlaments und des Rates[2] — außerhalb der Union haben, wenn sich diese Zweigniederlassungen in der Union befinden;

3. „Gelder" ein in beliebiger Währung auf einem Konto gutgeschriebener Geldbetrag oder vergleichbare Geldforderungen, wie beispielsweise Geldmarkteinlagen;

4. „Mitgliedstaat, in dem das Bankkonto geführt wird"

a) den Mitgliedstaat, der in der internationalen Kontonummer (IBAN) des Kontos angegeben ist, oder

b) bei einem Bankkonto ohne IBAN, den Mitgliedstaat, in dem die Bank, bei der das Konto geführt wird, ihren Hauptsitz hat, oder, sofern das Konto bei einer Zweigniederlassung geführt wird, den Mitgliedstaat, in dem sich die Zweigniederlassung befindet;

5. „Forderung" eine Forderung auf Zahlung eines bestimmten fälligen Geldbetrags oder eine Forderung auf Zahlung eines bestimmbaren Geldbetrags, der sich aus einer bereits erfolgten Transaktion oder einem bereits eingetretenen Ereignis ergibt, sofern eine solche Forderung gerichtlich eingeklagt werden kann;

6. „Gläubiger" eine natürliche Person mit Wohnsitz in einem Mitgliedstaat oder eine juristische Person mit Sitz in einem Mitgliedstaat oder ein sonstiger Rechtsträger mit Sitz in einem Mitgliedstaat, der nach dem Recht eines Mitgliedstaats vor Gericht klagen oder verklagt werden kann, welche bzw. welcher einen Beschluss zur vorläufigen Pfändung für eine Forderung beantragt oder bereits erwirkt hat;

7. „Schuldner" eine natürliche oder juristische Person oder ein sonstiger Rechtsträger, der nach dem Recht eines Mitgliedstaats vor Gericht klagen oder verklagt werden kann, gegen die bzw. den

der Gläubiger einen Beschluss zur vorläufigen Pfändung für eine Forderung erwirken will oder bereits erwirkt hat;

8. „gerichtliche Entscheidung" jede von einem Gericht eines Mitgliedstaats erlassene Entscheidung ohne Rücksicht auf ihre Bezeichnung, einschließlich des Kostenfestsetzungsbeschlusses eines Gerichtsbediensteten;

9. „gerichtlicher Vergleich" einen Vergleich, der von einem Gericht eines Mitgliedstaats gebilligt oder vor einem Gericht eines Mitgliedstaats im Laufe eines Verfahrens geschlossen worden ist;

10. „öffentliche Urkunde" ein Schriftstück, das in einem Mitgliedstaat als öffentliche Urkunde förmlich errichtet oder eingetragen worden ist und dessen Beweiskraft

a) sich auf die Unterschrift und den Inhalt der Urkunde bezieht und

b) durch eine Behörde oder eine andere hierzu ermächtigte Stelle festgestellt worden ist;

11. „Ursprungsmitgliedstaat" den Mitgliedstaat, in dem der Beschluss zur vorläufigen Pfändung erlassen worden ist;

12. „Vollstreckungsmitgliedstaat" den Mitgliedstaat, in dem das vorläufig zu pfändende Konto geführt wird;

13. „Auskunftsbehörde" die von einem Mitgliedstaat benannte Behörde, die befugt ist, die erforderlichen Informationen zu dem Konto oder den Konten des Schuldners gemäß Artikel 14 einzuholen;

14. „zuständige Behörde" die von einem Mitgliedstaat benannte Behörde oder benannten Behörden, die befugt ist bzw. sind, den Empfang, die Übermittlung oder die Zustellung gemäß Artikel 10 Absatz 2, Artikel 23 Absätze 3, 5 und 6, Artikel 25 Absatz 3, Artikel 27 Absatz 2, Artikel 28 Absatz 3 und Artikel 36 Absatz 5 Unterabsatz 2 vorzunehmen;

15. „Wohnsitz" den Wohnsitz nach Maßgabe der Artikel 62 und 63 der Verordnung (EU) Nr. 1215/2012 des Europäischen Parlaments und des Rates[1].

VTVO, KpfVO

Zu Artikel 4:

[1] *Verordnung (EU) Nr. 575/2013 des Europäischen Parlaments und des Rates vom 26. Juni 2013 über Aufsichtsanforderungen an Kreditinstitute und Wertpapierfirmen und zur Änderung der Verordnung (EU) Nr. 648/2012 (ABl. L 176 vom 27.6.2013, S. 1).*

[2] *Richtlinie 2013/36/EU des Europäischen Parlaments und des Rates vom 26. Juni 2013 über den Zugang zur Tätigkeit von Kreditinstituten und die Beaufsichtigung von Kreditinstituten und Wertpapierfirmen, zur Änderung der Richtlinie 2002/87/EG und zur Aufhebung der Richtlinien 2006/48/EG und 2006/49/EG (ABl. L 176 vom 27.6.2013, S. 338).*

[1] *Verordnung (EU) Nr. 1215/2012 des Europäischen Parlaments und des Rates vom 12. Dezember 2012 über die gerichtliche Zuständigkeit und die Anerkennung und Vollstreckung von Entscheidungen in Zivil- und Handelssachen (ABl. L 351 vom 20.12.2012, S. 1).*

KAPITEL 2

VERFAHREN ZUR ERWIRKUNG EINES BESCHLUSSES ZUR VORLÄUFIGEN PFÄNDUNG

Artikel 5
Verfügbarkeit

Ein Beschluss zur vorläufigen Pfändung steht dem Gläubiger in den folgenden Situationen zur Verfügung:

a) bevor der Gläubiger in einem Mitgliedstaat ein Verfahren gegen den Schuldner in der Hauptsache einleitet oder während eines solchen Verfahrens, bis die gerichtliche Entscheidung erlassen oder ein gerichtlicher Vergleich gebilligt oder geschlossen wird;

b) nachdem der Gläubiger in einem Mitgliedstaat eine gerichtliche Entscheidung, einen gerichtlichen Vergleich oder eine öffentliche Urkunde erwirkt hat, mit der bzw. dem der Schuldner aufgefordert wird, die Forderung des Gläubigers zu erfüllen.

Artikel 6
Zuständigkeit

(1) In Fällen, in denen der Gläubiger noch keine gerichtliche Entscheidung, keinen gerichtlichen Vergleich oder keine öffentliche Urkunde erwirkt hat, liegt die Zuständigkeit für den Erlass eines Beschlusses zur vorläufigen Pfändung bei den Gerichten des Mitgliedstaats, die gemäß den einschlägigen anzuwendenden Zuständigkeitsvorschriften für die Entscheidung in der Hauptsache zuständig sind.

(2) Ungeachtet des Absatzes 1 sind, sofern der Schuldner ein Verbraucher ist und einen Vertrag mit dem Gläubiger zu einem Zweck geschlossen hat, der nicht der beruflichen oder gewerblichen Tätigkeit des Schuldners zugerechnet werden kann, ausschließlich die Gerichte des Mitgliedstaats, in dem der Schuldner seinen Wohnsitz hat, für den Erlass eines Beschlusses zur vorläufigen Pfändung zur Sicherung einer Forderung aus diesem Vertrag zuständig.

(3) Hat der Gläubiger bereits eine gerichtliche Entscheidung oder einen gerichtlichen Vergleich erwirkt, so sind die Gerichte des Mitgliedstaats, in dem die Entscheidung erlassen wurde oder der gerichtliche Vergleich gebilligt oder geschlossen wurde, für den Erlass des Beschlusses zur vorläufigen Pfändung über die in der gerichtlichen Entscheidung oder dem gerichtlichen Vergleich angegebene Forderung zuständig.

(4) Hat der Gläubiger die Ausstellung einer öffentlichen Urkunde erwirkt, so sind die als hierfür zuständig bezeichneten Gerichte des Mitgliedstaats, in dem die Urkunde errichtet wurde, für den Erlass des Beschlusses zur vorläufigen Pfändung über die in der Urkunde angegebene Forderung zuständig.

Artikel 7
Bedingungen für den Erlass eines Beschlusses zur vorläufigen Pfändung

(1) Das Gericht erlässt einen Beschluss zur vorläufigen Pfändung, wenn der Gläubiger hinreichende Beweismittel vorgelegt hat, die das Gericht zu der berechtigten Annahme veranlassen, dass eine Sicherungsmaßnahme in Form eines Beschlusses zur vorläufigen Pfändung dringend erforderlich ist, weil eine tatsächliche Gefahr besteht, dass ohne diese Maßnahme die spätere Vollstreckung der Forderung des Gläubigers gegenüber dem Schuldner unmöglich oder sehr erschwert wird.

(2) Hat der Gläubiger noch in keinem Mitgliedstaat eine gerichtliche Entscheidung, einen gerichtlichen Vergleich oder eine öffentliche Urkunde erwirkt, mit dem bzw. mit der der Schuldner aufgefordert wird, die Forderung des Gläubigers zu erfüllen, so legt er zudem hinreichende Beweismittel vor, die das Gericht zu der berechtigten Annahme veranlassen, dass über die Forderung gegenüber dem Schuldner in der Hauptsache voraussichtlich zugunsten des Gläubigers entschieden wird.

Artikel 8
Antrag auf Erlass eines Beschlusses zur vorläufigen Pfändung

(1) Anträge auf Erlass eines Beschlusses zur vorläufigen Pfändung sind unter Verwendung des gemäß dem Beratungsverfahren nach Artikel 52 Absatz 2 erstellten Formblatts einzureichen.

(2) Der Antrag muss folgende Angaben enthalten:

a) Name und Anschrift des Gerichts, bei dem der Antrag eingereicht wird;

b) Angaben zum Gläubiger: Name und Kontaktdaten sowie gegebenenfalls Name und Kontaktdaten des Vertreters des Gläubigers und

i) wenn der Gläubiger eine natürliche Person ist, ihr Geburtsdatum und, falls vorhanden und falls verfügbar, ihre Identifikations- oder Passnummer, oder

ii) wenn der Gläubiger eine juristische Person oder ein sonstiger Rechtsträger ist, der nach dem Recht eines Mitgliedstaats vor Gericht klagen oder verklagt werden kann, den Staat ihrer Gründung, Erlangung der Rechtsfähigkeit oder Registrierung und ihre Identifikations- oder Registrierungsnummer oder, falls keine solche Nummer vorhanden ist, Datum und Ort ihrer Gründung, Erlangung der Rechtsfähigkeit oder Registrierung;

c) Angaben zum Schuldner: Name und Kontaktdaten sowie gegebenenfalls Name und Kontaktdaten des Vertreters des Schuldners und, falls verfügbar:

i) wenn der Schuldner eine natürliche Person ist, ihr Geburtsdatum und ihre Identifikations- oder Passnummer, oder

ii) wenn der Schuldner eine juristische Person oder ein sonstiger Rechtsträger ist, der nach dem Recht eines Mitgliedstaats vor Gericht klagen oder verklagt werden kann, den Staat ihrer Gründung, Erlangung der Rechtsfähigkeit oder Registrierung und ihre Identifikations- oder Registrierungsnummer oder, falls keine solche Nummer vorhanden ist, Datum und Ort ihrer Gründung, Erlangung der Rechtsfähigkeit oder Registrierung;

d) eine Nummer, mit der die Bank identifiziert werden kann, wie IBAN oder BIC und/oder Name und Anschrift der Bank, bei der der Schuldner ein oder mehrere vorläufig zu pfändende Konten unterhält;

e) falls verfügbar die Nummer des oder der vorläufig zu pfändenden Konten und in diesem Fall die Angabe, ob andere Konten des Schuldners bei derselben Bank vorläufig gepfändet werden sollen;

f) falls keine der nach Buchstabe d erforderlichen Angaben vorgelegt werden kann, eine Erklärung, dass die Einholung der Kontoinformationen gemäß Artikel 14 beantragt wurde, sofern ein solcher Antrag möglich ist, und die Angabe der Gründe, warum nach Auffassung des Gläubigers der Schuldner ein oder mehrere Konten bei einer Bank in einem bestimmten Mitgliedstaat unterhält;

g) die Höhe der Forderung, für die der Beschluss zur vorläufigen Pfändung beantragt wird:

i) wenn der Gläubiger noch keine gerichtliche Entscheidung, keinen gerichtlichen Vergleich oder keine öffentliche Urkunde erwirkt hat, die Höhe der Hauptforderung oder eines Teils der Hauptforderung und etwaiger Zinsen, soweit diese gemäß Artikel 15 eingetrieben werden können;

ii) wenn der Gläubiger bereits eine gerichtliche Entscheidung oder einen gerichtlichen Vergleich oder eine öffentliche Urkunde erwirkt hat, die Höhe der Hauptforderung, die in der gerichtlichen Entscheidung, dem gerichtlichen Vergleich oder der öffentlichen Urkunde angegeben ist, oder eines Teils der Hauptforderung und etwaiger Zinsen und Kosten, soweit diese gemäß Artikel 15 eingetrieben werden können;

h) wenn der Gläubiger noch keine gerichtliche Entscheidung, keinen gerichtlichen Vergleich oder keine öffentliche Urkunde erwirkt hat,

i) eine Beschreibung aller sachlich relevanten Umstände, die die Zuständigkeit des Gerichts, bei dem der Antrag auf Erlass eines Beschlusses zur vorläufigen Pfändung eingereicht wird, begründen;

ii) eine Beschreibung aller sachlich relevanten Umstände, auf die sich die Forderung sowie gegebenenfalls die Zinsforderungen gründen;

iii) eine Erklärung, die Auskunft darüber gibt, ob der Gläubiger bereits ein Verfahren gegen den Schuldner in der Hauptsache eingeleitet hat;

i) wenn der Gläubiger bereits eine gerichtliche Entscheidung oder einen gerichtlichen Vergleich oder eine öffentliche Urkunde erwirkt hat, eine Erklärung, dass der gerichtlichen Entscheidung, dem gerichtlichen Vergleich oder der öffentlichen Urkunde noch nicht Folge geleistet wurde, oder, falls dieser bzw. diesem zum Teil Folge geleistet wurde, Angaben darüber, inwieweit ihr bzw. ihm nicht Folge geleistet wurde;

j) eine Beschreibung aller sachlich relevanten Umstände nach Maßgabe des Artikels 7 Absatz 1, die den Erlass eines Beschlusses zur vorläufigen Pfändung rechtfertigen;

k) gegebenenfalls eine Angabe der Gründe, warum der Gläubiger seiner Ansicht nach von der Sicherheitsleistung nach Artikel 12 befreit werden sollte;

l) eine Liste der vom Gläubiger vorgelegten Beweismittel;

m) eine Erklärung gemäß Artikel 16, die Auskunft darüber gibt, ob der Gläubiger bei anderen Gerichten oder Behörden einen Antrag auf Erlass eines gleichwertigen nationalen Beschlusses gestellt hat oder ob ein solcher Beschluss bereits erwirkt oder abgelehnt wurde und, falls ein solcher erwirkt wurde, inwieweit er bereits ausgeführt wurde;

n) eine fakultative Angabe des Bankkontos des Gläubigers, das für eine freiwillige Erfüllung der Forderung durch den Schuldner zu verwenden ist;

o) eine Erklärung, dass die Angaben im Antrag vom Gläubiger nach bestem Wissen und Gewissen wahrheitsgemäß und vollständig gemacht wurden und dass dem Gläubiger bewusst ist, dass vorsätzlich falsche oder unvollständige Angaben Rechtsfolgen nach dem Recht des Mitgliedstaats, in dem der Antrag eingereicht wurde, oder eine Haftung nach Artikel 13 nach sich ziehen können.

(3) Dem Antrag sind alle zweckdienlichen Unterlagen beizufügen sowie, wenn der Gläubiger bereits eine gerichtliche Entscheidung oder einen gerichtlichen Vergleich oder eine öffentliche Urkunde erwirkt hat, eine Ausfertigung der gerichtlichen Entscheidung, des gerichtlichen Vergleichs oder der öffentlichen Urkunde, die die für ihre Beweiskraft erforderlichen Voraussetzungen erfüllt.

(4) Der Antrag und die Unterlagen können auf jedem Weg übermittelt werden, der nach den Verfahrensvorschriften des Mitgliedstaats, in dem

der Antrag eingereicht wird, zulässig ist, einschließlich elektronischer Kommunikationswege.

Artikel 9
Beweisaufnahme

(1) Das Gericht trifft seine Entscheidung im Wege eines schriftlichen Verfahrens auf Grundlage der Informationen und Beweismittel, die der Gläubiger in seinem Antrag vorgebracht bzw. seinem Antrag beigefügt hat. Erachtet das Gericht die vorgelegten Beweismittel für nicht ausreichend, so kann es, sofern dies nach nationalem Recht zulässig ist, den Gläubiger auffordern, zusätzliche schriftliche Beweismittel vorzulegen.

(2) Ungeachtet des Absatzes 1 und vorbehaltlich des Artikels 11 kann das Gericht, sofern das Verfahren dadurch nicht übermäßig verzögert wird, außerdem jede andere geeignete Methode der Beweiserhebung anwenden, die nach seinem nationalen Recht zur Verfügung steht, wie beispielsweise die mündliche Anhörung des Gläubigers oder seines bzw. seiner Zeugen, unter anderem auch mittels Videokonferenz oder einer anderen Kommunikationstechnologie.

Artikel 10
Einleitung des Verfahrens in der Hauptsache

(1) Hat der Gläubiger vor der Einleitung eines Verfahrens in der Hauptsache einen Antrag auf Erlass eines Beschlusses zur vorläufigen Pfändung gestellt, so leitet er ein solches Verfahren ein und weist vor dem Gericht, bei dem der Antrag auf Erlass des Beschlusses zur vorläufigen Pfändung eingereicht wurde, innerhalb von 30 Tagen nach Einreichung seines Antrags oder innerhalb von 14 Tagen nach dem Erlass des Beschlusses, je nachdem, welcher Zeitpunkt der spätere ist, nach, dass er ein solches Verfahren eingeleitet hat. Das Gericht kann diese Frist auf Antrag des Schuldners auch verlängern, beispielsweise um es den Parteien zu ermöglichen, eine Einigung hinsichtlich der Erfüllung der Forderung zu erzielen; es unterrichtet beide Parteien entsprechend.

(2) Geht der Nachweis über die Einleitung des Verfahrens nicht innerhalb der Frist nach Absatz 1 beim Gericht ein, so wird der Beschluss zur vorläufigen Pfändung widerrufen oder er endet und die Parteien werden entsprechend unterrichtet.

Hat das Gericht, das den Beschluss erlassen hat, seinen Sitz im Vollstreckungsmitgliedstaat, so erfolgt der Widerruf oder die Beendigung des Beschlusses in diesem Mitgliedstaat nach dem Recht dieses Mitgliedstaats.

Ist der Widerruf oder die Beendigung in einem anderen Mitgliedstaat als dem Ursprungsmitgliedstaat durchzuführen, so widerruft das Gericht den Beschluss zur vorläufigen Pfändung unter Ver-

wendung des Widerrufsformblatts, das im Wege von gemäß dem Beratungsverfahren nach Artikel 52 Absatz 2 erlassenen Durchführungsakten erstellt wurde, und übermittelt das Widerrufsformblatt gemäß Artikel 29 der zuständigen Behörde des Vollstreckungsmitgliedstaats. Diese Behörde unternimmt die erforderlichen Schritte, indem sie gegebenenfalls Artikel 23 anwendet, damit der Widerruf oder die Beendigung ausgeführt wird.

(3) Für die Zwecke des Absatzes 1 gilt ein Verfahren in der Hauptsache als eingeleitet

a) zu dem Zeitpunkt, zu dem das verfahrenseinleitende Schriftstück oder ein gleichwertiges Schriftstück bei Gericht eingereicht worden ist, vorausgesetzt, dass der Gläubiger es in der Folge nicht versäumt hat, die ihm obliegenden Maßnahmen zu treffen, um die Zustellung des Schriftstücks an den Schuldner zu bewirken, oder

b) falls die Zustellung an den Schuldner vor Einreichung des Schriftstücks bei Gericht zu bewirken ist, zu dem Zeitpunkt, zu dem die für die Zustellung verantwortliche Behörde das Schriftstück erhalten hat, vorausgesetzt, dass der Gläubiger es in der Folge nicht versäumt hat, die ihm obliegenden Maßnahmen zu treffen, um das Schriftstück bei Gericht einzureichen.

Die für die Zustellung verantwortliche Behörde im Sinne des Unterabsatzes 1 Buchstabe b ist die Behörde, die die zuzustellenden Schriftstücke zuerst erhält.

Artikel 11
Verfahren ohne vorherige Anhörung des Antragsgegners

Der Schuldner erhält vor Erlass des Beschlusses zur vorläufigen Pfändung keine Kenntnis vom Antrag auf Erlass des Beschlusses oder Gelegenheit zur Äußerung.

Artikel 12
Sicherheitsleistung des Gläubigers

(1) In Fällen, in denen der Gläubiger noch keine gerichtliche Entscheidung, keinen gerichtlichen Vergleich oder keine öffentliche Urkunde erwirkt hat, verlangt das Gericht vor Erlass eines Beschlusses zur vorläufigen Pfändung vom Gläubiger die Leistung einer Sicherheit in ausreichender Höhe, um einen Missbrauch des in dieser Verordnung vorgesehenen Verfahrens zu verhindern und sicherzustellen, dass der Schuldner für einen etwaigen Schaden, der ihm infolge des Beschlusses entstanden ist, entschädigt werden kann, soweit der Gläubiger gemäß Artikel 13 für einen solchen Schaden haftet.

In Ausnahmefällen kann das Gericht von der Anforderung gemäß Unterabsatz 1 absehen, wenn es der Auffassung ist, dass die Sicherheitsleistung gemäß jenem Unterabsatz in Anbetracht der Umstände des Falls unangemessen ist.

(2) Hat der Gläubiger bereits eine gerichtliche Entscheidung oder einen gerichtlichen Vergleich oder eine öffentliche Urkunde erwirkt, so kann das Gericht vom Gläubiger eine Sicherheitsleistung nach Absatz 1 Unterabsatz 1 verlangen, bevor es den Beschluss erlässt, wenn es der Auffassung ist, dass dies in Anbetracht der Umstände des Falles erforderlich und angemessen ist.

(3) Falls das Gericht gemäß diesem Artikel die Leistung einer Sicherheit verlangt, so teilt es dem Gläubiger den verlangten Betrag und die nach dem Recht des Mitgliedstaats, in dem das Gericht seinen Sitz hat, zulässigen Formen der Sicherheitsleistung mit. Es teilt dem Gläubiger mit, dass es den Beschluss zur vorläufigen Pfändung erlässt, sobald die Sicherheit gemäß diesen Anforderungen geleistet ist.

Artikel 13
Haftung des Gläubigers

(1) Der Gläubiger haftet für etwaige Schäden, die dem Schuldner durch den Beschluss zur vorläufigen Pfändung aufgrund eines Verschuldens des Gläubigers entstanden sind. Die Beweislast liegt beim Schuldner.

(2) In den folgenden Fällen wird das Verschulden des Gläubigers vermutet, sofern er nicht das Gegenteil nachweist,

a) wenn der Beschluss widerrufen wird, weil der Gläubiger es unterlassen hat, ein Verfahren in der Hauptsache einzuleiten, es sei denn, diese Unterlassung war eine Folge der Zahlung der Forderung durch den Schuldner oder einer anderen Form des Vergleichs zwischen den Parteien;

b) wenn der Gläubiger es unterlassen hat, die Freigabe überpfändeter Beträge gemäß Artikel 27 zu beantragen;

c) wenn im Folge festgestellt wird, dass der Erlass des Beschlusses aufgrund der Tatsache, dass der Gläubiger seinen Verpflichtungen nach Artikel 16 nicht nachgekommen ist, nicht oder nur für einen niedrigeren Betrag gerechtfertigt war, oder

d) wenn der Beschluss widerrufen oder seine Vollstreckung beendet wird, weil der Gläubiger seinen Verpflichtungen gemäß dieser Verordnung in Bezug auf die Zustellung oder Übersetzung der Schriftstücke oder im Hinblick auf die Heilung der fehlenden Zustellung oder fehlenden Übersetzung nicht nachgekommen ist.

(3) Ungeachtet des Absatzes 1 können die Mitgliedstaaten andere Gründe oder Arten der Haftung oder Vorschriften für Beweislast in ihrem nationalen Recht beibehalten oder in ihr nationales Recht aufnehmen. Alle anderen Aspekte im Zusammenhang mit der Haftung des Gläubi-

gers gegenüber dem Schuldner, die in Absatz 1 oder 2 nicht spezifisch behandelt werden, unterliegen dem nationalen Recht.

(4) Das auf die Haftung des Gläubigers anzuwendende Recht ist das Recht des Vollstreckungsmitgliedstaats. Werden Konten in mehr als einem Mitgliedstaat vorläufig gepfändet, so gilt für die Haftung des Gläubigers das Recht des Vollstreckungsmitgliedstaats,

a) in dem der Schuldner seinen gewöhnlichen Aufenthalt, wie er in Artikel 23 der Verordnung (EG) Nr. 864/2007 des Europäischen Parlaments und des Rates[1] definiert ist, hat, oder andernfalls

b) der die engste Verknüpfung zu dem Fall hat.

(5) In diesem Artikel wird nicht die Frage etwaiger Haftung des Gläubigers gegenüber einer Bank oder einem Dritten behandelt.

Artikel 14
Antrag auf Einholung von Kontoinformationen

(1) Hat der Gläubiger in einem Mitgliedstaat eine vollstreckbare gerichtliche Entscheidung, einen gerichtlichen Vergleich oder eine öffentliche Urkunde erwirkt, mit der bzw. dem vom Schuldner verlangt wird, die Forderung des Gläubigers zu erfüllen, und hat der Gläubiger Grund zu der Annahme, dass der Schuldner ein oder mehrere Konten bei einer Bank in einem bestimmten Mitgliedstaat unterhält, ist ihm jedoch weder der Name noch die Anschrift der Bank noch die IBAN, BIC oder eine andere Banknummer bekannt, welche die Identifizierung der Bank ermöglicht, so kann er bei dem Gericht, bei dem der Beschluss zur vorläufigen Pfändung beantragt wurde, beantragen, die Auskunftsbehörde des Vollstreckungsmitgliedstaats um Einholung der Informationen zu ersuchen, die erforderlich sind, um die Identifizierung der Bank oder der Banken und des Kontos oder der Konten des Schuldners zu ermöglichen.

Ungeachtet des Unterabsatzes 1 kann der Gläubiger den dort genannten Antrag auch dann stellen, wenn die gerichtliche Entscheidung, der gerichtliche Vergleich oder die öffentliche Urkunde, die er erwirkt hat, noch nicht vollstreckbar ist, sofern es sich unter Berücksichtigung der einschlägigen Gegebenheiten um einen vorläufig zu pfändenden Betrag von erheblicher Höhe handelt und sofern der Gläubiger Beweismittel vorgelegt hat, die das Gericht zu der berechtigten Annahme veranlassen, dass die Kontoinformationen dringend erforderlich sind, da sonst die spätere Vollstreckung der Forderung des Gläubigers gegen-

VTVO, KpfVO

Zu Artikel 13:

[1] *Verordnung (EG) Nr. 864/2007 des Europäischen Parlaments und des Rates vom 11. Juli 2007 über das auf außervertragliche Schuldverhältnisse anzuwendende Recht („Rom II") (ABl. L 199 vom 31.7.2007, S. 40).*

über dem Schuldner wahrscheinlich gefährdet ist, und dass dies in der Folge zu einer wesentlichen Verschlechterung der finanziellen Lage des Gläubigers führen könnte.

(2) Der Gläubiger stellt den Antrag gemäß Absatz 1 in dem Antrag auf Erlass des Beschlusses zur vorläufigen Pfändung. Der Gläubiger begründet, warum der Schuldner seiner Auffassung nach ein oder mehrere Konten bei einer Bank in einem bestimmten Mitgliedstaat unterhält, und legt alle ihm bekannten relevanten Informationen über den Schuldner und das vorläufig zu pfändende Konto oder die vorläufig zu pfändenden Konten vor. Kommt das Gericht, bei dem der Antrag auf Erlass eines Beschlusses zur vorläufigen Pfändung gestellt worden ist, zu dem Schluss, dass der Antrag des Gläubigers nicht ausreichend begründet ist, so lehnt es den Antrag ab.

(3) Ist das Gericht der Überzeugung, dass der Antrag des Gläubigers ausreichend begründet ist und dass — abgesehen von den Informationspflichten nach Artikel 8 Absatz 2 Buchstabe d — alle Bedingungen und Anforderungen für den Erlass des Beschlusses zur vorläufigen Pfändung sowie gegebenenfalls die Anforderung einer Sicherheitsleistung nach Artikel 12 erfüllt sind, so übermittelt das Gericht gemäß Artikel 29 das Ersuchen um Informationen an die Auskunftsbehörde des Vollstreckungsmitgliedstaats.

(4) Zur Einholung der Informationen nach Absatz 1 bedient sich die Auskunftsbehörde des Vollstreckungsmitgliedstaats einer der Methoden, die in diesem Mitgliedstaat nach Absatz 5 zur Verfügung stehen.

(5) Jeder Mitgliedstaat stellt in seinem nationalen Recht mindestens eine der folgenden Methoden für die Einholung von Informationen nach Absatz 1 zur Verfügung:

a) Alle Banken in seinem Hoheitsgebiet werden verpflichtet, auf Ersuchen der Auskunftsbehörde offenzulegen, ob der Schuldner bei ihnen ein Konto unterhält;

b) die Auskunftsbehörde kann auf die einschlägigen Informationen zugreifen, sofern sie bei Behörden oder öffentlichen Verwaltungen in Registern oder anderweitig gespeichert sind;

c) die Möglichkeit seiner Gerichte, den Schuldner zu verpflichten, offenzulegen, bei welcher Bank oder welchen Banken er in seinem Hoheitsgebiet ein oder mehrere Konten unterhält, wenn eine solche Verpflichtung mit einem Gerichtsbeschluss in personam einhergeht, mit dem ihm die Abhebung oder Überweisung von Geldern auf seinem Konto oder seinen Konten bis zu dem Betrag, der mit dem Beschluss zur vorläufigen Pfändung vorläufig gepfändet werden soll, untersagt wird, oder

d) jede andere Methode, nach der die einschlägigen Informationen wirksam und effizient be-

schafft werden können, sofern der finanzielle und zeitliche Aufwand nicht unverhältnismäßig ist.

Unabhängig davon, welche Methode oder Methoden ein Mitgliedstaat zur Verfügung stellt, gehen alle an der Einholung der Informationen beteiligten Behörden zügig vor.

(6) Sobald die Auskunftsbehörde des Vollstreckungsmitgliedstaats die Kontoinformationen eingeholt hat, übermittelt sie die Informationen dem ersuchenden Gericht gemäß Artikel 29.

(7) Ist die Auskunftsbehörde nicht imstande, die Informationen nach Absatz 1 einzuholen, so teilt sie dies dem ersuchenden Gericht mit. Wird der Antrag auf einen Beschluss zur vorläufigen Pfändung aufgrund des Fehlens der Kontoinformationen gemäß Absatz 1 vollständig abgelehnt, so gibt das ersuchende Gericht unverzüglich alle Sicherheiten frei, die der Gläubiger nach Artikel 12 möglicherweise geleistet hat.

(8) Erhält die Auskunftsbehörde gemäß diesem Artikel Informationen von einer Bank oder Zugriff auf die bei Behörden oder öffentlichen Verwaltungen in Registern gespeicherten Kontoinformationen, so wird die Benachrichtigung des Schuldners über die Offenlegung seiner personenbezogenen Daten um 30 Tage aufgeschoben, um zu verhindern, dass eine frühzeitige Benachrichtigung die Wirkung des Beschlusses zur vorläufigen Pfändung gefährdet.

Artikel 15
Zinsen und Kosten

(1) Auf Antrag des Gläubigers werden in den Beschluss zur vorläufigen Pfändung alle Zinsen einbezogen, die nach dem auf die Forderung anwendbaren Recht bis zum Zeitpunkt des Erlasses des Beschlusses angefallen sind, sofern die Einbeziehung nicht aufgrund der Höhe und der Art der Zinsen einen Verstoß gegen die Eingriffsnormen nach dem Recht des Ursprungsmitgliedstaats darstellen.

(2) Hat ein Gläubiger bereits eine gerichtliche Entscheidung, einen gerichtlichen Vergleich oder eine öffentliche Urkunde erwirkt, so werden auf Antrag des Gläubigers auch die Kosten für die Erwirkung dieser gerichtlichen Entscheidung, dieses gerichtlichen Vergleichs oder dieser öffentlichen Urkunde in den Beschluss zur vorläufigen Pfändung einbezogen, insoweit entschieden wurde, dass diese Kosten dem Schuldner auferlegt werden.

Artikel 16
Parallele Anträge

(1) Der Gläubiger darf nicht bei mehreren Gerichten gleichzeitig parallele Anträge auf Erlass eines Beschlusses zur vorläufigen Pfändung gegen

denselben Schuldner zur Sicherung derselben Forderung stellen.

(2) Der Gläubiger erklärt in seinem Antrag auf Erlass eines Beschlusses zur vorläufigen Pfändung, ob er gegen denselben Schuldner im Hinblick auf die Sicherung derselben Forderung bei einem anderen Gericht oder einer anderen Behörde einen Antrag auf Erlass eines gleichwertigen nationalen Beschlusses gestellt oder bereits erwirkt hat. Er gibt außerdem diejenigen Anträge auf Erlass eines solchen Beschlusses an, die als unzulässig oder unbegründet abgelehnt wurden.

(3) Wenn der Gläubiger während des Verfahrens zum Erlass eines Beschlusses zur vorläufigen Pfändung einen gleichwertigen nationalen Beschluss gegen denselben Schuldner und zur Sicherung derselben Forderung erwirkt hat, unterrichtet er unverzüglich das Gericht hierüber und über jede spätere Ausführung des erlassenen nationalen Beschlusses. Er unterrichtet das Gericht außerdem über diejenigen Anträge auf Erlass eines gleichwertigen nationalen Beschlusses, die als unzulässig oder unbegründet abgelehnt wurden.

(4) Wird das Gericht darüber unterrichtet, dass der Gläubiger bereits einen gleichwertigen nationalen Beschluss erwirkt hat, so prüft es unter Berücksichtigung aller Umstände des Falls, ob der Erlass des Beschlusses zur vorläufigen Pfändung im Ganzen oder in Teilen noch angemessen ist.

Artikel 17
Entscheidung über den Antrag auf Erlass eines Beschlusses zur vorläufigen Pfändung

(1) Das Gericht, bei dem der Antrag auf Erlass eines Beschlusses zur vorläufigen Pfändung gestellt worden ist, prüft, ob die Bedingungen und Voraussetzungen dieser Verordnung erfüllt sind.

(2) Das Gericht entscheidet über den Antrag unverzüglich, spätestens jedoch vor Ablauf der in Artikel 18 festgelegten Fristen.

(3) Hat der Gläubiger nicht alle Angaben nach Artikel 8 gemacht, so kann das Gericht dem Gläubiger die Möglichkeit einräumen, den Antrag innerhalb einer vom Gericht festzulegenden Frist zu vervollständigen oder zu berichtigen, sofern der Antrag nicht offensichtlich unzulässig oder unbegründet ist. Versäumt es der Gläubiger, den Antrag fristgerecht zu vervollständigen oder zu berichtigen, so wird der Antrag abgelehnt.

(4) Der Beschluss zur vorläufigen Pfändung wird über einen Betrag erlassen, der durch die Beweismittel nach Artikel 9 und gemäß dem auf die zugrunde liegende Forderung anzuwendenden Recht begründet ist, und umfasst gegebenenfalls die Zinsen und/oder Kosten gemäß Artikel 15.

Der Beschluss wird in keinem Fall über einen Betrag erlassen, der den vom Gläubiger in seinem Antrag angegebenen Betrag übersteigt.

(5) Die Entscheidung über den Antrag wird dem Gläubiger nach dem im nationalen Recht des Ursprungsmitgliedstaats vorgesehenen Verfahren für gleichwertige nationale Beschlüsse mitgeteilt.

Artikel 18
Für die Entscheidung über einen Antrag auf Erlass eines Beschlusses zur vorläufigen Pfändung geltende Fristen

(1) Hat der Gläubiger noch keine gerichtliche Entscheidung, keinen gerichtlichen Vergleich oder keine öffentliche Urkunde erwirkt, so erlässt das Gericht seine Entscheidung bis zum Ende des zehnten Arbeitstags, nach dem der Gläubiger seinen Antrag eingereicht oder gegebenenfalls vervollständigt hat.

(2) Hat der Gläubiger bereits eine gerichtliche Entscheidung, einen gerichtlichen Vergleich oder eine öffentliche Urkunde erwirkt, so erlässt das Gericht seine Entscheidung bis zum Ende des fünften Arbeitstags, nach dem der Gläubiger seinen Antrag eingereicht oder gegebenenfalls vervollständigt hat.

(3) Hält das Gericht eine mündliche Anhörung des Gläubigers oder, je nach Sachlage, seines (oder seiner) Zeugen gemäß Artikel 9 Absatz 2 für erforderlich, so führt es diese Anhörung unverzüglich durch und erlässt seine Entscheidung bis zum Ende des fünften Arbeitstags nach der Anhörung.

(4) In Fällen nach Artikel 12 gelten für die Entscheidung, vom Gläubiger eine Sicherheitsleistung zu verlangen, die in den Absätzen 1, 2 und 3 des vorliegenden Artikels genannten Fristen. Das Gericht erlässt seine Entscheidung über einen Antrag auf Erlass eines Beschlusses zur vorläufigen Pfändung unverzüglich, nachdem der Gläubiger die verlangte Sicherheit geleistet hat.

(5) Ungeachtet der Absätze 1, 2 und 3 erlässt das Gericht in Fällen nach Artikel 14 seine Entscheidung unverzüglich, nachdem es die Informationen nach Artikel 14 Absatz 6 oder 7 erhalten hat, sofern der Gläubiger zu diesem Zeitpunkt die gegebenenfalls verlangte Sicherheit geleistet hat.

Artikel 19
Form und Inhalt des Beschlusses zur vorläufigen Pfändung

(1) Der Beschluss zur vorläufigen Pfändung wird unter Verwendung des Formblatts erlassen, das im Wege von gemäß dem Beratungsverfahren nach Artikel 52 Absatz 2 erlassenen Durchführungsakten erstellt wurde, und trägt einen Stempel, eine Unterschrift und/oder eine andere Authentifizierung des Gerichts. Das Formblatt besteht aus zwei Teilen:

a) Teil A mit den Informationen nach Absatz 2, die der Bank, dem Gläubiger und dem Schuldner zu übermitteln sind, und

b) Teil B mit den Informationen gemäß Absatz 3, die zusätzlich zu den Informationen nach Absatz 2 dem Gläubiger und dem Schuldner zu übermitteln sind.

(2) Teil A enthält die folgenden Informationen:

a) den Namen, die Anschrift und das Aktenzeichen des Gerichts;

b) Angaben zum Gläubiger gemäß Artikel 8 Absatz 2 Buchstabe b;

c) Angaben zum Schuldner gemäß Artikel 8 Absatz 2 Buchstabe c;

d) den Namen und die Anschrift der Bank, die von dem Beschluss betroffen ist;

e) wenn der Gläubiger die Kontonummer des Schuldners im Antrag angegeben hat, die Nummer des oder der vorläufig zu pfändenden Konten sowie gegebenenfalls die Angabe, ob andere Konten des Schuldners bei derselben Bank ebenfalls vorläufig gepfändet werden müssen;

f) gegebenenfalls die Angabe, dass die Nummer etwaiger vorläufig zu pfändender Konten durch einen Antrag nach Artikel 14 erlangt wurde und dass die Bank, sofern dies gemäß Artikel 24 Absatz 4 Unterabsatz 2 erforderlich ist, die betreffende Nummer oder die betreffenden Nummern von der Auskunftsbehörde des Vollstreckungsmitgliedstaats erlangt;

g) die Höhe des mit dem Beschluss vorläufig zu pfändenden Betrags;

h) eine Anweisung an die Bank, den Beschluss gemäß Artikel 24 auszuführen;

i) das Datum des Erlasses des Beschlusses;

j) wenn der Gläubiger gemäß Artikel 8 Absatz 2 Buchstabe n in seinem Antrag ein Konto angegeben hat, eine an die Bank gerichtete Ermächtigung gemäß Artikel 24 Absatz 3, falls der Schuldner dies beantragt und falls dies nach dem Recht des Vollstreckungsmitgliedstaats zulässig ist, Gelder bis zu der im Beschluss angegebenen Höhe freigeben und von dem vorläufig gepfändeten Konto auf das Konto, das der Gläubiger in seinem Antrag angegeben hat, überweisen kann;

k) Angaben dazu, wo die elektronische Fassung des Formblatts für die Erklärung nach Artikel 25 zu finden ist.

(3) Teil B enthält die folgenden Informationen:

a) eine Beschreibung des Gegenstands des Verfahrens und die Begründung des Gerichts für den Erlass des Beschlusses;

b) die Höhe der vom Gläubiger gegebenenfalls geleisteten Sicherheit;

c) gegebenenfalls die Frist für die Einleitung des Verfahrens in der Hauptsache und für den Nachweis der Verfahrenseinleitung gegenüber dem erlassenden Gericht;

d) gegebenenfalls eine Angabe darüber, welche Schriftstücke gemäß Artikel 49 Absatz 1 Satz 2 zu übersetzen sind;

e) gegebenenfalls die Angabe, dass der Gläubiger dafür zuständig ist, die Vollstreckung des Beschlusses zu veranlassen, und folglich gegebenenfalls dafür zuständig ist, den Beschluss gemäß Artikel 23 Absatz 3 an die zuständige Behörde des Vollstreckungsmitgliedstaats zu übermitteln und die Zustellung an den Schuldner gemäß Artikel 28 Absätze 2, 3 und 4 zu veranlassen, und

f) eine Rechtsbehelfsbelehrung des Schuldners.

(4) Betrifft der Beschluss zur vorläufigen Pfändung Konten bei verschiedenen Banken, so ist für jede Bank ein gesondertes Formblatt (Teil A gemäß Absatz 2) auszufüllen. In diesem Fall enthält das dem Gläubiger und dem Schuldner zur Verfügung gestellte Formular (Teile A und B gemäß den Absätzen 2 bzw. 3) eine Liste aller betroffenen Banken.

Artikel 20
Geltungsdauer der vorläufigen Pfändung

Die mit dem Beschluss zur vorläufigen Pfändung vorläufig gepfändeten Gelder bleiben gemäß dem Beschluss oder späteren Änderungen oder Begrenzungen des Beschlusses gemäß Kapitel 4 so lange vorläufig gepfändet,

a) bis der Beschluss widerrufen wird;

b) bis die Vollstreckung des Beschlusses beendet ist oder

c) bis eine Maßnahme zur Vollstreckung einer gerichtlichen Entscheidung, eines gerichtlichen Vergleichs oder einer öffentlichen Urkunde, die bzw. den der Gläubiger hinsichtlich der durch den Beschluss zur vorläufigen Pfändung zu sichernden Forderung erwirkt hat, in Bezug auf die durch den Beschluss vorläufig gepfändeten Gelder wirksam wird.

Artikel 21
Rechtsbehelf gegen eine Ablehnung des Antrags auf Erlass eines Beschlusses zur vorläufigen Pfändung

(1) Der Gläubiger kann gegen die Entscheidung des Gerichts, durch die sein Antrag auf Erlass eines Beschlusses zur vorläufigen Pfändung ganz oder teilweise abgelehnt wurde, einen Rechtsbehelf einlegen.

(2) Ein solcher Rechtsbehelf wird innerhalb von 30 Tagen ab dem Tag, an dem die Entscheidung nach Absatz 1 dem Gläubiger mitgeteilt wurde, eingelegt. Er wird bei dem Gericht eingelegt, das der betreffende Mitgliedstaat gemäß Artikel 50 Absatz 1 Buchstabe d der Kommission mitgeteilt hat.

(3) Wurde der Antrag auf Erlass eines Beschlusses zur vorläufigen Pfändung ganz abgelehnt, so wird der Rechtsbehelf gemäß dem Verfahren ohne vorherige Anhörung des Antragsgegners nach Maßgabe des Artikels 11 bearbeitet.

KAPITEL 3
ANERKENNUNG, VOLLSTRECKBARKEIT UND VOLLSTRECKUNG DES BESCHLUSSES ZUR VORLÄUFIGEN PFÄNDUNG

Artikel 22
Anerkennung und Vollstreckbarkeit

Ein in einem Mitgliedstaat gemäß dieser Verordnung erlassener Beschluss zur vorläufigen Pfändung wird in den anderen Mitgliedstaaten anerkannt, ohne dass es eines besonderen Verfahrens bedarf, und ist in den anderen Mitgliedstaaten vollstreckbar, ohne dass es einer Vollstreckbarerklärung bedarf.

Artikel 23
Vollstreckung des Beschlusses zur vorläufigen Pfändung

(1) Vorbehaltlich dieses Kapitels erfolgt die Vollstreckung des Beschlusses zur vorläufigen Pfändung gemäß den Verfahren, die in dem Vollstreckungsmitgliedstaat für die Vollstreckung gleichwertiger nationaler Beschlüsse gelten.

(2) Alle Behörden, die an der Vollstreckung des Beschlusses beteiligt sind, werden unverzüglich tätig.

(3) Wurde der Beschluss zur vorläufigen Pfändung in einem anderen Mitgliedstaat als dem Vollstreckungsmitgliedstaat erlassen, so werden Teil A des Beschlusses gemäß Artikel 19 Absatz 2 und ein Blanko-Standardformblatt für die Erklärung nach Artikel 25 für die Zwecke des Absatzes 1 dieses Artikels nach Maßgabe des Artikels 29 an die zuständige Behörde des Vollstreckungsmitgliedstaats übermittelt.

Die Übermittlung erfolgt durch das erlassende Gericht oder den Gläubiger, je nachdem, wer nach dem Recht des Ursprungsmitgliedstaats für die Einleitung des Vollstreckungsverfahrens zuständig ist.

(4) Dem Beschluss wird erforderlichenfalls eine Übersetzung oder Transliteration in die Amtssprache des Vollstreckungsmitgliedstaats oder, wenn es in diesem Mitgliedstaat mehrere Amtssprachen gibt, in die Amtssprache oder eine der Amtssprachen des Ortes, an dem der Beschluss ausgeführt werden soll, beigefügt. Die Übersetzung oder Transliteration wird von dem erlassenden Gericht, das dafür die passende Sprachfassung des Formblatts gemäß Artikel 19 verwendet, zur Verfügung gestellt.

(5) Die zuständige Behörde des Vollstreckungsmitgliedstaats trifft die erforderlichen Maßnahmen, um den Beschluss gemäß ihrem nationalen Recht vollstrecken zu lassen.

(6) Betrifft der Beschluss zur vorläufigen Pfändung mehr als eine Bank in demselben Mitgliedstaat oder in verschiedenen Mitgliedstaaten, so wird der zuständigen Behörde des jeweiligen Vollstreckungsmitgliedstaats für jede Bank ein gesondertes Formblatt nach Maßgabe des Artikels 19 Absatz 4 übermittelt.

Artikel 24
Ausführung des Beschlusses zur vorläufigen Pfändung

(1) Eine Bank, an die ein Beschluss zur vorläufigen Pfändung gerichtet wird, führt diesen unverzüglich nach Eingang des Beschlusses oder, soweit dies im nationalen Recht des Vollstreckungsmitgliedstaats vorgesehen ist, einer entsprechenden Anweisung zur Ausführung des Beschlusses aus.

(2) Zur Ausführung des Beschlusses zur vorläufigen Pfändung nimmt die Bank vorbehaltlich des Artikels 31 die vorläufige Pfändung des in dem Beschluss angegebenen Betrags vor, indem sie entweder

a) sicherstellt, dass dieser Betrag nicht von dem Konto oder den Konten, das bzw. die in dem Beschluss genannt ist/sind oder das bzw. die nach Absatz 4 ermittelt wurde(n), überwiesen oder abgehoben wird, oder

b) soweit dies im nationalen Recht vorgesehen ist, diesen Betrag auf ein für vorläufige Pfändungen bestimmtes Konto überweist.

Der vorläufig gepfändete tatsächliche Betrag kann von der Abwicklung von Transaktionen, die bereits anhängig sind, wenn der Beschluss oder eine entsprechende Anweisung bei der Bank eingeht, abhängen. Derartige anhängige Transaktionen dürfen jedoch nur berücksichtigt werden, wenn sie vor der Ausstellung der Erklärung gemäß Artikel 25 bis zum Ablauf der in Artikel 25 Absatz 1 festgelegten Fristen abgewickelt werden.

(3) Ungeachtet des Absatzes 2 Buchstabe a wird die Bank ermächtigt, auf Wunsch des Schuldners die vorläufig gepfändeten Gelder freizugeben und sie auf das in dem Beschluss angegebene Konto des Gläubigers zur Begleichung von dessen Forderung zu überweisen, wenn alle folgenden Voraussetzungen erfüllt sind:

a) diese Ermächtigung der Bank ist gemäß Artikel 19 Absatz 2 Buchstabe j in dem Beschluss ausdrücklich angegeben,

b) das Recht des Vollstreckungsmitgliedstaats lässt eine solche Freigabe und Überweisung zu, und

c) zu dem betreffenden Konto liegen keine konkurrierenden Beschlüsse vor.

(4) Enthält der Beschluss zur vorläufigen Pfändung nicht die Kontonummer oder die Kontonummern des Schuldners, sondern nur den Namen und andere Angaben zum Schuldner, so ermittelt die Bank oder die sonstige Stelle, die für die Vollstreckung des Beschlusses zuständig ist, das Konto oder die Konten, die der Schuldner bei der in dem Beschluss angegebenen Bank unterhält.

Kann die Bank oder die sonstige Stelle ein Konto des Schuldners anhand der Angaben in dem Beschluss nicht mit Sicherheit ermitteln, so

a) holt die Bank diese Kontonummer oder Kontonummern bei der Auskunftsbehörde des Vollstreckungsmitgliedstaats ein, wenn gemäß Artikel 19 Absatz 2 Buchstabe f in dem Beschluss angegeben ist, dass die Nummer oder Nummern des vorläufig zu pfändenden Kontos oder der vorläufig zu pfändenden Konten durch einen Antrag nach Artikel 14 erlangt wurde bzw. wurden, und

b) führt die Bank in allen anderen Fällen den Beschluss nicht aus.

(5) Die Gelder auf dem Konto oder den Konten nach Absatz 2 Buchstabe a, die den im Beschluss zur vorläufigen Pfändung angegebenen Betrag übersteigen, bleiben von der Ausführung des Beschlusses unberührt.

(6) Reichen zum Zeitpunkt der Ausführung des Beschlusses zur vorläufigen Pfändung die Gelder auf dem Konto oder den Konten nach Absatz 2 Buchstabe a nicht aus, um den in dem Beschluss angegebenen Gesamtbetrag vorläufig zu pfänden, so wird der Beschluss nur in Bezug auf den Betrag ausgeführt, der auf dem Konto oder den Konten vorhanden ist.

(7) Bezieht sich der Beschluss zur vorläufigen Pfändung auf mehrere Konten des Schuldners bei derselben Bank und übersteigen die Gelder auf diesen Konten den in dem Beschluss angegebenen Betrag, so wird der Beschluss in folgender Reihenfolge ausgeführt:

a) Sparkonten auf den alleinigen Namen des Schuldners;

b) Girokonten auf den alleinigen Namen des Schuldners;

c) gemeinschaftliche Sparkonten auf den Namen mehrerer Personen, vorbehaltlich des Artikels 30;

d) gemeinschaftliche Girokonten auf den Namen mehrerer Personen, vorbehaltlich des Artikels 30.

(8) Lauten die Gelder auf dem Konto oder den Konten nach Absatz 2 Buchstabe a auf eine andere Währung als die, die im Beschluss zur vorläufigen Pfändung angegeben ist, so rechnet die Bank den in dem Beschluss angegebenen Betrag zu dem am Tag und zum Zeitpunkt der Ausführung des Beschlusses für den Verkauf der betreffenden Währung geltenden Referenzwechselkurs der Europäischen Zentralbank oder geltenden Wechselkurs der Zentralbank des Vollstreckungsmitgliedstaats in die Währung der Gelder um und pfändet vorläufig den entsprechenden Betrag in der Währung der Gelder.

Artikel 25
Erklärung betreffend die vorläufige Pfändung von Geldern

(1) Bis zum Ende des dritten Arbeitstags nach Ausführung des Beschlusses zur vorläufigen Pfändung stellt die Bank oder die sonstige Stelle, die für die Vollstreckung des Beschlusses im Vollstreckungsmitgliedstaat zuständig ist, eine Erklärung unter Verwendung des Erklärungsformblatts, das im Wege von gemäß dem Beratungsverfahren nach Artikel 52 Absatz 2 erlassenen Durchführungsrechtsakten erstellt wurde, aus, in der sie angibt, ob bzw. inwieweit Gelder auf dem Konto oder den Konten des Schuldners vorläufig gepfändet wurden und, wenn dies der Fall ist, an welchem Tag der Beschluss ausgeführt wurde. Kann die Bank oder die sonstige Stelle die Erklärung aufgrund außergewöhnlicher Umstände nicht innerhalb von drei Arbeitstagen ausstellen, so stellt sie die Erklärung so schnell wie möglich, spätestens jedoch bis zum Ablauf des achten Arbeitstages nach der Ausführung des Beschlusses aus.

Die Erklärung wird unverzüglich gemäß den Absätzen 2 und 3 übermittelt.

(2) Wurde der Beschluss im Vollstreckungsmitgliedstaat erlassen, so übermittelt die Bank oder die sonstige Stelle, die für die Vollstreckung des Beschlusses zuständig ist, die Erklärung dem erlassenden Gericht gemäß Artikel 29 und dem Gläubiger per Einschreiben mit Rückschein oder gleichwertige elektronische Mittel.

(3) Wurde der Beschluss in einem anderen Mitgliedstaat als dem Vollstreckungsmitgliedstaat erlassen, so wird die Erklärung der zuständigen Behörde des Vollstreckungsmitgliedstaats gemäß Artikel 29 übermittelt, es sei denn, sie wurde von derselben Behörde ausgestellt.

Diese Behörde übermittelt die Erklärung dem erlassenden Gericht gemäß Artikel 29 und dem Gläubiger per Einschreiben mit Rückschein oder gleichwertige elektronische Mittel bis zum Ende des ersten Arbeitstags nach deren Eingang oder Ausstellung.

(4) Die Bank oder die sonstige Stelle, die für die Vollstreckung des Beschlusses zur vorläufigen Pfändung zuständig ist, legt auf Ersuchen des Schuldners die Einzelheiten des Beschlusses dem Schuldner gegenüber offen. Die Bank oder die

sonstige Stelle kann dies auch ohne ein solches Ersuchen tun.

Artikel 26
Haftung der Bank

Die Haftung der Bank bei Nichterfüllung der ihr nach dieser Verordnung obliegenden Pflichten richtet sich nach dem Recht des Vollstreckungsmitgliedstaats.

Artikel 27
Pflicht des Gläubigers, die Freigabe überschüssiger vorläufig gepfändeter Beträge zu beantragen

(1) Der Gläubiger ist verpflichtet, die erforderlichen Schritte zu unternehmen, um sicherzustellen, dass jeder Betrag, der nach Ausführung des Beschlusses zur vorläufigen Pfändung den in dem Beschluss zur vorläufigen Pfändung angegebenen Betrag übersteigt, freigegeben wird:

a) wenn der Beschluss sich auf mehrere Konten in demselben Mitgliedstaat oder in verschiedenen Mitgliedstaaten bezieht oder

b) wenn der Beschluss nach Ausführung eines oder mehrerer gleichwertiger nationaler Beschlüsse gegen denselben Schuldner und zur Sicherung derselben Forderung erlassen wurde.

(2) Der Gläubiger reicht bis zum Ende des dritten Arbeitstags nach Eingang einer Erklärung nach Artikel 25, aus der eine solche überschießende vorläufige Pfändung hervorgeht, auf schnellstmöglichem Wege unter Verwendung des Formblatts, das im Wege von gemäß dem Beratungsverfahren nach Artikel 52 Absatz 2 erlassenen Durchführungsrechtsakten erstellt wurde, für die Beantragung der Freigabe überschüssiger vorläufig gepfändeter Beträge einen Antrag auf Freigabe bei der zuständigen Behörde des Vollstreckungsmitgliedstaats, in dem die überschießende vorläufige Pfändung erfolgte, ein. Diese Behörde weist nach Eingang des Antrags die betroffene Bank unverzüglich an, die Freigabe der überschüssigen vorläufig gepfändeten Beträge zu veranlassen. Artikel 24 Absatz 7 gilt gegebenenfalls in umgekehrter Reihenfolge.

(3) Dieser Artikel hindert einen Mitgliedstaat nicht daran, in seinen nationalen Rechtsvorschriften gegebenenfalls vorzusehen, dass die Freigabe überschüssiger vorläufig gepfändeter Gelder aus Konten, die in seinem Hoheitsgebiet geführt werden, von der zuständigen Vollstreckungsbehörde dieses Mitgliedstaats von sich aus eingeleitet wird.

Artikel 28
Zustellung an den Schuldner

(1) Der Beschluss zur vorläufigen Pfändung, die sonstigen in Absatz 5 genannten Schriftstücke und die Erklärung nach Artikel 25 werden dem Schuldner gemäß diesem Artikel zugestellt.

(2) Hat der Schuldner seinen Wohnsitz im Ursprungsmitgliedstaat, so wird die Zustellung nach dem Recht dieses Mitgliedstaats bewirkt. Die Zustellung wird von dem erlassenden Gericht oder dem Gläubiger, je nachdem, wer im Ursprungsmitgliedstaat für die Veranlassung der Zustellung zuständig ist, bis Ende des dritten Arbeitstags nach dem Tag des Erhalts der Erklärung nach Artikel 25 über vorläufig gepfändete Beträge veranlasst.

(3) Hat der Schuldner seinen Wohnsitz in einem anderen Mitgliedstaat als dem Ursprungsmitgliedstaat, so übermittelt das erlassende Gericht oder der Gläubiger, je nachdem, wer im Ursprungsmitgliedstaat für die Veranlassung der Zustellung zuständig ist, bis Ende des dritten Arbeitstags nach dem Tag des Erhalts der Erklärung nach Artikel 25 über vorläufig gepfändete Beträge die Schriftstücke nach Absatz 1 dieses Artikels der zuständigen Behörde des Mitgliedstaats, in dem der Schuldner seinen Wohnsitz hat, gemäß Artikel 29. Diese Behörde trifft unverzüglich die erforderlichen Maßnahmen, um die Zustellung an den Schuldner nach dem Recht des Mitgliedstaats, in dem der Schuldner seinen Wohnsitz hat, zu bewirken.

Ist der Mitgliedstaat, in dem der Schuldner seinen Wohnsitz hat, der einzige Vollstreckungsmitgliedstaat, so werden die Schriftstücke nach Absatz 5 dieses Artikels der zuständigen Behörde dieses Mitgliedstaats zur gleichen Zeit wie der Beschluss gemäß Artikel 23 Absatz 3 übermittelt. In solchen Fällen veranlasst diese zuständige Behörde die Zustellung sämtlicher Schriftstücke nach Absatz 1 dieses Artikels bis zum Ende des dritten Arbeitstags nach Eingang oder Ausstellung der Erklärung gemäß Artikel 25, aus der hervorgeht, dass Beträge vorläufig gepfändet wurden.

Die zuständige Behörde unterrichtet das erlassende Gericht oder den Gläubiger, je nachdem, wer die zuzustellenden Schriftstücke übermittelt hat, über das Ergebnis der Zustellung an den Schuldner.

(4) Hat der Schuldner seinen Wohnsitz in einem Drittstaat, so wird die Zustellung gemäß den im Ursprungsmitgliedstaat geltenden Vorschriften für die internationale Zustellung bewirkt.

(5) Folgende Schriftstücke, denen erforderlichenfalls eine Übersetzung oder Transliteration nach Artikel 49 Absatz 1 beigefügt wird, werden dem Schuldner zugestellt:

a) der Beschluss zur vorläufigen Pfändung unter Verwendung der Teile A und B des Formblatts nach Artikel 19 Absätze 2 und 3;

b) der Antrag auf Erlass eines Beschlusses zur vorläufigen Pfändung, der vom Gläubiger beim Gericht eingereicht wurde;

c) Abschriften aller Schriftstücke, die der Gläubiger dem Gericht zur Erwirkung des Beschlusses vorgelegt hat.

(6) Betrifft der Beschluss zur vorläufigen Pfändung mehr als eine Bank, so wird dem Schuldner nur die erste Erklärung nach Artikel 25, aus der hervorgeht, dass Beträge vorläufig gepfändet wurden, gemäß diesem Artikel zugestellt. Spätere Erklärungen nach Artikel 25 werden dem Schuldner unverzüglich zur Kenntnis gebracht.

Artikel 29
Übermittlung von Schriftstücken

(1) Ist in dieser Verordnung eine Übermittlung von Schriftstücken gemäß diesem Artikel vorgesehen, so kann diese Übermittlung mit geeigneten Mitteln vorgenommen werden, sofern der Inhalt des empfangenen Dokuments mit dem des übermittelten Dokuments inhaltlich genau übereinstimmt und sämtliche enthaltenen Angaben mühelos lesbar sind.

(2) Das Gericht oder die Behörde, bei dem bzw. der Schriftstücke gemäß Absatz 1 dieses Artikels eingegangen sind, übersendet bis zum Ende des dem Tag des Eingangs folgenden Arbeitstags der Behörde, dem Gläubiger oder der Bank, die bzw. der die Schriftstücke übermittelt hat, auf dem schnellstmöglichem Wege eine Empfangsbestätigung unter Verwendung des Formblatts, das im Wege von gemäß dem Beratungsverfahren nach Artikel 52 Absatz 2 erlassenen Durchführungsrechtsakten erstellt wurde.

Artikel 30
Vorläufige Pfändung bei Gemeinschaftskonten und Treuhandkonten

Die Gelder auf Konten, über die den Unterlagen der kontoführenden Bank zufolge der Schuldner nicht allein verfügen kann oder über die ein Dritter im Namen des Schuldners oder der Schuldner im Namen eines Dritten verfügen kann, dürfen nach dieser Verordnung nur insoweit vorläufig gepfändet werden, wie sie nach dem Recht des Vollstreckungsmitgliedstaats pfändbar sind.

Artikel 31
Von der vorläufigen Pfändung ausgenommene Beträge

(1) Die nach dem Recht des Vollstreckungsmitgliedstaats von der Pfändung freigestellten Beträge werden von der vorläufigen Pfändung gemäß dieser Verordnung ausgenommen.

(2) Sind die in Absatz 1 genannten Beträge nach dem Recht des Vollstreckungsmitgliedstaats ohne einen Antrag des Schuldners von der Pfändung freigestellt, so stellt die in diesem Mitgliedstaat für die Freistellung der Beträge zuständige Stelle von sich aus diese Beträge von der vorläufigen Pfändung frei.

(3) Sind die in Absatz 1 dieses Artikels genannten Beträge nach dem Recht des Vollstreckungsmitgliedstaats auf Antrag des Schuldners von der Pfändung freigestellt, so werden diese Beträge auf Antrag des Schuldners von der vorläufigen Pfändung freigestellt, wie in Artikel 34 Absatz 1 Buchstabe a vorgesehen.

Artikel 32
Rang des Beschlusses zur vorläufigen Pfändung

Der Beschluss zur vorläufigen Pfändung hat gegebenenfalls denselben Rang, den ein gleichwertiger nationaler Beschluss im Vollstreckungsmitgliedstaat besitzt.

KAPITEL 4
RECHTSBEHELFE

Artikel 33
Rechtsbehelf des Schuldners gegen den Beschluss zur vorläufigen Pfändung

(1) Auf Antrag des Schuldners beim zuständigen Gericht des Ursprungsmitgliedstaats wird der Beschluss zur vorläufigen Pfändung aus dem Grund widerrufen oder gegebenenfalls abgeändert, dass

a) die Bedingungen oder Voraussetzungen dieser Verordnung nicht erfüllt sind;

b) der Beschluss, die Erklärung nach Artikel 25 und/oder die sonstigen Schriftstücke nach Artikel 28 Absatz 5 dem Schuldner nicht innerhalb von 14 Tagen nach der vorläufigen Pfändung seines Kontos oder seiner Konten zugestellt wurden;

c) die Schriftstücke, die dem Schuldner gemäß Artikel 28 zugestellt wurden, nicht die Sprachenanforderungen gemäß Artikel 49 Absatz 1 erfüllten;

d) vorläufig gepfändete Beträge, die den im Beschluss angegebenen Betrag übersteigen, nicht gemäß Artikel 27 freigegeben wurden;

e) die Forderung, deren Vollstreckung der Gläubiger mit dem Beschluss sichern will, ganz oder teilweise beglichen wurde;

f) mit einer gerichtlichen Entscheidung in der Hauptsache die Forderung, deren Vollstreckung der Gläubiger mit dem Beschluss sichern wollte, abgewiesen wurde; oder

g) die gerichtliche Entscheidung in der Hauptsache, der gerichtliche Vergleich oder die öffentliche Urkunde, deren Vollstreckung der Gläubiger mit dem Beschluss sichern wollte, aufgehoben oder gegebenenfalls annulliert wurde.

(2) Auf Antrag des Schuldners beim zuständigen Gericht des Ursprungsmitgliedstaats wird die Entscheidung über die Sicherheit nach Artikel 12 aus dem Grund überprüft, dass geltend gemacht wird, dass die Bedingungen oder Voraussetzungen des genannten Artikels nicht vorlagen.

Verlangt das Gericht aufgrund eines solchen Rechtsbehelfs, dass der Gläubiger eine Sicherheit oder eine zusätzliche Sicherheit leistet, so gilt Artikel 12 Absatz 3 Satz 1 entsprechend und das Gericht erklärt, dass der Beschluss zur vorläufigen Pfändung widerrufen oder abgeändert wird, falls die geforderte (zusätzliche) Sicherheit nicht bis zum Ablauf der vom Gericht gesetzten Frist geleistet wird.

(3) Dem nach Absatz 1 Buchstabe b eingelegten Rechtsbehelf wird stattgegeben, sofern die fehlende Zustellung nicht innerhalb von 14 Tagen nach Unterrichtung des Gläubigers über den Rechtsbehelf des Schuldners nach Absatz 1 Buchstabe b geheilt wird.

Sofern die fehlende Zustellung nicht bereits durch andere Mittel geheilt wurde, gilt sie zum Zwecke der Beurteilung, ob dem nach Absatz 1 Buchstabe b eingelegten Rechtsbehelf stattzugeben ist, als geheilt,

a) wenn der Gläubiger bei der Stelle, die für die Zustellung nach dem Recht des Ursprungsmitgliedstaats zuständig ist, beantragt, dass die Schriftstücke dem Schuldner zugestellt werden, oder

b) wenn der Schuldner in seinem Rechtsbehelf angegeben hat, dass er damit einverstanden ist, die Schriftstücke beim Gericht des Ursprungsmitgliedstaats abzuholen, und wenn der Gläubiger dafür zuständig war, Übersetzungen zur Verfügung zu stellen, sofern der Gläubiger diesem Gericht Übersetzungen gemäß Artikel 49 Absatz 1 übermittelt.

Die Stelle, die für die Zustellung nach dem Recht des Ursprungsmitgliedstaats zuständig ist, stellt die Schriftstücke dem Schuldner auf Antrag des Gläubigers gemäß Unterabsatz 2 Buchstabe a dieses Absatzes unverzüglich per Einschreiben mit Rückschein an die vom Schuldner gemäß Absatz 5 angegebene Anschrift zu.

War der Gläubiger für die Veranlassung der Zustellung der Schriftstücke nach Artikel 28 zuständig, so kann die fehlende Zustellung nur geheilt werden, wenn der Gläubiger nachweist, dass er alle erforderlichen Schritte unternommen hat, um die ursprüngliche Zustellung der Schriftstücke zu bewirken.

(4) Dem nach Absatz 1 Buchstabe c eingelegten Rechtsbehelf wird stattgegeben, sofern der Gläubiger dem Schuldner die gemäß dieser Verordnung erforderlichen Übersetzungen nicht innerhalb von 14 Tagen nach seiner Unterrichtung über den Rechtsbehelf des Schuldners gemäß Absatz 1 Buchstabe c bereitstellt.

Absatz 3 Unterabsätze 2 und 3 gilt entsprechend.

(5) In seinem nach Absatz 1 Buchstaben b und c eingelegten Rechtsbehelf gibt der Schuldner eine Anschrift an, an die die in Artikel 28 genannten Schriftstücke und Übersetzungen gemäß den Absätzen 3 und 4 des vorliegenden Artikels übermittelt werden können, oder gibt an, dass er damit einverstanden ist, diese Schriftstücke beim Gericht des Ursprungsmitgliedstaats abzuholen.

Artikel 34
Rechtsbehelfe des Schuldners gegen die Vollstreckung des Beschlusses zur vorläufigen Pfändung

(1) Ungeachtet der Artikel 33 und 35 wird auf Antrag des Schuldners beim zuständigen Gericht oder, soweit dies im nationalen Recht vorgesehen ist, bei der zuständigen Vollstreckungsbehörde des Vollstreckungsmitgliedstaats die Vollstreckung des Beschlusses zur vorläufigen Pfändung in diesem Mitgliedstaat:

a) aus dem Grund eingeschränkt, dass nach Artikel 31 Absatz 3 bestimmte Beträge auf dem Konto von der Pfändung freigestellt werden sollten oder dass von der Pfändung freigestellte Beträge bei der Ausführung des Beschlusses gemäß Artikel 31 Absatz 2 nicht oder nicht richtig berücksichtigt wurden, oder

b) aus dem Grund beendet, dass

i) das vorläufig gepfändete Konto gemäß Artikel 2 Absätze 3 und 4 nicht unter diese Verordnung fällt;

ii) die Vollstreckung der gerichtlichen Entscheidung, des gerichtlichen Vergleichs oder der öffentlichen Urkunde, die der Gläubiger mit dem Beschluss sichern wollte, im Vollstreckungsmitgliedstaat verweigert wurde;

iii) die Vollstreckbarkeit der gerichtlichen Entscheidung, deren Vollstreckung der Gläubiger mit dem Beschluss sichern wollte, im Ursprungsmitgliedstaat ausgesetzt wurde, oder

iv) Artikel 33 Absatz 1 Buchstaben b, c, d, e, f oder g Anwendung findet. Artikel 33 Absätze 3, 4 bzw. 5 finden Anwendung.

(2) Auf Antrag des Schuldners beim zuständigen Gericht des Vollstreckungsmitgliedstaats wird die Vollstreckung des Beschlusses zur vorläufigen Pfändung in diesem Mitgliedstaat beendet, wenn sie der öffentlichen Ordnung (ordre public) des Vollstreckungsmitgliedstaats offensichtlich wider-

spricht.DE 27.6.2014 Amtsblatt der Europäischen Union L 189/85

Artikel 35
Sonstige Rechtsbehelfe für den Gläubiger und den Schuldner

(1) Der Gläubiger oder der Schuldner kann bei dem Gericht, das den Beschluss zur vorläufigen Pfändung erlassen hat, aus dem Grund die Abänderung oder den Widerruf des Beschlusses beantragen, dass sich die Umstände, die Anlass für den Erlass des Beschlusses waren, geändert haben.

(2) Das Gericht, das den Beschluss zur vorläufigen Pfändung erlassen hat, kann ferner aufgrund veränderter Umstände, sofern dies nach dem Recht des Ursprungsmitgliedstaats zulässig ist, den Beschluss von sich aus abändern oder widerrufen.

(3) Der Schuldner und der Gläubiger können aus dem Grund, dass sie sich hinsichtlich der Erfüllung der Forderung geeinigt haben, gemeinsam bei dem Gericht, das den Beschluss zur vorläufigen Pfändung erlassen hat, einen Widerruf oder eine Abänderung des Beschlusses bzw. bei dem zuständigen Gericht des Vollstreckungsmitgliedstaats oder, soweit dies im nationalen Recht vorgesehen ist, bei der zuständigen Vollstreckungsbehörde dieses Mitgliedstaats eine Beendigung oder Einschränkung der Vollstreckung des Beschlusses beantragen.

(4) Der Gläubiger kann beim zuständigen Gericht des Vollstreckungsmitgliedstaats oder, soweit dies im nationalen Recht vorgesehen ist, bei der zuständigen Vollstreckungsbehörde dieses Mitgliedstaats eine Abänderung der Vollstreckung des Beschlusses zur vorläufigen Pfändung beantragen, die in einer Anpassung der in diesem Mitgliedstaat gemäß Artikel 31 angewandten Freistellung besteht, aus dem Grund, dass bereits andere Freistellungen in ausreichender Höhe in Bezug auf ein oder mehrere Konten, die in einem oder mehreren anderen Mitgliedstaaten geführt werden, angewandt wurden und dass eine Anpassung daher angebracht ist.

Artikel 36
Verfahren für die Rechtsbehelfe gemäß den Artikeln 33, 34 und 35

(1) Die Einlegung eines Rechtsbehelfs nach Artikel 33, 34 oder 35 erfolgt unter Verwendung des Formblatts für den Rechtsbehelf, das im Wege von gemäß dem Beratungsverfahren nach Artikel 52 Absatz 2 erlassenen Durchführungsrechtsakten erstellt wurde. Der Antrag kann jederzeit auf jedem Kommunikationsweg übermittelt werden, der nach den Verfahrensvorschriften des Mitgliedstaats, in dem der Antrag eingereicht wird, zuläs-

sig ist — einschließlich elektronischer Kommunikationswege.

(2) Der Antrag wird der anderen Partei zur Kenntnis gebracht.

(3) Außer wenn der Antrag vom Schuldner gemäß Artikel 34 Absatz 1 Buchstabe a oder Artikel 35 Absatz 3 eingereicht wurde, wird die Entscheidung über den Antrag erlassen, nachdem beiden Parteien Gelegenheit gegeben wurde, sich zu äußern, auch mit den nach dem nationalen Recht jedes der beteiligten Mitgliedstaaten zur Verfügung stehenden geeigneten und zulässigen Mitteln der Kommunikationstechnologie.

(4) Die Entscheidung wird unverzüglich erlassen, jedoch nicht später als 21 Tage, nachdem das Gericht oder, soweit dies im nationalen Recht vorgesehen ist, die zuständige Vollstreckungsbehörde alle Informationen erhalten hat, die für seine bzw. ihre Entscheidung erforderlich sind. Die Entscheidung wird den Parteien zur Kenntnis gebracht.

(5) Die Entscheidung, den Beschluss zur vorläufigen Pfändung zu widerrufen oder abzuändern, und die Entscheidung, die Vollstreckung des Beschlusses zur vorläufigen Pfändung einzuschränken oder zu beenden, ist sofort vollstreckbar:

Wurde der Rechtsbehelf im Ursprungsmitgliedstaat eingelegt, so übermittelt das Gericht nach Artikel 29 die Entscheidung über den Rechtsbehelf unverzüglich der zuständigen Behörde des Vollstreckungsmitgliedstaats unter Verwendung des Formblatts, das im Wege von gemäß dem Beratungsverfahren nach Artikel 52 Absatz 2 erlassenen Durchführungsrechtsakten erstellt wurde. Diese Behörde stellt sofort nach Eingang sicher, dass die Entscheidung über den Rechtsbehelf ausgeführt wird.

Bezieht sich die Entscheidung über den Rechtsbehelf auf ein Bankkonto, das im Ursprungsmitgliedstaat geführt wird, so erfolgt die Durchführung in Bezug auf dieses Bankkonto nach dem Recht des Ursprungsmitgliedstaats.

Wurde der Rechtsbehelf im Vollstreckungsmitgliedstaat beantragt, so erfolgt die Durchführung der Entscheidung über den Rechtsbehelf nach dem Recht dieses Vollstreckungsmitgliedstaats.

Artikel 37
Rechtsmittel gegen Entscheidungen über den Rechtsbehelf

Jede Partei kann ein Rechtsmittel gegen eine gemäß Artikel 33, 34 oder 35 erlassene Entscheidung einlegen. Ein solches Rechtsmittel wird unter Verwendung des Formblatts, das im Wege von gemäß dem Beratungsverfahren nach Artikel 52 Absatz 2 erlassenen Durchführungsrechtsakten erstellt wurde, für das Rechtsmittel eingelegt.

Artikel 38
Sicherheitsleistung anstelle der vorläufigen Pfändung

(1) Auf Antrag des Schuldners

a) kann das Gericht, das den Beschluss zur vorläufigen Pfändung erlassen hat, die Freigabe der vorläufig gepfändeten Gelder anordnen, wenn der Schuldner bei diesem Gericht eine Sicherheit in Höhe des in dem Beschluss angegebenen Betrags oder eine anderweitige Sicherheit in einer Form, die nach dem Recht des Mitgliedstaats, in dem das Gericht seinen Sitz hat, zulässig ist, und in einem Wert, der mindestens jenem Betrag entspricht, leistet;

b) kann das zuständige Gericht oder, soweit dies im nationalen Recht vorgesehen ist, die zuständige Vollstreckungsbehörde des Vollstreckungsmitgliedstaats die Vollstreckung des Beschlusses zur vorläufigen Pfändung im Vollstreckungsmitgliedstaat beenden, wenn der Schuldner bei diesem Gericht oder dieser Behörde eine Sicherheit in Höhe des in diesem Mitgliedstaat vorläufig gepfändeten Betrags oder eine anderweitige Sicherheit in einer Form, die nach dem Recht des Mitgliedstaats, in dem das Gericht seinen Sitz hat, zulässig ist, und in einem Wert, der mindestens jenem Betrag entspricht, leistet.

(2) Die Artikel 23 und 24 gelten entsprechend für die Freigabe der vorläufig gepfändeten Gelder. Die Leistung einer Sicherheit anstelle der vorläufigen Pfändung wird dem Gläubiger nach nationalem Recht zur Kenntnis gebracht.

Artikel 39
Rechte Dritter

(1) Das Recht eines Dritten, einen Beschluss zur vorläufigen Pfändung anzufechten, richtet sich nach dem Recht des Ursprungsmitgliedstaats.

(2) Das Recht eines Dritten, die Vollstreckung eines Beschlusses zur vorläufigen Pfändung anzufechten, richtet sich nach dem Recht des Vollstreckungsmitgliedstaats.

(3) Unbeschadet sonstiger Zuständigkeitsvorschriften des Unionsrechts oder des nationalen Rechts sind für Entscheidungen über eine Klage eines Dritten

a) zur Anfechtung eines Beschlusses zur vorläufigen Pfändung die Gerichte des Ursprungsmitgliedstaats zuständig und

b) zur Anfechtung der Vollstreckung eines Beschlusses zur vorläufigen Pfändung im Vollstreckungsmitgliedstaat die Gerichte des Vollstreckungsmitgliedstaats oder, soweit dies im nationalen Recht dieses Mitgliedstaats vorgesehen ist, die zuständige Vollstreckungsbehörde zuständig.

KAPITEL 5
ALLGEMEINE BESTIMMUNGEN

Artikel 40
Legalisation oder ähnliche Förmlichkeiten

Im Rahmen dieser Verordnung bedarf es weder der Legalisation noch einer ähnlichen Förmlichkeit.

Artikel 41
Rechtliche Vertretung

In Verfahren, mit denen ein Beschluss zur vorläufigen Pfändung erwirkt werden soll, ist eine Vertretung durch einen Rechtsanwalt oder einen sonstigen Rechtsbeistand nicht verpflichtend. In Verfahren nach Kapitel 4 ist eine Vertretung durch einen Rechtsanwalt oder einen sonstigen Rechtsbeistand nicht verpflichtend, es sei denn, eine solche Vertretung ist nach dem Recht des Mitgliedstaats des Gerichts oder der Behörde, bei dem bzw. der Rechtsbehelf gestellt worden ist, ungeachtet der Staatsangehörigkeit oder des Wohnsitzes der Parteien vorgeschrieben.

Artikel 42
Gerichtsgebühren

Die Gebühren in Verfahren, in denen ein Beschluss zur vorläufigen Pfändung erwirkt werden soll, oder in einem Rechtsbehelfsverfahren gegen einen Beschluss dürfen nicht höher sein als jene, die für einen gleichwertigen nationalen Beschluss oder einen Rechtsbehelf gegen einen solchen nationalen Beschluss in Rechnung gestellt werden.

Artikel 43
Den Banken entstehende Kosten

(1) Eine Bank darf sich die Kosten, die ihr bei der Ausführung eines Beschlusses zur vorläufigen Pfändung entstehen, vom Gläubiger oder vom Schuldner nur dann erstatten oder vergüten lassen, wenn sie nach dem Recht des Vollstreckungsmitgliedstaats im Zusammenhang mit gleichwertigen nationalen Beschlüssen Anspruch auf eine solche Vergütung oder Erstattung hat.

(2) Die Gebühren, die von einer Bank zur Deckung der Kosten nach Absatz 1 erhoben werden, sind unter Berücksichtigung der Komplexität der Ausführung des Beschlusses zur vorläufigen Pfändung festzulegen und dürfen nicht höher sein als die Gebühren, die für die Ausführung gleichwertiger nationaler Beschlüsse erhoben werden.

(3) Die Gebühren, die von einer Bank zur Deckung der Kosten für die Erteilung von Kontoinformationen nach Artikel 14 erhoben werden, dürfen die tatsächlich entstandenen Kosten und gegebenenfalls die Gebühren, die für die Erteilung von Kontoinformationen im Rahmen gleichwerti-

VTVO, KpfVO

ger nationaler Beschlüsse erhoben werden, nicht übersteigen.

Artikel 44
Von den Behörden erhobene Gebühren

Die Gebühren, die von einer Behörde oder sonstigen Stelle des Vollstreckungsmitgliedstaats, die an der Bearbeitung oder Vollstreckung eines Beschlusses zur vorläufigen Pfändung oder an der Erteilung von Kontoinformationen nach Artikel 14 beteiligt ist, erhoben werden, werden anhand einer Gebührenskala oder eines sonstigen Regelwerks bestimmt, die bzw. das jeder Mitgliedstaat im Voraus festlegt und in der bzw. dem die geltenden Gebühren in transparenter Weise aufgeführt sind. Bei der Festlegung der Skala oder des Regelwerks können die Mitgliedstaaten die Höhe des in dem Beschluss angegebenen Betrags und die Komplexität der Bearbeitung des Beschlusses berücksichtigen. Die Gebühren dürfen die im Zusammenhang mit einem gleichwertigen nationalen Beschluss gegebenenfalls erhobenen Gebühren nicht übersteigen.

Artikel 45
Fristen

Ist es aufgrund außergewöhnlicher Umstände dem Gericht oder der beteiligten Behörde nicht möglich, die Fristen gemäß Artikel 14 Absatz 7, Artikel 18, Artikel 23 Absatz 2, Artikel 25 Absatz 3 Unterabsatz 2, Artikel 28 Absätze 2, 3 und 6, Artikel 33 Absatz 3 und Artikel 36 Absätze 4 und 5 einzuhalten, so ergreift das Gericht oder die Behörde so rasch wie möglich die nach jenen Vorschriften erforderlichen Maßnahmen.

Artikel 46
Verhältnis zum nationalen Prozessrecht

(1) Sämtliche verfahrensrechtlichen Fragen, die in dieser Verordnung nicht ausdrücklich geregelt sind, richten sich nach dem Recht des Mitgliedstaats, in dem das Verfahren stattfindet.

(2) Die Wirkungen der Eröffnung eines Insolvenzverfahrens auf einzelne Vollstreckungshandlungen, wie die Vollstreckung eines Beschlusses zur vorläufigen Pfändung, richten sich nach dem Recht des Mitgliedstaats, in dem das Insolvenzverfahren eröffnet wurde.

Artikel 47
Datenschutz

(1) Personenbezogene Daten, die nach dieser Verordnung erhoben, verarbeitet oder übermittelt werden, müssen dem Zweck, zu dem sie erhoben, verarbeitet oder übermittelt wurden, entsprechen, müssen dafür erheblich sein und dürfen nicht da-

rüber hinausgehen; sie werden ausschließlich für diesen Zweck verwendet.

(2) Die zuständige Behörde, die Auskunftsbehörde und jede sonstige Stelle, die für die Vollstreckung des Beschlusses zur vorläufigen Pfändung zuständig ist, bewahrt die Daten nach Absatz 1 nur so lange auf, wie dies für den Zweck, zu dem sie erhoben, verarbeitet oder übermittelt wurden, erforderlich ist, in jedem Fall aber höchstens sechs Monate ab Beendigung des Verfahrens, und gewährleistet während dieser Zeit einen angemessenen Schutz dieser Daten. Dieser Absatz gilt nicht für die Daten, die von Gerichten bei der Ausübung ihrer Aufgaben verarbeitet und gespeichert werden.

Artikel 48
Verhältnis zu anderen Rechtsakten

Diese Verordnung berührt nicht die Anwendung

a) der Verordnung (EG) Nr. 1393/2007 des Europäischen Parlaments und des Rates[1], außer in den Fällen nach Artikel 10 Absatz 2, Artikel 14 Absätze 3 und 6, Artikel 17 Absatz 5, Artikel 23 Absätze 3 und 6, Artikel 25 Absätze 2 und 3, Artikel 28 Absätze 1, 3, 5 und 6, Artikel 29, Artikel 33 Absatz 3, Artikel 36 Absätze 2 und 4 und Artikel 49 Absatz 1 der vorliegenden Verordnung;

b) der Verordnung (EU) Nr. 1215/2012;

c) der Verordnung (EG) Nr. 1346/2000;

d) der Richtlinie 95/46/EG, außer in den Fällen nach Artikel 14 Absatz 8 und Artikel 47 der vorliegenden Verordnung;

e) der Verordnung (EG) Nr. 1206/2001 des Europäischen Parlaments und des Rates[2];

f) der Verordnung (EG) Nr. 864/2007, außer in den Fällen nach Artikel 13 Absatz 4 der vorliegenden Verordnung.

Artikel 49
Sprachenregelung

(1) Den in Artikel 28 Absatz 5 Buchstaben a und b aufgeführten und dem Schuldner zuzustellenden Schriftstücken, die nicht in der Amtsspra-

---

Zu Artikel 48:

[1] *Verordnung (EG) Nr. 1393/2007 des Europäischen Parlaments und des Rates vom 13. November 2007 über die Zustellung gerichtlicher und außergerichtlicher Schriftstücke in Zivil- oder Handelssachen in den Mitgliedstaaten (Zustellung von Schriftstücken) und zur Aufhebung der Verordnung (EG) Nr. 1348/2000 des Rates (ABl. L 324 vom 10.12.2007, S. 79).*

[2] *Verordnung (EG) Nr. 1206/2001 des Rates vom 28. Mai 2001 über die Zusammenarbeit zwischen den Gerichten der Mitgliedstaaten auf dem Gebiet der Beweisaufnahme in Zivil- oder Handelssachen (ABl. L 174 vom 27.6.2001, S. 1).*

che des Mitgliedstaats, in dem der Schuldner seinen Wohnsitz hat, oder, sofern es mehrere Amtssprachen in diesem Mitgliedstaat gibt, der Amtssprache oder einer der Amtssprachen des Ortes, an dem der Schuldner seinen Wohnsitz hat, oder in einer anderen Sprache, die er versteht, abgefasst sind, ist eine Übersetzung oder Transliteration in eine dieser Sprachen beizufügen. In Artikel 28 Absatz 5 Buchstabe c aufgeführte Schriftstücke werden nicht übersetzt, sofern nicht das Gericht ausnahmsweise beschließt, dass bestimmte Schriftstücke übersetzt oder transliteriert werden müssen, damit der Schuldner seine Rechte geltend machen kann.

(2) Schriftstücke, die gemäß dieser Verordnung an ein Gericht oder eine zuständige Behörde gerichtet werden, können auch in einer anderen Amtssprache der Organe der Union angefertigt werden, wenn der betreffende Mitgliedstaat erklärt hat, dass er diese Sprache akzeptieren kann.

(3) Eine Übersetzung nach Maßgabe dieser Verordnung ist von einem in einem Mitgliedstaat hierzu befugten Übersetzer anzufertigen.

Artikel 50
Von den Mitgliedstaaten bereitzustellende Informationen

(1) Die Mitgliedstaaten teilen der Kommission bis zum 18. Juli 2016 Folgendes mit:

a) die benannten Gerichte, die befugt sind, einen Beschluss zur vorläufigen Pfändung zu erlassen (Artikel 6 Absatz 4);

b) die benannte Behörde, die befugt ist, Kontoinformationen einzuholen (Artikel 14);

c) die nach ihrem nationalen Recht zur Verfügung stehenden Methoden zur Einholung von Kontoinformationen (Artikel 14 Absatz 5);

d) die Gerichte, bei denen ein Rechtsbehelf eingelegt werden kann (Artikel 21);

e) die benannte Behörde oder Behörden, die befugt ist bzw. sind, den Beschluss zur vorläufigen Pfändung und sonstige Schriftstücke nach dieser Verordnung entgegenzunehmen, zu übermitteln und zuzustellen (Artikel 4 Nummer 14);

f) die für die Vollstreckung eines Beschlusses zur vorläufigen Pfändung gemäß Kapitel 3 zuständige Behörde;

g) ihre nationalen Regelungen in Bezug auf die Möglichkeiten der vorläufigen Pfändung von Gemeinschafts- oder Treuhandkonten (Artikel 30);

h) die nationalen Vorschriften in Bezug auf von der Pfändung freigestellte Beträge (Artikel 31);

i) ob nach ihrem nationalem Recht die Banken Gebühren für die Ausführung gleichwertiger nationaler Beschlüsse oder die Erteilung von Kontoinformationen erheben dürfen und, wenn dies

der Fall ist, welche Partei diese Gebühren vorläufig und endgültig zu entrichten hat (Artikel 43);

j) die Gebührenskala oder das sonstige Regelwerk, in der bzw. dem die geltenden Gebühren aufgeführt sind, die von einer an der Bearbeitung oder Vollstreckung eines Beschlusses zur vorläufigen Pfändung beteiligten Behörde oder sonstigen Stelle erhoben werden (Artikel 44);

k) ob gleichwertigen nationalen Beschlüssen nach nationalem Recht ein bestimmter Rang eingeräumt wird (Artikel 32);

l) die Gerichte oder gegebenenfalls die Vollstreckungsbehörde, die für einen Rechtsbehelf zuständig sind bzw. ist (Artikel 33 Absatz 1, Artikel 34 Absatz 1 oder 2);

m) die Gerichte, bei denen das Rechtsmittel einzulegen ist, die Frist, innerhalb derer dieses Rechtsmittel nach nationalem Recht einzulegen ist, sofern eine solche vorgesehen ist, und das Ereignis, mit dem diese Frist zu laufen beginnt (Artikel 37);

n) eine Angabe der Gerichtsgebühren (Artikel 42) und

o) die Sprachen, die für die Übersetzung der Schriftstücke zugelassen sind (Artikel 49 Absatz 2).

Die Mitgliedstaaten unterrichten die Kommission über spätere Änderungen dieser Angaben.

(2) Die Angaben werden von der Kommission in geeigneter Weise veröffentlicht, insbesondere über das Europäische Justizielle Netz für Zivil- und Handelssachen.

Artikel 51
Erstellung und spätere Änderung der Formblätter

Die Kommission erlässt Durchführungsrechtsakte zur Erstellung und späteren Änderung der Formblätter nach Artikel 8 Absatz 1, Artikel 10 Absatz 2, Artikel 19 Absatz 1, Artikel 25 Absatz 1, Artikel 27 Absatz 2, Artikel 29 Absatz 2, Artikel 36 Absatz 1, Artikel 36 Absatz 5 Unterabsatz 2 und Artikel 37. Diese Durchführungsrechtsakte werden gemäß dem in Artikel 52 Absatz 2 genannten Beratungsverfahren erlassen.

VTVO, KpfVO

Artikel 52
Ausschussverfahren

(1) Die Kommission wird von einem Ausschuss unterstützt. Dieser Ausschuss ist ein Ausschuss im Sinne der Verordnung (EU) Nr. 182/2011.

(2) Wird auf diesen Absatz Bezug genommen, so gilt Artikel 4 der Verordnung (EU) Nr. 182/2011.

Artikel 53
Überwachung und Überprüfung

(1) Die Kommission übermittelt dem Europäischen Parlament, dem Rat und dem Europäischen Wirtschafts- und Sozialausschuss bis zum 18. Januar 2022 einen Bericht über die Anwendung dieser Verordnung, der auch eine Bewertung der Frage umfasst,

a) ob Finanzinstrumente in den Anwendungsbereich dieser Verordnung aufgenommen werden sollten und

b) ob Beträge, die nach Ausführung des Beschlusses zur vorläufigen Pfändung dem Konto des Schuldners gutgeschrieben wurden, aufgrund des Beschlusses vorläufig pfändbar gemacht werden könnten.

Dem Bericht wird gegebenenfalls ein Vorschlag zur Änderung dieser Verordnung und eine Folgenabschätzung der einzuführenden Änderungen beigefügt.

(2) Für die Zwecke des Absatzes 1 erheben die Mitgliedstaaten folgende Informationen und übermitteln sie der Kommission auf Anfrage:

a) die Zahl der Anträge auf Erlass eines Beschlusses zur vorläufigen Pfändung und die Zahl der erlassenen Beschlüsse;

b) die Zahl der Anträge auf Einlegung eines Rechtsbehelfs gemäß den Artikeln 33 und 34 und,

wenn möglich, die Zahl der Fälle, in denen dem Rechtsbehelf stattgegeben wurde, und

c) die Zahl der Anträge auf Einlegung eines Rechtsmittels gemäß Artikel 37 und, sofern möglich, die Zahl der Fälle, in denen das Rechtsmittel erfolgreich war.

KAPITEL 6

SCHLUSSBESTIMMUNGEN

Artikel 54
Inkrafttreten

Diese Verordnung tritt am zwanzigsten Tag nach ihrer Veröffentlichung im *Amtsblatt der Europäischen Union* in Kraft.
Sie gilt ab dem 18. Januar 2017 mit Ausnahme des Artikels 50, der ab dem 18. Juli 2016 gilt.

Diese Verordnung ist in allen ihren Teilen verbindlich und gilt gemäß den Verträgen unmittelbar in den Mitgliedstaaten.

Geschehen zu Brüssel am 15. Mai 2014.

Im Namen des Europäischen Parlaments

Im Namen des Rates

Der Präsident
M. SCHULZ

Der Präsident
D. KOURKOULAS

Siehe auch die

Durchführungsverordnung (EU) 2016/1823 der Kommission vom 10. Oktober 2016 zur Festlegung der Formblätter nach Maßgabe der Verordnung (EU) Nr. 655/2014 des Europäischen Parlaments und des Rates zur Einführung eines Verfahrens für einen Europäischen Beschluss zur vorläufigen Kontenpfändung im Hinblick auf die Erleichterung der grenzüberschreitenden Eintreibung von Forderungen in Zivil- und Handelssachen (ABl. L 283 vom 19.10.2016, S 1–48)

Richtlinie zur Prozesskostenhilfe

RICHTLINIE 2003/8/EG DES RATES vom 27. Januar 2003 zur Verbesserung des Zugangs zum Recht bei Streitsachen mit grenzüberschreitendem Bezug durch Festlegung gemeinsamer Mindestvorschriften für die Prozesskostenhilfe in derartigen Streitsachen, ABl L 26 vom 31. 1. 2003, S 41 idF

1 ABl L 32 vom 7. 2. 2003, S 15

Berichtigt durch ABl L 32 v 7. 2. 2003, 15 (2003/8/EG)
Formular: Beschluss der Kommission v 26. 8. 2005 (2005/630/EG)
Siehe auch den Europäischer Gerichtsatlas für Zivilsachen im Europäischen Justizportal („dynamische Formulare")

*Für das **Vereinigte Königreich** s ab 1.1.2021 die Übergangsbestimmungen des Austrittsabkommens (abgedruckt am Ende nach dem Anhang).*

„RICHTLINIE 2003/8/EG DES RATES" vom 27. Januar 2003 zur Verbesserung des Zugangs zum Recht bei Streitsachen mit grenzüberschreitendem Bezug durch Festlegung gemeinsamer Mindestvorschriften für die Prozesskostenhilfe in derartigen Streitsachen

DER RAT DER EUROPÄISCHEN UNION –

gestützt auf den Vertrag zur Gründung der Europäischen Gemeinschaft, insbesondere auf Artikel 61 Buchstabe c und Artikel 67,

auf Vorschlag der Kommission[1)],

nach Stellungnahme des Europäischen Parlaments[2)],

nach Stellungnahme des Wirtschafts- und Sozialausschusses[3)],

in Erwägung nachstehender Gründe:
(1) Die Europäische Union hat sich zum Ziel gesetzt, einen Raum der Freiheit, der Sicherheit und des Rechts, in dem der freie Personenverkehr gewährleistet ist, zu erhalten und weiterzuentwickeln. Zum schrittweisen Aufbau dieses Raums erlässt die Gemeinschaft unter anderem im Bereich der justiziellen Zusammenarbeit in Zivilsachen mit grenzüberschreitendem Bezug die für das reibungslose Funktionieren des Binnenmarkts erforderlichen Maßnahmen.

(2) Gemäß Artikel 65 Buchstabe c des Vertrags schließen diese Maßnahmen die Beseitigung der Hindernisse für eine reibungslose Abwicklung von Zivilverfahren ein, erforderlichenfalls durch Förderung der Vereinbarkeit der in den Mitglied-

staaten geltenden zivilrechtlichen Verfahrensvorschriften.

(3) Der Europäische Rat hat auf seiner Tagung in Tampere vom 15. und 16. Oktober 1999 den Rat ersucht, Mindeststandards zur Gewährleistung eines angemessenen Niveaus der Prozesskostenhilfe bei grenzüberschreitenden Rechtssachen in allen Ländern der Union zu verabschieden.

(4) Alle Mitgliedstaaten sind Vertragsparteien der Europäischen Konvention zum Schutze der Menschenrechte und Grundfreiheiten vom 4. November 1950. Die vorliegende Richtlinie kommt unter Einhaltung dieser Konvention zur Anwendung, insbesondere unter Wahrung des Grundsatzes der Gleichheit beider Streitparteien.

(5) Diese Richtlinie zielt darauf ab, die Anwendung der Prozesskostenhilfe in Streitsachen mit grenzüberschreitendem Bezug für Personen zu fördern, die nicht über ausreichende Mittel verfügen, soweit diese Hilfe erforderlich ist, um den Zugang zu den Gerichten wirksam zu gewährleisten. Das allgemein anerkannte Recht auf Zugang zu den Gerichten wird auch in Artikel 47 der Charta der Grundrechte der Europäischen Union bestätigt.

(6) Unzureichende Mittel einer Partei, die als Klägerin oder Beklagte an einer Streitsache beteiligt ist, dürfen den effektiven Zugang zum Recht ebenso wenig behindern wie Schwierigkeiten aufgrund des grenzüberschreitenden Bezugs einer Streitsache.

(7) Da die Ziele der beabsichtigten Maßnahme auf Ebene der Mitgliedstaaten nicht ausreichend erreicht werden können und daher besser auf Gemeinschaftsebene zu erreichen sind, kann die Gemeinschaft im Einklang mit dem in Artikel 5 des Vertrags niedergelegten Subsidiaritätsprinzip tätig werden. Entsprechend dem in dem selben

---

[1)] *ABl. C 103 E vom 30.4.2002, S. 368.*
[2)] *Stellungnahme vom 25. September 2002 (noch nicht im Amtsblatt veröffentlicht).*
[3)] *ABl. C 221 vom 17.9.2002, S. 64.*

Artikel genannten Verhältnismäßigkeitsprinzip geht diese Richtlinie nicht über das für die Erreichung dieser Ziele erforderliche Maß hinaus.

(8) Diese Richtlinie soll vor allem eine angemessene Prozesskostenhilfe in Streitsachen mit grenzüberschreitendem Bezug gewährleisten, indem gemeinsame Mindestvorschriften für die Prozesskostenhilfe in solchen Streitsachen festgelegt werden. Eine Richtlinie des Rates ist hierfür das geeignetste Rechtsinstrument.

(9) Diese Richtlinie findet in zivil- und handelsrechtlichen Streitsachen mit grenzüberschreitendem Bezug Anwendung.

(10) Jede Person, die an einer unter diese Richtlinie fallenden zivil- oder handelsrechtlichen Streitsache beteiligt ist, muss in der Lage sein, ihre Rechte geltend zu machen, auch wenn sie aufgrund ihrer persönlichen finanziellen Situation die Prozesskosten nicht tragen kann. Die Prozesskostenhilfe gilt als angemessen, wenn sie dem Empfänger einen effektiven Zugang zum Recht unter den in dieser Richtlinie vorgesehenen Voraussetzungen ermöglicht.

(11) Die Prozesskostenhilfe sollte die vorprozessuale Rechtsberatung zur außergerichtlichen Streitbeilegung, den Rechtsbeistand bei Anrufung eines Gerichts und die rechtliche Vertretung vor Gericht sowie eine Unterstützung oder Befreiung von den Prozesskosten umfassen.

(12) Es bleibt dem Recht des Mitgliedstaats des Gerichtstands oder des Vollstreckungsmitgliedstaats überlassen, ob die Prozesskosten auch die dem Empfänger der Prozesskostenhilfe auferlegten Kosten der Gegenpartei einschließen können.

(13) Unabhängig von ihrem Wohnsitz oder ihrem gewöhnlichen Aufenthalt im Hoheitsgebiet eines Mitgliedstaats müssen alle Unionsbürger Prozesskostenhilfe bei Streitsachen mit grenzüberschreitendem Bezug in Anspruch nehmen können, wenn sie die in dieser Richtlinie genannten Voraussetzungen erfüllen. Gleiches gilt für die Angehörigen von Drittstaaten, die ihren rechtmäßigen gewöhnlichen Aufenthalt in einem Mitgliedstaat haben.

(14) Es sollte den Mitgliedstaaten überlassen bleiben, Schwellenwerte festzulegen, bei deren Überschreiten von einer Person unter den in dieser Richtlinie festgelegten Bedingungen anzunehmen ist, dass sie die Kosten des Verfahrens tragen kann. Derartige Schwellenwerte sind anhand verschiedener objektiver Faktoren wie Einkom-

men, Vermögen oder familiäre Situation festzulegen.

(15) Das Ziel dieser Richtlinie könnte jedoch nicht erreicht werden, wenn die Personen, die Prozesskostenhilfe beantragen, nicht die Möglichkeit erhielten, nachzuweisen, dass sie nicht für die Prozesskosten aufkommen können, obwohl ihr Vermögen den vom Mitgliedstaat des Gerichtsstands festgelegten Schwellenwert überschreitet. Bei der Bewertung, ob Prozesskostenhilfe auf dieser Grundlage zu gewähren ist, können die Behörden im Mitgliedstaat des Gerichtsstands Informationen darüber berücksichtigen, dass der Antragsteller in dem Mitgliedstaat, in dem er seinen Wohnsitz oder seinen gewöhnlichen Aufenthalt hat, die finanziellen Kriterien für die Gewährung der Hilfe erfüllt.

(16) Die Möglichkeit, im konkreten Fall auf andere Regelungen zurückzugreifen, die einen effektiven Zugang zum Recht gewährleisten, stellt keine Form der Prozesskostenhilfe dar. Sie kann jedoch die Annahme rechtfertigen, dass die betreffende Person trotz ungünstiger finanzieller Verhältnisse die Prozesskosten tragen kann.

(17) Die Mitgliedstaaten sollten die Möglichkeit haben, Anträge auf Prozesskostenhilfe für offensichtlich unbegründete Verfahren, oder aus Gründen, die mit dem Wesen, insbesondere den Erfolgsaussichten der Sache zusammenhängen, abzulehnen, sofern Rechtsberatung vor Prozessbeginn angeboten wird und der Zugang zum Recht gewährleistet ist. Bei ihrer Entscheidung über das Wesen und insbesondere die Erfolgsaussichten eines Antrags können die Mitgliedstaaten Anträge auf Prozesskostenhilfe ablehnen, wenn der Antragsteller eine Rufschädigung geltend macht, jedoch keinen materiellen oder finanziellen Schaden erlitten hat, oder wenn der Antrag einen Rechtsanspruch betrifft, der in unmittelbarem Zusammenhang mit dem Geschäft oder der selbstständigen Erwerbstätigkeit des Antragstellers entstanden ist.

(18) Die Komplexität und die Unterschiede der Gerichtssysteme der Mitgliedstaaten sowie die durch den grenzüberschreitenden Charakter von Streitsachen bedingten Kosten dürfen den Zugang zum Recht nicht behindern. Die Prozesskostenhilfe daher die unmittelbar mit dem grenzüberschreitenden Charakter einer Streitsache verbundenen Kosten decken.

(19) Bei der Prüfung der Frage, ob die persönliche Anwesenheit vor Gericht erforderlich ist, sollten die Gerichte eines Mitgliedstaats in vollem Umfang die Möglichkeiten berücksichtigen, die sich aus der Verordnung (EG) Nr. 1206/2001 des

Rates vom 28. Mai 2001 über die Zusammenarbeit zwischen den Gerichten der Mitgliedstaaten auf dem Gebiet der Beweisaufnahme in Zivil- oder Handelssachen[4] ergeben.

(20) Wird Prozesskostenhilfe gewährt, so muss sie sich auf das gesamte Verfahren erstrecken, einschließlich der Kosten für die Vollstreckung eines Urteils; dem Empfänger sollte die Prozesskostenhilfe weiter gewährt werden, wenn ein Rechtsbehelf entweder gegen ihn oder von ihm eingelegt wird, sofern die Voraussetzungen im Hinblick auf die finanziellen Verhältnisse und den Inhalt der Streitsache weiterhin erfüllt sind.

(21) Die Prozesskostenhilfe ist gleichermaßen für herkömmliche Gerichtsverfahren und außergerichtliche Verfahren wie die Schlichtung zu gewähren, wenn ihre Anwendung gesetzlich vorgeschrieben ist oder vom Gericht angeordnet wird.

(22) Die Prozesskostenhilfe sollte unter den in dieser Richtlinie festgelegten Voraussetzungen auch für die Vollstreckung öffentlicher Urkunden in einem anderen Mitgliedstaat gewährt werden.

(23) Da die Prozesskostenhilfe vom Mitgliedstaat des Gerichtsstands oder vom Vollstreckungsmitgliedstaat gewährt wird, mit Ausnahme der vorprozessualen Rechtsberatung, wenn die Person, die Prozesskostenhilfe beantragt, ihren Wohnsitz oder gewöhnlichen Aufenthalt nicht im Mitgliedstaat des Gerichtsstands hat, muss dieser Mitgliedstaat sein eigenes Recht unter Wahrung der in dieser Richtlinie festgeschriebenen Grundsätze anwenden.

(24) Die Prozesskostenhilfe sollte von der zuständigen Behörde des Mitgliedstaats des Gerichtsstands bzw. des Vollstreckungsmitgliedstaats gewährt oder verweigert werden. Dies gilt sowohl für die Verhandlung der Sache als auch für die Entscheidung über die Zuständigkeit.

(25) Die justizielle Zusammenarbeit in Zivilsachen sollte zwischen den Mitgliedstaaten so geregelt werden, dass die Information der Öffentlichkeit und der Fachkreise gefördert und die Übermittlung der Anträge auf Prozesskostenhilfe von einem Mitgliedstaat in einen anderen erleichtert und beschleunigt wird.

(26) Die in dieser Richtlinie vorgesehenen Verfahren der Notifizierung und Übermittlung orientieren sich unmittelbar an denen des am 27.

Januar 1977 in Straßburg unterzeichneten Europäischen Übereinkommens über die Übermittlung von Anträgen auf Bewilligung der Prozesskostenhilfe, im Folgenden „Übereinkommen von 1977" genannt. Für die Übermittlung der Anträge auf Prozesskostenhilfe wird eine Frist gesetzt, die im Übereinkommen von 1977 nicht vorgesehen ist. Die Festsetzung einer relativ kurzen Frist trägt zu einer geordneten Rechtspflege bei.

(27) Die nach dieser Verordnung übermittelten Daten sollten geschützt werden. Da die Richtlinie 95/46/EG des Europäischen Parlaments und des Rates vom 24. Oktober 1995 zum Schutz natürlicher Personen bei der Verarbeitung personenbezogener Daten und zum freien Datenverkehr[5] und die Richtlinie 97/66/EG des Europäischen Parlaments und des Rates vom 15. Dezember 1997 über die Verarbeitung personenbezogener Daten und den Schutz der Privatsphäre im Bereich der Telekommunikation[6] Anwendung finden, sind spezielle Bestimmungen zum Datenschutz in der vorliegenden Richtlinie nicht erforderlich.

(28) Die Einführung eines Standardformulars für Anträge auf Prozesskostenhilfe und für die Übermittlung der Anträge auf Prozesskostenhilfe bei Streitsachen mit grenzüberschreitendem Bezug wird die Verfahren vereinfachen und beschleunigen.

(29) Darüber hinaus sollten diese Antragsformulare sowie nationale Antragsformulare auf europäischer Ebene über das Informationssystem des gemäß der Entscheidung 2001/470/EG[7] eingerichteten Europäischen Justiziellen Netzes zur Verfügung gestellt werden.

(30) Die zur Durchführung dieser Richtlinie erforderlichen Maßnahmen sollten gemäß dem Beschluss 1999/468/EG des Rates vom 28. Juni 1999 zur Festlegung der Modalitäten für die Ausübung der der Kommission übertragenen Durchführungsbefugnisse[8] erlassen werden.

(31) Die Festlegung von Mindestnormen für Streitsachen mit grenzüberschreitendem Bezug hindert die Mitgliedstaaten nicht daran, günstigere Bestimmungen für Personen, die Prozesskostenhilfe beantragen und erhalten, vorzusehen.

RL Prozesskosten

Zu Abs. 19:
[4] *ABl. L 174 vom 27.6.2001, S. 1.*

Zu Abs. 27:
[5] *ABl. L 281 vom 23.11.1995, S. 31.*
[6] *ABl. L 24 vom 30.1.1998, S. 1.*
Zu Abs. 29:
[7] *ABl. L 174 vom 27.6.2001, S. 25.*
Zu Abs. 30:
[8] *ABl. L 184 vom 17.7.1999, S. 23.*

(32) Das Übereinkommen von 1977 und das 2001 in Moskau unterzeichnete Zusatzprotokoll zum Europäischen Übereinkommen über die Übermittlung von Anträgen auf Bewilligung der Prozesskostenhilfe bleiben auf die Beziehungen zwischen den Mitgliedstaaten und Drittstaaten, die Vertragsparteien des Übereinkommens von 1977 oder des Protokolls sind, anwendbar. In den Beziehungen zwischen den Mitgliedstaaten hingegen hat diese Richtlinie Vorrang vor den Bestimmungen des Übereinkommens von 1977 und des Protokolls.

(33) Das Vereinigte Königreich und Irland haben gemäß Artikel 3 des Protokolls über die Position des Vereinigten Königreichs und Irlands im Anhang zum Vertrag über die Europäische Union und im Anhang zum Vertrag zur Gründung der Europäischen Gemeinschaft mitgeteilt, dass sie sich an der Annahme und Anwendung dieser Richtlinie beteiligen möchten.

(34) Nach den Artikeln 1 und 2 des Protokolls über die Position Dänemarks, das dem Vertrag über die Europäische Union und dem Vertrag zur Gründung der Europäischen Gemeinschaft beigefügt ist, beteiligt sich Dänemark nicht an der Annahme dieser Richtlinie, die für Dänemark demnach nicht bindend oder anwendbar ist –

HAT FOLGENDE RICHTLINIE ERLASSEN:

KAPITEL I
ANWENDUNGSBEREICH UND BEGRIFFSBESTIMMUNGEN

Artikel 1
Ziele und Anwendungsbereich

(1) Ziel dieser Richtlinie ist die Verbesserung des Zugangs zum Recht bei Streitsachen mit grenzüberschreitendem Bezug durch Festlegung gemeinsamer Mindestvorschriften für die Prozesskostenhilfe in derartigen Streitsachen.

(2) Diese Richtlinie gilt für Streitsachen mit grenzüberschreitendem Bezug in Zivil- und Handelssachen, ohne dass es auf die Art der Gerichtsbarkeit ankommt. Sie erfasst insbesondere keine Steuer- und Zollsachen und keine verwaltungsrechtlichen Angelegenheiten.

(3) Im Sinne dieser Richtlinie bezeichnet der Ausdruck „Mitgliedstaat" alle Mitgliedstaaten mit Ausnahme Dänemarks.

Artikel 2
Grenzüberschreitende Streitsachen

(1) Eine grenzüberschreitende Streitigkeit im Sinne dieser Richtlinie liegt vor, wenn die im Rahmen dieser Richtlinie Prozesskostenhilfe be-

antragende Partei ihren Wohnsitz oder gewöhnlichen Aufenthalt in einem anderen Mitgliedstaat als dem Mitgliedstaat des Gerichtsstands oder dem Vollstreckungsmitgliedstaat hat.

(2) Der Wohnsitzmitgliedstaat einer Prozesspartei wird gemäß Artikel 59 der Verordnung (EG) Nr. 44/2001 des Rates vom 22. Dezember 2000 über die gerichtliche Zuständigkeit und die Anerkennung und Vollstreckung von Entscheidungen in Zivil- und Handelssachen[1] bestimmt.

(3) Der maßgebliche Augenblick zur Feststellung, ob eine Streitsache mit grenzüberschreitendem Bezug vorliegt, ist der Zeitpunkt, zu dem der Antrag gemäß dieser Richtlinie eingereicht wird.

KAPITEL II
ANSPRUCH AUF PROZESSKOSTENHILFE

Artikel 3
Anspruch auf Prozesskostenhilfe

(1) An einer Streitsache im Sinne dieser Richtlinie beteiligte natürliche Personen haben Anspruch auf eine angemessene Prozesskostenhilfe, damit ihr effektiver Zugang zum Recht nach Maßgabe dieser Richtlinie gewährleistet ist.

(2) Die Prozesskostenhilfe gilt als angemessen, wenn sie Folgendes sicherstellt:

a) eine vorprozessuale Rechtsberatung im Hinblick auf eine außergerichtlichen Streitbeilegung;

b) den Rechtsbeistand und die rechtliche Vertretung vor Gericht sowie eine Befreiung von den Gerichtskosten oder eine Unterstützung bei den Gerichtskosten des Empfängers, einschließlich der in Artikel 7 genannten Kosten und der Kosten für Personen, die vom Gericht mit der Wahrnehmung von Aufgaben während des Prozesses beauftragt werden.

In Mitgliedstaaten, in denen die unterliegende Partei die Kosten der Gegenpartei übernehmen muss, umfasst die Prozesskostenhilfe im Falle einer Prozessniederlage des Empfängers auch die Kosten der Gegenpartei, sofern sie diese Kosten umfasst hätte, wenn der Empfänger seinen Wohnsitz oder gewöhnlichen Aufenthalt im Mitgliedstaat des Gerichtsstands gehabt hätte.

(3) Die Mitgliedstaaten sind nicht verpflichtet, einen Rechtsbeistand oder eine rechtliche Vertretung vor Gericht bei Verfahren vorzusehen, die speziell darauf ausgerichtet sind, den Prozessparteien zu ermöglichen, sich selbst zu vertreten; dies gilt nicht, wenn das Gericht oder eine andere zuständige Behörde etwas anderes zur Gewähr-

---

Zu Artikel 2:
[1] *ABl. L 12 vom 16.1.2001, S. 1. Geändert durch die Verordnung (EG) Nr. 1496/2002 der Kommission (ABl. L 225 vom 22.8.2002, S. 13).*

leistung der Gleichheit der Parteien oder in Anbetracht der Komplexität der Sache beschließt.

(4) Die Mitgliedstaaten können verlangen, dass sich die Empfänger der Prozesskostenhilfe angemessen an den Prozesskosten beteiligen, wobei die Voraussetzungen nach Artikel 5 zu berücksichtigen sind.

(5) Die Mitgliedstaaten können vorsehen, dass die zuständige Behörde die Prozesskostenhilfe von den Empfängern ganz oder teilweise zurückverlangen kann, wenn sich ihre finanziellen Verhältnisse wesentlich verbessert haben, oder wenn die Entscheidung zur Gewährung der Prozesskostenhilfe aufgrund falscher Angaben des Empfängers getroffen wurde.

Artikel 4
Diskriminierungsverbot

Die Mitgliedstaaten gewähren Unionsbürgern und Drittstaatsangehörigen, die sich rechtmäßig in einem Mitgliedstaat aufhalten, die Prozesskostenhilfe ohne jede Diskriminierung.

KAPITEL III
VORAUSSETZUNGEN UND UMFANG DER PROZESSKOSTENHILFE

Artikel 5
Voraussetzungen für die finanziellen Verhältnisse

(1) Die Mitgliedstaaten gewähren den in Artikel 3 Absatz 1 genannten Personen, die aufgrund ihrer persönlichen wirtschaftlichen Lage teilweise oder vollständig außerstande sind, die Prozesskosten nach Artikel 3 Absatz 2 zu tragen, Prozesskostenhilfe zur Gewährleistung ihres effektiven Zugangs zum Recht.

(2) Die wirtschaftliche Lage einer Person wird von der zuständigen Behörde des Mitgliedstaats des Gerichtsstands unter Berücksichtigung verschiedener objektiver Faktoren wie des Einkommens, des Vermögens oder der familiären Situation einschließlich einer Beurteilung der wirtschaftlichen Ressourcen von Personen, von denen der Antragsteller finanziell abhängig sind, bewertet.

(3) Die Mitgliedstaaten können Schwellenwerte festsetzen, bei deren Überschreiten davon ausgegangen wird, dass der Antragsteller die Prozesskosten nach Artikel 3 Absatz 2 teilweise oder vollständig tragen kann. Diese Schwellenwerte werden nach den in Absatz 2 des vorliegenden Artikels genannten Kriterien festgelegt.

(4) Die gemäß Absatz 3 des vorliegenden Artikels festgelegten Schwellenwerte dürfen nicht verhindern, dass Antragstellern, die die Schwellenwerte überschreiten, Prozesskostenhilfe gewährt wird, wenn sie den Nachweis erbringen, dass sie wegen der unterschiedlich hohen Lebens-

haltungskosten im Mitgliedstaat ihres Wohnsitzes oder gewöhnlichen Aufenthalts und im Mitgliedstaat des Gerichtsstands die Prozesskosten nach Artikel 3 Absatz 2 nicht tragen können.

(5) Prozesskostenhilfe muss nicht gewährt werden, wenn die Antragsteller im konkreten Fall effektiven Zugang zu anderen Regelungen haben, die die Prozesskosten gemäß Artikel 3 Absatz 2 decken.

Artikel 6
Voraussetzungen für den Inhalt der Streitsache

(1) Die Mitgliedstaaten können vorsehen, dass Anträge auf Prozesskostenhilfe für offensichtlich unbegründete Verfahren von den zuständigen Behörden abgelehnt werden können.

(2) Wird vorprozessuale Rechtsberatung angeboten, so kann die Gewährung weiterer Prozesskostenhilfe aus Gründen, die mit dem Wesen, insbesondere den Erfolgsaussichten der Sache zusammenhängen, abgelehnt oder eingestellt werden, sofern der Zugang zum Recht gewährleistet ist.

(3) Bei der Entscheidung über das Wesen, insbesondere die Erfolgsaussichten, eines Antrags berücksichtigen die Mitgliedstaaten unbeschadet des Artikels 5 die Bedeutung der betreffenden Rechtssache für den Antragsteller, wobei sie jedoch auch der Art der Rechtssache Rechnung tragen können, wenn der Antragsteller eine Rufschädigung geltend macht, jedoch keinen materiellen oder finanziellen Schaden erlitten hat, oder wenn der Antrag einen Rechtsanspruch betrifft, der in unmittelbarem Zusammenhang mit dem Geschäft oder der selbstständigen Erwerbstätigkeit des Antragstellers entstanden ist.

Artikel 7
Durch den grenzüberschreitenden Charakter der Streitsache bedingte Kosten

Die im Mitgliedstaat des Gerichtsstands gewährte Prozesskostenhilfe umfasst folgende unmittelbar mit dem grenzüberschreitenden Charakter der Streitsache verbundenen Kosten:

a) Dolmetschleistungen;

b) Übersetzung der vom Gericht oder von der zuständigen Behörde verlangten und vom Empfänger vorgelegten Schriftstücke, die für die Entscheidung des Rechtsstreits erforderlich sind; und

c) Reisekosten, die vom Antragsteller zu tragen sind, wenn das Gesetz oder das Gericht dieses Mitgliedstaats die Anwesenheit der mit der Darlegung des Falls des Antragstellers befassten Personen bei Gericht verlangen und das Gericht entscheidet, dass die betreffenden Personen nicht auf andere Weise zur Zufriedenheit des Gerichts gehört werden können.

Artikel 8
Vom Mitgliedstaat des Wohnsitzes oder des gewöhnlichen Aufenthalts zu übernehmende Kosten

Der Mitgliedstaat, in dem die Person, die Prozesskostenhilfe beantragt hat, ihren Wohnsitz oder gewöhnlichen Aufenthalt hat, gewährt die erforderliche Prozesskostenhilfe gemäß Artikel 3 Absatz 2 zur Deckung:

a) der Kosten für die Unterstützung durch einen örtlichen Rechtsanwalt oder eine andere gesetzlich zur Rechtsberatung ermächtigte Person in diesem Mitgliedstaat, bis der Antrag auf Prozesskostenhilfe gemäß dieser Richtlinie im Mitgliedstaat des Gerichtsstands eingegangen ist;

b) der Kosten für die Übersetzung des Antrags und der erforderlichen Anlagen, wenn der Antrag auf Prozesskostenhilfe bei den Behörden dieses Mitgliedstaats eingereicht wird.

Artikel 9
Weitergewährung der Prozesskostenhilfe

(1) Die Prozesskostenhilfe wird den Empfängern in vollem Umfang oder teilweise weitergewährt, um die Kosten für die Vollstreckung eines Urteils im Mitgliedstaat des Gerichtsstands zu decken.

(2) Ein Empfänger, dem im Mitgliedstaat des Gerichtsstands Prozesskostenhilfe gewährt wurde, erhält Prozesskostenhilfe gemäß dem Recht des Mitgliedstaats, in dem die Anerkennung oder Vollstreckung beantragt wird.

(3) Vorbehaltlich der Artikel 5 und 6 wird Prozesskostenhilfe weiter gewährt, wenn ein Rechtsbehelf gegen den oder vom Empfänger eingelegt wird.

(4) Die Mitgliedstaaten können in jeder Phase des Verfahrens auf der Grundlage der Artikel 3 Absätze 3 und 5, Artikel 5 und Artikel 6 eine neuerliche Prüfung des Antrags auf Prozesskostenhilfe vorsehen; dies gilt auch für Verfahren nach den Absätzen 1 bis 3 des vorliegenden Artikels.

Artikel 10
Außergerichtliche Verfahren

Die Prozesskostenhilfe ist unter den in dieser Richtlinie festgelegten Voraussetzungen auf außergerichtliche Verfahren auszudehnen, wenn die Parteien gesetzlich verpflichtet sind, diese anzuwenden, oder den Streitparteien vom Gericht aufgetragen wird, diese in Anspruch zu nehmen.

Artikel 11
Öffentliche Urkunden

Für die Vollstreckung öffentlicher Urkunden in einem anderen Mitgliedstaat wird unter den in dieser Richtlinie festgelegten Voraussetzungen Prozesskostenhilfe gewährt.

KAPITEL IV
VERFAHREN

Artikel 12
Für die Gewährung der Prozesskostenhilfe zuständige Behörde

Unbeschadet des Artikels 8 wird die Prozesskostenhilfe von der zuständigen Behörde des Mitgliedstaats des Gerichtsstands gewährt oder verweigert.

Artikel 13
Einreichung und Übermittlung der Anträge auf Prozesskostenhilfe

(1) Anträge auf Prozesskostenhilfe können eingereicht werden: entweder

a) bei der zuständigen Behörde des Mitgliedstaats, in dem der Antragsteller seinen Wohnsitz oder seinen gewöhnlichen Aufenthalt hat (Übermittlungsbehörde), oder

b) bei der zuständigen Behörde des Mitgliedstaats des Gerichtsstands oder des Vollstreckungsmitgliedstaats (Empfangsbehörde).

(2) Anträge auf Prozesskostenhilfe sind auszufüllen und die beigefügten Anlagen zu übersetzen

a) in der bzw. die Amtssprache oder einer bzw. eine der Amtssprachen des Mitgliedstaats der zuständigen Empfangsbehörde, die zugleich einer der Amtssprachen der Europäischen Gemeinschaft entspricht; oder

b) in einer anderen bzw. eine andere Sprache, mit deren Verwendung sich dieser Mitgliedstaat gemäß Artikel 14 Absatz 3 einverstanden erklärt hat.

(3) Die zuständigen Übermittlungsbehörden können entscheiden, die Übermittlung eines Antrags abzulehnen, wenn dieser offensichtlich

a) unbegründet ist oder

b) nicht in den Anwendungsbereich dieser Richtlinie fällt.

Artikel 15 Absätze 2 und 3 findet auf solche Entscheidungen Anwendung.

(4) Die zuständige Übermittlungsbehörde unterstützt den Antragsteller, indem sie dafür Sorge trägt, dass dem Antrag alle Anlagen beigefügt werden, die ihres Wissens zur Entscheidung über den Antrag erforderlich sind. Ferner unterstützt sie den Antragsteller gemäß Artikel 8 Buchstabe b

bei der Beschaffung der erforderlichen Übersetzung der Anlagen.

Die zuständige Übermittlungsbehörde leitet der zuständigen Empfangsbehörde in dem anderen Mitgliedstaat den Antrag innerhalb von 15 Tagen nach Erhalt des in einer der Amtssprachen gemäß Absatz 2 ordnungsgemäß ausgefüllten Antrags und der beigefügten, erforderlichenfalls in eine dieser Amtssprachen übersetzten Anlagen zu.

(5) Die nach Maßgabe dieser Richtlinie übermittelten Schriftstücke sind von der Legalisation und gleichwertigen Formalitäten befreit.

(6) Für die nach Absatz 4 erbrachten Leistungen dürfen die Mitgliedstaaten kein Entgelt verlangen. Die Mitgliedstaaten, in denen die Person, die Prozesskostenhilfe beantragt hat, ihren Wohnsitz oder gewöhnlichen Aufenthalt hat, können festlegen, dass der Antragsteller die von der zuständigen Übermittlungsbehörde übernommenen Übersetzungskosten zurückzahlen muss, wenn der Antrag auf Prozesskostenhilfe von der zuständigen Behörde abgelehnt wird.

Artikel 14
Zuständige Behörden und Sprachen

(1) Die Mitgliedstaaten bezeichnen die für die Übermittlung des Antrags („Übermittlungsbehörden") bzw. den Empfang des Antrags („Empfangsbehörden") zuständige Behörde oder Behörden.

(2) Jeder Mitgliedstaat übermittelt der Kommission folgende Angaben:

– Name und Anschrift der zuständigen Empfangsbehörden oder Übermittlungsbehörden nach Absatz 1;

– räumlicher Zuständigkeitsbereich dieser Behörden;

– verfügbare Kommunikationsmittel dieser Behörden zum Empfang der Anträge; und

– Sprachen, in denen der Antrag ausgefüllt werden kann.

(3) Die Mitgliedstaaten teilen der Kommission mit, welche Amtssprache(n) der Europäischen Gemeinschaft außer ihrer bzw. ihren eigenen Amtssprache(n) beim Ausfüllen der gemäß dieser Richtlinie eingehenden Anträge auf Prozesskostenhilfe für die zuständige Empfangsbehörde akzeptabel ist bzw. sind.

(4) Die Mitgliedstaaten übermitteln der Kommission die Angaben gemäß den Absätzen 2 und 3 vor dem 30. November 2004. Jede Änderung dieser Angaben wird der Kommission spätestens zwei Monate, bevor die Änderung in dem betreffenden Mitgliedstaat wirksam wird, mitgeteilt.

(5) Die Angaben gemäß den Absätzen 2 und 3 werden im *Amtsblatt der Europäischen Gemeinschaften* veröffentlicht.

Artikel 15
Bearbeitung der Anträge

(1) Die für die Entscheidung über die Anträge auf Prozesskostenhilfe zuständigen einzelstaatlichen Behörden tragen dafür Sorge, dass der Antragsteller in vollem Umfang über die Bearbeitung des Antrags unterrichtet wird.

(2) Die vollständige oder teilweise Ablehnung der Anträge ist zu begründen.

(3) Die Mitgliedstaaten sehen einen Rechtsbehelf gegen Entscheidungen vor, mit denen Anträge auf Prozesskostenhilfe abgelehnt werden. Die Mitgliedstaaten können Fälle ausnehmen, bei denen ein Antrag auf Prozesskostenhilfe entweder von einem Berufungsgericht oder von einem Gericht abgelehnt wird, gegen dessen Entscheidung in der Hauptsache nach nationalem Recht kein Rechtsbehelf möglich ist.

(4) Ist ein Rechtsbehelf gegen eine Entscheidung über die Ablehnung oder Einstellung der Prozesskostenhilfe aufgrund von Artikel 6 verwaltungsrechtlicher Art, so unterliegt er in allen Fällen der gerichtlichen Überprüfung.

Artikel 16
Standardformular

(1) Zur Erleichterung der Übermittlung der Anträge wird nach dem in Artikel 17 Absatz 2 genannten Verfahren ein Standardformular für Anträge auf Prozesskostenhilfe und für die Übermittlung dieser Anträge erstellt.

(2) Das Standardformular für die Übermittlung von Anträgen auf Prozesskostenhilfe wird spätestens am 30. Mai 2003 erstellt.

Das Standardformular für Anträge auf Prozesskostenhilfe wird spätestens am 30. November 2004 erstellt.

KAPITEL V
SCHLUSSBESTIMMUNGEN

Artikel 17
Ausschuss

(1) Die Kommission wird von einem Ausschuss unterstützt.

(2) Wird auf diesen Absatz Bezug genommen, so gelten die Artikel 3 und 7 des Beschlusses 1999/468/EG.

(3) Der Ausschuss gibt sich eine Geschäftsordnung.

Artikel 18
Information

Die zuständigen einzelstaatlichen Behörden arbeiten zusammen, um die Information der Öffentlichkeit und der Fachkreise über die verschiedenen Systeme der Prozesskostenhilfe insbesondere über das gemäß der Entscheidung 2001/470/EG eingerichtete Europäische Justizielle Netz zu gewährleisten.

Artikel 19
Günstigere Bestimmungen

Diese Richtlinie hindert die Mitgliedstaaten nicht daran, günstigere Bestimmungen für Antragsteller und Empfänger von Prozesskostenhilfe vorzusehen.

Artikel 20
Verhältnis zu anderen Übereinkünften

Diese Richtlinie hat zwischen den Mitgliedstaaten in ihrem Anwendungsbereich Vorrang vor den Bestimmungen, die in den von den Mitgliedstaaten geschlossenen bilateralen und multilateralen Übereinkünften enthalten sind, einschließlich

a) des am 27. Januar 1977 in Straßburg unterzeichneten Europäischen Übereinkommens über die Übermittlung von Anträgen auf Bewilligung der Prozesskostenhilfe geändert durch das 2001 in Moskau unterzeichnete Zusatzprotokoll zum Europäischen Übereinkommen über die Übermittlung von Anträgen auf Bewilligung der Prozesskostenhilfe;

b) des Haager Abkommens von 25. Oktober 1980 über die Erleichterung des internationalen Zugangs zu den Gerichten.

Artikel 21
Umsetzung in innerstaatliches Recht

(1) Die Mitgliedstaaten setzen die Rechts- und Verwaltungsvorschriften in Kraft, die erforderlich sind, um dieser Richtlinie spätestens am 30. November 2004 nachzukommen; dies gilt jedoch nicht für Artikel 3 Absatz 2 Buchstabe a, dessen Umsetzung in nationales Recht spätestens am 30. Mai 2006 erfolgt. Sie setzen die Kommission unverzüglich davon in Kenntnis.

Wenn die Mitgliedstaaten diese Vorschriften erlassen, nehmen sie in den Vorschriften selbst oder durch einen Hinweis bei der amtlichen Veröffentlichung auf diese Richtlinie Bezug. Die Mitgliedstaaten regeln die Einzelheiten der Bezugnahme.

(2) Die Mitgliedstaaten teilen der Kommission den Wortlaut der wichtigsten innerstaatlichen Rechtsvorschriften mit, die sie auf dem unter diese Richtlinie fallenden Gebiet erlassen.

Artikel 22
Inkrafttreten

Diese Richtlinie tritt am Tag ihrer Veröffentlichung im *Amtsblatt der Europäischen Gemeinschaften* in Kraft.

Artikel 23
Adressaten

Diese Richtlinie ist gemäß dem Vertrag zur Gründung der Europäischen Gemeinschaft an die Mitgliedstaaten gerichtet.

ANHANG

STANDARDFORMULAR

Formular für die Übermittlung eines Antrags auf Prozesskostenhilfe

 Ggf. Angabe von Gründen, die eine besonders zügige Antragsbearbeitung rechtfertigen:

Aktenzeichen: ....

Übermittlung von: .... Datum der Übermittlung: ....

Angaben zur Übermittlungsbehörde

Bezeichnung der Übermittlungsbehörde: ....

Mitgliedstaat: ....

Sachbearbeiter: ....

Anschrift: ....

Telefon: ....

Fax: ....

E-Mail: ....

An:

Angaben zur Empfangsbehörde

Bezeichnung: ....

Mitgliedstaat: ....

Anschrift: ....

Telefon: ....

Fax: ....

E-Mail: ....

RL Prozesskosten

Angaben zum Antragsteller auf Prozesskostenhilfe

Name und Vorname bzw. Firmenbezeichnung: ....

Name und Vorname des Vertreters des Antragstellers, sofern Letzterer minderjährig oder prozessunfähig ist: ....

....

Name und Vorname eines etwaigen Vertreters des Antragstellers, sofern Letzterer volljährig und prozessfähig ist (Anwalt, Rechtsbeistand usw.): ....

Anschrift: ....

....

Telefon: ....

Fax: ....

E-Mail: ....

Vom Antragsteller verstandene Sprache(n): ....

Angaben zum Verfahren

1. Handelt es sich beim Antragsteller auf Prozesskostenhilfe um Kläger oder Beklagten?

2. Die Prozesskostenhilfe wird beantragt für:

   a) vorprozessuale Rechtsberatung .... O

   b) Beistand (Beratung und/oder Vertretung) im Rahmen eines außergerichtlichen Verfahrens .... O

   c) Beistand (Beratung und/oder Vertretung) im Rahmen eines geplanten Gerichtsverfahrens .... O

   d) Beistand (Beratung und/oder Vertretung) im Rahmen eines laufenden Gerichtsverfahrens.. O

   In diesem Fall sind anzugeben:

   — Nummer der Rechtssache: ....

   — Datum der Verhandlungen: ....

   — Bezeichnung des Gerichts: ....

   — Anschrift des Gerichts: ....

   e) Beistand und/oder Vertretung im Rahmen eines Rechtsstreits über eine bereits ergangene gerichtliche Entscheidung? .... O

Anhang

In diesem Fall sind anzugeben:

— Name und Anschrift des Gerichts: ....

— Datum der Entscheidung: ....

— Gegenstand des Rechtsstreits: ....

   — Rechtsbehelf gegen die Entscheidung .... O

   — Zwangsvollstreckung der Entscheidung .... O

3. Gegenpartei: ....

4. Kurze Beschreibung des Streitgegenstands sowie in den Fällen unter Nummer 2 Buchstaben a, b und c Angaben zur Ermittlung des wahrscheinlich zuständigen Gerichts: ....

EMPFANGSBESTÄTIGUNG

Die Empfangsbehörde
Bezeichnung: ....
Mitgliedstaat: ....
Aktenzeichen: ....
Empfangsdatum: ....
Sachbearbeiter: ....
Anschrift: ....
Telefon: ....
Fax: ....
E-Mail: ....
Gegebenenfalls Übermittlung des Antrags an: ....
Bezeichnung: ....
Sachbearbeiter: ....
Anschrift: ....
Telefon: ....
Fax: ....
E-Mail: ....

RL Prozesskosten

Anhang

bestätigt den Empfang des von der folgenden Übermittlungsbehörde übersandten Antrags:

Übermittlungsbehörde

Bezeichnung: ....

Mitgliedstaat: ....

Aktenzeichen: ....

Sachbearbeiter: ....

Ort: .... Datum: ....

Unterschrift: ....

Austrittsabk UK

Abkommen über den Austritt des Vereinigten Königreichs Großbritannien und Nordirland aus der Europäischen Union und der Europäischen Atomgemeinschaft

(ABl. L 029 vom 31.1.2020, S. 7, ab 1.1.2021)

Artikel 69

Im Vereinigten Königreich sowie in den Mitgliedstaaten finden in Fällen, die einen Bezug zum Vereinigten Königreich aufweisen, die nachstehenden Rechtsakte wie folgt Anwendung:

a) Die Richtlinie 2003/8/EG des Rates findet Anwendung auf Anträge auf Prozesskostenhilfe, die vor dem Ablauf der Übergangsfrist bei der Empfangsbehörde eingegangen sind. Die ersuchende Kontaktstelle kann binnen 7 Tagen nach dem Ende des Übergangszeitraums eine Eingangsbestätigung verlangen, sofern sie Zweifel daran hat, ob das Ersuchen vor deren Ablauf eingegangen ist;

Der Übergangszeitraum endete am 31.12.2020 (Art 126 des Austrittsabkommens)

40. MahnVO

Präambel

EU-VO zur Einführung eines Europäischen Mahnverfahrens

Verordnung (EG) Nr. 1896/2006 des Europäischen Parlaments und des Rates vom 12. Dezember 2006 zur Einführung eines Europäischen Mahnverfahrens, ABl L 399, 1 vom 30. 12. 2006 idF

1 ABl L 46, 52 vom 21. 2. 2008	**4** ABl L 158 vom 10. 6. 2013
2 ABl L 333, 17 vom 11. 12. 2008	**5** ABl L 341 vom 24. 12. 2015
3 ABl L 283, 1 vom 16. 10. 2012	**6** ABl L 182 vom 13. 7. 2017

ab 12. 12. 2008 (Näheres Art 33)
nicht anwendbar für Dänemark (s (32) der einleitenden Gründe)

*Für das **Vereinigte Königreich** s ab 1.1.2021 die Übergangsbestimmungen des Austrittsabkommens (abgedruckt am Ende nach Anhang VII).*

DAS EUROPÄISCHE PARLAMENT UND DER RAT DER EUROPÄISCHEN UNION –

gestützt auf den Vertrag zur Gründung der Europäischen Gemeinschaft, insbesondere auf Artikel 61 Buchstabe c,

auf Vorschlag der Kommission,

nach Stellungnahme des Europäischen Wirtschafts- und Sozialausschusses,[1]

gemäß dem Verfahren des Artikels 251 des Vertrages[2]

in Erwägung nachstehender Gründe:

(1) Die Gemeinschaft hat sich zum Ziel gesetzt, einen Raum der Freiheit, der Sicherheit und des Rechts, in dem der freie Personenverkehr gewährleistet ist, zu erhalten und weiterzuentwickeln. Zur schrittweisen Schaffung eines solchen Raums erlässt die Gemeinschaft unter anderem im Bereich der justiziellen Zusammenarbeit in Zivilsachen mit grenzüberschreitendem Bezug die für das reibungslose Funktionieren des Binnenmarkts erforderlichen Maßnahmen.

(2) Gemäß Artikel 65 Buchstabe c des Vertrags schließen diese Maßnahmen die Beseitigung der Hindernisse für eine reibungslose Abwicklung von Zivilverfahren ein, erforderlichenfalls durch Förderung der Vereinbarkeit der in den Mitgliedstaaten geltenden zivilrechtlichen Verfahrensvorschriften.

(3) Auf seiner Tagung am 15. und 16. Oktober 1999 in Tampere forderte der Europäische Rat den Rat und die Kommission auf, neue Vorschriften zu jenen Aspekten auszuarbeiten, die unabdingbar für eine reibungslose justizielle Zusammenarbeit und einen verbesserten Zugang zum Recht sind, und nannte in diesem Zusammenhang ausdrücklich auch das Mahnverfahren.

(4) Am 30. November 2000 verabschiedete der Rat ein gemeinsames Programm der Kommission und des Rates über Maßnahmen zur Umsetzung des Grundsatzes der gegenseitigen Anerkennung gerichtlicher Entscheidungen in Zivil- und Handelssachen[3]. Darin wird die Schaffung eines besonderen, gemeinschaftsweit einheitlichen oder harmonisierten Verfahrens zur Erwirkung einer gerichtlichen Entscheidung in speziellen Bereichen, darunter die Beitreibung unbestrittener Forderungen, in Erwägung gezogen. Dies wurde durch das vom Europäischen Rat am 5. November 2004 angenommene Haager Programm, in dem eine zügige Durchführung der Arbeiten am Europäischen Zahlungsbefehl gefordert wird, weiter vorangebracht.

(5) Am 20. Dezember 2002 nahm die Kommission ein Grünbuch über ein Europäisches Mahnverfahren und über Maßnahmen zur einfacheren und schnelleren Beilegung von Streitigkeiten mit geringem Streitwert an. Mit dem Grünbuch wurde eine Anhörung zu den möglichen Zielen und Merkmalen eines einheitlichen oder harmonisierten Europäischen Mahnverfahrens zur Beitreibung unbestrittener Forderungen eingeleitet.

(6) Für die Wirtschaftsbeteiligten der Europäischen Union ist die rasche und effiziente Beitreibung ausstehender Forderungen, die nicht Gegenstand eines Rechtsstreits sind, von größter Bedeutung, da Zahlungsverzug eine der Hauptursachen für Zahlungsunfähigkeit ist, die vor allem die Existenz von kleinen und mittleren Unternehmen bedroht und für den Verlust zahlreicher Arbeitsplätze verantwortlich ist.

(7) Alle Mitgliedstaaten versuchen, dem Problem der Beitreibung unzähliger unbestrittener Forderungen beizukommen, die meisten Mitglied-

MahnVO

---

[1] *ABl. C 221 vom 8.9.2005, S. 77.*
[2] *Stellungnahme des Europäischen Parlaments vom 13. Dezember 2005 (noch nicht im Amtsblatt veröffentlicht), Gemeinsamer Standpunkt des Rates vom 30. Juni 2006 (noch nicht im Amtsblatt veröffentlicht), Standpunkt des Europäischen Parlaments vom 25. Oktober 2006. Beschluss des Rates vom 11. Dezember 2006.*

Zu Abs. 4:
[3] *ABl. C 12 vom 15.1.2001, S. 1.*

staaten im Wege eines vereinfachten Mahnverfahrens, doch gibt es bei der inhaltlichen Ausgestaltung der einzelstaatlichen Vorschriften und der Effizienz der Verfahren erhebliche Unterschiede. Überdies sind die derzeitigen Verfahren in grenzüberschreitenden Rechtssachen häufig entweder unzulässig oder praktisch undurchführbar.

(8) Der daraus resultierende erschwerte Zugang zu einer effizienten Rechtsprechung bei grenzüberschreitenden Rechtssachen und die Verfälschung des Wettbewerbs im Binnenmarkt aufgrund des unterschiedlichen Funktionierens der verfahrensrechtlichen Instrumente, die den Gläubigern in den einzelnen Mitgliedstaaten zur Verfügung stehen, machen eine Gemeinschaftsregelung erforderlich, die für Gläubiger und Schuldner in der gesamten Europäischen Union gleiche Bedingungen gewährleistet.

(9) Diese Verordnung hat Folgendes zum Ziel: die Vereinfachung und Beschleunigung grenzüberschreitender Verfahren im Zusammenhang mit unbestrittenen Geldforderungen und die Verringerung der Verfahrenskosten durch Einführung eines Europäischen Mahnverfahrens sowie die Ermöglichung des freien Verkehrs Europäischer Zahlungsbefehle in den Mitgliedstaaten durch Festlegung von Mindestvorschriften, bei deren Einhaltung die Zwischenverfahren im Vollstreckungsmitgliedstaat, die bisher für die Anerkennung und Vollstreckung erforderlich waren, entfallen.

(10) Das durch diese Verordnung geschaffene Verfahren sollte eine zusätzliche und fakultative Alternative für den Antragsteller darstellen, dem es nach wie vor freisteht, sich für die im nationalen Recht vorgesehenen Verfahren zu entscheiden. Durch diese Verordnung sollen mithin die nach nationalem Recht vorgesehenen Mechanismen zur Beitreibung unbestrittener Forderungen weder ersetzt noch harmonisiert werden.

(11) Der Schriftverkehr zwischen dem Gericht und den Parteien sollte soweit wie möglich mit Hilfe von Formblättern abgewickelt werden, um die Abwicklung der Verfahren zu erleichtern und eine automatisierte Verarbeitung der Daten zu ermöglichen.

(12) Bei der Entscheidung darüber, welche Gerichte dafür zuständig sind, einen Europäischen Zahlungsbefehl zu erlassen, sollten die Mitgliedstaaten dem Erfordernis, den Zugang der Bürger zur Justiz zu gewährleisten, gebührend Rechnung tragen.

(13) Der Antragsteller sollte verpflichtet sein, in dem Antrag auf Erlass eines Europäischen Zahlungsbefehls Angaben zu machen, aus denen die geltend gemachte Forderung und ihre Begründung klar zu entnehmen sind, damit der Antragsgegner anhand fundierter Informationen entscheiden kann, ob er Einspruch einlegen oder die Forderung nicht bestreiten will.

(14) Dabei muss der Antragsteller auch eine Bezeichnung der Beweise, der zum Nachweis der Forderung herangezogen wird, beifügen. Zu diesem Zweck sollte in dem Antragsformular eine möglichst erschöpfende Liste der Arten von Beweisen enthalten sein, die üblicherweise zur Geltendmachung von Geldforderungen angeboten werden.

(15) Die Einreichung eines Antrags auf Erlass eines Europäischen Zahlungsbefehls sollte mit der Entrichtung der gegebenenfalls fälligen Gerichtsgebühren verbunden sein.

(16) Das Gericht sollte den Antrag, einschließlich der Frage der gerichtlichen Zuständigkeit und der Bezeichnung der Beweise, auf der Grundlage der im Antragsformular enthaltenen Angaben prüfen. Dies ermöglicht es dem Gericht, schlüssig zu prüfen, ob die Forderung begründet ist, und unter anderem offensichtlich unbegründete Forderungen oder unzulässige Anträge auszuschließen. Die Prüfung muss nicht von einem Richter durchgeführt werden.

(17) Gegen die Zurückweisung des Antrags kann kein Rechtsmittel eingelegt werden. Dies schließt allerdings eine mögliche Überprüfung der zurückweisenden Entscheidung in derselben Instanz im Einklang mit dem nationalen Recht nicht aus.

(18) Der Europäische Zahlungsbefehl sollte den Antragsgegner darüber aufklären, dass er entweder den zuerkannten Betrag an den Antragsteller zu zahlen hat oder, wenn er die Forderung bestreiten will, innerhalb von 30 Tagen eine Einspruchsschrift versenden muss. Neben der vollen Aufklärung über die vom Antragsteller geltend gemachte Forderung sollte der Antragsgegner auf die rechtliche Bedeutung des Europäischen Zahlungsbefehls und die Folgen eines Verzichts auf Einspruch hingewiesen werden.

(19) Wegen der Unterschiede im Zivilprozessrecht der Mitgliedstaaten, insbesondere bei den Zustellungsvorschriften, ist es notwendig, die im Rahmen des Europäischen Mahnverfahrens anzuwendenden Mindestvorschriften präzise und detailliert zu definieren. So sollte insbesondere eine Zustellungsform, die auf einer juristischen Fiktion beruht, im Hinblick auf die Einhaltung der Mindestvorschriften nicht als ausreichend für die Zu-

stellung eines Europäischen Zahlungsbefehls angesehen werden.

(20) Alle in den Artikeln 13 und 14 aufgeführten Zustellungsformen gewähren entweder eine absolute Gewissheit (Artikel 13) oder ein hohes Maß an Wahrscheinlichkeit (Artikel 14) dafür, dass das zugestellte Schriftstück dem Empfänger zugegangen ist.

(21) Die persönliche Zustellung an bestimmte andere Personen als den Antragsgegner selbst gemäß Artikel 14 Absatz 1 Buchstaben a und b sollte die Anforderungen der genannten Vorschriften nur dann erfüllen, wenn diese Personen den Europäischen Zahlungsbefehl auch tatsächlich erhalten haben.

(22) Artikel 15 sollte auf Situationen Anwendung finden, in denen der Antragsgegner sich nicht selbst vor Gericht vertreten kann, etwa weil er eine juristische Person ist, und in denen er durch einen gesetzlichen Vertreter vertreten wird, sowie auf Situationen, in denen der Antragsgegner eine andere Person, insbesondere einen Rechtsanwalt, ermächtigt hat, ihn in dem betreffenden gerichtlichen Verfahren zu vertreten.

(23) Der Antragsgegner kann seinen Einspruch unter Verwendung des in dieser Verordnung enthaltenen Formblatts einreichen. Die Gerichte sollten allerdings auch einen in anderer Form eingereichten schriftlichen Einspruch berücksichtigen, sofern dieser klar erklärt ist.

(24) Ein fristgerecht eingereichter Einspruch sollte das Europäische Mahnverfahren beenden und zur automatischen Überleitung der Sache in einen ordentlichen Zivilprozess führen, es sei denn, der Antragsteller hat ausdrücklich erklärt, dass das Verfahren in diesem Fall beendet sein soll. Für die Zwecke dieser Verordnung sollte der Begriff „ordentlicher Zivilprozess" nicht notwendigerweise im Sinne des nationalen Rechts ausgelegt werden.

(25) Nach Ablauf der Frist für die Einreichung des Einspruchs sollte der Antragsgegner in bestimmten Ausnahmefällen berechtigt sein, eine Überprüfung des Europäischen Zahlungsbefehls zu beantragen. Die Überprüfung in Ausnahmefällen sollte nicht bedeuten, dass der Antragsgegner eine zweite Möglichkeit hat, Einspruch gegen die Forderung einzulegen. Während des Überprüfungsverfahrens sollte die Frage, ob die Forderung begründet ist, nur im Rahmen der sich aus den vom Antragsgegner angeführten außergewöhnlichen Umständen ergebenden Begründungen geprüft werden. Zu den anderen außergewöhnlichen Umständen könnte auch der Fall zählen, dass der Europäische Zahlungsbefehl auf falschen Angaben im Antragsformular beruht.

(26) Gerichtsgebühren nach Artikel 25 sollten beispielsweise keine Anwaltshonorare oder Zustellungskosten einer außergerichtlichen Stelle enthalten.

(27) Ein Europäischer Zahlungsbefehl, der in einem Mitgliedstaat ausgestellt wurde und der vollstreckbar geworden ist, sollte für die Zwecke der Vollstreckung so behandelt werden, als ob er in dem Mitgliedstaat ausgestellt worden wäre, in dem die Vollstreckung betrieben wird. Gegenseitiges Vertrauen in die ordnungsgemäße Rechtspflege in den Mitgliedstaaten rechtfertigt es, dass das Gericht nur eines Mitgliedstaats beurteilt, ob alle Voraussetzungen für den Erlass eines Europäischen Zahlungsbefehls vorliegen und der Zahlungsbefehl in allen anderen Mitgliedstaaten vollstreckbar ist, ohne dass im Vollstreckungsmitgliedstaat zusätzlich von einem Gericht geprüft werden muss, ob die prozessualen Mindestvorschriften eingehalten worden sind. Unbeschadet der in dieser Verordnung enthaltenen Vorschriften, insbesondere der in Artikel 22 Absätze 1 und 2 und in Artikel 23 enthaltenen Mindestvorschriften, sollte das Verfahren der Vollstreckung des Europäischen Zahlungsbefehls nach wie vor im nationalen Recht geregelt bleiben.

(28) Die Berechnung der Fristen sollte nach Maßgabe der Verordnung (EWG, Euratom) Nr. 1182/71 des Rates vom 3. Juni 1971 zur Festlegung der Regeln für die Fristen, Daten und Termine[4] erfolgen. Der Antragsgegner sollte darüber unterrichtet sowie darauf hingewiesen werden, dass dabei die gesetzlichen Feiertage in dem Mitgliedstaat des Gerichts, das den Europäischen Zahlungsbefehl erlässt, berücksichtigt werden.

(29) Da die Ziele dieser Verordnung, nämlich die Schaffung eines einheitlichen, zeitsparenden und effizienten Instruments zur Beitreibung unbestrittener Geldforderungen in der Europäischen Union, auf Ebene der Mitgliedstaaten nicht ausreichend verwirklicht werden können und wegen ihres Umfangs und ihrer Wirkung daher besser auf Gemeinschaftsebene zu verwirklichen sind, kann die Gemeinschaft im Einklang mit dem in Artikel 5 des Vertrags niedergelegten Subsidiaritätsprinzip tätig werden. Entsprechend dem in demselben Artikel genannten Grundsatz der Verhältnismäßigkeit geht diese Verordnung nicht über das für die Erreichung dieser Ziele erforderliche Maß hinaus.

MahnVO

Zu Abs. 28:
[4] ABl. L 124 vom 8.6.1971, S. 1.

(30) Die zur Durchführung dieser Verordnung erforderlichen Maßnahmen sind nach Maßgabe des Beschlusses 1999/468/EG des Rates vom 28. Juni 1999 zur Festlegung der Modalitäten für die Ausübung der der Kommission übertragenen Durchführungsbefugnisse[5] zu erlassen.

(31) Das Vereinigte Königreich und Irland haben gemäß Artikel 3 des dem Vertrag über die Europäische Union und dem Vertrag zur Gründung der Europäischen Gemeinschaft beigefügten Protokolls über die Position des Vereinigten Königreichs und Irlands mitgeteilt, dass sie sich an der Annahme und Anwendung der vorliegenden Verordnung beteiligen möchten.

(32) Gemäß den Artikeln 1 und 2 des dem Vertrag über die Europäische Union und dem Vertrag zur Gründung der Europäischen Gemeinschaft beigefügten Protokolls über die Position Dänemarks beteiligt sich Dänemark nicht an der Annahme dieses Beschlusses, der für Dänemark nicht bindend und nicht auf Dänemark anwendbar ist –

HABEN FOLGENDE VERORDNUNG ERLASSEN:

Artikel 1
Gegenstand

(1) Diese Verordnung hat Folgendes zum Ziel:

a) Vereinfachung und Beschleunigung der grenzüberschreitenden Verfahren im Zusammenhang mit unbestrittenen Geldforderungen und Verringerung der Verfahrenskosten durch Einführung eines Europäischen Mahnverfahrens, und

b) Ermöglichung des freien Verkehrs Europäischer Zahlungsbefehle in den Mitgliedstaaten durch Festlegung von Mindestvorschriften, bei deren Einhaltung die Zwischenverfahren im Vollstreckungsmitgliedstaat, die bisher für die Anerkennung und Vollstreckung erforderlich waren, entfallen.

(2) Diese Verordnung stellt es dem Antragsteller frei, eine Forderung im Sinne von Artikel 4 im Wege eines anderen Verfahrens nach dem Recht eines Mitgliedstaats oder nach Gemeinschaftsrecht durchzusetzen.

Artikel 2
Anwendungsbereich

(1) Diese Verordnung ist in grenzüberschreitenden Rechtssachen in Zivil- und Handelssachen anzuwenden, ohne dass es auf die Art der Gerichtsbarkeit ankommt. Sie erfasst insbesondere nicht Steuer- und Zollsachen, verwaltungsrechtliche Angelegenheiten sowie die Haftung des Staates für Handlungen oder Unterlassungen im Rahmen der Ausübung hoheitlicher Rechte („acta jure imperii").

(2) Diese Verordnung ist nicht anzuwenden auf

a) die ehelichen Güterstände, das Gebiet des Erbrechts einschließlich des Testamentsrechts,

b) Konkurse, Verfahren im Zusammenhang mit dem Abwickeln zahlungsunfähiger Unternehmen oder anderer juristischer Personen, gerichtliche Vergleiche, Vergleiche und ähnliche Verfahren,

c) die soziale Sicherheit,

d) Ansprüche aus außervertraglichen Schuldverhältnissen, soweit

i) diese nicht Gegenstand einer Vereinbarung zwischen den Parteien oder eines Schuldanerkenntnisses sind,
oder

ii) diese sich nicht auf bezifferte Schuldbeträge beziehen, die sich aus gemeinsamem Eigentum an unbeweglichen Sachen ergeben.

(3) In dieser Verordnung bedeutet der Begriff „Mitgliedstaaten" die Mitgliedstaaten mit Ausnahme Dänemarks.

Artikel 3
Grenzüberschreitende Rechtssachen

(1) Eine grenzüberschreitende Rechtssache im Sinne dieser Verordnung liegt vor, wenn mindestens eine der Parteien ihren Wohnsitz oder gewöhnlichen Aufenthalt in einem anderen Mitgliedstaat als dem des befassten Gerichts hat.

(2) Der Wohnsitz wird nach den Artikeln 59 und 60 der Verordnung (EG) Nr. 44/2001 des Rates vom 22. Dezember 2000 über die gerichtliche Zuständigkeit und die Anerkennung und Vollstreckung von Entscheidungen in Zivil- und Handelssachen[6] bestimmt.

(3) Der maßgebliche Augenblick zur Feststellung, ob eine grenzüberschreitende Rechtssache vorliegt, ist der Zeitpunkt, zu dem der Antrag auf Erlass eines Europäischen Zahlungsbefehls nach dieser Verordnung eingereicht wird.

Zu Abs. 30:

[5] *ABl. L 184 vom 17.7.1999, S. 23. Geändert durch den Beschluss 2006/512/EG (ABl. L 200 vom 22.7.2006, S. 11).*

Zu Artikel 3:

[6] *ABl. L 12 vom 16.1.2001, S. 1. Zuletzt geändert durch die Verordnung (EG) Nr. 2245/2004 der Kommission (ABl. L 381 vom 28.12.2004, S. 10).*

Artikel 4
Europäisches Mahnverfahren

Das Europäische Mahnverfahren gilt für die Beitreibung bezifferter Geldforderungen, die zum Zeitpunkt der Einreichung des Antrags auf Erlass eines Europäischen Zahlungsbefehls fällig sind.

Artikel 5
Begriffsbestimmungen

Im Sinne dieser Verordnung bezeichnet der Ausdruck

1. „Ursprungsmitgliedstaat" den Mitgliedstaat, in dem ein Europäischer Zahlungsbefehl erlassen wird,

2. „Vollstreckungsmitgliedstaat" den Mitgliedstaat, in dem die Vollstreckung eines Europäischen Zahlungsbefehls betrieben wird,

3. „Gericht" alle Behörden der Mitgliedstaaten, die für einen Europäischen Zahlungsbefehl oder jede andere damit zusammenhängende Angelegenheit zuständig sind,

4. „Ursprungsgericht" das Gericht, das einen Europäischen Zahlungsbefehl erlässt.

Artikel 6
Zuständigkeit

(1) Für die Zwecke der Anwendung dieser Verordnung wird die Zuständigkeit nach den hierfür geltenden Vorschriften des Gemeinschaftsrechts bestimmt, insbesondere der Verordnung (EG) Nr. 44/2001.

(2) Betrifft die Forderung jedoch einen Vertrag, den eine Person, der Verbraucher, zu einem Zweck geschlossen hat, der nicht der beruflichen oder gewerblichen Tätigkeit dieser Person zugerechnet werden kann, und ist der Verbraucher Antragsgegner, so sind nur die Gerichte des Mitgliedstaats zuständig, in welchem der Antragsgegner seinen Wohnsitz im Sinne des Artikels 59 der Verordnung (EG) Nr. 44/2001 hat.

Artikel 7
Antrag auf Erlass eines Europäischen Zahlungsbefehls

(1) Der Antrag auf Erlass eines Europäischen Zahlungsbefehls ist unter Verwendung des Formblatts A gemäß Anhang I zu stellen.

(2) Der Antrag muss Folgendes beinhalten:

a) die Namen und Anschriften der Verfahrensbeteiligten und gegebenenfalls ihrer Vertreter sowie des Gerichts, bei dem der Antrag eingereicht wird;

b) die Höhe der Forderung einschließlich der Hauptforderung und gegebenenfalls der Zinsen, Vertragsstrafen und Kosten;

c) bei Geltendmachung von Zinsen der Zinssatz und der Zeitraum, für den Zinsen verlangt werden, es sei denn, gesetzliche Zinsen werden nach dem Recht des Ursprungsmitgliedstaats automatisch zur Hauptforderung hinzugerechnet;

d) den Streitgegenstand einschließlich einer Beschreibung des Sachverhalts, der der Hauptforderung und gegebenenfalls der Zinsforderung zugrunde liegt;

e) eine Bezeichnung der Beweise, die zur Begründung der Forderung herangezogen werden;

f) die Gründe für die Zuständigkeit, und

g) den grenzüberschreitenden Charakter der Rechtssache im Sinne von Artikel 3.

(3) In dem Antrag hat der Antragsteller zu erklären, dass er die Angaben nach bestem Wissen und Gewissen gemacht hat, und anzuerkennen, dass jede vorsätzliche falsche Auskunft angemessene Sanktionen nach dem Recht des Ursprungsmitgliedstaats nach sich ziehen kann. *(ABl L 46, 52 vom 21. 2. 2008)*

(4) Der Antragsteller kann in einer Anlage zum Antrag dem Gericht gegenüber erklären, welches der in Artikel 17 Absatz 1 Buchstaben a und b aufgeführten Verfahren gegebenenfalls auf seine Forderung in dem späteren Zivilverfahren angewendet werden soll, falls der Antragsgegner Einspruch gegen den Europäischen Zahlungsbefehl einlegt.

Der Antragsteller kann in der im ersten Unterabsatz vorgesehenen Anlage dem Gericht gegenüber auch erklären, dass er die Überleitung in ein Zivilverfahren im Sinne des Artikels 17 Absatz 1 Buchstabe a oder Buchstabe b für den Fall ablehnt, dass der Antragsgegner Einspruch einlegt. Dies hindert den Antragsteller nicht daran, das Gericht zu einem späteren Zeitpunkt, in jedem Fall aber vor Erlass des Zahlungsbefehls, hierüber zu informieren. *(ABl L 341 vom 24. 12. 2015, ab 14. Juli. 2017)*

(5) Die Einreichung des Antrags erfolgt in Papierform oder durch andere – auch elektronische – Kommunikationsmittel, die im Ursprungsmitgliedstaat zulässig sind und dem Ursprungsgericht zur Verfügung stehen.

(6) Der Antrag ist vom Antragsteller oder gegebenenfalls von seinem Vertreter zu unterzeichnen. Wird der Antrag gemäß Absatz 5 auf elektronischem Weg eingereicht, so ist er nach Artikel 2 Nummer 2 der Richtlinie 1999/93/EG des Europäischen Parlaments und des Rates vom 13. Dezember 1999 über gemeinschaftliche Rahmenbedingungen für elektronische Signaturen[7] zu unterzeichnen. Diese Signatur wird im Ursprungsmit-

MahnVO

Zu Artikel 7:
[7] *ABl. L 13 vom 19.1.2000, S. 12.*

gliedstaat anerkannt, ohne dass weitere Bedingungen festgelegt werden können. Eine solche elektronische Signatur ist jedoch nicht erforderlich, wenn und insoweit es bei den Gerichten des Ursprungsmitgliedstaats ein alternatives elektronisches Kommunikationssystem gibt, das einer bestimmten Gruppe von vorab registrierten und authentifizierten Nutzern zur Verfügung steht und die sichere Identifizierung dieser Nutzer ermöglicht. Die Mitgliedstaaten unterrichten die Kommission über derartige Kommunikationssysteme.

Artikel 8
Prüfung des Antrags

Das mit einem Antrag auf Erlass eines Europäischen Zahlungsbefehls befasste Gericht prüft so bald wie möglich anhand des Antragsformulars, ob die in den Artikeln 2, 3, 4, 6 und 7 genannten Voraussetzungen erfüllt sind und ob die Forderung begründet erscheint. Diese Prüfung kann im Rahmen eines automatisierten Verfahrens erfolgen.

Artikel 9
Vervollständigung und Berichtigung des Antrags

(1) Das Gericht räumt dem Antragsteller die Möglichkeit ein, den Antrag zu vervollständigen oder zu berichtigen, wenn die in Artikel 7 genannten Voraussetzungen nicht erfüllt sind und die Forderung nicht offensichtlich unbegründet oder der Antrag unzulässig ist. Das Gericht verwendet dazu das Formblatt B gemäß Anhang II.

(2) Fordert das Gericht den Antragsteller auf, den Antrag zu vervollständigen oder zu berichtigen, so legt es dafür eine Frist fest, die ihm den Umständen nach angemessen erscheint. Das Gericht kann diese Frist nach eigenem Ermessen verlängern.

Artikel 10
Änderung des Antrags

(1) Sind die in Artikel 8 genannten Voraussetzungen nur für einen Teil der Forderung erfüllt, so unterrichtet das Gericht den Antragsteller hiervon unter Verwendung des Formblatts C gemäß Anhang III. Der Antragsteller wird aufgefordert, den Europäischen Zahlungsbefehl über den von dem Gericht angegebenen Betrag anzunehmen oder abzulehnen; er wird zugleich über die Folgen seiner Entscheidung belehrt. Die Antwort des Antragstellers erfolgt durch Rücksendung des von dem Gericht übermittelten Formblatts C innerhalb der von dem Gericht gemäß Artikel 9 Absatz 2 festgelegten Frist.

(2) Nimmt der Antragsteller den Vorschlag des Gerichts an, so erlässt das Gericht gemäß Artikel 12 einen Europäischen Zahlungsbefehl für den Teil der Forderung, dem der Antragesteller zugestimmt hat. Die Folgen hinsichtlich des verbleibenden Teils der ursprünglichen Forderung unterliegen nationalem Recht.

(3) Antwortet der Antragsteller nicht innerhalb der von dem Gericht festgelegten Frist oder lehnt er den Vorschlag des Gerichts ab, so weist das Gericht den Antrag auf Erlass eines Europäischen Zahlungsbefehls insgesamt zurück.

Artikel 11
Zurückweisung des Antrags

(1) Das Gericht weist den Antrag zurück,

a) wenn die in den Artikeln 2, 3, 4, 6 und 7 genannten Voraussetzungen nicht erfüllt sind,

oder

b) wenn die Forderung offensichtlich unbegründet ist,

oder

c) wenn der Antragsteller nicht innerhalb der von dem Gericht gemäß Artikel 9 Absatz 2 gesetzten Frist seine Antwort übermittelt,

oder

d) wenn der Antragsteller gemäß Artikel 10 nicht innerhalb der von dem Gericht gesetzten Frist antwortet oder den Vorschlag des Gerichts ablehnt.

Der Antragsteller wird anhand des Formblatts D gemäß Anhang IV von den Gründen der Zurückweisung in Kenntnis gesetzt.

(2) Gegen die Zurückweisung des Antrags kann kein Rechtsmittel eingelegt werden.

(3) Die Zurückweisung des Antrags hindert den Antragsteller nicht, die Forderung mittels eines neuen Antrags auf Erlass eines Europäischen Zahlungsbefehls oder eines anderen Verfahrens nach dem Recht eines Mitgliedstaats geltend zu machen.

Artikel 12
Erlass eines Europäischen Zahlungsbefehls

(1) Sind die in Artikel 8 genannten Voraussetzungen erfüllt, so erlässt das Gericht so bald wie möglich und in der Regel binnen 30 Tagen nach Einreichung eines entsprechenden Antrags einen Europäischen Zahlungsbefehl unter Verwendung des Formblatts E gemäß Anhang V.

Bei der Berechnung der 30-tägigen Frist wird die Zeit, die der Antragsteller zur Vervollständigung, Berichtigung oder Änderung des Antrags benötigt, nicht berücksichtigt.

(2) Der Europäische Zahlungsbefehl wird zusammen mit einer Abschrift des Antragsformulars ausgestellt. Er enthält nicht die vom Antragsteller

in den Anlagen 1 und 2 des Formblatts A gemachten Angaben.

(3) In dem Europäischen Zahlungsbefehl wird der Antragsgegner davon in Kenntnis gesetzt, dass er

a) entweder den im Zahlungsbefehl aufgeführten Betrag an den Antragsteller zahlen kann, oder

b) gegen den Europäischen Zahlungsbefehl bei dem Ursprungsgericht Einspruch einlegen kann, indem er innerhalb von 30 Tagen ab dem Zeitpunkt der Zustellung des Zahlungsbefehls an ihn seinen Einspruch versendet.

(4) In dem Europäischen Zahlungsbefehl wird der Antragsgegner davon unterrichtet, dass

a) der Zahlungsbefehl ausschließlich auf der Grundlage der Angaben des Antragstellers erlassen und vom Gericht nicht nachgeprüft wurde,

b) der Zahlungsbefehl vollstreckbar wird, wenn nicht bei dem Gericht nach Artikel 16 Einspruch eingelegt wird,

c) im Falle eines Einspruchs das Verfahren von den zuständigen Gerichten des Ursprungsmitgliedstaats gemäß den Regeln eines ordentlichen Zivilprozesses weitergeführt wird, es sei denn, der Antragsteller hat ausdrücklich beantragt, das Verfahren in diesem Fall zu beenden.

(5) Das Gericht stellt sicher, dass der Zahlungsbefehl dem Antragsgegner gemäß den nationalen Rechtsvorschriften in einer Weise zugestellt wird, die den Mindestvorschriften der Artikel 13, 14 und 15 genügen muss.

Artikel 13
Zustellung mit Nachweis des Empfangs durch den Antragsgegner

Der Europäische Zahlungsbefehl kann nach dem Recht des Staats, in dem die Zustellung erfolgen soll, dem Antragsgegner in einer der folgenden Formen zugestellt werden:

a) durch persönliche Zustellung, bei der der Antragsgegner eine Empfangsbestätigung unter Angabe des Empfangsdatums unterzeichnet,

b) durch persönliche Zustellung, bei der die zuständige Person, die die Zustellung vorgenommen hat, ein Dokument unterzeichnet, in dem angegeben ist, dass der Antragsgegner das Schriftstück erhalten hat oder dessen Annahme unberechtigt verweigert hat und an welchem Datum die Zustellung erfolgt ist,

c) durch postalische Zustellung, bei der der Antragsgegner die Empfangsbestätigung unter Angabe des Empfangsdatums unterzeichnet und zurückschickt,

d) durch elektronische Zustellung wie beispielsweise per Fax oder E-Mail, bei der der Antragsgegner eine Empfangsbestätigung unter Angabe

des Empfangsdatums unterzeichnet und zurückschickt.

Artikel 14
Zustellung ohne Nachweis des Empfangs durch den Antragsgegner

(1) Der Europäische Zahlungsbefehl kann nach dem Recht des Staats, in dem die Zustellung erfolgen soll, dem Antragsgegner auch in einer der folgenden Formen zugestellt werden:

a) persönliche Zustellung unter der Privatanschrift des Antragsgegners an eine in derselben Wohnung wie der Antragsgegner lebende Person oder an eine dort beschäftigte Person;

b) wenn der Antragsgegner Selbstständiger oder eine juristische Person ist, persönliche Zustellung in den Geschäftsräumen des Antragsgegners an eine Person, die vom Antragsgegner beschäftigt wird;

c) Hinterlegung des Zahlungsbefehls im Briefkasten des Antragsgegners;

d) Hinterlegung des Zahlungsbefehls beim Postamt oder bei den zuständigen Behörden mit entsprechender schriftlicher Benachrichtigung im Briefkasten des Antragsgegners, sofern in der schriftlichen Benachrichtigung das Schriftstück eindeutig als gerichtliches Schriftstück bezeichnet oder darauf hingewiesen wird, dass die Zustellung durch die Benachrichtigung als erfolgt gilt und damit Fristen zu laufen beginnen;

e) postalisch ohne Nachweis gemäß Absatz 3, wenn der Antragsgegner seine Anschrift im Ursprungsmitgliedstaat hat;

f) elektronisch, mit automatisch erstellter Sendebestätigung, sofern sich der Antragsgegner vorab ausdrücklich mit dieser Art der Zustellung einverstanden erklärt hat.

(2) Für die Zwecke dieser Verordnung ist eine Zustellung nach Absatz 1 nicht zulässig, wenn die Anschrift des Antragsgegners nicht mit Sicherheit ermittelt werden kann.

(3) Die Zustellung nach Absatz 1 Buchstaben a, b, c und d wird bescheinigt durch

a) ein von der zuständigen Person, die die Zustellung vorgenommen hat, unterzeichnetes Schriftstück mit den folgenden Angaben:

i) die gewählte Form der Zustellung, und

ii) das Datum der Zustellung sowie, und

iii) falls der Zahlungsbefehl einer anderen Person als dem Antragsgegner zugestellt wurde, der Name dieser Person und die Angabe ihres Verhältnisses zum Antragsgegner,

oder

MahnVO

b) eine Empfangsbestätigung der Person, der der Zahlungsbefehl zugestellt wurde, für die Zwecke von Absatz 1 Buchstaben a und b.

Artikel 15
Zustellung an einen Vertreter

Die Zustellung nach den Artikeln 13 oder 14 kann auch an den Vertreter des Antragsgegners bewirkt werden.

Artikel 16
Einspruch gegen den Europäischen Zahlungsbefehl

(1) Der Antragsgegner kann beim Ursprungsgericht Einspruch gegen den Europäischen Zahlungsbefehl unter Verwendung des Formblatts F gemäß Anhang VI einlegen, das dem Antragsgegner zusammen mit dem Europäischen Zahlungsbefehl zugestellt wird.

(2) Der Einspruch muss innerhalb von 30 Tagen ab dem Tag der Zustellung des Zahlungsbefehls an den Antragsgegner versandt werden.

(3) Der Antragsgegner gibt in dem Einspruch an, dass er die Forderung bestreitet, ohne dass er dafür eine Begründung liefern muss.

(4) Der Einspruch ist in Papierform oder durch andere – auch elektronische – Kommunikationsmittel, die im Ursprungsmitgliedstaat zulässig sind und dem Ursprungsgericht zur Verfügung stehen, einzulegen.

(5) Der Einspruch ist vom Antragsgegner oder gegebenenfalls von seinem Vertreter zu unterzeichnen. Wird der Einspruch gemäß Absatz 4 auf elektronischem Weg eingelegt, so ist er nach Artikel 2 Nummer 2 der Richtlinie 1999/93/EG zu unterzeichnen. Diese Signatur wird im Ursprungsmitgliedstaat anerkannt, ohne dass weitere Bedingungen festgelegt werden können. Eine solche elektronische Signatur ist jedoch nicht erforderlich, wenn und insoweit es bei den Gerichten des Ursprungsmitgliedstaats ein alternatives elektronisches Kommunikationssystem gibt, das einer bestimmten Gruppe von vorab registrierten und authentifizierten Nutzern zur Verfügung steht und die sichere Identifizierung dieser Nutzer ermöglicht. Die Mitgliedstaaten unterrichten die Kommission über derartige Kommunikationssysteme.

Artikel 17
Wirkungen der Einlegung eines Einspruchs

(1) Wird innerhalb der in Artikel 16 Absatz 2 genannten Frist Einspruch eingelegt, so wird das Verfahren vor den zuständigen Gerichten des Ursprungsmitgliedstaats weitergeführt, es sei denn, der Antragsteller hat ausdrücklich beantragt, das Verfahren in einem solchen Fall zu beenden.

Das Verfahren wird weitergeführt gemäß den Regeln

a) des in der Verordnung (EG) Nr. 861/2007 festgelegten europäischen Verfahrens für geringfügige Forderungen, falls diese anwendbar ist, oder

b) eines entsprechenden nationalen Zivilverfahrens.

(2) Hat der Antragsteller nicht angegeben, welches der in Absatz 1 Buchstaben a und b genannten Verfahren auf seine Forderung angewandt werden soll, das sich an die Einlegung eines Einspruchs anschließt, oder hat der Antragsteller beantragt, das europäische Verfahren für geringfügige Forderungen nach der Verordnung (EG) Nr. 861/2007 auf eine Forderung anzuwenden, die nicht in den Geltungsbereich der Verordnung (EG) Nr. 861/2007 fällt, so wird das Verfahren in das entsprechende einzelstaatliche Zivilverfahren übergeleitet, es sei denn, der Antragsteller hat ausdrücklich beantragt, dass diese Überleitung nicht vorgenommen wird.

(3) Hat der Antragsteller seine Forderung im Wege des Europäischen Mahnverfahrens geltend gemacht, so wird seine Stellung im nachfolgenden Zivilverfahren durch keine Maßnahme nach nationalem Recht präjudiziert.

(4) Die Überleitung in ein Zivilverfahren im Sinne von Absatz 1 Buchstaben a und b erfolgt nach dem Recht des Ursprungsmitgliedstaats.

(5) Dem Antragsteller wird mitgeteilt, ob der Antragsgegner Einspruch eingelegt hat und ob das Verfahren als Zivilverfahren im Sinne des Absatzes 1 weitergeführt wird.

(ABl L 341 vom 24. 12. 2015, ab 14. Juli. 2017)

Artikel 18
Vollstreckbarkeit

(1) Wurde innerhalb der Frist des Artikels 16 Absatz 2 unter Berücksichtigung eines angemessenen Zeitraums für die Übermittlung kein Einspruch beim Ursprungsgericht eingelegt, so erklärt das Gericht den Europäischen Zahlungsbefehl unter Verwendung des Formblatts G gemäß Anhang VII unverzüglich für vollstreckbar. Das Ursprungsgericht überprüft das Zustellungsdatum des Europäischen Zahlungsbefehls.

(2) Unbeschadet des Absatzes 1 richten sich die Voraussetzungen der Zwangsvollstreckung für die Vollstreckbarkeit nach den Rechtsvorschriften des Ursprungsmitgliedstaats.

(3) Das Gericht übersendet dem Antragsteller den vollstreckbaren Europäischen Zahlungsbefehl.

Artikel 19
Abschaffung des Exequaturverfahrens

Der im Ursprungsmitgliedstaat vollstreckbar gewordene Europäische Zahlungsbefehl wird in den anderen Mitgliedstaaten anerkannt und vollstreckt, ohne dass es einer Vollstreckbarerklärung bedarf und ohne dass seine Anerkennung angefochten werden kann.

Artikel 20
Überprüfung in Ausnahmefällen

(1) Nach Ablauf der in Artikel 16 Absatz 2 genannten Frist ist der Antragsgegner berechtigt, bei dem zuständigen Gericht des Ursprungsmitgliedstaats eine Überprüfung des Europäischen Zahlungsbefehls zu beantragen, falls

a) i) der Zahlungsbefehl in einer der in Artikel 14 genannten Formen zugestellt wurde, und

ii) die Zustellung ohne Verschulden des Antragsgegners nicht so rechtzeitig erfolgt ist, dass er Vorkehrungen für seine Verteidigung hätte treffen können,

oder

b) der Antragsgegner aufgrund höherer Gewalt oder aufgrund außergewöhnlicher Umstände ohne eigenes Verschulden keinen Einspruch gegen die Forderung einlegen konnte,

wobei in beiden Fällen vorausgesetzt wird, dass er unverzüglich tätig wird.

(2) Ferner ist der Antragsgegner nach Ablauf der in Artikel 16 Absatz 2 genannten Frist berechtigt, bei dem zuständigen Gericht des Ursprungsmitgliedstaats eine Überprüfung des Europäischen Zahlungsbefehls zu beantragen, falls der Europäische Zahlungsbefehl gemessen an den in dieser Verordnung festgelegten Voraussetzungen oder aufgrund von anderen außergewöhnlichen Umständen offensichtlich zu Unrecht erlassen worden ist.

(3) Weist das Gericht den Antrag des Antragsgegners mit der Begründung zurück, dass keine der Voraussetzungen für die Überprüfung nach den Absätzen 1 und 2 gegeben ist, bleibt der Europäische Zahlungsbefehl in Kraft.

Entscheidet das Gericht, dass die Überprüfung aus einem der in den Absätzen 1 und 2 genannten Gründe gerechtfertigt ist, wird der Europäische Zahlungsbefehl für nichtig erklärt.

Artikel 21
Vollstreckung

(1) Unbeschadet der Bestimmungen dieser Verordnung gilt für das Vollstreckungsverfahren das Recht des Vollstreckungsmitgliedstaats. Ein vollstreckbar gewordener Europäischer Zahlungsbefehl wird unter den gleichen Bedingungen vollstreckt wie eine im Vollstreckungsmitgliedstaat vollstreckbar gewordene Entscheidung.

(2) Zur Vollstreckung in einem anderen Mitgliedstaat legt der Antragsteller den zuständigen Vollstreckungsbehörden dieses Mitgliedstaats folgende Dokumente vor:

a) eine Ausfertigung des von dem Ursprungsgericht für vollstreckbar erklärten Europäischen Zahlungsbefehls, die die für seine Beweiskraft erforderlichen Voraussetzungen erfüllt, und

b) gegebenenfalls eine Übersetzung des Europäischen Zahlungsbefehls in die Amtssprache des Vollstreckungsmitgliedstaats oder – falls es in diesem Mitgliedstaat mehrere Amtssprachen gibt – nach Maßgabe der Rechtsvorschriften dieses Mitgliedstaats in die Verfahrenssprache oder eine der Verfahrenssprachen des Ortes, an dem die Vollstreckung betrieben wird, oder in eine sonstige Sprache, die der Vollstreckungsmitgliedstaat zulässt. Jeder Mitgliedstaat kann angeben, welche Amtssprache oder Amtssprachen der Organe der Europäischen Union er neben seiner oder seinen eigenen für den Europäischen Zahlungsbefehl zulässt. Die Übersetzung ist von einer hierzu in einem der Mitgliedstaaten befugten Person zu beglaubigen.

(3) Einem Antragsteller, der in einem Mitgliedstaat die Vollstreckung eines in einem anderen Mitgliedstaat erlassenen Europäischen Zahlungsbefehls beantragt, darf wegen seiner Eigenschaft als Ausländer oder wegen Fehlens eines inländischen Wohnsitzes oder Aufenthaltsorts im Vollstreckungsmitgliedstaat eine Sicherheitsleistung oder Hinterlegung, unter welcher Bezeichnung es auch sei, nicht auferlegt werden.

Artikel 22
Verweigerung der Vollstreckung

(1) Auf Antrag des Antragsgegners wird die Vollstreckung vom zuständigen Gericht im Vollstreckungsmitgliedstaat verweigert, wenn der Europäische Zahlungsbefehl mit einer früheren Entscheidung oder einem früheren Zahlungsbefehl unvereinbar ist, die bzw. der in einem Mitgliedstaat oder einem Drittland ergangen ist, sofern

a) die frühere Entscheidung oder der frühere Zahlungsbefehl zwischen denselben Parteien wegen desselben Streitgegenstands ergangen ist, und

b) die frühere Entscheidung oder der frühere Zahlungsbefehl die notwendigen Voraussetzungen für die Anerkennung im Vollstreckungsmitgliedstaat erfüllt, und

c) die Unvereinbarkeit im gerichtlichen Verfahren des Ursprungsmitgliedstaats nicht geltend gemacht werden konnte.

MahnVO

(2) Auf Antrag wird die Vollstreckung ebenfalls verweigert, sofern und insoweit der Antragsgegner den Betrag, der dem Antragsteller in einem Europäischen Zahlungsbefehl zuerkannt worden ist, an diesen entrichtet hat.

(3) Ein Europäischer Zahlungsbefehl darf im Vollstreckungsmitgliedstaat in der Sache selbst nicht nachgeprüft werden.

Artikel 23
Aussetzung oder Beschränkung der Vollstreckung

Hat der Antragsgegner eine Überprüfung nach Artikel 20 beantragt, so kann das zuständige Gericht im Vollstreckungsmitgliedstaat auf Antrag des Antragsgegners

a) das Vollstreckungsverfahren auf Sicherungsmaßnahmen beschränken,

oder

b) die Vollstreckung von der Leistung einer von dem Gericht zu bestimmenden Sicherheit abhängig machen,

oder

c) unter außergewöhnlichen Umständen das Vollstreckungsverfahren aussetzen.

Artikel 24
Rechtliche Vertretung

Die Vertretung durch einen Rechtsanwalt oder sonstigen Rechtsbeistand ist nicht zwingend

a) für den Antragsteller im Hinblick auf die Beantragung eines Europäischen Zahlungsbefehls,

b) für den Antragsgegner bei Einlegung des Einspruchs gegen einen Europäischen Zahlungsbefehl.

Artikel 25
Gerichtsgebühren

(1) Sind in einem Mitgliedstaat die Gerichtsgebühren für Zivilverfahren im Sinne des Artikels 17 Absatz 1 Buchstabe a beziehungsweise Buchstabe b genauso hoch oder höher als die Gerichtsgebühren für das Europäische Mahnverfahren, so dürfen die Gerichtsgebühren für ein Europäisches Mahnverfahren und das sich daran im Falle eines Einspruchs gemäß Artikel 17 Absatz 1 anschließende Zivilverfahren insgesamt nicht höher sein als die Gebühren für solche Verfahren ohne vorausgehendes Europäisches Mahnverfahren in diesem Mitgliedstaat.

Für Zivilverfahren, die sich im Falle eines Einspruchs gemäß Artikel 17 Absatz 1 Buchstabe a beziehungsweise Buchstabe b anschließen, dürfen in einem Mitgliedstaat keine zusätzlichen Gerichtsgebühren erhoben werden, wenn die Gerichtsgebühren für diese Art von Verfahren in diesem Mitgliedstaat niedriger sind als die Gerichtsgebühren für das Europäische Mahnverfahren.

(ABl L 341 vom 24. 12. 2015, ab 14. Juli. 2017)

(2) Für die Zwecke dieser Verordnung umfassen die Gerichtsgebühren die dem Gericht zu entrichtenden Gebühren und Abgaben, deren Höhe nach dem nationalen Recht festgelegt wird.

Artikel 26
Verhältnis zum nationalen Prozessrecht

Sämtliche verfahrensrechtlichen Fragen, die in dieser Verordnung nicht ausdrücklich geregelt sind, richten sich nach den nationalen Rechtsvorschriften.

Artikel 27
Verhältnis zur Verordnung (EG) Nr. 1348/2000

Diese Verordnung berührt nicht die Anwendung der Verordnung (EG) Nr. 1348/2000 des Rates vom 29. Mai 2000 über die Zustellung gerichtlicher und außergerichtlicher Schriftstücke in Zivil- und Handelssachen in den Mitgliedstaaten[8].

Artikel 28
Informationen zu den Zustellungskosten und zur Vollstreckung

Die Mitgliedstaaten arbeiten zusammen, um der Öffentlichkeit und den Fachkreisen folgende Informationen zur Verfügung zu stellen:

a) Informationen zu den Zustellungskosten, und

b) Information darüber, welche Behörden im Zusammenhang mit der Vollstreckung für die Anwendung der Artikel 21, 22 und 23 zuständig sind,

insbesondere über das mit der Entscheidung 2001/470/EG des Rates[9] eingerichtete Europäische Justizielle Netz für Zivil- und Handelssachen.

Artikel 29
Angaben zu den zuständigen Gerichten, den Überprüfungsverfahren, den Kommunikationsmitteln und den Sprachen

(1) Die Mitgliedstaaten teilen der Kommission bis zum 12. Juni 2008 Folgendes mit:

a) die Gerichte, die dafür zuständig sind, einen Europäischen Zahlungsbefehl zu erlassen;

Zu Artikel 27:
[8] *ABl. L 160 vom 30.6.2000, S. 37.*
Zu Artikel 28:
[9] *ABl. L 174 vom 27.6.2001, S. 25.*

b) Informationen über das Überprüfungsverfahren und die für die Anwendung des Artikels 20 zuständigen Gerichte;

c) die Kommunikationsmittel, die im Hinblick auf das Europäische Mahnverfahren zulässig sind und den Gerichten zur Verfügung stehen;

d) die nach Artikel 21 Absatz 2 Buchstabe b zulässigen Sprachen.

Die Mitgliedstaaten unterrichten die Kommission über alle späteren Änderungen dieser Angaben.

(2) Die Kommission macht die nach Absatz 1 mitgeteilten Angaben durch Veröffentlichung im Amtsblatt der *Europäischen Union* und durch andere geeignete Mittel öffentlich zugänglich.

Artikel 30
Änderung der Anhänge

Der Kommission wird die Befugnis übertragen, gemäß Artikel 31 in Bezug auf die Änderung der Anhänge I bis VII delegierte Rechtsakte zu erlassen.

(ABl L 341 vom 24. 12. 2015, ab 14. Juli. 2017)

Artikel 31
Ausübung der Befugnisübertragung

(1) Die Befugnis zum Erlass delegierter Rechtsakte wird der Kommission unter den in diesem Artikel festgelegten Bedingungen übertragen.

(2) Die Befugnis zum Erlass delegierter Rechtsakte gemäß Artikel 30 wird der Kommission auf unbestimmte Zeit ab dem 13. Januar 2016 übertragen.

(3) Die Befugnisübertragung gemäß Artikel 30 kann vom Europäischen Parlament oder vom Rat jederzeit widerrufen werden. Der Beschluss über den Widerruf beendet die Übertragung der in diesem Beschluss angegebenen Befugnis. Er wird am Tag nach seiner Veröffentlichung im *Amtsblatt der Europäischen Union* oder zu einem im Beschluss über den Widerruf angegebenen späteren Zeitpunkt wirksam. Die Gültigkeit von delegierten Rechtsakten, die bereits in Kraft sind, wird von dem Beschluss über den Widerruf nicht berührt.

(4) Sobald die Kommission einen delegierten Rechtsakt erlässt, übermittelt sie ihn gleichzeitig dem Europäischen Parlament und dem Rat.

(5) Ein delegierter Rechtsakt, der gemäß Artikel 30 erlassen wurde, tritt nur in Kraft, wenn weder das Europäische Parlament noch der Rat innerhalb einer Frist von zwei Monaten nach Übermittlung dieses Rechtsakts an das Europäische Parlament und den Rat Einwände erhoben haben oder wenn vor Ablauf dieser Frist das Europäische Parlament und der Rat beide der Kommission mitgeteilt haben, dass sie keine Einwände erheben werden. Auf Initiative des Europäischen Parlaments oder des Rates wird diese Frist um zwei Monate verlängert.

(ABl L 341 vom 24. 12. 2015, ab 14. Juli. 2017)

Artikel 32
Überprüfung

Die Kommission legt dem Europäischen Parlament, dem Rat und dem Europäischen Wirtschafts- und Sozialausschuss bis zum 12. Dezember 2013 einen detaillierten Bericht über die Überprüfung des Funktionierens des Europäischen Mahnverfahrens vor. Dieser Bericht enthält eine Bewertung des Funktionierens des Verfahrens und eine erweiterte Folgenabschätzung für jeden Mitgliedstaat.

Zu diesem Zweck und damit gewährleistet ist, dass die vorbildliche Praxis in der Europäischen Union gebührend berücksichtigt wird und die Grundsätze der besseren Rechtsetzung zum Tragen kommen, stellen die Mitgliedstaaten der Kommission Angaben zum grenzüberschreitenden Funktionieren des Europäischen Zahlungsbefehls zur Verfügung. Diese Angaben beziehen sich auf die Gerichtsgebühren, die Schnelligkeit des Verfahrens, die Effizienz, die Benutzerfreundlichkeit und die internen Mahnverfahren der Mitgliedstaaten.

Dem Bericht der Kommission werden gegebenenfalls Vorschläge zur Anpassung der Verordnung beigefügt.

Artikel 33
Inkrafttreten

Diese Verordnung tritt am Tag nach ihrer Veröffentlichung im Amtsblatt der *Europäischen Union* in Kraft.

Sie gilt ab dem 12. Dezember 2008 mit Ausnahme der Artikel 28, 29, 30 und 31, die ab dem 12. Juni 2008 gelten.

MahnVO

Diese Verordnung ist in allen ihren Teilen verbindlich und gilt gemäß dem Vertrag zur Gründung der Europäischen Gemeinschaft unmittelbar in den Mitgliedstaaten.

Geschehen zu Straßburg am 12. Dezember 2006.

Im Namen des Europäischen Parlaments
Der Präsident
J. BORRELL FONTELLES

Im Namen des Rates
Der Präsident
M. PEKKARINEN

40. MahnVO

Anhang I

Anhang I

Antrag auf Erlass eines Europäischen Zahlungsbefehls

Formblatt A   Artikel 7 Absatz 1 der Verordnung (EG) Nr. 1896/2006 des Europäischen Parlaments
und des Rates zur Einführung eines Europäischen Mahnverfahrens

Bitte lesen Sie zum besseren Verständnis dieses Formblatts zuerst die Leitlinien auf der letzten Seite!

Dieses Formblatt ist in der Sprache oder in einer der Sprachen auszufüllen, die das zu befassende Gericht anerkennt.

Das Formblatt ist in allen Amtssprachen der Europäischen Union erhältlich, sodass Sie es in der verlangten Sprache ausfüllen können.

1. Gericht			Aktenzeichen (vom Gericht auszufüllen)	
Gericht			Eingang beim Gericht (Tag/Monat/Jahr)	
Anschrift			Unterschrift und/oder Stempel	
PLZ	Ort	Land		

2. Parteien und ihre Vertreter

Codes: 01 Antragsteller   03 Vertreter des Antragstellers *   05 Gesetzlicher Vertreter des Antragstellers **

02 Antragsgegner   04 Vertreter des Antragsgegners *   06 Gesetzlicher Vertreter des Antragsgegners **

Code	Name der Firma oder Organisation		(ggf.) Identifikationsnummer	
	Name		Vorname	
	Anschrift	PLZ	Ort	Land
	Telefon ***	Fax ***	E-Mail ***	
	Beruf ***		Sonstige Angaben ***	

Code	Name der Firma oder Organisation		(ggf.) Identifikationsnummer	
	Name		Vorname	
	Anschrift	PLZ	Ort	Land
	Telefon ***	Fax ***	E-Mail ***	
	Beruf ***		Sonstige Angaben ***	

Code	Name der Firma oder Organisation		(ggf.) Identifikationsnummer	
	Name		Vorname	
	Anschrift	PLZ	Ort	Land
	Telefon ***	Fax ***	E-Mail ***	
	Beruf ***		Sonstige Angaben ***	

MahnVO

Anhang I

Code	Name der Firma oder Organisation		(ggf.) Identifikationsnummer	
	Name		Vorname	
	Anschrift	PLZ	Ort	Land
	Telefon ***	Fax ***	E-Mail ***	
	Beruf ***	Sonstige Angaben ***		

* z. B. Rechtsanwalt ** z. B. Elternteil, Vormund, Geschäftsführer *** fakultativ

---

3. Begründung der gerichtlichen Zuständigkeit

Codes:

01 Wohnsitz des Antragsgegners oder eines Mitantragsgegners
02 Erfüllungsort
03 Ort des schädigenden Ereignisses
04 Wenn es sich um Streitigkeiten aus dem Betrieb einer Zweigniederlassung, einer Agentur oder einer sonstigen Niederlassung handelt, Ort, an dem sich diese befindet
05 Ort, an dem der Trust seinen Sitz hat
06 Wenn es sich um eine Streitigkeit wegen der Zahlung von Berge- und Hilfslohn handelt, der für Bergungs- und Hilfeleistungsarbeiten gefordert wird, die zugunsten einer Ladung oder einer Frachtforderung erbracht worden sind, der Ort des Gerichts, in dessen Zuständigkeitsbereich diese Ladung oder die entsprechende Frachtforderung mit Arrest belegt worden ist oder mit Arrest hätte belegt werden können

07 In Versicherungssachen Wohnsitz des Versicherungsnehmers, des Versicherten oder des Begünstigten
08 Wohnsitz des Verbrauchers
09 Ort, an dem der Arbeitnehmer seine Arbeit verrichtet
10 Ort der Niederlassung, die den Arbeitnehmer eingestellt hat
11 Ort, an dem die unbewegliche Sache belegen ist
12 Gerichtsstandsvereinbarung
13 Wohnsitz des Unterhaltsgläubigers
14 Sonstiger Zuständigkeitsgrund (bitte näher erläutern)

Code	Erläuterungen (gilt nur für Code 14)

---

4. Gründe dafür, dass die Sache als grenzüberschreitend anzusehen ist

Codes:

01	Belgien	06	Griechenland	11	Italien	16	Ungarn	21	Portugal	26	Schweden
02	Bulgarien	07	Spanien	12	Zypern	17	Malta	22	Rumänien	27	Vereinigtes Königreich
03	Tschechische Republik	08	Frankreich	13	Lettland	18	Niederlande	23	Slowenien	28	Sonstige (bitte näher erläutern)
04	Deutschland	09	Kroatien	14	Litauen	19	Österreich	24	Slowakei		
05	Estland	10	Irland	15	Luxemburg	20	Polen	25	Finnland		

Wohnsitz oder gewöhnlicher Aufenthaltsort des Antragstellers	Wohnsitz oder gewöhnlicher Aufenthaltsort des Antragsgegners	Land des Gerichts

---

5. Bankverbindung (fakultativ)

5.1. Zahlung der Gerichtsgebühren durch den Antragsteller

Codes: 01 Überweisung 02 Kreditkarte 03 Einziehung vom Bankkonto des Antragstellers durch das Gericht
04 Prozesskostenhilfe 05 Sonstige (bitte näher erläutern)

Bei Code 02 oder 03 bitte die Bankverbindung in Anlage 1 eintragen

Code	Im Falle von Code 05 bitte näher erläutern

5.2. Zahlung der zuerkannten Summe durch den Antragsgegner

Kontoinhaber	Bankadresse (BIC) oder andere anwendbare Bankkennung
Kontonummer	Internationale Bankkontonummer (IBAN)

EUR	Euro	BGN	Bulgarischer Lew	CZK	Tschechische Krone	GBP	Britisches Pfund	HUF	Ungarischer Forint
HRK	Kroatische Kuna	PLN	Polnischer Zloty	RON	Rumänischer Leu	SEK	Schwedische Krone		
					Sonstige (gemäß internationalem Bankcode)				

6. Hauptforderung

	Währung:	Gesamtwert der Hauptforderung, ohne Zinsen und Kosten

Anspruchsgrundlage (Code 1)

01 Kaufvertrag
02 Mietvertrag über bewegliche Sachen
03 Miet-/Pachtvertrag über Immobilien
04 Mietvertrag über Betriebs-/Büroräume
05 Vertrag über Dienstleistungen - Elektrizität, Gas, Wasser, Telefon
06 Vertrag über Dienstleistungen - medizinische Versorgung
07 Vertrag über Dienstleistungen - Beförderungsleistungen
08 Vertrag über Dienstleistungen - rechtliche, steuerliche oder technische Beratung
09 Vertrag über Dienstleistungen - Hotel- und Gaststättengewerbe

10 Vertrag über Dienstleistungen - Reparaturen
11 Vertrag über Dienstleistungen - Maklerleistungen
12 Vertrag über Dienstleistungen - Sonstiges (bitte näher erläutern)
13 Bauvertrag
14 Versicherungsvertrag
15 Darlehen
16 Bürgschaft oder sonstige Sicherheit
17 Außervertragliche Schuldverhältnisse, sofern sie einer Vereinbarung zwischen den Parteien oder einer Schuldanerkenntnis unterliegen (z.B. Schadensbegleichung, ungerechtfertigte Bereicherung)

18 Aus dem gemeinsamen Eigentum an Vermögensgegenständen erwachsende Forderungen
19 Schadensersatz aus Vertragsverletzung
20 Abonnement (Zeitung, Zeitschrift)
21 Mitgliedsbeitrag
22 Arbeitsvertrag
23 Außergerichtlicher Vergleich
24 Unterhaltsvertrag
25 Sonstige Forderungen (bitte näher erläutern)

Umstände, mit denen die Forderung begründet wird (Code 2)

30 Ausgebliebene Zahlung
31 Unzureichende Zahlung
32 Verspätete Zahlung

33 Ausgebliebene Lieferung von Waren/Erbringung von Dienstleistungen
34 Lieferung schadhafter Waren/Erbringung mangelhafter Dienstleistungen

35 Erzeugnis bzw. Dienstleistung entspricht nicht der Bestellung
36 Sonstige Probleme (bitte näher erläutern)

Sonstige Angaben (Code 3)

40 Ort des Vertragsabschlusses
41 Ort der Leistung
42 Zeitpunkt des Vertragsabschlusses

43 Zeitpunkt der Leistung
44 Art der betreffenden Ware(n) oder Dienstleistung(en)
45 Adresse einer Liegenschaft oder eines Gebäudes

46 Bei Darlehen, Zweck des Darlehens: Verbraucherkredit
47 Bei Darlehen, Zweck des Darlehens: Hypothekendarlehen
48 Sonstige Angaben (bitte näher erläutern)

ID 1	Code 1	Code 2	Code 3	Erläuterungen	Datum* (oder Zeitraum)	Betrag

ID 2	Code 1	Code 2	Code 3	Erläuterungen	Datum* (oder Zeitraum)	Betrag

ID 3	Code 1	Code 2	Code 3	Erläuterungen	Datum* (oder Zeitraum)	Betrag

ID 4	Code 1	Code 2	Code 3	Erläuterungen	Datum* (oder Zeitraum)	Betrag

* Datumsformat: Tag/Monat/Jahr

Die Forderung ist dem Antragsteller von folgendem Gläubiger abgetreten worden (falls zutreffend)

Name der Firma oder Organisation	(ggf.) Identifikationsnummer

Name	Vorname

Anschrift	PLZ	Ort	Land

Zusätzliche Angaben für Forderungen, die sich auf einen Verbrauchervertrag beziehen (falls zutreffend)

Die Forderung bezieht sich auf einen Verbrauchervertrag		Der Antragsgegner ist der Verbraucher		Der Antragsgegner hat einen Wohnsitz im Sinne von Artikel 59 der Verordnung (EG) Nr. 44/2001 des Rates in dem Mitgliedstaat, dessen Gerichte angerufen werden	
ja	nein	ja	nein	ja	ja

MahnVO

Anhang I

7. Zinsen

Codes (bitte die entsprechende Ziffer und den entsprechenden Buchstaben einsetzen):

01 Gesetzlicher Zinssatz	02 Vertraglicher Zinssatz	03 Kapitalisierung der Zinsen	04 Zinssatz für ein Darlehen **	05 Vom Antragsteller berechneter Betrag	06 Sonstige ***

A jährlich		B halbjährlich	C vierteljährlich	D monatlich		E sonstige ***	
ID *	Code	Zinssatz (%)	% über dem Basissatz der EZB	auf (Betrag)	Ab		bis
ID *	Code	Zinssatz (%)	% über dem Basissatz der EZB	auf (Betrag)	Ab		bis
ID *	Code	Zinssatz (%)	% über dem Basissatz der EZB	auf (Betrag)	Ab		bis
ID *	Code	Zinssatz (%)	% über dem Basissatz der EZB	auf (Betrag)	Ab		bis
ID *		Bitte näher erläutern im Falle von Code 6 und/oder E					

* Bitte die entsprechende Forderungskennung (ID) einsetzen   ** vom Antragsteller mindestens in der Höhe der Hauptforderung aufgenommen   *** Bitte näher erläutern

8. Vertragsstrafe (falls zutreffend)

Betrag	Bitte näher erläutern

9. Kosten (falls zutreffend)

Codes: 01 Antragsgebühren   02 Sonstige (bitte näher erläutern)

Code	Erläuterungen (gilt nur für Code 02)	Währung	Betrag
Code	Erläuterungen (gilt nur für Code 02)	Währung	Betrag
Code	Erläuterungen (gilt nur für Code 02)	Währung	Betrag
Code	Erläuterungen (gilt nur für Code 02)	Währung	Betrag

10. Vorhandene Beweismittel, auf die sich die Forderung stützt

Codes: 01 Urkundsbeweis   02 Zeugenbeweis   03 Sachverständigengutachten   04 Inaugenscheinnahme eines Gegenstands oder Orts   05 Sonstige (bitte näher erläutern)

ID *	Code	Bezeichnung der Beweismittel	Datum (Tag/Monat/Jahr)
ID *	Code	Bezeichnung der Beweismittel	Datum (Tag/Monat/Jahr)
ID *	Code	Bezeichnung der Beweismittel	Datum (Tag/Monat/Jahr)
ID *	Code	Bezeichnung der Beweismittel	Datum (Tag/Monat/Jahr)

* Bitte die entsprechende Forderungskennung (ID) einsetzen

40. MahnVO

Anhang I

11. Zusätzliche Erklärungen und weitere Angaben (falls erforderlich)

Ich beantrage hiermit, dass das Gericht den/die Antragsgegner anweist, die Hauptforderung in der oben genannten Höhe, gegebenenfalls zuzüglich Zinsen, Vertragsstrafen und Kosten, an den/die Antragsteller zu zahlen.

Ich erkläre, dass die obigen Angaben nach bestem Wissen und Gewissen gemacht wurden.

Mir ist bekannt, dass falsche Angaben zu Sanktionen nach dem Recht des Ursprungsmitgliedstaats führen können.

Ort	Datum (Tag/Monat/Jahr)	Unterschrift und/oder Stempel

Anlage 1 zum Antrag auf Erlass eines Europäischen Zahlungsbefehls

Bankverbindung für die Zahlung der Gerichtsgebühren durch den Antragsteller

Codes: 02   Kreditkarte   03   Einziehung vom Bankkonto des Antragstellers durch das Gericht

Code	Kontoinhaber	Bankadresse (BIC) oder andere anwendbare Bankkennung/Kreditkartenunternehmen
Kontonummer/Kreditkartennummer		Internationale Bankkontonummer (IBAN)/Gültigkeit und Kartenprüfnummer der Kreditkarte

MahnVO

Anhang I

Anlage 2 zum Antrag auf Erlass eines Europäischen Zahlungsbefehls

Weiteres Verfahren im Falle eines Einspruchs

Codes:

01. Im Falle eines Einspruchs des Antragsgegners beantrage ich die **Einstellung** des Verfahrens.

02. Im Falle eines Einspruchs des Antragsgegners beantrage ich die
Fortsetzung des Verfahrens nach Maßgabe des europäischen Verfahrens für geringfügige Forderungen, falls anwendbar.

03. Im Falle eines Einspruchs des Antragsgegners beantrage ich die
Überleitung des Verfahrens in ein geeignetes nationales Zivilverfahren.

Aktenzeichen (auszufüllen, falls die Anlage dem Gericht gesondert vom Antragsformblatt übermittelt wird)

Name der Firma oder Organisation	Name	Vorname
Code	Sollte meine Forderung nicht in den Anwendungsbereich des europäischen Verfahrens für geringfügige Forderungen (Code 02) fallen, beantrage ich, das Verfahren	
	einzustellen	**in ein geeignetes nationales Zivilverfahren überzuleiten**
Ort	Datum (Tag/Monat/Jahr)	Unterschrift und/oder Stempel

ANLEITUNG ZUM AUSFÜLLEN DES ANTRAGSFORMBLATTS

Wichtiger Hinweis

Dieses Formblatt ist in der Sprache oder in einer der Sprachen auszufüllen, die das zu befassende Gericht anerkennt. Das Formblatt ist in allen Amtssprachen der Europäischen Union erhältlich, sodass Sie es in der verlangten Sprache ausfüllen können.

Legt der Antragsgegner Einspruch gegen Ihre Forderung ein, so wird das Verfahren vor den zuständigen Gerichten gemäß den Regeln eines ordentlichen Zivilprozesses weitergeführt. Wünschen Sie diese Weiterführung nicht, so füllen Sie bitte auch Anlage 2 zu diesem Formblatt aus. Diese Anlage muss beim Gericht eingehen, bevor der Europäische Zahlungsbefehl ausgestellt wird.

Betrifft der Antrag eine Forderung gegen einen Verbraucher, die sich auf einen Verbrauchervertrag bezieht, so ist er bei dem zuständigen Gericht des Mitgliedstaats einzureichen, in dem der Verbraucher seinen Wohnsitz hat. Anderenfalls ist er bei dem gemäß der Verordnung (EG) Nr. 44/2001 (*) zuständigen Gericht einzureichen. Informationen über die Vorschriften für die gerichtliche Zuständigkeit finden Sie im Europäischen Gerichtsatlas (https://e-justice.europa.eu/content_jurisdiction-85-en.do).

Vergessen Sie bitte nicht, das Formblatt auf der letzten Seite ordnungsgemäß zu unterzeichnen und zu datieren.

Leitlinien

Bei jedem Abschnitt sind spezifische Codes aufgeführt, die gegebenenfalls in die entsprechenden Felder einzutragen sind.

1.   **Gericht** Bei der Auswahl des Gerichts ist auf die gerichtliche Zuständigkeit zu achten.

2.   **Parteien und ihre Vertreter** In diesem Feld sind die Parteien und gegebenenfalls ihre Vertreter unter Verwendung der im Formblatt vorgegebenen Codes anzugeben. Das Kästchen [Identifikationsnummer] bezieht sich gegebenenfalls auf die besondere Nummer, über die die Sachwalter in einigen Mitgliedstaaten für Zwecke der elektronischen Kommunikation mit dem Gericht verfügen (vgl. Artikel 7 Absatz 6 Unterabsatz 2 der Verordnung (EG) Nr. 1896/2006), auf die Registrierungsnummer von Unternehmen oder Organisationen oder auf sonstige Identifikationsnummern von natürlichen Personen. Das Kästchen [Sonstige Angaben] kann weitere Informationen enthalten, die der Identifizierung der Person dienen (z.B. Geburtsdatum, Stellung der betreffenden Person in dem jeweiligen Unternehmen oder der jeweiligen Organisation). Sind mehr als vier Parteien und/oder Vertreter beteiligt, verwenden Sie bitte das Feld [11].

3.   **Begründung der gerichtlichen Zuständigkeit** Siehe „Wichtiger Hinweis".

4.   **Grenzüberschreitende Bezüge der Rechtssache** Damit dieses Europäische Mahnverfahren in Anspruch genommen werden kann, müssen sich mindestens zwei Kästchen in diesem Feld auf unterschiedliche Staaten beziehen.

5.   **Bankverbindung (fakultativ)** In Feld [5.1] können Sie dem Gericht die zur Begleichung der Gerichtsgebühren gewünschte Zahlungsart mitteilen. Bitte beachten Sie, dass bei dem befassten Gericht nicht unbedingt alle in diesem Feld aufgeführten Zahlungsarten möglich sind. Vergewissern Sie sich, welche Zahlungsart das Gericht akzeptiert. Sie können sich dazu mit dem betreffenden Gericht in Verbindung setzen oder die Webseite des Europäischen Justiziellen Netzes für Zivil- und Handelssachen konsultieren (http://ec.europa.eu/civiljustice/). Falls Sie per Kreditkarte zahlen oder dem Gericht eine Einzugsermächtigung erteilen wollen, tragen Sie bitte in Anlage 1 zu diesem Formblatt die nötigen Angaben zur Kreditkarten-/Bankkontoverbindung ein.

Bitte geben Sie im Feld [5.2] die erforderlichen Informationen für die Zahlung des geschuldeten Betrags durch den Antragsgegner an. Falls Sie eine Überweisung wünschen, geben Sie bitte die entsprechende Bankverbindung an.

6.   **Hauptforderung** Dieses Feld muss anhand der vorgegebenen Codes eine Beschreibung der Hauptforderung und der Umstände, auf denen die Forderung beruht, enthalten. Für jede Forderung ist eine Identifikationsnummer („ID") von 1 bis 4 zu verwenden. Jede Forderung ist in der Zeile neben dem ID-Nummer-Kästchen mit den entsprechenden Codenummern 1, 2 und 3 zu beschreiben. Brauchen Sie mehr Platz, so verwenden Sie bitte das Feld [11]. Das Kästchen [Datum (oder Zeitraum)] bezieht sich beispielsweise auf den Zeitpunkt des Vertragsabschlusses oder des schädigenden Ereignisses oder auf den Zeitraum der Miete/Pacht.

7.   **Zinsen** Werden Zinsen gefordert, so ist dies für jede aufgeführte Forderung mit den entsprechenden Codes anzugeben. Der Code muss sowohl die entsprechende Ziffer (erste Reihe der Codes) als auch den entsprechenden Buchstaben (zweite Reihe der Codes) enthalten. Wurde der Zinssatz beispielsweise mit jährlicher Fälligkeit vertraglich vereinbart, so lautet der Code 02A. Entscheidet das Gericht über die Höhe der Zinsen, so ist das letzte Kästchen [bis] leer zu lassen und der Code 06E anzugeben. Code 01 bezieht sich auf einen gesetzlichen Zinssatz. Code 02 bezieht sich auf einen vertraglichen Zinssatz. Bei Code 03 (Kapitalisierung der Zinsen) bildet der vermerkte Betrag die Grundlage für die restliche Laufzeit. Die Kapitalisierung der Zinsen betrifft den Fall, dass die aufgelaufenen Zinsen der Hauptforderung zugerechnet werden und für die Berechnung der weiteren Zinsen berücksichtigt werden. Beim Geschäftsverkehr im Sinne der Richtlinie 2000/35/EG des Europäischen Parlaments und des Rates (**) ergibt sich der gesetzliche Zinssatz aus der Summe des Zinssatzes, den von der Europäischen Zentralbank auf ihr letztes Hauptrefinanzierungsgeschäft angewendet wurde, das vor dem ersten Kalendertag des betreffenden Halbjahres durchgeführt wurde („Bezugszinssatz"), zuzüglich mindestens sieben Prozentpunkten. Für Mitgliedstaaten, die nicht an der dritten Stufe der Wirtschafts- und Währungsunion teilnehmen, ist der Bezugszinssatz der auf nationaler Ebene (z. B. von einer Zentralbank) festgesetzte entsprechende Zinssatz. In beiden Fällen findet der Bezugszinssatz, der am ersten Kalendertag in dem betreffenden Halbjahr in Kraft ist, für die folgenden sechs Monate Anwendung (vgl. Artikel 3 Absatz 1 Buchstabe d der Richtlinie 2000/35/EG). Der „Basissatz der EZB" bezieht sich auf den von der Europäischen Zentralbank für ihre Hauptrefinanzierungsgeschäfte angewandten Zinssatz.

8.   **Vertragsstrafe (falls zutreffend)**

9.   **Kosten (gegebenenfalls)** Wird eine Erstattung der Kosten gefordert, so sind diese anhand der vorgegebenen Codes zu beschreiben. Das Kästchen [Erläuterungen] ist nur für Code 02 auszufüllen, d. h. wenn eine Erstattung außergerichtlicher Kosten gefordert wird. Diese sonstigen Kosten können z. B. Honorare des Vertreters des Antragstellers oder vorprozessuale Kosten umfassen. Wenn Sie eine Erstattung der Gerichtsgebühren beantragen, aber deren genauen Betrag nicht kennen, tragen Sie in das Kästchen [Code] (01) ein und lassen das Kästchen [Betrag] leer; dieses wird dann vom Gericht ausgefüllt. Die Kosten sind in derselben Währung anzugeben wie die Hauptforderung.

10.   **Vorhandene Beweismittel, auf die sich die Forderung stützt** In diesem Feld sind mithilfe der dort vorgegebenen Codes die Beweismittel anzugeben, auf die sich die Forderung stützt. In das Kästchen [Bezeichnung der Beweismittel] sind z. B. der Titel, die Bezeichnung, das Datum und/oder das Aktenzeichen des betreffenden Dokuments, der darin angegebene Betrag und/oder der Name des Zeugen oder Sachverständigen einzutragen.

MahnVO

11. Zusätzliche Erklärungen und weitere Angaben (falls erforderlich) Sie können dieses Feld verwenden, wenn der Platz bei einem der vorgenannten Felder nicht ausreicht, oder um dem Gericht — falls erforderlich — zusätzliche nützliche Informationen zu geben. Sind beispielsweise mehrere Antragsgegner jeweils für einen Teil der Forderung haftbar, sind hier die Beträge einzutragen, die jeweils von den einzelnen Antragsgegnern geschuldet werden.

Anlage 1 Hier ist die Kreditkarten- oder Bankkontoverbindung anzugeben, falls Sie die Gerichtsgebühren per Kreditkarte zahlen oder dem Gericht eine Einzugsermächtigung erteilen. Bitte beachten Sie, dass bei dem befassten Gericht nicht unbedingt alle in diesem Feld aufgeführten Zahlungsarten möglich sind. Die Angaben in Anlage 1 werden dem Antragsgegner nicht mitgeteilt.

Anlage 2 Hier ist dem Gericht mitzuteilen, wie weiter verfahren werden soll, falls der Antragsgegner Einspruch erhebt und Sie das Verfahren nicht fortsetzen wollen. Bitte verwenden Sie den zutreffenden Code. Eine Option ist die Überleitung des Verfahrens in ein europäisches Verfahren für geringfügige Forderungen (***). Dieses Verfahren ist jedoch nur möglich, wenn Ihre Forderung nicht mehr als 5 000 EUR beträgt. Welche anderen Voraussetzungen für dieses Verfahren noch erfüllt sein müssen, sagt Ihnen das Europäische Justizportal: https://e-justice.europa.eu/content_small_claims-42-en.do Entscheiden Sie sich für dieses Verfahren, geben Sie bitte auch an, wie weiter vorgegangen werden soll, wenn dieses Verfahren nicht anwendbar ist. Kreuzen Sie bitte das zutreffende Kästchen an. Wenn Sie diese Informationen an das Gericht übermitteln, nachdem Sie das Antragsformblatt abgeschickt haben, vergewissern Sie sich bitte, dass Sie das vom Gericht vergebene Aktenzeichen angegeben haben. Die Angaben in Anlage 2 werden dem Antragsgegner nicht mitgeteilt.

(*) Verordnung (EG) Nr. 44/2001 des Rates vom 22. Dezember 2000 über die gerichtliche Zuständigkeit und die Anerkennung und Vollstreckung von Entscheidungen in Zivil- und Handelssachen (ABl. L 12 vom 16.1.2001, S. 1).
(**) Richtlinie 2000/35/EG des Europäischen Parlaments und des Rates vom 29. Juni 2000 zur Bekämpfung von Zahlungsverzug im Geschäftsverkehr (ABl. L 200 vom 8.8.2000, S. 35)
(***) Verordnung (EG) Nr. 861/2007 des Europäischen Parlaments und des Rates vom 11. Juli 2007 zur Einführung eines europäischen Verfahrens für geringfügige Forderungen (ABl. L 199 vom 31.7.2007, S. 1)."

(ABl L 182 vom 13. 7. 2017)

40. MahnVO
Anhang II

Anhang II

Aufforderung zur Vervollständigung und/oder Berichtigung eines Antrags auf Erlass eines Europäischen Zahlungsbefehls

Formblatt B — Artikel 9 Absatz 1 der Verordnung (EG) Nr. 1896/2006 des Europäischen Parlaments und des Rates zur Einführung eines Europäischen Mahnverfahrens

1. Gericht

Gericht		Aktenzeichen	
		Ort	Datum (Tag/Monat/Jahr)
Anschrift		Unterschrift und/oder Stempel	
PLZ	Ort	Land	

2. Parteien und ihre Vertreter

Codes:
01 Antragsteller	03 Vertreter des Antragstellers *	05 Gesetzlicher Vertreter des Antragstellers **
02 Antragsgegner	04 Vertreter des Antragsgegners *	06 Gesetzlicher Vertreter des Antragsgegners **

Code	Name der Firma oder Organisation		(ggf.) Identifikationsnummer	
	Name		Vorname	
	Anschrift	PLZ	Ort	Land
	Telefon ***	Fax ***	E-Mail ***	
	Beruf ***	Sonstige Angaben ***		

Code	Name der Firma oder Organisation		(ggf.) Identifikationsnummer	
	Name		Vorname	
	Anschrift	PLZ	Ort	Land
	Telefon ***	Fax ***	E-Mail ***	
	Beruf ***	Sonstige Angaben ***		

Code	Name der Firma oder Organisation		(ggf.) Identifikationsnummer	
	Name		Vorname	
	Anschrift	PLZ	Ort	Land
	Telefon ***	Fax ***	E-Mail ***	
	Beruf ***	Sonstige Angaben ***		

Code	Name der Firma oder Organisation		(ggf.) Identifikationsnummer	
	Name		Vorname	
	Anschrift	PLZ	Ort	Land
	Telefon ***	Fax ***	E-Mail ***	
	Beruf ***	Sonstige Angaben ***		

* z.B. Rechtsanwalt   ** z.B. Elternteil, Vormund, Geschäftsführer   *** fakultativ

MahnVO

Nachdem Ihr Antrag auf Erlass eines Europäischen Zahlungsbefehls geprüft worden ist, werden Sie gebeten, den beiliegenden Antrag in Bezug auf die nachstehenden Angaben so schnell wie möglich zu vervollständigen und/oder zu berichtigen, spätestens aber bis zum:

_____ / _____ / _____

Ihr ursprünglicher Antrag ist in der Sprache oder in einer der Sprachen des befassten Gerichts zu vervollständigen und/oder zu berichtigen.

Bei Nichteinhaltung der vorgenannten Frist für die Vervollständigung und/oder Berichtigung wird der Antrag vom Gericht nach Maßgabe der Verordnung zurückgewiesen.

Ihr Antrag wurde nicht in der richtigen Sprache ausgefüllt. Bitte füllen Sie ihn in einer der folgenden Sprachen aus:

01 Bulgarisch	06 Griechisch	11 Ungarisch	16 Rumänisch	21 Englisch
02 Tschechisch	07 Französisch	12 Maltesisch	17 Slowakisch	22 Sonstige (bitte angeben)
03 Deutsch	08 Italienisch	13 Niederländisch	18 Slowenisch	
04 Estnisch	09 Lettisch	14 Polnisch	19 Finnisch	
05 Spanisch	10 Litauisch	15 Portugiesisch	20 Schwedisch	

Sprachcode	Angabe der Sprache (gilt nur für Code 20)

Ihr Antrag ist in folgenden Punkten zu vervollständigen oder zu berichtigen:

Codes:

01 Parteien und ihre Vertreter	04 Bankverbindung	07 Vertragsstrafe	10 Zusätzliche Erklärungen
02 Begründung der gerichtlichen Zuständigkeit	05 Hauptforderung	08 Kosten	11 Unterschrift
03 Grenzüberschreitender Bezug der Streitsache	06 Zinsen	09 Beweismittel	

Code	Erläuterungen
Code	Erläuterungen
Code	Erläuterungen
Code	Erläuterungen
Code	Erläuterungen

(Die Liste der Sprachen unter Nr. 2 erhält mit ABl L 158 vom 10. 6. 2013 eine neue Fassung, da unter „08 Kroatisch" eingefügt wird.)

(ABl L 283, 1 vom 16. 10. 2012)

40. MahnVO

Anhang III

Anhang III

Vorschlag an den Antragsteller zur Änderung seines Antrags auf Erlass eines Europäischen Zahlungsbefehls

Formblatt C — Artikel 10 Absatz 1 der Verordnung (EG) Nr. 1896/2006 des Europäischen Parlaments und des Rates zur Einführung eines Europäischen Mahnverfahrens

1. Gericht

Gericht	Aktenzeichen	
	Ort	Datum (Tag/Monat/Jahr)
Anschrift	Unterschrift und/oder Stempel	
PLZ	Ort	Land

2. Parteien und ihre Vertreter

Codes: 01 Antragsteller 03 Vertreter des Antragstellers * 05 Gesetzlicher Vertreter des Antragstellers **
02 Antragsgegner 04 Vertreter des Antragsgegners * 06 Gesetzlicher Vertreter des Antragsgegners **

Code	Name der Firma oder Organisation		(ggf.) Identifikationsnummer	
	Name		Vorname	
	Anschrift	PLZ	Ort	Land
	Telefon ***	Fax ***	E-Mail ***	
	Beruf ***	Sonstige Angaben ***		
Code	Name der Firma oder Organisation		(ggf.) Identifikationsnummer	
	Name		Vorname	
	Anschrift	PLZ	Ort	Land
	Telefon ***	Fax ***	E-Mail ***	
	Beruf ***	Sonstige Angaben ***		
Code	Name der Firma oder Organisation		(ggf.) Identifikationsnummer	
	Name		Vorname	
	Anschrift	PLZ	Ort	Land
	Telefon ***	Fax ***	E-Mail ***	
	Beruf ***	Sonstige Angaben ***		
Code	Name der Firma oder Organisation		(ggf.) Identifikationsnummer	
	Name		Vorname	
	Anschrift	PLZ	Ort	Land
	Telefon ***	Fax ***	E-Mail ***	
	Beruf ***	Sonstige Angaben ***		

* z.B. Rechtsanwalt   ** z.B. Elternteil, Vormund, Geschäftsführer   *** fakultativ

MahnVO

Nach Prüfung Ihres Antrags auf Erlass eines Europäischen Zahlungsbefehls ist das Gericht zu der Auffassung gelangt, dass nur ein Teil der Forderung die erforderlichen Voraussetzungen erfüllt. Daher schlägt das Gericht vor, den Antrag wie folgt zu ändern:

Bitte übermitteln Sie dem Gericht Ihre Antwort so schnell wie möglich und spätestens bis zum ___ / ___ / ___

Bei Nichteinhaltung der vorgenannten Frist für die Rücksendung Ihrer Antwort oder bei Ablehnung dieses Vorschlags wird das Gericht Ihren Antrag auf Erlass eines Europäischen Zahlungsbefehls gemäß den in der Verordnung festgelegten Voraussetzungen insgesamt zurückweisen.

Bei Annahme des Vorschlags wird das Gericht den Europäischen Zahlungsbefehl für diesen Teil der Forderung erlassen. Die Möglichkeit, den verbleibenden Teil Ihrer ursprünglichen Forderung, der nicht durch den Europäischen Zahlungsbefehl abgedeckt ist, in weiteren Verfahren zu betreiben, richtet sich nach dem Recht des Mitgliedstaats, dessen Gerichte befasst werden.

☐ Ich nehme den vorgenannten Vorschlag des Gerichts an		☐ Ich lehne den vorgenannten Vorschlag des Gerichts ab	
Name der Firma oder Organisation		Name	Vorname
Ort	Datum (Tag/Monat/Jahr)	Unterschrift und/oder Stempel	

(ABl L 283, 1 vom 16. 10. 2012)

Anhang IV

Entscheidung über die Zurückweisung eines Antrags auf Erlass eines Europäischen Zahlungsbefehls

Formblatt D — Artikel 11 Absatz 1 der Verordnung (EG) Nr. 1896/2006 des Europäischen Parlaments und des Rates zur Einführung eines Europäischen Mahnverfahrens

---

1. Gericht

Gericht	Aktenzeichen	
	Ort	Datum (Tag/Monat/Jahr)
Anschrift	Unterschrift und/oder Stempel	
PLZ	Ort	Land

---

2. Parteien und ihre Vertreter

Codes:
01 Antragsteller 03 Vertreter des Antragstellers * 05 Gesetzlicher Vertreter des Antragstellers **
02 Antragsgegner 04 Vertreter des Antragsgegners * 06 Gesetzlicher Vertreter des Antragsgegners **

Code	Name der Firma oder Organisation	(ggf.) Identifikationsnummer	
	Name	Vorname	
	Anschrift	PLZ	Ort	Land
	Telefon ***	Fax ***	E-Mail ***
	Beruf ***	Sonstige Angaben ***	

Code	Name der Firma oder Organisation	(ggf.) Identifikationsnummer	
	Name	Vorname	
	Anschrift	PLZ	Ort	Land
	Telefon ***	Fax ***	E-Mail ***
	Beruf ***	Sonstige Angaben ***	

Code	Name der Firma oder Organisation	(ggf.) Identifikationsnummer	
	Name	Vorname	
	Anschrift	PLZ	Ort	Land
	Telefon ***	Fax ***	E-Mail ***
	Beruf ***	Sonstige Angaben ***	

Code	Name der Firma oder Organisation	(ggf.) Identifikationsnummer	
	Name	Vorname	
	Anschrift	PLZ	Ort	Land
	Telefon ***	Fax ***	E-Mail ***
	Beruf ***	Sonstige Angaben ***	

* z.B. Rechtsanwalt   ** z.B. Elternteil, Vormund, Geschäftsführer   *** fakultativ

MahnVO

Das Gericht weist Ihren Antrag auf Erlass eines Europäischen Zahlungsbefehls nach Prüfung gemäß Artikel 8 der Verordnung (EG) Nr. 1896/2006 aus folgendem Grund/folgenden Gründen zurück:

01 Der Antrag fällt nicht in den Anwendungsbereich von Artikel 2 der Verordnung (Artikel 11 Absatz 1 Buchstabe a).

02 Der Antrag bezieht sich nicht auf eine grenzüberschreitende Rechtssache im Sinne von Artikel 3 der Verordnung (Artikel 11 Absatz 1 Buchstabe a).

03 Der Antrag bezieht sich nicht auf eine fällige bezifferte Geldforderung im Sinne des Artikels 4 der Verordnung (Artikel 11 Absatz 1 Buchstabe a).

04 Das Gericht ist nach Artikel 6 der Verordnung nicht zuständig (Artikel 11 Absatz 1 Buchstabe a).

05 Der Antrag erfüllt nicht die in Artikel 7 der Verordnung genannten Erfordernisse (Artikel 11 Absatz 1 Buchstabe a).

06 Die Forderung ist offensichtlich unbegründet (Artikel 11 Absatz 1 Buchstabe b).

07 Der Antrag wurde nicht innerhalb der vom Gericht festgesetzten Frist vervollständigt bzw. berichtigt (Artikel 9 Absatz 2 und Artikel 11 Absatz 1 Buchstabe c).

08 Der Antrag wurde nicht innerhalb der vom Gericht festgesetzten Frist geändert (Artikel 10 und Artikel 11 Absatz 1 Buchstabe d).

Grund/Gründe für die Abweisung (bitte Code benutzen)

Code	Erforderlichenfalls weitere Angaben
Code	Erforderlichenfalls weitere Angaben
Code	Erforderlichenfalls weitere Angaben
Code	Erforderlichenfalls weitere Angaben

Gegen diese Zurückweisung kann kein Rechtsmittel eingelegt werden. Jedoch besteht die Möglichkeit, einen neuen Antrag auf Erlass eines Europäischen Zahlungsbefehls einzureichen oder ein anderes Verfahren nach dem Recht eines Mitgliedstaats in Anspruch zu nehmen.

(ABl L 283, 1 vom 16. 10. 2012)

Anhang V

Europäischer Zahlungsbefehl

Formblatt E Artikel 12 Absatz 1 der Verordnung (EG) Nr. 1896/2006 des Europäischen Parlaments und des Rates zur Einführung eines Europäischen Mahnverfahrens

1. Gericht

Gericht			Aktenzeichen	
			Ort	Datum (Tag/Monat/Jahr)
Anschrift			Unterschrift und/oder Stempel	
PLZ	Ort	Land		

2. Parteien und ihre Vertreter

Codes: 01 Antragsteller 03 Vertreter des Antragstellers * 05 Gesetzlicher Vertreter des Antragstellers **
02 Antragsgegner 04 Vertreter des Antragsgegners * 06 Gesetzlicher Vertreter des Antragsgegners **

Code	Name der Firma oder Organisation		(ggf.) Identifikationsnummer	
	Name		Vorname	
	Anschrift	PLZ	Ort	Land
	Telefon ***	Fax ***	E-Mail ***	
	Beruf ***	Sonstige Angaben ***		
Code	Name der Firma oder Organisation		(ggf.) Identifikationsnummer	
	Name		Vorname	
	Anschrift	PLZ	Ort	Land
	Telefon ***	Fax ***	E-Mail ***	
	Beruf ***	Sonstige Angaben ***		
Code	Name der Firma oder Organisation		(ggf.) Identifikationsnummer	
	Name		Vorname	
	Anschrift	PLZ	Ort	Land
	Telefon ***	Fax ***	E-Mail ***	
	Beruf ***	Sonstige Angaben ***		
Code	Name der Firma oder Organisation		(ggf.) Identifikationsnummer	
	Name		Vorname	
	Anschrift	PLZ	Ort	Land
	Telefon ***	Fax ***	E-Mail ***	
	Beruf ***	Sonstige Angaben ***		

* z.B. Rechtsanwalt   ** z.B. Elternteil, Vormund, Geschäftsführer   *** fakultativ

---

EUR	Euro	BGN	Bulgarischer Lew	CZK	Tschechische Krone	GBP	Britisches Pfund	HUF	Ungarischer Forint
LTL	Litauischer Litas	LVL	Lettischer Lats	PLN	Polnischer Zloty	RON	Rumänischer Leu	SEK	Schwedische Krone
					Sonstige (gemäß internationalem Bankcode)				

Das Gericht hat diesen Europäischen Zahlungsbefehl nach Artikel 12 der Verordnung (EG) Nr. 1896/2006 auf der Grundlage des beigefügten Antrags erlassen. Mit dieser Entscheidung wird die Begleichung des folgenden Betrags zugunsten des Antragstellers angeordnet:

Antragsgegner 1	Name	Vorname	Name der Firma oder Organisation
	Währung	Betrag	Datum (Tag/Monat/Jahr)
Hauptforderung			
Zinsen (ab ...)			
Vertragsstrafe			
Kosten			
Gesamtbetrag*			

Antragsgegner 2	Name	Vorname	Name der Firma oder Organisation
	Währung	Betrag	Datum (Tag/Monat/Jahr)
Hauptforderung			
Zinsen (ab ...)			
Vertragsstrafe			
Kosten			
Gesamtbetrag*			
Gesamtschuldnerische Haftung			

* Siehe Buchstabe f unter „Wichtige Hinweise für den Antragsgegner"

MahnVO

WICHTIGE HINWEISE FÜR DEN ANTRAGSGEGNER

Wir teilen Ihnen Folgendes mit:

a. Sie haben die Möglichkeit,
   i. den in diesem Zahlungsbefehl angegebenen Betrag an den Antragsteller zu zahlen oder
   ii. Einspruch einzulegen, indem Sie innerhalb der unter Buchstabe b vorgesehenen Frist Einspruch bei dem Gericht einlegen, das den Zahlungsbefehl erlassen hat.

b. Der Einspruch muss innerhalb von 30 Tagen, nachdem Innen dieser Zahlungsbefehl zugestellt wurde, an das Gericht versandt werden. Die Frist von 30 Tagen beginnt ab dem auf die Zustellung des Zahlungsbefehls folgenden Tag, Samstage, Sonntage und Feiertage eingerechnet. Fällt der letzte Tag einer solchen Frist auf einen Samstag, Sonntag oder Feiertag, so endet die Frist am darauffolgenden Arbeitstag (vgl. Verordnung (EWG, Euratom) Nr. 1182/71 des Rates vom 3. Juni 1971 *). Es werden die Feiertage desjenigen Mitgliedstaates zugrunde gelegt, in dem das Gericht seinen Sitz hat.

c. Dieser Zahlungsbefehl wurde ausschließlich auf der Grundlage der Angaben des Antragstellers erlassen. Diese Angaben werden vom Gericht nicht nachgeprüft.

d. Der Zahlungsbefehl wird vollstreckbar, wenn nicht bei dem Gericht innerhalb der unter Buchstabe b vorgesehenen Frist Einspruch eingelegt wird.

e. Im Falle eines Einspruchs wird das Verfahren von den zuständigen Gerichten des Mitgliedstaats, in dem dieser Zahlungsbefehl erlassen wurde, gemäß den Regeln eines ordentlichen Zivilprozesses weitergeführt, es sei denn, der Antragsteller hat ausdrücklich beantragt, das Verfahren in diesem Fall einzustellen.

f. Es können nach einzelstaatlichem Recht bis zur Vollstreckung dieses Zahlungsbefehls Zinsen anfallen. In diesem Fall erhöht sich der zu zahlende Gesamtbetrag.

* ABl. L 124 vom 8.6.1971, S. 1 (de, fr, it, nl)
Englische Sonderausgabe: Reihe I Kapitel 1971(II), S. 354
Griechische Sonderausgabe: Kapitel 01 Band 1, S. 131.
Portugiesische und spanische Sonderausgaben: Kapitel 01 Band 1, S. 149.
Finnische und schwedische Sonderausgaben: Kapitel 1 Band 1, S. 71
Tschechische, estnische, ungarische, lettische, litauische, maltesische, polnische, slowakische und slowenische Sonderausgaben: Kapitel 01 Band 1, S. 51.
Bulgarische und rumänische Sonderausgabe: Kapitel 01 Band 01, S. 16

(Mit ABl L 158 vom 10. 6. 2013 wird nach dem Eintrag für GBP eingefügt: "HRK Kroatische Kuna".)

(ABl L 283, 1 vom 16. 10. 2012)

Anhang VI

Einspruch gegen einen Europäischen Zahlungsbefehl

Formblatt F   Artikel 16 Absatz 1 der Verordnung (EG) Nr. 1896/2006 des Europäischen Parlaments und des Rates zur Einführung eines Europäischen Mahnverfahrens

1. Gericht	Aktenzeichen (vom Gericht auszufüllen)
Gericht	Eingang beim Gericht (Tag/Monat/Jahr)
Anschrift	Unterschrift und/oder Stempel
PLZ	Ort	Land	

2. Parteien und ihre Vertreter

Codes: 01 Antragsteller   03 Vertreter des Antragstellers *   05 Gesetzlicher Vertreter des Antragstellers **
         02 Antragsgegner   04 Vertreter des Antragsgegners *   06 Gesetzlicher Vertreter des Antragsgegners **

Code	Name der Firma oder Organisation	(ggf.) Identifikationsnummer
	Name	Vorname
	Anschrift	PLZ	Ort	Land
	Telefon ***	Fax ***	E-Mail ***
	Beruf ***	Sonstige Angaben ***	

Code	Name der Firma oder Organisation	(ggf.) Identifikationsnummer
	Name	Vorname
	Anschrift	PLZ	Ort	Land
	Telefon ***	Fax ***	E-Mail ***
	Beruf ***	Sonstige Angaben ***	

Code	Name der Firma oder Organisation	(ggf.) Identifikationsnummer
	Name	Vorname
	Anschrift	PLZ	Ort	Land
	Telefon ***	Fax ***	E-Mail ***
	Beruf ***	Sonstige Angaben ***	

Code	Name der Firma oder Organisation	(ggf.) Identifikationsnummer
	Name	Vorname
	Anschrift	PLZ	Ort	Land
	Telefon ***	Fax ***	E-Mail ***
	Beruf ***	Sonstige Angaben ***	

* z.B. Rechtsanwalt   ** z.B. Elternteil, Vormund, Geschäftsführer   *** fakultativ

Hiermit lege ich Einspruch ein gegen den Europäischen Zahlungsbefehl vom
_____ / _____ / _____

Name der Firma oder Organisation	Name	Vorname
Ort	Datum (Tag/Monat/Jahr)	Unterschrift und/oder Stempel

(ABl L 283, 1 vom 16. 10. 2012)

MahnVO

Vollstreckbarerklärung

Formblatt G — Artikel 18 Absatz 1 der Verordnung (EG) Nr. 1896/2006 des Europäischen Parlaments und des Rates zur Einführung eines Europäischen Mahnverfahrens

1. Gericht

Gericht			Aktenzeichen	
			Ort	Datum (Tag/Monat/Jahr)
Anschrift			Unterschrift und/oder Stempel	
PLZ	Ort	Land		

2. Parteien und ihre Vertreter

Codes:
01 Antragsteller   03 Vertreter des Antragstellers *   05 Gesetzlicher Vertreter des Antragstellers **
02 Antragsgegner   04 Vertreter des Antragsgegners *   06 Gesetzlicher Vertreter des Antragsgegners **

Code	Name der Firma oder Organisation		(ggf.) Identifikationsnummer	
	Name		Vorname	
	Anschrift	PLZ	Ort	Land
	Telefon ***	Fax ***	E-Mail ***	
	Beruf ***	Sonstige Angaben ***		

Code	Name der Firma oder Organisation		(ggf.) Identifikationsnummer	
	Name		Vorname	
	Anschrift	PLZ	Ort	Land
	Telefon ***	Fax ***	E-Mail ***	
	Beruf ***	Sonstige Angaben ***		

Code	Name der Firma oder Organisation		(ggf.) Identifikationsnummer	
	Name		Vorname	
	Anschrift	PLZ	Ort	Land
	Telefon ***	Fax ***	E-Mail ***	
	Beruf ***	Sonstige Angaben ***		

Code	Name der Firma oder Organisation		(ggf.) Identifikationsnummer	
	Name		Vorname	
	Anschrift	PLZ	Ort	Land
	Telefon ***	Fax ***	E-Mail ***	
	Beruf ***	Sonstige Angaben ***		

* z.B. Rechtsanwalt   ** z.B. Elternteil, Vormund, Geschäftsführer   *** fakultativ

Hiermit erklärt das Gericht, dass der beigefügte Europäische Zahlungsbefehl

der ausgestellt wurde am _____ / _____ / _____ gegen _____

und zugestellt wurde am _____ / _____ / _____

gemäß Artikel 18 der Verordnung (EG) Nr. 1896/2006 vollstreckbar ist.

Wichtiger Hinweis

Dieser Europäische Zahlungsbefehl ist in allen Mitgliedstaaten der Europäischen Union, mit Ausnahme Dänemarks, von Rechts wegen vollstreckbar, ohne dass es einer weiteren Vollstreckbarerklärung im Vollstreckungsmitgliedstaat bedarf und ohne dass seine Anerkennung angefochten werden kann. Sofern in der Verordnung nichts anderes vorgesehen ist, unterliegen die Vollstreckungsverfahren dem Recht des Vollstreckungsmitgliedstaats.

(ABl L 283, 1 vom 16. 10. 2012)

Austrittsabk UK

Abkommen über den Austritt des Vereinigten Königreichs Großbritannien und Nordirland aus der Europäischen Union und der Europäischen Atomgemeinschaft

(ABl. L 029 vom 31.1.2020, S. 7, ab 1.1.2021)

Artikel 67

(3) Im Vereinigten Königreich sowie in den Mitgliedstaaten finden in Fällen, die einen Bezug zum Vereinigten Königreich aufweisen, die nachstehenden Bestimmungen wie folgt Anwendung:

d) die Verordnung (EG) Nr. 1896/2006 des Europäischen Parlaments und des Rates[*] findet Anwendung auf Europäische Zahlungsbefehle, die vor dem Ablauf der Übergangszeit beantragt wurden; wird das Verfahren nach Stellung eines solchen Antrags gemäß Artikel 17 Absatz 1 dieser Verordnung übergeleitet, so gilt das Verfahren als vor dem Ablauf der Übergangszeit eingeleitet;

Der Übergangszeitraum endete am 31.12.2020 (Art 126 des Austrittsabkommens)

Zu Artikel 67:

[*] *Verordnung (EG) Nr. 1896/2006 des Europäischen Parlaments und des Rates vom 12. Dezember 2006 zur Einführung eines Europäischen Mahnverfahrens (ABl. L 399 vom 30.12.2006, S. 1).*

MahnVO

KODEX

DES ÖSTERREICHISCHEN RECHTS
HERAUSGEBER: UNIV.-PROF. DR. WERNER DORALT

FINANZMARKT-RECHT I

LexisNexis·

1	BWG CRR-BegleitV KI-RMV MindeststandardrisikoV ReservemeldungV ZKR-AustauschV-VO AP-VO JKAB-V VERA-V STDM-V 2016 ZKRMV EKV 2016 SK-EMV KP-V ParameterV
2	CRR + Ven EZB-Finrep Ext-VO EZB-Wahl- rechte-VO EZB-Ana- Credit-VO CRD-IV + Ven
3	ESAEG + Ven
4	BaSAG + Ven EU-DelV und DVen SRM-VO + Ven
5	SpG
6	BSpG + V
7	PSK-G
8	HypBG PfandbriefG + EinfVen FBSchVG PfandbriefstelleG KuratorenG
9	WBIB-G

KODEX

DES ÖSTERREICHISCHEN RECHTS
HERAUSGEBER: UNIV.-PROF. DR. WERNER DORALT

FINANZMARKT-RECHT II

LexisNexis·

1	ZaDiG + Ven SEPA-VO VZKG + VO Überweisungs-VO Auftraggeber- datenVO GeldtransferVO ZertifizierungsVO ZertifizierungsVO -Beschl ZahlungskontoRL (PSD II) Interbankenent- gelteVO (MIF) E-GeldG + VO DevisenG + Ven SanktionenG Euro-Begleit- gesetze ScheckG WechselG + ScheckG
2	VKrG VKrRL HIKrG FMA- MiKaNa-V ImmoKrRL + VO FernFinG FernFinRL
3	FM-GwG + V 4. GW-RL DelVO Drittländer
4	StabAbgG
5	KontRegG/ KapAbflMG + Ven
6	GMSG + V ADG EU-AmtshilfeRL
7	FMABG + Ven NBG EBA-VO ESRB-VO SSM-VO + Ven
8	FinStaG + Ven ZaBiStaG ÖIAG-G/ ÖBIB-G HypoSanG HaftungsG Ktn
9	Finanzkonglo- merateG + V FK-DelVO
10	APAG RL-KG

KODEX

DES ÖSTERREICHISCHEN RECHTS
HERAUSGEBER: UNIV.-PROF. DR. WERNER DORALT

FINANZMARKT-RECHT III

LexisNexis·

1	WAG HTAusnV AusnV IIKV WPMV WAG 2018 MiFIR MiFIR DVO MiFID II MiFID DVO
2	BörseG + Ven BörseG 2018 VeröfV MpV VMV TransV ECV 2.LVV
3	Short- Selling-VO
4	Bench- mark-VO Benchmark-DVO RW-VG
5	REMIT-VO
6	Strommärkte- VO
7	Treibhausgas- VO
8	Marktmissbrauchs- VO + Ven MAD-Sankt DRL-Meldung Del-VO Ausn DVO Meldung Firm DVO Eigengeschäft DVO Insider TransRL + delVen DVO Informtausch ESMA
9	ESMA-VO

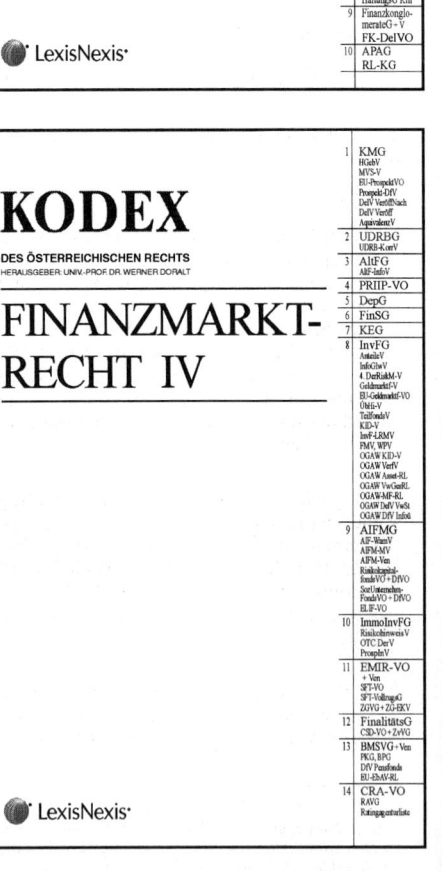

KODEX

DES ÖSTERREICHISCHEN RECHTS
HERAUSGEBER: UNIV.-PROF. DR. WERNER DORALT

FINANZMARKT-RECHT IV

LexisNexis·

1	KMG HGebV MVS-V EU-ProspektVO Prospekt-DfV DelV VeröffNach DelV VeröfF ÄquivalenzV
2	UDRBG UDRB-K.onvV
3	AltFG ABF-InfoV
4	PRIIP-VO
5	DepG
6	FinSG
7	KEG
8	InvFG AnteilsV InfoGbwV 4. DurRiskM-V GeldmarktI-V EU-GeldmarktI-VO ÜbfG-V TeilfondsV KID-V InvF-LRMV FMV, WPV OGAW KID-V OGAW VerfV OGAW Asset-RL OGAW VwGinRL OGAW-MF-RL OGAW DelV VwSt OGAW DfV Infoü
9	AIFMG AIF-ManV AIFM-MV AIFM-Ven Risikokapital- fondsVO + DfVO SozUnternehm- FondsVO + DfVO ELIF-VO
10	ImmoInvFG RisikohinweisV OTC DerV ProspInV
11	EMIR-VO + Ven SFT-VO SFT-VollzugG ZGVG + ZG-EKV
12	FinalitätsG CSD-VO + ZeVG
13	BMSVG + Ven PKG, BPG DfV Pensfonds EU-EbAV-RL
14	CRA-VO RAVG Ratingagenturliste

41. BagatellVO

Präambel

EU-VO zur Einführung eines europäischen Verfahrens für geringfügige Forderungen

ABl L 199 vom 31. 7. 2007, S 1 – 22 idF

1 ABl L 158 vom 10. 6. 2013	**3** ABl L 341 vom 24. 12. 2015
2 ABl L 141 vom 5. 6. 2015	**4** ABl L 182 vom 13. 7. 2017

ab 1. 1. 2009 (Näheres Art 29)
nicht anwendbar für Dänemark (s (38) der einleitenden Gründe)
*Für das **Vereinigte Königreich** s ab 1.1.2021 die Übergangsbestimmungen des Austrittsabkommens*
(abgedruckt am Ende nach Anhang IV).

Verordnung (EG) Nr. 861/2007 des Europäischen Parlaments und des Rates vom 11. Juli 2007 zur Einführung eines europäischen Verfahrens für geringfügige Forderungen

DAS EUROPÄISCHE PARLAMENT UND DER RAT DER EUROPÄISCHEN UNION –

gestützt auf den Vertrag zur Gründung der Europäischen Gemeinschaft, insbesondere auf Artikel 61 Buchstabe c und Artikel 67,

auf Vorschlag der Kommission,

nach Stellungnahme des Europäischen Wirtschafts- und Sozialausschusses[1],

gemäß dem Verfahren des Artikels 251 des Vertrags[2],

in Erwägung nachstehender Gründe:

(1) Die Gemeinschaft hat sich zum Ziel gesetzt, einen Raum der Freiheit, der Sicherheit und des Rechts, in dem der freie Personenverkehr gewährleistet ist, zu erhalten und weiterzuentwickeln. Zur schrittweisen Schaffung eines solchen Raums erlässt die Gemeinschaft unter anderem im Bereich der justiziellen Zusammenarbeit in Zivilsachen mit grenzüberschreitendem Bezug die für das reibungslose Funktionieren des Binnenmarkts erforderlichen Maßnahmen.

(2) Gemäß Artikel 65 Buchstabe c des Vertrags schließen diese Maßnahmen die Beseitigung der Hindernisse für eine reibungslose Abwicklung von Zivilverfahren ein, erforderlichenfalls durch Förderung der Vereinbarkeit der in den Mitgliedstaaten geltenden zivilrechtlichen Verfahrensvorschriften.

(3) Bisher hat die Gemeinschaft in diesem Bereich unter anderem bereits folgende Maßnahmen erlassen: Verordnung (EG) Nr. 1348/2000 des Rates vom 29. Mai 2000 über die Zustellung gerichtlicher und außergerichtlicher Schriftstücke in Zivil- oder Handelssachen in den Mitgliedstaaten[3], Verordnung (EG) Nr. 44/2001 des Rates vom 22. Dezember 2000 über die gerichtliche Zuständigkeit und die Anerkennung und Vollstreckung von Entscheidungen in Zivil- und Handelssachen[4], Entscheidung 2001/470/EG des Rates vom 28. Mai 2001 über die Einrichtung eines Europäischen Justiziellen Netzes für Zivil- und Handelssachen[5], Verordnung (EG) Nr. 805/2004 des Europäischen Parlaments und des Rates vom 21. April 2004 zur Einführung eines europäischen Vollstreckungstitels für unbestrittene Forderungen[6] und Verordnung (EG) Nr. 1896/2006 des Europäischen Parlaments und des Rates vom 12. Dezember 2006 zur Einführung eines Europäischen Mahnverfahrens[7].

(4) Der Europäische Rat forderte auf seiner Tagung vom 15. und 16. Oktober 1999 in Tampere den Rat und die Kommission auf, gemeinsame Verfahrensregeln für vereinfachte und beschleunigte grenzüberschreitende Gerichtsverfahren bei verbraucher- und handelsrechtlichen Ansprüchen mit geringem Streitwert zu verabschieden.

(5) Am 30. November 2000 verabschiedete der Rat ein gemeinsames Programm der Kommission und des Rates über Maßnahmen zur Umsetzung des Grundsatzes der gegenseitigen Anerkennung gerichtlicher Entscheidungen in Zivil- und Handelssachen[8]. In dem Programm wird auf die Vereinfachung und Beschleunigung der Beilegung

---

Zu Abs. 3:
[3] *ABl. L 160 vom 30.6.2000, S. 37.*
[4] *ABl. L 12 vom 16.1.2001, S. 1. Geändert durch die Verordnung (EG) Nr.1791/2006 (ABl. L 363 vom 20.12.2006, S. 1).*
[5] *ABl. L 174 vom 27.6.2001, S. 25.*
[6] *ABl. L 143 vom 30.4.2004, S. 15. Geändert durch die Verordnung (EG) Nr. 1869/2005 der Kommission (ABl. L 300 vom 17.11.2005, S. 6).*
[7] *ABl. L 399 vom 30.12.2006, S. 1.*
Zu Abs. 5:
[8] *ABl. C 12 vom 15.1.2001, S. 1.*

---

[1] *ABl. C 88 vom 11.4.2006, S. 61.*
[2] *Stellungnahme des Europäischen Parlaments vom 14. Dezember 2006 (noch nicht im Amtsblatt veröffentlicht) und Beschluss des Rates vom 13. Juni 2007.*

grenzüberschreitender Streitigkeiten Bezug genommen. Dies wurde durch das vom Europäischen Rat am 5. November 2004 angenommene Haager Programm[9], in dem eine aktive Durchführung der Arbeiten zu geringfügigen Forderungen gefordert wird, weiter vorangebracht.

(6) Am 20. Dezember 2002 nahm die Kommission ein Grünbuch über ein Europäisches Mahnverfahren und über Maßnahmen zur einfacheren und schnelleren Beilegung von Streitigkeiten mit geringem Streitwert an. Mit dem Grünbuch wurde eine Konsultation über Maßnahmen zur Vereinfachung und Beschleunigung von Streitigkeiten mit geringem Streitwert eingeleitet.

(7) Viele Mitgliedstaaten haben vereinfachte zivilrechtliche Verfahren für Bagatellsachen eingeführt, da der Zeit-/Kostenaufwand und die Schwierigkeiten, die mit der Rechtsverfolgung verbunden sind, nicht unbedingt proportional zum Wert der Forderung abnehmen. Die Hindernisse für ein schnelles Urteil mit geringen Kosten verschärfen sich in grenzüberschreitenden Fällen. Es ist daher erforderlich, ein europäisches Verfahren für geringfügige Forderungen einzuführen. Ziel eines solchen europäischen Verfahrens sollte der erleichterte Zugang zur Justiz sein. Die Verzerrung des Wettbewerbs im Binnenmarkt aufgrund des unterschiedlichen Funktionierens der verfahrensrechtlichen Instrumente, die den Gläubigern in den einzelnen Mitgliedstaaten zur Verfügung stehen, machen eine Gemeinschaftsregelung erforderlich, die für Gläubiger und Schuldner in der gesamten Europäischen Union gleiche Bedingungen gewährleistet. Bei der Festsetzung der Kosten für die Behandlung von Klagen im Rahmen des europäischen Verfahrens für geringfügige Forderungen sollten die Grundsätze der Einfachheit, der Schnelligkeit und der Verhältnismäßigkeit berücksichtigt werden müssen. Zweckdienlicherweise sollten die Einzelheiten zu den zu erhebenden Gebühren veröffentlicht werden und die Modalitäten zur Festsetzung dieser Gebühren transparent sein.

(8) Mit dem europäischen Verfahren für geringfügige Forderungen sollten Streitigkeiten mit geringem Streitwert in grenzüberschreitenden Fällen vereinfacht und beschleunigt und die Kosten verringert werden, indem ein fakultatives Instrument zusätzlich zu den Möglichkeiten geboten wird, die nach dem Recht der Mitgliedstaaten bestehen und unberührt bleiben. Mit dieser Verordnung sollte es außerdem einfacher werden, die Anerkennung und Vollstreckung eines Urteils zu erwirken, das im europäischen Verfahren für ge-

ringfügige Forderungen in einem anderen Mitgliedstaat ergangen ist.

(9) Diese Verordnung soll der Förderung der Grundrechte dienen und berücksichtigt insbesondere die Grundsätze, die mit der Charta der Grundrechte der Europäischen Union anerkannt wurden. Das Gericht sollte das Recht auf ein faires Verfahren sowie den Grundsatz des kontradiktorischen Verfahrens wahren, insbesondere wenn es über das Erfordernis einer mündlichen Verhandlung und über die Erhebung von Beweisen und den Umfang der Beweisaufnahme entscheidet.

(10) Zur Vereinfachung der Berechnung des Streitwertes sollten dabei Zinsen, Ausgaben und Auslagen unberücksichtigt bleiben. Dies sollte weder die Befugnis des Gerichts, diese in seinem Urteil zuzusprechen, noch die nationalen Zinsberechnungsvorschriften berühren.

(11) Zur Erleichterung der Einleitung des europäischen Verfahrens für geringfügige Forderungen sollte der Kläger ein Klageformblatt ausfüllen und beim zuständigen Gericht einreichen. Das Klageformblatt sollte nur bei einem zuständigen Gericht eingereicht werden.

(12) Dem Klageformblatt sollten gegebenenfalls zweckdienliche Beweisunterlagen beigefügt werden. Dies steht der Einreichung weiterer Beweisstücke durch den Kläger während des Verfahrens jedoch nicht entgegen. Der gleiche Grundsatz sollte für die Antwort des Beklagten gelten.

(13) Die Begriffe „offensichtlich unbegründet" im Zusammenhang mit der Zurückweisung einer Forderung und „unzulässig" im Zusammenhang mit der Abweisung einer Klage sollten nach Maßgabe des nationalen Rechts bestimmt werden.

(14) Das europäische Verfahren für geringfügige Forderungen sollte schriftlich durchgeführt werden, sofern das Gericht eine mündliche Verhandlung für erforderlich hält oder eine der Parteien einen entsprechenden Antrag stellt. Das Gericht kann einen solchen Antrag ablehnen. Diese Ablehnung kann nicht separat angefochten werden.

(15) Die Parteien sollten nicht verpflichtet sein, sich durch einen Rechtsanwalt oder sonstigen Rechtsbeistand vertreten zu lassen.

(16) Der Begriff der „Widerklage" sollte im Sinne des Artikels 6 Absatz 3 der Verordnung (EG) Nr. 44/2001 als Widerklage verstanden werden, die auf denselben Vertrag oder Sachverhalt wie die Klage selbst gestützt wird. Die Arti-

---

[9] ABl. C 53 vom 3.3.2005, S. 1.

kel 2 und 4 sowie Artikel 5 Absätze 3, 4 und 5 sollten entsprechend für Widerklagen gelten.

(17) Macht der Beklagte während des Verfahrens ein Recht auf Aufrechnung geltend, so sollte diese Forderung nicht als Widerklage im Sinne dieser Verordnung gelten. Daher sollte der Beklagte nicht verpflichtet sein, das in Anhang I vorgegebene Klageformblatt A für die Inanspruchnahme eines solchen Rechts zu verwenden.

(18) Der Empfangsmitgliedstaat für die Zwecke der Anwendung des Artikels 6 sollte der Mitgliedstaat sein, in dem die Zustellung oder in den die Versendung eines Schriftstücks erfolgt. Damit die Kosten verringert und die Fristen verkürzt werden, sollten Unterlagen den Parteien vorzugsweise durch Postdienste mit Empfangsbestätigung zugestellt werden, aus der das Datum des Empfangs hervorgeht.

(19) Eine Partei kann die Annahme eines Schriftstücks zum Zeitpunkt der Zustellung oder durch Rücksendung innerhalb einer Woche verweigern, wenn dieses nicht in einer Sprache abgefasst ist, die die Partei versteht oder die Amtssprache des Empfangsmitgliedstaates ist, (wenn es in diesem Mitgliedstaat mehrere Amtssprachen gibt, der Amtssprache oder einer der Amtssprachen des Ortes, an dem die Zustellung erfolgen soll oder an den das Schriftstück gesandt werden soll) und ihm auch keine Übersetzung in diese Sprache beiliegt.

(20) Bei der mündlichen Verhandlung und der Beweisaufnahme sollten die Mitgliedstaaten vorbehaltlich der nationalen Rechtsvorschriften des Mitgliedstaats, in dem das Gericht seinen Sitz hat ist, den Einsatz moderner Kommunikationsmittel fördern. Das Gericht sollte sich für die einfachste und kostengünstigste Art und Weise der Beweisaufnahme entscheiden.

(21) Die praktische Hilfestellung, die die Parteien beim Ausfüllen der Formblätter erhalten sollen, sollte Informationen zur technischen Verfügbarkeit und zum Ausfüllen der Formblätter umfassen.

(22) Informationen zu Verfahrensfragen können auch vom Gerichtspersonal nach Maßgabe des einzelstaatlichen Rechts erteilt werden.

(23) Angesichts des Ziels dieser Verordnung, Streitigkeiten mit geringem Streitwert in grenzüberschreitenden Rechtssachen zu vereinfachen und zu beschleunigen, sollte das Gericht auch in den Fällen, in denen diese Verordnung keine Frist für einen bestimmten Verfahrensabschnitt vorsieht, so schnell wie möglich tätig werden.

(24) Die Berechnung der in dieser Verordnung vorgesehenen Fristen sollte nach Maßgabe der Verordnung (EWG, Euratom) Nr. 1182/71 des Rates vom 3. Juni 1971 zur Festlegung der Regeln für die Fristen, Daten und Termine[10] erfolgen.

(25) Zur schnelleren Durchsetzung geringfügiger Forderungen sollte das Urteil ohne Rücksicht auf seine Anfechtbarkeit und ohne Sicherheitsleistung vollstreckbar sein, sofern in dieser Verordnung nichts anderes bestimmt ist.

(26) Immer wenn in dieser Verordnung auf Rechtsmittel Bezug genommen wird, sollten alle nach dem einzelstaatlichen Recht möglichen Rechtsmittel umfasst sein.

(27) Dem Gericht muss eine Person angehören, die nach nationalem Recht dazu ermächtigt ist, als Richter tätig zu sein.

(28) Wenn das Gericht eine Frist setzt, sollte es die betroffene Partei über die Folgen der Nichtbeachtung dieser Frist informieren.

(29) Die unterlegene Partei sollte die Kosten des Verfahrens tragen. Die Kosten des Verfahrens sollten nach einzelstaatlichem Recht festgesetzt werden. Angesichts der Ziele der Einfachheit und der Kosteneffizienz sollte das Gericht anordnen, dass eine unterlegene Partei lediglich die Kosten des Verfahrens tragen muss, einschließlich beispielsweise sämtlicher Kosten, die aufgrund der Tatsache anfielen, dass sich die Gegenpartei durch einen Rechtsanwalt oder sonstigen Rechtsbeistand hat vertreten lassen, oder sämtlicher Kosten für die Zustellung oder Übersetzung von Dokumenten, die im Verhältnis zum Streitwert stehen oder die notwendig waren.

(30) Um die Anerkennung und Vollstreckung zu erleichtern, sollte ein im europäischen Verfahren für geringfügige Forderungen ergangenes Urteil in einem anderen Mitgliedstaat anerkannt werden und vollstreckbar sein, ohne dass es einer Vollstreckbarerklärung bedarf und ohne dass die Anerkennung angefochten werden kann.

(31) Es sollte Mindeststandards für die Überprüfung eines Urteils in den Fällen geben, in denen der Beklagte nicht imstande war, die Forderung zu bestreiten.

BagatellVO

Zu Abs. 24:

[10] *ABl. L 124 vom 8.6.1971, S. 1.*

(32) Im Hinblick auf die Ziele der Einfachheit und Kosteneffizienz sollte die Partei, die ein Urteil vollstrecken lassen will, in dem Vollstreckungsmitgliedstaat – außer bei den Stellen, die gemäß dem einzelstaatlichen Recht dieses Mitgliedstaats für das Vollstreckungsverfahren zuständig sind – keine Postanschrift nachweisen und auch keinen bevollmächtigten Vertreter haben müssen.

(33) Kapitel III dieser Verordnung sollte auch auf die Kostenfestsetzungsbeschlüsse durch Gerichtsbedienstete aufgrund eines im Verfahren nach dieser Verordnung ergangenen Urteils Anwendung finden.

(34) Die zur Durchführung dieser Verordnung erforderlichen Maßnahmen sollten gemäß dem Beschluss 1999/468/EG des Rates vom 28. Juni 1999 zur Festlegung der Modalitäten für die Ausübung der der Kommission übertragenen Durchführungsbefugnisse[11] erlassen werden.

(35) Insbesondere sollte die Kommission die Befugnis erhalten, die zur Durchführung dieser Verordnung erforderlichen Maßnahmen im Zusammenhang mit Aktualisierungen oder technischen Änderungen der in den Anhängen vorgegebenen Formblätter zu erlassen. Da es sich hierbei um Maßnahmen von allgemeiner Tragweite handelt, die eine Änderung bzw. Streichung von nicht wesentlichen Bestimmungen und eine Hinzufügung neuer nicht wesentlicher Bestimmungen der vorliegenden Verordnung bewirken, sind diese Maßnahmen gemäß dem Regelungsverfahren mit Kontrolle des Artikels 5a des Beschlusses 1999/468/EG zu erlassen.

(36) Da die Ziele dieser Verordnung, nämlich die Schaffung eines Verfahrens zur Vereinfachung und Beschleunigung von Streitigkeiten mit geringem Streitwert in grenzüberschreitenden Rechtssachen und die Reduzierung der Kosten, auf Ebene der Mitgliedstaaten nicht ausreichend verwirklicht werden können und daher wegen ihres Umfangs und ihrer Wirkung besser auf Gemeinschaftsebene zu verwirklichen sind, kann die Gemeinschaft im Einklang mit dem in Artikel 5 des Vertrags niedergelegten Subsidiaritätsprinzip tätig werden. Entsprechend dem in demselben Artikel genannten Grundsatz der Verhältnismäßigkeit geht diese Verordnung nicht über das zur Erreichung dieser Ziele erforderliche Maß hinaus.

(37) Das Vereinigte Königreich und Irland haben gemäß Artikel 3 des dem Vertrag über die Europäische Union und dem Vertrag zur Gründung der Europäischen Gemeinschaft beigefügten Protokolls über die Position des Vereinigten Königreichs und Irlands mitgeteilt, dass sie sich an der Annahme und Anwendung dieser Verordnung beteiligen möchten.

(38) Gemäß den Artikeln 1 und 2 des dem Vertrag über die Europäische Union und dem Vertrag zur Gründung der Europäischen Gemeinschaft beigefügten Protokolls über die Position Dänemarks beteiligt sich Dänemark nicht an der Annahme dieser Verordnung, die für Dänemark nicht bindend und nicht auf Dänemark anwendbar ist –

HABEN FOLGENDE VERORDNUNG ERLASSEN:

KAPITEL I

GEGENSTAND UND ANWENDUNGSBEREICH

Artikel 1
Gegenstand

Mit dieser Verordnung wird ein europäisches Verfahren für geringfügige Forderungen eingeführt, damit Streitigkeiten in grenzüberschreitenden Rechtssachen mit geringem Streitwert einfacher und schneller beigelegt und die Kosten hierfür reduziert werden können. Das europäische Verfahren für geringfügige Forderungen steht den Rechtsuchenden als eine Alternative zu den in den Mitgliedstaaten bestehenden innerstaatlichen Verfahren zur Verfügung.

Mit dieser Verordnung wird außerdem die Notwendigkeit von Zwischenverfahren zur Anerkennung und Vollstreckung der in anderen Mitgliedstaaten im Verfahren für geringfügige Forderungen ergangenen Urteile beseitigt.

Artikel 2
Anwendungsbereich

(1) Diese Verordnung gilt in Zivil- und Handelssachen für grenzüberschreitende Rechtssachen im Sinne des Artikels 3, ohne dass es auf die Art der Gerichtsbarkeit ankommt, wenn der Streitwert der Klage ohne Zinsen, Kosten und Auslagen zum Zeitpunkt des Eingangs beim zuständigen Gericht 5 000 EUR nicht überschreitet. Sie erfasst insbesondere nicht Steuer- und Zollsachen, verwaltungsrechtliche Angelegenheiten sowie die Haftung des Staates für Handlungen oder Unterlassungen im Rahmen der Ausübung hoheitlicher Rechte (*acta iure imperii*).

(2) Diese Verordnung ist nicht anzuwenden auf:

Zu Abs. 34:

[11] *ABl. L 184 vom 17.7.1999, S. 23. Geändert durch den Beschluss 2006/512/EG (ABl. L 200 vom 22.7.2006, S. 11).*

a) den Personenstand, die Rechts- und Handlungsfähigkeit sowie die gesetzliche Vertretung von natürlichen Personen,

b) die ehelichen Güterstände oder Güterstände aufgrund von Verhältnissen, die nach dem auf diese Verhältnisse anzuwendenden Recht mit der Ehe vergleichbare Wirkungen entfalten,

c) Unterhaltspflichten, die auf einem Familien-, Verwandtschafts- oder eherechtlichen Verhältnis oder auf Schwägerschaft beruhen,

d) das Testaments- und Erbrecht, einschließlich Unterhaltspflichten, die mit dem Tod entstehen,

e) Konkurse, Vergleiche und ähnliche Verfahren,

f) die soziale Sicherheit,

g) die Schiedsgerichtsbarkeit,

h) das Arbeitsrecht,

i) die Miete oder Pacht unbeweglicher Sachen, mit Ausnahme von Klagen wegen Geldforderungen, oder

j) die Verletzung der Privatsphäre oder der Persönlichkeitsrechte, einschließlich der Verletzung der Ehre.

(ABl L 341 vom 24. 12. 2015, ab 14. Juli 2017)

Artikel 3
Grenzüberschreitende Rechtssachen

(1) Eine grenzüberschreitende Rechtssache im Sinne dieser Verordnung liegt vor, wenn mindestens eine der Parteien ihren Wohnsitz oder gewöhnlichen Aufenthalt in einem anderen Mitgliedstaat als dem des angerufenen Gerichts hat.

(2) Der Wohnsitz bestimmt sich nach den Artikeln 62 und 63 der Verordnung (EU) Nr. 1215/2012 des Europäischen Parlaments und des Rates*). *(ABl L 341 vom 24. 12. 2015, ab 14. Juli 2017)*

(3) Maßgeblicher Zeitpunkt zur Feststellung, ob eine grenzüberschreitende Rechtssache vorliegt, ist der Tag, an dem das Klageformblatt bei dem zuständigen Gericht eingeht. *(ABl L 341 vom 24. 12. 2015, ab 14. Juli 2017)*

Zu Artikel 3:
*) Verordnung (EU) Nr. 1215/2012 des Europäischen Parlaments und des Rates vom 12. Dezember 2012 über die gerichtliche Zuständigkeit und die Anerkennung und Vollstreckung von Entscheidungen in Zivil- und Handelssachen (ABl. L 351 vom 20.12.2012, S. 1).

KAPITEL II
DAS EUROPÄISCHE VERFAHREN FÜR GERINGFÜGIGE FORDERUNGEN

Artikel 4
Einleitung des Verfahrens

(1) Der Kläger leitet das europäische Verfahren für geringfügige Forderungen ein, indem er das in Anhang I vorgegebene Klageformblatt A ausgefüllt direkt beim zuständigen Gericht einreicht oder diesem auf dem Postweg übersendet oder auf anderem Wege übermittelt, der in dem Mitgliedstaat, in dem das Verfahren eingeleitet wird, zulässig ist, beispielsweise per Fax oder e-Mail. Das Klageformblatt muss eine Beschreibung der Beweise zur Begründung der Forderung enthalten; gegebenenfalls können ihm als Beweismittel geeignete Unterlagen beigefügt werden.

(2) Die Mitgliedstaaten teilen der Kommission mit, welche Übermittlungsarten sie zulassen. Diese Mitteilung wird von der Kommission bekannt gemacht.

(3) Fällt die erhobene Klage nicht in den Anwendungsbereich dieser Verordnung, so unterrichtet das Gericht den Kläger darüber. Nimmt der Kläger die Klage daraufhin nicht zurück, so verfährt das Gericht mit ihr nach Maßgabe des Verfahrensrechts des Mitgliedstaats, in dem das Verfahren durchgeführt wird.

(4) Sind die Angaben des Klägers nach Ansicht des Gerichts unzureichend oder nicht klar genug, oder ist das Klageformblatt nicht ordnungsgemäß ausgefüllt und ist die Klage nicht offensichtlich unbegründet oder nicht offensichtlich unzulässig, so gibt das Gericht dem Kläger Gelegenheit, das Klageformblatt zu vervollständigen oder zu berichtigen oder ergänzende Angaben zu machen oder Unterlagen vorzulegen oder die Klage zurückzunehmen, und setzt hierfür eine Frist fest. Das Gericht verwendet dafür das in Anhang II vorgegebene Formblatt B. Ist die Klage offensichtlich unbegründet oder offensichtlich unzulässig oder versäumt es der Kläger, das Klageformblatt fristgerecht zu vervollständigen oder zu berichtigen, so wird die Klage zurück- bzw. abgewiesen. „Das Gericht setzt den Kläger von der Zurück- bzw. Abweisung in Kenntnis und teilt ihm mit, ob ein Rechtsmittel gegen die Zurück- bzw. Abweisung zur Verfügung steht."
(ABl L 341 vom 24. 12. 2015, ab 14. Juli 2017)

(5) Die Mitgliedstaaten sorgen dafür, dass das Klageformblatt A bei allen Gerichten, bei denen das europäische Verfahren für geringfügige Forderungen eingeleitet werden kann, erhältlich und über die einschlägigen nationalen Internetseiten zugänglich ist. *(ABl L 341 vom 24. 12. 2015, ab 14. Juli 2017)*

BagatellVO

Artikel 5
Durchführung des Verfahrens

(1) Das europäische Verfahren für geringfügige Forderungen wird schriftlich durchgeführt. *(ABl L 341 vom 24. 12. 2015, ab 14. Juli 2017)*

(1a) Das Gericht hält eine mündliche Verhandlung nur dann ab, wenn es der Auffassung ist, dass es auf der Grundlage der schriftlichen Beweismittel kein Urteil fällen kann, oder wenn eine der Parteien einen entsprechenden Antrag stellt. Das Gericht kann einen solchen Antrag ablehnen, wenn es der Auffassung ist, dass in Anbetracht der Umstände des Falles ein faires Verfahren auch ohne mündliche Verhandlung sichergestellt werden kann. Die Ablehnung ist schriftlich zu begründen. Gegen die Abweisung des Antrags ist ohne Anfechtung des Urteils selbst kein gesondertes Rechtsmittel zulässig. *(ABl L 341 vom 24. 12. 2015, ab 14. Juli 2017)*

(2) Nach Eingang des ordnungsgemäß ausgefüllten Klageformblatts füllt das Gericht Teil I des in Anhang III vorgegebenen Standardantwortformblatts C aus.
Es stellt dem Beklagten gemäß Artikel 13 eine Kopie des Klageformblatts und gegebenenfalls der Beweisunterlagen zusammen mit dem entsprechend ausgefüllte n Antwortformblatt zu. Diese Unterlagen sind innerhalb von 14 Tagen nach Eingang des ordnungsgemäß ausgefüllten Klageformblatts abzusenden.

(3) Der Beklagte hat innerhalb von 30 Tagen nach Zustellung des Klageformblattsund des Antwortformblatts zu antworten, indem er Teil II des Formblatts C ausfüllt und es gegebenenfalls mit als Beweismittel geeigneten Unterlagen an das Gericht zurücksendet oder indem er auf andere geeignete Weise ohne Verwendung des Antwortformblatts antwortet.

(4) Innerhalb von 14 Tagen nach Eingang der Antwort des Beklagten ist eine Kopie der Antwort gegebenenfalls zusammen mit etwaigen als Beweismittel geeigneten Unterlagen an den Kläger abzusenden.

(5) Macht der Beklagte in seiner Antwort geltend, dass der Wert einer nicht lediglich auf eine Geldzahlung gerichteten Klage die in Artikel 2 Absatz 1 festgesetzten Wertgrenze übersteigt, so entscheidet das Gericht innerhalb von 30 Tagen nach Absendung der Antwort an den Kläger, ob die Forderung in den Anwendungsbereich dieser Verordnung fällt. Gegen diese Entscheidung ist ein gesondertes Rechtsmittel nicht zulässig.

(6) Etwaige Widerklagen, die mittels Formblatt A zu erheben sind, sowie etwaige Beweisunterlagen werden dem Kläger gemäß Artikel 13 zugestellt. Die Unterlagen sind innerhalb von 14 Tagen nach deren Eingang bei Gericht abzusenden.

Der Kläger hat auf eine etwaige Widerklage innerhalb von 30 Tagen nach Zustellung zu antworten.

(7) Überschreitet die Widerklage die in Artikel 2 Absatz 1 festgesetzte Wertgrenze, so werden die Klage und die Widerklage nicht nach dem europäischen Verfahren für geringfügige Forderungen, sondern nach Maßgabe des Verfahrensrechts des Mitgliedstaats, in dem das Verfahren durchgeführt wird, behandelt.
Artikel 2 und Artikel 4 sowie die Absätze 3, 4 und 5 des vorliegenden Artikels gelten entsprechend für Widerklagen.

Artikel 6
Sprachen

(1) Das Klageformblatt, die Antwort, etwaige Widerklagen, die etwaige Antwort auf eine Widerklage und eine etwaige Beschreibung etwaiger Beweisunterlagen sind in der Sprache oder einer der Sprachen des Gerichts vorzulegen.

(2) Werden dem Gericht weitere Unterlagen nicht in der Verfahrenssprache vorgelegt, so kann das Gericht eine Übersetzung der betreffenden Unterlagen nur dann anfordern, wenn die Übersetzung für den Erlass des Urteils erforderlich erscheint.

(3) Hat eine Partei die Annahme eines Schriftstücks abgelehnt, weil es nicht in

a) der Amtssprache des Empfangsmitgliedstaats oder – wenn es in diesem Mitgliedstaat mehrere Amtssprachen gibt – der Amtssprache oder einer der Amtssprachen des Ortes, an dem die Zustellung erfolgen soll oder an den das Schriftstück gesandt werden soll, oder

b) einer Sprache, die der Empfänger versteht,

abgefasst ist, so setzt das Gericht die andere Partei davon in Kenntnis, damit diese eine Übersetzung des Schriftstücks vorlegt.

Artikel 7
Abschluss des Verfahrens

(1) Innerhalb von 30 Tagen, nachdem die Antworten des Beklagten oder des Klägers unter Einhaltung der Frist des Artikels 5 Absatz 3 oder Absatz 6 eingegangen sind, erlässt das Gericht ein Urteil oder verfährt wie folgt:

a) Es fordert die Parteien innerhalb einer bestimmten Frist, die 30 Tage nicht überschreiten darf, zu weiteren die Klage betreffenden Angaben auf,

b) es führt eine Beweisaufnahme nach Artikel 9 durch,

c) es lädt die Parteien zu einer mündlichen Verhandlung vor, die innerhalb von 30 Tagen nach der Vorladung stattzufinden hat.

(2) Das Gericht erlässt sein Urteil entweder innerhalb von 30 Tagen nach einer etwaigen mündlichen Verhandlung oder nach Vorliegen sämtlicher Entscheidungsgrundlagen. Das Urteil wird den Parteien gemäß Artikel 13 zugestellt.

(3) Ist bei dem Gericht innerhalb der in Artikel 5 Absatz 3 oder Absatz 6 gesetzten Frist keine Antwort der betreffenden Partei eingegangen, so erlässt das Gericht zu der Klage oder der Widerklage ein Urteil.

Artikel 8
Mündliche Verhandlung

(1) Wird gemäß Artikel 5 Absatz 1a eine mündliche Verhandlung für erforderlich gehalten, so werden hierfür dem Gericht zur Verfügung stehende geeignete Mittel der Fernkommunikationstechnologie wie etwa die Video- oder Telekonferenz genutzt, es sei denn, deren Verwendung ist in Anbetracht der besonderen Umstände des Falles für den fairen Ablauf des Verfahrens nicht angemessen.
Hat die anzuhörende Person ihren Wohnsitz oder ihren gewöhnlichen Aufenthalt in einem anderen Mitgliedstaat als dem Mitgliedstaat des angerufenen Gerichts, so wird die Teilnahme dieser Person an einer mündlichen Verhandlung per Videokonferenz, per Telekonferenz oder mithilfe anderer geeigneter Mittel der Fernkommunikationstechnologie in Anwendung der in der Verordnung (EG) Nr. 1206/2001 des Rates[*] vorgesehenen Verfahren veranlasst.

(2) Eine Partei, die geladen wurde, bei einer mündlichen Verhandlung persönlich anwesend zu sein, kann, sofern derartige Mittel dem Gericht zur Verfügung stehen, die Nutzung von Mitteln der Fernkommunikationstechnologie mit der Begründung beantragen, dass die für ihre persönliche Anwesenheit erforderlichen Vorkehrungen, insbesondere in Anbetracht der ihr dadurch möglicherweise entstehenden Kosten, in keinem angemessenen Verhältnis zu der Klage stehen würden.

(3) Eine Partei, die geladen wurde, unter Verwendung eines Mittels der Fernkommunikationstechnologie an einer mündlichen Verhandlung teilzunehmen, kann ihre persönliche Anwesenheit bei der Verhandlung beantragen. Mit Klageformblatt A und Antwortformblatt C, die nach dem Verfahren gemäß Artikel 27 Absatz 2 erstellt werden, werden die Parteien darüber unterrichtet, dass die Rückerstattung der Kosten, die einer Partei aufgrund der von ihr selbst beantragten

persönlichen Anwesenheit bei der mündlichen Verhandlung entstehen, den Bedingungen des Artikels 16 unterliegt.

(4) Gegen die Entscheidung des Gerichts über einen Antrag gemäß den Absätzen 2 und 3 ist ohne Anfechtung des Urteils selbst kein gesondertes Rechtsmittel zulässig.

(ABl L 341 vom 24. 12. 2015, ab 14. Juli 2017)

Artikel 9
Beweisaufnahme

(1) Das Gericht bestimmt die Beweismittel und den Umfang der Beweisaufnahme, die im Rahmen der für die Zulässigkeit von Beweisen geltenden Bestimmungen für sein Urteil erforderlich sind. Es wählt die einfachste und am wenigsten aufwendige Art der Beweisaufnahme.

(2) Das Gericht kann die Beweisaufnahme mittels schriftlicher Aussagen von Zeugen oder Sachverständigen oder schriftlicher Parteivernehmung zulassen.

(3) Ist eine Person im Rahmen der Beweisaufnahme anzuhören, so findet die Anhörung nach Maßgabe des Artikels 8 statt.

(4) Das Gericht darf Sachverständigenbeweise oder mündliche Aussagen nur dann zulassen, wenn es nicht möglich ist, aufgrund anderer Beweismittel ein Urteil zu fällen.

(ABl L 341 vom 24. 12. 2015, ab 14. Juli 2017)

Artikel 10
Vertretung der Parteien

Die Vertretung durch einen Rechtsanwalt oder einen sonstigen Rechtsbeistand ist nicht verpflichtend.

Artikel 11
Hilfestellung für die Parteien

(1) Die Mitgliedstaaten gewährleisten, dass es den Parteien möglich ist, sowohl praktische Hilfestellung beim Ausfüllen der Formblätter als auch allgemeine Informationen über den Anwendungsbereich des europäischen Verfahrens für geringfügige Forderungen sowie allgemeine Informationen darüber zu erhalten, welche Gerichte in dem betreffenden Mitgliedstaat dafür zuständig sind, ein Urteil in dem europäischen Verfahren für geringfügige Forderungen zu erlassen. Diese Hilfestellung wird unentgeltlich gewährt. Dieser Absatz verpflichtet die Mitgliedstaaten nicht zur Gewährung von Prozesskostenhilfe oder rechtlicher Beratung in Form einer rechtlichen Prüfung im Einzelfall.

(2) Die Mitgliedstaaten gewährleisten, dass Angaben zu den Behörden oder Organisationen, die im Sinne des Absatzes 1 Hilfestellung geben

---

Zu Artikel 8:
[*] *Verordnung (EG) Nr. 1206/2001 des Rates vom 28. Mai 2001 über die Zusammenarbeit zwischen den Gerichten der Mitgliedstaaten auf dem Gebiet der Beweisaufnahme in Zivil- oder Handelssachen (ABl. L 174 vom 27.6.2001, S. 1).*

können, bei allen Gerichten, bei denen das europäische Verfahren für geringfügige Forderungen eingeleitet werden kann, zur Verfügung stehen und über die einschlägigen nationalen Internetseiten zugänglich sind.

(ABl L 341 vom 24. 12. 2015, ab 14. Juli 2017)

Artikel 12
Aufgaben des Gerichts

(1) Das Gericht verpflichtet die Parteien nicht zu einer rechtlichen Würdigung der Klage.

(2) Das Gericht unterrichtet die Parteien erforderlichenfalls über Verfahrensfragen.

(3) Soweit angemessen, bemüht sich das Gericht um eine gütliche Einigung der Parteien.

Artikel 13
Zustellung von Schriftstücken und sonstiger Schriftverkehr

(1) Die in Artikel 5 Absätze 2 und 6 genannten Schriftstücke und gemäß Artikel 7 ergangene Urteile werden wie folgt zugestellt:

a) durch Postdienste oder

b) durch elektronische Übermittlung,

i) wenn die Mittel hierfür technisch verfügbar und gemäß den Verfahrensvorschriften des Mitgliedstaats zulässig sind, in dem das europäische Verfahren für geringfügige Forderungen durchgeführt wird, sowie wenn die Partei, der Schriftstücke zuzustellen sind, ihren Wohnsitz oder gewöhnlichen Aufenthalt in einem anderen Mitgliedstaat hat, gemäß den Verfahrensvorschriften jenes Mitgliedstaats zulässig sind und

ii) wenn die Partei, der Schriftstücke zuzustellen sind, der Zustellung durch elektronische Übermittlung vorher ausdrücklich zugestimmt hat oder wenn sie nach den Verfahrensvorschriften des Mitgliedstaats, in dem jene Partei ihren Wohnsitz oder gewöhnlichen Aufenthalt hat, rechtlich dazu verpflichtet ist, diese besondere Art der Zustellung zu akzeptieren.

Die Zustellung wird durch eine Empfangsbestätigung, aus der das Datum des Empfangs hervorgeht, nachgewiesen.

(2) Der gesamte nicht in Absatz 1 genannte Schriftverkehr zwischen dem Gericht und den Parteien oder anderen an dem Verfahren beteiligten Personen erfolgt durch elektronische Übermittlung mit Empfangsbestätigung, wenn die Mittel hierfür technisch verfügbar und nach den Verfahrensvorschriften des Mitgliedstaats, in dem das europäische Verfahren für geringfügige Forderungen durchgeführt wird, zulässig sind, sofern die betreffende Partei oder Person dieser Form der Übermittlung zuvor zugestimmt hat oder sie nach den Verfahrensvorschriften des Mitgliedstaats, in dem betreffende Partei oder Person ihren Wohnsitz oder gewöhnlichen Aufenthalt hat, rechtlich dazu verpflichtet ist, eine solche Form der Übermittlung zu akzeptieren.

(3) Neben anderen Mitteln, die nach den Verfahrensvorschriften der Mitgliedstaaten zur Verfügung stehen und mit denen die nach den Absätzen 1 und 2 erforderliche vorherige Zustimmung zur Verwendung der elektronischen Übermittlung zum Ausdruck gebracht wird, kann diese Zustimmung auch mittels Klageformblatt A und Antwortformblatt C bekundet werden.

(4) Ist eine Zustellung gemäß Absatz 1 nicht möglich, so kann die Zustellung auf eine der Arten bewirkt werden, die in den Artikeln 13 und 14 der Verordnung (EG) Nr. 1896/2006 festgelegt sind.

Ist eine Übermittlung des Schriftverkehrs nach Maßgabe des Absatzes 2 nicht möglich oder in Anbetracht der besonderen Umstände des Falles nicht angezeigt, so kann jede sonstige Art der Übermittlung genutzt werden, die nach dem Recht des Mitgliedstaats, in dem das europäische Verfahren für geringfügige Forderungen durchgeführt wird, zulässig ist.

(ABl L 341 vom 24. 12. 2015, ab 14. Juli 2017)

Artikel 14
Fristen

(1) Setzt das Gericht eine Frist fest, so ist die betroffene Partei über die Folgen der Nichteinhaltung dieser Frist zu informieren.

(2) Das Gericht kann die Fristen nach Artikel 4 Absatz 4, Artikel 5 Absätze 3 und 6 und Artikel 7 Absatz 1 ausnahmsweise verlängern, wenn dies notwendig ist, um die Rechte der Parteien zu wahren.

(3) Kann das Gericht die Fristen nach Artikel 5 Absätze 2 bis 6 sowie Artikel 7 ausnahmsweise nicht einhalten, veranlasst es so bald wie möglich die nach diesen Vorschriften erforderlichen Verfahrensschritte.

Artikel 15
Vollstreckbarkeit des Urteils

(1) Das Urteil ist ungeachtet eines möglichen Rechtsmittels vollstreckbar. Es darf keine Sicherheitsleistung verlangt werden.

(2) Artikel 23 ist auch anzuwenden, wenn das Urteil in dem Mitgliedstaat zu vollstrecken ist, in dem es ergangen ist.

Artikel 15a
Gerichtsgebühren und Zahlungsmethoden

(1) Die in einem Mitgliedstaat für das europäische Verfahren für geringfügige Forderungen erhobenen Gerichtsgebühren dürfen nicht unverhältnismäßig hoch sein und die Gerichtsgebühren,

die in dem betreffenden Mitgliedstaat für nationale vereinfachte Verfahren erhoben werden, nicht überschreiten.

(2) Die Mitgliedstaaten stellen sicher, dass die Parteien die Gerichtsgebühren mittels Fernzahlungsmöglichkeiten begleichen können, mit deren Hilfe sie die Zahlung auch aus einem anderen als dem Mitgliedstaat vornehmen können, in dem das Gericht seinen Sitz hat, wobei mindestens eine der folgenden Zahlungsmöglichkeiten anzubieten ist:

a) Banküberweisung,

b) Zahlung mit Kredit- oder Debitkarte oder

c) Einzug mittels Lastschrift vom Bankkonto des Klägers.

(ABl L 341 vom 24. 12. 2015, ab 14. Juli 2017)

Artikel 16
Kosten

Die unterlegene Partei trägt die Kosten des Verfahrens. Das Gericht spricht der obsiegenden Partei jedoch keine Erstattung für Kosten zu, soweit sie nicht notwendig waren oder in keinem Verhältnis zu der Klage stehen.

Artikel 17
Rechtsmittel

(1) Die Mitgliedstaaten teilen der Kommission mit, ob ihr Verfahrensrecht ein Rechtsmittel gegen ein im europäischen Verfahren für geringfügige Forderungen ergangenes Urteil zulässt und innerhalb welcher Frist das Rechtsmittel einzulegen ist. Diese Mitteilung wird von der Kommission bekannt gemacht.

(2) Die Artikel 15a und 16 gelten auch für das Rechtsmittelverfahren. *(ABl L 341 vom 24. 12. 2015, ab 14. Juli 2017)*

Artikel 18
Überprüfung des Urteils in Ausnahmefällen

(1) Der Beklagte, der sich auf das Verfahren nicht eingelassen hat, ist berechtigt, beim zuständigen Gericht des Mitgliedstaats, in dem das Urteil im europäischen Verfahren für geringfügige Forderungen ergangen ist, eine Überprüfung des Urteils zu beantragen, wenn

a) ihm das Klageformblatt oder im Falle einer mündlichen Verhandlung die Ladung zu dieser Verhandlung nicht so rechtzeitig und in einer Weise zugestellt worden ist, dass er Vorkehrungen für seine Verteidigung hätte treffen können, oder

b) er aufgrund höherer Gewalt oder aufgrund außergewöhnlicher Umstände ohne eigenes Verschulden daran gehindert war, das Bestehen der Forderung zu bestreiten,

es sei denn, der Beklagte hat gegen das Urteil kein Rechtsmittel eingelegt, obwohl er die Möglichkeit dazu hatte.

(2) Die Frist für den Antrag auf Überprüfung des Urteils beträgt 30 Tage. Sie beginnt mit dem Tag, an dem der Beklagte vom Inhalt des Urteils tatsächlich Kenntnis genommen hat und in der Lage war, entsprechend tätig zu werden, spätestens aber mit dem Tag der ersten Vollstreckungsmaßnahme, die zur Folge hatte, dass die Vermögensgegenstände des Beklagten ganz oder teilweise seiner Verfügung entzogen wurden. Eine Verlängerung dieser Frist ist ausgeschlossen.

(3) Weist das Gericht den Antrag auf Überprüfung nach Absatz 1 mit der Begründung zurück, dass keine der Voraussetzungen für eine Überprüfung nach jenem Absatz erfüllt ist, bleibt das Urteil in Kraft.

Entscheidet das Gericht, dass eine Überprüfung aus einem der in Absatz 1 genannten Gründe gerechtfertigt ist, so ist das im europäischen Verfahren für geringfügige Forderungen ergangene Urteil nichtig. Der Kläger verliert jedoch nicht die Vorteile, die sich aus einer Unterbrechung der Verjährungs- oder Ausschlussfristen ergeben, sofern eine derartige Unterbrechung nach nationalem Recht gilt.

(ABl L 341 vom 24. 12. 2015, ab 14. Juli 2017)

Artikel 19
Anwendbares Verfahrensrecht

Sofern diese Verordnung nichts anderes bestimmt, gilt für das europäische Verfahren für geringfügige Forderungen das Verfahrensrecht des Mitgliedstaats, in dem das Verfahren durchgeführt wird.

KAPITEL III

ANERKENNUNG UND VOLLSTRECKUNG IN EINEM ANDEREN MITGLIEDSTAAT

Artikel 20
Anerkennung und Vollstreckung

(1) Ein im europäischen Verfahren für geringfügige Forderungen ergangenes Urteil wird in einem anderen Mitgliedstaat anerkannt und vollstreckt, ohne dass es einer Vollstreckbarerklärung bedarf und ohne dass die Anerkennung angefochten werden kann.

(2) Auf Antrag einer Partei fertigt das Gericht ohne zusätzliche Kosten unter Verwendung des in Anhang IV vorgegebenen Formblatts D eine Bestätigung zu einem im europäischen Verfahren für geringfügige Forderungen ergangenen Urteil aus. Auf Antrag stellt das Gericht dieser Partei die Bestätigung in jeder anderen Amtssprache der Organe der Union zur Verfügung, unter Verwendung des über das Europäische Justizportal in al-

BagatellVO

len Amtssprachen der Organe der Union zur Verfügung stehenden dynamischen Standardformblatts. Diese Verordnung verpflichtet das Gericht nicht dazu, eine Übersetzung und/oder Transliteration des in die Freitextfelder der Bestätigung eingetragenen Texts zur Verfügung zu stellen. *(ABl L 341 vom 24. 12. 2015)*

Artikel 21
Vollstreckungsverfahren

(1) Unbeschadet der Bestimmungen dieses Kapitels gilt für das Vollstreckungsverfahren das Recht des Vollstreckungsmitgliedstaats. Jedes im europäischen Verfahren für geringfügige Forderungen ergangene Urteil wird unter den gleichen Bedingungen vollstreckt wie ein im Vollstreckungsmitgliedstaat ergangenes Urteil.

(2) Die Partei, die die Vollstreckung beantragt, muss Folgendes vorlegen:

a) eine Ausfertigung des Urteils, die die Voraussetzungen für den Nachweis seiner Echtheit erfüllt; und

b) die Bestätigung im Sinne des Artikels 20 Absatz 2 sowie, falls erforderlich, ihre Übersetzung in die Amtssprache des Vollstreckungsmitgliedstaats oder – falls es in diesem Mitgliedstaat mehrere Amtssprachen gibt – nach Maßgabe der Rechtsvorschriften dieses Mitgliedstaats in die Verfahrenssprache oder eine der Verfahrenssprachen des Ortes, an dem die Vollstreckung betrieben wird, oder in eine sonstige Sprache, die der Vollstreckungsmitgliedstaat zulässt. *(ABl L 341 vom 24. 12. 2015, ab 14. Juli 2017)*

(3) Für die Vollstreckung eines Urteils, das in dem europäischen Verfahren für geringfügige Forderungen in einem anderen Mitgliedstaat erlassen worden ist, darf von der Partei, die die Vollstreckung beantragt, nicht verlangt werden, dass sie im Vollstreckungsstaat über

a) einen bevollmächtigten Vertreter oder

b) eine Postanschrift

außer bei den Vollstreckungsagenten verfügt.

(4) Von einer Partei, die in einem Mitgliedstaat die Vollstreckung eines im europäischen Verfahren für geringfügige Forderungen in einem anderen Mitgliedstaat ergangenen Urteils beantragt, darf weder wegen ihrer Eigenschaft als Ausländer noch wegen Fehlens eines inländischen Wohnsitzes oder Aufenthaltsorts im Vollstreckungsmitgliedstaat eine Sicherheitsleistung oder Hinterlegung, unter welcher Bezeichnung auch immer, verlangt werden.

Artikel 21a
Sprache der Bestätigung

(1) Jeder Mitgliedstaat kann angeben, welche Amtssprache oder Amtssprachen der Organe der Union er neben seiner oder seinen eigenen für die Bestätigung nach Artikel 20 Absatz 2 zulässt.

(2) Jede Übersetzung von Informationen über den Inhalt eines Urteils, die in einer Bestätigung nach Artikel 20 Absatz 2 erteilt werden, ist von einer Person vorzunehmen, die zur Anfertigung von Übersetzungen in einem der Mitgliedstaaten befugt ist.

(ABl L 341 vom 24. 12. 2015, ab 14. Juli 2017)

Artikel 22
Ablehnung der Vollstreckung

(1) Auf Antrag der Person, gegen die die Vollstreckung gerichtet ist, wird die Vollstreckung vom zuständigen Gericht im Vollstreckungsmitgliedstaat abgelehnt, wenn das im europäischen Verfahren für geringfügige Forderungen ergangene Urteil mit einem früheren in einem Mitgliedstaat oder einem Drittland ergangenen Urteil unvereinbar ist, sofern

a) das frühere Urteil zwischen denselben Parteien wegen desselben Streitgegenstandes ergangen ist,

b) das frühere Urteil im Vollstreckungsmitgliedstaat ergangen ist oder die Voraussetzungen für die Anerkennung im Vollstreckungsmitgliedstaat erfüllt und

c) die Unvereinbarkeit im gerichtlichen Verfahren des Mitgliedstaats, in dem das Urteil im europäischen Verfahren für geringfügige Forderungen ergangen ist, nicht geltend gemacht wurde und nicht geltend gemacht werden konnte.

(2) Keinesfalls darf ein im europäischen Verfahren für geringfügige Forderungen ergangenes Urteil im Vollstreckungsmitgliedstaat in der Sache selbst nachgeprüft werden.

Artikel 23
Aussetzung oder Beschränkung der Vollstreckung

Hat eine Partei ein im europäischen Verfahren für geringfügige Forderungen ergangenes Urteil angefochten oder ist eine solche Anfechtung noch möglich oder hat eine Partei eine Überprüfung nach Artikel 18 beantragt, so kann das zuständige Gericht oder die zuständige Behörde im Vollstreckungsmitgliedstaat auf Antrag der Partei, gegen die sich die Vollstreckung richtet,

a) das Vollstreckungsverfahren auf Sicherungsmaßnahmen beschränken,

b) die Vollstreckung von der Leistung einer von dem Gericht zu bestimmenden Sicherheit abhängig machen oder

c) unter außergewöhnlichen Umständen das Vollstreckungsverfahren aussetzen.

Artikel 23a
Gerichtliche Vergleiche

Ein im Laufe des europäischen Verfahrens für geringfügige Forderungen von einem Gericht gebilligter oder vor einem Gericht geschlossener gerichtlicher Vergleich, der in dem Mitgliedstaat, in dem das Verfahren durchgeführt wurde, vollstreckbar ist, wird in einem anderen Mitgliedstaat unter denselben Bedingungen anerkannt und vollstreckt wie ein im europäischen Verfahren für geringfügige Forderungen ergangenes Urteil.
Die Bestimmungen des Kapitels III gelten entsprechend für gerichtliche Vergleiche.

(ABl L 341 vom 24. 12. 2015, ab 14. Juli 2017)

KAPITEL IV

SCHLUSSBESTIMMUNGEN

Artikel 24
Information

Die Mitgliedstaaten arbeiten insbesondere im Rahmen des gemäß der Entscheidung 2001/470/EG eingerichteten Europäischen Justiziellen Netzes für Zivil- und Handelssachen zusammen, um die Öffentlichkeit und die Fachwelt über das europäische Verfahren für geringfügige Forderungen, einschließlich der Kosten, zu informieren.

Artikel 25
Von den Mitgliedstaaten bereitzustellende Informationen

(1) Die Mitgliedstaaten teilen der Kommission bis zum 13. Januar 2017 Folgendes mit:

a) die Gerichte, die für den Erlass von Urteilen im europäischen Verfahren für geringfügige Forderungen zuständig sind;

b) die Kommunikationsmittel, die für die Zwecke des europäischen Verfahrens für geringfügige Forderungen zulässig sind und den Gerichten nach Artikel 4 Absatz 1 zur Verfügung stehen;

c) die Behörden oder Organisationen, die für die Erteilung praktischer Hilfe nach Artikel 11 zuständig sind;

d) die elektronischen Zustellungs- und Kommunikationsmittel, die technisch verfügbar und nach ihren Verfahrensvorschriften gemäß Artikel 13 Absätze 1, 2 und 3 zulässig sind und die nach Artikel 13 Absätze 1 und 2 erforderlichen Mittel, die für die vorherige Zustimmung zur Verwendung der elektronischen Übermittlung im Rahmen ihres nationalen Rechts zur Verfügung stehen;

e) die Personen oder Berufsgruppen, die gegebenenfalls rechtlich verpflichtet sind, die Zustellung von Schriftstücken durch elektronische Übermittlung oder andere Arten des elektronischen Schriftverkehrs gemäß Artikel 13 Absätze 1 und 2 zu akzeptieren;

f) die Gerichtsgebühren, die für das europäische Verfahren für geringfügige Forderungen erhoben werden oder wie sie berechnet werden und welche Zahlungsweise gemäß Artikel 15a anerkannt wird;

g) jegliche Rechtsmittel, die im Sinne des Artikels 17 nach ihrem Verfahrensrecht eingelegt werden können, innerhalb welchen Zeitraums diese Rechtsmittel einzulegen sind und die für diese Rechtsmittel zuständigen Gerichte;

h) die Verfahren für die Beantragung einer Überprüfung gemäß Artikel 18 und die Gerichte, die für eine derartige Überprüfung zuständig sind;

i) die Sprachen, die sie nach Artikel 21a Absatz 1 zulassen und

j) die Behörden, die für die Vollstreckung und die Behörden, die für die Zwecke der Anwendung des Artikels 23 zuständig sind.

Die Mitgliedstaaten unterrichten die Kommission über alle späteren Änderungen dieser Angaben.

(2) Die Kommission macht die nach Absatz 1 mitgeteilten Angaben auf geeignete Weise, beispielsweise über das Europäische Justizportal, öffentlich zugänglich.

(ABl L 341 vom 24. 12. 2015, ab 14. Jänner 2017)

Artikel 26
Änderung der Anhänge

Der Kommission wird die Befugnis übertragen, gemäß Artikel 27 in Bezug auf die Änderung der Anhänge I bis IV delegierte Rechtsakte zu erlassen.

(ABl L 341 vom 24. 12. 2015, ab 14. Juli 2017)

Artikel 27
Ausübung der Befugnisübertragung

(1) Die Befugnis zum Erlass delegierter Rechtsakte wird der Kommission unter den in diesem Artikel festgelegten Bedingungen übertragen.

(2) Die Befugnis zum Erlass delegierter Rechtsakte gemäß Artikel 26 wird der Kommission auf unbestimmte Zeit ab dem 13. Januar 2016 übertragen.

(3) Die Befugnisübertragung gemäß Artikel 26 kann vom Europäischen Parlament oder vom Rat jederzeit widerrufen werden. Der Beschluss über den Widerruf beendet die Übertragung der in diesem Beschluss angegebenen Befugnis. Er wird am Tag nach seiner Veröffentlichung im *Amtsblatt der Europäischen Union* oder zu einem in diesem Beschluss über den Widerruf angegebenen späteren Zeitpunkt wirksam. Die Gültigkeit von dele-

BagatellVO

gierten Rechtsakten, die bereits in Kraft sind, wird von dem Beschluss über den Widerruf nicht berührt.

(4) Sobald die Kommission einen delegierten Rechtsakt erlässt, übermittelt sie ihn gleichzeitig dem Europäischen Parlament und dem Rat.

(5) Ein delegierter Rechtsakt, der gemäß Artikel 26 erlassen wurde, tritt nur in Kraft, wenn weder das Europäische Parlament noch der Rat innerhalb einer Frist von zwei Monaten nach Übermittlung dieses Rechtsakts an das Europäische Parlament und den Rat Einwände erhoben haben oder wenn vor Ablauf dieser Frist das Europäische Parlament und der Rat beide der Kommission mitgeteilt haben, dass sie keine Einwände erheben werden. Auf Initiative des Europäischen Parlaments oder des Rates wird diese Frist um zwei Monate verlängert.

(ABl L 341 vom 24. 12. 2015, ab 14. Juli 2017)

Artikel 28
Überprüfung

(1) Die Kommission legt dem Europäischen Parlament, dem Rat und dem Europäischen Wirtschafts- und Sozialausschuss bis zum 15. Juli 2022 einen Bericht über die Anwendung dieser Verordnung vor, der auch eine Bewertung dahingehend enthält, ob

a) eine weitere Anhebung der in Artikel 2 Absatz 1 genannten Wertgrenze angemessen ist, um das Ziel dieser Verordnung zu erreichen, nämlich Bürgern und kleinen und mittleren Unternehmen den Zugang zur Justiz bei grenzüberschreitenden Rechtssachen zu erleichtern, und

b) eine Ausweitung des Anwendungsbereichs des europäischen Verfahrens für geringfügige Forderungen, insbesondere über Gehaltsansprüche, angemessen ist, um Arbeitnehmern den Zugang zur Justiz bei grenzüberschreitenden arbeitsrechtlichen Streitigkeiten mit ihrem Arbeitgeber zu erleichtern, wobei die gesamten Auswirkungen einer solchen Ausweitung zu berücksichtigen sind.

Dem Bericht werden gegebenenfalls Gesetzgebungsvorschläge beigefügt.

Zu diesem Zweck übermitteln die Mitgliedstaaten der Kommission bis zum 15. Juli 2021 Angaben über die Anzahl der nach dem europäischen Verfahren für geringfügige Forderungen gestellten Anträge sowie über die Anzahl der Anträge auf Vollstreckung von in diesen Verfahren ergangenen Urteilen.

(2) Bis zum 15. Juli 2019 legt die Kommission dem Europäischen Parlament, dem Rat und dem Europäischen Wirtschafts- und Sozialausschuss einen Bericht über die Verbreitung der Information über das europäische Verfahren für geringfügige Forderungen in den Mitgliedstaaten vor und kann Empfehlungen in Bezug auf die Verbesserung der Bekanntheit des Verfahrens erarbeiten.

(ABl L 341 vom 24. 12. 2015, ab 14. Juli 2017)

Artikel 29
Inkrafttreten

Diese Verordnung tritt am Tag nach ihrer Veröffentlichung im Amtsblatt der Europäischen Union in Kraft.

Sie gilt ab dem 1. Januar 2009, mit Ausnahme des Artikels 25, der ab dem 1. Januar 2008 gilt.

Diese Verordnung ist in allen ihren Teilen verbindlich und gilt gemäß dem Vertrag zur Gründung der Europäischen Gemeinschaft unmittelbar in den Mitgliedstaaten.

Geschehen zu Straßburg am 11. Juli 2007.

Im Namen des Europäischen Parlaments
Der Präsident
H.-G. PÖTTERING

Im Namen des Rates
Der Präsident
M. LOBO ANTUNES

41. BagatellVO
Anhang I

EUROPÄISCHES VERFAHREN FÜR GERINGFÜGIGE FORDERUNGEN

FORMBLATT A

KLAGEFORMBLATT

(Artikel 4 Absatz 1 der Verordnung (EG) Nr. 861/2007 des Europäischen Parlaments und des Rates zur Einführung eines europäischen Verfahrens für geringfügige Forderungen)

Aktenzeichen (*):

Eingang bei Gericht: _____ . _____ . _____ (*)

(*) Vom Gericht auszufüllen.

WICHTIGE INFORMATIONEN

BITTE LESEN SIE DIE ANLEITUNG ZU BEGINN JEDES ABSCHNITTS — SIE ERLEICHTERT IHNEN DAS AUSFÜLLEN DIESES FORMBLATTS

Hilfestellung beim Ausfüllen des Formblatts

Sie können Hilfestellung beim Ausfüllen dieses Formblatts erhalten. Wie Sie diese Hilfe in Anspruch nehmen können, ist den von den Mitgliedstaaten bereitgestellten und auf der Website des Europäischen Gerichtsatlas für Zivilsachen veröffentlichten Informationen zu entnehmen, die über das Europäische Justizportal unter https://e-justice.europa.eu/content_small_claims-354-de.do abrufbar sind. Beachten Sie bitte, dass diese Hilfestellung weder Prozesskostenhilfe — für die ein entsprechender Antrag nach nationalem Recht gestellt werden muss — noch eine rechtliche Prüfung Ihres Falles umfasst.

Sprache

Füllen Sie dieses Formblatt bitte in der Sprache des Gerichts aus, bei dem Sie Ihre Klage einreichen. Das Formblatt ist über das Euro-päische Justizportal unter https://e-justice.europa.eu/dynform_intro_form_action.do?idTaxonomy=177 &plang=de&init=true&refresh=1 in allen Amtssprachen der Organe der Europäischen Union erhältlich. Dies könnte Ihnen das Ausfüllen des Formblatts in der verlangten Sprache erleichtern.

Beweisunterlagen

Diesem Klageformblatt sollten gegebenenfalls Beweisunterlagen beigefügt werden. Dies hindert Sie jedoch nicht daran, im Laufe des Verfahrens weitere Beweise beizubringen.

Eine Kopie des Klageformblatts und etwaiger Beweisunterlagen wird dem Beklagten zugestellt. Der Beklagte erhält Gelegenheit, dazu Stellung zu nehmen.

1. *Gericht*

In diesem Feld ist das Gericht anzugeben, bei dem Sie Ihre Klage einreichen. Bei der Auswahl des Gerichts ist auf die Zuständigkeit des Gerichts zu achten. In Abschnitt 4 finden Sie eine nicht abschließende Aufzählung von Kriterien, auf die sich die gerichtliche Zuständigkeit gründen kann. Die Kontaktdaten des zuständigen Gerichts können Sie mithilfe der entsprechenden Suchfunktion des Europäischen Justizportals ermitteln:

https://e-justice.europa.eu/content_small_claims-354-de.do?init=true.

---

1. *Bei welchem Gericht reichen Sie die Klage ein?*

1.1. Name:

1.2. Straße und Hausnummer/Postfach:

1.3. Postleitzahl und Ort:

1.4. Land:

BagatellVO

2. Kläger

In diesem Feld sind Sie als Kläger und gegebenenfalls Ihr Vertreter anzugeben. Sie sind nicht verpflichtet, sich durch einen Rechtsanwalt oder sonstigen Rechtsbeistand vertreten zu lassen.

Da in manchen Ländern ein Postfach als Anschrift möglicherweise nicht ausreicht, sollten Sie auch Straße, Hausnummer und Postleitzahl eintragen. Das Fehlen dieser Angaben kann dazu führen, dass das Schriftstück nicht zugestellt wird.

Falls Sie über eine persönliche Identifikationsnummer verfügen, die Ihnen von den Behörden eines Mitgliedstaats zugewiesen wurde, wäre es nützlich, diese anzugeben. Falls Sie keine solche Nummer haben, wäre es zweckdienlich, Ihre Pass- oder Ausweisnummer einzutragen, falls verfügbar. Falls Sie im Namen einer juristischen Person oder eines sonstigen Rechtsträgers handeln, wäre die Angabe einer Registrierungsnummer von Nutzen.

Unter „Sonstige Angaben" können Sie weitere Informationen eintragen, die der Identifizierung Ihrer Person dienen, z. B. Geburtsdatum, Beruf oder Stellung im Unternehmen.

Bei mehr als einem Kläger verwenden Sie bitte zusätzliche Blätter.

2. *Angaben zum Kläger*

2.1. Nachname, Vorname/Name des Unternehmens oder der Organisation:

2.2. Persönliche Identifikationsnummer oder Passnummer/Registrierungsnummer (*):

2.3. Straße und Hausnummer/Postfach:

2.4. Postleitzahl und Ort:

2.5. Land:

2.6. Telefon (*):

2.7. E-Mail (*):

2.8. Ggf. Vertreter des Klägers und Kontaktdaten (*):

2.9. Sonstige Angaben (*):

3. Beklagter

Geben Sie in diesem Feld bitte den Beklagten und, falls bekannt, seinen Vertreter an. Auch der Beklagte ist nicht verpflichtet, sich durch einen Rechtsanwalt oder sonstigen Rechtsbeistand vertreten zu lassen.

Da in manchen Ländern ein Postfach als Anschrift möglicherweise nicht ausreicht, sollten Sie auch Straße, Hausnummer und Postleitzahl eintragen. Das Fehlen dieser Angaben kann dazu führen, dass das Schriftstück nicht zugestellt wird.

Falls Ihnen eine persönliche Identifikationsnummer bekannt ist, die dem Beklagten von den Behörden eines Mitgliedstaats zugewiesen wurde, wäre es nützlich, diese anzugeben. Alternativ oder zusätzlich wäre es zweckdienlich, die Pass- oder Ausweisnummer des Beklagten einzutragen, falls verfügbar. Falls es sich bei dem Beklagten um eine juristische Person oder einen sonstigen Rechtsträger handelt, wäre die Angabe einer Registrierungsnummer des Beklagten von Nutzen, falls Sie diese kennen.

Unter „Sonstige Angaben" können Sie weitere Informationen eintragen, die der Identifizierung der Person dienen, z. B. Geburtsdatum, Beruf oder Stellung im Unternehmen. Bei mehr als einem Beklagten verwenden Sie bitte zusätzliche Blätter.

3. *Angaben zum Beklagten*

3.1. Nachname, Vorname/Name des Unternehmens oder der Organisation:

3.2. Persönliche Identifikationsnummer oder Passnummer/Registrierungsnummer:

3.3. Straße und Hausnummer/Postfach:

(*) Fakultativ.

3.4. Postleitzahl und Ort:

3.5. Land:

3.6. Telefon (*):

3.7. E-Mail (*):

3.8. Vertreter des Klägers, falls bekannt, und Kontaktdaten (*):

3.9. Sonstige Angaben (*):

---

4. *Gerichtliche Zuständigkeit*

Die Klage ist bei dem Gericht einzureichen, das für ihre Bearbeitung zuständig ist. Das Gericht muss nach den Vorschriften der Verordnung (EU) Nr. 1215/2012 des Europäischen Parlaments und des Rates ([1]) zuständig sein.

Dieser Abschnitt enthält eine nicht abschließende Aufzählung von Kriterien, auf die sich die gerichtliche Zuständigkeit gründen kann.

Informationen über die Zuständigkeitsvorschriften finden Sie auf der Website des Europäischen Gerichtsatlas unter https://e-justice.europa.eu/content_brussels_i_regulation_recast-350-de.do?init=true.

Sie können auch das Glossar unter http://ec.europa.eu/civiljustice/glossary/glossary_de.htm zurate ziehen, in dem einige der hier verwendeten Rechtsbegriffe erklärt werden.

---

4. *Nach welchem Kriterium ist das Gericht Ihres Erachtens zuständig?*

4.1. Wohnsitz des Beklagten ☐

4.2. Wohnsitz des Verbrauchers ☐

4.3. In Versicherungssachen Wohnsitz des Versicherungsnehmers, des Versicherten oder des Begünstigten ☐

4.4. Leistungsort ☐

4.5. Ort des schädigenden Ereignisses ☐

4.6. Ort, an dem die unbewegliche Sache belegen ist ☐

4.7. Gerichtsstandsvereinbarung zwischen den Parteien ☐

4.8. Sonstiges (bitte angeben): _____

---

5. *Grenzüberschreitende Rechtssache*

Sie können das europäische Verfahren für geringfügige Forderungen nur in Anspruch nehmen, wenn Ihre Rechtssache einen Auslandsbezug aufweist. Dies ist der Fall, wenn mindestens eine der Parteien ihren Wohnsitz oder gewöhnlichen Aufenthalt in einem anderen Mitgliedstaat als dem des Gerichts hat.

(*) Fakultativ.
([1]) Verordnung (EU) Nr. 1215/2012 des Europäischen Parlaments und des Rates vom 12. Dezember 2012 über die gerichtliche Zuständigkeit und die Anerkennung und Vollstreckung von Entscheidungen in Zivil- und Handelssachen (ABl. L 351 vom 20.12.2012, S. 1).

BagatellVO

5. *Grenzüberschreitende Rechtssache*

5.1. Staat des Wohnsitzes oder gewöhnlichen Aufenthalts des Klägers: _____

5.2. Staat des Wohnsitzes oder gewöhnlichen Aufenthalts des Beklagten: _____

5.3. Mitgliedstaat des Gerichts: _____

6. *Bankverbindung (fakultativ)*

Unter Nummer 6.1 können Sie dem Gericht mitteilen, wie Sie die Gerichtsgebühr entrichten wollen. Beachten Sie bitte, dass dem Gericht, bei dem Sie Ihre Klage einreichen, nicht unbedingt alle Zahlungssysteme zur Verfügung stehen. Vergewissern Sie sich, welche Zahlungsmethoden das Gericht akzeptiert. Dies können Sie den von dem betreffenden Mitgliedstaat bereitgestellten und auf der Website des Europäischen Gerichtsatlas für Zivilsachen veröffentlichten Informationen entnehmen, die über das Europäische Justizportal unter *https://e-justice.europa.eu/content_small_claims-354-de.do?init=true* abrufbar sind, oder Sie können sich an das betreffende Gericht wenden. Auf diese Weise erfahren Sie auch Näheres zur Höhe der Gerichtsgebühr.

Falls Sie per Kreditkarte zahlen oder dem Gericht erlauben wollen, die Gebühr von Ihrem Bankkonto einzuziehen, tragen Sie bitte die notwendigen Angaben zu Ihrer Kreditkarte oder Ihrem Bankkonto in die Anlage zu diesem Formblatt ein. Die Anlage dient ausschließlich der Unterrichtung des Gerichts und wird nicht an den Beklagten weitergeleitet.

Unter Nummer 6.2 können Sie angeben, wie der Beklagte zahlen soll, beispielsweise wenn er sofort zahlen möchte, bevor ein Urteil ergeht. Falls Sie eine Überweisung wünschen, geben Sie bitte die entsprechende Bankverbindung an.

6. *Bankverbindung (*)*

6.1. Wie werden Sie die Gerichtsgebühr entrichten?

6.1.1. Überweisung ☐

6.1.2. Kreditkarte ☐ (bitte Anlage ausfüllen)

6.1.3. Einzug mittels Lastschrift von Ihrem Bankkonto ☐ (bitte Anlage ausfüllen)

6.1.4. Andere Zahlungsmethode (bitte angeben):

6.2. Auf welches Konto soll der Beklagte den geforderten bzw. den zuerkannten Betrag überweisen?

6.2.1. Kontoinhaber:

6.2.2. Name der Bank, BIC oder andere Bankkennung:

6.2.3. Kontonummer/IBAN:

7. *Forderung*

Anwendungsbereich: Beachten Sie bitte, dass das europäische Verfahren für geringfügige Forderungen einen begrenzten Anwendungsbereich hat. Über Klagen, deren Streitwert 5 000 EUR überschreitet oder deren Gegenstand in Artikel 2 der Verordnung (EG) Nr. 861/2007 des Europäischen Parlaments und des Rates zur Einführung eines Verfahrens für geringfügige Forderungen aufgeführt ist, kann im Rahmen dieses Verfahrens nicht verhandelt werden. Falls Ihre Klage eine Forderung betrifft, die nach Artikel 2 der Verordnung nicht in deren Anwendungsbereich fällt, wird das Verfahren vor den zuständigen Gerichten nach den Vorschriften für ein ordentliches Zivilverfahren weitergeführt. Falls Sie nicht wollen, dass das Verfahren in diesem Fall weitergeführt wird, sollten Sie Ihre Klage zurücknehmen.

_____

(*) Fakultativ.

41. BagatellVO

Anhang I

Geldforderung oder andere Forderung: Geben Sie bitte an, ob Sie eine Geldforderung und/oder eine andere (nicht auf eine Geldzahlung gerichtete) Forderung, z. B. die Lieferung von Waren, geltend machen, und füllen Sie dann Nummer 7.1 und/oder Nummer 7.2 aus. Falls Ihre Forderung nicht auf die Zahlung eines Geldbetrags gerichtet ist, füllen Sie bitte Nummer 7.2 aus und geben Sie den geschätzten Wert Ihrer Forderung an. In diesem Fall sollten Sie auch angeben, ob Sie für den Fall, dass die ursprüngliche Forderung nicht erfüllt werden kann, hilfsweise einen Anspruch auf Schadensersatz geltend machen.

Falls Sie die Erstattung der Verfahrenskosten fordern (z. B. Übersetzungskosten, Anwaltshonorare, Zustellungskosten usw.), geben Sie dies bitte unter Nummer 7.3 an. Beachten Sie bitte, dass die Vorschriften für die Kostenentscheidung der Gerichte von Mitgliedstaat zu Mitgliedstaat unterschiedlich sind. Einzelheiten zu den Kostenkategorien der einzelnen Mitgliedstaaten sind über das Europäische Justizportal unter https://e-justice.europa.eu/content_costs_of_proceedings-37-de.do?init=true zu finden.

Falls Sie vertraglich vereinbarte Zinsen geltend machen, z. B. bei einem Darlehen, sollten Sie den Zinssatz und den Beginn der Laufzeit angeben. Das Gericht kann Ihnen gesetzliche Zinsen zusprechen, falls Ihrer Klage stattgegeben wird. Geben Sie bitte an, ob Sie Zinsen fordern und ab welchem Tag die Zinsen laufen sollen.

Verwenden Sie bei Bedarf bitte zusätzliche Blätter, um den Gegenstand Ihrer Klage zu beschreiben, z. B. wenn Sie mehrere Zahlungen fordern und die Zinsen für jede dieser Zahlungen ab einem anderen Tag geltend gemacht werden.

---

7.   *Ihre Forderung*

☐ 7.1. Geldforderung:

       7.1.1.   Hauptforderung (ohne Zinsen und Kosten): _____

       7.1.2.   Währung:

☐ Euro (EUR)   ☐ Bulgarischer Lew (BGN)   ☐ Kroatische Kuna (HRK)

☐ Tschechische Krone (CZK)   ☐ Ungarischer Forint (HUF)   ☐ Pfund Sterling (GBP)

☐ Polnischer Zloty (PLN)   ☐ Rumänischer Leu (RON)   ☐ Schwedische Krone (SEK)

☐ Sonstige (bitte angeben):

☐ 7.2. Andere Forderung:

       7.2.1.   Geben Sie bitte genau an, was Sie fordern:

       7.2.2.   Geschätzter Wert der Forderung: _____

Währung:

☐ Euro (EUR)   ☐ Bulgarischer Lew (BGN)   ☐ Kroatische Kuna (HRK)

☐ Tschechische Krone (CZK)   ☐ Ungarischer Forint (HUF)   ☐ Pfund Sterling (GBP)

☐ Polnischer Zloty (PLN)   ☐ Rumänischer Leu (RON)   ☐ Schwedische Krone (SEK)

☐ Sonstige (bitte angeben):

BagatellVO

7.3. Fordern Sie die Erstattung der Verfahrenskosten?

7.3.1. Ja   ☐

7.3.2. Nein   ☐

7.3.3. Falls ja, machen Sie bitte genaue Angaben zur Art der Kosten und zur Höhe der Forderung bzw. der bisher entstandenen Kosten:

7.4. Fordern Sie Zinsen?

Ja   ☐

Nein   ☐

Falls ja, handelt es sich um:

vertraglich vereinbarte Zinsen?   ☐ Falls ja, fahren Sie mit Nummer 7.4.1 fort.

gesetzliche Zinsen?   ☐ Falls ja, fahren Sie mit Nummer 7.4.2 fort.

7.4.1. Vertraglich vereinbarte Zinsen:

     1) Zinssatz:

                                      ☐ _____ %

                                      ☐ _____ % über dem Basissatz der EZB

                                      ☐ Anderer: _____

     2) Zinsen ab: _____ . _____ . _____ (Tag)

                      ☐ bis: _____ . _____ . _____ (Tag)

                      ☐ bis zum Tag des Urteils

                      ☐ bis zum Tag der Erfüllung der Hauptforderung

7.4.2. Gesetzliche Zinsen:

     Zinsen ab: _____ . _____ . _____ (Tag)

                      ☐ bis: _____ . _____ . _____ (Tag)

                      ☐ bis zum Tag des Urteils

                      ☐ bis zum Tag der Erfüllung der Hauptforderung

7.5. Fordern Sie Zinsen auf die Kosten?

Ja ☐

Nein ☐

Falls ja,   Zinsen ab: ☐ _____ . _____ . _____ (Tag)

                             ☐ _____ (Ereignis)

                  bis: ☐ _____ . _____ . _____ (Tag)

                      ☐ bis zum Tag der Zahlung der Kosten

41. BagatellVO
Anhang I

8. *Einzelheiten zur Klage*

Unter Nummer 8.1 sollten Sie kurz den Gegenstand Ihrer Klage beschreiben.

Unter Nummer 8.2 sollten Sie etwaige Beweismittel beschreiben. Dabei kann es sich beispielsweise um schriftliche Beweismittel (Verträge, Quittungen usw.) oder um mündliche oder schriftliche Zeugenaussagen handeln. Geben Sie bitte für jedes Beweismittel an, welchen Aspekt Ihrer Klage es belegen soll.

Falls der Platz nicht ausreicht, können Sie weitere Blätter hinzufügen.

8.	*Einzelheiten zur Klage*
8.1.	Geben Sie bitte die Gründe für Ihre Klage an, zum Beispiel, was wann und wo passiert ist.
8.2.	Beschreiben Sie bitte die Beweismittel, die Sie vorlegen möchten, um Ihre Klage zu begründen, und geben Sie an, welche Aspekte der Klage sie belegen. Fügen Sie bitte gegebenenfalls als Beweismittel geeignete Unterlagen bei.
8.2.1. Schriftliche Beweismittel	☐ bitte unten angeben
8.2.2. Zeugen	☐ bitte unten angeben
8.2.3. Sonstige	☐ bitte unten angeben

9. *Mündliche Verhandlung*

Beachten Sie bitte, dass das europäische Verfahren für geringfügige Forderungen ein schriftliches Verfahren ist. Das Gericht kann jedoch beschließen, eine mündliche Verhandlung anzuberaumen, wenn eine Entscheidung auf der Grundlage der schriftlichen Beweismittel seines Erachtens nicht möglich ist. Sie können auf diesem Formblatt oder zu einem späteren Zeitpunkt eine mündliche Verhandlung beantragen. Das Gericht kann Ihren Antrag ablehnen, wenn es der Auffassung ist, dass unter Berücksichtigung der Umstände des Falles ein faires Verfahren auch ohne mündliche Verhandlung sichergestellt werden kann. Die mündliche Verhandlung sollte mit geeigneten Fernkommunikationsmitteln wie Video- oder Telekonferenz durchgeführt werden, sofern das Gericht über diese Mittel verfügt. Falls die zu hörende Person ihren Wohnsitz in einem anderen Mitgliedstaat als dem des angerufenen Gerichts hat, wird eine Anhörung per Fernkommunikationstechnologie nach den in der Verordnung (EG) Nr. 1206/2001 des Rates ([1]) vorgesehenen Verfahren organisiert (https://e-justice.europa.eu/content_taking_of_evidence-76-de.do?init=true).

Das Gericht kann jedoch beschließen, dass die zur Verhandlung geladenen Personen persönlich erscheinen müssen. Sie können dem Gericht mitteilen, was Sie bevorzugen, sollten dabei aber Folgendes berücksichtigen: Wenn Sie beantragen, persönlich an der Verhandlung teilzunehmen, gilt für die Erstattung der durch Ihre Anwesenheit entstehenden Kosten Artikel 16 der Verordnung (EG) Nr. 861/2007 zur Einführung eines europäischen Verfahrens für geringfügige Forderungen. Danach spricht das Gericht der obsiegenden Partei keine Erstattung für Kosten zu, die nicht notwendig waren oder in keinem Verhältnis zu der Klage stehen.

9.1. Wünschen Sie eine mündliche Verhandlung?
Ja ☐
Nein ☐
Falls ja, geben Sie bitte die Gründe an (*):
9.2. Falls das Gericht beschließt, eine mündliche Verhandlung anzuberaumen, wollen Sie persönlich teilnehmen?
Ja ☐
Nein ☐
Geben Sie bitte die Gründe an (*):

(*) Fakultativ.
([1]) Verordnung (EG) Nr. 1206/2001 des Rates vom 28. Mai 2001 über die Zusammenarbeit zwischen den Gerichten der Mitgliedstaaten auf dem Gebiet der Beweisaufnahme in Zivil- oder Handelssachen (ABl. L 174 vom 27.6.2001, S. 1).

BagatellVO

10. *Zustellung von Schriftstücken und Kommunikation mit dem Gericht*

Verfahrensschriftstücke wie Ihre Klage, die Erwiderung des Beklagten, eine etwaige Widerklage und das Urteil können den Parteien per Post oder auf elektronischem Wege zugestellt werden, wenn das Gericht über entsprechende technische Mittel verfügt und dies nach dem Verfahrensrecht des Mitgliedstaats, in dem das Verfahren durchgeführt wird, zulässig ist. Falls die Schriftstücke in einem anderen Mitgliedstaat als demjenigen, in dem das Verfahren durchgeführt wird, zugestellt werden sollen, müssen auch die Verfahrensvorschriften des Mitgliedstaats beachtet werden, in dem die Zustellung erfolgt. Auch andere schriftliche Mitteilungen (z. B. der Antrag auf Teilnahme an einer Gerichtsverhandlung) können auf elektronischem Wege übermittelt werden. Elektronische Mittel dürfen jedoch nur genutzt werden, wenn der Empfänger ihrem Einsatz vorher ausdrücklich zugestimmt hat oder wenn er nach den Verfahrensvorschriften des Mitgliedstaats, in dem er seinen Wohnsitz hat, rechtlich verpflichtet ist, die elektronische Zustellung und/oder andere schriftliche Mitteilungen des Gerichts in elektronischer Form zu akzeptieren. Informationen darüber, ob die elektronische Zustellung und/oder elektronische Kommunikationsmittel in den betreffenden Mitgliedstaaten verfügbar und zulässig sind, können Sie über das Europäische Justizportal abrufen unter:

https://e-justice.europa.eu/content_small_claims-354-de.do?init=true.

10.1. Stimmen Sie dem Einsatz elektronischer Kommunikationsmittel für die Zustellung der Erwiderung des Beklagten, einer etwaigen Widerklage und des Urteils zu?

Ja ☐

Nein ☐

10.2. Stimmen Sie dem Einsatz elektronischer Kommunikationsmittel für die Übermittlung anderer schriftlicher Mitteilungen als der unter Nummer 10.1 genannten Schriftstücke zu?

Ja ☐

Nein ☐

---

11. *Bestätigung*

Ein in einem Mitgliedstaat im Rahmen des europäischen Verfahrens für geringfügige Forderungen erlassenes Urteil kann in einem anderen Mitgliedstaat anerkannt und vollstreckt werden. Falls Sie die Absicht haben, die Anerkennung und Vollstreckung in einem anderen Mitgliedstaat als dem des Gerichts zu beantragen, können Sie auf diesem Formblatt das Gericht darum ersuchen, Ihnen nach einer Entscheidung zu Ihren Gunsten eine Bestätigung dieses Urteils auszustellen.

11.1. *Bestätigung*

Ich bitte das Gericht um Ausstellung einer Bestätigung des Urteils.

Ja ☐

Nein ☐

Auf Antrag kann das Gericht Ihnen die Bestätigung unter Verwendung der über das Europäische Justizportal abrufbaren dynamischen Formulare in einer anderen Sprache zur Verfügung stellen. Dies könnte bei einer Vollstreckung des Urteils in einem anderen Mitgliedstaat von Vorteil sein. Beachten Sie bitte, dass das Gericht nicht verpflichtet ist, eine Übersetzung und/oder Transliteration eines in die Freitextfelder der Bestätigung eingetragenen Textes bereitzustellen.

11.2.

Ich bitte das Gericht um Ausstellung einer Bestätigung in einer anderen Sprache als der Verfahrenssprache, nämlich:

BG ☐	ES ☐	CS ☐	DE ☐	ET ☐	EL ☐	EN ☐	FR ☐	HR ☐	IT ☐
LV ☐	LT ☐	HU ☐	MT ☐	NL ☐	PL ☐	PT ☐	RO ☐	SK ☐	SL ☐
FI ☐	SV ☐								

---

12. *Datum und Unterschrift*

Vergessen Sie bitte nicht, auf der letzten Seite des Formblatts Ihren Namen deutlich lesbar einzutragen und die Klage zu unterzeichnen und zu datieren.

41. BagatellVO
Anhang I

12. *Datum und Unterschrift*

Hiermit beantrage ich den Erlass eines Urteils gegen den Beklagten auf der Grundlage meiner Klage.

Ich erkläre, dass ich die vorstehenden Angaben nach bestem Wissen und Gewissen gemacht habe.

Ort:

Datum: ____ . ___ . _____

Name und Unterschrift:

BagatellVO

Anlage zum Klageformblatt (Formblatt A)

Bankverbindung (*) für die Entrichtung der Gerichtsgebühr

Kontoinhaber/Kreditkarteninhaber:

Name der Bank, BIC oder andere Bankkennung/Kreditkartenunternehmen:

Kontonummer oder IBAN/Kreditkartennummer, Verfallsdatum und Kartenprüfnummer der Kreditkarte:

(*) Fakultativ.

(ABl L 182 vom 13. 7. 2017)

41. BagatellVO

Anhang II

Anhang II

EUROPÄISCHES VERFAHREN FÜR GERINGFÜGIGE FORDERUNGEN

FORMBLATT B

AUFFORDERUNG DES GERICHTS ZUR VERVOLLSTÄNDIGUNG UND/ODER BERICHTIGUNG DES KLAGEFORMBLATTS

(Artikel 4 Absatz 4 der Verordnung (EG) Nr. 861/2007 des Europäischen Parlaments und des Rates zur Einführung eines europäischen Verfahrens für geringfügige Forderungen)

Vom Gericht auszufüllen

Aktenzeichen:

Eingang bei Gericht: _____ · _____ · _____

1. *Gericht*

1.1. Name:

1.2. Straße und Hausnummer/Postfach:

1.3. Postleitzahl und Ort:

1.4. Land:

2. *Kläger*

2.1. Nachname, Vorname/Name des Unternehmens oder der Organisation:

2.2. Persönliche Identifikationsnummer oder Passnummer/Registrierungsnummer (*):

2.3. Straße und Hausnummer/Postfach:

2.4. Postleitzahl und Ort:

2.5. Land:

2.6. Telefon (*):

2.7. E-Mail (*):

2.8. Ggf. Vertreter des Klägers und Kontaktdaten (*):

2.9. Sonstige Angaben (*):

3. *Beklagter*

3.1. Nachname, Vorname/Name des Unternehmens oder der Organisation:

3.2. Persönliche Identifikationsnummer oder Passnummer/Registrierungsnummer:

3.3. Straße und Hausnummer/Postfach:

3.4. Postleitzahl und Ort:

3.5. Land:

3.6. Telefon (*):

3.7. E-Mail (*):

3.8. Ggf. Vertreter des Beklagten und Kontaktdaten (*):

3.9. Sonstige Angaben (*):

(*) Fakultativ.

BagatellVO

Das Gericht hat Ihr Klageformblatt geprüft und festgestellt, dass die Angaben unzureichend oder nicht klar genug sind oder das Klageformblatt nicht ordnungsgemäß ausgefüllt ist: Bitte vervollständigen und/oder berichtigen Sie das Formblatt in der nachstehend angegebenen Sprache des Gerichts so schnell wie möglich, spätestens aber bis _____ .

Falls Sie das Formblatt nicht innerhalb der oben genannten Frist vervollständigen und/oder berichtigen, wird das Gericht die Klage unter den in der Verordnung (EG) Nr. 861/2007 festgelegten Voraussetzungen zurück- bzw. abweisen.

Ihr Klageformblatt wurde nicht in der richtigen Sprache ausgefüllt. Bitte füllen Sie es in einer der folgenden Sprachen aus:

Bulgarisch	☐	Tschechisch	☐	Kroatisch	☐
Deutsch	☐	Spanisch	☐	Griechisch	☐
Estnisch	☐	Irisch	☐	Italienisch	☐
Französisch	☐	Litauisch	☐	Ungarisch	☐
Lettisch	☐	Niederländisch	☐	Polnisch	☐
Maltesisch	☐	Rumänisch	☐	Slowakisch	☐
Portugiesisch	☐	Finnisch	☐	Schwedisch	☐
Slowenisch	☐	Englisch	☐	Sonstige (bitte angeben):	

Die folgenden Abschnitte des Klageformblatts sind wie folgt zu vervollständigen und/oder zu berichtigen:

—

—

—

—

Ort:

Datum: ____ . ___ . _____

Unterschrift und/oder Stempel:

(ABl L 182 vom 13. 7. 2017)

41. BagatellVO

Anhang III

EUROPÄISCHES VERFAHREN FÜR GERINGFÜGIGE FORDERUNGEN

FORMBLATT C

ANTWORTFORMBLATT

(Artikel 5 Absätze 2 und 3 der Verordnung (EG) Nr. 861/2007 des Europäischen Parlaments und des Rates zur Einführung eines europäischen Verfahrens für geringfügige Forderungen)

WICHTIGE INFORMATIONEN UND ANLEITUNG FÜR DEN BEKLAGTEN

Gegen Sie wurde nach dem europäischen Verfahren für geringfügige Forderungen die auf dem beigefügten Klageformblatt eingereichte Klage erhoben.

Sie können darauf erwidern, indem Sie innerhalb von 30 Tagen, nachdem Ihnen das Klageformblatt und das Antwortformblatt zugestellt wurden, Teil II dieses Formblatts ausfüllen und an das Gericht zurücksenden oder in anderer geeigneter Form antworten.

Beachten Sie bitte, dass das Gericht ein Urteil erlassen wird, wenn Sie nicht innerhalb von 30 Tagen antworten.

Vergessen Sie bitte nicht, auf der letzten Seite des Formblatts Ihren Namen deutlich lesbar einzutragen und das Antwortformblatt zu unterzeichnen und zu datieren.

Lesen Sie bitte auch die Anleitungen im Klageformblatt; sie könnten Ihnen die Ausarbeitung Ihrer Erwiderung erleichtern.

Hilfestellung beim Ausfüllen des Formblatts: Sie können Hilfestellung beim Ausfüllen dieses Formblatts erhalten. Wie Sie diese Hilfe in Anspruch nehmen können, ist den von den Mitgliedstaaten bereitgestellten und auf der Website des Europäischen Gerichtsatlas für Zivilsachen veröffentlichten Informationen zu entnehmen, die über das Europäische Justizportal unter https://e-justice.europa.eu/content_small_claims-354-de.do?init=true abrufbar sind. Beachten Sie bitte, dass diese Hilfestellung weder Prozesskostenhilfe — für die ein entsprechender Antrag nach nationalem Recht gestellt werden muss — noch eine rechtliche Prüfung Ihres Falles umfasst.

Sprache: Erwidern Sie auf die Klage bitte in der Sprache des Gerichts, das Ihnen dieses Formblatt übermittelt hat.

Das Formblatt ist über das Europäische Justizportal unter https://e-justice.europa.eu/dynform_intro_form_action.do?id Taxonomy=177&plang=de&init=true&refresh=1 in allen Amtssprachen der Organe der Europäischen Union erhältlich. Dies könnte Ihnen das Ausfüllen des Formblatts in der verlangten Sprache erleichtern.

Mündliche Verhandlung: Beachten Sie bitte, dass das europäische Verfahren für geringfügige Forderungen ein schriftliches Verfahren ist. Das Gericht kann jedoch beschließen, eine mündliche Verhandlung anzuberaumen, wenn eine Entscheidung auf der Grundlage der schriftlichen Beweismittel seines Erachtens nicht möglich ist. Sie können auf diesem Formblatt oder zu einem späteren Zeitpunkt eine mündliche Verhandlung beantragen. Das Gericht kann Ihren Antrag ablehnen, wenn es der Auffassung ist, dass unter Berücksichtigung der Umstände des Falles ein faires Verfahren auch ohne mündliche Verhandlung sichergestellt werden kann. Die mündliche Verhandlung sollte mit geeigneten Fernkommunikationsmitteln wie Video- oder Telekonferenz durchgeführt werden, sofern das Gericht über diese Mittel verfügt. Falls die zu hörende Person ihren Wohnsitz in einem anderen Mitgliedstaat als dem des angerufenen Gerichts hat, wird eine Verhandlung per Fernkommunikationstechnologie nach den in der Verordnung (EG) Nr. 1206/2001 vorgesehenen Verfahren organisiert (https://e-justice.europa.eu/content_taking_of_evidence-76-de.do?init=true).

Das Gericht kann jedoch beschließen, dass die zur Verhandlung geladenen Personen persönlich erscheinen müssen. Sie können dem Gericht mitteilen, was Sie bevorzugen, sollten dabei aber Folgendes berücksichtigen: Wenn Sie beantragen, persönlich an der Verhandlung teilzunehmen, gilt für die Erstattung der durch Ihre Anwesenheit entstehenden Kosten Artikel 16 der Verordnung (EG) Nr. 861/2007 zur Einführung eines europäischen Verfahrens für geringfügige Forderungen. Danach spricht das Gericht der obsiegenden Partei keine Erstattung für Kosten zu, die nicht notwendig waren oder in keinem Verhältnis zu der Klage stehen.

Beweisunterlagen: Sie können mögliche Beweismittel angeben und gegebenenfalls Beweisunterlagen beifügen.

Widerklage: Falls Sie Klage gegen den Kläger erheben wollen (Widerklage), sollten Sie ein getrenntes Formblatt A ausfüllen und beifügen, das Sie im Internet über das Europäische Justizportal unter https://e-justice.europa.eu/dynform_intro_form_action.do?idTaxonomy=177&plang=de&init=true&refresh=1 abrufen oder bei dem Gericht erhalten können, das Ihnen dieses Formblatt übermittelt hat. Beachten Sie bitte, dass Sie für die Zwecke der Widerklage als Kläger angesehen werden.

Berichtigung der Sie betreffenden Angaben: Unter Nummer 6 „Sonstige Angaben" können Sie die Sie betreffenden Angaben (z. B. Kontaktdaten, Vertreter usw.) berichtigen oder ergänzen.

BagatellVO

Zustellung von Schriftstücken und Kommunikation mit dem Gericht: Verfahrensschriftstücke wie Ihre Erwiderung und das Urteil können den Parteien per Post oder auf elektronischem Wege zugestellt werden, wenn das Gericht über entsprechende technische Mittel verfügt und dies nach dem Verfahrensrecht des Mitgliedstaats, in dem das Verfahren durchgeführt wird, zulässig ist. Falls die Schriftstücke in einem anderen Mitgliedstaat als demjenigen, in dem das Verfahren durchgeführt wird, zugestellt werden sollen, müssen auch die Verfahrensvorschriften des Mitgliedstaats beachtet werden, in dem die Zustellung erfolgen soll. Auch andere schriftliche Mitteilungen (z. B. der Antrag auf Teilnahme an einer Gerichtsverhandlung) können auf elektronischem Wege übermittelt werden. Elektronische Mittel dürfen jedoch nur genutzt werden, wenn der Empfänger ihrem Einsatz vorher ausdrücklich zugestimmt hat oder wenn er nach den Verfahrensvorschriften des Mitgliedstaats, in dem er seinen Wohnsitz hat, rechtlich verpflichtet ist, die elektronische Zustellung und/oder andere schriftliche Mitteilungen des Gerichts in elektronischer Form zu akzeptieren. Informationen darüber, ob die elektronische Zustellung und/oder elektronische Kommunikationsmittel in den betreffenden Mitgliedstaaten verfügbar und zulässig sind, können Sie über das Europäische Justizportal abrufen unter:

https://e-justice.europa.eu/content_small_claims-354-de.do?init=true.

Zusatzblätter: Falls der Platz nicht ausreicht, können Sie weitere Blätter hinzufügen.

Teil I (vom Gericht auszufüllen)

Name des Klägers:

Name des Beklagten:

Gericht:

Klage:

Aktenzeichen:

Teil II (vom Beklagten auszufüllen)

1. Erkennen Sie die Forderung an?

   Ja   ☐

   Nein   ☐

   Teilweise   ☐

Wenn Sie „Nein" oder „Teilweise" geantwortet haben, geben Sie bitte die Gründe an:

Die Klage fällt nicht in den Anwendungsbereich des europäischen Verfahrens für geringfügige Forderungen. ☐

Bitte unten ausführen.

Sonstige   ☐

Bitte unten ausführen.

2. Falls Sie die Forderung nicht anerkennen, beschreiben Sie bitte die Beweismittel, die Sie vorlegen möchten, um sie zu bestreiten. Geben Sie bitte an, welche Aspekte Ihrer Erwiderung die Beweismittel belegen. Fügen Sie bitte gegebenenfalls als Beweismittel geeignete Unterlagen bei.

   Schriftliche Beweismittel   ☐   bitte unten angeben

   Zeugen   ☐   bitte unten angeben

   Sonstige   ☐   bitte unten angeben

41. BagatellVO

Anhang III

3. Wünschen Sie eine mündliche Verhandlung?

    Ja ☐

    Nein ☐

    Falls ja, geben Sie bitte die Gründe an (*):

4. Falls das Gericht beschließt, eine mündliche Verhandlung anzuberaumen, wollen Sie persönlich teilnehmen?

    Ja ☐

    Nein ☐

    Geben Sie bitte die Gründe an (*):

5. Fordern Sie die Erstattung der Verfahrenskosten?

    Ja ☐

    Nein ☐

    Falls ja, machen Sie bitte genaue Angaben zur Art der Kosten und — sofern möglich — zur Höhe der Forderung bzw. der bisher entstandenen Kosten:

6. Wollen Sie Widerklage erheben?

    Ja ☐

    Nein ☐

    Falls ja, füllen Sie bitte ein getrenntes Formblatt A aus und fügen Sie es bei.

7.1. Stimmen Sie dem Einsatz elektronischer Mittel für die Zustellung des Urteils zu?

    Ja ☐

    Nein ☐

7.2. Stimmen Sie dem Einsatz elektronischer Mittel für die Übermittlung anderer schriftlicher Mitteilungen als des Urteils zu?

    Ja ☐

    Nein ☐

8. Sonstige Angaben (*):

9. Datum und Unterschrift

    Ich erkläre, dass ich die vorstehenden Angaben nach bestem Wissen und Gewissen gemacht habe.

    Ort:

    Datum: ___ . ___ . _____

    Name und Unterschrift:

BagatellVO

_____
(*) Fakultativ.

(ABl L 182 vom 13. 7. 2017)

EUROPÄISCHES VERFAHREN FÜR GERINGFÜGIGE FORDERUNGEN

FORMBLATT D

BESTÄTIGUNG EINES URTEILS ODER EINES GERICHTLICHEN VERGLEICHS NACH DEM EUROPÄISCHEN VERFAHREN FÜR GERINGFÜGIGE FORDERUNGEN

(Artikel 20 Absatz 2 und Artikel 23a der Verordnung (EG) Nr. 861/2007 des Europäischen Parlaments und des Rates zur Einführung eines europäischen Verfahrens für geringfügige Forderungen)

Vom Gericht auszufüllen

1.	*Gericht*
1.1.	Name:
1.2.	Straße und Hausnummer/Postfach:
1.3.	Postleitzahl und Ort:
1.4.	Land:
2.	*Kläger*
2.1.	Nachname, Vorname/Name des Unternehmens oder der Organisation:
2.2.	Persönliche Identifikationsnummer oder Passnummer/Registrierungsnummer (*):
2.3.	Straße und Hausnummer/Postfach:
2.4.	Postleitzahl und Ort:
2.5.	Land:
2.6.	Telefon (*):
2.7.	E-Mail (*):
2.8.	Ggf. Vertreter des Klägers und Kontaktdaten (*):
2.9.	Sonstige Angaben (*):
3.	*Beklagter*
3.1.	Nachname, Vorname/Name des Unternehmens oder der Organisation:
3.2.	Persönliche Identifikationsnummer oder Passnummer/Registrierungsnummer (*):
3.3.	Straße und Hausnummer/Postfach:
3.4.	Postleitzahl und Ort:
3.5.	Land:
3.6.	Telefon (*):
3.7.	E-Mail (*):
3.8.	Ggf. Vertreter des Beklagten und Kontaktdaten (*):
3.9.	Sonstige Angaben (*):

_____

(*) Fakultativ.

41. BagatellVO

Anhang IV

---

4. *Urteil*

4.1. Datum:

4.2. Aktenzeichen:

4.3. Inhalt des Urteils:

4.3.1. Das Gericht hat _____ verurteilt, an _____ zu zahlen:

    1)   Hauptforderung:

    2)   Zinsen:

    3)   Kosten:

4.3.2. Das Gericht hat _____ verurteilt, _____ .

    (Falls das Urteil von einem Rechtsmittelgericht oder in einem Verfahren zur Überprüfung eines Urteils erlassen wurde:)

    Dieses Urteil tritt an die Stelle des am _____ . _____ . _____ unter dem Aktenzeichen ergangenen Urteils und gegebenenfalls der dazu ausgestellten Bestätigung.

    DIESES URTEIL WIRD IN EINEM ANDEREN MITGLIEDSTAAT ANERKANNT UND VOLLSTRECKT, OHNE DASS ES FÜR VOLLSTRECKBAR ERKLÄRT WERDEN MUSS UND OHNE DASS SEINE ANERKENNUNG ANGEFOCHTEN WERDEN KANN.

5. *Gerichtlicher Vergleich*

5.1. Datum:

5.2. Aktenzeichen:

5.3. Inhalt des Vergleichs:

5.3.1. Die Parteien haben vereinbart, dass _____ an _____ zahlt:

    1)   Hauptforderung:

    2)   Zinsen:

    3)   Kosten:

5.3.2. Die Parteien haben vereinbart, dass _____ :

Ort:

Datum: _____ . _____ . _____

Unterschrift und/oder Stempel:

BagatellVO

_____
(*) Fakultativ."

(ABl L 182 vom 13. 7. 2017)

Austrittsabk UK

Abkommen über den Austritt des Vereinigten Königreichs Großbritannien und Nordirland aus der Europäischen Union und der Europäischen Atomgemeinschaft

(ABl. L 029 vom 31.1.2020, S. 7, ab 1.1.2021)

Artikel 67

(3) Im Vereinigten Königreich sowie in den Mitgliedstaaten finden in Fällen, die einen Bezug zum Vereinigten Königreich aufweisen, die nachstehenden Bestimmungen wie folgt Anwendung:

e) die Verordnung (EG) Nr. 861/2007 des Europäischen Parlaments und des Rates[*] findet Anwendung auf Verfahren für geringfügige Forderungen, die vor dem Ablauf der Übergangszeit eingeleitet wurden;

Der Übergangszeitraum endete am 31.12.2020 (Art 126 des Austrittsabkommens)

Zu Artikel 67:

[*] *Verordnung (EG) Nr. 861/2007 des Europäischen Parlaments und des Rates vom 11. Juli 2007 zur Einführung eines europäischen Verfahrens für geringfügige Forderungen (ABl. L 199 vom 31.7.2007, S. 1).*

42/1. EuUVO

Verordnung (EG) Nr. 4/2009 des Rates vom 18. Dezember 2008 über die Zuständigkeit, das anwendbare Recht, die Anerkennung und Vollstreckung von Entscheidungen und die Zusammenarbeit in Unterhaltssachen

ABl L 7 vom 10. 1. 2009, S 1 idF

1 ABl L 131 vom 18. 5. 2011, S 26 (Berichtigung)	4 ABl L 158 vom 10. 6. 2013, S 1
2 ABl L 293 vom 11. 11. 2011, S 24	5 ABl L 281 vom 23. 10. 2013, S 29 (Berichtigung)
3 ABl L 8 vom 12. 1. 2013, S 19 (Berichtigung)	6 ABl L 49 vom 20. 2. 2015, S 1
	7 ABl L 314 vom 11. 12. 2018, S 36

Das Vereinigte Königreich nimmt an der EuUVO teil, siehe hiezu und zu Dänemark Andrae in Rauscher, EuZPR/EuIPR (2010) Art 1 EG-UntVO Rn 49-50, s auch ABl. L 149, 73 und 80 v 12.6.2009 sowie den Europäischer Gerichtsatlas für Zivilsachen im Europäischen Justizportal ab 18. 6. 2011 (Art 76)

*Für das **Vereinigte Königreich** s ab 1.1.2021 die Übergangsbestimmungen des Austrittsabkommens (abgedruckt am Ende nach Anhang VII).*

DER RAT DER EUROPÄISCHEN UNION –

gestützt auf den Vertrag zur Gründung der Europäischen Gemeinschaft, insbesondere auf Artikel 61 Buchstabe c und Artikel 67 Absatz 2,

auf Vorschlag der Kommission,

nach Stellungnahme des Europäischen Parlaments[1],

nach Stellungnahme des Europäischen Wirtschafts- und Sozialausschusses[2],

in Erwägung nachstehender Gründe:

(1) Die Gemeinschaft hat sich zum Ziel gesetzt, einen Raum der Freiheit, der Sicherheit und des Rechts, in dem der freie Personenverkehr gewährleistet ist, zu erhalten und weiterzuentwickeln. Zur schrittweisen Schaffung eines solchen Raums erlässt die Gemeinschaft unter anderem Maßnahmen im Bereich der justiziellen Zusammenarbeit in Zivilsachen mit grenzüberschreitenden Bezügen, soweit dies für das reibungslose Funktionieren des Binnenmarkts erforderlich ist.

(2) Nach Artikel 65 Buchstabe b des Vertrags betreffen solche Maßnahmen unter anderem die Förderung der Vereinbarkeit der in den Mitgliedstaaten geltenden Kollisionsnormen und der Vorschriften zur Vermeidung von Kompetenzkonflikten.

(3) Die Gemeinschaft hat hierzu unter anderem bereits folgende Maßnahmen erlassen: die Verordnung (EG) Nr. 44/2001 des Rates vom 22. Dezember 2000 über die gerichtliche Zuständigkeit und die Anerkennung und Vollstreckung von Entscheidungen in Zivil- und Handelssachen[3], die Entscheidung 2001/470/EG des Rates vom 28. Mai 2001 über die Einrichtung eines Europäischen Justiziellen Netzes für Zivil- und Handelssachen[4], die Verordnung (EG) Nr. 1206/2001 des Rates vom 28. Mai 2001 über die Zusammenarbeit zwischen den Gerichten der Mitgliedstaaten auf dem Gebiet der Beweisaufnahme in Zivil- oder Handelssachen[5], die Richtlinie 2003/8/EG des Rates vom 27. Januar 2003 zur Verbesserung des Zugangs zum Recht bei Streitsachen mit grenzüberschreitendem Bezug durch Festlegung gemeinsamer Mindestvorschriften für die Prozesskostenhilfe in derartigen Streitsachen[6], die Verordnung (EG) Nr. 2201/2003 des Rates vom 27. November 2003 über die Zuständigkeit und die Anerkennung und Vollstreckung von Entscheidungen in Ehesachen und in Verfahren betreffend die elterliche

EuUVO EuErbVO

Zur Präambel:

[1] *Stellungnahme des Europäischen Parlaments vom 13. Dezember 2007 (ABl C 323E vom 18. 12. 2008, S. 470-485) und Stellungnahme des Europäischen Parlaments vom 4. Dezember 2008 infolge erneuter Anhörung (ABl C 21E vom 28. 1. 2010, S. 21).*

[2] *Stellungnahme des Europäischen Wirtschafts- und Sozialausschusses nach nicht obligatorischer Anhörung (ABl. C 185 vom 8.8.2006, S. 35).*

Zu Abs. 3:

[3] *ABl. L 12 vom 16.1.2001, S. 1.*

[4] *ABl. L 174 vom 27.6.2001, S. 25.*

[5] *ABl. L 174 vom 27.6.2001, S. 1.*

[6] *ABl. L 26 vom 31.1.2003, S. 41.*

Verantwortung[7], die Verordnung (EG) Nr. 805/2004 des Europäischen Parlaments und des Rates vom 21. April 2004 zur Einführung eines europäischen Vollstreckungstitels für unbestrittene Forderungen[8] sowie die Verordnung (EG) Nr. 1393/2007 des Europäischen Parlaments und des Rates vom 13. November 2007 über die Zustellung gerichtlicher und außergerichtlicher Schriftstücke in Zivil- oder Handelssachen in den Mitgliedstaaten (Zustellung von Schriftstücken)[9].

(4) Der Europäische Rat hat auf seiner Tagung vom 15. und 16. Oktober 1999 in Tampere den Rat und die Kommission aufgefordert, besondere gemeinsame Verfahrensregeln für die Vereinfachung und Beschleunigung der Beilegung grenzüberschreitender Rechtsstreitigkeiten unter anderem bei Unterhaltsansprüchen festzulegen. Er hat ferner die Abschaffung der Zwischenmaßnahmen gefordert, die notwendig sind, um die Anerkennung und Vollstreckung einer in einem anderen Mitgliedstaat ergangenen Entscheidung, insbesondere einer Entscheidung über einen Unterhaltsanspruch, im ersuchten Staat zu ermöglichen.

(5) Am 30. November 2000 wurde ein gemeinsames Maßnahmenprogramm der Kommission und des Rates zur Umsetzung des Grundsatzes der gegenseitigen Anerkennung gerichtlicher Entscheidungen in Zivil- und Handelssachen[10] verabschiedet. Dieses Programm sieht die Abschaffung des Exequaturverfahrens bei Unterhaltsansprüchen vor, um die Wirksamkeit der Mittel, die den Anspruchsberechtigten zur Durchsetzung ihrer Ansprüche zur Verfügung stehen, zu erhöhen.

(6) Am 4. und 5. November 2004 hat der Europäische Rat auf seiner Tagung in Brüssel ein neues Programm mit dem Titel „Haager Programm zur Stärkung von Freiheit, Sicherheit und Recht in der Europäischen Union" (nachstehend das „Haager Programm" genannt)[11] angenommen.

(7) Der Rat hat auf seiner Tagung vom 2. und 3. Juni 2005 einen Aktionsplan des Rates und der Kommission[12] angenommen, mit dem das Haager Programm in konkrete Maßnahmen umgesetzt

wird und in dem die Annahme von Vorschlägen zur Unterhaltspflicht als notwendig erachtet wird.

(8) Im Rahmen der Haager Konferenz für Internationales Privatrecht haben die Gemeinschaft und ihre Mitgliedstaaten an Verhandlungen teilgenommen, die am 23. November 2007 mit der Annahme des Übereinkommens über die internationale Geltendmachung der Unterhaltsansprüche von Kindern und anderen Familienangehörigen (nachstehend das „Haager Übereinkommen von 2007" genannt) und des Protokolls über das auf Unterhaltspflichten anzuwendende Recht (nachstehend das „Haager Protokoll von 2007" genannt) abgeschlossen wurden. Daher ist diesen beiden Instrumenten im Rahmen der vorliegenden Verordnung Rechnung zu tragen.

(9) Es sollte einem Unterhaltsberechtigten ohne Umstände möglich sein, in einem Mitgliedstaat eine Entscheidung zu erwirken, die automatisch in einem anderen Mitgliedstaat ohne weitere Formalitäten vollstreckbar ist.

(10) Um dieses Ziel zu erreichen, sollte ein gemeinschaftliches Rechtsinstrument betreffend Unterhaltssachen geschaffen werden, in dem die Bestimmungen über Kompetenzkonflikte, Kollisionsnormen, die Anerkennung, Vollstreckbarkeit und die Vollstreckung von Entscheidungen sowie über Prozesskostenhilfe und die Zusammenarbeit zwischen den Zentralen Behörden zusammengeführt werden.

(11) Der Anwendungsbereich dieser Verordnung sollte sich auf sämtliche Unterhaltspflichten erstrecken, die auf einem Familien-, Verwandtschafts-, oder eherechtlichen Verhältnis oder auf Schwägerschaft beruhen; hierdurch soll die Gleichbehandlung aller Unterhaltsberechtigten gewährleistet werden. Für die Zwecke dieser Verordnung sollte der Begriff „Unterhaltspflicht" autonom ausgelegt werden.

(12) Um den verschiedenen Verfahrensweisen zur Regelung von Unterhaltsfragen in den Mitgliedstaaten Rechnung zu tragen, sollte diese Verordnung sowohl für gerichtliche Entscheidungen als auch für von Verwaltungsbehörden ergangene Entscheidungen gelten, sofern jene Behörden Garantien insbesondere hinsichtlich ihrer Unparteilichkeit und des Anspruchs der Parteien auf rechtliches Gehör bieten. Diese Behörden sollten daher sämtliche Vorschriften dieser Verordnung anwenden.

(13) Aus den genannten Gründen sollte in dieser Verordnung auch die Anerkennung und Vollstreckung gerichtlicher Vergleiche und öffentlicher Urkunden sichergestellt werden, ohne dass

---

[7] *ABl. L 338 vom 23.12.2003, S. 1.*
[8] *ABl. L 143 vom 30.4.2004, S. 15.*
[9] *ABl. L 324 vom 10.12.2007, S. 79.*
Zu Abs. 5:
[10] *ABl. C 12 vom 15.1.2001, S. 1.*
Zu Abs. 6:
[11] *ABl. C 53 vom 3.3.2005, S. 1.*
Zu Abs. 7:
[12] *ABl. C 198 vom 12.8.2005, S. 1.*

dies das Recht einer der Parteien eines solchen Vergleichs oder einer solchen Urkunde berührt, solche Instrumente vor einem Gericht des Ursprungsmitgliedstaats anzufechten.

(14) In dieser Verordnung sollte vorgesehen werden, dass der Begriff „berechtigte Person" für die Zwecke eines Antrags auf Anerkennung und Vollstreckung einer Unterhaltsentscheidung auch öffentliche Aufgaben wahrnehmende Einrichtungen umfasst, die das Recht haben, für eine unterhaltsberechtigte Person zu handeln oder die Erstattung von Leistungen zu fordern, die der berechtigten Person anstelle von Unterhalt erbracht wurden. Handelt eine öffentliche Aufgaben wahrnehmende Einrichtung in dieser Eigenschaft, so sollte sie Anspruch auf die gleichen Dienste und die gleiche Prozesskostenhilfe wie eine berechtigte Person haben.

(15) Um die Interessen der Unterhaltsberechtigten zu wahren und eine ordnungsgemäße Rechtspflege innerhalb der Europäischen Union zu fördern, sollten die Vorschriften über die Zuständigkeit, die sich aus der Verordnung (EG) Nr. 44/2001 ergeben, angepasst werden. So sollte der Umstand, dass ein Antragsgegner seinen gewöhnlichen Aufenthalt in einem Drittstaat hat, nicht mehr die Anwendung der gemeinschaftlichen Vorschriften über die Zuständigkeit ausschließen, und auch eine Rückverweisung auf die innerstaatlichen Vorschriften über die Zuständigkeit sollte nicht mehr möglich sein. Daher sollte in dieser Verordnung festgelegt werden, in welchen Fällen ein Gericht eines Mitgliedstaats eine subsidiäre Zuständigkeit ausüben kann.

(16) Um insbesondere Fällen von Rechtsverweigerung begegnen zu können, sollte in dieser Verordnung auch eine Notzuständigkeit (*forum necessitatis*) vorgesehen werden, wonach ein Gericht eines Mitgliedstaats in Ausnahmefällen über einen Rechtsstreit entscheiden kann, der einen engen Bezug zu einem Drittstaat aufweist. Ein solcher Ausnahmefall könnte gegeben sein, wenn ein Verfahren sich in dem betreffenden Drittstaat als unmöglich erweist, beispielsweise aufgrund eines Bürgerkriegs, oder wenn vom Kläger vernünftigerweise nicht erwartet werden kann, dass er ein Verfahren in diesem Staat einleitet oder führt. Die Notzuständigkeit kann jedoch nur ausgeübt werden, wenn der Rechtsstreit einen ausreichenden Bezug zu dem Mitgliedstaat des angerufenen Gerichts aufweist, wie beispielsweise die Staatsangehörigkeit einer der Parteien.

(17) In einer zusätzlichen Zuständigkeitsvorschrift sollte vorgesehen werden, dass – außer unter besonderen Umständen – ein Verfahren zur Änderung einer bestehenden Unterhaltsentschei-

dung oder zur Herbeiführung einer neuen Entscheidung von der verpflichteten Person nur in dem Staat eingeleitet werden kann, in dem die berechtigte Person zu dem Zeitpunkt, zu dem die Entscheidung ergangen ist, ihren gewöhnlichen Aufenthalt hatte und in dem sie weiterhin ihren gewöhnlichen Aufenthalt hat. Um eine gute Verknüpfung zwischen dem Haager Übereinkommen von 2007 und dieser Verordnung zu gewährleisten, sollte diese Bestimmung auch für Entscheidungen eines Drittstaats, der Vertragspartei jenes Übereinkommens ist, gelten, sofern das Übereinkommen zwischen dem betreffenden Staat und der Gemeinschaft in Kraft ist, und in dem betreffenden Staat und in der Gemeinschaft die gleichen Unterhaltspflichten abdeckt.

(18) Für die Zwecke der Anwendung dieser Verordnung sollte vorgesehen werden, dass der Begriff „Staatsangehörigkeit" in Irland durch den Begriff „Wohnsitz" ersetzt wird; gleiches gilt für das Vereinigte Königreich, sofern diese Verordnung in diesem Mitgliedstaat nach Artikel 4 des Protokolls über die Position des Vereinigten Königreichs und Irlands, das dem Vertrag über die Europäische Union und dem Vertrag zur Gründung der Europäischen Gemeinschaft beigefügt ist, anwendbar ist.

(19) Im Hinblick auf eine größere Rechtssicherheit, Vorhersehbarkeit und Eigenständigkeit der Vertragsparteien sollte diese Verordnung es den Parteien ermöglichen, den Gerichtsstand anhand bestimmter Anknüpfungspunkte einvernehmlich zu bestimmen. Um den Schutz der schwächeren Partei zu gewährleisten, sollte eine solche Wahl des Gerichtsstands bei Unterhaltspflichten gegenüber einem Kind, das das 18. Lebensjahr noch nicht vollendet hat, ausgeschlossen sein.

(20) In dieser Verordnung sollte vorgesehen werden, dass für die Mitgliedstaaten, die durch das Haager Protokoll von 2007 gebunden sind, die in jenem Protokoll enthaltenen Bestimmungen über Kollisionsnormen gelten. Hierzu sollte eine Bestimmung aufgenommen werden, die auf das genannte Protokoll verweist. Die Gemeinschaft wird das Haager Protokoll von 2007 rechtzeitig abschließen, um die Anwendung dieser Verordnung zu ermöglichen. Um der Möglichkeit Rechnung zu tragen, dass das Haager Protokoll von 2007 nicht für alle Mitgliedstaaten gilt, sollte hinsichtlich der Anerkennung, der Vollstreckbarkeit und der Vollstreckung von Entscheidungen zwischen den Mitgliedstaaten, die durch das Haager Protokoll von 2007 gebunden sind und jenen, die es nicht sind, unterschieden werden.

(21) Es sollte im Rahmen dieser Verordnung präzisiert werden, dass diese Kollisionsnormen

nur das auf die Unterhaltspflichten anzuwendende Recht bestimmen; sie bestimmen nicht, nach welchem Recht festgestellt wird, ob ein Familienverhältnis besteht, das Unterhaltspflichten begründet. Die Feststellung eines Familienverhältnisses unterliegt weiterhin dem einzelstaatlichen Recht der Mitgliedstaaten, einschließlich ihrer Vorschriften des internationalen Privatrechts.

(22) Um die rasche und wirksame Durchsetzung einer Unterhaltsforderung zu gewährleisten und missbräuchlichen Rechtsmitteln vorzubeugen, sollten in einem Mitgliedstaat ergangene Unterhaltsentscheidungen grundsätzlich vorläufig vollstreckbar sein. Daher sollte in dieser Verordnung vorgesehen werden, dass das Ursprungsgericht die Entscheidung für vorläufig vollstreckbar erklären können sollte, und zwar auch dann, wenn das einzelstaatliche Recht die Vollstreckbarkeit von Rechts wegen nicht vorsieht und auch wenn nach einzelstaatlichem Recht ein Rechtsbehelf gegen die Entscheidung eingelegt wurde oder noch eingelegt werden könnte.

(23) Um die mit den Verfahren gemäß dieser Verordnung verbundenen Kosten zu begrenzen, wäre es zweckdienlich, so umfassend wie möglich auf die modernen Kommunikationstechnologien zurückzugreifen, insbesondere bei der Anhörung der Parteien.

(24) Die durch die Anwendung der Kollisionsnormen gebotenen Garantien sollten es rechtfertigen, dass Entscheidungen in Unterhaltssachen, die in einem durch das Haager Protokoll von 2007 gebundenen Mitgliedstaat ergangen sind, ohne weiteres Verfahren und ohne jegliche inhaltliche Prüfung im Vollstreckungsmitgliedstaat in den anderen Mitgliedstaaten anerkannt werden und vollstreckbar sind.

(25) Alleiniger Zweck der Anerkennung einer Unterhaltsentscheidung in einem Mitgliedstaat ist es, die Durchsetzung der in der Entscheidung festgelegten Unterhaltsforderung zu ermöglichen. Sie bewirkt nicht, dass dieser Mitgliedstaat das Familien-, Verwandtschafts-, eherechtliche oder auf Schwägerschaft beruhende Verhältnis anerkennt, auf der die Unterhaltspflichten, die Anlass zu der Entscheidung gegeben haben, gründen.

(26) Für Entscheidungen, die in einem nicht durch das Haager Protokoll von 2007 gebundenen Mitgliedstaat ergangen sind, sollte in dieser Verordnung ein Verfahren zur Anerkennung und Vollstreckbarerklärung vorgesehen werden. Dieses Verfahren sollte sich an das Verfahren und die Gründe für die Verweigerung der Anerkennung anlehnen, die in der Verordnung (EG) Nr. 44/2001 vorgesehen sind. Zur Beschleunigung des Verfahrens und damit die berechtigte Person ihre Forderung rasch durchsetzen kann, sollte vorgesehen werden, dass die Entscheidung des angerufenen Gerichts außer unter außergewöhnlichen Umständen innerhalb bestimmter Fristen ergehen muss.

(27) Ferner sollten die Formalitäten für die Vollstreckung, die Kosten zulasten des Unterhaltsberechtigten verursachen, so weit wie möglich reduziert werden. Hierzu sollte in dieser Verordnung vorgesehen werden, dass der Unterhaltsberechtigte nicht verpflichtet ist, über eine Postanschrift oder einen bevollmächtigten Vertreter im Vollstreckungsmitgliedstaat zu verfügen, ohne damit im Übrigen die interne Organisation der Mitgliedstaaten im Bereich der Vollstreckungsverfahren zu beeinträchtigen.

(28) Zur Begrenzung der mit den Vollstreckungsverfahren verbundenen Kosten sollte keine Übersetzung verlangt werden, außer wenn die Vollstreckung angefochten wird, und unbeschadet der Vorschriften für die Zustellung der Schriftstücke.

(29) Um die Achtung der Grundsätze eines fairen Verfahrens zu gewährleisten, sollte in dieser Verordnung vorgesehen werden, dass ein Antragsgegner, der nicht vor dem Ursprungsgericht eines durch das Haager Protokoll von 2007 gebundenen Mitgliedstaats erschienen ist, in der Phase der Vollstreckung der gegen ihn ergangenen Entscheidung die erneute Prüfung dieser Entscheidung beantragen kann. Der Antragsgegner sollte diese erneute Prüfung allerdings innerhalb einer bestimmten Frist beantragen, die spätestens ab dem Tag laufen sollte, an dem in der Phase des Vollstreckungsverfahrens seine Vermögensgegenstände zum ersten Mal ganz oder teilweise seiner Verfügung entzogen wurden. Dieses Recht auf erneute Prüfung sollte ein außerordentliches Rechtsbehelf darstellen, das dem Antragsgegner, der sich in dem Verfahren nicht eingelassen hat, gewährt wird, und das nicht die Anwendung anderer außerordentlicher Rechtsbehelfe berührt, die nach dem Recht des Ursprungsmitgliedstaats bestehen, sofern diese Rechtsbehelfe nicht mit dem Recht auf erneute Prüfung nach dieser Verordnung unvereinbar sind.

(30) Um die Vollstreckung einer Entscheidung eines durch das Haager Protokoll von 2007 gebundenen Mitgliedstaats in einem anderen Mitgliedstaat zu beschleunigen, sollten die Gründe für eine Verweigerung oder Aussetzung der Vollstreckung, die die verpflichtete Person aufgrund des grenzüberschreitenden Charakters der Unterhaltspflicht geltend machen könnte, begrenzt werden. Diese Begrenzung sollte nicht die nach einzelstaat-

lichem Recht vorgesehenen Gründe für die Verweigerung oder Aussetzung beeinträchtigen, die mit den in dieser Verordnung angeführten Gründen nicht unvereinbar sind, wie beispielsweise die Begleichung der Forderung durch die verpflichtete Person zum Zeitpunkt der Vollstreckung oder die Unpfändbarkeit bestimmter Güter.

(31) Um die grenzüberschreitende Durchsetzung von Unterhaltsforderungen zu erleichtern, sollte ein System der Zusammenarbeit zwischen den von den Mitgliedstaaten benannten Zentralen Behörden eingerichtet werden. Diese Behörden sollten die berechtigten und die verpflichteten Personen darin unterstützen, ihre Rechte in einem anderen Mitgliedstaat geltend zu machen, indem sie die Anerkennung, Vollstreckbarerklärung und Vollstreckung bestehender Entscheidungen, die Änderung solcher Entscheidungen oder die Herbeiführung einer Entscheidung beantragen. Sie sollten ferner erforderlichenfalls Informationen austauschen, um die verpflichteten und die berechtigten Personen ausfindig zu machen und soweit erforderlich deren Einkünfte und Vermögen festzustellen. Sie sollten schließlich zusammenarbeiten und allgemeine Informationen auszutauschen sowie die Zusammenarbeit zwischen den zuständigen Behörden ihres Mitgliedstaats fördern.

(32) Eine nach dieser Verordnung benannte Zentrale Behörde sollte ihre eigenen Kosten tragen, abgesehen von speziell festgelegten Ausnahmen, und jeden Antragsteller unterstützen, der seinen Aufenthalt in ihrem Mitgliedstaat hat. Das Kriterium für das Recht einer Person auf Unterstützung durch eine Zentrale Behörde sollte weniger streng sein als das Anknüpfungskriterium des „gewöhnlichen Aufenthalts", das sonst in dieser Verordnung verwendet wird. Das Kriterium des „Aufenthalts" sollte jedoch die bloße Anwesenheit ausschließen.

(33) Damit sie die unterhaltsberechtigten und -verpflichteten Personen umfassend unterstützen und die grenzüberschreitende Durchsetzung von Unterhaltsforderungen optimal fördern können, sollten die Zentralen Behörden gewisse personenbezogene Daten einholen können. Diese Verordnung sollte daher die Mitgliedstaaten verpflichten sicherzustellen, dass ihre Zentralen Behörden Zugang zu solchen Angaben bei den öffentlichen Behörden oder Stellen, die im Rahmen ihrer üblichen Tätigkeiten über die betreffenden Angaben verfügen, erhalten. Es sollte jedoch jedem Mitgliedstaat überlassen bleiben, die Modalitäten für diesen Zugang festzulegen. So sollte ein Mitgliedstaat befugt sein, die öffentlichen Behörden oder Verwaltungen zu bezeichnen, die gehalten sind, der Zentralen Behörde die Angaben im Einklang mit dieser Verordnung zur Verfügung zu stellen, gegebenenfalls einschließlich der bereits im Rahmen anderer Regelungen über den Zugang zu Informationen benannten öffentlichen Behörden oder Verwaltungen. Bezeichnet ein Mitgliedstaat öffentliche Behörden oder Verwaltungen, sollte er sicherstellen, dass seine Zentrale Behörde in der Lage ist, Zugang zu den gemäß dieser Verordnung erforderlichen Angaben, die im Besitz jener Behörden oder Verwaltungen sind, zu erhalten. Die Mitgliedstaaten sollten ferner befugt sein, ihrer Zentralen Behörde den Zugang zu den erforderlichen Angaben bei jeder anderen juristischen Person zu ermöglichen, die diese besitzt und für deren Verarbeitung verantwortlich ist.

(34) Im Rahmen des Zugangs zu personenbezogenen Daten sowie deren Verwendung und Weiterleitung ist es angebracht, die Anforderungen der Richtlinie 95/46/EG des Europäischen Parlaments und des Rates vom 24. Oktober 1995 zum Schutz natürlicher Personen bei der Verarbeitung personenbezogener Daten und zum freien Datenverkehr[13], wie sie in das einzelstaatliche Recht der Mitgliedstaaten umgesetzt ist, zu beachten.

(35) Es ist angebracht, die spezifischen Bedingungen für den Zugang zu personenbezogenen Daten, deren Verwendung und Weiterleitung für die Anwendung dieser Verordnung festzulegen. In diesem Zusammenhang wurde die Stellungnahme des Europäischen Datenschutzbeauftragten[14] berücksichtigt. Die Benachrichtigung der von der Datenerhebung betroffenen Person sollte im Einklang mit dem einzelstaatlichen Recht erfolgen. Es sollte jedoch die Möglichkeit vorgesehen werden, diese Benachrichtigung zu verzögern, um zu verhindern, dass die verpflichtete Person ihre Vermögensgegenstände transferiert und so die Durchsetzung der Unterhaltsforderung gefährdet.

(36) Angesichts der Verfahrenskosten sollte eine sehr günstige Regelung der Prozesskostenhilfe vorgesehen werden, nämlich die uneingeschränkte Übernahme der Kosten in Verbindung mit Verfahren betreffend Unterhaltspflichten gegenüber Kindern, die das 21. Lebensjahr noch nicht vollendet haben, die über die Zentralen Behörden eingeleitet wurden. Folglich sollten die aufgrund der Richtlinie 2003/8/EG bestehenden Vorschriften über die Prozesskostenhilfe in der Europäischen Union durch spezifische Vorschriften ergänzt werden, mit denen ein besonderes System der Prozesskostenhilfe in Unterhaltssachen geschaffen wird. Dabei sollte die zuständige

EuUVO EuErbVO

Zu Abs. 34:
[13] *ABl. L 281 vom 23.11.1995, S. 31.*
Zu Abs. 35:
[14] *ABl. C 242 vom 7.10.2006, S. 20.*

Behörde des ersuchten Mitgliedstaats befugt sein, in Ausnahmefällen die Kosten bei einem unterlegenen Antragsteller, der eine unentgeltliche Prozesskostenhilfe bezieht, beizutreiben, sofern seine finanziellen Verhältnisse dies zulassen. Dies wäre insbesondere bei einer vermögenden Person, die wider Treu und Glauben gehandelt hat, der Fall.

(37) Darüber hinaus sollte für andere als die im vorstehenden Erwägungsgrund genannten Unterhaltspflichten allen Parteien die gleiche Behandlung hinsichtlich der Prozesskostenhilfe bei der Vollstreckung einer Entscheidung in einem anderen Mitgliedstaat garantiert werden. So sollten die Bestimmungen dieser Verordnung über die Weitergewährung der Prozesskostenhilfe so ausgelegt werden, dass sie eine solche Hilfe auch einer Partei gewähren, die beim Verfahren zur Herbeiführung oder Änderung einer Entscheidung im Ursprungsmitgliedstaat keine Prozesskostenhilfe erhalten hat, die aber später im selben Mitgliedstaat im Rahmen eines Antrags auf Vollstreckung der Entscheidung in den Genuss der Prozesskostenhilfe gekommen ist. Gleichermaßen sollte eine Partei, die berechtigterweise ein unentgeltliches Verfahren vor einer der in Anhang X aufgeführten Verwaltungsbehörden in Anspruch genommen hat, im Vollstreckungsmitgliedstaat in den Genuss der günstigsten Prozesskostenhilfe oder umfassendsten Kosten- und Gebührenbefreiung kommen, sofern sie nachweisen kann, dass sie diese Vergünstigungen auch im Ursprungsmitgliedstaat erhalten hätte.

(38) Um die Kosten für die Übersetzung von Beweisunterlagen zu reduzieren, sollte das angerufene Gericht unbeschadet der Verteidigungsrechte und der für die Zustellung der Schriftstücke geltenden Vorschriften die Übersetzung dieser Unterlagen nur verlangen, wenn sie tatsächlich notwendig ist.

(39) Um die Anwendung dieser Verordnung zu erleichtern, sollte eine Verpflichtung für die Mitgliedstaaten vorgesehen werden, der Kommission die Namen und Kontaktdaten ihrer Zentralen Behörden sowie sonstige Informationen mitzuteilen. Diese Informationen sollten Praktikern und der Öffentlichkeit durch eine Veröffentlichung im *Amtsblatt der Europäischen Union* oder durch Ermöglichung des elektronischen Zugangs über das mit der Entscheidung 2001/470/EG eingerichtete Europäische Justizielle Netz für Zivil- und Handelssachen bereitgestellt werden. Darüber hinaus sollte die Verwendung der in dieser Verordnung vorgesehenen Formblätter die Kommunikation zwischen den Zentralen Behörden erleichtern und beschleunigen und die elektronische Vorlage von Ersuchen ermöglichen.

(40) Die Beziehung zwischen dieser Verordnung und den bilateralen Abkommen oder multilateralen Übereinkünften in Unterhaltssachen, denen die Mitgliedstaaten angehören, sollte geregelt werden. Dabei sollte vorgesehen werden, dass die Mitgliedstaaten, die Vertragspartei des Übereinkommens vom 23. März 1962 zwischen Schweden, Dänemark, Finnland, Island und Norwegen über die Geltendmachung von Unterhaltsansprüchen sind, dieses Übereinkommen weiterhin anwenden können, da es günstigere Bestimmungen über die Anerkennung und die Vollstreckung enthält als diese Verordnung. Was künftige bilaterale Abkommen in Unterhaltssachen mit Drittstaaten betrifft, sollten die Verfahren und Bedingungen, unter denen die Mitgliedstaaten ermächtigt wären, in ihrem eigenen Namen solche Abkommen auszuhandeln und zu schließen, im Rahmen der Erörterung eines von der Kommission vorzulegenden Vorschlags zu diesem Thema festgelegt werden.

(41) Die Berechnung der in dieser Verordnung vorgesehenen Fristen und Termine sollte nach Maßgabe der Verordnung (EWG, Euratom) Nr. 1182/71 des Rates vom 3. Juni 1971 zur Festlegung der Regeln für die Fristen, Daten und Termine[15] erfolgen.

(42) Die zur Durchführung dieser Verordnung erforderlichen Maßnahmen sollten nach Maßgabe des Beschlusses 1999/468/EG des Rates vom 28. Juni 1999 zur Festlegung der Modalitäten für die Ausübung der der Kommission übertragenen Durchführungsbefugnisse erlassen[16] werden.

(43) Insbesondere sollte die Kommission die Befugnis erhalten, alle Änderungen der in dieser Verordnung vorgesehenen Formblätter nach dem in Artikels 3 des Beschlusses 1999/468/EG genannten Beratungsverfahren des zu erlassen. Für die Erstellung der Liste der Verwaltungsbehörden, die in den Anwendungsbereich dieser Verordnung fallen, sowie der Liste der zuständigen Behörden für die Bescheinigung von Prozesskostenhilfe sollte die Kommission die Befugnis erhalten, das Verwaltungsverfahren nach Artikel 4 jenes Beschlusses anzuwenden.

(44) Diese Verordnung sollte die Verordnung (EG) Nr. 44/2001 ändern, indem sie deren auf Unterhaltssachen anwendbare Bestimmungen ersetzt. Vorbehaltlich der Übergangsbestimmungen dieser Verordnung sollten die Mitgliedstaaten bei

---

Zu Abs. 41:

[15] *ABl. L 124 vom 8.6.1971, S. 1.*
Zu Abs. 42:
[16] *ABl. L 184 vom 17.7.1999, S. 23.*

Unterhaltssachen, ab dem Zeitpunkt der Anwendbarkeit dieser Verordnung die Bestimmungen dieser Verordnung über die Zuständigkeit, die Anerkennung, die Vollstreckbarkeit und die Vollstreckung von Entscheidungen und über die Prozesskostenhilfe anstelle der entsprechenden Bestimmungen der Verordnung (EG) Nr. 44/2001 anwenden.

(45) Da die Ziele dieser Verordnung, nämlich die Schaffung eines Instrumentariums zur effektiven Durchsetzung von Unterhaltsforderungen in grenzüberschreitenden Situationen und somit zur Erleichterung der Freizügigkeit der Personen innerhalb der Europäischen Union, auf Ebene der Mitgliedstaaten nicht hinreichend verwirklicht und daher aufgrund des Umfangs und der Wirkungen dieser Verordnung besser auf Gemeinschaftsebene erreicht werden können, kann die Gemeinschaft im Einklang mit dem in Artikel 5 des Vertrags niedergelegten Subsidiaritätsprinzip tätig werden. Entsprechend dem in demselben Artikel genannten Grundsatz der Verhältnismäßigkeit geht diese Verordnung nicht über das für die Erreichung dieser Ziele erforderliche Maß hinaus.

(46) Gemäß Artikel 3 des dem Vertrag über die Europäische Union und dem Vertrag zur Gründung der Europäischen Gemeinschaft beigefügten Protokolls über die Position des Vereinigten Königreichs und Irlands hat Irland mitgeteilt, dass es sich an der Annahme und Anwendung dieser Verordnung beteiligen möchte.

(47) Gemäß den Artikeln 1 und 2 des dem Vertrag über die Europäische Union und dem Vertrag zur Gründung der Europäischen Gemeinschaft beigefügten Protokolls über die Position des Vereinigten Königreichs und Irlands beteiligt sich das Vereinigte Königreich nicht an der Annahme dieser Verordnung, und ist weder durch diese gebunden noch zu ihrer Anwendung verpflichtet. Dies berührt jedoch nicht die Möglichkeit für das Vereinigte Königreich, gemäß Artikel 4 des genannten Protokolls nach der Annahme dieser Verordnung mitzuteilen, dass es die Verordnung anzunehmen wünscht.

(48) Gemäß den Artikeln 1 und 2 des dem Vertrag über die Europäische Union und dem Vertrag zur Gründung der Europäischen Gemeinschaft beigefügten Protokolls über die Position Dänemarks beteiligt sich Dänemark nicht an der Annahme dieser Verordnung und ist weder durch diese gebunden noch zu ihrer Anwendung verpflichtet, unbeschadet der Möglichkeit für Dänemark, den Inhalt der an der Verordnung (EG) Nr. 44/2001 vorgenommenen Änderungen gemäß Artikel 3 des Abkommens vom 19. Oktober 2005 zwischen der Europäischen Gemeinschaft und dem Königreich Dänemark über die gerichtliche Zuständigkeit und die Anerkennung und Vollstreckung von Entscheidungen in Zivil- und Handelssachen anzuwenden.

HAT FOLGENDE VERORDNUNG ERLASSEN:

KAPITEL I
ANWENDUNGSBEREICH UND BEGRIFFSBESTIMMUNGEN

Artikel 1
Anwendungsbereich

(1) Diese Verordnung findet Anwendung auf Unterhaltspflichten, die auf einem Familien-, Verwandtschafts-, oder eherechtlichen Verhältnis oder auf Schwägerschaft beruhen.

(2) In dieser Verordnung bezeichnet der Begriff „Mitgliedstaat" alle Mitgliedstaaten, auf die diese Verordnung anwendbar ist.

Artikel 2
Begriffsbestimmungen

(1) Im Sinne dieser Verordnung bezeichnet der Begriff

1. „Entscheidung" eine von einem Gericht eines Mitgliedstaats in Unterhaltssachen erlassene Entscheidung ungeachtet ihrer Bezeichnung wie Urteil, Beschluss, Zahlungsbefehl oder Vollstreckungsbescheid, einschließlich des Kostenfestsetzungsbeschlusses eines Gerichtsbediensteten. Für die Zwecke der Kapitel VII und VIII bezeichnet der Begriff „Entscheidung" auch eine in einem Drittstaat erlassene Entscheidung in Unterhaltssachen;

2. „gerichtlicher Vergleich" einen von einem Gericht gebilligten oder vor einem Gericht im Laufe eines Verfahrens geschlossenen Vergleich in Unterhaltssachen;

3. „öffentliche Urkunde"

a) ein Schriftstück in Unterhaltssachen, das als öffentliche Urkunde im Ursprungsmitgliedstaat förmlich errichtet oder eingetragen worden ist und dessen Beweiskraft

i) sich auf die Unterschrift und den Inhalt der öffentlichen Urkunde bezieht und

ii) durch eine Behörde oder eine andere hierzu ermächtigte Stelle festgestellt worden ist; oder

b) eine mit einer Verwaltungsbehörde des Ursprungsmitgliedstaats geschlossene oder von ihr beglaubigte Unterhaltsvereinbarung;

4. „Ursprungsmitgliedstaat" den Mitgliedstaat, in dem die Entscheidung ergangen, der gerichtliche Vergleich gebilligt oder geschlossen oder die öffentliche Urkunde ausgestellt worden ist;

5. „Vollstreckungsmitgliedstaat" den Mitgliedstaat, in dem die Vollstreckung der Entscheidung, des gerichtlichen Vergleichs oder der öffentlichen Urkunde betrieben wird;

6. „ersuchender Mitgliedstaat" den Mitgliedstaat, dessen Zentrale Behörde einen Antrag nach Kapitel VII übermittelt;

7. „ersuchter Mitgliedstaat" den Mitgliedstaat, dessen Zentrale Behörde einen Antrag nach Kapitel VII erhält;

8. „Vertragsstaat des Haager Übereinkommens von 2007" einen Vertragsstaat des Haager Übereinkommens vom 23. November 2007 über die internationale Geltendmachung der Unterhaltsansprüche von Kindern und anderen Familienangehörigen (nachstehend „Haager Übereinkommen von 2007" genannt), soweit dieses Übereinkommen zwischen der Gemeinschaft und dem betreffenden Staat anwendbar ist;

9. „Ursprungsgericht" das Gericht, das die zu vollstreckende Entscheidung erlassen hat;

10. „berechtigte Person" jede natürliche Person, der Unterhalt zusteht oder angeblich zusteht;

11. „verpflichtete Person" jede natürliche Person, die Unterhalt leisten muss oder angeblich leisten muss.

(2) Im Sinne dieser Verordnung schließt der Begriff „Gericht" auch die Verwaltungsbehörden der Mitgliedstaaten mit Zuständigkeit in Unterhaltssachen ein, sofern diese Behörden ihre Unparteilichkeit und das Recht der Parteien auf rechtliches Gehör garantieren und ihre Entscheidungen nach dem Recht des Mitgliedstaats, in dem sie ihren Sitz hat,

i) vor Gericht angefochten oder von einem Gericht nachgeprüft werden können und

ii) eine mit einer Entscheidung eines Gerichts zu der gleichen Angelegenheit vergleichbare Rechtskraft und Wirksamkeit haben.

Die betreffenden Verwaltungsbehörden sind in Anhang X aufgelistet. Dieser Anhang wird auf Antrag des Mitgliedstaats, in dem die betreffende Verwaltungsbehörde ihren Sitz hat, nach dem Verwaltungsverfahren des Artikels 73 Absatz 2 erstellt und geändert.

(3) Im Sinne der Artikel 3, 4 und 6 tritt der Begriff „Wohnsitz" in den Mitgliedstaaten, die diesen Begriff als Anknüpfungspunkt in Familiensachen verwenden, an die Stelle des Begriffs „Staatsangehörigkeit".
Im Sinne des Artikels 6 gilt, dass Parteien, die ihren „Wohnsitz" in verschiedenen Gebietseinheiten desselben Mitgliedstaats haben, ihren gemeinsamen „Wohnsitz" in diesem Mitgliedstaat haben.

KAPITEL II
ZUSTÄNDIGKEIT
Artikel 3
Allgemeine Bestimmungen

Zuständig für Entscheidungen in Unterhaltssachen in den Mitgliedstaaten ist

a) das Gericht des Ortes, an dem der Beklagte seinen gewöhnlichen Aufenthalt hat, oder

b) das Gericht des Ortes, an dem die berechtigte Person ihren gewöhnlichen Aufenthalt hat, oder

c) das Gericht, das nach seinem Recht für ein Verfahren in Bezug auf den Personenstand zuständig ist, wenn in der Nebensache zu diesem Verfahren über eine Unterhaltssache zu entscheiden ist, es sei denn, diese Zuständigkeit begründet sich einzig auf der Staatsangehörigkeit einer der Parteien, oder

d) das Gericht, das nach seinem Recht für ein Verfahren in Bezug auf die elterliche Verantwortung zuständig ist, wenn in der Nebensache zu diesem Verfahren über eine Unterhaltssache zu entscheiden ist, es sei denn, diese Zuständigkeit beruht einzig auf der Staatsangehörigkeit einer der Parteien.

Artikel 4
Gerichtsstandsvereinbarungen

(1) Die Parteien können vereinbaren, dass das folgende Gericht oder die folgenden Gerichte eines Mitgliedstaats zur Beilegung von zwischen ihnen bereits entstandenen oder künftig entstehenden Streitigkeiten betreffend Unterhaltspflichten zuständig ist bzw. sind:

a) ein Gericht oder die Gerichte eines Mitgliedstaats, in dem eine der Parteien ihren gewöhnlichen Aufenthalt hat;

b) ein Gericht oder die Gerichte des Mitgliedstaats, dessen Staatsangehörigkeit eine der Parteien besitzt;

c) hinsichtlich Unterhaltspflichten zwischen Ehegatten oder früheren Ehegatten

i) das Gericht, das für Streitigkeiten zwischen den Ehegatten oder früheren Ehegatten in Ehesachen zuständig ist, oder

ii) ein Gericht oder die Gerichte des Mitgliedstaats, in dem die Ehegatten mindestens ein Jahr lang ihren letzten gemeinsamen gewöhnlichen Aufenthalt hatten.

Die in den Buchstaben a, b oder c genannten Voraussetzungen müssen zum Zeitpunkt des Abschlusses der Gerichtsstandsvereinbarung oder zum Zeitpunkt der Anrufung des Gerichts erfüllt sein.

Die durch Vereinbarung festgelegte Zuständigkeit ist ausschließlich, sofern die Parteien nichts anderes vereinbaren.

(2) Eine Gerichtsstandsvereinbarung bedarf der Schriftform. Elektronische Übermittlungen, die eine dauerhafte Aufzeichnung der Vereinbarung ermöglichen, erfüllen die Schriftform.

(3) Dieser Artikel gilt nicht bei einer Streitigkeit über eine Unterhaltspflicht gegenüber einem Kind, das noch nicht das 18. Lebensjahr vollendet hat.

(4) Haben die Parteien vereinbart, dass ein Gericht oder die Gerichte eines Staates, der dem am 30. Oktober 2007 in Lugano unterzeichneten Übereinkommen über die gerichtliche Zuständigkeit und die Anerkennung und Vollstreckung von Entscheidungen in Zivil- und Handelssachen[1] (nachstehend „Übereinkommen von Lugano" genannt) angehört und bei dem es sich nicht um einen Mitgliedstaat handelt, ausschließlich zuständig sein soll bzw. sollen, so ist dieses Übereinkommen anwendbar, außer für Streitigkeiten nach Absatz 3.

Artikel 5
Durch rügelose Einlassung begründete Zuständigkeit

Sofern das Gericht eines Mitgliedstaats nicht bereits nach anderen Vorschriften dieser Verordnung zuständig ist, wird es zuständig, wenn sich der Beklagte auf das Verfahren einlässt. Dies gilt nicht, wenn der Beklagte sich einlässt, um den Mangel der Zuständigkeit geltend zu machen.

Artikel 6
Auffangzuständigkeit

Ergibt sich weder eine Zuständigkeit eines Gerichts eines Mitgliedstaats gemäß der Artikel 3, 4 und 5 noch eine Zuständigkeit eines Gerichts eines Staates, der dem Übereinkommen von Lugano angehört und der kein Mitgliedstaat ist, gemäß der Bestimmungen dieses Übereinkommens, so sind die Gerichte des Mitgliedstaats der gemeinsamen Staatsangehörigkeit der Parteien zuständig.

Artikel 7
Notzuständigkeit (forum necessitatis)

Ergibt sich keine Zuständigkeit eines Gerichts eines Mitgliedstaats gemäß der Artikel 3, 4, 5 und 6, so können die Gerichte eines Mitgliedstaats in Ausnahmefällen über den Rechtsstreit entscheiden, wenn es nicht zumutbar ist oder es sich als unmöglich erweist, ein Verfahren in einem Drittstaat, zu dem der Rechtsstreit einen engen Bezug aufweist, einzuleiten oder zu führen.

Der Rechtsstreit muss einen ausreichenden Bezug zu dem Mitgliedstaat des angerufenen Gerichts aufweisen.

Artikel 8
Verfahrensbegrenzung

(1) Ist eine Entscheidung in einem Mitgliedstaat oder einem Vertragsstaat des Haager Übereinkommens von 2007 ergangen, in dem die berechtigte Person ihren gewöhnlichen Aufenthalt hat, so kann die verpflichtete Person kein Verfahren in einem anderen Mitgliedstaat einleiten, um eine Änderung der Entscheidung oder eine neue Entscheidung herbeizuführen, solange die berechtigte Person ihren gewöhnlichen Aufenthalt weiterhin in dem Staat hat, in dem die Entscheidung ergangen ist.

(2) Absatz 1 gilt nicht,

a) wenn die gerichtliche Zuständigkeit jenes anderen Mitgliedstaats auf der Grundlage einer Vereinbarung nach Artikel 4 zwischen den Parteien festgelegt wurde;

b) wenn die berechtigte Person sich aufgrund von Artikel 5 der gerichtlichen Zuständigkeit jenes anderen Mitgliedstaats unterworfen hat;

c) wenn die zuständige Behörde des Ursprungsstaats, der dem Haager Übereinkommen von 2007 angehört, ihre Zuständigkeit für die Änderung der Entscheidung oder für das Erlassen einer neuen Entscheidung nicht ausüben kann oder die Ausübung ablehnt; oder

d) wenn die im Ursprungsstaat, der dem Haager Übereinkommen von 2007 angehört, ergangene Entscheidung in dem Mitgliedstaat, in dem ein Verfahren zur Änderung der Entscheidung oder Herbeiführung einer neuen Entscheidung beabsichtigt ist, nicht anerkannt oder für vollstreckbar erklärt werden kann.

Artikel 9
Anrufung eines Gerichts

Für die Zwecke dieses Kapitels gilt ein Gericht als angerufen

a) zu dem Zeitpunkt, zu dem das verfahrenseinleitende Schriftstück oder ein gleichwertiges Schriftstück bei Gericht eingereicht worden ist, vorausgesetzt, dass der Kläger es in der Folge nicht versäumt hat, die ihm obliegenden Maßnahmen zu treffen, um die Zustellung des Schriftstücks an den Beklagten zu bewirken, oder

b) falls die Zustellung an den Beklagten vor Einreichung des Schriftstücks bei Gericht zu bewirken ist, zu dem Zeitpunkt, zu dem die für die Zustellung verantwortliche Stelle das Schriftstück erhalten hat, vorausgesetzt, dass der Kläger es in der Folge nicht versäumt hat, die ihm obliegenden Maßnahmen zu treffen, um das Schriftstück bei Gericht einzureichen.

Zu Artikel 4:
[1] ABl. L 339 vom 21.12.2007, S. 3.

Artikel 10
Prüfung der Zuständigkeit

Das Gericht eines Mitgliedstaats, das in einer Sache angerufen wird, für die es nach dieser Verordnung nicht zuständig ist, erklärt sich von Amts wegen für unzuständig.

Artikel 11
Prüfung der Zulässigkeit

(1) Lässt sich ein Beklagter, der seinen gewöhnlichen Aufenthalt im Hoheitsgebiet eines anderen Staates als des Mitgliedstaats hat, in dem das Verfahren eingeleitet wurde, auf das Verfahren nicht ein, so setzt das zuständige Gericht das Verfahren so lange aus, bis festgestellt ist, dass es dem Beklagten möglich war, das verfahrenseinleitende Schriftstück oder ein gleichwertiges Schriftstück so rechtzeitig zu empfangen, dass er sich verteidigen konnte oder dass alle hierzu erforderlichen Maßnahmen getroffen wurden.

(2) Anstelle des Absatzes 1 dieses Artikels findet Artikel 19 der Verordnung (EG) Nr. 1393/2007 Anwendung, wenn das verfahrenseinleitende Schriftstück oder ein gleichwertiges Schriftstück nach Maßgabe jener Verordnung von einem Mitgliedstaat in einen anderen zuzustellen war.

(3) Sind die Bestimmungen der Verordnung (EG) Nr. 1393/2007 nicht anwendbar, so gilt Artikel 15 des Haager Übereinkommens vom 15. November 1965 über die Zustellung gerichtlicher und außergerichtlicher Schriftstücke im Ausland in Zivil- und Handelssachen, wenn das verfahrenseinleitende Schriftstück oder ein gleichwertiges Schriftstück nach Maßgabe dieses Übereinkommens ins Ausland zu übermitteln war.

Artikel 12
Rechtshängigkeit

(1) Werden bei Gerichten verschiedener Mitgliedstaaten Verfahren wegen desselben Anspruchs zwischen denselben Parteien anhängig gemacht, so setzt das später angerufene Gericht das Verfahren von Amts wegen aus, bis die Zuständigkeit des zuerst angerufenen Gerichts feststeht.

(2) Sobald die Zuständigkeit des zuerst angerufenen Gerichts feststeht, erklärt sich das später angerufene Gericht zugunsten dieses Gerichts für unzuständig.

Artikel 13
Aussetzung wegen Sachzusammenhang

(1) Sind bei Gerichten verschiedener Mitgliedstaaten Verfahren, die im Zusammenhang stehen, anhängig, so kann jedes später angerufene Gericht das Verfahren aussetzen.

(2) Sind diese Verfahren in erster Instanz anhängig, so kann sich jedes später angerufene Gericht auf Antrag einer Partei auch für unzuständig erklären, wenn das zuerst angerufene Gericht für die betreffenden Verfahren zuständig ist und die Verbindung der Verfahren nach seinem Recht zulässig ist.

(3) Verfahren stehen im Sinne dieses Artikels im Zusammenhang, wenn zwischen ihnen eine so enge Beziehung gegeben ist, dass eine gemeinsame Verhandlung und Entscheidung geboten erscheint, um zu vermeiden, dass in getrennten Verfahren widersprechende Entscheidungen ergehen könnten.

Artikel 14
Einstweilige Maßnahmen einschließlich Sicherungsmaßnahmen

Die im Recht eines Mitgliedstaats vorgesehenen einstweiligen Maßnahmen einschließlich solcher, die auf eine Sicherung gerichtet sind, können bei den Gerichten dieses Staates auch dann beantragt werden, wenn für die Entscheidung in der Hauptsache das Gericht eines anderen Mitgliedstaats aufgrund dieser Verordnung zuständig ist.

KAPITEL III
ANWENDBARES RECHT

Artikel 15
Bestimmung des anwendbaren Rechts

Das auf Unterhaltspflichten anwendbare Recht bestimmt sich für die Mitgliedstaaten, die durch das Haager Protokoll vom 23. November 2007 über das auf Unterhaltspflichten anzuwendende Recht (nachstehend „Haager Protokoll von 2007"[1] genannt) gebunden sind, nach jenem Protokoll.

KAPITEL IV
ANERKENNUNG, VOLLSTRECKBARKEIT UND VOLLSTRECKUNG VON ENTSCHEIDUNGEN

Artikel 16
Geltungsbereich dieses Kapitels

(1) Dieses Kapitel regelt die Anerkennung, die Vollstreckbarkeit und die Vollstreckung der unter diese Verordnung fallenden Entscheidungen.

Zu Artikel 15:
[1] *ABl L 331 vom 16.12.2009, S 17.*

(2) Abschnitt 1 gilt für Entscheidungen, die in einem Mitgliedstaat, der durch das Haager Protokoll von 2007 gebunden ist, ergangen sind.

(3) Abschnitt 2 gilt für Entscheidungen, die in einem Mitgliedstaat, der nicht durch das Haager Protokoll von 2007 gebunden ist, ergangen sind.

(4) Abschnitt 3 gilt für alle Entscheidungen.

ABSCHNITT 1
In einem Mitgliedstaat, der durch das Haager Protokoll von 2007 gebunden ist, ergangene Entscheidungen

Artikel 17
Abschaffung des Exequaturverfahrens

(1) Eine in einem Mitgliedstaat, der durch das Haager Protokoll von 2007 gebunden ist, ergangene Entscheidung wird in einem anderen Mitgliedstaat anerkannt, ohne dass es hierfür eines besonderen Verfahrens bedarf und ohne dass die Anerkennung angefochten werden kann.

(2) Eine in einem Mitgliedstaat, der durch das Haager Protokoll von 2007 gebunden ist, ergangene Entscheidung, die in diesem Staat vollstreckbar ist, ist in einem anderen Mitgliedstaat vollstreckbar, ohne dass es einer Vollstreckbarerklärung bedarf.

Artikel 18
Sicherungsmaßnahmen

Eine vollstreckbare Entscheidung umfasst von Rechts wegen die Befugnis, alle auf eine Sicherung gerichteten Maßnahmen zu veranlassen, die im Recht des Vollstreckungsmitgliedstaats vorgesehen sind.

Artikel 19
Recht auf Nachprüfung

(1) Ein Antragsgegner, der sich im Ursprungsmitgliedstaat nicht auf das Verfahren eingelassen hat, hat das Recht, eine Nachprüfung der Entscheidung durch das zuständige Gericht dieses Mitgliedstaats zu beantragen, wenn

a) ihm das verfahrenseinleitende Schriftstück oder ein gleichwertiges Schriftstück nicht so rechtzeitig und in einer Weise zugestellt worden ist, dass er sich verteidigen konnte, oder

b) er aufgrund höherer Gewalt oder aufgrund außergewöhnlicher Umstände ohne eigenes Verschulden nicht in der Lage gewesen ist, Einspruch gegen die Unterhaltsforderung zu erheben,

es sei denn, er hat gegen die Entscheidung keinen Rechtsbehelf eingelegt, obwohl er die Möglichkeit dazu hatte.

(2) Die Frist für den Antrag auf Nachprüfung der Entscheidung beginnt mit dem Tag, an dem der Antragsgegner vom Inhalt der Entscheidung tatsächlich Kenntnis genommen hat und in der Lage war, entsprechend tätig zu werden, spätestens aber mit dem Tag der ersten Vollstreckungsmaßnahme, die zur Folge hatte, dass die Vermögensgegenstände des Antragsgegners ganz oder teilweise dessen Verfügung entzogen wurden. Der Antragsgegner wird unverzüglich tätig, in jedem Fall aber innerhalb einer Frist von 45 Tagen. Eine Verlängerung dieser Frist wegen weiter Entfernung ist ausgeschlossen.

(3) Weist das Gericht den Antrag auf Nachprüfung nach Absatz 1 mit der Begründung zurück, dass keine der Voraussetzungen für eine Nachprüfung nach jenem Absatz erfüllt ist, bleibt die Entscheidung in Kraft.

Entscheidet das Gericht, dass eine Nachprüfung aus einem der in Absatz 1 genannten Gründe gerechtfertigt ist, so wird die Entscheidung für nichtig erklärt. Die berechtigte Person verliert jedoch nicht die Vorteile, die sich aus der Unterbrechung der Verjährungs- oder Ausschlussfristen ergeben, noch das Recht, im ursprünglichen Verfahren möglicherweise zuerkannte Unterhaltsansprüche rückwirkend geltend zu machen.

Artikel 20
Schriftstücke zum Zwecke der Vollstreckung

(1) Für die Vollstreckung einer Entscheidung in einem anderen Mitgliedstaat legt der Antragsteller den zuständigen Vollstreckungsbehörden folgende Schriftstücke vor:

a) eine Ausfertigung der Entscheidung, die die für ihre Beweiskraft erforderlichen Voraussetzungen erfüllt,

b) einen Auszug aus der Entscheidung, den die zuständige Behörde des Ursprungsmitgliedstaats unter Verwendung des in Anhang I vorgesehenen Formblatts erstellt hat;

c) gegebenenfalls ein Schriftstück, aus dem die Höhe der Zahlungsrückstände und das Datum der Berechnung hervorgehen;

d) gegebenenfalls eine Transskript oder eine Übersetzung des Inhalts des in Buchstabe b genannten Formblatts in die Amtssprache des Vollstreckungsmitgliedstaats oder – falls es in diesem Mitgliedstaat mehrere Amtssprachen gibt – nach Maßgabe des Rechts dieses Mitgliedstaats in die Verfahrenssprache oder eine der Verfahrenssprachen des Ortes, an dem die Vollstreckung betrieben wird, oder in eine sonstige Sprache, für die der Vollstreckungsmitgliedstaat erklärt hat, dass er sie zulässt. Jeder Mitgliedstaat kann angeben, welche Amtssprache oder Amtssprachen der Organe der Europäischen Union er neben seiner oder seinen eigenen für das Ausfüllen des Formblatts zulässt.

(2) Die zuständigen Behörden des Vollstreckungsmitgliedstaats können vom Antragsteller nicht verlangen, dass dieser eine Übersetzung der Entscheidung vorlegt. Eine Übersetzung kann jedoch verlangt werden, wenn die Vollstreckung der Entscheidung angefochten wird.

(3) Eine Übersetzung aufgrund dieses Artikels ist von einer Person zu erstellen, die zur Anfertigung von Übersetzungen in einem der Mitgliedstaaten befugt ist.

Artikel 21

Verweigerung oder Aussetzung der

Vollstreckung

(1) Die im Recht des Vollstreckungsmitgliedstaats vorgesehenen Gründe für die Verweigerung oder Aussetzung der Vollstreckung gelten, sofern sie nicht mit der Anwendung der Absätze 2 und 3 unvereinbar sind.

(2) Die zuständige Behörde des Vollstreckungsmitgliedstaats verweigert auf Antrag der verpflichteten Person die Vollstreckung der Entscheidung des Ursprungsgerichts insgesamt oder teilweise, wenn das Recht auf Vollstreckung der Entscheidung des Ursprungsgerichts entweder nach dem Recht des Ursprungsmitgliedstaats oder nach dem Recht des Vollstreckungsmitgliedstaats verjährt ist, wobei die längere Verjährungsfrist gilt.
Darüber hinaus kann die zuständige Behörde des Vollstreckungsmitgliedstaats auf Antrag der verpflichteten Person die Vollstreckung der Entscheidung des Ursprungsgerichts insgesamt oder teilweise verweigern, wenn die Entscheidung mit einer im Vollstreckungsmitgliedstaat ergangenen Entscheidung oder einer in einem anderen Mitgliedstaat oder einem Drittstaat ergangenen Entscheidung, die die notwendigen Voraussetzungen für ihre Anerkennung im Vollstreckungsmitgliedstaat erfüllt, unvereinbar ist.
Eine Entscheidung, die bewirkt, dass eine frühere Unterhaltsentscheidung aufgrund geänderter Umstände geändert wird, gilt nicht als unvereinbare Entscheidung im Sinne des Unterabsatzes 2.

(3) Die zuständige Behörde des Vollstreckungsmitgliedstaats kann auf Antrag der verpflichteten Person die Vollstreckung der Entscheidung des Ursprungsgerichts insgesamt oder teilweise aussetzen, wenn das zuständige Gericht des Ursprungsmitgliedstaats mit einem Antrag auf Nachprüfung der Entscheidung des Ursprungsgerichts nach Artikel 19 befasst wurde.
Darüber hinaus setzt die zuständige Behörde des Vollstreckungsmitgliedstaats auf Antrag der verpflichteten Person die Vollstreckung der Entscheidung des Ursprungsgerichts aus, wenn die Vollstreckbarkeit im Ursprungsmitgliedstaat ausgesetzt ist.

Artikel 22
Keine Auswirkung auf das Bestehen eines Familienverhältnisses

Die Anerkennung und Vollstreckung einer Unterhaltsentscheidung aufgrund dieser Verordnung bewirkt in keiner Weise die Anerkennung von Familien-, Verwandtschafts-, oder eherechtlichen Verhältnissen oder Schwägerschaft, die der Unterhaltspflicht zugrunde liegen, die zu der Entscheidung geführt hat.

ABSCHNITT 2

In einem Mitgliedstaat, der nicht durch das Haager Protokoll von 2007 gebunden ist, ergangene Entscheidungen

Artikel 23
Anerkennung

(1) Die in einem Mitgliedstaat, der nicht durch das Haager Protokoll von 2007 gebunden ist, ergangenen Entscheidungen werden in den anderen Mitgliedstaaten anerkannt, ohne dass es hierfür eines besonderen Verfahrens bedarf.

(2) Bildet die Frage, ob eine Entscheidung anzuerkennen ist, als solche den Gegenstand eines Streites, so kann jede Partei, welche die Anerkennung geltend macht, in dem Verfahren nach diesem Abschnitt die Feststellung beantragen, dass die Entscheidung anzuerkennen ist.

(3) Wird die Anerkennung in einem Rechtsstreit vor dem Gericht eines Mitgliedstaats, dessen Entscheidung von der Anerkennung abhängt, verlangt, so kann dieses Gericht über die Anerkennung entscheiden.

Artikel 24
Gründe für die Versagung der Anerkennung

Eine Entscheidung wird nicht anerkannt,

a) wenn die Anerkennung der öffentlichen Ordnung (*ordre public*) des Mitgliedstaats, in dem sie geltend gemacht wird, offensichtlich widersprechen würde. Die Vorschriften über die Zuständigkeit gehören nicht zur öffentlichen Ordnung (*ordre public*);

b) wenn dem Antragsgegner, der sich in dem Verfahren nicht eingelassen hat, das verfahrenseinleitende Schriftstück oder ein gleichwertiges Schriftstück nicht so rechtzeitig und in einer Weise zugestellt worden ist, dass er sich verteidigen konnte, es sei denn, der Antragsgegner hat gegen die Entscheidung keinen Rechtsbehelf eingelegt, obwohl er die Möglichkeit dazu hatte;

c) wenn sie mit einer Entscheidung unvereinbar ist, die zwischen denselben Parteien in dem Mitgliedstaat, in dem die Anerkennung geltend gemacht wird, ergangen ist;

d) wenn sie mit einer früheren Entscheidung unvereinbar ist, die in einem anderen Mitgliedstaat oder in einem Drittstaat zwischen denselben Parteien in einem Rechtsstreit wegen desselben Anspruchs ergangen ist, sofern die frühere Entscheidung die notwendigen Voraussetzungen für ihre Anerkennung in dem Mitgliedstaat erfüllt, in dem die Anerkennung geltend gemacht wird.

Eine Entscheidung, die bewirkt, dass eine frühere Unterhaltsentscheidung aufgrund geänderter Umstände geändert wird, gilt nicht als unvereinbare Entscheidung im Sinne der Buchstaben c oder d.

Artikel 25
Aussetzung des Anerkennungsverfahrens

Das Gericht eines Mitgliedstaats, vor dem die Anerkennung einer Entscheidung geltend gemacht wird, die in einem Mitgliedstaat ergangen ist, der nicht durch das Haager Protokoll von 2007 gebunden ist, setzt das Verfahren aus, wenn die Vollstreckung der Entscheidung im Ursprungsmitgliedstaat wegen der Einlegung eines Rechtsbehelfs einstweilen eingestellt ist.

Artikel 26
Vollstreckbarkeit

Eine Entscheidung, die in einem Mitgliedstaat ergangen ist, der nicht durch das Haager Protokoll von 2007 gebunden ist, die in diesem Staat vollstreckbar ist, wird in einem anderen Mitgliedstaat vollstreckt, wenn sie dort auf Antrag eines Berechtigten für vollstreckbar erklärt worden ist.

Artikel 27
Örtlich zuständiges Gericht

(1) Der Antrag auf Vollstreckbarerklärung ist an das Gericht oder an die zuständige Behörde des Vollstreckungsmitgliedstaats zu richten, das beziehungsweise die der Kommission von diesem Mitgliedstaat gemäß Artikel 71 notifiziert wurde.

(2) Die örtliche Zuständigkeit wird durch den Ort des gewöhnlichen Aufenthalts der Partei, gegen die die Vollstreckung erwirkt werden soll, oder durch den Ort, an dem die Vollstreckung durchgeführt werden soll, bestimmt.

Artikel 28
Verfahren

(1) Dem Antrag auf Vollstreckbarerklärung sind folgende Schriftstücke beizufügen:

a) eine Ausfertigung der Entscheidung, die die für ihre Beweiskraft erforderlichen Voraussetzungen erfüllt,

b) einen durch das Ursprungsgericht unter Verwendung des Formblatts in Anhang II erstellten Auszug aus der Entscheidung, unbeschadet des Artikels 29;

c) gegebenenfalls eine Transskript oder eine Übersetzung des Inhalts des in Buchstabe b genannten Formblatts in die Amtssprache des Vollstreckungsmitgliedstaats oder – falls es in diesem Mitgliedstaat mehrere Amtssprachen gibt – nach Maßgabe des Rechts dieses Mitgliedstaats – in die oder eine der Verfahrenssprachen des Ortes, an dem der Antrag gestellt wird, oder in eine sonstige Sprache, die der Vollstreckungsmitgliedstaat für zulässig erklärt hat. Jeder Mitgliedstaat kann angeben, welche Amtssprache oder Amtssprachen der Organe der Europäischen Union er neben seiner oder seinen eigenen für das Ausfüllen des Formblatts zulässt.

(2) Das Gericht oder die zuständige Behörde, bei dem beziehungsweise bei der der Antrag gestellt wird, kann vom Antragsteller nicht verlangen, dass dieser eine Übersetzung der Entscheidung vorlegt. Eine Übersetzung kann jedoch im Rahmen des Rechtsbehelfs nach Artikel 32 oder Artikel 33 verlangt werden.

(3) Eine Übersetzung aufgrund dieses Artikels ist von einer Person zu erstellen, die zur Anfertigung von Übersetzungen in einem der Mitgliedstaaten befugt ist.

Artikel 29
Nichtvorlage des Auszugs

(1) Wird der Auszug nach Artikel 28 Absatz 1 Buchstabe b nicht vorgelegt, so kann das Gericht oder die zuständige Behörde eine Frist bestimmen, innerhalb deren er vorzulegen ist, oder sich mit einem gleichwertigen Schriftstück begnügen oder von der Vorlage des Auszugs befreien, wenn es eine weitere Klärung nicht für erforderlich hält.

(2) In dem Fall nach Absatz 1 ist auf Verlangen des Gerichts oder der zuständigen Behörde eine Übersetzung der Schriftstücke vorzulegen. Die Übersetzung ist von einer Person zu erstellen, die zur Anfertigung von Übersetzungen in einem der Mitgliedstaaten befugt ist.

Artikel 30
Vollstreckbarerklärung

Sobald die in Artikel 28 vorgesehenen Förmlichkeiten erfüllt sind, spätestens aber 30 Tage nachdem diese Förmlichkeiten erfüllt sind, es sei denn, dies erweist sich aufgrund außergewöhnlicher Umstände als nicht möglich, wird die Entscheidung für vollstreckbar erklärt, ohne dass eine Prüfung gemäß Artikel 24 erfolgt. Die Partei, gegen die die Vollstreckung erwirkt werden soll, erhält in diesem Abschnitt des Verfahrens keine Gelegenheit, eine Erklärung abzugeben.

EuUVO EuErbVO

Artikel 31
Mitteilung der Entscheidung über den Antrag auf Vollstreckbarerklärung

(1) Die Entscheidung über den Antrag auf Vollstreckbarerklärung wird dem Antragsteller unverzüglich in der Form mitgeteilt, die das Recht des Vollstreckungsmitgliedstaats vorsieht.

(2) Die Vollstreckbarerklärung und, soweit dies noch nicht geschehen ist, die Entscheidung werden der Partei, gegen die die Vollstreckung erwirkt werden soll, zugestellt.

Artikel 32
Rechtsbehelf gegen die Entscheidung über den Antrag

(1) Gegen die Entscheidung über den Antrag auf Vollstreckbarerklärung kann jede Partei einen Rechtsbehelf einlegen.

(2) Der Rechtsbehelf wird bei dem Gericht eingelegt, das der betreffende Mitgliedstaat der Kommission nach Artikel 71 notifiziert hat.

(3) Über den Rechtsbehelf wird nach den Vorschriften entschieden, die für Verfahren mit beiderseitigem rechtlichen Gehör maßgebend sind.

(4) Lässt sich die Partei, gegen die die Vollstreckung erwirkt werden soll, in dem Verfahren vor dem mit dem Rechtsbehelf des Antragstellers befassten Gericht nicht ein, so ist Artikel 11 auch dann anzuwenden, wenn die Partei, gegen die die Vollstreckung erwirkt werden soll, ihren gewöhnlichen Aufenthalt nicht im Hoheitsgebiet eines Mitgliedstaats hat.

(5) Der Rechtsbehelf gegen die Vollstreckbarerklärung ist innerhalb von 30 Tagen nach ihrer Zustellung einzulegen. Hat die Partei, gegen die die Vollstreckung erwirkt werden soll, ihren gewöhnlichen Aufenthalt im Hoheitsgebiet eines anderen Mitgliedstaats als dem, in dem die Vollstreckbarerklärung ergangen ist, so beträgt die Frist für den Rechtsbehelf 45 Tage und beginnt von dem Tage an zu laufen, an dem die Vollstreckbarerklärung ihr entweder in Person oder in ihrer Wohnung zugestellt worden ist. Eine Verlängerung dieser Frist wegen weiter Entfernung ist ausgeschlossen.

Artikel 33
Rechtsmittel gegen die Entscheidung über den Rechtsbehelf

Die über den Rechtsbehelf ergangene Entscheidung kann nur im Wege des Verfahrens angefochten werden, das der betreffende Mitgliedstaat der Kommission nach Artikel 71 notifiziert hat.

Artikel 34
Versagung oder Aufhebung einer Vollstreckbarerklärung

(1) Die Vollstreckbarerklärung darf von dem mit einem Rechtsbehelf nach Artikel 32 oder Artikel 33 befassten Gericht nur aus einem der in Artikel 24 aufgeführten Gründe versagt oder aufgehoben werden.

(2) Vorbehaltlich des Artikels 32 Absatz 4 erlässt das mit einem Rechtsbehelf nach Artikel 32 befasste Gericht seine Entscheidung innerhalb von 90 Tagen nach seiner Befassung, es sei denn, dies erweist sich aufgrund außergewöhnlicher Umstände als nicht möglich.

(3) Das mit einem Rechtsbehelf nach Artikel 33 befasste Gericht erlässt seine Entscheidung unverzüglich.

Artikel 35
Aussetzung des Verfahrens

Das mit einem Rechtsbehelf nach Artikel 32 oder Artikel 33 befasste Gericht setzt auf Antrag der Partei, gegen die die Vollstreckung erwirkt werden soll, das Verfahren aus, wenn die Vollstreckung der Entscheidung im Ursprungsmitgliedstaat wegen der Einlegung eines Rechtsbehelfs einstweilen eingestellt ist.

Artikel 36
Einstweilige Maßnahmen einschließlich Sicherungsmaßnahmen

(1) Ist eine Entscheidung nach diesem Abschnitt anzuerkennen, so ist der Antragsteller nicht daran gehindert, einstweilige Maßnahmen einschließlich solcher, die auf eine Sicherung gerichtet sind, nach dem Recht des Vollstreckungsmitgliedstaats in Anspruch zu nehmen, ohne dass es einer Vollstreckbarerklärung nach Artikel 30 bedarf.

(2) Die Vollstreckbarerklärung umfasst von Rechts wegen die Befugnis, solche Maßnahmen zu veranlassen.

(3) Solange die in Artikel 32 Absatz 5 vorgesehene Frist für den Rechtsbehelf gegen die Vollstreckbarerklärung läuft und solange über den Rechtsbehelf nicht entschieden ist, darf die Zwangsvollstreckung in das Vermögen der Partei, gegen die die Vollstreckung erwirkt werden soll, nicht über Maßnahmen zur Sicherung hinausgehen.

Artikel 37
Teilvollstreckbarkeit

(1) Ist durch die Entscheidung über mehrere mit dem Antrag geltend gemachte Ansprüche erkannt worden und kann die Vollstreckbarerklä-

rung nicht für alle Ansprüche erteilt werden, so erteilt das Gericht oder die zuständige Behörde sie für einen oder mehrere dieser Ansprüche.

(2) Der Antragsteller kann beantragen, dass die Vollstreckbarerklärung nur für einen Teil des Gegenstands der Entscheidung erteilt wird.

Artikel 38
Keine Stempelabgaben oder Gebühren

Im Vollstreckungsmitgliedstaat dürfen im Vollstreckbarerklärungsverfahren keine nach dem Streitwert abgestuften Stempelabgaben oder Gebühren erhoben werden.

ABSCHNITT 3
Gemeinsame Bestimmungen

Artikel 39
Vorläufige Vollstreckbarkeit

Das Ursprungsgericht kann die Entscheidung ungeachtet eines etwaigen Rechtsbehelfs für vorläufig vollstreckbar erklären, auch wenn das innerstaatliche Recht keine Vollstreckbarkeit von Rechts wegen vorsieht.

Artikel 40
Durchsetzung einer anerkannten Entscheidung

(1) Eine Partei, die in einem anderen Mitgliedstaat eine im Sinne des Artikel 17 Absatz 1 oder des Abschnitt 2 anerkannte Entscheidung geltend machen will, hat eine Ausfertigung der Entscheidung vorzulegen, die für ihre Beweiskraft erforderlichen Voraussetzungen erfüllt.

(2) Das Gericht, bei dem die anerkannte Entscheidung geltend gemacht wird, kann die Partei, die die anerkannte Entscheidung geltend macht, gegebenenfalls auffordern, einen vom Ursprungsgericht erstellten Auszug unter Verwendung des Formblatts in Anhang I beziehungsweise in Anhang II vorzulegen.
Das Ursprungsgericht erstellt diesen Auszug auch auf Antrag jeder betroffenen Partei.

(3) Gegebenenfalls übermittelt die Partei, die die anerkannte Entscheidung geltend macht, eine Transskript oder eine Übersetzung des Inhalts des in Absatz 2 genannten Formblatts in die Amtssprache des betreffenden Mitgliedstaats oder – falls es in diesem Mitgliedstaat mehrere Amtssprachen gibt – nach Maßgabe der Rechtsvorschriften dieses Mitgliedstaats – in die oder eine der Verfahrenssprachen des Ortes, an dem die anerkannte Entscheidung geltend gemacht wird, oder in eine sonstige Sprache, die der betreffende Mitgliedstaat für zulässig erklärt hat. Jeder Mitgliedstaat kann angeben, welche Amtssprache oder Amtssprachen der Organe der Europäischen Union er

neben seiner oder seinen eigenen für das Ausfüllen des Formblatts zulässt.

(4) Eine Übersetzung aufgrund dieses Artikels ist von einer Person zu erstellen, die zur Anfertigung von Übersetzungen in einem der Mitgliedstaaten befugt ist.

Artikel 41
Vollstreckungsverfahren und Bedingungen für die Vollstreckung

(1) Vorbehaltlich der Bestimmungen dieser Verordnung gilt für das Verfahren zur Vollstreckung der in einem anderen Mitgliedstaat ergangenen Entscheidungen das Recht des Vollstreckungsmitgliedstaats. Eine in einem Mitgliedstaat ergangene Entscheidung, die im Vollstreckungsmitgliedstaat vollstreckbar ist, wird dort unter den gleichen Bedingungen vollstreckt wie eine im Vollstreckungsmitgliedstaat ergangene Entscheidung.

(2) Von der Partei, die die Vollstreckung einer Entscheidung beantragt, die in einem anderen Mitgliedstaat ergangen ist, kann nicht verlangt werden, dass sie im Vollstreckungsmitgliedstaat über eine Postanschrift oder einen bevollmächtigten Vertreter verfügt, außer bei den Personen, die im Bereich der Vollstreckungsverfahren zuständig sind.

Artikel 42
Verbot der sachlichen Nachprüfung

Eine in einem Mitgliedstaat ergangene Entscheidung darf in dem Mitgliedstaat, in dem die Anerkennung, die Vollstreckbarkeit oder die Vollstreckung beantragt wird, in der Sache selbst nicht nachgeprüft werden.

Artikel 43
Kein Vorrang der Eintreibung von Kosten

Die Eintreibung von Kosten, die bei der Anwendung dieser Verordnung entstehen, hat keinen Vorrang vor der Geltendmachung von Unterhaltsansprüchen.

KAPITEL V
ZUGANG ZUM RECHT

Artikel 44
Anspruch auf Prozesskostenhilfe

(1) Die an einem Rechtsstreit im Sinne dieser Verordnung beteiligten Parteien genießen nach Maßgabe der in diesem Kapitel niedergelegten Bedingungen effektiven Zugang zum Recht in einem anderen Mitgliedstaat, einschließlich im Rahmen von Vollstreckungsverfahren und Rechtsbehelfen.

In den Fällen gemäß Kapitel VII wird der effektive Zugang zum Recht durch den ersuchten Mitgliedstaat gegenüber jedem Antragsteller gewährleistet, der seinen Aufenthalt im ersuchenden Mitgliedstaat hat.

(2) Um einen solchen effektiven Zugang zu gewährleisten, leisten die Mitgliedstaaten Prozesskostenhilfe im Einklang mit diesem Kapitel, sofern nicht Absatz 3 gilt.

(3) In den Fällen gemäß Kapitel VII ist ein Mitgliedstaat nicht verpflichtet, Prozesskostenhilfe zu leisten, wenn und soweit die Verfahren in diesem Mitgliedstaat es den Parteien gestatten, die Sache ohne Prozesskostenhilfe zu betreiben, und die Zentrale Behörde die nötigen Dienstleistungen unentgeltlich erbringt.

(4) Die Voraussetzungen für den Zugang zu Prozesskostenhilfe dürfen nicht enger als diejenigen, die für vergleichbare innerstaatliche Fälle gelten, sein.

(5) In Verfahren, die Unterhaltspflichten betreffen, wird für die Zahlung von Verfahrenskosten keine Sicherheitsleistung oder Hinterlegung gleich welcher Bezeichnung auferlegt.

Artikel 45
Gegenstand der Prozesskostenhilfe

Nach diesem Kapitel gewährte Prozesskostenhilfe ist die Unterstützung, die erforderlich ist, damit die Parteien ihre Rechte in Erfahrung bringen und geltend machen können und damit sichergestellt werden kann, dass ihre Anträge, die über die Zentralen Behörden oder direkt an die zuständigen Behörden übermittelt werden, in umfassender und wirksamer Weise bearbeitet werden. Sie umfasst soweit erforderlich Folgendes:

a) eine vorprozessuale Rechtsberatung im Hinblick auf eine außergerichtliche Streitbeilegung;

b) den Rechtsbeistand bei Anrufung einer Behörde oder eines Gerichts und die rechtliche Vertretung vor Gericht;

c) eine Befreiung von den Gerichtskosten und den Kosten für Personen, die mit der Wahrnehmung von Aufgaben während des Prozesses beauftragt werden, oder eine Unterstützung bei solchen Kosten;

d) in Mitgliedstaaten, in denen die unterliegende Partei die Kosten der Gegenpartei übernehmen muss, im Falle einer Prozessniederlage des Empfängers der Prozesskostenhilfe auch die Kosten der Gegenpartei, sofern die Prozesskostenhilfe diese Kosten umfasst hätte, wenn der Empfänger seinen gewöhnlichen Aufenthalt im Mitgliedstaat des angerufenen Gerichts gehabt hätte;

e) Dolmetschleistungen;

f) Übersetzung der vom Gericht oder von der zuständigen Behörde verlangten und vom Empfänger der Prozesskostenhilfe vorgelegten Schriftstücke, die für die Entscheidung des Rechtsstreits erforderlich sind;

g) Reisekosten, die vom Empfänger der Prozesskostenhilfe zu tragen sind, wenn das Recht oder das Gericht des betreffenden Mitgliedstaats die Anwesenheit der mit der Darlegung des Falles des Empfängers befassten Personen bei Gericht verlangen und das Gericht entscheidet, dass die betreffenden Personen nicht auf andere Weise zur Zufriedenheit des Gerichts gehört werden können.

Artikel 46
Unentgeltliche Prozesskostenhilfe bei Anträgen auf Unterhaltsleistungen für Kinder, die über die Zentralen Behörden gestellt werden

(1) Der ersuchte Mitgliedstaat leistet unentgeltliche Prozesskostenhilfe für alle von einer berechtigten Person nach Artikel 56 gestellten Anträge in Bezug auf Unterhaltspflichten aus einer Eltern-Kind-Beziehung gegenüber einer Person, die das 21. Lebensjahr noch nicht vollendet hat.

(2) Ungeachtet des Absatzes 1 kann die zuständige Behörde des ersuchten Mitgliedstaats in Bezug auf andere Anträge als solche nach Artikel 56 Absatz 1 Buchstaben a und b die Gewährung unentgeltlicher Prozesskostenhilfe ablehnen, wenn sie den Antrag oder einen Rechtsbehelf für offensichtlich unbegründet erachtet.

Artikel 47
Fälle, die nicht unter Artikel 46 fallen

(1) In Fällen, die nicht unter Artikel 46 fallen, kann vorbehaltlich der Artikel 44 und 45 die Gewährung der Prozesskostenhilfe gemäß dem innerstaatlichen Recht insbesondere von den Voraussetzungen der Prüfung der Mittel des Antragstellers oder der Begründetheit des Antrags abhängig gemacht werden.

(2) Ist einer Partei im Ursprungsmitgliedstaat ganz oder teilweise Prozesskostenhilfe oder Kosten- und Gebührenbefreiung gewährt worden, so genießt sie ungeachtet des Absatzes 1 in jedem Anerkennungs-, Vollstreckbarerklärungs- oder Vollstreckungsverfahren hinsichtlich der Prozesskostenhilfe oder der Kosten- und Gebührenbefreiung die günstigste oder umfassendste Behandlung, die das Recht des Vollstreckungsmitgliedstaats vorsieht.

(3) Hat eine Partei im Ursprungsmitgliedstaat ein unentgeltliches Verfahren vor einer in Anhang X aufgeführten Verwaltungsbehörde in Anspruch nehmen können, so hat sie ungeachtet des Absatzes 1 in jedem Anerkennungs-, Vollstreckbarerklärungs- oder Vollstreckungsverfahren Anspruch auf Prozesskostenhilfe nach Absatz 2. Zu diesem Zweck muss sie ein von der zuständigen Behörde des Ursprungsmitgliedstaats erstelltes Schriftstück

vorgelegen, mit dem bescheinigt wird, dass sie die wirtschaftlichen Voraussetzungen erfüllt, um ganz oder teilweise Prozesskostenhilfe oder Kosten- und Gebührenbefreiung in Anspruch nehmen zu können.

Die für die Zwecke dieses Absatzes zuständigen Behörden sind in Anhang XI aufgelistet. Dieser Anhang wird nach dem Verwaltungsverfahren des Artikels 73 Absatz 2 erstellt und geändert.

KAPITEL VI

GERICHTLICHE VERGLEICHE UND ÖFFENTLICHE URKUNDEN

Artikel 48
Anwendung dieser Verordnung auf gerichtliche Vergleiche und öffentliche Urkunden

(1) Die im Ursprungsmitgliedstaat vollstreckbaren gerichtlichen Vergleiche und öffentlichen Urkunden sind in einem anderen Mitgliedstaat ebenso wie Entscheidungen gemäß Kapitel IV anzuerkennen und in der gleichen Weise vollstreckbar.

(2) Die Bestimmungen dieser Verordnung gelten, soweit erforderlich, auch für gerichtliche Vergleiche und öffentliche Urkunden.

(3) Die zuständige Behörde des Ursprungsmitgliedstaats erstellt auf Antrag jeder betroffenen Partei einen Auszug des gerichtlichen Vergleichs oder der öffentlichen Urkunde unter Verwendung, je nach Fall, der in den Anhängen I und II oder in den Anhängen III und IV vorgesehenen Formblätter.

KAPITEL VII

ZUSAMMENARBEIT DER ZENTRALEN BEHÖRDEN

Artikel 49
Bestimmung der Zentralen Behörden

(1) Jeder Mitgliedstaat bestimmt eine Zentrale Behörde, welche die ihr durch diese Verordnung übertragenen Aufgaben wahrnimmt.

(2) Einem Mitgliedstaat, der ein Bundesstaat ist, einem Mitgliedstaat mit mehreren Rechtssystemen oder einem Mitgliedstaat, der aus autonomen Gebietseinheiten besteht, steht es frei, mehrere Zentrale Behörden zu bestimmen, deren räumliche und persönliche Zuständigkeit er festlegt. Macht ein Mitgliedstaat von dieser Möglichkeit Gebrauch, so bestimmt er die Zentrale Behörde, an die Mitteilungen zur Übermittlung an die zuständige Zentrale Behörde in diesem Staat gerichtet werden können. Wurde eine Mitteilung an eine nicht zuständige Zentrale Behörde gerichtet, so hat diese die Mitteilung an die zuständige Zentrale Behörde weiterzuleiten und den Absender davon in Kenntnis zu setzen.

(3) Jeder Mitgliedstaat unterrichtet die Kommission im Einklang mit Artikel 71 über die Bestimmung der Zentralen Behörde oder der Zentralen Behörden sowie über deren Kontaktdaten und gegebenenfalls deren Zuständigkeit nach Absatz 2.

Artikel 50
Allgemeine Aufgaben der Zentralen Behörden

(1) Die Zentralen Behörden

a) arbeiten zusammen, insbesondere durch den Austausch von Informationen, und fördern die Zusammenarbeit der zuständigen Behörden ihrer Mitgliedstaaten, um die Ziele dieser Verordnung zu verwirklichen;

b) suchen, soweit möglich, nach Lösungen für Schwierigkeiten, die bei der Anwendung dieser Verordnung auftreten.

(2) Die Zentralen Behörden ergreifen Maßnahmen, um die Anwendung dieser Verordnung zu erleichtern und die Zusammenarbeit untereinander zu stärken. Hierzu wird das mit der Entscheidung 2001/470/EG eingerichtete Europäische Justizielle Netz für Zivil- und Handelssachen genutzt.

Artikel 51
Besondere Aufgaben der Zentralen Behörden

(1) Die Zentralen Behörden leisten bei Anträgen nach Artikel 56 Hilfe, indem sie insbesondere

a) diese Anträge übermitteln und entgegennehmen;

b) Verfahren bezüglich dieser Anträge einleiten oder die Einleitung solcher Verfahren erleichtern.

(2) In Bezug auf diese Anträge treffen die Zentralen Behörden alle angemessenen Maßnahmen, um

a) Prozesskostenhilfe zu gewähren oder die Gewährung von Prozesskostenhilfe zu erleichtern, wenn die Umstände es erfordern;

b) dabei behilflich zu sein, den Aufenthaltsort der verpflichteten oder der berechtigten Person ausfindig zu machen, insbesondere in Anwendung der Artikel 61, 62 und 63;

c) die Erlangung einschlägiger Informationen über das Einkommen und, wenn nötig, das Vermögen der verpflichteten oder der berechtigten Person einschließlich der Belegenheit von Vermögensgegenständen zu erleichtern, insbesondere in Anwendung der Artikel 61, 62 und 63;

d) gütliche Regelungen zu fördern, um die freiwillige Zahlung von Unterhalt zu erreichen, wenn angebracht durch Mediation, Schlichtung oder ähnliche Mittel;

EuUVO EuErbVO

e) die fortlaufende Vollstreckung von Unterhaltsentscheidungen einschließlich der Zahlungsrückstände zu erleichtern;

f) die Eintreibung und zügige Überweisung von Unterhalt zu erleichtern;

g) unbeschadet der Verordnung (EG) Nr. 1206/2001 die Beweiserhebung, sei es durch Urkunden oder durch andere Beweismittel, zu erleichtern;

h) bei der Feststellung der Abstammung Hilfe zu leisten, wenn dies zur Geltendmachung von Unterhaltsansprüchen notwendig ist;

i) Verfahren zur Erwirkung notwendiger vorläufiger Maßnahmen, die auf das betreffende Hoheitsgebiet beschränkt sind und auf die Absicherung des Erfolgs eines anhängigen Unterhaltsantrags abzielen, einzuleiten oder die Einleitung solcher Verfahren zu erleichtern;

j) unbeschadet der Verordnung (EG) Nr. 1393/2007 die Zustellung von Schriftstücken zu erleichtern.

(3) Die Aufgaben, die nach diesem Artikel der Zentralen Behörde übertragen sind, können in dem vom Recht des betroffenen Mitgliedstaats vorgesehenen Umfang von öffentliche Aufgaben wahrnehmenden Einrichtungen oder anderen der Aufsicht der zuständigen Behörden dieses Mitgliedstaats unterliegenden Stellen wahrgenommen werden. Der Mitgliedstaat teilt der Kommission gemäß Artikel 71 die Bestimmung solcher Einrichtungen oder anderen Stellen sowie deren Kontaktdaten und Zuständigkeit mit.

(4) Dieser Artikel und Artikel 53 verpflichten eine Zentrale Behörde nicht zur Ausübung von Befugnissen, die nach dem Recht des ersuchten Mitgliedstaats ausschließlich den Gerichten zustehen.

Artikel 52
Vollmacht

Die Zentrale Behörde des ersuchten Mitgliedstaats kann vom Antragsteller eine Vollmacht nur verlangen, wenn sie in seinem Namen in Gerichtsverfahren oder in Verfahren vor anderen Behörden tätig wird, oder um einen Vertreter für diese Zwecke zu bestimmen.

Artikel 53
Ersuchen um Durchführung besonderer Maßnahmen

(1) Eine Zentrale Behörde kann unter Angabe der Gründe eine andere Zentrale Behörde auch dann ersuchen, angemessene besondere Maßnahmen nach Artikel 51 Absatz 2 Buchstaben b, c, g, h, i und j zu treffen, wenn kein Antrag nach Artikel 56 anhängig ist. Die ersuchte Zentrale Behörde trifft, wenn sie es für notwendig erachtet, angemessene Maßnahmen, um einem potenziellen Antragsteller bei der Einreichung eines Antrags nach Artikel 56 oder bei der Feststellung behilflich zu sein, ob ein solcher Antrag gestellt werden soll.

(2) Im Falle eines Ersuchens hinsichtlich besonderer Maßnahmen im Sinne des Artikels 51 Absatz 2 Buchstaben b und c holt die ersuchte Zentrale Behörde die erbetenen Informationen ein, erforderlichenfalls in Anwendung von Artikel 61. Informationen nach Artikel 61 Absatz 2 Buchstaben b, c und d dürfen jedoch erst eingeholt werden, wenn die berechtigte Person eine Ausfertigung einer zu vollstreckenden Entscheidung, eines zu vollstreckenden gerichtlichen Vergleichs oder einer zu vollstreckenden öffentlichen Urkunde, gegebenenfalls zusammen mit dem Auszug nach den Artikeln 20, 28 oder 48, vorlegt. Die ersuchte Zentrale Behörde übermittelt die eingeholten Informationen an die ersuchende Zentrale Behörde. Wurden diese Informationen in Anwendung von Artikel 61 eingeholt, wird dabei nur die Anschrift des potenziellen Antragsgegners im ersuchten Mitgliedstaat übermittelt. Im Rahmen eines Ersuchens im Hinblick auf die Anerkennung, die Vollstreckbarkeitserklärung oder die Vollstreckung wird dabei im Übrigen nur angegeben, ob überhaupt Einkommen oder Vermögen der verpflichteten Person in diesem Staat bestehen.

Ist die ersuchte Zentrale Behörde nicht in der Lage, die erbetenen Informationen zur Verfügung zu stellen, so teilt sie dies der ersuchenden Zentralen Behörde unverzüglich unter Angabe der Gründe mit.

(3) Eine Zentrale Behörde kann auf Ersuchen einer anderen Zentralen Behörde auch besondere Maßnahmen in einem Fall mit Auslandsbezug treffen, der die Geltendmachung von Unterhaltsansprüchen betrifft und im ersuchenden Mitgliedstaat anhängig ist.

(4) Die Zentralen Behörden verwenden für Ersuchen nach diesem Artikel das in Anhang V vorgesehene Formblatt.

Artikel 54
Kosten der Zentralen Behörde

(1) Jede Zentrale Behörde trägt die Kosten, die ihr durch die Anwendung dieser Verordnung entstehen.

(2) Die Zentralen Behörden dürfen vom Antragsteller für ihre nach dieser Verordnung erbrachten Dienstleistungen keine Gebühren erheben, außer für außergewöhnliche Kosten, die sich aus einem Ersuchen um besondere Maßnahmen nach Artikel 53 ergeben. Für die Zwecke dieses Absatzes gelten die Kosten im Zusammenhang mit der Feststellung des Auf-

enthaltsorts der verpflichteten Person nicht als außergewöhnlich.

(3) Die ersuchte Zentrale Behörde kann sich die außergewöhnlichen Kosten nach Absatz 2 nur erstatten lassen, wenn der Antragsteller im Voraus zugestimmt hat, dass die Dienstleistungen mit einem Kostenaufwand in der betreffenden Höhe erbracht werden.

Artikel 55
Übermittlung von Anträgen über die Zentralen Behörden

Anträge nach diesem Kapitel sind über die Zentrale Behörde des Mitgliedstaats, in dem der Antragsteller seinen Aufenthalt hat, bei der Zentralen Behörde des ersuchten Mitgliedstaats zu stellen.

Artikel 56
Zur Verfügung stehende Anträge

(1) Eine berechtigte Person, die Unterhaltsansprüche nach dieser Verordnung geltend machen will, kann Folgendes beantragen:

a) Anerkennung oder Anerkennung und Vollstreckbarerklärung einer Entscheidung;

b) Vollstreckung einer im ersuchten Mitgliedstaat ergangenen oder anerkannten Entscheidung;

c) Herbeiführen einer Entscheidung im ersuchten Mitgliedstaat, wenn keine Entscheidung vorliegt, einschließlich, soweit erforderlich, der Feststellung der Abstammung;

d) Herbeiführen einer Entscheidung im ersuchten Mitgliedstaat, wenn die Anerkennung und Vollstreckbarerklärung einer Entscheidung, die in einem anderen Staat als dem ersuchten Mitgliedstaat ergangen ist, nicht möglich ist;

e) Änderung einer im ersuchten Mitgliedstaat ergangenen Entscheidung;

f) Änderung einer Entscheidung, die in einem anderen Staat als dem ersuchten Mitgliedstaat ergangen ist.

(2) Eine verpflichtete Person, gegen die eine Unterhaltsentscheidung vorliegt, kann Folgendes beantragen:

a) Anerkennung einer Entscheidung, die die Aussetzung oder Einschränkung der Vollstreckung einer früheren Entscheidung im ersuchten Mitgliedstaat bewirkt;

b) Änderung einer im ersuchten Mitgliedstaat ergangenen Entscheidung;

c) Änderung einer Entscheidung, die in einem anderen Staat als dem ersuchten Mitgliedstaat ergangen ist.

(3) Bei Anträgen nach diesem Artikel werden der Beistand und die Vertretung nach Artikel 45 Buchstabe b durch die Zentrale Behörde des ersuchten Mitgliedstaats entweder unmittelbar oder über öffentliche Aufgaben wahrnehmende Einrichtungen oder andere Stellen oder Personen geleistet.

(4) Sofern in dieser Verordnung nichts anderes bestimmt ist, werden Anträge gemäß den Absätzen 1 und 2 nach dem Recht des ersuchten Mitgliedstaats behandelt und unterliegen den in diesem Mitgliedstaat geltenden Zuständigkeitsvorschriften.

Artikel 57
Inhalt des Antrags

(1) Für Anträge nach Artikel 56 ist das in Anhang VI oder in Anhang VII vorgesehene Formblatt zu verwenden.

(2) Anträge nach Artikel 56 müssen mindestens folgende Angaben enthalten:

a) eine Erklärung in Bezug auf die Art des Antrags oder der Anträge;

b) den Namen und die Kontaktdaten des Antragstellers, einschließlich seiner Anschrift und seines Geburtsdatums;

c) den Namen und, sofern bekannt, die Anschrift sowie das Geburtsdatum des Antragsgegners;

d) den Namen und das Geburtsdatum jeder Person, für die Unterhalt verlangt wird;

e) die Gründe, auf die sich der Antrag stützt;

f) wenn die berechtigte Person den Antrag stellt, Angaben zu dem Ort, an dem die Unterhaltszahlungen geleistet oder an den sie elektronisch überwiesen werden sollen;

g) den Namen und die Kontaktdaten der Person oder Stelle in der Zentralen Behörde des ersuchenden Mitgliedstaats, die für die Bearbeitung des Antrags zuständig ist.

(3) Für die Zwecke des Absatzes 2 Buchstabe b kann die persönliche Anschrift des Antragstellers im Falle familiärer Gewalt durch eine andere Anschrift ersetzt werden, sofern das innerstaatliche Recht des ersuchten Mitgliedstaats nicht vorschreibt, dass der Antragsteller für die Zwecke des Verfahrens seine persönliche Anschrift angibt.

(4) Wenn angebracht und soweit bekannt, muss der Antrag außerdem Folgendes enthalten:

a) Angaben über die finanziellen Verhältnisse der berechtigten Person;

b) Angaben über die finanziellen Verhältnisse der verpflichteten Person, einschließlich des Namens und der Anschrift des Arbeitgebers der verpflichteten Person, sowie Art und Belegenheit der Vermögensgegenstände der verpflichteten Person;

c) alle anderen Angaben, die es gestatten, den Aufenthaltsort des Antragsgegners ausfindig zu machen.

EuUVO EuErbVO

(5) Dem Antrag sind alle erforderlichen Angaben oder schriftlichen Belege einschließlich gegebenenfalls Unterlagen zum Nachweis des Anspruchs des Antragstellers auf Prozesskostenhilfe beizufügen. Anträgen nach Artikel 56 Absatz 1 Buchstaben a und b und Absatz 2 Buchstabe a sind je nach Fall nur die in den Artikeln 20, 28 oder 48 oder die in Artikel 25 des Haager Übereinkommens von 2007 aufgeführten Schriftstücke beizufügen.

Artikel 58
Übermittlung, Entgegennahme und Bearbeitung der Anträge und Fälle durch die Zentralen Behörden

(1) Die Zentrale Behörde des ersuchenden Mitgliedstaats ist dem Antragsteller behilflich, sicherzustellen, dass der Antrag alle Schriftstücke und Angaben umfasst, die nach Kenntnis dieser Behörde für seine Prüfung notwendig sind.

(2) Nachdem sich die Zentrale Behörde des ersuchenden Mitgliedstaats davon überzeugt hat, dass der Antrag den Erfordernissen dieser Verordnung entspricht, übermittelt sie ihn der Zentralen Behörde des ersuchten Mitgliedstaats.

(3) Innerhalb von 30 Tagen ab dem Tag des Eingangs des Antrags bestätigt die ersuchte Zentrale Behörde den Eingang des Antrags unter Verwendung des in Anhang VIII vorgesehenen Formblatts, benachrichtigt die Zentrale Behörde des ersuchenden Mitgliedstaats über die ersten Maßnahmen, die zur Bearbeitung des Antrags getroffen wurden oder werden, und fordert gegebenenfalls die von ihr für notwendig erachteten zusätzlichen Schriftstücke oder Angaben an. Innerhalb derselben Frist von 30 Tagen teilt die ersuchte Zentrale Behörde der ersuchenden Zentralen Behörde den Namen und die Kontaktdaten der Person oder Dienststelle mit, die damit beauftragt ist, Fragen im Hinblick auf den Stand des Antrags zu beantworten.

(4) Innerhalb von 60 Tagen nach der Empfangsbestätigung unterrichtet die ersuchte Zentrale Behörde die ersuchende Zentrale Behörde über den Stand des Antrags.

(5) Die ersuchende und die ersuchte Zentrale Behörde unterrichten einander

a) über die Person oder Dienststelle, die für einen bestimmten Fall zuständig ist;

b) über den Stand des Verfahrens

und beantworten Auskunftsersuchen rechtzeitig.

(6) Die Zentralen Behörden behandeln einen Fall so zügig, wie es eine sachgemäße Prüfung seines Gegenstands zulässt.

(7) Die Zentralen Behörden benutzen untereinander die schnellsten und effizientesten Kommunikationsmittel, die ihnen zur Verfügung stehen.

(8) Eine ersuchte Zentrale Behörde kann die Bearbeitung eines Antrags nur ablehnen, wenn offensichtlich ist, dass die Voraussetzungen dieser Verordnung nicht erfüllt sind. In diesem Fall unterrichtet die betreffende Zentrale Behörde die ersuchende Zentrale Behörde umgehend unter Verwendung des in Anhang IX vorgesehenen Formblatts über die Gründe für ihre Ablehnung.

(9) Die ersuchte Zentrale Behörde kann einen Antrag nicht allein deshalb ablehnen, weil zusätzliche Schriftstücke oder Angaben erforderlich sind. Die ersuchte Zentrale Behörde kann jedoch die ersuchende Zentrale Behörde auffordern, solche zusätzlichen Schriftstücke oder Angaben zu übermitteln. Geschieht dies nicht innerhalb von 90 Tagen oder einer von der ersuchten Zentralen Behörde gesetzten längeren Frist, so kann diese Behörde beschließen, die Bearbeitung des Antrags zu beenden. In diesem Fall unterrichtet sie die ersuchende Zentrale Behörde unter Verwendung des in Anhang IX vorgesehenen Formblatts.

Artikel 59
Sprachenregelung

(1) Das Formblatt für das Ersuchen oder den Antrag ist in der Amtssprache des ersuchten Mitgliedstaats oder, wenn es in diesem Mitgliedstaat mehrere Amtssprachen gibt, der Amtssprache oder einer der Amtssprachen des Ortes, an dem sich die betreffende Zentrale Behörde befindet, oder in einer sonstigen Amtssprache der Organe der Europäischen Union, die der ersuchte Mitgliedstaat für zulässig erklärt hat, auszufüllen, es sei denn, die Zentrale Behörde dieses Mitgliedstaats verzichtet auf eine Übersetzung.

(2) Unbeschadet der Artikel 20, 28, 40 und 66 werden die dem Formblatt für das Ersuchen oder den Antrag beigefügten Schriftstücke nur dann in die gemäß Absatz 1 bestimmte Sprache übersetzt, wenn eine Übersetzung für die Gewährung der beantragten Hilfe erforderlich ist.

(3) Die sonstige Kommunikation zwischen den Zentralen Behörden erfolgt in der nach Absatz 1 bestimmten Sprache, sofern die Zentralen Behörden nichts anderes vereinbaren.

Artikel 60
Zusammenkünfte

(1) Zur leichteren Anwendung dieser Verordnung finden regelmäßig Zusammenkünfte der Zentralen Behörden statt.

(2) Die Einberufung dieser Zusammenkünfte erfolgt im Einklang mit der Entscheidung 2001/470/EG.

Artikel 61
Zugang der Zentralen Behörden zu Informationen

(1) Nach Maßgabe dieses Kapitels und abweichend von Artikel 51 Absatz 4 setzt die ersuchte Zentrale Behörde alle geeigneten und angemessenen Mittel ein, um die Informationen gemäß Absatz 2 einzuholen, die erforderlich sind, um in einem bestimmten Fall den Erlass, die Änderung, die Anerkennung, die Vollstreckbarerklärung oder die Vollstreckung einer Entscheidung zu erleichtern.

Die Behörden oder Verwaltungen, die im Rahmen ihrer gewöhnlichen Tätigkeit im ersuchten Mitgliedstaat über die Informationen nach Absatz 2 verfügen und für ihre Verarbeitung im Sinne der Richtlinie 95/46/EG verantwortlich sind, stellen diese Informationen vorbehaltlich der Beschränkungen, die aus Gründen der nationalen oder öffentlichen Sicherheit gerechtfertigt sind, der ersuchten Zentralen Behörde auf Anfrage in den Fällen, in denen die ersuchte Zentrale Behörde keinen direkten Zugang zu diesen Informationen hat, zur Verfügung.

Die Mitgliedstaaten können die Behörden oder Verwaltungen bestimmen, die geeignet sind, der ersuchten Zentralen Behörde die Informationen nach Absatz 2 zur Verfügung zu stellen. Nimmt ein Mitgliedstaat eine solche Bestimmung vor, so achtet er darauf, dass er die Behörden und Verwaltungen so auswählt, dass seine Zentrale Behörde Zugang zu den erforderlichen Informationen gemäß diesem Artikel erhält.

Andere juristische Personen, die im ersuchten Mitgliedstaat über die Informationen nach Absatz 2 verfügen und für ihre Verarbeitung im Sinne der Richtlinie 95/46/EG verantwortlich sind, stellen diese Informationen der ersuchten Zentralen Behörde auf Anfrage zur Verfügung, wenn sie nach dem Recht des ersuchten Mitgliedstaats dazu befugt sind.

Die ersuchte Zentrale Behörde leitet die so erlangten Informationen erforderlichenfalls an die ersuchende Zentrale Behörde weiter.

(2) Bei den Informationen im Sinne dieses Artikels muss es sich um solche handeln, über die die Behörden, Verwaltungen oder Personen nach Absatz 1 bereits verfügen. Diese Informationen sind angemessen und erheblich und gehen nicht über das Erforderliche hinaus; sie betreffen Folgendes:

a) Anschrift der verpflichteten oder der berechtigten Person,

b) Einkommen der verpflichteten Person,

c) Nennung des Arbeitgebers der verpflichteten Person und/oder der Bankverbindung(en) der verpflichteten Person und

d) Vermögen der verpflichteten Person.

Zur Herbeiführung oder Änderung einer Entscheidung kann die ersuchte Zentrale Behörde nur die Angaben nach Buchstabe a anfordern.

Für die Anerkennung, Vollstreckbarerklärung oder Vollstreckung einer Entscheidung kann die ersuchte Zentrale Behörde alle Angaben nach Unterabsatz 1 anfordern. Die Angaben nach Buchstabe d können jedoch nur dann angefordert werden, wenn die Angaben nach den Buchstaben b und c nicht ausreichen, um die Vollstreckung der Entscheidung zu ermöglichen.

Artikel 62
Weiterleitung und Verwendung der Informationen

(1) Die Zentralen Behörden leiten die in Artikel 61 Absatz 2 genannten Informationen innerhalb ihres Mitgliedstaats je nach Fall an die zuständigen Gerichte, die für die Zustellung von Schriftstücken zuständigen Behörden und die mit der Vollstreckung einer Entscheidung betrauten zuständigen Behörden weiter.

(2) Jede Behörde oder jedes Gericht, der/dem Informationen aufgrund von Artikel 61 übermittelt wurden, darf diese nur zur Erleichterung der Durchsetzung von Unterhaltsforderungen verwenden.

Mit Ausnahme der Informationen, die sich einzig darauf beziehen, ob eine Anschrift, Einkommen oder Vermögen im ersuchten Mitgliedstaat bestehen, dürfen, vorbehaltlich der Anwendung von Verfahrensregeln vor einem Gericht, die Informationen nach Artikel 61 Absatz 2 nicht der Person gegenüber offen gelegt werden, die die ersuchende Zentrale Behörde angerufen hat.

(3) Jede Behörde, die eine ihr aufgrund von Artikel 61 übermittelte Information bearbeitet, bewahrt diese nur so lange auf, wie es für die Zwecke, für die die Information übermittelt wurde, erforderlich ist.

(4) Jede Behörde, die ihr aufgrund von Artikel 61 übermittelte Informationen bearbeitet, gewährleistet die Vertraulichkeit dieser Informationen nach Maßgabe des innerstaatlichen Rechts.

Artikel 63
Benachrichtigung der von der Erhebung der Informationen betroffenen Person

(1) Die Benachrichtigung der von der Erhebung der Informationen betroffenen Person über die Übermittlung dieser Informationen in Teilen oder ihrer Gesamtheit erfolgt gemäß dem innerstaatlichen Recht des ersuchten Mitgliedstaats.

(2) Falls diese Benachrichtigung die Gefahr birgt, die wirksame Geltendmachung des Unterhaltsanspruchs zu beeinträchtigen, kann sie um höchstens 90 Tage ab dem Tag, an dem die Infor-

EuUVO EuErbVO

mationen der ersuchten Zentralen Behörde übermittelt wurden, aufgeschoben werden.

KAPITEL VIII

ÖFFENTLICHE AUFGABEN WAHRNEHMENDE EINRICHTUNGEN

Artikel 64
Öffentliche Aufgaben wahrnehmende Einrichtungen als Antragsteller

(1) Für die Zwecke eines Antrags auf Anerkennung und Vollstreckbarerklärung von Entscheidungen oder für die Zwecke der Vollstreckung von Entscheidungen schließt der Begriff „berechtigte Person" eine öffentliche Aufgaben wahrnehmende Einrichtung, die für eine unterhaltsberechtigte Person handelt, oder eine Einrichtung, der anstelle von Unterhalt erbrachte Leistungen zu erstatten sind, ein.

(2) Für das Recht einer öffentliche Aufgaben wahrnehmenden Einrichtung, für eine unterhaltsberechtigte Person zu handeln oder die Erstattung der der berechtigten Person anstelle von Unterhalt erbrachten Leistung zu fordern, ist das Recht maßgebend, dem die Einrichtung untersteht.

(3) Eine öffentliche Aufgaben wahrnehmende Einrichtung kann die Anerkennung und Vollstreckbarerklärung oder Vollstreckung folgender Entscheidungen beantragen:

a) einer Entscheidung, die gegen eine verpflichtete Person auf Antrag einer öffentliche Aufgaben wahrnehmenden Einrichtung ergangen ist, welche die Bezahlung von Leistungen verlangt, die anstelle von Unterhalt erbracht wurden;

b) einer zwischen einer berechtigten und einer verpflichteten Person ergangenen Entscheidung, soweit der der berechtigten Person Leistungen anstelle von Unterhalt erbracht wurden.

(4) Die öffentliche Aufgaben wahrnehmende Einrichtung, welche die Anerkennung und Vollstreckbarerklärung einer Entscheidung geltend macht oder deren Vollstreckung beantragt, legt auf Verlangen alle Schriftstücke vor, aus denen sich ihr Recht nach Absatz 2 und die Erbringung von Leistungen an die berechtigte Person ergeben.

KAPITEL IX

ALLGEMEINE BESTIMMUNGEN UND SCHLUSSBESTIMMUNGEN

Artikel 65
Legalisation oder ähnliche Förmlichkeiten

Im Rahmen dieser Verordnung bedarf es weder der Legalisation noch einer ähnlichen Förmlichkeit.

Artikel 66
Übersetzung der Beweisunterlagen

Unbeschadet der Artikel 20, 28 und 40 kann das angerufene Gericht für Beweisunterlagen, die in einer anderen Sprache als der Verfahrenssprache vorliegen, nur dann eine Übersetzung von den Parteien verlangen, wenn es der Ansicht ist, dass dies für die von ihm zu erlassende Entscheidung oder für die Wahrung der Verteidigungsrechte notwendig ist.

Artikel 67
Kostenerstattung

Unbeschadet des Artikels 54 kann die zuständige Behörde des ersuchten Mitgliedstaats von der unterliegenden Partei, die unentgeltliche Prozesskostenhilfe aufgrund von Artikel 46 erhält, in Ausnahmefällen und wenn deren finanzielle Verhältnisse es zulassen, die Erstattung der Kosten verlangen.

Artikel 68
Verhältnis zu anderen Rechtsinstrumenten der Gemeinschaft

(1) Vorbehaltlich des Artikels 75 Absatz 2 wird mit dieser Verordnung die Verordnung (EG) Nr. 44/2001 dahin gehend geändert, dass deren für Unterhaltssachen geltende Bestimmungen ersetzt werden.

(2) Diese Verordnung tritt hinsichtlich Unterhaltssachen an die Stelle der Verordnung (EG) Nr. 805/2004, außer in Bezug auf Europäische Vollstreckungstitel über Unterhaltspflichten, die in einem Mitgliedstaat, der nicht durch das Haager Protokoll von 2007 gebunden ist, ausgestellt wurden.

(3) Im Hinblick auf Unterhaltssachen bleibt die Anwendung der Richtlinie 2003/8/EG vorbehaltlich des Kapitels V von dieser Verordnung unberührt.

(4) Die Anwendung der Richtlinie 95/46/EG bleibt von dieser Verordnung unberührt.

Artikel 69
Verhältnis zu bestehenden internationalen Übereinkommen und Vereinbarungen

(1) Diese Verordnung berührt nicht die Anwendung der Übereinkommen und bilateralen oder multilateralen Vereinbarungen, denen ein oder mehrere Mitgliedstaaten zum Zeitpunkt der Annahme dieser Verordnung angehören und die die in dieser Verordnung geregelten Bereiche betreffen, unbeschadet der Verpflichtungen der Mitgliedstaaten gemäß Artikels 307 des Vertrags.

(2) Ungeachtet des Absatzes 1 und unbeschadet des Absatzes 3 hat diese Verordnung im Verhält-

nis der Mitgliedstaaten untereinander jedoch Vorrang vor Übereinkommen und Vereinbarungen, die sich auf Bereiche, die in dieser Verordnung geregelt sind, erstrecken und denen Mitgliedstaaten angehören.

(3) Diese Verordnung steht der Anwendung des Übereinkommens vom 23. März 1962 zwischen Schweden, Dänemark, Finnland, Island und Norwegen über die Geltendmachung von Unterhaltsforderungen durch die ihm angehörenden Mitgliedstaaten nicht entgegen, da dieses Übereinkommen in Bezug auf die Anerkennung, die Vollstreckbarkeit und die Vollstreckung von Entscheidungen Folgendes vorsieht:

a) vereinfachte und beschleunigte Verfahren für die Vollstreckung von Entscheidungen in Unterhaltssachen und

b) eine Prozesskostenhilfe, die günstiger ist als die Prozesskostenhilfe nach Kapitel V dieser Verordnung.

Die Anwendung des genannten Übereinkommens darf jedoch nicht bewirken, dass dem Antragsgegner der Schutz nach den Artikeln 19 und 21 dieser Verordnung entzogen wird.

Artikel 70
Der Öffentlichkeit zur Verfügung gestellte Informationen

Die Mitgliedstaaten übermitteln im Rahmen des durch die Entscheidung 2001/470/EG eingerichteten Europäischen Justiziellen Netzes für Zivil- und Handelssachen die folgenden Informationen im Hinblick auf ihre Bereitstellung für die Öffentlichkeit:

a) eine Beschreibung der nationalen Rechtsvorschriften und Verfahren, die Unterhaltspflichten betreffen,

b) eine Beschreibung der zur Erfüllung der Verpflichtungen aus Artikel 51 getroffenen Maßnahmen,

c) eine Beschreibung darüber, wie ein effektiver Zugang zum Recht gemäß Artikel 44 gewährleistet wird, und

d) eine Beschreibung der nationalen Vollstreckungsvorschriften und -verfahren, einschließlich Informationen über alle Vollstreckungsbeschränkungen, insbesondere über Vorschriften zum Schutz von verpflichteten Personen und zu Verjährungsfristen.

Die Mitgliedstaaten halten diese Informationen stets auf dem neuesten Stand.

Artikel 71
Informationen zu Kontaktdaten und Sprachen

(1) Die Mitgliedstaaten teilen der Kommission spätestens bis zum 18. September 2010 Folgendes mit:

a) die Namen und Kontaktdaten der für Anträge auf Vollstreckbarerklärung gemäß Artikel 27 Absatz 1 und für Rechtsbehelfe gegen Entscheidungen über derartige Anträge gemäß Artikel 32 Absatz 2 zuständigen Gerichte oder Behörden;

b) die in Artikel 33 genannten Rechtsbehelfe;

c) das Nachprüfungsverfahren zum Zweck der Anwendung von Artikel 19 sowie die Namen und Kontaktdaten der zuständigen Gerichte;

d) die Namen und Kontaktdaten ihrer Zentralen Behörden sowie gegebenenfalls deren Zuständigkeitsbereiche gemäß Artikel 49 Absatz 3;

e) die Namen und Kontaktdaten der öffentlichen oder sonstigen Stellen sowie gegebenenfalls deren Zuständigkeitsbereiche gemäß Artikel 51 Absatz 3;

f) die Namen und Kontaktdaten der Behörden, die für Vollstreckungssachen im Sinne des Artikel 21 zuständig sind;

g) die Sprachen, die für Übersetzungen der in den Artikeln 20, 28 und 40 genannten Schriftstücke zugelassen sind;

h) die Sprache oder Sprachen, die von ihren Zentralen Behörden für die Kommunikation mit den anderen Zentralen Behörden gemäß Artikel 59 zugelassen sind.

Die Mitgliedstaaten unterrichten die Kommission über spätere Änderungen dieser Angaben.

(2) Die Kommission veröffentlicht die gemäß Absatz 1 mitgeteilten Angaben im *Amtsblatt der Europäischen Union*, mit Ausnahme der in den Buchstaben a, c und f genannten Anschriften und anderen Kontaktdaten der Gerichte und Behörden.

(3) Die Kommission hält alle gemäß Absatz 1 mitgeteilten Angaben auf andere geeignete Weise, insbesondere über das mit der Entscheidung 2001/470/EG eingerichtete Europäische Justizielle Netz für Zivil- und Handelssachen, für die Öffentlichkeit zugänglich.

Artikel 72
Änderung der Formblätter

Änderungen der in dieser Verordnung vorgesehenen Formblätter werden nach dem Beratungsverfahren gemäß Artikel 73 Absatz 3 beschlossen.

Artikel 73
Ausschuss

(1) Die Kommission wird von dem durch Artikel 70 der Verordnung (EG) Nr. 2201/2003 eingesetzten Ausschuss unterstützt.

(2) Wird auf diesen Absatz Bezug genommen, so gelten die Artikel 4 und 7 des Beschlusses 1999/468/EG.
Der Zeitraum nach Artikel 4 Absatz 3 des Beschlusses 1999/468/EG wird auf drei Monate festgesetzt.

EuUVO EuErbVO

(3) Wird auf diesen Absatz Bezug genommen, so gelten die Artikel 3 und 7 des Beschlusses 1999/468/EG.

Artikel 74
Überprüfungsklausel

Die Kommission legt dem Europäischen Parlament, dem Rat und dem Europäischen Wirtschafts- und Sozialausschuss bis spätestens fünf Jahre nach dem Beginn der Anwendbarkeit gemäß Artikel 76, dritter Unterabsatz einen Bericht über die Anwendung dieser Verordnung vor; dazu gehört auch eine Bewertung der praktischen Erfahrungen im Bereich der Zusammenarbeit zwischen den Zentralen Behörden, insbesondere hinsichtlich ihres Zugangs zu den Informationen, über die Behörden und Verwaltungen verfügen, und eine Bewertung der Funktionsweise des Anerkennungs-, Vollstreckbarerklärungs- und Vollstreckungsverfahrens, das auf Entscheidungen anwendbar ist, die in einem Mitgliedstaat, der nicht durch das Haager Protokoll von 2007 gebunden ist, ergangen sind. Dem Bericht werden erforderlichenfalls Vorschläge zur Anpassung dieser Verordnung beigefügt.

Artikel 75
Übergangsbestimmungen

(1) Diese Verordnung findet vorbehaltlich der Absätze 2 und 3 nur auf ab dem Datum ihrer Anwendbarkeit eingeleitete Verfahren, gebillige oder geschlossene gerichtliche Vergleiche und ausgestellte öffentliche Urkunden Anwendung. *(ABl L 131 vom 18. 5. 2011, S 26)*

(2) „Kapitel IV Abschnitte 2 und 3 findet Anwendung auf

a) Entscheidungen, die in den Mitgliedstaaten vor dem Tag des Beginns der Anwendbarkeit dieser Verordnung ergangen sind und deren Anerkennung und Vollstreckbarerklärung ab diesem Zeitpunkt beantragt wird;

b) Entscheidungen, die ab dem Tag des Beginns der Anwendbarkeit dieser Verordnung in Verfahren, die vor diesem Zeitpunkt eingeleitet wurden, ergangen sind,

soweit diese Entscheidungen für die Zwecke der Anerkennung und Vollstreckung in den Anwendungsbereich der Verordnung (EG) Nr. 44/2001 fallen."

Die Verordnung (EG) Nr. 44/2001 gilt weiterhin für die am Tag des Beginns der Anwendbarkeit dieser Verordnung laufenden Anerkennungs- und Vollstreckungsverfahren.

Die Unterabsätze 1 und 2 geltend sinngemäß auch für in den Mitgliedstaaten gebilligte oder geschlossene gerichtliche Vergleiche und ausgestellte öffentliche Urkunden. *(ABl L 131 vom 18. 5. 2011, S 26; ABl L 8 vom 12. 1. 2013, S 19)*

(3) Kapitel VII über die Zusammenarbeit zwischen Zentralen Behörden findet auf Ersuchen und Anträge Anwendung, die ab dem Tag des Beginns der Anwendung dieser Verordnung bei der Zentralen Behörde eingehen.

Artikel 76
Inkrafttreten

Diese Verordnung tritt am zwanzigsten Tag nach ihrer Veröffentlichung im *Amtsblatt der Europäischen Union* in Kraft.

Artikel 2 Absatz 2, Artikel 47 Absatz 3, Artikel 71, 72 und 73 gelten ab dem 18. September 2010.

Diese Verordnung findet, mit Ausnahme der in Unterabsatz 2 genannten Vorschriften, ab dem 18. Juni 2011 Anwendung, sofern das Haager Protokoll von 2007 zu diesem Zeitpunkt in der Gemeinschaft anwendbar ist. Anderenfalls findet diese Verordnung ab dem Tag des Beginns der Anwendbarkeit jenes Protokolls in der Gemeinschaft Anwendung.

Diese Verordnung ist in allen ihren Teilen verbindlich und gilt gemäß dem Vertrag zur Gründung der Europäischen Gemeinschaft unmittelbar in den Mitgliedstaaten.

Geschehen zu Brüssel am 18. Dezember 2008.

Im Namen des Rates
Der Präsident
M. BARNIER

42/1. EuUVO

ANHANG VI
(ABl L 49 vom 20. 2. 2015, S 1)
ANHANG VI

ANHANG VI

FORMBLATT FÜR EINEN ANTRAG IM HINBLICK AUF DIE ANERKENNUNG, DIE VOLLSTRECKBARERKLÄRUNG ODER DIE VOLLSTRECKUNG EINER ENTSCHEIDUNG IN UNTERHALTSSACHEN

(Artikel 56 und Artikel 57 der Verordnung (EG) Nr. 4/2009 des Rates vom 18. Dezember 2008 über die Zuständigkeit, das anwendbare Recht, die Anerkennung und Vollstreckung von Entscheidungen und die Zusammenarbeit in Unterhaltssachen ([1]))

TEIL A

Von der ersuchenden Zentralen Behörde auszufüllen

1.   ANTRAG

    ☐ Antrag auf Anerkennung oder auf Anerkennung und Vollstreckbarerklärung einer Entscheidung (Artikel 56 Absatz 1 Buchstabe a)

    ☐ Antrag auf Anerkennung einer Entscheidung (Artikel 56 Absatz 2 Buchstabe a)

    ☐ Antrag auf Vollstreckung einer im ersuchten Mitgliedstaat ergangenen oder anerkannten Entscheidung (Artikel 56 Absatz 1 Buchstabe b)

2.   ERSUCHENDE ZENTRALE BEHÖRDE

2.1.   Bezeichnung: ....

2.2.   Anschrift:

2.2.1.   Straße und Hausnummer/Postfach: ....

2.2.2.   PLZ und Ort: ....

2.2.3.   Mitgliedstaat

    ☐ Belgien ☐ Bulgarien ☐ Tschechische Republik ☐ Deutschland ☐ Estland ☐ Irland ☐ Griechenland ☐ Spanien ☐ Frankreich ☐ Kroatien ☐ Italien ☐ Zypern ☐ Lettland ☐ Litauen ☐ Luxemburg ☐ Ungarn ☐ Malta ☐ Niederlande ☐ Österreich ☐ Polen ☐ Portugal ☐ Rumänien ☐ Slowenien ☐ Slowakei ☐ Finnland ☐ Schweden ☐ Vereinigtes Königreich

2.3.   Telefon: ....

2.4.   Telefax: ....

2.5.   E-Mail: ....

2.6.   Aktenzeichen des Antrags: ....

    Antrag ist zusammen mit dem Antrag/den Anträgen mit dem/den folgenden Aktenzeichen zu bearbeiten: ...

2.7.   Für die weitere Bearbeitung des Antrags zuständige Person:

2.7.1.   Name und Vorname(n): ....

2.7.2.   Telefon: ....

2.7.3.   E-Mail: ....

EuUVO EuErbVO

([1]) ABl. L 7 vom 10.1.2009. S. 1.

3.   ERSUCHTE ZENTRALE BEHÖRDE

3.1.   Bezeichnung: ....

3.2.   Anschrift:

3.2.1.   Straße und Hausnummer/Postfach: ....

3.2.2.   PLZ und Ort: ....

3.2.3.   Mitgliedstaat

      ☐ Belgien ☐ Bulgarien ☐ Tschechische Republik ☐ Deutschland ☐ Estland ☐ Irland ☐ Griechenland ☐ Spanien ☐ Frankreich ☐ Kroatien ☐ Italien ☐ Zypern ☐ Lettland ☐ Litauen ☐ Luxemburg ☐ Ungarn ☐ Malta ☐ Niederlande ☐ Österreich ☐ Polen ☐ Portugal ☐ Rumänien ☐ Slowenien ☐ Slowakei ☐ Finnland ☐ Schweden ☐ Vereinigtes Königreich

4.   DEM ANTRAG BEIGEFÜGTE SCHRIFTSTÜCKE (¹) IM FALLE EINER IN EINEM MITGLIEDSTAAT ERGANGENEN ENTSCHEIDUNG

      ☐ Eine Abschrift der Entscheidung/des gerichtlichen Vergleichs/der öffentlichen Urkunde

      ☐ Ein Auszug aus der Entscheidung/dem gerichtlichen Vergleich/der öffentlichen Urkunde unter Verwendung des in Anhang I, Anhang II, Anhang III bzw. Anhang IV wiedergegebenen Formblatts

      ☐ Eine Transkription oder eine Übersetzung des Inhalts des in Anhang I, Anhang II, Anhang III bzw. Anhang IV wiedergegebenen Formblatts

      ☐ Gegebenenfalls eine Abschrift der Entscheidung über die Vollstreckbarerklärung

      ☐ Ein Schriftstück, aus dem die Höhe der Zahlungsrückstände und das Datum der Berechnung hervorgehen

      ☐ Ein Schriftstück, aus dem hervorgeht, dass der Antragsteller Prozesskostenhilfe oder eine Kosten- und Gebührenbefreiung in Anspruch genommen hat

      ☐ Ein Schriftstück, aus dem hervorgeht, dass der Antragsteller ein unentgeltliches Verfahren vor einer Verwaltungsbehörde des Ursprungsmitgliedstaats in Anspruch genommen hat und dass er die wirtschaftlichen Voraussetzungen erfüllt, um eine Prozesskostenhilfe oder eine Kosten- und Gebührenbefreiung zu erhalten

      ☐ Ein Schriftstück, aus dem hervorgeht, dass die öffentliche Aufgaben wahrnehmende Einrichtung das Recht hat, die Erstattung der der berechtigten Person erbrachten Leistungen zu verlangen, und mit dem die Zahlung dieser Leistungen belegt wird

      ☐ Sonstiges (bitte angeben) ....

      ....

      ....

      ....

5.   DEM ANTRAG BEIGEFÜGTE SCHRIFTSTÜCKE (²) IM FALLE EINER IN EINEM DRITTSTAAT ERGANGENEN ENTSCHEIDUNG

      ☐ Vollständiger Wortlaut der Entscheidung

      ☐ Die von der zuständigen Behörde des Ursprungsstaats erstellte Zusammenfassung der Entscheidung bzw. der von ihr erstellte Auszug aus der Entscheidung

      ☐ Ein Schriftstück mit dem Nachweis, dass die Entscheidung im Ursprungsstaat vollstreckbar ist, und im Falle einer Entscheidung einer Verwaltungsbehörde ein Schriftstück mit dem Nachweis, dass die Voraussetzungen nach Artikel 19 Absatz 3 des Haager Übereinkommens von 2007 erfüllt sind

---

(¹) Zutreffendes bitte ankreuzen; die beigefügten Schriftstücke sind in der entsprechenden Reihenfolge durchzunummerieren.
(²) Zutreffendes bitte ankreuzen; die beigefügten Schriftstücke sind in der entsprechenden Reihenfolge durchzunummerieren.

☐ Wenn sich der Antragsgegner weder in dem Verfahren im Ursprungsstaat eingelassen hat noch sich hat vertreten lassen, ein Schriftstück oder Schriftstücke mit dem Nachweis, dass der Antragsgegner ordnungsgemäß vom Verfahren benachrichtigt wurde und Gelegenheit hatte, gehört zu werden, bzw. dass er ordnungsgemäß von der Entscheidung benachrichtigt wurde und die Möglichkeit hatte, die Entscheidung in tatsächlicher und rechtlicher Hinsicht anzufechten oder ein Rechtsmittel dagegen einzulegen

☐ Ein Schriftstück, aus dem die Höhe der Zahlungsrückstände und das Datum der Berechnung hervorgehen

☐ Im Fall einer Entscheidung, in der eine automatische Anpassung durch Indexierung vorgesehen ist, ein Schriftstück mit den Angaben, die für die entsprechenden Berechnungen erforderlich sind

☐ Ein Schriftstück, aus dem hervorgeht, in welchem Umfang der Antragsteller im Ursprungsstaat unentgeltliche juristische Unterstützung erhalten hat

☐ Sonstiges (bitte angeben): ....

....

....

....

Gesamtzahl der dem Antragsformblatt beigefügten Schriftstücke: ....

Geschehen zu .... *am* .... *(TT/MM/JJJJ)*

Name und Unterschrift des bevollmächtigten Beamten der ersuchten Zentralen Behörde: ....

TEIL B

Vom Antragsteller oder gegebenenfalls von der Person/Behörde auszufüllen, die im ersuchenden Mitgliedstaat befugt ist, das Formblatt im Namen des Antragstellers auszufüllen

6.   ANTRAG

6.1.   ☐ Antrag auf Anerkennung oder Anerkennung und Vollstreckbarerklärung einer Entscheidung

Der Antrag stützt sich auf:

6.1.1.   ☐ Kapitel IV Abschnitt 2 der Verordnung (EG) Nr. 4/2009

6.1.2.   ☐ das Haager Übereinkommen von 2007

6.1.2.1.   Grundlage für die Anerkennung und Vollstreckung gemäß Artikel 20 des Haager Übereinkommens von 2007:

6.1.2.2.   Der Antragsgegner hat sich in dem Verfahren im Ursprungsstaat eingelassen oder wurde vertreten:

Ja   ☐   Nein   ☐

6.1.3.   ☐ das innerstaatliche Recht des ersuchten Mitgliedstaats

6.1.4.   ☐ Sonstiges (bitte angeben): ....

....

....

6.2.   ☐ Antrag auf Vollstreckung einer im ersuchten Mitgliedstaat ergangenen oder anerkannten Entscheidung

EuUVO EuErbVO

7.	ENTSCHEIDUNG	
7.1.	Datum und Aktenzeichen:	
7.2.	Bezeichnung des Ursprungsgerichts:	
8.	ANTRAGSTELLER	
8.1.	**Natürliche Person**	
8.1.1.	Name und Vorname(n):	
8.1.2.	Geburtsdatum (TT/MM/JJJJ) und Geburtsort:	
8.1.3.	Kennnummer oder Sozialversicherungsnummer (^{1}):	
8.1.4.	Staatsangehörigkeit:	
8.1.5.	Beruf:	
8.1.6.	Familienstand:	
8.1.7.	Anschrift:	

    ☐   Die nachstehende Anschrift ist die persönliche Anschrift des Antragstellers.

    ☐   Es liegt ein Fall familiärer Gewalt vor. (^{2}) Die nachstehende Anschrift ist eine Anschrift zu Händen von: .... (Name und Vorname(n))

8.1.7.1.	Straße und Hausnummer/Postfach:	
8.1.7.2.	PLZ und Ort:	
8.1.7.3.	Mitgliedstaat	

    ☐ Belgien ☐ Bulgarien ☐ Tschechische Republik ☐ Deutschland ☐ Estland ☐ Irland ☐ Griechenland
    ☐ Spanien ☐ Frankreich ☐ Kroatien ☐ Italien ☐ Zypern ☐ Lettland ☐ Litauen ☐ Luxemburg ☐ Ungarn
    ☐ Malta ☐ Niederlande ☐ Österreich ☐ Polen ☐ Portugal ☐ Rumänien ☐ Slowenien ☐ Slowakei
    ☐ Finnland ☐ Schweden ☐ Vereinigtes Königreich

8.1.8.	Telefon/E-Mail:	
8.1.9.	Die Person hat	
8.1.9.1.	Prozesskostenhilfe erhalten:	

    ☐ Ja   ☐ Nein

8.1.9.2.   Kosten- und Gebührenbefreiung erhalten:

    ☐ Ja   ☐ Nein

8.1.9.3.   ein unentgeltliches Verfahren vor einer in Anhang X der Verordnung (EG) Nr. 4/2009 aufgeführten Verwaltungsbehörde in Anspruch nehmen können:

    ☐ Ja   ☐ Nein

8.1.10.   Gegebenenfalls Name, Vorname(n) und Kontaktdaten des Vertreters des Antragstellers (Rechtsanwalt....): ....

    ....

(^{1}) Soweit diese Daten vorliegen.
(^{2}) Das innerstaatliche Recht des ersuchten Staats kann allerdings vorschreiben, dass der Antragsteller für die Zwecke des Verfahrens seine persönliche Anschrift angibt [vgl. Artikel 57 Absatz 3 der Verordnung (EG) Nr. 4/2009].

8.2.	**Öffentliche Aufgaben wahrnehmende Einrichtung**
8.2.1.	Bezeichnung: ....
8.2.2.	Anschrift:
8.2.2.1.	Straße und Hausnummer/Postfach: ....
8.2.2.2.	PLZ und Ort: ....
8.2.2.3.	Mitgliedstaat

☐ Belgien ☐ Bulgarien ☐ Tschechische Republik ☐ Deutschland ☐ Estland ☐ Irland ☐ Griechenland ☐ Spanien ☐ Frankreich ☐ Kroatien ☐ Italien ☐ Zypern ☐ Lettland ☐ Litauen ☐ Luxemburg ☐ Ungarn ☐ Malta ☐ Niederlande ☐ Österreich ☐ Polen ☐ Portugal ☐ Rumänien ☐ Slowenien ☐ Slowakei ☐ Finnland ☐ Schweden ☐ Vereinigtes Königreich

8.2.3.	Telefon/Fax/E-Mail: ....
8.2.4.	Name der Person, die die Einrichtung in den Verfahren vertritt (¹):
	....
8.2.5.	Für die weitere Bearbeitung des Antrags zuständige Person:
8.2.5.1.	Name und Vorname(n): ....
8.2.5.2.	Telefon: ....
8.2.5.3.	Telefax: ....
8.2.5.4.	E-Mail: ....
9.	ANTRAGSGEGNER
9.1.	Name und Vorname(n): ....
9.2.	Geburtsdatum (TT/MM/JJJJ) und Geburtsort (²): ....
9.3.	Kennnummer oder Sozialversicherungsnummer (³): ....
9.4.	Staatsangehörigkeit (⁴): ....
9.5.	Beruf (⁵): ....
9.6.	Familienstand (⁶): ....
9.7.	Anschrift: (⁷)
9.7.1.	Straße und Hausnummer/Postfach: ....
9.7.2.	PLZ und Ort: ....
9.7.3.	Mitgliedstaat

☐ Belgien ☐ Bulgarien ☐ Tschechische Republik ☐ Deutschland ☐ Estland ☐ Irland ☐ Griechenland ☐ Spanien ☐ Frankreich ☐ Kroatien ☐ Italien ☐ Zypern ☐ Lettland ☐ Litauen ☐ Luxemburg ☐ Ungarn ☐ Malta ☐ Niederlande ☐ Österreich ☐ Polen ☐ Portugal ☐ Rumänien ☐ Slowenien ☐ Slowakei ☐ Finnland ☐ Schweden ☐ Vereinigtes Königreich

10.	ALLE SONSTIGEN ANGABEN, MIT DENEN DER AUFENTHALTSORT DES ANTRAGSGEGNERS AUSFINDIG GEMACHT WERDEN KANN: ....

....

....

....

(¹) Soweit zutreffend.
(²) Soweit diese Daten vorliegen.
(³) Soweit diese Daten vorliegen.
(⁴) Soweit diese Daten vorliegen.
(⁵) Soweit diese Daten vorliegen.
(⁶) Soweit diese Daten vorliegen.
(⁷) Soweit diese Daten vorliegen.

EuUVO EuErbVO

42/1. EuUVO

ANHANG VI

11.	PERSON(EN), FÜR DIE UNTERHALT VERLANGT WIRD ODER ZU ZAHLEN IST ([1])
11.1.	☐ Die Person ist identisch mit dem unter Nummer 8 genannten Antragsteller
11.2.	☐ Die Person ist identisch mit dem unter Nummer 9 genannten Antragsgegner
11.3.	☐ Der Antragsteller ☐ Der Antragsgegner

ist der gesetzliche Vertreter ([2]), der die Interessen folgender Person(en) wahrnimmt:

11.3.1.	*Person A*
11.3.1.1.	Name und Vorname(n): ....
11.3.1.2.	Geburtsdatum (TT/MM/JJJJ) und Geburtsort: ....
11.3.1.3.	Kennnummer oder Sozialversicherungsnummer ([3]): ....
11.3.1.4.	Staatsangehörigkeit ([4]): ....
11.3.1.5.	Beruf ([5]): ....
11.3.1.6.	Familienstand ([6]): ....
11.3.2.	*Person B*
11.3.2.1.	Name und Vorname(n): ....
11.3.2.2.	Geburtsdatum (TT/MM/JJJJ) und Geburtsort: ....
11.3.2.3.	Kennnummer oder Sozialversicherungsnummer ([7]): ....
11.3.2.4.	Staatsangehörigkeit ([8]): ....
11.3.2.5.	Beruf ([9]): ....
11.3.2.6.	Familienstand ([10]): ....
11.3.3.	*Person C*
11.3.3.1.	Name und Vorname(n): ....
11.3.3.2.	Geburtsdatum (TT/MM/JJJJ) und Geburtsort: ....
11.3.3.3.	Kennnummer oder Sozialversicherungsnummer ([11]): ....
11.3.3.4.	Staatsangehörigkeit ([12]): ....
11.3.3.5.	Beruf ([13]): ....
11.3.3.6.	Familienstand ([14]): ....
12.	VERPFLICHTETE PERSON
12.1.	☐ Die Person ist identisch mit dem unter Nummer 8 genannten Antragsteller

([1]) Bei mehr als drei Personen ist ein weiteres Blatt beizufügen.
([2]) Zum Beispiel die Person, die die elterliche Verantwortung ausübt, oder der Vormund einer schutzbefohlenen volljährigen Person.
([3]) Soweit diese Daten vorliegen und/oder zutreffend sind.
([4]) Soweit diese Daten vorliegen und/oder zutreffend sind.
([5]) Soweit diese Daten vorliegen und/oder zutreffend sind.
([6]) Soweit diese Daten vorliegen und/oder zutreffend sind.
([7]) Soweit diese Daten vorliegen und/oder zutreffend sind.
([8]) Soweit diese Daten vorliegen und/oder zutreffend sind.
([9]) Soweit diese Daten vorliegen und/oder zutreffend sind.
([10]) Soweit diese Daten vorliegen und/oder zutreffend sind.
([11]) Soweit diese Daten vorliegen und/oder zutreffend sind.
([12]) Soweit diese Daten vorliegen und/oder zutreffend sind.
([13]) Soweit diese Daten vorliegen und/oder zutreffend sind.
([14]) Soweit diese Daten vorliegen und/oder zutreffend sind.

12.2.	☐ Die Person ist identisch mit dem unter Nummer 9 genannten Antragsgegner
12.3.	☐ Der Antragsteller ☐ Der Antragsgegner
	ist der gesetzliche Vertreter (¹), der die Interessen folgender Person wahrnimmt:
12.3.1.	Name und Vorname(n): ....
12.3.2.	Geburtsdatum (TT/MM/JJJJ) und Geburtsort: ....
12.3.3.	Kennnummer oder Sozialversicherungsnummer (²): ....
12.3.4.	Staatsangehörigkeit (³): ....
12.3.5.	Beruf (⁴): ....
12.3.6.	Familienstand (⁵): ....
13.	ANGABEN ZUR ZAHLUNG, WENN DER ANTRAG VON DER BERECHTIGTEN PERSON GESTELLT WIRD
13.1.	**Elektronische Zahlung**
13.1.1.	Name der Bank: ....
13.1.2.	BIC oder andere einschlägige Bankkennung: ....
13.1.3.	Kontoinhaber: ....
13.1.4.	Internationale Bankkontonummer (IBAN): ....
13.2.	**Scheckzahlung**
13.2.1.	Scheck ausgestellt auf den Namen: ....
13.2.2.	Scheck für
13.2.2.1.	Name und Vorname(n): ....
13.2.2.2.	Anschrift:
13.2.2.2.1.	Straße und Hausnummer/Postfach: ....
13.2.2.2.2.	PLZ und Ort: ....
13.2.2.2.3.	Land: ....
14.	ZUSÄTZLICHE ANGABEN (SOWEIT GEGEBEN):
	....
	....
	....

Geschehen zu .... am .... (TT/MM/JJJJ)

Unterschrift des Antragstellers: ....

und/oder, wenn zutreffend:

Name und Unterschrift der Person/Behörde, die im ersuchenden Mitgliedstaat befugt ist, das Formblatt im Namen des Antragstellers auszufüllen

....

————

(¹) Zum Beispiel die Person, die die elterliche Verantwortung ausübt, oder der Vormund einer schutzbefohlenen volljährigen Person.
(²) Soweit diese Daten vorliegen.
(³) Soweit diese Daten vorliegen.
(⁴) Soweit diese Daten vorliegen.
(⁵) Soweit diese Daten vorliegen.

EuUVO EuErbVO

ANHANG VII
(ABl L 49 vom 20. 2. 2015, S 1)

ANHANG VII

FORMBLATT FÜR EINEN ANTRAG IM HINBLICK AUF DIE HERBEIFÜHRUNG ODER DIE ÄNDERUNG EINER ENTSCHEIDUNG IN UNTERHALTSSACHEN

(Artikel 56 und Artikel 57 der Verordnung (EG) Nr. 4/2009 des Rates vom 18. Dezember 2008 über die Zuständigkeit, das anwendbare Recht, die Anerkennung und Vollstreckung von Entscheidungen und die Zusammenarbeit in Unterhaltssachen ([1]))

TEIL A

Von der ersuchenden Zentralen Behörde auszufüllen

1.   ANTRAG

     ☐   Antrag auf Herbeiführung einer Entscheidung (Artikel 56 Absatz 1 Buchstabe c)

     ☐   Antrag auf Herbeiführung einer Entscheidung (Artikel 56 Absatz 1 Buchstabe d)

     ☐   Antrag auf Änderung einer Entscheidung (Artikel 56 Absatz 1 Buchstabe e)

     ☐   Antrag auf Änderung einer Entscheidung (Artikel 56 Absatz 1 Buchstabe f)

     ☐   Antrag auf Änderung einer Entscheidung (Artikel 56 Absatz 2 Buchstabe b)

     ☐   Antrag auf Änderung einer Entscheidung (Artikel 56 Absatz 2 Buchstabe c)

2.   ERSUCHENDE ZENTRALE BEHÖRDE

2.1.   Bezeichnung: ....

2.2.   Anschrift:

2.2.1.   Straße und Hausnummer/Postfach: ....

2.2.2.   PLZ und Ort: ....

2.2.3.   Mitgliedstaat

     ☐ Belgien ☐ Bulgarien ☐ Tschechische Republik ☐ Deutschland ☐ Estland ☐ Irland ☐ Griechenland ☐ Spanien ☐ Frankreich ☐ Kroatien ☐ Italien ☐ Zypern ☐ Lettland ☐ Litauen ☐ Luxemburg ☐ Ungarn ☐ Malta ☐ Niederlande ☐ Österreich ☐ Polen ☐ Portugal ☐ Rumänien ☐ Slowenien ☐ Slowakei ☐ Finnland ☐ Schweden ☐ Vereinigtes Königreich

2.3.   Telefon: ....

2.4.   Telefax: ....

2.5.   E-Mail: ....

2.6.   Aktenzeichen des Antrags: ....

     Antrag ist zusammen mit dem Antrag/den Anträgen mit dem/den folgenden Aktenzeichen zu bearbeiten: ...

2.7.   Für die weitere Bearbeitung des Antrags zuständige Person:

2.7.1.   Name und Vorname(n): ....

2.7.2.   Telefon: ....

2.7.3.   E-Mail: ....

([1]) ABl. L 7 vom 10.1.2009, S. 1.

42/1. EuUVO

ANHANG VII

3.   ERSUCHTE ZENTRALE BEHÖRDE

3.1.   Bezeichnung: ....

3.2.   Anschrift:

3.2.1.   Straße und Hausnummer/Postfach: ....

3.2.2.   PLZ und Ort: ....

3.2.3.   Mitgliedstaat

☐ Belgien ☐ Bulgarien ☐ Tschechische Republik ☐ Deutschland ☐ Estland ☐ Irland ☐ Griechenland ☐ Spanien ☐ Frankreich ☐ Kroatien ☐ Italien ☐ Zypern ☐ Lettland ☐ Litauen ☐ Luxemburg ☐ Ungarn ☐ Malta ☐ Niederlande ☐ Österreich ☐ Polen ☐ Portugal ☐ Rumänien ☐ Slowenien ☐ Slowakei ☐ Finnland ☐ Schweden ☐ Vereinigtes Königreich

4.   DEM ANTRAG GEGEBENENFALLS BEIGEFÜGTE SCHRIFTSTÜCKE ([1])

☐   Entscheidung des ersuchten Mitgliedstaats, mit der die Anerkennung oder Vollstreckbarerklärung verweigert wird

☐   Abschrift der zu ändernden Entscheidung

☐   Auszug aus der zu ändernden Entscheidung

☐   Beleg(e) für eine Änderung der Einkünfte oder andere Änderungen der Lebensumstände

☐   Geburtsurkunde(n) oder gleichwertige Urkunden

☐   Anerkennung der Abstammung durch die verpflichtete Person

☐   Beleg(e) für die biologische Abstammung

☐   Entscheidung einer zuständigen Behörde in Bezug auf die Abstammung

☐   Ergebnisse von Gentests

☐   Adoptionsurkunde

☐   Heiratsurkunde oder Urkunde über eine eheähnliche Gemeinschaft

☐   Schriftstück(e) aus dem (denen) das Datum der Scheidung/Trennung hervorgeht

☐   Beleg(e) für den gemeinsamen Wohnsitz der Parteien

☐   Bescheinigung(en) über den Schulbesuch

☐   Beleg(e) für die finanzielle Situation

☐   Sonstiges (bitte angeben): ....

....

....

....

Gesamtzahl der dem Antragsformblatt beigefügten Schriftstücke: ....

Geschehen zu .... *am* .... *(TT/MM/JJJJ)*

Name und Unterschrift des bevollmächtigten Beamten der ersuchten Zentralen Behörde:

....

([1]) Zutreffendes bitte ankreuzen; die beigefügten Schriftstücke sind in der entsprechenden Reihenfolge durchzunummerieren.

TEIL B

Vom Antragsteller oder gegebenenfalls von der Person/Behörde auszufüllen, die im ersuchenden Mitgliedstaat befugt ist, das Formblatt im Namen des Antragstellers auszufüllen

5.   ANTRAG

5.1.   ☐ Antrag auf Herbeiführung einer Entscheidung

5.1.1.   ☐ Die Abstammung ist nicht festgestellt worden

5.1.2.   ☐ Es besteht keine Entscheidung

5.1.3.   ☐ Die Anerkennung und Vollstreckbarerklärung einer bestehenden Entscheidung sind nicht möglich

5.1.4.   ☐ Geforderter Betrag:

....

....

....

5.2.   ☐ Antrag auf Änderung einer Entscheidung

5.2.1.   ☐ Die Entscheidung ist im ersuchten Mitgliedstaat ergangen

5.2.2.   ☐ Die Entscheidung ist in einem anderen als dem ersuchten Mitgliedstaat ergangen

5.2.3.   Datum (TT/MM/JJJJ) und Aktenzeichen der Entscheidung: ....

5.2.4.   Bezeichnung des Ursprungsgerichts: ....

5.2.5.   Änderung der Umstände:

    ☐ Änderung der Einkünfte:

        ☐ der Person(en), für die Unterhalt verlangt wird oder der/denen Unterhalt zusteht

        ☐ der Person, der in erster Linie die Unterhaltspflicht für die Person(en) obliegt, für die Unterhalt verlangt wird oder der/denen Unterhalt zusteht

        ☐ der verpflichteten Person

    ☐ Änderung der Ausgaben und Verbindlichkeiten:

        ☐ der Person(en), für die Unterhalt verlangt wird oder der/denen Unterhalt zusteht

        ☐ der Person, der in erster Linie die Unterhaltspflicht für die Person(en) obliegt, für die Unterhalt verlangt wird oder der/denen Unterhalt zusteht

        ☐ der verpflichteten Person

    ☐ Änderung der Situation des Kindes/der Kinder

    ☐ Änderung des Familienstands:

        ☐ der Person(en), für die Unterhalt verlangt wird oder der/denen Unterhalt zusteht

        ☐ der Person, der in erster Linie die Unterhaltspflicht für die Person(en) obliegt, für die Unterhalt verlangt wird oder der/denen Unterhalt zusteht

        ☐ der verpflichteten Person

    ☐ Sonstiges (bitte angeben): ....

....

....

5.2.6.   Beantragte Änderung(en):

    ☐   Erhöhung der Unterhaltsleistung:

        ☐   Die Unterhaltsleistung sollte erhöht werden um (bitte angeben): ....

        ☐   Der neue Betrag der Unterhaltsleistung sollte festgesetzt werden auf (bitte angeben): ....

        Währung

        ☐ Euro (EUR) ☐ Bulgarischer Lev (BGN) ☐ Tschechische Krone (CZK) ☐ Pfund Sterling (GBP)
        ☐ Kroatische Kuna (HRK) ☐ Ungarischer Forint (HUF) ☐ Polnischer Zloty (PLN)
        ☐ Rumänischer Leu (RON) ☐ Schwedische Krone (SEK) ☐ Sonstige (ISO-Code angeben): ....

    ☐   Verringerung der Unterhaltsleistung:

        ☐   Die Unterhaltsleistung sollte verringert werden um (bitte angeben): ....

        ☐   Der neue Betrag der Unterhaltsleistung sollte festgesetzt werden auf (bitte angeben): ....

        Währung

        ☐ Euro (EUR) ☐ Bulgarischer Lev (BGN) ☐ Tschechische Krone (CZK) ☐ Pfund Sterling (GBP)
        ☐ Kroatische Kuna (HRK) ☐ Ungarischer Forint (HUF) ☐ Polnischer Zloty (PLN)
        ☐ Rumänischer Leu (RON) ☐ Schwedische Krone (SEK) ☐ Sonstige (ISO-Code angeben): ....

    ☐   Änderung der Periodizität der Zahlungen (bitte angeben): ....

    ☐   Änderung der Zahlungsmodalitäten (bitte angeben): ....

    ☐   Änderung der Art der Zahlungen (bitte angeben): ....

    ☐   Erlöschen der Unterhaltspflicht (bitte angeben): ....

    ☐   Sonstiges (bitte angeben): ....

    ....

6.   ANTRAGSTELLER

6.1.   Name und Vorname(n): ....

6.2.   Anschrift:

    ☐   Die nachstehende Anschrift ist die persönliche Anschrift des Antragstellers.

    ☐   Es liegt ein Fall familiärer Gewalt vor. (¹) Die nachstehende Anschrift ist eine Anschrift zu Händen
    von: .... (Name und Vorname(n))

6.2.1.   Straße und Hausnummer/Postfach: ....

6.2.2.   PLZ und Ort: ....

6.2.3.   Mitgliedstaat

    ☐ Belgien ☐ Bulgarien ☐ Tschechische Republik ☐ Deutschland ☐ Estland ☐ Irland ☐ Griechenland
    ☐ Spanien ☐ Frankreich ☐ Kroatien ☐ Italien ☐ Zypern ☐ Lettland ☐ Litauen ☐ Luxemburg ☐ Ungarn
    ☐ Malta ☐ Niederlande ☐ Österreich ☐ Polen ☐ Portugal ☐ Rumänien ☐ Slowenien ☐ Slowakei
    ☐ Finnland ☐ Schweden ☐ Vereinigtes Königreich

(¹) Das innerstaatliche Recht des ersuchten Staats kann allerdings vorschreiben, dass der Antragsteller für die Zwecke des Verfahrens
seine persönliche Anschrift angibt [vgl. Artikel 57 Absatz 3 der Verordnung (EG) Nr. 4/2009].

EuUVO EuErbVO

6.3.   Telefon/E-Mail: ....

6.4.   Geburtsdatum (TT/MM/JJJJ) und Geburtsort: ....

6.5.   Kennnummer oder Sozialversicherungsnummer (¹): ....

6.6.   Staatsangehörigkeit: ....

6.7.   Beruf: ....

6.8.   Familienstand: ....

6.9.   Gegebenenfalls Name, Vorname(n) und Kontaktdaten des Vertreters des Antragstellers (Rechtsanwalt ...): ...

....

....

7.   ANTRAGSGEGNER

7.1.   Name und Vorname(n): ....

7.2.   Anschrift: (²)

7.2.1.   Straße und Hausnummer/Postfach: ....

7.2.2.   PLZ und Ort: ....

7.2.3.   Mitgliedstaat

☐ Belgien ☐ Bulgarien ☐ Tschechische Republik ☐ Deutschland ☐ Estland ☐ Irland ☐ Griechenland ☐ Spanien ☐ Frankreich ☐ Kroatien ☐ Italien ☐ Zypern ☐ Lettland ☐ Litauen ☐ Luxemburg ☐ Ungarn ☐ Malta ☐ Niederlande ☐ Österreich ☐ Polen ☐ Portugal ☐ Rumänien ☐ Slowenien ☐ Slowakei ☐ Finnland ☐ Schweden ☐ Vereinigtes Königreich

7.3.   Geburtsdatum (TT/MM/JJJJ) und Geburtsort (³): ....

7.4.   Kennnummer oder Sozialversicherungsnummer (⁴): ....

7.5.   Staatsangehörigkeit (⁵): ....

7.6.   Beruf (⁶): ....

7.7.   Familienstand (⁷): ....

8.   ALLE SONSTIGEN ANGABEN, MIT DENEN DER AUFENTHALTSORT DES ANTRAGSGEGNERS AUSFINDIG GEMACHT WERDEN KANN:

....

....

....

9.   PERSON(EN), FÜR DIE UNTERHALT VERLANGT WIRD ODER ZU ZAHLEN IST (⁸)

9.1.   ☐ Die Person ist identisch mit dem unter Nummer 6 genannten Antragsteller

9.2.   ☐ Die Person ist identisch mit dem unter Nummer 7 genannten Antragsgegner

9.3.   ☐ Der Antragsteller   ☐ Der Antragsgegner

ist der gesetzliche Vertreter (⁹), der die Interessen folgender Person(en) wahrnimmt:

(¹) Soweit diese Daten vorliegen.
(²) Soweit diese Daten vorliegen.
(³) Soweit diese Daten vorliegen.
(⁴) Soweit diese Daten vorliegen.
(⁵) Soweit diese Daten vorliegen.
(⁶) Soweit diese Daten vorliegen.
(⁷) Soweit diese Daten vorliegen.
(⁸) Bei mehr als drei Personen ist ein weiteres Blatt beizufügen.
(⁹) Zum Beispiel die Person, die die elterliche Verantwortung ausübt, oder der Vormund einer schutzbefohlenen volljährigen Person.

9.3.1.	*Person A*
9.3.1.1.	Name und Vorname(n): ....
9.3.1.2.	Geburtsdatum (TT/MM/JJJJ) und Geburtsort: ....
9.3.1.3.	Kennnummer oder Sozialversicherungsnummer (¹): ....
9.3.1.4.	Staatsangehörigkeit (²): ....
9.3.1.5.	Beruf (³): ....
9.3.1.6.	Familienstand (⁴): ....
9.3.1.7.	Unterhalt leitet sich aus einer der folgenden Beziehungen her:

☐ Abstammung (Verwandtschaftsgrad angeben): ....

☐ Ehe

☐ Eheähnliche Gemeinschaft

☐ Schwägerschaft (Verwandtschaftsgrad angeben): ....

☐ Sonstiges (bitte angeben): ....

9.3.2.	*Person B*
9.3.2.1.	Name und Vorname(n): ....
9.3.2.2.	Geburtsdatum (TT/MM/JJJJ) und Geburtsort: ....
9.3.2.3.	Kennnummer oder Sozialversicherungsnummer (⁵): ....
9.3.2.4.	Staatsangehörigkeit (⁶): ....
9.3.2.5.	Beruf (⁷): ....
9.3.2.6.	Familienstand (⁸): ....
9.3.2.7.	Unterhalt leitet sich aus einer der folgenden Beziehungen her:

☐ Abstammung (Verwandtschaftsgrad angeben): ....

☐ Ehe

☐ Eheähnliche Gemeinschaft

☐ Schwägerschaft (Verwandtschaftsgrad angeben): ....

☐ Sonstiges (bitte angeben): ....

9.3.3.	*Person C*
9.3.3.1.	Name und Vorname(n): ....
9.3.3.2.	Geburtsdatum (TT/MM/JJJJ) und Geburtsort: ....
9.3.3.3.	Kennnummer oder Sozialversicherungsnummer (⁹): ....
9.3.3.4.	Staatsangehörigkeit (¹⁰): ....
9.3.3.5.	Beruf (¹¹): ....
9.3.3.6.	Familienstand (¹²): ....

(¹) Soweit diese Daten vorliegen und/oder zutreffend sind.
(²) Soweit diese Daten vorliegen und/oder zutreffend sind.
(³) Soweit diese Daten vorliegen und/oder zutreffend sind.
(⁴) Soweit diese Daten vorliegen und/oder zutreffend sind.
(⁵) Soweit diese Daten vorliegen und/oder zutreffend sind.
(⁶) Soweit diese Daten vorliegen und/oder zutreffend sind.
(⁷) Soweit diese Daten vorliegen und/oder zutreffend sind.
(⁸) Soweit diese Daten vorliegen und/oder zutreffend sind.
(⁹) Soweit diese Daten vorliegen und/oder zutreffend sind.
(¹⁰) Soweit diese Daten vorliegen und/oder zutreffend sind.
(¹¹) Soweit diese Daten vorliegen und/oder zutreffend sind.
(¹²) Soweit diese Daten vorliegen und/oder zutreffend sind.

EuUVO EuErbVO

9.3.3.7. Unterhalt leitet sich aus einer der folgenden Beziehungen her:

☐ Abstammung (Verwandtschaftsgrad angeben): …...

☐ Ehe

☐ Eheähnliche Gemeinschaft

☐ Schwägerschaft (Verwandtschaftsgrad angeben): …..

☐ Sonstiges (bitte angeben): ....

10. VERPFLICHTETE PERSON

10.1. Die Person ist identisch mit dem unter Nummer 6 genannten Antragsteller

10.2. Die Person ist identisch mit dem unter Nummer 7 genannten Antragsgegner

10.3.   ☐ Der Antragsteller   ☐ Der Antragsgegner

ist der gesetzliche Vertreter (^{1}), der die Interessen folgender Person wahrnimmt:

10.3.1. Name und Vorname(n): ....

10.3.2. Geburtsdatum (TT/MM/JJJJ) und Geburtsort: ....

10.3.3. Kennnummer oder Sozialversicherungsnummer (^{2}): ....

10.3.4. Staatsangehörigkeit (^{3}): ....

10.3.5. Beruf (^{4}): ....

10.3.6. Familienstand (^{5}): ....

10.3.7. Unterhalt leitet sich aus einer der folgenden Beziehungen her:

☐ Abstammung (Verwandtschaftsgrad angeben): ....

☐ Ehe

☐ Eheähnliche Gemeinschaft

☐ Schwägerschaft (Verwandtschaftsgrad angeben): ....

☐ Sonstiges (bitte angeben): ....

11. ANGABEN ÜBER DIE FINANZIELLE LAGE DER VON DEM ANTRAG BETROFFENEN PERSONEN (ES SIND NUR SOLCHE ANGABEN ZU MACHEN, DIE FÜR DIE HERBEIFÜHRUNG ODER ÄNDERUNG EINER ENTSCHEIDUNG RELEVANT SIND)

11.1. **Währung**

☐ Euro (EUR) ☐ Bulgarischer Lev (BGN) ☐ Tschechische Krone (CZK) ☐ Pfund Sterling (GBP)
☐ Kroatische Kuna (HRK) ☐ Ungarischer Forint (HUF) ☐ Polnischer Zloty (PLN)
☐ Rumänischer Leu (RON) ☐ Schwedische Krone (SEK) ☐ Sonstige (ISO-Code angeben): ....

(^{1}) Zum Beispiel die Person, die die elterliche Verantwortung ausübt, oder der Vormund einer schutzbefohlenen volljährigen Person.
(^{2}) Soweit diese Daten vorliegen.
(^{3}) Soweit diese Daten vorliegen.
(^{4}) Soweit diese Daten vorliegen.
(^{5}) Soweit diese Daten vorliegen.

11.2. **Die Person(en), für die Unterhalt verlangt wird oder der/denen Unterhalt zusteht, und die Person, der in erster Linie die Unterhaltspflicht für diese Person(en) obliegt**

11.2.1. *Bruttoeinkünfte*

☐ Monatsbasis ☐ Jahresbasis	Person, der in erster Linie die Unterhalts-pflicht für die Person(en) obliegt, für die Unterhalt verlangt wird oder der/denen Unterhalt zusteht	Ehegatte/Ehegattin oder derzeitiger Partner/derzeitige Partnerin der Person, der in erster Linie die Unterhalts-pflicht für die Person(en) obliegt, für die Unterhalt verlangt wird oder der/denen Unterhalt zusteht	Person, für die Unterhalt verlangt wird oder der Unterhalt zusteht (Person A)	Person, für die Unterhalt verlangt wird oder der Unterhalt zusteht (Person B)	Person, für die Unterhalt verlangt wird oder der Unterhalt zusteht (Person C)
Gehälter (einschließlich Sach-leistungen), Altersrenten, Arbeitsunfähigkeitsrenten, Unterhaltszahlungen, Renten, Leibrenten, Arbeitslosen-unterstützung					
Einkünfte aus selbständiger Tätigkeit					
Einkünfte aus Wertpapieren/Kapitaleinkünfte/Einkünfte aus Immobilien					
Andere Einkunftsquellen					
INSGESAMT					

11.2.2. *Ausgaben und Verbindlichkeiten*

☐ Monatsbasis ☐ Jahresbasis	Person, der in erster Linie die Unterhaltspflicht für die Person(en) obliegt, für die Unterhalt verlangt wird oder der/denen Unterhalt zusteht	Ehegatte/Ehegattin oder derzeitiger Partner/derzeitige Partnerin der Person, der in erster Linie die Unterhalts-pflicht für die Person(en) obliegt, für die Unterhalt verlangt wird oder der/denen Unterhalt zusteht	Person, für die Unterhalt verlangt wird oder der Unterhalt zusteht (Person A)	Person, für die Unterhalt verlangt wird oder der Unterhalt zusteht (Person B)	Person, für die Unterhalt verlangt wird oder der Unterhalt zusteht (Person C)
Steuern und Abgaben					
Versicherungsprämien, obligatorische Sozialversicherungsbeiträge und berufsständische Beiträge					
Miete/Kosten für Miteigentum, Tilgung von Hypothekendarlehen					
Ausgaben für Lebensmittel und Kleidung					

EuUVO EuErbVO

☐ Monatsbasis ☐ Jahresbasis	Person, der in erster Linie die Unterhaltspflicht für die Person(en) obliegt, für die Unterhalt verlangt wird oder der/denen Unterhalt zusteht	Ehegatte/Ehegattin oder derzeitiger Partner/derzeitige Partnerin der Person, der in erster Linie die Unterhalts-pflicht für die Person(en) obliegt, für die Unterhalt verlangt wird oder der/denen Unterhalt zusteht	Person, für die Unterhalt verlangt wird oder der Unterhalt zusteht (Person A)	Person, für die Unterhalt verlangt wird oder der Unterhalt zusteht (Person B)	Person, für die Unterhalt verlangt wird oder der Unterhalt zusteht (Person C)
Arztkosten					
Unterhaltszahlungen an einen Dritten aufgrund einer gesetzlichen Verpflichtung und/oder Ausgaben für andere unterhaltsberechtigte Personen, auf die der Antrag sich nicht bezieht					
Schulgeld für Kinder					
Tilgung von Darlehen, sonstige Verbindlichkeiten					
Sonstige Ausgaben					
INSGESAMT					

11.2.3.　*Sonstige Vermögenswerte*

....

....

....

11.3.　**Verpflichtete Person**

11.3.1.　*Bruttoeinkünfte*

☐ Monatsbasis ☐ Jahresbasis	Verpflichtete Person	Ehegatte/Ehegattin oder derzeitiger Partner/derzeitige Partnerin der verpflichteten Person
Gehälter (einschließlich Sachleistungen), Altersrenten, Arbeitsunfähigkeitsrenten, Unterhaltszahlungen, Renten, Leibrenten, Arbeitslosenunterstützung		
Einkünfte aus selbständiger Tätigkeit		
Einkünfte aus Wertpapieren/Kapitaleinkünfte/Einkünfte aus Immobilien		
Andere Einkunftsquellen		
INSGESAMT		

11.3.2. *Ausgaben und Verbindlichkeiten*

☐ Monatsbasis ☐ Jahresbasis	Verpflichtete Person	Ehegatte/Ehegattin oder derzeitiger Partner/derzeitige Partnerin der verpflichteten Person
Steuern und Abgaben		
Versicherungsprämien, obligatorische Sozialversicherungsbeiträge und berufsständische Beiträge		
Miete/Kosten für Miteigentum, Tilgung von Hypothekendarlehen		
Ausgaben für Lebensmittel und Kleidung		
Arztkosten		
Unterhaltszahlungen an einen Dritten aufgrund einer gesetzlichen Verpflichtung und/oder Ausgaben für andere unterhaltsberechtigte Personen, auf die der Antrag sich nicht bezieht		
Schulgeld für Kinder		
Tilgung von Darlehen, sonstige Verbindlichkeiten		
Sonstige Ausgaben		
INSGESAMT		

11.3.3. *Sonstige Vermögenswerte*

....

....

....

12. ANGABEN ZUR ZAHLUNG, WENN DER ANTRAG VON DER BERECHTIGTEN PERSON GESTELLT WIRD

12.1. Elektronische Zahlung

12.1.1. Name der Bank: ....

12.1.2. BIC oder andere einschlägige Bankkennung: ....

12.1.3. Kontoinhaber: ....

12.1.4. Internationale Bankkontonummer (IBAN): ....

12.2. Scheckzahlung

12.2.1. Scheck ausgestellt auf den Namen: ....

12.2.2. Scheck für

12.2.2.1. Name und Vorname(n): ....

12.2.2.2. Anschrift:

12.2.2.2.1. Straße und Hausnummer/Postfach: ....

12.2.2.2.2. PLZ und Ort:..

12.2.2.2.3. Land: ....

EuUVO EuErbVO

13. ZUSÄTZLICHE ANGABEN (SOWEIT GEGEBEN):

....

....

....

Geschehen zu .... *am* .... *(TT/MM/JJJJ)*

Unterschrift des Antragstellers: ....

und/oder, wenn zutreffend:

Name und Unterschrift der Person/Behörde, die im ersuchenden Mitgliedstaat befugt ist, das Formblatt im Namen des Antragstellers auszufüllen

.... „

Austrittabk UK

Abkommen über den Austritt des Vereinigten Königreichs Großbritannien und Nordirland aus der Europäischen Union und der Europäischen Atomgemeinschaft

(ABl. L 029 vom 31.1.2020, S. 7, ab 1.1.2021)

Artikel 67

(1) Im Vereinigten Königreich sowie in den Mitgliedstaaten in Fällen, die einen Bezug zum Vereinigten Königreich aufweisen, gelten für vor dem Ablauf der Übergangszeit eingeleitete gerichtliche Verfahren sowie für damit zusammenhängende Verfahren oder Klagen gemäß den Artikeln 29, 30 und 31 der Verordnung (EU) Nr. 1215/2012[1]) des Europäischen Parlaments und des Rates*) oder Artikel 19 der Verordnung (EG) Nr. 2201/2003[2]) oder den Artikeln 12 und 13 der Verordnung (EG) Nr. 4/2009 des Rates**) die folgenden Rechtsakte und Bestimmungen Anwendung:

a) die Zuständigkeitsbestimmungen der Verordnung (EU) Nr. 1215/2012[1]);

b) die Zuständigkeitsbestimmungen der Verordnung (EU) 2017/1001 (über die Unionsmarke), der Verordnung (EG) Nr. 6/2002 (über das Gemeinschaftsgeschmacksmuster), der Verordnung (EG) Nr. 2100/94 (über den gemeinschaftlichen Sortenschutz), der Verordnung (EU) 2016/679 des Europäischen Parlaments und des Rates (Datenschutz-Grundverordnung) und der Richtlinie 96/71/EG des Europäischen Parlaments und des Rates. (über die Entsendung von Arbeitnehmern im Rahmen der Erbringung von Dienstleistungen);

c) die Zuständigkeitsbestimmungen der Verordnung (EU) Nr. 2201/2003[2]);

d) die Zuständigkeitsbestimmungen der Verordnung (EU) Nr. 4/2009[3]);

(2) Im Vereinigten Königreich sowie in den Mitgliedstaaten finden in Fällen, die einen Bezug zum Vereinigten Königreich aufweisen, die folgenden Rechtsakte oder Bestimmungen auf die Anerkennung und Vollstreckung von Urteilen, Entscheidungen, öffentlichen Urkunden, gerichtlichen Vergleichen und Gerichtsstandsvereinbarungen Anwendung:

c) die Bestimmungen der Verordnung (EU) Nr. 4/2009[3]) finden Anwendung auf die Anerkennung und Vollstreckung von Entscheidungen, die in vor dem Ablauf des Übergangszeitraums eingeleiteten gerichtlichen Verfahren ergangen sind, sowie auf vor dem Ablauf des Übergangszeitraums gebilligte oder geschlossene gerichtliche Vergleiche und ausgestellte öffentliche Urkunden;

(3) Im Vereinigten Königreich sowie in den Mitgliedstaaten finden in Fällen, die einen Bezug zum Vereinigten Königreich aufweisen, die nachstehenden Bestimmungen wie folgt Anwendung:

b) Kapitel VII der Verordnung (EG) Nr. 4/2009 findet Anwendung auf die in Absatz 2 Buchstabe c dieses Artikels genannten Anerkennungs- oder Vollstreckungsanträge und für Ersuchen, die vor dem Ablauf der Übergangszeit bei der zentralen Behörde des ersuchten Staats eingegangen sind;

---

*) Verordnung (EU) Nr. 1215/2012[1]) des Europäischen Parlaments und des Rates vom 12. Dezember 2012 über die gerichtliche Zuständigkeit und die Anerkennung und Vollstreckung von Entscheidungen in Zivil- und Handelssachen (ABl. L 351 vom 20.12.2012, S. 1).

**) Verordnung (EG) Nr. 4/2009[3]) des Rates vom 18. Dezember 2008 über die Zuständigkeit, das anwendbare Recht, die Anerkennung und Vollstreckung von Entscheidungen und die Zusammenarbeit in Unterhaltssachen (ABl. L 7 vom 10.1.2009, S. 1).

[1]) *Das ist die EuGVVO.*
[2]) *Das ist die Brüssel IIa-VO.*
[3]) *Das ist die EuUVO.*

Der Übergangszeitraum endete am 31.12.2020 (Art 126 des Austrittsabkommens)

Verordnung (EU) Nr. 650/2012 über die Zuständigkeit, das anzuwendende Recht, die Anerkennung und Vollstreckung von Entscheidungen und die Annahme und Vollstreckung öffentlicher Urkunden in Erbsachen sowie zur Einführung eines Europäischen Nachlasszeugnisses

ABl L 201 vom 27. 7. 2012, S 107 idF

1 ABl L 344 vom 14. 12. 2012, S 3   3 ABl L 60 vom 2. 3. 2013, S 140
2 ABl L 41 vom 12. 2. 2013, S 16   4 ABl L 363 vom 18. 12. 2014, S 186

ab 17. 8. 2015

Verordnung (EU) Nr. 650/2012 über die Zuständigkeit, das anzuwendende Recht, die Anerkennung und Vollstreckung von Entscheidungen und die Annahme und Vollstreckung öffentlicher Urkunden in Erbsachen sowie zur Einführung eines Europäischen Nachlasszeugnisses

DAS EUROPÄISCHE PARLAMENT UND DER RAT DER EUROPÄISCHEN UNION –

gestützt auf den Vertrag über die Arbeitsweise der Europäischen Union, insbesondere auf Artikel 81 Absatz 2,

auf Vorschlag der Europäischen Kommission,

nach Stellungnahme des Europäischen Wirtschafts- und Sozialausschusses[1],

gemäß dem ordentlichen Gesetzgebungsverfahren[2],

in Erwägung nachstehender Gründe:

(1) Die Union hat sich zum Ziel gesetzt, einen Raum der Freiheit, der Sicherheit und des Rechts, in dem der freie Personenverkehr gewährleistet ist, zu erhalten und weiterzuentwickeln. Zum schrittweisen Aufbau eines solchen Raums hat die Union im Bereich der justiziellen Zusammenarbeit in Zivilsachen, die einen grenzüberschreitenden Bezug aufweisen, Maßnahmen zu erlassen, insbesondere wenn dies für das reibungslose Funktionieren des Binnenmarkts erforderlich ist.

(2) Nach Artikel 81 Absatz 2 Buchstabe c des Vertrags über die Arbeitsweise der Europäischen Union können zu solchen Maßnahmen unter anderem Maßnahmen gehören, die die Vereinbarkeit der in den Mitgliedstaaten geltenden Kollisionsnormen und der Vorschriften zur Vermeidung von Kompetenzkonflikten sicherstellen sollen.

(3) Auf seiner Tagung vom 15. und 16. Oktober 1999 in Tampere hat der Europäische Rat den Grundsatz der gegenseitigen Anerkennung von Urteilen und anderen Entscheidungen von Justizbehörden als Eckstein der justiziellen Zusammenarbeit in Zivilsachen unterstützt und den Rat und die Kommission ersucht, ein Maßnahmenprogramm zur Umsetzung dieses Grundsatzes anzunehmen.

(4) Am 30. November 2000 wurde ein gemeinsames Maßnahmenprogramm der Kommission und des Rates zur Umsetzung des Grundsatzes der gegenseitigen Anerkennung gerichtlicher Entscheidungen in Zivil- und Handelssachen[3] verabschiedet. In diesem Programm sind Maßnahmen zur Harmonisierung der Kollisionsnormen aufgeführt, die die gegenseitige Anerkennung gerichtlicher Entscheidungen vereinfachen sollen; ferner ist darin die Ausarbeitung eines Rechtsinstruments zum Testaments- und Erbrecht vorgesehen.

(5) Am 4. und 5. November 2004 hat der Europäische Rat auf seiner Tagung in Brüssel ein neues Programm mit dem Titel „Haager Programm zur Stärkung von Freiheit, Sicherheit und Recht in der Europäischen Union"[4] angenommen. Danach soll ein Rechtsinstrument zu Erbsachen erlassen werden, das insbesondere Fragen des Kollisionsrechts, der Zuständigkeit, der gegenseitigen Anerkennung und Vollstreckung von Entscheidungen in Erbsachen sowie die Einführung eines Europäischen Nachlasszeugnisses betrifft.

EuUVO EuErbVO

Zur Präambel:
[1] *ABl. C 44 vom 11.2.2011, S. 148.*
[2] *Standpunkt des Europäischen Parlaments vom 13. März 2012 (noch nicht im Amtsblatt veröffentlicht) und Beschluss des Rates vom 7. Juni 2012.*

Zu Abs. 4:
[3] *ABl. C 12 vom 15.1.2001, S. 1.*
Zu Abs. 5:
[4] *ABl. C 53 vom 3.3.2005, S. 1.*

(6) Der Europäische Rat hat auf seiner Tagung vom 10. und 11. Dezember 2009 in Brüssel ein neues mehrjähriges Programm mit dem Titel „Das Stockholmer Programm – Ein offenes und sicheres Europa im Dienste und zum Schutz der Bürger"[5] angenommen. Darin hat der Europäische Rat festgehalten, dass der Grundsatz der gegenseitigen Anerkennung auf Bereiche ausgeweitet werden sollte, die bisher noch nicht abgedeckt sind, aber den Alltag der Bürger wesentlich prägen, z. B. Erb- und Testamentsrecht, wobei gleichzeitig die Rechtssysteme einschließlich der öffentlichen Ordnung (ordre public) und die nationalen Traditionen der Mitgliedstaaten in diesem Bereich zu berücksichtigen sind.

(7) Die Hindernisse für den freien Verkehr von Personen, denen die Durchsetzung ihrer Rechte im Zusammenhang mit einem Erbfall mit grenzüberschreitendem Bezug derzeit noch Schwierigkeiten bereitet, sollten ausgeräumt werden, um das reibungslose Funktionieren des Binnenmarkts zu erleichtern. In einem europäischen Rechtsraum muss es den Bürgern möglich sein, ihren Nachlass im Voraus zu regeln. Die Rechte der Erben und Vermächtnisnehmer sowie der anderen Personen, die dem Erblasser nahestehen, und der Nachlassgläubiger müssen effektiv gewahrt werden.

(8) Um diese Ziele zu erreichen, bedarf es einer Verordnung, in der die Bestimmungen über die Zuständigkeit, das anzuwendende Recht, die Anerkennung – oder gegebenenfalls die Annahme –, Vollstreckbarkeit und Vollstreckung von Entscheidungen, öffentlichen Urkunden und gerichtlichen Vergleichen sowie zur Einführung eines Europäischen Nachlasszeugnisses zusammengefasst sind.

(9) Der Anwendungsbereich dieser Verordnung sollte sich auf alle zivilrechtlichen Aspekte der Rechtsnachfolge von Todes wegen erstrecken, und zwar auf jede Form des Übergangs von Vermögenswerten, Rechten und Pflichten von Todes wegen, sei es im Wege der gewillkürten Erbfolge durch eine Verfügung von Todes wegen oder im Wege der gesetzlichen Erbfolge.

(10) Diese Verordnung sollte weder für Steuersachen noch für verwaltungsrechtliche Angelegenheiten öffentlich-rechtlicher Art gelten. Daher sollte das innerstaatliche Recht bestimmen, wie beispielsweise Steuern oder sonstige Verbindlichkeiten öffentlich-rechtlicher Art berechnet und entrichtet werden, seien es vom Erblasser im Zeitpunkt seines Todes geschuldete Steuern oder Erbschaftssteuern jeglicher Art, die aus dem Nachlass oder von den Berechtigten zu entrichten sind. Das innerstaatliche Recht sollte auch bestimmen, ob die Freigabe des Nachlassvermögens an die Berechtigten nach dieser Verordnung oder die Eintragung des Nachlassvermögens in ein Register nur erfolgt, wenn Steuern gezahlt werden.

(11) Diese Verordnung sollte nicht für Bereiche des Zivilrechts gelten, die nicht die Rechtsnachfolge von Todes wegen betreffen. Aus Gründen der Klarheit sollte eine Reihe von Fragen, die als mit Erbsachen zusammenhängend betrachtet werden könnten, ausdrücklich vom Anwendungsbereich dieser Verordnung ausgenommen werden.

(12) Dementsprechend sollte diese Verordnung nicht für Fragen des ehelichen Güterrechts, einschließlich der in einigen Rechtsordnungen vorkommenden Eheverträge, soweit diese keine erbrechtlichen Fragen regeln, und des Güterrechts aufgrund von Verhältnissen, die mit der Ehe vergleichbare Wirkungen entfalten, gelten. Die Behörden, die mit einer bestimmten Erbsache nach dieser Verordnung befasst sind, sollten allerdings je nach den Umständen des Einzelfalls die Beendigung des ehelichen oder sonstigen Güterstands des Erblassers bei der Bestimmung des Nachlasses und der jeweiligen Anteile der Berechtigten berücksichtigen.

(13) Fragen im Zusammenhang mit der Errichtung, Funktionsweise oder Auflösung von Trusts sollten auch vom Anwendungsbereich dieser Verordnung ausgenommen werden. Dies sollte nicht als genereller Ausschluss von Trusts verstanden werden. Wird ein Trust testamentarisch oder aber kraft Gesetzes im Rahmen der gesetzlichen Erbfolge errichtet, so sollte im Hinblick auf den Übergang der Vermögenswerte und die Bestimmung der Berechtigten das nach dieser Verordnung auf die Rechtsnachfolge von Todes wegen anzuwendende Recht gelten.

(14) Rechte und Vermögenswerte, die auf andere Weise als durch Rechtsnachfolge von Todes wegen entstehen oder übertragen werden, wie zum Beispiel durch unentgeltliche Zuwendungen, sollten ebenfalls vom Anwendungsbereich dieser Verordnung ausgenommen werden. Ob unentgeltliche Zuwendungen oder sonstige Verfügungen unter Lebenden mit dinglicher Wirkung vor dem Tod für die Zwecke der Bestimmung der Anteile der Berechtigten im Einklang mit dem auf die Rechtsnachfolge von Todes wegen anzuwendenden Recht ausgeglichen oder angerechnet werden sollten, sollte sich jedoch nach dem Recht entscheiden, das nach dieser Verordnung auf die

---

Zu Abs. 6:
[5] *ABl. C 115 vom 4.5.2010, S. 1.*

Rechtsnachfolge von Todes wegen anzuwenden ist.

(15) Diese Verordnung sollte die Begründung oder den Übergang eines Rechts an beweglichen oder unbeweglichen Vermögensgegenständen im Wege der Rechtsnachfolge von Todes wegen nach Maßgabe des auf die Rechtsnachfolge von Todes wegen anzuwendenden Rechts ermöglichen. Sie sollte jedoch nicht die abschließende Anzahl (Numerus Clausus) der dinglichen Rechte berühren, die das innerstaatliche Recht einiger Mitgliedstaaten kennt. Ein Mitgliedstaat sollte nicht verpflichtet sein, ein dingliches Recht an einer in diesem Mitgliedstaat belegenen Sache anzuerkennen, wenn sein Recht dieses dingliche Recht nicht kennt.

(16) Damit die Berechtigten jedoch die Rechte, die durch Rechtsnachfolge von Todes wegen begründet worden oder auf sie übergegangen sind, in einem anderen Mitgliedstaat geltend machen können, sollte diese Verordnung die Anpassung eines unbekannten dinglichen Rechts an das in der Rechtsordnung dieses anderen Mitgliedstaats am ehesten vergleichbare dingliche Recht vorsehen. Bei dieser Anpassung sollten die mit dem besagten dinglichen Recht verfolgten Ziele und Interessen und die mit ihm verbundenen Wirkungen berücksichtigt werden. Für die Zwecke der Bestimmung des am ehesten vergleichbaren innerstaatlichen dinglichen Rechts können die Behörden oder zuständigen Personen des Staates, dessen Recht auf die Rechtsnachfolge von Todes wegen anzuwenden war, kontaktiert werden, um weitere Auskünfte zu der Art und den Wirkungen des betreffenden dinglichen Rechts einzuholen. In diesem Zusammenhang könnten die bestehenden Netze im Bereich der justiziellen Zusammenarbeit in Zivil- und Handelssachen sowie die anderen verfügbaren Mittel, die die Erkenntnis ausländischen Rechts erleichtern, genutzt werden.

(17) Die in dieser Verordnung ausdrücklich vorgesehene Anpassung unbekannter dinglicher Rechte sollte andere Formen der Anpassung im Zusammenhang mit der Anwendung dieser Verordnung nicht ausschließen.

(18) Die Voraussetzungen für die Eintragung von Rechten an beweglichen oder unbeweglichen Vermögensgegenständen in einem Register sollten aus dem Anwendungsbereich dieser Verordnung ausgenommen werden. Somit sollte das Recht des Mitgliedstaats, in dem das Register (für unbewegliches Vermögen das Recht der belegenen Sache (lex rei sitae)) geführt wird, bestimmen, unter welchen gesetzlichen Voraussetzungen und wie die Eintragung vorzunehmen ist und welche Behörden wie etwa Grundbuchämter oder Notare

dafür zuständig sind zu prüfen, dass alle Eintragungsvoraussetzungen erfüllt sind und die vorgelegten oder erstellten Unterlagen vollständig sind bzw. die erforderlichen Angaben enthalten. Insbesondere können die Behörden prüfen, ob es sich bei dem Recht des Erblassers an dem Nachlassvermögen, das in dem für die Eintragung vorgelegten Schriftstück erwähnt ist, um ein Recht handelt, das als solches in dem Register eingetragen ist oder nach dem Recht des Mitgliedstaats, in dem das Register geführt wird, anderweitig nachgewiesen wird. Um eine doppelte Erstellung von Schriftstücken zu vermeiden, sollten die Eintragungsbehörden diejenigen von den zuständigen Behörden in einem anderen Mitgliedstaat erstellten Schriftstücke annehmen, deren Verkehr nach dieser Verordnung vorgesehen ist. Insbesondere sollte das nach dieser Verordnung ausgestellte Europäische Nachlasszeugnis im Hinblick auf die Eintragung des Nachlassvermögens in ein Register eines Mitgliedstaats ein gültiges Schriftstück darstellen. Dies sollte die an der Eintragung beteiligten Behörden nicht daran hindern, von der Person, die die Eintragung beantragt, diejenigen zusätzlichen Angaben oder die Vorlage derjenigen zusätzlichen Schriftstücke zu verlangen, die nach dem Recht des Mitgliedstaats, in dem das Register geführt wird, erforderlich sind, wie beispielsweise Angaben oder Schriftstücke betreffend die Zahlung von Steuern. Die zuständige Behörde kann die Person, die die Eintragung beantragt, darauf hinweisen, wie die fehlenden Angaben oder Schriftstücke beigebracht werden können.

(19) Die Wirkungen der Eintragung eines Rechts in einem Register sollten ebenfalls vom Anwendungsbereich dieser Verordnung ausgenommen werden. Daher sollte das Recht des Mitgliedstaats, in dem das Register geführt wird, dafür maßgebend sein, ob beispielsweise die Eintragung deklaratorische oder konstitutive Wirkung hat. Wenn also zum Beispiel der Erwerb eines Rechts an einer unbeweglichen Sache nach dem Recht des Mitgliedstaats, in dem das Register geführt wird, die Eintragung in einem Register erfordert, damit die Wirkung erga omnes von Registern sichergestellt wird oder Rechtsgeschäfte geschützt werden, sollte der Zeitpunkt des Erwerbs dem Recht dieses Mitgliedstaats unterliegen.

(20) Diese Verordnung sollte den verschiedenen Systemen zur Regelung von Erbsachen Rechnung tragen, die in den Mitgliedstaaten angewandt werden. Für die Zwecke dieser Verordnung sollte der Begriff „Gericht" daher breit gefasst werden, so dass nicht nur Gerichte im eigentlichen Sinne, die gerichtliche Funktionen ausüben, erfasst werden, sondern auch Notare oder Registerbehörden in einigen Mitgliedstaaten, die in

bestimmten Erbsachen gerichtliche Funktionen wie Gerichte ausüben, sowie Notare und Angehörige von Rechtsberufen, die in einigen Mitgliedstaaten in einer bestimmten Erbsache aufgrund einer Befugnisübertragung durch ein Gericht gerichtliche Funktionen ausüben. Alle Gerichte im Sinne dieser Verordnung sollten durch die in dieser Verordnung festgelegten Zuständigkeitsregeln gebunden sein. Der Begriff „Gericht" sollte hingegen nicht die nichtgerichtlichen Behörden eines Mitgliedstaats erfassen, die nach innerstaatlichem Recht befugt sind, sich mit Erbsachen zu befassen, wie in den meisten Mitgliedstaaten die Notare, wenn sie, wie dies üblicherweise der Fall ist, keine gerichtlichen Funktionen ausüben.

(21) Diese Verordnung sollte es allen Notaren, die für Erbsachen in den Mitgliedstaaten zuständig sind, ermöglichen, diese Zuständigkeit auszuüben. Ob die Notare in einem Mitgliedstaat durch die Zuständigkeitsregeln dieser Verordnung gebunden sind, sollte davon abhängen, ob sie von der Bestimmung des Begriffs „Gericht" im Sinne dieser Verordnung erfasst werden.

(22) Die in den Mitgliedstaaten von Notaren in Erbsachen errichteten Urkunden sollten nach dieser Verordnung verkehren. Üben Notare gerichtliche Funktionen aus, so sind sie durch die Zuständigkeitsregeln gebunden, und die von ihnen erlassenen Entscheidungen sollten nach den Bestimmungen über die Anerkennung, Vollstreckbarkeit und Vollstreckung von Entscheidungen verkehren. Üben Notare keine gerichtliche Zuständigkeit aus, so sind sie nicht durch die Zuständigkeitsregeln gebunden, und die öffentlichen Urkunden, die von ihnen errichtet werden, sollten nach den Bestimmungen über öffentliche Urkunden verkehren.

(23) In Anbetracht der zunehmenden Mobilität der Bürger sollte die Verordnung zur Gewährleistung einer ordnungsgemäßen Rechtspflege in der Union und einer wirklichen Verbindung zwischen dem Nachlass und dem Mitgliedstaat, in dem die Erbsache abgewickelt wird, als allgemeinen Anknüpfungspunkt zum Zwecke der Bestimmung der Zuständigkeit und des anzuwendenden Rechts den gewöhnlichen Aufenthalt des Erblassers im Zeitpunkt des Todes vorsehen. Bei der Bestimmung des gewöhnlichen Aufenthalts sollte die mit der Erbsache befasste Behörde eine Gesamtbeurteilung der Lebensumstände des Erblassers in den Jahren vor seinem Tod und im Zeitpunkt seines Todes vornehmen und dabei alle relevanten Tatsachen berücksichtigen, insbesondere die Dauer und die Regelmäßigkeit des Aufenthalts des Erblassers in dem betreffenden Staat sowie die damit zusammenhängenden Umstände und Gründe. Der so bestimmte gewöhnliche Aufenthalt sollte unter Berücksichtigung der spezifischen Ziele dieser Verordnung eine besonders enge und feste Bindung zu dem betreffenden Staat erkennen lassen.

(24) In einigen Fällen kann es sich als komplex erweisen, den Ort zu bestimmen, an dem der Erblasser seinen gewöhnlichen Aufenthalt hatte. Dies kann insbesondere der Fall sein, wenn sich der Erblasser aus beruflichen oder wirtschaftlichen Gründen – unter Umständen auch für längere Zeit – in einen anderen Staat begeben hat, um dort zu arbeiten, aber eine enge und feste Bindung zu seinem Herkunftsstaat aufrechterhalten hat. In diesem Fall könnte – entsprechend den jeweiligen Umständen – davon ausgegangen werden, dass der Erblasser seinen gewöhnlichen Aufenthalt weiterhin in seinem Herkunftsstaat hat, in dem sich in familiärer und sozialer Hinsicht sein Lebensmittelpunkt befand. Weitere komplexe Fälle können sich ergeben, wenn der Erblasser abwechselnd in mehreren Staaten gelebt hat oder auch von Staat zu Staat gereist ist, ohne sich in einem Staat für längere Zeit niederzulassen. War der Erblasser ein Staatsangehöriger eines dieser Staaten oder hatte er alle seine wesentlichen Vermögensgegenstände in einem dieser Staaten, so könnte seine Staatsangehörigkeit oder der Ort, an dem diese Vermögensgegenstände sich befinden, ein besonderer Faktor bei der Gesamtbeurteilung aller tatsächlichen Umstände sein.

(25) In Bezug auf die Bestimmung des auf die Rechtsnachfolge von Todes wegen anzuwendenden Rechts kann die mit der Erbsache befasste Behörde in Ausnahmefällen – in denen der Erblasser beispielsweise erst kurz vor seinem Tod in den Staat seines gewöhnlichen Aufenthalts umgezogen ist und sich aus der Gesamtheit der Umstände ergibt, dass er eine offensichtlich engere Verbindung zu einem anderen Staat hatte – zu dem Schluss gelangen, dass die Rechtsnachfolge von Todes wegen nicht dem Recht des gewöhnlichen Aufenthalts des Erblassers unterliegt, sondern dem Recht des Staates, zu dem der Erblasser offensichtlich eine engere Verbindung hatte. Die offensichtlich engste Verbindung sollte jedoch nicht als subsidiärer Anknüpfungspunkt gebraucht werden, wenn sich die Feststellung des gewöhnlichen Aufenthaltsorts des Erblassers im Zeitpunkt seines Todes als schwierig erweist.

(26) Diese Verordnung sollte ein Gericht nicht daran hindern, Mechanismen gegen die Gesetzesumgehung wie beispielsweise gegen die fraude à la loi im Bereich des Internationalen Privatrechts anzuwenden.

(27) Die Vorschriften dieser Verordnung sind so angelegt, dass sichergestellt wird, dass die mit der Erbsache befasste Behörde in den meisten

Situationen ihr eigenes Recht anwendet. Diese Verordnung sieht daher eine Reihe von Mechanismen vor, die dann greifen, wenn der Erblasser für die Regelung seines Nachlasses das Recht eines Mitgliedstaats gewählt hat, dessen Staatsangehöriger er war.

(28) Einer dieser Mechanismen sollte darin bestehen, dass die betroffenen Parteien eine Gerichtsstandsvereinbarung zugunsten der Gerichte des Mitgliedstaats, dessen Recht gewählt wurde, schließen können. Abhängig insbesondere vom Gegenstand der Gerichtsstandsvereinbarung müsste von Fall zu Fall bestimmt werden, ob die Vereinbarung zwischen sämtlichen von dem Nachlass betroffenen Parteien geschlossen werden müsste oder ob einige von ihnen sich darauf einigen könnten, eine spezifische Frage bei dem gewählten Gericht anhängig zu machen, sofern die diesbezügliche Entscheidung dieses Gerichts die Rechte der anderen Parteien am Nachlass nicht berühren würde.

(29) Wird ein Verfahren in einer Erbsache von einem Gericht von Amts wegen eingeleitet, was in einigen Mitgliedstaaten der Fall ist, sollte dieses Gericht das Verfahren beenden, wenn die Parteien vereinbaren, die Erbsache außergerichtlich in dem Mitgliedstaat des gewählten Rechts einvernehmlich zu regeln. Wird ein Verfahren in einer Erbsache nicht von einem Gericht von Amts wegen eröffnet, so sollte diese Verordnung die Parteien nicht daran hindern, die Erbsache außergerichtlich, beispielsweise vor einem Notar, in einem Mitgliedstaat ihrer Wahl einvernehmlich zu regeln, wenn dies nach dem Recht dieses Mitgliedstaats möglich ist. Dies sollte auch dann der Fall sein, wenn das auf die Rechtsnachfolge von Todes wegen anzuwendende Recht nicht das Recht dieses Mitgliedstaats ist.

(30) Um zu gewährleisten, dass die Gerichte aller Mitgliedstaaten ihre Zuständigkeit in Bezug auf den Nachlass von Personen, die ihren gewöhnlichen Aufenthalt im Zeitpunkt ihres Todes nicht in einem Mitgliedstaat hatten, auf derselben Grundlage ausüben können, sollte diese Verordnung die Gründe, aus denen diese subsidiäre Zuständigkeit ausgeübt werden kann, abschließend und in einer zwingenden Rangfolge aufführen.

(31) Um insbesondere Fällen von Rechtsverweigerung begegnen zu können, sollte in dieser Verordnung auch eine Notzuständigkeit (forum necessitatis) vorgesehen werden, wonach ein Gericht eines Mitgliedstaats in Ausnahmefällen über eine Erbsache entscheiden kann, die einen engen Bezug zu einem Drittstaat aufweist. Ein solcher Ausnahmefall könnte gegeben sein, wenn ein Verfahren sich in dem betreffenden Drittstaat als unmöglich erweist, beispielsweise aufgrund eines Bürgerkriegs, oder wenn von einem Berechtigten vernünftigerweise nicht erwartet werden kann, dass er ein Verfahren in diesem Staat einleitet oder führt. Die Notzuständigkeit sollte jedoch nur ausgeübt werden, wenn die Erbsache einen ausreichenden Bezug zu dem Mitgliedstaat des angerufenen Gerichts aufweist.

(32) Im Interesse der Erben und Vermächtnisnehmer, die ihren gewöhnlichen Aufenthalt in einem anderen als dem Mitgliedstaat haben, in dem der Nachlass abgewickelt wird oder werden soll, sollte diese Verordnung es jeder Person, die nach dem auf die Rechtsnachfolge von Todes wegen anzuwendenden Recht dazu berechtigt ist, ermöglichen, Erklärungen über die Annahme oder Ausschlagung einer Erbschaft, eines Vermächtnisses oder eines Pflichtteils oder zur Begrenzung ihrer Haftung für Nachlassverbindlichkeiten vor den Gerichten des Mitgliedstaats ihres gewöhnlichen Aufenthalts in der Form abzugeben, die nach dem Recht dieses Mitgliedstaats vorgesehen ist. Dies sollte nicht ausschließen, dass derartige Erklärungen vor anderen Behörden dieses Mitgliedstaats, die nach nationalem Recht für die Entgegennahme von Erklärungen zuständig sind, abgegeben werden. Die Personen, die von der Möglichkeit Gebrauch machen möchten, Erklärungen im Mitgliedstaat ihres gewöhnlichen Aufenthalts abzugeben, sollten das Gericht oder die Behörde, die mit der Erbsache befasst ist oder sein wird, innerhalb einer Frist, die in dem auf die Rechtsnachfolge von Todes wegen anzuwendenden Recht vorgesehen ist, selbst davon in Kenntnis setzen, dass derartige Erklärungen abgegeben wurden.

(33) Eine Person, die ihre Haftung für die Nachlassverbindlichkeiten begrenzen möchte, sollte dies nicht durch eine entsprechende einfache Erklärung vor den Gerichten oder anderen zuständigen Behörden des Mitgliedstaats ihres gewöhnlichen Aufenthalts tun können, wenn das auf die Rechtsnachfolge von Todes wegen anzuwendende Recht von ihr verlangt, vor dem zuständigen Gericht ein besonderes Verfahren, beispielsweise ein Verfahren zur Inventarerrichtung, zu veranlassen. Eine Erklärung, die unter derartigen Umständen von einer Person im Mitgliedstaat ihres gewöhnlichen Aufenthalts in der nach dem Recht dieses Mitgliedstaats vorgeschriebenen Form abgegeben wurde, sollte daher für die Zwecke dieser Verordnung nicht formell gültig sein. Auch sollten die verfahrenseinleitenden Schriftstücke für die Zwecke dieser Verordnung nicht als Erklärung angesehen werden.

(34) Im Interesse einer geordneten Rechtspflege sollten in verschiedenen Mitgliedstaaten keine Entscheidungen ergehen, die miteinander unver-

EuUVO EuErbVO

einbar sind. Hierzu sollte die Verordnung allgemeine Verfahrensvorschriften nach dem Vorbild anderer Rechtsinstrumente der Union im Bereich der justiziellen Zusammenarbeit in Zivilsachen vorsehen.

(35) Eine dieser Verfahrensvorschriften ist die Regel zur Rechtshängigkeit, die zum Tragen kommt, wenn dieselbe Erbsache bei verschiedenen Gerichten in verschiedenen Mitgliedstaaten anhängig gemacht wird. Diese Regel bestimmt, welches Gericht sich weiterhin mit der Erbsache zu befassen hat.

(36) Da Erbsachen in einigen Mitgliedstaaten von nichtgerichtlichen Behörden wie z. B. Notaren geregelt werden können, die nicht an die Zuständigkeitsregeln dieser Verordnung gebunden sind, kann nicht ausgeschlossen werden, dass in derselben Erbsache eine außergerichtliche einvernehmliche Regelung und ein Gerichtsverfahren beziehungsweise zwei außergerichtliche einvernehmliche Regelungen in Bezug auf dieselbe Erbsache jeweils in verschiedenen Mitgliedstaaten parallel eingeleitet werden. In solchen Fällen sollte es den beteiligten Parteien obliegen, sich, sobald sie Kenntnis von den parallelen Verfahren erhalten, untereinander über das weitere Vorgehen zu einigen. Können sie sich nicht einigen, so müsste das nach dieser Verordnung zuständige Gericht sich mit der Erbsache befassen und darüber befinden.

(37) Damit die Bürger die Vorteile des Binnenmarkts ohne Einbußen bei der Rechtssicherheit nutzen können, sollte die Verordnung ihnen im Voraus Klarheit über das in ihrem Fall anwendbare Erbstatut verschaffen. Es sollten harmonisierte Kollisionsnormen eingeführt werden, um einander widersprechende Ergebnisse zu vermeiden. Die allgemeine Kollisionsnorm sollte sicherstellen, dass der Erbfall einem im Voraus bestimmbaren Erbrecht unterliegt, zu dem eine enge Verbindung besteht. Aus Gründen der Rechtssicherheit und um eine Nachlassspaltung zu vermeiden, sollte der gesamte Nachlass, d. h. das gesamte zum Nachlass gehörende Vermögen diesem Recht unterliegen, unabhängig von der Art der Vermögenswerte und unabhängig davon, ob diese in einem anderen Mitgliedstaat oder in einem Drittstaat belegen sind.

(38) Diese Verordnung sollte es den Bürgern ermöglichen, durch die Wahl des auf die Rechtsnachfolge von Todes wegen anwendbaren Rechts ihren Nachlass vorab zu regeln. Diese Rechtswahl sollte auf das Recht eines Staates, dem sie angehören, beschränkt sein, damit sichergestellt wird, dass eine Verbindung zwischen dem Erblasser und dem gewählten Recht besteht, und damit

vermieden wird, dass ein Recht mit der Absicht gewählt wird, die berechtigten Erwartungen der Pflichtteilsberechtigten zu vereiteln.

(39) Eine Rechtswahl sollte ausdrücklich in einer Erklärung in Form einer Verfügung von Todes wegen erfolgen oder sich aus den Bestimmungen einer solchen Verfügung ergeben. Eine Rechtswahl könnte als sich durch eine Verfügung von Todes wegen ergebend angesehen werden, wenn z. B. der Erblasser in seiner Verfügung Bezug auf spezifische Bestimmungen des Rechts des Staates, dem er angehört, genommen hat oder das Recht dieses Staates in anderer Weise erwähnt hat.

(40) Eine Rechtswahl nach dieser Verordnung sollte auch dann wirksam sein, wenn das gewählte Recht keine Rechtswahl in Erbsachen vorsieht. Die materielle Wirksamkeit der Rechtshandlung, mit der die Rechtswahl getroffen wird, sollte sich jedoch nach dem gewählten Recht bestimmen, d. h. ob die Person, die die Rechtswahl trifft, verstanden hat, was dies bedeutet, und dem zustimmt. Das Gleiche sollte für die Rechtshandlung gelten, mit der die Rechtswahl geändert oder widerrufen wird.

(41) Für die Zwecke der Anwendung dieser Verordnung sollte die Bestimmung der Staatsangehörigkeit oder der Mehrfachstaatsangehörigkeit einer Person vorab geklärt werden. Die Frage, ob jemand als Angehöriger eines Staates gilt, fällt nicht in den Anwendungsbereich dieser Verordnung und unterliegt dem innerstaatlichen Recht, gegebenenfalls auch internationalen Übereinkommen, wobei die allgemeinen Grundsätze der Europäischen Union uneingeschränkt zu achten sind.

(42) Das zur Anwendung berufene Erbrecht sollte für die Rechtsnachfolge von Todes wegen vom Eintritt des Erbfalls bis zum Übergang des Eigentums an den zum Nachlass gehörenden Vermögenswerten auf den nach diesem Recht bestimmten Berechtigten gelten. Es sollte Fragen im Zusammenhang mit der Nachlassverwaltung und der Haftung für die Nachlassverbindlichkeiten umfassen. Bei der Begleichung der Nachlassverbindlichkeiten kann abhängig insbesondere von dem auf die Rechtsnachfolge von Todes wegen anzuwendenden Recht eine spezifische Rangfolge der Gläubiger berücksichtigt werden.

(43) Die Zuständigkeitsregeln dieser Verordnung können in einigen Fällen zu einer Situation führen, in der das für Entscheidungen in Erbsachen zuständige Gericht nicht sein eigenes Recht anwendet. Tritt diese Situation in einem Mitgliedstaat ein, nach dessen Recht die Bestellung eines Nachlassverwalters verpflichtend ist, sollte diese

Verordnung es den Gerichten dieses Mitgliedstaats, wenn sie angerufen werden, ermöglichen, nach einzelstaatlichem Recht einen oder mehrere solcher Nachlassverwalter zu bestellen. Davon sollte eine Entscheidung der Parteien, die Rechtsnachfolge von Todes wegen außergerichtlich in einem anderen Mitgliedstaat gütlich zu regeln, in dem dies nach dem Recht dieses Mitgliedstaates möglich ist, unberührt bleiben. Zur Gewährleistung einer reibungslosen Abstimmung zwischen dem auf die Rechtsnachfolge von Todes wegen anwendbaren Recht und dem Recht des Mitgliedstaats, das für das bestellende Gericht gilt, sollte das Gericht die Person(en) bestellen, die berechtigt wäre(n), den Nachlass nach dem auf die Rechtsnachfolge von Todes wegen anwendbaren Recht zu verwalten, wie beispielsweise den Testamentsvollstrecker des Erblassers oder die Erben selbst oder, wenn das auf die Rechtsnachfolge von Todes wegen anwendbare Recht es so vorsieht, einen Fremdverwalter. Die Gerichte können jedoch in besonderen Fällen, wenn ihr Recht es erfordert, einen Dritten als Verwalter bestellen, auch wenn dies nicht in dem auf die Rechtsnachfolge von Todes wegen anzuwendenden Recht vorgesehen ist. Hat der Erblasser einen Testamentsvollstrecker bestellt, können dieser Person ihre Befugnisse nicht entzogen werden, es sei denn, das auf die Rechtsnachfolge von Todes wegen anwendbare Recht ermöglicht das Erlöschen seines Amtes.

(44) Die Befugnisse, die von den in dem Mitgliedstaat des angerufenen Gerichts bestellten Verwaltern ausgeübt werden, sollten diejenigen Verwaltungsbefugnisse sein, die sie nach dem auf die Rechtsnachfolge von Todes wegen anwendbaren Recht ausüben dürfen. Wenn also beispielsweise der Erbe als Verwalter bestellt wird, sollte er diejenigen Befugnisse zur Verwaltung des Nachlasses haben, die ein Erbe nach diesem Recht hätte. Reichen die Verwaltungsbefugnisse, die nach dem auf die Rechtsfolge von Todes wegen anwendbaren Recht ausgeübt werden dürfen, nicht aus, um das Nachlassvermögen zu erhalten oder die Rechte der Nachlassgläubiger oder anderer Personen zu schützen, die für die Verbindlichkeiten des Erblassers gebürgt haben, kann bzw. können der bzw. die in dem Mitgliedstaat des angerufenen Gerichts bestellte bzw. bestellten Nachlassverwalter ergänzend diejenigen Verwaltungsbefugnisse ausüben, die hierfür in dem Recht dieses Mitgliedstaates vorgesehen sind. Zu diesen ergänzenden Befugnissen könnte beispielsweise gehören, die Liste des Nachlassvermögens und der Nachlassverbindlichkeiten zu erstellen, die Nachlassgläubiger vom Eintritt des Erbfalls zu unterrichten und sie aufzufordern, ihre Ansprüche geltend zu machen, sowie einstweilige Maßnahmen, auch Sicherungsmaßnahmen, zum Erhalt des Nachlassvermögens zu ergreifen. Die

von einem Verwalter aufgrund der ergänzenden Befugnisse durchgeführten Handlungen sollten im Einklang mit dem für die Rechtsnachfolge von Todes wegen anwendbaren Recht in Bezug auf den Übergang des Eigentums an dem Nachlassvermögen, einschließlich aller Rechtsgeschäfte, die die Berechtigten vor der Bestellung des Verwalters eingingen, die Haftung für die Nachlassverbindlichkeiten und die Rechte der Berechtigten, gegebenenfalls einschließlich des Rechts, die Erbschaft anzunehmen oder auszuschlagen, stehen. Solche Handlungen könnten beispielsweise nur dann die Veräußerung von Vermögenswerten oder die Begleichung von Verbindlichkeiten nach sich ziehen, wenn dies nach dem auf die Rechtsnachfolge von Todes wegen anwendbaren Recht zulässig wäre. Wenn die Bestellung eines Fremdverwalters nach dem auf die Rechtsnachfolge von Todes wegen anwendbaren Recht die Haftung der Erben ändert, sollte eine solche Änderung der Haftung respektiert werden.

(45) Diese Verordnung sollte nicht ausschließen, dass Nachlassgläubiger, beispielsweise durch einen Vertreter, gegebenenfalls weitere nach dem innerstaatlichen Recht zur Verfügung stehende Maßnahmen im Einklang mit den einschlägigen Rechtsinstrumenten der Union treffen, um ihre Rechte zu sichern.

(46) Diese Verordnung sollte die Unterrichtung potenzieller Nachlassgläubiger in anderen Mitgliedstaaten, in denen Vermögenswerte belegen sind, über den Eintritt des Erbfalls ermöglichen. Im Rahmen der Anwendung dieser Verordnung sollte daher die Möglichkeit in Erwägung gezogen werden, einen Mechanismus einzurichten, gegebenenfalls über das Europäische Justizportal, um es potenziellen Nachlassgläubigern in anderen Mitgliedstaaten zu ermöglichen, Zugang zu den einschlägigen Informationen zu erhalten, damit sie ihre Ansprüche anmelden können.

(47) Wer in einer Erbsache Berechtigter ist, sollte sich jeweils nach dem auf die Rechtsnachfolge von Todes wegen anzuwendenden Erbrecht bestimmen. Der Begriff „Berechtigte" würde in den meisten Rechtsordnungen Erben und Vermächtnisnehmer sowie Pflichtteilsberechtigte erfassen; allerdings ist beispielsweise die Rechtsstellung der Vermächtnisnehmer nicht in allen Rechtsordnungen die gleiche. In einigen Rechtsordnungen kann der Vermächtnisnehmer einen unmittelbaren Anteil am Nachlass erhalten, während nach anderen Rechtsordnungen der Vermächtnisnehmer lediglich einen Anspruch gegen die Erben erwerben kann.

(48) Im Interesse der Rechtssicherheit für Personen, die ihren Nachlass im Voraus regeln

EuUVO EuErbVO

möchten, sollte diese Verordnung eine spezifische Kollisionsvorschrift bezüglich der Zulässigkeit und der materiellen Wirksamkeit einer Verfügung von Todes wegen festlegen. Um eine einheitliche Anwendung dieser Vorschrift zu gewährleisten, sollte diese Verordnung die Elemente auflisten, die zur materiellen Wirksamkeit zu rechnen sind. Die Prüfung der materiellen Wirksamkeit einer Verfügung von Todes wegen kann zu dem Schluss führen, dass diese Verfügung rechtlich nicht besteht.

(49) Ein Erbvertrag ist eine Art der Verfügung von Todes wegen, dessen Zulässigkeit und Anerkennung in den Mitgliedstaaten unterschiedlich ist. Um die Anerkennung von auf der Grundlage eines Erbvertrags erworbenen Nachlassansprüchen in den Mitgliedstaaten zu erleichtern, sollte diese Verordnung festlegen, welches Recht die Zulässigkeit solcher Verträge, ihre materielle Wirksamkeit und ihre Bindungswirkungen, einschließlich der Voraussetzungen für ihre Auflösung, regeln soll.

(50) Das Recht, dem die Zulässigkeit und die materielle Wirksamkeit einer Verfügung von Todes wegen und bei Erbverträgen die Bindungswirkungen nach dieser Verordnung unterliegen, sollte nicht die Rechte einer Person berühren, die nach dem auf die Rechtsnachfolge von Todes wegen anzuwendenden Recht pflichtteilsberechtigt ist oder ein anderes Recht hat, das ihr von der Person, deren Nachlass betroffen ist, nicht entzogen werden kann.

(51) Wird in dieser Verordnung auf das Recht Bezug genommen, das auf die Rechtsnachfolge der Person, die eine Verfügung von Todes wegen errichtet hat, anwendbar gewesen wäre, wenn sie an dem Tag verstorben wäre, an dem die Verfügung errichtet, geändert oder widerrufen worden ist, so ist diese Bezugnahme zu verstehen als Bezugnahme entweder auf das Recht des Staates des gewöhnlichen Aufenthalts der betroffenen Person an diesem Tag oder, wenn sie eine Rechtswahl nach dieser Verordnung getroffen hat, auf das Recht des Staates, dessen Staatsangehörigkeit sie an diesem Tag besaß.

(52) Diese Verordnung sollte die Formgültigkeit aller schriftlichen Verfügungen von Todes wegen durch Vorschriften regeln, die mit denen des Haager Übereinkommens vom 5. Oktober 1961 über das auf die Form letztwilliger Verfügungen anzuwendende Recht in Einklang stehen. Bei der Bestimmung der Formgültigkeit einer Verfügung von Todes wegen nach dieser Verordnung sollte die zuständige Behörde ein betrügerisch geschaffenes grenzüberschreitendes Element, mit dem die Vorschriften über die Formgültigkeit umgangen werden sollen, nicht berücksichtigen.

(53) Für die Zwecke dieser Verordnung sollten Rechtsvorschriften, welche die für Verfügungen von Todes wegen zugelassenen Formen mit Beziehung auf bestimmte persönliche Eigenschaften der Person, die eine Verfügung von Todes wegen errichtet, wie beispielsweise ihr Alter, beschränken, als zur Form gehörend angesehen werden. Dies sollte nicht dahin gehend ausgelegt werden, dass das nach dieser Verordnung auf die Formgültigkeit einer Verfügung von Todes wegen anzuwendende Recht bestimmten sollte, ob ein Minderjähriger fähig ist, eine Verfügung von Todes wegen zu errichten. Dieses Recht sollte lediglich bestimmen, ob eine Person aufgrund einer persönlichen Eigenschaft, wie beispielsweise der Minderjährigkeit, von der Errichtung einer Verfügung von Todes wegen in einer bestimmten Form ausgeschlossen werden sollte.

(54) Bestimmte unbewegliche Sachen, bestimmte Unternehmen und andere besondere Arten von Vermögenswerten unterliegen im Belegenheitsmitgliedstaat aufgrund wirtschaftlicher, familiärer oder sozialer Erwägungen besonderen Regelungen mit Beschränkungen, die die Rechtsnachfolge von Todes wegen in Bezug auf diese Vermögenswerte betreffen oder Auswirkungen auf sie haben. Diese Verordnung sollte die Anwendung dieser besonderen Regelungen sicherstellen. Diese Ausnahme von der Anwendung des auf die Rechtsnachfolge von Todes wegen anzuwendenden Rechts ist jedoch eng auszulegen, damit sie der allgemeinen Zielsetzung dieser Verordnung nicht zuwiderläuft. Daher dürfen weder Kollisionsnormen, die unbewegliche Sachen einem anderen als dem auf bewegliche Sachen anzuwendenden Recht unterwerfen, noch Bestimmungen, die einen größeren Pflichtteil als den vorsehen, der in dem nach dieser Verordnung auf die Rechtsnachfolge von Todes wegen anzuwendenden Recht festgelegt ist, als besondere Regelungen mit Beschränkungen angesehen werden, die die Rechtsnachfolge von Todes wegen in Bezug auf bestimmte Vermögenswerte betreffen oder Auswirkungen auf sie haben.

(55) Um eine einheitliche Vorgehensweise in Fällen sicherzustellen, in denen es ungewiss ist, in welcher Reihenfolge zwei oder mehr Personen, deren Rechtsnachfolge von Todes wegen verschiedenen Rechtsordnungen unterliegen würde, gestorben sind, sollte diese Verordnung eine Vorschrift vorsehen, nach der keine der verstorbenen Personen Anspruch auf den Nachlass der anderen hat.

(56) In einigen Fällen kann es einen erbenlosen Nachlass geben. Diese Fälle werden in den verschiedenen Rechtsordnungen unterschiedlich geregelt. So kann nach einigen Rechtsordnungen der Staat – unabhängig davon, wo die Vermögenswerte belegen sind – einen Erbanspruch geltend machen. Nach anderen Rechtsordnungen kann der Staat sich nur die Vermögenswerte aneignen, die in seinem Hoheitsgebiet belegen sind. Diese Verordnung sollte daher eine Vorschrift enthalten, nach der die Anwendung des auf die Rechtsnachfolge von Todes wegen anzuwendenden Rechts nicht verhindern sollte, dass ein Mitgliedstaat sich das in seinem Hoheitsgebiet belegene Nachlassvermögen nach seinem eigenen Recht aneignet. Um sicherzustellen, dass diese Vorschrift nicht nachteilig für die Nachlassgläubiger ist, sollte jedoch eine Bestimmung hinzugefügt werden, nach der die Nachlassgläubiger berechtigt sein sollten, aus dem gesamten Nachlassvermögen, ungeachtet seiner Belegenheit, Befriedigung ihrer Forderungen zu suchen.

(57) Die in dieser Verordnung festgelegten Kollisionsnormen können dazu führen, dass das Recht eines Drittstaats zur Anwendung gelangt. In derartigen Fällen sollte den Vorschriften des Internationalen Privatrechts dieses Staates Rechnung getragen werden. Falls diese Vorschriften die Rück- und Weiterverweisung entweder auf das Recht eines Mitgliedstaats oder aber auf das Recht eines Drittstaats, der sein eigenes Recht auf die Erbsache anwenden würde, vorsehen, so sollte dieser Rück- und Weiterverweisung gefolgt werden, um den internationalen Entscheidungseinklang zu gewährleisten. Die Rück- und Weiterverweisung sollte jedoch in den Fällen ausgeschlossen werden, in denen der Erblasser eine Rechtswahl zugunsten des Rechts eines Drittstaats getroffen hatte.

(58) Aus Gründen des öffentlichen Interesses sollte den Gerichten und anderen mit Erbsachen befassten zuständigen Behörden in den Mitgliedstaaten in Ausnahmefällen die Möglichkeit gegeben werden, Bestimmungen eines ausländischen Rechts nicht zu berücksichtigen, wenn deren Anwendung in einem bestimmten Fall mit der öffentlichen Ordnung (ordre public) des betreffenden Mitgliedstaats offensichtlich unvereinbar wäre. Die Gerichte oder andere zuständige Behörden sollten allerdings die Anwendung des Rechts eines anderen Mitgliedstaats nicht ausschließen oder die Anerkennung – oder gegebenenfalls die Annahme – oder die Vollstreckung einer Entscheidung, einer öffentlichen Urkunde oder eines gerichtlichen Vergleichs aus einem anderen Mitgliedstaat aus Gründen der öffentlichen Ordnung (ordre public) nicht versagen dürfen, wenn dies gegen die Charta der Grundrechte der Europäischen Union, insbesondere gegen das Diskriminierungsverbot in Artikel 21, verstoßen würde.

(59) Diese Verordnung sollte in Anbetracht ihrer allgemeinen Zielsetzung, nämlich der gegenseitigen Anerkennung der in den Mitgliedstaaten ergangenen Entscheidungen in Erbsachen, unabhängig davon, ob solche Entscheidungen in streitigen oder nichtstreitigen Verfahren ergangen sind, Vorschriften für die Anerkennung, Vollstreckbarkeit und Vollstreckung von Entscheidungen nach dem Vorbild anderer Rechtsinstrumente der Union im Bereich der justiziellen Zusammenarbeit in Zivilsachen vorsehen.

(60) Um den verschiedenen Systemen zur Regelung von Erbsachen in den Mitgliedstaaten Rechnung zu tragen, sollte diese Verordnung die Annahme und Vollstreckbarkeit öffentlicher Urkunden in einer Erbsache in sämtlichen Mitgliedstaaten gewährleisten.

(61) Öffentliche Urkunden sollten in einem anderen Mitgliedstaat die gleiche formelle Beweiskraft wie im Ursprungsmitgliedstaat oder die damit am ehesten vergleichbare Wirkung entfalten. Die formelle Beweiskraft einer öffentlichen Urkunde in einem anderen Mitgliedstaat oder die damit am ehesten vergleichbare Wirkung sollte durch Bezugnahme auf Art und Umfang der formellen Beweiskraft der öffentlichen Urkunde im Ursprungsmitgliedstaat bestimmt werden. Somit richtet sich die formelle Beweiskraft einer öffentlichen Urkunde in einem anderen Mitgliedstaat nach dem Recht des Ursprungsmitgliedstaats.

(62) Die „Authentizität" einer öffentlichen Urkunde sollte ein autonomer Begriff sein, der Aspekte wie die Echtheit der Urkunde, die Formerfordernisse für die Urkunde, die Befugnisse der Behörde, die die Urkunde errichtet, und das Verfahren, nach dem die Urkunde errichtet wird, erfassen sollte. Der Begriff sollte ferner die von der betreffenden Behörde in der öffentlichen Urkunde beurkundeten Vorgänge erfassen, wie z. B. die Tatsache, dass die genannten Parteien an dem genannten Tag vor dieser Behörde erschienen sind und die genannten Erklärungen abgegeben haben. Eine Partei, die Einwände mit Bezug auf die Authentizität einer öffentlichen Urkunde erheben möchte, sollte dies bei dem zuständigen Gericht im Ursprungsmitgliedstaat der öffentlichen Urkunde nach dem Recht dieses Mitgliedstaats tun.

(63) Die Formulierung „die in einer öffentlichen Urkunde beurkundeten Rechtsgeschäfte oder Rechtsverhältnisse" sollte als Bezugnahme auf den in der öffentlichen Urkunde niedergelegten materiellen Inhalt verstanden werden. Bei dem

in einer öffentlichen Urkunde beurkundeten Rechtsgeschäft kann es sich etwa um eine Vereinbarung zwischen den Parteien über die Verteilung des Nachlasses, um ein Testament oder einen Erbvertrag oder um eine sonstige Willenserklärung handeln. Bei dem Rechtsverhältnis kann es sich etwa um die Bestimmung der Erben und sonstiger Berechtigter nach dem auf die Rechtsnachfolge von Todes wegen anzuwendenden Recht, ihre jeweiligen Anteile und das Bestehen eines Pflichtteils oder um jedes andere Element, das nach dem auf die Rechtsnachfolge von Todes wegen anzuwendenden Recht bestimmt wurde, handeln. Eine Partei, die Einwände mit Bezug auf die in einer öffentlichen Urkunde beurkundeten Rechtsgeschäfte oder Rechtsverhältnisse erheben möchte, sollte dies bei den nach dieser Verordnung zuständigen Gerichten tun, die nach dem auf die Rechtsnachfolge von Todes wegen anzuwendenden Recht über die Einwände entscheiden sollten.

(64) Wird eine Frage mit Bezug auf die in einer öffentlichen Urkunde beurkundeten Rechtsgeschäfte oder Rechtsverhältnisse als Vorfrage in einem Verfahren bei einem Gericht eines Mitgliedstaats vorgebracht, so sollte dieses Gericht für die Entscheidung über diese Vorfrage zuständig sein.

(65) Eine öffentliche Urkunde, gegen die Einwände erhoben wurden, sollte in einem anderen Mitgliedstaat als dem Ursprungsmitgliedstaat keine formelle Beweiskraft entfalten, solange die Einwände anhängig sind. Betreffen die Einwände nur einen spezifischen Umstand mit Bezug auf die in einer öffentlichen Urkunde beurkundeten Rechtsgeschäfte oder Rechtsverhältnisse, so sollte die öffentliche Urkunde in Bezug auf den angefochtenen Umstand keine Beweiskraft in einem anderen Mitgliedstaat als dem Ursprungsmitgliedstaat entfalten, solange die Einwände anhängig sind. Eine öffentliche Urkunde, die aufgrund eines Einwands für ungültig erklärt wird, sollte keine Beweiskraft mehr entfalten.

(66) Wenn einer Behörde im Rahmen der Anwendung dieser Verordnung zwei nicht miteinander zu vereinbarende öffentliche Urkunden vorgelegt werden, so sollte sie die Frage, welcher Urkunde, wenn überhaupt, Vorrang einzuräumen ist, unter Berücksichtigung der Umstände des jeweiligen Falls beurteilen. Geht aus diesen Umständen nicht eindeutig hervor, welche Urkunde, wenn überhaupt, Vorrang haben sollte, so sollte diese Frage von den gemäß dieser Verordnung zuständigen Gerichten oder, wenn die Frage als Vorfrage im Laufe eines Verfahrens vorgebracht wird, von dem mit diesem Verfahren befassten Gericht geklärt werden. Im Falle einer Unvereinbarkeit zwischen einer öffentlichen Urkunde und einer Entscheidung sollten die Gründe für die Nichtan-

erkennung von Entscheidungen nach dieser Verordnung berücksichtigt werden.

(67) Eine zügige, unkomplizierte und effiziente Abwicklung einer Erbsache mit grenzüberschreitendem Bezug innerhalb der Union setzt voraus, dass die Erben, Vermächtnisnehmer, Testamentsvollstrecker oder Nachlassverwalter in der Lage sein sollten, ihren Status und/oder ihre Rechte und Befugnisse in einem anderen Mitgliedstaat, beispielsweise in einem Mitgliedstaat, in dem Nachlassvermögen belegen ist, einfach nachzuweisen. Zu diesem Zweck sollte diese Verordnung die Einführung eines einheitlichen Zeugnisses, des Europäischen Nachlasszeugnisses (im Folgenden „das Zeugnis"), vorsehen, das zur Verwendung in einem anderen Mitgliedstaat ausgestellt wird. Das Zeugnis sollte entsprechend dem Subsidiaritätsprinzip nicht die innerstaatlichen Schriftstücke ersetzen, die gegebenenfalls in den Mitgliedstaaten für ähnliche Zwecke verwendet werden.

(68) Die das Zeugnis ausstellende Behörde sollte die Formalitäten beachten, die für die Eintragung von unbeweglichen Sachen in dem Mitgliedstaat, in dem das Register geführt wird, vorgeschrieben sind. Diese Verordnung sollte hierfür einen Informationsaustausch zwischen den Mitgliedstaaten über diese Formalitäten vorsehen.

(69) Die Verwendung des Zeugnisses sollte nicht verpflichtend sein. Das bedeutet, dass die Personen, die berechtigt sind, das Zeugnis zu beantragen, nicht dazu verpflichtet sein sollten, dies zu tun, sondern dass es ihnen freistehen sollte, die anderen nach dieser Verordnung zur Verfügung stehenden Instrumente (Entscheidung, öffentliche Urkunde und gerichtlicher Vergleich) zu verwenden. Eine Behörde oder Person, der ein in einem anderen Mitgliedstaat ausgestelltes Zeugnis vorgelegt wird, sollte jedoch nicht verlangen können, dass statt des Zeugnisses eine Entscheidung, eine öffentliche Urkunde oder ein gerichtlicher Vergleich vorgelegt wird.

(70) Das Zeugnis sollte in dem Mitgliedstaat ausgestellt werden, dessen Gerichte nach dieser Verordnung zuständig sind. Es sollte Sache jedes Mitgliedstaats sein, in seinen innerstaatlichen Rechtsvorschriften festzulegen, welche Behörden – Gerichte im Sinne dieser Verordnung oder andere für Erbsachen zuständige Behörden wie beispielsweise Notare – für die Ausstellung des Zeugnisses zuständig sind. Es sollte außerdem Sache jedes Mitgliedstaats sein, in seinen innerstaatlichen Rechtsvorschriften festzulegen, ob die Ausstellungsbehörde andere zuständige Stellen an der Ausstellung beteiligen kann, beispielsweise Stellen, vor denen eidesstattliche Versicherungen

abgegeben werden können. Die Mitgliedstaaten sollten der Kommission die einschlägigen Angaben zu ihren Ausstellungsbehörden mitteilen, damit diese Angaben der Öffentlichkeit zugänglich gemacht werden.

(71) Das Zeugnis sollte in sämtlichen Mitgliedstaaten dieselbe Wirkung entfalten. Es sollte zwar als solches keinen vollstreckbaren Titel darstellen, aber Beweiskraft besitzen, und es sollte die Vermutung gelten, dass es die Sachverhalte zutreffend ausweist, die nach dem auf die Rechtsnachfolge von Todes wegen anzuwendenden Recht oder einem anderen auf spezifische Sachverhalte anzuwendenden Recht festgestellt wurden, wie beispielsweise die materielle Wirksamkeit einer Verfügung von Todes wegen. Die Beweiskraft des Zeugnisses sollte sich nicht auf Elemente beziehen, die nicht durch diese Verordnung geregelt werden, wie etwa die Frage des Status oder die Frage, ob ein bestimmter Vermögenswert dem Erblasser gehörte oder nicht. Einer Person, die Zahlungen an eine Person leistet oder Nachlassvermögen an eine Person übergibt, die in dem Zeugnis als zur Entgegennahme dieser Zahlungen oder dieses Vermögens als Erbe oder Vermächtnisnehmer berechtigt bezeichnet ist, sollte ein angemessener Schutz gewährt werden, wenn sie im Vertrauen auf die Richtigkeit der in dem Zeugnis enthaltenen Angaben gutgläubig gehandelt hat. Der gleiche Schutz sollte einer Person gewährt werden, die im Vertrauen auf die Richtigkeit der in dem Zeugnis enthaltenen Angaben Nachlassvermögen von einer Person erwirbt oder erhält, die in dem Zeugnis als zur Verfügung über das Vermögen berechtigt bezeichnet ist. Der Schutz sollte gewährleistet werden, wenn noch gültige beglaubigte Abschriften vorgelegt werden. Durch diese Verordnung sollte nicht geregelt werden, ob der Erwerb von Vermögen durch eine dritte Person wirksam ist oder nicht.

(72) Die zuständige Behörde sollte das Zeugnis auf Antrag ausstellen. Die Ausstellungsbehörde sollte die Urschrift des Zeugnisses aufbewahren und dem Antragsteller und jeder anderen Person, die ein berechtigtes Interesse nachweist, eine oder mehrere beglaubigte Abschriften ausstellen. Dies sollte einen Mitgliedstaat nicht daran hindern, es im Einklang mit seinen innerstaatlichen Regelungen über den Zugang der Öffentlichkeit zu Dokumenten zu gestatten, dass Abschriften des Zeugnisses der Öffentlichkeit zugängig gemacht werden. Diese Verordnung sollte Rechtsbehelfe gegen Entscheidungen der ausstellenden Behörde, einschließlich der Entscheidungen, die Ausstellung eines Zeugnisses zu versagen, vorsehen. Wird ein Zeugnis berichtigt, geändert oder widerrufen, sollte die ausstellende Behörde die Personen unterrichten, denen beglaubigte Abschriften ausge-

stellt wurden, um eine missbräuchliche Verwendung dieser Abschriften zu vermeiden.

(73) Um die internationalen Verpflichtungen, die die Mitgliedstaaten eingegangen sind, zu wahren, sollte sich diese Verordnung nicht auf die Anwendung internationaler Übereinkommen auswirken, denen ein oder mehrere Mitgliedstaaten zum Zeitpunkt der Annahme dieser Verordnung angehören. Insbesondere sollten die Mitgliedstaaten, die Vertragsparteien des Haager Übereinkommens vom 5. Oktober 1961 über das auf die Form letztwilliger Verfügungen anzuwendende Recht sind, in Bezug auf die Formgültigkeit von Testamenten und gemeinschaftlichen Testamenten anstelle der Bestimmungen dieser Verordnung weiterhin die Bestimmungen jenes Übereinkommens anwenden können. Um die allgemeinen Ziele dieser Verordnung zu wahren, muss die Verordnung jedoch im Verhältnis zwischen den Mitgliedstaaten Vorrang vor ausschließlich zwischen zwei oder mehreren Mitgliedstaaten geschlossenen Übereinkommen haben, soweit diese Bereiche betreffen, die in dieser Verordnung geregelt sind.

(74) Diese Verordnung sollte nicht verhindern, dass die Mitgliedstaaten, die Vertragsparteien des Übereinkommens vom 19. November 1934 zwischen Dänemark, Finnland, Island, Norwegen und Schweden mit Bestimmungen des Internationalen Privatrechts über Rechtsnachfolge von Todes wegen, Testamente und Nachlassverwaltung sind, weiterhin spezifische Bestimmungen jenes Übereinkommens in der geänderten Fassung der zwischenstaatlichen Vereinbarung zwischen den Staaten, die Vertragsparteien des Übereinkommens sind, anwenden können.

(75) Um die Anwendung dieser Verordnung zu erleichtern, sollten die Mitgliedstaaten verpflichtet werden, über das mit der Entscheidung 2001/470/EG des Rates[6] eingerichtete Europäische Justizielle Netz für Zivil- und Handelssachen bestimmte Angaben zu ihren erbrechtlichen Vorschriften und Verfahren zu machen. Damit sämtliche Informationen, die für die praktische Anwendung dieser Verordnung von Bedeutung sind, rechtzeitig im *Amtsblatt der Europäischen Union* veröffentlicht werden können, sollten die Mitgliedstaaten der Kommission auch diese Informationen vor dem Beginn der Anwendung der Verordnung mitteilen.

(76) Um die Anwendung dieser Verordnung zu erleichtern und um die Nutzung moderner

EuUVO EuErbVO

Zu Abs. 75:

[6] *ABl. L 174 vom 27.6.2001, S. 25.*

Kommunikationstechnologien zu ermöglichen, sollten Standardformblätter für die Bescheinigungen, die im Zusammenhang mit einem Antrag auf Vollstreckbarerklärung einer Entscheidung, einer öffentlichen Urkunde oder eines gerichtlichen Vergleichs und mit einem Antrag auf Ausstellung eines Europäischen Nachlasszeugnisses vorzulegen sind, sowie für das Zeugnis selbst vorgesehen werden.

(77) Die Berechnung der in dieser Verordnung vorgesehenen Fristen und Termine sollte nach Maßgabe der Verordnung (EWG, Euratom) Nr. 1182/71 des Rates vom 3. Juni 1971 zur Festlegung der Regeln für die Fristen, Daten und Termine[7] erfolgen.

(78) Um einheitliche Bedingungen für die Durchführung dieser Verordnung gewährleisten zu können, sollten der Kommission in Bezug auf die Erstellung und spätere Änderung der Bescheinigungen und Formblätter, die die Vollstreckbarerklärung von Entscheidungen, gerichtlichen Vergleichen und öffentlichen Urkunden und das Europäische Nachlasszeugnis betreffen, Durchführungsbefugnisse übertragen werden. Diese Befugnisse sollten im Einklang mit der Verordnung (EU) Nr. 182/2011 des Europäischen Parlaments und des Rates vom 16. Februar 2011 zur Festlegung der allgemeinen Regeln und Grundsätze, nach denen die Mitgliedstaaten die Wahrnehmung der Durchführungsbefugnisse durch die Kommission kontrollieren[8], ausgeübt werden.

(79) Für den Erlass von Durchführungsrechtsakten zur Erstellung und anschließenden Änderung der in dieser Verordnung vorgesehenen Bescheinigungen und Formblätter sollte das Beratungsverfahren nach Artikel 4 der Verordnung (EU) Nr. 182/2011 herangezogen werden.

(80) Da die Ziele dieser Verordnung, nämlich die Sicherstellung der Freizügigkeit und der Möglichkeit für europäische Bürger, ihren Nachlass in einem Unions-Kontext im Voraus zu regeln, sowie der Schutz der Rechte der Erben und Vermächtnisnehmer, der Personen, die dem Erblasser nahestehen, und der Nachlassgläubiger auf Ebene der Mitgliedstaaten nicht ausreichend verwirklicht werden können und daher wegen des Umfangs und der Wirkungen dieser Verordnung besser auf Unionsebene zu verwirklichen sind, kann die Union im Einklang mit dem in Artikel 5 des Vertrags über die Europäische Union nie-

dergelegten Subsidiaritätsprinzip tätig werden. Entsprechend dem in demselben Artikel genannten Grundsatz der Verhältnismäßigkeit geht diese Verordnung nicht über das für die Erreichung dieser Ziele erforderliche Maß hinaus.

(81) Diese Verordnung steht im Einklang mit den Grundrechten und Grundsätzen, die mit der Charta der Grundrechte der Europäischen Union anerkannt wurden. Bei der Anwendung dieser Verordnung müssen die Gerichte und anderen zuständigen Behörden der Mitgliedstaaten diese Rechte und Grundsätze achten.

(82) Gemäß den Artikeln 1 und 2 des dem Vertrag über die Europäische Union und dem Vertrag über die Arbeitsweise der Europäischen Union beigefügten Protokolls Nr. 21 über die Position des Vereinigten Königreichs und Irlands hinsichtlich des Raums der Freiheit, der Sicherheit und des Rechts beteiligen sich diese Mitgliedstaaten nicht an der Annahme dieser Verordnung und sind weder durch diese gebunden noch zu ihrer Anwendung verpflichtet. Dies berührt jedoch nicht die Möglichkeit für das Vereinigte Königreich und Irland, gemäß Artikel 4 des genannten Protokolls nach der Annahme dieser Verordnung mitzuteilen, dass sie diese Verordnung anzunehmen wünschen.

(83) Gemäß den Artikeln 1 und 2 des dem Vertrag über die Europäische Union und dem Vertrag über die Arbeitsweise der Europäischen Union beigefügten Protokolls Nr. 22 über die Position Dänemarks beteiligt sich Dänemark nicht an der Annahme dieser Verordnung und ist weder durch diese Verordnung gebunden noch zu ihrer Anwendung verpflichtet –

HABEN FOLGENDE VERORDNUNG ERLASSEN:

Zu Abs. 77:
[7] *ABl. L 124 vom 8.6.1971, S. 1.*
Zu Abs. 78:
[8] *ABl. L 55 vom 28.2.2011, S. 13.*

VERORDNUNG (EU) Nr. 650/2012 DES EUROPÄISCHEN PARLAMENTS UND DES RATES vom 4. Juli 2012 über die Zuständigkeit, das anzuwendende Recht, die Anerkennung und Vollstreckung von Entscheidungen und die Annahme und Vollstreckung öffentlicher Urkunden in Erbsachen sowie zur Einführung eines Europäischen Nachlasszeugnisses

KAPITEL 1
ANWENDUNGSBEREICH UND BEGRIFFSBESTIMMUNGEN

Artikel 1
Anwendungsbereich

(1) Diese Verordnung ist auf die Rechtsnachfolge von Todes wegen anzuwenden. Sie gilt nicht für Steuer- und Zollsachen sowie verwaltungsrechtliche Angelegenheiten.

(2) Vom Anwendungsbereich dieser Verordnung ausgenommen sind:

a) der Personenstand sowie Familienverhältnisse und Verhältnisse, die nach dem auf diese Verhältnisse anzuwendenden Recht vergleichbare Wirkungen entfalten;

b) die Rechts-, Geschäfts- und Handlungsfähigkeit von natürlichen Personen, unbeschadet des Artikels 23 Absatz 2 Buchstabe c und des Artikels 26;

c) Fragen betreffend die Verschollenheit oder die Abwesenheit einer natürlichen Person oder die Todesvermutung;

d) Fragen des ehelichen Güterrechts sowie des Güterrechts aufgrund von Verhältnissen, die nach dem auf diese Verhältnisse anzuwendenden Recht mit der Ehe vergleichbare Wirkungen entfalten;

e) Unterhaltspflichten außer derjenigen, die mit dem Tod entstehen;

f) die Formgültigkeit mündlicher Verfügungen von Todes wegen;

g) Rechte und Vermögenswerte, die auf andere Weise als durch Rechtsnachfolge von Todes wegen begründet oder übertragen werden, wie unentgeltliche Zuwendungen, Miteigentum mit Anwachsungsrecht des Überlebenden (joint tenancy), Rentenpläne, Versicherungsverträge und ähnliche Vereinbarungen, unbeschadet des Artikels 23 Absatz 2 Buchstabe i;

h) Fragen des Gesellschaftsrechts, des Vereinsrechts und des Rechts der juristischen Personen, wie Klauseln im Errichtungsakt oder in der Satzung einer Gesellschaft, eines Vereins oder einer juristischen Person, die das Schicksal der Anteile verstorbener Gesellschafter beziehungsweise Mitglieder regeln;

i) die Auflösung, das Erlöschen und die Verschmelzung von Gesellschaften, Vereinen oder juristischen Personen;

j) die Errichtung, Funktionsweise und Auflösung eines Trusts;

k) die Art der dinglichen Rechte und

l) jede Eintragung von Rechten an beweglichen oder unbeweglichen Vermögensgegenständen in einem Register, einschließlich der gesetzlichen Voraussetzungen für eine solche Eintragung, sowie die Wirkungen der Eintragung oder der fehlenden Eintragung solcher Rechte in einem Register.

Artikel 2
Zuständigkeit in Erbsachen innerhalb der Mitgliedstaaten

Diese Verordnung berührt nicht die innerstaatlichen Zuständigkeiten der Behörden der Mitgliedstaaten in Erbsachen.

Artikel 3
Begriffsbestimmungen

(1) Für die Zwecke dieser Verordnung bezeichnet der Ausdruck

a) „Rechtsnachfolge von Todes wegen" jede Form des Übergangs von Vermögenswerten, Rechten und Pflichten von Todes wegen, sei es im Wege der gewillkürten Erbfolge durch eine Verfügung von Todes wegen oder im Wege der gesetzlichen Erbfolge;

b) „Erbvertrag" eine Vereinbarung, einschließlich einer Vereinbarung aufgrund gegenseitiger Testamente, die mit oder ohne Gegenleistung Rechte am künftigen Nachlass oder künftigen Nachlässen einer oder mehrerer an dieser Vereinbarung beteiligter Personen begründet, ändert oder entzieht;

c) „gemeinschaftliches Testament" ein von zwei oder mehr Personen in einer einzigen Urkunde errichtetes Testament;

d) „Verfügung von Todes wegen" ein Testament, ein gemeinschaftliches Testament oder einen Erbvertrag;

e) „Ursprungsmitgliedstaat" den Mitgliedstaat, in dem die Entscheidung ergangen, der gerichtliche Vergleich gebilligt oder geschlossen, die öffentliche Urkunde errichtet oder das Europäische Nachlasszeugnis ausgestellt worden ist;

f) „Vollstreckungsmitgliedstaat" den Mitgliedstaat, in dem die Vollstreckbarerklärung oder Vollstreckung der Entscheidung, des gerichtlichen Vergleichs oder der öffentlichen Urkunde betrieben wird;

g) „Entscheidung" jede von einem Gericht eines Mitgliedstaats in einer Erbsache erlassene Entscheidung ungeachtet ihrer Bezeichnung einschließlich des Kostenfestsetzungsbeschlusses eines Gerichtsbediensteten;

h) „gerichtlicher Vergleich" einen von einem Gericht gebilligten oder vor einem Gericht im Laufe eines Verfahrens geschlossenen Vergleich in einer Erbsache;

i) „öffentliche Urkunde" ein Schriftstück in Erbsachen, das als öffentliche Urkunde in einem Mitgliedstaat förmlich errichtet oder eingetragen worden ist und dessen Beweiskraft

i) sich auf die Unterschrift und den Inhalt der öffentlichen Urkunde bezieht und

ii) durch eine Behörde oder eine andere vom Ursprungsmitgliedstaat hierzu ermächtigte Stelle festgestellt worden ist.

(2) Im Sinne dieser Verordnung bezeichnet der Begriff „Gericht" jedes Gericht und alle sonstigen Behörden und Angehörigen von Rechtsberufen mit Zuständigkeiten in Erbsachen, die gerichtliche Funktionen ausüben oder in Ausübung einer Befugnisübertragung durch ein Gericht oder unter der Aufsicht eines Gerichts handeln, sofern diese anderen Behörden und Angehörigen von Rechtsberufen ihre Unparteilichkeit und das Recht der Parteien auf rechtliches Gehör gewährleisten und ihre Entscheidungen nach dem Recht des Mitgliedstaats, in dem sie tätig sind,

a) vor einem Gericht angefochten oder von einem Gericht nachgeprüft werden können und

b) vergleichbare Rechtskraft und Rechtswirkung haben wie eine Entscheidung eines Gerichts in der gleichen Sache.

Die Mitgliedstaaten teilen der Kommission nach Artikel 79 die in Unterabsatz 1 genannten sonstigen Behörden und Angehörigen von Rechtsberufen mit.

KAPITEL II
ZUSTÄNDIGKEIT

Artikel 4
Allgemeine Zuständigkeit

Für Entscheidungen in Erbsachen sind für den gesamten Nachlass die Gerichte des Mitgliedstaats zuständig, in dessen Hoheitsgebiet der Erblasser im Zeitpunkt seines Todes seinen gewöhnlichen Aufenthalt hatte.

Artikel 5
Gerichtsstandsvereinbarung

(1) Ist das vom Erblasser nach Artikel 22 zur Anwendung auf die Rechtsnachfolge von Todes wegen gewählte Recht das Recht eines Mitgliedstaats, so können die betroffenen Parteien vereinbaren, dass für Entscheidungen in Erbsachen ausschließlich ein Gericht oder die Gerichte dieses Mitgliedstaats zuständig sein sollen.

(2) Eine solche Gerichtsstandsvereinbarung bedarf der Schriftform und ist zu datieren und von den betroffenen Parteien zu unterzeichnen. Elektronische Übermittlungen, die eine dauerhafte Aufzeichnung der Vereinbarung ermöglichen, sind der Schriftform gleichgestellt.

Artikel 6
Unzuständigerklärung bei Rechtswahl

Ist das Recht, das der Erblasser nach Artikel 22 zur Anwendung auf die Rechtsnachfolge von Todes wegen gewählt hat, das Recht eines Mitgliedstaats, so verfährt das nach Artikel 4 oder Artikel 10 angerufene Gericht wie folgt:

a) Es kann sich auf Antrag einer der Verfahrensparteien für unzuständig erklären, wenn seines Erachtens die Gerichte des Mitgliedstaats des gewählten Rechts in der Erbsache besser entscheiden können, wobei es die konkreten Umstände der Erbsache berücksichtigt, wie etwa den gewöhnlichen Aufenthalt der Parteien und den Ort, an dem die Vermögenswerte belegen sind, oder

b) es erklärt sich für unzuständig, wenn die Verfahrensparteien nach Artikel 5 die Zuständigkeit eines Gerichts oder der Gerichte des Mitgliedstaats des gewählten Rechts vereinbart haben.

Artikel 7
Zuständigkeit bei Rechtswahl

Die Gerichte eines Mitgliedstaats, dessen Recht der Erblasser nach Artikel 22 gewählt hat, sind für die Entscheidungen in einer Erbsache zuständig, wenn

a) sich ein zuvor angerufenes Gericht nach Artikel 6 in derselben Sache für unzuständig erklärt hat,

b) die Verfahrensparteien nach Artikel 5 die Zuständigkeit eines Gerichts oder der Gerichte dieses Mitgliedstaats vereinbart haben oder

c) die Verfahrensparteien die Zuständigkeit des angerufenen Gerichts ausdrücklich anerkannt haben.

Artikel 8
Beendigung des Verfahrens von Amts wegen bei Rechtswahl

Ein Gericht, das ein Verfahren in einer Erbsache von Amts wegen nach Artikel 4 oder nach Artikel 10 eingeleitet hat, beendet das Verfahren, wenn die Verfahrensparteien vereinbart haben, die Erbsache außergerichtlich in dem Mitgliedstaat, dessen Recht der Erblasser nach Artikel 22 gewählt hat, einvernehmlich zu regeln.

Artikel 9
Zuständigkeit aufgrund rügeloser Einlassung

(1) Stellt sich in einem Verfahren vor dem Gericht eines Mitgliedstaats, das seine Zuständigkeit nach Artikel 7 ausübt, heraus, dass nicht alle Parteien dieses Verfahrens der Gerichtstandsvereinbarung angehören, so ist das Gericht weiterhin zuständig, wenn sich die Verfahrensparteien, die der Vereinbarung nicht angehören, auf das Verfahren einlassen, ohne den Mangel der Zuständigkeit des Gerichts zu rügen.

(2) Wird der Mangel der Zuständigkeit des in Absatz 1 genannten Gerichts von Verfahrensparteien gerügt, die der Vereinbarung nicht angehören, so erklärt sich das Gericht für unzuständig. In diesem Fall sind die nach Artikel 4 oder Artikel 10 zuständigen Gerichte für die Entscheidung in der Erbsache zuständig.

Artikel 10
Subsidiäre Zuständigkeit

(1) Hatte der Erblasser seinen gewöhnlichen Aufenthalt im Zeitpunkt seines Todes nicht in einem Mitgliedstaat, so sind die Gerichte eines Mitgliedstaats, in dem sich Nachlassvermögen befindet, für Entscheidungen in Erbsachen für den gesamten Nachlass zuständig, wenn

a) der Erblasser die Staatsangehörigkeit dieses Mitgliedstaats im Zeitpunkt seines Todes besaß, oder, wenn dies nicht der Fall ist,

b) der Erblasser seinen vorhergehenden gewöhnlichen Aufenthalt in dem betreffenden Mitgliedstaat hatte, sofern die Änderung dieses gewöhnlichen Aufenthalts zum Zeitpunkt der Anrufung des Gerichts nicht länger als fünf Jahre zurückliegt.

(2) Ist kein Gericht in einem Mitgliedstaat nach Absatz 1 zuständig, so sind dennoch die Gerichte des Mitgliedstaats, in dem sich Nachlassvermögen befindet, für Entscheidungen über dieses Nachlassvermögen zuständig.

Artikel 11
Notzuständigkeit (forum necessitatis)

Ist kein Gericht eines Mitgliedstaats aufgrund anderer Vorschriften dieser Verordnung zuständig, so können die Gerichte eines Mitgliedstaats in Ausnahmefällen in einer Erbsache entscheiden, wenn es nicht zumutbar ist oder es sich als unmöglich erweist, ein Verfahren in einem Drittstaat, zu dem die Sache einen engen Bezug aufweist, einzuleiten oder zu führen.
Die Sache muss einen ausreichenden Bezug zu dem Mitgliedstaat des angerufenen Gerichts aufweisen.

Artikel 12
Beschränkung des Verfahrens

(1) Umfasst der Nachlass des Erblassers Vermögenswerte, die in einem Drittstatt belegen sind, so kann das in der Erbsache angerufene Gericht auf Antrag einer der Parteien beschließen, über einen oder mehrere dieser Vermögenswerte nicht zu befinden, wenn zu erwarten ist, dass seine Entscheidung in Bezug auf diese Vermögenswerte in dem betreffenden Drittstatt nicht anerkannt oder gegebenenfalls nicht für vollstreckbar erklärt wird.

(2) Absatz 1 berührt nicht das Recht der Parteien, den Gegenstand des Verfahrens nach dem Recht des Mitgliedstaats des angerufenen Gerichts zu beschränken.

Artikel 13
Annahme oder Ausschlagung der Erbschaft, eines Vermächtnisses oder eines Pflichtteils

Außer dem gemäß dieser Verordnung für die Rechtsnachfolge von Todes wegen zuständigen Gericht sind die Gerichte des Mitgliedstaats, in dem eine Person ihren gewöhnlichen Aufenthalt hat, die nach dem auf die Rechtsnachfolge von Todes wegen anzuwendenden Recht vor einem Gericht eine Erklärung über die Annahme oder Ausschlagung der Erbschaft, eines Vermächtnisses oder eines Pflichtteils oder eine Erklärung zur Begrenzung der Haftung der betreffenden Person für die Nachlassverbindlichkeiten abgeben kann, für die Entgegennahme solcher Erklärungen zuständig, wenn diese Erklärungen nach dem Recht dieses Mitgliedstaats vor einem Gericht abgegeben werden können.

Artikel 14
Anrufung eines Gerichts

Für die Zwecke dieses Kapitels gilt ein Gericht als angerufen

a) zu dem Zeitpunkt, zu dem das verfahrenseinleitende Schriftstück oder ein gleichwertiges Schriftstück bei Gericht eingereicht worden ist, vorausgesetzt, dass der Kläger es in der Folge nicht versäumt hat, die ihm obliegenden Maßnahmen zu treffen, um die Zustellung des Schriftstücks an den Beklagten zu bewirken,

b) falls die Zustellung vor Einreichung des Schriftstücks bei Gericht zu bewirken ist, zu dem Zeitpunkt, zu dem die für die Zustellung verantwortliche Stelle das Schriftstück erhalten hat, vorausgesetzt, dass der Kläger es in der Folge nicht versäumt hat, die ihm obliegenden Maßnahmen zu treffen, um das Schriftstück bei Gericht einzureichen, oder

c) falls das Gericht das Verfahren von Amts wegen einleitet, zu dem Zeitpunkt, zu dem der

Beschluss über die Einleitung des Verfahrens vom Gericht gefasst oder, wenn ein solcher Beschluss nicht erforderlich ist, zu dem Zeitpunkt, zu dem die Sache beim Gericht eingetragen wird.

Artikel 15
Prüfung der Zuständigkeit

Das Gericht eines Mitgliedstaats, das in einer Erbsache angerufen wird, für die es nach dieser Verordnung nicht zuständig ist, erklärt sich von Amts wegen für unzuständig.

Artikel 16
Prüfung der Zulässigkeit

(1) Lässt sich der Beklagte, der seinen gewöhnlichen Aufenthalt im Hoheitsgebiet eines anderen Staates als des Mitgliedstaats hat, in dem das Verfahren eingeleitet wurde, auf das Verfahren nicht ein, so setzt das zuständige Gericht das Verfahren so lange aus, bis festgestellt ist, dass es dem Beklagten möglich war, das verfahrenseinleitende Schriftstück oder ein gleichwertiges Schriftstück so rechtzeitig zu empfangen, dass er sich verteidigen konnte oder dass alle hierzu erforderlichen Maßnahmen getroffen wurden.

(2) Anstelle des Absatzes 1 des vorliegenden Artikels findet Artikel 19 der Verordnung (EG) Nr. 1393/2007 des Europäischen Parlaments und des Rates vom 13. November 2007 über die Zustellung gerichtlicher und außergerichtlicher Schriftstücke in Zivil- oder Handelssachen in den Mitgliedstaaten (Zustellung von Schriftstücken)[1] Anwendung, wenn das verfahrenseinleitende Schriftstück oder ein gleichwertiges Schriftstück nach der genannten Verordnung von einem Mitgliedstaat in einen anderen zu übermitteln war.

(3) Ist die Verordnung (EG) Nr. 1393/2007 nicht anwendbar, so gilt Artikel 15 des Haager Übereinkommens vom 15. November 1965 über die Zustellung gerichtlicher und außergerichtlicher Schriftstücke im Ausland in Zivil- und Handelssachen, wenn das verfahrenseinleitende Schriftstück oder ein gleichwertiges Schriftstück nach Maßgabe dieses Übereinkommens ins Ausland zu übermitteln war.

Artikel 17
Rechtshängigkeit

(1) Werden bei Gerichten verschiedener Mitgliedstaaten Verfahren wegen desselben Anspruchs zwischen denselben Parteien anhängig gemacht, so setzt das später angerufene Gericht das Verfahren von Amts wegen aus, bis die Zu-

ständigkeit des zuerst angerufenen Gerichts feststeht.

(2) Sobald die Zuständigkeit des zuerst angerufenen Gerichts feststeht, erklärt sich das später angerufene Gericht zugunsten dieses Gerichts für unzuständig.

Artikel 18
Im Zusammenhang stehende Verfahren

(1) Sind bei Gerichten verschiedener Mitgliedstaaten Verfahren, die im Zusammenhang stehen, anhängig, so kann jedes später angerufene Gericht das Verfahren aussetzen.

(2) Sind diese Verfahren in erster Instanz anhängig, so kann sich jedes später angerufene Gericht auf Antrag einer Partei auch für unzuständig erklären, wenn das zuerst angerufene Gericht für die betreffenden Verfahren zuständig ist und die Verbindung der Verfahren nach seinem Recht zulässig ist.

(3) Verfahren stehen im Sinne dieses Artikels im Zusammenhang, wenn zwischen ihnen eine so enge Beziehung gegeben ist, dass eine gemeinsame Verhandlung und Entscheidung geboten erscheint, um zu vermeiden, dass in getrennten Verfahren widersprechende Entscheidungen ergehen.

Artikel 19
Einstweilige Maßnahmen einschließlich Sicherungsmaßnahmen

Die im Recht eines Mitgliedstaats vorgesehenen einstweiligen Maßnahmen einschließlich Sicherungsmaßnahmen können bei den Gerichten dieses Staates auch dann beantragt werden, wenn für die Entscheidung in der Hauptsache nach dieser Verordnung die Gerichte eines anderen Mitgliedstaats zuständig sind.

KAPITEL III
ANZUWENDENDES RECHT

Artikel 20
Universelle Anwendung

Das nach dieser Verordnung bezeichnete Recht ist auch dann anzuwenden, wenn es nicht das Recht eines Mitgliedstaats ist.

Artikel 21
Allgemeine Kollisionsnorm

(1) Sofern in dieser Verordnung nichts anderes vorgesehen ist, unterliegt die gesamte Rechtsnachfolge von Todes wegen dem Recht des Staates, in dem der Erblasser im Zeitpunkt seines Todes seinen gewöhnlichen Aufenthalt hatte.

Zu Artikel 16:
[1] ABl. L 324 vom 10.12.2007, S. 79.

(2) Ergibt sich ausnahmsweise aus der Gesamtheit der Umstände, dass der Erblasser im Zeitpunkt seines Todes eine offensichtlich engere Verbindung zu einem anderen als dem Staat hatte, dessen Recht nach Absatz 1 anzuwenden wäre, so ist auf die Rechtsnachfolge von Todes wegen das Recht dieses anderen Staates anzuwenden.

Artikel 22
Rechtswahl

(1) Eine Person kann für die Rechtsnachfolge von Todes wegen das Recht des Staates wählen, dem sie im Zeitpunkt der Rechtswahl oder im Zeitpunkt ihres Todes angehört. Eine Person, die mehrere Staatsangehörigkeiten besitzt, kann das Recht eines der Staaten wählen, denen sie im Zeitpunkt der Rechtswahl oder im Zeitpunkt ihres Todes angehört.

(2) Die Rechtswahl muss ausdrücklich in einer Erklärung in Form einer Verfügung von Todes wegen erfolgen oder sich aus den Bestimmungen einer solchen Verfügung ergeben.

(3) Die materielle Wirksamkeit der Rechtshandlung, durch die die Rechtswahl vorgenommen wird, unterliegt dem gewählten Recht.

(4) Die Änderung oder der Widerruf der Rechtswahl muss den Formvorschriften für die Änderung oder den Widerruf einer Verfügung von Todes wegen entsprechen.

Artikel 23
Reichweite des anzuwendenden Rechts

(1) Dem nach Artikel 21 oder Artikel 22 bezeichneten Recht unterliegt die gesamte Rechtsnachfolge von Todes wegen.

(2) Diesem Recht unterliegen insbesondere:

a) die Gründe für den Eintritt des Erbfalls sowie dessen Zeitpunkt und Ort;

b) die Berufung der Berechtigten, die Bestimmung ihrer jeweiligen Anteile und etwaiger ihnen vom Erblasser auferlegter Pflichten sowie die Bestimmung sonstiger Rechte an dem Nachlass, einschließlich der Nachlassansprüche des überlebenden Ehegatten oder Lebenspartners;

c) die Erbfähigkeit;

d) die Enterbung und die Erbunwürdigkeit;

e) der Übergang der zum Nachlass gehörenden Vermögenswerte, Rechte und Pflichten auf die Erben und gegebenenfalls die Vermächtnisnehmer, einschließlich der Bedingungen für die Annahme oder die Ausschlagung der Erbschaft oder eines Vermächtnisses und deren Wirkungen;

f) die Rechte der Erben, Testamentsvollstrecker und anderer Nachlassverwalter, insbesondere im Hinblick auf die Veräußerung von Vermögen und die Befriedigung der Gläubiger, unbeschadet der Befugnisse nach Artikel 29 Absätze 2 und 3;

g) die Haftung für die Nachlassverbindlichkeiten;

h) der verfügbare Teil des Nachlasses, die Pflichtteile und andere Beschränkungen der Testierfreiheit sowie etwaige Ansprüche von Personen, die dem Erblasser nahe stehen, gegen den Nachlass oder gegen den Erben;

i) die Ausgleichung und Anrechnung unentgeltlicher Zuwendungen bei der Bestimmung der Anteile der einzelnen Berechtigten und

j) die Teilung des Nachlasses.

Artikel 24
Verfügungen von Todes wegen außer Erbverträgen

(1) Die Zulässigkeit und die materielle Wirksamkeit einer Verfügung von Todes wegen mit Ausnahme eines Erbvertrags unterliegen dem Recht, das nach dieser Verordnung auf die Rechtsnachfolge von Todes wegen anzuwenden wäre, wenn die Person, die die Verfügung errichtet hat, zu diesem Zeitpunkt verstorben wäre.

(2) Ungeachtet des Absatzes 1 kann eine Person für die Zulässigkeit und die materielle Wirksamkeit ihrer Verfügung von Todes wegen das Recht wählen, das sie nach Artikel 22 unter den darin genannten Bedingungen hätte wählen können.

(3) Absatz 1 gilt für die Änderung oder den Widerruf einer Verfügung von Todes wegen mit Ausnahme eines Erbvertrags entsprechend. Bei Rechtswahl nach Absatz 2 unterliegt die Änderung oder der Widerruf dem gewählten Recht.

Artikel 25
Erbverträge

(1) Die Zulässigkeit, die materielle Wirksamkeit und die Bindungswirkungen eines Erbvertrags, der den Nachlass einer einzigen Person betrifft, einschließlich der Voraussetzungen für seine Auflösung, unterliegen dem Recht, das nach dieser Verordnung auf die Rechtsnachfolge von Todes wegen anzuwenden wäre, wenn diese Person zu dem Zeitpunkt verstorben wäre, in dem der Erbvertrag geschlossen wurde.

(2) Ein Erbvertrag, der den Nachlass mehrerer Personen betrifft, ist nur zulässig, wenn er nach jedem der Rechte zulässig ist, die nach dieser Verordnung auf die Rechtsnachfolge der einzelnen beteiligten Personen anzuwenden wären, wenn sie zu dem Zeitpunkt verstorben wären, in dem der Erbvertrag geschlossen wurde. Die materielle Wirksamkeit und die Bindungswirkungen eines Erbvertrags, der nach Unterabsatz 1 zulässig ist, einschließlich der Voraussetzungen für seine Auflösung, unterliegen demjenigen unter den in Unterabsatz 1 genannten Rechten, zu dem er die engste Verbindung hat.

(3) Ungeachtet der Absätze 1 und 2 können die Parteien für die Zulässigkeit, die materielle Wirksamkeit und die Bindungswirkungen ihres Erbvertrags, einschließlich der Voraussetzungen für seine Auflösung, das Recht wählen, das die Person oder eine der Personen, deren Nachlass betroffen ist, nach Artikel 22 unter den darin genannten Bedingungen hätte wählen können.

Artikel 26
Materielle Wirksamkeit einer Verfügung von Todes wegen

(1) Zur materiellen Wirksamkeit im Sinne der Artikel 24 und 25 gehören:

a) die Testierfähigkeit der Person, die die Verfügung von Todes wegen errichtet;

b) die besonderen Gründe, aufgrund deren die Person, die die Verfügung errichtet, nicht zugunsten bestimmter Personen verfügen darf oder aufgrund deren eine Person kein Nachlassvermögen vom Erblasser erhalten darf;

c) die Zulässigkeit der Stellvertretung bei der Errichtung einer Verfügung von Todes wegen;

d) die Auslegung der Verfügung;

e) Täuschung, Nötigung, Irrtum und alle sonstigen Fragen in Bezug auf Willensmängel oder Testierwillen der Person, die die Verfügung errichtet.

(2) Hat eine Person nach dem nach Artikel 24 oder 25 anzuwendenden Recht die Testierfähigkeit erlangt, so beeinträchtigt ein späterer Wechsel des anzuwendenden Rechts nicht ihre Fähigkeit zur Änderung oder zum Widerruf der Verfügung.

Artikel 27
Formgültigkeit einer schriftlichen Verfügung von Todes wegen

(1) Eine schriftliche Verfügung von Todes wegen ist hinsichtlich ihrer Form wirksam, wenn diese:

a) dem Recht des Staates entspricht, in dem die Verfügung errichtet oder der Erbvertrag geschlossen wurde,

b) dem Recht eines Staates entspricht, dem der Erblasser oder mindestens eine der Personen, deren Rechtsnachfolge von Todes wegen durch einen Erbvertrag betroffen ist, entweder im Zeitpunkt der Errichtung der Verfügung bzw. des Abschlusses des Erbvertrags oder im Zeitpunkt des Todes angehörte,

c) dem Recht eines Staates entspricht, in dem der Erblasser oder mindestens eine der Personen, deren Rechtsnachfolge von Todes wegen durch einen Erbvertrag betroffen ist, entweder im Zeitpunkt der Errichtung der Verfügung oder des Abschlusses des Erbvertrags oder im Zeitpunkt des Todes den Wohnsitz hatte,

d) dem Recht des Staates entspricht, in dem der Erblasser oder mindestens eine der Personen, deren Rechtsnachfolge von Todes wegen durch einen Erbvertrag betroffen ist, entweder im Zeitpunkt der Errichtung der Verfügung oder des Abschlusses des Erbvertrags oder „im Zeitpunkt des Todes seinen/ihren" gewöhnlichen Aufenthalt hatte, oder *(ABl L 363 vom 18. 12. 2014, S 186)*

e) dem Recht des Staates entspricht, in dem sich unbewegliches Vermögen befindet, soweit es sich um dieses handelt.

Ob der Erblasser oder eine der Personen, deren Rechtsnachfolge von Todes wegen durch einen Erbvertrag betroffen ist, in einem bestimmten Staat ihren Wohnsitz hatte, regelt das in diesem Staat geltende Recht.

(2) Absatz 1 ist auch auf Verfügungen von Todes wegen anzuwenden, durch die eine frühere Verfügung geändert oder widerrufen wird. Die Änderung oder der Widerruf ist hinsichtlich ihrer Form auch dann gültig, wenn sie den Formerfordernissen einer der Rechtsordnungen entsprechen, nach denen die geänderte oder widerrufene Verfügung von Todes wegen nach Absatz 1 gültig war.

(3) Für die Zwecke dieses Artikels werden Rechtsvorschriften, welche die für Verfügungen von Todes wegen zugelassenen Formen mit Beziehung auf das Alter, die Staatsangehörigkeit oder andere persönliche Eigenschaften des Erblassers oder der Personen, deren Rechtsnachfolge von Todes wegen durch einen Erbvertrag betroffen ist, beschränken, als zur Form gehörend angesehen. Das Gleiche gilt für Eigenschaften, welche die für die Gültigkeit einer Verfügung von Todes wegen erforderlichen Zeugen besitzen müssen.

Artikel 28
Formgültigkeit einer Annahme- oder Ausschlagungserklärung

Eine Erklärung über die Annahme oder die Ausschlagung der Erbschaft, eines Vermächtnisses oder eines Pflichtteils oder eine Erklärung zur Begrenzung der Haftung des Erklärenden ist hinsichtlich ihrer Form wirksam, wenn diese den Formerfordernissen entspricht

a) des nach den Artikeln 21 oder 22 auf die Rechtsnachfolge von Todes wegen anzuwendenden Rechts oder

b) des Rechts des Staates, in dem der Erklärende seinen gewöhnlichen Aufenthalt hat.

Artikel 29
Besondere Regelungen für die Bestellung und die Befugnisse eines Nachlassverwalters in bestimmten Situationen

(1) Ist die Bestellung eines Verwalters nach dem Recht des Mitgliedstaats, dessen Gerichte nach dieser Verordnung für die Entscheidungen in der Erbsache zuständig sind, verpflichtend oder auf Antrag verpflichtend und ist das auf die Rechtsnachfolge von Todes wegen anzuwendende Recht ausländisches Recht, können die Gerichte dieses Mitgliedstaats, wenn sie angerufen werden, einen oder mehrere Nachlassverwalter nach ihrem eigenen Recht unter den in diesem Artikel festgelegten Bedingungen bestellen.

Der/die nach diesem Absatz bestellte(n) Verwalter ist/sind berechtigt, das Testament des Erblassers zu vollstrecken und/oder den Nachlass nach dem auf die Rechtsnachfolge von Todes wegen anzuwendenden Recht zu verwalten. Sieht dieses Recht nicht vor, dass eine Person Nachlassverwalter ist, die kein Berechtigter ist, können die Gerichte des Mitgliedstaats, in dem der Verwalter bestellt werden muss, einen Fremdverwalter nach ihrem eigenen Recht bestellen, wenn dieses Recht dies so vorsieht und es einen schwerwiegenden Interessenskonflikt zwischen den Berechtigten oder zwischen den Berechtigten und den Nachlassgläubigern oder anderen Personen, die für die Verbindlichkeiten des Erblassers gebürgt haben, oder Uneinigkeit zwischen den Berechtigten über die Verwaltung des Nachlasses gibt oder wenn es sich um einen aufgrund der Art der Vermögenswerte schwer zu verwaltenden Nachlass handelt. Der/die nach diesem Absatz bestellte(n) Verwalter ist/sind die einzige(n) Person(en), die befugt ist/sind, die in den Absätzen 2 oder 3 genannten Befugnisse auszuüben.

(2) Die nach Absatz 1 bestellte(n) Person(en) üben die Befugnisse zur Verwaltung des Nachlasses aus, die sie nach dem auf die Rechtsnachfolge von Todes wegen anzuwendenden Recht ausüben dürfen. Das bestellende Gericht kann in seiner Entscheidung besondere Bedingungen für die Ausübung dieser Befugnisse im Einklang mit dem auf die Rechtsnachfolge von Todes wegen anzuwendenden Recht festlegen.

Sieht das auf die Rechtsnachfolge von Todes wegen anzuwendende Recht keine hinreichenden Befugnisse vor, um das Nachlassvermögen zu erhalten oder die Rechte der Nachlassgläubiger oder anderer Personen zu schützen, die für die Verbindlichkeiten des Erblassers gebürgt haben, so kann das bestellende Gericht beschließen, es dem/den Nachlassverwalter(n) zu gestatten, ergänzend diejenigen Befugnisse, die hierfür in seinem eigenen Recht vorgesehen sind, auszuüben und in seiner Entscheidung besondere Bedingungen für die Ausübung dieser Befugnisse im Einklang mit diesem Recht festlegen.

Bei der Ausübung solcher ergänzenden Befugnisse hält/halten der/die Verwalter das auf die Rechtsnachfolge von Todes wegen anzuwendende Recht in Bezug auf den Übergang des Eigentums an dem Nachlassvermögen, die Haftung für die Nachlassverbindlichkeiten, die Rechte der Berechtigten, gegebenenfalls einschließlich des Rechts, die Erbschaft anzunehmen oder auszuschlagen, und gegebenenfalls die Befugnisse des Vollstreckers des Testaments des Erblassers ein.

(3) Ungeachtet des Absatzes 2 kann das nach Absatz 1 einen oder mehrere Verwalter bestellende Gericht ausnahmsweise, wenn das auf die Rechtsnachfolge von Todes wegen anzuwendende Recht das Recht eines Drittstaats ist, beschließen, diesen Verwaltern alle Verwaltungsbefugnisse zu übertragen, die in dem Recht des Mitgliedstaats vorgesehen sind, in dem sie bestellt werden.

Bei der Ausübung dieser Befugnisse respektieren die Nachlassverwalter jedoch insbesondere die Bestimmung der Berechtigten und ihrer Nachlassansprüche, einschließlich ihres Anspruchs auf einen Pflichtteil oder ihres Anspruchs gegen den Nachlass oder gegenüber den Erben nach dem auf die Rechtsnachfolge von Todes wegen anzuwendenden Recht.

Artikel 30
Besondere Regelungen mit Beschränkungen, die die Rechtsnachfolge von Todes wegen in Bezug auf bestimmte Vermögenswerte betreffen oder Auswirkungen auf sie haben

Besondere Regelungen im Recht eines Staates, in dem sich bestimmte unbewegliche Sachen, Unternehmen oder andere besondere Arten von Vermögenswerten befinden, die die Rechtsnachfolge von Todes wegen in Bezug auf jene Vermögenswerte aus wirtschaftlichen, familiären oder sozialen Erwägungen beschränken oder berühren, finden auf die Rechtsnachfolge von Todes wegen Anwendung, soweit sie nach dem Recht dieses Staates unabhängig von dem auf die Rechtsnachfolge von Todes wegen anzuwendenden Recht anzuwenden sind.

Artikel 31
Anpassung dinglicher Rechte

Macht eine Person ein dingliches Recht geltend, das ihr nach dem auf die Rechtsnachfolge von Todes wegen anzuwendenden Recht zusteht, und kennt das Recht des Mitgliedstaats, in dem das Recht geltend gemacht wird, das betreffende dingliche Recht nicht, so ist dieses Recht soweit erforderlich und möglich an das in der Rechtsordnung dieses Mitgliedstaats am ehesten vergleichbare Recht anzupassen, wobei die mit dem besagten dinglichen Recht verfolgten Ziele und Interessen und die mit ihm verbundenen Wirkungen zu berücksichtigen sind.

Artikel 32
Kommorienten

Sterben zwei oder mehr Personen, deren jeweilige Rechtsnachfolge von Todes wegen verschiedenen Rechten unterliegt, unter Umständen, unter denen die Reihenfolge ihres Todes ungewiss ist, und regeln diese Rechte diesen Sachverhalt unterschiedlich oder gar nicht, so hat keine der verstorbenen Personen Anspruch auf den Nachlass des oder der anderen.

Artikel 33
Erbenloser Nachlass

Ist nach dem nach dieser Verordnung auf die Rechtsnachfolge von Todes wegen anzuwendenden Recht weder ein durch Verfügung von Todes wegen eingesetzter Erbe oder Vermächtnisnehmer für die Nachlassgegenstände noch eine natürliche Person als gesetzlicher Erbe vorhanden, so berührt die Anwendung dieses Rechts nicht das Recht eines Mitgliedstaates oder einer von diesem Mitgliedstaat für diesen Zweck bestimmten Einrichtung, sich das im Hoheitsgebiet dieses Mitgliedstaates belegene Nachlassvermögen anzueignen, vorausgesetzt, die Gläubiger sind berechtigt, aus dem gesamten Nachlass Befriedigung ihrer Forderungen zu suchen.

Artikel 34
Rück- und Weiterverweisung

(1) Unter dem nach dieser Verordnung anzuwendenden Recht eines Drittstaats sind die in diesem Staat geltenden Rechtsvorschriften einschließlich derjenigen seines Internationalen Privatrechts zu verstehen, soweit diese zurück- oder weiterverweisen auf:

a) das Recht eines Mitgliedstaats oder

b) das Recht eines anderen Drittstaats, der sein eigenes Recht anwenden würde.

(2) Rück- und Weiterverweisungen durch die in Artikel 21 Absatz 2, Artikel 22, Artikel 27, Artikel 28 Buchstabe b und Artikel 30 genannten Rechtsordnungen sind nicht zu beachten.

Artikel 35
Öffentliche Ordnung (ordre public)

Die Anwendung einer Vorschrift des nach dieser Verordnung bezeichneten Rechts eines Staates darf nur versagt werden, wenn ihre Anwendung mit der öffentlichen Ordnung (ordre public) des Staates des angerufenen Gerichts offensichtlich unvereinbar ist.

Artikel 36
Staaten mit mehr als einem Rechtssystem – Interlokale Kollisionsvorschriften

(1) Verweist diese Verordnung auf das Recht eines Staates, der mehrere Gebietseinheiten umfasst, von denen jede eigene Rechtsvorschriften für die Rechtsnachfolge von Todes wegen hat, so bestimmen die internen Kollisionsvorschriften dieses Staates die Gebietseinheit, deren Rechtsvorschriften anzuwenden sind.

(2) In Ermangelung solcher internen Kollisionsvorschriften gilt:

a) jede Bezugnahme auf das Recht des in Absatz 1 genannten Staates ist für die Bestimmung des anzuwendenden Rechts aufgrund von Vorschriften, die sich auf den gewöhnlichen Aufenthalt des Erblassers beziehen, als Bezugnahme auf das Recht der Gebietseinheit zu verstehen, in der der Erblasser im Zeitpunkt seines Todes seinen gewöhnlichen Aufenthalt hatte;

b) jede Bezugnahme auf das Recht des in Absatz 1 genannten Staates ist für die Bestimmung des anzuwendenden Rechts aufgrund von Bestimmungen, die sich auf die Staatsangehörigkeit des Erblassers beziehen, als Bezugnahme auf das Recht der Gebietseinheit zu verstehen, zu der der Erblasser die engste Verbindung hatte;

c) jede Bezugnahme auf das Recht des in Absatz 1 genannten Staates ist für die Bestimmung des anzuwendenden Rechts aufgrund sonstiger Bestimmungen, die sich auf andere Anknüpfungspunkte beziehen, als Bezugnahme auf das Recht der Gebietseinheit zu verstehen, in der sich der einschlägige Anknüpfungspunkt befindet.

3) Ungeachtet des Absatzes 2 ist jede Bezugnahme auf das Recht des in Absatz 1 genannten Staates für die Bestimmung des anzuwendenden Rechts nach Artikel 27 in Ermangelung interner Kollisionsvorschriften dieses Staates als Bezugnahme auf das Recht der Gebietseinheit zu verstehen, zu der der Erblasser oder die Personen, deren Rechtsnachfolge von Todes wegen durch den Erbvertrag betroffen ist, die engste Verbindung hatte.

Artikel 37
Staaten mit mehr als einem Rechtssystem – Interpersonale Kollisionsvorschriften

Gelten in einem Staat für die Rechtsnachfolge von Todes wegen zwei oder mehr Rechtssysteme oder Regelwerke für verschiedene Personengruppen, so ist jede Bezugnahme auf das Recht dieses Staates als Bezugnahme auf das Rechtssystem oder das Regelwerk zu verstehen, das die in diesem Staat geltenden Vorschriften zur Anwendung berufen. In Ermangelung solcher Vorschriften ist das Rechtssystem oder das Regelwerk anzuwenden, zu dem der Erblasser die engste Verbindung hatte.

Artikel 38
Nichtanwendung dieser Verordnung auf innerstaatliche Kollisionen

Ein Mitgliedstaat, der mehrere Gebietseinheiten umfasst, von denen jede ihre eigenen Rechtsvorschriften für die Rechtsnachfolge von Todes wegen hat, ist nicht verpflichtet, diese Verordnung auf Kollisionen zwischen den Rechtsordnungen dieser Gebietseinheiten anzuwenden.

KAPITEL IV

ANERKENNUNG, VOLLSTRECKBARKEIT UND VOLLSTRECKUNG VON ENTSCHEIDUNGEN

Artikel 39
Anerkennung

(1) Die in einem Mitgliedstaat ergangenen Entscheidungen werden in den anderen Mitgliedstaaten anerkannt, ohne dass es hierfür eines besonderen Verfahrens bedarf.

(2) Bildet die Frage, ob eine Entscheidung anzuerkennen ist, als solche den Gegenstand eines Streites, so kann jede Partei, welche die Anerkennung geltend macht, in dem Verfahren nach den Artikeln 45 bis 58 die Feststellung beantragen, dass die Entscheidung anzuerkennen ist.

(3) Wird die Anerkennung in einem Rechtsstreit vor dem Gericht eines Mitgliedstaats, dessen Entscheidung von der Anerkennung abhängt, verlangt, so kann dieses Gericht über die Anerkennung entscheiden.

Artikel 40
Gründe für die Nichtanerkennung einer Entscheidung

Eine Entscheidung wird nicht anerkannt, wenn

a) die Anerkennung der öffentlichen Ordnung (ordre public) des Mitgliedstaats, in dem sie geltend gemacht wird, offensichtlich widersprechen würde;

b) dem Beklagten, der sich auf das Verfahren nicht eingelassen hat, das verfahrenseinleitende Schriftstück oder ein gleichwertiges Schriftstück nicht so rechtzeitig und in einer Weise zugestellt worden ist, dass er sich verteidigen konnte, es sei denn, der Beklagte hat die Entscheidung nicht angefochten, obwohl er die Möglichkeit dazu hatte;

c) sie mit einer Entscheidung unvereinbar ist, die in einem Verfahren zwischen denselben Parteien in dem Mitgliedstaat, in dem die Anerkennung geltend gemacht wird, ergangen ist;

d) sie mit einer früheren Entscheidung unvereinbar ist, die in einem anderen Mitgliedstaat oder in einem Drittstaat in einem Verfahren zwischen denselben Parteien wegen desselben Anspruchs ergangen ist, sofern die frühere Entscheidung die notwendigen Voraussetzungen für ihre Anerkennung in dem Mitgliedstaat, in dem die Anerkennung geltend gemacht wird, erfüllt.

Artikel 41
Ausschluss einer Nachprüfung in der Sache

Die in einem Mitgliedstaat ergangene Entscheidung darf keinesfalls in der Sache selbst nachgeprüft werden.

Artikel 42
Aussetzung des Anerkennungsverfahrens

Das Gericht eines Mitgliedstaats, vor dem die Anerkennung einer in einem anderen Mitgliedstaat ergangenen Entscheidung geltend gemacht wird, kann das Verfahren aussetzen, wenn im Ursprungsmitgliedstaat gegen die Entscheidung ein ordentlicher Rechtsbehelf eingelegt worden ist.

Artikel 43
Vollstreckbarkeit

Die in einem Mitgliedstaat ergangenen und in diesem Staat vollstreckbaren Entscheidungen sind in einem anderen Mitgliedstaat vollstreckbar, wenn sie auf Antrag eines Berechtigten dort nach dem Verfahren der Artikel 45 bis 58 für vollstreckbar erklärt worden sind.

Artikel 44
Bestimmung des Wohnsitzes

Ist zu entscheiden, ob eine Partei für die Zwecke des Verfahrens nach den Artikeln 45 bis 58 im Hoheitsgebiet des Vollstreckungsmitgliedstaats einen Wohnsitz hat, so wendet das befasste Gericht sein eigenes Recht an.

Artikel 45
Örtlich zuständiges Gericht

(1) Der Antrag auf Vollstreckbarerklärung ist an das Gericht oder die zuständige Behörde des Vollstreckungsmitgliedstaats zu richten, die der Kommission von diesem Mitgliedstaat nach Artikel 78 mitgeteilt wurden.

(2) Die örtliche Zuständigkeit wird durch den Ort des Wohnsitzes der Partei, gegen die die Vollstreckung erwirkt werden soll, oder durch den Ort, an dem die Vollstreckung durchgeführt werden soll, bestimmt.

Artikel 46
Verfahren

(1) Für das Verfahren der Antragstellung ist das Recht des Vollstreckungsmitgliedstaats maßgebend.

(2) Von dem Antragsteller kann nicht verlangt werden, dass er im Vollstreckungsmitgliedstaat über eine Postanschrift oder einen bevollmächtigten Vertreter verfügt.

(3) Dem Antrag sind die folgenden Schriftstücke beizufügen:

a) eine Ausfertigung der Entscheidung, die die für ihre Beweiskraft erforderlichen Voraussetzungen erfüllt;

b) die Bescheinigung, die von dem Gericht oder der zuständigen Behörde des Ursprungsmitgliedstaats unter Verwendung des nach dem Beratungsverfahren nach Artikel 81 Absatz 2 erstellten Formblatts ausgestellt wurde, unbeschadet des Artikels 47.

Artikel 47
Nichtvorlage der Bescheinigung

(1) Wird die Bescheinigung nach Artikel 46 Absatz 3 Buchstabe b nicht vorgelegt, so kann das Gericht oder die sonst befugte Stelle eine Frist bestimmen, innerhalb deren die Bescheinigung vorzulegen ist, oder sich mit einer gleichwertigen Urkunde begnügen oder von der Vorlage der Bescheinigung absehen, wenn kein weiterer Klärungsbedarf besteht.

(2) Auf Verlangen des Gerichts oder der zuständigen Behörde ist eine Übersetzung der Schriftstücke vorzulegen. Die Übersetzung ist von einer Person zu erstellen, die zur Anfertigung von Übersetzungen in einem der Mitgliedstaaten befugt ist.

Artikel 48
Vollstreckbarerklärung

Sobald die in Artikel 46 vorgesehenen Förmlichkeiten erfüllt sind, wird die Entscheidung unverzüglich für vollstreckbar erklärt, ohne dass eine Prüfung nach Artikel 40 erfolgt. Die Partei, gegen die die Vollstreckung erwirkt werden soll, erhält in diesem Abschnitt des Verfahrens keine Gelegenheit, eine Erklärung abzugeben.

Artikel 49
Mitteilung der Entscheidung über den Antrag auf Vollstreckbarerklärung

(1) Die Entscheidung über den Antrag auf Vollstreckbarerklärung wird dem Antragsteller unverzüglich in der Form mitgeteilt, die das Recht des Vollstreckungsmitgliedstaats vorsieht.

(2) Die Vollstreckbarerklärung und, soweit dies noch nicht geschehen ist, die Entscheidung werden der Partei, gegen die die Vollstreckung erwirkt werden soll, zugestellt.

Artikel 50
Rechtsbehelf gegen die Entscheidung über den Antrag auf Vollstreckbarerklärung

(1) Gegen die Entscheidung über den Antrag auf Vollstreckbarerklärung kann jede Partei einen Rechtsbehelf einlegen.

(2) Der Rechtsbehelf wird bei dem Gericht eingelegt, das der betreffende Mitgliedstaat der Kommission nach Artikel 78 mitgeteilt hat.

(3) Über den Rechtsbehelf wird nach den Vorschriften entschieden, die für Verfahren mit beiderseitigem rechtlichem Gehör maßgebend sind.

(4) Lässt sich die Partei, gegen die die Vollstreckung erwirkt werden soll, auf das Verfahren vor dem mit dem Rechtsbehelf des Antragstellers befassten Gericht nicht ein, so ist Artikel 16 auch dann anzuwenden, wenn die Partei, gegen die die Vollstreckung erwirkt werden soll, ihren Wohnsitz nicht im Hoheitsgebiet eines Mitgliedstaats hat.

(5) Der Rechtsbehelf gegen die Vollstreckbarerklärung ist innerhalb von 30 Tagen nach ihrer Zustellung einzulegen. Hat die Partei, gegen die die Vollstreckung erwirkt werden soll, ihren Wohnsitz im Hoheitsgebiet eines anderen Mitgliedstaats als dem, in dem die Vollstreckbarerklärung ergangen ist, so beträgt die Frist für den Rechtsbehelf 60 Tage und beginnt mit dem Tag, an dem die Vollstreckbarerklärung ihr entweder in Person oder in ihrer Wohnung zugestellt worden ist. Eine Verlängerung dieser Frist wegen weiter Entfernung ist ausgeschlossen.

Artikel 51
Rechtsbehelf gegen die Entscheidung über den Rechtsbehelf

Gegen die über den Rechtsbehelf ergangene Entscheidung kann nur der Rechtsbehelf eingelegt werden, den der betreffende Mitgliedstaat der Kommission nach Artikel 78 mitgeteilt hat.

Artikel 52
Versagung oder Aufhebung einer Vollstreckbarerklärung

Die Vollstreckbarerklärung darf von dem mit einem Rechtsbehelf nach Artikel 50 oder Artikel 51 befassten Gericht nur aus einem der in Artikel 40 aufgeführten Gründe versagt oder aufgehoben werden. Das Gericht erlässt seine Entscheidung unverzüglich.

Artikel 53
Aussetzung des Verfahrens

Das nach Artikel 50 oder Artikel 51 mit dem Rechtsbehelf befasste Gericht setzt das Verfahren auf Antrag des Schuldners aus, wenn die Entscheidung im Ursprungsmitgliedstaat wegen der Einlegung eines Rechtsbehelfs vorläufig nicht vollstreckbar ist.

Artikel 54
Einstweilige Maßnahmen einschließlich Sicherungsmaßnahmen

(1) Ist eine Entscheidung nach diesem Abschnitt anzuerkennen, so ist der Antragsteller nicht daran gehindert, einstweilige Maßnahmen einschließlich Sicherungsmaßnahmen nach dem Recht des Vollstreckungsmitgliedstaats in Anspruch zu nehmen, ohne dass es einer Vollstreckbarerklärung nach Artikel 48 bedarf.

(2) Die Vollstreckbarerklärung umfasst von Rechts wegen die Befugnis, Maßnahmen zur Sicherung zu veranlassen.

(3) Solange die in Artikel 50 Absatz 5 vorgesehene Frist für den Rechtsbehelf gegen die Vollstreckbarerklärung läuft und solange über den Rechtsbehelf nicht entschieden ist, darf die Zwangsvollstreckung in das Vermögen des Schuldners nicht über Maßnahmen zur Sicherung hinausgehen.

Artikel 55
Teilvollstreckbarkeit

(1) Ist durch die Entscheidung über mehrere Ansprüche erkannt worden und kann die Vollstreckbarerklärung nicht für alle Ansprüche erteilt werden, so erteilt das Gericht oder die zuständige Behörde sie für einen oder mehrere dieser Ansprüche.

(2) Der Antragsteller kann beantragen, dass die Vollstreckbarerklärung nur für einen Teil des Gegenstands der Entscheidung erteilt wird.

Artikel 56
Prozesskostenhilfe

Ist dem Antragsteller im Ursprungsmitgliedstaat ganz oder teilweise Prozesskostenhilfe oder Kosten- und Gebührenbefreiung gewährt worden, so genießt er im Vollstreckbarerklärungsverfahren hinsichtlich der Prozesskostenhilfe oder der Kosten- und Gebührenbefreiung die günstigste Behandlung, die das Recht des Vollstreckungsmitgliedstaats vorsieht.

Artikel 57
Keine Sicherheitsleistung oder Hinterlegung

Der Partei, die in einem Mitgliedstaat die Anerkennung, Vollstreckbarerklärung oder Vollstreckung einer in einem anderen Mitgliedstaat ergangenen Entscheidung beantragt, darf wegen ihrer Eigenschaft als Ausländer oder wegen Fehlens eines inländischen Wohnsitzes oder Aufenthalts im Vollstreckungsmitgliedstaat eine Sicherheitsleistung oder Hinterlegung, unter welcher Bezeichnung es auch sei, nicht auferlegt werden.

Artikel 58
Keine Stempelabgaben oder Gebühren

Im Vollstreckungsmitgliedstaat dürfen in Vollstreckbarerklärungsverfahren keine nach dem Streitwert abgestuften Stempelabgaben oder Gebühren erhoben werden.

KAPITEL V
ÖFFENTLICHE URKUNDEN UND GERICHTLICHE VERGLEICHE

Artikel 59
Annahme öffentlicher Urkunden

(1) Eine in einem Mitgliedstaat errichtete öffentliche Urkunde hat in einem anderen Mitgliedstaat die gleiche formelle Beweiskraft wie im Ursprungsmitgliedstaat oder die damit am ehesten vergleichbare Wirkung, sofern dies der öffentlichen Ordnung (ordre public) des betreffenden Mitgliedstaats nicht offensichtlich widersprechen würde.

Eine Person, die eine öffentliche Urkunde in einem anderen Mitgliedstaat verwenden möchte, kann die Behörde, die die öffentliche Urkunde im Ursprungsmitgliedstaat errichtet, ersuchen, das nach dem Beratungsverfahren nach Artikel 81 Absatz 2 erstellte Formblatt auszufüllen, das die formelle Beweiskraft der öffentlichen Urkunde in ihrem Ursprungsmitgliedstaat beschreibt.

(2) Einwände mit Bezug auf die Authentizität einer öffentlichen Urkunde sind bei den Gerichten des Ursprungsmitgliedstaats zu erheben; über diese Einwände wird nach dem Recht dieses Staates entschieden. Eine öffentliche Urkunde, gegen die solche Einwände erhoben wurden, entfaltet in einem anderen Mitgliedstaat keine Beweiskraft, solange die Sache bei dem zuständigen Gericht anhängig ist.

(3) Einwände mit Bezug auf die in einer öffentlichen Urkunde beurkundeten Rechtsgeschäfte oder Rechtsverhältnisse sind bei den nach dieser Verordnung zuständigen Gerichten zu erheben; über diese Einwände wird nach dem nach Kapitel III anzuwendenden Recht entschieden. Eine öffentliche Urkunde, gegen die solche Einwände erhoben wurden, entfaltet in einem anderen als

dem Ursprungsmitgliedstaat hinsichtlich des bestrittenen Umstands keine Beweiskraft, solange die Sache bei dem zuständigen Gericht anhängig ist.

(4) Hängt die Entscheidung des Gerichts eines Mitgliedstaats von der Klärung einer Vorfrage mit Bezug auf die in einer öffentlichen Urkunde beurkundeten Rechtsgeschäfte oder Rechtsverhältnisse in Erbsachen ab, so ist dieses Gericht zur Entscheidung über diese Vorfrage zuständig.

Artikel 60
Vollstreckbarkeit öffentlicher Urkunden

(1) Öffentliche Urkunden, die im Ursprungsmitgliedstaat vollstreckbar sind, werden in einem anderen Mitgliedstaat auf Antrag eines Berechtigten nach dem Verfahren der Artikel 45 bis 58 für vollstreckbar erklärt.

(2) Für die Zwecke des Artikels 46 Absatz 3 Buchstabe b stellt die Behörde, die die öffentliche Urkunde errichtet hat, auf Antrag eines Berechtigten eine Bescheinigung unter Verwendung des nach dem Beratungsverfahren nach Artikel 81 Absatz 2 erstellten Formblatts aus.

(3) Die Vollstreckbarerklärung wird von dem mit einem Rechtsbehelf nach Artikel 50 oder Artikel 51 befassten Gericht nur versagt oder aufgehoben, wenn die Vollstreckung der öffentlichen Urkunde der öffentlichen Ordnung (ordre public) des Vollstreckungsmitgliedstaats offensichtlich widersprechen würde.

Artikel 61
Vollstreckbarkeit gerichtlicher Vergleiche

(1) Gerichtliche Vergleiche, die im Ursprungsmitgliedstaat vollstreckbar sind, werden in einem anderen Mitgliedstaat auf Antrag eines Berechtigten nach dem Verfahren der Artikel 45 bis 58 für vollstreckbar erklärt.

(2) Für die Zwecke des Artikels 46 Absatz 3 Buchstabe b stellt das Gericht, das den Vergleich gebilligt hat oder vor dem der Vergleich geschlossen wurde, auf Antrag eines Berechtigten eine Bescheinigung unter Verwendung des nach dem Beratungsverfahren nach Artikel 81 Absatz 2 erstellten Formblatts aus.

(3) Die Vollstreckbarerklärung wird von dem mit einem Rechtsbehelf nach Artikel 50 oder Artikel 51 befassten Gericht nur versagt oder aufgehoben, wenn die Vollstreckung des gerichtlichen Vergleichs der öffentlichen Ordnung (ordre public) des Vollstreckungsmitgliedstaats offensichtlich widersprechen würde.

KAPITEL VI
EUROPÄISCHES NACHLASSZEUGNIS

Artikel 62
Einführung eines Europäischen Nachlasszeugnisses

(1) Mit dieser Verordnung wird ein Europäisches Nachlasszeugnis (im Folgenden „Zeugnis") eingeführt, das zur Verwendung in einem anderen Mitgliedstaat ausgestellt wird und die in Artikel 69 aufgeführten Wirkungen entfaltet.

(2) Die Verwendung des Zeugnisses ist nicht verpflichtend.

(3) Das Zeugnis tritt nicht an die Stelle der innerstaatlichen Schriftstücke, die in den Mitgliedstaaten zu ähnlichen Zwecken verwendet werden. Nach seiner Ausstellung zur Verwendung in einem anderen Mitgliedstaat entfaltet das Zeugnis die in Artikel 69 aufgeführten Wirkungen jedoch auch in dem Mitgliedstaat, dessen Behörden es nach diesem Kapitel ausgestellt haben.

Artikel 63
Zweck des Zeugnisses

(1) Das Zeugnis ist zur Verwendung durch Erben, durch Vermächtnisnehmer mit unmittelbarer Berechtigung am Nachlass und durch Testamentsvollstrecker oder Nachlassverwalter bestimmt, die sich in einem anderen Mitgliedstaat auf ihre Rechtsstellung berufen oder ihre Rechte als Erben oder Vermächtnisnehmer oder ihre Befugnisse als Testamentsvollstrecker oder Nachlassverwalter ausüben müssen.

(2) Das Zeugnis kann insbesondere als Nachweis für einen oder mehrere der folgenden speziellen Aspekte verwendet werden:

a) die Rechtsstellung und/oder die Rechte jedes Erben oder gegebenenfalls Vermächtnisnehmers, der im Zeugnis genannt wird, und seinen jeweiligen Anteil am Nachlass;

b) die Zuweisung eines bestimmten Vermögenswerts oder bestimmter Vermögenswerte des Nachlasses an die in dem Zeugnis als Erbe(n) oder gegebenenfalls als Vermächtnisnehmer genannte(n) Person(en);

c) die Befugnisse der in dem Zeugnis genannten Person zur Vollstreckung des Testaments oder Verwaltung des Nachlasses.

Artikel 64
Zuständigkeit für die Erteilung des Zeugnisses

Das Zeugnis wird in dem Mitgliedstaat ausgestellt, dessen Gerichte nach den Artikeln 4, 7, 10 oder 11 zuständig sind. Ausstellungsbehörde ist

a) ein Gericht im Sinne des Artikels 3 Absatz 2 oder

b) eine andere Behörde, die nach innerstaatlichem Recht für Erbsachen zuständig ist.

Artikel 65
Antrag auf Ausstellung eines Zeugnisses

(1) Das Zeugnis wird auf Antrag jeder in Artikel 63 Absatz 1 genannten Person (im Folgenden „Antragsteller") ausgestellt.

(2) Für die Vorlage eines Antrags kann der Antragsteller das nach dem Beratungsverfahren nach Artikel 81 Absatz 2 erstellte Formblatt verwenden.

(3) Der Antrag muss die nachstehend aufgeführten Angaben enthalten, soweit sie dem Antragsteller bekannt sind und von der Ausstellungsbehörde zur Beschreibung des Sachverhalts, dessen Bestätigung der Antragsteller begehrt, benötigt werden; dem Antrag sind alle einschlägigen Schriftstücke beizufügen, und zwar entweder in Urschrift oder in Form einer Abschrift, die die erforderlichen Voraussetzungen für ihre Beweiskraft erfüllt, unbeschadet des Artikels 66 Absatz 2:

a) Angaben zum Erblasser: Name (gegebenenfalls Geburtsname), Vorname(n), Geschlecht, Geburtsdatum und -ort, Personenstand, Staatsangehörigkeit, Identifikationsnummer (sofern vorhanden), Anschrift im Zeitpunkt seines Todes, Todesdatum und -ort;

b) Angaben zum Antragsteller: Name (gegebenenfalls Geburtsname), Vorname(n), Geschlecht, Geburtsdatum und -ort, Personenstand, Staatsangehörigkeit, Identifikationsnummer (sofern vorhanden), Anschrift und etwaiges Verwandtschafts- oder Schwägerschaftsverhältnis zum Erblasser;

c) Angaben zum etwaigen Vertreter des Antragstellers: Name (gegebenenfalls Geburtsname), Vorname(n), Anschrift und Nachweis der Vertretungsmacht;

d) Angaben zum Ehegatten oder Partner des Erblassers und gegebenenfalls zu(m) ehemaligen Ehegatten oder Partner(n): Name (gegebenenfalls Geburtsname), Vorname(n), Geschlecht, Geburtsdatum und -ort, Personenstand, Staatsangehörigkeit, Identifikationsnummer (sofern vorhanden) und Anschrift;

e) Angaben zu sonstigen möglichen Berechtigten aufgrund einer Verfügung von Todes wegen und/oder nach gesetzlicher Erbfolge: Name und Vorname(n) oder Name der Körperschaft, Identifikationsnummer (sofern vorhanden) und Anschrift;

f) den beabsichtigten Zweck des Zeugnisses nach Artikel 63;

g) Kontaktangaben des Gerichts oder der sonstigen zuständigen Behörde, das oder die mit der Erbsache als solcher befasst ist oder war, sofern zutreffend;

h) den Sachverhalt, auf den der Antragsteller gegebenenfalls die von ihm geltend gemachte Berechtigung am Nachlass und/ oder sein Recht zur Vollstreckung des Testaments des Erblassers und/oder das Recht zur Verwaltung von dessen Nachlass gründet;

i) eine Angabe darüber, ob der Erblasser eine Verfügung von Todes wegen errichtet hatte; falls weder die Urschrift noch eine Abschrift beigefügt ist, eine Angabe darüber, wo sich die Urschrift befindet;

j) eine Angabe darüber, ob der Erblasser einen Ehevertrag oder einen Vertrag in Bezug auf ein Verhältnis, das mit der Ehe vergleichbare Wirkungen entfaltet, geschlossen hatte; falls weder die Urschrift noch eine Abschrift des Vertrags beigefügt ist, eine Angabe darüber, wo sich die Urschrift befindet;

k) eine Angabe darüber, ob einer der Berechtigten eine Erklärung über die Annahme oder die Ausschlagung der Erbschaft abgegeben hat;

l) eine Erklärung des Inhalts, dass nach bestem Wissen des Antragstellers kein Rechtsstreit in Bezug auf den zu bescheinigenden Sachverhalt anhängig ist;

m) sonstige vom Antragsteller für die Ausstellung des Zeugnisses für nützlich erachtete Angaben.

Artikel 66
Prüfung des Antrags

(1) Nach Eingang des Antrags überprüft die Ausstellungsbehörde die vom Antragsteller übermittelten Angaben, Erklärungen, Schriftstücke und sonstigen Nachweise. Sie führt von Amts wegen die für diese Überprüfung erforderlichen Nachforschungen durch, soweit ihr eigenes Recht dies vorsieht oder zulässt, oder fordert den Antragsteller auf, weitere Nachweise vorzulegen, die sie für erforderlich erachtet.

(2) Konnte der Antragsteller keine Abschriften der einschlägigen Schriftstücke vorlegen, die die für ihre Beweiskraft erforderlichen Voraussetzungen erfüllen, so kann die Ausstellungsbehörde entscheiden, dass sie Nachweise in anderer Form akzeptiert.

(3) Die Ausstellungsbehörde kann – soweit ihr eigenes Recht dies vorsieht und unter den dort festgelegten Bedingungen – verlangen, dass Erklärungen unter Eid oder durch eidesstattliche Versicherung abgegeben werden.

(4) Die Ausstellungsbehörde unternimmt alle erforderlichen Schritte, um die Berechtigten von der Beantragung eines Zeugnisses zu unterrichten. Sie hört, falls dies für die Feststellung des zu bescheinigenden Sachverhalts erforderlich ist, jeden Beteiligten, Testamentsvollstrecker oder Nachlassverwalter und gibt durch öffentliche Bekanntma-

chung anderen möglichen Berechtigten Gelegenheit, ihre Rechte geltend zu machen.

(5) Für die Zwecke dieses Artikels stellt die zuständige Behörde eines Mitgliedstaats der Ausstellungsbehörde eines anderen Mitgliedstaats auf Ersuchen die Angaben zur Verfügung, die insbesondere im Grundbuch, in Personenstandsregistern und in Registern enthalten sind, in denen Urkunden oder Tatsachen erfasst werden, die für die Rechtsnachfolge von Todes wegen oder den ehelichen Güterstand oder einen vergleichbaren Güterstand des Erblassers erheblich sind, sofern die zuständige Behörde nach innerstaatlichem Recht befugt wäre, diese Angaben einer anderen inländischen Behörde zur Verfügung zu stellen.

Artikel 67
Ausstellung des Zeugnisses

(1) Die Ausstellungsbehörde stellt das Zeugnis unverzüglich nach dem in diesem Kapitel festgelegten Verfahren aus, wenn der zu bescheinigende Sachverhalt nach dem auf die Rechtsnachfolge von Todes wegen anzuwendenden Recht oder jedem anderen auf einen spezifischen Sachverhalt anzuwendenden Recht feststeht. Sie verwendet das nach dem Beratungsverfahren nach Artikel 81 Absatz 2 erstellte Formblatt.
Die Ausstellungsbehörde stellt das Zeugnis insbesondere nicht aus,

a) wenn Einwände gegen den zu bescheinigenden Sachverhalt anhängig sind oder

b) wenn das Zeugnis mit einer Entscheidung zum selben Sachverhalt nicht vereinbar wäre.

(2) Die Ausstellungsbehörde unternimmt alle erforderlichen Schritte, um die Berechtigten von der Ausstellung des Zeugnisses zu unterrichten.

Artikel 68
Inhalt des Nachlasszeugnisses

Das Zeugnis enthält folgende Angaben, soweit dies für die Zwecke, zu denen es ausgestellt wird, erforderlich ist:

a) die Bezeichnung und die Anschrift der Ausstellungsbehörde;

b) das Aktenzeichen;

c) die Umstände, aus denen die Ausstellungsbehörde ihre Zuständigkeit für die Ausstellung des Zeugnisses herleitet;

d) das Ausstellungsdatum;

e) Angaben zum Antragsteller: Name (gegebenenfalls Geburtsname), Vorname(n), Geschlecht, Geburtsdatum und -ort, Personenstand, Staatsangehörigkeit, Identifikationsnummer (sofern vorhanden), Anschrift und etwaiges Verwandtschafts- oder Schwägerschaftsverhältnis zum Erblasser;

f) Angaben zum Erblasser: Name (gegebenenfalls Geburtsname), Vorname(n), Geschlecht, Geburtsdatum und -ort, Personenstand, Staatsangehörigkeit, Identifikationsnummer (sofern vorhanden), Anschrift im Zeitpunkt seines Todes, Todesdatum und -ort;

g) Angaben zu den Berechtigten: Name (gegebenenfalls Geburtsname), Vorname(n) und Identifikationsnummer (sofern vorhanden);

h) Angaben zu einem vom Erblasser geschlossenen Ehevertrag oder, sofern zutreffend, einem vom Erblasser geschlossenen Vertrag im Zusammenhang mit einem Verhältnis, das nach dem auf dieses Verhältnis anwendbaren Recht mit der Ehe vergleichbare Wirkungen entfaltet, und Angaben zum ehelichen Güterstand oder einem vergleichbaren Güterstand;

i) das auf die Rechtsnachfolge von Todes wegen anzuwendende Recht sowie die Umstände, auf deren Grundlage das anzuwendende Recht bestimmt wurde;

j) Angaben darüber, ob für die Rechtsnachfolge von Todes wegen die gewillkürte oder die gesetzliche Erbfolge gilt, einschließlich Angaben zu den Umständen, aus denen sich die Rechte und/oder Befugnisse der Erben, Vermächtnisnehmer, Testamentsvollstrecker oder Nachlassverwalter herleiten;

k) sofern zutreffend, in Bezug auf jeden Berechtigten Angaben über die Art der Annahme oder der Ausschlagung der Erbschaft;

l) den Erbteil jedes Erben und gegebenenfalls das Verzeichnis der Rechte und/oder Vermögenswerte, die einem bestimmten Erben zustehen;

m) das Verzeichnis der Rechte und/oder Vermögenswerte, die einem bestimmten Vermächtnisnehmer zustehen;

n) die Beschränkungen ihrer Rechte, denen die Erben und gegebenenfalls die Vermächtnisnehmer nach dem auf die Rechtsnachfolge von Todes wegen anzuwendenden Recht und/oder nach Maßgabe der Verfügung von Todes wegen unterliegen;

o) die Befugnisse des Testamentsvollstreckers und/oder des Nachlassverwalters und die Beschränkungen dieser Befugnisse nach dem auf die Rechtsnachfolge von Todes wegen anzuwendenden Recht und/oder nach Maßgabe der Verfügung von Todes wegen.

Artikel 69
Wirkungen des Zeugnisses

(1) Das Zeugnis entfaltet seine Wirkungen in allen Mitgliedstaaten, ohne dass es eines besonderen Verfahrens bedarf.

(2) Es wird vermutet, dass das Zeugnis die Sachverhalte, die nach dem auf die Rechtsnachfolge von Todes wegen anzuwendenden Recht

oder einem anderen auf spezifische Sachverhalte anzuwendenden Recht festgestellt wurden, zutreffend ausweist. Es wird vermutet, dass die Person, die im Zeugnis als Erbe, Vermächtnisnehmer, Testamentsvollstrecker oder Nachlassverwalter genannt ist, die in dem Zeugnis genannte Rechtsstellung und/oder die in dem Zeugnis aufgeführten Rechte oder Befugnisse hat und dass diese Rechte oder Befugnisse keinen anderen als den im Zeugnis aufgeführten Bedingungen und/oder Beschränkungen unterliegen.

(3) Wer auf der Grundlage der in dem Zeugnis enthaltenen Angaben einer Person Zahlungen leistet oder Vermögenswerte übergibt, die in dem Zeugnis als zur Entgegennahme derselben berechtigt bezeichnet wird, gilt als Person, die an einen zur Entgegennahme der Zahlungen oder Vermögenswerte Berechtigten geleistet hat, es sei denn, er wusste, dass das Zeugnis inhaltlich unrichtig ist, oder ihm war dies infolge grober Fahrlässigkeit nicht bekannt.

(4) Verfügt eine Person, die in dem Zeugnis als zur Verfügung über Nachlassvermögen berechtigt bezeichnet wird, über Nachlassvermögen zugunsten eines anderen, so gilt dieser andere, falls er auf der Grundlage der in dem Zeugnis enthaltenen Angaben handelt, als Person, die von einem zur Verfügung über das betreffende Vermögen Berechtigten erworben hat, es sei denn, er wusste, dass das Zeugnis inhaltlich unrichtig ist, oder ihm war dies infolge grober Fahrlässigkeit nicht bekannt.

(5) Das Zeugnis stellt ein wirksames Schriftstück für die Eintragung des Nachlassvermögens in das einschlägige Register eines Mitgliedstaats dar, unbeschadet des Artikels 1 Absatz 2 Buchstaben k und l.

Artikel 70
Beglaubigte Abschriften des Zeugnisses

(1) Die Ausstellungsbehörde bewahrt die Urschrift des Zeugnisses auf und stellt dem Antragsteller und jeder anderen Person, die ein berechtigtes Interesse nachweist, eine oder mehrere beglaubigte Abschriften aus.

(2) Die Ausstellungsbehörde führt für die Zwecke des Artikels 71 Absatz 3 und des Artikels 73 Absatz 2 ein Verzeichnis der Personen, denen beglaubigte Abschriften nach Absatz 1 ausgestellt wurden.

(3) Die beglaubigten Abschriften sind für einen begrenzten Zeitraum von sechs Monaten gültig, der in der beglaubigten Abschrift jeweils durch ein Ablaufdatum angegeben wird. In ordnungsgemäß begründeten Ausnahmefällen kann die Ausstellungsbehörde abweichend davon eine längere Gültigkeitsfrist beschließen. Nach Ablauf dieses Zeitraums muss jede Person, die sich im Besitz einer beglaubigten Abschrift befindet, bei der Ausstellungsbehörde eine Verlängerung der Gültigkeitsfrist der beglaubigten Abschrift oder eine neue beglaubigte Abschrift beantragen, um das Zeugnis zu den in Artikel 63 angegebenen Zwecken verwenden zu können.

Artikel 71
Berichtigung, Änderung oder Widerruf des Zeugnisses

(1) Die Ausstellungsbehörde berichtigt das Zeugnis im Falle eines Schreibfehlers auf Verlangen jedweder Person, die ein berechtigtes Interesse nachweist, oder von Amts wegen.

(2) Die Ausstellungsbehörde ändert oder widerruft das Zeugnis auf Verlangen jedweder Person, die ein berechtigtes Interesse nachweist, oder, soweit dies nach innerstaatlichem Recht möglich ist, von Amts wegen, wenn feststeht, dass das Zeugnis oder einzelne Teile des Zeugnisses inhaltlich unrichtig sind.

(3) Die Ausstellungsbehörde unterrichtet unverzüglich alle Personen, denen beglaubigte Abschriften des Zeugnisses gemäß Artikel 70 Absatz 1 ausgestellt wurden, über eine Berichtigung, eine Änderung oder einen Widerruf des Zeugnisses.

Artikel 72
Rechtsbehelfe

(1) Entscheidungen, die die Ausstellungsbehörde nach Artikel 67 getroffen hat, können von einer Person, die berechtigt ist, ein Zeugnis zu beantragen, angefochten werden.
Entscheidungen, die die Ausstellungsbehörde nach Artikel 71 und Artikel 73 Absatz 1 Buchstabe a getroffen hat, können von einer Person, die ein berechtigtes Interesse nachweist, angefochten werden.
Der Rechtsbehelf ist bei einem Gericht des Mitgliedstaats der Ausstellungsbehörde nach dem Recht dieses Staates einzulegen.

(2) Führt eine Anfechtungsklage nach Absatz 1 zu der Feststellung, dass das ausgestellte Zeugnis nicht den Tatsachen entspricht, so ändert die zuständige Behörde das Zeugnis oder widerruft es oder sorgt dafür, dass die Ausstellungsbehörde das Zeugnis berichtigt, ändert oder widerruft.
Führt eine Anfechtungsklage nach Absatz 1 zu der Feststellung, dass die Versagung der Ausstellung nicht gerechtfertigt war, so stellen die zuständigen Justizbehören das Zeugnis aus oder stellen sicher, dass die Ausstellungsbehörde den Fall erneut prüft und eine neue Entscheidung trifft.

Artikel 73
Aussetzung der Wirkungen des Zeugnisses

(1) Die Wirkungen des Zeugnisses können ausgesetzt werden

a) von der Ausstellungsbehörde auf Verlangen einer Person, die ein berechtigtes Interesse nachweist, bis zur Änderung oder zum Widerruf des Zeugnisses nach Artikel 71 oder

b) von dem Rechtsmittelgericht auf Antrag einer Person, die berechtigt ist, eine von der Ausstellungsbehörde nach Artikel 72 getroffene Entscheidung anzufechten, während der Anhängigkeit des Rechtsbehelfs.

(2) Die Ausstellungsbehörde oder gegebenenfalls das Rechtsmittelgericht unterrichtet unverzüglich alle Personen, denen beglaubigte Abschriften des Zeugnisses nach Artikel 70 Absatz 1 ausgestellt worden sind, über eine Aussetzung der Wirkungen des Zeugnisses.
Während der Aussetzung der Wirkungen des Zeugnisses dürfen keine weiteren beglaubigten Abschriften des Zeugnisses ausgestellt werden.

KAPITEL VII

ALLGEMEINE UND SCHLUSSBESTIMMUNGEN

Artikel 74
Legislation oder ähnliche Förmlichkeiten

Im Rahmen dieser Verordnung bedarf es hinsichtlich Urkunden, die in einem Mitgliedstaat ausgestellt werden, weder der Legalisation noch einer ähnlichen Förmlichkeit.

Artikel 75
Verhältnis zu bestehenden internationalen Übereinkommen

(1) Diese Verordnung lässt die Anwendung internationaler Übereinkommen unberührt, denen ein oder mehrere Mitgliedstaaten zum Zeitpunkt der Annahme dieser Verordnung angehören und die Bereiche betreffen, die in dieser Verordnung geregelt sind.
Insbesondere wenden die Mitgliedstaaten, die Vertragsparteien des Haager Übereinkommens vom 5. Oktober 1961 über das auf die Form letztwilliger Verfügungen anzuwendende Recht sind, in Bezug auf die Formgültigkeit von Testamenten und gemeinschaftlichen Testamenten anstelle des Artikels 27 dieser Verordnung weiterhin die Bestimmungen dieses Übereinkommens an.

(2) Ungeachtet des Absatzes 1 hat diese Verordnung jedoch im Verhältnis zwischen den Mitgliedstaaten Vorrang vor ausschließlich zwischen zwei oder mehreren von ihnen geschlossenen Übereinkünften, soweit diese Bereiche betreffen, die in dieser Verordnung geregelt sind.

(3) Diese Verordnung steht der Anwendung des Übereinkommens vom 19. November 1934 zwischen Dänemark, Finnland, Island, Norwegen und Schweden mit Bestimmungen des Internationalen Privatrechts über Rechtsnachfolge von To-

des wegen, Testamente und Nachlassverwaltung in der geänderten Fassung der zwischenstaatlichen Vereinbarung zwischen diesen Staaten vom 1. Juni 2012 durch die ihm angehörenden Mitgliedstaaten nicht entgegen, soweit dieses Übereinkommen Folgendes vorsieht:

a) Vorschriften über die verfahrensrechtlichen Aspekte der Nachlassverwaltung im Sinne der in dem Übereinkommen enthaltenen Begriffsbestimmung und die diesbezügliche Unterstützung durch die Behörden der dem Übereinkommen angehörenden Staaten und

b) vereinfachte und beschleunigte Verfahren für die Anerkennung und Vollstreckung von Entscheidungen in Erbsachen.

Artikel 76
Verhältnis zur Verordnung (EG) Nr. 1346/2000 des Rates

Diese Verordnung lässt die Anwendung der Verordnung (EG) Nr. 1346/2000 des Rates vom 29. Mai 2000 über Insolvenzverfahren[1] unberührt.

Artikel 77
Informationen für die Öffentlichkeit

Die Mitgliedstaaten übermitteln der Kommission eine kurze Zusammenfassung ihrer innerstaatlichen erbrechtlichen Vorschriften und Verfahren, einschließlich Informationen zu der Art von Behörde, die für Erbsachen zuständig ist, sowie zu der Art von Behörde, die für die Entgegennahme von Erklärungen über die Annahme oder die Ausschlagung der Erbschaft, eines Vermächtnisses oder eines Pflichtteils zuständig ist, damit die betreffenden Informationen der Öffentlichkeit im Rahmen des Europäischen Justiziellen Netzes für Zivil- und Handelssachen zur Verfügung gestellt werden können.
Die Mitgliedstaaten stellen auch Merkblätter bereit, in denen alle Urkunden und/oder Angaben aufgeführt sind, die für die Eintragung einer in ihrem Hoheitsgebiet belegenen unbeweglichen Sache im Regelfall erforderlich sind.
Die Mitgliedstaaten halten die Informationen stets auf dem neuesten Stand.

Artikel 78
Informationen zu Kontaktdaten und Verfahren

(1) „Die Mitgliedstaaten teilen der Kommission bis zum 16. November 2014 mit:" *(ABl L 60 vom 2. 3. 2013, S 140)*

a) die Namen und Kontaktdaten der für Anträge auf Vollstreckbarerklärung gemäß Artikel 45

Zu Artikel 76:
[1] *ABl. L 160 vom 30.6.2000, S. 1.*

Absatz 1 und für Rechtsbehelfe gegen Entscheidungen über derartige Anträge gemäß Artikel 50 Absatz 2 zuständigen Gerichte oder Behörden;

b) die in Artikel 51 genannten Rechtsbehelfe gegen die Entscheidung über den Rechtsbehelf;

c) die einschlägigen Informationen zu den Behörden, die für die Ausstellung des Zeugnisses nach Artikel 64 zuständig sind, und

d) die in Artikel 72 genannten Rechtsbehelfe.

Die Mitgliedstaaten unterrichten die Kommission über spätere Änderungen dieser Informationen.

(2) Die Kommission veröffentlicht die nach Absatz 1 übermittelten Informationen im *Amtsblatt der Europäischen Union*, mit Ausnahme der Anschriften und sonstigen Kontaktdaten der unter Absatz 1 Buchstabe a genannten Gerichte und Behörden.

(3) Die Kommission stellt der Öffentlichkeit alle nach Absatz 1 übermittelten Informationen auf andere geeignete Weise, insbesondere über das Europäische Justizielle Netz für Zivil- und Handelssachen, zur Verfügung.

Artikel 79
Erstellung und spätere Änderung der Liste der in Artikel 3 Absatz 2 vorgesehenen Informationen

(1) Die Kommission erstellt anhand der Mitteilungen der Mitgliedstaaten die Liste der in Artikel 3 Absatz 2 genannten sonstigen Behörden und Angehörigen von Rechtsberufen.

(2) Die Mitgliedstaaten teilen der Kommission spätere Änderungen der in dieser Liste enthaltenen Angaben mit. Die Kommission ändert die Liste entsprechend.

(3) Die Kommission veröffentlicht die Liste und etwaige spätere Änderungen im *Amtsblatt der Europäischen Union*.

(4) Die Kommission stellt der Öffentlichkeit alle nach den Absätzen 1 und 2 mitgeteilten Informationen auf andere geeignete Weise, insbesondere über das Europäische Justizielle Netz für Zivil- und Handelssachen, zur Verfügung.

Artikel 80
Erstellung und spätere Änderung der Bescheinigungen und der Formblätter nach den Artikeln 46, 59, 60, 61, 65 und 67

Die Kommission erlässt Durchführungsrechtsakte zur Erstellung und späteren Änderung der Bescheinigungen und der Formblätter nach den Artikeln 46, 59, 60, 61, 65 und 67. Diese Durchführungsrechtsakte werden nach dem in Artikel 81 Absatz 2 genannten Beratungsverfahren angenommen.

Artikel 81
Ausschussverfahren

(1) Die Kommission wird von einem Ausschuss unterstützt. Dieser Ausschuss ist ein Ausschuss im Sinne der Verordnung (EU) Nr. 182/2011.

(2) Wird auf diesen Absatz Bezug genommen, so gilt Artikel 4 der Verordnung (EU) Nr. 182/2011.

Artikel 82
Überprüfung

Die Kommission legt dem Europäischen Parlament, dem Rat und dem Europäischen Wirtschafts- und Sozialausschuss bis 18. August 2025 einen Bericht über die Anwendung dieser Verordnung vor, der auch eine Evaluierung der etwaigen praktischen Probleme enthält, die in Bezug auf die parallele außergerichtliche Beilegung von Erbstreitigkeiten in verschiedenen Mitgliedstaaten oder eine außergerichtliche Beilegung in einem Mitgliedstaat parallel zu einem gerichtlichen Vergleich in einem anderen Mitgliedstaat aufgetreten sind. Dem Bericht werden gegebenenfalls Änderungsvorschläge beigefügt.

Artikel 83
Übergangsbestimmungen

(1) Diese Verordnung findet auf die Rechtsnachfolge von Personen Anwendung, die am 17. August 2015 oder danach verstorben sind.

(2) Hatte der Erblasser das auf seine Rechtsnachfolge von Todes wegen anzuwendende Recht vor dem 17. August 2015 gewählt, so ist diese Rechtswahl wirksam, wenn sie die Voraussetzungen des Kapitels III erfüllt oder wenn sie nach den zum Zeitpunkt der Rechtswahl geltenden Vorschriften des Internationalen Privatrechts in dem Staat, in dem der Erblasser seinen gewöhnlichen Aufenthalt hatte, oder in einem Staat, dessen Staatsangehörigkeit er besaß, wirksam ist.

(3) Eine vor dem 17. August 2015 errichtete Verfügung von Todes wegen ist zulässig sowie materiell und formell wirksam, wenn sie die Voraussetzungen des Kapitels III erfüllt oder wenn sie nach den zum Zeitpunkt der Errichtung der Verfügung geltenden Vorschriften des Internationalen Privatrechts in dem Staat, in dem der Erblasser seinen gewöhnlichen Aufenthalt hatte, oder in einem Staat, dessen Staatsangehörigkeit er besaß, oder in dem Mitgliedstaat, dessen Behörde mit der Erbsache befasst ist, zulässig sowie materiell und formell wirksam ist. *(ABl L 41 vom 12. 2. 2013, S 16)*

(4) Wurde eine Verfügung von Todes wegen vor dem 17. August 2015 nach dem Recht errichtet, welches der Erblasser gemäß dieser Verord-

Artikel 83

nung hätte wählen können, so gilt dieses Recht als das auf die Rechtsfolge von Todes wegen anzuwendende gewählte Recht.

Artikel 84
Inkrafttreten

Diese Verordnung tritt am zwanzigsten Tag nach ihrer Veröffentlichung im *Amtsblatt der Europäischen Union* in Kraft.
Sie gilt ab dem 17. August 2015, „mit Ausnahme der Artikel 77 und 78, die ab dem 16. November 2014 gelten" , und der Artikel 79, 80 und 81, die ab dem 5. Juli 2012 gelten.
(ABl L 344 vom 14. 12. 2012, S 3)

Diese Verordnung ist in allen ihren Teilen verbindlich und gilt gemäß den Verträgen unmittelbar in den Mitgliedstaaten.

Die Formblätter der Durchführungsverordnung (EU) Nr. 1329/2014 der Kommission vom 9. Dezember 2014 sind hier nicht abgedruckt, siehe Europäisches Justizportal.

Siehe Artikel 1 der DV (EU) Nr. 1329/2014:

Artikel 1

(1) Für die Bescheinigung betreffend eine Entscheidung in einer Erbsache gemäß Artikel 46 Absatz 3 Buchstabe b der Verordnung (EU) Nr. 650/2012 ist das Formblatt I in Anhang 1 zu verwenden.

(2) Für die Bescheinigung betreffend eine öffentliche Urkunde in einer Erbsache gemäß Artikel 59 Absatz 1 und Artikel 60 Absatz 2 der Verordnung (EU) Nr. 650/2012 ist das Formblatt II in Anhang 2 zu verwenden.

(3) Für die Bescheinigung betreffend einen gerichtlichen Vergleich in einer Erbsache gemäß Artikel 61 Absatz 2 der Verordnung (EU) Nr. 650/2012 ist das Formblatt III in Anhang 3 zu verwenden.

(4) Für den Antrag auf Ausstellung eines Europäischen Nachlasszeugnisses gemäß Artikel 65 Absatz 2 der Verordnung (EU) Nr. 650/2012 ist das Formblatt IV in Anhang 4 zu verwenden.

(5) Für das Europäische Nachlasszeugnis gemäß Artikel 67 Absatz 1 der Verordnung (EU) Nr. 650/2012 ist das Formblatt V in Anhang 5 zu verwenden.

Einführungserlass zur EuErbVO

BMJ BMJ-Z30.061/0002-I 9/2015 idF

Einführungserlass vom 15. Juli 2015 zur Verordnung (EU) Nr. 650/2012 des Europäischen Parlaments und des Rates vom 4. Juli 2012 über die Zuständigkeit, das anzuwendende Recht, die Anerkennung und Vollstreckung öffentlicher Urkunden in Erbsachen sowie zur Einführung eines Europäischen Nachlasszeugnisses (EuErbVO)

1. Einleitung

a. Zweck des Erlasses

Dieser Erlass stellt die Verordnung (EU) Nr. 650/2012 des Europäischen Parlaments und des Rates vom 4. Juli 2012 über die Zuständigkeit, das anzuwendende Recht, die Anerkennung und Vollstreckung öffentlicher Urkunden in Erbsachen sowie zur Einführung eines Europäischen Nachlasszeugnisses (EuErbVO) kurz dar; er kann die Rechtsprechung natürlich nicht binden.

b. Entstehung der Verordnung

Die Verordnung ist nach mehrjährigen Verhandlungen im Rat sowie im Europäischen Parlament am 4. Juli 2012 einstimmig in erster Lesung verabschiedet worden.

c. Überblick über die Verordnung

Die EuErbVO regelt, wie schon ihr Titel sagt, die internationale Abhandlungszuständigkeit (Kapitel II), das anzuwendende Recht (Kapitel III), die Anerkennung und Vollstreckung von Entscheidungen (Kapitel IV), öffentliche Urkunden und Vergleiche (Kapitel V), das Europäische Nachlasszeugnis (Kapitel VI) sowie in Kapitel I den Anwendungsbereich und Begriffsbestimmungen und in Kapitel VII allgemeine und Schlussbestimmungen.

d. Rechtspolitisches Ziel der Verordnung

Immer häufiger haben Verlassenschaftsverfahren Auslandsbezüge, sei es, dass der Erblasser nicht dem Staat angehört, in dem er seinen gewöhnlichen Aufenthalt hatte, sei es, dass es Nachlass in verschiedenen Staaten gibt. Durch Konzentration des Verlassenschaftsverfahrens und ein vereinheitlichtes IPR, das in den meisten Fällen zu einem Gleichlauf zwischen Zuständigkeit und anzuwendendem Recht führt, soll die Abwicklung der Verlassenschaften in solchen Fällen einfacher, billiger und rascher werden. Durch ein einheitliches großzügiges Anerkennungs- und Vollstreckungsregime sowie durch einen vereinheitlichten Nachweis von Rechten am Nachlass (Europäi-

sches Nachlasszeugnis), sollen die Beteiligten ihre Rechte grenzüberschreitend leichter ausüben können.

e. Formulare

Um die die praktische Durchführung zu erleichtern, hat die Europäische Kommission – im so genannten Beratungsverfahren (Art. 81) Formulare erstellt. Sie sind Anhänge zur Verordnung.

2. Anwendungsbereich

a. Sachlich

Die Verordnung ist auf die Rechtsnachfolge von Todes wegen anzuwenden (Art. 1 Abs. 1). Unter „**Rechtsnachfolge von Todes wegen**" ist nach Art. 3 Abs. 1 lit. a „jede Form des Überganges von Vermögenswerten, Rechten und Pflichten von Todes wegen, sei es im Wege der gewillkürten Erbfolge durch eine Verfügung von Todes wegen oder im Wege der gesetzlichen Erbfolge" zu verstehen.

Ausnahmen (Art. 1 Abs. 2)

Die Liste der **zwölf Ausnahmen vom gesamten Anwendungsbereich** der Verordnung, also nicht nur von der Regelung des anzuwendenden Rechts, sondern auch von der Zuständigkeitsregelung und vom Anerkennungs- und Vollstreckungsregime, ist erschöpfend. Viele der Ausnahmen sind im Licht der bisherigen Regelung bloß Klarstellungen (wie die Ausnahmen für

– Personenstand und Familienverhältnisse – lit. a

– Rechts-, Geschäfts- und Handlungsfähigkeit – lit. b

– Verschollenheit und Todesvermutung – lit. c

– Unterhaltspflichten, außer solcher, die mit dem Tod entstehen – lit. e

– Gesellschaftsrecht – lit. h und i

– Trust – lit. j.)

Einige der Ausnahmen seien besonders hervorgehoben:

– **Güterrecht** (lit. d): dieser Ausnahme ist ein eigener Erwägungsgrund gewidmet (12);

– **Formgültigkeit mündlicher Verfügungen** von Todes wegen (aus österreichischer Sicht ist das anzuwendende Recht durch das Haager Testamentsübereinkommen bestimmt – Österreich hat den Vorbehalt nach Art. 10 zu dem Übereinkommen nicht erklärt.);

EuUVO EuErbVO

– Rechte und **Vermögenswerte, die auf ande-re Weise als durch Rechtsnachfolge von Todes wegen begründet oder übertragen werden** (lit. g); ausdrücklich sind u.a. das Miteigentum mit Anwachsungsrecht des Überlebenden genannt und Versicherungsverträge;

– **Eintragung von Rechten** an beweglichen oder unbeweglichen Vermögensgegenständen **in einem Register,** einschließlich der gesetzlichen Voraussetzungen für eine solche Eintragung, sowie die Wirkungen der Eintragung oder der fehlenden Eintragung (lit. l).

b. Räumlich

Die EuErbVO regelt ihren räumlichen Anwendungsbereich nicht allgemein. Er ergibt sich vielmehr aus den einzelnen Bestimmungen. So erstreckt sich die Abhandlungszuständigkeit **auch auf Nachlassvermögen in Drittstaaten** (Art. 4), kann aber u. U auf Vermögen in Mitgliedstaaten eingeschränkt werden (Art. 12). Selbst wenn der Erblasser seinen letzten gewöhnlichen Aufenthalt nicht in einem Mitgliedstaat hatte, kann einem Mitgliedstaat die Abhandlungszuständigkeit zukommen (Art. 10 und 11).

Nach Art. 20 ist das **verwiesene Recht auch anzuwenden, wenn es nicht das Recht eines Mitgliedstaates ist.**

Im Kapitel IV ist hingegen nur die **Anerkennung und Vollstreckung von Entscheidungen der Mitgliedstaaten** vorgesehen.

c. Zeitlich

Die EuErbVO ist am 17. August 2012 in Kraft getreten, sie „gilt" aber im Wesentlichen erst **ab 17. August 2015** (Art. 84).

Übergangsrecht: Anzuwenden sind die Regelungen der EuErbVO in Fällen, in denen der Erblasser am 17. August 2015 oder danach gestorben ist. Für eine letztwillige Verfügung, die vor diesem Tag errichtet worden ist, gilt der Grundsatz favor testamentis; sie ist gültig, wenn sie entweder nach den Regeln der EuErbVO oder nach der davor geltenden Rechtslage gültig ist (Art. 83 Abs. 3 und 4).

d. Verhältnis zu Instrumenten und Verträgen

Das Verhältnis der EuErbVO zu internationalen Verträgen ist in Art. 75 geregelt. Die Verordnung lässt solche **Verträge, denen ein oder mehrere Mitgliedstaaten, unberührt;** besonders erwähnt ist das **Haager Testamentsübereinkommen** (Österreich ist Vertragsstaat BGBl Nr. 295/1963). Vertragsstaaten solcher Übereinkommen wenden die Regeln des Übereinkommens anstelle der Verordnung an. Aus österreichischer Sicht bleiben neben dem erwähnten Haager Testamentsübereinkommen **unberührt:**

– **Österreichisch-iranischer Freundschafts-und Niederlassungsvertrag,** BGBl. Nr. 45/1966 (Kollisionsnorm in Art. 10 Abs. 3);

– Österreichisch-**sowjetischer Konsularvertrag,** BGBl. Nr 21/1960 und Nr. 459/1975, im Verhältnis zu Russland weiter anzuwenden (BGBl. Nr. 257/1994) (Zuständigkeits- und Kollisionsnorm in Art. 23).

Allerdings **geht die Verordnung Verträgen,** die **allein unter Mitgliedstaaten** in Kraft stehen, seien es bilaterale oder multilaterale, **vor.** Daher sind Bestimmungen über die Abhandlungszuständigkeit und über das Erbstatut folgender **Verträge nicht (mehr) anzuwenden:**

– österreichisch-jugoslawischer Rechtshilfevertrag, BGBl. Nr. 224/1955 (Art. 29 ff.), im Verhältnis zu Slowenien und Kroatien;

– österreichisch-polnischer Rechtshilfevertrag vom 11. Dezember 1963 in der Fassung des Zusatzprotokolls vom 25. Jänner 1973, BGBl Nr. 79/1974 (Art. 36 ff.);

– österreichisch-ungarischer Nachlassvertrag vom 9. April 1965, BGBl. Nr. 306/67.

3. Schlüsselbegriffe

a. Gewöhnlicher Aufenthalt, Wohnsitz

Obwohl Schlüsselbegriff, ist „gewöhnlicher Aufenthalt" auch in dieser Verordnung **nicht definiert.** Nach Erwägungsgrund 23 sei er durch **Gesamtbeurteilung der Lebensumstände des Erblassers** in den Jahren vor seinem Tod und im Zeitpunkt des Todes zu ermitteln. Als relevante Umstände sind – nicht abschließend – Dauer und Regelmäßigkeit des Aufenthalts erwähnt. Der gewöhnliche Aufenthalt sollte unter Berücksichtigung der spezifischen Ziele der Verordnung eine besonders enge und feste Beziehung zu dem betreffenden Staat erkennen lassen.

Die Verordnung geht davon aus, dass der Erblasser im Zeitpunkt des Todes nur in einem Staat seinen gewöhnlichen Aufenthalt hat, dies selbst in „komplexen" Fällen. Erwägungsgrund 24 spricht solche Fälle an (z. B. ein längerer beruflicher Aufenthalt in einem Staat, ohne die enge und feste Bindung zum Herkunftsstaat aufzugeben) und ihre Lösung (u. U. Berücksichtigung der Staatsangehörigkeit, Lage des wesentlichen Vermögens).

Der Wohnsitz spielt im Verfahren zur Anerkennung und Vollstreckbarkeitserklärung eine Rolle (etwa für die örtliche Zuständigkeit); er ist nach der lex fori zu bestimmen (Art. 44).

b. Gericht

Was unter Gericht zu verstehen ist, bestimmt Art. 3 Abs. 2. Darunter fallen auch andere Stellen als Gerichte im herkömmlichen Sinn, etwa Notare und andere Angehörige von Rechtsberufen, wenn sie bestimmte Kriterien erfüllen. So müssen u. a. ihre Entscheidungen Rechtskraft und Rechtswirkungen haben wie eine gerichtliche Entscheidung eines Gerichts in der gleichen Sache (Art. 3 Abs. 2 lit b). Ein Notar, der z. B. eine Urkunde darüber ausstellt, dass eine bestimmte Person nachgewiesen hat, Erbe zu sein, ist daher nicht Gericht. Die **Zuständigkeitsregeln gelten also nicht für die beurkundende Tätigkeit von Notaren** oder anderen Vertretern von Rechtsberufen (s. dazu Erwägungsgrund 21).

4. Zuständigkeit (Kapitel II)

a. Allgemein

Kapitel II regelt die Zuständigkeit der Gerichte (im Sinn der Definition, s. oben 3. lit. b) für **Entscheidungen** in Nachlasssachen. Die Zuständigkeit für (bloß) beurkundende Tätigkeit ist nicht festgelegt (vgl. Erwägungsgrund 21, 22 und 36). Für die Annahme und Vollstreckbarkeit einer öffentlichen Urkunde (Art. 59 und 60) ist im Gegensatz zur Anerkennung und Vollstreckung von Entscheidungen die Zuständigkeit kein Kriterium.

Die EuErbVO regelt die **internationale Zuständigkeit**; die örtliche Zuständigkeit richtet sich nach nationalem Recht (§ 105 JN in der Fassung des ErbRÄG 2015).

Die Zuständigkeit erstreckt sich – soweit nicht ausdrücklich anders bestimmt (s. Art. 10 Abs. 2) – auf den **gesamten beweglichen und unbeweglichen Nachlass, wo immer er sich befindet**. Das zuständige Gericht kann von einer Entscheidung über Nachlassteile in einem Drittstaat absehen, wenn die Entscheidung, soweit sie diese Vermögensteile betreffen, in dem Drittstaat nicht anerkannt würde. Eine solche **Verfahrensbeschränkung** setzt einen Antrag einer Partei voraus.

Anrufung eines Gerichts (**Gerichtshängigkeit** – Art. 14):

Die Regelung deckt sich mit Art. 32 EuGVVO[1], allerdings ergänzt um eine Regelung für von Amts wegen eingeleitete Verfahren (lit. c). In diesen Fällen gilt das Verfahren als eingeleitet, wenn das Gericht den Einleitungsbeschluss gefasst hat, oder mangels Erforderlichkeit eines solchen Beschlusses wenn die Sache bei Gericht „eingetragen" wird.

Prüfung der **Zuständigkeit** und der Zulässigkeit (Art. 15 und 16):

Ist das angerufene Gericht unzuständig, so erklärt es sich von Amts wegen für unzuständig. Die Regelung der Zuständigkeitsprüfung entspricht Art. 28 EuGVVO.

Rechtshängigkeit; **im Zusammenhang stehende Verfahren** (Art. 17 und 18):

Die Regelungen sind auf streitige Verfahren zugeschnitten und entsprechen Art. 29 und 30 EuGVVO. Erwägungsgrund 36 erkennt an, dass nichtgerichtliche Behörden wie z.B. Notare nicht an die Zuständigkeitsregeln der Verordnung gebunden sind. Es kann so zu parallelen Verfahren kommen, nämlich zu einer außergerichtlichen einvernehmlichen Regelung neben einem Gerichtsverfahren oder zu mehreren außergerichtlichen einvernehmlichen Regelungen. In diesen Fällen greift Art. 17 nicht; vielmehr ist es Sache der Parteien, sich untereinander zu einigen. Ist eine solche Einigung nicht zu erzielen, so muss sich das zuständige Gericht mit der Sache befassen.

b. Allgemeine Zuständigkeit (Art. 4)

Die Zuständigkeit liegt bei den Gerichten des Mitgliedstaates, in dessen Hoheitsgebiet der **Erblasser im Zeitpunkt des Todes seinen gewöhnlichen Aufenthalt** hatte.

c. Gerichtsstandsvereinbarung (Art. 5 bis 9)

Die „betroffenen Parteien" können die Zuständigkeit des oder der Gerichte des Mitgliedstaates vereinbaren, dessen Recht der Erblasser wirksam (Art. 22) gewählt hat. Stellt sich heraus, dass nicht alle Parteien der Gerichtsstandsvereinbarung angehören (etwa weil sich ihre Parteistellung erst im Laufe des Verfahrens ergibt), so bleibt das gewählte Gericht zuständig, wenn diese Parteien die mangelnde Zuständigkeit nicht rügen (Art. 9).

Das allgemein zuständige Gericht kann sich auf Antrag einer Partei – Parteienvereinbarung ist in diesem Fall nicht erforderlich – **für unzuständig erklären**, wenn das Gericht in dem Mitgliedstaat, **dessen Recht der Erblasser wirksam gewählt hat**, nach den Umständen in der Nachlasssache **besser entscheiden kann**.

d. Subsidiäre Zuständigkeit, Notzuständigkeit (Art. 10 und 11)

Wenn der Erblasser seinen gewöhnlichen Aufenthalt zwar nicht in einem Mitgliedstaat hatte, sich aber **Nachlass in einem Mitgliedstaat** befindet, so sind die Gerichte des Mitgliedstaates zuständig, dessen **Staatsangehörigkeit** er hatte oder, wenn er im Zeitpunkt des Todes keinem Mitgliedstaat angehört hat, die Gerichte des Mitgliedstaates, in dem er **zuletzt seinen gewöhnlichen Aufenthalt** hatte, außer dies liegt schon mehr als fünf Jahre

---

[1] *Verordnung (EU) Nr. 1215/2012 vom 12. Dezember 2012 über die gerichtliche Zuständigkeit und die Anerkennung und Vollstreckung von Entscheidungen in Zivil- und Handelssachen (Neufassung)*

zurück. Diese subsidiäre Zuständigkeit erstreckt sich über den gesamten Nachlass. Wenn aber keiner der angeführten Anknüpfungspunkte gegeben ist, liegt die Zuständigkeit bei den Gerichten des Mitgliedstaates, in dem sich Nachlass befindet; diese Zuständigkeit ist auf dieses Vermögen beschränkt.

Art. 11 regelt die „**Notzuständigkeit**". Wenn sonst keine Zuständigkeit eines Mitgliedstaates besteht, können Gerichte eines Mitgliedstaates Zuständigkeit in Anspruch nehmen, wenn ein Verfahren in einem Drittstaat, zu dem die Sache einen engen Bezug hat, nicht möglich oder nicht zumutbar ist; zu dem Mitgliedstaat, dessen Gerichte diese Zuständigkeit in Anspruch nehmen, muss ein ausreichender Bezug bestehen.

e. Zuständigkeit zur Entgegennahme einer Erklärung der Annahme und Ausschlagung der Erbschaft etc. (Art. 13)

Zur **Entgegennahme einer solchen Erklärung** sind neben dem zuständigen Verlassenschaftsgericht auch die Gerichte des Mitgliedstaates zuständig, in dem die **erklärende Person ihren gewöhnlichen Aufenthalt** hat, wenn nach dem Recht dieses Mitgliedstaates solche Erklärungen vor einem Gericht abgegeben werden können. Nach § 105 Abs. 4 JN in der Fassung des ErbRÄG 2015 ist das Gericht örtlich zuständig, in dessen Sprengel die erklärende Person ihren gewöhnlichen Aufenthalt hat.

Das zur Entgegennahme zuständige Gericht ist weder verpflichtet, die Erklärung an das zuständige Verlassenschaftsgericht weiterzuleiten, noch hat es dieses zu verständigen; vielmehr ist es Sache der erklärenden Person, das Verlassenschaftsgericht zu verständigen (s. Erwägungsgrund 32). Es muss auch nicht prüfen, ob die Erklärungen, die es entgegennimmt, die Voraussetzungen des anzuwendenden Rechts erfüllen, oder ob sie nach diesem Recht zulässig sind oder welche Wirkungen sie haben.

Zwar erfasst die Zuständigkeit auch die Entgegennahme von Erklärungen, mit denen die Person die ihre Haftung für Nachlassverbindlichkeiten begrenzt. Doch stellt Erwägungsgrund 33 klar, dass eine solche Erklärung über die Beschränkung der Haftung dann nicht formell gültig ist, wenn nach dem Erbstatut dazu die Veranlassung eines besonderen Verfahrens, z. B. ein Verfahren zur Inventarerrichtung, erforderlich ist.

Verfahrenseinleitende Schriftstücke sind nicht als solche Erklärungen anzusehen. Solche Erklärungen sind vor dem zuständigen Verlassenschaftsgericht abzugeben.

f. Einstweilige Maßnahmen einschließlich Sicherungsmaßnahmen (Art. 19)

Einstweilige Maßnahmen können nicht nur die hauptzuständigen Gerichte treffen, sondern auch die Gerichte eines Mitgliedstaates, dessen Recht die jeweilige Maßnahme vorsieht. Die Bestimmung übernimmt Art. 35 EuGVVO wörtlich.

Die örtliche Zuständigkeit ist in § 105 Abs. 3 JN in der Fassung des ErbRÄG 2015 geregelt.

5. Anerkennung und Vollstreckung von Entscheidungen (Kapitel IV)

Die Anerkennung und Vollstreckung gerichtlicher Entscheidungen ist weitgehend der EuGVVO (vor der Revision) nachgebildet. Grundsätzlich bedarf es keines eigenen Anerkennungsverfahrens (**Inzidentanerkennung**).

Im Anerkennungsverfahren, das auf Antrag einer Partei eingeleitet wird, ist zu prüfen, ob einer der aufgelisteten **Versagungsgründe** besteht. In der Sache darf die Entscheidung grundsätzlich nur unter dem Gesichtspunkt des ordre public geprüft werden.

Die Vollstreckung setzt eine **Vollstreckbarerklärung** voraus (die revidierte EuGVVO sieht ein solches Exequatur nicht mehr vor).

Für das Vollstreckungsverfahren enthält die EuErbVO Regelungen über die Zuständigkeit, das Rechtsmittel, die Verfahrensaussetzung, einstweilige Verfügungen, über die Prozesskostenhilfe und über Gebühren; diese Bestimmungen sind nach dem Muster der EuGVVO formuliert.

Dem Anerkennungsantrag ist nicht nur die betreffende Entscheidung, sondern auch das ausgefüllte **Formular Anhang I Formblatt 1 anzuschließen**. Diese Bescheinigung wird vom Ursprungsgericht ausgestellt (Art. 46 Abs. 3 lit. b).

6. Öffentliche Urkunden und gerichtliche Vergleiche (Kapitel V)

a. Öffentliche Urkunden (Art. 59 ff.)

Die EuErbVO verwendet im Zusammenhang mit öffentlichen Urkunden bewusst **nicht den Begriff Anerkennung**, sondern regelt deren „**Annahme**". Unter öffentlichen Urkunden sind Schriftstücke „in Erbsachen" zu verstehen, die in einem Mitgliedstaat förmlich errichtet worden sind (Art. 3 Abs. 1 lit. i), wie etwa öffentliche Testamente und Erbverträge, nicht aber z. B. Personenstandsurkunden.

Diese „Annahme" hat drei Aspekte, die alle in Art. 59 geregelt sind.

— Die Urkunde hat **formelle Beweiskraft** wie im Ursprungsmitgliedstaat (Abs. 1); diese Beweiskraft kann in einem vorgegebenen Formblatt beschrieben werden;

– **Einwände gegen die Authentizität** sind nach Abs. 2 bei den Gerichten des Ursprungsmitgliedstaats zu erheben und werden nach deren jeweiligem Recht entschieden; Erwägungsgrund 62 erläutert den Begriff: er umfasst die Echtheit, die Formerfordernisse, die Befugnis der Ausstellungsbehörde, das Ausstellungsverfahren sowie die beurkundeten Vorgänge und Tatsachen;

– **Einwände gegen beurkundete Rechtsgeschäfte und Rechtsverhältnisse** sind dagegen nach Abs. 3 bei den nach der EuErbVO zuständigen Gerichten zu erheben und werden nach dem Erbstatut (nach dem nach Kapitel III anzuwendenden Recht) entschieden.

Vollstreckbare Urkunden werden in den Mitgliedstaaten nach Vollstreckbarerklärung vollstreckt (Art. 60). Die **Vollstreckbarerklärung** kann nur wegen der Verletzung des ordre public abgelehnt werden (die anderen Gründe, aus denen einer Entscheidung die Anerkennung versagt werden kann, kommen bei Urkunden nicht in Betracht).

Die Behörde, die die öffentliche Urkunde errichtet hat, hat einer Person auf Antrag eine **Bestätigung über die Beweiskraft der Urkunde** bzw ihre Vollstreckbarkeit auszustellen. Dazu ist das **Formblatt II Anhang 2** zu verwenden.

b. Gerichtliche Vergleiche (Art. 61)

Das sind nach Art. 3 Abs. 1 lit h Vergleiche in Nachlasssachen, die vor Gericht geschlossen oder vom Gericht gebilligt sind. Gericht kann dabei im Sinn des Art. 3 Abs. 2 auch eine andere Behörde sein. Für Österreich ist der Gerichtskommissär keine solche andere Behörde, er gilt als Gericht (s. oben 3.b.).

Das Gericht, das einen Vergleich gebilligt hat oder vor dem der Vergleich geschlossen wurde, stellt auf Antrag eine Bescheinigung über die Vollstreckbarkeit aus – unter Verwendung des **Formblatts III Anhang 3.**

7. Anzuwendendes Recht

a. Grundregel (Art. 21)

Auf die Rechtsnachfolge ist das Recht des Staates anzuwenden, in dem der Erblasser **im Zeitpunkt seines Todes seinen gewöhnlichen Aufenthalt** hatte (zu diesem Begriff s. oben 3.a.). Das Recht eines anderen als des Aufenthaltsstaates ist – ausnahmsweise – anzuwenden, wenn der Erblasser eine **offensichtlich engere Beziehung** zu einem anderen Staat hatte. Durch den Ausdruck „ausnahmsweise" soll ausgeschlossen werden, dass regelmäßig die Grundanknüpfung in Frage gestellt wird. Zudem kommt die Ausweichregelung nur zum Tragen, wenn die engere Beziehung zu einem anderen Staat offensichtlich ist.

b. Rechtswahl (Art. 22)

Der Erblasser kann für die Erbfolge das Recht des Staates wählen, dem er entweder im Zeitpunkt der Rechtswahl oder im Zeitpunkt seines Todes angehört. Wählt er ein anderes Recht, etwa weil er sich darüber irrt, welche Staatsangehörigkeit er im Zeitpunkt des Todes haben wird, so ist die Rechtswahl wirkungslos.

Die Rechtswahl muss die **Form einer Verfügung von Todes wegen** haben; sie kann, muss aber nicht im Testament, im Erbvertrag oder im gemeinschaftlichen Testament niedergelegt werden. Sie muss ausdrücklich sein oder sich konkludent aus einer letztwilligen Verfügung ergeben. Eine Änderung oder ein Widerruf der Rechtswahl muss die Form einer Änderung einer letztwilligen Verfügung bzw. eines Widerrufs haben.

Die materielle Wirksamkeit der Rechtswahl ist nach dem gewählten Recht zu beurteilen; Bedingungen sind zulässig (die Rechtswahl kann ja auch geändert oder widerrufen werden).

c. Reichweite des Erbstatuts (Art. 23)

Schon weil die Erbrechtsordnungen der Mitgliedstaaten und die Begriffsbildungen ziemlich unterschiedlich sind, ist detailliert bestimmt, welche Aspekte vom Erbstatut erfasst sind. Hervorzuheben sind die Aspekte an der Schnittstelle zum Verfahrensrecht.

Übergang der zum Nachlass gehörenden Vermögenswerte, Rechte und Pflichten **auf die Erben oder Vermächtnisnehmer** und die **Bedingungen für die Annahme oder Ausschlagung** der Erbschaft oder eines Vermächtnisses und deren Wirkungen (Art. 23 lit. f): Hat ein österreichisches Gericht ausnahmsweise fremdes Recht anzuwenden, etwa weil der Erblasser ein Recht gewählt hat (s. oben lit. b), so ist der Erbschaftserwerb nicht mehr nach österreichischem Recht zu beurteilen (§ 28 Abs. 2 IPRG), sondern nach dem Erbstatut. Ist das etwa deutsches Recht, so geht der Nachlass ex lege im Zeitpunkt des Todes auf den Erben über, wenn er nicht fristgerecht die Erbschaft ausschlägt. Der Erbe wird also nicht zur Abgabe einer Erbantrittserklärung aufzufordern sein, weil davon ja nicht abhängt, ob er Rechtsnachfolger wird oder nicht. Der Nachlass ist nicht einzuantworten – die Erbenstellung kann bloß bescheinigt werden.

Auch die **Haftung für Nachlassverbindlichkeiten** richtet sich nach dem Erbstatut (Art. 23 lit. g). Ob und unter welchen Voraussetzungen etwa ein Inventar zu erstellen ist und inwieweit es haftungsbegrenzende Wirkung hat, ist eine materielle Frage, die nach dem Erbstatut zu beurteilen ist. Die praktische Durchführung ist verfahrensrechtlich und folgt der lex fori.

EuUVO EuErbVO

d. Letztwillige Verfügungen und Erbverträge (Art. 24 bis 27)

Die **Zulässigkeit und die materielle Wirksamkeit** einer letztwilligen Verfügung, ihre Änderung oder ihr Widerruf sind nach dem Recht zu beurteilen, das auf die Erbfolge anzuwenden wäre, wenn der Testator im Zeitpunkt der Errichtung bzw. der Änderung oder des Widerrufs der letztwilligen Verfügung verstorben wäre (**hypothetisches Erbstatut**). Der Testator kann wie für die Erbfolge auch für die Zulässigkeit und materielle Wirksamkeit des Testaments nach Art. 22 ein Recht wählen. Welche Aspekte die materielle Wirksamkeit umfasst, ist in Art. 26 bestimmt.

Nach welchem Recht sich die **Zulässigkeit und die materielle Wirksamkeit** (im Sinn des Art. 26) **eines Erbvertrages** richten, ist in Art. 25 geregelt. Auf den Erbvertrag, der den Nachlass nur einer Person betrifft, ist das Recht anzuwenden, das auch für ein Testament maßgebend wäre. Ein Erbvertrag, der den Nachlass mehrerer Personen betrifft, ist nur zulässig, wenn er nach dem **hypothetischen Erbstatut aller dieser Personen** zulässig ist. Für die Wirksamkeit gibt das hypothetische Erbstatut der Person den Ausschlag, zu dem der Vertrag die engste Verbindung hat. Rechtswahl ist wie bei einem Testament zulässig.

Form einer letztwilligen Verfügung (Art. 27):

Aus österreichischer Sicht richtet sich die Form von Testamenten nach dem Recht, auf das das Haager Testamentsübereinkommen verweist (s. oben 2.d). Dieses Übereinkommen bestimmt aber nicht, nach welchem Recht die Form eines **Erbvertrags** zu beurteilen ist. Dafür ist auch aus österreichischer Sicht und der anderer Mitgliedstaaten, die dem Haager Testamentsübereinkommen angehören, Art. 27 anzuwenden. In den zahlreichen Alternativanknüpfungen verwirklicht sich wie im Haager Übereinkommen der Grundsatz favor testamentis. Das auf die **Form mündlicher letztwilliger Verfügungen** anzuwendende Recht ist nicht bestimmt, vielmehr ist diese Frage vom Anwendungsbereich der Verordnung ausgenommen (Art. 1 Abs. 1 lit f). Da Österreich den Vorbehalt des Art. 10 des Haager Testamentsübereinkommens nicht erklärt hat, bestimmt sich die Form des mündlichen Testaments aus österreichischer Sicht nach dem von diesem Übereinkommen bestimmten Recht.

Art. 27 Abs. 3 umgrenzt die Verweisungsnorm; **persönliche Eigenschaften des Erblassers als Testiervoraussetzung** oder als Voraussetzung für den Abschluss eines Erbvertrages fallen ebenso unter die Verweisung wie Eigenschaften, die Zeugen der letztwilligen Verfügung haben müssen.

e. Sondererbfolge (Art. 30):

Das Belegenheitsrecht setzt sich für bestimmte Vermögenswerte wie unbewegliche Sachen oder Unternehmen gegen das Erbstatut durch, wenn bestimmte Regeln aus wirtschaftlichen, familiären oder sozialen Erwägungen aus Sicht des Belegenheitsstaates auch dann angewendet werden sollen, wenn das Erbstatut ein anderes Recht ist. Eine solche Sondererbfolgeregel ist im österreichischen Recht das **Anerbenrecht**. Da in Österreich auch über ausländische Unternehmen oder Liegenschaften abzuhandeln sein kann, kann es trotz österreichischen Erbstatuts erforderlich sein, fremdes Recht zu ermitteln, nämlich allfällige Eingriffsnormen des Belegenheitsrechts.

f. Erbenloser Nachlass (Art. 33):

Auf wen **erbenloser Nachlass** übergeht, richtet sich grundsätzlich nach dem Erbstatut; die Mitgliedstaaten können sich aber den erbenlosen Nachlass, der sich auf ihrem Staatsgebiet befindet, aneignen. Für Österreich ist ein solcher Vorbehalt in § 750 Abs. 2 ABGB in der Fassung des ErbRÄG 2015 vorgesehen.

g. Anpassung (Art. 31):

An der Schnittstelle von Sachenrecht und Erbrecht kann es zu Brüchen kommen. Um diese aufzulösen, können **dingliche Rechte**, die eine Person nach dem Erbstatut erworben hat, **umgedeutet** werden; und zwar so, dass sie in das Sachenrechtssystem des Staates passen, in dem das Recht geltend gemacht wird – regelmäßig wohl des Belegenheitsstaates. Verfahrensrechtlich ist die Anpassung in § 182a AußStrG und in § 105 Abs. 2 JN je in der Fassung des ErbRÄG 2015 geregelt.

h. Form (Art. 28):

Die Form letztwilliger Verfügungen ist gesondert geregelt (s. oben 7.d). Abgesehen davon kann im Anwendungsbereich der Verordnung nur noch die Form der Erbausschlagung und der Erbantrittserklärung in Frage stehen. Die Verordnung qualifiziert diese Rechtshandlungen nicht – jedenfalls nicht ausschließlich – als Verfahrenshandlungen und bestimmt dafür das Formstatut. Diese **Rechtshandlungen** sind **formwirksam**, wenn sie **entweder** dem **Erbstatut** entsprechen oder dem **Recht des gewöhnlichen Aufenthalts des Erklärenden**.

i. Rück- und Weiterverweisung (Art. 34):

Da die Verordnung **unter den Mitgliedstaaten** das Kollisionsrecht vereinheitlicht, kann es zwischen diesen Rechtsordnungen **keine Rück- oder Weiterverweisung** geben. Soweit die Verordnung aber das Recht eines Drittstaates beruft, ist zu klären, ob die Verweisung auch das IPR des Drittstaates erfasst. Die Verordnung geht in dieser Frage einen pragmatischen Mittelweg. Wenn das verwiesene **Recht des Drittstaates** auf das Recht eines Mitgliedstaates verweist oder auf das Recht eines anderen Drittstaates, der diese Verweisung annimmt, **dann ist diese Rück- oder Weiterverweisung zu berücksichtigen**. In Abs. 2 sind die Verweisungen aufgelistet, die (jedenfalls) Sachnormverweisungen sind.

j. Öffentliche Ordnung (Art. 35):

Die **Anwendung fremden Rechts** (sei es das Recht eines Drittstaates oder das Recht eines Mitgliedstaates) kann aus Gründen der **öffentlichen Ordnung** „versagt" werden. Erwägungsgrund 58 spricht in diesem Zusammenhang die Charta der Grundrechte der EU und insbesondere das Diskriminierungsverbot ihres Art. 21 an.

k. Mehrrechtssysteme:

Viele Staaten haben kein einheitliches Erbrecht, sondern sind Mehrrechtssysteme mit nach Regionen oder Bundesstaaten oder auch nach Konfessionen unterschiedlichen Erbrechtsordnungen (z. B. Spanien, USA u. a.). Die Verweisung auf das Recht dieser Staaten ist als Verweisung auf das interne (interlokale oder interpersonale) Kollisionsrecht zu verstehen. Fehlt ein internes Kollisionsrecht, so kommen die Bestimmungen des Art. 36 Abs. 2 und 3 zum Tragen.

8. Europäisches Nachlasszeugnis (Kapitel VI)

a. Allgemein:

Das Europäische Nachlasszeugnis (ENZ) ist eine formalisierte Bestätigung

– der Erbeneigenschaft oder der Rechte als Vermächtnisnehmer,

– der Rechte an bestimmten Vermögenswerten des Nachlasses,

– der Eigenschaft als Testamentsvollstrecker oder

– über Befugnisse, den Nachlass zu verwalten.

Das ENZ soll nicht nur den Behörden die Nachvollziehung ausländischer Erbschaftsfälle erleichtern, sondern vor allem den Bürgern den Nachweis und die Durchsetzung ihrer Rechte am Nachlass.

Das ENZ muss nicht zwingend ausgestellt werden, es tritt auch nicht an die Stelle entsprechender innerstaatlicher Schriftstücke (Art. 62 Abs. 3).

b. Internationale Zuständigkeit zur Ausstellung des ENZ:

Die internationale Zuständigkeit zur Ausstellung des ENZ ist **an die Zuständigkeit für das Ver-**lassenschaftsverfahren geknüpft; die Behörden des Staates, in dem sich die Vermögenswerte (etwa Liegenschaften) befinden, können das ENZ nur ausstellen, wenn dieser Staat auch für das Verlassenschaftsverfahren zuständig ist. In Österreich ist der Gerichtskommissär als Gerichtsorgan zur Ausstellung des ENZ zuständig (§ 1 Abs. 1 Z 1 lit. d GKG in der Fassung des Erb-RÄG 2015).

c. Verfahren zur Ausstellung (Art. 65 ff.):

Das Verfahren zur Ausstellung (nur auf Antrag), über den Widerruf, die Berichtigung und Änderung des ENZ sowie der Rechtsbehelf sind in der Verordnung geregelt; ergänzend gelten die nationalen Verfahrensregeln. Im Allgemeinen wird die Durchführung eines eigenen Verfahrens nicht erforderlich sein, vielmehr werden bloß Entscheidungen des Verlassenschaftsgerichts (etwa die Einantwortung), die ja auf einem solchen Verfahren beruhen, in die Form des ENZ gebracht werden müssen.

d. Wirkungen des ENZ (Art. 69):

Die Wirkungen, die das ENZ in den Mitgliedstaaten entfaltet – ohne weiteres Verfahren oder eine gerichtliche Feststellung –, sind in Art. 69 bestimmt:

– Vermutung, dass festgestellte Sachverhalte zutreffend ausgewiesen sind;

– Vermutung, dass die für bestimmte Personen ausgewiesenen Befugnisse, Rechte und Rechtstellung zutreffen und keinen als im ENZ erklärten Bedingungen oder Beschränkungen unterliegen;

– Schutz des gutgläubigen Schuldners, der an eine Person geleistet hat, die im ENZ als zum Empfang berechtigt ausgewiesen ist (Abs. 3);

– Schutz des Gutgläubigen, der Nachlassvermögen von einem nach dem ENZ zur Veräußerung Berechtigten erwirbt (Abs. 4);

– ausreichende Grundlage für Registereintragung (Abs. 5).

e. Formular:

Für den Antrag auf Ausstellung eines ENZ kann der Antragsteller ein Formular verwenden (**Formblatt IV Anhang 4** – mit weiteren Anhängen); das ENZ selbst ist ebenfalls formalisiert; für seine Ausstellung ist das **Formblatt 5 Anhang V** zu verwenden (Art. 65 Abs. 2 bzw. Art. 67 Abs. 1).

Verordnung (EG) 2016/1103 des Rates vom 24. Juni 2016 zur Durchführung einer Verstärkten Zusammenarbeit im Bereich der Zuständigkeit, des anzuwendenden Rechts und der Anerkennung und Vollstreckung von Entscheidungen in Fragen des ehelichen Güterstands

ABl L 183, 1 vom 8. 7. 2016 idF

1 ABl L 113, 62 vom 29. 4. 2017   2 ABl L 167, 36 vom 4. 7. 2018

ab 29. 1. 2019 (Art 70)

DER RAT DER EUROPÄISCHEN UNION –

gestützt auf den Vertrag über die Arbeitsweise der Europäischen Union, insbesondere auf Artikel 81 Absatz 3,

gestützt auf den Beschluss (EU) 2016/954 des Rates vom 9. Juni 2016 zur Ermächtigung zu einer Verstärkten Zusammenarbeit im Bereich der Zuständigkeit, des anzuwendenden Rechts und der Anerkennung und Vollstreckung von Entscheidungen in Fragen der Güterstände internationaler Paare (eheliche Güterstände und vermögensrechtliche Wirkungen eingetragener Partnerschaften)[1],

auf Vorschlag der Europäischen Kommission,

nach Zuleitung des Entwurfs des Gesetzgebungsakts an die nationalen Parlamente, nach Stellungnahme des Europäischen Parlaments,[2]

gemäß einem besonderen Gesetzgebungsverfahren,

in Erwägung nachstehender Gründe:

(1) Die Union hat sich zum Ziel gesetzt, einen Raum der Freiheit, der Sicherheit und des Rechts, in dem der freie Personenverkehr gewährleistet ist, zu erhalten und weiterzuentwickeln. Zum schrittweisen Aufbau eines solchen Raums hat die Union im Bereich der justiziellen Zusammenarbeit in Zivilsachen, die einen grenzüberschreitenden Bezug aufweisen, Maßnahmen zu erlassen, insbesondere wenn dies für das reibungslose Funktionieren des Binnenmarkts erforderlich ist.

(2) Nach Artikel 81 Absatz 2 Buchstabe c des Vertrags über die Arbeitsweise der Europäischen Union (AEUV) können zu solchen Maßnahmen unter anderem Maßnahmen gehören, die die Vereinbarkeit der in den Mitgliedstaaten geltenden Kollisionsnormen und Vorschriften zur Ver-

meidung von Kompetenzkonflikten sicherstellen sollen.

(3) Auf seiner Tagung vom 15./16. Oktober 1999 in Tampere hatte der Europäische Rat den Grundsatz der gegenseitigen Anerkennung von Urteilen und anderen Entscheidungen von Justizbehörden als Eckstein der justiziellen Zusammenarbeit in Zivilsachen unterstützt und den Rat und die Kommission ersucht, ein Maßnahmenprogramm zur Umsetzung dieses Grundsatzes anzunehmen.

(4) Am 30. November 2000 wurde daraufhin ein für die Kommission und den Rat gleichermaßen geltendes Maßnahmenprogramm zur Umsetzung des Grundsatzes der gegenseitigen Anerkennung gerichtlicher Entscheidungen in Zivil- und Handelssachen[3] angenommen. Dieses Programm weist Maßnahmen zur Harmonisierung der Kollisionsnormen als Maßnahmen aus, die die gegenseitige Anerkennung gerichtlicher Entscheidungen erleichtern können, und stellt die Ausarbeitung eines Rechtsinstruments zu Fragen des ehelichen Güterstands in Aussicht.

(5) Am 4./5. November 2004 nahm der Europäische Rat auf seiner Tagung in Brüssel ein neues Programm mit dem Titel „Haager Programm zur Stärkung von Freiheit, Sicherheit und Recht in der Europäischen Union"[4] an. Darin ersuchte der Rat die Kommission um Vorlage eines Grünbuchs über das Kollisionsrecht im Bereich des ehelichen Güterstands, einschließlich der Frage der Zuständigkeit und der gegenseitigen Anerkennung. Dem Programm zufolge sollte auch ein Rechtsakt in diesem Bereich erlassen werden.

EU-GüterVOen

---

[1] *ABl. L 159 vom 16.6.2016, S. 16.*
[2] *Stellungnahme vom 23. Juni 2016 (noch nicht im Amtsblatt veröffentlicht).*

Zu Abs. 4:
[3] *ABl. C 12 vom 15.1.2001, S. 1.*
Zu Abs. 5:
[4] *ABl. C 53 vom 3.3.2005, S. 1.*

(6) Am 17. Juli 2006 nahm die Kommission daraufhin ein Grünbuch zu den Kollisionsnormen im Güterrecht sowie zur gerichtlichen Zuständigkeit und der gegenseitigen Anerkennung an. Auf der Grundlage dieses Grünbuchs fand eine umfassende Konsultation zu den Problemen statt, die sich in Europa bei der güterrechtlichen Auseinandersetzung für Paare stellen, sowie zu den rechtlichen Lösungsmöglichkeiten.

(7) Auf seiner Tagung vom 10./11. Dezember 2009 in Brüssel nahm der Europäische Rat ein neues mehrjähriges Programm mit dem Titel „Das Stockholmer Programm – Ein offenes und sicheres Europa im Dienste und zum Schutz der Bürger"[5] an. Darin hielt der Europäische Rat fest, dass der Grundsatz der gegenseitigen Anerkennung auf Bereiche ausgeweitet werden sollte, die bisher noch nicht erfasst sind, aber den Alltag der Bürger wesentlich prägen, z. B. das Ehegüterrecht, wobei gleichzeitig die Rechtssysteme einschließlich der öffentlichen Ordnung (*ordre public*) und die nationalen Traditionen der Mitgliedstaaten in diesem Bereich zu berücksichtigen sind.

(8) In ihrem „Bericht über die Unionsbürgerschaft 2010 – Weniger Hindernisse für die Ausübung von Unionsbürgerrechten" vom 27. Oktober 2010 kündigte die Kommission die Vorlage eines Legislativvorschlags an, der Hindernisse für die Freizügigkeit und insbesondere die Schwierigkeiten überwinden soll, mit denen Paare bei der Verwaltung ihres Vermögens oder bei dessen Teilung konfrontiert sind.

(9) Am 16. März 2011 nahm die Kommission einen Vorschlag für eine Verordnung des Rates über die Zuständigkeit, das anzuwendende Recht, die Anerkennung und die Vollstreckung von Entscheidungen im Bereich des Ehegüterrechts und einen Vorschlag für eine Verordnung des Rates über die Zuständigkeit, das anzuwendende Recht, die Anerkennung und die Vollstreckung von Entscheidungen im Bereich des Güterrechts eingetragener Partnerschaften an.

(10) Auf seiner Tagung vom 3. Dezember 2015 stellte der Rat fest, dass für die beiden Verordnungsvorschläge zu den ehelichen Güterständen und den Güterständen eingetragener Partnerschaften keine Einstimmigkeit erzielt werden konnte und innerhalb eines vertretbaren Zeitraums die mit einer Zusammenarbeit in diesem Bereich angestrebten Ziele von der Union in ihrer Gesamtheit nicht verwirklicht werden können.

(11) Zwischen Dezember 2015 und Februar 2016 richteten Belgien, Bulgarien, die Tschechische Republik, Deutschland, Griechenland, Spanien, Frankreich, Kroatien, Italien, Luxemburg, Malta, die Niederlande, Österreich, Portugal, Slowenien, Finnland und Schweden Anträge an die Kommission, in denen sie ihren Wunsch bekundeten, untereinander eine Verstärkte Zusammenarbeit im Bereich der Güterstände internationaler Paare, insbesondere im Bereich der Zuständigkeit, des anzuwendenden Rechts, der Anerkennung und Vollstreckung von Entscheidungen in Fragen der ehelichen Güterstände und der Güterstände eingetragener Partnerschaften, begründen zu wollen, und die Kommission um Vorlage eines entsprechenden Vorschlags an den Rat baten. Zypern hat mit Schreiben an die Kommission im März 2016 seinen Wunsch zum Ausdruck gebracht, an dieser Verstärkten Zusammenarbeit teilzunehmen; Zypern hat diesen Wunsch später während der Arbeiten des Rates bestätigt.

(12) Am 9. Juni 2016 erließ der Rat den Beschluss (EU) 2016/954 über die Ermächtigung zu dieser Verstärkten Zusammenarbeit.

(13) Gemäß Artikel 328 Absatz 1 AEUV steht eine Verstärkte Zusammenarbeit bei ihrer Begründung allen Mitgliedstaaten offen, sofern sie die in dem hierzu ermächtigenden Beschluss gegebenenfalls festgelegten Teilnahmevoraussetzungen erfüllen. Das gilt auch zu jedem anderen Zeitpunkt, sofern sie neben den genannten Voraussetzungen auch die in diesem Rahmen bereits erlassenen Rechtsakte beachten. Die Kommission und die an einer Verstärkten Zusammenarbeit teilnehmenden Mitgliedstaaten sollten dafür sorgen, dass die Teilnahme möglichst vieler Mitgliedstaaten gefördert wird. Diese Verordnung sollte nur in den Mitgliedstaaten in allen ihren Teilen verbindlich sein und unmittelbar gelten, die kraft des Beschlusses (EU) 2016/954 oder kraft eines gemäß Artikel 331 Absatz 1 Unterabsatz 2 oder 3 AEUV erlassenen Beschlusses an der Verstärkten Zusammenarbeit im Bereich der Gerichtszuständigkeit, des anzuwendenden Rechts und der Anerkennung und Vollstreckung von Entscheidungen in Fragen der Güterstände internationaler Paare (eheliche Güterstände und Güterstände eingetragener Partnerschaften) teilnehmen.

(14) Diese Verordnung sollte gemäß Artikel 81 AEUV auf eheliche Güterstände mit grenzüberschreitendem Bezug Anwendung finden.

(15) Damit für verheiratete Paare Rechtssicherheit in Bezug auf ihr Vermögen und ein gewisses Maß an Vorhersehbarkeit in Bezug auf das anzuwendende Recht gegeben ist, sollten alle Regelungen, welche auf die ehelichen Güterstände anzu-

---

Zu Abs. 7:
[5] *ABl. C 115 vom 4.5.2010, S. 1.*

wenden sind, in einem einzigen Rechtsinstrument erfasst werden.

(16) Um diese Ziele zu erreichen, sollten in dieser Verordnung die Bestimmungen über die Gerichtszuständigkeit, das anzuwendende Recht, die Anerkennung – oder gegebenenfalls die Annahme –, die Vollstreckbarkeit und die Vollstreckung von Entscheidungen, öffentlichen Urkunden und gerichtlichen Vergleichen zusammengefasst werden.

(17) Der Begriff „Ehe", der sich nach dem nationalen Recht der Mitgliedstaaten bestimmt, wird in dieser Verordnung nicht definiert.

(18) Der Anwendungsbereich dieser Verordnung sollte sich auf alle zivilrechtlichen Aspekte der ehelichen Güterstände erstrecken und sowohl die Verwaltung des Vermögens der Ehegatten im Alltag betreffen als auch die güterrechtliche Auseinandersetzung, insbesondere infolge der Trennung des Paares oder des Todes eines Ehegatten. Für die Zwecke dieser Verordnung sollte der Begriff „ehelicher Güterstand" autonom ausgelegt werden und er sollte nicht nur Regelungen umfassen, von denen die Ehegatten nicht abweichen dürfen, sondern auch fakultative Regelungen, die sie nach Maßgabe des anzuwendenden Rechts vereinbaren können, sowie die Auffangregelungen des anzuwendenden Rechts. Dieser Begriff schließt nicht nur vermögensrechtliche Regelungen ein, die bestimmte einzelstaatliche Rechtsordnungen speziell und ausschließlich für die Ehe vorsehen, sondern auch sämtliche vermögensrechtlichen Verhältnisse, die zwischen den Ehegatten und in ihren Beziehungen gegenüber Dritten direkt infolge der Ehe oder der Auflösung des Eheverhältnisses gelten.

(19) Aus Gründen der Klarheit sollte eine Reihe von Fragen, die als mit dem ehelichen Güterstand zusammenhängend betrachtet werden könnten, ausdrücklich vom Anwendungsbereich dieser Verordnung ausgenommen werden.

(20) Dementsprechend sollte diese Verordnung nicht für Fragen der allgemeinen Rechts-, Geschäfts- und Handlungsfähigkeit der Ehegatten gelten; dieser Ausschluss sollte sich jedoch nicht auf die spezifischen Befugnisse und Rechte eines oder beider Ehegatten – weder im Verhältnis untereinander noch gegenüber Dritten – im Zusammenhang mit dem Vermögen erstrecken, da diese Befugnisse und Rechte in den Anwendungsbereich dieser Verordnung fallen sollten.

(21) Diese Verordnung sollte nicht für andere Vorfragen wie das Bestehen, die Gültigkeit oder die Anerkennung einer Ehe gelten, die weiterhin dem nationalen Recht der Mitgliedstaaten, einschließlich ihrer Vorschriften des Internationalen Privatrechts, unterliegen.

(22) Die Unterhaltspflichten im Verhältnis der Ehegatten untereinander sind Gegenstand der Verordnung (EG) Nr. 4/2009 des Rates[6] und sollten daher vom Anwendungsbereich der vorliegenden Verordnung ausgenommen werden; das gilt auch für Fragen der Rechtsnachfolge nach dem Tod eines Ehegatten, da diese in der Verordnung (EU) Nr. 650/2012 des Europäischen Parlaments und des Rates[7] geregelt sind.

(23) Fragen im Zusammenhang mit der Berechtigung, Ansprüche gleich welcher Art auf Alters- oder Erwerbsunfähigkeitsrente, die während der Ehe erworben wurden und die während der Ehe zu keinem Renteneinkommen geführt haben, zwischen den Ehegatten zu übertragen oder anzupassen, sollten vom Anwendungsbereich dieser Verordnung ausgenommen werden, wobei die in den Mitgliedstaaten bestehenden spezifischen Systeme zu berücksichtigen sind. Allerdings sollte diese Ausnahme eng ausgelegt werden. Somit sollte diese Verordnung insbesondere die Frage der Kategorisierung von Rentenansprüchen, der während der Ehe an einen der Ehegatten bereits ausgezahlten Beträge und des eventuell zu gewährenden Ausgleichs bei mit gemeinsamem Vermögen finanzierten Rentenversicherungen regeln.

(24) Diese Verordnung sollte die sich aus dem ehelichen Güterstand ergebende Begründung oder Übertragung eines Rechts an beweglichen oder unbeweglichen Vermögensgegenständen nach Maßgabe des auf den ehelichen Güterstand anzuwendenden Rechts ermöglichen. Sie sollte jedoch nicht die abschließende Anzahl (*Numerus clausus*) der dinglichen Rechte berühren, die das nationale Recht einiger Mitgliedstaaten kennt. Ein Mitgliedstaat sollte nicht verpflichtet sein, ein dingliches Recht an einer in diesem Mitgliedstaat belegenen Sache anzuerkennen, wenn sein Recht dieses dingliche Recht nicht kennt.

Zu Abs. 22:

[6] *Verordnung (EG) Nr. 4/2009 des Rates vom 18. Dezember 2008 über die Zuständigkeit, das anwendbare Recht, die Anerkennung und Vollstreckung von Entscheidungen und die Zusammenarbeit in Unterhaltssachen (ABl. L 7 vom 10.1.2009, S. 1).*

[7] *Verordnung (EU) Nr. 650/2012 des Europäischen Parlaments und des Rates vom 4. Juli 2012 über die Zuständigkeit, das anzuwendende Recht, die Anerkennung und Vollstreckung von Entscheidungen und die Annahme und Vollstreckung öffentlicher Urkunden in Erbsachen sowie zur Einführung eines Europäischen Nachlasszeugnisses (ABl. L 201 vom 27.7.2012, S. 107).*

EU-GüterVOen

(25) Damit die Ehegatten jedoch die Rechte, die durch den ehelichen Güterstand begründet worden oder auf sie übergegangen sind, in einem anderen Mitgliedstaat ausüben können, sollte diese Verordnung die Anpassung eines unbekannten dinglichen Rechts an das in der Rechtsordnung dieses anderen Mitgliedstaats am ehesten vergleichbare Recht vorsehen. Bei dieser Anpassung sollten die mit dem besagten dinglichen Recht verfolgten Ziele und Interessen und die mit ihm verbundenen Wirkungen berücksichtigt werden. Für die Zwecke der Bestimmung des am ehesten vergleichbaren dinglichen Rechts können die Behörden oder zuständigen Personen des Staates, dessen Recht auf den ehelichen Güterstand Anwendung findet, kontaktiert werden, um weitere Auskünfte zu der Art und den Wirkungen des betreffenden Rechts einzuholen. In diesem Zusammenhang könnten die bestehenden Netze im Bereich der justiziellen Zusammenarbeit in Zivil- und Handelssachen sowie die anderen verfügbaren Mittel, die die Erkenntnis ausländischen Rechts erleichtern, genutzt werden.

(26) Die in dieser Verordnung ausdrücklich vorgesehene Anpassung unbekannter dinglicher Rechte sollte andere Formen der Anpassung im Zusammenhang mit der Anwendung dieser Verordnung nicht ausschließen.

(27) Die Voraussetzungen für die Eintragung von Rechten an beweglichen oder unbeweglichen Vermögensgegenständen in ein Register sollten vom Anwendungsbereich dieser Verordnung ausgenommen werden. Somit sollte das Recht des Mitgliedstaats, in dem das Register geführt wird (für unbewegliches Vermögen das Recht der belegenen Sache (*lex rei sitae*), bestimmen, unter welchen gesetzlichen Voraussetzungen und wie die Eintragung vorzunehmen ist und welche Behörden wie etwa Grundbuchämter oder Notare dafür zuständig sind zu prüfen, dass alle Eintragungsvoraussetzungen erfüllt sind und die vorgelegten oder erstellten Unterlagen vollständig sind beziehungsweise die erforderlichen Angaben enthalten. Insbesondere können die Behörden prüfen, ob es sich bei dem Recht eines Ehegatten an dem Vermögensgegenstand, der in dem für die Eintragung vorgelegten Schriftstück erwähnt ist, um ein Recht handelt, das als solches in dem Register eingetragen ist oder nach dem Recht des Mitgliedstaats, in dem das Register geführt wird, anderweitig nachgewiesen wird. Um eine doppelte Erstellung von Schriftstücken zu vermeiden, sollten die Eintragungsbehörden diejenigen von den zuständigen Behörden in einem anderen Mitgliedstaat erstellten Schriftstücke annehmen, deren Verkehr nach dieser Verordnung vorgesehen ist. Dies sollte die an der Eintragung beteiligten Behörden nicht daran hindern, von der Person, die die Eintragung beantragt, diejenigen zusätzlichen Angaben oder die Vorlage derjenigen zusätzlichen Schriftstücke zu verlangen, die nach dem Recht des Mitgliedstaats, in dem das Register geführt wird, erforderlich sind, wie beispielsweise Angaben oder Schriftstücke betreffend die Zahlung von Steuern. Die zuständige Behörde kann die Person, die die Eintragung beantragt, darauf hinweisen, wie die fehlenden Angaben oder Schriftstücke beigebracht werden können.

(28) Die Wirkungen der Eintragung eines Rechts in ein Register sollten ebenfalls vom Anwendungsbereich dieser Verordnung ausgenommen werden. Daher sollte das Recht des Mitgliedstaats, in dem das Register geführt wird, dafür maßgebend sein, ob beispielsweise die Eintragung deklaratorische oder konstitutive Wirkung hat. Wenn also zum Beispiel der Erwerb eines Rechts an einer unbeweglichen Sache nach dem Recht des Mitgliedstaats, in dem das Register geführt wird, die Eintragung in ein Register erfordert, damit die Wirkung erga omnes von Registern sichergestellt wird oder Rechtsgeschäfte geschützt werden, sollte der Zeitpunkt des Erwerbs dem Recht dieses Mitgliedstaats unterliegen.

(29) Diese Verordnung sollte den verschiedenen Systemen zur Regelung des ehelichen Güterstands Rechnung tragen, die in den Mitgliedstaaten angewandt werden. Für die Zwecke dieser Verordnung sollte der Begriff „Gericht" daher weit gefasst werden, sodass nicht nur Gerichte im engeren Sinne, die gerichtliche Funktionen ausüben, erfasst werden, sondern beispielsweise in einigen Mitgliedstaaten auch Notare, die in bestimmten Fragen des ehelichen Güterstands gerichtliche Funktionen ausüben, sowie Notare und Angehörige von Rechtsberufen, die in einigen Mitgliedstaaten bei der Regelung eines ehelichen Güterstands aufgrund einer Befugnisübertragung durch ein Gericht gerichtliche Funktionen ausüben. Alle Gerichte im Sinne dieser Verordnung sollten durch die in dieser Verordnung festgelegten Zuständigkeitsregeln gebunden sein. Der Begriff „Gericht" sollte hingegen nicht die nichtgerichtlichen Behörden eines Mitgliedstaats erfassen, die, wie in den meisten Mitgliedstaaten die Notariate, nach nationalem Recht befugt sind, sich mit Fragen des ehelichen Güterstands zu befassen, wenn sie, wie es in der Regel der Fall ist, keine gerichtlichen Funktionen ausüben.

(30) Diese Verordnung sollte es allen Notaren, die für Fragen des ehelichen Güterstands in den Mitgliedstaaten zuständig sind, ermöglichen, diese Zuständigkeit auszuüben. Ob die Notare in einem Mitgliedstaat durch die Zuständigkeitsregeln dieser Verordnung gebunden sind, sollte davon abhängen, ob sie unter den Begriff „Gericht" im Sinne dieser Verordnung fallen.

(31) Die in den Mitgliedstaaten von Notaren in Fragen des ehelichen Güterstands errichteten Urkunden sollten nach Maßgabe dieser Verordnung verkehren. Üben Notare gerichtliche Funktionen aus, so sollten sie durch die Zuständigkeitsregeln dieser Verordnung gebunden sein, und die von ihnen erlassenen Entscheidungen sollten nach den Bestimmungen dieser Verordnung über die Anerkennung, Vollstreckbarkeit und Vollstreckung von Entscheidungen verkehren. Üben Notare keine gerichtlichen Funktionen aus, so sollten sie nicht durch diese Zuständigkeitsregeln gebunden sein, und die von ihnen errichteten öffentlichen Urkunden sollten nach den Bestimmungen dieser Verordnung über öffentliche Urkunden verkehren.

(32) Um der zunehmenden Mobilität von Paaren während ihres Ehelebens Rechnung zu tragen und eine geordnete Rechtspflege zu erleichtern, sollten die Zuständigkeitsvorschriften in dieser Verordnung den Bürgern die Möglichkeit geben, miteinander zusammenhängende Verfahren vor den Gerichten desselben Mitgliedstaats verhandeln zu lassen. Hierzu sollte mit dieser Verordnung angestrebt werden, die Zuständigkeit für den ehelichen Güterstand in dem Mitgliedstaat zu bündeln, dessen Gerichte berufen sind, über die Rechtsnachfolge von Todes wegen nach einem Ehegatten gemäß Verordnung (EU) Nr. 650/2012 oder die Ehescheidung, die Trennung ohne Auflösung des Ehebands oder die Ungültigerklärung einer Ehe gemäß der Verordnung (EG) Nr. 2201/2003 des Rates[8)] zu befinden.

(33) In der vorliegenden Verordnung sollte vorgesehen werden, dass in den Fällen, in denen ein Verfahren über die Rechtsnachfolge von Todes wegen nach einem Ehegatten bei einem gemäß der Verordnung (EU) Nr. 650/2012 angerufenen Gericht eines Mitgliedstaats anhängig ist, die Gerichte dieses Mitgliedstaats auch für Entscheidungen über Fragen des ehelichen Güterstands zuständig sind, die mit dem Nachlass in Zusammenhang stehen.

(34) Ebenso sollten Fragen des ehelichen Güterstands, die sich im Zusammenhang mit einem Verfahren ergeben, das bei einem mit einer Ehescheidung, einer Trennung ohne Auflösung des Ehebands oder der Ungültigerklärung einer Ehe gemäß der Verordnung (EG) Nr. 2201/2003 be-

---

Zu Abs. 32:

[8)] *Verordnung (EG) Nr. 2201/2003 des Rates vom 27. November 2003 über die Zuständigkeit und die Anerkennung und Vollstreckung von Entscheidungen in Ehesachen und in Verfahren betreffend die elterliche Verantwortung und zur Aufhebung der Verordnung (EG) Nr. 1347/2000 (ABl. L 338 vom 23.12.2003, S. 1).*

fassten Gericht eines Mitgliedstaats anhängig ist, in die Zuständigkeit der Gerichte dieses Mitgliedstaats fallen, es sei denn, die Zuständigkeit für Entscheidungen über Ehescheidung, Trennung ohne Auflösung des Ehebands oder Ungültigerklärung der Ehe darf nur auf spezielle Zuständigkeitsregeln gestützt werden. In solchen Fällen sollte eine Bündelung der Zuständigkeit der Zustimmung der Ehegatten bedürfen.

(35) Stehen Fragen des ehelichen Güterstands nicht im Zusammenhang mit einem bei einem Gericht eines Mitgliedstaats anhängigen Verfahren über die Rechtsnachfolge von Todes wegen nach einem Ehegatten oder über Ehescheidung, Trennung ohne Auflösung des Ehebands oder Ungültigerklärung der Ehe, so sollte in dieser Verordnung eine Rangfolge der Anknüpfungspunkte vorgesehen werden, anhand deren die Zuständigkeit bestimmt wird, wobei erster Anknüpfungspunkt der gemeinsame gewöhnliche Aufenthalt der Ehegatten zum Zeitpunkt der Anrufung des Gerichts sein sollte. Diese Anknüpfungspunkte sollen die zunehmende Mobilität der Bürger widerspiegeln und eine wirkliche Verbindung zwischen den Ehegatten und dem Mitgliedstaat, in dem die Zuständigkeit ausgeübt wird, gewährleisten.

(36) Im Interesse einer größeren Rechtssicherheit, einer besseren Vorhersehbarkeit des anzuwendenden Rechts und einer größeren Entscheidungsfreiheit der Parteien sollte es diese Verordnung den Parteien unter bestimmten Voraussetzungen ermöglichen, eine Gerichtsstandsvereinbarung zugunsten der Gerichte des Mitgliedstaats, dessen Recht anzuwenden ist, oder der Gerichte des Mitgliedstaats, in dem die Ehe geschlossen wurde, zu schließen.

(37) Für die Zwecke dieser Verordnung und zur Erfassung aller möglichen Sachverhalte sollte der Mitgliedstaat der Eheschließung der Mitgliedstaat sein, vor dessen Behörden die Ehe geschlossen wurde.

(38) Die Gerichte eines Mitgliedstaats können feststellen, dass nach ihrem Internationalen Privatrecht die betreffende Ehe für die Zwecke eines Verfahrens über den ehelichen Güterstand nicht anerkannt werden kann. In solchen Fällen kann es ausnahmsweise erforderlich sein, die durch diese Verordnung begründete Zuständigkeit abzulehnen. Die Gerichte sollten rasch handeln, und die betroffene Partei sollte die Möglichkeit haben, die Rechtssache in jedem anderen Mitgliedstaat, dessen gerichtliche Zuständigkeit aufgrund eines Anknüpfungspunkts begründet ist, anhängig zu machen, wobei es nicht auf die Rangfolge der Zuständigkeitskriterien ankommt und zugleich

die Parteiautonomie zu wahren ist. Jedes nach einer Unzuständigkeitserklärung angerufene Gericht, das nicht ein Gericht des Mitgliedstaats ist, in dem die Ehe geschlossen wurde, darf sich unter denselben Bedingungen ebenfalls ausnahmsweise für unzuständig erklären. Eine Kombination der verschiedenen Zuständigkeitsregeln sollte jedoch gewährleisten, dass die Parteien jede Möglichkeit haben, ein Gericht eines Mitgliedstaats anzurufen, das sich zu dem Zweck, ihrem ehelichen Güterstand Wirkung zu verleihen, für zuständig erklärt.

(39) Diese Verordnung sollte die Parteien nicht daran hindern, den Rechtsstreit außergerichtlich, beispielsweise vor einem Notar, in einem Mitgliedstaat ihrer Wahl einvernehmlich zu regeln, wenn das nach dem Recht dieses Mitgliedstaats möglich ist. Das sollte auch dann der Fall sein, wenn das auf den ehelichen Güterstand anzuwendende Recht nicht das Recht dieses Mitgliedstaats ist.

(40) Um zu gewährleisten, dass die Gerichte aller Mitgliedstaaten ihre Zuständigkeit in Fragen des ehelichen Güterstands auf derselben Grundlage ausüben können, sollten die Gründe, aus denen diese subsidiäre Zuständigkeit ausgeübt werden kann, in dieser Verordnung abschließend geregelt werden.

(41) Um insbesondere Fällen von Rechtsverweigerung begegnen zu können, sollte in dieser Verordnung auch eine Notzuständigkeit (*forum necessitatis*) vorgesehen werden, wonach ein Gericht eines Mitgliedstaats in besonderen Ausnahmefällen über einen ehelichen Güterstand entscheiden kann, der einen engen Bezug zu einem Drittstaat aufweist. Ein solcher Ausnahmefall könnte gegeben sein, wenn sich ein Verfahren in dem betreffenden Drittstaat als unmöglich erweist, beispielsweise wegen eines Bürgerkriegs, oder wenn von einem Ehegatten vernünftigerweise nicht erwartet werden kann, dass er ein Verfahren in diesem Staat einleitet oder führt. Die Zuständigkeit, die auf *forum necessitatis* gründet, sollte jedoch nur ausgeübt werden, wenn die Sache eine ausreichende Verbindung zu dem Mitgliedstaat des angerufenen Gerichts aufweist.

(42) Im Interesse einer geordneten Rechtspflege sollte vermieden werden, dass in den Mitgliedstaaten Entscheidungen ergehen, die miteinander unvereinbar sind. Hierzu sollte die Verordnung allgemeine Verfahrensvorschriften nach dem Vorbild anderer Rechtsinstrumente der Union im Bereich der justiziellen Zusammenarbeit in Zivilsachen vorsehen. Eine dieser Verfahrensvorschriften ist die Regel zur Rechtshängigkeit, die zum Tragen kommt, wenn dieselbe Güterrechtssache bei Gerichten in verschiedenen Mitgliedstaaten anhängig gemacht wird. Diese Regel bestimmt, welches Gericht sich weiterhin mit der Güterrechtssache zu befassen hat.

(43) Damit die Bürger die Vorteile des Binnenmarkts ohne Einbußen bei der Rechtssicherheit nutzen können, sollte diese Verordnung den Ehegatten im Voraus Klarheit über das in ihrem Fall anzuwendende Ehegüterrecht verschaffen. Es sollten daher harmonisierte Kollisionsnormen eingeführt werden, um einander widersprechende Ergebnisse zu vermeiden. Die allgemeine Kollisionsnorm sollte sicherstellen, dass der eheliche Güterstand einem im Voraus bestimmbaren Recht unterliegt, zu dem eine enge Verbindung besteht. Aus Gründen der Rechtssicherheit und um eine Aufspaltung des ehelichen Güterstands zu vermeiden, sollte das anzuwendende Recht den ehelichen Güterstand insgesamt, d. h. das gesamte zum Güterstand gehörende Vermögen, erfassen, unabhängig von der Art der Vermögenswerte und unabhängig davon, ob diese in einem anderen Mitgliedstaat oder in einem Drittstaat belegen sind.

(44) Das nach dieser Verordnung bestimmte Recht sollte auch dann Anwendung finden, wenn es nicht das Recht eines Mitgliedstaats ist.

(45) Um Ehegatten die Verwaltung ihres Vermögens zu erleichtern, sollte ihnen diese Verordnung erlauben, unter den Rechtsordnungen, zu denen sie aufgrund ihres gewöhnlichen Aufenthalts oder ihrer Staatsangehörigkeit eine enge Verbindung haben, unabhängig von der Art oder Belegenheit des Vermögens das auf ihren ehelichen Güterstand anzuwendende Recht zu wählen. Diese Wahl kann jederzeit vor der Ehe, zum Zeitpunkt der Eheschließung oder während der Ehe erfolgen.

(46) Im Interesse der Sicherheit des Rechtsverkehrs und um zu verhindern, dass sich das auf den ehelichen Güterstand anzuwendende Recht ändert, ohne dass die Ehegatten davon unterrichtet werden, sollte ein Wechsel des auf den ehelichen Güterstand anzuwendenden Rechts nur nach einem entsprechenden ausdrücklichen Antrag der Parteien möglich sein. Dieser von den Ehegatten beschlossene Wechsel sollte nicht rückwirkend gelten, es sei denn, sie haben das ausdrücklich vereinbart. Auf keinen Fall dürfen dadurch die Rechte Dritter verletzt werden.

(47) Es sollten Regeln zur materiellen Wirksamkeit und zur Formgültigkeit einer Vereinbarung über die Rechtswahl festgelegt werden, die es den Ehegatten erleichtern, ihre Rechtswahl in voller Sachkenntnis zu treffen, und die gewährleisten, dass die einvernehmliche Rechtswahl der Ehegatten im Interesse der Rechtssicherheit sowie eines besseren Rechtsschutzes respektiert wird.

Was die Formgültigkeit anbelangt, sollten bestimmte Schutzvorkehrungen getroffen werden, um sicherzustellen, dass sich die Ehegatten der Tragweite ihrer Rechtswahl bewusst sind. Die Vereinbarung über die Rechtswahl sollte zumindest der Schriftform bedürfen und von beiden Parteien mit Datum und Unterschrift versehen werden müssen. Sieht das Recht des Mitgliedstaats, in dem beide Ehegatten zum Zeitpunkt der Rechtswahl ihren gewöhnlichen Aufenthalt haben, zusätzliche Formvorschriften vor, so sollten diese eingehalten werden. Haben die Ehegatten zum Zeitpunkt der Rechtswahl ihren gewöhnlichen Aufenthalt in verschiedenen Mitgliedstaaten, in denen unterschiedliche Formvorschriften vorgesehen sind, so sollte es ausreichen, dass die Formvorschriften eines dieser Mitgliedstaaten eingehalten werden. Hat zum Zeitpunkt der Rechtswahl nur einer der Ehegatten seinen gewöhnlichen Aufenthalt in einem Mitgliedstaat, in dem zusätzliche Formvorschriften vorgesehen sind, so sollten diese Formvorschriften eingehalten werden.

(48) Eine Vereinbarung über den ehelichen Güterstand ist eine Art der Verfügung über das Vermögen, die in den Mitgliedstaaten nicht in gleichem Maße zulässig ist und anerkannt wird. Um die Anerkennung von auf der Grundlage einer Vereinbarung über den ehelichen Güterstand erworbenen Güterstandsrechten in den Mitgliedstaaten zu erleichtern, sollten Vorschriften über die Formgültigkeit einer Vereinbarung über den ehelichen Güterstand festgelegt werden. Die Vereinbarung sollte zumindest der Schriftform bedürfen und datiert und von beiden Parteien unterzeichnet werden. Die Vereinbarung sollte jedoch auch zusätzliche Anforderungen an die Formgültigkeit erfüllen, die in dem auf den ehelichen Güterstand anzuwendenden Recht, das nach dieser Verordnung bestimmt, und in dem Recht des Mitgliedstaats, in dem die Ehegatten ihren gewöhnlichen Aufenthalt haben, vorgesehen sind. In dieser Verordnung sollte ferner festgelegt werden, nach welchem Recht sich die materielle Wirksamkeit einer solchen Vereinbarung richtet.

(49) Wird keine Rechtswahl getroffen, so sollte diese Verordnung im Hinblick auf die Vereinbarkeit von Rechtssicherheit und Vorhersehbarkeit des anzuwendenden Rechts mit den tatsächlichen Lebensumständen des Paares die Einführung harmonisierter Kollisionsnormen vorsehen, die sich auf eine Rangfolge der Anknüpfungspunkte stützen, anhand deren sich das auf das gesamte Vermögen der Ehegatten anzuwendende Recht bestimmen lässt. So sollte der erste gemeinsame gewöhnliche Aufenthalt der Ehegatten kurz nach der Eheschließung erster Anknüpfungspunkt noch vor der gemeinsamen Staatsangehörigkeit der Ehegatten zum Zeitpunkt der Eheschließung sein.

Ist keiner dieser Anknüpfungspunkte gegeben oder liegen Fälle vor, in denen bei Fehlen eines ersten gemeinsamen gewöhnlichen Aufenthalts die Ehegatten zum Zeitpunkt der Eheschließung jeweils eine doppelte gemeinsame Staatsangehörigkeit haben, sollte drittens an das Recht des Staates angeknüpft werden, zu dem die Ehegatten die engste Verbindung haben. Bei Anwendung des letztgenannten Kriteriums sollten alle Umstände berücksichtigt werden, und es sollte klargestellt werden, dass für diese Verbindung der Zeitpunkt der Eheschließung maßgebend ist.

(50) Wird in dieser Verordnung auf die Staatsangehörigkeit als Anknüpfungspunkt verwiesen, so handelt es sich bei der Frage nach der Behandlung einer Person mit mehrfacher Staatsangehörigkeit um eine Vorfrage, die nicht in den Anwendungsbereich dieser Verordnung fällt; sie sollte sich weiterhin nach nationalem Recht, einschließlich der anwendbaren Übereinkommen, richten, wobei die allgemeinen Grundsätze der Union uneingeschränkt einzuhalten sind. Diese Behandlung sollte keine Auswirkung auf die Gültigkeit einer Rechtswahl haben, die nach dieser Verordnung getroffen wurde.

(51) In Bezug auf die Bestimmung des auf den ehelichen Güterstand anzuwendenden Rechts sollte das Gericht eines Mitgliedstaats bei fehlender Rechtswahl und fehlender Vereinbarung über den ehelichen Güterstand auf Antrag eines Ehegatten in Ausnahmefällen – wenn die Ehegatten sich im Staat ihres gewöhnlichen Aufenthalts für einen langen Zeitraum niedergelassen haben – feststellen können, dass das Recht dieses Staates angewandt werden kann, sofern sich die Ehegatten auf dieses Recht vertraut haben. Auf keinen Fall dürfen dadurch die Rechte Dritter verletzt werden.

(52) Das zur Anwendung auf den ehelichen Güterstand berufene Recht sollte diesen Güterstand angefangen bei der Einteilung des Vermögens eines oder beider Ehegatten in verschiedene Kategorien während der Ehe und nach ihrer Auflösung bis hin zur Vermögensauseinandersetzung regeln. Es sollte auch die Auswirkungen des ehelichen Güterstands auf ein Rechtsverhältnis zwischen einem Ehegatten und Dritten einschließen. Allerdings darf das auf den ehelichen Güterstand zur Regelung solcher Wirkungen anzuwendende Recht einem Dritten von einem Ehegatten nur dann entgegengehalten werden, wenn das Rechtsverhältnis zwischen diesem Ehegatten und dem Dritten zu einem Zeitpunkt entstanden ist, zu dem der Dritte Kenntnis von diesem Recht hatte oder hätte haben müssen.

(53) Aus Gründen des öffentlichen Interesses wie der Wahrung der politischen, sozialen oder wirtschaftlichen Ordnung eines Mitgliedstaats sollte es gerechtfertigt sein, dass die Gerichte und andere zuständige Behörden der Mitgliedstaaten die Möglichkeit erhalten, in Ausnahmefällen auf der Grundlage von Eingriffsnormen Ausnahmeregelungen anzuwenden. Dementsprechend sollte der Begriff „Eingriffsnormen" Normen von zwingender Natur wie zum Beispiel die Normen zum Schutz der Familienwohnung umfassen. Diese Ausnahme von der Anwendung des auf den ehelichen Güterstand anzuwendenden Rechts ist jedoch eng auszulegen, damit sie der allgemeinen Zielsetzung dieser Verordnung nicht zuwiderläuft.

(54) Aus Gründen des öffentlichen Interesses sollte außerdem den Gerichten und anderen mit Fragen des ehelichen Güterstands befassten zuständigen Behörden in den Mitgliedstaaten in Ausnahmefällen die Möglichkeit gegeben werden, Bestimmungen eines ausländischen Rechts nicht zu berücksichtigen, wenn deren Anwendung in einem bestimmten Fall mit der öffentlichen Ordnung (*ordre public*) des betreffenden Mitgliedstaats offensichtlich unvereinbar wäre. Die Gerichte oder andere zuständige Behörden sollten allerdings nicht aus Gründen der öffentlichen Ordnung (*ordre public*) die Anwendung des Rechts eines anderen Mitgliedstaats ausschließen oder die Anerkennung – oder gegebenenfalls die Annahme – oder die Vollstreckung einer Entscheidung, einer öffentlichen Urkunde oder eines gerichtlichen Vergleichs aus einem anderen Mitgliedstaat versagen dürfen, wenn das gegen die Charta der Grundrechte der Europäischen Union (im Folgenden „Charta"), insbesondere gegen Artikel 21 über den Grundsatz der Nichtdiskriminierung, verstoßen würde.

(55) Da es Staaten gibt, in denen die in dieser Verordnung behandelten Fragen durch zwei oder mehr Rechtssysteme oder Regelwerke geregelt werden, sollte festgelegt werden, inwieweit diese Verordnung in den verschiedenen Gebietseinheiten dieser Staaten Anwendung findet.

(56) Diese Verordnung sollte in Anbetracht ihrer allgemeinen Zielsetzung, nämlich der gegenseitigen Anerkennung der in den Mitgliedstaaten ergangenen Entscheidungen in Fragen des ehelichen Güterstands, Vorschriften über die Anerkennung, Vollstreckbarkeit und Vollstreckung von Entscheidungen nach dem Vorbild anderer Rechtsinstrumente der Union im Bereich der justiziellen Zusammenarbeit in Zivilsachen vorsehen.

(57) Um den verschiedenen Systemen zur Regelung von Fragen des ehelichen Güterstands in den Mitgliedstaaten Rechnung zu tragen, sollte diese Verordnung die Annahme und Vollstreckbarkeit den ehelichen Güterstand betreffender öffentlicher Urkunden in sämtlichen Mitgliedstaaten gewährleisten.

(58) Öffentliche Urkunden sollten in einem anderen Mitgliedstaat die gleiche formelle Beweiskraft wie im Ursprungsmitgliedstaat oder die damit am ehesten vergleichbare Wirkung entfalten. Die formelle Beweiskraft einer öffentlichen Urkunde in einem anderen Mitgliedstaat oder die damit am ehesten vergleichbare Wirkung sollte durch Bezugnahme auf Art und Umfang der formellen Beweiskraft der öffentlichen Urkunde im Ursprungsmitgliedstaat bestimmt werden. Somit richtet sich die formelle Beweiskraft einer öffentlichen Urkunde in einem anderen Mitgliedstaat nach dem Recht des Ursprungsmitgliedstaats.

(59) Die „Authentizität" einer öffentlichen Urkunde sollte ein autonomer Begriff sein, der Aspekte wie die Echtheit der Urkunde, die Formerfordernisse für die Urkunde, die Befugnisse der Behörde, die die Urkunde errichtet, und das Verfahren, nach dem die Urkunde errichtet wird, erfassen sollte. Der Begriff sollte ferner die von der betreffenden Behörde in der öffentlichen Urkunde beurkundeten Vorgänge erfassen, wie z. B. die Tatsache, dass die genannten Parteien an dem genannten Tag vor dieser Behörde erschienen sind und die genannten Erklärungen abgegeben haben. Eine Partei, die Einwände in Bezug auf die Authentizität einer öffentlichen Urkunde erheben möchte, sollte dies bei dem zuständigen Gericht im Ursprungsmitgliedstaat der öffentlichen Urkunde nach dem Recht dieses Mitgliedstaats tun.

(60) Die Formulierung „die in einer öffentlichen Urkunde beurkundeten Rechtsgeschäfte oder Rechtsverhältnisse" sollte als Bezugnahme auf den in der öffentlichen Urkunde niedergelegten materiellen Inhalt verstanden werden. Eine Partei, die Einwände in Bezug auf die in einer öffentlichen Urkunde beurkundeten Rechtsgeschäfte oder Rechtsverhältnisse erheben möchte, sollte dies bei den nach dieser Verordnung zuständigen Gerichten tun, die nach dem auf den ehelichen Güterstand anzuwendenden Recht über die Einwände entscheiden sollten.

(61) Wird eine Frage in Bezug auf die in einer öffentlichen Urkunde beurkundeten Rechtsgeschäfte oder Rechtsverhältnisse als Vorfrage in einem Verfahren bei einem Gericht eines Mitgliedstaats vorgebracht, so sollte dieses Gericht für die Entscheidung über diese Vorfrage zuständig sein.

(62) Eine öffentliche Urkunde, gegen die Einwände erhoben wurden, sollte in einem anderen

Mitgliedstaat als dem Ursprungsmitgliedstaat keine formelle Beweiskraft entfalten, solange die Einwände anhängig sind. Betreffen die Einwände nur einen spezifischen Umstand mit Bezug auf die in einer öffentlichen Urkunde beurkundeten Rechtsgeschäfte oder Rechtsverhältnisse, so sollte die öffentliche Urkunde in Bezug auf den angefochtenen Umstand keine Beweiskraft in einem anderen Mitgliedstaat als dem Ursprungsmitgliedstaat entfalten, solange die Einwände anhängig sind. Eine öffentliche Urkunde, die aufgrund eines Einwands für ungültig erklärt wird, sollte keine Beweiskraft mehr entfalten.

(63) Wenn einer Behörde im Rahmen der Anwendung dieser Verordnung zwei nicht miteinander zu vereinbarende öffentliche Urkunden vorgelegt werden, sollte sie die Frage, welcher Urkunde gegebenenfalls Vorrang einzuräumen ist, unter Berücksichtigung der Umstände des jeweiligen Falls beurteilen. Geht aus diesen Umständen nicht eindeutig hervor, welche Urkunde gegebenenfalls Vorrang haben sollte, so sollte diese Frage von den nach dieser Verordnung zuständigen Gerichten oder, wenn die Frage als Vorfrage im Laufe eines Verfahrens vorgebracht wird, von dem mit diesem Verfahren befassten Gericht geklärt werden. Im Falle einer Unvereinbarkeit zwischen einer öffentlichen Urkunde und einer Entscheidung sollten die Gründe für die Nichtanerkennung von Entscheidungen nach dieser Verordnung berücksichtigt werden.

(64) Die Anerkennung und Vollstreckung einer Entscheidung über den ehelichen Güterstand nach Maßgabe dieser Verordnung sollte in keiner Weise die Anerkennung der Ehe implizieren, die dem ehelichen Güterstand, der Anlass zu der Entscheidung gegeben hat, zugrunde liegt.

(65) Das Verhältnis zwischen dieser Verordnung und den bilateralen oder multilateralen Übereinkünften, denen die Mitgliedstaaten angehören, sollte bestimmt werden.

(66) Diese Verordnung sollte die Mitgliedstaaten, die Vertragsparteien des Übereinkommens vom 6. Februar 1931 zwischen Dänemark, Finnland, Island, Norwegen und Schweden mit Bestimmungen des Internationalen Privatrechts über Eheschließung, Adoption und Vormundschaft in der Fassung von 2006, des Übereinkommens vom 19. November 1934 zwischen Dänemark, Finnland, Island, Norwegen und Schweden mit Bestimmungen des Internationalen Privatrechts über Rechtsnachfolge von Todes wegen, Testamente und Nachlassverwaltung in der Fassung vom Juni 2012 und des Übereinkommens vom 11. Oktober 1977 zwischen Dänemark, Finnland, Island, Norwegen und Schweden über die Anerkennung und Vollstreckung von Entscheidungen in Zivilsachen sind, nicht daran hindern, weiterhin spezifische Bestimmungen jener Übereinkommen anzuwenden, soweit diese Übereinkommen vereinfachte und zügigere Verfahren für die Anerkennung und Vollstreckung von Entscheidungen in Fragen des ehelichen Güterstands vorsehen.

(67) Um die Anwendung dieser Verordnung zu erleichtern, sollten die Mitgliedstaaten verpflichtet werden, über das mit der Entscheidung 2001/470/EG des Rates[9)] eingerichtete Europäische Justizielle Netz für Zivil- und Handelssachen bestimmte Angaben über ihre den ehelichen Güterstand betreffenden Vorschriften und Verfahren zu machen. Damit sämtliche Informationen, die für die praktische Anwendung dieser Verordnung von Bedeutung sind, rechtzeitig im *Amtsblatt der Europäischen Union* veröffentlicht werden können, sollten die Mitgliedstaaten der Kommission auch diese Informationen vor dem Beginn der Anwendung der Verordnung mitteilen.

(68) Um die Anwendung dieser Verordnung zu erleichtern und um die Nutzung moderner Kommunikationstechnologien zu ermöglichen, sollten auch Standardformulare für die Bescheinigungen, die im Zusammenhang mit einem Antrag auf Vollstreckbarerklärung einer Entscheidung, einer öffentlichen Urkunde oder eines gerichtlichen Vergleichs vorzulegen sind, vorgeschrieben werden.

(69) Die Berechnung der in dieser Verordnung vorgesehenen Fristen und Termine sollte nach Maßgabe der Verordnung (EWG, Euratom) Nr. 1182/71 des Rates[10)] erfolgen.

(70) Um einheitliche Bedingungen für die Durchführung dieser Verordnung gewährleisten zu können, sollten der Kommission in Bezug auf die Erstellung und spätere Änderung der Bescheinigungen und Formblätter, welche die Vollstreckbarerklärung von Entscheidungen, gerichtlichen Vergleichen und öffentlichen Urkunden betreffen, Durchführungsbefugnisse übertragen werden. Diese Befugnisse sollten nach Maßgabe der Ver-

---

Zu Abs. 67:

[9)] *Entscheidung 2001/470/EG des Rates vom 28. Mai 2001 über die Einrichtung eines Europäischen Justiziellen Netzes für Zivil- und Handelssachen (ABl. L 174 vom 27.6.2001, S. 25).*

Zu Abs. 69:

[10)] *Verordnung (EWG, Euratom) Nr. 1182/71 des Rates vom 3. Juni 1971 zur Festlegung der Regeln für die Fristen, Daten und Termine (ABl. L 124 vom 8.6.1971, S. 1).*

EU-GüterVOen

ordnung (EU) Nr. 182/2011 des Europäischen Parlaments und des Rates[11] ausgeübt werden.

(71) Für den Erlass von Durchführungsrechtsakten zur Erstellung und späteren Änderung der in dieser Verordnung vorgesehenen Bescheinigungen und Formulare sollte das Beratungsverfahren herangezogen werden.

(72) Die Ziele dieser Verordnung, nämlich die Freizügigkeit innerhalb der Union und die Möglichkeit für Ehegatten, ihre vermögensrechtlichen Beziehungen untereinander sowie gegenüber Dritten während ihres Ehelebens und zum Zeitpunkt der Auseinandersetzung ihres Vermögens zu regeln, sowie bessere Vorhersehbarkeit des anzuwendenden Rechts und eine größere Rechtssicherheit, können von den Mitgliedstaaten nicht ausreichend verwirklicht werden, und sind vielmehr wegen des Umfangs und der Wirkungen dieser Verordnung besser auf Unionsebene – gegebenenfalls im Wege einer Verstärkten Zusammenarbeit der Mitgliedstaaten – zu verwirklichen. Im Einklang mit dem in Artikel 5 des Vertrags über die Europäische Union verankerten Subsidiaritätsprinzip kann die Union tätig werden. Entsprechend dem in demselben Artikel genannten Grundsatz der Verhältnismäßigkeit geht diese Verordnung nicht über das für die Verwirklichung dieser Ziele erforderliche Maß hinaus.

(73) Diese Verordnung steht im Einklang mit den Grundrechten und Grundsätzen, die mit der Charta anerkannt wurden, namentlich die Artikel 7, 9, 17, 21 und 47, die das Recht auf Achtung des Privat- und Familienlebens, das nach nationalem Recht geschützte Recht, eine Ehe einzugehen und eine Familie zu gründen, das Eigentumsrecht, den Grundsatz der Nichtdiskriminierung sowie das Recht auf einen wirksamen Rechtsbehelf und ein faires Verfahren betreffen. Bei der Anwendung dieser Verordnung sollten die Gerichte und anderen zuständigen Behörden der Mitgliedstaaten diese Rechte und Grundsätze achten –

HAT FOLGENDE VERORDNUNG ERLASSEN:

Zu Abs. 70:

[11] *Verordnung (EU) Nr. 182/2011 des Europäischen Parlaments und des Rates vom 16. Februar 2011 zur Festlegung der allgemeinen Regeln und Grundsätze, nach denen die Mitgliedstaaten die Wahrnehmung der Durchführungsbefugnisse durch die Kommission kontrollieren (ABl. L 55 vom 28.2.2011, S. 13).*

KAPITEL I
ANWENDUNGSBEREICH UND BEGRIFFSBESTIMMUNGEN

Artikel 1
Anwendungsbereich

(1) Diese Verordnung findet auf die ehelichen Güterstände Anwendung.

Sie gilt nicht für Steuer- und Zollsachen sowie verwaltungsrechtliche Angelegenheiten.

(2) Vom Anwendungsbereich dieser Verordnung ausgenommen sind

a) die Rechts-, Geschäfts- und Handlungsfähigkeit der Ehegatten;

b) das Bestehen, die Gültigkeit oder die Anerkennung einer Ehe;

c) die Unterhaltspflichten;

d) die Rechtsnachfolge nach dem Tod eines Ehegatten;

e) die soziale Sicherheit;

f) die Berechtigung, Ansprüche auf Alters- oder Erwerbsunfähigkeitsrente, die während der Ehe erworben wurden und die während der Ehe zu keinem Renteneinkommen geführt haben, im Falle der Ehescheidung, der Trennung ohne Auflösung des Ehebands oder der Ungültigerklärung der Ehe zwischen den Ehegatten zu übertragen oder anzupassen;

g) die Art der dinglichen Rechte an Vermögen und

h) jede Eintragung von Rechten an beweglichen oder unbeweglichen Vermögensgegenständen in ein Register, einschließlich der gesetzlichen Voraussetzungen für eine solche Eintragung, sowie die Wirkungen der Eintragung oder der fehlenden Eintragung solcher Rechte in ein Register.

Artikel 2
Zuständigkeit für Fragen des ehelichen Güterstands innerhalb der Mitgliedstaaten

Diese Verordnung berührt nicht die Zuständigkeit der Behörden der Mitgliedstaaten für Fragen des ehelichen Güterstands.

Artikel 3
Begriffsbestimmungen

(1) Im Sinne dieser Verordnung bezeichnet der Ausdruck

a) „ehelicher Güterstand" sämtliche vermögensrechtlichen Regelungen, die zwischen den Ehegatten und in ihren Beziehungen zu Dritten aufgrund der Ehe oder der Auflösung der Ehe gelten;

b) „Vereinbarung über den ehelichen Güterstand" jede Vereinbarung zwischen Ehegatten oder künftigen Ehegatten, mit der sie ihren ehelichen Güterstand regeln;

c) „öffentliche Urkunde" ein den ehelichen Güterstand betreffendes Schriftstück, das als öffentliche Urkunde in einem Mitgliedstaat förmlich errichtet oder eingetragen worden ist und dessen Beweiskraft

i) sich auf die Unterschrift und den Inhalt der öffentlichen Urkunde bezieht und

ii) durch eine Behörde oder eine andere vom Ursprungsmitgliedstaat hierzu ermächtigte Stelle festgestellt worden ist;

d) „Entscheidung" jede von einem Gericht eines Mitgliedstaats über einen ehelichen Güterstand erlassene Entscheidung ohne Rücksicht auf ihre Bezeichnung, einschließlich des Kostenfestsetzungsbeschlusses eines Gerichtsbediensteten;

e) „gerichtlicher Vergleich" einen von einem Gericht gebilligten oder vor einem Gericht im Laufe eines Verfahrens geschlossenen Vergleich über den ehelichen Güterstand;

f) „Ursprungsmitgliedstaat" den Mitgliedstaat, in dem die Entscheidung ergangen, die öffentliche Urkunde errichtet oder der gerichtliche Vergleich gebilligt oder geschlossen worden ist;

g) „Vollstreckungsmitgliedstaat" den Mitgliedstaat, in dem die Anerkennung und/oder Vollstreckung der Entscheidung, der öffentlichen Urkunde oder des gerichtlichen Vergleichs betrieben wird.

(2) Im Sinne dieser Verordnung bezeichnet der Ausdruck „Gericht" jedes Gericht und alle anderen Behörden und Angehörigen von Rechtsberufen mit Zuständigkeiten in Fragen des ehelichen Güterstands, die gerichtliche Funktionen ausüben oder in Ausübung einer Befugnisübertragung durch ein Gericht oder unter der Aufsicht eines Gerichts handeln, sofern diese anderen Behörden und Angehörigen von Rechtsberufen ihre Unparteilichkeit und das Recht der Parteien auf rechtliches Gehör gewährleisten und ihre Entscheidungen nach dem Recht des Mitgliedstaats, in dem sie tätig sind,

a) vor einem Gericht angefochten oder von einem Gericht nachgeprüft werden können und

b) vergleichbare Rechtskraft und Rechtswirkung haben wie eine Entscheidung eines Gerichts in der gleichen Sache.

Die Mitgliedstaaten teilen der Kommission nach Artikel 64 die in Unterabsatz 1 genannten sonstigen Behörden und Angehörigen von Rechtsberufen mit.

KAPITEL II
GERICHTLICHE ZUSTÄNDIGKEIT

Artikel 4
Zuständigkeit im Fall des Todes eines Ehegatten

Wird ein Gericht eines Mitgliedstaats im Zusammenhang mit der Rechtsnachfolge von Todes wegen eines Ehegatten nach der Verordnung (EU) Nr. 650/2012 angerufen, so sind die Gerichte dieses Staates auch für Entscheidungen über den ehelichen Güterstand in Verbindung mit diesem Nachlass zuständig.

Artikel 5
Zuständigkeit im Fall der Ehescheidung, Trennung ohne Auflösung des Ehebands oder Ungültigerklärung einer Ehe

(1) Wird ein Gericht eines Mitgliedstaats zur Entscheidung über eine Ehescheidung, Trennung ohne Auflösung des Ehebands oder Ungültigerklärung der Ehe nach der Verordnung (EG) Nr. 2201/2003 angerufen, so sind unbeschadet des Absatzes 2 die Gerichte dieses Staates auch für Fragen des ehelichen Güterstands in Verbindung mit diesem Antrag zuständig.

(2) Die Zuständigkeit für Fragen des ehelichen Güterstands nach Absatz 1 unterliegt der Vereinbarung der Ehegatten, wenn das Gericht, das mit dem Antrag auf Ehescheidung, Trennung ohne Auflösung des Ehebands oder Ungültigerklärung der Ehe angerufen wird,

a) das Gericht eines Mitgliedstaats ist, in dem der Antragsteller nach Artikel 3 Absatz 1 Buchstabe a fünfter Gedankenstrich der Verordnung (EG) Nr. 2201/2003 seinen gewöhnlichen Aufenthalt hat und sich dort seit mindestens einem Jahr unmittelbar vor der Antragstellung aufgehalten hat,

b) das Gericht eines Mitgliedstaats ist, dessen Staatsangehörigkeit der Antragsteller nach Artikel 3 Absatz 1 Buchstabe a sechster Gedankenstrich der Verordnung (EG) Nr. 2201/2003 besitzt und in dem der Antragsteller seinen gewöhnlichen Aufenthalt hat und sich dort seit mindestens sechs Monaten unmittelbar vor der Antragstellung aufgehalten hat,

c) nach Artikel 5 der Verordnung (EG) Nr. 2201/2003 in Fällen der Umwandlung einer Trennung ohne Auflösung des Ehebands in eine Ehescheidung angerufen wird oder

d) nach Artikel 7 der Verordnung (EG) Nr. 2201/2003 in Fällen angerufen wird, in denen ihm eine Restzuständigkeit zukommt.

(3) Wird eine Vereinbarung nach Absatz 2 des vorliegenden Artikels geschlossen, bevor das Gericht zur Entscheidung über den ehelichen Güterstand angerufen wird, so muss die Verein-

EU-GüterVOen

barung den Anforderungen des Artikels 7 Absatz 2 entsprechen.

Artikel 6
Zuständigkeit in anderen Fällen

In Fällen, in denen kein Gericht eines Mitgliedstaats gemäß Artikel 4 oder Artikel 5 zuständig ist, oder in anderen als den in diesen Artikeln geregelten Fällen sind für Entscheidungen über Fragen des ehelichen Güterstands die Gerichte des Mitgliedstaats zuständig,

a) in dessen Hoheitsgebiet die Ehegatten zum Zeitpunkt der Anrufung des Gerichts ihren gewöhnlichen Aufenthalt haben oder anderenfalls

b) in dessen Hoheitsgebiet die Ehegatten zuletzt ihren gewöhnlichen Aufenthalt hatten, sofern einer von ihnen zum Zeitpunkt der Anrufung des Gerichts dort noch seinen gewöhnlichen Aufenthalt hat, oder anderenfalls

c) in dessen Hoheitsgebiet der Antragsgegner zum Zeitpunkt der Anrufung des Gerichts seinen gewöhnlichen Aufenthalt hat oder anderenfalls

d) dessen Staatsangehörigkeit beide Ehegatten zum Zeitpunkt der Anrufung des Gerichts besitzen.

Artikel 7
Gerichtsstandsvereinbarung

(1) In den Fällen des Artikels 6 können die Parteien vereinbaren, dass die Gerichte des Mitgliedstaats, dessen Recht nach Artikel 22 oder Artikel 26 Absatz 1 Buchstabe a oder b anzuwenden ist, oder die Gerichte des Mitgliedstaats, in dem die Ehe geschlossen wurde, für Entscheidungen über Fragen ihres ehelichen Güterstands ausschließlich zuständig sind.

(2) Die in Absatz 1 genannte Vereinbarung bedarf der Schriftform, ist zu datieren und von den Parteien zu unterzeichnen. Elektronische Übermittlungen, die eine dauerhafte Aufzeichnung der Vereinbarung ermöglichen, sind der Schriftform gleichgestellt.

Artikel 8
Zuständigkeit aufgrund rügeloser Einlassung

(1) Sofern das Gericht eines Mitgliedstaats, dessen Recht nach Artikel 22 oder Artikel 26 Absatz 1 Buchstabe a oder b anzuwenden ist, nicht bereits nach anderen Vorschriften dieser Verordnung zuständig ist, wird es zuständig, wenn sich der Beklagte vor ihm auf das Verfahren einlässt. Dies gilt nicht, wenn der Beklagte sich einlässt, um den Mangel der Zuständigkeit geltend zu machen, oder in den Fällen des Artikels 4 oder des Artikels 5 Absatz 1.

(2) Bevor sich das Gericht nach Absatz 1 für zuständig erklärt, stellt es sicher, dass der Beklag-te über sein Recht, die Unzuständigkeit des Gerichts geltend zu machen, und über die Folgen der Einlassung oder Nichteinlassung auf das Verfahren belehrt wird.

Artikel 9
Alternative Zuständigkeit

(1) Wenn ein Gericht eines Mitgliedstaats, das nach Artikel 4, 6, 7 oder 8 zuständig ist, feststellt, dass nach seinem Internationalen Privatrecht die streitgegenständliche Ehe für die Zwecke eines Verfahrens über den ehelichen Güterstand nicht anerkannt wird, kann es sich ausnahmsweise für unzuständig erklären. Beschließt das Gericht, sich für unzuständig zu erklären, so tut es das unverzüglich.

(2) Erklärt sich ein Gericht, das nach Artikel 4 oder 6 zuständig ist, für unzuständig und vereinbaren die Parteien, die Zuständigkeit den Gerichten eines anderen Mitgliedstaats nach Artikel 7 zu übertragen, so sind die Gerichte dieses anderen Mitgliedstaats für Entscheidungen über den ehelichen Güterstand zuständig.

In anderen Fällen sind für Entscheidungen über den ehelichen Güterstand die Gerichte eines anderen Mitgliedstaats nach Artikel 6 oder 8 oder die Gerichte des Mitgliedstaats zuständig, in dem die Ehe geschlossen wurde.

(3) Dieser Artikel findet keine Anwendung, wenn die Parteien eine Ehescheidung, eine Trennung ohne Auflösung des Ehebands oder eine Ungültigerklärung der Ehe erwirkt haben, die im Mitgliedstaat des angerufenen Gerichts anerkannt werden kann.

Artikel 10
Subsidiäre Zuständigkeit

Ist kein Gericht eines Mitgliedstaats nach den Artikeln 4, 5, 6, 7 oder 8 zuständig oder haben sich alle Gerichte nach Artikel 9 für unzuständig erklärt und ist kein Gericht nach Artikel 9 Absatz 2 zuständig, so sind die Gerichte eines Mitgliedstaats zuständig, in dessen Hoheitsgebiet unbewegliches Vermögen eines oder beider Ehegatten belegen ist; in diesem Fall ist das angerufene Gericht nur für Entscheidungen über dieses unbewegliche Vermögen zuständig.

Artikel 11
Notzuständigkeit (forum necessitatis)

Ist kein Gericht eines Mitgliedstaats nach den Artikeln 4, 5, 6, 7, 8 oder 10 zuständig oder haben sich alle Gerichte nach Artikel 9 für unzuständig erklärt und ist kein Gericht eines Mitgliedstaats nach Artikel 9 Absatz 2 und Artikel 10 zuständig, so können die Gerichte eines Mitgliedstaats ausnahmsweise über den ehelichen Güterstand entscheiden, wenn es nicht zumutbar ist oder es sich als unmöglich erweist, ein Verfahren in einem Drittstaat, zu dem die Sache einen engen Bezug aufweist, einzuleiten oder zu führen.

Die Sache muss einen ausreichenden Bezug zu dem Mitgliedstaat des angerufenen Gerichts aufweisen.

Artikel 12
Widerklagen

Das Gericht, bei dem ein Verfahren aufgrund der Artikel 4, 5, 6, 7, 8, des Artikels 9 Absatz 2, des Artikels 10 oder des Artikels 11 anhängig ist, ist auch für eine Widerklage zuständig, sofern diese in den Anwendungsbereich dieser Verordnung fällt.

Artikel 13
Beschränkung des Verfahrens

(1) Umfasst der Nachlass des Erblassers, der unter die Verordnung (EU) Nr. 650/2012 fällt, Vermögenswerte, die in einem Drittstaat belegen sind, so kann das in der Güterrechtssache angerufene Gericht auf Antrag einer der Parteien beschließen, über einen oder mehrere dieser Vermögenswerte nicht zu befinden, wenn zu erwarten ist, dass seine Entscheidung über diese Vermögenswerte in dem betreffenden Drittstaat nicht anerkannt oder gegebenenfalls nicht für vollstreckbar erklärt wird.

(2) Absatz 1 berührt nicht das Recht der Parteien, den Gegenstand des Verfahrens nach dem Recht des Mitgliedstaats des angerufenen Gerichts zu beschränken.

Artikel 14
Anrufung eines Gerichts

Für die Zwecke dieses Kapitels gilt ein Gericht als angerufen

a) zu dem Zeitpunkt, zu dem das verfahrenseinleitende Schriftstück oder ein gleichwertiges Schriftstück bei Gericht eingereicht worden ist, vorausgesetzt, der Antragsteller hat es in der Folge nicht versäumt, die ihm obliegenden Maßnahmen zu treffen, um die Zustellung des Schriftstücks an den Antragsgegner zu bewirken,

b) falls die Zustellung vor Einreichung des Schriftstücks bei Gericht zu bewirken ist, zu dem Zeitpunkt, zu dem die für die Zustellung verantwortliche Stelle das Schriftstück erhalten hat, vorausgesetzt, der Antragsteller hat es in der Folge nicht versäumt, die ihm obliegenden Maßnahmen zu treffen, um das Schriftstück bei Gericht einzureichen, oder,

c) falls das Gericht das Verfahren von Amts wegen einleitet, zu dem Zeitpunkt, zu dem der Beschluss über die Einleitung des Verfahrens vom Gericht gefasst oder, wenn ein solcher Be-

schluss nicht erforderlich ist, zu dem Zeitpunkt, zu dem die Sache beim Gericht eingetragen worden ist.

Artikel 15
Prüfung der Zuständigkeit

Das Gericht eines Mitgliedstaats, das in einer Güterrechtssache angerufen wird, für die es nach dieser Verordnung nicht zuständig ist, erklärt sich von Amts wegen für unzuständig.

Artikel 16
Prüfung der Zulässigkeit

(1) Lässt sich der Beklagte, der seinen gewöhnlichen Aufenthalt in einem anderen Staat als dem Mitgliedstaat hat, in dem die Klage erhoben wurde, auf das Verfahren nicht ein, so setzt das nach dieser Verordnung zuständige Gericht das Verfahren so lange aus, bis festgestellt ist, dass es dem Beklagten möglich war, das verfahrenseinleitende Schriftstück oder ein gleichwertiges Schriftstück so rechtzeitig zu empfangen, dass er sich verteidigen konnte oder dass alle hierzu erforderlichen Maßnahmen getroffen wurden.

(2) Anstelle des Absatzes 1 des vorliegenden Artikels findet Artikel 19 der Verordnung (EG) Nr. 1393/2007 des Europäischen Parlaments und des Rates[1] Anwendung, wenn das verfahrenseinleitende Schriftstück oder ein gleichwertiges Schriftstück nach der genannten Verordnung von einem Mitgliedstaat in einen anderen zu übermitteln war.

(3) Ist die Verordnung (EG) Nr. 1393/2007 nicht anwendbar, so gilt Artikel 15 des Haager Übereinkommens vom 15. November 1965 über die Zustellung gerichtlicher und außergerichtlicher Schriftstücke im Ausland in Zivil- und Handelssachen, wenn das verfahrenseinleitende Schriftstück oder ein gleichwertiges Schriftstück nach Maßgabe dieses Übereinkommens ins Ausland zu übermitteln war.

Artikel 17
Rechtshängigkeit

(1) Werden bei Gerichten verschiedener Mitgliedstaaten Verfahren wegen desselben Anspruchs zwischen denselben Parteien anhängig gemacht, so setzt jedes später angerufene Gericht das Verfahren von Amts wegen aus, bis die Zu-

---

Zu Artikel 16:
[1] *Verordnung (EG) Nr. 1393/2007 des Europäischen Parlaments und des Rates vom 13. November 2007 über die Zustellung gerichtlicher und außergerichtlicher Schriftstücke in Zivil- oder Handelssachen in den Mitgliedstaaten (Zustellung von Schriftstücken) und zur Aufhebung der Verordnung (EG) Nr. 1348/2000 des Rates (ABl. L 324 vom 10.12.2007, S. 79).*

EU-GüterVOen

ständigkeit des zuerst angerufenen Gerichts feststeht.

(2) In den in Absatz 1 genannten Fällen teilt das in der Rechtssache angerufene Gericht auf Antrag eines anderen angerufenen Gerichts diesem unverzüglich mit, wann es angerufen wurde.

(3) Sobald die Zuständigkeit des zuerst angerufenen Gerichts feststeht, erklärt sich das später angerufene Gericht zugunsten dieses Gerichts für unzuständig.

Artikel 18
Im Zusammenhang stehende Verfahren

(1) Sind bei Gerichten verschiedener Mitgliedstaaten Verfahren, die im Zusammenhang stehen, anhängig, so kann jedes später angerufene Gericht das Verfahren aussetzen.

(2) Sind die in Absatz 1 genannten Verfahren in erster Instanz anhängig, so kann sich jedes später angerufene Gericht auf Antrag einer Partei auch für unzuständig erklären, wenn das zuerst angerufene Gericht für die betreffenden Verfahren zuständig ist und die Verbindung der Verfahren nach seinem Recht zulässig ist.

(3) Für die Zwecke dieses Artikels gelten Verfahren als im Zusammenhang stehend, wenn zwischen ihnen eine so enge Beziehung gegeben ist, dass eine gemeinsame Verhandlung und Entscheidung geboten erscheint, um zu vermeiden, dass in getrennten Verfahren widersprechende Entscheidungen ergehen.

Artikel 19
Einstweilige Maßnahmen einschließlich Sicherungsmaßnahmen

Die im Recht eines Mitgliedstaats vorgesehenen einstweiligen Maßnahmen einschließlich Sicherungsmaßnahmen können bei den Gerichten dieses Staates auch dann beantragt werden, wenn für die Entscheidung in der Hauptsache nach dieser Verordnung die Gerichte eines anderen Mitgliedstaats zuständig sind.

KAPITEL III
ANZUWENDENDES RECHT

Artikel 20
Universelle Anwendung

Das nach dieser Verordnung bezeichnete Recht ist auch dann anzuwenden, wenn es nicht das Recht eines Mitgliedstaats ist.

Artikel 21
Einheit des anzuwendenden Rechts

Das gesamte Vermögen der Ehegatten unterliegt ungeachtet seiner Belegenheit dem gemäß

Artikel 22 oder 26 auf den ehelichen Güterstand anzuwendenden Recht.

Artikel 22
Rechtswahl

(1) Die Ehegatten oder künftigen Ehegatten können das auf ihren ehelichen Güterstand anzuwendende Recht durch Vereinbarung bestimmen oder ändern, sofern es sich dabei um das Recht eines der folgenden Staaten handelt:

a) das Recht des Staates, in dem die Ehegatten oder künftigen Ehegatten oder einer von ihnen zum Zeitpunkt der Rechtswahl ihren/seinen gewöhnlichen Aufenthalt haben/hat, oder

b) das Recht eines Staates, dessen Staatsangehörigkeit einer der Ehegatten oder künftigen Ehegatten zum Zeitpunkt der Rechtswahl besitzt.

(2) Sofern die Ehegatten nichts anderes vereinbaren, gilt eine während der Ehe vorgenommene Änderung des auf den ehelichen Güterstand anzuwendenden Rechts nur für die Zukunft.

(3) Eine rückwirkende Änderung des anzuwendenden Rechts nach Absatz 2 darf die Ansprüche Dritter, die sich aus diesem Recht ableiten, nicht beeinträchtigen.

Artikel 23
Formgültigkeit der Rechtswahlvereinbarung

(1) Eine Vereinbarung nach Artikel 22 bedarf der Schriftform, ist zu datieren und von beiden Ehegatten zu unterzeichnen. Elektronische Übermittlungen, die eine dauerhafte Aufzeichnung der Vereinbarung ermöglicht, sind der Schriftform gleichgestellt.

(2) Sieht das Recht des Mitgliedstaats, in dem beide Ehegatten zum Zeitpunkt der Rechtswahl ihren gewöhnlichen Aufenthalt haben, zusätzliche Formvorschriften für Vereinbarungen über den ehelichen Güterstand vor, so sind diese Formvorschriften anzuwenden.

(3) Haben die Ehegatten zum Zeitpunkt der Rechtswahl ihren gewöhnlichen Aufenthalt in verschiedenen Mitgliedstaaten und sieht das Recht beider Staaten unterschiedliche Formvorschriften für Vereinbarungen über den ehelichen Güterstand vor, so ist die Vereinbarung formgültig, wenn sie den Vorschriften des Rechts eines dieser Mitgliedstaaten genügt.

(4) Hat zum Zeitpunkt der Rechtswahl nur einer der Ehegatten seinen gewöhnlichen Aufenthalt in einem Mitgliedstaat und sind in diesem Staat zusätzliche Formvorschriften für Vereinbarungen über den ehelichen Güterstand vorgesehen, so sind diese Formvorschriften anzuwenden.

Artikel 24
Einigung und materielle Wirksamkeit

(1) Das Zustandekommen und die Wirksamkeit einer Rechtswahlvereinbarung oder einer ihrer Bestimmungen bestimmen sich nach dem Recht, das nach Artikel 22 anzuwenden wäre, wenn die Vereinbarung oder die Bestimmung wirksam wäre.

(2) Ein Ehegatte kann sich jedoch für die Behauptung, er habe der Vereinbarung nicht zugestimmt, auf das Recht des Staates berufen, in dem er zum Zeitpunkt der Anrufung des Gerichts seinen gewöhnlichen Aufenthalt hat, wenn sich aus den Umständen ergibt, dass es nicht angemessen wäre, die Wirkung seines Verhaltens nach dem in Absatz 1 bezeichneten Recht zu bestimmen.

Artikel 25
Formgültigkeit einer Vereinbarung über den ehelichen Güterstand

(1) Die Vereinbarung über den ehelichen Güterstand bedarf der Schriftform, ist zu datieren und von beiden Ehegatten zu unterzeichnen. Elektronische Übermittlungen, die eine dauerhafte Aufzeichnung der Vereinbarung ermöglichen, sind der Schriftform gleichgestellt.

(2) Sieht das Recht des Mitgliedstaats, in dem beide Ehegatten zum Zeitpunkt der Vereinbarung ihren gewöhnlichen Aufenthalt haben, zusätzliche Formvorschriften für Vereinbarungen über den ehelichen Güterstand vor, so sind diese Formvorschriften anzuwenden.
Haben die Ehegatten zum Zeitpunkt der Vereinbarung ihren gewöhnlichen Aufenthalt in verschiedenen Mitgliedstaaten, und sieht das Recht beider Staaten unterschiedliche Formvorschriften für Vereinbarungen über den ehelichen Güterstand vor, so ist die Vereinbarung formgültig, wenn sie den Vorschriften des Rechts eines dieser Mitgliedstaaten genügt.
Hat zum Zeitpunkt der Vereinbarung nur einer der Ehegatten seinen gewöhnlichen Aufenthalt in einem Mitgliedstaat und sind in diesem Staat zusätzliche Formvorschriften für Vereinbarungen über den ehelichen Güterstand vorgesehen, so sind diese Formvorschriften anzuwenden.

(3) Sieht das auf den ehelichen Güterstand anzuwendende Recht zusätzliche Formvorschriften vor, so sind diese Formvorschriften anzuwenden.

Artikel 26
Mangels Rechtswahl der Parteien anzuwendendes Recht

(1) Mangels einer Rechtswahlvereinbarung nach Artikel 22 unterliegt der eheliche Güterstand dem Recht des Staates,

a) in dem die Ehegatten nach der Eheschließung ihren ersten gemeinsamen gewöhnlichen Aufenthalt haben, oder anderenfalls

b) dessen Staatsangehörigkeit beide Ehegatten zum Zeitpunkt der Eheschließung besitzen, oder anderenfalls

c) mit dem die Ehegatten unter Berücksichtigung aller Umstände zum Zeitpunkt der Eheschließung gemeinsam am engsten verbunden sind.

(2) Besitzen die Ehegatten zum Zeitpunkt der Eheschließung mehr als eine gemeinsame Staatsangehörigkeit, findet nur Absatz 1 Buchstabe a und c Anwendung.

(3) Ausnahmsweise kann das Gericht, das für Fragen des ehelichen Güterstands zuständig ist, auf Antrag eines der Ehegatten entscheiden, dass das Recht eines anderen Staates als des Staates, dessen Recht nach Absatz 1 Buchstabe a anzuwenden ist, für den ehelichen Güterstand gilt, sofern der Antragsteller nachweist, dass

a) die Ehegatten ihren letzten gemeinsamen gewöhnlichen Aufenthalt in diesem anderen Staat über einen erheblich längeren Zeitraum als in dem in Absatz 1 Buchstabe a bezeichneten Staat hatten und

b) beide Ehegatten auf das Recht dieses anderen Staates bei der Regelung oder Planung ihrer vermögensrechtlichen Beziehungen vertraut hatten.

Das Recht dieses anderen Staates gilt ab dem Zeitpunkt der Eheschließung, es sei denn, ein Ehegatte ist damit nicht einverstanden. In diesem Fall gilt das Recht dieses anderen Staates ab Begründung des letzten gemeinsamen gewöhnlichen Aufenthalts in diesem anderen Staat.
Die Anwendung des Rechts des anderen Staates darf die Rechte Dritter, die sich auf das nach Absatz 1 Buchstabe a anzuwendende Recht gründen, nicht beeinträchtigen.
Dieser Absatz gilt nicht, wenn die Ehegatten vor der Begründung ihres letzten gemeinsamen gewöhnlichen Aufenthalts in diesem anderen Staat eine Vereinbarung über den ehelichen Güterstand getroffen haben.

Artikel 27
Reichweite des anzuwendenden Rechts

Das nach dieser Verordnung auf den ehelichen Güterstand anzuwendende Recht regelt unter anderem

a) die Einteilung des Vermögens eines oder beider Ehegatten in verschiedene Kategorien während und nach der Ehe;

b) die Übertragung von Vermögen von einer Kategorie in die andere;

c) die Haftung des einen Ehegatten für die Verbindlichkeiten und Schulden des anderen;

d) die Befugnisse, Rechte und Pflichten eines oder beider Ehegatten in Bezug auf das Vermögen;

e) die Auflösung des ehelichen Güterstands und die Teilung, Aufteilung oder Abwicklung des Vermögens;

f) die Wirkungen des ehelichen Güterstands auf ein Rechtsverhältnis zwischen einem Ehegatten und Dritten und

g) die materielle Wirksamkeit einer Vereinbarung über den ehelichen Güterstand.

Artikel 28
Wirkungen gegenüber Dritten

(1) Ungeachtet des Artikels 27 Buchstabe f darf ein Ehegatte in einer Streitigkeit zwischen einem Dritten und einem oder beiden Ehegatten das für den ehelichen Güterstand maßgebende Recht dem Dritten nicht entgegenhalten, es sei denn, der Dritte hatte Kenntnis von diesem Recht oder hätte bei gebührender Sorgfalt davon Kenntnis haben müssen.

(2) Es wird davon ausgegangen, dass der Dritte Kenntnis von dem auf den ehelichen Güterstand anzuwendenden Recht hat, wenn

a) dieses Recht das Recht des Staates ist,

i) dessen Recht auf das Rechtsgeschäft zwischen einem Ehegatten und dem Dritten anzuwenden ist,

ii) in dem der vertragschließende Ehegatte und der Dritte ihren gewöhnlichen Aufenthalt haben oder

iii) in dem die Vermögensgegenstände – im Fall von unbeweglichem Vermögen – belegen sind,

oder

b) ein Ehegatte die geltenden Anforderungen an die Publizität oder Registrierung des ehelichen Güterstands eingehalten hat, die vorgesehen sind im Recht des Staates,

i) dessen Recht auf das Rechtsgeschäft zwischen einem Ehegatten und dem Dritten anzuwenden ist,

ii) in dem der vertragschließende Ehegatte und der Dritte ihren gewöhnlichen Aufenthalt haben oder

iii) in dem die Vermögensgegenstände – im Fall von unbeweglichem Vermögen – belegen sind.

(3) Kann ein Ehegatte das auf seinen ehelichen Güterstand anzuwendende Recht einem Dritten nach Absatz 1 nicht entgegenhalten, so unterliegen die Wirkungen des ehelichen Güterstands gegenüber dem Dritten dem Recht des Staates,

a) dessen Recht auf das Rechtsgeschäft zwischen einem Ehegatten und dem Dritten anzuwenden ist oder

b) in dem die Vermögensgegenstände – im Fall von unbeweglichem Vermögen – belegen sind oder, im Fall eingetragener Vermögenswerte oder im Fall von Rechten, in dem diese Vermögenswerte oder Rechte eingetragen sind.

Artikel 29
Anpassung dinglicher Rechte

Macht eine Person ein dingliches Recht geltend, das ihr nach dem auf den ehelichen Güterstand anzuwendenden Recht zusteht, und kennt das Recht des Mitgliedstaats, in dem das Recht geltend gemacht wird, das betreffende dingliche Recht nicht, so ist dieses Recht soweit erforderlich und möglich an das in der Rechtsordnung dieses Mitgliedstaats am ehesten vergleichbare Recht anzupassen, wobei die mit dem besagten dinglichen Recht verfolgten Ziele und Interessen und die mit ihm verbundenen Wirkungen zu berücksichtigen sind.

Artikel 30
Eingriffsnormen

(1) Diese Verordnung berührt nicht die Anwendung der Eingriffsnormen des Rechts des angerufenen Gerichts.

(2) Eine Eingriffsnorm ist eine Vorschrift, deren Einhaltung von einem Mitgliedstaat als so entscheidend für die Wahrung seines öffentlichen Interesses, insbesondere seiner politischen, sozialen oder wirtschaftlichen Ordnung, angesehen wird, dass sie ungeachtet des nach Maßgabe dieser Verordnung auf den ehelichen Güterstand anzuwendenden Rechts auf alle Sachverhalte anzuwenden ist, die in ihren Anwendungsbereich fallen.

Artikel 31
Öffentliche Ordnung (ordre public)

Die Anwendung einer Vorschrift des nach dieser Verordnung bestimmten Rechts eines Staates darf nur versagt werden, wenn ihre Anwendung mit der öffentlichen Ordnung (ordre public) des Staates des angerufenen Gerichts offensichtlich unvereinbar ist.

Artikel 32
Ausschluss der Rück- und Weiterverweisung

Unter dem nach dieser Verordnung anzuwendenden Recht eines Staates sind die in diesem Staat geltenden Rechtsnormen mit Ausnahme seines Internationalen Privatrechts zu verstehen.

Artikel 33
Staaten mit mehr als einem Rechtssystem –
interlokale Kollisionsvorschriften

(1) Verweist diese Verordnung auf das Recht eines Staates, der mehrere Gebietseinheiten umfasst, von denen jede eigene Rechtsvorschriften für eheliche Güterstände hat, so bestimmen die internen Kollisionsvorschriften dieses Staates die Gebietseinheit, deren Rechtsvorschriften anzuwenden sind.

(2) In Ermangelung solcher internen Kollisionsvorschriften gilt:

a) Jede Bezugnahme auf das Recht des in Absatz 1 genannten Staates ist für die Bestimmung des anzuwendenden Rechts aufgrund von Vorschriften, die sich auf den gewöhnlichen Aufenthalt der Ehegatten beziehen, als Bezugnahme auf das Recht der Gebietseinheit zu verstehen, in der die Ehegatten ihren gewöhnlichen Aufenthalt haben.

b) Jede Bezugnahme auf das Recht des in Absatz 1 genannten Staates ist für die Bestimmung des anzuwendenden Rechts aufgrund von Vorschriften, die sich auf die Staatsangehörigkeit der Ehegatten beziehen, als Bezugnahme auf das Recht der Gebietseinheit zu verstehen, zu der die Ehegatten die engste Verbindung haben.

c) Jede Bezugnahme auf das Recht des in Absatz 1 genannten Staates ist für die Bestimmung des anzuwendenden Rechts aufgrund sonstiger Bestimmungen, die sich auf andere Anknüpfungspunkte beziehen, als Bezugnahme auf das Recht der Gebietseinheit zu verstehen, in der sich der einschlägige Anknüpfungspunkt befindet.

Artikel 34
Staaten mit mehr als einem Rechtssystem –
interpersonale Kollisionsvorschriften

Gelten in einem Staat für die ehelichen Güterstände zwei oder mehr Rechtssysteme oder Regelwerke für verschiedene Personengruppen, so ist jede Bezugnahme auf das Recht dieses Staates als Bezugnahme auf das Rechtssystem oder das Regelwerk zu verstehen, das die in diesem Staat geltenden Vorschriften zur Anwendung berufen. In Ermangelung solcher Vorschriften ist das Rechtssystem oder das Regelwerk anzuwenden, zu dem die Ehegatten die engste Verbindung haben.

Artikel 35
Nichtanwendung dieser Verordnung auf
innerstaatliche Kollisionen

Ein Mitgliedstaat, der mehrere Gebietseinheiten umfasst, von denen jede ihre eigenen Rechtsvorschriften für eheliche Güterstände hat, ist nicht verpflichtet, diese Verordnung auf Kollisionen zwischen den Rechtsordnungen dieser Gebietseinheiten anzuwenden.

KAPITEL IV
ANERKENNUNG, VOLLSTRECKBARKEIT UND VOLLSTRECKUNG VON ENTSCHEIDUNGEN

Artikel 36
Anerkennung

(1) Die in einem Mitgliedstaat ergangenen Entscheidungen werden in den anderen Mitgliedstaaten anerkannt, ohne dass es hierfür eines besonderen Verfahrens bedarf.

(2) Jede Partei, die die Anerkennung einer Entscheidung zu einem zentralen Element des Streitgegenstands macht, kann in den Verfahren der Artikel 44 bis 57 die Anerkennung der Entscheidung beantragen.

(3) Hängt der Ausgang eines Verfahrens vor dem Gericht eines Mitgliedstaats von der Entscheidung über die inzidente Frage der Anerkennung ab, so ist dieses Gericht für die Entscheidung über die Anerkennung zuständig.

Artikel 37
Gründe für die Nichtanerkennung

Eine Entscheidung wird nicht anerkannt, wenn

a) die Anerkennung der öffentlichen Ordnung (*ordre public*) des Mitgliedstaats, in dem sie beantragt wird, offensichtlich widersprechen würde;

b) dem Beklagten, der sich auf das Verfahren nicht eingelassen hat, das verfahrenseinleitende Schriftstück oder ein gleichwertiges Schriftstück nicht so rechtzeitig und in einer Weise zugestellt worden ist, dass er sich verteidigen konnte, es sei denn, der Beklagte hat die Entscheidung nicht angefochten, obwohl er die Möglichkeit dazu hatte;

c) sie mit einer Entscheidung unvereinbar ist, die in einem Verfahren zwischen denselben Parteien in dem Mitgliedstaat, in dem die Anerkennung beantragt wird, ergangen ist;

d) sie mit einer früheren Entscheidung unvereinbar ist, die in einem anderen Mitgliedstaat oder in einem Drittstaat in einem Verfahren zwischen denselben Parteien wegen desselben Anspruchs ergangen ist, sofern die frühere Entscheidung die notwendigen Voraussetzungen für ihre Anerkennung in dem Mitgliedstaat, in dem die Anerkennung geltend gemacht wird, erfüllt.

Artikel 38
Grundrechte

Artikel 37 dieser Verordnung ist von den Gerichten und anderen zuständigen Behörden der

EU-GüterVOen

Mitgliedstaaten unter Beachtung der in der Charta anerkannten Grundrechte und Grundsätze anzuwenden, insbesondere des Grundsatzes der Nichtdiskriminierung in Artikel 21 der Charta.

Artikel 39
Ausschluss der Nachprüfung der Zuständigkeit des Gerichts des Ursprungsmitgliedstaats

(1) Die Zuständigkeit des Gerichts des Ursprungsmitgliedstaats darf nicht nachgeprüft werden.

(2) Das Kriterium der öffentlichen Ordnung (*ordre public*) in Artikel 37 findet keine Anwendung auf die Zuständigkeitsvorschriften in den Artikeln 4 bis 11.

Artikel 40
Ausschluss der Nachprüfung in der Sache

Die in einem Mitgliedstaat ergangene Entscheidung darf keinesfalls in der Sache selbst nachgeprüft werden.

Artikel 41
Aussetzung des Anerkennungsverfahrens

Das Gericht eines Mitgliedstaats, vor dem die Anerkennung einer in einem anderen Mitgliedstaat ergangenen Entscheidung geltend gemacht wird, kann das Verfahren aussetzen, wenn im Ursprungsmitgliedstaat gegen die Entscheidung ein ordentlicher Rechtsbehelf eingelegt worden ist.

Artikel 42
Vollstreckbarkeit

Die in einem Mitgliedstaat ergangenen und in diesem Staat vollstreckbaren Entscheidungen sind in einem anderen Mitgliedstaat vollstreckbar, wenn sie auf Antrag eines Berechtigten dort nach den Verfahren der Artikel 44 bis 57 für vollstreckbar erklärt worden sind.

Artikel 43
Bestimmung des Wohnsitzes

Ist zu entscheiden, ob eine Partei für die Zwecke des Verfahrens nach den Artikeln 44 bis 57 im Hoheitsgebiet des Vollstreckungsmitgliedstaats einen Wohnsitz hat, so wendet das befasste Gericht sein innerstaatliches Recht an.

Artikel 44
Örtlich zuständiges Gericht

(1) Der Antrag auf Vollstreckbarerklärung ist an das Gericht oder die zuständige Behörde des Vollstreckungsmitgliedstaats zu richten, die der Kommission nach Artikel 64 von diesem Mitgliedstaat mitgeteilt wurden.

(2) Die örtliche Zuständigkeit wird durch den Ort des Wohnsitzes der Partei, gegen die die Vollstreckung erwirkt werden soll, oder durch den Ort, an dem die Vollstreckung durchgeführt werden soll, bestimmt.

Artikel 45
Verfahren

(1) Für das Verfahren der Antragstellung ist das Recht des Vollstreckungsmitgliedstaats maßgebend.

(2) Von dem Antragsteller kann nicht verlangt werden, dass er im Vollstreckungsmitgliedstaat über eine Postanschrift oder einen bevollmächtigten Vertreter verfügt.

(3) Dem Antrag sind die folgenden Schriftstücke beizufügen:

a) eine Ausfertigung der Entscheidung, die die für die Feststellung ihrer Beweiskraft erforderlichen Voraussetzungen erfüllt;

b) die Bescheinigung, die von dem Gericht oder der zuständigen Behörde des Ursprungsmitgliedstaats unter Verwendung des – nach dem Beratungsverfahren nach Artikel 67 Absatz 2 erstellten – Formulars ausgestellt wurde, unbeschadet des Artikels 46.

Artikel 46
Nichtvorlage der Bescheinigung

(1) Wird die Bescheinigung nach Artikel 45 Absatz 3 Buchstabe b nicht vorgelegt, so kann das Gericht oder die sonst befugte Stelle eine Frist bestimmen, innerhalb deren die Bescheinigung vorzulegen ist, oder eine gleichwertige Urkunde akzeptieren oder von der Vorlage der Bescheinigung absehen, wenn es bzw. sie keinen weiteren Klärungsbedarf sieht.

(2) Auf Verlangen des Gerichts oder der zuständigen Behörde ist eine Übersetzung oder Transkription der Schriftstücke vorzulegen. Die Übersetzung ist von einer Person zu erstellen, die zur Anfertigung von Übersetzungen in einem der Mitgliedstaaten befugt ist.

Artikel 47
Vollstreckbarerklärung

Sobald die in Artikel 45 vorgesehenen Förmlichkeiten erfüllt sind, wird die Entscheidung unverzüglich für vollstreckbar erklärt, ohne dass eine Prüfung nach Artikel 37 erfolgt. Die Partei, gegen die die Vollstreckung erwirkt werden soll, erhält in diesem Abschnitt des Verfahrens keine Gelegenheit, eine Erklärung abzugeben.

Artikel 48
Mitteilung der Entscheidung über den Antrag auf Vollstreckbarerklärung

(1) Die Entscheidung über den Antrag auf Vollstreckbarerklärung wird dem Antragsteller unverzüglich nach dem Verfahren mitgeteilt, das das Recht des Vollstreckungsmitgliedstaats vorsieht.

(2) Die Vollstreckbarerklärung und, soweit dies noch nicht geschehen ist, die Entscheidung werden der Partei, gegen die die Vollstreckung erwirkt werden soll, zugestellt.

Artikel 49
Rechtsbehelf gegen die Entscheidung über den Antrag auf Vollstreckbarerklärung

(1) Gegen die Entscheidung über den Antrag auf Vollstreckbarerklärung kann jede Partei einen Rechtsbehelf einlegen.

(2) Der Rechtsbehelf wird bei dem Gericht eingelegt, das der betreffende Mitgliedstaat der Kommission nach Artikel 64 mitgeteilt hat.

(3) Über den Rechtsbehelf wird nach den Vorschriften entschieden, die für Verfahren mit beiderseitigem rechtlichem Gehör maßgebend sind.

(4) Lässt sich die Partei, gegen die die Vollstreckung erwirkt werden soll, auf das Verfahren vor dem mit dem Rechtsbehelf des Antragstellers befassten Gericht nicht ein, so ist Artikel 16 auch dann anzuwenden, wenn die Partei, gegen die die Vollstreckung erwirkt werden soll, in keinem Mitgliedstaat einen Wohnsitz hat.

(5) Der Rechtsbehelf gegen die Vollstreckbarerklärung ist innerhalb von 30 Tagen nach ihrer Zustellung einzulegen. Hat die Partei, gegen die die Vollstreckung erwirkt werden soll, ihren Wohnsitz im Hoheitsgebiet eines anderen Mitgliedstaats als dem, in dem die Vollstreckbarerklärung ergangen ist, so beträgt die Frist für den Rechtsbehelf 60 Tage und beginnt mit dem Tag, an dem die Vollstreckbarerklärung ihr entweder persönlich oder in ihrer Wohnung zugestellt worden ist. Eine Verlängerung dieser Frist wegen weiter Entfernung ist ausgeschlossen.

Artikel 50
Rechtsbehelf gegen die Entscheidung über den Rechtsbehelf

Gegen die über den Rechtsbehelf ergangene Entscheidung kann ein Rechtsbehelf nur nach dem Verfahren eingelegt werden, das der betreffende Mitgliedstaat der Kommission nach Artikel 64 mitgeteilt hat.

Artikel 51
Versagung oder Aufhebung einer Vollstreckbarerklärung

Die Vollstreckbarerklärung darf von dem mit einem Rechtsbehelf nach Artikel 49 oder 50 befassten Gericht nur aus einem der in Artikel 37 aufgeführten Gründe versagt oder aufgehoben werden. Das Gericht erlässt seine Entscheidung unverzüglich.

Artikel 52
Aussetzung des Verfahrens

Das nach Artikel 49 oder 50 mit dem Rechtsbehelf befasste Gericht setzt das Verfahren auf Antrag der Partei, gegen die die Vollstreckung erwirkt werden soll, aus, wenn die Entscheidung im Ursprungsmitgliedstaat wegen der Einlegung eines Rechtsbehelfs vorläufig nicht vollstreckbar ist.

Artikel 53
Einstweilige Maßnahmen einschließlich Sicherungsmaßnahmen

(1) Ist eine Entscheidung nach diesem Kapitel anzuerkennen, so ist der Antragsteller nicht daran gehindert, einstweilige Maßnahmen einschließlich Sicherungsmaßnahmen nach dem Recht des Vollstreckungsmitgliedstaats in Anspruch zu nehmen, ohne dass es einer Vollstreckbarerklärung nach Artikel 47 bedarf. *(ABl L 167, 36 vom 4. 7. 2018)*

(2) Die Vollstreckbarerklärung umfasst von Rechts wegen die Befugnis, alle Sicherungsmaßnahmen zu veranlassen.

(3) Solange die in Artikel 49 Absatz 5 vorgesehene Frist für den Rechtsbehelf gegen die Vollstreckbarerklärung läuft und solange über den Rechtsbehelf nicht entschieden ist, darf die Zwangsvollstreckung in das Vermögen der Partei, gegen welche die Vollstreckung erfolgen soll, nicht über Sicherungsmaßnahmen hinausgehen.

Artikel 54
Teilvollstreckbarkeit

(1) Ist durch die Entscheidung über mehrere Ansprüche erkannt worden, und kann die Vollstreckbarerklärung nicht für alle Ansprüche erteilt werden, so erteilt das Gericht oder die zuständige Behörde sie für einen oder mehrere dieser Ansprüche.

(2) Der Antragsteller kann beantragen, dass die Vollstreckbarerklärung nur für einen Teil des Gegenstands der Entscheidung erteilt wird.

EU-GüterVOen

Artikel 55
Prozesskostenhilfe

Ist dem Antragsteller im Ursprungsmitgliedstaat ganz oder teilweise Prozesskostenhilfe oder Kosten- oder Gebührenbefreiung gewährt worden, so genießt er im Vollstreckbarerklärungsverfahren hinsichtlich der Prozesskostenhilfe oder der Kosten- oder Gebührenbefreiung die günstigste Behandlung, die das Recht des Vollstreckungsmitgliedstaats vorsieht.

Artikel 56
Keine Sicherheitsleistung oder Hinterlegung

Der Partei, die in einem Mitgliedstaat die Anerkennung, Vollstreckbarerklärung oder Vollstreckung einer in einem anderen Mitgliedstaat ergangenen Entscheidung beantragt, darf wegen ihrer Eigenschaft als Ausländer oder wegen Fehlens eines inländischen Wohnsitzes oder Aufenthalts im Vollstreckungsmitgliedstaat keine Sicherheitsleistung oder Hinterlegung, unter welcher Bezeichnung es auch sei, auferlegt werden.

Artikel 57
Keine Stempelabgaben oder Gebühren

Im Vollstreckungsmitgliedstaat dürfen in Vollstreckbarerklärungsverfahren keine nach dem Streitwert abgestuften Stempelabgaben oder Gebühren erhoben werden.

KAPITEL V
ÖFFENTLICHE URKUNDEN UND GERICHTLICHE VERGLEICHE

Artikel 58
Annahme öffentlicher Urkunden

(1) Eine in einem Mitgliedstaat errichtete öffentliche Urkunde hat in einem anderen Mitgliedstaat die gleiche formelle Beweiskraft wie im Ursprungsmitgliedstaat oder die damit am ehesten vergleichbare Wirkung, sofern das der öffentlichen Ordnung (ordre public) des betreffenden Mitgliedstaats nicht offensichtlich widerspricht.
Eine Person, die eine öffentliche Urkunde in einem anderen Mitgliedstaat verwenden möchte, kann die Behörde, die die öffentliche Urkunde im Ursprungsmitgliedstaat errichtet, ersuchen, das nach dem Beratungsverfahren nach Artikel 67 Absatz 2 erstellte Formblatt auszufüllen, das die formelle Beweiskraft der öffentlichen Urkunde im Ursprungsmitgliedstaat beschreibt.

(2) Einwände gegen die Authentizität einer öffentlichen Urkunde sind bei den Gerichten des Ursprungsmitgliedstaats zu erheben; über diese Einwände wird nach dem Recht dieses Staates entschieden. Eine öffentliche Urkunde, gegen die solche Einwände erhoben wurden, entfaltet in einem anderen Mitgliedstaat keine Beweiskraft, solange die Sache bei dem zuständigen Gericht anhängig ist.

(3) Einwände gegen die in einer öffentlichen Urkunde beurkundeten Rechtsgeschäfte oder Rechtsverhältnisse sind bei den nach dieser Verordnung zuständigen Gerichten zu erheben; über diese Einwände wird nach dem nach Kapitel III anzuwendenden Recht entschieden. Eine öffentliche Urkunde, gegen die solche Einwände erhoben wurden, entfaltet in einem anderen als dem Ursprungsmitgliedstaat hinsichtlich des bestrittenen Umstands keine Beweiskraft, solange die Sache bei dem zuständigen Gericht anhängig ist.

(4) Hängt der Ausgang eines Verfahrens vor dem Gericht eines Mitgliedstaats von der Klärung einer Vorfrage im Zusammenhang mit den in einer öffentlichen Urkunde beurkundeten Rechtsgeschäften oder Rechtsverhältnissen betreffend den ehelichen Güterstand ab, so ist dieses Gericht für die Entscheidung über diese Vorfrage zuständig.

Artikel 59
Vollstreckbarkeit öffentlicher Urkunden

(1) Öffentliche Urkunden, die im Ursprungsmitgliedstaat vollstreckbar sind, werden in einem anderen Mitgliedstaat auf Antrag eines Berechtigten nach dem Verfahren der Artikel 44 bis 57 für vollstreckbar erklärt.

(2) Für die Zwecke des Artikels 45 Absatz 3 Buchstabe b stellt die Behörde, die die öffentliche Urkunde errichtet hat, auf Antrag eines Berechtigten eine Bescheinigung unter Verwendung des nach dem Beratungsverfahren nach Artikel 67 Absatz 2 erstellten Formblattes aus.

(3) Die Vollstreckbarerklärung wird von dem mit einem Rechtsbehelf nach Artikel 49 oder 50 befassten Gericht nur versagt oder aufgehoben, wenn die Vollstreckung der öffentlichen Urkunde der öffentlichen Ordnung (ordre public) des Vollstreckungsmitgliedstaats offensichtlich widersprechen würde.

Artikel 60
Vollstreckbarkeit gerichtlicher Vergleiche

(1) Gerichtliche Vergleiche, die im Ursprungsmitgliedstaat vollstreckbar sind, werden in einem anderen Mitgliedstaat auf Antrag eines Berechtigten nach dem Verfahren der Artikel 44 bis 57 für vollstreckbar erklärt.

(2) Für die Zwecke des Artikels 45 Absatz 3 Buchstabe b stellt das Gericht, das den Vergleich gebilligt hat oder vor dem der Vergleich geschlossen wurde, auf Antrag eines Berechtigten eine Bescheinigung unter Verwendung des nach dem Beratungsverfahren nach Artikel 67 Absatz 2 erstellten Formblattes aus.

(3) Die Vollstreckbarerklärung wird von dem mit einem Rechtsbehelf nach Artikel 49 oder 50 befassten Gericht nur versagt oder aufgehoben, wenn die Vollstreckung des gerichtlichen Vergleichs der öffentlichen Ordnung (*ordre public*) des Vollstreckungsmitgliedstaats offensichtlich widersprechen würde.

KAPITEL VI

ALLGEMEINE UND SCHLUSSBESTIMMUNGEN

Artikel 61
Legalisation oder ähnliche Förmlichkeiten

Im Rahmen dieser Verordnung bedarf es für Urkunden, die in einem Mitgliedstaat ausgestellt werden, weder der Legalisation noch einer ähnlichen Förmlichkeit.

Artikel 62
Verhältnis zu bestehenden internationalen Übereinkünften

(1) Diese Verordnung lässt unbeschadet der Verpflichtungen der Mitgliedstaaten nach Artikel 351 AEUV die Anwendung bilateraler oder multilateraler Übereinkünfte unberührt, denen ein oder mehrere Mitgliedstaaten zum Zeitpunkt des Erlasses dieser Verordnung oder eines Beschlusses nach Artikel 331 Absatz 1 Unterabsatz 2 oder 3 AEUV angehören und die Bereiche betreffen, die in dieser Verordnung geregelt sind.

(2) Ungeachtet des Absatzes 1 hat diese Verordnung im Verhältnis zwischen den Mitgliedstaaten Vorrang vor untereinander geschlossenen Übereinkünften, soweit diese Übereinkünfte Bereiche betreffen, die in dieser Verordnung geregelt sind.

(3) Diese Verordnung steht der Anwendung des Übereinkommens vom 6. Februar 1931 zwischen Dänemark, Finnland, Island, Norwegen und Schweden mit Bestimmungen des Internationalen Privatrechts über Eheschließung, Adoption und Vormundschaft in der Fassung von 2006, des Übereinkommens vom 19. November 1934 zwischen Dänemark, Finnland, Island, Norwegen und Schweden mit Bestimmungen des Internationalen Privatrechts über Rechtsnachfolge von Todes wegen, Testamente und Nachlassverwaltung in der Fassung von Juni 2012 und des Übereinkommens vom 11. Oktober 1977 zwischen Dänemark, Finnland, Island, Norwegen und Schweden über die Anerkennung und Vollstreckung von Entscheidungen in Zivilsachen durch die ihnen angehörenden Mitgliedstaaten nicht entgegen, soweit sie vereinfachte und zügigere Verfahren für die Anerkennung und Vollstreckung von Entscheidungen in Fragen des ehelichen Güterstands vorsehen.

Artikel 63
Informationen für die Öffentlichkeit

Die Mitgliedstaaten übermitteln der Kommission eine kurze Zusammenfassung ihrer nationalen Vorschriften und Verfahren betreffend die ehelichen Güterstände, einschließlich Informationen zu der Art von Behörde, die für Fragen des ehelichen Güterstands zuständig ist, und zu den Wirkungen gegenüber Dritten gemäß Artikel 28, damit die betreffenden Informationen der Öffentlichkeit im Rahmen des Europäischen Justiziellen Netzes für Zivil- und Handelssachen zur Verfügung gestellt werden können.

Die Mitgliedstaaten halten die Informationen stets auf dem neuesten Stand.

Artikel 64
Angaben zu Kontaktdaten und Verfahren

(1) Die Mitgliedstaaten teilen der Kommission bis zum 29. April 2018 Folgendes mit:

a) die für Anträge auf Vollstreckbarerklärung gemäß Artikel 44 Absatz 1 und für Rechtsbehelfe gegen Entscheidungen über derartige Anträge gemäß Artikel 49 Absatz 2 zuständigen Gerichte oder Behörden;

b) die in Artikel 50 genannten Rechtsbehelfe gegen die Entscheidung über den Rechtsbehelf.

Die Mitgliedstaaten unterrichten die Kommission über spätere Änderungen dieser Informationen.

(2) Die Kommission veröffentlicht die nach Absatz 1 übermittelten Angaben im *Amtsblatt der Europäischen Union*, mit Ausnahme der Anschriften und sonstigen Kontaktdaten der in Absatz 1 Buchstabe a genannten Gerichte und Behörden.

(3) Die Kommission stellt der Öffentlichkeit alle nach Absatz 1 übermittelten Angaben auf geeignete Weise, insbesondere über das Europäische Justizielle Netz für Zivil- und Handelssachen, zur Verfügung.

Artikel 65
Erstellung und spätere Änderung der Liste der in Artikel 3 Absatz 2 vorgesehenen Informationen

(1) Die Kommission erstellt anhand der Mitteilungen der Mitgliedstaaten die Liste der in Artikel 3 Absatz 2 genannten anderen Behörden und Angehörigen von Rechtsberufen.

(2) Die Mitgliedstaaten teilen der Kommission spätere Änderungen der in dieser Liste enthaltenen Angaben mit. Die Kommission ändert die Liste entsprechend.

(3) Die Kommission veröffentlicht die Liste und etwaige spätere Änderungen im *Amtsblatt der Europäischen Union*.

EU-GüterVOen

(4) Die Kommission stellt der Öffentlichkeit alle nach den Absätzen 1 und 2 mitgeteilten Angaben auf andere geeignete Weise, insbesondere über das Europäische Justizielle Netz für Zivil- und Handelssachen, zur Verfügung.

Artikel 66
Erstellung und spätere Änderung der Bescheinigungen und der Formblätter nach Artikel 45 Absatz 3 Buchstabe b und den Artikeln 58, 59 und 60

Die Kommission erlässt Durchführungsrechtsakte zur Erstellung und späteren Änderung der Bescheinigungen und der Formblätter nach Artikel 45 Absatz 3 Buchstabe b und den Artikeln 58, 59 und 60. Diese Durchführungsrechtsakte werden nach dem in Artikel 67 Absatz 2 genannten Beratungsverfahren erlassen.

Artikel 67
Ausschussverfahren

(1) Die Kommission wird von einem Ausschuss unterstützt. Dieser Ausschuss ist ein Ausschuss im Sinne der Verordnung (EU) Nr. 182/2011.

(2) Wird auf diesen Absatz Bezug genommen, so gilt Artikel 4 der Verordnung (EU) Nr. 182/2011.

Artikel 68
Überprüfungsklausel

(1) Die Kommission legt dem Europäischen Parlament, dem Rat und dem Europäischen Wirtschafts- und Sozialausschuss bis zum 29. Januar 2027 einen Bericht über die Anwendung dieser Verordnung vor. Dem Bericht werden gegebenenfalls Vorschläge zur Änderung dieser Verordnung beigefügt.

(2) Die Kommission legt dem Europäischen Parlament, dem Rat und dem Europäischen Wirtschafts- und Sozialausschuss bis zum 29. Januar 2024 einen Bericht über die Anwendung der Artikel 9 und 38 dieser Verordnung vor. In diesem Bericht wird insbesondere bewertet, inwieweit die genannten Artikel den Zugang zur Justiz sichergestellt haben.

(3) Für die Zwecke der in den Absätzen 1 und 2 genannten Berichte übermitteln die Mitgliedstaa-ten der Kommission sachdienliche Angaben zu der Anwendung dieser Verordnung durch ihre Gerichte.

Artikel 69
Übergangsbestimmungen

(1) Diese Verordnung ist vorbehaltlich der Absätze 2 und 3 nur auf Verfahren, öffentliche Urkunden und gerichtliche Vergleiche anzuwenden, die am 29. Januar 2019 oder danach eingeleitet, förmlich errichtet oder eingetragen beziehungsweise gebilligt oder geschlossen worden sind.

(2) Ist das Verfahren im Ursprungsmitgliedstaat vor dem 29. Januar 2019 eingeleitet worden, so werden an oder nach diesem Tag ergangene Entscheidungen nach Maßgabe des Kapitels IV anerkannt und vollstreckt, soweit die angewandten Zuständigkeitsvorschriften mit denen des Kapitels II übereinstimmen. *(ABl L 113, 62 vom 29. 4. 2017)*

(3) Kapitel III gilt nur für Ehegatten, die am 29. Januar 2019 oder danach die Ehe eingegangen sind oder eine Rechtswahl des auf ihren Güterstand anzuwendenden Rechts getroffen haben. *(ABl L 113, 62 vom 29. 4. 2017)*

Artikel 70
Inkrafttreten

(1) Diese Verordnung tritt am zwanzigsten Tag nach ihrer Veröffentlichung im *Amtsblatt der Europäischen Union* in Kraft.

(2) Diese Verordnung gilt in den Mitgliedstaaten, die an der durch Beschluss (EU) 2016/954 begründeten Verstärkten Zusammenarbeit im Bereich der Zuständigkeit, des anzuwendenden Rechts und der Anerkennung und Vollstreckung von Entscheidungen in Fragen der Güterstände internationaler Paare (eheliche Güterstände und Güterstände eingetragener Partnerschaften) teilnehmen.

Sie gilt ab 29. Januar 2019, mit Ausnahme der Artikel 63 und 64, die ab 29. April 2018 gelten, und der Artikel 65, 66 und 67, die ab 29. Juli 2016 gelten. Für diejenigen Mitgliedstaaten, die sich aufgrund eines nach Artikel 331 Absatz 1 Unterabsatz 2 oder Unterabsatz 3 AEUV angenommenen Beschlusses der Verstärkten Zusammenarbeit anschließen, gilt diese Verordnung ab dem in dem betreffenden Beschluss angegebenen Tag.

Diese Verordnung ist in allen ihren Teilen verbindlich und gilt gemäß den Verträgen unmittelbar in den teilnehmenden Mitgliedstaaten.

Geschehen zu Luxemburg am 24. Juni 2016.

Im Namen des Rates
Der Präsident
A.G. KOENDERS

Siehe auch die
Durchführungsverordnung (EU) 2018/1935 der Kommission vom 7. Dezember 2018 zur Festlegung der Formblätter nach Maßgabe der Verordnung (EU) 2016/1103 des Rates zur Durchführung einer Verstärkten Zusammenarbeit im Bereich der Zuständigkeit, des anzuwendenden Rechts und der Anerkennung und Vollstreckung von Entscheidungen in Fragen des ehelichen Güterstands (ABl. L 314 vom 11.12.2018, S. 14 3)

Verordnung (EU) 2016/1104 des Rates vom 24. Juni 2016 zur Durchführung der Verstärkten Zusammenarbeit im Bereich der Zuständigkeit, des anzuwendenden Rechts und der Anerkennung und Vollstreckung von Entscheidungen in Fragen güterrechtlicher Wirkungen eingetragener Partnerschaften

ABl L 183, 1 vom 8. 7. 2016, S. 30–56 idF

1 ABl L 113, 62 vom 29. 4. 2017

ab 29. 1. 2019 (Art 70)

DER RAT DER EUROPÄISCHEN UNION –

gestützt auf den Vertrag über die Arbeitsweise der Europäischen Union, insbesondere auf Artikel 81 Absatz 3,

gestützt auf den Beschluss (EU) 2016/954 des Rates vom 9. Juni 2016 zur Ermächtigung zu einer Verstärkten Zusammenarbeit im Bereich der Zuständigkeit, des anzuwendenden Rechts und der Anerkennung und Vollstreckung von Entscheidungen in Fragen der Güterstände internationaler Paare (eheliche Güterstände und güterrechtliche Wirkungen eingetragener Partnerschaften)[1],

auf Vorschlag der Europäischen Kommission,

nach Zuleitung des Entwurfs des Gesetzgebungsakts an die nationalen Parlamente, nach Stellungnahme des Europäischen Parlaments[2],

gemäß einem besonderen Gesetzgebungsverfahren,

in Erwägung nachstehender Gründe:

(1) Die Union hat sich zum Ziel gesetzt, einen Raum der Freiheit, der Sicherheit und des Rechts, in dem der freie Personenverkehr gewährleistet ist, zu erhalten und weiterzuentwickeln. Zum schrittweisen Aufbau eines solchen Raums hat die Union im Bereich der justiziellen Zusammenarbeit in Zivilsachen, die einen grenzüberschreitenden Bezug aufweisen, Maßnahmen zu erlassen, insbesondere wenn dies für das reibungslose Funktionieren des Binnenmarkts erforderlich ist.

(2) Nach Artikel 81 Absatz 2 Buchstabe c des Vertrags über die Arbeitsweise der Europäischen Union (AEUV) können zu solchen Maßnahmen unter anderem Maßnahmen gehören, die die Vereinbarkeit der in den Mitgliedstaaten geltenden Kollisionsnormen und Vorschriften zur Vermeidung von Kompetenzkonflikten sicherstellen sollen.

(3) Auf seiner Tagung vom 15./16. Oktober 1999 in Tampere hatte der Europäische Rat den Grundsatz der gegenseitigen Anerkennung von Urteilen und anderen Entscheidungen von Justizbehörden als Eckstein der justiziellen Zusammenarbeit in Zivilsachen unterstützt und den Rat und die Kommission ersucht, ein Maßnahmenprogramm zur Umsetzung dieses Grundsatzes anzunehmen.

(4) Am 30. November 2000 wurde daraufhin ein für die Kommission und den Rat gleichermaßen geltendes Maßnahmenprogramm zur Umsetzung des Grundsatzes der gegenseitigen Anerkennung gerichtlicher Entscheidungen in Zivil- und Handelssachen[3] angenommen. Dieses Programm weist Maßnahmen zur Harmonisierung der Kollisionsnormen als Maßnahmen aus, die die gegenseitige Anerkennung gerichtlicher Entscheidungen erleichtern können, und stellt die Ausarbeitung eines Rechtsinstruments zu den ehelichen Güterständen und den güterrechtlichen Wirkungen der Trennung von nicht verheirateten Paaren in Aussicht.

(5) Am 4. und 5. November 2004 nahm der Europäische Rat auf seiner Tagung in Brüssel ein neues Programm mit dem Titel „Haager Programm zur Stärkung von Freiheit, Sicherheit und Recht in der Europäischen Union"[4] an. Darin ersuchte der Rat die Kommission um Vorlage eines Grünbuchs über das Kollisionsrecht im Bereich des ehelichen Güterstands, einschließlich der Frage der Zuständigkeit und der gegenseitigen

EU-GüterVOen

---

[1] *ABl. L 159 vom 16.6.2016, S. 16.*
[2] *Stellungnahme vom 23. Juni 2016 (noch nicht im Amtsblatt veröffentlicht).*

Zu Abs. 4:
[3] *ABl. C 12 vom 15.1.2001, S. 1.*
Zu Abs. 5:
[4] *ABl. C 53 vom 3.3.2005, S. 1.*

Anerkennung. Dem Programm zufolge sollte auch ein Rechtsakt in diesem Bereich erlassen werden.

(6) Am 17. Juli 2006 nahm die Kommission daraufhin ein Grünbuch zu den Kollisionsnormen im Güterrecht sowie zur gerichtlichen Zuständigkeit und der gegenseitigen Anerkennung an. Auf der Grundlage dieses Grünbuchs fand eine umfassende Konsultation zu den Problemen statt, die sich in Europa bei der güterrechtlichen Auseinandersetzung für Paare stellen, sowie zu den rechtlichen Lösungsmöglichkeiten. Im Grünbuch wurden auch sämtliche Fragen des Internationalen Privatrechts behandelt, die sich Paaren stellen, die in einer anderen Form der Lebensgemeinschaft als der Ehe, unter anderem in einer eingetragenen Partnerschaft, zusammenleben, und die speziell für diese Paare von Belang sind.

(7) Auf seiner Tagung vom 10. und 11. Dezember 2009 in Brüssel nahm der Europäische Rat ein neues mehrjähriges Programm mit dem Titel „Das Stockholmer Programm – Ein offenes und sicheres Europa im Dienste und zum Schutz der Bürger"[5] an. Darin hielt der Europäische Rat fest, dass der Grundsatz der gegenseitigen Anerkennung auf Bereiche ausgeweitet werden sollte, die bisher noch nicht erfasst sind, aber den Alltag der Bürger wesentlich prägen, z. B. güterrechtliche Wirkungen einer Trennung, wobei gleichzeitig die Rechtssysteme einschließlich der öffentlichen Ordnung (ordre public) und die nationalen Traditionen der Mitgliedstaaten in diesem Bereich zu berücksichtigen sind.

(8) In ihrem „Bericht über die Unionsbürgerschaft 2010 – Weniger Hindernisse für die Ausübung von Unionsbürgerrechten" vom 27. Oktober 2010 kündigte die Kommission die Vorlage eines Legislativvorschlags an, der Hindernisse für die Freizügigkeit und insbesondere die Schwierigkeiten überwinden soll, mit denen Paare bei der Verwaltung ihres Vermögens oder bei dessen Teilung konfrontiert sind.

(9) Am 16 März 2011 nahm die Kommission einen Vorschlag für eine Verordnung des Rates über die Zuständigkeit, das anzuwendende Recht, die Anerkennung und die Vollstreckung von Entscheidungen im Bereich des Ehegüterrechts und einen Vorschlag für eine Verordnung des Rates über die Zuständigkeit, das anzuwendende Recht, die Anerkennung und die Vollstreckung von Entscheidungen im Bereich des Güterrechts eingetragener Partnerschaften an.

(10) Auf seiner Tagung vom 3. Dezember 2015 stellte der Rat fest, dass für die beiden Verordnungsvorschläge zu den ehelichen Güterständen und den Güterständen eingetragener Partnerschaften keine Einstimmigkeit erzielt werden konnte und innerhalb eines vertretbaren Zeitraums die angestrebten Ziele von der Union in ihrer Gesamtheit nicht verwirklicht werden können.

(11) Zwischen Dezember 2015 und Februar 2016 richteten Belgien, Bulgarien, die Tschechische Republik, Deutschland, Griechenland, Spanien, Frankreich, Kroatien, Italien, Luxemburg, Malta, die Niederlande, Österreich, Portugal, Slowenien, Finnland und Schweden Anträge an die Kommission, in denen sie ihren Wunsch bekundeten, untereinander eine Verstärkte Zusammenarbeit im Bereich der güterrechtlichen Beziehungen internationaler Paare, insbesondere im Bereich der Zuständigkeit, des anzuwendenden Rechts, der Anerkennung und Vollstreckung von Entscheidungen in Fragen der ehelichen Güterstände und der Güterstände eingetragener Partnerschaften, begründen zu wollen, und die Kommission um Vorlage eines entsprechenden Vorschlags an den Rat baten. Zypern hat mit Schreiben an die Kommission im März 2016 seinen Wunsch zum Ausdruck gebracht, an dieser Verstärkten Zusammenarbeit teilzunehmen; Zypern hat diesen Wunsch später während der Arbeiten des Rates bestätigt.

(12) Am 9. Juni 2016 erließ der Rat den Beschluss (EU) 2016/954 über die Ermächtigung zu dieser Verstärkten Zusammenarbeit.

(13) Gemäß Artikel 328 Absatz 1 AEUV steht eine Verstärkte Zusammenarbeit bei ihrer Begründung allen Mitgliedstaaten offen, sofern sie die in dem hierzu ermächtigenden Beschluss gegebenenfalls festgelegten Teilnahmevoraussetzungen erfüllen. Das gilt auch zu jedem anderen Zeitpunkt, sofern sie neben den genannten Voraussetzungen auch die in diesem Rahmen bereits erlassenen Rechtsakte beachten. Die Kommission und die an einer Verstärkten Zusammenarbeit teilnehmenden Mitgliedstaaten sollten dafür sorgen, dass die Teilnahme möglichst vieler Mitgliedstaaten gefördert wird. Diese Verordnung sollte nur in den Mitgliedstaaten in allen ihren Teilen verbindlich sein und unmittelbar gelten, die kraft des Beschlusses (EU) 2016/954 oder kraft eines gemäß Artikel 331 Absatz 1 Unterabsatz 2 oder 3 AEUV erlassenen Beschlusses an der Verstärkten Zusammenarbeit im Bereich der Gerichtszuständigkeit, des anzuwendenden Rechts und der Anerkennung und Vollstreckung von Entscheidungen in Fragen der Güterstände internationaler Paare (eheliche Güterstände und Güterstände eingetragener Partnerschaften) teilnehmen.

Zu Abs. 7:
[5] *ABl. C 115 vom 4.5.2010, S. 1.*

(14) Diese Verordnung sollte gemäß Artikel 81 AEUV auf die güterrechtlichen Wirkungen eingetragener Partnerschaften mit grenzüberschreitendem Bezug Anwendung finden.

(15) Damit für nicht verheiratete Paare Rechtssicherheit in Bezug auf ihr Vermögen und ein gewisses Maß an Vorhersehbarkeit in Bezug auf das anzuwendende Recht gegeben ist, sollten alle Regelungen, welche auf die güterrechtlichen Wirkungen eingetragener Partnerschaften anzuwenden sind, in einem einzigen Rechtsinstrument erfasst werden.

(16) Nichteheliche Lebensgemeinschaften sind im Recht der Mitgliedstaaten unterschiedlich ausgestaltet, wobei zwischen Paaren, deren Lebensgemeinschaft bei einer Behörde als Partnerschaft eingetragen ist, und einer nicht eingetragenen Lebensgemeinschaft unterschieden werden sollte. Auch wenn nicht eingetragene Lebensgemeinschaften in manchen Mitgliedstaaten gesetzlich geregelt sind, sollten sie von eingetragenen Partnerschaften unterschieden werden, die einen offiziellen Charakter aufweisen, der es ermöglicht, sie in einem Rechtsakt der Union zu regeln, der ihren Besonderheiten Rechnung trägt. Es gilt, im Interesse eines reibungslosen Funktionierens des Binnenmarkts die Hindernisse für die Freizügigkeit von Personen, die in einer eingetragenen Partnerschaft leben, zu beseitigen; hierzu zählen insbesondere die Schwierigkeiten, mit denen diese Paare bei der Verwaltung ihres Vermögens oder bei dessen Teilung konfrontiert sind. Um diese Ziele zu erreichen, sollten in dieser Verordnung Bestimmungen über die Gerichtszuständigkeit, das anzuwendende Recht, die Anerkennung – oder gegebenenfalls die Annahme –, die Vollstreckbarkeit und die Vollstreckung von Entscheidungen, öffentlichen Urkunden und gerichtlichen Vergleichen zusammengefasst werden.

(17) Diese Verordnung sollte Fragen regeln, die sich im Zusammenhang mit den güterrechtlichen Wirkungen eingetragener Partnerschaften ergeben. Der Begriff „eingetragene Partnerschaft" sollte nur für die Zwecke dieser Verordnung definiert werden. Der tatsächliche Inhalt dieses Begriffskonzepts sollte sich weiter nach dem nationalen Recht der Mitgliedstaaten bestimmen. Diese Verordnung sollte einen Mitgliedstaat, dessen Recht das Institut der eingetragenen Partnerschaft nicht regelt, nicht dazu verpflichten, dieses Rechtsinstitut in sein nationales Recht einzuführen.

(18) Der Anwendungsbereich dieser Verordnung sollte sich auf alle zivilrechtlichen Aspekte der Güterstände eingetragener Partnerschaften erstrecken und sowohl die Verwaltung des Vermögens der Partner im Alltag betreffen als auch die güterrechtliche Auseinandersetzung infolge der Trennung des Paares oder des Todes eines Partners.

(19) Diese Verordnung sollte nicht für Bereiche des Zivilrechts gelten, die nicht die güterrechtlichen Wirkungen eingetragener Partnerschaften betreffen. Aus Gründen der Klarheit sollte eine Reihe von Fragen, die als mit den güterrechtlichen Wirkungen eingetragener Partnerschaften zusammenhängend betrachtet werden können, ausdrücklich vom Anwendungsbereich dieser Verordnung ausgenommen werden.

(20) Dementsprechend sollte diese Verordnung nicht für Fragen der allgemeinen Rechts-, Geschäfts- und Handlungsfähigkeit der Partner gelten; dieser Ausschluss sollte sich jedoch nicht auf die spezifischen Befugnisse und Rechte eines oder beider Partner – weder im Verhältnis untereinander noch gegenüber Dritten – im Zusammenhang mit dem Vermögen erstrecken, da diese Befugnisse und Rechte in den Anwendungsbereich dieser Verordnung fallen sollten.

(21) Diese Verordnung sollte nicht für andere Vorfragen wie das Bestehen, die Gültigkeit oder die Anerkennung einer eingetragenen Partnerschaft gelten, die dem nationalen Recht der Mitgliedstaaten, einschließlich ihrer Vorschriften des Internationalen Privatrechts, unterliegen.

(22) Die Unterhaltspflichten im Verhältnis der Partner untereinander sind Gegenstand der Verordnung (EG) Nr. 4/2009 des Rates[6] und sollten daher vom Anwendungsbereich dieser Verordnung ausgenommen werden; das gilt auch für Fragen der Rechtsnachfolge nach dem Tod eines Partners, da diese in der Verordnung (EU) Nr. 650/2012 des Europäischen Parlaments und des Rates vom 4. Juli 2012[7] geregelt sind.

(23) Fragen im Zusammenhang mit der Berechtigung, Ansprüche gleich welcher Art auf Alters- oder Erwerbsunfähigkeitsrente, die während der eingetragenen Partnerschaft erworben wurden

---

Zu Abs. 22:

[6] *Verordnung (EG) Nr. 4/2009 des Rates vom 18. Dezember 2008 über die Zuständigkeit, das anwendbare Recht, die Anerkennung und Vollstreckung von Entscheidungen und die Zusammenarbeit in Unterhaltssachen (ABl. L 7 vom 10.1.2009, S. 1).*

[7] *Verordnung (EU) Nr. 650/2012 des Europäischen Parlaments und des Rates vom 4. Juli 2012 über die Zuständigkeit, das anwendbare Recht, die Anerkennung und Vollstreckung von Entscheidungen und die Annahme und Vollstreckung öffentlicher Urkunden in Erbsachen sowie zur Einführung eines Europäischen Nachlasszeugnisses (ABl. L 201 vom 27.7.2012, S. 107).*

EU-GüterVOen

und die während der eingetragenen Partnerschaft zu keinem Renteneinkommen geführt haben, zwischen den Partnern zu übertragen oder anzupassen, sollten vom Anwendungsbereich dieser Verordnung ausgenommen werden, wobei die in den Mitgliedstaaten bestehenden spezifischen Systeme zu berücksichtigen sind. Allerdings sollte diese Ausnahme eng ausgelegt werden. Somit sollte diese Verordnung insbesondere die Frage der Kategorisierung von Rentenansprüchen, der während der eingetragenen Partnerschaft an einen der Partner bereits ausgezahlten Beträge und des eventuell zu gewährenden Ausgleichs bei mit gemeinsamem Vermögen finanzierten Rentenversicherungen regeln.

(24) Diese Verordnung sollte die sich aus den güterrechtlichen Wirkungen einer eingetragenen Partnerschaft ergebende Begründung oder Übertragung eines Rechts an beweglichen oder unbeweglichen Vermögensgegenständen nach Maßgabe des auf diese güterrechtlichen Wirkungen anzuwendenden Rechts ermöglichen. Sie sollte jedoch nicht die abschließende Anzahl (*Numerus clausus*) der dinglichen Rechte berühren, die das nationale Recht einiger Mitgliedstaaten kennt. Ein Mitgliedstaat sollte nicht verpflichtet sein, ein dingliches Recht an einer in diesem Mitgliedstaat belegenen Sache anzuerkennen, wenn sein Recht dieses dingliche Recht nicht kennt.

(25) Damit die Partner jedoch die Rechte, die durch die güterrechtlichen Wirkungen der eingetragenen Partnerschaft begründet worden oder auf sie übergegangen sind, in einem anderen Mitgliedstaat ausüben können, sollte diese Verordnung die Anpassung eines unbekannten dinglichen Rechts an das in der Rechtsordnung dieses anderen Mitgliedstaats am ehesten vergleichbare Recht vorsehen. Bei dieser Anpassung sollten die mit dem besagten dinglichen Recht verfolgten Ziele und Interessen und die mit ihm verbundenen Wirkungen berücksichtigt werden. Für die Zwecke der Bestimmung des am ehesten vergleichbaren innerstaatlichen Rechts können die Behörden oder zuständigen Personen des Staates, dessen Recht auf die güterrechtlichen Wirkungen der eingetragenen Partnerschaft Anwendung findet, kontaktiert werden, um weitere Auskünfte zu der Art und den Wirkungen des betreffenden Rechts einzuholen. In diesem Zusammenhang könnten die bestehenden Netze im Bereich der justiziellen Zusammenarbeit in Zivil- und Handelssachen sowie die anderen verfügbaren Mittel, die die Erkenntnis ausländischen Rechts erleichtern, genutzt werden.

(26) Die in dieser Verordnung ausdrücklich vorgesehene Anpassung unbekannter dinglicher Rechte sollte andere Formen der Anpassung im Zusammenhang mit der Anwendung dieser Verordnung nicht ausschließen.

(27) Die Voraussetzungen für die Eintragung von Rechten an beweglichen oder unbeweglichen Vermögensgegenständen in ein Register sollten vom Anwendungsbereich dieser Verordnung ausgenommen werden. Somit sollte das Recht des Mitgliedstaats, in dem das Register geführt wird (für unbewegliches Vermögen das Recht der belegenen Sache (*lex rei sitae*)), bestimmen, unter welchen gesetzlichen Voraussetzungen und wie die Eintragung vorzunehmen ist und welche Behörden, wie etwa Grundbuchämter oder Notare, dafür zuständig sind, zu prüfen, dass alle Eintragungsvoraussetzungen erfüllt sind und die vorgelegten oder erstellten Unterlagen vollständig sind beziehungsweise die erforderlichen Angaben enthalten. Insbesondere können die Behörden prüfen, ob es sich bei dem Recht eines Partners an dem Vermögensgegenstand, der in dem für die Eintragung vorgelegten Schriftstück erwähnt ist, um ein Recht handelt, das als solches in dem Register eingetragen ist oder nach dem Recht des Mitgliedstaats, in dem das Register geführt wird, anderweitig nachgewiesen wird. Um eine doppelte Erstellung von Schriftstücken zu vermeiden, sollten die Eintragungsbehörden diejenigen von den zuständigen Behörden in einem anderen Mitgliedstaat erstellten Schriftstücke annehmen, deren Verkehr nach dieser Verordnung vorgesehen ist. Dies sollte die an der Eintragung beteiligten Behörden nicht daran hindern, von der Person, die die Eintragung beantragt, diejenigen zusätzlichen Angaben oder die Vorlage derjenigen zusätzlichen Schriftstücke zu verlangen, die nach dem Recht des Mitgliedstaats, in dem das Register geführt wird, erforderlich sind, wie beispielsweise Angaben oder Schriftstücke betreffend die Zahlung von Steuern. Die zuständige Behörde kann die Person, die die Eintragung beantragt, darauf hinweisen, wie die fehlenden Angaben oder Schriftstücke beigebracht werden können.

(28) Die Wirkungen der Eintragung eines Rechts in ein Register sollten ebenfalls vom Anwendungsbereich dieser Verordnung ausgenommen werden. Daher sollte das Recht des Mitgliedstaats, in dem das Register geführt wird, dafür maßgebend sein, ob beispielsweise die Eintragung deklaratorische oder konstitutive Wirkung hat. Wenn also zum Beispiel der Erwerb eines Rechts an einer unbeweglichen Sache nach dem Recht des Mitgliedstaats, in dem das Register geführt wird, die Eintragung in ein Register erfordert, damit die Wirkung erga omnes von Registern sichergestellt wird oder Rechtsgeschäfte geschützt werden, sollte der Zeitpunkt des Erwerbs dem Recht dieses Mitgliedstaats unterliegen.

(29) Diese Verordnung sollte den verschiedenen Systemen zur Regelung der Güterstände eingetragener Partnerschaften Rechnung tragen, die in den Mitgliedstaaten angewandt werden. Für die Zwecke dieser Verordnung sollte der Begriff „Gericht" daher weit gefasst werden, so dass nicht nur Gerichte im engeren Sinne, die gerichtliche Funktionen ausüben, erfasst werden, sondern beispielsweise in einigen Mitgliedstaaten auch Notare, die in bestimmten Fragen der güterrechtlichen Wirkungen eingetragener Partnerschaften gerichtliche Funktionen ausüben, sowie Notare und Angehörige von Rechtsberufen, die in einigen Mitgliedstaaten bei der Regelung dieser Wirkungen einer eingetragenen Partnerschaft aufgrund einer Befugnisübertragung durch ein Gericht gerichtliche Funktionen ausüben. Alle Gerichte im Sinne dieser Verordnung sollten durch die in dieser Verordnung festgelegten Zuständigkeitsregeln gebunden sein. Der Begriff „Gericht" sollte hingegen nicht die nichtgerichtlichen Behörden eines Mitgliedstaats erfassen, die, wie in den meisten Mitgliedstaaten die Notariate, nach nationalem Recht befugt sind, sich mit Fragen güterrechtlicher Wirkungen eingetragener Partnerschaften zu befassen, wenn sie, wie es in der Regel der Fall ist, keine gerichtlichen Funktionen ausüben.

(30) Diese Verordnung sollte es allen Notaren, die für Fragen der vermögensrechtlichen Wirkungen eingetragener Partnerschaften in den Mitgliedstaaten zuständig sind, ermöglichen, diese Zuständigkeit auszuüben. Ob die Notare in einem Mitgliedstaat durch die Zuständigkeitsregeln dieser Verordnung gebunden sind, sollte davon abhängen, ob sie unter den Begriff „Gericht" im Sinne dieser Verordnung fallen.

(31) Die in den Mitgliedstaaten von Notaren in Fragen der vermögensrechtlichen Wirkungen eingetragener Partnerschaften errichteten Urkunden sollten nach Maßgabe dieser Verordnung verkehren. Üben Notare gerichtliche Funktionen aus, so sollten sie durch die Zuständigkeitsregeln dieser Verordnung gebunden sein, und die von ihnen erlassenen Entscheidungen sollten die Bestimmungen dieser Verordnung über die Anerkennung, Vollstreckbarkeit und Vollstreckung von Entscheidungen verkehren. Üben Notare keine gerichtlichen Funktionen aus, so sollten sie nicht durch diese Zuständigkeitsregeln gebunden sein, und die von ihnen errichteten öffentlichen Urkunden sollten nach den Bestimmungen dieser Verordnung über öffentliche Urkunden verkehren.

(32) Um der zunehmenden Mobilität von Paaren Rechnung zu tragen und eine geordnete Rechtspflege zu erleichtern, sollten die Zuständigkeitsvorschriften in dieser Verordnung den Bürgern die Möglichkeit geben, miteinander zusammenhängende Verfahren vor den Gerichten desselben Mitgliedstaats verhandeln zu lassen. Hierzu sollte mit dieser Verordnung angestrebt werden, die Zuständigkeit für die güterrechtlichen Wirkungen eingetragener Partnerschaften in dem Mitgliedstaat zu bündeln, dessen Gerichte berufen sind, über die Rechtsnachfolge von Todes wegen nach einem Partner gemäß der Verordnung (EU) Nr. 650/2012 oder die Auflösung oder Ungültigerklärung einer eingetragenen Partnerschaft zu befinden.

(33) In der vorliegenden Verordnung sollte vorgesehen werden, dass in Fällen, in denen ein Verfahren über die Rechtsnachfolge von Todes wegen nach einem Partner gemäß der Verordnung (EU) Nr. 650/2012 angerufenen Gericht eines Mitgliedstaats anhängig ist, die Gerichte dieses Mitgliedstaats auch für Entscheidungen über Fragen der vermögensrechtlichen Wirkungen eingetragener Partnerschaften zuständig sind, die mit dem Nachlass im Zusammenhang stehen.

(34) Ebenso sollten Fragen der vermögensrechtlichen Wirkungen eingetragener Partnerschaften, die sich im Zusammenhang mit einem Verfahren ergeben, das bei einem mit einem Antrag auf Auflösung oder Ungültigerklärung einer eingetragenen Partnerschaft befassten Gericht eines Mitgliedstaats anhängig ist, in die Zuständigkeit der Gerichte dieses Mitgliedstaats fallen, sofern die Partner dies vereinbaren.

(35) Stehen Fragen der vermögensrechtlichen Wirkungen eingetragener Partnerschaften nicht im Zusammenhang mit einem bei einem Gericht eines Mitgliedstaats anhängigen Verfahren über die Rechtsnachfolge von Todes wegen nach einem Partner oder über die Auflösung oder Ungültigerklärung einer eingetragenen Partnerschaft, so sollte in dieser Verordnung eine Rangfolge der Anknüpfungspunkte vorgesehen werden, anhand deren die Zuständigkeit bestimmt wird, wobei erster Anknüpfungspunkt der gemeinsame gewöhnliche Aufenthalt der Partner zum Zeitpunkt der Anrufung des Gerichts sein sollte. Die letzte Stufe in der Rangfolge der Anknüpfungspunkte für die Zuständigkeit sollte auf den Mitgliedstaat verweisen, nach dessen Recht die obligatorische Eintragung zur Begründung der Partnerschaft vorgenommen wurde. Diese Anknüpfungspunkte sollen die zunehmende Mobilität der Bürger widerspiegeln und eine wirkliche Verbindung zwischen den Partnern und dem Mitgliedstaat, in dem die Zuständigkeit ausgeübt wird, gewährleisten.

(36) Da nicht alle Mitgliedstaaten das Institut der eingetragenen Partnerschaft kennen, sollten sich die Gerichte eines Mitgliedstaats, dessen Recht dieses Institut nicht kennt, sich möglicherweise im Rahmen dieser Verordnung ausnahms-

EU-GüterVOen

weise für unzuständig erklären können. In diesen Fällen sollten die Gerichte rasch handeln. Die betroffene Partei sollte die Möglichkeit haben, die Rechtssache in einem anderen Mitgliedstaat, dessen gerichtliche Zuständigkeit aufgrund eines Anknüpfungspunkts begründet ist, anhängig zu machen, wobei es nicht auf die Rangfolge der Zuständigkeitskriterien ankommt und zugleich die Parteiautonomie zu wahren ist. Jedes nach einer Unzuständigkeitserklärung angerufene Gericht, das nicht ein Gericht des Mitgliedstaats ist, in dem die eingetragene Partnerschaft begründet wurde, und das aufgrund einer Gerichtsstandsvereinbarung oder aufgrund rügeloser Einlassung zuständig ist, darf sich unter denselben Bedingungen ebenfalls ausnahmsweise für unzuständig erklären. Für den Fall, dass kein Gericht aufgrund der übrigen Bestimmungen dieser Verordnung zuständig ist, sollte eine subsidiäre Zuständigkeitsregelung in diese Verordnung aufgenommen werden, um der Gefahr einer Rechtsverweigerung vorzubeugen.

(37) Im Interesse einer größeren Rechtssicherheit, einer besseren Vorhersehbarkeit des anzuwendenden Rechts und einer größeren Entscheidungsfreiheit der Parteien sollte es diese Verordnung den Parteien unter bestimmten Voraussetzungen ermöglichen, eine Gerichtsstandsvereinbarung zugunsten der Gerichte des Mitgliedstaats, dessen Recht anzuwenden ist, oder der Gerichte des Mitgliedstaats, in dem die eingetragene Partnerschaft eingegangen wurde, zu schließen.

(38) Diese Verordnung sollte die Parteien nicht daran hindern, den Rechtsstreit außergerichtlich, beispielsweise vor einem Notar, in einem Mitgliedstaat ihrer Wahl einvernehmlich zu regeln, wenn das nach dem Recht dieses Mitgliedstaats möglich ist. Das sollte auch dann der Fall sein, wenn das auf die güterrechtlichen Wirkungen der eingetragenen Partnerschaft anzuwendende Recht nicht das Recht dieses Mitgliedstaats ist.

(39) Um zu gewährleisten, dass die Gerichte aller Mitgliedstaaten ihre Zuständigkeit in Fragen güterrechtlicher Wirkungen eingetragener Partnerschaften auf derselben Grundlage ausüben können, sollten die Gründe, aus denen diese subsidiäre Zuständigkeit ausgeübt werden kann, in dieser Verordnung abschließend geregelt werden.

(40) Um insbesondere Fällen von Rechtsverweigerung begegnen zu können, sollte in dieser Verordnung auch eine Notzuständigkeit (*forum necessitatis*) vorgesehen werden, wonach ein Gericht eines Mitgliedstaats in besonderen Ausnahmefällen über die güterrechtlichen Wirkungen einer eingetragenen Partnerschaft entscheiden kann, die einen engen Bezug zu einem Drittstaat aufweist. Ein solcher Ausnahmefall könnte gegeben sein, wenn sich ein Verfahren in dem betreffenden Drittstaat als unmöglich erweist, beispielsweise wegen eines Bürgerkriegs, oder wenn von einem Partner vernünftigerweise nicht erwartet werden kann, dass er ein Verfahren in diesem Staat einleitet oder führt. Die Zuständigkeit, die auf *forum necessitatis* gründet, sollte jedoch nur ausgeübt werden, wenn die Sache eine ausreichende Verbindung zu dem Mitgliedstaat des angerufenen Gerichts aufweist.

(41) Im Interesse einer geordneten Rechtspflege sollte vermieden werden, dass in den Mitgliedstaaten Entscheidungen ergehen, die miteinander unvereinbar sind. Hierzu sollte diese Verordnung allgemeine Verfahrensvorschriften nach dem Vorbild anderer Rechtsinstrumente der Union im Bereich der justiziellen Zusammenarbeit in Zivilsachen vorsehen. Eine dieser Verfahrensvorschriften ist die Regel zur Rechtshängigkeit, die zum Tragen kommt, wenn dieselbe Güterrechtssache bei Gerichten in verschiedenen Mitgliedstaaten anhängig gemacht wird. Diese Regel bestimmt, welches Gericht sich weiterhin mit der Rechtssache zu befassen hat.

(42) Damit die Bürger die Vorteile des Binnenmarkts ohne Einbußen bei der Rechtssicherheit nutzen können, sollte diese Verordnung den Partnern im Voraus Klarheit über das in ihrem Fall auf die güterrechtlichen Wirkungen ihrer eingetragenen Partnerschaft anzuwendende Recht verschaffen. Es sollten daher harmonisierte Kollisionsnormen eingeführt werden, um einander widersprechende Ergebnisse zu vermeiden. Die allgemeine Kollisionsnorm sollte sicherstellen, dass die güterrechtlichen Wirkungen einer eingetragenen Partnerschaft einem im Voraus bestimmbaren Recht unterliegen, zu dem eine enge Verbindung besteht. Aus Gründen der Rechtssicherheit und um eine Aufspaltung der güterrechtlichen Wirkungen zu vermeiden, sollte das anzuwendende Recht die güterrechtlichen Wirkungen der eingetragenen Partnerschaft insgesamt, d. h. das gesamte den güterrechtlichen Wirkungen der eingetragenen Partnerschaft unterliegende Vermögen, erfassen, unabhängig von der Art der Vermögenswerte und unabhängig davon, ob diese in einem anderen Mitgliedstaat oder in einem Drittstaat belegen sind.

(43) Das nach dieser Verordnung bestimmte Recht sollte auch dann Anwendung finden, wenn es nicht das Recht eines Mitgliedstaats ist.

(44) Um eingetragenen Partnern die Verwaltung ihres Vermögens zu erleichtern, sollte ihnen diese Verordnung erlauben, unter den Rechtsordnungen, zu denen sie beispielsweise aufgrund ih-

res gewöhnlichen Aufenthalts oder ihrer Staatsangehörigkeit eine enge Verbindung haben, unabhängig von der Art oder Belegenheit des Vermögens das auf den güterrechtlichen Wirkungen ihrer eingetragenen Partnerschaft anzuwendende Recht zu wählen. Damit die Wahl der Rechtsordnung jedoch nicht wirkungslos ist und für die Partner dadurch ein rechtsfreier Raum entstünde, sollte die Rechtswahl auf ein Recht begrenzt werden, das an eingetragene Partnerschaften güterrechtliche Wirkungen knüpft. Diese Wahl kann jederzeit vor der Eintragung der Partnerschaft, zum Zeitpunkt der Eintragung der Partnerschaft oder auch während des Bestehens der eingetragenen Partnerschaft erfolgen.

(45) Im Interesse der Sicherheit des Rechtsverkehrs und um zu verhindern, dass sich das auf die güterrechtlichen Wirkungen einer eingetragenen Partnerschaft anzuwendende Recht ändert, ohne dass die Partner darüber unterrichtet werden, sollte ein Wechsel des auf die güterrechtlichen Wirkungen der eingetragenen Partnerschaft anzuwendenden Rechts nur nach einem entsprechenden ausdrücklichen Antrag der Parteien möglich sein. Dieser von den Partnern beschlossene Wechsel sollte nicht rückwirkend gelten können, es sei denn, sie haben das ausdrücklich vereinbart. Auf keinen Fall dürfen dadurch die Rechte Dritter verletzt werden.

(46) Es sollten Regeln zur materiellen Wirksamkeit und zur Formgültigkeit einer Vereinbarung über die Rechtswahl festgelegt werden, die es den Partnern erleichtern, ihre Rechtswahl in voller Sachkenntnis zu treffen, und die gewährleisten, dass die einvernehmliche Rechtswahl der Partner im Interesse der Rechtssicherheit sowie eines besseren Rechtsschutzes respektiert wird. Was die Formgültigkeit anbelangt, sollten bestimmte Schutzvorkehrungen getroffen werden, um sicherzustellen, dass sich die Partner der Tragweite ihrer Rechtswahl bewusst sind. Die Vereinbarung über die Rechtswahl sollte zumindest der Schriftform bedürfen und von beiden Parteien mit Datum und Unterschrift versehen werden müssen. Sieht das Recht des Mitgliedstaats, in dem beide Partner zum Zeitpunkt der Rechtswahl ihren gewöhnlichen Aufenthalt haben, zusätzliche Formvorschriften vor, so sollten diese eingehalten werden. Solche zusätzlichen Formvorschriften könnten beispielsweise in einem Mitgliedstaat bestehen, in dem die Rechtswahl Bestandteil der Vereinbarung über die güterrechtlichen Wirkungen einer eingetragenen Partnerschaft ist. Haben die Partner zum Zeitpunkt der Rechtswahl ihren gewöhnlichen Aufenthalt in verschiedenen Mitgliedstaaten, in denen unterschiedliche Formvorschriften vorgesehen sind, so sollte es ausreichen, dass die Formvorschriften eines dieser Mitgliedstaaten eingehalten werden. Hat zum

Zeitpunkt der Rechtswahl nur einer der Partner seinen gewöhnlichen Aufenthalt in einem Mitgliedstaat, in dem zusätzliche Formvorschriften vorgesehen sind, so sollten diese Formvorschriften eingehalten werden.

(47) Eine Vereinbarung über die güterrechtlichen Wirkungen einer eingetragenen Partnerschaft ist eine Art der Verfügung über das Vermögen der Partner, die in den Mitgliedstaaten nicht in gleichem Maße zulässig und anerkannt wird. Um die Anerkennung von auf der Grundlage einer Vereinbarung über die güterrechtlichen Wirkungen einer eingetragenen Partnerschaft erworbenen Güterstandsrechten in den Mitgliedstaaten zu erleichtern, sollten Vorschriften zur Formgültigkeit einer Vereinbarung über die güterrechtlichen Wirkungen einer Partnerschaft festgelegt werden. Die Vereinbarung sollte zumindest der Schriftform bedürfen und datiert und von beiden Parteien unterzeichnet werden. Die Vereinbarung sollte jedoch auch zusätzliche Anforderungen an die Formgültigkeit erfüllen, die in dem auf die güterrechtlichen Wirkungen der eingetragenen Partnerschaft anzuwendenden Recht, das nach dieser Verordnung bestimmt wurde, und in dem Recht des Mitgliedstaats, in dem die Partner ihren gewöhnlichen Aufenthalt haben, vorgesehen sind. In dieser Verordnung sollte ferner festgelegt werden, nach welchem Recht sich die materielle Wirksamkeit einer solchen Vereinbarung richtet.

(48) Wird keine Rechtswahl getroffen, so sollte diese Verordnung im Hinblick auf die Vereinbarkeit von Rechtssicherheit und Vorhersehbarkeit des anzuwendenden Rechts mit den tatsächlichen Lebensumständen des Paares vorsehen, dass auf die güterrechtlichen Wirkungen einer eingetragenen Partnerschaft das Recht des Staates anzuwenden ist, nach dessen Recht die verbindliche Eintragung zur Begründung der Partnerschaft vorgenommen wurde.

(49) Wird in dieser Verordnung auf die Staatsangehörigkeit als Anknüpfungspunkt verwiesen, so handelt es sich bei der Frage nach der Behandlung einer Person mit mehrfacher Staatsangehörigkeit um eine Vorfrage, die nicht in den Anwendungsbereich dieser Verordnung fällt; sie sollte sich weiterhin nach nationalem Recht, einschließlich der anwendbaren Übereinkommen, richten, wobei die allgemeinen Grundsätze der Union uneingeschränkt einzuhalten sind. Diese Behandlung sollte keine Auswirkung auf die Gültigkeit einer Rechtswahl haben, die nach dieser Verordnung getroffen wurde.

EU-GüterVOen

(50) In Bezug auf die Bestimmung des auf die güterrechtlichen Wirkungen einer eingetragenen Partnerschaft anzuwendenden Rechts sollte das

Gericht eines Mitgliedstaats bei fehlender Rechtswahl und fehlender Vereinbarung über die güterrechtlichen Wirkungen der eingetragenen Partnerschaft in Ausnahmefällen und auf Antrag eines Partners, wenn die Partner sich im Staat ihres gewöhnlichen Aufenthalts für einen langen Zeitraum niedergelassen haben, feststellen können, dass das Recht dieses Staates angewandt werden kann, sofern die Partner auf dieses Recht vertraut haben. Auf keinen Fall dürfen dadurch die Rechte Dritter verletzt werden.

(51) Das zur Anwendung auf die güterrechtlichen Wirkungen einer eingetragenen Partnerschaft berufene Recht sollte diese Wirkungen, angefangen bei der Einteilung des Vermögens eines oder beider Partner in verschiedene Kategorien während der eingetragenen Partnerschaft und nach ihrer Auflösung bis hin zur Vermögensauseinandersetzung, regeln. Es sollte auch die Auswirkungen der güterrechtlichen Wirkungen der eingetragenen Partnerschaft auf ein Rechtsverhältnis zwischen einem Partner und Dritten einschließen. Allerdings darf das auf die güterrechtlichen Wirkungen eingetragener Partnerschaften zur Regelung solcher Wirkungen anzuwendende Recht einem Dritten von einem Partner nur dann entgegengehalten werden, wenn das Rechtsverhältnis zwischen diesem Partner und dem Dritten zu einem Zeitpunkt entstanden ist, zu dem der Dritte Kenntnis von diesem Recht hatte oder hätte haben müssen.

(52) Aus Gründen des öffentlichen Interesses wie der Wahrung der politischen, sozialen oder wirtschaftlichen Ordnung eines Mitgliedstaats sollte es gerechtfertigt sein, dass die Gerichte und andere zuständige Behörden der Mitgliedstaaten die Möglichkeit erhalten, in Ausnahmefällen auf der Grundlage von Eingriffsnormen Ausnahmeregelungen anzuwenden. Dementsprechend sollte der Begriff „Eingriffsnormen" Normen von zwingender Natur wie zum Beispiel die Normen zum Schutz der Familienwohnung umfassen. Diese Ausnahme von der Anwendung des auf die güterrechtlichen Wirkungen einer eingetragenen Partnerschaft anzuwendenden Rechts ist jedoch eng auszulegen, damit sie der allgemeinen Zielsetzung dieser Verordnung nicht zuwiderläuft.

(53) Aus Gründen des öffentlichen Interesses sollte außerdem den Gerichten und anderen mit Fragen der güterrechtlichen Wirkungen eingetragener Partnerschaften befassten zuständigen Behörden in den Mitgliedstaaten in Ausnahmefällen die Möglichkeit gegeben werden, Bestimmungen eines ausländischen Rechts nicht zu berücksichtigen, wenn deren Anwendung in einem bestimmten Fall mit der öffentlichen Ordnung (*ordre public*) des betreffenden Mitgliedstaats offensichtlich unvereinbar wäre. Die Gerichte oder andere zuständige Behörden sollten allerdings nicht aus Gründen der öffentlichen Ordnung (ordre public) die Anwendung des Rechts eines anderen Mitgliedstaats ausschließen oder die Anerkennung – oder gegebenenfalls die Annahme – oder die Vollstreckung einer Entscheidung, einer öffentlichen Urkunde oder eines gerichtlichen Vergleichs aus einem anderen Mitgliedstaat versagen dürfen, wenn das gegen die Charta der Grundrechte der Europäischen Union (im Folgenden „Charta"), insbesondere gegen Artikel 21 über den Grundsatz der Nichtdiskriminierung, verstoßen würde.

(54) Da es Staaten gibt, in denen die in dieser Verordnung behandelten Fragen durch zwei oder mehr Rechtssysteme oder Regelwerke geregelt werden, sollte festgelegt werden, inwieweit diese Verordnung in den verschiedenen Gebietseinheiten dieser Staaten Anwendung findet.

(55) Diese Verordnung sollte in Anbetracht ihrer allgemeinen Zielsetzung, nämlich der gegenseitigen Anerkennung der in den Mitgliedstaaten ergangenen Entscheidungen in Fragen der güterrechtlichen Wirkungen eingetragener Partnerschaften, Vorschriften für die Anerkennung, Vollstreckbarkeit und Vollstreckung von Entscheidungen nach dem Vorbild anderer Rechtsinstrumente der Union im Bereich der justiziellen Zusammenarbeit in Zivilsachen vorsehen.

(56) Um den verschiedenen Systemen zur Regelung von Fragen der güterrechtlichen Wirkungen eingetragener Partnerschaften in den Mitgliedstaaten Rechnung zu tragen, sollte diese Verordnung die Annahme und Vollstreckbarkeit die Wirkungen eingetragener Partnerschaften betreffende öffentliche Urkunden in sämtlichen Mitgliedstaaten gewährleisten.

(57) Öffentliche Urkunden sollten in einem anderen Mitgliedstaat die gleiche formelle Beweiskraft wie im Ursprungsmitgliedstaat oder die damit am ehesten vergleichbare Wirkung entfalten. Die formelle Beweiskraft einer öffentlichen Urkunde in einem anderen Mitgliedstaat oder die damit am ehesten vergleichbare Wirkung sollte durch Bezugnahme auf Art und Umfang der formellen Beweiskraft der öffentlichen Urkunde im Ursprungsmitgliedstaat bestimmt werden. Somit richtet sich die formelle Beweiskraft einer öffentlichen Urkunde in einem anderen Mitgliedstaat nach dem Recht des Ursprungsmitgliedstaats.

(58) Die „Authentizität" einer öffentlichen Urkunde sollte ein autonomer Begriff sein, der Aspekte wie die Echtheit der Urkunde, die Formerfordernisse für die Urkunde, die Befugnisse der Behörde, die die Urkunde errichtet, und das Verfahren, nach dem die Urkunde errichtet

wird, erfassen sollte. Der Begriff sollte ferner die von der betreffenden Behörde in der öffentlichen Urkunde beurkundeten Vorgänge erfassen, wie z. B. die Tatsache, dass die genannten Parteien an dem genannten Tag vor dieser Behörde erschienen sind und die genannten Erklärungen abgegeben haben. Eine Partei, die Einwände in Bezug auf die Authentizität einer öffentlichen Urkunde erheben möchte, sollte dies bei dem zuständigen Gericht im Ursprungsmitgliedstaat der öffentlichen Urkunde nach dem Recht dieses Mitgliedstaats tun.

(59) Die Formulierung „die in einer öffentlichen Urkunde beurkundeten Rechtsgeschäfte oder Rechtsverhältnisse" sollte als Bezugnahme auf den in der öffentlichen Urkunde niedergelegten materiellen Inhalt verstanden werden. Eine Partei, die Einwände in Bezug auf die in einer öffentlichen Urkunde beurkundeten Rechtsgeschäfte oder Rechtsverhältnisse erheben möchte, sollte dies bei den nach dieser Verordnung zuständigen Gerichten tun, die nach dem auf die güterrechtlichen Wirkungen der eingetragenen Partnerschaft anzuwendenden Recht über die Einwände entscheiden sollten.

(60) Wird eine Frage in Bezug auf die in einer öffentlichen Urkunde beurkundeten Rechtsgeschäfte oder Rechtsverhältnisse als Vorfrage in einem Verfahren bei einem Gericht eines Mitgliedstaats vorgebracht, so sollte dieses Gericht für die Entscheidung über diese Vorfrage zuständig sein.

(61) Eine öffentliche Urkunde, gegen die Einwände erhoben wurden, sollte in einem anderen Mitgliedstaat als dem Ursprungsmitgliedstaat keine formelle Beweiskraft entfalten, solange die Einwände anhängig sind. Betreffen die Einwände nur einen spezifischen Umstand mit Bezug auf die in einer öffentlichen Urkunde beurkundeten Rechtsgeschäfte oder Rechtsverhältnisse, so sollte die öffentliche Urkunde in Bezug auf den angefochtenen Umstand keine Beweiskraft in einem anderen Mitgliedstaat als dem Ursprungsmitgliedstaat entfalten, solange die Einwände anhängig sind. Eine öffentliche Urkunde, die aufgrund eines Einwands für ungültig erklärt wird, sollte keine Beweiskraft mehr entfalten.

(62) Wenn einer Behörde im Rahmen der Anwendung dieser Verordnung zwei nicht miteinander zu vereinbarende öffentliche Urkunden vorgelegt werden, sollte sie die Frage, welcher Urkunde gegebenenfalls Vorrang einzuräumen ist, unter Berücksichtigung der Umstände des jeweiligen Falls beurteilen. Geht aus diesen Umständen nicht eindeutig hervor, welche Urkunde gegebenenfalls Vorrang haben sollte, so sollte diese Frage von den nach dieser Verordnung zuständigen Gerich-

ten oder, wenn die Frage als Vorfrage im Laufe eines Verfahrens vorgebracht wird, von dem mit diesem Verfahren befassten Gericht geklärt werden. Im Falle einer Unvereinbarkeit zwischen einer öffentlichen Urkunde und einer Entscheidung sollten die Gründe für die Nichtanerkennung von Entscheidungen nach dieser Verordnung berücksichtigt werden.

(63) Die Anerkennung und Vollstreckung einer Entscheidung über die güterrechtlichen Wirkungen einer eingetragenen Partnerschaft nach Maßgabe dieser Verordnung sollte in keiner Weise die Anerkennung der eingetragenen Partnerschaft implizieren, die Anlass zu der Entscheidung gegeben hat.

(64) Das Verhältnis zwischen dieser Verordnung und den bilateralen oder multilateralen Übereinkünften über die vermögensrechtlichen Wirkungen eingetragener Partnerschaften, denen die Mitgliedstaaten angehören, sollte bestimmt werden.

(65) Um die Anwendung dieser Verordnung zu erleichtern, sollten die Mitgliedstaaten verpflichtet werden, über das mit der Entscheidung 2001/470/EG des Rates[8)] eingerichtete Europäische Justizielle Netz für Zivil- und Handelssachen bestimmte Angaben über ihre, die güterrechtlichen Wirkungen eingetragener Partnerschaften betreffenden Vorschriften und Verfahren zu machen. Damit sämtliche Informationen, die für die praktische Anwendung dieser Verordnung von Bedeutung sind, rechtzeitig im *Amtsblatt der Europäischen Union* veröffentlicht werden können, sollten die Mitgliedstaaten der Kommission auch diese Informationen vor dem Beginn der Anwendung der Verordnung mitteilen.

(66) Um die Anwendung dieser Verordnung zu erleichtern und um die Nutzung moderner Kommunikationstechnologien zu ermöglichen, sollten auch Standardformulare für die Bescheinigungen, die im Zusammenhang mit einem Antrag auf Vollstreckbarerklärung einer Entscheidung, einer öffentlichen Urkunde oder eines gerichtlichen Vergleichs vorzulegen sind, vorgeschrieben werden.

(67) Die Berechnung der in dieser Verordnung vorgesehenen Fristen und Termine sollte nach

---

Zu Abs. 65:

[8)] *Entscheidung 2001/470/EG des Rates vom 28. Mai 2001 über die Einrichtung eines Europäischen Justiziellen Netzes für Zivil- und Handelssachen (ABl. L 174 vom 27.6.2001, S. 25).*

Maßgabe der Verordnung (EWG, Euratom) Nr. 1182/71 des Rates[9)] erfolgen.

(68) Um einheitliche Bedingungen für die Durchführung dieser Verordnung gewährleisten zu können, sollten der Kommission in Bezug auf die Erstellung und spätere Änderung der Bescheinigungen und Formblätter, welche die Vollstreckbarerklärung von Entscheidungen, gerichtlichen Vergleichen und öffentlichen Urkunden betreffen, Durchführungsbefugnisse übertragen werden. Diese Befugnisse sollten nach Maßgabe der Verordnung (EU) Nr. 182/2011 des Europäischen Parlaments und des Rates[10)] ausgeübt werden.

(69) Für den Erlass von Durchführungsrechtsakten zur Erstellung und späteren Änderung der in dieser Verordnung vorgesehenen Bescheinigungen und Formulare sollte das Beratungsverfahren herangezogen werden.

(70) Die Ziele dieser Verordnung, nämlich die Freizügigkeit innerhalb der Union und die Möglichkeit für Partner, ihre vermögensrechtlichen Beziehungen untereinander sowie gegenüber Dritten während ihres Zusammenlebens sowie zum Zeitpunkt der Auseinandersetzung ihres Vermögens zu regeln, sowie bessere Vorhersehbarkeit des anzuwendenden Rechts und eine größere Rechtssicherheit können von den Mitgliedstaaten nicht ausreichend verwirklicht werden, und sind vielmehr wegen des Umfangs und der Wirkungen dieser Verordnung besser auf Unionsebene – gegebenenfalls im Wege einer Verstärkten Zusammenarbeit der Mitgliedstaaten – zu verwirklichen. Im Einklang mit dem in Artikel 5 des Vertrags über die Europäische Union verankerten Subsidiaritätsprinzip kann die Union tätig werden. Entsprechend dem in demselben Artikel genannten Grundsatz der Verhältnismäßigkeit geht diese Verordnung nicht über das für die Verwirklichung dieser Ziele erforderliche Maß hinaus.

(71) Diese Verordnung steht im Einklang mit den Grundrechten und Grundsätzen, die mit der Charta anerkannt wurden, namentlich die Artikel 7, 9, 17, 21 und 47, die das Recht auf Achtung

des Privat- und Familienlebens, das nach nationalem Recht geschützte Recht, eine Familie zu gründen, das Eigentumsrecht, den Grundsatz der Nichtdiskriminierung sowie das Recht auf einen wirksamen Rechtsbehelf und ein faires Verfahren betreffen. Bei der Anwendung dieser Verordnung sollten die Gerichte und anderen zuständigen Behörden der Mitgliedstaaten diese Rechte und Grundsätze achten –

Verordnung (EU) 2016/1104 des Rates vom 24. Juni 2016 zur Durchführung der Verstärkten Zusammenarbeit im Bereich der Zuständigkeit, des anzuwendenden Rechts und der Anerkennung und Vollstreckung von Entscheidungen in Fragen güterrechtlicher Wirkungen eingetragener Partnerschaften

HAT FOLGENDE VERORDNUNG ERLASSEN:

KAPITEL I
ANWENDUNGSBEREICH UND BEGRIFFSBESTIMMUNGEN

Artikel 1
Anwendungsbereich

(1) Diese Verordnung findet auf die Güterstände eingetragener Partnerschaften Anwendung.
Sie gilt nicht für Steuer- und Zollsachen sowie verwaltungsrechtliche Angelegenheiten.

(2) Vom Anwendungsbereich dieser Verordnung ausgenommen sind:

a) die Rechts-, Geschäfts- und Handlungsfähigkeit der Partner,

b) das Bestehen, die Gültigkeit oder die Anerkennung einer eingetragenen Partnerschaft,

c) die Unterhaltspflichten,

d) die Rechtsnachfolge nach dem Tod eines Partners,

e) die soziale Sicherheit,

f) die Berechtigung, Ansprüche auf Alters- oder Erwerbsunfähigkeitsrente, die während der eingetragenen Partnerschaft erworben wurden und die während der eingetragenen Partnerschaft zu keinem Renteneinkommen geführt haben, im Falle der Auflösung oder der Ungültigerklärung der eingetragenen Partnerschaft zwischen den Partnern zu übertragen oder anzupassen,

g) die Art der dinglichen Rechte an Vermögen und

h) jede Eintragung von Rechten an beweglichen oder unbeweglichen Vermögensgegenständen in ein Register, einschließlich der gesetzlichen Voraussetzungen für eine solche Eintragung, sowie die Wirkungen der Eintragung oder der fehlenden Eintragung solcher Rechte in ein Register.

Zu Abs. 67:

[9)] *Verordnung (EWG, Euratom) Nr. 1182/71 des Rates vom 3. Juni 1971 zur Festlegung der Regeln für die Fristen, Daten und Termine (ABl. L 124 vom 8.6.1971, S. 1).*

Zu Abs. 68:

[10)] *Verordnung (EU) Nr. 182/2011 des Europäischen Parlaments und des Rates vom 16. Februar 2011 zur Festlegung der allgemeinen Regeln und Grundsätze, nach denen die Mitgliedstaaten die Wahrnehmung der Durchführungsbefugnisse durch die Kommission kontrollieren (ABl. L 55 vom 28.2.2011, S. 13).*

Artikel 2
Zuständigkeit für Fragen der güterrechtlichen Wirkungen eingetragener Partnerschaften innerhalb der Mitgliedstaaten

Diese Verordnung berührt nicht die Zuständigkeit der Behörden der Mitgliedstaaten für Fragen der güterrechtlichen Wirkungen eingetragener Partnerschaften.

Artikel 3
Begriffsbestimmungen

(1) Im Sinne dieser Verordnung bezeichnet der Ausdruck

a) „eingetragene Partnerschaft" eine rechtlich vorgesehene Form der Lebensgemeinschaft zweier Personen, deren Eintragung nach den betreffenden rechtlichen Vorschriften verbindlich ist und welche die in den betreffenden Vorschriften vorgesehenen rechtlichen Formvorschriften für ihre Begründung erfüllt;

b) „güterrechtliche Wirkungen einer eingetragenen Partnerschaft" die vermögensrechtlichen Regelungen, die im Verhältnis der Partner untereinander und in ihren Beziehungen zu Dritten aufgrund des mit der Eintragung der Partnerschaft oder ihrer Auflösung begründeten Rechtsverhältnisses gelten;

c) „Vereinbarung über die güterrechtlichen Wirkungen einer eingetragenen Partnerschaft" jede Vereinbarung zwischen Partnern oder künftigen Partnern, mit der sie die güterrechtlichen Wirkungen ihrer eingetragenen Partnerschaft regeln;

d) „öffentliche Urkunde" ein die güterrechtlichen Wirkungen einer eingetragenen Partnerschaft betreffendes Schriftstück, das als öffentliche Urkunde in einem Mitgliedstaat förmlich errichtet oder eingetragen worden ist und dessen Beweiskraft

i) sich auf die Unterschrift und den Inhalt der öffentlichen Urkunde bezieht und

ii) durch eine Behörde oder eine andere vom Ursprungsmitgliedstaat hierzu ermächtigte Stelle festgestellt worden ist;

e) „Entscheidung" jede von einem Gericht eines Mitgliedstaats über die güterrechtlichen Wirkungen einer eingetragenen Partnerschaft erlassene Entscheidung ohne Rücksicht auf ihre Bezeichnung, einschließlich des Kostenfestsetzungsbeschlusses eines Gerichtsbediensteten;

f) „gerichtlicher Vergleich" einen von einem Gericht gebilligten oder vor einem Gericht im Laufe eines Verfahrens geschlossenen Vergleich über die güterrechtlichen Wirkungen einer eingetragenen Partnerschaft;

g) „Ursprungsmitgliedstaat" den Mitgliedstaat, in dem die Entscheidung ergangen, die öffentliche Urkunde errichtet oder der gerichtliche Vergleich gebilligt oder geschlossen worden ist;

h) „Vollstreckungsmitgliedstaat" den Mitgliedstaat, in dem die Anerkennung und/oder Vollstreckung der Entscheidung, der öffentlichen Urkunde oder des gerichtlichen Vergleichs betrieben wird.

(2) Im Sinne dieser Verordnung bezeichnet der Ausdruck „Gericht" jedes Gericht und alle anderen Behörden und Angehörigen von Rechtsberufen mit Zuständigkeiten in Fragen der güterrechtlichen Wirkungen, die gerichtliche Funktionen ausüben oder in Ausübung einer Befugnisübertragung durch ein Gericht oder unter der Aufsicht eines Gerichts handeln, sofern diese anderen Behörden und Angehörigen von Rechtsberufen ihre Unparteilichkeit und das Recht der Parteien auf rechtliches Gehör gewährleisten und ihre Entscheidungen nach dem Recht des Mitgliedstaats, in dem sie tätig sind,

a) vor einem Gericht angefochten oder von einem Gericht nachgeprüft werden können und

b) vergleichbare Rechtskraft und Rechtswirkung haben wie eine Entscheidung eines Gerichts in der gleichen Sache.

Die Mitgliedstaaten teilen der Kommission nach Artikel 64 die in Unterabsatz 1 genannten sonstigen Behörden und Angehörigen von Rechtsberufen mit.

KAPITEL II

GERICHTLICHE ZUSTÄNDIGKEIT

Artikel 4
Zuständigkeit im Fall des Todes eines Partners

Wird ein Gericht eines Mitgliedstaats im Zusammenhang mit der Rechtsnachfolge von Todes wegen nach der Verordnung (EU) Nr. 650/2012 angerufen, so sind die Gerichte dieses Staates auch für Entscheidungen über die güterrechtlichen Wirkungen der eingetragenen Partnerschaft in Verbindung mit diesem Nachlass zuständig.

Artikel 5
Zuständigkeit im Fall der Auflösung oder Ungültigerklärung der eingetragenen Partnerschaft

(1) Wird ein Gericht eines Mitgliedstaats zur Entscheidung über die Auflösung oder Ungültigerklärung einer eingetragenen Partnerschaft angerufen, so sind die Gerichte dieses Staates auch für Entscheidungen über Fragen der güterrechtlichen Wirkungen der eingetragenen Partnerschaft in Verbindung mit dieser Auflösung oder Ungültigerklärung zuständig, wenn die Partner das vereinbaren.

(2) Wird eine Vereinbarung nach Absatz 1 des vorliegenden Artikels geschlossen, bevor das

Gericht zur Entscheidung über die güterrechtlichen Wirkungen der eingetragenen Partnerschaft angerufen wird, so muss die Vereinbarung den Anforderungen des Artikels 7 entsprechen.

Artikel 6
Zuständigkeit in anderen Fällen

In Fällen, in denen kein Gericht eines Mitgliedstaats gemäß Artikel 4 oder Artikel 5 zuständig ist, oder in anderen als den in diesen Artikeln geregelten Fällen sind für Entscheidungen über Fragen der güterrechtlichen Wirkungen einer eingetragenen Partnerschaft die Gerichte des Mitgliedstaats zuständig,

a) in dessen Hoheitsgebiet die Partner zum Zeitpunkt der Anrufung des Gerichts ihren gewöhnlichen Aufenthalt haben oder anderenfalls

b) in dessen Hoheitsgebiet die Partner zuletzt ihren gewöhnlichen Aufenthalt hatten, sofern einer von ihnen zum Zeitpunkt der Anrufung des Gerichts dort noch seinen gewöhnlichen Aufenthalt hat, oder anderenfalls

c) in dessen Hoheitsgebiet der Antragsgegner zum Zeitpunkt der Anrufung des Gerichts seinen gewöhnlichen Aufenthalt hat oder anderenfalls

d) dessen Staatsangehörigkeit beide Partner zum Zeitpunkt der Anrufung des Gerichts angehören besitzen oder anderenfalls

e) nach dessen Recht die eingetragene Partnerschaft begründet wurde.

Artikel 7
Gerichtsstandsvereinbarung

(1) In den Fällen des Artikels 6 können die Parteien vereinbaren, dass die Gerichte des Mitgliedstaats, dessen Recht nach Artikel 22 oder Artikel 26 Absatz 1 anzuwenden ist, oder die Gerichte des Mitgliedstaats, in dem die eingetragene Partnerschaft begründet wurde, für Entscheidungen über Fragen der güterrechtlichen Wirkungen ihrer eingetragenen Partnerschaft ausschließlich zuständig sein sollen.

(2) Die in Absatz 1 genannte Vereinbarung bedarf der Schriftform, ist zu datieren und von den Parteien zu unterzeichnen. Elektronische Übermittlungen, die eine dauerhafte Aufzeichnung der Vereinbarung ermöglichen, sind der Schriftform gleichgestellt.

Artikel 8
Zuständigkeit aufgrund rügeloser Einlassung

(1) Sofern das Gericht eines Mitgliedstaats, dessen Recht nach Artikel 22 oder Artikel 26 Absatz 1 anzuwenden ist, nicht bereits nach anderen Vorschriften dieser Verordnung zuständig ist, wird es zuständig, wenn sich der Beklagte vor ihm auf das Verfahren einlässt. Dies gilt nicht, wenn der Beklagte sich einlässt, um den Mangel der Zuständigkeit geltend zu machen, oder in den Fällen des Artikels 4.

(2) Bevor sich das Gericht nach Absatz 1 für zuständig erklärt, stellt es sicher, dass der Beklagte über sein Recht, die Unzuständigkeit des Gerichts geltend zu machen, und über die Folgen der Einlassung oder Nichteinlassung auf das Verfahren belehrt wird.

Artikel 9
Alternative Zuständigkeit

(1) Wenn ein Gericht eines Mitgliedstaats, das nach Artikel 4, Artikel 5 oder Artikel 6 Buchstaben a, b, c oder d zuständig ist, feststellt, dass seine Rechtsordnung das Rechtsinstitut der eingetragenen Partnerschaft nicht vorsieht, kann es sich für unzuständig erklären. Beschließt das Gericht, sich für unzuständig zu erklären, so tut es das unverzüglich.

(2) Erklärt sich ein in Absatz 1 des vorliegenden Artikels genanntes Gericht für unzuständig und vereinbaren die Parteien, die Zuständigkeit den Gerichten eines anderen Mitgliedstaats nach Artikel 7 zu übertragen, so sind die Gerichte dieses anderen Mitgliedstaats für Entscheidungen über die güterrechtlichen Wirkungen der eingetragenen Partnerschaft zuständig.

In anderen Fällen sind für Entscheidungen über die güterrechtlichen Wirkungen einer eingetragenen Partnerschaft die Gerichte eines anderen Mitgliedstaats nach Artikel 6 oder 8 zuständig.

(3) Dieser Artikel findet keine Anwendung, wenn die Parteien eine Auflösung oder Ungültigerklärung der eingetragenen Partnerschaft erwirkt haben, die im Mitgliedstaat des angerufenen Gerichts anerkannt werden kann.

Artikel 10
Subsidiäre Zuständigkeit

Ist kein Gericht eines Mitgliedstaats nach den Artikeln 4, 5, 6, 7 oder 8 zuständig oder haben sich alle Gerichte gemäß Artikel 9 für unzuständig erklärt und ist kein Gericht eines Mitgliedstaats nach Artikel 6 Buchstabe e, Artikel 7 oder Artikel 8 zuständig, so sind die Gerichte eines Mitgliedstaats zuständig, in dessen Hoheitsgebiet unbewegliches Vermögen eines oder beider Partner belegen ist; in diesem Fall ist das angerufene Gericht nur für Entscheidungen über dieses unbewegliche Vermögen zuständig.

Artikel 11
Notzuständigkeit (forum necessitatis)

Ist kein Gericht eines Mitgliedstaats nach den Artikeln 4, 5, 6, 7, 8 oder 10 zuständig oder haben sich alle Gerichte gemäß Artikel 9 für unzuständig erklärt und ist kein Gericht eines Mitgliedstaats nach Artikel 6 Buchstabe e, Artikel 7, 8 oder 10 zuständig, so können die Gerichte eines Mitgliedstaats ausnahmsweise über die güterrechtlichen Wirkungen der eingetragenen Partnerschaft entscheiden, wenn es nicht zumutbar ist oder es sich als unmöglich erweist, ein Verfahren in einem Drittstaat, zu dem die Sache einen engen Bezug aufweist, einzuleiten oder zu führen.

Die Sache muss einen ausreichenden Bezug zu dem Mitgliedstaat des angerufenen Gerichts aufweisen.

Artikel 12
Widerklagen

Das Gericht, bei dem ein Verfahren aufgrund der Artikel 4 bis 8, 10 oder 11 anhängig ist, ist auch für eine Widerklage zuständig, sofern diese in den Anwendungsbereich dieser Verordnung fällt.

Artikel 13
Beschränkung des Verfahrens

(1) Umfasst der Nachlass des Erblassers, der unter die Verordnung (EU) Nr. 650/2012 fällt, Vermögenswerte, die in einem Drittstaat belegen sind, so kann das zu den güterrechtlichen Wirkungen der eingetragenen Partnerschaft angerufene Gericht auf Antrag einer der Parteien beschließen, über einen oder mehrere dieser Vermögenswerte nicht zu befinden, wenn zu erwarten ist, dass seine Entscheidung über diese Vermögenswerte in dem betreffenden Drittstaat nicht anerkannt oder gegebenenfalls nicht für vollstreckbar erklärt wird.

(2) Absatz 1 berührt nicht das Recht der Parteien, den Gegenstand des Verfahrens nach dem Recht des Mitgliedstaats des angerufenen Gerichts zu beschränken.

Artikel 14
Anrufung eines Gerichts

Für die Zwecke dieses Kapitels gilt ein Gericht als angerufen:

a) zu dem Zeitpunkt, zu dem das verfahrenseinleitende Schriftstück oder ein gleichwertiges Schriftstück bei Gericht eingereicht worden ist, vorausgesetzt, der Antragsteller hat es in der Folge nicht versäumt, die ihm obliegenden Maßnahmen zu treffen, um die Zustellung des Schriftstücks an den Antragsgegner zu bewirken, oder

b) falls die Zustellung vor Einreichung des Schriftstücks bei Gericht zu bewirken ist, zu dem Zeitpunkt, zu dem die für die Zustellung verantwortliche Stelle das Schriftstück erhalten hat, vorausgesetzt, der Antragsteller hat es in der Folge nicht versäumt, die ihm obliegenden Maß-

nahmen zu treffen, um das Schriftstück bei Gericht einzureichen, oder

c) falls das Gericht das Verfahren von Amts wegen einleitet, zu dem Zeitpunkt, zu dem der Beschluss über die Einleitung des Verfahrens vom Gericht gefasst wird, oder, wenn ein solcher Beschluss nicht erforderlich ist, zu dem Zeitpunkt, zu dem die Sache beim Gericht eingetragen worden ist.

Artikel 15
Prüfung der Zuständigkeit

Das Gericht eines Mitgliedstaats, das in einem Rechtsstreit über die güterrechtlichen Wirkungen einer eingetragenen Partnerschaft angerufen wird, für die es nach dieser Verordnung nicht zuständig ist, erklärt sich von Amts wegen für unzuständig.

Artikel 16
Prüfung der Zulässigkeit

(1) Lässt sich der Beklagte, der seinen gewöhnlichen Aufenthalt in einem anderen Staat als dem Mitgliedstaat hat, in dem die Klage erhoben wurde, auf das Verfahren nicht ein, so setzt das nach dieser Verordnung zuständige Gericht das Verfahren so lange aus, bis festgestellt ist, dass es dem Beklagten möglich war, das verfahrenseinleitende Schriftstück oder ein gleichwertiges Schriftstück so rechtzeitig zu empfangen, dass er sich verteidigen konnte oder dass alle hierzu erforderlichen Maßnahmen getroffen wurden.

(2) Anstelle des Absatzes 1 des vorliegenden Artikels findet Artikel 19 der Verordnung (EG) Nr. 1393/2007 des Europäischen Parlaments und des Rates[1] Anwendung, wenn das verfahrenseinleitende Schriftstück oder ein gleichwertiges Schriftstück nach der genannten Verordnung von einem Mitgliedstaat in einen anderen zu übermitteln war.

(3) Ist die Verordnung (EG) Nr. 1393/2007 nicht anwendbar, so gilt Artikel 15 des Haager Übereinkommens vom 15. November 1965 über die Zustellung gerichtlicher und außergerichtlicher Schriftstücke im Ausland in Zivil- und Handelssachen, wenn das verfahrenseinleitende Schriftstück oder ein gleichwertiges Schriftstück nach Maßgabe dieses Übereinkommens ins Ausland zu übermitteln war.

Zu Artikel 16:

[1] *Verordnung (EG) Nr. 1393/2007 des Europäischen Parlaments und des Rates vom 13. November 2007 über die Zustellung gerichtlicher und außergerichtlicher Schriftstücke in Zivil- oder Handelssachen in den Mitgliedstaaten („Zustellung von Schriftstücken") und zur Aufhebung der Verordnung (EG) Nr. 1348/2000 des Rates (ABl. L 324 vom 10.12.2007, S. 79).*

Artikel 17
Rechtshängigkeit

(1) Werden bei Gerichten verschiedener Mitgliedstaaten Verfahren wegen desselben Anspruchs zwischen denselben Parteien anhängig gemacht, so setzt jedes später angerufene Gericht das Verfahren von Amts wegen aus, bis die Zuständigkeit des zuerst angerufenen Gerichts feststeht.

(2) In den in Absatz 1 genannten Fällen teilt das in der Rechtssache angerufene Gericht auf Antrag eines anderen angerufenen Gerichts diesem unverzüglich mit, wann es angerufen wurde.

(3) Sobald die Zuständigkeit des zuerst angerufenen Gerichts feststeht, erklärt sich das später angerufene Gericht zugunsten dieses Gerichts für unzuständig.

Artikel 18
Im Zusammenhang stehende Verfahren

(1) Sind bei Gerichten verschiedener Mitgliedstaaten Verfahren, die im Zusammenhang stehen, anhängig, so kann jedes später angerufene Gericht das Verfahren aussetzen.

(2) Sind die in Absatz 1 genannten Verfahren in erster Instanz anhängig, so kann sich jedes später angerufene Gericht auf Antrag einer Partei auch für unzuständig erklären, wenn das zuerst angerufene Gericht für die betreffenden Verfahren zuständig ist und die Verbindung der Verfahren nach seinem Recht zulässig ist.

(3) Für die Zwecke dieses Artikels gelten Verfahren als im Zusammenhang stehend, wenn zwischen ihnen eine so enge Beziehung gegeben ist, dass eine gemeinsame Verhandlung und Entscheidung geboten erscheint, um zu vermeiden, dass in getrennten Verfahren widersprechende Entscheidungen ergehen.

Artikel 19
Einstweilige Maßnahmen einschließlich Sicherungsmaßnahmen

Die im Recht eines Mitgliedstaats vorgesehenen einstweiligen Maßnahmen einschließlich Sicherungsmaßnahmen können bei den Gerichten dieses Staates auch dann beantragt werden, wenn für die Entscheidung in der Hauptsache nach dieser Verordnung die Gerichte eines anderen Mitgliedstaats zuständig sind.

KAPITEL III
ANZUWENDENDES RECHT

Artikel 20
Universelle Anwendung

Das nach dieser Verordnung bezeichnete Recht ist auch dann anzuwenden, wenn es nicht das Recht eines Mitgliedstaats ist.

Artikel 21
Einheit des anzuwendenden Rechts

Das auf die güterrechtlichen Wirkungen einer eingetragenen Partnerschaft anzuwendende Recht gilt für sämtliche unter diese Wirkungen fallenden Vermögensgegenstände ohne Rücksicht auf deren Belegenheit.

Artikel 22
Rechtswahl

(1) Die Partner oder künftigen Partner können das auf die güterrechtlichen Wirkungen ihrer eingetragenen Partnerschaft anzuwendende Recht durch Vereinbarung bestimmen oder ändern, sofern dieses Recht güterrechtliche Wirkungen an das Institut der eingetragenen Partnerschaft knüpft und es sich dabei um das Recht eines der folgenden Staaten handelt:

a) das Recht des Staates, in dem die Partner oder künftigen Partner oder einer von ihnen zum Zeitpunkt der Rechtswahl ihren/seinen gewöhnlichen Aufenthalt haben/hat, oder

b) das Recht eines Staates, dessen Staatsangehörigkeit einer der Partner oder künftigen Partner zum Zeitpunkt der Rechtswahl besitzt, oder

c) das Recht des Staates, nach dessen Recht die eingetragene Partnerschaft begründet wurde.

(2) Sofern die Partner nichts anderes vereinbaren, gilt eine während der Partnerschaft vorgenommene Änderung des auf die güterrechtlichen Wirkungen der eingetragenen Partnerschaft anzuwendenden Rechts nur für die Zukunft.

(3) Eine rückwirkende Änderung des anzuwendenden Rechts nach Absatz 2 darf die Ansprüche Dritter, die sich aus diesem Recht ableiten, nicht beeinträchtigen.

Artikel 23
Formgültigkeit der Rechtswahlvereinbarung

(1) Eine Vereinbarung nach Artikel 22 bedarf der Schriftform, ist zu datieren und von beiden Partnern zu unterzeichnen. Elektronische Übermittlungen, die eine dauerhafte Aufzeichnung der Vereinbarung ermöglichen, sind der Schriftform gleichgestellt.

(2) Sieht das Recht des Mitgliedstaats, in dem beide Partner zum Zeitpunkt der Rechtswahl ihren

gewöhnlichen Aufenthalt haben, zusätzliche Formvorschriften für Vereinbarungen über die güterrechtlichen Wirkungen einer eingetragenen Partnerschaft vor, so sind diese Formvorschriften anzuwenden.

(3) Haben die Partner zum Zeitpunkt der Rechtswahl ihren gewöhnlichen Aufenthalt in verschiedenen Mitgliedstaaten und sieht das Recht beider Staaten unterschiedliche Formvorschriften für Vereinbarungen über die güterrechtlichen Wirkungen einer eingetragenen Partnerschaft vor, so ist die Vereinbarung formgültig, wenn sie den Vorschriften des Rechts eines dieser Mitgliedstaaten genügt.

(4) Hat zum Zeitpunkt der Rechtswahl nur einer der Partner seinen gewöhnlichen Aufenthalt in einem Mitgliedstaat und sind in diesem Staat zusätzliche Formvorschriften für Vereinbarungen über die güterrechtlichen Wirkungen einer eingetragenen Partnerschaft vorgesehen, so sind diese Formvorschriften anzuwenden.

Artikel 24
Einigung und materielle Wirksamkeit

(1) Das Zustandekommen und die Wirksamkeit einer Rechtswahlvereinbarung oder einer ihrer Bestimmungen bestimmen sich nach dem Recht, das nach Artikel 22 anzuwenden wäre, wenn die Vereinbarung oder die Bestimmung wirksam wäre.

(2) Ein Partner kann sich jedoch für die Behauptung, er habe der Vereinbarung nicht zugestimmt, auf das Recht des Staates berufen, in dem er zum Zeitpunkt der Anrufung des Gerichts seinen gewöhnlichen Aufenthalt hat, wenn sich aus den Umständen ergibt, dass es nicht angemessen wäre, die Wirkung seines Verhaltens nach dem in Absatz 1 bezeichneten Recht zu bestimmen.

Artikel 25
Formgültigkeit einer Vereinbarung über die güterrechtlichen Wirkungen einer eingetragenen Partnerschaft

(1) Die Vereinbarung über die güterrechtlichen Wirkungen einer eingetragenen Partnerschaft bedarf der Schriftform, ist zu datieren und von beiden Partnern zu unterzeichnen. Elektronische Übermittlungen, die eine dauerhafte Aufzeichnung der Vereinbarung ermöglichen, sind der Schriftform gleichgestellt.

(2) Sieht das Recht des Mitgliedstaats, in dem beide Partner zum Zeitpunkt der Vereinbarung ihren gewöhnlichen Aufenthalt haben, zusätzliche Formvorschriften für Vereinbarungen über die güterrechtlichen Wirkungen einer eingetragenen Partnerschaft vor, so sind diese Formvorschriften anzuwenden.

Haben die Partner zum Zeitpunkt der Vereinbarung ihren gewöhnlichen Aufenthalt in verschiedenen Mitgliedstaaten und sieht das Recht beider Staaten unterschiedliche Formvorschriften für Vereinbarungen über die güterrechtlichen Wirkungen einer eingetragenen Partnerschaft vor, so ist die Vereinbarung formgültig, wenn sie den Vorschriften des Rechts eines dieser Mitgliedstaaten genügt.

Hat zum Zeitpunkt der Vereinbarung nur einer der Partner seinen gewöhnlichen Aufenthalt in einem Mitgliedstaat und sind in diesem Staat zusätzliche Formvorschriften für Vereinbarungen über die güterrechtlichen Wirkungen einer eingetragenen Partnerschaft vorgesehen, so sind diese Formvorschriften anzuwenden.

(3) Sieht das auf die güterrechtlichen Wirkungen einer eingetragenen Partnerschaft anzuwendende Recht zusätzliche Formvorschriften vor, so sind diese Formvorschriften anzuwenden.

Artikel 26
Mangels Rechtswahl der Parteien anzuwendendes Recht

(1) Mangels einer Rechtswahlvereinbarung nach Artikel 22 unterliegen die güterrechtlichen Wirkungen einer eingetragenen Partnerschaft dem Recht des Staates, nach dessen Recht die eingetragene Partnerschaft begründet wurde.

(2) Ausnahmsweise kann das Gericht, das für Fragen der güterrechtlichen Wirkungen der eingetragenen Partnerschaft zuständig ist, auf Antrag eines der Partner entscheiden, dass das Recht eines anderen Staates als des Staates, dessen Recht nach Absatz 1 anzuwenden ist, für die güterrechtlichen Wirkungen der eingetragenen Partnerschaft gilt, sofern das Recht dieses anderen Staates güterrechtliche Wirkungen an das Institut der eingetragenen Partnerschaft knüpft und sofern der Antragsteller nachweist, dass

a) die Partner ihren letzten gemeinsamen gewöhnlichen Aufenthalt über einen erheblich langen Zeitraum in diesem Staat hatten und

b) beide Partner auf das Recht dieses anderen Staates bei der Regelung oder Planung ihrer güterrechtlichen Beziehungen vertraut hatten.

Das Recht dieses anderen Staates gilt ab dem Zeitpunkt der Begründung der eingetragenen Partnerschaft, es sei denn, ein Partner ist damit nicht einverstanden. In diesem Fall gilt das Recht dieses anderen Staates ab Begründung des letzten gemeinsamen gewöhnlichen Aufenthalts in diesem Staat.

Die Anwendung des Rechts des anderen Staates darf die Rechte Dritter, die sich auf das nach Absatz 1 anzuwendende Recht gründen, nicht beeinträchtigen.

Dieser Absatz gilt nicht, wenn die Partner vor der Begründung ihres letzten gemeinsamen ge-

EU-GüterVOen

wöhnlichen Aufenthalts in diesem anderen Staat eine Vereinbarung über die güterrechtlichen Wirkungen der eingetragenen Partnerschaft getroffen haben.

Artikel 27
Reichweite des anzuwendenden Rechts

Das nach dieser Verordnung auf die güterrechtlichen Wirkungen eingetragener Partnerschaften anzuwendende Recht regelt unter anderem

a) die Einteilung des Vermögens eines oder beider Partner in verschiedene Kategorien während und nach der eingetragenen Partnerschaft,

b) die Übertragung von Vermögen von einer Kategorie in die andere,

c) die Haftung des einen Partners für die Verbindlichkeiten und Schulden des anderen,

d) die Befugnisse, Rechte und Pflichten eines oder beider Partner in Bezug auf das Vermögen,

e) die Teilung, Aufteilung oder Abwicklung des Vermögens bei Auflösung der eingetragenen Partnerschaft,

f) die Wirkungen der güterrechtlichen Wirkungen eingetragener Partnerschaften auf ein Rechtsverhältnis zwischen einem Partner und Dritten und

g) die materielle Wirksamkeit einer Vereinbarung über die güterrechtlichen Wirkungen einer eingetragenen Partnerschaft.

Artikel 28
Wirkungen gegenüber Dritten

(1) Ungeachtet des Artikels 27 Buchstabe f darf ein Partner in einer Streitigkeit zwischen einem Dritten und einem oder beiden Partnern das für die güterrechtlichen Wirkungen seiner eingetragenen Partnerschaft maßgebende Recht dem Dritten nicht entgegenhalten, es sei denn, der Dritte hatte Kenntnis von diesem Recht oder hätte bei gebührender Sorgfalt davon Kenntnis haben müssen.

(2) Es wird davon ausgegangen, dass der Dritte Kenntnis von den güterrechtlichen Wirkungen des anzuwendenden Rechts hat, wenn

a) dieses Recht das Recht des Staates ist,

i) dessen Recht auf das Rechtsgeschäft zwischen einem Partner und dem Dritten anzuwenden ist,

ii) in dem der vertragschließende Partner und der Dritte ihren gewöhnlichen Aufenthalt haben, oder

iii) in dem die Vermögensgegenstände – im Fall von unbeweglichem Vermögen – belegen sind, oder

b) ein Partner die geltenden Anforderungen an die Publizität oder Registrierung der güterrechtlichen Wirkungen der eingetragenen Partnerschaft eingehalten hat, die vorgesehen sind im Recht des Staates,

i) dessen Recht auf das Rechtsgeschäft zwischen einem Partner und dem Dritten anzuwenden ist,

ii) in dem der vertragschließende Partner und der Dritte ihren gewöhnlichen Aufenthalt haben, oder

iii) in dem die Vermögensgegenstände – im Fall von unbeweglichem Vermögen – belegen sind.

(3) Kann ein Partner das auf seine güterrechtlichen Wirkungen anzuwendende Recht einem Dritten nach Absatz 1 nicht entgegenhalten, so unterliegen die güterrechtlichen Wirkungen gegenüber dem Dritten dem Recht des Staates,

a) dessen Recht auf das Rechtsgeschäft zwischen einem Partner und dem Dritten anzuwenden ist oder

b) in dem die Vermögensgegenstände – im Fall von unbeweglichem Vermögen – belegen sind oder, im Fall eingetragener Vermögenswerte oder im Fall von Rechten, in dem diese Vermögenswerte oder Rechte eingetragen sind.

Artikel 29
Anpassung dinglicher Rechte

Macht eine Person ein dingliches Recht geltend, das ihr nach dem auf die güterrechtlichen Wirkungen einer eingetragenen Partnerschaft anzuwendenden Recht zusteht, und kennt das Recht des Mitgliedstaats, in dem das Recht geltend gemacht wird, das betreffende dingliche Recht nicht, so ist dieses Recht, soweit erforderlich und möglich, an das in der Rechtsordnung dieses Mitgliedstaats am ehesten vergleichbare Recht anzupassen, wobei die mit dem besagten dinglichen Recht verfolgten Ziele und Interessen und die mit ihm verbundenen Wirkungen zu berücksichtigen sind.

Artikel 30
Eingriffsnormen

(1) Diese Verordnung berührt nicht die Anwendung der Eingriffsnormen des Rechts des angerufenen Gerichts.

(2) Eine Eingriffsnorm ist eine Vorschrift, deren Einhaltung von einem Mitgliedstaat als so entscheidend für die Wahrung seines öffentlichen Interesses, insbesondere seiner politischen, sozialen oder wirtschaftlichen Ordnung, angesehen wird, dass sie ungeachtet des nach Maßgabe dieser Verordnung auf die güterrechtlichen Wirkungen einer eingetragenen Partnerschaft anzuwendenden Rechts auf alle Sachverhalte anzuwenden ist, die in ihren Anwendungsbereich fallen.

Artikel 31
Öffentliche Ordnung (ordre public)

Die Anwendung einer Vorschrift des nach dieser Verordnung bestimmten Rechts eines Staates darf nur versagt werden, wenn ihre Anwendung mit der öffentlichen Ordnung (*ordre public*) des Staates des angerufenen Gerichts offensichtlich unvereinbar ist.

Artikel 32
Ausschluss der Rück- und Weiterverweisung

Unter dem nach dieser Verordnung anzuwendenden Recht eines Staates sind die in diesem Staat geltenden Rechtsnormen mit Ausnahme seines Internationalen Privatrechts zu verstehen.

Artikel 33
Staaten mit mehr als einem Rechtssystem – interlokale Kollisionsvorschriften

(1) Verweist diese Verordnung auf das Recht eines Staates, der mehrere Gebietseinheiten umfasst, von denen jede eigene Rechtsvorschriften für die güterrechtlichen Wirkungen eingetragener Partnerschaften hat, so bestimmen die internen Kollisionsvorschriften dieses Staates die Gebietseinheit, deren Rechtsvorschriften anzuwenden sind.

(2) In Ermangelung solcher interner Kollisionsvorschriften gilt:

a) Jede Bezugnahme auf das Recht des in Absatz 1 genannten Staates ist für die Bestimmung des anzuwendenden Rechts aufgrund von Vorschriften, die sich auf den gewöhnlichen Aufenthalt der Partner beziehen, als Bezugnahme auf das Recht der Gebietseinheit zu verstehen, in der die Partner ihren gewöhnlichen Aufenthalt haben.

b) Jede Bezugnahme auf das Recht des in Absatz 1 genannten Staates ist für die Bestimmung des anzuwendenden Rechts aufgrund von Vorschriften, die sich auf die Staatsangehörigkeit der Partner beziehen, als Bezugnahme auf das Recht der Gebietseinheit zu verstehen, zu der die Partner die engste Verbindung haben.

c) Jede Bezugnahme auf das Recht des in Absatz 1 genannten Staates ist für die Bestimmung des anzuwendenden Rechts aufgrund sonstiger Bestimmungen, die sich auf andere Anknüpfungspunkte beziehen, als Bezugnahme auf das Recht der Gebietseinheit zu verstehen, in der sich der einschlägige Anknüpfungspunkt befindet.

Artikel 34
Staaten mit mehr als einem Rechtssystem – interpersonale Kollisionsvorschriften

Gelten in einem Staat für die güterrechtlichen Wirkungen eingetragener Partnerschaften zwei oder mehr Rechtssysteme oder Regelwerke für verschiedene Personengruppen, so ist jede Bezugnahme auf das Recht dieses Staates als Bezugnahme auf das Rechtssystem oder das Regelwerk zu verstehen, das die in diesem Staat geltenden Vorschriften zur Anwendung berufen. In Ermangelung solcher Vorschriften ist das Rechtssystem oder das Regelwerk anzuwenden, zu dem die Partner die engste Verbindung haben.

Artikel 35
Nichtanwendung dieser Verordnung auf innerstaatliche Kollisionen

Ein Mitgliedstaat, der mehrere Gebietseinheiten umfasst, von denen jede ihre eigenen Rechtsvorschriften für güterrechtliche Wirkungen eingetragener Partnerschaften hat, ist nicht verpflichtet, diese Verordnung auf Kollisionen zwischen den Rechtsordnungen dieser Gebietseinheiten anzuwenden.

KAPITEL IV
ANERKENNUNG, VOLLSTRECKBARKEIT UND VOLLSTRECKUNG VON ENTSCHEIDUNGEN

Artikel 36
Anerkennung

(1) Die in einem Mitgliedstaat ergangenen Entscheidungen werden in den anderen Mitgliedstaaten anerkannt, ohne dass es hierfür eines besonderen Verfahrens bedarf.

(2) Jede Partei, die die Anerkennung einer Entscheidung zu einem zentralen Element des Streitgegenstands macht, kann in den Verfahren der Artikel 44 bis 57 die Anerkennung der Entscheidung beantragen.

(3) Hängt der Ausgang eines Verfahrens vor dem Gericht eines Mitgliedstaats von der Entscheidung über die inzidente Frage der Anerkennung ab, so ist dieses Gericht für die Entscheidung über die Anerkennung zuständig.

Artikel 37
Gründe für die Nichtanerkennung

Eine Entscheidung wird nicht anerkannt, wenn

a) die Anerkennung der öffentlichen Ordnung (*ordre public*) des Mitgliedstaats, in dem sie beantragt wird, offensichtlich widersprechen würde;

b) dem Beklagten, der sich auf das Verfahren nicht eingelassen hat, das verfahrenseinleitende Schriftstück oder ein gleichwertiges Schriftstück nicht so rechtzeitig und in einer Weise zugestellt worden ist, dass er sich verteidigen konnte, es sei denn, der Beklagte hat die Entscheidung nicht angefochten, obwohl er die Möglichkeit dazu hatte;

EU-GüterVOen

c) sie mit einer Entscheidung unvereinbar ist, die in einem Verfahren zwischen denselben Parteien in dem Mitgliedstaat, in dem die Anerkennung beantragt wird, ergangen ist;

d) sie mit einer früheren Entscheidung unvereinbar ist, die in einem anderen Mitgliedstaat oder in einem Drittstaat in einem Verfahren zwischen denselben Parteien wegen desselben Anspruchs ergangen ist, sofern die frühere Entscheidung die notwendigen Voraussetzungen für ihre Anerkennung in dem Mitgliedstaat, in dem die Anerkennung geltend gemacht wird, erfüllt.

Artikel 38
Grundrechte

Artikel 37 dieser Verordnung ist von den Gerichten und anderen zuständigen Behörden der Mitgliedstaaten unter Beachtung der in der Charta anerkannten Grundrechte und Grundsätze anzuwenden, insbesondere des Grundsatzes der Nichtdiskriminierung in Artikel 21 der Charta.

Artikel 39
Ausschluss der Nachprüfung der Zuständigkeit des Gerichts des Ursprungsmitgliedstaats

(1) Die Zuständigkeit des Gerichts des Ursprungsmitgliedstaats darf nicht nachgeprüft werden.

(2) Das Kriterium der öffentlichen Ordnung (*ordre public*) in Artikel 37 findet keine Anwendung auf die Zuständigkeitsvorschriften in den Artikeln 4 bis 12.

Artikel 40
Ausschluss der Nachprüfung in der Sache

Die in einem Mitgliedstaat ergangene Entscheidung darf keinesfalls in der Sache selbst nachgeprüft werden.

Artikel 41
Aussetzung des Anerkennungsverfahrens

Das Gericht eines Mitgliedstaats, vor dem die Anerkennung einer in einem anderen Mitgliedstaat ergangenen Entscheidung geltend gemacht wird, kann das Verfahren aussetzen, wenn im Ursprungsmitgliedstaat gegen die Entscheidung ein ordentlicher Rechtsbehelf eingelegt worden ist.

Artikel 42
Vollstreckbarkeit

Die in einem Mitgliedstaat ergangenen und in diesem Staat vollstreckbaren Entscheidungen sind in einem anderen Mitgliedstaat vollstreckbar, wenn sie auf Antrag eines Berechtigten dort nach den Verfahren der Artikel 44 bis 57 für vollstreckbar erklärt worden sind.

Artikel 43
Bestimmung des Wohnsitzes

Ist zu entscheiden, ob eine Partei für die Zwecke des Verfahrens nach den Artikeln 44 bis 57 im Hoheitsgebiet des Vollstreckungsmitgliedstaats einen Wohnsitz hat, so wendet das befasste Gericht sein innerstaatliches Recht an.

Artikel 44
Örtlich zuständiges Gericht

(1) Der Antrag auf Vollstreckbarerklärung ist an das Gericht oder die zuständige Behörde des Vollstreckungsmitgliedstaats zu richten, die der Kommission nach Artikel 64 von diesem Mitgliedstaat mitgeteilt wurden.

(2) Die örtliche Zuständigkeit wird durch den Ort des Wohnsitzes der Partei, gegen die die Vollstreckung erwirkt werden soll, oder durch den Ort, an dem die Vollstreckung durchgeführt werden soll, bestimmt.

Artikel 45
Verfahren

(1) Für das Verfahren der Antragstellung ist das Recht des Vollstreckungsmitgliedstaats maßgebend.

(2) Von dem Antragsteller kann nicht verlangt werden, dass er im Vollstreckungsmitgliedstaat über eine Postanschrift oder einen bevollmächtigten Vertreter verfügt.

(3) Dem Antrag sind die folgenden Schriftstücke beizufügen:

a) eine Ausfertigung der Entscheidung, die die für die Feststellung ihrer Beweiskraft erforderlichen Voraussetzungen erfüllt;

b) die Bescheinigung, die von dem Gericht oder der zuständigen Behörde des Ursprungsmitgliedstaats unter Verwendung des – nach dem Beratungsverfahren nach Artikel 67 Absatz 2 erstellten – Formulars ausgestellt wurde, unbeschadet des Artikels 46.

Artikel 46
Nichtvorlage der Bescheinigung

(1) Wird die Bescheinigung nach Artikel 45 Absatz 3 Buchstabe b nicht vorgelegt, so kann das Gericht oder die sonst befugte Stelle eine Frist bestimmen, innerhalb deren die Bescheinigung vorzulegen ist, oder eine gleichwertige Urkunde akzeptieren oder von der Vorlage der Bescheinigung absehen, wenn es bzw. sie keinen weiteren Klärungsbedarf sieht.

(2) Auf Verlangen des Gerichts oder der zuständigen Behörde ist eine Übersetzung oder Transkription der Schriftstücke vorzulegen. Die Übersetzung ist von einer Person zu erstellen, die zur Anfertigung von Übersetzungen in einem der Mitgliedstaaten befugt ist.

Artikel 47
Vollstreckbarerklärung

Sobald die in Artikel 45 vorgesehenen Förmlichkeiten erfüllt sind, wird die Entscheidung unverzüglich für vollstreckbar erklärt, ohne dass eine Prüfung nach Artikel 37 erfolgt. Die Partei, gegen die die Vollstreckung erwirkt werden soll, erhält in diesem Abschnitt des Verfahrens keine Gelegenheit, eine Erklärung abzugeben.

Artikel 48
Mitteilung der Entscheidung über den Antrag auf Vollstreckbarerklärung

(1) Die Entscheidung über den Antrag auf Vollstreckbarerklärung wird dem Antragsteller unverzüglich nach dem Verfahren mitgeteilt, das das Recht des Vollstreckungsmitgliedstaats vorsieht.

(2) Die Vollstreckbarerklärung und, soweit dies noch nicht geschehen ist, die Entscheidung werden der Partei, gegen die die Vollstreckung erwirkt werden soll, zugestellt.

Artikel 49
Rechtsbehelf gegen die Entscheidung über den Antrag auf Vollstreckbarerklärung

(1) Gegen die Entscheidung über den Antrag auf Vollstreckbarerklärung kann jede Partei einen Rechtsbehelf einlegen.

(2) Der Rechtsbehelf wird bei dem Gericht eingelegt, das der betreffende Mitgliedstaat der Kommission nach Artikel 64 mitgeteilt hat.

(3) Über den Rechtsbehelf wird nach den Vorschriften entschieden, die für Verfahren mit beiderseitigem rechtlichen Gehör maßgebend sind.

(4) Lässt sich die Partei, gegen die die Vollstreckung erwirkt werden soll, auf das Verfahren vor dem mit dem Rechtsbehelf des Antragstellers befassten Gericht nicht ein, so ist Artikel 16 auch dann anzuwenden, wenn die Partei, gegen die die Vollstreckung erwirkt werden soll, in keinem Mitgliedstaat einen Wohnsitz hat.

(5) Der Rechtsbehelf gegen die Vollstreckbarerklärung ist innerhalb von 30 Tagen nach ihrer Zustellung einzulegen. Hat die Partei, gegen die die Vollstreckung erwirkt werden soll, ihren Wohnsitz im Hoheitsgebiet eines anderen Mitgliedstaats als dem, in dem die Vollstreckbarerklärung ergangen ist, so beträgt die Frist für den Rechtsbehelf 60 Tage und beginnt mit dem Tag,

an dem die Vollstreckbarerklärung ihr entweder in Person oder in ihrer Wohnung zugestellt worden ist. Eine Verlängerung dieser Frist wegen weiter Entfernung ist ausgeschlossen.

Artikel 50
Rechtsbehelf gegen die Entscheidung über den Rechtsbehelf

Gegen die über den Rechtsbehelf ergangene Entscheidung kann ein Rechtsbehelf nur nach dem Verfahren eingelegt werden, das der betreffende Mitgliedstaat der Kommission nach Artikel 64 mitgeteilt hat.

Artikel 51
Versagung oder Aufhebung einer Vollstreckbarerklärung

Die Vollstreckbarerklärung darf von dem mit einem Rechtsbehelf nach Artikel 49 oder 50 befassten Gericht nur aus einem der in Artikel 37 aufgeführten Gründe versagt oder aufgehoben werden. Das Gericht erlässt seine Entscheidung unverzüglich.

Artikel 52
Aussetzung des Verfahrens

Das nach Artikel 49 oder 50 mit dem Rechtsbehelf befasste Gericht setzt das Verfahren auf Antrag der Partei, gegen die die Vollstreckung erwirkt werden soll, aus, wenn die Entscheidung im Ursprungsmitgliedstaat wegen der Einlegung eines Rechtsbehelfs vorläufig nicht vollstreckbar ist.

Artikel 53
Einstweilige Maßnahmen einschließlich Sicherungsmaßnahmen

(1) Ist eine Entscheidung nach diesem Kapitel anzuerkennen, so ist der Antragsteller nicht daran gehindert, einstweilige Maßnahmen einschließlich Sicherungsmaßnahmen nach dem Recht des Vollstreckungsmitgliedstaats in Anspruch zu nehmen, ohne dass es einer Vollstreckbarerklärung nach Artikel 47 bedarf.

(2) Die Vollstreckbarerklärung umfasst von Rechts wegen die Befugnis, alle Sicherungsmaßnahmen zu veranlassen.

(3) Solange die in Artikel 49 Absatz 5 vorgesehene Frist für den Rechtsbehelf gegen die Vollstreckbarerklärung läuft und solange über den Rechtsbehelf nicht entschieden ist, darf die Zwangsvollstreckung in das Vermögen der Partei, gegen welche die Vollstreckung erfolgen soll, nicht über Sicherungsmaßnahmen hinausgehen.

Artikel 54
Teilvollstreckbarkeit

(1) Ist durch die Entscheidung über mehrere Ansprüche erkannt worden und kann die Vollstreckbarerklärung nicht für alle Ansprüche erteilt werden, so erteilt das Gericht oder die zuständige Behörde sie für einen oder mehrere dieser Ansprüche.

(2) Der Antragsteller kann beantragen, dass die Vollstreckbarerklärung nur für einen Teil des Gegenstands der Entscheidung erteilt wird.

Artikel 55
Prozesskostenhilfe

Ist dem Antragsteller im Ursprungsmitgliedstaat ganz oder teilweise Prozesskostenhilfe oder Kosten- oder Gebührenbefreiung gewährt worden, so genießt er im Vollstreckbarerklärungsverfahren hinsichtlich der Prozesskostenhilfe oder der Kosten- oder Gebührenbefreiung die günstigste Behandlung, die das Recht des Vollstreckungsmitgliedstaats vorsieht.

Artikel 56
Keine Sicherheitsleistung oder Hinterlegung

Der Partei, die in einem Mitgliedstaat die Anerkennung, Vollstreckbarerklärung oder Vollstreckung einer in einem Mitgliedstaat ergangenen Entscheidung beantragt, darf wegen ihrer Eigenschaft als Ausländer oder wegen Fehlens eines inländischen Wohnsitzes oder Aufenthalts im Vollstreckungsmitgliedstaat keine Sicherheitsleistung oder Hinterlegung, unter welcher Bezeichnung es auch sei, auferlegt werden.

Artikel 57
Keine Stempelabgaben oder Gebühren

Im Vollstreckungsmitgliedstaat dürfen in Vollstreckbarerklärungsverfahren keine nach dem Streitwert abgestuften Stempelabgaben oder Gebühren erhoben werden.

KAPITEL V
ÖFFENTLICHE URKUNDEN UND GERICHTLICHE VERGLEICHE

Artikel 58
Annahme öffentlicher Urkunden

(1) Eine in einem Mitgliedstaat errichtete öffentliche Urkunde hat in einem anderen Mitgliedstaat die gleiche formelle Beweiskraft wie im Ursprungsmitgliedstaat oder die damit am ehesten vergleichbare Wirkung, sofern das der öffentlichen Ordnung (*ordre public*) des betreffenden Mitgliedstaats nicht offensichtlich widerspricht.

Eine Person, die eine öffentliche Urkunde in einem anderen Mitgliedstaat verwenden möchte, kann die Behörde, die die öffentliche Urkunde im Ursprungsmitgliedstaat errichtet, ersuchen, das nach dem Beratungsverfahren nach Artikel 67 Absatz 2 erstellte Formblatt auszufüllen, das die formelle Beweiskraft der öffentlichen Urkunde in ihrem Ursprungsmitgliedstaat beschreibt.

(2) Einwände gegen die Authentizität einer öffentlichen Urkunde sind bei den Gerichten des Ursprungsmitgliedstaats zu erheben; über diese Einwände wird nach dem Recht dieses Staates entschieden. Eine öffentliche Urkunde, gegen die solche Einwände erhoben wurden, entfaltet in einem anderen Mitgliedstaat keine Beweiskraft, solange die Sache bei dem zuständigen Gericht anhängig ist.

(3) Einwände gegen die in einer öffentlichen Urkunde beurkundeten Rechtsgeschäfte oder Rechtsverhältnisse sind bei den nach dieser Verordnung zuständigen Gerichten zu erheben; über diese Einwände wird nach dem nach Kapitel III anzuwendenden Recht entschieden. Eine öffentliche Urkunde, gegen die solche Einwände erhoben wurden, entfaltet in einem anderen als dem Ursprungsmitgliedstaat hinsichtlich des bestrittenen Umstands keine Beweiskraft, solange die Sache bei dem zuständigen Gericht anhängig ist.

(4) Hängt der Ausgang eines Verfahrens vor dem Gericht eines Mitgliedstaats von der Klärung einer Vorfrage im Zusammenhang mit den Rechtsgeschäften oder Rechtsverhältnissen ab, die in einer öffentlichen Urkunde über die güterrechtlichen Wirkungen einer eingetragenen Partnerschaft beurkundet sind, so ist dieses Gericht für die Entscheidung über diese Vorfrage zuständig.

Artikel 59
Vollstreckbarkeit öffentlicher Urkunden

(1) Öffentliche Urkunden, die im Ursprungsmitgliedstaat vollstreckbar sind, werden in einem anderen Mitgliedstaat auf Antrag eines Berechtigten nach den Verfahren der Artikel 44 bis 57 für vollstreckbar erklärt.

(2) Für die Zwecke des Artikels 45 Absatz 3 Buchstabe b stellt die Behörde, die die öffentliche Urkunde errichtet hat, auf Antrag eines Berechtigten eine Bescheinigung unter Verwendung des nach dem Beratungsverfahren nach Artikel 67 Absatz 2 erstellten Formblatts aus.

(3) Die Vollstreckbarerklärung wird von dem mit einem Rechtsbehelf nach Artikel 49 oder 50 befassten Gericht nur versagt oder aufgehoben, wenn die Vollstreckung der öffentlichen Urkunde der öffentlichen Ordnung (*ordre public*) des Vollstreckungsmitgliedstaats offensichtlich widersprechen würde.

Artikel 60
Vollstreckbarkeit gerichtlicher Vergleiche

(1) Gerichtliche Vergleiche, die im Ursprungsmitgliedstaat vollstreckbar sind, werden in einem anderen Mitgliedstaat auf Antrag eines Berechtigten nach den Verfahren der Artikel 44 bis 57 für vollstreckbar erklärt.

(2) Für die Zwecke des Artikels 45 Absatz 3 Buchstabe b stellt das Gericht, das den Vergleich gebilligt hat oder vor dem der Vergleich geschlossen wurde, auf Antrag eines Berechtigten eine Bescheinigung unter Verwendung des nach dem Beratungsverfahren nach Artikel 67 Absatz 2 erstellten Formblatts aus.

(3) Die Vollstreckbarerklärung wird von dem mit einem Rechtsbehelf nach Artikel 49 oder 50 befassten Gericht nur versagt oder aufgehoben, wenn die Vollstreckung des gerichtlichen Vergleichs der öffentlichen Ordnung (*ordre public*) des Vollstreckungsmitgliedstaats offensichtlich widersprechen würde.

KAPITEL VI
ALLGEMEINE UND SCHLUSSBESTIMMUNGEN

Artikel 61
Legalisation oder ähnliche Förmlichkeiten

Im Rahmen dieser Verordnung bedarf es für Urkunden, die in einem Mitgliedstaat ausgestellt werden, weder der Legalisation noch einer ähnlichen Förmlichkeit.

Artikel 62
Verhältnis zu bestehenden internationalen Übereinkünften

(1) Diese Verordnung lässt unbeschadet der Verpflichtungen der Mitgliedstaaten nach Artikel 351 AEUV die Anwendung bilateraler oder multilateraler Übereinkünfte unberührt, denen ein oder mehrere Mitgliedstaaten zum Zeitpunkt des Erlasses dieser Verordnung oder eines Beschlusses nach Artikel 331 Absatz 1 Unterabsatz 2 oder 3 AEUV angehören und die Bereiche betreffen, die in dieser Verordnung geregelt sind.

(2) Ungeachtet des Absatzes 1 hat diese Verordnung im Verhältnis zwischen den Mitgliedstaaten Vorrang vor untereinander geschlossenen Übereinkünften, soweit diese Übereinkünfte Bereiche betreffen, die in dieser Verordnung geregelt sind.

Artikel 63
Informationen für die Öffentlichkeit

Die Mitgliedstaaten übermitteln der Kommission eine kurze Zusammenfassung ihrer nationalen Vorschriften und Verfahren über die güterrechtlichen Wirkungen eingetragener Partnerschaften, einschließlich Informationen zu der Art von Behörde, die für Fragen der güterrechtlichen Wirkungen eingetragener Partnerschaften zuständig ist, und zu den Wirkungen gegenüber Dritten gemäß Artikel 28, damit die betreffenden Informationen der Öffentlichkeit im Rahmen des Europäischen Justiziellen Netzes für Zivil- und Handelssachen zur Verfügung gestellt werden können.

Die Mitgliedstaaten halten die Informationen stets auf dem neuesten Stand.

Artikel 64
Angaben zu Kontaktdaten und Verfahren

(1) Die Mitgliedstaaten teilen der Kommission bis zum 29. April 2018 Folgendes mit:

a) die für Anträge auf Vollstreckbarerklärung gemäß Artikel 44 Absatz 1 und für Rechtsbehelfe gegen Entscheidungen über derartige Anträge gemäß Artikel 49 Absatz 2 zuständigen Gerichte oder Behörden;

b) die in Artikel 50 genannten Rechtsbehelfe gegen die Entscheidung über den Rechtsbehelf.

Die Mitgliedstaaten unterrichten die Kommission über spätere Änderungen dieser Informationen.

(2) Die Kommission veröffentlicht die nach Absatz 1 übermittelten Angaben im *Amtsblatt der Europäischen Union*, mit Ausnahme der Anschriften und sonstigen Kontaktdaten der in Absatz 1 Buchstabe a genannten Gerichte und Behörden.

(3) Die Kommission stellt der Öffentlichkeit alle nach Absatz 1 übermittelten Angaben auf geeignete Weise, insbesondere über das Europäische Justizielle Netz für Zivil- und Handelssachen, zur Verfügung.

Artikel 65
Erstellung und spätere Änderung der Liste der in Artikel 3 Absatz 2 vorgesehenen Informationen

(1) Die Kommission erstellt anhand der Mitteilungen der Mitgliedstaaten die Liste der in Artikel 3 Absatz 2 genannten anderen Behörden und Angehörigen von Rechtsberufen.

(2) Die Mitgliedstaaten teilen der Kommission spätere Änderungen der in dieser Liste enthaltenen Angaben mit. Die Kommission ändert die Liste entsprechend.

(3) Die Kommission veröffentlicht die Liste und etwaige spätere Änderungen im *Amtsblatt der Europäischen Union*.

(4) Die Kommission stellt der Öffentlichkeit alle nach den Absätzen 1 und 2 mitgeteilten Angaben auf andere geeignete Weise, insbesondere

EU-GüterVOen

über das Europäische Justizielle Netz für Zivil- und Handelssachen, zur Verfügung.

Artikel 66
Erstellung und spätere Änderung der Bescheinigungen und der Formblätter nach Artikel 45 Absatz 3 Buchstabe b und den Artikeln 58, 59 und 60

Die Kommission erlässt Durchführungsrechtsakte zur Erstellung und späteren Änderung der Bescheinigungen und der Formblätter nach Artikel 45 Absatz 3 Buchstabe b und den Artikeln 58, 59 und 60. Diese Durchführungsrechtsakte werden nach dem in Artikel 67 Absatz 2 genannten Beratungsverfahren erlassen.

Artikel 67
Ausschussverfahren

(1) Die Kommission wird von einem Ausschuss unterstützt. Dieser Ausschuss ist ein Ausschuss im Sinne der Verordnung (EU) Nr. 182/2011.

(2) Wird auf diesen Absatz Bezug genommen, so gilt Artikel 4 der Verordnung (EU) Nr. 182/2011.

Artikel 68
Überprüfungsklausel

(1) Die Kommission legt dem Europäischen Parlament, dem Rat und dem Europäischen Wirtschafts- und Sozialausschuss spätestens bis zum 29. Januar 2027 und danach alle fünf Jahre einen Bericht über die Anwendung dieser Verordnung vor. Dem Bericht werden gegebenenfalls Vorschläge zur Änderung dieser Verordnung beigefügt.

(2) Die Kommission legt dem Europäischen Parlament, dem Rat und dem Europäischen Wirtschafts- und Sozialausschuss spätestens bis zum 29. Januar 2024 einen Bericht über die Anwendung der Artikel 9 und 38 dieser Verordnung vor. In diesem Bericht wird insbesondere bewertet, inwieweit die genannten Artikel den Zugang zur Justiz sichergestellt haben.

(3) Für die Zwecke der in den Absätzen 1 und 2 genannten Berichte übermitteln die Mitgliedstaaten der Kommission sachdienliche Angaben zu der Anwendung dieser Verordnung durch ihre Gerichte.

Artikel 69
Übergangsbestimmungen

(1) Diese Verordnung ist vorbehaltlich der Absätze 2 und 3 nur auf Verfahren, öffentliche Urkunden oder gerichtliche Vergleiche anzuwenden, die am 29. Januar 2019 oder danach eingeleitet, förmlich errichtet oder eingetragen beziehungsweise gebilligt oder geschlossen worden sind.

(2) Ist das Verfahren im Ursprungsmitgliedstaat vor dem 29. Januar 2019 eingeleitet worden, so werden an oder nach diesem Tag ergangene Entscheidungen nach Maßgabe des Kapitels IV anerkannt und vollstreckt, soweit die angewandten Zuständigkeitsvorschriften mit denen des Kapitels II übereinstimmen. *(ABl L 113, 62 vom 29. 4. 2017)*

(3) Kapitel III gilt nur für Partner, die am 29. Januar 2019 oder danach ihre Partnerschaft haben eintragen lassen oder eine Rechtswahl des auf die güterrechtlichen Wirkungen ihrer eingetragenen Partnerschaft anzuwendenden Rechts getroffen haben. *(ABl L 113, 62 vom 29. 4. 2017)*

Artikel 70
Inkrafttreten

(1) Diese Verordnung tritt am zwanzigsten Tag nach ihrer Veröffentlichung im *Amtsblatt der Europäischen Union* in Kraft.

(2) Diese Verordnung gilt in den Mitgliedstaaten, die an der durch Beschluss (EU) 2016/954 begründeten Verstärkten Zusammenarbeit im Bereich der Zuständigkeit, des anzuwendenden Rechts und der Anerkennung und Vollstreckung von Entscheidungen in Fragen der Güterstände internationaler Paare (eheliche Güterstände und Güterstände eingetragener Lebenspartnerschaften) teilnehmen.

Sie gilt ab 29. Januar 2019, mit Ausnahme der Artikel 63 und 64, die ab 29. April 2018 gelten, und der Artikel 65, 66 und 67, die ab 29. Juli 2016 gelten. Für diejenigen Mitgliedstaaten, die sich aufgrund eines nach Artikel 331 Absatz 1 Unterabsatz 2 oder Unterabsatz 3 AEUV angenommenen Beschlusses der Verstärkten Zusammenarbeit anschließen, gilt diese Verordnung ab dem in dem betreffenden Beschluss angegebenen Tag.

Diese Verordnung ist in allen ihren Teilen verbindlich und gilt gemäß den Verträgen unmittelbar in den teilnehmenden Mitgliedstaaten.

Geschehen zu Luxemburg am 24. Juni 2016.

Im Namen des Rates
Der Präsident
A.G. KOENDERS

Siehe auch die

Durchführungsverordnung (EU) 2018/1990 der Kommission vom 11. Dezember 2018 zur Festlegung der Formblätter nach Maßgabe der Verordnung (EU) 2016/1104 des Rates zur Durchführung der Verstärkten Zusammenarbeit im Bereich der Zuständigkeit, des anzuwendenden Rechts und der Anerkennung und Vollstreckung von Entscheidungen in Fragen güterrechtlicher Wirkungen eingetragener Partnerschaften (ABl. L 320 vom 17.12.2018, S. 1 21)

Haager Kinderschutzübereinkommen vom 19. 10. 1996

BGBl III 2011/49

ab 1. 4. 2011, abgedruckt ist nur der deutsche Text

ÜBEREINKOMMEN ÜBER DIE ZUSTÄNDIGKEIT, DAS ANZUWENDENDE RECHT, DIE ANERKENNUNG, VOLLSTRECKUNG UND ZUSAMMENARBEIT AUF DEM GEBIET DER ELTERLICHEN VERANTWORTUNG UND DER MASSNAHMEN ZUM SCHUTZ VON KINDERN

Der Nationalrat hat beschlossen:
1. Der Abschluss des gegenständlichen Staatsvertrages wird gemäß Art. 50 Abs. 1 Z 1 B-VG genehmigt.

2. Die französische Sprachfassung dieses Staatsvertrages ist gemäß Art. 49 Abs. 2 B-VG dadurch kundzumachen, dass sie zur öffentlichen Einsichtnahme im Bundesministerium für Justiz aufliegt.

Die Unterzeichnerstaaten dieses Übereinkommens –

in der Erwägung, dass der Schutz von Kindern im internationalen Bereich verbessert werden muss;

in dem Wunsch, Konflikte zwischen ihren Rechtssystemen in bezug auf die Zuständigkeit, das anzuwendende Recht, die Anerkennung und Vollstreckung von Maßnahmen zum Schutz von Kindern zu vermeiden;

eingedenk der Bedeutung der internationalen Zusammenarbeit für den Schutz von Kindern;

bekräftigend, dass das Wohl des Kindes vorrangig zu berücksichtigen ist;

angesichts der Notwendigkeit, das Übereinkommen vom 5. Oktober 1961 über die Zuständigkeit der Behörden und das anzuwendende Recht auf dem Gebiet des Schutzes von Minderjährigen zu überarbeiten;

in dem Wunsch, zu diesem Zweck unter Berücksichtigung des Übereinkommens der Vereinten Nationen vom 20. November 1989 über die Rechte des Kindes gemeinsame Bestimmungen festzulegen –

haben die folgenden Bestimmungen vereinbart:

KAPITEL I
ANWENDUNGSBEREICH DES ÜBEREINKOMMENS

Artikel 1

(1) Ziel dieses Übereinkommens ist es,

a) den Staat zu bestimmen, dessen Behörden zuständig sind, Maßnahmen zum Schutz der Person oder des Vermögens des Kindes zu treffen;

b) das von diesen Behörden bei der Ausübung ihrer Zuständigkeit anzuwendende Recht zu bestimmen;

c) das auf die elterliche Verantwortung anzuwendende Recht zu bestimmen;

d) die Anerkennung und Vollstreckung der Schutzmaßnahmen in allen Vertragsstaaten sicherzustellen;

e) die zur Verwirklichung der Ziele dieses Übereinkommens notwendige Zusammenarbeit zwischen den Behörden der Vertragsstaaten einzurichten.

(2) Im Sinn dieses Übereinkommens umfasst der Begriff „elterliche Verantwortung" die Obsorge und jedes andere entsprechende Sorgeverhältnis, das die Rechte, Befugnisse und Pflichten der Eltern, des Vormunds oder eines anderen gesetzlichen Vertreters in bezug auf die Person oder das Vermögen des Kindes bestimmt.

Artikel 2

Dieses Übereinkommen ist auf Kinder von ihrer Geburt bis zur Vollendung des 18. Lebensjahrs anzuwenden.

Artikel 3

Die Maßnahmen, auf die in Artikel 1 Bezug genommen wird, können insbesondere folgendes umfassen:

a) die Zuweisung, die Ausübung und die vollständige oder teilweise Entziehung der elterlichen Verantwortung sowie deren Übertragung;

b) das Sorgerecht einschließlich der Sorge für die Person des Kindes und insbesondere des Rechts, den Aufenthalt des Kindes zu bestimmen, sowie das Recht auf persönlichen Verkehr einschließlich des Rechts, das Kind für eine begrenzte Zeit an einen anderen Ort als den seines gewöhnlichen Aufenthalts zu bringen;

KSÜ HKÜ GSchVO

c) die Vormundschaft, die besondere Sachwalterschaft und entsprechende Einrichtungen;

d) die Bestimmung und den Aufgabenbereich jeder Person oder Stelle, die für die Person oder das Vermögen des Kindes verantwortlich ist, das Kind vertritt oder ihm beisteht;

e) die Unterbringung des Kindes in einer Pflegefamilie oder einem Heim oder seine Betreuung durch Kafala oder eine entsprechende Einrichtung;

f) die behördliche Aufsicht über die Betreuung eines Kindes durch jede Person, die für das Kind verantwortlich ist;

g) die Verwaltung und Erhaltung des Vermögens des Kindes oder die Verfügung darüber.

Artikel 4

Dieses Übereinkommen ist nicht anzuwenden

a) auf die Feststellung und Anfechtung des Eltern-Kind-Verhältnisses;

b) auf Adoptionsentscheidungen und Maßnahmen zur Vorbereitung einer Adoption sowie auf die Ungültigerklärung und den Widerruf der Adoption;

c) auf Namen und Vornamen des Kindes;

d) auf die Volljährigerklärung;

e) auf Unterhaltspflichten;

f) auf trusts und Erbschaften;

g) auf die soziale Sicherheit;

h) auf öffentliche Maßnahmen allgemeiner Art in Angelegenheiten der Erziehung und Gesundheit;

i) auf Maßnahmen infolge von Straftaten, die von Kindern begangen wurden;

j) auf Entscheidungen über Asylrecht und Einwanderung.

KAPITEL II
ZUSTÄNDIGKEIT

Artikel 5

(1) Die Behörden, seien es Gerichte oder Verwaltungsbehörden, des Vertragsstaats, in dem das Kind seinen gewöhnlichen Aufenthalt hat, sind zuständig, Maßnahmen zum Schutz der Person oder des Vermögens des Kindes zu treffen.

(2) Vorbehaltlich des Artikels 7 sind bei einem Wechsel des gewöhnlichen Aufenthalts des Kindes in einen anderen Vertragsstaat die Behörden des Staates des neuen gewöhnlichen Aufenthalts zuständig.

Artikel 6

(1) Über Flüchtlingskinder und Kinder, die infolge von Unruhen in ihrem Land in ein anderes Land gelangt sind, üben die Behörden des Vertragsstaats, in dessen Hoheitsgebiet sich die Kinder demzufolge befinden, die in Artikel 5 Absatz 1 vorgesehene Zuständigkeit aus.

(2) Absatz 1 ist auch auf Kinder anzuwenden, deren gewöhnlicher Aufenthalt nicht festgestellt werden kann.

Artikel 7

(1) Bei widerrechtlichem Verbringen oder Zurückhalten des Kindes bleiben die Behörden des Vertragsstaats, in dem das Kind unmittelbar vor dem Verbringen oder Zurückhalten seinen gewöhnlichen Aufenthalt hatte, so lange zuständig, bis das Kind einen gewöhnlichen Aufenthalt in einem anderen Staat erlangt hat und

a) jede sorgeberechtigte Person, Behörde oder sonstige Stelle dem Verbringen oder Zurückhalten zugestimmt hat, oder

b) das Kind sich in diesem anderen Staat mindestens ein Jahr aufgehalten hat, nachdem die sorgeberechtigte Person, Behörde oder sonstige Stelle seinen Aufenthaltsort kannte oder hätte kennen müssen, kein während dieses Zeitraums gestellter Antrag auf Rückgabe mehr anhängig ist und das Kind sich in seinem neuen Umfeld eingelebt hat.

(2) Das Verbringen oder Zurückhalten eines Kindes gilt als widerrechtlich, wenn

a) dadurch das Sorgerecht verletzt wird, das einer Person, Behörde oder sonstigen Stelle allein oder gemeinsam nach dem Recht des Staates zusteht, in dem das Kind unmittelbar vor dem Verbringen oder Zurückhalten seinen gewöhnlichen Aufenthalt hatte, und

b) dieses Recht im Zeitpunkt des Verbringens oder Zurückhaltens allein oder gemeinsam tatsächlich ausgeübt wurde oder ausgeübt worden wäre, falls das Verbringen oder Zurückhalten nicht stattgefunden hätte.

Das unter Buchstabe a genannte Sorgerecht kann insbesondere kraft Gesetzes, aufgrund einer gerichtlichen oder behördlichen Entscheidung oder aufgrund einer nach dem Recht des betreffenden Staates wirksamen Vereinbarung bestehen.

(3) Solange die in Absatz 1 genannten Behörden zuständig bleiben, können die Behörden des Vertragsstaats, in den das Kind verbracht oder in dem es zurückgehalten wurde, nur die nach Artikel 11 zum Schutz der Person oder des Vermögens des Kindes erforderlichen dringenden Maßnahmen treffen.

Artikel 8

(1) Ausnahmsweise kann die nach Artikel 5 oder 6 zuständige Behörde eines Vertragsstaats, wenn sie der Auffassung ist, dass die Behörde

eines anderen Vertragsstaats besser in der Lage wäre, das Wohl des Kindes im Einzelfall zu beurteilen,

- entweder diese Behörde unmittelbar oder mit Unterstützung der Zentralen Behörde dieses Staates ersuchen, die Zuständigkeit zu übernehmen, um die Schutzmaßnahmen zu treffen, die sie für erforderlich hält,

- oder das Verfahren aussetzen und die Parteien einladen, bei der Behörde dieses anderen Staates einen solchen Antrag zu stellen.

(2) Die Vertragsstaaten, deren Behörden nach Absatz 1 ersucht werden können, sind

a) ein Staat, dem das Kind angehört,

b) ein Staat, in dem sich Vermögen des Kindes befindet,

c) ein Staat, bei dessen Behörden ein Antrag der Eltern des Kindes auf Scheidung, Trennung, Aufhebung oder Nichtigerklärung der Ehe anhängig ist,

d) ein Staat, zu dem das Kind eine enge Verbindung hat.

(3) Die betreffenden Behörden können einen Meinungsaustausch aufnehmen.

(4) Die nach Absatz 1 ersuchte Behörde kann die Zuständigkeit anstelle der nach Artikel 5 oder 6 zuständigen Behörde übernehmen, wenn sie der Auffassung ist, dass dies dem Wohl des Kindes dient.

Artikel 9

(1) Sind die in Artikel 8 Absatz 2 genannten Behörden eines Vertragsstaats der Auffassung, dass sie besser in der Lage sind, das Wohl des Kindes im Einzelfall zu beurteilen, so können sie

- entweder die zuständige Behörde des Vertragsstaats des gewöhnlichen Aufenthalts des Kindes unmittelbar oder mit Unterstützung der Zentralen Behörde dieses Staates ersuchen, ihnen zu gestatten, die Zuständigkeit auszuüben, um die von ihnen für erforderlich gehaltenen Schutzmaßnahmen zu treffen,

- oder die Parteien einladen, bei der Behörde des Vertragsstaats des gewöhnlichen Aufenthalts des Kindes einen solchen Antrag zu stellen.

(2) Die betreffenden Behörden können einen Meinungsaustausch aufnehmen.

(3) Die Behörde, von welcher der Antrag ausgeht, darf die Zuständigkeit anstelle der Behörde des Vertragsstaats des gewöhnlichen Aufenthalts des Kindes nur ausüben, wenn diese den Antrag angenommen hat.

Artikel 10

(1) Unbeschadet der Artikel 5 bis 9 können die Behörden eines Vertragsstaats in Ausübung ihrer Zuständigkeit für die Entscheidung über einen Antrag auf Scheidung, Trennung, Aufhebung oder Nichtigerklärung der Ehe der Eltern eines Kindes, das seinen gewöhnlichen Aufenthalt in einem anderen Vertragsstaat hat, sofern das Recht ihres Staates dies zulässt, Maßnahmen zum Schutz der Person oder des Vermögens des Kindes treffen, wenn

a) einer der Eltern zu Beginn des Verfahrens seinen gewöhnlichen Aufenthalt in diesem Staat und ein Elternteil die elterliche Verantwortung für das Kind hat und

b) die Eltern und jede andere Person, welche die elterliche Verantwortung für das Kind hat, die Zuständigkeit dieser Behörden für das Ergreifen solcher Maßnahmen anerkannt haben und diese Zuständigkeit dem Wohl des Kindes entspricht.

(2) Die in Absatz 1 vorgesehene Zuständigkeit für das Ergreifen von Maßnahmen zum Schutz des Kindes endet, sobald die stattgebende oder abweisende Entscheidung über den Antrag auf Scheidung, Trennung, Aufhebung oder Nichtigerklärung der Ehe endgültig geworden ist oder das Verfahren aus einem anderen Grund beendet wurde.

Artikel 11

(1) In allen dringenden Fällen sind die Behörden jedes Vertragsstaats, in dessen Hoheitsgebiet sich das Kind oder ihm gehörendes Vermögen befindet, zuständig, die erforderlichen Schutzmaßnahmen zu treffen.

(2) Maßnahmen nach Absatz 1, die in bezug auf ein Kind mit gewöhnlichem Aufenthalt in einem Vertragsstaat getroffen wurden, treten außer Kraft, sobald die nach den Artikeln 5 bis 10 zuständigen Behörden die durch die Umstände gebotenen Maßnahmen getroffen haben.

(3) Maßnahmen nach Absatz 1, die in bezug auf ein Kind mit gewöhnlichem Aufenthalt in einem Nichtvertragsstaat getroffen wurden, treten in jedem Vertragsstaat außer Kraft, sobald dort die durch die Umstände gebotenen und von den Behörden eines anderen Staates getroffenen Maßnahmen anerkannt werden.

Artikel 12

(1) Vorbehaltlich des Artikels 7 sind die Behörden eines Vertragsstaats, in dessen Hoheitsgebiet sich das Kind oder ihm gehörendes Vermögen befindet, zuständig, vorläufige und auf das Hoheitsgebiet dieses Staates beschränkte Maßnahmen zum Schutz der Person oder des Vermögens

des Kindes zu treffen, soweit solche Maßnahmen nicht mit den Maßnahmen unvereinbar sind, welche die nach den Artikeln 5 bis 10 zuständigen Behörden bereits getroffen haben.

(2) Maßnahmen nach Absatz 1, die in bezug auf ein Kind mit gewöhnlichem Aufenthalt in einem Vertragsstaat getroffen wurden, treten außer Kraft, sobald die nach den Artikeln 5 bis 10 zuständigen Behörden eine Entscheidung über die Schutzmaßnahmen getroffen haben, die durch die Umstände geboten sein könnten.

(3) Maßnahmen nach Absatz 1, die in bezug auf ein Kind mit gewöhnlichem Aufenthalt in einem Nichtvertragsstaat getroffen wurden, treten in dem Vertragsstaat außer Kraft, in dem sie getroffen worden sind, sobald dort die durch die Umstände gebotenen und von den Behörden eines anderen Staates getroffenen Maßnahmen anerkannt werden.

Artikel 13

(1) Die Behörden eines Vertragsstaats, die nach den Artikeln 5 bis 10 zuständig sind, Maßnahmen zum Schutz der Person oder des Vermögens des Kindes zu treffen, dürfen diese Zuständigkeit nicht ausüben, wenn bei Einleitung des Verfahrens entsprechende Maßnahmen bei den Behörden eines anderen Vertragsstaats beantragt worden sind, die in jenem Zeitpunkt nach den Artikeln 5 bis 10 zuständig waren, und diese Maßnahmen noch geprüft werden.

(2) Absatz 1 ist nicht anzuwenden, wenn die Behörden, bei denen Maßnahmen zuerst beantragt wurden, auf ihre Zuständigkeit verzichtet haben.

Artikel 14

Selbst wenn durch eine Änderung der Umstände die Grundlage der Zuständigkeit wegfällt, bleiben die nach den Artikeln 5 bis 10 getroffenen Maßnahmen innerhalb ihrer Reichweite so lange in Kraft, bis die nach diesem Übereinkommen zuständigen Behörden sie ändern, ersetzen oder aufheben.

KAPITEL III

ANZUWENDENDES RECHT

Artikel 15

(1) Bei der Ausübung ihrer Zuständigkeit nach Kapitel II wenden die Behörden der Vertragsstaaten ihr eigenes Recht an.

(2) Soweit es der Schutz der Person oder des Vermögens des Kindes erfordert, können sie jedoch ausnahmsweise das Recht eines anderen Staates anwenden oder berücksichtigen, zu dem der Sachverhalt eine enge Verbindung hat.

(3) Wechselt der gewöhnliche Aufenthalt des Kindes in einen anderen Vertragsstaat, so bestimmt das Recht dieses anderen Staates vom Zeitpunkt des Wechsels an die Bedingungen, unter denen die im Staat des früheren gewöhnlichen Aufenthalts getroffenen Maßnahmen angewendet werden.

Artikel 16

(1) Die Zuweisung oder das Erlöschen der elterlichen Verantwortung kraft Gesetzes ohne Einschreiten eines Gerichts oder einer Verwaltungsbehörde bestimmt sich nach dem Recht des Staates des gewöhnlichen Aufenthalts des Kindes.

(2) Die Zuweisung oder das Erlöschen der elterlichen Verantwortung durch eine Vereinbarung oder ein einseitiges Rechtsgeschäft ohne Einschreiten eines Gerichts oder einer Verwaltungsbehörde bestimmt sich nach dem Recht des Staates des gewöhnlichen Aufenthalts des Kindes in dem Zeitpunkt, in dem die Vereinbarung oder das einseitige Rechtsgeschäft wirksam wird.

(3) Die elterliche Verantwortung nach dem Recht des Staates des gewöhnlichen Aufenthalts des Kindes besteht nach dem Wechsel dieses gewöhnlichen Aufenthalts in einen anderen Staat fort.

(4) Wechselt der gewöhnliche Aufenthalt des Kindes, so bestimmt sich die Zuweisung der elterlichen Verantwortung kraft Gesetzes an eine Person, die diese Verantwortung nicht bereits hat, nach dem Recht des Staates des neuen gewöhnlichen Aufenthalts.

Artikel 17

Die Ausübung der elterlichen Verantwortung bestimmt sich nach dem Recht des Staates des gewöhnlichen Aufenthalts des Kindes. Wechselt der gewöhnliche Aufenthalt des Kindes, so bestimmt sie sich nach dem Recht des Staates des neuen gewöhnlichen Aufenthalts.

Artikel 18

Durch Maßnahmen nach diesem Übereinkommen kann die in Artikel 16 genannte elterliche Verantwortung entzogen oder können die Bedingungen ihrer Ausübung geändert werden.

Artikel 19

(1) Die Gültigkeit eines Rechtsgeschäfts zwischen einem Dritten und einer anderen Person, die nach dem Recht des Staates, in dem das Rechtsgeschäft abgeschlossen wurde, als gesetzlicher Vertreter zu handeln befugt wäre, kann nicht allein deswegen bestritten und der Dritte nicht nur deswegen verantwortlich gemacht werden, weil die andere Person nach dem in diesem

Kapitel bestimmten Recht nicht als gesetzlicher Vertreter zu handeln befugt war, es sei denn, der Dritte wusste oder hätte wissen müssen, dass sich die elterliche Verantwortung nach diesem Recht bestimmte.

(2) Absatz 1 ist nur anzuwenden, wenn das Rechtsgeschäft unter Anwesenden im Hoheitsgebiet desselben Staates geschlossen wurde.

Artikel 20

Dieses Kapitel ist anzuwenden, selbst wenn das darin bestimmte Recht das eines Nichtvertragsstaats ist.

Artikel 21

(1) Der Begriff „Recht" im Sinn dieses Kapitels bedeutet das in einem Staat geltende Recht mit Ausnahme des Kollisionsrechts.

(2) Ist jedoch das nach Artikel 16 anzuwendende Recht das eines Nichtvertragsstaats und verweist das Kollisionsrecht dieses Staates auf das Recht eines anderen Nichtvertragsstaats, der sein eigenes Recht anwenden würde, so ist das Recht dieses anderen Staates anzuwenden. Betrachtet sich das Recht dieses anderen Nichtvertragsstaats als nicht anwendbar, so ist das nach Artikel 16 bestimmte Recht anzuwenden.

Artikel 22

Die Anwendung des in diesem Kapitel bestimmten Rechts darf nur versagt werden, wenn sie der öffentlichen Ordnung (ordre public) offensichtlich widerspricht, wobei das Wohl des Kindes zu berücksichtigen ist.

KAPITEL IV
ANERKENNUNG UND VOLLSTRECKUNG

Artikel 23

(1) Die von den Behörden eines Vertragsstaats getroffenen Maßnahmen werden kraft Gesetzes in den anderen Vertragsstaaten anerkannt.

(2) Die Anerkennung kann jedoch versagt werden,

a) wenn die Maßnahme von einer Behörde getroffen wurde, die nicht nach Kapitel II zuständig war;

b) wenn die Maßnahme, außer in dringenden Fällen, im Rahmen eines Gerichts- oder Verwaltungsverfahrens getroffen wurde, ohne dass dem Kind die Möglichkeit eingeräumt worden war, gehört zu werden, und dadurch gegen wesentliche Verfahrensgrundsätze des ersuchten Staates verstoßen wurde;

c) auf Antrag jeder Person, die geltend macht, dass die Maßnahme ihre elterliche Verantwortung beeinträchtigt, wenn diese Maßnahme, außer in dringenden Fällen, getroffen wurde, ohne dass dieser Person die Möglichkeit eingeräumt worden war, gehört zu werden;

d) wenn die Anerkennung der öffentlichen Ordnung (ordre public) des ersuchten Staates offensichtlich widerspricht, wobei das Wohl des Kindes zu berücksichtigen ist;

e) wenn die Maßnahme mit einer später im Nichtvertragsstaat des gewöhnlichen Aufenthalts des Kindes getroffenen Maßnahme unvereinbar ist, sofern die spätere Maßnahme die für ihre Anerkennung im ersuchten Staat erforderlichen Voraussetzungen erfüllt;

f) wenn das Verfahren nach Artikel 33 nicht eingehalten wurde.

Artikel 24

Unbeschadet des Artikels 23 Absatz 1 kann jede betroffene Person bei den zuständigen Behörden eines Vertragsstaats beantragen, dass über die Anerkennung oder Nichtanerkennung einer in einem anderen Vertragsstaat getroffenen Maßnahme entschieden wird. Das Verfahren bestimmt sich nach dem Recht des ersuchten Staates.

Artikel 25

Die Behörde des ersuchten Staates ist an die Tatsachenfeststellungen gebunden, auf welche die Behörde des Staates, in dem die Maßnahme getroffen wurde, ihre Zuständigkeit gestützt hat.

Artikel 26

(1) Erfordern die in einem Vertragsstaat getroffenen und dort vollstreckbaren Maßnahmen in einem anderen Vertragsstaat Vollstreckungshandlungen, so werden sie in diesem anderen Staat auf Antrag jeder betroffenen Partei nach dem im Recht dieses Staates vorgesehenen Verfahren für vollstreckbar erklärt oder zur Vollstreckung registriert.

(2) Jeder Vertragsstaat wendet auf die Vollstreckbarerklärung oder die Registrierung ein einfaches und schnelles Verfahren an.

(3) Die Vollstreckbarerklärung oder die Registrierung darf nur aus einem der in Artikel 23 Absatz 2 vorgesehenen Gründe versagt werden.

Artikel 27

KSÜ HKÜ GSchVO

Vorbehaltlich der für die Anwendung der vorstehenden Artikel erforderlichen Überprüfung darf die getroffene Maßnahme in der Sache selbst nicht nachgeprüft werden.

Artikel 28

Die in einem Vertragsstaat getroffenen und in einem anderen Vertragsstaat für vollstreckbar erklärten oder zur Vollstreckung registrierten Maßnahmen werden dort vollstreckt, als seien sie von den Behörden dieses anderen Staates getroffen worden. Die Vollstreckung richtet sich nach dem Recht des ersuchten Staates unter Beachtung der darin vorgesehenen Grenzen, wobei das Wohl des Kindes zu berücksichtigen ist.

KAPITEL V

ZUSAMMENARBEIT

Artikel 29

(1) Jeder Vertragsstaat bestimmt eine Zentrale Behörde, welche die ihr durch dieses Übereinkommen übertragenen Aufgaben wahrnimmt.

(2) Einem Bundesstaat, einem Staat mit mehreren Rechtssystemen oder einem Staat, der aus autonomen Gebietseinheiten besteht, steht es frei, mehrere Zentrale Behörden zu bestimmen und deren räumliche und persönliche Zuständigkeit festzulegen. Macht ein Staat von dieser Möglichkeit Gebrauch, so bestimmt er die Zentrale Behörde, an welche Mitteilungen zur Übermittlung an die zuständige Zentrale Behörde in diesem Staat gerichtet werden können.

Artikel 30

(1) Die Zentralen Behörden arbeiten zusammen und fördern die Zusammenarbeit der zuständigen Behörden ihrer Staaten, um die Ziele dieses Übereinkommens zu verwirklichen.

(2) Im Zusammenhang mit der Anwendung dieses Übereinkommens treffen sie die geeigneten Maßnahmen, um Auskünfte über das Recht ihrer Staaten sowie die in ihren Staaten für den Schutz von Kindern verfügbaren Dienste zu erteilen.

Artikel 31

Die Zentrale Behörde eines Vertragsstaats trifft unmittelbar oder mit Hilfe staatlicher Behörden oder sonstiger Stellen alle geeigneten Vorkehrungen, um

a) die Mitteilungen zu erleichtern und die Unterstützung anzubieten, die in den Artikeln 8 und 9 und in diesem Kapitel vorgesehen sind;

b) durch Vermittlung, Schlichtung oder ähnliche Mittel gütliche Einigungen zum Schutz der Person oder des Vermögens des Kindes bei Sachverhalten zu erleichtern, auf dieses Übereinkommen anzuwenden ist;

c) auf Ersuchen der zuständigen Behörde eines anderen Vertragsstaats bei der Ermittlung des Aufenthaltsorts des Kindes Unterstützung zu

leisten, wenn der Anschein besteht, dass das Kind sich im Hoheitsgebiet des ersuchten Staates befindet und Schutz benötigt.

Artikel 32

Auf begründetes Ersuchen der Zentralen Behörde oder einer anderen zuständigen Behörde eines Vertragsstaats, zu dem das Kind eine enge Verbindung hat, kann die Zentrale Behörde des Vertragsstaats, in dem das Kind seinen gewöhnlichen Aufenthalt hat und in dem es sich befindet, unmittelbar oder mit Hilfe staatlicher Behörden oder sonstiger Stellen

a) einen Bericht über die Lage des Kindes erstatten;

b) die zuständige Behörde ihres Staates ersuchen zu prüfen, ob Maßnahmen zum Schutz der Person oder des Vermögens des Kindes erforderlich sind.

Artikel 33

(1) Erwägt die nach den Artikeln 5 bis 10 zuständige Behörde die Unterbringung des Kindes in einer Pflegefamilie oder einem Heim oder seine Betreuung durch Kafala oder eine entsprechende Einrichtung und soll es in einem anderen Vertragsstaat untergebracht oder betreut werden, so zieht sie vorher die Zentrale Behörde oder eine andere zuständige Behörde dieses Staates zu Rate. Zu diesem Zweck übermittelt sie ihr einen Bericht über das Kind und die Gründe ihres Vorschlags zur Unterbringung oder Betreuung.

(2) Die Entscheidung über die Unterbringung oder Betreuung kann im ersuchenden Staat nur getroffen werden, wenn die Zentrale Behörde oder eine andere zuständige Behörde des ersuchten Staates dieser Unterbringung oder Betreuung zugestimmt hat, wobei das Wohl des Kindes zu berücksichtigen ist.

Artikel 34

(1) Wird eine Schutzmassnahme erwogen, so können die nach diesem Übereinkommen zuständigen Behörden, sofern die Lage des Kindes dies erfordert, jede Behörde eines anderen Vertragsstaats, die über sachdienliche Informationen für den Schutz des Kindes verfügt, ersuchen, sie ihnen mitzuteilen.

(2) Jeder Vertragsstaat kann erklären, dass Ersuchen nach Absatz 1 seinen Behörden nur über seine Zentrale Behörde zu übermitteln sind.

Artikel 35

(1) Die zuständigen Behörden eines Vertragsstaats können die Behörden eines anderen Vertragsstaats ersuchen, ihnen bei der Durchführung

der nach diesem Übereinkommen getroffenen Schutzmaßnahmen Hilfe zu leisten, insbesondere um die wirksame Ausübung des Rechts auf persönlichen Verkehr sowie des Rechts sicherzustellen, regelmäßige unmittelbare Kontakte aufrechtzuerhalten.

(2) Die Behörden eines Vertragsstaats, in dem das Kind keinen gewöhnlichen Aufenthalt hat, können auf Antrag eines Elternteils, der sich in diesem Staat aufhält und der ein Recht auf persönlichen Verkehr zu erhalten oder beizubehalten wünscht, Auskünfte oder Beweise einholen und Feststellungen über die Eignung dieses Elternteils zur Ausübung des Rechts auf persönlichen Verkehr und die Bedingungen seiner Ausübung treffen. Eine Behörde, die nach den Artikeln 5 bis 10 für die Entscheidung über das Recht auf persönlichen Verkehr zuständig ist, hat vor ihrer Entscheidung diese Auskünfte, Beweise und Feststellungen zuzulassen und zu berücksichtigen.

(3) Eine Behörde, die nach den Artikeln 5 bis 10 für die Entscheidung über das Recht auf persönlichen Verkehr zuständig ist, kann das Verfahren bis zum Vorliegen des Ergebnisses des in Absatz 2 vorgesehenen Verfahrens aussetzen, insbesondere wenn bei ihr ein Antrag auf Änderung oder Aufhebung des Rechts auf persönlichen Verkehr anhängig ist, das die Behörden des Staates des früheren gewöhnlichen Aufenthalts des Kindes eingeräumt haben.

(4) Dieser Artikel hindert eine nach den Artikeln 5 bis 10 zuständige Behörde nicht, bis zum Vorliegen des Ergebnisses des in Absatz 2 vorgesehenen Verfahrens vorläufige Maßnahmen zu treffen.

Artikel 36

Ist das Kind einer schweren Gefahr ausgesetzt, so benachrichtigen die zuständigen Behörden des Vertragsstaats, in dem Maßnahmen zum Schutz dieses Kindes getroffen wurden oder in Betracht gezogen werden, sofern sie über den Wechsel des Aufenthaltsorts in einen anderen Staat oder die dortige Anwesenheit des Kindes unterrichtet sind, die Behörden dieses Staates von der Gefahr und den getroffenen oder in Betracht gezogenen Maßnahmen.

Artikel 37

Eine Behörde darf nach diesem Kapitel weder um Informationen ersuchen noch solche erteilen, wenn dadurch nach ihrer Auffassung die Person oder das Vermögen des Kindes in Gefahr geraten könnte oder die Freiheit oder das Leben eines Familienangehörigen des Kindes ernsthaft bedroht würde.

Artikel 38

(1) Unbeschadet der Möglichkeit, für die erbrachten Dienstleistungen angemessene Kosten zu verlangen, tragen die Zentralen Behörden und die anderen staatlichen Behörden der Vertragsstaaten die Kosten, die ihnen durch die Anwendung dieses Kapitels entstehen.

(2) Jeder Vertragsstaat kann mit einem oder mehreren anderen Vertragsstaaten Vereinbarungen über die Kostenaufteilung treffen.

Artikel 39

Jeder Vertragsstaat kann mit einem oder mehreren anderen Vertragsstaaten Vereinbarungen treffen, um die Anwendung dieses Kapitels in ihren gegenseitigen Beziehungen zu erleichtern. Die Staaten, die solche Vereinbarungen getroffen haben, übermitteln dem Depositar dieses Übereinkommens eine Abschrift.

KAPITEL VI
ALLGEMEINE BESTIMMUNGEN

Artikel 40

(1) Die Behörden des Vertragsstaats, in dem das Kind seinen gewöhnlichen Aufenthalt hat oder in dem eine Schutzmaßnahme getroffen wurde, können dem Träger der elterlichen Verantwortung oder jedem, dem der Schutz der Person oder des Vermögens des Kindes anvertraut wurde, auf dessen Antrag eine Bescheinigung über seine Berechtigung zum Handeln und die ihm übertragenen Befugnisse ausstellen.

(2) Die Richtigkeit der Berechtigung zum Handeln und der Befugnisse, die bescheinigt sind, wird bis zum Beweis des Gegenteils vermutet.

(3) Jeder Vertragsstaat bestimmt die für die Ausstellung der Bescheinigung zuständigen Behörden.

Artikel 41

Die nach diesem Übereinkommen gesammelten oder übermittelten personenbezogenen Daten dürfen nur für die Zwecke verwendet werden, zu denen sie gesammelt oder übermittelt wurden.

Artikel 42

Behörden, denen Informationen übermittelt werden, stellen nach dem Recht ihres Staates deren vertrauliche Behandlung sicher.

Artikel 43

Die nach diesem Übereinkommen übermittelten oder ausgestellten Schriftstücke sind von jeder

Beglaubigung oder entsprechenden Förmlichkeit befreit.

Artikel 44

Jeder Vertragsstaat kann die Behörden bestimmen, an die Ersuchen nach den Artikeln 8, 9 und 33 zu richten sind.

Artikel 45

(1) Die nach den Artikeln 29 und 44 bestimmten Behörden werden dem Ständigen Büro der Haager Konferenz für Internationales Privatrecht mitgeteilt.

(2) Die Erklärung nach Artikel 34 Absatz 2 wird gegenüber dem Depositar dieses Übereinkommens abgegeben.

Artikel 46

Ein Vertragsstaat, in dem verschiedene Rechtssysteme oder Gesamtheiten von Regeln für den Schutz der Person und des Vermögens des Kindes gelten, muss die Regeln dieses Übereinkommens nicht auf Kollisionen anwenden, die allein zwischen diesen verschiedenen Rechtssystemen oder Gesamtheiten von Regeln bestehen.

Artikel 47

Gelten in einem Staat in bezug auf die in diesem Übereinkommen geregelten Angelegenheiten zwei oder mehr Rechtssysteme oder Gesamtheiten von Regeln in verschiedenen Gebietseinheiten, so ist jede Verweisung

1. auf den gewöhnlichen Aufenthalt in diesem Staat als Verweisung auf den gewöhnlichen Aufenthalt in einer Gebietseinheit zu verstehen;

2. auf die Anwesenheit des Kindes in diesem Staat als Verweisung auf die Anwesenheit des Kindes in einer Gebietseinheit zu verstehen;

3. auf die Belegenheit des Vermögens des Kindes in diesem Staat als Verweisung auf die Belegenheit des Vermögens des Kindes in einer Gebietseinheit zu verstehen;

4. auf den Staat, dem das Kind angehört, als Verweisung auf die von dem Recht dieses Staates bestimmte Gebietseinheit oder, wenn solche Regeln fehlen, als Verweisung auf die Gebietseinheit zu verstehen, mit der das Kind die engste Verbindung hat;

5. auf den Staat, bei dessen Behörden ein Antrag auf Scheidung, Trennung, Aufhebung oder Nichtigerklärung der Ehe der Eltern des Kindes anhängig ist, als Verweisung auf die Gebietseinheit zu verstehen, bei deren Behörden ein solcher Antrag anhängig ist;

6. auf den Staat, mit dem das Kind eine enge Verbindung hat, als Verweisung auf die Gebiets-

einheit zu verstehen, mit der das Kind eine solche Verbindung hat;

7. auf den Staat, in den das Kind verbracht oder in dem es zurückgehalten wurde, als Verweisung auf die Gebietseinheit zu verstehen, in die das Kind verbracht oder in der es zurückgehalten wurde;

8. auf Stellen oder Behörden dieses Staates, die nicht Zentrale Behörden sind, als Verweisung auf die Stellen oder Behörden zu verstehen, die in der betreffenden Gebietseinheit handlungsbefugt sind;

9. auf das Recht, das Verfahren oder die Behörde des Staates, in dem eine Maßnahme getroffen wurde, als Verweisung auf das Recht, das Verfahren oder die Behörde der Gebietseinheit zu verstehen, in der diese Maßnahme getroffen wurde;

10. auf das Recht, das Verfahren oder die Behörde des ersuchten Staates als Verweisung auf das Recht, das Verfahren oder die Behörde der Gebietseinheit zu verstehen, in der die Anerkennung oder Vollstreckung geltend gemacht wird.

Artikel 48

Hat ein Staat zwei oder mehr Gebietseinheiten mit eigenen Rechtssystemen oder Gesamtheiten von Regeln für die in diesem Übereinkommen geregelten Angelegenheiten, so gilt zur Bestimmung des nach Kapitel III anzuwendenden Rechts folgendes:

a) Sind in diesem Staat Regeln in Kraft, die das Recht einer bestimmten Gebietseinheit für anwendbar erklären, so ist das Recht dieser Einheit anzuwenden;

b) fehlen solche Regeln, so ist das Recht der in Artikel 47 bestimmten Gebietseinheit anzuwenden.

Artikel 49

Hat ein Staat zwei oder mehr Rechtssysteme oder Gesamtheiten von Regeln, die auf verschiedene Personengruppen hinsichtlich der in diesem Übereinkommen geregelten Angelegenheiten anzuwenden anzuwenden sind, so gilt zur Bestimmung des nach Kapitel III anzuwendenden Rechts folgendes:

a) Sind in diesem Staat Regeln in Kraft, die bestimmen, welches dieser Rechte anzuwenden ist, so ist dieses anzuwenden;

b) fehlen solche Regeln, so ist das Rechtssystem oder die Gesamtheit von Regeln anzuwenden, mit denen das Kind die engste Verbindung hat.

Artikel 50

Dieses Übereinkommen lässt das Übereinkommen vom 25. Oktober 1980 über die zivilrechtlichen

Aspekte internationaler Kindesentführung im Verhältnis zwischen den Vertragsparteien beider Übereinkommen unberührt. Einer Berufung auf Bestimmungen dieses Übereinkommens zu dem Zweck, die Rückkehr eines widerrechtlich verbrachten oder zurückgehaltenen Kindes zu erwirken oder das Recht auf persönlichen Verkehr durchzuführen, steht jedoch nichts entgegen.

Artikel 51

Im Verhältnis zwischen den Vertragsstaaten ersetzt dieses Übereinkommen das Übereinkommen vom 5. Oktober 1961 über die Zuständigkeit der Behörden und das anzuwendende Recht auf dem Gebiet des Schutzes von Minderjährigen und das am 12. Juni 1902 in Den Haag unterzeichnete Abkommen zur Regelung der Vormundschaft über Minderjährige, unbeschadet der Anerkennung von Maßnahmen, die nach dem genannten Übereinkommen vom 5. Oktober 1961 getroffen wurden.

Artikel 52

(1) Dieses Übereinkommen lässt internationale Übereinkünfte unberührt, denen Vertragsstaaten als Vertragsparteien angehören und die Bestimmungen über die im vorliegenden Übereinkommen geregelten Angelegenheiten enthalten, sofern die durch eine solche Übereinkunft gebundenen Staaten keine gegenteilige Erklärung abgeben.

(2) Dieses Übereinkommen lässt die Möglichkeit unberührt, dass ein oder mehrere Vertragsstaaten Vereinbarungen treffen, die in bezug auf Kinder mit gewöhnlichem Aufenthalt in einem der Staaten, die Vertragsparteien solcher Vereinbarungen sind, Bestimmungen über die in diesem Übereinkommen geregelten Angelegenheiten enthalten.

(3) Künftige Vereinbarungen eines oder mehrerer Vertragsstaaten über Angelegenheiten im Anwendungsbereich dieses Übereinkommens lassen im Verhältnis zwischen solchen Staaten und anderen Vertragsstaaten die Anwendung der Bestimmungen des Übereinkommens unberührt.

(4) Die Absätze 1 bis 3 gelten auch für Einheitsrecht, das auf besonderen Verbindungen insbesondere regionaler Art zwischen den betroffenen Staaten beruht.

Artikel 53

(1) Dieses Übereinkommen ist nur auf Maßnahmen anzuwenden, die in einem Staat getroffen werden, nachdem das Übereinkommen für diesen Staat in Kraft getreten ist.

(2) Dieses Übereinkommen ist auf die Anerkennung und Vollstreckung von Maßnahmen anzuwenden, die getroffen wurden, nachdem es im Verhältnis zwischen dem Staat, in dem die Maßnahmen getroffen wurden, und dem ersuchten Staat in Kraft getreten ist.

Artikel 54

(1) Mitteilungen an die Zentrale Behörde oder eine andere Behörde eines Vertragsstaats werden in der Originalsprache zugesandt; sie müssen von einer Übersetzung in die Amtssprache oder eine der Amtssprachen des anderen Staates oder, wenn eine solche Übersetzung nur schwer erhältlich ist, von einer Übersetzung ins Französische oder Englische begleitet sein.

(2) Ein Vertragsstaat kann jedoch einen Vorbehalt nach Artikel 60 anbringen und darin gegen die Verwendung des Französischen oder Englischen, jedoch nicht beider Sprachen, Einspruch erheben.

Artikel 55

(1) Ein Vertragsstaat kann sich nach Artikel 60

a) die Zuständigkeit seiner Behörden vorbehalten, Maßnahmen zum Schutz des in seinem Hoheitsgebiet befindlichen Vermögens eines Kindes zu treffen;

b) vorbehalten, die elterliche Verantwortung oder eine Maßnahme nicht anzuerkennen, soweit sie mit einer von seinen Behörden in bezug auf dieses Vermögen getroffenen Maßnahme unvereinbar ist.

(2) Der Vorbehalt kann auf bestimmte Vermögensarten beschränkt werden.

Artikel 56

Der Generalsekretär der Haager Konferenz für Internationales Privatrecht beruft in regelmäßigen Abständen eine Spezialkommission zur Prüfung der praktischen Durchführung dieses Übereinkommens ein.

KAPITEL VII

SCHLUSSBESTIMMUNGEN

Artikel 57

(1) Dieses Übereinkommen liegt für die Staaten, die zur Zeit der Achtzehnten Tagung der Haager Konferenz für Internationales Privatrecht Mitglied der Konferenz waren, zur Unterzeichnung auf.

(2) Es bedarf der Ratifikation, Annahme oder Genehmigung; die Ratifikations-, Annahme- oder Genehmigungsurkunden werden beim Ministerium für Auswärtige Angelegenheiten des Königreichs der Niederlande, dem Depositar dieses Übereinkommens, hinterlegt.

KSÜ HKÜ GSchVO

Artikel 58

(1) Jeder andere Staat kann diesem Übereinkommen beitreten, sobald es nach Artikel 61 Absatz 1 in Kraft getreten ist.

(2) Die Beitrittsurkunde wird beim Depositar hinterlegt.

(3) Der Beitritt wirkt nur im Verhältnis zwischen dem beitretenden Staat und den Vertragsstaaten, die innerhalb von sechs Monaten nach Eingang der in Artikel 63 Buchstabe b vorgesehenen Notifikation keinen Einspruch gegen den Beitritt erhoben haben. Nach dem Beitritt kann ein solcher Einspruch auch von jedem Staat in dem Zeitpunkt erhoben werden, in dem er dieses Übereinkommen ratifiziert, annimmt oder genehmigt. Die Einsprüche werden dem Depositar notifiziert.

Artikel 59

(1) Ein Staat, der aus zwei oder mehr Gebietseinheiten besteht, in denen für die in diesem Übereinkommen behandelten Angelegenheiten unterschiedliche Rechtssysteme gelten, kann bei der Unterzeichnung, der Ratifikation, der Annahme, der Genehmigung oder dem Beitritt erklären, dass das Übereinkommen auf alle seine Gebietseinheiten oder nur auf eine oder mehrere davon erstreckt wird; er kann diese Erklärung durch Abgabe einer neuen Erklärung jederzeit ändern.

(2) Jede derartige Erklärung wird dem Depositar unter ausdrücklicher Bezeichnung der Gebietseinheiten notifiziert, auf die dieses Übereinkommen angewendet wird.

(3) Gibt ein Staat keine Erklärung nach diesem Artikel ab, so ist dieses Übereinkommen auf sein gesamtes Hoheitsgebiet anzuwenden.

Artikel 60

(1) Jeder Staat kann spätestens bei der Ratifikation, der Annahme, der Genehmigung oder dem Beitritt oder bei Abgabe einer Erklärung nach Artikel 59 einen der in Artikel 54 Absatz 2 und Artikel 55 vorgesehenen Vorbehalte oder beide anbringen. Weitere Vorbehalte sind nicht zulässig.

(2) Jeder Staat kann einen von ihm angebrachten Vorbehalt jederzeit zurücknehmen. Die Rücknahme wird dem Depositar notifiziert.

(3) Die Wirkung des Vorbehalts endet am ersten Tag des dritten Kalendermonats nach der in Absatz 2 genannten Notifikation.

Artikel 61

(1) Dieses Übereinkommen tritt am ersten Tag des Monats in Kraft, der auf einen Zeitabschnitt von drei Monaten nach der in Artikel 57 vorgese-

henen Hinterlegung der dritten Ratifikations-, Annahme- oder Genehmigungsurkunde folgt.

(2) Danach tritt dieses Übereinkommen in Kraft

a) für jeden Staat, der es später ratifiziert, annimmt oder genehmigt, am ersten Tag des Monats, der auf einen Zeitabschnitt von drei Monaten nach Hinterlegung seiner Ratifikations-, Annahme-, Genehmigungs- oder Beitrittsurkunde folgt;

b) für jeden Staat, der ihm beitritt, am ersten Tag des Monats, der auf einen Zeitabschnitt von drei Monaten nach Ablauf der in Artikel 58 Absatz 3 vorgesehenen Frist von sechs Monaten folgt;

c) für die Gebietseinheiten, auf die es nach Artikel 59 erstreckt worden ist, am ersten Tag des Monats, der auf einen Zeitabschnitt von drei Monaten nach der in jenem Artikel vorgesehenen Notifikation folgt.

Artikel 62

(1) Jeder Vertragsstaat kann dieses Übereinkommen durch eine an den Depositar errichtete schriftliche Notifikation kündigen. Die Kündigung kann sich auf bestimmte Gebietseinheiten beschränken, auf die das Übereinkommen angewendet wird.

(2) Die Kündigung wird am ersten Tag des Monats wirksam, der auf einen Zeitabschnitt von zwölf Monaten nach Eingang der Notifikation beim Depositar folgt. Ist in der Notifikation für das Wirksamwerden der Kündigung ein längerer Zeitabschnitt angegeben, so wird die Kündigung nach Ablauf des entsprechenden Zeitabschnitts wirksam.

Artikel 63

Der Depositar notifiziert den Mitgliedstaaten der Haager Konferenz für Internationales Privatrecht sowie den Staaten, die nach Artikel 58 beigetreten sind,

a) jede Unterzeichnung, Ratifikation, Annahme und Genehmigung nach Artikel 57;

b) jeden Beitritt und jeden Einspruch gegen einen Beitritt nach Artikel 58;

c) den Tag, an dem dieses Übereinkommen nach Artikel 61 in Kraft tritt;

d) jede Erklärung nach Artikel 34 Absatz 2 und Artikel 59;

e) jede Vereinbarung nach Artikel 39;

f) jeden Vorbehalt nach Artikel 54 Absatz 2 und Artikel 55 sowie jede Rücknahme eines Vorbehalts nach Artikel 60 Absatz 2;

g) jede Kündigung nach Artikel 62.

Zu Urkund dessen haben die hierzu gehörig befugten Unterzeichneten dieses Übereinkommen unterschrieben.

Geschehen in Den Haag am 19. Oktober 1996 in französischer und englischer Sprache, wobei jeder Wortlaut gleichermaßen verbindlich ist, in einer Urschrift, die im Archiv der Regierung des Königreichs der Niederlande hinterlegt und von der jedem Staat, der zur Zeit der Achtzehnten Tagung der Haager Konferenz für Internationales Privatrecht Mitglied der Konferenz war, auf diplomatischem Weg eine beglaubigte Abschrift übermittelt wird.

Mitgliedstaaten: Albanien (BGBl III 2011/49), Armenien (BGBl III 2011/49), Australien BGBl III 2011/49), Belgien (BGBl III 2014/133), Bulgarien (BGBl III 2011/49), Dänemark (BGBl III 2012/60, BGBl III 2017/203), Deutschland (BGBl III 2011/49), Dominikanische R (BGBl III 2011/49), Ecuador (BGBl III 2011/49), Estland (BGBl III 2011/49, III 2013/93, III 2014/133), Finnland (BGBl III 2011/49), Frankreich (BGBl III 2011/49, BGBl III 2012/60), Georgien (BGBl III 2014/133), Griechenland (BGBl III 2013/93), Irland (BGBl III 2011/49), Italien (BGBl III 2015/154) Kroatien (BGBl III 2011/49), Kuba (BGBl III 2017/203), Lesotho (BGBl III 2013/93), Lettland (BGBl III 2011/49, BGBl III 2013/93), Litauen (BGBl III 2011/49), Luxemburg (BGBl III 2011/49), Malta (BGBl III 2011/49), Marokko (BGBl III 2011/49), Monaco (BGBl III 2011/49), Montenegro (BGBl III 2012/60, BGBl III 2013/93), Niederlande (BGBl III 2011/49), Norwegen (BGBl III 2017/203), Polen (BGBl III 2011/49, BGBl III 2012/60, BGBl III 2013/93), Portugal (BGBl III 2012/60), Rumänien (BGBl III 2011/49), Russische F (BGBl III 2013/93), Schweden (BGBl III 2013/93), Schweiz (BGBl III 2011/49), Serbien (BGBl III 2017/203), Slowakei (BGBl III 2011/49), Slowenien (BGBl III 2011/49), Spanien (BGBl III 2011/49), Tschechische R (BGBl III 2011/49, BGBl III 2012/60), Türkei (BGBl III 2017/203), Ukraine (BGBl III 2011/49, III 2016/35), Ungarn (BGBl III 2011/49), Uruguay (BGBl III 2011/49), Vereinigtes Königreich (BGBl III 2013/93), Zypern (BGBl III 2011/49, BGBl III 2012/60)

KSÜ HKÜ GSchVO

Vorbehalte, Erklärungen, Mitteilungen

Vorbehalte, Erklärungen, Mitteilungen

Übereinkommen über die Zuständigkeit, das anzuwendende Recht, die Anerkennung, Vollstreckung und Zusammenarbeit auf dem Gebiet der elterlichen Verantwortung und der Maßnahmen zum Schutz von Kindern vom 19. Oktober 1996

BGBl III 2011/49 idF III 2017/203

Die vom Bundespräsidenten unterzeichnete und vom Bundeskanzler gegengezeichnete Ratifikationsurkunde wurde am 22. Dezember 2010 beim Ministerium für auswärtige Angelegenheiten des Königreichs der Niederlande hinterlegt; das Übereinkommen ist gemäß seinem Art. 61 Abs. 2 lit. a für Österreich mit 1. April 2011 in Kraft getreten.

Anlässlich der Hinterlegung ihrer Ratifikationsurkunde hat die Republik Österreich nachstehenden Vorbehalt erklärt bzw. folgende Erklärung abgegeben:

Vorbehalt der Republik Österreich gemäß Artikel 54 Absatz 2 und Artikel 60 Absatz 1 des Übereinkommens über die Zuständigkeit, das anzuwendende Recht, die Anerkennung, Vollstreckung und Zusammenarbeit auf dem Gebiet der elterlichen Verantwortung und der Maßnahmen zum Schutz von Kindern

Die Republik Österreich erklärt gemäß Art. 54 Abs. 2 und Art. 60 Abs. 1 seinen Vorbehalt gegen die Verwendung des Französischen.

Erklärung der Republik Österreich gemäß Artikel 52 Absatz 1 des Übereinkommens über die Zuständigkeit, das anzuwendende Recht, die Anerkennung, Vollstreckung und Zusammenarbeit auf dem Gebiet der elterlichen Verantwortung und der Maßnahmen zum Schutz von Kindern

Die Republik Österreich erklärt gemäß Art. 52 Abs. 1, dass die Bestimmungen zum anzuwendenden Recht dieses Übereinkommens den Bestimmungen des Vertrags zwischen der Republik Österreich und der Volksrepublik Polen über die wechselseitigen Beziehungen in bürgerlichen Rechtssachen und über Urkundenwesen samt Schlussprotokoll und Zusatzprotokoll vorgehen.

Ferner hat die Republik Österreich nachstehende Mitteilungen gemäß Art. 45 Abs. 1 abgegeben:

Mitteilungen der Republik Österreich gemäß Artikel 45 Absatz 1 des Übereinkommens über die Zuständigkeit, das anzuwendende Recht, die Anerkennung, Vollstreckung und Zusammenarbeit auf dem Gebiet der elterlichen Verantwortung und der Maßnahmen zum Schutz von Kindern an das Ständige Büro der Haager Konferenz für Internationales Privatrecht

1. Bestimmung der Zentralen Behörde (Art. 45 Abs. 1 und Art. 29 Abs. 1)

Die Republik Österreich teilt gemäß Art. 29 Abs. 1 und Art. 45 Abs. 1 mit, dass sie das Bundesministerium für Justiz als Zentrale Behörde bestimmt hat:

Bundesministerium für Justiz

Abteilung I 10

Postfach 63

1016 Wien

Sprachen: Deutsch und Englisch

2. Mitteilung nach Art. 45 Abs. 1 und Art. 44

Die Republik Österreich teilt gemäß Art. 45 Abs. 1 und Art. 44 mit, dass Ersuchen nach Art. 33 an die Zentrale Behörde zu richten sind.

Gemäß Art. 2 der Entscheidung 2003/93/EG[1] des Rates zur Ermächtigung der Mitgliedstaaten, das Haager Übereinkommen von 1996 über die Zuständigkeit, das anzuwendende Recht, die Anerkennung, Vollstreckung und Zusammenarbeit auf dem Gebiet der elterlichen Verantwortung und der Maßnahmen zum Schutz von Kindern im Interesse der Gemeinschaft zu unterzeichnen, hat die Republik Österreich anlässlich der Unterzeichnung nachstehende Erklärung abgegeben:

Die Artikel 23, 26 und 52 des Übereinkommens räumen den Vertragsparteien eine gewisse Flexibilität ein, damit ein einfaches und rasches Verfahren zur Anerkennung und Vollstreckung von Entscheidungen zur Anwendung gelangen kann. Die Gemeinschaftsvorschriften sehen eine Anerkennungs- und Vollstreckungsregelung vor, die zumindest genauso günstig ist wie die Vorschriften des Übereinkommens. Dementsprechend wird eine Entscheidung eines Gerichts eines Mitgliedstaats der Europäischen Union in einem unter das Übereinkommen fallenden Bereich in Österreich unter Anwendung der einschlägigen internen Vorschriften des Gemeinschaftsrechts anerkannt und vollstreckt.

---

[1] ABl. Nr. L 48 vom 21.02.2003, S.1.

Vorbehalte, Erklärungen, Mitteilungen

Österreich hat gegen die Erklärung der Türkei zu Zypern am 27. September 2017 eine Einwendung erhoben.

Nach Mitteilungen des Ministeriums für auswärtige Angelegenheiten des Königreichs der Niederlande haben folgende weitere Staaten das Übereinkommen ratifiziert oder angenommen:

Albanien, Armenien, Australien, Bulgarien, Deutschland, Dominikanische Republik, Ecuador, Estland, Finnland, Frankreich, Irland, Kroatien, Lettland, Litauen, Luxemburg, Malta, Marokko, Monaco, Niederlande (für den europäischen und den karibischen Teil der Niederlande und für Curaçao), Polen, Rumänien, Schweiz, Slowakei, Slowenien, Spanien, Tschechische Republik, Ukraine, Ungarn, Uruguay, Zypern.

Anlässlich der Hinterlegung ihrer Ratifikations- oder Annahmeurkunde haben nachstehende Staaten folgende Vorbehalte erklärt bzw. Erklärungen abgegeben:

Vorbehalte und Erklärungen zu diesem Übereinkommen – mit Ausnahme derer Österreichs und territorialer Anwendungen – werden im Teil III des Bundesgesetzblattes nicht mehr veröffentlicht. Sie sind in englischer und französischer Sprache auf der Webseite der Haager Konferenz für Internationales Privatrecht unter http://www.hcch.net/ abrufbar [Nr. 34]:

Österreich, Belgien, Estland, Georgien, Griechenland, Italien, Kuba, Lesotho, Lettland, Montenegro, Norwegen, Polen, Russische F, Schweden, Serbien, Türkei, Ukraine, Vereinigtes Königreich.

Albanien:

Erklärung:

Gemäß Art. 34 Abs. 1 des Übereinkommens, erklärt die Republik Albanien, dass Ersuchen nach Abs. 1 dieses Artikels ihren Behörden nur über ihre Zentrale Behörde zu übermitteln sind.

Vorbehalte:

Gemäß Art. 60 Abs. 1 des Übereinkommens behält sich die Republik Albanien das Recht der Zuständigkeit ihrer Behörden vor, Maßnahmen zum Schutz des in ihrem Hoheitsgebiet befindlichen Vermögens eines Kindes zu treffen, und behält sich das Recht vor, die elterliche Verantwortung oder eine Maßnahme nicht anzuerkennen, soweit sie mit einer von ihren Behörden in Bezug auf dieses Vermögen getroffenen Maßnahme unvereinbar ist, wie in Art. 55 Abs. 1 des Übereinkommens vorgesehen.

Armenien:

Erklärung:

Gemäß Art. 34 Abs. 2 des Übereinkommens über die Zuständigkeit, das anzuwendende Recht, die Anerkennung, Vollstreckung und Zusammenarbeit auf dem Gebiet der elterlichen Verantwortung und der Maßnahmen zum Schutz von Kindern erklärt die Republik Armenien, dass Ersuchen nach Art. 34 Abs. 1 des Übereinkommens ihren Behörden nur über ihre Zentrale Behörde zu übermitteln sind.

Vorbehalte:

Gemäß Art. 60 des Übereinkommens, erklärt die Republik Armenien folgende Vorbehalte:

1. Gemäß Art. 54 Abs. 2 des Übereinkommens, erhebt Einspruch gegen die Verwendung des Französischen;

2. Gemäß Art. 55 Abs. 1 lit. a ist es der Zuständigkeit seiner Behörden vorbehalten, Maßnahmen zum Schutz des in ihrem Hoheitsgebiet befindlichen und der staatlichen Registrierung unterliegenden Grundbesitzes und anderen Vermögens eines Kindes zu treffen;

3. Gemäß Art. 55 Abs. 1 lit. b ist die elterliche Verantwortung oder Maßnahme nicht anzuerkennen, soweit sie mit einer von ihren Behörden in Bezug auf dieses Vermögen getroffenen Maßnahme unvereinbar ist.

Bulgarien:

Erklärung zu Art. 34 Abs. 2:

Gemäß Art. 34 Abs. 2 des Übereinkommens erklärt die Republik Bulgarien, dass Ersuchen nach Abs. 1 des selben Artikels nur über ihre Zentrale Behörde zu übermitteln sind.

Vorbehalt zu Art. 60 Abs. 1:

Gemäß Art. 60 Abs. 1 des Übereinkommens und wie in Art. 55 Abs. 1 des Übereinkommens vorgesehen, behält sich die Republik Bulgarien das Recht der Zuständigkeit ihrer Behörden vor, Maßnahmen zum Schutz des in ihrem Hoheitsgebiet befindlichen Vermögens eines Kindes zu treffen, und behält sich das Recht vor, die elterliche Verantwortung oder Maßnahme nicht anzuerkennen, soweit sie mit einer von ihren Behörden in Bezug auf dieses Vermögen getroffenen Maßnahme unvereinbar ist.

Die Artikel 23, 26 und 52 des Übereinkommens räumen den Vertragsparteien eine gewisse Flexibilität ein, damit ein einfaches und rasches Verfahren zur Anerkennung und Vollstreckung von Entscheidungen zur Anwendung gelangen kann. Die Gemeinschaftsvorschriften sehen eine Anerkennungs- und Vollstreckungsregelung vor, die zumindest genauso günstig ist wie die Vorschriften des Übereinkommens. Dementsprechend wird eine Entscheidung eines Gerichts eines Mitgliedstaats der Europäischen Union in einem unter das

KSÜ HKÜ GSchVO

Vorbehalte, Erklärungen, Mitteilungen

Übereinkommen fallenden Bereich in der Republik Bulgarien unter Anwendung der einschlägigen internen Vorschriften des Gemeinschaftsrechts anerkannt und vollstreckt.

Dänemark:

Vorbehalt:

Die Artikel 23, 26 und 52 des Übereinkommens räumen den Vertragsparteien eine gewisse Flexibilität ein, damit ein einfaches und rasches Verfahren zur Anerkennung und Vollstreckung von Entscheidungen zur Anwendung gelangen kann. Die Gemeinschaftsvorschriften sehen eine Anerkennungs- und Vollstreckungsregelung vor, die zumindest genauso günstig ist wie die Vorschriften des Übereinkommens. Dementsprechend wird eine Entscheidung eines Gerichts eines Mitgliedstaats der Europäischen Union in einem unter das Übereinkommen fallenden Bereich in Dänemark unter Anwendung der einschlägigen internen Vorschriften des Gemeinschaftsrechts anerkannt und vollstreckt.

Gemäß Art. 34 Abs. 2 erklärt das Königreich Dänemark, dass die Ersuchen nach Art. 34 Abs. 1 an seine Behörden nur über seine Zentrale Behörde zu übermitteln sind.

Gemäß Art. 60 Abs. 1 erklärt das Königreich Dänemark, dass es die in Art. 54 Abs. 2 vorgesehene Verwendung von Französisch ablehnt.

Das Übereinkommen gilt nicht für die Färöer-Inseln.

Gemäß Art. 44 bezeichnet das Königreich Dänemark die Zentrale Behörde als Behörde, an die die Ersuchen nach Art. 8, 9 und 33 zu richten sind.

Dänemark hat mit Erklärung vom 22. April 2016 die Anwendbarkeit des Übereinkommens ab dem 1. Juli 2016 auf Grönland erstreckt.

Deutschland:

Die Artikel 23, 26 und 52 des Übereinkommens räumen den Vertragsparteien eine gewisse Flexibilität ein, damit ein einfaches und rasches Verfahren zur Anerkennung und Vollstreckung von Entscheidungen zur Anwendung gelangen kann. Die Gemeinschaftsvorschriften sehen eine Anerkennungs- und Vollstreckungsregelung vor, die zumindest genauso günstig ist wie die Vorschriften des Übereinkommens. Dementsprechend wird eine Entscheidung eines Gerichts eines Mitgliedstaats der Europäischen Union in einem unter das Übereinkommen fallenden Bereich in der Bundesrepublik Deutschland unter Anwendung der einschlägigen internen Vorschriften des Gemeinschaftsrechts anerkannt und vollstreckt.

Die Bundesrepublik Deutschland legt nach Art. 54 Abs. 2 und Art. 60 des Übereinkommens einen Vorbehalt gegen die Verwendung der französischen Sprache ein.

Estland:

Gemäß Art. 34 Abs. 2 des Übereinkommens erklärt die Republik Estland, dass Ersuchen gemäß Art. 34 Abs. 1 des Übereinkommens, den Behörden der Republik Estland nur über ihre Zentrale Behörde zu übermitteln sind.

Gemäß Art. 60 Abs. 1 des Übereinkommens erklärt die Republik Estland zu Art. 54 einen Vorbehalt, dass jede an die Zentrale Behörde der Republik Estland gesendete Mitteilung in der Originalsprache und von einer Übersetzung ins Englische begleitet sein muss.

Die Artikel 23, 26 und 52 des Übereinkommens räumen den Vertragsparteien eine gewisse Flexibilität ein, damit ein einfaches und rasches Verfahren zur Anerkennung und Vollstreckung von Entscheidungen zur Anwendung gelangen kann. Die Gemeinschaftsvorschriften sehen eine Anerkennungs- und Vollstreckungsregelung vor, die zumindest genauso günstig ist wie die Vorschriften des Übereinkommens. Dementsprechend wird eine Entscheidung eines Gerichts eines Mitgliedstaats der Europäischen Union in einem unter das Übereinkommen fallenden Bereich in Estland unter Anwendung der einschlägigen internen Vorschriften des Gemeinschaftsrechts anerkannt und vollstreckt.

Erklärung gemäß Art. 52 Abs. 1 abgegeben am 12. Juli 2012.

Finnland:

Die Artikel 23, 26 und 52 des Übereinkommens räumen den Vertragsparteien eine gewisse Flexibilität ein, damit ein einfaches und rasches Verfahren zur Anerkennung und Vollstreckung von Entscheidungen zur Anwendung gelangen kann. Die Gemeinschaftsvorschriften sehen eine Anerkennungs- und Vollstreckungsregelung vor, die zumindest genauso günstig ist wie die Vorschriften des Übereinkommens. Dementsprechend wird eine Entscheidung eines Gerichts eines Mitgliedstaats der Europäischen Union in einem unter das Übereinkommen fallenden Bereich in Finnland unter Anwendung der einschlägigen internen Vorschriften des Gemeinschaftsrechts anerkannt und vollstreckt.

Frankreich:

Die Artikel 23, 26 und 52 des Übereinkommens räumen den Vertragsparteien eine gewisse Flexibilität ein, damit ein einfaches und rasches Verfahren zur Anerkennung und Vollstreckung von Entscheidungen zur Anwendung gelangen kann. Die Gemeinschaftsvorschriften sehen eine Anerkennungs- und Vollstreckungsregelung vor, die zumindest genauso günstig ist wie die Vorschriften des Übereinkommens. Dementsprechend wird eine Entscheidung eines Gerichts eines Mitgliedstaats der Europäischen Union in einem unter das Übereinkommen fallenden Bereich in Frankreich unter Anwendung der einschlägigen internen Vorschriften des Gemeinschaftsrechts anerkannt und vollstreckt.

Erklärung gemäß Art. 34 Abs. 2:

Frankreich erklärt, dass Ersuchen nach Abs. 1 dieses Artikels seinen Behörden nur über seine Zentrale Behörde zu übermitteln sind.

Gemäß Art. 52 Abs. 1 des Übereinkommens erklärt die Französische Republik, dass die Bestimmungen über das anzuwendende Recht des Übereinkommens Vorrang vor den in Warschau am 5. April 1967 unterzeichneten Bestimmungen zwischen der Französischen Republik und der Volksrepublik Polen über anzuwendendes Recht, Zuständigkeit und Vollstreckung gerichtlicher Entscheidungen auf dem Gebiet des Privat- und Familienrechts haben sollen.

Irland:

Die Artikel 23, 26 und 52 des Übereinkommens räumen den Vertragsparteien eine gewisse Flexibilität ein, damit ein einfaches und rasches Verfahren zur Anerkennung und Vollstreckung von Entscheidungen zur Anwendung gelangen kann. Die Gemeinschaftsvorschriften sehen eine Anerkennungs- und Vollstreckungsregelung vor, die zumindest genauso günstig ist wie die Vorschriften des Übereinkommens. Dementsprechend wird eine Entscheidung eines Gerichts eines Mitgliedstaats der Europäischen Union in einem unter das Übereinkommen fallenden Bereich in Irland unter Anwendung der einschlägigen internen Vorschriften des Gemeinschaftsrechts anerkannt und vollstreckt.

Kroatien:

Erklärung zu Art. 34 Abs. 2:

Gemäß Art. 34 Abs. 2 des Übereinkommens erklärt die Republik Kroatien, dass Ersuchen gemäß Art. 34 Abs. 1 des Übereinkommens ihren Behörden nur über ihre Zentrale Behörde zu übermitteln sind.

Erklärung zu den Artikeln 23, 26 und 52:

Die Republik Kroatien erklärt, dass sie wenn sie ein Mitglied der Europäischen Union wird, die einschlägigen internen Vorschriften des Gemeinschaftsrechts für die Anerkennung und Vollstreckung einer Entscheidung, in Bezug auf die von dem Übereinkommen betroffene Materie, ausgestellt von einem Gericht eines Mitgliedstaats der Europäischen Union, anwenden wird.

Vorbehalt zu Art. 60 in Verbindung mit Art. 55:

Gemäß Art. 60 Abs. 1 des Übereinkommens, behält sich die Republik Kroatien das Recht der Zuständigkeit seiner Behörden vor, Maßnahmen zum Schutz des in seinem Hoheitsgebiet befindlichen (unbeweglichen) Vermögens eines Kindes zu treffen, und behält sich das Recht vor, die elterliche Verantwortung oder eine Maßnahme nicht anzuerkennen, soweit sie mit einer von seinen Behörden in Bezug auf dieses Vermögen getroffenen Maßnahme unvereinbar ist, wie in Art. 55 Abs. 1 des Übereinkommens vorgesehen.

Lettland:

Gemäß Art. 45 Abs. 2 des Übereinkommens, erklärt die Republik Lettland, dass Ersuchen nach Art. 34 Abs. 1 ihren Behörden nur über ihre Zentrale Behörde zu übermitteln sind.

Die Republik Lettland erklärt gemäß Art. 60 Abs. 1 des Übereinkommens, ihren Vorbehalt gegen die Verwendung des Französischen, vorgesehen in Art. 54 Abs. 2.

Gemäß Art. 60 Abs. 1 des Übereinkommens, behält sich die Republik Lettland das Recht der Zuständigkeit seiner Behörden vor, Maßnahmen zum Schutz des in seinem Hoheitsgebiet befindlichen Vermögens eines Kindes zu treffen, wie in Art. 55 Abs. 1 des Übereinkommens vorgesehen.

Die Artikel 23, 26 und 52 des Übereinkommens räumen den Vertragsparteien eine gewisse Flexibilität ein, damit ein einfaches und rasches Verfahren zur Anerkennung und Vollstreckung von Entscheidungen zur Anwendung gelangen kann. Die Gemeinschaftsvorschriften sehen eine Anerkennungs- und Vollstreckungsregelung vor, die zumindest genauso günstig ist wie die Vorschriften des Übereinkommens. Dementsprechend wird eine Entscheidung eines Gerichts eines Mitgliedstaats der Europäischen Union in einem unter das Übereinkommen fallenden Bereich in der Republik Lettland unter Anwendung der einschlägigen internen Vorschriften des Gemeinschaftsrechts anerkannt und vollstreckt.

Erklärung gem. Art. 52 Abs. 1 abgegeben am 7. März 2012.

Litauen:

Litauen erklärt:

- dass Ersuchen gemäß Art. 34 Abs. 1 des Übereinkommens seinen Behörden nur über seine Zentrale Behörde zu übermitteln sind.

- dass jede an die Zentrale Behörde der Republik Litauen gesendete Mitteilung von einer Übersetzung ins Litauische oder wenn dies nicht möglich ist, von einer Übersetzung ins Englische begleitet sein muss.

KSÜ HKÜ GSchVO

Vorbehalte, Erklärungen, Mitteilungen

– dass sich die Republik Litauen das Recht der Zuständigkeit ihrer Behörden vorbehält, Maßnahmen zum Schutz des in dem Hoheitsgebiet der Republik Litauen befindlichen Vermögens eines Kindes zu treffen.

Luxemburg:

Die Artikel 23, 26 und 52 des Übereinkommens räumen den Vertragsparteien eine gewisse Flexibilität ein, damit ein einfaches und rasches Verfahren zur Anerkennung und Vollstreckung von Entscheidungen zur Anwendung gelangen kann. Die Gemeinschaftsvorschriften sehen eine Anerkennungs- und Vollstreckungsregelung vor, die zumindest genauso günstig ist wie die Vorschriften des Übereinkommens. Dementsprechend wird eine Entscheidung eines Gerichts eines Mitgliedstaats der Europäischen Union in einem unter das Übereinkommen fallenden Bereich in Luxemburg unter Anwendung der einschlägigen internen Vorschriften des Gemeinschaftsrechts anerkannt und vollstreckt.

Das Großherzogtum Luxemburg bestätigt die anlässlich der Unterzeichnung zum Ausdruck gebrachte Erklärung.

Malta:

Gemäß Art. 34 Abs. 2 des Übereinkommens erklärt die Regierung von Malta, dass Ersuchen nach Art. 34 Abs. 1 des Übereinkommens ihren Behörden nur über ihre Zentrale Behörde zu übermitteln sind.

Gemäß Art. 54 Abs. 2 des Übereinkommens erklärt die Regierung von Malta, dass sie die Kommunikation in der französischen Sprache nicht akzeptieren kann.

Gemäß Art. 60 und Art. 55 Abs. 1 des Übereinkommens behält sich die Regierung von Malta:

a) das Recht der Zuständigkeit seiner Behörden vor, Maßnahmen zum Schutz des in seinem Hoheitsgebiet befindlichen Vermögens eines Kindes zu treffen,

b) das Recht vor, die elterliche Verantwortung oder eine Maßnahme nicht anzuerkennen, soweit sie mit einer von seinen Behörden in Bezug auf dieses Vermögen getroffenen Maßnahme unvereinbar ist.

Die Artikel 23, 26 und 52 des Übereinkommens räumen den Vertragsparteien eine gewisse Flexibilität ein, damit ein einfaches und rasches Verfahren zur Anerkennung und Vollstreckung von Entscheidungen zur Anwendung gelangen kann. Die Gemeinschaftsvorschriften sehen eine Anerkennungs- und Vollstreckungsregelung vor, die zumindest genauso günstig ist wie die Vorschriften des Übereinkommens. Dementsprechend wird eine Entscheidung eines Gerichts eines Mitglied-

staats der Europäischen Union in einem unter das Übereinkommen fallenden Bereich in Malta unter Anwendung der einschlägigen internen Vorschriften des Gemeinschaftsrechts anerkannt und vollstreckt.

Montenegro:

Gemäß Art. 34 Abs. 2 des Übereinkommens erklärt Montenegro, dass die Ersuchen nach Art. 34 Abs. 1 an seine Behörden nur über seine Zentrale Behörde zu übermitteln sind.

Erklärung gem. Art. 60 abgegeben am 14. Februar 2012.

Niederlande:

Die Artikel 23, 26 und 52 des Übereinkommens räumen den Vertragsparteien eine gewisse Flexibilität ein, damit ein einfaches und rasches Verfahren zur Anerkennung und Vollstreckung von Entscheidungen zur Anwendung gelangen kann. Die Gemeinschaftsvorschriften sehen eine Anerkennungs- und Vollstreckungsregelung vor, die zumindest genauso günstig ist wie die Vorschriften des Übereinkommens. Dementsprechend wird eine Entscheidung eines Gerichts eines Mitgliedstaats der Europäischen Union in einem unter das Übereinkommen fallenden Bereich in den Niederlanden unter Anwendung der einschlägigen internen Vorschriften des Gemeinschaftsrechts anerkannt und vollstreckt.

Gemäß den Bestimmungen des Art. 52 Abs. 1 des Übereinkommens und Art. 20 des am 20. Mai 1980 in Luxemburg abgeschlossenen Europäischen Übereinkommens über die Anerkennung und Vollstreckung von Entscheidungen über das Sorgerecht für Kinder und die Wiederherstellung des Sorgerechts, erklärt die Regierung des Königreichs der Niederlande, dass in den Beziehungen der Niederlande mit anderen Staaten, welche sowohl Vertragsparteien des Übereinkommens von 1996 als auch des Übereinkommens von 1980 sind, das erstgenannte Übereinkommen Vorrang haben solle.

Die Regierung des Königreichs der Niederlande erklärt, dass Curaçao nicht an die Konvention von 1951 über die Rechtsstellung der Flüchtlinge gebunden sei und dass Art. 6 des vorliegenden Übereinkommens so auszulegen sei, als ob er nur einen Verweis auf andere für das Königreich der Niederlande in Bezug auf Curaçao bindende internationale Menschenrechte oder humanitäre Instrumente enthalte.

Polen:

I – Erklärungen:

1) Ersuchen gemäß Art. 34 Abs. 1 sind nur über das Justizministerium zu übermitteln (Art. 34 Abs. 2),

2) Die Artikel 23, 26 und 52 des Übereinkommens räumen den Vertragsparteien eine gewisse Flexibilität ein, damit ein einfaches und rasches Verfahren zur Anerkennung und Vollstreckung von Entscheidungen zur Anwendung gelangen kann. Die Gemeinschaftsvorschriften sehen eine Anerkennungs- und Vollstreckungsregelung vor, die zumindest genauso günstig ist wie die Vorschriften des Übereinkommens. Dementsprechend wird eine Entscheidung eines Gerichts eines Mitgliedstaats der Europäischen Union in einem unter das Übereinkommen fallenden Bereich in der Republik Polen unter Anwendung der einschlägigen internen Vorschriften des Gemeinschaftsrechts anerkannt und vollstreckt.

Gemäß Art. 52 Abs. 1 erklärt die Republik Polen, dass die Bestimmungen über das anzuwendende Recht dieses Übereinkommens Vorrang vor den Bestimmungen des Übereinkommens zwischen der Republik Polen und Österreich über Rechtshilfe in Zivilsachen und über in Wien am 11. Dezember 1963 unterzeichneten Dokumente, abgeändert durch das am 25. Jänner 1973 unterzeichnete Protokoll, haben sollen.

Gemäß Art. 52 Abs. 1 des Übereinkommens erklärt die Republik Polen, dass die Bestimmungen über das anzuwendende Recht des Übereinkommens Vorrang vor den in Warschau am 21. Dezember 1987 unterzeichneten Vertragsbestimmungen zwischen der Volksrepublik Polen und der Tschechoslowakischen Sozialistischen Republik über Rechtshilfe und Regelung von Rechtsbeziehungen in Zivil-, Familien-, Arbeits- und Strafsachen haben sollen.

Gemäß Art. 52 Abs. 1 des Übereinkommens erklärt die Republik Polen, dass die Bestimmungen über das anzuwendende Recht des Übereinkommens Vorrang vor den in Warschau am 5. April 1967 abgeschlossenen Bestimmungen zwischen der Volksrepublik Polen und der Französischen Republik über anzuwendendes Recht, Zuständigkeit und Vollstreckung gerichtlicher Entscheidungen auf dem Gebiet des Privat- und Familienrechts haben sollen.

Erklärung gem. Art. 52 Abs. 1 abgegeben am 12. Juli 2012.

II – Vorbehalte:

Die Republik Polen

1) behält sich die Zuständigkeit ihrer Behörden vor, Maßnahmen zum Schutz des in dem Hoheitsgebiet der Republik Polen befindlichen Vermögens eines Kindes zu treffen (Art. 55 Abs. 1 lit. a),

2) behält sich das Recht vor, jede elterliche Verantwortung oder Maßnahme nicht anzuerkennen, soweit sie mit von polnischen Behör-

den getroffenen Maßnahmen in Bezug auf unbewegliches sich auf dem Hoheitsgebiet der Republik Polen befindliches Vermögen eines Kindes unvereinbar ist (Art. 55 Abs. 1 lit. b).

Portugal:

Vorbehalt:

Die Artikel 23, 26 und 52 des Übereinkommens räumen den Vertragsparteien eine gewisse Flexibilität ein, damit ein einfaches und rasches Verfahren zur Anerkennung und Vollstreckung von Entscheidungen zur Anwendung gelangen kann. Die Gemeinschaftsvorschriften sehen eine Anerkennungs- und Vollstreckungsregelung vor, die zumindest genauso günstig ist wie die Vorschriften des Übereinkommens. *Dementsprechend* wird eine Entscheidung eines Gerichts eines Mitgliedstaats der Europäischen Union in einem unter das Übereinkommen fallenden Bereich in Portugal unter Anwendung der einschlägigen internen Vorschriften des Gemeinschaftsrechts anerkannt und vollstreckt.

Rumänien:

Die Artikel 23, 26 und 52 des Übereinkommens räumen den Vertragsparteien eine gewisse Flexibilität ein, damit ein einfaches und rasches Verfahren zur Anerkennung und Vollstreckung von Entscheidungen zur Anwendung gelangen kann. Die Gemeinschaftsvorschriften sehen eine Anerkennungs- und Vollstreckungsregelung vor, die zumindest genauso günstig ist wie die Vorschriften des Übereinkommens. Dementsprechend wird eine Entscheidung eines Gerichts eines Mitgliedstaats der Europäischen Union in einem unter das Übereinkommen fallenden Bereich in Rumänien, ab dem Zeitpunkt des Beitritts zur Europäischen Union, unter Anwendung der einschlägigen internen Vorschriften des Gemeinschaftsrechts anerkannt und vollstreckt.

1. Gemäß Art. 34 Abs. 2 des Übereinkommens erklärt Rumänien, dass die eingegangenen Ersuchen nach Art. 34 Abs. 1 seinen Behörden nur über seine Zentrale Behörde bzw. die Nationale Behörde für Schutz der Kinderrechte zu übermitteln sind.

2. Gemäß Art. 2 des Ratsbeschlusses Nr. 2003/93/CE vom 12. Dezember 2002, der die Mitgliedstaaten ermächtigt, im Interesse der Gemeinschaft, das Haager Übereinkommen von 1996 über die Zuständigkeit, das anzuwendende Recht, die Anerkennung, Vollstreckung und Zusammenarbeit auf dem Gebiet der elterlichen Verantwortung und der Maßnahmen zum Schutz von Kindern zu unterzeichnen, veröffentlicht im Amtsblatt der Europäischen Gemeinschaften Nr. L 48 vom

KSÜ HKÜ GSchVO

21. Februar 2003, erklärt Rumänien Folgendes:

Die Artikel 23, 26 und 52 des Übereinkommens räumen den Vertragsparteien eine gewisse Flexibilität ein, damit ein einfaches und rasches Verfahren zur Anerkennung und Vollstreckung von Entscheidungen zur Anwendung gelangen kann. Die Gemeinschaftsvorschriften sehen eine Anerkennungs- und Vollstreckungsregelung vor, die zumindest genauso günstig ist wie die Vorschriften des Übereinkommens. Dementsprechend wird eine Entscheidung eines Gerichts eines Mitgliedstaats der Europäischen Union in einem unter das Übereinkommen fallenden Bereich in Rumänien unter Anwendung der einschlägigen internen Vorschriften des Gemeinschaftsrechts anerkannt und vollstreckt.

Gemäß Art. 60 in Verbindung mit Art. 55 Abs. 1 des Übereinkommens behält sich Rumänien das Recht vor:

a) die Zuständigkeit seiner Behörden, Maßnahmen zum Schutz des in seinem Hoheitsgebiet befindlichen Waren eines Kindes zu treffen;

b) das Recht, die elterliche Verantwortung oder eine Maßnahme nicht anzuerkennen, soweit sie mit einer von seinen Behörden in Bezug auf diese Waren getroffenen Maßnahme unvereinbar ist.

Schweiz:

Vorbehalt zu Art. 55 Abs. 1 lit. b gemäß Art. 60:

Die Schweiz behält sich das Recht vor, eine elterliche Verantwortung oder Maßnahme nicht anzuerkennen, wenn sie mit einer Maßnahme seiner Behörden in Bezug auf das in seinem Hoheitsgebiet befindliche Vermögen eines Kindes unvereinbar ist.

Slowakei:

Gemäß Art. 60 Abs. 1 des Übereinkommens behält sich die Slowakische Republik das Recht der Zuständigkeit ihrer Behörden vor, Maßnahmen zum Schutz des in ihrem Hoheitsgebiet befindlichen Vermögens eines Kindes zu treffen, und behält sich das Recht vor, die elterliche Verantwortung oder eine Maßnahme nicht anzuerkennen, soweit sie mit einer von ihren Behörden in Bezug auf dieses Vermögen getroffenen Maßnahme unvereinbar ist.

Die Slowakische Republik erklärt, dass Ersuchen nach Art. 34 Abs. 1 des Übereinkommens ihren Behörden nur über ihre Zentrale Behörde zu übermitteln sind.

Die Artikel 23, 26 und 52 des Übereinkommens räumen den Vertragsparteien eine gewisse Flexi-bilität ein, damit ein einfaches und rasches Verfahren zur Anerkennung und Vollstreckung von Entscheidungen zur Anwendung gelangen kann. Die Gemeinschaftsvorschriften sehen eine Anerkennungs- und Vollstreckungsregelung vor, die zumindest genauso günstig ist wie die Vorschriften des Übereinkommens. Dementsprechend wird eine Entscheidung eines Gerichts eines Mitgliedstaats der Europäischen Union in einem unter das Übereinkommen fallenden Bereich in der Slowakischen Republik unter Anwendung der einschlägigen internen Vorschriften des Gemeinschaftsrechts anerkannt und vollstreckt.

Slowenien:

Die Artikel 23, 26 und 52 des Übereinkommens räumen den Vertragsparteien eine gewisse Flexibilität ein, damit ein einfaches und rasches Verfahren zur Anerkennung und Vollstreckung von Entscheidungen zur Anwendung gelangen kann. Die Gemeinschaftsvorschriften sehen eine Anerkennungs- und Vollstreckungsregelung vor, die zumindest genauso günstig ist wie die Vorschriften des Übereinkommens. Dementsprechend wird eine Entscheidung eines Gerichts eines Mitgliedstaats der Europäischen Union in einem unter das Übereinkommen fallenden Bereich in Slowenien unter Anwendung der einschlägigen internen Vorschriften des Gemeinschaftsrechts anerkannt und vollstreckt.

In Übereinstimmung mit Art. 34 Abs. 2 des genannten Übereinkommens, erklärt die Republik Slowenien, dass die Ersuchen gemäß Art. 34 Abs. 1 des Übereinkommens ihren Behörden nur über das Ministerium für Arbeit, Familie und Soziales zu übermitteln sind.

Spanien:

Die Artikel 23, 26 und 52 des Übereinkommens räumen den Vertragsparteien eine gewisse Flexibilität ein, damit ein einfaches und rasches Verfahren zur Anerkennung und Vollstreckung von Entscheidungen zur Anwendung gelangen kann. Die Gemeinschaftsvorschriften sehen eine Anerkennungs- und Vollstreckungsregelung vor, die zumindest genauso günstig ist wie die Vorschriften des Übereinkommens. Dementsprechend wird eine Entscheidung eines Gerichts eines Mitgliedstaats der Europäischen Union in einem unter das Übereinkommen fallenden Bereich in Spanien unter Anwendung der einschlägigen internen Vorschriften des Gemeinschaftsrechts anerkannt und vollstreckt.

Wenn das Haager Übereinkommen vom 19. Oktober 1996 über die Zuständigkeit, das anzuwendende Recht, die Anerkennung, Vollstreckung und Zusammenarbeit auf dem Gebiet der elterlichen Verantwortung und der Maßnahmen zum Schutz von Kindern durch das Vereinigte Königreich bis auf das Gebiet von Gibraltar ausgedehnt werden sollte, würde das Königreich Spanien gerne die folgende Erklärung abgeben:

1. Gibraltar ist ein nicht-autonomes Gebiet, dessen internationale Beziehungen unter Verantwortung des Vereinigten Königreichs fallen und welche dem Prozess der Entkolonialisierung in Übereinstimmung mit den einschlägigen Beschlüssen und Resolutionen der Generalversammlung der Vereinten Nationen unterliegen.

2. Die Behörden von Gibraltar haben lokalen Charakter und üben ausschließlich interne Kompetenzen aus, die ihren Ursprung und ihre Grundlage in einer Verteilung und Zuwendung von Kompetenzen haben, durchgeführt durch das Vereinigte Königreich in Übereinstimmung mit dessen innerstaatlichen Rechtsvorschriften in seiner Eigenschaft als souveräner Staat, von dem das nicht-autonome Gebiet abhängt.

3. Als Ergebnis versteht sich jede Beteiligung der Behörden von Gibraltar in der Anwendung dieses Übereinkommens ausschließlich als im Rahmen der internen Kompetenzen von Gibraltar durchgeführt, und kann in keiner Weise zur Anpassung der Bestimmungen der beiden vorhergehenden Absätze herangezogen werden.

4. Das vorgesehene Verfahren für die Regelungen bezüglich der Behörden von Gibraltar im Zusammenhang mit bestimmten internationalen Verträgen (2007), vereinbart von Spanien und dem Vereinigten Königreich am 19. Dezember 2007, gilt für das Haager Übereinkommen vom 19. Oktober 1996 über die Zuständigkeit, das anzuwendende Recht, die Anerkennung, Vollstreckung und Zusammenarbeit auf dem Gebiet der elterlichen Verantwortung und der Maßnahmen zum Schutz der Kinder.

Gemäß den Bestimmungen des Art. 34 Abs. 2 des Übereinkommens erklärt Spanien, dass Ersuchen nach Art. 34 Abs. 1 seinen Behörden nur über seine Zentrale Behörde zu übermitteln sind.

In Übereinstimmung mit den Bestimmungen des Art. 29:

Gemäß den Bestimmungen des Art. 60 und Art. 55 Abs. 1 lit. a und b des Übereinkommens behält sich Spanien das Recht der Zuständigkeit seiner Behörden vor, Maßnahmen zum Schutz des in seinem Hoheitsgebiet befindlichen Vermögens eines Kindes zu treffen, und behält sich das Recht vor, die elterliche Verantwortung oder eine Maßnahme nicht anzuerkennen, soweit sie mit einer von seinen Behörden in Bezug auf dieses Vermögen getroffenen Maßnahme unvereinbar ist.

Tschechische Republik:

Gemäß Art. 34 Abs. 2 des Übereinkommens beehrt sich die Tschechische Republik zu erklären, dass Ersuchen gemäß Art. 34 Abs. 1 des Übereinkommens ihren Behörden nur über die Behörde für Internationalen Rechtsschutz von Kindern, mit Sitz in Brünn, Benesova 22, zu übermitteln sind.

Die Artikel 23, 26 und 52 des Übereinkommens räumen den Vertragsparteien eine gewisse Flexibilität ein, damit ein einfaches und rasches Verfahren zur Anerkennung und Vollstreckung von Entscheidungen zur Anwendung gelangen kann. Die Gemeinschaftsvorschriften sehen eine Anerkennungs- und Vollstreckungsregelung vor, die zumindest genauso günstig ist wie die Vorschriften des Übereinkommens. Dementsprechend wird eine Entscheidung eines Gerichts eines Mitgliedstaats der Europäischen Union in einem unter das Übereinkommen fallenden Bereich in der Tschechischen Republik unter Anwendung der einschlägigen internen Vorschriften des Gemeinschaftsrechts anerkannt und vollstreckt.

Gemäß Art. 52 Abs. 1 des Übereinkommens erklärt die Tschechische Republik, dass die Bestimmungen über das anzuwendende Recht des Übereinkommens Vorrang vor den in Warschau am 21. Dezember 1987 unterzeichneten Vertragsbestimmungen zwischen der Tschechoslowakischen Sozialistischen Republik und der Volksrepublik Polen über Rechtshilfe und Regelung von Rechtsbeziehungen in Zivil-, Familien-, Arbeits- und Strafsachen haben sollen.

Ukraine:

Gemäß Art. 34 Abs. 2 des Übereinkommens erklärt die Ukraine, dass Ersuchen für die Zwecke des Abs. 1 dieses Artikels nur über ihre Zentrale Behörde in die Ukraine zu senden sind.

Gemäß Art. 44 des Übereinkommens erklärt die Ukraine, dass die Anträge nach Art. 8, 9 und 33 des Übereinkommens an die Zentrale Behörde der Ukraine zu senden sind.

Gemäß den Art. 55 und 60 des Übereinkommens bestimmt die Ukraine, dass sie:

a) sich die Zuständigkeit ihrer zuständigen Behörden vorbehält, um gerichtete Maßnahmen zum Schutz der sich in seinem Hoheitsgebiet befindlichen unbeweglichen Sachen eines Kindes zu übernehmen.

b) sich das Recht vorbehält, die elterliche Verantwortung oder eine Maßnahme nicht anzuerkennen, wenn sie mit einer von seinen Behörden in Bezug auf dieses Vermögen getroffenen Maßnahme unvereinbar ist.

Die Ukraine hat eine Erklärung in der derzeit nicht von der ukrainischen Regierung kontrollierten Teilen ihres Staatsgebiets abgegeben.

KSÜ HKÜ GSchVO

Vorbehalte, Erklärungen, Mitteilungen

Ungarn:

Die Artikel 23, 26 und 52 des Übereinkommens räumen den Vertragsparteien eine gewisse Flexibilität ein, damit ein einfaches und rasches Verfahren zur Anerkennung und Vollstreckung von Entscheidungen zur Anwendung gelangen kann. Die Gemeinschaftsvorschriften sehen eine Anerkennungs- und Vollstreckungsregelung vor, die zumindest genauso günstig ist wie die Vorschriften des Übereinkommens. Dementsprechend wird eine Entscheidung eines Gerichts eines Mitgliedstaats der Europäischen Union in einem unter das Übereinkommen fallenden Bereich in Ungarn unter Anwendung der einschlägigen internen Vorschriften des Gemeinschaftsrechts anerkannt und vollstreckt.

1. Zu Art. 34 Abs. 2:

Gemäß Art. 34 Abs. 2 des Übereinkommens hat die Republik Ungarn die Ehre zu verkünden, dass Ersuchen nach Abs. 1 des Art. 34 des Übereinkommens nur an ihre Zentrale Behörde zu übermitteln sind.

2. Zu Art. 54 Abs. 2:

Gemäß Art. 54 Abs. 2 des Übereinkommens behält sich die Republik Ungarn das Recht vor, die über ihre Zentrale Behörde übermittelten Ersuchen nur auf Ungarisch zu akzeptieren, wo dies nicht wirtschaftlich ist, so ist der Antrag von einer englischen Übersetzung zu begleiten.

3. Zu Art. 55 Abs. 1:

Die Republik Ungarn behält sich das Recht der Zuständigkeit ihrer Behörden vor, Maßnahmen zum Schutz des in ihrem Hoheitsgebiet befindlichen Vermögens eines Kindes zu treffen, und behält sich das Recht vor, jegliche elterliche Verantwortung oder Maßnahme nicht anzuerkennen, soweit sie mit einer von ihren Behörden in Bezug auf dieses Vermögen getroffenen Maßnahme unvereinbar ist.

Zypern:

Gemäß Art. 45 Abs. 2 des Übereinkommens erklärt die Republik Zypern. dass Ersuchen nach Art. 34 Abs. 1 ihren Behörden nur über ihre Zentrale Behörde zu übermitteln sind.

Gemäß Art. 60 Abs. 1 des Übereinkommens erklärt die Republik Zypern einen Vorbehalt zu Art. 54 – jede an die Zentrale Behörde der Republik Zypern gesendete Mitteilung muss in der Originalsprache und von einer Übersetzung ins Englische begleitet sein.

Gemäß Art. 60 Abs. 1 des Übereinkommens behält sich die Republik Zypern das Recht der Zuständigkeit ihrer Behörden vor, Maßnahmen zum Schutz des in ihrem Hoheitsgebiet befindlichen Vermögens eines Kindes zu treffen, und behält sich das Recht vor, die elterliche Verantwortung oder Maßnahme nicht anzuerkennen, soweit sie mit einer von ihren Behörden in Bezug auf dieses Vermögen getroffenen Maßnahme unvereinbar ist, wie in Art. 55 Abs. 1 des Übereinkommens vorgesehen.

Die Artikel 23, 26 und 52 des Übereinkommens räumen den Vertragsparteien eine gewisse Flexibilität ein, damit ein einfaches und rasches Verfahren zur Anerkennung und Vollstreckung von Entscheidungen zur Anwendung gelangen kann. Die Gemeinschaftsvorschriften sehen eine Anerkennungs- und Vollstreckungsregelung vor, die zumindest genauso günstig ist wie die Vorschriften des Übereinkommens. Dementsprechend wird eine Entscheidung eines Gerichts eines Mitgliedstaats der Europäischen Union in einem unter das Übereinkommen fallenden Bereich in Zypern unter Anwendung der einschlägigen internen Vorschriften des Gemeinschaftsrechts anerkannt und vollstreckt.

Ferner haben nachstehende Staaten Behörden gemäß Art. 29, Art. 40, Art. 44 und Art. 45 bekannt gegeben:

Albanien:

Zentrale Behörde gem. Art. 29:

Ministry of Justice

Armenien:

The Ministry of Justice of the Republic of Armenia.

Australien:

Zentrale Behörde gem. Art. 29 und zuständige Behörde gem. Art. 44:

For the Commonwealth Central Authority:

International Family Law Section

Access to Justice Division

Commonwealth Attorney-General's Department

Robert Garran Offices

3-5 National Circuit, Barton

CANBERRA ACT 2600

Australia

For Western Australia:

General Counsel

Department for Child protection

189 Royal Street

EAST PERTH, WA 6004

For Queensland:

Director General

Department of Communities (Child Safety)

GPO Box 806

BRISBANE, QLD 4001

For Tasmania:

Disability, Child, Youth and Family Services

Department of Health and Human Services

3/99 Bathurst Street

HOBART, TAS 7001

For the Northern Territory:

The Minister for Health and Community Services

P.O. Box 40596

CASUARINA, NT 0811

Zuständige Behörde gem. Art. 40:
- The Family Court of Australia
- The Federal Magistrates Court
- The Family Court of Western Australia
- The Supreme Court of New South Wales
- The Supreme Court of Victoria
- The Supreme Court of Queensland
- The Supreme Court of Western Australia
- The Supreme Court of South Australia
- The Supreme Court of the Northern Territory, and
- The Supreme Court of the Australian Capital Territory.

Tasmanien hat nach Art. 40 ihre Zentrale Behörde als zuständige Behörde für die Ausstellung der Bescheinigungen benannt.

Bulgarien:

Zentrale Behörde gem. Art. 29:

Ministry of Justice

1, Slavianska Str.

Sofia 1040

Republic of Bulgaria

Dominikanische Republik:

Zentrale Behörde:

National Council for Childhood and Adolescence (CONANI)

Avenida Máximo Gómez No. 154, esq. Rep. de Paraguay

Ensanche la Fé

Apartado Postal 2081

SANTO DOMINGO

Dominican Republic

Ecuador:

Zentrale Behörde gem. Art. 29:

Consejo Nacional de la Niñez y Adolescencia

Calle Foch No E4-38 y Colón

QUITO

Ecuador

Estland:

Zentrale Behörde gem. Art. 29:

Ministry of Justice

Tönismägi 5A

15191 Tallinn

Estonia

Finnland:

Zentrale Behörde gem. Art. 29:

Ministry of Justice

International Affairs

Postal address: P.O. Box 25, FIN-00023 Government

Street address: Eteläesplanadi 10, FIN-00130 Helsinki

Finland

Frankreich:

Zentrale Behörde gem. Art. 29:

Ministère de la Justice

Direction des Affaires Civiles et du Sceau

Sous-Direction du droit économique

Bureau de l'entraide civile et commerciale internationale

13, Place Vendôme

75042 PARIS Cedex 01

France

Vorbehalte, Erklärungen, Mitteilungen

Deutschland:

Zentrale Behörde gem. Art. 29:

Bundesamt für Justiz

Zentrale Behörde

53094 Bonn

Deutschland

Zuständige Behörde gem. Art. 44:

Zu Art. 44 des Übereinkommens (Zuständige Gerichte und Behörden)

aa) Zuständige Behörde nach Artikel 33 des Übereinkommens:

Zuständig für die Erteilung der Zustimmung zu einer Unterbringung eines Kindes nach Art. 33 des Haager Kinderschutzübereinkommens vom 19. Oktober 1996 im Inland ist der überörtliche Träger der öffentlichen Jugendhilfe (Landesjugendamt), in dessen Bereich das Kind nach dem Vorschlag der ersuchenden Stelle untergebracht werden soll, andernfalls der überörtliche Träger, zu dessen Bereich die Zentrale Behörde den engsten Bezug festgestellt hat. Hilfsweise ist das Land Berlin zuständig.

bb) Behörden, an die die Ersuchen nach den Artikeln 8 und 9 KSÜ zu richten sind:

In gerichtlichen Verfahren betreffend die elterliche Verantwortung sind folgende Familiengerichte örtlich zuständig:

(a) Während der Anhängigkeit einer Ehesache ist unter den deutschen Gerichten das Familiengericht ausschließlich zuständig, bei dem die Ehesache im ersten Rechtszug anhängig ist oder war, sofern das Verfahren gemeinschaftliche Kinder der Ehegatten betrifft.

(b) Ansonsten ist das Familiengericht zuständig, in dessen Bezirk das Kind seinen gewöhnlichen Aufenthalt hat.

(c) Ist eine Zuständigkeit nach den Buchstaben (a) oder (b) nicht gegeben, ist das Familiengericht zuständig, in dessen Bezirk das Bedürfnis der Fürsorge bekannt wird.

In Fällen, die das Umgangsrecht, die elterliche Sorge oder die Kindesherausgabe betreffen, kann das Ersuchen auch an das Familiengericht am Sitz des Oberlandesgerichts gerichtet werden, in dessen Oberlandesgerichtsbezirk sich das Kind gewöhnlich aufhält, wenn ein Elternteil seinen gewöhnlichen Aufenthalt in einem anderen Mitgliedstaat der Europäischen Union oder in einem anderen Vertragsstaat des Haager Kinderschutzübereinkommen hat ("Familiengericht mit konzentrierter Zuständigkeit'). Die Familiengerichte mit konzentrierter Zuständigkeit sind auf internationale Kindschaftssachen spezialisiert.

Ist oder wird bei einem deutschen Familiengericht mit konzentrierter Zuständigkeit ein Antrag auf Anerkennung oder Vollstreckbarerklärung einer Entscheidung nach dem Übereinkommen, der Verordnung (EG) Nr. 2201/2003 oder dem Europäischen Übereinkommen vom 20. Mai 1980 über die Anerkennung und Vollstreckung von Entscheidungen über das Sorgerecht für Kinder und die Wiederherstellung des Sorgeverhältnisses oder ein Antrag nach dem Haager Übereinkommen vom 25. Oktober 1980 über zivilrechtliche Aspekte internationaler Kindesentführung anhängig, so ist dieses Familiengericht für alle dasselbe Kind betreffenden Verfahren über das Umgangsrecht, die elterliche Sorge oder die Kindesherausgabe zuständig.

Familiengerichte mit konzentrierter Zuständigkeit sind

a) für den Bezirk des Kammergerichts Berlin:

das Amtsgericht Pankow/Weißensee;

b) für die Bezirke der Oberlandesgerichte in Niedersachsen:

das Amtsgericht Celle;

c) im Übrigen: jeweils das Amtsgericht, in dessen Bezirk ein Oberlandesgericht seinen Sitz hat.

Die Zentrale Behörde kann bei der Ermittlung des zuständigen Gerichts behilflich sein oder Ersuchen an das zuständige Gericht weiterleiten.

Irland:

Zentrale Behörde gem. Art. 29 und zuständige Behörde gem. Art. 44:

Minister for Justice and Law Reform

Central Authority for International Child Protection

Department of Justice and Law Reform

Bishop's Square

Redmond's Hill

Dublin 2

Ireland

Kroatien:

Zentrale Behörde gem. Art. 29:

Ministry of Health and Social Welfare

Ksaver 200a

ZAGREB

Zuständige Behörde gem. Art. 44:

Ministry of Health and Social Welfare

Ksaver 200a

ZAGREB

Lettland:

Zentrale Behörde gem. Art. 29:

Ministry of Justice

Brivibas Blvd. 36

Riga, LV-1536

Latvia

Zuständige Behörde gem. Art. 40:

The Orphan's Courts and Parish Courts of the Republic of Latvia

Litauen:

Zentrale Behörde gem. Art. 29:

Ministry of Social Security and Labour of the Republic of Lithuania

Vivulskio Street 11

03610 VILNIUS

Zuständige Behörde gem. Art. 40:

The District Court of the Republic of Lithuania of the child's habutual residence

Zuständige Behörde gem. Art. 44:

State Child Rights Protection and Adoption Service

under the Ministry of Social Security and Labour of the Republic of Lithuania

Sodu Street 15

03211 VILNIUS

Lithuania

Malta:

Zentrale Behörde gem. Art. 29:

The Director for Social Welfare Standards

Ministry for Education Employment and Family

Department for Social Welfare Standards

VALLETTA

Malta

Monaco:

Zentrale Behörde und zuständige Behörde:

Direction des Services Judiciaires

Palais de Justice

5, rue Colonel Bellando de Castro

98000 MONACO

Montenegro:

Zentrale Behörde gemäß Art. 29 und Art. 44:

Ministry of Labour and Social Welfare

Niederlande:

Zentrale Behörde gem. Art. 29:

Für den europäischen und den karibischen Teil der Niederlande:

the Ministry of Security and Justice.

Für Curaçao:

the Ministry of Justice.

Polen:

Zentrale Behörde gem. Art. 29:

Ministry of Justice

Portugal:

Bestimmung der Zentralen Behörde:

Direcção-Geral de Reinserção Social do Ministério da Justiça

Avenida Almirante Reis, 72

1150-020 Lissabon

Portugal

Rumänien:

Zentrale Behörde gem. Art. 29:

Gemäß Art. 29 Abs. 1 des Übereinkommens ist die Nationale Behörde für den Schutz der Kinderrechte als Zentrale Behörde benannt worden, um die durch dieses Übereinkommen auferlegten Pflichten zu erfüllen.

Zuständige Behörde gem. Art. 40:

Gemäß Art. 40 Abs. 3 des Übereinkommens ist das Bukarester Gericht die zuständige rumänische Behörde für die Ausstellung der Bescheinigung gemäß den Abs. 1 und 2 des Art. 40.

Zuständige Behörde gem. Art. 44:

Gemäß Art. 44 sollen Anträge nach Art. 8 und 9 an das Justizministerium und Anträge nach Art. 33 an die Nationale Behörde für den Schutz der Kinderrechte gerichtet werden.

Schweiz:

Zentrale Behörde gem. Art. 29:

KSÜ HKÜ GSchVO

Vorbehalte, Erklärungen, Mitteilungen

Zentrale Bundesbehörde:

Office fédéral de la Justice

Unité Droit international privé

Bundesrain 20

CH-3003 BERNE

Kantonale Zentrale Behörden:

Aarau
Departement Volkswirtschaft und Inneres
Justizabteilung
Sektion Bürgerrecht und Personenstand
Bleichemattstrasse 1
5000 Aarau

Appenzell Ausserrhoden
Departement Inneres und Kultur
Obstmarkt 1
9102 Herisau

Appenzell Innerrhoden
Gesundheits- und Sozialdepartement
Hoferbad 2
9050 Appenzell

Basel-Stadt
Erziehungsdepartement
Zentrale Behörde Haager Kindes- und Erwachsenenschutzübereinkommen
Elisabethenstrasse 51
4010 Basel

Basel-Land
Sicherheitsdirektion Kantonales Vormundschaftsamt
Schlossstrasse 3
4133 Pratteln

Bern
Kantonales Jugendamt
Gerechtigkeitsgasse 81
3011 Bern

Fribourg
Le Service de l'enfance et de la jeunesse
Pérolles 30
1705 Fribourg

Genève
Service de protection des mineurs
Case postale 3531
Rue Glacis-de-Rive 11
1211 Genève 3

Glaris
Kantonale Vormundschaftsbehörde
Hauptstrasse 8
8750 Glarus

Graubünden
Amt für Polizeiwesen und Zivilrecht Graubünden
Abteilung Integration, Bürgerrecht und Zivilrecht
Karlihof 4

7001 Chur

Jura
Département de la Justice
Service juridique
2, rue du 24-Septembre
2800 Delémont

Luzern
Regierungsstatthalter des Amtes Luzern
Bundesplatz 14
Postfach 3439
6002 Luzern

Neuchâtel
Service des mineurs et des tutelles
Faubourg de l'Hôpital 36
2000 Neuchâtel

Nidwald
Amt für Justiz
Kreuzstrasse 2
6371 Stans

Obwald
Sozialamt
Dorfplatz 4
Postfach 1261
6061 Sarnen

Schaffhausen
Amt für Justiz und Gemeinden
Mühlentalstrasse 105
8200 Schaffhausen

St-Gallen
Departement des Innern
Vormundschaftsdienst
Regierungsgebäude
9001 St. Gallen

Schwyz
Amt für Gesundheit und Soziales
Kollegiumsstrasse 28
Postfach 2161
6431 Schwyz

Solothurn
Amt für soziale Sicherheit, Abt. Kindes- und Erwachsenenschutz
Ambassadorenhof
4509 Solothurn

Ticino
Ufficio di vigilanza sulle tutele
Via Carlo Salvioni 14
6501 Bellinzona

Thurgau
Departement für Justiz und Sicherheit
Generalsekretariat
Regierungsgebäude
8510 Frauenfeld

Uri
Justizdirektion Uri

Amt für Justiz
Rathausplatz 5
6460 Altdorf

Valais
Office cantonal pour la protection de l'enfant
Avenue Ritz 29
Case postale 478
1950 Sion

Vaud
Service de protection de la jeunesse
Bâtiment administratif de la Pontaise
Rue des Casernes 2
1014 Lausanne

Zug
Direktion des Innern
Kantonales Sozialamt
Neugasse 2
6300 Zug

Zürich
Amt für Jugend und Berufsberatung
Dörflistrasse 120
Postfach
8090 Zürich

Slowakei:

Zentrale Behörde gem. Art. 29:

Ministry of Justice of the Slovak Republic

Zupné namesti 13

813 11 BRATISLAVA

Slovakia

Zuständige Behörde gem. Art. 40:

Centre for International Legal Protection of Children and Youth

Špitálska 8

P.O.Box 57

814 99 Bratislava

Zuständige Behörde gem. Art. 44:

Ministry of Labour, Social Affairs and Family of the Slovak Republic

Spitalska 4

816 43 BRATISLAVA

Slovakia

Slowenien:

Zentrale Behörde gem. Art. 29:

Ministry of Labour, Family and Social Affairs

Kotnikova 5

1000 LJUBLJANA

Slovenia

Spanien:

Zentrale Behörde gem. Art. 29:

Direction Générale de Coopération juridique internationale

Ministère de la Justice,

C/ San Bernardo, 62

28071 Madrid

Tschechische Republik:

Zentrale Behörde gem. Art. 29:

Office for International Legal Protection of Children

Silingrovo namestí 3/4

60200 BRNO

Czech Republic

Zuständige Behörde gem. Art. 44:

Ministry of Justice

Vyšehradská 16

PRAHA 2

Czech Republic

Ukraine:

Zentrale Behörde gem. Art. 29:

Ministry of Justice of Ukraine

13, Horodetskogo Street

KYIV 01001

Ukraine

Ungarn:

Zentrale Behörde gem. Art. 29:

Ministry of National Resources

Child and Youth Care Department

1054 BUDAPEST

Hold u. 1.

Hungary

Haager Kindesentführungsübereinkommen

BGBl 1988/512

In Österreich in Kraft seit 1. 10. 1988

Der Nationalrat hat beschlossen:

Der Abschluß des nachstehenden Staatsvertrages samt Formblatt wird genehmigt.

Die Unterzeichnerstaaten dieses Übereinkommens –

in der festen Überzeugung, daß das Wohl des Kindes in allen Angelegenheiten des Sorgerechts von vorrangiger Bedeutung ist;

in dem Wunsch, das Kind vor den Nachteilen eines widerrechtlichen Verbringens oder Zurückhaltens international zu schützen und Verfahren einzuführen, um seine sofortige Rückgabe in den Staat seines gewöhnlichen Aufenthalts sicherzustellen und den Schutz des Rechts auf persönlichen Verkehr mit dem Kind zu gewährleisten –

haben beschlossen, zu diesem Zweck ein Übereinkommen zu schließen, und haben die folgenden Bestimmungen vereinbart:

KAPITEL I
ANWENDUNGSBEREICH DES ÜBEREINKOMMENS

Artikel 1

Ziel dieses Übereinkommens ist es,

a) die sofortige Rückgabe widerrechtlich in einen Vertragsstaat verbrachter oder dort zurückgehaltener Kinder sicherzustellen, und

b) zu gewährleisten, daß das in einem Vertragsstaat bestehende Sorgerecht und Recht auf persönlichen Verkehr in den anderen Vertragsstaaten tatsächlich beachtet wird.

Artikel 2

Die Vertragsstaaten treffen alle geeigneten Maßnahmen, um in ihrem Hoheitsgebiet die Ziele des Übereinkommens zu verwirklichen. Zu diesem Zweck wenden sie ihre schnellstmöglichen Verfahren an.

Artikel 3

Das Verbringen oder Zurückhalten eines Kindes gilt als widerrechtlich, wenn

a) dadurch das Sorgerecht verletzt wird, das einer Person, Behörde oder sonstigen Stelle allein oder gemeinsam nach dem Recht des Staates zu-

steht, in dem das Kind unmittelbar vor dem Verbringen oder Zurückhalten seinen gewöhnlichen Aufenthalt hatte, und

b) dieses Recht im Zeitpunkt des Verbringens oder Zurückhaltens allein oder gemeinsam tatsächlich ausgeübt wurde oder ausgeübt worden wäre, falls das Verbringen oder Zurückhalten nicht stattgefunden hätte.

Das unter Buchstabe a genannte Sorgerecht kann insbesondere kraft Gesetzes, auf Grund einer gerichtlichen oder behördlichen Entscheidung oder auf Grund einer nach dem Recht des betreffenden Staates wirksamen Vereinbarung bestehen.

Artikel 4

Das Übereinkommen wird auf jedes Kind angewendet, das unmittelbar vor einer Verletzung des Sorgerechts oder des Rechts auf persönlichen Verkehr seinen gewöhnlichen Aufenthalt in einem Vertragsstaat hatte. Das Übereinkommen wird nicht mehr angewendet, sobald das Kind das 16. Lebensjahr vollendet hat.

Artikel 5

Im Sinn dieses Übereinkommens umfaßt

a) das „Sorgerecht" die Sorge für die Person des Kindes und insbesondere das Recht, den Aufenthalt des Kindes zu bestimmen;

b) das „Recht auf persönlichen Verkehr" das Recht, das Kind für eine begrenzte Zeit an einen anderen Ort als seinen gewöhnlichen Aufenthaltsort zu bringen.

KAPITEL II
ZENTRALE BEHÖRDEN

Artikel 6

Jeder Vertragsstaat bestimmt eine zentrale Behörde, welche die ihr durch dieses Übereinkommen übertragenen Aufgaben wahrnimmt.

Einem Bundesstaat, einem Staat mit mehreren Rechtssystemen oder einem Staat, der aus autonomen Gebietskörperschaften besteht, steht es frei, mehrere zentrale Behörden zu bestimmen und deren räumliche Zuständigkeit festzulegen. Macht ein Staat von dieser Möglichkeit Gebrauch, so bestimmt er die zentrale Behörde, an welche die Anträge zur Übermittlung an die zuständige zentrale Behörde in diesem Staat gerichtet werden können.

Artikel 7

Die zentralen Behörden arbeiten zusammen und fördern die Zusammenarbeit der zuständigen Behörden ihrer Staaten, um die sofortige Rückgabe von Kindern sicherzustellen und auch die anderen Ziele dieses Übereinkommens zu verwirklichen.

Insbesondere treffen sie unmittelbar oder mit Hilfe anderer alle geeigneten Maßnahmen, um

a) den Aufenthaltsort eines widerrechtlich verbrachten oder zurückgehaltenen Kindes ausfindig zu machen;

b) weitere Gefahren von dem Kind oder Nachteile von den betroffenen Parteien abzuwenden, indem sie vorläufige Maßnahmen treffen oder veranlassen;

c) die freiwillige Rückgabe des Kindes sicherzustellen oder eine gütliche Regelung der Angelegenheit herbeizuführen;

d) soweit zweckdienlich Auskünfte über die soziale Lage des Kindes auszutauschen;

e) im Zusammenhang mit der Anwendung des Übereinkommens allgemeine Auskünfte über das Recht ihrer Staaten zu erteilen;

f) ein gerichtliches oder behördliches Verfahren einzuleiten oder die Einleitung eines solchen Verfahrens zu erleichtern, um die Rückgabe des Kindes zu erwirken sowie gegebenenfalls die Durchführung oder die wirksame Ausübung des Rechts auf persönlichen Verkehr zu gewährleisten;

g) soweit erforderlich die Bewilligung von Verfahrenshilfe einschließlich der Beigebung eines Rechtsanwalts, zu veranlassen oder zu erleichtern;

h) durch etwa notwendige und geeignete behördliche Vorkehrungen die sichere Rückgabe des Kindes zu gewährleisten;

i) einander über die Wirkungsweise des Übereinkommens zu unterrichten und Hindernisse, die seiner Anwendung entgegenstehen, soweit wie möglich auszuräumen.

KAPITEL III

RÜCKGABE VON KINDERN

Artikel 8

Macht eine Person, Behörde oder sonstige Stelle geltend, ein Kind sei unter Verletzung des Sorgerechts verbracht oder zurückgehalten worden, so kann sie sich entweder an die für den gewöhnlichen Aufenthalt des Kindes zuständige zentrale Behörde oder an die zentrale Behörde eines anderen Vertragsstaats wenden, um mit deren Unterstützung die Rückgabe des Kindes sicherzustellen.

Der Antrag muß enthalten

a) Angaben über die Identität des Antragstellers, des Kindes und der Person, die das Kind angeblich verbracht oder zurückgehalten hat;

b) das Geburtsdatum des Kindes, soweit es festgestellt werden kann;

c) die Gründe, die der Antragsteller für seinen Anspruch auf Rückgabe des Kindes geltend macht;

d) alle verfügbaren Angaben über den Aufenthaltsort des Kindes und die Identität der Person, bei der sich das Kind vermutlich befindet.

Der Antrag kann wie folgt ergänzt oder es können ihm folgende Anlagen beigefügt werden:

e) eine beglaubigte Ausfertigung einer für die Sache erheblichen Entscheidung oder Vereinbarung;

f) eine Bescheinigung oder eidesstattliche Erklärung (Affidavit) über die einschlägigen Rechtsvorschriften des betreffenden Staates; sie muß von der zentralen Behörde oder einer sonstigen zuständigen Behörde des Staates, in dem sich das Kind gewöhnlich aufhält, oder von einer dazu befugten Person ausgehen;

g) jedes sonstige für die Sache erhebliche Schriftstück.

Artikel 9

Hat die zentrale Behörde, bei der ein Antrag nach Artikel 8 eingeht, Grund zu der Annahme, daß sich das Kind in einem anderen Vertragsstaat befindet, so übermittelt sie den Antrag unmittelbar und unverzüglich der zentralen Behörde dieses Staates; sie unterrichtet davon die ersuchende zentrale Behörde oder gegebenenfalls den Antragsteller.

Artikel 10

Die zentrale Behörde des Staates, in dem sich das Kind befindet, trifft oder veranlaßt alle geeigneten Maßnahmen, um die freiwillige Rückgabe des Kindes zu bewirken.

Artikel 11

In Verfahren auf Rückgabe von Kindern haben die Gerichte oder Verwaltungsbehörden eines jeden Vertragsstaats mit der gebotenen Eile zu handeln.

Hat das Gericht oder die Verwaltungsbehörde, die mit der Sache befaßt sind, nicht innerhalb von sechs Wochen nach Eingang des Antrags eine Entscheidung getroffen, so kann der Antragsteller oder die zentrale Behörde des ersuchten Staates von sich aus oder auf Begehren der zentralen Behörde des ersuchenden Staates eine Darstellung der Gründe für die Verzögerung verlangen. Hat die zentrale Behörde des ersuchten Staates die Antwort erhalten, so übermittelt sie diese der zentralen Behörde des ersuchenden Staates oder gegebenenfalls dem Antragsteller.

Artikel 12

Ist ein Kind im Sinn des Artikels 3 widerrechtlich verbracht oder zurückgehalten worden und ist bei Eingang des Antrags bei dem Gericht oder der Verwaltungsbehörde des Vertragsstaats, in dem sich das Kind befindet, eine Frist von weniger als einem Jahr seit dem Verbringen oder Zurückhalten verstrichen, so ordnet das zuständige Gericht oder die zuständige Verwaltungsbehörde die sofortige Rückgabe des Kindes an.

Ist der Antrag erst nach Ablauf der in Absatz 1 bezeichneten Jahresfrist eingegangen, so ordnet das Gericht oder die Verwaltungsbehörde die Rückgabe des Kindes ebenfalls an, sofern nicht erwiesen ist, daß das Kind sich in seine neue Umgebung eingelebt hat.

Hat das Gericht oder die Verwaltungsbehörde des ersuchten Staates Grund zu der Annahme, daß das Kind in einen anderen Staat verbracht worden ist, so kann das Verfahren ausgesetzt oder der Antrag auf Rückgabe des Kindes abgelehnt werden.

Artikel 13

Ungeachtet des Artikels 12 ist das Gericht oder die Verwaltungsbehörde des ersuchten Staates nicht verpflichtet, die Rückgabe des Kindes anzuordnen, wenn die Person, Behörde oder sonstige Stelle, die sich der Rückgabe des Kindes widersetzt, nachweist,

a) daß die Person, Behörde oder sonstige Stelle, der die Sorge für die Person des Kindes zustand, das Sorgerecht zur Zeit des Verbringens oder Zurückhaltens tatsächlich nicht ausgeübt, dem Verbringen oder Zurückhalten zugestimmt oder dieses nachträglich genehmigt hat, oder

b) daß die Rückgabe mit der schwerwiegenden Gefahr eines körperlichen oder seelischen Schadens für das Kind verbunden ist oder das Kind auf andere Weise in eine unzumutbare Lage bringt.

Das Gericht oder die Verwaltungsbehörde kann es ferner ablehnen, die Rückgabe des Kindes anzuordnen, wenn festgestellt wird, daß sich das Kind der Rückgabe widersetzt und daß es ein Alter und eine Reife erreicht hat, angesichts deren es angebracht erscheint, seine Meinung zu berücksichtigen.

Bei Würdigung der in diesem Artikel genannten Umstände hat das Gericht oder die Verwaltungsbehörde die Auskünfte über die soziale Lage des Kindes zu berücksichtigen, die von der zentralen Behörde oder einer anderen zuständigen Behörde des Staates des gewöhnlichen Aufenthalts des Kindes erteilt worden sind.

Artikel 14

Haben die Gerichte oder Verwaltungsbehörden des ersuchten Staates festzustellen, ob ein widerrechtliches Verbringen oder Zurückhalten im Sinn des Artikels 3 vorliegt, so können sie das im Staat des gewöhnlichen Aufenthalts des Kindes geltende Recht und die gerichtlichen oder behördlichen Entscheidungen, gleichviel ob sie dort förmlich anerkannt sind oder nicht, unmittelbar berücksichtigen; dabei brauchen sie die besonderen Verfahren zum Nachweis dieses Rechts oder zur Anerkennung ausländischer Entscheidungen, die sonst einzuhalten wären, nicht zu beachten.

Artikel 15

Bevor die Gerichte oder Verwaltungsbehörden eines Vertragsstaats die Rückgabe des Kindes anordnen, können sie vom Antragsteller die Vorlage einer Entscheidung oder sonstigen Bescheinigung der Behörden des Staates des gewöhnlichen Aufenthalts des Kindes verlangen, aus der hervorgeht, daß das Verbringen oder Zurückhalten widerrechtlich im Sinn des Artikels 3 war, sofern in dem betreffenden Staat eine derartige Entscheidung oder Bescheinigung erwirkt werden kann. Die zentralen Behörden der Vertragsstaaten haben den Antragsteller beim Erwirken einer derartigen Entscheidung oder Bescheinigung soweit wie möglich zu unterstützen.

Artikel 16

Ist den Gerichten oder Verwaltungsbehörden des Vertragsstaats, in den das Kind verbracht oder in dem es zurückgehalten wurde, das widerrechtliche Verbringen oder Zurückhalten des Kindes im Sinn des Artikels 3 mitgeteilt worden, so dürfen sie eine Sachentscheidung über das Sorgerecht erst treffen, wenn entschieden ist, daß das Kind auf Grund dieses Übereinkommens nicht zurückzugeben ist, oder wenn innerhalb angemessener Frist nach der Mitteilung kein Antrag nach dem Übereinkommen gestellt wird.

Artikel 17

Der Umstand, daß eine Entscheidung über das Sorgerecht im ersuchten Staat ergangen oder dort anerkennbar ist, stellt für sich genommen keinen Grund dar, die Rückgabe eines Kindes nach Maßgabe dieses Übereinkommens abzulehnen; die Gerichte oder Verwaltungsbehörden des ersuchten Staates können jedoch bei der Anwendung des Übereinkommens die Entscheidungsgründe berücksichtigen.

KSÜ HKÜ GSchVO

Artikel 18

Die Gerichte oder Verwaltungsbehörden werden durch die Bestimmungen dieses Kapitels nicht daran gehindert, jederzeit die Rückgabe des Kindes anzuordnen.

Artikel 19

Eine auf Grund dieses Übereinkommens getroffene Entscheidung über die Rückgabe des Kindes ist nicht als Entscheidung über das Sorgerecht anzusehen.

Artikel 20

Die Rückgabe des Kindes nach Artikel 12 kann abgelehnt werden, wenn sie nach den im ersuchten Staat geltenden Grundwerten über den Schutz der Menschenrechte und Grundfreiheiten unzulässig ist.

KAPITEL IV

RECHT AUF PERSÖNLICHEN VERKEHR

Artikel 21

Der Antrag auf Durchführung oder wirksame Ausübung des Rechts auf persönlichen Verkehr kann in derselben Weise an die zentrale Behörde eines Vertragsstaats gerichtet werden wie ein Antrag auf Rückgabe des Kindes.

Die zentralen Behörden haben auf Grund der in Artikel 7 genannten Verpflichtung zur Zusammenarbeit die ungestörte Ausübung des Rechts auf persönlichen Verkehr sowie die Erfüllung aller Bedingungen zu fördern, denen die Ausübung dieses Rechts unterliegt. Die zentralen Behörden unternehmen Schritte, um soweit wie möglich alle Hindernisse auszuräumen, die der Ausübung dieses Rechts entgegenstehen.

Die zentralen Behörden können unmittelbar oder mit Hilfe anderer die Einleitung eines Verfahrens vorbereiten oder unterstützen mit dem Ziel, das Recht auf persönlichen Verkehr durchzuführen oder zu schützen und zu gewährleisten, daß die Bedingungen, von denen die Ausübung dieses Rechts abhängen kann, beachtet werden.

KAPITEL V

ALLGEMEINE BESTIMMUNGEN

Artikel 22

In gerichtlichen oder behördlichen Verfahren, die unter dieses Übereinkommen fallen, darf für die Zahlung von Kosten und Auslagen eine Sicherheitsleistung oder Hinterlegung gleich welcher Bezeichnung nicht auferlegt werden.

Artikel 23

Im Rahmen dieses Übereinkommens darf keine Beglaubigung oder ähnliche Förmlichkeit verlangt werden.

Artikel 24

Anträge, Mitteilungen oder sonstige Schriftstücke werden der zentralen Behörde des ersuchten Staates in der Originalsprache zugesandt; sie müssen von einer Übersetzung in die Amtssprache oder eine der Amtssprachen des ersuchten Staates oder, wenn eine solche Übersetzung nur schwer erhältlich ist, von einer Übersetzung ins Französische oder Englische begleitet sein.

Ein Vertragsstaat kann jedoch einen Vorbehalt nach Artikel 42 anbringen und darin gegen die Verwendung des Französischen oder Englischen, jedoch nicht beider Sprachen, in den seiner zentralen Behörde übersandten Anträgen, Mitteilungen oder sonstigen Schriftstücken Einspruch erheben.

Artikel 25

Angehörigen eines Vertragsstaats und Personen, die ihren gewöhnlichen Aufenthalt in einem solchen Staat haben, wird in allen mit der Anwendung dieses Übereinkommens zusammenhängenden Angelegenheiten Verfahrenshilfe in jedem anderen Vertragsstaat zu denselben Bedingungen bewilligt wie Angehörigen des betreffenden Staates, die dort ihren gewöhnlichen Aufenthalt haben.

Artikel 26

Jede zentrale Behörde trägt ihre eigenen Kosten, die bei der Anwendung dieses Übereinkommens entstehen.

Für die nach diesem Übereinkommen gestellten Anträge erheben die zentralen Behörden und andere Behörden der Vertragsstaaten keine Gebühren. Insbesondere dürfen sie vom Antragsteller weder die Bezahlung von Verfahrenskosten noch der Kosten verlangen, die gegebenenfalls durch die Beigebung eines Rechtsanwalts entstehen. Sie können jedoch die Erstattung der Auslagen verlangen, die durch die Rückgabe des Kindes entstanden sind oder entstehen.

Ein Vertragsstaat kann jedoch einen Vorbehalt nach Artikel 42 anbringen und darin erklären, daß er nur insoweit gebunden ist, die sich aus der Beigebung eines Rechtsanwalts oder aus einem Gerichtsverfahren ergebenden Kosten im Sinn des Absatzes 2 zu übernehmen, als diese Kosten durch sein System der Verfahrenshilfe gedeckt sind.

Wenn die Gerichte oder Verwaltungsbehörden auf Grund dieses Übereinkommens die Rückgabe des Kindes anordnen oder Anordnungen über das

Recht auf persönlichen Verkehr treffen, können sie, soweit angezeigt, der Person, die das Kind verbracht oder zurückgehalten oder die die Ausübung des Rechts auf persönlichen Verkehr vereitelt hat, die Erstattung der dem Antragsteller selbst oder für seine Rechnung entstandenen notwendigen Kosten auferlegen; dazu gehören insbesondere die Reisekosten, alle Kosten oder Auslagen für das Auffinden des Kindes, Kosten der Rechtsvertretung des Antragstellers und Kosten für die Rückgabe des Kindes.

Artikel 27

Ist offenkundig, daß die Voraussetzungen dieses Übereinkommens nicht erfüllt sind oder daß der Antrag sonstwie unbegründet ist, so ist eine zentrale Behörde nicht verpflichtet, den Antrag anzunehmen. In diesem Fall teilt die zentrale Behörde dem Antragsteller oder gegebenenfalls der zentralen Behörde, die ihr den Antrag übermittelt hat, umgehend ihre Gründe mit.

Artikel 28

Eine zentrale Behörde kann verlangen, daß dem Antrag eine schriftliche Vollmacht beigefügt wird, durch die sie ermächtigt wird, für den Antragsteller tätig zu werden oder einen Vertreter zu bestellen, der für ihn tätig wird.

Artikel 29

Dieses Übereinkommen hindert Personen, Behörden oder sonstige Stellen, die eine Verletzung des Sorgerechts oder des Rechts auf persönlichen Verkehr im Sinn des Artikels 3 oder 21 geltend machen, nicht daran, sich unmittelbar an die Gerichte oder Verwaltungsbehörden eines Vertragsstaats zu wenden, gleichviel ob dies in Anwendung des Übereinkommens oder unabhängig davon erfolgt.

Artikel 30

Jeder Antrag, der nach diesem Übereinkommen an die zentralen Behörden oder unmittelbar an die Gerichte oder Verwaltungsbehörden eines Vertragsstaats gerichtet wird, sowie alle dem Antrag beigefügten oder von einer zentralen Behörde beschafften Schriftstücke und sonstigen Mitteilungen sind von den Gerichten oder Verwaltungsbehörden der Vertragsstaaten ohne weiteres entgegenzunehmen.

Artikel 31

Bestehen in einem Staat auf dem Gebiet des Sorgerechts für Kinder zwei oder mehr Rechtssysteme, die in verschiedenen Gebietseinheiten gelten, so ist

a) eine Verweisung auf den gewöhnlichen Aufenthalt in diesem Staat als Verweisung auf den gewöhnlichen Aufenthalt in einer Gebietseinheit dieses Staates zu verstehen;

b) eine Verweisung auf das Recht des Staates des gewöhnlichen Aufenthalts als Verweisung auf das Recht der Gebietseinheit dieses Staates zu verstehen, in der das Kind seinen gewöhnlichen Aufenthalt hat.

Artikel 32

Bestehen in einem Staat auf dem Gebiet des Sorgerechts für Kinder zwei oder mehr Rechtssysteme, die für verschiedene Personenkreise gelten, so ist eine Verweisung auf das Recht dieses Staates als Verweisung auf das Rechtssystem zu verstehen, das sich aus der Rechtsordnung dieses Staates ergibt.

Artikel 33

Ein Staat, in dem verschiedene Gebietseinheiten ihre eigenen Rechtsvorschriften auf dem Gebiet des Sorgerechts für Kinder haben, ist nicht verpflichtet, dieses Übereinkommen anzuwenden, wenn ein Staat mit einheitlichem Rechtssystem dazu nicht verpflichtet wäre.

Artikel 34

Dieses Übereinkommen geht im Rahmen seines sachlichen Anwendungsbereichs dem Übereinkommen vom 5. Oktober 1961 über die Zuständigkeit der Behörden und das anzuwendende Recht auf dem Gebiet des Schutzes von Minderjährigen vor, soweit die Staaten Vertragsparteien beider Übereinkommen sind. Im übrigen beschränkt dieses Übereinkommen weder die Anwendung anderer internationaler Übereinkünfte, die zwischen dem Ursprungsstaat und dem ersuchten Staat in Kraft sind, noch die Anwendung des nichtvertraglichen Rechts des ersuchten Staates, wenn dadurch die Rückgabe eines widerrechtlich verbrachten oder zurückgehaltenen Kindes erwirkt oder die Durchführung des Rechts auf persönlichen Verkehr bezweckt werden soll.

Artikel 35

Dieses Übereinkommen findet zwischen den Vertragsstaaten nur auf ein widerrechtliches Verbringen oder Zurückhalten Anwendung, das sich nach seinem Inkrafttreten in diesen Staaten ereignet hat.

Ist eine Erklärung nach Artikel 39 oder 40 abgegeben worden, so ist die in Absatz 1 des vorliegenden Artikels enthaltene Verweisung auf einen Vertragsstaat als Verweisung auf die Gebietseinheit oder die Gebietseinheiten zu verstehen, auf die das Übereinkommen angewendet wird.

KSÜ HKÜ GSchVO

Artikel 36

Dieses Übereinkommen hindert zwei oder mehr Vertragsstaaten nicht daran, Einschränkungen, denen die Rückgabe eines Kindes unterliegen kann, dadurch zu begrenzen, daß sie untereinander vereinbaren, von solchen Bestimmungen des Übereinkommens abzuweichen, die eine derartige Einschränkung darstellen könnten.

KAPITEL VI

SCHLUSSBESTIMMUNGEN

Artikel 37

Dieses Übereinkommen liegt für die Staaten zur Unterzeichnung auf, die zum Zeitpunkt der Vierzehnten Tagung der Haager Konferenz für Internationales Privatrecht Mitglied der Konferenz waren.

Es bedarf der Ratifikation, Annahme oder Genehmigung; die Ratifikations-, Annahme- oder Genehmigungsurkunden werden beim Ministerium für Auswärtige Angelegenheiten des Königreichs der Niederlande hinterlegt.

Artikel 38

Jeder andere Staat kann dem Übereinkommen beitreten.

Die Beitrittsurkunde wird beim Ministerium für Auswärtige Angelegenheiten des Königreichs der Niederlande hinterlegt.

Das Übereinkommen tritt für den beitretenden Staat am ersten Tag des dritten Kalendermonats nach Hinterlegung seiner Beitrittsurkunde in Kraft.

Der Beitritt wirkt nur in den Beziehungen zwischen dem beitretenden Staat und den Vertragsstaaten, die erklären, den Beitritt anzunehmen. Eine solche Erklärung ist auch von jedem Mitgliedstaat abzugeben, der nach dem Beitritt das Übereinkommen ratifiziert, annimmt oder genehmigt. Diese Erklärung wird beim Ministerium für Auswärtige Angelegenheiten des Königreichs der Niederlande hinterlegt; dieses Ministerium übermittelt jedem Vertragsstaat auf diplomatischem Weg eine beglaubigte Abschrift.

Das Übereinkommen tritt zwischen dem beitretenden Staat und dem Staat, der erklärt hat, den Beitritt anzunehmen, am ersten Tag des dritten Kalendermonats nach Hinterlegung der Annahmeerklärung in Kraft.

Artikel 39

Jeder Staat kann bei der Unterzeichnung, der Ratifikation, der Annahme, der Genehmigung oder dem Beitritt erklären, daß sich das Übereinkommen auf alle oder auf einzelne der Hoheitsgebiete erstreckt, deren internationale Beziehungen er wahrnimmt. Eine solche Erklärung wird wirksam, sobald das Übereinkommen für den betreffenden Staat in Kraft tritt.

Eine solche Erklärung sowie jede spätere Erstreckung wird dem Ministerium für Auswärtige Angelegenheiten des Königreichs der Niederlande notifiziert.

Artikel 40

Ein Vertragsstaat, der aus zwei oder mehr Gebietseinheiten besteht, in denen für die in diesem Übereinkommen behandelten Angelegenheiten unterschiedliche Rechtssysteme gelten, kann bei der Unterzeichnung, der Ratifikation, der Annahme, der Genehmigung oder dem Beitritt erklären, daß das Übereinkommen auf alle seine Gebietseinheiten oder nur auf eine oder mehrere davon erstreckt wird; er kann diese Erklärung durch Abgabe einer neuen Erklärung jederzeit ändern.

Jede derartige Erklärung wird dem Ministerium für Auswärtige Angelegenheiten des Königreichs der Niederlande unter ausdrücklicher Bezeichnung der Gebietseinheiten notifiziert, auf die das Übereinkommen angewendet wird.

Artikel 41

Hat ein Vertragsstaat eine Staatsform, auf Grund deren die vollziehende, die rechtsprechende und die gesetzgebende Gewalt zwischen zentralen und anderen Organen innerhalb des betreffenden Staates aufgeteilt sind, so hat die Unterzeichnung oder Ratifikation, Annahme oder Genehmigung dieses Übereinkommens oder der Beitritt zu dem Übereinkommen oder die Abgabe einer Erklärung nach Artikel 40 keinen Einfluß auf die Aufteilung der Gewalt innerhalb dieses Staates.

Artikel 42

Jeder Staat kann spätestens bei der Ratifikation, der Annahme, der Genehmigung oder dem Beitritt oder bei Abgabe einer Erklärung nach Artikel 39 oder 40 einen der in Artikel 24 und Artikel 26 Absatz 3 vorgesehenen Vorbehalte oder beide anbringen. Weitere Vorbehalte sind nicht zulässig.

Jeder Staat kann einen von ihm angebrachten Vorbehalt jederzeit zurücknehmen. Die Rücknahme wird dem Ministerium für Auswärtige Angelegenheiten des Königreichs der Niederlande notifiziert.

Die Wirkung des Vorbehalts endet am ersten Tag des dritten Kalendermonats nach der in Absatz 2 genannten Notifikation.

Artikel 43

Das Übereinkommen tritt am ersten Tag des dritten Kalendermonats nach der in den Artikeln 37 und 38 vorgesehenen Hinterlegung der dritten Ratifikations-, Annahme-, Genehmigungs- oder Beitrittsurkunde in Kraft.

Danach tritt das Übereinkommen in Kraft

1. für jeden Staat, der es später ratifiziert, annimmt, genehmigt oder ihm später beitritt, am ersten Tag des dritten Kalendermonats nach Hinterlegung seiner Ratifikations-, Annahme-, Genehmigungs- oder Beitrittsurkunde;

2. für jedes Hoheitsgebiet oder jede Gebietseinheit, auf die es nach Artikel 39 oder 40 erstreckt worden ist, am ersten Tag des dritten Kalendermonats nach der in dem betreffenden Artikel vorgesehenen Notifikation.

Artikel 44

Das Übereinkommen bleibt für die Dauer von fünf Jahren in Kraft, vom Tag seines Inkrafttretens nach Artikel 43 Absatz 1 an gerechnet, und zwar auch für die Staaten, die es später ratifiziert, angenommen oder genehmigt haben oder ihm später beigetreten sind.

Die Geltungsdauer des Übereinkommens verlängert sich, außer im Fall der Kündigung, stillschweigend um jeweils fünf Jahre.

Die Kündigung wird spätestens sechs Monate vor Ablauf der fünf Jahre dem Ministerium für Auswärtige Angelegenheiten des Königreichs der Niederlande notifiziert. Sie kann sich auf bestimmte Hoheitsgebiete oder Gebietseinheiten beschränken, auf die das Übereinkommen angewendet wird.

Die Kündigung wirkt nur für den Staat, der sie notifiziert hat. Für die anderen Vertragsstaaten bleibt das Übereinkommen in Kraft.

Artikel 45

Das Ministerium für Auswärtige Angelegenheiten des Königreichs der Niederlande notifiziert den Mitgliedstaaten der Konferenz sowie den Staaten, die nach Artikel 38 beigetreten sind,

1. jede Unterzeichnung, Ratifikation, Annahme und Genehmigung nach Artikel 37;

2. jeden Beitritt nach Artikel 38;

3. den Tag, an dem das Übereinkommen nach Artikel 43 in Kraft tritt;

4. jede Erstreckung nach Artikel 39;

5. jede Erklärung nach den Artikeln 38 und 40;

6. jeden Vorbehalt nach Artikel 24 und Artikel 26 Absatz 3 und jede Rücknahme von Vorbehalten nach Artikel 42;

7. jede Kündigung nach Artikel 44.

Zu Urkund dessen haben die hierzu gehörig befugten Unterzeichneten dieses Übereinkommen unterschrieben.

Geschehen in Den Haag am 25. Oktober 1980 in französischer und englischer Sprache, wobei jeder Wortlaut gleichermaßen verbindlich ist, in einer Urschrift, die im Archiv der Regierung des Königreichs der Niederlande hinterlegt und von der jedem Staat, der während der Vierzehnten Tagung der Haager Konferenz für Internationales Privatrecht Mitglied der Konferenz war, auf diplomatischem Weg eine beglaubigte Abschrift übermittelt wird.

Vertragsparteien (im Verhältnis zu Österreich): Albanien (BGBl III 2017/97), Andorra (BGBl III 2017/97), Argentinien (BGBl 1991/231), Armenien (BGBl III 2017/97), Australien (BGBl 1988/512, III 2011/133), Bahamas (BGBl III 2009/83), Belarus (BGBl III 2020/112), Belgien (BGBl III 1999/88), Bosnien-Herzegowina (BGBl 1994/57, III 1997/108, III 2005/198, Brasilien (BGBl III 2002/52, III 2011/133), Bulgarien (BGBl III 2005/198) *Chile (BGBl III 2002/52), China (BGBl III 1997/151, III 2000/165, III 2008/166, III 2012/187), Dänemark (BGBl 1991/303 inkl Grönland (BGBl III 2016/99), 1991/611, III 2013/25, III 2016/99), Deutschland/BRD (BGBl 1990/721, III 2000/165, III 2002/214, III 2007/23), Dominikanischen Republik (BGBl III 2020/112), Ecuador (BGBl III 2020/112), El Salvador (BGBl III 2018/200), Estland (BGBl III 2005/198), Finnland (BGBl 1994/489), Frankreich (BGBl 1988/512, III 2005/218), Georgien (BGBl III 2002/52), Griechenland (BGBl 1993/430), Honduras (BGBl III 2020/112), Irland (BGBl 1991/611, 1992/62, III 2007/23), Island (BGBl III 2002/52), Israel (BGBl 1991/611, 1992/62, III 2008/166), Italien (BGBl 1995/203), Japan (BGBl III 2019/60), Jugoslawien (BGBl 1991/611), Kanada (BGBl 1988/512, III 2001/162), Kasachstan (BGBl III 2017/77), Kolumbien (BGBl III 2018/200), Korea/R (BGBl III 2017/77), Kroatien (BGBl 1993/587, 1994/950, III 2008/166), Lettland (BGBl III 2005/198, III 2011/133), Litauen (BGBl III 2005/198, III 2007/23), Luxemburg (BGBl 1988/512), Nordmazedonien (BGBl 1994/57, III 2006/66), Malta (BGBl III 2002/52), Marokko (BGBl III 2017/97), Mauritius (BGBl III 2011/40), Mexiko (BGBl 1994/950, 1995/76), Moldau (BGBl III 2002/52), Monaco (BGBl 1994/950, III 2005/218), Montenegro (BGBl III 2008/166), Neuseeland (BGBl 1994/950), Niederlande (BGBl 1990/436, III 2012/92), Norwegen (BGBl 1989/68, 1989/234, III 2020/2), Panama (BGBl III 2018/200), Peru (BGBl III 2017/77), Polen (BGBl 1994/950), Portugal (BGBl 1988/512, 1995/742, III 1999/21, III 2000/165, III 2011/133), Rumänien (BGBl 1994/950), Russische F (BGBl III 2017/97), San Marino (BGBl III 2009/84), Schweden (BGBl 1989/198), Schweiz (BGBl 1988/512), Serbien (BGBl III

KSÜ HKÜ GSchVO

Anhang

2001/207, III 2002/114, III 2007/23, III 2008/166), Seychellen (BGBl III 2017/97), Singapur (BGBl III 2017/97), Slowakei (BGBl III 2001/162), Slowenien (BGBl 1994/950, III 2013/25), Spanien (BGBl 1988/512, 1994/950, III 1999/101, III 2006/66) Südafrika (BGBl III 2002/52), Tschechische R (BGBl III 1998/92, III 2000/165), Türkei (BGBl III 2000/165, III 2002/114, III 2011/133), Ukraine (BGBl III 2020/112), Ungarn (BGBl 1990/626, 1994/950, III 2011/133), Uruguay (BGBl III 2018/200), USA (BGBl 1988/512, III 2008/166), Usbekistans (BGBl III 2020/112), Venezuela (BGBl 1996/777), Vereinigtes Königreich (BGBl 1988/512, 1991/430, III 1997/151, III 1998/150, III 1999/21, III 2006/66, III 2008/166, III 2011/133), Zypern (BGBl III 2002/52)

44/1. HKÜ

Anhang

Antrag auf Rückgabe

Haager Übereinkommen vom 25. Oktober 1980 über die zivilrechtlichen Aspekte internationaler Kindesentführung

ERSUCHENDE ZENTRALE BEHÖRDE OD. ANTRAGSTELLER	ERSUCHTE BEHÖRDE

Betrifft das Kind _____ , das am _____
das 16. Lebensjahr vollendet.

Anmerkung: Die folgenden Spalten sollen so ausführlich wie möglich ausgefüllt werden.

I. IDENTITÄT DES KINDES UND SEINER ELTERN
1. Kind

Name und Vornamen
Geburtsdatum und -ort
Gewöhnlicher Aufenthaltsort vor dem Verbringen oder Zurückhalten
Nummer des Reisepasses oder Personalausweises, falls vorhanden
Personenbeschreibung und wenn möglich Lichtbild (siehe Anlagen)

2. Eltern
2.1 Mutter

Name und Vornamen
Geburtsdatum und -ort
Staatsangehörigkeit
Beruf
Gewöhnlicher Aufenthaltsort
Nummer des Reisepasses oder Personalausweises, falls vorhanden

2.2 Vater

Name und Vornamen
Geburtsdatum und -ort
Staatsangehörigkeit
Beruf
Gewöhnlicher Aufenthaltsort
Nummer des Reisepasses oder Personalausweises, falls vorhanden

2.3 Datum und Ort der Eheschließung

Originalformat DIN A4, verkleinert wiedergegeben im Verhältnis 1 : 0,9

KSÜ HKÜ GSchVO

II. ANTRAGSTELLENDE PERSON ODER BEHÖRDE (die das Sorgerecht vor dem Verbringen oder Zurückhalten tatsächlich ausgeübt hat)

3.

Name und Vornamen

Staatsangehörigkeit des Antragstellers (falls natürliche Person)

Beruf des Antragstellers (falls natürliche Person)

Anschrift

Nummer des Reisepasses oder Personalausweises, falls vorhanden

Beziehung zum Kind

Name und Anschrift des Rechtsanwalts, falls vorhanden

III. ORT, AN DEM SICH DAS KIND VERMUTLICH BEFINDET

4.1 Angaben über die Person, die das Kind angeblich verbracht oder zurückgehalten hat

Name und Vornamen

Geburtsdatum und -ort, falls bekannt

Staatsangehörigkeit, falls bekannt

Beruf

Letzte bekannte Anschrift

Nummer des Reisepasses oder Personalausweises, falls vorhanden

Personenbeschreibung und wenn möglich Lichtbild (siehe Anlagen)

4.2 Anschrift des Kindes

4.3 Andere Personen, die in der Lage sein könnten, zusätzliche Angaben über den Aufenthaltsort des Kindes zu machen

IV. ZEITPUNKT, ORT, DATUM UND UMSTÄNDE DES WIDERRECHTLICHEN VERBRINGENS ODER ZURÜCKHALTENS

V. TATSÄCHLICHE ODER RECHTLICHE GRÜNDE, DIE DEN ANTRAG RECHTFERTIGEN

Originalformat DIN A4, verkleinert wiedergegeben im Verhältnis 1 : 0,9

VI. ANHÄNGIGE ZIVILVERFAHREN

VII. DAS KIND iST ZURÜCKZUGEBEN AN
a)

Name und Vornamen

Geburtsdatum und -ort

Anschrift

Telefonnummer

b)

Vorschläge, wie die Rückgabe des Kindes durchgeführt werden soll

VIII. SONSTIGE BEMERKUNGEN

IX. VERZEICHNIS DER BEIGEFÜGTEN SCHRIFTSTÜCKE *)

Datum _____

Ort _____

Unterschrift und/oder Siegel der ersuchenden zentralen Behörde
oder des Antragstellers

*) Z.B. beglaubigte Ausfertigung einer für die Sache erheblichen Entscheidung oder Vereinbarung über das Sorgerecht oder das Recht auf persönlichen Verkehr; Bescheinigung oder eidesstattliche Erklärung (Affidavit) über das anzuwendende Recht; Auskunft über die soziale Lage des Kindes; Vollmacht für die zentrale Behörde, für den Antragsteller tätig zu werden.

Originalformat DIN A4, verkleinert wiedergegeben im Verhältnis 1 : 0,9

KSÜ HKÜ GSchVO

Vorbehalte, Erklärungen, Mitteilungen

Übereinkommen über die zivilrechtlichen Aspekte internationaler Kindesentführung

BGBl 1988/512 idF III 2018/200

Die vom Bundespräsidenten unterzeichnete und vom Bundeskanzler gegengezeichnete Ratifikationsurkunde wurde am 14. Juli 1988 beim Ministerium für Auswärtige Angelegenheiten des Königreiches der Niederlande hinterlegt; das Übereinkommen tritt gemäß seinem Art. 43 Z 1 für Österreich mit 1. Oktober 1988 in Kraft.

Anläßlich der Hinterlegung der Ratifikationsurkunde wurde gemäß Art. 6 als zentrale Behörde notifiziert:

„Bundesministerium für Justiz
A-1016 Wien,
Postfach 63".

Nach Mitteilungen des Ministeriums für Auswärtige Angelegenheiten des Königreiches der Niederlande haben folgende weitere Staaten das Übereinkommen ratifiziert bzw. genehmigt:

Australien, Frankreich, Kanada, Luxemburg, Portugal, Schweiz, Spanien, Vereinigte Staaten und Vereinigtes Königreich.

ERKLÄRUNG

Die Republik Österreich erklärt nach Artikel 38 Absatz 4 des Übereinkommens vom 25. Oktober 1980 über die zivilrechtlichen Aspekte internationaler Kindesentführung die Annahme des Beitritts der Republik Ungarn zum vorliegenden Übereinkommen.

Erklärung

Gemäß Artikel 38 Absatz 4 des Übereinkommens über die zivilrechtlichen Aspekte internationaler Kindesentführung erklärt die Republik Österreich die Annahme des Beitritts Mexikos, des Fürstentums Monaco, Neuseelands, der Republik Polen, Rumäniens und der Republik Slowenien zum vorliegenden Übereinkommen.

Erklärung

Gemäß Artikel 38 Absatz 4 des Übereinkommens über die zivilrechtlichen Aspekte internationaler Kindesentführung erklärt die Republik Österreich die Annahme des Beitritts Brasiliens, Chiles, Georgiens, Islands, Maltas, Moldaus, Südafrikas und Zyperns zum vorliegenden Übereinkommen.

Erklärung

Gemäß Artikel 38 Absatz 4 des Übereinkommens vom 25. Oktober 1980 über die zivilrechtlichen Aspekte internationaler Kindesentführung erklärt die Republik Österreich die Annahme des Beitritts Bulgariens, Estlands, Lettlands und Litauens.

Erklärung

Gemäß Artikel 38 Absatz 4 des Übereinkommens vom 25. Oktober 1980 über die zivilrechtlichen Aspekte internationaler Kindesentführung erklärt die Republik Österreich die Annahme des Beitritts des Commonwealth der Bahamas.

Erklärung

Gemäß Artikel 38 Absatz 4 des Übereinkommens vom 25. Oktober 1980 über die zivilrechtlichen Aspekte internationaler Kindesentführung erklärt die Republik Österreich die Annahme des Beitritts der Republik San Marino.

Erklärung

Gemäß Artikel 38 Absatz 4 des Übereinkommens vom 25. Oktober 1980 über die zivilrechtlichen Aspekte internationaler Kindesentführung erklärt die Republik Österreich die Annahme des Beitritts der Republik Mauritius.

Erklärung

Die Republik Österreich erklärt, den Beitritt folgender Staaten zum Haager Übereinkommen vom 25. Oktober 1980 über die zivilrechtlichen Aspekte internationaler Kindesentführung gemäß den zitierten Beschlüssen des Rates (EU) anzunehmen: der Republik Kasachstan gemäß dem Beschluss des Rates (EU) 2016/2311, der Republik Peru gemäß dem Beschluss des Rates (EU) 2016/2312 und der Republik Korea gemäß dem Beschluss des Rates (EU) 2016/2313.

Erklärung

Die Republik Österreich erklärt, den Beitritt folgender Staaten zum Haager Übereinkommen vom 25. Oktober 1980 über die zivilrechtlichen Aspekte internationaler Kindesentführung gemäß den zitierten Beschlüssen (EU) anzunehmen: des Fürstentums Andorra gemäß dem Beschluss (EU) 2015/1023 des Rates, der Republik Singapur gemäß dem Beschluss (EU) 2015/1024 des Rates, der Republik Seychellen gemäß dem Beschluss (EU) 2015/2354 des Rates, der Russischen Föderation gemäß dem Beschluss (EU) 2015/2355 des Rates, der Republik Albanien gemäß dem Beschluss (EU) 2015/2356 des Rates, des Königreichs Marokko gemäß dem Beschluss (EU) 2015/2357 des Rates und der Republik Armenien gemäß dem Beschluss (EU) 2015/2358 des Rates.

Erklärung

Die Republik Österreich erklärt, den Beitritt Panamas, Uruguays, Kolumbiens und El Salvadors zum Haager Übereinkommen vom 25. Oktober 1980 über die zivilrechtlichen Aspekte internationaler Kindesentführung[1] gemäß dem Beschluss (EU) 2017/2464 des Rates anzunehmen.

Ferner hat **Österreich** als Reaktion auf die von der Russischen Föderation am 19. Juli 2016 abgegebene Erklärung zu der Erklärung der Ukraine vom 16. Oktober 2015, am 9. März 2018 eine Einwendung erhoben.

Nachstehende Staaten haben anläßlich der Hinterlegung ihrer Ratifikations- bzw. Genehmigungsurkunden folgende Vorbehalte erklärt bzw. Erklärungen abgegeben:

Erklärungen und Vorbehalte sind in englischer und französischer Sprache auf der Website der Haager Konferenz für Internationales Privatrecht unter https://www.hcch.net/en/instruments/conventions/status-table/?cid=24 abrufbar:

Österreich, Russische Föderation

Albanien:

Gemäß Art. 42 des Übereinkommens behält sich die Republik Albanien das Recht vor, dass sie nur insoweit gebunden ist, die sich aus der Beigebung eines Rechtsanwalts oder aus einem Gerichtsverfahren ergebenden Kosten im Sinne des Art. 26 Abs. 2 zu übernehmen, als diese Kosten durch ihr System der Verfahrenshilfe gedeckt sind.

Gemäß Art. 6 bestimmt Albanien als zentrale Behörde:

Ministry of Justice (Ministerium für Justiz), Department of Jurisdictional Foreign Relations, Blvd „ZOG i I-rë", TIRANA, Albania.

Andorra:

Gemäß den Bestimmungen des Art. 42 und gemäß Art. 24 Abs. 2 des Übereinkommens erklärt das Fürstentum Andorra, dass es die Anträge, Mitteilungen oder sonstigen Schriftstücke, die seiner Behörde zugesandt werden, nur entgegennimmt, sofern sie von einer Übersetzung ins Katalanische oder, wenn eine solche Übersetzung nur schwer erhältlich ist, von einer Übersetzung ins Französische begleitet sind.

Gemäß den Bestimmungen des Art. 42 und gemäß Art. 26 Abs. 3 des Übereinkommens erklärt das Fürstentum Andorra, dass es nur insoweit gebunden ist, die sich aus der Beigebung eines Rechtsanwalts oder aus einem Gerichtsverfahren ergebenden Kosten im Sinn des Abs. 2 des betreffenden Artikels zu übernehmen, als diese Kosten durch das andorranische System der Verfahrenshilfe gedeckt sind.

Gemäß Art. 6 bestimmt Andorra als zentrale Behörde:

Ministry of Social Affairs, Justice and Interior (Ministerium für soziale Angelegenheiten, Justiz und Inneres), International Relations & Legal Cooperation, Department of Justice and Interior, Carretera de l'Obac s/n, AD700 Escaldes-Engordany, Principality of Andorra.

Argentinien:

Gemäß Art. 6 des Übereinkommens wurde als zentrale Behörde für Argentinien bestimmt: Ministerio de Relaciones Exteriores y Culta – Dirección de Asuntos Juridicos.

Armenien:

Gemäß Art. 42 des Übereinkommens (…) bringt die Republik Armenien folgende Vorbehalte ein:
1. In Bezug auf Art. 24 werden Anträge, Mitteilungen oder sonstige Schriftstücke, der zentralen Behörde der Republik Armenien in der Originalsprache zugesandt und von einer Übersetzung ins Armenische oder, wenn eine solche Übersetzung nur schwer erhältlich ist, von einer Übersetzung ins Englische beigleitet.

2. In Bezug auf Art. 26 ist die Republik Armenien nur insoweit gebunden, die sich aus der Beigebung eines Rechtsanwalts oder aus einem Gerichtsverfahren ergebenden Kosten im Sinne des Art. 26 Abs. 2 zu übernehmen, als diese Kosten durch ihr System der Verfahrenshilfe gedeckt sind.

Ferner hat Armenien gemäß Art. 6 Abs. 1 als zentrale Behörde bestimmt:

Ministry of Justice of the Republic of Armenia (Ministerium für Justiz), Agency of Civil Status Acts Registration, Vazgen Sargsyan 3/8, YEREVAN 0010, Republic of Armenia.

Australien:

Erklärungen:

- Gemäß Art. 40 erklärt Australien, daß sich das Übereinkommen nur auf das in den australischen Staaten und Festlandgebieten geltende Rechtssystem erstreckt.

- Gemäß Art. 6 bestimmt Australien folgende zentrale Behörden:

Zentrale Behörde des Commonwealth:

The Director
Commonwealth Attorney-General's Department
International Family Law Section

---

[1] *Zu Ukraine haben auch eine Reihe anderer Staaten Erklärungen abgegeben.*

Access to Justice Division
3-5 National Circuit
BARTON, ACT 2600

Für den Bundesstaat Queensland:

Department of Child Safety
Court Services Unit
GPO Box 806
BRISBANE Qld 4000

Für das Northern Territory:

Department of Health and Community Services
PO Box 40596
CASUARINA NT 0811

Für den Bundesstaat Victoria:

Department of Human Services
The Secretary
Legal Services
GPO Box 4057
MELBOURNE VIC 3000

Für den Bundesstaat New South Wales:

Department of Community Services
Legal Branch
Locked Bag 4028
ASHFIELD NSW 2131

Für den Bundesstaat Tasmania:

Department of Health and Human Services
GPO Box 125 B
HOBART TAS 7001

Für den Bundesstaat Western Australia:

Commissioner of Police
Officer in Charge
Western Australian Police Department
Missing Persons Bureau
Suite 2
250 Adelaide Terrace
PERTH WA 6000

Für den Bundesstaat South Australia:

The Commissioner of Police
South Australian Police Department
GPO Box 1539
ADELAIDE SA 5000

Für das Australian Capital Territory:

Department of Disability, Housing and Community Services
Office for Children, Youth and Family Support
Legal Services
P.O. Box 994
CIVIC SQUARE ACT 2608

Bahamas:

Bahamas hat gemäß Art. 6 des Übereinkommens als zentrale Behörde bestimmt:

„the Ministry of Foreign Affairs
Attention: Permanent Secretary
East Hill Street
PO Box No 3746
NASSAU
Bahamas".

Belarus:

Die Republik Belarus erklärt, dass sie nur insoweit gebunden ist, die in Abs. 2 des Art. 26 dieses Übereinkommens erwähnten Kosten zu übernehmen, die sich aus der Beigebung von Rechtsanwältinnen oder Rechtsanwälten oder aus ihren Gerichtsverfahren ergeben, als diese Kosten durch ihr System der Verfahrenshilfe gedeckt sind.

Gemäß Art. 6 hat Belarus als zentrale Behörde bestimmt:

Ministry of Justice of the Republic of Belarus
International Cooperation Department
ul. Kollektornaya 10
220004 MINSK
Belarus

Bosnien-Herzegowina

Bosnien und Herzegowina hat als zentrale Behörde gemäß Art. 6 Abs. 1 des Übereinkommens bestimmt:

"Ministry of Justice of Bosnia and Herzegovina
Trg BiH 1
71000 SARAJEVO
Bosnia and Herzegovina".

Brasilien:

Vorbehalt zu Art. 24 (zulässig gemäß Art. 42), dass den Rechtsakten beigefügte ausländische Schriftstücke mit einer von einem beeideten Übersetzer angefertigten Übersetzung ins Portugiesische versehen sein müssen.

Brasilien hat als zentrale Behörde gemäß Art. 6 Abs. 1 des Übereinkommens bestimmt:

Autoridade Central Administrativa Federal – ACAF
Secretaria de Direitos Humanos
Presidência da República
SCS, Quadra 9, Conjunto C, Edifício Parque Cidade Corporate
Torre A, 10° Andar
70308-200, BRASILIA-DF

Bulgarien:

Gemäß Art. 42 Abs. 1 des Übereinkommens erklärt Bulgarien, dass es sich nicht verpflichtet, Kosten und Ausgaben zu übernehmen, die sich aus Gerichtsverfahren oder, soweit in Frage kommend, aus der Beigebung eines Rechtsanwaltes ergeben sowie jene für die Rückgabe des Kindes.

Gemäß Art. 6 hat Bulgarien als zentrale Behörde bestimmt:

„The Ministry of Justice
1, Slavyanska Street
1040 Sofia"

Bundesrepublik Deutschland:

Anläßlich der Hinterlegung der Ratifikationsurkunde hat die Bundesrepublik Deutschland nachstehenden Vorbehalt erklärt bzw. Erklärung abgegeben:

Vorbehalt:

Die Bundesrepublik Deutschland erklärt in Übereinstimmung mit Artikel 26 Abs. 3, daß sie nur insoweit gebunden ist, die sich aus der Beiordnung eines Rechtsanwalts oder aus einem Gerichtsverfahren ergebenden Kosten im Sinne des Artikels 26 Abs. 2 zu übernehmen, als diese Kosten durch ihre Vorschriften über die Prozeßkosten und Beratungshilfe gedeckt sind.

Erklärung:

Die Bundesrepublik Deutschland geht davon aus, daß Ersuchen aus anderen Vertragsstaaten gemäß Artikel 24 Abs. 1 regelmäßig von einer deutschen Übersetzung begleitet sein werden.

Deutschland hat gemäß Art. 6 des Übereinkommens die zentralen Behörden wie folgt bestimmt:

Der Generalbundesanwalt beim Bundesgerichtshof
Bundesamt für Justiz
Zentrale Behörde
53094 Bonn
Deutschland

Chile:

Gemäß Art. 6 hat Chile als zentrale Behörde bestimmt:

„la Corporación de Asistencia Judicial de la Región Metropolitana".

China:

Einer weiteren Mitteilung zufolge findet auf Grund von Erklärungen des Vereinigten Königreichs und der Volksrepublik China das Übereinkommen auf die Sonderverwaltungsregion Hongkong weiterhin Anwendung.

Die Regierung der Volksrepublik China hat nachstehende Erklärung abgegeben:

1. Gemäß Art. 42 erachtet sich die Sonderverwaltungsregion Hongkong nur insoweit gebunden, die sich aus der Beigebung eines Rechtsanwalts oder aus einem Gerichtsverfahren ergebenden Kosten im Sinne des Art. 26 Abs. 2 zu überneh-

men, als diese Kosten durch sein System der Verfahrenshilfe gedeckt sind.

2. Gemäß Art. 6 bestimmt die Sonderverwaltungsregion Hongkong als zentrale Behörde:
Secretary for Justice of the Hong Kong Special Administrative Region
C/o. International Law Division
(Mutual Legal Assistance Unit)
Department of Justice
47/F, High Block
Queensway Government Offices
66 Queensway
Hong Kong, China

Auf Grund von Erklärungen Portugals und Chinas findet das Übereinkommen auf die Sonderverwaltungsregion Macao weiterhin Anwendung.

Gemäß Art. 6 des Übereinkommens hat China als zentrale Behörde in der Sonderverwaltungsregion Macao „the Welfare Department of the Macao Special Administrative Region" bestimmt.

Die Amtssprachen der Sonderverwaltungsregion Macao sind Chinesisch und Portugiesisch. Die Bearbeitung von Anträgen im Rahmen des Übereinkommens würde beschleunigt werden, wenn die Anträge und sonstigen Schriftstücke, welche an die zentrale Behörde der Sonderverwaltungsregion Macao gerichtet sind, mit einer Übersetzung ins Chinesische oder Portugiesische begleitet werden könnten.

Dänemark:

Anläßlich der Hinterlegung der Ratifikationsurkunde hat Dänemark nachstehende Erklärung abgegeben, daß

1. gemäß den Bestimmungen in Art. 39 Abs. 1 sich das Übereinkommen nicht auf die Gebiete der Färöer Inseln erstreckt;

2. gemäß den Bestimmungen in Art. 42 Abs. 1

a) Dänemark gegen die Verwendung des Französischen in den seiner zentrale Behörde übersandten Anträgen, Mitteilungen oder sonstigen Schriftstücken Einspruch erhebt (hinsichtlich Art. 24, 2. Absatz) und

b) es nur insoweit gebunden ist, die sich aus der Beigebung eines Rechtsanwalts oder aus einem Gerichtsverfahren ergebenden Kosten zu übernehmen, als diese Kosten durch sein System der Verfahrenshilfe gedeckt sind (hinsichtlich Art. 26, 3. Absatz);
Gemäß Art. 6 hat Dänemark ab 1. Dezember 2012 als zentrale Behörde bestimmt:
Ministry of Social Affairs and Integration
Holmens Kanal 22
DK-1060 Copenhagen K.

KSÜ HKÜ GSchVO

Dominikanische Republik:

Die Dominikanische Republik hat am 2. September 2004 als zentrale Behörde bestimmt:

The National Council for the Childhood and Adolescence (CONANI)
Avenida Máximo Gómez No. 154, esq. Paraguay
Ensanche la Fé
Apartado Postal 2081
SANTO DOMINGO, D.N.
Dominican Republic

Ecuador:

Ecuador hat als zentrale Behörde ab 4. Dezember 2019 bestimmt:

Dirección de Acceso a la Justicia, Protección y Reparación Integral
Secretaria de Derechos Humanos
Ministerio de Justicia, Derechos Humanos y Cultos
Av. General Francisco Robles and Av. General Ulpiano Páez 10th floor
Quito
Ecuador

El Salvador:

1. Die Regierung der Republik El Salvador ist nicht gebunden, die sich aus Art. 26 Abs. 3 ergebenden Kosten zu übernehmen, soweit diese Kosten nicht durch sein System der Verfahrenshilfe gedeckt sind;

2. Die Regierung der Republik El Salvador legt Art. 3 gemäß dem innerstaatlichen Recht der Republik aus, dass das Alter der Volljährigkeit achtzehn Jahre beträgt;

3. (…)

4. Die Regierung der Republik El Salvador erklärt, dass alle an El Salvador übermittelten Schriftstücke im Zusammenhang mit der Anwendung des Übereinkommens von einer amtlichen Übersetzung ins Spanische begleitet sein müssen.

Gemäß Art. 6 bestimmt El Salvador folgende zentrale Behörden:

Procuradoría General de la República
9a Calle Pte. y 13 Avenida Norte
Torre PGR, Centro de Gobierno
SAN SALVADOR
El Salvador, C.A.

Instituto Salvadoreño para el Desarrollo Integral de la Niñez y la Adolescencia (ISNA)
Colonia Costa Rica Nos 2
Final Avenida Irazú, Calle Santa Marta
Municipio y Departamento de San Salvador
SAN SALVADOR, El Salvador, C.A.

Estland:

1. Gemäß Art. 6 hat Estland als zentrale Behörde bestimmt:
„The Ministry of Justice
Tõnismägi 5 A
15191 TALLINN
Estonia"

2. Gemäß Art. 42 und 24 Abs. 2 des Übereinkommens anerkennt Estland nur die englische Sprache in Bezug auf Anträge, Mitteilungen und sonstige Schriftstücke.

3. Gemäß Art. 42 und Art. 26 Abs. 3 des Übereinkommens anerkennt Estland keine Verpflichtungen hinsichtlich sich aus Art. 26 Abs. 2 ergebender Kosten, die durch die Beigebung eines Rechtsanwaltes oder von Beratern oder aufgrund von Gerichtsverfahren entstehen, es sei denn, dass solche Kosten durch ihr System der Verfahrenshilfe und -beratung gedeckt sind.

Finnland:

Anläßlich der Hinterlegung der Annahmeurkunde hat Finnland nachstehende Erklärungen abgegeben:

Gemäß Art. 42 und Art. 24 Abs. 2 nimmt Finnland die an seine zentrale Behörde übersandten Anträge, Mitteilungen oder sonstige Schriftstücke nur in englischer Sprache an.

Gemäß Art. 42 und Art. 26 Abs. 3 ist Finnland nur insoweit gebunden, die sich aus der Beigebung eines Rechtsanwalts oder aus einem Gerichtsverfahren ergebenden Kosten im Sinne des Art. 26 Abs. 2 zu übernehmen; als diese Kosten durch sein System der Verfahrenshilfe gedeckt sind.

Gemäß Art. 6 Abs. 1 hat Finnland als zentrale Behörde bestimmt: Ministry of Justice, Eteläesplanadi 10, P.O.Box 1, FIN-00131 HELSINKI, FINLAND, Tel. +358-0-18251, Telefax: + 358-0-1825224.

Frankreich

Vorbehalte:

– Gemäß den Bestimmungen der Art. 42 und 24 Abs. 2 behält sich Frankreich vor, nur in französischer Sprache abgefaßte oder von einer Übersetzung in die französische Sprache begleitete Anträge entgegenzunehmen und eine Übersetzung in die französische Sprache von Mitteilungen und Schriftstücken zu verlangen, die der zentralen Behörde zugesandt werden.

– Gemäß den Bestimmungen der Art. 42 und 26 Abs. 3 erklärt Frankreich, daß es die Kosten im Sinn des Art. 26 Abs. 2 nur insoweit übernimmt, als diese Kosten durch das französische System der Verfahrenshilfe gedeckt sind.

Erklärungen:

– Gemäß Art. 39 erklärt Frankreich, daß sich das Übereinkommen auf das gesamte Hoheitsgebiet der Französischen Republik erstreckt.

Gemäß Art. 6 bestimmt Frankreich zur zentralen Behörde:

Bureau de l'entraide civile et commerciale internationale (D3)
Direction des Affaires Civiles et du Sceau
Ministère de la Justice
12, Place Vendôme
75042 Paris Cedex 01 France".

Georgien:

Gemäß Art. 6 hat Georgien als zentrale Behörde bestimmt:

„the Ministry of Justice of Georgia
The Chief of the Department of International Legal Relations
30, Rustaveli ave.
Tibilisi, 380046
Georgia".

Griechenland:

Anläßlich der Hinterlegung der Ratifikationsurkunde hat Griechenland nachstehende Vorbehalte erklärt bzw. Erklärung abgegeben:

Gemäß Art. 42:

– daß es nur insoweit gebunden sein wird, die sich aus der Beigebung eines Rechtsanwalts oder aus einem Gerichtsverfahren ergebenden Kosten im Sinne des Art. 26 Abs. 2 zu übernehmen, als diese Kosten sich auf Fälle unentgeltlich angebotener Verfahrenshilfe beziehen;
– daß es die Verwendung der französischen Sprache in den seiner zentralen Behörde zugesandten Anträgen, Mitteilungen oder sonstigen Schriftstücken beeinsprucht.

Gemäß Art. 6 des Übereinkommens wurde als zentrale Behörde Griechenlands das Justizministerium (Direction de l'élaboration des lois, 4ème section) bestimmt.

Honduras:

Nach Maßgabe eines Vorbehalts gemäß Art. 26 Abs. 3 des Übereinkommens.

Honduras hat am 13. Jänner 2012 als zentrale Behörde bestimmt:

Dirección de Niñez, Adolescencia y Familia (DINAF)
Programa de Migración y Sustracción Internacional de Niños, Niñas y Adolescentes
Colonia Humuya
Calle La Salud, No 1101 frente a puente desnivel de El Prado
TEGUCIGALPA
Honduras

Irland:

Zentrale Behörde gemäß Art. 6 des Übereinkommens:

Department of Justice, Equality and Law Reform
Bishop's Square
Redmond's Hill
Dublin 2
Ireland

Island:

Gemäß Art. 42 Abs. 1 und Art. 24 Abs. 2 erklärt Island in Bezug auf Art. 24 Abs. 1 einen Vorbehalt und beeinsprucht die Verwendung des Französischen in Anträgen, Mitteilungen oder sonstigen Schriftstücken, die seiner zentralen Behörde zugesandt werden.

Gemäß Art. 42 Abs. 1 und Art. 26 Abs. 3 erklärt Island einen Vorbehalt, dass es nur insoweit gebunden ist, die sich aus der Beigebung eines Rechtsanwalts oder aus einem Gerichtsverfahren ergebenden Kosten im Sinne des Art. 26 Abs. 2 zu übernehmen, als diese Kosten durch sein System der Verfahrenshilfe gedeckt sind.

Die übrigen Bestimmungen des Übereinkommens werden uneingeschränkt eingehalten.

Israel:

Israel hat anläßlich der Hinterlegung seiner Ratifikationsurkunde folgenden Vorbehalt erklärt:

Gemäß den Bestimmungen in Art. 26 und 42 erklärt der Staat Israel, daß er in Verfahren nach dem Übereinkommen nicht gebunden ist, die sich aus der Beigebung eines Rechtsanwalts oder aus einem Gerichtsverfahren ergebenden Kosten zu übernehmen, als diese Kosten durch sein System der Verfahrenshilfe gedeckt sind.

Zentrale Behörde gemäß Art. 6 des Übereinkommens:

Ministry of Justice
Office of the State Attorney
Department of International Affairs
7 Mahal Street, Ma'alot Dafna
PO Box 94123
Jerusalem 97765 Israel

Italien:

Gemäß Art. 6 Abs. 1 hat Italien als zentrale Behörde bestimmt: Italian Ministry of Justice – Central Office for the justice of minors.

Japan:

Vorbehalte, Erklärungen, Mitteilungen

Anlässlich der Hinterlegung der Ratifikationsurkunde hat Japan nachstehende Vorbehalte erklärt:

Gemäß Art. 24 Abs. 2 des Übereinkommens erhebt die Regierung Japans Einspruch gegen die Verwendung des Französischen in allen seiner zentralen Behörde übersandten Anträgen, Mitteilungen oder sonstigen Schriftstücken.

Gemäß Art. 26 Abs. 3 des Übereinkommens erklärt die Regierung von Japan, dass sie nur insoweit gebunden ist, die sich aus der Beigebung eines Rechtsanwalts oder aus einem Gerichtsverfahren ergebenden Kosten im Sinn von Art. 26 Abs. 2 zu übernehmen, als diese Kosten durch ihr System der Verfahrenshilfe gedeckt sind.

Gemäß Art. 6 des Übereinkommens hat Japan als zentrale Behörde bestimmt: Hague Convention Division, Consular Affairs Bureau, Ministry of Foreign Affairs, 100-8919 Kasumigaseki 2-2-1, Chiyoda-ku Tokyo, Japan

Jugoslawien/BR:

1. The Ministry of Justice and Local Self-Government of the Republic of Serbia
Department for International Legal Assistance
22 Nemanjina Street, Belgrade

2. Ministry of Justice of the Republic of Montenegro – Sector for Justice
3 Vuka Karadzica Street, Podgorica

Zusätzlich ist gemäß Art. 6 Abs. 2 die zentrale Behörde, an die Ersuchen um Weiterleitung an die zentrale Behörde in der Bundesrepublik Jugoslawien zu senden sind, das „Federal Ministry of Justice of the Federal Republic of Yugoslavia, Palata federacije, 2 Bulevar Lenjina Street, Belgrade".

Kanada

– Gemäß Art. 40 hat Kanada notifiziert, daß sich das Übereinkommen auf die Provinzen Alberta, Britisch-Kolumbien, Manitoba, Neubraunschweig, Neufundland, Neuschottland, Ontario, Prinz-Edward-Insel, Quebec, Saskatchewan, die Nordwestterritorien und das Yukon-Territorium erstreckt.

Vorbehalte:

– Gemäß den Bestimmungen der Art. 42 und 26 Abs. 3 erklärt Kanada, daß es bei Anträgen hinsichtlich der Provinzen Alberta, Britisch-Kolumbien, Neubraunschweig, Neufundland, Neuschottland, Ontario, Prinz-Edward-Insel, Quebec, Saskatchewan, der Nordwestterritorien und des Yukon-Territoriums die Kosten im Sinn des Art. 26 Abs. 2 nur insoweit übernimmt, als diese Kosten durch das System der Verfahrenshilfe der betreffenden Provinzen

bzw. Territorien gedeckt sind. (Dieser Vorbehalt bezieht sich nicht auf die Provinz Manitoba.)

– Gemäß den Bestimmungen der Art. 42 und 24 Abs. 2 sind Übersetzungen der Anträge, Mitteilungen und sonstigen Schriftstücke in die französische Sprache erforderlich, wenn diese für die Provinz Quebec bestimmt sind und die Originalsprache weder französisch noch englisch ist.

Erklärungen:

– Gemäß Art. 6 bestimmt Kanada folgende zentrale Behörden:

The Minister of Justice and Attorney General of Canada,
Domestic Legal Services,
Department of External Affairs,
Ottawa
(Zentrale Behörde, an die Anträge zur Übermittlung an die zuständige zentrale Behörde gerichtet werden können.)

Provinz Alberta:
The Attorney General of Alberta,
Edmonton

Provinz Britisch-Kolumbien:
The Attorney General of British Columbia,
Vancouver

Provinz Manitoba:
The Attorney General of Manitoba,
Winnipeg

Provinz Neubraunschweig:
The Attorney General of New Brunswick,
Fredericton

Provinz Neufundland:
The Attorney General of Newfoundland,
St. John's

Provinz Neuschottland:
The Attorney General of Nova Scotia,
Halifax

Provinz Ontario:
The Ministry of the Attorney General of Ontario,
Toronto

Provinz Prinz-Edward-Insel:
The Department of Justice and Attorney General of Prince Edward Island,
Charlottetown

Provinz Québec:
Le Ministère de la Justice du Québec,
Sainte-Foy

Provinz Saskatchewan:
The Minister of Justice of Saskatchewan,
Regina

Nordwestterritorien:
The Minister of Justice of the Northwest Territories,

Yellowknife

Yukon-Territorium:
The Minister of Justice of the Yukon Territory, Whitehorse.

Kanada hat den Geltungsbereich des Übereinkommens auf Nunavut ausgedehnt, nachstehenden Vorbehalt abgegeben und erklärt, dass das Übereinkommen nunmehr auf alle Hoheitsgebiete Kanadas ausgedehnt ist:

Vorbehalt:

Gemäß den Bestimmungen der Art. 42 und 26 Abs. 3 erklärt Kanada, dass es bei Anträgen hinsichtlich Nunavut die Kosten im Sinne des Art. 26 Abs. 2 nur insoweit übernimmt, als diese Kosten durch das System der Verfahrenshilfe von Nunavut gedeckt sind.

Gemäß Art. 6 Abs. 2 hat Kanada als zentrale Behörde für Nunavut bestimmt:

Minister of Justice and Attorney General for Nunavut
P.O.BOX 2410
Iqaluit, Nunavut
OA OHO

Kasachstan:

Gemäß Art. 42 erklärt die Republik Kasachstan, dass sie nur insoweit gebunden ist, die sich aus der Beigebung eines Rechtsanwalts oder aus einem Gerichtsverfahren ergebenden Kosten im Sinne des Art. 26 Abs. 2 zu übernehmen, als diese Kosten durch ihr System der Verfahrenshilfe gedeckt sind.

Zentrale Behörde:

The Ministry of Education and Science of the Republic of Kazakhstan
(Ministerium für Bildung und Wissenschaft)
Children Rights Committee
Address: 8, Mangilik Yel avenue
010000 Astana
Kazakhstan

Kolumbien:

Gemäß Art. 6 hat Kolumbien als zentrale Behörde bestimmt:
Instituto Colombiano de Bienestar Familiar, Avenida Carrera 68 – 64C- 75 Bogotá, Colombia.

Republik Korea:

1. Gemäß Art. 42 und 24 des Übereinkommens lehnt die Republik Korea die Verwendung der französischen Sprache in Anträgen, Mitteilungen oder anderen Schriftstücken, die ihrer zentralen Behörde zugesandt werden, ab.

2. Gemäß Art. 42 und 26 des Übereinkommens erklärt die Republik Korea, dass sie nur insoweit gebunden ist, die sich aus der Beigebung eines Rechtsanwalts oder aus einem Gerichtsverfahren ergebenden Kosten im Sinne des Art. 26 Abs. 2 zu übernehmen, als diese Kosten durch ihr System der Verfahrenshilfe gedeckt sind.

Zentrale Behörde:

Ministry of Justice (Ministerium für Justiz)
Government Complex
Gwanmoonro 47
Gwacheon City, Gyeonggi-Do
427-720 Republic of Korea

Kroatien:

Gemäß Art. 6 Abs. 1 hat Kroatien als zentrale Behörde bestimmt:

Das „Ministry of Health and Social Welfare, Ksaver 200a, 10000 ZAGREB"

und die zentrale Behörde, an welche die Anfragen zur Übermittlung an die zentrale Behörde des Art. 6 Abs. 1 gerichtet werden könne, das „Ministry of Justice, Dezmanova ulica 6 and 10, 10000 ZAGREB".

Lettland:

Gemäß Art. 42 und 24 Abs. 2 des Übereinkommens erklärt Lettland, dass es nur die Verwendung des Englischen in einem Antrag, in einer Mitteilung oder in sonstigen an ihre zentrale Behörde zugesandte Schriftstücke anerkennt.

Gemäß Art. 6 hat Lettland als zentrale Behörde bestimmt:

Ministry of Justice
Children Affairs Cooperation Division
Brivibas Blvd. 36
Riga, LV-1536

Litauen:

1. Gemäß Art. 42 und Art. 24 Abs. 2 des Übereinkommens stimmt Litauen der Verwendung der englischen Sprache für die seiner zentralen Behörde zugesandten Anträge, Schriftstücke und sonstigen Mitteilungen zu.

2. Gemäß Art. 42 und Art. 26 Abs. 3 des Übereinkommens wird sich Litauen nicht verpflichten, die in Art. 26 Abs. 2 erwähnte Verfahrenskosten oder Kosten, die durch die Beigebung eines Rechtsanwaltes oder von Beratern entstehen, zu übernehmen, es sei denn, dass solche Kosten durch das System der Verfahrenshilfe und -beratung Litauens gedeckt sind.

Litauen hat als zentrale Behörde bestimmt:

KSÜ HKÜ GSchVO

Vorbehalte, Erklärungen, Mitteilungen

State Child Rights Protection and Adoption Service

Ministry of Social Security and Labour of the Republic of Lithuania
Sodu Street 15
LT-03211 VILNIUS
Lithuania

Luxemburg:

Vorbehalte:

Luxemburg erklärt, daß es nur insoweit gebunden ist, Kosten im Sinn des Art. 26 Abs. 2, das heißt Kosten, die sich aus der Beigebung eines Rechtsanwaltes oder aus einem Gerichtsverfahren ergeben, zu übernehmen, als diese Kosten durch das luxemburgische System der Verfahrenshilfe gedeckt sind.

Erklärung:

Gemäß Art. 6 wird der „Procureur Général d`Etat" zur zentralen Behörde bestimmt.

Malta:

Malta hat am 12. Oktober 2001 als zentrale Behörde bestimmt:

„Director
Department of Family Welfare
Social Work Centre
St. Joseph High Road
Santa Venera, MALTA"

Marokko:

Gemäß Art. 6 hat Marokko als zentrale Behörde bestimmt:

Ministère de la justice et des libertés (Ministerium für Justiz und bürgerliche Freiheiten), Direction des Affaires Civiles, Service de l'entraide judiciaire en matière civile, Place de la Mamounia, 10 000 Rabat, Maroc.

Mauritius:

Anlässlich der Hinterlegung der Beitrittsurkunde hat Mauritius nachstehenden Vorbehalt erklärt:

Die Republik Mauritius erklärt, dass sie sich nicht daran gebunden erachtet, Kosten auf die in Art. 26 Abs. 2 verwiesen wird, die durch die Beigebung eines Rechtsanwaltes oder von Beratern oder aufgrund von Gerichtsverfahren entstehen, zu übernehmen, mit Ausnahme insoweit, als diese Kosten durch sein System der Verfahrenshilfe und -beratung gedeckt sind.

Gemäß Art. 6 des Übereinkommens hat Mauritius als zentrale Behörde bestimmt:

„The Permanent Secretary

Ministry of Women's Rights, Child Development and Family Welfare
Remy Ollier Street
PORT LOUIS
Mauritius".

Mazedonien:

Gemäß Art. 6 des Übereinkommens wurde als zentrale Behörde der ehemaligen jugoslawischen Republik Mazedonien bestimmt:

Ministry of Labour and Social Policy
Rue Dame Gruev No. 14
1000 Skopje
Republic of Macedonia.

Mexiko:

Gemäß Art. 6 hat Mexiko als zentrale Behörde bestimmt:

Department of Legal Adviser
Ministry of Foreign Affaires
Homero 213, Piso 17
Col. Chapultepec Morales
11570 Mexico, D.F
Mexico

Moldau:

Gemäß Art. 42 und Art. 26 Abs. 3 erklärt Moldau, dass es die Kosten im Sinne des Art. 26 Abs. 2 nur insoweit übernimmt, als diese Kosten durch das nationale System der Verfahrenshilfe gedeckt sind.

Monaco:

Gemäß Art. 26 Abs. 3 erklärt das Fürstentum Monaco, daß es sich nur insoweit gebunden erachtet, die sich aus der Beigebung eines Rechtsanwalts oder aus einem Gerichtsverfahren ergebenden Kosten im Sinne des Art. 26 Abs. 2 zu übernehmen, als diese Kosten durch sein System der Verfahrenshilfe gedeckt sind.

Monaco hat seine zentrale Behörde bestimmt:

Direction des Services Judiciaires
Palais de Justice
5, Rue Colonel Bellando de Castro
98000 Monaco

Montenegro:

Gemäß Art. 6 des Übereinkommens hat Montenegro als zentrale Behörde bestimmt:
– „the Ministry of Justice of the Republic of Montenegro, Vuka Karadžica br. 3, 81000 Podgorica".

Neuseeland:

Gemäß Art. 24 und An. 42 erklärt Neuseeland, daß jeder an seine zentrale Behörde übermittelter

Antrag, jede Mitteilung oder sonstiges Schriftstück entweder in englischer Sprache oder mit einer Übersetzung in die englische Sprache versehen sein sollte.

Gemäß Art. 26 und Art. 42 erklärt Neuseeland, daß es sich nur insoweit gebunden erachtet, die sich aus der Beigebung eines Rechtsanwalts oder aus einem Gerichtsverfahren ergebenden Kosten im Sinne des Art. 26 zu übernehmen, als diese Kosten durch sein System der Verfahrenshilfe gedeckt sind.

Gemäß Art. 6 hat Neuseeland als zentrale Behörde bestimmt:

The Secretary Department of Justice, PO Box 180, Wellington, New Zealand, Telefon: (4) 725 980, Fax: (4) 732 362.

Sprache der Mitteilung: Englisch

Niederlande:

Anläßlich der Hinterlegung der Annahmeurkunde haben die Niederlande nachstehenden Vorbehalt erklärt:

Das Königreich der Niederlande verpflichtet sich nur insoweit, die im Sinne des Art. 26, 2. Absatz, des Übereinkommens über die zivilrechtlichen Aspekte internationaler Kindesentführung, geschehen in Den Haag am 25. Oktober 1980, sich aus der Beigebung eines Rechtsanwaltes oder eines Rechtsbeistandes oder einem Gerichtsverfahren ergebenden Kosten zu übernehmen, als diese Kosten durch sein System der Verfahrenshilfe und Beistand gedeckt sind.

Gemäß Art. 6 des Übereinkommens wurde als zentrale Behörde bestimmt:

Für den europäischen Teil des Königreichs:

Ministry of Security and Justice (Ministerie van Veiligheid en Justitie)
Legal Affairs Support Unit
Directorate-General for Youth and Implementation of Sanctions
Postbus 20301
2500 EH THE HAGUE
Netherlands

Für den karibischen Teil des Königreichs:

Guardianship Council (Voogdijraad)
Rijksdienst Caribisch Nederland
Kaya Internashonal z/n
Postbus 357
Kralendijk
Bonaire

Norwegen:

Anläßlich der Hinterlegung der Ratifikationsurkunde hat Norwegen nachstehenden Vorbehalt erklärt:

1. Gemäß Art. 24 und 42 behält sich Norwegen vor, Anträge, Mitteilungen oder sonstige an die zentrale Behörde zugesandte Schriftstücke in französischer Sprache nicht anzunehmen.

2. Gemäß Art. 26 und 42 erklärt Norwegen, daß es nur insoweit gebunden ist, Kosten, die sich aus der Beigebung eines Rechtsanwalts oder aus einem Gerichtsverfahren ergeben, zu übernehmen, als diese durch das Gesetz vom 13. Juni 1980 betreffend Verfahrenshilfe gedeckt sind.

Norwegen hat als zentrale Behörde gemäß Art. 6 des Übereinkommens das

Norwegian Directorate for Children, Youth and Family Affairs
bestimmt.

Panama:

(...)

Ebenfalls erklärt die Republik Panama, dass sie nicht gebunden ist, die sich gemäß Art. 26 Abs. 1 des Übereinkommens aus der Beigebung eines Rechtsanwaltes oder aus einem Gerichtsverfahren ergebenden Kosten zu übernehmen, soweit diese Kosten nicht durch sein System der Verfahrenshilfe gedeckt sind.

Gemäß Art. 6 bestimmt Panama als zentrale Behörde:

Dirección de Asuntos Jurídicos Internacionales y Tratados, Ministerio de Relaciones Exteriores, San Felipe, 3rd Street, Palacio Bolivar, Panama city.

Peru:

Zentrale Behörde:

Ministerio de la Mujer y Poblaciones vulnerables (Ministerium für Frauen und schutzbedürftige Bevölkerungsgruppen)
Dirección General de Niñas, Niños y Adolescentes
Jirón Camaná N° 616, Piso 7, Cercado de Lima
LIMA
Peru

Polen:

Gemäß Art. 42 erklärt Polen nach Art. 26 Abs. 3, daß es sich nur insoweit gebunden erachtet, die sich aus der Beigebung eines Rechtsanwalts oder aus einem Gerichtsverfahren ergebenden Kosten im Sinne des vorangehenden Absatzes zu übernehmen, als diese Kosten durch sein System der Verfahrenshilfe gedeckt sind.

KSÜ HKÜ GSchVO

Vorbehalte, Erklärungen, Mitteilungen

Portugal

Erklärung:

Gemäß Art. 6 bestimmt Portugal als zentrale Behörde:

Direcção-Geral de Reinserção Social
(Directorate-General of Social Reintegration)
Avenida Almirante Reis, 72
1150-020 Lisboa

Portugal hat am 9. Dezember 1998 den Geltungsbereich des Übereinkommens auf Macao ausgedehnt.

Portugal hat am 28. Juni 1999 gemäß Art. 6 Abs. 1 die zentrale Behörde, welche in Macao die durch dieses Übereinkommen übertragenen Aufgaben wahrnimmt, wie folgt bestimmt:

Instituto de Acção Social de Macau
Estrada do Cemitério, no. 6
Macau

Einer weiteren Mitteilung zufolge findet auf Grund von Erklärungen Portugals und Chinas das Übereinkommen auf die Sonderverwaltungsregion Macao weiterhin Anwendung.

Rumänien:

Gemäß Art. 6 Abs. 1 hat Rumänien das „Ministry of Justice" als zentrale Behörde bestimmt.

Russische Föderation:

Gemäß Art. 42 des Übereinkommens sieht sich die Russische Föderation an die Verpflichtung, die sich aus der Beigebung eines Rechtsanwalts oder aus einem Gerichtsverfahren ergebenden Kosten, wie sie in Art. 26 Abs. 2 des Übereinkommens vorgesehen sind, zu übernehmen, nur insoweit gebunden, als diese durch ihr System der Verfahrenshilfe gedeckt sind.

Weiters hat die Russische Föderation gemäß Art. 6 des Übereinkommens als zentrale Behörde bestimmt:

The Ministry of Education and Science of the Russian Federation (Ministerium für Bildung und Wissenschaft), Department for children's rights protection state policy, Lyusinovskaya street, 51, Moscow, Russia, 117997.

Nach Mitteilung des Depositars hat die Russische Föderation am 19. Juli 2016 eine Erklärung betreffend die seinerzeitige durch die Ukraine getätigte Erklärung vom 16. Oktober 2015 abgegeben. Die Erklärung ist in englischer und französischer Sprache auf der Website der Haager Konferenz für Internationales Privatrecht unter http://www.hcch.net/ abrufbar.

San Marino:

Anlässlich der Hinterlegung der Beitrittsurkunde hat San Marino nachstehenden Vorbehalt erklärt:

Gemäß Art. 26 Abs. 3 des Übereinkommens erklärt San Marino, dass es sich nicht daran gebunden erachtet, Kosten auf die in Art. 26 Abs. 2 verwiesen wird, die durch die Beigebung eines Rechtsanwaltes oder von Beratern oder aufgrund von Gerichtsverfahren entstehen, zu übernehmen, mit Ausnahme insoweit, als diese Kosten durch sein System der Verfahrenshilfe und -beratung gedeckt sind.

Gemäß Art. 6 des Übereinkommens bestimmt San Marino als zentrale Behörde:

„Tribunale Unico (Single Court)
via 28 Luglio, 38
47893 BORGO MAGGIORE
San Marino".

Schweden:

Anläßlich der Hinterlegung der Ratifikationsurkunde hat Schweden das Ministerium für auswärtige Angelegenheiten als zentrale Behörde gemäß Art. 6 des Übereinkommens bestimmt und den nachstehenden Vorbehalt erklärt:

„Gemäß den Artikeln 26 und 42 erklärt Schweden, daß es nur insoweit gebunden ist, die in Art. 26 Abs. 2 vorgesehenen Kosten, die sich aus der Beigebung eines Rechtsanwalts oder Rechtsbeistands oder aus einem Gerichtsverfahren ergeben, zu übernehmen, als diese Kosten durch das in Schweden bestehende System der Verfahrenshilfe gedeckt sind".

Schweiz:

Gemäß Art. 6 bestimmt die Schweiz als zentrale Behörde:

„Bundesamt für Justiz (Office Fédéral de Justice), Bern"

Serbien:

Infolge der Erklärung über die Unabhängigkeit des Staates Montenegro sowie gemäß Art. 60 der Verfassungsurkunde der Staatenunion von Serbien und Montenegro wird die Republik Serbien die internationale Rechtspersönlichkeit der Staatenunion von Serbien und Montenegro weiterführen, was auch von der Nationalversammlung der Republik Serbien anlässlich ihrer Sitzung vom 5. Juni 2006 bestätigt wurde.

Serbien hat gemäß Art. 6 Abs. 1 des Übereinkommens als zentrale Behörde bestimmt:

Ministry of Justice of the Republic of Serbia
Nemanjina 22-26
Belgrade

Seychellen:

Gemäß Art. 6 bestimmen die Seychellen zur zentralen Behörde:

Director of Social Services, Ministry of Health and Social Development (Ministerium für Gesundheit und soziale Entwicklung), P.O. Box 190 Victoria, Mahé, Seychelles.

Singapur:

1. Gemäß den Bestimmungen des Art. 42 und gemäß Art. 24 Abs. 2 bringt die Republik Singapur den Vorbehalt ein, dass:
Alle Anträge, Mitteilungen und andere Schriftstücke, die der zentralen Behörde von Singapur zugesandt werden, müssen von einer Übersetzung ins Englische begleitet sein, sofern sie in einer anderen Sprache als Englisch sind.

2. Gemäß den Bestimmungen des Art. 42 und gemäß Art. 26 Abs. 3 bringt die Republik Singapur den Vorbehalt ein, dass:
Sie nur insoweit gebunden ist, die sich aus der Beigebung eines Rechtsanwalts oder aus einem Gerichtsverfahren ergebenden Kosten im Sinne des Art. 26 Abs. 2 zu übernehmen, als diese Kosten durch ihr System der Verfahrenshilfe gedeckt sind.

Gemäß Art. 6 bestimmt Singapur zur zentralen Behörde:

Rehabilitation and Protection Group, Ministry of Social and Family Development (Ministerium für Soziales und Familienentwicklung), 512 Thomson Road #08-00 MSF Building, Singapore 298136.

Slowakei:

Anlässlich der Hinterlegung der Ratifikationsurkunde hat die Slowakei nachstehenden Vorbehalt erklärt:

Die Slowakei macht von der Möglichkeit Gebrauch, einen Vorbehalt nach Art. 42 des Übereinkommens abzugeben und erklärt gemäß Art. 26 Abs. 3, dass sie sich nur insoweit gebunden erachtet, die sich aus der Beigebung eines Rechtsanwalts oder aus einem Gerichtsverfahren ergebenden Kosten im Sinne des Art. 26 Abs. 2 zu übernehmen, als diese Kosten durch ihr System der Verfahrenshilfe gedeckt sind.

Gemäß Art. 6 hat die Slowakei als zentrale Behörde bestimmt:

The Centre for International Legal Protection of Children and Youth in Bratislava

Slowenien:

Gemäß Art. 6 Abs. 1 hat Slowenien ab 21. Dezember 2012 als zentrale Behörde bestimmt:

Ministry of Labour, Family and Social Affairs

Directorate of Family
Kotnikova 28
1000 Ljubljana.

Sprachen der Mitteilung: Englisch, Kroatisch.

Spanien:

Gemäß Art. 6 bestimmt Spanien als zentrale Behörde:

Dirección General de Cooperación Jurídica Internacional
Ministerio de Justicia
C/ San Bernardo, 62
28015 Madrid
Spain

Südafrika:

a) Die Verwendung des Französischen in Anträgen, Mitteilungen oder sonstigen Schriftstücken, die seiner zentralen Behörde gemäß Art. 24 zugesandt werden, wird beeinsprucht; solche Schriftstücke werden in Französisch nicht angenommen.

b) Südafrika ist nicht gebunden, die sich aus der Beigebung eines Rechtsanwalts oder aus einem Gerichtsverfahren ergebenden Kosten im Sinne des Art. 26 Abs. 2 zu übernehmen, außer jenen Kosten, die durch das System der Verfahrenshilfe gemäß dem Legal Aid Act, 1969 (Act. No. 22 von 1969) gedeckt sind.

Tschechische Republik:

Anläßlich der Hinterlegung ihrer Ratifikationsurkunde hat die Tschechische Republik gemäß Art. 42 des Übereinkommens den Vorbehalt erklärt, daß sie nur insoweit gebunden ist, die sich aus der Beigebung eines Rechtsanwalts oder aus einem Gerichtsverfahren ergebenden Kosten im Sinne des Art. 26 Abs. 2 zu übernehmen, als diese Kosten durch ihr System der Verfahrenshilfe gedeckt sind.

Die Tschechische Republik hat gemäß Art. 6 des Übereinkommens die zentralen Behörden wie folgt bestimmt:

Central Agency for International Legal Protection of Youth
Benešova 22
602 00 Brno.

Türkei:

Anlässlich der Hinterlegung der Ratifikationsurkunde hat die Türkei nachstehenden Vorbehalt erklärt:

Gemäß Art. 26 Abs. 3 erachtet sich die Türkei nicht gebunden, Verfahrenskosten und Kosten zu übernehmen, die gegebenenfalls durch die Beige-

KSÜ HKÜ GSchVO

bung eines Rechtsanwalts und durch die Rückgabe des Kindes entstehen.

Gemäß Art. 6 Abs. 1 des Übereinkommens hat die Türkei als zentrale Behörde bestimmt:

Ministry of Justice
General Directorate of International Law and Foreign Relations
Mustafa Kemal Mah. 2151.Cad No:34/A
Sögütözü
ANKARA

Ukraine:

Gemäß Art. 6 hat die Ukraine als zentrale Behörde bestimmt:

Ministry of Justice of Ukraine
Directorate for International Law
Department on International Legal Assistance
Division on International Legal Assistance in Civil Matters
Postal address: 13, Horodetskoho Street
KYIV 01001
UKRAINE

Weiters hat die Ukraine am 16. Oktober 2015 eine Erklärung hinsichtlich der Anwendung und Umsetzung des Übereinkommens in den derzeit nicht von der ukrainischen Regierung kontrollierten Teilen ihres Staatsgebiets abgegeben.[2]

Ungarn:

Gemäß Art. 6 Abs. 1 hat Ungarn als zentrale Behörde bestimmt:

Ministry of Public Administration and Justice
Department of Justice Cooperation and Private International Law
P.O. Box 2
1357 Budapest
Kossuth tér 2-4.
1055 BUDAPEST

Uruguay:

Gemäß Art. 6 hat Uruguay als zentrale Behörde bestimmt:

Ministerio de Educación y Cultura, Autoridad Central de Cooperación Jurídica Internacional, Reconquista 535, Piso 5°, Montevideo.

Usbekistan:

Die Republik Usbekistan ist nicht daran gebunden, die in Abs. 2 des Art. 26 erwähnten Kosten zu übernehmen, die sich aus der Beigebung einer Rechtsanwältin oder eines Rechtsanwalts oder aus Gerichtsverfahren ergeben.

Zentrale Behörde gemäß Art. 6:

Ministry of Justice of the Republic of Uzbekistan
International Legal Department
5, Sailgoh Street
TASHKENT 700047
Uzbekistan

Venezuela:

Venezuela hat nachstehende Vorbehalte erklärt:

Alle Mitteilungen an die zentrale Behörde sollten in spanischer Sprache abgefaßt sein.

Venezuela ist nicht gebunden, irgendwelche Kosten im Sinne des Art. 26 Abs. 3 zu übernehmen.

Gemäß Art. 6 Abs. 1 hat Venezuela das „Ministry of Foreign Affairs" als zentrale Behörde bestimmt.

Vereinigte Staaten:

Vorbehalte:

– Gemäß den Bestimmungen der Art. 42 und 24 Abs. 2 behalten sich die Vereinigten Staaten vor, daß alle Anträge, Mitteilungen und sonstigen Schriftstücke der zentralen Behörde mit Übersetzungen in die englische Sprache zuzusenden sind.

– Gemäß Art. 26 Abs. 3 erklären die Vereinigten Staaten, daß sie nur insoweit gebunden sind, die sich aus der Beigebung eines Rechtsanwalts oder aus gerichtlichen oder sonstigen Verfahren zur Rückführung von Kindern aus den Vereinigten Staaten ergebenden Kosten oder Auslagen zu übernehmen, als diese Kosten oder Auslagen durch ein Verfahrenshilfeprogramm gedeckt sind.

Gemäß Art. 6 bestimmen die Vereinigten Staaten zur zentralen Behörde:

Office of Children's Issues (CA/OCS/CI)
U.S. Department of State, SA-29
2100 Pennsylvania Ave. NW, 4th Floor
WASHINGTON, DC 20037

Vereinigtes Königreich:

Vorbehalte:

- Gemäß Art. 42 erklärt das Vereinigte Königreich, daß es nur insoweit gebunden ist, die sich aus der Beigebung eines Rechtsanwalts oder aus einem Gerichtsverfahren ergebenden Kosten im Sinn des Art. 26 Abs. 2 zu übernehmen, als diese Kosten durch sein System der Verfahrenshilfe gedeckt sind.

Erklärungen:

- Gemäß Art. 39 erklärt das Vereinigte Königreich, daß sich das Übereinkommen nur auf das

---

[2] *Die Erklärung ist in englischer und französischer Sprache auf der Website der Haager Konferenz für Internationales Privatrecht unter http://www.hcch.net/ abrufbar.*

Vorbehalte, Erklärungen, Mitteilungen

Vereinigte Königreich Großbritannien und Nordirland erstreckt.

Das Vereinigte Königreich hat am 28. Juni 1991 den Geltungsbereich des Übereinkommens auf die Insel Man ausgedehnt.

Das Vereinigte Königreich hat am 10. Juni 1997 den Geltungsbereich des Übereinkommens auf Hongkong ausgedehnt.

Einer weiteren Mitteilung zufolge findet auf Grund von Erklärungen des Vereinigten Königreichs und der Volksrepublik China das Übereinkommen auf die Sonderverwaltungsregion Hongkong weiterhin Anwendung.

Das Vereinigte Königreich hat den Geltungsbereich des Übereinkommens am 26. März 1998 auf die Falklandinseln und am 8. Mai 1998 auf die Caymaninseln ausgedehnt.

Das Vereinigte Königreich hat am 10. Dezember 1998 den Geltungsbereich auf Montserrat und auf Bermuda ausgedehnt.

In Übereinstimmung mit Art. 39 Abs. 1 teilte die Regierung des Vereinigten Königreiches Großbritannien und Nordirland am 19. Dezember 2005 die Ausdehnung des Übereinkommens auf Jersey mit. In Übereinstimmung mit Art. 43 Abs. 2 ist das Übereinkommen für Jersey am 1. März 2006 in Kraft getreten.

Das Vereinigte Königreich hat am 13. Juni 2007 den Geltungsbereich des Übereinkommens mit Wirksamkeit vom 1. September 2007 auf Anguilla ausgedehnt.

- Gemäß Art. 6 bestimmt das Vereinigte Königreich folgende zentrale Behörden:

The Lord Chancellor,
the Lord Chancellor`s Department,
Trevelyan House,
30 Great Peter Street,
London SW1P2BY

(Zentrale Behörde, an die Anträge zur Übermittlung an die zuständige zentrale Behörde gerichtet werden können.)

Für England und Wales:

The International Child Abduction and Contact Unit (ICACU)
Official Solicitor and Public Trustee
4th Floor
81 Chancery Lane
LONDON WC2A 1DD
United Kingdom

Für Nordirland:

Northern Ireland Courts & Tribunals Service
Civil Policy and Tribunal Reform Division

3rd Floor Laganside House
23-27 Oxford Street
BELFAST BT1 3LA
Northern Ireland
United Kingdom

Für Schottland:

Scottish Government
EU & International Law Branch
2W St. Andrew's House
EDINBURGH EH1 3DG
Scotland, United Kingdom

Für die Insel Man:

Attorney General's Chambers
3rd Floor, St Mary's Court
Hill Street
Douglas
Isle of Man IM1 1EU
British Isles

Für die Falklandinseln:

The Governor
Government House
STANLEY
Falkland Islands

Für die Cayman-Inseln:

Honourable Attorney General Attorney General's Chambers – Government Administration Building
Elgin Avenue
George Town – Grand Cayman
Cayman Islands (ky)

Für Montserrat:

Attorney General's Chambers
Government of Montserrat
P.O. Box 129
Valley View
Montserrat

Für Bermuda:

The Attorney General
Attorney General's Chambers
Global House
43 Church Street
HAMILTON HM12
Bermuda

Für Jersey:

HM Attorney General
Law Offices Department
Morier House
St Helier
Jersey
JE1 1DD

Für Anguilla:

Attorney-General's Chambers

PO Box 60
The Valley
Anguilla
British West Indies

Zypern:

Gemäß Art. 6 hat Zypern als zentrale Behörde bestimmt:

„The Minister of Justice and Public Order
12 Helioupoleos Street
Nicosia, Cyprus".

Gewaltschutzverordnung

Verordnung (EU) Nr. 606/2013 des Europäischen Parlaments und des Rates vom 12. Juni 2013 über die gegenseitige Anerkennung von Schutzmaßnahmen in Zivilsachen, ABl L 181 vom 29. 6. 2013

*Für das **Vereinigte Königreich** s ab 1.1.2021 die Übergangsbestimmungen des Austrittsabkommens (abgedruckt am Ende).*

Verordnung (EU) Nr. 606/2013 des Europäischen Parlaments und des Rates vom 12. Juni 2013 über die gegenseitige Anerkennung von Schutzmaßnahmen in Zivilsachen

DAS EUROPÄISCHE PARLAMENT UND DER RAT DER EUROPÄISCHEN UNION –

gestützt auf den Vertrag über die Arbeitsweise der Europäischen Union, insbesondere auf Artikel 81 Absatz 2 Buchstaben a, e und f,

auf Vorschlag der Europäischen Kommission,

nach Zuleitung des Entwurfs des Gesetzgebungsakts an die nationalen Parlamente,

nach Anhörung des Europäischen Wirtschafts- und Sozialausschusses,

nach Stellungnahme des Ausschusses der Regionen[1],

gemäß dem ordentlichen Gesetzgebungsverfahren[2],

in Erwägung nachstehender Gründe:

(1) Die Union hat es sich zum Ziel gesetzt, einen Raum der Freiheit, der Sicherheit und des Rechts aufrechtzuerhalten und weiterzuentwickeln, in dem der freie Personenverkehr gewährleistet ist und der Zugang zum Recht, insbesondere durch den Grundsatz der gegenseitigen Anerkennung gerichtlicher und außergerichtlicher Entscheidungen in Zivilsachen, erleichtert wird. Zum schrittweisen Aufbau eines solchen Raums muss die Union Maßnahmen im Bereich der justiziellen Zusammenarbeit in Zivilsachen mit grenzüberschreitendem Bezug erlassen, insbesondere wenn dies für das reibungslose Funktionieren des Binnenmarkts erforderlich ist.

(2) Artikel 81 Absatz 1 des Vertrags über die Arbeitsweise der Europäischen Union (AEUV) sieht vor, dass die justizielle Zusammenarbeit in Zivilsachen mit grenzüberschreitendem Bezug auf dem Grundsatz der gegenseitigen Anerkennung gerichtlicher und außergerichtlicher Entscheidungen beruhen muss.

(3) In einem gemeinsamen Rechtsraum ohne Binnengrenzen sind Bestimmungen, die eine zügige und einfache Anerkennung und gegebenenfalls Vollstreckung von in einem Mitgliedstaat angeordneten Schutzmaßnahmen in einem anderen Mitgliedstaat sicherstellen, unerlässlich damit gewährleistet ist, dass der einer natürlichen Person in einem Mitgliedstaat gewährte Schutz in jedem anderen Mitgliedstaat, in den diese Person reist oder umzieht, aufrechterhalten und fortgesetzt wird. Es muss sichergestellt werden, dass die legitime Wahrnehmung des Rechts der Unionsbürger, sich gemäß Artikel 3 Absatz 2 des Vertrags über die Europäische Union (EUV) und gemäß Artikel 21 AEUV im Hoheitsgebiet der Mitgliedstaaten frei zu bewegen und aufzuhalten, für die Unionsbürger nicht zum Verlust dieses Schutzes führt.

(4) Das gegenseitige Vertrauen in die Rechtspflege in der Union sowie das Ziel, einen zügigeren und kostengünstigeren Umlauf von Schutzmaßnahmen innerhalb der Union zu gewährleisten, rechtfertigen den Grundsatz, wonach in einem Mitgliedstaat angeordnete Schutzmaßnahmen in allen anderen Mitgliedstaaten anerkannt werden, ohne dass es hierzu besonderer Verfahren bedarf. Eine in einem Mitgliedstaat angeordnete Schutzmaßnahme („Ursprungsmitgliedstaat") sollte daher so behandelt werden, als wäre sie in dem Mitgliedstaat angeordnet worden, in dem um Anerkennung ersucht wird („ersuchter Mitgliedstaat").

(5) Um das Ziel des freien Verkehrs von Schutzmaßnahmen zu erreichen, ist es erforderlich und angemessen, dass die Vorschriften über die Anerkennung und gegebenenfalls Vollstreckung von Schutzmaßnahmen im Wege eines Unionsrechtsakts festgelegt werden, der verbindlich und unmittelbar anwendbar ist.

(6) Diese Verordnung sollte für Schutzmaßnahmen gelten, die angeordnet werden, um eine Person zu schützen, wenn es ernsthafte Gründe zu der Annahme gibt, dass das Leben dieser Person, ihre körperliche oder psychische Unversehrtheit,

---

[1] *ABl. C 113 vom 18.4.2012, S. 56.*
[2] *Standpunkt des Europäischen Parlaments vom 22. Mai 2013 (noch nicht im Amtsblatt veröffentlicht) und Beschluss des Rates vom 6. Juni 2013.*

Präambel

ihre persönliche Freiheit, ihre Sicherheit oder ihre sexuelle Integrität in Gefahr ist, beispielsweise zur Verhütung jeder Form von geschlechtsbezogener Gewalt oder Gewalt in engen Beziehungen wie körperliche Gewalt, Belästigung, sexuelle Übergriffe, Stalking, Einschüchterung oder andere Formen der indirekten Nötigung. Es ist hervorzuheben, dass diese Verordnung für alle Opfer gilt, und zwar unabhängig davon, ob sie Opfer von geschlechtsbezogener Gewalt sind oder nicht.

(7) Mit der Richtlinie 2012/29/EU des Europäischen Parlaments und des Rates vom 25. Oktober 2012 über Mindeststandards für die Rechte, die Unterstützung und den Schutz von Opfern von Straftaten[3] wird sichergestellt, dass Opfer von Straftaten angemessene Informationen und Unterstützung erhalten.

(8) Diese Verordnung ergänzt die Richtlinie 2012/29/EU. Die Tatsache, dass eine Person Gegenstand einer in Zivilsachen angeordneten Schutzmaßnahme ist, schließt nicht zwingend aus, dass diese Person als „Opfer" im Sinne der genannten Richtlinie gilt.

(9) Der Anwendungsbereich dieser Verordnung fällt unter die justizielle Zusammenarbeit in Zivilsachen im Sinne des Artikels 81 AEUV. Diese Verordnung gilt nur für Schutzmaßnahmen, die in Zivilsachen angeordnet werden. Schutzmaßnahmen, die in Strafsachen angeordnet werden sind von der Richtlinie 2011/99/EU des Europäischen Parlaments und des Rates vom 13. Dezember 2011 über die Europäische Schutzanordnung[4] erfasst.

(10) Der Begriff Zivilsachen sollte im Einklang mit den Grundsätzen des Unionsrechts autonom ausgelegt werden. Für die Beurteilung des zivilrechtlichen Charakters einer Schutzmaßnahme sollte nicht entscheidend sein, ob eine zivil-, verwaltungs- oder strafrechtliche Behörde die Schutzmaßnahme anordnet.

(11) Diese Verordnung sollte das Funktionieren der Verordnung (EG) Nr. 2201/2003 des Rates vom 27. November 2003 über die Zuständigkeit und die Anerkennung und Vollstreckung von Entscheidungen in Ehesachen und in Verfahren betreffend die elterliche Verantwortung[5] (im Folgenden „Brüssel-IIa-Verordnung") nicht beeinträchtigen. Entscheidungen, die gemäß der Brüssel-IIa-Verordnung ergehen, sollten weiterhin gemäß jener Verordnung anerkannt und vollstreckt werden.

(12) Die vorliegende Verordnung trägt den unterschiedlichen Rechtstraditionen der Mitgliedstaaten Rechnung und berührt nicht die nationalen Systeme für die Anordnung von Schutzmaßnahmen. Diese Verordnung verpflichtet die Mitgliedstaaten weder dazu, ihre nationalen Systeme dahin gehend zu ändern, dass Schutzmaßnahmen in Zivilsachen angeordnet werden können, noch dazu, für die Zwecke der Anwendung dieser Verordnung Schutzmaßnahmen in Zivilsachen einzuführen.

(13) Um den unterschiedlichen Arten von Behörden, die in den Mitgliedstaaten Schutzmaßnahmen in Zivilsachen anordnen, Rechnung zu tragen, sollte diese Verordnung – anders als in anderen Bereichen der justiziellen Zusammenarbeit – für Entscheidungen sowohl von Gerichten als auch von Verwaltungsbehörden gelten, sofern Letztere Garantien insbesondere hinsichtlich ihrer Unparteilichkeit und des Rechts der Parteien auf gerichtliche Nachprüfung bieten. In keinem Fall sollten die Polizeibehörden als Ausstellungsbehörden im Sinne dieser Verordnung gelten.

(14) Gemäß dem Grundsatz der gegenseitigen Anerkennung sollten Schutzmaßnahmen, die in dem Ursprungsmitgliedstaat in Zivilsachen angeordnet werden, in dem ersuchten Mitgliedstaat als Schutzmaßnahmen in Zivilsachen im Sinne dieser Verordnung anerkannt werden.

(15) Gemäß dem Grundsatz der gegenseitigen Anerkennung entspricht die Anerkennung der Gültigkeitsdauer der Schutzmaßnahme. Unter Berücksichtigung der Vielfalt der Schutzmaßnahmen nach dem Recht der Mitgliedstaaten, insbesondere ihre Dauer betreffend, und der Tatsache, dass diese Verordnung typischerweise in dringenden Fällen angewandt werden wird, sollte die Wirkung der Anerkennung nach dieser Verordnung jedoch ausnahmsweise auf einen Zeitraum von 12 Monaten ab der Ausstellung der in dieser Verordnung vorgesehenen Bescheinigung beschränkt sein, unabhängig davon, ob die Schutzmaßnahme (sei sie nun vorläufig, befristet oder unbefristet) eine längere Gültigkeitsdauer hat.

(16) In Fällen, in denen die Dauer einer Schutzmaßnahme länger als 12 Monate ist, sollte die Beschränkung der Wirkung der Anerkennung nach dieser Verordnung nicht das Recht der geschützten Person berühren, die Schutzmaßnahme gemäß jedwedem anderen hierfür zur Verfügung stehenden Rechtsakt der Union geltend zu machen

---

Zu Abs. 7:
[3] *ABl. L 315 vom 14.11.2012, S. 57.*
Zu Abs. 9:
[4] *ABl. L 338 vom 21.12.2011, S. 2.*
Zu Abs. 11:
[5] *ABl. L 338 vom 23.12.2003, S. 1.*

oder eine nationale Schutzmaßnahme im ersuchten Mitgliedstaat zu beantragen.

(17) Die Befristung der Wirkung der Anerkennung hat aufgrund der Besonderheit des Gegenstands dieser Verordnung Ausnahmecharakter und sollte nicht als Präzedenzfall für andere Instrumente in Zivil- und Handelssachen herangezogen werden.

(18) Diese Verordnung sollte ausschließlich die Anerkennung der im Rahmen einer Schutzmaßnahme auferlegten Verpflichtung behandeln. Sie sollte nicht die Verfahren zur Durchführung oder Vollstreckung der Schutzmaßnahme regeln und auch keine potenziellen Sanktionen umfassen, die verhängt werden könnten, wenn im ersuchten Mitgliedstaat gegen die im Rahmen der Schutzmaßnahme angeordnete Verpflichtung verstoßen wird. Diese Angelegenheiten bleiben dem Recht dieses Mitgliedstaats überlassen. Im Einklang mit den allgemeinen Grundsätzen des Unionsrechts und insbesondere dem Grundsatz der gegenseitigen Anerkennung müssen die Mitgliedstaaten jedoch sicherstellen, dass nach dieser Verordnung anerkannte Schutzmaßnahmen im ersuchten Mitgliedstaat wirksam werden können.

(19) Durch diese Verordnung erfasste Schutzmaßnahmen sollten einer geschützten Person Schutz an ihrem Wohnort oder Arbeitsort oder an jedem anderen Ort bieten, den diese Person regelmäßig aufsucht, wie z. B. dem Wohnort enger Verwandter oder der von ihrem Kind besuchten Schule oder Bildungseinrichtung. Unabhängig davon, ob der fragliche Ort oder die Ausdehnung der Fläche, der/die durch die Schutzmaßnahme erfasst wird, in der Schutzmaßnahme durch eine oder mehrere konkrete Anschriften oder durch Bezugnahme auf ein bestimmtes abgegrenztes Gebiet beschrieben ist, der (denen) sich die gefährdende Person nicht nähern darf bzw. das sie nicht betreten darf (oder eine Kombination aus diesen beiden Kriterien), bezieht sich die Anerkennung der mit der Schutzmaßnahme angeordneten Verpflichtung auf den Zweck, den dieser Ort für die geschützte Person hat, und nicht auf die konkrete Anschrift.

(20) Daher, und sofern der Charakter und die wesentlichen Elemente der Schutzmaßnahme beibehalten werden, sollte die zuständige Behörde des ersuchten Mitgliedstaats befugt sein, die faktischen Elemente der Schutzmaßnahme anzupassen, wenn diese Anpassung erforderlich ist, damit die Anerkennung der Schutzmaßnahme im ersuchten Mitgliedstaat praktisch wirksam wird. Zu den faktischen Elementen gehören die Anschrift, der Ort im Allgemeinen oder der Mindestabstand, den die gefährdende Person zur geschützten Person, zur Anschrift oder zum Ort im Allgemeinen halten muss. Die Art und der zivilrechtliche Charakter der Schutzmaßnahme dürfen durch eine solche Anpassung jedoch nicht berührt werden.

(21) Um jede mögliche Anpassung einer Schutzmaßnahme zu erleichtern, sollte die Bescheinigung angeben, ob die in der Schutzmaßnahme angegebene Anschrift den Wohnort, den Arbeitsort oder einen Ort, den die geschützte Person regelmäßig aufsucht, darstellt. Außerdem sollte in der Bescheinigung gegebenenfalls das abgegrenzte Gebiet (ungefährer Radius um die konkrete Anschrift) angegeben werden, das für die der gefährdenden Person im Rahmen der Schutzmaßnahme auferlegte Verpflichtung gilt.

(22) Um den freien Verkehr von Schutzmaßnahmen in der Union zu erleichtern, sollten mit dieser Verordnung ein einheitliches Muster für eine entsprechende Bescheinigung festgelegt und ein mehrsprachiges Standardformular für diesen Zweck bereitgestellt werden. Die Ausstellungsbehörde sollte die Bescheinigung auf Ersuchen der geschützten Person ausstellen.

(23) Das mehrsprachige Standardformular der Bescheinigung sollte so wenige Freitextfelder wie möglich enthalten, so dass die Übersetzung oder Transkription in den meisten Fällen durch Verwendung des Standardformulars in der jeweiligen Sprache kostenfrei für die geschützte Person erfolgen kann. Kosten für eine Übersetzung, die über den Text des mehrsprachigen Standardformulars hinaus erforderlich ist, sind nach dem Recht des Ursprungsmitgliedstaats zuzuweisen.

(24) Enthält eine Bescheinigung freien Text, so sollte die zuständige Behörde des ersuchten Mitgliedstaats darüber entscheiden, ob eine Übersetzung oder Transkription erforderlich ist. Dies sollte die geschützte Person oder die Ausstellungsbehörde im Ursprungsmitgliedstaat nicht daran hindern, aus eigener Initiative für eine Übersetzung oder Transkription zu sorgen.

(25) Um sicherzustellen, dass die Verteidigungsrechte der gefährdenden Person auch in Fällen gewahrt werden, in denen eine Schutzmaßnahme bei Nichteinlassung auf das Verfahren oder im Rahmen eines Verfahrens angeordnet wurde, in dem die vorherige Unterrichtung der gefährdenden Person nicht vorgesehen ist (Exparte-Verfahren), sollte die Bescheinigung nur dann ausgestellt werden können, wenn diese Person Gelegenheit dazu hatte, Vorkehrungen für ihre Verteidigung gegen die Schutzmaßnahme zu treffen. Zur Verhinderung einer Umgehung und in Anbetracht der typischen Dringlichkeit der Fälle, in denen Schutzmaßnahmen notwendig

sind, sollte es jedoch nicht erforderlich sein, dass die Frist für die Geltendmachung dieser Verteidigungsrechte abgelaufen ist, bevor eine Bescheinigung ausgestellt werden kann. Die Bescheinigung sollte ausgestellt werden, sobald die Schutzmaßnahme im Ursprungsmitgliedstaat vollstreckbar ist.

(26) Da in Bezug auf die Verfahren Einfachheit und Schnelligkeit angestrebt werden, sieht diese Verordnung einfache und zügige Methoden vor, um der gefährdenden Person die Verfahrensschritte zur Kenntnis zu bringen. Diese spezifischen Methoden der Unterrichtung sollten jedoch aufgrund der Besonderheit des Gegenstands dieser Verordnung nur für deren Zwecke gelten; sie sollten nicht als Präzedenzfall für andere Instrumente in Zivil- und Handelssachen gelten und sie sollten die Verpflichtungen eines Mitgliedstaats betreffend die Zustellung gerichtlicher und außergerichtlicher Schriftstücke in Zivilsachen im Ausland, die sich aus einem bilateralen oder multilateralen Übereinkommen zwischen diesem Mitgliedstaat und einem Drittstaat ergeben, nicht berühren.

(27) Wenn die Bescheinigung der gefährdenden Person zur Kenntnis gebracht wird und auch bei jeglicher Anpassung der faktischen Elemente einer Schutzmaßnahme im ersuchten Mitgliedstaat, sollte das Interesse der geschützten Person an einer Geheimhaltung ihres Aufenthaltsorts und anderer Kontaktdaten gebührend berücksichtigt werden. Solche Angaben sollten der gefährdenden Person nicht mitgeteilt werden, es sei denn, eine solche Mitteilung ist für die Einhaltung oder die Vollstreckung der Schutzmaßnahme erforderlich.

(28) Gegen die Ausstellung der Bescheinigung sollte kein Rechtsbehelf eingelegt werden können.

(29) Die Bescheinigung sollte berichtigt werden, wenn sie aufgrund eines offensichtlichen Fehlers oder offensichtlicher Ungenauigkeiten – wie einem Tippfehler oder einem Fehler bei der Transkription oder der Abschrift – die Schutzmaßnahme nicht korrekt wiedergibt, beziehungsweise aufgehoben werden, wenn sie eindeutig zu Unrecht erteilt wurde, beispielsweise wenn sie für eine Maßnahme verwendet wurde, die nicht in den Anwendungsbereich dieser Verordnung fällt, oder wenn sie unter Verstoß gegen die Anforderungen an ihre Ausstellung ausgestellt wurde.

(30) Die ausstellende Behörde im Ursprungsmitgliedstaat sollte der geschützten Person auf Ersuchen dabei behilflich sein, Informationen über die Behörden des ersuchten Mitgliedstaats zu erhalten, bei denen die Schutzmaßnahme geltend zu machen oder die Vollstreckung der Schutzmaßnahme zu beantragen ist.

(31) Eine geordnete Rechtspflege erfordert es, dass in zwei Mitgliedstaaten keine miteinander unvereinbaren Entscheidungen ergehen sollten. Deshalb sollte diese Verordnung in Fällen der Unvereinbarkeit mit einer im ersuchten Mitgliedstaat ergangenen oder anerkannten Entscheidung die Möglichkeit der Versagung der Anerkennung oder Vollstreckung der Schutzmaßnahme vorsehen.

(32) Aus Gründen des öffentlichen Interesses kann unter außergewöhnlichen Umständen eine Verweigerung durch das Gericht des ersuchten Mitgliedstaats, die Schutzmaßnahme anzuerkennen oder zu vollstrecken, gerechtfertigt sein, wenn deren Anwendung mit der öffentlichen Ordnung (ordre public) dieses Mitgliedstaats offensichtlich unvereinbar wäre. Jedoch sollte das Gericht den Vorbehalt der öffentlichen Ordnung dann nicht zur Verweigerung der Anerkennung oder Vollstreckung einer Schutzmaßnahme anwenden dürfen, wenn dies gegen die Charta der Grundrechte der Europäischen Union und insbesondere gegen ihren Artikel 21 verstoßen würde.

(33) Wird die Schutzmaßnahme im Ursprungsmitgliedstaat aufgehoben oder wird die Bescheinigung dort aufgehoben, so sollte auch die zuständige Stelle im ersuchten Mitgliedstaat nach Vorlage der entsprechenden Bescheinigung die Wirkung der Anerkennung und gegebenenfalls die Vollstreckung der Schutzmaßnahme aussetzen oder aufheben.

(34) Eine geschützte Person sollte in anderen Mitgliedstaaten wirksamen Zugang zum Recht haben. Zur Gewährleistung eines solchen wirksamen Zugangs in von dieser Verordnung erfassten Verfahren ist nach Maßgabe der Richtlinie 2003/8/EG des Rates vom 27. Januar 2003 zur Verbesserung des Zugangs zum Recht bei Streitsachen mit grenzüberschreitendem Bezug durch Festlegung gemeinsamer Mindestvorschriften für die Prozesskostenhilfe in derartigen Streitsachen[6] Prozesskostenhilfe zu gewähren.

(35) Um die Anwendung dieser Verordnung zu erleichtern, sollten die Mitgliedstaaten verpflichtet werden, im Rahmen des mit der Entscheidung 2001/470/EG des Rates[7] eingerichteten Europäischen Justiziellen Netzes für Zivil- und

---

Zu Abs. 34:

[6] *ABl. L 26 vom 31.1.2003, S. 41.*
Zu Abs. 35:
[7] *ABl. L 174 vom 27.6.2001, S. 25.*

Handelssachen bestimmte Informationen zu ihren nationalen Vorschriften und Verfahren betreffend Schutzmaßnahmen in Zivilsachen bereitzustellen. Die von den Mitgliedstaaten bereitgestellten Informationen sollten über das europäische E-Justiz-Portal zugänglich sein.

(36) Zur Gewährleistung einheitlicher Bedingungen für die Durchführung dieser Verordnung sollten der Kommission Durchführungsbefugnisse im Hinblick auf die Erstellung und spätere Änderung der in dieser Verordnung vorgesehenen Formulare übertragen werden. Diese Befugnisse sollten im Einklang mit der Verordnung (EU) Nr. 182/2011 des Europäischen Parlaments und des Rates vom 16. Februar 2011 zur Festlegung der allgemeinen Regeln und Grundsätze, nach denen die Mitgliedstaaten die Wahrnehmung der Durchführungsbefugnisse durch die Kommission kontrollieren[8], ausgeübt werden.

(37) Für den Erlass von Durchführungsrechtsakten zur Erstellung und späteren Änderung der in dieser Verordnung vorgesehenen Formulare sollte das Prüfverfahren angewandt werden.

(38) Diese Verordnung steht im Einklang mit den Grundrechten und Grundsätzen, die mit der Charta der Grundrechte der Europäischen Union anerkannt wurden. Sie sucht insbesondere die Verteidigungsrechte und das Recht auf ein faires Verfahren gemäß Artikeln 47 und 48 der Charta zu wahren. Ihre Anwendung sollte unter Beachtung dieser Rechte und Grundsätze erfolgen.

(39) Da das Ziel der Verordnung, nämlich die Schaffung von Regeln für einen einfachen und zügigen Mechanismus zur Anerkennung von in einem Mitgliedstaat angeordneten Schutzmaßnahmen in Zivilsachen, auf Ebene der Mitgliedstaaten nicht ausreichend verwirklicht werden kann und daher besser auf Unionsebene zu verwirklichen ist, kann die Union im Einklang mit dem in Artikel 5 EUV niedergelegten Subsidiaritätsprinzip tätig werden. Entsprechend dem in demselben Artikel genannten Grundsatz der Verhältnismäßigkeit geht diese Verordnung nicht über das zur Erreichung dieses Ziels erforderliche Maß hinaus.

(40) Gemäß Artikel 3 des dem EUV und dem AEUV beigefügten Protokolls (Nr. 21) über die Position des Vereinigten Königreichs und Irlands hinsichtlich des Raums der Freiheit, der Sicherheit und des Rechts haben diese Mitgliedstaaten mitgeteilt, dass sie sich an der Annahme und Anwendung dieser Verordnung beteiligen möchten.

(41) Gemäß den Artikeln 1 und 2 des dem EUV und dem AEUV beigefügten Protokolls (Nr. 22) über die Position Dänemarks beteiligt sich Dänemark nicht an der Annahme dieser Verordnung und ist weder durch diese gebunden noch zu ihrer Anwendung verpflichtet.

(42) Der Europäische Datenschutzbeauftragte hat am 17. Oktober 2011[9], gestützt auf Artikel 41 Absatz 2 der Verordnung (EG) Nr. 45/2001 des Europäischen Parlaments und des Rates vom 18. Dezember 2000 zum Schutz natürlicher Personen bei der Verarbeitung personenbezogener Daten durch die Organe und Einrichtungen der Gemeinschaft und zum freien Datenverkehr[10], eine Stellungnahme abgegeben –

HAT FOLGENDE VERORDNUNG ERLASSEN:

KAPITEL I

GEGENSTAND, ANWENDUNGSBEREICH UND BEGRIFFSBESTIMMUNGEN

Artikel 1
Gegenstand

Diese Verordnung legt Vorschriften für einen einfachen und zügigen Mechanismus zur Anerkennung von Schutzmaßnahmen fest, die in einem Mitgliedstaat in Zivilsachen angeordnet wurden.

Artikel 2
Anwendungsbereich

(1) Diese Verordnung gilt für Schutzmaßnahmen in Zivilsachen, die eine Ausstellungsbehörde im Sinne des Artikels 3 Nummer 4 angeordnet hat.

(2) Diese Verordnung gilt für grenzüberschreitende Fälle. Für die Zwecke dieser Verordnung wird ein Fall als ein „grenzüberschreitender Fall" angesehen, wenn die Anerkennung einer Schutzmaßnahme, die in einem Mitgliedstaat angeordnet wurde, in einem anderen Mitgliedstaat beantragt wird.

(3) Diese Verordnung gilt nicht für Schutzmaßnahmen, die unter die Verordnung (EG) Nr. 2201/2003[*] fallen.

[*] *Siehe Erwägungsgrund 11.*

Zu Abs. 36:

[8] *ABl. L 55 vom 28.2.2011, S. 13.*

Zu Abs. 42:

[9] *ABl. C 35 vom 9.2.2012, S. 10.*
[10] *ABl. L 8 vom 12.1.2001, S. 1.*

Artikel 3
Begriffsbestimmungen

Im Sinne dieser Verordnung bezeichnet der Ausdruck

1. „Schutzmaßnahme" jede von der Ausstellungsbehörde des Ursprungsmitgliedstaats gemäß ihrem innerstaatlichen Recht angeordnete Entscheidung – ungeachtet ihrer Bezeichnung –, mit der der gefährdenden Person eine oder mehrere der folgenden Verpflichtungen auferlegt werden, die dem Schutz einer anderen Person dienen, wenn deren körperliche oder seelische Unversehrtheit gefährdet sein könnte:

a) das Verbot oder die Regelung des Betretens bestimmter Orte, an denen die geschützte Person wohnt, an denen sie arbeitet oder die sie regelmäßig aufsucht oder an denen sie sich regelmäßig aufhält,

b) das Verbot oder die Regelung jeglicher Form des Kontakts mit der geschützten Person, auch telefonisch, auf elektronischem Weg, per Post oder Fax oder mit anderen Mitteln,

c) das Verbot oder die Regelung, sich der geschützten Person mehr als bis auf eine vorgeschriebene Entfernung zu nähern,

2. „geschützte Person" eine natürliche Person, die Gegenstand des Schutzes ist, der durch eine Schutzmaßnahme gewährt wird,

3. „gefährdende Person" eine natürliche Person, der eine oder mehrere der unter Nummer 1 genannten Verpflichtungen auferlegt wurden,

4. „Ausstellungsbehörde" jedes Gericht oder jede andere Behörde, die ein Mitgliedstaat als für die in den Anwendungsbereich dieser Verordnung fallenden Sachverhalte zuständig benennt, sofern diese andere Behörde den Parteien Garantien hinsichtlich der Unparteilichkeit bietet und sofern ihre Entscheidungen im Zusammenhang mit der Schutzmaßnahme nach dem Recht des Mitgliedstaats, in dem sie tätig ist, von einem Gericht nachgeprüft werden können und vergleichbare Wirkungen und Folgen haben wie die einer Entscheidung eines Gerichts, die denselben Gegenstand betrifft,

5. „Ursprungsmitgliedstaat" den Mitgliedstaat, in dem die Schutzmaßnahme angeordnet wird,

6. „ersuchter Mitgliedstaat" den Mitgliedstaat, in dem die Anerkennung und gegebenenfalls die Vollstreckung der Schutzmaßnahme beantragt wird.

KAPITEL II
ANERKENNUNG UND VOLLSTRECKUNG VON SCHUTZMASSNAHMEN

Artikel 4
Anerkennung und Vollstreckung

(1) Eine in einem Mitgliedstaat angeordnete Schutzmaßnahme wird in den anderen Mitgliedstaaten anerkannt, ohne dass es hierfür eines besonderen Verfahrens bedarf, und ist dort vollstreckbar, ohne dass es einer Vollstreckbarerklärung bedarf.

(2) Eine geschützte Person, die in dem ersuchten Mitgliedstaat eine in dem Ursprungsmitgliedstaat angeordnete Schutzmaßnahme geltend machen will, hat der zuständigen Behörde des ersuchten Mitgliedstaats Folgendes vorzulegen:

a) eine Kopie der Schutzmaßnahme, die die für ihre Beweiskraft erforderlichen Voraussetzungen erfüllt,

b) die nach Artikel 5 im Ursprungsmitgliedstaat ausgestellte Bescheinigung und

c) erforderlichenfalls eine Transkription und/oder Übersetzung der Bescheinigung gemäß Artikel 16.

(3) Die Bescheinigung ist nur insoweit wirksam, als die Schutzmaßnahme vollstreckbar ist.

(4) Ungeachtet dessen, ob die Schutzmaßnahme eine längere Gültigkeitsdauer hat, ist die Wirkung der Anerkennung gemäß Absatz 1 auf 12 Monate, gerechnet ab dem Tag der Ausstellung der Bescheinigung, befristet.

(5) Das Verfahren für die Vollstreckung von Schutzmaßnahmen unterliegt dem Recht des ersuchten Mitgliedstaats.

Artikel 5
Bescheinigung

(1) Die Bescheinigung wird von der Ausstellungsbehörde des Ursprungsmitgliedstaats auf Ersuchen der geschützten Person unter Verwendung des gemäß Artikel 19 erstellten mehrsprachigen Standardformulars mit den in Artikel 7 vorgesehenen Angaben ausgestellt.

(2) Gegen die Ausstellung einer Bescheinigung ist kein Rechtsbehelf möglich.

(3) Auf Ersuchen der geschützten Person stellt die Ausstellungsbehörde des Ursprungsmitgliedstaats der geschützten Person unter Verwendung des gemäß Artikel 19 erstellten mehrsprachigen Standardformulars eine Transkription und/oder Übersetzung der Bescheinigung aus.

Artikel 6
Voraussetzungen für die Ausstellung der Bescheinigung

(1) Die Bescheinigung darf nur dann ausgestellt werden, wenn die gefährdende Person gemäß dem Recht des Ursprungsmitgliedstaats von der Schutzmaßnahme in Kenntnis gesetzt worden ist.

(2) Wurde die Schutzmaßnahme bei Nichteinlassung auf das Verfahren angeordnet, kann die Bescheinigung nur dann ausgestellt werden, wenn der gefährdenden Person das verfahrenseinleitende Schriftstück oder ein gleichwertiges Schriftstück zugestellt wurde oder wenn sie gegebenenfalls auf anderem Wege gemäß dem Recht des Ursprungsmitgliedstaats rechtzeitig und in einer Weise über die Einleitung des Verfahrens in Kenntnis gesetzt wurde, die es ihr erlaubt hat, Vorkehrungen für ihre Verteidigung zu treffen.

(3) Wenn eine Schutzmaßnahme im Rahmen eines Verfahrens angeordnet wurde, in dem nicht vorgesehen ist, dass die gefährdende Person zuvor unterrichtet wird (Ex-parte-Verfahren), so kann die Bescheinigung nur dann ausgestellt werden, wenn diese Person das Recht hatte, gegen die betreffende Schutzmaßnahme nach dem Recht des Ursprungsmitgliedstaats einen Rechtsbehelf einzulegen.

Artikel 7
Inhalt der Bescheinigung

Die Bescheinigung enthält die folgenden Informationen:

a) den Namen und die Anschrift/Kontaktdaten der Ausstellungsbehörde,

b) das Aktenzeichen,

c) das Ausstellungsdatum der Bescheinigung,

d) Angaben zu der geschützten Person: Name, Geburtsdatum und -ort, sofern verfügbar, und die für Zustellungen zu verwendende Anschrift, der eine deutlich sichtbare Warnung vorangeht, dass diese Anschrift der gefährdenden Person bekanntgegeben werden kann,

e) Angaben zu der gefährdenden Person: Name, Geburtsdatum und -ort, sofern verfügbar, und die für Zustellungen zu verwendende Anschrift,

f) alle für die Vollstreckung der Schutzmaßnahme erforderlichen Informationen, gegebenenfalls einschließlich der Art der Maßnahme und der Verpflichtung, die der gefährdenden Person damit auferlegt wird, und unter Angabe der Funktion des Ortes und/oder des abgegrenzten Gebiets, dem diese Person sich nicht nähern beziehungsweise das sie nicht betreten darf,

g) die Dauer der Schutzmaßnahme,

h) die Dauer der Wirkung der Anerkennung gemäß Artikel 4 Absatz 4,

i) eine Erklärung, dass die in Artikel 6 niedergelegten Voraussetzungen erfüllt sind,

j) eine Belehrung über die nach den Artikeln 9 und 13 gewährten Rechte,

k) zur Erleichterung der Bezugnahme, den vollständigen Titel dieser Verordnung.

Artikel 8
Zustellung der Bescheinigung an die gefährdende Person

(1) Die Ausstellungsbehörde des Ursprungsmitgliedstaats setzt die gefährdende Person über die Bescheinigung sowie über die Tatsache in Kenntnis, dass die Ausstellung der Bescheinigung die Anerkennung und gegebenenfalls gemäß Artikel 4 die Vollstreckbarkeit der Schutzmaßnahme in allen Mitgliedstaaten zur Folge hat.

(2) Hat die gefährdende Person ihren Wohnsitz im Ursprungsmitgliedstaat, so erfolgt die Zustellung der Bescheinigung nach dem Recht dieses Mitgliedstaats. Hat die gefährdende Person ihren Wohnsitz in einem anderen Mitgliedstaat als dem Ursprungsmitgliedstaat oder in einem Drittstaat, so erfolgt die Zustellung per Einschreiben mit Rückschein oder gleichwertigem Beleg.

Fälle, in denen die Anschrift der gefährdenden Person nicht bekannt ist oder in denen die gefährdende Person sich weigert, den Erhalt der Zustellung zu bestätigen, unterliegen dem Recht des Ursprungsmitgliedstaats.

(3) Angaben über den Aufenthaltsort und andere Kontaktdaten der geschützten Person werden der gefährdenden Person nicht mitgeteilt, es sei denn, die Mitteilung dieser Angaben ist für die Einhaltung oder die Vollstreckung der Schutzmaßnahme erforderlich.

Artikel 9
Berichtigung oder Aufhebung der Bescheinigung

(1) Unbeschadet des Artikels 5 Absatz 2 wird die Bescheinigung auf Ersuchen der geschützten oder der gefährdenden Person, das an die Ausstellungsbehörde des Ursprungsmitgliedstaats zu richten ist, oder von dieser Behörde von Amts wegen

a) berichtigt, wenn aufgrund eines Schreibfehlers eine Abweichung zwischen der Schutzmaßnahme und der Bescheinigung besteht; oder

b) aufgehoben, wenn sie unter Berücksichtigung der Voraussetzungen gemäß Artikel 6 und des Anwendungsbereichs dieser Verordnung offenkundig zu Unrecht erteilt wurde.

(2) Das Verfahren für die Berichtigung bzw. die Aufhebung der Bescheinigung, einschließlich eines etwaigen Rechtsbehelfs, unterliegt dem Recht des Ursprungsmitgliedstaats.

Artikel 10
Hilfestellung für die geschützte Person

Die Ausstellungsbehörde des Ursprungsmitgliedstaats ist der geschützten Person auf deren Ersuchen hin dabei behilflich, die gemäß den Artikeln 17 und 18 bereitgestellten Informationen über die Behörden des ersuchten Mitgliedstaats zu erhalten, bei denen die Schutzmaßnahme geltend gemacht oder die Vollstreckung der Schutzmaßnahme beantragt werden kann.

Artikel 11
Anpassung der Schutzmaßnahme

(1) Die zuständige Behörde des ersuchten Mitgliedstaats passt, sofern und soweit erforderlich, die faktischen Elemente der Schutzmaßnahme an, um der Schutzmaßnahme in diesem Mitgliedstaat Wirkung zu verleihen.

(2) Das Verfahren für die Anpassung der Schutzmaßnahme unterliegt dem Recht des ersuchten Mitgliedstaats.

(3) Die Anpassung der Schutzmaßnahme wird der gefährdenden Person mitgeteilt.

(4) Hat die gefährdende Person ihren Wohnsitz im ersuchten Mitgliedstaat, so erfolgt die Mitteilung nach dem Recht dieses Mitgliedstaats. Hat die gefährdende Person ihren Wohnsitz in einem anderen Mitgliedstaat als dem ersuchten Mitgliedstaat oder in einem Drittstaat, so erfolgt die Mitteilung per Einschreiben mit Rückschein oder gleichwertigem Beleg.
Fälle, in denen die Anschrift der gefährdenden Person nicht bekannt ist oder in denen die gefährdende Person sich weigert, den Erhalt der Mitteilung zu bestätigen, unterliegen dem Recht des ersuchten Mitgliedstaats.

(5) Die geschützte und die gefährdende Person können einen Rechtsbehelf gegen die Anpassung der Schutzmaßnahme einlegen. Das Rechtsbehelfsverfahren unterliegt dem Recht des ersuchten Mitgliedstaats. Das Einlegen eines Rechtsbehelfs hat jedoch keine aufschiebende Wirkung.

Artikel 12
Ausschluss einer Nachprüfung in der Sache

Eine in dem Ursprungsmitgliedstaat angeordnete Schutzmaßnahme darf im ersuchten Mitgliedstaat keinesfalls in der Sache selbst nachgeprüft werden.

Artikel 13
Versagung der Anerkennung oder der Vollstreckung

(1) Auf Antrag der gefährdenden Person wird die Anerkennung und gegebenenfalls die Vollstreckung der Schutzmaßnahme versagt, soweit diese Anerkennung

a) der öffentlichen Ordnung (ordre public) des ersuchten Mitgliedstaats offensichtlich widersprechen würde oder

b) mit einer Entscheidung unvereinbar ist, die im ersuchten Mitgliedstaat ergangen oder anerkannt worden ist.

(2) Der Antrag auf Versagung der Anerkennung oder Vollstreckung wird bei dem Gericht des ersuchten Mitgliedstaats eingereicht, das dieser Mitgliedstaat der Kommission gemäß Artikel 18 Absatz 1 Buchstabe a Ziffer iv mitgeteilt hat.

(3) Die Anerkennung der Schutzmaßnahme darf nicht mit der Begründung versagt werden, dass im Recht des ersuchten Mitgliedstaats eine solche Maßnahme für denselben Sachverhalt nicht vorgesehen ist.

Artikel 14
Aufhebung der Anerkennung oder Vollstreckung

(1) Wird eine Schutzmaßnahme im Ursprungsmitgliedstaat ausgesetzt oder aufgehoben oder wird ihre Vollstreckbarkeit ausgesetzt oder beschränkt oder wird die Bescheinigung gemäß Artikel 9 Absatz 1 Buchstabe b aufgehoben, so stellt die Ausstellungsbehörde des Ursprungsmitgliedstaats auf Ersuchen der geschützten oder der gefährdenden Person eine Bescheinigung über diese Aussetzung, Beschränkung oder Aufhebung unter Verwendung des gemäß Artikel 19 erstellten mehrsprachigen Standardformulars aus.

(2) Nach Vorlage der gemäß Absatz 1 ausgestellten Bescheinigung durch die geschützte oder die gefährdende Person setzt die zuständige Behörde des ersuchten Mitgliedstaats die Wirkung der Anerkennung und gegebenenfalls die Vollstreckung der Schutzmaßnahme aus oder hebt sie auf.

KAPITEL III
ALLGEMEINE UND SCHLUSSBESTIMMUNGEN

Artikel 15
Legalisation oder ähnliche Förmlichkeiten

Im Rahmen dieser Verordnung bedarf es hinsichtlich der Urkunden, die in einem Mitgliedstaat ausgestellt werden, weder der Legalisation noch einer ähnlichen Förmlichkeit.

Artikel 16
Transkription oder Übersetzung

(1) Eine Transkription oder Übersetzung, die im Rahmen dieser Verordnung verlangt wird, erfolgt in die Amtssprache oder in eine der Amts-

sprachen des ersuchten Mitgliedstaats oder in eine andere Amtssprache der Organe der Union, die dieser Mitgliedstaat angegeben hat zu akzeptieren.

(2) Vorbehaltlich des Artikels 5 Absatz 3 ist eine Übersetzung nach Maßgabe dieser Verordnung von einer Person vorzunehmen, die zur Anfertigung von Übersetzungen in einem der Mitgliedstaaten befugt ist.

Artikel 17
Informationen für die Öffentlichkeit

Die Mitgliedstaaten übermitteln im Rahmen des durch die Entscheidung 2001/470/EG geschaffenen Europäischen Justiziellen Netzes für Zivil- und Handelssachen im Hinblick auf die Bereitstellung von Informationen für die Öffentlichkeit eine Beschreibung der innerstaatlichen Vorschriften und Verfahren im Zusammenhang mit Schutzmaßnahmen in Zivilsachen, einschließlich Informationen zu der Art von Behörden, die für Angelegenheiten, die in den Anwendungsbereich dieser Verordnung fallen, zuständig sind.

Die Mitgliedstaaten halten diese Informationen auf dem neuesten Stand.

Artikel 18
Mitteilungen der Informationen durch die Mitgliedstaaten

(1) Die Mitgliedstaaten teilen der Kommission bis zum 11. Juli 2014 die folgenden Informationen mit:

a) die Art der Behörden, die für die in den Anwendungsbereich dieser Verordnung fallenden Angelegenheiten zuständig sind, gegebenenfalls unter Angabe

i) der Behörden, die dafür zuständig sind, Schutzmaßnahmen anzuordnen und Bescheinigungen gemäß Artikel 5 auszustellen,

ii) der Behörden, bei denen eine in einem anderen Mitgliedstaat angeordnete Schutzmaßnahme geltend gemacht werden kann und/oder die für die Vollstreckung einer solchen Maßnahme zuständig sind,

iii) der Behörden, die für die Anpassung von Schutzmaßnahmen gemäß Artikel 11 Absatz 1 zuständig sind,

iv) der Gerichte, bei denen ein Antrag auf Versagung der Anerkennung und gegebenenfalls der Vollstreckung gemäß Artikel 13 einzureichen ist,

b) die Sprache oder Sprachen, in der bzw. denen Übersetzungen gemäß Artikel 16 Absatz 1 zugelassen sind.

(2) Die Angaben nach Absatz 1 werden von der Kommission in geeigneter Weise der Öffentlichkeit zur Verfügung gestellt, insbesondere über die Website des Europäischen Justiziellen Netzes für Zivil- und Handelssachen.

Artikel 19
Erstellung und spätere Änderung der Formulare

Die Kommission erlässt Durchführungsrechtsakte zur Erstellung beziehungsweise späteren Änderung der in den Artikeln 5 und 14 genannten Formulare. Diese Durchführungsrechtsakte werden gemäß dem in Artikel 20 genannten Prüfverfahren erlassen.

Artikel 20
Ausschussverfahren

(1) Die Kommission wird von einem Ausschuss unterstützt. Dieser Ausschuss ist ein Ausschuss im Sinne der Verordnung (EU) Nr. 182/2011.

(2) Wird auf diesen Absatz Bezug genommen, so gilt Artikel 5 der Verordnung (EU) Nr. 182/2011.

Artikel 21
Überprüfung

Die Kommission unterbreitet dem Europäischen Parlament, dem Rat und dem Europäischen Wirtschafts- und Sozialausschuss bis zum 11. Januar 2020 einen Bericht über die Anwendung dieser Verordnung. Dem Bericht werden erforderlichenfalls Vorschläge zur Änderung dieser Verordnung beigefügt.

Artikel 22
Inkrafttreten

Diese Verordnung tritt am zwanzigsten Tag nach ihrer Veröffentlichung im *Amtsblatt der Europäischen Union* in Kraft.

Sie gilt ab dem 11. Januar 2015.

Diese Verordnung gilt für Schutzmaßnahmen, die am oder nach dem 11. Januar 2015 angeordnet wurden, unabhängig davon, wann das Verfahren eingeleitet worden ist.

Diese Verordnung ist in allen ihren Teilen verbindlich und gilt gemäß den Verträgen unmittelbar in den Mitgliedstaaten.

Geschehen zu Straßburg am 12. Juni 2013.

Im Namen des Europäischen Parlaments	*Im Namen des Rates*
Der Präsident	*Die Präsidentin*
M. SCHULZ	L. CREIGHTON

KSÜ HKÜ GSchVO

Siehe auch die

Durchführungsverordnung (EU) 2014/939 der Kommission vom 2. September 2014 zur Ausstellung der Bescheinigungen gemäß den Artikeln 5 und 14 der Verordnung (EU) Nr. 606/2013 des Europäischen Parlaments und des Rates über die gegenseitige Anerkennung von Schutzmaßnahmen in Zivilsachen (ABl. L 263 vom 3.9.2014, S. 10–20)

Abkommen über den Austritt des Vereinigten Königreichs Großbritannien und Nordirland aus der Europäischen Union und der Europäischen Atomgemeinschaft

(ABl. L 029 vom 31.1.2020, S. 7, ab 1.1.2021)

Artikel 67

(3) Im Vereinigten Königreich sowie in den Mitgliedstaaten finden in Fällen, die einen Bezug zum Vereinigten Königreich aufweisen, die nachstehenden Bestimmungen wie folgt Anwendung:

f) die Verordnung (EG) Nr. 606/2013 des Europäischen Parlaments und des Rates (81) findet Anwendung auf Bescheinigungen, die vor dem Ablauf der Übergangszeit ausgestellt wurden.

Der Übergangszeitraum endete am 31.12.2020 (Art 126 des Austrittsabkommens)

BGV NÖ 2017

§ 1

Bezirksgerichte-Verordnung Niederösterreich 2017

BGBl II 2017/80

Verordnung der Bundesregierung über die Sprengel der Bezirksgerichte in Niederösterreich (Bezirksgerichte-Verordnung Niederösterreich 2016)

Aufgrund des § 8 Abs. 5 lit. d des Übergangsgesetzes vom 1. Oktober 1920, BGBl. Nr. 368/1925, in der Fassung des Bundesverfassungsgesetzes BGBl. I Nr. 64/1997, der Kundmachung BGBl. I Nr. 194/1999 und des Bundesverfassungsgesetzes BGBl. I Nr. 77/2014 wird mit Zustimmung der Niederösterreichischen Landesregierung verordnet:

Sprengel der Bezirksgerichte

§ 1. Im Bundesland Niederösterreich bestehen folgende Bezirksgerichte, deren Sprengel die nachgenannten Gemeinden umfassen:

Bezirksgericht	Gemeinden
1. Amstetten	Amstetten, Ardagger, Aschbach-Markt, Euratsfeld, Ferschnitz, Neuhofen an der Ybbs, Neustadtl an der Donau, Oed-Oehling, Sankt Georgen am Ybbsfelde, Viehdorf, Wallsee-Sindelburg, Winklarn, Zeillern.
2. Baden	Alland, Altenmarkt an der Triesting, Bad Vöslau, Baden, Berndorf, Blumau-Neurißhof, Ebreichsdorf, Enzesfeld-Lindabrunn, Furth an der Triesting, Günselsdorf, Heiligenkreuz, Hernstein, Hirtenberg, Klausen-Leopoldsdorf, Kottingbrunn, Leobersdorf, Mitterndorf an der Fischa, Oberwaltersdorf, Pfaffstätten, Pottendorf, Pottenstein, Reisenberg, Schönau an der Triesting, Seibersdorf, Sooß, Tattendorf, Teesdorf, Traiskirchen, Trumau, Weissenbach an der Triesting.
3. Bruck an der Leitha	Au am Leithaberge, Bad Deutsch-Altenburg, Berg, Bruck an der Leitha, Enzersdorf an der Fischa, Göttlesbrunn-Arbesthal, Götzendorf an der Leitha, Hainburg an der Donau, Haslau-Maria Ellend, Hof am Leithaberge, Höflein, Hundsheim, Mannersdorf am Leithagebirge, Petronell-Carnuntum, Prellenkirchen, Rohrau, Scharndorf, Sommerein, Trautmannsdorf an der Leitha, Wolfsthal.
4. Gänserndorf	Aderklaa, Andlersdorf, Angern an der March, Auersthal, Bad Pirawarth, Deutsch-Wagram, Drösing, Dürnkrut, Ebenthal, Eckartsau, Engelhartstetten, Gänserndorf, Glinzendorf, Groß-Enzersdorf, Großhofen, Groß-Schweinbarth, Haringsee, Hauskirchen, Hohenau an der March, Hohenruppersdorf, Jedenspeigen, Lassee, Leopoldsdorf im Marchfelde, Mannsdorf an der Donau, Marchegg, Markgrafneusiedl, Matzen-Raggendorf, Neusiedl an der Zaya, Obersiebenbrunn, Orth an der Donau, Palterndorf-Dobermannsdorf, Parbasdorf, Prottes, Raasdorf, Ringelsdorf-Niederabsdorf, Schönkirchen-Reyersdorf, Spannberg, Strasshof an der Nordbahn, Sulz im Weinviertel, Untersiebenbrunn, Velm-Götzendorf, Weiden an der March, Weikendorf, Zistersdorf.
5. Gmünd in Niederösterreich	Amaliendorf-Aalfang, Bad Großpertholz, Brand-Nagelberg, Eggern, Eisgarn, Gmünd, Großdietmanns, Großschönau, Haugschlag, Heidenreichstein, Hirschbach, Hoheneich, Kirchberg am Walde, Litschau, Moorbad Harbach, Reingers, Sankt Martin, Schrems, Unserfrau-Altweitra, Waldenstein, Weitra.
6. Haag	Behamberg, Ennsdorf, Ernsthofen, Haag, Haidershofen, Sankt Pantaleon-Erla, Sankt Peter in der Au, Sankt Valentin, Strengberg, Weistrach, Wolfsbach.

Bezirksgericht	Gemeinden
7. Hollabrunn	Alberndorf im Pulkautal, Göllersdorf, Grabern, Guntersdorf, Hadres, Hardegg, Haugsdorf, Heldenberg, Hohenwarth-Mühlbach am Manhartsberg, Hollabrunn, Mailberg, Maissau, Nappersdorf-Kammersdorf, Pernersdorf, Pulkau, Ravelsbach, Retz, Retzbach, Schrattenthal, Seefeld-Kadolz, Sitzendorf an der Schmida, Wullersdorf, Zellerndorf, Ziersdorf.
8. Horn	Altenburg, Brunn an der Wild, Burgschleinitz-Kühnring, Drosendorf-Zissersdorf, Eggenburg, Gars am Kamp, Geras, Horn, Irnfritz-Messern, Japons, Langau, Meiseldorf, Pernegg, Röhrenbach, Röschitz, Rosenburg-Mold, Sankt Bernhard-Frauenhofen, Sigmundsherberg, Straning-Grafenberg, Weitersfeld.
9. Klosterneuburg	Gerasdorf bei Wien, Klosterneuburg.
10. Korneuburg	Bisamberg, Enzersfeld im Weinviertel, Ernstbrunn, Großmugl, Großrußbach, Hagenbrunn, Harmannsdorf, Hausleiten, Korneuburg, Langenzersdorf, Leitzersdorf, Leobendorf, Niederhollabrunn, Rußbach, Sierndorf, Spillern, Stetteldorf am Wagram, Stetten, Stockerau.
11. Krems an der Donau	Aggsbach, Albrechtsberg an der Großen Krems, Bergern im Dunkelsteinerwald, Droß, Dürnstein, Furth bei Göttweig, Gedersdorf, Gföhl, Grafenegg, Hadersdorf-Kammern, Jaidhof, Krems an der Donau, Krumau am Kamp, Langenlois, Lengenfeld, Lichtenau im Waldviertel, Maria Laach am Jauerling, Mautern an der Donau, Mühldorf, Paudorf, Rastenfeld, Rohrendorf bei Krems, Rossatz-Arnsdorf, Sankt Leonhard am Hornerwald, Schönberg am Kamp, Senftenberg, Spitz, Straß im Straßertale, Stratzing, Weinzierl am Walde, Weißenkirchen in der Wachau.
12. Lilienfeld	Annaberg, Eschenau, Hainfeld, Hohenberg, Kaumberg, Kleinzell, Lilienfeld, Mitterbach am Erlaufsee, Ramsau, Rohrbach an der Gölsen, St. Aegyd am Neuwalde, St. Veit an der Gölsen, Traisen, Türnitz.
13. Melk	Artstetten-Pöbring, Bergland, Bischofstetten, Blindenmarkt, Dorfstetten, Dunkelsteinerwald, Emmersdorf an der Donau, Erlauf, Golling an der Erlauf, Hofamt Priel, Hürm, Kilb, Kirnberg an der Mank, Klein-Pöchlarn, Krummnußbaum, Leiben, Loosdorf, Mank, Marbach an der Donau, Maria Taferl, Melk, Münichreith-Laimbach, Neumarkt an der Ybbs, Nöchling, Persenbeug-Gottsdorf, Petzenkirchen, Pöchlarn, Pöggstall, Raxendorf, Ruprechtshofen, Sankt Leonhard am Forst, Sankt Martin-Karlsbach, Sankt Oswald, Schollach, Schönbühel-Aggsbach, Texingtal, Weiten, Ybbs an der Donau, Yspertal, Zelking-Matzleinsdorf.
14. Mistelbach	Altlichtenwarth, Asparn an der Zaya, Bernhardsthal, Bockfließ, Drasenhofen, Falkenstein, Fallbach, Gaubitsch, Gaweinstal, Gnadendorf, Großebersdorf, Großengersdorf, Großharras, Großkrut, Hausbrunn, Herrnbaumgarten, Hochleithen, Kreuttal, Kreuzstetten, Laa an der Thaya, Ladendorf, Mistelbach, Neudorf bei Staatz, Niederleis, Ottenthal, Pillichsdorf, Poysdorf, Rabensburg, Schrattenberg, Staatz, Stronsdorf, Ulrichskirchen-Schleinbach, Unterstinkenbrunn, Wildendürnbach, Wilfersdorf, Wolkersdorf im Weinviertel.
15. Mödling	Achau, Biedermannsdorf, Breitenfurt bei Wien, Brunn am Gebirge, Gaaden, Gießhübel, Gumpoldskirchen, Guntramsdorf, Hennersdorf, Hinterbrühl, Kaltenleutgeben, Laab im Walde, Laxenburg, Maria Enzersdorf, Mödling, Münchendorf, Perchtoldsdorf, Vösendorf, Wiener Neudorf, Wienerwald.
16. Neulengbach	Altlengbach, Asperhofen, Böheimkirchen, Brand-Laaben, Eichgraben, Kapelln, Kasten bei Böheimkirchen, Kirchstetten, Maria-Anzbach, Michelbach, Neulengbach, Neustift-Innermanzing, Perschling, Stössing.

Bezirksgericht	Gemeinden
17. Neunkirchen	Altendorf, Aspangberg-Sankt Peter, Aspang-Markt, Breitenau, Breitenstein, Buchbach, Bürg-Vöstenhof, Edlitz, Enzenreith, Feistritz am Wechsel, Gloggnitz, Grafenbach-Sankt Valentin, Grimmenstein, Grünbach am Schneeberg, Höflein an der Hohen Wand, Kirchberg am Wechsel, Mönichkirchen, Natschbach-Loipersbach, Neunkirchen, Otterthal, Payerbach, Pitten, Prigglitz, Puchberg am Schneeberg, Raach am Hochgebirge, Reichenau an der Rax, Sankt Corona am Wechsel, Sankt Egyden am Steinfeld, Scheiblingkirchen-Thernberg, Schottwien, Schrattenbach, Schwarzau am Steinfelde, Schwarzau im Gebirge, Seebenstein, Semmering, Ternitz, Thomasberg, Trattenbach, Vöstenhof, Warth, Wartmannstetten, Willendorf, Wimpassing im Schwarzatale, Würflach, Zöbern,
18. Purkersdorf	Gablitz, Mauerbach, Pressbaum, Purkersdorf, Tullnerbach, Wolfsgraben
19. Scheibbs	Gaming, Göstling an der Ybbs, Gresten, Gresten-Land, Lunz am See, Oberndorf an der Melk, Puchenstuben, Purgstall an der Erlauf, Randegg, Reinsberg, Scheibbs, St. Anton an der Jeßnitz, St. Georgen an der Leys, Steinakirchen am Forst, Wang, Wieselburg, Wieselburg-Land, Wolfpassing.
20. Schwechat	Ebergassing, Fischamend, Gramatneusiedl, Himberg, Klein-Neusiedl, Lanzendorf, Leopoldsdorf, Maria-Lanzendorf, Moosbrunn, Rauchenwarth, Schwadorf, Schwechat, Zwölfaxing.
21. St. Pölten	Frankenfels, Gerersdorf, Hafnerbach, Haunoldstein, Herzogenburg, Hofstetten-Grünau, Inzersdorf-Getzersdorf, Karlstetten, Kirchberg an der Pielach, Loich, Markersdorf-Haindorf, Neidling, Nußdorf ob der Traisen, Ober-Grafendorf, Obritzberg-Rust, Prinzersdorf, Pyhra, Rabenstein an der Pielach, Sankt Margarethen an der Sierning, Schwarzenbach an der Pielach, St. Pölten, Statzendorf, Traismauer, Weinburg, Wilhelmsburg, Wölbling.
22. Tulln	Absdorf, Atzenbrugg, Fels am Wagram, Grafenwörth, Großriedenthal, Großweikersdorf, Judenau-Baumgarten, Kirchberg am Wagram, Königsbrunn am Wagram, Königstetten, Langenrohr, Michelhausen, Muckendorf-Wipfing, Sankt Andrä-Wördern, Sieghartskirchen, Sitzenberg-Reidling, Tulbing, Tulln an der Donau, Würmla, Zeiselmauer, Zwentendorf an der Donau.
23. Waidhofen an der Thaya	Dietmanns, Dobersberg, Gastern, Groß-Siegharts, Karlstein an der Thaya, Kautzen, Ludweis-Aigen, Pfaffenschlag bei Waidhofen an der Thaya, Raabs an der Thaya, Thaya, Vitis, Waidhofen an der Thaya, Waidhofen an der Thaya-Land, Waldkirchen an der Thaya, Windigsteig.
24. Waidhofen an der Ybbs	Allhartsberg, Biberbach, Ertl, Hollenstein an der Ybbs, Kematen an der Ybbs, Opponitz, Sankt Georgen am Reith, Seitenstetten, Sonntagberg, Waidhofen an der Ybbs, Ybbsitz.
25. Wiener Neustadt	Bad Erlach, Bad Fischau-Brunn, Bad Schönau, Bromberg, Ebenfurth, Eggendorf, Felixdorf, Gutenstein, Hochneukirchen-Gschaidt, Hochwolkersdorf, Hohe Wand, Hollenthon, Katzelsdorf, Kirchschlag in der Buckligen Welt, Krumbach, Lanzenkirchen, Lichtenegg, Lichtenwörth, Markt Piesting, Matzendorf-Hölles, Miesenbach, Muggendorf, Pernitz, Rohr im Gebirge, Schwarzenbach, Sollenau, Theresienfeld, Waidmannsfeld, Waldegg, Walpersbach, Weikersdorf am Steinfelde, Wiesmath, Wiener Neustadt, Winzendorf-Muthmannsdorf, Wöllersdorf-Steinabrückl, Zillingdorf.
26. Zwettl	Allentsteig, Altmelon, Arbesbach, Bad Traunstein, Bärnkopf, Echsenbach, Göpfritz an der Wild, Grafenschlag, Groß-Gerungs, Großgöttfritz, Gutenbrunn, Kirchschlag, Kottes-Purk, Langschlag, Martinsberg, Ottenschlag, Pölla, Rappottenstein, Sallingberg,

Bezirksgerichte

Bezirksgericht	Gemeinden
	Schönbach, Schwarzenau, Schweiggers, Waldhausen, Zwettl-Niederösterreich.

Inkrafttreten

§ 2. (1) Diese Verordnung tritt mit 1. September 2017 in Kraft.

(2) Die Verordnung der Bundesregierung über die Sprengel der Bezirksgerichte in Niederösterreich (Bezirksgerichte-Verordnung Niederösterreich 2016), BGBl. II Nr. 147/2016, tritt mit Ablauf des 31. August 2017 außer Kraft.

BGV OÖ 2015
§ 1

Bezirksgerichte-Verordnung Oberösterreich 2015

BGBl II 2015/197

Verordnung der Bundesregierung über die Sprengel der Bezirksgerichte in Oberösterreich (Bezirksgerichte-Verordnung Oberösterreich 2015)

Auf Grund des § 8 Abs. 5 lit. d des Übergangsgesetzes vom 1. Oktober 1920, BGBl. Nr. 368/1925, in der Fassung des Bundesverfassungsgesetzes BGBl. I Nr. 64/1997, der Kundmachung BGBl. I Nr. 194/1999 und des Bundesverfassungsgesetzes BGBl. I Nr. 77/2014 wird mit Zustimmung der Oberösterreichischen Landesregierung verordnet:

Sprengel der Bezirksgerichte

§ 1. In Oberösterreich bestehen folgende Bezirksgerichte, deren Sprengel nachgenannte Gemeinden umfassen:

Bezirksgericht	Gemeinden
1. Bad Ischl	Bad Goisern am Hallstättersee, Bad Ischl, Ebensee, Gosau, Hallstatt, Obertraun, St. Wolfgang im Salzkammergut.
2. Braunau am Inn	Altheim, Aspach, Braunau am Inn, Burgkirchen, Gilgenberg am Weilhart, Handenberg, Helpfau-Uttendorf, Höhnhart, Mauerkirchen, Mining, Moosbach, Neukirchen an der Enknach, Polling im Innkreis, Roßbach, Schwand im Innkreis, St. Georgen am Fillmannsbach, St. Peter am Hart, St. Veit im Innkreis, Treubach, Überackern, Weng im Innkreis.
3. Eferding	Alkoven, Aschach an der Donau, Eferding, Eschenau im Hausruckkreis, Fraham, Haibach ob der Donau, Hartkirchen, Heiligenberg, Hinzenbach, Natternbach, Neukirchen am Walde, Prambachkirchen, Pupping, Scharten, St. Agatha, St. Marienkirchen an der Polsenz, Stroheim.
4. Freistadt	Bad Leonfelden, Freistadt, Grünbach, Gutau, Hagenberg im Mühlkreis, Haibach im Mühlkreis, Hirschbach im Mühlkreis, Kaltenberg, Kefermarkt, Lasberg, Leopoldschlag, Liebenau, Neumarkt im Mühlkreis, Ottenschlag im Mühlkreis, Pregarten, Rainbach im Mühlkreis, Reichenau im Mühlkreis, Reichenthal, Sandl, Schenkenfelden, St. Leonhard bei Freistadt, St. Oswald bei Freistadt, Unterweißenbach, Unterweitersdorf, Waldburg, Wartberg ob der Aist, Weitersfelden, Windhaag bei Freistadt, Zwettl an der Rodl.
5. Gmunden	Altmünster, Gmunden, Grünau im Almtal, Gschwandt, Kirchham, Laakirchen, Ohlsdorf, Pinsdorf, Roitham, Scharnstein, St. Konrad, Traunkirchen, Vorchdorf.
6. Grieskirchen	Aistersheim, Bad Schallerbach, Bruck-Waasen, Gallspach, Gaspoltshofen, Geboltskirchen, Grieskirchen, Haag am Hausruck, Hofkirchen an der Trattnach, Kallham, Kematen am Innbach, Meggenhofen, Michaelnbach, Neumarkt im Hausruckkreis, Peuerbach, Pollham, Pram, Pötting, Rottenbach, Schlüßlberg, Steegen, St. Georgen bei Grieskirchen, St. Thomas, Taufkirchen an der Trattnach, Tollet, Waizenkirchen, Wallern an der Trattnach, Weibern, Wendling.
7. Kirchdorf an der Krems	Edlbach, Grünburg, Hinterstoder, Inzersdorf im Kremstal, Kirchdorf an der Krems, Klaus an der Pyhrnbahn, Kremsmünster, Micheldorf in Oberösterreich, Molln, Nußbach, Oberschlierbach, Pettenbach, Ried im Traunkreis, Rosenau am Hengstpaß, Roßleithen, Schlierbach, Spital am Pyhrn, St. Pankraz, Steinbach am Ziehberg, Steinbach an der Steyr, Vorderstoder, Wartberg an der Krems, Windischgarsten.

Bezirksgericht	Gemeinden
8. Linz	Linz (Stadtteile Innenstadt, Waldegg, Lustenau, St. Peter, Kleinmünchen und Ebelsberg).
9. Mattighofen	Auerbach, Eggelsberg, Feldkirchen bei Mattighofen, Franking, Geretsberg, Haigermoos, Hochburg-Ach, Jeging, Kirchberg bei Mattighofen, Lengau, Lochen am See, Maria Schmolln, Mattighofen, Moosdorf, Munderfing, Ostermiething, Palting, Perwang am Grabensee, Pfaffstätt, Pischelsdorf am Engelbach, Schalchen, St. Johann am Walde, St. Pantaleon, St. Radegund, Tarsdorf.
10. Perg	Allerheiligen im Mühlkreis, Arbing, Bad Kreuzen, Bad Zell, Baumgartenberg, Dimbach, Grein, Katsdorf, Klam, Königswiesen, Langenstein, Luftenberg an der Donau, Mauthausen, Mitterkirchen im Machland, Münzbach, Naarn im Machland, Pabneukirchen, Perg, Pierbach, Rechberg, Ried in der Riedmark, Saxen, Schönau im Mühlkreis, Schwertberg, St. Georgen am Walde, St. Georgen an der Gusen, St. Nikola an der Donau, St. Thomas am Blasenstein, Tragwein, Waldhausen im Strudengau, Windhaag bei Perg.
11. Ried im Innkreis	Andrichsfurt, Antiesenhofen, Aurolzmünster, Eberschwang, Eitzing, Geiersberg, Geinberg, Gurten, Hohenzell, Kirchdorf am Inn, Kirchheim im Innkreis, Lambrechten, Lohnsburg am Kobernaußerwald, Mehrnbach, Mettmach, Mörschwang, Mühlheim am Inn, Neuhofen im Innkreis, Obernberg am Inn, Ort im Innkreis, Pattigham, Peterskirchen, Pramet, Reichersberg, Ried im Innkreis, Schildorn, Senftenbach, St. Georgen bei Obernberg am Inn, St. Marienkirchen am Hausruck, St. Martin im Innkreis, Taiskirchen im Innkreis, Tumeltsham, Utzenaich, Waldzell, Weilbach, Wippenham.
12. Rohrbach	Afiesl, Ahorn, Aigen im Mühlkreis, Altenfelden, Arnreit, Atzesberg, Auberg, Berg bei Rohrbach, Haslach an der Mühl, Helfenberg, Hofkirchen im Mühlkreis, Hörbich, Julbach, Kirchberg ob der Donau, Klaffer am Hochficht, Kleinzell im Mühlkreis, Kollerschlag, Lembach im Mühlkreis, Lichtenau im Mühlkreis, Nebelberg, Neufelden, Neustift im Mühlkreis, Niederkappel, Niederwaldkirchen, Oberkappel, Oberneukirchen, Oepping, Peilstein im Mühlviertel, Pfarrkirchen im Mühlkreis, Putzleinsdorf, Rohrbach in Oberösterreich, Sarleinsbach, Schlägl, Schwarzenberg am Böhmerwald, Schönegg, St. Johann am Wimberg, St. Martin im Mühlkreis, St. Oswald bei Haslach, St. Peter am Wimberg, St. Stefan am Walde, St. Ulrich im Mühlkreis, St. Veit im Mühlkreis, Ulrichsberg, Vorderweißenbach.
13. Schärding	Altschwendt, Andorf, Brunnenthal, Diersbach, Dorf an der Pram, Eggerding, Engelhartszell, Enzenkirchen, Esternberg, Freinberg, Kopfing im Innkreis, Mayrhof, Münzkirchen, Raab, Rainbach im Innkreis, Riedau, Schardenberg, Schärding, Sigharting, St. Aegidi, St. Florian am Inn, St. Marienkirchen bei Schärding, St. Roman, St. Willibald, Suben, Taufkirchen an der Pram, Vichtenstein, Waldkirchen am Wesen, Wernstein am Inn, Zell an der Pram.
14. Steyr	Adlwang, Aschach an der Steyr, Asten, Bad Hall, Dietach, Enns, Gaflenz, Garsten, Großraming, Hargelsberg, Hofkirchen im Traunkreis, Kronstorf, Laussa, Losenstein, Maria Neustift, Niederneukirchen, Pfarrkirchen bei Bad Hall, Reichraming, Rohr im Kremstal, Schiedlberg, Sierning, Steyr, St. Florian, St. Ulrich bei Steyr, Ternberg, Waldneukirchen, Weyer, Wolfern.
15. Traun	Allhaming, Ansfelden, Eggendorf im Traunkreis, Hörsching, Kematen an der Krems, Kirchberg-Thening, Leonding, Neuhofen an der Krems, Oftering, Pasching, Piberbach, Pucking, St. Marien, Traun, Wilhering.
16. Urfahr	Alberndorf in der Riedmark, Altenberg bei Linz, Eidenberg, Engerwitzdorf, Feldkirchen an der Donau, Gallneukirchen, Goldwörth, Gramastetten, Hellmonsödt, Herzogsdorf, Kirchschlag bei Linz,

Bezirksgericht	Gemeinden
	Lichtenberg, Linz (Stadtteile Urfahr, Pöstlingberg und St. Magdalena), Ottensheim, Puchenau, Sonnberg im Mühlkreis, Steyregg, St. Gotthard im Mühlkreis, Walding.
17. Vöcklabruck	Ampflwang im Hausruckwald, Attersee am Attersee, Attnang-Puchheim, Atzbach, Aurach am Hongar, Berg im Attergau, Desselbrunn, Fornach, Frankenburg am Hausruck, Frankenmarkt, Gampern, Innerschwand am Mondsee, Lenzing, Manning, Mondsee, Neukirchen an der Vöckla, Niederthalheim, Nußdorf am Attersee, Oberhofen am Irrsee, Oberndorf bei Schwanenstadt, Oberwang, Ottnang am Hausruck, Pfaffing, Pilsbach, Pitzenberg, Pöndorf, Puchkirchen am Trattberg, Pühret, Redleiten, Redlham, Regau, Rüstorf, Rutzenham, Schlatt, Schwanenstadt, Schörfling am Attersee, Seewalchen am Attersee, Steinbach am Attersee, St. Georgen im Attergau, St. Lorenz, Straß im Attergau, Tiefgraben, Timelkam, Ungenach, Unterach am Attersee, Vöcklabruck, Vöcklamarkt, Weißenkirchen im Attergau, Weyregg am Attersee, Wolfsegg am Hausruck, Zell am Moos, Zell am Pettenfirst.
18. Wels	Aichkirchen, Bachmanning, Bad Wimsbach-Neydharting, Buchkirchen, Eberstalzell, Edt bei Lambach, Fischlham, Gunskirchen, Holzhausen, Krenglbach, Lambach, Marchtrenk, Neukirchen bei Lambach, Offenhausen, Pennewang, Pichl bei Wels, Sattledt, Schleißheim, Sipbachzell, Stadl-Paura, Steinerkirchen an der Traun, Steinhaus, Thalheim bei Wels, Weißkirchen an der Traun, Wels.

Inkrafttreten und Übergangsregelungen

§ 2. (1) Diese Verordnung tritt mit dem der Kundmachung*⁾ folgenden Tag in Kraft.

(2) Gleichzeitig tritt die Verordnung der Bundesregierung über die Zusammenlegung von Bezirksgerichten und über die Sprengel der verbleibenden Bezirksgerichte in Oberösterreich (Bezirksgerichte-Verordnung Oberösterreich 2012), BGBl. II Nr. 205/2012, außer Kraft.

---
*⁾ 14. Juli 2015

Bezirksgerichte-Verordnung Steiermark 2015

BGBl II 2014/298

ab 1. 1. 2015

Verordnung der Bundesregierung über die Sprengel der Bezirksgerichte in der Steiermark 2015 (Bezirksgerichte-Verordnung Steiermark 2015)

Auf Grund des § 8 Abs. 5 lit. d des Übergangsgesetzes vom 1. Oktober 1920, BGBl. Nr. 368/1925, in der Fassung des Bundesverfassungsgesetzes BGBl. I Nr. 64/1997 und der Kundmachung BGBl. I Nr. 194/1999 wird mit Zustimmung der Steiermärkischen Landesregierung verordnet:

Bezirksgerichte und Sprengel

§ 1. In der Steiermark bestehen folgende Bezirksgerichte, deren Sprengel nachgenannte Gemeinden umfassen:

Bezirksgericht	Gemeinden
1. Bruck an der Mur	Aflenz, Breitenau am Hochlantsch, Bruck an der Mur, Kapfenberg, Mariazell, Pernegg an der Mur, Sankt Lorenzen im Mürztal, Sankt Marein im Mürztal, Thörl, Tragöß-Sankt Katharein, Turnau.
2. Deutschlandsberg	Deutschlandsberg, Eibiswald, Frauental an der Laßnitz, Groß Sankt Florian, Lannach, Pölfing-Brunn, Preding, Sankt Josef (Weststeiermark), Sankt Martin im Sulmtal, Sankt Peter im Sulmtal, Sankt Stefan ob Stainz, Schwanberg, Stainz, Wettmannstätten, Wies.
3. Feldbach	Bad Gleichenberg, Bad Radkersburg, Deutsch Goritz, Edelsbach bei Feldbach, Eichkögl, Fehring, Feldbach, Gnas, Halbenrain, Jagerberg, Kapfenstein, Kirchbach in der Steiermark, Kirchberg an der Raab, Klöch, Mettersdorf am Saßbach, Mureck, Murfeld, Paldau, Pirching am Traubenberg, Riegersburg, Sankt Anna am Aigen, Sankt Peter am Ottersbach, Sankt Stefan im Rosental, Straden, Tieschen, Unterlamm.
4. Fürstenfeld	Bad Blumau, Bad Waltersdorf, Buch-Sankt Magdalena, Burgau, Dechantskirchen, Ebersdorf, Feistritztal, Friedberg, Fürstenfeld, Grafendorf bei Hartberg, Greinbach, Großsteinbach, Großwilfersdorf, Hartberg, Hartberg-Umgebung, Hartl, Ilz, Kaindorf, Lafnitz, Loipersdorf bei Fürstenfeld, Neudau, Ottendorf an der Rittschein, Pinggau, Pöllau, Pöllauberg, Rohr bei Hartberg, Rohrbach an der Lafnitz, Sankt Jakob im Walde, Sankt Johann in der Haide, Sankt Lorenzen am Wechsel, Schäffern, Söchau, Stubenberg, Vorau, Waldbach-Mönichwald, Wenigzell.
5. Graz-Ost	Dobl-Zwaring, Eggersdorf bei Graz, Feldkirchen bei Graz, Fernitz-Mellach, Gössendorf, Graz (Bezirke I. Innere Stadt, II. St. Leonhard, III. Geidorf, VI. Jakomini, VII. Liebenau, VIII. St. Peter, IX. Waltendorf, X. Ries, XI. Mariatrost und XII. Andritz), Hart bei Graz, Haselsdorf-Tobelbad, Hausmannstätten, Hitzendorf, Kainbach bei Graz, Kalsdorf bei Graz, Kumberg, Laßnitzhöhe, Lieboch, Nestelbach bei Graz, Raaba-Grambach, Sankt Marein bei Graz, Sankt Radegund bei Graz, Seiersberg-Pirka, Stattegg, Thal, Unterpremstätten-Zettling, Vasoldsberg, Weinitzen, Werndorf, Wundschuh.
6. Graz-West	Deutschfeistritz, Frohnleiten, Gratkorn, Gratwein-Straßengel, Graz (Bezirke IV. Lend, V. Gries, XIII. Gösting, XIV. Eggenberg, XV. Wetzelsdorf, XVI. Strassgang und XVII. Puntigam), Peggau, Sankt Bartholomä, Sankt Oswald bei Plankenwarth, Semriach, Stiwoll, Übelbach.
7. Judenburg	Fohnsdorf, Gaal, Großlobming, Hohentauern, Knittelfeld, Kobenz, Judenburg, Obdach, Pöls-Oberkurzheim, Pölstal, Pusterwald, Sankt Georgen ob Judenburg, Sankt Marein-Feistritz, Sankt Margarethen bei Knittelfeld, Sankt Peter ob Judenburg, Seckau, Spielberg, Unzmarkt-Frauenburg, Weißkirchen in Steiermark, Zeltweg.

8. Leibnitz	Allerheiligen bei Wildon, Arnfels, Ehrenhausen an der Weinstraße, Empersdorf, Gabersdorf, Gamlitz, Gleinstätten, Gralla, Großklein, Heiligenkreuz am Waasen, Heimschuh, Hengsberg, Kitzeck im Sausal, Lang, Lebring-Sankt Margarethen, Leibnitz, Leutschach an der Weinstraße, Oberhaag, Ragnitz, Sankt Andrä-Höch, Sankt Georgen an der Stiefling, Sankt Johann im Saggautal, Sankt Nikolai im Sausal, Sankt Veit in der Südsteiermark, Schwarzautal, Straß-Spielfeld, Tillmitsch, Wagna, Wildon.
9. Leoben	Eisenerz, Kalwang, Kammern im Liesingtal, Kraubath an der Mur, Leoben, Mautern in Steiermark, Niklasdorf, Proleb, Radmer, Sankt Michael in Obersteiermark, Sankt Peter-Freienstein, Sankt Stefan ob Leoben, Traboch, Trofaiach, Vordernberg, Wald am Schoberpaß.
10. Liezen	Admont, Aigen im Ennstal, Altaussee, Altenmarkt bei Sankt Gallen, Ardning, Bad Aussee, Bad Mitterndorf, Gaishorn am See, Grundlsee, Irdning-Donnersbachtal, Landl, Lassing, Liezen, Rottenmann, Sankt Gallen, Selzthal, Stainach-Pürgg, Trieben, Wildalpen, Wörschach.
11. Murau	Krakau, Mühlen, Murau, Neumarkt in der Steiermark, Niederwölz, Oberwölz, Ranten, Sankt Georgen am Kreischberg, Sankt Lambrecht, Sankt Peter am Kammersberg, Scheifling, Schöder, Stadl-Predlitz, Teufenbach-Katsch.
12. Mürzzuschlag	Kindberg, Krieglach, Langenwang, Mürzzuschlag, Neuberg an der Mürz, Spital am Semmering, Stanz im Mürztal, Sankt Barbara im Mürztal.
13. Schladming	Aich, Gröbming, Haus, Michaelerberg-Pruggern, Mitterberg-Sankt Martin, Öblarn, Ramsau am Dachstein, Schladming, Sölk.
14. Voitsberg	Bärnbach, Edelschrott, Geistthal-Södingberg, Hirschegg-Pack, Kainach bei Voitsberg, Köflach, Krottendorf-Gaisfeld, Ligist, Maria Lankowitz, Mooskirchen, Rosental an der Kainach, Sankt Martin am Wöllmißberg, Söding-Sankt Johann, Stallhofen, Voitsberg.
15. Weiz	Albersdorf-Prebuch, Anger, Birkfeld, Fischbach, Fladnitz an der Teichalm, Floing, Gasen, Gersdorf an der Feistritz, Gleisdorf, Gutenberg-Stenzengreith, Hofstätten an der Raab, Ilztal, Ludersdorf-Wilfersdorf, Markt Hartmannsdorf, Miesenbach bei Birkfeld, Mitterdorf an der Raab, Mortantsch, Naas, Passail, Pischelsdorf am Kulm, Puch bei Weiz, Ratten, Rettenegg, Sankt Kathrein am Hauenstein, Sankt Kathrein am Offenegg, Sankt Margarethen an der Raab, Sankt Ruprecht an der Raab, Sinabelkirchen, Strallegg, Thannhausen, Weiz.

Inkrafttreten

§ 2. (1) Diese Verordnung tritt mit 1. Jänner 2015 in Kraft.

(2) Die Verordnung der Bundesregierung über die Zusammenlegung von Bezirksgerichten und über die Sprengel der verbleibenden Bezirksgerichte in der Steiermark (Bezirksgerichte-Verordnung Steiermark 2012), BGBl. II Nr. 243/2012, tritt mit Ablauf des 31. Dezember 2014 außer Kraft.

Zuweisung von Bezirksgerichten zu niederösterreichischen Gerichtshöfen

(Auszug)

ab 1. 6. 2016 vgl BGV NÖ 2016

BGBl 1993/91

Artikel X

Zuweisung der niederösterreichischen Umland-Bezirksgerichte Wiens zu niederösterreichischen Gerichtshöfen

§ 1. Die Sprengel der nachstehenden Gerichtshöfe erster Instanz umfassen überdies die Sprengel folgender Bezirksgerichte:

1. der des Landesgerichts Sankt Pölten denjenigen des Bezirksgerichts Purkersdorf;

2. der des Landesgerichts Korneuburg diejenigen der Bezirksgerichte Bruck an der Leitha, Groß-Enzersdorf, Hainburg an der Donau, Klosterneuburg und Schwechat;

3. der des Landesgerichts Wiener Neustadt denjenigen des Bezirksgerichts Mödling.

§ 2. Die bisherigen sachlichen und örtlichen Zuständigkeiten des Landesgerichts für Zivilrechtssachen Wien, des Arbeits- und Sozialgerichts Wien, des Handelsgerichts Wien, des Landesgerichts für Strafsachen Wien und des Jugendgerichtshofs Wien für die in § 1 genannten Bezirksgerichtssprengel werden aufgehoben.

Artikel XI

Schluß- und Übergangsbestimmungen

Inkrafttreten

§ 1. Dieses Bundesgesetz tritt hinsichtlich
...
2. des Art. X am 1. Jänner 1997 in Kraft.

Anhängige Verfahren

§ 2. (1) Nicht anzuwenden sind auf Verfahren,
...
2. die vor dem 1. Jänner 1997 anhängig geworden sind, der Art. X auch nach dem 31. Dezember 1996.

(2) Abs. 1 gilt auch für Verfahrenshandlungen, Entscheidungen und Verfügungen, die nach der rechtskräftigen Beendigung dieser Verfahren – etwa auch infolge einer Nichtigkeits- oder Wiederaufnahmsklage – vorzunehmen sind oder vorgenommen werden.

(3) Wird ein rechtskräftig beendetes Strafverfahren erneuert (§§ 292, 359, 362 StPO), so richtet sich die Zuständigkeit für das erneuerte Verfahren
...
2. nach dem 31. Dezember 1996 nach Art. X.

(4) Für Rechtssachen, bei denen sich die Zuständigkeit nach einem bei ihnen anhängigen oder anhängig gewesenen Verfahren bestimmt, bleiben
...
2. auch nach dem 31. Dezember 1996 entgegen dem Art. X das Landesgericht für Zivilrechtssachen Wien, das Handelsgericht Wien, das Arbeits- und Sozialgericht Wien, das Landesgericht für Strafsachen Wien und der Jugendgerichtshof Wien zuständig.

(5) Hingegen geht die Zuständigkeit des Handelsgerichts Wien nach dem Art. X auch für noch am 1. Jänner 1997 anhängige Firmenbuchsachen auf die Landesgerichte Korneuburg, Sankt Pölten und Wiener Neustadt über, soweit diese Rechtsträger betreffen, die ihren Sitz im Sprengel eines der in Art. X § 1 genannten Bezirksgerichte haben. Das Handelsgericht Wien hat solche Firmenbuchsachen dem jeweiligen Landesgericht von Amts wegen zu überweisen und ihm gleichzeitig die bisher beim Handelsgericht Wien aufbewahrten Akten und Urkunden (Urkundensammlung) zu übersenden.

(6) Abs. 5 ist auf Firmenbuchsachen von Zweigniederlassungen sinngemäß anzuwenden.

(7) Ungeachtet des Art. X und des Abs. 1 Z 2 sind die bisher zuständigen Gerichtshöfe erster Instanz zur Entscheidung in zweiter instanz weiter zuständig, wenn das Datum einer angefochtenen Entscheidung erster Instanz vor dem 1. Jänner 1997 liegt.

Verweisungen

§ 3. (1) Mit Wirkung ab dem 1. März 1993 werden in allen bundesgesetzlichen Regelungen das Wort „Kreisgericht" durch das Wort „Landesgericht" sowie die Worte und Wortverbindungen „Kreisgerichte", „Landes-(Kreis)gerichte", „Landes- und Kreisgerichte" sowie „Landes- oder Kreisgerichte" jeweils durch das Wort „Landesgerichte" ersetzt.

(2) Abs. 1 gilt sinngemäß für vergleichbare Worte und Wortverbindungen.
...

Bezirksgerichts-Organisationsgesetz für Wien

BGBl 1985/203 idF

1 BGBl 1988/291	5 BGBl I 1999/57
2 BGBl 1990/260	6 BGBl I 2012/81
3 BGBl 1992/756	7 BGBl I 2014/40
4 BGBl 1996/761	8 BGBl I 2016/28

Bundesgesetz vom 9. Mai 1985 über die Errichtung des Bezirksgerichtes Donaustadt sowie die Organisation der Bezirksgerichte in Wien (Bezirksgerichts-Organisationsgesetz für Wien)[1]

[1] *Fassung ab 1. 4. 1997*

I. Abschnitt

Organisation der Bezirksgerichte in Wien

§ 1. Unter Bedachtnahme auf die §§ 6, 6a, 6b und 6d sind in Wien folgende Bezirksgerichte errichtet:

1. das Bezirksgericht Innere Stadt Wien;

1a. das Bezirksgericht Josefstadt;

2. das Bezirksgericht Favoriten;

2a. das Bezirksgericht Meidling;

3. das Bezirksgericht Hietzing;

4. das Bezirksgericht Fünfhaus;

5. das Bezirksgericht Hernals;

6. das Bezirksgericht Döbling;

6a. das Bezirksgericht Leopoldstadt;

7. das Bezirksgericht Floridsdorf;

8. das Bezirksgericht Donaustadt,

9. das Bezirksgericht Liesing;

10. das Bezirksgericht für Handelssachen Wien.

(BGBl 1992/756; BGBl 1996/761; BGBl I 1999/57)

§ 2. Soweit im § 3 nichts anderes bestimmt ist, umfaßt der Sprengel

1. des Bezirksgerichtes Innere Stadt Wien die Bezirke I, III bis VI und XI; außerdem

a) *(aufgehoben)*

b) in allen zivilgerichtlichen Angelegenheiten, die nach einer gesetzlichen Vorschrift dem Bezirksgericht am Sitz eines Gerichtshofes I. Instanz in Wien zugewiesen sind, den Sprengel des betreffenden Gerichtshofes;

c) in allen Angelegenheiten der Führung der Landtafel, soweit die unbeweglichen Sachen, die bisher Gegenstand der Landtafel waren, in Wien, Niederösterreich oder dem Burgenland liegen, das Gebiet dieser Bundesländer;

d) in allen Angelegenheiten der Führung der Bergbücher, soweit das Bergwerkseigentum ganz oder mit seinen Hauptbestandteilen in Wien, Niederösterreich oder dem Burgenland liegt, das Gebiet dieser Bundesländer;

e) in allen Angelegenheiten der Führung des Eisenbahnbuches, soweit es nach den am 12. März 1938 geltenden Vorschriften vom Landesgericht für Zivilrechtssachen Wien zu führen war, das nach diesen Vorschriften bestimmte Gebiet;

1a. des Bezirksgerichtes Josefstadt die Bezirke VII bis IX;

2. des Bezirksgerichtes Favoriten den Bezirk X;

2a. des Bezirksgerichtes Meidling den Bezirk XII;

3. des Bezirksgerichtes Hietzing den Bezirk XIII; *(Die Novellierung durch BGBl I 2012/81 wurde vor Inkrafttreten durch BGBl I 2016/28 beseitigt)*

4. des Bezirksgerichtes Fünfhaus die Bezirke XIV und XV;

5. des Bezirksgerichtes Hernals die Bezirke XVI und XVII;

6. des Bezirksgerichtes Döbling die Bezirke XVIII und XIX;

6a. des Bezirksgerichtes Leopoldstadt die Bezirke II und XX;

7. des Bezirksgerichtes Floridsdorf den Bezirk XXI;

8. des Bezirksgerichtes Donaustadt den Bezirk XXII;

9. des Bezirksgerichtes Liesing den XXIII. Bezirk.

(BGBl 1988/291; BGBl 1992/756; BGBl 1996/761; BGBl I 1999/57)

§ 3. Der Sprengel des Bezirksgerichtes für Handelssachen Wien umfaßt die Bezirke I bis XXIII.

(Die Novellierung durch BGBl I 2012/81 wurde vor Inkrafttreten durch BGBl I 2016/28 beseitigt)

§ 4. *(aufgehoben, BGBl I 2016/28, mit 30. Juni 2016, die Novellierung durch BGBl I 2012/81 wurde vor Inkrafttreten durch BGBl I 2016/28 beseitigt)*

§ 5. *(aufgehoben, BGBl 1996/761)*

II. Abschnitt

Übergangs- und Schlußbestimmungen

§ 6. (1) In Wien wird das Bezirksgericht Donaustadt errichtet.

(2) Das Bezirksgericht Donaustadt ist zur Ausübung der den Bezirksgerichten übertragenen Gerichtsbarkeit in bürgerlichen Rechtssachen, in Strafsachen (§ 9 Abs. 1 StPO) sowie zur Ausübung der den Bezirksgerichten nach § 17 EO übertragenen Gerichtsbarkeit zuständig, soweit hiezu nicht das Bezirksgericht für Handelssachen Wien, das Bezirksgericht Innere Stadt Wien [oder der Jugendgerichtshof Wien] berufen sind.

(BGBl 1992/756)

§ 6a. (1) In Wien wird das Bezirksgericht Josefstadt errichtet.

(2) Das Bezirksgericht Josefstadt ist zur Ausübung der in den Bezirksgerichten übertragenen Gerichtsbarkeit in bürgerlichen Rechtssachen, in Strafsachen (§ 9 Abs. 1 StPO) sowie zur Ausübung der den Bezirksgerichten nach § 17 EO übertragenen Gerichtsbarkeit zuständig, soweit hiezu nicht das Bezirksgericht für Handelssachen Wien, das Bezirksgericht Innere Stadt Wien [oder der Jugendgerichtshof Wien] berufen sind.

(BGBl 1992/756)

§ 6b. (1) In Wien wird das Bezirksgericht Meidling errichtet.

(2) Das Bezirksgericht Meidling ist zur Ausübung der den Bezirksgerichten übertragenen Gerichtsbarkeit in bürgerlichen Rechtssachen, in Strafsachen (§ 9 Abs. 1 StPO) sowie zur Ausübung der den Bezirksgerichten nach § 17 EO übertragenen Gerichtsbarkeit zuständig, soweit hiezu nicht das Bezirksgericht für Handelssachen Wien, das Bezirksgericht Innere Stadt Wien [oder der Jugendgerichtshof Wien] berufen sind.

(BGBl 1996/761)

§ 6c. Das Exekutionsgericht Wien und das Strafbezirksgericht Wien werden aufgelassen.

(BGBl 1996/761)

§ 6d. (1) In Wien wird das Bezirksgericht Leopoldstadt errichtet.

(2) Das Bezirksgericht Leopoldstadt ist zur Ausübung der den Bezirksgerichten übertragenen Gerichtsbarkeit in bürgerlichen Rechtssachen, in Strafsachen (§ 9 Abs. 1 StPO) sowie zur Ausübung der den Bezirksgerichten nach § 17 EO übertragenen Gerichtsbarkeit zuständig, soweit hiezu nicht das Bezirksgericht für Handelssachen Wien, das Bezirksgericht Innere Stadt Wien [oder der Jugendgerichtshof Wien] berufen sind.

(BGBl I 1999/57)

§ 7. Im Abs. 3 der Anlage zur Jurisdiktionsnorm vom 1. August 1895, RGBl. 111, zuletzt geändert durch das Bundesgesetz BGBl. Nr. 70/1985, wird nach dem Wort „Floridsdorf", das Wort „Donaustadt", eingefügt.

Vgl BGBl 1985/70.

§ 8. (1) Die § 1 Z 8, § 2 Z 1 erster Halbsatz, Z 7 und 8 sowie § 4 Abs. 1 Z 1, §§ 5 bis 7 und § 10 treten mit dem 1. Jänner 1986 in Kraft.

(2) Das Bundesgesetz vom 23. Jänner 1985, BGBl. Nr. 70, mit dem Bestimmungen über die Zuständigkeiten der Gerichte in Familienangelegenheiten geändert werden, bleibt unberührt.

§ 9. Ab dem Zeitpunkt ihrer Erlassung gilt die Verordnung der Bundesregierung und des Bundesministeriums für Justiz vom 28. Juli 1954, BGBl. Nr. 200 in der Fassung der BGBl. Nr. 77/1956 und 78/1956 über die Bezirksgerichte in der Stadt Wien und in einzelnen Gebieten des Bundeslandes Niederösterreich als Bundesgesetz, und zwar

1. der Abschnitt I, soweit er Gebiete oder Gebietsteile betrifft, die einem in Wien gelegenen Bezirksgericht zugewiesen wurden, und

2. der Abschnitt II; dieser tritt jedoch vorbehaltlich des § 10 am 31. Dezember 1985 außer Kraft.

§ 10. (1) Auf Verfahren, die vor dem 1. Jänner 1986 anhängig geworden sind, sind die § 1 Z 8, § 2 Z 1 erster Halbsatz, Z 7 und 8 sowie § 4 Abs. 1 Z 1 und §§ 5 bis 7 auch nach dem 31. Dezember 1985 nicht anzuwenden; dies gilt auch für Verfahrenshandlungen, Entscheidungen und Verfügungen, die nach der rechtskräftigen Beendigung dieser Verfahren – etwa auch infolge einer Nichtigkeits- oder Wiederaufnahmsklage – vorzunehmen sind oder vorgenommen werden.

(2) Auf Exekutionsverfahren – einschließlich zwangsweiser Pfandrechtsbegründung – sind jedoch die § 1 Z 8, § 2 Z 1 erster Halbsatz, Z 7 und 8 sowie § 4 Abs. 1 Z 1 und § 6 auch dann anzuwenden, wenn diese Verfahren mit Ablauf des 31. Dezember 1985 bereits anhängig waren.

(3) Die § 1 Z 8, § 2 Z 1 erster Halbsatz, Z 7 und 8 sowie §§ 6 und 7 gelten für Vormundschafts-, Pflegschafts- und Sachwaltschaftsverfahren auch dann, wenn sie bereits vor dem 1. Jänner 1986 anhängig geworden sind. Das bisher zuständige Gericht bleibt jedoch so lange weiter zuständig, bis alle vor dem 1. Jänner 1986 gestellten Anträge rechtskräftig erledigt worden sind; danach sind diese Verfahren dem nach den § 1 Z 8, § 2 Z 1 erster Halbsatz, Z 7 und 8 sowie §§ 6 und 7 zuständigen Gericht zu übertragen.

(4) Wird ein vom Strafbezirksgericht Wien oder vom Bezirksgericht Floridsdorf rechtskräftig beendetes Strafverfahren nach dem 1. Jänner 1986 erneuert (§§ 292, 359, 477 Abs. 1 StPO), so richtet sich die Zuständigkeit für dieses Verfahren

nach den § 1 Z 8, § 2 Z 7 und 8 sowie §§ 5 und 6.

§ 11. Bereits von dem der Kundmachung dieses Bundesgesetzes folgenden Tag an können organisatorische und personelle Maßnahmen im Zusammenhäng mit den § 1 Z 8, § 2 Z 1 erster Halbsatz, Z 7 und 8, § 4 Abs. 1 Z 1, §§ 5 bis 7 und § 10 getroffen und Durchführungsverordnungen erlassen werden; sie dürfen aber erst mit dem im § 8 Abs. 1 genannten Zeitpunkt in Wirksamkeit gesetzt werden.

§ 11a. *(aufgehoben, BGBl I 2016/28, mit 30. Juni 2016, die Novellierung durch BGBl I 2012/81 wurde vor Inkrafttreten durch BGBl I 2016/28 beseitigt)*

§ 11b. *(aufgehoben, BGBl I 2016/28, mit 30. Juni 2016, die Novellierung durch BGBl I 2012/81 wurde vor Inkrafttreten durch BGBl I 2016/28 beseitigt)*

§ 11c. *(aufgehoben, BGBl I 2016/28, mit 30. Juni 2016, die Novellierung durch BGBl I 2012/81 wurde vor Inkrafttreten durch BGBl I 2016/28 beseitigt)*

§ 12. Mit der Vollziehung dieses Bundesgesetzes ist der Bundesminister für Justiz betraut.

BG-OrgG Wien, „Kindesentführung"

Sonderzuständigkeit in „Entführungsfällen"

(BGBl 1985/322 idF BGBl I 2003/112, Art XXI)

Das Bundesgesetz vom 7. März 1985, BGBl. Nr. 322, zur Durchführung des Europäischen Übereinkommens vom 20. Mai 1980 über die Anerkennung und Vollstreckung von Entscheidungen über das Sorgerecht für Kinder und die Wiederherstellung des Sorgerechts wird wie folgt geändert:

§ 5 Abs. 1 bis 3 lauten:

„(1) Das Bundesministerium für Justiz hat, sofern nicht die Voraussetzungen nach Art. 5 Abs. 2 des Übereinkommens vorliegen, einen aus dem Ausland einlangenden Antrag samt seinen Beilagen an den Vorsteher des zuständigen Bezirksgerichts zu übersenden. Bezieht sich der Antrag auf ein unzulässiges Verbringen (Art. 1 lit. d des Übereinkommens), so ist das Bezirksgericht am Sitz des Gerichtshofs erster Instanz zuständig, in dessen Sprengel sich das Kind aufhält. Für den Sprengel des Landesgerichts für Zivilrechtssachen Wien ist das Bezirksgericht Innere Stadt Wien zuständig. Zur Entscheidung über alle anderen Anträge (Art. 10 und 11 des Übereinkommens) ist das im § 109 JN genannte Bezirksgericht zuständig.

(2) Der Vorsteher des Bezirksgerichts hat die Akten an den zur Durchführung des Verfahrens zuständigen Richter weiterzuleiten. Dieser hat zwecks Vertretung des Antragstellers ohne Rücksicht darauf, ob die im § 63 Abs. 1 ZPO vorgesehenen Voraussetzungen vorliegen, die Verfahrenshilfe einschließlich der Beigebung eines Rechtsanwalts zu bewilligen (§ 64 Abs. 1 ZPO). Der Beschluss über die Bewilligung der Verfahrenshilfe ist dem Antragsgegner nicht zuzustellen und kann von ihm auch nicht angefochten werden. Die Auswahl des Rechtsanwalts obliegt dem Ausschuss der Rechtsanwaltskammer.

(3) Über den Antrag ist im Verfahren außer Streitsachen unverzüglich zu entscheiden, sofern eine gerichtliche Entscheidung in einem Fall des unzulässigen Verbringens durch die freiwillige sofortige Rückgabe des Kindes an den Antragsteller nicht entbehrlich wird."

ÜBERGANGSBESTIMMUNGEN in BGBl 1992/756 (Art VII), *Auszug*

§ **1.** (1) Dieses Bundesgesetz tritt mit dem 1. Jänner 1993 in Kraft.

(2) Der Art. VI[a]) ist auf Verfahren anzuwenden, in denen die Klagen nach dem 31. Dezember 1992 bei Gericht angebracht werden.

(3) Der Art. II Z 4[b]) ist anzuwenden, wenn das Datum der Entscheidung über den Rekurs nach dem 31. Dezember 1992 liegt.

------

[a]) *Art VI: Änderungen der §§ 51, 52, 83c JN*

[b]) *Art II Z 4: Änderung des § 402 EO*

§ **2.** (1) Auf Verfahren, die vor dem 1. Jänner 1993 anhängig geworden sind, ist der Art. I[a]) auch nach dem 31. Dezember 1992 nicht anzuwenden; dies gilt – vorbehaltlich des Abs. 4 – auch für Verfahrenshandlungen, Entscheidungen und Verfügungen, die nach der rechtskräftigen Beendigung dieser Verfahren – etwa auch infolge einer Nichtigkeits- oder Wiederaufnahmsklage – vorzunehmen sind oder vorgenommen werden.

(2) Auf Exekutionsverfahren sind jedoch die Z 3[b]) des Art. I in Verbindung mit den Z 1, 2 und 6[c]) des Art. I sowie die Art. II Z 1 und 2[d]) und Art. III[e]) auch dann anzuwenden, wenn diese Verfahren mit dem Ablauf des 31. Dezember 1992 bereits anhängig waren; Ersuchen nach dem § 69 Abs. 2 EO, deren Daten vor dem 1. Jänner 1993 liegen, ist aber noch zu entsprechen.

(3) Die Z 1, 2 und 6 des Art. I gelten für Vormundschafts-, Pflegschafts- und Sachwalterschaftsverfahren auch dann, wenn sie bereits vor dem 1. Jänner 1993 anhängig geworden sind. Das bisher zuständige Gericht bleibt jedoch so lange weiter zuständig, bis alle vor dem 1. Jänner 1993 gestellten Anträge rechtskräftig erledigt worden sind; danach sind diese Verfahren dem nach den Z 1, 2 und 6 des Art. I zuständigen Gericht zu übertragen.

------

[a]) *Art I: Änderungen der §§ 1, 2, 4, 6a des BG-OrgG Wien*

[b]) *Art I Z 3: Änderungen des § 4 (1) BG-OrgG Wien*

[c]) *Art I Z 1, 2 und 6: Änderung der §§ 1, 2 und 6a des BG-OrgG Wien*

[d]) *Art II Z 1 und 2: Änderung der §§ 25 u 69 EO*

[e]) *Art III: § 12a AuktionshallenG*

...

ÜBERGANGSBESTIMMUNGEN in BGBl 1996/761 (Art. VI), *Auszug*

Ubergangs- und Schlußbestimmungen

§ **1.** Dieses Bundesgesetz tritt in Kraft:
1. ...
(betrifft nur Art III: Änderung des GOG)
2. hinsichtlich der sonstigen Bestimmungen am 1. April 1997

§ **2.** (1) Auf Verfahren, die bei einem nicht aufgelassenen Gericht vor dem 1. April 1997 anhängig geworden sind, ist der Art. I*) auch nach dem 31. März 1997 nicht anzuwenden; dies gilt auch für Verfahrenshandlungen, Entscheidungen oder Verfügungen, die nach der rechtskräftigen Beendigung dieser Verfahren – etwa auch infolge einer Nichtigkeits- oder Wiederaufnahmsklage (§§ 529, 530 f. ZPO) oder einer Wiederaufnahme von Strafverfahren – vorzunehmen sind oder vorgenommen werden.

(2) Auf Exekutionsverfahren ist jedoch der Art. I*) auch dann anzuwenden, wenn diese Verfahren mit dem Ablauf des 31. März 1997 anhängig waren.

(3) Weiters ist der Art. I*) auf Unterbringungs-, Pflegschafts- und Sachwalterschaftsverfahren auch dann anzuwenden, wenn sie bereits vor dem 1. April 1997 anhängig geworden sind. Ist damit eine Änderung der Zuständigkeit verbunden, so bleibt das bisher zuständige Gericht jedoch so lange weiter zuständig, bis alle vor dem 1. April 1997 gestellten Anträge rechtskräftig erledigt worden sind; danach sind diese Verfahren dem nach dem Art. I*) zuständigen Gericht zu übertragen.

———
*) Art I enthält die Änderungen des BG-OrgG Wien.

§ **3.** (1) Die beim Strafbezirksgericht Wien und – vorbehaltlich des Abs. 2 – beim Exekutionsgericht Wien vor dem 1. April 1997 anhängig gewordenen Rechtssachen gelten mit dem Tag des Inkrafttretens dieses Bundesgesetzes als an das Bezirksgericht überwiesen, das nach den neuen Bestimmungen zuständig ist.

(2) Die beim Exekutionsgericht Wien anhängigen bürgerlichen Rechtsstreitigkeiten gelten mit dem 1. April 1997 als an das Bezirksgericht Innere Stadt Wien überwiesen. Tritt dadurch keine Änderung in der Person des Richters ein, so ist die Verhandlung nicht von neuem durchzuführen.

(3) Die Abs. 1 und 2 sind auch anzuwenden, wenn nach der rechtskräftigen Beendigung von Verfahren, die beim Exekutionsgericht Wien beziehungsweise beim Strafbezirksgericht Wien anhängig waren, Verfahrenshandlungen, Entscheidungen oder Verfügungen – etwa auch infolge einer Nichtigkeits- oder Wiederaufnahmsklage (§§ 529, 530 f. ZPO) oder einer Wiederaufnahme von Strafverfahren – vorzunehmen sind oder vorgenommen werden.

(4) Schriftsätze, die in den nach den Abs. 1 oder 2 überwiesenen Rechtssachen an das Exekutionsgericht Wien beziehungsweise an das Strafbezirksgericht Wien gerichtet werden, gelten als bei dem nunmehr zuständigen Gericht angebracht.

(5) Die Aktenlager des Exekutionsgerichts Wien und des Strafbezirksgerichts Wien werden dem Bezirksgericht Innere Stadt Wien zugewiesen.

§ **4.** Bereits von dem der Kundmachung dieses Bundesgesetzes folgenden Tag an können organisatorische und personelle Maßnahmen im Zusammenhang mit den Bestimmungen dieses Bundesgesetzes getroffen und Durchführungsverordnungen erlassen werden; sie dürfen aber erst mit dem Inkrafttreten der jeweiligen Bestimmungen dieses Bundesgesetzes in Wirksamkeit gesetzt werden.

§ **5.** Mit der Vollziehung dieses Bundesgesetzes ist der Bundesminister für Justiz betraut.

ÜBERGANGSBESTIMMUNGEN in BGBl 1999/57 (Art. II), *Auszug*

§ **4.** Bereits von dem der Kundmachung dieses Bundesgesetzes folgenden Tag an können organisatorische und personelle Maßnahmen im Zusammenhang mit den Bestimmungen dieses Bundesgesetzes getroffen und Durchführungsverordnungen erlassen werden; sie dürfen aber erst mit dem Inkrafttreten der jeweiligen Bestimmungen dieses Bundesgesetzes in Wirksamkeit gesetzt werden.

§ **5.** Mit der Vollziehung dieses Bundesgesetzes ist der Bundesminister für Justiz betraut.

Artikel II
Übergangs- und Schlußbestimmungen

§ **1.** Dieses Bundesgesetz tritt am 1. Jänner 2001 in Kraft.

§ **2.** (1) Auf Verfahren, die bei den Bezirksgerichten Floridsdorf oder Donaustadt vor dem 1. Jänner 2001 anhängig geworden sind, ist der Art. I auch nach dem 31. Dezember 2000 nicht anzuwenden; dies gilt auch für Verfahrenshandlungen, Entscheidungen oder Verfügungen, die nach der rechtskräftigen Beendigung dieser Verfahren – etwa auch infolge einer Nichtigkeits- oder Wiederaufnahmsklage (§§ 529, 530 f ZPO) oder einer Wiederaufnahme von Strafverfahren – vorzunehmen sind oder vorgenommen werden.

(2) Auf Exekutionsverfahren ist jedoch der Art. I auch dann anzuwenden, wenn diese Verfahren mit dem Ablauf des 31. Dezember 2000 bereits anhängig waren.

(3) Weiters ist der Art. I auf Unterbringungs-, Pflegschafts- und Sachwalterschaftsverfahren auch dann anzuwenden, wenn sie bereits vor dem 1. Jänner 2001 anhängig geworden sind. Ist damit eine Änderung der Zuständigkeit verbunden, so bleibt das bisher zuständige Gericht jedoch so lange weiter zuständig, bis alle vor dem 1. Jänner 2001 gestellten Anträge rechtskräftig erledigt worden sind; danach sind diese Verfahren dem nach dem Art. I zuständigen Gericht zu übertragen.

§ **3.** Bereits von dem der Kundmachung dieses Bundesgesetzes folgenden Tag an können organisatorische und personelle Maßnahmen im Zusammenhang mit den Bestimmungen dieses Bundesgesetzes getroffen und Durchführungsverordnungen erlassen werden; sie dürfen aber erst mit dem Inkrafttreten dieses Bundesgesetzes in Wirksamkeit gesetzt werden.

§ **4.** Mit der Vollziehung dieses Bundesgesetzes ist der Bundesminister für Justiz betraut.

Bundesgesetz über den Übergang der Zivil- und Strafsachen und die Änderung der Zuständigkeit bei der Auflassung von Bezirksgerichten

BGBl 1972/67 idF

1 BGBl I 1991/10   2 BGBl I 2015/9

Bundesgesetz vom 15. Feber 1972 über den Übergang der Zivil- und Strafsachen und die Änderung der Zuständigkeit bei der Auflassung von Bezirksgerichten

§ 1. (1) Mit der Auflassung eines Bezirksgerichts gelten die Zivil- und Strafsachen, die bei dem aufgelassenen Bezirksgericht anhängig sind, als an das Bezirksgericht überwiesen, dem der Sprengel des aufgelassenen Bezirksgerichts zufällt (aufnehmendes Bezirksgericht). Dies gilt auch für die Verwahrung der im Aktenlager befindlichen Akten eines aufgelassenen Bezirksgerichts und die damit zusammenhängenden Geschäfte.

(2) Für Sachen, für die vor der Auflassung das aufgelassene Bezirksgericht zuständig gewesen wäre, ist nachher das aufnehmende Bezirksgericht zuständig.

§ 2. (1) Wird der Sprengel eines aufgelassenen Bezirksgerichts auf mehrere aufnehmende Bezirksgerichte aufgeteilt, so richtet sich die Überweisung (§ 1 Abs. 1) oder die Zuständigkeit (§ 1 Abs. 2) danach, welches der aufnehmenden Bezirksgerichte zuständig wäre, wenn die neue Sprengeleinteilung schon vor der Auflassung bestanden hätte. Die Urkundensammlung eines aufgelassenen Bezirksgerichts fällt dem Bezirksgericht zu, in dessen Sprengel das aufgelassene Bezirksgericht seinen Sitz gehabt hat.

(2) Ergibt sich aus der Anwendung des Abs. 1 nicht, an welches der aufnehmenden Bezirksgerichte die Sache als überwiesen gilt oder welches von ihnen für sie zuständig ist, so fällt sie dem Bezirksgericht zu, in dessen Sprengel das aufgelassene Bezirksgericht seinen Sitz gehabt hat.

§ 2a. Hinsichtlich der in Graz auf Grund der Bezirksgerichte-Verordnung Steiermark, BGBl. II Nr. 82/2002, in der Fassung der Verordnung BGBl. II Nr. 295/2006, mit Wirksamkeit vom 1. Jänner 2007 erfolgten Errichtung eines weiteren Bezirksgerichts (mit der Amtsbezeichnung ,Bezirksgericht Graz-West') und der Umbenennung des Bezirksgerichts Graz (mit der neuen Amtsbezeichnung ,Bezirksgericht Graz-Ost') gilt überdies Folgendes:

1. Auf Verfahren, die beim Bezirksgericht Graz vor dem 1. Jänner 2007 anhängig geworden sind, ist die durch die Verordnung BGBl. II

Nr. 295/2006 erfolgte Anpassung auch nach dem 31. Dezember 2006 nicht anzuwenden; dies gilt auch für Verfahrenshandlungen, Entscheidungen oder Verfügungen, die nach der rechtskräftigen Beendigung dieser Verfahren - etwa auch infolge einer Nichtigkeits- oder Wiederaufnahmsklage (§§ 529, 530 f ZPO) oder einer Wiederaufnahme von Strafverfahren - vorzunehmen sind oder vorgenommen werden.

2. Auf Exekutionsverfahren ist jedoch die Verordnung BGBl. II Nr. 295/2006 auch dann anzuwenden, wenn diese mit dem Ablauf des 31. Dezember 2006 bereits anhängig waren.

3. Weiters ist die Verordnung BGBl. II Nr. 295/2006 auf Unterbringungs-, Pflegschafts- und Sachwalterschaftsverfahren auch dann anzuwenden, wenn sie bereits vor dem 1. Jänner 2007 anhängig geworden sind. Ist damit eine Änderung der Zuständigkeit verbunden, so bleibt das bisher zuständige Gericht jedoch so lange weiter zuständig, bis alle vor dem 1. Jänner 2007 gestellten Anträge rechtskräftig erledigt worden sind; danach sind diese Verfahren dem zuständigen Gericht zu übertragen.

(BGBl I 2015/9, ab 1. 1. 2015)

§ 3. Wird der Sprengel eines aufgelassenen Bezirksgerichts einem Bezirksgericht zugewiesen, das zum Sprengel eines anderen im selben Land gelegenen Gerichtshofs erster Instanz gehört, so scheidet er aus dem Sprengel des Gerichtshofs erster Instanz, dem er bisher zugehört hat, aus. Er wird Teil des Sprengels des Gerichtshofs erster Instanz, dem das aufnehmende Bezirksgericht zugehört.

§ 4. Für den Fall des Ausscheidens des Sprengels eines aufgelassenen Bezirksgerichts aus dem Sprengel seines bisher übergeordneten Gerichtshofs erster Instanz gilt folgendes:

1. Sind beim Gerichtshof erster Instanz Zivilsachen mit Beziehung auf den Sprengel des aufgelassenen Bezirksgerichts in Übereinstimmung mit der bisherigen Rechtslage anhängig, so verbleiben sie bei ihm.

2. Die Zuständigkeit des bisher übergeordneten Gerichtshofs erster Instanz für anhängige Sachen des Firmenbuchs und des die Unternehmen mit dem Sitz im Sprengel des aufgelassenen Bezirks-

gerichts betreffen, geht auf den Gerichtshof erster Instanz über, dem der Sprengel des aufgelassenen Bezirksgerichts nunmehr zugehört. Der bisher übergeordnete Gerichtshof erster Instanz hat solche Registersachen dem anderen Gerichtshof erster Instanz zu überweisen und die Eintragungen im Firmenbuch die solche Unternehmen betreffen, dem anderen Gerichtshof erster Instanz zur Bildung der Register mitzuteilen.

3. Strafverfahren erster Instanz, die im Zeitpunkt der Auflassung beim bisher übergeordneten Landesgericht anhängig sind, hat dieses Gericht, ungeachtet des Ausscheidens des Sprengels des aufgelassenen Bezirksgerichts, weiterzuführen. Dem bisher übergeordneten Landesgericht stehen auch alle Entscheidungen oder Verfügungen nach rechtskräftiger Beendigung solcher Verfahren und in allen Strafverfahren zu, die vor der Auflassung von ihm rechtskräftig beendet worden sind. Wird jedoch ein beendetes Verfahren des bisher übergeordneten Landesgerichts nach der Auflassung erneuert (§§ 292, 359, 362, 363 und 363a der Strafprozeßordnung 1975 (StPO), BGBl. Nr. 631/1975), so richtet sich die Zuständigkeit für das erneuerte Verfahren nach dem § 3. In den Fällen des § 470 Z 3 und des § 475 Abs. 1 StPO kann das Landesgericht die Sache auch an das nach dem § 3 aufnehmende Bezirksgericht verweisen. *(BGBl I 2015/9, ab 1. 1. 2015)*

4. Der bisher übergeordnete Gerichtshof erster Instanz bleibt zur Entscheidung über Rechtsmittel zuständig, die sich gegen eine Entscheidung eines aufgelassenen Bezirksgerichts richten, wenn die Akten vor der Auflassung bei ihm eingelangt sind.

§ 5. Für den Fall des Ausscheidens eines Teiles des Sprengels eines aufgelassenen Bezirksgerichts aus dem Sprengel seines bisher übergeordneten Gerichtshofs erster Instanz ist der § 4 sinngemäß anzuwenden.

§ 6. Bei der Zusammenlegung von Bezirksgerichten sind die §§ 1 bis 5 sinngemäß anzuwenden.

§ 6a. (1) Soweit Angelegenheiten nach einem Gesetz dem Bezirksgericht am Sitz eines Gerichtshofs I. Instanz in Graz oder namentlich dem Bezirksgericht für Zivilrechtssachen Graz zugewiesen sind, ist das Bezirksgericht Graz-Ost zuständig.

(2) Soweit Angelegenheiten nach einem Gesetz dem Bezirksgericht am Sitz des Gerichtshofs I. Instanz in Linz zugewiesen sind, ist das Bezirksgericht Linz zuständig. *(BGBl I 2015/9, ab 1. 1. 2015)*

§ 6b. § 2a, § 4 Z 3 und § 6a in der Fassung des Bundesgesetzes BGBl. I Nr. 9/2015 treten mit 1. Jänner 2015 in Kraft. *(BGBl I 2015/9)*

§ 7. Mit der Vollziehung dieses Bundesgesetzes ist der Bundesminister für Justiz betraut.

Das Bundesgesetz über die Organisation der Bezirksgerichte in Graz, BGBl I 2004/60, Art 1, zuletzt geändert durch das BG BGBl I 2005/66, tritt mit Ablauf des 31. Dezember 2014 außer Kraft. (BGBl I 2015/9, Art 2)

Gerichtsorganisationsgesetz

(Auszug)

RGBl 1896/217 idF

1 BGBl 1985/560	14 BGBl I 2010/111 (BudgetbegleitG 2011)
2 BGBl 1989/343	15 BGBl I 2011/136
3 BGBl 1996/757	16 BGBl I 2012/26
4 BGBl 1996/761	17 BGBl I 2013/119
5 BGBl I 1997/114	18 BGBl I 2014/40
6 BGBl I 1999/164	19 BGBl I 2015/34
7 BGBl I 2000/26	20 BGBl I 2016/28
8 BGBl I 2004/128	21 BGBl I 2016/50
9 BGBl I 2005/164	22 BGBl I 2017/52
10 BGBl I 2006/92	23 BGBl I 2018/32
11 BGBl I 2007/111 (BRÄG 2008)	24 BGBl I 2019/44
12 BGBl I 2009/30 (ZVN 2009)	25 BGBl I 2020/135
13 BGBl I 2009/141	26 BGBl I 2021/87

Gesetz vom 27. November 1896, womit Vorschriften über die Besetzung, innere Einrichtung und Geschäftsordnung der Gerichte erlassen werden (Gerichtsorganisationsgesetz – GOG)

ERSTER ABSCHNITT

Erster Unterabschnitt

Sicherheit in Gerichtsgebäuden und bei auswärtigen Gerichtshandlungen

§ 16 (Hausordnung) s nach § 133 ZPO

Verhandlungsspiegel

§ 16a. Die Gerichte können auf geeignete Weise einen Verhandlungsspiegel veröffentlichen, aus dem ersichtlich sind:

1. der Ort, der Tag, die Stunde des Beginns und der Gegenstand des Verfahrens der am jeweiligen Gericht stattfindenden öffentlichen Gerichtsverhandlungen (Tagsatzungen) in bürgerlichen Rechtssachen,

2. der Ort, der Tag, die Stunde des Beginns und der Gegenstand des Verfahrens der am jeweiligen Gericht stattfindenden öffentlichen Verhandlungen in Strafsachen.

(BGBl I 2018/32 [s auch Durchführungshinweis in Art 115 Abs 1])

...

VIERTER ABSCHNITT

Kundmachungen im Bereich der Justizbehörden

§ 78d. (1) Allgemeine Erlässe der Justizbehörden werden durch Veröffentlichung im Justiz-Intranet verlautbart. Die darüber hinaus bestehende Möglichkeit einer zusätzlichen Veröffentlichung im Rechtsinformationssystem des Bundes (RIS) bleibt davon unberührt.

(2) Gegenüber Mitarbeiterinnen und Mitarbeitern, die über keinen Zugang zum Justiz-Intranet verfügen, sind Erlässe im Sinne des Abs. 1 auf andere, geeignete Weise zu verlautbaren.

(3) Sobald ein Erlass im Sinne des Abs. 1 und 2 verlautbart wurde, kann niemand sich darauf berufen, dass ihr oder ihm derselbe nicht bekannt geworden sei.

(4) Das „Amtsblatt der österreichischen Justizverwaltung" ist nicht mehr zu führen. Soweit in Gesetzen, Verordnungen oder Erlässen Veröffentlichungen im „Amtsblatt der österreichischen Justizverwaltung" vorgesehen sind, haben stattdessen jeweils entsprechende Veröffentlichungen im Justiz-Intranet nach Abs. 1 oder in sonst geeigneter Weise (zB RIS oder Justiz-Homepage) zu erfolgen. *(BGBl I 2014/40)*

(5) In gleicher Weise wird Anordnungen, wonach Geschäftsverteilungen, Geschäftseinteilungen und Geschäftsverteilungsübersichten dem Bundesministerium für Justiz vorzulegen sind, durch entsprechende Veröffentlichung im Justiz-Intranet (Abs. 1) entsprochen. *(BGBl I 2014/40)*

(BGBl I 2013/119)

FÜNFTER ABSCHNITT

Behandlung der Geschäfte bei den Gerichten

Ausfertigung von Erledigungen

§ 79. (1) Die schriftlichen Ausfertigungen der Urteile, Beschlüsse, Vergleiche und Bestätigungen der Rechtskraft oder Vollstreckbarkeit werden bei allen Gerichten von der *Geschäftsstelle* unter dem Vermerke unterschrieben: „Für die Richtigkeit der Ausfertigung". Ebenso kann in Justizverwaltungssachen auf den Ausfertigungen an die Stelle der Unterschrift dessen, der die Erledigung genehmigt hat, die Beglaubigung durch die *Geschäftsstelle* treten. Ausfertigungen, die mittels automationsunterstützter Datenverarbeitung erstellt werden, bedürfen weder einer Unterschrift noch einer Beglaubigung.

(2) Amtszeugnisse, Ausfolgungsaufträge, die an *Verwahrungsabteilungen* gerichtet sind, für das Ausland bestimmte Schreiben, sowie Bestellungsurkunden, die im Justizverwaltungsverfahren ausgefertigt werden, sind vom Vorsitzenden des Senates, vom Einzelrichter oder vom Gerichtsvorsteher eigenhändig zu unterfertigen, der die Erledigung beschlossen hat.

(3) Bei der schriftlichen Ausfertigung von Beschlüssen in Rechtssachen der streitigen Gerichtsbarkeit kann die Anführung der Namen der Richter durch die Angabe des Senates, der den Beschluß gefaßt hat, und bei Bezirksgerichten, die mit mehreren Einzelrichtern besetzt sind, durch die Angabe der dem betreffenden Richter übertragenen Abteilung des Gerichtes ersetzt werden. Diese Angaben müssen nicht im Texte des Beschlusses enthalten sein.

(4) Von mündlich verkündeten Beschlüssen, gegen welche der Partei ein abgesondertes Rechtsmittel nicht zusteht und welche auch nicht das Recht zur sofortigen Executionsführung begründen, sind den bei der Verkündung anwesenden Parteien nur auf Verlangen schriftliche Ausfertigungen zuzustellen.

(5) In den Ausfertigungen der gerichtlichen Beschlüsse in bürgerlichen Rechtssachen, der bedingten Zahlungsbefehle und der Zahlungsaufträge im Mandats- und Wechselverfahren kann die Bezeichnung der Rechtssache, der Parteien, des Streitgegenstandes, der Art und Zeit der Leistung und des Vollzuges durch Bezugnahme auf gleichzeitig mitgeteilte Protokolle, Schriftsätze und Rubriken ersetzt werden. Die Rechtsbelehrung kann, insofern sie nicht nach gesetzlicher Vorschrift einen Bestandteil der Entscheidung zu bilden hat, bei allen gerichtlichen Entscheidungen der Ausfertigung auf abgesondertem Blatte angeschlossen werden. Wenn dem Antrag einer Partei durch Versäumungs- oder Anerkenntnisurteil ohne Änderung stattgegeben wird, ist ihr keine Rechtsbelehrung zuzustellen.

(RGBl 1914/118; StGBl 1920/116; BGBl 1929/222; BGBl 1985/560)

§ 79a. (1) Wenn dies erforderlich scheint, hat das Gericht – gegebenenfalls unter Verwendung technischer Hilfsmittel – dafür zu sorgen, daß eine blinde oder hochgradig sehbehinderte Partei, die nicht vertreten ist, vom wesentlichen Inhalt der zugestellten Schriftstücke und der bei Gericht befindlichen Akten Kenntnis erlangen kann; die Kosten trägt der Bund.

(2) Kann mit den Maßnahmen nach Abs. 1 das Auslangen nicht gefunden werden, ist in Verfahren in bürgerlichen Rechtssachen einer solchen Partei unabhängig von ihren Einkommens- und Vermögensverhältnissen auf Antrag Verfahrenshilfe (§ 64 Abs. 1 Z 3 und 4 ZPO) zu gewähren; für die Beigebung eines Verteidigers in Strafsachen ist § 61 Abs. 2 StPO mit der Maßgabe anzuwenden, daß auf die Einkommens- und Vermögensverhältnisse des Beschuldigten nicht Bedacht zu nehmen ist. *(BGBl I 2007/111)*

(BGBl I 1999/164)

Datenschutz in Angelegenheiten der Gerichtsbarkeit in bürgerlichen Rechtssachen und der weisungsfreien Justizverwaltung

§ 83. (1) Die Gerichte dürfen im Rahmen ihrer justiziellen Tätigkeit die hiefür erforderlichen personenbezogenen Daten verarbeiten.

(2) Die justizielle Tätigkeit der Gerichte umfasst alle Tätigkeiten, die zur Erfüllung der Aufgaben in Angelegenheiten der ordentlichen Gerichtsbarkeit erforderlich sind.

(BGBl I 2018/32, ab 25. 5. 2018 [s auch Durchführungshinweis in Art 115 Abs 1])

§ 84. Bei Datenverarbeitungen im Rahmen der justiziellen Tätigkeit in Angelegenheiten der Gerichtsbarkeit in bürgerlichen Rechtssachen und der in Senaten zu erledigenden Justizverwaltung richten sich die sich aus Art. 12 bis 22 und Art. 34 der Verordnung (EU) 2016/679 zum Schutz natürlicher Personen bei der Verarbeitung personenbezogener Daten, zum freien Datenverkehr und zur Aufhebung der Richtlinie 95/46/EG (Datenschutz-Grundverordnung), ABl. Nr. L 119 vom 4.5.2016 S. 1 (im Folgenden: DSGVO), und die sich aus dem Recht auf Auskunft, Richtigstellung und Löschung nach § 1 DSG ergebenden Rechte und Pflichten sowie deren Durchsetzung nach den Verfahrensgesetzen und den darauf beruhenden Verordnungen sowie den Vorschriften dieses Bundesgesetzes.

(BGBl I 2018/32, auf Anträge anzuwenden, die nach dem 24. 5. 2018 angebracht werden; auf Anträge, die vor dem 25. Mai 2018 angebracht werden, sind die §§ 84 und 85 in der bisher geltenden Fassung weiterhin anzuwenden [s auch Durchführungshinweis in Art 115 Abs 1])

§ 85. (1) Wer durch ein Organ, das in Ausübung seiner justiziellen Tätigkeit in Angelegenheiten der Gerichtsbarkeit in bürgerlichen Rechtssachen und der in Senaten zu erledigenden Justizverwaltung handelt, im Grundrecht auf Datenschutz verletzt wurde, kann dem Bund gegenüber die Feststellung dieser Verletzung begehren.

(2) Zur Entscheidung über diese Beschwerde ist das im Instanzenzug übergeordnete Gericht zuständig. Betrifft die Beschwerde eine Verletzung durch ein Organ des Obersten Gerichtshofs, so ist dieser zur Entscheidung zuständig. Das Gericht entscheidet im Verfahren außer Streitsachen, soweit im Folgenden nicht anderes bestimmt ist.

(3) In der Beschwerde ist anzugeben und zu begründen, worin der Beschwerdeführer die Verletzung seines Rechtes erblickt. Die zum Anlass der Beschwerde genommene Entscheidung oder der entsprechende Vorgang ist genau zu bezeichnen. Der Tag, an dem der Betroffene von der Entscheidung oder dem Vorgang Kenntnis erlangt hat, ist anzuführen.

(4) Der Betroffene kann sich bei der Erhebung der Beschwerde nur von einem Rechtsanwalt vertreten lassen. Die Beschwerde ist binnen einem Jahr ab dem Tag, an dem der Betroffene von der Entscheidung oder dem Vorgang Kenntnis erlangt hat, bei dem nach Abs. 2 zuständigen Gericht einzubringen. Nach Ablauf von drei Jahren nach der Entscheidung oder dem Vorgang kann die Feststellung nicht mehr begehrt werden.

(5) Das Gericht hat auszusprechen, ob die behauptete Rechtsverletzung stattgefunden hat, und gegebenenfalls dem zuständigen Gericht die erforderlichen Aufträge zu erteilen. Gegen die Entscheidung ist ein Rechtsmittel an den Obersten Gerichtshof zulässig, sofern sie nicht ohnedies von diesem gefällt wurde und die Entscheidung von der Lösung einer Rechtsfrage abhängt, der zur Wahrung der Rechtseinheit, Rechtssicherheit oder Rechtsentwicklung erhebliche Bedeutung zukommt. Die Partei muss für die Erhebung des Rechtsmittels und im weiteren Verfahren durch einen Rechtsanwalt vertreten sein. In einem stattgebenden Erkenntnis ist dem Bund der Ersatz der Beschwerdekosten an den Beschwerdeführer aufzuerlegen.

(BGBl I 2018/32, auf Anträge anzuwenden, die nach dem 24. 5. 2018 angebracht werden; auf Anträge, die vor dem 25. Mai 2018 angebracht werden, sind die §§ 84 und 85 in der bisher geltenden Fassung weiterhin anzuwenden [s auch Durchführungshinweis in Art 115 Abs 1])

Datenschutz in Angelegenheiten der Strafgerichtsbarkeit

§ 85a. (1) Für die Verarbeitung personenbezogener Daten in Angelegenheiten der Strafgerichtsbarkeit finden die Bestimmungen der Strafprozessordnung 1975 – StPO, BGBl. Nr. 631/1975, Anwendung.

(2) § 85 gilt sinngemäß. Zur Entscheidung über eine Beschwerde in Strafsachen ist das Oberlandesgericht zuständig, betrifft die Beschwerde eine Verletzung durch ein Organ des Obersten Gerichtshofs, dieser. Das Verfahren richtet sich nach den Bestimmungen der StPO, sofern in diesem Bundesgesetz nichts anderes bestimmt ist.

(BGBl I 2018/32, auf Anträge anzuwenden, die nach dem 24. 5. 2018 angebracht werden; auf Anträge, die vor dem 25. Mai 2018 angebracht werden, sind die §§ 84 und 85 in der bisher geltenden Fassung weiterhin anzuwenden [s auch Durchführungshinweis in Art 115 Abs 1])

Postsendungen, Ablichtungen und telegrafische Eingaben

§ 89. (1) Bei gesetzlichen oder richterlichen Fristen, die in bürgerlichen Rechtssachen einer Partei zur Abgabe von Erklärungen, Anbringung von Anträgen, Überreichung von Schriftsätzen oder zur Vornahme anderer, ein gerichtliches Verfahren betreffenden Handlungen offenstehen, werden die Tage des Postenlaufes in die Frist nicht eingerechnet.

(2) Anstelle weiterer Ausfertigungen einer Eingabe können Ablichtungen der ersten Ausfertigung angeschlossen werden.

(3) Schriftliche Eingaben an das Gericht können auch im telegraphischen Wege erfolgen, insbesondere kann die Erhebung der Berufung, Revision oder des Recurses telegraphisch geschehen. Die näheren Vorschriften über die geschäftliche Behandlung solcher Depeschen sind im Verordnungswege zu erlassen.

(4) Die Richterin oder der Richter kann die Überprüfung auf das Vorliegen des Schriftsatzerfordernisses des § 75 Z 3 ZPO von Eingaben, die nicht elektronisch eingebracht worden sind, durch allgemeine Weisung an die Geschäftsstelle in deren selbständigen Wirkungskreis übertragen. Das Ergebnis der Überprüfung durch die Geschäftsstelle bindet die Richterin oder den Richter nicht. Liegt das Schriftsatzerfordernis des § 75 Abs. 3 ZPO nicht vor oder hat die Geschäftsstelle Zweifel, so ist die Eingabe der Richterin oder dem Richter vorzulegen. *(BGBl I 2017/52)*

(BGBl 1989/343)

Elektronische Eingaben und Erledigungen (elektronischer Rechtsverkehr)

§ 89a. (1) Eingaben können, soweit dies durch eine Regelung nach § 89b vorgesehen ist, statt mittels eines Schriftstücks elektronisch angebracht werden.

(2) Anstelle schriftlicher Ausfertigungen gerichtlicher Erledigungen sowie anstelle von Gleichschriften von Eingaben, die elektronisch angebracht worden sind, kann das Gericht die darin enthaltenen Daten an Einschreiter, die Eingaben elektronisch anbringen (Abs. 1), auch

GOG, GebAG

elektronisch übermitteln. Die Übermittlung von Rubriken an den Einbringer kann bei elektronischen Anbringen unterbleiben. *(BGBl I 2012/26)*

(3) Ist die Zustellung im elektronischen Rechtsverkehr nach den folgenden Bestimmungen nicht möglich, kann sie auch über elektronische Zustelldienste nach den Bestimmungen des 3. Abschnitts des Zustellgesetzes, BGBl. Nr. 200/1982, in der jeweils geltenden Fassung erfolgen. *(BGBl I 2010/111)*

(BGBl 1989/343; BGBl I 2000/26)

§ 89b. (1) Der Bundesminister für Justiz hat nach Maßgabe der technischen Möglichkeiten sowie unter Bedachtnahme auf eine einfache und sparsame Verwaltung und eine Sicherung vor Mißbrauch

1. die Eingaben zu bestimmen, die elektronisch angebracht werden dürfen,

2. die gerichtlichen Erledigungen zu bestimmen, deren Inhalt anstatt in der Form schriftlicher Ausfertigungen elektronisch übermittelt werden darf.

(2) Die nähere Vorgangsweise bei der elektronischen Übermittlung von Eingaben, Beilagen und Erledigungen ist durch Verordnung des Bundesministers für Justiz zu regeln. Dazu gehören insbesondere die zulässigen elektronischen Formate und Signaturen, die Regelungen für die Ausgestaltung der automationsunterstützt hergestellten Ausfertigungen einschließlich der technischen Vorgaben für die elektronische Signatur der Justiz (§ 89c Abs. 3) und deren Überprüfung (§ 89c Abs. 4). In der Regelung kann vorgeschrieben werden, dass sich der Einbringer einer Übermittlungsstelle zu bedienen hat.

(BGBl 1989/343; BGBl I 2000/26; BGBl I 2005/164)

Siehe ERV 2006

§ 89c. (1) Für Eingaben im elektronischen Rechtsverkehr gelten die Bestimmungen über den Inhalt schriftlicher Eingaben; sie bedürfen keiner Gleichschriften und Rubriken. Soweit solche benötigt werden, hat das Gericht die entsprechenden Ausdrucke herzustellen. Eingaben im elektronischen Rechtsverkehr entfalten auch die Rechtswirkungen der Schriftlichkeit im Sinne des § 886 ABGB. *(BGBl I 2016/50)*

(2) Soweit dies in der Verordnung nach § 89b Abs. 2 angeordnet ist,

1. sind die Eingaben mit einer geeigneten elektronischen Signatur zu unterschreiben;

2. kann auch ein anderes sicheres Verfahren, das die Authentizität und die Integrität des übermittelten elektronischen Dokuments sicherstellt, angewandt werden;

3. sind Beilagen zu elektronischen Eingaben in Form von elektronischen Urkunden (Urschriften oder elektronischen Abschriften von Papierurkunden) anzuschließen.

(2a) Nach Maßgabe der technischen Möglichkeiten können Unterschriften insbesondere unter Urschriften gerichtlicher Erledigungen und Protokolle elektronisch geleistet werden. *(BGBl I 2016/28)*

(3) Für elektronisch übermittelte gerichtliche Erledigungen gelten die Bestimmungen über den Inhalt schriftlicher Ausfertigungen gerichtlicher Erledigungen. In der Ausfertigung ist zwingend der Name des Entscheidungsorgans anzuführen. Die Ausfertigungen gerichtlicher Erledigungen sind mit der elektronischen Signatur der Justiz zu versehen, soweit dies in der Verordnung nach § 89b Abs. 2 vorgesehen ist. Die elektronische Signatur der Justiz ist eine fortgeschrittene elektronische Signatur. Soweit die Rückführung der Ansicht des gesamten Dokuments in eine Form, die die Signaturprüfung zulässt, möglich ist, gelten für die Prüfbarkeit der elektronischen Signatur der Justiz und die Rückführbarkeit von Ausdrucken § 19 Abs. 3 und § 20 E-GovG. *(BGBl I 2007/111; BGBl I 2016/50)*

(4) Der Bundesminister für Justiz hat die notwendigen Zertifizierungsdienste für die elektronische Signatur der Justiz sowie die qualifizierten elektronischen Signaturen der zur Überbeglaubigung berechtigten Organe sicherzustellen. Jede Verwendung der elektronischen Signatur der Justiz ist automationsunterstützt in einem Protokoll, das den Namen des Anwenders ausweist, festzuhalten. Dieses Protokoll ist mindestens drei Jahre lang aufzubewahren. *(BGBl I 2007/111)*

(5) Nach Maßgabe der technischen Möglichkeiten sind

1. Rechtsanwältinnen und Rechtsanwälte sowie Verteidigerinnen und Verteidiger in Strafsachen,

2. Notarinnen und Notare,

3. Kredit- und Finanzinstitute (§ 1 Abs. 1 und 2 BWG),

4. Unternehmen gemäß § 1 Abs. 1 Z 1, 2, 4, 6, 7 und 8 des Versicherungsaufsichtsgesetzes 2016 (VAG 2016), BGBl. I Nr. 34/2015, *(BGBl I 2015/34)*

5. Sozialversicherungsträger (§§ 23 bis 25 ASVG, § 15 GSVG, § 13 BSVG, § 9 B-KUVG, § 4 NVG 1972),

6. Pensionsinstitute (§ 479 ASVG), die Bauarbeiter-Urlaubs- und Abfertigungskasse (§ 14 BUAG), die Pharmazeutische Gehaltskasse (§ 1 Gehaltskassengesetz 2002), der Insolvenz-Entgelt-Fonds (§ 13 IESG) und die IEF-Service GmbH (§ 1 IEFG),

7. der Hauptverband der österreichischen Sozialversicherungsträger (§ 31 ASVG) und

8. die Finanzprokuratur (§ 1 ProkG) und

9. die Rechtsanwaltskammern

zur Teilnahme am elektronischen Rechtsverkehr verpflichtet. *(BGBl I 2012/26; BGBl I 2013/119)*

(5a) Sachverständige sowie Dolmetscherinnen und Dolmetscher sind nach Maßgabe der technischen Möglichkeiten, insbesondere zum Zweck der Übermittlung von Gutachten oder Übersetzungen, zur Teilnahme am elektronischen Rechtsverkehr (§ 89a) verpflichtet. Diese Verpflichtung entfällt, wenn die Teilnahme am elektronischen Rechtsverkehr für die Sachverständige oder den Sachverständigen oder die Dolmetscherin oder den Dolmetscher im Einzelfall nicht zumutbar ist; dies ist insbesondere dann der Fall, wenn sie mit einem unverhältnismäßigen Aufwand für die Sachverständige oder den Sachverständigen oder die Dolmetscherin oder den Dolmetscher verbunden wäre, etwa im Hinblick auf die geringe Zahl an Bestellungen. Von der Nutzung des elektronischen Rechtsverkehrs kann abgesehen werden, wenn diese im Einzelfall, insbesondere im Hinblick auf den Gutachtensgegenstand oder die Verwertbarkeit des Gutachtens, untunlich ist. Für im elektronischen Rechtsverkehr übermittelte Gutachten oder Übersetzungen entfällt das Erfordernis der Unterfertigung. *(BGBl I 2019/44; BGBl I 2020/135)*

(6) Ein Verstoß gegen Abs. 5 oder Abs. 5a ist wie ein Formmangel zu behandeln, der zu verbessern ist. *(BGBl I 2012/26; BGBl I 2019/44)*

(7) Eingaben und im Original vorzulegende Beilagen im Grundbuchs- oder Firmenbuchverfahren, welche elektronisch eingebracht werden dürfen, sind von Kredit- und Finanzinstituten nach § 1 Abs. 1 und 2 BWG und inländischen Versicherungsunternehmen nach § 1 Abs. 1 VAG nach Maßgabe der technischen Möglichkeiten im elektronischen Rechtsverkehr einzubringen. *(BGBl I 2010/111; BGBl I 2012/26, § 89c Abs. 7 tritt am 1. 10. 2012 außer Kraft.)*

(BGBl 1989/343; BGBl I 2005/164)

Zur verpflichtenden Teilnahme von Unternehmen an der „elektronischen Zustellung" (ab 1.1.2019) s § 1b (idF BGBl I 2017/40) und § 24 Abs 5 letzter Satz E-GovernmentG iZm § 3 Z 20 Bundesstatistikgesetz sowie (zur Verfügbarkeit des Anzeigemoduls) BGBL II 2018/110, BGBL I 2018/33.

§ **89d.** (1) Elektronische Eingaben (§ 89a Abs. 1) gelten als bei Gericht angebracht, wenn ihre Daten zur Gänze bei der Bundesrechenzentrum GmbH eingelangt sind. Ist vorgesehen, daß die Eingaben über eine Übermittlungsstelle zu leiten sind (§ 89b Abs. 2), und sind sie auf diesem Weg bei der Bundesrechenzentrum GmbH tatsächlich zur Gänze eingelangt, so gelten sie als bei Gericht mit demjenigen Zeitpunkt angebracht, an dem die Übermittlungsstelle dem Einbringer

rückgemeldet hatte, daß sie die Daten der Eingabe zur Weiterleitung an die Bundesrechenzentrum GmbH übernommen hat. *(BGBl 1996/757)*

(2) Als Zustellungszeitpunkt elektronisch übermittelter gerichtlicher Erledigungen und Eingaben (§ 89a Abs. 2) gilt jeweils der auf das Einlangen in den elektronischen Verfügungsbereich des Empfängers folgende Werktag, wobei Samstage nicht als Werktage gelten. *(BGBl I 2012/26)*

(BGBl 1989/343)

Haftung für IT-Einsatz

§ **89e.** (1) Für die durch den Einsatz der Informations- und Kommunikationstechnik verursachten Schäden aus Fehlern bei der Führung gerichtlicher Geschäfte einschließlich der Justizverwaltungsgeschäfte sowie der dafür notwendigen Register und sonstigen Geschäftsbehelfe und der öffentlichen Register haftet der Bund. Die Haftung ist ausgeschlossen, wenn der Schaden durch ein unabwendbares Ereignis verursacht wird, das weder auf einem Fehler in der Beschaffenheit noch auf einem Versagen der Mittel der automationsunterstützten Datenverarbeitung beruht. Im Übrigen ist das Amtshaftungsgesetz, BGBl. Nr. 20/1949, anzuwenden.

(2) Bei der elektronischen Übermittlung von Eingaben und Erledigungen haftet der Bund nach Abs. 1, sofern der Fehler entstanden ist

1. bei Daten, die an das Gericht übermittelt worden sind, ab ihrem Einlangen bei der Bundesrechenzentrum GmbH; *(BGBl 1996/757)*

2. bei Daten, die vom Gericht zu übermitteln sind, bis zu ihrem Einlangen im Verfügungsbereich des Empfängers.

(BGBl 1989/343; BGBl I 2004/128)

Auftragsverarbeiter[1]

[1] *Überschrift eingefügt durch BGBl I 2018/32 [s auch Durchführungshinweis in Art 115 Abs 1]*

§ **89f.** (1) Der Bundesrechenzentrum GmbH obliegt nach den Vorgaben des Bundesministeriums für Verfassung, Reformen, Deregulierung und Justiz und nach Maßgabe ihrer maschinellen und personellen Ausstattung die Mitwirkung an der automationsunterstützten Abwicklung von gesetzlichen Aufgaben des Justizressorts als Auftragsverarbeiter (Art. 4 Z 8 DSGVO), soweit dies der Einfachheit, Zweckmäßigkeit und Kostenersparnis dient. *(BGBl I 2018/32 [s auch Durchführungshinweis in Art 115 Abs 1])*

(2) Die Übermittlung von Daten im Sinn des Abs. 1 durch den Auftragsverarbeiter an andere Rechtsträger ist nur auf Grund eines Auftrags eines Verantwortlichen (Art. 4 Z 7 DSGVO) zulässig; die Bestimmungen, die für das auf automationsunterstützte Datenverarbeitung umgestellte

Grundbuch gelten, bleiben jedoch unberührt. *(BGBl I 2018/32, [s auch Durchführungshinweis in Art 115 Abs 1])*

(BGBl 1989/343; BGBl I 2004/128)

Übermittlung an Empfänger im Ausland[1]

[1] Überschrift eingefügt durch BGBl I 2018/32 [s auch Durchführungshinweis in Art 115 Abs 1]

§ 89g. Die Gerichte und Justizverwaltungsbehörden sind zur Übermittlung aller gesetzmäßig ermittelten und verarbeiteten Daten an diejenigen Empfänger im Ausland ermächtigt, welche als solche nach den bestehenden Rechtsvorschriften vorgesehen sind.

(BGBl 1989/343)

Amtshilfe der Sozialversicherungsträger

§ 89h. Die Sozialversicherungsträger und deren Hauptverband haben den Gerichten auf deren Ersuchen Auskünfte über verfahrenserhebliche Umstände zu erteilen; die Ersuchen und die Auskünfte haben möglichst automationsunterstützt zu erfolgen (§ 31 Abs. 4 Z 3 lit. b ASVG). Vorschriften, die für bestimmte Verfahren besonderes anordnen, bleiben unberührt.

(BGBl 1990/294; BGBl I 2004/128)

Akteneinsicht[1]

[1] Überschrift eingefügt durch BGBl I 2018/32 [s auch Durchführungshinweis in Art 115 Abs 1]

§ 89i. (1) Soweit Parteien und Beteiligten ein Recht auf Akteneinsicht zusteht, haben sie nach Maßgabe der vorhandenen technischen Möglichkeiten Anspruch darauf, Ablichtungen der ihre Sache betreffenden Akten und Aktenteile zu erhalten.

(2) Den Parteien kann auch elektronische Einsicht in sämtliche gemäß § 219 Abs. 1 ZPO oder den §§ 51, 57 Abs. 2 und 68 Abs. 1 und 2 StPO zugängliche, ihre Sache betreffende Daten, die in der Verfahrensautomation Justiz gespeichert sind, nach Maßgabe der technischen Möglichkeiten sowie unter Bedachtnahme auf eine einfache und sparsame Verwaltung und eine ausreichende Sicherung vor Missbrauch durch dritte Personen ermöglicht werden. *(BGBl I 2007/111)*

(BGBl 1991/20; BGBl 1996/201; BGBl I 2004/128)

Ediktsdatei

§ 89j. (1) Der Bundesminister für Justiz hat eine allgemein zugängliche Datenbank (Ediktsdatei) einzurichten, in die von den Gerichten die Daten jener gerichtlichen Bekanntmachungen aufzunehmen sind, die auf Grund gesetzlicher Vorschriften durch die Aufnahme in die Ediktsda-tei bekanntzumachen sind. Wird eine solche Bekanntmachung angeordnet, so treten ihre Wirkungen mit der Aufnahme ihrer Daten in die Ediktsdatei ein.

(2) Ist in Verfahrensgesetzen oder sonstigen Rechtsvorschriften ein Anschlag an der Gerichtstafel angeordnet, so kann dieser Anordnung auch durch eine Aufnahme in die Ediktsdatei entsprochen werden, sofern dies dem Zweck der Bekanntmachung entspricht. Die betreffenden Daten sind dabei für den jeweils vorgesehenen Zeitraum zur Abfrage zur Verfügung zu stellen. *(BGBl I 2011/136)*

(3) Fehler von Dateneingaben in die Ediktsdatei und fehlerhafte Abfragemöglichkeiten sind auf Antrag oder von Amts wegen von dem Gericht zu berichtigen, das für jenes Verfahren zuständig ist, in dem die Bekanntmachung vorgenommen worden ist. Der Antrag kann von jedem gestellt werden, der von einem Fehler der Dateneingabe oder ihrer Abfragbarkeit betroffen ist. *(BGBl I 2011/136)*

(BGBl I 1997/114; BGBl I 2004/128)

§ 89k. (1) Jedermann kann in die Ediktsdatei durch eine Abfrage mittels automationsunterstützter Datenübermittlung Einsicht nehmen.

(2) Von allen Bezirksgerichten und von den Gerichtshöfen erster Instanz ist eine Einsicht in die Ediktsdatei durch die Erteilung eines Ausdrucks zu gewähren; von einem Gerichtshof erster Instanz aber nur dann, wenn er für ein Verfahren zuständig ist, in dem die nachgefragten Daten bekanntgemacht werden könnten.

(3) Kurze Mitteilungen aus der Ediktsdatei sind von den nach Abs. 2 zuständigen Gerichten jedoch mündlich zu erteilen; statt dessen kann eine dementsprechende Einsicht in die Ediktsdatei mit Hilfe geeigneter technischer Vorrichtungen gewährt werden.

(4) Kann eine Einsicht durch Sammelabfrage nicht automationsunterstützt vorgenommen werden, so ist sie schriftlich bei einem Gericht zu beantragen, das für eines der Verfahren zuständig ist, in dem die nachgefragten Daten bekanntgemacht werden könnten.

(BGBl I 1997/114)

Registerauskunft

§ 89l. (1) Jedermann kann beim Bezirksgericht seines Wohnsitzes oder gewöhnlichen Aufenthalts Auskunft über Gericht und Aktenzahl aller im elektronischen Register enthaltenen zivilgerichtlichen Verfahren beantragen, in denen er Partei ist. Diese Auskunft ist nach Maßgabe der technischen Möglichkeiten sowie unter Bedachtnahme auf eine einfache und sparsame Verwaltung und eine ausreichende Sicherung vor Missbrauch durch dritte Personen zu erteilen.

Fassung ab 10. 5. 2021 (BGBl I 2021/87):
(1) Jedermann kann bei einem Bezirksgericht Auskunft über Gericht und Aktenzahl aller im elektronischen Register enthaltenen zivilgerichtlichen Verfahren beantragen, in denen er Partei ist. Diese Auskunft ist nach Maßgabe der technischen Möglichkeiten sowie unter Bedachtnahme auf eine einfache und sparsame Verwaltung und eine ausreichende Sicherung vor Missbrauch durch dritte Personen zu erteilen. *(BGBl I 2021/87)*

(2) Nach anderen gesetzlichen Vorschriften bestehende Auskunftsrechte bleiben unberührt.

(BGBl I 2009/30)

Registerauskunft für Verbände

§ 89m. (1) Die Zentrale Staatsanwaltschaft zur Verfolgung von Wirtschaftsstrafsachen und Korruption (WKStA) hat aus dem elektronischen Register einem Verband (§ 2 Abs. 1 des Verbandsverantwortlichkeitsgesetzes, BGBl. I Nr. 151/2005) auf Antrag darüber Auskunft zu erteilen,

1. ob der Verband strafgerichtlich verurteilt wurde und

2. ob gegen den Verband als Beschuldigten ein Strafverfahren geführt wird.

(2) Anträge sind unter genauer Bezeichnung des Verbandes, gegebenenfalls unter Anführung der Firmenbuchnummer oder der Vereinsregisterzahl (ZVR-Zahl), zu stellen.

(3) Auskünfte nach Abs. 1 Z 2 sind im Rahmen der Verfahrensautomation Justiz auf Grundlage einer Namensabfrage zu erstellen. Wird gegen einen Verband kein Strafverfahren als Beschuldigten geführt, so hat die Auskunft nach Abs. 1 Z 2 zu lauten, dass der Verband bei einer Namensabfrage in der Verfahrensautomation Justiz nicht als Beschuldigter aufscheint. Ebenso hat die Auskunft zu lauten, wenn die in § 50 letzter Satz StPO genannten Voraussetzungen vorliegen.

(BGBl I 2010/111)

Automatisationsunterstützte Verarbeitung von Verfahrensinhalten

§ 89n. Die personenbezogene, automationsunterstützte Verarbeitung von Daten über die inhaltliche Ausübung des richterlichen Amtes ist außerhalb eines gerichtlichen Verfahrens nur in generalisierender Form zulässig.

(BGBl I 2011/136)

Automationsunterstützte Verarbeitung von Zustelldaten

§ 89o. Die personenbezogene, automationsunterstützte Verarbeitung von Zustelldaten nach dem Zustellgesetz, BGBl. Nr. 200/1982, einschließlich elektronischer Zustelldaten nach § 22 Abs. 4 des Zustellgesetzes ist zur Verfahrensführung zulässig.

(BGBl I 2013/119)

Verantwortlicher für die Datenverarbeitung **§ 89p. und § 89q.** *(nicht abgedruckt)*

Vertreter für Verfahrenshilfe genießende Parteien

§ 90. Wenn eine Verfahrenshilfe genießende Partei in einem nicht dem Anwaltszwange unterliegenden streitigen oder in einem außerstreitigen Verfahren bei einem Gerichte außerhalb ihres Wohnsitzes oder ständigen Aufenthaltes Anträge zu stellen oder Erklärungen abzugeben hat, sind die Bestimmungen des § 64 Z 4 ZPO sinngemäß anzuwenden.

(BGBl 1929/222; BGBl 1973/569; BGBl 1983/135)

Einholung einer Vorabentscheidung des Gerichtshofs der Europäischen Gemeinschaften

§ 90a. (1) Hat ein Gericht beim Gerichtshof der Europäischen Gemeinschaften einen Antrag auf Fällung einer Vorabentscheidung nach Art. 177 EG-Vertrag, Art. 41 EGKSVertrag, Art. 150 EAG-Vertrag, nach Maßgabe eines Übereinkommens gemäß Art. K. 3 Abs. 2 lit. c des Vertrags über die Europäische Union oder nach Maßgabe anderer völkerrechtlicher Verträge zwischen Österreich und Mitgliedstaaten der Europäischen Union gestellt, so darf es bis zum Einlangen der Vorabentscheidung nur solche Handlungen vornehmen oder Entscheidungen und Verfügungen treffen, die durch die Vorabentscheidung nicht beeinflußt werden können oder die die Frage nicht abschließend regeln und keinen Aufschub gestatten.

(2) Ist die beantragte Vorabentscheidung noch nicht ergangen und hat das Gericht die Bestimmung nicht mehr anzuwenden, die Gegenstand seines Vorabentscheidungsantrags war, so hat es diesen unverzüglich zurückzuziehen.

(BGBl 1993/92; BGBl 1995/349; BGBl 1996/761)

Fristsetzungsantrag

§ 91. (1) Ist ein Gericht mit der Vornahme einer Verfahrenshandlung, etwa der Anberaumung oder Durchführung einer Tagsatzung oder Ver-

GOG, GebAG

handlung, der Einholung eines Sachverständigen-gutachtens oder der Ausfertigung einer Entscheidung, säumig, so kann eine Partei stets bei diesem Gericht den an den übergeordneten Gerichtshof gerichteten Antrag stellen, er möge dem Gericht für die Vornahme der Verfahrenshandlung eine angemessene Frist setzen; außer im Fall des Abs. 2 hat das Gericht diesen Antrag mit seiner Stellungnahme dem übergeordneten Gericht sofort vorzulegen.

(2) Führt das Gericht alle im Antrag genannten Verfahrenshandlungen binnen vier Wochen nach dessen Einlangen durch und verständigt es hievon die Partei, so gilt der Antrag als zurückgezogen, wenn nicht die Partei binnen vierzehn Tagen nach Zustellung der Verständigung erklärt, ihren Antrag aufrechtzuerhalten.

(3) Die Entscheidung über den Antrag nach Abs. 1 hat der übergeordnete Gerichtshof durch einen Senat von drei Berufsrichtern, von denen einer den Vorsitz zu führen hat, mit besonderer Beschleunigung zu fällen; liegt keine Säumnis des Gerichtes vor, so ist der Antrag abzuweisen. Die Entscheidung ist unanfechtbar.

(BGBl 1989/343)

§ 91a. *(aufgehoben samt Überschrift, BGBl I 2009/30) siehe § 277 ZPO, vgl §§ 289a, 289b ZPO, § 35 AußStrG*

Archive

Beglaubigungsarchiv der Justiz, Urkundensammlungen des Grundbuchs und des Firmenbuchs

§ 91b. (1) Der Bundesminister für Justiz hat ein Archiv zur Speicherung von Urkunden, die Gegenstand einer Beglaubigung oder Überbeglaubigung nach §§ 187 bis 189 AußStrG waren, einzurichten (Beglaubigungsarchiv der Justiz). Stimmt die Partei der Aufnahme der beglaubigten Urkunde in das Beglaubigungsarchiv der Justiz nicht zu, so hat diese zu unterbleiben. Die Gebührenpflicht bleibt davon jedoch unberührt.

(2) Der Zugang zu den Urkunden erfolgt nur nach Maßgabe der gesetzlich vorgesehenen Berechtigungen. Nach Maßgabe der technischen und personellen Möglichkeiten berechtigt der Zugang zur elektronischen Einsichtnahme, zur Herstellung von Papierausdrucken sowie zum Abruf einer – mit der elektronischen Signatur der Justiz versehenen – verkehrsfähigen Version der elektronischen Urkunde. Die Verwendung der elektronischen Signatur der Justiz ist automationsunterstützt in einem Protokoll festzuhalten. Dieses Protokoll ist mindestens drei Jahre lang aufzubewahren. *(BGBl I 2009/141)*

(3) Nach Maßgabe der technischen und personellen Möglichkeiten ist jedermann, der über die Berechtigung zum Zugang zu einer im Beglaubigungsarchiv der Justiz gespeicherten Urkunde verfügt, beim Bezirksgericht im Wege des Parteienverkehrs Zugang zu gewähren.

(4) Für das Beglaubigungsarchiv der Justiz ist die erforderliche, dem jeweiligen Stand der Technik entsprechende Datensicherheit zu gewährleisten. Die Heranziehung von Auftragsverarbeitern ist zulässig, sofern die Einhaltung der Verschwiegenheit und der erforderlichen Datensicherheit gewährleistet ist. Wird zur Gewährleistung der dem jeweiligen Stand der Technik entsprechenden Datensicherheit ein Nachsignieren oder eine Konvertierung der im Beglaubigungsarchiv der Justiz gespeicherten Urkunden erforderlich, so kann dies für alle Urkunden gemeinsam technisch in einem Vorgang erfolgen. Für den Fall einer Konvertierung sind die ursprünglichen Daten jedenfalls aufzubewahren. *(BGBl I 2018/32, [s auch Durchführungshinweis in Art 115 Abs 1])*

(5) Der Bundesminister für Justiz wird ermächtigt, im Rahmen des elektronischen Rechtsverkehrs nach Maßgabe der technischen und personellen Möglichkeiten sowie unter Bedachtnahme auf eine einfache und sparsame Verwaltung mit Verordnung nähere Regelungen festzulegen für

1. die Einrichtung und Führung des Beglaubigungsarchivs der Justiz,

2. die von den Urkundenarchiven nach § 91c zu erfüllenden technischen Bedingungen einschließlich der zu verwendenden Signaturen,

3. die Gewährleistung dem Stand der Technik entsprechenden Datensicherheit für ein Langzeitarchiv und der Konvertierung von Urkunden einschließlich der Aufbewahrung und Sicherstellung der Lesbarkeit der von der Konvertierung betroffenen Urkunden,

4. die Modalitäten für den – nach Maßgabe der technischen und personellen Möglichkeiten zu gewährleistenden – Zugang zur Urkunde (einschließlich der Bereitstellung einer vom Archiv signierten verkehrsfähigen Version der Urkunde) sowie für die Einstellung der Urkunde durch das Organ,

5. die Modalitäten für den elektronischen Zugang der Gerichte zu den gespeicherten Urkunden, soweit das Gesetz einen solchen erlaubt,

6. die Aufbewahrungsdauer für die eingestellten Urkunden und die über die Einstellung verfügbaren Protokolle.

(6) Die technische Art und Weise des Zugangs ist auf der Internet-Website des Bundesministeriums für Justiz bekannt zu machen.

(7) Der im Beglaubigungsarchiv der Justiz gespeicherte Dateninhalt gilt bis zum Nachweis des Gegenteils als ein Original der gespeicherten Urkunde. Der Hinweis auf die Einstellung in das

Beglaubigungsarchiv der Justiz verbunden mit einer Übersendung einer mit der elektronischen Signatur der Justiz versehenen verkehrsfähigen Version der elektronischen Urkunde gemäß § 89c oder einer wirksamen Ermächtigung zum Zugang zu den Daten der gespeicherten Urkunde oder der Hinweis auf eine in der Urkundensammlung des Grundbuchs oder Firmenbuchs gespeicherte Urkunde ist der Vorlage der Urschrift der Urkunde gleichzuhalten. Letzteres gilt nicht für die Vorlage jener Urkunden, durch die ein mit dem Besitz oder der Innehabung der Urkunde untrennbar verbundenes Recht durch Übergabe oder Vorlage der Urkunde ausgeübt werden soll. *(BGBl I 2006/92)*

(8) Für die durch den Einsatz der automationsunterstützten Datenverarbeitung verursachten Schäden aus Fehlern bei der Führung des Beglaubigungsarchivs der Justiz haftet der Bund. Die Haftung ist ausgeschlossen, wenn der Schaden durch ein unabwendbares Ereignis verursacht wird, das weder auf einem Fehler in der Beschaffenheit noch auf einem Versagen der Mittel der automationsunterstützten Datenverarbeitung beruht. Die Haftung ist auch für Fehler ausgeschlossen, die auf den Inhalt und die Beschaffenheit der Urkunde selbst zurückgehen. Im Übrigen ist das Amtshaftungsgesetz, BGBl. Nr. 20/1949, anzuwenden.

(BGBl I 2005/164)

Urkundenarchive von Körperschaften öffentlichen Rechts[1]

[1] *siehe auch UAV 2007 (nach GOG-WGN 1989)*

§ 91c. (1) Die Körperschaften öffentlichen Rechts werden ermächtigt, im eigenen Wirkungsbereich Archive zur Speicherung von Urkunden (Urkundenarchive) einzurichten, die für den elektronischen Urkundenverkehr mit den Gerichten bestimmt sind. Urkunden- und Protokolldaten sind in die Urkundenarchive nur auf Grund gesetzlicher Anordnung oder Ermächtigung einzustellen. Die Urkundenarchive haben den Anforderungen der Verordnung nach § 91b Abs. 5 Z 2 bis 5 zu entsprechen.

(2) Die zur Speicherung von Urkunden ermächtigten Organe müssen aus einem vom jeweiligen Rechtsträger zu führenden elektronischen Verzeichnis ersichtlich sein. In diesem Verzeichnis der Signaturberechtigungen sind auch jene Personen anzuführen, denen die Archivsignatur zugeordnet ist. Soweit nicht gesetzlich anderes bestimmt ist, darf die Speicherung einer Urkunde nur mit Zustimmung ihres Ausstellers erfolgen. Die Gebührenpflicht bleibt davon jedoch unberührt. § 91b Abs. 4, 7 und 8 gilt sinngemäß in Ansehung des das jeweilige Urkundenarchiv führenden Rechtsträgers und das von diesem geführte Urkundenarchiv. Soweit die Rückführung

der Ansicht des gesamten Dokuments in eine Form, die die Signaturprüfung zulässt, möglich ist, gelten für die Prüfbarkeit der Archivsignatur und die Rückführbarkeit von Ausdrucken öffentlicher elektronischer Urkunden § 19 Abs. 3 und § 20 E-GovG.

(3) Der Zugang zu den gespeicherten Daten erfolgt nur nach Maßgabe der gesetzlich vorgesehenen Berechtigungen zur Einsichtnahme unter Verwendung entsprechender technischer Sicherheiten gegen Entrichtung der gesetzlich vorgesehenen Gebühr. Der Zugang berechtigt zur elektronischen Einsichtnahme, zur Herstellung von Papierausdrucken sowie zum Abruf einer – mit einer zumindest den Erfordernissen einer fortgeschrittenen elektronischen Signatur (Archivsignatur) versehenen – verkehrsfähigen Version der elektronischen Urkunde. *(BGBl I 2006/92; BGBl I 2007/111)*

(4) Die Rechtsträger haben in einer Verordnung die näheren Vorschriften über die Führung der Urkundenarchive (Richtlinien) zu erlassen, die insbesondere die Gestaltung und die Form der Eintragungen und deren Protokollierung, die Gestaltung und die Form der Abfragen und der zu erteilenden Auskünfte, ferner die Modalitäten des elektronischen Zugangs und der Einsichtnahme einschließlich der Erteilung und zeitlichen Ausgestaltung der Einsichtsberechtigungen der Parteien und der von diesen ermächtigten Personen sowie Zeiträume und Verfahren, nach denen eine neue elektronische Signatur angebracht werden sollte (Nachsignieren), und die Höhe und die Art der Entrichtung der dafür notwendigen Gebühren regeln.

(BGBl I 2005/164)

Führung der Archive

§ 91d. (1) Der Bundesminister für Justiz führt das Justizarchiv, das das Beglaubigungsarchiv der Justiz sowie die Urkundensammlungen des Grundbuchs und des Firmenbuchs umfasst (Urkundenarchiv der Justiz) und ferner der Speicherung des Inhalts von Akten dient (§ 80 Abs. 2). § 89f ist sinngemäß anzuwenden.

(2) Die Führung des Justizarchivs und der Archive nach § 91c erfolgt in Vollziehung der Gesetze. Jene Personen, die zur Einstellung von Urkunden in die Urkundenarchive berechtigt sind, handeln als Organe des zur Führung des jeweiligen Urkundenarchivs berufenen Rechtsträgers. Jede Einstellung von Urkunden und Verwendung von Daten ist automationsunterstützt in einem Protokoll, das den Namen des Organs ausweist, festzuhalten. Für den Inhalt der Urkunde oder die Berechtigung der Partei ist der Rechtsträger nicht verantwortlich.

(3) Zur Einrichtung und Führung der Datenbanken der Archive dürfen Auftragsverarbeiter in

GOG, GebAG

Anspruch genommen werden, wenn diese ausreichende Gewähr für eine rechtmäßige und sichere Datenverwendung bieten. *(BGBl I 2018/32, [s auch Durchführungshinweis in Art 115 Abs 1])*

(BGBl I 2005/164)

Gebührenanspruchsgesetz 1975

BGBl 1975/136 idF

1 BGBl 1979/358
2 BGBl 1982/333
3 BGBl 1987/177
4 BGBl 1989/343
5 BGBl 1992/214
6 BGBl 1994/623
7 BGBl II 1997/407
8 BGBl I 1997/140
9 BGBl I 2001/98
10 BGBl I 2004/1
11 BGBl I 2004/58
12 BGBl I 2004/71
13 BGBl II 2007/134

14 BGBl I 2007/111 (BRÄG 2008)
15 BGBl I 2009/30 (ZVN 2009)
16 BGBl I 2009/52 (BudgetbegleitG 2009)
17 BGBl I 2010/111 (BudgetbegleitG 2011)
18 BGBl I 2013/159 (BRÄG 2013)
19 BGBl I 2013/190
20 BGBl I 2014/40
21 BGBl I 2014/71 (Strafprozessrechtsänderungsgesetz 2014)
22 BGBl I 2019/44
23 BGBl I 2020/135 (Budgetbegleitgesetz 2021)

GOG. GebAG

Bundesgesetz vom 19.2.1975 über die Gebühren der Zeugen und Zeuginnen, Sachverständigen, Dolmetscher und Dolmetscherinnen, Geschworenen, Schöffen und Schöffinnen (Gebührenanspruchsgesetz – GebAG)

(BGBl I 2007/111)

Der Nationalrat hat beschlossen:

I. ABSCHNITT

Anspruch

§ 1. (1) Natürliche Personen, die als Zeuginnen, Zeugen, Sachverständige, Dolmetscherinnen, Dolmetscher, Geschworene, Schöffinnen und Schöffen in gerichtlichen Verfahren und in einem Ermittlungsverfahren der Staatsanwaltschaft (§ 103 Abs. 2 StPO) tätig sind, haben Anspruch auf Gebühren nach diesem Bundesgesetz. Dies gilt nicht für dem Gericht oder der Staatsanwaltschaft vom Bundesministerium für Justiz oder in dessen Auftrag von der Justizbetreuungsagentur gemäß § 75 Abs. 4 ASGG oder § 126 Abs. 2a StPO zur Verfügung gestellte Dolmetscherinnen und Dolmetscher. *(BGBl I 2010/111)*

(2) Soweit in diesem Bundesgesetz auf natürliche Personen bezogene Bezeichnungen nur in männlicher Form angeführt sind, beziehen sie sich auf Frauen und Männer in gleicher Weise. Bei der Anwendung der Bezeichnung auf bestimmte natürliche Personen ist die jeweils geschlechtsspezifische Form zu verwenden.

(BGBl I 2007/111)

II. ABSCHNITT

Zeugen

Begriff
Anspruchsberechtigung

§ 2. (1) Als Zeuge im Sinn dieses Bundesgesetzes ist jede Person anzusehen, die innerhalb oder außerhalb eines förmlichen gerichtlichen Beweisverfahrens zu Beweiszwecken, aber nicht als Sachverständiger, Partei oder Parteienvertreter gerichtlich vernommen oder durch einen gerichtlich bestellten Sachverständigen der Befundaufnahme beigezogen wird.

(2) Eine Begleitperson des Zeugen ist einem Zeugen gleichzuhalten, wenn der Zeuge wegen seines Alters oder wegen eines Gebrechens der Begleitung bedurft hat; das Gericht (der Vorsitzende), vor dem die Beweisaufnahme stattgefunden hat, hat die Notwendigkeit der Begleitperson zu bestätigen.

(3) Keinen Anspruch auf die Gebühr haben

1. der Zeuge, der die Aussage ungerechtfertigt verweigert,

2. im Strafverfahren Subsidiaranträger (§ 72 StPO) und Privatankläger. *(BGBl I 2007/111)*

(BGBl 1989/343)

Umfang der Gebühr

§ 3. (1) Die Gebühr des Zeugen umfaßt

1. den Ersatz der notwendigen Kosten, die durch die Reise an den Ort der Vernehmung, durch den Aufenthalt an diesem Ort und durch die Rückreise verursacht werden;

2. die Entschädigung für Zeitversäumnis, soweit er durch die Befolgung der Zeugenpflicht einen Vermögensnachteil erleidet.

(2) Zeuginnen und Zeugen, die im öffentlichen Dienst stehen und über dienstliche Wahrnehmungen vernommen worden sind, haben anstatt des Anspruchs nach Abs. 1 Z 1 Anspruch auf eine Gebühr, wie sie ihnen nach den für sie geltenden Reisegebührenvorschriften zustände; das Gericht, vor dem die Beweisaufnahme stattgefunden hat, (der oder die Vorsitzende) hat diese Tatsache zu bestätigen. Sie haben keinen Anspruch auf Entschädigung für Zeitversäumnis. *(BGBl I 2007/111)*

(BGBl 1989/343)

Anspruchsvoraussetzungen

§ 4. (1) Der Anspruch auf die Gebühr steht dem Zeugen zu, der auf Grund einer Ladung vom Gericht vernommen worden ist. Er kommt aber auch dem Zeugen zu, der ohne Ladung gekommen und vernommen worden oder der auf Grund einer Ladung gekommen, dessen Vernehmung aber ohne sein Verschulden unterblieben ist; er hat jedoch im ersten Fall, wenn er sonst im Weg der Rechtshilfe hätte vernommen werden können, nur den Anspruch, der ihm bei einer Vernehmung vor dem Rechtshilfegericht zustände, sofern seine unmittelbare Vernehmung zur Aufklärung der Sache nicht erforderlich gewesen ist; andernfalls hat das Gericht (der Vorsitzende), vor dem die Beweisaufnahme stattgefunden hat, die Notwendigkeit der unmittelbaren Vernehmung zu bestätigen.

(2) Ist der auf der Ladung angegebene Zustellort vom Ort der Vernehmung des Zeugen weniger weit entfernt als der Ort, von dem der Zeuge zureist, so steht dem Zeugen eine darauf gestützte höhere Gebühr nur zu, wenn er diesen Umstand dem Gericht unverzüglich nach Erhalt der Ladung angezeigt und das Gericht trotzdem die Ladung nicht rechtzeitig widerrufen hat oder wenn die

unmittelbare Vernehmung des Zeugen vor diesem Gericht trotz Unterbleiben der Anzeige zur Aufklärung der Sache erforderlich gewesen ist; dies hat das Gericht (der Vorsitzende), vor dem die Beweisaufnahme stattgefunden hat, zu bestätigen. Auf die Anzeigepflicht ist der Zeuge in der Ladung aufmerksam zu machen.

Gebührenvorschuß

§ 5. Dem Zeugen ist auf Antrag ein angemessener Vorschuß zu gewähren.

Reisekosten

§ 6. (1) Der Ersatz der notwendigen Reisekosten (§ 3 Abs. 1 Z 1) umfaßt die Kosten der Beförderung des Zeugen mit einem Massenbeförderungsmittel oder mit einem anderen Beförderungsmittel und die Entschädigung für zu Fuß zurückgelegte Wegstrecken (Kilometergeld); er bezieht sich, vorbehaltlich des § 4, auf die Strecke zwischen dem Ort der Vernehmung des Zeugen und seiner Wohnung oder Arbeitsstätte, je nachdem, wo der Zeuge die Reise antreten oder beenden muß.

(2) Tritt in der Verhandlung eines Gerichtes eine längere Pause ein, so sind dem Zeugen, der sich in dieser Zeit mit Erlaubnis des Gerichtes (des Vorsitzenden), vor dem die Beweisaufnahme stattfindet, in seine Wohnung oder an seine Arbeitsstätte begibt, die Kosten der Heimreise und der neuerlichen Reise an den Ort der Vernehmung zu vergüten, soweit sie die Gebühr nicht übersteigen, die dem Zeugen bei seinem Verbleib am Ort der Vernehmung zustände.

(3) Dem Zeugen, der aus dem Ausland geladen wird, sind auch die unvermeidlichen Nebenkosten, z. B. für die Beschaffung von Reisepapieren, zu ersetzen.

Massenbeförderungsmittel

§ 7. (1) Massenbeförderungsmittel im Sinn des § 6 ist jedes Beförderungsmittel, das dem allgemeinen Verkehr zur gleichzeitigen Beförderung mehrerer Personen dient, die es unabhängig voneinander gegen Entrichtung eines allgemein festgesetzten Fahrpreises in Anspruch nehmen können.

(2) Führen verschiedene Massenbeförderungsmittel zum selben Ziel, so gebührt die Vergütung, soweit im folgenden nicht anderes bestimmt ist, für dasjenige, dessen Benützung den geringeren Zeitaufwand erfordert.

(3) Der Fahrpreis ist nach den jeweils geltenden Tarifen zu vergüten; hierbei sind allgemeine Tarifermäßigungen maßgebend. Für Strecken, auf denen der Zeuge für seine Person zur freien Fahrt mit dem benützten Massenbeförderungsmittel

berechtigt ist, gebührt keine, für solche Strecken, auf denen er zur ermäßigten Fahrt berechtigt ist, nur die Vergütung des ermäßigten Fahrpreises.

Fahrpreisklasse

§ 8. Dem Zeugen gebührt für Strecken, die er mit der Eisenbahn oder dem Schiff zurücklegt, die Vergütung für den Fahrpreis der niedrigsten Klasse, einschließlich des Preises einer Platzkarte, für Strecken, die er mit dem Flugzeug zurücklegt, die Vergütung für den Fahrpreis der Touristenklasse.

Andere Massenbeförderungsmittel

§ 9. (1) Die Kosten für die Benützung eines Beförderungsmittels, das nicht Massenbeförderungsmittel ist, sind dem Zeugen nur zu ersetzen,

1. wenn ein Massenbeförderungsmittel nicht zur Verfügung steht oder nach der Lage der Verhältnisse nicht benützt werden kann und die Zurücklegung der Wegstrecke zu Fuß nicht zumutbar ist,

2. wenn die Gebühr bei Benützung des anderen Beförderungsmittels nicht höher ist als bei Benützung eines Massenbeförderungsmittels,

3. wenn die Rechtssache die sofortige Vernehmung des Zeugen erfordert, dieser aber bei Benützung eines Massenbeförderungsmittels zur Vernehmung nicht mehr rechtzeitig kommen könnte, oder

4. wenn ihm wegen eines körperlichen Gebrechens die Benützung eines Massenbeförderungsmittels nicht zugemutet werden kann.

(2) Kosten nach Abs. 1 sind die angemessenen, tatsächlich aufgelaufenen Kosten; benützen mehrere Personen ein solcher Beförderungsmittel gemeinsam, so gebührt dem Zeugen nur der entsprechende Teil dieser Kosten. Benützt jedoch der Zeuge ein eigenes Kraftfahrzeug, so gebührt ihm die nach der Reisegebührenvorschrift für Bundesbeamte hierfür vorgesehene Vergütung. Bei Benützung eines Fahrrades gelten die Bestimmungen über das Kilometergeld (§ 12).

(3) Benützt der Zeuge ein anderes Beförderungsmittel als ein Massenbeförderungsmittel, ohne daß die Voraussetzungen nach Abs. 1 hierfür vorliegen, so gebührt ihm der Ersatz der Kosten, die er für die Benützung eines Massenbeförderungsmittels hätte aufwenden müssen.

Flugzeug

§ 10. Dem Zeugen gebührt die Vergütung für die Benützung eines Flugzeugs nur unter der Voraussetzung, dass

1. bei Benützung dieses Beförderungsmittels die Gebühr nicht höher ist als bei Benützung eines anderen Massenbeförderungsmittels,

GOG, GebAG

2. wegen der Länge des Reisewegs eine andere Beförderungsart unzumutbar ist oder

3. die Rechtssache die sofortige Vernehmung des Zeugen erfordert, dieser aber bei Benützung eines anderen Beförderungsmittels zur Vernehmung nicht mehr rechtzeitig kommen könnte, wobei das Vorliegen dieser Umstände vom Gericht (dem Vorsitzenden), vor dem die Beweisaufnahme stattgefunden hat, zu bestätigen ist.

(BGBl I 2009/52)

Schlafwagen und Kabine

§ 11. Dem Zeugen gebührt die Vergütung des Fahrpreises für einen Schlafwagen oder für eine Schiffskabine nur dann, wenn er, um möglichst wenig Zeit zu verlieren, die Reise zur Nachtzeit (22 Uhr bis 6 Uhr) antreten oder nach Mitternacht beenden muss.

(BGBl I 2009/52)

Kilometergeld

§ 12. (1) Dem Zeugen gebührt für Wegstrecken, die er zu Fuß zurücklegen muß, ab dem zweiten Kilometer ein Kilometergeld von 0,70 Euro für jeden angefangenen Kilometer,

1. wenn ein Massenbeförderungsmittel nicht vorhanden ist oder nach der Lage der Verhältnisse nicht benützt werden kann und die Benützung eines anderen Verkehrsmittels nicht möglich ist oder nicht vergütet wird, oder

2. wenn durch Zurücklegung der Wegstrecke ohne Benützung eines Massenbeförderungsmittels die Dauer der Reise wesentlich abgekürzt wird. *(BGBl II 2007/134)*

(2) Für die Ermittlung der Länge der Wegstrecken, für die das Kilometergeld gebührt, ist die kürzeste gangbare Verbindung maßgebend. Ist die Länge der zurückgelegten Wegstrecken, für die das Kilometergeld gebührt, nicht feststellbar, so ist für jede Viertelstunde der Bewegung eine Vergütung in der Höhe des Kilometergeldes für einen Kilometer zu leisten.

(3) Hat der Zeuge größere An- oder Abstiege zu Fuß zu bewältigen, so entspricht ein Höhenunterschied von 75 m der Strecke von 1 km.

(BGBl I 2001/98)

Aufenthaltskosten

§ 13. Die Aufenthaltskosten (§ 3 Abs. 1 Z 1) umfassen

1. den Mehraufwand für die Verpflegung, wenn die Reise oder der Aufenthalt am Ort der Vernehmung den Zeugen zwingt, das Frühstück, Mittagessen oder Abendessen anderswo als an seinem gewöhnlichen Aufenthaltsort einzunehmen, und

2. die Kosten für die unvermeidliche Nächtigung während der Reise und am Ort der Vernehmung.

Verpflegung

§ 14. (1) Dem Zeugen sind als Mehraufwand für die Verpflegung zu vergüten

1. für das Frühstück...................... 4,00 Euro,

2. für das Mittagessen.................. 8,50 Euro,

3. für das Abendessen.................. 8,50 Euro.
(BGBl II 2007/134)

(2) Der Mehraufwand für das Frühstück ist zu vergüten, wenn der Zeuge die Reise vor 7 Uhr antreten, der Mehraufwand für das Mittagessen, wenn er sie vor 11 Uhr antreten und nach 14 Uhr beenden hat müssen, derjenige für das Abendessen, wenn er die Reise nach 19 Uhr beenden hat müssen.

(BGBl I 2001/98)

Nächtigung

§ 15. (1) Dem Zeugen ist, sofern ihm nicht ein Anspruch auf Vergütung des Fahrpreises für einen Schlafwagen oder eine Kabine zusteht, für jede unvermeidliche Nächtigung ein Betrag von 12,40 Euro zu vergüten. Als unvermeidlich ist die Nächtigung auch dann anzusehen, wenn die Reise zur Nachtzeit (22 Uhr bis 6 Uhr) angetreten oder beendet werden müßte. *(BGBl II 2007/134)*

(2) Bescheinigt der Zeuge, daß die Kosten für die in Anspruch genommene Nachtunterkunft den im Abs. 1 angeführten Betrag übersteigen, so sind ihm diese Kosten, jedoch nicht mehr als das Dreifache des im Abs. 1 genannten Betrages, zu ersetzen.

(BGBl I 2001/98)

Besondere Kosten von Zeugen aus dem Ausland

§ 16. Beweist der Zeuge, der aus dem Ausland geladen wird, daß ihm höhere als die in den §§ 14 und 15 vorgesehenen Beträge erwachsen sind, und bescheinigt er, daß diese Mehrauslagen seinen Lebensverhältnissen entsprechen, so sind ihm diese höheren Beträge, jedoch nicht mehr als das Dreifache der im § 14 genannten Beträge und das Sechsfache des im § 15 Abs. 1 genannten Betrages zu vergüten; darüber hinaus sind ihm auch die unbedingt notwendigen weiteren Auslagen zu ersetzen, die ihm infolge der Reise nach Österreich, seines Aufenthalts im Inland und der Rückreise bewiesenermaßen unvermeidlich erwachsen.

Entschädigung für Zeitversäumnis

§ 17. Die Entschädigung für Zeitversäumnis (§ 3 Abs. 1 Z 2) bezieht sich, vorbehaltlich des § 4, auf den Zeitraum, den der Zeuge wegen seiner Vernehmung außerhalb seiner Wohnung bzw. Arbeitsstätte bis zur möglichen Wiederaufnahme der Arbeit verbringen muß.

Ausmaß der Entscheidung für Zeitversäumnis

§ 18. (1) Als Entschädigung für Zeitversäumnis gebühren dem Zeugen

1. 14,20 Euro für jede, wenn auch nur begonnene Stunde, für die dem Zeugen eine Entschädigung für Zeitversäumnis zusteht,

2. anstatt der Entschädigung nach Z 1

a) beim unselbständig Erwerbstätigen der tatsächlich entgangene Verdienst,

b) beim selbständig Erwerbstätigen das tatsächlich entgangene Einkommen,

c) anstatt der Entschädigung nach den Buchstaben a) oder b) die angemessenen Kosten für einen notwendigerweise zu bestellenden Stellvertreter,

d) die angemessenen Kosten für eine notwendigerweise beizuziehende Haushaltshilfskraft. *(BGBl II 2007/134)*

(2) Im Falle des Abs. 1 Z 1 hat der Zeuge den Grund des Anspruches, im Falle des Abs. 1 Z 2 auch dessen Höhe zu bescheinigen.

(BGBl 1989/343; BGBl I 2001/98)

Geltendmachung der Gebühr

§ 19. (1) Der Zeuge hat den Anspruch auf seine Gebühr binnen 14 Tagen, im Fall des § 16 binnen vier Wochen nach Abschluß seiner Vernehmung, oder nachdem er zu Gericht gekommen, aber nicht vernommen worden ist, bei sonstigem Verlust schriftlich oder mündlich bei dem Gericht, vor dem die Beweisaufnahme stattgefunden hat oder stattfinden sollte, geltend zu machen. Dies gilt für die Beiziehung zur Befundaufnahme durch den Sachverständigen (§ 2 Abs. 1) mit der Maßgabe sinngemäß, daß der Zeuge den Anspruch auf seine Gebühr bei dem Gericht geltend zu machen hat, das den Sachverständigen bestellt hat.

(2) Soweit in diesem Abschnitt nicht anderes bestimmt ist und nicht feste Gebührensätze bestehen, hat der Zeuge die Umstände, die für die Gebührenbestimmung bedeutsam sind, besonders durch Vorlage einer Bestätigung über den Verdienstentgang oder die Entlohnung eines Stellvertreters oder einer Hilfskraft, gegebenenfalls durch Vorlage einer von der zuständigen Dienststelle ausgestellten Bestätigung über die Höhe der sonst zustehenden Reisegebühren (§ 3 Abs. 2), zu bescheinigen.

(3) Auf seine Ansprüche und die allfällige Notwendigkeit des Beweises oder der Bescheinigung ist der Zeuge durch das Gericht in der Ladung aufmerksam zu machen. Dies gilt für den Sachverständigen bei dessen Einladung eines Zeugen (§ 2 Abs. 1) sinngemäß.

(BGBl 1989/343)

Bestimmung der Gebühr

§ 20. (1) Die Gebühr ist im Justizverwaltungsweg vom Leiter des Gerichts zu bestimmen, vor dem die Beweisaufnahme stattgefunden hat oder stattfinden sollte. Dieser hat auch über die Gewährung eines Vorschusses zu entscheiden. Der Leiter des Gerichts kann einen geeigneten Bediensteten des Gerichts mit der Durchführung des Verfahrens betrauen und ihn ermächtigen, in seinem Namen zu entscheiden; bei aus dem Ausland geladenen Zeugen ist ein solches Vorgehen jedoch nur dann zulässig, wenn der geltend gemachte Gebührenbetrag 300 Euro nicht übersteigt. Auch in diesem Fall kommt die Befugnis zur Erlassung einer Beschwerdevorentscheidung (§ 14 VwGVG) dem Leiter des Gerichts zu. Im Zivilprozeß entfallen die Bestimmung der Gebühr und ihre Entrichtung, wenn die Parteien dem Zeugen die von ihm geltend gemachte Gebühr sogleich entrichten. *(BGBl I 2013/190; BGBl I 2019/44)*

(2) Vor der Gebührenbestimmung kann der Zeuge aufgefordert werden, sich über Umstände, die für die Gebührenbestimmung bedeutsam sind, zu äußern und, unter Setzung einer bestimmten Frist, noch fehlende Bestätigungen vorzulegen.

(3) Die Gebührenbeträge sind kaufmännisch auf volle 10 Cent zu runden. *(BGBl I 2010/111)*

(4) Soweit in diesem Bundesgesetz nichts anderes angeordnet ist, sind auf das Verfahren das AVG und die §§ 89a bis 89i GOG anzuwenden. *(BGBl I 2013/190)*

(BGBl I 2001/98)

Bekanntgabe der Gebühr
Zustellung

§ 21. (1) Die bestimmte Gebühr ist dem Zeugen mündlich bekanntzugeben; eine schriftliche Ausfertigung binnen einer Woche, wenn er sie an ihn nur zu ergehen, wenn es der Zeuge bei der mündlichen Bekanntgabe verlangt; über dieses Recht ist der Zeuge bei der mündlichen Bekanntgabe zu belehren. Hat der Zeuge seine Gebühr schriftlich geltend gemacht oder kann über den Antrag nicht sofort entschieden werden, so entfällt die mündliche Bekanntgabe und es ist dem Zeugen, binnen einer Woche nach dem Einlangen des Begehrens bzw. dem Abschluß der Ermittlungen, eine schriftliche Ausfertigung zuzustellen.

(2) Übersteigt die bestimmte Gebühr 200 Euro, so ist eine schriftliche Ausfertigung der Entschei-

dung über die Gebührenbestimmung außerdem zuzustellen:

1. in Zivilsachen den Parteien;

2. in Strafsachen, soweit sie zum Ersatz der Kosten verpflichtet werden können, der Anklagevertretung sowie jenen Personen, gegen die sich das Verfahren richtet;

3. den Revisorinnen oder Revisoren, wenn die Gebühr nicht zur Gänze aus einem bereits erlegten Vorschuss bezahlt werden kann. *(BGBl I 2007/111)*

(BGBl 1989/343; BGBl I 1997/140; BGBl I 2001/98)

Rechtsmittel

§ 22. (1) Gegen die Entscheidung über die Gebühr können der Zeuge und unter den Voraussetzungen des § 21 Abs. 2 die dort genannten Personen Beschwerde an das Bundesverwaltungsgericht erheben. Die Frist beginnt mit der mündlichen Bekanntgabe der Entscheidung an den Zeugen, im Fall der schriftlichen Ausfertigung nach § 21 Abs. 1 oder Abs. 2 mit dem Tag nach der Zustellung der Entscheidung. *(BGBl I 2013/190)*

(2) Eine Entscheidung, mit der ein Antrag auf Gewährung eines Vorschusses (§ 5) ganz oder teilweise abgewiesen worden ist, ist dem Zeugen stets in schriftlicher Ausfertigung zuzustellen und kann nur von diesem angefochten werden; Abs. 1 gilt sinngemäß. *(BGBl I 2013/190)*

(3) Gegen die Entscheidung über die Beschwerde steht auch dem Revisor das Recht auf Erhebung einer Revision an den Verwaltungsgerichtshof zu (Art. 133 Abs. 8 B-VG). *(BGBl I 2013/190)*

(BGBl 1989/343)

Zahlung der Gebühr
Zur Rückzahlung

§ 23. (1) Die Gebühr ist dem Zeugen aus den Amtsgeldern des Gerichtes, ist aber ein Kostenvorschuß erlegt worden, aus diesem kostenfrei zu zahlen.

(2) Wird die zunächst bestimmte Gebühr durch eine Rechtsmittelentscheidung erhöht, so ist der Mehrbetrag dem Zeugen kostenfrei nachzuzahlen.

(3) Wird die Gebühr durch eine Rechtsmittelentscheidung herabgesetzt oder übersteigt der dem Zeugen gezahlte Vorschuß die rechtskräftig bestimmte Gebühr, so hat der Zeuge den zuviel gezahlten Betrag zurückzuzahlen. Hierzu ist er unter Setzung einer Frist von 14 Tagen aufzufordern. Bei nicht rechtzeitiger Zurückzahlung ist der Betrag vom Zeugen nach den für die Einbringung der gerichtlichen Gebühren und Kosten geltenden Vorschriften einzubringen.

Besonderheiten im Ermittlungsverfahren der Staatsanwaltschaft (§ 103 Abs. 2 StPO)

§ 23a. (1) Die Bestimmungen des II. Abschnitts sind auf Zeuginnen und Zeugen, die durch die Staatsanwaltschaft (§ 103 Abs. 2 StPO) vernommen werden, mit der Maßgabe anzuwenden, dass an die Stelle des Leiters des Gerichts der Leiter der Staatsanwaltschaft oder – falls im Einzelfall die Vernehmung durch die Oberstaatsanwaltschaft erfolgt ist oder erfolgen sollte – der Leiter der Oberstaatsanwaltschaft tritt. Gerichtlich bestellten Sachverständigen sind von der Staatsanwaltschaft gemäß § 126 Abs. 3 StPO bestellte Sachverständige gleichzuhalten. *(BGBl I 2013/190)*

(BGBl I 2007/111)

III. ABSCHNITT
Sachverständige

Umfang der Gebühr

§ 24. Die Gebühr des Sachverständigen umfaßt

1. den Ersatz der notwendigen Kosten, die durch die Reise an den Ort der Befund- oder Beweisaufnahme, durch den Aufenthalt an diesem Ort und durch die Rückreise verursacht werden;

2. den Ersatz der Kosten für die Beiziehung von Hilfskräften und der sonstigen durch seine Tätigkeit im gerichtlichen Verfahren verursachten notwendigen Kosten;

3. die Entschädigung für Zeitversäumnis;

4. die Gebühr für Mühewaltung einschließlich der Gebühr für die Teilnahme an einer Verhandlung und der Gebühr für Aktenstudium.

Anspruchsvoraussetzungen

§ 25. (1) Der Anspruch auf die Gebühr richtet sich nach dem dem Sachverständigen erteilten gerichtlichen Auftrag; hat der Sachverständige Zweifel über den Umfang und Inhalt des gerichtlichen Auftrags, so hat er die Weisung des Gerichtes einzuholen. Ist der bekanntgegebene Zweck der Untersuchung erreicht, so hat der Sachverständige für darüber hinaus erbrachte Leistungen keinen Gebührenanspruch. *(BGBl I 2007/111)*

(1a) Ist zu erwarten oder stellt sich bei der Sachverständigentätigkeit heraus, dass die tatsächlich entstehende Gebühr die Höhe des Kostenvorschusses, mangels eines solchen den Wert des Streitgegenstandes über 2 000 Euro, in Verfahren vor dem Landesgericht und im Ermittlungsverfahren der Staatsanwaltschaft aber 4 000 Euro übersteigt, so hat die oder der Sachverständige das Gericht beziehungsweise die Staatsanwaltschaft rechtzeitig auf die voraussichtlich entstehende Gebührenhöhe hinzuweisen, Unterlässt der oder die Sachverständige diesen Hinweis, so entfällt insoweit der Gebührenanspruch. In dringenden Fällen können unaufschiebbare Tätigkeiten auch schon vor der Warnung oder dem Zugang einer Reaktion darauf begonnen werden. *(BGBl I 2007/111; BGBl I 2014/71)*

(2) Werden zu einer Amtshandlung mehrere Sachverständige zugezogen, so hat jeder von ihnen Anspruch auf die volle Gebühr, sofern im folgenden nicht anderes bestimmt ist.

(3) Ist die Tätigkeit des Sachverständigen aus seinem Verschulden unvollendet geblieben, so hat er keinen, sonst nur einen Anspruch auf die seiner unvollendeten Tätigkeit entsprechenden Gebühr. Hat der Sachverständige aus seinem Verschulden seine Tätigkeit nicht innerhalb der vom Gericht festgelegten Frist erbracht oder sein Gutachten so mangelhaft abgefasst, dass es nur deshalb einer Erörterung bedarf, so ist die Gebühr für Mühewaltung um ein Viertel zu mindern. *(BGBl I 2014/71)*

(BGBl 1994/623)

Gebührenvorschuß

§ 26. Dem Sachverständigen ist auf Antrag ein angemessener Vorschuß zu gewähren.

Reisekosten

§ 27. (1) Die §§ 6, 7 und 12 sind, soweit im folgenden nicht anderes bestimmt ist, sinngemäß anzuwenden.

(2) Das gleiche gilt für den § 9, soweit es sich nicht um ein eigenes Kraftfahrzeug oder ein Fahrrad handelt.

(3) Das gleiche gilt für die §§ 10 und 11, doch entfällt die in § 10 Z 3 vorgesehene Bestätigung. *(BGBl I 2009/52)*

Fahrpreisklasse
Eigenes Fahrzeug
Andere als Massenbeförderungsmittel

§ 28. (1) Dem Sachverständigen gebührt für Strecken, die er mit der Eisenbahn oder dem Schiff zurücklegt, die Vergütung für den Fahrpreis der höchsten Klasse einschließlich des Preises einer Platzkarte, wenn aber das vom Sachverständigen benützte Beförderungsmittel diese Klasse nicht führt, der nächstniedrigeren tatsächlich geführten Klasse; für Strecken, die der Sachverständige mit dem Flugzeug zurücklegt, gebührt ihm die Vergütung für den Fahrpreis der Touristenklasse.

(2) Die Kosten für die Benützung eines eigenen Kraftfahrzeuges sind stets zu ersetzen. Als Ersatz dieser Kosten gebührt die nach der Reisegebührenvorschrift für Bundesbeamte hierfür vorgese-

hene Vergütung. Die Kosten für die Benützung eines Fahrrades sind gleichfalls stets zu ersetzen.

(3) Die Kosten für die Benützung eines anderen Beförderungsmittels, das nicht Massenbeförderungsmittel ist, sind dem Sachverständigen auch dann zu ersetzen, wenn Gewicht, Umfang oder Beschaffenheit der Werkzeuge, Geräte oder sonstigen Gegenstände, die der Sachverständige zur Beweisaufnahme mitnehmen muß, dies rechtfertigt.

Aufenthaltskosten

§ 29. Die §§ 13 und 15 sind sinngemäß anzuwenden.

Kosten für die Beiziehung von Hilfskräften

§ 30. Dem Sachverständigen sind die Kosten für Hilfskräfte soweit zu ersetzen, als deren Beiziehung nach Art und Umfang seiner Tätigkeit unumgänglich notwendig ist. Zu diesen Kosten zählen

1. die Kosten, die der Sachverständige für die Arbeitsleistung der Hilfskräfte aufwenden muß, soweit sie das übliche Ausmaß nicht übersteigen;

2. die Reise- und Aufenthaltskosten der Hilfskräfte unter sinngemäßer Anwendung der Bestimmungen über die Gebühr der Zeugen (§§ 6 bis 15).

Sonstige Kosten

§ 31. (1) Den Sachverständigen sind ausschließlich folgende mit der Erfüllung ihres jeweiligen Gutachtensauftrags notwendigerweise verbundene variable Kosten, nicht aber Fixkosten zu ersetzen:

1. die Materialkosten für die Anfertigung von Kopien, Ausdrucken, Fotos, Zeichnungen, Modellen, Röntgenaufnahmen, sonstige Dokumentationen und Vervielfältigungen;

2. die Kosten für die bei der Untersuchung verbrauchten Materialien (insbesondere Filmmaterial, Reagenzien, Chemikalien, Farbstoffe, Präparate, Injektionsmittel);

3. die Kosten für die Übertragung bzw. das Reinschreiben von Befund und Gutachten einschließlich der Beilagen hierzu sowie der von den Sachverständigen im Zuge ihrer Tätigkeit auszufertigenden Schriftstücke, wobei bei ausschließlich aus Text bestehenden Schriftstücken für je 1 000 Schriftzeichen (ohne Leerzeichen) der Urschrift ein Betrag von 2 Euro und für je 1 000 Schriftzeichen (ohne Leerzeichen) einer Ausfertigung ein Betrag von 60 Cent zu ersetzen sind; in den übrigen Fällen gebührt ein Betrag von 2 Euro für jede volle Seite der Urschrift und von 60 Cent für jede volle Seite einer Ausfertigung; diesfalls gilt eine Seite als voll, wenn sie mindestens 25 Zeilen mit durchschnittlich mindestens 40

GOG, GebAG

Schriftzeichen enthält; bei geringerem Umfang ist die Gebühr für den entsprechenden Teil zu bestimmen; mit diesen Kosten sind auch die hierfür verwendeten Schreibkräfte, Schreibmittel und Geräte abgegolten; *(BGBl I 2019/44)*

4. die Kosten für die Benützung der von ihnen nicht selbst beigestellten, besonderen fallspezifischen Hilfsmittel, Werkzeuge, Programme und Geräte, die nicht zur üblichen Grundausstattung von in diesem Fachgebiet tätigen Sachverständigen gehören;

5. die von den Sachverständigen zu entrichtenden Entgelte und Gebühren für Leistungen und Dienste, die für Befundaufnahme und Gutachtenserstattung durch die Sachverständigen notwendig sind und welche die Sachverständigen üblicherweise nicht selbst erbringen und die auch nicht zur üblichen Grundausstattung und Infrastruktur der in diesem Fachgebiet tätigen Sachverständigen gehören (insbesondere Porto, Transportkosten, Kosten für Fremduntersuchungen und –analysen, Pflegegebühren, durch die Besonderheit des Auftrags zusätzlich erforderliche Versicherungsprämien, Kosten für Großräumlichkeiten, für den Erwerb rein fallspezifischen Zusatzwissens und für Übersetzungen);

6. die von der Sachverständigengebühr zu entrichtende Umsatzsteuer; sie ist gesondert an- und zuzusprechen.

(1a) Übermittelt der Sachverständige sein Gutachten samt allfälligen Beilagen sowie seinen Gebührenantrag im Weg des elektronischen Rechtsverkehrs (§ 89a GOG), so gebührt ihm dafür ein Betrag von insgesamt 12 Euro. Werden vom Sachverständigen im Rahmen der Erfüllung des Gutachtensauftrags darüber hinaus notwendigerweise weitere Unterlagen im Weg des elektronischen Rechtsverkehrs an das Gericht übersandt, so hat der Sachverständige dafür jeweils Anspruch auf eine Gebühr von insgesamt 2,10 Euro; dies gilt nicht für weitere Übersendungen im Zusammenhang mit dem Gebührenbestimmungsantrag. *(BGBl I 2019/44)*

(2) Alle anderen Aufwendungen sind mit der Gebühr für Mühewaltung abgegolten.

(BGBl I 2007/111)

Entschädigung für Zeitversäumnis

§ 32. (1) Der Sachverständige hat für die Zeit, die er wegen seiner Tätigkeit im gerichtlichen Verfahren außerhalb seiner Wohnung oder seiner gewöhnlichen Arbeitsstätte bis zur möglichen Wiederaufnahme der Arbeit besonders aufwenden muß, Anspruch auf eine Entschädigung für Zeitversäumnis im Ausmaß von 22,70 Euro, handelt es sich aber um eine Tätigkeit nach § 34 Abs. 3 Z 1 von 15,20 Euro für jede, wenn auch nur angefangene Stunde. *(BGBl II 2007/134; BGBl I 2007/111)*

(2) Der Anspruch auf Entschädigung für Zeitversäumnis besteht soweit nicht,

1. als der Sachverständige Anspruch auf eine Gebühr für Mühewaltung hat,

2. als für die Nachtzeit (22 Uhr bis 6 Uhr),

a) dem Sachverständigen bei Benützung eines Massenbeförderungsmittels ein Anspruch auf Vergütung des Fahrpreises für einen Schlafwagen oder einer Kabine zusteht, oder

b) er bei Benützung des eigenen Kraftfahrzeuges die Gebühr für die Nächtigung in Anspruch nimmt.

(BGBl I 2001/98)

Erhöhung der Entschädigung für Zeitversäumnis
Aufteilung

§ 33. (1) Liegt der Ort, der für die Bestimmung der Reisekosten maßgebend ist (§§ 6 und 27 Abs. 1), mehr als 30 km vom Ort der Tätigkeit des Sachverständigen im gerichtlichen Verfahren entfernt, so erhöht sich die Entschädigung für Zeitversäumnis auf 28,20 Euro, handelt es sich aber um eine Tätigkeit nach § 34 Abs. 3 Z 1, auf 19,00 Euro. *(BGBl II 2007/134; BGBl I 2007/111)*

(2) Nimmt ein Sachverständiger in zumindest annähernd zeitlichem und räumlichem Zusammenhang an einem Tag an mehreren Verhandlungen oder Ermittlungen teil, so ist bei der Bestimmung der Entschädigung für Zeitversäumnis die insgesamt versäumte Zeit auf die mehreren Fälle zu gleichen Teilen aufzuteilen.

(BGBl I 2001/98)

Gebühr für Mühewaltung

§ 34. (1) Die Gebühr für Mühewaltung steht den Sachverständigen für die Aufnahme des Befundes und die Erstattung des Gutachtens zu und deckt alle damit im Zusammenhang entstandenen Kosten, soweit dafür nicht nach den Bestimmungen dieses Bundesgesetzes ein gesonderter Ersatz vorgesehen ist. Die Gebühr ist nach richterlichem Ermessen nach der aufgewendeten Zeit und Mühe und nach den Einkünften zu bestimmen, die die oder der Sachverständige für eine gleiche oder ähnliche Tätigkeit im außergerichtlichen Erwerbsleben üblicherweise bezöge, mindestens aber mit 20 Euro für jede wenn auch nur begonnene Stunde.

(2) In Verfahren, in denen eine der zur Zahlung verpflichteten Parteien Verfahrenshilfe genießt oder die oder der Sachverständige auf Zahlung der gesamten Gebühr aus Amtsgeldern verzichtet, sowie in Strafsachen, Arbeitsrechtssachen nach § 50 Abs. 2 ASGG, Sozialrechtssachen nach § 65 ASGG, in Insolvenzverfahren, in Verfahren außer Streitsachen mit Ausnahme des Verfahrens

über das Erbrecht und insoweit, als in anderen Vorschriften auf die Bestimmungen dieses Bundesgesetzes verwiesen wird, ist die Gebühr für Mühewaltung nach den Tarifen dieses Bundesgesetzes zu bestimmen. Soweit es sich dabei um Leistungen handelt, die nicht nach Tarif zu entlohnen sind, ist bei der Bemessung der Gebühr nach Abs. 1 im Hinblick auf die öffentliche Aufgabe der Rechtspflege zum Wohl der Allgemeinheit ein Abschlag von 20% vorzunehmen.

(3) Soweit nicht anderes nachgewiesen wird und vorbehaltlich des Abs. 4, gelten für die Einkünfte, die Sachverständige im außergerichtlichen Erwerbsleben für ihre Gutachtenstätigkeit üblicherweise beziehen, folgende Gebührenrahmen, innerhalb derer die Gebühr je nach der konkret erforderlichen Qualifikation der oder des beauftragten Sachverständigen, der Schwierigkeit des aufgetragenen Befundes oder Gutachtens und der Ausführlichkeit der notwendigen Begründung zu bestimmen ist:

1. für Tätigkeiten, die keine nach Z 2 oder 3 qualifizierten fachlichen Kenntnisse erfordern, eine Gebühr für Mühewaltung von 20 bis 60 Euro für jede, wenn auch nur begonnene Stunde;

2. für Tätigkeiten, die hohe fachliche Kenntnisse erfordern, welche durch den Abschluss einer berufsbildenden höheren Schule oder eine gleichwertige Berufsvorbildung vermittelt werden, eine Gebühr für Mühewaltung von 50 bis 100 Euro für jede, wenn auch nur begonnene Stunde;

3. für Tätigkeiten, die besonders hohe fachliche Kenntnisse erfordern, welche durch ein Universitätsstudium oder eine gleichwertige Vorbildung vermittelt werden, eine Gebühr für Mühewaltung von 80 bis 150 Euro für jede, wenn auch nur begonnene Stunde.

(4) Beziehen Sachverständige für gleiche oder ähnliche außergerichtliche Tätigkeiten Honorar nach einer gesetzlich vorgesehenen Gebührenordnung, so sind die darin enthaltenen Sätze als das anzusehen, was die Sachverständigen im außergerichtlichen Erwerbsleben üblicherweise beziehen, soweit nicht anderes nachgewiesen wird.

(5) Würde die Feststellung der für eine gleiche oder ähnliche außergerichtliche Tätigkeit von Sachverständigen üblicherweise bezogenen Einkünfte einen unverhältnismäßigen Verfahrensaufwand erfordern, so ist § 273 ZPO sinngemäß anzuwenden.

(BGBl I 2007/111)

Gebühr für die Teilnahme an einer Verhandlung

§ 35. (1) Für die Zeit der Teilnahme an einer Verhandlung, einem gerichtlichen Augenschein oder einer im Auftrag des Gerichtes durchgeführten Ermittlung hat der Sachverständige, soweit er für diese Zeit nicht eine Gebühr für Mühewaltung nach Abs. 2 oder § 34 geltend macht, Anspruch auf eine besondere Gebühr für Mühewaltung für jede, wenn auch nur begonnene Stunde, in der Höhe von 33,80 Euro, handelt es sich aber um eine Tätigkeit nach § 34 Abs. 3, in der Höhe von 22,70 Euro; fällt die Teilnahme in die Zeit von 20 Uhr bis 6 Uhr oder auf einen Samstag, Sonntag oder gesetzlichen Feiertag, so erhöht sich die besondere Gebühr für Mühewaltung für jede, wenn auch nur begonnene Stunde auf 52,50 Euro, handelt es sich aber um eine Tätigkeit nach § 34 Abs. 3 Z 1, auf 37,40 Euro. *(BGBl II 2007/134; BGBl I 2007/111)*

(2) Ergänzt der Sachverständige das schriftlich erstattete Gutachten in der Verhandlung oder gibt er darüber wesentliche Aufklärungen oder Erläuterungen, so hat er Anspruch auf eine weitere Gebühr für Mühewaltung; sie ist in einem je nach der aufgewendeten Zeit und Mühe entsprechend niedrigeren Verhältnis zu der Gebühr für die Grundleistung nach richterlichem Ermessen zu bestimmen.

(BGBl I 2001/98)

Gebühr für Aktenstudium

§ 36. Für das Studium des ersten Aktenbandes gebührt dem Sachverständigen je nach Schwierigkeit und Umfang der Akten ein Betrag von 7,60 Euro bis 44,90 Euro, für das Studium jedes weiteren Aktenbandes jeweils bis zu 39,70 Euro mehr.

(BGBl I 2001/98; BGBl II 2007/134)

Höhere Gebühr

§ 37. (1) Für die im Auftrag des Gerichtes durchgeführte Überprüfung des gerichtlichen Gutachtens eines anderen Sachverständigen oder von einander widersprechenden gerichtlichen Gutachten mehrerer Sachverständiger ist der Sachverständige mit der doppelten Gebühr zu entlohnen, die für das überprüfte Gutachten, bei einander widersprechenden Gutachten für das höher zu vergebührende Gutachten, jeweils samt Befund, nach diesem Bundesgesetz vorgesehen ist, selbst wenn er keinen Befund aufnimmt.

(2) Verzichtet der Sachverständige auf die Zahlung der Gebühr aus den Amtsgeldern, so steht ihm in zivilrechtlichen Verfahren eine höhere als die vorgesehene Gebühr dann zu, wenn die Parteien einvernehmlich der Bestimmung der Gebühr in dieser Höhe zustimmen oder wenn die Parteien durch einen Rechtsanwalt oder Notar vertreten sind und innerhalb der sinngemäß § 39 Abs. 1 letzter Satz festgesetzten Frist gegen die vom Sachverständigen verzeichnete Gebühr keine Einwendungen erheben.

(BGBl 1994/623)

Geltendmachung der Gebühr

§ 38. (1) Der Sachverständige hat den Anspruch auf seine Gebühr binnen 14 Tagen nach Abschluß seiner Tätigkeit bei sonstigem Verlust schriftlich oder mündlich, unter Aufgliederung der einzelnen Gebührenbestandteile, bei dem Gericht, vor dem die Beweisaufnahme stattgefunden hat oder stattfinden sollte, geltend zu machen. Er hat hierbei so viele andere Ausfertigungen eines schriftlichen Antrags vorzulegen, daß jeder der im § 40 Abs. 1 Z 1 bis 3 genannten Personen eine Ausfertigung zugestellt werden kann. Hierauf ist der Sachverständige in der Ladung aufmerksam zu machen. Schriftliche Anträge bedürfen nicht der Unterschrift eines Rechtsanwalts. *(BGBl I 2007/111)*

(2) Der Sachverständige hat die Umstände, die für die Gebührenbestimmung bedeutsam sind, zu bescheinigen.

(3) Auf seine Ansprüche und die allfällige Notwendigkeit der Bescheinigung ist der Sachverständige in der Ladung aufmerksam zu machen. *(BGBl 1994/623)*

Bestimmung der Gebühr

§ 39. (1) Die Gebühr ist von dem Gericht (dem Vorsitzenden) zu bestimmen, vor dem die Beweisaufnahme stattgefunden hat oder stattfinden sollte. Das Gericht (der Vorsitzende) hat auch über die Gewährung eines Vorschusses zu entscheiden. Vor der Gebührenbestimmung kann das Gericht (der Vorsitzende) den Sachverständigen auffordern, sich über Umstände, die für die Gebührenbestimmung bedeutsam sind, zu äußern und, unter Setzung einer bestimmten Frist, noch fehlende Bestätigungen über seine Kosten vorzulegen. *(BGBl I 2009/30)*

(1a) Den Parteien (§ 40 Abs. 1) ist Gelegenheit zur Äußerung zum Gebührenantrag zu geben. Wird die Äußerungsmöglichkeit schriftlich eingeräumt, so ist eine angemessene Frist von mindestens sieben, im Regelfall jedoch 14 Tagen festzusetzen. *(BGBl I 2009/30)*

(2) Die Gebührenbeträge sind auf volle Euro abzurunden. *(BGBl I 2010/111)*

(3) Werden gegen die antragsgemäße Bestimmung der Gebühr keine Einwendungen erhoben oder verzichten die nach Abs. 1a zu verständigenden Parteien auf Einwendungen, so kann das Gericht, wenn es keine Bedenken gegen die Höhe der Gebühren hegt,

1. ohne Beschlussfassung die Auszahlung der verzeichneten Gebühren anordnen; oder

2. bei Beschlussfassung in antragsgemäßer Höhe zur Begründung des Beschlusses auf den diesen Parteien zugestellten Gebührenantrag verweisen.

Soll eine Person zur endgültigen Tragung der nach Z 1 ausgezahlten Gebühren verpflichtet werden, die zuvor nicht gemäß Abs. 1a gehört wurde und Einwendungen gegen die Gebühren erhebt, so sind die Gebühren nachträglich beschlussmäßig zu bestimmen. *(BGBl I 2009/30)*

(4) Hat der Sachverständige seine Gebühr nach § 34 Abs. 1 geltend gemacht und wird nachträglich hinsichtlich dieser Sachverständigengebühr die Verfahrenshilfe bewilligt, so wird der zuvor abgegebene Verzicht des Sachverständigen auf Zahlung seiner Gebühr aus Amtsgeldern unwirksam. Wurde bereits die Gebühr bestimmt und der Beschluß über die Verpflichtung zur Bezahlung dieser Gebühr nach § 42 Abs. 1 erster Satz gefaßt, so ist mit dem Beschluß über die Bewilligung einer Verfahrenshilfe auch auszusprechen, daß der Gebührenbestimmungsbeschluß und der nach § 42 Abs. 1 erster Satz gefaßte Beschluß aufgehoben werden. Der Sachverständige ist vom Gericht aufzufordern, binnen 14 Tagen seine Gebühr nach § 34 Abs. 2 geltend zu machen. Das Gericht hat dann erneut die Gebühr des Sachverständigen zu bestimmen. *(BGBl I 2007/111)*

(BGBl 1994/623; BGBl I 2001/98)

Zustellung

§ 40. (1) Der Beschluss, mit dem die Gebühr bestimmt wird, ist den Parteien zuzustellen. Parteien sind folgende Personen:

1. in Zivilsachen die Verfahrensparteien;

2. in Strafsachen die Anklagevertretung mit Ausnahme der Staatsanwaltschaft sowie jene Personen, gegen die sich das Verfahren richtet;

3. in Zivil- und Strafsachen die Revisorinnen und Revisoren, es sei denn,

a) die Gebühr kann zur Gänze aus einem bereits erlegten Vorschuss bezahlt werden, oder

b) die Sachverständigen haben nach § 34 Abs. 1 oder § 37 Abs. 2 wirksam auf Auszahlung aus Amtsgeldern verzichtet oder

c) der nach Abschluss der Tätigkeit verzeichnete Gebührenbetrag übersteigt nicht 300 Euro; *(BGBl I 2013/159)*

4. die Sachverständigen.
(BGBl I 2009/30)

(2) Der Beschluß über die Gewährung eines Vorschusses ist nur dem Sachverständigen zuzustellen.

Rechtsmittel

§ 41. (1) Gegen jeden Beschluß, mit dem eine Sachverständigengebühr bestimmt wird, können die im § 40 genannten Personen, die Revisorinnen und Revisoren aber nur dann, wenn der Betrag, dessen Aberkennung beantragt wird, 50 Euro übersteigt, binnen 14 Tagen nach der Zustellung dieses Beschlusses an sie in Zivilsachen den Rekurs, in Strafsachen die Beschwerde an den übergeordneten Gerichtshof erheben. Übersteigt die Gebühr, deren Zuspruch oder Aberkennung beantragt wird, 300 Euro, so ist die Rechtsmittelschrift oder eine Abschrift des sie ersetzenden Protokolls den in § 40 Abs. 1 genannten Personen zuzustellen. Diese Personen können binnen 14 Tagen nach Zustellung eine Rekurs-, beziehungsweise Beschwerdebeantwortung anbringen. *(BGBl I 2007/111; BGBl I 2009/52)*

(2) Gegen den Beschluß, mit dem ein Antrag des Sachverständigen auf Gewährung eines Vorschusses ganz oder teilweise abgewiesen worden ist, kann nur der Sachverständige das im Abs. 1 genannte Rechtsmittel erheben. Gegen die Gewährung eines Vorschusses ist ein Rechtsmittel nicht zulässig.

(3) Parteien, die nicht durch einen Rechtsanwalt vertreten oder verteidigt sind, können Rechtsmittel oder Rechtsmittelbeantwortungen auch mündlich zu Protokoll erklären; ihre schriftlichen Rechtsmittel oder Rechtsmittelbeantwortungen bedürfen nicht der Unterschrift eines Rechtsanwalts. Ein Kostensatz findet nicht statt.

(BGBl 1994/623; BGBl I 1997/140; BGBl I 2001/98)

Zahlung
Rückzahlung

§ 42. (1) Bei der Bestimmung der Sachverständigengebühren nach § 34 Abs. 1 oder § 37 Abs. 2 hat das Gericht, soweit die Zahlung nicht aus einem erliegenden Kostenvorschuß erfolgen kann, unter sinngemäßer Anwendung des § 2 Abs. 1 GEG 1962, BGBl. Nr. 288, auszusprechen, welche Partei zur Bezahlung der Gebühren an den Sachverständigen verpflichtet ist. Gegen diesen Beschluß ist der Rekurs zulässig. Ersucht der Sachverständige um die Einhebung des durch einen erliegenden Kostenvorschuß nicht gedeckten Betrags, so ist dieser nach den für die Einbringung von gerichtlichen Gebühren und Kosten geltenden Vorschriften für die Sachverständigen einzubringen. In den Fällen des § 34 Abs. 2 erster Satz sind dem Sachverständigen die Gebühren, soweit die Zahlung nicht aus einem erliegenden Kostenvorschuß erfolgen kann, aus den Amtsgeldern des Gerichtes zu zahlen. Die Gebühr ist dem Sachverständigen – außer im Fall des § 39 Abs. 3 Z 1 – nach Eintritt der Rechtskraft des Beschlusses, mit dem sie bestimmt worden ist, kostenfrei zu zahlen. In den Fällen des § 34 Abs. 2 erster Satz kann der Sachverständige auch verlangen, daß ihm die Gebühr vor Eintritt der Rechtskraft dieses Beschlusses gezahlt wird. *(BGBl I 2009/30)*

(2) Wird die zunächst bestimmte Gebühr durch eine Rechtsmittelentscheidung erhöht, so ist der Mehrbetrag dem Sachverständigen kostenfrei nachzuzahlen.

(3) Wird die Gebühr vor ihrer rechtskräftigen Bestimmung gezahlt und durch einen nachträglichen Beschluss oder eine Rechtsmittelentscheidung herabgesetzt oder übersteigt der dem Sachverständigen gezahlte Vorschuß die rechtskräftig bestimmte Gebühr, so hat der Sachverständige den zuviel gezahlten Betrag zurückzuzahlen. Hierzu ist er vom Gericht (vom Vorsitzenden) unter Setzung einer Frist von 14 Tagen aufzufordern. Bei nicht rechtzeitiger Zurückzahlung ist der Betrag vom Sachverständigen nach den für die Einbringung der gerichtlichen Gebühren und Kosten geltenden Vorschriften einzubringen. *(BGBl I 2009/30)*

(BGBl 1994/623)

TARIFE

Ärzte

§ 43. (1) Die Gebühr für Mühewaltung beträgt

1. für die Untersuchung samt Befund und Gutachten

a) bei einer einfachen körperlichen Untersuchung 30,30

b) bei einer einfachen körperlichen Untersuchung mit eingehender Begründung des Gutachtens oder Einbeziehung eines oder mehrerer Nebengutachten oder bei einer besonders zeitaufwendigen körperlichen Untersuchung oder bei einer neurologischen oder psychiatrischen Untersuchung 39,70

c) bei einer einfachen körperlichen Untersuchung mit besonders eingehender, sich mit widersprüchlichen Ergebnissen von Befundaufnahmen ausführlich auseinandersetzender oder besonders ausführlicher und außergewöhnliche Kenntnisse auf dem Fachgebiet des Sachverständigen voraussetzender Begründung des Gutachtens 59,10

d) bei einer besonders zeitaufwändigen körperlichen, neurologischen, psychiatrischen Untersuchung oder einer Untersuchung zur Beurteilung, ob eine psychisch kranke Person ohne Gefahr in anderer Weise als durch Unterbringung in einer Anstalt behandelt oder betreut werden kann, je mit eingehender Begründung des Gutachtens .... 116,20 Euro

(BGBl I 2007/111)

ab 1. 1. 2021 wird das Wort „Anstalt" durch die Wortfolge „psychiatri-

che Unterbringung" ersetzt. (BGBl I 2020/135)

e) bei einer besonders zeitaufwändigen körperlichen, neurologischen, psychiatrischen Untersuchung oder einer Untersuchung zur Beurteilung, ob eine psychisch kranke Person ohne Gefahr in anderer Weise als durch Unterbringung in einer Anstalt behandelt oder betreut werden kann, je mit besonders eingehender, sich mit widersprüchlichen Ergebnissen von Befundaufnahmen ausführlich auseinandersetzender oder besonders ausführlicher und außergewöhnliche Kenntnisse auf dem Fachgebiet des Sachverständigen voraussetzender Begründung des Gutachtens .... 195,40 Euro

(BGBl I 2007/111)

ab 1. 1. 2021 wird das Wort „Anstalt" durch die Wortfolge „psychiatrischen Abteilung oder durch strafrechtliche Unterbringung" ersetzt. (BGBl I 2020/135)

f) *(entfällt, BGBl I 2007/111)*

2. für die Leichenöffnung (Untersuchung von Leichenresten oder -teilen) samt Befund und Gutachten

a) in einfachen Fällen 93,50

b) mit eingehender Begründung des Gutachtens 130,90

c) mit besonders eingehender, sich mit widersprüchlichen Ergebnissen von Befundaufnahmen ausführlich auseinandersetzender oder besonders ausführlicher und außergewöhnliche Kenntnisse auf dem Fachgebiet des Sachverständigen voraussetzender Begründung des Gutachtens 187,20

d) bei erschwerenden äußeren Umständen, wie etwa bei großer Kälte oder sonstigen widrigen Wetterverhältnissen, bei einer Veränderung der Leiche durch Fäulnis oder nach Enterdigung, das Eineinhalbfache der in den Buchstaben a bis c festgesetzten Gebühren

e) für die Nutzung von externen Untersuchungsräumlichkeiten (einschließlich Infrastruktur) 130
bei Veränderung der Leiche in den Fällen der lit. d 180

(BGBl I 2007/111)

3. für eine äußere Besichtigung einer Leiche oder einer unreifen menschlichen Frucht samt Befund und Gutachten 14,30

4. für eine Untersuchung von Werkzeugen, Kleidung und dergleichen mit oder ohne Handlupe samt Befund und Gutachten 14,30

5. a) für eine einfache chemische, mikroskopische oder spektroskopische Untersuchung von Harn, Haaren, Sekret oder Exkret und dergleichen samt Befund und Gutachten für jede Untersuchungsart 16,70

b) für eine histologische Untersuchung samt Befund und Gutachten für jedes Organ und jede Färbung 20,90

c) für eine histochemische oder neuropathologische Untersuchung samt Befund und Gutachten für jedes Schnittpräparat und jede Färbung 46,80

d) für eine makroskopische Untersuchung eines Operationspräparates samt Befund und Gutachten 37,40

e) für eine makroskopische Untersuchung eines Skeletteils einschließlich Präparation, Mazeration und Rekonstruktion samt Befund und Gutachten

aa) bis zu drei Bruchstücken 37,40

bb) für jedes weitere Bruchstück 4,00

6. für eine Untersuchung von Blutflecken samt Befund und Gutachten

a) auf Zugehörigkeit von Blut einer bestimmten Art

aa) bei Anwendung der Präzipitationsmethode nach Uhlenhut 26,90

bb) bei Anwendung der Präzipitationsmethode nach Ouchterlony 41,30

cc) sonst 14,50

b) auf Gruppenzugehörigkeit 37,40

c) auf Blutmerkmale für jedes Merkmal 41,30

7. für eine Blutentnahme

a) bei Kindern über drei Jahren und bei Erwachsenen sowie bei Leichen durch Punktion der Vene 8,40

b) bei Kindern unter drei Jahren 14,50

c) bei Leichen durch Öffnung einer großen Vene 20,90

d) bei Kindern und Erwachsenen für eine Untersuchung der in der Z 8 Buchstabe g genannten Merkmale 25,00

e) in der Zeit von 20 Uhr bis 6 Uhr das Doppelte der in den Buchstaben a bis c festgesetzten Gebühren

8. für eine Untersuchung von flüssigem Blut (auch Leichenblut) samt Befund und Gutachten

a) auf Zugehörigkeit zu Blut einer bestimmten Art 23,50

b) im System der Blutgruppen der roten Blutkörperchen

aa) zur Bestimmung der Blutgruppe 14,50

bb) zur Bestimmung der Blutuntergruppen A1 und A2 14,50

c) im System der Blutfaktoren der roten Blutkörperchen

aa) zur Bestimmung der Blutfaktoren für jedes Merkmal 14,50

bb) Absorptions-Elutions-Untersuchungen zur Differenzierung zwischen Rein- und Mischerbigkeit für jede Untersuchung 41,30

d) im System der Enzymmerkmale zur Bestimmung jedes Merkmals 25,00

e) im System der Serumgruppen zur Bestimmung jedes Merkmals 25,00

f) zur Bestimmung der Ausscheidereigenschaften in Körperflüssigkeiten für jedes Merkmal 14,50

g) im System der Merkmale der weißen Blutkörperchen

aa) zur Bestimmung jedes Merkmals 25,00

bb) zur Gewinnung der weißen Blutkörperchen zur unmittelbaren Untersuchung oder Versendung 25,00

9. für eine bakteriologische Untersuchung samt Befund und Gutachten

a) für jeden Kultur- und Tierversuch 25,00

b) sonst 12,60

10. a) für jede virologische Untersuchung (z. B. Eikultur, Gewebekultur, Tierversuch) samt Befund und Gutachten 51,70

b) für jede Untersuchung nach Buchstabe a mit Blindpassagen oder Neutralisationsproben samt Befund und Gutachten 103,10

11. für eine Abnahme von Abdrücken zur Nämlichkeitssicherung für jeden Abdruck 9,60

12. für eine Röntgenuntersuchung samt Befund und Gutachten

a) bei Röntgenaufnahmen für jede Aufnahme 30,30

b) bei Durchleuchtung 19,00

c) bei Verwendung eines Kontrastmittels das Eineinhalbfache der in den Buchstaben a und b festgesetzten Gebühren

13. für eine biostatische Berechnung der Vaterschaftsausschlußmöglichkeit oder der Vaterschaftswahrscheinlichkeit .... 46,80 .

(BGBl II 2007/134)

Fassung ab 1. 1. 2021 (BGBl I 2020/135): (1a) Mit Ausnahme von Arbeitsrechtssachen nach § 50 Abs. 2 ASGG und Sozialrechtssachen nach § 65 ASGG kann anstelle der in Abs. 1 Z 1 Buchstaben d und e festgesetzten Gebühren die Gebühr für Mühewaltung bei einer besonders zeitaufwändigen psychiatrischen Untersuchung samt Befund und Gutachten oder einer Untersuchung samt Befund und Gutachten zur Beurteilung, ob eine psychisch kranke Person ohne Gefahr in anderer Weise als durch Unterbringung in einer psychiatrischen Abteilung oder durch strafrechtliche Unterbringung behandelt oder betreut werden kann, nach der für die Untersuchung samt Befund und Gutachten aufgewendeten Zeit angesprochen werden, wobei die Gebühr für jede, wenn auch nur begonnene Stunde 110 € beträgt. *(BGBl I 2020/135)*

(2) Soweit sich dies nicht bereits aus dem Abs. 1 ergibt, hat der Sachverständige für die Untersuchung mehrerer Personen oder Gegenstände Anspruch je auf die volle Gebühr.

(BGBl 1994/623; BGBl I 2001/98)

Anthropologen

§ 44. Die Gebühr für Mühewaltung für die Untersuchung samt Befund und Gutachten beträgt für jede untersuchte Person

1. für eine morphologische Untersuchung 88,10

2. für eine mikroskopische Haaruntersuchung 19,00

3. für eine Geschmacksprüfung 17,00

4. für eine Untersuchung der Gaumenfalten 37,40

5. für eine Untersuchung der Wirbelsäule 86,30

6. für eine Untersuchung der Nebenhöhlen 86,30

7. für eine Abnahme und Auswertung von Abdrücken zu daktyloskopischen Zwecken je Abdruck 15,20

8. für eine biostatische Berechnung der Vaterschaftsausschlußmöglichkeit

oder der Vaterschaftswahrscheinlichkeit
.... 46,80 .

(BGBl I 2001/98; BGBl II 2007/134)

Dentisten

§ 45. Die Gebühr für Mühewaltung beträgt für Befund und Gutachten

1. über eine Untersuchung im Mund

a) in einfachen Fällen 15,20

b) mit eingehender Begründung des Gutachtens 30,30

c) nach Abnahme von Kronen, Brücken und dergleichen 51,00

2. über eine Untersuchung technischer Arbeiten außerhalb des Mundes

a) in einfachen Fällen 11,60

b) mit eingehender Begründung des Gutachtens und nach Untersuchung von Materialproben 39,70

3. über Materialien und deren Verarbeitung .... 52,50 .

(BGBl I 2001/98; BGBl II 2007/134)

Tierärzte

§ 46. (1) Die Gebühr für Mühewaltung beträgt

1. für eine körperliche Untersuchung samt Befund und Gutachten

a) eines Großtiers (z. B. Rind, Pferd, Maulesel, Maultier, je über ein Jahr)

aa) in einfachen Fällen 30,30

bb) mit eingehender Begründung des Gutachtens oder Einbeziehung eines oder mehrerer Nebengutachten 39,70

cc) mit besonders eingehender, sich mit widersprüchlichen Ergebnissen von Befundaufnahmen ausführlich auseinandersetzender oder besonders ausführlicher und außergewöhnliche Kenntnisse auf dem Fachgebiet des Sachverständigen voraussetzender Begründung des Gutachtens 59,10

b) eines mittleren Tieres (z. B. Rind, Pferd, Maulesel, Maultier, je unter einem Jahr, Schwein, Schaf, Ziege) in einfachen Fällen 16,00

c) eines Kleintieres (z. B. Hund, Katze, Huhn, Pute, Gans, Ente) in einfachen Fällen 14,30

2. für eine Massentieruntersuchung einschließlich der Berücksichtigung der Umweltbedingungen samt Befund und Gutachten

a) je Großtier oder mittleres Tier mit Ausnahme der unter dem Buchstaben b

angeführten Tiere in einfachen Fällen
.... 15,20

b) bei Schweinen, Schafen oder Ziegen in einfachen Fällen bei einem Bestand von

50 bis 100 Stück insgesamt
.... 280,40

101 bis 250 Stück insgesamt
.... 486,00

251 bis 1000 Stück insgesamt
.... 822,40

mehr als 1000 Stück insgesamt die zuletzt genannte Gebühr mit einem Zuschlag von 93,50 Euro für jedes weitere angefangene Tausend

c) bei Geflügel (Huhn, Pute, Gans, Ente und dergleichen) in einfachen Fällen bei einem Bestand von

100 bis 200 Stück insgesamt
.... 93,50

201 bis 1000 Stück insgesamt
.... 130,90

1001 bis 10 000 Stück insgesamt die zuletzt genannte Gebühr mit einem Zuschlag von 46,80 Euro für jedes weitere angefangene Tausend; von mehr als 10 000 Stück mit einem Zuschlag von 33,80 Euro für jedes darüberliegende weitere angefangene Tausend

3. in den Fällen der Z 1 Buchstaben b und c und Z 2

a) bei einer eingehenden Begründung des Gutachtens das Eineinhalbfache,

b) bei einer besonders eingehenden, sich mit widersprüchlichen Ergebnissen von Befundaufnahmen ausführlich auseinandersetzenden oder besonders ausführlichen und außergewöhnliche Kenntnisse auf dem Fachgebiet des Sachverständigen voraussetzenden Begründung des Gutachtens das Doppelte der dort festgesetzten Gebühren

4. für eine Leichenöffnung (Untersuchung von Leichenresten oder -teilen) samt Befund und Gutachten

a) bei einem Großtier

aa) in einfachen Fällen 93,50

bb) mit eingehender Begründung des Gutachtens 130,90

cc) mit besonders eingehender, sich mit widersprüchlichen Ergebnissen von Befundaufnahmen ausführlich auseinandersetzender oder besonders ausführlicher und außergewöhnliche Kenntnisse auf dem Fachgebiet des Sachverständigen voraussetzender Begründung des Gutachtens .... 187,00 dd) bei erschwerenden äußeren Umständen, wie etwa bei großer Kälte oder sonstigen widrigen Wetterverhältnissen, bei einer Veränderung der Leiche durch Fäulnis oder nach Ausgrabung, das Eineinhalbfache der in den Doppelbuchstaben aa bis cc festgesetzten Gebühren

b) bei einem mittleren Tier

aa) in einfachen Fällen 46,80

bb) mit eingehender Begründung des Gutachtens 65,50

cc) mit besonders eingehender, sich mit widersprüchlichen Ergebnissen von Befundaufnahmen ausführlich auseinandersetzender oder besonders ausführlicher und außergewöhnliche Kenntnisse auf dem Fachgebiet des Sachverständigen voraussetzender Begründung des Gutachtens 93,50

dd) bei erschwerenden äußeren Umständen, wie etwa bei großer Kälte oder sonstigen widrigen Wetterverhältnissen, bei einer Veränderung der Leiche durch Fäulnis oder nach Ausgrabung, das Eineinhalbfache der in den Doppelbuchstaben aa bis cc festgesetzten Gebühren

c) bei einem Kleintier mit Ausnahme von Geflügel

aa) in einfachen Fällen 19,00

bb) mit eingehender Begründung des Gutachtens 46,80

cc) mit besonders eingehender, sich mit widersprüchlichen Ergebnissen von Befundaufnahmen ausführlich auseinandersetzender oder besonders ausführlicher und außergewöhnliche Kenntnisse auf dem Fachgebiet des Sachverständigen voraussetzender Begründung des Gutachtens 74,90

dd) bei erschwerenden äußeren Umständen, wie etwa bei großer Kälte oder sonstigen widrigen Wetterverhältnissen, bei einer Veränderung der Leiche durch Fäulnis oder nach Ausgrabung, das Eineinhalbfache der in den Doppelbuchstaben aa bis cc festgesetzten Gebühren

d) bei Geflügel (Huhn, Pute, Gans, Ente und dergleichen)

aa) in einfachen Fällen 19,00

bb) mit eingehender Begründung des Gutachtens 28,20

cc) mit besonders eingehender, sich mit widersprüchlichen Ergebnissen von Befundaufnahmen ausführlich auseinandersetzender oder besonders ausführlicher und außergewöhnliche Kenntnisse auf dem Fachgebiet des Sachverständi-

gen voraussetzender Begründung des Gutachtens 46,80

dd) bei erschwerenden äußeren Umständen, wie etwa bei großer Kälte oder sonstigen widrigen Wetterverhältnissen, bei einer Veränderung der Leiche durch Fäulnis oder nach Ausgrabung, das Eineinhalbfache der in den Doppelbuchstaben aa bis cc festgesetzten Gebühren

5. für eine äußere Besichtigung einer Leiche oder einer unreifen tierischen Frucht samt Befund und Gutachten 14,30

6. a) für eine einfache chemische, mikroskopische oder spektroskopische Untersuchung (von Harn, Haaren, Sekret oder Exkret und dergleichen) samt Befund und Gutachten für jede Untersuchungsart) 16,70

b) für eine histologische Untersuchung samt Befund und Gutachten für jedes Organ und jede Färbung 20,90

c) für eine histochemische oder neuropathologische Untersuchung samt Befund und Gutachten für jedes Schnittpräparat und jede Färbung 46,80

7. für eine Untersuchung von Blutflecken auf Zugehörigkeit zu Blut einer bestimmten Art samt Befund und Gutachten

a) bei Anwendung der Präzipitationsmethode nach Uhlenhut 26,90

b) bei Anwendung der Präzipitationsmethode nach Ouchterlony 41,30

c) sonst 14,50

8. für eine Blutentnahme 14,50

9. für eine Untersuchung von flüssigem Blut (auch Leichenblut) samt Befund und Gutachten

a) zur Bestimmung der Blutgruppe 14,50

b) zur Bestimmung der Serumgruppe 25,00

c) zur Bestimmung jedes Enzymmerkmals 25,00

10. für eine bakteriologische Untersuchung samt Befund und Gutachten

a) für jeden Kultur- oder Tierversuch 25,00

b) für jede Serumagglutination 6,60

c) sonst 12,60

11. a) für eine virologische Untersuchung (z. B. Eikultur, Gewebekultur,

Tierversuch) samt Befund und Gutachten 51,70

b) für eine Untersuchung nach Buchstabe a mit Blindpassagen oder Neutralisationsproben samt Befund und Gutachten 103,10

12. für eine Röntgenuntersuchung samt Befund und Gutachten

a) bei Röntgenaufnahme für jede Aufnahme

aa) bei einem Großtier 50,70

bb) sonst 30,30

b) bei Durchleuchtung 19,00

c) bei Verwendung eines Kontrastmittels das Eineinhalbfache der in den Buchstaben a und b festgesetzten Gebühren

13. für eine Untersuchung von Lebensmitteln tierischer Herkunft samt Befund und Gutachten

a) bei sensorischer Untersuchung
.... 14,30

b) bei einfacher qualitativer Bestimmung einzelner Bestandteile (Stärke, Ammoniak sowie Bestimmung des pH-Wertes und dergleichen) je 6,60

c) bei histologischer Untersuchung (zehn Präparate) 82,20

d) bei bakteriologischer Untersuchung

aa) bei Bestimmung der aeroben Gesamtkeimzahl 9,60

bb) bei Isolierung einzelner Keimgruppen und Bestimmung deren Anzahl
.... 14,30

e) bei serologischer Untersuchung auf Eiweißart 14,30

f) bei serologischer Bestimmung der Art- und Gruppenzugehörigkeit von Bakterien 14,30

g) bei Bestimmung biochemischer Eigenschaften von Bakterien 14,30

h) bei biologischem Nachweis von Hemmstoffen (Antibiotika, Konservierungsmittel und dergleichen) 9,60

i) bei Nachweis von Hormonen oder hormonal wirksamen Substanzen (z. B. Östrogene, Thyreostatika) im Tierversuch 46,80
(BGBl II 2007/134)

(2) Soweit sich dies nicht bereits aus dem Abs. 1 ergibt, hat der Sachverständige für die Untersuchung mehrerer Tiere oder Gegenstände, ausgenommen für die Massentieruntersuchung

in den Fällen der Z 2 Buchstaben b und c, Anspruch je auf die volle Gebühr.

(BGBl 1994/623; BGBl I 2001/98)

Sachverständige für chemische Untersuchungen

§ 47. (1) Die Gebühr für Mühewaltung für chemische Untersuchungen, soweit sie nicht von anderen Tarifposten erfaßt sind, samt Befund und Gutachten beträgt

1. für eine Untersuchung von Leichenteilen

a) auf flüchtige Gifte (z. B. Äthylalkohol und dergleichen) 48,90

b) auf Metallgifte (z. B. Blei und dergleichen) 73,10

c) auf Pflanzengifte oder synthetische Arzneistoffe (z. B. Strychnin, Barbiturate und dergleichen) 88,10

2. für eine Untersuchung von Blut (auch Leichenblut), Erbrochenem, Mageninhalt, Stuhl, Harn, Graberde, Sargholz, von festen Speisen, Flüssigkeiten oder Genußmitteln

a) auf flüchtige Gifte 30,30

b) auf Metallgifte 43,30

c) auf Pflanzengifte oder synthetische Arzneistoffe 58,30

3. für eine Untersuchung von Arznei, Drogen, Toilettenartikeln, technischen Erzeugnissen, Kleidern, Wäsche oder Geräten 58,30

4. für eine Untersuchung von einfachen Körpern (z. B. Sublimat, Zyankali, Arsenik, Phosphor, Kochsalz, Kalomel, Calciumcarbonat, Bariumcarbonat) oder deren Lösungen 30,30

5. für eine Untersuchung von Gemischen einfacher Körper oder deren Lösungen, soweit sie nicht unter eine andere Zahl fallen 58,30

6. a) für eine einfache mikroskopische, spektroskopische oder chemische Untersuchung 16,70

b) für eine aufwendige chemische Untersuchung mit physikalisch-chemischen Verfahren, wie z. B. Dünnschicht-Gaschromatographie, Spektralanalysen (Emission, Absorption), Röntgenfluoreszenz 32,10
(BGBl II 2007/134)

(2) Dem Sachverständigen gebührt in den Fällen des Abs. 1 Z 1 bis 5 für jedes quantitativ ermittelte Gift ein Zuschlag in der Höhe der halben Gebühr. Müssen verschiedene Organgruppen oder Organteile getrennt untersucht werden, und ist die Notwendigkeit der getrennten Untersuchung

wissenschaftlich nachgewiesen, so gebührt für jede getrennte Untersuchung die volle Gebühr; das gleiche gilt, wenn ein Gegenstand der Reihe nach auf verschiedene Gruppen von Giften untersucht werden muß.

(3) Der Abs. 1 ist auf pharmakologische und pharmakognostische Untersuchungen nicht anzuwenden.

(BGBl I 2001/98)

Sachverständige für das Kraftfahrwesen

§ 48. Die Gebühr für Mühewaltung beträgt für Befund und Gutachten

1. über den Allgemeinzustand oder die Betriebs- oder Verkehrssicherheit eines

a) Kraftrades 28,20

b) Personen- oder Kombinationskraftwagens 46,80

c) Lastkraftwagens oder einer Zugmaschine 74,90

d) Omnibusses, Sattel- oder Gelenkfahrzeuges 103,10

e) Anhängers, sofern er nicht unter Buchstabe f fällt 46,80

f) Fahrzeugs besonderer Art, wie eines Fahrzeuges, das zur Beförderung gefährlicher Güter bestimmt ist (besonders eines solchen Tankfahrzeuges), einer selbstfahrenden Arbeitsmaschine, Anhängerarbeitsmaschine oder eines Sonderkraftfahrzeugs 112,30

g) Fahrzeugbestandteils oder -zubehörs 19,00

2. über das Ausmaß und die Höhe eines Schadens an einem unter der Z 1 genannten Fahrzeug, Bestandteil oder Zubehör die dort genannte Gebühr mit einem Zuschlag von 9,60

3. über den Wert eines Fahrzeugs, Bestandteils oder Zubehörs, die Kosten oder die Beschaffenheit einer durchgeführten Instandsetzung bei einem Wert bzw. einem Kostenbetrag

	bis	730	....	56,20
über	730	bis	3 630	 84,10
über	3 630	bis	7 270	 112,30
über	7 270	bis	21 800	 140,30
über	21 800	bis	36 340	 168,40
über	36 340	bis	72 670	 224,40
über	72 670		....	280,40

4. über die Wertminderung eines Kraftfahrzeugs, Bestandteils oder Zubehörs 46,80

5. über die technischen Ursachen und den Hergang eines Verkehrsunfalls bei Beteiligung

a) eines Verkehrsteilnehmers 46,80

b) zweier Verkehrsteilnehmer 93,50

c) dreier oder mehrerer Verkehrsteilnehmer 112,30

d) bei besonders schwieriger Darstellung der technischen Ursachen oder des Unfallhergangs oder bei besonders eingehender, sich mit widersprüchlichen Ergebnissen von Befundaufnahmen ausführlich auseinandersetzender oder besonders ausführlicher und außergewöhnliche Kenntnisse auf dem Fachgebiet des Sachverständigen voraussetzender Begründung des Gutachtens, so bei einer besonderen Berechnung der Geschwindigkeit aus der Art und Stärke des Schadens, das Doppelte der in den Buchstaben a bis c festgesetzten Gebühren.

(BGBl 1994/623; BGBl I 2001/98; BGBl II 2007/134)

Gemeinsame Bestimmungen zu den §§ 43 bis 48

§ 49. (1) Wird von einem in den §§ 43 bis 48 erfaßten Sachverständigen eine Leistung erbracht, die in diesen Bestimmungen nicht angeführt ist, aber wegen ihrer Ähnlichkeit mit den dort angeführten Leistungen ihnen gleichgehalten werden kann, so ist sie mit der für die nächstähnliche Leistung vorgesehenen Gebühr zu entlohnen.

(2) Die §§ 43 bis 48 und der Abs. 1 gelten nicht, wenn es sich um eine wissenschaftliche Leistung handelt. In diesem Fall ist die Bestimmung der Gebühr in der vollen Höhe der außergerichtlichen Einkünfte (§ 34 Abs. 1) zulässig.

(3) Stammen in den Fällen des § 43 bis 48 Befund und Gutachten von verschiedenen Sachverständigen, so gebühren

1. dem Sachverständigen, der den Befund aufgenommen hat, drei Viertel;

2. dem Sachverständigen, der das Gutachten abgegeben hat,

a) wenn eine eingehende wissenschaftliche Begründung notwendig ist, drei Viertel,

b) sonst die Hälfte der für Befund und Gutachten festgesetzten Gesamtgebühr.

(BGBl 1994/623)

§ 50. *(aufgehoben, BGBl 1994/623)*

Sachverständige für die Schätzungen von Häusern und Baugründen

§ 51. (1) Die Gebühr für Mühewaltung für Befund und Gutachten über die Schätzung von Häusern und Baugründen beträgt

1. für Hausschätzungen
bei einem Wert einschließlich des Wertes des bebauten Grundstücks

	bis 36 340	 415,40
über 36 340	bis 72 670	 728,90
über 72 670	für angefangene	
weitere 36 340	um 121,70	
mehr;		

2. für Baugrundschätzungen
bei einem Wert

	bis 5 090	 111,90
über 5 090	bis 7 270	 146,10
über 7 270	für je angefangene	
weitere 3 630	um 22,70	
mehr;		

(2) Für die Schätzung von Hausanteilen oder Baugrundanteilen, die im Verhältnis zum Ganzen bestimmt sind (§ 10 GBG 1955), ist die Gebühr nach deren Schätzwert mit einem Zuschlag von 50 vH zu bemessen. Werden mehrere Anteile eines Hauses oder Baugrundes geschätzt, so darf die Gebühr für Mühewaltung nicht höher sein, als sie es bei der Schätzung der gesamten Liegenschaft wäre.

(3) Für die Schätzung einer im Wohnungseigentum stehenden Wohnung oder eines solchen Geschäftsraums ist die Gebühr nach deren oder dessen Schätzwert mit einem Zuschlag von 50 vH zu bemessen. Werden mehrere im Wohnungseigentum stehende Wohnungen oder Geschäftsräume einer Liegenschaft geschätzt, so darf die Gebühr für Mühewaltung nicht höher sein, als sie es bei der Schätzung der gesamten Liegenschaft wäre.

(BGBl I 2001/98; BGBl I 2004/1; BGBl I 2004/58; BGBl I 2004/71; BGBl II 2007/134)

Besonderheiten im Ermittlungsverfahren der Staatsanwaltschaft (§ 103 Abs. 2 StPO)

§ 52. (1) Die Bestimmungen des III. Abschnitts sind auf von der Staatsanwaltschaft gemäß § 126 Abs. 3 StPO bestellte Sachverständige mit der Maßgabe anzuwenden, dass an Stelle des Gerichts außer in Ansehung des Gebührenbestimmungsverfahrens die Staatsanwaltschaft tritt, vor der die Beweisaufnahme stattgefunden hat.

(2) Die Staatsanwaltschaft hat der Revisorin oder dem Revisor, wenn der nach Abschluss der Tätigkeit verzeichnete Gebührenbetrag 300 Euro überschreitet, sowie jenen Personen, gegen die sich das Verfahren richtet, Gelegenheit zur Äußerung zum Gebührenantrag zu geben; § 39 Abs. 1a gilt sinngemäß. Davor kann die Staatsanwaltschaft die Sachverständigen auffordern, sich über Umstände, die zur Prüfung des Gebührenanspruchs maßgeblich sind, zu äußern und innerhalb einer bestimmten Frist noch fehlende Bestätigungen über ihren Aufwand vorzulegen. *(BGBl I 2009/30; BGBl I 2013/159)*

(3) Werden innerhalb der Frist keine Einwendungen erhoben oder verzichten die in Abs. 2 genannten Personen auf Einwendungen, und hegt die Staatsanwaltschaft selbst keine Bedenken gegen die Höhe der Gebühren, ordnet sie die Auszahlung der verzeichneten Gebühren aus Amtsgeldern an. Andernfalls stellt sie bei dem für das Ermittlungsverfahren zuständigen Gericht den Antrag auf Bestimmung der Gebühr (§§ 39 ff; § 101 StPO). Das Gericht kann von einer neuerlichen Zustellung des Gebührenantrags an die in Abs. 2 genannten Personen absehen.

(4) Auf Antrag kann die Staatsanwaltschaft einen angemessenen Vorschuss auszahlen.

(BGBl I 2007/111)

IV. ABSCHNITT

Dolmetscher

Umfang. Geltendmachung und Bestimmung der Gebühr

§ 53. (1) Für den Umfang, die Geltendmachung und die Bestimmung der Gebühr der Dolmetscherinnen und Dolmetscher gelten die §§ 24 bis 34, 36, 37 Abs. 2, 38 bis 42 und 52 mit folgenden Besonderheiten sinngemäß:

1. für die Zwecke des § 34 Abs. 3 Z 1 bis 3 sind für schriftliche Übersetzungen je nach konkret erforderlichem Ausbildungsgrad Gebührenrahmen von 1,40 bis 1,60 Euro (Z 1), von 1,50 bis 1,70 Euro (Z 2) und von 1,60 bis 1,80 Euro je Zeile anzuwenden, wobei als Zeile 55 Anschläge (einschließlich Leerzeichen) der Übersetzung gelten;

2. § 38 Abs. 1 ist mit der Maßgabe anzuwenden, dass die Gebühr für die Tätigkeit an einem Verhandlungs- oder Vernehmungstag jeweils an dessen Ende geltend gemacht werden kann; *(BGBl I 2019/44)*

3. § 31 Abs. 1a ist mit der Maßgabe anzuwenden, dass sich die danach vorgesehenen Gebührenbeträge im Fall der Übermittlung einer vom Dolmetscher auftragsgemäß angefertigten beglaubigten Übersetzung im Weg des elektronischen

Rechtsverkehrs um jeweils 3 Euro erhöhen. *(BGBl I 2019/44)*
(BGBl I 2009/30)

(2) Unter dem Dolmetscher im Sinn dieses Bundesgesetzes ist auch der Übersetzer zu verstehen.

Gebühr für Mühewaltung

§ 54. (1) Die Gebühr der Dolmetscherinnen und Dolmetscher beträgt

1. bei schriftlicher Übersetzung

a) für je 1 000 Schriftzeichen (ohne Leerzeichen) .... 15,20 Euro;

b) wenn das zu übersetzende Schriftstück schwer lesbar ist, um 3 Euro mehr als die Grundgebühr; *(BGBl I 2014/40)*

c) wenn die Übersetzung wegen besonderer sprachlicher oder fachlicher Schwierigkeiten einen erhöhten Zeitaufwand erfordert oder wenn die Übersetzung auf Anordnung des Gerichts in der Zeit von 20 Uhr bis 6 Uhr oder an einem Samstag, Sonntag oder gesetzlichen Feiertag zu erfolgen hat, jeweils das Eineinhalbfache der Grundgebühr;

2. für eine gesetzmäßige Beurkundung der genauen Übereinstimmung einer schriftlichen Übersetzung mit der Urschrift .... 3,20 Euro;

3. für die Zuziehung zu einer Vernehmung oder gerichtlichen Verhandlung für die erste, wenn auch nur begonnene halbe Stunde .... 24,50 Euro; für jede weitere, wenn auch nur begonnene halbe Stunde .... 12,40 Euro; handelt es sich um eine besonders schwierige Dolmetschtätigkeit, so erhöhen sich diese Beträge auf .... 30,70 Euro bzw. .... 15,40 Euro; fällt die Zuziehung in die Zeit von 20 Uhr bis 6 Uhr oder auf einen Samstag, Sonntag oder gesetzlichen Feiertag, so beträgt die Gebühr insoweit das Eineinhalbfache dieser Beträge;

4. für jede während einer Vernehmung oder gerichtlichen Verhandlung übersetzte eines Schriftstücks neben der Gebühr nach Z 3 die Hälfte der Gebühr für die Übersetzung eines Schriftstücks; wurde das zu übersetzende Schriftstück im Rahmen derselben Vernehmung oder gerichtlichen Verhandlung angefertigt, so gebühren für die Übersetzung des gesamten Schriftstücks höchstens 20 Euro; *(BGBl I 2014/40)*

5. für die Überprüfung einer Übersetzung die für die Übersetzung festgesetzte Gebühr erhöht um 5 Euro. *(BGBl I 2014/40)*

(2) Ist zur Vorbereitung für die Zuziehung zu einer Vernehmung oder gerichtlichen Verhandlung das Studium von Akten auf Anordnung des Gerichts oder der Staatsanwaltschaft erforderlich, so haben die Dolmetscherinnen und Dolmetscher Anspruch auf die Gebühr nach § 36.

(3) Zur Ermittlung der Gebühr ist die Anzahl der Schriftzeichen der Übersetzung (ohne Leerzeichen) durch 1 000 zu dividieren und das Ergebnis mit der Gebühr nach Abs. 1 zu multiplizieren. Bei Übersetzungen von Dokumenten steht die Gebühr nach Abs. 1 ungeachtet der darin enthaltenen Schriftzeichen auch für jede Seite zu, die einer Seite des zu übersetzenden Dokuments entspricht und zur Wahrung der Übersichtlichkeit auf einer eigenen Seite übersetzt wurde.

(BGBl I 2007/111)

V. ABSCHNITT
Geschworene und Schöffen

Umfang der Gebühr

§ 55. (1) Die Geschworenen und Schöffen haben Anspruch auf Ersatz der Reise- und Aufenthaltskosten sowie auf Entschädigung für Zeitversäumnis entsprechend den für Zeugen geltenden Bestimmungen, wobei sich der im § 18 Abs. 1 Z 1 genannte Betrag um die Hälfte erhöht.

(2) Einem Arbeitnehmer gebührt, falls ihm Lohn oder Gehalt entgeht, als Entschädigung für Zeitversäumnis auch der auf den Arbeitgeber und den Arbeitnehmer für diese Zeit entfallende Betrag zur Sozialversicherung und Arbeitslosenversicherung. Der Arbeitgeber hat die Höhe dieser Beträge zu bescheinigen. Der Arbeitnehmer hat diese Beträge dem Arbeitgeber abzuführen.

(BGBl 1994/623)

Begriffsbestimmung

§ 56. Wo dieses Bundesgesetz von der Vernehmung der Zeugen oder von der Beweisaufnahme spricht, tritt an die Stelle dieser Begriffe die Teilnahme der Geschworenen oder Schöffen an der Hauptverhandlung oder Sitzung.

(BGBl 1994/623)

Pflichtenverletzung

§ 57. Kommen Geschworene oder Schöffen ihren Pflichten nicht nach, so haben sie keinen Anspruch auf eine Gebühr.

(BGBl 1994/623)

Rechtsmittel

§ 58. Gegen die Bestimmung der Gebühr kann nur der Geschworene oder Schöffe die Beschwer-

GOG, GebAG

de an das Bundesverwaltungsgericht erheben. *(BGBl I 2014/40)*

(BGBl 1994/623)

VI. ABSCHNITT

§§ 59 bis 63. *(aufgehoben, BGBl 1994/623)*

VII. ABSCHNITT

Festsetzung von Zuschlägen

§ 64. Der Bundesminister für Justiz wird ermächtigt, im Einvernehmen mit dem Bundesminister für Finanzen durch Verordnung zu den in diesem Bundesgesetz angeführten festen Beträgen einen Zuschlag festzusetzen, soweit dies notwendig ist, um diese Beträge den geänderten wirtschaftlichen Verhältnissen anzupassen. Die sich hiernach ergebenden Gebühren sind in der Verordnung festzustellen; die Beträge sind kaufmännisch auf volle 10 Cent zu runden. *(BGBl I 2010/111)*

(BGBl I 2001/98)

VIII. ABSCHNITT

Schlußbestimmungen

Inkrafttreten
Außerkrafttreten

§ 65. (1) Dieses Bundesgesetz tritt mit dem 1. Mai 1975 in Kraft.

(2) Mit dem Inkrafttreten dieses Bundesgesetzes tritt, vorbehaltlich des § 68, das Gebührenanspruchsgesetz 1965, BGBl. Nr. 179, in der Fassung der Bundesgesetze BGBl. Nr. 262/1966 und 110/1971 sowie der Kundmachung BGBl. Nr. 124/1966 außer Kraft.

Anwendung im Strafverfahren

§ 66. Dieses Bundesgesetz ist auf schriftliche Auskünfte, Befunde und Gutachten von Behörden (Ämtern und Anstalten) an Strafgerichte nicht anzuwenden.

Fristen

§ 67. In die in diesem Bundesgesetz genannten Fristen sind die Tage des Postlaufs nicht einzu-rechnen, soweit sich dies nicht schon aus anderen Vorschriften ergibt.

Verweisung in anderen Rechtsvorschriften

§ 68. Soweit in anderen Rechtsvorschriften auf Bestimmungen des Gebührenanspruchsgesetzes 1965 verwiesen wird, die durch dieses Bundesgesetz aufgehoben werden, erhält die Verweisung ihren Inhalt aus den entsprechenden Bestimmungen dieses Bundesgesetzes.

(BGBl 1994/623)

Übergangsbestimmung

§ 69. Dieses Bundesgesetz ist auf alle Gebühren für eine Tätigkeit anzuwenden, die nach seinem Inkrafttreten beendet worden ist.

Inkrafttreten und Übergangsbestimmungen
ab 1. Juli 2019

§ 69a. (1) § 20 Abs. 1, § 31 Abs. 1 Z 3 und Abs. 1a sowie § 53 Abs. 1 Z 2 und 3 in der Fassung des Bundesgesetzes BGBl. I Nr. 44/2019 treten mit 1. Juli 2019 in Kraft.

(2) § 31 Abs. 1 Z 3 in der Fassung des Bundesgesetzes BGBl. I Nr. 44/2019 ist auf Gebühren für eine Tätigkeit anzuwenden, die nach dem 30. Juni 2019 beendet worden ist. § 31 Abs. 1a und § 53 Abs. 1 Z 1 in der Fassung des Bundesgesetzes BGBl. I Nr. 44/2019 sind auf Übermittlungen anzuwenden, die nach dem 30. Juni 2019 erfolgen.

Fassung ab 16. 12. 2020 (BGBl I 2020/135):
(3) § 43 Abs. 1 Z 1 lit. d und e und Abs. 1a in der Fassung des Bundesgesetzes BGBl. I Nr. 135/2020 tritt mit 1. Jänner 2021 in Kraft und ist auf die Gebühren für alle Tätigkeiten anzuwenden, die nach dem 31. Dezember 2020 begonnen worden sind. (BGBl I 2020/135)

(BGBl I 2019/44)

Vollziehung

§ 70. Mit der Vollziehung dieses Bundesgesetzes ist die Bundesministerin für Justiz, hinsichtlich des § 64 im Einvernehmen mit dem Bundesminister für Finanzen, betraut.

(BGBl I 2007/111)

Elektronischer Rechtsverkehr - ERV 2006

BGBl II 2005/481 idF

1 BGBl II 2006/482	**7** BGBl II 2009/82
2 BGBl II 2007/130	**8** BGBl II 2009/343
3 BGBl II 2007/333	**9** BGBl II 2011/220
4 BGBl II 2008/222	**10** BGBl II 2012/141
5 BGBl II 2008/316	**11** BGBl II 2012/503
6 BGBl II 2009/9	

Verordnung der Bundesministerin für Justiz über den elektronischen Rechtsverkehr (ERV 2006)

Auf Grund des § 89b Abs. 2 des Gerichtsorganisationsgesetzes, RGBl. Nr. 217/1896, zuletzt geändert durch das Bundesgesetz BGBl. I Nr. 164/2005, wird verordnet:

Zulässigkeit des elektronischen Rechtsverkehrs

§ 1. (1) Alle Eingaben und Beilagen von Eingaben an Gerichte und Staatsanwaltschaften können nach Maßgabe der §§ 5, 8a, 9, 10 und 10a elektronisch eingebracht werden. Eingaben sind mit dem Dateninhalt eingebracht, der entsprechend der Schnittstellenbeschreibung nach § 5 Abs. 2 an die Bundesrechenzentrum GmbH übergeben wurde. *(BGBl II 2006/482; BGBl II 2009/343; BGBl II 2012/503)*

(1a) Mit Amtssignatur gemäß den §§ 19ff E-Government-Gesetz, BGBl. I Nr. 10/2004, und § 18 Abs. 4, zweiter Satz Allgemeines Verwaltungsverfahrensgesetz 1991, BGBl. Nr. 51/1991, versehene Dokumente von Behörden können als PDF-Anhang entsprechend der Schnittstellenbeschreibung nach § 5 Abs. 2 eingebracht werden. § 8a Abs. 2 und § 10 Abs. 2 mit Ausnahme des letzten Satzes sind insofern nicht anzuwenden. *(BGBl II 2009/343)*

(1b) Sachverständige und Dolmetscher können ihre Gutachten bzw. Übersetzungen über die Website „www.des.justiz.gv.at" elektronisch einbringen. *(BGBl II 2011/220)*

(1c) Zum elektronischen Rechtsverkehr verpflichtete Teilnehmer (§ 89c Abs. 5 GOG) haben in der nicht im elektronischen Rechtsverkehr übermittelten Eingabe zu bescheinigen, dass die konkreten technischen Möglichkeiten im Einzelfall ausnahmsweise nicht vorliegen. *(BGBl II 2012/141)*

(2) Ist ein Verbesserungsauftrag erteilt worden, so ist ein verfahrenseinleitender Schriftsatz unter Anführung des mitgeteilten Aktenzeichens als Ersteingabe im Sinne der Schnittstellenbeschreibung nach § 5 Abs. 2 in elektronischer und verbesserter Form neuerlich einzubringen. Sonstige Schriftsätze können verbessert als Folgeeingabe elektronisch eingebracht werden. In Grundbuch- und Firmenbuchverfahren ist die Verbesserung mit einem Folgeantrag im Sinn der Schnittstellenbeschreibung nach § 5 Abs. 2 einzubringen. *(BGBl II 2006/482; BGBl II 2007/333; BGBl II 2009/9; BGBl II 2012/141)*

(3) Erledigungen und Beilagen können nach Maßgabe des § 5 an Einbringer, die vom elektronischen Rechtsverkehr Gebrauch gemacht haben oder ausdrücklich der elektronischen Zustellung zugestimmt haben, elektronisch zugestellt werden. Unbeschadet der Wirksamkeit der elektronischen Zustellung ist auf Antrag im Einzelfall die Erledigung auch schriftlich auf Papier auszufertigen. *(BGBl II 2006/482)*

(3a) Elektronische Auszüge aus der Datenbank des Grundbuchs und des Firmenbuchs sowie Urkunden, die aus den Urkundensammlungen des Grundbuchs und des Firmenbuchs abgerufen werden, sind zur Gewährleistung der Authentizität und Integrität mit der elektronischen Signatur der Justiz (§ 89c Abs. 3 GOG) zu versehen. Auf ausdrückliches Verlangen kann dies unterbleiben. *(BGBl II 2006/482; BGBl II 2007/130; BGBl II 2012/141)*

(4) *(entfällt, BGBl II 2012/141)*

(5) Der Beschluss, mit dem eine Anmerkung der Rangordnung bewilligt wird (§ 54 GBG), ist von der elektronischen Zustellung ausgenommen. *(BGBl II 2012/141)*

(6) Die in dieser Verordnung verwendeten personenbezogenen Ausdrücke umfassen Frauen und Männer gleichermaßen.

IT-Verfahren

§ 2. *(entfällt samt Überschrift, BGBl II 2007/333)*

Übermittlungsstellen, Direktverkehr

§ 3. (1) Der Einbringer einer elektronischen Eingabe hat sich einer Übermittlungsstelle zu bedienen. Die Übermittlungsstellen sind von der Bundesministerin für Justiz auf der Website „www.edikte.justiz.gv.at" der Justiz bekannt zu machen. *(BGBl II 2007/130)*

ERV 06/UAV 07

(1a) Bedient sich ein Teilnehmer am elektronischen Rechtsverkehr mehrerer Übermittlungsstellen, so sind Erledigungen und Beilagen über jene Übermittlungsstelle elektronisch zuzustellen, die vom Teilnehmer zuletzt beauftragt wurde. Die Übermittlungsstelle hat der Bundesrechenzentrum GmbH den Zeitpunkt der Beauftragung bekannt zu geben. *(BGBl II 2006/482)*

(2) Die Bundesministerin für Justiz kann, soweit dies auf Grund der technischen Möglichkeiten zweckmäßig ist oder einer einfacheren und sparsameren Verwaltung dient, anordnen, dass bestimmte Eingaben und Erledigungen unmittelbar im Wege der Bundesrechenzentrum GmbH zu übermitteln sind (Direktverkehr). Diesfalls treffen die Bundesrechenzentrum GmbH die Pflichten der Übermittlungsstelle.

(3) Für die Anordnung des Direktverkehrs (Abs. 2) ist überdies erforderlich, dass die technischen und organisatorischen Bedingungen für eine sichere und wirtschaftliche Datenübertragung erfüllt sind; hiezu ist die Bundesrechenzentrum GmbH anzuhören.

(4) Vor Aufnahme der Übertragungen hat die Übermittlungsstelle in einem Testbetrieb sicher zu stellen, dass ein einwandfreier Betrieb gewährleistet ist.

(5) Bei schwerwiegenden Verstößen gegen diese Verordnung oder gravierender Unzuverlässigkeit im Betrieb kann der Übermittlungsstelle der weitere Betrieb untersagt werden.

Einbringungsdatum, Zustelldatum

§ 4. (1) Hat die Übermittlungsstelle die Daten der Eingabe zur Weiterleitung an die Bundesrechenzentrum GmbH übernommen, so hat sie dies dem Einbringer sofort mitzuteilen und den Zeitpunkt (Tag und Uhrzeit) dieser Rückmeldung zu protokollieren; dieses Datum ist mit den Daten der Eingabe zu übermitteln.

(2) Die Bundesrechenzentrum GmbH hat zu protokollieren, wann die Daten der Eingabe bei ihr eingelangt sind (Tag und Uhrzeit).

(3) Die Übermittlungsstelle hat das Datum (Tag und Uhrzeit), an dem die Daten der Erledigungen in den elektronischen Verfügungsbereich des Empfängers gelangt sind (elektronische Zustellung), zu protokollieren und der Bundesrechenzentrum GmbH zur Weiterleitung an das absendende Gericht oder die absendende Staatsanwaltschaft zu übermitteln (§ 89d Abs. 2 GOG). Das Datum (Tag und Uhrzeit), an dem die Daten der Erledigungen vom Empfänger tatsächlich übernommen wurden, ist ebenfalls zu protokollieren und auf Anfrage dem Absender bekannt zu geben; dieses Protokoll ist mindestens drei Jahre aufzubewahren.

Form elektronischer Übermittlungen

§ 5. (1) Elektronisch eingebrachte Eingaben und elektronisch zuzustellende Erledigungen sowie Beilagen müssen der Schnittstellenbeschreibung nach Abs. 2 entsprechen. Eingaben und Erledigungen können grundsätzlich auch als PDF-Anhang entsprechend der Schnittstellenbeschreibung nach Abs. 2 übermittelt werden. Schriftsätze nach §§ 1 und 2 AFV 2002, BGBl. II Nr. 510/2002 und nach der Verordnung (EG) Nr. 1896/2006 zur Einführung eines Europäischen Mahnverfahrens, ABl. Nr. L 399 vom 30.12.2006 S. 1, in der jeweils geltenden Fassung sowie Grundbuchgesuche sind in strukturierter Form, die die automationsunterstützte Weiterverarbeitung ermöglicht, zu übermitteln; die Einbringung als PDF-Anhang ist nicht zulässig. Werden mit einer Eingabe mehrere Urkunden vorgelegt, so sind diese als getrennte Anhänge zu übermitteln; Unbedenklichkeitsbescheinigungen, Selbstberechnungserklärungen und Personenstandsurkunden können in einem Anhang zusammen gefasst werden. *(BGBl II 2007/333; BGBl II 2009/9; BGBl II 2011/220; BGBl II 2012/141)*

(1a) Die elektronische Übermittlung von Eingaben und Erledigungen geschieht durch automationsunterstützte und strukturierte Datenübertragung. Fax und E-Mail sind keine zulässigen Formen des elektronischen Rechtsverkehrs im Sinne dieser Verordnung. *(BGBl II 2007/333)*

(2) Das Bundesministerium für Justiz hat eine Beschreibung über die Art der Datenübermittlung, der vollständigen Datenstruktur, der zulässigen Beilagenformate, einschließlich der Regeln über die Feldinhalte und den höchstzulässigen Umfang für alle elektronischen Eingabe- und Erledigungsarten (Schnittstellenbeschreibung) auf der Website „www.edikte.justiz.gv.at" bekannt zu machen. Darüber hinaus haben die Übermittlungsstellen allfällige Spezifikationen der von ihnen angebotenen Zusatzdienste auf ihrer Website zu veröffentlichen. *(BGBl II 2006/482)*

(3) Die Übermittlungsstelle hat sicherzustellen, dass elektronische Eingaben und elektronisch zuzustellende Erledigungen sowie Beilagen nur dann übernommen und weiterverarbeitet werden, wenn sie der Schnittstellenbeschreibung nach Abs. 2 entsprechen.

Datensicherheit

§ 6. (1) Zur Sicherung vor Missbräuchen ist von den am elektronischen Rechtsverkehr Beteiligten durch geeignete technische und organisatorische Maßnahmen zu gewährleisten, dass die Eingabe nur von demjenigen elektronisch eingebracht werden kann, der in der Eingabe als Einbringer bezeichnet wird. Bei der Registrierung einer natürlichen Person als Einbringer bei einer

Übermittlungsstelle ist von dieser die Identität des Einbringers zu prüfen. *(BGBl II 2007/130)*

(2) Ebenso ist sicherzustellen, dass die Daten elektronisch zugestellter Erledigungen nur aus dem Verfügungsbereich des in der Zustellung bestimmten Empfängers abgerufen werden können und dort vor missbräuchlichen Zugriffen gesichert werden.

(3) Zur Sicherstellung der Datenintegrität hat jede Übertragung im elektronischen Rechtsverkehr verschlüsselt zu erfolgen. Zur Sicherstellung der Authentizität sind von allen an der Übertragung Beteiligten Zertifikate, die von einem Zertifizierungsdiensteanbieter (ZDA) gemäß § 2 Z 10 Signaturgesetz (SigG) ausgestellt sind, zu verwenden (§ 89c Abs. 2 Z 2 GOG). Im Direktverkehr und in der Kommunikation zwischen der Übermittlungsstelle und der Bundesrechenzentrum GmbH können auch von der Bundesrechenzentrum GmbH ausgestellte Zertifikate verwendet werden. *(BGBl II 2006/482; BGBl II 2011/220; BGBl II 2012/141)*

Anschriftcode

§ 7. (1) Zur Teilnahme am elektronischen Rechtsverkehr ist für den Einbringer eine Zeichenfolge zu erstellen, unter der dessen Name und Anschrift sowie eine Kennung, in welcher Art er am elektronischen Rechtsverkehr teilnimmt, in der Bundesrechenzentrum GmbH gespeichert werden. Der Datensatz, der dem Anschriftcode zugeordnet ist, kann auch Bankverbindungen zur Einziehung der Gerichtsgebühren (AEV-Konto), gegebenenfalls ein Konto zur Einzahlung von Geldbeträgen (Einzahlungskonto) sowie zusätzliche Angaben betreffend Einbringer (etwa die nach § 21 Abs. 4 des Datenschutzgesetzes 2000, BGBl. I Nr. 165/1999, zu führende Registernummer) enthalten. *(BGBl II 2006/482)*

(2) Der Anschriftcode ist für Rechtsanwälte und Rechtsanwaltsgemeinschaften von der zuständigen Rechtsanwaltskammer, für Notare und Notarpartnerschaften von der zuständigen Notariatskammer, für Wirtschaftstreuhänder von der Kammer der Wirtschaftstreuhänder, für Ziviltechniker von der zuständigen Architekten- und Ingenieurkonsulentenkammer und für sonstige Antragsteller von der Bundesministerin für Justiz auf Antrag oder von Amts wegen zu erstellen und der Bundesrechenzentrum GmbH zu übermitteln. Schon bestehende Anschriftcodes dürfen weiter verwendet werden, wenn sie die Angaben des Abs. 1 umfassen.

(3) Änderungen von Daten, die zu einem Anschriftcode gespeichert sind, sind vom Teilnehmer entsprechend Abs. 2 unverzüglich bekannt zu geben und weiter zu leiten.

(4) Elektronisch eingebrachte Eingaben haben den jeweiligen Anschriftcode des Einbringers zu enthalten; bei elektronischen Erledigungen dient der Anschriftcode zur Bezeichnung des Empfängers.

Ausdruck der Eingaben

§ 8. (1) Von einer elektronisch eingebrachten Eingabe ist erforderlichenfalls ein Ausdruck herzustellen. Für die weitere Erledigung, insbesondere für gekürzte Urschriften, ist dieser Ausdruck zu verwenden.

(2) Dieser Ausdruck muss die in den Formblättern der ADV-Form Verordnung vorgesehenen feststehenden Textteile nicht enthalten; § 3 Abs. 1 ADV-Form Verordnung ist sinngemäß anzuwenden.

Besondere Bestimmungen für das
Firmenbuchverfahren

§ 8a. (1) Eingaben und Beilagen können im Firmenbuchverfahren elektronisch eingebracht werden.

(1a) Vereinfachte Anmeldungen gemäß § 11 Firmenbuchgesetz, BGBl. I Nr. 10/1991, können in elektronischer Form auch mit dem auf der Website der Justiz " www.eingaben.justiz.gv.at" zur Verfügung gestellten Online-Formular erfolgen. *(BGBl II 2009/343; BGBl II 2012/503)*

(2) Die elektronische Übermittlung von Urkunden, die auf Grund gesetzlicher Bestimmungen im Original vorzulegen sind, hat so zu erfolgen, dass auf die Einstellung in einem Urkundenarchiv einer Körperschaft öffentlichen Rechts (§ 91c GOG) hingewiesen und unter Bekanntgabe eines eindeutigen Urkundenidentifizierungsbegriffs wirksam die Ermächtigung zum Zugang zu den Daten der gespeicherten Urkunde erteilt wird; in der Urkundensammlung des Grundbuchs oder des Firmenbuchs gespeicherte Urkunden werden durch einen Hinweis auf die Einstellung in der Urkundensammlung vorgelegt. In der Eingabe sind auch die Beilageneigenschaften (Urkundenart, Datum der Errichtung sowie allfällige Anmerkungen zur Beilage) anzugeben. Urkunden, durch die ein mit dem Besitz oder der Innehabung der Urkunde untrennbar verbundenes Recht durch Übergabe oder Vorlage der Urkunde ausgeübt werden soll, können nicht elektronisch vorgelegt werden.

(3) Bedarf eine Anmeldung der beglaubigten Form (§ 11 UGB), so ist sie nach Beglaubigung der Eingabe in ein Urkundenarchiv einer Körperschaft öffentlichen Rechts (§ 91c GOG) einzustellen und dem Gericht elektronisch zu übermitteln (Abs. 2). Bedarf eine Anmeldung oder Einreichung nicht der beglaubigten Form, so ist auch die Übermittlung als PDF-Anhang nach § 5 Abs. 1 zulässig. Dasselbe gilt für Urkunden ge-

ERV 06/ UAV 07

mäß § 7 Abs. 2 Genossenschaftsgesetz (GenG).
(BGBl II 2012/141)

(BGBl II 2009/9)

Besondere Bestimmungen für elektronische

Eingaben gemäß §§ 277 bis 281 UGB

§ 9. (1) Der Einbringer hat im Datensatz einer elektronisch übermittelten Unterlage nach den §§ 277 bis 281 UGB den Familiennamen und mindestens einen ausgeschriebenen Vornamen derjenigen Personen anzuführen, die den Jahresabschluss im Original unterfertigt haben. Überdies ist entweder das Geburtsdatum oder die Personenkennung (Buchstabenkennung laut Firmenbuchauszug) der betreffenden Person anzuführen. Schreitet nicht ein Rechtsanwalt, Notar, Wirtschaftstreuhänder, Bilanzbuchhalter oder Revisionsverband, sondern ein vertretungsbefugter Organwalter für die Gesellschaft ein, so hat dieser – falls erforderlich – eine Erklärung über eine ihm von den anderen gesetzlichen Vertretern dazu erteilte Ermächtigung abzugeben. Einbringer von Unterlagen nach den §§ 277 bis 281 UGB im elektronischen Rechtsverkehr gelten, sofern sie nichts anderes beantragt haben, für gerichtliche Erledigungen in diesem Verfahren - mit Ausnahme der Beschlüsse über die Verhängung von Zwangsstrafen - als Abgabestelle der vorlagepflichtigen Gesellschaft. *(BGBl II 2012/503)*

(2) Unterlagen nach den §§ 277 bis 281 UGB sind in strukturierter Form entweder im Weg der automationsunterstützten Datenübertragung der Finanz „FinanzOnline" im Direktverkehr oder im elektronischen Rechtsverkehr einzubringen; im elektronischen Rechtsverkehr können sie auch als PDF-Anhang nach § 5 Abs. 1 erster Satz oder im Weg eines Urkundenarchives einer Körperschaft öffentlichen Rechts nach § 8a Abs. 2 eingebracht werden. Sie gelten mit der ordnungsgemäßen elektronischen Übermittlung als vorgelegt. Im Zuge der Veröffentlichung ist darauf hinzuweisen, dass sich der Bestätigungsvermerk ausschließlich auf den vom Abschlussprüfer oder Revisionsverband geprüften und von sämtlichen gesetzlichen Vertretern unterzeichneten Jahresabschluss bezieht. Werden Unterlagen nach den §§ 277 bis 281 UGB zur Verbesserung zurückgestellt, so sind sie bei Wiedervorlage in verbesserter Form zur Gänze neu einzureichen. *(BGBl II 2009/9)*

(3) Die Offenlegung gemäß § 278 Abs. 1 UGB (auch in Verbindung mit § 221 Abs. 5 UGB) kann in elektronischer Form auch mit den auf der Website der Justiz „www.justiz.gv.at" zur Verfügung gestellten Online-Formularen in elektronischer Form erfolgen. *(BGBl II 2008/316)*

(BGBl II 2008/222)

Besondere Bestimmungen für das
Grundbuchverfahren

§ 10. (1) Eingaben und Beilagen können im Grundbuchverfahren elektronisch eingebracht werden. In Grundbuchsachen, die zu anderen Akten gehören (§ 448 Abs. 4 Geo.), ist die elektronische Einbringung von Eingaben und Beilagen nicht zulässig. *(BGBl II 2011/220; BGBl II 2012/141)*

(1a) Die Übermittlung des Gesuchs zur Ausnützung der Rangordnung (§ 53 Allgemeines Grundbuchgesetz 1955, BGBl. Nr. 39/1955) hat im elektronischen Rechtsverkehr derart zu erfolgen, dass der Rangordnungsbeschluss im Papieroriginal längstens binnen einer Woche, jedenfalls aber innerhalb der Frist des § 55 GBG (einlangend bei Gericht) nachgereicht wird. *(BGBl II 2011/220; BGBl II 2012/141)*

(2) Die elektronische Übermittlung von Beilagen, die auf Grund gesetzlicher Bestimmungen im Original oder in beglaubigter Abschrift vorzulegen sind, hat so zu erfolgen, dass auf die Einstellung in einem Urkundenarchiv einer Körperschaft öffentlichen Rechts (§ 91c GOG) hingewiesen und unter Bekanntgabe eines eindeutigen Urkundenidentifizierungsbegriffs wirksam die Ermächtigung zum Zugang zu den Daten der gespeicherten Urkunde erteilt wird; in der Urkundensammlung des Grundbuchs oder des Firmenbuchs gespeicherte Urkunden werden durch einen Hinweis auf die Einstellung in der Urkundensammlung vorgelegt. In der Eingabe sind und jedenfalls die Beilageneigenschaften (Urkundenart, Datum der Errichtung, Name, Bezeichnung der Behörde, Aktenzeichen sowie allfällige weitere Anmerkungen zur Beilage), die eine eindeutige Unterscheidbarkeit der Urkunde ermöglichen, anzugeben. *(BGBl II 2011/220; BGBl II 2012/141)*

(3) Ist in der Schnittstellenbeschreibung nach § 5 Abs. 2 für das in der Eingabe gestellte Begehren ein entsprechender Begehrenstyp vorgesehen, so ist dieser zu verwenden. *(BGBl II 2011/220; BGBl II 2012/141)*

(BGBl II 2009/343)

Besondere Bestimmungen für Online-Eingaben

§ 10a. (1) Eingaben und Beilagen können in elektronischer Form unter Verwendung der Bürgerkartenfunktion (Chipkarte oder Handysignatur) mit den auf der Website der Justiz „www.eingaben.justiz.gv.at" zur Verfügung gestellten Online-Formularen erfolgen. Diese Art der Übermittlung gilt als Direktverkehr im Sinne des § 3 Abs. 2. Ein Anschriftcode nach § 7 ist nicht zu verwenden. § 1 Abs. 1b und § 8a bleiben davon unberührt.

(2) Sofern die im § 5 Abs. 1 dritter Satz genannten Schriftsätze durch Online-Formulare unter-

stützt werden, sind diese zu verwenden. Zum elektronischen Rechtsverkehr verpflichtete Teilnehmer (§ 89c Abs. 5 GOG) haben die im § 5 Abs. 1 dritter Satz genannten Schriftsätze jedenfalls strukturiert elektronisch zu übermitteln.

(BGBl II 2012/503)

In-Kraft-Treten

§ 11. (1) Diese Verordnung tritt mit dem 1. Jänner 2006 in Kraft. Die Verordnung des Bundesministers für Justiz über den Elektronischen Rechtsverkehr (ERV 1995), BGBl. Nr. 559/1995, wird mit Ablauf des 31. Dezember 2005 aufgehoben.

(1a) § 1 Abs. 1 und 2, § 3 Abs. 1a, § 5 Abs. 2, § 7 Abs. 1, § 8a, § 9 Abs. 1a und 1b und § 10 in der Fassung der Verordnung BGBl. II Nr. 482/2006 treten mit 1. Jänner 2007 in Kraft. Ab 1. Juli 2007 liegen die generellen technischen Möglichkeiten für Rechtsanwälte und Notare vor, die nach dieser Verordnung zugelassenen Eingaben und im Original vorzulegende Beilagen im Grundbuch- oder Firmenbuchverfahren im elektronischen Rechtsverkehr einzubringen (§ 89c Abs. 5 GOG). Liegen die konkreten technischen Möglichkeiten dafür im Einzelfall nicht vor, so ist dies vom einbringenden Rechtsanwalt oder Notar in der nicht im elektronischen Rechtsverkehr übermittelten Eingabe glaubhaft zu machen. *(BGBl II 2006/482; BGBl II 2007/130; BGBl II 2007/333)*

(1b) § 1 Abs. 3a, § 2 Abs. 1, § 3 Abs. 1, § 6 Abs. 1, die §§ 8a bis 10 und § 11 Abs. 1a in der Fassung der Verordnung BGBl. II Nr. 130/2007 treten mit 1. Juli 2007 in Kraft. *(BGBl II 2007/130)*

(1c) § 1 Abs. 2, § 5 Abs. 1 und 1a, § 8a Abs. 1 bis 3, § 9 Abs. 4 und § 10 Abs. 1 und 2 in der Fassung der Verordnung BGBl. II Nr. 333/2007 sowie die Aufhebung des § 2 treten mit 1. Dezember 2007 in Kraft. § 11 Abs. 1a in der Fassung dieser Verordnung tritt mit 1. Jänner 2008 in Kraft. *(BGBl II 2007/333)*

(1d) § 8a Abs. 3 und § 9 in der Fassung der Verordnung BGBl. II Nr. 222/2008 treten mit 1. Juli 2008 mit der Maßgabe in Kraft, dass § 9 Abs. 3 erster Satz in der Fassung der Verordnung BGBl. II Nr. 130/2007 und § 9 Abs. 4 in der Fassung der Verordnung BGBl. II Nr. 333/2007 noch bis zum Ablauf des 30. September 2008 angewendet werden können. *(BGBl II 2008/222)*

(1e) § 9 Abs. 3 in der Fassung der Verordnung BGBl. II Nr. 316/2008 tritt mit 1. November 2008 in Kraft. *(BGBl II 2008/316)*

(1f) In der Fassung der Verordnung BGBl. II Nr. 9/2009 treten in Kraft:

1. § 1 Abs. 2, § 5 Abs. 1, § 8a und § 10 mit 1. Februar 2009,

2. §§ 9 Abs. 2 mit 1. März 2009.

(BGBl II 2009/9; BGBl II 2012/141)

(1g) § 1 Abs. 1 letzter Satz und Abs. 1a, § 5 Abs. 1 letzter Satz, , § 10 und § 11 Abs. 1f jeweils in der Fassung der Verordnung BGBl. II Nr. 343/2009 treten mit 1. November 2009 in Kraft. *(BGBl II 2009/343)*

(1h) § 1 Abs. 1b, § 5 Abs. 1, § 6 Abs. 3 und § 10, jeweils in der Fassung der Verordnung BGBl. II Nr. 220/2011 treten mit 1. Juli 2011 in Kraft. *(BGBl II 2011/220)*

(1i) § 1, § 5 Abs. 1, § 6 Abs. 3, § 8a Abs. 3, § 10 und § 11 Abs. 1f und 1i, jeweils in der Fassung der Verordnung BGBl. II Nr. 141/2012, treten mit 1. Mai 2012 in Kraft. *(BGBl II 2012/141)*

(1j) § 1 Abs. 1, § 8a Abs. 1a, § 9 Abs. 1, § 10a und § 11 Abs. 1j, jeweils in der Fassung der Verordnung BGBl. II Nr. 503/2012, treten mit 1. Jänner 2013 in Kraft. *(BGBl II 2012/503)*

(2) Der § 5 der Verordnung des Bundesministers für Justiz vom 4. Dezember 1989 über die Abbuchung und Einziehung der Gerichtsgebühren (Abbuchungs- und Einziehungs-Verordnung – AEV), BGBl. Nr. 599/1989, wird dahingehend geändert, dass der Klammerausdruck im ersten Satz „(§ 7 ERV 1995, BGBl. Nr. 559/1995)" zu lauten hat: „(§ 7 ERV 2005[1], BGBl. II Nr. 481/2005)". Diese Änderung tritt mit dem 1. Jänner 2006 in Kraft.

(3) Der § 1 der Verordnung des Bundesministers für Justiz vom 23. Dezember 2002 über Formerfordernisse in mit Hilfe von automationsunterstützter Datenverarbeitung durchgeführten gerichtlichen Verfahren sowie Erstellung von Erledigungen in gekürzter Form (ADV-Form Verordnung 2002 – AFV 2002), BGBl. II Nr. 510/2002, wird dahingehend geändert, dass der Klammerausdruck im Abs. 3 „(§ 7 ERV 1995, BGBl. Nr. 559/1995)" zu lauten hat: „(§ 7 ERV 2005[1], BGBl. II Nr. 481/2005)". Diese Änderung tritt mit dem 1. Jänner 2006 in Kraft.

(4) Der § 5 der Verordnung des Bundesministers für Justiz vom 20. September 1996 über die elektronische Einsicht in Geschäftsbehelfe des Exekutionsverfahrens, BGBl. Nr. 408/1996, wird dahingehend geändert, dass der Klammerausdruck „(§ 7 ERV 1995)" zu lauten hat: „(§ 7 ERV 2005[1], BGBl. II Nr. 481/2005)". Diese Änderung tritt mit dem 1. Jänner 2006 in Kraft.

---

[1] *Redaktionsversehen; Richtig: 2006.*

Urkundenarchivverordnung 2007 – UAV 2007

BGBl II 2006/481

Verordnung der Bundesministerin für Justiz über die Urkundenarchive von Körperschaften öffentlichen Rechts für den elektronischen Urkundenverkehr mit den Gerichten (Urkundenarchivverordnung 2007 – UAV 2007)

Auf Grund des § 91b Abs. 5 des Gerichtsorganisationsgesetzes, RGBl. Nr. 217/1896, zuletzt geändert durch das Bundesgesetz BGBl. I Nr. 92/2006, wird verordnet:

Technische Bedingungen und Signaturen

§ 1. In einem Urkundenarchiv nach § 91c GOG gespeicherte elektronische Urkunden können dem Gericht im Wege des elektronischen Rechtsverkehrs (ERV 2006, BGBl. II Nr. 481/2005) entweder in ihrer mit der Archivsignatur versehenen verkehrsfähigen Version als Anhang zum Schriftsatz oder unter Bekanntgabe eines eindeutigen Urkundenidentifizierungsbegriffes, der den Zugriff auf die im Urkundenarchiv gespeicherte Urkunde ermöglicht, übermittelt werden.

§ 2. (1) Für die in § 1 bezeichneten Urkunden dürfen als Dokumentformate ausschließlich TIFF und PDF, als Signaturformat ausschließlich XML-DSig, jeweils nach Vorgabe der technischen Festlegungen verwendet werden. Nähere technische Festlegungen werden auf der Website „www.edikte.justiz.gv.at" bekannt gemacht. TIFF-Dokumente, die nach dem 31. Dezember 2009 erstellt werden, dürfen in die Urkundenarchive nach § 91c GOG nicht eingestellt werden.

(2) Die elektronische Beurkundungssignatur (§ 13 Abs. 1 NO, § 16 Abs. 1 Ziviltechnikergesetz 1993) muss den von der Beurkundung umfassten Urkundeninhalt sowie die von der Beurkundung erfassten elektronischen Signaturen einschließen.

§ 3. Vor Einstellung der Urkunde in das Urkundenarchiv sind die in der Urkunde enthaltenen XML-DSig-Signaturen vom einstellenden Organ

(§ 91d Abs. 2 GOG) zu prüfen. Soweit § 91b Abs. 7 GOG anzuwenden ist, kann sich die Signaturprüfung bei Einstellung der Urkunde in ein anderes Urkundenarchiv sowie bei der Bearbeitung bei Gericht auf die Archivsignatur (§ 91c Abs. 3 GOG) und allfällige spätere Signaturen beschränken.

Datensicherheit und Sicherstellung der Lesbarkeit

§ 4. Die Körperschaft öffentlichen Rechts, die ein Urkundenarchiv gemäß § 91c GOG führt, hat dafür Gewähr zu leisten, dass adäquate Techniken zur Wahrung der Integrität der gespeicherten Urkunden im Archiv angewendet werden. Wird die Urkunde aus dem Archiv abgerufen, hat die beim Abruf angebrachte Archivsignatur die Integrität der Urkunde und der darin enthaltenen Signaturen zu garantieren.

Zugang zur Urkunde

§ 5. Der Zugang zu den in den Archiven nach § 91c GOG gespeicherten Urkunden ist der berechtigten Person von jenem Organ, das die Speicherung vornimmt oder vorgenommen hat, über das Internet im Wege eines gängigen Browsers mittels Zertifikats (§ 2 Z 8 SigG) zu ermöglichen. Soweit dies auf Grund der technischen Möglichkeiten zweckmäßig ist oder einer einfacheren und sparsameren Verwaltung dient, kann der Zugang auch im Weg einer Programmschnittstelle mittels geeigneten Zertifikats ermöglicht werden. Dabei hat die Übermittlung der Urkunde an die berechtigte Person zwecks Einsichtnahme und Abruf einer verkehrsfähigen, mit der Archivsignatur versehenen Version dieser Urkunde auf mittels Verschlüsselung gesichertem Weg zu erfolgen.

In-Kraft-Treten

§ 6. Diese Verordnung tritt mit Wirksamkeit vom 1. Jänner 2007 in Kraft.

ADV-Form V

BGBl II 2002/510 idF

1 BGBl II 2003/506 **4** BGBl II 2007/63
2 BGBl II 2005/481 **5** BGBl II 2013/45
3 BGBl II 2006/493

**Verordnung des Bundesministers für Justiz über Formerfordernisse in mit Hilfe automationsunterstützter Datenverarbeitung durchgeführten gerichtlichen Verfahren sowie Erstellung von Erledigungen in gekürzter Form
(ADV-Form Verordnung 2002 – AFV 2002)**

Auf Grund des § 247 Abs. 1 und des § 250 Abs. 2 der Zivilprozessordnung, RGBl. Nr. 113/1895, zuletzt geändert durch das Bundesgesetz BGBl. I Nr. 76/2002, des § 79 Abs. 5 des Gerichtsorganisationsgesetzes, RGBl. Nr. 217/1896, zuletzt geändert durch das Bundesgesetz BGBl. I Nr. 134/2002, und des § 54a der Exekutionsordnung, RGBl. Nr. 79/1896, zuletzt geändert durch das Bundesgesetz BGBl. I Nr. 114/2002, wird verordnet:

Formblätter

§ 1. (1) Bei Eingaben an Gerichte, die Verfahren mit Hilfe von automationsunterstützter Datenverarbeitung durchzuführen haben, sind in den folgenden Fällen Formblätter zu verwenden:

1. für Klagen bei Bezirks- und Landesgerichten, über die ein bedingter Zahlungsbefehl zu erlassen ist, ZPForm58a „Mahnklage"; *(BGBl II 2013/45)*

2. für Klagen in Arbeitsrechtssachen, über die ein bedingter Zahlungsbefehl zu erlassen ist, ASGFormZB2 „arbeitsrechtliche Mahnklage"; *(BGBl II 2013/45)*

3. für Anträge auf Exekutionsbewilligung E-Antr1 „Exekutionsantrag". *(BGBl II 2013/45) (BGBl II 2003/506; BGBl II 2013/45)*

(2) Die Formblätter nach Abs. 1 Z 1 bis 3 sind in der jeweils aktuellen Fassung im Internet auf der Website der Justiz (www.justiz.gv.at) abrufbar zu halten. *(BGBl II 2003/506; BGBl II 2013/45)*

(3) Wurde für den Antragsteller oder für dessen Vertreter ein Anschriftcode (§ 7 ERV 2006, BGBl. Nr. 481/2005) vergeben, so ist dieser in dem dafür vorgesehenen Schreibfeld anzuführen. *(BGBl II 2005/481, § 11 Abs 3 ERV 2006, ab 1. 1. 2006; BGBl II 2013/45)*

Formatierte Schriftsätze

§ 2. Die Schriftsätze nach § 1 dürfen auch ohne Verwendung der Formblätter eingebracht werden, wenn sie den in den Formblättern vorgedruckten Text sowie dieselben Überschriften zu den Schreibfeldern und Feldgruppen mit demselben Aufbau, derselben Nummerierung und derselben Abfolge enthalten; diese Bestandteile des Schriftsatzes müssen gedruckt, maschinschriftlich oder sonst maschinell erstellt sein.

§ 3. (1) Im Fall des § 2 dürfen im Formblatt vorgedruckte Textteile, Schreibfelder und ganze Feldgruppen samt den jeweiligen Überschriften entfallen, wenn sie nicht erforderlich sind. Hinweise, die sich lediglich an den Antragsteller richten, müssen nicht wiedergegeben werden; dies gilt insbesondere auch für Hinweise auf Mutwillensstrafen und sonstige Rechtsfolgen unrichtiger Angaben im Antrag.

(2) Wäre in einem Formblatt nach § 1 ein Schreibfeld durch Ankreuzen und/oder Eintragen von Daten auszufüllen, so ist im formatierten Schriftsatz nach § 2 der Code und die volle Bezeichnung dieses Schreibfeldes anzuführen.

§ 4. Für Schriftsätze nach § 1 und § 2 muss die leichte Lesbarkeit und sichere Erfassbarkeit des Inhalts vor allem im Hinblick auf Gestaltung und Größe der Schrift gewährleistet sein.

Automationsunterstützte Bearbeitung

§ 5. (1) Das Gericht hat im Verfahren über einen Schriftsatz nach § 1 oder § 2 bei der automationsunterstützten Datenverarbeitung die Anleitung der Bundesministerin für Justiz (VJ-Online-Handbuch) einzuhalten. Das VJ-Online-Handbuch ist allen Mitarbeiterinnen und Mitarbeitern bei Gericht, die derartige Schriftsätze zu bearbeiten haben, elektronisch zur Verfügung zu stellen. *(BGBl II 2013/45)*

(2) Sind die technischen oder personellen Voraussetzungen für die automationsunterstützte Bearbeitung der Schriftsätze nach § 1 oder § 2 bei einem Gericht oder in einer Geschäftsabteilung nicht gegeben, so ist das Verfahren nach dem § 6 Abs. 2 bis 4 durchzuführen.

Gekürzte Urschriften, gekürzte Ausfertigungen

§ 6. (1) Wird eine Enderledigung mit Hilfe automationsunterstützter Datenverarbeitung hergestellt und werden die Kosten automatisch be-

ADV-Form V

rechnet, muss in der gekürzten Urschrift der Betrag der bestimmten Kosten nicht errechnet werden.

(2) Können bestimmte Erledigungen nicht mit Hilfe der ADV hergestellt werden, so sind gekürzte Ausfertigungen mit Hilfe der in den Anlagen angeführten Stampiglien zu erstellen. Diese Form der Ausfertigung bedarf keiner ausdrücklichen Anordnung in der Erledigung.

(3) Sind einem Schriftsatz nicht die für die Ausfertigung nach Abs. 2 erforderlichen Gleichschriften oder Halbschriften angeschlossen, so hat das Gericht an deren Stelle Ablichtungen herzustellen.

(4) Ausfertigungen nach Abs. 2, die an Parteien (ausgenommen den Antragsteller) oder Beteiligte zuzustellen sind, hat das Gericht zur leichten und sicheren Erfassbarkeit des Inhalts Erläuterungen anzuschließen.

In-Kraft-Treten

§ 7. (1) Diese Verordnung tritt mit Wirksamkeit vom 1. Jänner 2003 in Kraft.

(2) Die ADV-Formverordnung, BGBl. Nr. 560/1995, tritt mit Ablauf des 31. Dezember 2002 außer Kraft.

(3) Formblätter nach Anlage A, B und C der ADV-Form Verordnung, BGBl. Nr. 560/1995, in der Fassung der Verordnung BGBl. II Nr. 332/2002 dürfen noch bis einschließlich 30. Juni 2003 bei Gericht eingebracht werden.

(4) Die Anlagen A und B in der Fassung der Verordnung BGBl. II Nr. 506/2003 treten mit 1. November 2003 in Kraft. Formblätter nach Anlage A und B der ADV-Form Verordnung 2002, BGBl. II Nr. 510/2002, dürfen noch bis 30. April 2004 bei Gericht eingebracht werden. *(BGBl II 2003/506)*

(5) Die Anlagen A und C in der Fassung der Verordnung BGBl. II Nr. 63/2007 treten mit 1. Jänner 2007 in Kraft. *(BGBl II 2007/63)*

(6) Die Anlagen A und C, jeweils in der Fassung der Verordnung BGBl. II Nr. 63/2007, und die Anlage B in der Fassung der Verordnung BGBl. II Nr. 506/2003 treten mit 31. Jänner 2013 außer Kraft. *(BGBl II 2013/45)*

(7) § 1, § 5 Abs. 1 und § 7 Abs. 7, jeweils in der Fassung der Verordnung BGBl. II Nr. 45/2013 treten mit 1. Februar 2013 in Kraft *(BGBl II 2013/45)*

Die Formblätter bilden seit 1. 2. 2013 keinen Bestandteil der ADV-Form Verordnung 2002 mehr (siehe § 1 Abs 2 AFV 2002).

Zustellformularverordnung 1982

BGBl 1982/600 idF

1 BGBl II 1999/493	**6** BGBl II 2013/399
2 BGBl II 2004/235	**7** BGBl II 2015/406
3 BGBl II 2006/261	**8** BGBl II 2018/34
4 BGBl II 2008/152	**9** BGBl II 2019/374
5 BGBl II 2011/238	

Verordnung der Bundesregierung über die Formulare für Zustellvorgänge (Zustellformularverordnung – ZustFormV)

(BGBl II 2013/399)

Auf Grund des § 27 des Zustellgesetzes – ZustG, BGBl. Nr. 200/1982, wird verordnet: *(BGBl II 2013/399)*

§ 1. (1) Für Zustellungen im Inland gemäß dem 2. Abschnitt des Zustellgesetzes stehen folgende in der **Anlage** angeschlossene Formulare zur Verfügung: *(BGBl II 2008/152; BGBl II 2013/399)*

– Formular 1 zu § 17 Abs. 2 des Zustellgesetzes (Verständigung über die Hinterlegung eines behördlichen Dokuments), *(BGBl II 2015/406)*

– *(BGBl II 2008/152, aufgehoben)*

– Formular 3/1 zu § 22 des Zustellgesetzes (Rückschein bei Zustellung zu eigenen Handen),

– Formular 3/2 zu § 22 des Zustellgesetzes (Rückschein bei Zustellung zu eigenen Handen),

– Formular 3/3 zu § 22 des Zustellgesetzes (Rückschein bei Zustellung zu eigenen Handen),

– Formular 4/1 zu § 22 des Zustellgesetzes (Rückschein bei gewöhnlicher Zustellung),

– Formular 4/2 zu § 22 des Zustellgesetzes (Rückschein bei gewöhnlicher Zustellung),

– Formular 4/3 zu § 22 des Zustellgesetzes (Rückschein bei gewöhnlicher Zustellung),

– Formular 5 zu § 22 des Zustellgesetzes (Zustellschein bei Zustellung zu eigenen Handen),

– Formular 6 zu § 22 des Zustellgesetzes (Zustellschein bei gewöhnlicher Zustellung).

(BGBl II 2008/152, aufgehoben; BGBl II 2015/406)

(2) Soweit die Handhabung der Verwaltungsverfahrensgesetze im behördlichen Verfahren gemäß § 13 Abs. 1 des Volksgruppengesetzes – VoGrG, BGBl. Nr. 396/1976, in der Sprache einer Volksgruppe zu erfolgen hat, stehen für sie die in der Anlage angeschlossenen Formulare 1 und

7 in kroatischer, slowenischer und ungarischer Sprache zur Verfügung. *(BGBl II 2015/406; BGBl II 2018/34)*

(BGBl II 2006/261)

§ 2. (1) Bei Zustellungen durch einen Zustelldienst sind die Formulare 1, 3/1 oder 3/2 sowie 4/1 oder 4/2 zu verwenden, bei Zustellungen durch Organe der Gemeinden die Formulare 1, 5 und 6. Bei Zustellungen durch Bedienstete der Behörden sind das Formular 1 und, sofern die für die Zustellung erforderlichen Angaben dem Zusteller nicht auf andere Weise bekanntgegeben werden, die Formulare 5 und 6 zu verwenden.

(2) Ausschließlich für die Zustellung von Reisepässen gemäß § 3 Abs. 9 des Passgesetzes 1992, BGBl. Nr. 839/1992, kann an Stelle der Formulare 3/1 und 3/2 das Formular 3/3 und an Stelle der Formulare 4/1 und 4/2 das Formular 4/3 verwendet werden. *(BGBl II 2013/399; BGBl II 2018/34)*

(BGBl II 2008/152)

§ 3. Für Zustellungen gemäß dem 3. Abschnitt des Zustellgesetzes steht folgendes in der **Anlage** angeschlossene Formular zur Verfügung:

– Formular 7 zu § 35 Abs. 1 und 2 und § 36 des Zustellgesetzes (elektronische Verständigung über die Bereithaltung eines Dokuments zur Abholung).

(BGBl II 2018/34)

§ 3a. (1) Für die in den §§ 1 und 3 vorgesehenen Formulare gilt:

1. In den mit „< >" gekennzeichneten Feldern sind die entsprechenden Angaben zu ergänzen.

2. Die Formulare können auch in anderen Formaten verwendet werden.

3. Im Formular können Änderungen und Ergänzungen vorgenommen werden, die im Hinblick auf eine Änderung der Rechtslage erforderlich sind.

4. Soweit dadurch die vorgeschriebenen Angaben nicht beeinträchtigt werden, können die Gliederung oder die Gestaltung des Formulars geändert und auf dem Formular sonstige Vermerke oder Abbildungen angebracht werden.

(2) Für die in § 1 vorgesehenen Formulare gilt außerdem:

1. Soweit andere Vorschriften oder die für die Beförderung geltenden Bedingungen dem nicht entgegen stehen, können einzelne Angaben im Formular entfallen, wenn gewährleistet ist, dass

a) die Erkennbarkeit des behördlichen Dokuments als solches durch den Entfall der Angabe nicht beeinträchtigt wird und

b) die maßgeblichen Daten anstatt im Formular in einer anderen Urkunde festgehalten oder elektronisch gespeichert werden.

2. Soweit die vorgeschriebenen Angaben in einem Fenster sichtbar sind und es den Zweck des Formulars nicht beeinträchtigt, brauchen diese Angaben nicht auch im Formular selbst angebracht zu werden.

3. Von den für das Formular 1 bestehenden technischen Spezifikationen gemäß Z 1 und 2 der Anlage darf nicht abgewichen werden. *(BGBl II 2018/34)*

(BGBl II 2018/34)

(BGBl II 2011/238)

Durch BGBl II 2011/238 entfiel § 3 aF, § 3a aF erhielt die Paragrafenbezeichnung § 3, nach § 3a (§ 3 neu) wurde § 3a eingefügt.

§ 4. (1) Diese Verordnung tritt mit 1. März 1983 in Kraft.

(2) Die §§ 1, 3 und 5 und die Anlage in der Fassung der Verordnung BGBl. II Nr. 493/1999 treten mit Ablauf des Tages der Kundmachung der genannten Verordnung in Kraft. *(BGBl II 1999/493)*

(3) Die §§ 1, 2 und 3a sowie die Anlage in der Fassung der Verordnung BGBl. II Nr. 235/2004 treten mit Ablauf des Tages der Kundmachung der genannten Verordnung in Kraft. *(BGBl II 2004/235)*

(4) Der Titel, § 1, § 3 Abs. 3 und 4 sowie die Anlage in der Fassung der Verordnung BGBl. II Nr. 261/2006 treten mit Ablauf des Tages der Kundmachung dieser Verordnung in Kraft. *(BGBl II 2006/261)*

(5) Die §§ 1, 2, 3, 3a und 5 sowie die Anlage in der Fassung der Verordnung BGBl. II Nr. 152/2008 treten mit Ablauf des Tages der Kund-

machung dieser Verordnung in Kraft. *(BGBl II 2008/152)*

(6) Die neue Paragraphenbezeichnung des bisherigen § 3a (§ 3 neu) und § 3a in der Fassung der Verordnung BGBl. II Nr. 238/2011 treten mit 1. November 2011 in Kraft. Gleichzeitig treten § 3 und § 3a Abs. 3 und 4 außer Kraft und entfällt § 5. *(BGBl II 2011/238)*

(7) Der Titel, die Promulgationsklausel, § 1, § 2 Abs. 2 und die in der Anlage angeschlossenen Formulare in der Fassung der Verordnung BGBl. II Nr. 399/2013 treten mit Ablauf des Monats der Kundmachung dieser Verordnung in Kraft. Die der Anlage in der bisherigen Fassung angeschlossenen Formulare können aufbrauchend weiterverwendet werden. *(BGBl II 2013/399)*

(8) § 1 und die Anlage in der Fassung der Verordnung BGBl. II Nr. 406/2015 treten mit Ablauf des Monats der Kundmachung dieser Verordnung in Kraft. *(BGBl II 2015/406)*

(9) § 1 Abs. 2, § 2 Abs. 2, § 3, § 3a Abs. 2 und die Anlage in der Fassung der Verordnung BGBl. II Nr. 34/2018 treten mit Ablauf des Monats der Kundmachung dieser Verordnung in Kraft. *(BGBl II 2018/34)*

§ 5. *(aufgehoben, BGBl II 2011/238)*

Anlage

Für das Formular 1 bestehen folgende technische Spezifikationen: *(BGBl II 2018/34)*

1. Das Formular hat eine Lochung mit einem Durchmesser von 6 mm (± 0,5 mm) aufzuweisen. Das Lochmittel befindet sich 15 mm (± 1 mm) oberhalb der unteren Papierkante in einem Abstand von 10 mm (± 1 mm) vom linken Papierrand.

2. Der linke Papierrand und die obere Papierkante des Formulars haben eine Abschrägung aufzuweisen. Die Abschrägung ist durch Wegstanzen der linken oberen Ecke des Formulars vorzunehmen, wobei von dieser Ecke jeweils 10 mm nach rechts und nach unten gemessen werden. *(BGBl II 2008/152)*

Formulare in deutscher Sprache
(BGBl II 2015/406)

Formular 1 Seite 1

(Vorderseite)

Verständigung über die Hinterlegung eines behördlichen Dokuments

Empfänger/Empfängerin ....

Absender/Absenderin .... ID ....

Heute konnte Ihnen ein
☐ zu eigenen Handen zuzustellendes behördliches Dokument (zB RSa-Brief)
☐ behördliches Dokument (zB RSb-Brief)
an Ihrer Abgabestelle nicht zugestellt werden. Das Dokument wird daher hinterlegt.

Das Dokument ist abzuholen	Öffnungszeiten:	
☐ heute ab _____ Uhr	Montag _____	Uhr
☐ ab dem nächsten Werktag	Dienstag _____	Uhr
☐ ab dem nächsten Werktag außer Samstag	Mittwoch _____	Uhr
☐ ab _____	Donnerstag _____	Uhr
bis zum _____	Freitag _____	Uhr
	Samstag _____	Uhr
bei _____		
Bitte bringen Sie diese Verständigung und einen amtlichen Lichtbildausweis mit.		

....
Zusteller/Zustellerin, Datum

Formular 1 zu § 17 Abs. 2 des Zustellgesetzes   Beachten Sie bitte die Rückseite!

(BGBl II 2013/399)

ZustFormV

(Rückseite)

Wichtige Information!

Auch wenn Sie das Dokument nicht abholen, können die Rechtswirkungen der Zustellung (zB der Beginn des Laufes von Rechtsmittelfristen) eintreten:

– Grundsätzlich gilt das Dokument als an jenem Tag zugestellt, an dem es zum ersten Mal zur Abholung bereitgehalten wird.

– Anderes gilt nur dann, wenn Sie infolge vorübergehender Abwesenheit von der Abgabestelle (zB wegen Urlaubs oder Krankenhausaufenthalts) nicht rechtzeitig Kenntnis vom Zustellvorgang erlangen konnten. In diesem Fall gilt das Dokument nur dann als zugestellt, wenn Sie spätestens am vorletzten Tag der Abholfrist an die Abgabestelle zurückgekehrt sind und das Dokument am Tag nach der Rückkehr behoben werden könnte; als Zeitpunkt der Zustellung gilt der auf die Rückkehr an die Abgabestelle folgende Tag. **Sollte die Abholfrist bei Ihrer Rückkehr schon abgelaufen sein, setzen Sie sich bitte umgehend mit dem Absender/der Absenderin in Verbindung!**

Zu eigenen Handen zuzustellende behördliche Dokumente (zB RSa-Briefe) werden nur dem Empfänger/der Empfängerin (bzw. dem Übernahmeberechtigten/der Übernahmeberechtigten) ausgehändigt.

Sonstige Dokumente (zB RSb-Briefe) werden auch Personen ausgehändigt, an die ersatzweise zugestellt werden kann; das sind erwachsene Personen, die an derselben Abgabestelle wie der Empfänger/die Empfängerin wohnen oder die Arbeitnehmer/Arbeitnehmerinnen oder Arbeitgeber/Arbeitgeberinnen des Empfängers/der Empfängerin sind. Im Zweifelsfall ist nachzuweisen, dass eine Ersatzzustellung zulässig ist.

Amtliche Lichtbildausweise sind Urkunden, die Namen und Lichtbild desjenigen, dem das Dokument ausgehändigt werden soll, enthalten und von Behörden oder von Einrichtungen des öffentlichen Rechts ausgestellt sind (zB Führerschein, Personalausweis, Reisepass oder Identitätsausweis). **Zum Nachweis der Identität nicht geeignet** sind zB Meldezettel, Staatsbürgerschaftsnachweis, Geburts- oder Heiratsurkunde, Taufschein, Schulzeugnisse, Sparbücher sowie alle Ausweispapiere, deren Lichtbild oder Personenbeschreibung auf den Inhaber/die Inhaberin nicht mehr zutrifft oder bei deren Ausstellung die Identität nicht überprüft wird.

Übernahmebestätigung

Ich habe heute das umseitig angeführte Dokument übernommen.

_____   _____
Datum   Unterschrift

(BGBl II 2013/399)

ZustFormV
Formular 3/1, 3/2

Formular 3/1

(BGBl II 2013/399)

Formular 3/2

(BGBl II 2013/399)

Formular 3/3

RSa

Empfänger/in ☐ Nicht an Bevollmächtigte/n (§ 13 Abs. 2 ZustG)
☐ ....

Eigenhändig

Formular 3/3 zu § 22
des Zustellgesetzes

Barcode-Fenster

Absender/in

ID

☐ <Entgeltvermerk>

Aufgabeort
Aufgabetag

ID

Zustellversuch am ☐☐☐☐☐☐

Verständigung über die Hinterlegung
☐ in Abgabeeinrichtung eingelegt
☐ an Abgabestelle zurückgelassen ☐ an Eingangstür angebracht

Annahmeverweigerung
durch ☐ Empfänger/in ☐ ....
☐ Dokument an Abgabestelle zurückgelassen
Hinterlegung
bei <Geschäftsstelle> Beginn der Abholfrist
☐☐☐☐ ☐☐☐☐☐☐

☐ Keine elektronische Übermittlung

Zusteller/in

Zustell-basis

RSa Eigenhändig: Formular 3/3 zu § 22 ZustG

Übernahmebestätigung ☐☐☐☐☐☐
☐ Empfänger/in ☐ Bevollmächtigte/r für RSa-Briefe
☐ Angestellte/r des/der berufsmäßigen Parteienvertreters/-in
☐ ....

Unterschrift
Empfänger/in
☐ ....

Rücksendungsanschrift

Empfänger/in

☐ nachweisliche Vernichtung (§ 19 Abs. 1 ZustG)

(Papierfarbe: blau)

(BGBl II 2013/399)

Formular 4/1

RSb

☐ <Entgeltvermerk>

Formular 4/1 zu § 22 des Zustellgesetzes

Zustellversuch am ☐☐☐☐☐☐ **Empfänger/in**

Aufgabeort
Aufgabetag

Verständigung über die Hinterlegung
☐ in Briefkasten eingelegt
☐ in Hausbrieffach eingelegt
☐ in Briefeinwurf eingelegt
☐ an Abgabestelle zurückgelassen
☐ an Eingangstür angebracht

Annahmeverweigerung

durch ☐ Empfänger/in
☐ ....
☐ Dokument an Abgabestelle zurückgelassen
Hinterlegung
bei <Geschäftsstelle> Beginn der Abholfrist
☐☐☐☐ ☐☐☐☐☐☐

Zusteller/in

Formular 4/1 zu § 22 des Zustellgesetzes

☐ Nicht an Bevollmächtigte/n (§ 13 Abs. 2 ZustG)
☐

☐ keine elektronische Übermittlung (§ 22 Abs. 3 ZustG)

Übernahmebestätigung
Übernommen am ☐☐☐☐☐☐
Unterschrift

☐ Empfänger/in
☐ Bevollmächtigte/r für RSb-Briefe
☐ Mitbewohner/in
☐ Arbeitnehmer/in oder Arbeitgeber/in
☐

ID
Absender/in oder Rücksendungsanschrift

☐ nachweisliche Vernichtung (§ 19 Abs. 1 ZustG)

Zustell-basis

(BGBl II 2013/399)

ZustFormV
Formular 4/2, 4/3

Formular 4/2

RSb Eigenhändig

Formular 4/2 zu § 22 des Zustellgesetzes

ID
Empfänger/in

<Entgeltvermerk>

Absender/in

☐ Nicht an Bevollmächtigte/n (§ 13 Abs. 2 ZustG)
☐

Zustellversuch am ☐☐☐☐☐☐

Verständigung über die Hinterlegung
☐ in Briefkasten eingelegt
☐ in Hausbrieffach eingelegt
☐ in Briefeinwurf eingelegt
☐ an Abgabestelle zurückgelassen
☐ an Eingangstür angebracht

Annahmeverweigerung
durch ☐ Empfänger/in
☐ ....
☐ Dokument an Abgabestelle zurückgelassen

Hinterlegung
bei <Geschäftsstelle>   Beginn der Abholfrist
☐☐☐☐   ☐☐☐☐☐☐

Empfänger/in

Aufgabeort
Aufgabetag

☐
☐ keine elektronische Übermittlung (§ 22 Abs. 3 ZustG)

Übernahmebestätigung	☐ Empfänger/in
	☐ Bevollmächtigte/r für RSb-Briefe
Übernommen am ☐☐☐☐☐☐	☐ Mitbewohner/in
	☐ Arbeitnehmer/in oder Arbeitgeber/in
Unterschrift	☐

ID
Absender/in oder Rücksendungsanschrift

Zusteller/in

Formular 4/2 zu § 22 des Zustellgesetzes

Zustell
-basis

☐ nachweisliche Vernichtung (§ 19 Abs. 1 ZustG)

(BGBl II 2013/399)

Formular 4/3

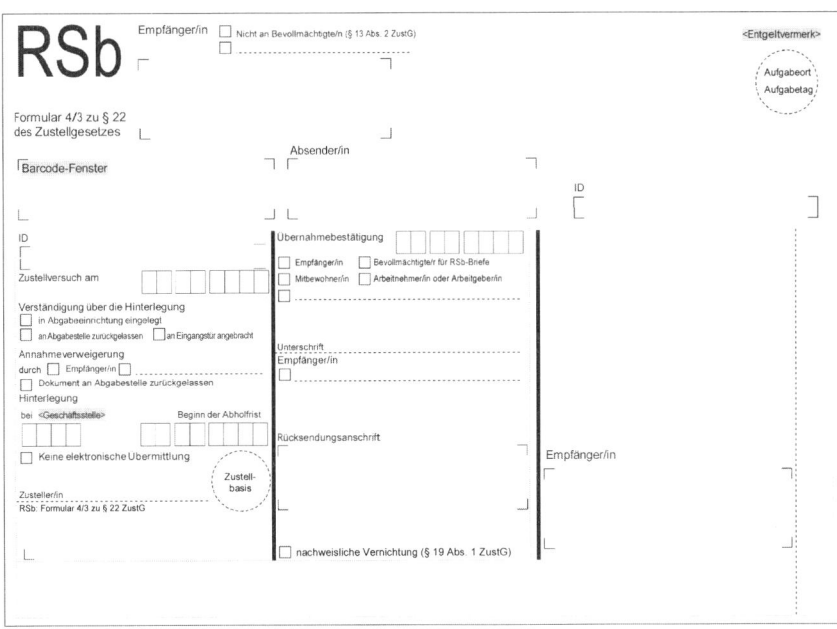

(BGBl II 2013/399)

ZustFormV

ZustFormV

Formular 5, 6

— 1592 —

Formular 5

Absender/in oder Rücksendungsanschrift

Zustellschein

Eigenhändig

ID

Empfänger/in

☐ nachweisliche Vernichtung (§ 19 Abs. 1 ZustG)

Zustellversuch am ☐☐☐☐☐☐

Verständigung über die Hinterlegung
☐ in Briefkasten eingelegt
☐ in Hausbrieffach eingelegt
☐ in Briefeinwurf eingelegt
☐ an Abgabestelle zurückgelassen
☐ an Eingangstür angebracht

☐ Nicht an Bevollmächtigte/n (§ 13 Abs. 2 ZustG)
☐

☐ keine elektronische Übermittlung (§ 22 Abs. 3 ZustG)

Annahmeverweigerung

durch ☐ Empfänger/in
☐ ....
☐ Dokument an Abgabestelle zurückgelassen

Hinterlegung
☐ beim Gemeindeamt
☐ bei

Beginn der Abholfrist ☐☐☐☐☐☐

Übernahmebestätigung	☐ Empfänger/in
Übernommen am ☐☐☐☐☐☐	☐ Bevollmächtigte/r für zu eigenen Handen zuzustellende Dokumente
Unterschrift	☐ Angestellte/r der/des berufsmäßigen Parteienvertreters/-in ☐

Zusteller/in

Gemeindeamt

Formular 5 zu § 22 Zustellgesetz

(Papierfarbe. blau)

(BGBl II 2013/399)

Formular 6

Absender/in oder Rücksendungsanschrift

Zustellschein

ID

Empfänger/in

☐ nachweisliche Vernichtung (§ 19 Abs. 1 ZustG)

Zustellversuch am ☐☐☐☐☐☐

Verständigung über die Hinterlegung
☐ in Briefkasten eingelegt
☐ in Hausbrieffach eingelegt
☐ in Briefeinwurf eingelegt
☐ an Abgabestelle zurückgelassen
☐ an Eingangstür angebracht

☐ Nicht an Bevollmächtigte/n (§ 13 Abs. 2 ZustG)
☐

☐ keine elektronische Übermittlung (§ 22 Abs. 3 ZustG)

Annahmeverweigerung

durch ☐ Empfänger/in
☐ ....
☐ Dokument an Abgabestelle zurückgelassen

Hinterlegung
☐ beim Gemeindeamt
☐ bei

Beginn der Abholfrist ☐☐☐☐☐☐

Übernahmebestätigung	☐ Empfänger/in
Übernommen am ☐☐☐☐☐☐	☐ Bevollmächtigte/r für nicht zu eigenen Handen zuzustellende Dokumente
Unterschrift	☐ Mitbewohner/in ☐ Arbeitnehmer/in oder Arbeitgeber/in ☐

Zusteller/in

Gemeindeamt

Formular 6 zu § 22 Zustellgesetz

(BGBl II 2013/399)

Kodex Zivilgerichtliches Verfahren 1. 9. 2021

ZustFormV

Formular 7

Formular 7

**Verständigung über die Bereithaltung
eines behördlichen Dokuments zur Abholung**

Absender/Absenderin: < ABSENDER / ABSENDERIN >
ID: < ID >
Empfänger/Empfängerin: < NAME / BEZEICHNUNG >
Zustellung < mit / ohne > Zustellnachweis
Das Dokument ist abzuholen beim Anzeigemodul unter < ADRESSE >
Versendung der ersten Verständigung: < DATUM, UHRZEIT >
Versendung der zweiten Verständigung: < DATUM, UHRZEIT >
Ende der Abholfrist am < DATUM > um 24.00 Uhr
< ELEKTRONISCHE SIGNATUR DES ANZEIGEMODULS >

Wichtige Information!

A) Zustellung **mit** Zustellnachweis

1. Eine zweite Verständigung wird nur dann versendet, wenn Sie das Dokument nicht innerhalb von 48 Stunden nach Versendung der ersten Verständigung abgeholt haben.

2. Sie können ein Dokument, das mit Zustellnachweis zugestellt wird, nur mit Ihrer Bürgerkarte oder durch eine an die Verwendung sicherer Technik gebundene Schnittstelle abholen.

3. Grundsätzlich treten die Rechtswirkungen der Zustellung (zB der Beginn des Laufes von Rechtsmittelfristen) am ersten Werktag nach Versendung der ersten Verständigung ein (es sei denn, Sie haben das Dokument schon vorher abgeholt; vgl. Punkt 4). Samstage gelten nicht als Werktage.

Die Zustellung gilt als nicht bewirkt, wenn die Verständigungen nicht bei Ihnen einlangen, doch wird sie mit dem dem Einlangen einer Verständigung folgenden Tag innerhalb der Abholfrist wirksam.

4. Das Dokument gilt spätestens mit der Abholung als zugestellt.

5. Auch wenn Sie das Dokument nicht abholen, gilt es als zugestellt, sofern zumindest eine der beiden Verständigungen spätestens am vorletzten Tag der Abholfrist bei Ihnen eingelangt ist (vgl. aber Punkt 6).

6. Die Zustellung gilt jedoch als nicht bewirkt, wenn Sie

– von den elektronischen Verständigungen keine Kenntnis hatten oder

– von diesen zwar Kenntnis hatten, Sie aber während der Abholfrist von allen Abgabestellen nicht bloß vorübergehend abwesend waren. In diesem Fall wird die Zustellung an dem der Rückkehr an eine der Abgabestellen folgenden Tag innerhalb der Abholfrist wirksam, an dem das Dokument abgeholt werden könnte.

7. Wenn Sie mehrere elektronische Adressen bekanntgegeben haben und dieselbe Verständigung an mehrere elektronische Adressen versendet wird, so ist der Zeitpunkt der frühesten Versendung maßgeblich.

B) Zustellung **ohne** Zustellnachweis

ZustFormV

Formular 7

1. Eine zweite Verständigung wird nicht versendet.

2. Das Dokument gilt mit dem Zeitpunkt der erstmaligen Bereithaltung zur Abholung als zugestellt.

Formular 7 zu § 35 Abs. 1 und 2 und § 36 des Zustellgesetzes

(BGBl II 2019/374)

Formular 8

(entfällt, BGBl II 2018/34)

Formular 9

(entfällt, BGBl II 2018/34)

Formulare 1 und 7 in kroatischer, slowenischer und ungarischer Sprache[1]

[1] *Formulare nicht abgedruckt.*

(BGBl II 2015/406; BGBl II 2018/34, BGBl II 2019/374)

(BGBl II 2013/399)

Erlass vom 8. September 2020 über die internationale Rechtshilfe und andere Rechtsbeziehungen mit dem Ausland in Zivilsachen (RHEZiv 2020)

BMJ 2020-0.567.901, eJABl 2020/80

Erlass vom 8. September 2020 über die internationale Rechtshilfe und andere Rechtsbeziehungen mit dem Ausland in Zivilsachen, (RHE Ziv 2020)

Inhaltsverzeichnis

§ 46. **Schlussbestimmungen**
Verweis auf die elektronische Länderübersicht

I. TEIL

Allgemeine Bestimmungen

Bezeichnung, Anwendungsgrundsatz

§ 1. (1) Der Erlass ist als „Rechtshilfeerlass für Zivilsachen 2020", abgekürzt „RHE Ziv 2020" zu bezeichnen.

(2) Durch die in diesem Erlass enthaltenen Anordnungen und Hinweise wird der Beurteilung von Fragen durch die unabhängige Rechtsprechung nicht vorgegriffen.

Vorlage von Geschäftsstücken

§ 2. Sind nach diesem Erlass dem Bundesministerium für Justiz Geschäftsstücke (Ersuchen, Anfragen, Berichte, Akten) vorzulegen, so hat dies unmittelbar und ohne Zustellnachweis zu geschehen.

Ausfertigungen

§ 3. (1) Ersuchen, Erledigungen und sonstige Mitteilungen an österreichische Vertretungsbehörden im Ausland, ausländische Vertretungsbehörden im Inland oder andere ausländische Behörden oder zwischenstaatliche Organisationen sind stets in Form eines eigenen, an die betreffende Stelle zu richtenden Schreibens auszufertigen.

(2) Solche Schreiben haben die Rechtssache genau zu bezeichnen und in übersichtlicher Form und in einfacher, klarer Ausdrucksweise die Angaben zu enthalten, deren Kenntnis zur sachgemäßen Erledigung auch unter Berücksichtigung des Datenschutzes notwendig ist.

Äußere Form

§ 4. (1) Auf die äußere Form der in § 3 Abs. 1 angeführten Schreiben sowie der Geschäftsstücke, die zur Zustellung im Ausland oder sonst für das Ausland bestimmt sind, ist besondere Sorgfalt zu verwenden. Solche Schreiben und Geschäftsstücke sind grundsätzlich als Computerausdruck herzustellen. Bei Kopien ist auf gute Lesbarkeit zu achten.

(2) Der Abs. 1 gilt auch für Protokolle, die auf Ersuchen ausländischer Behörden aufgenommen werden; ist die Urschrift schlecht lesbar, so ist von Amts wegen eine beglaubigte Abschrift anzuschließen.

Anschrift und Ortsbezeichnung

§ 5. (1) In Schreiben an ausländische Behörden sind deren amtliche Bezeichnungen und genaue Anschrift anzugeben; sind diese nicht bekannt, so sind die Schreiben stets zu richten: „An das für ... (Ort, an dem die Erledigung vorzunehmen ist, oder, wenn andere Anhaltspunkte fehlen, Wohn- oder Aufenthaltsort des Empfängers oder der zu vernehmenden Person) zuständige Rechtshilfegericht oder an die sonst zuständige Behörde".

(2) Für die im Ausland gelegenen Orte sind nach Tunlichkeit die dort geltenden amtlichen Ortsbezeichnungen zu verwenden.

Abkürzungen und gekürzte Ausfertigungen

§ 6. (1) Abkürzungen sind im Verkehr mit ausländischen Behörden zu vermeiden; insbesondere sind die Bezeichnungen der Gesetze voll auszuschreiben, wenn nicht mit Sicherheit zu erwarten ist, dass Abkürzungen verstanden werden.

(2) Soll eine Entscheidung im Ausland verwendet werden, etwa als Titel für eine Zwangsvollstreckung, so empfiehlt es sich, von der Ausfertigung in gekürzter Form abzusehen.

Unterschrift, Gerichtssiegel

§ 7. Sofern keine elektronische Übermittlung erfolgen kann, sind die in § 3 genannten Schreiben und Protokolle mit dem allgemeinen Gerichtssiegel zu versehen und vom Gerichtsorgan (eigenhändig) zu unterschreiben. Der Name des Unterzeichneten ist gut lesbar beizusetzen.

Übersendung von Akten oder Urkunden

§ 8. Akten, Aktenbestandteile oder Urkunden sind in das Ausland in beglaubigter Abschrift oder Kopie zu senden. Originale sind nur dann zu übersenden, wenn dies aus besonderen Gründen erforderlich ist. In diesen Fällen sind beglaubigte Abschriften oder Kopien zurückzubehalten.

Beilagen

§ 9. Zahl und Art der Beilagen sind in den Schreiben anzuführen. Zur Vermeidung von Verwechslungen sind die Beilagen eindeutig zu bezeichnen.

Postgebühren

§ 10. (1) Postsendungen in das Ausland sind freigemacht aufzugeben. Bei Versendung mehrerer, für verschiedene Stellen bestimmter Briefe in einem Paket an eine ausländische Behörde mit dem Ersuchen um Weiterleitung ist dafür zu sorgen, dass die weiterzuleitenden Stücke deutlich voneinander getrennt sind, etwa in gesonderten Kuverts.

(2) Nicht oder ungenügend freigemachte Sendungen ausländischer Behörden sind anzunehmen. Der Ersatz allenfalls dafür entrichteter Gebühren ist nicht zu begehren.

Verkehr mit dem Bundesministerium für europäische und internationale Angelegenheiten

§ 11. Zum Verkehr mit dem Bundesministerium für europäische und internationale Angelegenheiten ist die Vermittlung des Bundesministeriums für Justiz in Anspruch zu nehmen.

Verkehr mit österreichischen und ausländischen Vertretungsbehörden

§ 12. (1) Zum Verkehr mit österreichischen diplomatischen und konsularischen Vertretungsbehörden im Ausland ist die Vermittlung des Bundesministeriums für Justiz in Anspruch zu nehmen.

(2) Zum Verkehr mit ausländischen diplomatischen und konsularischen Vertretungsbehörden im Inland ist die Vermittlung des Bundesministeriums für Justiz in Anspruch zu nehmen.

(3) Schreiben an ausländische Vertretungsbehörden im Inland sind keine Übersetzungen anzuschließen.

Verkehr mit zwischenstaatlichen Organisationen

§ 13. (1) Zum Verkehr mit zwischenstaatlichen Organisationen ist die Vermittlung des Bundesministeriums für Justiz in Anspruch zu nehmen.

(2) Schreiben an zwischenstaatliche Organisationen mit dem Sitz im Inland sind keine Übersetzungen anzuschließen.

Übersetzungen durch das Bundesministerium für Justiz

§ 14. (1) Das Bundesministerium für Justiz kann in Pflegschaftssachen Minderjähriger sowie, wenn alle Beteiligten die Verfahrenshilfe oder sonst persönliche Gebührenfreiheit genießen, in anderen Zivilsachen vom Gericht ersucht werden, erforderliche Übersetzungen aus den folgenden Sprachen in die deutsche Sprache gebührenfrei herzustellen: Bosnisch, Englisch, Französisch, Italienisch, Kroatisch, Mazedonisch, Niederländisch, Polnisch, Rumänisch, Russisch, Serbisch, Slowakisch, Slowenisch, Tschechisch, Ukrainisch, Ungarisch, Türkisch.

(2) Diese Übersetzungen haben nicht die Bedeutung von Übersetzungen durch allgemein beeidete und gerichtlich zertifizierte Dolmetscher.

II. Teil
Rechtshilfe auf Ersuchen ausländischer Behörden

Begriffsbestimmung

§ 15. Rechtshilfersuchen im Sinne dieses Teiles sind Ersuchen ausländischer Behörden um Vornahme von

a) Zustellungen,

b) anderen Handlungen, zum Beispiel Beweisaufnahmen, Belehrung oder Benachrichtigung von Parteien, Übersendung von Akten oder Urkunden, Mitteilungen aus Akten, die in den Geschäftskreis der zur Ausübung der Gerichtsbarkeit in Zivilsachen berufenen inländischen Gerichte fallen (Rechtshilfe im engeren Sinn).

Grundlagen

§ 16. (1) Rechtshilfersuchen sind nach den im Verhältnis zum ersuchenden Staat anwendbaren Regelungen des Völker- oder Unionsrechts zu erledigen. Die Vorschriften dieses Erlasses sind nur anwendbar, soweit in solchen Regelungen nichts Anderes bestimmt ist.

(2) Bestehen keine zwischenstaatlichen oder unionsrechtlichen Regelungen, so ist Rechtshilfe nach Maßgabe der österreichischen Vorschriften zu leisten (§ § 38 f. JN, § 12 ZustG). Über die Verweigerung der Rechtshilfe – etwa wegen eines Verstoßes gegen den österreichischen Ordre public – ist dem Bundesministerium für Justiz auch dann zu berichten, wenn das Ersuchen unmittelbar von der ausländischen Behörde übersandt wurde.

Zustellung fremdsprachiger Schriftstücke

§ 17. (1) Soweit die Zustellung fremdsprachiger Schriftstücke ohne beglaubigte Übersetzungen in die österreichische Amtssprache zulässig ist, ist auf das Recht des Empfängers zur Ablehnung der Annahme (GeoForm. 44 und 45 sowie besondere Formblätter nach zwischenstaatlichen Vereinbarungen oder Unionsrecht) besonders Bedacht zu nehmen.

(2) Die Benachrichtigung von einer Beurkundung nach § 12 Abs. 3 des Zustellgesetzes ist an die ersuchende ausländische Behörde zu richten (GeoForm. 46); für die Übermittlung gilt § 19 Abs. 2.

Verständigung von Beweistagsatzungen

§ 18. (1) Die ersuchende Behörde und die Parteien des ausländischen Verfahrens oder ihre Vertreter sind von der Anberaumung einer Beweistagsatzung zu verständigen, wenn nicht ausdrücklich darauf verzichtet worden ist. Die Verständigung ist auf dem in § 19 Abs. 2 vorgesehen

Weg zu übermitteln. Die Übermittlung unmittelbar durch die Post ist nach Maßgabe zwischenstaatlicher Vereinbarungen oder innerstaatlicher Rechtsvorschriften sowie in den Fällen des § 33 zulässig (siehe elektronische Länderübersicht).

(2) Im Anwendungsbereich der BeweisaufnahmeVO ist die ersuchende Behörde vom Termin nur dann zu verständigen, wenn darum ausdrücklich ersucht wurde. Die Verständigung ist unmittelbar zu übermitteln.

Rückleitung der Erledigungsakten

§ 19. (1) Im Anwendungsbereich der Beweisaufnahme- und der ZustellVO sind die in Erledigung der Ersuchen errichteten Urkunden und Akten (Zustellnachweise, Protokolle) zusammen mit den in diesen Verordnungen vorgesehenen Formularen bzw. Formularteilen unmittelbar an die ersuchende Stelle zurückzusenden.

(2) Ansonsten sind die Erledigungsakten, wenn nicht in einer zwischenstaatlichen Vereinbarung (siehe elektronische Länderübersicht) etwas Anderes vorgesehen ist, dem Bundesministerium für Justiz zur Weiterleitung vorzulegen.

(3) Der bloße Umstand, dass ein Rechtshilfeersuchen einer ausländischen Behörde nicht auf dem vorgeschriebenen Weg (zum Beispiel unmittelbar zwischen ersuchender und ersuchter Behörde trotz Unzulässigkeit des unmittelbaren Verkehrs) eingelangt sind, hindert seine sachliche Erledigung nicht. Für die Rückleitung der Erledigungsakten gelten Abs. 1 bzw. 2.

Ersatz von Kosten

§ 20. (1) Der Ersatz von Kosten, die aus Anlass eines Rechtshilfeersuchens aufgelaufen sind, ist nach Maßgabe zwischenstaatlicher Vereinbarungen oder Unionsrecht zu begehren (siehe elektronische Länderübersicht).

(2) Mangels solcher Rechtsgrundlagen ist nur der Ersatz jener Kosten zu begehren, die durch Zahlung von Sachverständigengebühren entstanden sind. Der Ersatzanspruch besteht gegenüber dem Staat, dem die ersuchende Behörde angehört. Der Anspruch wird dadurch nicht berührt, dass die Parteien im Verfahren vor der ersuchenden Behörde von der Zahlung dieser Kosten befreit sind.

(3) Das Begehren auf Kostenersatz ist vom ersuchten Gericht anlässlich der Übermittlung der Erledigungsakten an die ersuchende Behörde zu stellen. Diese ist einzuladen, den Gegenwert des Kostenbetrags entweder unmittelbar zu überweisen oder der zuständigen österreichischen Vertretungsbehörde zur Verrechnung zu übermitteln. Langt der angesprochene Betrag nicht binnen sechs Monaten ein, so ist dem Bundesministerium für Justiz zu berichten.

(4) Die elektronische Länderübersicht enthält Hinweise auf zwischenstaatliche Vereinbarungen, nach denen die der ersuchten Behörde entstandenen Kosten der ersuchenden Behörde bekanntzugeben sind.

III. TEIL

Rechtshilfeersuchen an ausländische Behörden

Begriffsbestimmung

§ 21. (1) Rechtshilfeersuchen im Sinne dieses Teiles sind Ersuchen der zur Ausübung der Gerichtsbarkeit in Zivilsachen berufenen inländischen Gerichte um Vornahme von

a) Zustellungen,

b) anderen Handlungen, zum Beispiel Beweisaufnahmen, Belehrung oder Benachrichtigung von Parteien, Übersendung von Akten oder Urkunden, Mitteilungen aus Akten (Rechtshilfe im engeren Sinn).

(2) Als Rechtshilfeersuchen im weiteren Sinn sind auch Ersuchen um Zulassung einer unmittelbaren Beweisaufnahme im Ausland („passive Rechtshilfe") anzusehen.

Verweigerung der Rechtshilfe

§ 22. (1) Rechtshilfeersuchen, von denen nach den in der elektronischen Länderübersicht mitgeteilten Beobachtungen angenommen werden muss, dass ihnen nicht entsprochen würde, sind nicht zu stellen.

(2) Verweigert eine ausländische Behörde in einem in der Länderübersicht nicht angeführten Fall die Rechtshilfe, so ist darüber dem Bundesministerium für Justiz zu berichten.

Ersuchen um Zustellung

§ 23. (1) Zustellungsersuchen im Anwendungsbereich der ZustellVO sind unter Verwendung des darin vorgesehenen Formulars unmittelbar an eine der vom Zustellstaat bekannt gegebenen Empfangsstellen zu richten. Das Formular ist in einer jener Sprachen zu erstellen, die vom Zustellstaat zugelassen wurden. Die Empfangsstellen und ihr örtlicher Wirkungsbereich sowie die für die Erstellung des Formulars zulässigen Sprachen können dem Europäischen Gerichtsatlas (derzeitiger Link: https://e-justice.europa.eu/content_serving_documents-373-de.do) entnommen werden.

(2) Zustellersuchen im Anwendungsbereich des Haager Zustellungsübereinkommens sind unter Verwendung des darin vorgesehenen Formulars unmittelbar an eine der vom Zustellstaat bekannt gegebenen Zentralen Behörden zu richten. Das Formular ist in einer jener Sprachen zu erstellen, die vom Zustellstaat zugelassen wurden.

Die zentralen Behörden und ihr örtlicher Wirkungsbereich sowie die für die Erstellung des Formulars zulässigen Sprachen können von der Homepage der Haager Konferenz für Internationales Privatrecht elektronisch abgerufen werden.

(3) Ansonsten sind zuzustellende Geschäftsstücke dem Bundesministerium für Justiz zur Weiterleitung vorzulegen, soweit nicht in einer zwischenstaatlichen Vereinbarung (siehe Länderübersicht) etwas Anderes vorgesehen ist. Bei Vorlage der zuzustellenden Geschäftsstücke an das Bundesministerium für Justiz entfällt die Beigabe eines eigenen Schreibens an die ersuchte Behörde, sofern aus der Länderübersicht nichts Anderes hervorgeht.

(4) Zuzustellende Geschäftsstücke sind in zweifacher Ausfertigung zu übersenden,

a) wenn dies in einer zwischenstaatlichen Vereinbarung vorgesehen ist und die Behörden des Staates, in dem zugestellt werden soll, nicht auf die Übersendung der zweiten Ausfertigung verzichtet haben (siehe elektronische Länderübersicht),

b) wenn mit dem betreffenden Staat keine zwischenstaatliche Vereinbarung über die Zustellung gerichtlicher Schriftstücke besteht und die Behörden dieses Staates nach den in der Länderübersicht mitgeteilten Beobachtungen die Übermittlung der zuzustellenden Geschäftsstücke in zweifacher Ausfertigung verlangen.

(5) Im Anwendungsbereich der ZustellVO wird empfohlen, zuzustellende Geschäftsstücke in zweifacher Ausfertigung zu übermitteln.

(6) Äußert in einem in Abs. 4 nicht vorgesehenen Fall die ersuchte Behörde den Wunsch nach Übermittlung der zuzustellenden Geschäftsstücke in zweifacher Ausfertigung, so ist dem Bundesministerium für Justiz zu berichten.

(7) Soll die Zustellung nicht bloß durch Übergabe des Geschäftsstücks an den zur Annahme bereiten Empfänger durchgeführt werden, sind den zuzustellenden Geschäftsstücken beglaubigte Übersetzungen (§ 26 Abs. 2) in die Sprache des Staates, in dem zugestellt werden soll, anzuschließen, wenn dies in einer zwischenstaatlichen Vereinbarung vorgesehen ist oder, bei Fehlen einer derartigen Vereinbarung, vom Recht des Staates, in dem zugestellt werden soll, verlangt wird (siehe elektronische Länderübersicht). Der Anschluss von Übersetzungen ist auch im Anwendungsbereich der ZustellVO trotz des dort nur eingeschränkt bestehenden Annahmeverweigerungsrechts ratsam.

(8) Soll mit Zustellnachweis zugestellt werden, so ist – außer im Anwendungsbereich der ZustellVO und des Haager Zustellungsübereinkommens, für die besondere Formulare zu verwenden sind, – ein vorbereiteter Zustellschein (GeoForm. 34) anzuschließen. In den in Abs. 7 bezeichneten

Fällen empfiehlt es sich, auch dem Zustellschein eine beglaubigte Übersetzung anzuschließen.

(9) Bei der Anberaumung von Tagsatzungen und der Bestimmung von Fristen ist auf die voraussichtliche Dauer des Zustellverfahrens (in Mitgliedstaaten der Europäischen Union zumindest ein Monat ab Einlangen beim Gericht des ersuchten Staates, im sonstigen europäischen Ausland zumindest drei Monate, außerhalb Europas zumindest fünf Monate, jeweils ab Einlangen im Bundesministerium für Justiz bzw. der Empfangsstelle des ersuchten Staates) Bedacht zu nehmen.

(10) In Ladungen von Personen, die sich im Ausland befinden, können zwar die prozessualen Nachteile hervorgehoben werden, die für den Geladenen durch sein Ausbleiben entstehen. Strafen und Nachteile anderer Art, zum Beispiel Vorführung, sind hingegen nicht anzudrohen.

Rechtshilfeersuchen im engeren Sinn

§ 24. (1) Im Anwendungsbereich der BeweisaufnahmeVO sind Rechtshilfeersuchen mit den darin vorgesehenen Formularen unmittelbar an die vom ersuchten Staat bekannt gegebenen Rechtshilfegerichte, sonst an die Zentrale Behörde zu richten. Die Formulare sind in einer jener Sprachen zu erstellen, die vom ersuchten Staat zugelassen wurden.

(2) Die zuständigen Rechtshilfegerichte und ihr örtlicher Wirkungsbereich, die für die Erstellung der Formulare zulässigen Sprachen und die zulässigen Übermittlungswege (Post, Telefax, e-Mail) können dem Europäischen Gerichtsatlas (derzeitiger Link: https://e-justice.europa.eu/content_taking_evidence-374-de.do) entnommen werden.

(3) Außerhalb des Anwendungsbereichs der BeweisaufnahmeVO sind § 25 und § 26 anzuwenden.

Abfassung von Rechtshilfeersuchen im engeren Sinn

§ 25. (1) Ersuchen um Beweisaufnahme haben eine zusammenfassende Darstellung des Sachverhalts, dessen Kenntnis zur Erledigung des Ersuchens notwendig ist, zu enthalten und die streitigen Tatsachen, über die der Beweis aufgenommen werden soll, genau zu bezeichnen. Dies gilt sinngemäß auch für sonstige Ersuchen (zum Beispiel um Belehrung oder Benachrichtigung von Parteien).

(2) Bei Ersuchen um Vernehmung ist im Verkehr mit bestimmten Staaten (siehe elektronische Länderübersicht) eine Fragenliste anzuschließen.

(3) Sind Beweisaufnahmen von verschiedenen Behörden durchzuführen, so ist an jede dieser Behörden ein eigenes Ersuchen zu richten.

(4) Im Ersuchen ist anzuführen, ob sich die Parteien an der Beweisaufnahme beteiligen wollen und daher von der anberaumten Beweistagsatzung verständigt werden sollen oder ob die Parteien auf eine Verständigung verzichtet haben. Die Parteien sind darauf aufmerksam zu machen, dass eine Verständigung von der Beweisaufnahme voraussichtlich eine erhebliche Verzögerung der Erledigung des Ersuchens bewirken wird.

(5) Bei Ersuchen um Vernehmung von Zeugen oder Sachverständigen ist anzugeben, ob sie unter Eid vernommen werden sollen oder ob auf die Beeidigung verzichtet wird.

(6) Bei Ersuchen um Vernehmung von Zeugen oder Parteien sind der ersuchten Behörde die §§ 320 bis 323 bzw. 371, 376 und 377 ZPO mitzuteilen.

(7) Besondere Erfordernisse bei der Abfassung von Ersuchen an Behörden bestimmter Staaten sind wie in der elektronischen Länderübersicht angeführt zu beachten.

Übersetzung und Vorlage von Rechtshilfeersuchen im engeren Sinn

§ 26. (1) Rechtshilfeersuchen sind Übersetzungen in die Sprache des ersuchten Staates anzuschließen, wenn nicht eine zwischenstaatliche Vereinbarung Anderes vorsieht oder der ersuchte Staat auf Grund bestehender Gegenseitigkeit auf Übersetzungen in seine Sprache überhaupt verzichtet oder sich mit Übersetzungen in eine andere Sprache begnügt (siehe elektronische Länderübersicht). Dasselbe gilt auch für Beilagen der Ersuchen (für zuzustellende Geschäftsstücke siehe jedoch § 23 Abs. 7).

(2) Original und Übersetzung sind haltbar miteinander zu verbinden. Die Richtigkeit der Übersetzung muss von einem allgemein beeideten gerichtlichen Dolmetscher bestätigt sein.

(3) Soweit nicht eine zwischenstaatliche Vereinbarung anderes vorsieht (siehe elektronische Länderübersicht), sind die Ersuchen dem Bundesministerium für Justiz zur Weiterleitung vorzulegen.

Betreibungen

§ 27. (1) Im Anwendungsbereich der Zustell-VO oder der BeweisaufnahmeVO sind Zustellersuchen bzw. Ersuchen um Beweisaufnahme zunächst unmittelbar bei der ersuchten Stelle zu betreiben, wenn die Empfangsbestätigung (Art 6 Abs. 2 ZustellVO bzw. Art. 7 Abs. 1 BeweisaufnahmeVO) nicht innerhalb eines Monats und Erledigungsakten nicht innerhalb von 2 bzw. 4 Monaten einlangen. Langen auch dann binnen angemessener Frist die Erledigungsakten nicht ein, so ist die im jeweiligen Oberlandesgerichtssprengel gelegene Kontaktstelle des Europäischen

Justiziellen Netzes für Zivil- und Handelssachen zu befassen (s. Entscheidung des Rates vom 28. Mai 2001 über die Einrichtung eines Europäischen Justiziellen Netzes für Zivil- und Handelssachen, ABl L 2001/174, 25); die zuständige Kontaktstelle ist im Justiz-Intranet unter Rechtspflege/Internationales/Europäische Einrichtungen/EJNZ ersichtlich.

(2) Langen zu einem Ersuchen, mit dem eine ausländische Behörde durch Vermittlung des Bundesministeriums für Justiz befasst worden ist, die Erledigungsakten nicht binnen vier Monaten, im außereuropäischen Verkehr nicht binnen sechs Monaten ein, so ist das Bundesministerium für Justiz um Betreibung zu ersuchen.

(3) Ist der ausländischen Behörde das Ersuchen außerhalb des Anwendungsbereichs des Unionsrechts im unmittelbaren Verkehr übersandt worden und langen die Erledigungsakten nicht binnen der in Abs. 1 bezeichneten Frist ein, so ist die Erledigung zunächst unmittelbar bei der ausländischen Behörde zu betreiben. Langen auch dann binnen angemessener Frist die Erledigungsakten nicht ein, so ist dem Bundesministerium für Justiz zu berichten.

Widerruf von Rechtshilfeersuchen

§ 28. (1) Gegenstandslos gewordene Rechtshilfeersuchen sind unverzüglich zu widerrufen.

(2) Für die Weiterleitung des Widerrufs gelten § 23 Abs. 3 und § 26 Abs. 3. Bei besonderer Dringlichkeit (vor allem zur Vermeidung von Kostenfolgen) kann der Widerruf mit elektronischer Kommunikation mitgeteilt werden; ist er durch das Bundesministerium für Justiz weiterzuleiten, so kann dieses auch auf solche Art verständigt werden.

Ersatz von Kosten

§ 29. (1) Auf Begehren einer Behörde des ersuchten Staates sind Kosten, die aus Anlass eines Rechtshilfeersuchens aufgelaufen sind, zu ersetzen.

(2) Wird der Ersatz von Kosten begehrt, nach der anzuwendenden zwischenstaatlichen Vereinbarung bzw. Unionsrecht nicht zu ersetzen sind, so ist dem Bundesministerium für Justiz zu berichten.

(3) Sind die Erledigungsakten nicht über eine österreichische Vertretungsbehörde im Ausland übermittelt worden, so ist die Überweisung des Eurogegenwertes – soweit zulässig – auf das bekannt gegebene Konto, sonst unmittelbar durch die Post vorzunehmen. Sind diese Voraussetzungen nicht gegeben, so ist der Eurogegenwert dem Bundesministerium für europäische und internationale Angelegenheiten unter genauer Angabe des Verwendungszweckes auf das BAWAG-PSK

Konto IBAN AT770100000005010002, BIC BUNDATWW zu überweisen.

(4) Die elektronische Länderübersicht enthält Hinweise auf zwischenstaatliche Vereinbarungen, nach denen zwar der Ersatz von Kosten nicht begehrt werden kann, jedoch von der ersuchten Behörde aufgelaufene Kosten zur allfälligen Einziehung bekannt gegeben werden.

Unmittelbare Beweisaufnahme im Ausland

§ 30. (1) Ersuchen um Genehmigung einer unmittelbaren Beweisaufnahme in einem anderen Mitgliedstaat der Europäischen Union (mit Ausnahme von Dänemark) sind unmittelbar an die vom betreffenden Staat nach Art. 3 Abs. 3 BeweisaufnahmeVO bekannt gegebene Stelle zu richten.

(2) Soll die Beweisaufnahme in einem Staat, der nicht der Europäischen Union angehört, oder in Dänemark erfolgen, so ist eine Stellungnahme des Bundesministeriums für Justiz einzuholen.

(3) Ein Antrag auf Genehmigung der zur Durchführung nötigen Auslandsdienstreise ist dem Bundesministerium für Justiz erst dann vorzulegen, wenn die beabsichtigte Beweisaufnahme rechtskräftig angeordnet und vom ersuchten Staat genehmigt worden ist.

IV. TEIL

Rechtshilfe und Zustellung im Ausland ohne Befassung ausländischer Behörden

Ersuchen an österreichische Vertretungsbehörden im Ausland

§ 31. (1) Österreichische Vertretungsbehörden im Ausland können ersucht werden, gerichtliche Geschäftsstücke zuzustellen und Personen als Auskunftspersonen unbeeidet zu vernehmen, wenn zu erwarten ist, dass der Zustellungsempfänger zur Annahme der Geschäftsstücke oder die Auskunftsperson zur Aussage bereit sein wird, und wenn die Zustellung oder die Vernehmung durch die Vertretungsbehörden nicht durch eine zwischenstaatliche Vereinbarung oder Unionsrecht ausgeschlossen ist oder vom ausländischen Staat als Eingriff in seine Hoheitsrechte angesehen wird (siehe elektronische Länderübersicht).

(2) Soweit dem Bundesministerium für Justiz bekannt ist, stellen Niederschriften österreichischer Vertretungsbehörden im Ausland über Vernehmungen in keinem ausländischen Staat eine den Gesetzen des betreffenden Staates entsprechende öffentliche Urkunde über eine Beweisaufnahme in seinem Gebiet dar (§ 283 Abs. 2 ZPO).

(3) Für die Weiterleitung der Ersuchen an österreichische Vertretungsbehörden im Ausland gelten § 12 Abs. 1 und § 23 Abs. 8 bis 10. Auf Ersuchen an österreichische Vertretungsbehörden im Ausland sind auch § 25 Abs. 1, 3 und 4, § § 27 und 28 anzuwenden.

Konsulargebühren

§ 32. (1) Die Erledigung von Rechtshilfe- und Zustellungsersuchen durch österreichische Vertretungsbehörden im Ausland unterliegt der Gebührenpflicht nach den Bestimmungen des Konsulargebührengesetzes 1992, BGBl. I 100/1992 (KGG 1992), in der geltenden Fassung. Gleiches gilt für die Weiterleitung von Rechtshilfeersuchen (Zustellungsersuchen und Rechtshilfeersuchen im engeren Sinn) durch die Vertretungsbehörden an ausländische Behörden; bei der Erledigung von Rechtshilfeersuchen können dagegen Konsulargebühren nicht auflaufen, wenn die Rechtshilfeersuchen auf Grund von zwischenstaatlichen Vereinbarungen oder Unionsrecht im unmittelbaren Verkehr von Gericht zu Gericht oder im Verkehr zwischen den beiderseitigen Justizministerien übersendet werden (siehe elektronische Länderübersicht).

(2) Bei der Vorlage solcher Ersuchen sind dem Bundesministerium für Justiz der Name und die Anschrift der als gebührenpflichtig in Betracht kommenden Person und ihres Vertreters sowie die Höhe der allfälligen Sicherstellung bekanntzugeben (§ 6 Abs. 2 KGG 1992; Tarifpost 1, 10 oder 14 des Konsulargebührentarifs). Gegebenenfalls ist auf die der als gebührenpflichtig in Betracht kommenden Person bewilligte Verfahrenshilfe (§ 2 Abs. 2 KGG 1992) oder auf Voraussetzungen für eine Ermäßigung oder eine Befreiung aus Billigkeitsgründen (§ 9 KGG 1992) unter Anführung der hiefür maßgebenden Tatsachen hinzuweisen.

Zustellung unmittelbar durch die Post

§ 33. (1) Hinsichtlich der Staaten, im Verhältnis zu denen die Zustellung durch die Post in einer zwischenstaatlichen Vereinbarung oder im Unionsrecht vorgesehen oder in einer Verordnung des Bundesministers für Justiz gemäß § 121 Abs. 1 ZPO für zulässig erklärt worden ist, wird auf die elektronische Länderübersicht hingewiesen. Solche Zustellungen sind grundsätzlich nur dann wirksam, wenn das Zustellstück dem Empfänger tatsächlich zugekommen ist und – außer bei entsprechenden Sprachkenntnissen des Empfängers – eine Übersetzung angeschlossen war.

(2) § 5 Abs. 2 und § 23 Abs. 10 gelten auch für Zustellungen unmittelbar durch die Post.

V. TEIL

Völkerrechtliche Privilegien und Immunitäten

Feststellung der Immunität von Personen

§ 34. (1) Ist zweifelhaft, ob eine Person auf Grund des Völkerrechts diplomatische Privilegien und Immunitäten genießt, so ist das Bundesministerium für Justiz um Auskunft zu ersuchen.

(2) Gleiches gilt, wenn zweifelhaft ist, ob eine Person dem Kreis der Angestellten zwischenstaatlicher Organisationen, der Vertreter der Mitgliedstaaten bei solchen Organisationen oder der Sachverständigen angehört, dem durch besondere Vorschriften Privilegien und Immunitäten eingeräumt worden sind.

Verzicht auf die Immunität von der inländischen Gerichtsbarkeit in Bezug auf Personen und zwischenstaatliche Organisationen

§ 35. (1) Die Erklärung, durch die auf die Immunität einer Person von der inländischen Gerichtsbarkeit verzichtet wird, ist durch Vermittlung des Bundesministeriums für Justiz einzuholen. Klagen und andere Geschäftsstücke, die dieser Person für den Fall des Verzichts auf ihre Immunität von der inländischen Gerichtsbarkeit zuzustellen sind, sind gleichzeitig samt einem vorbereiteten Zustellschein (GeoForm. 32 oder 33) vorzulegen.

(2) Gleiches gilt, wenn die Erklärung einer zwischenstaatlichen Organisation darüber einzuholen ist, ob sie auf die Immunität von der inländischen Gerichtsbarkeit verzichtet.

Zustellungen, Ausführung gerichtlicher Verfügungen

§ 36. (1) Geschäftsstücke, für deren Zustellung gemäß § 11 Abs. 2 des Zustellgesetzes die Vermittlung des Bundesministeriums für europäische und internationale Angelegenheiten in Anspruch zu nehmen ist, sind dem Bundesministerium für Justiz zur Weiterleitung vorzulegen.

(2) Ist für eine die Immunität genießende Person ein Prozess- oder Zustellungsbevollmächtigter bestellt, so ist diesem unmittelbar zuzustellen.

(3) Die Vermittlung des Bundesministeriums für europäische und internationale Angelegenheiten zur Ausführung gerichtlicher Verfügungen, die Immunität genießende Personen betreffen, und zur Vornahme von gerichtlichen Amtshandlungen in deren Wohnungen (§ 32 Abs. 3 und 4 JN) ist im Weg des Bundesministeriums für Justiz in Anspruch zu nehmen.

Vernehmung Immunität genießender Personen

§ 37. (1) Soll eine Immunität genießende Person als Zeuge vernommen werden, so ist unter genauer Bezeichnung der Sache und des Gegenstandes der Vernehmung sowie unter Angabe des für die Vernehmung festgesetzten Zeitpunktes dem Bundesministerium für Justiz zu berichten. Der Tag der Vernehmung ist, abgesehen von Fällen äußerster Dringlichkeit, so festzusetzen, dass zwischen dem Tag der Vorlage des Berichtes an das Bundesministerium für Justiz und dem Tag der Vernehmung ein Zeitraum von mindestens einem Monat liegt.

(2) Das Bundesministerium für Justiz ist zu ersuchen, eine Äußerung der Immunität genießenden Person darüber einzuholen, ob sie bereit ist,

a) sich zu dem festgesetzten Zeitpunkt bei Gericht einzufinden oder

b) außerhalb des Gerichtsgebäudes auszusagen – bejahendenfalls, wo und wann, sowie ob sie damit einverstanden ist, dass sich die Parteien an der Beweisaufnahme beteiligen – oder

c) sich über den Gegenstand der Befragung schriftlich zu äußern.

(3) Wird eine Tagsatzung oder Verhandlung, zu der eine Immunität genießende Person als Zeuge geladen ist, widerrufen oder auf einen anderen Zeitpunkt verlegt, so ist dies dem Bundesministerium für Justiz unverzüglich, allenfalls auch telefonisch oder mit elektronischer Kommunikation, zu berichten.

(4) Ist die Immunität genießende Person bereit, sich über den Gegenstand der Befragung schriftlich zu äußern, so hat das Gericht dem Bundesministerium für Justiz eine Sachverhaltsdarstellung und eine Fragenliste zur Weiterleitung vorzulegen.

Stellung konsularischer Vertreter

§ 38. (1) Konsularische Vertreter sind in gerichtlichen Verfahren nur nach Maßgabe des Wiener Übereinkommens vom 24. April 1963, BGBl. 318/1969, über konsularische Beziehungen sowie sonstiger zwischenstaatlicher Vereinbarungen (siehe elektronische Länderübersicht) bevorrechtet.

(2) Ist zweifelhaft, ob eine Person die Stellung eines konsularischen Vertreters hat, so ist das Bundesministerium für Justiz um Auskunft zu ersuchen.

VI. TEIL

Prozesskostensicherheitsleistung, Gegenseitigkeitsfragen, ausländisches Recht, Beglaubigung

Befreiung von der Sicherheitsleistung für Prozesskosten

§ 39. (1) In der elektronischen Länderübersicht sind die Staaten angeführt, im Verhältnis zu denen zwischenstaatliche Vereinbarungen oder Unionsrecht die Befreiung der Angehörigen dieser Staaten von der Sicherheitsleistung für Prozesskosten (§ 57 Abs. 1 ZPO) vorsehen oder in denen österreichische gerichtliche Entscheidungen, die dem Kläger den Ersatz von Prozesskosten an den Beklagten auferlegen, vollstreckt werden können (§ 57 Abs. 2 Z 1a ZPO). Angehörigen eines Mitgliedstaats der Europäischen Union darf keine Prozesskostensicherheit auferlegt werden.

(2) Außer nach den dort angeführten zwischenstaatlichen Vereinbarungen kommt eine Befreiung noch auf Grund der Konvention vom 28. Juli 1951, BGBl. 55/1955, über die Rechtsstellung der Flüchtlinge, Art. 16 Abs. 2 und 3, in Verbindung mit dem Protokoll vom 31. Jänner 1967, BGBl. 78/1974, über die Rechtsstellung der Flüchtlinge in Betracht.

In Österreich befindliche Verlassenschaften ausländischer Staatsangehöriger

§ 40. Die zwischenstaatlichen Vereinbarungen, die hinsichtlich der in Österreich befindlichen Verlassenschaften ausländischer Staatsangehöriger eine bestimmte Vorgangsweise vorsehen, sind in der elektronischen Länderübersicht angeführt.

Zwangsvollstreckung

§ 41. Für welche ausländischen Exekutionstitel die Gegenseitigkeit hinsichtlich der Vollstreckbarerklärung in der im § 406 EO vorgesehenen Weise verbürgt ist, ergibt sich aus der Länderübersicht.

Anfragen über ausländisches Recht

§ 42. (1) Auskünfte über ausländisches Recht (§ 4 Abs. 1 IPR-Gesetz) werden vom Bundesministerium für Justiz nur auf Anfragen von Gerichten und Gerichtskommissären, nicht aber auf Anfragen von Privaten, insbesondere Parteien oder Parteienvertretern erteilt.

(2) Die Anfragen haben die Rechtsnorm, die ermittelt, oder die Rechtsfrage, die gelöst werden soll, in zweifelsfreier Weise zu bezeichnen. Dabei ist der Sachverhalt, beschränkt auf das zur Verdeutlichung der Anfrage Wesentliche, unter Bedachtnahme auf den Datenschutz, darzustellen.

Die bloße Bekanntgabe des Sachverhaltes mit dem Ersuchen, die dafür maßgebenden Bestimmungen des ausländischen Rechtes mitzuteilen, genügt nicht.

(3) Informationen über Bestimmungen des österreichischen internationalen Privat- und Verfahrensrechts, in Österreich kundgemachter zwischenstaatlicher Vereinbarungen und des Unionsrechts, die allesamt Bestandteil der österreichischen Rechtsordnung sind, fallen nicht unter die Auskunftspflicht des § 4 Abs. 1 IPR-Gesetz.

(4) In der elektronischen Länderübersicht sind angeführt

a) die Staaten, aus denen Gerichte Auskünfte über ausländisches Recht nach Maßgabe des Europäischen Übereinkommens vom 7. Juni 1968, BGBl. 417/1971, einholen können;

b) die Staaten, aus denen auch Behörden oder Personen, die im Rahmen der Verfahrenshilfe tätig sind, Auskünfte über ausländisches Recht nach Maßgabe des Zusatzprotokolls (Kap. II) vom 15. März 1978, BGBl. 179/1980, einholen können.

Beglaubigung

§ 43. In der elektronischen Länderübersicht ist angeführt, welche Ersuchen, Erledigungen und anderen der Rechtshilfe dienenden Schriftstücke gemäß zwischenstaatlichen Vereinbarungen oder Unionsrecht von den Erfordernissen einer Beglaubigung oder sonstigen Förmlichkeit befreit sind.

VII. TEIL

Besondere Verfahren, Schlussbestimmungen

Übersetzung von Anträgen nach dem Auslandsunterhaltsgesetz

§ 44. (1) In der elektronischen Länderübersicht sind die Staaten angeführt, die für die Anträge und die Beilagen nach dem Übereinkommen vom 20. Juni 1956, BGBl. 316/1969, über die Geltendmachung von Unterhaltsansprüchen im Ausland (New Yorker Unterhaltsübereinkommen) die Beigabe von Übersetzungen verlangen (§ 19 Abs. 2 AUG 2014).

(2) Weiters sind in der elektronischen Länderübersicht die Staaten, Teilstaaten oder Provinzen von Bundesstaaten angeführt, die für die Anträge und die Beilagen nach Gegenseitigkeitsverordnungen (§ 19 Abs. 4 AUG 2014) die Beigabe von Übersetzungen verlangen.

Rechtshilfe in Angelegenheiten der Sozialversicherung

§ 45. (1) Die Bestimmungen dieses Erlasses finden auch auf die Rechtshilfe in Angelegenheiten der Sozialversicherung Anwendung, soweit diese von den Gerichten zu vollziehen sind.

(2) Die zwischenstaatlichen Vereinbarungen über die gerichtliche Rechtshilfe in Angelegenheiten der Sozialversicherung sind in der elektronischen Länderübersicht angeführt.

Schlussbestimmungen

§ **46.** (1) Dieser Erlass tritt mit dem seiner Kundmachung folgenden Tag in Kraft.

(2) Mit dem Inkrafttreten dieses Erlasses tritt der Erlass vom 7. Mai 2004 über die internationale Rechtshilfe und andere Rechtsbeziehungen mit dem Ausland in Zivilsachen, JMZ BMJ-C304/0001/I11/04, außer Kraft.

Länderübersicht

Die Länderübersicht enthält nach Ländern gegliedert Mitteilungen und Hinweise zu verschiedenen Bestimmungen des Erlasses.

Die Länderübersicht wird elektronisch geführt und auf dem jeweils neuesten Stand gehalten.

Die elektronische Länderübersicht wurde mit der möglichsten Sorgfalt erstellt und aktualisiert. Sie dient als übersichtlicher Behelf, nicht als verbindliche Anweisung oder absolut sichere Auskunft. Die Antwort auf die Frage nach den konkret anwendbaren Rechtsquellen bleibt der unabhängigen Rechtsprechung im Einzelfall vorbehalten. Im Übrigen wird auf den Haftungsausschluss im Impressum dieser Webseite hingewiesen.

Die elektronische Länderübersicht ist nicht im RIS veröffentlicht, sie ist im Intranet der Justiz abrufbar.

1. Euro-JuBeG

A. 1. Euro-Justiz-Begleitgesetz (1. Euro-JuBeG)
(Auszug)

BGBl I 1998/125 idF

1 BGBl I 2012/30 (GB-Nov 2012)

Artikel I
Bundesgesetz, mit dem im Zivilrecht begleitende Maßnahmen für die Einführung des Euro getroffen werden

Erster Abschnitt
Allgemeine zivil- und zivilprozeßrechtliche Begleitmaßnahmen

Entfall vereinbarter Wertmesser

§ 2. (1) Fällt ein von den Vertragsparteien einer Vereinbarung zugrunde gelegter Wertmesser nach Einführung des Euro weg, so ist der dem weggefallenen Wertmesser nach dessen Funktion und nach der Absicht der Parteien am ehesten entsprechende Wertmesser heranzuziehen.

(2) In Vereinbarungen, denen die Vertragsparteien den Diskontsatz in dieser oder in einer anderen Bezeichnung zugrunde gelegt haben, tritt an dessen Stelle der Basiszinssatz (§ 1 Abs. 1). In Vereinbarungen, denen die Vertragsparteien den Lombardsatz in dieser oder in einer anderen Bezeichnung zugrunde gelegt haben, tritt an dessen Stelle der Referenzzinssatz (§ 1 Abs. 2).

(3) An die Stelle der in Wien festgestellten Zwischenbankzinssätze (Vienna Interbank Offered Rate – VIBOR), die von Vertragsparteien ihren Vereinbarungen zugrunde gelegt worden sind, treten die entsprechenden für das Gebiet der Währungsunion festgestellten Zwischenbankzinssätze (Euro Interbank Offered Rate – EURIBOR). Gleiches gilt für andere Zwischenbankzinssätze, die in anderen Mitgliedstaaten der Europäischen Union, die die einheitliche Währung angenommen haben, nach Einführung des EURIBOR wegfallen.

(4) Die Abs. 1 bis 3 sind nicht anzuwenden, wenn die Vertragsparteien für den Entfall der dort genannten Wertmesser anderes vereinbart haben oder vereinbaren.

Angabe von Euro und Schilling in Verträgen

§ 3. (1) In Verträgen zwischen Unternehmern und Verbrauchern (§ 1 KSchG), die zwischen dem 1. Jänner 1999 und dem 31. Dezember 2001 geschlossen werden und deren Vertragsdauer über diesen Zeitpunkt hinausreicht, sind die vom Verbraucher zu zahlenden Beträge, ein allfälliges Entgelt für räumliche, mengenmäßige oder zeitliche Leistungseinheiten und ein allfälliges Grundentgelt in Euro und in Schilling anzugeben. Von einer solchen Angabe kann abgesehen werden, wenn die Vertragsparteien vereinbaren, daß der Unternehmer dem Verbraucher spätestens zum 31. Dezember 2001 unentgeltlich eine schriftliche Mitteilung zusendet, in der die im ersten Satz genannten Beträge in der dann jeweils maßgeblichen Höhe in Euro und in Schilling angegeben werden.

(2) In Verträgen zwischen Unternehmern und Verbrauchern, die vor dem 1. Jänner 1999 geschlossen werden und deren Vertragsdauer über den 31. Dezember 2001 hinausreicht, hat der Unternehmer dem Verbraucher spätestens zum 31. Dezember 2001 unentgeltlich eine schriftliche Mitteilung mit den in Abs. 1 genannten Angaben zuzusenden.

(3) In Rechnungen, die Verbrauchern aus Verträgen nach den Abs. 1 oder 2 zwischen dem 1. Oktober 2001 und demjenigen Zeitpunkt, in dem der Schilling die Eigenschaft als gesetzliches Zahlungsmittel verliert, gelegt werden, hat der Unternehmer die in Abs. 1 erster Satz genannten Beträge in Euro und in Schilling anzugeben. Hat der Unternehmer dem Verbraucher vor der Rechnungslegung eine Mitteilung nach den Abs. 1 oder 2 zukommen lassen, so genügt es, wenn in der Rechnung nur die vom Verbraucher zu zahlenden Beträge in Euro und in Schilling angegeben werden.

(4) Die Parteien können die Mitteilungspflichten nach den Abs. 1 bis 3 im einzelnen abbedingen.

(5) Die Rechtswirksamkeit eines Vertrags oder einer Rechtshandlung wird von den Mitteilungspflichten nach den Abs. 1 bis 3 nicht berührt.

(6) Die Abs. 1 bis 5 gelten nicht für Verträge über Wertpapiergeschäfte von Kreditinstituten.

Euro-Klagen und -Anträge

§ 4. (1) Zwischen dem 1. Jänner 1999 und dem 31. Dezember 2001 ist im Fall einer auf Euro lautenden Klage vor deren weiterer Bearbeitung von Amts wegen der Klagsbetrag in Schilling umzurechnen.

(2) Für Verfahren über Euro-Klagen ist bis 31. Dezember 2001 der in Schilling umgerechnete Streitwert maßgebend; die Kosten und Gebühren des Verfahrens sind bis dahin in Schilling zu verzeichnen und zuzusprechen.

(3) Begehrt ein Kläger in einer zwischen dem 1. Jänner 1999 und dem 31. Dezember 2001 eingebrachten Klage ausdrücklich Leistung durch Verrechnung in Euro, so hat er die Nummer des Kontos, auf das die Gutschrift erfolgen soll, und das kontoführende Kreditinstitut anzugeben. Das Gericht hat die Verpflichtung zur Leistung in Euro in den Spruch seiner Entscheidung aufzunehmen.

(4) Die Abs. 1 bis 3 gelten sinngemäß für Ansprüche, die nicht durch Klage, sondern auf andere Weise gerichtlich geltend gemacht werden.

(5) In automationsunterstützt hergestellten schriftlichen Ausfertigungen gerichtlicher Erledigungen sind ab 1. Jänner 1999 Endbeträge, die auf Schilling lauten, auch in Euro anzugeben.

Eintragungen in das Grundbuch

§ 5. (1) Bei Eintragungen in das Grundbuch, die auf Euro oder eine andere Währungseinheit als Schilling lauten, ist die Währungsbezeichnung im Antrag und im Grundbuch anzuführen. Bei Eintragungen, die auf Schilling lauten, entfällt eine Währungsbezeichnung.

(2) Eintragungen im Grundbuch, die keine Währungsbezeichnung enthalten, gelten als Eintragungen auf Schilling.

(3) Eintragungen auf Währungen von Staaten, die nicht der Europäischen Union oder dem Europäischen Wirtschaftsraum angehören, sind nicht zulässig.

(4) Eintragungen auf Schilling oder andere Währungseinheiten, die in den Euro aufgegangen sind, sind auch dann nicht zulässig, wenn eine solche Eintragung geändert werden soll. In diesem Fall sind im Antrag der zu ändernde Betrag in Euro umzurechnen, der Änderungsbetrag in Euro anzugeben und die Eintragung auf den sich so ergebenden Eurobetrag zu beantragen. *(BGBl I 2012/30)*

Das 2. Euro-Justiz-Begleitgesetz (BGBl I 2001/98) wurde bei den entsprechenden geänderten Stellen eingearbeitet.

B. Umrechnungskurse

Die Umrechnungskurse zum Euro ergeben sich aus der Verordnung (EG) Nr. 2866/98 des Rates vom 31. Dezember 1998 über die Umrechnungskurse zwischen dem Euro und den Währungen der Mitgliedstaaten, die den Euro einführen.

Fundstelle Amtsblatt Nr. L 359 vom 31. 12. 1998, S. 1 - 2.

Sie lautet (ohne Gründe):

Artikel 1

Die unwiderruflich festgelegten Umrechnungskurse zwischen dem Euro und den Währungen der Mitgliedstaaten, die den Euro einführen, sind

1 Euro	= 40,3399	Belgische Franken
	= 1,95583	Deutsche Mark
	= 166,386	Spanische Peseten
	= 6,55957	Französische Franken
	= 0,787564	Irische Pfund
	= 1936,27	Italienische Lire
	= 40,3399	Luxemburgische Franken
	= 2,20371	Niederländische Gulden
	= 13,7603	Österreichische Schilling
	= 200,482	Portugiesische Escudos
	= 5,94573	Finnmark.

Artikel 2

Diese Verordnung tritt am 1. Januar 1999 in Kraft.

Diese Verordnung ist in allen ihren Teilen verbindlich und gilt unmittelbar in jedem Mitgliedstaat.

Eurogesetz

C. Eurogesetz

BGBl I 2000/72

§ 1. Ab dem 1. Jänner 2002 sind in der Republik Österreich – nach Maßgabe der Verordnung (EG) Nr. 974/98 über die Einführung des Euro, ABl. Nr. L 139 vom 11. Mai 1998, – gesetzliche Zahlungsmittel:

1. auf Euro lautende Banknoten, die von der Oesterreichischen Nationalbank, der Europäischen Zentralbank (EZB) oder anderen nationalen Zentralbanken der an der dritten Stufe der Wirtschafts- und Währungsunion (WWU) ohne Ausnahmeregelung teilnehmenden Mitgliedstaaten ausgegeben wurden,

2. auf Euro oder Cent lautende Münzen, die gemäß den Bestimmungen des Artikels 106 Abs. 2 EG-Vertrag und Artikel 11 der Verordnung (EG) Nr. 974/98 über die Einführung des Euro, ABl. Nr. L 139 vom 11. Mai 1998, von der Münze Österreich Aktiengesellschaft oder anderen an der dritten Stufe der WWU ohne Ausnahmeregelung teilnehmenden Mitgliedstaaten ausgegeben wurden,

3. auf Euro oder Cent lautende Sammlermünzen, die von der Münze Österreich Aktiengesellschaft gemäß § 12 des Scheidemünzengesetzes, BGBl. Nr. 597/1988, in der Fassung BGBl. I Nr. 72/2000 ausgegeben wurden, sowie

4. vorbehaltlich der Bestimmung des § 2 die auf Schilling lautenden Banknoten und die auf Schilling oder Groschen lautenden Scheidemünzen.

§ 2. Mit Ablauf des 28. Februar 2002 verlieren die auf Schilling lautenden Banknoten und die auf Schilling oder Groschen lautenden Scheidemünzen ihre Eigenschaft als gesetzliche Zahlungsmittel.

§ 3. (1) Mit Wirkung 1. Jänner 2002 ist der Staatshaushalt sowie jeder andere öffentliche Haushalt in Euro zu führen.

(2) Ab dem 1. Jänner 2002 sind Geldbeträge, in

1. gerichtlich oder notariell aufgenommenen oder sonst erstellten öffentlichen Urkunden zivilrechtlichen Inhalts,

2. gerichtlichen Urteilen und Beschlüssen, auch wenn das Klagebegehren oder Gesuch vor dem 1. Jänner 2002 eingebracht worden ist,

3. Verordnungen und Bescheiden sowie

4. öffentlichen Kundmachungen und Beschlüssen von Verwaltungsbehörden, Gerichten und öffentlichen Körperschaften

in Euro auszudrücken.

(3) Die Bestimmungen der Abs. 1 und 2 finden keine Anwendung auf Geldbeträge und Verbindlichkeiten, die kraft gesetzlicher Vorschriften in einer anderen Währung als Euro oder in einer bestimmten Münzsorte zu leisten sind.

§ 4. Bücher und Aufzeichnungen, die nach handelsrechtlichen, abgabenrechtlichen oder sonstigen Rechtsvorschriften zu führen sind, sind für Zeiträume ab dem 1. Jänner 2002 in Euro zu führen.

§ 5. (1) Mit Inkrafttreten dieses Bundesgesetzes treten außer Kraft:

1. Das Gesetz vom 30. November 1945 über Maßnahmen auf dem Gebiet der Währung (Schillinggesetz), StGBl. Nr. 231/1945;

2. das Bundesgesetz vom 19. November 1947 über die Verringerung des Geldumlaufs und der Geldeinlagen bei Kreditunternehmungen (Währungsschutzgesetz), BGBl. Nr. 250/1947;

3. das Bundesgesetz vom 19. März 1952, womit Bestimmungen des Schillinggesetzes vom 30. November 1945, StGBl. Nr. 231, und des Währungsschutzgesetzes vom 19. November 1947, BGBl. Nr. 250, erläutert werden, BGBl. Nr. 59/1952;

4. das Bundesgesetz vom 25. Juni 1952, womit § 17 des Währungsschutzgesetzes vom 19. November 1947, BGBl. Nr. 250, erläutert wird, BGBl. Nr. 138/1952.

(2) Unbeschadet des Abs. 1 Z 1 bleibt die Unterteilung des Schilling in 100 Groschen bestehen.

§ 6. Dieses Bundesgesetz tritt am 1. Jänner 2002 in Kraft.

§ 7. Mit der Vollziehung dieses Bundesgesetzes ist der Bundesminister für Finanzen, hinsichtlich des § 3 Abs. 2 Z 1, 2 und 4 im Einvernehmen mit dem Bundesminister für Justiz, betraut.

Mediation

a.   Bundesgesetz über Mediation in Zivilrechtssachen (Zivilrechts-Mediations-Gesetz – ZivMediatG)

b.   Bundesgesetz über bestimmte Aspekte der grenzüberschreitenden Mediation in Zivil- und Handelssachen in der Europäischen Union (EU-Mediations-Gesetz - EU-MediatG)

Zivilrechts-Mediations-Gesetz

BGBl I 2003/29 idF

1 BGBl I 2020/30 (8. COVID-19-Gesetz)

I. Abschnitt

Allgemeine Bestimmungen

Begriff

§ 1. (1) Mediation ist eine auf Freiwilligkeit der Parteien beruhende Tätigkeit, bei der ein fachlich ausgebildeter, neutraler Vermittler (Mediator) mit anerkannten Methoden die Kommunikation zwischen den Parteien systematisch mit dem Ziel fördert, eine von den Parteien selbst verantwortete Lösung ihres Konfliktes zu ermöglichen.

(2) Mediation in Zivilrechtssachen ist Mediation zur Lösung von Konflikten, für deren Entscheidung an sich die ordentlichen Zivilgerichte zuständig sind.

Regelungsgegenstand

§ 2. (1) Dieses Bundesgesetz regelt die Einrichtung eines Beirats für Mediation, die Voraussetzungen und das Verfahren für die Eintragung von Personen in die Liste der eingetragenen Mediatoren, die Führung dieser Liste, die Voraussetzungen und das Verfahren für die Eintragung von Ausbildungseinrichtungen und Lehrgängen für Mediation in Zivilrechtssachen, die Führung dieser Liste, die Rechte und Pflichten der eingetragenen Mediatoren sowie die Hemmung von Fristen durch die Mediation in Zivilrechtssachen.

(2) Durch dieses Bundesgesetz wird in gesetzlich geregelte Rechte und Pflichten von Angehörigen freier Berufe, auch bei Ausübung im Rahmen eines Dienstverhältnisses, sowie in die gesetzlichen Aufgaben der Mitarbeiter der Jugendwohlfahrt nicht eingegriffen. Gleiches gilt für die Voraussetzungen der Berufsausübung und die Tätigkeit der Bewährungshilfe in Strafsachen sowie für die Mitwirkung von Konfliktreglern am außergerichtlichen Tatausgleich nach § 90g Abs. 3 StPO und § 29a BewHG.

Bezeichnungen

§ 3. (1) Soweit in diesem Bundesgesetz
1. von Mediation die Rede ist, ist damit die Mediation in Zivilrechtssachen gemeint;
2. vom Mediator die Rede ist, ist damit die eingetragene Mediatorin oder der eingetragene Mediator gemeint;
3. sonstige personenbezogene Bezeichnungen nur in männlicher Form angeführt sind, beziehen sie sich auf Frauen und Männer in gleicher Weise.

(2) Bei der Vollziehung dieses Bundesgesetzes ist bezüglich einer bestimmten Person die jeweils geschlechtsspezifische Anrede oder Bezeichnung zu verwenden.

II. Abschnitt
Beirat für Mediation beim Bundesministerium für Justiz

Einrichtung des Beirats

§ 4. (1) Zur Beratung des Bundesministers für Justiz in Angelegenheiten der Mediation ist ein Beirat für Mediation einzurichten.

(2) Die Mitglieder und Ersatzmitglieder des Beirats hat der Bundesminister für Justiz für die Dauer von fünf Jahren zu ernennen. Eine wiederholte Ernennung ist möglich. Zur Vorbereitung der Ernennung hat der Bundesminister für Justiz Vorschläge einzuholen

1. für zwölf Mitglieder (Ersatzmitglieder) von repräsentativen Vereinigungen auf dem Gebiet der Mediation;

2. für je ein Mitglied (Ersatzmitglied)

a) vom Berufsverband Österreichischer Psychologinnen und Psychologen, vom Österreichischen Bundesverband für Psychotherapie sowie der Vereinigung der österreichischen Richter,

b) von der Bundesministerin für Bildung, Wissenschaft und Kultur, der Bundesministerin für Gesundheit und Frauen, vom Bundesminister für soziale Sicherheit, Generationen und Konsumentenschutz sowie vom Bundesminister für Wirtschaft und Arbeit,

c) von der Bundesarbeitskammer, der Wirtschaftskammer Österreich, der Österreichischen Notariatskammer, dem Österreichischen Rechtsanwaltskammertag, der Kammer der Wirtschaftstreuhänder sowie der Bundeskammer der Architekten und Ingenieurkonsulenten;

3. für zwei Mitglieder (Ersatzmitglieder) aus dem Bereich der wissenschaftlichen Lehre und Forschung auf dem Gebiet der Mediation von der Österreichischen Rektorenkonferenz.

(3) Repräsentativ im Sinne des Abs. 2 Z 1 ist eine Vereinigung, der unter Berücksichtigung des fachlichen Tätigkeitsbereichs eine ins Gewicht fallende Anzahl an in der Mediation tätigen Mitgliedern angehört und die bundesweit oder in einem überwiegenden Teil des Bundesgebiets wirkt.

(4) In die Vorschläge sind möglichst Personen aufzunehmen, die über praktische Erfahrungen oder theoretische Kenntnisse auf dem Gebiet der Mediation verfügen. Bedacht zu nehmen ist auch auf eine Vertretung der Belange jener, die Mediation in Anspruch nehmen oder hiefür besonders in Betracht kommen.

Aufgaben des Beirats

§ 5. Dem Beirat obliegen
1. die Erörterung von Themen und Fragen, die ihm vom Bundesminister für Justiz vorgelegt werden, sowie die Abgabe von Stellungnahmen und die Erstattung von Gutachten,
2. die Mitwirkung bei der Erlassung von Verordnungen gemäß §§ 29 und 30,
3. die Mitwirkung an Verfahren über die Eintragung von Ausbildungseinrichtungen und Lehrgängen (§§ 24, 25 und 28) sowie
4. im Wege seines Ausschusses die Mitwirkung am Verfahren über die Eintragung in die Liste der Mediatoren (§§ 12 bis 14).

Sitzungen des Beirats

§ 6. (1) Der Bundesminister für Justiz führt im Beirat den Vorsitz und beruft diesen zu Sitzungen ein. Dabei kann er sich durch einen Bediensteten des Bundesministeriums für Justiz vertreten lassen.

(2) Die Sitzungen des Beirats sind nicht öffentlich. Er ist beschlussfähig, wenn mindestens die Hälfte der Mitglieder anwesend ist. Dem Vorsitzenden kommt kein Stimmrecht zu.

(3) Beschlüsse fasst der Beirat mit einfacher Mehrheit. Bei Stimmengleichheit ist ein Vorschlag oder Antrag abgelehnt. Die in der Minderheit gebliebenen Mitglieder haben das Recht, ihre Auffassung dem Beschluss des Beirats schriftlich anzuschließen.

(4) Die Tätigkeit der Mitglieder des Beirats ist ehrenamtlich. Sie haben Anspruch auf Ersatz der notwendigen Barauslagen einschließlich der Kosten für die Reise und Unterkunft entsprechend der Gebührenstufe 3 der Reisegebührenvorschrift 1955, BGBl. Nr. 133.

Ausschuss für Mediation

§ 7. (1) Der Beirat hat aus seinen stimmberechtigten Mitgliedern für die Dauer von fünf Jahren einen Ausschuss, bestehend aus fünf Mitgliedern samt Ersatzmitgliedern, zu wählen sowie einen Vorsitzenden und dessen Vertreter zu bezeichnen. Die Funktionsperiode endet mit der Bestellung eines neuen Ausschusses. Sind ein Mitglied oder dessen Ersatzmitglied ausgeschieden, so hat der Beirat für den Rest der Funktionsperiode einen Ersatz zu wählen.

(2) Der Vorsitzende hat die Mitglieder des Ausschusses auf Ersuchen des Bundesministers für Justiz zu Sitzungen einzuberufen. § 6 Abs. 2 erster und zweiter Satz sowie Abs. 3 gelten entsprechend. Die Mitglieder haben Anspruch auf eine dem Aufwand angemessene Vergütung für ihre Tätigkeiten (§ 30).

III. Abschnitt

Liste der Mediatoren

Führung der Liste

§ 8. Der Bundesminister für Justiz hat eine Liste der Mediatoren zu führen. In der Liste sind Vor- und Familiennamen, Geburtstag, die Bezeichnung des sonstigen Berufs des Mediators, seine Arbeitsanschrift und sein akademischer Grad anzugeben. Gibt der Mediator seinen fachlichen Tätigkeitsbereich oder seine fachlichen Tätigkeitsbereiche an, so sind diese in der Liste anzuführen. Die Liste der Mediatoren ist in geeigneter Weise elektronisch kundzumachen.

Voraussetzungen der Eintragung

§ 9. (1) Anspruch auf Eintragung in die Liste der Mediatoren hat, wer nachweist, dass er

1. das 28. Lebensjahr vollendet hat,

2. fachlich qualifiziert ist,

3. vertrauenswürdig ist und

4. eine Haftpflichtversicherung nach § 19 abgeschlossen hat.

(2) Der Eintragungswerber hat in seinem Antrag anzugeben, in welchen Räumlichkeiten er die Mediation ausübt.

Fachliche Qualifikation

§ 10. (1) Fachlich qualifiziert ist, wer auf Grund einer entsprechenden Ausbildung (§ 29) über Kenntnisse und Fertigkeiten der Mediation verfügt sowie mit deren rechtlichen und psychosozialen Grundlagen vertraut ist. Die Ausbildung ist tunlichst in Lehr- und Praxisveranstaltungen solcher Einrichtungen, einschließlich der Universitäten, zu absolvieren, die der Bundesminister für Justiz in die Liste der Ausbildungseinrichtungen und Lehrgänge für Mediation in Zivilrechtssachen eingetragen hat.

(2) Bei Beurteilung der fachlichen Qualifikation sind jene Kenntnisse und Fertigkeiten, die Angehörige bestimmter Berufe, insbesondere Psychotherapeuten, klinische Psychologen und Gesundheitspsychologen, Rechtsanwälte, Notare, Richter, Staatsanwälte, Wirtschaftstreuhänder, Ziviltechniker, Lebens- und Sozialberater, Sozialarbeiter, Unternehmensberater oder Hochschullehrer aus einem einschlägigen Fach, im Rahmen ihrer Ausbildung und ihrer Berufspraxis erworben haben und die ihnen bei Ausübung der Mediation zustatten kommen, zu berücksichtigen.

Antrag auf Eintragung

§ 11. (1) Das Verfahren zur Eintragung in die Liste der Mediatoren wird auf Grund eines schriftlichen Antrags des Bewerbers an den Bundesminister für Justiz eingeleitet. Der Antrag hat die nach § 8 erforderlichen Angaben zu enthalten.

(2) Die Voraussetzungen nach §§ 9 und 10 sind durch entsprechende Urkunden, wie Zeugnisse, Bestätigungen und Berufsdiplome, nachzuweisen. Die Vertrauenswürdigkeit, sofern sie nicht gesetzliche Voraussetzung der sonstigen beruflichen Tätigkeit des Bewerbers ist, durch eine Strafregisterbescheinigung nachzuweisen, die nicht älter als drei Monate ist und in der keine Verurteilung aufscheint, die eine verlässliche Tätigkeit als Mediator zweifelhaft erscheinen lässt.

(3) Dem Antrag sind eine Darstellung der bisherigen beruflichen Tätigkeit sowie des Ausbildungsweges als Mediator, einschließlich einer

Aufstellung der Einrichtungen, bei denen die Ausbildung absolviert worden ist, anzuschließen.

Prüfung der Voraussetzungen

§ 12. (1) Der Bundesminister für Justiz hat zunächst auf Grund des Antrags und dessen Beilagen zu prüfen, ob beim Bewerber die Voraussetzungen nach § 9 Abs. 1 Z 1, 3 und 4 und Abs. 2 vorliegen und ob dem Antrag die zur Prüfung der Voraussetzung nach § 10 erforderlichen Urkunden und Nachweise angeschlossen sind. Erforderlichenfalls hat er den Bewerber zu einer Ergänzung innerhalb einer angemessenen Frist aufzufordern. Die ungerechtfertigte Nichtbefolgung dieser Aufforderung gilt als Zurückziehung des Antrags.

(2) Liegt die Voraussetzung nach § 10 nicht offensichtlich vor, so kann der Bundesminister für Justiz ein Gutachten des Ausschusses für Mediation einholen.

(3) Der Bundesminister für Justiz und der Ausschuss können den Bewerber zu einer Anhörung laden. Die ungerechtfertigte Nichtbefolgung der Ladung gilt als Zurückziehung des Antrags.

Eintragung

§ 13. (1) Wer die Voraussetzungen der Eintragung in die Liste erfüllt, ist vom Bundesminister für Justiz für die Dauer von fünf Jahren, unter Anführung des Tages des Endes der Frist, einzutragen. Personen, die die Voraussetzungen nicht erfüllen, ist die Eintragung mit Bescheid zu versagen.

(2) Der Mediator kann frühestens ein Jahr und spätestens drei Monate vor Ablauf der Eintragungsdauer schriftlich die Aufrechterhaltung der Eintragung für weitere zehn Jahre begehren. Er bleibt bis zur Entscheidung über den fristgerecht gestellten Antrag in die Liste eingetragen. Erneute Anträge, die Eintragung für jeweils weitere zehn Jahre aufrecht zu erhalten, sind zulässig.

(3) Im Antrag auf Aufrechterhaltung der Eintragung hat der Mediator seine Fortbildung (§ 20) darzustellen. Die Eintragung ist aufrechtzuerhalten, wenn die fachliche Qualifikation durch den Besuch von Fortbildungsveranstaltungen weiter gewährleistet ist und keine der übrigen Voraussetzungen nach § 14 vorliegt. Zur Prüfung der Voraussetzungen der Aufrechterhaltung der Eintragung kann der Bundesminister für Justiz den Ausschuss befassen.

Streichung von der Liste

§ 14. (1) Der Bundesminister für Justiz hat, erforderlichenfalls nach Einholung eines Gutachtens des Ausschusses für Mediation, mit Bescheid den Mediator von der Liste zu streichen, wenn ihm zur Kenntnis gelangt, dass eine Voraussetzung nach § 9 weggefallen ist oder nicht bestanden hat, der Mediator seiner Pflicht nach § 20 nicht nachkommt oder er sonst gröblich oder trotz Mahnung wiederholt gegen seine Pflichten verstoßen hat.

(2) Darüber hinaus ist der Mediator im Fall seines Verzichts, seines Todes oder wegen Ablaufs der Frist (§ 13) von der Liste zu streichen.

(3) Im Fall der Streichung ist der bisherige Eintrag in Evidenz zu halten.

IV. Abschnitt

Rechte und Pflichten des eingetragenen Mediators

Allgmeine Rechte und Pflichten

§ 15. (1) Wer in die Liste der Mediatoren eingetragen ist, ist

1. berechtigt, die Bezeichnung „eingetragener Mediator" zu führen;

2. bei Ausübung der Mediation verpflichtet, diese Bezeichnung zu führen.

(2) Der Mediator darf keine Vergütung für die Vermittlung oder Empfehlung von Personen zur Mediation geben, nehmen, versprechen oder sich zusichern lassen. Rechtsgeschäfte, die gegen dieses Verbot verstoßen, sind nichtig. Leistungen aus solchen Rechtsgeschäften können zurückgefordert werden.

Pflichten gegenüber den Parteien

§ 16. (1) Wer selbst Partei, Parteienvertreter, Berater oder Entscheidungsorgan in einem Konflikt zwischen den Parteien ist oder gewesen ist, darf in diesem Konflikt nicht als Mediator tätig sein. Desgleichen darf ein Mediator in einem Konflikt, auf den sich die Mediation bezieht, nicht vertreten, beraten oder entscheiden. Jedoch darf er nach Beendigung der Mediation im Rahmen seiner sonstigen beruflichen Befugnisse und mit Zustimmung aller betroffenen Parteien zur Umsetzung des Mediationsergebnisses tätig sein.

(2) Der Mediator darf nur mit Zustimmung der Parteien tätig werden. Er hat die Parteien über das Wesen und die Rechtsfolgen der Mediation in Zivilrechtssachen aufzuklären und diese nach bestem Wissen und Gewissen, persönlich, unmittelbar und gegenüber den Parteien neutral durchzuführen.

(3) Der Mediator hat die Parteien auf einen Bedarf an Beratung, insbesondere in rechtlicher Hinsicht, der sich im Zusammenhang mit der Mediation ergibt, sowie auf die Form hinzuweisen, in die sie das Ergebnis der Mediation fassen müssen, um die Umsetzung sicherzustellen.

§ 17. (1) Der Mediator hat den Beginn, die Umstände, aus denen sich ergibt, ob die Mediation gehörig fortgesetzt wurde, sowie das Ende der Mediation zu dokumentieren. Als Beginn der Mediation gilt der Zeitpunkt, zu dem die Parteien übereingekommen sind, den Konflikt durch Mediation zu lösen. Die Mediation endet, wenn eine der Parteien oder der Mediator erklärt, sie nicht mehr fortsetzen zu wollen, oder ein Ergebnis erzielt wurde.

(2) Auf Verlangen der Parteien hat der Mediator das Ergebnis der Mediation sowie die zu dessen Umsetzung erforderlichen Schritte schriftlich festzuhalten.

(3) Der Mediator hat seine Aufzeichnungen mindestens sieben Jahre nach Beendigung der Mediation aufzubewahren. Auf Verlangen der Parteien hat er diesen eine Gleichschrift der Aufzeichnungen auszufolgen.

Verschwiegenheit, Vertraulichkeit

§ 18. Der Mediator ist zur Verschwiegenheit über die Tatsachen verpflichtet, die ihm im Rahmen der Mediation anvertraut oder sonst bekannt wurden. Er hat die im Rahmen der Mediation erstellten oder ihm übergebenen Unterlagen vertraulich zu behandeln. Gleiches gilt für Hilfspersonen des Mediators sowie für Personen, die im Rahmen einer Praxisausbildung bei einem Mediator unter dessen Anleitung tätig sind.

Haftpflichtversicherung

§ 19. (1) Der Mediator hat zur Deckung der aus seiner Tätigkeit entstehenden Schadenersatzansprüche eine Haftpflichtversicherung bei einem zum Geschäftsbetrieb in Österreich berechtigten Versicherer abzuschließen und diese während der Dauer seiner Eintragung in die Liste der Mediatoren aufrechtzuerhalten.

(2) Für den Versicherungsvertrag muss Folgendes gelten:

1. auf ihn muss österreichisches Recht anwendbar sein;

2. die Mindestversicherungssumme hat 400 000 Euro für jeden Versicherungsfall zu betragen;

3. der Ausschluss oder eine zeitliche Begrenzung der Nachhaftung des Versicherers ist unzulässig.

(3) Die Versicherer sind verpflichtet, dem Bundesminister für Justiz unaufgefordert und umgehend jeden Umstand zu melden, der eine Beendigung oder Einschränkung des Versicherungsschutzes oder eine Abweichung von der ursprünglichen Versicherungsbestätigung bedeutet oder bedeuten kann, und auf Verlangen des Bundesministers für Justiz über solche Umstände Auskunft zu erteilen. Der Mediator hat diesem den Bestand der Haftpflichtversicherung jederzeit nachzuweisen.

Fortbildung

§ 20. Der Mediator hat sich angemessen, zumindest im Ausmaß von fünfzig Stunden innerhalb eines Zeitraums von fünf Jahren, fortzubilden und dies dem Bundesminister für Justiz alle fünf Jahre nachzuweisen. Endet dieser Zeitraum vor dem 1. Jänner 2021, so wird er bis zum 31. Dezember 2021 verlängert. *(BGBl I 2020/30)*

Mitteilungspflicht

§ 21. Der Mediator hat dem Bundesminister für Justiz unverzüglich jede Änderung von Umständen, die seine Eintragung in die Liste der Mediatoren betreffen, mitzuteilen. Die Eintragung ist entsprechend zu ändern.

V. Abschnitt

Hemmung von Fristen

§ 22. (1) Der Beginn und die gehörige Fortsetzung einer Mediation durch einen eingetragenen Mediator hemmen Anfang und Fortlauf der Verjährung sowie sonstiger Fristen zur Geltendmachung der von der Mediation betroffenen Rechte und Ansprüche.

(2) Die Parteien können schriftlich vereinbaren, dass die Hemmung auch andere zwischen ihnen bestehende Ansprüche, die von der Mediation nicht betroffen sind, umfasst. Betrifft die Mediation Rechte und Ansprüche aus dem Familienrecht, so umfasst die Hemmung auch ohne schriftliche Vereinbarung sämtliche wechselseitigen oder von den Parteien gegeneinander wahrzunehmenden Rechte und Ansprüche familienrechtlicher Art, sofern die Parteien nichts anderes schriftlich vereinbaren.

VI. Abschnitt

Ausbildungseinrichtungen und Lehrgänge

Führung der Liste der

Ausbildungseinrichtungen und Lehrgänge

§ 23. Der Bundesminister für Justiz hat eine Liste der Ausbildungseinrichtungen und Lehrgänge auf dem Gebiet der Mediation in Zivilrechtssachen zu führen. Die Liste ist in geeigneter Weise elektronisch kundzumachen. Von der elektronischen Kundmachung dürfen wegen Zeitablaufs unaktuell gewordene Eintragungen ausgenommen werden.

Eintragung in die Liste

§ 24. (1) Das Verfahren zur Eintragung einer Ausbildungseinrichtung oder eines Lehrgangs für Mediation in Zivilrechtssachen wird auf Grund eines schriftlichen Antrags des Bewerbers an den Bundesminister für Justiz eingeleitet. Der Antrag kann sich auch auf Teilabschnitte oder einzelne Gebiete der Ausbildung beziehen.

(2) Der Bewerber hat den Inhalt der Ausbildung, Anzahl und Qualifikation des Lehrpersonals und die Finanzierung der Einrichtung oder des Lehrgangs darzutun. Bei einer Ausbildungseinrichtung ist nachzuweisen, dass die Nachhaltigkeit der Ausbildungstätigkeit gewährleistet ist.

(3) Ist auf Grund des Nachweises des Bewerbers das Erreichen der Ausbildungsziele sowie im Fall einer Ausbildungseinrichtung die Nachhaltigkeit ihrer Tätigkeit gewährleistet, so hat der Bundesminister für Justiz, erforderlichenfalls nach Befassung des Beirats, die Ausbildungseinrichtung oder den Lehrgang für die Dauer von längstens fünf Jahren in die Liste einzutragen. Bewerbern, die diese Voraussetzungen nicht erfüllen, ist die Eintragung mit Bescheid zu versagen.

§ 25. (1) Eine Ausbildungseinrichtung kann frühestens ein Jahr und spätestens drei Monate vor Ablauf der Eintragungsdauer schriftlich die Aufrechterhaltung der Eintragung für weitere zehn Jahre begehren. Sie bleibt bis zur Entscheidung über den fristgerecht gestellten Antrag in die Liste eingetragen. Erneute Anträge, die Eintragung für jeweils weitere zehn Jahre aufrechtzuerhalten, sind zulässig.

(2) Die Eintragung ist aufrechtzuerhalten, wenn sich aus den Berichten (§ 27) der Ausbildungseinrichtung ergibt, dass die Eignung weiter gewährleistet ist, und keine der Voraussetzungen nach § 28 vorliegt. Zur Prüfung der Voraussetzungen der Aufrechterhaltung der Eintragung kann der Bundesminister für Justiz den Beirat befassen.

Zeugnisse

§ 26. Die eingetragenen Ausbildungseinrichtungen und die Veranstalter von eingetragenen Lehrgängen haben den Teilnehmern über die Erreichung der Ausbildungsziele Zeugnisse auszustellen.

Berichtspflicht

§ 27. Zum Nachweis der Nachhaltigkeit der Tätigkeit haben die eingetragenen Ausbildungseinrichtungen dem Bundesminister für Justiz bis längstens 1. Juli eines jeden Jahres schriftlich über Umfang, Inhalt und Erfolg der Ausbildungstätigkeit des vergangenen Jahres zu berichten.

Streichung von der Liste der Ausbildungseinrichtungen

§ 28. (1) Der Bundesminister für Justiz hat, erforderlichenfalls nach Einholung eines Gutachtens des Beirats, mit Bescheid eine Ausbildungseinrichtung oder einen Lehrgang von der Liste zu streichen, wenn ihm zur Kenntnis gelangt, dass eine der Voraussetzungen der Eintragung weggefallen ist oder nicht bestanden hat, die Ausbildungsziele im Wesentlichen nicht erreicht werden, ausgestellte Zeugnisse wiederholt grobe Unrichtigkeiten enthalten, eine Ausbildungseinrichtung trotz Mahnung gegen ihre Berichtspflicht verstößt oder die Nachhaltigkeit ihrer Tätigkeit nicht gewährleistet ist.

(2) Darüber hinaus ist eine Ausbildungseinrichtung oder ein Lehrgang im Fall eines Verzichts oder wegen Ablaufs der Frist (§ 25 Abs. 1) von der Liste zu streichen.

(3) Im Fall der Streichung ist der bisherige Eintrag in Evidenz zu halten.

VII. Abschnitt

Verordnungsermächtigungen

§ 29. (1) Der Bundesminister für Justiz hat nach Anhörung des Beirats für Mediation durch Verordnung nähere Bestimmungen über die Ausbildung für Mediatoren festzulegen. Dabei können die Ausbildungsinhalte nach Fachbereichen unterschiedlich festgesetzt werden.

(2) Der theoretische Teil der Ausbildung ist, aufgegliedert nach einzelnen Ausbildungsinhalten, mit 200 bis 300, der anwendungsorientierte Teil mit 100 bis 200 Ausbildungseinheiten festzulegen. Es haben insbesondere zu umfassen

1. der theoretische Teil:

a) eine Einführung in die Problemgeschichte und Entwicklung der Mediation, einschließlich deren Grundannahmen und Leitbilder;

b) Verfahrensablauf, Methoden und Phasen der Mediation unter besonderer Berücksichtigung verhandlungs- und lösungsorientierter Ansätze;

c) Grundlagen der Kommunikation, insbesondere der Kommunikations-, Frage- und Verhandlungstechniken, der Gesprächsführung und Moderation unter besonderer Berücksichtigung von Konfliktsituationen;

d) Konfliktanalysen;

e) Anwendungsgebiete der Mediation;

f) Persönlichkeitstheorien und psychosoziale Interventionsformen;

g) ethische Fragen der Mediation, insbesondere der Position des Mediators;

h) rechtliche, insbesondere zivilrechtliche, Fragen der Mediation sowie Rechtsfragen von

Konflikten, die für eine Mediation besonders in Betracht kommen;

2. der anwendungsorientierte Teil:

a) Einzelselbsterfahrung und Praxisseminare zur Übung in Techniken der Mediation unter Anwendung von Rollenspielen, Simulation und Reflexion;

b) Peergruppenarbeit;

c) Fallarbeit und begleitende Teilnahme an der Praxissupervision im Bereich der Mediation.

(3) Die für einen Beruf erforderliche Ausbildung und die bei dessen Ausübung typischerweise erworbene Praxis ist angemessen zu berücksichtigen (§ 10).

§ 30. Der Bundesminister für Justiz hat nach Anhörung des Beirats durch Verordnung die angemessene Vergütung für den Vorsitzenden und die Mitglieder des Ausschusses unter Bedachtnahme auf den mit deren Tätigkeit verbundenen Aufwand festzulegen.

VIII. Abschnitt

Strafbestimmungen

§ 31. (1) Wer entgegen seiner Pflicht zur Verschwiegenheit und Vertraulichkeit (§ 18) Tatsachen offenbart oder verwertet und dadurch ein berechtigtes Interesse einer Person verletzt, ist vom Gericht mit einer Freiheitsstrafe bis zu sechs Monaten oder einer Geldstrafe bis zu 360 Tagessätzen zu bestrafen.

(2) Der Täter ist nicht zu bestrafen, wenn die Offenbarung oder Verwertung nach Inhalt und Form durch ein öffentliches oder ein berechtigtes privates Interesse gerechtfertigt ist.

(3) Der Täter ist nur auf Verlangen des in seinem Interesse an Geheimhaltung Verletzten zu verfolgen.

§ 32. Sofern die Tat nicht den Tatbestand einer in die Zuständigkeit der Gerichte fallenden strafbaren Handlung bildet, begeht eine Verwaltungsübertretung und ist mit einer Geldstrafe bis zu 3 500 Euro zu bestrafen,

1. wer sich unbefugt als eingetragener Mediator bezeichnet oder eine ähnliche verwechslungsfähige Bezeichnung führt,

2. wer den Bestimmungen der §§ 15 Abs. 2, 16, 17, 19, 21 und 27 zuwiderhandelt.

IX. Abschnitt

Schluss- und Übergangsbestimmungen

§ 33. (1) Dieses Bundesgesetz tritt, sofern im Folgenden nichts anderes bestimmt ist, mit 1. Mai 2004 in Kraft.

(2) Der II. Abschnitt tritt an dem auf die Kundmachung folgenden Tag in Kraft.

(3) Der VI. Abschnitt tritt mit 1. Jänner 2004 in Kraft.

(4) Anträge nach § 11 können ab 1. März 2004 gestellt und bewilligt werden; die Eintragung in die Liste wird erst ab 1. Mai 2004 wirksam.

(5) Verordnungen auf Grund dieses Bundesgesetzes können ab dem Tag der Kundmachung erlassen werden; sie treten frühestens ab dem Tag des In-Kraft-Tretens der jeweils maßgebenden Bestimmung in Kraft.

(6) § 20 in der Fassung BGBl. I Nr. 30/2020 tritt mit 16. März 2020 in Kraft und mit Ablauf des 31. Dezember 2021 außer Kraft. Er ist in dieser Fassung auf Fristen anzuwenden, die bis zum Inkrafttreten dieser Bestimmung noch nicht abgelaufen sind. *(BGBl I 2020/30)*

§ 34. Wer spätestens am 30. Dezember 2004 einen Antrag auf Eintragung in die Liste der Mediatoren stellt und eine theoretische und anwendungsorientierte Ausbildung in Mediation im Gesamtausmaß von mindestens 200 Ausbildungseinheiten absolviert hat, die, wenn auch nicht umfänglich, so doch inhaltlich einer Ausbildung nach § 29 gleich zu halten ist, gilt als fachlich qualifiziert.

§ 35. (1) Die Gewerbeordnung 1994, BGBl. Nr. 194/1994, ist auf die Tätigkeit eingetragener Mediatoren nicht anzuwenden.

(2) Soweit in diesem Bundesgesetz auf Bestimmungen anderer Bundesgesetze verwiesen wird, sind diese in ihrer jeweils geltenden Fassung anzuwenden.

§ 36. Mit der Vollziehung dieses Bundesgesetzes ist der Bundesminister für Justiz betraut.

EU-Mediations-Gesetz

BGBl I 2011/21

Bundesgesetz über bestimmte Aspekte der grenzüberschreitenden Mediation in Zivil- und Handelssachen in der Europäischen Union (EU-Mediations-Gesetz - EU-MediatG)

Anwendungsbereich

§ 1. (1) Dieses Bundesgesetz gilt für die Mediation in grenzüberschreitenden Streitigkeiten in Zivil- und Handelssachen. Auf Streitigkeiten über Rechte und Pflichten, über die die Parteien nach dem anwendbaren Recht nicht verfügen können, sowie über die Haftung des Staates für Handlungen oder Unterlassungen im Rahmen der Ausübung hoheitlicher Rechte („acta iure imperii") ist es nicht anzuwenden.

(2) Die §§ 3 und 4 sind auch auf ein im Anschluss an ein Mediationsverfahren durchgeführtes Gerichts- oder Schiedsverfahren anzuwenden, das in einem anderen Mitgliedstaat als demjenigen eingeleitet wird, in dem die Parteien zu dem in § 2 Abs. 1 Z 3 genannten Zeitpunkten ihren Wohnsitz oder gewöhnlichen Aufenthalt hatten.

Begriffsbestimmungen

§ 2. (1) Im Sinn dieses Bundesgesetzes bedeuten

1. Mediation: ein strukturiertes Verfahren ungeachtet seiner Bezeichnung, in dem zwei oder mehr Streitparteien mit Hilfe eines Mediators auf freiwilliger Basis selbst versuchen, eine Vereinbarung über die Beilegung ihrer Streitigkeit zu erzielen, unabhängig davon, ob dieses Verfahren von den Parteien eingeleitet, von einem Gericht vorgeschlagen oder angeordnet oder nach dem Recht eines Mitgliedstaats vorgeschrieben wird;

2. Mediator: eine dritte Person, die ersucht wird, eine Mediation auf wirksame, unparteiische und sachkundige Weise durchzuführen, und die ihren Wohnsitz oder gewöhnlichen Aufenthalt in einem Mitgliedstaat hat;

3. grenzüberschreitende Streitigkeit: eine Streitigkeit, bei der mindestens eine der Parteien zu dem Zeitpunkt, zu dem

a) die Parteien nach Entstehen der Streitigkeit eine Mediation vereinbaren oder

b) die Mediation von einem Gericht angeordnet wird oder

c) nach dem Recht eines Mitgliedstaats eine Pflicht zur Nutzung der Mediation entsteht oder

d) die Parteien von einem Gericht aufgefordert werden, eine Mediation in Anspruch zu nehmen,

ihren Wohnsitz oder gewöhnlichen Aufenthalt in einem anderen Mitgliedstaat hat als eine der anderen Parteien;

4. Wohnsitz: der Wohnsitz im Sinn der Art. 59 und 60 der Verordnung 2001/44/EG über die gerichtliche Zuständigkeit und die Anerkennung und Vollstreckung von Entscheidungen in Zivil- und Handelssachen, ABl. Nr. L 12 vom 16. Jänner 2001, S. 1;

5. Mitgliedstaat: ein Mitgliedstaat der Europäischen Union.

(2) Ist strittig, ob die Voraussetzungen nach Abs. 1 Z 1 oder 2 vorliegen, so kann das Gericht eine Stellungnahme des Ausschusses für Mediation (§ 7 Zivilrechts-Mediations-Gesetz – ZivMediatG, BGBl. I Nr. 29/2003) einholen.

Vertraulichkeit

§ 3. Sofern die Parteien nichts anderes vereinbaren, haben Mediatoren und in die Durchführung der Mediation eingebundene Personen in Gerichts- oder Schiedsverfahren in Zivil- und Handelssachen die Aussage zu Informationen zu verweigern, die sich aus oder im Zusammenhang mit einer Mediation ergeben, es sei denn, dass

1. diese Aussage aus vorrangigen Gründen der öffentlichen Ordnung (ordre public) geboten ist, insbesondere um den Schutz des Kindeswohls zu gewährleisten oder eine Beeinträchtigung der physischen oder psychischen Integrität einer Person abzuwenden, oder

2. die Offenlegung des Inhalts der im Mediationsverfahren erzielten Vereinbarung zu deren Umsetzung oder Vollstreckung erforderlich ist.

Verjährung

§ 4. Der Beginn und die gehörige Fortsetzung einer Mediation hemmen den Ablauf der Verjährung sowie sonstiger Fristen zur Geltendmachung der von der Mediation betroffenen Rechte und Ansprüche.

Verhältnis zum ZivMediatG

§ 5. (1) Für eingetragene Mediatoren (§ 13 ZivMediatG) und von diesen durchgeführte grenzüberschreitende Mediationen gelten die Vorschriften des Zivilrechts-Mediations-Gesetzes.

(2) Ein nicht eingetragener Mediator hat die Parteien über diesen Umstand zu informieren.

Umsetzungshinweis

§ 6. Mit diesem Bundesgesetz wird die Richtlinie 2008/52/EG über bestimmte Aspekte der Mediation in Zivil- und Handelssachen, ABl. Nr. L 136 vom 24. Mai 2008, S. 3, umgesetzt.

Inkrafttreten und Schlussbestimmungen

§ 7. (1) Dieses Bundesgesetz tritt mit 1. Mai 2011 in Kraft. Es ist auf Mediationsverfahren, die nach dem 30. April 2011 eingeleitet werden, anzuwenden.

(2) Soweit sich die in diesem Bundesgesetz verwendeten Bezeichnungen auf natürliche Personen beziehen, gilt die gewählte Form für beide Geschlechter.

(3) Mit der Vollziehung dieses Bundesgesetzes ist die Bundesministerin für Justiz betraut.

Tabellen 2021

Existenzminimum-Tabellen 2021

Exsistenzminimum-Tabellen 2021

Allgemeiner Grundbetrag

1.000 Euro monatlich
233 Euro wöchentlich
33 Euro täglich

Erhöhter allgemeiner Grundbetrag

1.167 Euro monatlich
272 Euro wöchentlich
38 Euro täglich

Unterhaltsgrundbetrag

200 Euro monatlich
46 Euro wöchentlich
6 Euro täglich

Höchstbetrag

4.000 Euro monatlich
930 Euro wöchentlich
133 Euro täglich

Exsistenzminimum-Tabellen 2021

Existenzminimum

1. Tabelle 1 a m (monatlicher Bezug mit Sonderzahlungen)
2. Tabelle 1 a w (wöchentlicher Bezug mit Sonderzahlungen)
3. Tabelle 1 a t (täglicher Bezug mit Sonderzahlungen)
4. Tabelle 1 b m (monatlicher Bezug ohne Sonderzahlungen)
5. Tabelle 1 b w (wöchentlicher Bezug ohne Sonderzahlungen)
6. Tabelle 1 b t (täglicher Bezug ohne Sonderzahlungen)
7. Tabelle 1 c m (Beschränkt pfändbare einmalige Leistungen)

Unterhaltsexistenzminimum

8. Tabelle 2 a m (monatlicher Bezug mit Sonderzahlungen)
9. Tabelle 2 a w (wöchentlicher Bezug mit Sonderzahlungen)
10. Tabelle 2 a t (täglicher Bezug mit Sonderzahlungen)
11. Tabelle 2 b m (monatlicher Bezug ohne Sonderzahlungen)
12. Tabelle 2 b w (wöchentlicher Bezug ohne Sonderzahlungen)
13. Tabelle 2 b t (täglicher Bezug ohne Sonderzahlungen)
14. Tabelle 2 c m (Beschränkt pfändbare einmalige Leistungen)

TABELLEN

Existenzminimum								
Nettolohn monatlich in Euro			unpfändbarer Betrag bei Unterhaltspflicht für					
			0	1	2	3	4	5
			in Euro					
	bis	1.019,99	1.000,00	alles	alles	alles	alles	alles
1.020,00	bis	1.039,99	1.006,00	alles	alles	alles	alles	alles
1.040,00	bis	1.059,99	1.012,00	alles	alles	alles	alles	alles
1.060,00	bis	1.079,99	1.018,00	alles	alles	alles	alles	alles
1.080,00	bis	1.099,99	1.024,00	alles	alles	alles	alles	alles
1.100,00	bis	1.119,99	1.030,00	alles	alles	alles	alles	alles
1.120,00	bis	1.139,99	1.036,00	alles	alles	alles	alles	alles
1.140,00	bis	1.159,99	1.042,00	alles	alles	alles	alles	alles
1.160,00	bis	1.179,99	1.048,00	alles	alles	alles	alles	alles
1.180,00	bis	1.199,99	1.054,00	alles	alles	alles	alles	alles
1.200,00	bis	1.219,99	1.060,00	1.200,00	alles	alles	alles	alles
1.220,00	bis	1.239,99	1.066,00	1.208,00	alles	alles	alles	alles
1.240,00	bis	1.259,99	1.072,00	1.216,00	alles	alles	alles	alles
1.260,00	bis	1.279,99	1.078,00	1.224,00	alles	alles	alles	alles
1.280,00	bis	1.299,99	1.084,00	1.232,00	alles	alles	alles	alles
1.300,00	bis	1.319,99	1.090,00	1.240,00	alles	alles	alles	alles
1.320,00	bis	1.339,99	1.096,00	1.248,00	alles	alles	alles	alles
1.340,00	bis	1.359,99	1.102,00	1.256,00	alles	alles	alles	alles
1.360,00	bis	1.379,99	1.108,00	1.264,00	alles	alles	alles	alles
1.380,00	bis	1.399,99	1.114,00	1.272,00	alles	alles	alles	alles
1.400,00	bis	1.419,99	1.120,00	1.280,00	1.400,00	alles	alles	alles
1.420,00	bis	1.439,99	1.126,00	1.288,00	1.410,00	alles	alles	alles
1.440,00	bis	1.459,99	1.132,00	1.296,00	1.420,00	alles	alles	alles
1.460,00	bis	1.479,99	1.138,00	1.304,00	1.430,00	alles	alles	alles
1.480,00	bis	1.499,99	1.144,00	1.312,00	1.440,00	alles	alles	alles
1.500,00	bis	1.519,99	1.150,00	1.320,00	1.450,00	alles	alles	alles
1.520,00	bis	1.539,99	1.156,00	1.328,00	1.460,00	alles	alles	alles
1.540,00	bis	1.559,99	1.162,00	1.336,00	1.470,00	alles	alles	alles
1.560,00	bis	1.579,99	1.168,00	1.344,00	1.480,00	alles	alles	alles
1.580,00	bis	1.599,99	1.174,00	1.352,00	1.490,00	alles	alles	alles
1.600,00	bis	1.619,99	1.180,00	1.360,00	1.500,00	1.600,00	alles	alles
1.620,00	bis	1.639,99	1.186,00	1.368,00	1.510,00	1.612,00	alles	alles
1.640,00	bis	1.659,99	1.192,00	1.376,00	1.520,00	1.624,00	alles	alles
1.660,00	bis	1.679,99	1.198,00	1.384,00	1.530,00	1.636,00	alles	alles
1.680,00	bis	1.699,99	1.204,00	1.392,00	1.540,00	1.648,00	alles	alles
1.700,00	bis	1.719,99	1.210,00	1.400,00	1.550,00	1.660,00	alles	alles
1.720,00	bis	1.739,99	1.216,00	1.408,00	1.560,00	1.672,00	alles	alles
1.740,00	bis	1.759,99	1.222,00	1.416,00	1.570,00	1.684,00	alles	alles
1.760,00	bis	1.779,99	1.228,00	1.424,00	1.580,00	1.696,00	alles	alles
1.780,00	bis	1.799,99	1.234,00	1.432,00	1.590,00	1.708,00	alles	alles
1.800,00	bis	1.819,99	1.240,00	1.440,00	1.600,00	1.720,00	1.800,00	alles
1.820,00	bis	1.839,99	1.246,00	1.448,00	1.610,00	1.732,00	1.814,00	alles
1.840,00	bis	1.859,99	1.252,00	1.456,00	1.620,00	1.744,00	1.828,00	alles
1.860,00	bis	1.879,99	1.258,00	1.464,00	1.630,00	1.756,00	1.842,00	alles
1.880,00	bis	1.899,99	1.264,00	1.472,00	1.640,00	1.768,00	1.856,00	alles
1.900,00	bis	1.919,99	1.270,00	1.480,00	1.650,00	1.780,00	1.870,00	alles
1.920,00	bis	1.939,99	1.276,00	1.488,00	1.660,00	1.792,00	1.884,00	alles
1.940,00	bis	1.959,99	1.282,00	1.496,00	1.670,00	1.804,00	1.898,00	alles
1.960,00	bis	1.979,99	1.288,00	1.504,00	1.680,00	1.816,00	1.912,00	alles
1.980,00	bis	1.999,99	1.294,00	1.512,00	1.690,00	1.828,00	1.926,00	alles
2.000,00	bis	2.019,99	1.300,00	1.520,00	1.700,00	1.840,00	1.940,00	2.000,00
2.020,00	bis	2.039,99	1.306,00	1.528,00	1.710,00	1.852,00	1.954,00	2.016,00
2.040,00	bis	2.059,99	1.312,00	1.536,00	1.720,00	1.864,00	1.968,00	2.032,00
2.060,00	bis	2.079,99	1.318,00	1.544,00	1.730,00	1.876,00	1.982,00	2.048,00
2.080,00	bis	2.099,99	1.324,00	1.552,00	1.740,00	1.888,00	1.996,00	2.064,00
2.100,00	bis	2.119,99	1.330,00	1.560,00	1.750,00	1.900,00	2.010,00	2.080,00
2.120,00	bis	2.139,99	1.336,00	1.568,00	1.760,00	1.912,00	2.024,00	2.096,00
2.140,00	bis	2.159,99	1.342,00	1.576,00	1.770,00	1.924,00	2.038,00	2.112,00
2.160,00	bis	2.179,99	1.348,00	1.584,00	1.780,00	1.936,00	2.052,00	2.128,00
2.180,00	bis	2.199,99	1.354,00	1.592,00	1.790,00	1.948,00	2.066,00	2.144,00
2.200,00	bis	2.219,99	1.360,00	1.600,00	1.800,00	1.960,00	2.080,00	2.160,00
2.220,00	bis	2.239,99	1.366,00	1.608,00	1.810,00	1.972,00	2.094,00	2.176,00
2.240,00	bis	2.259,99	1.372,00	1.616,00	1.820,00	1.984,00	2.108,00	2.192,00
2.260,00	bis	2.279,99	1.378,00	1.624,00	1.830,00	1.996,00	2.122,00	2.208,00
2.280,00	bis	2.299,99	1.384,00	1.632,00	1.840,00	2.008,00	2.136,00	2.224,00
2.300,00	bis	2.319,99	1.390,00	1.640,00	1.850,00	2.020,00	2.150,00	2.240,00
2.320,00	bis	2.339,99	1.396,00	1.648,00	1.860,00	2.032,00	2.164,00	2.256,00
2.340,00	bis	2.359,99	1.402,00	1.656,00	1.870,00	2.044,00	2.178,00	2.272,00
2.360,00	bis	2.379,99	1.408,00	1.664,00	1.880,00	2.056,00	2.192,00	2.288,00
2.380,00	bis	2.399,99	1.414,00	1.672,00	1.890,00	2.068,00	2.206,00	2.304,00
2.400,00	bis	2.419,99	1.420,00	1.680,00	1.900,00	2.080,00	2.220,00	2.320,00
2.420,00	bis	2.439,99	1.426,00	1.688,00	1.910,00	2.092,00	2.234,00	2.336,00
2.440,00	bis	2.459,99	1.432,00	1.696,00	1.920,00	2.104,00	2.248,00	2.352,00
2.460,00	bis	2.479,99	1.438,00	1.704,00	1.930,00	2.116,00	2.262,00	2.368,00

Tabelle 1am (Grundbetrag 1.000 Euro monatlich)

2.480,00	bis	2.499,99	1.444,00	1.712,00	1.940,00	2.128,00	2.276,00	2.384,00
2.500,00	bis	2.519,99	1.450,00	1.720,00	1.950,00	2.140,00	2.290,00	2.400,00
2.520,00	bis	2.539,99	1.456,00	1.728,00	1.960,00	2.152,00	2.304,00	2.416,00
2.540,00	bis	2.559,99	1.462,00	1.736,00	1.970,00	2.164,00	2.318,00	2.432,00
2.560,00	bis	2.579,99	1.468,00	1.744,00	1.980,00	2.176,00	2.332,00	2.448,00
2.580,00	bis	2.599,99	1.474,00	1.752,00	1.990,00	2.188,00	2.346,00	2.464,00
2.600,00	bis	2.619,99	1.480,00	1.760,00	2.000,00	2.200,00	2.360,00	2.480,00
2.620,00	bis	2.639,99	1.486,00	1.768,00	2.010,00	2.212,00	2.374,00	2.496,00
2.640,00	bis	2.659,99	1.492,00	1.776,00	2.020,00	2.224,00	2.388,00	2.512,00
2.660,00	bis	2.679,99	1.498,00	1.784,00	2.030,00	2.236,00	2.402,00	2.528,00
2.680,00	bis	2.699,99	1.504,00	1.792,00	2.040,00	2.248,00	2.416,00	2.544,00
2.700,00	bis	2.719,99	1.510,00	1.800,00	2.050,00	2.260,00	2.430,00	2.560,00
2.720,00	bis	2.739,99	1.516,00	1.808,00	2.060,00	2.272,00	2.444,00	2.576,00
2.740,00	bis	2.759,99	1.522,00	1.816,00	2.070,00	2.284,00	2.458,00	2.592,00
2.760,00	bis	2.779,99	1.528,00	1.824,00	2.080,00	2.296,00	2.472,00	2.608,00
2.780,00	bis	2.799,99	1.534,00	1.832,00	2.090,00	2.308,00	2.486,00	2.624,00
2.800,00	bis	2.819,99	1.540,00	1.840,00	2.100,00	2.320,00	2.500,00	2.640,00
2.820,00	bis	2.839,99	1.546,00	1.848,00	2.110,00	2.332,00	2.514,00	2.656,00
2.840,00	bis	2.859,99	1.552,00	1.856,00	2.120,00	2.344,00	2.528,00	2.672,00
2.860,00	bis	2.879,99	1.558,00	1.864,00	2.130,00	2.356,00	2.542,00	2.688,00
2.880,00	bis	2.899,99	1.564,00	1.872,00	2.140,00	2.368,00	2.556,00	2.704,00
2.900,00	bis	2.919,99	1.570,00	1.880,00	2.150,00	2.380,00	2.570,00	2.720,00
2.920,00	bis	2.939,99	1.576,00	1.888,00	2.160,00	2.392,00	2.584,00	2.736,00
2.940,00	bis	2.959,99	1.582,00	1.896,00	2.170,00	2.404,00	2.598,00	2.752,00
2.960,00	bis	2.979,99	1.588,00	1.904,00	2.180,00	2.416,00	2.612,00	2.768,00
2.980,00	bis	2.999,99	1.594,00	1.912,00	2.190,00	2.428,00	2.626,00	2.784,00
3.000,00	bis	3.019,99	1.600,00	1.920,00	2.200,00	2.440,00	2.640,00	2.800,00
3.020,00	bis	3.039,99	1.606,00	1.928,00	2.210,00	2.452,00	2.654,00	2.816,00
3.040,00	bis	3.059,99	1.612,00	1.936,00	2.220,00	2.464,00	2.668,00	2.832,00
3.060,00	bis	3.079,99	1.618,00	1.944,00	2.230,00	2.476,00	2.682,00	2.848,00
3.080,00	bis	3.099,99	1.624,00	1.952,00	2.240,00	2.488,00	2.696,00	2.864,00
3.100,00	bis	3.119,99	1.630,00	1.960,00	2.250,00	2.500,00	2.710,00	2.880,00
3.120,00	bis	3.139,99	1.636,00	1.968,00	2.260,00	2.512,00	2.724,00	2.896,00
3.140,00	bis	3.159,99	1.642,00	1.976,00	2.270,00	2.524,00	2.738,00	2.912,00
3.160,00	bis	3.179,99	1.648,00	1.984,00	2.280,00	2.536,00	2.752,00	2.928,00
3.180,00	bis	3.199,99	1.654,00	1.992,00	2.290,00	2.548,00	2.766,00	2.944,00
3.200,00	bis	3.219,99	1.660,00	2.000,00	2.300,00	2.560,00	2.780,00	2.960,00
3.220,00	bis	3.239,99	1.666,00	2.008,00	2.310,00	2.572,00	2.794,00	2.976,00
3.240,00	bis	3.259,99	1.672,00	2.016,00	2.320,00	2.584,00	2.808,00	2.992,00
3.260,00	bis	3.279,99	1.678,00	2.024,00	2.330,00	2.596,00	2.822,00	3.008,00
3.280,00	bis	3.299,99	1.684,00	2.032,00	2.340,00	2.608,00	2.836,00	3.024,00
3.300,00	bis	3.319,99	1.690,00	2.040,00	2.350,00	2.620,00	2.850,00	3.040,00
3.320,00	bis	3.339,99	1.696,00	2.048,00	2.360,00	2.632,00	2.864,00	3.056,00
3.340,00	bis	3.359,99	1.702,00	2.056,00	2.370,00	2.644,00	2.878,00	3.072,00
3.360,00	bis	3.379,99	1.708,00	2.064,00	2.380,00	2.656,00	2.892,00	3.088,00
3.380,00	bis	3.399,99	1.714,00	2.072,00	2.390,00	2.668,00	2.906,00	3.104,00
3.400,00	bis	3.419,99	1.720,00	2.080,00	2.400,00	2.680,00	2.920,00	3.120,00
3.420,00	bis	3.439,99	1.726,00	2.088,00	2.410,00	2.692,00	2.934,00	3.136,00
3.440,00	bis	3.459,99	1.732,00	2.096,00	2.420,00	2.704,00	2.948,00	3.152,00
3.460,00	bis	3.479,99	1.738,00	2.104,00	2.430,00	2.716,00	2.962,00	3.168,00
3.480,00	bis	3.499,99	1.744,00	2.112,00	2.440,00	2.728,00	2.976,00	3.184,00
3.500,00	bis	3.519,99	1.750,00	2.120,00	2.450,00	2.740,00	2.990,00	3.200,00
3.520,00	bis	3.539,99	1.756,00	2.128,00	2.460,00	2.752,00	3.004,00	3.216,00
3.540,00	bis	3.559,99	1.762,00	2.136,00	2.470,00	2.764,00	3.018,00	3.232,00
3.560,00	bis	3.579,99	1.768,00	2.144,00	2.480,00	2.776,00	3.032,00	3.248,00
3.580,00	bis	3.599,99	1.774,00	2.152,00	2.490,00	2.788,00	3.046,00	3.264,00
3.600,00	bis	3.619,99	1.780,00	2.160,00	2.500,00	2.800,00	3.060,00	3.280,00
3.620,00	bis	3.639,99	1.786,00	2.168,00	2.510,00	2.812,00	3.074,00	3.296,00
3.640,00	bis	3.659,99	1.792,00	2.176,00	2.520,00	2.824,00	3.088,00	3.312,00
3.660,00	bis	3.679,99	1.798,00	2.184,00	2.530,00	2.836,00	3.102,00	3.328,00
3.680,00	bis	3.699,99	1.804,00	2.192,00	2.540,00	2.848,00	3.116,00	3.344,00
3.700,00	bis	3.719,99	1.810,00	2.200,00	2.550,00	2.860,00	3.130,00	3.360,00
3.720,00	bis	3.739,99	1.816,00	2.208,00	2.560,00	2.872,00	3.144,00	3.376,00
3.740,00	bis	3.759,99	1.822,00	2.216,00	2.570,00	2.884,00	3.158,00	3.392,00
3.760,00	bis	3.779,99	1.828,00	2.224,00	2.580,00	2.896,00	3.172,00	3.408,00
3.780,00	bis	3.799,99	1.834,00	2.232,00	2.590,00	2.908,00	3.186,00	3.424,00
3.800,00	bis	3.819,99	1.840,00	2.240,00	2.600,00	2.920,00	3.200,00	3.440,00
3.820,00	bis	3.839,99	1.846,00	2.248,00	2.610,00	2.932,00	3.214,00	3.456,00
3.840,00	bis	3.859,99	1.852,00	2.256,00	2.620,00	2.944,00	3.228,00	3.472,00
3.860,00	bis	3.879,99	1.858,00	2.264,00	2.630,00	2.956,00	3.242,00	3.488,00
3.880,00	bis	3.899,99	1.864,00	2.272,00	2.640,00	2.968,00	3.256,00	3.504,00
3.900,00	bis	3.919,99	1.870,00	2.280,00	2.650,00	2.980,00	3.270,00	3.520,00
3.920,00	bis	3.939,99	1.876,00	2.288,00	2.660,00	2.992,00	3.284,00	3.536,00
3.940,00	bis	3.959,99	1.882,00	2.296,00	2.670,00	3.004,00	3.298,00	3.552,00
3.960,00	bis	3.979,99	1.888,00	2.304,00	2.680,00	3.016,00	3.312,00	3.568,00
3.980,00	bis	3.999,99	1.894,00	2.312,00	2.690,00	3.028,00	3.326,00	3.584,00
4.000,00	und	darüber	1.900,00	2.320,00	2.700,00	3.040,00	3.340,00	3.600,00

Tabelle 1am (Grundbetrag 1.000 Euro monatlich)

TABELLEN

	Existenzminimum							
Nettolohn wöchentlich in Euro			unpfändbarer Betrag bei Unterhaltspflicht für					
			0	1	2	3	4	5
					in Euro			
	bis	234,99	233,00 alles	alles	alles	alles	alles	alles
235,00	bis	239,99	233,60 alles	alles	alles	alles	alles	alles
240,00	bis	244,99	235,10 alles	alles	alles	alles	alles	alles
245,00	bis	249,99	236,60 alles	alles	alles	alles	alles	alles
250,00	bis	254,99	238,10 alles	alles	alles	alles	alles	alles
255,00	bis	259,99	239,60 alles	alles	alles	alles	alles	alles
260,00	bis	264,99	241,10 alles	alles	alles	alles	alles	alles
265,00	bis	269,99	242,60 alles	alles	alles	alles	alles	alles
270,00	bis	274,99	244,10 alles	alles	alles	alles	alles	alles
275,00	bis	279,99	245,60	279,00 alles	alles	alles	alles	alles
280,00	bis	284,99	247,10	279,40 alles	alles	alles	alles	alles
285,00	bis	289,99	248,60	281,40 alles	alles	alles	alles	alles
290,00	bis	294,99	250,10	283,40 alles	alles	alles	alles	alles
295,00	bis	299,99	251,60	285,40 alles	alles	alles	alles	alles
300,00	bis	304,99	253,10	287,40 alles	alles	alles	alles	alles
305,00	bis	309,99	254,60	289,40 alles	alles	alles	alles	alles
310,00	bis	314,99	256,10	291,40 alles	alles	alles	alles	alles
315,00	bis	319,99	257,60	293,40 alles	alles	alles	alles	alles
320,00	bis	324,99	259,10	295,40 alles	alles	alles	alles	alles
325,00	bis	329,99	260,60	297,40	325,00 alles	alles	alles	alles
330,00	bis	334,99	262,10	299,40	327,50 alles	alles	alles	alles
335,00	bis	339,99	263,60	301,40	330,00 alles	alles	alles	alles
340,00	bis	344,99	265,10	303,40	332,50 alles	alles	alles	alles
345,00	bis	349,99	266,60	305,40	335,00 alles	alles	alles	alles
350,00	bis	354,99	268,10	307,40	337,50 alles	alles	alles	alles
355,00	bis	359,99	269,60	309,40	340,00 alles	alles	alles	alles
360,00	bis	364,99	271,10	311,40	342,50 alles	alles	alles	alles
365,00	bis	369,99	272,60	313,40	345,00 alles	alles	alles	alles
370,00	bis	374,99	274,10	315,40	347,50	371,00 alles	alles	alles
375,00	bis	379,99	275,60	317,40	350,00	373,40 alles	alles	alles
380,00	bis	384,99	277,10	319,40	352,50	376,40 alles	alles	alles
385,00	bis	389,99	278,60	321,40	355,00	379,40 alles	alles	alles
390,00	bis	394,99	280,10	323,40	357,50	382,40 alles	alles	alles
395,00	bis	399,99	281,60	325,40	360,00	385,40 alles	alles	alles
400,00	bis	404,99	283,10	327,40	362,50	388,40 alles	alles	alles
405,00	bis	409,99	284,60	329,40	365,00	391,40 alles	alles	alles
410,00	bis	414,99	286,10	331,40	367,50	394,40 alles	alles	alles
415,00	bis	419,99	287,60	333,40	370,00	397,40	417,00 alles	alles
420,00	bis	424,99	289,10	335,40	372,50	400,40	419,10 alles	alles
425,00	bis	429,99	290,60	337,40	375,00	403,40	422,60 alles	alles
430,00	bis	434,99	292,10	339,40	377,50	406,40	426,10 alles	alles
435,00	bis	439,99	293,60	341,40	380,00	409,40	429,60 alles	alles
440,00	bis	444,99	295,10	343,40	382,50	412,40	433,10 alles	alles
445,00	bis	449,99	296,60	345,40	385,00	415,40	436,60 alles	alles
450,00	bis	454,99	298,10	347,40	387,50	418,40	440,10 alles	alles
455,00	bis	459,99	299,60	349,40	390,00	421,40	443,60 alles	alles
460,00	bis	464,99	301,10	351,40	392,50	424,40	447,10	463,00
465,00	bis	469,99	302,60	353,40	395,00	427,40	450,60	464,60
470,00	bis	474,99	304,10	355,40	397,50	430,40	454,10	468,60
475,00	bis	479,99	305,60	357,40	400,00	433,40	457,60	472,60
480,00	bis	484,99	307,10	359,40	402,50	436,40	461,10	476,60
485,00	bis	489,99	308,60	361,40	405,00	439,40	464,60	480,60
490,00	bis	494,99	310,10	363,40	407,50	442,40	468,10	484,60
495,00	bis	499,99	311,60	365,40	410,00	445,40	471,60	488,60
500,00	bis	504,99	313,10	367,40	412,50	448,40	475,10	492,60
505,00	bis	509,99	314,60	369,40	415,00	451,40	478,60	496,60
510,00	bis	514,99	316,10	371,40	417,50	454,40	482,10	500,60
515,00	bis	519,99	317,60	373,40	420,00	457,40	485,60	504,60
520,00	bis	524,99	319,10	375,40	422,50	460,40	489,10	508,60
525,00	bis	529,99	320,60	377,40	425,00	463,40	492,60	512,60
530,00	bis	534,99	322,10	379,40	427,50	466,40	496,10	516,60
535,00	bis	539,99	323,60	381,40	430,00	469,40	499,60	520,60

Tabelle 1aw (Grundbetrag 233 Euro wöchentlich)

540,00	bis	544,99	325,10	383,40	432,50	472,40	503,10	524,60
545,00	bis	549,99	326,60	385,40	435,00	475,40	506,60	528,60
550,00	bis	554,99	328,10	387,40	437,50	478,40	510,10	532,60
555,00	bis	559,99	329,60	389,40	440,00	481,40	513,60	536,60
560,00	bis	564,99	331,10	391,40	442,50	484,40	517,10	540,60
565,00	bis	569,99	332,60	393,40	445,00	487,40	520,60	544,60
570,00	bis	574,99	334,10	395,40	447,50	490,40	524,10	548,60
575,00	bis	579,99	335,60	397,40	450,00	493,40	527,60	552,60
580,00	bis	584,99	337,10	399,40	452,50	496,40	531,10	556,60
585,00	bis	589,99	338,60	401,40	455,00	499,40	534,60	560,60
590,00	bis	594,99	340,10	403,40	457,50	502,40	538,10	564,60
595,00	bis	599,99	341,60	405,40	460,00	505,40	541,60	568,60
600,00	bis	604,99	343,10	407,40	462,50	508,40	545,10	572,60
605,00	bis	609,99	344,60	409,40	465,00	511,40	548,60	576,60
610,00	bis	614,99	346,10	411,40	467,50	514,40	552,10	580,60
615,00	bis	619,99	347,60	413,40	470,00	517,40	555,60	584,60
620,00	bis	624,99	349,10	415,40	472,50	520,40	559,10	588,60
625,00	bis	629,99	350,60	417,40	475,00	523,40	562,60	592,60
630,00	bis	634,99	352,10	419,40	477,50	526,40	566,10	596,60
635,00	bis	639,99	353,60	421,40	480,00	529,40	569,60	600,60
640,00	bis	644,99	355,10	423,40	482,50	532,40	573,10	604,60
645,00	bis	649,99	356,60	425,40	485,00	535,40	576,60	608,60
650,00	bis	654,99	358,10	427,40	487,50	538,40	580,10	612,60
655,00	bis	659,99	359,60	429,40	490,00	541,40	583,60	616,60
660,00	bis	664,99	361,10	431,40	492,50	544,40	587,10	620,60
665,00	bis	669,99	362,60	433,40	495,00	547,40	590,60	624,60
670,00	bis	674,99	364,10	435,40	497,50	550,40	594,10	628,60
675,00	bis	679,99	365,60	437,40	500,00	553,40	597,60	632,60
680,00	bis	684,99	367,10	439,40	502,50	556,40	601,10	636,60
685,00	bis	689,99	368,60	441,40	505,00	559,40	604,60	640,60
690,00	bis	694,99	370,10	443,40	507,50	562,40	608,10	644,60
695,00	bis	699,99	371,60	445,40	510,00	565,40	611,60	648,60
700,00	bis	704,99	373,10	447,40	512,50	568,40	615,10	652,60
705,00	bis	709,99	374,60	449,40	515,00	571,40	618,60	656,60
710,00	bis	714,99	376,10	451,40	517,50	574,40	622,10	660,60
715,00	bis	719,99	377,60	453,40	520,00	577,40	625,60	664,60
720,00	bis	724,99	379,10	455,40	522,50	580,40	629,10	668,60
725,00	bis	729,99	380,60	457,40	525,00	583,40	632,60	672,60
730,00	bis	734,99	382,10	459,40	527,50	586,40	636,10	676,60
735,00	bis	739,99	383,60	461,40	530,00	589,40	639,60	680,60
740,00	bis	744,99	385,10	463,40	532,50	592,40	643,10	684,60
745,00	bis	749,99	386,60	465,40	535,00	595,40	646,60	688,60
750,00	bis	754,99	388,10	467,40	537,50	598,40	650,10	692,60
755,00	bis	759,99	389,60	469,40	540,00	601,40	653,60	696,60
760,00	bis	764,99	391,10	471,40	542,50	604,40	657,10	700,60
765,00	bis	769,99	392,60	473,40	545,00	607,40	660,60	704,60
770,00	bis	774,99	394,10	475,40	547,50	610,40	664,10	708,60
775,00	bis	779,99	395,60	477,40	550,00	613,40	667,60	712,60
780,00	bis	784,99	397,10	479,40	552,50	616,40	671,10	716,60
785,00	bis	789,99	398,60	481,40	555,00	619,40	674,60	720,60
790,00	bis	794,99	400,10	483,40	557,50	622,40	678,10	724,60
795,00	bis	799,99	401,60	485,40	560,00	625,40	681,60	728,60
800,00	bis	804,99	403,10	487,40	562,50	628,40	685,10	732,60
805,00	bis	809,99	404,60	489,40	565,00	631,40	688,60	736,60
810,00	bis	814,99	406,10	491,40	567,50	634,40	692,10	740,60
815,00	bis	819,99	407,60	493,40	570,00	637,40	695,60	744,60
820,00	bis	824,99	409,10	495,40	572,50	640,40	699,10	748,60
825,00	bis	829,99	410,60	497,40	575,00	643,40	702,60	752,60
830,00	bis	834,99	412,10	499,40	577,50	646,40	706,10	756,60
835,00	bis	839,99	413,60	501,40	580,00	649,40	709,60	760,60
840,00	bis	844,99	415,10	503,40	582,50	652,40	713,10	764,60
845,00	bis	849,99	416,60	505,40	585,00	655,40	716,60	768,60
850,00	bis	854,99	418,10	507,40	587,50	658,40	720,10	772,60
855,00	bis	859,99	419,60	509,40	590,00	661,40	723,60	776,60
860,00	bis	864,99	421,10	511,40	592,50	664,40	727,10	780,60
865,00	bis	869,99	422,60	513,40	595,00	667,40	730,60	784,60
870,00	bis	874,99	424,10	515,40	597,50	670,40	734,10	788,60

Tabelle 1aw (Grundbetrag 233 Euro wöchentlich)

TABELLEN

875,00	bis	879,99	425,60	517,40	600,00	673,40	737,60	792,60
880,00	bis	884,99	427,10	519,40	602,50	676,40	741,10	796,60
885,00	bis	889,99	428,60	521,40	605,00	679,40	744,60	800,60
890,00	bis	894,99	430,10	523,40	607,50	682,40	748,10	804,60
895,00	bis	899,99	431,60	525,40	610,00	685,40	751,60	808,60
900,00	bis	904,99	433,10	527,40	612,50	688,40	755,10	812,60
905,00	bis	909,99	434,60	529,40	615,00	691,40	758,60	816,60
910,00	bis	914,99	436,10	531,40	617,50	694,40	762,10	820,60
915,00	bis	919,99	437,60	533,40	620,00	697,40	765,60	824,60
920,00	bis	924,99	439,10	535,40	622,50	700,40	769,10	828,60
925,00	bis	929,99	440,60	537,40	625,00	703,40	772,60	832,60
930,00	und	darüber	442,10	539,40	627,50	706,40	776,10	836,60

Tabelle 1aw (Grundbetrag 233 Euro wöchentlich)

Existenzminimum							
Nettolohn täglich in Euro		unpfändbarer Betrag bei Unterhaltspflicht für					
		0	1	2	3	4	5
		in Euro					
bis	33,99	33,00 alles	alles	alles	alles	alles	
34,00 bis	34,99	33,30 alles	alles	alles	alles	alles	
35,00 bis	35,99	33,60 alles	alles	alles	alles	alles	
36,00 bis	36,99	33,90 alles	alles	alles	alles	alles	
37,00 bis	37,99	34,20 alles	alles	alles	alles	alles	
38,00 bis	38,99	34,50 alles	alles	alles	alles	alles	
39,00 bis	39,99	34,80	39,00 alles	alles	alles	alles	
40,00 bis	40,99	35,10	39,40 alles	alles	alles	alles	
41,00 bis	41,99	35,40	39,80 alles	alles	alles	alles	
42,00 bis	42,99	35,70	40,20 alles	alles	alles	alles	
43,00 bis	43,99	36,00	40,60 alles	alles	alles	alles	
44,00 bis	44,99	36,30	41,00 alles	alles	alles	alles	
45,00 bis	45,99	36,60	41,40	45,00 alles	alles	alles	
46,00 bis	46,99	36,90	41,80	45,50 alles	alles	alles	
47,00 bis	47,99	37,20	42,20	46,00 alles	alles	alles	
48,00 bis	48,99	37,50	42,60	46,50 alles	alles	alles	
49,00 bis	49,99	37,80	43,00	47,00 alles	alles	alles	
50,00 bis	50,99	38,10	43,40	47,50 alles	alles	alles	
51,00 bis	51,99	38,40	43,80	48,00	51,00 alles	alles	
52,00 bis	52,99	38,70	44,20	48,50	51,60 alles	alles	
53,00 bis	53,99	39,00	44,60	49,00	52,20 alles	alles	
54,00 bis	54,99	39,30	45,00	49,50	52,80 alles	alles	
55,00 bis	55,99	39,60	45,40	50,00	53,40 alles	alles	
56,00 bis	56,99	39,90	45,80	50,50	54,00 alles	alles	
57,00 bis	57,99	40,20	46,20	51,00	54,60	57,00 alles	
58,00 bis	58,99	40,50	46,60	51,50	55,20	57,70 alles	
59,00 bis	59,99	40,80	47,00	52,00	55,80	58,40 alles	
60,00 bis	60,99	41,10	47,40	52,50	56,40	59,10 alles	
61,00 bis	61,99	41,40	47,80	53,00	57,00	59,80 alles	
62,00 bis	62,99	41,70	48,20	53,50	57,60	60,50 alles	
63,00 bis	63,99	42,00	48,60	54,00	58,20	61,20	63,00
64,00 bis	64,99	42,30	49,00	54,50	58,80	61,90	63,80
65,00 bis	65,99	42,60	49,40	55,00	59,40	62,60	64,60
66,00 bis	66,99	42,90	49,80	55,50	60,00	63,30	65,40
67,00 bis	67,99	43,20	50,20	56,00	60,60	64,00	66,20
68,00 bis	68,99	43,50	50,60	56,50	61,20	64,70	67,00
69,00 bis	69,99	43,80	51,00	57,00	61,80	65,40	67,80
70,00 bis	70,99	44,10	51,40	57,50	62,40	66,10	68,60
71,00 bis	71,99	44,40	51,80	58,00	63,00	66,80	69,40
72,00 bis	72,99	44,70	52,20	58,50	63,60	67,50	70,20
73,00 bis	73,99	45,00	52,60	59,00	64,20	68,20	71,00
74,00 bis	74,99	45,30	53,00	59,50	64,80	68,90	71,80
75,00 bis	75,99	45,60	53,40	60,00	65,40	69,60	72,60
76,00 bis	76,99	45,90	53,80	60,50	66,00	70,30	73,40
77,00 bis	77,99	46,20	54,20	61,00	66,60	71,00	74,20
78,00 bis	78,99	46,50	54,60	61,50	67,20	71,70	75,00
79,00 bis	79,99	46,80	55,00	62,00	67,80	72,40	75,80
80,00 bis	80,99	47,10	55,40	62,50	68,40	73,10	76,60
81,00 bis	81,99	47,40	55,80	63,00	69,00	73,80	77,40
82,00 bis	82,99	47,70	56,20	63,50	69,60	74,50	78,20
83,00 bis	83,99	48,00	56,60	64,00	70,20	75,20	79,00
84,00 bis	84,99	48,30	57,00	64,50	70,80	75,90	79,80
85,00 bis	85,99	48,60	57,40	65,00	71,40	76,60	80,60
86,00 bis	86,99	48,90	57,80	65,50	72,00	77,30	81,40
87,00 bis	87,99	49,20	58,20	66,00	72,60	78,00	82,20
88,00 bis	88,99	49,50	58,60	66,50	73,20	78,70	83,00
89,00 bis	89,99	49,80	59,00	67,00	73,80	79,40	83,80
90,00 bis	90,99	50,10	59,40	67,50	74,40	80,10	84,60
91,00 bis	91,99	50,40	59,80	68,00	75,00	80,80	85,40
92,00 bis	92,99	50,70	60,20	68,50	75,60	81,50	86,20
93,00 bis	93,99	51,00	60,60	69,00	76,20	82,20	87,00
94,00 bis	94,99	51,30	61,00	69,50	76,80	82,90	87,80
95,00 bis	95,99	51,60	61,40	70,00	77,40	83,60	88,60

Tabelle 1at (Grundbetrag 33 Euro täglich)

TABELLEN

96,00	bis	96,99	51,90	61,80	70,50	78,00	84,30	89,40
97,00	bis	97,99	52,20	62,20	71,00	78,60	85,00	90,20
98,00	bis	98,99	52,50	62,60	71,50	79,20	85,70	91,00
99,00	bis	99,99	52,80	63,00	72,00	79,80	86,40	91,80
100,00	bis	100,99	53,10	63,40	72,50	80,40	87,10	92,60
101,00	bis	101,99	53,40	63,80	73,00	81,00	87,80	93,40
102,00	bis	102,99	53,70	64,20	73,50	81,60	88,50	94,20
103,00	bis	103,99	54,00	64,60	74,00	82,20	89,20	95,00
104,00	bis	104,99	54,30	65,00	74,50	82,80	89,90	95,80
105,00	bis	105,99	54,60	65,40	75,00	83,40	90,60	96,60
106,00	bis	106,99	54,90	65,80	75,50	84,00	91,30	97,40
107,00	bis	107,99	55,20	66,20	76,00	84,60	92,00	98,20
108,00	bis	108,99	55,50	66,60	76,50	85,20	92,70	99,00
109,00	bis	109,99	55,80	67,00	77,00	85,80	93,40	99,80
110,00	bis	110,99	56,10	67,40	77,50	86,40	94,10	100,60
111,00	bis	111,99	56,40	67,80	78,00	87,00	94,80	101,40
112,00	bis	112,99	56,70	68,20	78,50	87,60	95,50	102,20
113,00	bis	113,99	57,00	68,60	79,00	88,20	96,20	103,00
114,00	bis	114,99	57,30	69,00	79,50	88,80	96,90	103,80
115,00	bis	115,99	57,60	69,40	80,00	89,40	97,60	104,60
116,00	bis	116,99	57,90	69,80	80,50	90,00	98,30	105,40
117,00	bis	117,99	58,20	70,20	81,00	90,60	99,00	106,20
118,00	bis	118,99	58,50	70,60	81,50	91,20	99,70	107,00
119,00	bis	119,99	58,80	71,00	82,00	91,80	100,40	107,80
120,00	bis	120,99	59,10	71,40	82,50	92,40	101,10	108,60
121,00	bis	121,99	59,40	71,80	83,00	93,00	101,80	109,40
122,00	bis	122,99	59,70	72,20	83,50	93,60	102,50	110,20
123,00	bis	123,99	60,00	72,60	84,00	94,20	103,20	111,00
124,00	bis	124,99	60,30	73,00	84,50	94,80	103,90	111,80
125,00	bis	125,99	60,60	73,40	85,00	95,40	104,60	112,60
126,00	bis	126,99	60,90	73,80	85,50	96,00	105,30	113,40
127,00	bis	127,99	61,20	74,20	86,00	96,60	106,00	114,20
128,00	bis	128,99	61,50	74,60	86,50	97,20	106,70	115,00
129,00	bis	129,99	61,80	75,00	87,00	97,80	107,40	115,80
130,00	bis	130,99	62,10	75,40	87,50	98,40	108,10	116,60
131,00	bis	131,99	62,40	75,80	88,00	99,00	108,80	117,40
132,00	bis	132,99	62,70	76,20	88,50	99,60	109,50	118,20
133,00	und	darüber	63,00	76,60	89,00	100,20	110,20	119,00

Tabelle 1at (Grundbetrag 33 Euro täglich)

TABELLEN

Nettolohn monatlich in Euro			Existenzminimum — unpfändbarer Betrag bei Unterhaltspflicht für					
			0	1	2	3	4	5
			in Euro					
	bis	1.179,99	1.167,00	alles	alles	alles	alles	alles
1.180,00	bis	1.199,99	1.170,90	alles	alles	alles	alles	alles
1.200,00	bis	1.219,99	1.176,90	alles	alles	alles	alles	alles
1.220,00	bis	1.239,99	1.182,90	alles	alles	alles	alles	alles
1.240,00	bis	1.259,99	1.188,90	alles	alles	alles	alles	alles
1.260,00	bis	1.279,99	1.194,90	alles	alles	alles	alles	alles
1.280,00	bis	1.299,99	1.200,90	alles	alles	alles	alles	alles
1.300,00	bis	1.319,99	1.206,90	alles	alles	alles	alles	alles
1.320,00	bis	1.339,99	1.212,90	alles	alles	alles	alles	alles
1.340,00	bis	1.359,99	1.218,90	alles	alles	alles	alles	alles
1.360,00	bis	1.379,99	1.224,90	1.367,00	alles	alles	alles	alles
1.380,00	bis	1.399,99	1.230,90	1.372,20	alles	alles	alles	alles
1.400,00	bis	1.419,99	1.236,90	1.380,20	alles	alles	alles	alles
1.420,00	bis	1.439,99	1.242,90	1.388,20	alles	alles	alles	alles
1.440,00	bis	1.459,99	1.248,90	1.396,20	alles	alles	alles	alles
1.460,00	bis	1.479,99	1.254,90	1.404,20	alles	alles	alles	alles
1.480,00	bis	1.499,99	1.260,90	1.412,20	alles	alles	alles	alles
1.500,00	bis	1.519,99	1.266,90	1.420,20	alles	alles	alles	alles
1.520,00	bis	1.539,99	1.272,90	1.428,20	alles	alles	alles	alles
1.540,00	bis	1.559,99	1.278,90	1.436,20	alles	alles	alles	alles
1.560,00	bis	1.579,99	1.284,90	1.444,20	1.567,00	alles	alles	alles
1.580,00	bis	1.599,99	1.290,90	1.452,20	1.573,50	alles	alles	alles
1.600,00	bis	1.619,99	1.296,90	1.460,20	1.583,50	alles	alles	alles
1.620,00	bis	1.639,99	1.302,90	1.468,20	1.593,50	alles	alles	alles
1.640,00	bis	1.659,99	1.308,90	1.476,20	1.603,50	alles	alles	alles
1.660,00	bis	1.679,99	1.314,90	1.484,20	1.613,50	alles	alles	alles
1.680,00	bis	1.699,99	1.320,90	1.492,20	1.623,50	alles	alles	alles
1.700,00	bis	1.719,99	1.326,90	1.500,20	1.633,50	alles	alles	alles
1.720,00	bis	1.739,99	1.332,90	1.508,20	1.643,50	alles	alles	alles
1.740,00	bis	1.759,99	1.338,90	1.516,20	1.653,50	alles	alles	alles
1.760,00	bis	1.779,99	1.344,90	1.524,20	1.663,50	1.767,00	alles	alles
1.780,00	bis	1.799,99	1.350,90	1.532,20	1.673,50	1.774,80	alles	alles
1.800,00	bis	1.819,99	1.356,90	1.540,20	1.683,50	1.786,80	alles	alles
1.820,00	bis	1.839,99	1.362,90	1.548,20	1.693,50	1.798,80	alles	alles
1.840,00	bis	1.859,99	1.368,90	1.556,20	1.703,50	1.810,80	alles	alles
1.860,00	bis	1.879,99	1.374,90	1.564,20	1.713,50	1.822,80	alles	alles
1.880,00	bis	1.899,99	1.380,90	1.572,20	1.723,50	1.834,80	alles	alles
1.900,00	bis	1.919,99	1.386,90	1.580,20	1.733,50	1.846,80	alles	alles
1.920,00	bis	1.939,99	1.392,90	1.588,20	1.743,50	1.858,80	alles	alles
1.940,00	bis	1.959,99	1.398,90	1.596,20	1.753,50	1.870,80	alles	alles
1.960,00	bis	1.979,99	1.404,90	1.604,20	1.763,50	1.882,80	1.967,00	alles
1.980,00	bis	1.999,99	1.410,90	1.612,20	1.773,50	1.894,80	1.976,10	alles
2.000,00	bis	2.019,99	1.416,90	1.620,20	1.783,50	1.906,80	1.990,10	alles
2.020,00	bis	2.039,99	1.422,90	1.628,20	1.793,50	1.918,80	2.004,10	alles
2.040,00	bis	2.059,99	1.428,90	1.636,20	1.803,50	1.930,80	2.018,10	alles
2.060,00	bis	2.079,99	1.434,90	1.644,20	1.813,50	1.942,80	2.032,10	alles
2.080,00	bis	2.099,99	1.440,90	1.652,20	1.823,50	1.954,80	2.046,10	alles
2.100,00	bis	2.119,99	1.446,90	1.660,20	1.833,50	1.966,80	2.060,10	alles
2.120,00	bis	2.139,99	1.452,90	1.668,20	1.843,50	1.978,80	2.074,10	alles
2.140,00	bis	2.159,99	1.458,90	1.676,20	1.853,50	1.990,80	2.088,10	alles
2.160,00	bis	2.179,99	1.464,90	1.684,20	1.863,50	2.002,80	2.102,10	2.167,00
2.180,00	bis	2.199,99	1.470,90	1.692,20	1.873,50	2.014,80	2.116,10	2.177,40
2.200,00	bis	2.219,99	1.476,90	1.700,20	1.883,50	2.026,80	2.130,10	2.193,40
2.220,00	bis	2.239,99	1.482,90	1.708,20	1.893,50	2.038,80	2.144,10	2.209,40
2.240,00	bis	2.259,99	1.488,90	1.716,20	1.903,50	2.050,80	2.158,10	2.225,40
2.260,00	bis	2.279,99	1.494,90	1.724,20	1.913,50	2.062,80	2.172,10	2.241,40
2.280,00	bis	2.299,99	1.500,90	1.732,20	1.923,50	2.074,80	2.186,10	2.257,40
2.300,00	bis	2.319,99	1.506,90	1.740,20	1.933,50	2.086,80	2.200,10	2.273,40
2.320,00	bis	2.339,99	1.512,90	1.748,20	1.943,50	2.098,80	2.214,10	2.289,40
2.340,00	bis	2.359,99	1.518,90	1.756,20	1.953,50	2.110,80	2.228,10	2.305,40
2.360,00	bis	2.379,99	1.524,90	1.764,20	1.963,50	2.122,80	2.242,10	2.321,40
2.380,00	bis	2.399,99	1.530,90	1.772,20	1.973,50	2.134,80	2.256,10	2.337,40

Tabelle 1bm (Grundbetrag 1167 Euro monatlich)

TABELLEN

2.400,00	bis	2.419,99	1.536,90	1.780,20	1.983,50	2.146,80	2.270,10	2.353,40
2.420,00	bis	2.439,99	1.542,90	1.788,20	1.993,50	2.158,80	2.284,10	2.369,40
2.440,00	bis	2.459,99	1.548,90	1.796,20	2.003,50	2.170,80	2.298,10	2.385,40
2.460,00	bis	2.479,99	1.554,90	1.804,20	2.013,50	2.182,80	2.312,10	2.401,40
2.480,00	bis	2.499,99	1.560,90	1.812,20	2.023,50	2.194,80	2.326,10	2.417,40
2.500,00	bis	2.519,99	1.566,90	1.820,20	2.033,50	2.206,80	2.340,10	2.433,40
2.520,00	bis	2.539,99	1.572,90	1.828,20	2.043,50	2.218,80	2.354,10	2.449,40
2.540,00	bis	2.559,99	1.578,90	1.836,20	2.053,50	2.230,80	2.368,10	2.465,40
2.560,00	bis	2.579,99	1.584,90	1.844,20	2.063,50	2.242,80	2.382,10	2.481,40
2.580,00	bis	2.599,99	1.590,90	1.852,20	2.073,50	2.254,80	2.396,10	2.497,40
2.600,00	bis	2.619,99	1.596,90	1.860,20	2.083,50	2.266,80	2.410,10	2.513,40
2.620,00	bis	2.639,99	1.602,90	1.868,20	2.093,50	2.278,80	2.424,10	2.529,40
2.640,00	bis	2.659,99	1.608,90	1.876,20	2.103,50	2.290,80	2.438,10	2.545,40
2.660,00	bis	2.679,99	1.614,90	1.884,20	2.113,50	2.302,80	2.452,10	2.561,40
2.680,00	bis	2.699,99	1.620,90	1.892,20	2.123,50	2.314,80	2.466,10	2.577,40
2.700,00	bis	2.719,99	1.626,90	1.900,20	2.133,50	2.326,80	2.480,10	2.593,40
2.720,00	bis	2.739,99	1.632,90	1.908,20	2.143,50	2.338,80	2.494,10	2.609,40
2.740,00	bis	2.759,99	1.638,90	1.916,20	2.153,50	2.350,80	2.508,10	2.625,40
2.760,00	bis	2.779,99	1.644,90	1.924,20	2.163,50	2.362,80	2.522,10	2.641,40
2.780,00	bis	2.799,99	1.650,90	1.932,20	2.173,50	2.374,80	2.536,10	2.657,40
2.800,00	bis	2.819,99	1.656,90	1.940,20	2.183,50	2.386,80	2.550,10	2.673,40
2.820,00	bis	2.839,99	1.662,90	1.948,20	2.193,50	2.398,80	2.564,10	2.689,40
2.840,00	bis	2.859,99	1.668,90	1.956,20	2.203,50	2.410,80	2.578,10	2.705,40
2.860,00	bis	2.879,99	1.674,90	1.964,20	2.213,50	2.422,80	2.592,10	2.721,40
2.880,00	bis	2.899,99	1.680,90	1.972,20	2.223,50	2.434,80	2.606,10	2.737,40
2.900,00	bis	2.919,99	1.686,90	1.980,20	2.233,50	2.446,80	2.620,10	2.753,40
2.920,00	bis	2.939,99	1.692,90	1.988,20	2.243,50	2.458,80	2.634,10	2.769,40
2.940,00	bis	2.959,99	1.698,90	1.996,20	2.253,50	2.470,80	2.648,10	2.785,40
2.960,00	bis	2.979,99	1.704,90	2.004,20	2.263,50	2.482,80	2.662,10	2.801,40
2.980,00	bis	2.999,99	1.710,90	2.012,20	2.273,50	2.494,80	2.676,10	2.817,40
3.000,00	bis	3.019,99	1.716,90	2.020,20	2.283,50	2.506,80	2.690,10	2.833,40
3.020,00	bis	3.039,99	1.722,90	2.028,20	2.293,50	2.518,80	2.704,10	2.849,40
3.040,00	bis	3.059,99	1.728,90	2.036,20	2.303,50	2.530,80	2.718,10	2.865,40
3.060,00	bis	3.079,99	1.734,90	2.044,20	2.313,50	2.542,80	2.732,10	2.881,40
3.080,00	bis	3.099,99	1.740,90	2.052,20	2.323,50	2.554,80	2.746,10	2.897,40
3.100,00	bis	3.119,99	1.746,90	2.060,20	2.333,50	2.566,80	2.760,10	2.913,40
3.120,00	bis	3.139,99	1.752,90	2.068,20	2.343,50	2.578,80	2.774,10	2.929,40
3.140,00	bis	3.159,99	1.758,90	2.076,20	2.353,50	2.590,80	2.788,10	2.945,40
3.160,00	bis	3.179,99	1.764,90	2.084,20	2.363,50	2.602,80	2.802,10	2.961,40
3.180,00	bis	3.199,99	1.770,90	2.092,20	2.373,50	2.614,80	2.816,10	2.977,40
3.200,00	bis	3.219,99	1.776,90	2.100,20	2.383,50	2.626,80	2.830,10	2.993,40
3.220,00	bis	3.239,99	1.782,90	2.108,20	2.393,50	2.638,80	2.844,10	3.009,40
3.240,00	bis	3.259,99	1.788,90	2.116,20	2.403,50	2.650,80	2.858,10	3.025,40
3.260,00	bis	3.279,99	1.794,90	2.124,20	2.413,50	2.662,80	2.872,10	3.041,40
3.280,00	bis	3.299,99	1.800,90	2.132,20	2.423,50	2.674,80	2.886,10	3.057,40
3.300,00	bis	3.319,99	1.806,90	2.140,20	2.433,50	2.686,80	2.900,10	3.073,40
3.320,00	bis	3.339,99	1.812,90	2.148,20	2.443,50	2.698,80	2.914,10	3.089,40
3.340,00	bis	3.359,99	1.818,90	2.156,20	2.453,50	2.710,80	2.928,10	3.105,40
3.360,00	bis	3.379,99	1.824,90	2.164,20	2.463,50	2.722,80	2.942,10	3.121,40
3.380,00	bis	3.399,99	1.830,90	2.172,20	2.473,50	2.734,80	2.956,10	3.137,40
3.400,00	bis	3.419,99	1.836,90	2.180,20	2.483,50	2.746,80	2.970,10	3.153,40
3.420,00	bis	3.439,99	1.842,90	2.188,20	2.493,50	2.758,80	2.984,10	3.169,40
3.440,00	bis	3.459,99	1.848,90	2.196,20	2.503,50	2.770,80	2.998,10	3.185,40
3.460,00	bis	3.479,99	1.854,90	2.204,20	2.513,50	2.782,80	3.012,10	3.201,40
3.480,00	bis	3.499,99	1.860,90	2.212,20	2.523,50	2.794,80	3.026,10	3.217,40
3.500,00	bis	3.519,99	1.866,90	2.220,20	2.533,50	2.806,80	3.040,10	3.233,40
3.520,00	bis	3.539,99	1.872,90	2.228,20	2.543,50	2.818,80	3.054,10	3.249,40
3.540,00	bis	3.559,99	1.878,90	2.236,20	2.553,50	2.830,80	3.068,10	3.265,40
3.560,00	bis	3.579,99	1.884,90	2.244,20	2.563,50	2.842,80	3.082,10	3.281,40
3.580,00	bis	3.599,99	1.890,90	2.252,20	2.573,50	2.854,80	3.096,10	3.297,40
3.600,00	bis	3.619,99	1.896,90	2.260,20	2.583,50	2.866,80	3.110,10	3.313,40
3.620,00	bis	3.639,99	1.902,90	2.268,20	2.593,50	2.878,80	3.124,10	3.329,40
3.640,00	bis	3.659,99	1.908,90	2.276,20	2.603,50	2.890,80	3.138,10	3.345,40
3.660,00	bis	3.679,99	1.914,90	2.284,20	2.613,50	2.902,80	3.152,10	3.361,40
3.680,00	bis	3.699,99	1.920,90	2.292,20	2.623,50	2.914,80	3.166,10	3.377,40
3.700,00	bis	3.719,99	1.926,90	2.300,20	2.633,50	2.926,80	3.180,10	3.393,40
3.720,00	bis	3.739,99	1.932,90	2.308,20	2.643,50	2.938,80	3.194,10	3.409,40

Tabelle 1bm (Grundbetrag 1167 Euro monatlich)

TABELLEN

3.740,00	bis	3.759,99	1.938,90	2.316,20	2.653,50	2.950,80	3.208,10	3.425,40
3.760,00	bis	3.779,99	1.944,90	2.324,20	2.663,50	2.962,80	3.222,10	3.441,40
3.780,00	bis	3.799,99	1.950,90	2.332,20	2.673,50	2.974,80	3.236,10	3.457,40
3.800,00	bis	3.819,99	1.956,90	2.340,20	2.683,50	2.986,80	3.250,10	3.473,40
3.820,00	bis	3.839,99	1.962,90	2.348,20	2.693,50	2.998,80	3.264,10	3.489,40
3.840,00	bis	3.859,99	1.968,90	2.356,20	2.703,50	3.010,80	3.278,10	3.505,40
3.860,00	bis	3.879,99	1.974,90	2.364,20	2.713,50	3.022,80	3.292,10	3.521,40
3.880,00	bis	3.899,99	1.980,90	2.372,20	2.723,50	3.034,80	3.306,10	3.537,40
3.900,00	bis	3.919,99	1.986,90	2.380,20	2.733,50	3.046,80	3.320,10	3.553,40
3.920,00	bis	3.939,99	1.992,90	2.388,20	2.743,50	3.058,80	3.334,10	3.569,40
3.940,00	bis	3.959,99	1.998,90	2.396,20	2.753,50	3.070,80	3.348,10	3.585,40
3.960,00	bis	3.979,99	2.004,90	2.404,20	2.763,50	3.082,80	3.362,10	3.601,40
3.980,00	bis	3.999,99	2.010,90	2.412,20	2.773,50	3.094,80	3.376,10	3.617,40
4.000,00	und	darüber	2.016,90	2.420,20	2.783,50	3.106,80	3.390,10	3.633,40

Tabelle 1bm (Grundbetrag 1167 Euro monatlich)

Nettolohn wöchentlich in Euro			unpfändbarer Betrag bei Unterhaltspflicht für					
			0	1	2	3	4	5
			in Euro					
	bis	274,99	272,00	alles	alles	alles	alles	alles
275,00	bis	279,99	272,90	alles	alles	alles	alles	alles
280,00	bis	284,99	274,40	alles	alles	alles	alles	alles
285,00	bis	289,99	275,90	alles	alles	alles	alles	alles
290,00	bis	294,99	277,40	alles	alles	alles	alles	alles
295,00	bis	299,99	278,90	alles	alles	alles	alles	alles
300,00	bis	304,99	280,40	alles	alles	alles	alles	alles
305,00	bis	309,99	281,90	alles	alles	alles	alles	alles
310,00	bis	314,99	283,40	alles	alles	alles	alles	alles
315,00	bis	319,99	284,90	318,00	alles	alles	alles	alles
320,00	bis	324,99	286,40	318,80	alles	alles	alles	alles
325,00	bis	329,99	287,90	320,80	alles	alles	alles	alles
330,00	bis	334,99	289,40	322,80	alles	alles	alles	alles
335,00	bis	339,99	290,90	324,80	alles	alles	alles	alles
340,00	bis	344,99	292,40	326,80	alles	alles	alles	alles
345,00	bis	349,99	293,90	328,80	alles	alles	alles	alles
350,00	bis	354,99	295,40	330,80	alles	alles	alles	alles
355,00	bis	359,99	296,90	332,80	alles	alles	alles	alles
360,00	bis	364,99	298,40	334,80	364,00	alles	alles	alles
365,00	bis	369,99	299,90	336,80	364,50	alles	alles	alles
370,00	bis	374,99	301,40	338,80	367,00	alles	alles	alles
375,00	bis	379,99	302,90	340,80	369,50	alles	alles	alles
380,00	bis	384,99	304,40	342,80	372,00	alles	alles	alles
385,00	bis	389,99	305,90	344,80	374,50	alles	alles	alles
390,00	bis	394,99	307,40	346,80	377,00	alles	alles	alles
395,00	bis	399,99	308,90	348,80	379,50	alles	alles	alles
400,00	bis	404,99	310,40	350,80	382,00	alles	alles	alles
405,00	bis	409,99	311,90	352,80	384,50	alles	alles	alles
410,00	bis	414,99	313,40	354,80	387,00	410,00	alles	alles
415,00	bis	419,99	314,90	356,80	389,50	413,00	alles	alles
420,00	bis	424,99	316,40	358,80	392,00	416,00	alles	alles
425,00	bis	429,99	317,90	360,80	394,50	419,00	alles	alles
430,00	bis	434,99	319,40	362,80	397,00	422,00	alles	alles
435,00	bis	439,99	320,90	364,80	399,50	425,00	alles	alles
440,00	bis	444,99	322,40	366,80	402,00	428,00	alles	alles
445,00	bis	449,99	323,90	368,80	404,50	431,00	alles	alles
450,00	bis	454,99	325,40	370,80	407,00	434,00	alles	alles
455,00	bis	459,99	326,90	372,80	409,50	437,00	456,00	alles
460,00	bis	464,99	328,40	374,80	412,00	440,00	458,80	alles
465,00	bis	469,99	329,90	376,80	414,50	443,00	462,30	alles
470,00	bis	474,99	331,40	378,80	417,00	446,00	465,80	alles
475,00	bis	479,99	332,90	380,80	419,50	449,00	469,30	alles
480,00	bis	484,99	334,40	382,80	422,00	452,00	472,80	alles
485,00	bis	489,99	335,90	384,80	424,50	455,00	476,30	alles
490,00	bis	494,99	337,40	386,80	427,00	458,00	479,80	alles
495,00	bis	499,99	338,90	388,80	429,50	461,00	483,30	alles
500,00	bis	504,99	340,40	390,80	432,00	464,00	486,80	502,00
505,00	bis	509,99	341,90	392,80	434,50	467,00	490,30	504,40
510,00	bis	514,99	343,40	394,80	437,00	470,00	493,80	508,40
515,00	bis	519,99	344,90	396,80	439,50	473,00	497,30	512,40
520,00	bis	524,99	346,40	398,80	442,00	476,00	500,80	516,40
525,00	bis	529,99	347,90	400,80	444,50	479,00	504,30	520,40
530,00	bis	534,99	349,40	402,80	447,00	482,00	507,80	524,40
535,00	bis	539,99	350,90	404,80	449,50	485,00	511,30	528,40
540,00	bis	544,99	352,40	406,80	452,00	488,00	514,80	532,40
545,00	bis	549,99	353,90	408,80	454,50	491,00	518,30	536,40
550,00	bis	554,99	355,40	410,80	457,00	494,00	521,80	540,40
555,00	bis	559,99	356,90	412,80	459,50	497,00	525,30	544,40
560,00	bis	564,99	358,40	414,80	462,00	500,00	528,80	548,40
565,00	bis	569,99	359,90	416,80	464,50	503,00	532,30	552,40
570,00	bis	574,99	361,40	418,80	467,00	506,00	535,80	556,40
575,00	bis	579,99	362,90	420,80	469,50	509,00	539,30	560,40

Tabelle 1bw (Grundbetrag 272 Euro wöchentlich)

580,00	bis	584,99	364,40	422,80	472,00	512,00	542,80	564,40
585,00	bis	589,99	365,90	424,80	474,50	515,00	546,30	568,40
590,00	bis	594,99	367,40	426,80	477,00	518,00	549,80	572,40
595,00	bis	599,99	368,90	428,80	479,50	521,00	553,30	576,40
600,00	bis	604,99	370,40	430,80	482,00	524,00	556,80	580,40
605,00	bis	609,99	371,90	432,80	484,50	527,00	560,30	584,40
610,00	bis	614,99	373,40	434,80	487,00	530,00	563,80	588,40
615,00	bis	619,99	374,90	436,80	489,50	533,00	567,30	592,40
620,00	bis	624,99	376,40	438,80	492,00	536,00	570,80	596,40
625,00	bis	629,99	377,90	440,80	494,50	539,00	574,30	600,40
630,00	bis	634,99	379,40	442,80	497,00	542,00	577,80	604,40
635,00	bis	639,99	380,90	444,80	499,50	545,00	581,30	608,40
640,00	bis	644,99	382,40	446,80	502,00	548,00	584,80	612,40
645,00	bis	649,99	383,90	448,80	504,50	551,00	588,30	616,40
650,00	bis	654,99	385,40	450,80	507,00	554,00	591,80	620,40
655,00	bis	659,99	386,90	452,80	509,50	557,00	595,30	624,40
660,00	bis	664,99	388,40	454,80	512,00	560,00	598,80	628,40
665,00	bis	669,99	389,90	456,80	514,50	563,00	602,30	632,40
670,00	bis	674,99	391,40	458,80	517,00	566,00	605,80	636,40
675,00	bis	679,99	392,90	460,80	519,50	569,00	609,30	640,40
680,00	bis	684,99	394,40	462,80	522,00	572,00	612,80	644,40
685,00	bis	689,99	395,90	464,80	524,50	575,00	616,30	648,40
690,00	bis	694,99	397,40	466,80	527,00	578,00	619,80	652,40
695,00	bis	699,99	398,90	468,80	529,50	581,00	623,30	656,40
700,00	bis	704,99	400,40	470,80	532,00	584,00	626,80	660,40
705,00	bis	709,99	401,90	472,80	534,50	587,00	630,30	664,40
710,00	bis	714,99	403,40	474,80	537,00	590,00	633,80	668,40
715,00	bis	719,99	404,90	476,80	539,50	593,00	637,30	672,40
720,00	bis	724,99	406,40	478,80	542,00	596,00	640,80	676,40
725,00	bis	729,99	407,90	480,80	544,50	599,00	644,30	680,40
730,00	bis	734,99	409,40	482,80	547,00	602,00	647,80	684,40
735,00	bis	739,99	410,90	484,80	549,50	605,00	651,30	688,40
740,00	bis	744,99	412,40	486,80	552,00	608,00	654,80	692,40
745,00	bis	749,99	413,90	488,80	554,50	611,00	658,30	696,40
750,00	bis	754,99	415,40	490,80	557,00	614,00	661,80	700,40
755,00	bis	759,99	416,90	492,80	559,50	617,00	665,30	704,40
760,00	bis	764,99	418,40	494,80	562,00	620,00	668,80	708,40
765,00	bis	769,99	419,90	496,80	564,50	623,00	672,30	712,40
770,00	bis	774,99	421,40	498,80	567,00	626,00	675,80	716,40
775,00	bis	779,99	422,90	500,80	569,50	629,00	679,30	720,40
780,00	bis	784,99	424,40	502,80	572,00	632,00	682,80	724,40
785,00	bis	789,99	425,90	504,80	574,50	635,00	686,30	728,40
790,00	bis	794,99	427,40	506,80	577,00	638,00	689,80	732,40
795,00	bis	799,99	428,90	508,80	579,50	641,00	693,30	736,40
800,00	bis	804,99	430,40	510,80	582,00	644,00	696,80	740,40
805,00	bis	809,99	431,90	512,80	584,50	647,00	700,30	744,40
810,00	bis	814,99	433,40	514,80	587,00	650,00	703,80	748,40
815,00	bis	819,99	434,90	516,80	589,50	653,00	707,30	752,40
820,00	bis	824,99	436,40	518,80	592,00	656,00	710,80	756,40
825,00	bis	829,99	437,90	520,80	594,50	659,00	714,30	760,40
830,00	bis	834,99	439,40	522,80	597,00	662,00	717,80	764,40
835,00	bis	839,99	440,90	524,80	599,50	665,00	721,30	768,40
840,00	bis	844,99	442,40	526,80	602,00	668,00	724,80	772,40
845,00	bis	849,99	443,90	528,80	604,50	671,00	728,30	776,40
850,00	bis	854,99	445,40	530,80	607,00	674,00	731,80	780,40
855,00	bis	859,99	446,90	532,80	609,50	677,00	735,30	784,40
860,00	bis	864,99	448,40	534,80	612,00	680,00	738,80	788,40
865,00	bis	869,99	449,90	536,80	614,50	683,00	742,30	792,40
870,00	bis	874,99	451,40	538,80	617,00	686,00	745,80	796,40
875,00	bis	879,99	452,90	540,80	619,50	689,00	749,30	800,40
880,00	bis	884,99	454,40	542,80	622,00	692,00	752,80	804,40
885,00	bis	889,99	455,90	544,80	624,50	695,00	756,30	808,40
890,00	bis	894,99	457,40	546,80	627,00	698,00	759,80	812,40
895,00	bis	899,99	458,90	548,80	629,50	701,00	763,30	816,40
900,00	bis	904,99	460,40	550,80	632,00	704,00	766,80	820,40
905,00	bis	909,99	461,90	552,80	634,50	707,00	770,30	824,40
910,00	bis	914,99	463,40	554,80	637,00	710,00	773,80	828,40

Tabelle 1bw (Grundbetrag 272 Euro wöchentlich)

TABELLEN

915,00	bis	919,99	464,90	556,80	639,50	713,00	777,30	832,40
920,00	bis	924,99	466,40	558,80	642,00	716,00	780,80	836,40
925,00	bis	929,99	467,90	560,80	644,50	719,00	784,30	840,40
930,00	und	darüber	469,40	562,80	647,00	722,00	787,80	844,40

Tabelle 1bw (Grundbetrag 272 Euro wöchentlich)

			Existenzminimum					
Nettolohn täglich in Euro			unpfändbarer Betrag bei Unterhaltspflicht für					
			0	1	2	3	4	5
			in Euro					
	bis	38,99	38,00	alles	alles	alles	alles	alles
39,00	bis	39,99	38,30	alles	alles	alles	alles	alles
40,00	bis	40,99	38,60	alles	alles	alles	alles	alles
41,00	bis	41,99	38,90	alles	alles	alles	alles	alles
42,00	bis	42,99	39,20	alles	alles	alles	alles	alles
43,00	bis	43,99	39,50	alles	alles	alles	alles	alles
44,00	bis	44,99	39,80	44,00	alles	alles	alles	alles
45,00	bis	45,99	40,10	44,40	alles	alles	alles	alles
46,00	bis	46,99	40,40	44,80	alles	alles	alles	alles
47,00	bis	47,99	40,70	45,20	alles	alles	alles	alles
48,00	bis	48,99	41,00	45,60	alles	alles	alles	alles
49,00	bis	49,99	41,30	46,00	alles	alles	alles	alles
50,00	bis	50,99	41,60	46,40	50,00	alles	alles	alles
51,00	bis	51,99	41,90	46,80	50,50	alles	alles	alles
52,00	bis	52,99	42,20	47,20	51,00	alles	alles	alles
53,00	bis	53,99	42,50	47,60	51,50	alles	alles	alles
54,00	bis	54,99	42,80	48,00	52,00	alles	alles	alles
55,00	bis	55,99	43,10	48,40	52,50	alles	alles	alles
56,00	bis	56,99	43,40	48,80	53,00	56,00	alles	alles
57,00	bis	57,99	43,70	49,20	53,50	56,60	alles	alles
58,00	bis	58,99	44,00	49,60	54,00	57,20	alles	alles
59,00	bis	59,99	44,30	50,00	54,50	57,80	alles	alles
60,00	bis	60,99	44,60	50,40	55,00	58,40	alles	alles
61,00	bis	61,99	44,90	50,80	55,50	59,00	alles	alles
62,00	bis	62,99	45,20	51,20	56,00	59,60	62,00	alles
63,00	bis	63,99	45,50	51,60	56,50	60,20	62,70	alles
64,00	bis	64,99	45,80	52,00	57,00	60,80	63,40	alles
65,00	bis	65,99	46,10	52,40	57,50	61,40	64,10	alles
66,00	bis	66,99	46,40	52,80	58,00	62,00	64,80	alles
67,00	bis	67,99	46,70	53,20	58,50	62,60	65,50	alles
68,00	bis	68,99	47,00	53,60	59,00	63,20	66,20	68,00
69,00	bis	69,99	47,30	54,00	59,50	63,80	66,90	68,80
70,00	bis	70,99	47,60	54,40	60,00	64,40	67,60	69,60
71,00	bis	71,99	47,90	54,80	60,50	65,00	68,30	70,40
72,00	bis	72,99	48,20	55,20	61,00	65,60	69,00	71,20
73,00	bis	73,99	48,50	55,60	61,50	66,20	69,70	72,00
74,00	bis	74,99	48,80	56,00	62,00	66,80	70,40	72,80
75,00	bis	75,99	49,10	56,40	62,50	67,40	71,10	73,60
76,00	bis	76,99	49,40	56,80	63,00	68,00	71,80	74,40
77,00	bis	77,99	49,70	57,20	63,50	68,60	72,50	75,20
78,00	bis	78,99	50,00	57,60	64,00	69,20	73,20	76,00
79,00	bis	79,99	50,30	58,00	64,50	69,80	73,90	76,80
80,00	bis	80,99	50,60	58,40	65,00	70,40	74,60	77,60
81,00	bis	81,99	50,90	58,80	65,50	71,00	75,30	78,40
82,00	bis	82,99	51,20	59,20	66,00	71,60	76,00	79,20
83,00	bis	83,99	51,50	59,60	66,50	72,20	76,70	80,00
84,00	bis	84,99	51,80	60,00	67,00	72,80	77,40	80,80
85,00	bis	85,99	52,10	60,40	67,50	73,40	78,10	81,60
86,00	bis	86,99	52,40	60,80	68,00	74,00	78,80	82,40
87,00	bis	87,99	52,70	61,20	68,50	74,60	79,50	83,20
88,00	bis	88,99	53,00	61,60	69,00	75,20	80,20	84,00
89,00	bis	89,99	53,30	62,00	69,50	75,80	80,90	84,80
90,00	bis	90,99	53,60	62,40	70,00	76,40	81,60	85,60
91,00	bis	91,99	53,90	62,80	70,50	77,00	82,30	86,40
92,00	bis	92,99	54,20	63,20	71,00	77,60	83,00	87,20
93,00	bis	93,99	54,50	63,60	71,50	78,20	83,70	88,00
94,00	bis	94,99	54,80	64,00	72,00	78,80	84,40	88,80
95,00	bis	95,99	55,10	64,40	72,50	79,40	85,10	89,60
96,00	bis	96,99	55,40	64,80	73,00	80,00	85,80	90,40
97,00	bis	97,99	55,70	65,20	73,50	80,60	86,50	91,20
98,00	bis	98,99	56,00	65,60	74,00	81,20	87,20	92,00
99,00	bis	99,99	56,30	66,00	74,50	81,80	87,90	92,80

Tabelle 1bt (Grundbetrag 38 Euro täglich)

TABELLEN

100,00	bis	100,99	56,60	66,40	75,00	82,40	88,60	93,60
101,00	bis	101,99	56,90	66,80	75,50	83,00	89,30	94,40
102,00	bis	102,99	57,20	67,20	76,00	83,60	90,00	95,20
103,00	bis	103,99	57,50	67,60	76,50	84,20	90,70	96,00
104,00	bis	104,99	57,80	68,00	77,00	84,80	91,40	96,80
105,00	bis	105,99	58,10	68,40	77,50	85,40	92,10	97,60
106,00	bis	106,99	58,40	68,80	78,00	86,00	92,80	98,40
107,00	bis	107,99	58,70	69,20	78,50	86,60	93,50	99,20
108,00	bis	108,99	59,00	69,60	79,00	87,20	94,20	100,00
109,00	bis	109,99	59,30	70,00	79,50	87,80	94,90	100,80
110,00	bis	110,99	59,60	70,40	80,00	88,40	95,60	101,60
111,00	bis	111,99	59,90	70,80	80,50	89,00	96,30	102,40
112,00	bis	112,99	60,20	71,20	81,00	89,60	97,00	103,20
113,00	bis	113,99	60,50	71,60	81,50	90,20	97,70	104,00
114,00	bis	114,99	60,80	72,00	82,00	90,80	98,40	104,80
115,00	bis	115,99	61,10	72,40	82,50	91,40	99,10	105,60
116,00	bis	116,99	61,40	72,80	83,00	92,00	99,80	106,40
117,00	bis	117,99	61,70	73,20	83,50	92,60	100,50	107,20
118,00	bis	118,99	62,00	73,60	84,00	93,20	101,20	108,00
119,00	bis	119,99	62,30	74,00	84,50	93,80	101,90	108,80
120,00	bis	120,99	62,60	74,40	85,00	94,40	102,60	109,60
121,00	bis	121,99	62,90	74,80	85,50	95,00	103,30	110,40
122,00	bis	122,99	63,20	75,20	86,00	95,60	104,00	111,20
123,00	bis	123,99	63,50	75,60	86,50	96,20	104,70	112,00
124,00	bis	124,99	63,80	76,00	87,00	96,80	105,40	112,80
125,00	bis	125,99	64,10	76,40	87,50	97,40	106,10	113,60
126,00	bis	126,99	64,40	76,80	88,00	98,00	106,80	114,40
127,00	bis	127,99	64,70	77,20	88,50	98,60	107,50	115,20
128,00	bis	128,99	65,00	77,60	89,00	99,20	108,20	116,00
129,00	bis	129,99	65,30	78,00	89,50	99,80	108,90	116,80
130,00	bis	130,99	65,60	78,40	90,00	100,40	109,60	117,60
131,00	bis	131,99	65,90	78,80	90,50	101,00	110,30	118,40
132,00	bis	132,99	66,20	79,20	91,00	101,60	111,00	119,20
133,00	und	darüber	66,50	79,60	91,50	102,20	111,70	120,00

Tabelle 1bt (Grundbetrag 38 Euro täglich)

Beendigungsanspruch netto in Euro			unpfändbarer Betrag bei Unterhaltspflicht für					
			0	1	2	3	4	5
			in Euro					
	bis	1.179,99	1.167,00	alles	alles	alles	alles	alles
1.180,00	bis	1.199,99	1.170,90	alles	alles	alles	alles	alles
1.200,00	bis	1.219,99	1.176,90	alles	alles	alles	alles	alles
1.220,00	bis	1.239,99	1.182,90	alles	alles	alles	alles	alles
1.240,00	bis	1.259,99	1.188,90	alles	alles	alles	alles	alles
1.260,00	bis	1.279,99	1.194,90	alles	alles	alles	alles	alles
1.280,00	bis	1.299,99	1.200,90	alles	alles	alles	alles	alles
1.300,00	bis	1.319,99	1.206,90	alles	alles	alles	alles	alles
1.320,00	bis	1.339,99	1.212,90	alles	alles	alles	alles	alles
1.340,00	bis	1.359,99	1.218,90	alles	alles	alles	alles	alles
1.360,00	bis	1.379,99	1.224,90	1.367,00	alles	alles	alles	alles
1.380,00	bis	1.399,99	1.230,90	1.372,20	alles	alles	alles	alles
1.400,00	bis	1.419,99	1.236,90	1.380,20	alles	alles	alles	alles
1.420,00	bis	1.439,99	1.242,90	1.388,20	alles	alles	alles	alles
1.440,00	bis	1.459,99	1.248,90	1.396,20	alles	alles	alles	alles
1.460,00	bis	1.479,99	1.254,90	1.404,20	alles	alles	alles	alles
1.480,00	bis	1.499,99	1.260,90	1.412,20	alles	alles	alles	alles
1.500,00	bis	1.519,99	1.266,90	1.420,20	alles	alles	alles	alles
1.520,00	bis	1.539,99	1.272,90	1.428,20	alles	alles	alles	alles
1.540,00	bis	1.559,99	1.278,90	1.436,20	alles	alles	alles	alles
1.560,00	bis	1.579,99	1.284,90	1.444,20	1.567,00	alles	alles	alles
1.580,00	bis	1.599,99	1.290,90	1.452,20	1.573,50	alles	alles	alles
1.600,00	bis	1.619,99	1.296,90	1.460,20	1.583,50	alles	alles	alles
1.620,00	bis	1.639,99	1.302,90	1.468,20	1.593,50	alles	alles	alles
1.640,00	bis	1.659,99	1.308,90	1.476,20	1.603,50	alles	alles	alles
1.660,00	bis	1.679,99	1.314,90	1.484,20	1.613,50	alles	alles	alles
1.680,00	bis	1.699,99	1.320,90	1.492,20	1.623,50	alles	alles	alles
1.700,00	bis	1.719,99	1.326,90	1.500,20	1.633,50	alles	alles	alles
1.720,00	bis	1.739,99	1.332,90	1.508,20	1.643,50	alles	alles	alles
1.740,00	bis	1.759,99	1.338,90	1.516,20	1.653,50	alles	alles	alles
1.760,00	bis	1.779,99	1.344,90	1.524,20	1.663,50	1.767,00	alles	alles
1.780,00	bis	1.799,99	1.350,90	1.532,20	1.673,50	1.774,80	alles	alles
1.800,00	bis	1.819,99	1.356,90	1.540,20	1.683,50	1.786,80	alles	alles
1.820,00	bis	1.839,99	1.362,90	1.548,20	1.693,50	1.798,80	alles	alles
1.840,00	bis	1.859,99	1.368,90	1.556,20	1.703,50	1.810,80	alles	alles
1.860,00	bis	1.879,99	1.374,90	1.564,20	1.713,50	1.822,80	alles	alles
1.880,00	bis	1.899,99	1.380,90	1.572,20	1.723,50	1.834,80	alles	alles
1.900,00	bis	1.919,99	1.386,90	1.580,20	1.733,50	1.846,80	alles	alles
1.920,00	bis	1.939,99	1.392,90	1.588,20	1.743,50	1.858,80	alles	alles
1.940,00	bis	1.959,99	1.398,90	1.596,20	1.753,50	1.870,80	alles	alles
1.960,00	bis	1.979,99	1.404,90	1.604,20	1.763,50	1.882,80	1.967,00	alles
1.980,00	bis	1.999,99	1.410,90	1.612,20	1.773,50	1.894,80	1.976,10	alles
2.000,00	bis	2.019,99	1.416,90	1.620,20	1.783,50	1.906,80	1.990,10	alles
2.020,00	bis	2.039,99	1.422,90	1.628,20	1.793,50	1.918,80	2.004,10	alles
2.040,00	bis	2.059,99	1.428,90	1.636,20	1.803,50	1.930,80	2.018,10	alles
2.060,00	bis	2.079,99	1.434,90	1.644,20	1.813,50	1.942,80	2.032,10	alles
2.080,00	bis	2.099,99	1.440,90	1.652,20	1.823,50	1.954,80	2.046,10	alles
2.100,00	bis	2.119,99	1.446,90	1.660,20	1.833,50	1.966,80	2.060,10	alles
2.120,00	bis	2.139,99	1.452,90	1.668,20	1.843,50	1.978,80	2.074,10	alles
2.140,00	bis	2.159,99	1.458,90	1.676,20	1.853,50	1.990,80	2.088,10	alles
2.160,00	bis	2.179,99	1.464,90	1.684,20	1.863,50	2.002,80	2.102,10	2.167,00
2.180,00	bis	2.199,99	1.470,90	1.692,20	1.873,50	2.014,80	2.116,10	2.177,40
2.200,00	bis	2.219,99	1.476,90	1.700,20	1.883,50	2.026,80	2.130,10	2.193,40
2.220,00	bis	2.239,99	1.482,90	1.708,20	1.893,50	2.038,80	2.144,10	2.209,40
2.240,00	bis	2.259,99	1.488,90	1.716,20	1.903,50	2.050,80	2.158,10	2.225,40
2.260,00	bis	2.279,99	1.494,90	1.724,20	1.913,50	2.062,80	2.172,10	2.241,40
2.280,00	bis	2.299,99	1.500,90	1.732,20	1.923,50	2.074,80	2.186,10	2.257,40
2.300,00	bis	2.319,99	1.506,90	1.740,20	1.933,50	2.086,80	2.200,10	2.273,40
2.320,00	bis	2.339,99	1.512,90	1.748,20	1.943,50	2.098,80	2.214,10	2.289,40
2.340,00	bis	2.359,99	1.518,90	1.756,20	1.953,50	2.110,80	2.228,10	2.305,40
2.360,00	bis	2.379,99	1.524,90	1.764,20	1.963,50	2.122,80	2.242,10	2.321,40
2.380,00	bis	2.399,99	1.530,90	1.772,20	1.973,50	2.134,80	2.256,10	2.337,40

Tabelle 1cm (Beschränkt pfändbare einmalige Leistungen)

2.400,00	bis	2.419,99	1.536,90	1.780,20	1.983,50	2.146,80	2.270,10	2.353,40
2.420,00	bis	2.439,99	1.542,90	1.788,20	1.993,50	2.158,80	2.284,10	2.369,40
2.440,00	bis	2.459,99	1.548,90	1.796,20	2.003,50	2.170,80	2.298,10	2.385,40
2.460,00	bis	2.479,99	1.554,90	1.804,20	2.013,50	2.182,80	2.312,10	2.401,40
2.480,00	bis	2.499,99	1.560,90	1.812,20	2.023,50	2.194,80	2.326,10	2.417,40
2.500,00	bis	2.519,99	1.566,90	1.820,20	2.033,50	2.206,80	2.340,10	2.433,40
2.520,00	bis	2.539,99	1.572,90	1.828,20	2.043,50	2.218,80	2.354,10	2.449,40
2.540,00	bis	2.559,99	1.578,90	1.836,20	2.053,50	2.230,80	2.368,10	2.465,40
2.560,00	bis	2.579,99	1.584,90	1.844,20	2.063,50	2.242,80	2.382,10	2.481,40
2.580,00	bis	2.599,99	1.590,90	1.852,20	2.073,50	2.254,80	2.396,10	2.497,40
2.600,00	bis	2.619,99	1.596,90	1.860,20	2.083,50	2.266,80	2.410,10	2.513,40
2.620,00	bis	2.639,99	1.602,90	1.868,20	2.093,50	2.278,80	2.424,10	2.529,40
2.640,00	bis	2.659,99	1.608,90	1.876,20	2.103,50	2.290,80	2.438,10	2.545,40
2.660,00	bis	2.679,99	1.614,90	1.884,20	2.113,50	2.302,80	2.452,10	2.561,40
2.680,00	bis	2.699,99	1.620,90	1.892,20	2.123,50	2.314,80	2.466,10	2.577,40
2.700,00	bis	2.719,99	1.626,90	1.900,20	2.133,50	2.326,80	2.480,10	2.593,40
2.720,00	bis	2.739,99	1.632,90	1.908,20	2.143,50	2.338,80	2.494,10	2.609,40
2.740,00	bis	2.759,99	1.638,90	1.916,20	2.153,50	2.350,80	2.508,10	2.625,40
2.760,00	bis	2.779,99	1.644,90	1.924,20	2.163,50	2.362,80	2.522,10	2.641,40
2.780,00	bis	2.799,99	1.650,90	1.932,20	2.173,50	2.374,80	2.536,10	2.657,40
2.800,00	bis	2.819,99	1.656,90	1.940,20	2.183,50	2.386,80	2.550,10	2.673,40
2.820,00	bis	2.839,99	1.662,90	1.948,20	2.193,50	2.398,80	2.564,10	2.689,40
2.840,00	bis	2.859,99	1.668,90	1.956,20	2.203,50	2.410,80	2.578,10	2.705,40
2.860,00	bis	2.879,99	1.674,90	1.964,20	2.213,50	2.422,80	2.592,10	2.721,40
2.880,00	bis	2.899,99	1.680,90	1.972,20	2.223,50	2.434,80	2.606,10	2.737,40
2.900,00	bis	2.919,99	1.686,90	1.980,20	2.233,50	2.446,80	2.620,10	2.753,40
2.920,00	bis	2.939,99	1.692,90	1.988,20	2.243,50	2.458,80	2.634,10	2.769,40
2.940,00	bis	2.959,99	1.698,90	1.996,20	2.253,50	2.470,80	2.648,10	2.785,40
2.960,00	bis	2.979,99	1.704,90	2.004,20	2.263,50	2.482,80	2.662,10	2.801,40
2.980,00	bis	2.999,99	1.710,90	2.012,20	2.273,50	2.494,80	2.676,10	2.817,40
3.000,00	bis	3.019,99	1.716,90	2.020,20	2.283,50	2.506,80	2.690,10	2.833,40
3.020,00	bis	3.039,99	1.722,90	2.028,20	2.293,50	2.518,80	2.704,10	2.849,40
3.040,00	bis	3.059,99	1.728,90	2.036,20	2.303,50	2.530,80	2.718,10	2.865,40
3.060,00	bis	3.079,99	1.734,90	2.044,20	2.313,50	2.542,80	2.732,10	2.881,40
3.080,00	bis	3.099,99	1.740,90	2.052,20	2.323,50	2.554,80	2.746,10	2.897,40
3.100,00	bis	3.119,99	1.746,90	2.060,20	2.333,50	2.566,80	2.760,10	2.913,40
3.120,00	bis	3.139,99	1.752,90	2.068,20	2.343,50	2.578,80	2.774,10	2.929,40
3.140,00	bis	3.159,99	1.758,90	2.076,20	2.353,50	2.590,80	2.788,10	2.945,40
3.160,00	bis	3.179,99	1.764,90	2.084,20	2.363,50	2.602,80	2.802,10	2.961,40
3.180,00	bis	3.199,99	1.770,90	2.092,20	2.373,50	2.614,80	2.816,10	2.977,40
3.200,00	bis	3.219,99	1.776,90	2.100,20	2.383,50	2.626,80	2.830,10	2.993,40
3.220,00	bis	3.239,99	1.782,90	2.108,20	2.393,50	2.638,80	2.844,10	3.009,40
3.240,00	bis	3.259,99	1.788,90	2.116,20	2.403,50	2.650,80	2.858,10	3.025,40
3.260,00	bis	3.279,99	1.794,90	2.124,20	2.413,50	2.662,80	2.872,10	3.041,40
3.280,00	bis	3.299,99	1.800,90	2.132,20	2.423,50	2.674,80	2.886,10	3.057,40
3.300,00	bis	3.319,99	1.806,90	2.140,20	2.433,50	2.686,80	2.900,10	3.073,40
3.320,00	bis	3.339,99	1.812,90	2.148,20	2.443,50	2.698,80	2.914,10	3.089,40
3.340,00	bis	3.359,99	1.818,90	2.156,20	2.453,50	2.710,80	2.928,10	3.105,40
3.360,00	bis	3.379,99	1.824,90	2.164,20	2.463,50	2.722,80	2.942,10	3.121,40
3.380,00	bis	3.399,99	1.830,90	2.172,20	2.473,50	2.734,80	2.956,10	3.137,40
3.400,00	bis	3.419,99	1.836,90	2.180,20	2.483,50	2.746,80	2.970,10	3.153,40
3.420,00	bis	3.439,99	1.842,90	2.188,20	2.493,50	2.758,80	2.984,10	3.169,40
3.440,00	bis	3.459,99	1.848,90	2.196,20	2.503,50	2.770,80	2.998,10	3.185,40
3.460,00	bis	3.479,99	1.854,90	2.204,20	2.513,50	2.782,80	3.012,10	3.201,40
3.480,00	bis	3.499,99	1.860,90	2.212,20	2.523,50	2.794,80	3.026,10	3.217,40
3.500,00	bis	3.519,99	1.866,90	2.220,20	2.533,50	2.806,80	3.040,10	3.233,40
3.520,00	bis	3.539,99	1.872,90	2.228,20	2.543,50	2.818,80	3.054,10	3.249,40
3.540,00	bis	3.559,99	1.878,90	2.236,20	2.553,50	2.830,80	3.068,10	3.265,40
3.560,00	bis	3.579,99	1.884,90	2.244,20	2.563,50	2.842,80	3.082,10	3.281,40
3.580,00	bis	3.599,99	1.890,90	2.252,20	2.573,50	2.854,80	3.096,10	3.297,40
3.600,00	bis	3.619,99	1.896,90	2.260,20	2.583,50	2.866,80	3.110,10	3.313,40
3.620,00	bis	3.639,99	1.902,90	2.268,20	2.593,50	2.878,80	3.124,10	3.329,40
3.640,00	bis	3.659,99	1.908,90	2.276,20	2.603,50	2.890,80	3.138,10	3.345,40
3.660,00	bis	3.679,99	1.914,90	2.284,20	2.613,50	2.902,80	3.152,10	3.361,40
3.680,00	bis	3.699,99	1.920,90	2.292,20	2.623,50	2.914,80	3.166,10	3.377,40
3.700,00	bis	3.719,99	1.926,90	2.300,20	2.633,50	2.926,80	3.180,10	3.393,40
3.720,00	bis	3.739,99	1.932,90	2.308,20	2.643,50	2.938,80	3.194,10	3.409,40

Tabelle 1cm (Beschränkt pfändbare einmalige Leistungen)

TABELLEN

3.740,00	bis	3.759,99	1.938,90	2.316,20	2.653,50	2.950,80	3.208,10	3.425,40
3.760,00	bis	3.779,99	1.944,90	2.324,20	2.663,50	2.962,80	3.222,10	3.441,40
3.780,00	bis	3.799,99	1.950,90	2.332,20	2.673,50	2.974,80	3.236,10	3.457,40
3.800,00	bis	3.819,99	1.956,90	2.340,20	2.683,50	2.986,80	3.250,10	3.473,40
3.820,00	bis	3.839,99	1.962,90	2.348,20	2.693,50	2.998,80	3.264,10	3.489,40
3.840,00	bis	3.859,99	1.968,90	2.356,20	2.703,50	3.010,80	3.278,10	3.505,40
3.860,00	bis	3.879,99	1.974,90	2.364,20	2.713,50	3.022,80	3.292,10	3.521,40
3.880,00	bis	3.899,99	1.980,90	2.372,20	2.723,50	3.034,80	3.306,10	3.537,40
3.900,00	bis	3.919,99	1.986,90	2.380,20	2.733,50	3.046,80	3.320,10	3.553,40
3.920,00	bis	3.939,99	1.992,90	2.388,20	2.743,50	3.058,80	3.334,10	3.569,40
3.940,00	bis	3.959,99	1.998,90	2.396,20	2.753,50	3.070,80	3.348,10	3.585,40
3.960,00	bis	3.979,99	2.004,90	2.404,20	2.763,50	3.082,80	3.362,10	3.601,40
3.980,00	bis	3.999,99	2.010,90	2.412,20	2.773,50	3.094,80	3.376,10	3.617,40
4.000,00	bis	4.019,99	2.016,90	2.420,20	2.783,50	3.106,80	3.390,10	3.633,40
4.020,00	bis	4.039,99	2.022,90	2.428,20	2.793,50	3.118,80	3.404,10	3.649,40
4.040,00	bis	4.059,99	2.028,90	2.436,20	2.803,50	3.130,80	3.418,10	3.665,40
4.060,00	bis	4.079,99	2.034,90	2.444,20	2.813,50	3.142,80	3.432,10	3.681,40
4.080,00	bis	4.099,99	2.040,90	2.452,20	2.823,50	3.154,80	3.446,10	3.697,40
4.100,00	bis	4.119,99	2.046,90	2.460,20	2.833,50	3.166,80	3.460,10	3.713,40
4.120,00	bis	4.139,99	2.052,90	2.468,20	2.843,50	3.178,80	3.474,10	3.729,40
4.140,00	bis	4.159,99	2.058,90	2.476,20	2.853,50	3.190,80	3.488,10	3.745,40
4.160,00	bis	4.179,99	2.064,90	2.484,20	2.863,50	3.202,80	3.502,10	3.761,40
4.180,00	bis	4.199,99	2.070,90	2.492,20	2.873,50	3.214,80	3.516,10	3.777,40
4.200,00	bis	4.219,99	2.076,90	2.500,20	2.883,50	3.226,80	3.530,10	3.793,40
4.220,00	bis	4.239,99	2.082,90	2.508,20	2.893,50	3.238,80	3.544,10	3.809,40
4.240,00	bis	4.259,99	2.088,90	2.516,20	2.903,50	3.250,80	3.558,10	3.825,40
4.260,00	bis	4.279,99	2.094,90	2.524,20	2.913,50	3.262,80	3.572,10	3.841,40
4.280,00	bis	4.299,99	2.100,90	2.532,20	2.923,50	3.274,80	3.586,10	3.857,40
4.300,00	bis	4.319,99	2.106,90	2.540,20	2.933,50	3.286,80	3.600,10	3.873,40
4.320,00	bis	4.339,99	2.112,90	2.548,20	2.943,50	3.298,80	3.614,10	3.889,40
4.340,00	bis	4.359,99	2.118,90	2.556,20	2.953,50	3.310,80	3.628,10	3.905,40
4.360,00	bis	4.379,99	2.124,90	2.564,20	2.963,50	3.322,80	3.642,10	3.921,40
4.380,00	bis	4.399,99	2.130,90	2.572,20	2.973,50	3.334,80	3.656,10	3.937,40
4.400,00	bis	4.419,99	2.136,90	2.580,20	2.983,50	3.346,80	3.670,10	3.953,40
4.420,00	bis	4.439,99	2.142,90	2.588,20	2.993,50	3.358,80	3.684,10	3.969,40
4.440,00	bis	4.459,99	2.148,90	2.596,20	3.003,50	3.370,80	3.698,10	3.985,40
4.460,00	bis	4.479,99	2.154,90	2.604,20	3.013,50	3.382,80	3.712,10	4.001,40
4.480,00	bis	4.499,99	2.160,90	2.612,20	3.023,50	3.394,80	3.726,10	4.017,40
4.500,00	bis	4.519,99	2.166,90	2.620,20	3.033,50	3.406,80	3.740,10	4.033,40
4.520,00	bis	4.539,99	2.172,90	2.628,20	3.043,50	3.418,80	3.754,10	4.049,40
4.540,00	bis	4.559,99	2.178,90	2.636,20	3.053,50	3.430,80	3.768,10	4.065,40
4.560,00	bis	4.579,99	2.184,90	2.644,20	3.063,50	3.442,80	3.782,10	4.081,40
4.580,00	bis	4.599,99	2.190,90	2.652,20	3.073,50	3.454,80	3.796,10	4.097,40
4.600,00	bis	4.619,99	2.196,90	2.660,20	3.083,50	3.466,80	3.810,10	4.113,40
4.620,00	bis	4.639,99	2.202,90	2.668,20	3.093,50	3.478,80	3.824,10	4.129,40
4.640,00	bis	4.659,99	2.208,90	2.676,20	3.103,50	3.490,80	3.838,10	4.145,40
4.660,00	bis	4.679,99	2.214,90	2.684,20	3.113,50	3.502,80	3.852,10	4.161,40
4.680,00	bis	4.699,99	2.220,90	2.692,20	3.123,50	3.514,80	3.866,10	4.177,40
4.700,00	bis	4.719,99	2.226,90	2.700,20	3.133,50	3.526,80	3.880,10	4.193,40
4.720,00	bis	4.739,99	2.232,90	2.708,20	3.143,50	3.538,80	3.894,10	4.209,40
4.740,00	bis	4.759,99	2.238,90	2.716,20	3.153,50	3.550,80	3.908,10	4.225,40
4.760,00	bis	4.779,99	2.244,90	2.724,20	3.163,50	3.562,80	3.922,10	4.241,40
4.780,00	bis	4.799,99	2.250,90	2.732,20	3.173,50	3.574,80	3.936,10	4.257,40
4.800,00	bis	4.819,99	2.256,90	2.740,20	3.183,50	3.586,80	3.950,10	4.273,40
4.820,00	bis	4.839,99	2.262,90	2.748,20	3.193,50	3.598,80	3.964,10	4.289,40
4.840,00	bis	4.859,99	2.268,90	2.756,20	3.203,50	3.610,80	3.978,10	4.305,40
4.860,00	bis	4.879,99	2.274,90	2.764,20	3.213,50	3.622,80	3.992,10	4.321,40
4.880,00	bis	4.899,99	2.280,90	2.772,20	3.223,50	3.634,80	4.006,10	4.337,40
4.900,00	bis	4.919,99	2.286,90	2.780,20	3.233,50	3.646,80	4.020,10	4.353,40
4.920,00	bis	4.939,99	2.292,90	2.788,20	3.243,50	3.658,80	4.034,10	4.369,40
4.940,00	bis	4.959,99	2.298,90	2.796,20	3.253,50	3.670,80	4.048,10	4.385,40
4.960,00	bis	4.979,99	2.304,90	2.804,20	3.263,50	3.682,80	4.062,10	4.401,40
4.980,00	bis	4.999,99	2.310,90	2.812,20	3.273,50	3.694,80	4.076,10	4.417,40
5.000,00	bis	5.019,99	2.316,90	2.820,20	3.283,50	3.706,80	4.090,10	4.433,40
5.020,00	bis	5.039,99	2.322,90	2.828,20	3.293,50	3.718,80	4.104,10	4.449,40
5.040,00	bis	5.059,99	2.328,90	2.836,20	3.303,50	3.730,80	4.118,10	4.465,40
5.060,00	bis	5.079,99	2.334,90	2.844,20	3.313,50	3.742,80	4.132,10	4.481,40

Tabelle 1cm (Beschränkt pfändbare einmalige Leistungen)

5.080,00	bis	5.099,99	2.340,90	2.852,20	3.323,50	3.754,80	4.146,10	4.497,40
5.100,00	bis	5.119,99	2.346,90	2.860,20	3.333,50	3.766,80	4.160,10	4.513,40
5.120,00	bis	5.139,99	2.352,90	2.868,20	3.343,50	3.778,80	4.174,10	4.529,40
5.140,00	bis	5.159,99	2.358,90	2.876,20	3.353,50	3.790,80	4.188,10	4.545,40
5.160,00	bis	5.179,99	2.364,90	2.884,20	3.363,50	3.802,80	4.202,10	4.561,40
5.180,00	bis	5.199,99	2.370,90	2.892,20	3.373,50	3.814,80	4.216,10	4.577,40
5.200,00	bis	5.219,99	2.376,90	2.900,20	3.383,50	3.826,80	4.230,10	4.593,40
5.220,00	bis	5.239,99	2.382,90	2.908,20	3.393,50	3.838,80	4.244,10	4.609,40
5.240,00	bis	5.259,99	2.388,90	2.916,20	3.403,50	3.850,80	4.258,10	4.625,40
5.260,00	bis	5.279,99	2.394,90	2.924,20	3.413,50	3.862,80	4.272,10	4.641,40
5.280,00	bis	5.299,99	2.400,90	2.932,20	3.423,50	3.874,80	4.286,10	4.657,40
5.300,00	bis	5.319,99	2.406,90	2.940,20	3.433,50	3.886,80	4.300,10	4.673,40
5.320,00	bis	5.339,99	2.412,90	2.948,20	3.443,50	3.898,80	4.314,10	4.689,40
5.340,00	bis	5.359,99	2.418,90	2.956,20	3.453,50	3.910,80	4.328,10	4.705,40
5.360,00	bis	5.379,99	2.424,90	2.964,20	3.463,50	3.922,80	4.342,10	4.721,40
5.380,00	bis	5.399,99	2.430,90	2.972,20	3.473,50	3.934,80	4.356,10	4.737,40
5.400,00	bis	5.419,99	2.436,90	2.980,20	3.483,50	3.946,80	4.370,10	4.753,40
5.420,00	bis	5.439,99	2.442,90	2.988,20	3.493,50	3.958,80	4.384,10	4.769,40
5.440,00	bis	5.459,99	2.448,90	2.996,20	3.503,50	3.970,80	4.398,10	4.785,40
5.460,00	bis	5.479,99	2.454,90	3.004,20	3.513,50	3.982,80	4.412,10	4.801,40
5.480,00	bis	5.499,99	2.460,90	3.012,20	3.523,50	3.994,80	4.426,10	4.817,40
5.500,00	bis	5.519,99	2.466,90	3.020,20	3.533,50	4.006,80	4.440,10	4.833,40
5.520,00	bis	5.539,99	2.472,90	3.028,20	3.543,50	4.018,80	4.454,10	4.849,40
5.540,00	bis	5.559,99	2.478,90	3.036,20	3.553,50	4.030,80	4.468,10	4.865,40
5.560,00	bis	5.579,99	2.484,90	3.044,20	3.563,50	4.042,80	4.482,10	4.881,40
5.580,00	bis	5.599,99	2.490,90	3.052,20	3.573,50	4.054,80	4.496,10	4.897,40
5.600,00	bis	5.619,99	2.496,90	3.060,20	3.583,50	4.066,80	4.510,10	4.913,40
5.620,00	bis	5.639,99	2.502,90	3.068,20	3.593,50	4.078,80	4.524,10	4.929,40
5.640,00	bis	5.659,99	2.508,90	3.076,20	3.603,50	4.090,80	4.538,10	4.945,40
5.660,00	bis	5.679,99	2.514,90	3.084,20	3.613,50	4.102,80	4.552,10	4.961,40
5.680,00	bis	5.699,99	2.520,90	3.092,20	3.623,50	4.114,80	4.566,10	4.977,40
5.700,00	bis	5.719,99	2.526,90	3.100,20	3.633,50	4.126,80	4.580,10	4.993,40
5.720,00	bis	5.739,99	2.532,90	3.108,20	3.643,50	4.138,80	4.594,10	5.009,40
5.740,00	bis	5.759,99	2.538,90	3.116,20	3.653,50	4.150,80	4.608,10	5.025,40
5.760,00	bis	5.779,99	2.544,90	3.124,20	3.663,50	4.162,80	4.622,10	5.041,40
5.780,00	bis	5.799,99	2.550,90	3.132,20	3.673,50	4.174,80	4.636,10	5.057,40
5.800,00	bis	5.819,99	2.556,90	3.140,20	3.683,50	4.186,80	4.650,10	5.073,40
5.820,00	bis	5.839,99	2.562,90	3.148,20	3.693,50	4.198,80	4.664,10	5.089,40
5.840,00	bis	5.859,99	2.568,90	3.156,20	3.703,50	4.210,80	4.678,10	5.105,40
5.860,00	bis	5.879,99	2.574,90	3.164,20	3.713,50	4.222,80	4.692,10	5.121,40
5.880,00	bis	5.899,99	2.580,90	3.172,20	3.723,50	4.234,80	4.706,10	5.137,40
5.900,00	bis	5.919,99	2.586,90	3.180,20	3.733,50	4.246,80	4.720,10	5.153,40
5.920,00	bis	5.939,99	2.592,90	3.188,20	3.743,50	4.258,80	4.734,10	5.169,40
5.940,00	bis	5.959,99	2.598,90	3.196,20	3.753,50	4.270,80	4.748,10	5.185,40
5.960,00	bis	5.979,99	2.604,90	3.204,20	3.763,50	4.282,80	4.762,10	5.201,40
5.980,00	bis	5.999,99	2.610,90	3.212,20	3.773,50	4.294,80	4.776,10	5.217,40
6.000,00	bis	6.019,99	2.616,90	3.220,20	3.783,50	4.306,80	4.790,10	5.233,40
6.020,00	bis	6.039,99	2.622,90	3.228,20	3.793,50	4.318,80	4.804,10	5.249,40
6.040,00	bis	6.059,99	2.628,90	3.236,20	3.803,50	4.330,80	4.818,10	5.265,40
6.060,00	bis	6.079,99	2.634,90	3.244,20	3.813,50	4.342,80	4.832,10	5.281,40
6.080,00	bis	6.099,99	2.640,90	3.252,20	3.823,50	4.354,80	4.846,10	5.297,40
6.100,00	bis	6.119,99	2.646,90	3.260,20	3.833,50	4.366,80	4.860,10	5.313,40
6.120,00	bis	6.139,99	2.652,90	3.268,20	3.843,50	4.378,80	4.874,10	5.329,40
6.140,00	bis	6.159,99	2.658,90	3.276,20	3.853,50	4.390,80	4.888,10	5.345,40
6.160,00	bis	6.179,99	2.664,90	3.284,20	3.863,50	4.402,80	4.902,10	5.361,40
6.180,00	bis	6.199,99	2.670,90	3.292,20	3.873,50	4.414,80	4.916,10	5.377,40
6.200,00	bis	6.219,99	2.676,90	3.300,20	3.883,50	4.426,80	4.930,10	5.393,40
6.220,00	bis	6.239,99	2.682,90	3.308,20	3.893,50	4.438,80	4.944,10	5.409,40
6.240,00	bis	6.259,99	2.688,90	3.316,20	3.903,50	4.450,80	4.958,10	5.425,40
6.260,00	bis	6.279,99	2.694,90	3.324,20	3.913,50	4.462,80	4.972,10	5.441,40
6.280,00	bis	6.299,99	2.700,90	3.332,20	3.923,50	4.474,80	4.986,10	5.457,40
6.300,00	bis	6.319,99	2.706,90	3.340,20	3.933,50	4.486,80	5.000,10	5.473,40
6.320,00	bis	6.339,99	2.712,90	3.348,20	3.943,50	4.498,80	5.014,10	5.489,40
6.340,00	bis	6.359,99	2.718,90	3.356,20	3.953,50	4.510,80	5.028,10	5.505,40
6.360,00	bis	6.379,99	2.724,90	3.364,20	3.963,50	4.522,80	5.042,10	5.521,40
6.380,00	bis	6.399,99	2.730,90	3.372,20	3.973,50	4.534,80	5.056,10	5.537,40
6.400,00	bis	6.419,99	2.736,90	3.380,20	3.983,50	4.546,80	5.070,10	5.553,40

Tabelle 1cm (Beschränkt pfändbare einmalige Leistungen)

6.420,00	bis	6.439,99	2.742,90	3.388,20	3.993,50	4.558,80	5.084,10	5.569,40
6.440,00	bis	6.459,99	2.748,90	3.396,20	4.003,50	4.570,80	5.098,10	5.585,40
6.460,00	bis	6.479,99	2.754,90	3.404,20	4.013,50	4.582,80	5.112,10	5.601,40
6.480,00	bis	6.499,99	2.760,90	3.412,20	4.023,50	4.594,80	5.126,10	5.617,40
6.500,00	bis	6.519,99	2.766,90	3.420,20	4.033,50	4.606,80	5.140,10	5.633,40
6.520,00	bis	6.539,99	2.772,90	3.428,20	4.043,50	4.618,80	5.154,10	5.649,40
6.540,00	bis	6.559,99	2.778,90	3.436,20	4.053,50	4.630,80	5.168,10	5.665,40
6.560,00	bis	6.579,99	2.784,90	3.444,20	4.063,50	4.642,80	5.182,10	5.681,40
6.580,00	bis	6.599,99	2.790,90	3.452,20	4.073,50	4.654,80	5.196,10	5.697,40
6.600,00	bis	6.619,99	2.796,90	3.460,20	4.083,50	4.666,80	5.210,10	5.713,40
6.620,00	bis	6.639,99	2.802,90	3.468,20	4.093,50	4.678,80	5.224,10	5.729,40
6.640,00	bis	6.659,99	2.808,90	3.476,20	4.103,50	4.690,80	5.238,10	5.745,40
6.660,00	bis	6.679,99	2.814,90	3.484,20	4.113,50	4.702,80	5.252,10	5.761,40
6.680,00	bis	6.699,99	2.820,90	3.492,20	4.123,50	4.714,80	5.266,10	5.777,40
6.700,00	bis	6.719,99	2.826,90	3.500,20	4.133,50	4.726,80	5.280,10	5.793,40
6.720,00	bis	6.739,99	2.832,90	3.508,20	4.143,50	4.738,80	5.294,10	5.809,40
6.740,00	bis	6.759,99	2.838,90	3.516,20	4.153,50	4.750,80	5.308,10	5.825,40
6.760,00	bis	6.779,99	2.844,90	3.524,20	4.163,50	4.762,80	5.322,10	5.841,40
6.780,00	bis	6.799,99	2.850,90	3.532,20	4.173,50	4.774,80	5.336,10	5.857,40
6.800,00	bis	6.819,99	2.856,90	3.540,20	4.183,50	4.786,80	5.350,10	5.873,40
6.820,00	bis	6.839,99	2.862,90	3.548,20	4.193,50	4.798,80	5.364,10	5.889,40
6.840,00	bis	6.859,99	2.868,90	3.556,20	4.203,50	4.810,80	5.378,10	5.905,40
6.860,00	bis	6.879,99	2.874,90	3.564,20	4.213,50	4.822,80	5.392,10	5.921,40
6.880,00	bis	6.899,99	2.880,90	3.572,20	4.223,50	4.834,80	5.406,10	5.937,40
6.900,00	bis	6.919,99	2.886,90	3.580,20	4.233,50	4.846,80	5.420,10	5.953,40
6.920,00	bis	6.939,99	2.892,90	3.588,20	4.243,50	4.858,80	5.434,10	5.969,40
6.940,00	bis	6.959,99	2.898,90	3.596,20	4.253,50	4.870,80	5.448,10	5.985,40
6.960,00	bis	6.979,99	2.904,90	3.604,20	4.263,50	4.882,80	5.462,10	6.001,40
6.980,00	bis	6.999,99	2.910,90	3.612,20	4.273,50	4.894,80	5.476,10	6.017,40
7.000,00	bis	7.019,99	2.916,90	3.620,20	4.283,50	4.906,80	5.490,10	6.033,40
7.020,00	bis	7.039,99	2.922,90	3.628,20	4.293,50	4.918,80	5.504,10	6.049,40
7.040,00	bis	7.059,99	2.928,90	3.636,20	4.303,50	4.930,80	5.518,10	6.065,40
7.060,00	bis	7.079,99	2.934,90	3.644,20	4.313,50	4.942,80	5.532,10	6.081,40
7.080,00	bis	7.099,99	2.940,90	3.652,20	4.323,50	4.954,80	5.546,10	6.097,40
7.100,00	bis	7.119,99	2.946,90	3.660,20	4.333,50	4.966,80	5.560,10	6.113,40
7.120,00	bis	7.139,99	2.952,90	3.668,20	4.343,50	4.978,80	5.574,10	6.129,40
7.140,00	bis	7.159,99	2.958,90	3.676,20	4.353,50	4.990,80	5.588,10	6.145,40
7.160,00	bis	7.179,99	2.964,90	3.684,20	4.363,50	5.002,80	5.602,10	6.161,40
7.180,00	bis	7.199,99	2.970,90	3.692,20	4.373,50	5.014,80	5.616,10	6.177,40
7.200,00	bis	7.219,99	2.976,90	3.700,20	4.383,50	5.026,80	5.630,10	6.193,40
7.220,00	bis	7.239,99	2.982,90	3.708,20	4.393,50	5.038,80	5.644,10	6.209,40
7.240,00	bis	7.259,99	2.988,90	3.716,20	4.403,50	5.050,80	5.658,10	6.225,40
7.260,00	bis	7.279,99	2.994,90	3.724,20	4.413,50	5.062,80	5.672,10	6.241,40
7.280,00	bis	7.299,99	3.000,90	3.732,20	4.423,50	5.074,80	5.686,10	6.257,40
7.300,00	bis	7.319,99	3.006,90	3.740,20	4.433,50	5.086,80	5.700,10	6.273,40
7.320,00	bis	7.339,99	3.012,90	3.748,20	4.443,50	5.098,80	5.714,10	6.289,40
7.340,00	bis	7.359,99	3.018,90	3.756,20	4.453,50	5.110,80	5.728,10	6.305,40
7.360,00	bis	7.379,99	3.024,90	3.764,20	4.463,50	5.122,80	5.742,10	6.321,40
7.380,00	bis	7.399,99	3.030,90	3.772,20	4.473,50	5.134,80	5.756,10	6.337,40
7.400,00	bis	7.419,99	3.036,90	3.780,20	4.483,50	5.146,80	5.770,10	6.353,40
7.420,00	bis	7.439,99	3.042,90	3.788,20	4.493,50	5.158,80	5.784,10	6.369,40
7.440,00	bis	7.459,99	3.048,90	3.796,20	4.503,50	5.170,80	5.798,10	6.385,40
7.460,00	bis	7.479,99	3.054,90	3.804,20	4.513,50	5.182,80	5.812,10	6.401,40
7.480,00	bis	7.499,99	3.060,90	3.812,20	4.523,50	5.194,80	5.826,10	6.417,40
7.500,00	bis	7.519,99	3.066,90	3.820,20	4.533,50	5.206,80	5.840,10	6.433,40
7.520,00	bis	7.539,99	3.072,90	3.828,20	4.543,50	5.218,80	5.854,10	6.449,40
7.540,00	bis	7.559,99	3.078,90	3.836,20	4.553,50	5.230,80	5.868,10	6.465,40
7.560,00	bis	7.579,99	3.084,90	3.844,20	4.563,50	5.242,80	5.882,10	6.481,40
7.580,00	bis	7.599,99	3.090,90	3.852,20	4.573,50	5.254,80	5.896,10	6.497,40
7.600,00	bis	7.619,99	3.096,90	3.860,20	4.583,50	5.266,80	5.910,10	6.513,40
7.620,00	bis	7.639,99	3.102,90	3.868,20	4.593,50	5.278,80	5.924,10	6.529,40
7.640,00	bis	7.659,99	3.108,90	3.876,20	4.603,50	5.290,80	5.938,10	6.545,40
7.660,00	bis	7.679,99	3.114,90	3.884,20	4.613,50	5.302,80	5.952,10	6.561,40
7.680,00	bis	7.699,99	3.120,90	3.892,20	4.623,50	5.314,80	5.966,10	6.577,40
7.700,00	bis	7.719,99	3.126,90	3.900,20	4.633,50	5.326,80	5.980,10	6.593,40
7.720,00	bis	7.739,99	3.132,90	3.908,20	4.643,50	5.338,80	5.994,10	6.609,40
7.740,00	bis	7.759,99	3.138,90	3.916,20	4.653,50	5.350,80	6.008,10	6.625,40

Tabelle 1cm (Beschränkt pfändbare einmalige Leistungen)

TABELLEN

7.760,00	bis	7.779,99	3.144,90	3.924,20	4.663,50	5.362,80	6.022,10	6.641,40
7.780,00	bis	7.799,99	3.150,90	3.932,20	4.673,50	5.374,80	6.036,10	6.657,40
7.800,00	bis	7.819,99	3.156,90	3.940,20	4.683,50	5.386,80	6.050,10	6.673,40
7.820,00	bis	7.839,99	3.162,90	3.948,20	4.693,50	5.398,80	6.064,10	6.689,40
7.840,00	bis	7.859,99	3.168,90	3.956,20	4.703,50	5.410,80	6.078,10	6.705,40
7.860,00	bis	7.879,99	3.174,90	3.964,20	4.713,50	5.422,80	6.092,10	6.721,40
7.880,00	bis	7.899,99	3.180,90	3.972,20	4.723,50	5.434,80	6.106,10	6.737,40
7.900,00	bis	7.919,99	3.186,90	3.980,20	4.733,50	5.446,80	6.120,10	6.753,40
7.920,00	bis	7.939,99	3.192,90	3.988,20	4.743,50	5.458,80	6.134,10	6.769,40
7.940,00	bis	7.959,99	3.198,90	3.996,20	4.753,50	5.470,80	6.148,10	6.785,40
7.960,00	bis	7.979,99	3.204,90	4.004,20	4.763,50	5.482,80	6.162,10	6.801,40
7.980,00	bis	7.999,99	3.210,90	4.012,20	4.773,50	5.494,80	6.176,10	6.817,40
8.000,00	bis	8.019,99	3.216,90	4.020,20	4.783,50	5.506,80	6.190,10	6.833,40
8.020,00	bis	8.039,99	3.222,90	4.028,20	4.793,50	5.518,80	6.204,10	6.849,40
8.040,00	bis	8.059,99	3.228,90	4.036,20	4.803,50	5.530,80	6.218,10	6.865,40
8.060,00	bis	8.079,99	3.234,90	4.044,20	4.813,50	5.542,80	6.232,10	6.881,40
8.080,00	bis	8.099,99	3.240,90	4.052,20	4.823,50	5.554,80	6.246,10	6.897,40
8.100,00	bis	8.119,99	3.246,90	4.060,20	4.833,50	5.566,80	6.260,10	6.913,40
8.120,00	bis	8.139,99	3.252,90	4.068,20	4.843,50	5.578,80	6.274,10	6.929,40
8.140,00	bis	8.159,99	3.258,90	4.076,20	4.853,50	5.590,80	6.288,10	6.945,40
8.160,00	bis	8.179,99	3.264,90	4.084,20	4.863,50	5.602,80	6.302,10	6.961,40
8.180,00	bis	8.199,99	3.270,90	4.092,20	4.873,50	5.614,80	6.316,10	6.977,40
8.200,00	bis	8.219,99	3.276,90	4.100,20	4.883,50	5.626,80	6.330,10	6.993,40
8.220,00	bis	8.239,99	3.282,90	4.108,20	4.893,50	5.638,80	6.344,10	7.009,40
8.240,00	bis	8.259,99	3.288,90	4.116,20	4.903,50	5.650,80	6.358,10	7.025,40
8.260,00	bis	8.279,99	3.294,90	4.124,20	4.913,50	5.662,80	6.372,10	7.041,40
8.280,00	bis	8.299,99	3.300,90	4.132,20	4.923,50	5.674,80	6.386,10	7.057,40
8.300,00	bis	8.319,99	3.306,90	4.140,20	4.933,50	5.686,80	6.400,10	7.073,40
8.320,00	bis	8.339,99	3.312,90	4.148,20	4.943,50	5.698,80	6.414,10	7.089,40
8.340,00	bis	8.359,99	3.318,90	4.156,20	4.953,50	5.710,80	6.428,10	7.105,40
8.360,00	bis	8.379,99	3.324,90	4.164,20	4.963,50	5.722,80	6.442,10	7.121,40
8.380,00	bis	8.399,99	3.330,90	4.172,20	4.973,50	5.734,80	6.456,10	7.137,40
8.400,00	bis	8.419,99	3.336,90	4.180,20	4.983,50	5.746,80	6.470,10	7.153,40
8.420,00	bis	8.439,99	3.342,90	4.188,20	4.993,50	5.758,80	6.484,10	7.169,40
8.440,00	bis	8.459,99	3.348,90	4.196,20	5.003,50	5.770,80	6.498,10	7.185,40
8.460,00	bis	8.479,99	3.354,90	4.204,20	5.013,50	5.782,80	6.512,10	7.201,40
8.480,00	bis	8.499,99	3.360,90	4.212,20	5.023,50	5.794,80	6.526,10	7.217,40
8.500,00	bis	8.519,99	3.366,90	4.220,20	5.033,50	5.806,80	6.540,10	7.233,40
8.520,00	bis	8.539,99	3.372,90	4.228,20	5.043,50	5.818,80	6.554,10	7.249,40
8.540,00	bis	8.559,99	3.378,90	4.236,20	5.053,50	5.830,80	6.568,10	7.265,40
8.560,00	bis	8.579,99	3.384,90	4.244,20	5.063,50	5.842,80	6.582,10	7.281,40
8.580,00	bis	8.599,99	3.390,90	4.252,20	5.073,50	5.854,80	6.596,10	7.297,40
8.600,00	bis	8.619,99	3.396,90	4.260,20	5.083,50	5.866,80	6.610,10	7.313,40
8.620,00	bis	8.639,99	3.402,90	4.268,20	5.093,50	5.878,80	6.624,10	7.329,40
8.640,00	bis	8.659,99	3.408,90	4.276,20	5.103,50	5.890,80	6.638,10	7.345,40
8.660,00	bis	8.679,99	3.414,90	4.284,20	5.113,50	5.902,80	6.652,10	7.361,40
8.680,00	bis	8.699,99	3.420,90	4.292,20	5.123,50	5.914,80	6.666,10	7.377,40
8.700,00	bis	8.719,99	3.426,90	4.300,20	5.133,50	5.926,80	6.680,10	7.393,40
8.720,00	bis	8.739,99	3.432,90	4.308,20	5.143,50	5.938,80	6.694,10	7.409,40
8.740,00	bis	8.759,99	3.438,90	4.316,20	5.153,50	5.950,80	6.708,10	7.425,40
8.760,00	bis	8.779,99	3.444,90	4.324,20	5.163,50	5.962,80	6.722,10	7.441,40
8.780,00	bis	8.799,99	3.450,90	4.332,20	5.173,50	5.974,80	6.736,10	7.457,40
8.800,00	bis	8.819,99	3.456,90	4.340,20	5.183,50	5.986,80	6.750,10	7.473,40
8.820,00	bis	8.839,99	3.462,90	4.348,20	5.193,50	5.998,80	6.764,10	7.489,40
8.840,00	bis	8.859,99	3.468,90	4.356,20	5.203,50	6.010,80	6.778,10	7.505,40
8.860,00	bis	8.879,99	3.474,90	4.364,20	5.213,50	6.022,80	6.792,10	7.521,40
8.880,00	bis	8.899,99	3.480,90	4.372,20	5.223,50	6.034,80	6.806,10	7.537,40
8.900,00	bis	8.919,99	3.486,90	4.380,20	5.233,50	6.046,80	6.820,10	7.553,40
8.920,00	bis	8.939,99	3.492,90	4.388,20	5.243,50	6.058,80	6.834,10	7.569,40
8.940,00	bis	8.959,99	3.498,90	4.396,20	5.253,50	6.070,80	6.848,10	7.585,40
8.960,00	bis	8.979,99	3.504,90	4.404,20	5.263,50	6.082,80	6.862,10	7.601,40
8.980,00	bis	8.999,99	3.510,90	4.412,20	5.273,50	6.094,80	6.876,10	7.617,40
9.000,00	bis	9.019,99	3.516,90	4.420,20	5.283,50	6.106,80	6.890,10	7.633,40
9.020,00	bis	9.039,99	3.522,90	4.428,20	5.293,50	6.118,80	6.904,10	7.649,40
9.040,00	bis	9.059,99	3.528,90	4.436,20	5.303,50	6.130,80	6.918,10	7.665,40
9.060,00	bis	9.079,99	3.534,90	4.444,20	5.313,50	6.142,80	6.932,10	7.681,40
9.080,00	bis	9.099,99	3.540,90	4.452,20	5.323,50	6.154,80	6.946,10	7.697,40

Tabelle 1cm (Beschränkt pfändbare einmalige Leistungen)

9.100,00	bis	9.119,99	3.546,90	4.460,20	5.333,50	6.166,80	6.960,10	7.713,40
9.120,00	bis	9.139,99	3.552,90	4.468,20	5.343,50	6.178,80	6.974,10	7.729,40
9.140,00	bis	9.159,99	3.558,90	4.476,20	5.353,50	6.190,80	6.988,10	7.745,40
9.160,00	bis	9.179,99	3.564,90	4.484,20	5.363,50	6.202,80	7.002,10	7.761,40
9.180,00	bis	9.199,99	3.570,90	4.492,20	5.373,50	6.214,80	7.016,10	7.777,40
9.200,00	bis	9.219,99	3.576,90	4.500,20	5.383,50	6.226,80	7.030,10	7.793,40
9.220,00	bis	9.239,99	3.582,90	4.508,20	5.393,50	6.238,80	7.044,10	7.809,40
9.240,00	bis	9.259,99	3.588,90	4.516,20	5.403,50	6.250,80	7.058,10	7.825,40
9.260,00	bis	9.279,99	3.594,90	4.524,20	5.413,50	6.262,80	7.072,10	7.841,40
9.280,00	bis	9.299,99	3.600,90	4.532,20	5.423,50	6.274,80	7.086,10	7.857,40
9.300,00	bis	9.319,99	3.606,90	4.540,20	5.433,50	6.286,80	7.100,10	7.873,40
9.320,00	bis	9.339,99	3.612,90	4.548,20	5.443,50	6.298,80	7.114,10	7.889,40
9.340,00	bis	9.359,99	3.618,90	4.556,20	5.453,50	6.310,80	7.128,10	7.905,40
9.360,00	bis	9.379,99	3.624,90	4.564,20	5.463,50	6.322,80	7.142,10	7.921,40
9.380,00	bis	9.399,99	3.630,90	4.572,20	5.473,50	6.334,80	7.156,10	7.937,40
9.400,00	bis	9.419,99	3.636,90	4.580,20	5.483,50	6.346,80	7.170,10	7.953,40
9.420,00	bis	9.439,99	3.642,90	4.588,20	5.493,50	6.358,80	7.184,10	7.969,40
9.440,00	bis	9.459,99	3.648,90	4.596,20	5.503,50	6.370,80	7.198,10	7.985,40
9.460,00	bis	9.479,99	3.654,90	4.604,20	5.513,50	6.382,80	7.212,10	8.001,40
9.480,00	bis	9.499,99	3.660,90	4.612,20	5.523,50	6.394,80	7.226,10	8.017,40
9.500,00	bis	9.519,99	3.666,90	4.620,20	5.533,50	6.406,80	7.240,10	8.033,40
9.520,00	bis	9.539,99	3.672,90	4.628,20	5.543,50	6.418,80	7.254,10	8.049,40
9.540,00	bis	9.559,99	3.678,90	4.636,20	5.553,50	6.430,80	7.268,10	8.065,40
9.560,00	bis	9.579,99	3.684,90	4.644,20	5.563,50	6.442,80	7.282,10	8.081,40
9.580,00	bis	9.599,99	3.690,90	4.652,20	5.573,50	6.454,80	7.296,10	8.097,40
9.600,00	bis	9.619,99	3.696,90	4.660,20	5.583,50	6.466,80	7.310,10	8.113,40
9.620,00	bis	9.639,99	3.702,90	4.668,20	5.593,50	6.478,80	7.324,10	8.129,40
9.640,00	bis	9.659,99	3.708,90	4.676,20	5.603,50	6.490,80	7.338,10	8.145,40
9.660,00	bis	9.679,99	3.714,90	4.684,20	5.613,50	6.502,80	7.352,10	8.161,40
9.680,00	bis	9.699,99	3.720,90	4.692,20	5.623,50	6.514,80	7.366,10	8.177,40
9.700,00	bis	9.719,99	3.726,90	4.700,20	5.633,50	6.526,80	7.380,10	8.193,40
9.720,00	bis	9.739,99	3.732,90	4.708,20	5.643,50	6.538,80	7.394,10	8.209,40
9.740,00	bis	9.759,99	3.738,90	4.716,20	5.653,50	6.550,80	7.408,10	8.225,40
9.760,00	bis	9.779,99	3.744,90	4.724,20	5.663,50	6.562,80	7.422,10	8.241,40
9.780,00	bis	9.799,99	3.750,90	4.732,20	5.673,50	6.574,80	7.436,10	8.257,40
9.800,00	bis	9.819,99	3.756,90	4.740,20	5.683,50	6.586,80	7.450,10	8.273,40
9.820,00	bis	9.839,99	3.762,90	4.748,20	5.693,50	6.598,80	7.464,10	8.289,40
9.840,00	bis	9.859,99	3.768,90	4.756,20	5.703,50	6.610,80	7.478,10	8.305,40
9.860,00	bis	9.879,99	3.774,90	4.764,20	5.713,50	6.622,80	7.492,10	8.321,40
9.880,00	bis	9.899,99	3.780,90	4.772,20	5.723,50	6.634,80	7.506,10	8.337,40
9.900,00	bis	9.919,99	3.786,90	4.780,20	5.733,50	6.646,80	7.520,10	8.353,40
9.920,00	bis	9.939,99	3.792,90	4.788,20	5.743,50	6.658,80	7.534,10	8.369,40
9.940,00	bis	9.959,99	3.798,90	4.796,20	5.753,50	6.670,80	7.548,10	8.385,40
9.960,00	bis	9.979,99	3.804,90	4.804,20	5.763,50	6.682,80	7.562,10	8.401,40
9.980,00	bis	9.999,99	3.810,90	4.812,20	5.773,50	6.694,80	7.576,10	8.417,40
10.000,00	bis	10.019,99	3.816,90	4.820,20	5.783,50	6.706,80	7.590,10	8.433,40
10.020,00	bis	10.039,99	3.822,90	4.828,20	5.793,50	6.718,80	7.604,10	8.449,40
10.040,00	bis	10.059,99	3.828,90	4.836,20	5.803,50	6.730,80	7.618,10	8.465,40
10.060,00	bis	10.079,99	3.834,90	4.844,20	5.813,50	6.742,80	7.632,10	8.481,40
10.080,00	bis	10.099,99	3.840,90	4.852,20	5.823,50	6.754,80	7.646,10	8.497,40
10.100,00	bis	10.119,99	3.846,90	4.860,20	5.833,50	6.766,80	7.660,10	8.513,40
10.120,00	bis	10.139,99	3.852,90	4.868,20	5.843,50	6.778,80	7.674,10	8.529,40
10.140,00	bis	10.159,99	3.858,90	4.876,20	5.853,50	6.790,80	7.688,10	8.545,40
10.160,00	bis	10.179,99	3.864,90	4.884,20	5.863,50	6.802,80	7.702,10	8.561,40
10.180,00	bis	10.199,99	3.870,90	4.892,20	5.873,50	6.814,80	7.716,10	8.577,40
10.200,00	bis	10.219,99	3.876,90	4.900,20	5.883,50	6.826,80	7.730,10	8.593,40
10.220,00	bis	10.239,99	3.882,90	4.908,20	5.893,50	6.838,80	7.744,10	8.609,40
10.240,00	bis	10.259,99	3.888,90	4.916,20	5.903,50	6.850,80	7.758,10	8.625,40
10.260,00	bis	10.279,99	3.894,90	4.924,20	5.913,50	6.862,80	7.772,10	8.641,40
10.280,00	bis	10.299,99	3.900,90	4.932,20	5.923,50	6.874,80	7.786,10	8.657,40
10.300,00	bis	10.319,99	3.906,90	4.940,20	5.933,50	6.886,80	7.800,10	8.673,40
10.320,00	bis	10.339,99	3.912,90	4.948,20	5.943,50	6.898,80	7.814,10	8.689,40
10.340,00	bis	10.359,99	3.918,90	4.956,20	5.953,50	6.910,80	7.828,10	8.705,40
10.360,00	bis	10.379,99	3.924,90	4.964,20	5.963,50	6.922,80	7.842,10	8.721,40
10.380,00	bis	10.399,99	3.930,90	4.972,20	5.973,50	6.934,80	7.856,10	8.737,40
10.400,00	bis	10.419,99	3.936,90	4.980,20	5.983,50	6.946,80	7.870,10	8.753,40
10.420,00	bis	10.439,99	3.942,90	4.988,20	5.993,50	6.958,80	7.884,10	8.769,40

Tabelle 1cm (Beschränkt pfändbare einmalige Leistungen)

TABELLEN

10.440,00	bis	10.459,99	3.948,90	4.996,20	6.003,50	6.970,80	7.898,10	8.785,40
10.460,00	bis	10.479,99	3.954,90	5.004,20	6.013,50	6.982,80	7.912,10	8.801,40
10.480,00	bis	10.499,99	3.960,90	5.012,20	6.023,50	6.994,80	7.926,10	8.817,40
10.500,00	bis	10.519,99	3.966,90	5.020,20	6.033,50	7.006,80	7.940,10	8.833,40
10.520,00	bis	10.539,99	3.972,90	5.028,20	6.043,50	7.018,80	7.954,10	8.849,40
10.540,00	bis	10.559,99	3.978,90	5.036,20	6.053,50	7.030,80	7.968,10	8.865,40
10.560,00	bis	10.579,99	3.984,90	5.044,20	6.063,50	7.042,80	7.982,10	8.881,40
10.580,00	bis	10.599,99	3.990,90	5.052,20	6.073,50	7.054,80	7.996,10	8.897,40
10.600,00	bis	10.619,99	3.996,90	5.060,20	6.083,50	7.066,80	8.010,10	8.913,40
10.620,00	bis	10.639,99	4.002,90	5.068,20	6.093,50	7.078,80	8.024,10	8.929,40
10.640,00	bis	10.659,99	4.008,90	5.076,20	6.103,50	7.090,80	8.038,10	8.945,40
10.660,00	bis	10.679,99	4.014,90	5.084,20	6.113,50	7.102,80	8.052,10	8.961,40
10.680,00	bis	10.699,99	4.020,90	5.092,20	6.123,50	7.114,80	8.066,10	8.977,40
10.700,00	bis	10.719,99	4.026,90	5.100,20	6.133,50	7.126,80	8.080,10	8.993,40
10.720,00	bis	10.739,99	4.032,90	5.108,20	6.143,50	7.138,80	8.094,10	9.009,40
10.740,00	bis	10.759,99	4.038,90	5.116,20	6.153,50	7.150,80	8.108,10	9.025,40
10.760,00	bis	10.779,99	4.044,90	5.124,20	6.163,50	7.162,80	8.122,10	9.041,40
10.780,00	bis	10.799,99	4.050,90	5.132,20	6.173,50	7.174,80	8.136,10	9.057,40
10.800,00	bis	10.819,99	4.056,90	5.140,20	6.183,50	7.186,80	8.150,10	9.073,40
10.820,00	bis	10.839,99	4.062,90	5.148,20	6.193,50	7.198,80	8.164,10	9.089,40
10.840,00	bis	10.859,99	4.068,90	5.156,20	6.203,50	7.210,80	8.178,10	9.105,40
10.860,00	bis	10.879,99	4.074,90	5.164,20	6.213,50	7.222,80	8.192,10	9.121,40
10.880,00	bis	10.899,99	4.080,90	5.172,20	6.223,50	7.234,80	8.206,10	9.137,40
10.900,00	bis	10.919,99	4.086,90	5.180,20	6.233,50	7.246,80	8.220,10	9.153,40
10.920,00	bis	10.939,99	4.092,90	5.188,20	6.243,50	7.258,80	8.234,10	9.169,40
10.940,00	bis	10.959,99	4.098,90	5.196,20	6.253,50	7.270,80	8.248,10	9.185,40
10.960,00	bis	10.979,99	4.104,90	5.204,20	6.263,50	7.282,80	8.262,10	9.201,40
10.980,00	bis	10.999,99	4.110,90	5.212,20	6.273,50	7.294,80	8.276,10	9.217,40
11.000,00	bis	11.019,99	4.116,90	5.220,20	6.283,50	7.306,80	8.290,10	9.233,40
11.020,00	bis	11.039,99	4.122,90	5.228,20	6.293,50	7.318,80	8.304,10	9.249,40
11.040,00	bis	11.059,99	4.128,90	5.236,20	6.303,50	7.330,80	8.318,10	9.265,40
11.060,00	bis	11.079,99	4.134,90	5.244,20	6.313,50	7.342,80	8.332,10	9.281,40
11.080,00	bis	11.099,99	4.140,90	5.252,20	6.323,50	7.354,80	8.346,10	9.297,40
11.100,00	bis	11.119,99	4.146,90	5.260,20	6.333,50	7.366,80	8.360,10	9.313,40
11.120,00	bis	11.139,99	4.152,90	5.268,20	6.343,50	7.378,80	8.374,10	9.329,40
11.140,00	bis	11.159,99	4.158,90	5.276,20	6.353,50	7.390,80	8.388,10	9.345,40
11.160,00	bis	11.179,99	4.164,90	5.284,20	6.363,50	7.402,80	8.402,10	9.361,40
11.180,00	bis	11.199,99	4.170,90	5.292,20	6.373,50	7.414,80	8.416,10	9.377,40
11.200,00	bis	11.219,99	4.176,90	5.300,20	6.383,50	7.426,80	8.430,10	9.393,40
11.220,00	bis	11.239,99	4.182,90	5.308,20	6.393,50	7.438,80	8.444,10	9.409,40
11.240,00	bis	11.259,99	4.188,90	5.316,20	6.403,50	7.450,80	8.458,10	9.425,40
11.260,00	bis	11.279,99	4.194,90	5.324,20	6.413,50	7.462,80	8.472,10	9.441,40
11.280,00	bis	11.299,99	4.200,90	5.332,20	6.423,50	7.474,80	8.486,10	9.457,40
11.300,00	bis	11.319,99	4.206,90	5.340,20	6.433,50	7.486,80	8.500,10	9.473,40
11.320,00	bis	11.339,99	4.212,90	5.348,20	6.443,50	7.498,80	8.514,10	9.489,40
11.340,00	bis	11.359,99	4.218,90	5.356,20	6.453,50	7.510,80	8.528,10	9.505,40
11.360,00	bis	11.379,99	4.224,90	5.364,20	6.463,50	7.522,80	8.542,10	9.521,40
11.380,00	bis	11.399,99	4.230,90	5.372,20	6.473,50	7.534,80	8.556,10	9.537,40
11.400,00	bis	11.419,99	4.236,90	5.380,20	6.483,50	7.546,80	8.570,10	9.553,40
11.420,00	bis	11.439,99	4.242,90	5.388,20	6.493,50	7.558,80	8.584,10	9.569,40
11.440,00	bis	11.459,99	4.248,90	5.396,20	6.503,50	7.570,80	8.598,10	9.585,40
11.460,00	bis	11.479,99	4.254,90	5.404,20	6.513,50	7.582,80	8.612,10	9.601,40
11.480,00	bis	11.499,99	4.260,90	5.412,20	6.523,50	7.594,80	8.626,10	9.617,40
11.500,00	bis	11.519,99	4.266,90	5.420,20	6.533,50	7.606,80	8.640,10	9.633,40
11.520,00	bis	11.539,99	4.272,90	5.428,20	6.543,50	7.618,80	8.654,10	9.649,40
11.540,00	bis	11.559,99	4.278,90	5.436,20	6.553,50	7.630,80	8.668,10	9.665,40
11.560,00	bis	11.579,99	4.284,90	5.444,20	6.563,50	7.642,80	8.682,10	9.681,40
11.580,00	bis	11.599,99	4.290,90	5.452,20	6.573,50	7.654,80	8.696,10	9.697,40
11.600,00	bis	11.619,99	4.296,90	5.460,20	6.583,50	7.666,80	8.710,10	9.713,40
11.620,00	bis	11.639,99	4.302,90	5.468,20	6.593,50	7.678,80	8.724,10	9.729,40
11.640,00	bis	11.659,99	4.308,90	5.476,20	6.603,50	7.690,80	8.738,10	9.745,40
11.660,00	bis	11.679,99	4.314,90	5.484,20	6.613,50	7.702,80	8.752,10	9.761,40
11.680,00	bis	11.699,99	4.320,90	5.492,20	6.623,50	7.714,80	8.766,10	9.777,40
11.700,00	bis	11.719,99	4.326,90	5.500,20	6.633,50	7.726,80	8.780,10	9.793,40
11.720,00	bis	11.739,99	4.332,90	5.508,20	6.643,50	7.738,80	8.794,10	9.809,40
11.740,00	bis	11.759,99	4.338,90	5.516,20	6.653,50	7.750,80	8.808,10	9.825,40
11.760,00	bis	11.779,99	4.344,90	5.524,20	6.663,50	7.762,80	8.822,10	9.841,40

Tabelle 1cm (Beschränkt pfändbare einmalige Leistungen)

11.780,00	bis	11.799,99	4.350,90	5.532,20	6.673,50	7.774,80	8.836,10	9.857,40
11.800,00	bis	11.819,99	4.356,90	5.540,20	6.683,50	7.786,80	8.850,10	9.873,40
11.820,00	bis	11.839,99	4.362,90	5.548,20	6.693,50	7.798,80	8.864,10	9.889,40
11.840,00	bis	11.859,99	4.368,90	5.556,20	6.703,50	7.810,80	8.878,10	9.905,40
11.860,00	bis	11.879,99	4.374,90	5.564,20	6.713,50	7.822,80	8.892,10	9.921,40
11.880,00	bis	11.899,99	4.380,90	5.572,20	6.723,50	7.834,80	8.906,10	9.937,40
11.900,00	bis	11.919,99	4.386,90	5.580,20	6.733,50	7.846,80	8.920,10	9.953,40
11.920,00	bis	11.939,99	4.392,90	5.588,20	6.743,50	7.858,80	8.934,10	9.969,40
11.940,00	bis	11.959,99	4.398,90	5.596,20	6.753,50	7.870,80	8.948,10	9.985,40
11.960,00	bis	11.979,99	4.404,90	5.604,20	6.763,50	7.882,80	8.962,10	10.001,40
11.980,00	bis	11.999,99	4.410,90	5.612,20	6.773,50	7.894,80	8.976,10	10.017,40
12.000,00	bis	12.019,99	4.416,90	5.620,20	6.783,50	7.906,80	8.990,10	10.033,40
12.020,00	bis	12.039,99	4.422,90	5.628,20	6.793,50	7.918,80	9.004,10	10.049,40
12.040,00	bis	12.059,99	4.428,90	5.636,20	6.803,50	7.930,80	9.018,10	10.065,40
12.060,00	bis	12.079,99	4.434,90	5.644,20	6.813,50	7.942,80	9.032,10	10.081,40
12.080,00	bis	12.099,99	4.440,90	5.652,20	6.823,50	7.954,80	9.046,10	10.097,40
12.100,00	bis	12.119,99	4.446,90	5.660,20	6.833,50	7.966,80	9.060,10	10.113,40
12.120,00	bis	12.139,99	4.452,90	5.668,20	6.843,50	7.978,80	9.074,10	10.129,40
12.140,00	bis	12.159,99	4.458,90	5.676,20	6.853,50	7.990,80	9.088,10	10.145,40
12.160,00	bis	12.179,99	4.464,90	5.684,20	6.863,50	8.002,80	9.102,10	10.161,40
12.180,00	bis	12.199,99	4.470,90	5.692,20	6.873,50	8.014,80	9.116,10	10.177,40
12.200,00	bis	12.219,99	4.476,90	5.700,20	6.883,50	8.026,80	9.130,10	10.193,40
12.220,00	bis	12.239,99	4.482,90	5.708,20	6.893,50	8.038,80	9.144,10	10.209,40
12.240,00	bis	12.259,99	4.488,90	5.716,20	6.903,50	8.050,80	9.158,10	10.225,40
12.260,00	bis	12.279,99	4.494,90	5.724,20	6.913,50	8.062,80	9.172,10	10.241,40
12.280,00	bis	12.299,99	4.500,90	5.732,20	6.923,50	8.074,80	9.186,10	10.257,40
12.300,00	bis	12.319,99	4.506,90	5.740,20	6.933,50	8.086,80	9.200,10	10.273,40
12.320,00	bis	12.339,99	4.512,90	5.748,20	6.943,50	8.098,80	9.214,10	10.289,40
12.340,00	bis	12.359,99	4.518,90	5.756,20	6.953,50	8.110,80	9.228,10	10.305,40
12.360,00	bis	12.379,99	4.524,90	5.764,20	6.963,50	8.122,80	9.242,10	10.321,40
12.380,00	bis	12.399,99	4.530,90	5.772,20	6.973,50	8.134,80	9.256,10	10.337,40
12.400,00	bis	12.419,99	4.536,90	5.780,20	6.983,50	8.146,80	9.270,10	10.353,40
12.420,00	bis	12.439,99	4.542,90	5.788,20	6.993,50	8.158,80	9.284,10	10.369,40
12.440,00	bis	12.459,99	4.548,90	5.796,20	7.003,50	8.170,80	9.298,10	10.385,40
12.460,00	bis	12.479,99	4.554,90	5.804,20	7.013,50	8.182,80	9.312,10	10.401,40
12.480,00	bis	12.499,99	4.560,90	5.812,20	7.023,50	8.194,80	9.326,10	10.417,40
12.500,00	bis	12.519,99	4.566,90	5.820,20	7.033,50	8.206,80	9.340,10	10.433,40
12.520,00	bis	12.539,99	4.572,90	5.828,20	7.043,50	8.218,80	9.354,10	10.449,40
12.540,00	bis	12.559,99	4.578,90	5.836,20	7.053,50	8.230,80	9.368,10	10.465,40
12.560,00	bis	12.579,99	4.584,90	5.844,20	7.063,50	8.242,80	9.382,10	10.481,40
12.580,00	bis	12.599,99	4.590,90	5.852,20	7.073,50	8.254,80	9.396,10	10.497,40
12.600,00	bis	12.619,99	4.596,90	5.860,20	7.083,50	8.266,80	9.410,10	10.513,40
12.620,00	bis	12.639,99	4.602,90	5.868,20	7.093,50	8.278,80	9.424,10	10.529,40
12.640,00	bis	12.659,99	4.608,90	5.876,20	7.103,50	8.290,80	9.438,10	10.545,40
12.660,00	bis	12.679,99	4.614,90	5.884,20	7.113,50	8.302,80	9.452,10	10.561,40
12.680,00	bis	12.699,99	4.620,90	5.892,20	7.123,50	8.314,80	9.466,10	10.577,40
12.700,00	bis	12.719,99	4.626,90	5.900,20	7.133,50	8.326,80	9.480,10	10.593,40
12.720,00	bis	12.739,99	4.632,90	5.908,20	7.143,50	8.338,80	9.494,10	10.609,40
12.740,00	bis	12.759,99	4.638,90	5.916,20	7.153,50	8.350,80	9.508,10	10.625,40
12.760,00	bis	12.779,99	4.644,90	5.924,20	7.163,50	8.362,80	9.522,10	10.641,40
12.780,00	bis	12.799,99	4.650,90	5.932,20	7.173,50	8.374,80	9.536,10	10.657,40
12.800,00	bis	12.819,99	4.656,90	5.940,20	7.183,50	8.386,80	9.550,10	10.673,40
12.820,00	bis	12.839,99	4.662,90	5.948,20	7.193,50	8.398,80	9.564,10	10.689,40
12.840,00	bis	12.859,99	4.668,90	5.956,20	7.203,50	8.410,80	9.578,10	10.705,40
12.860,00	bis	12.879,99	4.674,90	5.964,20	7.213,50	8.422,80	9.592,10	10.721,40
12.880,00	bis	12.899,99	4.680,90	5.972,20	7.223,50	8.434,80	9.606,10	10.737,40
12.900,00	bis	12.919,99	4.686,90	5.980,20	7.233,50	8.446,80	9.620,10	10.753,40
12.920,00	bis	12.939,99	4.692,90	5.988,20	7.243,50	8.458,80	9.634,10	10.769,40
12.940,00	bis	12.959,99	4.698,90	5.996,20	7.253,50	8.470,80	9.648,10	10.785,40
12.960,00	bis	12.979,99	4.704,90	6.004,20	7.263,50	8.482,80	9.662,10	10.801,40
12.980,00	bis	12.999,99	4.710,90	6.012,20	7.273,50	8.494,80	9.676,10	10.817,40
13.000,00	bis	13.019,99	4.716,90	6.020,20	7.283,50	8.506,80	9.690,10	10.833,40
13.020,00	bis	13.039,99	4.722,90	6.028,20	7.293,50	8.518,80	9.704,10	10.849,40
13.040,00	bis	13.059,99	4.728,90	6.036,20	7.303,50	8.530,80	9.718,10	10.865,40
13.060,00	bis	13.079,99	4.734,90	6.044,20	7.313,50	8.542,80	9.732,10	10.881,40
13.080,00	bis	13.099,99	4.740,90	6.052,20	7.323,50	8.554,80	9.746,10	10.897,40
13.100,00	bis	13.119,99	4.746,90	6.060,20	7.333,50	8.566,80	9.760,10	10.913,40

Tabelle 1cm (Beschränkt pfändbare einmalige Leistungen)

TABELLEN

13.120,00	bis	13.139,99	4.752,90	6.068,20	7.343,50	8.578,80	9.774,10	10.929,40
13.140,00	bis	13.159,99	4.758,90	6.076,20	7.353,50	8.590,80	9.788,10	10.945,40
13.160,00	bis	13.179,99	4.764,90	6.084,20	7.363,50	8.602,80	9.802,10	10.961,40
13.180,00	bis	13.199,99	4.770,90	6.092,20	7.373,50	8.614,80	9.816,10	10.977,40
13.200,00	bis	13.219,99	4.776,90	6.100,20	7.383,50	8.626,80	9.830,10	10.993,40
13.220,00	bis	13.239,99	4.782,90	6.108,20	7.393,50	8.638,80	9.844,10	11.009,40
13.240,00	bis	13.259,99	4.788,90	6.116,20	7.403,50	8.650,80	9.858,10	11.025,40
13.260,00	bis	13.279,99	4.794,90	6.124,20	7.413,50	8.662,80	9.872,10	11.041,40
13.280,00	bis	13.299,99	4.800,90	6.132,20	7.423,50	8.674,80	9.886,10	11.057,40
13.300,00	bis	13.319,99	4.806,90	6.140,20	7.433,50	8.686,80	9.900,10	11.073,40
13.320,00	bis	13.339,99	4.812,90	6.148,20	7.443,50	8.698,80	9.914,10	11.089,40
13.340,00	bis	13.359,99	4.818,90	6.156,20	7.453,50	8.710,80	9.928,10	11.105,40
13.360,00	bis	13.379,99	4.824,90	6.164,20	7.463,50	8.722,80	9.942,10	11.121,40
13.380,00	bis	13.399,99	4.830,90	6.172,20	7.473,50	8.734,80	9.956,10	11.137,40
13.400,00	bis	13.419,99	4.836,90	6.180,20	7.483,50	8.746,80	9.970,10	11.153,40
13.420,00	bis	13.439,99	4.842,90	6.188,20	7.493,50	8.758,80	9.984,10	11.169,40
13.440,00	bis	13.459,99	4.848,90	6.196,20	7.503,50	8.770,80	9.998,10	11.185,40
13.460,00	bis	13.479,99	4.854,90	6.204,20	7.513,50	8.782,80	10.012,10	11.201,40
13.480,00	bis	13.499,99	4.860,90	6.212,20	7.523,50	8.794,80	10.026,10	11.217,40
13.500,00	bis	13.519,99	4.866,90	6.220,20	7.533,50	8.806,80	10.040,10	11.233,40
13.520,00	bis	13.539,99	4.872,90	6.228,20	7.543,50	8.818,80	10.054,10	11.249,40
13.540,00	bis	13.559,99	4.878,90	6.236,20	7.553,50	8.830,80	10.068,10	11.265,40
13.560,00	bis	13.579,99	4.884,90	6.244,20	7.563,50	8.842,80	10.082,10	11.281,40
13.580,00	bis	13.599,99	4.890,90	6.252,20	7.573,50	8.854,80	10.096,10	11.297,40
13.600,00	bis	13.619,99	4.896,90	6.260,20	7.583,50	8.866,80	10.110,10	11.313,40
13.620,00	bis	13.639,99	4.902,90	6.268,20	7.593,50	8.878,80	10.124,10	11.329,40
13.640,00	bis	13.659,99	4.908,90	6.276,20	7.603,50	8.890,80	10.138,10	11.345,40
13.660,00	bis	13.679,99	4.914,90	6.284,20	7.613,50	8.902,80	10.152,10	11.361,40
13.680,00	bis	13.699,99	4.920,90	6.292,20	7.623,50	8.914,80	10.166,10	11.377,40
13.700,00	bis	13.719,99	4.926,90	6.300,20	7.633,50	8.926,80	10.180,10	11.393,40
13.720,00	bis	13.739,99	4.932,90	6.308,20	7.643,50	8.938,80	10.194,10	11.409,40
13.740,00	bis	13.759,99	4.938,90	6.316,20	7.653,50	8.950,80	10.208,10	11.425,40
13.760,00	bis	13.779,99	4.944,90	6.324,20	7.663,50	8.962,80	10.222,10	11.441,40
13.780,00	bis	13.799,99	4.950,90	6.332,20	7.673,50	8.974,80	10.236,10	11.457,40
13.800,00	bis	13.819,99	4.956,90	6.340,20	7.683,50	8.986,80	10.250,10	11.473,40
13.820,00	bis	13.839,99	4.962,90	6.348,20	7.693,50	8.998,80	10.264,10	11.489,40
13.840,00	bis	13.859,99	4.968,90	6.356,20	7.703,50	9.010,80	10.278,10	11.505,40
13.860,00	bis	13.879,99	4.974,90	6.364,20	7.713,50	9.022,80	10.292,10	11.521,40
13.880,00	bis	13.899,99	4.980,90	6.372,20	7.723,50	9.034,80	10.306,10	11.537,40
13.900,00	bis	13.919,99	4.986,90	6.380,20	7.733,50	9.046,80	10.320,10	11.553,40
13.920,00	bis	13.939,99	4.992,90	6.388,20	7.743,50	9.058,80	10.334,10	11.569,40
13.940,00	bis	13.959,99	4.998,90	6.396,20	7.753,50	9.070,80	10.348,10	11.585,40
13.960,00	bis	13.979,99	5.004,90	6.404,20	7.763,50	9.082,80	10.362,10	11.601,40
13.980,00	bis	13.999,99	5.010,90	6.412,20	7.773,50	9.094,80	10.376,10	11.617,40
14.000,00	bis	14.019,99	5.016,90	6.420,20	7.783,50	9.106,80	10.390,10	11.633,40
14.020,00	bis	14.039,99	5.022,90	6.428,20	7.793,50	9.118,80	10.404,10	11.649,40
14.040,00	bis	14.059,99	5.028,90	6.436,20	7.803,50	9.130,80	10.418,10	11.665,40
14.060,00	bis	14.079,99	5.034,90	6.444,20	7.813,50	9.142,80	10.432,10	11.681,40
14.080,00	bis	14.099,99	5.040,90	6.452,20	7.823,50	9.154,80	10.446,10	11.697,40
14.100,00	bis	14.119,99	5.046,90	6.460,20	7.833,50	9.166,80	10.460,10	11.713,40
14.120,00	bis	14.139,99	5.052,90	6.468,20	7.843,50	9.178,80	10.474,10	11.729,40
14.140,00	bis	14.159,99	5.058,90	6.476,20	7.853,50	9.190,80	10.488,10	11.745,40
14.160,00	bis	14.179,99	5.064,90	6.484,20	7.863,50	9.202,80	10.502,10	11.761,40
14.180,00	bis	14.199,99	5.070,90	6.492,20	7.873,50	9.214,80	10.516,10	11.777,40
14.200,00	bis	14.219,99	5.076,90	6.500,20	7.883,50	9.226,80	10.530,10	11.793,40
14.220,00	bis	14.239,99	5.082,90	6.508,20	7.893,50	9.238,80	10.544,10	11.809,40
14.240,00	bis	14.259,99	5.088,90	6.516,20	7.903,50	9.250,80	10.558,10	11.825,40
14.260,00	bis	14.279,99	5.094,90	6.524,20	7.913,50	9.262,80	10.572,10	11.841,40
14.280,00	bis	14.299,99	5.100,90	6.532,20	7.923,50	9.274,80	10.586,10	11.857,40
14.300,00	bis	14.319,99	5.106,90	6.540,20	7.933,50	9.286,80	10.600,10	11.873,40
14.320,00	bis	14.339,99	5.112,90	6.548,20	7.943,50	9.298,80	10.614,10	11.889,40
14.340,00	bis	14.359,99	5.118,90	6.556,20	7.953,50	9.310,80	10.628,10	11.905,40
14.360,00	bis	14.379,99	5.124,90	6.564,20	7.963,50	9.322,80	10.642,10	11.921,40
14.380,00	bis	14.399,99	5.130,90	6.572,20	7.973,50	9.334,80	10.656,10	11.937,40
14.400,00	bis	14.419,99	5.136,90	6.580,20	7.983,50	9.346,80	10.670,10	11.953,40
14.420,00	bis	14.439,99	5.142,90	6.588,20	7.993,50	9.358,80	10.684,10	11.969,40
14.440,00	bis	14.459,99	5.148,90	6.596,20	8.003,50	9.370,80	10.698,10	11.985,40

Tabelle 1cm (Beschränkt pfändbare einmalige Leistungen)

14.460,00	bis	14.479,99	5.154,90	6.604,20	8.013,50	9.382,80	10.712,10	12.001,40
14.480,00	bis	14.499,99	5.160,90	6.612,20	8.023,50	9.394,80	10.726,10	12.017,40
14.500,00	bis	14.519,99	5.166,90	6.620,20	8.033,50	9.406,80	10.740,10	12.033,40
14.520,00	bis	14.539,99	5.172,90	6.628,20	8.043,50	9.418,80	10.754,10	12.049,40
14.540,00	bis	14.559,99	5.178,90	6.636,20	8.053,50	9.430,80	10.768,10	12.065,40
14.560,00	bis	14.579,99	5.184,90	6.644,20	8.063,50	9.442,80	10.782,10	12.081,40
14.580,00	bis	14.599,99	5.190,90	6.652,20	8.073,50	9.454,80	10.796,10	12.097,40
14.600,00	bis	14.619,99	5.196,90	6.660,20	8.083,50	9.466,80	10.810,10	12.113,40
14.620,00	bis	14.639,99	5.202,90	6.668,20	8.093,50	9.478,80	10.824,10	12.129,40
14.640,00	bis	14.659,99	5.208,90	6.676,20	8.103,50	9.490,80	10.838,10	12.145,40
14.660,00	bis	14.679,99	5.214,90	6.684,20	8.113,50	9.502,80	10.852,10	12.161,40
14.680,00	bis	14.699,99	5.220,90	6.692,20	8.123,50	9.514,80	10.866,10	12.177,40
14.700,00	bis	14.719,99	5.226,90	6.700,20	8.133,50	9.526,80	10.880,10	12.193,40
14.720,00	bis	14.739,99	5.232,90	6.708,20	8.143,50	9.538,80	10.894,10	12.209,40
14.740,00	bis	14.759,99	5.238,90	6.716,20	8.153,50	9.550,80	10.908,10	12.225,40
14.760,00	bis	14.779,99	5.244,90	6.724,20	8.163,50	9.562,80	10.922,10	12.241,40
14.780,00	bis	14.799,99	5.250,90	6.732,20	8.173,50	9.574,80	10.936,10	12.257,40
14.800,00	bis	14.819,99	5.256,90	6.740,20	8.183,50	9.586,80	10.950,10	12.273,40
14.820,00	bis	14.839,99	5.262,90	6.748,20	8.193,50	9.598,80	10.964,10	12.289,40
14.840,00	bis	14.859,99	5.268,90	6.756,20	8.203,50	9.610,80	10.978,10	12.305,40
14.860,00	bis	14.879,99	5.274,90	6.764,20	8.213,50	9.622,80	10.992,10	12.321,40
14.880,00	bis	14.899,99	5.280,90	6.772,20	8.223,50	9.634,80	11.006,10	12.337,40
14.900,00	bis	14.919,99	5.286,90	6.780,20	8.233,50	9.646,80	11.020,10	12.353,40
14.920,00	bis	14.939,99	5.292,90	6.788,20	8.243,50	9.658,80	11.034,10	12.369,40
14.940,00	bis	14.959,99	5.298,90	6.796,20	8.253,50	9.670,80	11.048,10	12.385,40
14.960,00	bis	14.979,99	5.304,90	6.804,20	8.263,50	9.682,80	11.062,10	12.401,40
14.980,00	bis	14.999,99	5.310,90	6.812,20	8.273,50	9.694,80	11.076,10	12.417,40
15.000,00	bis	15.019,99	5.316,90	6.820,20	8.283,50	9.706,80	11.090,10	12.433,40
15.020,00	bis	15.039,99	5.322,90	6.828,20	8.293,50	9.718,80	11.104,10	12.449,40
15.040,00	bis	15.059,99	5.328,90	6.836,20	8.303,50	9.730,80	11.118,10	12.465,40
15.060,00	bis	15.079,99	5.334,90	6.844,20	8.313,50	9.742,80	11.132,10	12.481,40
15.080,00	bis	15.099,99	5.340,90	6.852,20	8.323,50	9.754,80	11.146,10	12.497,40
15.100,00	bis	15.119,99	5.346,90	6.860,20	8.333,50	9.766,80	11.160,10	12.513,40
15.120,00	bis	15.139,99	5.352,90	6.868,20	8.343,50	9.778,80	11.174,10	12.529,40
15.140,00	bis	15.159,99	5.358,90	6.876,20	8.353,50	9.790,80	11.188,10	12.545,40
15.160,00	bis	15.179,99	5.364,90	6.884,20	8.363,50	9.802,80	11.202,10	12.561,40
15.180,00	bis	15.199,99	5.370,90	6.892,20	8.373,50	9.814,80	11.216,10	12.577,40
15.200,00	bis	15.219,99	5.376,90	6.900,20	8.383,50	9.826,80	11.230,10	12.593,40
15.220,00	bis	15.239,99	5.382,90	6.908,20	8.393,50	9.838,80	11.244,10	12.609,40
15.240,00	bis	15.259,99	5.388,90	6.916,20	8.403,50	9.850,80	11.258,10	12.625,40
15.260,00	bis	15.279,99	5.394,90	6.924,20	8.413,50	9.862,80	11.272,10	12.641,40
15.280,00	bis	15.299,99	5.400,90	6.932,20	8.423,50	9.874,80	11.286,10	12.657,40
15.300,00	bis	15.319,99	5.406,90	6.940,20	8.433,50	9.886,80	11.300,10	12.673,40
15.320,00	bis	15.339,99	5.412,90	6.948,20	8.443,50	9.898,80	11.314,10	12.689,40
15.340,00	bis	15.359,99	5.418,90	6.956,20	8.453,50	9.910,80	11.328,10	12.705,40
15.360,00	bis	15.379,99	5.424,90	6.964,20	8.463,50	9.922,80	11.342,10	12.721,40
15.380,00	bis	15.399,99	5.430,90	6.972,20	8.473,50	9.934,80	11.356,10	12.737,40
15.400,00	bis	15.419,99	5.436,90	6.980,20	8.483,50	9.946,80	11.370,10	12.753,40
15.420,00	bis	15.439,99	5.442,90	6.988,20	8.493,50	9.958,80	11.384,10	12.769,40
15.440,00	bis	15.459,99	5.448,90	6.996,20	8.503,50	9.970,80	11.398,10	12.785,40
15.460,00	bis	15.479,99	5.454,90	7.004,20	8.513,50	9.982,80	11.412,10	12.801,40
15.480,00	bis	15.499,99	5.460,90	7.012,20	8.523,50	9.994,80	11.426,10	12.817,40
15.500,00	bis	15.519,99	5.466,90	7.020,20	8.533,50	10.006,80	11.440,10	12.833,40
15.520,00	bis	15.539,99	5.472,90	7.028,20	8.543,50	10.018,80	11.454,10	12.849,40
15.540,00	bis	15.559,99	5.478,90	7.036,20	8.553,50	10.030,80	11.468,10	12.865,40
15.560,00	bis	15.579,99	5.484,90	7.044,20	8.563,50	10.042,80	11.482,10	12.881,40
15.580,00	bis	15.599,99	5.490,90	7.052,20	8.573,50	10.054,80	11.496,10	12.897,40
15.600,00	bis	15.619,99	5.496,90	7.060,20	8.583,50	10.066,80	11.510,10	12.913,40
15.620,00	bis	15.639,99	5.502,90	7.068,20	8.593,50	10.078,80	11.524,10	12.929,40
15.640,00	bis	15.659,99	5.508,90	7.076,20	8.603,50	10.090,80	11.538,10	12.945,40
15.660,00	bis	15.679,99	5.514,90	7.084,20	8.613,50	10.102,80	11.552,10	12.961,40
15.680,00	bis	15.699,99	5.520,90	7.092,20	8.623,50	10.114,80	11.566,10	12.977,40
15.700,00	bis	15.719,99	5.526,90	7.100,20	8.633,50	10.126,80	11.580,10	12.993,40
15.720,00	bis	15.739,99	5.532,90	7.108,20	8.643,50	10.138,80	11.594,10	13.009,40
15.740,00	bis	15.759,99	5.538,90	7.116,20	8.653,50	10.150,80	11.608,10	13.025,40
15.760,00	bis	15.779,99	5.544,90	7.124,20	8.663,50	10.162,80	11.622,10	13.041,40
15.780,00	bis	15.799,99	5.550,90	7.132,20	8.673,50	10.174,80	11.636,10	13.057,40

Tabelle 1cm (Beschränkt pfändbare einmalige Leistungen)

TABELLEN

15.800,00	bis	15.819,99	5.556,90	7.140,20	8.683,50	10.186,80	11.650,10	13.073,40
15.820,00	bis	15.839,99	5.562,90	7.148,20	8.693,50	10.198,80	11.664,10	13.089,40
15.840,00	bis	15.859,99	5.568,90	7.156,20	8.703,50	10.210,80	11.678,10	13.105,40
15.860,00	bis	15.879,99	5.574,90	7.164,20	8.713,50	10.222,80	11.692,10	13.121,40
15.880,00	bis	15.899,99	5.580,90	7.172,20	8.723,50	10.234,80	11.706,10	13.137,40
15.900,00	bis	15.919,99	5.586,90	7.180,20	8.733,50	10.246,80	11.720,10	13.153,40
15.920,00	bis	15.939,99	5.592,90	7.188,20	8.743,50	10.258,80	11.734,10	13.169,40
15.940,00	bis	15.959,99	5.598,90	7.196,20	8.753,50	10.270,80	11.748,10	13.185,40
15.960,00	bis	15.979,99	5.604,90	7.204,20	8.763,50	10.282,80	11.762,10	13.201,40
15.980,00	bis	15.999,99	5.610,90	7.212,20	8.773,50	10.294,80	11.776,10	13.217,40
16.000,00	bis	16.019,99	5.616,90	7.220,20	8.783,50	10.306,80	11.790,10	13.233,40
16.020,00	bis	16.039,99	5.622,90	7.228,20	8.793,50	10.318,80	11.804,10	13.249,40
16.040,00	bis	16.059,99	5.628,90	7.236,20	8.803,50	10.330,80	11.818,10	13.265,40
16.060,00	bis	16.079,99	5.634,90	7.244,20	8.813,50	10.342,80	11.832,10	13.281,40
16.080,00	bis	16.099,99	5.640,90	7.252,20	8.823,50	10.354,80	11.846,10	13.297,40
16.100,00	bis	16.119,99	5.646,90	7.260,20	8.833,50	10.366,80	11.860,10	13.313,40
16.120,00	bis	16.139,99	5.652,90	7.268,20	8.843,50	10.378,80	11.874,10	13.329,40
16.140,00	bis	16.159,99	5.658,90	7.276,20	8.853,50	10.390,80	11.888,10	13.345,40
16.160,00	bis	16.179,99	5.664,90	7.284,20	8.863,50	10.402,80	11.902,10	13.361,40
16.180,00	bis	16.199,99	5.670,90	7.292,20	8.873,50	10.414,80	11.916,10	13.377,40
16.200,00	bis	16.219,99	5.676,90	7.300,20	8.883,50	10.426,80	11.930,10	13.393,40
16.220,00	bis	16.239,99	5.682,90	7.308,20	8.893,50	10.438,80	11.944,10	13.409,40
16.240,00	bis	16.259,99	5.688,90	7.316,20	8.903,50	10.450,80	11.958,10	13.425,40
16.260,00	bis	16.279,99	5.694,90	7.324,20	8.913,50	10.462,80	11.972,10	13.441,40
16.280,00	bis	16.299,99	5.700,90	7.332,20	8.923,50	10.474,80	11.986,10	13.457,40
16.300,00	bis	16.319,99	5.706,90	7.340,20	8.933,50	10.486,80	12.000,10	13.473,40
16.320,00	bis	16.339,99	5.712,90	7.348,20	8.943,50	10.498,80	12.014,10	13.489,40
16.340,00	bis	16.359,99	5.718,90	7.356,20	8.953,50	10.510,80	12.028,10	13.505,40
16.360,00	bis	16.379,99	5.724,90	7.364,20	8.963,50	10.522,80	12.042,10	13.521,40
16.380,00	bis	16.399,99	5.730,90	7.372,20	8.973,50	10.534,80	12.056,10	13.537,40
16.400,00	bis	16.419,99	5.736,90	7.380,20	8.983,50	10.546,80	12.070,10	13.553,40
16.420,00	bis	16.439,99	5.742,90	7.388,20	8.993,50	10.558,80	12.084,10	13.569,40
16.440,00	bis	16.459,99	5.748,90	7.396,20	9.003,50	10.570,80	12.098,10	13.585,40
16.460,00	bis	16.479,99	5.754,90	7.404,20	9.013,50	10.582,80	12.112,10	13.601,40
16.480,00	bis	16.499,99	5.760,90	7.412,20	9.023,50	10.594,80	12.126,10	13.617,40
16.500,00	bis	16.519,99	5.766,90	7.420,20	9.033,50	10.606,80	12.140,10	13.633,40
16.520,00	bis	16.539,99	5.772,90	7.428,20	9.043,50	10.618,80	12.154,10	13.649,40
16.540,00	bis	16.559,99	5.778,90	7.436,20	9.053,50	10.630,80	12.168,10	13.665,40
16.560,00	bis	16.579,99	5.784,90	7.444,20	9.063,50	10.642,80	12.182,10	13.681,40
16.580,00	bis	16.599,99	5.790,90	7.452,20	9.073,50	10.654,80	12.196,10	13.697,40
16.600,00	bis	16.619,99	5.796,90	7.460,20	9.083,50	10.666,80	12.210,10	13.713,40
16.620,00	bis	16.639,99	5.802,90	7.468,20	9.093,50	10.678,80	12.224,10	13.729,40
16.640,00	bis	16.659,99	5.808,90	7.476,20	9.103,50	10.690,80	12.238,10	13.745,40
16.660,00	bis	16.679,99	5.814,90	7.484,20	9.113,50	10.702,80	12.252,10	13.761,40
16.680,00	bis	16.699,99	5.820,90	7.492,20	9.123,50	10.714,80	12.266,10	13.777,40
16.700,00	bis	16.719,99	5.826,90	7.500,20	9.133,50	10.726,80	12.280,10	13.793,40
16.720,00	bis	16.739,99	5.832,90	7.508,20	9.143,50	10.738,80	12.294,10	13.809,40
16.740,00	bis	16.759,99	5.838,90	7.516,20	9.153,50	10.750,80	12.308,10	13.825,40
16.760,00	bis	16.779,99	5.844,90	7.524,20	9.163,50	10.762,80	12.322,10	13.841,40
16.780,00	bis	16.799,99	5.850,90	7.532,20	9.173,50	10.774,80	12.336,10	13.857,40
16.800,00	bis	16.819,99	5.856,90	7.540,20	9.183,50	10.786,80	12.350,10	13.873,40
16.820,00	bis	16.839,99	5.862,90	7.548,20	9.193,50	10.798,80	12.364,10	13.889,40
16.840,00	bis	16.859,99	5.868,90	7.556,20	9.203,50	10.810,80	12.378,10	13.905,40
16.860,00	bis	16.879,99	5.874,90	7.564,20	9.213,50	10.822,80	12.392,10	13.921,40
16.880,00	bis	16.899,99	5.880,90	7.572,20	9.223,50	10.834,80	12.406,10	13.937,40
16.900,00	bis	16.919,99	5.886,90	7.580,20	9.233,50	10.846,80	12.420,10	13.953,40
16.920,00	bis	16.939,99	5.892,90	7.588,20	9.243,50	10.858,80	12.434,10	13.969,40
16.940,00	bis	16.959,99	5.898,90	7.596,20	9.253,50	10.870,80	12.448,10	13.985,40
16.960,00	bis	16.979,99	5.904,90	7.604,20	9.263,50	10.882,80	12.462,10	14.001,40
16.980,00	bis	16.999,99	5.910,90	7.612,20	9.273,50	10.894,80	12.476,10	14.017,40
17.000,00	bis	17.019,99	5.916,90	7.620,20	9.283,50	10.906,80	12.490,10	14.033,40
17.020,00	bis	17.039,99	5.922,90	7.628,20	9.293,50	10.918,80	12.504,10	14.049,40
17.040,00	bis	17.059,99	5.928,90	7.636,20	9.303,50	10.930,80	12.518,10	14.065,40
17.060,00	bis	17.079,99	5.934,90	7.644,20	9.313,50	10.942,80	12.532,10	14.081,40
17.080,00	bis	17.099,99	5.940,90	7.652,20	9.323,50	10.954,80	12.546,10	14.097,40
17.100,00	bis	17.119,99	5.946,90	7.660,20	9.333,50	10.966,80	12.560,10	14.113,40
17.120,00	bis	17.139,99	5.952,90	7.668,20	9.343,50	10.978,80	12.574,10	14.129,40

Tabelle 1cm (Beschränkt pfändbare einmalige Leistungen)

17.140,00	bis	17.159,99	5.958,90	7.676,20	9.353,50	10.990,80	12.588,10	14.145,40
17.160,00	bis	17.179,99	5.964,90	7.684,20	9.363,50	11.002,80	12.602,10	14.161,40
17.180,00	bis	17.199,99	5.970,90	7.692,20	9.373,50	11.014,80	12.616,10	14.177,40
17.200,00	bis	17.219,99	5.976,90	7.700,20	9.383,50	11.026,80	12.630,10	14.193,40
17.220,00	bis	17.239,99	5.982,90	7.708,20	9.393,50	11.038,80	12.644,10	14.209,40
17.240,00	bis	17.259,99	5.988,90	7.716,20	9.403,50	11.050,80	12.658,10	14.225,40
17.260,00	bis	17.279,99	5.994,90	7.724,20	9.413,50	11.062,80	12.672,10	14.241,40
17.280,00	bis	17.299,99	6.000,90	7.732,20	9.423,50	11.074,80	12.686,10	14.257,40
17.300,00	bis	17.319,99	6.006,90	7.740,20	9.433,50	11.086,80	12.700,10	14.273,40
17.320,00	bis	17.339,99	6.012,90	7.748,20	9.443,50	11.098,80	12.714,10	14.289,40
17.340,00	bis	17.359,99	6.018,90	7.756,20	9.453,50	11.110,80	12.728,10	14.305,40
17.360,00	bis	17.379,99	6.024,90	7.764,20	9.463,50	11.122,80	12.742,10	14.321,40
17.380,00	bis	17.399,99	6.030,90	7.772,20	9.473,50	11.134,80	12.756,10	14.337,40
17.400,00	bis	17.419,99	6.036,90	7.780,20	9.483,50	11.146,80	12.770,10	14.353,40
17.420,00	bis	17.439,99	6.042,90	7.788,20	9.493,50	11.158,80	12.784,10	14.369,40
17.440,00	bis	17.459,99	6.048,90	7.796,20	9.503,50	11.170,80	12.798,10	14.385,40
17.460,00	bis	17.479,99	6.054,90	7.804,20	9.513,50	11.182,80	12.812,10	14.401,40
17.480,00	bis	17.499,99	6.060,90	7.812,20	9.523,50	11.194,80	12.826,10	14.417,40
17.500,00	bis	17.519,99	6.066,90	7.820,20	9.533,50	11.206,80	12.840,10	14.433,40
17.520,00	bis	17.539,99	6.072,90	7.828,20	9.543,50	11.218,80	12.854,10	14.449,40
17.540,00	bis	17.559,99	6.078,90	7.836,20	9.553,50	11.230,80	12.868,10	14.465,40
17.560,00	bis	17.579,99	6.084,90	7.844,20	9.563,50	11.242,80	12.882,10	14.481,40
17.580,00	bis	17.599,99	6.090,90	7.852,20	9.573,50	11.254,80	12.896,10	14.497,40
17.600,00	bis	17.619,99	6.096,90	7.860,20	9.583,50	11.266,80	12.910,10	14.513,40
17.620,00	bis	17.639,99	6.102,90	7.868,20	9.593,50	11.278,80	12.924,10	14.529,40
17.640,00	bis	17.659,99	6.108,90	7.876,20	9.603,50	11.290,80	12.938,10	14.545,40
17.660,00	bis	17.679,99	6.114,90	7.884,20	9.613,50	11.302,80	12.952,10	14.561,40
17.680,00	bis	17.699,99	6.120,90	7.892,20	9.623,50	11.314,80	12.966,10	14.577,40
17.700,00	bis	17.719,99	6.126,90	7.900,20	9.633,50	11.326,80	12.980,10	14.593,40
17.720,00	bis	17.739,99	6.132,90	7.908,20	9.643,50	11.338,80	12.994,10	14.609,40
17.740,00	bis	17.759,99	6.138,90	7.916,20	9.653,50	11.350,80	13.008,10	14.625,40
17.760,00	bis	17.779,99	6.144,90	7.924,20	9.663,50	11.362,80	13.022,10	14.641,40
17.780,00	bis	17.799,99	6.150,90	7.932,20	9.673,50	11.374,80	13.036,10	14.657,40
17.800,00	bis	17.819,99	6.156,90	7.940,20	9.683,50	11.386,80	13.050,10	14.673,40
17.820,00	bis	17.839,99	6.162,90	7.948,20	9.693,50	11.398,80	13.064,10	14.689,40
17.840,00	bis	17.859,99	6.168,90	7.956,20	9.703,50	11.410,80	13.078,10	14.705,40
17.860,00	bis	17.879,99	6.174,90	7.964,20	9.713,50	11.422,80	13.092,10	14.721,40
17.880,00	bis	17.899,99	6.180,90	7.972,20	9.723,50	11.434,80	13.106,10	14.737,40
17.900,00	bis	17.919,99	6.186,90	7.980,20	9.733,50	11.446,80	13.120,10	14.753,40
17.920,00	bis	17.939,99	6.192,90	7.988,20	9.743,50	11.458,80	13.134,10	14.769,40
17.940,00	bis	17.959,99	6.198,90	7.996,20	9.753,50	11.470,80	13.148,10	14.785,40
17.960,00	bis	17.979,99	6.204,90	8.004,20	9.763,50	11.482,80	13.162,10	14.801,40
17.980,00	bis	17.999,99	6.210,90	8.012,20	9.773,50	11.494,80	13.176,10	14.817,40
18.000,00	bis	18.019,99	6.216,90	8.020,20	9.783,50	11.506,80	13.190,10	14.833,40
18.020,00	bis	18.039,99	6.222,90	8.028,20	9.793,50	11.518,80	13.204,10	14.849,40
18.040,00	bis	18.059,99	6.228,90	8.036,20	9.803,50	11.530,80	13.218,10	14.865,40
18.060,00	bis	18.079,99	6.234,90	8.044,20	9.813,50	11.542,80	13.232,10	14.881,40
18.080,00	bis	18.099,99	6.240,90	8.052,20	9.823,50	11.554,80	13.246,10	14.897,40
18.100,00	bis	18.119,99	6.246,90	8.060,20	9.833,50	11.566,80	13.260,10	14.913,40
18.120,00	bis	18.139,99	6.252,90	8.068,20	9.843,50	11.578,80	13.274,10	14.929,40
18.140,00	bis	18.159,99	6.258,90	8.076,20	9.853,50	11.590,80	13.288,10	14.945,40
18.160,00	bis	18.179,99	6.264,90	8.084,20	9.863,50	11.602,80	13.302,10	14.961,40
18.180,00	bis	18.199,99	6.270,90	8.092,20	9.873,50	11.614,80	13.316,10	14.977,40
18.200,00	bis	18.219,99	6.276,90	8.100,20	9.883,50	11.626,80	13.330,10	14.993,40
18.220,00	bis	18.239,99	6.282,90	8.108,20	9.893,50	11.638,80	13.344,10	15.009,40
18.240,00	bis	18.259,99	6.288,90	8.116,20	9.903,50	11.650,80	13.358,10	15.025,40
18.260,00	bis	18.279,99	6.294,90	8.124,20	9.913,50	11.662,80	13.372,10	15.041,40
18.280,00	bis	18.299,99	6.300,90	8.132,20	9.923,50	11.674,80	13.386,10	15.057,40
18.300,00	bis	18.319,99	6.306,90	8.140,20	9.933,50	11.686,80	13.400,10	15.073,40
18.320,00	bis	18.339,99	6.312,90	8.148,20	9.943,50	11.698,80	13.414,10	15.089,40
18.340,00	bis	18.359,99	6.318,90	8.156,20	9.953,50	11.710,80	13.428,10	15.105,40
18.360,00	bis	18.379,99	6.324,90	8.164,20	9.963,50	11.722,80	13.442,10	15.121,40
18.380,00	bis	18.399,99	6.330,90	8.172,20	9.973,50	11.734,80	13.456,10	15.137,40
18.400,00	bis	18.419,99	6.336,90	8.180,20	9.983,50	11.746,80	13.470,10	15.153,40
18.420,00	bis	18.439,99	6.342,90	8.188,20	9.993,50	11.758,80	13.484,10	15.169,40
18.440,00	bis	18.459,99	6.348,90	8.196,20	10.003,50	11.770,80	13.498,10	15.185,40
18.460,00	bis	18.479,99	6.354,90	8.204,20	10.013,50	11.782,80	13.512,10	15.201,40

Tabelle 1cm (Beschränkt pfändbare einmalige Leistungen)

TABELLEN

18.480,00	bis	18.499,99	6.360,90	8.212,20	10.023,50	11.794,80	13.526,10	15.217,40
18.500,00	bis	18.519,99	6.366,90	8.220,20	10.033,50	11.806,80	13.540,10	15.233,40
18.520,00	bis	18.539,99	6.372,90	8.228,20	10.043,50	11.818,80	13.554,10	15.249,40
18.540,00	bis	18.559,99	6.378,90	8.236,20	10.053,50	11.830,80	13.568,10	15.265,40
18.560,00	bis	18.579,99	6.384,90	8.244,20	10.063,50	11.842,80	13.582,10	15.281,40
18.580,00	bis	18.599,99	6.390,90	8.252,20	10.073,50	11.854,80	13.596,10	15.297,40
18.600,00	bis	18.619,99	6.396,90	8.260,20	10.083,50	11.866,80	13.610,10	15.313,40
18.620,00	bis	18.639,99	6.402,90	8.268,20	10.093,50	11.878,80	13.624,10	15.329,40
18.640,00	bis	18.659,99	6.408,90	8.276,20	10.103,50	11.890,80	13.638,10	15.345,40
18.660,00	bis	18.679,99	6.414,90	8.284,20	10.113,50	11.902,80	13.652,10	15.361,40
18.680,00	bis	18.699,99	6.420,90	8.292,20	10.123,50	11.914,80	13.666,10	15.377,40
18.700,00	bis	18.719,99	6.426,90	8.300,20	10.133,50	11.926,80	13.680,10	15.393,40
18.720,00	bis	18.739,99	6.432,90	8.308,20	10.143,50	11.938,80	13.694,10	15.409,40
18.740,00	bis	18.759,99	6.438,90	8.316,20	10.153,50	11.950,80	13.708,10	15.425,40
18.760,00	bis	18.779,99	6.444,90	8.324,20	10.163,50	11.962,80	13.722,10	15.441,40
18.780,00	bis	18.799,99	6.450,90	8.332,20	10.173,50	11.974,80	13.736,10	15.457,40
18.800,00	bis	18.819,99	6.456,90	8.340,20	10.183,50	11.986,80	13.750,10	15.473,40
18.820,00	bis	18.839,99	6.462,90	8.348,20	10.193,50	11.998,80	13.764,10	15.489,40
18.840,00	bis	18.859,99	6.468,90	8.356,20	10.203,50	12.010,80	13.778,10	15.505,40
18.860,00	bis	18.879,99	6.474,90	8.364,20	10.213,50	12.022,80	13.792,10	15.521,40
18.880,00	bis	18.899,99	6.480,90	8.372,20	10.223,50	12.034,80	13.806,10	15.537,40
18.900,00	bis	18.919,99	6.486,90	8.380,20	10.233,50	12.046,80	13.820,10	15.553,40
18.920,00	bis	18.939,99	6.492,90	8.388,20	10.243,50	12.058,80	13.834,10	15.569,40
18.940,00	bis	18.959,99	6.498,90	8.396,20	10.253,50	12.070,80	13.848,10	15.585,40
18.960,00	bis	18.979,99	6.504,90	8.404,20	10.263,50	12.082,80	13.862,10	15.601,40
18.980,00	bis	18.999,99	6.510,90	8.412,20	10.273,50	12.094,80	13.876,10	15.617,40
19.000,00	bis	19.019,99	6.516,90	8.420,20	10.283,50	12.106,80	13.890,10	15.633,40
19.020,00	bis	19.039,99	6.522,90	8.428,20	10.293,50	12.118,80	13.904,10	15.649,40
19.040,00	bis	19.059,99	6.528,90	8.436,20	10.303,50	12.130,80	13.918,10	15.665,40
19.060,00	bis	19.079,99	6.534,90	8.444,20	10.313,50	12.142,80	13.932,10	15.681,40
19.080,00	bis	19.099,99	6.540,90	8.452,20	10.323,50	12.154,80	13.946,10	15.697,40
19.100,00	bis	19.119,99	6.546,90	8.460,20	10.333,50	12.166,80	13.960,10	15.713,40
19.120,00	bis	19.139,99	6.552,90	8.468,20	10.343,50	12.178,80	13.974,10	15.729,40
19.140,00	bis	19.159,99	6.558,90	8.476,20	10.353,50	12.190,80	13.988,10	15.745,40
19.160,00	bis	19.179,99	6.564,90	8.484,20	10.363,50	12.202,80	14.002,10	15.761,40
19.180,00	bis	19.199,99	6.570,90	8.492,20	10.373,50	12.214,80	14.016,10	15.777,40
19.200,00	bis	19.219,99	6.576,90	8.500,20	10.383,50	12.226,80	14.030,10	15.793,40
19.220,00	bis	19.239,99	6.582,90	8.508,20	10.393,50	12.238,80	14.044,10	15.809,40
19.240,00	bis	19.259,99	6.588,90	8.516,20	10.403,50	12.250,80	14.058,10	15.825,40
19.260,00	bis	19.279,99	6.594,90	8.524,20	10.413,50	12.262,80	14.072,10	15.841,40
19.280,00	bis	19.299,99	6.600,90	8.532,20	10.423,50	12.274,80	14.086,10	15.857,40
19.300,00	bis	19.319,99	6.606,90	8.540,20	10.433,50	12.286,80	14.100,10	15.873,40
19.320,00	bis	19.339,99	6.612,90	8.548,20	10.443,50	12.298,80	14.114,10	15.889,40
19.340,00	bis	19.359,99	6.618,90	8.556,20	10.453,50	12.310,80	14.128,10	15.905,40
19.360,00	bis	19.379,99	6.624,90	8.564,20	10.463,50	12.322,80	14.142,10	15.921,40
19.380,00	bis	19.399,99	6.630,90	8.572,20	10.473,50	12.334,80	14.156,10	15.937,40
19.400,00	bis	19.419,99	6.636,90	8.580,20	10.483,50	12.346,80	14.170,10	15.953,40
19.420,00	bis	19.439,99	6.642,90	8.588,20	10.493,50	12.358,80	14.184,10	15.969,40
19.440,00	bis	19.459,99	6.648,90	8.596,20	10.503,50	12.370,80	14.198,10	15.985,40
19.460,00	bis	19.479,99	6.654,90	8.604,20	10.513,50	12.382,80	14.212,10	16.001,40
19.480,00	bis	19.499,99	6.660,90	8.612,20	10.523,50	12.394,80	14.226,10	16.017,40
19.500,00	bis	19.519,99	6.666,90	8.620,20	10.533,50	12.406,80	14.240,10	16.033,40
19.520,00	bis	19.539,99	6.672,90	8.628,20	10.543,50	12.418,80	14.254,10	16.049,40
19.540,00	bis	19.559,99	6.678,90	8.636,20	10.553,50	12.430,80	14.268,10	16.065,40
19.560,00	bis	19.579,99	6.684,90	8.644,20	10.563,50	12.442,80	14.282,10	16.081,40
19.580,00	bis	19.599,99	6.690,90	8.652,20	10.573,50	12.454,80	14.296,10	16.097,40
19.600,00	bis	19.619,99	6.696,90	8.660,20	10.583,50	12.466,80	14.310,10	16.113,40
19.620,00	bis	19.639,99	6.702,90	8.668,20	10.593,50	12.478,80	14.324,10	16.129,40
19.640,00	bis	19.659,99	6.708,90	8.676,20	10.603,50	12.490,80	14.338,10	16.145,40
19.660,00	bis	19.679,99	6.714,90	8.684,20	10.613,50	12.502,80	14.352,10	16.161,40
19.680,00	bis	19.699,99	6.720,90	8.692,20	10.623,50	12.514,80	14.366,10	16.177,40
19.700,00	bis	19.719,99	6.726,90	8.700,20	10.633,50	12.526,80	14.380,10	16.193,40
19.720,00	bis	19.739,99	6.732,90	8.708,20	10.643,50	12.538,80	14.394,10	16.209,40
19.740,00	bis	19.759,99	6.738,90	8.716,20	10.653,50	12.550,80	14.408,10	16.225,40
19.760,00	bis	19.779,99	6.744,90	8.724,20	10.663,50	12.562,80	14.422,10	16.241,40
19.780,00	bis	19.799,99	6.750,90	8.732,20	10.673,50	12.574,80	14.436,10	16.257,40
19.800,00	bis	19.819,99	6.756,90	8.740,20	10.683,50	12.586,80	14.450,10	16.273,40

Tabelle 1cm (Beschränkt pfändbare einmalige Leistungen)

19.820,00	bis	19.839,99	6.762,90	8.748,20	10.693,50	12.598,80	14.464,10	16.289,40
19.840,00	bis	19.859,99	6.768,90	8.756,20	10.703,50	12.610,80	14.478,10	16.305,40
19.860,00	bis	19.879,99	6.774,90	8.764,20	10.713,50	12.622,80	14.492,10	16.321,40
19.880,00	bis	19.899,99	6.780,90	8.772,20	10.723,50	12.634,80	14.506,10	16.337,40
19.900,00	bis	19.919,99	6.786,90	8.780,20	10.733,50	12.646,80	14.520,10	16.353,40
19.920,00	bis	19.939,99	6.792,90	8.788,20	10.743,50	12.658,80	14.534,10	16.369,40
19.940,00	bis	19.959,99	6.798,90	8.796,20	10.753,50	12.670,80	14.548,10	16.385,40
19.960,00	bis	19.979,99	6.804,90	8.804,20	10.763,50	12.682,80	14.562,10	16.401,40
19.980,00	bis	19.999,99	6.810,90	8.812,20	10.773,50	12.694,80	14.576,10	16.417,40
20.000,00	bis	20.019,99	6.816,90	8.820,20	10.783,50	12.706,80	14.590,10	16.433,40
20.020,00	bis	20.039,99	6.822,90	8.828,20	10.793,50	12.718,80	14.604,10	16.449,40
20.040,00	bis	20.059,99	6.828,90	8.836,20	10.803,50	12.730,80	14.618,10	16.465,40
20.060,00	bis	20.079,99	6.834,90	8.844,20	10.813,50	12.742,80	14.632,10	16.481,40
20.080,00	bis	20.099,99	6.840,90	8.852,20	10.823,50	12.754,80	14.646,10	16.497,40
20.100,00	bis	20.119,99	6.846,90	8.860,20	10.833,50	12.766,80	14.660,10	16.513,40
20.120,00	bis	20.139,99	6.852,90	8.868,20	10.843,50	12.778,80	14.674,10	16.529,40
20.140,00	bis	20.159,99	6.858,90	8.876,20	10.853,50	12.790,80	14.688,10	16.545,40
20.160,00	bis	20.179,99	6.864,90	8.884,20	10.863,50	12.802,80	14.702,10	16.561,40
20.180,00	bis	20.199,99	6.870,90	8.892,20	10.873,50	12.814,80	14.716,10	16.577,40
20.200,00	bis	20.219,99	6.876,90	8.900,20	10.883,50	12.826,80	14.730,10	16.593,40
20.220,00	bis	20.239,99	6.882,90	8.908,20	10.893,50	12.838,80	14.744,10	16.609,40
20.240,00	bis	20.259,99	6.888,90	8.916,20	10.903,50	12.850,80	14.758,10	16.625,40
20.260,00	bis	20.279,99	6.894,90	8.924,20	10.913,50	12.862,80	14.772,10	16.641,40
20.280,00	bis	20.299,99	6.900,90	8.932,20	10.923,50	12.874,80	14.786,10	16.657,40
20.300,00	bis	20.319,99	6.906,90	8.940,20	10.933,50	12.886,80	14.800,10	16.673,40
20.320,00	bis	20.339,99	6.912,90	8.948,20	10.943,50	12.898,80	14.814,10	16.689,40
20.340,00	bis	20.359,99	6.918,90	8.956,20	10.953,50	12.910,80	14.828,10	16.705,40
20.360,00	bis	20.379,99	6.924,90	8.964,20	10.963,50	12.922,80	14.842,10	16.721,40
20.380,00	bis	20.399,99	6.930,90	8.972,20	10.973,50	12.934,80	14.856,10	16.737,40
20.400,00	bis	20.419,99	6.936,90	8.980,20	10.983,50	12.946,80	14.870,10	16.753,40
20.420,00	bis	20.439,99	6.942,90	8.988,20	10.993,50	12.958,80	14.884,10	16.769,40
20.440,00	bis	20.459,99	6.948,90	8.996,20	11.003,50	12.970,80	14.898,10	16.785,40
20.460,00	bis	20.479,99	6.954,90	9.004,20	11.013,50	12.982,80	14.912,10	16.801,40
20.480,00	bis	20.499,99	6.960,90	9.012,20	11.023,50	12.994,80	14.926,10	16.817,40
20.500,00	bis	20.519,99	6.966,90	9.020,20	11.033,50	13.006,80	14.940,10	16.833,40
20.520,00	bis	20.539,99	6.972,90	9.028,20	11.043,50	13.018,80	14.954,10	16.849,40
20.540,00	bis	20.559,99	6.978,90	9.036,20	11.053,50	13.030,80	14.968,10	16.865,40
20.560,00	bis	20.579,99	6.984,90	9.044,20	11.063,50	13.042,80	14.982,10	16.881,40
20.580,00	bis	20.599,99	6.990,90	9.052,20	11.073,50	13.054,80	14.996,10	16.897,40
20.600,00	bis	20.619,99	6.996,90	9.060,20	11.083,50	13.066,80	15.010,10	16.913,40
20.620,00	bis	20.639,99	7.002,90	9.068,20	11.093,50	13.078,80	15.024,10	16.929,40
20.640,00	bis	20.659,99	7.008,90	9.076,20	11.103,50	13.090,80	15.038,10	16.945,40
20.660,00	bis	20.679,99	7.014,90	9.084,20	11.113,50	13.102,80	15.052,10	16.961,40
20.680,00	bis	20.699,99	7.020,90	9.092,20	11.123,50	13.114,80	15.066,10	16.977,40
20.700,00	bis	20.719,99	7.026,90	9.100,20	11.133,50	13.126,80	15.080,10	16.993,40
20.720,00	bis	20.739,99	7.032,90	9.108,20	11.143,50	13.138,80	15.094,10	17.009,40
20.740,00	bis	20.759,99	7.038,90	9.116,20	11.153,50	13.150,80	15.108,10	17.025,40
20.760,00	bis	20.779,99	7.044,90	9.124,20	11.163,50	13.162,80	15.122,10	17.041,40
20.780,00	bis	20.799,99	7.050,90	9.132,20	11.173,50	13.174,80	15.136,10	17.057,40
20.800,00	bis	20.819,99	7.056,90	9.140,20	11.183,50	13.186,80	15.150,10	17.073,40
20.820,00	bis	20.839,99	7.062,90	9.148,20	11.193,50	13.198,80	15.164,10	17.089,40
20.840,00	bis	20.859,99	7.068,90	9.156,20	11.203,50	13.210,80	15.178,10	17.105,40
20.860,00	bis	20.879,99	7.074,90	9.164,20	11.213,50	13.222,80	15.192,10	17.121,40
20.880,00	bis	20.899,99	7.080,90	9.172,20	11.223,50	13.234,80	15.206,10	17.137,40
20.900,00	bis	20.919,99	7.086,90	9.180,20	11.233,50	13.246,80	15.220,10	17.153,40
20.920,00	bis	20.939,99	7.092,90	9.188,20	11.243,50	13.258,80	15.234,10	17.169,40
20.940,00	bis	20.959,99	7.098,90	9.196,20	11.253,50	13.270,80	15.248,10	17.185,40
20.960,00	bis	20.979,99	7.104,90	9.204,20	11.263,50	13.282,80	15.262,10	17.201,40
20.980,00	bis	20.999,99	7.110,90	9.212,20	11.273,50	13.294,80	15.276,10	17.217,40
21.000,00	bis	21.019,99	7.116,90	9.220,20	11.283,50	13.306,80	15.290,10	17.233,40
21.020,00	bis	21.039,99	7.122,90	9.228,20	11.293,50	13.318,80	15.304,10	17.249,40
21.040,00	bis	21.059,99	7.128,90	9.236,20	11.303,50	13.342,80	15.318,10	17.265,40
21.060,00	bis	21.079,99	7.134,90	9.244,20	11.313,50	13.342,80	15.332,10	17.281,40
21.080,00	bis	21.099,99	7.140,90	9.252,20	11.323,50	13.354,80	15.346,10	17.297,40
21.100,00	bis	21.119,99	7.146,90	9.260,20	11.333,50	13.366,80	15.360,10	17.313,40
21.120,00	bis	21.139,99	7.152,90	9.268,20	11.343,50	13.378,80	15.374,10	17.329,40
21.140,00	bis	21.159,99	7.158,90	9.276,20	11.353,50	13.390,80	15.388,10	17.345,40

Tabelle 1cm (Beschränkt pfändbare einmalige Leistungen)

TABELLEN

21.160,00	bis	21.179,99	7.164,90	9.284,20	11.363,50	13.402,80	15.402,10	17.361,40
21.180,00	bis	21.199,99	7.170,90	9.292,20	11.373,50	13.414,80	15.416,10	17.377,40
21.200,00	bis	21.219,99	7.176,90	9.300,20	11.383,50	13.426,80	15.430,10	17.393,40
21.220,00	bis	21.239,99	7.182,90	9.308,20	11.393,50	13.438,80	15.444,10	17.409,40
21.240,00	bis	21.259,99	7.188,90	9.316,20	11.403,50	13.450,80	15.458,10	17.425,40
21.260,00	bis	21.279,99	7.194,90	9.324,20	11.413,50	13.462,80	15.472,10	17.441,40
21.280,00	bis	21.299,99	7.200,90	9.332,20	11.423,50	13.474,80	15.486,10	17.457,40
21.300,00	bis	21.319,99	7.206,90	9.340,20	11.433,50	13.486,80	15.500,10	17.473,40
21.320,00	bis	21.339,99	7.212,90	9.348,20	11.443,50	13.498,80	15.514,10	17.489,40
21.340,00	bis	21.359,99	7.218,90	9.356,20	11.453,50	13.510,80	15.528,10	17.505,40
21.360,00	bis	21.379,99	7.224,90	9.364,20	11.463,50	13.522,80	15.542,10	17.521,40
21.380,00	bis	21.399,99	7.230,90	9.372,20	11.473,50	13.534,80	15.556,10	17.537,40
21.400,00	bis	21.419,99	7.236,90	9.380,20	11.483,50	13.546,80	15.570,10	17.553,40
21.420,00	bis	21.439,99	7.242,90	9.388,20	11.493,50	13.558,80	15.584,10	17.569,40
21.440,00	bis	21.459,99	7.248,90	9.396,20	11.503,50	13.570,80	15.598,10	17.585,40
21.460,00	bis	21.479,99	7.254,90	9.404,20	11.513,50	13.582,80	15.612,10	17.601,40
21.480,00	bis	21.499,99	7.260,90	9.412,20	11.523,50	13.594,80	15.626,10	17.617,40
21.500,00	bis	21.519,99	7.266,90	9.420,20	11.533,50	13.606,80	15.640,10	17.633,40
21.520,00	bis	21.539,99	7.272,90	9.428,20	11.543,50	13.618,80	15.654,10	17.649,40
21.540,00	bis	21.559,99	7.278,90	9.436,20	11.553,50	13.630,80	15.668,10	17.665,40
21.560,00	bis	21.579,99	7.284,90	9.444,20	11.563,50	13.642,80	15.682,10	17.681,40
21.580,00	bis	21.599,99	7.290,90	9.452,20	11.573,50	13.654,80	15.696,10	17.697,40
21.600,00	bis	21.619,99	7.296,90	9.460,20	11.583,50	13.666,80	15.710,10	17.713,40
21.620,00	bis	21.639,99	7.302,90	9.468,20	11.593,50	13.678,80	15.724,10	17.729,40
21.640,00	bis	21.659,99	7.308,90	9.476,20	11.603,50	13.690,80	15.738,10	17.745,40
21.660,00	bis	21.679,99	7.314,90	9.484,20	11.613,50	13.702,80	15.752,10	17.761,40
21.680,00	bis	21.699,99	7.320,90	9.492,20	11.623,50	13.714,80	15.766,10	17.777,40
21.700,00	bis	21.719,99	7.326,90	9.500,20	11.633,50	13.726,80	15.780,10	17.793,40
21.720,00	bis	21.739,99	7.332,90	9.508,20	11.643,50	13.738,80	15.794,10	17.809,40
21.740,00	bis	21.759,99	7.338,90	9.516,20	11.653,50	13.750,80	15.808,10	17.825,40
21.760,00	bis	21.779,99	7.344,90	9.524,20	11.663,50	13.762,80	15.822,10	17.841,40
21.780,00	bis	21.799,99	7.350,90	9.532,20	11.673,50	13.774,80	15.836,10	17.857,40
21.800,00	bis	21.819,99	7.356,90	9.540,20	11.683,50	13.786,80	15.850,10	17.873,40
21.820,00	bis	21.839,99	7.362,90	9.548,20	11.693,50	13.798,80	15.864,10	17.889,40
21.840,00	bis	21.859,99	7.368,90	9.556,20	11.703,50	13.810,80	15.878,10	17.905,40
21.860,00	bis	21.879,99	7.374,90	9.564,20	11.713,50	13.822,80	15.892,10	17.921,40
21.880,00	bis	21.899,99	7.380,90	9.572,20	11.723,50	13.834,80	15.906,10	17.937,40
21.900,00	bis	21.919,99	7.386,90	9.580,20	11.733,50	13.846,80	15.920,10	17.953,40
21.920,00	bis	21.939,99	7.392,90	9.588,20	11.743,50	13.858,80	15.934,10	17.969,40
21.940,00	bis	21.959,99	7.398,90	9.596,20	11.753,50	13.870,80	15.948,10	17.985,40
21.960,00	bis	21.979,99	7.404,90	9.604,20	11.763,50	13.882,80	15.962,10	18.001,40
21.980,00	bis	21.999,99	7.410,90	9.612,20	11.773,50	13.894,80	15.976,10	18.017,40
22.000,00	bis	22.019,99	7.416,90	9.620,20	11.783,50	13.906,80	15.990,10	18.033,40
22.020,00	bis	22.039,99	7.422,90	9.628,20	11.793,50	13.918,80	16.004,10	18.049,40
22.040,00	bis	22.059,99	7.428,90	9.636,20	11.803,50	13.930,80	16.018,10	18.065,40
22.060,00	bis	22.079,99	7.434,90	9.644,20	11.813,50	13.942,80	16.032,10	18.081,40
22.080,00	bis	22.099,99	7.440,90	9.652,20	11.823,50	13.954,80	16.046,10	18.097,40
22.100,00	bis	22.119,99	7.446,90	9.660,20	11.833,50	13.966,80	16.060,10	18.113,40
22.120,00	bis	22.139,99	7.452,90	9.668,20	11.843,50	13.978,80	16.074,10	18.129,40
22.140,00	bis	22.159,99	7.458,90	9.676,20	11.853,50	13.990,80	16.088,10	18.145,40
22.160,00	bis	22.179,99	7.464,90	9.684,20	11.863,50	14.002,80	16.102,10	18.161,40
22.180,00	bis	22.199,99	7.470,90	9.692,20	11.873,50	14.014,80	16.116,10	18.177,40
22.200,00	bis	22.219,99	7.476,90	9.700,20	11.883,50	14.026,80	16.130,10	18.193,40
22.220,00	bis	22.239,99	7.482,90	9.708,20	11.893,50	14.038,80	16.144,10	18.209,40
22.240,00	bis	22.259,99	7.488,90	9.716,20	11.903,50	14.050,80	16.158,10	18.225,40
22.260,00	bis	22.279,99	7.494,90	9.724,20	11.913,50	14.062,80	16.172,10	18.241,40
22.280,00	bis	22.299,99	7.500,90	9.732,20	11.923,50	14.074,80	16.186,10	18.257,40
22.300,00	bis	22.319,99	7.506,90	9.740,20	11.933,50	14.086,80	16.200,10	18.273,40
22.320,00	bis	22.339,99	7.512,90	9.748,20	11.943,50	14.098,80	16.214,10	18.289,40
22.340,00	bis	22.359,99	7.518,90	9.756,20	11.953,50	14.110,80	16.228,10	18.305,40
22.360,00	bis	22.379,99	7.524,90	9.764,20	11.963,50	14.122,80	16.242,10	18.321,40
22.380,00	bis	22.399,99	7.530,90	9.772,20	11.973,50	14.134,80	16.256,10	18.337,40
22.400,00	bis	22.419,99	7.536,90	9.780,20	11.983,50	14.146,80	16.270,10	18.353,40
22.420,00	bis	22.439,99	7.542,90	9.788,20	11.993,50	14.158,80	16.284,10	18.369,40
22.440,00	bis	22.459,99	7.548,90	9.796,20	12.003,50	14.170,80	16.298,10	18.385,40
22.460,00	bis	22.479,99	7.554,90	9.804,20	12.013,50	14.182,80	16.312,10	18.401,40
22.480,00	bis	22.499,99	7.560,90	9.812,20	12.023,50	14.194,80	16.326,10	18.417,40

Tabelle 1cm (Beschränkt pfändbare einmalige Leistungen)

22.500,00	bis	22.519,99	7.566,90	9.820,20	12.033,50	14.206,80	16.340,10	18.433,40
22.520,00	bis	22.539,99	7.572,90	9.828,20	12.043,50	14.218,80	16.354,10	18.449,40
22.540,00	bis	22.559,99	7.578,90	9.836,20	12.053,50	14.230,80	16.368,10	18.465,40
22.560,00	bis	22.579,99	7.584,90	9.844,20	12.063,50	14.242,80	16.382,10	18.481,40
22.580,00	bis	22.599,99	7.590,90	9.852,20	12.073,50	14.254,80	16.396,10	18.497,40
22.600,00	bis	22.619,99	7.596,90	9.860,20	12.083,50	14.266,80	16.410,10	18.513,40
22.620,00	bis	22.639,99	7.602,90	9.868,20	12.093,50	14.278,80	16.424,10	18.529,40
22.640,00	bis	22.659,99	7.608,90	9.876,20	12.103,50	14.290,80	16.438,10	18.545,40
22.660,00	bis	22.679,99	7.614,90	9.884,20	12.113,50	14.302,80	16.452,10	18.561,40
22.680,00	bis	22.699,99	7.620,90	9.892,20	12.123,50	14.314,80	16.466,10	18.577,40
22.700,00	bis	22.719,99	7.626,90	9.900,20	12.133,50	14.326,80	16.480,10	18.593,40
22.720,00	bis	22.739,99	7.632,90	9.908,20	12.143,50	14.338,80	16.494,10	18.609,40
22.740,00	bis	22.759,99	7.638,90	9.916,20	12.153,50	14.350,80	16.508,10	18.625,40
22.760,00	bis	22.779,99	7.644,90	9.924,20	12.163,50	14.362,80	16.522,10	18.641,40
22.780,00	bis	22.799,99	7.650,90	9.932,20	12.173,50	14.374,80	16.536,10	18.657,40
22.800,00	bis	22.819,99	7.656,90	9.940,20	12.183,50	14.386,80	16.550,10	18.673,40
22.820,00	bis	22.839,99	7.662,90	9.948,20	12.193,50	14.398,80	16.564,10	18.689,40
22.840,00	bis	22.859,99	7.668,90	9.956,20	12.203,50	14.410,80	16.578,10	18.705,40
22.860,00	bis	22.879,99	7.674,90	9.964,20	12.213,50	14.422,80	16.592,10	18.721,40
22.880,00	bis	22.899,99	7.680,90	9.972,20	12.223,50	14.434,80	16.606,10	18.737,40
22.900,00	bis	22.919,99	7.686,90	9.980,20	12.233,50	14.446,80	16.620,10	18.753,40
22.920,00	bis	22.939,99	7.692,90	9.988,20	12.243,50	14.458,80	16.634,10	18.769,40
22.940,00	bis	22.959,99	7.698,90	9.996,20	12.253,50	14.470,80	16.648,10	18.785,40
22.960,00	bis	22.979,99	7.704,90	10.004,20	12.263,50	14.482,80	16.662,10	18.801,40
22.980,00	bis	22.999,99	7.710,90	10.012,20	12.273,50	14.494,80	16.676,10	18.817,40
23.000,00	bis	23.019,99	7.716,90	10.020,20	12.283,50	14.506,80	16.690,10	18.833,40
23.020,00	bis	23.039,99	7.722,90	10.028,20	12.293,50	14.518,80	16.704,10	18.849,40
23.040,00	bis	23.059,99	7.728,90	10.036,20	12.303,50	14.530,80	16.718,10	18.865,40
23.060,00	bis	23.079,99	7.734,90	10.044,20	12.313,50	14.542,80	16.732,10	18.881,40
23.080,00	bis	23.099,99	7.740,90	10.052,20	12.323,50	14.554,80	16.746,10	18.897,40
23.100,00	bis	23.119,99	7.746,90	10.060,20	12.333,50	14.566,80	16.760,10	18.913,40
23.120,00	bis	23.139,99	7.752,90	10.068,20	12.343,50	14.578,80	16.774,10	18.929,40
23.140,00	bis	23.159,99	7.758,90	10.076,20	12.353,50	14.590,80	16.788,10	18.945,40
23.160,00	bis	23.179,99	7.764,90	10.084,20	12.363,50	14.602,80	16.802,10	18.961,40
23.180,00	bis	23.199,99	7.770,90	10.092,20	12.373,50	14.614,80	16.816,10	18.977,40
23.200,00	bis	23.219,99	7.776,90	10.100,20	12.383,50	14.626,80	16.830,10	18.993,40
23.220,00	bis	23.239,99	7.782,90	10.108,20	12.393,50	14.638,80	16.844,10	19.009,40
23.240,00	bis	23.259,99	7.788,90	10.116,20	12.403,50	14.650,80	16.858,10	19.025,40
23.260,00	bis	23.279,99	7.794,90	10.124,20	12.413,50	14.662,80	16.872,10	19.041,40
23.280,00	bis	23.299,99	7.800,90	10.132,20	12.423,50	14.674,80	16.886,10	19.057,40
23.300,00	bis	23.319,99	7.806,90	10.140,20	12.433,50	14.686,80	16.900,10	19.073,40
23.320,00	bis	23.339,99	7.812,90	10.148,20	12.443,50	14.698,80	16.914,10	19.089,40
23.340,00	bis	23.359,99	7.818,90	10.156,20	12.453,50	14.710,80	16.928,10	19.105,40
23.360,00	bis	23.379,99	7.824,90	10.164,20	12.463,50	14.722,80	16.942,10	19.121,40
23.380,00	bis	23.399,99	7.830,90	10.172,20	12.473,50	14.734,80	16.956,10	19.137,40
23.400,00	bis	23.419,99	7.836,90	10.180,20	12.483,50	14.746,80	16.970,10	19.153,40
23.420,00	bis	23.439,99	7.842,90	10.188,20	12.493,50	14.758,80	16.984,10	19.169,40
23.440,00	bis	23.459,99	7.848,90	10.196,20	12.503,50	14.770,80	16.998,10	19.185,40
23.460,00	bis	23.479,99	7.854,90	10.204,20	12.513,50	14.782,80	17.012,10	19.201,40
23.480,00	bis	23.499,99	7.860,90	10.212,20	12.523,50	14.794,80	17.026,10	19.217,40
23.500,00	bis	23.519,99	7.866,90	10.220,20	12.533,50	14.806,80	17.040,10	19.233,40
23.520,00	bis	23.539,99	7.872,90	10.228,20	12.543,50	14.818,80	17.054,10	19.249,40
23.540,00	bis	23.559,99	7.878,90	10.236,20	12.553,50	14.830,80	17.068,10	19.265,40
23.560,00	bis	23.579,99	7.884,90	10.244,20	12.563,50	14.842,80	17.082,10	19.281,40
23.580,00	bis	23.599,99	7.890,90	10.252,20	12.573,50	14.854,80	17.096,10	19.297,40
23.600,00	bis	23.619,99	7.896,90	10.260,20	12.583,50	14.866,80	17.110,10	19.313,40
23.620,00	bis	23.639,99	7.902,90	10.268,20	12.593,50	14.878,80	17.124,10	19.329,40
23.640,00	bis	23.659,99	7.908,90	10.276,20	12.603,50	14.890,80	17.138,10	19.345,40
23.660,00	bis	23.679,99	7.914,90	10.284,20	12.613,50	14.902,80	17.152,10	19.361,40
23.680,00	bis	23.699,99	7.920,90	10.292,20	12.623,50	14.914,80	17.166,10	19.377,40
23.700,00	bis	23.719,99	7.926,90	10.300,20	12.633,50	14.926,80	17.180,10	19.393,40
23.720,00	bis	23.739,99	7.932,90	10.308,20	12.643,50	14.938,80	17.194,10	19.409,40
23.740,00	bis	23.759,99	7.938,90	10.316,20	12.653,50	14.950,80	17.208,10	19.425,40
23.760,00	bis	23.779,99	7.944,90	10.324,20	12.663,50	14.962,80	17.222,10	19.441,40
23.780,00	bis	23.799,99	7.950,90	10.332,20	12.673,50	14.974,80	17.236,10	19.457,40
23.800,00	bis	23.819,99	7.956,90	10.340,20	12.683,50	14.986,80	17.250,10	19.473,40
23.820,00	bis	23.839,99	7.962,90	10.348,20	12.693,50	14.998,80	17.264,10	19.489,40

Tabelle 1cm (Beschränkt pfändbare einmalige Leistungen)

TABELLEN

23.840,00	bis	23.859,99	7.968,90	10.356,20	12.703,50	15.010,80	17.278,10	19.505,40
23.860,00	bis	23.879,99	7.974,90	10.364,20	12.713,50	15.022,80	17.292,10	19.521,40
23.880,00	bis	23.899,99	7.980,90	10.372,20	12.723,50	15.034,80	17.306,10	19.537,40
23.900,00	bis	23.919,99	7.986,90	10.380,20	12.733,50	15.046,80	17.320,10	19.553,40
23.920,00	bis	23.939,99	7.992,90	10.388,20	12.743,50	15.058,80	17.334,10	19.569,40
23.940,00	bis	23.959,99	7.998,90	10.396,20	12.753,50	15.070,80	17.348,10	19.585,40
23.960,00	bis	23.979,99	8.004,90	10.404,20	12.763,50	15.082,80	17.362,10	19.601,40
23.980,00	bis	23.999,99	8.010,90	10.412,20	12.773,50	15.094,80	17.376,10	19.617,40
24.000,00	bis	24.019,99	8.016,90	10.420,20	12.783,50	15.106,80	17.390,10	19.633,40
24.020,00	bis	24.039,99	8.022,90	10.428,20	12.793,50	15.118,80	17.404,10	19.649,40
24.040,00	bis	24.059,99	8.028,90	10.436,20	12.803,50	15.130,80	17.418,10	19.665,40
24.060,00	bis	24.079,99	8.034,90	10.444,20	12.813,50	15.142,80	17.432,10	19.681,40
24.080,00	bis	24.099,99	8.040,90	10.452,20	12.823,50	15.154,80	17.446,10	19.697,40
24.100,00	bis	24.119,99	8.046,90	10.460,20	12.833,50	15.166,80	17.460,10	19.713,40
24.120,00	bis	24.139,99	8.052,90	10.468,20	12.843,50	15.178,80	17.474,10	19.729,40
24.140,00	bis	24.159,99	8.058,90	10.476,20	12.853,50	15.190,80	17.488,10	19.745,40
24.160,00	bis	24.179,99	8.064,90	10.484,20	12.863,50	15.202,80	17.502,10	19.761,40
24.180,00	bis	24.199,99	8.070,90	10.492,20	12.873,50	15.214,80	17.516,10	19.777,40
24.200,00	bis	24.219,99	8.076,90	10.500,20	12.883,50	15.226,80	17.530,10	19.793,40
24.220,00	bis	24.239,99	8.082,90	10.508,20	12.893,50	15.238,80	17.544,10	19.809,40
24.240,00	bis	24.259,99	8.088,90	10.516,20	12.903,50	15.250,80	17.558,10	19.825,40
24.260,00	bis	24.279,99	8.094,90	10.524,20	12.913,50	15.262,80	17.572,10	19.841,40
24.280,00	bis	24.299,99	8.100,90	10.532,20	12.923,50	15.274,80	17.586,10	19.857,40
24.300,00	bis	24.319,99	8.106,90	10.540,20	12.933,50	15.286,80	17.600,10	19.873,40
24.320,00	bis	24.339,99	8.112,90	10.548,20	12.943,50	15.298,80	17.614,10	19.889,40
24.340,00	bis	24.359,99	8.118,90	10.556,20	12.953,50	15.310,80	17.628,10	19.905,40
24.360,00	bis	24.379,99	8.124,90	10.564,20	12.963,50	15.322,80	17.642,10	19.921,40
24.380,00	bis	24.399,99	8.130,90	10.572,20	12.973,50	15.334,80	17.656,10	19.937,40
24.400,00	bis	24.419,99	8.136,90	10.580,20	12.983,50	15.346,80	17.670,10	19.953,40
24.420,00	bis	24.439,99	8.142,90	10.588,20	12.993,50	15.358,80	17.684,10	19.969,40
24.440,00	bis	24.459,99	8.148,90	10.596,20	13.003,50	15.370,80	17.698,10	19.985,40
24.460,00	bis	24.479,99	8.154,90	10.604,20	13.013,50	15.382,80	17.712,10	20.001,40
24.480,00	bis	24.499,99	8.160,90	10.612,20	13.023,50	15.394,80	17.726,10	20.017,40
24.500,00	bis	24.519,99	8.166,90	10.620,20	13.033,50	15.406,80	17.740,10	20.033,40
24.520,00	bis	24.539,99	8.172,90	10.628,20	13.043,50	15.418,80	17.754,10	20.049,40
24.540,00	bis	24.559,99	8.178,90	10.636,20	13.053,50	15.430,80	17.768,10	20.065,40
24.560,00	bis	24.579,99	8.184,90	10.644,20	13.063,50	15.442,80	17.782,10	20.081,40
24.580,00	bis	24.599,99	8.190,90	10.652,20	13.073,50	15.454,80	17.796,10	20.097,40
24.600,00	bis	24.619,99	8.196,90	10.660,20	13.083,50	15.466,80	17.810,10	20.113,40
24.620,00	bis	24.639,99	8.202,90	10.668,20	13.093,50	15.478,80	17.824,10	20.129,40
24.640,00	bis	24.659,99	8.208,90	10.676,20	13.103,50	15.490,80	17.838,10	20.145,40
24.660,00	bis	24.679,99	8.214,90	10.684,20	13.113,50	15.502,80	17.852,10	20.161,40
24.680,00	bis	24.699,99	8.220,90	10.692,20	13.123,50	15.514,80	17.866,10	20.177,40
24.700,00	bis	24.719,99	8.226,90	10.700,20	13.133,50	15.526,80	17.880,10	20.193,40
24.720,00	bis	24.739,99	8.232,90	10.708,20	13.143,50	15.538,80	17.894,10	20.209,40
24.740,00	bis	24.759,99	8.238,90	10.716,20	13.153,50	15.550,80	17.908,10	20.225,40
24.760,00	bis	24.779,99	8.244,90	10.724,20	13.163,50	15.562,80	17.922,10	20.241,40
24.780,00	bis	24.799,99	8.250,90	10.732,20	13.173,50	15.574,80	17.936,10	20.257,40
24.800,00	bis	24.819,99	8.256,90	10.740,20	13.183,50	15.586,80	17.950,10	20.273,40
24.820,00	bis	24.839,99	8.262,90	10.748,20	13.193,50	15.598,80	17.964,10	20.289,40
24.840,00	bis	24.859,99	8.268,90	10.756,20	13.203,50	15.610,80	17.978,10	20.305,40
24.860,00	bis	24.879,99	8.274,90	10.764,20	13.213,50	15.622,80	17.992,10	20.321,40
24.880,00	bis	24.899,99	8.280,90	10.772,20	13.223,50	15.634,80	18.006,10	20.337,40
24.900,00	bis	24.919,99	8.286,90	10.780,20	13.233,50	15.646,80	18.020,10	20.353,40
24.920,00	bis	24.939,99	8.292,90	10.788,20	13.243,50	15.658,80	18.034,10	20.369,40
24.940,00	bis	24.959,99	8.298,90	10.796,20	13.253,50	15.670,80	18.048,10	20.385,40
24.960,00	bis	24.979,99	8.304,90	10.804,20	13.263,50	15.682,80	18.062,10	20.401,40
24.980,00	bis	24.999,99	8.310,90	10.812,20	13.273,50	15.694,80	18.076,10	20.417,40
25.000,00	bis	25.019,99	8.316,90	10.820,20	13.283,50	15.706,80	18.090,10	20.433,40
25.020,00	bis	25.039,99	8.322,90	10.828,20	13.293,50	15.718,80	18.104,10	20.449,40
25.040,00	bis	25.059,99	8.328,90	10.836,20	13.303,50	15.730,80	18.118,10	20.465,40
25.060,00	bis	25.079,99	8.334,90	10.844,20	13.313,50	15.742,80	18.132,10	20.481,40
25.080,00	bis	25.099,99	8.340,90	10.852,20	13.323,50	15.754,80	18.146,10	20.497,40
25.100,00	bis	25.119,99	8.346,90	10.860,20	13.333,50	15.766,80	18.160,10	20.513,40
25.120,00	bis	25.139,99	8.352,90	10.868,20	13.343,50	15.778,80	18.174,10	20.529,40
25.140,00	bis	25.159,99	8.358,90	10.876,20	13.353,50	15.790,80	18.188,10	20.545,40
25.160,00	bis	25.179,99	8.364,90	10.884,20	13.363,50	15.802,80	18.202,10	20.561,40

Tabelle 1cm (Beschränkt pfändbare einmalige Leistungen)

25.180,00	bis	25.199,99	8.370,90	10.892,20	13.373,50	15.814,80	18.216,10	20.577,40
25.200,00	bis	25.219,99	8.376,90	10.900,20	13.383,50	15.826,80	18.230,10	20.593,40
25.220,00	bis	25.239,99	8.382,90	10.908,20	13.393,50	15.838,80	18.244,10	20.609,40
25.240,00	bis	25.259,99	8.388,90	10.916,20	13.403,50	15.850,80	18.258,10	20.625,40
25.260,00	bis	25.279,99	8.394,90	10.924,20	13.413,50	15.862,80	18.272,10	20.641,40
25.280,00	bis	25.299,99	8.400,90	10.932,20	13.423,50	15.874,80	18.286,10	20.657,40
25.300,00	bis	25.319,99	8.406,90	10.940,20	13.433,50	15.886,80	18.300,10	20.673,40
25.320,00	bis	25.339,99	8.412,90	10.948,20	13.443,50	15.898,80	18.314,10	20.689,40
25.340,00	bis	25.359,99	8.418,90	10.956,20	13.453,50	15.910,80	18.328,10	20.705,40
25.360,00	bis	25.379,99	8.424,90	10.964,20	13.463,50	15.922,80	18.342,10	20.721,40
25.380,00	bis	25.399,99	8.430,90	10.972,20	13.473,50	15.934,80	18.356,10	20.737,40
25.400,00	bis	25.419,99	8.436,90	10.980,20	13.483,50	15.946,80	18.370,10	20.753,40
25.420,00	bis	25.439,99	8.442,90	10.988,20	13.493,50	15.958,80	18.384,10	20.769,40
25.440,00	bis	25.459,99	8.448,90	10.996,20	13.503,50	15.970,80	18.398,10	20.785,40
25.460,00	bis	25.479,99	8.454,90	11.004,20	13.513,50	15.982,80	18.412,10	20.801,40
25.480,00	bis	25.499,99	8.460,90	11.012,20	13.523,50	15.994,80	18.426,10	20.817,40
25.500,00	bis	25.519,99	8.466,90	11.020,20	13.533,50	16.006,80	18.440,10	20.833,40
25.520,00	bis	25.539,99	8.472,90	11.028,20	13.543,50	16.018,80	18.454,10	20.849,40
25.540,00	bis	25.559,99	8.478,90	11.036,20	13.553,50	16.030,80	18.468,10	20.865,40
25.560,00	bis	25.579,99	8.484,90	11.044,20	13.563,50	16.042,80	18.482,10	20.881,40
25.580,00	bis	25.599,99	8.490,90	11.052,20	13.573,50	16.054,80	18.496,10	20.897,40
25.600,00	bis	25.619,99	8.496,90	11.060,20	13.583,50	16.066,80	18.510,10	20.913,40
25.620,00	bis	25.639,99	8.502,90	11.068,20	13.593,50	16.078,80	18.524,10	20.929,40
25.640,00	bis	25.659,99	8.508,90	11.076,20	13.603,50	16.090,80	18.538,10	20.945,40
25.660,00	bis	25.679,99	8.514,90	11.084,20	13.613,50	16.102,80	18.552,10	20.961,40
25.680,00	bis	25.699,99	8.520,90	11.092,20	13.623,50	16.114,80	18.566,10	20.977,40
25.700,00	bis	25.719,99	8.526,90	11.100,20	13.633,50	16.126,80	18.580,10	20.993,40
25.720,00	bis	25.739,99	8.532,90	11.108,20	13.643,50	16.138,80	18.594,10	21.009,40
25.740,00	bis	25.759,99	8.538,90	11.116,20	13.653,50	16.150,80	18.608,10	21.025,40
25.760,00	bis	25.779,99	8.544,90	11.124,20	13.663,50	16.162,80	18.622,10	21.041,40
25.780,00	bis	25.799,99	8.550,90	11.132,20	13.673,50	16.174,80	18.636,10	21.057,40
25.800,00	bis	25.819,99	8.556,90	11.140,20	13.683,50	16.186,80	18.650,10	21.073,40
25.820,00	bis	25.839,99	8.562,90	11.148,20	13.693,50	16.198,80	18.664,10	21.089,40
25.840,00	bis	25.859,99	8.568,90	11.156,20	13.703,50	16.210,80	18.678,10	21.105,40
25.860,00	bis	25.879,99	8.574,90	11.164,20	13.713,50	16.222,80	18.692,10	21.121,40
25.880,00	bis	25.899,99	8.580,90	11.172,20	13.723,50	16.234,80	18.706,10	21.137,40
25.900,00	bis	25.919,99	8.586,90	11.180,20	13.733,50	16.246,80	18.720,10	21.153,40
25.920,00	bis	25.939,99	8.592,90	11.188,20	13.743,50	16.258,80	18.734,10	21.169,40
25.940,00	bis	25.959,99	8.598,90	11.196,20	13.753,50	16.270,80	18.748,10	21.185,40
25.960,00	bis	25.979,99	8.604,90	11.204,20	13.763,50	16.282,80	18.762,10	21.201,40
25.980,00	bis	25.999,99	8.610,90	11.212,20	13.773,50	16.294,80	18.776,10	21.217,40
26.000,00	bis	26.019,99	8.616,90	11.220,20	13.783,50	16.306,80	18.790,10	21.233,40
26.020,00	bis	26.039,99	8.622,90	11.228,20	13.793,50	16.318,80	18.804,10	21.249,40
26.040,00	bis	26.059,99	8.628,90	11.236,20	13.803,50	16.330,80	18.818,10	21.265,40
26.060,00	bis	26.079,99	8.634,90	11.244,20	13.813,50	16.342,80	18.832,10	21.281,40
26.080,00	bis	26.099,99	8.640,90	11.252,20	13.823,50	16.354,80	18.846,10	21.297,40
26.100,00	bis	26.119,99	8.646,90	11.260,20	13.833,50	16.366,80	18.860,10	21.313,40
26.120,00	bis	26.139,99	8.652,90	11.268,20	13.843,50	16.378,80	18.874,10	21.329,40
26.140,00	bis	26.159,99	8.658,90	11.276,20	13.853,50	16.390,80	18.888,10	21.345,40
26.160,00	bis	26.179,99	8.664,90	11.284,20	13.863,50	16.402,80	18.902,10	21.361,40
26.180,00	bis	26.199,99	8.670,90	11.292,20	13.873,50	16.414,80	18.916,10	21.377,40
26.200,00	bis	26.219,99	8.676,90	11.300,20	13.883,50	16.426,80	18.930,10	21.393,40
26.220,00	bis	26.239,99	8.682,90	11.308,20	13.893,50	16.438,80	18.944,10	21.409,40
26.240,00	bis	26.259,99	8.688,90	11.316,20	13.903,50	16.450,80	18.958,10	21.425,40
26.260,00	bis	26.279,99	8.694,90	11.324,20	13.913,50	16.462,80	18.972,10	21.441,40
26.280,00	bis	26.299,99	8.700,90	11.332,20	13.923,50	16.474,80	18.986,10	21.457,40
26.300,00	bis	26.319,99	8.706,90	11.340,20	13.933,50	16.486,80	19.000,10	21.473,40
26.320,00	bis	26.339,99	8.712,90	11.348,20	13.943,50	16.498,80	19.014,10	21.489,40
26.340,00	bis	26.359,99	8.718,90	11.356,20	13.953,50	16.510,80	19.028,10	21.505,40
26.360,00	bis	26.379,99	8.724,90	11.364,20	13.963,50	16.522,80	19.042,10	21.521,40
26.380,00	bis	26.399,99	8.730,90	11.372,20	13.973,50	16.534,80	19.056,10	21.537,40
26.400,00	bis	26.419,99	8.736,90	11.380,20	13.983,50	16.546,80	19.070,10	21.553,40
26.420,00	bis	26.439,99	8.742,90	11.388,20	13.993,50	16.558,80	19.084,10	21.569,40
26.440,00	bis	26.459,99	8.748,90	11.396,20	14.003,50	16.570,80	19.098,10	21.585,40
26.460,00	bis	26.479,99	8.754,90	11.404,20	14.013,50	16.582,80	19.112,10	21.601,40
26.480,00	bis	26.499,99	8.760,90	11.412,20	14.023,50	16.594,80	19.126,10	21.617,40
26.500,00	bis	26.519,99	8.766,90	11.420,20	14.033,50	16.606,80	19.140,10	21.633,40

Tabelle 1cm (Beschränkt pfändbare einmalige Leistungen)

TABELLEN

26.520,00	bis	26.539,99	8.772,90	11.428,20	14.043,50	16.618,80	19.154,10	21.649,40
26.540,00	bis	26.559,99	8.778,90	11.436,20	14.053,50	16.630,80	19.168,10	21.665,40
26.560,00	bis	26.579,99	8.784,90	11.444,20	14.063,50	16.642,80	19.182,10	21.681,40
26.580,00	bis	26.599,99	8.790,90	11.452,20	14.073,50	16.654,80	19.196,10	21.697,40
26.600,00	bis	26.619,99	8.796,90	11.460,20	14.083,50	16.666,80	19.210,10	21.713,40
26.620,00	bis	26.639,99	8.802,90	11.468,20	14.093,50	16.678,80	19.224,10	21.729,40
26.640,00	bis	26.659,99	8.808,90	11.476,20	14.103,50	16.690,80	19.238,10	21.745,40
26.660,00	bis	26.679,99	8.814,90	11.484,20	14.113,50	16.702,80	19.252,10	21.761,40
26.680,00	bis	26.699,99	8.820,90	11.492,20	14.123,50	16.714,80	19.266,10	21.777,40
26.700,00	bis	26.719,99	8.826,90	11.500,20	14.133,50	16.726,80	19.280,10	21.793,40
26.720,00	bis	26.739,99	8.832,90	11.508,20	14.143,50	16.738,80	19.294,10	21.809,40
26.740,00	bis	26.759,99	8.838,90	11.516,20	14.153,50	16.750,80	19.308,10	21.825,40
26.760,00	bis	26.779,99	8.844,90	11.524,20	14.163,50	16.762,80	19.322,10	21.841,40
26.780,00	bis	26.799,99	8.850,90	11.532,20	14.173,50	16.774,80	19.336,10	21.857,40
26.800,00	bis	26.819,99	8.856,90	11.540,20	14.183,50	16.786,80	19.350,10	21.873,40
26.820,00	bis	26.839,99	8.862,90	11.548,20	14.193,50	16.798,80	19.364,10	21.889,40
26.840,00	bis	26.859,99	8.868,90	11.556,20	14.203,50	16.810,80	19.378,10	21.905,40
26.860,00	bis	26.879,99	8.874,90	11.564,20	14.213,50	16.822,80	19.392,10	21.921,40
26.880,00	bis	26.899,99	8.880,90	11.572,20	14.223,50	16.834,80	19.406,10	21.937,40
26.900,00	bis	26.919,99	8.886,90	11.580,20	14.233,50	16.846,80	19.420,10	21.953,40
26.920,00	bis	26.939,99	8.892,90	11.588,20	14.243,50	16.858,80	19.434,10	21.969,40
26.940,00	bis	26.959,99	8.898,90	11.596,20	14.253,50	16.870,80	19.448,10	21.985,40
26.960,00	bis	26.979,99	8.904,90	11.604,20	14.263,50	16.882,80	19.462,10	22.001,40
26.980,00	bis	26.999,99	8.910,90	11.612,20	14.273,50	16.894,80	19.476,10	22.017,40
27.000,00	bis	27.019,99	8.916,90	11.620,20	14.283,50	16.906,80	19.490,10	22.033,40
27.020,00	bis	27.039,99	8.922,90	11.628,20	14.293,50	16.918,80	19.504,10	22.049,40
27.040,00	bis	27.059,99	8.928,90	11.636,20	14.303,50	16.930,80	19.518,10	22.065,40
27.060,00	bis	27.079,99	8.934,90	11.644,20	14.313,50	16.942,80	19.532,10	22.081,40
27.080,00	bis	27.099,99	8.940,90	11.652,20	14.323,50	16.954,80	19.546,10	22.097,40
27.100,00	bis	27.119,99	8.946,90	11.660,20	14.333,50	16.966,80	19.560,10	22.113,40
27.120,00	bis	27.139,99	8.952,90	11.668,20	14.343,50	16.978,80	19.574,10	22.129,40
27.140,00	bis	27.159,99	8.958,90	11.676,20	14.353,50	16.990,80	19.588,10	22.145,40
27.160,00	bis	27.179,99	8.964,90	11.684,20	14.363,50	17.002,80	19.602,10	22.161,40
27.180,00	bis	27.199,99	8.970,90	11.692,20	14.373,50	17.014,80	19.616,10	22.177,40
27.200,00	bis	27.219,99	8.976,90	11.700,20	14.383,50	17.026,80	19.630,10	22.193,40
27.220,00	bis	27.239,99	8.982,90	11.708,20	14.393,50	17.038,80	19.644,10	22.209,40
27.240,00	bis	27.259,99	8.988,90	11.716,20	14.403,50	17.050,80	19.658,10	22.225,40
27.260,00	bis	27.279,99	8.994,90	11.724,20	14.413,50	17.062,80	19.672,10	22.241,40
27.280,00	bis	27.299,99	9.000,90	11.732,20	14.423,50	17.074,80	19.686,10	22.257,40
27.300,00	bis	27.319,99	9.006,90	11.740,20	14.433,50	17.086,80	19.700,10	22.273,40
27.320,00	bis	27.339,99	9.012,90	11.748,20	14.443,50	17.098,80	19.714,10	22.289,40
27.340,00	bis	27.359,99	9.018,90	11.756,20	14.453,50	17.110,80	19.728,10	22.305,40
27.360,00	bis	27.379,99	9.024,90	11.764,20	14.463,50	17.122,80	19.742,10	22.321,40
27.380,00	bis	27.399,99	9.030,90	11.772,20	14.473,50	17.134,80	19.756,10	22.337,40
27.400,00	bis	27.419,99	9.036,90	11.780,20	14.483,50	17.146,80	19.770,10	22.353,40
27.420,00	bis	27.439,99	9.042,90	11.788,20	14.493,50	17.158,80	19.784,10	22.369,40
27.440,00	bis	27.459,99	9.048,90	11.796,20	14.503,50	17.170,80	19.798,10	22.385,40
27.460,00	bis	27.479,99	9.054,90	11.804,20	14.513,50	17.182,80	19.812,10	22.401,40
27.480,00	bis	27.499,99	9.060,90	11.812,20	14.523,50	17.194,80	19.826,10	22.417,40
27.500,00	bis	27.519,99	9.066,90	11.820,20	14.533,50	17.206,80	19.840,10	22.433,40
27.520,00	bis	27.539,99	9.072,90	11.828,20	14.543,50	17.218,80	19.854,10	22.449,40
27.540,00	bis	27.559,99	9.078,90	11.836,20	14.553,50	17.230,80	19.868,10	22.465,40
27.560,00	bis	27.579,99	9.084,90	11.844,20	14.563,50	17.242,80	19.882,10	22.481,40
27.580,00	bis	27.599,99	9.090,90	11.852,20	14.573,50	17.254,80	19.896,10	22.497,40
27.600,00	bis	27.619,99	9.096,90	11.860,20	14.583,50	17.266,80	19.910,10	22.513,40
27.620,00	bis	27.639,99	9.102,90	11.868,20	14.593,50	17.278,80	19.924,10	22.529,40
27.640,00	bis	27.659,99	9.108,90	11.876,20	14.603,50	17.290,80	19.938,10	22.545,40
27.660,00	bis	27.679,99	9.114,90	11.884,20	14.613,50	17.302,80	19.952,10	22.561,40
27.680,00	bis	27.699,99	9.120,90	11.892,20	14.623,50	17.314,80	19.966,10	22.577,40
27.700,00	bis	27.719,99	9.126,90	11.900,20	14.633,50	17.326,80	19.980,10	22.593,40
27.720,00	bis	27.739,99	9.132,90	11.908,20	14.643,50	17.338,80	19.994,10	22.609,40
27.740,00	bis	27.759,99	9.138,90	11.916,20	14.653,50	17.350,80	20.008,10	22.625,40
27.760,00	bis	27.779,99	9.144,90	11.924,20	14.663,50	17.362,80	20.022,10	22.641,40
27.780,00	bis	27.799,99	9.150,90	11.932,20	14.673,50	17.374,80	20.036,10	22.657,40
27.800,00	bis	27.819,99	9.156,90	11.940,20	14.683,50	17.386,80	20.050,10	22.673,40
27.820,00	bis	27.839,99	9.162,90	11.948,20	14.693,50	17.398,80	20.064,10	22.689,40
27.840,00	bis	27.859,99	9.168,90	11.956,20	14.703,50	17.410,80	20.078,10	22.705,40

Tabelle 1cm (Beschränkt pfändbare einmalige Leistungen)

27.860,00	bis	27.879,99	9.174,90	11.964,20	14.713,50	17.422,80	20.092,10	22.721,40
27.880,00	bis	27.899,99	9.180,90	11.972,20	14.723,50	17.434,80	20.106,10	22.737,40
27.900,00	bis	27.919,99	9.186,90	11.980,20	14.733,50	17.446,80	20.120,10	22.753,40
27.920,00	bis	27.939,99	9.192,90	11.988,20	14.743,50	17.458,80	20.134,10	22.769,40
27.940,00	bis	27.959,99	9.198,90	11.996,20	14.753,50	17.470,80	20.148,10	22.785,40
27.960,00	bis	27.979,99	9.204,90	12.004,20	14.763,50	17.482,80	20.162,10	22.801,40
27.980,00	bis	27.999,99	9.210,90	12.012,20	14.773,50	17.494,80	20.176,10	22.817,40
28.000,00	bis	28.019,99	9.216,90	12.020,20	14.783,50	17.506,80	20.190,10	22.833,40
28.020,00	bis	28.039,99	9.222,90	12.028,20	14.793,50	17.518,80	20.204,10	22.849,40
28.040,00	bis	28.059,99	9.228,90	12.036,20	14.803,50	17.530,80	20.218,10	22.865,40
28.060,00	bis	28.079,99	9.234,90	12.044,20	14.813,50	17.542,80	20.232,10	22.881,40
28.080,00	bis	28.099,99	9.240,90	12.052,20	14.823,50	17.554,80	20.246,10	22.897,40
28.100,00	bis	28.119,99	9.246,90	12.060,20	14.833,50	17.566,80	20.260,10	22.913,40
28.120,00	bis	28.139,99	9.252,90	12.068,20	14.843,50	17.578,80	20.274,10	22.929,40
28.140,00	bis	28.159,99	9.258,90	12.076,20	14.853,50	17.590,80	20.288,10	22.945,40
28.160,00	bis	28.179,99	9.264,90	12.084,20	14.863,50	17.602,80	20.302,10	22.961,40
28.180,00	bis	28.199,99	9.270,90	12.092,20	14.873,50	17.614,80	20.316,10	22.977,40
28.200,00	bis	28.219,99	9.276,90	12.100,20	14.883,50	17.626,80	20.330,10	22.993,40
28.220,00	bis	28.239,99	9.282,90	12.108,20	14.893,50	17.638,80	20.344,10	23.009,40
28.240,00	bis	28.259,99	9.288,90	12.116,20	14.903,50	17.650,80	20.358,10	23.025,40
28.260,00	bis	28.279,99	9.294,90	12.124,20	14.913,50	17.662,80	20.372,10	23.041,40
28.280,00	bis	28.299,99	9.300,90	12.132,20	14.923,50	17.674,80	20.386,10	23.057,40
28.300,00	bis	28.319,99	9.306,90	12.140,20	14.933,50	17.686,80	20.400,10	23.073,40
28.320,00	bis	28.339,99	9.312,90	12.148,20	14.943,50	17.698,80	20.414,10	23.089,40
28.340,00	bis	28.359,99	9.318,90	12.156,20	14.953,50	17.710,80	20.428,10	23.105,40
28.360,00	bis	28.379,99	9.324,90	12.164,20	14.963,50	17.722,80	20.442,10	23.121,40
28.380,00	bis	28.399,99	9.330,90	12.172,20	14.973,50	17.734,80	20.456,10	23.137,40
28.400,00	bis	28.419,99	9.336,90	12.180,20	14.983,50	17.746,80	20.470,10	23.153,40
28.420,00	bis	28.439,99	9.342,90	12.188,20	14.993,50	17.758,80	20.484,10	23.169,40
28.440,00	bis	28.459,99	9.348,90	12.196,20	15.003,50	17.770,80	20.498,10	23.185,40
28.460,00	bis	28.479,99	9.354,90	12.204,20	15.013,50	17.782,80	20.512,10	23.201,40
28.480,00	bis	28.499,99	9.360,90	12.212,20	15.023,50	17.794,80	20.526,10	23.217,40
28.500,00	bis	28.519,99	9.366,90	12.220,20	15.033,50	17.806,80	20.540,10	23.233,40
28.520,00	bis	28.539,99	9.372,90	12.228,20	15.043,50	17.818,80	20.554,10	23.249,40
28.540,00	bis	28.559,99	9.378,90	12.236,20	15.053,50	17.830,80	20.568,10	23.265,40
28.560,00	bis	28.579,99	9.384,90	12.244,20	15.063,50	17.842,80	20.582,10	23.281,40
28.580,00	bis	28.599,99	9.390,90	12.252,20	15.073,50	17.854,80	20.596,10	23.297,40
28.600,00	bis	28.619,99	9.396,90	12.260,20	15.083,50	17.866,80	20.610,10	23.313,40
28.620,00	bis	28.639,99	9.402,90	12.268,20	15.093,50	17.878,80	20.624,10	23.329,40
28.640,00	bis	28.659,99	9.408,90	12.276,20	15.103,50	17.890,80	20.638,10	23.345,40
28.660,00	bis	28.679,99	9.414,90	12.284,20	15.113,50	17.902,80	20.652,10	23.361,40
28.680,00	bis	28.699,99	9.420,90	12.292,20	15.123,50	17.914,80	20.666,10	23.377,40
28.700,00	bis	28.719,99	9.426,90	12.300,20	15.133,50	17.926,80	20.680,10	23.393,40
28.720,00	bis	28.739,99	9.432,90	12.308,20	15.143,50	17.938,80	20.694,10	23.409,40
28.740,00	bis	28.759,99	9.438,90	12.316,20	15.153,50	17.950,80	20.708,10	23.425,40
28.760,00	bis	28.779,99	9.444,90	12.324,20	15.163,50	17.962,80	20.722,10	23.441,40
28.780,00	bis	28.799,99	9.450,90	12.332,20	15.173,50	17.974,80	20.736,10	23.457,40
28.800,00	bis	28.819,99	9.456,90	12.340,20	15.183,50	17.986,80	20.750,10	23.473,40
28.820,00	bis	28.839,99	9.462,90	12.348,20	15.193,50	17.998,80	20.764,10	23.489,40
28.840,00	bis	28.859,99	9.468,90	12.356,20	15.203,50	18.010,80	20.778,10	23.505,40
28.860,00	bis	28.879,99	9.474,90	12.364,20	15.213,50	18.022,80	20.792,10	23.521,40
28.880,00	bis	28.899,99	9.480,90	12.372,20	15.223,50	18.034,80	20.806,10	23.537,40
28.900,00	bis	28.919,99	9.486,90	12.380,20	15.233,50	18.046,80	20.820,10	23.553,40
28.920,00	bis	28.939,99	9.492,90	12.388,20	15.243,50	18.058,80	20.834,10	23.569,40
28.940,00	bis	28.959,99	9.498,90	12.396,20	15.253,50	18.070,80	20.848,10	23.585,40
28.960,00	bis	28.979,99	9.504,90	12.404,20	15.263,50	18.082,80	20.862,10	23.601,40
28.980,00	bis	28.999,99	9.510,90	12.412,20	15.273,50	18.094,80	20.876,10	23.617,40
29.000,00	bis	29.019,99	9.516,90	12.420,20	15.283,50	18.106,80	20.890,10	23.633,40
29.020,00	bis	29.039,99	9.522,90	12.428,20	15.293,50	18.118,80	20.904,10	23.649,40
29.040,00	bis	29.059,99	9.528,90	12.436,20	15.303,50	18.130,80	20.918,10	23.665,40
29.060,00	bis	29.079,99	9.534,90	12.444,20	15.313,50	18.142,80	20.932,10	23.681,40
29.080,00	bis	29.099,99	9.540,90	12.452,20	15.323,50	18.154,80	20.946,10	23.697,40
29.100,00	bis	29.119,99	9.546,90	12.460,20	15.333,50	18.166,80	20.960,10	23.713,40
29.120,00	bis	29.139,99	9.552,90	12.468,20	15.343,50	18.178,80	20.974,10	23.729,40
29.140,00	bis	29.159,99	9.558,90	12.476,20	15.353,50	18.190,80	20.988,10	23.745,40
29.160,00	bis	29.179,99	9.564,90	12.484,20	15.363,50	18.202,80	21.002,10	23.761,40
29.180,00	bis	29.199,99	9.570,90	12.492,20	15.373,50	18.214,80	21.016,10	23.777,40

Tabelle 1cm (Beschränkt pfändbare einmalige Leistungen)

29.200,00	bis	29.219,99	9.576,90	12.500,20	15.383,50	18.226,80	21.030,10	23.793,40
29.220,00	bis	29.239,99	9.582,90	12.508,20	15.393,50	18.238,80	21.044,10	23.809,40
29.240,00	bis	29.259,99	9.588,90	12.516,20	15.403,50	18.250,80	21.058,10	23.825,40
29.260,00	bis	29.279,99	9.594,90	12.524,20	15.413,50	18.262,80	21.072,10	23.841,40
29.280,00	bis	29.299,99	9.600,90	12.532,20	15.423,50	18.274,80	21.086,10	23.857,40
29.300,00	bis	29.319,99	9.606,90	12.540,20	15.433,50	18.286,80	21.100,10	23.873,40
29.320,00	bis	29.339,99	9.612,90	12.548,20	15.443,50	18.298,80	21.114,10	23.889,40
29.340,00	bis	29.359,99	9.618,90	12.556,20	15.453,50	18.310,80	21.128,10	23.905,40
29.360,00	bis	29.379,99	9.624,90	12.564,20	15.463,50	18.322,80	21.142,10	23.921,40
29.380,00	bis	29.399,99	9.630,90	12.572,20	15.473,50	18.334,80	21.156,10	23.937,40
29.400,00	bis	29.419,99	9.636,90	12.580,20	15.483,50	18.346,80	21.170,10	23.953,40
29.420,00	bis	29.439,99	9.642,90	12.588,20	15.493,50	18.358,80	21.184,10	23.969,40
29.440,00	bis	29.459,99	9.648,90	12.596,20	15.503,50	18.370,80	21.198,10	23.985,40
29.460,00	bis	29.479,99	9.654,90	12.604,20	15.513,50	18.382,80	21.212,10	24.001,40
29.480,00	bis	29.499,99	9.660,90	12.612,20	15.523,50	18.394,80	21.226,10	24.017,40
29.500,00	bis	29.519,99	9.666,90	12.620,20	15.533,50	18.406,80	21.240,10	24.033,40
29.520,00	bis	29.539,99	9.672,90	12.628,20	15.543,50	18.418,80	21.254,10	24.049,40
29.540,00	bis	29.559,99	9.678,90	12.636,20	15.553,50	18.430,80	21.268,10	24.065,40
29.560,00	bis	29.579,99	9.684,90	12.644,20	15.563,50	18.442,80	21.282,10	24.081,40
29.580,00	bis	29.599,99	9.690,90	12.652,20	15.573,50	18.454,80	21.296,10	24.097,40
29.600,00	bis	29.619,99	9.696,90	12.660,20	15.583,50	18.466,80	21.310,10	24.113,40
29.620,00	bis	29.639,99	9.702,90	12.668,20	15.593,50	18.478,80	21.324,10	24.129,40
29.640,00	bis	29.659,99	9.708,90	12.676,20	15.603,50	18.490,80	21.338,10	24.145,40
29.660,00	bis	29.679,99	9.714,90	12.684,20	15.613,50	18.502,80	21.352,10	24.161,40
29.680,00	bis	29.699,99	9.720,90	12.692,20	15.623,50	18.514,80	21.366,10	24.177,40
29.700,00	bis	29.719,99	9.726,90	12.700,20	15.633,50	18.526,80	21.380,10	24.193,40
29.720,00	bis	29.739,99	9.732,90	12.708,20	15.643,50	18.538,80	21.394,10	24.209,40
29.740,00	bis	29.759,99	9.738,90	12.716,20	15.653,50	18.550,80	21.408,10	24.225,40
29.760,00	bis	29.779,99	9.744,90	12.724,20	15.663,50	18.562,80	21.422,10	24.241,40
29.780,00	bis	29.799,99	9.750,90	12.732,20	15.673,50	18.574,80	21.436,10	24.257,40
29.800,00	bis	29.819,99	9.756,90	12.740,20	15.683,50	18.586,80	21.450,10	24.273,40
29.820,00	bis	29.839,99	9.762,90	12.748,20	15.693,50	18.598,80	21.464,10	24.289,40
29.840,00	bis	29.859,99	9.768,90	12.756,20	15.703,50	18.610,80	21.478,10	24.305,40
29.860,00	bis	29.879,99	9.774,90	12.764,20	15.713,50	18.622,80	21.492,10	24.321,40
29.880,00	bis	29.899,99	9.780,90	12.772,20	15.723,50	18.634,80	21.506,10	24.337,40
29.900,00	bis	29.919,99	9.786,90	12.780,20	15.733,50	18.646,80	21.520,10	24.353,40
29.920,00	bis	29.939,99	9.792,90	12.788,20	15.743,50	18.658,80	21.534,10	24.369,40
29.940,00	bis	29.959,99	9.798,90	12.796,20	15.753,50	18.670,80	21.548,10	24.385,40
29.960,00	bis	29.979,99	9.804,90	12.804,20	15.763,50	18.682,80	21.562,10	24.401,40
29.980,00	bis	29.999,99	9.810,90	12.812,20	15.773,50	18.694,80	21.576,10	24.417,40
30.000,00	bis	30.019,99	9.816,90	12.820,20	15.783,50	18.706,80	21.590,10	24.433,40
30.020,00	bis	30.039,99	9.822,90	12.828,20	15.793,50	18.718,80	21.604,10	24.449,40
30.040,00	bis	30.059,99	9.828,90	12.836,20	15.803,50	18.730,80	21.618,10	24.465,40
30.060,00	bis	30.079,99	9.834,90	12.844,20	15.813,50	18.742,80	21.632,10	24.481,40
30.080,00	bis	30.099,99	9.840,90	12.852,20	15.823,50	18.754,80	21.646,10	24.497,40
30.100,00	bis	30.119,99	9.846,90	12.860,20	15.833,50	18.766,80	21.660,10	24.513,40
30.120,00	bis	30.139,99	9.852,90	12.868,20	15.843,50	18.778,80	21.674,10	24.529,40
30.140,00	bis	30.159,99	9.858,90	12.876,20	15.853,50	18.790,80	21.688,10	24.545,40
30.160,00	bis	30.179,99	9.864,90	12.884,20	15.863,50	18.802,80	21.702,10	24.561,40
30.180,00	bis	30.199,99	9.870,90	12.892,20	15.873,50	18.814,80	21.716,10	24.577,40
30.200,00	bis	30.219,99	9.876,90	12.900,20	15.883,50	18.826,80	21.730,10	24.593,40
30.220,00	bis	30.239,99	9.882,90	12.908,20	15.893,50	18.838,80	21.744,10	24.609,40
30.240,00	bis	30.259,99	9.888,90	12.916,20	15.903,50	18.850,80	21.758,10	24.625,40
30.260,00	bis	30.279,99	9.894,90	12.924,20	15.913,50	18.862,80	21.772,10	24.641,40
30.280,00	bis	30.299,99	9.900,90	12.932,20	15.923,50	18.874,80	21.786,10	24.657,40
30.300,00	bis	30.319,99	9.906,90	12.940,20	15.933,50	18.886,80	21.800,10	24.673,40
30.320,00	bis	30.339,99	9.912,90	12.948,20	15.943,50	18.898,80	21.814,10	24.689,40
30.340,00	bis	30.359,99	9.918,90	12.956,20	15.953,50	18.910,80	21.828,10	24.705,40
30.360,00	bis	30.379,99	9.924,90	12.964,20	15.963,50	18.922,80	21.842,10	24.721,40
30.380,00	bis	30.399,99	9.930,90	12.972,20	15.973,50	18.934,80	21.856,10	24.737,40
30.400,00	bis	30.419,99	9.936,90	12.980,20	15.983,50	18.946,80	21.870,10	24.753,40
30.420,00	bis	30.439,99	9.942,90	12.988,20	15.993,50	18.958,80	21.884,10	24.769,40
30.440,00	bis	30.459,99	9.948,90	12.996,20	16.003,50	18.970,80	21.898,10	24.785,40
30.460,00	bis	30.479,99	9.954,90	13.004,20	16.013,50	18.982,80	21.912,10	24.801,40
30.480,00	bis	30.499,99	9.960,90	13.012,20	16.023,50	18.994,80	21.926,10	24.817,40
30.500,00	bis	30.519,99	9.966,90	13.020,20	16.033,50	19.006,80	21.940,10	24.833,40
30.520,00	bis	30.539,99	9.972,90	13.028,20	16.043,50	19.018,80	21.954,10	24.849,40

Tabelle 1cm (Beschränkt pfändbare einmalige Leistungen)

30.540,00	bis	30.559,99	9.978,90	13.036,20	16.053,50	19.030,80	21.968,10	24.865,40
30.560,00	bis	30.579,99	9.984,90	13.044,20	16.063,50	19.042,80	21.982,10	24.881,40
30.580,00	bis	30.599,99	9.990,90	13.052,20	16.073,50	19.054,80	21.996,10	24.897,40
30.600,00	bis	30.619,99	9.996,90	13.060,20	16.083,50	19.066,80	22.010,10	24.913,40
30.620,00	bis	30.639,99	10.002,90	13.068,20	16.093,50	19.078,80	22.024,10	24.929,40
30.640,00	bis	30.659,99	10.008,90	13.076,20	16.103,50	19.090,80	22.038,10	24.945,40
30.660,00	bis	30.679,99	10.014,90	13.084,20	16.113,50	19.102,80	22.052,10	24.961,40
30.680,00	bis	30.699,99	10.020,90	13.092,20	16.123,50	19.114,80	22.066,10	24.977,40
30.700,00	bis	30.719,99	10.026,90	13.100,20	16.133,50	19.126,80	22.080,10	24.993,40
30.720,00	bis	30.739,99	10.032,90	13.108,20	16.143,50	19.138,80	22.094,10	25.009,40
30.740,00	bis	30.759,99	10.038,90	13.116,20	16.153,50	19.150,80	22.108,10	25.025,40
30.760,00	bis	30.779,99	10.044,90	13.124,20	16.163,50	19.162,80	22.122,10	25.041,40
30.780,00	bis	30.799,99	10.050,90	13.132,20	16.173,50	19.174,80	22.136,10	25.057,40
30.800,00	bis	30.819,99	10.056,90	13.140,20	16.183,50	19.186,80	22.150,10	25.073,40
30.820,00	bis	30.839,99	10.062,90	13.148,20	16.193,50	19.198,80	22.164,10	25.089,40
30.840,00	bis	30.859,99	10.068,90	13.156,20	16.203,50	19.210,80	22.178,10	25.105,40
30.860,00	bis	30.879,99	10.074,90	13.164,20	16.213,50	19.222,80	22.192,10	25.121,40
30.880,00	bis	30.899,99	10.080,90	13.172,20	16.223,50	19.234,80	22.206,10	25.137,40
30.900,00	bis	30.919,99	10.086,90	13.180,20	16.233,50	19.246,80	22.220,10	25.153,40
30.920,00	bis	30.939,99	10.092,90	13.188,20	16.243,50	19.258,80	22.234,10	25.169,40
30.940,00	bis	30.959,99	10.098,90	13.196,20	16.253,50	19.270,80	22.248,10	25.185,40
30.960,00	bis	30.979,99	10.104,90	13.204,20	16.263,50	19.282,80	22.262,10	25.201,40
30.980,00	bis	30.999,99	10.110,90	13.212,20	16.273,50	19.294,80	22.276,10	25.217,40
31.000,00	bis	31.019,99	10.116,90	13.220,20	16.283,50	19.306,80	22.290,10	25.233,40
31.020,00	bis	31.039,99	10.122,90	13.228,20	16.293,50	19.318,80	22.304,10	25.249,40
31.040,00	bis	31.059,99	10.128,90	13.236,20	16.303,50	19.330,80	22.318,10	25.265,40
31.060,00	bis	31.079,99	10.134,90	13.244,20	16.313,50	19.342,80	22.332,10	25.281,40
31.080,00	bis	31.099,99	10.140,90	13.252,20	16.323,50	19.354,80	22.346,10	25.297,40
31.100,00	bis	31.119,99	10.146,90	13.260,20	16.333,50	19.366,80	22.360,10	25.313,40
31.120,00	bis	31.139,99	10.152,90	13.268,20	16.343,50	19.378,80	22.374,10	25.329,40
31.140,00	bis	31.159,99	10.158,90	13.276,20	16.353,50	19.390,80	22.388,10	25.345,40
31.160,00	bis	31.179,99	10.164,90	13.284,20	16.363,50	19.402,80	22.402,10	25.361,40
31.180,00	bis	31.199,99	10.170,90	13.292,20	16.373,50	19.414,80	22.416,10	25.377,40
31.200,00	bis	31.219,99	10.176,90	13.300,20	16.383,50	19.426,80	22.430,10	25.393,40
31.220,00	bis	31.239,99	10.182,90	13.308,20	16.393,50	19.438,80	22.444,10	25.409,40
31.240,00	bis	31.259,99	10.188,90	13.316,20	16.403,50	19.450,80	22.458,10	25.425,40
31.260,00	bis	31.279,99	10.194,90	13.324,20	16.413,50	19.462,80	22.472,10	25.441,40
31.280,00	bis	31.299,99	10.200,90	13.332,20	16.423,50	19.474,80	22.486,10	25.457,40
31.300,00	bis	31.319,99	10.206,90	13.340,20	16.433,50	19.486,80	22.500,10	25.473,40
31.320,00	bis	31.339,99	10.212,90	13.348,20	16.443,50	19.498,80	22.514,10	25.489,40
31.340,00	bis	31.359,99	10.218,90	13.356,20	16.453,50	19.510,80	22.528,10	25.505,40
31.360,00	bis	31.379,99	10.224,90	13.364,20	16.463,50	19.522,80	22.542,10	25.521,40
31.380,00	bis	31.399,99	10.230,90	13.372,20	16.473,50	19.534,80	22.556,10	25.537,40
31.400,00	bis	31.419,99	10.236,90	13.380,20	16.483,50	19.546,80	22.570,10	25.553,40
31.420,00	bis	31.439,99	10.242,90	13.388,20	16.493,50	19.558,80	22.584,10	25.569,40
31.440,00	bis	31.459,99	10.248,90	13.396,20	16.503,50	19.570,80	22.598,10	25.585,40
31.460,00	bis	31.479,99	10.254,90	13.404,20	16.513,50	19.582,80	22.612,10	25.601,40
31.480,00	bis	31.499,99	10.260,90	13.412,20	16.523,50	19.594,80	22.626,10	25.617,40
31.500,00	bis	31.519,99	10.266,90	13.420,20	16.533,50	19.606,80	22.640,10	25.633,40
31.520,00	bis	31.539,99	10.272,90	13.428,20	16.543,50	19.618,80	22.654,10	25.649,40
31.540,00	bis	31.559,99	10.278,90	13.436,20	16.553,50	19.630,80	22.668,10	25.665,40
31.560,00	bis	31.579,99	10.284,90	13.444,20	16.563,50	19.642,80	22.682,10	25.681,40
31.580,00	bis	31.599,99	10.290,90	13.452,20	16.573,50	19.654,80	22.696,10	25.697,40
31.600,00	bis	31.619,99	10.296,90	13.460,20	16.583,50	19.666,80	22.710,10	25.713,40
31.620,00	bis	31.639,99	10.302,90	13.468,20	16.593,50	19.678,80	22.724,10	25.729,40
31.640,00	bis	31.659,99	10.308,90	13.476,20	16.603,50	19.690,80	22.738,10	25.745,40
31.660,00	bis	31.679,99	10.314,90	13.484,20	16.613,50	19.702,80	22.752,10	25.761,40
31.680,00	bis	31.699,99	10.320,90	13.492,20	16.623,50	19.714,80	22.766,10	25.777,40
31.700,00	bis	31.719,99	10.326,90	13.500,20	16.633,50	19.726,80	22.780,10	25.793,40
31.720,00	bis	31.739,99	10.332,90	13.508,20	16.643,50	19.738,80	22.794,10	25.809,40
31.740,00	bis	31.759,99	10.338,90	13.516,20	16.653,50	19.750,80	22.808,10	25.825,40
31.760,00	bis	31.779,99	10.344,90	13.524,20	16.663,50	19.762,80	22.822,10	25.841,40
31.780,00	bis	31.799,99	10.350,90	13.532,20	16.673,50	19.774,80	22.836,10	25.857,40
31.800,00	bis	31.819,99	10.356,90	13.540,20	16.683,50	19.786,80	22.850,10	25.873,40
31.820,00	bis	31.839,99	10.362,90	13.548,20	16.693,50	19.798,80	22.864,10	25.889,40
31.840,00	bis	31.859,99	10.368,90	13.556,20	16.703,50	19.810,80	22.878,10	25.905,40
31.860,00	bis	31.879,99	10.374,90	13.564,20	16.713,50	19.822,80	22.892,10	25.921,40

Tabelle 1cm (Beschränkt pfändbare einmalige Leistungen)

TABELLEN

31.880,00	bis	31.899,99	10.380,90	13.572,20	16.723,50	19.834,80	22.906,10	25.937,40
31.900,00	bis	31.919,99	10.386,90	13.580,20	16.733,50	19.846,80	22.920,10	25.953,40
31.920,00	bis	31.939,99	10.392,90	13.588,20	16.743,50	19.858,80	22.934,10	25.969,40
31.940,00	bis	31.959,99	10.398,90	13.596,20	16.753,50	19.870,80	22.948,10	25.985,40
31.960,00	bis	31.979,99	10.404,90	13.604,20	16.763,50	19.882,80	22.962,10	26.001,40
31.980,00	bis	31.999,99	10.410,90	13.612,20	16.773,50	19.894,80	22.976,10	26.017,40
32.000,00	bis	32.019,99	10.416,90	13.620,20	16.783,50	19.906,80	22.990,10	26.033,40
32.020,00	bis	32.039,99	10.422,90	13.628,20	16.793,50	19.918,80	23.004,10	26.049,40
32.040,00	bis	32.059,99	10.428,90	13.636,20	16.803,50	19.930,80	23.018,10	26.065,40
32.060,00	bis	32.079,99	10.434,90	13.644,20	16.813,50	19.942,80	23.032,10	26.081,40
32.080,00	bis	32.099,99	10.440,90	13.652,20	16.823,50	19.954,80	23.046,10	26.097,40
32.100,00	bis	32.119,99	10.446,90	13.660,20	16.833,50	19.966,80	23.060,10	26.113,40
32.120,00	bis	32.139,99	10.452,90	13.668,20	16.843,50	19.978,80	23.074,10	26.129,40
32.140,00	bis	32.159,99	10.458,90	13.676,20	16.853,50	19.990,80	23.088,10	26.145,40
32.160,00	bis	32.179,99	10.464,90	13.684,20	16.863,50	20.002,80	23.102,10	26.161,40
32.180,00	bis	32.199,99	10.470,90	13.692,20	16.873,50	20.014,80	23.116,10	26.177,40
32.200,00	bis	32.219,99	10.476,90	13.700,20	16.883,50	20.026,80	23.130,10	26.193,40
32.220,00	bis	32.239,99	10.482,90	13.708,20	16.893,50	20.038,80	23.144,10	26.209,40
32.240,00	bis	32.259,99	10.488,90	13.716,20	16.903,50	20.050,80	23.158,10	26.225,40
32.260,00	bis	32.279,99	10.494,90	13.724,20	16.913,50	20.062,80	23.172,10	26.241,40
32.280,00	bis	32.299,99	10.500,90	13.732,20	16.923,50	20.074,80	23.186,10	26.257,40
32.300,00	bis	32.319,99	10.506,90	13.740,20	16.933,50	20.086,80	23.200,10	26.273,40
32.320,00	bis	32.339,99	10.512,90	13.748,20	16.943,50	20.098,80	23.214,10	26.289,40
32.340,00	bis	32.359,99	10.518,90	13.756,20	16.953,50	20.110,80	23.228,10	26.305,40
32.360,00	bis	32.379,99	10.524,90	13.764,20	16.963,50	20.122,80	23.242,10	26.321,40
32.380,00	bis	32.399,99	10.530,90	13.772,20	16.973,50	20.134,80	23.256,10	26.337,40
32.400,00	bis	32.419,99	10.536,90	13.780,20	16.983,50	20.146,80	23.270,10	26.353,40
32.420,00	bis	32.439,99	10.542,90	13.788,20	16.993,50	20.158,80	23.284,10	26.369,40
32.440,00	bis	32.459,99	10.548,90	13.796,20	17.003,50	20.170,80	23.298,10	26.385,40
32.460,00	bis	32.479,99	10.554,90	13.804,20	17.013,50	20.182,80	23.312,10	26.401,40
32.480,00	bis	32.499,99	10.560,90	13.812,20	17.023,50	20.194,80	23.326,10	26.417,40
32.500,00	bis	32.519,99	10.566,90	13.820,20	17.033,50	20.206,80	23.340,10	26.433,40
32.520,00	bis	32.539,99	10.572,90	13.828,20	17.043,50	20.218,80	23.354,10	26.449,40
32.540,00	bis	32.559,99	10.578,90	13.836,20	17.053,50	20.230,80	23.368,10	26.465,40
32.560,00	bis	32.579,99	10.584,90	13.844,20	17.063,50	20.242,80	23.382,10	26.481,40
32.580,00	bis	32.599,99	10.590,90	13.852,20	17.073,50	20.254,80	23.396,10	26.497,40
32.600,00	bis	32.619,99	10.596,90	13.860,20	17.083,50	20.266,80	23.410,10	26.513,40
32.620,00	bis	32.639,99	10.602,90	13.868,20	17.093,50	20.278,80	23.424,10	26.529,40
32.640,00	bis	32.659,99	10.608,90	13.876,20	17.103,50	20.290,80	23.438,10	26.545,40
32.660,00	bis	32.679,99	10.614,90	13.884,20	17.113,50	20.302,80	23.452,10	26.561,40
32.680,00	bis	32.699,99	10.620,90	13.892,20	17.123,50	20.314,80	23.466,10	26.577,40
32.700,00	bis	32.719,99	10.626,90	13.900,20	17.133,50	20.326,80	23.480,10	26.593,40
32.720,00	bis	32.739,99	10.632,90	13.908,20	17.143,50	20.338,80	23.494,10	26.609,40
32.740,00	bis	32.759,99	10.638,90	13.916,20	17.153,50	20.350,80	23.508,10	26.625,40
32.760,00	bis	32.779,99	10.644,90	13.924,20	17.163,50	20.362,80	23.522,10	26.641,40
32.780,00	bis	32.799,99	10.650,90	13.932,20	17.173,50	20.374,80	23.536,10	26.657,40
32.800,00	bis	32.819,99	10.656,90	13.940,20	17.183,50	20.386,80	23.550,10	26.673,40
32.820,00	bis	32.839,99	10.662,90	13.948,20	17.193,50	20.398,80	23.564,10	26.689,40
32.840,00	bis	32.859,99	10.668,90	13.956,20	17.203,50	20.410,80	23.578,10	26.705,40
32.860,00	bis	32.879,99	10.674,90	13.964,20	17.213,50	20.422,80	23.592,10	26.721,40
32.880,00	bis	32.899,99	10.680,90	13.972,20	17.223,50	20.434,80	23.606,10	26.737,40
32.900,00	bis	32.919,99	10.686,90	13.980,20	17.233,50	20.446,80	23.620,10	26.753,40
32.920,00	bis	32.939,99	10.692,90	13.988,20	17.243,50	20.458,80	23.634,10	26.769,40
32.940,00	bis	32.959,99	10.698,90	13.996,20	17.253,50	20.470,80	23.648,10	26.785,40
32.960,00	bis	32.979,99	10.704,90	14.004,20	17.263,50	20.482,80	23.662,10	26.801,40
32.980,00	bis	32.999,99	10.710,90	14.012,20	17.273,50	20.494,80	23.676,10	26.817,40
33.000,00	bis	33.019,99	10.716,90	14.020,20	17.283,50	20.506,80	23.690,10	26.833,40
33.020,00	bis	33.039,99	10.722,90	14.028,20	17.293,50	20.518,80	23.704,10	26.849,40
33.040,00	bis	33.059,99	10.728,90	14.036,20	17.303,50	20.530,80	23.718,10	26.865,40
33.060,00	bis	33.079,99	10.734,90	14.044,20	17.313,50	20.542,80	23.732,10	26.881,40
33.080,00	bis	33.099,99	10.740,90	14.052,20	17.323,50	20.554,80	23.746,10	26.897,40
33.100,00	bis	33.119,99	10.746,90	14.060,20	17.333,50	20.566,80	23.760,10	26.913,40
33.120,00	bis	33.139,99	10.752,90	14.068,20	17.343,50	20.578,80	23.774,10	26.929,40
33.140,00	bis	33.159,99	10.758,90	14.076,20	17.353,50	20.590,80	23.788,10	26.945,40
33.160,00	bis	33.179,99	10.764,90	14.084,20	17.363,50	20.602,80	23.802,10	26.961,40
33.180,00	bis	33.199,99	10.770,90	14.092,20	17.373,50	20.614,80	23.816,10	26.977,40
33.200,00	bis	33.219,99	10.776,90	14.100,20	17.383,50	20.626,80	23.830,10	26.993,40

Tabelle 1cm (Beschränkt pfändbare einmalige Leistungen)

33.220,00	bis	33.239,99	10.782,90	14.108,20	17.393,50	20.638,80	23.844,10	27.009,40
33.240,00	bis	33.259,99	10.788,90	14.116,20	17.403,50	20.650,80	23.858,10	27.025,40
33.260,00	bis	33.279,99	10.794,90	14.124,20	17.413,50	20.662,80	23.872,10	27.041,40
33.280,00	bis	33.299,99	10.800,90	14.132,20	17.423,50	20.674,80	23.886,10	27.057,40
33.300,00	bis	33.319,99	10.806,90	14.140,20	17.433,50	20.686,80	23.900,10	27.073,40
33.320,00	bis	33.339,99	10.812,90	14.148,20	17.443,50	20.698,80	23.914,10	27.089,40
33.340,00	bis	33.359,99	10.818,90	14.156,20	17.453,50	20.710,80	23.928,10	27.105,40
33.360,00	bis	33.379,99	10.824,90	14.164,20	17.463,50	20.722,80	23.942,10	27.121,40
33.380,00	bis	33.399,99	10.830,90	14.172,20	17.473,50	20.734,80	23.956,10	27.137,40
33.400,00	bis	33.419,99	10.836,90	14.180,20	17.483,50	20.746,80	23.970,10	27.153,40
33.420,00	bis	33.439,99	10.842,90	14.188,20	17.493,50	20.758,80	23.984,10	27.169,40
33.440,00	bis	33.459,99	10.848,90	14.196,20	17.503,50	20.770,80	23.998,10	27.185,40
33.460,00	bis	33.479,99	10.854,90	14.204,20	17.513,50	20.782,80	24.012,10	27.201,40
33.480,00	bis	33.499,99	10.860,90	14.212,20	17.523,50	20.794,80	24.026,10	27.217,40
33.500,00	bis	33.519,99	10.866,90	14.220,20	17.533,50	20.806,80	24.040,10	27.233,40
33.520,00	bis	33.539,99	10.872,90	14.228,20	17.543,50	20.818,80	24.054,10	27.249,40
33.540,00	bis	33.559,99	10.878,90	14.236,20	17.553,50	20.830,80	24.068,10	27.265,40
33.560,00	bis	33.579,99	10.884,90	14.244,20	17.563,50	20.842,80	24.082,10	27.281,40
33.580,00	bis	33.599,99	10.890,90	14.252,20	17.573,50	20.854,80	24.096,10	27.297,40
33.600,00	bis	33.619,99	10.896,90	14.260,20	17.583,50	20.866,80	24.110,10	27.313,40
33.620,00	bis	33.639,99	10.902,90	14.268,20	17.593,50	20.878,80	24.124,10	27.329,40
33.640,00	bis	33.659,99	10.908,90	14.276,20	17.603,50	20.890,80	24.138,10	27.345,40
33.660,00	bis	33.679,99	10.914,90	14.284,20	17.613,50	20.902,80	24.152,10	27.361,40
33.680,00	bis	33.699,99	10.920,90	14.292,20	17.623,50	20.914,80	24.166,10	27.377,40
33.700,00	bis	33.719,99	10.926,90	14.300,20	17.633,50	20.926,80	24.180,10	27.393,40
33.720,00	bis	33.739,99	10.932,90	14.308,20	17.643,50	20.938,80	24.194,10	27.409,40
33.740,00	bis	33.759,99	10.938,90	14.316,20	17.653,50	20.950,80	24.208,10	27.425,40
33.760,00	bis	33.779,99	10.944,90	14.324,20	17.663,50	20.962,80	24.222,10	27.441,40
33.780,00	bis	33.799,99	10.950,90	14.332,20	17.673,50	20.974,80	24.236,10	27.457,40
33.800,00	bis	33.819,99	10.956,90	14.340,20	17.683,50	20.986,80	24.250,10	27.473,40
33.820,00	bis	33.839,99	10.962,90	14.348,20	17.693,50	20.998,80	24.264,10	27.489,40
33.840,00	bis	33.859,99	10.968,90	14.356,20	17.703,50	21.010,80	24.278,10	27.505,40
33.860,00	bis	33.879,99	10.974,90	14.364,20	17.713,50	21.022,80	24.292,10	27.521,40
33.880,00	bis	33.899,99	10.980,90	14.372,20	17.723,50	21.034,80	24.306,10	27.537,40
33.900,00	bis	33.919,99	10.986,90	14.380,20	17.733,50	21.046,80	24.320,10	27.553,40
33.920,00	bis	33.939,99	10.992,90	14.388,20	17.743,50	21.058,80	24.334,10	27.569,40
33.940,00	bis	33.959,99	10.998,90	14.396,20	17.753,50	21.070,80	24.348,10	27.585,40
33.960,00	bis	33.979,99	11.004,90	14.404,20	17.763,50	21.082,80	24.362,10	27.601,40
33.980,00	bis	33.999,99	11.010,90	14.412,20	17.773,50	21.094,80	24.376,10	27.617,40
34.000,00	bis	34.019,99	11.016,90	14.420,20	17.783,50	21.106,80	24.390,10	27.633,40
34.020,00	bis	34.039,99	11.022,90	14.428,20	17.793,50	21.118,80	24.404,10	27.649,40
34.040,00	bis	34.059,99	11.028,90	14.436,20	17.803,50	21.130,80	24.418,10	27.665,40
34.060,00	bis	34.079,99	11.034,90	14.444,20	17.813,50	21.142,80	24.432,10	27.681,40
34.080,00	bis	34.099,99	11.040,90	14.452,20	17.823,50	21.154,80	24.446,10	27.697,40
34.100,00	bis	34.119,99	11.046,90	14.460,20	17.833,50	21.166,80	24.460,10	27.713,40
34.120,00	bis	34.139,99	11.052,90	14.468,20	17.843,50	21.178,80	24.474,10	27.729,40
34.140,00	bis	34.159,99	11.058,90	14.476,20	17.853,50	21.190,80	24.488,10	27.745,40
34.160,00	bis	34.179,99	11.064,90	14.484,20	17.863,50	21.202,80	24.502,10	27.761,40
34.180,00	bis	34.199,99	11.070,90	14.492,20	17.873,50	21.214,80	24.516,10	27.777,40
34.200,00	bis	34.219,99	11.076,90	14.500,20	17.883,50	21.226,80	24.530,10	27.793,40
34.220,00	bis	34.239,99	11.082,90	14.508,20	17.893,50	21.238,80	24.544,10	27.809,40
34.240,00	bis	34.259,99	11.088,90	14.516,20	17.903,50	21.250,80	24.558,10	27.825,40
34.260,00	bis	34.279,99	11.094,90	14.524,20	17.913,50	21.262,80	24.572,10	27.841,40
34.280,00	bis	34.299,99	11.100,90	14.532,20	17.923,50	21.274,80	24.586,10	27.857,40
34.300,00	bis	34.319,99	11.106,90	14.540,20	17.933,50	21.286,80	24.600,10	27.873,40
34.320,00	bis	34.339,99	11.112,90	14.548,20	17.943,50	21.298,80	24.614,10	27.889,40
34.340,00	bis	34.359,99	11.118,90	14.556,20	17.953,50	21.310,80	24.628,10	27.905,40
34.360,00	bis	34.379,99	11.124,90	14.564,20	17.963,50	21.322,80	24.642,10	27.921,40
34.380,00	bis	34.399,99	11.130,90	14.572,20	17.973,50	21.334,80	24.656,10	27.937,40
34.400,00	bis	34.419,99	11.136,90	14.580,20	17.983,50	21.346,80	24.670,10	27.953,40
34.420,00	bis	34.439,99	11.142,90	14.588,20	17.993,50	21.358,80	24.684,10	27.969,40
34.440,00	bis	34.459,99	11.148,90	14.596,20	18.003,50	21.370,80	24.698,10	27.985,40
34.460,00	bis	34.479,99	11.154,90	14.604,20	18.013,50	21.382,80	24.712,10	28.001,40
34.480,00	bis	34.499,99	11.160,90	14.612,20	18.023,50	21.394,80	24.726,10	28.017,40
34.500,00	bis	34.519,99	11.166,90	14.620,20	18.033,50	21.406,80	24.740,10	28.033,40
34.520,00	bis	34.539,99	11.172,90	14.628,20	18.043,50	21.418,80	24.754,10	28.049,40
34.540,00	bis	34.559,99	11.178,90	14.636,20	18.053,50	21.430,80	24.768,10	28.065,40

Tabelle 1cm (Beschränkt pfändbare einmalige Leistungen)

TABELLEN

34.560,00	bis	34.579,99	11.184,90	14.644,20	18.063,50	21.442,80	24.782,10	28.081,40
34.580,00	bis	34.599,99	11.190,90	14.652,20	18.073,50	21.454,80	24.796,10	28.097,40
34.600,00	bis	34.619,99	11.196,90	14.660,20	18.083,50	21.466,80	24.810,10	28.113,40
34.620,00	bis	34.639,99	11.202,90	14.668,20	18.093,50	21.478,80	24.824,10	28.129,40
34.640,00	bis	34.659,99	11.208,90	14.676,20	18.103,50	21.490,80	24.838,10	28.145,40
34.660,00	bis	34.679,99	11.214,90	14.684,20	18.113,50	21.502,80	24.852,10	28.161,40
34.680,00	bis	34.699,99	11.220,90	14.692,20	18.123,50	21.514,80	24.866,10	28.177,40
34.700,00	bis	34.719,99	11.226,90	14.700,20	18.133,50	21.526,80	24.880,10	28.193,40
34.720,00	bis	34.739,99	11.232,90	14.708,20	18.143,50	21.538,80	24.894,10	28.209,40
34.740,00	bis	34.759,99	11.238,90	14.716,20	18.153,50	21.550,80	24.908,10	28.225,40
34.760,00	bis	34.779,99	11.244,90	14.724,20	18.163,50	21.562,80	24.922,10	28.241,40
34.780,00	bis	34.799,99	11.250,90	14.732,20	18.173,50	21.574,80	24.936,10	28.257,40
34.800,00	bis	34.819,99	11.256,90	14.740,20	18.183,50	21.586,80	24.950,10	28.273,40
34.820,00	bis	34.839,99	11.262,90	14.748,20	18.193,50	21.598,80	24.964,10	28.289,40
34.840,00	bis	34.859,99	11.268,90	14.756,20	18.203,50	21.610,80	24.978,10	28.305,40
34.860,00	bis	34.879,99	11.274,90	14.764,20	18.213,50	21.622,80	24.992,10	28.321,40
34.880,00	bis	34.899,99	11.280,90	14.772,20	18.223,50	21.634,80	25.006,10	28.337,40
34.900,00	bis	34.919,99	11.286,90	14.780,20	18.233,50	21.646,80	25.020,10	28.353,40
34.920,00	bis	34.939,99	11.292,90	14.788,20	18.243,50	21.658,80	25.034,10	28.369,40
34.940,00	bis	34.959,99	11.298,90	14.796,20	18.253,50	21.670,80	25.048,10	28.385,40
34.960,00	bis	34.979,99	11.304,90	14.804,20	18.263,50	21.682,80	25.062,10	28.401,40
34.980,00	bis	34.999,99	11.310,90	14.812,20	18.273,50	21.694,80	25.076,10	28.417,40
35.000,00	bis	35.019,99	11.316,90	14.820,20	18.283,50	21.706,80	25.090,10	28.433,40
35.020,00	bis	35.039,99	11.322,90	14.828,20	18.293,50	21.718,80	25.104,10	28.449,40
35.040,00	bis	35.059,99	11.328,90	14.836,20	18.303,50	21.730,80	25.118,10	28.465,40
35.060,00	bis	35.079,99	11.334,90	14.844,20	18.313,50	21.742,80	25.132,10	28.481,40
35.080,00	bis	35.099,99	11.340,90	14.852,20	18.323,50	21.754,80	25.146,10	28.497,40
35.100,00	bis	35.119,99	11.346,90	14.860,20	18.333,50	21.766,80	25.160,10	28.513,40
35.120,00	bis	35.139,99	11.352,90	14.868,20	18.343,50	21.778,80	25.174,10	28.529,40
35.140,00	bis	35.159,99	11.358,90	14.876,20	18.353,50	21.790,80	25.188,10	28.545,40
35.160,00	bis	35.179,99	11.364,90	14.884,20	18.363,50	21.802,80	25.202,10	28.561,40
35.180,00	bis	35.199,99	11.370,90	14.892,20	18.373,50	21.814,80	25.216,10	28.577,40
35.200,00	bis	35.219,99	11.376,90	14.900,20	18.383,50	21.826,80	25.230,10	28.593,40
35.220,00	bis	35.239,99	11.382,90	14.908,20	18.393,50	21.838,80	25.244,10	28.609,40
35.240,00	bis	35.259,99	11.388,90	14.916,20	18.403,50	21.850,80	25.258,10	28.625,40
35.260,00	bis	35.279,99	11.394,90	14.924,20	18.413,50	21.862,80	25.272,10	28.641,40
35.280,00	bis	35.299,99	11.400,90	14.932,20	18.423,50	21.874,80	25.286,10	28.657,40
35.300,00	bis	35.319,99	11.406,90	14.940,20	18.433,50	21.886,80	25.300,10	28.673,40
35.320,00	bis	35.339,99	11.412,90	14.948,20	18.443,50	21.898,80	25.314,10	28.689,40
35.340,00	bis	35.359,99	11.418,90	14.956,20	18.453,50	21.910,80	25.328,10	28.705,40
35.360,00	bis	35.379,99	11.424,90	14.964,20	18.463,50	21.922,80	25.342,10	28.721,40
35.380,00	bis	35.399,99	11.430,90	14.972,20	18.473,50	21.934,80	25.356,10	28.737,40
35.400,00	bis	35.419,99	11.436,90	14.980,20	18.483,50	21.946,80	25.370,10	28.753,40
35.420,00	bis	35.439,99	11.442,90	14.988,20	18.493,50	21.958,80	25.384,10	28.769,40
35.440,00	bis	35.459,99	11.448,90	14.996,20	18.503,50	21.970,80	25.398,10	28.785,40
35.460,00	bis	35.479,99	11.454,90	15.004,20	18.513,50	21.982,80	25.412,10	28.801,40
35.480,00	bis	35.499,99	11.460,90	15.012,20	18.523,50	21.994,80	25.426,10	28.817,40
35.500,00	bis	35.519,99	11.466,90	15.020,20	18.533,50	22.006,80	25.440,10	28.833,40
35.520,00	bis	35.539,99	11.472,90	15.028,20	18.543,50	22.018,80	25.454,10	28.849,40
35.540,00	bis	35.559,99	11.478,90	15.036,20	18.553,50	22.030,80	25.468,10	28.865,40
35.560,00	bis	35.579,99	11.484,90	15.044,20	18.563,50	22.042,80	25.482,10	28.881,40
35.580,00	bis	35.599,99	11.490,90	15.052,20	18.573,50	22.054,80	25.496,10	28.897,40
35.600,00	bis	35.619,99	11.496,90	15.060,20	18.583,50	22.066,80	25.510,10	28.913,40
35.620,00	bis	35.639,99	11.502,90	15.068,20	18.593,50	22.078,80	25.524,10	28.929,40
35.640,00	bis	35.659,99	11.508,90	15.076,20	18.603,50	22.090,80	25.538,10	28.945,40
35.660,00	bis	35.679,99	11.514,90	15.084,20	18.613,50	22.102,80	25.552,10	28.961,40
35.680,00	bis	35.699,99	11.520,90	15.092,20	18.623,50	22.114,80	25.566,10	28.977,40
35.700,00	bis	35.719,99	11.526,90	15.100,20	18.633,50	22.126,80	25.580,10	28.993,40
35.720,00	bis	35.739,99	11.532,90	15.108,20	18.643,50	22.138,80	25.594,10	29.009,40
35.740,00	bis	35.759,99	11.538,90	15.116,20	18.653,50	22.150,80	25.608,10	29.025,40
35.760,00	bis	35.779,99	11.544,90	15.124,20	18.663,50	22.162,80	25.622,10	29.041,40
35.780,00	bis	35.799,99	11.550,90	15.132,20	18.673,50	22.174,80	25.636,10	29.057,40
35.800,00	bis	35.819,99	11.556,90	15.140,20	18.683,50	22.186,80	25.650,10	29.073,40
35.820,00	bis	35.839,99	11.562,90	15.148,20	18.693,50	22.198,80	25.664,10	29.089,40
35.840,00	bis	35.859,99	11.568,90	15.156,20	18.703,50	22.210,80	25.678,10	29.105,40
35.860,00	bis	35.879,99	11.574,90	15.164,20	18.713,50	22.222,80	25.692,10	29.121,40
35.880,00	bis	35.899,99	11.580,90	15.172,20	18.723,50	22.234,80	25.706,10	29.137,40

Tabelle 1cm (Beschränkt pfändbare einmalige Leistungen)

35.900,00	bis	35.919,99	11.586,90	15.180,20	18.733,50	22.246,80	25.720,10	29.153,40
35.920,00	bis	35.939,99	11.592,90	15.188,20	18.743,50	22.258,80	25.734,10	29.169,40
35.940,00	bis	35.959,99	11.598,90	15.196,20	18.753,50	22.270,80	25.748,10	29.185,40
35.960,00	bis	35.979,99	11.604,90	15.204,20	18.763,50	22.282,80	25.762,10	29.201,40
35.980,00	bis	35.999,99	11.610,90	15.212,20	18.773,50	22.294,80	25.776,10	29.217,40
36.000,00	bis	36.019,99	11.616,90	15.220,20	18.783,50	22.306,80	25.790,10	29.233,40
36.020,00	bis	36.039,99	11.622,90	15.228,20	18.793,50	22.318,80	25.804,10	29.249,40
36.040,00	bis	36.059,99	11.628,90	15.236,20	18.803,50	22.330,80	25.818,10	29.265,40
36.060,00	bis	36.079,99	11.634,90	15.244,20	18.813,50	22.342,80	25.832,10	29.281,40
36.080,00	bis	36.099,99	11.640,90	15.252,20	18.823,50	22.354,80	25.846,10	29.297,40
36.100,00	bis	36.119,99	11.646,90	15.260,20	18.833,50	22.366,80	25.860,10	29.313,40
36.120,00	bis	36.139,99	11.652,90	15.268,20	18.843,50	22.378,80	25.874,10	29.329,40
36.140,00	bis	36.159,99	11.658,90	15.276,20	18.853,50	22.390,80	25.888,10	29.345,40
36.160,00	bis	36.179,99	11.664,90	15.284,20	18.863,50	22.402,80	25.902,10	29.361,40
36.180,00	bis	36.199,99	11.670,90	15.292,20	18.873,50	22.414,80	25.916,10	29.377,40
36.200,00	bis	36.219,99	11.676,90	15.300,20	18.883,50	22.426,80	25.930,10	29.393,40
36.220,00	bis	36.239,99	11.682,90	15.308,20	18.893,50	22.438,80	25.944,10	29.409,40
36.240,00	bis	36.259,99	11.688,90	15.316,20	18.903,50	22.450,80	25.958,10	29.425,40
36.260,00	bis	36.279,99	11.694,90	15.324,20	18.913,50	22.462,80	25.972,10	29.441,40
36.280,00	bis	36.299,99	11.700,90	15.332,20	18.923,50	22.474,80	25.986,10	29.457,40
36.300,00	bis	36.319,99	11.706,90	15.340,20	18.933,50	22.486,80	26.000,10	29.473,40
36.320,00	bis	36.339,99	11.712,90	15.348,20	18.943,50	22.498,80	26.014,10	29.489,40
36.340,00	bis	36.359,99	11.718,90	15.356,20	18.953,50	22.510,80	26.028,10	29.505,40
36.360,00	bis	36.379,99	11.724,90	15.364,20	18.963,50	22.522,80	26.042,10	29.521,40
36.380,00	bis	36.399,99	11.730,90	15.372,20	18.973,50	22.534,80	26.056,10	29.537,40
36.400,00	bis	36.419,99	11.736,90	15.380,20	18.983,50	22.546,80	26.070,10	29.553,40
36.420,00	bis	36.439,99	11.742,90	15.388,20	18.993,50	22.558,80	26.084,10	29.569,40
36.440,00	bis	36.459,99	11.748,90	15.396,20	19.003,50	22.570,80	26.098,10	29.585,40
36.460,00	bis	36.479,99	11.754,90	15.404,20	19.013,50	22.582,80	26.112,10	29.601,40
36.480,00	bis	36.499,99	11.760,90	15.412,20	19.023,50	22.594,80	26.126,10	29.617,40
36.500,00	bis	36.519,99	11.766,90	15.420,20	19.033,50	22.606,80	26.140,10	29.633,40
36.520,00	bis	36.539,99	11.772,90	15.428,20	19.043,50	22.618,80	26.154,10	29.649,40
36.540,00	bis	36.559,99	11.778,90	15.436,20	19.053,50	22.630,80	26.168,10	29.665,40
36.560,00	bis	36.579,99	11.784,90	15.444,20	19.063,50	22.642,80	26.182,10	29.681,40
36.580,00	bis	36.599,99	11.790,90	15.452,20	19.073,50	22.654,80	26.196,10	29.697,40
36.600,00	bis	36.619,99	11.796,90	15.460,20	19.083,50	22.666,80	26.210,10	29.713,40
36.620,00	bis	36.639,99	11.802,90	15.468,20	19.093,50	22.678,80	26.224,10	29.729,40
36.640,00	bis	36.659,99	11.808,90	15.476,20	19.103,50	22.690,80	26.238,10	29.745,40
36.660,00	bis	36.679,99	11.814,90	15.484,20	19.113,50	22.702,80	26.252,10	29.761,40
36.680,00	bis	36.699,99	11.820,90	15.492,20	19.123,50	22.714,80	26.266,10	29.777,40
36.700,00	bis	36.719,99	11.826,90	15.500,20	19.133,50	22.726,80	26.280,10	29.793,40
36.720,00	bis	36.739,99	11.832,90	15.508,20	19.143,50	22.738,80	26.294,10	29.809,40
36.740,00	bis	36.759,99	11.838,90	15.516,20	19.153,50	22.750,80	26.308,10	29.825,40
36.760,00	bis	36.779,99	11.844,90	15.524,20	19.163,50	22.762,80	26.322,10	29.841,40
36.780,00	bis	36.799,99	11.850,90	15.532,20	19.173,50	22.774,80	26.336,10	29.857,40
36.800,00	bis	36.819,99	11.856,90	15.540,20	19.183,50	22.786,80	26.350,10	29.873,40
36.820,00	bis	36.839,99	11.862,90	15.548,20	19.193,50	22.798,80	26.364,10	29.889,40
36.840,00	bis	36.859,99	11.868,90	15.556,20	19.203,50	22.810,80	26.378,10	29.905,40
36.860,00	bis	36.879,99	11.874,90	15.564,20	19.213,50	22.822,80	26.392,10	29.921,40
36.880,00	bis	36.899,99	11.880,90	15.572,20	19.223,50	22.834,80	26.406,10	29.937,40
36.900,00	bis	36.919,99	11.886,90	15.580,20	19.233,50	22.846,80	26.420,10	29.953,40
36.920,00	bis	36.939,99	11.892,90	15.588,20	19.243,50	22.858,80	26.434,10	29.969,40
36.940,00	bis	36.959,99	11.898,90	15.596,20	19.253,50	22.870,80	26.448,10	29.985,40
36.960,00	bis	36.979,99	11.904,90	15.604,20	19.263,50	22.882,80	26.462,10	30.001,40
36.980,00	bis	36.999,99	11.910,90	15.612,20	19.273,50	22.894,80	26.476,10	30.017,40
37.000,00	bis	37.019,99	11.916,90	15.620,20	19.283,50	22.906,80	26.490,10	30.033,40
37.020,00	bis	37.039,99	11.922,90	15.628,20	19.293,50	22.918,80	26.504,10	30.049,40
37.040,00	bis	37.059,99	11.928,90	15.636,20	19.303,50	22.930,80	26.518,10	30.065,40
37.060,00	bis	37.079,99	11.934,90	15.644,20	19.313,50	22.942,80	26.532,10	30.081,40
37.080,00	bis	37.099,99	11.940,90	15.652,20	19.323,50	22.954,80	26.546,10	30.097,40
37.100,00	bis	37.119,99	11.946,90	15.660,20	19.333,50	22.966,80	26.560,10	30.113,40
37.120,00	bis	37.139,99	11.952,90	15.668,20	19.343,50	22.978,80	26.574,10	30.129,40
37.140,00	bis	37.159,99	11.958,90	15.676,20	19.353,50	22.990,80	26.588,10	30.145,40
37.160,00	bis	37.179,99	11.964,90	15.684,20	19.363,50	23.002,80	26.602,10	30.161,40
37.180,00	bis	37.199,99	11.970,90	15.692,20	19.373,50	23.014,80	26.616,10	30.177,40
37.200,00	bis	37.219,99	11.976,90	15.700,20	19.383,50	23.026,80	26.630,10	30.193,40
37.220,00	bis	37.239,99	11.982,90	15.708,20	19.393,50	23.038,80	26.644,10	30.209,40

Tabelle 1cm (Beschränkt pfändbare einmalige Leistungen)

TABELLEN

37.240,00	bis	37.259,99	11.988,90	15.716,20	19.403,50	23.050,80	26.658,10	30.225,40
37.260,00	bis	37.279,99	11.994,90	15.724,20	19.413,50	23.062,80	26.672,10	30.241,40
37.280,00	bis	37.299,99	12.000,90	15.732,20	19.423,50	23.074,80	26.686,10	30.257,40
37.300,00	bis	37.319,99	12.006,90	15.740,20	19.433,50	23.086,80	26.700,10	30.273,40
37.320,00	bis	37.339,99	12.012,90	15.748,20	19.443,50	23.098,80	26.714,10	30.289,40
37.340,00	bis	37.359,99	12.018,90	15.756,20	19.453,50	23.110,80	26.728,10	30.305,40
37.360,00	bis	37.379,99	12.024,90	15.764,20	19.463,50	23.122,80	26.742,10	30.321,40
37.380,00	bis	37.399,99	12.030,90	15.772,20	19.473,50	23.134,80	26.756,10	30.337,40
37.400,00	bis	37.419,99	12.036,90	15.780,20	19.483,50	23.146,80	26.770,10	30.353,40
37.420,00	bis	37.439,99	12.042,90	15.788,20	19.493,50	23.158,80	26.784,10	30.369,40
37.440,00	bis	37.459,99	12.048,90	15.796,20	19.503,50	23.170,80	26.798,10	30.385,40
37.460,00	bis	37.479,99	12.054,90	15.804,20	19.513,50	23.182,80	26.812,10	30.401,40
37.480,00	bis	37.499,99	12.060,90	15.812,20	19.523,50	23.194,80	26.826,10	30.417,40
37.500,00	bis	37.519,99	12.066,90	15.820,20	19.533,50	23.206,80	26.840,10	30.433,40
37.520,00	bis	37.539,99	12.072,90	15.828,20	19.543,50	23.218,80	26.854,10	30.449,40
37.540,00	bis	37.559,99	12.078,90	15.836,20	19.553,50	23.230,80	26.868,10	30.465,40
37.560,00	bis	37.579,99	12.084,90	15.844,20	19.563,50	23.242,80	26.882,10	30.481,40
37.580,00	bis	37.599,99	12.090,90	15.852,20	19.573,50	23.254,80	26.896,10	30.497,40
37.600,00	bis	37.619,99	12.096,90	15.860,20	19.583,50	23.266,80	26.910,10	30.513,40
37.620,00	bis	37.639,99	12.102,90	15.868,20	19.593,50	23.278,80	26.924,10	30.529,40
37.640,00	bis	37.659,99	12.108,90	15.876,20	19.603,50	23.290,80	26.938,10	30.545,40
37.660,00	bis	37.679,99	12.114,90	15.884,20	19.613,50	23.302,80	26.952,10	30.561,40
37.680,00	bis	37.699,99	12.120,90	15.892,20	19.623,50	23.314,80	26.966,10	30.577,40
37.700,00	bis	37.719,99	12.126,90	15.900,20	19.633,50	23.326,80	26.980,10	30.593,40
37.720,00	bis	37.739,99	12.132,90	15.908,20	19.643,50	23.338,80	26.994,10	30.609,40
37.740,00	bis	37.759,99	12.138,90	15.916,20	19.653,50	23.350,80	27.008,10	30.625,40
37.760,00	bis	37.779,99	12.144,90	15.924,20	19.663,50	23.362,80	27.022,10	30.641,40
37.780,00	bis	37.799,99	12.150,90	15.932,20	19.673,50	23.374,80	27.036,10	30.657,40
37.800,00	bis	37.819,99	12.156,90	15.940,20	19.683,50	23.386,80	27.050,10	30.673,40
37.820,00	bis	37.839,99	12.162,90	15.948,20	19.693,50	23.398,80	27.064,10	30.689,40
37.840,00	bis	37.859,99	12.168,90	15.956,20	19.703,50	23.410,80	27.078,10	30.705,40
37.860,00	bis	37.879,99	12.174,90	15.964,20	19.713,50	23.422,80	27.092,10	30.721,40
37.880,00	bis	37.899,99	12.180,90	15.972,20	19.723,50	23.434,80	27.106,10	30.737,40
37.900,00	bis	37.919,99	12.186,90	15.980,20	19.733,50	23.446,80	27.120,10	30.753,40
37.920,00	bis	37.939,99	12.192,90	15.988,20	19.743,50	23.458,80	27.134,10	30.769,40
37.940,00	bis	37.959,99	12.198,90	15.996,20	19.753,50	23.470,80	27.148,10	30.785,40
37.960,00	bis	37.979,99	12.204,90	16.004,20	19.763,50	23.482,80	27.162,10	30.801,40
37.980,00	bis	37.999,99	12.210,90	16.012,20	19.773,50	23.494,80	27.176,10	30.817,40
38.000,00	bis	38.019,99	12.216,90	16.020,20	19.783,50	23.506,80	27.190,10	30.833,40
38.020,00	bis	38.039,99	12.222,90	16.028,20	19.793,50	23.518,80	27.204,10	30.849,40
38.040,00	bis	38.059,99	12.228,90	16.036,20	19.803,50	23.530,80	27.218,10	30.865,40
38.060,00	bis	38.079,99	12.234,90	16.044,20	19.813,50	23.542,80	27.232,10	30.881,40
38.080,00	bis	38.099,99	12.240,90	16.052,20	19.823,50	23.554,80	27.246,10	30.897,40
38.100,00	bis	38.119,99	12.246,90	16.060,20	19.833,50	23.566,80	27.260,10	30.913,40
38.120,00	bis	38.139,99	12.252,90	16.068,20	19.843,50	23.578,80	27.274,10	30.929,40
38.140,00	bis	38.159,99	12.258,90	16.076,20	19.853,50	23.590,80	27.288,10	30.945,40
38.160,00	bis	38.179,99	12.264,90	16.084,20	19.863,50	23.602,80	27.302,10	30.961,40
38.180,00	bis	38.199,99	12.270,90	16.092,20	19.873,50	23.614,80	27.316,10	30.977,40
38.200,00	bis	38.219,99	12.276,90	16.100,20	19.883,50	23.626,80	27.330,10	30.993,40
38.220,00	bis	38.239,99	12.282,90	16.108,20	19.893,50	23.638,80	27.344,10	31.009,40
38.240,00	bis	38.259,99	12.288,90	16.116,20	19.903,50	23.650,80	27.358,10	31.025,40
38.260,00	bis	38.279,99	12.294,90	16.124,20	19.913,50	23.662,80	27.372,10	31.041,40
38.280,00	bis	38.299,99	12.300,90	16.132,20	19.923,50	23.674,80	27.386,10	31.057,40
38.300,00	bis	38.319,99	12.306,90	16.140,20	19.933,50	23.686,80	27.400,10	31.073,40
38.320,00	bis	38.339,99	12.312,90	16.148,20	19.943,50	23.698,80	27.414,10	31.089,40
38.340,00	bis	38.359,99	12.318,90	16.156,20	19.953,50	23.710,80	27.428,10	31.105,40
38.360,00	bis	38.379,99	12.324,90	16.164,20	19.963,50	23.722,80	27.442,10	31.121,40
38.380,00	bis	38.399,99	12.330,90	16.172,20	19.973,50	23.734,80	27.456,10	31.137,40
38.400,00	bis	38.419,99	12.336,90	16.180,20	19.983,50	23.746,80	27.470,10	31.153,40
38.420,00	bis	38.439,99	12.342,90	16.188,20	19.993,50	23.758,80	27.484,10	31.169,40
38.440,00	bis	38.459,99	12.348,90	16.196,20	20.003,50	23.770,80	27.498,10	31.185,40
38.460,00	bis	38.479,99	12.354,90	16.204,20	20.013,50	23.782,80	27.512,10	31.201,40
38.480,00	bis	38.499,99	12.360,90	16.212,20	20.023,50	23.794,80	27.526,10	31.217,40
38.500,00	bis	38.519,99	12.366,90	16.220,20	20.033,50	23.806,80	27.540,10	31.233,40
38.520,00	bis	38.539,99	12.372,90	16.228,20	20.043,50	23.818,80	27.554,10	31.249,40
38.540,00	bis	38.559,99	12.378,90	16.236,20	20.053,50	23.830,80	27.568,10	31.265,40
38.560,00	bis	38.579,99	12.384,90	16.244,20	20.063,50	23.842,80	27.582,10	31.281,40

Tabelle 1cm (Beschränkt pfändbare einmalige Leistungen)

38.580,00	bis	38.599,99	12.390,90	16.252,20	20.073,50	23.854,80	27.596,10	31.297,40
38.600,00	bis	38.619,99	12.396,90	16.260,20	20.083,50	23.866,80	27.610,10	31.313,40
38.620,00	bis	38.639,99	12.402,90	16.268,20	20.093,50	23.878,80	27.624,10	31.329,40
38.640,00	bis	38.659,99	12.408,90	16.276,20	20.103,50	23.890,80	27.638,10	31.345,40
38.660,00	bis	38.679,99	12.414,90	16.284,20	20.113,50	23.902,80	27.652,10	31.361,40
38.680,00	bis	38.699,99	12.420,90	16.292,20	20.123,50	23.914,80	27.666,10	31.377,40
38.700,00	bis	38.719,99	12.426,90	16.300,20	20.133,50	23.926,80	27.680,10	31.393,40
38.720,00	bis	38.739,99	12.432,90	16.308,20	20.143,50	23.938,80	27.694,10	31.409,40
38.740,00	bis	38.759,99	12.438,90	16.316,20	20.153,50	23.950,80	27.708,10	31.425,40
38.760,00	bis	38.779,99	12.444,90	16.324,20	20.163,50	23.962,80	27.722,10	31.441,40
38.780,00	bis	38.799,99	12.450,90	16.332,20	20.173,50	23.974,80	27.736,10	31.457,40
38.800,00	bis	38.819,99	12.456,90	16.340,20	20.183,50	23.986,80	27.750,10	31.473,40
38.820,00	bis	38.839,99	12.462,90	16.348,20	20.193,50	23.998,80	27.764,10	31.489,40
38.840,00	bis	38.859,99	12.468,90	16.356,20	20.203,50	24.010,80	27.778,10	31.505,40
38.860,00	bis	38.879,99	12.474,90	16.364,20	20.213,50	24.022,80	27.792,10	31.521,40
38.880,00	bis	38.899,99	12.480,90	16.372,20	20.223,50	24.034,80	27.806,10	31.537,40
38.900,00	bis	38.919,99	12.486,90	16.380,20	20.233,50	24.046,80	27.820,10	31.553,40
38.920,00	bis	38.939,99	12.492,90	16.388,20	20.243,50	24.058,80	27.834,10	31.569,40
38.940,00	bis	38.959,99	12.498,90	16.396,20	20.253,50	24.070,80	27.848,10	31.585,40
38.960,00	bis	38.979,99	12.504,90	16.404,20	20.263,50	24.082,80	27.862,10	31.601,40
38.980,00	bis	38.999,99	12.510,90	16.412,20	20.273,50	24.094,80	27.876,10	31.617,40
39.000,00	bis	39.019,99	12.516,90	16.420,20	20.283,50	24.106,80	27.890,10	31.633,40
39.020,00	bis	39.039,99	12.522,90	16.428,20	20.293,50	24.118,80	27.904,10	31.649,40
39.040,00	bis	39.059,99	12.528,90	16.436,20	20.303,50	24.130,80	27.918,10	31.665,40
39.060,00	bis	39.079,99	12.534,90	16.444,20	20.313,50	24.142,80	27.932,10	31.681,40
39.080,00	bis	39.099,99	12.540,90	16.452,20	20.323,50	24.154,80	27.946,10	31.697,40
39.100,00	bis	39.119,99	12.546,90	16.460,20	20.333,50	24.166,80	27.960,10	31.713,40
39.120,00	bis	39.139,99	12.552,90	16.468,20	20.343,50	24.178,80	27.974,10	31.729,40
39.140,00	bis	39.159,99	12.558,90	16.476,20	20.353,50	24.190,80	27.988,10	31.745,40
39.160,00	bis	39.179,99	12.564,90	16.484,20	20.363,50	24.202,80	28.002,10	31.761,40
39.180,00	bis	39.199,99	12.570,90	16.492,20	20.373,50	24.214,80	28.016,10	31.777,40
39.200,00	bis	39.219,99	12.576,90	16.500,20	20.383,50	24.226,80	28.030,10	31.793,40
39.220,00	bis	39.239,99	12.582,90	16.508,20	20.393,50	24.238,80	28.044,10	31.809,40
39.240,00	bis	39.259,99	12.588,90	16.516,20	20.403,50	24.250,80	28.058,10	31.825,40
39.260,00	bis	39.279,99	12.594,90	16.524,20	20.413,50	24.262,80	28.072,10	31.841,40
39.280,00	bis	39.299,99	12.600,90	16.532,20	20.423,50	24.274,80	28.086,10	31.857,40
39.300,00	bis	39.319,99	12.606,90	16.540,20	20.433,50	24.286,80	28.100,10	31.873,40
39.320,00	bis	39.339,99	12.612,90	16.548,20	20.443,50	24.298,80	28.114,10	31.889,40
39.340,00	bis	39.359,99	12.618,90	16.556,20	20.453,50	24.310,80	28.128,10	31.905,40
39.360,00	bis	39.379,99	12.624,90	16.564,20	20.463,50	24.322,80	28.142,10	31.921,40
39.380,00	bis	39.399,99	12.630,90	16.572,20	20.473,50	24.334,80	28.156,10	31.937,40
39.400,00	bis	39.419,99	12.636,90	16.580,20	20.483,50	24.346,80	28.170,10	31.953,40
39.420,00	bis	39.439,99	12.642,90	16.588,20	20.493,50	24.358,80	28.184,10	31.969,40
39.440,00	bis	39.459,99	12.648,90	16.596,20	20.503,50	24.370,80	28.198,10	31.985,40
39.460,00	bis	39.479,99	12.654,90	16.604,20	20.513,50	24.382,80	28.212,10	32.001,40
39.480,00	bis	39.499,99	12.660,90	16.612,20	20.523,50	24.394,80	28.226,10	32.017,40
39.500,00	bis	39.519,99	12.666,90	16.620,20	20.533,50	24.406,80	28.240,10	32.033,40
39.520,00	bis	39.539,99	12.672,90	16.628,20	20.543,50	24.418,80	28.254,10	32.049,40
39.540,00	bis	39.559,99	12.678,90	16.636,20	20.553,50	24.430,80	28.268,10	32.065,40
39.560,00	bis	39.579,99	12.684,90	16.644,20	20.563,50	24.442,80	28.282,10	32.081,40
39.580,00	bis	39.599,99	12.690,90	16.652,20	20.573,50	24.454,80	28.296,10	32.097,40
39.600,00	bis	39.619,99	12.696,90	16.660,20	20.583,50	24.466,80	28.310,10	32.113,40
39.620,00	bis	39.639,99	12.702,90	16.668,20	20.593,50	24.478,80	28.324,10	32.129,40
39.640,00	bis	39.659,99	12.708,90	16.676,20	20.603,50	24.490,80	28.338,10	32.145,40
39.660,00	bis	39.679,99	12.714,90	16.684,20	20.613,50	24.502,80	28.352,10	32.161,40
39.680,00	bis	39.699,99	12.720,90	16.692,20	20.623,50	24.514,80	28.366,10	32.177,40
39.700,00	bis	39.719,99	12.726,90	16.700,20	20.633,50	24.526,80	28.380,10	32.193,40
39.720,00	bis	39.739,99	12.732,90	16.708,20	20.643,50	24.538,80	28.394,10	32.209,40
39.740,00	bis	39.759,99	12.738,90	16.716,20	20.653,50	24.550,80	28.408,10	32.225,40
39.760,00	bis	39.779,99	12.744,90	16.724,20	20.663,50	24.562,80	28.422,10	32.241,40
39.780,00	bis	39.799,99	12.750,90	16.732,20	20.673,50	24.574,80	28.436,10	32.257,40
39.800,00	bis	39.819,99	12.756,90	16.740,20	20.683,50	24.586,80	28.450,10	32.273,40
39.820,00	bis	39.839,99	12.762,90	16.748,20	20.693,50	24.598,80	28.464,10	32.289,40
39.840,00	bis	39.859,99	12.768,90	16.756,20	20.703,50	24.610,80	28.478,10	32.305,40
39.860,00	bis	39.879,99	12.774,90	16.764,20	20.713,50	24.622,80	28.492,10	32.321,40
39.880,00	bis	39.899,99	12.780,90	16.772,20	20.723,50	24.634,80	28.506,10	32.337,40
39.900,00	bis	39.919,99	12.786,90	16.780,20	20.733,50	24.646,80	28.520,10	32.353,40

Tabelle 1cm (Beschränkt pfändbare einmalige Leistungen)

39.920,00	bis	39.939,99	12.792,90	16.788,20	20.743,50	24.658,80	28.534,10	32.369,40
39.940,00	bis	39.959,99	12.798,90	16.796,20	20.753,50	24.670,80	28.548,10	32.385,40
39.960,00	bis	39.979,99	12.804,90	16.804,20	20.763,50	24.682,80	28.562,10	32.401,40
39.980,00	bis	39.999,99	12.810,90	16.812,20	20.773,50	24.694,80	28.576,10	32.417,40
40.000,00	bis	40.019,99	12.816,90	16.820,20	20.783,50	24.706,80	28.590,10	32.433,40
40.020,00	bis	40.039,99	12.822,90	16.828,20	20.793,50	24.718,80	28.604,10	32.449,40
40.040,00	bis	40.059,99	12.828,90	16.836,20	20.803,50	24.730,80	28.618,10	32.465,40
40.060,00	bis	40.079,99	12.834,90	16.844,20	20.813,50	24.742,80	28.632,10	32.481,40
40.080,00	bis	40.099,99	12.840,90	16.852,20	20.823,50	24.754,80	28.646,10	32.497,40
40.100,00	bis	40.119,99	12.846,90	16.860,20	20.833,50	24.766,80	28.660,10	32.513,40
40.120,00	bis	40.139,99	12.852,90	16.868,20	20.843,50	24.778,80	28.674,10	32.529,40
40.140,00	bis	40.159,99	12.858,90	16.876,20	20.853,50	24.790,80	28.688,10	32.545,40
40.160,00	bis	40.179,99	12.864,90	16.884,20	20.863,50	24.802,80	28.702,10	32.561,40
40.180,00	bis	40.199,99	12.870,90	16.892,20	20.873,50	24.814,80	28.716,10	32.577,40
40.200,00	bis	40.219,99	12.876,90	16.900,20	20.883,50	24.826,80	28.730,10	32.593,40
40.220,00	bis	40.239,99	12.882,90	16.908,20	20.893,50	24.838,80	28.744,10	32.609,40
40.240,00	bis	40.259,99	12.888,90	16.916,20	20.903,50	24.850,80	28.758,10	32.625,40
40.260,00	bis	40.279,99	12.894,90	16.924,20	20.913,50	24.862,80	28.772,10	32.641,40
40.280,00	bis	40.299,99	12.900,90	16.932,20	20.923,50	24.874,80	28.786,10	32.657,40
40.300,00	bis	40.319,99	12.906,90	16.940,20	20.933,50	24.886,80	28.800,10	32.673,40
40.320,00	bis	40.339,99	12.912,90	16.948,20	20.943,50	24.898,80	28.814,10	32.689,40
40.340,00	bis	40.359,99	12.918,90	16.956,20	20.953,50	24.910,80	28.828,10	32.705,40
40.360,00	bis	40.379,99	12.924,90	16.964,20	20.963,50	24.922,80	28.842,10	32.721,40
40.380,00	bis	40.399,99	12.930,90	16.972,20	20.973,50	24.934,80	28.856,10	32.737,40
40.400,00	bis	40.419,99	12.936,90	16.980,20	20.983,50	24.946,80	28.870,10	32.753,40
40.420,00	bis	40.439,99	12.942,90	16.988,20	20.993,50	24.958,80	28.884,10	32.769,40
40.440,00	bis	40.459,99	12.948,90	16.996,20	21.003,50	24.970,80	28.898,10	32.785,40
40.460,00	bis	40.479,99	12.954,90	17.004,20	21.013,50	24.982,80	28.912,10	32.801,40
40.480,00	bis	40.499,99	12.960,90	17.012,20	21.023,50	24.994,80	28.926,10	32.817,40
40.500,00	bis	40.519,99	12.966,90	17.020,20	21.033,50	25.006,80	28.940,10	32.833,40
40.520,00	bis	40.539,99	12.972,90	17.028,20	21.043,50	25.018,80	28.954,10	32.849,40
40.540,00	bis	40.559,99	12.978,90	17.036,20	21.053,50	25.030,80	28.968,10	32.865,40
40.560,00	bis	40.579,99	12.984,90	17.044,20	21.063,50	25.042,80	28.982,10	32.881,40
40.580,00	bis	40.599,99	12.990,90	17.052,20	21.073,50	25.054,80	28.996,10	32.897,40
40.600,00	bis	40.619,99	12.996,90	17.060,20	21.083,50	25.066,80	29.010,10	32.913,40
40.620,00	bis	40.639,99	13.002,90	17.068,20	21.093,50	25.078,80	29.024,10	32.929,40
40.640,00	bis	40.659,99	13.008,90	17.076,20	21.103,50	25.090,80	29.038,10	32.945,40
40.660,00	bis	40.679,99	13.014,90	17.084,20	21.113,50	25.102,80	29.052,10	32.961,40
40.680,00	bis	40.699,99	13.020,90	17.092,20	21.123,50	25.114,80	29.066,10	32.977,40
40.700,00	bis	40.719,99	13.026,90	17.100,20	21.133,50	25.126,80	29.080,10	32.993,40
40.720,00	bis	40.739,99	13.032,90	17.108,20	21.143,50	25.138,80	29.094,10	33.009,40
40.740,00	bis	40.759,99	13.038,90	17.116,20	21.153,50	25.150,80	29.108,10	33.025,40
40.760,00	bis	40.779,99	13.044,90	17.124,20	21.163,50	25.162,80	29.122,10	33.041,40
40.780,00	bis	40.799,99	13.050,90	17.132,20	21.173,50	25.174,80	29.136,10	33.057,40
40.800,00	bis	40.819,99	13.056,90	17.140,20	21.183,50	25.186,80	29.150,10	33.073,40
40.820,00	bis	40.839,99	13.062,90	17.148,20	21.193,50	25.198,80	29.164,10	33.089,40
40.840,00	bis	40.859,99	13.068,90	17.156,20	21.203,50	25.210,80	29.178,10	33.105,40
40.860,00	bis	40.879,99	13.074,90	17.164,20	21.213,50	25.222,80	29.192,10	33.121,40
40.880,00	bis	40.899,99	13.080,90	17.172,20	21.223,50	25.234,80	29.206,10	33.137,40
40.900,00	bis	40.919,99	13.086,90	17.180,20	21.233,50	25.246,80	29.220,10	33.153,40
40.920,00	bis	40.939,99	13.092,90	17.188,20	21.243,50	25.258,80	29.234,10	33.169,40
40.940,00	bis	40.959,99	13.098,90	17.196,20	21.253,50	25.270,80	29.248,10	33.185,40
40.960,00	bis	40.979,99	13.104,90	17.204,20	21.263,50	25.282,80	29.262,10	33.201,40
40.980,00	bis	40.999,99	13.110,90	17.212,20	21.273,50	25.294,80	29.276,10	33.217,40
41.000,00	bis	41.019,99	13.116,90	17.220,20	21.283,50	25.306,80	29.290,10	33.233,40
41.020,00	bis	41.039,99	13.122,90	17.228,20	21.293,50	25.318,80	29.304,10	33.249,40
41.040,00	bis	41.059,99	13.128,90	17.236,20	21.303,50	25.330,80	29.318,10	33.265,40
41.060,00	bis	41.079,99	13.134,90	17.244,20	21.313,50	25.342,80	29.332,10	33.281,40
41.080,00	bis	41.099,99	13.140,90	17.252,20	21.323,50	25.354,80	29.346,10	33.297,40
41.100,00	bis	41.119,99	13.146,90	17.260,20	21.333,50	25.366,80	29.360,10	33.313,40
41.120,00	bis	41.139,99	13.152,90	17.268,20	21.343,50	25.378,80	29.374,10	33.329,40
41.140,00	bis	41.159,99	13.158,90	17.276,20	21.353,50	25.390,80	29.388,10	33.345,40
41.160,00	bis	41.179,99	13.164,90	17.284,20	21.363,50	25.402,80	29.402,10	33.361,40
41.180,00	bis	41.199,99	13.170,90	17.292,20	21.373,50	25.414,80	29.416,10	33.377,40
41.200,00	bis	41.219,99	13.176,90	17.300,20	21.383,50	25.426,80	29.430,10	33.393,40
41.220,00	bis	41.239,99	13.182,90	17.308,20	21.393,50	25.438,80	29.444,10	33.409,40
41.240,00	bis	41.259,99	13.188,90	17.316,20	21.403,50	25.450,80	29.458,10	33.425,40

Tabelle 1cm (Beschränkt pfändbare einmalige Leistungen)

41.260,00	bis	41.279,99	13.194,90	17.324,20	21.413,50	25.462,80	29.472,10	33.441,40
41.280,00	bis	41.299,99	13.200,90	17.332,20	21.423,50	25.474,80	29.486,10	33.457,40
41.300,00	bis	41.319,99	13.206,90	17.340,20	21.433,50	25.486,80	29.500,10	33.473,40
41.320,00	bis	41.339,99	13.212,90	17.348,20	21.443,50	25.498,80	29.514,10	33.489,40
41.340,00	bis	41.359,99	13.218,90	17.356,20	21.453,50	25.510,80	29.528,10	33.505,40
41.360,00	bis	41.379,99	13.224,90	17.364,20	21.463,50	25.522,80	29.542,10	33.521,40
41.380,00	bis	41.399,99	13.230,90	17.372,20	21.473,50	25.534,80	29.556,10	33.537,40
41.400,00	bis	41.419,99	13.236,90	17.380,20	21.483,50	25.546,80	29.570,10	33.553,40
41.420,00	bis	41.439,99	13.242,90	17.388,20	21.493,50	25.558,80	29.584,10	33.569,40
41.440,00	bis	41.459,99	13.248,90	17.396,20	21.503,50	25.570,80	29.598,10	33.585,40
41.460,00	bis	41.479,99	13.254,90	17.404,20	21.513,50	25.582,80	29.612,10	33.601,40
41.480,00	bis	41.499,99	13.260,90	17.412,20	21.523,50	25.594,80	29.626,10	33.617,40
41.500,00	bis	41.519,99	13.266,90	17.420,20	21.533,50	25.606,80	29.640,10	33.633,40
41.520,00	bis	41.539,99	13.272,90	17.428,20	21.543,50	25.618,80	29.654,10	33.649,40
41.540,00	bis	41.559,99	13.278,90	17.436,20	21.553,50	25.630,80	29.668,10	33.665,40
41.560,00	bis	41.579,99	13.284,90	17.444,20	21.563,50	25.642,80	29.682,10	33.681,40
41.580,00	bis	41.599,99	13.290,90	17.452,20	21.573,50	25.654,80	29.696,10	33.697,40
41.600,00	bis	41.619,99	13.296,90	17.460,20	21.583,50	25.666,80	29.710,10	33.713,40
41.620,00	bis	41.639,99	13.302,90	17.468,20	21.593,50	25.678,80	29.724,10	33.729,40
41.640,00	bis	41.659,99	13.308,90	17.476,20	21.603,50	25.690,80	29.738,10	33.745,40
41.660,00	bis	41.679,99	13.314,90	17.484,20	21.613,50	25.702,80	29.752,10	33.761,40
41.680,00	bis	41.699,99	13.320,90	17.492,20	21.623,50	25.714,80	29.766,10	33.777,40
41.700,00	bis	41.719,99	13.326,90	17.500,20	21.633,50	25.726,80	29.780,10	33.793,40
41.720,00	bis	41.739,99	13.332,90	17.508,20	21.643,50	25.738,80	29.794,10	33.809,40
41.740,00	bis	41.759,99	13.338,90	17.516,20	21.653,50	25.750,80	29.808,10	33.825,40
41.760,00	bis	41.779,99	13.344,90	17.524,20	21.663,50	25.762,80	29.822,10	33.841,40
41.780,00	bis	41.799,99	13.350,90	17.532,20	21.673,50	25.774,80	29.836,10	33.857,40
41.800,00	bis	41.819,99	13.356,90	17.540,20	21.683,50	25.786,80	29.850,10	33.873,40
41.820,00	bis	41.839,99	13.362,90	17.548,20	21.693,50	25.798,80	29.864,10	33.889,40
41.840,00	bis	41.859,99	13.368,90	17.556,20	21.703,50	25.810,80	29.878,10	33.905,40
41.860,00	bis	41.879,99	13.374,90	17.564,20	21.713,50	25.822,80	29.892,10	33.921,40
41.880,00	bis	41.899,99	13.380,90	17.572,20	21.723,50	25.834,80	29.906,10	33.937,40
41.900,00	bis	41.919,99	13.386,90	17.580,20	21.733,50	25.846,80	29.920,10	33.953,40
41.920,00	bis	41.939,99	13.392,90	17.588,20	21.743,50	25.858,80	29.934,10	33.969,40
41.940,00	bis	41.959,99	13.398,90	17.596,20	21.753,50	25.870,80	29.948,10	33.985,40
41.960,00	bis	41.979,99	13.404,90	17.604,20	21.763,50	25.882,80	29.962,10	34.001,40
41.980,00	bis	41.999,99	13.410,90	17.612,20	21.773,50	25.894,80	29.976,10	34.017,40
42.000,00	bis	42.019,99	13.416,90	17.620,20	21.783,50	25.906,80	29.990,10	34.033,40
42.020,00	bis	42.039,99	13.422,90	17.628,20	21.793,50	25.918,80	30.004,10	34.049,40
42.040,00	bis	42.059,99	13.428,90	17.636,20	21.803,50	25.930,80	30.018,10	34.065,40
42.060,00	bis	42.079,99	13.434,90	17.644,20	21.813,50	25.942,80	30.032,10	34.081,40
42.080,00	bis	42.099,99	13.440,90	17.652,20	21.823,50	25.954,80	30.046,10	34.097,40
42.100,00	bis	42.119,99	13.446,90	17.660,20	21.833,50	25.966,80	30.060,10	34.113,40
42.120,00	bis	42.139,99	13.452,90	17.668,20	21.843,50	25.978,80	30.074,10	34.129,40
42.140,00	bis	42.159,99	13.458,90	17.676,20	21.853,50	25.990,80	30.088,10	34.145,40
42.160,00	bis	42.179,99	13.464,90	17.684,20	21.863,50	26.002,80	30.102,10	34.161,40
42.180,00	bis	42.199,99	13.470,90	17.692,20	21.873,50	26.014,80	30.116,10	34.177,40
42.200,00	bis	42.219,99	13.476,90	17.700,20	21.883,50	26.026,80	30.130,10	34.193,40
42.220,00	bis	42.239,99	13.482,90	17.708,20	21.893,50	26.038,80	30.144,10	34.209,40
42.240,00	bis	42.259,99	13.488,90	17.716,20	21.903,50	26.050,80	30.158,10	34.225,40
42.260,00	bis	42.279,99	13.494,90	17.724,20	21.913,50	26.062,80	30.172,10	34.241,40
42.280,00	bis	42.299,99	13.500,90	17.732,20	21.923,50	26.074,80	30.186,10	34.257,40
42.300,00	bis	42.319,99	13.506,90	17.740,20	21.933,50	26.086,80	30.200,10	34.273,40
42.320,00	bis	42.339,99	13.512,90	17.748,20	21.943,50	26.098,80	30.214,10	34.289,40
42.340,00	bis	42.359,99	13.518,90	17.756,20	21.953,50	26.110,80	30.228,10	34.305,40
42.360,00	bis	42.379,99	13.524,90	17.764,20	21.963,50	26.134,80	30.242,10	34.321,40
42.380,00	bis	42.399,99	13.530,90	17.772,20	21.973,50	26.134,80	30.256,10	34.337,40
42.400,00	bis	42.419,99	13.536,90	17.780,20	21.983,50	26.146,80	30.270,10	34.353,40
42.420,00	bis	42.439,99	13.542,90	17.788,20	21.993,50	26.158,80	30.284,10	34.369,40
42.440,00	bis	42.459,99	13.548,90	17.796,20	22.003,50	26.170,80	30.298,10	34.385,40
42.460,00	bis	42.479,99	13.554,90	17.804,20	22.013,50	26.182,80	30.312,10	34.401,40
42.480,00	bis	42.499,99	13.560,90	17.812,20	22.023,50	26.194,80	30.326,10	34.417,40
42.500,00	bis	42.519,99	13.566,90	17.820,20	22.033,50	26.206,80	30.340,10	34.433,40
42.520,00	bis	42.539,99	13.572,90	17.828,20	22.043,50	26.218,80	30.354,10	34.449,40
42.540,00	bis	42.559,99	13.578,90	17.836,20	22.053,50	26.230,80	30.368,10	34.465,40
42.560,00	bis	42.579,99	13.584,90	17.844,20	22.063,50	26.242,80	30.382,10	34.481,40
42.580,00	bis	42.599,99	13.590,90	17.852,20	22.073,50	26.254,80	30.396,10	34.497,40

Tabelle 1cm (Beschränkt pfändbare einmalige Leistungen)

TABELLEN

42.600,00	bis	42.619,99	13.596,90	17.860,20	22.083,50	26.266,80	30.410,10	34.513,40
42.620,00	bis	42.639,99	13.602,90	17.868,20	22.093,50	26.278,80	30.424,10	34.529,40
42.640,00	bis	42.659,99	13.608,90	17.876,20	22.103,50	26.290,80	30.438,10	34.545,40
42.660,00	bis	42.679,99	13.614,90	17.884,20	22.113,50	26.302,80	30.452,10	34.561,40
42.680,00	bis	42.699,99	13.620,90	17.892,20	22.123,50	26.314,80	30.466,10	34.577,40
42.700,00	bis	42.719,99	13.626,90	17.900,20	22.133,50	26.326,80	30.480,10	34.593,40
42.720,00	bis	42.739,99	13.632,90	17.908,20	22.143,50	26.338,80	30.494,10	34.609,40
42.740,00	bis	42.759,99	13.638,90	17.916,20	22.153,50	26.350,80	30.508,10	34.625,40
42.760,00	bis	42.779,99	13.644,90	17.924,20	22.163,50	26.362,80	30.522,10	34.641,40
42.780,00	bis	42.799,99	13.650,90	17.932,20	22.173,50	26.374,80	30.536,10	34.657,40
42.800,00	bis	42.819,99	13.656,90	17.940,20	22.183,50	26.386,80	30.550,10	34.673,40
42.820,00	bis	42.839,99	13.662,90	17.948,20	22.193,50	26.398,80	30.564,10	34.689,40
42.840,00	bis	42.859,99	13.668,90	17.956,20	22.203,50	26.410,80	30.578,10	34.705,40
42.860,00	bis	42.879,99	13.674,90	17.964,20	22.213,50	26.422,80	30.592,10	34.721,40
42.880,00	bis	42.899,99	13.680,90	17.972,20	22.223,50	26.434,80	30.606,10	34.737,40
42.900,00	bis	42.919,99	13.686,90	17.980,20	22.233,50	26.446,80	30.620,10	34.753,40
42.920,00	bis	42.939,99	13.692,90	17.988,20	22.243,50	26.458,80	30.634,10	34.769,40
42.940,00	bis	42.959,99	13.698,90	17.996,20	22.253,50	26.470,80	30.648,10	34.785,40
42.960,00	bis	42.979,99	13.704,90	18.004,20	22.263,50	26.482,80	30.662,10	34.801,40
42.980,00	bis	42.999,99	13.710,90	18.012,20	22.273,50	26.494,80	30.676,10	34.817,40
43.000,00	bis	43.019,99	13.716,90	18.020,20	22.283,50	26.506,80	30.690,10	34.833,40
43.020,00	bis	43.039,99	13.722,90	18.028,20	22.293,50	26.518,80	30.704,10	34.849,40
43.040,00	bis	43.059,99	13.728,90	18.036,20	22.303,50	26.530,80	30.718,10	34.865,40
43.060,00	bis	43.079,99	13.734,90	18.044,20	22.313,50	26.542,80	30.732,10	34.881,40
43.080,00	bis	43.099,99	13.740,90	18.052,20	22.323,50	26.554,80	30.746,10	34.897,40
43.100,00	bis	43.119,99	13.746,90	18.060,20	22.333,50	26.566,80	30.760,10	34.913,40
43.120,00	bis	43.139,99	13.752,90	18.068,20	22.343,50	26.578,80	30.774,10	34.929,40
43.140,00	bis	43.159,99	13.758,90	18.076,20	22.353,50	26.590,80	30.788,10	34.945,40
43.160,00	bis	43.179,99	13.764,90	18.084,20	22.363,50	26.602,80	30.802,10	34.961,40
43.180,00	bis	43.199,99	13.770,90	18.092,20	22.373,50	26.614,80	30.816,10	34.977,40
43.200,00	bis	43.219,99	13.776,90	18.100,20	22.383,50	26.626,80	30.830,10	34.993,40
43.220,00	bis	43.239,99	13.782,90	18.108,20	22.393,50	26.638,80	30.844,10	35.009,40
43.240,00	bis	43.259,99	13.788,90	18.116,20	22.403,50	26.650,80	30.858,10	35.025,40
43.260,00	bis	43.279,99	13.794,90	18.124,20	22.413,50	26.662,80	30.872,10	35.041,40
43.280,00	bis	43.299,99	13.800,90	18.132,20	22.423,50	26.674,80	30.886,10	35.057,40
43.300,00	bis	43.319,99	13.806,90	18.140,20	22.433,50	26.686,80	30.900,10	35.073,40
43.320,00	bis	43.339,99	13.812,90	18.148,20	22.443,50	26.698,80	30.914,10	35.089,40
43.340,00	bis	43.359,99	13.818,90	18.156,20	22.453,50	26.710,80	30.928,10	35.105,40
43.360,00	bis	43.379,99	13.824,90	18.164,20	22.463,50	26.722,80	30.942,10	35.121,40
43.380,00	bis	43.399,99	13.830,90	18.172,20	22.473,50	26.734,80	30.956,10	35.137,40
43.400,00	bis	43.419,99	13.836,90	18.180,20	22.483,50	26.746,80	30.970,10	35.153,40
43.420,00	bis	43.439,99	13.842,90	18.188,20	22.493,50	26.758,80	30.984,10	35.169,40
43.440,00	bis	43.459,99	13.848,90	18.196,20	22.503,50	26.770,80	30.998,10	35.185,40
43.460,00	bis	43.479,99	13.854,90	18.204,20	22.513,50	26.782,80	31.012,10	35.201,40
43.480,00	bis	43.499,99	13.860,90	18.212,20	22.523,50	26.794,80	31.026,10	35.217,40
43.500,00	bis	43.519,99	13.866,90	18.220,20	22.533,50	26.806,80	31.040,10	35.233,40
43.520,00	bis	43.539,99	13.872,90	18.228,20	22.543,50	26.818,80	31.054,10	35.249,40
43.540,00	bis	43.559,99	13.878,90	18.236,20	22.553,50	26.830,80	31.068,10	35.265,40
43.560,00	bis	43.579,99	13.884,90	18.244,20	22.563,50	26.842,80	31.082,10	35.281,40
43.580,00	bis	43.599,99	13.890,90	18.252,20	22.573,50	26.854,80	31.096,10	35.297,40
43.600,00	bis	43.619,99	13.896,90	18.260,20	22.583,50	26.866,80	31.110,10	35.313,40
43.620,00	bis	43.639,99	13.902,90	18.268,20	22.593,50	26.878,80	31.124,10	35.329,40
43.640,00	bis	43.659,99	13.908,90	18.276,20	22.603,50	26.890,80	31.138,10	35.345,40
43.660,00	bis	43.679,99	13.914,90	18.284,20	22.613,50	26.902,80	31.152,10	35.361,40
43.680,00	bis	43.699,99	13.920,90	18.292,20	22.623,50	26.914,80	31.166,10	35.377,40
43.700,00	bis	43.719,99	13.926,90	18.300,20	22.633,50	26.926,80	31.180,10	35.393,40
43.720,00	bis	43.739,99	13.932,90	18.308,20	22.643,50	26.938,80	31.194,10	35.409,40
43.740,00	bis	43.759,99	13.938,90	18.316,20	22.653,50	26.950,80	31.208,10	35.425,40
43.760,00	bis	43.779,99	13.944,90	18.324,20	22.663,50	26.962,80	31.222,10	35.441,40
43.780,00	bis	43.799,99	13.950,90	18.332,20	22.673,50	26.974,80	31.236,10	35.457,40
43.800,00	bis	43.819,99	13.956,90	18.340,20	22.683,50	26.986,80	31.250,10	35.473,40
43.820,00	bis	43.839,99	13.962,90	18.348,20	22.693,50	26.998,80	31.264,10	35.489,40
43.840,00	bis	43.859,99	13.968,90	18.356,20	22.703,50	27.010,80	31.278,10	35.505,40
43.860,00	bis	43.879,99	13.974,90	18.364,20	22.713,50	27.022,80	31.292,10	35.521,40
43.880,00	bis	43.899,99	13.980,90	18.372,20	22.723,50	27.034,80	31.306,10	35.537,40
43.900,00	bis	43.919,99	13.986,90	18.380,20	22.733,50	27.046,80	31.320,10	35.553,40
43.920,00	bis	43.939,99	13.992,90	18.388,20	22.743,50	27.058,80	31.334,10	35.569,40

Tabelle 1cm (Beschränkt pfändbare einmalige Leistungen)

TABELLEN

43.940,00	bis	43.959,99	13.998,90	18.396,20	22.753,50	27.070,80	31.348,10	35.585,40
43.960,00	bis	43.979,99	14.004,90	18.404,20	22.763,50	27.082,80	31.362,10	35.601,40
43.980,00	bis	43.999,99	14.010,90	18.412,20	22.773,50	27.094,80	31.376,10	35.617,40
44.000,00	bis	44.019,99	14.016,90	18.420,20	22.783,50	27.106,80	31.390,10	35.633,40
44.020,00	bis	44.039,99	14.022,90	18.428,20	22.793,50	27.118,80	31.404,10	35.649,40
44.040,00	bis	44.059,99	14.028,90	18.436,20	22.803,50	27.130,80	31.418,10	35.665,40
44.060,00	bis	44.079,99	14.034,90	18.444,20	22.813,50	27.142,80	31.432,10	35.681,40
44.080,00	bis	44.099,99	14.040,90	18.452,20	22.823,50	27.154,80	31.446,10	35.697,40
44.100,00	bis	44.119,99	14.046,90	18.460,20	22.833,50	27.166,80	31.460,10	35.713,40
44.120,00	bis	44.139,99	14.052,90	18.468,20	22.843,50	27.178,80	31.474,10	35.729,40
44.140,00	bis	44.159,99	14.058,90	18.476,20	22.853,50	27.190,80	31.488,10	35.745,40
44.160,00	bis	44.179,99	14.064,90	18.484,20	22.863,50	27.202,80	31.502,10	35.761,40
44.180,00	bis	44.199,99	14.070,90	18.492,20	22.873,50	27.214,80	31.516,10	35.777,40
44.200,00	bis	44.219,99	14.076,90	18.500,20	22.883,50	27.226,80	31.530,10	35.793,40
44.220,00	bis	44.239,99	14.082,90	18.508,20	22.893,50	27.238,80	31.544,10	35.809,40
44.240,00	bis	44.259,99	14.088,90	18.516,20	22.903,50	27.250,80	31.558,10	35.825,40
44.260,00	bis	44.279,99	14.094,90	18.524,20	22.913,50	27.262,80	31.572,10	35.841,40
44.280,00	bis	44.299,99	14.100,90	18.532,20	22.923,50	27.274,80	31.586,10	35.857,40
44.300,00	bis	44.319,99	14.106,90	18.540,20	22.933,50	27.286,80	31.600,10	35.873,40
44.320,00	bis	44.339,99	14.112,90	18.548,20	22.943,50	27.298,80	31.614,10	35.889,40
44.340,00	bis	44.359,99	14.118,90	18.556,20	22.953,50	27.310,80	31.628,10	35.905,40
44.360,00	bis	44.379,99	14.124,90	18.564,20	22.963,50	27.322,80	31.642,10	35.921,40
44.380,00	bis	44.399,99	14.130,90	18.572,20	22.973,50	27.334,80	31.656,10	35.937,40
44.400,00	bis	44.419,99	14.136,90	18.580,20	22.983,50	27.346,80	31.670,10	35.953,40
44.420,00	bis	44.439,99	14.142,90	18.588,20	22.993,50	27.358,80	31.684,10	35.969,40
44.440,00	bis	44.459,99	14.148,90	18.596,20	23.003,50	27.370,80	31.698,10	35.985,40
44.460,00	bis	44.479,99	14.154,90	18.604,20	23.013,50	27.382,80	31.712,10	36.001,40
44.480,00	bis	44.499,99	14.160,90	18.612,20	23.023,50	27.394,80	31.726,10	36.017,40
44.500,00	bis	44.519,99	14.166,90	18.620,20	23.033,50	27.406,80	31.740,10	36.033,40
44.520,00	bis	44.539,99	14.172,90	18.628,20	23.043,50	27.418,80	31.754,10	36.049,40
44.540,00	bis	44.559,99	14.178,90	18.636,20	23.053,50	27.430,80	31.768,10	36.065,40
44.560,00	bis	44.579,99	14.184,90	18.644,20	23.063,50	27.442,80	31.782,10	36.081,40
44.580,00	bis	44.599,99	14.190,90	18.652,20	23.073,50	27.454,80	31.796,10	36.097,40
44.600,00	bis	44.619,99	14.196,90	18.660,20	23.083,50	27.466,80	31.810,10	36.113,40
44.620,00	bis	44.639,99	14.202,90	18.668,20	23.093,50	27.478,80	31.824,10	36.129,40
44.640,00	bis	44.659,99	14.208,90	18.676,20	23.103,50	27.490,80	31.838,10	36.145,40
44.660,00	bis	44.679,99	14.214,90	18.684,20	23.113,50	27.502,80	31.852,10	36.161,40
44.680,00	bis	44.699,99	14.220,90	18.692,20	23.123,50	27.514,80	31.866,10	36.177,40
44.700,00	bis	44.719,99	14.226,90	18.700,20	23.133,50	27.526,80	31.880,10	36.193,40
44.720,00	bis	44.739,99	14.232,90	18.708,20	23.143,50	27.538,80	31.894,10	36.209,40
44.740,00	bis	44.759,99	14.238,90	18.716,20	23.153,50	27.550,80	31.908,10	36.225,40
44.760,00	bis	44.779,99	14.244,90	18.724,20	23.163,50	27.562,80	31.922,10	36.241,40
44.780,00	bis	44.799,99	14.250,90	18.732,20	23.173,50	27.574,80	31.936,10	36.257,40
44.800,00	bis	44.819,99	14.256,90	18.740,20	23.183,50	27.586,80	31.950,10	36.273,40
44.820,00	bis	44.839,99	14.262,90	18.748,20	23.193,50	27.598,80	31.964,10	36.289,40
44.840,00	bis	44.859,99	14.268,90	18.756,20	23.203,50	27.610,80	31.978,10	36.305,40
44.860,00	bis	44.879,99	14.274,90	18.764,20	23.213,50	27.622,80	31.992,10	36.321,40
44.880,00	bis	44.899,99	14.280,90	18.772,20	23.223,50	27.634,80	32.006,10	36.337,40
44.900,00	bis	44.919,99	14.286,90	18.780,20	23.233,50	27.646,80	32.020,10	36.353,40
44.920,00	bis	44.939,99	14.292,90	18.788,20	23.243,50	27.658,80	32.034,10	36.369,40
44.940,00	bis	44.959,99	14.298,90	18.796,20	23.253,50	27.670,80	32.048,10	36.385,40
44.960,00	bis	44.979,99	14.304,90	18.804,20	23.263,50	27.682,80	32.062,10	36.401,40
44.980,00	bis	44.999,99	14.310,90	18.812,20	23.273,50	27.694,80	32.076,10	36.417,40
45.000,00	bis	45.019,99	14.316,90	18.820,20	23.283,50	27.706,80	32.090,10	36.433,40
45.020,00	bis	45.039,99	14.322,90	18.828,20	23.293,50	27.718,80	32.104,10	36.449,40
45.040,00	bis	45.059,99	14.328,90	18.836,20	23.303,50	27.730,80	32.118,10	36.465,40
45.060,00	bis	45.079,99	14.334,90	18.844,20	23.313,50	27.742,80	32.132,10	36.481,40
45.080,00	bis	45.099,99	14.340,90	18.852,20	23.323,50	27.754,80	32.146,10	36.497,40
45.100,00	bis	45.119,99	14.346,90	18.860,20	23.333,50	27.766,80	32.160,10	36.513,40
45.120,00	bis	45.139,99	14.352,90	18.868,20	23.343,50	27.778,80	32.174,10	36.529,40
45.140,00	bis	45.159,99	14.358,90	18.876,20	23.353,50	27.790,80	32.188,10	36.545,40
45.160,00	bis	45.179,99	14.364,90	18.884,20	23.363,50	27.802,80	32.202,10	36.561,40
45.180,00	bis	45.199,99	14.370,90	18.892,20	23.373,50	27.814,80	32.216,10	36.577,40
45.200,00	bis	45.219,99	14.376,90	18.900,20	23.383,50	27.826,80	32.230,10	36.593,40
45.220,00	bis	45.239,99	14.382,90	18.908,20	23.393,50	27.838,80	32.244,10	36.609,40
45.240,00	bis	45.259,99	14.388,90	18.916,20	23.403,50	27.850,80	32.258,10	36.625,40
45.260,00	bis	45.279,99	14.394,90	18.924,20	23.413,50	27.862,80	32.272,10	36.641,40

Tabelle 1cm (Beschränkt pfändbare einmalige Leistungen)

TABELLEN

45.280,00	bis	45.299,99	14.400,90	18.932,20	23.423,50	27.874,80	32.286,10	36.657,40
45.300,00	bis	45.319,99	14.406,90	18.940,20	23.433,50	27.886,80	32.300,10	36.673,40
45.320,00	bis	45.339,99	14.412,90	18.948,20	23.443,50	27.898,80	32.314,10	36.689,40
45.340,00	bis	45.359,99	14.418,90	18.956,20	23.453,50	27.910,80	32.328,10	36.705,40
45.360,00	bis	45.379,99	14.424,90	18.964,20	23.463,50	27.922,80	32.342,10	36.721,40
45.380,00	bis	45.399,99	14.430,90	18.972,20	23.473,50	27.934,80	32.356,10	36.737,40
45.400,00	bis	45.419,99	14.436,90	18.980,20	23.483,50	27.946,80	32.370,10	36.753,40
45.420,00	bis	45.439,99	14.442,90	18.988,20	23.493,50	27.958,80	32.384,10	36.769,40
45.440,00	bis	45.459,99	14.448,90	18.996,20	23.503,50	27.970,80	32.398,10	36.785,40
45.460,00	bis	45.479,99	14.454,90	19.004,20	23.513,50	27.982,80	32.412,10	36.801,40
45.480,00	bis	45.499,99	14.460,90	19.012,20	23.523,50	27.994,80	32.426,10	36.817,40
45.500,00	bis	45.519,99	14.466,90	19.020,20	23.533,50	28.006,80	32.440,10	36.833,40
45.520,00	bis	45.539,99	14.472,90	19.028,20	23.543,50	28.018,80	32.454,10	36.849,40
45.540,00	bis	45.559,99	14.478,90	19.036,20	23.553,50	28.030,80	32.468,10	36.865,40
45.560,00	bis	45.579,99	14.484,90	19.044,20	23.563,50	28.042,80	32.482,10	36.881,40
45.580,00	bis	45.599,99	14.490,90	19.052,20	23.573,50	28.054,80	32.496,10	36.897,40
45.600,00	bis	45.619,99	14.496,90	19.060,20	23.583,50	28.066,80	32.510,10	36.913,40
45.620,00	bis	45.639,99	14.502,90	19.068,20	23.593,50	28.078,80	32.524,10	36.929,40
45.640,00	bis	45.659,99	14.508,90	19.076,20	23.603,50	28.090,80	32.538,10	36.945,40
45.660,00	bis	45.679,99	14.514,90	19.084,20	23.613,50	28.102,80	32.552,10	36.961,40
45.680,00	bis	45.699,99	14.520,90	19.092,20	23.623,50	28.114,80	32.566,10	36.977,40
45.700,00	bis	45.719,99	14.526,90	19.100,20	23.633,50	28.126,80	32.580,10	36.993,40
45.720,00	bis	45.739,99	14.532,90	19.108,20	23.643,50	28.138,80	32.594,10	37.009,40
45.740,00	bis	45.759,99	14.538,90	19.116,20	23.653,50	28.150,80	32.608,10	37.025,40
45.760,00	bis	45.779,99	14.544,90	19.124,20	23.663,50	28.162,80	32.622,10	37.041,40
45.780,00	bis	45.799,99	14.550,90	19.132,20	23.673,50	28.174,80	32.636,10	37.057,40
45.800,00	bis	45.819,99	14.556,90	19.140,20	23.683,50	28.186,80	32.650,10	37.073,40
45.820,00	bis	45.839,99	14.562,90	19.148,20	23.693,50	28.198,80	32.664,10	37.089,40
45.840,00	bis	45.859,99	14.568,90	19.156,20	23.703,50	28.210,80	32.678,10	37.105,40
45.860,00	bis	45.879,99	14.574,90	19.164,20	23.713,50	28.222,80	32.692,10	37.121,40
45.880,00	bis	45.899,99	14.580,90	19.172,20	23.723,50	28.234,80	32.706,10	37.137,40
45.900,00	bis	45.919,99	14.586,90	19.180,20	23.733,50	28.246,80	32.720,10	37.153,40
45.920,00	bis	45.939,99	14.592,90	19.188,20	23.743,50	28.258,80	32.734,10	37.169,40
45.940,00	bis	45.959,99	14.598,90	19.196,20	23.753,50	28.270,80	32.748,10	37.185,40
45.960,00	bis	45.979,99	14.604,90	19.204,20	23.763,50	28.282,80	32.762,10	37.201,40
45.980,00	bis	45.999,99	14.610,90	19.212,20	23.773,50	28.294,80	32.776,10	37.217,40
46.000,00	bis	46.019,99	14.616,90	19.220,20	23.783,50	28.306,80	32.790,10	37.233,40
46.020,00	bis	46.039,99	14.622,90	19.228,20	23.793,50	28.318,80	32.804,10	37.249,40
46.040,00	bis	46.059,99	14.628,90	19.236,20	23.803,50	28.330,80	32.818,10	37.265,40
46.060,00	bis	46.079,99	14.634,90	19.244,20	23.813,50	28.342,80	32.832,10	37.281,40
46.080,00	bis	46.099,99	14.640,90	19.252,20	23.823,50	28.354,80	32.846,10	37.297,40
46.100,00	bis	46.119,99	14.646,90	19.260,20	23.833,50	28.366,80	32.860,10	37.313,40
46.120,00	bis	46.139,99	14.652,90	19.268,20	23.843,50	28.378,80	32.874,10	37.329,40
46.140,00	bis	46.159,99	14.658,90	19.276,20	23.853,50	28.390,80	32.888,10	37.345,40
46.160,00	bis	46.179,99	14.664,90	19.284,20	23.863,50	28.402,80	32.902,10	37.361,40
46.180,00	bis	46.199,99	14.670,90	19.292,20	23.873,50	28.414,80	32.916,10	37.377,40
46.200,00	bis	46.219,99	14.676,90	19.300,20	23.883,50	28.426,80	32.930,10	37.393,40
46.220,00	bis	46.239,99	14.682,90	19.308,20	23.893,50	28.438,80	32.944,10	37.409,40
46.240,00	bis	46.259,99	14.688,90	19.316,20	23.903,50	28.450,80	32.958,10	37.425,40
46.260,00	bis	46.279,99	14.694,90	19.324,20	23.913,50	28.462,80	32.972,10	37.441,40
46.280,00	bis	46.299,99	14.700,90	19.332,20	23.923,50	28.474,80	32.986,10	37.457,40
46.300,00	bis	46.319,99	14.706,90	19.340,20	23.933,50	28.486,80	33.000,10	37.473,40
46.320,00	bis	46.339,99	14.712,90	19.348,20	23.943,50	28.498,80	33.014,10	37.489,40
46.340,00	bis	46.359,99	14.718,90	19.356,20	23.953,50	28.510,80	33.028,10	37.505,40
46.360,00	bis	46.379,99	14.724,90	19.364,20	23.963,50	28.522,80	33.042,10	37.521,40
46.380,00	bis	46.399,99	14.730,90	19.372,20	23.973,50	28.534,80	33.056,10	37.537,40
46.400,00	bis	46.419,99	14.736,90	19.380,20	23.983,50	28.546,80	33.070,10	37.553,40
46.420,00	bis	46.439,99	14.742,90	19.388,20	23.993,50	28.558,80	33.084,10	37.569,40
46.440,00	bis	46.459,99	14.748,90	19.396,20	24.003,50	28.570,80	33.098,10	37.585,40
46.460,00	bis	46.479,99	14.754,90	19.404,20	24.013,50	28.582,80	33.112,10	37.601,40
46.480,00	bis	46.499,99	14.760,90	19.412,20	24.023,50	28.594,80	33.126,10	37.617,40
46.500,00	bis	46.519,99	14.766,90	19.420,20	24.033,50	28.606,80	33.140,10	37.633,40
46.520,00	bis	46.539,99	14.772,90	19.428,20	24.043,50	28.618,80	33.154,10	37.649,40
46.540,00	bis	46.559,99	14.778,90	19.436,20	24.053,50	28.630,80	33.168,10	37.665,40
46.560,00	bis	46.579,99	14.784,90	19.444,20	24.063,50	28.642,80	33.182,10	37.681,40
46.580,00	bis	46.599,99	14.790,90	19.452,20	24.073,50	28.654,80	33.196,10	37.697,40
46.600,00	bis	46.619,99	14.796,90	19.460,20	24.083,50	28.666,80	33.210,10	37.713,40

Tabelle 1cm (Beschränkt pfändbare einmalige Leistungen)

46.620,00	bis	46.639,99	14.802,90	19.468,20	24.093,50	28.678,80	33.224,10	37.729,40
46.640,00	bis	46.659,99	14.808,90	19.476,20	24.103,50	28.690,80	33.238,10	37.745,40
46.660,00	bis	46.679,99	14.814,90	19.484,20	24.113,50	28.702,80	33.252,10	37.761,40
46.680,00	bis	46.699,99	14.820,90	19.492,20	24.123,50	28.714,80	33.266,10	37.777,40
46.700,00	bis	46.719,99	14.826,90	19.500,20	24.133,50	28.726,80	33.280,10	37.793,40
46.720,00	bis	46.739,99	14.832,90	19.508,20	24.143,50	28.738,80	33.294,10	37.809,40
46.740,00	bis	46.759,99	14.838,90	19.516,20	24.153,50	28.750,80	33.308,10	37.825,40
46.760,00	bis	46.779,99	14.844,90	19.524,20	24.163,50	28.762,80	33.322,10	37.841,40
46.780,00	bis	46.799,99	14.850,90	19.532,20	24.173,50	28.774,80	33.336,10	37.857,40
46.800,00	bis	46.819,99	14.856,90	19.540,20	24.183,50	28.786,80	33.350,10	37.873,40
46.820,00	bis	46.839,99	14.862,90	19.548,20	24.193,50	28.798,80	33.364,10	37.889,40
46.840,00	bis	46.859,99	14.868,90	19.556,20	24.203,50	28.810,80	33.378,10	37.905,40
46.860,00	bis	46.879,99	14.874,90	19.564,20	24.213,50	28.822,80	33.392,10	37.921,40
46.880,00	bis	46.899,99	14.880,90	19.572,20	24.223,50	28.834,80	33.406,10	37.937,40
46.900,00	bis	46.919,99	14.886,90	19.580,20	24.233,50	28.846,80	33.420,10	37.953,40
46.920,00	bis	46.939,99	14.892,90	19.588,20	24.243,50	28.858,80	33.434,10	37.969,40
46.940,00	bis	46.959,99	14.898,90	19.596,20	24.253,50	28.870,80	33.448,10	37.985,40
46.960,00	bis	46.979,99	14.904,90	19.604,20	24.263,50	28.882,80	33.462,10	38.001,40
46.980,00	bis	46.999,99	14.910,90	19.612,20	24.273,50	28.894,80	33.476,10	38.017,40
47.000,00	bis	47.019,99	14.916,90	19.620,20	24.283,50	28.906,80	33.490,10	38.033,40
47.020,00	bis	47.039,99	14.922,90	19.628,20	24.293,50	28.918,80	33.504,10	38.049,40
47.040,00	bis	47.059,99	14.928,90	19.636,20	24.303,50	28.930,80	33.518,10	38.065,40
47.060,00	bis	47.079,99	14.934,90	19.644,20	24.313,50	28.942,80	33.532,10	38.081,40
47.080,00	bis	47.099,99	14.940,90	19.652,20	24.323,50	28.954,80	33.546,10	38.097,40
47.100,00	bis	47.119,99	14.946,90	19.660,20	24.333,50	28.966,80	33.560,10	38.113,40
47.120,00	bis	47.139,99	14.952,90	19.668,20	24.343,50	28.978,80	33.574,10	38.129,40
47.140,00	bis	47.159,99	14.958,90	19.676,20	24.353,50	28.990,80	33.588,10	38.145,40
47.160,00	bis	47.179,99	14.964,90	19.684,20	24.363,50	29.002,80	33.602,10	38.161,40
47.180,00	bis	47.199,99	14.970,90	19.692,20	24.373,50	29.014,80	33.616,10	38.177,40
47.200,00	bis	47.219,99	14.976,90	19.700,20	24.383,50	29.026,80	33.630,10	38.193,40
47.220,00	bis	47.239,99	14.982,90	19.708,20	24.393,50	29.038,80	33.644,10	38.209,40
47.240,00	bis	47.259,99	14.988,90	19.716,20	24.403,50	29.050,80	33.658,10	38.225,40
47.260,00	bis	47.279,99	14.994,90	19.724,20	24.413,50	29.062,80	33.672,10	38.241,40
47.280,00	bis	47.299,99	15.000,90	19.732,20	24.423,50	29.074,80	33.686,10	38.257,40
47.300,00	bis	47.319,99	15.006,90	19.740,20	24.433,50	29.086,80	33.700,10	38.273,40
47.320,00	bis	47.339,99	15.012,90	19.748,20	24.443,50	29.098,80	33.714,10	38.289,40
47.340,00	bis	47.359,99	15.018,90	19.756,20	24.453,50	29.110,80	33.728,10	38.305,40
47.360,00	bis	47.379,99	15.024,90	19.764,20	24.463,50	29.122,80	33.742,10	38.321,40
47.380,00	bis	47.399,99	15.030,90	19.772,20	24.473,50	29.134,80	33.756,10	38.337,40
47.400,00	bis	47.419,99	15.036,90	19.780,20	24.483,50	29.146,80	33.770,10	38.353,40
47.420,00	bis	47.439,99	15.042,90	19.788,20	24.493,50	29.158,80	33.784,10	38.369,40
47.440,00	bis	47.459,99	15.048,90	19.796,20	24.503,50	29.170,80	33.798,10	38.385,40
47.460,00	bis	47.479,99	15.054,90	19.804,20	24.513,50	29.182,80	33.812,10	38.401,40
47.480,00	bis	47.499,99	15.060,90	19.812,20	24.523,50	29.194,80	33.826,10	38.417,40
47.500,00	bis	47.519,99	15.066,90	19.820,20	24.533,50	29.206,80	33.840,10	38.433,40
47.520,00	bis	47.539,99	15.072,90	19.828,20	24.543,50	29.218,80	33.854,10	38.449,40
47.540,00	bis	47.559,99	15.078,90	19.836,20	24.553,50	29.230,80	33.868,10	38.465,40
47.560,00	bis	47.579,99	15.084,90	19.844,20	24.563,50	29.242,80	33.882,10	38.481,40
47.580,00	bis	47.599,99	15.090,90	19.852,20	24.573,50	29.254,80	33.896,10	38.497,40
47.600,00	bis	47.619,99	15.096,90	19.860,20	24.583,50	29.266,80	33.910,10	38.513,40
47.620,00	bis	47.639,99	15.102,90	19.868,20	24.593,50	29.278,80	33.924,10	38.529,40
47.640,00	bis	47.659,99	15.108,90	19.876,20	24.603,50	29.290,80	33.938,10	38.545,40
47.660,00	bis	47.679,99	15.114,90	19.884,20	24.613,50	29.302,80	33.952,10	38.561,40
47.680,00	bis	47.699,99	15.120,90	19.892,20	24.623,50	29.314,80	33.966,10	38.577,40
47.700,00	bis	47.719,99	15.126,90	19.900,20	24.633,50	29.326,80	33.980,10	38.593,40
47.720,00	bis	47.739,99	15.132,90	19.908,20	24.643,50	29.338,80	33.994,10	38.609,40
47.740,00	bis	47.759,99	15.138,90	19.916,20	24.653,50	29.350,80	34.008,10	38.625,40
47.760,00	bis	47.779,99	15.144,90	19.924,20	24.663,50	29.362,80	34.022,10	38.641,40
47.780,00	bis	47.799,99	15.150,90	19.932,20	24.673,50	29.374,80	34.036,10	38.657,40
47.800,00	bis	47.819,99	15.156,90	19.940,20	24.683,50	29.386,80	34.050,10	38.673,40
47.820,00	bis	47.839,99	15.162,90	19.948,20	24.693,50	29.398,80	34.064,10	38.689,40
47.840,00	bis	47.859,99	15.168,90	19.956,20	24.703,50	29.410,80	34.078,10	38.705,40
47.860,00	bis	47.879,99	15.174,90	19.964,20	24.713,50	29.422,80	34.092,10	38.721,40
47.880,00	bis	47.899,99	15.180,90	19.972,20	24.723,50	29.434,80	34.106,10	38.737,40
47.900,00	bis	47.919,99	15.186,90	19.980,20	24.733,50	29.446,80	34.120,10	38.753,40
47.920,00	bis	47.939,99	15.192,90	19.988,20	24.743,50	29.458,80	34.134,10	38.769,40
47.940,00	bis	47.959,99	15.198,90	19.996,20	24.753,50	29.470,80	34.148,10	38.785,40

Tabelle 1cm (Beschränkt pfändbare einmalige Leistungen)

47.960,00	bis	47.979,99	15.204,90	20.004,20	24.763,50	29.482,80	34.162,10	38.801,40
47.980,00	bis	47.999,99	15.210,90	20.012,20	24.773,50	29.494,80	34.176,10	38.817,40
48.000,00	bis	48.019,99	15.216,90	20.020,20	24.783,50	29.506,80	34.190,10	38.833,40

Tabelle 1cm (Beschränkt pfändbare einmalige Leistungen)

Existenzminimum								
Nettolohn monatlich in Euro			unpfändbarer Betrag bei Unterhaltspflicht für					
			0	1	2	3	4	5
			in Euro					
	bis	759,99	750,00	alles	alles	alles	alles	alles
760,00	bis	779,99	750,00	alles	alles	alles	alles	alles
780,00	bis	799,99	750,00	alles	alles	alles	alles	alles
800,00	bis	819,99	750,00	alles	alles	alles	alles	alles
820,00	bis	839,99	750,00	alles	alles	alles	alles	alles
840,00	bis	859,99	750,00	alles	alles	alles	alles	alles
860,00	bis	879,99	750,00	alles	alles	alles	alles	alles
880,00	bis	899,99	750,00	alles	alles	alles	alles	alles
900,00	bis	919,99	750,00	900,00	alles	alles	alles	alles
920,00	bis	939,99	750,00	900,00	alles	alles	alles	alles
940,00	bis	959,99	750,00	900,00	alles	alles	alles	alles
960,00	bis	979,99	750,00	900,00	alles	alles	alles	alles
980,00	bis	999,99	750,00	900,00	alles	alles	alles	alles
1.000,00	bis	1.019,99	750,00	900,00	alles	alles	alles	alles
1.020,00	bis	1.039,99	754,50	900,00	alles	alles	alles	alles
1.040,00	bis	1.059,99	759,00	900,00	1.050,00	alles	alles	alles
1.060,00	bis	1.079,99	763,50	900,00	1.050,00	alles	alles	alles
1.080,00	bis	1.099,99	768,00	900,00	1.050,00	alles	alles	alles
1.100,00	bis	1.119,99	772,50	900,00	1.050,00	alles	alles	alles
1.120,00	bis	1.139,99	777,00	900,00	1.050,00	alles	alles	alles
1.140,00	bis	1.159,99	781,50	900,00	1.050,00	alles	alles	alles
1.160,00	bis	1.179,99	786,00	900,00	1.050,00	alles	alles	alles
1.180,00	bis	1.199,99	790,50	900,00	1.050,00	alles	alles	alles
1.200,00	bis	1.219,99	795,00	900,00	1.050,00	1.200,00	alles	alles
1.220,00	bis	1.239,99	799,50	906,00	1.050,00	1.200,00	alles	alles
1.240,00	bis	1.259,99	804,00	912,00	1.050,00	1.200,00	alles	alles
1.260,00	bis	1.279,99	808,50	918,00	1.050,00	1.200,00	alles	alles
1.280,00	bis	1.299,99	813,00	924,00	1.050,00	1.200,00	alles	alles
1.300,00	bis	1.319,99	817,50	930,00	1.050,00	1.200,00	alles	alles
1.320,00	bis	1.339,99	822,00	936,00	1.050,00	1.200,00	alles	alles
1.340,00	bis	1.359,99	826,50	942,00	1.050,00	1.200,00	1.350,00	alles
1.360,00	bis	1.379,99	831,00	948,00	1.050,00	1.200,00	1.350,00	alles
1.380,00	bis	1.399,99	835,50	954,00	1.050,00	1.200,00	1.350,00	alles
1.400,00	bis	1.419,99	840,00	960,00	1.050,00	1.200,00	1.350,00	alles
1.420,00	bis	1.439,99	844,50	966,00	1.057,50	1.200,00	1.350,00	alles
1.440,00	bis	1.459,99	849,00	972,00	1.065,00	1.200,00	1.350,00	alles
1.460,00	bis	1.479,99	853,50	978,00	1.072,50	1.200,00	1.350,00	alles
1.480,00	bis	1.499,99	858,00	984,00	1.080,00	1.200,00	1.350,00	alles
1.500,00	bis	1.519,99	862,50	990,00	1.087,50	1.200,00	1.350,00	1.500,00
1.520,00	bis	1.539,99	867,00	996,00	1.095,00	1.200,00	1.350,00	1.500,00
1.540,00	bis	1.559,99	871,50	1.002,00	1.102,50	1.200,00	1.350,00	1.500,00
1.560,00	bis	1.579,99	876,00	1.008,00	1.110,00	1.200,00	1.350,00	1.500,00
1.580,00	bis	1.599,99	880,50	1.014,00	1.117,50	1.200,00	1.350,00	1.500,00
1.600,00	bis	1.619,99	885,00	1.020,00	1.125,00	1.200,00	1.350,00	1.500,00
1.620,00	bis	1.639,99	889,50	1.026,00	1.132,50	1.209,00	1.350,00	1.500,00
1.640,00	bis	1.659,99	894,00	1.032,00	1.140,00	1.218,00	1.350,00	1.500,00
1.660,00	bis	1.679,99	898,50	1.038,00	1.147,50	1.227,00	1.350,00	1.500,00
1.680,00	bis	1.699,99	903,00	1.044,00	1.155,00	1.236,00	1.350,00	1.500,00
1.700,00	bis	1.719,99	907,50	1.050,00	1.162,50	1.245,00	1.350,00	1.500,00
1.720,00	bis	1.739,99	912,00	1.056,00	1.170,00	1.254,00	1.350,00	1.500,00
1.740,00	bis	1.759,99	916,50	1.062,00	1.177,50	1.263,00	1.350,00	1.500,00
1.760,00	bis	1.779,99	921,00	1.068,00	1.185,00	1.272,00	1.350,00	1.500,00
1.780,00	bis	1.799,99	925,50	1.074,00	1.192,50	1.281,00	1.350,00	1.500,00
1.800,00	bis	1.819,99	930,00	1.080,00	1.200,00	1.290,00	1.350,00	1.500,00
1.820,00	bis	1.839,99	934,50	1.086,00	1.207,50	1.299,00	1.360,50	1.500,00
1.840,00	bis	1.859,99	939,00	1.092,00	1.215,00	1.308,00	1.371,00	1.500,00
1.860,00	bis	1.879,99	943,50	1.098,00	1.222,50	1.317,00	1.381,50	1.500,00
1.880,00	bis	1.899,99	948,00	1.104,00	1.230,00	1.326,00	1.392,00	1.500,00
1.900,00	bis	1.919,99	952,50	1.110,00	1.237,50	1.335,00	1.402,50	1.500,00
1.920,00	bis	1.939,99	957,00	1.116,00	1.245,00	1.344,00	1.413,00	1.500,00
1.940,00	bis	1.959,99	961,50	1.122,00	1.252,50	1.353,00	1.423,50	1.500,00
1.960,00	bis	1.979,99	966,00	1.128,00	1.260,00	1.362,00	1.434,00	1.500,00

Tabelle 2am (Grundbetrag 750 Euro monatlich)

TABELLEN

1.980,00	bis	1.999,99	970,50	1.134,00	1.267,50	1.371,00	1.444,50	1.500,00
2.000,00	bis	2.019,99	975,00	1.140,00	1.275,00	1.380,00	1.455,00	1.500,00
2.020,00	bis	2.039,99	979,50	1.146,00	1.282,50	1.389,00	1.465,50	1.512,00
2.040,00	bis	2.059,99	984,00	1.152,00	1.290,00	1.398,00	1.476,00	1.524,00
2.060,00	bis	2.079,99	988,50	1.158,00	1.297,50	1.407,00	1.486,50	1.536,00
2.080,00	bis	2.099,99	993,00	1.164,00	1.305,00	1.416,00	1.497,00	1.548,00
2.100,00	bis	2.119,99	997,50	1.170,00	1.312,50	1.425,00	1.507,50	1.560,00
2.120,00	bis	2.139,99	1.002,00	1.176,00	1.320,00	1.434,00	1.518,00	1.572,00
2.140,00	bis	2.159,99	1.006,50	1.182,00	1.327,50	1.443,00	1.528,50	1.584,00
2.160,00	bis	2.179,99	1.011,00	1.188,00	1.335,00	1.452,00	1.539,00	1.596,00
2.180,00	bis	2.199,99	1.015,50	1.194,00	1.342,50	1.461,00	1.549,50	1.608,00
2.200,00	bis	2.219,99	1.020,00	1.200,00	1.350,00	1.470,00	1.560,00	1.620,00
2.220,00	bis	2.239,99	1.024,50	1.206,00	1.357,50	1.479,00	1.570,50	1.632,00
2.240,00	bis	2.259,99	1.029,00	1.212,00	1.365,00	1.488,00	1.581,00	1.644,00
2.260,00	bis	2.279,99	1.033,50	1.218,00	1.372,50	1.497,00	1.591,50	1.656,00
2.280,00	bis	2.299,99	1.038,00	1.224,00	1.380,00	1.506,00	1.602,00	1.668,00
2.300,00	bis	2.319,99	1.042,50	1.230,00	1.387,50	1.515,00	1.612,50	1.680,00
2.320,00	bis	2.339,99	1.047,00	1.236,00	1.395,00	1.524,00	1.623,00	1.692,00
2.340,00	bis	2.359,99	1.051,50	1.242,00	1.402,50	1.533,00	1.633,50	1.704,00
2.360,00	bis	2.379,99	1.056,00	1.248,00	1.410,00	1.542,00	1.644,00	1.716,00
2.380,00	bis	2.399,99	1.060,50	1.254,00	1.417,50	1.551,00	1.654,50	1.728,00
2.400,00	bis	2.419,99	1.065,00	1.260,00	1.425,00	1.560,00	1.665,00	1.740,00
2.420,00	bis	2.439,99	1.069,50	1.266,00	1.432,50	1.569,00	1.675,50	1.752,00
2.440,00	bis	2.459,99	1.074,00	1.272,00	1.440,00	1.578,00	1.686,00	1.764,00
2.460,00	bis	2.479,99	1.078,50	1.278,00	1.447,50	1.587,00	1.696,50	1.776,00
2.480,00	bis	2.499,99	1.083,00	1.284,00	1.455,00	1.596,00	1.707,00	1.788,00
2.500,00	bis	2.519,99	1.087,50	1.290,00	1.462,50	1.605,00	1.717,50	1.800,00
2.520,00	bis	2.539,99	1.092,00	1.296,00	1.470,00	1.614,00	1.728,00	1.812,00
2.540,00	bis	2.559,99	1.096,50	1.302,00	1.477,50	1.623,00	1.738,50	1.824,00
2.560,00	bis	2.579,99	1.101,00	1.308,00	1.485,00	1.632,00	1.749,00	1.836,00
2.580,00	bis	2.599,99	1.105,50	1.314,00	1.492,50	1.641,00	1.759,50	1.848,00
2.600,00	bis	2.619,99	1.110,00	1.320,00	1.500,00	1.650,00	1.770,00	1.860,00
2.620,00	bis	2.639,99	1.114,50	1.326,00	1.507,50	1.659,00	1.780,50	1.872,00
2.640,00	bis	2.659,99	1.119,00	1.332,00	1.515,00	1.668,00	1.791,00	1.884,00
2.660,00	bis	2.679,99	1.123,50	1.338,00	1.522,50	1.677,00	1.801,50	1.896,00
2.680,00	bis	2.699,99	1.128,00	1.344,00	1.530,00	1.686,00	1.812,00	1.908,00
2.700,00	bis	2.719,99	1.132,50	1.350,00	1.537,50	1.695,00	1.822,50	1.920,00
2.720,00	bis	2.739,99	1.137,00	1.356,00	1.545,00	1.704,00	1.833,00	1.932,00
2.740,00	bis	2.759,99	1.141,50	1.362,00	1.552,50	1.713,00	1.843,50	1.944,00
2.760,00	bis	2.779,99	1.146,00	1.368,00	1.560,00	1.722,00	1.854,00	1.956,00
2.780,00	bis	2.799,99	1.150,50	1.374,00	1.567,50	1.731,00	1.864,50	1.968,00
2.800,00	bis	2.819,99	1.155,00	1.380,00	1.575,00	1.740,00	1.875,00	1.980,00
2.820,00	bis	2.839,99	1.159,50	1.386,00	1.582,50	1.749,00	1.885,50	1.992,00
2.840,00	bis	2.859,99	1.164,00	1.392,00	1.590,00	1.758,00	1.896,00	2.004,00
2.860,00	bis	2.879,99	1.168,50	1.398,00	1.597,50	1.767,00	1.906,50	2.016,00
2.880,00	bis	2.899,99	1.173,00	1.404,00	1.605,00	1.776,00	1.917,00	2.028,00
2.900,00	bis	2.919,99	1.177,50	1.410,00	1.612,50	1.785,00	1.927,50	2.040,00
2.920,00	bis	2.939,99	1.182,00	1.416,00	1.620,00	1.794,00	1.938,00	2.052,00
2.940,00	bis	2.959,99	1.186,50	1.422,00	1.627,50	1.803,00	1.948,50	2.064,00
2.960,00	bis	2.979,99	1.191,00	1.428,00	1.635,00	1.812,00	1.959,00	2.076,00
2.980,00	bis	2.999,99	1.195,50	1.434,00	1.642,50	1.821,00	1.969,50	2.088,00
3.000,00	bis	3.019,99	1.200,00	1.440,00	1.650,00	1.830,00	1.980,00	2.100,00
3.020,00	bis	3.039,99	1.204,50	1.446,00	1.657,50	1.839,00	1.990,50	2.112,00
3.040,00	bis	3.059,99	1.209,00	1.452,00	1.665,00	1.848,00	2.001,00	2.124,00
3.060,00	bis	3.079,99	1.213,50	1.458,00	1.672,50	1.857,00	2.011,50	2.136,00
3.080,00	bis	3.099,99	1.218,00	1.464,00	1.680,00	1.866,00	2.022,00	2.148,00
3.100,00	bis	3.119,99	1.222,50	1.470,00	1.687,50	1.875,00	2.032,50	2.160,00
3.120,00	bis	3.139,99	1.227,00	1.476,00	1.695,00	1.884,00	2.043,00	2.172,00
3.140,00	bis	3.159,99	1.231,50	1.482,00	1.702,50	1.893,00	2.053,50	2.184,00
3.160,00	bis	3.179,99	1.236,00	1.488,00	1.710,00	1.902,00	2.064,00	2.196,00
3.180,00	bis	3.199,99	1.240,50	1.494,00	1.717,50	1.911,00	2.074,50	2.208,00
3.200,00	bis	3.219,99	1.245,00	1.500,00	1.725,00	1.920,00	2.085,00	2.220,00
3.220,00	bis	3.239,99	1.249,50	1.506,00	1.732,50	1.929,00	2.095,50	2.232,00
3.240,00	bis	3.259,99	1.254,00	1.512,00	1.740,00	1.938,00	2.106,00	2.244,00
3.260,00	bis	3.279,99	1.258,50	1.518,00	1.747,50	1.947,00	2.116,50	2.256,00
3.280,00	bis	3.299,99	1.263,00	1.524,00	1.755,00	1.956,00	2.127,00	2.268,00
3.300,00	bis	3.319,99	1.267,50	1.530,00	1.762,50	1.965,00	2.137,50	2.280,00

Tabelle 2am (Grundbetrag 750 Euro monatlich)

3.320,00	bis	3.339,99	1.272,00	1.536,00	1.770,00	1.974,00	2.148,00	2.292,00
3.340,00	bis	3.359,99	1.276,50	1.542,00	1.777,50	1.983,00	2.158,50	2.304,00
3.360,00	bis	3.379,99	1.281,00	1.548,00	1.785,00	1.992,00	2.169,00	2.316,00
3.380,00	bis	3.399,99	1.285,50	1.554,00	1.792,50	2.001,00	2.179,50	2.328,00
3.400,00	bis	3.419,99	1.290,00	1.560,00	1.800,00	2.010,00	2.190,00	2.340,00
3.420,00	bis	3.439,99	1.294,50	1.566,00	1.807,50	2.019,00	2.200,50	2.352,00
3.440,00	bis	3.459,99	1.299,00	1.572,00	1.815,00	2.028,00	2.211,00	2.364,00
3.460,00	bis	3.479,99	1.303,50	1.578,00	1.822,50	2.037,00	2.221,50	2.376,00
3.480,00	bis	3.499,99	1.308,00	1.584,00	1.830,00	2.046,00	2.232,00	2.388,00
3.500,00	bis	3.519,99	1.312,50	1.590,00	1.837,50	2.055,00	2.242,50	2.400,00
3.520,00	bis	3.539,99	1.317,00	1.596,00	1.845,00	2.064,00	2.253,00	2.412,00
3.540,00	bis	3.559,99	1.321,50	1.602,00	1.852,50	2.073,00	2.263,50	2.424,00
3.560,00	bis	3.579,99	1.326,00	1.608,00	1.860,00	2.082,00	2.274,00	2.436,00
3.580,00	bis	3.599,99	1.330,50	1.614,00	1.867,50	2.091,00	2.284,50	2.448,00
3.600,00	bis	3.619,99	1.335,00	1.620,00	1.875,00	2.100,00	2.295,00	2.460,00
3.620,00	bis	3.639,99	1.339,50	1.626,00	1.882,50	2.109,00	2.305,50	2.472,00
3.640,00	bis	3.659,99	1.344,00	1.632,00	1.890,00	2.118,00	2.316,00	2.484,00
3.660,00	bis	3.679,99	1.348,50	1.638,00	1.897,50	2.127,00	2.326,50	2.496,00
3.680,00	bis	3.699,99	1.353,00	1.644,00	1.905,00	2.136,00	2.337,00	2.508,00
3.700,00	bis	3.719,99	1.357,50	1.650,00	1.912,50	2.145,00	2.347,50	2.520,00
3.720,00	bis	3.739,99	1.362,00	1.656,00	1.920,00	2.154,00	2.358,00	2.532,00
3.740,00	bis	3.759,99	1.366,50	1.662,00	1.927,50	2.163,00	2.368,50	2.544,00
3.760,00	bis	3.779,99	1.371,00	1.668,00	1.935,00	2.172,00	2.379,00	2.556,00
3.780,00	bis	3.799,99	1.375,50	1.674,00	1.942,50	2.181,00	2.389,50	2.568,00
3.800,00	bis	3.819,99	1.380,00	1.680,00	1.950,00	2.190,00	2.400,00	2.580,00
3.820,00	bis	3.839,99	1.384,50	1.686,00	1.957,50	2.199,00	2.410,50	2.592,00
3.840,00	bis	3.859,99	1.389,00	1.692,00	1.965,00	2.208,00	2.421,00	2.604,00
3.860,00	bis	3.879,99	1.393,50	1.698,00	1.972,50	2.217,00	2.431,50	2.616,00
3.880,00	bis	3.899,99	1.398,00	1.704,00	1.980,00	2.226,00	2.442,00	2.628,00
3.900,00	bis	3.919,99	1.402,50	1.710,00	1.987,50	2.235,00	2.452,50	2.640,00
3.920,00	bis	3.939,99	1.407,00	1.716,00	1.995,00	2.244,00	2.463,00	2.652,00
3.940,00	bis	3.959,99	1.411,50	1.722,00	2.002,50	2.253,00	2.473,50	2.664,00
3.960,00	bis	3.979,99	1.416,00	1.728,00	2.010,00	2.262,00	2.484,00	2.676,00
3.980,00	bis	3.999,99	1.420,50	1.734,00	2.017,50	2.271,00	2.494,50	2.688,00
4.000,00	und	darüber	1.425,00	1.740,00	2.025,00	2.280,00	2.505,00	2.700,00

Tabelle 2am (Grundbetrag 750 Euro monatlich)

Existenzminimum						
Nettolohn wöchentlich in Euro	unpfändbarer Betrag bei Unterhaltspflicht für					
	0	1	2	3	4	5
	in Euro					
bis 179,99	174,75	alles	alles	alles	alles	alles
180,00 bis 184,99	174,75	alles	alles	alles	alles	alles
185,00 bis 189,99	174,75	alles	alles	alles	alles	alles
190,00 bis 194,99	174,75	alles	alles	alles	alles	alles
195,00 bis 199,99	174,75	alles	alles	alles	alles	alles
200,00 bis 204,99	174,75	alles	alles	alles	alles	alles
205,00 bis 209,99	174,75	209,25	alles	alles	alles	alles
210,00 bis 214,99	174,75	209,25	alles	alles	alles	alles
215,00 bis 219,99	174,75	209,25	alles	alles	alles	alles
220,00 bis 224,99	174,75	209,25	alles	alles	alles	alles
225,00 bis 229,99	174,75	209,25	alles	alles	alles	alles
230,00 bis 234,99	174,75	209,25	alles	alles	alles	alles
235,00 bis 239,99	175,20	209,25	alles	alles	alles	alles
240,00 bis 244,99	176,33	209,25	243,75	alles	alles	alles
245,00 bis 249,99	177,45	209,25	243,75	alles	alles	alles
250,00 bis 254,99	178,58	209,25	243,75	alles	alles	alles
255,00 bis 259,99	179,70	209,25	243,75	alles	alles	alles
260,00 bis 264,99	180,83	209,25	243,75	alles	alles	alles
265,00 bis 269,99	181,95	209,25	243,75	alles	alles	alles
270,00 bis 274,99	183,08	209,25	243,75	alles	alles	alles
275,00 bis 279,99	184,20	209,25	243,75	278,25	alles	alles
280,00 bis 284,99	185,33	209,55	243,75	278,25	alles	alles
285,00 bis 289,99	186,45	211,05	243,75	278,25	alles	alles
290,00 bis 294,99	187,58	212,55	243,75	278,25	alles	alles
295,00 bis 299,99	188,70	214,05	243,75	278,25	alles	alles
300,00 bis 304,99	189,83	215,55	243,75	278,25	alles	alles
305,00 bis 309,99	190,95	217,05	243,75	278,25	alles	alles
310,00 bis 314,99	192,08	218,55	243,75	278,25	312,75	alles
315,00 bis 319,99	193,20	220,05	243,75	278,25	312,75	alles
320,00 bis 324,99	194,33	221,55	243,75	278,25	312,75	alles
325,00 bis 329,99	195,45	223,05	243,75	278,25	312,75	alles
330,00 bis 334,99	196,58	224,55	245,63	278,25	312,75	alles
335,00 bis 339,99	197,70	226,05	247,50	278,25	312,75	alles
340,00 bis 344,99	198,83	227,55	249,38	278,25	312,75	alles
345,00 bis 349,99	199,95	229,05	251,25	278,25	312,75	347,25
350,00 bis 354,99	201,08	230,55	253,13	278,25	312,75	347,25
355,00 bis 359,99	202,20	232,05	255,00	278,25	312,75	347,25
360,00 bis 364,99	203,33	233,55	256,88	278,25	312,75	347,25
365,00 bis 369,99	204,45	235,05	258,75	278,25	312,75	347,25
370,00 bis 374,99	205,58	236,55	260,63	278,25	312,75	347,25
375,00 bis 379,99	206,70	238,05	262,50	280,05	312,75	347,25
380,00 bis 384,99	207,83	239,55	264,38	282,30	312,75	347,25
385,00 bis 389,99	208,95	241,05	266,25	284,55	312,75	347,25
390,00 bis 394,99	210,08	242,55	268,13	286,80	312,75	347,25
395,00 bis 399,99	211,20	244,05	270,00	289,05	312,75	347,25
400,00 bis 404,99	212,33	245,55	271,88	291,30	312,75	347,25
405,00 bis 409,99	213,45	247,05	273,75	293,55	312,75	347,25
410,00 bis 414,99	214,58	248,55	275,63	295,80	312,75	347,25
415,00 bis 419,99	215,70	250,05	277,50	298,05	312,75	347,25
420,00 bis 424,99	216,83	251,55	279,38	300,30	314,33	347,25
425,00 bis 429,99	217,95	253,05	281,25	302,55	316,95	347,25
430,00 bis 434,99	219,08	254,55	283,13	304,80	319,58	347,25
435,00 bis 439,99	220,20	256,05	285,00	307,05	322,20	347,25
440,00 bis 444,99	221,33	257,55	286,88	309,30	324,83	347,25
445,00 bis 449,99	222,45	259,05	288,75	311,55	327,45	347,25
450,00 bis 454,99	223,58	260,55	290,63	313,80	330,08	347,25
455,00 bis 459,99	224,70	262,05	292,50	316,05	332,70	347,25
460,00 bis 464,99	225,83	263,55	294,38	318,30	335,33	347,25
465,00 bis 469,99	226,95	265,05	296,25	320,55	337,95	348,45
470,00 bis 474,99	228,08	266,55	298,13	322,80	340,58	351,45
475,00 bis 479,99	229,20	268,05	300,00	325,05	343,20	354,45
480,00 bis 484,99	230,33	269,55	301,88	327,30	345,83	357,45

Tabelle 2aw (Grundbetrag 174,75 Euro wöchentlich)

485,00	bis	489,99	231,45	271,05	303,75	329,55	348,45	360,45
490,00	bis	494,99	232,58	272,55	305,63	331,80	351,08	363,45
495,00	bis	499,99	233,70	274,05	307,50	334,05	353,70	366,45
500,00	bis	504,99	234,83	275,55	309,38	336,30	356,33	369,45
505,00	bis	509,99	235,95	277,05	311,25	338,55	358,95	372,45
510,00	bis	514,99	237,08	278,55	313,13	340,80	361,58	375,45
515,00	bis	519,99	238,20	280,05	315,00	343,05	364,20	378,45
520,00	bis	524,99	239,33	281,55	316,88	345,30	366,83	381,45
525,00	bis	529,99	240,45	283,05	318,75	347,55	369,45	384,45
530,00	bis	534,99	241,58	284,55	320,63	349,80	372,08	387,45
535,00	bis	539,99	242,70	286,05	322,50	352,05	374,70	390,45
540,00	bis	544,99	243,83	287,55	324,38	354,30	377,33	393,45
545,00	bis	549,99	244,95	289,05	326,25	356,55	379,95	396,45
550,00	bis	554,99	246,08	290,55	328,13	358,80	382,58	399,45
555,00	bis	559,99	247,20	292,05	330,00	361,05	385,20	402,45
560,00	bis	564,99	248,33	293,55	331,88	363,30	387,83	405,45
565,00	bis	569,99	249,45	295,05	333,75	365,55	390,45	408,45
570,00	bis	574,99	250,58	296,55	335,63	367,80	393,08	411,45
575,00	bis	579,99	251,70	298,05	337,50	370,05	395,70	414,45
580,00	bis	584,99	252,83	299,55	339,38	372,30	398,33	417,45
585,00	bis	589,99	253,95	301,05	341,25	374,55	400,95	420,45
590,00	bis	594,99	255,08	302,55	343,13	376,80	403,58	423,45
595,00	bis	599,99	256,20	304,05	345,00	379,05	406,20	426,45
600,00	bis	604,99	257,33	305,55	346,88	381,30	408,83	429,45
605,00	bis	609,99	258,45	307,05	348,75	383,55	411,45	432,45
610,00	bis	614,99	259,58	308,55	350,63	385,80	414,08	435,45
615,00	bis	619,99	260,70	310,05	352,50	388,05	416,70	438,45
620,00	bis	624,99	261,83	311,55	354,38	390,30	419,33	441,45
625,00	bis	629,99	262,95	313,05	356,25	392,55	421,95	444,45
630,00	bis	634,99	264,08	314,55	358,13	394,80	424,58	447,45
635,00	bis	639,99	265,20	316,05	360,00	397,05	427,20	450,45
640,00	bis	644,99	266,33	317,55	361,88	399,30	429,83	453,45
645,00	bis	649,99	267,45	319,05	363,75	401,55	432,45	456,45
650,00	bis	654,99	268,58	320,55	365,63	403,80	435,08	459,45
655,00	bis	659,99	269,70	322,05	367,50	406,05	437,70	462,45
660,00	bis	664,99	270,83	323,55	369,38	408,30	440,33	465,45
665,00	bis	669,99	271,95	325,05	371,25	410,55	442,95	468,45
670,00	bis	674,99	273,08	326,55	373,13	412,80	445,58	471,45
675,00	bis	679,99	274,20	328,05	375,00	415,05	448,20	474,45
680,00	bis	684,99	275,33	329,55	376,88	417,30	450,83	477,45
685,00	bis	689,99	276,45	331,05	378,75	419,55	453,45	480,45
690,00	bis	694,99	277,58	332,55	380,63	421,80	456,08	483,45
695,00	bis	699,99	278,70	334,05	382,50	424,05	458,70	486,45
700,00	bis	704,99	279,83	335,55	384,38	426,30	461,33	489,45
705,00	bis	709,99	280,95	337,05	386,25	428,55	463,95	492,45
710,00	bis	714,99	282,08	338,55	388,13	430,80	466,58	495,45
715,00	bis	719,99	283,20	340,05	390,00	433,05	469,20	498,45
720,00	bis	724,99	284,33	341,55	391,88	435,30	471,83	501,45
725,00	bis	729,99	285,45	343,05	393,75	437,55	474,45	504,45
730,00	bis	734,99	286,58	344,55	395,63	439,80	477,08	507,45
735,00	bis	739,99	287,70	346,05	397,50	442,05	479,70	510,45
740,00	bis	744,99	288,83	347,55	399,38	444,30	482,33	513,45
745,00	bis	749,99	289,95	349,05	401,25	446,55	484,95	516,45
750,00	bis	754,99	291,08	350,55	403,13	448,80	487,58	519,45
755,00	bis	759,99	292,20	352,05	405,00	451,05	490,20	522,45
760,00	bis	764,99	293,33	353,55	406,88	453,30	492,83	525,45
765,00	bis	769,99	294,45	355,05	408,75	455,55	495,45	528,45
770,00	bis	774,99	295,58	356,55	410,63	457,80	498,08	531,45
775,00	bis	779,99	296,70	358,05	412,50	460,05	500,70	534,45
780,00	bis	784,99	297,83	359,55	414,38	462,30	503,33	537,45
785,00	bis	789,99	298,95	361,05	416,25	464,55	505,95	540,45
790,00	bis	794,99	300,08	362,55	418,13	466,80	508,58	543,45
795,00	bis	799,99	301,20	364,05	420,00	469,05	511,20	546,45
800,00	bis	804,99	302,33	365,55	421,88	471,30	513,83	549,45
805,00	bis	809,99	303,45	367,05	423,75	473,55	516,45	552,45
810,00	bis	814,99	304,58	368,55	425,63	475,80	519,08	555,45
815,00	bis	819,99	305,70	370,05	427,50	478,05	521,70	558,45

Tabelle 2aw (Grundbetrag 174,75 Euro wöchentlich)

TABELLEN

820,00	bis	824,99	306,83	371,55	429,38	480,30	524,33	561,45
825,00	bis	829,99	307,95	373,05	431,25	482,55	526,95	564,45
830,00	bis	834,99	309,08	374,55	433,13	484,80	529,58	567,45
835,00	bis	839,99	310,20	376,05	435,00	487,05	532,20	570,45
840,00	bis	844,99	311,33	377,55	436,88	489,30	534,83	573,45
845,00	bis	849,99	312,45	379,05	438,75	491,55	537,45	576,45
850,00	bis	854,99	313,58	380,55	440,63	493,80	540,08	579,45
855,00	bis	859,99	314,70	382,05	442,50	496,05	542,70	582,45
860,00	bis	864,99	315,83	383,55	444,38	498,30	545,33	585,45
865,00	bis	869,99	316,95	385,05	446,25	500,55	547,95	588,45
870,00	bis	874,99	318,08	386,55	448,13	502,80	550,58	591,45
875,00	bis	879,99	319,20	388,05	450,00	505,05	553,20	594,45
880,00	bis	884,99	320,33	389,55	451,88	507,30	555,83	597,45
885,00	bis	889,99	321,45	391,05	453,75	509,55	558,45	600,45
890,00	bis	894,99	322,58	392,55	455,63	511,80	561,08	603,45
895,00	bis	899,99	323,70	394,05	457,50	514,05	563,70	606,45
900,00	bis	904,99	324,83	395,55	459,38	516,30	566,33	609,45
905,00	bis	909,99	325,95	397,05	461,25	518,55	568,95	612,45
910,00	bis	914,99	327,08	398,55	463,13	520,80	571,58	615,45
915,00	bis	919,99	328,20	400,05	465,00	523,05	574,20	618,45
920,00	bis	924,99	329,33	401,55	466,88	525,30	576,83	621,45
925,00	bis	929,99	330,45	403,05	468,75	527,55	579,45	624,45
930,00	und	darüber	331,58	404,55	470,63	529,80	582,08	627,45

Tabelle 2aw (Grundbetrag 174,75 Euro wöchentlich)

Existenzminimum								
Nettolohn			unpfändbarer Betrag bei Unterhaltspflicht für					
täglich			0	1	2	3	4	5
in Euro			in Euro					
	bis	25,99	24,75	alles	alles	alles	alles	alles
26,00	bis	26,99	24,75	alles	alles	alles	alles	alles
27,00	bis	27,99	24,75	alles	alles	alles	alles	alles
28,00	bis	28,99	24,75	alles	alles	alles	alles	alles
29,00	bis	29,99	24,75	29,25	alles	alles	alles	alles
30,00	bis	30,99	24,75	29,25	alles	alles	alles	alles
31,00	bis	31,99	24,75	29,25	alles	alles	alles	alles
32,00	bis	32,99	24,75	29,25	alles	alles	alles	alles
33,00	bis	33,99	24,75	29,25	33,75	alles	alles	alles
34,00	bis	34,99	24,98	29,25	33,75	alles	alles	alles
35,00	bis	35,99	25,20	29,25	33,75	alles	alles	alles
36,00	bis	36,99	25,43	29,25	33,75	alles	alles	alles
37,00	bis	37,99	25,65	29,25	33,75	alles	alles	alles
38,00	bis	38,99	25,88	29,25	33,75	38,25	alles	alles
39,00	bis	39,99	26,10	29,25	33,75	38,25	alles	alles
40,00	bis	40,99	26,33	29,55	33,75	38,25	alles	alles
41,00	bis	41,99	26,55	29,85	33,75	38,25	alles	alles
42,00	bis	42,99	26,78	30,15	33,75	38,25	42,75	alles
43,00	bis	43,99	27,00	30,45	33,75	38,25	42,75	alles
44,00	bis	44,99	27,23	30,75	33,75	38,25	42,75	alles
45,00	bis	45,99	27,45	31,05	33,75	38,25	42,75	alles
46,00	bis	46,99	27,68	31,35	34,13	38,25	42,75	alles
47,00	bis	47,99	27,90	31,65	34,50	38,25	42,75	47,25
48,00	bis	48,99	28,13	31,95	34,88	38,25	42,75	47,25
49,00	bis	49,99	28,35	32,25	35,25	38,25	42,75	47,25
50,00	bis	50,99	28,58	32,55	35,63	38,25	42,75	47,25
51,00	bis	51,99	28,80	32,85	36,00	38,25	42,75	47,25
52,00	bis	52,99	29,03	33,15	36,38	38,70	42,75	47,25
53,00	bis	53,99	29,25	33,45	36,75	39,15	42,75	47,25
54,00	bis	54,99	29,48	33,75	37,13	39,60	42,75	47,25
55,00	bis	55,99	29,70	34,05	37,50	40,05	42,75	47,25
56,00	bis	56,99	29,93	34,35	37,88	40,50	42,75	47,25
57,00	bis	57,99	30,15	34,65	38,25	40,95	42,75	47,25
58,00	bis	58,99	30,38	34,95	38,63	41,40	43,28	47,25
59,00	bis	59,99	30,60	35,25	39,00	41,85	43,80	47,25
60,00	bis	60,99	30,83	35,55	39,38	42,30	44,33	47,25
61,00	bis	61,99	31,05	35,85	39,75	42,75	44,85	47,25
62,00	bis	62,99	31,28	36,15	40,13	43,20	45,38	47,25
63,00	bis	63,99	31,50	36,45	40,50	43,65	45,90	47,25
64,00	bis	64,99	31,73	36,75	40,88	44,10	46,43	47,85
65,00	bis	65,99	31,95	37,05	41,25	44,55	46,95	48,45
66,00	bis	66,99	32,18	37,35	41,63	45,00	47,48	49,05
67,00	bis	67,99	32,40	37,65	42,00	45,45	48,00	49,65
68,00	bis	68,99	32,63	37,95	42,38	45,90	48,53	50,25
69,00	bis	69,99	32,85	38,25	42,75	46,35	49,05	50,85
70,00	bis	70,99	33,08	38,55	43,13	46,80	49,58	51,45
71,00	bis	71,99	33,30	38,85	43,50	47,25	50,10	52,05
72,00	bis	72,99	33,53	39,15	43,88	47,70	50,63	52,65
73,00	bis	73,99	33,75	39,45	44,25	48,15	51,15	53,25
74,00	bis	74,99	33,98	39,75	44,63	48,60	51,68	53,85
75,00	bis	75,99	34,20	40,05	45,00	49,05	52,20	54,45
76,00	bis	76,99	34,43	40,35	45,38	49,50	52,73	55,05
77,00	bis	77,99	34,65	40,65	45,75	49,95	53,25	55,65
78,00	bis	78,99	34,88	40,95	46,13	50,40	53,78	56,25
79,00	bis	79,99	35,10	41,25	46,50	50,85	54,30	56,85
80,00	bis	80,99	35,33	41,55	46,88	51,30	54,83	57,45
81,00	bis	81,99	35,55	41,85	47,25	51,75	55,35	58,05
82,00	bis	82,99	35,78	42,15	47,63	52,20	55,88	58,65
83,00	bis	83,99	36,00	42,45	48,00	52,65	56,40	59,25
84,00	bis	84,99	36,23	42,75	48,38	53,10	56,93	59,85
85,00	bis	85,99	36,45	43,05	48,75	53,55	57,45	60,45
86,00	bis	86,99	36,68	43,35	49,13	54,00	57,98	61,05

Tabelle 2at (Grundbetrag 24,75 Euro täglich)

87,00	bis	87,99	36,90	43,65	49,50	54,45	58,50	61,65
88,00	bis	88,99	37,13	43,95	49,88	54,90	59,03	62,25
89,00	bis	89,99	37,35	44,25	50,25	55,35	59,55	62,85
90,00	bis	90,99	37,58	44,55	50,63	55,80	60,08	63,45
91,00	bis	91,99	37,80	44,85	51,00	56,25	60,60	64,05
92,00	bis	92,99	38,03	45,15	51,38	56,70	61,13	64,65
93,00	bis	93,99	38,25	45,45	51,75	57,15	61,65	65,25
94,00	bis	94,99	38,48	45,75	52,13	57,60	62,18	65,85
95,00	bis	95,99	38,70	46,05	52,50	58,05	62,70	66,45
96,00	bis	96,99	38,93	46,35	52,88	58,50	63,23	67,05
97,00	bis	97,99	39,15	46,65	53,25	58,95	63,75	67,65
98,00	bis	98,99	39,38	46,95	53,63	59,40	64,28	68,25
99,00	bis	99,99	39,60	47,25	54,00	59,85	64,80	68,85
100,00	bis	100,99	39,83	47,55	54,38	60,30	65,33	69,45
101,00	bis	101,99	40,05	47,85	54,75	60,75	65,85	70,05
102,00	bis	102,99	40,28	48,15	55,13	61,20	66,38	70,65
103,00	bis	103,99	40,50	48,45	55,50	61,65	66,90	71,25
104,00	bis	104,99	40,73	48,75	55,88	62,10	67,43	71,85
105,00	bis	105,99	40,95	49,05	56,25	62,55	67,95	72,45
106,00	bis	106,99	41,18	49,35	56,63	63,00	68,48	73,05
107,00	bis	107,99	41,40	49,65	57,00	63,45	69,00	73,65
108,00	bis	108,99	41,63	49,95	57,38	63,90	69,53	74,25
109,00	bis	109,99	41,85	50,25	57,75	64,35	70,05	74,85
110,00	bis	110,99	42,08	50,55	58,13	64,80	70,58	75,45
111,00	bis	111,99	42,30	50,85	58,50	65,25	71,10	76,05
112,00	bis	112,99	42,53	51,15	58,88	65,70	71,63	76,65
113,00	bis	113,99	42,75	51,45	59,25	66,15	72,15	77,25
114,00	bis	114,99	42,98	51,75	59,63	66,60	72,68	77,85
115,00	bis	115,99	43,20	52,05	60,00	67,05	73,20	78,45
116,00	bis	116,99	43,43	52,35	60,38	67,50	73,73	79,05
117,00	bis	117,99	43,65	52,65	60,75	67,95	74,25	79,65
118,00	bis	118,99	43,88	52,95	61,13	68,40	74,78	80,25
119,00	bis	119,99	44,10	53,25	61,50	68,85	75,30	80,85
120,00	bis	120,99	44,33	53,55	61,88	69,30	75,83	81,45
121,00	bis	121,99	44,55	53,85	62,25	69,75	76,35	82,05
122,00	bis	122,99	44,78	54,15	62,63	70,20	76,88	82,65
123,00	bis	123,99	45,00	54,45	63,00	70,65	77,40	83,25
124,00	bis	124,99	45,23	54,75	63,38	71,10	77,93	83,85
125,00	bis	125,99	45,45	55,05	63,75	71,55	78,45	84,45
126,00	bis	126,99	45,68	55,35	64,13	72,00	78,98	85,05
127,00	bis	127,99	45,90	55,65	64,50	72,45	79,50	85,65
128,00	bis	128,99	46,13	55,95	64,88	72,90	80,03	86,25
129,00	bis	129,99	46,35	56,25	65,25	73,35	80,55	86,85
130,00	bis	130,99	46,58	56,55	65,63	73,80	81,08	87,45
131,00	bis	131,99	46,80	56,85	66,00	74,25	81,60	88,05
132,00	bis	132,99	47,03	57,15	66,38	74,70	82,13	88,65
133,00	und	darüber	47,25	57,45	66,75	75,15	82,65	89,25

Tabelle 2at (Grundbetrag 24,75 Euro täglich)

Nettolohn monatlich in Euro		Existenzminimum					
		unpfändbarer Betrag bei Unterhaltspflicht für					
		0	1	2	3	4	5
		in Euro					
bis	879,99	875,25	alles	alles	alles	alles	alles
880,00 bis	899,99	875,25	alles	alles	alles	alles	alles
900,00 bis	919,99	875,25	alles	alles	alles	alles	alles
920,00 bis	939,99	875,25	alles	alles	alles	alles	alles
940,00 bis	959,99	875,25	alles	alles	alles	alles	alles
960,00 bis	979,99	875,25	alles	alles	alles	alles	alles
980,00 bis	999,99	875,25	alles	alles	alles	alles	alles
1.000,00 bis	1.019,99	875,25	alles	alles	alles	alles	alles
1.020,00 bis	1.039,99	875,25	1.025,25	alles	alles	alles	alles
1.040,00 bis	1.059,99	875,25	1.025,25	alles	alles	alles	alles
1.060,00 bis	1.079,99	875,25	1.025,25	alles	alles	alles	alles
1.080,00 bis	1.099,99	875,25	1.025,25	alles	alles	alles	alles
1.100,00 bis	1.119,99	875,25	1.025,25	alles	alles	alles	alles
1.120,00 bis	1.139,99	875,25	1.025,25	alles	alles	alles	alles
1.140,00 bis	1.159,99	875,25	1.025,25	alles	alles	alles	alles
1.160,00 bis	1.179,99	875,25	1.025,25	1.175,25	alles	alles	alles
1.180,00 bis	1.199,99	878,18	1.025,25	1.175,25	alles	alles	alles
1.200,00 bis	1.219,99	882,68	1.025,25	1.175,25	alles	alles	alles
1.220,00 bis	1.239,99	887,18	1.025,25	1.175,25	alles	alles	alles
1.240,00 bis	1.259,99	891,68	1.025,25	1.175,25	alles	alles	alles
1.260,00 bis	1.279,99	896,18	1.025,25	1.175,25	alles	alles	alles
1.280,00 bis	1.299,99	900,68	1.025,25	1.175,25	alles	alles	alles
1.300,00 bis	1.319,99	905,18	1.025,25	1.175,25	alles	alles	alles
1.320,00 bis	1.339,99	909,68	1.025,25	1.175,25	1.325,25	alles	alles
1.340,00 bis	1.359,99	914,18	1.025,25	1.175,25	1.325,25	alles	alles
1.360,00 bis	1.379,99	918,68	1.025,25	1.175,25	1.325,25	alles	alles
1.380,00 bis	1.399,99	923,18	1.029,15	1.175,25	1.325,25	alles	alles
1.400,00 bis	1.419,99	927,68	1.035,15	1.175,25	1.325,25	alles	alles
1.420,00 bis	1.439,99	932,18	1.041,15	1.175,25	1.325,25	alles	alles
1.440,00 bis	1.459,99	936,68	1.047,15	1.175,25	1.325,25	alles	alles
1.460,00 bis	1.479,99	941,18	1.053,15	1.175,25	1.325,25	1.475,25	alles
1.480,00 bis	1.499,99	945,68	1.059,15	1.175,25	1.325,25	1.475,25	alles
1.500,00 bis	1.519,99	950,18	1.065,15	1.175,25	1.325,25	1.475,25	alles
1.520,00 bis	1.539,99	954,68	1.071,15	1.175,25	1.325,25	1.475,25	alles
1.540,00 bis	1.559,99	959,18	1.077,15	1.175,25	1.325,25	1.475,25	alles
1.560,00 bis	1.579,99	963,68	1.083,15	1.175,25	1.325,25	1.475,25	alles
1.580,00 bis	1.599,99	968,18	1.089,15	1.180,13	1.325,25	1.475,25	alles
1.600,00 bis	1.619,99	972,68	1.095,15	1.187,63	1.325,25	1.475,25	alles
1.620,00 bis	1.639,99	977,18	1.101,15	1.195,13	1.325,25	1.475,25	1.625,25
1.640,00 bis	1.659,99	981,68	1.107,15	1.202,63	1.325,25	1.475,25	1.625,25
1.660,00 bis	1.679,99	986,18	1.113,15	1.210,13	1.325,25	1.475,25	1.625,25
1.680,00 bis	1.699,99	990,68	1.119,15	1.217,63	1.325,25	1.475,25	1.625,25
1.700,00 bis	1.719,99	995,18	1.125,15	1.225,13	1.325,25	1.475,25	1.625,25
1.720,00 bis	1.739,99	999,68	1.131,15	1.232,63	1.325,25	1.475,25	1.625,25
1.740,00 bis	1.759,99	1.004,18	1.137,15	1.240,13	1.325,25	1.475,25	1.625,25
1.760,00 bis	1.779,99	1.008,68	1.143,15	1.247,63	1.325,25	1.475,25	1.625,25
1.780,00 bis	1.799,99	1.013,18	1.149,15	1.255,13	1.331,10	1.475,25	1.625,25
1.800,00 bis	1.819,99	1.017,68	1.155,15	1.262,63	1.340,10	1.475,25	1.625,25
1.820,00 bis	1.839,99	1.022,18	1.161,15	1.270,13	1.349,10	1.475,25	1.625,25
1.840,00 bis	1.859,99	1.026,68	1.167,15	1.277,63	1.358,10	1.475,25	1.625,25
1.860,00 bis	1.879,99	1.031,18	1.173,15	1.285,13	1.367,10	1.475,25	1.625,25
1.880,00 bis	1.899,99	1.035,68	1.179,15	1.292,63	1.376,10	1.475,25	1.625,25
1.900,00 bis	1.919,99	1.040,18	1.185,15	1.300,13	1.385,10	1.475,25	1.625,25
1.920,00 bis	1.939,99	1.044,68	1.191,15	1.307,63	1.394,10	1.475,25	1.625,25
1.940,00 bis	1.959,99	1.049,18	1.197,15	1.315,13	1.403,10	1.475,25	1.625,25
1.960,00 bis	1.979,99	1.053,68	1.203,15	1.322,63	1.412,10	1.475,25	1.625,25
1.980,00 bis	1.999,99	1.058,18	1.209,15	1.330,13	1.421,10	1.482,08	1.625,25
2.000,00 bis	2.019,99	1.062,68	1.215,15	1.337,63	1.430,10	1.492,58	1.625,25
2.020,00 bis	2.039,99	1.067,18	1.221,15	1.345,13	1.439,10	1.503,08	1.625,25
2.040,00 bis	2.059,99	1.071,68	1.227,15	1.352,63	1.448,10	1.513,58	1.625,25
2.060,00 bis	2.079,99	1.076,18	1.233,15	1.360,13	1.457,10	1.524,08	1.625,25
2.080,00 bis	2.099,99	1.080,68	1.239,15	1.367,63	1.466,10	1.534,58	1.625,25

Tabelle 2bm (Grundbetrag 875,25 Euro monatlich)

TABELLEN

2.100,00	bis	2.119,99	1.085,18	1.245,15	1.375,13	1.475,10	1.545,08	1.625,25
2.120,00	bis	2.139,99	1.089,68	1.251,15	1.382,63	1.484,10	1.555,58	1.625,25
2.140,00	bis	2.159,99	1.094,18	1.257,15	1.390,13	1.493,10	1.566,08	1.625,25
2.160,00	bis	2.179,99	1.098,68	1.263,15	1.397,63	1.502,10	1.576,58	1.625,25
2.180,00	bis	2.199,99	1.103,18	1.269,15	1.405,13	1.511,10	1.587,08	1.633,05
2.200,00	bis	2.219,99	1.107,68	1.275,15	1.412,63	1.520,10	1.597,58	1.645,05
2.220,00	bis	2.239,99	1.112,18	1.281,15	1.420,13	1.529,10	1.608,08	1.657,05
2.240,00	bis	2.259,99	1.116,68	1.287,15	1.427,63	1.538,10	1.618,58	1.669,05
2.260,00	bis	2.279,99	1.121,18	1.293,15	1.435,13	1.547,10	1.629,08	1.681,05
2.280,00	bis	2.299,99	1.125,68	1.299,15	1.442,63	1.556,10	1.639,58	1.693,05
2.300,00	bis	2.319,99	1.130,18	1.305,15	1.450,13	1.565,10	1.650,08	1.705,05
2.320,00	bis	2.339,99	1.134,68	1.311,15	1.457,63	1.574,10	1.660,58	1.717,05
2.340,00	bis	2.359,99	1.139,18	1.317,15	1.465,13	1.583,10	1.671,08	1.729,05
2.360,00	bis	2.379,99	1.143,68	1.323,15	1.472,63	1.592,10	1.681,58	1.741,05
2.380,00	bis	2.399,99	1.148,18	1.329,15	1.480,13	1.601,10	1.692,08	1.753,05
2.400,00	bis	2.419,99	1.152,68	1.335,15	1.487,63	1.610,10	1.702,58	1.765,05
2.420,00	bis	2.439,99	1.157,18	1.341,15	1.495,13	1.619,10	1.713,08	1.777,05
2.440,00	bis	2.459,99	1.161,68	1.347,15	1.502,63	1.628,10	1.723,58	1.789,05
2.460,00	bis	2.479,99	1.166,18	1.353,15	1.510,13	1.637,10	1.734,08	1.801,05
2.480,00	bis	2.499,99	1.170,68	1.359,15	1.517,63	1.646,10	1.744,58	1.813,05
2.500,00	bis	2.519,99	1.175,18	1.365,15	1.525,13	1.655,10	1.755,08	1.825,05
2.520,00	bis	2.539,99	1.179,68	1.371,15	1.532,63	1.664,10	1.765,58	1.837,05
2.540,00	bis	2.559,99	1.184,18	1.377,15	1.540,13	1.673,10	1.776,08	1.849,05
2.560,00	bis	2.579,99	1.188,68	1.383,15	1.547,63	1.682,10	1.786,58	1.861,05
2.580,00	bis	2.599,99	1.193,18	1.389,15	1.555,13	1.691,10	1.797,08	1.873,05
2.600,00	bis	2.619,99	1.197,68	1.395,15	1.562,63	1.700,10	1.807,58	1.885,05
2.620,00	bis	2.639,99	1.202,18	1.401,15	1.570,13	1.709,10	1.818,08	1.897,05
2.640,00	bis	2.659,99	1.206,68	1.407,15	1.577,63	1.718,10	1.828,58	1.909,05
2.660,00	bis	2.679,99	1.211,18	1.413,15	1.585,13	1.727,10	1.839,08	1.921,05
2.680,00	bis	2.699,99	1.215,68	1.419,15	1.592,63	1.736,10	1.849,58	1.933,05
2.700,00	bis	2.719,99	1.220,18	1.425,15	1.600,13	1.745,10	1.860,08	1.945,05
2.720,00	bis	2.739,99	1.224,68	1.431,15	1.607,63	1.754,10	1.870,58	1.957,05
2.740,00	bis	2.759,99	1.229,18	1.437,15	1.615,13	1.763,10	1.881,08	1.969,05
2.760,00	bis	2.779,99	1.233,68	1.443,15	1.622,63	1.772,10	1.891,58	1.981,05
2.780,00	bis	2.799,99	1.238,18	1.449,15	1.630,13	1.781,10	1.902,08	1.993,05
2.800,00	bis	2.819,99	1.242,68	1.455,15	1.637,63	1.790,10	1.912,58	2.005,05
2.820,00	bis	2.839,99	1.247,18	1.461,15	1.645,13	1.799,10	1.923,08	2.017,05
2.840,00	bis	2.859,99	1.251,68	1.467,15	1.652,63	1.808,10	1.933,58	2.029,05
2.860,00	bis	2.879,99	1.256,18	1.473,15	1.660,13	1.817,10	1.944,08	2.041,05
2.880,00	bis	2.899,99	1.260,68	1.479,15	1.667,63	1.826,10	1.954,58	2.053,05
2.900,00	bis	2.919,99	1.265,18	1.485,15	1.675,13	1.835,10	1.965,08	2.065,05
2.920,00	bis	2.939,99	1.269,68	1.491,15	1.682,63	1.844,10	1.975,58	2.077,05
2.940,00	bis	2.959,99	1.274,18	1.497,15	1.690,13	1.853,10	1.986,08	2.089,05
2.960,00	bis	2.979,99	1.278,68	1.503,15	1.697,63	1.862,10	1.996,58	2.101,05
2.980,00	bis	2.999,99	1.283,18	1.509,15	1.705,13	1.871,10	2.007,08	2.113,05
3.000,00	bis	3.019,99	1.287,68	1.515,15	1.712,63	1.880,10	2.017,58	2.125,05
3.020,00	bis	3.039,99	1.292,18	1.521,15	1.720,13	1.889,10	2.028,08	2.137,05
3.040,00	bis	3.059,99	1.296,68	1.527,15	1.727,63	1.898,10	2.038,58	2.149,05
3.060,00	bis	3.079,99	1.301,18	1.533,15	1.735,13	1.907,10	2.049,08	2.161,05
3.080,00	bis	3.099,99	1.305,68	1.539,15	1.742,63	1.916,10	2.059,58	2.173,05
3.100,00	bis	3.119,99	1.310,18	1.545,15	1.750,13	1.925,10	2.070,08	2.185,05
3.120,00	bis	3.139,99	1.314,68	1.551,15	1.757,63	1.934,10	2.080,58	2.197,05
3.140,00	bis	3.159,99	1.319,18	1.557,15	1.765,13	1.943,10	2.091,08	2.209,05
3.160,00	bis	3.179,99	1.323,68	1.563,15	1.772,63	1.952,10	2.101,58	2.221,05
3.180,00	bis	3.199,99	1.328,18	1.569,15	1.780,13	1.961,10	2.112,08	2.233,05
3.200,00	bis	3.219,99	1.332,68	1.575,15	1.787,63	1.970,10	2.122,58	2.245,05
3.220,00	bis	3.239,99	1.337,18	1.581,15	1.795,13	1.979,10	2.133,08	2.257,05
3.240,00	bis	3.259,99	1.341,68	1.587,15	1.802,63	1.988,10	2.143,58	2.269,05
3.260,00	bis	3.279,99	1.346,18	1.593,15	1.810,13	1.997,10	2.154,08	2.281,05
3.280,00	bis	3.299,99	1.350,68	1.599,15	1.817,63	2.006,10	2.164,58	2.293,05
3.300,00	bis	3.319,99	1.355,18	1.605,15	1.825,13	2.015,10	2.175,08	2.305,05
3.320,00	bis	3.339,99	1.359,68	1.611,15	1.832,63	2.024,10	2.185,58	2.317,05
3.340,00	bis	3.359,99	1.364,18	1.617,15	1.840,13	2.033,10	2.196,08	2.329,05
3.360,00	bis	3.379,99	1.368,68	1.623,15	1.847,63	2.042,10	2.206,58	2.341,05
3.380,00	bis	3.399,99	1.373,18	1.629,15	1.855,13	2.051,10	2.217,08	2.353,05
3.400,00	bis	3.419,99	1.377,68	1.635,15	1.862,63	2.060,10	2.227,58	2.365,05
3.420,00	bis	3.439,99	1.382,18	1.641,15	1.870,13	2.069,10	2.238,08	2.377,05

Tabelle 2bm (Grundbetrag 875,25 Euro monatlich)

TABELLEN

3.440,00	bis	3.459,99	1.386,68	1.647,15	1.877,63	2.078,10	2.248,58	2.389,05
3.460,00	bis	3.479,99	1.391,18	1.653,15	1.885,13	2.087,10	2.259,08	2.401,05
3.480,00	bis	3.499,99	1.395,68	1.659,15	1.892,63	2.096,10	2.269,58	2.413,05
3.500,00	bis	3.519,99	1.400,18	1.665,15	1.900,13	2.105,10	2.280,08	2.425,05
3.520,00	bis	3.539,99	1.404,68	1.671,15	1.907,63	2.114,10	2.290,58	2.437,05
3.540,00	bis	3.559,99	1.409,18	1.677,15	1.915,13	2.123,10	2.301,08	2.449,05
3.560,00	bis	3.579,99	1.413,68	1.683,15	1.922,63	2.132,10	2.311,58	2.461,05
3.580,00	bis	3.599,99	1.418,18	1.689,15	1.930,13	2.141,10	2.322,08	2.473,05
3.600,00	bis	3.619,99	1.422,68	1.695,15	1.937,63	2.150,10	2.332,58	2.485,05
3.620,00	bis	3.639,99	1.427,18	1.701,15	1.945,13	2.159,10	2.343,08	2.497,05
3.640,00	bis	3.659,99	1.431,68	1.707,15	1.952,63	2.168,10	2.353,58	2.509,05
3.660,00	bis	3.679,99	1.436,18	1.713,15	1.960,13	2.177,10	2.364,08	2.521,05
3.680,00	bis	3.699,99	1.440,68	1.719,15	1.967,63	2.186,10	2.374,58	2.533,05
3.700,00	bis	3.719,99	1.445,18	1.725,15	1.975,13	2.195,10	2.385,08	2.545,05
3.720,00	bis	3.739,99	1.449,68	1.731,15	1.982,63	2.204,10	2.395,58	2.557,05
3.740,00	bis	3.759,99	1.454,18	1.737,15	1.990,13	2.213,10	2.406,08	2.569,05
3.760,00	bis	3.779,99	1.458,68	1.743,15	1.997,63	2.222,10	2.416,58	2.581,05
3.780,00	bis	3.799,99	1.463,18	1.749,15	2.005,13	2.231,10	2.427,08	2.593,05
3.800,00	bis	3.819,99	1.467,68	1.755,15	2.012,63	2.240,10	2.437,58	2.605,05
3.820,00	bis	3.839,99	1.472,18	1.761,15	2.020,13	2.249,10	2.448,08	2.617,05
3.840,00	bis	3.859,99	1.476,68	1.767,15	2.027,63	2.258,10	2.458,58	2.629,05
3.860,00	bis	3.879,99	1.481,18	1.773,15	2.035,13	2.267,10	2.469,08	2.641,05
3.880,00	bis	3.899,99	1.485,68	1.779,15	2.042,63	2.276,10	2.479,58	2.653,05
3.900,00	bis	3.919,99	1.490,18	1.785,15	2.050,13	2.285,10	2.490,08	2.665,05
3.920,00	bis	3.939,99	1.494,68	1.791,15	2.057,63	2.294,10	2.500,58	2.677,05
3.940,00	bis	3.959,99	1.499,18	1.797,15	2.065,13	2.303,10	2.511,08	2.689,05
3.960,00	bis	3.979,99	1.503,68	1.803,15	2.072,63	2.312,10	2.521,58	2.701,05
3.980,00	bis	3.999,99	1.508,18	1.809,15	2.080,13	2.321,10	2.532,08	2.713,05
4.000,00	und	darüber	1.512,68	1.815,15	2.087,63	2.330,10	2.542,58	2.725,05

Tabelle 2bm (Grundbetrag 875,25 Euro monatlich)

TABELLEN

Existenzminimum								
Nettolohn wöchentlich in Euro			unpfändbarer Betrag bei Unterhaltspflicht für					
			0	1	2	3	4	5
			in Euro					
	bis	204,99	204,00	alles	alles	alles	alles	alles
205,00	bis	209,99	204,00	alles	alles	alles	alles	alles
210,00	bis	214,99	204,00	alles	alles	alles	alles	alles
215,00	bis	219,99	204,00	alles	alles	alles	alles	alles
220,00	bis	224,99	204,00	alles	alles	alles	alles	alles
225,00	bis	229,99	204,00	alles	alles	alles	alles	alles
230,00	bis	234,99	204,00	alles	alles	alles	alles	alles
235,00	bis	239,99	204,00	238,50	alles	alles	alles	alles
240,00	bis	244,99	204,00	238,50	alles	alles	alles	alles
245,00	bis	249,99	204,00	238,50	alles	alles	alles	alles
250,00	bis	254,99	204,00	238,50	alles	alles	alles	alles
255,00	bis	259,99	204,00	238,50	alles	alles	alles	alles
260,00	bis	264,99	204,00	238,50	alles	alles	alles	alles
265,00	bis	269,99	204,00	238,50	alles	alles	alles	alles
270,00	bis	274,99	204,00	238,50	273,00	alles	alles	alles
275,00	bis	279,99	204,68	238,50	273,00	alles	alles	alles
280,00	bis	284,99	205,80	238,50	273,00	alles	alles	alles
285,00	bis	289,99	206,93	238,50	273,00	alles	alles	alles
290,00	bis	294,99	208,05	238,50	273,00	alles	alles	alles
295,00	bis	299,99	209,18	238,50	273,00	alles	alles	alles
300,00	bis	304,99	210,30	238,50	273,00	alles	alles	alles
305,00	bis	309,99	211,43	238,50	273,00	307,50	alles	alles
310,00	bis	314,99	212,55	238,50	273,00	307,50	alles	alles
315,00	bis	319,99	213,68	238,50	273,00	307,50	alles	alles
320,00	bis	324,99	214,80	239,10	273,00	307,50	alles	alles
325,00	bis	329,99	215,93	240,60	273,00	307,50	alles	alles
330,00	bis	334,99	217,05	242,10	273,00	307,50	alles	alles
335,00	bis	339,99	218,18	243,60	273,00	307,50	alles	alles
340,00	bis	344,99	219,30	245,10	273,00	307,50	342,00	alles
345,00	bis	349,99	220,43	246,60	273,00	307,50	342,00	alles
350,00	bis	354,99	221,55	248,10	273,00	307,50	342,00	alles
355,00	bis	359,99	222,68	249,60	273,00	307,50	342,00	alles
360,00	bis	364,99	223,80	251,10	273,00	307,50	342,00	alles
365,00	bis	369,99	224,93	252,60	273,38	307,50	342,00	alles
370,00	bis	374,99	226,05	254,10	275,25	307,50	342,00	alles
375,00	bis	379,99	227,18	255,60	277,13	307,50	342,00	376,50
380,00	bis	384,99	228,30	257,10	279,00	307,50	342,00	376,50
385,00	bis	389,99	229,43	258,60	280,88	307,50	342,00	376,50
390,00	bis	394,99	230,55	260,10	282,75	307,50	342,00	376,50
395,00	bis	399,99	231,68	261,60	284,63	307,50	342,00	376,50
400,00	bis	404,99	232,80	263,10	286,50	307,50	342,00	376,50
405,00	bis	409,99	233,93	264,60	288,38	307,50	342,00	376,50
410,00	bis	414,99	235,05	266,10	290,25	307,50	342,00	376,50
415,00	bis	419,99	236,18	267,60	292,13	309,75	342,00	376,50
420,00	bis	424,99	237,30	269,10	294,00	312,00	342,00	376,50
425,00	bis	429,99	238,43	270,60	295,88	314,25	342,00	376,50
430,00	bis	434,99	239,55	272,10	297,75	316,50	342,00	376,50
435,00	bis	439,99	240,68	273,60	299,63	318,75	342,00	376,50
440,00	bis	444,99	241,80	275,10	301,50	321,00	342,00	376,50
445,00	bis	449,99	242,93	276,60	303,38	323,25	342,00	376,50
450,00	bis	454,99	244,05	278,10	305,25	325,50	342,00	376,50
455,00	bis	459,99	245,18	279,60	307,13	327,75	342,00	376,50
460,00	bis	464,99	246,30	281,10	309,00	330,00	344,10	376,50
465,00	bis	469,99	247,43	282,60	310,88	332,25	346,73	376,50
470,00	bis	474,99	248,55	284,10	312,75	334,50	349,35	376,50
475,00	bis	479,99	249,68	285,60	314,63	336,75	351,98	376,50
480,00	bis	484,99	250,80	287,10	316,50	339,00	354,60	376,50
485,00	bis	489,99	251,93	288,60	318,38	341,25	357,23	376,50
490,00	bis	494,99	253,05	290,10	320,25	343,50	359,85	376,50
495,00	bis	499,99	254,18	291,60	322,13	345,75	362,48	376,50
500,00	bis	504,99	255,30	293,10	324,00	348,00	365,10	376,50
505,00	bis	509,99	256,43	294,60	325,88	350,25	367,73	378,30
510,00	bis	514,99	257,55	296,10	327,75	352,50	370,35	381,30

Tabelle 2bw (Grundbetrag 204 Euro wöchentlich)

TABELLEN

515,00	bis	519,99	258,68	297,60	329,63	354,75	372,98	384,30
520,00	bis	524,99	259,80	299,10	331,50	357,00	375,60	387,30
525,00	bis	529,99	260,93	300,60	333,38	359,25	378,23	390,30
530,00	bis	534,99	262,05	302,10	335,25	361,50	380,85	393,30
535,00	bis	539,99	263,18	303,60	337,13	363,75	383,48	396,30
540,00	bis	544,99	264,30	305,10	339,00	366,00	386,10	399,30
545,00	bis	549,99	265,43	306,60	340,88	368,25	388,73	402,30
550,00	bis	554,99	266,55	308,10	342,75	370,50	391,35	405,30
555,00	bis	559,99	267,68	309,60	344,63	372,75	393,98	408,30
560,00	bis	564,99	268,80	311,10	346,50	375,00	396,60	411,30
565,00	bis	569,99	269,93	312,60	348,38	377,25	399,23	414,30
570,00	bis	574,99	271,05	314,10	350,25	379,50	401,85	417,30
575,00	bis	579,99	272,18	315,60	352,13	381,75	404,48	420,30
580,00	bis	584,99	273,30	317,10	354,00	384,00	407,10	423,30
585,00	bis	589,99	274,43	318,60	355,88	386,25	409,73	426,30
590,00	bis	594,99	275,55	320,10	357,75	388,50	412,35	429,30
595,00	bis	599,99	276,68	321,60	359,63	390,75	414,98	432,30
600,00	bis	604,99	277,80	323,10	361,50	393,00	417,60	435,30
605,00	bis	609,99	278,93	324,60	363,38	395,25	420,23	438,30
610,00	bis	614,99	280,05	326,10	365,25	397,50	422,85	441,30
615,00	bis	619,99	281,18	327,60	367,13	399,75	425,48	444,30
620,00	bis	624,99	282,30	329,10	369,00	402,00	428,10	447,30
625,00	bis	629,99	283,43	330,60	370,88	404,25	430,73	450,30
630,00	bis	634,99	284,55	332,10	372,75	406,50	433,35	453,30
635,00	bis	639,99	285,68	333,60	374,63	408,75	435,98	456,30
640,00	bis	644,99	286,80	335,10	376,50	411,00	438,60	459,30
645,00	bis	649,99	287,93	336,60	378,38	413,25	441,23	462,30
650,00	bis	654,99	289,05	338,10	380,25	415,50	443,85	465,30
655,00	bis	659,99	290,18	339,60	382,13	417,75	446,48	468,30
660,00	bis	664,99	291,30	341,10	384,00	420,00	449,10	471,30
665,00	bis	669,99	292,43	342,60	385,88	422,25	451,73	474,30
670,00	bis	674,99	293,55	344,10	387,75	424,50	454,35	477,30
675,00	bis	679,99	294,68	345,60	389,63	426,75	456,98	480,30
680,00	bis	684,99	295,80	347,10	391,50	429,00	459,60	483,30
685,00	bis	689,99	296,93	348,60	393,38	431,25	462,23	486,30
690,00	bis	694,99	298,05	350,10	395,25	433,50	464,85	489,30
695,00	bis	699,99	299,18	351,60	397,13	435,75	467,48	492,30
700,00	bis	704,99	300,30	353,10	399,00	438,00	470,10	495,30
705,00	bis	709,99	301,43	354,60	400,88	440,25	472,73	498,30
710,00	bis	714,99	302,55	356,10	402,75	442,50	475,35	501,30
715,00	bis	719,99	303,68	357,60	404,63	444,75	477,98	504,30
720,00	bis	724,99	304,80	359,10	406,50	447,00	480,60	507,30
725,00	bis	729,99	305,93	360,60	408,38	449,25	483,23	510,30
730,00	bis	734,99	307,05	362,10	410,25	451,50	485,85	513,30
735,00	bis	739,99	308,18	363,60	412,13	453,75	488,48	516,30
740,00	bis	744,99	309,30	365,10	414,00	456,00	491,10	519,30
745,00	bis	749,99	310,43	366,60	415,88	458,25	493,73	522,30
750,00	bis	754,99	311,55	368,10	417,75	460,50	496,35	525,30
755,00	bis	759,99	312,68	369,60	419,63	462,75	498,98	528,30
760,00	bis	764,99	313,80	371,10	421,50	465,00	501,60	531,30
765,00	bis	769,99	314,93	372,60	423,38	467,25	504,23	534,30
770,00	bis	774,99	316,05	374,10	425,25	469,50	506,85	537,30
775,00	bis	779,99	317,18	375,60	427,13	471,75	509,48	540,30
780,00	bis	784,99	318,30	377,10	429,00	474,00	512,10	543,30
785,00	bis	789,99	319,43	378,60	430,88	476,25	514,73	546,30
790,00	bis	794,99	320,55	380,10	432,75	478,50	517,35	549,30
795,00	bis	799,99	321,68	381,60	434,63	480,75	519,98	552,30
800,00	bis	804,99	322,80	383,10	436,50	483,00	522,60	555,30
805,00	bis	809,99	323,93	384,60	438,38	485,25	525,23	558,30
810,00	bis	814,99	325,05	386,10	440,25	487,50	527,85	561,30
815,00	bis	819,99	326,18	387,60	442,13	489,75	530,48	564,30
820,00	bis	824,99	327,30	389,10	444,00	492,00	533,10	567,30
825,00	bis	829,99	328,43	390,60	445,88	494,25	535,73	570,30
830,00	bis	834,99	329,55	392,10	447,75	496,50	538,35	573,30
835,00	bis	839,99	330,68	393,60	449,63	498,75	540,98	576,30
840,00	bis	844,99	331,80	395,10	451,50	501,00	543,60	579,30
845,00	bis	849,99	332,93	396,60	453,38	503,25	546,23	582,30
850,00	bis	854,99	334,05	398,10	455,25	505,50	548,85	585,30

Tabelle 2bw (Grundbetrag 204 Euro wöchentlich)

855,00	bis	859,99	335,18	399,60	457,13	507,75	551,48	588,30
860,00	bis	864,99	336,30	401,10	459,00	510,00	554,10	591,30
865,00	bis	869,99	337,43	402,60	460,88	512,25	556,73	594,30
870,00	bis	874,99	338,55	404,10	462,75	514,50	559,35	597,30
875,00	bis	879,99	339,68	405,60	464,63	516,75	561,98	600,30
880,00	bis	884,99	340,80	407,10	466,50	519,00	564,60	603,30
885,00	bis	889,99	341,93	408,60	468,38	521,25	567,23	606,30
890,00	bis	894,99	343,05	410,10	470,25	523,50	569,85	609,30
895,00	bis	899,99	344,18	411,60	472,13	525,75	572,48	612,30
900,00	bis	904,99	345,30	413,10	474,00	528,00	575,10	615,30
905,00	bis	909,99	346,43	414,60	475,88	530,25	577,73	618,30
910,00	bis	914,99	347,55	416,10	477,75	532,50	580,35	621,30
915,00	bis	919,99	348,68	417,60	479,63	534,75	582,98	624,30
920,00	bis	924,99	349,80	419,10	481,50	537,00	585,60	627,30
925,00	bis	929,99	350,93	420,60	483,38	539,25	588,23	630,30
930,00	und	darüber	352,05	422,10	485,25	541,50	590,85	633,30

Tabelle 2bw (Grundbetrag 204 Euro wöchentlich)

Nettolohn täglich in Euro		Existenzminimum unpfändbarer Betrag bei Unterhaltspflicht für					
		0	1	2	3	4	5
		in Euro					
bis	29,99	28,50	alles	alles	alles	alles	alles
30,00 bis	30,99	28,50	alles	alles	alles	alles	alles
31,00 bis	31,99	28,50	alles	alles	alles	alles	alles
32,00 bis	32,99	28,50	alles	alles	alles	alles	alles
33,00 bis	33,99	28,50	33,00	alles	alles	alles	alles
34,00 bis	34,99	28,50	33,00	alles	alles	alles	alles
35,00 bis	35,99	28,50	33,00	alles	alles	alles	alles
36,00 bis	36,99	28,50	33,00	alles	alles	alles	alles
37,00 bis	37,99	28,50	33,00	37,50	alles	alles	alles
38,00 bis	38,99	28,50	33,00	37,50	alles	alles	alles
39,00 bis	39,99	28,73	33,00	37,50	alles	alles	alles
40,00 bis	40,99	28,95	33,00	37,50	alles	alles	alles
41,00 bis	41,99	29,18	33,00	37,50	alles	alles	alles
42,00 bis	42,99	29,40	33,00	37,50	42,00	alles	alles
43,00 bis	43,99	29,63	33,00	37,50	42,00	alles	alles
44,00 bis	44,99	29,85	33,00	37,50	42,00	alles	alles
45,00 bis	45,99	30,08	33,30	37,50	42,00	alles	alles
46,00 bis	46,99	30,30	33,60	37,50	42,00	46,50	alles
47,00 bis	47,99	30,53	33,90	37,50	42,00	46,50	alles
48,00 bis	48,99	30,75	34,20	37,50	42,00	46,50	alles
49,00 bis	49,99	30,98	34,50	37,50	42,00	46,50	alles
50,00 bis	50,99	31,20	34,80	37,50	42,00	46,50	alles
51,00 bis	51,99	31,43	35,10	37,88	42,00	46,50	51,00
52,00 bis	52,99	31,65	35,40	38,25	42,00	46,50	51,00
53,00 bis	53,99	31,88	35,70	38,63	42,00	46,50	51,00
54,00 bis	54,99	32,10	36,00	39,00	42,00	46,50	51,00
55,00 bis	55,99	32,33	36,30	39,38	42,00	46,50	51,00
56,00 bis	56,99	32,55	36,60	39,75	42,00	46,50	51,00
57,00 bis	57,99	32,78	36,90	40,13	42,45	46,50	51,00
58,00 bis	58,99	33,00	37,20	40,50	42,90	46,50	51,00
59,00 bis	59,99	33,23	37,50	40,88	43,35	46,50	51,00
60,00 bis	60,99	33,45	37,80	41,25	43,80	46,50	51,00
61,00 bis	61,99	33,68	38,10	41,63	44,25	46,50	51,00
62,00 bis	62,99	33,90	38,40	42,00	44,70	46,50	51,00
63,00 bis	63,99	34,13	38,70	42,38	45,15	47,03	51,00
64,00 bis	64,99	34,35	39,00	42,75	45,60	47,55	51,00
65,00 bis	65,99	34,58	39,30	43,13	46,05	48,08	51,00
66,00 bis	66,99	34,80	39,60	43,50	46,50	48,60	51,00
67,00 bis	67,99	35,03	39,90	43,88	46,95	49,13	51,00
68,00 bis	68,99	35,25	40,20	44,25	47,40	49,65	51,00
69,00 bis	69,99	35,48	40,50	44,63	47,85	50,18	51,60
70,00 bis	70,99	35,70	40,80	45,00	48,30	50,70	52,20
71,00 bis	71,99	35,93	41,10	45,38	48,75	51,23	52,80
72,00 bis	72,99	36,15	41,40	45,75	49,20	51,75	53,40
73,00 bis	73,99	36,38	41,70	46,13	49,65	52,28	54,00
74,00 bis	74,99	36,60	42,00	46,50	50,10	52,80	54,60
75,00 bis	75,99	36,83	42,30	46,88	50,55	53,33	55,20
76,00 bis	76,99	37,05	42,60	47,25	51,00	53,85	55,80
77,00 bis	77,99	37,28	42,90	47,63	51,45	54,38	56,40
78,00 bis	78,99	37,50	43,20	48,00	51,90	54,90	57,00
79,00 bis	79,99	37,73	43,50	48,38	52,35	55,43	57,60
80,00 bis	80,99	37,95	43,80	48,75	52,80	55,95	58,20
81,00 bis	81,99	38,18	44,10	49,13	53,25	56,48	58,80
82,00 bis	82,99	38,40	44,40	49,50	53,70	57,00	59,40
83,00 bis	83,99	38,63	44,70	49,88	54,15	57,53	60,00
84,00 bis	84,99	38,85	45,00	50,25	54,60	58,05	60,60
85,00 bis	85,99	39,08	45,30	50,63	55,05	58,58	61,20
86,00 bis	86,99	39,30	45,60	51,00	55,50	59,10	61,80
87,00 bis	87,99	39,53	45,90	51,38	55,95	59,63	62,40
88,00 bis	88,99	39,75	46,20	51,75	56,40	60,15	63,00
89,00 bis	89,99	39,98	46,50	52,13	56,85	60,68	63,60
90,00 bis	90,99	40,20	46,80	52,50	57,30	61,20	64,20

Tabelle 2bt (Grundbetrag 28,50 Euro täglich)

91,00	bis	91,99	40,43	47,10	52,88	57,75	61,73	64,80
92,00	bis	92,99	40,65	47,40	53,25	58,20	62,25	65,40
93,00	bis	93,99	40,88	47,70	53,63	58,65	62,78	66,00
94,00	bis	94,99	41,10	48,00	54,00	59,10	63,30	66,60
95,00	bis	95,99	41,33	48,30	54,38	59,55	63,83	67,20
96,00	bis	96,99	41,55	48,60	54,75	60,00	64,35	67,80
97,00	bis	97,99	41,78	48,90	55,13	60,45	64,88	68,40
98,00	bis	98,99	42,00	49,20	55,50	60,90	65,40	69,00
99,00	bis	99,99	42,23	49,50	55,88	61,35	65,93	69,60
100,00	bis	100,99	42,45	49,80	56,25	61,80	66,45	70,20
101,00	bis	101,99	42,68	50,10	56,63	62,25	66,98	70,80
102,00	bis	102,99	42,90	50,40	57,00	62,70	67,50	71,40
103,00	bis	103,99	43,13	50,70	57,38	63,15	68,03	72,00
104,00	bis	104,99	43,35	51,00	57,75	63,60	68,55	72,60
105,00	bis	105,99	43,58	51,30	58,13	64,05	69,08	73,20
106,00	bis	106,99	43,80	51,60	58,50	64,50	69,60	73,80
107,00	bis	107,99	44,03	51,90	58,88	64,95	70,13	74,40
108,00	bis	108,99	44,25	52,20	59,25	65,40	70,65	75,00
109,00	bis	109,99	44,48	52,50	59,63	65,85	71,18	75,60
110,00	bis	110,99	44,70	52,80	60,00	66,30	71,70	76,20
111,00	bis	111,99	44,93	53,10	60,38	66,75	72,23	76,80
112,00	bis	112,99	45,15	53,40	60,75	67,20	72,75	77,40
113,00	bis	113,99	45,38	53,70	61,13	67,65	73,28	78,00
114,00	bis	114,99	45,60	54,00	61,50	68,10	73,80	78,60
115,00	bis	115,99	45,83	54,30	61,88	68,55	74,33	79,20
116,00	bis	116,99	46,05	54,60	62,25	69,00	74,85	79,80
117,00	bis	117,99	46,28	54,90	62,63	69,45	75,38	80,40
118,00	bis	118,99	46,50	55,20	63,00	69,90	75,90	81,00
119,00	bis	119,99	46,73	55,50	63,38	70,35	76,43	81,60
120,00	bis	120,99	46,95	55,80	63,75	70,80	76,95	82,20
121,00	bis	121,99	47,18	56,10	64,13	71,25	77,48	82,80
122,00	bis	122,99	47,40	56,40	64,50	71,70	78,00	83,40
123,00	bis	123,99	47,63	56,70	64,88	72,15	78,53	84,00
124,00	bis	124,99	47,85	57,00	65,25	72,60	79,05	84,60
125,00	bis	125,99	48,08	57,30	65,63	73,05	79,58	85,20
126,00	bis	126,99	48,30	57,60	66,00	73,50	80,10	85,80
127,00	bis	127,99	48,53	57,90	66,38	73,95	80,63	86,40
128,00	bis	128,99	48,75	58,20	66,75	74,40	81,15	87,00
129,00	bis	129,99	48,98	58,50	67,13	74,85	81,68	87,60
130,00	bis	130,99	49,20	58,80	67,50	75,30	82,20	88,20
131,00	bis	131,99	49,43	59,10	67,88	75,75	82,73	88,80
132,00	bis	132,99	49,65	59,40	68,25	76,20	83,25	89,40
133,00	und	darüber	49,88	59,70	68,63	76,65	83,78	90,00

Tabelle 2bt (Grundbetrag 28,50 Euro täglich)

		Existenzminimum					
Beendigungsanspruch netto in Euro		unpfändbarer Betrag bei Unterhaltspflicht für					
	bis	0	1	2	3	4	5
		in Euro					
	bis 879,99	875,25	alles	alles	alles	alles	alles
880,00	bis 899,99	875,25	alles	alles	alles	alles	alles
900,00	bis 919,99	875,25	alles	alles	alles	alles	alles
920,00	bis 939,99	875,25	alles	alles	alles	alles	alles
940,00	bis 959,99	875,25	alles	alles	alles	alles	alles
960,00	bis 979,99	875,25	alles	alles	alles	alles	alles
980,00	bis 999,99	875,25	alles	alles	alles	alles	alles
1.000,00	bis 1.019,99	875,25	alles	alles	alles	alles	alles
1.020,00	bis 1.039,99	875,25	1.025,25	alles	alles	alles	alles
1.040,00	bis 1.059,99	875,25	1.025,25	alles	alles	alles	alles
1.060,00	bis 1.079,99	875,25	1.025,25	alles	alles	alles	alles
1.080,00	bis 1.099,99	875,25	1.025,25	alles	alles	alles	alles
1.100,00	bis 1.119,99	875,25	1.025,25	alles	alles	alles	alles
1.120,00	bis 1.139,99	875,25	1.025,25	alles	alles	alles	alles
1.140,00	bis 1.159,99	875,25	1.025,25	alles	alles	alles	alles
1.160,00	bis 1.179,99	875,25	1.025,25	1.175,25	alles	alles	alles
1.180,00	bis 1.199,99	878,18	1.025,25	1.175,25	alles	alles	alles
1.200,00	bis 1.219,99	882,68	1.025,25	1.175,25	alles	alles	alles
1.220,00	bis 1.239,99	887,18	1.025,25	1.175,25	alles	alles	alles
1.240,00	bis 1.259,99	891,68	1.025,25	1.175,25	alles	alles	alles
1.260,00	bis 1.279,99	896,18	1.025,25	1.175,25	alles	alles	alles
1.280,00	bis 1.299,99	900,68	1.025,25	1.175,25	alles	alles	alles
1.300,00	bis 1.319,99	905,18	1.025,25	1.175,25	alles	alles	alles
1.320,00	bis 1.339,99	909,68	1.025,25	1.175,25	1.325,25	alles	alles
1.340,00	bis 1.359,99	914,18	1.025,25	1.175,25	1.325,25	alles	alles
1.360,00	bis 1.379,99	918,68	1.025,25	1.175,25	1.325,25	alles	alles
1.380,00	bis 1.399,99	923,18	1.029,15	1.175,25	1.325,25	alles	alles
1.400,00	bis 1.419,99	927,68	1.035,15	1.175,25	1.325,25	alles	alles
1.420,00	bis 1.439,99	932,18	1.041,15	1.175,25	1.325,25	alles	alles
1.440,00	bis 1.459,99	936,68	1.047,15	1.175,25	1.325,25	alles	alles
1.460,00	bis 1.479,99	941,18	1.053,15	1.175,25	1.325,25	1.475,25	alles
1.480,00	bis 1.499,99	945,68	1.059,15	1.175,25	1.325,25	1.475,25	alles
1.500,00	bis 1.519,99	950,18	1.065,15	1.175,25	1.325,25	1.475,25	alles
1.520,00	bis 1.539,99	954,68	1.071,15	1.175,25	1.325,25	1.475,25	alles
1.540,00	bis 1.559,99	959,18	1.077,15	1.175,25	1.325,25	1.475,25	alles
1.560,00	bis 1.579,99	963,68	1.083,15	1.175,25	1.325,25	1.475,25	alles
1.580,00	bis 1.599,99	968,18	1.089,15	1.180,13	1.325,25	1.475,25	alles
1.600,00	bis 1.619,99	972,68	1.095,15	1.187,63	1.325,25	1.475,25	alles
1.620,00	bis 1.639,99	977,18	1.101,15	1.195,13	1.325,25	1.475,25	1.625,25
1.640,00	bis 1.659,99	981,68	1.107,15	1.202,63	1.325,25	1.475,25	1.625,25
1.660,00	bis 1.679,99	986,18	1.113,15	1.210,13	1.325,25	1.475,25	1.625,25
1.680,00	bis 1.699,99	990,68	1.119,15	1.217,63	1.325,25	1.475,25	1.625,25
1.700,00	bis 1.719,99	995,18	1.125,15	1.225,13	1.325,25	1.475,25	1.625,25
1.720,00	bis 1.739,99	999,68	1.131,15	1.232,63	1.325,25	1.475,25	1.625,25
1.740,00	bis 1.759,99	1.004,18	1.137,15	1.240,13	1.325,25	1.475,25	1.625,25
1.760,00	bis 1.779,99	1.008,68	1.143,15	1.247,63	1.325,25	1.475,25	1.625,25
1.780,00	bis 1.799,99	1.013,18	1.149,15	1.255,13	1.331,10	1.475,25	1.625,25
1.800,00	bis 1.819,99	1.017,68	1.155,15	1.262,63	1.340,10	1.475,25	1.625,25
1.820,00	bis 1.839,99	1.022,18	1.161,15	1.270,13	1.349,10	1.475,25	1.625,25
1.840,00	bis 1.859,99	1.026,68	1.167,15	1.277,63	1.358,10	1.475,25	1.625,25
1.860,00	bis 1.879,99	1.031,18	1.173,15	1.285,13	1.367,10	1.475,25	1.625,25
1.880,00	bis 1.899,99	1.035,68	1.179,15	1.292,63	1.376,10	1.475,25	1.625,25
1.900,00	bis 1.919,99	1.040,18	1.185,15	1.300,13	1.385,10	1.475,25	1.625,25
1.920,00	bis 1.939,99	1.044,68	1.191,15	1.307,63	1.394,10	1.475,25	1.625,25
1.940,00	bis 1.959,99	1.049,18	1.197,15	1.315,13	1.403,10	1.475,25	1.625,25
1.960,00	bis 1.979,99	1.053,68	1.203,15	1.322,63	1.412,10	1.475,25	1.625,25
1.980,00	bis 1.999,99	1.058,18	1.209,15	1.330,13	1.421,10	1.482,08	1.625,25
2.000,00	bis 2.019,99	1.062,68	1.215,15	1.337,63	1.430,10	1.492,58	1.625,25
2.020,00	bis 2.039,99	1.067,18	1.221,15	1.345,13	1.439,10	1.503,08	1.625,25
2.040,00	bis 2.059,99	1.071,68	1.227,15	1.352,63	1.448,10	1.513,58	1.625,25
2.060,00	bis 2.079,99	1.076,18	1.233,15	1.360,13	1.457,10	1.524,08	1.625,25
2.080,00	bis 2.099,99	1.080,68	1.239,15	1.367,63	1.466,10	1.534,58	1.625,25

Tabelle 2cm (Beschränkt pfändbare einmalige Leistungen)

2.100,00	bis	2.119,99	1.085,18	1.245,15	1.375,13	1.475,10	1.545,08	1.625,25
2.120,00	bis	2.139,99	1.089,68	1.251,15	1.382,63	1.484,10	1.555,58	1.625,25
2.140,00	bis	2.159,99	1.094,18	1.257,15	1.390,13	1.493,10	1.566,08	1.625,25
2.160,00	bis	2.179,99	1.098,68	1.263,15	1.397,63	1.502,10	1.576,58	1.625,25
2.180,00	bis	2.199,99	1.103,18	1.269,15	1.405,13	1.511,10	1.587,08	1.633,05
2.200,00	bis	2.219,99	1.107,68	1.275,15	1.412,63	1.520,10	1.597,58	1.645,05
2.220,00	bis	2.239,99	1.112,18	1.281,15	1.420,13	1.529,10	1.608,08	1.657,05
2.240,00	bis	2.259,99	1.116,68	1.287,15	1.427,63	1.538,10	1.618,58	1.669,05
2.260,00	bis	2.279,99	1.121,18	1.293,15	1.435,13	1.547,10	1.629,08	1.681,05
2.280,00	bis	2.299,99	1.125,68	1.299,15	1.442,63	1.556,10	1.639,58	1.693,05
2.300,00	bis	2.319,99	1.130,18	1.305,15	1.450,13	1.565,10	1.650,08	1.705,05
2.320,00	bis	2.339,99	1.134,68	1.311,15	1.457,63	1.574,10	1.660,58	1.717,05
2.340,00	bis	2.359,99	1.139,18	1.317,15	1.465,13	1.583,10	1.671,08	1.729,05
2.360,00	bis	2.379,99	1.143,68	1.323,15	1.472,63	1.592,10	1.681,58	1.741,05
2.380,00	bis	2.399,99	1.148,18	1.329,15	1.480,13	1.601,10	1.692,08	1.753,05
2.400,00	bis	2.419,99	1.152,68	1.335,15	1.487,63	1.610,10	1.702,58	1.765,05
2.420,00	bis	2.439,99	1.157,18	1.341,15	1.495,13	1.619,10	1.713,08	1.777,05
2.440,00	bis	2.459,99	1.161,68	1.347,15	1.502,63	1.628,10	1.723,58	1.789,05
2.460,00	bis	2.479,99	1.166,18	1.353,15	1.510,13	1.637,10	1.734,08	1.801,05
2.480,00	bis	2.499,99	1.170,68	1.359,15	1.517,63	1.646,10	1.744,58	1.813,05
2.500,00	bis	2.519,99	1.175,18	1.365,15	1.525,13	1.655,10	1.755,08	1.825,05
2.520,00	bis	2.539,99	1.179,68	1.371,15	1.532,63	1.664,10	1.765,58	1.837,05
2.540,00	bis	2.559,99	1.184,18	1.377,15	1.540,13	1.673,10	1.776,08	1.849,05
2.560,00	bis	2.579,99	1.188,68	1.383,15	1.547,63	1.682,10	1.786,58	1.861,05
2.580,00	bis	2.599,99	1.193,18	1.389,15	1.555,13	1.691,10	1.797,08	1.873,05
2.600,00	bis	2.619,99	1.197,68	1.395,15	1.562,63	1.700,10	1.807,58	1.885,05
2.620,00	bis	2.639,99	1.202,18	1.401,15	1.570,13	1.709,10	1.818,08	1.897,05
2.640,00	bis	2.659,99	1.206,68	1.407,15	1.577,63	1.718,10	1.828,58	1.909,05
2.660,00	bis	2.679,99	1.211,18	1.413,15	1.585,13	1.727,10	1.839,08	1.921,05
2.680,00	bis	2.699,99	1.215,68	1.419,15	1.592,63	1.736,10	1.849,58	1.933,05
2.700,00	bis	2.719,99	1.220,18	1.425,15	1.600,13	1.745,10	1.860,08	1.945,05
2.720,00	bis	2.739,99	1.224,68	1.431,15	1.607,63	1.754,10	1.870,58	1.957,05
2.740,00	bis	2.759,99	1.229,18	1.437,15	1.615,13	1.763,10	1.881,08	1.969,05
2.760,00	bis	2.779,99	1.233,68	1.443,15	1.622,63	1.772,10	1.891,58	1.981,05
2.780,00	bis	2.799,99	1.238,18	1.449,15	1.630,13	1.781,10	1.902,08	1.993,05
2.800,00	bis	2.819,99	1.242,68	1.455,15	1.637,63	1.790,10	1.912,58	2.005,05
2.820,00	bis	2.839,99	1.247,18	1.461,15	1.645,13	1.799,10	1.923,08	2.017,05
2.840,00	bis	2.859,99	1.251,68	1.467,15	1.652,63	1.808,10	1.933,58	2.029,05
2.860,00	bis	2.879,99	1.256,18	1.473,15	1.660,13	1.817,10	1.944,08	2.041,05
2.880,00	bis	2.899,99	1.260,68	1.479,15	1.667,63	1.826,10	1.954,58	2.053,05
2.900,00	bis	2.919,99	1.265,18	1.485,15	1.675,13	1.835,10	1.965,08	2.065,05
2.920,00	bis	2.939,99	1.269,68	1.491,15	1.682,63	1.844,10	1.975,58	2.077,05
2.940,00	bis	2.959,99	1.274,18	1.497,15	1.690,13	1.853,10	1.986,08	2.089,05
2.960,00	bis	2.979,99	1.278,68	1.503,15	1.697,63	1.862,10	1.996,58	2.101,05
2.980,00	bis	2.999,99	1.283,18	1.509,15	1.705,13	1.871,10	2.007,08	2.113,05
3.000,00	bis	3.019,99	1.287,68	1.515,15	1.712,63	1.880,10	2.017,58	2.125,05
3.020,00	bis	3.039,99	1.292,18	1.521,15	1.720,13	1.889,10	2.028,08	2.137,05
3.040,00	bis	3.059,99	1.296,68	1.527,15	1.727,63	1.898,10	2.038,58	2.149,05
3.060,00	bis	3.079,99	1.301,18	1.533,15	1.735,13	1.907,10	2.049,08	2.161,05
3.080,00	bis	3.099,99	1.305,68	1.539,15	1.742,63	1.916,10	2.059,58	2.173,05
3.100,00	bis	3.119,99	1.310,18	1.545,15	1.750,13	1.925,10	2.070,08	2.185,05
3.120,00	bis	3.139,99	1.314,68	1.551,15	1.757,63	1.934,10	2.080,58	2.197,05
3.140,00	bis	3.159,99	1.319,18	1.557,15	1.765,13	1.943,10	2.091,08	2.209,05
3.160,00	bis	3.179,99	1.323,68	1.563,15	1.772,63	1.952,10	2.101,58	2.221,05
3.180,00	bis	3.199,99	1.328,18	1.569,15	1.780,13	1.961,10	2.112,08	2.233,05
3.200,00	bis	3.219,99	1.332,68	1.575,15	1.787,63	1.970,10	2.122,58	2.245,05
3.220,00	bis	3.239,99	1.337,18	1.581,15	1.795,13	1.979,10	2.133,08	2.257,05
3.240,00	bis	3.259,99	1.341,68	1.587,15	1.802,63	1.988,10	2.143,58	2.269,05
3.260,00	bis	3.279,99	1.346,18	1.593,15	1.810,13	1.997,10	2.154,08	2.281,05
3.280,00	bis	3.299,99	1.350,68	1.599,15	1.817,63	2.006,10	2.164,58	2.293,05
3.300,00	bis	3.319,99	1.355,18	1.605,15	1.825,13	2.015,10	2.175,08	2.305,05
3.320,00	bis	3.339,99	1.359,68	1.611,15	1.832,63	2.024,10	2.185,58	2.317,05
3.340,00	bis	3.359,99	1.364,18	1.617,15	1.840,13	2.033,10	2.196,08	2.329,05
3.360,00	bis	3.379,99	1.368,68	1.623,15	1.847,63	2.042,10	2.206,58	2.341,05
3.380,00	bis	3.399,99	1.373,18	1.629,15	1.855,13	2.051,10	2.217,08	2.353,05
3.400,00	bis	3.419,99	1.377,68	1.635,15	1.862,63	2.060,10	2.227,58	2.365,05
3.420,00	bis	3.439,99	1.382,18	1.641,15	1.870,13	2.069,10	2.238,08	2.377,05

Tabelle 2cm (Beschränkt pfändbare einmalige Leistungen)

3.440,00	bis	3.459,99	1.386,68	1.647,15	1.877,63	2.078,10	2.248,58	2.389,05
3.460,00	bis	3.479,99	1.391,18	1.653,15	1.885,13	2.087,10	2.259,08	2.401,05
3.480,00	bis	3.499,99	1.395,68	1.659,15	1.892,63	2.096,10	2.269,58	2.413,05
3.500,00	bis	3.519,99	1.400,18	1.665,15	1.900,13	2.105,10	2.280,08	2.425,05
3.520,00	bis	3.539,99	1.404,68	1.671,15	1.907,63	2.114,10	2.290,58	2.437,05
3.540,00	bis	3.559,99	1.409,18	1.677,15	1.915,13	2.123,10	2.301,08	2.449,05
3.560,00	bis	3.579,99	1.413,68	1.683,15	1.922,63	2.132,10	2.311,58	2.461,05
3.580,00	bis	3.599,99	1.418,18	1.689,15	1.930,13	2.141,10	2.322,08	2.473,05
3.600,00	bis	3.619,99	1.422,68	1.695,15	1.937,63	2.150,10	2.332,58	2.485,05
3.620,00	bis	3.639,99	1.427,18	1.701,15	1.945,13	2.159,10	2.343,08	2.497,05
3.640,00	bis	3.659,99	1.431,68	1.707,15	1.952,63	2.168,10	2.353,58	2.509,05
3.660,00	bis	3.679,99	1.436,18	1.713,15	1.960,13	2.177,10	2.364,08	2.521,05
3.680,00	bis	3.699,99	1.440,68	1.719,15	1.967,63	2.186,10	2.374,58	2.533,05
3.700,00	bis	3.719,99	1.445,18	1.725,15	1.975,13	2.195,10	2.385,08	2.545,05
3.720,00	bis	3.739,99	1.449,68	1.731,15	1.982,63	2.204,10	2.395,58	2.557,05
3.740,00	bis	3.759,99	1.454,18	1.737,15	1.990,13	2.213,10	2.406,08	2.569,05
3.760,00	bis	3.779,99	1.458,68	1.743,15	1.997,63	2.222,10	2.416,58	2.581,05
3.780,00	bis	3.799,99	1.463,18	1.749,15	2.005,13	2.231,10	2.427,08	2.593,05
3.800,00	bis	3.819,99	1.467,68	1.755,15	2.012,63	2.240,10	2.437,58	2.605,05
3.820,00	bis	3.839,99	1.472,18	1.761,15	2.020,13	2.249,10	2.448,08	2.617,05
3.840,00	bis	3.859,99	1.476,68	1.767,15	2.027,63	2.258,10	2.458,58	2.629,05
3.860,00	bis	3.879,99	1.481,18	1.773,15	2.035,13	2.267,10	2.469,08	2.641,05
3.880,00	bis	3.899,99	1.485,68	1.779,15	2.042,63	2.276,10	2.479,58	2.653,05
3.900,00	bis	3.919,99	1.490,18	1.785,15	2.050,13	2.285,10	2.490,08	2.665,05
3.920,00	bis	3.939,99	1.494,68	1.791,15	2.057,63	2.294,10	2.500,58	2.677,05
3.940,00	bis	3.959,99	1.499,18	1.797,15	2.065,13	2.303,10	2.511,08	2.689,05
3.960,00	bis	3.979,99	1.503,68	1.803,15	2.072,63	2.312,10	2.521,58	2.701,05
3.980,00	bis	3.999,99	1.508,18	1.809,15	2.080,13	2.321,10	2.532,08	2.713,05
4.000,00	bis	4.019,99	1.512,68	1.815,15	2.087,63	2.330,10	2.542,58	2.725,05
4.020,00	bis	4.039,99	1.517,18	1.821,15	2.095,13	2.339,10	2.553,08	2.737,05
4.040,00	bis	4.059,99	1.521,68	1.827,15	2.102,63	2.348,10	2.563,58	2.749,05
4.060,00	bis	4.079,99	1.526,18	1.833,15	2.110,13	2.357,10	2.574,08	2.761,05
4.080,00	bis	4.099,99	1.530,68	1.839,15	2.117,63	2.366,10	2.584,58	2.773,05
4.100,00	bis	4.119,99	1.535,18	1.845,15	2.125,13	2.375,10	2.595,08	2.785,05
4.120,00	bis	4.139,99	1.539,68	1.851,15	2.132,63	2.384,10	2.605,58	2.797,05
4.140,00	bis	4.159,99	1.544,18	1.857,15	2.140,13	2.393,10	2.616,08	2.809,05
4.160,00	bis	4.179,99	1.548,68	1.863,15	2.147,63	2.402,10	2.626,58	2.821,05
4.180,00	bis	4.199,99	1.553,18	1.869,15	2.155,13	2.411,10	2.637,08	2.833,05
4.200,00	bis	4.219,99	1.557,68	1.875,15	2.162,63	2.420,10	2.647,58	2.845,05
4.220,00	bis	4.239,99	1.562,18	1.881,15	2.170,13	2.429,10	2.658,08	2.857,05
4.240,00	bis	4.259,99	1.566,68	1.887,15	2.177,63	2.438,10	2.668,58	2.869,05
4.260,00	bis	4.279,99	1.571,18	1.893,15	2.185,13	2.447,10	2.679,08	2.881,05
4.280,00	bis	4.299,99	1.575,68	1.899,15	2.192,63	2.456,10	2.689,58	2.893,05
4.300,00	bis	4.319,99	1.580,18	1.905,15	2.200,13	2.465,10	2.700,08	2.905,05
4.320,00	bis	4.339,99	1.584,68	1.911,15	2.207,63	2.474,10	2.710,58	2.917,05
4.340,00	bis	4.359,99	1.589,18	1.917,15	2.215,13	2.483,10	2.721,08	2.929,05
4.360,00	bis	4.379,99	1.593,68	1.923,15	2.222,63	2.492,10	2.731,58	2.941,05
4.380,00	bis	4.399,99	1.598,18	1.929,15	2.230,13	2.501,10	2.742,08	2.953,05
4.400,00	bis	4.419,99	1.602,68	1.935,15	2.237,63	2.510,10	2.752,58	2.965,05
4.420,00	bis	4.439,99	1.607,18	1.941,15	2.245,13	2.519,10	2.763,08	2.977,05
4.440,00	bis	4.459,99	1.611,68	1.947,15	2.252,63	2.528,10	2.773,58	2.989,05
4.460,00	bis	4.479,99	1.616,18	1.953,15	2.260,13	2.537,10	2.784,08	3.001,05
4.480,00	bis	4.499,99	1.620,68	1.959,15	2.267,63	2.546,10	2.794,58	3.013,05
4.500,00	bis	4.519,99	1.625,18	1.965,15	2.275,13	2.555,10	2.805,08	3.025,05
4.520,00	bis	4.539,99	1.629,68	1.971,15	2.282,63	2.564,10	2.815,58	3.037,05
4.540,00	bis	4.559,99	1.634,18	1.977,15	2.290,13	2.573,10	2.826,08	3.049,05
4.560,00	bis	4.579,99	1.638,68	1.983,15	2.297,63	2.582,10	2.836,58	3.061,05
4.580,00	bis	4.599,99	1.643,18	1.989,15	2.305,13	2.591,10	2.847,08	3.073,05
4.600,00	bis	4.619,99	1.647,68	1.995,15	2.312,63	2.600,10	2.857,58	3.085,05
4.620,00	bis	4.639,99	1.652,18	2.001,15	2.320,13	2.609,10	2.868,08	3.097,05
4.640,00	bis	4.659,99	1.656,68	2.007,15	2.327,63	2.618,10	2.878,58	3.109,05
4.660,00	bis	4.679,99	1.661,18	2.013,15	2.335,13	2.627,10	2.889,08	3.121,05
4.680,00	bis	4.699,99	1.665,68	2.019,15	2.342,63	2.636,10	2.899,58	3.133,05
4.700,00	bis	4.719,99	1.670,18	2.025,15	2.350,13	2.645,10	2.910,08	3.145,05
4.720,00	bis	4.739,99	1.674,68	2.031,15	2.357,63	2.654,10	2.920,58	3.157,05
4.740,00	bis	4.759,99	1.679,18	2.037,15	2.365,13	2.663,10	2.931,08	3.169,05
4.760,00	bis	4.779,99	1.683,68	2.043,15	2.372,63	2.672,10	2.941,58	3.181,05

Tabelle 2cm (Beschränkt pfändbare einmalige Leistungen)

TABELLEN

4.780,00	bis	4.799,99	1.688,18	2.049,15	2.380,13	2.681,10	2.952,08	3.193,05
4.800,00	bis	4.819,99	1.692,68	2.055,15	2.387,63	2.690,10	2.962,58	3.205,05
4.820,00	bis	4.839,99	1.697,18	2.061,15	2.395,13	2.699,10	2.973,08	3.217,05
4.840,00	bis	4.859,99	1.701,68	2.067,15	2.402,63	2.708,10	2.983,58	3.229,05
4.860,00	bis	4.879,99	1.706,18	2.073,15	2.410,13	2.717,10	2.994,08	3.241,05
4.880,00	bis	4.899,99	1.710,68	2.079,15	2.417,63	2.726,10	3.004,58	3.253,05
4.900,00	bis	4.919,99	1.715,18	2.085,15	2.425,13	2.735,10	3.015,08	3.265,05
4.920,00	bis	4.939,99	1.719,68	2.091,15	2.432,63	2.744,10	3.025,58	3.277,05
4.940,00	bis	4.959,99	1.724,18	2.097,15	2.440,13	2.753,10	3.036,08	3.289,05
4.960,00	bis	4.979,99	1.728,68	2.103,15	2.447,63	2.762,10	3.046,58	3.301,05
4.980,00	bis	4.999,99	1.733,18	2.109,15	2.455,13	2.771,10	3.057,08	3.313,05
5.000,00	bis	5.019,99	1.737,68	2.115,15	2.462,63	2.780,10	3.067,58	3.325,05
5.020,00	bis	5.039,99	1.742,18	2.121,15	2.470,13	2.789,10	3.078,08	3.337,05
5.040,00	bis	5.059,99	1.746,68	2.127,15	2.477,63	2.798,10	3.088,58	3.349,05
5.060,00	bis	5.079,99	1.751,18	2.133,15	2.485,13	2.807,10	3.099,08	3.361,05
5.080,00	bis	5.099,99	1.755,68	2.139,15	2.492,63	2.816,10	3.109,58	3.373,05
5.100,00	bis	5.119,99	1.760,18	2.145,15	2.500,13	2.825,10	3.120,08	3.385,05
5.120,00	bis	5.139,99	1.764,68	2.151,15	2.507,63	2.834,10	3.130,58	3.397,05
5.140,00	bis	5.159,99	1.769,18	2.157,15	2.515,13	2.843,10	3.141,08	3.409,05
5.160,00	bis	5.179,99	1.773,68	2.163,15	2.522,63	2.852,10	3.151,58	3.421,05
5.180,00	bis	5.199,99	1.778,18	2.169,15	2.530,13	2.861,10	3.162,08	3.433,05
5.200,00	bis	5.219,99	1.782,68	2.175,15	2.537,63	2.870,10	3.172,58	3.445,05
5.220,00	bis	5.239,99	1.787,18	2.181,15	2.545,13	2.879,10	3.183,08	3.457,05
5.240,00	bis	5.259,99	1.791,68	2.187,15	2.552,63	2.888,10	3.193,58	3.469,05
5.260,00	bis	5.279,99	1.796,18	2.193,15	2.560,13	2.897,10	3.204,08	3.481,05
5.280,00	bis	5.299,99	1.800,68	2.199,15	2.567,63	2.906,10	3.214,58	3.493,05
5.300,00	bis	5.319,99	1.805,18	2.205,15	2.575,13	2.915,10	3.225,08	3.505,05
5.320,00	bis	5.339,99	1.809,68	2.211,15	2.582,63	2.924,10	3.235,58	3.517,05
5.340,00	bis	5.359,99	1.814,18	2.217,15	2.590,13	2.933,10	3.246,08	3.529,05
5.360,00	bis	5.379,99	1.818,68	2.223,15	2.597,63	2.942,10	3.256,58	3.541,05
5.380,00	bis	5.399,99	1.823,18	2.229,15	2.605,13	2.951,10	3.267,08	3.553,05
5.400,00	bis	5.419,99	1.827,68	2.235,15	2.612,63	2.960,10	3.277,58	3.565,05
5.420,00	bis	5.439,99	1.832,18	2.241,15	2.620,13	2.969,10	3.288,08	3.577,05
5.440,00	bis	5.459,99	1.836,68	2.247,15	2.627,63	2.978,10	3.298,58	3.589,05
5.460,00	bis	5.479,99	1.841,18	2.253,15	2.635,13	2.987,10	3.309,08	3.601,05
5.480,00	bis	5.499,99	1.845,68	2.259,15	2.642,63	2.996,10	3.319,58	3.613,05
5.500,00	bis	5.519,99	1.850,18	2.265,15	2.650,13	3.005,10	3.330,08	3.625,05
5.520,00	bis	5.539,99	1.854,68	2.271,15	2.657,63	3.014,10	3.340,58	3.637,05
5.540,00	bis	5.559,99	1.859,18	2.277,15	2.665,13	3.023,10	3.351,08	3.649,05
5.560,00	bis	5.579,99	1.863,68	2.283,15	2.672,63	3.032,10	3.361,58	3.661,05
5.580,00	bis	5.599,99	1.868,18	2.289,15	2.680,13	3.041,10	3.372,08	3.673,05
5.600,00	bis	5.619,99	1.872,68	2.295,15	2.687,63	3.050,10	3.382,58	3.685,05
5.620,00	bis	5.639,99	1.877,18	2.301,15	2.695,13	3.059,10	3.393,08	3.697,05
5.640,00	bis	5.659,99	1.881,68	2.307,15	2.702,63	3.068,10	3.403,58	3.709,05
5.660,00	bis	5.679,99	1.886,18	2.313,15	2.710,13	3.077,10	3.414,08	3.721,05
5.680,00	bis	5.699,99	1.890,68	2.319,15	2.717,63	3.086,10	3.424,58	3.733,05
5.700,00	bis	5.719,99	1.895,18	2.325,15	2.725,13	3.095,10	3.435,08	3.745,05
5.720,00	bis	5.739,99	1.899,68	2.331,15	2.732,63	3.104,10	3.445,58	3.757,05
5.740,00	bis	5.759,99	1.904,18	2.337,15	2.740,13	3.113,10	3.456,08	3.769,05
5.760,00	bis	5.779,99	1.908,68	2.343,15	2.747,63	3.122,10	3.466,58	3.781,05
5.780,00	bis	5.799,99	1.913,18	2.349,15	2.755,13	3.131,10	3.477,08	3.793,05
5.800,00	bis	5.819,99	1.917,68	2.355,15	2.762,63	3.140,10	3.487,58	3.805,05
5.820,00	bis	5.839,99	1.922,18	2.361,15	2.770,13	3.149,10	3.498,08	3.817,05
5.840,00	bis	5.859,99	1.926,68	2.367,15	2.777,63	3.158,10	3.508,58	3.829,05
5.860,00	bis	5.879,99	1.931,18	2.373,15	2.785,13	3.167,10	3.519,08	3.841,05
5.880,00	bis	5.899,99	1.935,68	2.379,15	2.792,63	3.176,10	3.529,58	3.853,05
5.900,00	bis	5.919,99	1.940,18	2.385,15	2.800,13	3.185,10	3.540,08	3.865,05
5.920,00	bis	5.939,99	1.944,68	2.391,15	2.807,63	3.194,10	3.550,58	3.877,05
5.940,00	bis	5.959,99	1.949,18	2.397,15	2.815,13	3.203,10	3.561,08	3.889,05
5.960,00	bis	5.979,99	1.953,68	2.403,15	2.822,63	3.212,10	3.571,58	3.901,05
5.980,00	bis	5.999,99	1.958,18	2.409,15	2.830,13	3.221,10	3.582,08	3.913,05
6.000,00	bis	6.019,99	1.962,68	2.415,15	2.837,63	3.230,10	3.592,58	3.925,05
6.020,00	bis	6.039,99	1.967,18	2.421,15	2.845,13	3.239,10	3.603,08	3.937,05
6.040,00	bis	6.059,99	1.971,68	2.427,15	2.852,63	3.248,10	3.613,58	3.949,05
6.060,00	bis	6.079,99	1.976,18	2.433,15	2.860,13	3.257,10	3.624,08	3.961,05
6.080,00	bis	6.099,99	1.980,68	2.439,15	2.867,63	3.266,10	3.634,58	3.973,05
6.100,00	bis	6.119,99	1.985,18	2.445,15	2.875,13	3.275,10	3.645,08	3.985,05

Tabelle 2cm (Beschränkt pfändbare einmalige Leistungen)

6.120,00	bis	6.139,99	1.989,68	2.451,15	2.882,63	3.284,10	3.655,58	3.997,05
6.140,00	bis	6.159,99	1.994,18	2.457,15	2.890,13	3.293,10	3.666,08	4.009,05
6.160,00	bis	6.179,99	1.998,68	2.463,15	2.897,63	3.302,10	3.676,58	4.021,05
6.180,00	bis	6.199,99	2.003,18	2.469,15	2.905,13	3.311,10	3.687,08	4.033,05
6.200,00	bis	6.219,99	2.007,68	2.475,15	2.912,63	3.320,10	3.697,58	4.045,05
6.220,00	bis	6.239,99	2.012,18	2.481,15	2.920,13	3.329,10	3.708,08	4.057,05
6.240,00	bis	6.259,99	2.016,68	2.487,15	2.927,63	3.338,10	3.718,58	4.069,05
6.260,00	bis	6.279,99	2.021,18	2.493,15	2.935,13	3.347,10	3.729,08	4.081,05
6.280,00	bis	6.299,99	2.025,68	2.499,15	2.942,63	3.356,10	3.739,58	4.093,05
6.300,00	bis	6.319,99	2.030,18	2.505,15	2.950,13	3.365,10	3.750,08	4.105,05
6.320,00	bis	6.339,99	2.034,68	2.511,15	2.957,63	3.374,10	3.760,58	4.117,05
6.340,00	bis	6.359,99	2.039,18	2.517,15	2.965,13	3.383,10	3.771,08	4.129,05
6.360,00	bis	6.379,99	2.043,68	2.523,15	2.972,63	3.392,10	3.781,58	4.141,05
6.380,00	bis	6.399,99	2.048,18	2.529,15	2.980,13	3.401,10	3.792,08	4.153,05
6.400,00	bis	6.419,99	2.052,68	2.535,15	2.987,63	3.410,10	3.802,58	4.165,05
6.420,00	bis	6.439,99	2.057,18	2.541,15	2.995,13	3.419,10	3.813,08	4.177,05
6.440,00	bis	6.459,99	2.061,68	2.547,15	3.002,63	3.428,10	3.823,58	4.189,05
6.460,00	bis	6.479,99	2.066,18	2.553,15	3.010,13	3.437,10	3.834,08	4.201,05
6.480,00	bis	6.499,99	2.070,68	2.559,15	3.017,63	3.446,10	3.844,58	4.213,05
6.500,00	bis	6.519,99	2.075,18	2.565,15	3.025,13	3.455,10	3.855,08	4.225,05
6.520,00	bis	6.539,99	2.079,68	2.571,15	3.032,63	3.464,10	3.865,58	4.237,05
6.540,00	bis	6.559,99	2.084,18	2.577,15	3.040,13	3.473,10	3.876,08	4.249,05
6.560,00	bis	6.579,99	2.088,68	2.583,15	3.047,63	3.482,10	3.886,58	4.261,05
6.580,00	bis	6.599,99	2.093,18	2.589,15	3.055,13	3.491,10	3.897,08	4.273,05
6.600,00	bis	6.619,99	2.097,68	2.595,15	3.062,63	3.500,10	3.907,58	4.285,05
6.620,00	bis	6.639,99	2.102,18	2.601,15	3.070,13	3.509,10	3.918,08	4.297,05
6.640,00	bis	6.659,99	2.106,68	2.607,15	3.077,63	3.518,10	3.928,58	4.309,05
6.660,00	bis	6.679,99	2.111,18	2.613,15	3.085,13	3.527,10	3.939,08	4.321,05
6.680,00	bis	6.699,99	2.115,68	2.619,15	3.092,63	3.536,10	3.949,58	4.333,05
6.700,00	bis	6.719,99	2.120,18	2.625,15	3.100,13	3.545,10	3.960,08	4.345,05
6.720,00	bis	6.739,99	2.124,68	2.631,15	3.107,63	3.554,10	3.970,58	4.357,05
6.740,00	bis	6.759,99	2.129,18	2.637,15	3.115,13	3.563,10	3.981,08	4.369,05
6.760,00	bis	6.779,99	2.133,68	2.643,15	3.122,63	3.572,10	3.991,58	4.381,05
6.780,00	bis	6.799,99	2.138,18	2.649,15	3.130,13	3.581,10	4.002,08	4.393,05
6.800,00	bis	6.819,99	2.142,68	2.655,15	3.137,63	3.590,10	4.012,58	4.405,05
6.820,00	bis	6.839,99	2.147,18	2.661,15	3.145,13	3.599,10	4.023,08	4.417,05
6.840,00	bis	6.859,99	2.151,68	2.667,15	3.152,63	3.608,10	4.033,58	4.429,05
6.860,00	bis	6.879,99	2.156,18	2.673,15	3.160,13	3.617,10	4.044,08	4.441,05
6.880,00	bis	6.899,99	2.160,68	2.679,15	3.167,63	3.626,10	4.054,58	4.453,05
6.900,00	bis	6.919,99	2.165,18	2.685,15	3.175,13	3.635,10	4.065,08	4.465,05
6.920,00	bis	6.939,99	2.169,68	2.691,15	3.182,63	3.644,10	4.075,58	4.477,05
6.940,00	bis	6.959,99	2.174,18	2.697,15	3.190,13	3.653,10	4.086,08	4.489,05
6.960,00	bis	6.979,99	2.178,68	2.703,15	3.197,63	3.662,10	4.096,58	4.501,05
6.980,00	bis	6.999,99	2.183,18	2.709,15	3.205,13	3.671,10	4.107,08	4.513,05
7.000,00	bis	7.019,99	2.187,68	2.715,15	3.212,63	3.680,10	4.117,58	4.525,05
7.020,00	bis	7.039,99	2.192,18	2.721,15	3.220,13	3.689,10	4.128,08	4.537,05
7.040,00	bis	7.059,99	2.196,68	2.727,15	3.227,63	3.698,10	4.138,58	4.549,05
7.060,00	bis	7.079,99	2.201,18	2.733,15	3.235,13	3.707,10	4.149,08	4.561,05
7.080,00	bis	7.099,99	2.205,68	2.739,15	3.242,63	3.716,10	4.159,58	4.573,05
7.100,00	bis	7.119,99	2.210,18	2.745,15	3.250,13	3.725,10	4.170,08	4.585,05
7.120,00	bis	7.139,99	2.214,68	2.751,15	3.257,63	3.734,10	4.180,58	4.597,05
7.140,00	bis	7.159,99	2.219,18	2.757,15	3.265,13	3.743,10	4.191,08	4.609,05
7.160,00	bis	7.179,99	2.223,68	2.763,15	3.272,63	3.752,10	4.201,58	4.621,05
7.180,00	bis	7.199,99	2.228,18	2.769,15	3.280,13	3.761,10	4.212,08	4.633,05
7.200,00	bis	7.219,99	2.232,68	2.775,15	3.287,63	3.770,10	4.222,58	4.645,05
7.220,00	bis	7.239,99	2.237,18	2.781,15	3.295,13	3.779,10	4.233,08	4.657,05
7.240,00	bis	7.259,99	2.241,68	2.787,15	3.302,63	3.788,10	4.243,58	4.669,05
7.260,00	bis	7.279,99	2.246,18	2.793,15	3.310,13	3.797,10	4.254,08	4.681,05
7.280,00	bis	7.299,99	2.250,68	2.799,15	3.317,63	3.806,10	4.264,58	4.693,05
7.300,00	bis	7.319,99	2.255,18	2.805,15	3.325,13	3.815,10	4.275,08	4.705,05
7.320,00	bis	7.339,99	2.259,68	2.811,15	3.332,63	3.824,10	4.285,58	4.717,05
7.340,00	bis	7.359,99	2.264,18	2.817,15	3.340,13	3.833,10	4.296,08	4.729,05
7.360,00	bis	7.379,99	2.268,68	2.823,15	3.347,63	3.842,10	4.306,58	4.741,05
7.380,00	bis	7.399,99	2.273,18	2.829,15	3.355,13	3.851,10	4.317,08	4.753,05
7.400,00	bis	7.419,99	2.277,68	2.835,15	3.362,63	3.860,10	4.327,58	4.765,05
7.420,00	bis	7.439,99	2.282,18	2.841,15	3.370,13	3.869,10	4.338,08	4.777,05
7.440,00	bis	7.459,99	2.286,68	2.847,15	3.377,63	3.878,10	4.348,58	4.789,05

Tabelle 2cm (Beschränkt pfändbare einmalige Leistungen)

TABELLEN

7.460,00	bis	7.479,99	2.291,18	2.853,15	3.385,13	3.887,10	4.359,08	4.801,05
7.480,00	bis	7.499,99	2.295,68	2.859,15	3.392,63	3.896,10	4.369,58	4.813,05
7.500,00	bis	7.519,99	2.300,18	2.865,15	3.400,13	3.905,10	4.380,08	4.825,05
7.520,00	bis	7.539,99	2.304,68	2.871,15	3.407,63	3.914,10	4.390,58	4.837,05
7.540,00	bis	7.559,99	2.309,18	2.877,15	3.415,13	3.923,10	4.401,08	4.849,05
7.560,00	bis	7.579,99	2.313,68	2.883,15	3.422,63	3.932,10	4.411,58	4.861,05
7.580,00	bis	7.599,99	2.318,18	2.889,15	3.430,13	3.941,10	4.422,08	4.873,05
7.600,00	bis	7.619,99	2.322,68	2.895,15	3.437,63	3.950,10	4.432,58	4.885,05
7.620,00	bis	7.639,99	2.327,18	2.901,15	3.445,13	3.959,10	4.443,08	4.897,05
7.640,00	bis	7.659,99	2.331,68	2.907,15	3.452,63	3.968,10	4.453,58	4.909,05
7.660,00	bis	7.679,99	2.336,18	2.913,15	3.460,13	3.977,10	4.464,08	4.921,05
7.680,00	bis	7.699,99	2.340,68	2.919,15	3.467,63	3.986,10	4.474,58	4.933,05
7.700,00	bis	7.719,99	2.345,18	2.925,15	3.475,13	3.995,10	4.485,08	4.945,05
7.720,00	bis	7.739,99	2.349,68	2.931,15	3.482,63	4.004,10	4.495,58	4.957,05
7.740,00	bis	7.759,99	2.354,18	2.937,15	3.490,13	4.013,10	4.506,08	4.969,05
7.760,00	bis	7.779,99	2.358,68	2.943,15	3.497,63	4.022,10	4.516,58	4.981,05
7.780,00	bis	7.799,99	2.363,18	2.949,15	3.505,13	4.031,10	4.527,08	4.993,05
7.800,00	bis	7.819,99	2.367,68	2.955,15	3.512,63	4.040,10	4.537,58	5.005,05
7.820,00	bis	7.839,99	2.372,18	2.961,15	3.520,13	4.049,10	4.548,08	5.017,05
7.840,00	bis	7.859,99	2.376,68	2.967,15	3.527,63	4.058,10	4.558,58	5.029,05
7.860,00	bis	7.879,99	2.381,18	2.973,15	3.535,13	4.067,10	4.569,08	5.041,05
7.880,00	bis	7.899,99	2.385,68	2.979,15	3.542,63	4.076,10	4.579,58	5.053,05
7.900,00	bis	7.919,99	2.390,18	2.985,15	3.550,13	4.085,10	4.590,08	5.065,05
7.920,00	bis	7.939,99	2.394,68	2.991,15	3.557,63	4.094,10	4.600,58	5.077,05
7.940,00	bis	7.959,99	2.399,18	2.997,15	3.565,13	4.103,10	4.611,08	5.089,05
7.960,00	bis	7.979,99	2.403,68	3.003,15	3.572,63	4.112,10	4.621,58	5.101,05
7.980,00	bis	7.999,99	2.408,18	3.009,15	3.580,13	4.121,10	4.632,08	5.113,05
8.000,00	bis	8.019,99	2.412,68	3.015,15	3.587,63	4.130,10	4.642,58	5.125,05
8.020,00	bis	8.039,99	2.417,18	3.021,15	3.595,13	4.139,10	4.653,08	5.137,05
8.040,00	bis	8.059,99	2.421,68	3.027,15	3.602,63	4.148,10	4.663,58	5.149,05
8.060,00	bis	8.079,99	2.426,18	3.033,15	3.610,13	4.157,10	4.674,08	5.161,05
8.080,00	bis	8.099,99	2.430,68	3.039,15	3.617,63	4.166,10	4.684,58	5.173,05
8.100,00	bis	8.119,99	2.435,18	3.045,15	3.625,13	4.175,10	4.695,08	5.185,05
8.120,00	bis	8.139,99	2.439,68	3.051,15	3.632,63	4.184,10	4.705,58	5.197,05
8.140,00	bis	8.159,99	2.444,18	3.057,15	3.640,13	4.193,10	4.716,08	5.209,05
8.160,00	bis	8.179,99	2.448,68	3.063,15	3.647,63	4.202,10	4.726,58	5.221,05
8.180,00	bis	8.199,99	2.453,18	3.069,15	3.655,13	4.211,10	4.737,08	5.233,05
8.200,00	bis	8.219,99	2.457,68	3.075,15	3.662,63	4.220,10	4.747,58	5.245,05
8.220,00	bis	8.239,99	2.462,18	3.081,15	3.670,13	4.229,10	4.758,08	5.257,05
8.240,00	bis	8.259,99	2.466,68	3.087,15	3.677,63	4.238,10	4.768,58	5.269,05
8.260,00	bis	8.279,99	2.471,18	3.093,15	3.685,13	4.247,10	4.779,08	5.281,05
8.280,00	bis	8.299,99	2.475,68	3.099,15	3.692,63	4.256,10	4.789,58	5.293,05
8.300,00	bis	8.319,99	2.480,18	3.105,15	3.700,13	4.265,10	4.800,08	5.305,05
8.320,00	bis	8.339,99	2.484,68	3.111,15	3.707,63	4.274,10	4.810,58	5.317,05
8.340,00	bis	8.359,99	2.489,18	3.117,15	3.715,13	4.283,10	4.821,08	5.329,05
8.360,00	bis	8.379,99	2.493,68	3.123,15	3.722,63	4.292,10	4.831,58	5.341,05
8.380,00	bis	8.399,99	2.498,18	3.129,15	3.730,13	4.301,10	4.842,08	5.353,05
8.400,00	bis	8.419,99	2.502,68	3.135,15	3.737,63	4.310,10	4.852,58	5.365,05
8.420,00	bis	8.439,99	2.507,18	3.141,15	3.745,13	4.319,10	4.863,08	5.377,05
8.440,00	bis	8.459,99	2.511,68	3.147,15	3.752,63	4.328,10	4.873,58	5.389,05
8.460,00	bis	8.479,99	2.516,18	3.153,15	3.760,13	4.337,10	4.884,08	5.401,05
8.480,00	bis	8.499,99	2.520,68	3.159,15	3.767,63	4.346,10	4.894,58	5.413,05
8.500,00	bis	8.519,99	2.525,18	3.165,15	3.775,13	4.355,10	4.905,08	5.425,05
8.520,00	bis	8.539,99	2.529,68	3.171,15	3.782,63	4.364,10	4.915,58	5.437,05
8.540,00	bis	8.559,99	2.534,18	3.177,15	3.790,13	4.373,10	4.926,08	5.449,05
8.560,00	bis	8.579,99	2.538,68	3.183,15	3.797,63	4.382,10	4.936,58	5.461,05
8.580,00	bis	8.599,99	2.543,18	3.189,15	3.805,13	4.391,10	4.947,08	5.473,05
8.600,00	bis	8.619,99	2.547,68	3.195,15	3.812,63	4.400,10	4.957,58	5.485,05
8.620,00	bis	8.639,99	2.552,18	3.201,15	3.820,13	4.409,10	4.968,08	5.497,05
8.640,00	bis	8.659,99	2.556,68	3.207,15	3.827,63	4.418,10	4.978,58	5.509,05
8.660,00	bis	8.679,99	2.561,18	3.213,15	3.835,13	4.427,10	4.989,08	5.521,05
8.680,00	bis	8.699,99	2.565,68	3.219,15	3.842,63	4.436,10	4.999,58	5.533,05
8.700,00	bis	8.719,99	2.570,18	3.225,15	3.850,13	4.445,10	5.010,08	5.545,05
8.720,00	bis	8.739,99	2.574,68	3.231,15	3.857,63	4.454,10	5.020,58	5.557,05
8.740,00	bis	8.759,99	2.579,18	3.237,15	3.865,13	4.463,10	5.031,08	5.569,05
8.760,00	bis	8.779,99	2.583,68	3.243,15	3.872,63	4.472,10	5.041,58	5.581,05
8.780,00	bis	8.799,99	2.588,18	3.249,15	3.880,13	4.481,10	5.052,08	5.593,05

Tabelle 2cm (Beschränkt pfändbare einmalige Leistungen)

8.800,00	bis	8.819,99	2.592,68	3.255,15	3.887,63	4.490,10	5.062,58	5.605,05
8.820,00	bis	8.839,99	2.597,18	3.261,15	3.895,13	4.499,10	5.073,08	5.617,05
8.840,00	bis	8.859,99	2.601,68	3.267,15	3.902,63	4.508,10	5.083,58	5.629,05
8.860,00	bis	8.879,99	2.606,18	3.273,15	3.910,13	4.517,10	5.094,08	5.641,05
8.880,00	bis	8.899,99	2.610,68	3.279,15	3.917,63	4.526,10	5.104,58	5.653,05
8.900,00	bis	8.919,99	2.615,18	3.285,15	3.925,13	4.535,10	5.115,08	5.665,05
8.920,00	bis	8.939,99	2.619,68	3.291,15	3.932,63	4.544,10	5.125,58	5.677,05
8.940,00	bis	8.959,99	2.624,18	3.297,15	3.940,13	4.553,10	5.136,08	5.689,05
8.960,00	bis	8.979,99	2.628,68	3.303,15	3.947,63	4.562,10	5.146,58	5.701,05
8.980,00	bis	8.999,99	2.633,18	3.309,15	3.955,13	4.571,10	5.157,08	5.713,05
9.000,00	bis	9.019,99	2.637,68	3.315,15	3.962,63	4.580,10	5.167,58	5.725,05
9.020,00	bis	9.039,99	2.642,18	3.321,15	3.970,13	4.589,10	5.178,08	5.737,05
9.040,00	bis	9.059,99	2.646,68	3.327,15	3.977,63	4.598,10	5.188,58	5.749,05
9.060,00	bis	9.079,99	2.651,18	3.333,15	3.985,13	4.607,10	5.199,08	5.761,05
9.080,00	bis	9.099,99	2.655,68	3.339,15	3.992,63	4.616,10	5.209,58	5.773,05
9.100,00	bis	9.119,99	2.660,18	3.345,15	4.000,13	4.625,10	5.220,08	5.785,05
9.120,00	bis	9.139,99	2.664,68	3.351,15	4.007,63	4.634,10	5.230,58	5.797,05
9.140,00	bis	9.159,99	2.669,18	3.357,15	4.015,13	4.643,10	5.241,08	5.809,05
9.160,00	bis	9.179,99	2.673,68	3.363,15	4.022,63	4.652,10	5.251,58	5.821,05
9.180,00	bis	9.199,99	2.678,18	3.369,15	4.030,13	4.661,10	5.262,08	5.833,05
9.200,00	bis	9.219,99	2.682,68	3.375,15	4.037,63	4.670,10	5.272,58	5.845,05
9.220,00	bis	9.239,99	2.687,18	3.381,15	4.045,13	4.679,10	5.283,08	5.857,05
9.240,00	bis	9.259,99	2.691,68	3.387,15	4.052,63	4.688,10	5.293,58	5.869,05
9.260,00	bis	9.279,99	2.696,18	3.393,15	4.060,13	4.697,10	5.304,08	5.881,05
9.280,00	bis	9.299,99	2.700,68	3.399,15	4.067,63	4.706,10	5.314,58	5.893,05
9.300,00	bis	9.319,99	2.705,18	3.405,15	4.075,13	4.715,10	5.325,08	5.905,05
9.320,00	bis	9.339,99	2.709,68	3.411,15	4.082,63	4.724,10	5.335,58	5.917,05
9.340,00	bis	9.359,99	2.714,18	3.417,15	4.090,13	4.733,10	5.346,08	5.929,05
9.360,00	bis	9.379,99	2.718,68	3.423,15	4.097,63	4.742,10	5.356,58	5.941,05
9.380,00	bis	9.399,99	2.723,18	3.429,15	4.105,13	4.751,10	5.367,08	5.953,05
9.400,00	bis	9.419,99	2.727,68	3.435,15	4.112,63	4.760,10	5.377,58	5.965,05
9.420,00	bis	9.439,99	2.732,18	3.441,15	4.120,13	4.769,10	5.388,08	5.977,05
9.440,00	bis	9.459,99	2.736,68	3.447,15	4.127,63	4.778,10	5.398,58	5.989,05
9.460,00	bis	9.479,99	2.741,18	3.453,15	4.135,13	4.787,10	5.409,08	6.001,05
9.480,00	bis	9.499,99	2.745,68	3.459,15	4.142,63	4.796,10	5.419,58	6.013,05
9.500,00	bis	9.519,99	2.750,18	3.465,15	4.150,13	4.805,10	5.430,08	6.025,05
9.520,00	bis	9.539,99	2.754,68	3.471,15	4.157,63	4.814,10	5.440,58	6.037,05
9.540,00	bis	9.559,99	2.759,18	3.477,15	4.165,13	4.823,10	5.451,08	6.049,05
9.560,00	bis	9.579,99	2.763,68	3.483,15	4.172,63	4.832,10	5.461,58	6.061,05
9.580,00	bis	9.599,99	2.768,18	3.489,15	4.180,13	4.841,10	5.472,08	6.073,05
9.600,00	bis	9.619,99	2.772,68	3.495,15	4.187,63	4.850,10	5.482,58	6.085,05
9.620,00	bis	9.639,99	2.777,18	3.501,15	4.195,13	4.859,10	5.493,08	6.097,05
9.640,00	bis	9.659,99	2.781,68	3.507,15	4.202,63	4.868,10	5.503,58	6.109,05
9.660,00	bis	9.679,99	2.786,18	3.513,15	4.210,13	4.877,10	5.514,08	6.121,05
9.680,00	bis	9.699,99	2.790,68	3.519,15	4.217,63	4.886,10	5.524,58	6.133,05
9.700,00	bis	9.719,99	2.795,18	3.525,15	4.225,13	4.895,10	5.535,08	6.145,05
9.720,00	bis	9.739,99	2.799,68	3.531,15	4.232,63	4.904,10	5.545,58	6.157,05
9.740,00	bis	9.759,99	2.804,18	3.537,15	4.240,13	4.913,10	5.556,08	6.169,05
9.760,00	bis	9.779,99	2.808,68	3.543,15	4.247,63	4.922,10	5.566,58	6.181,05
9.780,00	bis	9.799,99	2.813,18	3.549,15	4.255,13	4.931,10	5.577,08	6.193,05
9.800,00	bis	9.819,99	2.817,68	3.555,15	4.262,63	4.940,10	5.587,58	6.205,05
9.820,00	bis	9.839,99	2.822,18	3.561,15	4.270,13	4.949,10	5.598,08	6.217,05
9.840,00	bis	9.859,99	2.826,68	3.567,15	4.277,63	4.958,10	5.608,58	6.229,05
9.860,00	bis	9.879,99	2.831,18	3.573,15	4.285,13	4.967,10	5.619,08	6.241,05
9.880,00	bis	9.899,99	2.835,68	3.579,15	4.292,63	4.976,10	5.629,58	6.253,05
9.900,00	bis	9.919,99	2.840,18	3.585,15	4.300,13	4.985,10	5.640,08	6.265,05
9.920,00	bis	9.939,99	2.844,68	3.591,15	4.307,63	4.994,10	5.650,58	6.277,05
9.940,00	bis	9.959,99	2.849,18	3.597,15	4.315,13	5.003,10	5.661,08	6.289,05
9.960,00	bis	9.979,99	2.853,68	3.603,15	4.322,63	5.012,10	5.671,58	6.301,05
9.980,00	bis	9.999,99	2.858,18	3.609,15	4.330,13	5.021,10	5.682,08	6.313,05
10.000,00	bis	10.019,99	2.862,68	3.615,15	4.337,63	5.030,10	5.692,58	6.325,05
10.020,00	bis	10.039,99	2.867,18	3.621,15	4.345,13	5.039,10	5.703,08	6.337,05
10.040,00	bis	10.059,99	2.871,68	3.627,15	4.352,63	5.048,10	5.713,58	6.349,05
10.060,00	bis	10.079,99	2.876,18	3.633,15	4.360,13	5.057,10	5.724,08	6.361,05
10.080,00	bis	10.099,99	2.880,68	3.639,15	4.367,63	5.066,10	5.734,58	6.373,05
10.100,00	bis	10.119,99	2.885,18	3.645,15	4.375,13	5.075,10	5.745,08	6.385,05
10.120,00	bis	10.139,99	2.889,68	3.651,15	4.382,63	5.084,10	5.755,58	6.397,05

Tabelle 2cm (Beschränkt pfändbare einmalige Leistungen)

TABELLEN

10.140,00	bis	10.159,99	2.894,18	3.657,15	4.390,13	5.093,10	5.766,08	6.409,05
10.160,00	bis	10.179,99	2.898,68	3.663,15	4.397,63	5.102,10	5.776,58	6.421,05
10.180,00	bis	10.199,99	2.903,18	3.669,15	4.405,13	5.111,10	5.787,08	6.433,05
10.200,00	bis	10.219,99	2.907,68	3.675,15	4.412,63	5.120,10	5.797,58	6.445,05
10.220,00	bis	10.239,99	2.912,18	3.681,15	4.420,13	5.129,10	5.808,08	6.457,05
10.240,00	bis	10.259,99	2.916,68	3.687,15	4.427,63	5.138,10	5.818,58	6.469,05
10.260,00	bis	10.279,99	2.921,18	3.693,15	4.435,13	5.147,10	5.829,08	6.481,05
10.280,00	bis	10.299,99	2.925,68	3.699,15	4.442,63	5.156,10	5.839,58	6.493,05
10.300,00	bis	10.319,99	2.930,18	3.705,15	4.450,13	5.165,10	5.850,08	6.505,05
10.320,00	bis	10.339,99	2.934,68	3.711,15	4.457,63	5.174,10	5.860,58	6.517,05
10.340,00	bis	10.359,99	2.939,18	3.717,15	4.465,13	5.183,10	5.871,08	6.529,05
10.360,00	bis	10.379,99	2.943,68	3.723,15	4.472,63	5.192,10	5.881,58	6.541,05
10.380,00	bis	10.399,99	2.948,18	3.729,15	4.480,13	5.201,10	5.892,08	6.553,05
10.400,00	bis	10.419,99	2.952,68	3.735,15	4.487,63	5.210,10	5.902,58	6.565,05
10.420,00	bis	10.439,99	2.957,18	3.741,15	4.495,13	5.219,10	5.913,08	6.577,05
10.440,00	bis	10.459,99	2.961,68	3.747,15	4.502,63	5.228,10	5.923,58	6.589,05
10.460,00	bis	10.479,99	2.966,18	3.753,15	4.510,13	5.237,10	5.934,08	6.601,05
10.480,00	bis	10.499,99	2.970,68	3.759,15	4.517,63	5.246,10	5.944,58	6.613,05
10.500,00	bis	10.519,99	2.975,18	3.765,15	4.525,13	5.255,10	5.955,08	6.625,05
10.520,00	bis	10.539,99	2.979,68	3.771,15	4.532,63	5.264,10	5.965,58	6.637,05
10.540,00	bis	10.559,99	2.984,18	3.777,15	4.540,13	5.273,10	5.976,08	6.649,05
10.560,00	bis	10.579,99	2.988,68	3.783,15	4.547,63	5.282,10	5.986,58	6.661,05
10.580,00	bis	10.599,99	2.993,18	3.789,15	4.555,13	5.291,10	5.997,08	6.673,05
10.600,00	bis	10.619,99	2.997,68	3.795,15	4.562,63	5.300,10	6.007,58	6.685,05
10.620,00	bis	10.639,99	3.002,18	3.801,15	4.570,13	5.309,10	6.018,08	6.697,05
10.640,00	bis	10.659,99	3.006,68	3.807,15	4.577,63	5.318,10	6.028,58	6.709,05
10.660,00	bis	10.679,99	3.011,18	3.813,15	4.585,13	5.327,10	6.039,08	6.721,05
10.680,00	bis	10.699,99	3.015,68	3.819,15	4.592,63	5.336,10	6.049,58	6.733,05
10.700,00	bis	10.719,99	3.020,18	3.825,15	4.600,13	5.345,10	6.060,08	6.745,05
10.720,00	bis	10.739,99	3.024,68	3.831,15	4.607,63	5.354,10	6.070,58	6.757,05
10.740,00	bis	10.759,99	3.029,18	3.837,15	4.615,13	5.363,10	6.081,08	6.769,05
10.760,00	bis	10.779,99	3.033,68	3.843,15	4.622,63	5.372,10	6.091,58	6.781,05
10.780,00	bis	10.799,99	3.038,18	3.849,15	4.630,13	5.381,10	6.102,08	6.793,05
10.800,00	bis	10.819,99	3.042,68	3.855,15	4.637,63	5.390,10	6.112,58	6.805,05
10.820,00	bis	10.839,99	3.047,18	3.861,15	4.645,13	5.399,10	6.123,08	6.817,05
10.840,00	bis	10.859,99	3.051,68	3.867,15	4.652,63	5.408,10	6.133,58	6.829,05
10.860,00	bis	10.879,99	3.056,18	3.873,15	4.660,13	5.417,10	6.144,08	6.841,05
10.880,00	bis	10.899,99	3.060,68	3.879,15	4.667,63	5.426,10	6.154,58	6.853,05
10.900,00	bis	10.919,99	3.065,18	3.885,15	4.675,13	5.435,10	6.165,08	6.865,05
10.920,00	bis	10.939,99	3.069,68	3.891,15	4.682,63	5.444,10	6.175,58	6.877,05
10.940,00	bis	10.959,99	3.074,18	3.897,15	4.690,13	5.453,10	6.186,08	6.889,05
10.960,00	bis	10.979,99	3.078,68	3.903,15	4.697,63	5.462,10	6.196,58	6.901,05
10.980,00	bis	10.999,99	3.083,18	3.909,15	4.705,13	5.471,10	6.207,08	6.913,05
11.000,00	bis	11.019,99	3.087,68	3.915,15	4.712,63	5.480,10	6.217,58	6.925,05
11.020,00	bis	11.039,99	3.092,18	3.921,15	4.720,13	5.489,10	6.228,08	6.937,05
11.040,00	bis	11.059,99	3.096,68	3.927,15	4.727,63	5.498,10	6.238,58	6.949,05
11.060,00	bis	11.079,99	3.101,18	3.933,15	4.735,13	5.507,10	6.249,08	6.961,05
11.080,00	bis	11.099,99	3.105,68	3.939,15	4.742,63	5.516,10	6.259,58	6.973,05
11.100,00	bis	11.119,99	3.110,18	3.945,15	4.750,13	5.525,10	6.270,08	6.985,05
11.120,00	bis	11.139,99	3.114,68	3.951,15	4.757,63	5.534,10	6.280,58	6.997,05
11.140,00	bis	11.159,99	3.119,18	3.957,15	4.765,13	5.543,10	6.291,08	7.009,05
11.160,00	bis	11.179,99	3.123,68	3.963,15	4.772,63	5.552,10	6.301,58	7.021,05
11.180,00	bis	11.199,99	3.128,18	3.969,15	4.780,13	5.561,10	6.312,08	7.033,05
11.200,00	bis	11.219,99	3.132,68	3.975,15	4.787,63	5.570,10	6.322,58	7.045,05
11.220,00	bis	11.239,99	3.137,18	3.981,15	4.795,13	5.579,10	6.333,08	7.057,05
11.240,00	bis	11.259,99	3.141,68	3.987,15	4.802,63	5.588,10	6.343,58	7.069,05
11.260,00	bis	11.279,99	3.146,18	3.993,15	4.810,13	5.597,10	6.354,08	7.081,05
11.280,00	bis	11.299,99	3.150,68	3.999,15	4.817,63	5.606,10	6.364,58	7.093,05
11.300,00	bis	11.319,99	3.155,18	4.005,15	4.825,13	5.615,10	6.375,08	7.105,05
11.320,00	bis	11.339,99	3.159,68	4.011,15	4.832,63	5.624,10	6.385,58	7.117,05
11.340,00	bis	11.359,99	3.164,18	4.017,15	4.840,13	5.633,10	6.396,08	7.129,05
11.360,00	bis	11.379,99	3.168,68	4.023,15	4.847,63	5.642,10	6.406,58	7.141,05
11.380,00	bis	11.399,99	3.173,18	4.029,15	4.855,13	5.651,10	6.417,08	7.153,05
11.400,00	bis	11.419,99	3.177,68	4.035,15	4.862,63	5.660,10	6.427,58	7.165,05
11.420,00	bis	11.439,99	3.182,18	4.041,15	4.870,13	5.669,10	6.438,08	7.177,05
11.440,00	bis	11.459,99	3.186,68	4.047,15	4.877,63	5.678,10	6.448,58	7.189,05
11.460,00	bis	11.479,99	3.191,18	4.053,15	4.885,13	5.687,10	6.459,08	7.201,05

Tabelle 2cm (Beschränkt pfändbare einmalige Leistungen)

11.480,00	bis	11.499,99	3.195,68	4.059,15	4.892,63	5.696,10	6.469,58	7.213,05
11.500,00	bis	11.519,99	3.200,18	4.065,15	4.900,13	5.705,10	6.480,08	7.225,05
11.520,00	bis	11.539,99	3.204,68	4.071,15	4.907,63	5.714,10	6.490,58	7.237,05
11.540,00	bis	11.559,99	3.209,18	4.077,15	4.915,13	5.723,10	6.501,08	7.249,05
11.560,00	bis	11.579,99	3.213,68	4.083,15	4.922,63	5.732,10	6.511,58	7.261,05
11.580,00	bis	11.599,99	3.218,18	4.089,15	4.930,13	5.741,10	6.522,08	7.273,05
11.600,00	bis	11.619,99	3.222,68	4.095,15	4.937,63	5.750,10	6.532,58	7.285,05
11.620,00	bis	11.639,99	3.227,18	4.101,15	4.945,13	5.759,10	6.543,08	7.297,05
11.640,00	bis	11.659,99	3.231,68	4.107,15	4.952,63	5.768,10	6.553,58	7.309,05
11.660,00	bis	11.679,99	3.236,18	4.113,15	4.960,13	5.777,10	6.564,08	7.321,05
11.680,00	bis	11.699,99	3.240,68	4.119,15	4.967,63	5.786,10	6.574,58	7.333,05
11.700,00	bis	11.719,99	3.245,18	4.125,15	4.975,13	5.795,10	6.585,08	7.345,05
11.720,00	bis	11.739,99	3.249,68	4.131,15	4.982,63	5.804,10	6.595,58	7.357,05
11.740,00	bis	11.759,99	3.254,18	4.137,15	4.990,13	5.813,10	6.606,08	7.369,05
11.760,00	bis	11.779,99	3.258,68	4.143,15	4.997,63	5.822,10	6.616,58	7.381,05
11.780,00	bis	11.799,99	3.263,18	4.149,15	5.005,13	5.831,10	6.627,08	7.393,05
11.800,00	bis	11.819,99	3.267,68	4.155,15	5.012,63	5.840,10	6.637,58	7.405,05
11.820,00	bis	11.839,99	3.272,18	4.161,15	5.020,13	5.849,10	6.648,08	7.417,05
11.840,00	bis	11.859,99	3.276,68	4.167,15	5.027,63	5.858,10	6.658,58	7.429,05
11.860,00	bis	11.879,99	3.281,18	4.173,15	5.035,13	5.867,10	6.669,08	7.441,05
11.880,00	bis	11.899,99	3.285,68	4.179,15	5.042,63	5.876,10	6.679,58	7.453,05
11.900,00	bis	11.919,99	3.290,18	4.185,15	5.050,13	5.885,10	6.690,08	7.465,05
11.920,00	bis	11.939,99	3.294,68	4.191,15	5.057,63	5.894,10	6.700,58	7.477,05
11.940,00	bis	11.959,99	3.299,18	4.197,15	5.065,13	5.903,10	6.711,08	7.489,05
11.960,00	bis	11.979,99	3.303,68	4.203,15	5.072,63	5.912,10	6.721,58	7.501,05
11.980,00	bis	11.999,99	3.308,18	4.209,15	5.080,13	5.921,10	6.732,08	7.513,05
12.000,00	bis	12.019,99	3.312,68	4.215,15	5.087,63	5.930,10	6.742,58	7.525,05
12.020,00	bis	12.039,99	3.317,18	4.221,15	5.095,13	5.939,10	6.753,08	7.537,05
12.040,00	bis	12.059,99	3.321,68	4.227,15	5.102,63	5.948,10	6.763,58	7.549,05
12.060,00	bis	12.079,99	3.326,18	4.233,15	5.110,13	5.957,10	6.774,08	7.561,05
12.080,00	bis	12.099,99	3.330,68	4.239,15	5.117,63	5.966,10	6.784,58	7.573,05
12.100,00	bis	12.119,99	3.335,18	4.245,15	5.125,13	5.975,10	6.795,08	7.585,05
12.120,00	bis	12.139,99	3.339,68	4.251,15	5.132,63	5.984,10	6.805,58	7.597,05
12.140,00	bis	12.159,99	3.344,18	4.257,15	5.140,13	5.993,10	6.816,08	7.609,05
12.160,00	bis	12.179,99	3.348,68	4.263,15	5.147,63	6.002,10	6.826,58	7.621,05
12.180,00	bis	12.199,99	3.353,18	4.269,15	5.155,13	6.011,10	6.837,08	7.633,05
12.200,00	bis	12.219,99	3.357,68	4.275,15	5.162,63	6.020,10	6.847,58	7.645,05
12.220,00	bis	12.239,99	3.362,18	4.281,15	5.170,13	6.029,10	6.858,08	7.657,05
12.240,00	bis	12.259,99	3.366,68	4.287,15	5.177,63	6.038,10	6.868,58	7.669,05
12.260,00	bis	12.279,99	3.371,18	4.293,15	5.185,13	6.047,10	6.879,08	7.681,05
12.280,00	bis	12.299,99	3.375,68	4.299,15	5.192,63	6.056,10	6.889,58	7.693,05
12.300,00	bis	12.319,99	3.380,18	4.305,15	5.200,13	6.065,10	6.900,08	7.705,05
12.320,00	bis	12.339,99	3.384,68	4.311,15	5.207,63	6.074,10	6.910,58	7.717,05
12.340,00	bis	12.359,99	3.389,18	4.317,15	5.215,13	6.083,10	6.921,08	7.729,05
12.360,00	bis	12.379,99	3.393,68	4.323,15	5.222,63	6.092,10	6.931,58	7.741,05
12.380,00	bis	12.399,99	3.398,18	4.329,15	5.230,13	6.101,10	6.942,08	7.753,05
12.400,00	bis	12.419,99	3.402,68	4.335,15	5.237,63	6.110,10	6.952,58	7.765,05
12.420,00	bis	12.439,99	3.407,18	4.341,15	5.245,13	6.119,10	6.963,08	7.777,05
12.440,00	bis	12.459,99	3.411,68	4.347,15	5.252,63	6.128,10	6.973,58	7.789,05
12.460,00	bis	12.479,99	3.416,18	4.353,15	5.260,13	6.137,10	6.984,08	7.801,05
12.480,00	bis	12.499,99	3.420,68	4.359,15	5.267,63	6.146,10	6.994,58	7.813,05
12.500,00	bis	12.519,99	3.425,18	4.365,15	5.275,13	6.155,10	7.005,08	7.825,05
12.520,00	bis	12.539,99	3.429,68	4.371,15	5.282,63	6.164,10	7.015,58	7.837,05
12.540,00	bis	12.559,99	3.434,18	4.377,15	5.290,13	6.173,10	7.026,08	7.849,05
12.560,00	bis	12.579,99	3.438,68	4.383,15	5.297,63	6.182,10	7.036,58	7.861,05
12.580,00	bis	12.599,99	3.443,18	4.389,15	5.305,13	6.191,10	7.047,08	7.873,05
12.600,00	bis	12.619,99	3.447,68	4.395,15	5.312,63	6.200,10	7.057,58	7.885,05
12.620,00	bis	12.639,99	3.452,18	4.401,15	5.320,13	6.209,10	7.068,08	7.897,05
12.640,00	bis	12.659,99	3.456,68	4.407,15	5.327,63	6.218,10	7.078,58	7.909,05
12.660,00	bis	12.679,99	3.461,18	4.413,15	5.335,13	6.227,10	7.089,08	7.921,05
12.680,00	bis	12.699,99	3.465,68	4.419,15	5.342,63	6.236,10	7.099,58	7.933,05
12.700,00	bis	12.719,99	3.470,18	4.425,15	5.350,13	6.245,10	7.110,08	7.945,05
12.720,00	bis	12.739,99	3.474,68	4.431,15	5.357,63	6.254,10	7.120,58	7.957,05
12.740,00	bis	12.759,99	3.479,18	4.437,15	5.365,13	6.263,10	7.131,08	7.969,05
12.760,00	bis	12.779,99	3.483,68	4.443,15	5.372,63	6.272,10	7.141,58	7.981,05
12.780,00	bis	12.799,99	3.488,18	4.449,15	5.380,13	6.281,10	7.152,08	7.993,05
12.800,00	bis	12.819,99	3.492,68	4.455,15	5.387,63	6.290,10	7.162,58	8.005,05

Tabelle 2cm (Beschränkt pfändbare einmalige Leistungen)

TABELLEN

12.820,00	bis	12.839,99	3.497,18	4.461,15	5.395,13	6.299,10	7.173,08	8.017,05
12.840,00	bis	12.859,99	3.501,68	4.467,15	5.402,63	6.308,10	7.183,58	8.029,05
12.860,00	bis	12.879,99	3.506,18	4.473,15	5.410,13	6.317,10	7.194,08	8.041,05
12.880,00	bis	12.899,99	3.510,68	4.479,15	5.417,63	6.326,10	7.204,58	8.053,05
12.900,00	bis	12.919,99	3.515,18	4.485,15	5.425,13	6.335,10	7.215,08	8.065,05
12.920,00	bis	12.939,99	3.519,68	4.491,15	5.432,63	6.344,10	7.225,58	8.077,05
12.940,00	bis	12.959,99	3.524,18	4.497,15	5.440,13	6.353,10	7.236,08	8.089,05
12.960,00	bis	12.979,99	3.528,68	4.503,15	5.447,63	6.362,10	7.246,58	8.101,05
12.980,00	bis	12.999,99	3.533,18	4.509,15	5.455,13	6.371,10	7.257,08	8.113,05
13.000,00	bis	13.019,99	3.537,68	4.515,15	5.462,63	6.380,10	7.267,58	8.125,05
13.020,00	bis	13.039,99	3.542,18	4.521,15	5.470,13	6.389,10	7.278,08	8.137,05
13.040,00	bis	13.059,99	3.546,68	4.527,15	5.477,63	6.398,10	7.288,58	8.149,05
13.060,00	bis	13.079,99	3.551,18	4.533,15	5.485,13	6.407,10	7.299,08	8.161,05
13.080,00	bis	13.099,99	3.555,68	4.539,15	5.492,63	6.416,10	7.309,58	8.173,05
13.100,00	bis	13.119,99	3.560,18	4.545,15	5.500,13	6.425,10	7.320,08	8.185,05
13.120,00	bis	13.139,99	3.564,68	4.551,15	5.507,63	6.434,10	7.330,58	8.197,05
13.140,00	bis	13.159,99	3.569,18	4.557,15	5.515,13	6.443,10	7.341,08	8.209,05
13.160,00	bis	13.179,99	3.573,68	4.563,15	5.522,63	6.452,10	7.351,58	8.221,05
13.180,00	bis	13.199,99	3.578,18	4.569,15	5.530,13	6.461,10	7.362,08	8.233,05
13.200,00	bis	13.219,99	3.582,68	4.575,15	5.537,63	6.470,10	7.372,58	8.245,05
13.220,00	bis	13.239,99	3.587,18	4.581,15	5.545,13	6.479,10	7.383,08	8.257,05
13.240,00	bis	13.259,99	3.591,68	4.587,15	5.552,63	6.488,10	7.393,58	8.269,05
13.260,00	bis	13.279,99	3.596,18	4.593,15	5.560,13	6.497,10	7.404,08	8.281,05
13.280,00	bis	13.299,99	3.600,68	4.599,15	5.567,63	6.506,10	7.414,58	8.293,05
13.300,00	bis	13.319,99	3.605,18	4.605,15	5.575,13	6.515,10	7.425,08	8.305,05
13.320,00	bis	13.339,99	3.609,68	4.611,15	5.582,63	6.524,10	7.435,58	8.317,05
13.340,00	bis	13.359,99	3.614,18	4.617,15	5.590,13	6.533,10	7.446,08	8.329,05
13.360,00	bis	13.379,99	3.618,68	4.623,15	5.597,63	6.542,10	7.456,58	8.341,05
13.380,00	bis	13.399,99	3.623,18	4.629,15	5.605,13	6.551,10	7.467,08	8.353,05
13.400,00	bis	13.419,99	3.627,68	4.635,15	5.612,63	6.560,10	7.477,58	8.365,05
13.420,00	bis	13.439,99	3.632,18	4.641,15	5.620,13	6.569,10	7.488,08	8.377,05
13.440,00	bis	13.459,99	3.636,68	4.647,15	5.627,63	6.578,10	7.498,58	8.389,05
13.460,00	bis	13.479,99	3.641,18	4.653,15	5.635,13	6.587,10	7.509,08	8.401,05
13.480,00	bis	13.499,99	3.645,68	4.659,15	5.642,63	6.596,10	7.519,58	8.413,05
13.500,00	bis	13.519,99	3.650,18	4.665,15	5.650,13	6.605,10	7.530,08	8.425,05
13.520,00	bis	13.539,99	3.654,68	4.671,15	5.657,63	6.614,10	7.540,58	8.437,05
13.540,00	bis	13.559,99	3.659,18	4.677,15	5.665,13	6.623,10	7.551,08	8.449,05
13.560,00	bis	13.579,99	3.663,68	4.683,15	5.672,63	6.632,10	7.561,58	8.461,05
13.580,00	bis	13.599,99	3.668,18	4.689,15	5.680,13	6.641,10	7.572,08	8.473,05
13.600,00	bis	13.619,99	3.672,68	4.695,15	5.687,63	6.650,10	7.582,58	8.485,05
13.620,00	bis	13.639,99	3.677,18	4.701,15	5.695,13	6.659,10	7.593,08	8.497,05
13.640,00	bis	13.659,99	3.681,68	4.707,15	5.702,63	6.668,10	7.603,58	8.509,05
13.660,00	bis	13.679,99	3.686,18	4.713,15	5.710,13	6.677,10	7.614,08	8.521,05
13.680,00	bis	13.699,99	3.690,68	4.719,15	5.717,63	6.686,10	7.624,58	8.533,05
13.700,00	bis	13.719,99	3.695,18	4.725,15	5.725,13	6.695,10	7.635,08	8.545,05
13.720,00	bis	13.739,99	3.699,68	4.731,15	5.732,63	6.704,10	7.645,58	8.557,05
13.740,00	bis	13.759,99	3.704,18	4.737,15	5.740,13	6.713,10	7.656,08	8.569,05
13.760,00	bis	13.779,99	3.708,68	4.743,15	5.747,63	6.722,10	7.666,58	8.581,05
13.780,00	bis	13.799,99	3.713,18	4.749,15	5.755,13	6.731,10	7.677,08	8.593,05
13.800,00	bis	13.819,99	3.717,68	4.755,15	5.762,63	6.740,10	7.687,58	8.605,05
13.820,00	bis	13.839,99	3.722,18	4.761,15	5.770,13	6.749,10	7.698,08	8.617,05
13.840,00	bis	13.859,99	3.726,68	4.767,15	5.777,63	6.758,10	7.708,58	8.629,05
13.860,00	bis	13.879,99	3.731,18	4.773,15	5.785,13	6.767,10	7.719,08	8.641,05
13.880,00	bis	13.899,99	3.735,68	4.779,15	5.792,63	6.776,10	7.729,58	8.653,05
13.900,00	bis	13.919,99	3.740,18	4.785,15	5.800,13	6.785,10	7.740,08	8.665,05
13.920,00	bis	13.939,99	3.744,68	4.791,15	5.807,63	6.794,10	7.750,58	8.677,05
13.940,00	bis	13.959,99	3.749,18	4.797,15	5.815,13	6.803,10	7.761,08	8.689,05
13.960,00	bis	13.979,99	3.753,68	4.803,15	5.822,63	6.812,10	7.771,58	8.701,05
13.980,00	bis	13.999,99	3.758,18	4.809,15	5.830,13	6.821,10	7.782,08	8.713,05
14.000,00	bis	14.019,99	3.762,68	4.815,15	5.837,63	6.830,10	7.792,58	8.725,05
14.020,00	bis	14.039,99	3.767,18	4.821,15	5.845,13	6.839,10	7.803,08	8.737,05
14.040,00	bis	14.059,99	3.771,68	4.827,15	5.852,63	6.848,10	7.813,58	8.749,05
14.060,00	bis	14.079,99	3.776,18	4.833,15	5.860,13	6.857,10	7.824,08	8.761,05
14.080,00	bis	14.099,99	3.780,68	4.839,15	5.867,63	6.866,10	7.834,58	8.773,05
14.100,00	bis	14.119,99	3.785,18	4.845,15	5.875,13	6.875,10	7.845,08	8.785,05
14.120,00	bis	14.139,99	3.789,68	4.851,15	5.882,63	6.884,10	7.855,58	8.797,05
14.140,00	bis	14.159,99	3.794,18	4.857,15	5.890,13	6.893,10	7.866,08	8.809,05

Tabelle 2cm (Beschränkt pfändbare einmalige Leistungen)

14.160,00	bis	14.179,99	3.798,68	4.863,15	5.897,63	6.902,10	7.876,58	8.821,05
14.180,00	bis	14.199,99	3.803,18	4.869,15	5.905,13	6.911,10	7.887,08	8.833,05
14.200,00	bis	14.219,99	3.807,68	4.875,15	5.912,63	6.920,10	7.897,58	8.845,05
14.220,00	bis	14.239,99	3.812,18	4.881,15	5.920,13	6.929,10	7.908,08	8.857,05
14.240,00	bis	14.259,99	3.816,68	4.887,15	5.927,63	6.938,10	7.918,58	8.869,05
14.260,00	bis	14.279,99	3.821,18	4.893,15	5.935,13	6.947,10	7.929,08	8.881,05
14.280,00	bis	14.299,99	3.825,68	4.899,15	5.942,63	6.956,10	7.939,58	8.893,05
14.300,00	bis	14.319,99	3.830,18	4.905,15	5.950,13	6.965,10	7.950,08	8.905,05
14.320,00	bis	14.339,99	3.834,68	4.911,15	5.957,63	6.974,10	7.960,58	8.917,05
14.340,00	bis	14.359,99	3.839,18	4.917,15	5.965,13	6.983,10	7.971,08	8.929,05
14.360,00	bis	14.379,99	3.843,68	4.923,15	5.972,63	6.992,10	7.981,58	8.941,05
14.380,00	bis	14.399,99	3.848,18	4.929,15	5.980,13	7.001,10	7.992,08	8.953,05
14.400,00	bis	14.419,99	3.852,68	4.935,15	5.987,63	7.010,10	8.002,58	8.965,05
14.420,00	bis	14.439,99	3.857,18	4.941,15	5.995,13	7.019,10	8.013,08	8.977,05
14.440,00	bis	14.459,99	3.861,68	4.947,15	6.002,63	7.028,10	8.023,58	8.989,05
14.460,00	bis	14.479,99	3.866,18	4.953,15	6.010,13	7.037,10	8.034,08	9.001,05
14.480,00	bis	14.499,99	3.870,68	4.959,15	6.017,63	7.046,10	8.044,58	9.013,05
14.500,00	bis	14.519,99	3.875,18	4.965,15	6.025,13	7.055,10	8.055,08	9.025,05
14.520,00	bis	14.539,99	3.879,68	4.971,15	6.032,63	7.064,10	8.065,58	9.037,05
14.540,00	bis	14.559,99	3.884,18	4.977,15	6.040,13	7.073,10	8.076,08	9.049,05
14.560,00	bis	14.579,99	3.888,68	4.983,15	6.047,63	7.082,10	8.086,58	9.061,05
14.580,00	bis	14.599,99	3.893,18	4.989,15	6.055,13	7.091,10	8.097,08	9.073,05
14.600,00	bis	14.619,99	3.897,68	4.995,15	6.062,63	7.100,10	8.107,58	9.085,05
14.620,00	bis	14.639,99	3.902,18	5.001,15	6.070,13	7.109,10	8.118,08	9.097,05
14.640,00	bis	14.659,99	3.906,68	5.007,15	6.077,63	7.118,10	8.128,58	9.109,05
14.660,00	bis	14.679,99	3.911,18	5.013,15	6.085,13	7.127,10	8.139,08	9.121,05
14.680,00	bis	14.699,99	3.915,68	5.019,15	6.092,63	7.136,10	8.149,58	9.133,05
14.700,00	bis	14.719,99	3.920,18	5.025,15	6.100,13	7.145,10	8.160,08	9.145,05
14.720,00	bis	14.739,99	3.924,68	5.031,15	6.107,63	7.154,10	8.170,58	9.157,05
14.740,00	bis	14.759,99	3.929,18	5.037,15	6.115,13	7.163,10	8.181,08	9.169,05
14.760,00	bis	14.779,99	3.933,68	5.043,15	6.122,63	7.172,10	8.191,58	9.181,05
14.780,00	bis	14.799,99	3.938,18	5.049,15	6.130,13	7.181,10	8.202,08	9.193,05
14.800,00	bis	14.819,99	3.942,68	5.055,15	6.137,63	7.190,10	8.212,58	9.205,05
14.820,00	bis	14.839,99	3.947,18	5.061,15	6.145,13	7.199,10	8.223,08	9.217,05
14.840,00	bis	14.859,99	3.951,68	5.067,15	6.152,63	7.208,10	8.233,58	9.229,05
14.860,00	bis	14.879,99	3.956,18	5.073,15	6.160,13	7.217,10	8.244,08	9.241,05
14.880,00	bis	14.899,99	3.960,68	5.079,15	6.167,63	7.226,10	8.254,58	9.253,05
14.900,00	bis	14.919,99	3.965,18	5.085,15	6.175,13	7.235,10	8.265,08	9.265,05
14.920,00	bis	14.939,99	3.969,68	5.091,15	6.182,63	7.244,10	8.275,58	9.277,05
14.940,00	bis	14.959,99	3.974,18	5.097,15	6.190,13	7.253,10	8.286,08	9.289,05
14.960,00	bis	14.979,99	3.978,68	5.103,15	6.197,63	7.262,10	8.296,58	9.301,05
14.980,00	bis	14.999,99	3.983,18	5.109,15	6.205,13	7.271,10	8.307,08	9.313,05
15.000,00	bis	15.019,99	3.987,68	5.115,15	6.212,63	7.280,10	8.317,58	9.325,05
15.020,00	bis	15.039,99	3.992,18	5.121,15	6.220,13	7.289,10	8.328,08	9.337,05
15.040,00	bis	15.059,99	3.996,68	5.127,15	6.227,63	7.298,10	8.338,58	9.349,05
15.060,00	bis	15.079,99	4.001,18	5.133,15	6.235,13	7.307,10	8.349,08	9.361,05
15.080,00	bis	15.099,99	4.005,68	5.139,15	6.242,63	7.316,10	8.359,58	9.373,05
15.100,00	bis	15.119,99	4.010,18	5.145,15	6.250,13	7.325,10	8.370,08	9.385,05
15.120,00	bis	15.139,99	4.014,68	5.151,15	6.257,63	7.334,10	8.380,58	9.397,05
15.140,00	bis	15.159,99	4.019,18	5.157,15	6.265,13	7.343,10	8.391,08	9.409,05
15.160,00	bis	15.179,99	4.023,68	5.163,15	6.272,63	7.352,10	8.401,58	9.421,05
15.180,00	bis	15.199,99	4.028,18	5.169,15	6.280,13	7.361,10	8.412,08	9.433,05
15.200,00	bis	15.219,99	4.032,68	5.175,15	6.287,63	7.370,10	8.422,58	9.445,05
15.220,00	bis	15.239,99	4.037,18	5.181,15	6.295,13	7.379,10	8.433,08	9.457,05
15.240,00	bis	15.259,99	4.041,68	5.187,15	6.302,63	7.388,10	8.443,58	9.469,05
15.260,00	bis	15.279,99	4.046,18	5.193,15	6.310,13	7.397,10	8.454,08	9.481,05
15.280,00	bis	15.299,99	4.050,68	5.199,15	6.317,63	7.406,10	8.464,58	9.493,05
15.300,00	bis	15.319,99	4.055,18	5.205,15	6.325,13	7.415,10	8.475,08	9.505,05
15.320,00	bis	15.339,99	4.059,68	5.211,15	6.332,63	7.424,10	8.485,58	9.517,05
15.340,00	bis	15.359,99	4.064,18	5.217,15	6.340,13	7.433,10	8.496,08	9.529,05
15.360,00	bis	15.379,99	4.068,68	5.223,15	6.347,63	7.442,10	8.506,58	9.541,05
15.380,00	bis	15.399,99	4.073,18	5.229,15	6.355,13	7.451,10	8.517,08	9.553,05
15.400,00	bis	15.419,99	4.077,68	5.235,15	6.362,63	7.460,10	8.527,58	9.565,05
15.420,00	bis	15.439,99	4.082,18	5.241,15	6.370,13	7.469,10	8.538,08	9.577,05
15.440,00	bis	15.459,99	4.086,68	5.247,15	6.377,63	7.478,10	8.548,58	9.589,05
15.460,00	bis	15.479,99	4.091,18	5.253,15	6.385,13	7.487,10	8.559,08	9.601,05
15.480,00	bis	15.499,99	4.095,68	5.259,15	6.392,63	7.496,10	8.569,58	9.613,05

Tabelle 2cm (Beschränkt pfändbare einmalige Leistungen)

TABELLEN

15.500,00	bis	15.519,99	4.100,18	5.265,15	6.400,13	7.505,10	8.580,08	9.625,05
15.520,00	bis	15.539,99	4.104,68	5.271,15	6.407,63	7.514,10	8.590,58	9.637,05
15.540,00	bis	15.559,99	4.109,18	5.277,15	6.415,13	7.523,10	8.601,08	9.649,05
15.560,00	bis	15.579,99	4.113,68	5.283,15	6.422,63	7.532,10	8.611,58	9.661,05
15.580,00	bis	15.599,99	4.118,18	5.289,15	6.430,13	7.541,10	8.622,08	9.673,05
15.600,00	bis	15.619,99	4.122,68	5.295,15	6.437,63	7.550,10	8.632,58	9.685,05
15.620,00	bis	15.639,99	4.127,18	5.301,15	6.445,13	7.559,10	8.643,08	9.697,05
15.640,00	bis	15.659,99	4.131,68	5.307,15	6.452,63	7.568,10	8.653,58	9.709,05
15.660,00	bis	15.679,99	4.136,18	5.313,15	6.460,13	7.577,10	8.664,08	9.721,05
15.680,00	bis	15.699,99	4.140,68	5.319,15	6.467,63	7.586,10	8.674,58	9.733,05
15.700,00	bis	15.719,99	4.145,18	5.325,15	6.475,13	7.595,10	8.685,08	9.745,05
15.720,00	bis	15.739,99	4.149,68	5.331,15	6.482,63	7.604,10	8.695,58	9.757,05
15.740,00	bis	15.759,99	4.154,18	5.337,15	6.490,13	7.613,10	8.706,08	9.769,05
15.760,00	bis	15.779,99	4.158,68	5.343,15	6.497,63	7.622,10	8.716,58	9.781,05
15.780,00	bis	15.799,99	4.163,18	5.349,15	6.505,13	7.631,10	8.727,08	9.793,05
15.800,00	bis	15.819,99	4.167,68	5.355,15	6.512,63	7.640,10	8.737,58	9.805,05
15.820,00	bis	15.839,99	4.172,18	5.361,15	6.520,13	7.649,10	8.748,08	9.817,05
15.840,00	bis	15.859,99	4.176,68	5.367,15	6.527,63	7.658,10	8.758,58	9.829,05
15.860,00	bis	15.879,99	4.181,18	5.373,15	6.535,13	7.667,10	8.769,08	9.841,05
15.880,00	bis	15.899,99	4.185,68	5.379,15	6.542,63	7.676,10	8.779,58	9.853,05
15.900,00	bis	15.919,99	4.190,18	5.385,15	6.550,13	7.685,10	8.790,08	9.865,05
15.920,00	bis	15.939,99	4.194,68	5.391,15	6.557,63	7.694,10	8.800,58	9.877,05
15.940,00	bis	15.959,99	4.199,18	5.397,15	6.565,13	7.703,10	8.811,08	9.889,05
15.960,00	bis	15.979,99	4.203,68	5.403,15	6.572,63	7.712,10	8.821,58	9.901,05
15.980,00	bis	15.999,99	4.208,18	5.409,15	6.580,13	7.721,10	8.832,08	9.913,05
16.000,00	bis	16.019,99	4.212,68	5.415,15	6.587,63	7.730,10	8.842,58	9.925,05
16.020,00	bis	16.039,99	4.217,18	5.421,15	6.595,13	7.739,10	8.853,08	9.937,05
16.040,00	bis	16.059,99	4.221,68	5.427,15	6.602,63	7.748,10	8.863,58	9.949,05
16.060,00	bis	16.079,99	4.226,18	5.433,15	6.610,13	7.757,10	8.874,08	9.961,05
16.080,00	bis	16.099,99	4.230,68	5.439,15	6.617,63	7.766,10	8.884,58	9.973,05
16.100,00	bis	16.119,99	4.235,18	5.445,15	6.625,13	7.775,10	8.895,08	9.985,05
16.120,00	bis	16.139,99	4.239,68	5.451,15	6.632,63	7.784,10	8.905,58	9.997,05
16.140,00	bis	16.159,99	4.244,18	5.457,15	6.640,13	7.793,10	8.916,08	10.009,05
16.160,00	bis	16.179,99	4.248,68	5.463,15	6.647,63	7.802,10	8.926,58	10.021,05
16.180,00	bis	16.199,99	4.253,18	5.469,15	6.655,13	7.811,10	8.937,08	10.033,05
16.200,00	bis	16.219,99	4.257,68	5.475,15	6.662,63	7.820,10	8.947,58	10.045,05
16.220,00	bis	16.239,99	4.262,18	5.481,15	6.670,13	7.829,10	8.958,08	10.057,05
16.240,00	bis	16.259,99	4.266,68	5.487,15	6.677,63	7.838,10	8.968,58	10.069,05
16.260,00	bis	16.279,99	4.271,18	5.493,15	6.685,13	7.847,10	8.979,08	10.081,05
16.280,00	bis	16.299,99	4.275,68	5.499,15	6.692,63	7.856,10	8.989,58	10.093,05
16.300,00	bis	16.319,99	4.280,18	5.505,15	6.700,13	7.865,10	9.000,08	10.105,05
16.320,00	bis	16.339,99	4.284,68	5.511,15	6.707,63	7.874,10	9.010,58	10.117,05
16.340,00	bis	16.359,99	4.289,18	5.517,15	6.715,13	7.883,10	9.021,08	10.129,05
16.360,00	bis	16.379,99	4.293,68	5.523,15	6.722,63	7.892,10	9.031,58	10.141,05
16.380,00	bis	16.399,99	4.298,18	5.529,15	6.730,13	7.901,10	9.042,08	10.153,05
16.400,00	bis	16.419,99	4.302,68	5.535,15	6.737,63	7.910,10	9.052,58	10.165,05
16.420,00	bis	16.439,99	4.307,18	5.541,15	6.745,13	7.919,10	9.063,08	10.177,05
16.440,00	bis	16.459,99	4.311,68	5.547,15	6.752,63	7.928,10	9.073,58	10.189,05
16.460,00	bis	16.479,99	4.316,18	5.553,15	6.760,13	7.937,10	9.084,08	10.201,05
16.480,00	bis	16.499,99	4.320,68	5.559,15	6.767,63	7.946,10	9.094,58	10.213,05
16.500,00	bis	16.519,99	4.325,18	5.565,15	6.775,13	7.955,10	9.105,08	10.225,05
16.520,00	bis	16.539,99	4.329,68	5.571,15	6.782,63	7.964,10	9.115,58	10.237,05
16.540,00	bis	16.559,99	4.334,18	5.577,15	6.790,13	7.973,10	9.126,08	10.249,05
16.560,00	bis	16.579,99	4.338,68	5.583,15	6.797,63	7.982,10	9.136,58	10.261,05
16.580,00	bis	16.599,99	4.343,18	5.589,15	6.805,13	7.991,10	9.147,08	10.273,05
16.600,00	bis	16.619,99	4.347,68	5.595,15	6.812,63	8.000,10	9.157,58	10.285,05
16.620,00	bis	16.639,99	4.352,18	5.601,15	6.820,13	8.009,10	9.168,08	10.297,05
16.640,00	bis	16.659,99	4.356,68	5.607,15	6.827,63	8.018,10	9.178,58	10.309,05
16.660,00	bis	16.679,99	4.361,18	5.613,15	6.835,13	8.027,10	9.189,08	10.321,05
16.680,00	bis	16.699,99	4.365,68	5.619,15	6.842,63	8.036,10	9.199,58	10.333,05
16.700,00	bis	16.719,99	4.370,18	5.625,15	6.850,13	8.045,10	9.210,08	10.345,05
16.720,00	bis	16.739,99	4.374,68	5.631,15	6.857,63	8.054,10	9.220,58	10.357,05
16.740,00	bis	16.759,99	4.379,18	5.637,15	6.865,13	8.063,10	9.231,08	10.369,05
16.760,00	bis	16.779,99	4.383,68	5.643,15	6.872,63	8.072,10	9.241,58	10.381,05
16.780,00	bis	16.799,99	4.388,18	5.649,15	6.880,13	8.081,10	9.252,08	10.393,05
16.800,00	bis	16.819,99	4.392,68	5.655,15	6.887,63	8.090,10	9.262,58	10.405,05
16.820,00	bis	16.839,99	4.397,18	5.661,15	6.895,13	8.099,10	9.273,08	10.417,05

Tabelle 2cm (Beschränkt pfändbare einmalige Leistungen)

16.840,00	bis	16.859,99	4.401,68	5.667,15	6.902,63	8.108,10	9.283,58	10.429,05
16.860,00	bis	16.879,99	4.406,18	5.673,15	6.910,13	8.117,10	9.294,08	10.441,05
16.880,00	bis	16.899,99	4.410,68	5.679,15	6.917,63	8.126,10	9.304,58	10.453,05
16.900,00	bis	16.919,99	4.415,18	5.685,15	6.925,13	8.135,10	9.315,08	10.465,05
16.920,00	bis	16.939,99	4.419,68	5.691,15	6.932,63	8.144,10	9.325,58	10.477,05
16.940,00	bis	16.959,99	4.424,18	5.697,15	6.940,13	8.153,10	9.336,08	10.489,05
16.960,00	bis	16.979,99	4.428,68	5.703,15	6.947,63	8.162,10	9.346,58	10.501,05
16.980,00	bis	16.999,99	4.433,18	5.709,15	6.955,13	8.171,10	9.357,08	10.513,05
17.000,00	bis	17.019,99	4.437,68	5.715,15	6.962,63	8.180,10	9.367,58	10.525,05
17.020,00	bis	17.039,99	4.442,18	5.721,15	6.970,13	8.189,10	9.378,08	10.537,05
17.040,00	bis	17.059,99	4.446,68	5.727,15	6.977,63	8.198,10	9.388,58	10.549,05
17.060,00	bis	17.079,99	4.451,18	5.733,15	6.985,13	8.207,10	9.399,08	10.561,05
17.080,00	bis	17.099,99	4.455,68	5.739,15	6.992,63	8.216,10	9.409,58	10.573,05
17.100,00	bis	17.119,99	4.460,18	5.745,15	7.000,13	8.225,10	9.420,08	10.585,05
17.120,00	bis	17.139,99	4.464,68	5.751,15	7.007,63	8.234,10	9.430,58	10.597,05
17.140,00	bis	17.159,99	4.469,18	5.757,15	7.015,13	8.243,10	9.441,08	10.609,05
17.160,00	bis	17.179,99	4.473,68	5.763,15	7.022,63	8.252,10	9.451,58	10.621,05
17.180,00	bis	17.199,99	4.478,18	5.769,15	7.030,13	8.261,10	9.462,08	10.633,05
17.200,00	bis	17.219,99	4.482,68	5.775,15	7.037,63	8.270,10	9.472,58	10.645,05
17.220,00	bis	17.239,99	4.487,18	5.781,15	7.045,13	8.279,10	9.483,08	10.657,05
17.240,00	bis	17.259,99	4.491,68	5.787,15	7.052,63	8.288,10	9.493,58	10.669,05
17.260,00	bis	17.279,99	4.496,18	5.793,15	7.060,13	8.297,10	9.504,08	10.681,05
17.280,00	bis	17.299,99	4.500,68	5.799,15	7.067,63	8.306,10	9.514,58	10.693,05
17.300,00	bis	17.319,99	4.505,18	5.805,15	7.075,13	8.315,10	9.525,08	10.705,05
17.320,00	bis	17.339,99	4.509,68	5.811,15	7.082,63	8.324,10	9.535,58	10.717,05
17.340,00	bis	17.359,99	4.514,18	5.817,15	7.090,13	8.333,10	9.546,08	10.729,05
17.360,00	bis	17.379,99	4.518,68	5.823,15	7.097,63	8.342,10	9.556,58	10.741,05
17.380,00	bis	17.399,99	4.523,18	5.829,15	7.105,13	8.351,10	9.567,08	10.753,05
17.400,00	bis	17.419,99	4.527,68	5.835,15	7.112,63	8.360,10	9.577,58	10.765,05
17.420,00	bis	17.439,99	4.532,18	5.841,15	7.120,13	8.369,10	9.588,08	10.777,05
17.440,00	bis	17.459,99	4.536,68	5.847,15	7.127,63	8.378,10	9.598,58	10.789,05
17.460,00	bis	17.479,99	4.541,18	5.853,15	7.135,13	8.387,10	9.609,08	10.801,05
17.480,00	bis	17.499,99	4.545,68	5.859,15	7.142,63	8.396,10	9.619,58	10.813,05
17.500,00	bis	17.519,99	4.550,18	5.865,15	7.150,13	8.405,10	9.630,08	10.825,05
17.520,00	bis	17.539,99	4.554,68	5.871,15	7.157,63	8.414,10	9.640,58	10.837,05
17.540,00	bis	17.559,99	4.559,18	5.877,15	7.165,13	8.423,10	9.651,08	10.849,05
17.560,00	bis	17.579,99	4.563,68	5.883,15	7.172,63	8.432,10	9.661,58	10.861,05
17.580,00	bis	17.599,99	4.568,18	5.889,15	7.180,13	8.441,10	9.672,08	10.873,05
17.600,00	bis	17.619,99	4.572,68	5.895,15	7.187,63	8.450,10	9.682,58	10.885,05
17.620,00	bis	17.639,99	4.577,18	5.901,15	7.195,13	8.459,10	9.693,08	10.897,05
17.640,00	bis	17.659,99	4.581,68	5.907,15	7.202,63	8.468,10	9.703,58	10.909,05
17.660,00	bis	17.679,99	4.586,18	5.913,15	7.210,13	8.477,10	9.714,08	10.921,05
17.680,00	bis	17.699,99	4.590,68	5.919,15	7.217,63	8.486,10	9.724,58	10.933,05
17.700,00	bis	17.719,99	4.595,18	5.925,15	7.225,13	8.495,10	9.735,08	10.945,05
17.720,00	bis	17.739,99	4.599,68	5.931,15	7.232,63	8.504,10	9.745,58	10.957,05
17.740,00	bis	17.759,99	4.604,18	5.937,15	7.240,13	8.513,10	9.756,08	10.969,05
17.760,00	bis	17.779,99	4.608,68	5.943,15	7.247,63	8.522,10	9.766,58	10.981,05
17.780,00	bis	17.799,99	4.613,18	5.949,15	7.255,13	8.531,10	9.777,08	10.993,05
17.800,00	bis	17.819,99	4.617,68	5.955,15	7.262,63	8.540,10	9.787,58	11.005,05
17.820,00	bis	17.839,99	4.622,18	5.961,15	7.270,13	8.549,10	9.798,08	11.017,05
17.840,00	bis	17.859,99	4.626,68	5.967,15	7.277,63	8.558,10	9.808,58	11.029,05
17.860,00	bis	17.879,99	4.631,18	5.973,15	7.285,13	8.567,10	9.819,08	11.041,05
17.880,00	bis	17.899,99	4.635,68	5.979,15	7.292,63	8.576,10	9.829,58	11.053,05
17.900,00	bis	17.919,99	4.640,18	5.985,15	7.300,13	8.585,10	9.840,08	11.065,05
17.920,00	bis	17.939,99	4.644,68	5.991,15	7.307,63	8.594,10	9.850,58	11.077,05
17.940,00	bis	17.959,99	4.649,18	5.997,15	7.315,13	8.603,10	9.861,08	11.089,05
17.960,00	bis	17.979,99	4.653,68	6.003,15	7.322,63	8.612,10	9.871,58	11.101,05
17.980,00	bis	17.999,99	4.658,18	6.009,15	7.330,13	8.621,10	9.882,08	11.113,05
18.000,00	bis	18.019,99	4.662,68	6.015,15	7.337,63	8.630,10	9.892,58	11.125,05
18.020,00	bis	18.039,99	4.667,18	6.021,15	7.345,13	8.639,10	9.903,08	11.137,05
18.040,00	bis	18.059,99	4.671,68	6.027,15	7.352,63	8.648,10	9.913,58	11.149,05
18.060,00	bis	18.079,99	4.676,18	6.033,15	7.360,13	8.657,10	9.924,08	11.161,05
18.080,00	bis	18.099,99	4.680,68	6.039,15	7.367,63	8.666,10	9.934,58	11.173,05
18.100,00	bis	18.119,99	4.685,18	6.045,15	7.375,13	8.675,10	9.945,08	11.185,05
18.120,00	bis	18.139,99	4.689,68	6.051,15	7.382,63	8.684,10	9.955,58	11.197,05
18.140,00	bis	18.159,99	4.694,18	6.057,15	7.390,13	8.693,10	9.966,08	11.209,05
18.160,00	bis	18.179,99	4.698,68	6.063,15	7.397,63	8.702,10	9.976,58	11.221,05

Tabelle 2cm (Beschränkt pfändbare einmalige Leistungen)

TABELLEN

18.180,00	bis	18.199,99	4.703,18	6.069,15	7.405,13	8.711,10	9.987,08	11.233,05
18.200,00	bis	18.219,99	4.707,68	6.075,15	7.412,63	8.720,10	9.997,58	11.245,05
18.220,00	bis	18.239,99	4.712,18	6.081,15	7.420,13	8.729,10	10.008,08	11.257,05
18.240,00	bis	18.259,99	4.716,68	6.087,15	7.427,63	8.738,10	10.018,58	11.269,05
18.260,00	bis	18.279,99	4.721,18	6.093,15	7.435,13	8.747,10	10.029,08	11.281,05
18.280,00	bis	18.299,99	4.725,68	6.099,15	7.442,63	8.756,10	10.039,58	11.293,05
18.300,00	bis	18.319,99	4.730,18	6.105,15	7.450,13	8.765,10	10.050,08	11.305,05
18.320,00	bis	18.339,99	4.734,68	6.111,15	7.457,63	8.774,10	10.060,58	11.317,05
18.340,00	bis	18.359,99	4.739,18	6.117,15	7.465,13	8.783,10	10.071,08	11.329,05
18.360,00	bis	18.379,99	4.743,68	6.123,15	7.472,63	8.792,10	10.081,58	11.341,05
18.380,00	bis	18.399,99	4.748,18	6.129,15	7.480,13	8.801,10	10.092,08	11.353,05
18.400,00	bis	18.419,99	4.752,68	6.135,15	7.487,63	8.810,10	10.102,58	11.365,05
18.420,00	bis	18.439,99	4.757,18	6.141,15	7.495,13	8.819,10	10.113,08	11.377,05
18.440,00	bis	18.459,99	4.761,68	6.147,15	7.502,63	8.828,10	10.123,58	11.389,05
18.460,00	bis	18.479,99	4.766,18	6.153,15	7.510,13	8.837,10	10.134,08	11.401,05
18.480,00	bis	18.499,99	4.770,68	6.159,15	7.517,63	8.846,10	10.144,58	11.413,05
18.500,00	bis	18.519,99	4.775,18	6.165,15	7.525,13	8.855,10	10.155,08	11.425,05
18.520,00	bis	18.539,99	4.779,68	6.171,15	7.532,63	8.864,10	10.165,58	11.437,05
18.540,00	bis	18.559,99	4.784,18	6.177,15	7.540,13	8.873,10	10.176,08	11.449,05
18.560,00	bis	18.579,99	4.788,68	6.183,15	7.547,63	8.882,10	10.186,58	11.461,05
18.580,00	bis	18.599,99	4.793,18	6.189,15	7.555,13	8.891,10	10.197,08	11.473,05
18.600,00	bis	18.619,99	4.797,68	6.195,15	7.562,63	8.900,10	10.207,58	11.485,05
18.620,00	bis	18.639,99	4.802,18	6.201,15	7.570,13	8.909,10	10.218,08	11.497,05
18.640,00	bis	18.659,99	4.806,68	6.207,15	7.577,63	8.918,10	10.228,58	11.509,05
18.660,00	bis	18.679,99	4.811,18	6.213,15	7.585,13	8.927,10	10.239,08	11.521,05
18.680,00	bis	18.699,99	4.815,68	6.219,15	7.592,63	8.936,10	10.249,58	11.533,05
18.700,00	bis	18.719,99	4.820,18	6.225,15	7.600,13	8.945,10	10.260,08	11.545,05
18.720,00	bis	18.739,99	4.824,68	6.231,15	7.607,63	8.954,10	10.270,58	11.557,05
18.740,00	bis	18.759,99	4.829,18	6.237,15	7.615,13	8.963,10	10.281,08	11.569,05
18.760,00	bis	18.779,99	4.833,68	6.243,15	7.622,63	8.972,10	10.291,58	11.581,05
18.780,00	bis	18.799,99	4.838,18	6.249,15	7.630,13	8.981,10	10.302,08	11.593,05
18.800,00	bis	18.819,99	4.842,68	6.255,15	7.637,63	8.990,10	10.312,58	11.605,05
18.820,00	bis	18.839,99	4.847,18	6.261,15	7.645,13	8.999,10	10.323,08	11.617,05
18.840,00	bis	18.859,99	4.851,68	6.267,15	7.652,63	9.008,10	10.333,58	11.629,05
18.860,00	bis	18.879,99	4.856,18	6.273,15	7.660,13	9.017,10	10.344,08	11.641,05
18.880,00	bis	18.899,99	4.860,68	6.279,15	7.667,63	9.026,10	10.354,58	11.653,05
18.900,00	bis	18.919,99	4.865,18	6.285,15	7.675,13	9.035,10	10.365,08	11.665,05
18.920,00	bis	18.939,99	4.869,68	6.291,15	7.682,63	9.044,10	10.375,58	11.677,05
18.940,00	bis	18.959,99	4.874,18	6.297,15	7.690,13	9.053,10	10.386,08	11.689,05
18.960,00	bis	18.979,99	4.878,68	6.303,15	7.697,63	9.062,10	10.396,58	11.701,05
18.980,00	bis	18.999,99	4.883,18	6.309,15	7.705,13	9.071,10	10.407,08	11.713,05
19.000,00	bis	19.019,99	4.887,68	6.315,15	7.712,63	9.080,10	10.417,58	11.725,05
19.020,00	bis	19.039,99	4.892,18	6.321,15	7.720,13	9.089,10	10.428,08	11.737,05
19.040,00	bis	19.059,99	4.896,68	6.327,15	7.727,63	9.098,10	10.438,58	11.749,05
19.060,00	bis	19.079,99	4.901,18	6.333,15	7.735,13	9.107,10	10.449,08	11.761,05
19.080,00	bis	19.099,99	4.905,68	6.339,15	7.742,63	9.116,10	10.459,58	11.773,05
19.100,00	bis	19.119,99	4.910,18	6.345,15	7.750,13	9.125,10	10.470,08	11.785,05
19.120,00	bis	19.139,99	4.914,68	6.351,15	7.757,63	9.134,10	10.480,58	11.797,05
19.140,00	bis	19.159,99	4.919,18	6.357,15	7.765,13	9.143,10	10.491,08	11.809,05
19.160,00	bis	19.179,99	4.923,68	6.363,15	7.772,63	9.152,10	10.501,58	11.821,05
19.180,00	bis	19.199,99	4.928,18	6.369,15	7.780,13	9.161,10	10.512,08	11.833,05
19.200,00	bis	19.219,99	4.932,68	6.375,15	7.787,63	9.170,10	10.522,58	11.845,05
19.220,00	bis	19.239,99	4.937,18	6.381,15	7.795,13	9.179,10	10.533,08	11.857,05
19.240,00	bis	19.259,99	4.941,68	6.387,15	7.802,63	9.188,10	10.543,58	11.869,05
19.260,00	bis	19.279,99	4.946,18	6.393,15	7.810,13	9.197,10	10.554,08	11.881,05
19.280,00	bis	19.299,99	4.950,68	6.399,15	7.817,63	9.206,10	10.564,58	11.893,05
19.300,00	bis	19.319,99	4.955,18	6.405,15	7.825,13	9.215,10	10.575,08	11.905,05
19.320,00	bis	19.339,99	4.959,68	6.411,15	7.832,63	9.224,10	10.585,58	11.917,05
19.340,00	bis	19.359,99	4.964,18	6.417,15	7.840,13	9.233,10	10.596,08	11.929,05
19.360,00	bis	19.379,99	4.968,68	6.423,15	7.847,63	9.242,10	10.606,58	11.941,05
19.380,00	bis	19.399,99	4.973,18	6.429,15	7.855,13	9.251,10	10.617,08	11.953,05
19.400,00	bis	19.419,99	4.977,68	6.435,15	7.862,63	9.260,10	10.627,58	11.965,05
19.420,00	bis	19.439,99	4.982,18	6.441,15	7.870,13	9.269,10	10.638,08	11.977,05
19.440,00	bis	19.459,99	4.986,68	6.447,15	7.877,63	9.278,10	10.648,58	11.989,05
19.460,00	bis	19.479,99	4.991,18	6.453,15	7.885,13	9.287,10	10.659,08	12.001,05
19.480,00	bis	19.499,99	4.995,68	6.459,15	7.892,63	9.296,10	10.669,58	12.013,05
19.500,00	bis	19.519,99	5.000,18	6.465,15	7.900,13	9.305,10	10.680,08	12.025,05

Tabelle 2cm (Beschränkt pfändbare einmalige Leistungen)

19.520,00	bis	19.539,99	5.004,68	6.471,15	7.907,63	9.314,10	10.690,58	12.037,05
19.540,00	bis	19.559,99	5.009,18	6.477,15	7.915,13	9.323,10	10.701,08	12.049,05
19.560,00	bis	19.579,99	5.013,68	6.483,15	7.922,63	9.332,10	10.711,58	12.061,05
19.580,00	bis	19.599,99	5.018,18	6.489,15	7.930,13	9.341,10	10.722,08	12.073,05
19.600,00	bis	19.619,99	5.022,68	6.495,15	7.937,63	9.350,10	10.732,58	12.085,05
19.620,00	bis	19.639,99	5.027,18	6.501,15	7.945,13	9.359,10	10.743,08	12.097,05
19.640,00	bis	19.659,99	5.031,68	6.507,15	7.952,63	9.368,10	10.753,58	12.109,05
19.660,00	bis	19.679,99	5.036,18	6.513,15	7.960,13	9.377,10	10.764,08	12.121,05
19.680,00	bis	19.699,99	5.040,68	6.519,15	7.967,63	9.386,10	10.774,58	12.133,05
19.700,00	bis	19.719,99	5.045,18	6.525,15	7.975,13	9.395,10	10.785,08	12.145,05
19.720,00	bis	19.739,99	5.049,68	6.531,15	7.982,63	9.404,10	10.795,58	12.157,05
19.740,00	bis	19.759,99	5.054,18	6.537,15	7.990,13	9.413,10	10.806,08	12.169,05
19.760,00	bis	19.779,99	5.058,68	6.543,15	7.997,63	9.422,10	10.816,58	12.181,05
19.780,00	bis	19.799,99	5.063,18	6.549,15	8.005,13	9.431,10	10.827,08	12.193,05
19.800,00	bis	19.819,99	5.067,68	6.555,15	8.012,63	9.440,10	10.837,58	12.205,05
19.820,00	bis	19.839,99	5.072,18	6.561,15	8.020,13	9.449,10	10.848,08	12.217,05
19.840,00	bis	19.859,99	5.076,68	6.567,15	8.027,63	9.458,10	10.858,58	12.229,05
19.860,00	bis	19.879,99	5.081,18	6.573,15	8.035,13	9.467,10	10.869,08	12.241,05
19.880,00	bis	19.899,99	5.085,68	6.579,15	8.042,63	9.476,10	10.879,58	12.253,05
19.900,00	bis	19.919,99	5.090,18	6.585,15	8.050,13	9.485,10	10.890,08	12.265,05
19.920,00	bis	19.939,99	5.094,68	6.591,15	8.057,63	9.494,10	10.900,58	12.277,05
19.940,00	bis	19.959,99	5.099,18	6.597,15	8.065,13	9.503,10	10.911,08	12.289,05
19.960,00	bis	19.979,99	5.103,68	6.603,15	8.072,63	9.512,10	10.921,58	12.301,05
19.980,00	bis	19.999,99	5.108,18	6.609,15	8.080,13	9.521,10	10.932,08	12.313,05
20.000,00	bis	20.019,99	5.112,68	6.615,15	8.087,63	9.530,10	10.942,58	12.325,05
20.020,00	bis	20.039,99	5.117,18	6.621,15	8.095,13	9.539,10	10.953,08	12.337,05
20.040,00	bis	20.059,99	5.121,68	6.627,15	8.102,63	9.548,10	10.963,58	12.349,05
20.060,00	bis	20.079,99	5.126,18	6.633,15	8.110,13	9.557,10	10.974,08	12.361,05
20.080,00	bis	20.099,99	5.130,68	6.639,15	8.117,63	9.566,10	10.984,58	12.373,05
20.100,00	bis	20.119,99	5.135,18	6.645,15	8.125,13	9.575,10	10.995,08	12.385,05
20.120,00	bis	20.139,99	5.139,68	6.651,15	8.132,63	9.584,10	11.005,58	12.397,05
20.140,00	bis	20.159,99	5.144,18	6.657,15	8.140,13	9.593,10	11.016,08	12.409,05
20.160,00	bis	20.179,99	5.148,68	6.663,15	8.147,63	9.602,10	11.026,58	12.421,05
20.180,00	bis	20.199,99	5.153,18	6.669,15	8.155,13	9.611,10	11.037,08	12.433,05
20.200,00	bis	20.219,99	5.157,68	6.675,15	8.162,63	9.620,10	11.047,58	12.445,05
20.220,00	bis	20.239,99	5.162,18	6.681,15	8.170,13	9.629,10	11.058,08	12.457,05
20.240,00	bis	20.259,99	5.166,68	6.687,15	8.177,63	9.638,10	11.068,58	12.469,05
20.260,00	bis	20.279,99	5.171,18	6.693,15	8.185,13	9.647,10	11.079,08	12.481,05
20.280,00	bis	20.299,99	5.175,68	6.699,15	8.192,63	9.656,10	11.089,58	12.493,05
20.300,00	bis	20.319,99	5.180,18	6.705,15	8.200,13	9.665,10	11.100,08	12.505,05
20.320,00	bis	20.339,99	5.184,68	6.711,15	8.207,63	9.674,10	11.110,58	12.517,05
20.340,00	bis	20.359,99	5.189,18	6.717,15	8.215,13	9.683,10	11.121,08	12.529,05
20.360,00	bis	20.379,99	5.193,68	6.723,15	8.222,63	9.692,10	11.131,58	12.541,05
20.380,00	bis	20.399,99	5.198,18	6.729,15	8.230,13	9.701,10	11.142,08	12.553,05
20.400,00	bis	20.419,99	5.202,68	6.735,15	8.237,63	9.710,10	11.152,58	12.565,05
20.420,00	bis	20.439,99	5.207,18	6.741,15	8.245,13	9.719,10	11.163,08	12.577,05
20.440,00	bis	20.459,99	5.211,68	6.747,15	8.252,63	9.728,10	11.173,58	12.589,05
20.460,00	bis	20.479,99	5.216,18	6.753,15	8.260,13	9.737,10	11.184,08	12.601,05
20.480,00	bis	20.499,99	5.220,68	6.759,15	8.267,63	9.746,10	11.194,58	12.613,05
20.500,00	bis	20.519,99	5.225,18	6.765,15	8.275,13	9.755,10	11.205,08	12.625,05
20.520,00	bis	20.539,99	5.229,68	6.771,15	8.282,63	9.764,10	11.215,58	12.637,05
20.540,00	bis	20.559,99	5.234,18	6.777,15	8.290,13	9.773,10	11.226,08	12.649,05
20.560,00	bis	20.579,99	5.238,68	6.783,15	8.297,63	9.782,10	11.236,58	12.661,05
20.580,00	bis	20.599,99	5.243,18	6.789,15	8.305,13	9.791,10	11.247,08	12.673,05
20.600,00	bis	20.619,99	5.247,68	6.795,15	8.312,63	9.800,10	11.257,58	12.685,05
20.620,00	bis	20.639,99	5.252,18	6.801,15	8.320,13	9.809,10	11.268,08	12.697,05
20.640,00	bis	20.659,99	5.256,68	6.807,15	8.327,63	9.818,10	11.278,58	12.709,05
20.660,00	bis	20.679,99	5.261,18	6.813,15	8.335,13	9.827,10	11.289,08	12.721,05
20.680,00	bis	20.699,99	5.265,68	6.819,15	8.342,63	9.836,10	11.299,58	12.733,05
20.700,00	bis	20.719,99	5.270,18	6.825,15	8.350,13	9.845,10	11.310,08	12.745,05
20.720,00	bis	20.739,99	5.274,68	6.831,15	8.357,63	9.854,10	11.320,58	12.757,05
20.740,00	bis	20.759,99	5.279,18	6.837,15	8.365,13	9.863,10	11.331,08	12.769,05
20.760,00	bis	20.779,99	5.283,68	6.843,15	8.372,63	9.872,10	11.341,58	12.781,05
20.780,00	bis	20.799,99	5.288,18	6.849,15	8.380,13	9.881,10	11.352,08	12.793,05
20.800,00	bis	20.819,99	5.292,68	6.855,15	8.387,63	9.890,10	11.362,58	12.805,05
20.820,00	bis	20.839,99	5.297,18	6.861,15	8.395,13	9.899,10	11.373,08	12.817,05
20.840,00	bis	20.859,99	5.301,68	6.867,15	8.402,63	9.908,10	11.383,58	12.829,05

Tabelle 2cm (Beschränkt pfändbare einmalige Leistungen)

TABELLEN

20.860,00	bis	20.879,99	5.306,18	6.873,15	8.410,13	9.917,10	11.394,08	12.841,05
20.880,00	bis	20.899,99	5.310,68	6.879,15	8.417,63	9.926,10	11.404,58	12.853,05
20.900,00	bis	20.919,99	5.315,18	6.885,15	8.425,13	9.935,10	11.415,08	12.865,05
20.920,00	bis	20.939,99	5.319,68	6.891,15	8.432,63	9.944,10	11.425,58	12.877,05
20.940,00	bis	20.959,99	5.324,18	6.897,15	8.440,13	9.953,10	11.436,08	12.889,05
20.960,00	bis	20.979,99	5.328,68	6.903,15	8.447,63	9.962,10	11.446,58	12.901,05
20.980,00	bis	20.999,99	5.333,18	6.909,15	8.455,13	9.971,10	11.457,08	12.913,05
21.000,00	bis	21.019,99	5.337,68	6.915,15	8.462,63	9.980,10	11.467,58	12.925,05
21.020,00	bis	21.039,99	5.342,18	6.921,15	8.470,13	9.989,10	11.478,08	12.937,05
21.040,00	bis	21.059,99	5.346,68	6.927,15	8.477,63	9.998,10	11.488,58	12.949,05
21.060,00	bis	21.079,99	5.351,18	6.933,15	8.485,13	10.007,10	11.499,08	12.961,05
21.080,00	bis	21.099,99	5.355,68	6.939,15	8.492,63	10.016,10	11.509,58	12.973,05
21.100,00	bis	21.119,99	5.360,18	6.945,15	8.500,13	10.025,10	11.520,08	12.985,05
21.120,00	bis	21.139,99	5.364,68	6.951,15	8.507,63	10.034,10	11.530,58	12.997,05
21.140,00	bis	21.159,99	5.369,18	6.957,15	8.515,13	10.043,10	11.541,08	13.009,05
21.160,00	bis	21.179,99	5.373,68	6.963,15	8.522,63	10.052,10	11.551,58	13.021,05
21.180,00	bis	21.199,99	5.378,18	6.969,15	8.530,13	10.061,10	11.562,08	13.033,05
21.200,00	bis	21.219,99	5.382,68	6.975,15	8.537,63	10.070,10	11.572,58	13.045,05
21.220,00	bis	21.239,99	5.387,18	6.981,15	8.545,13	10.079,10	11.583,08	13.057,05
21.240,00	bis	21.259,99	5.391,68	6.987,15	8.552,63	10.088,10	11.593,58	13.069,05
21.260,00	bis	21.279,99	5.396,18	6.993,15	8.560,13	10.097,10	11.604,08	13.081,05
21.280,00	bis	21.299,99	5.400,68	6.999,15	8.567,63	10.106,10	11.614,58	13.093,05
21.300,00	bis	21.319,99	5.405,18	7.005,15	8.575,13	10.115,10	11.625,08	13.105,05
21.320,00	bis	21.339,99	5.409,68	7.011,15	8.582,63	10.124,10	11.635,58	13.117,05
21.340,00	bis	21.359,99	5.414,18	7.017,15	8.590,13	10.133,10	11.646,08	13.129,05
21.360,00	bis	21.379,99	5.418,68	7.023,15	8.597,63	10.142,10	11.656,58	13.141,05
21.380,00	bis	21.399,99	5.423,18	7.029,15	8.605,13	10.151,10	11.667,08	13.153,05
21.400,00	bis	21.419,99	5.427,68	7.035,15	8.612,63	10.160,10	11.677,58	13.165,05
21.420,00	bis	21.439,99	5.432,18	7.041,15	8.620,13	10.169,10	11.688,08	13.177,05
21.440,00	bis	21.459,99	5.436,68	7.047,15	8.627,63	10.178,10	11.698,58	13.189,05
21.460,00	bis	21.479,99	5.441,18	7.053,15	8.635,13	10.187,10	11.709,08	13.201,05
21.480,00	bis	21.499,99	5.445,68	7.059,15	8.642,63	10.196,10	11.719,58	13.213,05
21.500,00	bis	21.519,99	5.450,18	7.065,15	8.650,13	10.205,10	11.730,08	13.225,05
21.520,00	bis	21.539,99	5.454,68	7.071,15	8.657,63	10.214,10	11.740,58	13.237,05
21.540,00	bis	21.559,99	5.459,18	7.077,15	8.665,13	10.223,10	11.751,08	13.249,05
21.560,00	bis	21.579,99	5.463,68	7.083,15	8.672,63	10.232,10	11.761,58	13.261,05
21.580,00	bis	21.599,99	5.468,18	7.089,15	8.680,13	10.241,10	11.772,08	13.273,05
21.600,00	bis	21.619,99	5.472,68	7.095,15	8.687,63	10.250,10	11.782,58	13.285,05
21.620,00	bis	21.639,99	5.477,18	7.101,15	8.695,13	10.259,10	11.793,08	13.297,05
21.640,00	bis	21.659,99	5.481,68	7.107,15	8.702,63	10.268,10	11.803,58	13.309,05
21.660,00	bis	21.679,99	5.486,18	7.113,15	8.710,13	10.277,10	11.814,08	13.321,05
21.680,00	bis	21.699,99	5.490,68	7.119,15	8.717,63	10.286,10	11.824,58	13.333,05
21.700,00	bis	21.719,99	5.495,18	7.125,15	8.725,13	10.295,10	11.835,08	13.345,05
21.720,00	bis	21.739,99	5.499,68	7.131,15	8.732,63	10.304,10	11.845,58	13.357,05
21.740,00	bis	21.759,99	5.504,18	7.137,15	8.740,13	10.313,10	11.856,08	13.369,05
21.760,00	bis	21.779,99	5.508,68	7.143,15	8.747,63	10.322,10	11.866,58	13.381,05
21.780,00	bis	21.799,99	5.513,18	7.149,15	8.755,13	10.331,10	11.877,08	13.393,05
21.800,00	bis	21.819,99	5.517,68	7.155,15	8.762,63	10.340,10	11.887,58	13.405,05
21.820,00	bis	21.839,99	5.522,18	7.161,15	8.770,13	10.349,10	11.898,08	13.417,05
21.840,00	bis	21.859,99	5.526,68	7.167,15	8.777,63	10.358,10	11.908,58	13.429,05
21.860,00	bis	21.879,99	5.531,18	7.173,15	8.785,13	10.367,10	11.919,08	13.441,05
21.880,00	bis	21.899,99	5.535,68	7.179,15	8.792,63	10.376,10	11.929,58	13.453,05
21.900,00	bis	21.919,99	5.540,18	7.185,15	8.800,13	10.385,10	11.940,08	13.465,05
21.920,00	bis	21.939,99	5.544,68	7.191,15	8.807,63	10.394,10	11.950,58	13.477,05
21.940,00	bis	21.959,99	5.549,18	7.197,15	8.815,13	10.403,10	11.961,08	13.489,05
21.960,00	bis	21.979,99	5.553,68	7.203,15	8.822,63	10.412,10	11.971,58	13.501,05
21.980,00	bis	21.999,99	5.558,18	7.209,15	8.830,13	10.421,10	11.982,08	13.513,05
22.000,00	bis	22.019,99	5.562,68	7.215,15	8.837,63	10.430,10	11.992,58	13.525,05
22.020,00	bis	22.039,99	5.567,18	7.221,15	8.845,13	10.439,10	12.003,08	13.537,05
22.040,00	bis	22.059,99	5.571,68	7.227,15	8.852,63	10.448,10	12.013,58	13.549,05
22.060,00	bis	22.079,99	5.576,18	7.233,15	8.860,13	10.457,10	12.024,08	13.561,05
22.080,00	bis	22.099,99	5.580,68	7.239,15	8.867,63	10.466,10	12.034,58	13.573,05
22.100,00	bis	22.119,99	5.585,18	7.245,15	8.875,13	10.475,10	12.045,08	13.585,05
22.120,00	bis	22.139,99	5.589,68	7.251,15	8.882,63	10.484,10	12.055,58	13.597,05
22.140,00	bis	22.159,99	5.594,18	7.257,15	8.890,13	10.493,10	12.066,08	13.609,05
22.160,00	bis	22.179,99	5.598,68	7.263,15	8.897,63	10.502,10	12.076,58	13.621,05
22.180,00	bis	22.199,99	5.603,18	7.269,15	8.905,13	10.511,10	12.087,08	13.633,05

Tabelle 2cm (Beschränkt pfändbare einmalige Leistungen)

TABELLEN

22.200,00	bis	22.219,99	5.607,68	7.275,15	8.912,63	10.520,10	12.097,58	13.645,05
22.220,00	bis	22.239,99	5.612,18	7.281,15	8.920,13	10.529,10	12.108,08	13.657,05
22.240,00	bis	22.259,99	5.616,68	7.287,15	8.927,63	10.538,10	12.118,58	13.669,05
22.260,00	bis	22.279,99	5.621,18	7.293,15	8.935,13	10.547,10	12.129,08	13.681,05
22.280,00	bis	22.299,99	5.625,68	7.299,15	8.942,63	10.556,10	12.139,58	13.693,05
22.300,00	bis	22.319,99	5.630,18	7.305,15	8.950,13	10.565,10	12.150,08	13.705,05
22.320,00	bis	22.339,99	5.634,68	7.311,15	8.957,63	10.574,10	12.160,58	13.717,05
22.340,00	bis	22.359,99	5.639,18	7.317,15	8.965,13	10.583,10	12.171,08	13.729,05
22.360,00	bis	22.379,99	5.643,68	7.323,15	8.972,63	10.592,10	12.181,58	13.741,05
22.380,00	bis	22.399,99	5.648,18	7.329,15	8.980,13	10.601,10	12.192,08	13.753,05
22.400,00	bis	22.419,99	5.652,68	7.335,15	8.987,63	10.610,10	12.202,58	13.765,05
22.420,00	bis	22.439,99	5.657,18	7.341,15	8.995,13	10.619,10	12.213,08	13.777,05
22.440,00	bis	22.459,99	5.661,68	7.347,15	9.002,63	10.628,10	12.223,58	13.789,05
22.460,00	bis	22.479,99	5.666,18	7.353,15	9.010,13	10.637,10	12.234,08	13.801,05
22.480,00	bis	22.499,99	5.670,68	7.359,15	9.017,63	10.646,10	12.244,58	13.813,05
22.500,00	bis	22.519,99	5.675,18	7.365,15	9.025,13	10.655,10	12.255,08	13.825,05
22.520,00	bis	22.539,99	5.679,68	7.371,15	9.032,63	10.664,10	12.265,58	13.837,05
22.540,00	bis	22.559,99	5.684,18	7.377,15	9.040,13	10.673,10	12.276,08	13.849,05
22.560,00	bis	22.579,99	5.688,68	7.383,15	9.047,63	10.682,10	12.286,58	13.861,05
22.580,00	bis	22.599,99	5.693,18	7.389,15	9.055,13	10.691,10	12.297,08	13.873,05
22.600,00	bis	22.619,99	5.697,68	7.395,15	9.062,63	10.700,10	12.307,58	13.885,05
22.620,00	bis	22.639,99	5.702,18	7.401,15	9.070,13	10.709,10	12.318,08	13.897,05
22.640,00	bis	22.659,99	5.706,68	7.407,15	9.077,63	10.718,10	12.328,58	13.909,05
22.660,00	bis	22.679,99	5.711,18	7.413,15	9.085,13	10.727,10	12.339,08	13.921,05
22.680,00	bis	22.699,99	5.715,68	7.419,15	9.092,63	10.736,10	12.349,58	13.933,05
22.700,00	bis	22.719,99	5.720,18	7.425,15	9.100,13	10.745,10	12.360,08	13.945,05
22.720,00	bis	22.739,99	5.724,68	7.431,15	9.107,63	10.754,10	12.370,58	13.957,05
22.740,00	bis	22.759,99	5.729,18	7.437,15	9.115,13	10.763,10	12.381,08	13.969,05
22.760,00	bis	22.779,99	5.733,68	7.443,15	9.122,63	10.772,10	12.391,58	13.981,05
22.780,00	bis	22.799,99	5.738,18	7.449,15	9.130,13	10.781,10	12.402,08	13.993,05
22.800,00	bis	22.819,99	5.742,68	7.455,15	9.137,63	10.790,10	12.412,58	14.005,05
22.820,00	bis	22.839,99	5.747,18	7.461,15	9.145,13	10.799,10	12.423,08	14.017,05
22.840,00	bis	22.859,99	5.751,68	7.467,15	9.152,63	10.808,10	12.433,58	14.029,05
22.860,00	bis	22.879,99	5.756,18	7.473,15	9.160,13	10.817,10	12.444,08	14.041,05
22.880,00	bis	22.899,99	5.760,68	7.479,15	9.167,63	10.826,10	12.454,58	14.053,05
22.900,00	bis	22.919,99	5.765,18	7.485,15	9.175,13	10.835,10	12.465,08	14.065,05
22.920,00	bis	22.939,99	5.769,68	7.491,15	9.182,63	10.844,10	12.475,58	14.077,05
22.940,00	bis	22.959,99	5.774,18	7.497,15	9.190,13	10.853,10	12.486,08	14.089,05
22.960,00	bis	22.979,99	5.778,68	7.503,15	9.197,63	10.862,10	12.496,58	14.101,05
22.980,00	bis	22.999,99	5.783,18	7.509,15	9.205,13	10.871,10	12.507,08	14.113,05
23.000,00	bis	23.019,99	5.787,68	7.515,15	9.212,63	10.880,10	12.517,58	14.125,05
23.020,00	bis	23.039,99	5.792,18	7.521,15	9.220,13	10.889,10	12.528,08	14.137,05
23.040,00	bis	23.059,99	5.796,68	7.527,15	9.227,63	10.898,10	12.538,58	14.149,05
23.060,00	bis	23.079,99	5.801,18	7.533,15	9.235,13	10.907,10	12.549,08	14.161,05
23.080,00	bis	23.099,99	5.805,68	7.539,15	9.242,63	10.916,10	12.559,58	14.173,05
23.100,00	bis	23.119,99	5.810,18	7.545,15	9.250,13	10.925,10	12.570,08	14.185,05
23.120,00	bis	23.139,99	5.814,68	7.551,15	9.257,63	10.934,10	12.580,58	14.197,05
23.140,00	bis	23.159,99	5.819,18	7.557,15	9.265,13	10.943,10	12.591,08	14.209,05
23.160,00	bis	23.179,99	5.823,68	7.563,15	9.272,63	10.952,10	12.601,58	14.221,05
23.180,00	bis	23.199,99	5.828,18	7.569,15	9.280,13	10.961,10	12.612,08	14.233,05
23.200,00	bis	23.219,99	5.832,68	7.575,15	9.287,63	10.970,10	12.622,58	14.245,05
23.220,00	bis	23.239,99	5.837,18	7.581,15	9.295,13	10.979,10	12.633,08	14.257,05
23.240,00	bis	23.259,99	5.841,68	7.587,15	9.302,63	10.988,10	12.643,58	14.269,05
23.260,00	bis	23.279,99	5.846,18	7.593,15	9.310,13	10.997,10	12.654,08	14.281,05
23.280,00	bis	23.299,99	5.850,68	7.599,15	9.317,63	11.006,10	12.664,58	14.293,05
23.300,00	bis	23.319,99	5.855,18	7.605,15	9.325,13	11.015,10	12.675,08	14.305,05
23.320,00	bis	23.339,99	5.859,68	7.611,15	9.332,63	11.024,10	12.685,58	14.317,05
23.340,00	bis	23.359,99	5.864,18	7.617,15	9.340,13	11.033,10	12.696,08	14.329,05
23.360,00	bis	23.379,99	5.868,68	7.623,15	9.347,63	11.042,10	12.706,58	14.341,05
23.380,00	bis	23.399,99	5.873,18	7.629,15	9.355,13	11.051,10	12.717,08	14.353,05
23.400,00	bis	23.419,99	5.877,68	7.635,15	9.362,63	11.060,10	12.727,58	14.365,05
23.420,00	bis	23.439,99	5.882,18	7.641,15	9.370,13	11.069,10	12.738,08	14.377,05
23.440,00	bis	23.459,99	5.886,68	7.647,15	9.377,63	11.078,10	12.748,58	14.389,05
23.460,00	bis	23.479,99	5.891,18	7.653,15	9.385,13	11.087,10	12.759,08	14.401,05
23.480,00	bis	23.499,99	5.895,68	7.659,15	9.392,63	11.096,10	12.769,58	14.413,05
23.500,00	bis	23.519,99	5.900,18	7.665,15	9.400,13	11.105,10	12.780,08	14.425,05
23.520,00	bis	23.539,99	5.904,68	7.671,15	9.407,63	11.114,10	12.790,58	14.437,05

Tabelle 2cm (Beschränkt pfändbare einmalige Leistungen)

TABELLEN

23.540,00	bis	23.559,99	5.909,18	7.677,15	9.415,13	11.123,10	12.801,08	14.449,05
23.560,00	bis	23.579,99	5.913,68	7.683,15	9.422,63	11.132,10	12.811,58	14.461,05
23.580,00	bis	23.599,99	5.918,18	7.689,15	9.430,13	11.141,10	12.822,08	14.473,05
23.600,00	bis	23.619,99	5.922,68	7.695,15	9.437,63	11.150,10	12.832,58	14.485,05
23.620,00	bis	23.639,99	5.927,18	7.701,15	9.445,13	11.159,10	12.843,08	14.497,05
23.640,00	bis	23.659,99	5.931,68	7.707,15	9.452,63	11.168,10	12.853,58	14.509,05
23.660,00	bis	23.679,99	5.936,18	7.713,15	9.460,13	11.177,10	12.864,08	14.521,05
23.680,00	bis	23.699,99	5.940,68	7.719,15	9.467,63	11.186,10	12.874,58	14.533,05
23.700,00	bis	23.719,99	5.945,18	7.725,15	9.475,13	11.195,10	12.885,08	14.545,05
23.720,00	bis	23.739,99	5.949,68	7.731,15	9.482,63	11.204,10	12.895,58	14.557,05
23.740,00	bis	23.759,99	5.954,18	7.737,15	9.490,13	11.213,10	12.906,08	14.569,05
23.760,00	bis	23.779,99	5.958,68	7.743,15	9.497,63	11.222,10	12.916,58	14.581,05
23.780,00	bis	23.799,99	5.963,18	7.749,15	9.505,13	11.231,10	12.927,08	14.593,05
23.800,00	bis	23.819,99	5.967,68	7.755,15	9.512,63	11.240,10	12.937,58	14.605,05
23.820,00	bis	23.839,99	5.972,18	7.761,15	9.520,13	11.249,10	12.948,08	14.617,05
23.840,00	bis	23.859,99	5.976,68	7.767,15	9.527,63	11.258,10	12.958,58	14.629,05
23.860,00	bis	23.879,99	5.981,18	7.773,15	9.535,13	11.267,10	12.969,08	14.641,05
23.880,00	bis	23.899,99	5.985,68	7.779,15	9.542,63	11.276,10	12.979,58	14.653,05
23.900,00	bis	23.919,99	5.990,18	7.785,15	9.550,13	11.285,10	12.990,08	14.665,05
23.920,00	bis	23.939,99	5.994,68	7.791,15	9.557,63	11.294,10	13.000,58	14.677,05
23.940,00	bis	23.959,99	5.999,18	7.797,15	9.565,13	11.303,10	13.011,08	14.689,05
23.960,00	bis	23.979,99	6.003,68	7.803,15	9.572,63	11.312,10	13.021,58	14.701,05
23.980,00	bis	23.999,99	6.008,18	7.809,15	9.580,13	11.321,10	13.032,08	14.713,05
24.000,00	bis	24.019,99	6.012,68	7.815,15	9.587,63	11.330,10	13.042,58	14.725,05
24.020,00	bis	24.039,99	6.017,18	7.821,15	9.595,13	11.339,10	13.053,08	14.737,05
24.040,00	bis	24.059,99	6.021,68	7.827,15	9.602,63	11.348,10	13.063,58	14.749,05
24.060,00	bis	24.079,99	6.026,18	7.833,15	9.610,13	11.357,10	13.074,08	14.761,05
24.080,00	bis	24.099,99	6.030,68	7.839,15	9.617,63	11.366,10	13.084,58	14.773,05
24.100,00	bis	24.119,99	6.035,18	7.845,15	9.625,13	11.375,10	13.095,08	14.785,05
24.120,00	bis	24.139,99	6.039,68	7.851,15	9.632,63	11.384,10	13.105,58	14.797,05
24.140,00	bis	24.159,99	6.044,18	7.857,15	9.640,13	11.393,10	13.116,08	14.809,05
24.160,00	bis	24.179,99	6.048,68	7.863,15	9.647,63	11.402,10	13.126,58	14.821,05
24.180,00	bis	24.199,99	6.053,18	7.869,15	9.655,13	11.411,10	13.137,08	14.833,05
24.200,00	bis	24.219,99	6.057,68	7.875,15	9.662,63	11.420,10	13.147,58	14.845,05
24.220,00	bis	24.239,99	6.062,18	7.881,15	9.670,13	11.429,10	13.158,08	14.857,05
24.240,00	bis	24.259,99	6.066,68	7.887,15	9.677,63	11.438,10	13.168,58	14.869,05
24.260,00	bis	24.279,99	6.071,18	7.893,15	9.685,13	11.447,10	13.179,08	14.881,05
24.280,00	bis	24.299,99	6.075,68	7.899,15	9.692,63	11.456,10	13.189,58	14.893,05
24.300,00	bis	24.319,99	6.080,18	7.905,15	9.700,13	11.465,10	13.200,08	14.905,05
24.320,00	bis	24.339,99	6.084,68	7.911,15	9.707,63	11.474,10	13.210,58	14.917,05
24.340,00	bis	24.359,99	6.089,18	7.917,15	9.715,13	11.483,10	13.221,08	14.929,05
24.360,00	bis	24.379,99	6.093,68	7.923,15	9.722,63	11.492,10	13.231,58	14.941,05
24.380,00	bis	24.399,99	6.098,18	7.929,15	9.730,13	11.501,10	13.242,08	14.953,05
24.400,00	bis	24.419,99	6.102,68	7.935,15	9.737,63	11.510,10	13.252,58	14.965,05
24.420,00	bis	24.439,99	6.107,18	7.941,15	9.745,13	11.519,10	13.263,08	14.977,05
24.440,00	bis	24.459,99	6.111,68	7.947,15	9.752,63	11.528,10	13.273,58	14.989,05
24.460,00	bis	24.479,99	6.116,18	7.953,15	9.760,13	11.537,10	13.284,08	15.001,05
24.480,00	bis	24.499,99	6.120,68	7.959,15	9.767,63	11.546,10	13.294,58	15.013,05
24.500,00	bis	24.519,99	6.125,18	7.965,15	9.775,13	11.555,10	13.305,08	15.025,05
24.520,00	bis	24.539,99	6.129,68	7.971,15	9.782,63	11.564,10	13.315,58	15.037,05
24.540,00	bis	24.559,99	6.134,18	7.977,15	9.790,13	11.573,10	13.326,08	15.049,05
24.560,00	bis	24.579,99	6.138,68	7.983,15	9.797,63	11.582,10	13.336,58	15.061,05
24.580,00	bis	24.599,99	6.143,18	7.989,15	9.805,13	11.591,10	13.347,08	15.073,05
24.600,00	bis	24.619,99	6.147,68	7.995,15	9.812,63	11.600,10	13.357,58	15.085,05
24.620,00	bis	24.639,99	6.152,18	8.001,15	9.820,13	11.609,10	13.368,08	15.097,05
24.640,00	bis	24.659,99	6.156,68	8.007,15	9.827,63	11.618,10	13.378,58	15.109,05
24.660,00	bis	24.679,99	6.161,18	8.013,15	9.835,13	11.627,10	13.389,08	15.121,05
24.680,00	bis	24.699,99	6.165,68	8.019,15	9.842,63	11.636,10	13.399,58	15.133,05
24.700,00	bis	24.719,99	6.170,18	8.025,15	9.850,13	11.645,10	13.410,08	15.145,05
24.720,00	bis	24.739,99	6.174,68	8.031,15	9.857,63	11.654,10	13.420,58	15.157,05
24.740,00	bis	24.759,99	6.179,18	8.037,15	9.865,13	11.663,10	13.431,08	15.169,05
24.760,00	bis	24.779,99	6.183,68	8.043,15	9.872,63	11.672,10	13.441,58	15.181,05
24.780,00	bis	24.799,99	6.188,18	8.049,15	9.880,13	11.681,10	13.452,08	15.193,05
24.800,00	bis	24.819,99	6.192,68	8.055,15	9.887,63	11.690,10	13.462,58	15.205,05
24.820,00	bis	24.839,99	6.197,18	8.061,15	9.895,13	11.699,10	13.473,08	15.217,05
24.840,00	bis	24.859,99	6.201,68	8.067,15	9.902,63	11.708,10	13.483,58	15.229,05
24.860,00	bis	24.879,99	6.206,18	8.073,15	9.910,13	11.717,10	13.494,08	15.241,05

Tabelle 2cm (Beschränkt pfändbare einmalige Leistungen)

24.880,00	bis	24.899,99	6.210,68	8.079,15	9.917,63	11.726,10	13.504,58	15.253,05
24.900,00	bis	24.919,99	6.215,18	8.085,15	9.925,13	11.735,10	13.515,08	15.265,05
24.920,00	bis	24.939,99	6.219,68	8.091,15	9.932,63	11.744,10	13.525,58	15.277,05
24.940,00	bis	24.959,99	6.224,18	8.097,15	9.940,13	11.753,10	13.536,08	15.289,05
24.960,00	bis	24.979,99	6.228,68	8.103,15	9.947,63	11.762,10	13.546,58	15.301,05
24.980,00	bis	24.999,99	6.233,18	8.109,15	9.955,13	11.771,10	13.557,08	15.313,05
25.000,00	bis	25.019,99	6.237,68	8.115,15	9.962,63	11.780,10	13.567,58	15.325,05
25.020,00	bis	25.039,99	6.242,18	8.121,15	9.970,13	11.789,10	13.578,08	15.337,05
25.040,00	bis	25.059,99	6.246,68	8.127,15	9.977,63	11.798,10	13.588,58	15.349,05
25.060,00	bis	25.079,99	6.251,18	8.133,15	9.985,13	11.807,10	13.599,08	15.361,05
25.080,00	bis	25.099,99	6.255,68	8.139,15	9.992,63	11.816,10	13.609,58	15.373,05
25.100,00	bis	25.119,99	6.260,18	8.145,15	10.000,13	11.825,10	13.620,08	15.385,05
25.120,00	bis	25.139,99	6.264,68	8.151,15	10.007,63	11.834,10	13.630,58	15.397,05
25.140,00	bis	25.159,99	6.269,18	8.157,15	10.015,13	11.843,10	13.641,08	15.409,05
25.160,00	bis	25.179,99	6.273,68	8.163,15	10.022,63	11.852,10	13.651,58	15.421,05
25.180,00	bis	25.199,99	6.278,18	8.169,15	10.030,13	11.861,10	13.662,08	15.433,05
25.200,00	bis	25.219,99	6.282,68	8.175,15	10.037,63	11.870,10	13.672,58	15.445,05
25.220,00	bis	25.239,99	6.287,18	8.181,15	10.045,13	11.879,10	13.683,08	15.457,05
25.240,00	bis	25.259,99	6.291,68	8.187,15	10.052,63	11.888,10	13.693,58	15.469,05
25.260,00	bis	25.279,99	6.296,18	8.193,15	10.060,13	11.897,10	13.704,08	15.481,05
25.280,00	bis	25.299,99	6.300,68	8.199,15	10.067,63	11.906,10	13.714,58	15.493,05
25.300,00	bis	25.319,99	6.305,18	8.205,15	10.075,13	11.915,10	13.725,08	15.505,05
25.320,00	bis	25.339,99	6.309,68	8.211,15	10.082,63	11.924,10	13.735,58	15.517,05
25.340,00	bis	25.359,99	6.314,18	8.217,15	10.090,13	11.933,10	13.746,08	15.529,05
25.360,00	bis	25.379,99	6.318,68	8.223,15	10.097,63	11.942,10	13.756,58	15.541,05
25.380,00	bis	25.399,99	6.323,18	8.229,15	10.105,13	11.951,10	13.767,08	15.553,05
25.400,00	bis	25.419,99	6.327,68	8.235,15	10.112,63	11.960,10	13.777,58	15.565,05
25.420,00	bis	25.439,99	6.332,18	8.241,15	10.120,13	11.969,10	13.788,08	15.577,05
25.440,00	bis	25.459,99	6.336,68	8.247,15	10.127,63	11.978,10	13.798,58	15.589,05
25.460,00	bis	25.479,99	6.341,18	8.253,15	10.135,13	11.987,10	13.809,08	15.601,05
25.480,00	bis	25.499,99	6.345,68	8.259,15	10.142,63	11.996,10	13.819,58	15.613,05
25.500,00	bis	25.519,99	6.350,18	8.265,15	10.150,13	12.005,10	13.830,08	15.625,05
25.520,00	bis	25.539,99	6.354,68	8.271,15	10.157,63	12.014,10	13.840,58	15.637,05
25.540,00	bis	25.559,99	6.359,18	8.277,15	10.165,13	12.023,10	13.851,08	15.649,05
25.560,00	bis	25.579,99	6.363,68	8.283,15	10.172,63	12.032,10	13.861,58	15.661,05
25.580,00	bis	25.599,99	6.368,18	8.289,15	10.180,13	12.041,10	13.872,08	15.673,05
25.600,00	bis	25.619,99	6.372,68	8.295,15	10.187,63	12.050,10	13.882,58	15.685,05
25.620,00	bis	25.639,99	6.377,18	8.301,15	10.195,13	12.059,10	13.893,08	15.697,05
25.640,00	bis	25.659,99	6.381,68	8.307,15	10.202,63	12.068,10	13.903,58	15.709,05
25.660,00	bis	25.679,99	6.386,18	8.313,15	10.210,13	12.077,10	13.914,08	15.721,05
25.680,00	bis	25.699,99	6.390,68	8.319,15	10.217,63	12.086,10	13.924,58	15.733,05
25.700,00	bis	25.719,99	6.395,18	8.325,15	10.225,13	12.095,10	13.935,08	15.745,05
25.720,00	bis	25.739,99	6.399,68	8.331,15	10.232,63	12.104,10	13.945,58	15.757,05
25.740,00	bis	25.759,99	6.404,18	8.337,15	10.240,13	12.113,10	13.956,08	15.769,05
25.760,00	bis	25.779,99	6.408,68	8.343,15	10.247,63	12.122,10	13.966,58	15.781,05
25.780,00	bis	25.799,99	6.413,18	8.349,15	10.255,13	12.131,10	13.977,08	15.793,05
25.800,00	bis	25.819,99	6.417,68	8.355,15	10.262,63	12.140,10	13.987,58	15.805,05
25.820,00	bis	25.839,99	6.422,18	8.361,15	10.270,13	12.149,10	13.998,08	15.817,05
25.840,00	bis	25.859,99	6.426,68	8.367,15	10.277,63	12.158,10	14.008,58	15.829,05
25.860,00	bis	25.879,99	6.431,18	8.373,15	10.285,13	12.167,10	14.019,08	15.841,05
25.880,00	bis	25.899,99	6.435,68	8.379,15	10.292,63	12.176,10	14.029,58	15.853,05
25.900,00	bis	25.919,99	6.440,18	8.385,15	10.300,13	12.185,10	14.040,08	15.865,05
25.920,00	bis	25.939,99	6.444,68	8.391,15	10.307,63	12.194,10	14.050,58	15.877,05
25.940,00	bis	25.959,99	6.449,18	8.397,15	10.315,13	12.203,10	14.061,08	15.889,05
25.960,00	bis	25.979,99	6.453,68	8.403,15	10.322,63	12.212,10	14.071,58	15.901,05
25.980,00	bis	25.999,99	6.458,18	8.409,15	10.330,13	12.221,10	14.082,08	15.913,05
26.000,00	bis	26.019,99	6.462,68	8.415,15	10.337,63	12.230,10	14.092,58	15.925,05
26.020,00	bis	26.039,99	6.467,18	8.421,15	10.345,13	12.239,10	14.103,08	15.937,05
26.040,00	bis	26.059,99	6.471,68	8.427,15	10.352,63	12.248,10	14.113,58	15.949,05
26.060,00	bis	26.079,99	6.476,18	8.433,15	10.360,13	12.257,10	14.124,08	15.961,05
26.080,00	bis	26.099,99	6.480,68	8.439,15	10.367,63	12.266,10	14.134,58	15.973,05
26.100,00	bis	26.119,99	6.485,18	8.445,15	10.375,13	12.275,10	14.145,08	15.985,05
26.120,00	bis	26.139,99	6.489,68	8.451,15	10.382,63	12.284,10	14.155,58	15.997,05
26.140,00	bis	26.159,99	6.494,18	8.457,15	10.390,13	12.293,10	14.166,08	16.009,05
26.160,00	bis	26.179,99	6.498,68	8.463,15	10.397,63	12.302,10	14.176,58	16.021,05
26.180,00	bis	26.199,99	6.503,18	8.469,15	10.405,13	12.311,10	14.187,08	16.033,05
26.200,00	bis	26.219,99	6.507,68	8.475,15	10.412,63	12.320,10	14.197,58	16.045,05

Tabelle 2cm (Beschränkt pfändbare einmalige Leistungen)

TABELLEN

26.220,00	bis	26.239,99	6.512,18	8.481,15	10.420,13	12.329,10	14.208,08	16.057,05
26.240,00	bis	26.259,99	6.516,68	8.487,15	10.427,63	12.338,10	14.218,58	16.069,05
26.260,00	bis	26.279,99	6.521,18	8.493,15	10.435,13	12.347,10	14.229,08	16.081,05
26.280,00	bis	26.299,99	6.525,68	8.499,15	10.442,63	12.356,10	14.239,58	16.093,05
26.300,00	bis	26.319,99	6.530,18	8.505,15	10.450,13	12.365,10	14.250,08	16.105,05
26.320,00	bis	26.339,99	6.534,68	8.511,15	10.457,63	12.374,10	14.260,58	16.117,05
26.340,00	bis	26.359,99	6.539,18	8.517,15	10.465,13	12.383,10	14.271,08	16.129,05
26.360,00	bis	26.379,99	6.543,68	8.523,15	10.472,63	12.392,10	14.281,58	16.141,05
26.380,00	bis	26.399,99	6.548,18	8.529,15	10.480,13	12.401,10	14.292,08	16.153,05
26.400,00	bis	26.419,99	6.552,68	8.535,15	10.487,63	12.410,10	14.302,58	16.165,05
26.420,00	bis	26.439,99	6.557,18	8.541,15	10.495,13	12.419,10	14.313,08	16.177,05
26.440,00	bis	26.459,99	6.561,68	8.547,15	10.502,63	12.428,10	14.323,58	16.189,05
26.460,00	bis	26.479,99	6.566,18	8.553,15	10.510,13	12.437,10	14.334,08	16.201,05
26.480,00	bis	26.499,99	6.570,68	8.559,15	10.517,63	12.446,10	14.344,58	16.213,05
26.500,00	bis	26.519,99	6.575,18	8.565,15	10.525,13	12.455,10	14.355,08	16.225,05
26.520,00	bis	26.539,99	6.579,68	8.571,15	10.532,63	12.464,10	14.365,58	16.237,05
26.540,00	bis	26.559,99	6.584,18	8.577,15	10.540,13	12.473,10	14.376,08	16.249,05
26.560,00	bis	26.579,99	6.588,68	8.583,15	10.547,63	12.482,10	14.386,58	16.261,05
26.580,00	bis	26.599,99	6.593,18	8.589,15	10.555,13	12.491,10	14.397,08	16.273,05
26.600,00	bis	26.619,99	6.597,68	8.595,15	10.562,63	12.500,10	14.407,58	16.285,05
26.620,00	bis	26.639,99	6.602,18	8.601,15	10.570,13	12.509,10	14.418,08	16.297,05
26.640,00	bis	26.659,99	6.606,68	8.607,15	10.577,63	12.518,10	14.428,58	16.309,05
26.660,00	bis	26.679,99	6.611,18	8.613,15	10.585,13	12.527,10	14.439,08	16.321,05
26.680,00	bis	26.699,99	6.615,68	8.619,15	10.592,63	12.536,10	14.449,58	16.333,05
26.700,00	bis	26.719,99	6.620,18	8.625,15	10.600,13	12.545,10	14.460,08	16.345,05
26.720,00	bis	26.739,99	6.624,68	8.631,15	10.607,63	12.554,10	14.470,58	16.357,05
26.740,00	bis	26.759,99	6.629,18	8.637,15	10.615,13	12.563,10	14.481,08	16.369,05
26.760,00	bis	26.779,99	6.633,68	8.643,15	10.622,63	12.572,10	14.491,58	16.381,05
26.780,00	bis	26.799,99	6.638,18	8.649,15	10.630,13	12.581,10	14.502,08	16.393,05
26.800,00	bis	26.819,99	6.642,68	8.655,15	10.637,63	12.590,10	14.512,58	16.405,05
26.820,00	bis	26.839,99	6.647,18	8.661,15	10.645,13	12.599,10	14.523,08	16.417,05
26.840,00	bis	26.859,99	6.651,68	8.667,15	10.652,63	12.608,10	14.533,58	16.429,05
26.860,00	bis	26.879,99	6.656,18	8.673,15	10.660,13	12.617,10	14.544,08	16.441,05
26.880,00	bis	26.899,99	6.660,68	8.679,15	10.667,63	12.626,10	14.554,58	16.453,05
26.900,00	bis	26.919,99	6.665,18	8.685,15	10.675,13	12.635,10	14.565,08	16.465,05
26.920,00	bis	26.939,99	6.669,68	8.691,15	10.682,63	12.644,10	14.575,58	16.477,05
26.940,00	bis	26.959,99	6.674,18	8.697,15	10.690,13	12.653,10	14.586,08	16.489,05
26.960,00	bis	26.979,99	6.678,68	8.703,15	10.697,63	12.662,10	14.596,58	16.501,05
26.980,00	bis	26.999,99	6.683,18	8.709,15	10.705,13	12.671,10	14.607,08	16.513,05
27.000,00	bis	27.019,99	6.687,68	8.715,15	10.712,63	12.680,10	14.617,58	16.525,05
27.020,00	bis	27.039,99	6.692,18	8.721,15	10.720,13	12.689,10	14.628,08	16.537,05
27.040,00	bis	27.059,99	6.696,68	8.727,15	10.727,63	12.698,10	14.638,58	16.549,05
27.060,00	bis	27.079,99	6.701,18	8.733,15	10.735,13	12.707,10	14.649,08	16.561,05
27.080,00	bis	27.099,99	6.705,68	8.739,15	10.742,63	12.716,10	14.659,58	16.573,05
27.100,00	bis	27.119,99	6.710,18	8.745,15	10.750,13	12.725,10	14.670,08	16.585,05
27.120,00	bis	27.139,99	6.714,68	8.751,15	10.757,63	12.734,10	14.680,58	16.597,05
27.140,00	bis	27.159,99	6.719,18	8.757,15	10.765,13	12.743,10	14.691,08	16.609,05
27.160,00	bis	27.179,99	6.723,68	8.763,15	10.772,63	12.752,10	14.701,58	16.621,05
27.180,00	bis	27.199,99	6.728,18	8.769,15	10.780,13	12.761,10	14.712,08	16.633,05
27.200,00	bis	27.219,99	6.732,68	8.775,15	10.787,63	12.770,10	14.722,58	16.645,05
27.220,00	bis	27.239,99	6.737,18	8.781,15	10.795,13	12.779,10	14.733,08	16.657,05
27.240,00	bis	27.259,99	6.741,68	8.787,15	10.802,63	12.788,10	14.743,58	16.669,05
27.260,00	bis	27.279,99	6.746,18	8.793,15	10.810,13	12.797,10	14.754,08	16.681,05
27.280,00	bis	27.299,99	6.750,68	8.799,15	10.817,63	12.806,10	14.764,58	16.693,05
27.300,00	bis	27.319,99	6.755,18	8.805,15	10.825,13	12.815,10	14.775,08	16.705,05
27.320,00	bis	27.339,99	6.759,68	8.811,15	10.832,63	12.824,10	14.785,58	16.717,05
27.340,00	bis	27.359,99	6.764,18	8.817,15	10.840,13	12.833,10	14.796,08	16.729,05
27.360,00	bis	27.379,99	6.768,68	8.823,15	10.847,63	12.842,10	14.806,58	16.741,05
27.380,00	bis	27.399,99	6.773,18	8.829,15	10.855,13	12.851,10	14.817,08	16.753,05
27.400,00	bis	27.419,99	6.777,68	8.835,15	10.862,63	12.860,10	14.827,58	16.765,05
27.420,00	bis	27.439,99	6.782,18	8.841,15	10.870,13	12.869,10	14.838,08	16.777,05
27.440,00	bis	27.459,99	6.786,68	8.847,15	10.877,63	12.878,10	14.848,58	16.789,05
27.460,00	bis	27.479,99	6.791,18	8.853,15	10.885,13	12.887,10	14.859,08	16.801,05
27.480,00	bis	27.499,99	6.795,68	8.859,15	10.892,63	12.896,10	14.869,58	16.813,05
27.500,00	bis	27.519,99	6.800,18	8.865,15	10.900,13	12.905,10	14.880,08	16.825,05
27.520,00	bis	27.539,99	6.804,68	8.871,15	10.907,63	12.914,10	14.890,58	16.837,05
27.540,00	bis	27.559,99	6.809,18	8.877,15	10.915,13	12.923,10	14.901,08	16.849,05

Tabelle 2cm (Beschränkt pfändbare einmalige Leistungen)

27.560,00	bis	27.579,99	6.813,68	8.883,15	10.922,63	12.932,10	14.911,58	16.861,05
27.580,00	bis	27.599,99	6.818,18	8.889,15	10.930,13	12.941,10	14.922,08	16.873,05
27.600,00	bis	27.619,99	6.822,68	8.895,15	10.937,63	12.950,10	14.932,58	16.885,05
27.620,00	bis	27.639,99	6.827,18	8.901,15	10.945,13	12.959,10	14.943,08	16.897,05
27.640,00	bis	27.659,99	6.831,68	8.907,15	10.952,63	12.968,10	14.953,58	16.909,05
27.660,00	bis	27.679,99	6.836,18	8.913,15	10.960,13	12.977,10	14.964,08	16.921,05
27.680,00	bis	27.699,99	6.840,68	8.919,15	10.967,63	12.986,10	14.974,58	16.933,05
27.700,00	bis	27.719,99	6.845,18	8.925,15	10.975,13	12.995,10	14.985,08	16.945,05
27.720,00	bis	27.739,99	6.849,68	8.931,15	10.982,63	13.004,10	14.995,58	16.957,05
27.740,00	bis	27.759,99	6.854,18	8.937,15	10.990,13	13.013,10	15.006,08	16.969,05
27.760,00	bis	27.779,99	6.858,68	8.943,15	10.997,63	13.022,10	15.016,58	16.981,05
27.780,00	bis	27.799,99	6.863,18	8.949,15	11.005,13	13.031,10	15.027,08	16.993,05
27.800,00	bis	27.819,99	6.867,68	8.955,15	11.012,63	13.040,10	15.037,58	17.005,05
27.820,00	bis	27.839,99	6.872,18	8.961,15	11.020,13	13.049,10	15.048,08	17.017,05
27.840,00	bis	27.859,99	6.876,68	8.967,15	11.027,63	13.058,10	15.058,58	17.029,05
27.860,00	bis	27.879,99	6.881,18	8.973,15	11.035,13	13.067,10	15.069,08	17.041,05
27.880,00	bis	27.899,99	6.885,68	8.979,15	11.042,63	13.076,10	15.079,58	17.053,05
27.900,00	bis	27.919,99	6.890,18	8.985,15	11.050,13	13.085,10	15.090,08	17.065,05
27.920,00	bis	27.939,99	6.894,68	8.991,15	11.057,63	13.094,10	15.100,58	17.077,05
27.940,00	bis	27.959,99	6.899,18	8.997,15	11.065,13	13.103,10	15.111,08	17.089,05
27.960,00	bis	27.979,99	6.903,68	9.003,15	11.072,63	13.112,10	15.121,58	17.101,05
27.980,00	bis	27.999,99	6.908,18	9.009,15	11.080,13	13.121,10	15.132,08	17.113,05
28.000,00	bis	28.019,99	6.912,68	9.015,15	11.087,63	13.130,10	15.142,58	17.125,05
28.020,00	bis	28.039,99	6.917,18	9.021,15	11.095,13	13.139,10	15.153,08	17.137,05
28.040,00	bis	28.059,99	6.921,68	9.027,15	11.102,63	13.148,10	15.163,58	17.149,05
28.060,00	bis	28.079,99	6.926,18	9.033,15	11.110,13	13.157,10	15.174,08	17.161,05
28.080,00	bis	28.099,99	6.930,68	9.039,15	11.117,63	13.166,10	15.184,58	17.173,05
28.100,00	bis	28.119,99	6.935,18	9.045,15	11.125,13	13.175,10	15.195,08	17.185,05
28.120,00	bis	28.139,99	6.939,68	9.051,15	11.132,63	13.184,10	15.205,58	17.197,05
28.140,00	bis	28.159,99	6.944,18	9.057,15	11.140,13	13.193,10	15.216,08	17.209,05
28.160,00	bis	28.179,99	6.948,68	9.063,15	11.147,63	13.202,10	15.226,58	17.221,05
28.180,00	bis	28.199,99	6.953,18	9.069,15	11.155,13	13.211,10	15.237,08	17.233,05
28.200,00	bis	28.219,99	6.957,68	9.075,15	11.162,63	13.220,10	15.247,58	17.245,05
28.220,00	bis	28.239,99	6.962,18	9.081,15	11.170,13	13.229,10	15.258,08	17.257,05
28.240,00	bis	28.259,99	6.966,68	9.087,15	11.177,63	13.238,10	15.268,58	17.269,05
28.260,00	bis	28.279,99	6.971,18	9.093,15	11.185,13	13.247,10	15.279,08	17.281,05
28.280,00	bis	28.299,99	6.975,68	9.099,15	11.192,63	13.256,10	15.289,58	17.293,05
28.300,00	bis	28.319,99	6.980,18	9.105,15	11.200,13	13.265,10	15.300,08	17.305,05
28.320,00	bis	28.339,99	6.984,68	9.111,15	11.207,63	13.274,10	15.310,58	17.317,05
28.340,00	bis	28.359,99	6.989,18	9.117,15	11.215,13	13.283,10	15.321,08	17.329,05
28.360,00	bis	28.379,99	6.993,68	9.123,15	11.222,63	13.292,10	15.331,58	17.341,05
28.380,00	bis	28.399,99	6.998,18	9.129,15	11.230,13	13.301,10	15.342,08	17.353,05
28.400,00	bis	28.419,99	7.002,68	9.135,15	11.237,63	13.310,10	15.352,58	17.365,05
28.420,00	bis	28.439,99	7.007,18	9.141,15	11.245,13	13.319,10	15.363,08	17.377,05
28.440,00	bis	28.459,99	7.011,68	9.147,15	11.252,63	13.328,10	15.373,58	17.389,05
28.460,00	bis	28.479,99	7.016,18	9.153,15	11.260,13	13.337,10	15.384,08	17.401,05
28.480,00	bis	28.499,99	7.020,68	9.159,15	11.267,63	13.346,10	15.394,58	17.413,05
28.500,00	bis	28.519,99	7.025,18	9.165,15	11.275,13	13.355,10	15.405,08	17.425,05
28.520,00	bis	28.539,99	7.029,68	9.171,15	11.282,63	13.364,10	15.415,58	17.437,05
28.540,00	bis	28.559,99	7.034,18	9.177,15	11.290,13	13.373,10	15.426,08	17.449,05
28.560,00	bis	28.579,99	7.038,68	9.183,15	11.297,63	13.382,10	15.436,58	17.461,05
28.580,00	bis	28.599,99	7.043,18	9.189,15	11.305,13	13.391,10	15.447,08	17.473,05
28.600,00	bis	28.619,99	7.047,68	9.195,15	11.312,63	13.400,10	15.457,58	17.485,05
28.620,00	bis	28.639,99	7.052,18	9.201,15	11.320,13	13.409,10	15.468,08	17.497,05
28.640,00	bis	28.659,99	7.056,68	9.207,15	11.327,63	13.418,10	15.478,58	17.509,05
28.660,00	bis	28.679,99	7.061,18	9.213,15	11.335,13	13.427,10	15.489,08	17.521,05
28.680,00	bis	28.699,99	7.065,68	9.219,15	11.342,63	13.436,10	15.499,58	17.533,05
28.700,00	bis	28.719,99	7.070,18	9.225,15	11.350,13	13.445,10	15.510,08	17.545,05
28.720,00	bis	28.739,99	7.074,68	9.231,15	11.357,63	13.454,10	15.520,58	17.557,05
28.740,00	bis	28.759,99	7.079,18	9.237,15	11.365,13	13.463,10	15.531,08	17.569,05
28.760,00	bis	28.779,99	7.083,68	9.243,15	11.372,63	13.472,10	15.541,58	17.581,05
28.780,00	bis	28.799,99	7.088,18	9.249,15	11.380,13	13.481,10	15.552,08	17.593,05
28.800,00	bis	28.819,99	7.092,68	9.255,15	11.387,63	13.490,10	15.562,58	17.605,05
28.820,00	bis	28.839,99	7.097,18	9.261,15	11.395,13	13.499,10	15.573,08	17.617,05
28.840,00	bis	28.859,99	7.101,68	9.267,15	11.402,63	13.508,10	15.583,58	17.629,05
28.860,00	bis	28.879,99	7.106,18	9.273,15	11.410,13	13.517,10	15.594,08	17.641,05
28.880,00	bis	28.899,99	7.110,68	9.279,15	11.417,63	13.526,10	15.604,58	17.653,05

Tabelle 2cm (Beschränkt pfändbare einmalige Leistungen)

TABELLEN

28.900,00	bis	28.919,99	7.115,18	9.285,15	11.425,13	13.535,10	15.615,08	17.665,05
28.920,00	bis	28.939,99	7.119,68	9.291,15	11.432,63	13.544,10	15.625,58	17.677,05
28.940,00	bis	28.959,99	7.124,18	9.297,15	11.440,13	13.553,10	15.636,08	17.689,05
28.960,00	bis	28.979,99	7.128,68	9.303,15	11.447,63	13.562,10	15.646,58	17.701,05
28.980,00	bis	28.999,99	7.133,18	9.309,15	11.455,13	13.571,10	15.657,08	17.713,05
29.000,00	bis	29.019,99	7.137,68	9.315,15	11.462,63	13.580,10	15.667,58	17.725,05
29.020,00	bis	29.039,99	7.142,18	9.321,15	11.470,13	13.589,10	15.678,08	17.737,05
29.040,00	bis	29.059,99	7.146,68	9.327,15	11.477,63	13.598,10	15.688,58	17.749,05
29.060,00	bis	29.079,99	7.151,18	9.333,15	11.485,13	13.607,10	15.699,08	17.761,05
29.080,00	bis	29.099,99	7.155,68	9.339,15	11.492,63	13.616,10	15.709,58	17.773,05
29.100,00	bis	29.119,99	7.160,18	9.345,15	11.500,13	13.625,10	15.720,08	17.785,05
29.120,00	bis	29.139,99	7.164,68	9.351,15	11.507,63	13.634,10	15.730,58	17.797,05
29.140,00	bis	29.159,99	7.169,18	9.357,15	11.515,13	13.643,10	15.741,08	17.809,05
29.160,00	bis	29.179,99	7.173,68	9.363,15	11.522,63	13.652,10	15.751,58	17.821,05
29.180,00	bis	29.199,99	7.178,18	9.369,15	11.530,13	13.661,10	15.762,08	17.833,05
29.200,00	bis	29.219,99	7.182,68	9.375,15	11.537,63	13.670,10	15.772,58	17.845,05
29.220,00	bis	29.239,99	7.187,18	9.381,15	11.545,13	13.679,10	15.783,08	17.857,05
29.240,00	bis	29.259,99	7.191,68	9.387,15	11.552,63	13.688,10	15.793,58	17.869,05
29.260,00	bis	29.279,99	7.196,18	9.393,15	11.560,13	13.697,10	15.804,08	17.881,05
29.280,00	bis	29.299,99	7.200,68	9.399,15	11.567,63	13.706,10	15.814,58	17.893,05
29.300,00	bis	29.319,99	7.205,18	9.405,15	11.575,13	13.715,10	15.825,08	17.905,05
29.320,00	bis	29.339,99	7.209,68	9.411,15	11.582,63	13.724,10	15.835,58	17.917,05
29.340,00	bis	29.359,99	7.214,18	9.417,15	11.590,13	13.733,10	15.846,08	17.929,05
29.360,00	bis	29.379,99	7.218,68	9.423,15	11.597,63	13.742,10	15.856,58	17.941,05
29.380,00	bis	29.399,99	7.223,18	9.429,15	11.605,13	13.751,10	15.867,08	17.953,05
29.400,00	bis	29.419,99	7.227,68	9.435,15	11.612,63	13.760,10	15.877,58	17.965,05
29.420,00	bis	29.439,99	7.232,18	9.441,15	11.620,13	13.769,10	15.888,08	17.977,05
29.440,00	bis	29.459,99	7.236,68	9.447,15	11.627,63	13.778,10	15.898,58	17.989,05
29.460,00	bis	29.479,99	7.241,18	9.453,15	11.635,13	13.787,10	15.909,08	18.001,05
29.480,00	bis	29.499,99	7.245,68	9.459,15	11.642,63	13.796,10	15.919,58	18.013,05
29.500,00	bis	29.519,99	7.250,18	9.465,15	11.650,13	13.805,10	15.930,08	18.025,05
29.520,00	bis	29.539,99	7.254,68	9.471,15	11.657,63	13.814,10	15.940,58	18.037,05
29.540,00	bis	29.559,99	7.259,18	9.477,15	11.665,13	13.823,10	15.951,08	18.049,05
29.560,00	bis	29.579,99	7.263,68	9.483,15	11.672,63	13.832,10	15.961,58	18.061,05
29.580,00	bis	29.599,99	7.268,18	9.489,15	11.680,13	13.841,10	15.972,08	18.073,05
29.600,00	bis	29.619,99	7.272,68	9.495,15	11.687,63	13.850,10	15.982,58	18.085,05
29.620,00	bis	29.639,99	7.277,18	9.501,15	11.695,13	13.859,10	15.993,08	18.097,05
29.640,00	bis	29.659,99	7.281,68	9.507,15	11.702,63	13.868,10	16.003,58	18.109,05
29.660,00	bis	29.679,99	7.286,18	9.513,15	11.710,13	13.877,10	16.014,08	18.121,05
29.680,00	bis	29.699,99	7.290,68	9.519,15	11.717,63	13.886,10	16.024,58	18.133,05
29.700,00	bis	29.719,99	7.295,18	9.525,15	11.725,13	13.895,10	16.035,08	18.145,05
29.720,00	bis	29.739,99	7.299,68	9.531,15	11.732,63	13.904,10	16.045,58	18.157,05
29.740,00	bis	29.759,99	7.304,18	9.537,15	11.740,13	13.913,10	16.056,08	18.169,05
29.760,00	bis	29.779,99	7.308,68	9.543,15	11.747,63	13.922,10	16.066,58	18.181,05
29.780,00	bis	29.799,99	7.313,18	9.549,15	11.755,13	13.931,10	16.077,08	18.193,05
29.800,00	bis	29.819,99	7.317,68	9.555,15	11.762,63	13.940,10	16.087,58	18.205,05
29.820,00	bis	29.839,99	7.322,18	9.561,15	11.770,13	13.949,10	16.098,08	18.217,05
29.840,00	bis	29.859,99	7.326,68	9.567,15	11.777,63	13.958,10	16.108,58	18.229,05
29.860,00	bis	29.879,99	7.331,18	9.573,15	11.785,13	13.967,10	16.119,08	18.241,05
29.880,00	bis	29.899,99	7.335,68	9.579,15	11.792,63	13.976,10	16.129,58	18.253,05
29.900,00	bis	29.919,99	7.340,18	9.585,15	11.800,13	13.985,10	16.140,08	18.265,05
29.920,00	bis	29.939,99	7.344,68	9.591,15	11.807,63	13.994,10	16.150,58	18.277,05
29.940,00	bis	29.959,99	7.349,18	9.597,15	11.815,13	14.003,10	16.161,08	18.289,05
29.960,00	bis	29.979,99	7.353,68	9.603,15	11.822,63	14.012,10	16.171,58	18.301,05
29.980,00	bis	29.999,99	7.358,18	9.609,15	11.830,13	14.021,10	16.182,08	18.313,05
30.000,00	bis	30.019,99	7.362,68	9.615,15	11.837,63	14.030,10	16.192,58	18.325,05
30.020,00	bis	30.039,99	7.367,18	9.621,15	11.845,13	14.039,10	16.203,08	18.337,05
30.040,00	bis	30.059,99	7.371,68	9.627,15	11.852,63	14.048,10	16.213,58	18.349,05
30.060,00	bis	30.079,99	7.376,18	9.633,15	11.860,13	14.057,10	16.224,08	18.361,05
30.080,00	bis	30.099,99	7.380,68	9.639,15	11.867,63	14.066,10	16.234,58	18.373,05
30.100,00	bis	30.119,99	7.385,18	9.645,15	11.875,13	14.075,10	16.245,08	18.385,05
30.120,00	bis	30.139,99	7.389,68	9.651,15	11.882,63	14.084,10	16.255,58	18.397,05
30.140,00	bis	30.159,99	7.394,18	9.657,15	11.890,13	14.093,10	16.266,08	18.409,05
30.160,00	bis	30.179,99	7.398,68	9.663,15	11.897,63	14.102,10	16.276,58	18.421,05
30.180,00	bis	30.199,99	7.403,18	9.669,15	11.905,13	14.111,10	16.287,08	18.433,05
30.200,00	bis	30.219,99	7.407,68	9.675,15	11.912,63	14.120,10	16.297,58	18.445,05
30.220,00	bis	30.239,99	7.412,18	9.681,15	11.920,13	14.129,10	16.308,08	18.457,05

Tabelle 2cm (Beschränkt pfändbare einmalige Leistungen)

30.240,00	bis	30.259,99	7.416,68	9.687,15	11.927,63	14.138,10	16.318,58	18.469,05
30.260,00	bis	30.279,99	7.421,18	9.693,15	11.935,13	14.147,10	16.329,08	18.481,05
30.280,00	bis	30.299,99	7.425,68	9.699,15	11.942,63	14.156,10	16.339,58	18.493,05
30.300,00	bis	30.319,99	7.430,18	9.705,15	11.950,13	14.165,10	16.350,08	18.505,05
30.320,00	bis	30.339,99	7.434,68	9.711,15	11.957,63	14.174,10	16.360,58	18.517,05
30.340,00	bis	30.359,99	7.439,18	9.717,15	11.965,13	14.183,10	16.371,08	18.529,05
30.360,00	bis	30.379,99	7.443,68	9.723,15	11.972,63	14.192,10	16.381,58	18.541,05
30.380,00	bis	30.399,99	7.448,18	9.729,15	11.980,13	14.201,10	16.392,08	18.553,05
30.400,00	bis	30.419,99	7.452,68	9.735,15	11.987,63	14.210,10	16.402,58	18.565,05
30.420,00	bis	30.439,99	7.457,18	9.741,15	11.995,13	14.219,10	16.413,08	18.577,05
30.440,00	bis	30.459,99	7.461,68	9.747,15	12.002,63	14.228,10	16.423,58	18.589,05
30.460,00	bis	30.479,99	7.466,18	9.753,15	12.010,13	14.237,10	16.434,08	18.601,05
30.480,00	bis	30.499,99	7.470,68	9.759,15	12.017,63	14.246,10	16.444,58	18.613,05
30.500,00	bis	30.519,99	7.475,18	9.765,15	12.025,13	14.255,10	16.455,08	18.625,05
30.520,00	bis	30.539,99	7.479,68	9.771,15	12.032,63	14.264,10	16.465,58	18.637,05
30.540,00	bis	30.559,99	7.484,18	9.777,15	12.040,13	14.273,10	16.476,08	18.649,05
30.560,00	bis	30.579,99	7.488,68	9.783,15	12.047,63	14.282,10	16.486,58	18.661,05
30.580,00	bis	30.599,99	7.493,18	9.789,15	12.055,13	14.291,10	16.497,08	18.673,05
30.600,00	bis	30.619,99	7.497,68	9.795,15	12.062,63	14.300,10	16.507,58	18.685,05
30.620,00	bis	30.639,99	7.502,18	9.801,15	12.070,13	14.309,10	16.518,08	18.697,05
30.640,00	bis	30.659,99	7.506,68	9.807,15	12.077,63	14.318,10	16.528,58	18.709,05
30.660,00	bis	30.679,99	7.511,18	9.813,15	12.085,13	14.327,10	16.539,08	18.721,05
30.680,00	bis	30.699,99	7.515,68	9.819,15	12.092,63	14.336,10	16.549,58	18.733,05
30.700,00	bis	30.719,99	7.520,18	9.825,15	12.100,13	14.345,10	16.560,08	18.745,05
30.720,00	bis	30.739,99	7.524,68	9.831,15	12.107,63	14.354,10	16.570,58	18.757,05
30.740,00	bis	30.759,99	7.529,18	9.837,15	12.115,13	14.363,10	16.581,08	18.769,05
30.760,00	bis	30.779,99	7.533,68	9.843,15	12.122,63	14.372,10	16.591,58	18.781,05
30.780,00	bis	30.799,99	7.538,18	9.849,15	12.130,13	14.381,10	16.602,08	18.793,05
30.800,00	bis	30.819,99	7.542,68	9.855,15	12.137,63	14.390,10	16.612,58	18.805,05
30.820,00	bis	30.839,99	7.547,18	9.861,15	12.145,13	14.399,10	16.623,08	18.817,05
30.840,00	bis	30.859,99	7.551,68	9.867,15	12.152,63	14.408,10	16.633,58	18.829,05
30.860,00	bis	30.879,99	7.556,18	9.873,15	12.160,13	14.417,10	16.644,08	18.841,05
30.880,00	bis	30.899,99	7.560,68	9.879,15	12.167,63	14.426,10	16.654,58	18.853,05
30.900,00	bis	30.919,99	7.565,18	9.885,15	12.175,13	14.435,10	16.665,08	18.865,05
30.920,00	bis	30.939,99	7.569,68	9.891,15	12.182,63	14.444,10	16.675,58	18.877,05
30.940,00	bis	30.959,99	7.574,18	9.897,15	12.190,13	14.453,10	16.686,08	18.889,05
30.960,00	bis	30.979,99	7.578,68	9.903,15	12.197,63	14.462,10	16.696,58	18.901,05
30.980,00	bis	30.999,99	7.583,18	9.909,15	12.205,13	14.471,10	16.707,08	18.913,05
31.000,00	bis	31.019,99	7.587,68	9.915,15	12.212,63	14.480,10	16.717,58	18.925,05
31.020,00	bis	31.039,99	7.592,18	9.921,15	12.220,13	14.489,10	16.728,08	18.937,05
31.040,00	bis	31.059,99	7.596,68	9.927,15	12.227,63	14.498,10	16.738,58	18.949,05
31.060,00	bis	31.079,99	7.601,18	9.933,15	12.235,13	14.507,10	16.749,08	18.961,05
31.080,00	bis	31.099,99	7.605,68	9.939,15	12.242,63	14.516,10	16.759,58	18.973,05
31.100,00	bis	31.119,99	7.610,18	9.945,15	12.250,13	14.525,10	16.770,08	18.985,05
31.120,00	bis	31.139,99	7.614,68	9.951,15	12.257,63	14.534,10	16.780,58	18.997,05
31.140,00	bis	31.159,99	7.619,18	9.957,15	12.265,13	14.543,10	16.791,08	19.009,05
31.160,00	bis	31.179,99	7.623,68	9.963,15	12.272,63	14.552,10	16.801,58	19.021,05
31.180,00	bis	31.199,99	7.628,18	9.969,15	12.280,13	14.561,10	16.812,08	19.033,05
31.200,00	bis	31.219,99	7.632,68	9.975,15	12.287,63	14.570,10	16.822,58	19.045,05
31.220,00	bis	31.239,99	7.637,18	9.981,15	12.295,13	14.579,10	16.833,08	19.057,05
31.240,00	bis	31.259,99	7.641,68	9.987,15	12.302,63	14.588,10	16.843,58	19.069,05
31.260,00	bis	31.279,99	7.646,18	9.993,15	12.310,13	14.597,10	16.854,08	19.081,05
31.280,00	bis	31.299,99	7.650,68	9.999,15	12.317,63	14.606,10	16.864,58	19.093,05
31.300,00	bis	31.319,99	7.655,18	10.005,15	12.325,13	14.615,10	16.875,08	19.105,05
31.320,00	bis	31.339,99	7.659,68	10.011,15	12.332,63	14.624,10	16.885,58	19.117,05
31.340,00	bis	31.359,99	7.664,18	10.017,15	12.340,13	14.633,10	16.896,08	19.129,05
31.360,00	bis	31.379,99	7.668,68	10.023,15	12.347,63	14.642,10	16.906,58	19.141,05
31.380,00	bis	31.399,99	7.673,18	10.029,15	12.355,13	14.651,10	16.917,08	19.153,05
31.400,00	bis	31.419,99	7.677,68	10.035,15	12.362,63	14.660,10	16.927,58	19.165,05
31.420,00	bis	31.439,99	7.682,18	10.041,15	12.370,13	14.669,10	16.938,08	19.177,05
31.440,00	bis	31.459,99	7.686,68	10.047,15	12.377,63	14.678,10	16.948,58	19.189,05
31.460,00	bis	31.479,99	7.691,18	10.053,15	12.385,13	14.687,10	16.959,08	19.201,05
31.480,00	bis	31.499,99	7.695,68	10.059,15	12.392,63	14.696,10	16.969,58	19.213,05
31.500,00	bis	31.519,99	7.700,18	10.065,15	12.400,13	14.705,10	16.980,08	19.225,05
31.520,00	bis	31.539,99	7.704,68	10.071,15	12.407,63	14.714,10	16.990,58	19.237,05
31.540,00	bis	31.559,99	7.709,18	10.077,15	12.415,13	14.723,10	17.001,08	19.249,05
31.560,00	bis	31.579,99	7.713,68	10.083,15	12.422,63	14.732,10	17.011,58	19.261,05

Tabelle 2cm (Beschränkt pfändbare einmalige Leistungen)

TABELLEN

31.580,00	bis	31.599,99	7.718,18	10.089,15	12.430,13	14.741,10	17.022,08	19.273,05
31.600,00	bis	31.619,99	7.722,68	10.095,15	12.437,63	14.750,10	17.032,58	19.285,05
31.620,00	bis	31.639,99	7.727,18	10.101,15	12.445,13	14.759,10	17.043,08	19.297,05
31.640,00	bis	31.659,99	7.731,68	10.107,15	12.452,63	14.768,10	17.053,58	19.309,05
31.660,00	bis	31.679,99	7.736,18	10.113,15	12.460,13	14.777,10	17.064,08	19.321,05
31.680,00	bis	31.699,99	7.740,68	10.119,15	12.467,63	14.786,10	17.074,58	19.333,05
31.700,00	bis	31.719,99	7.745,18	10.125,15	12.475,13	14.795,10	17.085,08	19.345,05
31.720,00	bis	31.739,99	7.749,68	10.131,15	12.482,63	14.804,10	17.095,58	19.357,05
31.740,00	bis	31.759,99	7.754,18	10.137,15	12.490,13	14.813,10	17.106,08	19.369,05
31.760,00	bis	31.779,99	7.758,68	10.143,15	12.497,63	14.822,10	17.116,58	19.381,05
31.780,00	bis	31.799,99	7.763,18	10.149,15	12.505,13	14.831,10	17.127,08	19.393,05
31.800,00	bis	31.819,99	7.767,68	10.155,15	12.512,63	14.840,10	17.137,58	19.405,05
31.820,00	bis	31.839,99	7.772,18	10.161,15	12.520,13	14.849,10	17.148,08	19.417,05
31.840,00	bis	31.859,99	7.776,68	10.167,15	12.527,63	14.858,10	17.158,58	19.429,05
31.860,00	bis	31.879,99	7.781,18	10.173,15	12.535,13	14.867,10	17.169,08	19.441,05
31.880,00	bis	31.899,99	7.785,68	10.179,15	12.542,63	14.876,10	17.179,58	19.453,05
31.900,00	bis	31.919,99	7.790,18	10.185,15	12.550,13	14.885,10	17.190,08	19.465,05
31.920,00	bis	31.939,99	7.794,68	10.191,15	12.557,63	14.894,10	17.200,58	19.477,05
31.940,00	bis	31.959,99	7.799,18	10.197,15	12.565,13	14.903,10	17.211,08	19.489,05
31.960,00	bis	31.979,99	7.803,68	10.203,15	12.572,63	14.912,10	17.221,58	19.501,05
31.980,00	bis	31.999,99	7.808,18	10.209,15	12.580,13	14.921,10	17.232,08	19.513,05
32.000,00	bis	32.019,99	7.812,68	10.215,15	12.587,63	14.930,10	17.242,58	19.525,05
32.020,00	bis	32.039,99	7.817,18	10.221,15	12.595,13	14.939,10	17.253,08	19.537,05
32.040,00	bis	32.059,99	7.821,68	10.227,15	12.602,63	14.948,10	17.263,58	19.549,05
32.060,00	bis	32.079,99	7.826,18	10.233,15	12.610,13	14.957,10	17.274,08	19.561,05
32.080,00	bis	32.099,99	7.830,68	10.239,15	12.617,63	14.966,10	17.284,58	19.573,05
32.100,00	bis	32.119,99	7.835,18	10.245,15	12.625,13	14.975,10	17.295,08	19.585,05
32.120,00	bis	32.139,99	7.839,68	10.251,15	12.632,63	14.984,10	17.305,58	19.597,05
32.140,00	bis	32.159,99	7.844,18	10.257,15	12.640,13	14.993,10	17.316,08	19.609,05
32.160,00	bis	32.179,99	7.848,68	10.263,15	12.647,63	15.002,10	17.326,58	19.621,05
32.180,00	bis	32.199,99	7.853,18	10.269,15	12.655,13	15.011,10	17.337,08	19.633,05
32.200,00	bis	32.219,99	7.857,68	10.275,15	12.662,63	15.020,10	17.347,58	19.645,05
32.220,00	bis	32.239,99	7.862,18	10.281,15	12.670,13	15.029,10	17.358,08	19.657,05
32.240,00	bis	32.259,99	7.866,68	10.287,15	12.677,63	15.038,10	17.368,58	19.669,05
32.260,00	bis	32.279,99	7.871,18	10.293,15	12.685,13	15.047,10	17.379,08	19.681,05
32.280,00	bis	32.299,99	7.875,68	10.299,15	12.692,63	15.056,10	17.389,58	19.693,05
32.300,00	bis	32.319,99	7.880,18	10.305,15	12.700,13	15.065,10	17.400,08	19.705,05
32.320,00	bis	32.339,99	7.884,68	10.311,15	12.707,63	15.074,10	17.410,58	19.717,05
32.340,00	bis	32.359,99	7.889,18	10.317,15	12.715,13	15.083,10	17.421,08	19.729,05
32.360,00	bis	32.379,99	7.893,68	10.323,15	12.722,63	15.092,10	17.431,58	19.741,05
32.380,00	bis	32.399,99	7.898,18	10.329,15	12.730,13	15.101,10	17.442,08	19.753,05
32.400,00	bis	32.419,99	7.902,68	10.335,15	12.737,63	15.110,10	17.452,58	19.765,05
32.420,00	bis	32.439,99	7.907,18	10.341,15	12.745,13	15.119,10	17.463,08	19.777,05
32.440,00	bis	32.459,99	7.911,68	10.347,15	12.752,63	15.128,10	17.473,58	19.789,05
32.460,00	bis	32.479,99	7.916,18	10.353,15	12.760,13	15.137,10	17.484,08	19.801,05
32.480,00	bis	32.499,99	7.920,68	10.359,15	12.767,63	15.146,10	17.494,58	19.813,05
32.500,00	bis	32.519,99	7.925,18	10.365,15	12.775,13	15.155,10	17.505,08	19.825,05
32.520,00	bis	32.539,99	7.929,68	10.371,15	12.782,63	15.164,10	17.515,58	19.837,05
32.540,00	bis	32.559,99	7.934,18	10.377,15	12.790,13	15.173,10	17.526,08	19.849,05
32.560,00	bis	32.579,99	7.938,68	10.383,15	12.797,63	15.182,10	17.536,58	19.861,05
32.580,00	bis	32.599,99	7.943,18	10.389,15	12.805,13	15.191,10	17.547,08	19.873,05
32.600,00	bis	32.619,99	7.947,68	10.395,15	12.812,63	15.200,10	17.557,58	19.885,05
32.620,00	bis	32.639,99	7.952,18	10.401,15	12.820,13	15.209,10	17.568,08	19.897,05
32.640,00	bis	32.659,99	7.956,68	10.407,15	12.827,63	15.218,10	17.578,58	19.909,05
32.660,00	bis	32.679,99	7.961,18	10.413,15	12.835,13	15.227,10	17.589,08	19.921,05
32.680,00	bis	32.699,99	7.965,68	10.419,15	12.842,63	15.236,10	17.599,58	19.933,05
32.700,00	bis	32.719,99	7.970,18	10.425,15	12.850,13	15.245,10	17.610,08	19.945,05
32.720,00	bis	32.739,99	7.974,68	10.431,15	12.857,63	15.254,10	17.620,58	19.957,05
32.740,00	bis	32.759,99	7.979,18	10.437,15	12.865,13	15.263,10	17.631,08	19.969,05
32.760,00	bis	32.779,99	7.983,68	10.443,15	12.872,63	15.272,10	17.641,58	19.981,05
32.780,00	bis	32.799,99	7.988,18	10.449,15	12.880,13	15.281,10	17.652,08	19.993,05
32.800,00	bis	32.819,99	7.992,68	10.455,15	12.887,63	15.290,10	17.662,58	20.005,05
32.820,00	bis	32.839,99	7.997,18	10.461,15	12.895,13	15.299,10	17.673,08	20.017,05
32.840,00	bis	32.859,99	8.001,68	10.467,15	12.902,63	15.308,10	17.683,58	20.029,05
32.860,00	bis	32.879,99	8.006,18	10.473,15	12.910,13	15.317,10	17.694,08	20.041,05
32.880,00	bis	32.899,99	8.010,68	10.479,15	12.917,63	15.326,10	17.704,58	20.053,05
32.900,00	bis	32.919,99	8.015,18	10.485,15	12.925,13	15.335,10	17.715,08	20.065,05

Tabelle 2cm (Beschränkt pfändbare einmalige Leistungen)

32.920,00	bis	32.939,99	8.019,68	10.491,15	12.932,63	15.344,10	17.725,58	20.077,05
32.940,00	bis	32.959,99	8.024,18	10.497,15	12.940,13	15.353,10	17.736,08	20.089,05
32.960,00	bis	32.979,99	8.028,68	10.503,15	12.947,63	15.362,10	17.746,58	20.101,05
32.980,00	bis	32.999,99	8.033,18	10.509,15	12.955,13	15.371,10	17.757,08	20.113,05
33.000,00	bis	33.019,99	8.037,68	10.515,15	12.962,63	15.380,10	17.767,58	20.125,05
33.020,00	bis	33.039,99	8.042,18	10.521,15	12.970,13	15.389,10	17.778,08	20.137,05
33.040,00	bis	33.059,99	8.046,68	10.527,15	12.977,63	15.398,10	17.788,58	20.149,05
33.060,00	bis	33.079,99	8.051,18	10.533,15	12.985,13	15.407,10	17.799,08	20.161,05
33.080,00	bis	33.099,99	8.055,68	10.539,15	12.992,63	15.416,10	17.809,58	20.173,05
33.100,00	bis	33.119,99	8.060,18	10.545,15	13.000,13	15.425,10	17.820,08	20.185,05
33.120,00	bis	33.139,99	8.064,68	10.551,15	13.007,63	15.434,10	17.830,58	20.197,05
33.140,00	bis	33.159,99	8.069,18	10.557,15	13.015,13	15.443,10	17.841,08	20.209,05
33.160,00	bis	33.179,99	8.073,68	10.563,15	13.022,63	15.452,10	17.851,58	20.221,05
33.180,00	bis	33.199,99	8.078,18	10.569,15	13.030,13	15.461,10	17.862,08	20.233,05
33.200,00	bis	33.219,99	8.082,68	10.575,15	13.037,63	15.470,10	17.872,58	20.245,05
33.220,00	bis	33.239,99	8.087,18	10.581,15	13.045,13	15.479,10	17.883,08	20.257,05
33.240,00	bis	33.259,99	8.091,68	10.587,15	13.052,63	15.488,10	17.893,58	20.269,05
33.260,00	bis	33.279,99	8.096,18	10.593,15	13.060,13	15.497,10	17.904,08	20.281,05
33.280,00	bis	33.299,99	8.100,68	10.599,15	13.067,63	15.506,10	17.914,58	20.293,05
33.300,00	bis	33.319,99	8.105,18	10.605,15	13.075,13	15.515,10	17.925,08	20.305,05
33.320,00	bis	33.339,99	8.109,68	10.611,15	13.082,63	15.524,10	17.935,58	20.317,05
33.340,00	bis	33.359,99	8.114,18	10.617,15	13.090,13	15.533,10	17.946,08	20.329,05
33.360,00	bis	33.379,99	8.118,68	10.623,15	13.097,63	15.542,10	17.956,58	20.341,05
33.380,00	bis	33.399,99	8.123,18	10.629,15	13.105,13	15.551,10	17.967,08	20.353,05
33.400,00	bis	33.419,99	8.127,68	10.635,15	13.112,63	15.560,10	17.977,58	20.365,05
33.420,00	bis	33.439,99	8.132,18	10.641,15	13.120,13	15.569,10	17.988,08	20.377,05
33.440,00	bis	33.459,99	8.136,68	10.647,15	13.127,63	15.578,10	17.998,58	20.389,05
33.460,00	bis	33.479,99	8.141,18	10.653,15	13.135,13	15.587,10	18.009,08	20.401,05
33.480,00	bis	33.499,99	8.145,68	10.659,15	13.142,63	15.596,10	18.019,58	20.413,05
33.500,00	bis	33.519,99	8.150,18	10.665,15	13.150,13	15.605,10	18.030,08	20.425,05
33.520,00	bis	33.539,99	8.154,68	10.671,15	13.157,63	15.614,10	18.040,58	20.437,05
33.540,00	bis	33.559,99	8.159,18	10.677,15	13.165,13	15.623,10	18.051,08	20.449,05
33.560,00	bis	33.579,99	8.163,68	10.683,15	13.172,63	15.632,10	18.061,58	20.461,05
33.580,00	bis	33.599,99	8.168,18	10.689,15	13.180,13	15.641,10	18.072,08	20.473,05
33.600,00	bis	33.619,99	8.172,68	10.695,15	13.187,63	15.650,10	18.082,58	20.485,05
33.620,00	bis	33.639,99	8.177,18	10.701,15	13.195,13	15.659,10	18.093,08	20.497,05
33.640,00	bis	33.659,99	8.181,68	10.707,15	13.202,63	15.668,10	18.103,58	20.509,05
33.660,00	bis	33.679,99	8.186,18	10.713,15	13.210,13	15.677,10	18.114,08	20.521,05
33.680,00	bis	33.699,99	8.190,68	10.719,15	13.217,63	15.686,10	18.124,58	20.533,05
33.700,00	bis	33.719,99	8.195,18	10.725,15	13.225,13	15.695,10	18.135,08	20.545,05
33.720,00	bis	33.739,99	8.199,68	10.731,15	13.232,63	15.704,10	18.145,58	20.557,05
33.740,00	bis	33.759,99	8.204,18	10.737,15	13.240,13	15.713,10	18.156,08	20.569,05
33.760,00	bis	33.779,99	8.208,68	10.743,15	13.247,63	15.722,10	18.166,58	20.581,05
33.780,00	bis	33.799,99	8.213,18	10.749,15	13.255,13	15.731,10	18.177,08	20.593,05
33.800,00	bis	33.819,99	8.217,68	10.755,15	13.262,63	15.740,10	18.187,58	20.605,05
33.820,00	bis	33.839,99	8.222,18	10.761,15	13.270,13	15.749,10	18.198,08	20.617,05
33.840,00	bis	33.859,99	8.226,68	10.767,15	13.277,63	15.758,10	18.208,58	20.629,05
33.860,00	bis	33.879,99	8.231,18	10.773,15	13.285,13	15.767,10	18.219,08	20.641,05
33.880,00	bis	33.899,99	8.235,68	10.779,15	13.292,63	15.776,10	18.229,58	20.653,05
33.900,00	bis	33.919,99	8.240,18	10.785,15	13.300,13	15.785,10	18.240,08	20.665,05
33.920,00	bis	33.939,99	8.244,68	10.791,15	13.307,63	15.794,10	18.250,58	20.677,05
33.940,00	bis	33.959,99	8.249,18	10.797,15	13.315,13	15.803,10	18.261,08	20.689,05
33.960,00	bis	33.979,99	8.253,68	10.803,15	13.322,63	15.812,10	18.271,58	20.701,05
33.980,00	bis	33.999,99	8.258,18	10.809,15	13.330,13	15.821,10	18.282,08	20.713,05
34.000,00	bis	34.019,99	8.262,68	10.815,15	13.337,63	15.830,10	18.292,58	20.725,05
34.020,00	bis	34.039,99	8.267,18	10.821,15	13.345,13	15.839,10	18.303,08	20.737,05
34.040,00	bis	34.059,99	8.271,68	10.827,15	13.352,63	15.848,10	18.313,58	20.749,05
34.060,00	bis	34.079,99	8.276,18	10.833,15	13.360,13	15.857,10	18.324,08	20.761,05
34.080,00	bis	34.099,99	8.280,68	10.839,15	13.367,63	15.866,10	18.334,58	20.773,05
34.100,00	bis	34.119,99	8.285,18	10.845,15	13.375,13	15.875,10	18.345,08	20.785,05
34.120,00	bis	34.139,99	8.289,68	10.851,15	13.382,63	15.884,10	18.355,58	20.797,05
34.140,00	bis	34.159,99	8.294,18	10.857,15	13.390,13	15.893,10	18.366,08	20.809,05
34.160,00	bis	34.179,99	8.298,68	10.863,15	13.397,63	15.902,10	18.376,58	20.821,05
34.180,00	bis	34.199,99	8.303,18	10.869,15	13.405,13	15.911,10	18.387,08	20.833,05
34.200,00	bis	34.219,99	8.307,68	10.875,15	13.412,63	15.920,10	18.397,58	20.845,05
34.220,00	bis	34.239,99	8.312,18	10.881,15	13.420,13	15.929,10	18.408,08	20.857,05
34.240,00	bis	34.259,99	8.316,68	10.887,15	13.427,63	15.938,10	18.418,58	20.869,05

Tabelle 2cm (Beschränkt pfändbare einmalige Leistungen)

TABELLEN

34.260,00	bis	34.279,99	8.321,18	10.893,15	13.435,13	15.947,10	18.429,08	20.881,05
34.280,00	bis	34.299,99	8.325,68	10.899,15	13.442,63	15.956,10	18.439,58	20.893,05
34.300,00	bis	34.319,99	8.330,18	10.905,15	13.450,13	15.965,10	18.450,08	20.905,05
34.320,00	bis	34.339,99	8.334,68	10.911,15	13.457,63	15.974,10	18.460,58	20.917,05
34.340,00	bis	34.359,99	8.339,18	10.917,15	13.465,13	15.983,10	18.471,08	20.929,05
34.360,00	bis	34.379,99	8.343,68	10.923,15	13.472,63	15.992,10	18.481,58	20.941,05
34.380,00	bis	34.399,99	8.348,18	10.929,15	13.480,13	16.001,10	18.492,08	20.953,05
34.400,00	bis	34.419,99	8.352,68	10.935,15	13.487,63	16.010,10	18.502,58	20.965,05
34.420,00	bis	34.439,99	8.357,18	10.941,15	13.495,13	16.019,10	18.513,08	20.977,05
34.440,00	bis	34.459,99	8.361,68	10.947,15	13.502,63	16.028,10	18.523,58	20.989,05
34.460,00	bis	34.479,99	8.366,18	10.953,15	13.510,13	16.037,10	18.534,08	21.001,05
34.480,00	bis	34.499,99	8.370,68	10.959,15	13.517,63	16.046,10	18.544,58	21.013,05
34.500,00	bis	34.519,99	8.375,18	10.965,15	13.525,13	16.055,10	18.555,08	21.025,05
34.520,00	bis	34.539,99	8.379,68	10.971,15	13.532,63	16.064,10	18.565,58	21.037,05
34.540,00	bis	34.559,99	8.384,18	10.977,15	13.540,13	16.073,10	18.576,08	21.049,05
34.560,00	bis	34.579,99	8.388,68	10.983,15	13.547,63	16.082,10	18.586,58	21.061,05
34.580,00	bis	34.599,99	8.393,18	10.989,15	13.555,13	16.091,10	18.597,08	21.073,05
34.600,00	bis	34.619,99	8.397,68	10.995,15	13.562,63	16.100,10	18.607,58	21.085,05
34.620,00	bis	34.639,99	8.402,18	11.001,15	13.570,13	16.109,10	18.618,08	21.097,05
34.640,00	bis	34.659,99	8.406,68	11.007,15	13.577,63	16.118,10	18.628,58	21.109,05
34.660,00	bis	34.679,99	8.411,18	11.013,15	13.585,13	16.127,10	18.639,08	21.121,05
34.680,00	bis	34.699,99	8.415,68	11.019,15	13.592,63	16.136,10	18.649,58	21.133,05
34.700,00	bis	34.719,99	8.420,18	11.025,15	13.600,13	16.145,10	18.660,08	21.145,05
34.720,00	bis	34.739,99	8.424,68	11.031,15	13.607,63	16.154,10	18.670,58	21.157,05
34.740,00	bis	34.759,99	8.429,18	11.037,15	13.615,13	16.163,10	18.681,08	21.169,05
34.760,00	bis	34.779,99	8.433,68	11.043,15	13.622,63	16.172,10	18.691,58	21.181,05
34.780,00	bis	34.799,99	8.438,18	11.049,15	13.630,13	16.181,10	18.702,08	21.193,05
34.800,00	bis	34.819,99	8.442,68	11.055,15	13.637,63	16.190,10	18.712,58	21.205,05
34.820,00	bis	34.839,99	8.447,18	11.061,15	13.645,13	16.199,10	18.723,08	21.217,05
34.840,00	bis	34.859,99	8.451,68	11.067,15	13.652,63	16.208,10	18.733,58	21.229,05
34.860,00	bis	34.879,99	8.456,18	11.073,15	13.660,13	16.217,10	18.744,08	21.241,05
34.880,00	bis	34.899,99	8.460,68	11.079,15	13.667,63	16.226,10	18.754,58	21.253,05
34.900,00	bis	34.919,99	8.465,18	11.085,15	13.675,13	16.235,10	18.765,08	21.265,05
34.920,00	bis	34.939,99	8.469,68	11.091,15	13.682,63	16.244,10	18.775,58	21.277,05
34.940,00	bis	34.959,99	8.474,18	11.097,15	13.690,13	16.253,10	18.786,08	21.289,05
34.960,00	bis	34.979,99	8.478,68	11.103,15	13.697,63	16.262,10	18.796,58	21.301,05
34.980,00	bis	34.999,99	8.483,18	11.109,15	13.705,13	16.271,10	18.807,08	21.313,05
35.000,00	bis	35.019,99	8.487,68	11.115,15	13.712,63	16.280,10	18.817,58	21.325,05
35.020,00	bis	35.039,99	8.492,18	11.121,15	13.720,13	16.289,10	18.828,08	21.337,05
35.040,00	bis	35.059,99	8.496,68	11.127,15	13.727,63	16.298,10	18.838,58	21.349,05
35.060,00	bis	35.079,99	8.501,18	11.133,15	13.735,13	16.307,10	18.849,08	21.361,05
35.080,00	bis	35.099,99	8.505,68	11.139,15	13.742,63	16.316,10	18.859,58	21.373,05
35.100,00	bis	35.119,99	8.510,18	11.145,15	13.750,13	16.325,10	18.870,08	21.385,05
35.120,00	bis	35.139,99	8.514,68	11.151,15	13.757,63	16.334,10	18.880,58	21.397,05
35.140,00	bis	35.159,99	8.519,18	11.157,15	13.765,13	16.343,10	18.891,08	21.409,05
35.160,00	bis	35.179,99	8.523,68	11.163,15	13.772,63	16.352,10	18.901,58	21.421,05
35.180,00	bis	35.199,99	8.528,18	11.169,15	13.780,13	16.361,10	18.912,08	21.433,05
35.200,00	bis	35.219,99	8.532,68	11.175,15	13.787,63	16.370,10	18.922,58	21.445,05
35.220,00	bis	35.239,99	8.537,18	11.181,15	13.795,13	16.379,10	18.933,08	21.457,05
35.240,00	bis	35.259,99	8.541,68	11.187,15	13.802,63	16.388,10	18.943,58	21.469,05
35.260,00	bis	35.279,99	8.546,18	11.193,15	13.810,13	16.397,10	18.954,08	21.481,05
35.280,00	bis	35.299,99	8.550,68	11.199,15	13.817,63	16.406,10	18.964,58	21.493,05
35.300,00	bis	35.319,99	8.555,18	11.205,15	13.825,13	16.415,10	18.975,08	21.505,05
35.320,00	bis	35.339,99	8.559,68	11.211,15	13.832,63	16.424,10	18.985,58	21.517,05
35.340,00	bis	35.359,99	8.564,18	11.217,15	13.840,13	16.433,10	18.996,08	21.529,05
35.360,00	bis	35.379,99	8.568,68	11.223,15	13.847,63	16.442,10	19.006,58	21.541,05
35.380,00	bis	35.399,99	8.573,18	11.229,15	13.855,13	16.451,10	19.017,08	21.553,05
35.400,00	bis	35.419,99	8.577,68	11.235,15	13.862,63	16.460,10	19.027,58	21.565,05
35.420,00	bis	35.439,99	8.582,18	11.241,15	13.870,13	16.469,10	19.038,08	21.577,05
35.440,00	bis	35.459,99	8.586,68	11.247,15	13.877,63	16.478,10	19.048,58	21.589,05
35.460,00	bis	35.479,99	8.591,18	11.253,15	13.885,13	16.487,10	19.059,08	21.601,05
35.480,00	bis	35.499,99	8.595,68	11.259,15	13.892,63	16.496,10	19.069,58	21.613,05
35.500,00	bis	35.519,99	8.600,18	11.265,15	13.900,13	16.505,10	19.080,08	21.625,05
35.520,00	bis	35.539,99	8.604,68	11.271,15	13.907,63	16.514,10	19.090,58	21.637,05
35.540,00	bis	35.559,99	8.609,18	11.277,15	13.915,13	16.523,10	19.101,08	21.649,05
35.560,00	bis	35.579,99	8.613,68	11.283,15	13.922,63	16.532,10	19.111,58	21.661,05
35.580,00	bis	35.599,99	8.618,18	11.289,15	13.930,13	16.541,10	19.122,08	21.673,05

Tabelle 2cm (Beschränkt pfändbare einmalige Leistungen)

35.600,00	bis	35.619,99	8.622,68	11.295,15	13.937,63	16.550,10	19.132,58	21.685,05
35.620,00	bis	35.639,99	8.627,18	11.301,15	13.945,13	16.559,10	19.143,08	21.697,05
35.640,00	bis	35.659,99	8.631,68	11.307,15	13.952,63	16.568,10	19.153,58	21.709,05
35.660,00	bis	35.679,99	8.636,18	11.313,15	13.960,13	16.577,10	19.164,08	21.721,05
35.680,00	bis	35.699,99	8.640,68	11.319,15	13.967,63	16.586,10	19.174,58	21.733,05
35.700,00	bis	35.719,99	8.645,18	11.325,15	13.975,13	16.595,10	19.185,08	21.745,05
35.720,00	bis	35.739,99	8.649,68	11.331,15	13.982,63	16.604,10	19.195,58	21.757,05
35.740,00	bis	35.759,99	8.654,18	11.337,15	13.990,13	16.613,10	19.206,08	21.769,05
35.760,00	bis	35.779,99	8.658,68	11.343,15	13.997,63	16.622,10	19.216,58	21.781,05
35.780,00	bis	35.799,99	8.663,18	11.349,15	14.005,13	16.631,10	19.227,08	21.793,05
35.800,00	bis	35.819,99	8.667,68	11.355,15	14.012,63	16.640,10	19.237,58	21.805,05
35.820,00	bis	35.839,99	8.672,18	11.361,15	14.020,13	16.649,10	19.248,08	21.817,05
35.840,00	bis	35.859,99	8.676,68	11.367,15	14.027,63	16.658,10	19.258,58	21.829,05
35.860,00	bis	35.879,99	8.681,18	11.373,15	14.035,13	16.667,10	19.269,08	21.841,05
35.880,00	bis	35.899,99	8.685,68	11.379,15	14.042,63	16.676,10	19.279,58	21.853,05
35.900,00	bis	35.919,99	8.690,18	11.385,15	14.050,13	16.685,10	19.290,08	21.865,05
35.920,00	bis	35.939,99	8.694,68	11.391,15	14.057,63	16.694,10	19.300,58	21.877,05
35.940,00	bis	35.959,99	8.699,18	11.397,15	14.065,13	16.703,10	19.311,08	21.889,05
35.960,00	bis	35.979,99	8.703,68	11.403,15	14.072,63	16.712,10	19.321,58	21.901,05
35.980,00	bis	35.999,99	8.708,18	11.409,15	14.080,13	16.721,10	19.332,08	21.913,05
36.000,00	bis	36.019,99	8.712,68	11.415,15	14.087,63	16.730,10	19.342,58	21.925,05
36.020,00	bis	36.039,99	8.717,18	11.421,15	14.095,13	16.739,10	19.353,08	21.937,05
36.040,00	bis	36.059,99	8.721,68	11.427,15	14.102,63	16.748,10	19.363,58	21.949,05
36.060,00	bis	36.079,99	8.726,18	11.433,15	14.110,13	16.757,10	19.374,08	21.961,05
36.080,00	bis	36.099,99	8.730,68	11.439,15	14.117,63	16.766,10	19.384,58	21.973,05
36.100,00	bis	36.119,99	8.735,18	11.445,15	14.125,13	16.775,10	19.395,08	21.985,05
36.120,00	bis	36.139,99	8.739,68	11.451,15	14.132,63	16.784,10	19.405,58	21.997,05
36.140,00	bis	36.159,99	8.744,18	11.457,15	14.140,13	16.793,10	19.416,08	22.009,05
36.160,00	bis	36.179,99	8.748,68	11.463,15	14.147,63	16.802,10	19.426,58	22.021,05
36.180,00	bis	36.199,99	8.753,18	11.469,15	14.155,13	16.811,10	19.437,08	22.033,05
36.200,00	bis	36.219,99	8.757,68	11.475,15	14.162,63	16.820,10	19.447,58	22.045,05
36.220,00	bis	36.239,99	8.762,18	11.481,15	14.170,13	16.829,10	19.458,08	22.057,05
36.240,00	bis	36.259,99	8.766,68	11.487,15	14.177,63	16.838,10	19.468,58	22.069,05
36.260,00	bis	36.279,99	8.771,18	11.493,15	14.185,13	16.847,10	19.479,08	22.081,05
36.280,00	bis	36.299,99	8.775,68	11.499,15	14.192,63	16.856,10	19.489,58	22.093,05
36.300,00	bis	36.319,99	8.780,18	11.505,15	14.200,13	16.865,10	19.500,08	22.105,05
36.320,00	bis	36.339,99	8.784,68	11.511,15	14.207,63	16.874,10	19.510,58	22.117,05
36.340,00	bis	36.359,99	8.789,18	11.517,15	14.215,13	16.883,10	19.521,08	22.129,05
36.360,00	bis	36.379,99	8.793,68	11.523,15	14.222,63	16.892,10	19.531,58	22.141,05
36.380,00	bis	36.399,99	8.798,18	11.529,15	14.230,13	16.901,10	19.542,08	22.153,05
36.400,00	bis	36.419,99	8.802,68	11.535,15	14.237,63	16.910,10	19.552,58	22.165,05
36.420,00	bis	36.439,99	8.807,18	11.541,15	14.245,13	16.919,10	19.563,08	22.177,05
36.440,00	bis	36.459,99	8.811,68	11.547,15	14.252,63	16.928,10	19.573,58	22.189,05
36.460,00	bis	36.479,99	8.816,18	11.553,15	14.260,13	16.937,10	19.584,08	22.201,05
36.480,00	bis	36.499,99	8.820,68	11.559,15	14.267,63	16.946,10	19.594,58	22.213,05
36.500,00	bis	36.519,99	8.825,18	11.565,15	14.275,13	16.955,10	19.605,08	22.225,05
36.520,00	bis	36.539,99	8.829,68	11.571,15	14.282,63	16.964,10	19.615,58	22.237,05
36.540,00	bis	36.559,99	8.834,18	11.577,15	14.290,13	16.973,10	19.626,08	22.249,05
36.560,00	bis	36.579,99	8.838,68	11.583,15	14.297,63	16.982,10	19.636,58	22.261,05
36.580,00	bis	36.599,99	8.843,18	11.589,15	14.305,13	16.991,10	19.647,08	22.273,05
36.600,00	bis	36.619,99	8.847,68	11.595,15	14.312,63	17.000,10	19.657,58	22.285,05
36.620,00	bis	36.639,99	8.852,18	11.601,15	14.320,13	17.009,10	19.668,08	22.297,05
36.640,00	bis	36.659,99	8.856,68	11.607,15	14.327,63	17.018,10	19.678,58	22.309,05
36.660,00	bis	36.679,99	8.861,18	11.613,15	14.335,13	17.027,10	19.689,08	22.321,05
36.680,00	bis	36.699,99	8.865,68	11.619,15	14.342,63	17.036,10	19.699,58	22.333,05
36.700,00	bis	36.719,99	8.870,18	11.625,15	14.350,13	17.045,10	19.710,08	22.345,05
36.720,00	bis	36.739,99	8.874,68	11.631,15	14.357,63	17.054,10	19.720,58	22.357,05
36.740,00	bis	36.759,99	8.879,18	11.637,15	14.365,13	17.063,10	19.731,08	22.369,05
36.760,00	bis	36.779,99	8.883,68	11.643,15	14.372,63	17.072,10	19.741,58	22.381,05
36.780,00	bis	36.799,99	8.888,18	11.649,15	14.380,13	17.081,10	19.752,08	22.393,05
36.800,00	bis	36.819,99	8.892,68	11.655,15	14.387,63	17.090,10	19.762,58	22.405,05
36.820,00	bis	36.839,99	8.897,18	11.661,15	14.395,13	17.099,10	19.773,08	22.417,05
36.840,00	bis	36.859,99	8.901,68	11.667,15	14.402,63	17.108,10	19.783,58	22.429,05
36.860,00	bis	36.879,99	8.906,18	11.673,15	14.410,13	17.117,10	19.794,08	22.441,05
36.880,00	bis	36.899,99	8.910,68	11.679,15	14.417,63	17.126,10	19.804,58	22.453,05
36.900,00	bis	36.919,99	8.915,18	11.685,15	14.425,13	17.135,10	19.815,08	22.465,05
36.920,00	bis	36.939,99	8.919,68	11.691,15	14.432,63	17.144,10	19.825,58	22.477,05

Tabelle 2cm (Beschränkt pfändbare einmalige Leistungen)

TABELLEN

36.940,00	bis	36.959,99	8.924,18	11.697,15	14.440,13	17.153,10	19.836,08	22.489,05
36.960,00	bis	36.979,99	8.928,68	11.703,15	14.447,63	17.162,10	19.846,58	22.501,05
36.980,00	bis	36.999,99	8.933,18	11.709,15	14.455,13	17.171,10	19.857,08	22.513,05
37.000,00	bis	37.019,99	8.937,68	11.715,15	14.462,63	17.180,10	19.867,58	22.525,05
37.020,00	bis	37.039,99	8.942,18	11.721,15	14.470,13	17.189,10	19.878,08	22.537,05
37.040,00	bis	37.059,99	8.946,68	11.727,15	14.477,63	17.198,10	19.888,58	22.549,05
37.060,00	bis	37.079,99	8.951,18	11.733,15	14.485,13	17.207,10	19.899,08	22.561,05
37.080,00	bis	37.099,99	8.955,68	11.739,15	14.492,63	17.216,10	19.909,58	22.573,05
37.100,00	bis	37.119,99	8.960,18	11.745,15	14.500,13	17.225,10	19.920,08	22.585,05
37.120,00	bis	37.139,99	8.964,68	11.751,15	14.507,63	17.234,10	19.930,58	22.597,05
37.140,00	bis	37.159,99	8.969,18	11.757,15	14.515,13	17.243,10	19.941,08	22.609,05
37.160,00	bis	37.179,99	8.973,68	11.763,15	14.522,63	17.252,10	19.951,58	22.621,05
37.180,00	bis	37.199,99	8.978,18	11.769,15	14.530,13	17.261,10	19.962,08	22.633,05
37.200,00	bis	37.219,99	8.982,68	11.775,15	14.537,63	17.270,10	19.972,58	22.645,05
37.220,00	bis	37.239,99	8.987,18	11.781,15	14.545,13	17.279,10	19.983,08	22.657,05
37.240,00	bis	37.259,99	8.991,68	11.787,15	14.552,63	17.288,10	19.993,58	22.669,05
37.260,00	bis	37.279,99	8.996,18	11.793,15	14.560,13	17.297,10	20.004,08	22.681,05
37.280,00	bis	37.299,99	9.000,68	11.799,15	14.567,63	17.306,10	20.014,58	22.693,05
37.300,00	bis	37.319,99	9.005,18	11.805,15	14.575,13	17.315,10	20.025,08	22.705,05
37.320,00	bis	37.339,99	9.009,68	11.811,15	14.582,63	17.324,10	20.035,58	22.717,05
37.340,00	bis	37.359,99	9.014,18	11.817,15	14.590,13	17.333,10	20.046,08	22.729,05
37.360,00	bis	37.379,99	9.018,68	11.823,15	14.597,63	17.342,10	20.056,58	22.741,05
37.380,00	bis	37.399,99	9.023,18	11.829,15	14.605,13	17.351,10	20.067,08	22.753,05
37.400,00	bis	37.419,99	9.027,68	11.835,15	14.612,63	17.360,10	20.077,58	22.765,05
37.420,00	bis	37.439,99	9.032,18	11.841,15	14.620,13	17.369,10	20.088,08	22.777,05
37.440,00	bis	37.459,99	9.036,68	11.847,15	14.627,63	17.378,10	20.098,58	22.789,05
37.460,00	bis	37.479,99	9.041,18	11.853,15	14.635,13	17.387,10	20.109,08	22.801,05
37.480,00	bis	37.499,99	9.045,68	11.859,15	14.642,63	17.396,10	20.119,58	22.813,05
37.500,00	bis	37.519,99	9.050,18	11.865,15	14.650,13	17.405,10	20.130,08	22.825,05
37.520,00	bis	37.539,99	9.054,68	11.871,15	14.657,63	17.414,10	20.140,58	22.837,05
37.540,00	bis	37.559,99	9.059,18	11.877,15	14.665,13	17.423,10	20.151,08	22.849,05
37.560,00	bis	37.579,99	9.063,68	11.883,15	14.672,63	17.432,10	20.161,58	22.861,05
37.580,00	bis	37.599,99	9.068,18	11.889,15	14.680,13	17.441,10	20.172,08	22.873,05
37.600,00	bis	37.619,99	9.072,68	11.895,15	14.687,63	17.450,10	20.182,58	22.885,05
37.620,00	bis	37.639,99	9.077,18	11.901,15	14.695,13	17.459,10	20.193,08	22.897,05
37.640,00	bis	37.659,99	9.081,68	11.907,15	14.702,63	17.468,10	20.203,58	22.909,05
37.660,00	bis	37.679,99	9.086,18	11.913,15	14.710,13	17.477,10	20.214,08	22.921,05
37.680,00	bis	37.699,99	9.090,68	11.919,15	14.717,63	17.486,10	20.224,58	22.933,05
37.700,00	bis	37.719,99	9.095,18	11.925,15	14.725,13	17.495,10	20.235,08	22.945,05
37.720,00	bis	37.739,99	9.099,68	11.931,15	14.732,63	17.504,10	20.245,58	22.957,05
37.740,00	bis	37.759,99	9.104,18	11.937,15	14.740,13	17.513,10	20.256,08	22.969,05
37.760,00	bis	37.779,99	9.108,68	11.943,15	14.747,63	17.522,10	20.266,58	22.981,05
37.780,00	bis	37.799,99	9.113,18	11.949,15	14.755,13	17.531,10	20.277,08	22.993,05
37.800,00	bis	37.819,99	9.117,68	11.955,15	14.762,63	17.540,10	20.287,58	23.005,05
37.820,00	bis	37.839,99	9.122,18	11.961,15	14.770,13	17.549,10	20.298,08	23.017,05
37.840,00	bis	37.859,99	9.126,68	11.967,15	14.777,63	17.558,10	20.308,58	23.029,05
37.860,00	bis	37.879,99	9.131,18	11.973,15	14.785,13	17.567,10	20.319,08	23.041,05
37.880,00	bis	37.899,99	9.135,68	11.979,15	14.792,63	17.576,10	20.329,58	23.053,05
37.900,00	bis	37.919,99	9.140,18	11.985,15	14.800,13	17.585,10	20.340,08	23.065,05
37.920,00	bis	37.939,99	9.144,68	11.991,15	14.807,63	17.594,10	20.350,58	23.077,05
37.940,00	bis	37.959,99	9.149,18	11.997,15	14.815,13	17.603,10	20.361,08	23.089,05
37.960,00	bis	37.979,99	9.153,68	12.003,15	14.822,63	17.612,10	20.371,58	23.101,05
37.980,00	bis	37.999,99	9.158,18	12.009,15	14.830,13	17.621,10	20.382,08	23.113,05
38.000,00	bis	38.019,99	9.162,68	12.015,15	14.837,63	17.630,10	20.392,58	23.125,05
38.020,00	bis	38.039,99	9.167,18	12.021,15	14.845,13	17.639,10	20.403,08	23.137,05
38.040,00	bis	38.059,99	9.171,68	12.027,15	14.852,63	17.648,10	20.413,58	23.149,05
38.060,00	bis	38.079,99	9.176,18	12.033,15	14.860,13	17.657,10	20.424,08	23.161,05
38.080,00	bis	38.099,99	9.180,68	12.039,15	14.867,63	17.666,10	20.434,58	23.173,05
38.100,00	bis	38.119,99	9.185,18	12.045,15	14.875,13	17.675,10	20.445,08	23.185,05
38.120,00	bis	38.139,99	9.189,68	12.051,15	14.882,63	17.684,10	20.455,58	23.197,05
38.140,00	bis	38.159,99	9.194,18	12.057,15	14.890,13	17.693,10	20.466,08	23.209,05
38.160,00	bis	38.179,99	9.198,68	12.063,15	14.897,63	17.702,10	20.476,58	23.221,05
38.180,00	bis	38.199,99	9.203,18	12.069,15	14.905,13	17.711,10	20.487,08	23.233,05
38.200,00	bis	38.219,99	9.207,68	12.075,15	14.912,63	17.720,10	20.497,58	23.245,05
38.220,00	bis	38.239,99	9.212,18	12.081,15	14.920,13	17.729,10	20.508,08	23.257,05
38.240,00	bis	38.259,99	9.216,68	12.087,15	14.927,63	17.738,10	20.518,58	23.269,05
38.260,00	bis	38.279,99	9.221,18	12.093,15	14.935,13	17.747,10	20.529,08	23.281,05

Tabelle 2cm (Beschränkt pfändbare einmalige Leistungen)

38.280,00	bis	38.299,99	9.225,68	12.099,15	14.942,63	17.756,10	20.539,58	23.293,05
38.300,00	bis	38.319,99	9.230,18	12.105,15	14.950,13	17.765,10	20.550,08	23.305,05
38.320,00	bis	38.339,99	9.234,68	12.111,15	14.957,63	17.774,10	20.560,58	23.317,05
38.340,00	bis	38.359,99	9.239,18	12.117,15	14.965,13	17.783,10	20.571,08	23.329,05
38.360,00	bis	38.379,99	9.243,68	12.123,15	14.972,63	17.792,10	20.581,58	23.341,05
38.380,00	bis	38.399,99	9.248,18	12.129,15	14.980,13	17.801,10	20.592,08	23.353,05
38.400,00	bis	38.419,99	9.252,68	12.135,15	14.987,63	17.810,10	20.602,58	23.365,05
38.420,00	bis	38.439,99	9.257,18	12.141,15	14.995,13	17.819,10	20.613,08	23.377,05
38.440,00	bis	38.459,99	9.261,68	12.147,15	15.002,63	17.828,10	20.623,58	23.389,05
38.460,00	bis	38.479,99	9.266,18	12.153,15	15.010,13	17.837,10	20.634,08	23.401,05
38.480,00	bis	38.499,99	9.270,68	12.159,15	15.017,63	17.846,10	20.644,58	23.413,05
38.500,00	bis	38.519,99	9.275,18	12.165,15	15.025,13	17.855,10	20.655,08	23.425,05
38.520,00	bis	38.539,99	9.279,68	12.171,15	15.032,63	17.864,10	20.665,58	23.437,05
38.540,00	bis	38.559,99	9.284,18	12.177,15	15.040,13	17.873,10	20.676,08	23.449,05
38.560,00	bis	38.579,99	9.288,68	12.183,15	15.047,63	17.882,10	20.686,58	23.461,05
38.580,00	bis	38.599,99	9.293,18	12.189,15	15.055,13	17.891,10	20.697,08	23.473,05
38.600,00	bis	38.619,99	9.297,68	12.195,15	15.062,63	17.900,10	20.707,58	23.485,05
38.620,00	bis	38.639,99	9.302,18	12.201,15	15.070,13	17.909,10	20.718,08	23.497,05
38.640,00	bis	38.659,99	9.306,68	12.207,15	15.077,63	17.918,10	20.728,58	23.509,05
38.660,00	bis	38.679,99	9.311,18	12.213,15	15.085,13	17.927,10	20.739,08	23.521,05
38.680,00	bis	38.699,99	9.315,68	12.219,15	15.092,63	17.936,10	20.749,58	23.533,05
38.700,00	bis	38.719,99	9.320,18	12.225,15	15.100,13	17.945,10	20.760,08	23.545,05
38.720,00	bis	38.739,99	9.324,68	12.231,15	15.107,63	17.954,10	20.770,58	23.557,05
38.740,00	bis	38.759,99	9.329,18	12.237,15	15.115,13	17.963,10	20.781,08	23.569,05
38.760,00	bis	38.779,99	9.333,68	12.243,15	15.122,63	17.972,10	20.791,58	23.581,05
38.780,00	bis	38.799,99	9.338,18	12.249,15	15.130,13	17.981,10	20.802,08	23.593,05
38.800,00	bis	38.819,99	9.342,68	12.255,15	15.137,63	17.990,10	20.812,58	23.605,05
38.820,00	bis	38.839,99	9.347,18	12.261,15	15.145,13	17.999,10	20.823,08	23.617,05
38.840,00	bis	38.859,99	9.351,68	12.267,15	15.152,63	18.008,10	20.833,58	23.629,05
38.860,00	bis	38.879,99	9.356,18	12.273,15	15.160,13	18.017,10	20.844,08	23.641,05
38.880,00	bis	38.899,99	9.360,68	12.279,15	15.167,63	18.026,10	20.854,58	23.653,05
38.900,00	bis	38.919,99	9.365,18	12.285,15	15.175,13	18.035,10	20.865,08	23.665,05
38.920,00	bis	38.939,99	9.369,68	12.291,15	15.182,63	18.044,10	20.875,58	23.677,05
38.940,00	bis	38.959,99	9.374,18	12.297,15	15.190,13	18.053,10	20.886,08	23.689,05
38.960,00	bis	38.979,99	9.378,68	12.303,15	15.197,63	18.062,10	20.896,58	23.701,05
38.980,00	bis	38.999,99	9.383,18	12.309,15	15.205,13	18.071,10	20.907,08	23.713,05
39.000,00	bis	39.019,99	9.387,68	12.315,15	15.212,63	18.080,10	20.917,58	23.725,05
39.020,00	bis	39.039,99	9.392,18	12.321,15	15.220,13	18.089,10	20.928,08	23.737,05
39.040,00	bis	39.059,99	9.396,68	12.327,15	15.227,63	18.098,10	20.938,58	23.749,05
39.060,00	bis	39.079,99	9.401,18	12.333,15	15.235,13	18.107,10	20.949,08	23.761,05
39.080,00	bis	39.099,99	9.405,68	12.339,15	15.242,63	18.116,10	20.959,58	23.773,05
39.100,00	bis	39.119,99	9.410,18	12.345,15	15.250,13	18.125,10	20.970,08	23.785,05
39.120,00	bis	39.139,99	9.414,68	12.351,15	15.257,63	18.134,10	20.980,58	23.797,05
39.140,00	bis	39.159,99	9.419,18	12.357,15	15.265,13	18.143,10	20.991,08	23.809,05
39.160,00	bis	39.179,99	9.423,68	12.363,15	15.272,63	18.152,10	21.001,58	23.821,05
39.180,00	bis	39.199,99	9.428,18	12.369,15	15.280,13	18.161,10	21.012,08	23.833,05
39.200,00	bis	39.219,99	9.432,68	12.375,15	15.287,63	18.170,10	21.022,58	23.845,05
39.220,00	bis	39.239,99	9.437,18	12.381,15	15.295,13	18.179,10	21.033,08	23.857,05
39.240,00	bis	39.259,99	9.441,68	12.387,15	15.302,63	18.188,10	21.043,58	23.869,05
39.260,00	bis	39.279,99	9.446,18	12.393,15	15.310,13	18.197,10	21.054,08	23.881,05
39.280,00	bis	39.299,99	9.450,68	12.399,15	15.317,63	18.206,10	21.064,58	23.893,05
39.300,00	bis	39.319,99	9.455,18	12.405,15	15.325,13	18.215,10	21.075,08	23.905,05
39.320,00	bis	39.339,99	9.459,68	12.411,15	15.332,63	18.224,10	21.085,58	23.917,05
39.340,00	bis	39.359,99	9.464,18	12.417,15	15.340,13	18.233,10	21.096,08	23.929,05
39.360,00	bis	39.379,99	9.468,68	12.423,15	15.347,63	18.242,10	21.106,58	23.941,05
39.380,00	bis	39.399,99	9.473,18	12.429,15	15.355,13	18.251,10	21.117,08	23.953,05
39.400,00	bis	39.419,99	9.477,68	12.435,15	15.362,63	18.260,10	21.127,58	23.965,05
39.420,00	bis	39.439,99	9.482,18	12.441,15	15.370,13	18.269,10	21.138,08	23.977,05
39.440,00	bis	39.459,99	9.486,68	12.447,15	15.377,63	18.278,10	21.148,58	23.989,05
39.460,00	bis	39.479,99	9.491,18	12.453,15	15.385,13	18.287,10	21.159,08	24.001,05
39.480,00	bis	39.499,99	9.495,68	12.459,15	15.392,63	18.296,10	21.169,58	24.013,05
39.500,00	bis	39.519,99	9.500,18	12.465,15	15.400,13	18.305,10	21.180,08	24.025,05
39.520,00	bis	39.539,99	9.504,68	12.471,15	15.407,63	18.314,10	21.190,58	24.037,05
39.540,00	bis	39.559,99	9.509,18	12.477,15	15.415,13	18.323,10	21.201,08	24.049,05
39.560,00	bis	39.579,99	9.513,68	12.483,15	15.422,63	18.332,10	21.211,58	24.061,05
39.580,00	bis	39.599,99	9.518,18	12.489,15	15.430,13	18.341,10	21.222,08	24.073,05
39.600,00	bis	39.619,99	9.522,68	12.495,15	15.437,63	18.350,10	21.232,58	24.085,05

Tabelle 2cm (Beschränkt pfändbare einmalige Leistungen)

39.620,00	bis	39.639,99	9.527,18	12.501,15	15.445,13	18.359,10	21.243,08	24.097,05
39.640,00	bis	39.659,99	9.531,68	12.507,15	15.452,63	18.368,10	21.253,58	24.109,05
39.660,00	bis	39.679,99	9.536,18	12.513,15	15.460,13	18.377,10	21.264,08	24.121,05
39.680,00	bis	39.699,99	9.540,68	12.519,15	15.467,63	18.386,10	21.274,58	24.133,05
39.700,00	bis	39.719,99	9.545,18	12.525,15	15.475,13	18.395,10	21.285,08	24.145,05
39.720,00	bis	39.739,99	9.549,68	12.531,15	15.482,63	18.404,10	21.295,58	24.157,05
39.740,00	bis	39.759,99	9.554,18	12.537,15	15.490,13	18.413,10	21.306,08	24.169,05
39.760,00	bis	39.779,99	9.558,68	12.543,15	15.497,63	18.422,10	21.316,58	24.181,05
39.780,00	bis	39.799,99	9.563,18	12.549,15	15.505,13	18.431,10	21.327,08	24.193,05
39.800,00	bis	39.819,99	9.567,68	12.555,15	15.512,63	18.440,10	21.337,58	24.205,05
39.820,00	bis	39.839,99	9.572,18	12.561,15	15.520,13	18.449,10	21.348,08	24.217,05
39.840,00	bis	39.859,99	9.576,68	12.567,15	15.527,63	18.458,10	21.358,58	24.229,05
39.860,00	bis	39.879,99	9.581,18	12.573,15	15.535,13	18.467,10	21.369,08	24.241,05
39.880,00	bis	39.899,99	9.585,68	12.579,15	15.542,63	18.476,10	21.379,58	24.253,05
39.900,00	bis	39.919,99	9.590,18	12.585,15	15.550,13	18.485,10	21.390,08	24.265,05
39.920,00	bis	39.939,99	9.594,68	12.591,15	15.557,63	18.494,10	21.400,58	24.277,05
39.940,00	bis	39.959,99	9.599,18	12.597,15	15.565,13	18.503,10	21.411,08	24.289,05
39.960,00	bis	39.979,99	9.603,68	12.603,15	15.572,63	18.512,10	21.421,58	24.301,05
39.980,00	bis	39.999,99	9.608,18	12.609,15	15.580,13	18.521,10	21.432,08	24.313,05
40.000,00	bis	40.019,99	9.612,68	12.615,15	15.587,63	18.530,10	21.442,58	24.325,05
40.020,00	bis	40.039,99	9.617,18	12.621,15	15.595,13	18.539,10	21.453,08	24.337,05
40.040,00	bis	40.059,99	9.621,68	12.627,15	15.602,63	18.548,10	21.463,58	24.349,05
40.060,00	bis	40.079,99	9.626,18	12.633,15	15.610,13	18.557,10	21.474,08	24.361,05
40.080,00	bis	40.099,99	9.630,68	12.639,15	15.617,63	18.566,10	21.484,58	24.373,05
40.100,00	bis	40.119,99	9.635,18	12.645,15	15.625,13	18.575,10	21.495,08	24.385,05
40.120,00	bis	40.139,99	9.639,68	12.651,15	15.632,63	18.584,10	21.505,58	24.397,05
40.140,00	bis	40.159,99	9.644,18	12.657,15	15.640,13	18.593,10	21.516,08	24.409,05
40.160,00	bis	40.179,99	9.648,68	12.663,15	15.647,63	18.602,10	21.526,58	24.421,05
40.180,00	bis	40.199,99	9.653,18	12.669,15	15.655,13	18.611,10	21.537,08	24.433,05
40.200,00	bis	40.219,99	9.657,68	12.675,15	15.662,63	18.620,10	21.547,58	24.445,05
40.220,00	bis	40.239,99	9.662,18	12.681,15	15.670,13	18.629,10	21.558,08	24.457,05
40.240,00	bis	40.259,99	9.666,68	12.687,15	15.677,63	18.638,10	21.568,58	24.469,05
40.260,00	bis	40.279,99	9.671,18	12.693,15	15.685,13	18.647,10	21.579,08	24.481,05
40.280,00	bis	40.299,99	9.675,68	12.699,15	15.692,63	18.656,10	21.589,58	24.493,05
40.300,00	bis	40.319,99	9.680,18	12.705,15	15.700,13	18.665,10	21.600,08	24.505,05
40.320,00	bis	40.339,99	9.684,68	12.711,15	15.707,63	18.674,10	21.610,58	24.517,05
40.340,00	bis	40.359,99	9.689,18	12.717,15	15.715,13	18.683,10	21.621,08	24.529,05
40.360,00	bis	40.379,99	9.693,68	12.723,15	15.722,63	18.692,10	21.631,58	24.541,05
40.380,00	bis	40.399,99	9.698,18	12.729,15	15.730,13	18.701,10	21.642,08	24.553,05
40.400,00	bis	40.419,99	9.702,68	12.735,15	15.737,63	18.710,10	21.652,58	24.565,05
40.420,00	bis	40.439,99	9.707,18	12.741,15	15.745,13	18.719,10	21.663,08	24.577,05
40.440,00	bis	40.459,99	9.711,68	12.747,15	15.752,63	18.728,10	21.673,58	24.589,05
40.460,00	bis	40.479,99	9.716,18	12.753,15	15.760,13	18.737,10	21.684,08	24.601,05
40.480,00	bis	40.499,99	9.720,68	12.759,15	15.767,63	18.746,10	21.694,58	24.613,05
40.500,00	bis	40.519,99	9.725,18	12.765,15	15.775,13	18.755,10	21.705,08	24.625,05
40.520,00	bis	40.539,99	9.729,68	12.771,15	15.782,63	18.764,10	21.715,58	24.637,05
40.540,00	bis	40.559,99	9.734,18	12.777,15	15.790,13	18.773,10	21.726,08	24.649,05
40.560,00	bis	40.579,99	9.738,68	12.783,15	15.797,63	18.782,10	21.736,58	24.661,05
40.580,00	bis	40.599,99	9.743,18	12.789,15	15.805,13	18.791,10	21.747,08	24.673,05
40.600,00	bis	40.619,99	9.747,68	12.795,15	15.812,63	18.800,10	21.757,58	24.685,05
40.620,00	bis	40.639,99	9.752,18	12.801,15	15.820,13	18.809,10	21.768,08	24.697,05
40.640,00	bis	40.659,99	9.756,68	12.807,15	15.827,63	18.818,10	21.778,58	24.709,05
40.660,00	bis	40.679,99	9.761,18	12.813,15	15.835,13	18.827,10	21.789,08	24.721,05
40.680,00	bis	40.699,99	9.765,68	12.819,15	15.842,63	18.836,10	21.799,58	24.733,05
40.700,00	bis	40.719,99	9.770,18	12.825,15	15.850,13	18.845,10	21.810,08	24.745,05
40.720,00	bis	40.739,99	9.774,68	12.831,15	15.857,63	18.854,10	21.820,58	24.757,05
40.740,00	bis	40.759,99	9.779,18	12.837,15	15.865,13	18.863,10	21.831,08	24.769,05
40.760,00	bis	40.779,99	9.783,68	12.843,15	15.872,63	18.872,10	21.841,58	24.781,05
40.780,00	bis	40.799,99	9.788,18	12.849,15	15.880,13	18.881,10	21.852,08	24.793,05
40.800,00	bis	40.819,99	9.792,68	12.855,15	15.887,63	18.890,10	21.862,58	24.805,05
40.820,00	bis	40.839,99	9.797,18	12.861,15	15.895,13	18.899,10	21.873,08	24.817,05
40.840,00	bis	40.859,99	9.801,68	12.867,15	15.902,63	18.908,10	21.883,58	24.829,05
40.860,00	bis	40.879,99	9.806,18	12.873,15	15.910,13	18.917,10	21.894,08	24.841,05
40.880,00	bis	40.899,99	9.810,68	12.879,15	15.917,63	18.926,10	21.904,58	24.853,05
40.900,00	bis	40.919,99	9.815,18	12.885,15	15.925,13	18.935,10	21.915,08	24.865,05
40.920,00	bis	40.939,99	9.819,68	12.891,15	15.932,63	18.944,10	21.925,58	24.877,05
40.940,00	bis	40.959,99	9.824,18	12.897,15	15.940,13	18.953,10	21.936,08	24.889,05

Tabelle 2cm (Beschränkt pfändbare einmalige Leistungen)

40.960,00	bis	40.979,99	9.828,68	12.903,15	15.947,63	18.962,10	21.946,58	24.901,05
40.980,00	bis	40.999,99	9.833,18	12.909,15	15.955,13	18.971,10	21.957,08	24.913,05
41.000,00	bis	41.019,99	9.837,68	12.915,15	15.962,63	18.980,10	21.967,58	24.925,05
41.020,00	bis	41.039,99	9.842,18	12.921,15	15.970,13	18.989,10	21.978,08	24.937,05
41.040,00	bis	41.059,99	9.846,68	12.927,15	15.977,63	18.998,10	21.988,58	24.949,05
41.060,00	bis	41.079,99	9.851,18	12.933,15	15.985,13	19.007,10	21.999,08	24.961,05
41.080,00	bis	41.099,99	9.855,68	12.939,15	15.992,63	19.016,10	22.009,58	24.973,05
41.100,00	bis	41.119,99	9.860,18	12.945,15	16.000,13	19.025,10	22.020,08	24.985,05
41.120,00	bis	41.139,99	9.864,68	12.951,15	16.007,63	19.034,10	22.030,58	24.997,05
41.140,00	bis	41.159,99	9.869,18	12.957,15	16.015,13	19.043,10	22.041,08	25.009,05
41.160,00	bis	41.179,99	9.873,68	12.963,15	16.022,63	19.052,10	22.051,58	25.021,05
41.180,00	bis	41.199,99	9.878,18	12.969,15	16.030,13	19.061,10	22.062,08	25.033,05
41.200,00	bis	41.219,99	9.882,68	12.975,15	16.037,63	19.070,10	22.072,58	25.045,05
41.220,00	bis	41.239,99	9.887,18	12.981,15	16.045,13	19.079,10	22.083,08	25.057,05
41.240,00	bis	41.259,99	9.891,68	12.987,15	16.052,63	19.088,10	22.093,58	25.069,05
41.260,00	bis	41.279,99	9.896,18	12.993,15	16.060,13	19.097,10	22.104,08	25.081,05
41.280,00	bis	41.299,99	9.900,68	12.999,15	16.067,63	19.106,10	22.114,58	25.093,05
41.300,00	bis	41.319,99	9.905,18	13.005,15	16.075,13	19.115,10	22.125,08	25.105,05
41.320,00	bis	41.339,99	9.909,68	13.011,15	16.082,63	19.124,10	22.135,58	25.117,05
41.340,00	bis	41.359,99	9.914,18	13.017,15	16.090,13	19.133,10	22.146,08	25.129,05
41.360,00	bis	41.379,99	9.918,68	13.023,15	16.097,63	19.142,10	22.156,58	25.141,05
41.380,00	bis	41.399,99	9.923,18	13.029,15	16.105,13	19.151,10	22.167,08	25.153,05
41.400,00	bis	41.419,99	9.927,68	13.035,15	16.112,63	19.160,10	22.177,58	25.165,05
41.420,00	bis	41.439,99	9.932,18	13.041,15	16.120,13	19.169,10	22.188,08	25.177,05
41.440,00	bis	41.459,99	9.936,68	13.047,15	16.127,63	19.178,10	22.198,58	25.189,05
41.460,00	bis	41.479,99	9.941,18	13.053,15	16.135,13	19.187,10	22.209,08	25.201,05
41.480,00	bis	41.499,99	9.945,68	13.059,15	16.142,63	19.196,10	22.219,58	25.213,05
41.500,00	bis	41.519,99	9.950,18	13.065,15	16.150,13	19.205,10	22.230,08	25.225,05
41.520,00	bis	41.539,99	9.954,68	13.071,15	16.157,63	19.214,10	22.240,58	25.237,05
41.540,00	bis	41.559,99	9.959,18	13.077,15	16.165,13	19.223,10	22.251,08	25.249,05
41.560,00	bis	41.579,99	9.963,68	13.083,15	16.172,63	19.232,10	22.261,58	25.261,05
41.580,00	bis	41.599,99	9.968,18	13.089,15	16.180,13	19.241,10	22.272,08	25.273,05
41.600,00	bis	41.619,99	9.972,68	13.095,15	16.187,63	19.250,10	22.282,58	25.285,05
41.620,00	bis	41.639,99	9.977,18	13.101,15	16.195,13	19.259,10	22.293,08	25.297,05
41.640,00	bis	41.659,99	9.981,68	13.107,15	16.202,63	19.268,10	22.303,58	25.309,05
41.660,00	bis	41.679,99	9.986,18	13.113,15	16.210,13	19.277,10	22.314,08	25.321,05
41.680,00	bis	41.699,99	9.990,68	13.119,15	16.217,63	19.286,10	22.324,58	25.333,05
41.700,00	bis	41.719,99	9.995,18	13.125,15	16.225,13	19.295,10	22.335,08	25.345,05
41.720,00	bis	41.739,99	9.999,68	13.131,15	16.232,63	19.304,10	22.345,58	25.357,05
41.740,00	bis	41.759,99	10.004,18	13.137,15	16.240,13	19.313,10	22.356,08	25.369,05
41.760,00	bis	41.779,99	10.008,68	13.143,15	16.247,63	19.322,10	22.366,58	25.381,05
41.780,00	bis	41.799,99	10.013,18	13.149,15	16.255,13	19.331,10	22.377,08	25.393,05
41.800,00	bis	41.819,99	10.017,68	13.155,15	16.262,63	19.340,10	22.387,58	25.405,05
41.820,00	bis	41.839,99	10.022,18	13.161,15	16.270,13	19.349,10	22.398,08	25.417,05
41.840,00	bis	41.859,99	10.026,68	13.167,15	16.277,63	19.358,10	22.408,58	25.429,05
41.860,00	bis	41.879,99	10.031,18	13.173,15	16.285,13	19.367,10	22.419,08	25.441,05
41.880,00	bis	41.899,99	10.035,68	13.179,15	16.292,63	19.376,10	22.429,58	25.453,05
41.900,00	bis	41.919,99	10.040,18	13.185,15	16.300,13	19.385,10	22.440,08	25.465,05
41.920,00	bis	41.939,99	10.044,68	13.191,15	16.307,63	19.394,10	22.450,58	25.477,05
41.940,00	bis	41.959,99	10.049,18	13.197,15	16.315,13	19.403,10	22.461,08	25.489,05
41.960,00	bis	41.979,99	10.053,68	13.203,15	16.322,63	19.412,10	22.471,58	25.501,05
41.980,00	bis	41.999,99	10.058,18	13.209,15	16.330,13	19.421,10	22.482,08	25.513,05
42.000,00	bis	42.019,99	10.062,68	13.215,15	16.337,63	19.430,10	22.492,58	25.525,05
42.020,00	bis	42.039,99	10.067,18	13.221,15	16.345,13	19.439,10	22.503,08	25.537,05
42.040,00	bis	42.059,99	10.071,68	13.227,15	16.352,63	19.448,10	22.513,58	25.549,05
42.060,00	bis	42.079,99	10.076,18	13.233,15	16.360,13	19.457,10	22.524,08	25.561,05
42.080,00	bis	42.099,99	10.080,68	13.239,15	16.367,63	19.466,10	22.534,58	25.573,05
42.100,00	bis	42.119,99	10.085,18	13.245,15	16.375,13	19.475,10	22.545,08	25.585,05
42.120,00	bis	42.139,99	10.089,68	13.251,15	16.382,63	19.484,10	22.555,58	25.597,05
42.140,00	bis	42.159,99	10.094,18	13.257,15	16.390,13	19.493,10	22.566,08	25.609,05
42.160,00	bis	42.179,99	10.098,68	13.263,15	16.397,63	19.502,10	22.576,58	25.621,05
42.180,00	bis	42.199,99	10.103,18	13.269,15	16.405,13	19.511,10	22.587,08	25.633,05
42.200,00	bis	42.219,99	10.107,68	13.275,15	16.412,63	19.520,10	22.597,58	25.645,05
42.220,00	bis	42.239,99	10.112,18	13.281,15	16.420,13	19.529,10	22.608,08	25.657,05
42.240,00	bis	42.259,99	10.116,68	13.287,15	16.427,63	19.538,10	22.618,58	25.669,05
42.260,00	bis	42.279,99	10.121,18	13.293,15	16.435,13	19.547,10	22.629,08	25.681,05
42.280,00	bis	42.299,99	10.125,68	13.299,15	16.442,63	19.556,10	22.639,58	25.693,05

Tabelle 2cm (Beschränkt pfändbare einmalige Leistungen)

TABELLEN

42.300,00	bis	42.319,99	10.130,18	13.305,15	16.450,13	19.565,10	22.650,08	25.705,05
42.320,00	bis	42.339,99	10.134,68	13.311,15	16.457,63	19.574,10	22.660,58	25.717,05
42.340,00	bis	42.359,99	10.139,18	13.317,15	16.465,13	19.583,10	22.671,08	25.729,05
42.360,00	bis	42.379,99	10.143,68	13.323,15	16.472,63	19.592,10	22.681,58	25.741,05
42.380,00	bis	42.399,99	10.148,18	13.329,15	16.480,13	19.601,10	22.692,08	25.753,05
42.400,00	bis	42.419,99	10.152,68	13.335,15	16.487,63	19.610,10	22.702,58	25.765,05
42.420,00	bis	42.439,99	10.157,18	13.341,15	16.495,13	19.619,10	22.713,08	25.777,05
42.440,00	bis	42.459,99	10.161,68	13.347,15	16.502,63	19.628,10	22.723,58	25.789,05
42.460,00	bis	42.479,99	10.166,18	13.353,15	16.510,13	19.637,10	22.734,08	25.801,05
42.480,00	bis	42.499,99	10.170,68	13.359,15	16.517,63	19.646,10	22.744,58	25.813,05
42.500,00	bis	42.519,99	10.175,18	13.365,15	16.525,13	19.655,10	22.755,08	25.825,05
42.520,00	bis	42.539,99	10.179,68	13.371,15	16.532,63	19.664,10	22.765,58	25.837,05
42.540,00	bis	42.559,99	10.184,18	13.377,15	16.540,13	19.673,10	22.776,08	25.849,05
42.560,00	bis	42.579,99	10.188,68	13.383,15	16.547,63	19.682,10	22.786,58	25.861,05
42.580,00	bis	42.599,99	10.193,18	13.389,15	16.555,13	19.691,10	22.797,08	25.873,05
42.600,00	bis	42.619,99	10.197,68	13.395,15	16.562,63	19.700,10	22.807,58	25.885,05
42.620,00	bis	42.639,99	10.202,18	13.401,15	16.570,13	19.709,10	22.818,08	25.897,05
42.640,00	bis	42.659,99	10.206,68	13.407,15	16.577,63	19.718,10	22.828,58	25.909,05
42.660,00	bis	42.679,99	10.211,18	13.413,15	16.585,13	19.727,10	22.839,08	25.921,05
42.680,00	bis	42.699,99	10.215,68	13.419,15	16.592,63	19.736,10	22.849,58	25.933,05
42.700,00	bis	42.719,99	10.220,18	13.425,15	16.600,13	19.745,10	22.860,08	25.945,05
42.720,00	bis	42.739,99	10.224,68	13.431,15	16.607,63	19.754,10	22.870,58	25.957,05
42.740,00	bis	42.759,99	10.229,18	13.437,15	16.615,13	19.763,10	22.881,08	25.969,05
42.760,00	bis	42.779,99	10.233,68	13.443,15	16.622,63	19.772,10	22.891,58	25.981,05
42.780,00	bis	42.799,99	10.238,18	13.449,15	16.630,13	19.781,10	22.902,08	25.993,05
42.800,00	bis	42.819,99	10.242,68	13.455,15	16.637,63	19.790,10	22.912,58	26.005,05
42.820,00	bis	42.839,99	10.247,18	13.461,15	16.645,13	19.799,10	22.923,08	26.017,05
42.840,00	bis	42.859,99	10.251,68	13.467,15	16.652,63	19.808,10	22.933,58	26.029,05
42.860,00	bis	42.879,99	10.256,18	13.473,15	16.660,13	19.817,10	22.944,08	26.041,05
42.880,00	bis	42.899,99	10.260,68	13.479,15	16.667,63	19.826,10	22.954,58	26.053,05
42.900,00	bis	42.919,99	10.265,18	13.485,15	16.675,13	19.835,10	22.965,08	26.065,05
42.920,00	bis	42.939,99	10.269,68	13.491,15	16.682,63	19.844,10	22.975,58	26.077,05
42.940,00	bis	42.959,99	10.274,18	13.497,15	16.690,13	19.853,10	22.986,08	26.089,05
42.960,00	bis	42.979,99	10.278,68	13.503,15	16.697,63	19.862,10	22.996,58	26.101,05
42.980,00	bis	42.999,99	10.283,18	13.509,15	16.705,13	19.871,10	23.007,08	26.113,05
43.000,00	bis	43.019,99	10.287,68	13.515,15	16.712,63	19.880,10	23.017,58	26.125,05
43.020,00	bis	43.039,99	10.292,18	13.521,15	16.720,13	19.889,10	23.028,08	26.137,05
43.040,00	bis	43.059,99	10.296,68	13.527,15	16.727,63	19.898,10	23.038,58	26.149,05
43.060,00	bis	43.079,99	10.301,18	13.533,15	16.735,13	19.907,10	23.049,08	26.161,05
43.080,00	bis	43.099,99	10.305,68	13.539,15	16.742,63	19.916,10	23.059,58	26.173,05
43.100,00	bis	43.119,99	10.310,18	13.545,15	16.750,13	19.925,10	23.070,08	26.185,05
43.120,00	bis	43.139,99	10.314,68	13.551,15	16.757,63	19.934,10	23.080,58	26.197,05
43.140,00	bis	43.159,99	10.319,18	13.557,15	16.765,13	19.943,10	23.091,08	26.209,05
43.160,00	bis	43.179,99	10.323,68	13.563,15	16.772,63	19.952,10	23.101,58	26.221,05
43.180,00	bis	43.199,99	10.328,18	13.569,15	16.780,13	19.961,10	23.112,08	26.233,05
43.200,00	bis	43.219,99	10.332,68	13.575,15	16.787,63	19.970,10	23.122,58	26.245,05
43.220,00	bis	43.239,99	10.337,18	13.581,15	16.795,13	19.979,10	23.133,08	26.257,05
43.240,00	bis	43.259,99	10.341,68	13.587,15	16.802,63	19.988,10	23.143,58	26.269,05
43.260,00	bis	43.279,99	10.346,18	13.593,15	16.810,13	19.997,10	23.154,08	26.281,05
43.280,00	bis	43.299,99	10.350,68	13.599,15	16.817,63	20.006,10	23.164,58	26.293,05
43.300,00	bis	43.319,99	10.355,18	13.605,15	16.825,13	20.015,10	23.175,08	26.305,05
43.320,00	bis	43.339,99	10.359,68	13.611,15	16.832,63	20.024,10	23.185,58	26.317,05
43.340,00	bis	43.359,99	10.364,18	13.617,15	16.840,13	20.033,10	23.196,08	26.329,05
43.360,00	bis	43.379,99	10.368,68	13.623,15	16.847,63	20.042,10	23.206,58	26.341,05
43.380,00	bis	43.399,99	10.373,18	13.629,15	16.855,13	20.051,10	23.217,08	26.353,05
43.400,00	bis	43.419,99	10.377,68	13.635,15	16.862,63	20.060,10	23.227,58	26.365,05
43.420,00	bis	43.439,99	10.382,18	13.641,15	16.870,13	20.069,10	23.238,08	26.377,05
43.440,00	bis	43.459,99	10.386,68	13.647,15	16.877,63	20.078,10	23.248,58	26.389,05
43.460,00	bis	43.479,99	10.391,18	13.653,15	16.885,13	20.087,10	23.259,08	26.401,05
43.480,00	bis	43.499,99	10.395,68	13.659,15	16.892,63	20.096,10	23.269,58	26.413,05
43.500,00	bis	43.519,99	10.400,18	13.665,15	16.900,13	20.105,10	23.280,08	26.425,05
43.520,00	bis	43.539,99	10.404,68	13.671,15	16.907,63	20.114,10	23.290,58	26.437,05
43.540,00	bis	43.559,99	10.409,18	13.677,15	16.915,13	20.123,10	23.301,08	26.449,05
43.560,00	bis	43.579,99	10.413,68	13.683,15	16.922,63	20.132,10	23.311,58	26.461,05
43.580,00	bis	43.599,99	10.418,18	13.689,15	16.930,13	20.141,10	23.322,08	26.473,05
43.600,00	bis	43.619,99	10.422,68	13.695,15	16.937,63	20.150,10	23.332,58	26.485,05
43.620,00	bis	43.639,99	10.427,18	13.701,15	16.945,13	20.159,10	23.343,08	26.497,05

Tabelle 2cm (Beschränkt pfändbare einmalige Leistungen)

43.640,00	bis	43.659,99	10.431,68	13.707,15	16.952,63	20.168,10	23.353,58	26.509,05
43.660,00	bis	43.679,99	10.436,18	13.713,15	16.960,13	20.177,10	23.364,08	26.521,05
43.680,00	bis	43.699,99	10.440,68	13.719,15	16.967,63	20.186,10	23.374,58	26.533,05
43.700,00	bis	43.719,99	10.445,18	13.725,15	16.975,13	20.195,10	23.385,08	26.545,05
43.720,00	bis	43.739,99	10.449,68	13.731,15	16.982,63	20.204,10	23.395,58	26.557,05
43.740,00	bis	43.759,99	10.454,18	13.737,15	16.990,13	20.213,10	23.406,08	26.569,05
43.760,00	bis	43.779,99	10.458,68	13.743,15	16.997,63	20.222,10	23.416,58	26.581,05
43.780,00	bis	43.799,99	10.463,18	13.749,15	17.005,13	20.231,10	23.427,08	26.593,05
43.800,00	bis	43.819,99	10.467,68	13.755,15	17.012,63	20.240,10	23.437,58	26.605,05
43.820,00	bis	43.839,99	10.472,18	13.761,15	17.020,13	20.249,10	23.448,08	26.617,05
43.840,00	bis	43.859,99	10.476,68	13.767,15	17.027,63	20.258,10	23.458,58	26.629,05
43.860,00	bis	43.879,99	10.481,18	13.773,15	17.035,13	20.267,10	23.469,08	26.641,05
43.880,00	bis	43.899,99	10.485,68	13.779,15	17.042,63	20.276,10	23.479,58	26.653,05
43.900,00	bis	43.919,99	10.490,18	13.785,15	17.050,13	20.285,10	23.490,08	26.665,05
43.920,00	bis	43.939,99	10.494,68	13.791,15	17.057,63	20.294,10	23.500,58	26.677,05
43.940,00	bis	43.959,99	10.499,18	13.797,15	17.065,13	20.303,10	23.511,08	26.689,05
43.960,00	bis	43.979,99	10.503,68	13.803,15	17.072,63	20.312,10	23.521,58	26.701,05
43.980,00	bis	43.999,99	10.508,18	13.809,15	17.080,13	20.321,10	23.532,08	26.713,05
44.000,00	bis	44.019,99	10.512,68	13.815,15	17.087,63	20.330,10	23.542,58	26.725,05
44.020,00	bis	44.039,99	10.517,18	13.821,15	17.095,13	20.339,10	23.553,08	26.737,05
44.040,00	bis	44.059,99	10.521,68	13.827,15	17.102,63	20.348,10	23.563,58	26.749,05
44.060,00	bis	44.079,99	10.526,18	13.833,15	17.110,13	20.357,10	23.574,08	26.761,05
44.080,00	bis	44.099,99	10.530,68	13.839,15	17.117,63	20.366,10	23.584,58	26.773,05
44.100,00	bis	44.119,99	10.535,18	13.845,15	17.125,13	20.375,10	23.595,08	26.785,05
44.120,00	bis	44.139,99	10.539,68	13.851,15	17.132,63	20.384,10	23.605,58	26.797,05
44.140,00	bis	44.159,99	10.544,18	13.857,15	17.140,13	20.393,10	23.616,08	26.809,05
44.160,00	bis	44.179,99	10.548,68	13.863,15	17.147,63	20.402,10	23.626,58	26.821,05
44.180,00	bis	44.199,99	10.553,18	13.869,15	17.155,13	20.411,10	23.637,08	26.833,05
44.200,00	bis	44.219,99	10.557,68	13.875,15	17.162,63	20.420,10	23.647,58	26.845,05
44.220,00	bis	44.239,99	10.562,18	13.881,15	17.170,13	20.429,10	23.658,08	26.857,05
44.240,00	bis	44.259,99	10.566,68	13.887,15	17.177,63	20.438,10	23.668,58	26.869,05
44.260,00	bis	44.279,99	10.571,18	13.893,15	17.185,13	20.447,10	23.679,08	26.881,05
44.280,00	bis	44.299,99	10.575,68	13.899,15	17.192,63	20.456,10	23.689,58	26.893,05
44.300,00	bis	44.319,99	10.580,18	13.905,15	17.200,13	20.465,10	23.700,08	26.905,05
44.320,00	bis	44.339,99	10.584,68	13.911,15	17.207,63	20.474,10	23.710,58	26.917,05
44.340,00	bis	44.359,99	10.589,18	13.917,15	17.215,13	20.483,10	23.721,08	26.929,05
44.360,00	bis	44.379,99	10.593,68	13.923,15	17.222,63	20.492,10	23.731,58	26.941,05
44.380,00	bis	44.399,99	10.598,18	13.929,15	17.230,13	20.501,10	23.742,08	26.953,05
44.400,00	bis	44.419,99	10.602,68	13.935,15	17.237,63	20.510,10	23.752,58	26.965,05
44.420,00	bis	44.439,99	10.607,18	13.941,15	17.245,13	20.519,10	23.763,08	26.977,05
44.440,00	bis	44.459,99	10.611,68	13.947,15	17.252,63	20.528,10	23.773,58	26.989,05
44.460,00	bis	44.479,99	10.616,18	13.953,15	17.260,13	20.537,10	23.784,08	27.001,05
44.480,00	bis	44.499,99	10.620,68	13.959,15	17.267,63	20.546,10	23.794,58	27.013,05
44.500,00	bis	44.519,99	10.625,18	13.965,15	17.275,13	20.555,10	23.805,08	27.025,05
44.520,00	bis	44.539,99	10.629,68	13.971,15	17.282,63	20.564,10	23.815,58	27.037,05
44.540,00	bis	44.559,99	10.634,18	13.977,15	17.290,13	20.573,10	23.826,08	27.049,05
44.560,00	bis	44.579,99	10.638,68	13.983,15	17.297,63	20.582,10	23.836,58	27.061,05
44.580,00	bis	44.599,99	10.643,18	13.989,15	17.305,13	20.591,10	23.847,08	27.073,05
44.600,00	bis	44.619,99	10.647,68	13.995,15	17.312,63	20.600,10	23.857,58	27.085,05
44.620,00	bis	44.639,99	10.652,18	14.001,15	17.320,13	20.609,10	23.868,08	27.097,05
44.640,00	bis	44.659,99	10.656,68	14.007,15	17.327,63	20.618,10	23.878,58	27.109,05
44.660,00	bis	44.679,99	10.661,18	14.013,15	17.335,13	20.627,10	23.889,08	27.121,05
44.680,00	bis	44.699,99	10.665,68	14.019,15	17.342,63	20.636,10	23.899,58	27.133,05
44.700,00	bis	44.719,99	10.670,18	14.025,15	17.350,13	20.645,10	23.910,08	27.145,05
44.720,00	bis	44.739,99	10.674,68	14.031,15	17.357,63	20.654,10	23.920,58	27.157,05
44.740,00	bis	44.759,99	10.679,18	14.037,15	17.365,13	20.663,10	23.931,08	27.169,05
44.760,00	bis	44.779,99	10.683,68	14.043,15	17.372,63	20.672,10	23.941,58	27.181,05
44.780,00	bis	44.799,99	10.688,18	14.049,15	17.380,13	20.681,10	23.952,08	27.193,05
44.800,00	bis	44.819,99	10.692,68	14.055,15	17.387,63	20.690,10	23.962,58	27.205,05
44.820,00	bis	44.839,99	10.697,18	14.061,15	17.395,13	20.699,10	23.973,08	27.217,05
44.840,00	bis	44.859,99	10.701,68	14.067,15	17.402,63	20.708,10	23.983,58	27.229,05
44.860,00	bis	44.879,99	10.706,18	14.073,15	17.410,13	20.717,10	23.994,08	27.241,05
44.880,00	bis	44.899,99	10.710,68	14.079,15	17.417,63	20.726,10	24.004,58	27.253,05
44.900,00	bis	44.919,99	10.715,18	14.085,15	17.425,13	20.735,10	24.015,08	27.265,05
44.920,00	bis	44.939,99	10.719,68	14.091,15	17.432,63	20.744,10	24.025,58	27.277,05
44.940,00	bis	44.959,99	10.724,18	14.097,15	17.440,13	20.753,10	24.036,08	27.289,05
44.960,00	bis	44.979,99	10.728,68	14.103,15	17.447,63	20.762,10	24.046,58	27.301,05

Tabelle 2cm (Beschränkt pfändbare einmalige Leistungen)

TABELLEN

44.980,00	bis	44.999,99	10.733,18	14.109,15	17.455,13	20.771,10	24.057,08	27.313,05
45.000,00	bis	45.019,99	10.737,68	14.115,15	17.462,63	20.780,10	24.067,58	27.325,05
45.020,00	bis	45.039,99	10.742,18	14.121,15	17.470,13	20.789,10	24.078,08	27.337,05
45.040,00	bis	45.059,99	10.746,68	14.127,15	17.477,63	20.798,10	24.088,58	27.349,05
45.060,00	bis	45.079,99	10.751,18	14.133,15	17.485,13	20.807,10	24.099,08	27.361,05
45.080,00	bis	45.099,99	10.755,68	14.139,15	17.492,63	20.816,10	24.109,58	27.373,05
45.100,00	bis	45.119,99	10.760,18	14.145,15	17.500,13	20.825,10	24.120,08	27.385,05
45.120,00	bis	45.139,99	10.764,68	14.151,15	17.507,63	20.834,10	24.130,58	27.397,05
45.140,00	bis	45.159,99	10.769,18	14.157,15	17.515,13	20.843,10	24.141,08	27.409,05
45.160,00	bis	45.179,99	10.773,68	14.163,15	17.522,63	20.852,10	24.151,58	27.421,05
45.180,00	bis	45.199,99	10.778,18	14.169,15	17.530,13	20.861,10	24.162,08	27.433,05
45.200,00	bis	45.219,99	10.782,68	14.175,15	17.537,63	20.870,10	24.172,58	27.445,05
45.220,00	bis	45.239,99	10.787,18	14.181,15	17.545,13	20.879,10	24.183,08	27.457,05
45.240,00	bis	45.259,99	10.791,68	14.187,15	17.552,63	20.888,10	24.193,58	27.469,05
45.260,00	bis	45.279,99	10.796,18	14.193,15	17.560,13	20.897,10	24.204,08	27.481,05
45.280,00	bis	45.299,99	10.800,68	14.199,15	17.567,63	20.906,10	24.214,58	27.493,05
45.300,00	bis	45.319,99	10.805,18	14.205,15	17.575,13	20.915,10	24.225,08	27.505,05
45.320,00	bis	45.339,99	10.809,68	14.211,15	17.582,63	20.924,10	24.235,58	27.517,05
45.340,00	bis	45.359,99	10.814,18	14.217,15	17.590,13	20.933,10	24.246,08	27.529,05
45.360,00	bis	45.379,99	10.818,68	14.223,15	17.597,63	20.942,10	24.256,58	27.541,05
45.380,00	bis	45.399,99	10.823,18	14.229,15	17.605,13	20.951,10	24.267,08	27.553,05
45.400,00	bis	45.419,99	10.827,68	14.235,15	17.612,63	20.960,10	24.277,58	27.565,05
45.420,00	bis	45.439,99	10.832,18	14.241,15	17.620,13	20.969,10	24.288,08	27.577,05
45.440,00	bis	45.459,99	10.836,68	14.247,15	17.627,63	20.978,10	24.298,58	27.589,05
45.460,00	bis	45.479,99	10.841,18	14.253,15	17.635,13	20.987,10	24.309,08	27.601,05
45.480,00	bis	45.499,99	10.845,68	14.259,15	17.642,63	20.996,10	24.319,58	27.613,05
45.500,00	bis	45.519,99	10.850,18	14.265,15	17.650,13	21.005,10	24.330,08	27.625,05
45.520,00	bis	45.539,99	10.854,68	14.271,15	17.657,63	21.014,10	24.340,58	27.637,05
45.540,00	bis	45.559,99	10.859,18	14.277,15	17.665,13	21.023,10	24.351,08	27.649,05
45.560,00	bis	45.579,99	10.863,68	14.283,15	17.672,63	21.032,10	24.361,58	27.661,05
45.580,00	bis	45.599,99	10.868,18	14.289,15	17.680,13	21.041,10	24.372,08	27.673,05
45.600,00	bis	45.619,99	10.872,68	14.295,15	17.687,63	21.050,10	24.382,58	27.685,05
45.620,00	bis	45.639,99	10.877,18	14.301,15	17.695,13	21.059,10	24.393,08	27.697,05
45.640,00	bis	45.659,99	10.881,68	14.307,15	17.702,63	21.068,10	24.403,58	27.709,05
45.660,00	bis	45.679,99	10.886,18	14.313,15	17.710,13	21.077,10	24.414,08	27.721,05
45.680,00	bis	45.699,99	10.890,68	14.319,15	17.717,63	21.086,10	24.424,58	27.733,05
45.700,00	bis	45.719,99	10.895,18	14.325,15	17.725,13	21.095,10	24.435,08	27.745,05
45.720,00	bis	45.739,99	10.899,68	14.331,15	17.732,63	21.104,10	24.445,58	27.757,05
45.740,00	bis	45.759,99	10.904,18	14.337,15	17.740,13	21.113,10	24.456,08	27.769,05
45.760,00	bis	45.779,99	10.908,68	14.343,15	17.747,63	21.122,10	24.466,58	27.781,05
45.780,00	bis	45.799,99	10.913,18	14.349,15	17.755,13	21.131,10	24.477,08	27.793,05
45.800,00	bis	45.819,99	10.917,68	14.355,15	17.762,63	21.140,10	24.487,58	27.805,05
45.820,00	bis	45.839,99	10.922,18	14.361,15	17.770,13	21.149,10	24.498,08	27.817,05
45.840,00	bis	45.859,99	10.926,68	14.367,15	17.777,63	21.158,10	24.508,58	27.829,05
45.860,00	bis	45.879,99	10.931,18	14.373,15	17.785,13	21.167,10	24.519,08	27.841,05
45.880,00	bis	45.899,99	10.935,68	14.379,15	17.792,63	21.176,10	24.529,58	27.853,05
45.900,00	bis	45.919,99	10.940,18	14.385,15	17.800,13	21.185,10	24.540,08	27.865,05
45.920,00	bis	45.939,99	10.944,68	14.391,15	17.807,63	21.194,10	24.550,58	27.877,05
45.940,00	bis	45.959,99	10.949,18	14.397,15	17.815,13	21.203,10	24.561,08	27.889,05
45.960,00	bis	45.979,99	10.953,68	14.403,15	17.822,63	21.212,10	24.571,58	27.901,05
45.980,00	bis	45.999,99	10.958,18	14.409,15	17.830,13	21.221,10	24.582,08	27.913,05
46.000,00	bis	46.019,99	10.962,68	14.415,15	17.837,63	21.230,10	24.592,58	27.925,05
46.020,00	bis	46.039,99	10.967,18	14.421,15	17.845,13	21.239,10	24.603,08	27.937,05
46.040,00	bis	46.059,99	10.971,68	14.427,15	17.852,63	21.248,10	24.613,58	27.949,05
46.060,00	bis	46.079,99	10.976,18	14.433,15	17.860,13	21.257,10	24.624,08	27.961,05
46.080,00	bis	46.099,99	10.980,68	14.439,15	17.867,63	21.266,10	24.634,58	27.973,05
46.100,00	bis	46.119,99	10.985,18	14.445,15	17.875,13	21.275,10	24.645,08	27.985,05
46.120,00	bis	46.139,99	10.989,68	14.451,15	17.882,63	21.284,10	24.655,58	27.997,05
46.140,00	bis	46.159,99	10.994,18	14.457,15	17.890,13	21.293,10	24.666,08	28.009,05
46.160,00	bis	46.179,99	10.998,68	14.463,15	17.897,63	21.302,10	24.676,58	28.021,05
46.180,00	bis	46.199,99	11.003,18	14.469,15	17.905,13	21.311,10	24.687,08	28.033,05
46.200,00	bis	46.219,99	11.007,68	14.475,15	17.912,63	21.320,10	24.697,58	28.045,05
46.220,00	bis	46.239,99	11.012,18	14.481,15	17.920,13	21.329,10	24.708,08	28.057,05
46.240,00	bis	46.259,99	11.016,68	14.487,15	17.927,63	21.338,10	24.718,58	28.069,05
46.260,00	bis	46.279,99	11.021,18	14.493,15	17.935,13	21.347,10	24.729,08	28.081,05
46.280,00	bis	46.299,99	11.025,68	14.499,15	17.942,63	21.356,10	24.739,58	28.093,05
46.300,00	bis	46.319,99	11.030,18	14.505,15	17.950,13	21.365,10	24.750,08	28.105,05

Tabelle 2cm (Beschränkt pfändbare einmalige Leistungen)

46.320,00	bis	46.339,99	11.034,68	14.511,15	17.957,63	21.374,10	24.760,58	28.117,05
46.340,00	bis	46.359,99	11.039,18	14.517,15	17.965,13	21.383,10	24.771,08	28.129,05
46.360,00	bis	46.379,99	11.043,68	14.523,15	17.972,63	21.392,10	24.781,58	28.141,05
46.380,00	bis	46.399,99	11.048,18	14.529,15	17.980,13	21.401,10	24.792,08	28.153,05
46.400,00	bis	46.419,99	11.052,68	14.535,15	17.987,63	21.410,10	24.802,58	28.165,05
46.420,00	bis	46.439,99	11.057,18	14.541,15	17.995,13	21.419,10	24.813,08	28.177,05
46.440,00	bis	46.459,99	11.061,68	14.547,15	18.002,63	21.428,10	24.823,58	28.189,05
46.460,00	bis	46.479,99	11.066,18	14.553,15	18.010,13	21.437,10	24.834,08	28.201,05
46.480,00	bis	46.499,99	11.070,68	14.559,15	18.017,63	21.446,10	24.844,58	28.213,05
46.500,00	bis	46.519,99	11.075,18	14.565,15	18.025,13	21.455,10	24.855,08	28.225,05
46.520,00	bis	46.539,99	11.079,68	14.571,15	18.032,63	21.464,10	24.865,58	28.237,05
46.540,00	bis	46.559,99	11.084,18	14.577,15	18.040,13	21.473,10	24.876,08	28.249,05
46.560,00	bis	46.579,99	11.088,68	14.583,15	18.047,63	21.482,10	24.886,58	28.261,05
46.580,00	bis	46.599,99	11.093,18	14.589,15	18.055,13	21.491,10	24.897,08	28.273,05
46.600,00	bis	46.619,99	11.097,68	14.595,15	18.062,63	21.500,10	24.907,58	28.285,05
46.620,00	bis	46.639,99	11.102,18	14.601,15	18.070,13	21.509,10	24.918,08	28.297,05
46.640,00	bis	46.659,99	11.106,68	14.607,15	18.077,63	21.518,10	24.928,58	28.309,05
46.660,00	bis	46.679,99	11.111,18	14.613,15	18.085,13	21.527,10	24.939,08	28.321,05
46.680,00	bis	46.699,99	11.115,68	14.619,15	18.092,63	21.536,10	24.949,58	28.333,05
46.700,00	bis	46.719,99	11.120,18	14.625,15	18.100,13	21.545,10	24.960,08	28.345,05
46.720,00	bis	46.739,99	11.124,68	14.631,15	18.107,63	21.554,10	24.970,58	28.357,05
46.740,00	bis	46.759,99	11.129,18	14.637,15	18.115,13	21.563,10	24.981,08	28.369,05
46.760,00	bis	46.779,99	11.133,68	14.643,15	18.122,63	21.572,10	24.991,58	28.381,05
46.780,00	bis	46.799,99	11.138,18	14.649,15	18.130,13	21.581,10	25.002,08	28.393,05
46.800,00	bis	46.819,99	11.142,68	14.655,15	18.137,63	21.590,10	25.012,58	28.405,05
46.820,00	bis	46.839,99	11.147,18	14.661,15	18.145,13	21.599,10	25.023,08	28.417,05
46.840,00	bis	46.859,99	11.151,68	14.667,15	18.152,63	21.608,10	25.033,58	28.429,05
46.860,00	bis	46.879,99	11.156,18	14.673,15	18.160,13	21.617,10	25.044,08	28.441,05
46.880,00	bis	46.899,99	11.160,68	14.679,15	18.167,63	21.626,10	25.054,58	28.453,05
46.900,00	bis	46.919,99	11.165,18	14.685,15	18.175,13	21.635,10	25.065,08	28.465,05
46.920,00	bis	46.939,99	11.169,68	14.691,15	18.182,63	21.644,10	25.075,58	28.477,05
46.940,00	bis	46.959,99	11.174,18	14.697,15	18.190,13	21.653,10	25.086,08	28.489,05
46.960,00	bis	46.979,99	11.178,68	14.703,15	18.197,63	21.662,10	25.096,58	28.501,05
46.980,00	bis	46.999,99	11.183,18	14.709,15	18.205,13	21.671,10	25.107,08	28.513,05
47.000,00	bis	47.019,99	11.187,68	14.715,15	18.212,63	21.680,10	25.117,58	28.525,05
47.020,00	bis	47.039,99	11.192,18	14.721,15	18.220,13	21.689,10	25.128,08	28.537,05
47.040,00	bis	47.059,99	11.196,68	14.727,15	18.227,63	21.698,10	25.138,58	28.549,05
47.060,00	bis	47.079,99	11.201,18	14.733,15	18.235,13	21.707,10	25.149,08	28.561,05
47.080,00	bis	47.099,99	11.205,68	14.739,15	18.242,63	21.716,10	25.159,58	28.573,05
47.100,00	bis	47.119,99	11.210,18	14.745,15	18.250,13	21.725,10	25.170,08	28.585,05
47.120,00	bis	47.139,99	11.214,68	14.751,15	18.257,63	21.734,10	25.180,58	28.597,05
47.140,00	bis	47.159,99	11.219,18	14.757,15	18.265,13	21.743,10	25.191,08	28.609,05
47.160,00	bis	47.179,99	11.223,68	14.763,15	18.272,63	21.752,10	25.201,58	28.621,05
47.180,00	bis	47.199,99	11.228,18	14.769,15	18.280,13	21.761,10	25.212,08	28.633,05
47.200,00	bis	47.219,99	11.232,68	14.775,15	18.287,63	21.770,10	25.222,58	28.645,05
47.220,00	bis	47.239,99	11.237,18	14.781,15	18.295,13	21.779,10	25.233,08	28.657,05
47.240,00	bis	47.259,99	11.241,68	14.787,15	18.302,63	21.788,10	25.243,58	28.669,05
47.260,00	bis	47.279,99	11.246,18	14.793,15	18.310,13	21.797,10	25.254,08	28.681,05
47.280,00	bis	47.299,99	11.250,68	14.799,15	18.317,63	21.806,10	25.264,58	28.693,05
47.300,00	bis	47.319,99	11.255,18	14.805,15	18.325,13	21.815,10	25.275,08	28.705,05
47.320,00	bis	47.339,99	11.259,68	14.811,15	18.332,63	21.824,10	25.285,58	28.717,05
47.340,00	bis	47.359,99	11.264,18	14.817,15	18.340,13	21.833,10	25.296,08	28.729,05
47.360,00	bis	47.379,99	11.268,68	14.823,15	18.347,63	21.842,10	25.306,58	28.741,05
47.380,00	bis	47.399,99	11.273,18	14.829,15	18.355,13	21.851,10	25.317,08	28.753,05
47.400,00	bis	47.419,99	11.277,68	14.835,15	18.362,63	21.860,10	25.327,58	28.765,05
47.420,00	bis	47.439,99	11.282,18	14.841,15	18.370,13	21.869,10	25.338,08	28.777,05
47.440,00	bis	47.459,99	11.286,68	14.847,15	18.377,63	21.878,10	25.348,58	28.789,05
47.460,00	bis	47.479,99	11.291,18	14.853,15	18.385,13	21.887,10	25.359,08	28.801,05
47.480,00	bis	47.499,99	11.295,68	14.859,15	18.392,63	21.896,10	25.369,58	28.813,05
47.500,00	bis	47.519,99	11.300,18	14.865,15	18.400,13	21.905,10	25.380,08	28.825,05
47.520,00	bis	47.539,99	11.304,68	14.871,15	18.407,63	21.914,10	25.390,58	28.837,05
47.540,00	bis	47.559,99	11.309,18	14.877,15	18.415,13	21.923,10	25.401,08	28.849,05
47.560,00	bis	47.579,99	11.313,68	14.883,15	18.422,63	21.932,10	25.411,58	28.861,05
47.580,00	bis	47.599,99	11.318,18	14.889,15	18.430,13	21.941,10	25.422,08	28.873,05
47.600,00	bis	47.619,99	11.322,68	14.895,15	18.437,63	21.950,10	25.432,58	28.885,05
47.620,00	bis	47.639,99	11.327,18	14.901,15	18.445,13	21.959,10	25.443,08	28.897,05
47.640,00	bis	47.659,99	11.331,68	14.907,15	18.452,63	21.968,10	25.453,58	28.909,05

Tabelle 2cm (Beschränkt pfändbare einmalige Leistungen)

47.660,00	bis	47.679,99	11.336,18	14.913,15	18.460,13	21.977,10	25.464,08	28.921,05
47.680,00	bis	47.699,99	11.340,68	14.919,15	18.467,63	21.986,10	25.474,58	28.933,05
47.700,00	bis	47.719,99	11.345,18	14.925,15	18.475,13	21.995,10	25.485,08	28.945,05
47.720,00	bis	47.739,99	11.349,68	14.931,15	18.482,63	22.004,10	25.495,58	28.957,05
47.740,00	bis	47.759,99	11.354,18	14.937,15	18.490,13	22.013,10	25.506,08	28.969,05
47.760,00	bis	47.779,99	11.358,68	14.943,15	18.497,63	22.022,10	25.516,58	28.981,05
47.780,00	bis	47.799,99	11.363,18	14.949,15	18.505,13	22.031,10	25.527,08	28.993,05
47.800,00	bis	47.819,99	11.367,68	14.955,15	18.512,63	22.040,10	25.537,58	29.005,05
47.820,00	bis	47.839,99	11.372,18	14.961,15	18.520,13	22.049,10	25.548,08	29.017,05
47.840,00	bis	47.859,99	11.376,68	14.967,15	18.527,63	22.058,10	25.558,58	29.029,05
47.860,00	bis	47.879,99	11.381,18	14.973,15	18.535,13	22.067,10	25.569,08	29.041,05
47.880,00	bis	47.899,99	11.385,68	14.979,15	18.542,63	22.076,10	25.579,58	29.053,05
47.900,00	bis	47.919,99	11.390,18	14.985,15	18.550,13	22.085,10	25.590,08	29.065,05
47.920,00	bis	47.939,99	11.394,68	14.991,15	18.557,63	22.094,10	25.600,58	29.077,05
47.940,00	bis	47.959,99	11.399,18	14.997,15	18.565,13	22.103,10	25.611,08	29.089,05
47.960,00	bis	47.979,99	11.403,68	15.003,15	18.572,63	22.112,10	25.621,58	29.101,05
47.980,00	bis	47.999,99	11.408,18	15.009,15	18.580,13	22.121,10	25.632,08	29.113,05
48.000,00	bis	48.019,99	11.412,68	15.015,15	18.587,63	22.130,10	25.642,58	29.125,05

Tabelle 2cm (Beschränkt pfändbare einmalige Leistungen)

KODEX

DES ÖSTERREICHISCHEN RECHTS
HERAUSGEBER: UNIV.-PROF. DR. WERNER DORALT

VERFASSUNGS-RECHT

LexisNexis

KODEX

DES ÖSTERREICHISCHEN RECHTS
HERAUSGEBER: UNIV.-PROF. DR. WERNER DORALT

VÖLKER-RECHT

LexisNexis

KODEX

DES ÖSTERREICHISCHEN RECHTS
HERAUSGEBER: UNIV.-PROF. DR. WERNER DORALT

UNTERNEHMENS-RECHT

LexisNexis

KODEX

DES ÖSTERREICHISCHEN RECHTS
HERAUSGEBER: UNIV.-PROF. DR. WERNER DORALT

ASYL- UND FREMDENRECHT

LexisNexis

RIRUG Erläuterungen

950 d. B. (XXVII. GP)

Restrukturierungs- und Insolvenz-Richtlinie-Umsetzungsgesetz – RIRUG

Vorblatt

Problemanalyse

Die Richtlinie (EU) 2019/1023 des Europäischen Parlaments und des Rates vom 20. Juni 2019 über präventive Restrukturierungsrahmen, über Entschuldung und über Tätigkeitsverbote sowie über Maßnahmen zur Steigerung der Effizienz von Restrukturierungs-, Insolvenz- und Entschuldungsverfahren und zur Änderung der Richtlinie (EU) 2017/1132 (Restrukturierungs- und Insolvenz-Richtlinie (RIRL) ist bis 17. Juli 2021 umzusetzen. Sie setzt sich zum Ziel, Unternehmen, die in finanzielle Schwierigkeiten geraten sind, zu retten und deren Bestandfähigkeit wiederherzustellen. Dadurch sollen Arbeitsplätze gesichert, notleidende Kredite europaweit abgebaut und die Wirtschaft gefördert werden. Außerdem soll die Entschuldung gescheiterter Unternehmer erleichtert und diesen ein Neustart ermöglicht werden; redlichen Unternehmensschuldnern soll die Möglichkeit der Entschuldung innerhalb von drei Jahren zukommen.

Ziel(e)

Es besteht ein europaweit harmonisierter präventiver Restrukturierungsrahmen, der es Schuldnern ermöglicht, sich zu restrukturieren, um so die unnötige Liquidation bestandfähiger Unternehmen zu begrenzen. Bestandfähigen Unternehmen, die in finanzielle Schwierigkeiten geraten sind, steht ein gerichtliches vorinsolvenzliches Restrukturierungsverfahren zur Verfügung.

Redliche Schuldner erhalten durch die Möglichkeit einer vollen Entschuldung nach drei Jahren eine zweite Chance.

Inhalt

Das Vorhaben umfasst hauptsächlich folgende Maßnahme(n):

Es wird ein Verfahren für die präventive Restrukturierung von Unternehmen, die in finanzielle Schwierigkeiten geraten sind, eingeführt (Restrukturierungsverfahren). Damit können Schuldner geeignete Maßnahmen treffen, um eine Insolvenz abzuwenden und die Bestandfähigkeit des Unternehmens sicherzustellen. Durch die Änderung der Zusammensetzung, der Bedingungen oder der Struktur ihrer Vermögenswerte oder Verbindlichkeiten oder anderer Teile ihrer Kapitalstruktur, einschließlich des Verkaufs von Vermögenswerten oder des Unternehmens als Ganzem, sowie durch operative Maßnahmen sollte die Restrukturierung Schuldnern in finanziellen Schwierigkeiten in die Lage versetzen, ihre Geschäftstätigkeit ganz oder teilweise fortzusetzen.

Die derzeitigen Bestimmungen des Abschöpfungsverfahrens mit einer Dauer von fünf Jahren – als Abschöpfungsplan bezeichnet – werden um die zur Umsetzung der RIRL erforderlichen Regelungen – wie in der RIRL als Tilgungsplan bezeichnet – ergänzt. Der Tilgungsplan, der eine Laufzeit von drei Jahren hat, steht Einzelunternehmern und aufgrund der COVID-Pandemie auch Konsumenten (diesen jedoch nur bis Mitte 2026) zur Entschuldung zur Verfügung. Aufgrund dieser Änderungen ist auch der Zeitrahmen für den Zahlungsplan anzupassen.

Aus der gegenständlichen Maßnahme ergeben sich keine finanziellen Auswirkungen auf den Bund, die Länder, die Gemeinden oder auf die Sozialversicherungsträger.

Anmerkungen zu sonstigen, nicht wesentlichen Auswirkungen:

Finanzielle Auswirkungen auf Unternehmen:

Es liegen keine verlässlichen Schätzungen vor, wieviele Unternehmen die Möglichkeit einer frühzeitigen Restrukturierung im Rahmen eines Restrukturierungsverfahrens nach der ReO in Anspruch nehmen werden, die sonst später eine Sanierung im Rahmen eines Insolvenzverfahrens angestrebt hätten. Da die Kosten- und Erlösstruktur der beiden Verfahren in etwa gleich sind, ergeben sich daraus keine wesentlichen Einsparungen oder Belastungen für Unternehmen. Aufgrund der insgesamt gleichbleibenden Anzahl an Gerichtsverfahren entsteht auch weder ein besonderer zusätzlicher Aufwand noch eine Entlastung für die Gerichte.

Künftig ist jährlich in etwa 500 Verfahren mit einer verkürzten Dauer des Abschöpfungsverfahrens von drei Jahren, statt bisher fünf Jahren, zu rechnen (siehe § 199 idF dieses Entwurfs, sowie die Erläuterungen zu „Konsumentenschutzpolitische Auswirkungen" unten). Es wird daher zu Lasten der Gläubiger im Abschöpfungsverfahren – die zu einer überwiegenden Mehrheit Unternehmer sind – zu einer Verringerung der erreichten Quote kommen.

Auswirkungen auf Phasen des Unternehmenszyklus:

Das Restrukturierungsverfahren nach der ReO steht als „vorinsolvenzliches" Verfahren Unternehmen im Fall einer wahrscheinlichen Insolvenz zur Verfügung. Es ist ein Instrument, das dem Schuldner ermöglicht, eine Insolvenz abzuwenden und die Bestandfähigkeit seines Unternehmens sicherzustellen. Je früher ein Schuldner seine finanziellen Schwierigkeiten erkennen und geeignete Maßnahmen treffen kann, desto höher ist die Wahrscheinlichkeit, dass eine Insolvenz abgewendet wird oder – im Fall eines Unternehmens mit dauerhaft verminderter Bestandfähigkeit – desto geordneter und effizienter würde der Abwicklungsprozess sein

Es ist zu erwarten, dass das Restrukturierungsverfahren nach der ReO dem Aufbau notleidender Kredite vorbeugt, weil Maßnahmen ergriffen werden können, bevor Unternehmen ihre Kredite nicht mehr bedienen können. Dies verringert das Risiko, dass Kredite bei Konjunkturabschwüngen zu notleidenden Krediten werden. Durch präventive Restrukturierung könnte ein erheblicher Prozentsatz von Unternehmen und Arbeitsplätzen bewahrt werden. Es liegen keine belastbaren Daten vor, die eine Abschätzung dieser Entwicklungen ermöglichen würden.

Auswirkungen auf die finanzielle Position von Konsumentinnen und Konsumenten:

Derzeit kommt es jährlich zu etwa 2000 Abschöpfungsverfahren mit einer Dauer von fünf Jahren. Künftig ist in den nächsten fünf Jahren in etwa 25% der Fälle – somit in etwa 500 Verfahren – mit einer verkürzten Dauer des Abschöpfungsverfahrens von drei Jahren zu rechnen (Quelle: Schätzung von Experten; eigene Berechnungen). Durch die Verkürzung kommt es zu einer Verringerung der von diesen Schuldnern im Abschöpfungsverfahren zu leistenden Quote; dieser Ausfall geht zu Lasten der Gläubiger, die weit überwiegend Unternehmer sind. Es liegen keine belastbaren Daten vor, die eine Darstellung der Verringerung der bis zur Restschuldbefreiung zu leistenden Beträge ermöglichen würden. Erst mit dem Insolvenzrechtsänderungsgesetz 2017 – IRÄG 2017 (BGBl. I Nr. 122/2017) kam es – bei gleichzeitigem Entfall der Mindestquote – zur Verkürzung des Abschöpfungsverfahrens von sieben auf fünf Jahre. Zuvor war zur Restschuldbefreiung eine Mindestquote von 10% zu erreichen, sodass die Daten nicht vergleichbar sind.

Verhältnis zu den Rechtsvorschriften der Europäischen Union

Das Vorhaben dient der Umsetzung der Richtlinie (EU) 2019/1023 des Europäischen Parlaments und des Rates vom 20. Juni 2019 über präventive Restrukturierungsrahmen, über Entschuldung und über Tätigkeitsverbote sowie über Maßnahmen zur Steigerung der Effizienz von Restrukturierungs-, Insolvenz- und Entschuldungsverfahren und zur Änderung der Richtlinie (EU) 2017/1132 (Restrukturierungs- und Insolvenz-Richtlinie (RIRL).

Diese Folgenabschätzung wurde mit der Version 5.6 des WFA – Tools erstellt (Hash-ID: 673722110).

Erläuterungen

Allgemeiner Teil

Präventiver Restrukturierungsrahmen – Restrukturierungsverfahren

Der in Titel II geregelte präventive Restrukturierungsrahmen bildet das Kernstück der Richtlinie (EU) 2019/1023 über präventive Restrukturierungsrahmen, über Entschuldung und über Tätigkeitsverbote sowie über Maßnahmen zur Steigerung der Effizienz von Restrukturierungs-, Insolvenz- und Entschuldungsverfahren und zur Änderung der Richtlinie (EU) 2017/1132 (Restrukturierungs- und Insolvenz-Richtlinie – RIRL), ABl. 2019 L 172, S. 18. Die Richtlinie setzt sich mit dem Titel II zum Ziel, Unternehmen, die in finanzielle Schwierigkeiten geraten sind, zu retten und deren Bestandfähigkeit wiederherzustellen. Dadurch sollen europaweit Arbeitsplätze gesichert, notleidende Kredite abgebaut und die Wirtschaft gefördert werden.

Die Richtlinie regelt den Zugang zum Restrukturierungsrahmen, die Einbindung eines Restrukturierungsbeauftragten, eine Durchsetzungssperre und daran anknüpfende Wirkungen sowie die Anfechtung bei Scheitern der Restrukturierung. Sie enthält aber auch Vorgaben für den Inhalt, die Abstimmung sowie die Wirkungen des Restrukturierungsplans.

Der präventive Restrukturierungsrahmen wird durch ein gerichtliches Restrukturierungsverfahren umgesetzt, das neben juristischen Personen auch natürlichen Personen, die ein Unternehmen betreiben, offensteht. Herzstück des Verfahrens ist ein Restrukturierungsplan, der die Restrukturierungsmaßnahmen enthält, vor allem eine Kürzung von Gläubigerforderungen. Die Richtlinie legt Zugangsvoraussetzungen für den Restrukturierungsrahmen fest, die um weitere ergänzt werden, wenn der Schuldner eine Vollstreckungssperre anstrebt, die auch weitgehend die Eröffnung eines Insolvenzverfahrens und die Auflösung von Verträgen verhindert. Im Rahmen des Verfahrens wird über den Plan abgestimmt. Der Entwurf sieht ein Verfahren vor, in dem der Restrukturierungsplan bei Einleitung vorliegt, als Regelfall an. Der Restrukturierungsplan kann aber auch erst während des Verfahrens erstellt werden; die Einleitung setzt jedoch zumindest die Vorlage eines Restrukturierungskonzepts voraus.

Das Restrukturierungsverfahren ist ein Instrument, das dem Schuldner ermöglicht, den Eintritt der Zahlungsunfähigkeit zu vermeiden und die Bestandfähigkeit seines Unternehmens sicherzustellen. Es setzt wahrscheinliche Insolvenz voraus. Diese wird vor allem mit der Bestandsgefährdung eines Unternehmens nach dem UGB konkretisiert und bei Erreichen der Warnkennzahlen des URG (Eigenmittelquote weniger als 8 % und fiktive Schuldentilgungsdauer mehr als 15 Jahre) vermutet. Trotz Bestandsgefährdung muss Bestandfähigkeit gegeben sein; diese verlangt eine Fortbestehensprognose, die auch bedingt, also von der Annahme und Bestätigung des Restrukturierungsplans abhängig sein kann. Der Schuldner kann daher überschuldet im Sinne des Insolvenzrechts sein. Zur Darlegung der Bestandfähigkeit sind dem Antrag auch Unterlagen anzuschließen. Ist der Schuldner etwa nach Unternehmensrecht verpflichtet, Jahresabschlüsse aufzustellen, so hat er auch diese – zumindest für die letzten 3 Jahre – vorzulegen. Eine Verurteilung wegen Bilanzfälschung schließt Schuldner vom Restrukturierungsverfahren aus, außer dies ist für das Verfahren nicht mehr relevant und den Gläubigern werden die Informationen zur Verfügung gestellt, die sie für die Restrukturierungsverhandlungen benötigen.

Für zahlungsunfähige Schuldner steht der präventive Restrukturierungsrahmen grundsätzlich nicht zur Verfügung. Geprüft wird das Vorliegen der Zahlungsunfähigkeit bei Einleitung des Restrukturierungsverfahrens nicht. Beantragt der Schuldner jedoch auch eine Vollstreckungssperre, so steht die Zahlungsunfähigkeit deren Bewilligung entgegen. Tritt Zahlungsunfähigkeit während des Verfahrens ein (oder lag sie bei Einleitung vor) und wird die Eröffnung des Insolvenzverfahrens beantragt, so hat das Gericht – bei Vorliegen der übrigen Voraussetzungen – ein Insolvenzverfahren zu eröffnen. Davon hat es nur abzusehen, wenn die Eröffnung des Insolvenzverfahrens unter Berücksichtigung der Umstände des Falles nicht im allgemeinen Interesse der Gläubiger wäre, also die Einigung über einen Restrukturierungsplan unmittelbar bevorsteht.

Für die Durchführung des Verfahrens sieht die Richtlinie die Eigenverwaltung des Schuldners vor, verlangt jedoch die zwingende Bestellung eines Restrukturierungsbeauftragten zur Unterstützung des Schuldners und der Gläubiger bei der Aushandlung und Ausarbeitung des Plans und ermöglicht den Mitgliedstaaten, auch in weiteren Fällen einen Restrukturierungsbeauftragten zu bestellen. Dieses Wahlrecht soll genutzt werden,

um eine objektive Überprüfung des Restrukturierungsplans zu ermöglichen. Für die Entlohnung des Restrukturierungsbeauftragten hat der Schuldner einen Kostenvorschuss zu entrichten.

Allgemeine verfahrensrechtliche Regelungen enthält die Richtlinie nicht. Da dies geboten ist, wird auf die Verfahrensbestimmungen der Insolvenzordnung verwiesen. Außerdem wird das zuständige Gericht festgelegt – diese Regelung richtet sich nach der Insolvenzordnung.

Die Zeit zur wirtschaftlichen Erholung soll im Interesse des Schuldners möglichst kurz sein. Daher ist eine Vollstreckungssperre von drei Monaten ausreichend, die nur in Ausnahmefällen um drei Monate verlängert werden kann. Innerhalb dieses Zeitraums sollte es möglich sein, den Abschluss und die Bestätigung eines Restrukturierungsplans zu erlangen. Die Initiative dazu kann – ebenso wie der Zugang zum Restrukturierungsverfahren – nur vom Schuldner ausgehen. Er hat den Restrukturierungsplan zu erarbeiten. Neben dem darstellenden Teil enthält der Restrukturierungsplan auch einen gestaltenden Teil. Wird in diesem etwa der Abbau von Arbeitnehmern vorgesehen, so sind die Bestimmungen des Vertragsrechts anzuwenden oder es ist eine einvernehmliche Lösung mit dem Vertragspartner zu suchen. Weder die Richtlinie noch der Entwurf erleichtern solche Vertragsauflösungen. Ermöglicht wird vor allem eine Forderungskürzung. Die Richtlinie verlangt die Bildung von Gläubigerklassen. Die Flexibilität der Richtlinie soll genutzt werden, um die Anzahl der Klassen gering zu halten und solche nur für Gläubiger mit besicherten Forderungen, mit unbesicherten Forderungen, für schutzbedürftige Gläubiger, für Anleihegläubiger und Gläubiger nachrangiger Forderungen zu ermöglichen. Bei Kleinunternehmen kann die Klassenbildung auch entfallen.

Welche Gläubiger in den Plan einbezogen werden, liegt am Schuldner. Er kann etwa nur Forderungen von Finanzgläubigern erfassen, aber auch darüber hinausgehen. Nicht einbeziehen darf er Forderungen der Arbeitnehmer.

Zum Zustandekommen des Restrukturierungsplans bedarf es in erster Linie der Mehrheit der einbezogenen Gläubiger in jeder Klasse, wobei die Summe der Forderungen der zustimmenden Gläubiger zumindest 75 % der Gesamtsumme der Forderungen der einbezogenen Gläubiger zu betragen hat. Absonderungsgläubiger stimmen mit dem besicherten Teil ihrer Forderungen in der Klasse der besicherten Gläubiger ab, mit dem Rest als unbesicherte Gläubiger.

Wird die Gläubigermehrheit in jeder Gläubigerklasse erreicht, dann hat das Gericht über die Bestätigung des Restrukturierungsplans zu entscheiden. Neben der Prüfung formaler Voraussetzungen hat das Gericht die Bestätigung abzulehnen, wenn offensichtlich ist, dass der Plan die Insolvenz des Schuldners nicht verhindert und die Bestandfähigkeit des Unternehmens nicht gewährleistet. Die Interessen der überstimmten Gläubiger werden durch das Kriterium des Gläubigerinteresses geschützt. Danach darf kein ablehnender Gläubiger schlechter gestellt werden als im Liquidationsfall oder im Fall des nächstbesten Alternativszenarios bei Nichtbestätigung des Restrukturierungsplans, also dass der Plan die Gläubiger nicht schlechter stellt als bei Zustandekommen eines Sanierungsplans, vorausgesetzt das Zustandekommen ist realistisch. Die Prüfung des Kriteriums des Gläubigerinteresses erfolgt jedoch nicht von Amts wegen, sondern nur auf Antrag. Von Amts wegen wird etwa die Einteilung der Gläubiger in Gläubigerklassen geprüft, und zwar schon bei Vorlage des Plans.

Selbst wenn eine Zustimmung aller Gläubigerklassen nicht erreicht wird, kann der Plan aufgrund eines klassenübergreifenden Cram-Down bestätigt werden.

Die Bestätigung des Restrukturierungsplans kann zwar durch ein Rechtsmittel angefochten werden; diesem kommt aber keine aufschiebende Wirkung zu. Um möglichst rasch Klarheit über das Zustandekommen des Restrukturierungsplans zu erhalten, soll eine Aufhebung der Bestätigung des Restrukturierungsplans vermieden werden; stattdessen kann ein Ersatz zuerkannt werden.

Sollte die Restrukturierung scheitern und es später zur Eröffnung eines Insolvenzverfahrens kommen, so stellt sich die Frage der Anfechtung von neuen Finanzierungen und Zwischenfinanzierungen. Das Anfechtungsrisiko wird durch die Richtlinie eingeschränkt. Zur Wahrung der Interessen der Gläubiger, auch derjenigen, die in den Restrukturierungsplan nicht einbezogen wurden, wird diese Ausnahme aber einschränkend gehalten.

Das Restrukturierungsverfahren kann in unterschiedlichen Konstellationen genutzt werden. Ein Beispiel ist die Abstimmung über eine im Vorfeld ausgearbeitete Restrukturierungsvereinbarung, in die die Finanzgläubiger einbezogen werden sollen, die Zustimmungen der Gläubiger weitgehend vorliegen, im Hinblick auf das Erfordernis der Einstimmigkeit bei einem außergerichtlichen Ausgleich ein solcher aber nicht gelang, weil er an einem oder wenigen Gläubigern („Ausgleichsstörer") gescheitert ist. Eine Bestätigung eines derartigen Plans kann ohne Abstimmung im Rahmen eines vereinfachten Verfahrens erfolgen.

Ein weiterer Fall ist ein öffentlich bekanntzumachendes Verfahren (Europäisches Restrukturierungsverfahren), das insbesondere mit dem Vorteil verbunden ist, unter die Verordnung 2015/848 über Insolvenzverfahren, ABl. L 2015/141, S 1 idF ABl. L 2018/171, S 1 (EuInsVO) zu fallen und damit in der EU anerkannt zu werden.

Entschuldung

Die Richtlinie enthält im Titel III Regelungen über die Entschuldung, insbesondere darf die Frist, nach deren Ablauf insolvente Unternehmer in vollem Umfang entschuldet werden können, höchstens 3 Jahre betragen. Aufgrund der COVID-Pandemie und der damit einhergehenden wirtschaftlichen Auswirkungen soll eine Entschuldung nach drei Jahren auch redlichen Verbrauchern, die in eine wirtschaftliche Ausnahmesituation geraten sind, ermöglicht werden, und zwar zeitlich befristet auf fünf Jahre. Neben dem derzeitigen fünfjährigen Abschöpfungsverfahren wird ein kurzes Abschöpfungsverfahren (wie in der Richtlinie Tilgungsplan genannt) eingeführt, bei dem der Redlichkeitsmaßstab höher als nach der derzeitigen Gesetzeslage ist.

Der Entwurf enthält darüber hinaus eine inflationsbedingte Erhöhung der Vergütung des Treuhänders.

Sonstiges

Abgerundet wird der Entwurf durch Anpassung im Gerichtsgebühren- und Rechtsanwaltstarifrecht sowie eine Umsetzung des Kapitels 5 in Titel II über die Pflichten der Unternehmensleitung und des Titels IV über Maßnahmen zur Steigerung der Effizienz von Insolvenz- und Entschuldungsverfahren.

Evaluierung des Insolvenzrechts

Die mit diesem Entwurf vorgeschlagenen Änderungen sollen unter Einbeziehung der Erfahrungen des Insolvenzrechtsänderungsgesetzes 2017, BGBl. I Nr. 122/2017, drei Jahre nach Inkrafttreten dieses Entwurfs einer Evaluierung zugeführt werden.

Zuständigkeit des Bundes

Die Zuständigkeit zur Erlassung dieses Bundesgesetzes gründet sich auf Art. 10 Abs. 1 Z 6 B-VG („Zivil- und Strafrechtswesen") und Art. 7 Abs. 1 F-VG („Bundesabgaben").

Besonderer Teil

Zu Artikel 1 (Restrukturierungsordnung):

Zu § 1:

Abs. 1 dieser Bestimmung setzt Art. 1 Abs. 1 lit. a sowie Abs. 4 Abs. 1 RIRL um und regelt damit den Anwendungsbereich des Bundesgesetzes. Aus Abs. 1 ergibt sich auch, dass das Antragsrecht für ein Restrukturierungsverfahren nur dem Schuldner zusteht.

Durch die Restrukturierung soll der Schuldner die Möglichkeit erhalten, den Eintritt der Zahlungsunfähigkeit zu vermeiden und die Bestandfähigkeit seines Unternehmens sicherzustellen. Zur Auslegung des Begriffs „Bestandfähigkeit" kann auch auf die Rechtsprechung zum Begriff „Lebensfähigkeit" zurückgegriffen werden (RIS-Justiz RS0064989).

Je früher ein Schuldner seine finanziellen Schwierigkeiten erkennen und geeignete Maßnahmen treffen kann, desto höher ist die Wahrscheinlichkeit, dass eine Insolvenz abgewendet wird oder – im Fall eines Unternehmens mit dauerhaft verminderter Bestandfähigkeit – desto geordneter und effizienter ist der Abwicklungsprozess (Erw-Gr. 22). Nach Art. 3 Abs. 1 RIRL haben die Mitgliedstaaten sicherzustellen, dass Schuldner Zugang zu einem oder mehreren klaren und transparenten Frühwarnsystemen haben, die Umstände erkennen können, die zu einer wahrscheinlichen Insolvenz führen und ihnen signalisieren können, dass unverzüglich gehandelt werden muss. So ein Frühwarnsystem kann von öffentlichen oder privaten Organisationen angebotene Beratungsdienste umfassen (Art. 3 Abs. 2 lit. b RIRL). In Österreich stehen Schuldnern verschiedene Beratungs- und Informationsmöglichkeiten zum Erkennen einer Krise offen. Die Wirtschaftskammern in Österreich (WKO) bieten als Interessenvertretung der Wirtschaftreibenden eine Palette von Serviceleistungen an: So können Schuldner geförderte Beratungen durch über 600 gelistete Beratungsunternehmen aus den Bereichen Unternehmensführung, Marketing, IT, Innovation und Umwelt in Anspruch nehmen. Ein Beratungsschwerpunkt liegt in der Restrukturierung und Sanierung (https://www.wko.at/service/unternehmensfuehrung-finanzierung-foerderungen/Beratung_zu_Unternehmenssicherung_und_-sanierung.html). Inhalte einer solchen Beratung sind beispielsweise dringende Sofortmaßnahmen, Liquiditätsanalyse oder ertrags- und finanzwirtschaftliche Sanierungsmaßnahmen. Die Anmeldung für die Beratung und die Beantragung der Förderung ist jederzeit online möglich.

Weiters stellt die WKO diverse, frei zugängliche Online-Ratgeber zur Einschätzung der Situation eines Unternehmens zur Verfügung. KMU können Online-Tests zu ihrer Liquidität und Krisenfestigkeit oder zu ihrer Bonität aus Bankensicht durchführen (https://www.wko.at/service/unternehmensfuehrungfinanzierung-foerderungen/unternehmen-sanierung-reorganisation.html; Art. 3 Abs. 4 RIRL). Aus einem Projekt zwischen der WKO und Unternehmensberatern entstand der KMU-Online-Check (www.unternehmer-innot.at/kmu_check.php), der Hinweise auf mögliche Risikofaktoren gibt und Vorschläge zur Entschärfung potenzieller Gefahrenherde unterbreitet.

Teil eines Frühwarnsystems kann auch sein, dass Dritte, die über relevante Informationen über den Schuldner verfügen, wie Wirtschaftsprüfer, den Schuldner auf negative Entwicklungen aufmerksam machen (Art. 3 Abs. 2 lit. c RIRL). Abschlussprüfer unterliegen in Österreich bereits seit dem Gesellschaftsrechtsänderungsgesetz 1982 einer Redepflicht, die sowohl bei der Wahrnehmung ihrer Aufgaben als auch bei der Prüfung des Jahresabschlusses besteht (§ 273 Abs. 2 und 3 UGB). Sie haben unverzüglich zu berichten, wenn sie Tatsachen feststellen, die den Bestand des geprüften Unternehmens oder Konzerns gefährden oder seine Entwicklung wesentlich beeinträchtigen können, sowie über wesentliche Schwächen der internen Kontrolle des Rechnungslegungsprozesses oder über das Vorliegen der Voraussetzungen für die Vermutung eines Reorganisationsbedarfs.

Abs. 2 setzt Art. 2 Abs. 1 Nr. 1 RIRL, der den Begriff der Restrukturierung umschreibt, um. Dabei wird in Ausnützung des in der Richtlinie vorgesehenen Wahlrechts auch die Gesamtveräußerung des Unternehmens als Restrukturierungsmaßnahme erfasst. Weitere mögliche Maßnahmen (einzeln oder in Kombination), die von dem Begriff erfasst sind, sind etwa Forderungserlässe und -kürzungen, Laufzeitanpassungen, die Einräumung von Informations- und Einsichtsrechten sowie Verwertungs- und Verteilungsregelungen. Mit einer solchen Maßnahme oder mit einem Maßnahmenpaket kann in bestehende (Finanzierungs-)Verträge oder auch in frühere Restrukturierungsvereinbarungen eingegriffen werden. Keine vom Entwurf erfasste Maßnahme wäre jedoch ein sog. „debt-equity-swap"; im Restrukturierungsplan vorgesehene Kapitalmaßnahmen können durch gesellschaftsrechtliche Maßnahmen umgesetzt werden.

Abs. 3 dient der Umsetzung von Art. 19 RIRL. Um die präventive Restrukturierung weiter zu fördern, muss gewährleistet sein, dass Unternehmensleitungen nicht davon abgehalten werden, vertretbare Geschäftsentscheidungen zu treffen oder vertretbare wirtschaftliche Risiken einzugehen, vor allem wenn dies die Aussichten auf eine Restrukturierung potenziell bestandfähiger Unternehmen verbessert. Wenn ein Unternehmen in finanzielle Schwierigkeiten gerät, sollte die Unternehmensleitung Schritte einleiten, um Verluste möglichst gering zu halten und eine Insolvenz abzuwenden, wie zum Beispiel: Inanspruchnahme professioneller Beratung unter anderem zu Restrukturierung und Insolvenz, etwa durch Nutzung von Frühwarnsystemen; Schutz der Vermögenswerte des Unternehmens, um einen möglichst hohen Wert zu sichern und den Verlust wesentlicher Vermögenswerte zu verhindern; Analyse der Struktur und der Funktionen des Unternehmens, um die Bestandfähigkeit zu prüfen und die Ausgaben zu senken; keine Vornahme der Arten von Transaktionen für das Unternehmen, die Gegenstand einer Insolvenzanfechtungsklage werden könnten, es sei denn, es gibt einen triftigen wirtschaftlichen Grund dafür; Fortsetzung der Geschäftstätigkeit, wenn dies unter den gegebenen Umständen sinnvoll ist, um einen möglichst hohen Wert als fortgeführtes Unternehmen zu sichern; Führung von Verhandlungen mit den Gläubigern und Einleitung präventiver Restrukturierungsverfahren (ErwGr. 70). Wenn dem Schuldner die Insolvenz droht, kommt es auch darauf an, die berechtigten Interessen der Gläubiger vor Managemententscheidungen zu schützen, die sich auf die Zusammensetzung des Schuldnervermögens auswirken können, insbesondere wenn diese Entscheidungen eine weitere Wertminderung des Vermögens bewirken könnten, das für Restrukturierungsmaßnahmen oder für die Verteilung an die Gläubiger zur Verfügung steht. Es ist daher notwendig sicherzustellen, dass es die Unternehmensleitung unter diesen Umständen vermeidet, vorsätzliche oder grob fahrlässige Handlungen vorzunehmen, die auf Kosten der Anteilsinhaber zu persönlichen Vorteilen führen, und Transaktionen unter dem Marktwert zuzustimmen oder Maßnahmen zu treffen, die eine unfaire Bevorzugung eines oder mehrerer Interessenträger zur Folge haben (ErwGr. 71).

Die sich bereits aus dem Unternehmens- und Gesellschaftsrecht ergebenden Verpflichtungen der Unternehmensleitung gelten auch für das Restrukturierungsverfahren. Durch § 1 Abs. 3 werden bereits bestehende gesellschaftsrechtliche Sorgfaltspflichten konkretisiert, ohne aber ein neues Haftungsregime einzuführen. Pflichtwidriges (also fahrlässiges oder vorsätzliches) Verhalten, das die Bestandfähigkeit des Unternehmens gefährdet, kann nach allgemeinen gesellschaftsrechtlichen Regelungen (vgl. insbesondere § 84 AktG und § 25 GmbHG) zu einer Haftung der Unternehmensleitung führen. Der in der RIRL nicht definierte Begriff der „Unternehmensleitung" umfasst insbesondere den Vorstand einer Aktiengesellschaft und den Geschäftsführer einer GmbH. Mit dieser Regelung soll weder eine Rangfolge zwischen den verschiedenen Parteien festgelegt werden, deren Interessen gebührend berücksichtigt werden müssen noch eine (neue) Außenhaftung gegenüber den Gläubigern begründet werden. Auch die Vorschriften über die Entscheidungsprozesse im Unternehmen bleiben durch die Regelung unberührt.

Zu § 2:

Diese Bestimmung übernimmt im Wesentlichen die in Art. 1 Abs. 3 RIRL enthaltene Aufzählung jener Schuldner, auf die der präventive Restrukturierungsrahmen nicht anzuwenden ist.

In Z 1 werden bestimmte Rechtsträger nach § 1 Abs. 1 VAG 2016 vom Anwendungsbereich ausgenommen. Der Verweis auf § 1 Abs. 1 Z 1 und Z 5 VAG setzt die zwingende Ausnahme für Versicherungsunternehmen oder Rückversicherungsunternehmen im Sinn des Art. 13 Nr. 1 und 4 der Richtlinie 2009/138/EG betreffend die Aufnahme und Ausübung der Versicherungs- und der Rückversicherungstätigkeit (Solvabilität II), ABl. 2009 L 335, S. 1, um (Art. 1 Abs. 2 lit. a RIRL). Bei § 1 Abs. 1 Z 2 VAG 2016 (kleine Versicherungsunternehmen) und § 1 Abs. 1 Z 3 VAG 2016 (kleine Versicherungsvereine) handelt es sich um Rechtsträger, die Finanzdienstleistungen (Vertragsversicherung) erbringen, aber aufgrund ihrer Größe nicht unter Solvency II fallen. Aufgrund der weitreichenden Eingriffsbefugnisse der FMA ist eine Ausnahme zulässig. Das Gleiche gilt sinngemäß auch für § 1 Abs. 1 Z 9 VAG 2016 (Zweckgesellschaften). Den Ergebnissen des Begutachtungsverfahrens folgend sollen auch Drittland-Versicherungsunternehmen und Drittland-Rückversicherungsunternehmen gemäß § 1 Abs. 1 Z 4 VAG 2016 von der Ausnahme umfasst sein, weil nach § 13 Abs. 3 VAG 2016 auch auf diese Unternehmen das 12. Hauptstück des VAG 2016 (exekutions- und insolvenzrechtliche Bestimmungen) sowie die Bestimmungen zum Solvabilitäts-, Sanierungs- und Finanzierungsplan anwendbar sind.

Aufgrund der weitreichenden Eingriffsbefugnisse der FMA ist auch eine Ausnahme hinsichtlich Pensionskassen zulässig (Z 2). Gemäß § 33b Abs. 1 PKG bestehen bereits Bestimmungen zum Solvabilitäts- und Sanierungsplan, die im Anlassfall in Konflikt mit den Bestimmungen der ReO stehen könnten (zB mit § 6 Abs. 2 ReO). Weiters sind eigene Insolvenzbestimmungen für Pensionskassen in § 37 PKG normiert. Schließlich handelt es sich bei dem jeder einzelnen Veranlagungs- und Risikogemeinschaft zugeordneten Vermögen einer Pensionskasse um ein Sondervermögen.

Die im Zusammenhang mit einer Bankenabwicklung errichteten Abbaueinheiten oder Abbaugesellschaften haben die Aufgabe, ihr Portfolio, insbesondere Bankgeschäfte gemäß BWG, wertmaximierend, geordnet und rasch unter der Aufsicht der Abwicklungsbehörde abzubauen. Mit Bewerkstelligung des Portfolioabbaus sind die betreffenden Abbaueinheiten und Abbaugesellschaften zu liquidieren. Eine Restrukturierung würde dem Zweck von Abbaueinheiten und Abbaugesellschaften entgegenstehen, weshalb dieses Bundesgesetz nicht auf Abbaueinheiten gemäß § 83 BaSAG bzw. § 2 GSA und Abbaugesellschaften gemäß § 162 BaSAG anzuwenden ist (Z 4).

Abs. 2 übernimmt die Definition des Unternehmers nach Art. 2 Abs. 1 Nr. 9 RIRL.

Zu § 3:

Art. 1 Abs. 5 RIRL ermöglicht es den Mitgliedstaaten, bestimmte Forderungen vom Restrukturierungsrahmen auszunehmen. In Abs. 1 wird die in Art. 1 Abs. 5 lit. a RIRL vorgesehene Ausnahme für Arbeitnehmerforderungen als Z 1 übernommen.

Das Gleiche gilt nach Z 2 für bestehende und künftige Forderungen zur betrieblichen Vorsorge (§§ 6 und 7 BMSVG), die auch Arbeitnehmerforderungen im Sinn der RIRL sind. Uneinbringliche ausständige Beiträge an die Betriebliche Vorsorgekasse werden nur in der Insolvenz, nicht jedoch bei einer Restrukturierung des Arbeitgebers vom Insolvenzentgeltsicherungsfonds übernommen (§ 1 IESG). Eine fehlende oder zu geringe Abfuhr von Beiträgen an die Betriebliche Vorsorgekasse führt zu finanziellen Einbußen des betroffenen Arbeitnehmers, da gar keine oder zu geringe Beiträge angespart und von der Betrieblichen Vorsorgekasse veranlagt werden können und bei Beendigung des Arbeitsverhältnisses als Abfertigung ausgeschüttet werden können.

Ausgenommen sollen auch nach Einleitung des Restrukturierungsverfahrens entstehende Forderungen sein (siehe ErwGr. 25); zur Klarstellung wird hiezu auf die Forderungen nach § 46 Z 1, 2, 4, 5 und 6 IO verwiesen (Z 3).

Wie nach § 58 Z 2 IO sollen nach Z 3 auch Geldstrafen von der Restrukturierung ausgenommene Forderungen sein (vgl. Art. 1 Abs. 5 lit. c RIRL, wonach sogar sämtliche Forderungen aus einer deliktischen Haftung des Schuldners ausgenommen werden können).

Schließlich soll von dem Wahlrecht nach Art. 1 Abs. 5 RIRL, Unterhaltsforderungen, die auf einem Familien-, Verwandtschafts- oder eherechtlichen Verhältnis oder auf Schwägerschaft beruhen, auszunehmen, Gebrauch gemacht werden (Z 5). Dementsprechend sind Forderungen auf den gesetzlichen Unterhalt ausgenommen.

Art. 1 Abs. 6 RIRL nimmt erworbene Ansprüche auf eine betriebliche Altersversorgung von den Auswirkungen des präventiven Restrukturierungsrahmens aus. Dies wird in Abs. 2 umgesetzt.

Die Ausnahme bedeutet, dass für eine ausgenommene Forderung weder eine Vollstreckungssperre gilt noch, dass sie im Rahmen des Restrukturierungsplans gekürzt oder gestundet werden kann.

Zu § 4:

Um die Spezialisierung und die Erfahrungen der Insolvenzgerichte bei wirtschaftlichen Fragen,

insbesondere zur Sanierung, zu nutzen, sollen nach § 4 für die Restrukturierungsverfahren die Insolvenzgerichte zuständig sein (§ 63 IO). §§ 64 und 65 IO sind sinngemäß anzuwenden.

Zu § 5:

Diese Bestimmung enthält einen allgemeinen Verweis auf die Verfahrensbestimmungen der Insolvenzordnung (§§ 252 bis 263 IO). Dieser Verweis schließt eine analoge Anwendung von besonderen Verfahrensbestimmungen der IO nicht aus.

§ 253 Abs. 3 fünfter Satz IO ist nicht anzuwenden, weil das Verfahren – sollte der Schuldner nicht die Bekanntmachung beantragen – geheim ist und auch nicht alle Gläubiger und Forderungen in den Restrukturierungsplan einbezogen werden müssen.

Zu § 6:

Nach Art. 4 Abs. 1 RIRL soll ein Schuldner bei einer wahrscheinlichen Insolvenz Zugang zu einem präventiven Restrukturierungsrahmen haben. Dies wird in Abs. 1 umgesetzt. Der Begriff der wahrscheinlichen Insolvenz wird in der Richtlinie nicht definiert; dies wird in Art. 2 Abs. 2 lit. b RIRL den Mitgliedstaaten überlassen. Es empfiehlt sich, an die im Rechnungslegungsrecht in § 273 Abs. 2 UGB vorgesehene Gefährdung des Bestands eines Unternehmens anzuknüpfen. Hiebei kann zur Auslegung des Begriffs auf die Literatur zu dieser Bestimmung zurückgegriffen werden. Überdies soll eine Konkretisierung dadurch erfolgen, dass bei Erfüllung der Bilanzkennzahlen über die Vermutung des Reorganisationsbedarfs im URG auch die wahrscheinliche Insolvenz des Schuldners vermutet wird. Liegen diese Kennzahlen vor, so löst dies unter anderem nach § 273 Abs. 3 UGB eine unverzügliche Berichtspflicht des Abschlussprüfers aus. Zudem ist ein Restrukturierungsverfahren nur dann einzuleiten, wenn sich aus den nach § 7 vorzulegenden Unterlagen eine positive Entwicklung des Unternehmens insoweit erwarten lässt, dass dieses bei Annahme des Restrukturierungsplans Bestandfähigkeit erlangt.

Art. 4 Abs. 4 RIRL ermöglicht den Mitgliedstaaten, für einen bestimmten Zeitraum die Zahl der Zugänge zum Restrukturierungsrahmen zu beschränken. Dies wird in Abs. 3 Z 2 umgesetzt und eine Sperrfrist von sieben Jahren vorgesehen, wenn bereits ein Restrukturierungsplan oder ein Sanierungsplan bestätigt wurde. Dabei ist entscheidend, dass die Bestätigung im ursprünglichen Verfahren tatsächlich erteilt wurde – jegliche Verfahrenskonstellationen ohne Bestätigung lösen keine Sperrfrist aus und schaden daher der (neuerlichen) Einleitung eines Restrukturierungsverfahrens nicht. In Abs. 3 Z 1 wird darüber hinaus ausdrücklich klargestellt, dass ein anhängiges Insolvenzverfahren ein Einleitungshindernis darstellt.

Nach Art. 4 Abs. 2 RIRL können Mitgliedstaaten Schuldner, die wegen schwerwiegender Verstöße gegen die nach nationalem Recht bestehenden Rechnungslegungs- oder Buchführungspflichten verurteilt wurden, vom Zugang zum präventiven Restrukturierungsrahmen ausschließen; dies wird in Abs. 4 umgesetzt, indem auf eine Verurteilung wegen einer unvertretbaren Darstellung wesentlicher Informationen über bestimmte Verbände gemäß § 163a StGB abgestellt wird. Der Ausschluss von nach § 163a StGB verurteilter Schuldner wird zeitlich durch eine Drei-Jahres-Frist begrenzt. Sofern der Schuldner bescheinigt, geeignete Maßnahmen zur Behebung der der Verurteilung zugrundeliegender Probleme umgesetzt zu haben, soll dennoch ein Restrukturierungsverfahren eingeleitet werden können. Damit soll bezweckt werden, den Gläubigern eine ausreichende Informationsgrundlage zur Verfügung zu stellen, um während der Restrukturierungsverhandlungen eine Entscheidung treffen zu können.

Zu § 7:

Nach Art. 4 Abs. 3 RIRL können die Mitgliedstaaten eine Bestandfähigkeitsprüfung nach nationalem Recht einführen, sofern eine solche Prüfung dem Ausschluss von Schuldnern ohne Aussicht auf Bestandfähigkeit dient und ohne nachteilige Auswirkungen auf die Vermögenswerte des Schuldners durchgeführt werden kann. Dieses Wahlrecht soll genutzt werden. Es bedarf daher der Vorlage eines Restrukturierungsplans oder eines Restrukturierungskonzepts, der bzw. das nicht offenkundig untauglich sein darf; überdies hat der Schuldner Jahresabschlüsse – wenn er zu deren Aufstellung verpflichtet ist – vorzulegen. Für die unmittelbar bevorstehende Zeit des Restrukturierungsverfahrens soll die Bestandfähigkeitsprüfung auch einen Finanzplan erfassen, um davon ausgehen zu können, dass der Schuldner die während des Restrukturierungsverfahrens anfallenden Forderungen zahlen kann. Neben einer Gegenüberstellung der kalkulierten Einnahmen und Ausgaben (Einnahmen-Ausgaben-Plan) hat der Finanzplan auch eine Kapitalflussrechnung zu enthalten, anhand derer die laufende Liquidität für den Zeitraum des Restrukturierungsverfahrens abgeleitet werden kann.

Wird lediglich ein Restrukturierungskonzept vorgelegt, so hat der Schuldner darzulegen, wie bei Einhaltung desselben die Bestandfähigkeit des Unternehmens erreicht werden kann. Ein Restrukturierungsplan hat den Erfordernissen des § 27 und ein Restrukturierungskonzept jenen des § 8 Abs. 1 zu entsprechen. Auf zahlungsunfähige Schuldner sind die Bestimmungen des Insolvenzverfahrens zugeschnitten, sodass eine Sanierung

im Rahmen dieses Verfahrens und nicht des Restrukturierungsverfahrens erfolgen soll.

Das Erfordernis der Vorlage der aufgestellten Jahresabschlüsse hat seine Grundlage auch in Art. 4 Abs. 2 RIRL, wonach Schuldner, die wegen schwerwiegender Verstöße gegen die nach nationalem Recht bestehenden Rechnungslegungs- oder Buchführungspflichten verurteilt wurden, vom Restrukturierungsrahmen ausgeschlossen werden können. Diese Bestimmung ermöglicht nämlich nach dem ErwGr. 27 den Mitgliedstaaten auch, für Schuldner, deren Bücher und Aufzeichnungen in einem Maße unvollständig oder unzureichend sind, das es unmöglich macht, die geschäftliche und finanzielle Situation des Schuldners festzustellen, den Zugang zu präventiven Restrukturierungsverfahren einzuschränken. Maßgeblich sind die Jahresabschlüsse der vergangenen drei Jahre. Ist die Frist zur Erstellung des Jahresabschlusses noch nicht abgelaufen, so muss dieser noch nicht vorgelegt werden.

Vor der Entscheidung über die Einleitung des Verfahrens hat vor allem eine formelle Prüfung zu erfolgen, ob der Antrag den gesetzlichen Anforderungen entspricht; eine vertiefte materielle Prüfung ist erst im eingeleiteten Verfahren vorzunehmen. Demgemäß hat das Gericht bei Einleitung des Verfahrens nicht zu prüfen, ob der Restrukturierungsplan oder das Restrukturierungskonzept erfüllbar ist. Ist der Vorschlag aber offensichtlich untauglich oder der Einleitungsantrag missbräuchlich, so kann er nicht Grundlage für ein Restrukturierungsverfahren sein.

Ist der Mangel verbesserbar, so ist ein Verbesserungsversuch zu unternehmen. Hier kann sinngemäß auf die Judikatur zu § 169 Abs. 5 IO zurückgegriffen werden. Anders als beim Sanierungsverfahren mit Eigenverwaltung ist der Antrag bei unterbliebener Verbesserung nicht als Antrag auf Eröffnung eines Insolvenzverfahrens zu deuten, sondern zurückzuweisen.

Durch Abs. 5 wird klargestellt, dass der Einleitungsbeschluss eines Restrukturierungsverfahrens lediglich dem Schuldner zuzustellen ist. Folglich kommt Gläubigern keine Rekurslegitimation zu.

Zu § 8:

Diese Bestimmung regelt in Abs. 1 den Inhalt des Restrukturierungskonzepts, das bereits einen Grobüberblick über die Restrukturierungsmaßnahmen und eine Auflistung der Vermögenswerte und Verbindlichkeiten des Schuldners zum Zeitpunkt des Antrags auf Einleitung einschließlich einer Bewertung der Vermögenswerte enthalten soll. Welche Gläubiger einbezogen werden sollen, muss noch nicht feststehen; daher sind etwa Informationen über betroffene Gläubiger iS des § 27 Abs. 2 Z 4 nicht erforderlich.

Abs. 2 sieht für den Fall, dass mit dem Einleitungsantrag kein Restrukturierungsplan vorgelegt wird, die Einräumung einer Frist von höchstens 60 Tagen zur Vorlage des Restrukturierungsplans vor. Der Schuldner hat die Einräumung einer solchen Frist gleichzeitig mit dem Einleitungsantrag oder binnen der Frist zum Erlag eines Kostenvorschusses zur Deckung der Entlohnung des Restrukturierungsbeauftragten zu beantragen. Wird ein solcher Antrag nicht gestellt und der Kostenvorschuss erlegt, so ist ein Restrukturierungsbeauftragter zu bestellen.

Zu § 9:

Art. 5 RIRL enthält Bestimmungen über den Schuldner in Eigenverwaltung. Um Schuldnern einen Anreiz zu bieten, bei finanziellen Schwierigkeiten frühzeitig die präventive Restrukturierung zu beantragen (ErwGr. 30), sieht die Richtlinie in Abs. 1 vor, dass grundsätzlich die Schuldner die Kontrolle über ihre Vermögenswerte und den täglichen Betrieb ihres Unternehmens behalten sollen. Abs. 1 verpflichtet die Mitgliedstaaten, dies sicherzustellen. Dem kommt der Entwurf in § 16 nach.

Art. 5 Abs. 2 ermöglicht den Mitgliedstaaten die Bestellung eines Restrukturierungsbeauftragten zur Überwachung der Tätigkeit eines Schuldners oder zur teilweisen Übernahme der Kontrolle über den täglichen Betrieb des Unternehmens des Schuldners, wobei den Mitgliedstaaten überlassen wird, ob der Restrukturierungsbeauftragte zwingend vorgeschrieben wird oder die Bestellung im Einzelfall nach den Umständen des Falles oder den besonderen Erfordernissen des Schuldners erfolgen kann (ErwGr. 30).

Art. 5 Abs. 3 zählt drei Fälle auf, in denen die Mitgliedstaaten die Bestellung eines Restrukturierungsbeauftragen zur Unterstützung des Schuldners und der Gläubiger bei der Aushandlung und Ausarbeitung des Plans zwingend vorschreiben müssen. Diese Fälle setzt der Entwurf in Abs. 1 um.

Die in Art. 5 Abs. 2 den Mitgliedstaaten eingeräumte Möglichkeit, darüber hinaus noch weitere Fälle einer zwingenden Bestellung des Restrukturierungsbeauftragten vorzusehen, wird in Abs. 2 umgesetzt.

Entscheidendes Kriterium soll – nach dem Vorbild des § 170 Abs. 1 Z 1 IO – sein, dass Umstände bekannt sind, die erwarten lassen, dass die Eigenverwaltung zu Nachteilen für die Gläubiger führen wird. Dazu zählt etwa, dass der Schuldner Anfragen zur Bezahlung der nach Einleitung des Restrukturierungsverfahrens entstandenen Forderungen oder Fragen zu dem Restrukturierungsplan oder – konzept nicht beantwortet, also seine Mitwirkungs- oder Auskunftspflichten verletzt (Z 1), oder den Interessen der Gläubiger zuwiderhandelt (Z 2). Z 3 übernimmt das in der Richtlinie im ErwGr. 30 erwähnte Beispiel, dass sich der Schuldner oder ein Mitglied von dessen vertretungsbefugtem Organ in den Geschäftsbeziehungen kriminell, betrügerisch oder schädigend verhalten hat.

Die Angaben im Finanzplan sind für die Gläubiger eine wichtige Entscheidungsgrundlage, um zu beurteilen, ob sie dem Restrukturierungsplan zustimmen sollen. Gibt es Anzeichen, dass diese nicht richtig sein könnten und überprüft werden müssen, so hat das Gericht ebenfalls einen Restrukturierungsbeauftragten zu bestellen (Z 4).

Nach ErwGr. 39 kann der Schuldner weiterhin Forderungen von nicht betroffenen Gläubigern und während der Aussetzung von Einzelvollstreckungsmaßnahmen entstehende Forderungen betroffener Gläubiger im normalen Geschäftsgang erfüllen. Um sicherzustellen, dass Gläubiger mit Forderungen, die vor der Einleitung eines Restrukturierungsverfahrens oder vor einer Aussetzung von Vollstreckungsmaßnahmen entstanden sind, den Schuldner nicht zur Begleichung dieser Forderungen drängen, die sonst durch die Umsetzung des Restrukturierungsplans gekürzt werden würden, sieht der Entwurf in Z 5 die zwingende Bestellung eines Restrukturierungsbeauftragen vor, wenn anzunehmen ist, dass der Schuldner solche Forderungen sicherstellt oder begleicht. Ein Bedarf nach Bestellung eines Restrukturierungsbeauftragten besteht auch dann, wenn der Schuldner nach Einleitung des Verfahrens entstehende Forderungen nicht erfüllt.

Nach Abs. 3 können die Gerichte im Einzelfall über die Bestellung eines Restrukturierungsbeauftragten entscheiden. Abs. 3 zählt einige Beispiele demonstrativ auf. Notwendig könnte dies zB für die Unterstützung des Schuldners bei Organisation, Umsetzung und Kontrolle einer Zwischenfinanzierung oder Transaktion sein (ErwGr. 66, 67, 68), zur Prüfung, ob eine neue Finanzierung für die Umsetzung des Restrukturierungsplans geeignet ist, bei Festlegung von Verfügungsbeschränkungen nach § 16 Abs. 2 sowie zur Prüfung strittiger Forderungen.

Abs. 4 sieht vor, dass für den Restrukturierungsbeauftragten ein Stellvertreter bestellt werden kann, der tätig zu werden hat, wenn der Restrukturierungsbeauftragte sein Amt wegen Krankheit oder Abwesenheit nicht ausüben kann.

Der Beschluss über die Bestellung des Restrukturierungsbeauftragten ist dem Schuldner und den bekannten betroffenen Gläubigern zuzustellen (Abs. 5).

Zu § 10:

Der Entwurf schlägt in § 10 vor, dass dem Schuldner aufzutragen ist, einen angemessenen

Kostenvorschuss zur Deckung der Anlaufkosten für die Entlohnung des Restrukturierungsbeauftragten zu erlegen. Soweit es rechtzeitig möglich ist, ist der Schuldner einzuvernehmen. Sowohl die Höhe des Kostenvorschusses als auch die Frist zum Erlag des Kostenvorschusses hat das Gericht nach den Umständen des Einzelfalls festzulegen.

Zur Information über die voraussichtliche Höhe der Gesamtentlohnung des Restrukturierungsbeauftragten schlägt der Entwurf in Abs. 2 vor, dass der Restrukturierungsbeauftragte einen Kostenvoranschlag zu erstellen hat. Damit wird Art. 27 Abs. 4 RIRL, demzufolge für die Vergütung des Restrukturierungsbeauftragten Vorschriften gelten sollen, die mit dem Ziel eines effizienten Abschlusses des Verfahrens im Einklang stehen, umgesetzt. Die Festlegung einer Regelentlohnung ist im Hinblick auf den sehr unterschiedlichen Aufgabenumfang nicht tunlich. Wenn der Restrukturierungsbeauftragte das gesamte Verfahren überwachend begleitet und ihm nicht nur punktuell einzelne Aufgaben übertragen werden, wird das Gericht auf die für den Sanierungsverwalter vorgesehene Regelentlohnung zurückgreifen können.

Um die gesamte Entlohnung des Restrukturierungsbeauftragten zu decken, hat das Gericht nach Vorlage des Kostenvoranschlags dem Schuldner einen weiteren, ergänzenden Kostenvorschuss aufzutragen. Bewilligt das Gericht auf Antrag des Schuldners monatliche Ratenzahlungen, so ist die Frist zum Erlag des Kostenvorschusses unterbrochen.

Hinsichtlich der Anfechtung des Auftrags zum Erlag eines Kostenvorschusses sieht Abs. 4 vor, dass ein Kostenvorschuss bis zur Höhe von 2.000 Euro nicht angefochten werden kann. Beträgt der beauftragte Kostenvorschuss mehr als 2.000 Euro, so kann der Beschluss – nicht abgesondert – angefochten werden.

Zu § 11:

Der Entwurf fasst in dieser Bestimmung die für die Auswahl des Restrukturierungsbeauftragten erforderlichen Kriterien zusammen. Die Bestimmung orientiert sich an den Regelungen der IO und des URG. Mit dieser Bestimmung setzt der Entwurf Art. 26 Abs. 1 lit. a und c RIRL um, dem zufolge der Restrukturierungsbeauftragte eine angemessene Ausbildung und Sachkunde aufweisen muss und die Erfahrung sowie Sachkunde des Restrukturierungsbeauftragten bei der Bestellung berücksichtigt werden müssen.

Zum Restrukturierungsbeauftragten ist eine unbescholtene, verlässliche und geschäftskundige Person zu bestellen, die ausreichende Fachkenntnisse des Restrukturierungs- und Insolvenzrechts, des Wirtschaftsrechts oder der Betriebswirtschaft hat. Wie nach § 80a IO muss diese Person weiters

eine zügige Durchführung des Restrukturierungsverfahrens gewährleisten. Das Gericht hat bei der Auswahl der Person besondere Kenntnisse und die Berufserfahrung sowie das Vorhandensein einer hinreichenden Kanzleiorganisation zu berücksichtigen. Der Restrukturierungsbeauftragte ist in erster Linie aus der Liste der Restrukturierungsbeauftragten auszuwählen; es kann bei Vorliegen der Voraussetzungen aber auch eine nicht in die Liste eingetragene Person bestellt werden.

Der Restrukturierungsbeauftragte muss vom Schuldner und von den Gläubigern unabhängig sein und darf kein naher Angehöriger oder Konkurrent des Schuldners sein. § 80b IO enthält Bestimmungen über die Unabhängigkeit des Insolvenzverwalters und verpflichtet diesen, Umstände, die geeignet sind, seine Unabhängigkeit in Zweifel zu ziehen, unverzüglich dem Gericht bekannt zu geben. Auf diese Bestimmung wird verwiesen.

Als Restrukturierungsbeauftragte kommen unter anderem Rechtsanwälte, Wirtschaftstreuhänder, Bilanzbuchhalter und Unternehmensberater in Betracht. Sofern eine juristische Person oder eine eingetragene Personengesellschaft bestellt wird, ist dem Gericht bekannt zu geben, wer sie bei der Besorgung der Aufgaben des Restrukturierungsbeauftragten vertritt.

Zu § 12:

Diese Bestimmung enthält Bestimmungen über die Pflichten und die Verantwortlichkeit des Restrukturierungsbeauftragten (zu Abs. 1 siehe § 83 Abs. 1 IO; zu Abs. 2 bis 4 siehe § 81 Abs. 1 bis 3 IO).

Art. 27 Abs. 1 RIRL verpflichtet die Mitgliedstaaten, geeignete Aufsichts- und Regulierungsmechanismen einzurichten, um sicherzustellen, dass die Arbeit vom Restrukturierungsbeauftragten wirksam überwacht wird. Damit soll gewährleistet werden, dass seine Dienste wirksam und sachkundig und gegenüber den beteiligten Parteien unparteiisch und unabhängig erbracht werden. Derartige Mechanismen sollen auch Maßnahmen für die Verantwortlichkeit des Restrukturierungsbeauftragten, der seinen Pflichten nicht nachkommt, enthalten.

Der Entwurf setzt diese Verpflichtung mit einem Verweis in Abs. 2 auf § 84 IO um, der die Überwachung des Insolvenzverwalters durch das Gericht regelt. Das Gericht kann daher dem Restrukturierungsbeauftragten Weisungen erteilen, Berichte und Aufklärungen einholen, Schriftstücke einsehen und die erforderlichen Erhebungen vornehmen. Kommt der Restrukturierungsbeauftragte seinen Obliegenheiten nicht oder nicht rechtzeitig nach, so kann ihn das Gericht zur pünktlichen Erfüllung seiner Pflichten durch

Geldstrafen anhalten und in dringenden Fällen auf seine Kosten und Gefahr zur Besorgung einzelner Geschäfte einen besonderen Verwalter bestellen. Über Beschwerden gegen einzelne Maßnahmen oder das Verhalten des Restrukturierungsbeauftragten entscheidet das Gericht.

Zu § 13:

Diese Bestimmung setzt Art. 26 Abs. 1 lit. b und d der RIRL nach dem Vorbild des § 87 IO um, demzufolge das Gericht den Insolvenzverwalter von Amts wegen oder auf Antrag aus wichtigen Gründen entheben kann. Vor der Entscheidung hat das Gericht, wenn tunlich, den Restrukturierungsbeauftragten anzuhören.

Zu § 14:

Diese Bestimmung zählt die Aufgaben des Restrukturierungsbeauftragten auf und übernimmt dabei die vom Restrukturierungsbeauftragten zu erfüllenden Aufgaben aus Art. 2 Abs. 1 Nr. 12 RIRL. Die Aufzählung ist nicht taxativ; das Gericht kann darüber hinaus weitere Aufgaben des Restrukturierungsbeauftragten festlegen.

Zu § 15:

Diese Bestimmung enthält Regelungen über die Ansprüche des Restrukturierungsbeauftragten. Der Restrukturierungsbeauftragte hat Anspruch auf Ersatz seiner Barauslagen und auf eine angemessene Entlohnung für seine Mühewaltung.

Nach Abs. 2 hat der Restrukturierungsbeauftragte die bis zur Restrukturierungsplantagsatzung aufgelaufenen Ansprüche in dieser geltend zu machen. Ist er in der Tagsatzung nicht anwesend, so hat ihm das Gericht eine Frist für die Geltendmachung einzuräumen. Entlohnung und Barauslagen für nach der Tagsatzung durchgeführte Tätigkeiten hat der Restrukturierungsbeauftragte binnen 14 Tagen nach Beendigung der Tätigkeit geltend zu machen. § 125 IO ist anzuwenden. Nach dessen Abs. 2 hat das Gericht die Entlohnung des Insolvenzverwalters festzusetzen und kann dabei außergewöhnliche Umstände nach §§ 82a, 82b IO berücksichtigen. Der Entwurf setzt mit dieser Bestimmung die in Art. 27 Abs. 4 UAbs. 2 RIRL vorgeschriebene Verpflichtung der Mitgliedstaaten um, geeignete Verfahren zur Verfügung zu stellen, um Streitigkeiten über die Vergütung beizulegen.

Reicht der vom Schuldner erlegte Kostenvorschuss für die Befriedigung des Restrukturierungsbeauftragten nicht aus, so hat das Gericht dem Schuldner die Zahlung der über den Kostenvorschuss hinausgehenden Kosten aufzutragen. Der rechtskräftige Beschluss über die Entlohnung des Restrukturierungsbeauftragten ist gemäß § 1 EO in der Fassung dieses Entwurfs ein Exekutionstitel und ermöglicht dadurch eine zwangsweise Durchsetzung der Entlohnung gegen den Schuldner.

Zu § 16:

§ 16 enthält Bestimmungen über die Eigenverwaltung des Schuldners im Restrukturierungsverfahren und setzt in Abs. 1 den Art. 5 Abs. 1 RIRL um, demzufolge die Mitgliedstaaten sicherzustellen haben, dass Schuldner, die präventive Restrukturierungsverfahren in Anspruch nehmen, ganz oder zumindest teilweise die Kontrolle über ihre Vermögenswerte und den täglichen Betrieb ihres Unternehmens behalten. Dadurch sollen unnötige Kosten vermieden, dem frühzeitigen Charakter der präventiven Restrukturierung Rechnung getragen und den Schuldnern ein Anreiz geboten werden, bei finanziellen Schwierigkeiten frühzeitig die präventive Restrukturierung zu beantragen (ErwGr. 30). Die Eigenverwaltung des Schuldners ohne Bestellung eines Restrukturierungsbeauftragten wird vor allem dann in Betracht kommen, wenn das Verfahren gut vorbereitet ist, der Schuldner vollständige Unterlagen vorlegt und es sich voraussichtlich um Verfahren handelt, die schnell und ohne gröbere Aufwendungen durchgeführt werden können.

Die Eigenverwaltung des Schuldners kann aber eingeschränkt werden. Einerseits können dem Restrukturierungsbeauftragten Aufgaben (§ 14) übertragen werden, andererseits kann das Gericht nach Abs. 2 dem Schuldner für die Dauer des Restrukturierungsverfahrens bestimmte Rechtshandlungen überhaupt oder ohne Zustimmung des Gerichts oder des Restrukturierungsbeauftragten verbieten, soweit dies zur Wahrung der Interessen der betroffenen Gläubiger erforderlich ist. Da dem Schuldner jedoch zumindest teilweise die Kontrolle über seine Vermögenswerte und den täglichen Betrieb seines Unternehmens verbleiben muss, wird im letzten Satz klarstellend festgehalten, dass das Gericht dem Schuldner nicht diejenigen Beschränkungen auferlegt darf, die einen Schuldner kraft Gesetzes im Konkursverfahren treffen.

Wurde die Eigenverwaltung des Schuldners eingeschränkt und nimmt er dennoch Rechtshandlungen ohne Zustimmung vor, so regelt Abs. 3, dass die Wirksamkeit dieser Rechtshandlungen erst mit vollständiger Erfüllung des Restrukturierungsplans eintritt, sofern der Dritte wusste, dass eine Zustimmung für die Rechtshandlung nicht erteilt wurde. Dies wird in der Regel nur jene Vertragspartner betreffen, die als Gläubiger vom Restrukturierungsverfahren betroffen sind, sofern es sich nicht um ein öffentlich bekanntgemachtes Europäisches Restrukturierungsverfahren handelt.

Abs. 4 enthält Regelungen über die Zustellung und Abänderung des Beschlusses.

Zu § 17:

§ 17 regelt die Auskunfts- und Mitwirkungspflicht des Schuldners. Der Schuldner hat dem Restrukturierungsbeauftragten alle zur Wahrnehmung seiner Aufgaben erforderlichen Auskünfte zu erteilen und ihm Einsicht in sämtliche hierfür erforderlichen Unterlagen zu gewähren. Vorbilder für diese Bestimmung sind § 99 IO und § 11 URG.

Jahresabschlüsse, zu deren Aufstellung der Schuldner nach Unternehmensrecht verpflichtet ist, hat der Schuldner dem Antrag auf Einleitung eines Restrukturierungsverfahrens anzuschließen. War zwar nicht zu diesem Zeitpunkt, aber bis zur Tagsatzung, in der über den Restrukturierungsplan abgestimmt wird, die Frist zur Aufstellung abgelaufen, so hat er den aktuellen Jahresabschluss vorzulegen.

Zu § 18:

Die Richtlinie geht davon aus, dass der Erfolg eines Restrukturierungsplans häufig davon abhängt, dass dem Schuldner finanzielle Hilfe zur Verfügung gestellt wird, um erstens den Betrieb des Unternehmens während der Restrukturierungsverhandlungen und zweitens die Umsetzung des Restrukturierungsplans nach dessen Bestätigung zu unterstützen. Unter finanzieller Hilfe ist jedenfalls die Bereitstellung von finanziellen Mitteln oder Bürgschaften sowie von Waren, Vorräten, Rohstoffen und Versorgungsdienstleistungen (zB Gewährung eines längeren Rückzahlungszeitraums) zu verstehen (vgl. ErwGr. 66).

Die Richtlinie sieht daher in Kapitel 4 des Titels II (Art. 17 und 18) Bestimmungen über den Schutz für neue Finanzierungen, Zwischenfinanzierungen und sonstige Transaktionen im Zusammenhang mit der Restrukturierung vor. Finanzierungen, Zwischenfinanzierungen und sonstige Transaktionen sollen attraktiv gemacht werden, indem deren Anfechtung bei späterer Eröffnung eines Insolvenzverfahrens zurückgedrängt wird. Wegen des inhaltlichen Zusammenhanges ist es naheliegend, die in Kapitel 4 des Titels II der Richtlinie festgesetzten Bestimmungen über den Anfechtungsschutz von neuen Finanzierungen, Zwischenfinanzierungen und Transaktionen in der Insolvenzordnung (als §§ 36a und 36b) umzusetzen.

Die Richtlinie überlässt es jedoch den Mitgliedstaaten, den Anfechtungsschutz für Zwischenfinanzierungen und Transaktionen von der Bestätigung des Restrukturierungsplans oder von einer Ex-Ante-Kontrolle durch eine Justiz- oder Verwaltungsbehörde (vgl. ErwGr. 68) abhängig zu machen. Dies ist zweckmäßig und wird daher vorgesehen.

Der Entwurf gewährt ergänzend dazu in § 18 dem Schuldner ein Antragsrecht zur Genehmigung von Zwischenfinanzierungen und Transak-

tionen. Voraussetzung für die Genehmigung einer Zwischenfinanzierung nach Abs. 1 ist, dass die Finanzierung für die Fortsetzung des Betriebs oder das Überleben des Unternehmens des Schuldners oder für die Erhaltung oder Steigerung des Wertes dieses Unternehmens bis zur Bestätigung des Plans nach vernünftigem Ermessen unverzüglich erforderlich ist (vgl. ErwGr. 68). Transaktionen sind zu genehmigen, wenn sie angemessen und für die Aushandlung eines Restrukturierungsplans unmittelbar notwendig sind (Abs. 2).

Abs. 3 zählt die Transaktionen auf, die einer Genehmigung bedürfen, um einen Anfechtungsschutz nach § 36b IO genießen zu können und übernimmt die Aufzählung des Art. 18 Abs. 4 RIRL unverändert; von der Möglichkeit der Erweiterung des Katalogs der geschützten Transaktionen wird nicht Gebrauch gemacht.

Die in Art. 2 Abs. 1 Nr. 8 RIRL enthaltene Definition der Zwischenfinanzierung baut der Entwurf in Abs. 1 ein.

Nach Abs. 4 kann der Schuldner die Anträge nach Abs. 1 und 2 mit dem Antrag auf Einleitung des Restrukturierungsverfahrens verbinden, weil der Bedarf nach einer Genehmigung von Zwischenfinanzierungen und Transaktionen bereits unmittelbar nach Einleitung des Verfahrens gegeben sein kann.

Zu § 19:

Die Bestimmung dient der Umsetzung von Art. 6 Abs. 1 RIRL und sieht eine Vollstreckungssperre, also die temporäre Aussetzung von Vollstreckungsmaßnahmen, vor. Auf Antrag des Schuldners können Exekutionsverfahren auf das Vermögen des Schuldners ausgesetzt werden, um die Verhandlungen über einen Restrukturierungsplan im Rahmen eines Restrukturierungsverfahrens zu erleichtern. Dadurch soll gewährleistet werden, dass der Schuldner während der Verhandlungen seinen Betrieb fortsetzen oder zumindest den Wert seines Vermögens erhalten kann (siehe ErwGr. 32). Exekutionsverfahren gegen Dritte, die Sicherheiten gegeben haben, oder Verfahren gegen Bürgen für Forderungen gegen den Schuldner sind nicht von der Vollstreckungssperre erfasst. Mit der Sperre wird erreicht, dass weder neue Exekutionsverfahren bewilligt noch anhängige Exekutionsverfahren, bei denen es noch nicht zur Begründung eines Pfandrechts gekommen ist, fortgeführt werden. In bestehende Pfandrechte wird grundsätzlich nicht eingegriffen; die Exekution kann fortgeführt werden. War die Exekution bei Eintritt der Vollstreckungssperre bereits bewilligt, wurde aber dabei ein Pfandrecht begründet, so ist sie jedoch während der Vollstreckungssperre nicht mehr zu vollziehen. Obwohl die Richtlinie es zulässt, wird weder eine Prozesssperre noch eine Stundung von Forderungen vorgesehen.

In Abs. 2 sind jene Fälle geregelt, in denen das Gericht von der Verhängung einer Vollstreckungssperre abzusehen hat. Erwähnt werden, dass eine Vollstreckungssperre nicht erforderlich (Abs. 2 Z 1) oder nicht geeignet ist, die Verhandlungen über den Restrukturierungsplan zu unterstützen (Abs. 2 Z 2) – etwa wenn der Plan nicht von der erforderlichen Mehrheit unterstützt wird oder wenn eine Forderung nicht in den Plan miteinbezogen werden soll –, und die Zahlungsunfähigkeit des Schuldners (Abs. 2 Z 3).

Abs. 3 enthält verfahrensrechtliche Regelungen. Der Schuldner hat im Antrag auf Verhängung der Vollstreckungssperre jene Gläubiger oder Kategorien von Gläubigern zu benennen, für die die Sperre begehrt wird. Das Gericht darf bei seiner Entscheidung nicht über den Antrag hinausgehen, kann aber wohl eine Sperre für weniger Gläubiger, als beantragt wurde, verhängen. Da die Rechtswirkungen der Sperre erst mit der Zustellung ihrer Bewilligung an den jeweiligen Gläubiger eintreten (§ 21), ist bei bekannten Gläubigern auch eine Adresse, an der zugestellt werden kann, anzugeben. Dies ist auch dann zweckmäßig, wenn die Vollstreckungssperre für eine Gläubigerklasse beantragt wird, soweit dem Schuldner zur Klasse gehörige Gläubiger bekannt sind. Zur Beschleunigung des Verfahrens wird eine Einvernahme der Gläubiger vor der Anordnung der Vollstreckungssperre nicht vorgesehen; ihnen steht ein Aufhebungsantrag zu (siehe § 23).

Zur Konkretisierung wird in Abs. 4 der Umfang der amtswegigen Prüfung des Vorliegens der Zahlungsfähigkeit des Schuldners geregelt; es wird die Einsicht in die Exekutionsdaten verlangt.

Nach der Richtlinie (ErwGr. 33) sollen die Mitgliedstaaten widerlegliche Vermutungen für das Vorliegen von Verweigerungsgründen festlegen, etwa wenn der Schuldner eine für zahlungsunfähige Schuldner typische Verhaltensweise an den Tag legt. Dem wird in Abs. 3 Rechnung getragen, der die widerlegbare Vermutung der Zahlungsunfähigkeit vorsieht, wenn zur Hereinbringung von Abgaben oder Sozialversicherungsbeiträgen Exekutionsverfahren gegen den Schuldner geführt werden. Zu berücksichtigen sind dabei Exekutionsverfahren, die weder rechtskräftig eingestellt, aufgeschoben noch unter vollständiger Befriedigung beendet sind. Die Abgabenbehörden und die Sozialversicherungsträger sind zur Auskunft über ihre offenen Forderungen verpflichtet. Legt der Schuldner eine Rückstandsbescheinigung nach § 229a BAO vor, so kann eine Anfrage beim Finanzamt unterbleiben. Daneben bleibt der zahlungsunfähige Schuldner, trotz laufenden Restrukturierungsver-

fahrens, zur Insolvenzantragstellung verpflichtet; auch Gläubigern bleibt es unbenommen, einen Insolvenzantrag zu stellen (siehe zum Eintritt der Insolvenz auch § 24).

Zu § 20:

Mit dieser Bestimmung wird Art. 6 Abs. 2 bis 5 RIRL umgesetzt. Nach der Richtlinie kann die Aussetzung von Einzelvollstreckungsmaßnahmen alle Arten von Forderungen, einschließlich besicherter und bevorrechteter Forderungen, erfassen. Sie kann für alle Gläubiger gelten oder auf einen oder mehrere Gläubiger oder Gläubigerklassen eingeschränkt werden, sofern diese über den Restrukturierungsplan oder die Aussetzung in Kenntnis gesetzt wurden. Auch bestimmte Forderungen oder Forderungskategorien können vom Geltungsbereich der Vollstreckungssperre ausgenommen werden, sofern der Ausschluss ausreichend begründet ist und die Vollstreckung die Restrukturierung des Unternehmens nicht gefährdet oder die Gläubiger dieser Forderungen durch die Aussetzung in unangemessener Weise beeinträchtigt würden, etwa durch einen nicht ausgeglichenen Verlust oder eine Wertminderung von Sicherheiten (s. ErwGr. 34). Forderungen von Arbeitnehmern können nach der Richtlinie nur ausnahmsweise in den Anwendungsbereich aufgenommen werden.

Die in § 20 vorgesehene Vollstreckungssperre erfasst alle Arten von Forderungen, also auch besicherte Forderungen. Liegt noch kein Restrukturierungsplan vor, so können sogar Forderungen umfasst werden, die später nicht in die Restrukturierung einbezogen werden.

Vom Anwendungsbereich ausgeschlossen bleiben jedoch Forderungen, die unter die nach § 3 ausgenommenen Forderungen fallen. Daher gilt die Vollstreckungssperre nicht für Arbeitnehmerforderungen, und zwar unabhängig davon, ob diese Forderungen vor oder nach Anordnung der Vollstreckungssperre entstanden sind. Damit soll ein angemessenes Schutzniveau für Arbeitnehmer gewährleistet werden, sodass diese ihre Ansprüche auch während der Verhandlungen über eine Restrukturierung einbringlich machen können (siehe ErwGr. 61).

Für jene Gläubiger, die im Insolvenzverfahren als Aus- oder Absonderungsgläubiger anzusehen wären, gilt die Vollstreckungssperre – bei beweglichen und unbeweglichen Gegenständen, nicht aber bei Geldforderungen – unter sinngemäßer Anwendung der § 11 Abs. 2 und 3 IO, um dem Verwertungsverbot der RIRL zu entsprechen. Nach Art. 6 Abs. 4 lit. a RIRL können Forderungen vom Anwendungsbereich der Vollstreckungssperre ausgenommen werden, wenn deren Vollstreckung die Restrukturierung nicht gefährdet. Auch § 12 IO kommt sinngemäß zur Anwendung,

Erläuterungen

sodass Pfandrechte, die im Zeitraum von mehr als 60 Tagen vor Bewilligung der Vollstreckungssperre entstanden sind, erlöschen. Damit wird verhindert, dass Gläubiger nur als Reaktion auf ihnen bekannt gewordenen Restrukturierungsbemühungen des Schuldners die Pfändung von Vermögenswerten erreichen und sich damit Vorteile verschaffen wollen. Die Pfandrechte leben jedoch wieder auf, wenn das Restrukturierungsverfahren rechtskräftig eingestellt wird. Eine allgemeine Vollstreckungssperre ist nur ausnahmsweise möglich und setzt voraus, dass das Verfahren öffentlich bekanntgemacht wurde (siehe hiezu § 44).

Abs. 3 setzt Art. 2 Abs. 1 Nr. 4 RIRL um; danach ist auch das Recht, die Vermögenswerte oder das Unternehmen des Schuldners außergerichtlich zu verwerten, von der Vollstreckungssperre zu umfassen. Da die Vollstreckungssperre voraussetzt, dass sie die Verhandlungen über einen Restrukturierungsplan unterstützt, besteht jedoch keine Notwendigkeit, dass sie der außergerichtlichen Verwertung von Vermögenswerten, die weder bewegliche noch unbewegliche Gegenstände sind, wie etwa verpfändeter Finanzwerte oder dem Einzug zedierter Forderungen im Restrukturierungsverfahren, entgegensteht. Die Verwertung verpfändeter Finanzwerte oder der Einzug zedierter Forderungen während der Vollstreckungssperre ist daher möglich.

Zu 21:

Das Gericht hat die Sperre auf bestimmte Gläubiger oder Gläubigerklassen zu beschränken. Nachdem die Sperre nur auf Antrag des Schuldners zu erlassen ist (§ 19 Abs. 1), kann die Sperre durch das Gericht nur über den Kreis der im Antrag genannten Gläubiger verhängt werden; die Bewilligung der Sperre gegen weniger Gläubiger als beantragt wurde, ist aber zulässig.

Der Bewilligungsbeschluss ist dem Schuldner sowie jenen Gläubigern, deren Forderungen von der Sperre umfasst sind, zuzustellen. Daneben sind auch das Exekutionsgericht sowie der Restrukturierungsbeauftragte von der Sperre zu verständigen. Die (beschränkte) Sperre wirkt mit der Zustellung ihrer Bewilligung an den jeweiligen Gläubiger. Auch soweit eine Gläubigerklasse von der Vollstreckungssperre betroffen ist, wirkt die Sperre nur gegenüber jenen Gläubigern, an die der Bewilligungsbeschluss gesondert zugestellt wurde. Die besonderen Regeln über den Eintritt der Insolvenz (§ 24) kommen jedoch bereits zu tragen, wenn die Sperre gegenüber einem Gläubiger wirkt.

Zur Beschleunigung des Verfahrens ist ein Rekurs gegen den bewilligenden Beschluss nicht vorgesehen; Gläubigern, die sich beschwert erach-

ten, steht ein Aufhebungsantrag offen (siehe § 23).

Zu § 22:

Diese Bestimmung dient der Umsetzung von Art. 6 Abs. 6 bis 9 RIRL und regelt die Dauer der Vollstreckungssperre. Hiebei soll die Dauer kürzer sein als es die Richtlinie ermöglicht.

Die Dauer der Vollstreckungssperre ist vom Gericht festzulegen. Die anfängliche Sperre darf drei Monate (die Richtlinie würde vier Monate ermöglichen) nicht übersteigen, kann aber auch kürzer sein. Dabei wird darauf zu achten sein, einen fairen Ausgleich zwischen den Rechten des Schuldners und der Gläubiger sicherzustellen (ErwGr. 35), also ausreichend Zeit für die Restrukturierung zu schaffen, ohne durch eine zu lange Dauer zum Missbrauch einzuladen. Da die Vollstreckungssperre einen massiven Eingriff in Gläubigerrechte darstellt, muss bei deren Verhängung (oder Verlängerung) gesichert sein, dass sie nur in dem Umfang und auf die Zeitspanne gewährt wird, die zur Erreichung des Restrukturierungszieles unerlässlich ist.

Auf begründeten Antrag des Schuldners oder des Restrukturierungsbeauftragten kann die Sperre verlängert oder eine neue Sperre angeordnet werden, wobei eine Gesamtdauer von sechs Monaten (nach der Richtlinie könnten zwölf Monate festgelegt werden) nicht überschritten werden darf. Damit soll sichergestellt werden, dass auch für komplexe Restrukturierungen ausreichend Zeit zur Verfügung steht. Gläubigern steht kein solches Antragsrecht zu. Wenn der Schuldner den Mittelpunkt seiner hauptsächlichen Interessen innerhalb von drei Monaten vor Antragstellung auf Einleitung des Restrukturierungsverfahrens aus einem anderen Mitgliedstaat der EU oder einem Drittstaat nach Österreich verlegt hat, so ist die Gesamtdauer mit vier Monaten begrenzt.

Mögliche Gründe für eine Verlängerung oder Anordnung einer weiteren Sperre sind in Abs. 2 taxativ genannt. Solche sind, dass es zu deutlichen Fortschritten in den Restrukturierungsverhandlungen gekommen ist oder gegen die Bestätigung des Restrukturierungsplans Rekurs erhoben wurde. Auch bei Verlängerung der Sperre sind die Bestimmungen der §§ 19 bis 21 zu beachten. Die verfahrensrechtlichen Regelungen kommen damit ebenso zur Anwendung, wie die Regelungen zu Umfang und Bewilligung der Vollstreckungssperre. Auch für die Verlängerung der Sperre kommt es daher darauf an, dass sie zur Erreichung des Restrukturierungsziels erforderlich ist und die Verhandlungen über einen Restrukturierungsplan unterstützen kann. Bei zwischenzeitig eingetretener Zahlungsunfähigkeit des Schuldners ist von der Verlängerung abzusehen.

Zu § 23:

Zur Wahrung der Interessen der Gläubiger hat das Gericht die Sperre vorzeitig aufzuheben; die Aufhebungsgründe werden in Abs. 1 genannt. Vor Aufhebung sind der Schuldner und der Restrukturierungsbeauftragte einzuvernehmen. Die Sperre ist aufzuheben, wenn sie die Verhandlungen über den Restrukturierungsplan nicht länger unterstützt, insbesondere wenn deutlich wird, dass keine für die Annahme des Plans erforderliche Mehrheit erreicht werden kann. Auch bei einer unangemessenen Beeinträchtigung einzelner Gläubiger oder Gläubigerklassen ist die Sperre aufzuheben, etwa wenn deren Forderung durch die Sperre erheblich schlechter gestellt wird, oder wenn ein Gläubiger stärker als andere Gläubiger in einer ähnlichen Situation benachteiligt wird (ErwGr. 37). Bei der Prüfung, ob eine unangemessene Beeinträchtigung vorliegt, kann auch berücksichtigt werden, ob der Schuldner bösgläubig oder in Schädigungsabsicht handelt oder ganz allgemein den berechtigten Erwartungen der Gesamtheit der Gläubiger zuwiderhandelt (ErwGr. 36).

Von der Vollstreckungssperre können bis zur Vorlage eines Restrukturierungsplans auch Forderungen umfasst werden, die nicht in die Restrukturierung einbezogen werden. Wird ein Restrukturierungsplan vorgelegt, der diese Forderungen nicht einbezieht, so ist die Vollstreckungssperre insoweit aufzuheben. Ein weiterer Aufhebungsgrund liegt vor, wenn die Sperre zur Insolvenz eines Gläubigers führt (Z 3).

In Z 4 wird dem Gläubiger das Recht eingeräumt, die Aufhebung der Vollstreckungssperre zu beantragen, wenn die Verwertung Vermögensobjekte des Schuldners – nachdem die Vollstreckungssperre für Forderungen des Schuldners nicht verhängt werden kann, werden hier bewegliche oder unbewegliche Gegenstände oder Vermögensrechte betroffen sein – umfasst, die zur Fortführung des Unternehmens des Schuldners nicht notwendig sind. Die Beurteilung, ob ein Vermögenswert für die Fortführung des Unternehmens notwendig ist, wird damit nicht dem Drittschuldner auferlegt, dem oft die zur Beurteilung nötige Information fehlen wird.

Darüber hinaus können sowohl der Schuldner als auch der Restrukturierungsbeauftragte die Aufhebung erreichen. Erfolgt keine Verlängerung, so endet die Sperre mit Fristablauf, ohne dass es einer Aufhebung bedarf.

Zu § 24:

Mit dieser Bestimmung wird Art. 7 Abs. 1 bis 3 RIRL umgesetzt. Die Vollstreckungssperre bewirkt eine Insolvenzsperre.

Für die Dauer der Sperre entfällt einerseits die Verpflichtung des Schuldners, einen Antrag auf Eröffnung eines Insolvenzverfahrens wegen Überschuldung zu stellen (Abs. 1), andererseits

führt auch ein nur auf die Überschuldung gestützter Antrag eines Gläubigers nicht zur Eröffnung eines Insolvenzverfahrens; über einen solchen Gläubigerantrag ist nicht zu entscheiden (Abs. 2). Dies gilt unabhängig davon, wann – also ob vor oder nach Einleitung des Restrukturierungsverfahrens oder Bewilligung der Vollstreckungssperre – die Überschuldung eingetreten ist. Außerdem kommt es nicht darauf an, ob die Sperre gegenüber einzelnen oder allen Gläubigern gewährt wurde.

Solange die Insolvenzantragspflicht wegen Überschuldung ruht, wird es mangels Pflichtverletzung auch zu keiner Haftung des Geschäftsführers bzw. Vorstandes wegen Insolvenzverschleppung im Innenverhältnis kommen (§ 25 Abs. 3 GmbHG, § 84 Abs. 3 Z 6 AktG). Es können daher solche Zahlungen weiterhin geleistet werden, die mit der Sorgfalt eines ordentlichen und gewissenhaften Geschäftsleiters vereinbar sind. Auch nach Einleitung eines Restrukturierungsverfahrens ist damit die Unternehmensfortführung möglich. In diesem Rahmen sind – wie auch derzeit bei einer außergerichtlichen Restrukturierung innerhalb der Sanierungsfrist – zumindest jene neuen Geschäfte zulässig, die zur Unternehmensfortführung notwendig sind; eine Gläubigerbevorzugung ist unzulässig. Zum Beurteilungsspielraum des Geschäftsführers kann auf die bestehende Judikatur zurückgegriffen werden.

Wird der Schuldner jedoch zahlungsunfähig, so soll die Vollstreckungssperre die Eröffnung eines Insolvenzverfahrens nicht mehr hindern können. Nur ausnahmsweise kann bei Zahlungsunfähigkeit die Eröffnung des Insolvenzverfahrens vorerst unterbleiben – und damit die Vollstreckungssperre aufrechterhalten werden –, und zwar wenn die Eröffnung des Insolvenzverfahrens nicht im allgemeinen Interesse der Gläubiger liegt. Dies könnte etwa der Fall sein, wenn ein Restrukturierungsplan bereits angenommen, aber noch nicht bestätigt wurde. Ein allgemeines Interesse wird auch dann nicht vorliegen, wenn die bei sofortiger Eröffnung des Insolvenzverfahrens erzielbare Quote eindeutig niedriger als die Restrukturierungsplanquote wäre. Die allgemeinen Interessen der Gläubiger werden daher unter Berücksichtigung der Umstände des Falles durch das Gericht zu erheben sein. Dies kann insbesondere durch Anhörung desjenigen Gläubigers, der den Insolvenzeröffnungsantrag eingebracht hat, erfolgen.

Der Antrag über die Eröffnung des Insolvenzverfahrens ist nicht abzuweisen; eine Entscheidung darüber ist bloß nicht zu treffen, sodass das Verfahren in einen ruhensähnlichen Zustand tritt.

Zu § 25:

Da eine Insolvenzantragspflicht wegen Überschuldung während der Dauer der Vollstreckungssperre nicht vorliegt, wird in Abs. 1 klargestellt, dass es auch zu keiner Haftung der betroffenen Organe wegen einer Verletzung der § 84 Abs. 3 Z 6 AktG und § 25 Abs. 3 Z 2 GmbHG aufgrund des Umstands kommt, dass bei Eintritt der Überschuldung in diesem Zeitraum kein Antrag auf Insolvenzeröffnung gestellt wurde.

Davon unberührt bleibt allerdings die Haftung für Zahlungen an vom Restrukturierungsplan betroffene Gläubiger sowie von Forderungen, für die eine Vollstreckungssperre gilt. Zahlungen an vom Restrukturierungsplan betroffene Gläubiger würden zur Verletzung der Gläubigergleichbehandlung führen; dem folgend bildet die Befriedigung einzelner Gläubiger in § 9 Abs. 2 Z 5 ReO auch einen Grund für die Bestellung eines Restrukturierungsbeauftragten. Soweit eine Vollstreckungssperre gilt, soll sie auch durch freiwillige Zahlungen nicht „ausgehebelt" werden können, weshalb auch insoweit keine Haftungsbefreiung erfolgt. Zahlungen an solche Gläubiger, die ihre Ansprüche zwangsweise durchsetzen könnten, sollen aber möglich sein, da ansonsten dem Schuldner nur ein zusätzlicher Schaden in Höhe der angelaufenen Prozess- und Exekutionskosten entstehen würde. Nach Abs. 2 ist auch eine Haftung nach § 22 Abs. 1 URG ausgeschlossen, wenn die Mitglieder des vertretungsbefugten Organs bei Vorliegen eines Reorganisationsbedarfs (also unverzüglich nach Erhalt des Berichtes des Abschlussprüfers über das Vorliegen der Voraussetzungen für die Vermutung eines Reorganisationsbedarfs) unverzüglich ein Restrukturierungsverfahren einleiten und dieses auch gehörig betreiben. Damit soll die Möglichkeit eröffnet werden, statt eines Reorganisationsverfahrens ein Restrukturierungsverfahren wählen zu können.

Zu § 26:

Diese Bestimmung setzt Art. 7 Abs. 4 bis 7 RIRL um; sie zielt darauf ab, eine Vertragsauflösung weitgehend zu verhindern, weil die Aufrechterhaltung von Verträgen für den Weiterbetrieb des Unternehmens von großer Bedeutung sein kann. Eine vorzeitige Kündigung kann die Fortführung des Unternehmens gefährden, insbesondere wenn die Kündigung Verträge über wesentliche Lieferungen wie Gas, Strom, Wasser, Telekommunikation und Kartenzahlungsdienste betrifft. Diejenigen Gläubiger, für die die Vollstreckungssperre gilt und deren Forderungen vor der Sperre entstanden sind und vom Schuldner noch nicht bezahlt wurden, sind nicht berechtigt, während der Vollstreckungssperre Leistungen aus diesen noch zu erfüllenden Verträgen zu verweigern oder vorzeitig fällig zu stellen, diese Verträge zu kündigen oder in sonstiger Weise zu ändern, sofern der Schuldner seinen Verpflichtungen aus diesen Verträgen, die während der Sperre fällig werden, weiterhin nachkommt (ErwGr. 41). Da-

mit soll der Schuldner vor Leistungsverweigerungen und einseitigen Vertragsanpassungen geschützt werden.

Das Verbot gilt nicht zu Lasten sämtlicher Gläubiger, sondern nur gegenüber denjenigen, die von der Vollstreckungssperre umfasst sind. Betroffen sind noch zu erfüllende Verträge. Diese definieren sich nach Abs. 2 (entsprechend Art. 2 Abs. 1 Nr. 5 RIRL) als Verträge zwischen dem Schuldner oder einem oder mehreren Gläubigern, nach denen die Parteien bei Bewilligung der Vollstreckungssperre noch Verpflichtungen zu erfüllen haben. Betroffen sind also nur Forderungen, die zeitlich vor der Vollstreckungssperre entstehen, nicht aber danach entstehende Forderungen aus diesen Verträgen. Zu erfüllende Verträge sind beispielsweise Miet- und Lizenzverträge, langfristige Lieferverträge und Franchiseverträge (ErwGr. 41).

Nach der Richtlinie hat die Regelung jedenfalls für wesentliche Verträge, also solche, die für die Weiterführung des Betriebs des Unternehmens erforderlich sind – einschließlich solcher über Lieferungen, deren Aussetzung dazu führen würde, dass die Geschäftstätigkeit des Schuldners zum Erliegen kommt – zu gelten. Nach Art. 7 Abs. 4 letzter Satz RIRL könnten auch noch zu erfüllende nichtwesentliche Verträge einbezogen werden. Von diesem Wahlrecht soll jedoch nicht Gebrauch gemacht werden; die Vertragsauflösungssperre bleibt damit – in Anlehnung an die IO – auf unternehmensrelevante Verträge beschränkt.

Vertragsklauseln, die den Gläubiger bei Eintritt bestimmter Umstände berechtigen, den Vertrag mit dem Schuldner unabhängig davon, ob der Schuldner seine Verpflichtungen erfüllt, zu lösen (ipso-facto-Klauseln), dürfen weder an einen Antrag oder die Einleitung eines Restrukturierungsverfahrens noch an einen Antrag oder die Bewilligung einer Vollstreckungssperre anknüpfen (Abs. 3, siehe auch ErwGr. 40). Darüber hinaus sollen auch Klauseln nicht zur Vertragsauflösung führen, die an die materielle Verschlechterung der wirtschaftlichen Verhältnisse des Schuldners, die eine Einleitung eines Restrukturierungsverfahrens ermöglicht, anknüpfen (Material Adverse Change, MAC-Klauseln). Auch eine Anknüpfung an Nachteile, die unweigerlich mit der Bewilligung der Vollstreckungssperre verbunden sind, als Auflösungsgrund wäre als Umgehung dieser Bestimmung unzulässig.

Mit Abs. 4 wird das Wahlrecht des Art. 7 Abs. 6 RIRL ausgeübt.

In Anlehnung an § 25a Abs. 2 Z 2 IO sollen Ansprüche auf Auszahlung von Krediten nicht von der Auflösungssperre erfasst werden (Abs. 5; siehe hiezu auch *Jurgutyte-Ruez/Urthaler*, Der präventive Restrukturierungsrahmen in der Restrukturierungs-RL, ZIK 2019/116, 92). Dem Kreditgeber stehen bei diesen Geschäften daher weiterhin das Kündigungsrecht aus wichtigem Grund gemäß § 987 ABGB und das vertragliche Kündigungsrecht nach Z 23 der allgemeinen Bankbedingungen wegen Vermögensverschlechterung zur Verfügung. Dadurch soll verhindert werden, dass der Schuldner eine offene Kreditlinie abrufen kann (*Rechberger/Seeber/Thurner*, Insolvenzrecht[3], 130 mwN). Dies gilt sowohl für entgeltliche Darlehen in Geld, als auch für andere Kreditverhältnisse, wie insbesondere Avalkredite. Zwischenfinanzierungen werden durch die Zurückdrängung des Anfechtungsrechts erleichtert (siehe den im Entwurf vorgeschlagenen § 36a IO).

Zu § 27:

Diese Bestimmung dient der Umsetzung von Art. 8 RIRL. Sie sieht den zwingenden Inhalt des zur Abstimmung vorzulegenden Restrukturierungsplans vor. Ein solcher Plan kann vom Schuldner bereits mit dem Antrag auf Einleitung des Restrukturierungsverfahrens vorgelegt oder während des Verfahrens ausgearbeitet werden. Der Antrag auf Abschluss des Plans umfasst mangels ausdrücklichen Verzichts auch einen Antrag auf Bestätigung im Rahmen eines klassenübergreifenden Cram-down (Abs. 1).

In Abs. 2 werden die im Plan anzuführenden Informationen aufgelistet: Der Plan hat Angaben über den Schuldner zu enthalten (Z 1). Sofern bereits ein Restrukturierungsbeauftragter bestellt wurde, ist auch dessen Name und Anschrift anzuführen (Z 2). Nach Z 3 ist die wirtschaftliche Situation des Schuldners zu beschreiben. Dazu zählen eine Auflistung und Bewertung der Vermögenswerte und Verbindlichkeiten des Schuldners zum Zeitpunkt der Antragstellung, einschließlich einer Bewertung des Unternehmens unter Zugrundelegung einer Fortführung und einer Liquidation (lit. a), und die Anzahl der Arbeitnehmer und deren Tätigkeitsbereiche (lit. b). Weiters sind die Ursachen und der Umfang der finanziellen Schwierigkeiten zu beschreiben (lit. c).

Es obliegt der Auswahl des Schuldners, welche Gläubiger (und welche Forderungen) er in den Plan einbezieht. Die Auswahl der betroffenen Gläubiger hat nach sachlich nachvollziehbaren Kriterien zu erfolgen (siehe dazu auch die Ausführungen zu Z 6). Die einzubeziehenden „betroffenen" Gläubiger hat er im Regelfall zu benennen; es reicht nicht aus, diese nur nach Schuldenkategorien zu beschreiben (Art. 8 Abs. 1 lit. c zweiter Fall RIRL), um damit verbundene Rechtsunsicherheiten zu vermeiden. Sofern betroffene Gläubiger nicht namentlich benannt werden können (zB Anleiheinhaber, Schuldscheindarlehensgeber), ist es ausreichend, wenn der jeweilige Rechts-

grund der Forderung des betroffenen Gläubigers hinreichend individualisiert und konkretisiert wird (zB durch Nennung der internationalen Wertpapierkennnummer (ISIN) oder konkrete Bezeichnung des jeweiligen Schuldscheindarlehens) sowie sichergestellt werden kann, dass der jeweilige betroffene Gläubiger kontaktiert bzw informiert werden kann (zB über die Zahlstelle oder gemäß den vertraglich vereinbarten Bedingungen zur Verständigung oder Information bei Schuldscheindarlehen). Bei den betroffenen Gläubigern sind deren unter den Restrukturierungsplan fallenden Forderungen sowie der Betrag der Gesamtforderung, der die bis zum Tag der Vorlage des Plans angefallenen Zinsen umfasst, anzugeben (Z 4). Im Gegensatz zum Insolvenzrecht laufen Zinsen nach Einleitung des Restrukturierungsverfahrens weiter. Um zu verhindern, dass in der Restrukturierungsplantagsatzung zur Prüfung der Stimmrechte die angelaufenen Zinsen berechnet werden müssen (vgl. dazu Denkschrift zur Einführung einer Konkursordnung, einer Ausgleichsordnung und einer Anfechtungsordnung [1914] 54), wird als Stichtag die Vorlage des Restrukturierungsplans herangezogen. Die im Plan angegebene Forderung samt Zinsen bis zur Vorlage ist somit ausschlaggebend für das Stimmrecht. Je nach Ausgestaltung des Plans können auch danach angelaufene Zinsen in den Plan miteinbezogen werden, sie sind jedoch nicht relevant für die Forderungssumme, von der die erforderliche Summenmehrheit zu berechnen ist.

Die betroffenen Gläubiger sind in Gläubigerklassen nach § 29 (siehe auch die Erläuterungen zu dieser Bestimmung) zu unterteilen. Handelt es sich beim Schuldner um ein KMU (siehe zu diesem Begriff § 29 Abs. 3), so kann von einer Klassenbildung abgesehen werden (Z 5). Gemäß Z 6 sind jene Gläubiger anzuführen, die nicht vom Restrukturierungsplan betroffen sind. Es bedarf einer sachlich nachvollziehbaren Begründung, warum diese Gläubiger nicht betroffen sein sollen. Eine taugliche Begründung wäre etwa, dass ein nicht einbezogener Gläubiger auch in einem Insolvenzverfahren vollständig befriedigt würde oder eine Einbeziehung des Gläubigers nicht erforderlich ist, um die Insolvenz abzuwenden und die Bestandfähigkeit sicherzustellen und eine Differenzierung unter Berücksichtigung der Umstände – etwa wenn ausschließlich Finanzgläubiger einbezogen werden oder die Forderungen von Verbrauchern oder KMU unberührt bleiben – sachlich gerechtfertigt ist. Werden nicht betroffene Gläubiger verschwiegen, steht den betroffenen Gläubigern der Klagsweg zur Geltendmachung ihres Ausfalls offen (siehe dazu § 42).

Nach Z 7 sind die Bedingungen des Restrukturierungsplans zu konkretisieren. Dazu zählen insbesondere die vorgeschlagenen Maßnahmen (lit. a) – etwa Forderungskürzungen und -stundungen, Umstrukturierungen und der Abbau von Arbeitnehmern – und die Laufzeit des Plans (lit. b), die Modalitäten der Benachrichtigung und Anhörung der im Unternehmen errichteten Organe der Belegschaft (§ 75 Abs. 1 Z 2 IO) und der Arbeitnehmervertreter im Einklang mit dem Unionsrecht und dem nationalen Recht (lit. c) sowie die Auswirkungen auf die Arbeitsplätze, wie Kündigungen, Versetzungen und Kurzarbeitsregelungen (lit. d).

Gemäß Art. 8 Abs. 1 lit. g (v) RIRL kann vorgesehen werden, dass im Plan weiters die voraussichtlichen Finanzströme des Schuldners anzugeben sind. Diese Option wird mit lit. e umgesetzt, derzufolge der Schuldner einen Finanzplan nach dem Vorbild von § 169 Abs. 1 lit. d IO vorzulegen hat. Ist als Teil des Restrukturierungsplans eine neue Finanzierung (§ 36a IO) vorgesehen, so ist diese anzuführen und es sind die Gründe darzulegen, aus denen eine Finanzierung erforderlich ist (lit. f).

Darüber hinaus sind nach Z 8 die Gründe anzuführen, aus denen abzuleiten ist, dass der Restrukturierungsplan die Insolvenz des Schuldners verhindern und die Bestandfähigkeit des Unternehmens gewährleisten wird. Diese Darlegung hat in Form einer bedingten Fortbestehensprognose zu erfolgen. Hier sind auch die notwendigen Voraussetzungen für den Erfolg des Plans anzuführen. Zuletzt hat der Plan einen Vergleich mit den alternativen Szenarien der IO nach § 35 Abs. 1 zu enthalten (Z 9).

Abs. 3 sieht die Vorlage eine separaten Liste der betroffenen Gläubiger mit Adresse und E-Mail-Adresse zur Verwendung des Gerichts vor. Diese Information soll nicht in dem allen betroffenen Gläubigern zu übermittelnden Plan aufscheinen.

Zu § 28:

Diese Bestimmung sieht vor, inwieweit Forderungen durch den Restrukturierungsplan gestaltet werden können. Zahlungsfristen und die die Rückzahlung betreffenden Vertragsbedingungen – davon sind etwa Zinsen und Zahlungsmodalitäten erfasst – können geändert werden. Eine Verpflichtung der Kreditgeber, Kreditlinien offen zu halten (siehe dazu auch die Ausführungen zu §§ 1 und § 26) oder gar neue Kredite zu gewähren, ist daraus selbstverständlich nicht abzuleiten.

§ 14 Abs. 2, §§ 15, 19 bis 20 und § 21 Abs. 4 IO sind anwendbar, soweit der Restrukturierungsplan nichts anderes bestimmt: Nicht fällige Forderungen, die in den Plan einbezogen werden, gelten demnach mangels abweichender Regelungen im Restrukturierungsplan als fällig (§ 14 Abs. 2 IO). Werden Forderungen auf wiederkehrende Leistungen einbezogen, so gilt § 15 IO, wenn nichts anderes bestimmt ist. Für die Aufrechnung gelten

§§ 19 und 20 IO, soweit der Restrukturierungsplan keine anderen Regelungen enthält. § 21 Abs. 4 IO ist mangels anderer Bestimmungen im Restrukturierungsplan zu beachten.

Weiters wird ausdrücklich normiert, dass der Plan Forderungskürzungen vorsehen kann.

Zu § 29:

Diese Bestimmung dient der Umsetzung von Art. 9 Abs. 4 RIRL. Die Richtlinie sieht die verpflichtende Einteilung der betroffenen Gläubiger in Gläubigerklassen vor. Dieses dem österreichischen Recht derzeit fremde Instrument dient in erster Linie der Gruppierung von betroffenen Parteien mit ähnlichen Interessen und Rechten für das Abstimmungsverfahren (vgl. ZIK 2019/116). Im ErwGr. 44 wird dazu ausgeführt: „Um zu gewährleisten, dass im Wesentlichen ähnliche Rechte fair behandelt werden und dass Restrukturierungspläne angenommen werden können, ohne die Rechte betroffener Parteien in unangemessener Weise zu beeinträchtigen, sollten die betroffenen Parteien in unterschiedlichen Klassen behandelt werden, die den Kriterien für die Klassenbildung nach nationalem Recht entsprechen. Klassenbildung bedeutet die Gruppierung der betroffenen Parteien mit dem Zweck, einen Plan in der Weise anzunehmen, dass ihre Rechte und der Rang ihrer Forderungen beziehungsweise Beteiligung zum Tragen kommen." Bei der Ausgestaltung der Klassenbildung gibt die Richtlinie dem Umsetzungsgesetzgeber große Flexibilität. Zwingend vorgesehen ist, dass Gläubiger mit besicherten und unbesicherten Forderungen im Hinblick auf die Annahme eines Restrukturierungsplans in unterschiedlichen Klassen behandelt werden sollen. Darüber hinaus soll sichergestellt werden, dass bei der Klassenbildung den Interessen schutzbedürftiger Gläubiger, wie kleiner Lieferanten, Rechnung getragen wird. Um die Anzahl der Klassen gering zu halten, werden in diesem Sinne taxativ fünf Klassen, und zwar eine solche für Gläubiger mit besicherten Forderungen (Abs. 1 Z 1), eine für Gläubiger mit unbesicherten Forderungen (Abs. 1 Z 2), eine für Anleihegläubiger (Abs. 1 Z 3), eine für schutzbedürftige Gläubiger (Abs. 1 Z 4) und eine für Gläubiger nachranger Forderungen (Abs. 1 Z 5) vorgesehen. Unter Anleihe im Sinne der Z 3 sind alle Formen von schuld(forderungs)rechtlichen Papieren zu verstehen, die ein obligatorisches Recht verbriefen (vgl. dazu etwa *Keinert*, Handbuch des Wertpapierrechts I 36), unabhängig davon, ob und wie diese an einer Börse gehandelt werden. Auch Teilschuldverschreibungen im Sinne des Kuratorengesetzes (Gesetz vom 24. April 1874, betreffend die gemeinsame Vertretung der Rechte der Besitzer von auf Inhaber lautenden oder durch Indossament übertragbaren Teilschuldverschreibungen und die bücherliche

Behandlung der für solche Teilschuldverschreibungen eingeräumten Hypothekarrechte, RGBl. Nr. 49/1874) fallen darunter. Zum Begriff der schutzbedürftigen Gläubiger nach Z 4 sei auf ErwGr. 44 RIRL verwiesen: Demzufolge fallen darunter Gläubiger, die wie zB kleine Lieferanten ihre Engagements nicht diversifizieren können oder aus anderen Gründen besonders schutzbedürftig sind. Als Beispiel werden Gläubiger mit Forderungen unter 10.000 Euro genannt.

Abs. 2 bestimmt – wie vom ErwGr. 44 ausdrücklich ermöglicht –, dass besicherte Gläubiger in der Gläubigerklasse nach Abs. 1 Z 1 nur mit jenem Betrag erfasst werden, der durch die Sicherung gedeckt ist. Der nicht besicherte Betrag ist der entsprechenden Gläubigerklasse zuzuordnen. Auch darüber hinaus können Gläubiger abhängig von ihren Forderungen gleichzeitig verschiedenen Klassen zugeordnet werden, in welchen sie für die jeweilige Forderung teilnahme- und stimmberechtigt sind.

Mit Abs. 3 wird von der Möglichkeit, die Klassenbildung für KMU nur als Option auszugestalten, Gebrauch gemacht. Diese Ausnahme berücksichtigt den Umstand, dass KMU in der Regel eine relativ einfache Kapitalstruktur aufweisen (ErwGr. 45). Die Richtlinie überlässt die Definition des Begriffs KMU dem nationalen Gesetzgeber (Art. 2 Abs. 2 lit. c RIRL); in Abs. 3 wird auf die Definition der Klein- und Kleinstkapitalgesellschaften in § 221 Abs. 1 und 1a UGB verwiesen. Bei Unternehmen, die unter die Definition der mittelgroßen Kapitalgesellschaften nach § 221 Abs. 2 UGB fallen, kann hingegen in der Regel nicht vom Vorliegen einer relativ einfachen Kapitalstruktur ausgegangen werden.

Zu § 30:

§ 30 sieht eine Prüfung des vorgelegten Restrukturierungsplans durch das Gericht vor. Eine gerichtliche Überprüfung des Vorliegens des nach § 27 Abs. 2 vorgegebenen Mindestinhalts ist in der Richtlinie zwar nicht vorgegeben, erscheint im Sinne des Gläubigerschutzes aber jedenfalls sinnvoll. Außerdem sind gesetzwidrige Planinhalte – etwa die Einbeziehung von Forderungen nach § 3 oder ein Verstoß gegen das Gebot der Gläubigergleichbehandlung nach § 34 Abs. 1 Z 2 – wahrzunehmen. Weiters wird von der Option nach Art. 8 Abs.1 lit. h zweiter Satz RIRL, wonach vorgesehen werden kann, dass die Begründung nach § 27 Abs. 2 Z 8 vom Restrukturierungsbeauftragten oder von einem externen Experten bestätigt werden muss, Gebrauch gemacht. Demnach hat das Gericht die Plausibilität der Begründung nach § 27 Abs. 2 Z 8 zu überprüfen. Es kann mit der Prüfung den Restrukturierungsbeauftragten oder einen Sachverständigen betrauen. Hat der Restrukturierungsbeauftragte den Schuldner bei der Ausarbeitung des Restrukturierungsplans

unterstützt, so wird seine Beauftragung mit der Überprüfung in der Regel nicht vereinbar sein.

Entsprechend ErwGr. 46 wird vorgesehen, dass das Gericht zu prüfen hat, ob die Auswahl der (nicht) betroffenen Gläubiger nach sachlichen Gesichtspunkten getroffen wurde (vgl. dazu auch die Ausführungen zu § 27 Abs. 2 Z 6). Weiters wird in Umsetzung von Art. 9 Abs. 5 RIRL eine Überprüfung der Klassenbildung vorgesehen.

Sind die vom Gericht zu überprüfenden Anforderungen nicht erfüllt, so ist dem Schuldner ein Verbesserungsauftrag zu erteilen. Kommt der Schuldner diesem Auftrag innerhalb der vom Gericht gesetzten Frist nicht ausreichend nach, so ist das Restrukturierungsverfahren nach § 41 Abs. 2 Z 2 einzustellen.

Zu § 31:

Nach Art. 9 Abs. 1 RIRL ist es dem Schuldner zu ermöglichen, den betroffenen Gläubigern einen Restrukturierungsplan zur Annahme vorzulegen. Von der in der Richtlinie vorgesehenen Möglichkeit, auch den Gläubigern und dem Restrukturierungsbeauftragten das Vorschlagsrecht einzuräumen, wird – ebenso wie von der Option, anderen Personen als dem Schuldner ein Antragsrecht auf Einleitung eines Restrukturierungsverfahrens einzuräumen – kein Gebrauch gemacht. Die Annahme eines nicht auch vom Willen des Schuldners getragenen Restrukturierungsplans erscheint wenig sinnvoll.

Zur Durchführung der Abstimmung ist eine Tagsatzung anzuberaumen.

Das Verfahren soll gestrafft durchgeführt werden. Daher hat das Gericht den Termin einer Tagsatzung zur Abstimmung über den Restrukturierungsplan grundsätzlich innerhalb von 30 bis 60 Tagen nach dessen Vorlage festzulegen. Zu laden sind in sinngemäßer Anwendung von § 145 Abs. 2 zweiter Satz IO der Schuldner, Personen, die sich zur Übernahme einer Haftung für seine Verbindlichkeiten bereit erklären, sowie der Restrukturierungsbeauftragte und die betroffenen Gläubiger. Der Schuldner hat in sinngemäßer Anwendung des § 145 Abs. 3 IO persönlich an der Tagsatzung teilzunehmen und den zur Abstimmung gelangenden Restrukturierungsplan den betroffenen Gläubigern spätestens zwei Wochen vor der Tagsatzung zu übermitteln.

Die Tagsatzung kann auch virtuell ohne persönliche Anwesenheit durchgeführt werden.

Die bevorrechteten Gläubigerschutzverbände sind – anders als im Insolvenzverfahren – nur auf Antrag des Schuldners der Restrukturierungsplantagsatzung beizuziehen (Abs. 2). Unabhängig davon können sich Gläubiger im Restrukturierungsverfahren nach § 253 Abs. 3 IO von einem

Gläubigerschutzverband vertreten lassen. Ein von einem Gläubiger mit der Vertretung beauftragter Gläubigerschutzverband kann als Vertreter dieses Gläubigers an der Restrukturierungsplantagsatzung und an der Abstimmung über den Restrukturierungsplan teilnehmen.

Der Ablauf der Tagsatzung orientiert sich nach Abs. 3 an den Bestimmungen der Insolvenzordnung zur Sanierungsplantagsatzung. Ist ein Restrukturierungsbeauftragter bestellt, so hat dieser vor Beginn der Abstimmung gemäß § 146 IO zu berichten. Eine Änderung des vorgelegten Plans durch den Schuldner ist möglich. § 145a IO ist sinngemäß anzuwenden.

Die Tagsatzung kann aus den Gründen des § 148a IO erstreckt werden. Wenn die erforderlichen Mehrheiten für die Annahme des Plans nicht erreicht werden, kann nach Erstreckung der Tagsatzung neuerlich abgestimmt werden. Die Gläubiger sind an ihre Erklärungen bei einer neuerlichen Abstimmung nicht gebunden (§ 147 Abs. 2 und 3 IO).

Zu § 32:

Diese Bestimmung dient der Umsetzung von Art. 9 Abs. 2 RIRL (siehe auch ErwGr. 46). Das Stimmrecht bemisst sich nach dem Betrag der unter den Restrukturierungsplan fallenden Forderungen zuzüglich der bis zum Tag der Vorlage des Restrukturierungsplans angelaufenen Zinsen. Gemäß Abs. 2 können die betroffenen Gläubiger Einwendungen gegen die in den Restrukturierungsplan aufgenommenen Forderungen vorbringen. Der Restrukturierungsbeauftragte, der nach § 9 Abs. 3 Z 4 zur Prüfung der bestrittenen Forderungen bestellt worden ist, hat nach Abs. 3 zur Prüfung des Bestands und der Höhe der Forderungen Einsicht in die Geschäftsbücher und die Aufzeichnungen des Schuldners zu nehmen.

Zur Berücksichtigung der Stimmrechte für bestrittene Forderungen wird auf die Insolvenzordnung verwiesen. Gläubiger, deren Forderungen bestritten oder bedingt sind, nehmen zunächst an der Abstimmung teil. Stellt sich heraus, dass das Ergebnis der Abstimmung verschieden ist, je nachdem, ob und inwieweit die Stimme des Gläubigers gezählt wird, so hat das Gericht nach vorläufiger Prüfung und Einvernehmung der Parteien zu entscheiden, ob und inwieweit die Stimme dieses Gläubigers zu zählen ist (§ 93 Abs. 3 und 4 IO). In Abs. 4 wird überdies auf weitere relevante Stimmrechtsbestimmungen der Insolvenzordnung verwiesen, welche sinngemäß anzuwenden sind. Betroffene Gläubiger, die erst nach der Einleitung des Restrukturierungsverfahrens die vom Restrukturierungsplan betroffene Forderung durch rechtsgeschäftliche Abtretung erworben haben, haben kein Stimmrecht, es sei denn, sie haben die Forderung aufgrund eines vor

der Einleitung des Restrukturierungsverfahrens eingegangenen Verpflichtungsverhältnisses übernommen (§ 94 IO). Mehreren Gläubigern einer gemeinschaftlichen Forderung gebührt ebenso wie einem Gläubiger mehrerer Forderungen nur eine Stimme (§ 144 IO). Nahe Angehörige des Schuldners und Rechtsnachfolger, die deren Forderungen nicht früher als sechs Monate vor Einleitung des Restrukturierungsverfahrens erworben haben, werden bei der Berechnung der erforderlichen Mehrheiten nur mitgezählt, wenn sie gegen den Vorschlag stimmen (§ 148 IO).

Zu § 33:

Diese Bestimmung dient der Umsetzung von Art. 9 Abs. 6 RIRL. Die Richtlinie sieht als zwingendes Erfordernis zur Annahme des Restrukturierungsplans die Zustimmung einer Betragsmehrheit der Summe der Forderungen in jeder Gläubigerklasse vor. Von der zusätzlichen Option, eine Kopfmehrheit in jeder Klasse vorzusehen, wird Gebrauch gemacht, um zu verhindern, dass allein die Zustimmung eines einzelnen großen Gläubigers in einer Klasse für die Annahme des Restrukturierungsplans ausschlaggebend sein kann. Im Hinblick auf die Summenmehrheit wird überdies die Möglichkeit, ein Quorum von bis zu 75 % vorzusehen, voll ausgeschöpft. Die Mehrheiten sind von den bei der Restrukturierungsplantagsatzung anwesenden betroffenen Gläubigern zu berechnen (siehe auch ErwGr. 47).

Ist der Schuldner eine eingetragene Personengesellschaft oder eine Verlassenschaft, so kann der Restrukturierungsplan nur mit der Zustimmung der unbeschränkt haftenden Gesellschafter oder Erben angenommen werden, wie dies § 164 Abs. 1 IO für den Sanierungsplan bestimmt.

In Abs. 2 wird klargestellt, dass bei Abhaltung der Restrukturierungsplantagsatzung unter Verwendung geeigneter technischer Kommunikationsmittel zur Wort- und Bildübertragung eine Teilnahme über ein solches Kommunikationsmittel als Anwesenheit gilt.

Zu § 34:

Diese Bestimmung dient der Umsetzung von Art. 10 RIRL. Die Umsetzungsbestimmung sieht eine generelle Erforderlichkeit der gerichtlichen Bestätigung des Restrukturierungsplans anstatt einer Bestätigung in bestimmten Fällen vor. Die Bestimmung normiert die Voraussetzungen, die für die gerichtliche Bestätigung des Plans erfüllt sein müssen.

Abs. 1 Z 1 dient der Umsetzung von Art. 10 Abs. 2 lit. a RIRL. Demzufolge muss der Plan zur Bestätigung entsprechend den Bestimmungen dieses Abschnitts angenommen worden sein. Abs. 1 Z 2 setzt Art. 10 Abs. 2 lit. b RIRL um; Art. 10 Abs. 2 lit. c RIRL wird mit Abs. 1 Z 3 umgesetzt. Abs. 1 Z 4 dient der Umsetzung von Art. 10 Abs. 2 lit. e RIRL. Zusätzlich wird in Abs. 1 festgelegt, dass die Entlohnung des Restrukturierungsbeauftragten gerichtlich bestimmt sein muss.

Mit Abs. 2 wird Art. 10 Abs. 2 lit. d in Verbindung mit dem UAbs. des Abs. 2 RIRL umgesetzt. Die Erfüllung des Kriteriums des Gläubigerinteresses ist eine weitere Bestätigungsvoraussetzung, wenn eine solche Überprüfung von einem ablehnenden Gläubiger beantragt wurde. Details zum Kriterium des Gläubigerinteresses werden in § 35 normiert.

In Abs. 3 werden verschiedene Gründe, aus denen die Bestätigung zu versagen ist, vorgesehen. So ist keine gerichtliche Bestätigung zu erteilen, wenn ein Unzulässigkeitsgrund nach § 7 Abs. 3 vorliegt, also der Restrukturierungsplan offenbar untauglich ist oder der Antrag missbräuchlich ist, insbesondere weil wahrscheinliche Insolvenz offenbar nicht vorliegt (Z 1), der Restrukturierungsplan durch eine gegen § 150a IO verstoßende Sonderbegünstigung eines Gläubigers zustande gebracht wurde oder der Schuldner bei der Angabe der vom Restrukturierungsplan nicht betroffenen Gläubiger nach § 27 Abs. 2 Z 6 bewusst Gläubiger verschwiegen hat (Z 2). Ein weiterer Versagungsgrund liegt vor, wenn der Schuldner nicht unter den Restrukturierungsplan fallende fällige und feststehende Forderungen nicht bezahlt hat (Z 3). Nach Z 4 ist die Bestätigung überdies zu versagen, wenn eine Prüfung aufgrund spätestens in der Abstimmungstagsatzung zu erhebender begründeter Einwendungen eines betroffenen Gläubigers ergibt, dass der Restrukturierungsplan den nach § 30 Abs. 1 zu überprüfenden Anforderungen nicht entspricht.

Mit Abs. 4 wird von der Option in Art. 10 Abs. 3 RIRL Gebrauch gemacht und vorgesehen, dass die Bestätigung des Restrukturierungsplans abzulehnen ist, wenn keine vernünftige Aussicht besteht, dass die Bestätigung des Restrukturierungsplans die Insolvenz des Schuldners verhindern oder die Bestandfähigkeit des Unternehmens gewährleisten würde. Die Bestandfähigkeit des Unternehmens ist nach § 30 in Verbindung mit § 27 Abs. 2 Z 8 bereits bei Vorlage des Plans zu überprüfen. Stellt sich erst nach Annahme des Restrukturierungsplans heraus, dass die Bestandfähigkeit nicht gewährleistet ist, so ist die Bestätigung des Plans zu versagen und das Verfahren einzustellen.

Mit Abs. 5 wird Art. 10 Abs. 4 RIRL umgesetzt. Freilich handelt es sich bei dieser Bestimmung nur um eine Klarstellung, zumal dieser Grundsatz in jedem Verfahren gilt (siehe auch die Vorgabe in Art. 25 lit. b RIRL).

Zu § 35:

Diese Bestimmung konkretisiert das Kriterium des Gläubigerinteresses. Es ist nach der Definition in Art. 2 Abs. 1 Nr. 6 RIRL dann erfüllt, wenn kein ablehnender Gläubiger durch den Restrukturierungsplan schlechter gestellt wird als er im Fall einer stückweisen Liquidation oder einer solchen durch Verkauf des Unternehmens oder im Fall des nächstbesten Alternativszenarios stünde. Es hat also ein Vergleich mit den möglichen Bedingungen in einem Insolvenzverfahren zu erfolgen. Dabei kommt eine Verwertung im Insolvenzverfahren oder ein Sanierungsplan in einem Konkursverfahren (Sanierungsverfahren ohne Eigenverwaltung) oder einem Sanierungsverfahren mit Eigenverwaltung in Frage. Relevant ist das nächstbeste Alternativszenario, dessen Realisierung nach den Umständen des Falles auch wahrscheinlich ist.

In Abs. 2 wird in Umsetzung von Art. 10 Abs. 2 letzter UAbs. RIRL normiert, dass die Erfüllung des Kriteriums des Gläubigerinteresses vom Gericht nur auf Antrag zu prüfen ist. Der Antrag auf Überprüfung ist spätestens binnen sieben Tagen nach der Restrukturierungsplantagsatzung zu stellen.

Zu § 36:

Mit § 36 wird Art. 11 RIRL umgesetzt. Aufgrund dieser Bestimmung kann auch ein Restrukturierungsplan, der nicht von allen Klassen nach § 33 angenommen wurde, gerichtlich bestätigt werden, wenn er die übrigen Voraussetzungen für die Bestätigung erfüllt (Z 1). Weiters ist für eine Bestätigung nach § 36 erforderlich, dass ablehnende Gläubigerklassen gleichgestellt werden wie gleichrangige Klassen und bessergestellt werden als nachrangige Klassen (Z 2). Der Rang der Klassen ergibt sich aus der Liquidationsreihenfolge des Insolvenzrechtes (§§ 50 und 57a IO). Die Klassen nach § 29 Abs. 1 Z 2 bis 4 sind demnach gleichrangig. Jene nach Z 1 ist vorrangig und jene nach Z 5 nachrangig.

Abs. 2 sieht in Umsetzung von Art. 11 Abs. 1 lit. c die Regel des relativen Vorrangs (relative priority rule) vor. Von der Option nach Art. 11 Abs. 2 RIRL, stattdessen die Regel des absoluten Vorrangs (absolute priority rule) vorzusehen, wonach zur Bestätigung des Plans die Forderungen betroffener Gläubiger in einer ablehnenden Abstimmungsklasse in vollem Umfang und in gleicher oder gleichwertiger Weise befriedigt werden müssen, ehe eine nachrangige Klasse nach dem Restrukturierungsplan eine Zahlung erhält, wird im Sinne einer größeren Flexibilität beim Erstellen des Restrukturierungsplans kein Gebrauch gemacht. Durch die relative priority rule, die auch der Gesetzeslage bei der Wirkung des Sanierungsplans auf eigenkapitalersetzende Forderungen näherkommt, wird sichergestellt, dass ablehnende Gläubigerklassen durch den Restrukturierungsplan nicht in unangemessener Weise beeinträchtigt werden. In der praktischen Ausgestaltung bestünden zwischen der Regel des relativen und der des absoluten Vorrangs überdies keine großen Unterschiede, weil die Richtlinie umfassende Ausnahmen von der absolute priority rule zulässt, die Insolvenzordnung keine Gläubigerklassen kennt und Anteilsinhaber in den Restrukturierungsplan ohnedies nicht einbezogen werden.

Aufgrund der für ablehnende Gläubiger bestehenden Möglichkeit, nach § 35 die Überprüfung der Einhaltung des Kriteriums des Gläubigerinteresses zu beantragen, ist auch beim klassenübergreifenden Cram-down sichergestellt, dass kein ablehnender Gläubiger weniger als im Fall des nächstbesten Alternativszenarios erhält.

Eine weitere Voraussetzung besteht nach Abs. 1 Z 3 darin, dass keine Gläubigerklasse nach dem Plan mehr erhalten darf als den vollen Betrag ihrer Forderung.

Mit Abs. 2 wird Art. 11 Abs. 1 lit. b RIRL umgesetzt. Von der Option nach Art. 11 Abs. 1 letzter UAbs. RIRL, die Mindestzahl der zustimmenden Gläubigerklassen zu erhöhen, wird Gebrauch gemacht, indem für den zweiten Fall des Abs. 2 die Erforderlichkeit einer Zustimmung der Mehrheit von Gläubigerklassen, die im Insolvenzverfahren eine Quote erhalten würden, anstatt von nur einer solchen Klasse vorgesehen wird. Wurden nur zwei Gläubigerklassen gebildet, so ist die Zustimmung der Klasse der besicherten Gläubiger oder einer Klasse, die auch im Insolvenzverfahren eine Quote erhalten würde, ausreichend. Ist demnach eine der beiden Klassen die Klasse nachrangiger Gläubiger, so ist nur die Zustimmung der anderen Klasse ausreichend.

Zu § 37:

Diese Bestimmung dient der Umsetzung von Art. 12 RIRL, der ein Obstruktionsverbot der Anteilsinhaber vorsieht. Werden die Anteilsinhaber – wie im Entwurf vorgesehen – nicht in das Verfahren einbezogen, so haben die Mitgliedstaaten sicherzustellen, dass diese die Annahme, Bestätigung oder Umsetzung eines Restrukturierungsplans nicht grundlos verhindern oder erschweren (siehe ErwGr. 57). Dabei sind folgende Faktoren zu berücksichtigen: die Frage, ob es sich beim Schuldner um ein KMU oder ein großes Unternehmen handelt, die sich auf die Rechte der Anteilsinhaber auswirkenden vorgeschlagenen Restrukturierungsmaßnahmen, die Art der Anteilsinhaber, die Frage, ob der Schuldner eine juristische oder eine natürliche Person ist und die Frage, ob die Partner in einem Unternehmen unbeschränkt oder beschränkt haften.

Die Einleitung eines Restrukturierungsverfahrens juristischer Personen ist von deren Vertretungsorganen zu beantragen. Hiebei ist – wie auch im Insolvenzverfahren – nur die konkrete satzungsgemäße Vertretungsbefugnis maßgeblich; ob die Bestimmungen über die interne Beschlussfassung eingehalten worden sind, ist für die Gültigkeit und Zulässigkeit des Antrags auf Einleitung des Restrukturierungsverfahrens belanglos (vgl. auch 8 Ob 327/99t). Künftig könnte es dazu kommen, dass bereits im Gesellschaftsvertrag Vorkehrungen für den Fall eines Restrukturierungsverfahrens getroffen werden, etwa dass ein Restrukturierungsplan oder darin enthaltene Maßnahmen der Beschlussfassung durch die Gesellschafterversammlung vorbehalten werden. Durch Abs. 1 letzter Satz wird für das Innenverhältnis festgelegt, dass eine gesellschaftsrechtlich erforderliche Zustimmung der Anteilsinhaber zu einem Restrukturierungsplan durch Beschluss des Gerichts ersetzt werden kann, wenn dieser nicht in deren rechtliche oder wirtschaftliche Stellung eingreift. Die Ersetzung der Zustimmung fällt in die Zuständigkeit des Gerichts, bei dem das Restrukturierungsverfahren geführt wird.

Restrukturierungsmaßnahmen, die sich unmittelbar auf die Rechte der Anteilsinhaber auswirken, zB notwendige Kapitalmaßnahmen, können nach den Bestimmungen des Gesellschaftsrechts durch eine Gesellschafterversammlung zu bestätigen sein. Um sicherzustellen, dass es durch eine notwendige Beschlussfassung nicht zu einer unangemessenen Verzögerung des Restrukturierungsverfahrens kommt, sollen zur Einberufung einer Gesellschafterversammlung, die der Abstimmung über solche Maßnahmen dient, keine längeren als die gesetzlich vorgesehenen Fristen gelten.

Erst wenn die gebotenen Beschlüsse der Gesellschafterversammlung wirksam sind – also mit deren Eintragung ins Firmenbuch – kommt es zur Abstimmung der Gläubiger über den Restrukturierungsplan. Kommt es zur Anfechtung, so ist für das Eintragungsverfahren nach § 19 Abs. 2 FBG dann von einer Unterbrechung abzusehen und aufgrund der Aktenlage zu entscheiden, wenn das rechtliche oder wirtschaftliche Interesse an einer raschen Erledigung erheblich überwiegt. Auch eine bevorstehende Restrukturierung könnte ein solches überwiegendes Interesse darstellen.

Wird der Beschluss nicht binnen sechs Monaten ab Beschlussfassung wirksam, so ist das Restrukturierungsverfahren nach § 41 Abs. 2 Z 9 einzustellen.

Zu § 38:

Mit dieser Bestimmung wird Art. 14 RIRL umgesetzt. Das Unternehmen und die Vermögenswerte des Schuldners sind im Restrukturierungsverfahren nur dann zu bewerten, wenn ein betroffener Gläubiger, der bei einer Abstimmung gegen die Annahme des Restrukturierungsplans stimmt, einen Verstoß gegen das Kriterium des Gläubigerinteresses (Abs. 1 Z 1) oder gegen die Bedingungen eines klassenübergreifenden Cram-Down nach § 36 Abs. 2 (Abs. 1 Z 2) behauptet. Zur Bewertung kann das Gericht einen Sachverständigen bestellen (Abs. 2).

Grundsätzlich findet im Restrukturierungsverfahren ein Kostenersatz nicht statt (§ 254 Abs. 1 Z 1 IO). Abs. 3 sieht eine davon abweichende Regelung für die – auf Antrag eines betroffenen Gläubigers durchzuführenden – Überprüfung der Erfüllung des Kriteriums des Gläubigerinteresses oder des Vorliegens der Voraussetzung für einen klassenübergreifenden Cram-down vor. Für die hiebei anfallenden Sachverständigengebühren sind die §§ 41 ff. ZPO anzuwenden. Ergibt die Überprüfung einen vom betroffenen Gläubiger behaupteten Verstoß, so sind die Kosten vom Schuldner zu tragen, liegt kein Verstoß vor, so hat der beantragende betroffene Gläubiger die Kosten zu tragen. Dem beantragenden betroffenen Gläubiger kann der Erlag eines Kostenvorschusses aufgetragen werden. Dasselbe gilt, wenn der Restrukturierungsbeauftragte im Zuge der Überprüfung beauftragt wird.

Zu § 39:

§ 39 setzt Art. 15 RIRL um und trifft Bestimmungen über die Wirkung von Restrukturierungsplänen. Ein vom Gericht bestätigter Restrukturierungsplan ist für alle im Restrukturierungsplan genannten betroffenen Gläubiger, die an der Annahme des Restrukturierungsplans beteiligt waren, und für den Schuldner verbindlich. Gläubiger, die an der Annahme des Plans nicht beteiligt waren, werden vom Plan nicht beeinträchtigt, es sei denn, sie haben sich trotz Übermittlung des Plans oder Ladung zur Restrukturierungsplantagsatzung nicht am Verfahren beteiligt (Abs. 2). Der Schuldner ist an die Verpflichtungen, die er sich mit dem Plan auferlegt, gebunden. Welche Konsequenzen die Nichtbefolgung hat, ergibt sich aus dem Plan.

Forderungsgestaltungen nach § 28 werden mit Bestätigung des Restrukturierungsplans wirksam. Forderungskürzungen befreien den Schuldner von der Verbindlichkeit, den betroffenen Gläubigern den Ausfall, den sie erleiden, nachträglich zu ersetzen oder für die sonst gewährte Begünstigung nachträglich aufzukommen. Diese Rechtsfolge entspricht § 156 Abs. 1 IO.

Bei sonstigen Restrukturierungsmaßnahmen – wie zB Vertragsauflösungen oder -anpassungen – bedarf es eines gesonderten Abschlusses der entsprechenden Vereinbarungen mit den jeweiligen Vertragspartnern. Diese können nicht durch die Bestätigung des Plans ersetzt werden. Betroffene Gläubiger können im Restrukturierungsplan auch nicht zur Abgabe von erforderlichen Vertragserklärungen verpflichtet werden (Abs. 3). Außerhalb des Restrukturierungsplans mit einem betroffenen Gläubiger abgeschlossene Vereinbarungen über Sonderbegünstigungen sind gemäß Abs. 4 in sinngemäßer Anwendung von § 150a IO ungültig.

Weiters wird in Abs. 4 § 151 IO für anwendbar erklärt. Demnach können die Ansprüche betroffener Gläubiger gegen Bürgen oder Mitschuldner des Schuldners oder gegen Rückgriffsverpflichtete durch den Restrukturierungsplan nicht ohne ausdrückliche Zustimmung des Berechtigten beschränkt werden. Durch die Bestätigung des Restrukturierungsplans soll der Schuldner – wie beim Sanierungsplan – auch von der Verbindlichkeit befreit werden, Bürgen oder anderen Rückgriffberechtigten den Ausfall, den diese erleiden, nachträglich zu ersetzen (§ 156 Abs. 2 IO). Auch § 164 Abs. 2 IO ist sinngemäß anzuwenden: Demnach kommen die Rechtswirkungen des Restrukturierungsplans, soweit nichts anderes bestimmt wird, auch unbeschränkt haftenden Gesellschaftern einer eingetragenen Personengesellschaft (OG und KG) zugute. In sinngemäßer Anwendung von § 164a IO wird auch der Umfang der Haftung bereits ausgeschiedener unbeschränkt haftender Gesellschafter durch den Restrukturierungsplan begrenzt.

Abs. 5 regelt die Verzugsfolgen. Sofern im Restrukturierungsplan nichts anderes bestimmt wurde, ist § 156a IO sinngemäß anzuwenden. Der Schuldner ist in Verzug, wenn er eine fällige Verbindlichkeit trotz einer vom Gläubiger unter Einräumung einer mindestens vierzehntägigen Nachfrist an ihn gerichteten schriftlichen Mahnung nicht gezahlt hat. In diesem Fall lebt die Forderung des Gläubigers gegen den Schuldner wieder auf. Nicht umfasst sind Forderungen, die zur Zeit der eingetretenen Säumnis mit dem im Restrukturierungsplan festgesetzten Betrag voll befriedigt waren. Andere Forderungen sind mit dem Bruchteil als getilgt anzusehen, der dem Verhältnis des bezahlten Betrags zu dem nach dem Restrukturierungsplan zu zahlenden Betrag entspricht. Die Rechte des Gläubigers nach dem Restrukturierungsplan bleiben unberührt. § 156a Abs. 2 zweiter Fall IO bezieht sich auf natürliche Personen, die kein Unternehmen betreiben, und ist daher nicht anwendbar.

Zu § 40:

Mit dieser Bestimmung wird Art. 16 RIRL umgesetzt. Die Richtlinienbestimmung sieht vor, dass ein Rechtsbehelf gegen die Bestätigung oder dessen Versagung an eine höhere Justizbehörde vorzulegen ist. Dementsprechend wird die Erhebung eines Rekurses vorgesehen. Der Rekurs hat keine aufschiebende Wirkung, um im Sinne einer möglichst raschen wirtschaftlichen Erholung des

Schuldners Verzögerungen bei der Planumsetzung zu vermeiden. Gemäß Abs. 3 ist dem Rekurs jedoch auf Antrag aufschiebende Wirkung zuzuerkennen, wenn die sofortige Planumsetzung für den Rekurswerber mit einem schwerwiegenden unwiederbringlichen Schaden verbunden wäre, der außer Verhältnis zu den Vorteilen der sofortigen Planumsetzung steht. Der Schuldner kann durch den Erlag einer vom Gericht festzusetzenden Sicherheitsleistung die Aberkennung der aufschiebenden Wirkung erreichen.

Gemäß Abs. 4 kann bei Stattgeben eines Rekurses gegen die Bestätigung des Restrukturierungsplans die Bestätigung des Restrukturierungsplans aufgehoben oder aufrecht erhalten werden. Wird die Bestätigung des Restrukturierungsplans beibehalten, obwohl dem Rekurs stattgegeben wird, so hat das Gericht, das über die Bestätigung des Plans in erster Instanz entschieden hat, auf Antrag einer Partei, der finanzielle Verluste entstanden sind, einen vom Schuldner zu zahlenden Ausgleich zu gewähren. Dass der rechtskräftige Beschluss ein Exekutionstitel ist, ergibt sich aus § 1 EO in der Fassung des Entwurfs.

In Abs. 2 übernimmt der Entwurf auch hier die Vorgabe des Art. 25 lit. b RIRL.

Zu § 41:

Mit dieser Bestimmung, welche kein Äquivalent in der Richtlinie hat, werden verschiedene verfahrensbeendende Tatbestände vorgesehen.

Nach Abs. 1 ist das Restrukturierungsverfahren mit Eintritt der Rechtskraft der Bestätigung aufgehoben.

In Abs. 2 finden sich verschiedene Einstellungsgründe. Das Verfahren ist einzustellen, wenn ein positiver Abschluss des Verfahrens nicht zu erwarten ist oder nicht mehr erreicht werden kann. Auch die Verletzung von Mitwirkungs- und Auskunftspflichten des Schuldners stehen einem positiven Abschluss entgegen, weil eine Zustimmung zum Restrukturierungsplan in einem solchen Fall ausgeschlossen werden kann.

Einstellungsgründe sind insbesondere, dass der Schuldner innerhalb der vom Gericht festgelegten Frist keinen Restrukturierungsplan vorgelegt hat (Z 1), einem Verbesserungsauftrag, insbesondere nach § 30, nicht rechtzeitig nachgekommen ist (Z 2), den Antrag auf Annahme eines Restrukturierungsplans zurückzieht (Z 3). Mitwirkungs- und Auskunftspflichten oder Verfügungsbeschränkungen nach § 16 Abs. 2 beharrlich verletzt (Z 4), den Kostenvorschuss für die Entlohnung des Restrukturierungsbeauftragten nicht rechtzeitig erlegt (Z 5) oder den Jahresabschluss nicht vorlegt, für den die Frist zur Aufstellung während des Verfahrens abgelaufen ist (Z 6).

Weitere Einstellungsgründe sind, dass ein Insolvenzverfahren über das Vermögen des Schuldners eröffnet wurde (Z 7) oder dass der Plan offensichtlich die Zahlungsunfähigkeit des Schuldners oder den Eintritt der Überschuldung nicht verhindert, eine bereits eingetretene Überschuldung nicht beseitigt oder die Bestandfähigkeit des Unternehmens nicht gewährleistet (Z 8), sowie dass die Gläubiger den Restrukturierungsplan ablehnen und die Tagsatzung nicht erstreckt wird (Z 9), ein gebotener Beschluss der Gesellschafterversammlung (§ 37) nicht binnen sechs Monaten ab Beschlussfassung wirksam wird (Z 10) oder die Bestätigung des Restrukturierungsplans rechtskräftig versagt wurde (Z 11).

Zu § 42:

Dem Schuldner steht ein Wahlrecht zu, welche Gläubiger er in den Plan einbeziehen möchte. Im Gegenzug ist er jedoch dazu verpflichtet, im Restrukturierungsplan offenzulegen, welche Gläubiger nicht vom Plan erfasst sein sollen und warum. Durch diese Informationspflicht soll ein Missbrauch des Instruments des Restrukturierungsplans verhindert werden. Verschweigt der Schuldner bewusst Gläubiger, soll dies durch die nach dem Vorbild von § 161 IO ausgestaltete Möglichkeit einzelner Gläubiger, Ausgleich zu fordern, sanktioniert werden.

Zu § 43:

Diese Bestimmung dient der Umsetzung von Art. 13 RIRL.

Zu § 44:

Die RIRL überlässt es den Mitgliedstaaten festzulegen, ob das Verfahren bekanntzumachen ist. Ihr Ziel ist aber, die grenzüberschreitende Anerkennung der Restrukturierungsverfahren zu erleichtern (ErwGr. 13). Daher ist die RIRL vollständig mit der EuInsVO vereinbar. Das Verfahren fällt aber nur dann in den Anwendungsbereich der EuInsVO und ist nach dieser Verordnung anzuerkennen, wenn es ein öffentliches Verfahren ist. Daher räumt § 44 dem Schuldner ein Wahlrecht ein: Die Einleitung eines Restrukturierungsverfahrens ist nur auf Antrag des Schuldners vor Einleitung öffentlich bekannt zu machen. Die Bestimmungen über die internationale Zuständigkeit in den Art. 3 ff EuInsVO sind in diesem Fall anzuwenden. Der Vorteil der Bekanntmachung liegt vor allem darin, dass das Verfahren der EuInsVO unterliegt und damit in der Europäischen Union (mit Ausnahme von Dänemark) nach dieser Verordnung anerkannt wird.

Ein weiterer Vorteil ist, dass eine allgemeine Vollstreckungssperre angeordnet werden kann, die für alle Gläubiger gilt (Abs. 3). Die öffentliche Bekanntmachung der allgemeinen Vollstreckungssperre erfolgt durch Aufnahme in die Ediktsdatei.

Eine individuelle Zustellung an die Gläubiger ist nicht notwendig. Die Rechtswirkungen der Sperre treten mit Beginn des Tages ein, der der öffentlichen Bekanntmachung des Beschlusses folgt.

Eine Forderungsanmeldung ist in der Richtlinie nicht ausdrücklich vorgesehen. Es erscheint jedoch zweckmäßig, eine Forderungsanmeldung auch im Restrukturierungsverfahren zu ermöglichen, um dem Schuldner die Gelegenheit zu geben, einen Überblick über die Gläubiger zu erhalten (Abs. 4).

Werden die Gläubiger zur Forderungsanmeldung aufgefordert – dies kann sich auch auf einen beschränkten Gläubigerkreis beschränken –, so sollen die Rechte zur Beteiligung am Verfahren, etwa die Berechtigung zur Abstimmung in der Restrukturierungsplantagsatzung und damit auch das Recht, die Prüfung der Einhaltung des Kriteriums des Gläubigerinteresses zu beantragen oder Rekurs gegen die Bestätigung des Restrukturierungsplans zu erheben, einem Gläubiger nur dann zustehen, wenn er seine Forderung angemeldet hat. Die Wirkungen des vom Gericht bestätigten Restrukturierungsplans erstrecken sich jedoch auch auf alle vom Schuldner beigezogenen Gläubiger, die trotz Aufforderung keine rechtzeitige Forderungsanmeldung erstattet haben. Eine Berücksichtigung verspäteter Forderungsanmeldungen ist nicht vorgesehen.

Geht das öffentlich bekannt gemachte Verfahren mit einer vom Schuldner beantragten Aufforderung der Gläubiger zur Anmeldung ihrer Forderungen einher, so reicht es zudem nach Abs. 5 aus, wenn der Schuldner die betroffenen Gläubiger samt ihren Forderungen im Restrukturierungsplan nach Forderungskategorien beschreibt. Die grundsätzlich gemäß § 27 Abs. 2 Z 4 und Abs. 3 bestehende Pflicht, die betroffenen Gläubiger im Restrukturierungsplan namentlich zu nennen und eine Liste mit Kontaktdaten anzuschließen, entfällt in diesem Fall vorerst. Die abweichende Regelung bezweckt, auch namentlich unbekannte Gläubiger einfacher in das Restrukturierungsverfahren einbeziehen zu können.

Abs. 6 gewährt – in Abweichung von § 5 – den bevorrechteten Gläubigerschutzverbänden ein Akteneinsichtsrecht.

Nach § 16 Abs. 3 werden Rechtshandlungen des Schuldners, die er ohne Zustimmung des Gerichts oder des Restrukturierungsbeauftragten vornimmt, obwohl diese aufgrund der Beschränkung seiner Eigenverwaltung für die Wirksamkeit der Rechtshandlungen erforderlich ist, erst mit vollständiger Erfüllung des Restrukturierungsplans wirksam, wenn der Dritte wusste, dass die Zustimmung nicht erteilt worden ist. Aufgrund der öffentlichen Bekanntmachung der Beschränkung der Eigenverwaltung des Schuldners im Europäischen Restrukturierungsverfahrens ist es sachgerecht, dass die Wirksamkeit von Rechtshandlungen des Schuldners, die er ohne erforderliche Zustimmung vornimmt, auch dann erst mit Erfüllung des Restrukturierungsplans eintritt, wenn der Dritte wissen musste, dass eine Zustimmung für diese Rechtshandlung nicht erteilt wurde (Abs. 7).

Zur Umsetzung des Art. 6 Abs. 8 UAbs. 2 RIRL ist eine Ausnahme von der Beschränkung der Gesamtdauer der Vollstreckungssperre gemäß § 22 Abs. 4 zweiter Satz geboten (Abs. 8).

Um den Eindruck zu vermeiden, dass das Restrukturierungsverfahren ein Insolvenzverfahren ieS ist, wird eine Bekanntmachung in der Ediktsdatei – und nicht in der Insolvenzdatei – vorgesehen (Abs. 9). Dessen ungeachtet erfolgt die Bekanntmachung zusätzlich im Insolvenzregister nach Art. 24 EuInsVO.

Zu § 45:

Der Entwurf schlägt ein vereinfachtes Restrukturierungsverfahren für jene Fälle vor, in denen ein außergerichtlicher Abschluss einer Restrukturierungsvereinbarung zwischen dem Schuldner und den Finanzgläubigern an der Zustimmung eines oder einer Minderheit an Gläubigern („Akkordstörer") scheiterte. Die fehlenden Zustimmungen können durch die Bestätigung des Gerichts ersetzt werden. Eine rasche und straffe Verfahrensführung wird dadurch möglich.

Im vereinfachten Restrukturierungsverfahren dürfen nur Finanzgläubiger betroffen sein und mindestens 75% von ihnen müssen in der jeweiligen Gläubigerklasse der Restrukturierungsvereinbarung zugestimmt haben. Der Begriff Finanzgläubiger ist weiter zu sehen als nur Forderungen von Kredit- und Leasinginstituten, sondern umfasst sämtliche Forderungen mit Finanzierungscharakter, also typischerweise zinstragende Forderungen, Forderungen aus Anleihen und anderen vergleichbaren Instrumenten, ebenso zB Darlehen von institutionellen Fonds, Privatpersonen oder Forderungen von Lieferanten mit untypisch langen Laufzeiten (mehr als 180 Tage), welche eindeutig Finanzierungscharakter aufweisen.

Auch nachrangige Gläubiger können Finanzgläubiger sein, insbesondere Gläubiger aus dem Gesellschafterkreis nach dem EKEG.

Mit dem Antrag auf Einleitung des vereinfachten Restrukturierungsverfahrens hat der Schuldner das Vorliegen der wahrscheinlichen Insolvenz darzulegen. Darüber hinaus hat er Angaben zu den betroffenen Gläubigern als Finanzgläubiger zu machen. Weiters muss er darlegen, dass eine Mehrheit von mindestens 75% der Gesamtsumme der Forderungen in jeder Gläubigerklasse zugestimmt hat und dass der Schuldner und die zustimmenden Gläubiger die Restrukturierungsvereinbarung unter Angabe des Datums der Unterfertigung unterschrieben haben (Abs. 3). Diese Zustimmungserklärungen dürfen nicht älter als 14 Tage sein, allerdings können sie auch unter der Bedingung der gerichtlichen Bestätigung im Rahmen eines vereinfachten Restrukturierungsverfahrens erfolgt sein (Abs. 4 Z 1).

Neben der Restrukturierungsvereinbarung ist dem Antrag auch eine Bestätigung eines Sachverständigen (Abs. 8 Z 3) anzuschließen, in der dieser darlegt und damit bescheinigt, dass die Einteilung der Gläubigerklassen in besicherte und unbesicherte Forderungen unter Berücksichtigung des Verkehrswerts der bestellten Sicherheiten erfolgt ist (lit. b), die Gläubiger in derselben Klasse im Verhältnis zu ihren Forderungen gleichbehandelt werden und dass – sofern eine neue Finanzierung zur Umsetzung des Restrukturierungsplans erforderlich ist – diese die Interessen der Gläubiger nicht in unangemessener Weise beeinträchtigt (Abs. 8 Z 3 lit. a). Weiters hat der Sachverständige zu bescheinigen, dass das Kriterium des Gläubigerinteresses gemäß § 35 Abs. 1 erfüllt ist (lit. c) und die Restrukturierungsvereinbarung die Zahlungsunfähigkeit des Schuldners und den Eintritt der Überschuldung verhindert oder eine bereits eingetretene Überschuldung beseitigt und die Bestandfähigkeit des Unternehmens gewährleistet (lit. d).

Die Restrukturierungsvereinbarung hat inhaltlich dem Restrukturierungsplan zu entsprechen. Sie hat jene Wirkungen eines solchen für alle in der Vereinbarung genannten, vor der gerichtlichen Bestätigung einvernommen betroffenen Gläubiger.

Auf das vereinfachte Restrukturierungsverfahren sind subsidiär die Bestimmungen des Restrukturierungsverfahrens anzuwenden. Als Ausnahmen sieht der Entwurf vor, dass der Schuldner die Eigenverwaltung behält und ein Restrukturierungsbeauftragter daher nicht zu bestellen ist (Abs. 5). Auch eine Vollstreckungssperre darf nicht angeordnet werden (Abs. 6). Da die Finanzgläubiger bereits im Vorfeld über den Restrukturierungsplan informiert wurden, ist eine Restrukturierungsplantagsatzung entbehrlich (Abs. 1).

Bei Vorliegen der Voraussetzungen nach Abs. 8 hat das Gericht nach Einvernahme der betroffenen Gläubiger die Restrukturierungsvereinbarung zu bestätigen.

Zu § 46:

Diese Bestimmung enthält Regelungen über die Liste, aus der ein Restrukturierungsbeauftragter zu bestellen ist. Vorbild für diese Bestimmung ist § 269 IO. § 89e GOG enthält Regelungen über die Haftung des Bundes für den Einsatz der Infor-

mations- und Kommunikationstechnik und soll anzuwenden sein.

Zu § 47:

Verweise auf andere Bundesgesetze beziehen sich auf deren jeweils geltende Fassung. Die ReO verweist an vielen Stellen auf Bestimmungen der IO – insbesondere auf jene zum Sanierungsverfahren. Da das Restrukturierungsverfahren sich etwa in Bezug auf die Bezeichnung und Stellung der Verfahrensbeteiligten von der IO unterscheidet, wird festgehalten, dass die Bestimmungen, auf welche verwiesen wird, bloß sinngemäß anzuwenden sind.

Zu §§ 48 bis 50:

Diese Bestimmungen regeln das Inkrafttreten der Restrukturierungsordnung, statuieren die Vollzugsklausel und geben einen Umsetzungshinweis.

Zu Art. 2 (Änderung der Insolvenzordnung):

Zu Z 1 (§ 25 IO):

Nach § 256 sind die Daten in die Insolvenzdatei aufzunehmen, die nach der IO öffentlich bekanntzumachen sind. Daher wird in der IO jeweils von öffentlicher Bekanntmachung gesprochen. In § 25 wird jedoch ausdrücklich die Insolvenzdatei erwähnt. Um einen Gleichklang mit den übrigen Bestimmungen der IO herzustellen, soll auch hier auf die öffentliche Bekanntmachung verwiesen werden. Eine inhaltliche Änderung ist damit nicht verbunden.

Zu Z 2 (§ 32 IO):

Diese Bestimmung umschreibt den Begriff der nahen Angehörigen. Abs. 2 Z 3 erwähnt die Gesellschafter im Sinne des § 5 EKEG; der Begriff wird aber ausdehnend interpretiert (siehe *König/Trenker*, Anfechtung[6] Rz 4.59/1). Dies soll klargestellt werden.

Zu Z 3 (§§ 36a und 36b IO):

Ziele der Richtlinie sind die Rettung von in finanzielle Schwierigkeiten geratenen Unternehmen und die Wiederherstellung ihrer Bestandfähigkeit. Die Richtlinie gibt der Sanierung des Unternehmens gegenüber dessen Zerschlagung den Vorrang, indem sie einen präventiven Restrukturierungsrahmen vorsieht.

Zentraler Teil des Restrukturierungsverfahrens ist ein Restrukturierungsplan. Die Richtlinie geht davon aus, dass der Erfolg eines Restrukturierungsplans häufig davon abhängt, dass dem Schuldner finanzielle Hilfe zur Verfügung gestellt wird, um erstens den Betrieb des Unternehmens während der Restrukturierungsverhandlungen und zweitens die Umsetzung des Restrukturierungsplans nach dessen Bestätigung zu unterstützen. Unter finanzieller Hilfe ist jedenfalls die Bereitstellung von finanziellen Mitteln oder Bürgschaften sowie von Waren, Vorräten, Rohstoffen und Versorgungsdienstleistungen (zB Gewährung eines längeren Rückzahlungszeitraums) zu verstehen (vgl. ErwGr. 66). Die Richtlinie sieht daher in Kapitel 4 des Titels II (Art. 17 und 18) Bestimmungen über den Schutz für neue Finanzierungen, Zwischenfinanzierungen und sonstige Transaktionen im Zusammenhang mit der Restrukturierung vor. Finanzierungen, Zwischenfinanzierungen und sonstige Transaktionen sollen attraktiver gemacht werden, indem deren Anfechtung bei späterer Eröffnung eines Insolvenzverfahrens zurückgedrängt wird.

Die Umsetzung der Richtlinie erfolgt in der Restrukturierungsordnung (ReO). Wegen des inhaltlichen Zusammenhangs ist es jedoch naheliegend, die in Kapitel 4 des Titels II der Richtlinie festgesetzten Bestimmungen über den Anfechtungsschutz in der Insolvenzordnung (als §§ 36a und 36b) umzusetzen.

Zu § 36a IO:

Mit dieser Bestimmung wird Art. 17 RIRL umgesetzt. Nach Abs. 1 müssen neue Finanzierungen und Zwischenfinanzierungen in angemessener Weise geschützt werden. Im Fall einer späteren Insolvenz des Schuldners dürfen neue Finanzierungen und Zwischenfinanzierungen nicht deshalb für nichtig, anfechtbar oder nicht vollstreckbar erklärt werden und die Geber solcher Finanzierungen nicht deshalb einer zivil-, verwaltungs- oder strafrechtlichen Haftung unterliegen, weil eine fertige Finanzierung die Gesamtheit der Gläubiger benachteiligt, außer es liegen zusätzliche in nationalen Recht festgelegte Gründe vor. Als mögliche andere Gründe werden im ErwGr. 67 Betrug, Bösgläubigkeit und eine bestimmte Art von Beziehung zwischen den Parteien, die mit Interessenkonflikten verbunden sein können, genannt. Als Beispiele werden Transaktionen zwischen nahestehenden Parteien oder zwischen Anteilsinhabern und dem Unternehmen oder Transaktionen, bei denen eine Partei einen Wert oder Sicherheiten erhalten hat, welche sie zum Zeitpunkt der Transaktion oder in der Art, wie sie durchgeführt wurde, nicht zu beanspruchen hatte, angeführt. Daher wird eine Anfechtung wegen Kenntnis der Zahlungsunfähigkeit beibehalten und nur wegen Kennenmüssens der Zahlungsunfähigkeit ausgeschlossen.

Der Entwurf schlägt in Abs. 1 vor, dass neue Finanzierungen und Zwischenfinanzierungen nicht nach § 31 Abs. 1 Z 3 als nachteiliges Rechtsgeschäft anfechtbar sind. Die Richtlinie überlässt es den Mitgliedstaaten, den Anfechtungsschutz für Finanzierungen von der Bestätigung des Restrukturierungsplans oder von einer Ex-

Ante-Kontrolle durch eine Justiz- oder Verwaltungsbehörde (vgl. ErwGr. 68) abhängig zu machen. Der Entwurf sieht daher den Schutz für neue Finanzierungen nur dann vor, wenn der Restrukturierungsplan, in dem die Finanzierung enthalten ist, vom Gericht bestätigt wurde (Abs. 2).

Bei Gewährung einer Zwischenfinanzierung ist noch nicht klar, ob der Restrukturierungsplan bestätigt werden wird. Der Schutz von Zwischenfinanzierungen soll daher nicht auf Fälle beschränkt werden, in denen der Plan von den Gläubigern angenommen und vom Gericht bestätigt wird. Im Entwurf wird daher in Abs. 2 vorgeschlagen, dass die Zwischenfinanzierung vom Gericht als Ex-ante-Kontrollmechanismus genehmigt werden muss. Die Definition der Zwischenfinanzierung und die Voraussetzung für deren Genehmigung durch das Gericht sind wegen des inhaltlichen Zusammenhangs in § 18 ReO geregelt. Die in Art. 2 Abs. 1 Nr. 7 RIRL enthaltene Definition der neuen Finanzierung übernimmt der Entwurf in Abs. 3.

Um dem insolvenzrechtlichen Grundsatz der Gläubigergleichbehandlung weiterhin zu entsprechen, wird das den Mitgliedstaaten überlassene Wahlrecht des Art. 17 Abs. 4 RIRL, demzufolge Geber von neuen Finanzierungen oder Zwischenfinanzierung Anspruch darauf haben, Zahlungen vorrangig gegenüber anderen Gläubigern zu erhalten, nicht genutzt.

Zu § 36b IO:

Art. 18 Abs. 1 RIRL sieht einen Anfechtungsschutz für Transaktionen im Zusammenhang mit der Restrukturierung vor. Nach Abs. 1 sind Transaktionen im Sinne von § 18 Abs. 2 und 3 ReO nicht nach § 31 anfechtbar, außer bei Kenntnis der Zahlungsunfähigkeit.

Beim Geltungsbereich des Anfechtungsschutzes überlässt die Richtlinie auch bei den Transaktionen den Mitgliedstaaten einen Spielraum. Wie bei den neuen Finanzierungen und den Zwischenfinanzierungen sieht die Richtlinie einen Anfechtungsschutz für Transaktionen nur dann vor, wenn der Restrukturierungsplan von einer Justiz- oder Verwaltungsbehörde bestätigt wurde oder solche Transaktionen Ex-ante-Kontrollen unterlagen. Bestimmungen über die Genehmigung der Transaktionen finden sich ebenfalls wegen des inhaltlichen Zusammenhangs in § 18 ReO. Der Entwurf verweist daher in Abs. 1 auf § 18 Abs. 2 und 3 ReO. Zahlungen von Gebühren und Kosten für die Aushandlung, Annahme oder Bestätigung eines Restrukturierungsplans (§ 18 Abs. 3 Z 1 ReO) und Zahlungen von Gebühren und Kosten für die Inanspruchnahme professioneller Beratung in engem Zusammenhang mit der Restrukturierung (§ 18 Abs. 3 Z 2 ReO) genießen den Anfechtungsschutz bereits dann, wenn sie innerhalb von

14 Tagen vor dem Antrag auf Einleitung des Restrukturierungsverfahrens geleistet wurden.

Art. 18 Abs. 5 RIRL erweitert den Anfechtungsschutz auf Transaktionen, die angemessen und unmittelbar notwendig für die Umsetzung eines Restrukturierungsplans sind und die im Einklang mit dem vom Gericht bestätigten Restrukturierungsplan durchgeführt werden. Der Schutz ist aber nur bei einem zeitlichen Konnex mit der Bestätigung des Restrukturierungsplans gerechtfertigt. Der Entwurf übernimmt diesen Schutz bei der Umsetzung des Restrukturierungsplans in Abs. 2, wenn die Transaktionen innerhalb von drei Monaten nach Eintritt der Rechtskraft der Bestätigung des Restrukturierungsplans durchgeführt werden.

Zu Z 4 (§ 57a Abs. 3 IO):

§ 57a enthält Bestimmungen über nachrangige Forderungen und legt fest, dass Forderungen aus Eigenkapital ersetzenden Leistungen erst nach den Insolvenzforderungen zu befriedigen sind. Aufgrund des inhaltlichen Zusammenhangs ist es angebracht, hier zulegen, dass es sich bei den Forderungen aufgrund von Finanzierungen, Zwischenfinanzierungen und sonstigen Transaktionen nach §§ 36a und 36b nicht um nachrangige Forderungen handelt (siehe auch § 21 URG). Damit soll eine Finanzierung durch Gesellschafter gefördert werden. Der Ausschluss der sich aus dem EKEG ergebenden Nachrangigkeit soll einer Vereinbarung der Nachrangigkeit nicht entgegenstehen, kann doch die Gewährung einer vertraglichen nachrangigen Zwischenfinanzierung oder neuen Finanzierung Teil des Restrukturierungsplans sein.

Zu Z 5 (§ 80b Abs. 3 IO):

In Abs. 3 wird berücksichtigt, dass nach § 80 Abs. 5 zum Insolvenzverwalter nicht nur eine juristische Person, sondern auch eine eingetragene Personengesellschaft bestellt werden kann.

Zu Z 6 bis 8 (§ 187 IO):

Das Gesetz enthält derzeit nur Beschränkungen der Eigenverwaltung, ohne zu sagen, welche Befugnisse dem Schuldner zustehen. Dies soll in dieser Bestimmung klarstellend festgehalten werden.

Abs. 1 Z 3 bestimmt, dass Verfügungen des Schuldners über Gegenstände der Insolvenzmasse nur wirksam sind, wenn das Insolvenzgericht zustimmt. Die Einschränkung auf Gegenstände ist zu eng. Auch Verfügungen über Vermögensrechte oder Forderungen sollen unwirksam sein. Die Bestimmung wird daher ausgedehnt.

Nach Abs. 1 Z 4 sind Verbindlichkeiten, die der Schuldner nach Eröffnung des Insolvenzverfahrens begründet, nur dann aus der Insolvenzmas-

se zu erfüllen, wenn das Insolvenzgericht der Begründung der Verbindlichkeit zustimmt. Dies wird so ausgelegt, dass die Verbindlichkeiten in diesem Fall Masseforderungen sind. Dies soll ausdrücklich gesagt werden.

Dem Schuldner steht nach Abs. 1 Z 6 nicht das Recht zu, die Zwangsversteigerung oder die Zwangsverwaltung einer unbeweglichen Sache der Insolvenzmasse zu betreiben. Dies ist zu eng. Dem Schuldner soll zwar das Recht zustehen, bewegliche Sachen freihändig zu verwerten; eine Betreibung der Versteigerung über das Gericht soll ihm jedoch nicht offenstehen. Daher wird Z 6 auf die kridamäßige Verwertung der Insolvenzmasse ausgedehnt.

Zu Z 9 (§ 190 IO):

Im Gesamtvollstreckungsverfahren, das einem „verlängerten" Exekutionsverfahren nahekommt, soll für den Fall, dass die Voraussetzungen zur Entziehung der Eigenverwaltung vorliegen und kein Insolvenzverwalter bestellt wird, keine Postsperre gelten, was durch den Verweis auf § 187 Abs. 1 Z 1 erreicht wird.

Zu Z 10 (§ 192 IO):

Im Schuldenregulierungsverfahren besteht keine Anwaltspflicht. Der Schuldner kann sich daher auch durch eine Schuldenberatungsstelle vertreten lassen. Deren Befugnis reicht nach dem letzten Satz jedoch nicht soweit, dass sie auch im Rechtsmittelverfahren vertreten dürfte. Für diesen Fall bedarf der Rekurs der Unterschrift eines Rechtsanwalts. Diese Regelung soll auf das Verfahren vor dem Obersten Gerichtshof beschränkt werden.

Zu Z 11 (§ 194 Abs. 1 IO):

Nach derzeitiger Rechtslage hat der Schuldner im Zahlungsplan den Insolvenzgläubigern mindestens eine Quote anzubieten, die seiner Einkommenslage in den folgenden fünf Jahren entspricht. Aufgrund der vorgeschlagenen Änderungen im Abschöpfungsverfahren (Abschöpfungsplan bzw. Tilgungsplan), welche die RIRL erfordert, muss dieser Zeitraum verkürzt werden, um der Richtlinie zu entsprechen. Nur dadurch können die Subsidiarität des Abschöpfungsverfahrens (die dem Gesetzestext folgend und entgegen den Erläuterungen zum IRÄG 2017, 1588 BlgNR 25. GP 11 ausnahmslos gilt) und der Vorrang von Entschuldungen mit Zustimmung der Gläubigermehrheit, die von Gläubigern und dem Schuldner – weil er selbst die Zahlungen vornehmen kann und nicht der Arbeitgeber involviert ist – gegenüber dem Abschöpfungsverfahren bevorzugt werden, beibehalten werden.

Da die zur Bemessung der Quote vorgesehene Frist nur eine grobe Vorprüfung des Gerichts ermöglichen soll, um auf den ersten Blick unange- messene Zahlungspläne auszufiltern und die endgültige Beurteilung der Angemessenheit den Gläubigern überlassen werden soll, wird eine Frist von drei Jahren vorgeschlagen. Dies kommt auch dem in der KO-Nov 1993 vorgesehenem Verhält- nis zwischen der für die Vorprüfung maßgeben- den Frist und der Dauer des Abschöpfungsverfah- rens nahe.

Zu Z 12 (§ 197 IO):

Insolvenzgläubiger, die ihre Forderungen bei Abstimmung über den Sanierungsplan nicht ange- meldet haben, haben wie Gläubiger, die Ihre Forderung angemeldet haben, Anspruch auf die Quote; kommt es zu einem Zahlungsplan, so ha- ben die Gläubiger, die ihrer Anmeldepflicht nicht nachgekommen sind, Anspruch auf die nach dem Zahlungsplan zu zahlende Quote nur insoweit, als diese der Einkommens- und Vermögenslage des Schuldners entspricht. Ob die zu zahlende Quote der nachträglich hervorgekommenen For- derung der Einkommens- und Vermögenslage des Schuldners entspricht, ist Gegenstand eines Zivilprozesses, das Insolvenzgericht hat auf An- trag hierüber vorläufig zu entscheiden.

Die Bestimmung des § 197 war für Ausnahme- fälle gedacht, bei denen die Insolvenzgläubiger die Frist zur Anmeldung ihrer Forderungen ver- säumten. Die Praxis zeigt, dass Insolvenzgläubi- ger häufig ihre Forderungen bewusst nicht bei Eröffnung des Insolvenzverfahrens anmelden, weil sie meinen, nicht mit einer Quote rechnen zu können, später aber eine Entscheidung nach § 197 begehren, wenn sie aus der Insolvenzdatei ersehen, dass der Schuldner eine – entgegen ihren Erwartungen für sie attraktive – Quote angeboten hat. Diese Vorgangsweise verursacht einen erheb- lichen Verfahrensaufwand, weil Zivilprozesse oder Verfahren nach § 197 zu führen sind, und umgeht die Forderungsanmeldung. Zudem er- schwert sie die Prüfung der Angemessenheit der Zahlungsplanquote und ist auch nicht gerechtfer- tigt, wenn der Insolvenzgläubiger von der Eröff- nung des Insolvenzverfahrens, durch Übersen- dung des Insolvenzedikts durch das Gericht (ohne Zustellnachweis) informiert wurde. Daher wird eine Ausnahme für diesen Fall vorgeschlagen. Die öffentliche Bekanntmachung alleine ist keine ausreichende Verständigung.

Um einen weitgehenden Gleichklang mit dem Abschöpfungsverfahren herzustellen, soll für die Entscheidung des Insolvenzgerichts die Restlauf- zeit des Zahlungsplans maßgebend sein. Damit wird vermieden, dass für jeden abgelaufenen Monat des Zahlungsplans unter Berücksichtigung des pfändungsunterworfenen Teils der Sonderzah- lungen zu überprüfen ist, ob und bejahendenfalls in welcher Höhe dem Schuldner mehr als das Existenzminimum verblieben ist.

Da es bei einer in der Praxis seltenen, aber doch vorkommenden Einmalzahlung (siehe hiezu 8 Ob 146/09t) keine Restlaufzeit gibt, wird ein Mindestzeitraum von drei Jahren festgelegt.

Zu Z 13 (§ 198 IO): Diese Bestimmung enthält Regelungen über die Änderung des Zahlungs- plans. Wenn sich die Einkommens- und Vermö- genslage des Schuldners ohne dessen Verschulden verschlechtert hat, kann er neuerlich die Abstim- mung über einen Zahlungsplan und die Einleitung eines Abschöpfungsverfahrens beantragen. Hiebei wird ihm die Hälfte der abgelaufenen Frist des bisherigen Zahlungsplans angerechnet. Dies ist nur gerechtfertigt, wenn der Schuldner während dieser Zeit (siehe dazu LG Feldkirch 2 R 113/09x, *Mohr*, IO[11] § 197 E 26) Zahlungen leistete, sodass nicht mehr auf die bloß abgelaufene Zeit ohne Zahlungen abgestellt werden soll. Nicht erfasst sind Zahlungen an Absonderungsgläubiger.

Die Umformulierung der Z 2 des Abs. 1 berück- sichtigt, dass für die Obliegenheiten des Schuld- ners nicht die Dauer des Abschöpfungsverfahrens, sondern die Wirksamkeit der Abtretungserklärung maßgebend ist.

Zu Z 14 (§ 199 IO):

Zur Umsetzung der RIRL werden in Abs. 1 die derzeitigen Bestimmungen des Abschöpfungsver- fahrens um ein „kurzes Abschöpfungsverfahren" mit der Dauer von drei Jahren – wie in der RIRL als Tilgungsplan bezeichnet – ergänzt (zum zwingenden Umsetzungsbedarf siehe *Bilinska*, Richtlinie über Restrukturierung und Insolvenz – die Erleichterung der Entschuldung, ZIK 2019/117, 102). Der Schuldner kann den Antrag auf Durchführung des (sonstigen) Abschöpfungs- verfahrens auch für den Fall stellen, dass der Antrag auf Durchführung als Tilgungsplanverfah- rens scheitern sollte.

In den Antrag auf Durchführung des kurzen Abschöpfungsverfahrens hat der Schuldner nach Abs. 2 die Erklärung aufzunehmen, dass er den pfändbaren Teil seines Einkommens einem Treuhänder für die Zeit von drei Jahren abtritt. Ansonsten bleibt diese Regelung unverändert.

Mit der Regelung wird sichergestellt, dass die Tilgungspflicht der Situation des Schuldners ent- spricht und insbesondere in einem angemessenen Verhältnis zum pfändbaren oder verfügbaren Einkommen steht sowie dem berechtigten Gläu- bigerinteresse Rechnung trägt, wie dies Art. 20 Abs. 2 RIRL verlangt. Vor Einleitung des Ab- schöpfungsverfahrens ist die Insolvenzmasse verwertet, sodass es auf die pfändbaren oder ver- fügbaren Vermögenswerte des Unternehmens während der Entschuldungsfrist, die Art. 20 Abs. 2 RIRL erwähnt, nur insoweit ankommen kann, als neue Vermögenswerte erworben werden. Diese sind von der Abschöpfungsmasse erfasst.

Zu Z 15 (§ 201 Abs. 2 und 3 IO):

In Abs. 2 wird für das auf drei Jahre verkürzte Abschöpfungsverfahren – Tilgungsplan genannt – der Redlichkeitsmaßstab erhöht, um einerseits die Interessen der Gläubiger besser zu berücksichtigen und andererseits dem Anforderungsprofil eines redlichen Schuldners zu entsprechen (siehe Art. 23 Abs. 1 RIRL). Es werden daher weitere Einleitungshindernisse vorgesehen, wenn dem Abschöpfungsverfahren ein Tilgungsplan zu Grunde gelegt wird.

Nach Z 1 soll der Antrag abzuweisen sein, wenn der Schuldner nicht umgehend, längstens binnen 30 Tagen nach der im Exekutionsverfahren erfolgten öffentlichen Bekanntmachung des Beschlusses über die offenkundige Zahlungsunfähigkeit (§ 49a EO in der Fassung der GREx) die Eröffnung des Insolvenzverfahrens beantragt. Damit soll ein Anreiz geschaffen werden, rechtzeitig den nötigen Antrag zu stellen (siehe hiezu JAB zum IRÄG 2017, 1741 BlgNR 25. GP 2).

Eine Erleichterung soll in Abs. 3 für Personen, die im Zeitpunkt des Vollzugs im Exekutionsverfahren, welcher der öffentlichen Bekanntmachung des Beschlusses über die Feststellung der offenkundigen Zahlungsunfähigkeit unmittelbar vorangeht, Verbraucher sind, vorgesehen werden. Da diese mitunter mit der Antragstellung überfordert sind, soll es hier reichen, dass der Schuldner längsten binnen 30 Tagen nach Bekanntmachung der offenkundigen Zahlungsunfähigkeit die nötigen Schritte zur Bewältigung der finanziellen Krise in die Wege leitet, etwa sich für eine Beratung über die Entschuldungsmöglichkeiten anmeldet, insbesondere bei einer anerkannten Schuldenberatungsstelle (§ 267), und aktiv an einer Lösung mitwirkt, etwa an der Vorbereitung eines Insolvenzantrags. Auch Bestrebungen, eine außergerichtliche Regelung oder die Vereinbarung von Ratenzahlungen oder Stundungen zu erreichen, kann eine ausreichende Maßnahme sein. Zusätzlich kann auch das ernsthafte Bemühen um eine angemessene Erwerbstätigkeit erforderlich sein. Überdies darf der Schuldner keine neuen Schulden, die er bei Fälligkeit nicht bezahlen kann (vgl. § 210 Abs. 1 Z 8). Das Eingehen neuer Verpflichtungen zur Deckung des notwendigen Lebensbedarfs schadet ebensowenig wie die Erfüllung bereits eingegangener Verpflichtungen.

Als relevanter Zeitpunkt für den Beginn der Frist wird – den Ergebnissen des Begutachtungsverfahrens folgend – auf die Veröffentlichung des Beschlusses über die offenkundige Zahlungsunfähigkeit abgestellt, sodass die Gläubiger, die die Einleitungshindernisse geltend machen, auch beurteilen können, ob der Schuldner die Frist von 30 Tagen eingehalten hat.

Weiters soll nach Abs. 2 Z 2 der für das Einleitungshindernis nach Abs. 1 Z 3 relevante Zeitraum fünf Jahre (statt sonst drei Jahre) betragen, um das Einleitungshindernis zu erfassen, wenn es – wie derzeit – innerhalb von acht Jahren vor Erteilung der Restschuldbefreiung gesetzt wurde.

Die Bestimmung des § 201 entspricht Art. 23 Abs. 1 RIRL, wonach die Mitgliedstaaten Bestimmungen beibehalten oder einführen sollen, mit denen der Zugang zur Entschuldung verwehrt oder beschränkt wird, die Vorteile der Entschuldung widerrufen werden oder längere Fristen für eine volle Entschuldung bzw. längere Verbotsfristen vorgesehen werden, wenn der insolvente Unternehmer bei seiner Verschuldung – während des Insolvenzverfahrens oder während der Begleichung der Schulden – gegenüber den Gläubigern oder sonstigen Interessenträgern – unredlich oder bösgläubig gehandelt hat.

Zu Z 16 (§ 202 IO):

Nach § 210 Abs. 1 Z 5a hat der Schuldner dem Gericht und dem Treuhänder zu den vom Gericht festgelegten Zeitpunkten Auskunft über seine Bemühungen um eine Erwerbstätigkeit zu erteilen, wenn er keinen, einen unpfändbaren oder keinen den unpfändbaren Freibetrag übersteigenden Bezug hat. Diese Berichtspflicht hat sich in der Praxis durchaus bewährt, allerdings ist die Fassung zu weit. Sie legt dem Schuldner auch dann eine Berichtspflicht auf, wenn das Bestehen eines geringen Bezugs gar keine Obliegenheitsverletzung sein kann, wie etwa bei einem Pensionisten mit Mindestpension vorliegt. Daher soll die Berichtspflicht um diese Fälle eingeschränkt werden. Damit werden überflüssige Berichte vermieden, ohne die Interessen der Gläubiger zu beeinträchtigen. Außerdem wird näher geregelt, wann dem Schuldner die Berichtspflicht aufzutragen ist.

Zu Z 17 (§ 203 IO):

Nach § 210 Abs. 1 Z 2 obliegt es dem Schuldner, während der Rechtswirksamkeit der Abtretungserklärung Vermögen, das er von Todes wegen oder mit Rücksicht auf ein künftiges Erbrecht oder durch unentgeltliche Zuwendung oder als Gewinn in einem Glücksspiel erwirbt, dem Treuhänder herauszugeben. Der Treuhänder hat Leistungen des Schuldners an die Gläubiger zu verteilen. Bestehen diese nicht in Geld, so bedarf es einer Verwertung. Klarstellend wird festgehalten, dass dies – wie im Fall des Treuhändersanierungsplans nach § 157i – dem Treuhänder obliegt. Er kann aber auch den Schuldner mit der Verwertung beauftragen. Die Verwertung bedarf in diesem Fall jedoch der Genehmigung durch den Treuhänder, um wirksam zu sein.

Zu Z 18 (§ 204 Abs. 1 erster Satz IO):

Der Treuhänder hat für seine Tätigkeit einen Anspruch auf Vergütung. Die Vergütung richtet sich nach degressiv gestaffelten Prozentsätzen der eingehenden Beträge, wobei derzeit die monatliche Mindestvergütung bei 10 Euro zuzüglich Umsatzsteuer liegt. Ursprünglich, das heißt mit 1. Jänner 1995, war eine Vergütung von 150 Schilling vorgesehen. Die letzte Anpassung der Mindestvergütung erfolgte mit der Insolvenzrechts-Novelle 2002, BGBl. I Nr. 75/2002; bis zum Inkrafttreten dieser Novelle gebührte ein monatlicher Fixbetrag von 11 Euro (§ 204 aF), soweit der Treuhänder nicht höhere Kosten nachwies, wobei keine darüberhinausgehende Erhöhung nach degressiv gestaffelten Prozentsätzen der eingehenden Beträge vorgesehen war.

Die Mindestvergütung des Treuhänders wurde seit 2002 nicht mehr angehoben und deckt damit den Aufwand nicht mehr. Eine reine Indexaufwertung würde einen Betrag von 14,13 Euro ergeben, weil sich der Verbraucherpreisindex 2000 von Juli 2002 bis März 2021 um 41,3 % verändert hat. Die darüber hinausgehende Erhöhung ist wegen des durch die Änderungen des IRÄG 2017 verursachten Mehraufwands, insbesondere der eingeführten Berichtspflicht (nach § 210 Abs. 1 Z 5a), gerechtfertigt. Auch ist zu berücksichtigen, dass die erwähnte Novelle eine Verkürzung der Verfahrensdauer von sieben auf fünf Jahre gebracht hat, was zu einer Verringerung des Umsatzes (gerechnet auf die Verfahrensdauer) geführt hat. Ausgehend von Jänner 1995 würde sich gar ein indexaufgewerteter Betrag von 17,46 Euro ergeben (bis März 2021). Es ist daher eine Erhöhung auf 15 Euro angemessen und geboten.

Zu Z 19 (§ 204 Abs. 1 dritter Satz IO):

Nach derzeitiger Gesetzeslage kann die Vergütung des Treuhänders aus Amtsgeldern gezahlt werden. Dies ist jedoch selten, weil die Einleitung des Abschöpfungsverfahrens die Kostendeckung voraussetzt (laut Berechnungen der ASB Schuldnerberatungen GmbH vom Juli 2020 kann nur in rund 12 % der Fälle die Mindestvergütung nicht gedeckt werden).

Die Regelung wird nicht nur wegen des systematischen Zusammenhangs zu § 204 übernommen, sondern auch um klarzustellen, dass es beim Abschöpfungsverfahren keinen Unterschied macht, ob das Insolvenzverfahren nach § 183 eröffnet wurde.

Zu Z 20 (§ 204 Abs. 2 erster Satz IO):

Dem Treuhänder gebührt für seine Tätigkeit eine Vergütung, die von der Höhe der durch die Abtretung des Bezugs oder von sonstigem Vermögen einlangenden Beträge abhängig ist. Zusätzlich wird eine Mindestvergütung festgelegt. Abs. 2 ermöglicht eine Erhöhung und Herabsetzung der Regelvergütung.

Ein Teil der Rechtsprechung reduziert die Mindestvergütung (zuletzt beispielsweise LGZ Wien 47 R 203/19d; LG Linz 32 R 30/20t) bei fehlenden Eingängen auf dem Treuhandkonto und damit einhergehend fehlender Verteilungstätigkeit des Treuhänders. Damit wird der Aufwand des Treuhänders nicht richtig eingeschätzt. Bei seltenen oder keinen Eingängen auf dem Treuhandkonto liegt meistens eine unregelmäßige Arbeitssituation oder eine lange Phase der Arbeitslosigkeit von Schuldnern vor, die einen vergleichsweise höheren Aufwand beim Treuhänder mit sich bringen. So bestehen in diesen Fällen zumeist Berichtspflichten des Schuldners, die einen regelmäßigen Aufwand für den Treuhänder bedeuten. Zudem ist der Aufwand bei der Verteilung gering, weil sie fast vollautomatisiert durchgeführt werden kann. Daher wird festgelegt, dass die Mindestvergütung nicht herabzusetzen ist (siehe auch die ErläutRV InsNov. 2002, 988 BlgNR 21. GP 40, wonach die Mindestvergütung vor allem für jene Fälle vorgesehen wurde, in denen es zu keinen Eingängen während des Abschöpfungsverfahrens kommt).

Zu Z 21 (§ 206 IO):

§ 206 behandelt die Gleichbehandlung der Insolvenzgläubiger. Abs. 3 enthält zur Sicherstellung der Gleichbehandlung ein Aufrechnungsverbot. Dabei werden nur die Forderungen auf die Bezüge, die von der Abtretungserklärung erfasst werden, erwähnt. Diese Regelung berücksichtigt die Bezüge, weil diese den wichtigsten Teil der Abschöpfungsmasse bilden. Sie lässt jedoch außer Acht, dass auch sonstiges Vermögen in die Abschöpfungsmasse fallen kann und vom Schuldner herauszugeben ist. Auch in diesen – seltenen – Fällen soll eine Aufrechnung ausgeschlossen sein. Eine Ungleichbehandlung mit den Bezügen ist nicht gerechtfertigt, sodass eine Ausdehnung des Aufrechnungsverbots vorgeschlagen wird.

Zu Z 22 (§ 207 IO):

Nach Abs. 1 werden Insolvenzgläubiger, die ihre Forderungen nicht angemeldet haben, im Abschöpfungsverfahren nur bei den weiteren Verteilungen berücksichtigt, und auch nur dann, wenn ihre Forderungen feststehen und die Insolvenzgläubiger dies dem Treuhänder angezeigt haben. Um die Bedeutung der Forderungsanmeldung hervorzustreichen und einen Gleichklang mit § 197 herzustellen, soll dies nicht bei jenen Gläubigern gelten, die von der Eröffnung des Insolvenzverfahrens verständigt wurden (siehe die Erläuterungen zu § 197).

Zu Z 23 (§ 210 Abs. 1 Z 5a IO):

Die Änderung in Abs. 1 Z 5a bedeutet bloß eine Anpassung an den vorgeschlagenen § 202 Abs. 2.

Zu Z 24 (§ 210 Abs. 2 IO):

Diese Bestimmung enthält die den Schuldner während des Abschöpfungsverfahrens treffenden Obliegenheiten. Insbesondere hat der Schuldner eine angemessene Erwerbstätigkeit auszuüben oder, wenn er ohne Beschäftigung ist, sich um eine solche zu bemühen; er darf auch keine zumutbare Tätigkeit ablehnen. Übt der Schuldner eine selbständige Tätigkeit aus, so obliegt es ihm, die Gläubiger so zu stellen, als würde er eine angemessene unselbständige Erwerbstätigkeit ausüben. Es darf ihm jedoch nicht mehr verbleiben, als wenn er Einkünfte aus einem Arbeitsverhältnis in der Höhe des Gewinns aus der selbständigen Tätigkeit hätte.

Die Erleichterung der Entschuldung, die vor allem ehemaligen Unternehmern einen Neustart ermöglichen soll, wird die Anzahl der Schuldner, die eine selbständige Tätigkeit ausüben, vergrößern. Da sich in diesen Fällen – anders als beim pfändbaren Betrag des Arbeitseinkommens – der dem Treuhänder zu zahlende Betrag nicht aufgrund des Gesetzes errechnen lässt, soll ein vorläufiger Betrag – im Interesse der Gläubiger – vom Treuhänder bestimmt werden, der bei Erhebung einer Beschwerde nach § 203 Abs. 4 in Verbindung mit § 84 vom Gericht überprüft werden kann.

Zu Z 25 (§ 210a IO):

Nach Abs. 1 Z 5 und Z 5a hat der Schuldner auf Verlangen dem Gericht und dem Treuhänder Auskunft über seine Erwerbstätigkeit bzw. seine Bemühungen um eine solche zu erteilen.

Ergibt sich aus der Auskunft des Schuldners eine Obliegenheitsverletzung, so führt dies nicht zur Einstellung des Abschöpfungsverfahrens, weil die Verletzung einer Obliegenheit nur auf Antrag eines Insolvenzgläubigers zur Einstellung führen kann. Damit Insolvenzgläubiger von einer allfälligen Obliegenheitsverletzung Kenntnis erlangen, ist derzeit die Einsicht in den Insolvenzakt geboten. Um den Gläubigern die Wahrnehmung ihres Antragsrechts zu erleichtern, wird vorgeschlagen, diese über eine offenkundige Obliegenheitsverletzung zu informieren. Damit können die Gläubiger, auch ohne Akteneinsicht zu nehmen, eine Obliegenheitsverletzung einem Antrag auf Einstellung des Abschöpfungsverfahrens zugrundelegen.

Zu Z 26 (§ 213 Abs. 1 IO):

Nach derzeitiger Rechtslage kann das Abschöpfungsverfahren erst nach Ende der Laufzeit der Abtretungserklärung beendet werden. Es soll aber auch unter dem Ausspruch der Restschuldbefreiung eine Beendigung dann möglich sein, wenn sämtliche Insolvenzgläubiger, die ihre Forderungen angemeldet haben, im Zuge des Insolvenz- und Abschöpfungsverfahrens ihre gesamten Insol-

venzforderungen erhalten haben. Dass Zinsen offen sind, steht dem nicht entgegen, weil es sich dabei um nach § 58 Z 1 ausgeschlossene Ansprüche handelt (vgl. *Mohr*, Privatinsolvenz³ Rz 622).

Zu Z 27 (§ 216 Abs. 1 IO):

Die Restschuldbefreiung ist nach derzeitiger Gesetzeslage auf Antrag eines Insolvenzgläubigers zu widerrufen, wenn sich nachträglich herausstellt, dass der Schuldner eine seiner Obliegenheiten vorsätzlich verletzt und dadurch die Befriedigung der Insolvenzgläubiger erheblich beeinträchtigt hat. Künftig soll bei einem Tilgungsplan ein Widerruf auch erfolgen, wenn sich nachträglich herausstellt, dass der Schuldner wegen einer Straftat nach den §§ 156, 158, 162 oder 292a StGB rechtskräftig verurteilt wurde und diese Verurteilung weder getilgt ist noch der beschränkten Auskunft aus dem Strafregister unterliegt. Damit wird erreicht, dass – wie derzeit – eine Verurteilung innerhalb von fünf Jahren nach Einleitung des Abschöpfungsverfahrens einer Restschuldbefreiung entgegensteht.

Zu Z 28 (§ 243 Abs. 1 IO):

Die Verweise werden aktualisiert.

Zu Z 29 (§ 254 Abs. 4 IO):

Im Titel IV der RIRL (Art. 25 bis 28) schreibt die Richtlinie den Mitgliedstaaten Maßnahmen zur Steigerung der Effizienz von Restrukturierungs-, Insolvenz- und Entschuldungsverfahren vor, die sich in Österreich bereits in der geltenden Rechtslage wiederfinden. Einer gesonderten Umsetzung bedarf es – bis auf vereinzelte Ausnahmen – nicht.

Nach Art. 25 lit. a RIRL haben die Mitgliedstaaten sicherzustellen, dass die Mitglieder der Justiz- und Verwaltungsbehörden, die mit Restrukturierungs-, Insolvenz- und Entschuldungsverfahren befasst sind, eine angemessene Ausbildung erhalten und die für ihre Zuständigkeit erforderliche Sachkunde haben (s. hiezu die Änderung des § 265).

Die Richtlinie verpflichtet in Art. 25 lit. b RIRL die Mitgliedstaaten, Restrukturierungs-, Insolvenz- und Entschuldungsverfahren mit Blick auf ihre zügige Bearbeitung auf effiziente Weise zu führen. Um dieser Vorgabe zu entsprechen, wird § 254 Abs. 4, der bereits festlegt, dass gerichtliche Entscheidungen ohne vorhergehende mündliche Verhandlung ergehen können, ergänzt.

Die Regelungen über die Verwalter in Restrukturierungs-, Insolvenz- und Entschuldungsverfahren (Art. 26 Abs. 1 RIRL) und über die Beaufsichtigung und Vergütung von Verwaltern (Art. 27 RIRL) bedürfen keiner Umsetzung. §§ 80a ff erfüllen die Vorgaben der Richtlinie. Im Einzelnen ist zu bemerken: Nach Art. 26 Abs. 1 lit. d RIRL sollen Schuldner und Gläubiger die Möglichkeit haben, die Auswahl oder Benennung eines Verwalters abzulehnen oder das Ersetzen des Verwalters zu verlangen. Die Regelung in § 87 Abs. 2 über die Enthebung des Insolvenzverwalters auf Antrag des Schuldners oder eines Mitglieds des Gläubigerausschusses und das in § 84 Abs. 3 geregelte allgemeine Beschwerderecht des Gläubigers gegen einzelne Maßnahmen oder das Verhalten des Insolvenzverwalters erfüllen diese Anforderungen der Richtlinie.

Nach Art. 27 Abs. 4 UAbs. 2 haben die Mitgliedstaaten geeignete Verfahren zur Verfügung zu stellen, um Streitigkeiten über die Vergütung beizulegen. Die derzeitige Regelung in § 125 Abs. 2, die eine Entscheidung des Insolvenzgerichts über die Entlohnung des Insolvenzverwalters und ein Rekursrecht des Insolvenzverwalters, des Schuldners und der Mitglieder des Gläubigerausschusses gegen die Entlohnungsentscheidung des Gerichts zulässt, entspricht dieser Vorgabe. Ein Rekursrecht des Insolvenzgläubigers ist nicht erforderlich, um der Richtlinie zu entsprechen.

Art. 28 RIRL enthält Bestimmungen über den Einsatz elektronischer Kommunikationsmittel, die keiner Umsetzung bedürfen.

Zu Z 30 (§ 258a IO):

Um Hindernisse abzubauen, die der Eröffnung eines Insolvenzverfahrens über das Vermögen von insolventen führungslosen Gesellschaften entgegenstehen, wurde mit dem Insolvenzrechtsänderungsgesetz 2017, BGBl. I Nr. 122/2017, die Möglichkeit der Zustellung durch Aufnahme in die Ediktsdatei ohne Notwendigkeit der Bestellung eines Kurators oder Notgeschäftsführers geschaffen. Um jene Gesellschafter, die an ihrer dem Gericht bekannten Anschrift erreichbar sind, unmittelbar zu informieren, ist das Insolvenzgericht verpflichtet, alle Gesellschafter an der dem Gericht bekannten Anschrift vom Inhalt und der Form der Bekanntmachung zu benachrichtigen und hat sie auch darauf hinzuweisen, dass alle weiteren Zustellungen an die dem Gericht bekanntgegebene Anschrift erfolgen werden (1588 BlgNR 25. GP 18).

Nicht ausdrücklich geregelt ist, wie mit Zustellungen an die Gesellschaft im weiteren Verfahren vorzugehen ist, was zur Verunsicherung in der Praxis geführt hat. Mit Abs. 1a soll nun klargestellt werden, dass Folgezustellungen an die Kapitalgesellschaft grundsätzlich an der zuletzt bekannten Anschrift der Gesellschafter vorzunehmen sind. Die individuelle Zustellung ist an alle Gesellschafter – und nicht etwa nur an den Mehrheitsgesellschafter – vorzunehmen und soll diesen als Eigentümer die Gelegenheit geben, für eine Bestellung vertretungsbefugter Organe zu sorgen. Zudem fingiert das Gesetz die an die Ge-

sellschafter vorzunehmenden Zustellungen als wirksame Zustellungen an die Gesellschaft selbst. Die Rechtsmittelfrist wird mit der letzten Zustellung an einen Gesellschafter ausgelöst.

Ist eine Zustellung durch öffentliche Bekanntmachung gesondert vorgeschrieben, so hat diese neben der Zustellung an die Gesellschafter zu erfolgen; die Folgen der Zustellung treten dann mit der öffentlichen Bekanntmachung ein (§ 257 Abs. 2).

In der Praxis zeigten sich Probleme in jenen Fällen, in denen auch die Zustellung an einzelne Gesellschafter nicht bewirkt werden konnte, etwa weil an der zuletzt bekannten Anschrift keine Abgabestelle besteht oder es sich bei dem Gesellschafter um eine Kapitalgesellschaft handelt, die selbst keinen organschaftlichen Vertreter hat. Liegt ein solcher Zustellanstand vor, so kann – neben der Zustellung an die Gesellschafter, die an ihrer dem Gericht bekannten Anschrift erreichbar sind – die Zustellung wieder direkt an die Kapitalgesellschaft ohne Bestellung eines Kurators durch Aufnahme in die Ediktsdatei erfolgen. Auch alle weiteren Zustellungen können durch Aufnahme in die Ediktsdatei erfolgen. Hierauf ist in der Bekanntmachung hinzuweisen (§ 258 Abs. 2). Die Folgen der Zustellung treten dann mit der öffentlichen Bekanntmachung ein.

Zu Z 31 (§ 265 Abs. 1 Z 1 IO):

§ 265 enthält Bestimmungen über die Geschäftsverteilung in Insolvenzsachen. Abs. 1 zählt Verfahren auf, die in einer einzigen Abteilung zu vereinigen sind. Der Entwurf ergänzt Z 1 um das Restrukturierungsverfahren, um dem Spezialisierungserfordernis des Art. 25 lit. a RIRL zu entsprechen, und erwähnt zur Klarstellung auch die Schuldenregulierungsverfahren.

Zu Z 32 (§ 269 Abs. 1 Z 10 IO):

In Abs. 1 Z 10 wird berücksichtigt, dass nach § 80 Abs. 5 zum Insolvenzverwalter nicht nur eine juristische Person, sondern auch eine eingetragene Personengesellschaft bestellt werden kann.

Zu Z 33 (§ 283 IO):

Diese Bestimmung regelt das Inkrafttreten. Nach Abs. 10 sollen die aufgrund der COVID-Pandemie vorgesehenen Bestimmungen über den Tilgungsplan fünf Jahre nach dem Inkrafttreten außer Kraft treten, soweit davon Verbraucher betroffen sind und der Antrag auf Einleitung des Durchführung des Abschöpfungsverfahrens als Tilgungsplan nicht vor dem 17. Juli 2026 bei Gericht eingelangt ist.

Zu Art. 3 (Änderung des Gerichtsgebührengesetzes) Zu Z 1 und 2 (§§ 2, 22 und 23 GGG)

Aus Anlass der Neuregelung der Gerichtsgebühren nach den Tarifposten 5 und 6 (bisher: Insolvenz- und Reorganisationsverfahren, in Zukunft auch das Restrukturierungsverfahren) sollen die bisher verstreut in verschiedenen Bestimmungen (insbesondere § 22 GGG, die Anmerkungen zur Tarifpost 6 GGG und § 4 GEG, die zusammen zu lesen waren) enthaltenen Anordnungen zu Zahlungspflicht und Fälligkeit in § 22 zusammengefasst werden.

Wie bisher soll die Gebühr in diesen Verfahren in erster Instanz eine Entscheidungsgebühr sein, die erst mit der Beendigung des Verfahrens fällig wird. Die verschiedenen in § 2 Z 1 lit. f erfassten Konstellationen sollen vereinfacht werden, ohne dass damit eine inhaltliche Änderung verbunden wäre. Für das Insolvenzverfahren erster Instanz bleibt es dabei, dass die Gebühren durch einen gerichtlichen Beschluss festgesetzt werden (§ 22 Abs. 1, das war bisher in § 4 GEG geregelt), weil die Aufhebung des Insolvenzverfahrens von der Zahlung der Gebühr abhängig ist (§ 22 Abs. 4, das war bisher in der Anmerkung 1 zur Tarifpost 6 enthalten). Im Reorganisations- und im neuen Restrukturierungsverfahren hingegen soll die Gerichtsgebühr mit Zahlungsauftrag festgesetzt werden (siehe § 23). Die Gebührenpflicht für das Reorganisationsverfahren soll auf jene Fälle eingeschränkt werden, in denen das Verfahren aufgehoben wird, weil nur hier eine inhaltliche Entscheidung getroffen wird. In den Fällen der Einstellung soll – wie auch im Insolvenzverfahren – keine Gebühr anfallen. Dasselbe soll für das neue Restrukturierungsverfahren gelten: die Gebühr soll nur bei einer Bestätigung des Restrukturierungsplans anfallen, wobei es gleichgültig sein soll, ob über die Bestätigung im ordentlichen Verfahren oder im vereinfachten Verfahren (§ 40 ReO) entschieden wird.

In § 22 Abs. 2 wird die bisher in § 22 Abs. 1 bis 3 in den verschiedenen Konstellationen unterschiedlich geregelte Zahlungspflicht auf die Grundregel verkürzt, dass immer dann, wenn ein Masseverwalter bestellt ist, dieser die Gerichtsgebühr aus der Insolvenzmasse zu zahlen hat. Damit entfällt die Notwendigkeit, in Verfahren mit Zahlungspflicht des Schuldners dennoch den Masseverwalter zur Zahlung aufzufordern (bisher § 4 Abs. 1 zweiter Satz GEG). In dem Ausmaß, in dem die Insolvenzmasse dafür unzulänglich ist, hat der Schuldner den darüber hinausgehenden Anteil zu zahlen. Im Sanierungsverfahren mit Eigenverwaltung gibt es keinen Masseverwalter, dort ist immer der Schuldner zahlungspflichtig. Einer Zustellung an den Sanierungsverwalter bedarf es nicht mehr (bisher § 4 Abs. 2 zweiter Satz GEG).

§ 22 Abs. 3 entspricht der bisher in § 22 Abs. 1 dritter Satz und Abs. 3 zweiter Satz enthaltenen Regelung. Zu eine Erhöhung kann es insbesondere kommen, wenn der Masseverwalter im Rekursweg eine Erhöhung der Entlohnung erreicht. Im Fall einer Nachtragsverteilung ist hingegen eine allfällige erhöhte Gebühr dem Insolvenzverwalter zur Zahlung aus der Nachverteilungsmasse aufzutragen.

§ 22 Abs. 4 entspricht der bisherigen Anmerkung 1 zur Tarifpost 1, die allerdings sprachlich nicht vollständig an das IRÄG 2010 angepasst war. So ist die Entrichtung der Gerichtsgebühr nicht Bedingung für die Aufhebung des „Konkurses", sondern des Insolvenzverfahrens. Außerdem ist nicht ersichtlich, warum nur bei der Bestätigung des Sanierungsplans, nicht aber auch bei der Bestätigung des Zahlungsplans die Gebühr vorher bezahlt oder sichergestellt sein soll. § 22 Abs. 4 letzter Satz entspricht der Anordnung im bisherigen § 4 Abs. 1 letzter Satz GEG.

Die bisher in § 22 Abs. 4 geregelte Zahlungspflicht des Masseverwalters bei schuldhafter Gebührenverkürzung soll in Abs. 5 geregelt werden. Anders als noch im Begutachtungsentwurf vermutet, gibt es doch einen praktischen Anwendungsfall: wenn in dem vom Insolvenzgericht genehmigten Verteilungsentwurf die Pauschalgebühr im Widerspruch zum Gesetz nicht unter die zur Gänze zu befriedigenden Masseforderungen aufgenommen worden ist (VwGH 7. 6. 2001, 99/10/0434). Zudem soll immer auch der aktuellen Rechtsprechung des Bundesverwaltungsgericht der Fall bedacht werden, dass ein Beschluss nach Abs. 1 vom Gericht nicht gefasst wurde: anders als bisher angenommen, ist die Vorschreibungsbehörde nicht befugt, einen Zahlungsauftrag zu erlassen, sondern das Gericht muss den Beschluss nachtragen.

Zu Z 3 bis 6 (TP 5)

Die Überschrift vor der TP 5 stellt klar, dass sowohl die Tarifpost 5 als auch die Tarifpost 6 in Zukunft auch für das Restrukturierungsverfahren gilt. Zu einer Forderungsanmeldung kann es nur im Europäischen Restrukturierungsverfahren nach § 39 ReO kommen.

In der Z I zur TP 5 sollen die Lösung bestimmter Zweifelsfragen durch die Rechtsprechung der Verwaltungsgerichtsbarkeit auch im Gesetz nachvollzogen werden. Das ist zum Einen die Klarstellung, dass das Wort „eines Gläubigers" in der Anmerkung 1a ein Zahlwort darstellt, und die Kumulation der Forderungsanmeldungen mehrerer Gläubiger daher mehrfach die Eingabengebühr auslöst, es sei denn, die Forderung steht mehreren Gläubigern gemeinschaftlich zu (BVwG 28.10.2016, W214 2006778-1/6E). Zum Anderen soll klargestellt werden, dass auch ein Antrag eines Gläubigers nach § 197 Abs. 2 IO gebührenpflichtig ist (so bereits BVwG 17.10.2019, I421 2220607-1/2E).

Die bisher in der Anmerkung 1a zweiter Satz geregelte Gebührenbefreiung für Unterhaltsforderungen minderjähriger Kinder soll nicht länger auf Forderungsanmeldungen (lit. b) beschränkt bleiben, sondern soll sich auch auf Insolvenzeröffnungsanträge eines minderjährigen unterhaltspflichtigen Kindes erstrecken. Auch Rechtsmittel gegen eine Entscheidung darüber sollen gebührenfrei sein.

Zu Z 7 bis 9 (TP 6)

Wie bereits in den Erläuterungen zu § 2 festgehalten, soll die Gebührenpflicht für das Reorganisationsverfahren auf jene Fälle eingeschränkt werden, in denen das Verfahren aufgehoben wird. Auch im neuen Restrukturierungsverfahren soll die Gebühr nur bei einer Bestätigung des Restrukturierungsplans anfallen, wobei es gleichgültig sein soll, ob über die Bestätigung im ordentlichen Verfahren oder im vereinfachten Verfahren (§ 40 ReO) entschieden wird.

Für das Restrukturierungsverfahren soll dieselbe Mindestgebühr wie beim Insolvenzverfahren und beim Reorganisationsverfahren festgesetzt werden, nämlich 473 Euro. Anstatt an die Entlohnung des Restrukturierungsbeauftragten anzuknüpfen, soll aber direkt an den zur Befriedigung der Gläubiger erforderlichen Betrag angeknüpft werden, der auch als Bemessungsgrundlage der Entlohnung des Restrukturierungsbeauftragten fungiert (§ 82a IO). Der Prozentsatz bewegt sich im geltenden Recht in einer Bandbreite von 1,5% (bei einem erforderlichen Betrag von 50.000 Euro – Entlohnung 5.000 Euro – Gerichtsgebühren davon 15% = 750 Euro, das sind 1,5% von 50.000 Euro) und 0,2% (bei einem erforderlichen Betrag von 5 Mio Euro – Entlohnung 73.500 Euro – Gerichtsgebühren davon 15% = 11.025 Euro, das sind 0,22% von 5 Mio Euro), sodass ein Mittelwert von 0,3% vorgeschlagen wird. Gleichzeitig soll der Betrag mit 30.000 Euro gedeckelt werden.

Bei den Pauschalgebühren in zweiter Instanz sollen jene Beschlüsse taxativ aufgezählt werden, bei denen Rekurse dagegen Gerichtsgebühren auslösen, um bisherige Unklarheiten zu beseitigen. So soll klargestellt werden, dass nur der Rekurs gegen die Bestätigung des Sanierungsplans (der entweder von Gläubigern, Mitschuldnern und Bürgen erhoben werden kann), nicht auch der Rekurs gegen die Versagung (der in der Regel vom Schuldner erhoben wird) gebührenpflichtig sein soll. Wird nämlich der Sanierungsplan versagt, fällt auch in erster Instanz keine Gebühr an. Wird dagegen über Rekurs der Sanierungsplan in zweiter Instanz genehmigt, fällt ohnedies die Gebühr für das Verfahren erster Instanz an. Gleichzeitig erscheint die Pauschalgebühr mit

948 Euro etwas hoch. Da es im Insolvenzverfahren keinen Kostenersatz gibt, könnte diese Gebühr prohibitiv für die Ergreifung eines Rechtsmittels sein, weshalb vorgeschlagen wird, sie auf 350 Euro zu senken.

Revisionsrekurse können nur dann ergriffen werden, wenn das Rekursgericht die Entscheidung erster Instanz nicht bestätigt. Nachdem nun der Rekurs etwa gegen die Versagung der Bestätigung eines Sanierungs-, Zahlungs- oder Restrukturierungsplans nicht gebührenpflichtig ist, muss ein Gebührentatbestand für den Fall geschaffen werden, dass die Bestätigung durch Entscheidung des Rekursgerichts erfolgt.

Zu Z 10 (TP 6 Anmerkung 1)

Die bisher an dieser Stelle geregelte Anordnung ist nunmehr in § 22 Abs. 4 geregelt. An der frei werdenden Stelle wird geregelt, wie bei einer Gebührenerhöhung wegen Nachtragsverteilung umzugehen ist.

Zu Z 11 (TP 6 Anmerkung 3)

Der erste Satz der Anmerkung 3 enthielt inhaltlich dieselbe Anordnung wie der bisherige § 22 Abs. 3 letzter Satz (Gebührenfreiheit für das Schuldenregulierungsverfahren ohne Insolvenzverwalter). Es wird vorgeschlagen, diese Anordnung nur in der Anmerkung 3 zu regeln, aber die Formulierung aus dem bisherigen § 22 Abs. 3 zu übernehmen, weil sie klarer ist.

Zu Z 12 (TP 6 Anmerkung 6)

Diese Änderung dient der Anpassung an die Diktion des IRÄG 2010.

Zu Z 13 (TP 14)

Für die Liste der Restrukturierungsbeauftragten ist ein Gebührentatbestand in der Tarifpost 14 zu schaffen.

Zu Art. 4 (Änderung des Gerichtlichen Einbringungsgesetzes) Zu Z 1 (§ 4):

Die Bestimmung soll in dem neuen § 22 GGG aufgehen; siehe die Erläuterungen dort.

Zu Art. 5 (Änderung des Rechtsanwaltstarifgesetzes):

Das neu geschaffene Restrukturierungsverfahren macht auch Anpassungen im Bereich des Rechtsanwaltstarifgesetzes notwendig, wobei aufgrund der Vergleichbarkeit der Verfahrenshandlungen und der in § 5 ReO vorgesehenen subsidiären Anwendbarkeit der Verfahrensbestimmungen der IO durchwegs ein Gleichklang mit den Regelungen zum Insolvenzverfahren vorgesehen wird.

In der Tarifpost 1 Abschnitt IV ist auf die Fälle der nach der ReO vorgesehenen Möglichkeit der

Erläuterungen

Forderungsanmeldung im Restrukturierungsverfahren Bedacht zu nehmen, für die – wie schon bisher bei Forderungsanmeldungen im Exekutionsverfahren (Tarifpost 1 Abschnitt III lit. h RATG) – bei Vertretung durch einen Rechtsanwalt eine Honorierung nach TP 1 RATG angemessen erscheint.

Nach der zu Tarifpost 3 A Abschnitt I Z 4 lit. a RATG vorgeschlagenen Änderung soll sich der Entlohnungsanspruch eines Rechtsanwalts für einen Antrag auf Einleitung eines Restrukturierungsverfahrens nach der Restrukturierungsordnung (der von seinem Inhalt her mit den schon bisher nach dieser Tarifpost abzugeltenden Anträgen auf Eröffnung eines Sanierungsverfahrens mit Eigenverwaltung vergleichbar ist) nach TP 3 A RATG richten.

Zu Art. 6 (Änderung der Exekutionsordnung): (§ 1 Z 18):

Die in § 1 EO enthaltene Liste der Exekutionstitel wird mit Z 18 um eine Aufzählung jener Beschlüsse des Restrukturierungsverfahrens ergänzt, die einen Exekutionstitel im Sinne der EO darstellen.

KODEX

DES ÖSTERREICHISCHEN RECHTS
HERAUSGEBER: UNIV.-PROF. DR. WERNER DORALT

FINANZMARKT-RECHT I

LexisNexis

1	BWG / CRR-BegleitV / KI-RMV / Mündelsicherheits V / Reservenmeldung V / ZKR-Austausch-VO / AP-VO / ÖKAB-V / VERA-V / STDM-V 2016 / EKV 2016 / ZKRMV / SK-EMV / KP-V / ParameterV
2	CRR + Ven / EZB-Finrep Ext-VO / EZB-Wahlrechte-VO / EZB-AnaCredit-VO / CRD-IV + Ven
3	ESAEG + Ven
4	BaSAG + Ven / EU-DelV und DVen / SRM-VO + Ven
5	SpG
6	BSpG + V
7	PSK-G
8	HypBG / PfandbriefG + EinfVen / FBSchVG / PfandbriefstelleG / KuratorenG
9	WBIB-G

KODEX

DES ÖSTERREICHISCHEN RECHTS
HERAUSGEBER: UNIV.-PROF. DR. WERNER DORALT

FINANZMARKT-RECHT II

LexisNexis

1	ZaDiG + Ven / SEPA-VO / VZKG + VO / ÜberweisungsVO / Auftraggeberdaten VO / GeldtransferVO / ZertifizierungsVO / ZertifizierungsVO-Beschl / ZahlungsdiensteRL (PSD II) / Interbankentgelte VO (MIF) / E-GeldG + VO / DevisenG + Ven / SanktionenG / Euro-Begleitgesetze / SchMG / WechselG / ScheckG
2	VKrG / VKrRL / HIKrG / FMA-MiKaNa-V / ImmoKrRL + VO / FernFinG / FernFinRL
3	FM-GwG + V / 4. GW-RL / DelVO Drittländer
4	StabAbgG
5	KontRegG / KapAbflMG + Ven
6	GMSG + V / ADG / EU-AmtshilfeRL
7	FMABG + Ven / NBG / EBA-VO / ESRB-VO / SSM-VO + Ven
8	FinStaG + Ven / ZaBiStaG / ÖIAG-G/ ÖBIB-G / HypoSanG / HaftungsG Ktn
9	FinanzkonglomerateG + V / FK-DelVO
10	APAG / RL-KG

KODEX

DES ÖSTERREICHISCHEN RECHTS
HERAUSGEBER: UNIV.-PROF. DR. WERNER DORALT

FINANZMARKT-RECHT III

LexisNexis

1	WAG / HTAumV / AumV / IIKV / WPMV / WAG 2018 / MiFIR / MiFIR DfVO / MiFID II / MiFID DfVO
2	BörseG + Ven / BörseG 2018 / VeröEf-V / MpV / VMV / TransV / ECV / 2.LVV
3	Short-Selling-VO
4	Benchmark-VO / Benchmark-DfVO / RW-VG
5	REMIT-VO
6	Strommärkte-VO
7	Treibhausgas-VO
8	Marktmissbrauchs-VO + Ven / MAD-Sankt / DRL-Meldung / Del-VO Ausn / DfVO Meldung Form / DfVO Eigengeschäft / DfVO Insider / TransRL + delVen / DfVO Infoautorisch / ESMA
9	ESMA-VO

KODEX

DES ÖSTERREICHISCHEN RECHTS
HERAUSGEBER: UNIV.-PROF. DR. WERNER DORALT

FINANZMARKT-RECHT IV

LexisNexis

1	KMG / HGebV / MVS-V / EU-ProspektVO / Prospekt-DfV / DelV Veröffüäch / DelV Vertff / AquivalenzV
2	UDRBG / UDRB-KernV
3	AltFG / AltF-InfoV
4	PRIIP-VO
5	DepG
6	FinSG
7	KEG
8	InvFG / AnteileV / InfoGlwV / InfoGlwV / 4. DerRisikM-V / Geldmarkt-V / EU-GeldmarktVO / UbfdsV / TeilfondsV / KID-V / InvF-LRMV / FMV, WPV / OGAW KID-V / OGAW VerfV / OGAW Asset-RL / OGAW VwGesthRL / OGAW-MF-RL / OGAW DefV VwSt / OGAW DfV InfoSt
9	AIFMG / AIF-WarnV / AIFM-MV / AIFM-Ven / RisikokapitalfondsV + DfVO / SozUnternehmerFondsV + DfVO / ELTIF-VO
10	ImmoInvFG / RisikorechenweisV / OTC DerV / ProspInV
11	EMIR-VO + Ven / SFT-VO / SFT-VollzugsG / ZGVG + ZG-EKV
12	FinalitätsG / CSD-VO + ZvVG
13	BMSVG + Ven / PKG, BPG / DfV PensFonds / EU-EbAV-RL
14	CRA-VO / RAVG / Ratingagenturliste

KODEX
DES ÖSTERREICHISCHEN RECHTS
SAMMLUNG DER ÖSTERREICHISCHEN BUNDESGESETZE

VERFASSUNGS-RECHT

 LexisNexis®

KODEX
DES ÖSTERREICHISCHEN RECHTS
SAMMLUNG DER ÖSTERREICHISCHEN BUNDESGESETZE

BÜRGERLICHES RECHT

LexisNexis®

KODEX
DES ÖSTERREICHISCHEN RECHTS
HERAUSGEBER: UNIV.-PROF. DR. WERNER DORALT

UNTERNEHMENS-RECHT

LexisNexis®

KODEX
DES ÖSTERREICHISCHEN RECHTS
SAMMLUNG DER ÖSTERREICHISCHEN BUNDESGESETZE

ZIVIL-GERICHTLICHES VERFAHREN

LexisNexis®

KODEX

DES ÖSTERREICHISCHEN RECHTS
HERAUSGEBER: UNIV.-PROF. DR. WERNER DORALT

FINANZMARKT-RECHT I

1 BWG
CRR-BegleitV
KI-RMV
MündelsicherheitsV
ReservemeldungsV
ZKR-Austausch-VO
AP-VO
JKAB-V
VERA-V
STDM-V 2016
ZKRMV
EKV 2016
SK-EMV
KP-V
ParameterV
2 CRR + Ven
EZB-Finrep Ext-VO
EZB-Wahl-rechte-VO
EZB-Ana-Credit-VO
CRD-IV + Ven
3 ESAEG + Ven
4 BaSAG + Ven
EU-DelV und DVen
SRM-VO + Ven
5 SpG
6 BSpG + V
7 PSK-G
8 HypBG
PfandbriefG + EinfVen
FBSchVG
PfandbriefstelleG
KuratorenG
9 WBIB-G

LexisNexis

KODEX

DES ÖSTERREICHISCHEN RECHTS
HERAUSGEBER: UNIV.-PROF. DR. WERNER DORALT

FINANZMARKT-RECHT II

1 ZaDiG + Ven
SEPA-VO
VZKG - VO
ÜberweisungsVO
Auftraggeber-datenVO
GeldtransferVO
ZertifizierungsVO
ZertifizierungsVO-Beschl
ZahlungsdiensteRL (PSD II)
Interbankenent-gelteVO (MIF)
E-GeldG - VO
DevisenG + Ven
SanktionenG
Euro-Begleit-gesetze
SchMG
WechselG + ScheckG
2 VKrG
VKrRL
HIKrG
FMA-MiKaNa-V
ImmoKrRL + VO
FernFinG
FernFinRL
3 FM-GwG + V
4. GW-RL
DelVO Drittländer
4 StabAbgG
5 KontRegG/KapAbflMG + Ven
6 GMSG + V
ADG
EU-Amtshilfe-RL
7 FMABG + Ven
NBG
EBA-VO
ESRB-VO
SSM-VO + Ven
8 FinStaG + Ven
ZaBiStaG
ÖIAG-G/ÖBIB-G
HypoSanG
HaftungsG Ktn
9 Finanzkonglo-merateG + V
FK-DelVO
10 APAG
RL-KG

LexisNexis

KODEX

DES ÖSTERREICHISCHEN RECHTS
HERAUSGEBER: UNIV.-PROF. DR. WERNER DORALT

FINANZMARKT-RECHT III

1 WAG
HTAusnV
AusnV
IIKV
WPMV
WAG 2018
MiFIR
MiFIR DVO
MiFID II
MiFID DVO
2 BörseG + Ven
BörseG 2018
VeröffV
MpV
VMV
TransV
ECV
2-LVV
3 Short-Selling-VO
4 Bench-mark-VO
Benchmark-DVO
RW-VG
5 REMIT-VO
6 Strommärkte-VO
7 Treibhausgas-VO
8 Marktmissbrauchs-VO + Ven
MAD-Sankt
DRL-Meldung
Del-VO Ausn
DVO Meldung Form
DVO Eigengeschäft
DVO Insider
TransRL + delVen
DVO Infoaustausch
ESMA
9 ESMA-VO

 LexisNexis

---

KODEX

DES ÖSTERREICHISCHEN RECHTS
HERAUSGEBER: UNIV.-PROF. DR. WERNER DORALT

FINANZMARKT-RECHT IV

1 KMG
HGebV
MVS-V
EU-ProspektVO
Prospekt-DPV
DelV VeröffNach
DelV Veröff
ÄquivalenzV
2 UDRBG
UDRB-8-ConV
3 AltFG
AltF-InfoV
4 PRIIP-VO
5 DepG
6 FinSG
7 KEG
8 InvFG
AnteileV
InfoGlwV
4. DarRiaktbf-V
GeldmarktfV
EU-Geldmarktf-VO
ÜbHi-V
TeilfondsV
KID-V
InvF-LRMV
FMV, WPV
OGAW KID-V
OGAW VerfV
OGAW Assst-RL
OGAW VwGuRL
OGAW-MF-RL
OGAW DelV VwSt
OGAW DPV Infrd
9 AIFMG
AIF-WumV
AIFM-MV
AIFM-Ven
Risikokapital-fondsVG + DVO
Sozl.internehm-FondsVO + DPVO
ELIF-VO
10 ImmoInvFG
Risikohinweis V
OTC-DerV
ProspInV
11 EMIR-VO + Ven
SFT-VO
SFT-WaltragsG
ZGVG + ZG-EKV
12 FinalitätsG
CSD-VO + ZvVG
13 BMSVG + Ven
PKG, BPG
DPV Pensfonds
EU-EbAV-RL
14 CRA-VO
RAVG
Ratingagenturliste

LexisNexis

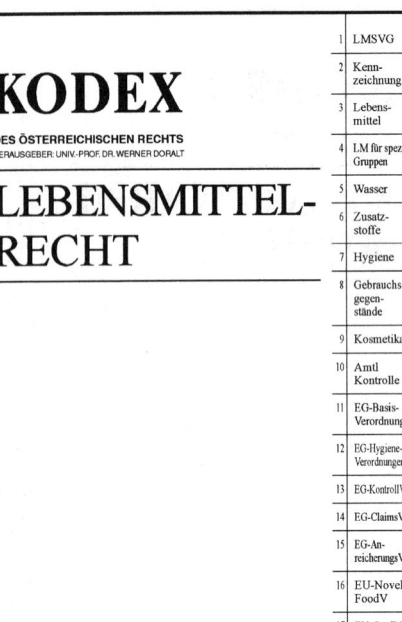

KODEX
DES ÖSTERREICHISCHEN RECHTS
HERAUSGEBER: UNIV.-PROF. DR. WERNER DORALT

LEBENSMITTEL-RECHT

LexisNexis®

KODEX
DES ÖSTERREICHISCHEN RECHTS
HERAUSGEBER: UNIV.-PROF. DR. WERNER DORALT

GESUNDHEITS-BERUFE

LexisNexis®

KODEX
DES ÖSTERREICHISCHEN RECHTS
HERAUSGEBER: UNIV.-PROF. DR. WERNER DORALT

POLIZEI-RECHT

LexisNexis®

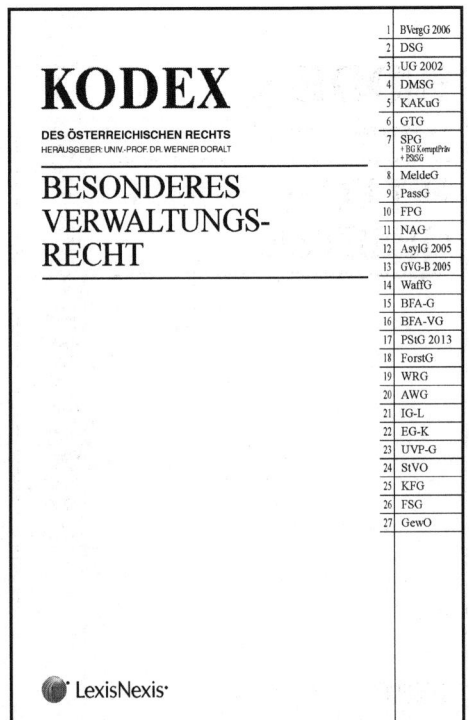

KODEX
DES ÖSTERREICHISCHEN RECHTS
HERAUSGEBER: UNIV.-PROF. DR. WERNER DORALT

BESONDERES VERWALTUNGS-RECHT

LexisNexis®

KODEX
DES ÖSTERREICHISCHEN RECHTS
SAMMLUNG DER ÖSTERREICHISCHEN BUNDESGESETZE

ARBEITS-RECHT

L·LINDE VERLAG

1	AngG
2	GewO
3	ABGB
4	ArbVG
5	ArbAbfG
6	APSG
7	AVRAG
8	AuslBG
9	BEinstG
10	BPG
11	DNHG
12	EFZG
13	GleichbG
14	IESG
15	KautSchG
16	KJBG
17	KoalitG/AntiterrG
18	MSchG/EKUG
19	PatG
20	UrlG
21	BAG
22	BauArb
23	GAngG
24	HausbG
25	HausgG
26	HeimAG
27	JournG
28	SchauspG
29	ASchG
30	AZG/ARG
31	BäckAG
32	FrNachtAG
33	NSchG
34	ArbIG
35	AMFG
36	AÜG
37	VBG/StBG
38	ASGG
39	EO, AO, KO
40	EU-Recht

KODEX
DES ÖSTERREICHISCHEN RECHTS
SAMMLUNG DER ÖSTERREICHISCHEN BUNDESGESETZE

AUSHANGPFLICHTIGE GESETZE

L·LINDE VERLAG

1	ASchG, DOK-VO, Kenn-V, AMZ-VO, STZ-VO, SFK-VO, SVP-VO, VGÜ, BS-V, VbA, ASsV, AM-VO, ESV, GKV, Bverbote
2	üVO
3	AAV
4	BauV
5	AZG, FahrthVO, EU-VOen
6	ARG, ARG-VO
7	MSchG
8	FrNArbG
9	KJBG, KJBG-VO
10	KA-AZG
11	BäckAG
12	BEinstG
13	GleichbG

KODEX
DES ÖSTERREICHISCHEN RECHTS
SAMMLUNG DER ÖSTERREICHISCHEN BUNDESGESETZE

PFLEGEGELD-GESETZE

L·LINDE VERLAG

1	BPGG, EinstVO, EinbeziehungsVO, RL-VO
2	Bundes- und Ländervereinb
3	Bgld PGG, EinstVO
4	Krnt PGG, EinstVO
5	NÖ PGG, EinstVO
6	OÖ PGG, EinstVO
7	Sbg PGG, EinstVO, Sifs-NachvVO
8	Stmk PGG, EinstVO, PG-AnpassG, PG-Öff.BedVO
9	Tirol PGG, PflegebedVO
10	Vlbg PGG, PflegebedVO
11	Wien PGG, EinstVO, ÜbertragungVO

KODEX
DES ÖSTERREICHISCHEN RECHTS
SAMMLUNG DER ÖSTERREICHISCHEN BUNDESGESETZE

STEUER-GESETZE

L·LINDE VERLAG

1	EStG
2	KStG
3	UmgrStG, UmwG, SpaltG
4	UStG
5	BewG
6	GrStG, AbgI.aF, BWA
7	GebG
8	ErbStG
9	GrEStG
10	KVG
11	VersSt, FSchSt
12	KfzStG, StraBAG
13	Energie-abgaben
14	AbgZuw, InvFG, WKG, NoVAG, KGG, Sicherheitsb, KommSt, NeuFöG, WerbeAbg
15	FLAG, KarenzgeldG, KBGG
16	DBA
17	BAO, AVOG, ZustellG, AuslG
18	AbgEO
19	FinStrG
20	HGB
21	BWG
22	Amtshilfe
23	ASVG
24	WTBG

KODEX-Bestellformular

Titel	Preis im Abo EUR	Einzelpreis EUR
Verfassungsrecht 2021/22, inkl. App	32,-	40,-
Europarecht (EU-Verfassungsrecht) 2021, inkl. App	30,-	37,50
Völkerrecht 2020, inkl. App	27,60	34,50
Einführungsgesetze ABGB und B-VG 2020/21, inkl. App		15,-
Bürgerliches Recht 2021/22, inkl. App	28,80	36,-
Taschen-Kodex ABGB 2021, inkl. App		19,-
Familienrecht 2020, inkl. App	44,-	55,-
Unternehmensrecht 2021/22, inkl. App	30,-	37,50
Zivilgerichtliches Verfahren 2021/22, inkl. App	32,-	40,-
Internationales Privatrecht 2021, inkl. App	27,20	34,-
Taschen-Kodex Strafgesetzbuch 2021 inkl. App		15,-
Strafrecht 2021/22, inkl. App	28,80	36,-
Gerichtsorganisation 2020, inkl. App	60,80	76,-
Anwalts- und Gerichtstarife 5/2020, inkl. App	23,60	29,50
Justizgesetze 2021, inkl. App	23,20	29,-
Wohnungsgesetze 2020, inkl. App	44,80	56,-
Finanzmarktrecht Band Ia+Ib (Bankenaufsicht), inkl. App	76,00	95,-
Finanzmarktrecht Band II (Zahlungsverkehr), inkl. App	64,80	81,-
Finanzmarktrecht Band III (Wertpapierrecht, Börse), inkl. App	64,80	81,-
Finanzmarktrecht Band IV (Kapitalmarkt, Prospektrecht), inkl. App	64,80	81,-
Finanzmarktrecht Band V (Geldwäsche), inkl. App	48,-	60,-
Versicherungsrecht Band I 2020/21, inkl. App	60,-	75,-
Versicherungsrecht Band II 2020/21, inkl. App	47,20	59,-
Compliance für Unternehmen 2020/21, inkl. App	58,40	73,-
IP-/IT-Recht 2021, inkl. App	52,-	65,-
Mediation 2021, inkl. App	25,60	32,-
Schiedsverfahren 2020, inkl. App	36,-	45,-
Legal Tech, inkl. App	49,60	62,-
Wirtschaftsprivatrecht 2021/22, inkl. App	23,80	29,80
WirtschaftsG I (Öffentliches Wirtschaftsrecht) 2018/19, inkl. App	46,40	58,-
WirtschaftsG II (Wettbewerb, Gew. Rechtsschutz) 2019, inkl. App	52,-	65,-
WirtschaftsG III (UWG) 2019/20, inkl. App	31,20	39,-
WirtschaftsG IV (Telekommunikation) 2019/20	65,60	82,-
WirtschaftsG V (Wettbewerbs- und Kartellrecht) 2019, inkl. App	52,-	65,-
WirtschaftsG VI (Datenschutz) 2021, inkl. App	52,-	65,-
WirtschaftsG VII (Energierecht) 2021, inkl. App	48,-	60,-
Vergabegesetze 2019, inkl App	42,40	53,-
Arbeitsrecht 2021/22, inkl. App	33,60	42,-
EU-Arbeitsrecht 2020, inkl. App	54,40	68,-
Arbeitnehmerschutz 2021/22, inkl App	30,40	38,-
Sozialversicherung (Bd. I) 2021, inkl. App	32,80	41,-
Sozialversicherung (Bd. II) 2021, inkl. App	31,20	39,-
Sozialversicherung (Bd. III) 2020/21 inkl. App	26,40	33,-
Personalverrechnung 2021	32,-	40,-
Steuergesetze 2021/22, inkl. App	31,20	39,-
Steuer-Erlässe (Bd. I) 2021, inkl. App	48,-	60,-
Steuer-Erlässe (Bd. II) 2021, inkl. App	27,20	34,-
Steuer-Erlässe (Bd. III) 2020, inkl. App	47,20	59,-
Steuer-Erlässe (Bd. IV) 2020, inkl. App	48,80	61,-
EStG - Richtlinienkommentar 2021, inkl. App	56,-	70,-
LStG - Richtlinienkommentar 2021	47,20	59,-
KStG - Richtlinienkommentar 2020	39,20	49,-
UmgrStG - Richtlinienkommentar 2021	48,-	60,-
UStG - Richtlinienkommentar 2021	42,40	53,-
Doppelbesteuerungsabkommen 2020, inkl. App	52,-	65,-
Zollrecht 2021, inkl. App	92,80	116,-
Finanzpolizei 2020, inkl. App	39,20	49,-
Rechnungslegung- und Prüfung 2020/21, inkl. App	44,-	55,-
Internationale Rechnungslegung IAS/IFRS 2021, inkl. App	22,40	28,-
Verkehrsrecht 2021, inkl. App	73,60	92,-
Wehrrecht 2020, inkl. App	44,80	56,-
Ärzterecht 2021, inkl. App	76,-	95,-
Krankenanstaltengesetze 2021/22	57,60	72,-
Gesundheitsberufe 2019, inkl. App	44,80	56,-
Veterinärrecht 2019/20	76,80	96,-
Umweltrecht 2021/22, inkl. App	84,-	105,-
EU-Umweltrecht 2020, inkl. App	82,40	103,-
Wasserrecht 2020/21, inkl. App	77,60	97,-
Abfallrecht mit ÖKO-Audit 2019/20, inkl. App	83,20	104,-
Chemikalienrecht 2021/22, inkl. App	63,20	79,-
EU-Chemikalienrecht 2020, inkl. App	76,-	95,-
Lebensmittelrecht 2020, inkl. App	69,60	87,-
Schulgesetze 2020/21	56,80	71,-
Universitätsrecht 2019, inkl. App	47,20	59,-
Besonderes Verwaltungsrecht 2021/22, inkl. App	55,20	69,-
Innere Verwaltung 2021, inkl. App	79,20	99,-
Asyl- und Fremdenrecht 2021, inkl. App	38,30	48,-
Polizeirecht 2021/22, inkl. App	46,40	58,-
Verwaltungsverfahrensgesetze (AVG) 2021/22, inkl. App	19,20	24,-
Landesrecht Vorarlberg 2021	92,-	115,-
Landesrecht Tirol 2020	102,40	128,-

Für Ihre Bestellung einfach Seite kopieren, gewünschte Anzahl eintragen, Bestellabschnitt ausfüllen und an Ihren Buchhändler oder an den Verlag LexisNexis ARD Orac **faxen: (01) 534 52-141** oder Tel.: (01) 534 52-5555.

Firma: .... Kundennr.: ....

Name: ....

Straße: ....

PLZ/Ort: .... Datum/Unterschrift: ....